… a été réalisé, en collaboration
… des Éditions Francis Lefebvre, par

… Barthélemy MERCADAL
… agrégé des Facultés de droit
… au Conservatoire national des arts et métiers
… couronné par l'Académie des Sciences Morales et Politiques
Prix Charles Aubert 2002

ÉDITIONS FRANCIS LEFEBVRE
Tour Lefebvre Dalloz, 10 place des Vosges CS 80357, 92072 Paris La Défense Cedex

ISBN 978-2-36893-689-4 © Éditions Francis Lefebvre 2024

Cet ouvrage a été réalisé, en collaboration avec la rédaction des Éditions Francis Lefebvre, par

M. Barthélemy MERCADAL

Agrégé des Facultés de droit
Professeur émérite du Conservatoire national des arts et métiers
Couronné par l'Académie des Sciences Morales et Politiques
Prix Charles Aubert 2003

ÉDITIONS FRANCIS LEFEBVRE
Tour Lefebvre Dalloz, 10 place des Vosges CS 80357, 92072 Paris La Défense Cedex

ISBN 978-2-36893-689-4

INCLUS : Profitez dès maintenant des versions numériques de votre Mémento

Sur tablette ou smartphone :
Téléchargez l'application «iMemento» sur l'Apple Store (iPhone & iPad) ou sur Google Play (Androïd)

Sur votre ordinateur :
RDV sur abonnes.efl.fr

Les avantages des versions numériques :

> Un contenu actualisé en permanence à chaque connexion.

> Des fonctionnalités pratiques : moteur de recherche, copier-coller, marque-page, notes, favoris...

?

COMMENT ÇA MARCHE

Vous disposez déjà de votre login et mot de passe ?

Votre login et votre mot de passe restent identiques.

Si vous avez perdu vos codes d'accès, vous pouvez contacter notre Service Relation Clients au **01 83 10 10 10** (du lundi au vendredi, de 9h à 18h).

Vous n'avez pas d'identifiant ?

Rendez-vous sur :
www.efl.fr/activation

Et utilisez le code personnel d'activation ci-dessous :

15721532C1P

MDA

MÉMENTO PRATIQUE

DROIT COMMERCIAL

24

À jour au 15 janvier 2024

EDITIONS
FRANCIS LEFEBVRE

Responsabilité éditoriale
Valérie Darbon

Rédacteurs

Stéphanie Bourdin
Pauline Fleury
Benjamin Joret
Gaëlle Leduc
Marie-Anne Massiot
Laure Paudrat
Chrystel Quiney
Claire Ribreau
Vanessa Vélin

Présentation et mode d'emploi

Les entreprises trouveront dans ce Mémento le régime applicable aux **biens** qu'elles utilisent, notamment fonds de commerce, brevets, marques, œuvres de l'esprit, et aux **droits** qui peuvent porter sur ces biens : droit de propriété, indivision, usufruit.

Elles y trouveront aussi les règles générales des **contrats** nationaux et internationaux, et celles des contrats usuels (d'assurance, d'entreprise, de coopération, de dépôt, de distribution, de garantie, de licence, de location, de mandat, de transport, de vente). Sont aussi exposées les mesures permettant d'apurer les relations contractuelles, notamment celles relatives au **paiement,** au **recouvrement** des créances et au **contentieux.**

Enfin, ne sont pas oubliées les questions touchant aux finances des entreprises : notamment, compte courant, opérations de **crédit,** garanties et sort de l'**entreprise en difficulté.**

Ce Mémento est un instrument de travail pour les **juristes de l'entreprise et pour ses conseils** (avocats, notaires, comptables) qui, grâce aux justifications et aux illustrations jurisprudentielles des règles énoncées, trouvent les éléments indispensables à la solution des difficultés nouvelles, et sans cesse renouvelées, que la vie des affaires et l'inflation législative et réglementaire ne manquent pas de provoquer.

L'ouvrage constitue un fonds documentaire **complet.** Ses développements se fondent sur l'analyse de milliers de sources référencées et il comporte de **multiples prises de position** sur les questions pratiques non tranchées par les tribunaux.

La consultation du Mémento est facilitée par :

– des **sommaires** placés en tête de chaque chapitre, ainsi qu'un plan général très détaillé et une **table alphabétique** figurant respectivement en début et en fin d'ouvrage ;

– l'emploi de **paragraphes numérotés** auxquels renvoient la table alphabétique et le plan général (la numérotation est discontinue, de manière à faciliter l'intégration de mesures nouvelles ou la création de nouveaux développements) ;

– un système de **mots-repères** en caractères gras.

Plus qu'un ouvrage, un service ! À jour au 15 janvier 2024, ce Mémento est assorti d'une **version numérique** (pour web, tablette, mobile) mise à jour en continu. Muni de votre code d'accès (directement transmis par e-mail ou après activation de ce code sur le site www.efl.fr), il vous suffit de télécharger l'application « iMemento » sur votre tablette/mobile ou de vous rendre sur memento.efl.fr.

Plan général

Les chiffres renvoient aux paragraphes

PARTIE 1

Commerçant et fonds de commerce

CHAPITRE 1

Commerçant et actes de commerce

A. Qualité de commerçant 111
B. Application des règles commerciales 400

CHAPITRE 2

Capacité

A. Mineurs 1003
B. Majeurs protégés 1100
C. Personnes morales 1200
D. Époux 1300
E. Partenaires d'un pacte civil de solidarité 1384
F. Concubins 1395
G. Étrangers 1398

CHAPITRE 3

Entreprise

SECTION 1
STATUT JURIDIQUE DE L'ENTREPRISE 2005
A. Qualification juridique de l'entreprise 2005
B. Identification administrative de l'entreprise 2035

SECTION 2
ENTREPRENEUR INDIVIDUEL 2125

I. Règles applicables à tout entrepreneur individuel 2135
A. Exploitation de l'entreprise 2145
B. Adoption du régime de l'auto-entrepreneur 2190

II. Règles propres à l'entrepreneur individuel 2195
A. Patrimoine professionnel et patrimoine personnel 2205
B. Règlement des dettes de l'entrepreneur individuel 2225
C. Transfert du patrimoine professionnel de l'entrepreneur individuel 2265

III. Règles propres à l'entrepreneur individuel à responsabilité limitée 2290
A. Constitution du patrimoine professionnel de l'EIRL 2295
B. Gestion du patrimoine professionnel de l'EIRL 2315
C. Paiement des dettes de l'EIRL 2335
D. Extinction du patrimoine affecté de l'EIRL 2355

CHAPITRE 4

Fonds de commerce

A. Conditions d'existence du fonds de commerce 2503
B. Vente du fonds de commerce 2700
C. Location-gérance du fonds de commerce 3000
D. Crédit-bail de fonds de commerce 3300
E. Nantissement conventionnel du fonds de commerce 3400
F. Gage de l'outillage et du matériel 3500

CHAPITRE 5

Baux commerciaux

SECTION 1
DOMAINE D'APPLICATION DU STATUT 4009
A. Conditions d'application du statut 4012
B. Extension du champ d'application du statut 4100
C. Bail dérogatoire au statut des baux commerciaux 4150

SECTION 2
RÈGLES GÉNÉRALES APPLICABLES AU BAIL 4400

I. Conclusion du bail 4400

II. Exécution du bail 4490
A. Durée du bail 4500
B. Droits et obligations des parties 4550
C. Loyer 4700
D. Destination des lieux et déspécialisation 4850
E. Sous-location d'un bail soumis au statut 4949
F. Cession du bail 5000
G. Formalités 5060

III. Fin du bail 5150
A. Rupture du bail 5190
B. Expiration du bail 5300
C. Conséquences de la fin du bail 5338
D. Achat du local loué par le preneur 5500

SECTION 3
RENOUVELLEMENT DU BAIL 5600

I. Droit au renouvellement 5603
A. Conditions du droit au renouvellement 5603
B. Exercice du droit au renouvellement 5650

II. Régime du bail renouvelé 5800

III. Loyer du bail renouvelé 5900
A. Modes de fixation du loyer 5900
B. Plafonnement de la variation du loyer initial 5940
C. Fixation du loyer à la valeur locative 6000
D. Règles spécifiques à certains baux 6150

IV. Refus de renouvellement 6300
A. Refus de renouvellement avec indemnité d'éviction 6300
B. Autres cas de refus de renouvellement 6450

SECTION 4
CONTENTIEUX 6800

CHAPITRE 6

Liberté du commerce 7500

CHAPITRE 7

Responsabilité civile 8000

PARTIE 2

Contrats

CHAPITRE 1

Règles communes à tous les contrats

SECTION 1
LES RÈGLES DE QUALIFICATION DES CONTRATS 10010
A. Qualification par les parties 10015
B. Qualification par le juge 10050
C. Effets de la qualification du contrat 10090

SECTION 2
L'EXISTENCE D'UN CONTRAT 10200
A. Éléments caractéristiques du contrat 10203
B. Engagements et obligations non contractuels 10300

SECTION 3
LE DROIT COMMUN DU CONTRAT 10600
A. Détermination du droit commun du contrat 10600
B. Application du droit commun du contrat 10611
C. Exclusion du droit commun du contrat 10668
D. Règles propres à des catégories de contrats en fonction de leur contenu 10795

SECTION 4
LA FORMATION DU CONTRAT 11600
I. Recherche du cocontractant 11600
A. Prospection du cocontractant 11600
B. Choix du cocontractant 11650
II. Négociation du contrat 11790
A. Recours à la négociation 11800
B. Déroulement des négociations 11820
C. Issue des négociations 11900

SECTION 5
LA VALIDITÉ DU CONTRAT 12000
I. Consentement des parties 12003
II. Capacité et pouvoir des contractants 12350
A. Capacité de contracter 12350
B. Pouvoir de contracter 12375
III. Contenu licite et certain du contrat 12400
A. Contenu certain 12401
B. Contenu licite 12510

SECTION 6
MISE EN FORME DU CONTRAT ET DÉMARCHES ANNEXES 12700

SECTION 7
L'EXÉCUTION DU CONTRAT 13000
I. Parties à l'exécution du contrat 13000
II. Obligations contractuelles 13100
A. Notion 13100
B. Règles d'interprétation des contrats 13103
III. Règles générales d'exécution des obligations contractuelles 13190
A. Obligations types 13190
B. Obligation de moyens ou de résultat 13250
C. Obligation de ne pas faire ou interdiction de faire 13265
IV. Délais d'exécution du contrat 13400
A. Entrée en vigueur 13400
B. Délais d'exécution des obligations 13495
V. Modalités d'exécution du contrat 13600
VI. Paiement du prix 13800

SECTION 8
LES MODIFICATIONS DU CONTRAT 14000
I. Interdiction de modifier le contrat 14000
II. Modifications admises 14005
A. Révision légale en cas de changement imprévisible de circonstances 14005
B. Révision conventionnelle 14050
C. Autres dérogations à l'interdiction de modification unilatérale 14070
D. Novation 14100
E. Cession de contrat 14150
F. Cession de créance 14200
G. Cession de « droit ou action » 14280
H. Cession de dette 14300
I. Substitution de parties 14350

SECTION 9
L'INEXÉCUTION DU CONTRAT 14400
I. Établissement de l'inexécution du contrat 14403
A. Existence de l'inexécution du contrat 14403
B. Preuve de l'inexécution du contrat 14412
C. Inexécution du contrat due à l'impossibilité d'exécuter 14465
II. Droit d'invoquer l'inexécution du contrat 14495
III. Mesures de sauvegarde du contrat 14600
IV. Suspension du contrat 14700
V. Exception d'inexécution du contrat 14800
VI. Exécution forcée du contrat 14900
VII. Réparation de l'inexécution du contrat 15000
A. Droit à réparation de l'inexécution du contrat 15005
B. Réparation en dommages-intérêts 15250
C. Réparation en nature 15350
D. Action en réparation 15400
VIII. Rupture de la relation contractuelle tacite ou formelle 15440
A. Révocation mutuelle du contrat 15445
B. Rupture unilatérale brutale d'une « relation commerciale » 15455
C. Résiliation du contrat 15470
D. Résolution du contrat 15508

SECTION 10
L'EXTINCTION DU CONTRAT 15650
I. Nullité du contrat 15650
A. Qualification de la nullité 15650
B. Régime de la nullité 15668
C. Causes d'annulation du contrat 15671
D. Mise en œuvre de la nullité 15676
E. Annulation du contrat 15703
II. Caducité du contrat 16000
III. Terme extinctif 16003
IV. Condition résolutoire 16045
V. Confusion 16060
VI. Conséquences de l'extinction du contrat 16090
A. Arrêt du contrat 16090
B. Restitutions 16120

SECTION 11
SURVIE DU CONTRAT 16150
A. Survie totale 16150
B. Survie partielle 16175
C. Survie dans un contrat nouveau 16190

SECTION 12
CONTENTIEUX DU CONTRAT 16250

CHAPITRE 2
Contrats internationaux
I. Droit applicable au contrat international 16510
II. Choix du droit applicable par les parties 16600
A. Principe de la liberté de choix du droit applicable 16600
B. Réserve de l'ordre public 16650
III. Libre régulation du contrat par les parties ou « contrat sans loi » 16800
IV. Désignation expresse du droit applicable 16900
V. Désignation expresse de la « lex mercatoria » 17000
VI. Droit applicable à défaut de désignation expresse 17100
A. Fixation du droit applicable par le juge saisi 17100
B. Fixation du droit applicable par les arbitres 17120
C. Mise en œuvre du droit désigné 17130
VII. Droit applicable aux contrats de droit administratif 17200

CHAPITRE 3
Assurances de dommages terrestres
I. Règles générales 17509
A. Conclusion du contrat 17509
B. Exécution du contrat 17600
C. Contentieux du contrat d'assurance 17900
D. Extinction du contrat d'assurance 17995
II. Règles propres à l'assurance de responsabilité 18200

CHAPITRE 4
Contrats de coopération interentreprises
A. Règles spécifiques proposées pour les contrats de coopération 18510
B. Modalités de mise en œuvre des contrats de coopération 18600
C. Contrat de consortium 18700
D. Contrat de fabrication en commun 18800
E. Contrat de fourniture d'installations industrielles (ingénierie et clé en main) 18900
F. Contrat de commande de recherche 19000
G. Contrat de recherche en commun 19200
H. Contrat de recherche « intraprise » 19264

CHAPITRE 5
Contrat de prestation de services ou d'entreprise
SECTION 1
CONTRAT D'ENTREPRISE DE DROIT COMMUN 19540
A. Conclusion du contrat d'entreprise 19540
B. Exécution du contrat d'entreprise 19600

SECTION 2
CONTRAT DE GÉRANCE-MANDAT 19800

SECTION 3
CONTRAT DE PRESTATIONS INFORMATIQUES 20000
A. Contrat d'ingénierie informatique 20000
B. Contrat de fourniture de prestations électroniques 20050
C. Contrat de services d'intermédiation en ligne 20100
D. Contrat de fourniture d'un service de partage de contenus en ligne 20120

SECTION 4
SOUS-TRAITANCE 20200
A. Contrat de sous-traitance industrielle 20210
B. Sous-traitance de contrat ou de marché au sens de la loi du 31 décembre 1975 20300

CHAPITRE 6
Dépôt 21000

CHAPITRE 7
Accords de distribution
A. Modalités de distribution utilisables dans tout accord de distribution 21509
B. Contrôle des pratiques commerciales 21574
C. Droits et obligations des parties en fonction des différentes qualités du distributeur 21600

CHAPITRE 8
Location de meubles 22500

CHAPITRE 9
Mandat 23000

CHAPITRE 10

Fiducie

A. Conclusion du contrat de fiducie 23215
B. Exécution du contrat de fiducie 23245
C. Droits sur le patrimoine fiduciaire 23275
D. Extinction du contrat de fiducie 23297

CHAPITRE 11

Prêts (autres que d'argent)

A. Prêt à usage 23500
B. Prêt de consommation 23600

CHAPITRE 12

Transport de marchandises

SECTION 1
COMMISSION DE TRANSPORT 24003

SECTION 2
TRANSPORT ROUTIER INTÉRIEUR DE MARCHANDISES 24200

A. Conclusion du contrat de transport routier 24231
B. Exécution du contrat de transport routier 24300
C. Réparation des dommages aux marchandises transportées par route 24550
D. Autres dommages liés au transport routier 24750

SECTION 3
TRANSPORT ROUTIER CMR 25000

A. Conclusion du contrat de transport CMR 25025
B. Exécution du contrat de transport CMR 25050
C. Réparation des pertes et avaries aux marchandises transportées sous CMR 25150
D. Réparation en cas de retard de livraison des marchandises transportées sous CMR 25300
E. Recours entre transporteurs CMR 25350

SECTION 4
LOCATION DE VÉHICULES ROUTIERS 25600

SECTION 5
TRANSPORT AÉRIEN DE MARCHANDISES 25800

SECTION 6
TRANSPORT MARITIME DE MARCHANDISES 26000

CHAPITRE 13

Vente de marchandises et de matériels

A. Généralités sur la vente 26503
B. Conclusion du contrat de vente 26600
C. Exécution du contrat de vente 26900

PARTIE 3

Biens de l'entreprise

CHAPITRE 1

Propriété

A. Régime général de la propriété 30000
B. Indivision 30100
C. Usufruit 30500

CHAPITRE 2

Propriétés intellectuelles

SECTION 1
DIFFÉRENTS DROITS DE PROPRIÉTÉ INTELLECTUELLE 30950

SECTION 2
RÈGLES COMMUNES AUX PROPRIÉTÉS INTELLECTUELLES 30953

SECTION 3
PROPRIÉTÉ INDUSTRIELLE 31000

I. Brevets d'invention 31000
A. Inventions brevetables 31025
B. Procédure de délivrance du brevet 31200
C. Droits du breveté 31597
D. Contentieux 31700

II. Dessins et modèles 32000
A. Protection par la propriété littéraire et artistique 32003
B. Protection spécifique des dessins et modèles 32090

III. Marques de produits ou de services 32400
A. Choix de la marque 32410
B. Dépôt et enregistrement de la marque 32500
C. Déchéances de la marque 32550
D. Protection de la marque 32575
E. Contentieux des marques 32700

IV. Règles communes aux droits de propriété industrielle 32750

V. Licences, cessions et autres accords portant sur les droits de propriété industrielle 32800
A. Licence de brevet 32800
B. Cession et mise en gage de brevet 33200
C. Licence de marque 33300
D. Cession de marque 33400
E. Nantissement de la marque 33500
F. Accord de coexistence de marques 33550
G. Actes d'exploitation des dessins et modèles 33600
H. Communication de savoir-faire 33700

SECTION 4
PROPRIÉTÉ LITTÉRAIRE ET ARTISTIQUE : DROITS D'AUTEUR ET DROITS VOISINS 34500

I. Droits d'auteur : régime général 34500
A. Œuvres génératrices de droits d'auteur 34510
B. Qualité d'auteur 34603
C. Bénéficiaires de la qualité d'auteur et de la jouissance des droits 34624
D. Droits de l'auteur 34645

II. Droits d'auteur : régimes spéciaux 35000
A. Commande d'une œuvre pour la publicité 35000
B. Logiciels ou programmes d'ordinateurs 35005
III. Droits voisins du droit d'auteur 35048
A. Dispositions communes aux droits voisins 35049
B. Statut de l'artiste-interprète 35058
C. Droits des producteurs 35067
D. Droits des entreprises de communication 35070
IV. Contentieux 35100

PARTIE 4
Financement de l'entreprise

CHAPITRE 1
Établissements de crédit
A. Monopole bancaire 40010
B. Contrat de banque 40100

CHAPITRE 2
Comptes
A. Compte courant 40500
B. Compte ordinaire 40650

CHAPITRE 3
Opérations de crédit
A. Contrat de prêt d'argent 41005
B. Opérations de mobilisation des créances commerciales 41200
C. Ouverture de crédit 41400
D. Autres procédés de financement 41503
E. Crédit-bail 41600
F. Financement par les personnes publiques 41700

PARTIE 5
Créances et dettes de l'entreprise

CHAPITRE 1
Paiement
SECTION 1
CONDITIONS GÉNÉRALES DU PAIEMENT 50000
I. Parties au paiement 50000
A. Créancier du paiement 50000
B. Débiteur du paiement 50050
C. Pluralité de créanciers ou de débiteurs 50100
II. Montant du paiement 50290
A. Obligation d'exécuter la prestation due 50290
B. Indexation du prix convenu 50350
III. Règlement d'une somme d'argent 50490
SECTION 2
PROCÉDÉS DE PAIEMENT 50780
I. Services de paiement 50780
II. Choix du procédé de paiement 50788
III. Divers modes de paiement 50790
IV. Virement bancaire 50803
V. Lettre de change 50900
A. Création de la lettre de change 50912
B. Provision de la lettre de change 51000
C. Acceptation 51050
D. Endossement des lettres de change 51100
E. Aval 51200
F. Paiement des lettres de change 51250
G. Formalités en cas de défaut de paiement 51400
H. Recours pour défaut de paiement 51450
I. Prescription cambiaire 51500
J. Perte et vol de la lettre de change 51550
K. Faux et altérations de la lettre de change 51600
L. Effets de complaisance 51650
M. Lettres de change émises ou endossées à l'étranger 51700
VI. Billet à ordre 51800
A. Création du billet à ordre 51806
B. Endossement du billet à ordre 51850
C. Aval du billet à ordre 51900
D. Paiement du billet à ordre 51950
E. Contentieux 52050
F. Billet ou titre au porteur 52100
G. Bons de caisse 52150
VII. Chèque 52200
A. Émission du chèque 52209
B. Transmission du chèque 52350
C. Paiement du chèque 52400
D. Défaut de paiement du chèque 52550
E. Cas particuliers 52750
VIII. Compensation 52900
IX. Subrogation 53000
A. Conditions de la subrogation 53006
B. Effets de la subrogation 53045
X. Affacturage 53200
XI. Crédit documentaire 53300
XII. Délégation 53400
XIII. Dation en paiement 53500
SECTION 3
INCIDENTS DE PAIEMENT 53800
I. Paiement en retard 53800
II. Action oblique 53900
III. Action paulienne 54000
IV. Action directe en paiement 54030
V. État de déconfiture 54100
VI. Paiement indu 54200
VII. Paiement imposé par le débiteur au créancier 54300

CHAPITRE 2
Garanties
SECTION 1
CAUTIONNEMENT 55009
I. Conclusion du cautionnement 55050
A. Conditions relatives à la caution 55050
B. Conditions relatives au créancier bénéficiaire 55097

C. Conditions relatives aux obligations cautionnées 55140
D. Mentions exigées de la caution 55240
II. Exécution du cautionnement 55350
A. Obligations et droits du créancier envers la caution 55350
B. Obligation de la caution de payer le créancier 55430
C. Recours de la caution 55500
D. Exécution du cautionnement entre cofidéjusseurs : recours de celui qui a payé 55550
III. Extinction de l'obligation de la caution 55700
A. Extinction de la dette principale 55700
B. Extinction de l'engagement même de la caution 55750
C. Décharge de la caution pour perte du bénéfice de la subrogation dans les droits du créancier 55800
D. Décharge de la caution pour préjudice causé par la faute du créancier 55840
IV. « Cautionnement » réel 55900
SECTION 2
SÛRETÉS IMMOBILIÈRES 56190
I. Hypothèque immobilière 56200
A. Constitution de l'hypothèque immobilière 56209
B. Droits du propriétaire de l'immeuble hypothéqué 56400
C. Droits du créancier hypothécaire 56500
D. Transfert de l'hypothèque 56600
E. Extinction de l'hypothèque 56700
II. Propriété de l'immeuble donnée en garantie 56800
III. Gage immobilier 56820
SECTION 3
SÛRETÉS RÉELLES MOBILIÈRES 57000
I. Gage de droit commun des meubles corporels 57003
II. Gage automobile 57100
III. Nantissement des œuvres cinématographiques et audiovisuelles 57200
IV. Warrants 57300
V. Reçu d'entreposage 57330
VI. Gage des stocks 57340
VII. Nantissements de meubles incorporels 57360
VIII. Propriété objet de garantie 57500
SECTION 4
PRIVILÈGES 57600
SECTION 5
DROIT DE RÉTENTION 57800
SECTION 6
GARANTIE AUTONOME 58000
SECTION 7
GARANTIES DIVERSES 58190
SECTION 8
GARANTIES PUBLIQUES POUR LE COMMERCE EXTÉRIEUR DE LA COFACE 58400

CHAPITRE 3
Recouvrement des créances de l'entreprise
I. Recouvrement des créances entre personnes privées 59003
A. Mesures conservatoires 59019
B. Mesures d'exécution forcée 59400
II. Recouvrement des créances entre personnes privées et personnes publiques 60000
III. Recouvrement des créances des personnes publiques étrangères ou sur les personnes publiques étrangères 60400

CHAPITRE 4
Entreprises en difficulté
SECTION 1
MESURES DE PRÉVENTION DES DIFFICULTÉS DES ENTREPRISES 61020
A. Procédures d'alerte 61020
B. Mandat ad hoc 61050
C. Conciliation avec les créanciers 61100
D. Autres mesures de prévention 61190
SECTION 2
PROCÉDURES COLLECTIVES DE TRAITEMENT DES DIFFICULTÉS 61240
I. Débiteurs éligibles aux procédures collectives 61260
II. Difficultés justifiant l'ouverture d'une procédure collective 61320
A. Sauvegarde 61320
B. Redressement et liquidation judiciaires 61350
III. Ouverture de la procédure collective 61450
A. Tribunal compétent pour ouvrir la procédure 61450
B. Demande d'ouverture de la procédure 61490
C. Suites de la saisine du tribunal 61530
D. Décision d'ouverture de la procédure 61550
E. Extension de la procédure 61630
F. Conversion de la procédure 61670
IV. Période d'observation de la sauvegarde et du redressement judiciaire 61720
A. Présentation générale de la période d'observation 61720
B. Mesures conservatoires 61740
C. Bilan économique, social et environnemental de l'entreprise 61780
D. Administration de l'entreprise 61810
E. Contrats en cours 62000
F. Créances payées à l'échéance ou par privilège 62200
V. Situation personnelle du chef d'entreprise 62270
VI. Situation des créanciers 62340
A. Règles générales 62340
B. Sort des poursuites individuelles des créanciers 62380

C. Cours des intérêts et exigibilité des créances antérieures **62490**
D. Interdiction pour les créanciers d'inscrire des sûretés et des droits réels **62515**
E. Déclaration des créances **62540**
F. Apports de trésorerie durant la procédure collective **62665**
G. Responsabilité des créanciers pour les crédits consentis au débiteur **62670**
VII. Situation des salariés **62730**
VIII. Situation des associés **62750**
IX. Détermination du patrimoine de l'entreprise **62800**
A. Passif de l'entreprise : vérification et admission des créances **62800**
B. Actifs de l'entreprise : Biens revendiqués et annulation des opérations suspectes **62950**
X. Plan de sauvegarde ou de redressement **63200**
A. Élaboration du plan de sauvegarde ou de redressement **63205**
B. Arrêté du plan de sauvegarde ou de redressement **63290**
C. Exécution du plan **63380**
D. Inexécution du plan **63430**
XI. Liquidation judiciaire **63470**
A. Situation de l'entreprise en liquidation judiciaire **63480**
B. Cession de l'entreprise ou de ses actifs **63630**
C. Apurement du passif et clôture de la liquidation judiciaire **64080**
D. Liquidation judiciaire simplifiée **64280**
XII. Rétablissement professionnel **64350**
XIII. Sanctions et déchéances **64470**
A. Comblement de passif **64470**
B. Faillite personnelle ou interdiction de gérer **64500**
C. Banqueroute **64580**
XIV. Règles communes aux procédures collectives **64640**
A. Responsabilité des mandataires de justice **64640**
B. Dispositions générales de procédure **64690**

PARTIE 6
Contentieux de droit privé

CHAPITRE 1
Règlement des litiges

SECTION 1
RÈGLEMENT AMIABLE DES DIFFÉRENDS **70011**
I. Règlements amiables antérieurs à la procédure contentieuse **70012**
A. Règlements amiables conventionnels **70013**
B. Règlements amiables obligatoires **70026**
II. Règlements amiables postérieurs à la procédure contentieuse **70030**
A. Conciliation et médiation judiciaires **70032**
B. Audience de règlement amiable **70050**

SECTION 2
TRANSACTION **70200**
I. Conclusion de la transaction **70213**
II. Effets de la transaction **70400**

SECTION 3
ARBITRAGE **70600**
I. Convention d'arbitrage **70650**
A. Acceptation de la convention d'arbitrage **70700**
B. Validité de la convention d'arbitrage **70750**
C. Effets de la convention d'arbitrage **70850**
D. Mode d'arbitrage retenu **70900**
II. Procédure d'arbitrage **71000**
III. Sentence arbitrale **71190**
A. Sentence rendue en matière civile et commerciale **71200**
B. Sentence rendue en matière administrative **71343**

SECTION 4
ACTION EN JUSTICE **71600**
I. Droit d'agir en justice **71603**
II. Prescription extinctive **71700**
III. L'instance **71900**
IV. Juridiction judiciaire compétente **72000**
A. Compétence selon le droit national **72002**
B. Compétence selon le droit de l'Union européenne **72100**
C. Compétence selon le droit commun international **72197**
V. Jugement **72400**
VI. Référés et procédure accélérée au fond **72500**
VII. Requête **72600**

SECTION 5
PROTECTION DIPLOMATIQUE **72800**

CHAPITRE 2
Lois et règlements

SECTION 1
NOMENCLATURE DES LOIS ET DES RÈGLEMENTS **73500**

SECTION 2
MISE EN VIGUEUR DES LOIS ET DES RÈGLEMENTS **73600**

SECTION 3
LÉGALITÉ DES LOIS ET DES RÈGLEMENTS **73800**
A. Légalité des lois **73800**
B. Légalité des règlements **73900**
C. Légalité des actes européens **74000**

SECTION 4
FORCE OBLIGATOIRE DES LOIS ET DES RÈGLEMENTS **74200**
A. Permanence des lois et des règlements **74200**
B. Lois et règlements d'ordre public **74250**
C. Lois supplétives **74299**
D. Autonomie des lois et des règlements **74300**
E. Responsabilité du fait des lois **74350**

F. Territorialité des lois et des règlements 74400
G. Non-rétroactivité des lois et des règlements 74450

SECTION 5
APPLICATION DES LOIS ET DES RÈGLEMENTS 74600
A. Application des qualifications juridiques 74600
B. Interprétation des lois et des règlements 74700
C. Éviction de la loi applicable de droit 74900

CHAPITRE 3
Preuve
A. Charge et objet de la preuve 75506
B. Preuve des actes juridiques par écrit 75590
C. Preuve des faits juridiques par tout moyen 75750
D. Moyens de preuve autres que l'écrit 75800
E. Aveu extrajudiciaire 75900

Principales abréviations

AJDA	Actualité juridique du droit administratif
AJDI	Actualité juridique du droit immobilier
AJPI	Actualité juridique de la propriété immobilière
AN	Journal officiel, Débats parlementaires, Assemblée nationale
Ann. prop. ind.	Annales de la propriété industrielle
Banque	Revue Banque
BEEI	Bulletin européen et international F. Lefebvre
BPAT	Bulletin du patrimoine F. Lefebvre
BRDA	Bulletin rapide de droit des affaires F. Lefebvre
BT ou BTL	Bulletin des transports ou Bulletin des transports et de la logistique (depuis 1991)
Bull. civ.	Bulletin des arrêts de la Cour de cassation (chambres civiles)
Bull. Cour d'Aix ou Bull. d'Aix	Bulletin des arrêts de la cour d'appel d'Aix-en-Provence ou Bulletin d'Aix (depuis 1993)
Bull. Cour CCI	Bulletin de la Cour internationale d'arbitrage de la Chambre de commerce internationale
Bull. crim.	Bulletin des arrêts de la Cour de cassation (chambre criminelle)
Bull. inf. C. cass.	Bulletin d'information de la Cour de cassation
CA	cour d'appel
CAA	cour administrative d'appel
Cass.	Cour de cassation (ass. plén. : assemblée plénière ; civ. : chambre civile ; ch. mixte : chambre mixte ; com. : chambre commerciale ; crim. : chambre criminelle ; req. : chambre des requêtes ; soc. : chambre sociale)
C. artisanat	Code de l'artisanat
C. ass.	Code des assurances
C. cinéma	Code du cinéma et de l'image animée
C. civ.	Code civil
C. com.	Code de commerce
C. consom.	Code de la consommation
CCP	Code de la commande publique
C. énergie	Code de l'énergie
C. étrangers	Code de l'entrée et du séjour des étrangers
C. exécution	Code des procédures civiles d'exécution
C. just. adm.	Code de la justice administrative
C. mon. fin.	Code monétaire et financier
C. org. jud.	Code de l'organisation judiciaire
C. pén.	Code pénal
C. rur.	Code rural et de la pêche maritime
C. tourisme	Code du tourisme
C. transports	Code des transports
C. trav.	Code du travail
C. urb.	Code de l'urbanisme
CCC	Revue Contrats Concurrence Consommation

CCI	Chambre de commerce internationale
CCH	Code de la construction et de l'habitation
CE	Conseil d'État
CEDH	Cour européenne des droits de l'Homme
CESDH	Convention européenne de sauvegarde des droits de l'Homme
CGCT	Code général des collectivités territoriales
CGI	Code général des impôts
CGPPP	Code général de la propriété des personnes publiques
CJCE ou CJUE	Cour de justice des Communautés européennes ou de l'Union européenne
Clunet	Journal du droit international « Clunet »
Cnil	Commission nationale informatique et libertés
Cons. conc.	Conseil de la concurrence
Cons. const.	Conseil constitutionnel
CPC	Code de procédure civile
CPCE	Code des postes et communications électroniques
CPI	Code de la propriété intellectuelle
CPP	Code de procédure pénale
CRPA	Code des relations entre le public et l'administration
CSP	Code de la santé publique
CSS	Code de la sécurité sociale
D. (DC, DH ou DP)	Recueil Dalloz (critique, hebdomadaire, ou périodique)
DA	Dalloz Affaires
Defrénois	Répertoire du notariat Defrénois
DET	Droit européen des transports
D. IP/IT	Dalloz Droit de la propriété intellectuelle et du numérique
DMF	Droit maritime français
DPCI	Revue Droit et pratique du commerce international
GP, GP TT ou GP TQ	Gazette du Palais, tables triennales ou quinquennales
Inpi	Institut national de la propriété industrielle
JCP (E, G ou N)	Jurisclasseur périodique ou Semaine juridique (édition entreprise, générale ou notariale)
JDI	Journal du droit international « Clunet »
J. not.	Journal des notaires et des avocats
JO	Journal officiel
JOCE ou JOUE	Journal officiel des Communautés européennes ou de l'Union européenne
J. soc.	Journal des sociétés
Lebon	Recueil des décisions du Conseil d'État
Loyers	Loyers et copropriété
LP	Légipresse
Mémento Associations	Mémento pratique F. Lefebvre, Associations
MCC	Mémento pratique F. Lefebvre, Concurrence-Consommation
MCI	Mémento pratique F. Lefebvre, Sociétés civiles
Mémento Comptable	Mémento pratique F. Lefebvre, Comptable
Mémento Fiscal	Mémento pratique F. Lefebvre, Fiscal

Mémento Social	Mémento pratique F. Lefebvre, Social
MSC	Mémento pratique F. Lefebvre, Sociétés commerciales
MUC	Mémento pratique F. Lefebvre, Urbanisme-Construction
Ohada	Organisation pour l'harmonisation du droit des affaires en Afrique
Pet. aff. ou PA	Les Petites Affiches
PIBD	Propriété intellectuelle – Bulletin documentaire
Prop. intell.	Propriétés intellectuelles
QPC	Question prioritaire de constitutionnalité
Quot. jur.	Quotidien juridique
RDAI	Revue de droit des affaires internationales
RD bancaire	Revue de droit bancaire et financier (anciennement Revue de droit bancaire et de la bourse)
RDC	Revue des contrats
RDI	Revue de droit immobilier
RDPI	Revue du droit de la propriété industrielle (devenue Revue du droit de la propriété intellectuelle en 1991)
RD publ.	Revue de droit public et des sciences politiques
RDT	Revue de droit du travail
Rec.	Recueil de la jurisprudence de la Cour de justice et du Tribunal ou Recueil des décisions du Conseil constitutionnel
Réf.	Référé
Règl.	Règlement
Rép.	Réponse ministérielle
Rev. arb.	Revue de l'arbitrage
Rev. crit.	Revue critique de droit international privé
Rev. jur. com. (devenue RJ com.)	Revue de jurisprudence commerciale
Rev. loyers	Revue des loyers
Rev. proc. coll.	Revue des procédures collectives
Rev. sociétés	Revue des sociétés
RFD. adm.	Revue française de droit administratif
RGAT	Revue générale des assurances terrestres
RGDA	Revue générale du droit des assurances (depuis 1996)
RIDA	Revue internationale du droit d'auteur
RIDC	Revue internationale du droit comparé
RJDA	Revue de jurisprudence de droit des affaires F. Lefebvre
RJF	Revue de jurisprudence fiscale F. Lefebvre
RJS	Revue de jurisprudence sociale F. Lefebvre
RNE	Registre national des entreprises
RTD civ.	Revue trimestrielle de droit civil
RTD com.	Revue trimestrielle de droit commercial
RTD eur.	Revue trimestrielle de droit européen
S.	Recueil Sirey
Scapel	Revue de droit français commercial, maritime et fiscal
Sén.	Journal officiel, Débats parlementaires, Sénat
TA	Tribunal administratif
T. civ.	Tribunal civil
T. com.	Tribunal de commerce
T. confl.	Tribunal des conflits

T. corr.	Tribunal correctionnel
TFUE	Traité sur le fonctionnement de l'Union européenne
TGI	Tribunal de grande instance
TI	Tribunal d'instance
TJ	Tribunal judiciaire
TPICE	Tribunal de première instance des Communautés européennes (devenu le Tribunal)
TUE	Tribunal de l'Union européenne
UE	Union européenne

PARTIE 1

Commerçant et fonds de commerce

CHAPITRE 1

COMMERÇANT ET ACTES DE COMMERCE

SOMMAIRE

A. Qualité de commerçant	111	B. Application des règles commerciales	400
1. Actes de commerce	113	1. Droit d'exercer le commerce	403
2. Exercice professionnel des actes de commerce	250	2. Règles commerciales applicables aux commerçants	450
3. Application de la qualité de commerçant	295	3. Règles commerciales applicables à des non-commerçants	550

RÈGLES PARTICULIÈRES AU COMMERCE

110 Même si le Code civil ne dispose plus que « les règles particulières aux transactions commerciales sont établies par les lois relatives au commerce » (ex-art. 1107), cette catégorisation du « commerce » subsiste néanmoins sous la mention des « règles particulières à certains contrats » (C. civ. art. 1105, al. 2). Les règles particulières au commerce s'appliquent soit aux actes de commerce, soit aux commerçants.

A. Qualité de commerçant

111 A la qualité de commerçant celui qui accomplit des actes de commerce habituellement à titre principal, qu'il soit ou non inscrit au RCS.

1. ACTES DE COMMERCE

DÉFINITION DES ACTES DE COMMERCE

113 Les actes de commerce sont **énumérés** par les articles L 110-1 et L 110-2 du Code de commerce, mais l'acte de commerce, en lui-même, n'est pas défini par la loi. Il a été défini par les tribunaux, à partir de l'achat pour revendre (n° 123), comme l'acte par lequel une personne s'immisce dans la circulation des biens et des services en cherchant à retirer un profit de son intervention (TI Paris 7-9-2015 : Legalis 14-9-2015, pour une application à l'internaute qui a vendu plus de 80 produits « high tech » sur Priceminister, pour un montant d'environ 222 € par mois).

ACTES DE COMMERCE DITS « ISOLÉS »

120 **Signature d'une lettre de change** La signature d'une lettre de change, par toute personne, constitue un acte de commerce, **quelle que soit la nature,** civile ou commerciale, de la **créance** qu'il s'agit de payer (C. com. art. L 110-1, 10°). Cette qualification a cependant perdu son intérêt pratique car la lettre de change est désormais largement remplacée, dans son rôle de mobilisation des créances, par la cession Dailly (nos 41250 s.).

La loi ne visant que la lettre de change, la signature des autres titres négociables (billets à ordre ou au porteur, chèques, warrants, reçus d'entreposage inscrits sur un registre nominatif) constitue un acte de commerce seulement si la créance dont le paiement est promis par le titre est elle-même commerciale (nos 52053 et 52513).

123 **Achat pour revendre** L'achat pour revendre (C. com. art. L 110-1, 1° et 2°) est le type même de l'acte d'entremise fait dans un but spéculatif. Il suppose trois éléments :

1. Un achat. Il faut un achat précédant une vente, c'est-à-dire l'acquisition de la propriété d'une chose moyennant le versement d'un prix. Par extension, on considère qu'est un achat toute acquisition de la propriété à titre onéreux, c'est-à-dire impliquant une contrepartie même si celle-ci n'est pas un prix, par exemple un bien remis en échange. En revanche, il n'y a pas acte de commerce à défaut d'achat préalable (n° 201).

2. Biens meubles ou immeubles. L'achat peut porter sur tout meuble, corporel ou incorporel (créances monétaires, droits sociaux, droits de propriété industrielle ou littéraire et artistique, valeurs mobilières, etc.).

Les pharmaciens, qui achètent des médicaments pour les revendre, font des actes de commerce (Cass. crim. 25-5-1905 : DP 1905.1.399 ; T. civ. Aix 22-1-1947 : JCP G 1947.II.3876 note Savatier ; aussi CA Angers 11-5-1951 : JCP G 1951.II.6344).

Il peut aussi porter sur les immeubles.

Toutefois, l'achat ou la vente d'immeuble accompli en dehors de l'achat pour revendre est un acte civil, même entre commerçants (Cass. 3e civ. 14-6-1989 : Bull. civ. III p. 78 : rejet de la preuve par tous moyens ; CA Nancy 30-6-1960 : D. 1960.678 : compétence du TGI – devenu tribunal judiciaire – pour la solution des contestations relatives au transfert et à la constitution des droits réels immobiliers).

3. Intention de revendre. Il faut un achat avec l'intention de revendre. Cette intention doit répondre aux quatre conditions suivantes :

a. Elle doit exister **au moment de l'achat.** Celui qui invoque le caractère commercial de l'acte peut prouver cette intention par tous moyens. Cette preuve résulte généralement de la multiplicité et de l'importance des opérations d'achat suivies d'une vente (Cass. com. 15-11-1965), sauf aveu de l'auteur des actes (CA Colmar 16-6-1982 : GP 1983.som.114).

b. Elle doit aussi être inspirée par le **désir de réaliser un bénéfice,** quel que soit le résultat, positif ou négatif, de l'opération (pour un exemple, CA Paris 11-1-1995 : D. 1995.IR.62 : à propos d'une transaction sur immeuble par un marchand de biens). Ainsi, l'achat d'un tapis, d'un bijou ou d'un immeuble, en vue de placer une somme d'argent, n'est pas un acte de commerce, même si une revente intervient (cf. CA Colmar 16-6-1982 : GP 1983.som.114).

c. La revente doit être effectuée **à titre principal** : si un bien a été acheté pour être vendu accessoirement à une opération civile, celle-ci donne à l'achat un caractère civil en application de la règle selon laquelle l'accessoire suit le principal (no 210).

d. Enfin, la **vente** doit porter sur **l'objet acheté.** Mais il n'est pas nécessaire que l'objet revendu soit dans le même état que lorsqu'il a été acquis. À ce sujet, il y a lieu, cependant, de distinguer les meubles et les immeubles :

– en cas d'achat de meubles, il y a acte de commerce si ces meubles sont revendus soit en nature, soit après avoir été travaillés (C. com. art. L 110-1, 1°) ; c'est le cas notamment de l'installation de panneaux photovoltaïques si l'objet principal de l'installation est la revente d'électricité et la recherche de profits (Cass. com. 23-11-2022 no 21-18.290 F-D : RJDA 4/22 no 218) ;

– en matière immobilière, l'achat d'un terrain en vue d'édifier un ou plusieurs bâtiments et de les vendre en bloc ou par locaux est un acte civil (no 207).

126 **Opération d'intermédiaire sur immeubles et fonds de commerce** Toute opération d'intermédiaire pour l'achat, la souscription ou la vente de fonds de commerce, d'immeubles, d'actions ou de parts de sociétés immobilières est un acte de commerce (C. com. art. L 110-1, 3°).

Le **promoteur** immobilier dont l'activité consiste uniquement à construire pour le compte d'une personne un ensemble immobilier en vertu d'un contrat de promotion immobilière qui constitue un mandat d'intérêt commun (cf. C. civ. art. 1831-1) ne fait pas acte de commerce puisqu'il représente la personne intéressée et n'intervient pas comme intermédiaire.

129 **Opération de banque et de change** Toute opération de banque et de change ainsi que toutes les opérations de banques publiques sont des actes de commerce (C. com. art. L 110-1, 7° et 8°).

Les opérations de banque comprennent la réception de fonds remboursables du public, les opérations de crédit et les services bancaires de paiement (C. mon. fin. art. L. 311-1).

Toute personne qui accomplit, valablement (nos 40010 s.), ces opérations fait un acte de commerce isolé : par exemple, prêts par un notaire (Cass. com. 2-2-1970 : JCP G 1970.II.16313 obs. J.A. ; sur la validité d'un tel acte, no 15672) ou par l'État à une entreprise en difficulté dans l'intention d'assurer sa survie (T. com. Paris 2-12-1985 : GP 1986.131).

Les établissements de crédit, sociétés civiles coopératives à forme **mutualiste,** notamment les caisses de crédit agricole, accomplissent valablement les opérations de banque, quoique commerciales (Cass. com. 20-11-2007 no 05-16.219 : JCP E 2007.pan.2503) ; en conséquence, le tribunal de commerce est compétent pour juger les litiges nés de ces opérations (Cass. com. 24-1-1984 : Bull. civ. IV p. 22 ; Cass. com. 10-3-1998 : RJDA 7/98 no 877 ; dans le même sens, Cass. com. 17-7-2001 : RJDA 1/02 no 116). Mais il n'en résulte pas pour autant que les établissements susvisés soient titulaires d'un fonds de commerce au sens du statut des baux commerciaux (no 4058).

Courtage L'opération qui consiste à rapprocher des personnes qui désirent contracter constitue un acte de courtage qui est un acte de commerce (C. com. art. L 110-1, 7°), même si l'opération favorisée est de nature civile, comme le courtage matrimonial (Cass. com. 3-4-1984 : GP 1984.708 note Dupichot). 132

Service de paiement Les activités d'émission et de gestion de monnaie électronique ainsi que les services de paiement constituent des actes de commerce (C. com. art. L 110-1, 7°). 134

Actes de commerce maritime Les actes qui concernent le commerce maritime sont les suivants (C. com. art. L 110-2) : 135

1. Toute entreprise de construction et tous achats, ventes et reventes de navires (bâtiments de mer) et de bateaux (bâtiments de rivière) ;

Les entreprises de construction de navires sont celles qui construisent des navires et non pas celles qui en assurent la réparation (CA Rouen 30-3-2006 : JCP G 2006.IV.2414).

L'achat n'est commercial que s'il est fait pour exploiter commercialement le bâtiment (Cass. req. 23-6-1888 : DP 1888.1.405 et CA Aix 8-7-1947 : D. 1947.2.456 : caractère non commercial de l'achat d'un yacht de plaisance ; CA Rennes 27-6-1990 : DMF 1993.176 : caractère commercial de la commande d'un navire destiné à la pêche commerciale).

Quant à la vente de bateaux ou de navires, elle n'est commerciale que si elle est faite dans une intention spéculative (CA Paris 7-4-1887 : DP 1888.2.119). Toutefois, jugé qu'est commerciale la vente d'une part de chalutier de pêche, même passée par un non-commerçant, l'article L 110-2 du Code de commerce visant « tous » achats, ventes et reventes (T. com. Seine 11-1-1951 : DMF 1951.196).

2. Les **expéditions maritimes.** Notamment, toute activité de pêche maritime pratiquée, à titre professionnel, à bord d'un navire et en vue de la commercialisation des produits est réputée commerciale ;

Ne sont pas des expéditions maritimes les voyages de plaisance ; en conséquence, est civil le contrat d'assistance maritime conclu par le capitaine d'un navire de plaisance (CA Aix 25-7-1908 : DP 1909.2.137) et les tribunaux de commerce ne sont pas compétents pour connaître des litiges relatifs à la navigation de plaisance (Cass. com. 2-12-1965 : D. 1966.501 note Rodière).

3. Les **achats-ventes d'accessoires.** Ce sont les achats d'agrès, apparaux et avitaillements. Ces différents achats-ventes étant accessoires à l'expédition maritime, ils sont commerciaux dans la mesure où l'expédition maritime l'est, comme il est dit ci-dessus ;

Les agrès et apparaux (ces mots sont synonymes) comprennent tous les appareils nécessaires à la navigation ; les avitaillements sont toutes les fournitures de denrées périssables nécessaires à l'équipage et aux passagers pendant la traversée ainsi que les fournitures de combustibles (soutes).

4. Les contrats maritimes. Il est courant d'appeler ainsi les différents contrats qui se rapportent au commerce de mer. Ce sont :

a. Les contrats d'**affrètement** et de **transport.** Tout déplacement par mer d'une cargaison, qu'il soit fait en vertu d'un contrat d'affrètement, formellement ainsi qualifié par la loi, ou en vertu d'un contrat de transport (n° 26000) constitue un acte de commerce ;

Mais n'est pas commercial le contrat d'affrètement au regard de l'affréteur non commerçant qui le conclut pour faire déplacer ses récoltes (CA Aix 22-6-1899 : DP 1899.2.438 ; CA Aix 16-10-1951 : D. 1951.676) ni le contrat de transport au regard d'un non-commerçant qui le conclut pour déménager son mobilier privé personnel (Cass. req. 20-7-1884 : DP 1885.1.193).

b. Le contrat d'**emprunt,** qui est commercial s'il est fait en vue du commerce maritime ;

c. Les contrats d'**assurance maritime,** l'article L 110-2, 5° du Code de commerce ne distinguant pas entre les assurances mutuelles et les assurances à primes fixes ; le fait que la compagnie d'assurance ait adopté la forme de l'association est sans influence sur la nature du contrat d'assurance intervenu entre elle et l'assuré (CA Rouen 31-3-1931 : DH 1931.359 et T. com. Marseille 15-11-1985 : Scapel 1986.4, retenant la compétence du tribunal de commerce pour l'action de la compagnie contre son adhérent ; en revanche, le caractère commercial du contrat n'est pas opposable à la victime qui exerce l'action directe contre la mutuelle : CA Paris 26-1-2000 : GP 2001.som.1032 : compétence du TGI, devenu tribunal judiciaire).

Cautionnement de dettes commerciales Est un acte de commerce le cautionnement, entre toutes personnes, de dettes commerciales (C. com. art. L 110-1, 11°). 138

ACTES DE COMMERCE EN ENTREPRISE

L'article L 110-1 du Code de commerce qualifie d'actes de commerce certaines activités si elles sont réalisées en entreprise. L'entreprise commerciale se distingue de l'activité artisanale (n° 195) et de l'activité libérale (n° 210). 145

Sur la qualification juridique de l'entreprise, nos 2005 s.

148 **Entreprises de location de meubles** Les entreprises de location de meubles sont commerciales (C. com. art. L 110-1, 4°).

Sur le caractère commercial de la location-gérance du fonds de commerce au regard du locataire, mais non du loueur, n° 3003.

151 **Entreprises de production autres qu'agricoles** Toute entreprise de « **manufacture** » (C. com. art. L 110-1, 5°), c'est-à-dire qui a pour activité la fabrication, la transformation ou la construction d'un bien, est commerciale. Il s'agit essentiellement :

– des entreprises industrielles (industries mécaniques, chimiques, alimentaires, métallurgiques, électriques, etc.) ;

Est relative à l'industrie toute sorte d'activité concernant la production et la circulation des richesses, ce qui comprend l'extraction et la première transformation des matières industrielles, l'élaboration de produits finis à partir de ce qui est issu de ces activités initiales, la confection de biens d'équipement et de consommation et aussi, par analogie, les autres secteurs d'activité producteurs de richesses par la vente de services ; ainsi, est industrielle l'opération consistant à démonter une installation pour ferraillage et à monter un système de convoi et de concassage mécanique, car elle est productrice de richesses par la vente des prestations fournies (CA Versailles 13-12-2010 n° 09/08481 : RJDA 6/11 n° 533). Mais n'est pas industrielle l'activité consistant dans la conception, la production et la réalisation de films cinématographiques promotionnels, publicitaires et industriels, à l'exception de longs métrages (CE 20-1-1988 : D. 1988.IR.45).

Sur la qualification d'un local à usage industriel, n° 5500.

– des entreprises productrices d'énergie (centrales nucléaires, thermiques, hydroélectriques) ;
– des entreprises de construction (bâtiment, travaux publics), même si elles ne fournissent que de la main-d'œuvre (Cass. req. 20-10-1908 : D. 1909.1.246 ; CA Aix 4-2-1986 : Bull. Cour d'Aix 1986/1 p. 53), ou de rénovation d'immeuble (T. com. Paris 18-4-1991 : Dr. sociétés 1992/8-9 n° 179) ;
– des maisons d'édition, celles-ci ayant pour objet la production d'œuvres de l'esprit (notamment, livres, disques, films, logiciels) (CA Paris 27-2-1968 : D. 1968.375).

154 **Entreprises de commission** Les entreprises de commission qui effectuent des opérations en leur propre nom mais pour le compte d'autrui sont commerciales (C. com. art. L 110-1, 5°).

157 **Entreprises de transport** Les entreprises qui effectuent des transports de personnes ou de choses, par terre ou par eau, sont commerciales (C. com. art. L 110-1, 5°).

Les entreprises de transport maritime sont commerciales en application de l'article L 110-2 du Code de commerce (n° 135) ; celles de transport aérien ne sont plus spécifiquement visées, l'article L 321-1 du Code de l'aviation civile et commerciale ayant été supprimé par le Code des transports ; elles le sont lorsque la forme qu'elles revêtent est commerciale ou lorsque, par application de la définition de droit commun de l'activité commerciale (n° 113), le transport aérien est exercé sous une forme spéculative.

160 **Entreprises de fourniture** Les entreprises qui ont pour objet de fournir des produits ou de rendre des services sont commerciales (C. com. art. L 110-1, 6°).

La fourniture de produits peut porter sur des biens achetés pour être revendus ou sur des biens fabriqués par le fournisseur lui-même. Tel est le cas en particulier de la fourniture d'énergie (électricité, chauffage, air comprimé, gaz, etc.) (pour une application à la fourniture d'électricité, cf. Cass. 1re civ. 25-2-2016 n° 15-10.735 : RJDA 5/16 n° 412).

La prestation de services peut concerner des services matériels (par exemple ceux fournis par les hôtels, les restaurants, les pompes funèbres, les agences de publicité) ou intellectuels (par exemple ceux des bureaux d'expertise : Cass. com. 5-12-2006 n° 1372 F-PB : RJDA 4/07 n° 419) ou électroniques (cf. Loi 2004-575 du 21-6-2004 art. 14).

Toutefois, les prestations des professions dites libérales sont civiles (n° 210).

163 **Entreprises d'agences d'affaires** Les agences qui offrent leurs services pour faciliter ou gérer les affaires d'autrui sont commerciales (C. com. art. L 110-1, 6°).

En dehors du cas où la loi précise expressément, comme c'est le cas de l'activité d'agent artistique dont il est indiqué qu'elle présente un caractère commercial au sens des dispositions du Code de commerce (C. trav. art. L 7121-11), les tribunaux considèrent comme un agent d'affaires « le mandataire professionnel libre qui, sans caractère public, se charge habituellement de gérer les affaires d'autrui moyennant salaire » (Cass. soc. 8-7-1942 : GP 1942.2.177).

Ont été jugées commerciales les activités :
– des agences de voyages et tourisme (Cass. com. 8-7-1969 : JCP G 1970.II.16155 bis) ;
– des agences immobilières (Cass. req. 8-11-1876 : DP 1877.1.184) ;
– des agences de recouvrement de créances (CA Paris 7-2-1977 : GP 1977.1.293) ;
– des agences de renseignements (CA Lyon 27-10-1971 : D. 1972.327) ;

– des agences matrimoniales (Cass. com. 11-10-1982 : Bull. civ. IV p. 256) ;
– des cabinets de contentieux (Cass. com. 2-4-1973 : Bull. civ. IV p. 125) ;
– des généalogistes (CE 16-2-1948 : JCP G 1948.II.4346) ;
– des mandataires spécialisés près des tribunaux de commerce (CA Paris 18-10-1969 : JCP G 1970.II.16165) ;
– d'un bureau d'expertise fournissant tous services techniques relatifs aux navires et à l'industrie maritime en général ainsi que des services d'inspection et de consultation technique relatifs à des entreprises terrestres et maritimes (Cass. com. 21-3-1995 : RJDA 8-9/95 n° 1060).

Entreprises de vente à l'encan Les établissements dont l'activité consiste à organiser des ventes publiques aux enchères sont commerciaux (C. com. art. L 110-1, 6°). 166

Entreprises de spectacles publics Sont commerciales les entreprises qui ont pour objet de distraire le public, moyennant une rétribution, par un spectacle ou un divertissement quelconque (C. com. art. L 110-1, 6°), par exemple, les exploitations de théâtre (CA Paris 3-7-1996 : DA 1996.1187), concert, cinéma (Cass. com. 11-7-1984 : Bull. civ. IV p. 191), casino, cirque, spectacle forain, manifestations sportives, salle de conférences (Cass. com. 7-3-1972 : Bull. civ. IV p. 78). 169

Entreprises d'assurance L'activité d'assurance, qui n'est pas visée par l'article L 110-1 du Code de commerce, n'est pas en soi un acte de commerce (CA Versailles 28-2-2002 n° 01.5039 : RJDA 1/03 n° 93), sauf l'assurance maritime qui l'est toujours (n° 135) ; mais les entreprises d'assurance sont, en pratique, commerciales, parce que exerçant sous forme de sociétés commerciales, à l'exception des assurances mutualistes qui exercent sans intention spéculative (C. ass. art. L 322-26-1 ; CA Poitiers 26-4-2005 : JCP G 2006.IV.1314), que les cotisations soient variables (CA Dijon 4-2-1993 : GP 1994.som.88) ou forfaitaires dès lors que les excédents sont répartis (CA Versailles 10-6-1993 : D. 1993.IR.213 ; CA Rouen 25-11-1993 : BTL 1994.782) ; néanmoins, la mutuelle est commerciale lorsque son activité d'assurance est accessoire par rapport aux activités commerciales constituant son objet social (Cass. com. 5-5-2009 n° 08-17.599 : D. 2009.1415.som.). 172

Entreprises d'exploitation minière L'exploitation des mines (sur la détermination des mines, C. minier art. L 111-1, L 111-2 et L 112-1) est considérée comme un acte de commerce (C. minier art. L 131-3). 175
Sur le caractère civil des autres activités extractives, n° 204.

Établissements publics industriels et commerciaux Les établissements publics industriels et commerciaux (Épic) – personnes morales publiques distinctes de l'État ou des collectivités territoriales qui les ont créés – exercent une activité industrielle et commerciale qui, le plus souvent, entre dans le champ d'application de l'article L 110-1 du Code de commerce. 178

Ils se distinguent des établissements publics dits « **administratifs** », comme les hôpitaux ou les établissements d'enseignement, et des établissements publics économiques que sont les chambres de commerce et d'industrie (Loi 94-679 du 8-8-1994 art. 84).

Généralement, la loi (ou le décret) qui crée un établissement détermine s'il s'agit d'un établissement industriel et commercial ou d'un établissement administratif. Tout intéressé peut donc se renseigner en consultant le texte portant création de l'établissement en cause ou en demandant un extrait du RCS, les Épic devant y être immatriculés (C. com. art. L 123-1, I-4°). Mais la qualification d'Épic, même légale, n'est pas déterminante (cf. T. confl. 12-11-1984 : JCP G 1986.II.20577 obs. Fernandez) : celle-ci n'est appliquée que si l'établissement exerce effectivement et principalement une activité économique et il incombe à la partie qui s'en prévaut d'établir les modalités de fonctionnement et de financement du service en cause, au besoin après avoir demandé qu'il soit fait injonction à la personne publique de produire les pièces nécessaires (Cass. 1e civ. 31-3-2010 n° 09-12.821 : Bull. civ. I n° 83).

Jugé que sont commerciales les opérations d'achat, de revente et de stockage des céréales réalisées par l'Office national interprofessionnel des céréales (devenu Office national interprofessionnel des grandes cultures) (T. confl. 8-11-1982 : AJDA 1983.199).

En revanche, constitue un service à caractère administratif :
– la préparation des décisions gouvernementales relatives aux interventions de l'État sur les marchés agricoles et leur exécution, même si cette mission est effectuée par un établissement qualifié d'Épic par le décret qui l'a institué (T. confl. 24-6-1968 : D. 1969.116 note Chevallier) ;
– l'information concernant le commerce extérieur et la promotion des entreprises françaises, assurée dans l'intérêt général par le Centre français du commerce extérieur (désormais Business France), peu important que celui-ci ait été qualifié d'Épic par le texte qui l'a créé (CE 4-7-1986 : D. 1988.90 note Fatome et Moreau ; CE 6-2-1987 : JCP G 1988.II.20971 obs. Guettier) ;
– la diffusion d'informations auprès du public par l'Institut national de la consommation (T. confl. 23-10-1989 : JCP G 1989.IV.415 ; contra CAA Paris 3-12-1996 : JCP E 1997.pan.227) et par l'Institut géographique national

(désormais Institut national de l'information géographique et forestière) (T. confl. 15-1-1990 : D. 1991.som.137 obs. Llorens et Soler-Couteaux) ;

– l'exploitation d'un camping municipal, créé dans l'intérêt général, dans les cas où les modalités particulières de sa gestion impliquent que la commune a entendu lui donner ce caractère (Cass. 1e civ. 31-3-2010, précité).

ACTES DE COMMERCE PAR ACCESSOIRE

185 **Actes civils faits pour les besoins du commerce** Pour qu'un acte civil par nature soit traité comme un acte de commerce, il faut qu'il soit fait **par une personne** ayant la qualité de **commerçant** et agissant pour les besoins de son commerce (Cass. req. 21-7-1936 : GP 1936.2.609 ; Cass. com. 11-2-1958 : Bull. civ. III p. 54 ; CA Limoges 29-1-1992 : Bull. inf. C. cass. 1992.1125). En conséquence, l'acte fait par un commerçant pour son usage personnel n'est pas un acte de commerce.

La **preuve** de ce lien avec le commerce est considérablement facilitée par la présomption de commercialité reconnue par les tribunaux pour tous les actes faits par un commerçant. Mais s'agissant d'une présomption simple, le commerçant qui prétend que son acte n'est pas fait pour les besoins de son commerce peut apporter la preuve contraire (CA Paris 11-1-1995 : D. 1995.IR.62 : preuve non rapportée).

Tout acte d'exploitation répondant aux conditions ci-dessus peut être un acte de commerce par accessoire. Il en est ainsi des actes suivants :

– des **contrats,** par exemple de vente, louage, mandat (Cass. req. 12-12-1911 : D. 1913.1.129 ; CA Paris 10-12-1935 : DH 1936.122), prêt (Cass. civ. 30-7-1907 : D. 1908.1.61), assurance (Cass. civ. 24-1-1865 : DP 1865.1.72), dépôt (Cass. civ. 2-7-1941 : DA 1941.291), entreprise (Cass. com. 15-1-2008 n° 07-12.102 : RJDA 6/08 n° 744) et même location d'immeuble (Cass. com. 5-12-1961 : D. 1962.88 ; CA Rouen 12-12-1972 : Rev. jur. com. 1973.89) ;

– des **délits** ou quasi-délits, tels les faits de concurrence déloyale (Cass. com. 7-4-1967 : D. 1968.61) ou sources de responsabilité civile (Cass. req. 11-12-1944 : D. 1945.213 note Gabolde : responsabilité du fait des choses ; T. com. Seine 22-6-1951 : D. 1951.som.78 : responsabilité du fait des préposés) ;

– des **quasi-contrats,** notamment paiement de l'indu (Cass. civ. 5-2-1907 : D. 1907.1.429) et, par analogie, gestion d'affaires ou enrichissement injustifié.

188 **Actes accessoires à un autre acte de commerce** Un acte accompli par un non-commerçant devient un acte de commerce lorsqu'il est l'accessoire d'un acte de commerce par nature (Cass. req. 19-11-1924 : D. 1926.1.138 ; aussi le cas du gage, n° 57009) ou s'il est établi que l'acte n'était pas principalement destiné à un usage personnel, le juge ne pouvant le qualifier d'acte de commerce sans vérifier cette condition (Cass. 1e civ. 25-2-2016 n° 15-10.735 : RJDA 5/16 n° 412).

Par ailleurs, sont actes de commerce tous actes accomplis par un non-commerçant dans le but d'exercer un commerce et qui sont indispensables à l'exercice de celui-ci (Cass. com. 13-5-1997 : RJDA 10/97 n° 1290 ; CA Paris 10-3-1995 : Rev. arb. 1996.143 obs. Derains), par exemple : **location de l'immeuble** dans lequel est exploité un fonds de commerce consentie en même temps que la vente du fonds (CA Montpellier 10-10-1951 : GP 1951.2.324) ; **achat** (Cass. com. 15-10-1968 : Bull. civ. IV p. 240) ou promesse d'achat d'un **fonds de commerce** (Cass. com. 8-1-1991 : Bull. civ. IV p. 14), ainsi que le prêt conclu pour en financer l'acquisition à condition que l'emprunteur exploite lui-même le fonds (Cass. com. 15-11-2005 n° 1445 F-PB : RJDA 4/06 n° 451 ; CA Paris 4-7-2008 : JCP G 2008.IV.2560) ; prise en **location-gérance** d'un fonds de commerce (CA Aix 28-4-1976 : Bull. Cour d'Aix 1976/2 p. 103) ; actes accomplis dans l'intérêt d'une société commerciale que l'on envisage de créer (CA Rouen 16-1-1959 : D. 1960.177 ; CA Paris 6-11-1991 : D. 1992.IR.24).

La vente du fonds est aussi un acte de commerce (Cass. com. 13-6-1989 : Bull. civ. IV n° 182) comme l'est la promesse de vente d'un tel fonds (Cass. com. 9-5-1990 : JCP G 1990.IV.256), sauf lorsque le vendeur avait perdu la qualité de commerçant au moment de l'acte (CA Paris 27-11-1962 : D. 1963.49).

ENTREPRISES CIVILES ET ACTIVITÉS CIVILES

195 **Activités artisanales** Depuis le 1er juillet 2023, les dispositions du Code de l'artisanat institué par l'ordonnance 2023-208 du 28 mars 2023 régissent l'organisation administrative et professionnelle des activités artisanales.

Celles-ci sont des activités civiles accomplies par un exploitant dit « artisan », soumis au régime unique de l'entrepreneur individuel (n°s 2195 s.), dès lors qu'elles sont exercées dans les conditions ci-après.

1. Nombre de salariés. Bien que l'inscription au registre national des entreprises (RNE) soit réservée aux personnes qui emploient dix salariés au plus (C. artisanat art. L 111-1 et L 111-2), ce chiffre n'est pas déterminant de la qualification juridique d'artisan ; par exemple, celle-ci a été refusée à des personnes employant l'une neuf, l'autre huit salariés (Cass. com. 26-6-1968 : Bull. civ. IV p. 186 ; CA Toulouse 13-1-1983 : GP 1983.som.413).

Une personne peut employer des ouvriers sans perdre la qualification d'artisan, dès lors qu'elle accomplit elle-même un travail manuel (cf. Cass. com. 9-11-1982 : Bull. civ. IV p. 289 ; Cass. com. 29-3-1994 : RJDA 8-9/94 n° 976).

2. Source des revenus. Est un artisan celui qui tire la plus grande partie de ses revenus professionnels de son **travail manuel** (Cass. com. 15-11-1965 : JCP G 1966.II.14502 ; Cass. com. 4-10-1966 : D. 1966.682 ; Cass. com. 21-5-1985 : D. 1985.IR.490 obs. Honorat ; Cass. com. 11-3-2008 n° 06-20.089 : RJDA 6/08 n° 743).

Ainsi, est un artisan un maçon qui achète les matériaux au fur et à mesure de ses besoins et qui emploie un petit nombre de salariés (Cass. com. 12-7-1982 : Bull. civ. IV p. 236), le bourrelier qui tire l'essentiel de ses revenus de son travail manuel, même s'il possède un magasin (Cass. com. 17-4-1953 : D. 1953.422), le chauffeur de taxi qui ne dispose que du seul véhicule qu'il conduit (Cass. com. 4-12-1968 : D. 1969.200) ou le plombier-chauffagiste dont les achats et reventes de matières premières représentaient seulement 5 % de son résultat d'exploitation (CA Versailles 14-9-2006 n° 06-715 : RJDA 3/07 n° 307). Par ailleurs, ne peut pas être tenu pour commerçant le fabricant de palettes au seul motif qu'il employait deux ou trois ouvriers, son fils non compris, s'il n'est pas démontré qu'il spéculait sur les matériaux dont il avait besoin ou sur la main-d'œuvre étrangère à sa famille (Cass. com. 9-11-1982 : Bull. civ. IV p. 289).

En revanche, est commerçant le fabricant de pâtes alimentaires qui, bien que n'employant aucune main-d'œuvre salariée, achète toutes ses matières premières, fabrique ses marchandises à l'aide de machines, les met en vente dans un magasin et tire ses bénéfices, pour une part prépondérante, de la spéculation sur le travail des machines et de la valeur de ses investissements destinés à favoriser la vente (Cass. com. 2-5-1972 : Bull. civ. IV p. 130) ou le fabricant qui achète une quantité importante de fournitures (CA Paris 2-3-1984 : BRDA 10/84 p. 21).

3. L'artisan doit exercer son activité sans être subordonné à son client, sous peine d'être qualifié de **salarié** de ce dernier (Cass. 2e civ. 9-5-1962 : Bull. civ. II p. 296 ; Cass. crim. 29-10-1985 : GP 1986.9 note Doucet).

Les conditions ci-dessus sont seules déterminantes des activités artisanales, l'inscription de l'intéressé au **répertoire** des métiers (désormais l'inscription au RNE comme relevant du secteur des métiers et de l'artisanat) n'étant pas en soi déterminante pour écarter celle de commerçant (Cass. com. 19-11-1975 : Bull. civ. IV p. 227 ; CA Versailles 1-6-1989 : D. 1989.IR.222) ou d'ouvrier à domicile (Cass. soc. 18-11-1966 : Bull. civ. IV p. 727) ; le défaut d'inscription est seulement un indice de la qualité de commerçant (Cass. com. 26-6-1968 : Bull. civ. IV p. 186).

Doivent être inscrites au RNE, avec la mention « entreprise du secteur des métiers et de l'artisanat », les personnes satisfaisant aux conditions nécessaires à l'accès à leur activité ou à l'exercice de celle-ci. Font l'objet d'une inscription spécifique au RNE la qualité d'artisan et d'artisan d'art au sens de l'article 21 de la loi 96-603 du 5 juillet 1996 (devenu C. artisanat art. L 211-1 s.) (C. com. art. L 123-40 et L 123-46).

Sont artisans les personnes physiques, y compris les dirigeants sociaux des personnes morales, relevant du secteur des métiers et de l'artisanat qui remplissent des conditions de diplôme, de titre ou d'expérience professionnelle définies par décret (C. artisanat art. L 211-1).

Sont artisans d'art les mêmes personnes qui exercent une activité figurant sur la liste des métiers d'art prévue à l'article L 212-2 du Code de l'artisanat (C. artisanat art. L 212-1).

Ces qualifications sont d'ordre professionnel et sans incidence sur le critère de qualification juridique des activités commerciales.

Bien que les artisans exercent une activité civile, les **règles** suivantes qui sont essentiellement destinées aux commerçants leur sont néanmoins **applicables** : **198**

- le statut des baux commerciaux (nos 4055 s.) ;
- le régime de la location-gérance (nos 3000 s.) ;
- les règles relatives aux procédures collectives (nos 61000 s.) ;
- le statut de collaborateur profite à leur conjoint, partenaire ou concubin, comme à ceux des commerçants (n° 427) ;
- le bénéfice de l'attribution préférentielle (n° 30331).

Sur la faculté de céder l'intégralité du patrimoine professionnel de l'artisan, nos 2265 s. La **cession** isolée d'un **fonds artisanal** qui compose une partie seulement du patrimoine professionnel de l'artisan (notamment si celui-ci exerce plusieurs activités) n'est soumise à aucune disposition spéciale et notamment pas à celles du Code de commerce relatives à la vente des fonds de commerce (Cass. com. 29-10-1963 : D. 1964.51 : dispense d'accomplissement de la publicité) ; néanmoins, il est prudent de s'y conformer (nos 2700 s.) lorsque la qualification de fonds artisanal par rapport à celle de fonds de commerce est incertaine.

La cession d'un fonds artisanal ouvre au profit des communes la possibilité de préempter le fonds dans les mêmes conditions que les préemptions qui ont pour objet les cessions de fonds de commerce (nos 2754 s.).

Par ailleurs, les artisans sont **responsables** des fautes commises par leurs salariés et leurs apprentis (nos 8135 s.).

201 **Activités agricoles** Sont agricoles et civiles toutes les activités correspondant à la maîtrise et à l'exploitation d'un cycle biologique de caractère végétal ou animal et constituant une ou plusieurs étapes nécessaires au déroulement de ce cycle, ainsi que les activités exercées par un exploitant agricole qui sont dans le prolongement de l'acte de production ou qui ont pour support l'exploitation ; sont aussi agricoles les activités de cultures marines et d'exploitation de marais salants, nonobstant le statut social dont relèvent ceux qui les pratiquent, les activités de préparation et d'entraînement des équidés domestiques en vue de leur exploitation, à l'exclusion des activités de spectacle, et la production, ainsi que, le cas échéant, la commercialisation, par un ou plusieurs exploitants agricoles, de biogaz, d'électricité et de chaleur par la méthanisation, lorsque cette production est issue pour au moins 50 % de matières provenant d'exploitations agricoles, les revenus tirés de la commercialisation étant considérés comme des revenus agricoles, au prorata de la participation de l'exploitant agricole dans la structure exploitant et commercialisant l'énergie produite (C. rur. art. L 311-1, al. 1 ; T. com. Aix 7-6-1858 : D. 1859.5.12, ayant dès cette époque reconnu le caractère civil de l'exploitation des marais salants).

Ainsi l'**élevage** est une activité civile dès lors que les animaux élevés ont vécu chez l'éleveur une étape de leur cycle biologique entre leur achat et leur revente (CE 20-3-1991 : RTD com. 1991.375 obs. Derruppé) ; tel n'est pas le cas du prestataire qui n'assume envers le propriétaire que le gardiennage de chevaux, sans aucune obligation de préparation, et l'entraînement d'équidés en vue de leur exploitation (Cass. 3e civ. 13-5-2009 no 08-16.421 : D. 2009.1481.som. obs. Forest ; rappr. Cass. com. 21-11-1995 : RJDA 2/96 no 265) et celui qui, dans l'exercice de son activité, est soumis aux choix et décisions des propriétaires des chevaux (CA Paris 28-3-1997 : D. 1997.IR.129).

En tout cas, il est impossible de qualifier de commerçant celui qui vend les produits de son élevage sans procéder à des achats pour revendre (Cass. com. 11-4-1995 : RJDA 10/95 no 1145) ni l'exploitant agricole qui achète des produits pour les revendre dès lors qu'il n'est nullement établi que, de manière habituelle, l'activité spéculative qu'il poursuit est supérieure à l'activité purement agricole, dans son chiffre d'affaires (TGI Mulhouse 14-3-2003 : BTL 2003.303).

Sont commerciaux les actes accomplis par un agriculteur, en marge de son exploitation, qui sont liés au tourisme (location de chevaux, exploitation d'un débit de boissons ou d'un restaurant, prestations d'hôtellerie et de loisirs), car ils n'ont, à notre avis, aucun rapport avec la maîtrise d'un cycle biologique animal ou végétal (Rép. Luart : Sén. 15-10-1992 p. 2358, tenant ces actes pour commerciaux, mais au motif qu'ils ne sont pas accessoires à l'exploitation agricole).

Sur l'application du statut d'entrepreneur individuel à l'exploitant agricole, no 2195.

204 **Activités extractives** L'activité extractive est civile dans la mesure où elle porte sur des produits du sol autres que ceux entrant dans la qualification de « mine » (no 175) (Cass. civ. 22-5-1935 : S. 1935.1.307). Est donc civile l'exploitation des **carrières** (Cass. civ. 22-5-1935 : S. 1935.1.307 ; CA Agen 30-4-1963 : JCP G 1963.II.13239).

Il en est de même de l'exploitation des **sources d'eaux** minérales et thermales (Cass. req. 27-3-1866 : DP 1866.1.428) et cela même si le gérant exploite en annexe de l'établissement thermal un hôtel ou un casino (CA Montpellier 10-8-1883 : S. 1884.2.36).

Par extension, la vente de **poissons** pêchés en **rivière** est considérée comme civile (CA Paris 31-5-1869 : D. 1870.2.183). En revanche, la vente de poissons pêchés en mer est commerciale si elle constitue une activité commerciale (no 135).

Toutefois, si les actes de transformation des matériaux deviennent trop importants, l'activité perd son caractère civil et devient commerciale : c'est le cas par exemple pour la préparation des ardoises (CA Angers 26-12-1855 : D. 1856.2.113) ou le traitement des minerais (Cass. req. 1-8-1893 : DP 1894.1.126 ; CA Nîmes 11-12-1916 : J. soc. 1918.98).

207 **Activités immobilières** Est une activité civile :

– l'achat de terrains en vue de leur **revente après construction,** en bloc ou par locaux, d'un ou plusieurs bâtiments (C. com. art. L 110-1, 2°) ;

Cette dérogation au principe selon lequel tout achat d'immeubles aux fins de les revendre est commercial (no 123) doit être interprétée restrictivement. Ainsi, l'activité qui consiste à acheter un terrain en vue de le revendre en lots viabilisés mais non construits est commerciale dès lors qu'il n'y a pas eu édification de bâtiments (Rép. Molle : Sén. 18-5-1971 p. 469).

– la **location** (Cass. civ. 30-4-1940 : GP 1940.2.25) et la **sous-location** d'un immeuble (Cass. civ. 26-10-1982 : Loyers 1983 no 61).

Il en est ainsi même si l'immeuble est sous-loué par une société commerciale par la forme dès lors que sa seule activité est de sous-louer, même à des commerçants, l'immeuble dont elle est locataire (CA Paris 23-6-1987 : GP 1988.som.17) ou s'il est loué meublé car la location de meubles n'est alors qu'un accessoire (CA Paris 24-2-1877 : DP 1878.5.10). Toutefois, l'exploitation d'un camping est commerciale (Cass. soc. 13-11-1980 : Bull. civ. V p. 603), comme la location habituelle d'emplacements de garage pour voitures automobiles puisqu'il est jugé qu'elle donne naissance à un fonds de commerce (n° 4064).

Sur l'activité d'intermédiaire sur immeubles, n° 126.

Activités libérales Les professions libérales groupent les personnes exerçant à titre habituel, de manière indépendante et sous leur responsabilité, une activité ayant pour objet d'assurer, dans l'intérêt du client ou du public, des prestations principalement intellectuelles, techniques ou de soins mises en œuvre au moyen de qualifications professionnelles appropriées et dans le respect de principes éthiques ou d'une déontologie professionnelle, sans préjudice des dispositions législatives applicables aux autres formes de travail indépendant (cf. Loi 2012-387 du 22-3-2012 art. 29). 210

Les personnes physiques exerçant une activité libérale sont soumises au statut unique de l'entrepreneur individuel (nos 2195 s.).

Sont civiles, sauf si des opérations d'achat et de revente de produits annexes à l'activité libérale deviennent principales, les professions suivantes :

1. Professions juridiques et comptables. Il est généralement interdit aux membres de ces professions d'accomplir des actes de commerce ou de devenir commerçants. Toutefois, lorsque, malgré cette interdiction, ils exercent une activité commerciale, ils sont alors commerçants : tel est le cas du conseil juridique qui se charge habituellement, moyennant rémunération, de gérer les affaires d'autrui en recouvrant des créances et en procédant à des règlements de liquidation d'actif, car il exerce en réalité une activité commerciale d'agent d'affaires (Cass. com. 2-4-1973 : Bull. civ. IV p. 125).

2. Professions médicales. Ne font pas de commerce :

– les médecins, même s'ils vendent quelques remèdes à leur clientèle (CA Caen 6-5-1901 : S. 1902.2.293 : à propos d'un vétérinaire) ; mais ils deviennent commerçants s'ils exploitent personnellement une clinique ou une maison de santé (Cass. com. 17-7-1973 : Bull. civ. IV p. 224) ;

– les dentistes lorsqu'ils vendent à leurs malades des pâtes dentifrices, à condition qu'ils n'étendent pas ces ventes à des personnes auxquelles ils ne dispensent pas de soins (CA Paris 24-10-1908 : S. 1909.2.55) ;

– l'exploitant d'un laboratoire d'analyses de biologie médicale, même s'il signe régulièrement des lettres de change pour se procurer les biens nécessaires à l'exercice de son art (CA Aix 21-6-1991 : RJDA 12/91 n° 1067).

3. Activité d'enseignement. L'enseignement dispensé dans les pensionnats est une activité civile quand bien même seraient accessoirement fournis aux élèves des livres et de la nourriture (Cass. civ. 20-4-1931 : DH 1931.314 ; T. com. Paris 8-7-1977 : RTD com. 1977.476 obs. Derruppé).

De même, a été considéré comme civil l'enseignement de la pratique de la **conduite automobile** et des principes du Code de la route, car c'est un acte essentiellement de technicien (Cass. com. 3-6-1986 n° 85-10.095 : Bull. civ. IV n° 108, peu important l'emploi de moniteurs salariés dès lors que l'exploitant donne personnellement des cours). Par suite, les fournitures de carburant et d'huile et l'achat de véhicules pour en louer l'usage sont également des opérations civiles parce qu'elles ne sont que l'accessoire indispensable de cet enseignement (CA Aix 26-5-1981 : Bull. Cour d'Aix 1981/2 p. 45).

Toutefois, lorsque l'enseignant accomplit de nombreuses prestations de services qui prennent une telle ampleur que l'activité d'enseignement initiale devient l'accessoire, il acquiert la qualité de commerçant. Tel est le cas, par exemple, du directeur d'un manège qui, outre des leçons d'équitation, organise des randonnées équestres comportant le logement et la pension complète des participants (Cass. com. 17-10-1977 : Bull. civ. IV p. 194).

4. Profession d'architecte. Les architectes ont une activité civile lorsqu'ils se bornent à dresser des plans et à surveiller l'exécution des travaux (Cass. civ. 5-4-1965 : JCP G 1965.II.14261) ; en revanche, un architecte qui a accepté un marché et s'est livré pour son exécution à des actes de commerce est commerçant (CA Aix 17-12-1982 : Bull. Cour d'Aix 1982/3-4 p. 50).

Activités de création intellectuelle Exercent une activité civile : 213

– les auteurs qui exploitent leurs œuvres, tels les **écrivains,** même s'ils cèdent le droit d'exploiter leurs ouvrages à un éditeur (CA Paris 16-12-1932 : GP 1933.1.368), les **musiciens** (par analogie) ou les **artistes peintres** même s'ils achètent des matières qui doivent être incorporées dans leurs œuvres, ces achats étant des actes civils accessoires à leur activité artistique (CA Paris 5-5-1855 : DP 1856.2.119 ; CA Grenoble 28-3-1859 : DP 1859.2.71 ; CA Metz 7-8-1862 : DP 1863.5.7 ; CA Lyon 13-5-1881 : DP 1882.2.54) ;

– le photographe car le fait qu'il achète les produits nécessaires à la réalisation de ses photographies ne constitue pas un acte de commerce, la matière première utilisée par lui n'entrant que pour une part infime dans la valeur du produit fini en comparaison du travail manuel, de l'imagination créatrice et du sens artistique qui lui sont incorporés (CA Aix 12-1-1977 : Bull. Cour d'Aix 1977/1 p. 96) ;

– pour la même raison, le **réalisateur** d'un **film** qui le projette ou le fait projeter ; en revanche, la production d'un film est une activité commerciale (CA Poitiers 26-3-1947 : D. 1947.341) ;

– le **chercheur** qui exerce une activité purement intellectuelle (cf. CA Paris 10-11-1988 : D. 1989.IR.10) ;

– le « **décorateur,** agréé en architecture », car son activité revêt un caractère intellectuel de création artistique (Cass. com. 20-6-1995 : RJDA 12/95 n° 1437).

216 **Activités des groupements coopératifs, mutualistes et associatifs** Les groupements **coopératifs et mutualistes** qui prennent la forme de société civile ou d'association ont une activité civile, dans la mesure où ils n'agissent qu'au profit de leurs membres : ils sont alors censés ne pas s'interposer dans la circulation des produits ni agir avec une intention spéculative (pour des sociétés coopératives, Cass. soc. 2-3-1944 : S. 1946.1.47 ; CA Paris 22-4-1932 : GP 1932.2.223 ; CA Paris 13-4-1970 : GP 1970.2.som.41 ; pour des sociétés mutuelles, Cass. req. 21-12-1903 : DP 1904.1.305 ; Cass. civ. 3-8-1921 : DP 1925.1.75 ; CA Paris 26-2-1982 : D. 1983.297 ; CA Paris 4-12-1991 : D. 1992.IR.75). Il en est ainsi même lorsqu'ils sont amenés à accomplir des actes d'intermédiaires tels que des achats à des tiers suivis de reventes à leurs membres et même s'ils prélèvent à l'occasion de ces opérations un bénéfice pourvu que ces actes contribuent à la réalisation de leur objet social et ne soient pas répétés au point de primer l'objet statutaire (pour les sociétés civiles, MCI n° 835 ; pour les associations, voir ci-dessous).

Toutefois, la coopérative fait acte de commerce dans deux cas :

– si elle prend la forme d'une société commerciale car la commercialité par la forme l'emporte sur le caractère civil de l'action coopérative (Cass. com. 4-11-1957 : D. 1958.38 ; contra, CA Nîmes 19-3-1975 : Rev. jur. com. 1976.89 note Sortais) ; mais les sociétés coopératives agricoles ne peuvent jamais être commerciales par la forme : la loi leur donne un statut autonome (C. rur. art. L 521-1 ; Cass. 1e civ. 8-7-1997 : Bull. civ. I p. 161) ;

– si elle ne réserve pas ses services exclusivement à ses membres et en fait profiter des tiers de façon habituelle (cf. Cass. com. 14-1-1958 : Bull. civ. III p. 19 ; Cass. 1e civ. 18-11-1986 : Bull. civ. I p. 260).

Sur la commercialité des mutuelles de banque, n° 129.

Les **associations** ont, par principe, une activité civile car elles n'agissent pas dans un esprit de spéculation ; leur activité demeure civile même lorsqu'elles accomplissent des **actes de commerce,** pourvu que ces actes contribuent par leur nature **à la réalisation de leur objet** (Cons. const. 25-7-1984 n° 84-176 DC : Rec. 55 ; CA Versailles 29-6-2000 : BAF 3/00 n° 265 ; CA Versailles 22-9-2011 n° 10/05329) ; par exemple, exercent une activité civile le comité des fêtes qui organise des bals pour certaines circonstances et dont les profits sont versés exclusivement à une œuvre charitable (Cass. com. 13-5-1970 : D. 1970.644) ou les associations qui fournissent à leurs membres des produits ou des services en ne prélevant que le prix de revient augmenté des frais de gestion (Cass. civ. 7-5-1946 : D. 1946.281).

Les associations peuvent même, dans la limite de leur objet statutaire, être propriétaires d'un fonds de commerce (cf. Cass. com. 9-12-1965 n° 63-12.419 : Bull. civ. IV n° 635 ; Cass. com. 20-5-1986 : D. 1987.som.287 obs. Vasseur ; Cass. com. 19-1-1988 n° 85-18.443 : Bull. civ. IV n° 33).

En revanche, lorsque l'activité exercée revêt un **caractère spéculatif répété** au point de primer l'objet statutaire, l'association a une activité commerciale susceptible de la rendre commerçante (cf. Cass. com. 12-2-1985 n° 83-10.864 : Bull. civ. IV n° 59). Il en est ainsi :

– lorsque, ayant pour objet l'animation d'une radio locale, elle accomplit des actes de commerce en vue de se procurer de la publicité (CA Dijon 4-11-1987 : D. 1988.som.223 note Hassler) ;

– lorsque, ayant un but culturel, elle tire une part substantielle de ses ressources de la vente d'objets à des tiers, fournit des prestations de services facturées TVA incluse, bénéficie d'un bail commercial, offre une formation à ses adhérents à des tarifs élevés et verse à ses membres les plus actifs un intéressement proportionnel au chiffre d'affaires qu'ils réalisent (CA Paris 3-2-1995 : JCP G 1995.IV.1026) ;

– lorsqu'elle a pour objet l'organisation, dans le milieu scolaire, des loisirs, des centres de vacances, des stages sportifs, pédagogiques et linguistiques en France et à l'étranger, car elle exerce par là une activité d'agence de voyages absorbant la quasi-totalité de son activité puisqu'elle s'adresse au public comme à des clients (CA Toulouse 19-12-1995 : Rev. proc. coll. 1999 n° 1 p. 22) ;

– lorsque, conformément à ses statuts, elle organise des manifestations gastronomiques de façon lucrative et habituelle, son site Internet citant 44 événements de portée internationale organisés par elle ou auxquels elle a participé (CA Versailles 13-5-2014 n° 14/00539 : BAF 5/14 inf. 146).

Dans ces cas, l'association étant sortie de son objet statutaire, elle a perdu sa capacité (n° 1209) et il est donc exclu qu'elle puisse, en tant que telle, être considérée comme une personne morale commerçante (en ce sens aussi, Rép. Lengagne : AN 25-5-1992 p. 2319 ; rappr. CA Paris 13-2-1992 : BRDA 24/91 p. 2) ; par suite, les actes de commerce accomplis sous le couvert de l'association doivent être attribués à ceux qui les ont effectivement accomplis, en pratique aux dirigeants.

Les contrats conclus par les **organismes de gestion collective des droits des auteurs** avec les utilisateurs de tout ou partie de leur répertoire, sont des actes civils (CPI art. L 324-3).

ACTIVITÉS POUR AUTRUI

Salariés Les salariés ne font pas d'actes de commerce, car ils n'exercent pas leur activité de façon indépendante ni pour leur compte, mais sous la direction d'un employeur et pour son compte. La solution a été affirmée pour les **gérants salariés de succursales** quelle que soit l'étendue de leurs pouvoirs (Cass. soc. 19-11-1959 : JCP G 1960.II.11397 ; rappr. CA Paris 12-1-2010 n° 09-404 : RJDA 6/10 n° 628) ; tel est le cas d'un fondé de pouvoir, préposé à la gestion d'une succursale d'une maison de commerce, alors même qu'il accepte des traites émises par son employeur pour le règlement des opérations qu'il effectue (CA Nancy 20-12-1892 : DP 1894.2.348) ou du directeur d'une succursale de la Banque de France, bien qu'il s'agisse d'un salarié jouissant d'une large autonomie dans l'organisation de son travail (CA Orléans 18-2-1875 : DP 1875.2.100). 220

Toutefois, lorsque le gérant, sous le couvert de sa qualité, fait des actes de commerce et n'agit plus dans le cadre du mandat que son employeur lui a donné, la qualité de commerçant doit lui être reconnue (Cass. req. 9-6-1928 : DH 1928.397).

Mandataires Les **agents commerciaux** dont l'activité est soumise au statut légal exercent une activité civile (n° 21690). 223

Il en est de même des **agents d'assurances** car les affaires qu'ils traitent le sont pour le compte des compagnies dont ils sont les mandataires (Cass. civ. 20-1-1908 : S. 1910.1.532 ; CA Bordeaux 20-12-1960 : D. 1961.225). Cependant, lorsque l'agent d'assurances se comporte comme un **courtier** en se livrant à des opérations de courtage auprès d'autres compagnies que celle dont il est le mandataire, il doit être déclaré commerçant (Cass. req. 8-11-1933 : DH 1933.586).

Les **représentants de commerce** (VRP) ne sont pas non plus commerçants, et ce, quelle que soit la qualification du contrat qui les lie aux commerçants qu'ils représentent.

D'une façon générale, **toute personne** qui n'agit pas en son propre nom n'accomplit pas d'acte de commerce (Cass. com. 2-11-1954 : JCP G 1955.II.8496 : à propos d'un commissionnaire n'agissant pas en son nom ; CA Rennes 8-4-1987 : GP 1987.587 : à propos d'un syndic de copropriété agissant au nom des copropriétaires ; n° 126 : promoteur immobilier).

2. EXERCICE PROFESSIONNEL DES ACTES DE COMMERCE

Exercice habituel L'exercice des actes de commerce est habituel lorsque ces actes sont **suffisamment répétés** pour constituer une activité procurant à son auteur ses **principales ressources.** 250

Par exemple, la preuve de l'habitude résulte de ce que l'intéressé ne justifie pas d'une autre activité telle qu'elle pourrait être exclusive de celle de commerçant (Cass. com. 4-10-1994 : D. 1995.456 note Barabé-Bouchard). Les juges peuvent reconnaître la qualité de commerçant à une personne sans avoir à rechercher si l'activité qu'elle exerce lui procure ou non des ressources lui permettant de subvenir aux besoins de la vie quotidienne (Cass. com. 13-12-1983 : Bull. civ. IV p. 301).

Il s'ensuit que n'est pas commerçant celui qui fait un ou plusieurs actes de commerce dès lors que ces actes ne sont pas accomplis à titre principal et avec régularité, constance et coordination.

Tel est le cas :

– des signatures de lettres de change, lorsque ces lettres sont émises en règlement d'une dette non commerciale (CA Aix 28-2-1973 : D. 1973.som.111) ou lorsque leur ampleur n'excède pas le cadre d'une activité artisanale normale (cf. Cass. com. 11-5-1993 : RJDA 11/93 n° 986) ou le cadre d'une activité libérale (CA Aix 21-6-1991 : RJDA 12/91 n° 1067) ;

– des groupements qui n'ont pas pour objet un but lucratif, comme les coopératives, les mutuelles et les associations qui ne deviennent pas commerçantes lorsque les actes de commerce qu'elles accomplissent tendent seulement à favoriser la réalisation de leur objet (n° 216) ;

– de celui qui accomplit des actes de commerce de façon sporadique (Cass. com. 15-6-1982 : Bull. civ. Joly 1982.786) ou qui ne fait que se porter acquéreur d'un bail commercial (CA Aix 12-11-1998 : JCP G 1999.IV.2306).

En revanche, sont commerçants des spéculateurs en bourse, si les opérations sont fréquentes et importantes (Cass. com. 20-9-2017 n° 16-15.856 F-D : RJDA 2/18 n° 201 ; CA Paris 17-6-1971 : JCP G 1971.II.16817), sauf situation de fortune permettant à l'intéressé de se contenter d'accomplir des actes de commerce uniquement dans le but de faire fructifier ses capitaux (CA Paris 13-1-1976 : JCP G 1977.II.18576 obs. Boitard).

253 **Exercice à titre personnel** Celui qui recherche en son nom et pour son propre compte le profit et qui fait des actes de commerce à titre personnel est commerçant. Tel est le cas s'il agit seul. Mais c'est aussi le cas s'il agit avec d'autres, avec des coïndivisaires ou s'il se dissimule derrière autrui.

1. Ceux qui accomplissent en commun des actes de commerce agissent à titre personnel. Ainsi sont commerçants :

– les **associés en nom collectif et** les associés **commandités** des sociétés en commandite simple ou par actions (MSC nos 24000, 28000 et 55590) ;

– les **associés des sociétés dépourvues de la personnalité** morale : sociétés en participation et sociétés de fait qui ont une activité commerciale, car ce sont les associés qui font les actes de commerce ;

– ceux **qui ont exploité en commun** une entreprise commerciale (Cass. com. 6-7-1976 : Bull. civ. IV p. 200), même s'il n'existe pas entre eux une société de fait (Cass. com. 28-6-1983 : Bull. civ. IV p. 167) ; l'exploitation en commun suppose la réunion de trois éléments : participation matérielle à l'exploitation, absence de subordination juridique, confusion des intérêts (Cass. com. 30-3-1993 : Bull. civ. IV p. 86).

Par exemple, le père qui, pour aider son fils dans l'exploitation d'un magasin, avait passé des commandes, réceptionné des marchandises, sollicité de divers fournisseurs des délais de paiement, émis et accepté des effets de commerce qu'il domiciliait sur ses propres comptes en banque, exploitait le fonds de commerce en commun avec son fils et avait donc la qualité de commerçant (Cass. com. 6-2-1979 : Bull. civ. IV p. 40). De même, la concubine du propriétaire d'un bar-restaurant qui avait participé à l'exploitation du fonds, non comme l'aurait fait une personne salariée, mais en confondant ses intérêts avec ceux de son concubin est commerçante (Cass. com. 27-3-1984 : JCP G 1986.II.20530 obs. Défossez).

2. Les **indivisaires** qui ont donné **mandat** à l'un d'entre eux d'exploiter le fonds, ces indivisaires demeurant commerçants après le décès du mandataire, car à défaut de l'inscription au RCS de ce décès, l'indivision successorale est restée exploitante du fonds, au lieu et place du défunt (Cass. com. 18-3-1986 : D. 1987.143 note Romani) ; en revanche, les indivisaires héritiers d'un commerçant qui n'ont **pas** donné mandat ne sont pas commerçants quand bien même le décès du propriétaire du fonds n'aurait pas été inscrit au RCS, seul celui qui a effectivement exploité le fonds étant commerçant (Cass. com. 7-2-1989 : Bull. civ. IV p. 33).

Sur le cas du conjoint, n° 427.

3. Lorsque les actes de commerce sont accomplis **par une personne interposée,** tant le prête-nom que celui qui se cache derrière lui, ont la qualité de commerçant (Cass. com. 26-12-1961 : Bull. civ. III p. 440 ; Cass. com. 29-1-1968 : Bull. civ. IV p. 33 ; Cass. com. 17-3-1969 : Bull. civ. IV p. 98 ; Cass. com. 17-10-1989 : Bull. civ. IV p. 169).

3. APPLICATION DE LA QUALITÉ DE COMMERÇANT

CARACTÈRE COMMERCIAL D'UNE SOCIÉTÉ

295 Le caractère commercial d'une société est déterminé par sa forme ou par son objet (C. com. art. L 210-1, al. 1). Sont commerciales à raison de leur forme et quel que soit leur objet les sociétés en nom collectif, les sociétés en commandite simple, les sociétés à responsabilité limitée et les sociétés par actions (art. L 210-1, al. 2). Toutefois, une société commerciale par la forme peut ne pas être traitée comme commerçante si elle n'a pas un objet commercial (CA Versailles 28-10-2004 n° 04-2127 : JCP E 2004.1846).

QUALITÉ DE COMMERÇANT D'UNE PERSONNE PHYSIQUE

300 **Immatriculation au RCS** Une personne physique immatriculée au RCS est présumée être commerçante (C. com. art. L 123-7). Elle bénéficie du statut unique d'entrepreneur individuel (nos 2195 s.).

La personne qui donne son fonds en location-gérance, tout en demeurant immatriculée au RCS, est présumée avoir la qualité de commerçant (Cass. com. 17-2-2015 n° 13-27.508 : RJDA 7/15 n° 491).

Mais cette présomption est **une présomption simple** à l'égard des **tiers** (CA Grenoble 27-9-2012 n° 12/00933 : Rev. proc. coll. 2012 n° 6 § 222 note Lebel), qui peuvent prouver que l'intéressé exerce en réalité une activité civile ou salariée.

Par exemple, les caisses de sécurité sociale peuvent demander qu'une personne immatriculée au RCS soit affiliée au régime général de la sécurité sociale en établissant l'existence d'un lien de subordination entre le commerçant et un tiers (cf. Cass. soc. 12-5-1982 : Bull. civ. V p. 220).

La **faculté de prouver** que l'activité exercée n'est pas commerciale malgré l'immatriculation appartient **aussi** à la **personne immatriculée** (Cass. com. 21-3-1981 : JCP G 1981.IV.197 ; Cass. com. 7-12-1983 : Bull. civ. IV p. 295), à condition qu'elle prouve que les tiers qui invoquent à son encontre la présomption de commerçant savaient qu'elle n'était pas commerçante ; à défaut de quoi la présomption est **irréfragable** contre cette personne (Cass. com. 27-9-2016 n° 14-21.964 F-PB : RJDA 2/17 n° 96). Sur le cas du commerçant poursuivi en redressement judiciaire à défaut de radiation, n° 61520.

Non-immatriculation au RCS Une personne, même non immatriculée au RCS, peut être tenue pour commerçante s'il est établi qu'elle a fait des actes de commerce à titre de profession habituelle (cf. Cass. com. 4-1-1994 : RJDA 6/94 n° 741). 303

1. Cas où la preuve peut être apportée. Seuls les tiers sont recevables à prouver qu'une personne, bien que non immatriculée, est commerçante, celle-ci ne pouvant pas invoquer un défaut d'inscription pour se soustraire aux responsabilités et aux obligations des commerçants (cf. C. com. art. L 123-8, al. 1).

En revanche, un **commerçant** qui ne s'est **pas immatriculé** dans un délai de quinze jours à compter du commencement de son activité ne peut **pas se prévaloir** de la qualité de commerçant à l'égard des tiers (C. com. art. L 123-8, al. 1) ; par exemple, il ne peut pas bénéficier du régime des baux commerciaux (n° 4070).

2. Modes de preuve. La preuve peut être faite par **tous moyens.** Les juges retiennent généralement la réunion de divers indices : installation matérielle (nature et importance des locaux et des équipements), spéculation sur le travail d'autrui, exploitation d'un fonds de commerce, prise de la qualité de commerçant dans un acte (par exemple, dans une police d'assurance ou dans une déclaration administrative), inscriptions administratives (liste électorale des tribunaux et chambres de commerce : CA Agen 23-12-1921 : DP 1922.2.7), mention sur les rôles des impositions fiscales (Cass. civ. 14-5-1912 : DP 1912.1.303), emploi de procédés de gestion commerciale (lettre de change, publicité, prospection organisée de la clientèle), etc.

B. Application des règles commerciales

Les règles dites commerciales sont traditionnellement entendues comme celles devant être appliquées aux seuls **commerçants et actes de commerce.** Mais cette solution n'est plus exacte car, de plus en plus souvent, **certaines** de ces règles sont appliquées à **des non-commerçants.** 400

Remarque. Les règles commerciales ne doivent pas être confondues avec les règles dont l'application dépend de la qualité de « professionnel » ou non de l'auteur de l'acte ; tout professionnel n'est pas nécessairement commerçant : il peut être artisan, agriculteur ou membre d'une profession libérale (pour un refus d'application à un professionnel libéral d'une règle concernant un « commerçant » ou un « artisan » : Cass. 2e civ. 14-1-2010 n° 09-65.485 : D. 2010.265.som. obs. Lienhard).

1. DROIT D'EXERCER LE COMMERCE

Capacité Le **mineur non émancipé sous administration légale** ainsi que le **mineur et le majeur sous tutelle** n'ont pas la capacité d'exercer une activité commerciale. En effet, un incapable ne peut agir que par représentation (C. civ. art. 388-1-1 et art. 408) et les articles 387-2 et 509 du Code civil interdisent à l'administrateur légal et au tuteur d'exercer le commerce au nom de la personne protégée. 403

Néanmoins, jugé qu'une procédure de redressement judiciaire pouvait être ouverte à l'égard d'un majeur sous tutelle ayant exercé le commerce malgré sa mise sous tutelle (Cass. com. 28-11-2000 : RJDA 5/01 n° 601).

Par ailleurs, l'interdiction du « commerce » n'exclut pas la capacité d'accomplir des actes de commerce isolés (cf. C. com. art. L 511-5, al. 1, déclarant nulles à leur égard les lettres de change souscrites par des mineurs, ce qui permet d'induire que les autres actes isolés ne sont pas nuls ; Cass. 1e civ. 15-3-1988 : Bull. civ. I p. 49, admettant qu'une société donne, tout en restant civile, un cautionnement commercial).

Le **majeur aliéné ou sous sauvegarde de justice** est capable de faire des actes de commerce comme des actes civils, sous réserve de son droit de demander la nullité, la rescision ou la réduction de ces actes (nos 1103 s. et 1124).

Le **majeur sous curatelle** le peut également dans les conditions exposées n° 1130.

Un **mineur émancipé** (n° 1006) peut également être commerçant s'il y a été autorisé par le juge des tutelles au moment de l'émancipation ou par le président du tribunal judiciaire après l'émancipation (C. civ. art. 413-8 et C. com. art. L 121-2). 405

Interdiction d'exercer une profession commerciale ou industrielle L'interdiction d'exercer une profession commerciale ou industrielle, de diriger, d'administrer, de gérer 406 ou de contrôler un titre quelconque, directement ou indirectement, pour son propre compte ou pour le compte d'autrui, une entreprise commerciale ou industrielle ou une société commerciale peut être prononcée :

– à l'occasion d'une procédure collective (nos 64530 s.) ;

– lorsqu'un délit est puni par une peine d'emprisonnement, à la place ou en même temps que l'emprisonnement, pour une durée de cinq ans au plus (C. pén. art. 131-6, 15e et dern. al.) ;

– à titre de peine complémentaire de diverses infractions visées par le Code pénal ; elle est alors soit définitive, soit temporaire pour une durée qui ne peut pas excéder quinze ans (C. pén. art. 131-27, al. 2).

Sur le fichier des interdictions d'exercer ou de gérer, C. com. art. L 128-1 s. et R 128-1 s.

409 **Travail clandestin ou dissimulé** L'exercice à but lucratif d'une activité dissimulée est un délit (C. trav. art. L 8221-3 s. ; MS nos 79000 s.).

412 **Incompatibilités** L'exercice de certaines professions ou de certains mandats est incompatible avec l'exercice d'une activité commerciale.

1. Agents publics. Il est interdit à tout agent public d'exercer, à titre professionnel, une activité privée lucrative de quelque nature que ce soit (CGFP art. L 123-1) ; il en résulte qu'un fonctionnaire ne peut pas être commerçant, sauf les dérogations expressément prévues par les articles L 123-2 s. du Code général de la fonction publique.

Un fonctionnaire qui a pris un fonds de commerce en location-gérance ne peut pas invoquer l'incompatibilité de cette qualité avec celle de commerçant pour échapper à ses obligations contractuelles (Cass. com. 30-1-1996 : RJDA 4/96 no 498).

Est puni de trois ans d'emprisonnement et de 200 000 € d'amende le fait, par une personne ayant été chargée, en tant que membre du Gouvernement, membre d'une autorité administrative indépendante ou d'une autorité publique indépendante, titulaire d'une fonction exécutive locale, fonctionnaire, militaire ou agent d'une administration publique, dans le cadre des fonctions qu'elle a effectivement exercées, soit d'assurer la surveillance ou le contrôle d'une entreprise privée, soit de conclure des contrats de toute nature avec une entreprise privée ou de formuler un avis sur de tels contrats, soit de proposer directement à l'autorité compétente des décisions relatives à des opérations réalisées par une entreprise privée ou de formuler un avis sur de telles décisions, de prendre ou de recevoir une participation par travail, conseil ou capitaux dans l'une de ces entreprises avant l'expiration d'un délai de trois ans suivant la cessation de ces fonctions (C. pén. art. 432-13 ; pour une application, CE 6-12-1996 no 167502 : D.1997.57 note Dobkine).

2. Avocats. La profession d'avocat est incompatible avec toutes les activités à caractère commercial, que ces activités soient exercées directement ou par personne interposée (Décret 2023-552 du 30-6-2023).

3. Experts-comptables. La fonction d'expert-comptable est incompatible avec toute occupation ou tout acte de nature à porter atteinte à son indépendance et, en particulier, avec tout acte de commerce ou d'intermédiaire (Ord. 45-2138 du 19-9-1945 art. 22, al. 3).

Sur le renforcement de la procédure disciplinaire des experts-comptables, ord. précitée, art. 49 s.

4. Commissaires aux comptes. La profession de commissaire aux comptes est incompatible avec toute activité commerciale, qu'elle soit exercée directement ou par personne interposée, à l'exception des activités commerciales accessoires à l'activité d'expert-comptable (C. com. art. L 821-27, 3o).

5. Notaires. Il est interdit aux notaires soit par eux-mêmes, soit par personnes interposées, soit directement, soit indirectement de se livrer à aucune spéculation de bourse ou opération de commerce, banque, escompte et courtage ; il leur est également interdit de faire des spéculations relatives à l'acquisition et à la revente des immeubles, à la cession de créances, droits successifs, actions industrielles et autres droits incorporels (Décret 45-0117 du 19-12-1945 art. 13).

L'exercice d'une activité commerciale par l'une des personnes susvisées au mépris de l'incompatibilité qui la concerne entraîne l'application des **sanctions** disciplinaires prévues pour le cas considéré. Sur le sort des actes de commerce ainsi accomplis, no 15672.

415 **Étrangers** Pour avoir le droit de séjourner et d'exercer une activité en France et dans les territoires d'outre-mer, les étrangers **citoyens de l'UE** et leur famille doivent satisfaire aux dispositions du Livre II du Code de l'entrée et du séjour des étrangers et du droit d'asile (art. L 200-1 s. et R 221-1 s.).

Les étrangers **non citoyens de l'UE** doivent satisfaire aux dispositions du Livre IV du même Code (art. L 411-1 s. et R 413-1 s.).

Les personnes qui aident des **étrangers** à exercer clandestinement une activité commerciale en France commettent le délit de complicité d'exercice illégal d'une activité commerciale ou artisanale par des étrangers sans carte (CA Paris 9-7-1985 : GP 1985.551). 416

Par ailleurs, les actes accomplis **en situation irrégulière** peuvent être annulés, notamment les cessions ou les renouvellements de baux commerciaux (Cass. soc. 19-7-1957 : Bull. civ. IV p. 622 : à propos du défaut de carte de commerçant, mais transposable par analogie ; aussi n° 15672).

Le commerçant **étranger** en situation régulière a les **mêmes droits et obligations** qu'un commerçant français. Désormais, il a même droit au renouvellement de son bail commercial (n° 5624) et il est électeur et éligible aux chambres de commerce et aux tribunaux de commerce (C. com. art. L 713-3, II et L 713-4, I ; C. élect. art. L 2). Toutefois, l'exercice de certaines professions lui est interdit (par exemple, pharmacien). 418

Incidence de l'état d'époux Un époux peut entreprendre une activité commerciale (C. civ. art. 223). La **situation matrimoniale** des époux commerçants ainsi que la date et le lieu de leur mariage n'ont pas à être **mentionnés au RCS.** 421

Néanmoins, l'époux commun en biens doit déposer, lors de sa demande d'immatriculation, une attestation affirmant qu'il a informé son conjoint des conséquences de dettes contractées dans l'exercice de sa profession sur les biens communs, établie selon un modèle fixé par arrêté (C. com. art. R 123-121-1 et A 123-63 ; C. com. art. L 526-4 pour un EIRL).

Statut du conjoint. Le conjoint du chef d'une entreprise commerciale, artisanale ou libérale qui y exerce de manière régulière une activité professionnelle peut y travailler en qualité de collaborateur, de salarié ou d'associé. Il est tenu d'opter pour l'un de ces trois statuts (C. com. art. L 121-4, I). 424

N'exerce pas de manière régulière une activité professionnelle dans l'entreprise le conjoint qui exerce à l'extérieur de l'entreprise une activité salariée d'une durée au moins égale à la moitié de la durée légale du travail ou une activité non salariée (C. com. art. R 121-2).

Le chef d'entreprise déclare le statut choisi par son conjoint auprès des organismes habilités à enregistrer l'immatriculation de l'entreprise par l'intermédiaire du guichet unique électronique des formalités d'entreprise (C. com. art. L 121-4, IV et R 123-4). Sa déclaration doit être accompagnée d'une attestation sur l'honneur signée par le conjoint confirmant ce choix (C. com. art. R 121-5).

La même faculté est reconnue au partenaire lié au chef d'entreprise par un **pacte civil de solidarité** ou qui vit en **concubinage** avec lui (C. com. art. L 121-8 et R 121-6 ; sur l'attestation sur l'honneur que doit présenter le concubin, arrêté du 6-8-2021).

Conjoint collaborateur. Le conjoint peut opter pour le statut de collaborateur s'il exerce une activité professionnelle régulière dans l'entreprise sans percevoir de rémunération et sans avoir la qualité d'associé au sens de l'article 1832 du Code civil (C. com. art. R 121-1). 427

Sur les informations relatives au conjoint collaborateur qui doivent être transmises au guichet unique électronique des formalités d'entreprises, art. R 121-5 du Code de commerce et arrêtés du 6 août 2021.

Le conjoint collaborateur est **mentionné** au RCS et, le cas échéant, au registre spécial des agents commerciaux, au registre spécial des entreprises individuelles à responsabilité limitée ou au registre national des entreprises (RNE) (C. com. art. L 121-4, IV-al. 1 ; sur le RNE, n°s 2075 s.). Le conjoint mentionné comme collaborateur au RCS, ou au RNE pour une entreprise du secteur des métiers et de l'artisanat, est réputé avoir reçu du chef d'entreprise le **mandat** d'accomplir au nom de ce dernier les **actes d'administration pour les besoins de l'entreprise** (C. com. art. L 121-6, al. 1). Ce mandat ne lui confère pas qualité pour intervenir à l'instance relative au bail commercial conclu par son conjoint seul (sur l'intervention, n° 71618).

Le conjoint mentionné au RCS est présumé irréfragablement ne pas être commerçant : il ne peut donc pas prétendre l'être ; seuls les tiers peuvent faire établir qu'il l'est néanmoins (CA Rouen 12-11-1992 : RJDA 4/93 n° 343 ; contra CA Douai 13-3-1997 : D. 1997.433 note Voinot, reconnaissant à l'épouse le droit de demander l'extension à son endroit de la procédure collective ouverte contre son mari en raison de sa volonté de sortir du statut de collaborateur résultant de ses engagements personnels envers des tiers).

Mais chaque époux, par déclaration notariée à peine de nullité, peut mettre fin unilatéralement à cette présomption, le conjoint étant présent ou dûment appelé ; cette déclaration n'a d'effet à l'égard des tiers que trois mois après sa mention au RCS ou au RNE ; en l'absence d'une telle mention, l'époux ne pourra s'en prévaloir que si les tiers ont eu connaissance de la révocation du mandat (C. com. art. L 121-6, al. 2).

Le conjoint non mentionné au RCS qui collabore habituellement à l'exploitation familiale avec l'accord tacite du chef d'entreprise peut être tenu pour investi d'un mandat apparent (CA Grenoble 10-2-1928 : GP 1928.1.435 ; sur ce mandat, n°s 23027 s.).

Le **conjoint** d'un commerçant **n'est réputé lui-même commerçant** que s'il exerce une activité commerciale séparée de celle de son époux (C. com. art. L 121-3), et non s'il ne fait que collaborer à l'entreprise de ce dernier. Ainsi une femme mariée ne peut pas être tenue pour commerçante du seul fait qu'elle a sa résidence familiale à la même adresse que le fonds de commerce, qu'elle participe à la gestion de celui-ci et tolère l'établissement de factures à son nom, dès lors qu'il n'est pas démontré qu'elle faisait des actes de commerce personnellement et non pas comme simple aide de son mari, sous la dépendance de celui-ci (Cass. com. 18-12-1984 : Bull. civ. IV p. 286 ; dans le même sens, CA Rouen 26-2-1992 : RJDA 4/92 n° 389). Mais le conjoint est tenu pour commerçant dès que les tiers peuvent relever un indice en ce sens : il en a été ainsi de la femme d'un commerçant au seul motif que le numéro de compte figurant sur le papier commercial de l'entreprise était celui de son compte personnel et que toutes les opérations commerciales transitaient par ce compte (Cass. com. 15-7-1987 : Bull. civ. IV p. 135) et du mari d'une femme commerçante qui entretenait avec les clients du magasin de son épouse des relations suivies et fréquentes, qui avait une procuration sur le compte bancaire du commerce, qui, surtout, avait conclu le contrat d'assurance du magasin et dont le nom figurait, comme celui de son épouse, dans la publicité du magasin (Cass. com. 15-10-1991 : RJDA 12/91 n° 1065).

Par ailleurs, lorsque son **conjoint** collabore de façon effective à l'activité d'une entreprise dépendant de la communauté, le commerçant ou le chef d'entreprise immatriculé au RNE doit lui demander son **accord pour les actes de disposition** portant sur un élément qui, par sa nature et son importance, est nécessaire à l'exploitation de l'entreprise, pour recevoir des capitaux provenant de ces opérations ou pour **louer le fonds de commerce** ; le conjoint dont le consentement n'a pas été requis peut demander l'annulation de l'acte pendant deux années à compter du jour où il en a eu connaissance, sans jamais pouvoir agir plus de deux ans après la dissolution de la communauté (C. com. art. L 121-5).

Un époux ne peut pas conserver le **statut** de conjoint collaborateur pendant une **durée** supérieure à cinq ans, en tenant compte de l'ensemble des périodes et des entreprises au titre desquelles il a opté pour ce statut ; au-delà de cette durée, l'époux continuant à exercer une activité professionnelle de manière régulière dans l'entreprise opte pour le statut de conjoint salarié ou de conjoint associé ; à défaut, il est réputé avoir opté pour le statut de conjoint salarié (C. com. art. L 121-4, IV bis).

428 Le **conjoint** du commerçant inscrit au RCS peut figurer sur les **listes électorales** en vue des élections aux chambres de commerce et aux tribunaux de commerce s'il est lui-même mentionné au RCS en qualité de collaborateur non rémunéré du commerçant inscrit. Le conjoint collaborateur **bénéficie** aussi de **l'assurance maladie** (Mémento Social n° 79825).

Le conjoint survivant du chef d'entreprise qui justifie par tous moyens avoir travaillé pendant **dix ans** dans l'entreprise sans recevoir de rémunération sous quelque forme que ce soit (salaire ou participation aux bénéfices ou aux pertes) bénéficie d'une **créance de salaire différé** d'un montant égal à trois fois le Smic annuel en vigueur au jour du décès, dans la limite de 25 % de l'actif successoral ; cette créance, prélevée sur l'actif successoral, est, le cas échéant, diminuée du montant des droits propres du conjoint survivant dans les opérations de partage successoral et de liquidation du régime matrimonial ; pour la liquidation des droits de succession, elle s'ajoute à sa part et est donc assujettie aux droits de succession ; elle est **privilégiée** sur l'ensemble des meubles et des immeubles faisant partie de la succession au même rang que les créances salariales et bénéficie d'une hypothèque légale (Loi 89-1008 du 31-12-1989 art. 14 ; C. civ. art. 2331, 3° et 2377, 2°).

La créance de salaire différé appartient à tout conjoint, quel que soit son régime matrimonial, dès lors qu'il remplit les conditions ci-dessus (Rép. Fève : AN 1992 p. 1743).

430 **Conjoint salarié.** Le conjoint participant à l'activité de son époux (ou épouse) relève du régime général s'il travaille dans des conditions caractéristiques du salariat (CSS art. L 311-6).

433 **Conjoint associé.** MSC n°s 6040 s. ; MCI n°s 1045 s.

2. RÈGLES COMMERCIALES APPLICABLES AUX COMMERÇANTS

REGISTRE DU COMMERCE ET DES SOCIÉTÉS

450 **Obligation d'immatriculation** Les **personnes physiques** ayant la **qualité de commerçant** sont tenues de se faire inscrire au RCS (C. com. art. L 123-1, I-1° et R 123-32).

Ne sont pas soumises à immatriculation au RCS :

- les personnes n'exerçant pas à titre habituel une activité commerciale (cf. Avis CCRCS 2015-02 du 5-2-2015 : à propos d'un coiffeur artisan vendant des produits capillaires) ;

– une association car elle n'entre dans aucune des catégories de personnes morales dont une disposition prévoit l'inscription (Cass. com. 1-3-1994 : RJDA 6/94 n° 676) ; elle ne peut pas invoquer, pour obtenir son inscription, la convention européenne des droits de l'Homme (Cass. com. 15-11-1994 : RJDA 12/94 n° 1312).

Lorsqu'une personne physique exploite plusieurs établissements dans le ressort d'un même tribunal, elle doit demander une inscription complémentaire pour les établissements secondaires exploités (C. com. art. R 123-43). En revanche, lorsque les établissements secondaires sont situés dans les ressorts de plusieurs tribunaux, l'immatriculation principale doit être complétée par une ou plusieurs immatriculations secondaires (C. com. art. R 123-41).

Sont qualifiés de secondaires les établissements permanents distincts de l'établissement principal et dirigés par l'assujetti, un préposé ou une personne ayant pouvoir de lier des rapports juridiques avec les tiers (C. com. art. R 123-40 ; pour des applications, CA Aix 12-11-1992 : GP 1999.som.345 ; CA Douai 11-9-1997 : GP 1999.som.343).

Forme de la demande d'immatriculation La demande d'inscription est effectuée par l'intermédiaire du guichet unique électronique des formalités d'entreprises (n° 2045) **au greffe** soit **du lieu** du principal établissement de l'intéressé, soit de son local d'habitation dans les cas prévus aux 2e et 3e alinéas de l'article L 123-10 du Code de commerce, soit, à défaut d'établissement ou de local d'habitation, de sa commune de rattachement en l'absence de domicile fixe (C. com. art. R 123-1, R 123-32 et R 123-77). **453**

Lorsqu'est mise en œuvre la procédure dérogatoire prévue en cas de difficulté grave de fonctionnement du guichet unique (C. com. art. R 123-15), la demande d'inscription doit s'effectuer aux organismes désignés par l'article 2 de l'arrêté du 28 décembre 2022.

La déclaration ainsi transmise interrompt les délais à l'égard de ces organismes (C. com. art. R 123-11, al. 1).

Elle ne vaut pas pour autant immatriculation à sa date, celle-ci se situant le jour où le greffier s'est assuré de sa régularité (CA Versailles 29-4-1993 : GP 1994.som.430). Le guichet unique ne procède qu'à un contrôle formel des documents qui lui sont présentés. L'appréciation de la régularité et de la validité de ces documents appartient exclusivement aux organismes destinataires chacun en ce qui le concerne (C. com. art. R 123-11, al. 2). En cas d'irrégularité, l'organisme destinataire en informe le guichet unique (C. com. art. R 123-7).

Contenu de la demande d'immatriculation La demande d'immatriculation doit contenir les mentions requises par les articles R 123-37 à R 123-42 et R 123-121-1 du Code de commerce. **456**

La déclaration peut notamment comporter la mention d'un nom de domaine (C. com. art. R 123-38 et Avis CCRCS 2012-033 des 26-9-2012 et 25-10-2012 : BRDA 24/12 inf. 21).

Délai de présentation de la demande d'immatriculation Les personnes physiques doivent demander leur immatriculation dans un délai de **quinze jours à compter** de la date à laquelle l'activité commerciale a été entreprise (C. com. art. R 123-32, al. 1). Les inscriptions complémentaires et les immatriculations secondaires doivent être prises dans le délai d'un mois (C. com. art. R 123-41 et R 123-43). **459**

Toutefois, l'immatriculation peut être demandée dans le mois qui précède la date déclarée du début de l'activité commerciale (C. com. art. R 123-32, al. 1).

Obligation des notaires Les notaires qui rédigent un acte comportant une incidence quelconque en matière de RCS sont tenus de procéder aux formalités d'immatriculation (C. com. art. R 123-89), peu important que le mandat d'y procéder ne lui ait pas été donné par les parties, celles-ci se trouvant déchargées des formalités correspondantes (Cass. 1e civ. 6-10-2011 n° 10-19.190 : RJDA 1/12 n° 38). **462**

Justifications à produire à l'appui de la demande d'immatriculation À l'appui des formulaires d'immatriculation doivent être produites les pièces justificatives visées à l'article R 123-84 du Code de commerce. **465**

Contentieux Le **greffier** du tribunal de commerce **doit s'assurer** de la régularité de la demande (C. com. art. R 123-94) en vérifiant la conformité des énonciations de celle-ci aux dispositions législatives et réglementaires et leur concordance avec les pièces justificatives et actes déposés **468**

en annexe (C. com. art. R 123-95 et R 123-95-1). Ce contrôle porte sur la régularité formelle des actes et non sur l'appréciation au fond de leur validité (Rép. Puech : Sén. 12-12-1991 p. 2802, tendant à considérer que le greffier ne peut refuser d'inscrire l'acquéreur d'un fonds de commerce avec clause de réserve de propriété).

Le greffier peut aussi saisir le juge commis, à tout moment après l'immatriculation, dès lors qu'il constate un défaut de conformité des inscriptions portées au registre (C. com. art. R 123-100).

Les **contestations** entre le requérant et le greffier relatives à la conformité de la demande d'immatriculation sont portées devant le **juge commis** à la surveillance du registre qui statue par ordonnance (C. com. art. R 123-139). Sur les dispositions applicables aux suites de ce recours, articles R 123-140 s. du Code de commerce.

Le juge commis ne peut se faire juge de l'opportunité d'une immatriculation (CA Douai 8-2-1996 : GP 1996.509) ni de la validité des actes qui lui sont remis (Cass. com. 29-4-1997 : RJDA 8-9/97 n° 1038) ; sur une décision n'emportant pas violation de cette condition, Cass. com. 1-6-2023 n° 21-22.446 F-B : RJDA 8-9/23 n° 488.

Si le requérant n'est pas en mesure de produire une pièce justificative, il peut en être dispensé par ordonnance motivée du juge soit définitivement, soit sous réserve de régularisation dans le délai imparti ; si, à l'expiration de ce délai, ladite pièce n'a pas été produite, la personne immatriculée est radiée d'office par le greffier (C. com. art. R 123-84, al. 4).

Les déclarations doivent être sincères : **quiconque** donne de mauvaise foi des **indications inexactes ou incomplètes** en vue d'une immatriculation, d'une radiation ou d'une mention complémentaire ou rectificative est **punissable** d'une amende de 4 500 € et d'un emprisonnement de six mois ; le tribunal compétent peut, en outre, priver l'intéressé, pendant un temps qui n'excède pas cinq ans, du droit de vote et d'éligibilité aux élections des tribunaux de commerce, chambres de commerce et d'industrie et conseils de prud'hommes (C. com. art. L 123-5).

471 **Numéro d'identification** Chaque personne immatriculée au RCS reçoit un numéro unique d'identification attribué dans les conditions exposées n° 2065.

Ce numéro est communiqué à la personne inscrite par l'intermédiaire du guichet unique électronique des formalités d'entreprises (C. com. art. R 123-232).

474 **Publicité du numéro du RCS** Toute personne physique inscrite au RCS est tenue, à peine d'une amende de 750 €, d'indiquer en tête de ses **factures,** notes de commandes, tarifs et documents publicitaires, ainsi que sur **toutes correspondances et récépissés** concernant son activité et **signés en son nom** (ou par elle), son numéro d'identification, la mention RCS suivie du nom de la ville où se trouve le greffe où elle est immatriculée, le lieu de son siège social, le cas échéant, qu'elle est en état de liquidation ainsi que la qualité de locataire-gérant ou de gérant-mandataire et, si elle est bénéficiaire d'un contrat d'appui au projet d'entreprise, la dénomination sociale de la personne morale responsable de l'appui, le lieu de son siège social, ainsi que son numéro unique d'identification ; l'entrepreneur individuel à responsabilité limitée doit indiquer l'objet de l'activité professionnelle à laquelle le patrimoine est affecté et la dénomination utilisée pour l'exercice de l'activité professionnelle incorporant son nom ou nom d'usage précédé ou suivi immédiatement des mots « entrepreneur individuel à responsabilité limitée » ou des initiales « EIRL » ; l'entrepreneur individuel doit indiquer la dénomination utilisée pour l'exercice de l'activité professionnelle incorporant son nom ou nom d'usage précédé ou suivi immédiatement des mots « entrepreneur individuel » ou des initiales « EI » (C. com. art. R 123-237).

La **liste** des documents sur lesquels doit figurer le numéro du RCS est **limitative.** Par suite, cette indication n'est pas exigée sur les enveloppes à en-tête imprimé ou sur les emballages (Rép. Delfosse : AN 26-1-1981 p. 374).

477 **Inscriptions modificatives** Les actes et faits entraînant une modification des mentions inscrites doivent être déclarés, par l'intermédiaire du guichet unique électronique des formalités d'entreprises (C. com. art. R 123-1), aux greffes aux fins d'inscription (C. com. art. R 123-43 à R 123-50).

Doivent aussi être mentionnés d'office au RCS les faits énumérés aux articles R 123-122 (relatifs aux procédures collectives) et R 123-124 (relatifs aux incapacités, interdictions et décès de la personne immatriculée) du Code de commerce. Sur la radiation d'office des mentions modificatives, C. com. art. R 123-133 et R 123-135.

480 **Radiation** Toute personne physique qui cesse le commerce doit demander sa radiation dans le **délai** d'un mois avant la cessation totale de son activité commerciale ou dans le délai d'un mois à compter de celle-ci (C. com. art. R 123-51) ; en cas de décès, cette demande est présentée par les héritiers ou ayants cause à titre universel du commerçant (C. com. art. R 123-52).

La demande ne peut pas être présentée par une personne soumise à une procédure de redressement judiciaire (Rép. Briane : AN 30-12-1991 p. 5452).

Elle doit s'effectuer par l'intermédiaire du guichet unique électronique des formalités d'entreprises (C. com. art. R 123-1, I-1°, R 123-51 et R 123-52 ; sur ce guichet, n° 2045).

Est radié **d'office** tout commerçant (C. com. art. R 123-128 et R 123-129) :
– frappé de l'interdiction d'exercer le commerce ;
– décédé depuis plus d'un an ;
– à compter de la clôture d'une procédure, soit de faillite, soit de liquidation des biens pour insuffisance d'actif ou dissolution de l'union, soit de liquidation judiciaire pour insuffisance d'actif ;
– au terme du délai d'un an après la mention au registre du commerce de la cessation totale de l'activité.

Est également radié d'office, dès que le greffier est informé de la radiation prononcée par un organisme de sécurité sociale, tout commerçant qui n'est plus affilié à cet organisme en sa qualité de travailleur indépendant (C. com. art. R 123-128, al. 4).

La radiation de l'auteur d'un acte qui est de commerce à la date à laquelle il est passé ne retire pas à cet acte sa nature commerciale, ce qui emporte la compétence du tribunal de commerce pour statuer sur un litige le concernant (n° 72003).

Consultation du registre Le RCS est public. Toute personne peut obtenir **sur demande** au **greffier** du tribunal de commerce un extrait ou une copie des inscriptions figurant sur le registre ou encore un certificat négatif attestant que l'intéressé n'est pas immatriculé (C. com. art. R 123-150 à R 123-152-2). **483**

Pour avoir accès à ces renseignements, il suffit de connaître le numéro d'immatriculation qui figure obligatoirement sur les papiers commerciaux, lettres, factures, etc., de tout commerçant (n° 474).

Cette diffusion est licite dans la mesure où elle s'appuie sur les informations inscrites au registre (TGI Paris 23-9-1992 : JCP E 1992.pan.1196). La responsabilité du serveur peut être engagée dans les conditions exposées n° 20050.

Toutefois, sont exclus de la communication certains jugements rendus en matière de procédure collective (C. com. art. R 123-154).

En dehors de ces jugements, les informations figurant au RCS sont accessibles aux tiers car elles sont destinées à protéger leurs intérêts, sauf si « des raisons prépondérantes et légitimes tenant à [la] situation particulière » de la personne concernée justifient le refus de communication de l'information demandée (CJUE 9-3-2017 aff. 398/15, jugeant que ne peut suffire le lien entre mauvaises ventes et mise en faillite, les acheteurs potentiels ayant un intérêt légitime à disposer des informations que la partie concernée souhaitait sceller).

REGISTRE NATIONAL DES ENTREPRISES

Les personnes physiques ayant la qualité de commerçant doivent demander leur inscription au registre national des entreprises (RNE), en plus de leur immatriculation au RCS (C. com. art. L 123-36 renvoyant à art. L 123-1, I-1° ; sur le RNE, nos 2080 s.). **485**

BULLETIN OFFICIEL DES ANNONCES CIVILES ET COMMERCIALES

Le Bulletin officiel des annonces civiles et commerciales (Bodacc) diffuse toutes les déclarations faites au RCS relatives à l'immatriculation et à la radiation des personnes, aux inscriptions modificatives, à la cession et à la location-gérance des fonds de commerce. **490**

Cette **publication** se fait aux frais du nouvel exploitant, à **la diligence** et sous la responsabilité du **greffier** qui reçoit les déclarations (C. com. art. R 123-218).

SANCTIONS CIVILES DES FORMALITÉS DE PUBLICITÉ

Le juge commis à la surveillance du registre peut soit d'office, soit à la requête du procureur de la République ou de toute personne justifiant y avoir intérêt, enjoindre, le cas échéant sous astreinte, à un commerçant personne physique de requérir son immatriculation au RCS ou à toute personne immatriculée qui n'aurait pas requis dans les délais prescrits les mentions modificatives, d'y procéder (C. com. art. L 123-3 ; pour une application, Cass. com. 9-9-2020 n° 19-15.422 F-PB : RJDA 5/21 n° 313). **495**

Le **défaut d'immatriculation** au RCS retire à un commerçant le droit de se faire reconnaître comme tel par les tiers, mais laisse à ces derniers le droit de lui opposer les obligations et les responsabilités attachées à cette qualité (n° 303).

Le **défaut d'inscription modificative** au RCS des mentions initiales prive le commerçant de la faculté d'opposer aux tiers, qui peuvent toutefois s'en prévaloir, les faits ou actes qui auraient dû être mentionnés au registre et qui ne l'ont pas été ; de même, le commerçant assujetti à un dépôt d'actes ou de pièces en annexe au registre ne peut les opposer aux tiers que si la formalité a été accomplie, les tiers pouvant quant à eux s'en prévaloir (C. com. art. L 123-9, al. 1 et 2 ; Cass. com. 23-6-1987 : BRDA 20/87 p. 17). Cette inopposabilité est applicable même pour les cas où les actes ou faits n'ayant pas été mentionnés ont fait l'objet d'une autre publicité légale, mais les tiers ne peuvent alors pas s'en prévaloir s'ils en ont eu personnellement connaissance (C. com. art. L 123-9, al. 3 ; Cass. 3e civ. 5-4-2018 no 17-12.584 F-D : RJDA 6/18 no 500).

Seule la personne assujettie à l'immatriculation est privée du droit d'opposer aux tiers les faits et actes qui auraient dû être publiés ; tel n'est pas le cas de l'épouse qui n'est pas commerçante (Cass. 1e civ. 20-10-1992 : Bull. civ. I p. 170 : opposabilité du jugement de séparation de corps non publié).

OBLIGATIONS COMPTABLES

500 Tout commerçant doit procéder à l'enregistrement comptable des mouvements affectant le patrimoine de son entreprise (C. com. art. L 123-12, al. 1). Sur cette obligation, C. com. art. L 123-12 à L 123-23 et L 123-25 à L 123-28-2.

Peuvent ne pas établir des comptes annuels les commerçants personnes physiques qui bénéficient du régime d'imposition des micro-entreprises défini à l'article 50-0 du CGI (C. com. art. L 123-28, qui fixe aussi les obligations comptables allégées auxquelles ces commerçants sont tenus).

Les commerçants qui ont tenu une comptabilité irrégulière sont passibles :

– en cas de cessation des paiements, des peines de la **banqueroute** (no 64585) ;

– d'une amende de 500 000 € et d'un emprisonnement de cinq ans lorsque l'irrégularité a été commise dans un but de **fraude fiscale** (CGI art. 1743).

AUTRES RÈGLES APPLICABLES AUX COMMERÇANTS

505 **1. Liberté des preuves.** À l'égard des commerçants, les actes de commerce peuvent se prouver, en principe, par tous moyens (no 75615 ; sur la preuve par les livres comptables, no 75723).

2. Solidarité. Les commerçants codébiteurs d'une dette commerciale en sont solidairement tenus (no 50145).

3. Prescription. Les obligations nées entre commerçants ou entre commerçants et non-commerçants à l'occasion de leur commerce se prescrivent par cinq ans si elles ne sont pas soumises à des prescriptions spéciales plus courtes (no 71731).

4. Gage. Le gage constitué par un commerçant, avant le 1er janvier 2022, se prouve librement à l'égard des tiers comme des parties contractantes. Tout gage commercial conclu après cette date est soumis au droit commun du gage, notamment à l'exigence d'un écrit (no 57021).

5. Contentieux. Les litiges doivent être portés devant le tribunal de commerce lorsqu'ils portent sur les contestations visées no 72003, sauf si les parties ont inclus dans leur contrat une convention d'arbitrage (no 70760).

La compétence territoriale du tribunal de commerce obéit au droit commun : nos 72020 s.

6. Compte en banque. Tout commerçant doit se faire ouvrir un compte dans une banque, un établissement de crédit ou un bureau de chèques postaux, sous peine d'une amende fiscale (C. com. art. L 123-24).

7. Régime fiscal. Les bénéfices réalisés par les commerçants à l'occasion de leur commerce sont passibles de l'impôt sur le revenu en tant que bénéfices industriels et commerciaux (Mémento Fiscal nos 7000 s.).

8. Protection sociale. Les commerçants bénéficient d'un système de protection sociale particulier (Mémento Social nos 79700 s.).

9. Publicité. Divers actes ou événements affectant les engagements des commerçants doivent être inscrits au RCS : vente et achat du fonds de commerce ; protêts des lettres de change, billets à ordre et chèques, baux, location-gérance, etc.

10. Alerte, mandat ad hoc, conciliation, sauvegarde, redressement et liquidation judiciaires. Les commerçants peuvent être soumis à ces mesures (nos 61020 s. et 61260 s.).

3. RÈGLES COMMERCIALES APPLICABLES À DES NON-COMMERÇANTS

EXPLOITANTS D'ACTIVITÉS CIVILES

550 **Actes mixtes** Les actes mixtes, en fait les contrats, sont des actes passés entre un commerçant agissant pour les besoins de son commerce et un non-commerçant.

Au regard de la partie commerçante, ces actes sont soumis à toutes les règles signalées au no 505. La partie non commerçante y échappe ; toutefois, elle peut assigner le commerçant devant le tribunal de commerce, mais seulement une fois le litige né (n° 72003). Elle n'est pas liée par la clause attributive de compétence au tribunal de commerce, qui est nulle à l'égard des deux parties (n° 72043).

Actes de commerce isolés Il est de plus en plus courant que des non-commerçants accomplissent un ou plusieurs actes de commerce sans que, toutefois, leur ampleur et leur fréquence leur confèrent la qualité de commerçant. 553

Il en est ainsi, notamment : des associations qui, incitées à s'autofinancer, accomplissent des actes de commerce pour se procurer des ressources (n° 216) ; des dirigeants de sociétés qui cautionnent dans leur intérêt personnel les dettes de leur société (MSC n°s 15010 s.) ; des acquéreurs du contrôle d'une société commerciale (MSC n°s 16013 s.) ou des spéculateurs en bourse (n° 250).

Ces actes sont soumis aux règles commerciales dans les conditions suivantes :
– les non-commerçants qui ont pris en commun un engagement dans un acte de commerce sont solidairement tenus des dettes nées de celui-ci (n° 50145) ;
– le tribunal de commerce est compétent dans les termes exposés au n° 72003 ;
– la clause d'arbitrage est licite dans les termes exposés au n° 70760 ;
– le gage constitué par un non-commerçant en garantie d'un acte de commerce, avant le 1er janvier 2022, peut être librement prouvé (n° 57021).

Actes civils Des règles commerciales, qui étaient traditionnellement réservées aux commerçants, sont dorénavant applicables à des activités civiles, car celles-ci sont fréquemment exercées dans les mêmes conditions d'organisation, de commercialisation et de financement que les activités commerciales. Ainsi : 556
– les dispositions relatives aux procédures collectives sont applicables aux artisans, aux agriculteurs et à toute personne exerçant une activité professionnelle indépendante, même libérale, aux sociétés civiles, aux associations (n°s 61000 s.) ;
– l'immatriculation au RCS est imposée aux sociétés civiles et aux groupements d'intérêts économiques (MCI n° 2680 et MSC n° 96701) ;
– les agriculteurs imposés selon le régime du bénéfice réel doivent tenir une comptabilité (Mémento Fiscal n°s 16030 s.) ; les professions libérales qui se sont placées sous le régime de la déclaration contrôlée sont également tenues à certaines obligations comptables (Mémento Fiscal n°s 13485 s.).

ÉTABLISSEMENTS PUBLICS INDUSTRIELS ET COMMERCIAUX

Les établissements publics industriels et commerciaux (Épic) sont, en vertu de la loi, soumis à certaines règles des commerçants. Ainsi : 560
– ils doivent être **immatriculés au RCS** (C. com. art. L 123-1, I-4°) ;
– ils bénéficient du statut des **baux commerciaux** (n° 4100) ;
– leurs dirigeants sont **électeurs** aux chambres de commerce et aux tribunaux de commerce (C. com. art. L 713-1, II-2°-a) ;
– ils sont passibles de **l'impôt sur les sociétés** (Mémento Fiscal n° 37095) ;
– ils peuvent conclure un compromis d'**arbitrage** s'ils y sont autorisés (n° 70763).

Pour les autres règles relatives aux commerçants ou aux actes de commerce sur lesquelles la loi ne s'est pas prononcée, les solutions suivantes sont applicables :
– les **tribunaux judiciaires** sont compétents pour statuer sur les litiges nés des activités des Épic, sauf pour ceux relatifs aux activités qui ressortissent par leur nature à des prérogatives de puissance publique (T. confl. 16-10-2006 n° 3506 : RJDA 10/07 n° 960 ; Cass. 1e civ. 1-3-2017 n° 15-28.664 : Bull. civ. I n° 53, jugeant que tel n'est pas le cas des missions confiées par l'État à l'Office national des forêts, en vue de la restauration des terrains de montagne) ou aux marchés publics (cf. T. confl. 7-4-2014 n° 3949 : RJDA 3/15 n° 179, jugeant que n'est pas un marché public un contrat qui rémunère la publication d'un guide touristique par des recettes publicitaires) ; ainsi, les tribunaux de commerce sont compétents pour les litiges nés des prestations industrielles et commerciales qu'ils fournissent à leurs usagers (CA Rennes 12-2-1974 : D. 1974.som.49, assimilant l'Épic à un commerçant au sens de l'ex-art. 631-1° C. com. ; dans le même sens, TGI Paris 25-1-1991 : Bull. inf. C. cass. 1991 n° 911 ; T. com. Paris 6-5-1991 : RJDA 10/91 n° 823 ; TA Clermont-Ferrand 18-1-2018 n° 1800066 : Lettre du tribunal ; contra CA Douai 27-6-1991 : DMF 1992.436, qui juge que l'établissement peut agir devant le tribunal de commerce, mais qu'il peut exiger d'être poursuivi devant le tribunal de grande instance, désormais tribunal judiciaire) et pour la réparation des dommages causés aux usagers par les ouvrages dont ils ont la charge ou les travaux qu'ils entreprennent (T. confl. 11-12-2017 n° 4101 : RJDA 4/18 n° 377.som.), peu important que la cause des dommages réside dans un vice de conception, dans l'exécution de travaux publics ou dans l'entretien ou le fonctionnement d'un ouvrage public (Cass. 1e civ. 14-11-2019 n° 18-21.664 FS-PBI : RJDA 2/20 n° 118) ;

A la qualité d'usager de l'Épic SNCF Réseau le donneur d'ordre qui a conclu un contrat de commission de transport avec un commissionnaire de transport, qui a lui-même contracté avec une société, titulaire d'une licence d'entreprise ferroviaire ; en effet, le dommage subi par le donneur d'ordre s'inscrit dans une chaîne contractuelle qui le rend utilisateur du réseau ferroviaire et bénéficiaire de la prestation de mise à disposition de l'infrastructure ferroviaire fournie par l'établissement public (Cass. 1e civ. 14-11-2019 précité).

– les **Épic** sont, à notre avis, **solidairement tenus** des engagements qu'ils ont pris, le cas échéant, avec d'autres cocontractants, dans des actes de commerce, la solidarité résultant de la conclusion d'actes de commerce (nº 50145) ;

– la **preuve** des actes passés par les Épic, notamment les contrats, peut se faire, à notre avis, **par tous moyens,** car les Épic, qui interviennent pratiquement comme des commerçants, doivent être tenus pour des commerçants au sens de l'article L 110-3 du Code de commerce ;

– la **prescription** des obligations contractées par les Épic avec des commerçants ou des non-commerçants est de **cinq ans,** car les Épic doivent être considérés comme des commerçants au sens de l'article L 110-4 du Code de commerce lorsqu'ils agissent pour les besoins de leur commerce (CE 31-7-1992 : RJDA 11/92 nº 1088) ; toutefois, les créances sur les Épic dotés d'un comptable public se prescrivent par quatre ans au profit de l'État (Loi 68-1250 du 31-12-1968 art. 1, al. 2 ; sur la déchéance quadriennale, nº 60020) ;

– les Épic, personnes morales publiques, ne sont **pas** soumis **aux procédures collectives,** ces procédures ne concernant que les personnes morales privées (nºs 61000 s.) ;

– les contrats conclus par les Épic sont des contrats administratifs lorsque les conditions d'existence de ces contrats sont réunies (nºs 10700 s.).

Sur le pouvoir des Épic de transiger, nº 70255.

REPRÉSENTATIONS COMMERCIALES DES ÉTATS ÉTRANGERS

565 Les représentations et agences commerciales en France des États, collectivités ou établissements publics étrangers doivent, quelle que soit l'activité qu'elles exercent, être inscrites au RCS dans le département où elles sont installées (C. com. art. L 123-1, I-6º).

Dans la mesure où leurs actes tombent sous le coup de la loi française, elles doivent être soumises au même régime que les actes des personnes privées car elles n'agissent pas, dans l'exercice des activités économiques, avec des prérogatives de puissance publique. En particulier, il est établi que les États étrangers et leurs démembrements ne bénéficient ni de l'immunité de juridiction (nº 72300) ni de l'immunité d'exécution (nº 60403) dans l'exercice de ces activités.

CHAPITRE 2 CAPACITÉ

SOMMAIRE

A. Mineurs	**1003**	C. Personnes morales	**1200**
B. Majeurs protégés	**1100**	D. Époux	**1300**
1. Nullité pour insanité d'esprit	**1103**	E. Partenaires d'un pacte civil de solidarité	**1384**
2. Mesures judiciaires de protection	**1121**		
a. Sauvegarde de justice	**1124**	F. Concubins	**1395**
b. Majeurs sous curatelle ou sous tutelle	**1127**	G. Étrangers	**1398**

Parmi les conditions requises pour accomplir valablement les actes nécessaires à l'exercice d'une activité économique figurent celles relatives à la capacité des mineurs, des majeurs protégés et des personnes morales. Il convient aussi de tenir compte des situations susceptibles de modifier le pouvoir d'agir des personnes, même dotées de capacité, notamment du mariage, de la qualité d'étranger et de divers empêchements. **1000**

La détermination des conditions dans lesquelles est assurée la représentation d'une personne privée, pour l'exercice de ses droits patrimoniaux, met en cause un principe fondamental du droit des obligations et ne peut être l'œuvre que de la loi (Cons. const. 20-7-1983 : GP 1983.Législation.583).

A. Mineurs

Le mineur de nationalité française est la personne physique **qui n'a pas encore** l'âge de **dix-huit ans** accomplis (C. civ. art. 388 ; Cass. 1e civ. 18-1-2007 no 05-20.529 : Bull. civ. I no 26). Il peut être émancipé ou non. **1003**

Il a été jugé que l'âge de la majorité se calcule non par jours civils mais d'heure à heure, à compter de celle de l'accouchement (CA Nancy 10-3-1888 : DP 1888.2.212 ; CA Nîmes 17-5-1888 : DP 1889.2.5).

Le mineur, quelle que soit sa nationalité, peut être soumis à des mesures de protection décidées par les autorités du pays de sa résidence habituelle (Convention de La Haye du 19-10-1996 relative aux mesures de protection des enfants art. 5 et 13, entrée en vigueur en France le 1-2-2011).

Sur la preuve de l'âge du mineur, article 388 du Code civil.

MINEUR ÉMANCIPÉ

Le mineur est émancipé de plein droit par son mariage (C. civ. art. 413-1) ; peuvent l'être aussi le mineur, même non marié, lorsqu'il atteint l'âge de seize ans révolus et le mineur resté sans parents à la demande du conseil de famille (C. civ. art. 413-2 s.). **1006**

Le mineur émancipé peut, comme un majeur, accomplir tous les actes de la vie civile (C. civ. art. 413-6, al. 1).

MINEUR NON ÉMANCIPÉ

Le mineur non émancipé peut s'obliger par ses propres actes dans les diverses circonstances examinées ci-après. **1010**

Engagements personnels Le mineur non émancipé est engagé par les actes qu'il accomplit **seul** dans les conditions suivantes. **1013**

Par « actes », il faut entendre les contrats conclus par le mineur et les actes unilatéraux emportant obligations souscrits par le mineur. Ce terme couvre, en effet, toutes les manifestations de volonté créatrices d'effets de droit, ce que l'article 1100-1 du Code civil reconnaît expressément.

1. Le mineur peut accomplir seul les **actes courants** autorisés par la loi ou l'usage (C. civ. art. 388-1-1 et 408 ; Cass. 1e civ. 9-5-1972 no 71-10.361 : Bull. civ. I no 12). **1016**

Au titre de la **loi,** le mineur non émancipé peut notamment :

– ouvrir un livret A et, après l'âge de seize ans révolus, retirer les sommes figurant sur le livret ainsi ouvert, sauf opposition de son représentant légal (C. mon. fin. art. L 221-3, al. 2 ; sur des condamnations de la banque

pour défaut de surveillance des mouvements de fonds effectués sur le livret d'un mineur, CA Pau 12-12-2005 n° 05-496 : PA 2007 n° 23 p. 9 note Lasserre-Capdeville et Lecourt et CA Rennes 10-2-2016 n° 14/00931 : JCP E 2016.226) ;
– créer une association, s'il est âgé de seize ans révolus (Loi du 1-7-1901 art. 2 bis).

Sur la possibilité pour un mineur non émancipé d'accomplir les actes nécessaires pour les besoins de la création d'une société unipersonnelle ou de la gestion d'une telle société ou d'une entreprise individuelle à responsabilité limitée (EIRL), n° 1020.

Au titre des **usages,** ont été réputés actes de la vie courante relevant de la capacité du mineur à la date des décisions qui ont statué sur cette qualification : la signature d'un contrat de cession des droits d'exploitation de son image (CA Paris 31-10-1991 : LP 1993 I p. 35) ; la conclusion d'une convention de remise d'une carte bancaire (Cass. civ. 21-11-1984 : D. 1985.297 note Lucas de Leyssac). Mais un mineur n'a été reconnu en capacité ni d'ouvrir un compte bancaire sans l'autorisation ou l'assistance de son représentant légal (CA Versailles 26-10-1990 : D. 1993.som.125 obs. Lucet, prononçant la nullité de la convention) ni d'acheter une voiture (Cass. 1e civ. 9-5-1972, précité).

Toutefois, ces actes doivent être conclus à des **conditions** normales (C. civ. art. 1148).

Aucune disposition ne précise ce qu'il faut entendre par « conditions normales ». À notre avis, le caractère normal des conditions renvoie à une situation objective qui résulte de ce qui se pratique pour une opération du même genre. C'est d'ailleurs le sens qui a été retenu pour l'interprétation des articles L 225-39 et L 225-87 du Code de commerce, qui prévoient que les conventions entre une société et ses mandataires sont libres si elles portent sur des opérations courantes conclues à des conditions normales (MSC nos 52640 s.).

Les dispositions de l'article 1148 ne sont pas **applicables** aux **actes courants accomplis** par un mineur **avant le 1er octobre 2016** (sur cette date, n° 10000). En effet, ces actes étaient valables dès lors qu'ils étaient courants, cette qualité étant alors la seule condition requise par la loi. Aussi ne sauraient-ils être remis en cause, après cette date, car la loi nouvelle ne peut pas rétroactivement subordonner la **validité** des actes conclus antérieurement à son entrée en vigueur à de nouvelles exigences (n° 10615).

1018 Les **parents** ne sont pas **tenus des obligations résultant des contrats passés par** leurs enfants **mineurs,** que ce soit ou non dans le cadre de la vie courante (Cass. 1e civ. 21-6-1977 n° 75-11.152 : Bull. civ. I n° 285).

1020 **2. Société unipersonnelle ou EIRL.** Un mineur sous administration légale âgé de seize ans révolus peut être autorisé par son ou ses **administrateurs légaux** à accomplir seul les actes d'administration nécessaires pour les besoins de la création ou de la gestion d'une société unipersonnelle ou pour les besoins de la gestion d'une entreprise individuelle à responsabilité limitée (EIRL) ; mais les actes de disposition ne peuvent être effectués que par son ou ses administrateurs légaux (C. civ. art. 388-1-2).

L'autorisation revêt la forme d'un acte sous signature privée ou d'un acte notarié et comporte la liste des actes d'administration pouvant être accomplis par le mineur (art. précité).

Si le mineur âgé de seize ans révolus est sous **tutelle,** le conseil de famille l'autorise à accomplir seul les actes d'administration précités ; l'autorisation revêt la même forme que celle-ci-dessus (C. civ. art. 401, al. 4 et 5). Les actes de disposition nécessaires sont effectués par le tuteur, après autorisation du conseil de famille (C. civ. art. 408, al. 4). Sur la **disparition progressive de l'EIRL,** voir n° 2290.

1022 **3. Responsabilité extracontractuelle.** Le mineur est **obligé de réparer** les dommages qu'il cause à autrui par des fautes intentionnelles ou d'imprudence conformément aux seules règles du droit commun de la responsabilité extracontractuelle (C. civ. art. 1240 et 1241 ; ex-art. 1382 et 1383 ; Cass. 2e civ. 11-9-2014 n° 13-16.897 : Bull. civ. II n° 185, application de l'ex-art. 1382), et ce qu'il soit ou non doué de discernement (Cass. ass. plén. 9-5-1984, 4 arrêts : D. 1984.525 concl. Cabannes note Chabas).

Les parents, en tant qu'ils exercent l'autorité parentale, sont solidairement responsables du dommage causé par leurs enfants mineurs habitant avec eux (C. civ. art. 1242, al. 4 ; ex-art. 1384, al. 4).

Le mineur est ainsi valablement engagé s'il souscrit une promesse unilatérale de payer une somme d'argent afin d'éteindre son obligation de réparer le dommage qu'il a causé, dès lors que cette promesse n'est pas lésionnaire (TI Montmorillon 19-5-1982 : JCP G 1984.II.20219 obs. Montanier).

Comme tout auteur d'un dommage, le mineur est tenu de le réparer intégralement à hauteur du préjudice subi (nos 8036 et 15300). La promesse de réparer ne peut dès lors être lésionnaire que dans la mesure où le mineur s'engagerait à réparer plus que le préjudice subi.

1025 **4. Actes de mandataire.** Le mineur peut être le mandataire d'autrui dans les conditions exposées n° 23015.

1028 **5. Sanction de l'acte irrégulier.** L'acte irrégulièrement conclu par un mineur agissant seul est nul (C. civ. art. 1147).

Les actes courants qui ont été conclus à des conditions normales peuvent être **annulés** pour simple lésion (C. civ. art. 1149, al. 1). Toutefois, le mineur ne peut pas invoquer la lésion qui résulte d'un événement imprévisible ou d'un acte accompli dans l'exercice de sa profession (C. civ. art. 1149, al. 1 et 3).

La nullité d'un contrat a déjà été prononcée pour défaut de lésion (Cass. civ. 4-11-1970 : D. 1971.186). Mais cette solution était limitée au cas où le mineur avait accompli un acte que son représentant légal avait pu accomplir seul alors que, depuis le 1er octobre 2016 (sur cette date, n° 10000), la solution s'applique à tous les actes du mineur. Pour les actes accomplis avant cette date, la nullité est de droit pour incapacité sur le fondement de l'ex-article 1108 du Code civil lorsque le mineur a accompli un acte que son représentant légal ne pouvait pas accomplir ou accomplir seul (Cass. civ. 25-6-1884 : DP 1885.1.160).

La **nullité** est une nullité relative (C. civ. art. 1147). Seul le mineur peut donc exercer l'**action** en nullité et lui seul peut y renoncer en confirmant l'acte vicié (nos 15683 s.). 1029

Le mineur peut agir en nullité lorsqu'il a simplement déclaré qu'il était majeur (C. civ. art. 1149, al. 2). Il ne perd son droit d'agir que s'il a dissimulé son incapacité avec l'intention de tromper son cocontractant sur son âge (CA Dijon 29-1-1923 : DP 1923.2.15 ; cf. Cass. civ. 12-11-1998 : JCP G 1998.II.10053 note Garé).

L'exception de nullité peut lui être opposée par le cocontractant capable en établissant que l'acte lui était utile et exempt de lésion ou qu'il lui a profité (C. civ. art. 1151, al. 1). Il le peut également en se prévalant de la confirmation de l'acte par son cocontractant devenu majeur (C. civ. art. 1151, al. 2).

Mis à part une décision sur un cas de confirmation (CA Paris 19-5-1998, inédit : ratification d'une clause compromissoire) et les applications générales de la confirmation, il n'est d'autres exemples tirés du passé venus à notre connaissance susceptibles d'éclairer les cas où l'acte est lésionnaire.

Quant à l'appréciation de la lésion, l'article 435, al. 2 du Code civil donne une indication s'agissant de la lésion affectant l'acte d'un majeur protégé qui peut servir de repère pour toute lésion, en invitant les tribunaux à prendre notamment en considération l'utilité ou l'inutilité de l'opération, l'importance ou la consistance du patrimoine de la personne protégée et la bonne ou mauvaise foi de ceux avec qui elle a contracté.

Quant à l'appréciation du profit tiré de l'acte, il n'est pas d'exemple direct, car, jusque-là, le profit n'a été recherché que pour déterminer ce que le mineur devait restituer (n° 1030).

À défaut de disposition contraire, l'action en nullité se **prescrit** dans le délai de droit commun de **cinq ans** (C. civ. art. 2224) du jour de la majorité ou de l'émancipation du mineur (C. civ. art. 1152 ; pour une application, Cass. civ. 5-3-2002 : D. 2002.1513 note Gridel).

Si l'acte est vicié par une cause de nullité, le tribunal doit prononcer la nullité et ne peut pas **relever le mineur de son incapacité** (Cass. civ. 25-6-1884 : DP 1885.1.160). 1030

Cette décision reste, à notre avis, valable depuis le 1er octobre 2016 (sur cette date, n° 10000). Certes, on pourrait lire l'article 1147 (n° 1029) comme faisant de l'incapacité une cause de nullité interdisant de considérer que la loi l'impose de plein droit. Mais il peut être lu aussi comme voulant seulement dire que la nullité est relative. Si ce sens n'était pas retenu, le juge qui aurait à constater la cause de nullité pourrait décider de ne pas l'appliquer. La protection que la loi entend apporter aux incapables deviendrait aléatoire et dépendrait du pouvoir discrétionnaire du juge. La finalité protectrice que la loi attend des incapacités en serait abolie et la sécurité juridique en souffrirait.

Le mineur qui obtient l'annulation peut se faire **restituer sa** propre **prestation** ; mais il n'est lui-même tenu de reverser à son cocontractant que la part qui a tourné à son profit (C. civ. art. 1352-4 ; loi art. 16, I-al. 2), le juge ne pouvant pas le condamner sans constater le profit (Cass. 1e civ. 5-4-1978 n° 76-14.924 : Bull. civ. I n° 147 ; Cass. 1e civ. 12-11-1998 n° 97-13.248 : D. 2000.39 note Fage).

Les décisions rendues sous l'empire de l'ex-article 1312 sont transposables sous le nouveau texte. Jugé notamment que :

- le profit peut tenir dans l'extinction d'une dette que le mineur est tenu d'acquitter (Cass. civ. 23-2-1891 : DP 1892.1.29), sauf s'il a dilapidé l'argent reçu au moment où la restitution lui est réclamée (CA Versailles 26-10-1990 : D. 1993 som.125 obs. Lucet) ;
- le profit tiré d'un paiement n'est à prendre en compte que s'il a été fait entre les mains de l'incapable ; ce n'est pas le cas du paiement fait à l'un de ses parents (Cass. civ. 18-1-1989 n° 87-12.019 : Bull. civ. I n° 13) ;
- il n'existe pas de profit pour le mineur qui a ouvert un compte de dépôt dans une banque lorsqu'il a dilapidé les fonds (CA Versailles 26-10-1990 : D. 1993.som.125 obs. Lucet).

La **prescription** de cette action en répétition est celle du droit commun de cinq ans (C. civ. art. 2224) qui ne commence à courir qu'à partir du jour où l'engagement du mineur a été annulé et que son droit à se faire restituer contre ses engagements, sous réserve de son enrichissement, a été reconnu (Cass. req. 21-5-1900 : DP 1900.1.422).

Administration et jouissance légales L'**administration légale** permet aux parents d'administrer les biens de leurs enfants mineurs et de bénéficier des revenus de ces biens. C'est un attribut de l'autorité parentale. 1031

Lorsque l'autorité parentale est exercée en commun par les deux parents, chacun d'entre eux est administrateur légal. Dans les autres cas, l'administration légale appartient à celui des parents qui exerce l'autorité parentale (C. civ. art. 382 ; sur cette autorité, C. civ. art. 371 s.).

1032 La **jouissance légale** est attachée à l'administration légale ; elle appartient soit aux parents en commun s'ils administrent ensemble les biens du mineur, soit à celui d'entre eux qui a la charge de l'administration (C. civ. art. 386-1), sauf survenance d'une cause d'extinction (C. civ. art. 386-2).

Toutefois, échappent à la jouissance légale les biens que le mineur peut acquérir par son travail, ceux qui lui sont donnés ou légués sous la condition expresse que ses parents n'en jouiront pas et ceux qu'il reçoit au titre de l'indemnisation d'un préjudice extrapatrimonial dont il a été victime (C. civ. art. 386-4) ou sous la condition qu'ils soient administrés par un tiers (C. civ. art. 384 ; Cass. 1e civ. 10-6-2015 n° 14-18.856 FS-PB : Bull. civ. I n° 138, rendu sous l'empire de l'ex-art. 389-3, al. 3 mais transposable par identité des textes applicables). Échappent également à la jouissance légale, les biens reçus par l'enfant au titre d'une succession pour laquelle son père ou sa mère a été déclaré indigne et qui lui échoit personnellement par représentation (C. civ. art. 729-1).

L'absence de jouissance légale sur les revenus de l'enfant n'interdit pas à l'administrateur légal d'affecter tout ou partie de ces revenus à l'entretien et à l'éducation de l'enfant, seul l'excédent devant revenir au mineur ; mais ce pouvoir cesse dès la majorité du mineur et la banque est fautive d'exécuter alors les ordres de l'administrateur légal (Cass. 1e civ. 9-1-2008 n° 05-21.000 : JCP G 2008.II.10048 note Lasserre Capdeville).

1034 Tout acte autre que ceux que le mineur non émancipé peut faire seul (nos 1013 s.) doit être accompli par le ou les administrateurs légaux des biens du mineur (C. civ. art. 388-1-1).

Lorsque l'administration légale est exercée en commun par les deux parents, chacun d'eux est réputé, à l'égard des tiers, avoir reçu de l'autre le pouvoir de faire seul les **actes d'administration** portant sur les biens du mineur (C. civ. art. 382-1, al. 1). En cas de désaccord entre les parents, il appartient au juge des tutelles d'autoriser l'acte (C. civ. art. 387). Bien qu'aucun texte ne le précise expressément, le parent exerçant seul l'administration légale peut accomplir seul les actes d'administration.

Sont concernés les actes d'administration visés par le décret 2008-1484 du 22 décembre 2008 (C. civ. art. 496, al. 3 sur renvoi de l'art. 382-1, al. 2).

L'administrateur légal peut procéder à la réception des capitaux échus au mineur et les retirer de la banque dans laquelle il les a déposés, cette banque n'étant en aucun cas garante de l'emploi des capitaux (Cass. 1e civ. 20-3-1989 n° 87-15.899 : D. 1989.406 note Massip ; Cass. 3e civ. 11-10-2017 n° 15-24.946 FS-D : RJDA 7/18 n° 597, décisions rendues sous l'ancien régime de l'administration légale sous contrôle judiciaire mais transposables sous le nouveau régime de l'administration légale, les pouvoirs de l'administrateur légal demeurant identiques).

Sur la possibilité pour un mineur sous administration légale d'accomplir les actes nécessaires pour les besoins de la création ou de la gestion d'une société unipersonnelle ou pour les besoins de la gestion d'une entreprise individuelle à responsabilité limitée (EIRL), n° 1020.

1035 En principe, les administrateurs légaux agissant en commun et l'administrateur légal exerçant seul l'autorité parentale peuvent accomplir les **actes de disposition** sans solliciter l'autorisation du juge des tutelles.

En cas de désaccord entre les parents, lorsqu'ils sont tous les deux administrateurs légaux, il appartient au juge des tutelles d'autoriser ou non l'acte (C. civ. art. 387).

Toutefois, certains **actes** de disposition particulièrement **graves** nécessitent toujours l'autorisation du juge des tutelles. Ainsi, les administrateurs légaux doivent obtenir l'autorisation du juge des tutelles pour passer les actes suivants (C. civ. art. 387-1) :

- vente de gré à gré ou apport en société d'un immeuble ou d'un fonds de commerce appartenant au mineur (pour un refus d'autorisation, Cass. civ. 24-2-1976 : Bull. civ. I p. 64) ;
- emprunt au nom du mineur ;
- renonciation à un droit, transaction ou compromis au nom du mineur (sur la transaction comportant renonciation à un droit, Cass. ch. mixte 29-1-1971 : D. 1971.301 concl. Lindon note Hauser et Abitbol et plus généralement sur toute renonciation à un droit, Cass. civ. 6-7-1982 : Bull. civ. I p. 217 ; Cass. civ. 6-12-1988 : GP 1989.630) ;
- acceptation pure et simple d'une succession revenant au mineur ;
- achat ou prise à bail des biens du mineur (pour la conclusion de l'acte, l'administrateur légal est réputé être en opposition d'intérêts avec le mineur) ;
- constitution gratuite d'une sûreté au nom du mineur pour garantir la dette d'un tiers ; cet acte doit être conforme à l'intérêt du mineur (Cass. 1e civ. 2-12-1997 n° 95-20.198 : D. 1998.469 note Hauser et Delmas Saint-Hilaire) ;
- réalisation d'un acte portant sur des valeurs mobilières ou instruments financiers si celui-ci engage le patrimoine du mineur pour le présent ou l'avenir par une modification importante de son contenu, une dépréciation significative de sa valeur en capital ou une altération durable des prérogatives du mineur (sur la sanction d'un défaut d'autorisation, Cass. com. 21-1-2014 n° 12-24.505 : RJDA 4/14 n° 344, partageant la responsabilité avec le cocontractant).

Par ailleurs, lorsque le juge des tutelles est appelé à se prononcer sur l'un de ces actes graves, il peut, s'il l'estime indispensable à la sauvegarde des intérêts du mineur, décider que d'autres actes de disposition doivent être soumis à son autorisation préalable. Il prend sa décision en considération de la composition ou de la valeur du patrimoine, de l'âge du mineur ou de sa situation familiale (C. civ. art. 387-3, al. 1).

Le juge peut être saisi, à cette même fin, par les parents du mineur ou l'un d'eux, par le ministère public ou par tout tiers ayant connaissance d'actes ou d'omissions qui compromettent manifestement ou substantiellement les intérêts patrimoniaux du mineur ou d'une situation de nature à porter préjudice grave à ceux-ci (C. civ. art. 387-3, al. 2).

L'administrateur légal peut, dans l'intérêt du mineur, former un recours contre les ordonnances du juge des tutelles quel qu'ait été son avis lors de la décision (Cass. civ. 17-5-1988 : JCP G 1989.II.21231 note Fossier).

L'administrateur légal ne peut pas, **même avec l'autorisation du juge des tutelles** (C. civ. art. 387-2) : 1036

- aliéner gratuitement les biens ou les droits du mineur ;
- acquérir d'un tiers un droit ou une créance contre le mineur ;
- exercer le commerce ou une profession libérale au nom du mineur ;
- transférer dans un patrimoine fiduciaire les biens ou les droits du mineur.

Par ailleurs, il est défendu à l'administrateur légal, comme à toute personne, de contracter une assurance en cas de décès sur la tête d'un mineur de moins de douze ans (C. ass. art. L 132-3).

Un **administrateur ad hoc** doit être nommé lorsque les intérêts du ou des administrateurs légaux sont en opposition avec ceux du mineur (C. civ. art. 383, al. 1). Lorsque les intérêts du mineur sont en opposition avec ceux d'un seul de ses administrateurs légaux, le juge peut autoriser l'autre administrateur légal à représenter le mineur pour un ou plusieurs actes déterminés (C. civ. art. 383, al. 2). 1037

L'administrateur ad hoc peut, dans la limite de la mission qui lui a été confiée, agir seul dans les mêmes cas que l'administrateur légal (Cass. civ. 8-3-1988 n° 86-16.153 : Bull. civ. I p. 41).

L'**administrateur légal** doit apporter dans la gestion des biens du mineur des soins prudents, diligents et avisés, dans le seul intérêt du mineur (C. civ. art. 385). Il est, dès lors, **responsable** de tout **dommage** résultant d'une **faute** quelconque qu'il commet dans la gestion des biens du mineur (C. civ. art. 386, al. 1). Si l'administration légale est exercée en commun, les deux parents sont responsables solidairement (C. civ. art. 386, al. 2). 1038

La **responsabilité de l'État** peut aussi être engagée en raison de dommages occasionnés par la faute commise par le juge des tutelles dans l'exercice de ses fonctions en matière d'administration légale (C. civ. art. 386, al. 3).

Les **actes accomplis** au nom du mineur **sans** que les conditions requises soient respectées, notamment sans les **autorisations** nécessaires, sont nuls, de nullité relative (Cass. ch. mixte 29-1-1971 : D. 1971.301 note Hauser et Abitbol ; Cass. civ. 26-6-1974 : D. 1975.254 note Gaury).

Tutelle Le mineur est sous tutelle lorsque aucun de ses parents n'est en mesure d'exercer l'autorité parentale soit parce qu'ils sont tous deux décédés ou privés de l'exercice de l'autorité parentale (C. civ. art. 390, al. 1), soit parce qu'il n'a pas de parent (C. civ. art. 390, al. 2), soit à l'occasion de l'établissement de la filiation (C. civ. art. 374-1), soit si le juge des tutelles décide de remplacer l'administration légale par la tutelle (C. civ. art. 391). 1040

La mise sous tutelle a pour effet de conférer la gestion des biens du mineur à un tuteur, avec le concours du conseil de famille, sous le contrôle du juge des tutelles et du subrogé tuteur (C. civ. art. 394 s.). Le tuteur a seul qualité pour représenter le mineur dans la gestion de son patrimoine (Cass. 1e civ. 19-3-2014 n° 13-12.016 : RJDA 6/14 n° 501). Sur la possibilité pour un mineur sous tutelle d'accomplir les actes nécessaires pour les besoins de la création ou de la gestion d'une société unipersonnelle ou pour les besoins de la gestion d'une entreprise individuelle à responsabilité limitée (EIRL), n° 1020.

Les dispositions des articles 496 s. du Code civil sont applicables à la gestion du patrimoine des mineurs sous tutelle.

1. Actes que le tuteur peut accomplir seul. Le tuteur peut accomplir seul tous les **actes conservatoires et d'administration** nécessaires à la gestion des biens du mineur, sous réserve des actes que le juge a autorisé le mineur à faire seul ou avec l'assistance de son tuteur (C. civ. art. 504, al. 1), notamment : 1043

- agir en justice pour faire valoir les droits patrimoniaux du mineur (C. civ. art. 504, al. 2), par exemple, agir au nom du mineur en révocation d'une donation (Cass. civ. 8-3-1988 : Bull. civ. I p. 41 : à propos de l'administrateur légal, mais transposable au tuteur) ou en nullité d'un cautionnement (CA Paris 14-1-2005 : JCP G 2005.IV.3217) ou en contestation d'un commandement de quitter les lieux à la suite d'une décision d'expulsion d'un immeuble vendu (Cass. 1e civ. 9-12-2009 n° 08-16.835 : Bull. civ. I n° 243 : à propos d'une curatelle ancien régime mais transposable) ;

– accepter une succession mais seulement à concurrence de l'actif net ; toutefois, il peut l'accepter purement et simplement si l'actif dépasse manifestement le passif, après recueil d'une attestation du notaire chargé du règlement de la succession ou, à défaut, après autorisation du conseil de famille ou du juge (C. civ. art. 507-1, al. 1) ;

– placer les fonds sur un compte (C. civ. art. 501, al. 1) ;

– choisir le tiers avec lequel il conclut un contrat pour la gestion des valeurs mobilières et instruments financiers appartenant au mineur, en considération de son expérience professionnelle et de sa solvabilité ; il peut, à tout moment et nonobstant toute stipulation contraire, résilier le contrat au nom du mineur (C. civ. art. 500, al. 3).

Il **peut** encore **donner à bail** les immeubles du mineur, mais avec les restrictions suivantes :

– le bail ne doit **pas** comporter de **droit au renouvellement** au profit du preneur, sauf lorsqu'il y a seulement lieu de renouveler un bail consenti avant l'ouverture de la tutelle (C. civ. art. 504, al. 3 ; pour un refus de renouvellement d'un bail commercial consenti par le tuteur seul, bien qu'il se soit présenté comme le propriétaire, le locataire ne pouvant invoquer son erreur légitime, Cass. 1e civ. 14-5-1996 n° 93-21.829 : Bull. civ. I n° 206). Il importe peu que le tuteur soit par ailleurs usufruitier et, en cette qualité, ait pu conclure un bail conférant un droit de renouvellement (Cass. civ. 10-11-1987 : JCP G 1989.II.21165 note Guihal et Fossier : à propos d'un administrateur légal, mais transposable). Le mineur en indivision peut s'opposer au renouvellement avant même le partage et l'attribution de l'immeuble loué dans son lot (Cass. civ. 10-5-1988 : D. 1988.516 note Massip) ;

Le conseil de famille peut autoriser le tuteur à conclure un bail emportant droit au renouvellement puisqu'il peut l'autoriser à faire des actes de disposition (n° 1046 ; Cass. civ. 21-6-1989 n° 87-19.434 : Bull. civ. I p. 162 : rendu à propos d'un administrateur sous contrôle judiciaire avant la suppression de ce régime mais transposable car commandé par la nature de l'acte). Seul l'incapable peut se prévaloir, après la fin de la tutelle, du défaut d'autorisation (Cass. civ. 20-3-1989 : D. 1990.169 note Massip).

À défaut d'autorisation, le locataire d'un bail commercial, qui n'est privé que du droit au renouvellement, doit pouvoir invoquer les autres règles du statut de ce bail.

– le bail ne doit **pas excéder une durée de neuf ans,** le locataire n'ayant que le droit d'achever la période qui se trouve en cours au jour d'expiration de la tutelle (C. civ. art. 595, al. 2, sur renvoi de l'art. 1718).

1046 **2. Actes nécessitant l'autorisation du conseil de famille.** Le conseil de famille ou, à défaut, le juge des tutelles doit autoriser le tuteur :

– à consentir des **actes de disposition** (C. civ. art. 505, al. 1) ; à défaut d'autorisation, l'acte est nul de plein droit, il n'y a donc pas à procéder à un contrôle des conséquences de ces actes sur le patrimoine de la personne protégée (Cass. 2e civ. 6-5-2021 n° 19-22.141 F-P) ;

L'autorisation n'est pas exigée en cas de vente forcée sur décision judiciaire ou en cas de vente amiable sur autorisation du juge (C. civ. art. 505, al. 2) ; l'autorisation donnée à une vente d'immeuble de gré à gré ne fait pas de celle-ci une vente faite d'autorité de justice, inattaquable pour lésion (CA Paris 13-9-1994 : D. 1996.som.10 obs. Paisant : à propos d'une administration légale sous contrôle judiciaire ancien régime mais transposable).

L'autorisation (C. civ. art. 505, al. 2, 3 et 4) :

– détermine les stipulations et, le cas échéant, le prix ou la mise à prix pour lequel l'acte est passé ; si l'autorisation prévoit une vente aux enchères publiques du ou des biens mis à disposition, celle-ci peut être organisée et réalisée par une personne habilitée à réaliser les ventes volontaires de meubles aux enchères publiques en application de l'article L 321-4 du Code de commerce ;

– de vendre ou d'apporter en société un immeuble, un fonds de commerce ou des instruments financiers non admis à la négociation sur un marché réglementé ne peut être donnée qu'après la réalisation d'une mesure d'instruction exécutée par un technicien ou le recueil de l'avis d'au moins deux professionnels qualifiés ;

– peut, en cas d'urgence, être donnée par le juge des tutelles, par décision spécialement motivée prise à la requête du tuteur, en lieu et place du conseil de famille, pour la vente d'instruments financiers à charge qu'il en soit rendu compte sans délai au conseil qui décide du remploi.

– à **transiger ou compromettre** au nom du mineur après avoir approuvé les clauses de la transaction ou du compromis et, le cas échéant, la clause compromissoire (C. civ. art. 506) ;

– à conclure un partage à l'amiable en cas d'opposition d'intérêts entre le mineur et le tuteur ; à défaut d'autorisation par le conseil de famille, le juge peut y suppléer ; le partage peut n'être que partiel ; dans tous les cas, l'état liquidatif est soumis à l'approbation du conseil de famille ou, à défaut, du juge ; tout autre partage est considéré comme provisionnel (C. civ. art. 507) ;

– à **accepter** purement et simplement une **succession** échue au mineur, mais seulement si l'actif dépasse manifestement le passif au cas où le tuteur n'aurait pas été autorisé à l'accepter seul comme il est dit n° 1043 (C. civ. art. 507-1, al. 1 ; pour une autorisation non fondée, Cass. civ. 26-6-1979 : GP 1981.2 note J.M.) ;

– à **renoncer** à une succession échue au mineur (C. civ. art. 507-1, al. 2) ;

Dans le cas où la succession à laquelle il a été renoncé au nom du mineur n'a pas été acceptée par un autre héritier et tant que l'État n'a pas été envoyé en possession, la renonciation peut être révoquée soit par le tuteur autorisé à cet effet par une nouvelle délibération du conseil de famille ou, à défaut, une nouvelle décision du juge, soit par le mineur devenu capable ; l'acceptation de la succession rétroagit au jour de l'ouverture de la succession (C. civ. art. 507-2).

– à titre exceptionnel et dans l'intérêt de la personne protégée, et si le tuteur n'est pas mandataire judiciaire à la protection des majeurs, à **acheter les biens du mineur** ou les prendre à bail ou à ferme ; pour la conclusion de l'acte, le tuteur est réputé être en opposition d'intérêts avec la personne protégée (C. civ. art. 508).

Les actes accomplis en vertu d'une délibération du conseil de famille annulée peuvent eux aussi être annulés (C. civ. art. 402, al. 4).

L'action en nullité d'une délibération du conseil de famille peut être exercée par le tuteur, le subrogé tuteur, les membres du conseil de famille ou par le procureur de la République, dans les deux années de la conclusion de l'acte ; elle peut l'être aussi par le mineur devenu majeur ou émancipé, dans les deux années de sa majorité ou de son émancipation ; toutefois, s'il y a eu dol ou fraude, la prescription ne court qu'à partir du moment où le dol ou la fraude ont été découverts (C. civ. art. 402, al. 3).

Le conseil de famille ou, à défaut le juge, détermine la somme à partir de laquelle commence, pour le tuteur, l'obligation d'employer les capitaux liquides et l'excédent des revenus du mineur (C. civ. art. 501, al. 1).

Constitue par exemple un emploi la convention de compte bloqué avec versement anticipé des intérêts (Cass. civ. 17-1-1978 : D. 1980.17 note Champenois-Marmier).

Sur la définition des actes d'administration et des actes de disposition, décret 2008-1484 du 22-12-2008.

3. Actes interdits. Le tuteur ne peut pas, même avec une autorisation (C. civ. art. 509) : 1048
– accomplir des actes qui emportent une aliénation gratuite des biens ou des droits du mineur, tels que la remise de dette, la renonciation gratuite à un droit acquis, la renonciation anticipée à l'action en réduction dans une succession non ouverte (C. civ. art. 929 s.), la mainlevée d'hypothèque ou de sûreté sans paiement ou la constitution gratuite d'une servitude ou d'une sûreté pour garantir la dette d'un tiers ;
– acquérir d'un tiers un droit ou une créance que ce dernier détient contre le mineur ;
– exercer le commerce ou une profession libérale au nom du mineur ;
– acheter les biens de la personne protégée ainsi que les prendre à bail ou à ferme, sous réserve du cas visé au n° 1046.

Il est aussi défendu au tuteur de contracter une assurance en cas de décès sur la tête d'un mineur de moins de douze ans (C. ass. art. L 132-3).

4. Sanctions des actes irrégulièrement accomplis par le tuteur. Si le tuteur a accompli seul un 1050
acte qui aurait dû être fait par le mineur soit seul, soit avec son assistance, ou qui ne pouvait être accompli qu'avec l'autorisation du juge des tutelles ou du conseil de famille s'il a été constitué, l'acte est nul de plein droit sans qu'il soit nécessaire de justifier d'un préjudice (C. civ. art. 465, 3°) ; dans tous les cas, l'action s'éteint par le délai de droit commun de cinq ans (n° 71725) ; pendant ce délai et tant que la mesure de protection est ouverte, l'acte peut être confirmé avec l'autorisation du juge ou du conseil de famille s'il a été constitué (C. civ. art. 465, 4°).

5. Protection des tiers contre les actes du tuteur. Les tiers peuvent informer le juge des actes 1053
ou omissions du tuteur qui leur paraissent de nature à porter préjudice aux intérêts du mineur (C. civ. art. 499, al. 1).

Ils ne sont pas garants de l'emploi des capitaux ; toutefois, si à l'occasion de cet emploi, ils ont connaissance d'actes ou omissions qui compromettent manifestement l'intérêt de la personne protégée, ils en avisent le juge (C. civ. art. 499, al. 2).

La tierce opposition contre les autorisations du conseil de famille ou du juge ne peut être exercée que par les créanciers de la personne protégée et en cas de fraude à leurs droits (C. civ. art. 499, al. 3).

Le bénéficiaire d'une donation au dernier vivant n'a pas la qualité de créancier de son conjoint (Cass. 1e civ. 5-12-2018 n° 18-10.058 PB).

B. Majeurs protégés

1100 Le majeur de nationalité française est la personne qui a atteint l'âge de dix-huit ans accomplis ; il est capable d'exercer les droits dont il a la jouissance (C. civ. art. 414 ; Cass. 1e civ. 18-1-2007 no 05-20.529 : Bull. civ. I no 26). Mais cette capacité est réduite par la nullité des actes passés par le majeur affecté d'un trouble mental au moment de leur conclusion et par l'application de mesures de protection permanentes si le majeur est dans l'impossibilité de pourvoir seul à ses intérêts (C. civ. art. 414-1 s. ; CPC art. 1211 s.).

Les mesures de protection peuvent être décidées par les autorités du pays où le majeur, quelle que soit sa nationalité, a sa résidence habituelle (Convention de La Haye du 13-1-2000 relative à la protection internationale des adultes art. 5 et 13).

Ne sont examinées ci-après que les règles susceptibles d'influencer la capacité à participer à la vie civile qui commande la validité des actes accomplis par les personnes protégées ou par celles qui les assistent ou les représentent.

1. NULLITÉ POUR INSANITÉ D'ESPRIT

1103 L'acte fait par une personne physique atteinte d'un trouble mental peut être annulé (C. civ. art. 414-1 et 1129), comme il est exposé ci-après.

L'action en nullité est recevable si le majeur est placé sous sauvegarde de justice (CA Aix 27-1-1976 : Bull. Cour d'Aix 1976/1 p. 69) ou sous curatelle (Cass. 1e civ. 20-10-2010 no 09-13.635 : RJDA 1/11 no 23 ; Cass. 1e civ. 15-1-2020 no 18-26.683 : PA 2020 no 53 p. 13 note Corpart).

L'action échappe à la suspension des poursuites en cas de procédure collective ; elle peut donc être exercée par la partie arguant de son insanité d'esprit (ou son ayant droit) contre son cocontractant en liquidation judiciaire, représenté par son liquidateur (CA Aix 27-2-2002 : JCP N 2003.1387 note Fossier).

Elle échappe aussi à la prescription si elle est dirigée contre un majeur sous tutelle (no 71783).

Sur l'irrecevabilité du codébiteur solidaire à soulever l'exception de nullité affectant son codébiteur, no 50012.

Sur la responsabilité extracontractuelle du majeur atteint d'un trouble mental, no 8040.

1106 **Insanité d'esprit** L'altération des facultés mentales est cause de nullité d'un acte si les conditions ci-après sont réunies.

1109 **1.** L'altération doit entraîner une **suppression de la lucidité** de l'auteur de l'acte de telle sorte qu'il ne puisse être en état de comprendre et de vouloir ce à quoi il s'est engagé (CA Paris 10-1-1969 : D. 1969.331 ; CA Paris 3-10-1974 : GP 1975.1.som.155 ; CA Aix 21-9-1981 : Bull. Cour d'Aix 1981/3 p. 5 ; CA Paris 26-6-2018 no 17/03617 : RTD com. 2019.152 obs. Lecourt ; pour un cas d'absence de trouble, CA Aix 8-11-1982 : Bull. Cour d'Aix 1982/3 p. 41). Peu importe l'origine ou la cause du trouble mental (Cass. 1e civ. 12-11-1975 no 74-12.097 : Bull. civ. I no 319 : prise en compte de l'ivrognerie quasi permanente du majeur). Les juges du fond apprécient souverainement l'existence du trouble mental (Cass. civ. 17-5-1977 : Bull. civ. I p. 189).

La lucidité doit exister au regard des éléments essentiels à la validité de l'acte ; s'agissant d'une vente, il ne suffit pas que l'intéressé ait donné un consentement valable quant au principe même de la vente, car cet accord n'a pas porté sur le prix comme l'exige l'article 1583 du Code civil pour la validité de la vente (CA Nancy 18-10-1994 : JCP G 1996.IV.1584).

1112 **2.** Le **trouble** mental **doit exister au moment** même de **l'acte.** Une personne dont les troubles sont passagers s'engage valablement dans les intervalles de lucidité (Cass. com. 15-7-1970 : Bull. civ. IV p. 209 : antérieur au régime actuel, mais transposable ; Cass. civ. 21-4-1976 : D. 1976.IR.212). Toutefois, des décisions prennent en compte l'état mental de l'intéressé qui a précédé l'acte litigieux (CA Paris 14-3-2003 et CA Paris 25-3-2003 : RTD civ. 2003.478 no 4 obs. Hauser).

Il n'est pas nécessaire que l'existence du trouble mental soit **notoire** (Cass. civ. 10-6-1981 : Bull. civ. I p. 167).

L'annulation peut être prononcée lorsqu'il est prouvé que l'insanité d'esprit correspond à un état habituel, mais également lorsqu'il est établi qu'elle existait à la fois dans la période immédiatement antérieure et dans la période immédiatement postérieure à l'acte, sauf au défendeur à établir l'existence d'un intervalle lucide au moment où l'acte a été passé (CA Rouen 25-5-1994).

1115 **3.** Celui qui demande la nullité de l'acte doit apporter la **preuve** de l'existence du trouble mental au moment de l'acte (C. civ. art. 414-1 ; Cass. civ. 2-12-1992 no 91-11.428 : Bull. civ. I no 299 ; pour une absence de preuve, Cass. 3e civ. 22-6-2010 no 09-14.979 : RJDA 11/10 no 1055) ; cette preuve incombe au défendeur poursuivi en nullité qui soutient la validité de l'acte (Cass. 3e civ. 17-9-2020 no 19-15.046 F-D). En cas de promesse de vente, le trouble doit exister au moment où le promettant conclut la promesse (cf. Cass. civ. 7-1-1982 : GP 1982.pan.184). En cas de vente, c'est à l'acquéreur qui s'oppose à la demande d'annulation d'établir l'existence d'un intervalle de lucidité du vendeur au moment précis où l'acte a été passé (Cass. 1e civ. 9-9-2020 no 18-26.525 F-D).

Il doit aussi prouver que le trouble était d'une gravité suffisante pour qu'il ait empêché l'auteur de l'acte d'exprimer une volonté consciente au moment de la signature (Cass. 3e civ. 22-6-2010, précité).

La preuve se fait par tous moyens (Cass. civ. 27-1-1987 no 84-15.371 : Bull. civ. I no 31 : preuve par un certificat médical établi deux jours après la passation de l'acte attaqué ; CA Metz 1-2-2005 : JCP G 2005.IV.3579 : rejet de la preuve par certificat médical et appréciation subjective d'un médecin).

Action du vivant de l'auteur de l'acte De son vivant, l'action en nullité n'appartient qu'à l'intéressé (C. civ. art. 414-2, al. 1). Elle se prescrit par cinq ans (C. civ. art. 2224 sur renvoi de l'art. 414-2, al. 6), à compter du jour de la conclusion de l'acte, sauf à justifier que le délai n'avait pas pu commencer à courir dès cette date (CA Orléans 19-12-2019 no 17/031381 : PA 2020 no 105 p. 15 note Noguéro). 1118

Si le majeur n'est pas en mesure de connaître le vice de l'acte qu'il a accompli, l'action est suspendue pour impossibilité d'agir de sa part jusqu'au moment où elle a pu être exercée par le tuteur après mise sous tutelle de l'intéressé, dès lors qu'il est établi que celui-ci, avant d'être placé sous tutelle, était déjà atteint d'un trouble mental constaté par les conclusions catégoriques d'un médecin (Cass. 1e civ. 1-7-2009 no 08-13.518 : RJDA 10/09 no 810 : recevabilité de l'action introduite moins de cinq ans après l'entrée en vigueur de la tutelle).

Sur l'action en nullité pour insanité d'esprit d'un acte autorisé par le juge des tutelles pour le compte d'un majeur sous curatelle renforcée, no 1130.

Action après la mort de l'auteur de l'acte Les héritiers du majeur atteint de trouble mental peuvent demander la nullité des **donations et** des **testaments** faits par leur auteur (C. civ. art. 414-2, al. 2). L'action se prescrit selon les règles de droit commun de la prescription, soit par cinq ans à compter du jour de l'acte ou du jour où le demandeur en a connu l'existence (nos 71725 et 71745). 1120

Sous l'empire de l'ex-article 1304 du Code civil, la prescription de l'action en nullité était aussi de cinq ans mais à compter du décès du disposant (Cass. 1e civ. 8-3-2017 no 16-12.607 FS-PB : Bull. civ. I no 61).

Les dispositions de l'article 414-2 du Code civil sont conformes à la Constitution (Cons. const. 17-1-2013 no 2012-288 QPC : RJDA 8-9/13 no 686.som.).

Pour tous les **autres actes** de leur auteur, les héritiers ne peuvent entreprendre une action en nullité que dans trois cas (C. civ. art. 414-2, al. 2 s.) :

– lorsque l'acte porte en lui-même la preuve d'un trouble mental ;

Ce n'est évidemment pas le cas lorsque cette preuve est recherchée par une mesure d'instruction (Cass. civ. 28-9-1982 : GP 1983.pan.53).

– lorsque l'acte a été fait dans un temps où son auteur était placé sous sauvegarde de justice (Cass. civ. 17-7-1979 : Bull. civ. I p. 172) ;

– lorsqu'une action avait été introduite avant le décès aux fins de faire ouvrir la tutelle ou la curatelle (pour une application, Cass. 1e civ. 27-6-2018 no 17-20.428 PB : RJDA 1/19 no 8), ou aux fins d'habilitation familiale car cette mesure suppose un besoin de protection comparable à celui qui justifie l'ouverture de la tutelle ou de la curatelle.

Pour être considérée comme introduite, l'action aux fins de tutelle ou de curatelle suppose que tous les documents requis pour l'ouverture de la procédure aient été produits (Cass. civ. 11-3-1975 : Bull. civ. I p. 88), peu important qu'elle ait été formée avant ou après la date de l'acte dont la nullité est demandée (Cass. civ. 27-1-1987 : JCP G 1988.II.20981 note Fossier).

Les héritiers peuvent continuer l'action en nullité d'un acte pour insanité d'esprit intentée du vivant de l'auteur de l'acte (cf. Cass. civ. 14-6-1977 no 75-14.584 : Bull. civ. I no 272, transposable pour identité des textes). Outre les héritiers, le légataire universel a qualité pour agir en nullité (Cass. 1e civ. 8-7-2015 : no 14-14.768 : GP 2016. 5 janvier p. 80 note Robbe et Schlemmer-Bégué).

2. MESURES JUDICIAIRES DE PROTECTION

BÉNÉFICIAIRES DES MESURES JUDICIAIRES DE PROTECTION

Peut bénéficier d'une mesure de protection toute personne dans l'**impossibilité de pourvoir seule** à ses intérêts en raison d'une altération, médicalement constatée, soit de ses facultés mentales, soit de ses facultés corporelles de nature à empêcher l'expression de sa volonté (C. civ. art. 425). 1121

Les mêmes mesures peuvent être ouvertes pour un mineur émancipé et une demande peut être introduite et jugée dans la dernière année de sa minorité pour un mineur non émancipé ; dans ce cas, la mesure de protection judiciaire ne prend toutefois effet que du jour de sa majorité (C. civ. art. 429).

Les actes accomplis par ces personnes sont soumis aux règles ci-après.

ACTES QUE LE MAJEUR PROTÉGÉ PEUT ACCOMPLIR SEUL

1122 Un majeur protégé peut accomplir seul les **actes courants** autorisés par la loi ou l'usage, pourvu qu'ils soient conclus à des conditions normales car l'article 1148 du Code civil reconnaît ce droit à « toute personne incapable de contracter », parmi lesquelles l'article 1146 du même Code range les majeurs protégés. Le droit ainsi reconnu au majeur protégé étant fondé sur les mêmes dispositions que celles applicables au mineur non émancipé, les développements relatifs à la détermination des actes courants et à leurs conditions de validité concernant ce dernier lui sont transposables (nº 1016), au moins tant que des solutions spécifiques ne viennent pas le concerner. L'acte qui ne répond pas à ces conditions n'est pas sanctionné dans les mêmes termes que l'acte irrégulier du mineur car l'article 1149 du Code civil le concernant n'est pas repris à l'article 1150 dudit Code qui énumère les dispositions applicables au majeur protégé. L'acte courant irrégulier est donc sanctionné comme l'est tout acte irrégulier au regard de la mesure de protection qui est applicable au majeur, selon qu'il est sous sauvegarde de justice, sous curatelle, sous tutelle, sous habilitation familiale ou sous mandat de protection future, comme il est exposé dans les développements qui suivent.

a. Sauvegarde de justice

1124 Le **juge** peut placer sous sauvegarde de justice le majeur qui, pour l'une des causes mentionnées au nº 1121, a besoin d'une protection juridique temporaire ou d'être représenté pour l'accomplissement de certains actes déterminés ; cette mesure peut aussi être prononcée par le juge, saisi d'une procédure de curatelle ou de tutelle, pour la durée de l'instance (C. civ. art. 433, al. 1 et 2).

Ceux qui ont qualité pour demander l'ouverture d'une curatelle ou d'une tutelle sont tenus d'accomplir les actes conservatoires indispensables à la préservation du patrimoine de la personne protégée dès lors qu'ils ont connaissance tant de leur urgence que de l'ouverture de la mesure de sauvegarde ; les mêmes dispositions sont applicables à la personne ou à l'établissement qui héberge la personne placée sous sauvegarde (C. civ. art. 436, al. 3).

Le **majeur** conserve l'exercice de ses **droits** (C. civ. art. 435, al. 1). Les actes qu'il a passés et les engagements qu'il a contractés pendant la durée de la mesure peuvent être **rescindés pour simple lésion** ou réduits en cas d'excès alors même qu'ils pourraient être annulés pour insanité d'esprit ; les tribunaux doivent prendre en considération l'utilité ou l'inutilité de l'opération, l'importance ou la consistance du patrimoine du majeur et la bonne ou mauvaise foi de ceux avec qui il a contracté (C. civ. art. 435, al. 2 ; pour un exemple transposable sous le régime actuel comparable, CA Dijon 18-1-2005 : JCP G 2005.IV.2663).

Tant que les actes n'ont pas été annulés pour insanité d'esprit, ils sont valables (Cass. 1e civ. 24-2-2016 nº 15-14.328 : D. 2016.1528.som. obs. Plazy) et peuvent donc être rescindés pour simple lésion.

Mais le majeur ne peut pas, **à peine de nullité,** faire un acte pour lequel un mandataire spécial a été désigné par le juge (C. civ. art. 435, al. 1 ; CA Paris 12-2-2016 nº 14/13308 : D. 2016.1531.som. obs. Noguéro).

L'**action en nullité,** en rescision ou en réduction n'appartient qu'au majeur et, après sa mort, à ses héritiers (C. civ. art. 435, al. 3) ; elle s'éteint dans le délai de cinq ans (nº 71725) à compter du jour où le majeur a eu connaissance du vice, alors qu'il était en situation de refaire l'acte valablement ; sur le décompte du délai, nº 1143.

La restitution à laquelle a droit le majeur sous sauvegarde de justice s'effectue dans les mêmes conditions que celle à laquelle a droit le mineur, par identité de textes (nº 1030).

Pour les actes accomplis par le majeur depuis le **1er octobre 2016** (sur cette date, nº 10000), son cocontractant capable peut faire obstacle à l'action en nullité engagée contre lui en établissant que l'acte était utile au majeur et exempt de lésion ou qu'il a profité à celui-ci. En outre, il peut opposer à l'action en nullité la **confirmation** de l'acte par le majeur devenu ou redevenu capable (C. civ. art. 1151).

Par ailleurs, le **mandat d'administrer** ses biens **donné par le majeur** avant son placement sous sauvegarde de justice continue de produire ses effets pendant la sauvegarde de justice, à moins qu'il ne soit révoqué ou suspendu par le juge des tutelles, le mandataire étant entendu ou appelé (C. civ. art. 436, al. 1).

Le juge peut révoquer ce mandat même s'il a été expressément stipulé irrévocable (Cass. civ. 12-5-1987 : Bull. civ. I p. 116, rendu sur le fondement de l'ex-article 491-3 du Code civil mais transposable sous l'empire du nouvel article 436, les deux textes étant comparables). Mais la révocation du mandat donné avant la mise sous sauvegarde ne résulte pas automatiquement du prononcé de cette mesure (Cass. civ. 15-5-1990 : D. 1990.IR.144).

Il ne résulte pas cependant du pouvoir de révocation donné au juge que le majeur a perdu celui de révoquer ad nutum le mandat, ce que lui reconnaît le droit commun qui ne peut être écarté que par une disposition expresse (nº 74803).

En l'absence de mandat, les règles de la gestion d'affaires sont applicables (C. civ. art. 436, al. 2).

b. Majeurs sous curatelle ou sous tutelle

MAJEUR SOUS CURATELLE

Le majeur qui, sans être hors d'état d'agir lui-même, a besoin, pour l'une des causes mentionnées au n° 1121, d'être assisté ou contrôlé d'une manière continue dans les actes importants de la vie civile peut être placé sous curatelle (C. civ. art. 440, al. 1). 1127

La décision de mise sous curatelle, comme la modification ou la mainlevée de la mesure, est mentionnée en marge de l'acte de naissance de l'intéressé ; elle est opposable aux tiers deux mois après cette mention et, même à défaut, aux tiers qui en ont eu connaissance personnellement (C. civ. art. 444). Elle l'est même si elle n'a pas été inscrite au registre du commerce (CA Paris 4-11-1993 : Defrénois 1994.789 n° 570 obs. Massip, transposable en l'absence de nouvelle disposition contraire).

Sur le manque de fiabilité du répertoire civil, n° 1132.

Sous réserve des dispositions spéciales régissant ses comptes bancaires (n° 1136), le **majeur** sous curatelle ne peut, **sans l'assistance** du curateur, faire aucun **acte** qui, en cas de tutelle, requerrait une autorisation du juge ou du conseil de famille (n° 1046) (C. civ. art. 467, al. 1). Notamment, il ne peut pas, seul, souscrire des engagements qui excèdent ses revenus, par exemple se faire délivrer une carte de crédit (Cass. civ. 21-11-1984 : D. 1985.297 note Lucas de Leyssac) et, s'il peut seul exercer le commerce, il doit, toutefois, être assisté de son curateur pour accomplir les actes de disposition que requiert l'exercice de cette activité ; sous cette réserve, il peut exercer une activité d'« apporteur d'affaires en agence immobilière » sous le régime de la micro-entreprise (Cass. 1e civ. avis 6-12-2018 n° 18-70.011 PB : RJDA 5/19 n° 315). 1130

Lors de la conclusion d'un acte écrit, l'assistance du curateur se manifeste par l'apposition de sa signature à côté de celle de la personne protégée (C. civ. art. 467, al. 2).

En outre, le majeur doit être assisté du curateur pour :

– faire **emploi des capitaux** lui revenant et versés directement sur un compte ouvert à son seul nom, mentionnant son régime de protection, auprès d'un établissement habilité à recevoir des fonds du public (C. civ. art. 468, al. 1 et 2) ;

– introduire une **action en justice** ou y défendre (C. civ. art. 468, al. 3 ; Cass. 1e civ. 4-7-2012 n° 11-18.475 : D. 2012.1886 ; Cass. 1e civ. 23-9-2015 n° 14-19.098 : Bull. civ. I n° 219 ; Cass. 3e civ. 17-12-2020 n° 18-24.228) ;

Celui qui n'a pas été désigné curateur, fût-il le conjoint, n'a pas qualité pour exercer l'action en nullité de droit des actes passés postérieurement au jugement d'ouverture par le majeur protégé ou son curateur, une telle action ne pouvant être intentée, selon les cas, que par le curateur, le majeur protégé ou les héritiers de celui-ci (Cass. 1e civ. 5-3-2014 n° 12-29.974 : RJDA 8-9/14 n° 686).

– faire **donation,** le curateur étant réputé en opposition d'intérêts avec lui lorsqu'il en est le bénéficiaire (C. civ. art. 470, al. 2 et 3), ce qui entraîne la nullité de l'acte (n° 12378) ;

– souscrire ou racheter un **contrat d'assurance** sur la vie ainsi que désigner ou substituer le bénéficiaire (C. ass. art. L 132-4-1, al. 1).

Lorsque le bénéficiaire du contrat d'assurance sur la vie est le curateur, il est réputé être en opposition d'intérêts avec la personne protégée (C. ass. art. L 132-4-1, al. 2), ce qui entraîne la nullité de l'acte (n° 12378) ; l'acceptation du bénéfice d'un contrat d'assurance sur la vie conclu moins de deux ans avant la publicité du jugement d'ouverture de la curatelle du stipulant peut être annulée sur la seule preuve que l'incapacité était notoire ou connue du cocontractant à l'époque où les actes ont été passés (C. ass. art. L 132-4-1, al. 3 ; ann. 1 au décret 2008-1484 du 22-12-2008 ; pour une application, Cass. 2e civ. 8-6-2017 n° 15-12.544 F-D : D. 2017.1819 note Peterka).

Par ailleurs :

– à peine de nullité, toute **signification** faite au majeur l'est également au curateur (C. civ. art. 467, al. 3 ; Cass. 1e civ. 8-6-2016 n° 15-19.715 : RJDA 10/16 n° 754) ; cette nullité sanctionne un vice de forme que ne peut couvrir l'intervention volontaire du curateur en cause d'appel (Cass. 1e civ. 23-2-2011 n° 09-13.867 : D. 2011.1265 note Loir) ;

– le curateur **ne peut se substituer** au majeur pour agir en son nom ; s'il constate que la personne sous curatelle compromet gravement ses intérêts, le curateur peut saisir le juge des tutelles pour être autorisé à accomplir seul un acte déterminé ou provoquer l'ouverture de la tutelle (C. civ. art. 469, al. 1 et 2 ; Cass. com. 12-7-2011 n° 10-16.873 : RJDA 11/11 n° 878 ; Cass. 1e civ. 23-3-2022 n° 20-22.136 F-D) ;

Le majeur peut demander au juge des tutelles de l'autoriser à agir seul si le curateur refuse son assistance pour un acte la requérant (C. civ. art. 469, al. 3).

– à tout moment, le **juge** des tutelles peut énumérer certains actes que la personne sous curatelle a la capacité de faire seule ou, à l'inverse, ajouter d'autres actes à ceux pour lesquels l'assistance du curateur est exigée (C. civ. art. 471) et ordonner une curatelle renforcée ; dans ce dernier cas, le curateur perçoit seul les revenus du majeur sur un compte ouvert au nom de ce dernier, assure lui-même le règlement des dépenses auprès des tiers et dépose l'excédent sur un compte laissé à la disposition de l'intéressé ou le verse entre ses mains (C. civ. art. 472, al. 1) ; ce sont là les seuls actes que le curateur peut accomplir seul ; il ne peut pas obtenir du juge des tutelles l'autorisation d'accomplir seul d'autres actes (Cass. 1e civ. 8-7-2009 no 07-18.522 : PA 2009 no 150 p. 9 note Noguéro, rendu sous le régime ancien mais transposable par analogie au régime actuel).

L'acte de disposition, même autorisé par le juge des tutelles, peut être argué de nullité pour insanité d'esprit (Cass. 1e civ. 20-10-2010 no 09-13.635 : RJDA 1/11 no 23, rendu sous le régime ancien mais transposable par analogie au régime actuel).

Sur la définition des actes d'administration et de disposition, décret 2008-1484 du 22-12-2008 ; sur une prise en compte sans restriction des qualifications posées par ce décret, Cass. 2e civ. 6-5-2021 no 19-22.141 F-P.

MAJEUR SOUS TUTELLE

1132 Le **majeur** qui, pour l'une des causes mentionnées (no 1121), doit être représenté d'une manière continue dans les actes de la vie civile peut être **placé sous tutelle** (C. civ. art. 440, al. 3).

La tutelle n'est prononcée que s'il est établi que ni la sauvegarde de justice ni la curatelle ne peuvent assurer une protection suffisante (C. civ. art. 440, al. 4).

Le jugement portant ouverture, modification ou mainlevée de la tutelle n'est **opposable aux tiers** que deux mois après que la mention en a été portée en marge de l'acte de naissance de l'intéressé selon les modalités prévues par le Code de procédure civile (C. civ. art. 444, al. 1). Toutefois, même en l'absence de cette mention, il est opposable aux tiers qui en ont personnellement connaissance (C. civ. art. 444, al. 2).

Il est recommandé aux tiers de se reporter aux registres de l'état civil et de ne pas se fier au répertoire civil tenu aux greffes des tribunaux de grande instance (devenu le tribunal judiciaire) car, depuis le 1er janvier 1989, l'enregistrement sur ce répertoire n'est plus systématique (Loi 89-18 du 13-1-1989 art. 75).

1133 Le **tuteur représente le majeur** sous tutelle dans tous les **actes** de la vie civile (C. civ. art. 473, al. 1). Il le représente aussi en justice (C. civ. art. 475, al. 1).

Néanmoins, le tuteur d'un majeur sous tutelle auquel a été dévolue la fonction de gérant d'une société n'est pas investi du pouvoir de représenter la société (Cass. 1e civ. 12-7-2012 no 11-13.161 : RJDA 11/12 no 963) ; en effet, il n'est que le représentant du gérant, personne physique, chargé de représenter un majeur protégé dans ses intérêts patrimoniaux et non dans ses fonctions, alors que le représentant légal d'une société représente une personne juridique capable.

Sur les règles spéciales régissant les comptes bancaires du majeur sous tutelle, no 1136.

Toutefois, le **majeur peut** :

– être autorisé par le juge, dans le jugement d'ouverture ou ultérieurement, à faire seul ou avec l'assistance du tuteur certains actes énumérés (C. civ. art. 473, al. 2) ;

– avec l'autorisation du juge ou du conseil de famille, être assisté ou au besoin représenté par le tuteur pour faire des donations (C. civ. art. 476, al. 1).

Sur les opérations relatives à un contrat d'assurance sur la vie, no 1130, la même disposition régissant ces opérations que le majeur soit sous curatelle ou sous tutelle.

Il est défendu à toute personne de contracter une assurance en cas de décès sur la tête d'un majeur sous tutelle, mais le tuteur peut souscrire une formule de financement d'obsèques (C. ass. art. L 132-3).

Sous réserve de ces règles, le régime des actes accomplis pour la gestion du patrimoine d'un mineur sous tutelle (nos 1043 s.) est transposable à ceux relatifs à la gestion du patrimoine d'un majeur sous tutelle, les règles de la gestion du patrimoine des mineurs et des majeurs en tutelles étant identiques (C. civ. art. 496 s.).

EFFETS COMMUNS À LA CURATELLE ET À LA TUTELLE

1136 **Comptes bancaires** Les comptes en banque du majeur placé sous curatelle ou sous tutelle sont soumis aux mesures suivantes.

1. Maintien des comptes ou livrets ouverts. La personne chargée de la mesure de protection ne peut pas procéder à la clôture des comptes ou livrets ouverts, avant le prononcé de la mesure, au nom de la personne protégée ; elle ne peut pas non plus procéder à l'ouverture d'un autre compte ou livret auprès d'un nouvel établissement habilité à recevoir des fonds du public, sauf autorisation du juge des tutelles ou du conseil de famille si l'intérêt de la personne protégée le commande (C. civ. art. 427, al. 1 et 2) ; la personne chargée de la mesure de protection vise le curateur ou le tuteur (Cass. 1e civ. avis 6-12-2018 no 18-70.012 : RJDA 4/19 no 288).

2. Ouverture d'un compte. Un compte ou livret peut être ouvert par la personne chargée de la protection si la personne protégée n'en possède pas (C. civ. art. 427, al. 4) ; si elle en possède, le juge des tutelles ou le conseil de famille, si l'intérêt de la personne protégée le commande, peut autoriser l'ouverture d'un autre compte par la personne chargée de la protection, ce compte devant être ouvert à la Caisse des dépôts et consignations si le juge ou le conseil de famille l'estime nécessaire (C. civ. art. 427, al. 2 et 3) ;

Le juge qui accorde l'autorisation doit justifier par des motifs adéquats que la modification opérée est dans l'intérêt du majeur protégé (Cass. 1e civ. 28-1-2015 n° 13-26.363 : GP 2015 31 juillet. som. note Roussille).

3. Opérations bancaires. Les opérations bancaires d'encaissement, de paiement et de gestion patrimoniale effectuées au nom et pour le compte de la personne protégée sont réalisées exclusivement au moyen des comptes ouverts au nom de celle-ci, sous réserve des dispositions applicables aux mesures de protection confiées aux personnes ou services préposés des établissements de santé et des établissements sociaux ou médico-sociaux soumis aux règles de la comptabilité publique (C. civ. art. 427, al. 5) ;

Les dispositions de l'article 501 du Code civil autorisant le tuteur à placer sans autorisation des fonds sur un compte ne sont pas applicables au versement libre de primes sur un contrat d'assurance-vie existant, ce type de placement demeurant un acte de disposition soumis, sauf circonstances particulières, à l'autorisation du conseil de famille ou, à défaut, du juge des contentieux de la protection (Cass. 1e civ. avis 18-12-2020 n° 20-70.003 : D. 2021.1371 note Raoul-Cormeil).

4. Revenus des capitaux. Les fruits, produits et plus-values générés par les fonds et les valeurs appartenant à la personne protégée lui reviennent exclusivement (C. civ. art. 427, al. 6) ;

5. Interdiction de chèques. Si la personne protégée a fait l'objet d'une interdiction d'émettre des chèques, la personne chargée de la mesure de protection peut néanmoins, avec l'autorisation du juge des tutelles ou du conseil de famille s'il a été constitué, faire fonctionner sous sa signature les comptes dont la personne protégée est titulaire et disposer de tous les moyens de paiement habituels (C. civ. art. 427, al. 7).

Sanctions des actes accomplis irrégulièrement Les actes accomplis par le majeur sous curatelle ou sous tutelle peuvent, après l'ouverture de la mesure de protection prise à son endroit, être remis en cause dans les conditions suivantes. 1139

1. Actes antérieurs à la mesure de protection. Les obligations résultant des actes accomplis par le majeur moins de deux ans avant la publicité du jugement d'ouverture de la mesure de protection peuvent être **réduites** sur la seule preuve que son inaptitude à défendre ses intérêts, par suite de l'altération de ses facultés personnelles, était notoire ou connue du cocontractant à l'époque où les actes ont été passés (C. civ. art. 464, al. 1 ; sur un cas de non-réalisation de ces conditions, CA Caen 24-6-2014 n° 13/01088, 1e ch. civ. : JCP 2015 n° 10/11-304 obs. Raoul-Cormeil). 1141

Ces actes peuvent, dans les mêmes conditions, être **annulés** s'il est justifié d'un préjudice subi par le majeur (C. civ. art. 464, al. 2).

Ces mesures ne peuvent concerner que les actes auxquels la personne protégée a participé volontairement (cf. Cass. civ. 8-11-1983 : D. 1984.325 note J.M. : à propos d'une expropriation ; aussi Cass. civ. 20-4-1961 : JCP G 1961.II.12208 note J.A. : à propos d'une signification et Cass. civ. 10-11-1965 : D. 1966.22 : à propos d'un jugement d'adjudication, décisions antérieures au régime actuel, mais transposables).

Le juge ne peut pas appliquer d'office la cause de nullité liée au fait que le majeur soit sous tutelle ou sous curatelle lorsqu'il a été saisi sur la cause de nullité de l'insanité d'esprit (n° 1103) (CA Aix 29-10-1981 : Bull. Cour d'Aix 1981/2 p. 6). Mais il doit d'office, s'il a été saisi sur le fondement de l'article 503 du Code civil (devenu art. 464), rechercher si la nullité pour insanité n'est pas applicable dès lors que les conclusions font ressortir la possibilité d'un tel trouble mental (Cass. civ. 6-6-1990 : GP 1991.pan.11) ; néanmoins, il ne peut pas, par principe, exiger la preuve de l'insanité d'esprit au moment où l'acte a été passé comme une condition de l'application de l'article 503 susvisé (Cass. 1e civ. 8-7-2020 n° 19-17.097 F-D).

L'action en réduction ou en nullité doit être introduite **dans les cinq ans** de la date du jugement d'ouverture de la mesure (C. civ. art. 464, al. 3) ; toutefois, l'auteur de l'acte peut prouver que la prescription a été suspendue en raison d'une impossibilité d'agir (Cass. 1e civ. 14-4-2021 n° 20-11.959 F-D).

Pour que l'acte soit annulé, le **demandeur doit prouver** non seulement l'existence de l'inaptitude du majeur à défendre ses intérêts, par suite de l'altération de ses facultés personnelles, mais encore le **caractère notoire** de cette cause ou sa connaissance par le cocontractant à l'époque où l'acte attaqué a été passé (cf. Cass. civ. 24-4-1979 : Bull. civ. I p. 95 ; Cass. civ. 14-5-1985 : Bull. civ. I p. 139). Mais il n'a pas dans ce cas à prouver que l'insanité d'esprit existait au moment précis où l'acte a été passé (cf. Cass. 1e civ. 24-5-2007 : Bull. civ. I n° 208). Les juges du fond apprécient souverainement l'existence des deux conditions requises (Cass. civ. 24-4-1979, précité, transposable).

La demande en nullité n'est pas recevable lorsqu'aucun jugement ouvrant la tutelle n'est intervenu, notamment en raison du décès de l'intéressé en cours d'instance (Cass. civ. 12-2-1985 : Bull. civ. I p. 57, transposable).

1143 **2. Actes postérieurs à la mesure de protection.** À compter de la publicité du jugement d'ouverture, l'irrégularité des actes accomplis par le majeur ou, le cas échéant, par le curateur ou le tuteur est sanctionnée dans les conditions suivantes (C. civ. art. 465) :

a. Si le majeur a accompli seul un acte qu'il pouvait faire sans l'assistance ou la représentation de la personne chargée de sa protection, l'acte reste sujet aux actions en rescision ou en réduction mentionnées au n° 1124 comme s'il avait été accompli par un majeur placé sous sauvegarde de justice, à moins qu'il n'ait été expressément autorisé par le juge ou par le conseil de famille s'il a été constitué ;

b. Si le majeur a accompli seul un acte pour lequel il aurait dû être assisté, l'acte ne peut être annulé que s'il est établi qu'il a subi un préjudice (pour un refus d'annulation, Cass. 1e civ. 17-3-2010 n° 08-15.658 : Bull. civ. I n° 66, appliquant la solution sous l'empire du texte antérieur qui n'ouvrait pas expressément ce pouvoir d'appréciation au juge) ;

c. Si le majeur a accompli seul un acte pour lequel il aurait dû être représenté, l'acte est nul de plein droit sans qu'il soit nécessaire de justifier d'un préjudice ;

Le curateur ou le tuteur peut, avec l'autorisation du juge ou du conseil de famille s'il a été constitué, engager seul l'action en nullité, en rescision ou en réduction des actes prévus aux a, b, c.

d. Si le tuteur ou le curateur a accompli seul un acte qui aurait dû être fait par le majeur soit seul, soit avec son assistance ou qui ne pouvait être accompli qu'avec l'autorisation du juge ou du conseil de famille s'il a été constitué, l'acte est **nul de plein droit** sans qu'il soit nécessaire de justifier d'un préjudice.

Pendant le cours de la prescription et tant que la mesure de protection est ouverte, cet acte peut être confirmé avec l'autorisation du juge ou du conseil de famille s'il a été constitué.

Dans tous les cas, l'action s'éteint par le délai de droit commun de cinq ans (C. civ. art. 2224). Ce délai court du jour où le majeur protégé en a eu connaissance alors qu'il était en situation de refaire l'acte valablement ; à l'égard des héritiers du majeur, le délai ne commence à courir qu'à compter du jour du décès de celui-ci, sauf s'il a commencé à courir auparavant (C. civ. art. 1152, 2° et 3°).

Pour les actes accomplis par le majeur depuis le **1er octobre 2016** (sur cette date, n° 10000), la partie capable qui a contracté avec le majeur peut faire **obstacle à l'action en nullité** engagée contre lui en établissant que l'acte était utile au majeur et exempt de lésion ou qu'il a profité à celui-ci (C. civ. art. 1151, al. 1). En outre, il peut **s'opposer à l'action en nullité** engagée contre lui par le majeur devenu ou redevenu capable en se prévalant de la confirmation par celui-ci de l'acte (C. civ. art. 1151, al. 2).

1144 **Effets de la nullité** L'annulation de l'acte irrégulièrement accompli par le majeur sous curatelle ou sous tutelle, comme celle de l'acte prononcée pour insanité d'esprit emporte les effets de droit commun de la nullité (nos 15715 s.).

Toutefois, si le majeur est tenu à restitution, il ne doit restituer que le profit qu'il a retiré de l'acte annulé, comme il en est pour le mineur (n° 1030).

HABILITATION FAMILIALE

1145 L'habilitation familiale permet d'éviter de recourir aux mesures de protection de sauvegarde de justice, curatelle ou tutelle à l'égard d'une personne hors d'état de manifester sa volonté en raison d'une altération, médicalement constatée, soit de ses facultés mentales, soit de ses facultés corporelles de nature à empêcher l'expression de sa volonté (voir n° 1121). La personne sous habilitation confie à un proche le pouvoir de la représenter, de l'assister dans les conditions prévues à l'article 467 du Code civil ou d'accomplir des actes que le juge détermine dans l'habilitation dont il investit ce proche (C. civ. art. 494-1).

Le juge des tutelles est compétent pour délivrer l'habilitation qu'il peut accorder à des proches du majeur : ascendants, descendants, frères et sœurs ou, à moins que la communauté de vie n'ait cessé entre eux, conjoint, partenaire de pacte civil de solidarité ou concubin (C. civ. art. 494-1, al. 1).

Le juge des tutelles ne peut pas ordonner une habilitation familiale lorsqu'il peut être suffisamment pourvu aux intérêts du majeur par la représentation de droit commun (soit un mandat) ou par le mandat de protection future (C. civ. art. 494-2).

La décision de mise en place de l'habilitation familiale, comme la modification, le renouvellement et la fin de la mesure, est mentionnée en marge de l'acte de naissance de l'intéressé ; elle est opposable aux tiers deux mois après cette mention et, à défaut de mention, aux tiers qui en auront personnellement connaissance (C. civ. art. 494-6, al. 8 et, sur renvoi, art. 444). Sur le manque de fiabilité du répertoire civil, n° 1132.

1146 **Portée de l'habilitation familiale** L'habilitation peut avoir pour objet de représenter le majeur et de l'assister dans les conditions de la curatelle (C. civ. art. 494-1).

Elle peut porter sur les **biens du majeur** et/ou sur la **protection de sa personne.**

Dans l'intérêt du majeur, le juge peut donner une **portée générale** à l'**habilitation.** La personne habilitée peut alors accomplir l'ensemble des actes portant sur les biens et tous ceux relatifs à la personne du majeur ; le juge peut limiter l'habilitation générale aux seuls actes relatifs aux biens ou aux seuls actes correspondant à la personne du majeur (C. civ. art. 494-6, al. 5).

Sur les biens, la **personne habilitée** peut recevoir le **pouvoir** d'accomplir les actes qu'un tuteur peut réaliser seul ou avec une autorisation. Toutefois, lorsqu'elle est habilitée à représenter le majeur, elle doit demander l'autorisation du juge pour accomplir les actes de disposition à titre gratuit (C. civ. art. 494-6, al. 2 et 4). Lorsqu'elle est habilitée à assister le majeur, elle peut en revanche l'assister pour faire un acte de disposition à titre gratuit sans autorisation judiciaire.

Le juge n'a pas le pouvoir de délivrer une habilitation familiale en représentation pour les actes visés à l'article 509 du Code civil (n° 1048) et, a fortiori, celui d'autoriser la personne habilitée en représentation à accomplir ces actes (Cass. 1e civ. avis 6-12-2018 n° 18-70.011 P-BI : D. 2022.2081 chr. Lemouland et Raoul-Cormeil).

La personne habilitée dans le cadre d'une habilitation générale ne peut accomplir un acte pour lequel elle est en **opposition d'intérêts** avec la personne protégée, sauf si, dans l'intérêt du majeur, le juge l'y autorise à titre exceptionnel (C. civ. art. 494-6, al. 6).

La personne habilitée à représenter le majeur peut, sauf décision contraire du juge des tutelles, procéder à la **clôture des comptes ou livrets bancaires** ouverts au nom du majeur avant le prononcé de la mesure de protection ou à l'ouverture d'un autre compte ou livret auprès d'un établissement autre que la banque habituelle du majeur (C. civ. art. 494-7 dérogeant à C. civ. art. 427). La personne habilitée à assister le majeur doit quant à elle demander l'autorisation du juge pour procéder à ces opérations.

Le **majeur** perd la **capacité** d'accomplir les **actes** faisant l'**objet de l'habilitation** à le représenter. Il conserve les autres droits (C. civ. art. 494-8, al. 1). L'habilitation à assister maintient donc la pleine capacité juridique du majeur.

Sanction des actes accomplis irrégulièrement L'**acte effectué après** la mise en place de l'**habilitation familiale** est nul de plein droit sans qu'il soit nécessaire de justifier d'un préjudice, lorsque (C. civ. art. 494-9, al. 1 et 4 à 6) : 1148

– la personne habilitée a fait seule un acte qui n'entre pas dans le champ de son habilitation ou qui ne peut être accompli qu'avec l'autorisation du juge des tutelles ;

– le majeur a fait seul un acte qui relève de l'habilitation.

La personne habilitée à accomplir en représentation une donation doit au préalable s'être assurée, d'abord, au vu de l'ensemble des circonstances, passées comme présentes, entourant un tel acte, que, dans son objet comme dans sa destination, la donation correspond à ce qu'aurait voulu la personne protégée si elle avait été capable d'y consentir elle-même, ensuite, que cette libéralité est conforme à ses intérêts personnels et patrimoniaux, en particulier que sont préservés les moyens lui permettant de maintenir son niveau de vie et de faire face aux conséquences de sa vulnérabilité (Cass. 1e civ. avis 15-12-2021 n° 21-70.022 B).

À défaut de disposition contraire, l'action en nullité s'éteint dans le délai de droit commun de cinq ans (C. civ. art. 2224), dans les conditions précisées au n° 1143.

Pour les actes accomplis par le majeur depuis le **1er octobre 2016** (sur cette date, n° 10000), le cocontractant capable qui a conclu avec l'incapable ne peut pas faire **obstacle à l'action en nullité** dans les conditions exposées au n° 1143 car la nullité est de plein droit.

L'**acte irrégulièrement accompli avant** la mise en place de l'habilitation familiale peut être réduit ou annulé dans les mêmes conditions qu'en matière de tutelle et de curatelle (C. civ. art. 464 sur renvoi de l'art. 494-9, al. 2 ; n° 1141).

Durée de l'habilitation familiale Si l'**habilitation** familiale a une portée générale, le juge doit en fixer la durée, qui ne peut pas excéder dix ans. La mesure peut faire l'objet d'un **renouvellement** pour une durée en principe égale à celle de l'habilitation initiale (C. civ. art. 494-6, al. 7). 1150

L'habilitation familiale prend **fin** pour les causes suivantes (C. civ. art. 494-11) :

– le décès du majeur ;

– le placement du majeur sous sauvegarde de justice, sous curatelle ou sous tutelle ;

– le prononcé d'un jugement de mainlevée passé en force de chose jugée à la demande de la personne protégée, de l'une des personnes mentionnées à l'article 494-1 ou du procureur de la République, lorsqu'il s'avère que les conditions prévues à cet article ne sont plus réunies ou

lorsque l'exécution de l'habilitation familiale est de nature à porter atteinte aux intérêts de la personne protégée ;
– l'absence de renouvellement de la mesure à l'expiration de la durée fixée par le juge ;
– l'accomplissement des actes pour lesquels l'habilitation avait été délivrée.

MANDAT DE PROTECTION FUTURE

1151 Tout majeur, ou mineur émancipé, ne faisant pas l'objet d'une mesure de tutelle ou d'une habilitation familiale peut charger une ou plusieurs personnes, par un même mandat, de la représenter pour le cas où, pour l'une des causes mentionnées au nº 1121, elle ne pourrait plus pourvoir seule à ses intérêts (C. civ. art. 477, al. 1).

La personne sous curatelle ne peut conclure un mandat de protection future qu'avec l'assistance de son curateur (C. civ. art. 477, al. 2).

Le majeur sous habilitation familiale générale ne peut pas conclure de mandat de protection future pendant toute la durée de la mesure (C. civ. art. 494-8, al. 2).

Sur le droit des parents de donner mandat, article 477, al. 3 du Code civil.

Ce mandat **prend effet** lorsqu'il est établi que le mandant ne peut plus pourvoir seul à ses intérêts, sur la foi d'un certificat médical présenté au greffier du tribunal judiciaire (C. civ. art. 481) et cesse pour l'une des causes visées à l'article 483 du Code civil (pour une application en cas de mise sous curatelle de l'auteur du mandat, Cass. 1e civ. 29-5-2013 nº 12-19.851 : D. 2013.1815 note D. Noguéro).

Les **effets** du mandat sont soumis aux règles de droit commun du mandat (C. civ. art. 478 ; nºs 23000 s.), sous réserve des règles dérogatoires suivantes :

– le mandat notarié, même conçu en termes généraux, inclut tous les actes patrimoniaux que le tuteur a le pouvoir d'accomplir seul ou avec une autorisation (C. civ. art. 490, al. 1) ; toutefois, le mandataire ne peut accomplir un acte de disposition à titre gratuit qu'avec l'autorisation du juge des tutelles (C. civ. art. 490, al. 2) ;

– si le mandat est sous signature privée, il est limité aux actes que le tuteur peut faire sans autorisation (C. civ. art. 493, al. 1) ;

Si l'accomplissement d'un acte qui est soumis à autorisation ou qui n'est pas prévu par le mandat s'avère nécessaire dans l'intérêt du mandant, le mandataire saisit le juge des tutelles pour le voir ordonner (C. civ. art. 493, al. 2).

– que le mandat soit sous signature privée ou notarié, le majeur peut accomplir seul des actes courants dans les conditions exposées nº 1122 ;

– tout intéressé peut saisir le juge des tutelles aux fins de contester la mise en œuvre du mandat ou de voir statuer sur les conditions et modalités de son exécution (C. civ. art. 484) ;

– lorsque la mise en œuvre du mandat ne permet pas, en raison de son champ d'application, de protéger suffisamment les intérêts personnels ou patrimoniaux de la personne, le juge peut ouvrir une mesure de protection juridique complémentaire confiée, le cas échéant, au mandataire de protection future ; il peut aussi autoriser ce dernier ou un mandataire ad hoc à accomplir un ou plusieurs actes déterminés non couverts par le mandat ; le mandataire de protection future et les personnes désignées par le juge sont indépendants et ne sont pas responsables l'un envers l'autre ; ils s'informent toutefois des décisions qu'ils prennent (C. civ. art. 485, al. 2 et 3 ; sur une protection suffisante, CA Paris 14-1-2013 nº 12/03648 : D. 2013.2207.som. obs. Plazy) ;

– les actes passés et les engagements contractés par une personne faisant l'objet d'un mandat de protection future mis à exécution, pendant la durée du mandat, peuvent être rescindés pour simple lésion ou réduits en cas d'excès alors même qu'ils pourraient être annulés pour insanité d'esprit ; les tribunaux prennent notamment en considération l'utilité ou l'inutilité de l'opération, l'importance ou la consistance du patrimoine de la personne protégée et la bonne ou mauvaise foi de ceux avec qui elle a contracté (C. civ. art. 488, al. 1) : l'action n'appartient qu'à la personne protégée et, après sa mort, à ses héritiers ; à défaut de disposition contraire, elle s'éteint par le délai de droit commun de cinq ans (nº 71725) dans les conditions fixées au nº 1143.

Les héritiers ne sauraient, en dehors du droit qui leur est ci-dessus reconnu, prétendre remettre en cause des actes accomplis par le mandataire conformes à ses pouvoirs en invoquant le nouvel article 1159, al. 2 du Code civil qui laisse l'exercice de ses droits au représenté conventionnel ; en effet, outre que le mandat de protection future ne correspond pas à une « représentation conventionnelle », donc pure et simple, puisqu'il est soumis à des règles qui dérogent formellement au mandat de droit commun, les héritiers n'acquièrent pas, à notre avis, la qualité de « représenté » car celle-ci est liée aux déficiences affectant la personne du mandant qui justifient en elles-mêmes les pouvoirs du mandataire.

Sur le modèle du mandat de protection future, décret 2009-1628 du 23-12-2009 ; sur la mise en œuvre de ce mandat, articles 1258 s. du Code de procédure civile.

JUGE DES TUTELLES

Le juge des tutelles qui **autorise un acte de disposition** doit le faire par une ordonnance motivée soumise à un recours, à laquelle l'on ne saurait assimiler une lettre par laquelle le magistrat fait connaître son accord de principe (Cass. 1e civ. 22-10-2008 no 07-19.964 : D. 2009.406 note Norguin). 1153

C. Personnes morales

La personne morale identifie et personnalise juridiquement un groupement de personnes en lui conférant la **personnalité juridique,** qui lui donne l'aptitude à être sujet de droit. Cette personnalité dépend généralement des conditions fixées par la loi, en fonction de la nature du groupement, pour l'acquisition et la jouissance de la personnalité juridique. Le régime applicable à la personnalité morale des sociétés en est l'illustration concrète (no 1203). 1200

À défaut de prescriptions légales, un groupement de personnes (physiques ou morales) peut jouir de la personnalité morale lorsqu'il est « pourvu d'une possibilité d'expression collective pour la défense d'intérêts licites dignes d'être juridiquement protégés par la loi » (Cass. civ. 28-1-1954 : D. 1954.217 note Levasseur ; Cass. soc. 23-1-1990 : RJS 2/90 no 133 ; CA Versailles 23-3-1982 : GP 1983.som.181) ; tel est le cas de la copropriété d'un navire (Cass. com. 15-4-2008 no 07-12.487 : DMF 2008.924 rapport Potocki obs. Delebecque), mais non d'un groupe de sociétés (Cass. com. 2-4-1996 : RJDA 8-9/96 no 1052) ou d'une paroisse (CA Aix-en-Provence 11-4-2007 : JCP E 2007.pan.2431).

La capacité de la **personne morale** est limitée par les **règles applicables à chacune d'entre elles** (C. civ. art. 1145, al. 2).

Le **groupement** de personnes qui n'a **pas la personnalité morale** n'a pas la capacité de contracter.

Ni l'article 1145, al. 2 ni aucune autre disposition du Code civil ne dit que l'**acte passé** par une personne morale **en violation de cette limite** est l'acte d'un incapable. En accomplissant cet acte, la personne morale n'a pas agi en violation d'une incapacité qui serait venue réduire sa capacité : elle a agi en dehors de sa capacité juridique. Il s'ensuit, à notre avis, que l'acte est atteint d'une **nullité absolue** ou, plus précisément, est inexistant (no 15656), car il est de l'intérêt général que nul ne soit tenu de respecter un acte qui n'a pas pu entrer dans l'ordre juridique. 1202

Sociétés Les sociétés jouissent de la personnalité morale à compter du jour de leur immatriculation au RCS (C. com. art. L 210-6 ; C. civ. art. 1842, al. 1). 1203

Pour les actes accomplis **avant l'immatriculation**, il appartient au juge d'apprécier souverainement, par un examen de l'ensemble des circonstances, tant intrinsèques à l'acte qu'extrinsèques, si la commune intention des parties n'était pas que l'acte soit conclu au nom et pour le compte de la société en formation (Cass. com. 29-11-2023 nos 22-12.865, 22-18.295, 22-11.623 FS-BR : BRDA 24/23 inf. 1).

Est ainsi abandonnée la jurisprudence selon laquelle la société en formation n'est pas engagée si les personnes physiques signataires d'un contrat n'ont pas mentionné qu'ils agissaient au nom et pour le compte de la société, le contrat n'existant pas à son égard et ne pouvant même pas être régularisé par une assemblée générale après l'immatriculation de la société (Cass. com. 10-6-2020 no 18-16.441 F-D : RJDA 10/20 no 496). Était ainsi jugé nul l'acte qui ne comportait pas la mention susvisée et qui était passé au nom de la société qui n'avait pas encore la personnalité morale, ce qui est le cas dès lors que l'acte mentionne que la société a été représentée par son gérant, même s'il précise qu'elle était en cours d'immatriculation (Cass. com. 10-2-2021 no 19-10.006 F-P : RJDA 5/21 no 312) ; l'avenant à cet acte qui, selon ses propres termes, n'emporte pas novation, était considéré comme n'étant pas de nature à couvrir la nullité, qui est absolue (Cass. com. 19-1-2022 no 20-13.719 F-D : RJDA 5/22 no 272).

De même est abandonnée la jurisprudence selon laquelle sont sanctionnés par la nullité les actes accomplis par une société en formation qui n'a pas d'existence juridique et est donc dépourvue de toute capacité juridique (Cass. 3e civ. 5-10-2011 no 09-70.571 : RJDA 1/12 no 52 ; Cass. com. 21-10-2014 no 13-22-428 : RJDA 1/15 no 13).

Ne peut pas davantage être condamnée pour acte délictuel la société qui n'était pas constituée à la date des agissements dénoncés (Cass. com. 17-5-2023 no 22-16.031 F-B : RJDA 8-9/23 no 478).

En principe, la société n'est pas engagée par un acte excédant l'objet social et un tel acte peut être annulé. Ainsi, la **non-conformité d'un acte à l'objet social** d'une société a été sanctionnée par une nullité absolue sous l'empire des textes antérieurs à l'article 1145, al. 2 du Code civil (Cass. 1e civ. 18-10-2017 no 16-17.184 FS-PB : RJDA 2/18 no 137). Même si les juges peuvent apprécier souverainement l'intention des parties (Cass. com. 29-11-2023 nos 22-12.865, 22-18.295, 22-11.623 FS-BR : BRDA 24/23 inf. 1), pour éviter ce risque du néant juridique, le cocontractant peut demander l'engagement personnel, à titre subsidiaire, de celui qui dit conclure au nom de telle personne morale dont la capacité juridique s'avère douteuse à ses yeux. 1204

En raison de la directive européenne 2009/101 du 16 septembre 2009, échappent à l'annulation les actes accomplis par une société à responsabilité limitée (SARL) ou par une société par actions car ces sociétés sont engagées, par principe, à l'égard des tiers même par les actes de leurs organes qui ne relèvent pas de leur objet (MSC n° 13321). S'agissant d'une règle particulière incompatible avec la règle générale du droit commun du contrat, celle-ci est écartée (C. civ. art. 1105, al. 3).

Dans le cas des sociétés en participation et des sociétés de fait – qui n'ont pas de personnalité juridique –, ce sont les personnes physiques ou morales qui concluent les actes avec les tiers qui se trouvent personnellement engagées (sociétés en participation : MSC n°s 94520 s. ; sociétés de fait : MSC n° 95605).

1205 Les sociétés jouissent de la personnalité morale jusqu'au jour où après la dissolution leurs droits et obligations sont liquidés (Cass. com. 20-9-2023 n° 21-14.252 F-B : RJDA 1/24 n° 30).

La radiation de la société du RCS n'a pas pour effet de lui faire perdre sa personnalité morale (Cass. com. 24-6-2020 n° 18-14.248 F-D : RJDA 10/20 n° 497). Les tiers peuvent se prévaloir de la perte de la personnalité juridique d'une société dissoute, même si les actes l'ayant entraînée n'ont pas encore été publiés au RCS (Cass. com. 11-3-2014 n° 13-10.557 FS-PB : RJDA 6/14 n° 530).

1206 **Groupements d'intérêt économique** Les GIE sont aptes à la vie juridique dès qu'ils ont été immatriculés au registre du commerce et des sociétés (C. com. art. L 251-4). Leur objet social doit être le prolongement de l'activité économique de leurs membres et ils ne peuvent donc accomplir que les actes conformes à cet objet (MSC n°s 96580 s.).

1209 **Associations** Les associations ont la personnalité morale et la capacité juridique après insertion d'un avis de constitution au Journal officiel sur production du récépissé de déclaration préalable au représentant de l'État dans le département où elles ont prévu d'installer leur siège (Mémento Associations n°s 1400 s.).

Les **associations** qui n'ont pas accompli ces formalités - dites **non déclarées** - n'ont donc pas la capacité juridique et seul celui qui se dit leur représentant est engagé (Cass. 1e civ. 5-5-1998 : RJDA 10/98 n° 1125) ou ceux qui ont participé au fonctionnement de fait de l'association (cf. CA Aix 19-1-1905 : DP 1905.2.183). Néanmoins, il a été jugé que l'association non déclarée pouvait être assignée en justice (CA Versailles 23-3-1982 : GP 1983.som.181) et même qu'elle pouvait former un recours pour excès de pouvoir pour contester la légalité des actes administratifs faisant grief aux intérêts qu'elle a pour mission de défendre (CE 16-10-1985 : GP 1986.som.230).

Les **associations déclarées** peuvent exercer toute **activité** non contraire à l'ordre public et aux bonnes mœurs (cf. Loi du 1-7-1901 art. 17) et entrant dans leur objet statutaire (CE 1-12-2023 n° 466492). Notamment, elles peuvent accomplir des actes de commerce, mais sans pouvoir devenir commerçantes (n° 216). Sur la limite de leur capacité, n° 1200.

La régularité des actes accomplis par les associations dépend de la concordance de ces actes avec le but de l'association (pour un exemple, Cass. civ. 3-12-1975 : GP 1976.1.pan.17). En dépit de l'article 6 de la loi du 1er juillet 1901 qui limite la capacité des associations à la gestion de la cotisation de leurs membres, à l'acquisition et à la gestion du local destiné à leur administration et des « immeubles strictement nécessaires », cette disposition laisse en pratique aux associations une très grande liberté d'action. Ainsi, nombre d'associations disposent d'immeubles (CA Paris 27-9-1973 : GP 1973.2.944 concl. Franck ; cf. Rép. Forens : AN 12-7-1974 p. 3530, estimant qu'une association exploitant une clinique peut acquérir des locaux pour loger son personnel) qu'elles peuvent librement donner à bail (cf. Cass. ass. plén. 24-1-1970 : D. 1970.381 note R.L.).

Sur le pouvoir élargi des associations déclarées depuis trois ans au moins et dont l'ensemble des activités est mentionné au b du 1 de l'article 200 du CGI, loi du 1-7-1901 art. 6, al. 5.

Sur la possibilité pour les associations de recevoir des subventions et des libéralités, Mémento Associations n°s 84150 s.

Les associations déclarées et publiées peuvent agir valablement jusqu'au moment de leur dissolution. À partir de cet instant, elles ne peuvent plus accomplir que les actes nécessaires à leur liquidation (Cass. civ. 11-12-1973 : Bull. civ. I p. 305 ; CE 17-1-1964 : Lebon 29). Cette condition est appréciée très restrictivement lorsque l'association a été dissoute par les pouvoirs publics (CA Paris 11-5-1983 : GP 1983.som.265).

1212 **Syndicats** Les **syndicats professionnels** jouissent de la capacité juridique après dépôt de leurs statuts (C. trav. art. L 2131-3), même s'ils ont pris la forme d'une association (Cass. soc. 13-10-2010 n° 09-14.418) et si le dépôt, dès lors qu'il est régulier, a été effectué à l'occasion de la modification des statuts (Cass. soc. 7-7-2010 n° 08-21.805).

La capacité de ces syndicats est strictement limitée à la réalisation de leur objet statutaire et aux actes qui lui sont accessoires (n° 1200). Si le syndicat a accompli un acte en dehors de son objet statutaire, cet acte est accompli par une personne qui n'a pas de personnalité juridique et qui doit être soumis aux mêmes règles que ceux accomplis par une association non déclarée (n° 1209).

Les groupements constitués en forme de syndicats mais qui n'ont pas pour objet la défense des intérêts professionnels peuvent être qualifiés d'associations (Cass. soc. 5-7-1956 : Bull. civ. IV p. 468 ; CE 3-12-1958 : Lebon 844).

Personnes publiques Les personnes morales publiques (État, région, département, commune, établissement public) sont capables d'exploiter une entreprise à condition que l'activité exercée n'enfreigne pas le principe de la liberté du commerce (nos 7515 s.). 1218

D. Époux

CAPACITÉ DES ÉPOUX

Le mariage n'a pas pour effet de restreindre la capacité de l'un ou de l'autre époux (C. civ. art. 216). 1300
Il entraîne même l'émancipation de plein droit du mineur (C. civ. art. 413-1).

La liberté d'agir de chaque époux est néanmoins limitée par des règles générales et d'ordre public relatives à l'état d'époux et par celles qui sont propres au régime matrimonial choisi par les époux (C. civ. art. 216).

Pour la très grande majorité des époux, ces règles sont celles du **régime de communauté réduite aux acquêts** régi par les articles 1400 et suivants du Code civil, encore dit régime légal, car il est applicable en vertu de la loi dès lors que les époux n'ont pas conclu, avant de se marier, un contrat de mariage (C. civ. art. 1387). Pour les époux mariés sans contrat de mariage avant le 1er février 1966, le régime est celui de la communauté de meubles et acquêts, conformément aux dispositions des articles 1498 à 1501 du Code civil (Loi 85-1372 du 23-12-1985 art. 58).

Les époux mariés depuis le 1er février 1966 qui concluent **un contrat de mariage** (obligatoirement devant notaire) peuvent adopter le régime de la communauté de meubles et acquêts susvisé, le régime de la séparation des biens (C. civ. art. 1536 s.), ce qui est le cas le plus fréquent, celui de la participation aux acquêts (C. civ. art. 1569 s.) ou celui de la communauté universelle (C. civ. art. 1526), qui est souvent adopté à la faveur d'un changement de régime.

Le contrat de mariage est **opposable aux tiers** s'il en a été fait **mention en marge de l'acte de mariage** (sur cette mention, C. civ. art. 76, 8°) ou si les époux leur ont déclaré avoir fait un tel contrat (C. civ. art. 1394, al. 3).

Sur les conséquences du mariage au regard de l'exercice du commerce, n° 421.

Les **règles matrimoniales** ci-après exposées **s'appliquent,** par le seul effet du mariage, jusqu'à la dissolution du mariage par le décès de l'un des époux ou par leur divorce (C. civ. art. 226 et 227). La dissolution par décès est opposable aux tiers à la date du décès, qui est fixée par l'acte de décès ; celle résultant du divorce l'est à partir du jour où le divorce a été mentionné en marge de l'acte de mariage (C. civ. art. 262 et CPC art. 1082).

Le pouvoir de représentation d'un époux par l'autre ne peut plus être mis en œuvre dès lors que le divorce est définitif (Cass. 1e civ. 18-11-2020 n° 19-20.615 F-D).

Sur les époux étrangers, nos 1405 s.

POUVOIRS PERSONNELS DES ÉPOUX

Activité professionnelle Chaque époux peut librement exercer une profession (C. civ. art. 223). 1303

Toutefois, **si** un **époux** manque gravement à ses devoirs et **met en péril** les **intérêts de la famille,** le juge aux affaires familiales (CPC art. 1070 s.), statuant en référé ou sur requête, peut prescrire, pour une durée maximale de trois ans, toutes les mesures urgentes que requièrent ces intérêts familiaux et notamment lui interdire de disposer de ses biens personnels sans le consentement de son conjoint (C. civ. art. 220-1 et CPC art. 1290).

Il a ainsi été jugé :

– que doit être confiée à la femme la **gestion du fonds artisanal,** source des revenus des époux et de leurs enfants mineurs, lorsque le mari, qui a quitté le domicile conjugal, ne remplit plus ses obligations d'époux et de chef d'entreprise (TGI Chambéry 16-3-1967 : JCP G 1967.IV.135) ;

– qu'une femme peut **faire interdire** à son mari de **disposer de ses biens propres** et notamment des actions immatriculées à son nom, mais qu'il doit lui être refusé de **contrôler** la **gestion de la société** dont son mari est président-directeur général car elle ne peut pas se substituer aux organes sociaux régulièrement constitués (TGI Annecy 13-5-1966 : GP 1966.2.87) ;

– qu'une **mesure** urgente **appropriée** peut être décidée, lorsqu'un **époux ne s'acquitte pas de son impôt** sur le revenu et risque ainsi de soumettre son conjoint à l'obligation de responsabilité solidaire édictée par l'article 1685 du CGI, devenu l'article 1691 bis du CGI (CA Colmar 23-11-1983 : JCP N 1986.II.292).

En outre, si l'un des époux se trouve **hors d'état de manifester sa volonté,** l'autre peut se faire habiliter en justice à le représenter d'une manière générale ou pour certains actes particuliers dans l'exercice des pouvoirs qui lui sont reconnus par le régime matrimonial, les conditions et l'étendue de cette représentation étant fixées par le juge (C. civ. art. 219 ; Cass. civ. 18-2-1981 : Bull. civ. I p. 49, qui autorise cette mesure même si l'époux est déjà protégé par un régime d'incapacité ; Cass. civ. 1-10-1985 : D. 1986.IR.48 : à propos d'époux séparés de biens ; CA Aix 22-9-1987 : Bull. Cour d'Aix 1987/1 p. 51, qui refuse l'habilitation à une épouse en instance de divorce).

À défaut de pouvoir légal, de mandat ou d'habilitation par justice, les actes faits par un époux en représentation de l'autre ont effet, à l'égard de celui-ci, suivant les règles de la gestion d'affaires (C. civ. art. 219, al. 2 ; pour une application à la conclusion d'un bail rural par un époux seul et sans habilitation, CA Lyon 10-6-2022 n° 19/07505).

1306 **Jouissance des gains et salaires** Chaque époux perçoit ses gains et salaires, et peut en disposer **comme il l'entend** après s'être acquitté des charges du mariage (C. civ. art. 223). Il peut par exemple les utiliser pour régler les primes d'une assurance-vie souscrite au profit d'un tiers (Cass. civ. 12-12-1986 : Bull. civ. I p. 23).

Sous le régime de communauté, les gains et salaires sont des biens communs, soumis à la cogestion de ces biens, notamment au sens de l'article 1422 du Code civil dans la mesure où il est établi qu'ils ont été économisés (cf. Cass. civ. 29-2-1984 n° 82-15.712 : D. 1984.601 note Martin ; rappr. TGI Créteil 19-1-1988 : D. 1989.37 note Champenois). La donation des gains et salaires est ainsi soumise à la cogestion des époux (C. civ. art. 1422 ; Cass. 1e civ. 20-11-2019 n° 16-15.867 PB). La donation faite par un époux avec des sommes économisées sur ses gains et salaires sans le consentement de son conjoint peut être attaquée en nullité par les héritiers de ce dernier (Cass. 1e civ. 6-11-2019 n° 18-23.913 PB).

Sous tous les régimes, chaque époux doit néanmoins contribuer, même sur ses gains et salaires, aux charges du ménage en fonction de ses facultés (C. civ. art. 214, al. 1). Ne constituent pas l'une de ces charges l'impôt sur le revenu (Cass. civ. 6-7-2011 n° 10-19.283 : GP 2011.som.18 novembre note Casey) ou le financement par un époux seul d'un immeuble indivis destiné à constituer une épargne (Cass. 1e civ. 5-10-2016 n° 15-25.944 F-PB : BPAT 6/16 inf. 217).

1307 **Logement de la famille** Les époux ne peuvent l'un sans l'autre disposer des droits par lesquels est assuré le logement de la famille (C. civ. art. 215, al. 3). Cette règle, qui procède de l'obligation de communauté de vie des époux, ne s'applique que pendant le mariage (Cass. 1e civ. 22-5-2019 n° 18-16.666 FS-PB : JCP G 2019 n° 27730 note Kilgus ; Cass. 1e civ. 22-6-2022 n° 20-20.387 F-D).

Lorsque le juge impose à l'entrepreneur individuel, soumis à une procédure de divorce, au cours de laquelle lui avait été attribuée la jouissance du logement familial, de quitter ce logement, ce dernier n'est plus alors sa résidence principale et il peut être saisi par ses créanciers professionnels (Cass. com. 18-5-2022 n° 20-22.768 F-B).

1309 **Autres actes** Les pouvoirs des époux, en dehors des actes visés aux nos 1303 et 1306, dépendent des distinctions ci-après.

1312 **1. Biens personnels.** « **Chacun** des époux **administre,** oblige **et aliène seul ses biens** personnels » (C. civ. art. 225).

Sous le régime de la **communauté réduite aux acquêts,** les biens personnels des époux (appelés biens propres) sont :

– les biens appartenant aux époux au jour du mariage et ceux acquis pendant le mariage par succession, donation ou legs (C. civ. art. 1405) ;

– les instruments de travail nécessaires à la profession de l'un des époux, à moins qu'ils ne soient l'accessoire d'un fonds de commerce ou d'une exploitation faisant partie de la communauté (C. civ. art. 1404, al. 2 ; pour un exemple d'instruments accessoires à un fonds de commerce commun, TGI Lyon 7-3-1995 : Bull. inf. C. cass. 1995 n° 1243) ;

– les biens acquis à titre d'accessoires d'un bien propre, les créances et indemnités qui les remplacent ainsi que les biens acquis en emploi ou remploi de biens propres (C. civ. art. 1406) ;

– les biens échangés contre un bien propre (C. civ. art. 1407) ;

– les biens à caractère personnel et les droits attachés à la personne (C. civ. art. 1404, al. 1), sous réserve de l'entrée en communauté de la valeur patrimoniale de ces droits (Cass. civ. 8-12-1987 : D. 1989.61 note Malaurie et Cass. 1e civ. 14-3-2006 n° 525 : Bull. civ. I n° 148 : droit d'exploiter une concession de parcs à huîtres ; Cass. civ. 8-12-1987 : GP 1988.pan.53 : autorisation d'utiliser un emplacement sur une place publique) ;

– les options de souscription ou d'achat d'actions (stock-option) attribués à un époux (Cass. 1e civ. 25-10-2023 n° 21-23.139 FS-B : BRDA 22/23 inf. 1).

Sous le régime de la **séparation de biens et de la participation aux acquêts,** les biens appartenant à chaque époux au jour du mariage et tous ceux acquis par chacun d'eux pendant le mariage sont des biens personnels (C. civ. art. 1536 et 1569). La preuve du droit de propriété exclusive d'un époux se fait par tous moyens à l'égard tant du conjoint que des tiers (C. civ. art. 1538, al. 1 et 2 ; pour un exemple, Cass. civ. 27-11-2001 : D. 2002.119 note Chartier, refusant au conjoint de se prévaloir de l'art. 2279, devenu 2276, C. civ. dont l'application est écartée par l'art. 1538 C. civ. ; dans le même sens, Cass. 1e civ. 8-10-2014 n° 13-22.938 : Bull. civ. I n° 163), même si ce droit porte sur une fraction de biens indivise (Cass. civ. 19-7-1988 : Bull. civ. I p. 173).

Il peut exercer ces droits alors même que, les biens personnels étant **exploités ensemble avec le conjoint,** celui-ci détiendrait de par la loi (n° 427) le mandat d'accomplir les actes d'administration ; ainsi l'époux propriétaire en propre d'un fonds rural qu'il exploitait avec son conjoint a pu le donner à bail sans avoir à révoquer le mandat prévu à l'ancien article 789-1 du Code rural, qui n'emportait pas dessaisissement de ses pouvoirs (Cass. civ. 4-2-1986 : JCP G 1987.II.20838 obs. J.-F.P., transposable, par analogie, à l'exploitation dans les mêmes conditions d'un fonds de commerce ou d'une entreprise artisanale propre à l'un des époux).

Outre les mesures de protection des articles 220-1 et 219 du Code civil, auxquelles tout époux peut avoir recours quel que soit le régime matrimonial (n° 1303), **l'époux commun** en biens **peut** aussi **obtenir du tribunal** l'exercice des droits d'administration et de jouissance sur les biens propres de son conjoint, lorsque celui-ci se trouve, d'une manière durable, hors d'état de manifester sa volonté ou s'il met en péril les intérêts de la famille soit en laissant dépérir ses biens propres, soit en dissipant ou détournant les revenus qu'il en retire (C. civ. art. 1429 ; aussi C. civ. art. 2404).

Dans tous les cas, si un conjoint prend en main la gestion des biens personnels de l'autre, sans opposition de sa part, il est censé avoir reçu un **mandat tacite** d'accomplir les actes d'administration et de jouissance (C. civ. art. 1432 et 1540). Son cocontractant peut aussi invoquer que l'époux qui a conclu avec lui agissait en vertu d'un mandat apparent (Cass. civ. 18-3-1998 n° 96-14.840 : Bull. civ. III n° 67).

L'époux représenté est alors obligé sur ses biens personnels à l'égard des tiers avec lesquels son conjoint a traité : tel est le cas d'un époux qui a conclu un emprunt devant notaire en déclarant agir en qualité de mandataire de sa conjointe en vertu d'une procuration notariée (Cass. civ. 11-3-1986 : Bull. civ. I p. 63), mais non de celui qui a reçu un paiement alors que le débiteur s'est abstenu de réclamer contre son paiement la remise de l'original du titre, titre dont le prétendu mandataire n'était pas en possession, ce qui était incompatible avec le mandat d'encaissement invoqué (Cass. civ. 15-6-1977 : Bull. civ. I p. 222).

Pour des exemples de ratification du dépassement du mandat tacite : Cass. civ. 17-5-1993 : D. 1994.25 note Paisant ; Cass. com. 15-9-2009 n° 08-13.282 : JCP E 2010.1523 n° 37.

2. Biens communs. À l'exception des actes de disposition visés au n° 1330 et de ceux relatifs à la gestion d'un compte bancaire (n° 1321), **chaque** époux a le **pouvoir** de **faire** seul **les actes d'administration et de disposition** sur les biens communs (C. civ. art. 1421, al. 1 et 3) ; il peut notamment, seul, exercer, en demande ou en défense, les actions en justice relatives à ces biens (Cass. civ. 19-3-1991 : Bull. civ. I p. 60), encaisser le remboursement d'un prêt consenti par le conjoint (Cass. 1e civ. 31-1-2006 n° 168 : Bull. civ. I n° 48), vendre des actions communes (Cass. 1e civ. 27-5-2010 n° 09-11.894 : RJDA 10/10 n° 955) ou donner mandat à un agent immobilier de rechercher des acquéreurs en vue de la vente d'un immeuble commun, dès lors qu'il n'a pas chargé le mandataire d'aliéner le bien ni de le représenter pour conclure la vente (Cass. 1e civ. 20-11-2013 n° 12-26.128 : RJDA 3/14 n° 209). La seule existence d'un conflit entre les époux sur l'utilité d'un acte ne retire pas à un époux ce pouvoir, le conjoint ayant toujours la possibilité d'agir pour préserver les intérêts de la famille (n° 1303 ; CA Paris 24-2-1989 : Bull. Joly 1989.414). 1315

Par « biens communs », on entend :

– dans la communauté réduite aux acquêts : les biens acquis par les époux pendant le mariage et dont il n'est pas prouvé qu'ils sont propres (C. civ. art. 1401 et 1402) ; en font notamment partie les gains et salaires, mais seulement lorsque celui qui les a acquis n'en a pas fait usage (n° 1306) et les actions acquises par l'exercice de l'option de souscription ou d'achat d'actions lorsque l'option est levée avant sa dissolution (Cass. 1e civ. 25-10-2023 n° 21-23.139 FS-B : BRDA 22/23 inf. 1) ;

– dans la communauté de meubles et d'acquêts : les acquêts tels que définis ci-dessus et les meubles, autres que personnels à un époux, présents au jour du mariage et acquis par la suite par succession, donation ou legs, sauf disposition contraire (C. civ. art. 1498) ;

– dans la communauté universelle : tous les biens présents et à venir, sauf ceux réservés à l'usage personnel d'un époux et sauf clause contraire (C. civ. art. 1526).

Les actes d'administration accomplis **sans fraude** par un époux sont **opposables** à son conjoint ; mais l'époux qui a agi seul répond de ses fautes de gestion (C. civ. art. 1421, al. 1 ; sur une absence de fraude, Cass. civ. 1-7-1986 : JCP E 1986.I.15762) ; l'indemnité réparant cette faute constitue une créance commune et non une créance personnelle (Cass. 1e civ. 1-2-2012 n° 11-17.050 : Bull. civ. I n° 21).

L'acte frauduleux est inopposable dans les rapports de l'époux auteur de la fraude et du tiers, et pas seulement inopposable au conjoint (Cass. civ. 31-1-1984 : Bull. civ. I p. 31 : à propos de l'ancien C. civ. art. 243, mais transposable ; CA Besançon 16-5-1990 : JCP G 1991.II.21756 note Tisserand). Lorsqu'il est fait après la requête en divorce ou en séparation de corps, il est expressément déclaré nul par la loi (C. civ. art. 262-2 et 302). Sur la prescription de l'action pour fraude, n° 74903.

Dans le cas où les époux auraient effectué des **actes contradictoires** sur le même bien, il y a lieu, à notre avis, de faire prévaloir l'acte qui le premier a acquis date certaine ou encore, s'il y a eu vente d'un bien commun, de donner préférence à l'acheteur entré le premier en possession, car il est de règle que le premier investi d'un droit en est le titulaire.

Mais ce pouvoir concurrent des époux est limité **lorsque l'un d'eux** exerce une **activité professionnelle** : ce dernier a alors **seul** le pouvoir d'accomplir les actes d'administration et de disposition qui sont nécessaires à celle-ci (C. civ. art. 1421, al. 2), à l'exception de ceux énumérés au n° 1330 (Cass. civ. 28-2-1995 : Bull. civ. I p. 75).

La responsabilité de l'époux professionnel à l'égard de son conjoint peut être engagée s'il y a eu faute de gestion et l'acte frauduleux peut être déclaré nul comme tout acte frauduleux (ci-dessus). En effet, l'alinéa 2 de l'article 1421 ne déroge à l'alinéa 1er du même article que pour affirmer le pouvoir exclusif de l'époux professionnel ; il n'emporte donc pas transformation de la nature du pouvoir que chaque époux peut exercer sur les biens communs.

Au cas où son conjoint exercerait son pouvoir concurrent sur ses biens professionnels, il pourrait demander la nullité de l'acte pour excès de pouvoir, cette nullité concernant tous les biens communs (C. civ. art. 1427).

Le conjoint peut, toutefois, demander au tribunal de lui être substitué si l'époux professionnel se trouve, de manière durable, hors d'état de manifester sa volonté ou si sa gestion des biens communs atteste l'inaptitude ou la fraude (C. civ. art. 1426 ; sur une fraude non prouvée, CA Paris 19-10-1988 : JCP G 1989.II.21362 note Paisant).

Par ailleurs, le conjoint collaborateur d'un époux artisan ou commerçant peut accomplir, comme mandataire, les actes d'administration concernant les besoins de l'entreprise lorsque son nom est mentionné au registre du commerce et des sociétés ou au répertoire des métiers (n° 427).

1318 3. **Meubles détenus individuellement.** Si l'un des époux se présente seul pour faire un acte d'administration, de jouissance ou de disposition sur un bien meuble qu'il détient individuellement, il est réputé, à l'égard des tiers de bonne foi, avoir le **pouvoir de faire seul** cet acte (C. civ. art. 222, al. 1). Cette disposition appelle les remarques suivantes :

a. L'article 222 établit une **présomption absolue** à l'égard des tiers qui n'ont donc pas à rechercher si l'époux avec lequel ils contractent a effectivement pouvoir de disposer du bien qui fait l'objet de la convention. L'acte ne peut donc pas être annulé sans que soit recherché si l'époux ne détenait pas individuellement le meuble utilisé (Cass. civ. 5-4-1993 : Bull. civ. I p. 91).

b. La règle ne concerne que les opérations portant sur des **biens meubles autres que** le **mobilier** garnissant le logement de la famille et les **objets** qui, par leur nature, sont **présumés** être la **propriété** de l'autre **conjoint** conformément à l'article 1404 du Code civil, tels que instruments de travail, vêtements, etc. (C. civ. art. 222, al. 2).

En dehors de ces exceptions, la règle s'applique à tous les biens meubles corporels ou incorporels, selon l'opinion dominante (Colomer, Régimes matrimoniaux n° 268 ; Ponsard, La réforme des régimes matrimoniaux : D. 1966.L123 ; Précigout : JCP 1966.I.1978 n° 7 ; note du ministère de la justice et du ministère des finances : Banque juin 1966 p. 399).

c. Il faut aussi que l'époux détienne « individuellement » le bien dont il veut disposer, ce qui **exclut** tous les cas où la possession est équivoque, c'est-à-dire ceux où l'époux n'apparaît pas comme seul propriétaire.

d. Il faut enfin que les **tiers** soient de **bonne foi** : tel ne serait pas le cas, à notre avis, si le tiers connaissait le régime matrimonial des époux et savait que le conjoint avec lequel il traite n'avait pas le pouvoir de disposer du bien considéré.

1321 **4. Compte en banque.** Chaque époux peut se faire ouvrir, sans le consentement de l'autre, tout compte de dépôt et tout compte de titres en son nom personnel (C. civ. art. 221, al. 1) ; il est seul habilité à le gérer même si les valeurs qui y sont déposées sont des biens communs (Cass. 3e civ. 3-7-2001 : RJDA 1/02 n° 76). **À l'égard de la banque,** l'époux déposant est toujours réputé, même après la dissolution du mariage, avoir la libre disposition des fonds et des titres en dépôt (C. civ. art. 221, al. 2).

Cette présomption cesse après la dissolution du mariage, les effets qu'elle a produits antérieurement demeurant valables (Cass. ass. plén. 4-7-1985 : D. 1985.421 concl. Cabannes).

Chaque époux seul peut aussi se faire ouvrir un **compte courant** pour ses besoins professionnels, compte tenu de son droit à exercer seul une profession (n° 1303).

1324 **5. Actes entre conjoints.** Sous réserve du cas des donations soumises à des règles spéciales de révocabilité et d'irrévocabilité (C. civ. art. 1096), les époux peuvent conclure entre eux tous autres contrats (notamment, vente ou société de toutes formes), la loi 85-1372 du 23 décembre 1985 (art. 58, 50 et 56) ayant supprimé la prohibition des ventes entre époux et l'interdiction pour deux époux d'être associés en nom collectif ou commandités.

La portée de la levée de l'interdiction dépend, en fait, du régime matrimonial des époux. Si les époux sont séparés de biens, chacun ayant la pleine et entière disposition de ses biens, et le patrimoine de chacun étant totalement indépendant de celui de l'autre, la vente se présente comme une vente entre tiers. Mais si les époux sont liés par une communauté, la vente de son bien propre par un époux à son conjoint ne peut produire effet car elle en fait automatiquement un bien commun au titre des acquêts et entraîne un changement de régime matrimonial prohibé (cf. C. civ. art. 1396 ; aussi Rép. Vasseur et Ceyrac : AN 5-1-1987 p. 69) ; pour éviter cette conséquence, l'époux acquéreur doit payer avec des deniers propres et faire une déclaration d'emploi ou de remploi (C. civ. art. 1406).

Chacun peut notamment donner **mandat** à l'autre de le représenter dans tous les actes qu'il peut accomplir ; ce mandat peut, dans tous les cas, être librement révoqué (C. civ. art. 218).

POUVOIR PARTAGÉ PAR LES ÉPOUX COMMUNS EN BIENS

Un époux ne peut pas, sans l'autre, souscrire l'un des actes suivants lorsque cet acte porte sur des biens communs. **1330**

La formule « l'un sans l'autre » qui se retrouve à l'identique dans les articles 1422, 1424 et 1425 du Code civil, qui soumettent à cette condition les actes examinés ci-dessous, a été interprétée, s'agissant de l'acte de donation visé par l'article 1425, comme signifiant qu'un époux qui passe un tel acte doit obtenir le consentement de son conjoint mais est seul partie à l'acte, le conjoint consentant ne devenant pas cocontractant (cf. Cass. 1e civ. 28-9-2011 no 10-13.733 : RJDA 2/12 no 168 ; Cass. 1e civ. 1-2-2017 no 16-11.599 FS-PB : Bull. inf. C. cass. 15-6-2017 no 790). Cette interprétation a été catégoriquement confirmée pour le consentement donné par un époux à son conjoint pour contracter un emprunt ou un cautionnement en affirmant que l'époux qui consent n'est pas partie à l'acte de cautionnement (Cass. com. 9-2-2016 no 14-20.304 : RJDA 4/16 no 321 ; Cass. 1e civ. 12-11-2020 no 19-15.729 F-D, rendu sur le fondement de l'art. 1415 du Code civil mais transposable par analogie). Il est d'ailleurs constant que celui qui autorise n'est pas partie à l'acte (no 13012).

Sur l'absence d'autorisation du conjoint, no 1333.

a. Aliénation ou constitution de droits réels (usufruit, servitude, hypothèque, gage, nantissement) portant sur les immeubles, les fonds de commerce, les exploitations, les droits sociaux non négociables, les meubles corporels dont l'aliénation est soumise à publicité (no 30050), et perception des capitaux provenant de ces opérations (C. civ. art. 1424 ; pour des applications : Cass. 1e civ. 8-2-2000 no 97-19.920 : Bull. civ. I no 37 ; Cass. 1e civ. 9-11-2011 no 10-12.123 : Bull. civ. I no 201 ; Cass. 1e civ. 1-2-2017 no 16-11.599 : Bull. civ. I no 36) ainsi que promesse unilatérale de vente (CA Papeete 28-2-2008 : JCP G 2008.I.202 obs. Storck : nullité aussi du porte-fort assortissant la promesse).

La vente d'un simple « pas-de-porte » n'est pas subordonnée au consentement du conjoint (Cass. civ. 4-3-1986 : JCP G 1987.II.20717 note Henry). La vente, après la dissolution de la communauté, des parts sociales non négociables acquises par un seul époux durant le mariage ne requiert pas non plus l'accord de l'ex-conjoint car seule la valeur patrimoniale des parts est entrée en communauté et, partant, est devenue indivise (Cass. 1e civ. 22-10-2014 no 12-29.265 : RJDA 1/15 no 15).

Sur la nécessité du consentement du conjoint à un procès-verbal de bornage, cf. Cass. civ. 15 mai 1985 : Bull. civ. III p. 63, et à un emprunt ou à un cautionnement, no 1343 ; sur le consentement que doit donner le conjoint collaborant à l'activité d'un commerçant ou d'un artisan, no 427.

L'acquéreur qui a versé à un seul époux le prix de son acquisition ne peut se soustraire à la demande d'un second paiement émanant du conjoint qu'en établissant que la communauté a profité du paiement irrégulier (Cass. 1e civ. 30-10-2006 no 1485 : RJDA 5/07 no 488).

b. Bail d'un fonds **rural ou** d'un immeuble à usage **commercial,** industriel ou artisanal (C. civ. art. 1425). Les autres baux (notamment d'habitation) peuvent être passés par un seul époux dans les mêmes limites de durée que celles applicables à l'usufruitier qui a conclu seul ces baux (C. civ. art. 595 sur renvoi de l'art. 1425 ; no 30568).

c. Donation (C. civ. art. 1422, al. 1 ; Cass. civ. 5-7-1988 : JCP G 1989.II.21337 ; CA Paris 19-9-1985 : Bull. Joly 1985.1191), à l'exception de celle des gains et salaires (no 1306), à condition qu'ils n'aient pas été économisés (Cass. 1e civ. 20-11-2019 no 16-15.867 FS-PBI), et à l'exception de la donation de la nue-propriété du logement de la famille même lorsqu'elle n'est pas assortie d'une réversion d'usufruit au profit du conjoint (Cass. 1e civ. 22-6-2022 no 20-20.387 F-D).

d. Affectation à la garantie de la dette d'un tiers (C. civ. art. 1422, al. 2 ; Cass. 1e civ. 20-2-2007 no 242 : RJDA 8-9/07 no 894 : non applicable aux contrats en cours au 25-3-2006).

Si l'époux dont le consentement est requis est hors d'état de manifester sa volonté ou si son refus n'est pas justifié par l'intérêt de la famille, son **conjoint peut être autorisé par justice** à passer seul un des actes ci-dessus énumérés, sans qu'il en résulte aucune délégation personnelle de l'époux qui n'a pas consenti (C. civ. art. 217 ; pour une autorisation, CA Toulouse 26-2-2008 : JCP G 2008.I.202 no 2 ; CA Bordeaux 27-5-2008 : JCP G 2008.I.202 no 2 ; TGI Nevers 29-11-1972 : D. 1973.415 note G.A. ; pour un refus, TGI Grenoble 25-7-1989 : D. 1989.536 note Champenois). **1331**

La demande doit être présentée sous la forme d'une requête au président du tribunal judiciaire (CPC art. 1287) et ne peut pas l'être par assignation en référé (CA Versailles 17-5-1985 : D. 1986.IR.36).

1333 L'**époux** dont le consentement n'a pas été obtenu **peut ratifier** l'acte accompli par son conjoint seul (C. civ. art. 1427, al. 1) ; cette ratification peut être tacite dès lors qu'elle est non équivoque (Cass. civ. 17-3-1987 : Bull. civ. I p. 72).

Si un époux a excédé ses pouvoirs sans y avoir été autorisé par le juge et sans que l'acte ainsi accompli ait été ratifié par son conjoint, celui-ci peut demander l'**annulation de l'acte** (C. civ. art. 1427, al. 1). En revanche, l'action intentée par le cocontractant de l'époux fautif est irrecevable (Cass. 3e civ. 8-1-1992 n° 90-11.921 : Bull. civ. III n° 8 ; Cass. 3e civ. 14-11-2007 n° 06-13.818 : RJDA 4/08 n° 385).

Le conjoint n'a pas donné son consentement lorsque l'acte a été signé seulement par l'autre époux, même si la mention « avec l'accord de son épouse » figure sur l'acte (CA Rouen 23-12-1983 ; dans le même sens, CA Chambéry 30-1-1996 : JCP G 1996.IV.2576), ni lorsque sa signature a été imitée par l'autre époux (CA Rouen 27-10-1987), ni lorsqu'il a assisté passivement aux pourparlers et à la signature de l'acte (Cass. 1e civ. 31-3-2010 n° 08-19.649 : RJDA 6/10 n° 617, RDC 2010.952 obs. Goldie-Genicon). Mais il en est différemment si l'époux qui a passé seul l'acte est tenu pour mandataire apparent de son conjoint (Cass. civ. 14-12-1976 n° 75-12.426 : Bull. civ. I p. 316 ; Cass. civ. 11-3-1986 : Bull. civ. I n° 67), ce qui ne résulte pas de l'attitude passive du conjoint lors des négociations ayant précédé et suivi la signature de l'acte (Cass. 1e civ. 31-3-2010 n° 08-10.649 : RDC 2010.952 obs. Goldie-Génicon).

Les ayants cause universels du conjoint peuvent aussi invoquer la nullité (Cass. 1e civ. 6-11-2019 n° 18-23.913 PBI), à condition qu'ils agissent en cette qualité et non en celle de cocontractant (Cass. 1e civ. 4-7-2007 n° 04-10.494 : RJDA 11/07 n° 1103).

Le conjoint peut agir dans les deux années suivant le jour où il a eu connaissance de l'acte et pas plus de deux ans après la dissolution de la communauté (C. civ. art. 1427, al. 2 ; pour des exemples, Cass. civ. 15-5-1985 : Bull. civ. III p. 63 ; Cass. civ. 9-10-1990 : Bull. civ. I p. 148). Toutefois, il peut soulever, même après l'expiration de ces délais, l'exception de nullité à l'encontre de celui qui lui demanderait l'exécution de cet acte (Cass. 1e civ. 4-3-2009 n° 07-17.991 : D. 2009.872.som.).

Lorsqu'une vente a été conclue après la dissolution de la communauté en vertu d'une promesse passée avant et d'une option levée après, la prescription de deux ans n'est plus applicable (Cass. civ. 2-6-1981 : JCP G 1981.IV.294).

Ce délai de deux ans est un délai de prescription (Cass. civ. 11-1-1983 : Bull. civ. I p. 12).

L'**acte** passé sans le consentement du conjoint est **nul** et pas simplement inopposable à ce dernier (Cass. civ. 5-5-1981 : D. 1982.IR.234 note Martin), l'action en nullité excluant l'action en inopposabilité laquelle sanctionne la fraude commise par un époux (n° 1315), qui ne trouve à s'appliquer qu'à défaut d'autre sanction (Cass. 1e civ. 23-3-2011 n° 09-66.512 : RJDA 6/11 n° 535). L'acte est également nul à l'égard du tiers cocontractant (Cass. civ. 17-6-1981 : JCP G 1982.II.19809 obs. Patarin ; CA Rouen 2-12-1998), même si celui-ci était de bonne foi (Cass. civ. 6-2-1979 : Bull. civ. I p. 37).

L'époux qui excède ses pouvoirs ne commet **pas une faute** engageant sa responsabilité **envers le tiers** contractant, auquel il appartient de s'assurer de la réalité des pouvoirs de son cocontractant (Cass. civ. 20-10-1987 : Bull. civ. I p. 196 ; CA Chambéry 30-1-1996, précité), même s'il s'est porté fort, car la nullité de l'acte emporte avec elle celle de la promesse de porte-fort (Cass. civ. 15-7-1993 : Bull. civ. I p. 176 ; contra Cass. com. 1-10-1996 : DA 1996.1252, condamnant l'époux à réparation).

PAIEMENT DES DETTES

1340 **Dettes personnelles aux époux** Chaque époux est tenu d'acquitter les dettes grevant ses biens personnels, quel que soit le régime matrimonial (cf. C. civ. art. 225 ; Cass. civ. 18-12-1990 : Bull. civ. I p. 205).

À défaut de stipulation de solidarité, la dette d'argent, notamment celle résultant d'un emprunt, contractée par les époux ensemble, est divisible tant par sa nature que par son objet, chaque époux n'étant obligé que pour moitié (CA Paris 7-6-1988 : D. 1988.IR.228).

Lorsque des dettes ou sûretés ont été consenties par des époux, solidairement ou séparément, dans le cadre de la gestion d'une entreprise, et que le divorce de ces époux est prononcé, le tribunal judiciaire peut décider d'en faire supporter la charge exclusive au conjoint qui conserve le patrimoine professionnel ou, à défaut, la qualification professionnelle ayant servi de fondement à l'entreprise (C. civ. art. 1387-1 ; pour une application, Cass. 1e civ. 5-9-2018 n° 17-23.120 PB : PA 2018 n° 219 p. 11 note Legrand ; sur l'obligation de contribuer aux dettes de l'épouse conjoint collaborateur, CA Besançon 14-12-2011 n° 10/01253 : JCP E 2012.pan.1172). Mais cette décision est inopposable au créancier et ne produit effet que dans les rapports des époux entre eux (TGI Évreux 17-11-2006 : Defrénois 2008.316 n° 4 obs. Champenois ; dans le même sens, refusant d'imposer au créancier un débiteur, CA Reims 10-3-2008 : JCP E 2008.pan.2534 et aussi CA Bourges 24-1-2008 n° 07-638 : GP 2009.som.2187).

En cas de **communauté réduite aux acquêts,** chaque époux est tenu au paiement des dettes qu'il avait contractées au jour du mariage et de celles qui grèvent les successions et les libéralités qui lui échoient pendant le mariage (C. civ. art. 1410). Les créanciers ne peuvent poursuivre le paiement de ces dettes que sur les biens propres et les revenus de l'époux (C. civ. art. 1411, al. 1).

Par « les revenus de l'époux débiteur », la loi vise à la fois les gains et salaires et les revenus des biens propres de cet époux (Rép. Godfrain : AN 13-4-1987 p. 2159).

Toutefois, les biens communs sont saisissables lorsque les meubles propres ont été confondus dans le patrimoine commun et qu'il est impossible de prouver qu'ils appartiennent en propre à un époux (C. civ. art. 1411, al. 2) ou lorsque le créancier agit en vertu d'un titre exécutoire constatant une créance liquide et exigible régulièrement signifié à l'époux caution, son seul débiteur, dès lors que l'épouse avait donné son consentement exprès, suivi de sa signature (Cass. 2e civ. 15-10-2015 no 14-22.684).

En cas de **séparation de biens,** les créances qu'un époux peut faire valoir contre l'autre, et dont le règlement ne constitue pas une opération de partage dont la demande est imperceptible (no 30303), se prescrivent, en matière personnelle ou mobilière et en l'absence de disposition particulière, selon le délai de droit commun de cinq ans (Cass. 1e civ. 18-5-2022 no 20-20.725 F-B).

À défaut d'avoir obtenu le consentement de son conjoint l'époux commun en biens, notamment en cas de communauté universelle (Cass. civ. 3-5-2000 : D. 2000.546 note Thierry ; Cass. 1e civ. 28-1-2003 no 133 : RJDA 8-9/03 no 880), doit acquitter **seul** sur ses biens propres et ses revenus les dettes dont il est tenu en vertu d'un engagement de **caution** ou d'un **emprunt** (C. civ. art. 1415). 1343

Le consentement du conjoint a été requis pour :

- l'aval d'un billet à ordre qui est assimilé au cautionnement (Cass. com. 4-2-1997 : RJDA 5/97 no 682) ; mais pas pour l'affectation d'un bien à la garantie de la dette d'autrui (cautionnement réel) (Cass. ch. mixte 2-12-2005 : RJDA 2/06 no 197 ; Cass. 1e civ. 28-2-2006 no 396 : RJDA 8-9/06 no 954) ;
- la garantie à première demande (Cass. 1e civ. 20-6-2006 no 1028 : RJDA 2/07 no 196) ;
- le crédit consenti par découvert en compte courant qui peut correspondre à un emprunt (Cass. 1e civ. 6-7-1999 : RJDA 11/99 no 1245 ; Cass. 1e civ. 5-10-2016 no 15-24.616) ; tel n'est pas le cas de la position débitrice d'un compte courant d'associé coopérateur dont la vocation est de faciliter les échanges commerciaux de biens agricoles (Cass. 1e civ. 22-6-2004 no 1043 : RJDA 10/04 no 1135) ni de l'emprunt pour lequel une transaction a expressément libéré le conjoint de son engagement de remboursement, ce qui ne laisse plus place à la saisie des biens communs (Cass. 2e civ. 6-12-2018 no 17-23.630 D) ;
- la promesse de porte-fort (CA Paris 27-3-2019 no 17/08535) ;
- pour un emprunt garanti par le privilège du prêteur de deniers (Cass. 1e civ. 5-5-2021 no 19-15.072 : RJDA 8-9/21 no 600).

L'emprunteur est tenu sur ses biens propres pour tout prêt qu'il a souscrit, peu important que ce fût pour le compte d'une société en formation dès lors que celle-ci ne l'a pas repris (Cass. 1e civ. 9-7-2014 no 13-20.356 : RJDA 10/14 no 763).

Les créanciers ne peuvent pas alors poursuivre le paiement de ces dettes sur les biens communs (Cass. civ. 2-7-1991 : RJDA 11/91 no 947) ni prendre sur eux une inscription hypothécaire (Cass. 1e civ. 15-5-2002 no 746 : RJDA 11/02 no 1189 ; Cass. 1e civ. 11-3-2003 no 344 : RJDA 8-9/03 no 881) ou un nantissement (Cass. civ. 11-4-1995 : Bull. civ. I p. 118), ni invoquer le privilège de prêteur de deniers faute de pouvoir saisir le bien commun (cf. Cass. 1e civ. 5-5-2021 no 19-15.072 FS-P).

Si le conjoint a donné son **consentement exprès,** les biens communs peuvent être poursuivis, mais son consentement ne le rend pas pour autant partie à l'engagement de caution, ce dont il résulte qu'il n'est pas engagé solidairement (Cass. com. 21-4-2022 no 20-15.807 F-D : RJDA 7/22 no 435) et que ses biens propres sont exclus des poursuites (C. civ. art. 1415 ; CA Paris 4-11-1992 : RJDA 6/93 no 551) ; en revanche, s'il s'est porté caution solidaire avec l'époux emprunteur, l'intégralité du patrimoine de chaque époux est engagée (Cass. com. 14-3-2018 no 16-22.762 D).

Le consentement du conjoint à un cautionnement est valablement donné même s'il n'est pas exprimé par une mention manuscrite de la somme garantie en lettres et en chiffres (Cass. 1e civ. 9-7-2014 no 13-16.070 : RJDA 2/15 no 139), la mention manuscrite et signée « bon pour consentement aux engagements ci-dessus » suffisant (Cass. civ. 4-6-1996 : RJDA 1/97 no 93). Mais il doit être exprès et ne peut pas être déduit des circonstances de la cause (Cass. civ. 17-2-1998 : RJDA 4/98 no 508). Ainsi, lorsque les cautionnements d'époux communs en biens ont été recueillis au sein du même acte pour garantir la même dette et que l'un des cautionnements est annulé, la seule signature d'un époux au pied de cet engagement ne vaut pas consentement exprès au cautionnement souscrit par le conjoint (Cass. com. 29-9-2021 no 20-14.213 FS-B).

Le conjoint n'étant pas partie au contrat, il n'a pas droit au devoir d'information (Cass. com. 9-2-2016 no 14-20.304 : RJDA 4/16 no 321).

Sur l'absence d'incidence du consentement exprès du conjoint sur l'appréciation de la disproportion de l'engagement de la caution, no 55100.

Dettes communes Sous le régime de la **communauté réduite aux acquêts,** les dettes contractées, pendant le mariage, par l'un des époux communs en biens peuvent être poursuivies sur les biens communs (no 1315), à l'exclusion des biens propres de l'autre (C. civ. art. 1418, al. 1), dans les conditions suivantes : 1346

1. Les **gains et salaires** d'un époux ne peuvent être saisis par les créanciers de son conjoint que pour le paiement des dettes contractées pour l'entretien du ménage ou l'éducation des enfants (C. civ. art. 1414, al. 1). 1349

Chaque époux est tenu de ces dettes solidairement, sauf si la dépense engagée par l'un d'eux est manifestement excessive, eu égard au train de vie du ménage, à l'utilité ou l'inutilité de l'opération, à la bonne ou mauvaise foi du tiers contractant ou s'il s'agit d'achats à tempérament ou d'emprunts qui n'ont pas été conclus avec le consentement des deux époux, à moins que les emprunts ne portent sur des sommes modestes nécessaires aux besoins de la vie courante (C. civ. art. 220). Cette obligation solidaire s'applique à toute dette, même non contractuelle, engagée en vue de l'entretien actuel ou futur du ménage, notamment au paiement des cotisations d'assurance vieillesse (Cass. civ. 9-10-1991 : BRDA 20/91 p. 18).

Mais la solidarité ne joue pas pour les opérations d'investissement d'un ménage, notamment celles ayant pour objet la constitution d'un patrimoine immobilier (Cass. civ. 11-1-1984 : Bull. civ. I p. 11) ni pour les dettes contractées avant le mariage (CA Rouen 22-1-2002 : JCP G 2003.I.158 n° 2 obs. Wiederkehr).

Toutefois, s'ils ont été versés à un compte courant ou de dépôt (compte bancaire en particulier), même joint, ils ne le sont, par les créanciers nés du chef du conjoint pour dettes ménagères, que dans les limites précisées par l'article R 162-9 du Code des procédures civiles d'exécution (n° 59815).

Sur la possibilité de poursuivre les gains et salaires absorbés dans la masse commune, n° 1352.

1352 **2.** Les **autres biens communs** peuvent être poursuivis pour toute dette, quelle qu'en soit la cause, née pendant la communauté, dont chaque époux est tenu (C. civ. art. 1413). Il en est ainsi même des gains et salaires absorbés dans la masse commune (Cass. 1e civ. 10-5-2006 : Bull. civ. I n° 220, sans préciser quand cette absorption est réalisée et ne statuant pas sur l'exception d'insaisissabilité des salaires) ; en conséquence, en cas de procédure collective ouverte à l'encontre de l'époux qui a contracté la dette commune, les poursuites des créanciers personnels du conjoint in bonis sur les biens communs sont suspendues (Cass. com. 16-11-2010 n° 09-68.459 : RJDA 4/11 n° 333) ; le créancier de l'époux in bonis peut néanmoins obtenir un titre exécutoire, son action étant paralysée jusqu'à la clôture de la procédure collective (CA Douai 7-7-2022 n° 20/02325).

Les biens communs ne peuvent pas être poursuivis s'il y a eu fraude (c'est-à-dire si l'époux contractant s'est endetté avec l'intention de nuire à son conjoint en lui faisant subir la dette sur les biens communs) et si le tiers avec lequel il a contracté connaissait cette intention frauduleuse (C. civ. art. 1413) ou si l'un des époux bénéficie d'un moratoire (Cass. civ. 19-1-1999 : Bull. civ. I n° 23).

Sous le régime de la **communauté de meubles et acquêts,** le passif commun est réglé conformément aux dispositions de l'article 1499 du Code civil.

Sous le régime de la **communauté universelle,** toutes les dettes présentes et futures des deux époux peuvent être poursuivies sur la communauté (C. civ. art. 1526, al. 2 ; pour un exemple de dette future, Cass. 1e civ. 18-1-2012 n° 10-24.892 : Bull. civ. I n° 10 : dette de salaire différé).

1355 **Après la dissolution de la communauté** ou le changement de régime en faveur de la séparation de biens (Cass. 1e civ. 22-2-2017 n° 16-13.365 FS-PB), le paiement des dettes nées au cours de la communauté mais non encore réglées se fait ainsi :

– chaque époux peut être poursuivi pour la totalité des dettes qui existent au jour de la dissolution et qui étaient entrées en communauté de son chef (C. civ. art. 1482 ; Cass. 1e civ. 16-3-2004 : JCP G 2004.IV.1972) et ce, au-delà même de son émolument (Cass. 1e civ. 16-3-2004 : Bull. civ. I n° 85) ;

Sont des dettes communes les dettes résultant d'actes commis pendant le mariage, peu important qu'elles soient constatées par une condamnation prononcée contre un époux après la dissolution de la communauté légale par le divorce (Cass. 1e civ. 25-2-2003 n° 299 : Bull. civ. I n° 53).

– chacun des époux ne peut être poursuivi que pour la moitié des dettes qui étaient entrées en communauté du chef de son conjoint (C. civ. art. 1483, al. 1 ; CA Toulouse 4-10-2000 : D. 2001.IR.353) ; il est tenu au paiement de ces dettes, n'étant pas un tiers au regard de la communauté, même si les écrits qui les constatent n'ont pas acquis date certaine avant la dissolution du régime (Cass. civ. 6-7-1988 : GP 1989.186) ; si le bien poursuivi est indivis, il ne peut s'opposer à la demande du créancier en lui objectant qu'il ne peut pas saisir les biens indivis (CA Dijon 21-6-1994 : D. 1995.som.338 obs. Lucet) ;

Si un époux est amené à payer plus que la part du passif commun qu'il doit en définitive supporter (C. civ. art. 1485 et 1486), il peut se réserver dans la quittance un recours contre le créancier en répétition de l'excédent qu'il lui aurait versé (C. civ. art. 1488).

Toutefois, l'époux ne peut pas demander à être poursuivi pour la moitié de la dette s'il a reçu en partage un immeuble hypothéqué (C. civ. art. 1489 ; Cass. 1e civ. 1-7-2009 n° 08-15.331 : RJDA 3/10 n° 296).

– chaque époux n'est tenu, après le partage, sauf s'il est coupable de recel (C. civ. art. 1477), que dans la mesure de la part d'actif commun qu'il a reçue, pourvu qu'il ait fait inventaire (C. civ. art. 1483, al. 2) ;

– chaque époux peut demander à son conjoint le règlement des créances qu'il a sur lui ; le montant de ces créances est évalué comme les récompenses (C. civ. art. 1479) ;

– les créanciers peuvent agir contre l'époux débiteur avant que celui-ci ne prélève dans la communauté les biens qui doivent lui revenir (cf. C. civ. art. 1474). Sur le droit des créanciers, après la dissolution de la communauté, de demander le partage, n° 30300.

Les dettes venues à échéance après la dissolution de la communauté sont des dettes nées pendant l'indivision post-communautaire et soumises aux règles de l'indivision ; elles ne sont pas soumises notamment aux règles des récompenses et l'époux qui a payé ces dettes a droit à une indemnité (Cass. civ. 17-12-1996 : Bull. civ. I p. 316).

En cas d'attribution de la communauté entière à l'époux survivant, celui-ci est obligé d'en acquitter toutes les dettes dès lors qu'il n'est pas démontré que ces dettes ou l'une d'elles avaient été contractées dans l'intérêt exclusif de l'époux prédécédé (Cass. 1e civ. 5-12-2018 n° 16-13.323 FS-PBI : D. 2019.627 note Bouchard) ; par ailleurs, cette obligation n'a pas pour effet de soustraire de l'assiette du gage général du créancier les biens propres du défunt lorsque ce dernier s'est personnellement engagé (Cass. 1e civ. 3-10-2018 n° 17-21.231 D).

CHANGEMENT DE RÉGIME MATRIMONIAL

Changement conventionnel Les époux peuvent modifier leur régime matrimonial **1360**
dans l'intérêt de la famille, par un acte notarié qui doit contenir, à peine de nullité si elle est nécessaire, la liquidation du régime matrimonial modifié (C. civ. art. 1397, al. 1). Toutefois, lorsque l'un ou l'autre des époux a des enfants mineurs sous le régime de l'administration légale, le notaire peut saisir le juge des tutelles dans les conditions prévues au deuxième alinéa de l'article 387-3 (C. civ. art. 1397, al. 5) ; de même, lorsque l'un ou l'autre des époux fait l'objet d'une mesure de protection juridique dans les conditions prévues aux nos 1122 s., le changement ou la modification du régime matrimonial est soumis à l'autorisation préalable du juge des tutelles ou du conseil de famille s'il a été constitué (C. civ. art. 1397, al. 7).

L'immutabilité du régime matrimonial n'a pas un caractère d'ordre public international français (Cass. 1e civ. 24-9-2014 n° 13-12.532 : JCP G 2014 n° 49-1265 § 5 obs. Wiederkehr).

Dès lors que cet intérêt existe, rien ne s'oppose à ce que les époux changent plusieurs fois de régime (Rép. Bonhomme : AN 8-6-1987 p. 3372) ou se bornent à modifier seulement le statut d'un bien déterminé (Cass. civ. 21-1-1992 : Bull. civ. I p. 18 : possibilité d'envisager l'entrée en communauté d'un terrain propre au mari sur lequel avait été édifiée une maison avec des deniers communs).

Jugé par exemple que :

– l'adoption d'un régime de séparation de biens en remplacement d'un régime de communauté est conforme aux intérêts de la famille lorsque l'épouse veut exercer une profession indépendante, son conjoint étant atteint d'une maladie lui imposant le repos, et qu'il convient de sauvegarder les intérêts des enfants contre les risques de mauvaise fortune de leur mère (TGI Chaumont 12-7-1969 : JCP G 1969.II.16075) ;

– des époux âgés, n'ayant ni enfants ni collatéraux, agissent dans l'intérêt de la famille et ne commettent pas une fraude fiscale en changeant de régime pour faciliter la transmission de la succession au survivant (CA Amiens 9-5-1977 : Defrénois 1977.1343) ;

– le seul fait que l'un des membres de la famille risquerait de se trouver lésé n'interdit pas nécessairement le changement de régime, dès lors qu'il est de l'intérêt de tous, et tout particulièrement du conjoint survivant, de différer le partage, par l'effet du régime matrimonial sollicité, jusqu'au décès du survivant des époux, afin de procéder à une liquidation unique et globale du patrimoine subsistant (Cass. civ. 17-6-1986 : GP 1986.pan.200) ;

– l'adoption du régime de la communauté universelle avec attribution intégrale au conjoint survivant est justifiée car, expressément prévue et autorisée par les articles 1524 et 1526 du Code civil, elle n'est pas réputée valoir donation et ne peut donc porter atteinte aux droits des réservataires (Cass. civ. 14-5-1996 : D. 1996.537 rapport Thierry, précisant que le moyen tiré de la fraude commise à l'encontre des réservataires était dès lors inopérant ; rappr. Cass. 1e civ. 28-2-2006 : JCP G 2006.IV.1664) ; en adoptant la communauté universelle, les époux peuvent stipuler qu'en cas de dissolution de la communauté autrement que par décès de l'un des époux ou par suite de ce décès mais postérieurement à une assignation en divorce chaque époux reprendra les biens par lui apportés en mariage et ceux qui lui seront advenus à titre personnel en cours de mariage ainsi que ceux déclarés propres par nature par l'article 1404 du Code civil (CA Colmar 16-5-1990 : Defrénois 1990.1361 obs. Champenois).

Le **changement** de régime a effet entre les parties à dater de l'acte ou du jugement qui le **1363**
prévoit et il est **opposable aux tiers** trois mois après que la mention en a été portée en marge de l'acte de mariage ou lorsque les époux en ont averti les tiers dans les actes passés avec eux (C. civ. art. 1397, al. 6 ; Cass. 1e civ. 11-5-2023 n° 21-14.557 F-D).

Cette disposition est conforme à la Constitution (Cons. const. 8-9-2016 n° 2016-560 QPC).

Dès lors que cet effet s'est produit et à défaut d'invoquer un vice du consentement ou une fraude, aucun des deux époux ne peut contester le changement de régime (Cass. 1e civ. 29-5-2013 n° 12-10.027 : D. 2013.2088 note Souhami).

Mais, dans les rapports des époux, tant que le régime antérieur n'est pas liquidé, les biens existant au jour du changement de régime conservent leur statut ; ainsi, le bien commun le demeure (CA Nancy 21-9-2009 : JCP G 2010 nº 17.487 p. 907).

Quant aux créanciers des époux, tant que le délai de trois mois susvisé n'est pas épuisé, ils peuvent poursuivre les ex-biens communs (Cass. civ. 17-3-1987 : JCP G 1988.II.21021 note Simler).

Le changement de régime est sans **influence sur le sort des créances nées antérieurement** à ce changement (Cass. 1e civ. 22-3-2017 nº 16-13.365 FS-PB : BPAT 3/17 inf. 91).

Il est fait mention de la modification sur la minute du contrat de mariage modifié (C. civ. art. 1397, al. 8).

1366 Les personnes qui avaient été parties dans le contrat modifié et les **enfants majeurs** de chaque époux sont informés personnellement de la modification envisagée. Chacun d'eux peut **s'opposer** à la modification dans le délai de trois mois ; en cas d'enfant mineur sous tutelle ou d'enfant majeur faisant l'objet d'une mesure de protection juridique, l'information est délivrée à son représentant, qui agit sans autorisation préalable du conseil de famille ou du juge des tutelles (C. civ. art. 1397, al. 2). Les **créanciers** sont aussi informés de la modification envisagée par la publication d'un avis sur un support habilité à recevoir les annonces légales dans le département du domicile des époux ; chacun d'eux peut s'opposer à la modification dans les trois mois suivant la publication (art. 1397, al. 3). En cas d'opposition, l'acte notarié est soumis à l'homologation du tribunal du domicile des époux ; la demande et la décision d'homologation sont publiées dans les conditions et sous les sanctions prévues au Code de procédure civile (art. 1397, al. 4 ; CPC art. 1300 à 1303 et 1303-6).

Les créanciers ne peuvent agir que si leur créance est née avant l'expiration du délai de trois mois suivant la mention du changement de régime en marge de l'acte de mariage (Cass. civ. 24-2-1981 : JCP G 1982.II.19781 note Rémy) ou entre la conclusion de la convention des époux et le jugement d'homologation (Cass. civ. 2-3-1982 : D. 1984.184 note Leroy).

Les créanciers non opposants peuvent attaquer par l'**action paulienne** le changement de régime s'il a été fait en fraude à leurs droits (C. civ. art. 1397, al. 9) ; seuls les créanciers des parties à l'acte peuvent exercer cette action, ce qui n'est pas le cas du créancier d'un héritier des époux changeant de régime (CA Amiens 9-2-1988). Mais ils ne peuvent agir par cette voie qu'à titre subsidiaire, s'ils n'ont pas pu en temps utile faire opposition (CA Paris 26-3-2009 nº 07-18374 : RJDA 8-9/09 nº 775 : rejet de l'action du créancier qui n'a pas fait opposition au partage qui s'est poursuivi sur deux années).

En revanche, ils le peuvent quoique le changement de régime ait, le cas échéant, entraîné le partage d'une communauté, car le droit d'exercer l'action paulienne leur est reconnu par une disposition spéciale et sans restriction qui fait exception à l'interdiction, antérieure, de l'article 882 du Code civil d'attaquer par cette action un partage consommé, contrairement à ce qui avait été jugé avant la modification de l'article 1397 par la loi 2006-728 du 23 juin 2006 (CA Grenoble 27-11-1975 : D. 1976.474 note Honorat).

1369 Sauf le cas d'action en divorce (nº 1380), **toute convention** conclue par les époux **pendant** leur **mariage,** portant modification de leur régime matrimonial, est **nulle si** elle n'est pas intervenue dans les conditions exposées nos 1360 s. (Cass. civ. 28-6-1983 : JCP G 1985.II.20330 note Pillebout : nullité demandée par l'épouse de la convention par laquelle deux époux avaient décidé que les fonds propres du mari, employés à la construction de leur maison sur un terrain appartenant en partie à l'épouse, seraient revalorisés de la valeur de la propriété au jour de la dissolution de la communauté, en fixant la part de chaque conjoint).

1372 **Séparation de biens légale** Lorsque les époux sont séparés de corps, leur régime matrimonial devient de plein droit celui de la séparation de biens ; au cas où leur régime antérieur serait de ce fait modifié, le changement est opposable aux tiers à compter de l'inscription de la séparation de corps en marge de l'acte de mariage (C. civ. art. 302 et 262). Dans les rapports entre époux et relativement à leurs biens, le juge peut fixer les effets du jugement de séparation de corps à la date à laquelle les époux ont cessé de cohabiter et de collaborer (art. 262-1 sur renvoi de l'art. 302 ; Cass. 1e civ. 12-6-2014 nº 13-16.044 : Bull. civ. I nº 107) ; les actes accomplis après la date d'effet du jugement de séparation de corps par un seul des époux sont inopposables à l'autre (Cass. 1e civ. 23-10-2013 nº 12-17.896, en l'espèce à compter de la date de l'assignation mais transposable sous les textes actuels aux actes effectués par un époux seul après les nouvelles dates de prise d'effet de la rupture du mariage).

1375 **Séparation de biens judiciaire** Lorsque les époux sont mariés sous le régime de la communauté, et que l'un d'eux, par le désordre de ses affaires, sa mauvaise administration ou son inconduite, met en péril les intérêts de son conjoint, ce dernier peut demander en justice la séparation de biens (C. civ. art. 1443 à 1449).

Mais **les créanciers d'un époux** ne peuvent pas se substituer à celui-ci pour demander la séparation de biens (art. 1446). Ils peuvent seulement intervenir à l'instance pour la conservation de leurs droits et se pourvoir par tierce opposition contre la séparation de corps si celle-ci a été prononcée en fraude de leurs droits (art. 1447).

La tierce opposition est recevable même si la fraude ne s'est matérialisée que dans l'acte de partage qui a succédé à la modification du régime matrimonial, car celle-ci avait pour but de le préparer (Cass. 1e civ. 17-5-1993 n° 91-19.262 : Bull. civ. I n° 171).

Il appartient au créancier qui invoque la fraude de l'acte de partage de démontrer le caractère frauduleux de ses modalités (Cass. 1e civ. 19-3-2014 nos 11-22.194 et 12-28.921 : Bull. civ. I n° 48).

Ils peuvent aussi, alors même que leur créance serait née après le jugement de séparation de biens et son exécution partielle, agir en nullité contre la séparation de biens si les poursuites tendant à liquider les droits des époux n'ont pas été commencées dans les trois mois du jugement passé en force de chose jugée et si le règlement définitif n'est pas intervenu dans l'année de l'ouverture des opérations de liquidation (Cass. civ. 12-1-1988 : Bull. civ. I p. 5) ; chaque époux, même le demandeur de la séparation à condition que le dépassement du délai ne lui soit pas exclusivement imputable, le peut aussi (Cass. 1e civ. 4-6-2009 n° 07-21.702 : Bull. civ. I n° 121).

LIQUIDATION DU RÉGIME MATRIMONIAL

Le régime matrimonial cesse de produire effet au jour de la dissolution du mariage. Les intérêts des époux doivent alors être liquidés conformément aux règles propres à leur régime (pour la communauté, C. civ. art. 1441 s. ; pour la séparation de biens, art. 1542 ; pour la participation aux acquêts, art. 1569 s.). **1380**

Toutefois, les époux, mêmes séparés de biens (Cass. 1e civ. 5-5-1987 : Bull. civ. I p. 109), peuvent, pendant l'instance en **divorce,** passer toutes conventions pour la liquidation et le partage de la communauté (C. civ. art. 265-2 et art. 1451, al. 1). Cette convention, après son homologation, a la force exécutoire d'une décision de justice (n° 15673) ; elle n'est opposable aux tiers qu'à compter de l'accomplissement des formalités de publicité du jugement de divorce (Cass. 1e civ. 12-4-2011 n° 11-13.456 : Bull. civ. I n° 91) mais les transferts de propriété qu'elle prévoit rétroagissent au regard des époux à la date convenue par eux (Cass. 1e civ. 26-6-2013 n° 12-13.361 : Bull. civ. I n° 135).

E. Partenaires d'un pacte civil de solidarité

RÉGIME LÉGAL

Le pacte civil de solidarité est soumis aux dispositions ci-après. **1384**

Chacun des partenaires liés par un pacte civil de solidarité (Pacs) conserve, sauf dispositions contraires de leur convention, sa pleine capacité ainsi que l'administration, la jouissance et la libre disposition de ses biens personnels ; chacun reste seul tenu des dettes personnelles nées avant ou pendant le pacte (C. civ. art. 515-5, al. 1).

Toutefois :

– la partie mise sous curatelle ne peut conclure un Pacs, ou le modifier, sans l'assistance de son curateur (C. civ. art. 461, al. 1 et 2) et la partie mise sous tutelle doit être assistée de son tuteur lors de la signature du Pacs (art. 462, al. 1, 2 et 3) ; sur les conditions de rupture du Pacs, articles 461, al. 3 et 462, al. 4, 5 et 6 du Code civil ;

– les partenaires sont tenus solidairement à l'égard des tiers des dettes contractées par l'un d'eux pour les besoins de la vie courante, sauf si les dépenses sont manifestement excessives ou si un partenaire a conclu sans le consentement de l'autre des achats à tempérament ou des emprunts, à moins que ces derniers ne portent sur des sommes modestes nécessaires aux besoins de la vie courante et que le montant cumulé de ces sommes, en cas de pluralité d'emprunts, ne soit pas manifestement excessif eu égard au train de vie du ménage (C. civ. art. 515-4, al. 2).

Par ailleurs, le droit de poursuite des créanciers dont la créance est née avant le 1er janvier 2007 (date d'entrée en vigueur du Pacs) reste déterminé par les dispositions en vigueur à la date de naissance de la créance (Loi 2006-728 art. 47, V-3°).

Le partenaire qui détient individuellement un bien meuble est réputé, à l'égard des tiers de bonne foi, avoir le pouvoir de faire seul sur ce bien tout acte d'administration, de jouissance ou de disposition (C. civ. art. 515-5, al. 3).

Chacun des partenaires peut prouver par tous les moyens, tant à l'égard de son partenaire que des tiers, qu'il a la propriété exclusive d'un bien (sur cette preuve, n° 1312) ; les biens sur lesquels aucun des partenaires ne peut justifier d'une propriété exclusive sont réputés leur appartenir indivisément, à chacun pour moitié (C. civ. art. 515-5, al. 2).

Pour les pactes conclus depuis le 29 janvier 2019 entre personnes dont la loi personnelle relève d'États membres différents, la loi applicable au régime de leurs biens est fixée par les règlements UE 2016-1103 et 2016-1104 du 24 juin 2016 et non plus par la convention de La Haye du 14 mars 1978.

RÉGIME CONVENTIONNEL

1386 Les partenaires peuvent, dans la convention initiale ou dans une convention modificative, choisir de soumettre au régime de l'indivision les biens qu'ils acquièrent ensemble ou séparément, à compter de l'enregistrement de ces conventions ; ces biens sont alors réputés indivis par moitié, sans recours de l'un des partenaires contre l'autre au titre d'une contribution inégale (C. civ. art. 515-5-1).

Toutefois, demeurent la propriété de chaque partenaire (art. 515-5-2) :

– les deniers perçus par chacun des partenaires, à quelque titre que ce soit, postérieurement à la conclusion du pacte et non employés à l'acquisition d'un bien ;

– les biens créés et leurs accessoires ;

– les biens à caractère personnel ;

– les biens ou portions de biens acquis au moyen de deniers appartenant à un partenaire avant l'enregistrement de la convention initiale ou modificative aux termes de laquelle ce régime a été choisi ;

– les biens ou portions de biens acquis au moyen de deniers reçus par donation ou succession ;

– les portions de biens acquises à titre de licitation de tout ou partie d'un bien dont l'un des partenaires était propriétaire au sein d'une indivision successorale ou par suite d'une donation.

À défaut de mention dans l'acte d'acquisition du bien acheté avec des deniers détenus antérieurement à la convention ou provenant de donation ou succession de l'emploi de ces deniers, le bien est réputé indivis par moitié et ne donne lieu qu'à une créance entre partenaires.

À défaut de dispositions contraires dans la convention, chaque partenaire est gérant de l'indivision et peut exercer les pouvoirs reconnus par les articles 1873-6 à 1873-8 du Code civil (n°s 30231 et 30245).

Sur l'attribution préférentielle à la dissolution du pacte, n° 30328.

ENREGISTREMENT DU PACTE

1389 Les partenaires qui ont conclu un **Pacs** par acte sous **signature privée** doivent en faire la **déclaration conjointe** devant l'officier de l'état civil du lieu de leur résidence commune ou, en cas d'empêchement grave à la fixation de celle-ci, du lieu de résidence de l'un d'eux (C. civ. art. 515-3, al. 1). En cas d'empêchement grave de l'un ou l'autre des partenaires à se déplacer, l'officier de l'état civil se déplace au domicile ou à la résidence de ce partenaire (art. 515-3, al. 2). L'officier de l'état civil enregistre la déclaration de Pacs si les conditions d'enregistrement sont remplies (art. 515-3, al. 4 ; sur les pièces à présenter, art. 515-3, al. 3 et décret 2006-1806 du 23-12-2006 art. 1). Si les partenaires ont conclu un **Pacs** par acte **notarié,** c'est le notaire rédacteur qui recueille la déclaration conjointe et l'enregistre (C. civ. art. 515-3, al. 5).

À l'**étranger,** ces déclarations sont, si l'un au moins des partenaires est de nationalité française, reçues par les agents diplomatiques et consulaires français (C. civ. art. 515-3 ; sur les pièces à produire, décret 2006-1806 du 23-12-2006 art. 1).

Si la déclaration conjointe est souscrite par un **majeur protégé,** l'assistance de son curateur ou de son tuteur n'est pas requise (C. civ. art. 461).

Les conditions de formation et les effets d'un partenariat enregistré ainsi que les causes et les effets de sa dissolution sont soumis aux dispositions matérielles de l'État de l'autorité qui a procédé à son enregistrement (C. civ. art. 515-7-1).

La **convention modificative** du Pacs doit être enregistrée auprès de l'état civil ou du notaire qui a reçu la déclaration initiale du Pacs (C. civ. art. 515-3, al. 6).

PUBLICITÉ DU PACTE

1391 Le pacte doit être mentionné en marge de l'acte de naissance de chacun des partenaires avec l'indication de l'identité de l'autre partenaire ; pour les personnes de nationalité étrangère nées à l'étranger, cette information est portée sur un registre tenu au service central d'état civil du ministère des affaires étrangères ; l'existence de conventions modificatives est soumise à la même publicité (C. civ. art. 515-3-1, al. 1).

PÉRIODE D'EFFET DU PACTE

1392 Le pacte ne **prend** effet entre les parties qu'à compter de son enregistrement, qui lui confère date certaine ; il n'est opposable aux tiers qu'à compter du jour où les formalités de publicité sont accomplies ; il en va de même des conventions modificatives (C. civ. art. 515-3-1, al. 2).

Le pacte **cesse** de produire effet entre les parties à la date de l'enregistrement de sa dissolution (art. 515-7, al. 5, 6 et 7 ; TI Lille 7-9-2009 n° 09-2107 : D. 2010.70 note Koumadji et Labbée) ; sa dissolution n'est opposable aux tiers qu'à compter du jour où les formalités de publicité sont accomplies (art. 515-7, al. 8).

Le pacte ne générant aucune obligation de fidélité, sa rupture pour infidélité ne donne pas lieu à réparation (CA Rennes 5-5-2015 n° 14/011137 : D. 2016.1343.som.).

F. Concubins

Aucune disposition légale ne réglant la contribution des concubins aux charges de la vie commune, chaque concubin doit, en l'absence de volonté exprimée à cet égard, supporter les **dépenses de la vie courante** qu'il a engagées (Cass. 1e civ. 19-12-2018 no 18-12.311 PB). 1395

G. Étrangers

PRINCIPES

Capacité Selon l'article 3 du Code civil, les lois concernant l'état et la capacité des personnes régissent les Français, même résidant en pays étranger ; il en résulte que la loi applicable à l'état et à la capacité des personnes est la loi nationale, dite aussi « loi personnelle », règle jugée comme d'ordre public que le juge doit appliquer d'office (Cass. 1e civ. 18-1-2007 no 05-20.529 : Bull. civ. I no 26 ; Cass. 1e civ. 6-1-2010 no 08-14.278 : Rev. crit. 2010.357 obs. Lagarde). Toutefois, ce rattachement à la loi nationale n'est pas appliqué par les tribunaux lorsque le cocontractant a pu légitimement ignorer l'incapacité (Cass. req. 16-1-1861 : D. 1861.1.193) car un Français n'est pas tenu de connaître la loi étrangère, notamment les règles relatives à la capacité des personnes (CA Versailles 9-3-1994 : BRDA 13/94 p. 10). 1398

Lorsque l'étranger est **marié,** sa capacité s'apprécie en fonction de la loi qui régit les effets du mariage, c'est-à-dire la loi nationale des époux. Si les époux sont de même nationalité, l'application de la règle ne souffre aucune difficulté. Si les époux sont de nationalité différente, la loi compétente est, en principe, la loi nationale du chef de famille, donc, en fait, celle du mari le plus souvent (CA Paris 15-2-1950 : JCP G 1950.II.5578 note Savatier). Mais les tribunaux tendent à appliquer la loi française lorsque les époux de nationalité différente sont domiciliés en France (Cass. civ. 19-2-1963 : Clunet 1963.986).

Ces solutions s'appliquant aux « personnes », sans distinction, valent donc pour les personnes physiques et morales étrangères, sous les précisions ci-après.

1. Au regard des **personnes privées.** La loi personnelle des réfugiés et apatrides est la loi française (Cass. civ. 25-6-1974 : D. 1975.189 ; CA Paris 20-12-1976 : D. 1978.373 note Agostini).

2. Au regard des personnes morales. Les **sociétés** étrangères, qui sont au regard de la détermination de leur capacité celles qui ne sont pas immatriculées au registre du commerce et des sociétés français, jouissent pratiquement de la capacité que la loi qui leur a reconnu la personnalité juridique leur accorde (MSC nos 92500 s.).

Quant aux **associations** qui ont leur siège social à l'étranger, elles doivent, pour acquérir la capacité juridique en France, adresser une déclaration préalable à la préfecture du département où est situé le siège social de leur principal établissement (Loi du 1-7-1901 art. 5, al. 3). Toutefois, même si elles ne disposent pas d'un tel établissement sur le territoire français, elles peuvent agir en justice (Cons. const. 7-11-2014 no 2014-424 QPC : RJDA 1/15 no 32 ; Cass. crim. 1-12-2015 no 14-22.134 : Bull. crim. no 271).

Cette capacité ne peut pas excéder celle qui leur est donnée dans leur pays d'origine. Par exemple, un « trade union », association qui ne jouit pas en Angleterre de la capacité d'agir en justice en son nom personnel, ne peut pas se porter partie civile devant un tribunal français (CA Paris 17-3-1960 : JCP G 1960.II.11609 obs. Aymond).

Pour plus de détails sur la capacité en France des associations étrangères, Mémento Associations nos 8020 s.

Les personnes morales **publiques** étrangères, qui sont notamment les États, peuvent accomplir des actes de gestion patrimoniale ou commerciale sur le territoire français comme le révèle le contentieux relatif à l'exercice des voies d'exécution contre ces personnes (no 60403).

En vertu de la **convention européenne de sauvegarde des droits de l'Homme, toute** personne morale étrangère, quelle que soit sa nationalité, **peut agir en justice** devant une juridiction française pour la protection de ses biens et intérêts (cf. Cass. civ. 25-6-1991 no 90-13.849 : Rev. crit. 1991.667 note Khairallah ; Cass. com. 15-11-1994 : RJDA 3/95 no 286) ; elle peut aussi se constituer **partie civile** même si elle n'a pas d'établissement en France et n'a pas fait de déclaration préalable en préfecture (Cass. crim. 8-12-2009 no 09-81.607 : RJDA 4/10 no 402 ; dans le même sens, CEDH 15-1-2009 nos 36497/05 et 37172/05 : RJDA 5/09 no 450).

Jouissance des droits Les étrangers capables **jouissent** en France des mêmes droits civils que ceux qui sont ou seront accordés aux Français par les traités de la nation à laquelle cet étranger appartiendra (C. civ. art. 11) ; il s'agit de **tous les droits** privés qui ne leur sont **pas** spécialement **refusés par la loi** (Cass. civ. 22-12-1959 : D. 1960.93 note Holleaux). 1400

Par exemple, jugé en application de ce principe qu'un étranger peut valablement :

– jouir en France du monopole d'exploitation résultant de son droit d'auteur (Cass. civ. 22-12-1959, précité) ;
– se porter adjudicataire d'un immeuble (Cass. civ. 25-2-1981 : Bull. civ. I p. 59) ;

– prendre une inscription provisoire d'hypothèque sur un immeuble situé en France et appartenant à son conjoint français (Cass. civ. 31-1-1984 : JCP G 1985.II.20362 obs. Boulanger).

Les lois spéciales qui dérogent à ce principe sont exposées à l'occasion de l'étude de la matière qu'elles concernent.

Par exemple, certains droits sont refusés aux sociétés étrangères lorsqu'elles sont sous contrôle d'associés étrangers (MSC nos 1400 s.).

Mais un étranger peut néanmoins jouir d'un droit dont l'exercice lui a été retiré par la loi dès lors qu'il existe un **traité** le lui accordant (cf. Cass. civ. 4-2-1936 : DH 1936.145 ; Cass. soc. 11-7-1947 : D. 1947.396).

Cette attribution peut résulter des clauses suivantes :

– **clause d'assimilation** des étrangers aux nationaux ;

– **clause de réciprocité** prévoyant qu'un étranger bénéficiera en France des droits reconnus dans son pays aux Français ;

Dans ce cas, les tribunaux français apprécient rigoureusement la condition de réciprocité et exigent une identité exacte des deux législations sur le droit litigieux ou une législation étrangère sensiblement identique à la législation française (Cass. com. 13-4-1961 : D. 1961.456 ; Cass. 7-2-1967 : Bull. civ. IV p. 115 ; CE 7-4-1965 : JCP G 1965.II.14172 bis).

– **clause de la nation la plus favorisée** par laquelle un État s'engage à accorder aux ressortissants de cet État le traitement le plus favorable qu'il a reconnu aux nationaux d'un autre État.

INCIDENCE DU RÉGIME MATRIMONIAL

1405 Le pouvoir, voire la capacité, d'un époux étranger à contracter peuvent être affectés par le régime matrimonial des époux. Cet effet s'apprécie différemment selon que la situation matrimoniale relève du règlement UE 2016/1103 du 24 juin 2016 mettant en œuvre une coopération renforcée en matière de régimes matrimoniaux, applicable aux époux mariés depuis le 29 janvier 2019, ou de la convention de La Haye du 14 mars 1978 sur la loi applicable aux régimes matrimoniaux applicable aux époux mariés entre le 1er septembre 1992 et le 28 janvier 2019.

1407 **Époux relevant du règlement UE 2016/1103** Le règlement UE 2016/1103 du 24 juin 2016, dont la finalité est de supprimer les entraves à la libre circulation des personnes au sein de l'UE (consid. 8), s'applique dans le cadre des **régimes matrimoniaux ayant une incidence transfrontalière au sein de l'UE.** Il s'ensuit que :

– il n'est pas applicable si l'incidence transfrontalière se manifeste avec la frontière d'un État tiers à l'UE ;

– il n'est pas applicable aux futurs époux et aux époux qui ont la même la loi personnelle (no 1398) qui, partant, induit le même régime matrimonial, ce que confirme l'article 22 du règlement qui ne prévoit la faculté de choix de la loi qu'aux futurs époux ou époux dont les lois personnelles sont différentes et, partant, les régimes matrimoniaux.

Pour les futurs époux et les époux dont la **loi personnelle** est **différente,** le règlement prévoit l'application des règles suivantes.

1. Régime matrimonial applicable. Le règlement offre la faculté de choisir le régime matrimonial et, à défaut, détermine celui-ci.

1-1. Choix du régime. Les époux ou futurs époux peuvent convenir de désigner ou de modifier la loi applicable à leur régime matrimonial, pour autant que ladite loi soit l'une des lois suivantes (Règl. 2016/1103 art. 22) :

– la loi de l'État dans lequel au moins l'un des époux ou futurs époux a sa résidence habituelle au moment de la conclusion de la convention ;

– ou la loi d'un État dont l'un des époux ou futurs époux a la nationalité au moment de la conclusion de la convention.

Ce choix peut intervenir à tout moment, avant le mariage, lors de la célébration du mariage ou au cours de ce dernier (Règl. 2016/1103 considérant 45).

Sur les conditions de validité de la convention sur le choix du régime, règlement art. 23 et 24 ; sur les conditions de validité d'une convention matrimoniale, règlement art. 25.

1-2. Défaut de choix du régime. Si les futurs époux ou les époux n'ont pas choisi la loi applicable au régime matrimonial, celle-ci est (Règl. 2016/1103 du 24-6-2016 art. 26) :

– la loi de l'État de la nationalité de la première résidence habituelle commune des époux après la célébration du mariage ;

– ou, à défaut, la loi de l'État de la nationalité commune des époux au moment de la célébration du mariage ;

Lorsque les époux ont plus d'une nationalité commune, au moment de la célébration du mariage, le rattachement à la loi de l'État de la nationalité commune est inopérant. 1407 (suite)

– ou, à défaut, la loi de l'État avec lequel les époux ont ensemble des liens les plus étroits au moment de la célébration du mariage, compte tenu de toutes les circonstances.

2. Modification du régime. À titre exceptionnel et à la **demande de l'un des époux,** l'autorité judiciaire compétente pour statuer sur des questions relatives au régime matrimonial peut décider que le régime matrimonial d'époux est régi par la loi d'un État autre que celle de l'État de la première résidence habituelle de l'un ou des époux. Pour que sa demande soit recevable, l'époux doit démontrer que (Règl. 2016/1103 du 24-6-2016 art. 26) :

– les époux avaient leur dernière résidence habituelle commune dans cet autre État pendant une période significativement plus longue que dans l'État de la première résidence habituelle ;

– les deux époux s'étaient fondés sur la loi de cet autre État pour organiser ou planifier leurs rapports patrimoniaux.

Hormis ce cas exceptionnel, le régime matrimonial initial peut être modifié au cours du mariage d'un **commun accord par les époux** ; sauf convention contraire des époux, le changement n'a d'effet que pour l'avenir ; aucun changement rétroactif de la loi applicable ne porte atteinte aux droits des tiers résultant de cette loi (Règl. 2016/1103 du 24-6-2016 art. 22 points 2 et 3).

3. Portée de la loi applicable. La loi applicable au régime matrimonial en vertu du présent règlement régit, entre autres (Règl. 2016/1103 art. 27) :

– la classification des biens des deux époux ou de chacun d'entre eux en différentes catégories pendant et après le mariage ;

– le transfert de biens d'une catégorie à une autre ;

– les obligations d'un époux qui découlent des engagements pris par l'autre époux et des dettes de ce dernier ;

– les pouvoirs, les droits et les obligations de l'un des époux ou des deux époux à l'égard des biens ;

– la dissolution du régime matrimonial, sa liquidation ou le partage des biens ;

– les effets du régime matrimonial sur un rapport juridique entre un époux et des tiers ;

– la validité au fond d'une convention matrimoniale.

Les règles susvisées de la loi applicable sont celles du droit interne de l'État en vigueur, à l'exclusion de ses règles de droit international privé (Règl. 2016/1103 art. 32).

4. Opposabilité aux tiers. La loi applicable au régime matrimonial entre les époux ne peut pas être opposée par un époux à un tiers lors d'un différend entre ce tiers et les deux époux ou l'un d'entre eux, sauf si le tiers a eu connaissance de cette loi ou aurait dû en avoir connaissance en faisant preuve de la diligence voulue (Règl. 2016/1103 art. 28, 1).

Le tiers est réputé avoir cette connaissance de la loi applicable au régime matrimonial si (Règl. 2016/1103 art. 28, 2) :

– ladite loi est la loi de l'État dont la loi est applicable à la convention conclue entre l'un des époux et le tiers, de l'État où l'époux contractant et le tiers ont leur résidence habituelle ou, dans des dossiers portant sur des biens immeubles, de l'État dans lequel le bien est situé ;

– l'un des époux s'est conformé aux obligations en matière de publicité ou d'enregistrement du régime matrimonial prévues par la loi de l'État dont la loi est applicable à la convention conclue entre l'un des époux et le tiers, de l'État où l'époux contractant et le tiers ont leur résidence habituelle ou, dans des dossiers portant sur des biens immeubles, de l'État dans lequel le bien est situé.

Dans ce cas, les effets du régime matrimonial à l'égard du tiers sont régis (Règl. 2016/1103 art. 28, 3) :

– par la loi de l'État dont la loi est applicable à la convention conclue entre l'un des époux et le tiers ;

– ou, dans des dossiers portant sur des biens immeubles ou des biens ou des droits enregistrés, par la loi de l'État dans lequel le bien immeuble est situé ou dans lequel les biens ou les droits sont enregistrés.

Lorsqu'une personne fait valoir un droit réel auquel elle peut prétendre en vertu de la loi applicable au régime matrimonial et que la loi de l'État membre dans lequel le droit est invoqué ne connaît pas le droit réel en question, ce droit est, si nécessaire et dans la mesure du possible, adapté à son équivalent le plus proche en vertu du droit de cet État, en tenant compte des objectifs et des intérêts visés par le droit réel en question et des effets qui y sont liés (Règl. 2016/1103 art. 29).

5. Exclusion de la loi applicable. Les dispositions de la loi applicable, telle que déterminée par les dispositions du règlement 2016/1103 exposées ci-dessus sont évincées :

– par les lois de police du juge saisi (Règl. 2016/1103 art. 30 ; sur la définition des lois de police, n° 74250) ;

– dès lors qu'elles sont manifestement incompatibles avec l'ordre public du for (Règl. 2016/1103 art. 31).

1409 **Époux relevant de la convention de La Haye du 14 mars 1978** Le régime matrimonial des futurs époux et des époux dont les lois personnelles (n° 1398) sont différentes mais ont une incidence transfrontalière entre la loi d'un État membre de l'UE et la loi d'un État tiers à l'UE est déterminé, entre le 1er septembre 1992 et le 28 janvier 2019, en France, par la convention de La Haye du 14 mars 1978 sur la loi applicable aux régimes matrimoniaux.

Les règles issues de cette convention s'appliquent même si la nationalité ou la résidence habituelle des époux, ou la loi applicable, ne sont pas celles d'un État contractant (art. 2 ; Cass. 1e civ. 12-11-2009 n° 08-18.343 : JCP N 2010.1006 note Boulanger).

Elles ne concernent ni les obligations alimentaires entre époux, ni les droits successoraux du conjoint survivant, ni la capacité des époux (art. 1).

Le régime matrimonial est soumis à la **loi interne désignée** avant le mariage, les époux ne pouvant toutefois choisir que la loi d'un État dont l'un des époux a la nationalité au moment de la désignation ou la loi de l'État sur le territoire duquel l'un des époux a sa résidence habituelle au moment de cette désignation, ou encore la loi du premier État sur le territoire duquel l'un des époux établira une nouvelle résidence habituelle après le mariage (art. 3).

La désignation doit être expresse (art. 11 à 13 ; sur une désignation non expresse, Cass. 1e civ. 13-12-2017 n° 16-27.216 FS-PBI : JGP G 2018 n° 4-73 note Wiederkehr).

Les conditions relatives au consentement des époux quant à la loi déclarée applicable sont déterminées par cette loi (art. 10).

À défaut de choix exprès avant le mariage par les époux, le régime matrimonial est soumis à la loi interne de l'État sur le territoire duquel les époux établissent **leur première résidence** habituelle après le mariage (art. 4, al. 1 ; Cass. 1e civ. 19-9-2007 n° 06-15.295 : JDI 2008.507 note Bourdelois). Mais il ne s'agit que d'une présomption simple qui peut être détruite par tout autre élément de preuve pertinent (Cass. 1e civ. 22-11-2005 : JDI 2006.970 note Barrière-Brousse), les juges appréciant souverainement la commune volonté des époux (Cass. 1e civ. 8-7-2015 n° 14-19.948). Ainsi ont été jugées impropres à révéler que les époux avaient eu la volonté, au moment de leur mariage, de soumettre leur régime matrimonial à la loi française les circonstances postérieures de plus 12 ans au mariage (Cass. 1e civ. 20-9-2023 n° 21-23.661).

Toutefois, le régime matrimonial est soumis à la loi interne de l'État de la nationalité commune des époux dans les cas énumérés par l'article 4, al. 2.

Pour les époux mariés avant le 1er septembre 1992, il est de jurisprudence constante que la loi applicable est celle du premier domicile conjugal choisi par les époux (Cass. civ. 13-12-1994 : Bull. civ. I p. 265). Mais la convention de La Haye leur est applicable ; ils peuvent notamment l'invoquer pour changer leur régime par application de l'article 6.

À défaut de résidence habituelle des époux sur le territoire du même État et à défaut de nationalité commune, le régime matrimonial est soumis à la loi interne de l'État avec lequel, compte tenu de toutes les circonstances, il présente les **liens les plus étroits** (art. 4, al. 3).

La loi compétente en vertu de la convention **demeure applicable** aussi longtemps que les époux n'en ont désigné aucune autre et même s'ils changent de nationalité ou de résidence habituelle (art. 7, al. 1). **Il en est autrement** si les époux ont changé de lieu de résidence habituelle dans les conditions fixées par l'article 7, al. 2 (Cass. 1e civ. 12-2-2014 n° 12-29.297 : JCP N 2014 n° 1241 note D. Boulanger) ou si les époux ont changé la loi applicable conformément aux dispositions de l'article 6.

Le changement de la loi applicable en vertu de l'article 7, al. 2 n'a d'effet que pour l'avenir dans les conditions fixées par l'article 8 ; les biens appartenant aux époux avant ce changement ne sont donc pas soumis à la loi désormais applicable (Cass. 1e civ. 12-4-2012 n° 10-27.016 : Bull. civ. I n° 90).

Sauf déclaration contraire d'un État contractant, les effets du régime matrimonial sur un **rapport juridique entre un époux et un tiers** sont soumis à la loi applicable au régime matrimonial en vertu de la convention (art. 9).

L'application de la loi déterminée par la convention ne peut être écartée que si elle est **manifestement incompatible avec l'ordre public** (art. 14).

Sur les modalités de choix et de publicité du régime matrimonial des époux étrangers, articles 76 et 1397-2 s. du Code civil.

DROIT DE SÉJOUR ET D'EXERCICE D'UNE ACTIVITÉ EN FRANCE ET DANS LES TERRITOIRES D'OUTRE-MER

1410 Sur le droit des **étrangers** de séjourner et d'exercer une activité en France et dans les territoires d'outre-mer, n° 415.

CHAPITRE 3 ENTREPRISE

SOMMAIRE

SECTION 1
STATUT JURIDIQUE DE L'ENTREPRISE 2005
A. Qualification juridique de l'entreprise 2005
B. Identification administrative de l'entreprise 2035
1. Déclaration de l'entreprise 2035
2. Enregistrement de la déclaration dans différents registres 2060
3. Informations complémentaires 2110
4. Domiciliation de l'entreprise 2115
SECTION 2
ENTREPRENEUR INDIVIDUEL 2125
I. Règles applicables à tout entrepreneur individuel 2135
A. Exploitation de l'entreprise 2145
1. Appropriation patrimoniale de l'entreprise 2145
2. Gestion de l'entreprise 2160
B. Adoption du régime de l'auto-entrepreneur 2190
II. Règles propres à l'entrepreneur individuel 2195
A. Patrimoine professionnel et patrimoine personnel 2205
B. Règlement des dettes de l'entrepreneur individuel 2225
C. Transfert du patrimoine professionnel de l'entrepreneur individuel 2265
III. Règles propres à l'entrepreneur individuel à responsabilité limitée 2290
A. Constitution du patrimoine professionnel de l'EIRL 2295
B. Gestion du patrimoine professionnel de l'EIRL 2315
C. Paiement des dettes de l'EIRL 2335
D. Extinction du patrimoine affecté de l'EIRL 2355

Des dispositions de plus en plus nombreuses, citées n° 2010, sont applicables à l'« entreprise », tandis que d'autres, en tant que corollaires indispensables, concernent l'« entrepreneur » qui l'incarne. 2000

Le statut de l'entreprise et celui de l'entrepreneur ont été profondément affectés par la loi 2019-486 du 22 mai 2019, dite « loi Pacte », et la loi 2022-172 du 14 février 2022 en faveur de l'activité professionnelle indépendante. Cette dernière a créé le statut de l'activité d'entrepreneur individuel et a aboli, depuis le 15 février 2022, la possibilité d'opter pour le régime de l'entrepreneur individuel à responsabilité limitée (n° 2130).

SECTION 1 STATUT JURIDIQUE DE L'ENTREPRISE

A. Qualification juridique de l'entreprise

RÉALITÉ JURIDIQUE DE L'ENTREPRISE

Omniprésence de l'entreprise Le mot « entreprise » est aujourd'hui omniprésent dans le langage courant. Il a ainsi pénétré le droit, en particulier celui des affaires, à un point tel qu'il figure dans une multitude de textes et de décisions de justice. 2005

La raison tient à ce que l'entreprise est le rouage par lequel s'accomplit la vie des affaires et, par-delà, la vie économique d'un État, notamment sa croissance qui conditionne les revenus à partager entre citoyens. Ce rôle économique central a fait de l'entreprise l'épicentre du droit des affaires.

2010 **Présence dans la législation et la réglementation** Les exemples abondent de **dispositions** légales et réglementaires qui ne peuvent être appliquées **qu'à des entreprises.**

Par exemple, dépendent de l'existence d'une entreprise l'application de :

– l'article L 110-1 du Code de commerce qui répute « actes de commerce » certaines entreprises qu'il énumère (n°s 145 s.) ;

– l'article 831 du Code civil qui permet l'attribution préférentielle à l'un des cohéritiers de toute « entreprise agricole, commerciale, industrielle, artisanale ou libérale » ;

– les articles L 121-4 s. du Code de commerce qui fixent les droits du conjoint du chef d'une entreprise artisanale, commerciale ou libérale « travaillant dans l'entreprise familiale » ;

– l'article L 613-7, al. 2 du Code de la propriété intellectuelle qui prévoit la transmission du droit du possesseur d'une invention avec « l'entreprise » à laquelle « il est attaché » ;

– l'article L 123-10 du Code de commerce qui vise la domiciliation de l'entreprise ;

– l'article 2302 du Code civil sur le droit à l'information annuelle de la caution personne physique (n° 55403) ;

– les dispositions relatives aux procédures collectives qui comportent plusieurs articles se référant à l'entreprise.

Pour autant, aucun de ces textes ne caractérise l'entreprise.

DÉFINITION PRÉTORIENNE DE L'ENTREPRISE

2015 En l'absence de définition légale, les tribunaux ont déterminé les caractéristiques de l'entreprise. D'une façon générale, ils ont jugé que l'entreprise se définit comme la réunion de moyens matériels et humains coordonnés et organisés en vue de la réalisation d'un objectif économique déterminé (CA Montpellier 7-5-1987 : GP 1988.39 ; aussi CA Rouen 13-10-1987 : GP 1988.38 ; toutefois, CA Paris 28-5-1986 : D. 1987.562 note Bolze, qui ne retient qu'un « objectif déterminé »), qu'elle a pour finalité la production de biens ou de services et suppose une organisation spécifique avec un personnel affecté à la mise en œuvre des éléments de production (CA Rouen 18-12-1996, précisant qu'une SCI n'est pas une entreprise car sa finalité est l'acquisition, la propriété et l'administration d'immeubles et se limite à la perception de loyers ; aussi n° 55403 et Cass. soc. 11-10-2006 n° 2272 : RJDA 12/06 n° 1215) ou encore est une entité constituée d'un ensemble organisé de personnes et d'éléments permettant l'exercice d'une activité économique qui poursuit un objectif propre (Directive 2001/23/CE du 12-3-2001 art. 1, § 1-b ; CJCE 11-3-1997 n° 13/95 : Rec. I-1259).

Pus précisément, il a été jugé :

– sur l'article 832 du Code civil, que l'exploitation agricole doit être entendue comme un « ensemble économique productif » (CA Bourges 1-7-1970 : D. 1971.63 note F.E.) ;

– sur l'article 592 du Code de procédure civile (devenu C. exécution art. L 112-2, 5°), qu'en déclarant insaisissables les instruments de travail nécessaires à l'exercice personnel de l'activité professionnelle, la loi entend protéger le travail personnel du saisi et non les entreprises et que ne présente pas le caractère d'instruments de travail personnels un matériel important (CA Aix 19-2-1982 : Bull. Cour d'Aix 1982/1 p. 92) ;

– sur l'article L 110-1 (ex-art. 632) du Code de commerce, qu'est une entreprise de manufacture l'exploitation qui, sans employer de main-d'œuvre, utilise des machines assez importantes et vend ses produits dans un vaste magasin (Cass. com. 2-5-1972 : Bull. civ. IV p. 130) ;

– sur l'application de l'article 2302 du Code civil relatif à l'information annuelle de la caution personne morale, n° 55403.

En revanche, n'a été tenue pour une entreprise ni la SARL qui a pour activité, à l'exclusion de toute recherche de bénéfice, de procurer notamment à ses membres une économie sur le montant de leurs achats, qui ne se livre pour son compte à aucune opération de production, d'achat ou de vente et dont les ressources proviennent pour l'essentiel des cotisations de ses membres (CE 29-1-1982 : Lebon 41), ni l'exploitation d'un cordonnier qui n'emploie aucun personnel, ne possède ni magasin ni vitrine, ne travaille que sur commande et dont le gain ne semble avoir pour origine que le travail manuel, alors que ses achats de cuir ne sont faits qu'au fur et à mesure de ses besoins et ne constituent pas des approvisionnements (Cass. req. 22-4-1909 : DP 1909.1.344).

En droit positif, l'entreprise est donc une organisation qui a une activité économique assumée par un personnel exploitant des moyens adéquats.

ÉLÉMENTS CONSTITUTIFS DE L'ENTREPRISE

2020 **Organisation de l'entreprise** L'entreprise est structurée autour des fonctions de direction, de production et de commercialisation de biens ou services, de gestion du personnel et de comptabilité.

Celles-ci sont déterminées par l'organe de direction, dit « chef d'entreprise » (n° 2165).

Activité de l'entreprise L'exercice d'une activité apparaît comme une condition nécessaire de la qualification d'entreprise. Répond à cette exigence l'activité conforme aux conditions suivantes : 2025

1. L'activité doit être **exercée de façon autonome.** Ainsi, l'activité de certains franchisés n'est pas susceptible de caractériser l'entreprise de ces franchisés dès lors qu'elle se confond avec celle de leur franchiseur (CA Aix 4-3-1983 : Bull. Cour d'Aix 1983/1 p. 4, tenant le franchiseur responsable de la violation de l'engagement de non-concurrence auquel était tenu un salarié embauché pourtant par un de ses franchisés) ; l'activité d'une SARL n'est pas caractéristique de l'existence d'une entreprise dès lors que cette activité n'est pas exercée pour son compte (CE 29-1-1982 : Lebon 41).

2. L'activité suppose une coordination et une organisation de **moyens** matériels et humains pour réaliser un objectif déterminé (CA Lyon 20-10-2011 n° 11/03097 ; cf. CA Paris 29-2-2000 : BAF 30/01 n° 217).

3. L'activité doit avoir un **caractère économique,** l'entreprise étant un rouage de l'activité économique (CA Lyon 26-2-1975 : D. 1976.113 note Chesné et Martine).

Est économique toute **activité** consistant à produire des biens et des services (CA Rouen 13-10-1987 : GP 1988.38) en vue de les offrir sur un marché donné (cf. CJCE 10-1-2006 aff. 222/04).

Ainsi, il a été jugé que :

– les infractions économiques sont celles « qui se rapportent notamment à la production, la répartition, la circulation et la consommation des denrées et marchandises, ainsi qu'aux moyens d'échange consistant particulièrement dans la monnaie sous ses diverses formes » (Cass. ch. réun. 1-8-1949 : JCP G 1949.II.5033 ; rappr. C. com. art. L 410-1 ; CJCE 16-6-1987 : D. 1988.som.117 obs. Cartou) ;

– l'organisation de bals qui comprend la location de salles, les annonces publicitaires, les ventes de billets d'entrée et le paiement des droits d'auteur à la Sacem revêt un objet économique, de même que les achats et les ventes de marchandises, l'organisation de voyages et de vacances, fussent-ils réservés aux membres d'une association (CA Paris 26-2-1979 : GP 1980.som.86).

Il importe peu que l'activité soit exercée dans une **intention lucrative** ou avec un but désintéressé, l'expression « dans l'ordre économique » ne pouvant être limitée à une activité à but lucratif (Cass. crim. 29-3-1973 : JCP G 1974.II.17651 note Catala).

Pour la Cour de justice des Communautés européennes (devenue la CJUE), les activités d'assistance aux administrations nationales sont des activités économiques, même si elles sont exercées sans rémunération, dans la mesure où des entreprises privées fournissent de tels services (CJCE 11-7-2006 aff. 205/03 : JDI 2007.668 note Priéto ; dans le même sens, CJCE 1-7-2008 aff. 49/07).

Le Conseil d'État a considéré, en matière fiscale, que demeure désintéressée une activité qui a pour objet de satisfaire les besoins d'une clientèle que le marché - sous-entendu des offres à caractère lucratif - ne satisfait pas normalement ou suffisamment (cf. CE 20-5-1981 : Droit fiscal 1981 n°s 31-32 ; aussi CE 30-11-1973 : Lebon 685).

La Cour de cassation a également jugé que deux sociétés mutualistes dont l'activité consiste « en la perception des cotisations de leurs adhérents dans la mesure nécessaire au service des prestations » ont « un objet non pas économique, mais purement social et d'entraide » (Cass. com. 9-6-1980 : Rev. soc. 1981.398 note Sortais). En effet, les sociétés mutualistes ont pour objet de mener, au moyen des cotisations de leurs membres et dans l'intérêt de ceux-ci, une action de prévoyance, de solidarité ou d'entraide (C. mutualité art. L 111-1).

Intervenants participant à l'entreprise L'activité de l'entreprise peut être exercée avec le concours de salariés et de prestataires de services. Les premiers sont liés par un contrat de travail à l'entrepreneur, les seconds par un contrat de prestations de services conclu avec ce dernier. 2030

Souvent, un litige naît sur la qualification à appliquer au tiers qui intervient dans l'activité de l'entreprise, ce qui nourrit un contentieux (notamment n°s 19505 s.).

Si l'emploi de salariés est le plus souvent nécessaire, il n'est pas pour autant une **condition indispensable** pour caractériser l'existence d'une entreprise (Cass. com. 2-5-1972 : Bull. civ. IV p. 130 : fabrication de pâtes alimentaires effectuée à l'aide de machines sans emploi de main-d'œuvre salariée ; aussi Cass. req. 11-12-1944 : D. 1945.213 note Gabolde ; CA Aix 19-2-1982 : Bull. Cour d'Aix 1982/1 p. 92).

B. Identification administrative de l'entreprise

1. DÉCLARATION DE L'ENTREPRISE

OBJECTIF DE SIMPLIFICATION DES DÉMARCHES

Depuis le 1er janvier 2023 (Décret 2021-300 du 18-3-2021 art. 48, al. 1), les différents réseaux de centres de formalités des entreprises sont supprimés et remplacés par un guichet unique électronique des formalités des entreprises (cf. C. com. art. R 123-2, I). 2035

Des textes législatifs ont posé les règles fondamentales de cette réforme de l'identification administrative des entreprises que des textes réglementaires ont mis en œuvre, avec une grande minutie, ces textes étant intégrés au Code de commerce. Les entreprises tenues de s'y conformer doivent scrupuleusement les respecter et se reporter au Code de commerce, les nombreuses dispositions applicables ne pouvant pas être reproduites dans leur intégralité.

Sur l'application de ces dispositions dans le respect des règles sur la protection des données personnelles, MCC n°s 34100 s.

DÉCLARATION AUPRÈS DU GUICHET UNIQUE ÉLECTRONIQUE DES FORMALITÉS D'ENTREPRISES

2040 **Destinataires** Le guichet unique électronique des formalités des entreprises a vocation à assurer l'interface entre l'entreprise et les organismes suivants : les administrations de l'État, les établissements publics de l'État à caractère administratif, les collectivités territoriales, leurs groupements et leurs établissements publics à caractère administratif, les personnes privées chargées d'un service public administratif, les organismes gérant des régimes de protection sociale relevant du Code de la sécurité sociale et du Code rural et de la pêche maritime ou mentionnés aux articles L 3141-32 et L 5427-1 du Code du travail et les organismes chargés de la tenue d'un registre de publicité légale, y compris les greffes. Il n'assure en revanche pas l'interface entre l'entreprise et les ordres professionnels, sauf quand il est fait application de l'article L 123-33, al. 3 du Code de commerce (n° 2045) (C. com. art. L 123-32).

La liste des organismes destinataires des formalités est fixée par l'article A 123-5 du Code de commerce. Il s'agit pour l'essentiel de l'Institut national de la propriété industrielle (Inpi), de l'Institut national de la statistique et des études économiques (Insee), des greffiers des tribunaux de commerce et des tribunaux judiciaires statuant commercialement, des chambres des métiers et de l'artisanat, des caisses de mutualité sociale agricole, des services des impôts de la DGFiP et des Urssaf.

2045 **Obligation de déclaration** **Toute entreprise** doit déclarer au guichet unique électronique des formalités des entreprises sa création, la modification de sa situation ou la cessation de ses activités auprès des administrations et organismes destinataires compétents (C. com. art. L 123-33, al. 1 et R 123-1, I-1°). Les déclarations devant être déposées auprès du guichet unique sont énumérées à l'article A 123-6 du Code de commerce.

La déclaration peut être faite par les **tiers légalement ou judiciairement habilités** auprès du guichet unique lorsqu'une disposition particulière le prévoit (C. com. art. R 123-1, I-al. 6).

Tout **prestataire de services** entrant dans le champ d'application de la directive 2006/123/CE du 12 décembre 2006 relative aux services dans le marché intérieur peut également accomplir l'ensemble des procédures et formalités nécessaires à l'accès à son activité et à l'exercice de celle-ci auprès du guichet unique (C. com. art. L 123-33, al. 3).

2050 **Dossier de déclaration** L'entreprise effectue sa déclaration par le dépôt d'un seul dossier (C. com. art. L 123-33, al. 1 et R 123-1, I), comportant les éléments définis par les articles R 123-3 et R 123-4 du Code de commerce.

Les inscriptions, d'office ou à la demande de tiers légalement ou judiciairement habilités, de mentions relatives à la création, aux modifications de la situation ou à la cessation d'activité, y compris celles intervenant au cours des procédures de sauvegarde, de redressement ou de liquidation judiciaire, sont réalisées par les organismes destinataires après transmission, par leurs soins, du dossier au guichet unique, à l'exception des greffiers de tribunaux de commerce qui procèdent à l'inscription concomitamment à la transmission du dossier (C. com. art. R 123-1, I-al. 5).

Sur les dispositions applicables aux ressortissants d'un État membre de l'UE, C. com. art. R 123-30-1 s.

2055 **Communication du dossier** Le dossier est déposé au guichet unique **par voie électronique** (C. com. art. L 123-33, al. 2) accessible sur le site Internet, sécurisé et gratuit, formalites.entreprises.gouv.fr (C. com. art. R 123-2, I-al. 1). Ce dépôt vaut déclaration auprès du destinataire dès lors que le dossier est régulier et complet à l'égard de celui-ci (C. com. art. L 123-33, al. 2).

Le guichet unique procure au déclarant les facultés énoncées à l'article R 123-2 du Code de commerce.

Le guichet unique transmet les renseignements ou pièces du dossier à chacun des organismes destinataires et, le cas échéant et selon leur compétence, à chacune des autorités habilitées à délivrer les autorisations (C. com. art. R 123-1, II-al. 1) ; sous réserve des exceptions prévues à l'égard des chambres de commerce et d'industrie territoriales et départementales d'Île-de-France (C. com. art. L 711-3), il est interdit à ce guichet et aux organismes destinataires de communiquer à des tiers les renseignements contenus dans les déclarations (C. com. art. R 123-1, II-al. 2).

Une **procédure dérogatoire** est prévue en cas de difficulté grave de fonctionnement du guichet unique pour assurer la continuité du service (C. com. art. R 123-15 ; Arrêté du 26-12-2023, applicable jusqu'au 31-12-2024).

2. ENREGISTREMENT DE LA DÉCLARATION DANS DIFFÉRENTS REGISTRES

RÉPERTOIRE DES ENTREPRISES ET DE LEURS ÉTABLISSEMENTS

Toute entreprise, notamment toute personne physique exerçant de manière indépendante une profession non salariée (commerçant, artisan, membre d'une profession libérale, etc.), doit être inscrite au répertoire national des entreprises et des établissements dans les conditions prescrites par les articles R 123-220 s. et A 123-81 s. du Code de commerce. **2060**

Sont répertoriées les entreprises, les activités, les institutions et les activités mentionnées à l'article R 123-220 du Code de commerce.

Au sein du répertoire, les entités énumérées aux 1° à 6° de l'article R 123-220 sont dénommées « unités légales » et constitue un établissement tout lieu où l'unité légale exerce tout ou partie de ses activités dans des locaux dont elle a la disponibilité (C. com. art. R 123-220-1).

Ce registre est tenu par l'Institut national de la statistique et des études économiques (Insee) (C. com. art. R 123-220, al. 1).

Celui-ci a créé un registre informatisé qui est tenu par le Centre informatique **Sirene** (système informatique pour le répertoire des entreprises et des établissements).

Toute déclaration de création d'une entreprise auprès du guichet unique mentionné n°s 2035 s. donne lieu à l'attribution par l'Insee d'un **numéro unique d'identification** (C. com. art. R 123-224). **2065**

Ce numéro est le seul identifiant de l'entreprise qu'elle peut utiliser dans ses relations avec les administrations, personnes ou organismes visés n° 2040, et dans ses papiers d'affaires, tels que factures, notes de commande, tarifs, documents publicitaires, correspondances et récépissés concernant ses activités (C. com. art. R 123-34).

Le numéro attribué à chaque unité légale, dit **numéro Siren**, est un numéro d'ordre composé de neuf chiffres. Le numéro attribué à chaque établissement, dit **numéro Siret**, est composé des neuf chiffres du numéro d'identification de l'unité légale inscrite qui y exerce son activité, suivis d'un numéro d'identification complémentaire de cinq chiffres propre à cet établissement (C. com. art. R 123-221).

Lorsqu'une société a le même numéro d'identification qu'une autre, aux droits de laquelle elle déclare venir, ces deux sociétés sont considérées comme une seule et même personne morale, même si elles ont été immatriculées auprès de deux RCS différents (Cass. com. 15-3-2017 n° 15-11.470 F-D : RJDA 6/17 n° 403).

L'inscription au répertoire Sirene ne prouve pas l'exercice d'une activité professionnelle indépendante (Cass. com. 20-9-2017 n° 15-24.644 F-PBI : RJDA 1/18 n° 41, considérant que l'exercice effectif par le gérant et associé majoritaire d'une société d'une activité professionnelle indépendante, distincte de celle exercée pour le compte et au nom de la société, ne peut pas être déduit de sa seule inscription au répertoire ; CA Versailles 15-9-2016 n° 16/01872, estimant que l'avis de situation du répertoire Sirene n'a de valeur que pour les applications statistiques).

Les éléments d'identification portés au répertoire sont énumérés aux articles R 123-222 et R 123-223 du Code de commerce.

Ils sont modifiés dans les conditions prescrites par l'article R 123-225 du même Code.

Sur les effets de la validation des données d'identification, C. com. art. R 123-226.

La cessation d'activité est soumise aux dispositions des articles R 123-227 et R 123-228 du Code de commerce.

L'article R 123-232 du Code de commerce détermine à qui peuvent être communiqués le numéro d'identification et les renseignements portés au répertoire. **2070**

Sur l'obligation d'emploi du numéro d'identification dans les correspondances, C. com. art. R 123-233 et R 123-234.

Le titulaire du numéro peut s'opposer à la **mise à disposition au public** de ces données (C. com. art. R 123-232-1).

REGISTRE NATIONAL DES ENTREPRISES

Règles applicables Le registre national des entreprises (RNE) a été créé par l'ordonnance 2021-1189 du 15 septembre 2021 complétée par les décrets 2022-1014 du 19 juillet 2022 et 2023-955 du 17 octobre 2023. Les dispositions qui assujettissent directement les entreprises sont intégrées dans le Code de commerce aux articles L 123-36 s. et R 123-239 s. **2075**

Le RNE est tenu par l'Institut national de la propriété industrielle (Inpi) (C. com. art. L 123-50). Il a pour **objet,** sous une forme intégralement dématérialisée de réunir les informations relatives à la vie des entreprises, précisant la nature de leur activité, notamment artisanale ou agricole et de se substituer aux répertoires et registres d'entreprises existants, à l'exception du répertoire national des entreprises et de leurs établissements et des registres tenus par les greffiers des tribunaux de commerce et les greffes des tribunaux judiciaires dans les départements du Bas-Rhin, du Haut-Rhin et de la Moselle ou des tribunaux de première instance statuant en matière commerciale dans les collectivités d'outre-mer visées à l'article 74 de la Constitution (Loi 2019-486 du 22-5-2019 art. 2, I-1°).

2080 **Obligation d'immatriculation** Doivent être inscrites au RNE les personnes tenues de s'immatriculer au RCS, les agents commerciaux, les personnes exerçant une activité artisanale ou agricole, les personnes physiques exerçant une activité économique régulière et professionnelle (dont les activités libérales) et les entreprises étrangères sans établissement stable en France (C. com. art. L 123-36).

Les inscriptions et dépôts au RNE doivent être effectués par l'Inpi sur le fondement d'une **déclaration** ou d'un **dépôt** par la personne soumise à immatriculation, **par l'intermédiaire** du guichet unique mentionné n°s 2035 s. (C. com. art. R 123-288).

L'inscription doit être faite dans les formes prescrites par les articles R 123-288 s. du Code de commerce.

2085 Les entrepreneurs personnes physiques doivent demander leur immatriculation par l'intermédiaire du guichet unique (C. com. art. A 123-6, I-1) dans le mois qui précède la date déclarée du début de l'activité et, au plus tard, dans le délai de quinze jours qui suit la date de début d'activité (C. com. art. R 123-239).

Pour les personnes tenues de s'immatriculer au RCS, les agents commerciaux, ainsi que les personnes physiques exerçant une activité agricole ou une activité économique régulière et professionnelle sous le régime de l'entrepreneur individuel à responsabilité limitée (EIRL), la demande d'immatriculation, d'inscription modificative, de radiation, ou le dépôt d'actes ou de pièces au RCS, au registre spécial des agents commerciaux ou au registre spécial des EIRL, selon le cas, vaut demande d'immatriculation, d'inscription modificative, de radiation ou de dépôt au RNE (C. com. art. R 123-242).

Sauf disposition contraire, les personnes immatriculées au RNE, ou tout tiers légalement ou judiciairement habilité, doivent demander (C. com. art. R 123-240), le cas échéant :

– une **inscription modificative** au RNE dans le délai d'un mois qui suit le fait rendant nécessaire une rectification ou une adjonction aux énonciations réalisées lors de l'immatriculation ;

– la **radiation** du RNE dans le délai d'un mois avant la cessation totale de son activité ou dans le délai d'un mois à compter de celle-ci, en indiquant la date de cessation.

Ces demandes doivent être accompagnées du **dépôt des pièces** devant figurer en annexe du RNE dans le délai d'un mois suivant la date d'établissement de la pièce concernée (C. com. art. R 123-241).

2090 **Inscription d'office** Toute inscription d'office au RNE est réalisée par le teneur du registre soit à son initiative, soit sur le fondement d'une déclaration ou d'un dépôt réalisé par les autorités habilitées auprès du guichet unique mentionné n°s 2035 s. (C. com. art. R 123-294), dans les conditions prévues aux articles R 123-295 s.

2095 **Informations et pièces requises** Lorsque le déclarant est une personne physique, l'ensemble des informations, actes et pièces devant figurer au RNE aux fins d'**immatriculation** sont énumérés aux articles R 123-243 s. du Code de commerce.

Les éléments que la personne physique doit déclarer aux fins de **modification** ou de **radiation** sont listés à l'article R 123-247 du même Code.

Sur les déclarations dues par le tuteur ou curateur, par les héritiers ou ayants cause à titre universel et par l'héritier ou ayant droit (ou toute personne mandatée à cet effet) d'un entrepreneur individuel à responsabilité limitée, C. com. art. R 123-248.

En cas de **cessation d'activité** ou de **décès** de la personne physique, la radiation du RNE doit être mentionnée avec l'indication de la date de cessation d'activité, sauf s'il est fait usage de la possibilité de maintien provisoire de l'immatriculation (C. com. art. R 123-249 et R 123-250).

Les déclarations de la personne physique doivent être accompagnées en annexe au RNE des pièces requises par l'article R 123-251 du Code de commerce.

2100 **Validation des déclarations** Pour la fiabilité des inscriptions portées au RNE, les dispositions des articles R 123-267 s. du Code de commerce fixent les conditions dans lesquelles est vérifiée, par les autorités compétentes, la conformité des déclarations et des dépôts effectués au nom de l'entreprise déclarante.

Communication des informations inscrites au RNE Les informations inscrites et les pièces annexées au RNE font l'objet d'une mise à la disposition du public gratuite et sous forme électronique, à des fins de consultation ou de réutilisation, cette **mise à disposition** étant **limitée,** s'agissant des personnes physiques, aux nom, nom d'usage, pseudonyme, prénoms, mois, année de naissance et commune de résidence (C. com. art. L 123-52, al. 1 et 2). 2105

Par exception, ont accès à **l'intégralité des informations** contenues dans le RNE, pour l'exécution de leurs missions, les autorités, administrations, personnes morales et professions citées à l'article R 123-318 du Code de commerce, notamment les greffiers des tribunaux de commerce et des tribunaux judiciaires statuant en matière commerciale (C. com. art. L 123-52, al. 3 et R 123-318, 8° bis).

Le déclarant peut s'opposer à la mise à disposition de ses données à des fins de prospection en application du RGPD (Règl. UE 2016/679 du 27-4-2016 art. 21, 2). Dans ce cas, l'opposition est portée à la connaissance des administrations et du public (C. com. art. R 123-320).

3. INFORMATIONS COMPLÉMENTAIRES

Codification de l'activité principale de l'entreprise L'identification des entreprises est complétée par l'indication de la **nature de l'activité** principale exercée par chaque entreprise, à l'aide d'un numéro attribué par l'Insee, dit **code APE.** 2110

Ce numéro est déterminé par référence à la nomenclature des activités économiques (Décret 2007-1888 du 26-12-2007).

Le code APE a essentiellement un **rôle statistique.** Il n'a pas pour objet de créer une situation juridique déterminée ; il ne peut pas être invoqué par l'entreprise pour en déduire des droits ni lui être opposé pour mettre à sa charge des obligations.

Jugé par exemple :

– qu'une société classée par ce numéro comme loueur de main-d'œuvre peut être condamnée à cotiser à la Caisse nationale des entreprises exerçant une activité de travaux publics, s'il est établi que cette société s'adonne, fût-ce à titre accessoire, à cette activité (Cass. soc. 4-3-1964 : Bull. civ. IV p. 164) ;

– que l'application d'une convention collective ne peut pas être décidée sur le seul fondement du numéro APE et suppose la vérification de la nature véritable de l'activité exercée (Cass. soc. 14-11-1973 : Bull. civ. V p. 522) ;

– que l'application d'un arrêté régissant une activité professionnelle n'est pas commandée par la classification APE (CA Rouen 29-9-1987).

Toutefois, le numéro APE peut servir d'indice pour identifier une activité (Cass. soc. 9-12-1970 : Bull. civ. V p. 572).

La décision qui attribue le numéro d'identification de l'activité peut faire l'objet d'un recours pour excès de pouvoir de la part de l'entrepreneur si elle lui fait grief (CE 27-10-1993 : JCP G 1993.IV.2703).

Si un contrat fait référence à la nomenclature des activités économiques, les signataires ont l'entière responsabilité du champ qu'ils entendent couvrir ; il leur appartient donc d'expliciter ce champ aussi complètement que possible (Décret 2007-1888 art. 5, III).

4. DOMICILIATION DE L'ENTREPRISE

DOMICILIATION PROFESSIONNELLE

L'entreprise est domiciliée au lieu où elle a son **centre d'activité** (cf. C. civ. art. 102), c'est-à-dire là où se trouvent ses organes de direction et d'administration (par exemple Cass. com. 26-5-1975 : Bull. civ. IV p. 113 et CA Paris 5-5-1983 : BRDA 12/83 p. 21 : à propos du siège social mais transposables au siège professionnel des personnes physiques). 2115

Le lieu d'installation de l'entreprise peut être librement **choisi** sur le territoire français, sauf lorsque les règles relatives à l'urbanisme posent des conditions (MUC nos 19550 s. et 19900 s.).

La liberté du choix du domicile est affirmée par l'article 2-1 du protocole n° 4 de la convention européenne de sauvegarde des droits de l'Homme. Elle couvre le choix du domicile professionnel dans la mesure où une restriction à ce choix aurait pour effet de porter atteinte à la liberté de la personne de se fixer où elle veut, laquelle ne peut être l'objet que d'une restriction proportionnée au but recherché (Cass. soc. 28-2-2012 n° 10-18.308 : RJS 5/12 n° 415).

Il peut être dans le local d'**habitation** du créateur de l'entreprise dans les conditions fixées par l'article L 123-10 du Code de commerce mais il ne coïncide pas nécessairement avec le **domicile fiscal** (Mémento Fiscal n° 495).

Le domicile professionnel est **protégé** :

– **pénalement** car est un domicile tout lieu où une personne, qu'elle y habite ou non, a le droit de se dire chez elle quels que soient le titre juridique de son occupation et l'affectation donnée aux locaux (Cass. crim. 23-5-1995 : Bull. crim. p. 524, sanctionnant la pénétration d'un photographe dans le centre d'essai d'un constructeur automobile) ;

– contre les **perquisitions** des agents des administrations fiscales et douanières ainsi que les agents du ministère de l'économie qui ne peuvent être effectuées que selon des règles très strictes (sur les visites des agents du fisc : Mémento Fiscal nos 78320 s. ; sur celles des agents chargés des infractions économiques : MCC nos 77330 s. et 79170 s.).

DOMICILIATION COLLECTIVE

2120 Le siège de l'entreprise peut être installé dans des locaux occupés en commun par plusieurs entreprises (C. com. art. L 123-10, L 123-11 et R 123-167 s. ; aussi MSC nos 1330 s.).

Sur les conditions d'exercice de l'activité de domiciliation, C. com. art. L 123-11-2 s. et R 123-166-1 s.

SECTION 2 ENTREPRENEUR INDIVIDUEL

QUALIFICATION DE L'ENTREPRENEUR

2125 L'entrepreneur est le **porteur de l'entreprise.** En effet, il est la personnalité juridique qui prend l'initiative de créer une entreprise, au sens défini dans les développements exposés nos 2015 s., qui exerce l'activité qu'il a choisie, sous sa direction, avec les moyens qu'il lui donne et dont il retire les profits ou assume les pertes.

Ne peut exercer ces prérogatives qu'une personnalité juridique apte à être un sujet de droit. Ce n'est le cas que des personnes physiques et des personnes morales, reconnues comme dotées de personnalité juridique.

Ces personnes disposent, pour remplir leur mission d'entrepreneur, du droit de propriété, qui leur confère le droit d'usage, le droit de jouissance et le droit de disposition dans les conditions fixées par l'article 544 du Code civil.

C'est aussi le cas de celles qui ont l'usufruit d'une entreprise dont elles usent et jouissent comme un propriétaire, conformément à l'article 578 du Code civil. C'est encore le cas de celles qui ont loué une entreprise, tel le locataire-gérant d'un fonds de commerce comme prévu par l'article L 144-1 du Code de commerce.

En pratique, le plus souvent, la gouvernance d'une entreprise est le fait d'une société, à tel point que, pour le public, les entreprises, ce sont les sociétés commerciales. Néanmoins, les initiatives créatrices d'entreprises viennent aussi des personnes physiques, qui y sont encouragées par les pouvoirs publics.

Le statut des sociétés commerciales étant présenté dans le Mémento consacré à ces sociétés, les développements qui suivent ne concernent que l'entrepreneur individuel.

BASES LÉGALES DU RÉGIME DE L'ENTREPRENEUR INDIVIDUEL

2130 Jusqu'à la loi 2022-172 du 14 février 2022 en faveur de l'activité professionnelle indépendante, l'entrepreneur individuel n'était pas doté d'un statut légal spécifique ; seul l'entrepreneur individuel à responsabilité limitée, plus largement connu par son sigle « **EIRL** », était soumis à un régime spécial sous l'angle unique de la limitation de sa responsabilité (nos 2290 s.). La loi du 14 février 2022 a laissé subsister le statut d'EIRL mais a abrogé depuis le 15 février 2022 l'article L 526-5-1 du Code de commerce à l'origine de l'option pour ce régime qui était offerte à tout entrepreneur individuel (Loi 2022-172 art. 6, I-1° ; n° 2290).

Corrélativement, la loi du 14 février 2022 a institué, depuis le 15 mai 2022, le statut d'entrepreneur individuel, désigné sous le sigle « **EI** », qui figure aux articles L 526-22 et s. du Code de commerce et qui est destiné à devenir le statut unique de l'entrepreneur individuel, le jour où le dernier EIRL aura disparu.

Néanmoins, l'EIRL étant d'abord un entrepreneur individuel, des règles sont communes aux deux statuts. Les règles qui sont propres à chacun concernent principalement l'obligation de payer les dettes générées par le fonctionnement de l'entreprise.

I. RÈGLES APPLICABLES À TOUT ENTREPRENEUR INDIVIDUEL

Comme il a été dit nº 2165, l'entrepreneur est le maître de l'entreprise. Il s'ensuit les conséquences énoncées nºs 2140 s. 2135

L'**entreprise** s'identifie juridiquement par l'**intermédiaire** de la personnalité juridique de l'**entrepreneur.** Elle n'est, a priori, qu'un bien fondu dans son patrimoine. 2140

Cette affirmation peut surprendre tant les entreprises sont en soi personnifiées, tant dans le langage courant que juridique, comme en témoignent, par exemple, les textes suivants :

– l'article L 420-2 du Code de commerce interdit l'**exploitation** abusive « **par une entreprise** ou un groupe d'entreprises » d'une position dominante ;

– l'article 101 du TFUE vise des « **accords entre entreprises** » et l'article 102 du même traité « le fait pour une ou plusieurs **entreprises** d'**exploiter** » ;

– l'article L 622-4, al. 2 du Code de commerce reconnaît à l'administrateur judiciaire la possibilité d'inscrire une **sûreté** « **au nom de l'entreprise** » ;

– l'article 2302, al. 3 du Code civil (C. mon. fin. ex-art. L 313-22), impose une obligation d'information de la caution qui a garanti un **crédit consenti à une « entreprise »** ;

– l'article L 123-36 du Code de commerce impose aux « entreprises » de **s'immatriculer au registre national des entreprises.**

L'absence de personnalité de l'entreprise a été nettement affirmée par la Cour de cassation qui, à propos de la violation de l'ex-article L 442-6 du Code de commerce relatif à la responsabilité de tout producteur, commerçant, industriel ou artisan, auteur de pratiques restrictives de concurrence, a jugé que « le principe de la personnalité des peines, résultant des articles 8 et 9 de la Déclaration de 1789, ne fait pas obstacle au prononcé d'une amende civile à l'encontre de la personne morale à laquelle l'entreprise a été juridiquement transmise » (Cass. com. 21-1-2014 nº 12-29.166 : RJDA 4/14 nº 385).

La loi 2022-172 du 14 février 2022 qui institue le statut d'entrepreneur individuel (nº 2130) confirme cette règle en prévoyant que les biens, droits, obligations et sûretés dont ce dernier est titulaire et qui sont utiles à son ou ses activités professionnelles indépendantes sont inclus dans son patrimoine professionnel (C. com. art. L 526-22, al. 1 et 2).

A. Exploitation de l'entreprise

1. APPROPRIATION PATRIMONIALE DE L'ENTREPRISE

En sa qualité de propriétaire, d'usufruitier ou de locataire-gérant, l'entrepreneur s'approprie l'exploitation de l'entreprise, ce qui lui ouvre les droits d'en jouir et d'en disposer. 2145

JOUISSANCE DES FRUITS DE L'ENTREPRISE

L'entrepreneur individuel a droit au bénéfice que génère l'activité de son entreprise. 2150

Il recueille les résultats de l'activité des salariés, sous réserve des droits de ces derniers sur leurs créations intellectuelles (œuvres d'auteur : nºs 34603 et 34615 ; logiciels : nº 35017 ; brevets d'invention : nº 31427).

DROIT DE DISPOSER DE L'ENTREPRISE

L'entrepreneur individuel a la faculté de disposer de l'entreprise s'il en est le propriétaire, sous réserve des restrictions de politique économique (nºs 7500 s.) ou de la protection de ses créanciers (nºs 2265 s. et 2360). 2155

Le propriétaire d'une entreprise commerciale, artisanale, libérale ou de services qui la cède peut s'engager, contre rémunération ou à titre bénévole, à transmettre au cessionnaire son expérience en matière de gestion économique, financière et sociale de l'entreprise cédée (tutorat d'entreprise) (C. com. art. L 129-1 ; Décret 2007-478 du 29-3-2007).

2. GESTION DE L'ENTREPRISE

LIBRE EXERCICE DE LA GESTION

Sur le fondement de la liberté du commerce, l'entrepreneur individuel est libre de choisir les activités qu'il assigne à l'entreprise et d'exercer celles-ci dans les termes fixés nºs 7500 s. 2160

N'est pas un entrepreneur celui qui n'a pas cette liberté d'exercice, tel le prestataire de services qui est en réalité placé dans un lien de subordination juridique permanent à l'égard du donneur d'ordre ; il doit donc être considéré comme salarié du donneur d'ordre et ce dernier doit être condamné pour travail dissimulé (Cass. crim. 10-1-2017 n° 15-86.580 F-D ; Cass. 2e civ. 28-11-2019 n° 18-15.333 F-PBI).

À ce titre, l'entrepreneur prend les décisions qui lui permettent de réaliser les objectifs qu'il a fixés ; il jouit de la liberté de gérer qui lui permet notamment de conclure toutes sortes de contrats avec les tiers (fournisseurs, clients, banques, compagnies d'assurances, etc.), de diriger les salariés ou de modifier l'organisation interne de l'entreprise (en ce sens : Cass. com. 25-10-1977 : Rev. soc. 1978.294 note Randoux ; CA Rouen 23-5-1978 : JCP G 1979.II.19235 note Notté ; CA Aix 15-12-1978 : Bull. Cour d'Aix 1978/4 p. 89 ; TGI Paris 15-5-1985, précité) et de s'opposer aux immixtions des pouvoirs publics (n° 7506).

Le service public national « Place des Entreprises » accessible sur le site place-des-entreprises.beta.gouv.fr peut aider l'entrepreneur dans cette tâche.

DIRECTION EFFECTIVE DE L'ENTREPRISE

2165 S'il dirige concrètement les actes d'exploitation, l'entrepreneur individuel est alors aussi le « chef d'entreprise » (TGI Paris 15-5-1985 : GP 1985.405) et il encourt à ce titre une responsabilité pénale (nos 2180 s.).

Ne sont pas chefs d'entreprise ceux qui se bornent à émettre des suggestions et recommandations (Cass. com. 23-3-1971 : Bull. civ. IV p. 84), ni le liquidateur de l'entreprise (CA Paris 19-4-1984 : GP 1985.som.34) ou l'administrateur judiciaire (nos 61835 s.). Il en est de même des coïndivisaires qui n'interviennent pas concrètement dans la conduite de l'entreprise ou du conjoint, partenaire de Pacs ou concubin du chef d'entreprise qui participe activement à la vie de celle-ci mais qui ne la dirige pas (nos 424 s.).

TENUE D'UNE COMPTABILITÉ

2170 L'entrepreneur individuel de droit commun est obligé de tenir une comptabilité dans la mesure où son activité professionnelle l'y contraint. En conséquence, s'il est commerçant, il doit tenir la comptabilité qui lui est imposée par cette qualification (n° 500). S'il n'est pas commerçant, la nécessité de tenir une comptabilité peut résulter de l'application de dispositions fiscales (par exemple, LPF art. L 273 B) ou du risque de l'ouverture d'une procédure collective et de l'application des sanctions qui peuvent s'ensuivre (nos 61745, 64507 et 64585).

RESPONSABILITÉS ENCOURUES

2175 **Responsabilité civile du fait des salariés** L'entrepreneur individuel, en sa qualité d'employeur, est tenu de garantir ses salariés à raison des actes ou faits qu'ils passent ou accomplissent en exécution du contrat de travail (Cass. soc. 18-10-2006 n° 04-48.612 : RJS 12/06 n° 1243 : obligation de l'employeur à garantir son salarié qui avait dû assurer sa défense à un contentieux pénal dont l'objet était lié à l'exercice de ses fonctions ; nos 8135 s.) et se trouve obligé par les contrats conclus par eux dans l'exercice de leurs fonctions (Cass. com. 19-11-2002 n° 1882 : RJDA 3/03 n° 259 : employeur obligé en vertu d'un mandat apparent ; CA Paris 27-6-2002 : Rev. arb. 2003.427 note Legros : validité de la clause compromissoire ; CA Paris 15-5-2008 n° 06-22308 : GP 2008.som.3436 : employeur obligé par son salarié en vertu d'un mandat tacite à l'égard des tiers ; sur un contrat conclu en dehors de l'exercice des fonctions, CA Paris 2-4-2008 : JCP G 2008.IV.1855).

2180 **Responsabilité pénale pour faute d'imprudence** L'entrepreneur, en sa qualité de chef d'entreprise, peut être tenu pour pénalement responsable, même s'il n'est pas personnellement l'auteur des faits constitutifs de l'infraction, des délits commis, lorsque la loi le prévoit, par imprudence, négligence ou manquement à une obligation de prudence ou de sécurité prévue par la loi ou les règlements s'il est établi que l'auteur des faits n'a pas accompli les diligences normales compte tenu, le cas échéant, de la nature de ses missions ou de ses fonctions, de ses compétences ainsi que du pouvoir et des moyens dont il disposait (C. pén. art. 121-3, al. 3).

À la suite de la crise du Covid-19, l'application de ce texte a été précisée dans les termes suivants : « L'article 121-3 du Code pénal est applicable en tenant compte des compétences, du pouvoir et des moyens dont disposait l'auteur des faits dans la situation de crise ayant justifié l'état d'urgence sanitaire, ainsi que de la nature de ses missions ou de ses fonctions, notamment en tant qu'autorité locale ou employeur » (CSP art. L 3136-2).

Ainsi, il peut être considéré comme l'auteur direct d'un homicide involontaire s'il a donné les ordres d'exécuter une manœuvre dont il avait conscience du caractère dangereux sans avoir appliqué, par mesure d'économie, les règles de sécurité (Cass. crim. 16-9-2008 n° 08-80.204 : RJS 1/09 n° 48).

Si l'entrepreneur est une personne physique qui n'a pas causé directement le dommage, mais qui a créé ou contribué à créer la situation qui a permis la réalisation du dommage ou qui n'a pas pris les mesures permettant de l'éviter, il est responsable pénalement s'il est établi qu'il a, soit violé de façon manifestement délibérée une obligation particulière de prudence ou de sécurité, prévue par la loi ou le règlement, soit commis une faute caractérisée et qui exposait autrui à un risque d'une particulière gravité qu'il ne pouvait pas ignorer (C. pén. art. 121-3, al. 4 ; sur une violation délibérée d'une obligation de sécurité, Cass. crim. 28-3-2006 n° 1940 : RJS 8-9/06 n° 918 ; sur une faute à l'origine d'un risque que le chef d'entreprise ne pouvait ignorer, Cass. crim. 1-4-2008 n° 06-88.948 : RJDA 10/08 n° 1058 ; Cass. crim. 12-1-2010 n° 09-81.799 : Bull. crim. n° 5 ; Cass. crim. 2-3-2010 n° 09-82.607 : Bull. crim. n° 44).

La responsabilité pénale de l'entrepreneur peut être **écartée.** Tel est le cas dans les circonstances suivantes : 2185

1. Si le chef d'entreprise, auteur des faits, a accompli les **diligences normales** mentionnées n° 2180.

2. Si les faits délictueux ont été causés indirectement par un chef d'entreprise, qui a créé ou contribué à créer la situation qui a permis la réalisation du dommage ou qui n'a pas pris les mesures permettant de l'éviter, dès lors qu'il est établi que ce chef d'entreprise soit n'a pas violé de façon manifestement délibérée une **obligation particulière de prudence ou de sécurité,** prévue par la loi ou le règlement, soit n'a pas commis une **faute caractérisée** et qui exposait autrui à un risque d'une particulière gravité qu'il ne pouvait ignorer (C. pén. art. 121-3, al. 4).

Le chef d'entreprise ne peut être relaxé du chef de blessures involontaires sans qu'il soit recherché s'il a notamment veillé à l'application effective des consignes écrites de sécurité et sans constater que l'accident avait pour cause exclusive la faute de la victime (Cass. crim. 19-11-1996 : RJS 2/97 n° 154).

3. Si le chef d'entreprise a donné **délégation** de pouvoir à un préposé pourvu de la compétence, de l'autorité et des moyens nécessaires pour faire assurer le respect des dispositions légales ou réglementaires (Cass. crim. 11-3-1993 : Bull. crim. n° 112 ; Cass. crim. 8-12-2009 n° 09-82.183 : RJDA 4/10 n° 367). Cette délégation peut être consentie dès lors que la loi ne l'interdit pas (Cass. crim. 17-1-1994 : D. 1995.577 note Cosson ; Cass. crim. 3-5-1995 : Bull. crim. p. 454). Elle doit émaner de celui-là même qui invoque l'exonération de sa responsabilité pénale (Cass. crim. 26-6-2001 : RJDA 1/02 n° 107).

Le chef d'entreprise doit prouver la réalité de sa délégation, par exemple par la production de contrats de travail ou de notes de service dûment émargées par les destinataires (CA Paris 7-10-1972 : GP 1973.1.41) ou par tout autre moyen ; il suffit que la délégation soit certaine et exempte d'ambiguïté (Cass. crim. 27-10-1976 : Bull. crim. p. 776 ; Cass. crim. 27-2-1979 : Bull. crim. p. 251 ; Cass. crim. 10-2-1981 : BRDA 9/81 p. 12).

Tel n'est pas le cas du chef d'entreprise, partant non exonéré, qui :

– a confié, dans son contrat d'engagement, à un directeur de travaux une mission générale de surveillance et d'organisation des mesures de sécurité sur les chantiers, en l'absence d'instructions précises (Cass. crim. 28-1-1975 : Bull. crim. p. 86 ; Cass. crim. 5-1-1982 : BRDA 7/82 p. 10 ; rappr. 1Cass. crim. 16-9-2008 n° 07-86.213 : RJDA 1/09 n° 27) ;

– a délégué ses pouvoirs à plusieurs personnes pour l'exécution d'un même travail, un tel cumul étant de nature à restreindre l'autorité et à entraver les initiatives des prétendus délégataires (Cass. crim. 19-3-1996 n° 94-84.854 : BRDA 11/96 p. 4).

Le chef d'entreprise ne peut pas invoquer une délégation s'il a personnellement pris part à la réalisation de l'infraction (Cass. crim. 20-5-2003 n° 2669 : RJDA 12/03 n° 1181).

La responsabilité pénale du chef d'entreprise et celle d'un préposé ne peuvent être cumulativement retenues en raison des mêmes manquements (Cass. crim. 14-3-2006 n° 1604 : RJS 7/06 n° 911).

4. Si le chef d'entreprise n'était **nullement en mesure d'influencer** le comportement de l'auteur des faits.

Par exemple, il n'est pas responsable :

– de l'accident causé par un chauffeur s'il ne lui avait imposé aucun délai impératif pour l'exécution du transport et s'il n'était pas établi que le temps réglementaire de conduite avait été dépassé ni même que l'accident eût été dû à la fatigue du chauffeur puisque celui-ci l'attribuait à un malaise consécutif à une indigestion (CA Paris 9-2-1973 : BT 1973.167) ;

– de la surcharge du véhicule donné en location avec le chauffeur à une autre société, laquelle avait seule autorité pour effectuer le chargement (T. pol. Paris 8-6-1972 : GP 1972.2.902) ;

– d'un accident causé par un préposé qui avait utilisé, sans autorisation, à des fins personnelles un véhicule de service (Cass. ass. plén. 10-6-1977 : D. 1977.465 note Larroumet) ;

– d'un accident causé par un chariot élévateur dès lors que cet accident s'était produit de façon soudaine et brutale, peu après que la victime, enfreignant les consignes de sécurité, se fut emparée de l'élévateur en échappant à la vigilance des surveillants (Cass. crim. 14-3-1979 : Bull. crim. p. 309) ;

– d'un accident résultant d'une faute de conduite (CA Paris 1-7-1974 : GP 1974.2.810) ;

– de la violation de la réglementation du temps de conduite dont s'est rendu coupable un chauffeur pour convenance personnelle (CA Paris 20-11-2002 : BTL 2003.321).

Mais le chef d'entreprise a eu une influence déterminante sur la réalisation de l'infraction de mise en œuvre d'une publicité comparative irrégulière, lors même qu'il a donné une délégation à son directeur salarié, car cette action, compte tenu de sa nature et de son importance stratégique, et en l'absence de toute mention explicite dans la délégation, relevait de son initiative et des prérogatives attachées à sa qualité de dirigeant ; il avait ainsi, concurremment à la délégation de pouvoirs et en l'absence de toute mention explicite dans celle-ci, conservé ses prérogatives de dirigeant et donc la faculté et l'initiative de mettre en œuvre une telle action commerciale et de la faire cesser, aux côtés de son directeur salarié (Cass. crim. 4-3-2008 n° 07-83.628 : RJDA 7/08 n° 860).

B. Adoption du régime de l'auto-entrepreneur

2190 L'entrepreneur individuel étant, comme son nom le dit, un entrepreneur, il peut opter pour le régime de la micro-entreprise (cf. Rép. Meslot : AN 20-9-2011 p. 10061 n° 107215, le soumettant aux droits et obligations concernant les commerçants et les artisans, notamment, le cas échéant, à celle de l'interdiction de gérer). Il n'a pour caractéristique que de bénéficier du **régime micro-social** de l'article L 613-7 du Code de la sécurité sociale et de divers avantages en termes de création, de gestion et de cessation d'une activité en nom propre, détaillés sur le site officiel www.autoentrepreneur.urssaf.fr, autour de trois thèmes : « S'informer sur le statut », « Créer mon auto-entreprise » et « Gérer mon auto-entreprise ». Il peut tout aussi bien s'être placé sous le régime de l'entrepreneur individuel ou de l'entrepreneur individuel à responsabilité limitée.

II. RÈGLES PROPRES À L'ENTREPRENEUR INDIVIDUEL

2195 L'entrepreneur individuel a été institué par la loi 2022-172 du 14 février 2022, intégrée au Code de commerce par modification de l'intitulé du chapitre VI du titre II du livre V, devenu « De la protection de l'entrepreneur individuel », comprenant les articles L 526-22 s. Ce dispositif a été complété par les articles R 526-26 s. du même Code, issus du décret 2022-725 du 28 avril 2022.

Est entrepreneur individuel toute personne physique qui exerce en son nom propre une ou plusieurs **activités professionnelles indépendantes** (C. com. art. L 526-22, al. 1), selon les conditions fixées par les articles précités. Sont ainsi concernés les commerçants, les artisans, les agriculteurs et les professions libérales, même réglementées.

Ces nouvelles dispositions, en vigueur depuis le 15 mai 2022, sont applicables aux entrepreneurs individuels exerçant leur activité en cette qualité depuis cette date (C. com. art. L 526-23) et aussi aux entrepreneurs individuels déjà en exercice au 15 mai 2022 mais uniquement pour les créances qui sont nées depuis cette date (Loi 2022-172 art. 19, al. 2).

Elles s'entendent sans préjudice des pouvoirs reconnus aux époux pour administrer leurs biens communs et en disposer (C. com. art. L 526-26).

2200 L'**objectif** poursuivi par la loi 2022-172 du 14 février 2022 est de favoriser l'activité professionnelle en offrant à l'entrepreneur individuel une prise de risque limitée aux biens qu'il engage pour l'exercice de son activité et une mise à l'abri de ses biens personnels soustraits aux poursuites de ses créanciers professionnels. Il s'ensuit un effet inédit : la scission de son patrimoine en un patrimoine professionnel et un patrimoine personnel.

La loi brise ainsi ce qui était une loi d'airin du Code civil qui affirme depuis 1804 que « quiconque s'est obligé personnellement, est tenu de remplir son engagement sur tous ses biens mobiliers et immobiliers, présents et à venir » (C. civ. art. 2284) et que « les biens du débiteur sont le gage commun de ses créanciers » (C. civ. art. 2285).

A. Patrimoine professionnel et patrimoine personnel

COMPOSITION DU PATRIMOINE PROFESSIONNEL

2205 La loi confère de plein droit à l'entrepreneur individuel, du seul fait de l'exercice d'une ou plusieurs activités indépendantes, un patrimoine professionnel comprenant les **biens, droits, obligations et sûretés** dont il est titulaire et qui sont **utiles à son ou ses activités** ; ce patrimoine ne peut pas être scindé sous réserve des règles relatives aux procédures collectives.

Sont utiles, notamment (C. com. art. R 526-26, I) :

– le fonds de commerce, le fonds artisanal, le fonds agricole, tous les biens corporels ou incorporels qui les constituent et les droits y afférents et le droit de présentation de la clientèle d'un professionnel libéral ;

– les biens meubles comme la marchandise, le matériel et l'outillage, le matériel agricole, ainsi que les moyens de mobilité pour les activités itinérantes telles que la vente et les prestations à domicile, les activités de transport ou de livraison ;
– les biens immeubles servant à l'activité, y compris la partie de la résidence principale de l'entrepreneur individuel utilisée pour un usage professionnel ; lorsque ces immeubles sont détenus par une société dont l'entrepreneur individuel est actionnaire ou associé et qui a pour activité principale leur mise à disposition au profit de l'entrepreneur individuel, les actions ou parts d'une telle société ;
– les biens incorporels comme les données relatives aux clients, les brevets d'invention, les licences, les marques, les dessins et modèles, et plus généralement les droits de propriété intellectuelle, le nom commercial et l'enseigne ;
– les fonds de caisse, toute somme en numéraire conservée sur le lieu d'exercice de l'activité professionnelle, les sommes inscrites aux comptes bancaires dédiés à cette activité, notamment au titre des articles L 613-10 du Code de la sécurité sociale et L 123-24 du Code de commerce (n° 505), ainsi que les sommes destinées à pourvoir aux dépenses courantes relatives à cette même activité.

Cette liste détaillée n'est pas exhaustive puisque les éléments visés sont présentés comme indicatifs, car précédés de l'adjectif « tels que ». Au cas où se poserait la qualification de « l'utilité » d'un élément non mentionné dans la liste, il ressort des exemples cités que ce qualificatif doit être entendu objectivement comme désignant l'acte ou le bien qui se rattache à l'activité professionnelle, sans égard à l'autre sens du mot « utile » qui désigne ce qui est « profitable ». Pour cerner l'activité professionnelle peuvent être aussi consultés les développements des nos 195 s. (activités civiles indépendantes), 2025 et 11200 (qualification du professionnel et du non-professionnel), ce dernier numéro donnant l'occasion de relever que les définitions du Code de la consommation et du droit de l'UE sont fondées sur la finalité de l'acte et non sur son utilité.

Ce patrimoine est séparé du patrimoine personnel (n° 2210).

COMPOSITION DU PATRIMOINE PERSONNEL

Les droits, obligations et sûretés qui ne relèvent pas du patrimoine professionnel constituent le patrimoine personnel de l'entrepreneur individuel (C. com. art. L 526-22, al. 2). **2210**

CHARGE DE LA PREUVE DU RATTACHEMENT D'UN BIEN À UN PATRIMOINE

Il incombe à l'entrepreneur individuel, qui conteste une **mesure d'exécution forcée** ou une **mesure conservatoire** exercée à son encontre, de prouver que les biens considérés par le créancier poursuivant comme compris dans son patrimoine professionnel font partie de son patrimoine personnel (C. com. art. L 526-22, al. 7). **2215**

Mais le créancier poursuivant peut être tenu pour responsable pour **abus de saisie** s'il a recherché un ou des actifs comme faisant partie du patrimoine professionnel des éléments faisant manifestement partie du patrimoine personnel (C. com. art. L 526-22, al. 7).

INFORMATION DES TIERS RELATIVE À LA SÉPARATION DES PATRIMOINES

La séparation entre patrimoine professionnel et patrimoine personnel, qui est la caractéristique majeure de l'entrepreneur individuel, est signalée aux tiers par la dénomination que ce dernier doit employer dans ses documents commerciaux. **2220**

L'entrepreneur individuel doit s'identifier dans l'exercice de son activité professionnelle par la **dénomination** incorporant son nom ou nom d'usage précédé ou suivi immédiatement des mots « entrepreneur individuel » ou des initiales « EI » (C. com. art. R 123-237, 9°). S'il est agent commercial, il est tenu d'user de la même dénomination (C. com. art. R 134-12, al. 3). Cette dénomination doit figurer sur les documents et correspondances à usage professionnel de l'entrepreneur individuel et dans l'intitulé de chaque compte bancaire dédié à son activité professionnelle (C. com. art. R 526-27, al. 2 et 3).

B. Règlement des dettes de l'entrepreneur individuel

GARANTIES DES DETTES PROFESSIONNELLES

Les dettes professionnelles de l'entrepreneur individuel peuvent être garanties dans les conditions suivantes : **2225**

– les **sûretés réelles** consenties par l'entrepreneur individuel avant le commencement de son activité ou de ses activités professionnelles indépendantes conservent leurs effets, quelle que soit leur assiette (C. com. art. L 526-22, al. 6) ;
– l'entrepreneur individuel ne peut pas se porter **caution** en garantie d'une dette dont il est débiteur principal (C. com. art. 526-22, al. 3) ; à notre avis, il ne lui est en revanche pas interdit de se

porter certificateur de caution (n° 55162) ou sous-caution (n° 55168) et le juge peut lui imposer un cautionnement (n° 55077) ;

– l'entrepreneur individuel peut consentir toutes **autres sûretés conventionnelles** puisque seul le cautionnement de sa propre dette lui est interdit et que les interdictions sont de droit strict (n° 74259).

PAIEMENT DES DETTES PROFESSIONNELLES

2230 **Paiement sur les actifs professionnels** L'entrepreneur individuel n'est tenu de payer les **dettes nées de l'exercice de son activité professionnelle** que sur son seul patrimoine professionnel (C. com. art. L 526-22, al. 4). Il est tenu sur l'intégralité de ce patrimoine, qui ne peut pas être scindé, sous réserve des dispositions propres aux procédures collectives (C. com. art. L 526-22, al. 2).

Il est expressément précisé que ce régime déroge aux articles 2284 et 2285 du Code civil et qu'il ne porte pas atteinte aux dispositions relatives à l'insaisissabilité de certains biens (n° 59700) ni aux règles de paiement des dettes professionnelles de l'EIRL (n° 2335).

Les **dettes** dont l'entrepreneur individuel est redevable **envers les organismes de recouvrement des cotisations** et contributions **sociales** sont expressément réputées nées à l'occasion de son exercice professionnel (C. com. art. L 526-22, al. 5).

2235 **Opposabilité du patrimoine professionnel** L'entrepreneur individuel ne peut opposer au créancier le cantonnement de ses poursuites sur les actifs de son patrimoine professionnel que si la créance de ce dernier est postérieure au 15 mai 2022 (Loi 2022-172 du 14-2-2022 art. 19, I) et née à compter de son **immatriculation au registre dont relève son activité,** lorsque celle-ci est prévue. Lorsqu'il relève de plusieurs registres, ce droit prend effet à compter de la date d'immatriculation la plus ancienne (C. com. art. L 526-23, al. 1).

Lorsque la date d'**immatriculation** est **postérieure à la date** déclarée **du début d'activité,** ce droit prend effet à compter de la date déclarée du début d'activité et, à défaut d'obligation d'immatriculation, il court à compter du premier acte exercé en qualité d'entrepreneur individuel, cette qualité devant apparaître sur les documents et les correspondances à usage professionnel (C. com. art. L 526-23, al. 2 et 3).

PAIEMENT FORCÉ DES DETTES PROFESSIONNELLES

2240 **Voies d'exécution** Pour leurs créances nées depuis le 15 mai 2022 (Loi 2022-172 du 14-2-2022 art. 19, I), les créanciers de l'entrepreneur individuel ne peuvent procéder à une mesure d'exécution forcée ou une mesure conservatoire que sur les biens faisant partie de son droit de gage, c'est-à-dire sur le patrimoine professionnel pour les créances nées à l'occasion de l'activité professionnelle (C. exécution art. L 161-1, al. 1), sous réserve d'une poursuite abusive (n° 2215).

2245 **Procédures collectives** Lorsqu'il en remplit les conditions, l'entrepreneur individuel est soumis aux procédures collectives (n°s 61000 s.).

PAIEMENT DES DETTES NON PROFESSIONNELLES

2250 Les dettes non professionnelles, autrement dit « personnelles », sont celles qui relèvent du patrimoine personnel de l'entrepreneur individuel (n° 2210). Ce patrimoine constitue le gage général des créanciers dont les droits ne sont pas nés à l'occasion de l'exercice de l'activité professionnelle (C. com. art. L 526-22, al. 6).

2255 Sous réserve du droit de poursuite des créanciers titulaires de sûretés réelles consenties par l'entrepreneur individuel avant le commencement de son activité professionnelle (n° 2215), seul le patrimoine personnel de l'entrepreneur individuel peut être poursuivi par les créanciers dont les droits ne sont pas nés à l'occasion de son exercice professionnel mais, s'il est insuffisant, les créanciers peuvent exercer leurs droits sur le patrimoine professionnel, dans la limite du montant du bénéfice réalisé lors du dernier exercice clos (C. com. art. L 526-22, al. 6).

RÉTABLISSEMENT DE L'UNITÉ DU PATRIMOINE

2260 La séparation des patrimoines de l'entrepreneur individuel cesse pour les causes suivantes :

1. Renonciation ponctuelle de l'entrepreneur individuel à la protection de son patrimoine personnel. L'entrepreneur individuel peut, sur demande écrite d'un créancier, renoncer au profit de ce dernier au cantonnement de ses poursuites sur son patrimoine professionnel (n° 2230) pour garantir sur son patrimoine personnel un engagement spécifique dont il doit rappeler le terme et le montant, qui doit être déterminé ou déterminable (C. com. art. L 526-25, al. 1).

L'acte de renonciation doit, à peine de nullité, contenir les informations requises par l'article D 526-28 du Code de commerce. Un modèle type d'acte de renonciation figure à l'annexe 5-3 de l'article A 526-6 du même Code.

Cette renonciation ne peut intervenir avant l'échéance d'un délai de réflexion de sept jours francs à compter de la réception de la demande de renonciation ; si l'entrepreneur individuel fait précéder sa signature de la mention manuscrite énoncée par l'article D 526-28, IV du Code de commerce et uniquement de celle-ci, le délai de réflexion est réduit à trois jours francs (C. com. art. L 526-25, al. 2).

2. Mise en péril des intérêts fiscaux et des cotisations sociales. Les patrimoines professionnel et personnel de l'entrepreneur individuel sont susceptibles d'être saisis par l'administration fiscale et les organismes de sécurité sociale (C. com. art. L 526-24) :

– en cas de manœuvres frauduleuses ou d'inobservation grave et répétée de ses obligations fiscales ou d'inobservation grave et répétée dans le recouvrement des cotisations et contributions sociales, la réalité de ces agissements n'ayant plus à être constatée au préalable par le juge (LPF art. L 273 B ; CSS art. L 133-4-7) ;

– pour le recouvrement de l'impôt sur le revenu et des prélèvements sociaux (sauf option de l'entrepreneur pour l'impôt sur les sociétés : CGI art. 1655 sexies), ainsi que pour le recouvrement de la taxe foncière afférente aux biens utiles à l'activité professionnelle, dont l'entrepreneur individuel ou son foyer fiscal est redevable (LPF art. L 273 B, III) ;

– pour le recouvrement par les organismes de sécurité sociale de l'impôt sur le revenu dû par les micro-entrepreneurs (versement forfaitaire libératoire) ou des contributions sociales (CSS art. L 133-4-7, al. 2).

3. Cessation de l'activité professionnelle. L'entrepreneur individuel peut librement décider de cesser son activité professionnelle indépendante ; dans ce cas, ses patrimoines professionnel et personnel sont réunis (C. com. art. L 526-22, al. 8).

4. Décès de l'entrepreneur individuel. Le patrimoine professionnel et le patrimoine personnel sont réunis. Toutefois, si une procédure collective est ouverte contre l'entrepreneur individuel après son décès, seul son passif professionnel peut être soumis aux dispositions relatives au redressement ou à la liquidation judiciaire ouverts à son encontre (nº 61525) (C. com. art. L 526-22, al. 7).

C. Transfert du patrimoine professionnel de l'entrepreneur individuel

TRANSFERT D'UN OU DE PLUSIEURS ÉLÉMENTS DU PATRIMOINE PROFESSIONNEL

Depuis le 15 mai 2022, l'entrepreneur individuel peut transférer l'intégralité de son patrimoine professionnel (sur ce patrimoine, nºs 2270 s.) mais cette faculté s'exerce sans préjudice des autres modes de transmission de certains éléments composant ce patrimoine, pris individuellement. **2265**

Ainsi, l'entrepreneur individuel peut céder à titre onéreux, transmettre à titre gratuit entre vifs ou apporter en société un ou plusieurs éléments de son patrimoine professionnel ; dans ce cas, le transfert est soumis aux conditions légales applicables à la nature du transfert et à celle du ou des éléments transférés (C. com. art. L 526-27, al. 1), suivant qu'il s'agit d'une **vente,** une **donation** ou un **apport en société du bien transféré.**

TRANSFERT UNIVERSEL DU PATRIMOINE PROFESSIONNEL

Droit de transférer L'entrepreneur individuel peut **céder à titre onéreux, transmettre à titre gratuit entre vifs** ou **apporter en société** l'intégralité de son patrimoine professionnel, sans procéder à la liquidation de celui-ci (C. com. art. L 526-27, al. 1). **2270**

Ce transfert est **nul** (C. com. art. 526-30) :

– s'il ne porte pas sur l'intégralité du patrimoine professionnel, celui-ci ne pouvant pas être scindé ;

– si, en cas d'apport à une société nouvellement créée, l'actif disponible du patrimoine professionnel ne permet pas de faire face au passif exigible sur ce même patrimoine ;

– si l'auteur ou le bénéficiaire du transfert a été frappé de faillite personnelle ou d'une peine d'interdiction prévue à l'article L 653-8 du Code de commerce (interdiction de gérer ; nº 64515) ou à l'article 131-27 du Code pénal (interdiction d'exercer une fonction publique ou une activité professionnelle), par une décision devenue définitive.

Mais ne font **pas obstacle** à ce transfert, toute clause contraire étant réputée non écrite (C. com. art. L 526-29) :

– les droits de préemption des indivisaires sur les droits indivis cédés par l'un d'eux (C. civ. 815-14 ; nº 30173) ;

– le droit au retrait litigieux des créances cédées (C. civ. art. 1699 ; n° 14234) ;

– les formalités de la vente ou de l'apport du fonds de commerce (enregistrement, publicité et droit d'opposition des créanciers) (C. com. art. L 141-12 à L 141-22 ; nos 2853 s.).

2275 **Objet du transfert** Le transfert universel du patrimoine professionnel emporte cession des droits, biens, obligations et sûretés dont celui-ci est constitué (C. com. art. L 526-27, al. 2). Toutefois, les dettes de cotisations et contributions sociales mentionnées n° 2230 ne peuvent pas faire l'objet de ce transfert (C. com. art. D 526-32).

Lorsque le patrimoine professionnel apporté en société contient des biens constitutifs d'un apport en nature, il est fait recours à un commissaire aux apports (C. com. art. L 526-31).

Dans le cas où le cédant s'est obligé contractuellement à ne pas céder un élément de son patrimoine professionnel ou à ne pas transférer celui-ci à titre universel, l'inexécution de cette obligation engage sa responsabilité sur l'ensemble de ses biens, sans emporter la nullité du transfert.

2280 **Publicité du transfert** Le transfert de propriété du patrimoine professionnel de l'entrepreneur individuel n'est **opposable aux tiers** qu'à compter de sa publicité (C. com. art. L 526-27, al. 5).

Le cédant, le donateur ou l'apporteur publie, à sa diligence, le transfert universel du patrimoine, sous forme d'avis au Bodacc ou d'annonce dans un support habilité à recevoir des annonces légales dans le département dans lequel est exercée l'activité professionnelle, au plus tard un mois après sa réalisation (C. com. art. D 526-30, I-al. 1).

Cet avis ou annonce contient les indications énoncées au I de l'article D 526-30 du Code de commerce. Il est accompagné d'un état descriptif des biens, droits, obligations ou sûretés composant le patrimoine professionnel, tel qu'il résulte du dernier exercice comptable clos actualisé à la date du transfert, ou, pour les entrepreneurs individuels qui ne sont pas soumis à des obligations comptables, à la date qui résulte de l'accord des parties (C. com. art. D 526-30, II).

2285 **Opposition des créanciers** Les créanciers de l'entrepreneur individuel dont la créance est née avant la publicité du transfert du patrimoine professionnel peuvent former opposition à ce transfert, dans le mois suivant la publication de celui-ci, en saisissant le tribunal compétent selon les règles de droit commun de leur opposition (C. com. art. L 526-28, al. 1 et D 526-31).

Cette opposition **n'interdit pas** le transfert du patrimoine professionnel (C. com. art. L 526-28, al. 2).

La décision de justice statuant sur l'opposition rejette celle-ci ou ordonne le remboursement des créances cédées ou la constitution de garanties, si le cessionnaire, le donataire ou le bénéficiaire en offre et si elles sont jugées suffisantes (C. com. art. L 526-28, al. 3).

Lorsque le remboursement desdites créances est ordonné, le bénéficiaire du remboursement peut poursuivre l'entrepreneur individuel sur l'intégralité de ses patrimoines, sauf sur sa résidence principale rendue insaisissable n° 59700 (C. com. art. L 526-28, al. 3, renvoyant à C. civ. art. 2284).

III. RÈGLES PROPRES À L'ENTREPRENEUR INDIVIDUEL À RESPONSABILITÉ LIMITÉE

2290 Dans l'espoir de favoriser l'essor économique et de protéger l'entrepreneur individuel contre le risque d'endettement né de l'activité professionnelle qu'il exerce à travers l'entreprise qu'il personnifie, il a été créé en 2010 le statut de l'entrepreneur individuel à responsabilité limitée, couramment évoqué par son sigle « **EIRL** ». L'économie de ce régime était de limiter le paiement des créances nées de l'activité professionnelle aux facultés contributives des actifs utiles à l'exercice de cette activité.

Cette préoccupation ayant été depuis le 15 mai 2022 reprise par le nouveau statut de l'entrepreneur individuel (nos 2200 s.), l'article L 526-5-1 du Code de commerce, à l'origine de l'option pour le régime de l'EIRL, a été abrogé au 15 février 2022 (Loi 2022-172 14-2-2022 art. 6, I).

En conséquence, depuis cette date, il n'est plus possible de devenir EIRL mais reste EIRL celui qui a opté pour ce statut avant cette date ; celui-ci demeure soumis aux dispositions des articles L 526-6 s. et R 526-3 s. du Code de commerce, mais tels que modifiés par la loi 2022-172 du 14 février 2022 et le décret 2022-709 du 26 avril 2022 (Loi 2022-172 art. 6, II).

Ce régime repose sur la création par l'EIRL d'un patrimoine professionnel affecté au paiement des dettes professionnelles, à l'exclusion de son patrimoine personnel.

A. Constitution du patrimoine professionnel de l'EIRL

AFFECTATION DES BIENS AU PATRIMOINE PROFESSIONNEL DE L'EIRL

Jusqu'au 14 février 2022 inclus (Loi 2022-172 du 14-2-2022 art. 6, II), l'EIRL pouvait affecter à son activité professionnelle un patrimoine séparé de son patrimoine personnel (C. com. art. L 526-6), voire plusieurs patrimoines affectés à des activités distinctes (Loi 2010-658 du 16-6-2010 art. 14, II). Il **déterminait lui-même** les biens (droits, obligations ou sûretés dont il était titulaire) qu'il affectait au patrimoine professionnel ; toutefois, un même bien, droit, obligation ou sûreté ne pouvait entrer dans la composition que d'un seul patrimoine affecté (C. com. art. L 526-6, al. 2). 2295

Ces dispositions ont conservé, à notre avis, leur utilité, en dépit de leur caducité s'agissant de l'affectation constitutive du patrimoine affecté. Elles restent, en effet, applicables au contrôle de sa régularité par un créancier qui la contesterait.

Postérieurement à la constitution du patrimoine affecté, l'inscription ou le retrait en comptabilité d'un bien, droit, obligation ou sûreté emporte affectation à l'activité professionnelle ou retrait du patrimoine affecté (C. com. art. L 526-8-1, al. 1). 2300

Pour certains biens, l'affectation et le retrait postérieurs à la constitution du patrimoine affecté sont soumis à des modalités particulières :

– s'agissant d'un **bien immobilier,** un acte notarié publié au bureau des hypothèques est requis pour tout bien immobilier (C. com. art. L 526-9) ;

– s'agissant d'un **bien commun ou indivis,** l'EIRL doit justifier du consentement du conjoint ou de ses coïndivisaires et de leur information préalable sur les droits que les créanciers peuvent faire valoir à l'encontre du patrimoine affecté (C. com. art. L 526-11).

Dans les deux cas, l'EIRL doit déposer un document attestant l'accomplissement de ces formalités au registre dont relève l'EIRL (C. com. art. L 526-9, al. 3, L 526-11, al. 2 et R 526-18), dans le délai d'un mois suivant l'affectation ou le retrait (C. com. art. R 526-18 renvoyant à l'art. R 123-121-3).

Sont **de plein droit affectés,** par l'effet d'une subrogation réelle, les créances et indemnités qui remplacent des biens affectés ainsi que les biens acquis en emploi ou remploi des biens affectés (C. com. art. L 526-8-1, al. 2).

PUBLICITÉ DE LA DÉCLARATION D'AFFECTATION DU PATRIMOINE

Les **déclarations** inscrites au répertoire des métiers et au registre de l'agriculture, avant le 1er janvier 2023, sont **automatiquement transférées,** compte tenu de la suppression de ces registres, aux registres nouvellement compétents : au RNE pour une activité artisanale ; au RCS, lorsque l'activité exercée est inscrite à la fois au RCS et au RNE en tant qu'entreprise artisanale ; au registre spécial des EIRL, dans les autres cas (Ord. 2021-1189 du 15-9-2021, art. 45, II). 2305

Le régime du **registre spécial des EIRL** (registre auprès duquel sont inscrites les déclarations d'affectation des EIRL non tenus de s'immatriculer à un registre de publicité légale) est fixé par les articles R 526-15 s. du Code de commerce. 2310

En cas de renonciation à l'affectation elle-même (n° 2355), de cession du patrimoine affecté (n° 2360) ou de décès de l'EIRL (n° 2365), une demande d'**inscription modificative** sur le registre où a été déposée la déclaration initiale de l'affectation est requise (C. com. art. R 526-16, al. 2 et 3).

Si la demande d'inscription modificative n'est pas présentée, le juge commis à la surveillance du RCS du ressort rend soit d'office, soit à la requête du procureur de la République ou de toute personne justifiant y avoir intérêt, une ordonnance enjoignant à l'intéressé de faire procéder à la mention et, s'il y a lieu, à sa radiation (C. com. art. R 526-24, al. 1).

Lorsque la mention de sa renonciation à l'affectation, de la cession à titre onéreux ou de la transmission à titre gratuit entre vifs du patrimoine affecté à une personne physique, de la cession de ce patrimoine à une personne morale ou de son apport en société est portée au registre spécial des EIRL, le greffier procède d'office et sans délai à la radiation de la personne immatriculée (C. com. art. R 526-23). En cas de décès de l'EIRL, c'est à ses héritiers ou ayants cause à titre universel qu'il incombe de demander sa radiation du registre spécial. À défaut, le greffier qui a reçu la preuve du décès d'une personne immatriculée procède d'office et sans délai à la radiation de l'EIRL et transmet concomitamment un dossier auprès du guichet unique mentionné nos 2035 s. (C. com. art. R 526-21).

B. Gestion du patrimoine professionnel de l'EIRL

2315 **Dénomination de l'EIRL** Pour l'exercice de l'activité professionnelle à laquelle le patrimoine est affecté, l'EIRL utilise une dénomination incorporant son nom, précédé ou suivi immédiatement des mots « Entrepreneur individuel à responsabilité limitée » ou des initiales « EIRL » (C. com. art. L 526-6, al. 4).

Le lieu et le numéro d'immatriculation au registre spécial, ainsi que l'objet de l'activité professionnelle à laquelle le patrimoine est affecté et la dénomination incorporant le nom ou nom d'usage précédé ou suivi immédiatement des mots « entrepreneur individuel à responsabilité limitée » ou des initiales « EIRL » doivent figurer sur les documents et correspondances à usage professionnel de l'intéressé (C. com. art. R 526-17).

Le ministère public ainsi que tout intéressé peuvent demander au président du tribunal statuant en référé d'**enjoindre sous astreinte** à un EIRL de porter sur tous ses actes et documents sa dénomination, précédée ou suivie immédiatement et lisiblement des mots « Entrepreneur individuel à responsabilité limitée » ou des initiales « EIRL » (C. com. art. L 526-20).

2320 **Comptabilité** L'EIRL est tenu aux obligations comptables suivantes.

1. Tenue d'une comptabilité autonome. L'activité professionnelle à laquelle le patrimoine est affecté doit être établie conformément aux règles applicables aux commerçants visées au nº 500 (C. com. art. L 526-13, al. 1).

Toutefois, l'auto-entrepreneur (nº 2190) bénéficie d'obligations comptables simplifiées (C. com. art. L 526-13, al. 2).

2. Publicité du bilan. L'EIRL doit **déposer** son bilan annuel ou les documents résultant des obligations comptables simplifiées chaque année au **registre** dont il relève pour y être annexés (C. com. art. L 526-14, al. 1).

Ces documents sont déposés au RCS (C. com. art. R 123-121-4, IV), au registre spécial des agents commerciaux, au registre spécial des EIRL, selon le cas, et au RNE (C. com. art. L 123-37, 6º).

En cas de non-respect de l'obligation de dépôt des comptes, le président du tribunal, statuant en référé, peut, à la demande de tout intéressé ou du ministère public, enjoindre sous astreinte à l'EIRL de procéder au dépôt de son bilan annuel ou, le cas échéant, du ou des documents résultant des obligations comptables simplifiées (C. com. art. L 526-14, al. 2).

3. Comptes bancaires. L'EIRL est tenu de faire ouvrir dans un établissement de crédit un ou plusieurs comptes bancaires exclusivement dédiés à l'activité à laquelle le patrimoine a été affecté (C. com. art. L 526-13, al. 3).

Chacun de ces comptes doit contenir dans son intitulé la dénomination telle que définie au nº 2315 (C. com. art. R 526-11).

Les dispositions relatives aux incidents de paiement d'un chèque et à leurs sanctions (nºs 52230, 52245, 52248, 52460, 52466, 52570, 52640 s., 52649 et 52655) sont appliquées en fonction des patrimoines auxquels les incidents se rapportent selon la distinction suivante (C. mon. fin. art. L 131-86-1) :

– aux comptes afférents au patrimoine non affecté lorsque l'incident de paiement résulte d'un chèque émis sur l'un de ces comptes ;

– aux comptes afférents au patrimoine affecté à une activité professionnelle lorsque l'incident de paiement résulte d'un chèque émis sur l'un de ces comptes, à l'exclusion, le cas échéant, des comptes afférents au patrimoine affecté à une autre activité professionnelle.

2325 La **comptabilité** régulièrement tenue **fait preuve** à l'égard des tiers sous réserve des règles d'affectation des biens indiquées nºs 2295 s. (C. com. art. L 526-8-1, al. 3).

2330 L'EIRL détermine les revenus qu'il verse dans son patrimoine non affecté (C. com. art. L 526-18).

C. Paiement des dettes de l'EIRL

PAIEMENT DES DETTES PROFESSIONNELLES SUR LES ACTIFS AFFECTÉS

2335 L'EIRL n'est tenu de payer les dettes nées à l'occasion de l'exercice de son activité professionnelle et postérieurement au dépôt de la déclaration d'affectation que sur son seul patrimoine professionnel (C. com. art. L 526-12, I-1º).

Lorsque l'affectation procède d'une inscription en comptabilité, le bien est inclus dans le patrimoine affecté à compter du dépôt du bilan de l'EIRL ou, le cas échéant, du ou des documents résultant des obligations comptables simplifiées visées nº 2320 (C. com. art. L 526-12, I-al. 5).

PAIEMENT DES DETTES PERSONNELLES

Les créanciers de l'EIRL dont les droits ne sont pas nés à l'occasion de l'exercice de son activité professionnelle ne peuvent recouvrer leur créance que sur les biens non affectés (C. com. art. L 526-12, I-2°). 2340

En cas d'**insuffisance du patrimoine non affecté,** le droit de gage général de ces créanciers peut s'exercer sur le bénéfice réalisé par l'EIRL lors du dernier exercice clos (C. com. art. L 526-12, II-al. 3).

RÉUNION DES PATRIMOINES DE L'EIRL

Les créanciers de l'EIRL dont les droits sont nés à l'occasion de l'exercice de son activité professionnelle peuvent poursuivre les biens non affectés dans les cas suivants : 2345

1. Surévaluation d'un bien affecté. Lorsque la valeur d'un élément d'actif du patrimoine affecté, autre que des liquidités, mentionnée dans l'état descriptif prévu à l'article L 526-8 du Code de commerce ou en comptabilité, est supérieure à sa valeur réelle au moment de son affectation, l'EIRL est responsable, pendant une durée de cinq ans, à l'égard des tiers sur la totalité de son patrimoine, affecté et non affecté, à hauteur de la différence entre la valeur réelle du bien au moment de l'affectation et la valeur mentionnée dans l'état descriptif ou en comptabilité (C. com. art. L 526-12, II-al. 1).

2. Fautes de l'EIRL. En cas de fraude ou en cas de manquement grave à ses obligations en matière de comptabilité et d'ouverture d'un compte bancaire séparé pour son activité professionnelle (cf. C. com. art. L 526-13), l'EIRL est responsable sur la totalité de ses biens et droits (C. com. art. L 526-12, II-al. 2).

3. Insuffisance du patrimoine non affecté. Les créanciers de dettes personnelles de l'EIRL peuvent exercer leurs poursuites en paiement sur le bénéfice réalisé par l'EIRL lors du dernier exercice clos (C. com. art. L 526-12, II-al. 3).

Incidences des procédures collectives L'application des dispositions relatives aux procédures collectives dont peut être l'objet un patrimoine affecté de l'EIRL et, le cas échéant, son patrimoine non affecté est exposée avec le régime de ces procédures (n°s 61000 s.). 2350

D. Extinction du patrimoine affecté de l'EIRL

RENONCIATION À L'AFFECTATION DU PATRIMOINE

En cas de renonciation de l'EIRL à l'affectation, la déclaration d'affectation cesse de produire ses effets ; toutefois, lorsque la renonciation est concomitante à la cessation de l'activité professionnelle à laquelle le patrimoine est affecté, les créanciers de l'EIRL ne peuvent poursuivre le paiement de leurs créances que sur les biens qu'ils pouvaient saisir au moment de la renonciation (n°s 2335 s.) (C. com. art. L 526-15, al. 1). 2355

Dans le mois suivant sa renonciation, l'EIRL en fait porter la mention au registre dont il relève ; dans les deux mois suivant la renonciation, il dépose audit registre un état descriptif actualisé des biens, droits, obligations ou sûretés affectés à l'activité professionnelle en nature, qualité, quantité et valeur (C. com. art. L 526-15, al. 2 et R 526-12).

TRANSFERT DU PATRIMOINE AFFECTÉ

L'article L 526-17 du Code de commerce vise le cas spécifique du transfert du patrimoine affecté de l'EIRL (cession à titre onéreux, donation ou apport en société), dont le régime se distingue de celui du transfert du patrimoine professionnel de l'entrepreneur individuel présenté n°s 2265 s. 2360

1. Le patrimoine est **repris par** le cessionnaire et le donataire **personne physique,** avec maintien de l'affectation dans le patrimoine du cessionnaire ou du donataire ; cette reprise n'est opposable aux tiers qu'après accomplissement des formalités de publicité (C. com. art. L 526-17, II-al. 1).

La reprise donne lieu au dépôt par le cédant ou le donateur d'une déclaration de transfert au registre dont relève l'EIRL accompagnée d'un état descriptif des biens, droits, obligations ou sûretés composant le patrimoine affecté (C. com. art. L 526-17, II-al. 1 et III-al. 1).

2. La **cession** du patrimoine affecté **à un entrepreneur individuel** ou **à une personne morale** ou son **apport en société** entraîne transfert de propriété dans le patrimoine du cessionnaire ou de la société, sans maintien de l'affectation ; elle donne lieu à la publication d'un avis accompagné d'un état descriptif des biens, droits, obligations ou sûretés composant le patrimoine affecté et le transfert de propriété n'est opposable aux tiers qu'après l'accomplissement de cette formalité (C. com. art. L 526-17, II-al. 2 et III-al. 1).

En cas de **cession** ou d'**apport** en société **d'un fonds de commerce** intervenant par suite de la cession ou de l'apport en société d'un patrimoine affecté, les formalités de la vente du fonds de commerce (n°s 2700 s.) ne sont pas applicables (C. com. art. L 526-17, III-al. 2).

3. L'acte de transfert doit être **publié** dans le mois de sa date à la diligence du cédant, du donateur ou de l'apporteur, sous forme d'un avis au Bodacc (C. com. art. R 526-13, al. 1).

L'avis au Bodacc contient les indications énoncées à l'article R 526-13, al. 2.

4. Il peut être formé **opposition** à la transmission du patrimoine affecté, dans le mois suivant la publication de la transmission, par les créanciers auxquels la déclaration d'affectation est opposable et dont la créance est antérieure à la date de la publicité de la transmission du patrimoine affecté, ainsi que par les créanciers auxquels la déclaration n'est pas opposable et dont les droits sont nés antérieurement à la déclaration de l'EIRL lorsque le patrimoine affecté fait l'objet d'une donation (C. com. art. L 526-17, III et R 526-14).

2365 **Décès de l'EIRL** En cas de décès de l'EIRL, la déclaration d'**affectation cesse** de produire ses effets mais les créanciers de l'EIRL ne peuvent poursuivre le paiement de leurs créances que sur les biens qu'ils pouvaient saisir au moment du décès (C. com. art. L 526-15, al. 1).

La mention du décès est portée sur le registre dont relève l'EIRL par un héritier, un ayant droit ou toute personne mandatée à cet effet (C. com. art. L 526-15, al. 2).

CHAPITRE 4

FONDS DE COMMERCE

SOMMAIRE

A. Conditions d'existence du fonds de commerce 2503
1. Composition du fonds de commerce 2503
2. Existence du fonds de commerce 2601
B. Vente du fonds de commerce 2700
1. Conclusion de la vente du fonds de commerce 2703
2. Obligations du vendeur de fonds de commerce 2800
3. Paiement du prix du fonds de commerce 2850
C. Location-gérance du fonds de commerce 3000
1. Conclusion de la location-gérance 3012
2. Effets de la location-gérance 3050
3. Extinction de la location-gérance 3150
D. Crédit-bail de fonds de commerce 3300
E. Nantissement conventionnel du fonds de commerce 3400
F. Gage de l'outillage et du matériel 3500

On appelle « fonds de commerce » un ensemble de **moyens** affectés par un commerçant à une exploitation **en vue** de **satisfaire une clientèle.** 2500

Le fonds de commerce forme un tout qui peut être vendu, loué ou nanti.

Toutefois, ces opérations, telles qu'elles sont régies par la loi, ne peuvent porter que sur un fonds de commerce effectif, dont il est indispensable de fixer les conditions d'existence avant d'aborder successivement l'étude desdites opérations dont il peut faire l'objet, à l'exclusion toutefois de l'apport en société, pour lequel nous renvoyons aux nos 2050 s. du MSC, du nantissement judiciaire et de la vente forcée qui sont traités aux nos 59300 s.

A. Conditions d'existence du fonds de commerce

1. COMPOSITION DU FONDS DE COMMERCE

2503 Le fonds de commerce est composé de divers éléments traditionnellement divisés en éléments incorporels (clientèle, droit au bail, nom commercial, droits de propriété industrielle, etc.) et en éléments corporels (marchandises et matériels), **à l'exclusion des immeubles** (CA Limoges 26-11-1990 : D. 1992.452 note Prévault ; cf. Cass. civ. 21-7-1937 : S. 1938.1.337 note Lagarde). L'élément le plus important est la clientèle, sans laquelle le fonds de commerce n'existe pas (Cass. ass. plén. 24-4-1970 : D. 1970.381 note R.L. ; Cass. civ. 11-12-2001 : D. 2002.488 ; Cass. 3e civ. 19-9-2006 no 05-18.364 : RJDA 12/06 no 1201).

Par exemple, ne détient pas de clientèle une société coopérative qui exploite un restaurant réservé à ses adhérents (Cass. civ. 7-5-1985 : JCP G 1985.IV.249), le cessionnaire du droit au bail du local où est exploité le fonds de commerce s'il n'est pas établi que la cession du bail s'est accompagnée de celle de la clientèle (Cass. civ. 11-12-2001 no 99-15.194 : D. 2002.488), ou le courtier cessionnaire seulement du droit d'exploiter une clientèle liée à un portefeuille de contrats d'assurance (CA Rennes 10-1-2012 no 11/00532 : Solution Notaires 3/12 inf. 72).

CLIENTÈLE

2506 La clientèle est l'ensemble des personnes qui sont disposées à entretenir des relations contractuelles avec un commerçant.

Elle peut résulter de l'exploitation d'une activité sur le domaine public si elle est propre à l'exploitant (CGPPP art. L 2124-32-1), par exemple un marché public (Cass. com. 4-2-2014 no 12-25.528).

La condition d'une clientèle propre étant la seule exigée par l'article L 2124-32-1, l'existence d'un fonds de commerce ne saurait donc être refusée au motif que la clientèle est précaire car fondée sur une convention révocable autorisant l'occupation du domaine public, contrairement à ce qui avait été jugé par le Conseil d'État avant l'entrée en vigueur de cet article (CE 19-1-2011 no 323924 : RJDA 11/11 no 902).

Toutefois, la clause contraire de la convention d'occupation du domaine public qui prévoyait que l'occupation ne donnerait pas lieu à la création d'un fonds de commerce n'a pas été annulée au motif que cette clause formant un ensemble indivisible avec les autres stipulations ne pouvait pas constituer, à elle seule, un vice d'une particulière gravité justifiant l'annulation de la convention ou de cette seule clause indivisible du reste de la convention (CE 11-3-2022 n° 453440 : RJDA 10/22 n° 559).

La clientèle peut être composée uniquement d'un **petit nombre** de clients, ce qui est par exemple le cas pour les sous-traitants qui ne travaillent habituellement qu'avec quelques entrepreneurs ; ainsi, seize clients suffisent à constituer une clientèle (Cass. com. 5-6-1970 : D. 1970.673), voire un seul fournisseur livrant ses produits auprès d'un transformateur (Cass. com. 7-12-1965 : Bull. civ. III n° 630).

L'achalandage est distinct de la clientèle en ce qu'il constitue une aptitude à retenir celle-ci qui dépend d'un critère objectif, telle la situation du fonds (TGI Paris 24-11-1992 : GP 1994.203).

Elle ne peut constituer un fonds de commerce que si elle est **réelle et certaine** (Cass. com. 13-3-1962 : Bull. civ. III p. 130 ; Cass. civ. 18-5-1978 : Bull. civ. III p. 159) et si elle est générée par une activité indépendante (Cass. civ. 22-10-1974 n° 73-12.372 : Bull. civ. III n° 367 ; Cass. com. 16-1-1990 n° 87-20.156 : JCP G 1991.II.21662 ; Cass. 3e civ. 9-7-2008 n° 07-15.534 : RJDA 10/08 n° 1012). La reconnaissance de ces caractères relève du pouvoir souverain des juges du fond (Cass. com. 27-2-1973 : JCP G 1973.II.17403 note A.S.).

La clientèle invoquée doit résulter d'une **activité commerciale.** Tel n'est pas le cas de celle réunie par une société anonyme qui exerce une activité civile (Cass. com. 3-3-1964 : GP 1964.1.353 et Cass. civ. 26-10-1982 : Loyers 1983 n° 61 : activité de location immobilière ; Cass. civ. 5-3-1971 : Bull. civ. III n° 168 : activité d'ingénierie), par un artisan (n° 195) ou par un agriculteur qui exploite un « fonds agricole » (C. rural art. L 311-3).

N'est pas certaine la clientèle attachée à un fonds exploité par un mandataire (CA Paris 17-11-2010 n° 09-07336 : GP 2011.som.1150) ou celle créée sur les lieux où une autre entreprise exploite une clientèle qui lui est propre.

Dans ce cas, l'absence de clientèle propre a été déduite des circonstances suivantes :

– contrat conclu entre l'exploitant d'une buvette et la société propriétaire d'un champ de courses selon lequel l'activité du commerçant devait être limitée à l'enceinte du champ de courses et réduite aux seules journées de réunion hippique (Cass. ass. plén. 24-4-1970 : D. 1970.381 note R.L.) ; pour une solution comparable à propos de l'exploitation d'une pizzeria dans l'enceinte d'un port de plaisance, Cass. com. 28-5-2013 n° 12-14.049 : PA 2013 n° 222 p. 10 note Humann) ;

– obligation pour la société titulaire d'un emplacement dans un supermarché de se conformer à la discipline générale en vigueur dans l'établissement, les heures d'ouverture et de fermeture étant discrétionnairement déterminées par le supermarché (Cass. civ. 9-7-1979 : D. 1980.64 ; cf. Cass. civ. 2-7-1986 : Loyers 1986 n° 375).

En revanche, dans un cas où un commerçant exploitait son commerce dans une construction permanente et couverte située à l'extérieur d'un supermarché, il a été jugé qu'il possédait une clientèle personnelle attirée par son emplacement et les spécialités qu'il vendait (Cass. civ. 1-12-1976 : Bull. civ. III p. 331). De même, jugé que « rien ne s'oppose à ce que la clientèle attirée par les médecins opérant dans (une) clinique constitue pour celle-ci une clientèle personnelle » (Cass. civ. 25-4-1972 : Bull. civ. III p. 179).

2507 L'**existence d'une clientèle personnelle** est incertaine lorsque l'exploitation d'une entreprise s'effectue en vertu d'un contrat de **concession** commerciale ou de **franchise.** En effet, le concessionnaire ou le franchisé qui utilise une marque, voire l'enseigne correspondante, bénéficie d'une clientèle préconstituée attachée à la réputation de la marque.

La vente d'un droit de concession et des stocks ne constitue pas nécessairement la vente d'un fonds de commerce, même si les clients de l'ancien concessionnaire se sont par la suite adressés à l'acheteur, dès lors que la clientèle a ainsi agi en raison de la qualité de concessionnaire d'une marque déterminée (Cass. com. 3-6-1982 : JCP G 1983.II.20104 obs. J.H.).

Toutefois, le franchisé - ou le concessionnaire se trouvant dans la même situation - peut prouver qu'il a créé ou développé une clientèle personnelle locale, dès lors que celle-ci n'existe que par le fait des moyens qu'il a mis en œuvre, parmi lesquels les éléments corporels de son exploitation, matériel et stock, et l'élément incorporel que constitue le bail, cette clientèle faisant elle-même partie du fonds exploité ; en effet, même si le franchisé n'est pas propriétaire de la marque et de l'enseigne mise à sa disposition pendant l'exécution du contrat de franchise, ladite clientèle est créée par son activité, avec des moyens que, contractant à titre personnel avec ses fournisseurs ou prêteurs de deniers, il met en œuvre à ses risques et périls (Cass. 3e civ. 27-3-2002 : RJDA 6/02 n° 603, reconnaissant au franchisé le droit au renouvellement de son bail ; dans le même sens, CA Aix 10-12-2002 : Bull. d'Aix 2002-2.225.S.14 obs. Tranchant).

Par exemple, constitue un fonds de commerce indépendant :

– une station-service « Total » dès lors qu'elle dispose d'un droit au bail, d'installations appropriées, d'une clientèle locale et d'un achalandage important et qu'elle bénéficie d'un emplacement favorable dans une agglomération et à proximité d'une route nationale et d'un concessionnaire automobile (Cass. civ. 13-2-1980 : Bull. civ. III p. 26) ;

– une agence matrimoniale exploitée sous un régime de franchise, le franchisé détenant un « fichier qui pouvait être assimilé à une clientèle » (CA Limoges 10-6-1980 : D. 1981.573 note Jauffret).

La concession du droit d'exploiter une clientèle appartenant à l'État ou à une autre collectivité publique ne peut pas faire naître une clientèle privée au profit du concessionnaire : par exemple, exploitant d'un débit de tabac (Cass. req. 13-3-1905 : S. 1906.1.101) ou exploitant d'un service public, serait-il un établissement public industriel ou commercial (Cass. com. 29-1-1952, 2 arrêts : D. 1952.737). De même, la location de locaux situés dans l'enceinte d'un camping par l'exploitant de celui-ci n'engendre pas une clientèle propre au profit du locataire pour l'activité concédée dès lors que l'activité était exclusivement accessible à la clientèle du camping et que le locataire ne bénéficiait d'aucune autonomie de fonctionnement : obligation d'assurer au profit de cette dernière une activité de restauration selon des horaires et des types de prestations définis par un cahier des charges et de se plier aux impératifs d'animation du camping (Cass. com. 10-2-2021 n° 19-12.690 F-D : RJDA 8-9/21 n° 562).

NOM COMMERCIAL

Le nom commercial est celui sous lequel le fonds est exploité et qui permet aux tiers de l'identifier. Sur le réseau Internet, cette identification est faite par le choix et l'attribution d'un « nom de domaine », qui a aussi une valeur distinctive (cf. CA Paris 18-10-2000 : RJDA 4/01 n° 521). 2510

Quiconque a une activité professionnelle, quelle qu'en soit la nature, peut avoir un nom « commercial » qui le désigne aux tiers qui sont amenés à contracter avec lui en sa qualité de professionnel (par exemple, Cass. civ. 25-1-2000 : RJDA 12/00 n° 1188, tenant pour un nom indivis l'appellation « Gipsy Kings » d'un groupe de chanteurs, ce nom appartenant aux membres du groupe qui assurent la permanence du projet artistique et aux nouveaux membres qui s'y intégreraient, mais plus au membre qui en a été régulièrement exclu ; dans le même sens, admettant le dépôt du nom « The Gospel Chords Singers » comme marque et sanctionnant la contrefaçon, CA Paris 11-9-2002 : RDPI 2003 n° 144 p. 25 ; aussi CA Limoges 17-3-1988 : GP 1988.som.200, affirmant le droit d'une association à détenir privativement une dénomination).

Choix du nom commercial Le commerçant choisit librement le nom du fonds. Il peut lui donner son **nom patronymique,** même si celui-ci est déjà utilisé pour désigner un autre fonds ou une marque (Cass. com. 17-5-1988 : BRDA 14/88 p. 22). Sur les mesures propres à éviter la confusion, n° 2537. 2513

Une **femme mariée** peut entreprendre une activité professionnelle sous le nom patronymique de son conjoint. Mais en cas de divorce, la conservation de l'usage de ce nom n'est possible que si le mari ne s'y oppose pas ou, à défaut, si la femme obtient l'autorisation du juge en justifiant d'un intérêt particulier (C. civ. art. 264, al. 2).

Le fait que le nom patronymique soit devenu un élément du fonds de commerce créé par la femme doit constituer un intérêt particulier suffisant pour que la femme en conserve l'usage (cf. CA Bordeaux 14-6-1973 : D. 1974.166 note Souleau ; aussi Cass. civ. 16-7-1982 : Bull. civ. II p. 78, selon lequel il n'est pas nécessaire que la femme justifie avoir acquis une notoriété particulière pour être autorisée à conserver le nom de son ex-mari dans sa profession).

Le **nom** commercial peut encore être purement **fantaisiste** (par exemple, Infragel, Uniprix, Natalys, etc.) ou composé de plusieurs noms communs et/ou propres.

Mais le choix d'un **nom – commercial ou de domaine** – ne doit pas être susceptible de créer une **confusion** entre un fonds déjà existant et celui qu'il sert à désigner et, par suite, de constituer un acte de concurrence déloyale ni être motivé par le désir de s'approprier frauduleusement la notoriété acquise par un autre nom (nos 2528 s.). 2516

L'action en concurrence déloyale étant ouverte à celui qui ne peut se prévaloir d'un droit privatif, le caractère original ou distinctif des éléments dont la reprise est incriminée n'est pas une condition de son bien-fondé, mais un facteur susceptible d'être pertinent pour l'examen d'un risque de confusion (Cass. com. 6-12-2016 n° 15-18.470 F-D : RJDA 4/17 n° 297).

La liberté de choix du commerçant comporte par ailleurs les limites suivantes :

a. L'utilisation de certains termes évoquant une **activité réglementée** est interdite si le commerçant ne remplit pas les conditions requises par la loi pour exercer cette activité (établissement de crédit, banque, etc.). En outre, l'usage de certains noms est interdit par la loi ; il en est ainsi notamment de « Croix Rouge » (Loi du 24-7-1913) ou de « chambre de commerce », sauf dérogation (Loi du 12-11-1956 art. 1 s.), de « solde » ou ses dérivés, notamment « solderie » (C. com. art. L 310-3, II).

b. Le propriétaire du fonds ne peut pas choisir un nom commercial susceptible d'**induire le public en erreur.**

À titre d'exemples, il a été jugé qu'avaient cet effet les noms suivants :

– « société » ou « compagnie » pour désigner une entreprise individuelle (CA Aix 26-10-1950 : JCP G 1950.II.5921) ;

– « Agence générale pour les économies d'énergie » qui peut être confondu avec l'Agence pour les économies d'énergie, organisme d'État (T. corr. Lyon 10-9-1982 : Consommateurs Actualité n° 356 p. 15) ;
– « Association française des propriétaires » pour désigner une agence immobilière (TGI Paris 17-5-1976 : JCP G 1979.II.19151 obs. Andréi et Divier) ;
– désignation présentant comme une institution officielle destinée au reclassement des travailleurs handicapés une entreprise en réalité commerciale (CA Toulouse 12-2-1987 : GP 1988.som.94) ;
– utilisation d'un nom de domaine empruntant le nom d'une collectivité territoriale sans qu'une offre effective, en lien avec le territoire concerné, ne soit mise en œuvre, à moins que l'utilisateur justifie d'un intérêt légitime (CA Versailles 14-3-2017 n° 15/08491) ;
– l'emploi de la désignation « société France.com Inc »(CEDH 19-10-2023 n° 35983/22).

La création d'une telle méprise peut donner lieu, indépendamment d'une condamnation à dommages-intérêts, à des poursuites pour **pratique commerciale trompeuse** (sur ce délit, MCC nos 66700 s.).

c. Le commerçant ne peut pas adopter comme nom commercial le **nom patronymique d'un tiers** si cet usage est de nature à nuire au titulaire du nom (cf. Cass. civ. 13-2-1967 : GP 1967.1.259 note Beaumaine ; Cass. civ. 26-5-1970 : D. 1970.520 ; TGI Paris 3-1-1986 : D. 1987.115 note Burst), ce qui est spécialement le cas lorsque le nom est illustre (n° 2534). Mais il faut que l'usage porte sur le nom patronymique lui-même et non sur un vocable différent de ce nom (Cass. com. 9-4-1991 : RJDA 7/91 n° 669).

La loi du 8 fructidor an II qui interdit à une personne de porter un nom et un prénom autres que ceux exprimés dans son acte de naissance ne vise que l'usage du nom en tant que citoyen et non à des fins commerciales (Cass. com. 1-12-1987 : JCP G 1988.II.21081 note Agostini).

Le pseudonyme est aussi protégé comme le nom patronymique (CA Paris 26-3-1990 : LP 1991.39).

Pour ne pas adopter un nom identique ou similaire à celui qu'aurait déjà choisi un tiers, le commerçant agira prudemment en procédant à une **recherche** sur le site Internet de l'Institut national de la propriété industrielle (**Inpi**) : « www.inpi.fr. »

2519 **Appropriation du nom commercial** Le commerçant ne peut obtenir protection de son nom commercial que si ce nom est distinctif et s'il en est devenu propriétaire.

2522 **1. Caractère distinctif du nom commercial.** Le nom commercial n'est susceptible d'appropriation et donc de protection que s'il est suffisamment distinctif et arbitraire.

L'appréciation du caractère arbitraire du nom commercial est une question de fait qui relève du pouvoir souverain des juges du fond (cf. Cass. com. 2-11-1964 : Bull. civ. III p. 417). À titre d'exemple, jugé que ne sont pas distinctifs les noms suivants :
– « Pizza » pour une enseigne de restaurant (CA Paris 24-10-1964 : D. 1965.248) ;
– « Bioesthéticien » pour un laboratoire de biologie esthétique (Cass. com. 2-11-1964 : Bull. civ. III p. 417) ;
– « Compagnie Industrielle de Travaux » car les mots « compagnie » et « travaux » désignent de façon adéquate l'activité exercée par la société (CA Paris 19-3-1965 : Ann. prop. ind. 1966.60) ;
– « Omnisol » pour des revêtements de sol (Cass. com. 2-11-1969 : Bull. civ. IV p. 335) ;
– « Vieux Cahors » pour désigner du vin de Cahors (Cass. crim. 25-10-1970 : Bull. crim. p. 758) ;
– « Le modèle réduit » pour un commerce d'objets miniatures (CA Paris 21-12-1970 : Ann. prop. ind. 1980.133).

En revanche, peuvent être protégés les noms suivants :
– « La Chausséria » pour un magasin vendant des chaussures (Cass. com. 12-7-1976 : Bull. civ. IV p. 203) ;
– « Saint-Lazare Service » pour désigner une entreprise de services intérimaires (CA Paris 15-6-1968 : Ann. prop. ind. 1968.174) ;
– « Développement » pour désigner l'activité de recherche et de sélection de personnel (CA Paris 12-6-1984 : Ann. prop. ind. 1984.252) ;
– « Parfumerie Canebière » pour identifier une parfumerie (CA Aix 21-4-1977 : GP TT 1977-1979 V° Noms commerciaux n° 12, pour une enseigne mais transposable au nom commercial) ;
– « Taxis-Marchandises » pour une entreprise de transport de marchandises (CA Paris 6-1-1977 : JCP G 1978.IV.316) ;
– « Société Générale Européenne Incendie » pour une entreprise de fabrication et de vente de matériel d'incendie, car l'adjectif « Européenne » présente un certain caractère arbitraire et contribue à donner à la combinaison où il s'intègre une part d'originalité (CA Paris 30-5-1968 : Ann. prop. ind. 1968.170) ;
– « SOS-futures mères » pour une association aidant les futures mères, la structure même de l'appellation constituant une originalité (CA Paris 23-3-1987 : D. 1987.IR.105).

2525 **2. Acquisition du nom.** Le nom commercial s'acquiert par le **premier usage personnel et public** ; cet usage résulte d'emplois effectifs du nom, tels que la conclusion sous le nom en cause de contrats et la connaissance dudit nom par les administrations et d'autres entreprises ; l'inscription par un tiers du même nom au registre du commerce, avant que l'utilisateur ne l'ait lui-même inscrit, ne prive pas ce dernier de son droit sur ce nom (Cass. com. 18-6-1996 : RJDA 12/96 n° 1477 ; aussi Cass. com. 29-6-1999 : RJDA 12/99 n° 1400).

Sur l'interdiction de déposer comme marque un nom déjà utilisé : n° 32451.

L'usage doit être continu. Aussi une société qui n'avait pas fait usage du nom commercial qu'elle avait acquis en même temps qu'un fonds de commerce ne peut-elle reprocher à une autre de s'en servir à des fins commerciales (Cass. com. 30-11-1983 : Bull. civ. IV p. 287).

En outre, seul l'usage en France confère au nom commercial protection (CA Paris 29-9-1980 : Ann. prop. ind. 1981.73 ; CA Versailles 22-2-1989 : GP 1989.som.312). En conséquence, l'étranger qui n'a pas fait usage en France de son nom commercial ne peut pas s'opposer à ce qu'une société concurrente dépose une marque reproduisant ce nom (Cass. com. 17-7-1984 : Bull. civ. IV p. 197).

La propriété du nom s'acquiert aussi **avec le fonds de commerce,** à défaut de clause contraire (Cass. com. 26-1-1993 : RJDA 8-9/93 n° 697). Si le nom n'a pas été cédé, son titulaire le conserve lorsqu'il quitte les lieux où son fonds est installé et il peut l'utiliser ailleurs (CA Paris 3-7-1996 : DA 1996.1187, refusant au propriétaire de l'immeuble où le commerce était exercé le droit de conserver le nom de l'ancien locataire, à défaut de location par celui-ci de l'immeuble et du fonds).

Protection du nom commercial L'utilisation du nom commercial d'autrui peut donner lieu à une **action en concurrence déloyale** ou à une action en **abus de droit.** 2528

L'**usurpation** du nom commercial peut aussi être sanctionnée pénalement lorsqu'elle est **réalisée par apposition** du nom **sur un objet** (C. consom. art. L 413-4 et L 451-9).

Le titulaire d'un nom commercial ne peut pas s'établir dans un État membre de la Communauté européenne (devenue Union européenne) avec ce nom s'il présente un risque de confusion avec le nom commercial d'une autre entreprise déjà installée dans ledit État, et si la législation de cet État relative à la protection de la propriété industrielle et commerciale protège le nom commercial le plus ancien (CJCE 11-5-1999 : RJDA 12/99 n° 1417).

Le nom commercial est protégé dans tous les pays liés par la convention d'union de Paris du 20 mars 1883 sans obligation de dépôt ou d'enregistrement, qu'il fasse ou non partie d'une marque (Convention art. 8). Les ressortissants de chacun des pays de l'Union bénéficient de la même protection que les nationaux (Convention art. 2 ; pour une application, CA Paris 17-10-2001 : GP 2002.som.871).

1. Concurrence déloyale. Cette action peut être introduite par le titulaire d'un nom commercial dès lors qu'un tiers fait usage du même nom si, outre les conditions générales de la concurrence déloyale (MCC n°s 12000 s.), il y a **identité ou similitude du nom** susceptible d'entraîner un risque de confusion dans l'esprit de la clientèle. 2531

La même règle est applicable à l'usage des noms de domaine, tant pour protéger le nom de domaine lui-même contre une appropriation (cf. CA Paris 18-10-2000 : RJDA 4/01 n° 521) que pour protéger l'appropriation d'un nom commercial sous la forme d'un nom de domaine (TGI d'Hazebrouck réf. 16-12-1999 : D. 2000.AJ.54 obs. Manara).

La reproduction pure et simple du nom est fréquente lorsqu'un commerçant désigne son fonds de commerce sous son patronyme, alors qu'un homonyme l'utilisait déjà à titre de nom commercial (Cass. com. 5-11-1985 : D. 1987.22 note Burst ; Cass. com. 5-7-1994 : RJDA 12/94 n° 1402). Elle peut aussi résulter du choix par un commerçant du nom patronymique d'un tiers qui exerçait déjà une profession sous son nom (cf. CA Paris 19-4-1974 : D. 1974.495 note Lindon).

Il y a imitation notamment lorsqu'un commerçant adopte une **combinaison de termes** courants se rapprochant de la combinaison déjà choisie précédemment par un concurrent, cette imitation étant susceptible de créer une confusion.

Par exemple, il y a risque de confusion entre « France Service Net » et « France Prestige Service » (CA Paris 12-11-1980 : Ann. prop. ind. 1981.140), « Express Secrétariat Service » et « Express Secrétariat » (CA Paris 18-2-1971 : Ann. prop. ind. 1971.198), « Prop » et « C'Prop » (CA Paris 3-11-1993 : GP 1993.533), mais non entre « Décor Home » et « Expo Décor » (CA Paris 7-2-1972 : Ann. prop. ind. 1972.190), entre « Société Générale Européenne Incendie » et « Société Générale de Protection Incendie » (CA Paris 30-5-1968 : Ann. prop. ind. 1968.170) ou entre l'association du mot « expansion » au sigle « phone » et celle du mot « intervention » au même sigle (TGI Vesoul 4-12-1987 : GP 1989.som.299).

Les **sigles** peuvent aussi être imités et confondus, par exemple lorsqu'ils ont la même consonance (SAQUAB et SACAB : Cass. com. 28-1-1980 : Bull. civ. IV p. 30 ; CIPE et SIPE : CA Paris 28-10-1977 : Ann. prop. ind. 1979.49 ; CEEPRA et SAPRA : Cass. com. 16-7-1991 : RJDA 11/91 n° 922 ; SOMAC et SMAC : CA Paris 22-11-1963 : Ann. prop. ind. 1964.179 ; BUSV ou BVS et BUS : CA Paris 14-5-1964 : D. 1965.241 note Ponsard ; BNF et BNF Diffusion : CA Paris 18-9-1998 : DA 1998.2021).

L'imitation d'un **nom** commercial de **pure fantaisie** peut également être interdite si elle risque de porter à confusion.

Il en est ainsi des noms « Angel » et « Ancel » (CA Paris 17-5-1966 : Ann. prop. ind. 1967.157), « Publimatch » et « Paris-Match » (CA Paris 27-3-1968 : Ann. prop. ind. 1968.141), « Unipa » et « Uniprix » (CA Paris 30-5-1969 : Ann. prop. ind. 1970.118).

En tout état de cause, le nom reproduit ou imité doit servir à désigner une **activité** identique ou **similaire** à celle du titulaire du nom (Cass. com. 16-2-1977 : Bull. civ. IV p. 45 ; Cass. com. 3-4-1979 : Bull. civ. IV p. 96).

Par exemple, sont similaires :
– l'activité d'un agent de publicité et celle d'un périodique faisant de la réclame (CA Paris 27-3-1968 : Ann. prop. ind. 1968.141) ;
– le commerce de vêtements en gros et en détail (CA Paris 8-3-1976 : Ann. prop. ind. 1977.29).

Mais la **protection** du droit d'un commerçant sur son nom commercial est assurée **seulement dans** la **zone géographique** où il exerce son activité (Cass. com. 19-2-1969 : Bull. civ. IV p. 68).

Pour des exemples : CA Paris 12-11-1980 : Ann. prop. ind. 1981.140, relevant que les deux entreprises avaient leur siège dans la région parisienne et que leurs aires d'activité se recouvraient pour l'essentiel ; CA Rouen 30-6-1967 : D. 1967.595, admettant une protection sur l'ensemble du territoire national bien que l'activité de l'entreprise qui avait utilisé le nom commercial pour la seconde fois soit limitée à une région.

En revanche, deux établissements portant le même nom et établis dans la même ville ne se font pas concurrence, dès lors que l'un est situé au centre et l'autre à la périphérie (Cass. com. 22-3-1988 : Bull. civ. IV p. 85).

2534 **2. Abus de droit.** L'usage d'un **nom** commercial **notoire** peut être interdit, même pour désigner un fonds de commerce ayant une activité différente. Mais, dans ce cas, l'interdiction d'emploi est fondée sur l'abus de droit (cf. Cass. com. 27-5-1986 : D. 1986.526 note Durrande, utilisation dans une dénomination sociale mais transposable). En effet, l'utilisation d'un tel nom constitue un comportement contraire à la sécurité commerciale (Cass. com. 6-1-1969 : D. 1969.456).

Il y a notamment abus lorsqu'un commerçant choisit comme nom commercial un nom patronymique **rare ou célèbre** pour bénéficier du prestige qui y est attaché en amenant le public à croire que c'est le titulaire du patronyme qui exploite en réalité le fonds. Par exemple, un entrepreneur ne peut pas utiliser les noms suivants à des fins commerciales :
– « Noailles » (CA Paris 21-3-1973 : Ann. prop. ind. 1974.154) ;
– « Toulouse-Lautrec » (TGI Bordeaux 10-6-1963 : JCP G 1963.II.13421 note Vivez) ;
– « Luynes » (CA Paris 24-1-1962 : D. 1962.639) ;
– « Kalachnikov » (TGI Paris 9-9-2011 n° 10/00171 : GP 2011.jur.3564).

Mais l'utilisation du nom « Negresco » a été admise car ce nom n'était pas, à l'époque des faits litigieux, connu dans la majeure partie du public en tant que nom patronymique (Cass. com. 28-4-1987 : Bull. civ. IV p. 75).

2537 **3. Mesures de protection.** La protection du nom commercial contre tout risque de confusion implique l'interdiction de toute utilisation quel que soit le support utilisé (CA Paris 7-4-1995 : RJDA 11/95 n° 1312).

L'utilisation d'un nom imité ne peut être interdite par le juge des référés qu'autant que l'imitation a un caractère manifeste et a provoqué l'erreur de la clientèle ainsi que l'imminence d'un danger (Cass. com. 24-6-1986 : Bull. civ. IV p. 120).

Lorsque le nom commercial est le nom patronymique du commerçant, le juge ne peut pas s'opposer à ce choix, mais en cas de risque de confusion avec le nom commercial d'un tiers, il peut subordonner le second usage de l'homonyme à des **précautions** permettant de distinguer la nouvelle entreprise de l'ancienne.

Par exemple, le juge peut ordonner l'adjonction au patronyme soit du prénom du nouvel entrepreneur (Cass. com. 5-11-1985 : D. 1987.22 note Burst), soit du lieu où il exerce son activité (TGI Paris 4-7-1984 : D. 1985.293 note S.M.-P.), soit de l'objet de son activité en termes apparents (CA Paris 13-10-1962 : Ann. prop. ind. 1963.228).

AUTRES ÉLÉMENTS INCORPORELS DU FONDS DE COMMERCE

2545 Outre le nom commercial, tous les éléments qui servent à drainer la clientèle font partie du fonds de commerce ; ce sont :

– l'enseigne (CA Lyon 29-1-1951 : D. 1951.191) : définie à l'article L 581-3, 2° du Code de l'environnement, elle est le signe, qui peut correspondre ou non à une marque, apposé sur la façade d'un établissement pour distinguer celui-ci des autres établissements (CA Rouen 27-1-1994) ; un signe n'a valeur d'enseigne que si son utilisation est continue, sérieuse et non sporadique (CA Paris 21-1-1998 : RDPI 1998 n° 88 p. 41 : rejet d'un signe utilisé quelques jours par an) et s'il est situé sur le lieu où le titulaire exerce son activité (Cass. com. 2-12-2020 n° 18-20.251 F-D : RJDA 3/21 n° 198) ; néanmoins, les drapeaux sur mats installés sur le parking d'un magasin pour le signaler constituent des enseignes, peu importe leur distance par rapport à l'entrée du magasin (CE 28-2-2020 n° 419302 : RJDA 5/20 n° 293) ; l'enseigne étant liée au fonds, le locataire-gérant ne peut pas la modifier sans le consentement écrit du bailleur (CA Rouen 27-1-1994 précité) ni l'en détacher au terme de son contrat (CA Lyon 29-1-1951 précité) ;

Sur l'impossibilité de tenir l'enseigne comprenant un nom patronymique comme valant identification d'une personne juridique, cf. CA Aix 25-5-2011 n° 10/11407 : DMF 2011.973 obs. Tassel.

– les fichiers de clients réels ou potentiels (CA Grenoble 15-2-1995 : GP 1996.som.7 note Guitard) ;
– la jouissance du numéro de téléphone (T. com. Grenoble 18-9-1991 : PA 1er octobre 1994 p. 4) ;
– les marques ;

– les brevets d'invention ;
– les droits de propriété littéraire et artistique et droits de reproduction et de publication ;
– les logiciels ;
– les dessins et modèles.

Les récompenses industrielles (prix ou médaille) font également partie du fonds de commerce (cf. Loi du 8-8-1912 art. 3, al. 7).

Droit au bail Le droit au renouvellement du bail fait partie du fonds de commerce appartenant au locataire et se trouve cédé avec le fonds (sur ce droit, n°s 5600 s.). 2548

Mais lorsque le propriétaire du fonds de commerce est aussi propriétaire de l'immeuble dans lequel le fonds est exploité, le fonds ne comporte pas de droit au bail, celui-ci ne constituant pas, de plein droit, un élément nécessaire du fonds de commerce (Cass. com. 27-4-1993 : RJDA 11/93 n° 896) ; l'acquéreur du fonds ne peut donc pas se le faire attribuer sans l'accord du propriétaire de l'immeuble (Cass. civ. 8-12-1964 : GP 1965.1.250).

Ainsi jugé que :

– le Trésor qui fait procéder à la vente du fonds de son débiteur, propriétaire de l'immeuble dans lequel le fonds est exploité, ne peut pas demander qu'un bail soit consenti à l'adjudicataire (CA Rouen 31-1-1958 : D. 1958.398 ; CA Lyon 12-3-1959 : GP 1959.2.15) ;

– un cohéritier acquéreur d'un fonds indivis qu'il exploite dans un immeuble successoral ne peut se faire attribuer un droit au bail (TGI Béthune 6-3-1962 : D. 1962.754) ;

– si un fonds de commerce commun est exploité dans un immeuble propre à l'un des époux, il n'est pas possible de prévoir, en cas de licitation, dans le cahier des charges une clause concédant un bail à l'adjudicataire sans l'autorisation du propriétaire de l'immeuble (Cass. civ. 25-11-1957 : D. 1958.389).

En revanche, le bénéficiaire de l'attribution préférentielle d'une entreprise commerciale peut obtenir non seulement l'attribution du fonds mais aussi celle de l'immeuble dans lequel le fonds est exploité (CA Pau 3-7-1963 : JCP G 1963.II.13427 obs. Voirin), car il est attributaire de l'entreprise et non pas seulement du fonds de commerce, tandis que l'attributaire du fonds seul ne peut pas se faire accorder le droit au bail (Cass. civ. 11-6-1968 : D. 1969.1 note Voirin).

AUTORISATIONS ADMINISTRATIVES

Les autorisations administratives qui sont délivrées en fonction de l'activité exercée par le commerçant font partie du fonds de commerce, sauf celles qui sont délivrées à un commerçant en raison de ses qualités personnelles (par exemple, commissionnaires en douane ou auprès des bourses de commerce, entreprises de spectacles). 2555

Sur la cessibilité des autorisations administratives, n° 12529.

ÉLÉMENTS CORPORELS DU FONDS DE COMMERCE

Matériel Le matériel qui est composé des objets mobiliers nécessaires à l'exploitation du fonds (machines, outils, véhicules, mobilier) fait partie du fonds de commerce, sauf le matériel affecté à l'exploitation par le commerçant lorsque celui-ci est propriétaire des locaux puisque le matériel est devenu un immeuble par destination (Cass. com. 31-3-2009 n° 08-14.180 : RJDA 3/10 n° 286 ; Cass. com. 12-11-2020 n° 17-31.713 F-D : RJDA 4/21 n° 223 ; n°s 56283 s.). Est par exemple incluse dans le fonds de commerce une hotte de cuisine installée par le vendeur d'un fonds de commerce qui n'est pas propriétaire du fonds, la hotte n'étant dans ce cas pas un immeuble par destination (Cass. com. 12-11-2020 n° 17-31.713 précité). 2560

De même, les lignes téléphoniques et installations techniques mises à la disposition du commerçant par France Télécom demeurent la propriété de cet établissement et ne font pas partie du fonds de commerce (cf. T. com. Châtillon-sur-Seine 18-11-1949 : D. 1950.224).

En cas de cession ou de location du fonds, l'acheteur ou le locataire peut, lorsqu'il poursuit la même activité que son prédécesseur, demander à conserver le numéro d'appel sous lequel l'entreprise était connue des clients (Rép. Destremau : JO Déb. AN 24-6-1972 p. 2846 ; T. com. Grenoble réf. 18-9-1991 : PA 1er octobre 1994 p. 4, reconnaissant même que le fonds de commerce comprend la jouissance du numéro de téléphone).

Les agencements d'un magasin qui ne sont que du mobilier commercial servant à l'exploitation du fonds constituent du matériel, distinct du droit au bail, dont la valeur n'est pas incluse dans celui-ci au titre de l'équipement des lieux loués mais dans celle du fonds (Cass. com. 9-10-1990 : RJDA 1/91 n° 1).

Marchandises Les marchandises sont les biens qui, selon l'activité de l'entreprise, sont destinés à la vente en l'état ou après transformation. Elles font partie du fonds de commerce mais ne sont pas un élément essentiel de celui-ci. 2563

Une même chose peut être, selon qu'elle est ou non destinée à la vente ou selon qu'elle entre ou non dans la composition du bien vendu, considérée comme une marchandise ou comme un matériel servant à l'exploitation du fonds de commerce. Par exemple : le bois brut est une marchandise s'il est intégré dans le bien vendu, et il est du matériel s'il sert simplement de combustible pour la fabrication du bien ; les emballages livrés avec leur contenu constituent des marchandises alors que ceux qui sont consignés sont du matériel ; un véhicule constitue une marchandise lorsqu'il est destiné à la vente et du matériel pour une entreprise de location de véhicules.

2. EXISTENCE DU FONDS DE COMMERCE

2601 **Naissance du fonds de commerce** Il est **important de déterminer la date de création** du fonds pour les raisons suivantes :

– les dispositions spéciales concernant la vente ou le nantissement du fonds ne sont applicables qu'à un fonds déjà existant ;

– le commerçant ne peut pas prétendre au renouvellement de son bail tant qu'il n'existe pas un fonds exploité dans les lieux loués (nos 4055 s.) ;

– lorsque le commerçant est marié sous le régime de la communauté légale, le fonds qu'il a créé avant le mariage est un bien propre, celui créé après est commun (C. civ. art. 1401).

L'immatriculation d'un époux au registre du commerce obtenue avant le mariage n'apporte pas la preuve de l'antériorité par rapport à celui-ci de la création dudit fonds qui, partant, est commun (Cass. civ. 18-4-1989 : Bull. civ. I p. 101 ; toutefois CA Rennes 29-7-1987 : JCP G 1989.II.21249 note Martin, jugeant que l'immatriculation au registre du commerce sous le nom d'un époux constitue une présomption simple de propriété).

Le fonds de commerce acquis pendant la communauté mais incorporé au fonds acquis avant le mariage, le tout étant exploité sous un seul numéro d'immatriculation au registre du commerce, constitue un bien propre au titre d'accessoire du fonds propre (Cass. civ. 2-5-1990 : JCP G 1991.II.21750 note Simler).

2603 **Localisation du fonds** Le fonds de commerce est en principe situé au **lieu d'exploitation** ouvert à la clientèle.

Le lieu de l'exploitation s'entend non « du lieu, parfois indéterminé et instable, où le propriétaire du fonds concentre la direction intellectuelle de l'entreprise, mais du lieu où se réalise objectivement à la connaissance du public la mise en valeur des divers éléments soit corporels, soit incorporels dont l'ensemble constitue le fonds de commerce » (Cass. civ. 20-7-1938 : DP 1939.1.31 note Montier : le lieu d'exploitation d'un hôtel ne correspondait pas au lieu du siège social de la société propriétaire).

Le fonds est aussi, le cas échéant, localisé dans les établissements permanents ayant la même activité, dits succursales ou agences, ouverts en différents lieux, en France ou à l'étranger.

L'existence du fonds est déterminée par la loi du lieu où il est situé et non par la loi personnelle de celui qui l'exploite (Cass. req. 9-11-1891 : DP 1892.519 et Cass. req. 5-1-1909 : DP 1909.1.257 : à propos de la perception des droits d'enregistrement).

2606 **Disparition du fonds** Le fonds de commerce cesse d'exister dès lors qu'il n'y a plus de clientèle effective à exploiter (Cass. com. 9-7-2019 n° 18-12.373 F-D : RJDA 10/19 n° 625 ; cf. Cass. com. 17-12-2013 n° 12-22.167 : RJDA 4/14 n° 330). La disparition de la clientèle peut résulter notamment de l'expropriation de l'immeuble dans lequel le fonds était exploité (Cass. 3e civ. 20-3-2013 n° 11-28.788 : RTD com. 2013.227 obs. Saintourens) ou de la fermeture administrative du fonds (Cass. com. 20-1-1960 : JCP G 1960.II.11774 obs. Legeais) ; mais le fonds subsiste lorsque la clientèle peut survivre ; il en est ainsi :

– en dépit de la cession du droit au bail, dès lors que, compte tenu de la nature et de l'activité d'une entreprise, la clientèle et la licence de fabrication sont bien plus vitales que le lieu d'implantation des ateliers de fabrication (Cass. com. 3-3-1992 : RJDA 6/92 n° 578) ;

– en dépit de sa fermeture ou suspension pour défaut provisoire d'exploitation, car la cessation temporaire d'activité n'implique pas en elle-même la disparition de la clientèle si les juges constatent que la clientèle s'est naturellement reconstituée dès la réouverture du fonds au public (Cass. 3e civ. 15-9-2010 n° 09-68.521 : RJDA 1/11 n° 15) ou peut se reconstituer (Cass. com. 3-6-2014 n° 13-21.345 : RJDA 7/15 n° 485 ; rappr. Cass. com. 29-1-2013 n° 11-28.690 : RJDA 6/13 n° 475) ;

– en dépit de son déplacement, dès lors que sa localisation, compte tenu de sa nature et de son activité, ne constitue pas une condition de sa survie (Cass. com. 6-10-1998 : RJDA 1/99 n° 97) ;

– en dépit de l'incendie ayant détruit l'immeuble abritant le fonds, la clientèle liée à l'emplacement et à l'enseigne demeurant (Cass. com. 20-10-1998 : RJDA 1/99 n° 27) ;

– si l'immeuble abritant le fonds n'a pas été entièrement détruit et si l'activité peut être reprise après un délai de huit mois nécessaire à l'accomplissement des travaux de remise en état des lieux (Cass. com. 24-3-1998 : RJDA 8-9/98 n° 980).

Exclusion de la qualification de « commerce » Les « dark stores » et les « dark kitchen » ne sont pas des commerces mais des entrepôts (CE 23-3-2023 nº 468360). 2609

B. Vente du fonds de commerce

RÉGLEMENTATION APPLICABLE

La vente du fonds de commerce est soumise non seulement au droit commun de la vente (nºs 26500 s.) et des actes de commerce (nºs 188 et 505), mais aussi à des règles particulières (C. com. art. L 141-2 s. et R 141-1 s.). Ces dernières visent, d'une part, à garantir au profit de l'acheteur la consistance du bien vendu qui est par nature incertaine et mouvante et, d'autre part, à assurer la protection des créanciers du vendeur. 2700

La vente du fonds ne peut pas, à supposer que le contrat soit international, être soustraite à ces dispositions en raison de leur caractère d'ordre public, spécialement dans leurs dispositions protectrices des créanciers (Cass. civ. 28-6-1966 : Bull. civ. I p. 301, admettant la liberté de choix de la loi mais considérant que la loi choisie est la loi française).

La propriété du fonds est transmise par la vente, pourvu que le vendeur en soit le propriétaire lui-même.

Aucune disposition légale ou réglementaire ne fixe les modalités de preuve de la propriété d'un fonds de commerce. Selon le droit commun de l'établissement de ce droit (nºs 30013 s.), la propriété est reconnue à celui qui présente « les présomptions de propriété les meilleures et les plus caractérisées » (Cass. civ. 3-6-1981 : D. 1982.IR.183 obs. Robert).

Ainsi, l'adjudicataire de l'immeuble dans lequel l'ancien propriétaire exploitait le fonds lui appartenant peut exploiter le fonds en vertu du droit à la jouissance de l'immeuble qu'il a acquis par l'adjudication (Cass. com. 31-3-2009 nº 08-14.180 : Bull. civ. IV nº 47, reconnaissant à l'adjudicataire le droit de réclamer le remboursement des acomptes reçus au titre des réservations de chambres du fonds d'hôtellerie).

INTERVENTION D'UN TIERS

Afin de se prémunir contre les risques d'annulation de la vente, les parties ont fréquemment recours à un **professionnel,** chargé de rédiger l'acte de vente. Cet intervenant, en raison de sa qualité de professionnel, est astreint à une obligation de conseil particulièrement stricte. Il est tenu en outre à une obligation d'information dans les conditions définies aux nºs 11834 s. 2702

Pour des cas où la responsabilité d'un intervenant s'est trouvée engagée en raison d'un manquement à l'obligation de conseil : Cass. civ. 1-10-1986 nº 84-13.800 : JCP G 1987.II.20825 note Viandier ; Cass. 1e civ. 20-12-2007 nº 06-20.147 : RJDA 4/08 nº 391 ; Cass. 1e civ. 25-2-2010 nº 09-11.591 : RJDA 5/10 nº 489 ; Cass. 1e civ. 11-9-2013 nº 12-24.812 : RJDA 1/14 nº 24. Sur sa responsabilité solidaire avec le vendeur pour inexactitudes des énonciations de ce dernier, nº 2739.

Sur les obligations propres aux agents immobiliers qui servent d'intermédiaires dans les ventes de fonds de commerce, MGI nºs 90000 s.

1. CONCLUSION DE LA VENTE DU FONDS DE COMMERCE

PROMESSE DE VENTE

La vente du fonds de commerce est fréquemment précédée d'une promesse de vente, laquelle obéit aux règles exposées aux nºs 11908 s. 2703

Les promesses **unilatérales** de vente doivent, à peine de nullité, être constatées par un acte authentique ou un **acte** sous signature privée **enregistré** dans le délai de dix jours à compter de la date de leur acceptation par le bénéficiaire (C. civ. art. 1589-2 ; Cass. 3e civ. 14-4-2010 nº 06-17.347, précisant que la promesse par acte authentique n'est pas soumise à enregistrement).

VALIDITÉ DE LA VENTE

Consentement En pratique, seules les actions en nullité pour **dol,** en raison de la dissimulation d'un fait déterminant pour la valeur du fonds, sont fréquentes (Cass. com. 20-6-1995 : RJDA 12/95 nº 1321 ; Cass. com. 7-1-1997 : RJDA 4/97 nº 465 ; Cass. com. 18-6-2002 nº 1196 : RJDA 12/02 nº 1223 ; Cass. com. 13-11-2013 nº 12-18.016 : RJDA 3/14 nº 208 ; pour des absences de dol, Cass. com. 7-6-2011 nº 10-13.622 : RJDA 8-9/11 nº 691 ; Cass. com. 30-5-2012 nº 11-19.594 : RJDA 10/12 nº 839 som.). 2710

L'acquéreur victime du dol a droit à indemnisation pour la valeur supplémentaire qu'il a donnée au fonds (Cass. com. 7-3-1995 nº 484 : RJDA 8-9/95 nº 965). Il a également droit à une indemnisation de la part du dirigeant de la société cédante si celui-ci a commis une faute détachable de ses fonctions en se livrant à des manœuvres et réticences dolosives lors de la cession du fonds (Cass. com. 4-11-2020 n° 18-19.747 F-D : RJDA 2/21 n° 97) ; sur l'indemnisation des plus-values en cas de restitution depuis le 1er octobre 2016, n° 16137.

Sur le dol pouvant tenir à l'inexactitude d'une énonciation du vendeur, n° 2736.

2713 **Chose vendue** Pour qu'il y ait réellement vente du fonds de commerce au sens des articles L 141-2 à L 143-23 du Code de commerce, il faut que les **éléments essentiels** du fonds, notamment la clientèle, soient **cédés** (Cass. com. 2-6-1980 : GP 1980.pan.554 ; Cass. com. 31-5-1988 : Bull. civ. IV p. 126). Mais, compte tenu de la spécificité de l'activité, un matériel très spécial peut constituer l'élément déterminant du fonds (CA Rouen 28-2-1991).

Il s'ensuit qu'il n'y a pas vente d'un fonds si sont exclus de la cession le matériel, les marchandises et le nom commercial (CA Paris 9-6-1987 : D. 1987.IR.163) ou si la clientèle n'est pas principalement le fruit de la réunion des éléments constitutifs de l'exploitation d'un fonds mais résulte d'un monopole de fait (Cass. com. 3-2-1970 : D. 1970.586).

À l'inverse, il y a vente d'un fonds de commerce :

– dès lors que le cessionnaire a bénéficié de la clientèle du cédant, a exercé son activité sous la même enseigne et dans les locaux précédemment utilisés par le cédant et qu'il a vendu ses produits sous la même marque (Cass. com. 26-1-1976 : Bull. civ. IV p. 28 ; rapprocher, sur l'existence de l'apport d'un fonds de commerce à une société, MSC n° 2053) ;

– en cas de cession par un boulanger de son « point de vente composé d'un magasin d'exposition et de vente avec installation intérieure et accessoires divers » assortie d'une cession d'un droit au bail et d'une cession de clientèle aux acquéreurs eux-mêmes boulangers (Cass. com. 2-4-1974 : Bull. civ. IV p. 95) ;

– si la clientèle attachée aux éléments cédés disparaît à la suite de la cession en raison du changement d'activité (Cass. com. 10-3-1970 : D. 1970.586 ; Cass. civ. 18-10-1989 : GP 1990.413 note Barbier) ou si, en raison de la situation du local, la clientèle existe, peu important alors que le matériel et les marchandises n'aient pas été cédés (Cass. com. 1-2-1984 : D. 1984.IR.299) ;

– en cas de cession de la totalité du matériel et des travaux en cours (Cass. com. 18-1-1984 : Bull. civ. IV n° 25) ;

– même en cas de cession de clientèle détachée du reste du fonds, dès lors que cette cession est accompagnée des éléments indispensables à son exploitation (Cass. com. 10-6-1986 n° 84-17.711 : Bull. civ. IV n° 121 : cession par une entreprise de gardiennage d'un de ses clients, avec mise à disposition du cessionnaire du personnel nécessaire à l'exécution de la tâche de surveillance ainsi que des moyens matériels pour l'exercer).

À défaut de précision contraire dans l'acte, **tous les éléments** qui sont indispensables à l'existence de la clientèle, sans laquelle il n'y a pas de fonds, font partie intégrante de la cession du fonds ; tel est le cas notamment de la licence d'exploitation d'un débit de boissons (Cass. com. 26-4-1984 : Bull. civ. IV p. 114), du nom commercial (Cass. com. 26-1-1993 : RJDA 8-9/93 n° 697), du droit au bail si le fonds est exploité dans un local essentiel à cette exploitation et pris à bail (Cass. com. 26-10-1993 : RJDA 2/94 n° 152 ; rappr. Cass. 3e civ. 9-9-2014 n° 13-19.753 : BRDA 19/14 inf. 11), de l'enseigne (CA Poitiers 17-12-1929 : GP 1930.1.570 ; CA Paris 25-10-2000 : RJDA 2/01 n° 141), voire de l'histoire familiale du fonds, sous réserve pour l'acquéreur qui s'en prévaut de ne pas créer un risque de confusion entre son activité et celle des membres de la famille restés actifs dans le même domaine (Cass. com. 13-10-2021 n° 19-20.504 FS-B : RJDA 8-9/22 n° 525).

2716 En revanche, sont **exclus de la vente** du fonds, sous réserve des précisions ci-après :

a. Les **créances du vendeur,** sauf clause particulière en prévoyant expressément la transmission à l'acquéreur (Cass. com. 4-3-2008 n° 07-11.642 : RJDA 6/08 n° 632).

La clause prévoyant la cession des créances du vendeur est opposable aux tiers et au débiteur cédé dans les conditions exposées au n° 14203 si la vente du fonds a été conclue avant le 1er octobre 2016 (sur cette date, n° 10000), et aux nos 14218 s. si elle a été conclue depuis cette date.

b. Les **actions en justice** dont peut se prévaloir le cédant ; sauf transfert expressément admis au profit de l'acquéreur, le cédant peut agir en concurrence déloyale pour des faits qui se sont produits du temps où le fonds était en sa possession (Cass. com. 25-1-2000 : RJDA 6/00 n° 644 ; Cass. com. 3-6-2008 n° 06-21.862 : RJDA 12/08 n° 1250) et se prévaloir d'une constitution de partie civile (cf. Cass. crim. 7-3-2023 n° 21-83.785 F-D).

c. Les **livres de commerce** qui sont attachés à l'exploitant sur lequel pèse l'obligation de les tenir (n° 500).

d. Les **contrats** conclus par le vendeur **avec ses fournisseurs et les acquéreurs de ses produits** ou services (Cass. com. 19-10-2022 n° 21-16.169), sous réserve des conditions ci-après exposées.

Ainsi, n'ont pas été poursuivis de plein droit : les contrats liant le vendeur aux distributeurs de ses produits ou services car les distributeurs ne sont pas des clients du fonds mais les cocontractants du vendeur (CA Paris 30-6-1994 : RJDA 2/95 n° 130 ; rappr. Cass. com. 23-1-2007 n° 76 : RJDA 5/07 n° 574) ; la relation commerciale établie entre le propriétaire du fonds vendu et un partenaire commercial avec le cessionnaire de ce fonds (Cass. com. 15-9-2015 n° 14-17.964 : RJDA 11/15 n° 785) ; les mandats confiés à un agent immobilier avec l'acquéreur du fonds de l'agent (Cass. com. 28-6-2017 n° 15-17.394 FS-PBI : RJDA 11/17 n° 747).

Les contrats ne sont **transférés** à l'acquéreur **que si** les parties en conviennent ou si la loi l'impose.

Le **transfert conventionnel** n'est effectif qu'en vertu d'une clause expresse (Cass. 3e civ. 7-12-2005 n° 04-12.931 : RJDA 7/06 n° 766 ; Cass. com. 25-10-2023 n° 21-20.156 F-B : BRDA 22/23 inf. 11) et si les **conditions** suivantes sont réunies :

– l'acquéreur doit en principe avoir expressément accepté le transfert des contrats (Cass. com. 3-10-2006 n° 1096 : RJDA 2/07 n° 140), ce qui résulte notamment d'une clause qui met à la charge de l'acquéreur l'obligation de faire son affaire personnelle de la poursuite ou de la résiliation des contrats souscrits par le cédant et en cours d'exécution et de faire en sorte que le cédant ne puisse pas être inquiété en raison de l'exécution de ces contrats (pour un exemple, Cass. com. 18-9-2007 n° 05-20.708 : RJDA 12/07 n° 1214) ; l'acceptation de l'acquéreur peut, toutefois, être tacite s'il est établi qu'il a exécuté le contrat conclu par le vendeur dans des conditions propres à caractériser son acceptation non équivoque de ce contrat (Cass. com. 4-5-2010 n° 09-13.118 F-D : RJDA 7/10 n° 737 ; pour une acceptation non établie : Cass. com. 24-6-1997 n° 1580 : RJDA 11/97 n° 1334) ;

Réciproquement, l'acquéreur peut se prévaloir des contrats s'il a manifesté son intention de les reprendre ; ce n'est pas le cas lorsqu'un matériel pris en location par le vendeur a été laissé installé par ce dernier après son départ, même si l'existence de ce matériel a été mentionnée dans l'inventaire des biens cédés (Cass. com. 24-6-1997 précité).

– le cocontractant du vendeur doit avoir accepté d'exécuter le contrat au profit de l'acquéreur (Cass. 1e civ. 2-6-1992 n° 90-17.499 : JCP 1992.I.3632 obs. Billau ; Cass. com. 3-10-2006 n° 1096 : RJDA 2/07 n° 140 ; Cass. 1e civ. 30-4-2009 n° 08-11.093 : D. 2009.2400 note Andrieu ; CA Paris 3-10-2019 n° 17/09280) ; l'acceptation est valable même si le cocontractant avait conclu le contrat en considération de la personne du cédant (Cass. com. 7-1-1992 : RJDA 3/92 n° 225 ; Sentence CCI n° 7983 en 1996 : Clunet 2002.1085 obs. Jarvin) ;

Le cocontractant cédé a valablement consenti si son accord a été donné par anticipation dans le contrat conclu avec le cédant (C. civ. art. 1216 ; Cass. com. 5-5-2015 n° 14-15.138 : RJDA 10/15 n° 624).
Sur le sort de l'engagement d'approvisionnement exclusif, n° 21560.

– le vendeur n'est libéré de ses obligations contractuelles envers son cocontractant, qui peut être son créancier ou son débiteur, que si celui-ci a formellement consenti à le libérer (Cass. com. 27-1-1998 n° 95-12.034 : RJDA 6/98 n° 718, à propos de l'apport d'un fonds mais transposable ; CA Paris 3-10-2019 précité). Ce n'est pas le cas lorsqu'une clause de cession du fonds prévoit que « les créances et la totalité des dettes générées par l'activité du cédant sont transmises à l'acquéreur », car il ne résulte pas de cette clause que le cocontractant du vendeur a accepté le transfert des créances et des dettes à l'acquéreur du fonds (Cass. 1e civ. 30-4-2009 n° 08-11.093 précité). La clause de transfert des dettes du vendeur nées du contrat, ne peut lui être opposable que si le contrat de cession du fonds lui a été notifié ou s'il en a pris acte (n° 14306) ; réciproquement, un tiers ne peut se prévaloir de la créance du vendeur sur son cocontractant, que si le contrat de cession lui a été notifié ou s'il en a pris acte (n° 14221).

Si le **cocontractant cédé** n'a **pas accepté la cession** des contrats, celle-ci lui est néanmoins opposable si l'acquéreur a accompli envers lui les formalités de l'article 1690 du Code civil (nos 14286 s.), ce qui lui permettra d'obtenir le paiement de la créance que le vendeur détenait sur ce cocontractant, le cas échéant.

La **loi impose la transmission** à l'acquéreur des contrats suivants, même si le contrat de cession ne le prévoit pas :

– le droit au bail soumis au statut des baux commerciaux (nos 5006 s.), y inclus le droit à l'indemnité d'éviction tant que celle-ci n'a pas été payée au locataire (n° 6300) ;

– les contrats de travail en cours (C. trav. art. L 1224-1) ;

– les contrats d'assurance (n° 18019) ;

– les contrats d'édition (n° 34846).

Prix Le prix doit être **sincère,** c'est-à-dire entièrement exprimé dans l'acte de vente. La sincérité du prix revêt une particulière importance en matière de vente du fonds de commerce car la **dissimulation** entraîne : 2719

– d'une part, la **nullité de la contre-lettre** prévoyant un prix complémentaire (C. civ. art. 1202, al. 2) ; l'acheteur est en droit de se prévaloir de la nullité alors même qu'il aurait été responsable (Cass. civ. 25-6-1985 : D. 1986.212 note Agostini) ;

Par transposition des solutions appliquées aux ventes d'immeubles soumises aux dispositions équivalentes antérieures à l'article 1202 (ex-art. 1321-1) susvisé, il s'ensuit que :
– seule la convention secrète est annulée, l'acte ostensible restant valable, même si les deux conventions sont indivisibles (Cass. ch. mixte 12-6-1981 n° 78-14.971 : D. 1981.413 concl. Cabannes) ;
– le vendeur ne peut obtenir paiement de la lettre de change que l'acheteur a acceptée en règlement de la somme dissimulée car il peut lui opposer la nullité de la lettre pour illicéité, alors même qu'il aurait

été responsable de la dissimulation du prix (Cass. civ. 25-6-1985 n° 84-13.160 : D. 1986.212 note Agostini) ; de même, il ne peut obtenir paiement de l'acheteur qui a réglé cette somme par un chèque sans provision (Cass. 3e civ. 10-1-2012 n° 10-18.881 : RJDA 4/12 n° 371) ;

– si la somme dissimulée a déjà été versée par l'acquéreur, celui qui l'a reçue doit la lui restituer (Cass. 1e civ. 16-10-1967 : D. 1967.725 note Breton) ;

– le prix doit être diminué du montant des contrats résiliés mentionnés dans une annexe (Cass. com. 13-12-2023 n° 22-10.477 F-D) ;

– d'autre part, des **sanctions** pénales (CGI art. 1837) et fiscales (art. 1727, III et 1729, b).

INTÉRÊT D'ÉTABLIR LA VENTE PAR ÉCRIT

2725 La vente du fonds de commerce peut, comme toute vente, valablement être conclue **sans écrit** (pour un exemple d'accord verbal, Cass. com. 7-7-1983 : D. 1983.IR.490).

Toutefois, les promesses unilatérales de vente doivent, à peine de nullité, être constatées par un acte authentique ou un acte sous signature privée enregistré (n° 2703).

Il n'en reste pas moins que les contrats de vente du fonds de commerce sont pratiquement toujours établis par écrit, parfois sous la forme d'un acte authentique (Cass. com. 7-9-2022 n° 21-12.602 FB : RJDA 12/22 n° 721) et qu'il est de l'intérêt des parties d'adopter cette solution pour les raisons suivantes :

1. Si, comme il arrive souvent, le prix n'est pas payé intégralement au comptant, le vendeur, pour conserver son **privilège,** doit présenter un acte enregistré (n° 2908).

2. La **transmission** des biens soumis à publicité (n° 2760) suppose un écrit.

La vente constituant un acte de commerce, l'acte fait foi de sa date par lui-même, sauf à apporter par tout moyen la **preuve** contraire (Cass. com. 17-3-1992 : RJDA 7/92 n° 787).

CONTENU DE L'ACTE DE VENTE

2730 **Abrogation des dispositions relatives aux mentions obligatoires** Aucun texte n'impose au vendeur **d'énoncer dans l'acte de vente** les mentions qui étaient limitativement énumérées à l'ancien article L 141-1 du Code de commerce (informations sur le précédent vendeur, état des privilèges et nantissements grevant le fonds, chiffres d'affaires et résultats d'exploitation réalisés par le vendeur au cours des trois derniers exercices, conditions du bail le cas échéant). Il est néanmoins conseillé à l'acheteur, pour prévenir d'éventuels contentieux relatifs au fonds de commerce, de demander au vendeur de lui indiquer ces mentions dans l'acte de vente.

2736 **Inexactitude des énonciations du vendeur** Le **vendeur** est **garant** envers l'acheteur de l'**inexactitude** de ses énonciations dans les conditions édictées par les articles 1644 et 1645 du Code civil (C. com. art. L 141-3, al. 1 ; sur ces conditions, nos 27225 et 27250). Si cette inexactitude est assimilée à un vice caché (Cass. civ. 3-7-1996 n° 94-16.196 P : RJDA 1/97 n° 35), elle ne constitue pas en tant que tel un vice caché (Cass. com. 11-1-2017 n° 15-22.382 : RJDA 4/17 n° 239). À notre avis, ce serait ajouter à la loi que de soumettre l'inexactitude aux articles 1641 à 1649 du Code civil, l'article L 141-3, al. 1 précité ne renvoyant à l'application que des articles 1644 et 1645 du Code civil qui déterminent les sanctions du vice caché ; la constatation d'une inexactitude suffit donc pour entraîner leur application.

Il y a par exemple inexactitude lorsque sont indiqués des résultats approximatifs, tels que les bénéfices forfaitaires fiscaux à la place des bénéfices réels (Cass. com. 29-4-1997 : RJDA 8-9/97 n° 1030).

En cas de vente partielle du fonds, les mentions sont inexactes si elles sont relatives à plusieurs fonds et ne se rapportent pas exclusivement au fonds vendu (Cass. com. 31-3-1992 : RJDA 7/92 n° 696).

La garantie du vendeur ne peut être restreinte ou écartée par une clause du contrat (C. com. art. L 141-3, al. 1).

En conséquence, la clause par laquelle l'acquéreur s'oblige à prendre le fonds dans l'état où il se trouve sans pouvoir exiger aucune indemnité ou diminution de prix pour quelque cause que ce soit ne l'empêche pas d'agir en garantie contre le vendeur (Cass. com. 26-6-1973 : Bull. civ. IV p. 201).

L'acheteur doit prouver que les mentions sont inexactes et que l'inexactitude ainsi constatée a déterminé son consentement (Cass. com. 6-5-2008 n° 07-14.321 : RJDA 12/08 n° 1248) et lui a causé un préjudice, ce qui n'est pas le cas lorsque les bénéfices réels sont supérieurs au bénéfice fiscal seul indiqué (Cass. com. 21-3-1966 : D. 1966.435).

2739 L'acheteur peut demander (C. com. art. L 141-3 et C. civ. art. 1644 et 1645) :

– soit la **restitution** du prix contre remise au vendeur du fonds de commerce (Cass. com. 3-4-2013 n° 12-13.314 : RJDA 6/13 n° 496 som. ; action rédhibitoire qui peut être exercée même si le fonds n'a plus d'existence réelle sous déduction toutefois de la valeur de ce qui en subsiste, CA Rouen 19-1-1989 n° 650/87) ; si le vendeur est de mauvaise foi, il doit, outre la restitution du prix, des dommages-intérêts ;

– soit une **diminution** du prix et garder le fonds (action estimatoire, qui peut être exercée même si les bénéfices commerciaux mentionnés dans l'acte de cession ne se rapportaient pas exclusivement au fonds cédé mais correspondaient à l'activité de l'ensemble du fonds : Cass. com. 31-3-1992 : RJDA 7/92 n° 696).

Mais l'acquéreur ne peut pas demander la **nullité** de la vente (Cass. com. 1-12-1992 n° 1827 : RJDA 3/93 n° 211), sauf s'il agit sur le fondement des vices du consentement en établissant que les mentions inexactes l'ont induit en erreur (Cass. com. 18-6-1996 : RTD com. 1996.654 obs. Derruppé ; CA Toulouse 5-11-2002 : JCP G 2003.IV.2652) ou que ces mentions ont été accompagnées de manœuvres dolosives (CA Rouen 10-12-1996 : JCP G 1998.IV.3061 ; cf. CA Grenoble 14-12-1998 : JCP E 1999.pan.741, exigeant que soient allégués des éléments distincts des inexactitudes).

Quel que soit son choix, il doit exercer l'action dans le **délai d'une année** à compter de la prise de possession (C. com. art. L 141-4 ; Cass. com. 3-3-1992 : RJDA 6/92 n° 572). Ce délai est un délai préfix (Cass. com. 31-3-2004 n° 602 : RJDA 8-9/04 n° 966).

Les intermédiaires, rédacteurs d'actes et leurs préposés sont tenus solidairement avec le vendeur s'ils connaissent l'inexactitude des énonciations faites (C. com. art. L 141-3, al. 2).

Si le vendeur est de mauvaise foi, l'acquéreur peut en outre demander l'allocation de **dommages-intérêts** (C. civ. art. 1645 sur renvoi de C. com. art. L 141-3, al. 1). Il peut aussi en cas de dol agir en responsabilité contre le vendeur, cette action n'étant pas enfermée dans le délai d'un an (Cass. com. 15-1-2002 : RJDA 5/02 n° 490).

FORMALITÉS DE LA VENTE

Enregistrement auprès de l'administration fiscale L'acte de vente du fonds de commerce doit être enregistré ou, à défaut d'acte, avoir été déclaré au service des impôts de la situation du fonds vendu (C. com. art. L 141-13). L'enregistrement est obligatoire même pour les ventes conclues par acte authentique (CGI art. 635, 1-1°). **2745**

L'enregistrement doit en principe intervenir dans le mois de la vente et la déclaration dans le mois de l'entrée en possession du fonds (CGI art. 635 et 638) mais, si la cession n'a pas été passée par acte authentique, ce délai est réduit à moins de quinze jours. En effet, en vertu de l'article L 141-13 du Code de commerce, l'enregistrement ou la déclaration doit être préalable à la publicité de la vente qui elle-même doit intervenir dans les quinze jours de la vente (n° 2859).

Cette formalité revêt une particulière importance car elle conditionne la validité :

– du privilège du vendeur (n° 2908) ;

– de la publicité de la vente conclue par acte sous signature privée ou sans acte (n° 2853).

Inscription au registre du commerce L'acheteur, s'il n'a jamais été commerçant, doit requérir son immatriculation au registre du commerce et des sociétés selon la procédure exposée aux n°s 450 s. S'il est déjà immatriculé, il doit demander une immatriculation secondaire, complémentaire ou modificative (n° 477). **2748**

Dans le cas où la cession entraînerait cessation d'activité pour le vendeur, celui-ci doit requérir sa radiation du registre (n° 480).

Les parties ont intérêt à veiller au bon accomplissement de ces formalités qui peuvent avoir des conséquences juridiques importantes sur leur situation (n°s 253, 495 et 61520).

Publication de la vente La vente doit être publiée dans les conditions exposées aux n°s 2853 s. **2751**

Droit de préemption à finalité commerciale de la commune Les **communes,** ou s'il y a lieu leur délégataire (C. urb. art. L 214-1 et L 214-1-1), peuvent exercer un **droit de préemption** défini aux articles L 214-1 s. et R 214-1 s. du Code de l'urbanisme en cas d'aliénation à titre onéreux d'un fonds de commerce ou d'un fonds artisanal situé dans un périmètre de sauvegarde du commerce et de l'artisanat de proximité, délimité par délibération motivée du conseil municipal (C. urb. art. L 214-1, al. 1). **2754**

N'est pas conforme à cet objectif la décision de préempter un fonds de commerce de café-bar fondée sur les plaintes récurrentes concernant ce commerce, la dégradation des relations de voisinage troublant la sécurité et l'ordre public qu'il provoquait, et les graves nuisances engendrées par ce type d'activité (CE 4-4-2013 n° 362949 : RJDA 10/13 n° 786) ; pour un autre exemple de droit de préemption exercé à tort et d'indemnisation des préjudices causés au cédant du fonds préempté, TA Cergy-Pontoise 29-3-2018 n° 1602666.

À l'intérieur du périmètre de sauvegarde, sont également soumises au droit de préemption les cessions de terrains portant ou destinées à porter sur des commerces d'une surface de vente comprise entre 300 et 1 000 mètres carrés (C. urb. art. L 214-1, al. 2).

L'aliénation est subordonnée, à peine de nullité, à une **déclaration préalable** par le cédant à la commune ; cette déclaration précise le prix, l'activité de l'acquéreur pressenti, le nombre de

salariés du cédant, la nature de leur contrat de travail et les conditions de la cession ; elle comporte également le bail commercial, le cas échéant, et précise le chiffre d'affaires lorsque la cession porte sur un bail commercial ou un fonds artisanal ou commercial (C. urb. art. L 214-1, al. 3).
Le silence de la commune pendant le délai de deux mois à compter de la réception de cette déclaration vaut renonciation à l'exercice du droit de préemption ; le cédant peut alors réaliser la vente aux prix et conditions figurant dans sa déclaration (C. urb. art. L 214-1, al. 4).
Ce droit de préemption est exercé selon les dispositions des articles L 213-4 à L 213-7 (C. urb. art. L 214-1, al. 1), R 214-1 à R 214-16 et A 214-1 du Code de l'urbanisme, qui sont communes au droit de préemption urbain et aux zones d'aménagement différé portant sur les ventes d'immeubles ; lui sont ainsi transposables, en tant que de besoin, les décisions de justice rendues sur l'exercice de ces droits ainsi que celles relatives au droit de préemption d'un bail commercial.

La renonciation affirmée à l'exercice du droit de préemption par son titulaire est irrévocable (CE 27-7-2015 n° 374646 : RJDA 3/16 n° 183).

Sur le référé-suspension de la décision de préemption, CE 12-11-2007 n° 295798, CE 14-11-2007 n° 305620, CE 31-5-2007 n° 298545 : RJDA 3/08 n° 254 : à propos du droit de préemption en matière d'urbanisme mais transposable par analogie.

Sur le paiement de l'indemnité d'éviction due par la commune au locataire auquel elle a donné congé après préemption, n° 5621.

2757 La **commune,** ou s'il y a lieu son délégataire, doit, dans le délai de deux ans à compter de la prise d'effet de l'aliénation à titre onéreux, **rétrocéder** le fonds artisanal, le fonds de commerce à une entreprise immatriculée au registre du commerce et des sociétés ou au répertoire des métiers, en vue d'une exploitation destinée à préserver la diversité et à promouvoir le développement de l'activité commerciale et artisanale dans le périmètre concerné ; ce délai peut être porté à trois ans en cas de mise en location-gérance du fonds de commerce ou du fonds artisanal ; l'acte de rétrocession prévoit les conditions dans lesquelles il peut être résilié en cas d'inexécution par le cessionnaire du cahier des charges (C. urb. art. L 214-2, al. 1 et 5).

Pendant le délai de deux ans, le titulaire du droit de préemption peut mettre le fonds en location-gérance dans les conditions requises pour cet acte (C. urb. art. L 214-2, al. 4).

L'acte de rétrocession du fonds de commerce est effectué dans les conditions fixées pour la vente des fonds de commerce (C. urb. art. L 214-2, al. 2 ; n°s 2700 s.).

2758 **Notification aux salariés** Lorsque le propriétaire d'un fonds de commerce veut le vendre, il doit informer ses salariés de son intention dans les conditions fixées par le Code de commerce selon des modalités qui varient en fonction de la taille de l'entreprise ; sont applicables : les articles L 141-23 à L 141-27, dans les entreprises de moins de cinquante salariés ; les articles L 141-28 à L 141-32, dans les entreprises employant de cinquante à deux cent quarante-neuf salariés et se trouvant, à la clôture du dernier exercice, dans la catégorie des petites et moyennes entreprises au sens de l'article 51 de la loi 2008-776 du 4 août 2008 de modernisation de l'économie.

Sur les modalités d'information des salariés, C. com. art. D 141-4.

2760 **Autres formalités** Lorsque le fonds comprend des **brevets,** des **marques,** des **dessins** et des **modèles,** les formalités de publicité propres au transfert de ces biens doivent être accomplies (n°s 33200, 33400 et 33600).

S'il comprend des **navires,** des **aéronefs** et des **bateaux,** le transfert de propriété de ces biens doit être mentionné sur les registres d'immatriculation desdits biens (n° 30050).

Sur le transfert des véhicules, articles R 322-4 et R 322-5 du Code de la route.

Pour le transfert du droit au bail compris dans le fonds, le vendeur et l'acquéreur doivent établir un **état des lieux** (C. com. art. L 145-40-1). Sur la mise en œuvre de cette obligation et ses conséquences, n° 5027, la situation du bailleur étant équivalente en cas de cession du bail consécutivement à la vente du fonds et en cas de cession isolée du droit au bail.

2. OBLIGATIONS DU VENDEUR DE FONDS DE COMMERCE

2800 **Obligation de délivrance** Généralement, la prise de possession est retardée à l'expiration des délais d'opposition (n°s 2870 s.). Le vendeur doit délivrer tous les biens compris dans la vente (CA Paris 25-10-2000 : RJDA 2/01 n° 141).

Le vendeur ne peut pas valablement refuser la délivrance pour défaut de paiement du prix (n° 26927) alors que le délai accordé aux créanciers pour faire opposition n'est pas encore expiré ; en effet, tout paiement effectué pendant ce délai est inopposable aux créanciers du vendeur (Cass. com. 15-5-1973 : Bull. civ. IV p. 153).

Les **modes de délivrance** dépendent de chaque bien composant le fonds. Ainsi, la délivrance des marchandises et du matériel s'opère conformément aux dispositions de l'article 1606 du Code civil (n° 26915) et celle des éléments incorporels par remise des titres ou par l'usage que l'acquéreur en fait (C. civ. art. 1607). Notamment, la prise de possession de l'enseigne ou du nom commercial s'opère par l'usage.

Le **défaut de délivrance** peut entraîner la résolution de la vente pour inexécution de celle-ci. L'acquéreur a droit à une réduction du prix en cas de délivrance partielle (Cass. com. 15-12-1992 : RJDA 4/93 n° 304) ou en cas de transfert de la clientèle dans de mauvaises conditions (Cass. com. 20-10-1992 : JCP G 1992.IV.3089). Il n'a droit qu'à une réduction du prix en cas de retard dans la délivrance (n° 26921).

Communication des livres comptables L'acheteur peut exercer un contrôle sur les livres comptables dans les conditions suivantes : 2803

1. Visa des derniers chiffres d'affaires. Le vendeur et l'acheteur doivent, au jour de la cession, viser un document présentant les chiffres d'affaires mensuels réalisés entre la clôture du dernier exercice comptable et le mois précédant celui de la vente (C. com. art. L 141-2, al. 1).

Toute clause contraire à cette formalité est réputée non écrite (C. com. art. L 142-2, al. 3).

2. Consultation des livres. Le vendeur doit mettre ses livres comptables à la disposition de l'acheteur, si ce dernier le lui demande, pendant trois ans à partir de l'entrée en jouissance ; toute clause contraire est réputée non écrite (C. com. art. L 141-2, al. 2) ; cette mise à disposition peut être faite par le comptable du vendeur (Cass. civ. 27-1-1993 : RJDA 4/93 n° 306, rendu sous le régime antérieur à la loi 2016-1691 dont est issu l'art. L 141-2 précité mais transposable, cet article ne contredisant en rien cette solution). Le défaut de communication n'est pas une cause de nullité de la vente (Cass. com. 12-10-2010 n° 07-17.953 : RTD com. 2011.312 obs. Saintourens, rendu sous le régime antérieur à la loi 2016-1691 mais transposable, le nouvel art. L 141-2 précité ne contredisant en rien cette solution).

Garantie des vices cachés Le vendeur doit garantir l'acheteur contre les vices cachés (C. civ. art. 1641 s. ; pour des exemples, Cass. com. 24-3-1987 : GP 1987.pan.137 ; Cass. com. 8-10-1991 : RJDA 12/91 n° 1009 ; Cass. com. 19-10-1999 : RJDA 12/99 n° 1317 ; Cass. com. 11-1-2000 : RJDA 4/00 n° 406). 2806

Le vice caché affectant l'immeuble dans lequel le fonds est exploité peut aussi être invoqué. Tel est le cas lorsque le vendeur d'un fonds de commerce de camping a déclaré dans l'acte de vente que toutes les installations du fonds étaient en état de marche et conformes aux obligations en la matière, notamment au regard des obligations d'hygiène, alors que le réseau d'assainissement du camping était défectueux (Cass. com. 3-12-2013 n° 12-20.991 : JCP E 2014.1178 note Leveneur). Il a été aussi jugé que constitue un vice caché la non-conformité des aménagements de l'immeuble aux règles de sécurité car il peut en résulter la disparition du fonds en cas d'impossibilité de réaliser la mise en conformité (CA Aix 10-10-1991 : Bull. inf. C. cass. 1992.442).

En revanche, ne constitue pas un vice caché la rupture de contrats de distribution et de leasing consentis aux cédants d'un fonds de commerce car ils ne constituent pas des éléments du fonds de commerce (CA Paris 24-9-1991 : D. 1991.IR.248) ou le vice dont l'acquéreur aurait dû s'apercevoir (Cass. com. 26-10-1999 : RJDA 12/99 n° 1318).

Pour écarter la clause de non-garantie des vices cachés, l'acheteur professionnel doit prouver la mauvaise foi du vendeur (Cass. com. 24-11-1992 : RJDA 2/93 n° 102, admettant la mauvaise foi en raison de la dissimulation par le vendeur des travaux de remise en état prescrits par l'administration).

Garantie d'éviction Le vendeur est tenu de garantir l'acquéreur contre l'éviction en vertu de la loi même en l'absence de stipulation sur la garantie dans l'acte de vente (C. civ. art. 1626) ; si l'acte de vente stipule que le vendeur n'est tenu à aucune garantie, il reste tenu de la garantie d'éviction résultant de son fait personnel, toute clause contraire étant nulle (C. civ. art. 1628). Il est tenu de la garantie légale même après l'expiration de l'obligation contractuelle de non-concurrence (Cass. com. 16-1-2001 : RJDA 4/01 n° 437 ; cf. Cass. com. 15-12-2009 n° 08-20.522 : Bull. civ. IV n° 172 : à propos d'une cession de droits sociaux mais transposable). Lorsqu'il est une personne morale, cette obligation pèse tant sur elle que sur son dirigeant ou sur les personnes qu'il pourrait interposer pour échapper à ses obligations (Cass. com. 24-5-2005 n° 786 : RJDA 8-9/05 n° 962 ; dans le même sens, Cass. com. 26-1-2022 n° 20-16.212 F-D : RJDA 5/22 n° 260). 2809

Mais le vendeur en est exonéré si l'acheteur s'est engagé dans une opération risquée sans précaution (Cass. com. 9-10-2001 : RJDA 3/02 n° 240).

En l'absence d'une clause expresse lui interdisant d'exercer un commerce similaire, le vendeur peut se rétablir mais il doit « s'abstenir de tout acte de nature à diminuer l'achalandage et à détourner la clientèle du fonds cédé » (Cass. com. 24-5-1976 n° 75.10-612 : Bull. civ. IV n° 175).

Par exemple, le vendeur d'un fonds de fabrication « de balais et clôtures de brande » manque à son obligation de non-concurrence en exerçant après la vente une activité similaire en raison de la « nature très spéciale » du fonds et de la clientèle s'intéressant à ce genre d'activité (Cass. com. 24-5-1976 précité). En revanche, le vendeur d'un hôtel peut louer des appartements meublés dès lors que les deux activités s'adressent à une clientèle différente (Cass. req. 10-8-1869 : DP 1870.1.115).

2812 **Clauses de non-concurrence** Généralement et indépendamment de la garantie d'éviction, les ventes de fonds de commerce sont assorties d'une clause de non-concurrence ou de non-rétablissement aux termes de laquelle le vendeur s'engage à ne pas porter concurrence à l'acheteur.

La clause de non-concurrence peut également être réciproque, notamment en cas de cession partielle d'un fonds, chacune des parties se réservant une activité ; pour un exemple, Cass. com. 1-7-1975 : Bull. civ. IV p. 157.

L'engagement de « présenter la clientèle » n'implique pas la garantie que les clients du fonds cédé demeureront ceux du fournisseur (Cass. com. 12-2-1991 : BRDA 8/91 p. 9).

Elles donnent souvent lieu à des difficultés d'application, qui portent sur les points suivants.

2815 **1. Objet de l'interdiction.** Dans certains cas, la clause détermine avec précision le domaine d'activité que le vendeur ne doit pas exercer (pour un exemple : Cass. com. 6-4-1993 : RJDA 6/93 n° 479). Mais le plus fréquemment, elle interdit seulement au vendeur de s'intéresser à un fonds « de même nature que celui cédé » (Cass. com. 22-2-1971 : Bull. civ. IV p. 52) ou à un « commerce similaire à celui vendu » (Cass. com. 11-1-2017 n° 15-20.780 : JCP E 2017.1358 § 22 obs. Grigon ; CA Rouen 22-4-1980 : GP 1981.som.92). La portée de la clause est alors souverainement appréciée par les juges du fond (Cass. com. 15-7-1965 : Bull. civ. III p. 397).

Par exemple, sont similaires :
- un café cercle et un restaurant (Cass. req. 7-11-1853 : DP 1854.1.396) ;
- la vente en grosses quantités de fournitures de papeterie à des entreprises achetant pour leur consommation personnelle et la papeterie de détail (CA Paris 6-2-1965 : GP 1965.2.156) ;
- un solarium et un salon de soins de beauté (CA Rouen 11-2-1988).

En revanche, ne violent pas la clause de non-concurrence le vendeur d'un fonds de commerce de fruits et légumes qui vend les produits de son potager car il n'exécute pas des actes de commerce (CA Bordeaux 21-2-1983 : GP 1983.som.198), le vendeur d'une boulangerie qui fabrique industriellement du pain et le vend à des boulangers et à des dépositaires alors que l'activité du fonds consistait en la fabrication artisanale de pain vendu à la pièce (Cass. com. 2-5-1984 : Bull. civ. IV p. 121) ou le vendeur d'un débit de boissons proposant également des sandwiches et des galettes-saucisses, qui ouvre un établissement voisin de petite restauration, car il y a lieu de rechercher si, dans ce dernier cas, les clients ne recherchent pas une cuisine rapide plutôt que des boissons et inversement si, lorsqu'ils pénètrent dans un débit de boissons, ils n'ont pas l'intention principale de consommer des boissons plutôt que des sandwiches et des galettes (Cass. com. 26-10-1993 : RJDA 3/94 n° 258).

Dès lors qu'elle est visée par la clause, il importe peu que l'activité interdite s'exerce au profit d'une exploitation, d'ailleurs assumée par les anciens salariés du vendeur, qui ne constitue pas un fonds de commerce (CA Rouen 20-6-1991 : RJDA 8-9/91 n° 683).

En tout état de cause, la clause ne doit pas interdire toute activité au cédant, ni être disproportionnée par rapport à l'objet du contrat (n° 13664).

2818 **2. Limitation territoriale.** L'interdiction peut s'étendre à une seule ville (Cass. com. 12-1-1988 : JCP G 1988.IV.104, qui autorise le vendeur à se rétablir dans une commune limitrophe dès lors que la clause ne visait que la ville où le fonds était exploité), un département, une région ou un pays ou encore à une zone déterminée.

Dans ce dernier cas, lorsque la clause vise un « rayon », la limitation de l'interdiction est mesurée à vol d'oiseau (CA Nîmes 7-6-1905 : DP 1905.2.447 ; CA Dijon 28-7-1926 : DH 1926.522) ; lorsqu'il est fait référence à une « distance », la zone interdite est calculée en suivant la ligne la plus courte par les voies usuelles de communication (rues ou routes) (CA Nancy 13-11-1912 : GP 1913.1.35).

Mais le vendeur qui s'est réinstallé au-delà des limites fixées peut satisfaire les demandes de clients habitant la zone interdite (Cass. com. 3-4-1979 n° 78-10.008 : Bull. civ. IV n° 125).

2821 **3. Modes d'exercice interdits.** Il est recommandé aux parties de spécifier le plus exactement possible les formes dans lesquelles le vendeur ne pourra pas se rétablir et, notamment, de ne pas se contenter de lui interdire la poursuite de son activité de quelque manière que ce soit ou de s'intéresser directement ou indirectement à cette activité. Les juges ne peuvent pas, en effet, appliquer de telles interdictions sans établir que la nouvelle activité entreprise par le vendeur entrait effectivement dans les prévisions de la clause (Cass. com. 22-10-1991 : RJDA 12/91 n° 995).

En conséquence, le vendeur qui s'était interdit de s'intéresser directement ou indirectement à un fonds de même nature pouvait exercer une activité salariée (Cass. com. 8-12-1992 : RJDA 4/93 n° 294), de représentant de commerce (Cass. com. 24-1-1995 : RJDA 7/95 n° 812) ou participer à l'exploitation du fonds appartenant à sa concubine (Cass. com. 4-5-1993 : RJDA 11/93 n° 870).

Mais le vendeur ne peut pas exploiter un même fonds par personne interposée, par exemple en s'en faisant le complice de l'ouverture par son beau-fils (Cass. com. 19-1-1965 : Bull. civ. III p. 45 ; aussi Cass. com. 6-4-1993 : RJDA 11/93 n° 871 ; Cass. com. 30-11-1999 : RJDA 2/00 n° 129).

Le seul fait pour le vendeur de financer l'achat d'un fonds exploité par un membre de sa famille n'est pas à lui seul une violation de la clause (Cass. com. 18-6-1979 : JCP G 1979.IV.288).

4. Bénéficiaires de l'obligation de non-concurrence. L'obligation de non-concurrence profite à l'acheteur et aux sous-acquéreurs du fonds seulement si l'acte de revente stipule la clause au profit de ces derniers (Cass. com. 1-4-1997 : RJDA 8-9/97 n° 1005 ; contra CA Lyon 6-11-1998 : RJDA 1/00 n° 7, posant le principe d'une transmission de plein droit de l'obligation, sauf clause contraire). **2824**

Mais les sous-acquéreurs ne pourront s'en prévaloir à l'encontre du vendeur qu'autant qu'ils lui auront signifié la revente conformément à l'article 1690 du Code civil (cf. CA Paris 14-6-1993 : Droit des sociétés 1994 n° 4 : à propos d'un apport du fonds en société mais transposable à la vente, l'apport y étant assimilé).

5. Débiteurs de l'obligation de non-concurrence. L'obligation de non-concurrence est transmise aux héritiers du vendeur (Cass. com. 16-3-1954 : D. 1954.474 ; Cass. com. 17-5-1971 : Bull. civ. IV n° 133), sauf si cette transmission est exclue par la clause de non-concurrence (CA Poitiers 17-6-1981 : JCP G 1984.II.20184). **2827**

L'engagement pris personnellement par un mari à propos d'un fonds commun n'engage pas sa femme, même si celle-ci a collaboré à l'exploitation car cette collaboration peut être jugée insuffisante pour exprimer sa volonté de prendre à son compte l'engagement de son mari (Cass. com. 19-3-1968 : GP 1968.2.5).

Mais le fils d'un vendeur est engagé dès lors qu'il exploitait le fonds, avait pris une part active aux pourparlers de vente, s'était comporté comme le véritable propriétaire du fonds, avait demandé une modification de la clause de non-rétablissement et était intervenu à l'acte de vente qu'il avait signé (Cass. com. 10-3-1982 : D. 1982.IR.282).

Lorsque l'obligation de non-concurrence grève un immeuble à titre de servitude établie au profit d'un autre immeuble, elle est transmise à tout acquéreur de l'immeuble grevé (Cass. com. 15-7-1987 : D. 1988.360 note Atias et Mouly ; Cass. 3e civ. 24-3-1993 : Bull. civ. III n° 45). Toutefois, l'obligation n'a pas été jugée opposable à l'acquéreur du fonds de commerce exploité dans l'immeuble, dès lors qu'elle n'était pas insérée dans l'acte de cession du fonds et qu'il n'était pas constaté que l'acquéreur l'avait expressément acceptée (Cass. com. 1-4-1997 : RJDA 8-9/97 n° 1005).

La clause de non-concurrence est aussi inopposable au repreneur du fonds cédé à la suite du redressement judiciaire de son propriétaire (Cass. com. 11-3-2014 n° 13-12.507 : RJDA 7/14 n° 596).

6. Sanction de la violation de l'obligation de non-concurrence. La violation de l'obligation de non-concurrence est sanctionnée conformément au droit commun (n° 13679). Il n'est pas nécessaire que la violation de la clause ait pour effet de créer une confusion dans l'esprit de la clientèle pour qu'il en résulte un préjudice pour le bénéficiaire (Cass. com. 19-1-1981 : Bull. civ. IV p. 24). À défaut de prouver un préjudice économique, l'acquéreur ne peut prétendre qu'à la réparation de son préjudice moral (Cass. com. 22-1-1991 : BRDA 8/91 p. 22). **2830**

3. PAIEMENT DU PRIX DU FONDS DE COMMERCE

Dès qu'elle est conclue, la vente doit être publiée afin d'ouvrir aux créanciers du vendeur le droit de faire opposition au paiement du prix. Ce n'est qu'à défaut d'une intervention des créanciers que l'acquéreur peut verser le prix au vendeur. **2850**

Si le prix est payable à terme, le vendeur doit procéder à la publicité requise pour bénéficier des deux sûretés que la loi met à sa disposition en vue de sa protection (privilège et action résolutoire : nos 2905 s. et 2920 s.). Le défaut de paiement du prix dans les délais de paiement convenus n'est pas passible des pénalités prévues par l'article L 441-6 (désormais par l'art. L 441-10) du Code de commerce (Cass. com. 3-3-2015 n° 14-11.414 : RJDA 5/15 n° 390 ; n° 53800).

PUBLICATION DE LA VENTE

La publication de la vente du fonds de commerce doit être faite en principe « à la diligence de l'acquéreur » (C. com. art. L 141-12). **2853**

Cessions soumises à publication Toutes les cessions de fonds de commerce sont concernées, qu'elles soient **amiables ou aux enchères publiques,** conditionnelles, ostensibles ou déguisées sous la forme d'un autre contrat ainsi que toute attribution par **partage** ou **licitation** (C. com. art. L 141-12) et, par assimilation, les cessions de droits indivis. Sont en revanche **exclues** de la publication les ventes décidées par un plan de cession (C. com. art. L 141-12). **2856**

Il a été jugé que n'avaient pas à être publiées les donations (cf. T. civ. Quimperlé 3-2-1938 : DP 1938.2.107 note Désiry).

Mais il faut que la cession porte bien sur un fonds de commerce et non sur un élément isolé, par exemple, le droit au bail (Cass. civ. 29-6-1979 : GP 1979.som.509) ou le nom commercial et l'enseigne (cf. CA Riom 27-6-1928 : DP 1929.2.33 note Mazeaud), sauf, bien évidemment, lorsque la cession d'un seul élément du fonds déguise la vente du fonds.

La pratique qui consiste à publier la cession d'un élément isolé du fonds dans les formes des articles L 141-12 s. du Code de commerce doit, à notre avis, être évitée. En effet, elle est susceptible d'induire en erreur les créanciers qui, au vu de l'insertion, formeraient opposition au paiement du prix de cession conformément à l'article L 141-14 du Code de commerce, alors que cette procédure simplifiée n'est pas, en ce cas, valable (cf. Cass. civ. 29-6-1979 : GP 1979.som.509).

À défaut de disposition le prévoyant, la vente d'un fonds artisanal n'est pas soumise à publicité (Cass. com. 29-10-1963 : GP 1964.1.141).

2859 **Délai et modalités de publication de la vente** Dans les quinze jours de sa date, la vente doit être publiée à la diligence de l'acquéreur sur un support habilité à recevoir des annonces légales dans le département dans lequel le fonds est exploité et, dans les trois jours suivants, sous forme d'extrait ou d'avis au Bulletin officiel des annonces civiles et commerciales (Bodacc) (C. com. art. L 141-12 et R 123-212) ; sauf si la vente a été constatée dans un acte authentique, la publication de l'extrait est nulle si elle n'a pas été précédée de l'enregistrement de l'acte contenant mutation ou de la déclaration fiscale (C. com. art. L 141-13). Si la vente comprend des succursales ou établissements situés sur le territoire français, la publication doit être faite également dans un journal habilité pour recevoir les annonces légales au lieu du siège de ces succursales ou établissements (C. com. art. L 141-18).

Pendant les vingt jours qui suivent cette publication, une copie authentique ou l'un des originaux de l'acte de vente est tenu, au domicile élu, à la disposition de tout créancier opposant ou inscrit pour être consulté sans déplacement (C. com. art. L 141-19).

2865 **Sanctions** L'acquéreur qui paie son vendeur sans avoir procédé aux publications prescrites, ou avant l'expiration du délai de dix jours pour former opposition, n'est pas libéré à l'égard des tiers (C. com. art. L 141-17), peu important, que les créanciers du vendeur aient ou non fait opposition au paiement du prix (Cass. com. 24-5-2005 n° 784 : RJDA 8-9/05 n° 961, dans le cas d'un paiement avant l'expiration du délai).

Seul le paiement est inopposable ; le transfert de la propriété du fonds est, lui, opposable par l'acquéreur, même à défaut de publication (Cass. com. 15-6-2010 n° 09-67.057 : RJDA 11/10 n° 1063).

L'**inopposabilité** aux tiers du paiement effectué sans publicité ou à la suite d'une publicité irrégulière est d'**ordre public** ; les parties ne peuvent donc pas écarter cette sanction en prévoyant par exemple que le vendeur fera son affaire personnelle des éventuelles oppositions (Cass. com. 15-5-1973 : Bull. civ. IV p. 153).

OPPOSITION DES CRÉANCIERS DU VENDEUR

2870 Les créanciers du vendeur, avertis de la vente du fonds et de son prix par la publication prévue (n° 2859), peuvent former opposition au paiement du prix (C. com. art. L 141-14).

2873 **Conditions des oppositions** L'opposition n'est valable que si le créancier présente les qualités requises et s'il respecte les conditions de forme et de délai prévues par la loi.

2876 **1. Créanciers pouvant former opposition.** Il s'agit des créanciers du « précédent propriétaire » (C. com. art. L 141-14, sauf s'ils ont donné leur accord au paiement fait par l'acheteur entre les mains du vendeur ; Cass. com. 8-4-1976 : Bull. civ. IV n° 108).

N'est pas créancier au sens ci-dessus et ne peut donc pas faire opposition l'acquéreur du fonds qui a consigné le prix d'achat entre les mains d'un tiers dans l'attente de l'expiration du délai d'opposition et qui se prétend créancier parce qu'il a formé pendant ce délai une action en annulation ou en résolution de la vente (CA Grenoble 17-6-1963 : D. 1964.334 ; CA Amiens 26-10-1977 : D. 1978.IR.79 ; dans le même sens, CA Paris 16-5-1990 : D. 1990.IR.160 ; CA Aix 6-3-1991 : Bull. Cour d'Aix 1991/2 n° 52).

Toutefois, le porteur de billets de fonds peut faire opposition au paiement du prix par un sous-acquéreur du fonds car il peut être considéré comme ayant un privilège inscrit dès lors que la souscription des billets est prévue dans l'acte de vente (cf. Cass. civ. 19-2-1946 : D. 1946.184).

Tous les créanciers du vendeur, qui disposent d'une créance certaine (cf. Cass. com. 21-1-1974 : Bull. civ. IV p. 19), peuvent faire opposition ; peu importe alors que leur **créance** soit civile ou commerciale, qu'elle soit affectée d'un terme ou d'une condition ou qu'elle soit postérieure à la vente du moment qu'elle existe au jour de la publicité (CA Paris 17-4-1945 : GP 1945.2.157).

Le bailleur peut faire opposition seulement pour les loyers échus et non pour les loyers en cours ou à échoir, et ce, nonobstant toute stipulation contraire (C. com. art. L 141-14).

Comme les **créanciers chirographaires,** les créanciers **privilégiés** peuvent faire opposition. Mais l'opposition est sans utilité pour eux puisqu'ils sont en principe déjà connus de l'acquéreur du fait de leur inscription et que le défaut d'opposition ne les prive pas de leur droit de suite (Cass. com. 20-10-1980 : Bull. civ. IV n° 340).

La caution garantissant un créancier inscrit sur le fonds ne peut pas lui reprocher de ne pas avoir fait opposition, car, par la subrogation, elle profite du droit de suite attaché au nantissement dont le défaut d'opposition ne l'a pas privé (Cass. com. 20-10-1980 précité).

2. Forme de l'opposition. Pour être régulière, l'opposition doit être faite au domicile élu par l'acquéreur dans sa publication par acte d'huissier de justice ou par lettre recommandée AR (C. com. art. L 141-14), même si le domicile réel de l'acquéreur est différent de ce dernier (Cass. com. 8-6-2017 n° 16-11.441 F-D : RJDA 1/18 n° 15). La date de l'opposition formée par lettre recommandée AR est celle de l'expédition de la lettre par le créancier (C. com. art. R 141-2). **2879**

L'opposition doit, à peine de nullité, énoncer (C. com. art. L 141-14) :

- le montant et les causes de la créance ; en cas de créance indéterminée, le créancier doit donc évaluer celle-ci ;
- une élection de domicile dans le ressort du tribunal de la situation du fonds.

À défaut de ces mentions, l'opposition est nulle, même si les omissions n'ont pas eu d'effets préjudiciables (CA Paris 23-10-1987 : D. 1987.IR.258).

L'opposition doit également, conformément à l'article 648 du Code de procédure civile, expressément mentionner le nom du destinataire (Cass. com. 8-6-2017 précité).

3. Délai. Le délai d'opposition est de **dix jours** à **compter** de la dernière en date des publications prévues (C. com. art. L 141-14). Ce délai ne court que si la publication est régulière. L'opposition formée après l'expiration du délai est recevable à défaut d'indication dans l'avis de publication de ce délai de dix jours (Cass. com. 16-1-1996 : RJDA 4/96 n° 489 ; CA Paris 3-12-2004 : RTD com. 2005.252 n° 5 obs. Saintourens). **2882**

Effets des oppositions

Les effets de l'opposition sont les suivants. **2885**

1. Indisponibilité du prix. Tout paiement effectué par l'acheteur au mépris des oppositions est inopposable aux créanciers opposants (C. com. art. L 141-14 ; Cass. com. 19-5-1998 : DA 1998.1120), pour la totalité du prix de vente et non pas seulement à hauteur du montant des oppositions (Cass. com. 24-5-2011 n° 10-18.074 : RJDA 8-9/11 n° 693) ; mais l'opposition doit être régulière (Cass. civ. 22-5-2001 : Defrénois 2002.1095 : opposition par lettre recommandée irrégulière).

L'opposition, simple mesure conservatoire, ne fait pas obstacle à l'exercice d'une saisie-attribution (Cass. civ. 6-7-2000 n° 98-20.286 : Bull. civ. II n° 119 ; CA Colmar 12-12-2011 n° 10/03466 : RJDA 2/12 n° 150). Elle empêche seulement le paiement du créancier saisissant tant que la créance a été rendue indisponible par l'opposition (Cass. 2e civ. 16-3-2000 n° 98-14.725 : RJDA 5/00 n° 591).

L'opposition n'engendre au profit des créanciers ni un transfert du prix ni un privilège (Cass. com. 5-4-1965 : Bull. civ. III p. 231).

2. Indisponibilité de la créance du vendeur. Le vendeur ne peut **plus,** dès lors qu'il y a opposition, **disposer** de sa créance sur l'acheteur. Il lui est notamment interdit de la céder ou de la compenser avec une créance que l'acheteur détiendrait sur lui (cf. CA Colmar 6-11-2002 n° 00-1938 : Bull. inf. C. cass. 2004 n° 620). Il ne peut pas non plus convenir avec l'acheteur d'une réduction du prix de vente ; celle-ci serait inopposable aux créanciers opposants pour lesquels seul compte le prix figurant dans les publications (CA Grenoble 28-1-1910 : DP 1910.2.317).

3. Droit de poursuivre la vente forcée du fonds à l'égard de l'acquéreur, n° 3430.

Recours du vendeur

Le vendeur peut agir différemment selon que l'opposition est ou non régulière. **2888**

1. Opposition irrégulière. Le vendeur peut demander en référé au président (qui jouit là d'une compétence spéciale excluant les règles de droit commun du référé, Cass. civ. 28-2-1933 : S. 1935.1.57 note Hébraud ; CA Versailles 12-5-1989 : GP 1989.som.521 ; CA Paris 17-1-2001 : RTD com. 2001.407 obs. Derruppé) la **mainlevée** d'une opposition à condition que (C. com. art. L 141-16) :

- il n'y ait pas d'instance engagée au principal concernant la créance de l'opposant ;
- l'opposition ait été faite sans titre et sans cause (cas, par exemple, d'une créance incertaine, Cass. com. 21-1-1974 : Bull. civ. IV p. 19) ou qu'elle soit nulle en la forme, notamment si elle a été formée par un autre moyen que ceux autorisés par l'article L 141-14 du Code de commerce (cf. Cass. 2e civ. 12-5-1986 : Bull. civ. II n° 77).

Lorsque ces conditions sont réunies, il appartient alors au créancier de justifier d'une cause de nature à lui permettre l'immobilisation du prix (Cass. com. 8-6-1982 n° 80-16.049 : Bull. civ. IV n° 225).

La mainlevée peut être accordée même si l'acquéreur n'a pas été mis en cause (CA Versailles 30-9-1988 : GP 1989.som.125).

2. Opposition régulière. Lorsque le montant des oppositions régulièrement effectuées est inférieur au prix (ou à la partie du prix exigible), le **vendeur** peut, après l'expiration du délai de dix jours accordé aux créanciers pour faire opposition, demander en référé au président du tribunal l'**autorisation** de toucher la **différence** (C. com. art. L 141-15).

Cette autorisation est accordée si l'**acheteur** mis en cause déclare sous sa responsabilité qu'il n'a pas reçu d'autres oppositions que celles déclarées dans l'assignation et si une somme correspondant au montant des oppositions est consignée entre les mains d'un tiers (C. com. art. L 141-15).

Le refus de l'acheteur de se présenter devant le juge pour accorder cette autorisation paralyse l'action du vendeur, car ce dernier ne peut toucher son prix que si l'acheteur justifie de l'absence d'autres créanciers opposants que ceux qui se sont manifestés (Cass. com. 25-6-1969 : Bull. civ. IV n° 247).

L'autorisation du juge a les **effets** suivants (C. com. art. L 141-15) :

– l'acheteur est déchargé à l'égard des créanciers opposants dont il a garanti l'existence ; mais il reste tenu à l'égard de ceux qu'il aurait omis ;

– les effets de l'opposition demeurent à l'égard des opposants mais sont reportés sur la somme consignée ; les opposants ont un privilège exclusif de tout autre sur cette somme.

ACTION PAULIENNE DES CRÉANCIERS DU VENDEUR

2898 Même s'ils n'ont pas fait opposition ou si leur opposition est irrégulière, les créanciers peuvent, par la voie de l'action paulienne, faire déclarer la vente inopposable à leur égard (Cass. com. 12-1-1988 : Bull. civ. IV p. 14).

PAIEMENT DU PRIX AU VENDEUR

2900 À défaut d'opposition, l'acheteur peut payer directement le prix dans les mains du vendeur, sous réserve des particularités suivantes :

1. Clause d'exigibilité immédiate. Cette clause, qui prévoit que le prix, normalement payable à terme, sera immédiatement exigible en cas de revente du fonds, a été tenue pour valable et appliquée dans le cas d'un apport en société (CA Aix 28-1-1925 : J. soc. 1928.20) et de substitution d'un nouveau commerce à l'ancien (T. com. Seine 4-6-1926 : S. 1926.2.124). Mais elle a été écartée dans le cas de mise en location-gérance (CA Paris 24-4-1928 : GP 1928.2.398).

2. Billets de fonds. Ce sont des billets à ordre (ou des lettres de change) qui représentent la partie du prix payable à terme. La somme qui figure sur les billets comprend généralement la somme due en capital et le montant des intérêts.

Le vendeur dispose alors des droits qu'il tient du contrat de vente et de surcroît des droits d'un créancier cambiaire (n°s 51950 s.).

Lorsque la vente du fonds est résolue pour non-paiement des billets de fonds par l'acquéreur, la résolution n'entraîne restitution que dans les conditions exposées aux n°s 15621 s.

Sur le droit d'opposition du porteur, n° 2876.

3. Versement du prix dans les mains d'un séquestre. En principe, le paiement du prix est fait au vendeur. Cependant, il est souvent prévu dans le contrat de vente que le prix sera versé à un séquestre chargé de sa conservation et de sa répartition. Le séquestre doit opérer la répartition du prix de vente dans un délai de cent cinq jours à compter de la date de l'acte de vente (C. com. art. L 143-21, al. 1). S'il ne l'a pas fait, la partie la plus diligente peut demander en référé au président du tribunal de commerce du lieu de l'élection de domicile soit d'ordonner le dépôt du prix à la Caisse des dépôts et consignations, soit de nommer un séquestre répartiteur (C. com. art. L 143-21, al. 3). Le paiement du prix ne peut pas être fait par compensation, même si la créance de l'acquéreur est connexe (Cass. com. 20-9-2017 n° 16-16.602 F-D : RJDA 1/18 n° 16).

L'acquéreur assume les risques de la perte du prix à l'égard des créanciers tant que le prix est indisponible, c'est-à-dire jusqu'à l'expiration du délai d'opposition. Il en assume aussi les risques à l'égard du vendeur, sauf si celui-ci lui avait donné dans l'acte quittance du prix (Cass. req. 28-5-1946 : GP 1946.2.51). Mais il a un recours contre le séquestre fautif (n° 59020).

Concernant l'incidence de la procédure collective du vendeur sur la somme séquestrée : n° 62420.

4. Imputation des paiements. Les **paiements partiels** autres que les paiements comptants faits par l'acquéreur sont imputés, nonobstant toute convention contraire, d'abord sur le prix des marchandises, ensuite sur le prix du matériel (C. com. art. L 141-5, al. 5).

En ce qui concerne le premier paiement comptant partiel, aucune règle d'imputation n'étant posée par la loi, entière liberté est donc laissée aux parties. L'imputation se fait souvent sur les éléments incorporels, plus sujets à dépréciation.

Dans un cas où, le même jour, un fonds était vendu en vertu d'un compromis prévoyant que la vente pourrait intervenir pendant trois ans par la signature de l'acte définitif et donné en location-gérance à l'acquéreur, la vente et la location-gérance ont été considérées comme formant un seul contrat et les redevances de la location comme devant s'imputer sur le prix de vente (Cass. com. 2-11-1994 : RJDA 3/95 n° 278).

5. Frais de la vente. Ils sont en principe à la charge de l'acquéreur, sauf clause contraire dans l'acte, alors que la commission de l'intermédiaire est, sauf convention contraire, payée par le vendeur.

PRIVILÈGE DU VENDEUR

L'article L 141-5 du Code de commerce offre au vendeur du fonds de commerce un privilège doté d'un droit de suite, alors que le privilège reconnu à tout vendeur de meuble par l'article 2332, 3° du Code civil ne présente pas cet avantage. Le vendeur ne peut toutefois se prévaloir de cette garantie que si certaines conditions sont remplies. **2905**

Conditions d'existence

Le privilège n'existe qu'en cas de **vente portant sur un fonds de commerce** et non sur la vente d'éléments isolés (n° 3436). Il faut en outre que soient remplies les trois conditions suivantes. **2907**

Acte de vente écrit et enregistré. Pour que le privilège puisse exister, la vente du fonds doit être constatée par un acte authentique ou sous signature privée, dûment enregistré (C. com. art. L 141-5, al. 1). L'acte doit être enregistré avant l'inscription du privilège. **2908**

Inscription du privilège. Le privilège doit être inscrit dans un **registre** dénommé « registre des sûretés mobilières et autres opérations connexes » tenu sous forme électronique par le greffier du tribunal de commerce, du tribunal judiciaire statuant commercialement ou du tribunal mixte de commerce ; quel que soit le tribunal compétent, le greffier territorialement compétent sera selon le cas (C. com. art. L 141-6, al. 1 ; art. R 521-1, R 521-2, 3°, R 521-4 et R 521-5, al. 1) : **2909**

– le greffier dans le ressort duquel l'acquéreur, ou le propriétaire du bien grevé s'il n'est pas l'acquéreur, est immatriculé à titre principal au registre du commerce et des sociétés ;

– lorsqu'ils ne sont pas soumis à l'obligation d'immatriculation au registre du commerce et des sociétés, le greffier dans le ressort duquel est situé le siège de l'acquéreur, ou du propriétaire du bien grevé s'il n'est pas l'acquéreur, ou à défaut leur établissement principal ou, s'il n'existe ni siège, ni établissement principal, leur lieu d'exercice de l'activité ou l'adresse de l'entreprise fixée au local d'habitation ;

– à défaut d'immatriculation au registre du commerce et des sociétés, de siège, d'établissement principal, de lieu d'exercice de l'activité ou de domicile personnel sur le territoire français, le greffier du tribunal de commerce de Paris.

En présence d'une **succursale située dans un autre ressort** que l'établissement principal, il n'est pas nécessaire de procéder à une double inscription du privilège (à la fois dans le ressort où est exploité le fonds principal et dans celui où se trouve la succursale) : l'inscription est centralisée (C. com. art. L 141-18 et ord. 2021-1192 art. 27). La demande de radiation s'opère par la remise ou la transmission d'un bordereau au greffier par voie postale (dressé en deux exemplaires) ou par voie électronique (C. com. art. R 521-19).

Ventilation du prix. Le privilège ne porte que sur les éléments énumérés dans la vente et dans l'inscription. Si ces éléments ne sont pas énumérés précisément, le privilège ne porte que sur l'enseigne et le nom commercial, le droit au bail, la clientèle et l'achalandage (C. com. art. L 141-5, al. 2). **2910**

Des prix distincts doivent être établis pour les éléments incorporels, le matériel et les marchandises (C. com. art. L 141-5, al. 3). Il est recommandé au vendeur de ne pas omettre d'**indiquer ces trois prix.** L'indication d'un prix global risque en effet d'être sanctionnée par la nullité du privilège (cf. CA Paris 2-11-1923 : DH 1924.13).

On ne saurait, à notre avis, pour écarter la nullité, invoquer l'alinéa 2 de l'article L 141-5 du Code de commerce qui prévoit qu'à défaut de désignation précise dans la vente le privilège ne porte que sur les éléments incorporels (sur l'application de cette restriction, CA Paris 4-12-1912 : GP 1913.1.35). Ce texte supplée à une énonciation insuffisante des éléments vendus et non au défaut de répartition tripartite du prix.

Étendue du privilège

Sont garantis par le privilège du vendeur le principal, c'est-à-dire le prix stipulé ou ce qui reste dû, et les intérêts sur les deux années qui suivent l'inscription (C. com. art. L 143-19). **2911**

Le privilège porte distinctement sur le prix de revente des marchandises, du matériel et des éléments incorporels ; il s'exerce divisément sur chacun d'eux (C. com. art. L 141-5, al. 4).

Les versements partiels comptants peuvent être imputés soit sur les marchandises, soit sur le matériel, soit sur les éléments incorporels alors que les versements différés s'imputent d'abord sur le prix des marchandises, puis sur le prix du matériel et enfin sur le prix des éléments incorporels (C. com. art. L 141-5, al. 5). Pour pallier les inconvénients de la divisibilité du privilège, le vendeur peut utilement prendre un nantissement sur le fonds de commerce qui porte indivisément sur le prix du matériel et des éléments incorporels (nº 3409).

2914 **Effets du privilège** Le vendeur dispose du **droit de suite** (C. com. art. L 143-12 ; nº 3436) et du **droit de préférence.** Le vendeur dont le privilège a été régulièrement inscrit dans les trente jours de l'acte de vente doit être payé par préférence à tous les autres créanciers nantis du chef de l'acheteur, même inscrits dans le même délai ; cette inscription est opposable aux créanciers de l'acquéreur en sauvegarde, en redressement ou en liquidation judiciaire, ainsi qu'à sa succession acceptée à concurrence de l'actif net (C. com. art. L 141-6, al. 1, R 521-24).
Le vendeur peut provoquer la vente forcée du fonds (nº 59303).

ACTION RÉSOLUTOIRE DU VENDEUR

2920 Si l'acheteur ne paie pas le prix, le vendeur dispose de l'action résolutoire de la vente de l'article 1654 du Code civil (C. com. art. L 141-6, al. 2).

2923 **Conditions d'exercice de l'action résolutoire** L'action résolutoire ne peut être exercée que si le prix n'a **pas** été **payé** par l'acheteur (C. civ. art. 1654), peu important que le non-paiement ne présente pas un caractère fautif (Cass. com. 1-2-1978 : Bull. civ. IV nº 48).

Le prix s'entend du prix définitif, c'est-à-dire celui éventuellement diminué par suite de l'aboutissement d'une action pour dol (Cass. com. 14-3-1972 : D. 1972.653) ou résultant de l'annulation d'une contre-lettre dissimulant une partie du prix (Cass. com. 6-11-1979 : D. 1980.283 note Ghestin).

Pour produire effet à l'égard des **tiers,** elle est subordonnée à **deux autres conditions** (C. com. art. L 141-6, al. 2) :
- mention expresse de l'action résolutoire dans l'inscription du privilège ;
- non-extinction du privilège.

L'action résolutoire ne peut plus être exercée si le vendeur a omis de procéder au renouvellement de l'inscription (Cass. req. 16-4-1942 : GP 1942.2.15).

Font **partie** des tiers visés les créanciers nantis du chef de l'acquéreur et les sous-acquéreurs de bonne foi mais pas les créanciers chirographaires (Cass. req. 7-5-1923 : S. 1924.1.103, au motif que le mot « tiers » est employé dans l'article L 141-6, al. 2 du Code de commerce avec la même signification que dans l'article 2403 du Code civil, lequel réserve aux seuls créanciers inscrits le droit de se prévaloir du défaut d'inscription de l'hypothèque légale spéciale du vendeur d'un immeuble pour s'opposer à l'exercice de l'action résolutoire ; contra CA Rouen 16-1-1992, qui estime que la loi a entendu protéger tous les créanciers et qu'elle n'aurait pas manqué de préciser l'exclusion des créanciers chirographaires si telle avait été son intention).

Dans « les rapports entre le **vendeur et l'acquéreur** du fonds, les conditions de l'action résolutoire ne présentent aucune particularité par rapport au droit commun et l'exercice de l'action n'est pas subordonné dans ce cas à l'existence du privilège » (Cass. com. 10-2-1958 : JCP G 1959.II.10993 note Cohen ; cf. Cass. com. 3-10-1977 : D. 1978.IR.180 obs. Honorat).

2926 **Mise en œuvre de la résolution** L'action résolutoire est réservée au vendeur. Lorsqu'il y a plusieurs vendeurs ou plusieurs héritiers en cas de décès du vendeur, elle doit être exercée par tous car elle est indivisible (Cass. civ. 24-5-1966 : JCP G 1966.II.14825 obs. Patarin).

S'il existe des créanciers inscrits, le vendeur doit leur **notifier** la demande en résolution, sous peine d'irrecevabilité (T. com. Seine 30-12-1909 : DP 1910.2.315) et le jugement de résolution ne peut intervenir qu'à l'expiration du délai d'un mois suivant ces notifications (C. com. art. L 141-8) ; si la résolution résulte d'une clause résolutoire de plein droit ou d'un accord amiable avec l'acquéreur, il doit aussi leur notifier la résolution encourue ou consentie qui ne devient définitive qu'un mois après cette notification (C. com. art. L 141-9).

2929 **Effets de la résolution entre les parties** Que la résolution soit amiable ou judiciaire, ses effets sont les suivants (C. com. art. L 141-7).

Cette disposition dérogeant au droit commun du contrat, les règles qui suivent sont applicables aux résolutions survenues avant ou depuis le 1er octobre 2016 (sur cette date, nº 10000), conformément à la solution exposée au nº 10668.

1. Perte par l'acquéreur de sa qualité de propriétaire. L'acquéreur est réputé n'avoir jamais été ni propriétaire du fonds ni locataire du local dans lequel celui-ci est exploité (cf. C. com. art. L 141-7 ; Cass. 3e civ. 17-5-1977 : Bull. civ. III p. 164).

2. Reprise par le vendeur des éléments vendus. Le vendeur doit reprendre tous les éléments du fonds qui ont fait partie de la vente, même ceux qui ont été payés et pour lesquels son privilège et l'action résolutoire sont éteints. Il les reprend dans l'état où ils se trouvent mais la reprise étant limitée aux éléments qui « ont fait partie de la vente », elle ne peut pas être étendue aux éléments nouveaux qui ont été adjoints au fonds par l'acheteur.

Conformément au droit commun, lorsque la vente du fonds a été accompagnée d'un autre contrat ou est assortie d'une clause particulière et que ceux-ci forment un tout indivisible (par exemple, cession dans le même acte du fonds et de l'immeuble dans lequel il est exploité), la résolution est étendue au contrat connexe ou à la clause accessoire (Cass. com. 25-10-1966 : Bull. civ. III p. 358).

Les éléments **incorporels** sont repris selon les règles du droit commun (nos 16125 s.), à défaut de disposition fixant des règles spécifiques à ce sujet (Cass. com. 20-6-1978 : JCP G 1979.II.19122 obs. A.S.).

Il s'ensuit que les éléments incorporels doivent être rétrocédés au vendeur pour le prix porté au contrat, sans qu'il y ait lieu de tenir compte de la moins-value que ces éléments ont pu subir entre la date de la vente et celle de la résolution ; cette dépréciation ne peut être indemnisée que si elle est due à la faute de l'acquéreur (Cass. com. 20-6-1978 précité ; CA Versailles 17-12-1980 : GP 1982.som.24 ; pour un exemple, à propos d'une annulation, mais transposable à la résolution, de réparation d'une dépréciation imputable à la négligence de l'acheteur, Cass. com. 16-7-1975 : D. 1975.IR.209) ; le vendeur peut compenser les dommages-intérêts qu'il obtient avec les sommes qu'il doit restituer comme conséquence de la résolution, car ces dommages-intérêts constituent eux aussi une créance née de la résolution de la vente (CA Paris 27-6-1975 : D. 1975.som.114).

3. Reprise des marchandises et du matériel existants. Le vendeur doit à l'acquéreur le prix des marchandises et du matériel existant au moment de sa reprise de possession, déterminé comme suit :

– la valeur de ces biens doit être estimée par expertise contradictoire, amiable ou judiciaire ;

– de cette valeur est déduit ce qui reste dû au vendeur au titre des sommes relatives à ces biens et protégées par le privilège ;

– cette déduction est opérée séparément : la somme encore due sur les marchandises est déduite de la valeur estimée des marchandises reprises et celle encore due au titre du matériel est déduite de la valeur estimée du matériel repris.

Pour une application, CA Paris 27 juin 1975 (précité) qui constate qu'il « n'y a pas à proprement parler résolution, mais revente, par l'acheteur au vendeur, de ceux de ces éléments garnissant le fonds au moment de la reprise avec compensation possible de ce prix avec le solde pouvant rester dû sur le prix de leur vente ».

4. Clause pénale ou pénalité. Il est possible d'insérer dans le contrat de vente une clause prévoyant que le vendeur pourra conserver, à titre de pénalité, les acomptes versés (CA Orléans 13-5-1925 : DP 1931.2.65 note Montier).

Sur la portée du terme « pénalité » employé par le Code civil depuis le 1er octobre 2016 (sur cette date, n° 10000) qui, à notre avis, équivaut pratiquement à la clause pénale, n° 15259.

5. Réparation du préjudice subi par le vendeur. L'acquéreur doit, le cas échéant, indemniser le vendeur de la perte du fonds (Cass. com. 30-6-1998 : RJDA 11/98 n° 1207 ; CA Paris 1-4-1941 : GP 1941.1.489).

Effets de la résolution à l'égard des tiers En principe, la résolution entraîne l'extinction de tous les actes accomplis par l'acheteur. **2932**

L'« action en résolution du vendeur non payé lui permet de reprendre, en quelques mains qu'ils soient et en quelque lieu qu'ils aient été transportés, tous les éléments du fonds qui ont fait partie de la vente, même ceux dont il a reçu le prix et pour lesquels son privilège est éteint » (Cass. com. 14-5-1952 : JCP G 1952.II.7327 obs. Cohen).

La résolution est opposable au **sous-acquéreur,** qui peut se protéger des poursuites des créanciers inscrits en leur notifiant son acquisition (C. com. art. L 143-12, al. 2).

Elle entraîne aussi « résiliation » du contrat de location-gérance (T. com. Marseille 3-7-1957 : JCP G 1958.II.10847 obs. Cohen).

Toutefois, les **créanciers nantis,** et, à défaut, les créanciers chirographaires, conservent un droit de préférence sur les sommes éventuellement dues par le vendeur au titre de la reprise du matériel et des marchandises après restitution des sommes revenant au titre de ces biens à l'acquéreur (n° 2929), les créanciers n'ayant droit qu'au surplus (C. com. art. L 141-7).

C. Location-gérance du fonds de commerce

Qualification La location-gérance ou « gérance libre » est la convention par laquelle le propriétaire d'un fonds de commerce loue son fonds à un gérant qui l'exploite à ses risques et périls (C. com. art. L 144-1). Cette définition appelle les remarques suivantes. **3000**

1. Ce contrat constitue une **location** (Cass. com. 1-12-1965 : Bull. civ. III p. 557). Il suppose donc que le locataire verse un loyer déterminé appelé **« redevance »** (cf. C. civ. art. 1709 ; Cass. com. 11-5-1971 : Bull. civ. IV n° 129).

Par suite, la concession d'un restaurant ne prévoyant pas le paiement d'une redevance ne peut constituer une location-gérance en raison du seul fait que le propriétaire du restaurant « retirait du contrat des avantages suffisamment importants pour être assimilés à un profit » (Cass. com. 11-5-1971 précité). La qualification de location-gérance a néanmoins été appliquée à un contrat verbal en vertu duquel le fonds était exploité sans qu'aucune redevance n'ait été convenue au profit du propriétaire au motif que le fonds était exploité par une autre personne que le propriétaire, à ses risques et périls et dans leur intérêt commun (Cass. com. 23-3-1999 nº 97-15.000 : RJDA 5/99 nº 548).

2. La location-gérance doit porter sur un **fonds de commerce,** dont la preuve de l'existence s'apprécie à la date de conclusion de la location-gérance et incombe au loueur (Cass. com. 27-10-2009 nº 08-17.318) ; si l'un des éléments qui composent ce dernier fait défaut et, notamment, s'il n'existe pas de clientèle, il ne peut pas y avoir de location-gérance (Cass. com. 13-2-2007 nº 202 : RJDA 6/07 nº 607 ; sur la composition du fonds de commerce et sur son existence, nºs 2503 s. et 2601 s.).

Cette condition permet de distinguer la location-gérance du **bail commercial,** lequel porte sur un local. Sur la distinction entre la location-gérance et la sous-location d'un local qui fait l'objet d'un bail commercial, nº 4950.

La location-gérance peut aussi porter sur un **établissement artisanal** (C. com. art. L 144-1). Tout ce qui est donc indiqué ci-après à propos du fonds de commerce et du loueur d'un tel fonds est transposable à l'entreprise artisanale et au loueur de celle-ci.

3. Le **locataire** doit **exploiter** le fonds à ses **risques et périls** et non pas comme mandataire (Cass. civ. 10-5-1989 : BRDA 17/89 p. 13) ou salarié (cf. Cass. soc. 19-6-2013 nº 12-17.913 : RJDA 12/13 nº 1003 som. refusant la qualification de salarié au locataire sous dépendance économique sans subordination).

3003 **Contrat commercial** Le contrat de location-gérance est pour le locataire-gérant un acte de commerce car il lui permet de devenir commerçant s'il ne l'était déjà (C. com. art. L 144-2 selon lequel le locataire a la qualité de commerçant).

Il est aussi un acte de commerce pour le loueur qui a exploité le fonds, l'acte de cessation de l'activité commerciale étant un acte de commerce (nº 188). En revanche, il n'est pas un acte de commerce pour le loueur qui n'a jamais exploité le fonds (le loueur n'étant plus tenu d'avoir préalablement exploité le fonds mis en location-gérance : nº 3015). Cela a déjà été admis pour l'usufruitier d'un fonds qui avait donné celui-ci en location-gérance sans l'avoir jamais exploité (CA Paris 8-11-2000 : RJDA 3/01 nº 300).

3006 **Interdiction de louer le fonds** Il est interdit d'exploiter une **officine de pharmacie** en location-gérance, sauf après le décès d'un pharmacien, son conjoint ou ses héritiers pouvant maintenir l'officine ouverte en la faisant gérer par un pharmacien autorisé à cet effet par le directeur général de l'agence régionale de santé pendant une période qui ne peut pas excéder deux ans et qui ne peut être prorogée que pour une période maximale d'un an, par le directeur général de l'agence régionale de santé, en cas de situation exceptionnelle ; à l'issue de la période autorisée, celui-ci peut constater la caducité de la licence par arrêté (CSP art. L 5125-16, al. 4).

Par ailleurs, lorsque le fonds est exploité dans un local loué en vertu d'un **bail commercial,** la location-gérance peut être interdite par une clause du bail (pour un exemple, Cass. civ. 25-10-1968 : JCP G 1969.II.16062 obs. Prieur). En donnant dans ces circonstances son fonds en location-gérance, le propriétaire du fonds commet un manquement aux clauses du bail justifiant la résiliation (Cass. 3e civ. 23-11-1993 : GP 1994.som.535 note Brault).

Sur la nullité de la location-gérance dissimulant la sous-location interdite du local loué, nº 4950.

3009 **Régime** La location-gérance, lorsqu'elle correspond aux caractéristiques présentées ci-dessus, est régie par les articles L 144-1 s. du Code de commerce, qui sont d'ordre public (C. com. art. L 144-1).

Toutefois, l'application de ces textes est écartée pour les opérations spéciales visées à l'article D 144-5 du Code de commerce et relatives aux fonds exploités par les entreprises de transports publics et de location de véhicules industriels.

Sur les règles particulières applicables à la location-gérance en cas de cession du fonds d'un débiteur en redressement ou en liquidation judiciaire, nºs 63740 s.

1. CONCLUSION DE LA LOCATION-GÉRANCE

3012 La mise en location-gérance d'un fonds est soumise à des conditions particulières qui concernent le propriétaire du fonds et la publicité du contrat. À tous autres égards, le droit commun des contrats est applicable, compte tenu des précisions suivantes.

1. Consentement. Le contrat peut être annulé pour dol (Cass. com. 30-10-1979 : GP 1980.pan.140 ; CA Paris 5-11-2008 nº 07-17215 : RJDA 3/09 nº 210) ou pour vice du consentement résultant du défaut d'information préalable due par le loueur lorsque le contrat comporte un engagement d'exclusivité (nº 21546).

Sur l'annulation pour vice du consentement de la violation du devoir d'information applicable depuis le 1er octobre 2016 (sur cette date, n° 10000) en vertu de l'article 1112-1 nouveau du Code civil, n° 11873.

2. Usufruit. L'usufruitier d'un fonds de commerce peut louer celui-ci sans demander l'accord du nu-propriétaire (C. civ. art. 595 ; Cass. civ. 25-11-1986 : D. 1987.141 note Morin).

3. Indivision. Il est recommandé à un indivisaire de ne pas donner le fonds en location-gérance sans l'accord unanime des indivisaires, celle-ci pouvant être, vu son importance, assimilée à un bail pour la conclusion duquel est requis un mandat spécial (n° 30115).

4. Époux. Un époux marié sous le régime de la communauté légale qui exerce une profession séparée peut, sans l'accord de son conjoint, louer le fonds de commerce, que celui-ci soit un bien propre ou un bien commun (C. civ. art. 1421, al. 2). Toutefois, le commerçant dont le conjoint collabore à l'exploitation du fonds ne peut pas louer le fonds sans le consentement exprès de ce dernier (n° 427).

5. Mineurs et majeurs sous tutelle. La conclusion d'une location-gérance excède les pouvoirs d'administration du tuteur (C. civ. art. 505, al. 1 et Décret 2008-1484 du 22-12-2008 annexe 1, colonne 2-II, 3° ; Cass. civ. 21-3-1966 : Bull. civ. I p. 152).

6. Composition du fonds. Les parties ont intérêt à préciser la consistance et l'état du fonds loué ainsi que le sort des stocks et des plus ou moins-values pour éviter des contestations lors de la restitution (n° 3156).

7. Écrit. Devant être publié et, le cas échéant, enregistré (n° 3038), le contrat de location-gérance doit, en pratique, être établi par écrit.

CONDITIONS REQUISES DU LOUEUR

Depuis le 21 juillet 2019, aucun texte n'impose au loueur, personne physique ou morale, d'avoir exploité le fonds mis en location-gérance pendant une durée minimale. **3015**

PUBLICITÉ DE LA LOCATION-GÉRANCE

Immatriculation au registre du commerce S'il n'était pas déjà commerçant et donc pas inscrit au registre du commerce et des sociétés (RCS), le **locataire** doit demander son immatriculation. **3035**

Le loueur qui a exploité le fonds et, partant, est inscrit au RCS doit demander sa radiation ; à défaut, il est présumé, à titre irréfragable, être commerçant tant qu'il demeure inscrit dans les conditions exposées au n° 300.

Le loueur qui n'a jamais exploité le fonds et acquis la qualité de commerçant (n° 3003) n'est pas tenu de demander son immatriculation.

Si le fonds est exploité dans des lieux loués, le propriétaire du fonds bénéficie du statut des baux commerciaux et, notamment, du droit au renouvellement de son bail, même s'il n'est pas immatriculé au registre du commerce et des sociétés (C. com. art. L 145-1, II ; n° 4071).

Publication du contrat Dans la **quinzaine** qui suit sa date de conclusion, le contrat de location-gérance doit être publié sous forme d'extrait ou d'avis dans un support habilité à recevoir les annonces légales (C. com. art. R 144-1). **3038**

Aucun texte ne détermine le **contenu** de cette publication. Celle-ci étant destinée à l'information des tiers, il convient, à notre avis, de mentionner tous les renseignements utiles à cette fin, notamment les éventuelles clauses aménageant la fin du contrat (sort des améliorations, reprise des stocks, etc.).

L'insertion peut être effectuée à la diligence de chacune des parties.

L'**absence de publicité** n'est pas sanctionnée par la nullité de la location-gérance (Cass. com. 5-3-1969 : Bull. civ. IV p. 86 ; CA Rouen 20-10-1994 : JCP G 1995.IV.1384) ; mais le loueur a tout intérêt à l'effectuer le plus rapidement possible, car la date de publication constitue le point de départ du délai de trois mois accordé aux créanciers à terme pour lui demander le paiement intégral de leurs créances (C. com. art. L 144-6).

2. EFFETS DE LA LOCATION-GÉRANCE

EFFETS DE LA LOCATION-GÉRANCE ENTRE LES PARTIES

Dans le silence des textes sur les relations entre le loueur et le locataire-gérant durant la location-gérance (C. com. art. L 144-1 s.), celles-ci sont généralement réglées par des clauses du contrat de location-gérance. À défaut de telles clauses, il est possible de se référer, par analogie, au droit commun du bail (C. civ. art. 1719 à 1735). **3050**

Toutefois, le recours à ces dispositions concernant le bail n'est pas toujours possible. Notamment, les articles 1722, 1731 et 1733 (relatifs à la perte du bien loué et à la restitution de celui-ci à l'expiration du bail) sont applicables uniquement aux baux des maisons et des biens ruraux et non au bail d'un bien meuble incorporel (Cass. com. 16-7-1980 : Bull. civ. IV n° 294 ; Cass. com. 11-6-1979 n° 78-11.847 P : Bull. civ. IV n° 192).

3053 **Droits et obligations du loueur** **1. Droit de disposer du fonds.** Le loueur peut disposer de son fonds, mais un tel acte de disposition est, en raison de l'effet relatif des contrats, inopposable au locataire-gérant, sauf clause contraire du contrat de location-gérance.

2. Obligation de délivrance. Le loueur doit remettre au locataire les biens visés dans le contrat de location-gérance ou, à défaut de précision dans le contrat, comme en cas de vente du fonds (n° 2713), ceux qui sont indispensables à l'existence de la clientèle, sans laquelle il n'y a pas de fonds (pour un exemple d'exécution de l'obligation de délivrance, Cass. com. 17-12-2002 n° 2130 : RJDA 6/03 n° 587).

Afin d'éviter toute contestation concernant la délivrance de ces biens ainsi que leur restitution à l'issue de la location-gérance, il est utile de dresser un état contradictoire du matériel loué, article par article, ainsi qu'une liste des brevets, marques, procédés et savoir-faire, et d'annexer ceux-ci au contrat (cf. CA Paris 13-2-2003 : RTD com. 2004.70 obs. Saintourens).

Dans le cas où une autorisation administrative est nécessaire à l'exploitation du fonds, le loueur qui n'en transmet pas le bénéfice au locataire manque à son obligation de délivrance (Cass. com. 30-6-1998 : RJDA 11/98 n° 1214).

La convention peut mettre à la charge du loueur l'obligation de remettre ses livres de commerce au locataire ou bien laisser ce dernier les consulter aussi souvent qu'il le voudra. À défaut, il n'est tenu d'aucune obligation à cet égard puisque les livres de commerce ne font pas partie du fonds de commerce (n° 2716).

3. Obligation de garantie. Le loueur devant garantir au locataire la jouissance paisible du fonds (cf. C. civ. art. 1719, 3°), il doit s'abstenir d'exercer une activité susceptible de concurrencer celle du fonds, et ce, même si le contrat ne contient pas de clause de non-concurrence.

3056 **Droits et obligations du locataire** Le locataire-gérant a le droit et l'obligation d'**exploiter** le fonds afin d'en tirer profit et de ne pas le laisser péricliter (cf. C. civ. art. 1728 ; pour un exemple de dépérissement du fonds du fait du locataire-gérant, CA Versailles 13-1-2000 : RJDA 11/00 n° 978).

Sur l'obligation de respecter l'enseigne, n° 2545.

Le contrat peut, à cet effet, lui imposer de veiller à empêcher toute dépréciation, diminution de rendement ou cessation d'exploitation, même temporaire (Cass. com. 27-2-2001 : RJDA 6/01 n° 680). Généralement, pour prémunir le loueur contre ces risques, le contrat oblige le locataire-gérant à verser au loueur à titre de **dépôt de garantie** une somme correspondant au montant de deux ou trois mois de loyers, ce dépôt devant être restitué à l'expiration de la location-gérance sous déduction des sommes éventuellement dues au loueur ou aux tiers (notamment aux créanciers du locataire-gérant envers lesquels le loueur serait tenu solidairement, n°s 3076 s.).

Le loueur a droit à l'attribution du dépôt de garantie prévu au contrat pour couvrir la perte du chiffre d'affaires dès lors que l'exploitation du fonds accuse un déficit certain, alors même que le locataire-gérant a rempli ses obligations contractuelles et que la baisse du chiffre d'affaires est due à l'ouverture d'un établissement concurrent dans le voisinage (CA Poitiers 26-11-1986 : Defrénois 1987.1323 obs. Honorat).

3058 Le loueur peut **interdire** au locataire-gérant **d'exploiter** un autre fonds et le contraindre à consacrer tout son temps et ses soins au fonds loué. À défaut d'une telle clause, le locataire-gérant peut valablement avoir plusieurs activités, à la condition toutefois de ne pas faire concurrence au fonds loué et de ne pas détourner la clientèle de ce dernier.

Le contrat peut aussi lui interdire de **modifier** le nom commercial et le mode d'exploitation du fonds, ainsi que de transférer les lieux d'exploitation dans d'autres locaux que ceux où le fonds est exploité. Ces modifications lui sont interdites même s'il n'existe pas de clause en ce sens, dès lors que ces éléments sont essentiels pour l'existence du fonds et que leur modification entraînerait une dépréciation de celui-ci ou un changement notable dans sa consistance.

Sauf clause contraire, le locataire-gérant doit **respecter** la **destination du fonds** (cf. C. civ. art. 1728). Il ne peut donc pas fermer le fonds loué et se réinstaller à proximité dans le même commerce (Cass. com. 4-12-2012 n° 11-26.756 : RTD com. 2013.228 obs. Saintourens).

En principe, le locataire-gérant ne peut **pas céder** ni sous-louer son droit à l'exploitation du fonds, sauf accord du propriétaire du fonds ou clause contraire.

Cette solution est certes inverse à celle prévue par le droit commun des baux (C. civ. art. 1717), mais elle s'impose en raison de la considération de la personne du locataire-gérant que le loueur n'a pu manquer de prendre en compte au moment de la conclusion du contrat, le sort de son fonds de commerce dépendant des qualités de l'intéressé.

Exception faite des contrats de travail (C. trav. art. L 1224-1 ; Cass. soc. 23-1-1974 : D. 1974.IR.51), le locataire-gérant n'est pas tenu de **poursuivre** les **contrats en cours** conclus par le loueur en vue de l'exploitation du fonds (Cass. com. 14-12-1981 : GP 1982.pan.162 : à propos de la cession du fonds mais transposable), sauf clause contraire (Cass. com. 20-11-2019 n° 18-17.781 F-D : RJDA 2/20 n° 75). Généralement, la convention de location-gérance prévoit expressément que le locataire devra continuer les abonnements concernant l'eau, le gaz, l'électricité et le téléphone et poursuivre les contrats d'assurance. Mais rien n'interdit aux parties de prévoir le transfert de tous les contrats (n° 2716).

Loyer et charges À défaut de disposition propre à la location-gérance imposant spécialement le versement d'un prix, le locataire-gérant, comme tout locataire (cf. C. civ. art. 1728), doit **payer** le loyer correspondant à la jouissance du fonds, appelé souvent redevance. **3059**

Le loyer consiste généralement en une somme d'argent, souvent variable en fonction du chiffre d'affaires réalisé par le locataire, payable selon une périodicité déterminée (par exemple, chaque mois ou chaque trimestre, à terme échu ou à échoir) et indexée dans les limites autorisées (n°s 50350 s.).

Le loyer étant soumis à la TVA (Mémento Fiscal n° 47500), il convient de bien préciser dans le contrat de location-gérance si son prix est exprimé hors taxe ou toutes taxes comprises.

Nonobstant toute convention contraire, si le contrat est assorti d'une clause d'échelle mobile, la **révision** du loyer peut être demandée, par lettre recommandée avec demande d'avis de réception ou par acte extrajudiciaire (C. com. art. L 144-12, al. 1), chaque fois que, par le jeu de cette clause, ce loyer se trouve augmenté (ou diminué) de plus du quart par rapport au prix précédemment fixé (C. com. art. L 144-11) ; en tenant compte de tous les éléments d'appréciation, le juge doit adapter le jeu de l'échelle mobile à la valeur locative équitable au jour de la demande de révision (C. com. art. L 144-12, al. 3). La clause d'indexation ne prévoyant une révision du loyer qu'à la hausse est nulle (Cass. com. 18-3-2020 n° 18-22.050 F-D : RJDA 7/20 n° 364).

L'action en révision est régie par les articles L 145-37 à L 145-39 du Code de commerce relatifs à la révision des loyers des baux commerciaux (C. com. art. L 144-12, al. 2) ; en conséquence, elle se prescrit par deux ans (Cass. com. 16-6-1992 : RJDA 11/92 n° 1015). Mais il ne résulte pas de l'application de ces articles que l'intégralité du régime de révision des baux commerciaux est applicable à la révision du loyer de la location-gérance (Cass. 3e civ. 13-1-1988 n° 86-15.273 D). Il est notamment à souligner que la valeur locative doit être « équitable » alors qu'elle est légalement déterminée pour la fixation du loyer des baux commerciaux (n°s 6000 s.).

Le locataire est aussi souvent tenu de supporter tous les impôts afférents au fonds même s'ils incombent au loueur (cf. Cass. 3e civ. 1-6-2011 n° 10-19.036 : RJDA 3/12 n° 283, écartant l'impôt foncier, le fonds n'y étant pas assujetti).

Travaux et réparations En principe, le **loueur** est obligé d'**entretenir** le fonds en état d'être exploité (cf. C. civ. art. 1719, 2°). Il lui appartient donc de remplacer le matériel hors d'usage, de renouveler les brevets, d'assurer le cas échéant le renouvellement du bail commercial, de veiller au bon état des locaux, etc. Toutefois, cette obligation lui incombe rarement car, en pratique, elle est fréquemment mise à la charge du locataire-gérant par le contrat. **3062**

La clause interdisant au locataire-gérant les réclamations fondées sur l'état des lieux ne le prive pas du droit de demander au loueur réparation du préjudice causé par ses manquements aux obligations contractuelles (Cass. com. 26-1-1993 : RJDA 5/93 n° 396).

Le **locataire-gérant** doit entretenir le matériel compris dans le fonds (Cass. com. 19-6-1958 : Bull. civ. IV p. 216) mais il n'est responsable de l'**incendie** des locaux que s'il est prouvé que sa faute en a été la cause, la présomption de responsabilité que l'article 1733 du Code civil fait peser sur le locataire (n° 4590) ne lui étant pas applicable car elle ne concerne pas les biens incorporels (Cass. com. 21-4-1992 : RJDA 10/92 n° 907).

EFFETS DE LA LOCATION-GÉRANCE À L'ÉGARD DES TIERS

Bailleur des locaux Lorsque le fonds est exploité dans des locaux loués en vertu d'un bail commercial, seul le loueur entretient des relations contractuelles avec le bailleur des locaux en qualité de locataire. Il en résulte principalement : **3070**

- que seul le loueur bénéficie du statut des baux commerciaux, sauf si le locataire-gérant a créé un fonds distinct (n°s 4061 et 4071), et qu'il doit assumer les obligations résultant du bail (Cass. com. 21-5-1961 : Bull. civ. III p. 203) ;

Le montant du loyer acquitté par le loueur est généralement refacturé au locataire-gérant ou intégré dans le montant de la redevance.

- que le bailleur des locaux peut demander la résiliation du bail à l'encontre du loueur lorsque le locataire-gérant a contrevenu à une clause du bail commercial (Cass. civ. 21-5-1969 : Bull. civ. III p. 305 ; Cass. civ. 9-11-1981 : Bull. civ. III p. 132) ;

Le propriétaire d'un fonds de commerce titulaire d'un bail commercial peut utilement annexer le bail au contrat de location-gérance ou y introduire les principales clauses et prévoir que la violation d'une des obligations du bail entraînera la rupture de la location-gérance.

– qu'en cas d'achat du local par le locataire-gérant il n'est pas mis fin au bail commercial qui se poursuit au bénéfice du propriétaire du fonds (Cass. civ. 12-6-1979 : JCP G 1979.IV.270).

3073 **Créanciers et cocontractants du loueur** Le loueur reste tenu des **obligations** qu'il a **contractées avant la conclusion de la location-gérance,** dès lors qu'aucun élément de la cause ne permet d'établir la volonté de son cocontractant originaire de le libérer de ses obligations (Cass. com. 26-11-1979 n° 78-12.207 : Bull. civ. IV n° 302).

Le locataire-gérant n'est pas tenu, sauf clause expresse du contrat, des **dettes personnelles du loueur** car il n'est pas l'ayant cause à titre universel de celui-ci (Cass. com. 9-12-2008 n° 06-14.414 : RJDA 3/09 n° 211).

Les **créanciers à terme** du loueur qui estiment que la location-gérance risque d'entraîner une dépréciation du fonds et donc une diminution de leur gage peuvent demander au tribunal de commerce du lieu de la situation du fonds de déclarer leurs créances immédiatement exigibles. Leur action est soumise à trois conditions (C. com. art. L 144-6) :

a. Seules les dettes afférentes à l'exploitation du fonds et non toutes les dettes du propriétaire ou de l'exploitant du fonds peuvent être déclarées immédiatement exigibles ;

b. L'action doit être introduite dans les trois mois à compter de la publication du contrat de location-gérance sur un support habilité à recevoir des annonces légales ; ce délai n'est pas applicable à l'exercice des actions en paiement de dettes échues (CA Aix 19-1-1994 : Bull. d'Aix 1994-1.S. n° 13 obs. Cairon) ;

c. Le tribunal ne prononce la déchéance du terme que s'il estime que la location-gérance met en péril le recouvrement de la créance, par exemple en cas d'insolvabilité du locataire-gérant.

3076 **Créanciers du locataire-gérant** Jusqu'à la publication du contrat de location-gérance, le **loueur** du fonds est **solidairement responsable avec le locataire-gérant** des dettes contractées par celui-ci à l'occasion de l'exploitation du fonds (C. com. art. L 144-7).

Le loueur doit aussi répondre des dettes contractées par le tiers qui s'est substitué au locataire-gérant à son vu et su (Cass. com. 21-11-1989 : Bull. civ. IV p. 197) ou par l'exploitant de fait du fonds sans qu'il soit nécessaire d'établir que le locataire auquel le fonds a été donné en gérance a exploité le fonds avec l'exploitant de fait ni qu'il lui a donné mandat (Cass. com. 12-1-1988 n° 86-12.086 : Bull. civ. IV n° 19).

Cette responsabilité appelle les observations suivantes.

3079 **1.** La **date** à prendre en considération pour apprécier la responsabilité du loueur est celle **de la conclusion du contrat** passé par le locataire-gérant en vue de l'exploitation du fonds et non celle des échéances successives (Cass. com. 19-11-1975 : JCP G 1976.II.18300 obs. A.S. ; Cass. com. 25-11-1986 : Bull. civ. IV p. 193).

Ainsi, dès lors que le contrat a été conclu avant la publication de la location-gérance, le loueur peut être condamné à verser à une société de crédit-bail l'indemnité de rupture prévue au contrat à la suite du non-paiement par le locataire de loyers exigibles deux ans environ après la mise en location-gérance du fonds (CA Paris 11-2-1981 : BRDA 23/81 p. 9).

Le loueur n'est pas tenu des dettes contractées par le locataire-gérant avant que celui-ci acquière la qualité de locataire-gérant (Cass. com. 26-5-1992 : RJDA 8-9/92 n° 819).

3082 **2.** En cas de **renouvellement** du **contrat** de location-gérance par tacite reconduction, il n'est pas nécessaire de procéder à une nouvelle publication (n° 16228) ; en conséquence, la responsabilité du loueur ne peut pas être à nouveau engagée du fait du renouvellement (CA Aix 8-1-1964 : GP 1964.1.329 ; CA Paris 29-4-1976 : D. 1977.IR.92).

En revanche, dans un cas où des parties déjà liées par un précédent contrat de location-gérance avaient conclu un nouveau contrat qui précisait que l'on se trouvait en présence de deux contrats successifs, indépendants l'un de l'autre, il a été jugé qu'en l'absence de publication de ce dernier contrat le propriétaire du fonds se trouvait tenu des dettes nées de l'exploitation du fonds conformément à ce contrat (CA Versailles 16-4-1986 : BRDA 22/86 p. 22).

3085 **3.** Il suffit que la **dette** impayée soit **nécessaire à l'exploitation du fonds** (Cass. com. 4-5-1999 : RJDA 7/99 n° 780). À titre d'exemples, le loueur s'est trouvé obligé en raison des dettes suivantes :

– fourniture de matières premières (Cass. com. 19-2-1979 : Bull. civ. IV p. 52 : viande pour une boucherie) ;
– coût d'une annonce publicitaire (Cass. com. 19-11-1975 : Bull. civ. IV p. 229) ;
– achat du stock du précédent exploitant (CA Paris 18-12-1980 : D. 1981.IR.486) ;
– cotisations dues pour les retraites complémentaires des salariés (Cass. com. 4-5-1999 précité).

En revanche, l'obligation du loueur devant être interprétée restrictivement, ne sont **pas nécessaires** à l'exploitation du fonds :

– les travaux destinés à l'achèvement et à l'aménagement d'un bâtiment en construction, alors que la location-gérance ne portait que sur le fonds de café-restaurant et que les dépenses étaient d'amélioration, d'agrandissement et de réfection (Cass. com. 16-1-1985 : Bull. civ. IV p. 23) ;

– le prêt consenti au gérant pour lui permettre d'obtenir la gérance (Cass. com. 19-1-1969 : Bull. civ. IV p. 69) ou pour payer le dépôt de garantie exigé par le propriétaire du fonds (Cass. com. 6-6-1972 : D. 1972.580 1e espèce ; CA Paris 15-10-2009 n° 07-11161 : RJDA 5/10 n° 500) ;

– une partie des fournitures de marchandises, dès lors que le locataire-gérant avait réalisé une extension du fonds qui n'était pas nécessaire à l'exploitation de celui-ci en organisant des tournées de livraison avec un véhicule alors qu'auparavant le fonds était sédentaire (Cass. com. 24-6-1986 n° 84-17.281 : Bull. civ. IV n° 139 : en l'espèce, le loueur a été condamné à payer seulement la moitié des marchandises) ;

– les cotisations de retraite vieillesse du locataire-gérant (Cass. com. 6-6-1972 n° 71-11.674 : Bull. civ. IV n° 178) ;

– l'achat d'un matériel d'équipement d'un prix « relativement élevé » (Cass. com. 8-1-1980 : JCP G 1980.II.19358 obs. A.S.).

4. Seuls les **tiers de bonne foi** peuvent invoquer le bénéfice de la responsabilité solidaire du loueur. 3088

Les tiers qui se sont immiscés dans la gestion du fonds ne sont pas fondés à se prévaloir de l'obligation solidaire du loueur (Cass. com. 11-10-1977 : Bull. civ. IV p. 191 : tiers qui avait choisi le locataire-gérant).

Toutefois, le seul fait d'avoir connu l'existence de la location-gérance ne prive pas le tiers du droit d'invoquer la solidarité du loueur dès lors que le contrat n'a pas été publié (Cass. com. 4-5-1999 : RJDA 7/99 n° 780). Il en est de même en présence de la clause du contrat de location-gérance mettant à la charge du locataire l'obligation de payer comptant toutes ses commandes, malgré l'insertion de cette clause dans la publication légale (CA Paris 4-5-1990 : JCP N 1992.II.132 ; contra CA Paris 28-6-2002 : RJDA 12/02 n° 1266).

Le locataire-gérant est irrecevable à se prévaloir de la solidarité du loueur, celle-ci n'étant pas destinée à le protéger (Cass. com. 16-1-1996 : RJDA 5/96 n° 630).

5. Les **mandataires de justice** chargés de l'administration d'un fonds de commerce, qui l'ont donné en location-gérance en vertu d'une autorisation du tribunal qui les a nommés et qui ont satisfait aux mesures de publicité prévues, ne sont **pas solidairement responsables** avec le locataire des dettes contractées en raison de l'exploitation du fonds (C. com. art. L 144-8). 3091

Toutefois, l'administrateur judiciaire qui a renouvelé un contrat de location-gérance au-delà de la période pour laquelle il avait été autorisé ne bénéficie plus de l'exonération de responsabilité (Cass. com. 13-12-1971 : Bull. civ. IV p. 283).

6. La responsabilité solidaire du loueur est **mise en jeu** : 3094

– même si la location-gérance est **nulle** (C. com. art. L 144-10, al. 1 ; pour des exemples transposables pour les dettes qui auraient été contractées avant la publication de la location-gérance, Cass. com. 24-4-1985 : GP 1985.pan.359 ; CA Paris 31-3-1994 : D. 1994.IR.122) ;

– même s'il n'est **pas commerçant,** le loueur du fonds poursuivi en raison de son obligation solidaire devant être attrait devant le tribunal de commerce (Cass. com. 22-1-1991 : RJDA 5/91 n° 396) ;

– même si le locataire-gérant est soumis à une **procédure collective** (Cass. com. 27-5-1997 n° 94-17.454 : DA 1997.1042).

Après la publication du contrat de location-gérance, la responsabilité du loueur peut être **engagée dans les conditions du droit commun,** ce qui est le cas, par exemple, s'il a créé une confusion entre sa propre affaire et le fonds loué (Cass. com. 22-12-1980 : BRDA 7/81 p. 15) ou s'il a commis une faute (Cass. com. 21-4-1977 : D. 1977.IR.358 : en l'espèce, le propriétaire après avoir résilié le contrat de location-gérance avait immédiatement pris possession de toutes les valeurs d'actif qui constituaient le gage des créanciers, mettant ceux-ci dans l'impossibilité de récupérer leur créance sur le locataire-gérant ; pour un exemple d'absence de faute, Cass. com. 17-10-1995 : RJDA 1/96 n° 54).

Ne peut pas agir contre le loueur d'un fonds de commerce le mandataire de justice du locataire-gérant sous procédure collective, car il ne peut agir que dans l'intérêt de tous les créanciers et donc pas seulement pour ceux qui disposent d'une créance née de l'exploitation du fonds (Cass. com. 9-11-2004 n° 1605 : RJDA 3/05 n° 285).

Le loueur peut récupérer les sommes qu'il a versées sur le locataire conformément aux règles des recours entre codébiteurs solidaires (nos 50185 s.).

Il y a droit même s'il ne remplissait pas les conditions requises pour louer son fonds, dès lors que sa condamnation à payer la dette du locataire a fait ressortir que la dette avait été contractée dans l'intérêt exclusif du gérant (Cass. com. 17-7-1978 : Bull. civ. IV n° 201 : acceptation personnelle par le gérant de trois traites).

3097 **Impôts directs** Le **propriétaire** du fonds est **solidairement responsable** avec le locataire-gérant des impôts directs établis en raison de l'exploitation du fonds jusqu'à la publication du contrat de location-gérance ; cette solidarité est subordonnée à la condition que le propriétaire ait pu connaître (ou ne pouvait ignorer) l'existence des manquements ayant entraîné l'application aux impositions en cause des majorations de 40 ou 80 % pour retard ou insuffisance de déclaration (CGI art. 1684, 3).

Les impôts indirects tels la taxe sur la valeur ajoutée ou les droits d'enregistrement sont exclus, aucune disposition ne prévoyant la solidarité pour ces impôts. Néanmoins, pour ces deux impôts, la responsabilité du loueur peut être engagée dans les conditions exposées nos 3076 s. (en ce sens, Rép. Valbrun : AN 13-3-1976 p. 1008).

Le loueur peut demander au locataire le remboursement des sommes qu'il a payées dès lors qu'il bénéficie d'une subrogation délivrée par le comptable de l'administration fiscale (CA Orléans 6-5-1986 : Defrénois 1987.1326 obs. Honorat).

3. EXTINCTION DE LA LOCATION-GÉRANCE

3150 **Causes d'extinction** La location-gérance s'éteint pour les causes d'extinction des contrats de droit commun, compte tenu des observations suivantes.

1. Arrivée du terme. Le contrat est généralement conclu pour une durée déterminée ; il prend alors fin au terme convenu sans que le locataire-gérant puisse prétendre à un droit au renouvellement du contrat (Cass. req. 22-7-1931 : DH 1931.1507 ; Cass. com. 11-1-1960 : D. 1960.383).

Il en va différemment lorsque la location-gérance déguise un bail commercial (cf. TGI Seine 9-3-1960 : D. 1960.328).

2. Contrat à durée indéterminée. Chaque partie peut mettre fin à tout moment au contrat qui, renouvelé tacitement, devient à durée indéterminée (nos 15503 s.).

3. Inexécution. Comme pour tout contrat, l'inexécution d'une des obligations de la location-gérance peut entraîner la résolution judiciaire du contrat (Cass. com. 27-2-2001 : RJDA 6/01 no 680) ou l'application de la clause résolutoire de plein droit (Cass. 3e civ. 18-12-1968 : Bull. civ. III no 564), la possibilité de suspendre les effets de la clause relative à un bail commercial (nos 5226 s.) ne pouvant pas être invoquée ici (CA Paris 18-1-1984 : D. 1984.IR.175). Sur la portée de la résolution, nos 15618 s.

Le fait qu'une boucherie soit ouverte trois fois par semaine dans une commune de 160 habitants n'autorise pas le loueur à demander la résiliation de la location-gérance pour insuffisance d'exploitation du fonds (Cass. com. 8-2-1966 : Bull. civ. III p. 70).

Le locataire qui a pris le fonds en l'état et a reconnu dans le contrat avoir vérifié l'état du matériel ne peut pas demander la résolution de la location-gérance pour vices affectant ce matériel (CA Paris 13-2-2003 : RTD com. 2004.70 obs. Saintourens).

4. Autres événements. Le contrat de location-gérance prend fin aussi à la suite de la **disparition du fonds** (no 2606) ou en cas de **décès du locataire-gérant,** le contrat étant conclu intuitu personae (cf. Cass. com. 1-12-1969 : Bull. civ. IV. p. 331).

En revanche, ni le **redressement ou la liquidation judiciaire** du locataire ni la décision de l'administrateur ou du liquidateur de mettre fin à l'exécution du contrat en cours n'ont, à eux seuls, pour effet d'entraîner la résiliation du contrat de location-gérance et le retour au loueur du fonds donné en location (Cass. com. 7-2-1989 : Bull. civ. IV no 49 ; CA Paris 2-12-1994 : RJDA 4/95 no 436, transposables par analogie à la procédure de sauvegarde). De même, le refus de renouvellement du bail des locaux ne constitue pas pour le locataire-gérant, tant qu'il a droit au maintien dans les lieux, un motif légitime pour mettre unilatéralement fin au contrat de location-gérance (Cass. com. 24-3-1998 : RJDA 8-9/98 no 981).

3153 **Publicité** La fin de la location-gérance doit être publiée dans les quinze jours dans un support habilité à recevoir les annonces légales (C. com. art. R 144-1). Si elle entraîne la cessation d'activité du locataire-gérant, celui-ci (ou, le cas échéant, ses héritiers) doit demander dans le délai d'un mois sa radiation du registre du commerce par l'intermédiaire du registre national des entreprises (C. com. art. R 123-51 et R 123-52).

3156 **Retour au loueur du bien loué** Le locataire-gérant doit rendre le fonds au loueur. À défaut, il peut être expulsé (Cass. com. 7-3-1989 : BRDA 7/89 p. 13) et condamné au paiement d'une indemnité (cf. Cass. com. 17-5-1966 : Bull. civ. III p. 227). Lorsque des colocataires se sont engagés à exécuter solidairement le contrat, l'un d'eux ne peut pas échapper au paiement de l'indemnité due au loueur en faisant valoir que le matériel non restitué a été emporté par un autre colocataire (Cass. com. 2-7-1996 : RJDA 12/96 no 1469).

La restitution doit porter sur tous **les éléments qui composaient le fonds** au moment de la conclusion de la location-gérance. Lorsque le contrat de location les énumère avec précision, le locataire est responsable du défaut de restitution sans pouvoir se libérer au motif qu'il n'en résulte pas un préjudice pour le loueur (CA Paris 4-7-2012 n° 10/20561 : RJDA 11/12 n° 952) ; en l'absence d'une telle énumération, le loueur qui demande la restitution de l'un d'eux doit prouver qu'il était compris dans la location (Cass. com. 11-6-1979 : Bull. civ. IV p. 157). À défaut, il ne peut pas se prévaloir de la présomption de l'article 1731 du Code civil selon laquelle le locataire est réputé avoir reçu le bien loué en bon état s'il n'en a pas été fait de description (Cass. com. 4-11-1982 : GP 1983.pan.94).

Sauf stipulation contractuelle contraire, le loueur n'est pas tenu de reprendre le stock existant (Cass. com. 23-3-1999 : RJDA 5/99 n° 549).

La loi étant muette sur l'état dans lequel le fonds de commerce doit être rendu par le locataire-gérant, il est recommandé aux parties de régler elles-mêmes cette question et notamment de prévoir l'indemnisation du propriétaire du fonds en cas de dégradations par le locataire-gérant et, réciproquement, l'indemnisation du locataire-gérant qui a amélioré le fonds.

Si les parties n'ont rien prévu, les **améliorations** effectuées par le locataire-gérant suivent le fonds si elles en sont un accessoire (cf. C. civ. art. 546 et 565 s.). À notre avis, les améliorations apportées par un locataire-gérant sont en principe un accessoire du fonds, sauf si elles correspondent à la création d'un fonds nouveau (Cass. civ. 3-7-1968 : Bull. civ. III p. 243, adjonction correspondant à la création d'un fonds distinct du fonds loué) ou si le locataire a augmenté dans de fortes proportions la rentabilité du fonds. Le locataire-gérant ne saurait cependant pas être privé du montant de la plus-value qu'il a apportée au fonds car il est de principe que le cocontractant qui a amélioré la chose qu'il doit rendre a droit à indemnisation.

Les **dégradations** subies par les éléments du fonds sont à la charge du locataire-gérant, dès lors qu'il s'est engagé dans le contrat à les restituer en bon état (Cass. com. 4-11-1982 : GP 1983.pan.94). Sinon, elles ne sont pas à sa charge, sauf si le loueur apporte la preuve qu'il a commis une faute qui est à l'origine de la dépréciation du bien, ce qui n'est pas le cas si la dépréciation est due à la modification des circonstances économiques (Cass. com. 19-5-1998 : RJDA 10/98 n° 1103), mais l'est si la dépréciation est due à un arrêt injustifié de l'exploitation du fonds par le locataire (Cass. com. 6-5-2002 : RJDA 10/02 n° 1016).

Il appartient aux tribunaux de déterminer ce qui constitue une extension du fonds ouvrant droit à indemnité au profit du gérant ou encore dans quel cas les éléments nouveaux apportés peuvent être détachés de celui-ci. Sur le refus opposé au locataire de détacher l'enseigne, n° 2545.

Poursuite des contrats de travail En vertu de l'article L 1224-1 du Code du travail, le loueur est tenu de poursuivre les contrats de travail en cours à la date d'expiration de la location-gérance mais seulement s'il récupère le même fonds, ce qui n'est pas le cas lorsque le locataire, à l'expiration de la location, a transféré les éléments essentiels du fonds dans un autre lieu, le loueur ayant alors recueilli un fonds qui n'est plus le même que celui qu'il exploitait (Cass. soc. 9-6-1983 : Bull. civ. V p. 225 ; dans le même sens, CA Limoges 16-12-1993 : JCP G 1994.IV.868) ni lorsque le fonds a disparu ou est devenu inexploitable par suite de la mauvaise gestion du locataire (Cass. soc. 6-11-1991 n° 90-41.600 : Bull. civ. V n° 474). 3159

La charge des licenciements du personnel d'un locataire-gérant mis en liquidation judiciaire n'incombe pas au passif de ce locataire lorsque le loueur a continué l'exploitation antérieure du locataire en embauchant plusieurs salariés et en poursuivant l'exécution de devis initiés par lui (Cass. com. 22-10-1996 : RJDA 2/97 n° 200).

Indemnités Lorsque le loueur est propriétaire à la fois de l'immeuble loué et du fonds et que ces deux biens sont loués en même temps, il doit, sauf clause contraire du contrat, verser au locataire une indemnité égale au profit qu'il pourra retirer de la plus-value apportée, soit au fonds, soit à la valeur locative de l'immeuble, par les **améliorations matérielles** effectuées par le locataire avec son accord exprès (C. com. art. L 145-46). 3162

Le locataire ne peut **pas** exercer de **droit de rétention** sur le fonds (Cass. com. 26-10-1971 : D. 1972.61 note Derrida).

Exigibilité des dettes du locataire La fin de la location-gérance rend immédiatement exigibles les dettes afférentes à l'exploitation du fonds contractées par le gérant pendant la durée de la location (C. com. art. L 144-9). Une exception est néanmoins prévue lorsque la fin de la location-gérance résulte de la levée d'option d'achat effectuée par le locataire qui a pris le fonds en location en vertu d'un contrat de crédit-bail (C. com. art. L 144-13). 3165

Rétablissement du gérant Le contrat de location-gérance contient généralement une clause de non-concurrence limitant le droit du locataire de se rétablir à l'issue de la location-gérance (pour un exemple, Cass. com. 28-4-1987 : BRDA 10/87 p. 21). Les modalités et les effets de cette clause 3168 sont similaires à ceux de la clause de non-rétablissement conclue à l'occasion de la vente d'un fonds de commerce (nos 2812 s.).

À défaut, le locataire-gérant peut se rétablir à condition d'éviter de provoquer dans l'esprit de la clientèle une confusion entre son nouvel établissement et le fonds précédemment géré susceptible de le rendre coupable de concurrence déloyale (Cass. com. 15-4-1982 : GP 1982.pan.258).

D. Crédit-bail de fonds de commerce

3300 Peuvent être loués en vue de leur acquisition ultérieure par le locataire :

– soit le droit au renouvellement d'un bail ou, plus couramment, le droit au bail ; dans ce cas, ce droit ne peut être invoqué que par le crédit-bailleur, les conditions requises par le statut des baux commerciaux pour l'existence de ce droit étant écartées ; les autres droits et obligations que le locataire tient du statut susvisé sont répartis par contrat entre le propriétaire, le crédit-bailleur et le crédit-preneur (C. mon. fin. art. L 313-7, 2-al. 2) ;

– soit un fonds de commerce, un établissement artisanal ou un de leurs éléments incorporels ; la location du fonds doit être assortie d'une promesse unilatérale de vente moyennant un prix convenu tenant compte, au moins pour partie, des versements effectués à titre de loyers ; mais la location ne peut pas être consentie à l'ancien propriétaire du fonds qui, selon la formule dite de crédit-bail adossé (ou « lease back »), l'aurait d'abord vendu au crédit-bailleur pour ensuite le lui louer avec une promesse de vente (art. L 313-7, 3).

Mais la pratique n'utilise pas ce procédé pour la transmission des fonds de commerce car il présente de **nombreux inconvénients** :

1. Absence de sécurité pour l'établissement de crédit, qui devient propriétaire d'un bien qui ne conserve sa valeur que s'il est bien géré. En outre, il risque d'être tenu de poursuivre les contrats de travail en cours si le locataire ne lève pas la promesse à l'expiration du bail (n° 3159) et d'être **responsable solidairement** du paiement des dettes contractées par le locataire à l'occasion de l'exploitation du fonds jusqu'à la publication du contrat de location-gérance ainsi que des impôts directs établis à raison de l'exploitation du fonds (nos 3076 s. et 3097).

2. Coût élevé pour le locataire dès lors que les risques encourus par l'établissement de crédit se répercuteront nécessairement sur le montant des loyers.

3. Lourdeur des publicités qui sont, à la fois, celles :

– de l'achat du fonds par le crédit-bailleur **et** de la **vente** du fonds à l'issue de la location en cas de levée de l'option (nos 2853 s.) ;

– de la location-gérance (n° 3038) ;

– de l'opération de crédit-bail elle-même (n° 41624).

E. Nantissement conventionnel du fonds de commerce

3400 Le nantissement du fonds de commerce est la convention par laquelle le propriétaire d'un fonds affecte celui-ci à titre de garantie au paiement d'une dette. Ce nantissement est régi par les articles L 142-1 s. et R 143-1 s. du Code de commerce. Ces textes s'appliquent aussi au nantissement du fonds artisanal (C. artisanat art. L 133-1 issu de ord. 2023-208 du 28-3-2023).

Le fonds de commerce est fréquemment donné en nantissement, celui-ci permettant, d'une part, à l'exploitant du fonds d'obtenir du crédit auprès des établissements bancaires et, d'autre part, au vendeur du fonds de compléter les garanties qu'il tient de son privilège (nos 2905 s.). Pourtant le nantissement constitue une **sûreté précaire** qui ne porte pas sur les éléments stables du fonds de commerce, et notamment sur le matériel incorporé aux bâtiments, et qui perd beaucoup de son efficacité lorsque l'entreprise est en difficulté. Néanmoins, il empêche toute modification de l'objet et du lieu de l'exploitation, toute vente du fonds sans que le créancier en soit averti ainsi que le surendettement du débiteur.

Sur le nantissement judiciaire, n° 59300.

CONDITIONS DE FOND DE CONSTITUTION DU NANTISSEMENT

3403 **Conditions requises du débiteur** Le nantissement est un **acte de disposition** puisqu'il peut éventuellement entraîner la vente forcée du fonds. Il en résulte les conséquences suivantes.

1. Seul le **propriétaire du fonds,** donc même celui d'un fonds en location-gérance, peut nantir celui-ci. Par suite, est nul le nantissement consenti par le locataire-gérant (CA Paris 24-6-1929 : DP 1931.2.15 note Chéron) ou par l'ancien propriétaire du fonds (Cass. com. 8-7-1974 : Bull. civ. IV p. 179), sauf si le créancier gagiste a légitimement pu croire que le constituant était le propriétaire (Cass. com. 13-12-1994 : RJDA 4/95 n° 435 : constituant locataire-gérant).

La nullité est couverte lorsque, avant toute action en nullité, le constituant devient propriétaire du fonds (Cass. com. 5-11-2002 n° 1812 : RJDA 3/03 n° 322).

Si le fonds est indivis, un coïndivisaire peut donner en nantissement la part qui lui revient ou même le fonds tout entier, le droit du créancier gagiste étant alors subordonné au résultat du partage (CA Paris 22-10-1999 : RJDA 3/00 n° 344). Le créancier qui n'a inscrit son nantissement qu'au regard d'un des indivisaires ne peut pas exercer son droit sur la totalité du fonds même si à la suite de la mise en liquidation judiciaire des coïndivisaires la confusion de leurs patrimoines a été prononcée (Cass. civ. 26-4-2000 : RJDA 9-10/00 n° 918).

2. Le nantissement requiert la **capacité d'aliéner** (nos 1031 s. ; pour les sociétés commerciales, MSC n° 4018). Mais aucun texte n'interdit la prise d'un nantissement sur un bien appartenant à un mineur, notamment un fonds de commerce (CA Paris 19-5-1999 : GP 2000.som.871).

3. Le propriétaire d'un fonds qui fait l'objet d'une procédure de **sauvegarde ou de redressement judiciaire** ne peut pas constituer un nantissement sur le fonds sans l'autorisation du juge-commissaire (n° 61925). En outre, un nantissement consenti pendant la période suspecte pour des dettes antérieurement contractées est nul (nos 63138 s.).

Créance garantie La créance garantie par le nantissement comprend le principal et deux années d'intérêts (C. com. art. L 143-19). Elle peut être future, conditionnelle ou même éventuelle (Cass. civ. 21-7-1931 : DP 1932.1.49 note Hamel). 3406

L'indemnité d'éviction perçue en contrepartie de la perte du droit au bail ne représentant pas le prix d'une mutation de propriété, ce dont il résulte qu'aucun droit de préférence ou de suite n'est susceptible de s'exercer sur elle (Cass. com. 3-12-2002 n° 00-12.774), elle est exclue du nantissement ; il en est de même de l'indemnité de résiliation amiable du bail en vertu duquel est exploité le fonds nanti (Cass. 3e civ. 6-4-2005 n° 464 : RJDA 8-9/05 n° 942).

Assiette du nantissement Le nantissement ne peut porter que sur les éléments suivants : l'enseigne, le nom commercial, le droit au bail, la clientèle et l'achalandage, le mobilier commercial, le matériel ou l'outillage servant à l'exploitation du fonds, les brevets, les licences, les marques, les dessins et modèles industriels, et généralement les droits de propriété industrielle, littéraire ou artistique qui sont attachés au fonds (C. com. art. L 142-2, al. 1), le droit à la concession immobilière portant sur un bien à usage commercial, industriel ou artisanal (Loi 67-1253 du 30-12-1967 art. 51, al. 3) et le droit d'occupation privative d'un emplacement dans un marché d'intérêt national (C. com. art. L 761-9). 3409

La **promesse** de nantir un fonds de commerce futur est valable ; l'inscription, toutefois, ne peut être prise qu'après la création du fonds, car l'assiette de la sûreté doit exister au moment de sa constitution (CA Paris 27-9-1996 : RJDA 2/97 n° 254).

Le nantissement ne peut donc **pas** porter sur :

- les **marchandises** (n° 2563) ;
- les **immeubles** (n° 2503) ;

Il résulte de cette exclusion que l'assiette d'un nantissement se trouve considérablement réduite lorsque le fonds est exploité dans des locaux appartenant au propriétaire du fonds car le matériel d'exploitation acquiert le caractère d'un immeuble par destination (nos 56283 s.). En outre, ce fonds nanti ne comprend pas de droit au bail.

Toutefois, lorsque le propriétaire du fonds a nanti celui-ci alors qu'il n'était que locataire des locaux, le fait qu'il achète par la suite l'immeuble dans lequel le fonds est exploité ne fait pas disparaître le droit au bail de l'assiette du nantissement (Cass. civ. 12-7-1933 : DH 1933.441). En cas de vente soit du fonds, soit de l'immeuble, le droit au bail réapparaît automatiquement.

- les créances et les **contrats.**

Il ne peut pas non plus porter sur des **biens** dont le propriétaire du fonds est seulement **locataire,** notamment sur du matériel qu'il détient en vertu d'un contrat de crédit-bail.

Lorsque la **convention** de nantissement **ne contient aucune indication** au sujet des éléments grevés, le nantissement ne comprend que l'enseigne et le nom commercial, le droit au bail - dans la mesure où ces éléments existent -, la clientèle et l'achalandage (C. com. art. L 142-2, al. 3).

L'inclusion volontaire des autres éléments doit résulter d'une « désignation expresse et précise dans l'acte » (C. com. art. L 142-2, al. 3). Mais il n'est pas nécessaire, s'agissant du matériel, de faire un inventaire détaillé pour satisfaire à cette exigence (cf. CA Orléans 5-12-1919 et CA Montpellier 5-6-1920 : DP 1921.2.67).

Lorsque le fonds comprend des **locaux accessoires,** le nantissement s'étend aux éléments attachés à ces locaux, par exemple au droit au bail portant sur ces derniers (Cass. com. 14-10-1965 : Bull. civ. III p. 450). En revanche, les **succursales** ne sont pas comprises dans le nantissement si elles n'ont pas été expressément visées dans la convention par l'indication de leur siège (C. com. art. L 142-2, al. 4).

En cas de **remplacement d'un élément** grevé, le nantissement porte sur le nouvel élément, par exemple sur le nouveau droit au bail en cas de déplacement du fonds ou de renouvellement du bail (CA Paris 19-6-1924 : DP 1924.2.129 note Lalou). En revanche, les **éléments nouveaux** ajoutés au fonds postérieurement au nantissement ne sont pas grevés par la sûreté. Une exception est néanmoins prévue en faveur des certificats d'addition s'appliquant à un brevet nanti (C. com. art. L 142-2, al. 2).

FORME ET PUBLICITÉ DU NANTISSEMENT

3415 **Acte écrit** Le nantissement doit être constaté dans un acte authentique ou dans un acte sous signature privée (C. com. art. L 142-3, al. 1 ; sur l'emploi de la forme électronique, n° 11178).

3418 **Contenu de l'acte** Bien que la loi ne comporte aucune exigence à ce sujet, il convient en pratique de mentionner dans l'acte les énonciations qui doivent figurer dans les bordereaux qu'il faut déposer au greffe en vue de l'inscription.

En outre, lorsque les parties veulent faire porter le nantissement sur un élément non expressément énuméré à l'alinéa 3 de l'article L 142-2 du Code de commerce, elles doivent, on le rappelle, le viser dans le contrat (n° 3409).

3423 **Inscription du nantissement** Le nantissement doit être inscrit dans un **registre** dénommé « registre des sûretés mobilières et autres opérations connexes » tenu sous forme électronique par le greffier du tribunal de commerce, du tribunal judiciaire statuant commercialement ou du tribunal mixte de commerce ; quel que soit le **tribunal compétent,** le **greffier territorialement compétent** sera selon le cas (C. com. art. L 141-6, al. 1 ; art. R 521-1, R 521-2, 3°, R 521-4 et R 521-5, al. 1) :

– le greffier dans le ressort duquel l'acquéreur, ou le propriétaire du bien grevé s'il n'est pas l'acquéreur, est immatriculé à titre principal au registre du commerce et des sociétés ;

– lorsqu'ils ne sont pas soumis à l'obligation d'immatriculation au registre du commerce et des sociétés, le greffier dans le ressort duquel est situé le siège de l'acquéreur, ou du propriétaire du bien grevé s'il n'est pas l'acquéreur, ou à défaut leur établissement principal ou, s'il n'existe ni siège, ni établissement principal, leur lieu d'exercice de l'activité ou l'adresse de l'entreprise fixée au local d'habitation ;

– à défaut d'immatriculation au registre du commerce et des sociétés, de siège, d'établissement principal, de lieu d'exercice de l'activité ou de domicile personnel sur le territoire français, le greffier du tribunal de commerce de Paris. En présence d'une succursale située dans un autre ressort que l'établissement principal, la double inscription du privilège (à la fois dans le ressort où est exploité le fonds principal et dans celui où se trouve la succursale) ne sera plus requise puisque l'inscription est désormais centralisée (C. com. art. L 141-18).

Aucun **délai d'inscription** n'est requis ; néanmoins, seule cette inscription rend le droit de préférence résultant du nantissement opposable aux tiers (C. com. art. L 142-3, al. 2).

Le **nantissement** du fonds qui **comprend des brevets, des licences, des marques ou des dessins et modèles** doit également être inscrit à l'Inpi ; cette inscription s'effectue par report du certificat d'inscription délivré par le greffier selon la nature des titres concernés : au registre national des brevets, au registre national spécial des logiciels, au registre national des marques ou au registre national des dessins et modèles, à peine d'inopposabilité à l'égard des tiers du nantissement portant sur ces droits (C. com. art. L 143-17 et R 521-9, II).

3424 **Durée du privilège** L'inscription conserve le privilège pendant dix ans à compter du jour de sa date et son effet cesse si elle n'a pas été renouvelée avant l'expiration de ce délai (C. com. art. R 521-11, al. 2 et R 521-12). Pour que le privilège soit conservé, l'inscription doit être renouvelée, même si l'acquéreur a notifié au créancier inscrit une offre de purge (ce qui entraîne à cette date production de l'effet légal du nantissement), si le délai de dix ans expire avant que le prix ne soit payé ou consigné (Cass. com. 14-1-1997 : RJDA 5/97 n° 693 ; sur la justification de cette solution, rapport Rémery, D. 1997.315).

La **radiation** volontaire est formée auprès du greffier qui a procédé à l'inscription initiale même en cas de déplacement du lieu d'immatriculation, du siège, de l'établissement principal, ou du lieu d'exercice de l'activité hors du ressort du tribunal dont dépend le greffier compétent au moment de l'inscription initiale ; la remise est effectuée par la délivrance ou la transmission d'un bordereau par voie postale (en deux exemplaires) ou par voie électronique au greffier compétent (C. com. art. R 521-19). Elle doit être prolongée, le cas échéant, par celle des inscriptions figurant sur les registres de l'Inpi par la production du certificat de radiation délivré par le greffier (C. com. art. R 521-25).

DROITS DES CRÉANCIERS INSCRITS SUR LE FONDS

Droit de faire vendre le fonds Les créanciers inscrits sur le fonds de commerce, tant ceux qui ont pris un nantissement sur le fonds (nos 3400 s.) que le vendeur du fonds qui a procédé à l'inscription de son privilège (nos 2905 s.), peuvent poursuivre la réalisation de leur gage en demandant la vente forcée du fonds, pour exercer leurs droits de préférence ou de suite, huit jours après sommation de payer faite au débiteur et au tiers détenteur, s'il y a lieu, demeurée infructueuse ; la demande est portée devant le tribunal de commerce dans le ressort duquel le fonds est exploité (C. com. art. L 143-5). **3430**

Mais les créanciers inscrits n'ont pas droit à l'attribution du fonds (C. com. art. L 142-1, al. 2 ; Cass. com. 13-10-1998 : RJDA 12/98 n° 1420) ni à la rétention (Cass. com. 26-11-2013 n° 12-27.390 : RJDA 3/14 n° 272).

L'action de mise en vente du fonds est de la compétence exclusive du tribunal de commerce du lieu d'exploitation du fonds (CA Paris 23-11-1994 : RJDA 4/95 n° 493).

Tout créancier inscrit peut former une surenchère du dixième du prix de vente obtenu par la mise en vente du fonds de commerce dans les conditions fixées aux articles L 143-13 à L 143-15 du Code de commerce.

Droit de préférence Les sommes garanties par le nantissement sont le capital de la créance tel qu'il est exprimé dans l'acte de nantissement et dans les bordereaux d'inscription ainsi que deux années d'intérêts (C. com. art. L 143-19 ; Cass. civ. 13-12-1938 : S. 1939.1.132). **3433**

Le droit de préférence des créanciers nantis s'exerce indivisiblement sur le prix correspondant aux éléments du fonds qui sont grevés et non sur un élément isolé (Cass. com. 19-12-2006 n° 1431 : RJDA 7/07 n° 779) ; en conséquence, en cas de paiement partiel, le créancier gagiste conserve son privilège sur l'ensemble des sommes que représentent les éléments nantis.

En cas de poursuite de la **vente d'un élément isolé** par un créancier gagiste, les créanciers inscrits peuvent requérir la vente de la totalité du fonds dans les dix jours de la notification aux créanciers qui se seront inscrits quinze jours avant ladite notification, au domicile déclaré par eux dans leurs inscriptions (C. com. art. L 143-10).

Le **rang des créanciers** nantis sur le fonds de commerce **entre eux** est déterminé par la date de leur inscription ; ceux qui ont été inscrits le même jour viennent en concurrence (C. com. art. L 142-5). Mais, en tout état de cause, le vendeur du fonds qui a fait inscrire son privilège dans les trente jours de la date de l'acte de vente sera préféré au créancier gagiste du chef de l'acquéreur, puisque son inscription prime toutes celles prises de ce chef dans ce même délai (C. com. art. L 141-6). Au regard des **autres créanciers,** le créancier nanti prime les titulaires de privilèges généraux (Cass. com. 25-10-1976 : D.1977.380 note Taisne : privilège de l'Urssaf) mais passe après le Trésor public (Cass. com. 15-4-1972 : Bull. civ. IV p. 101).

Droit de suite Les **privilèges** du vendeur et du créancier nantis **suivent le fonds** en quelques mains qu'il passe (C. com. art. L 143-12 ; Cass. com. 6-6-2000 : RJDA 11/00 n° 1051). **3436**

Ce droit de suite des créanciers inscrits ne peut **pas** toutefois s'exercer contre l'acquéreur d'**éléments isolés** du fonds (Cass. req. 22-4-1913 : DP 1913.1.225 note Feuilloley ; Cass. com. 5-11-1963 : Bull. civ. III p. 386 ; CA Douai 18-11-1993 : GP 1994.som.813), sauf en cas de vente d'un brevet, d'une marque, d'un dessin ou d'un modèle sur lequel le créancier a inscrit son droit à l'Inpi (Cass. req. 22-4-1913 précité).

La destruction ou le détournement d'un élément faisant partie du fonds de commerce peut être sanctionné par un emprisonnement de trois ans et une amende de 375 000 € (C. pén. art. 314-5, al. 1).

L'acquéreur du fonds peut se prémunir contre l'exercice de leur droit de suite par les créanciers inscrits ; mais il peut aussi, sauf fraude ou abus, ne pas user de cette faculté (Cass. com. 28-4-2004 n° 678 : RJDA 8-9/04 n° 967) en procédant aux formalités de notification à fin de purge fixées à l'article L 143-12 du Code de commerce ; à défaut, il ne peut pas empêcher la vente du fonds aux enchères publiques demandée par un créancier qui a fait opposition, celle-ci étant un acte conservatoire qui tend à préserver l'exercice de son droit de suite par le créancier qui n'a pas obtenu la condamnation de l'acquéreur au règlement de sa créance (CA Versailles 10-6-1993 : D. 1993.IR.214).

Le créancier qui a accepté, même sans réserve, des sommes que lui a versées le séquestre du prix de vente du fonds n'a pas par là même renoncé à son gage et, partant, à l'exercice de son droit de suite, et n'a pas accepté le caractère libératoire à son égard de la consignation de l'acquéreur (Cass. com. 18-2-1997 : RJDA 6/97 n° 821).

3439 **Protection contre les déplacements du fonds** Le propriétaire du fonds doit faire connaître aux créanciers inscrits au moins quinze jours à l'avance son **intention de déplacer** le fonds ou la succursale et le nouveau siège qu'il a choisi, sous peine, à défaut, de la déchéance de plein droit du terme des créances inscrites (C. com. art. L 143-1, al. 1).

Dans la quinzaine de la notification ou du jour où ils auront eu connaissance du déplacement, les créanciers inscrits doivent alors faire mentionner le nouveau siège du fonds en marge de l'inscription initiale ou, si le fonds a été transféré hors du ressort du tribunal dont dépend le greffier compétent au moment de l'inscription initiale, demander une inscription modificative auprès du greffier qui a procédé à l'inscription initiale (C. com. art. L 143-1, al. 2 et R 521-13, al. 1). Cette formalité leur permet de conserver le bénéfice et le rang de leur privilège. Lorsque le créancier n'a pas fait régulariser l'inscription, la perte du privilège peut être prononcée si le défaut de régularisation a causé un préjudice aux tiers induits en erreur sur l'état des inscriptions grevant le fonds (Cass. req. 19-10-1943 : DC 1944.112 note Chéron ; Cass. com. 7-7-2009 n° 08-17.792 : RJDA 4/10 n° 431).

Le créancier qui n'a pas eu connaissance du déplacement du fonds et n'a pas, pour ce motif, procédé à la modification de son inscription ne saurait être sanctionné par la déchéance de son privilège (Cass. com. 26-3-2002 : RJDA 8-9/02 n° 943). La connaissance du déplacement du fonds ne peut se déduire ni de la connaissance par le créancier du changement d'adresse du propriétaire du fonds, le déplacement du siège social d'une société propriétaire d'un fonds n'emportant pas nécessairement transfert de ce fonds, ni de la seule mention du déplacement du fonds au registre du commerce (Cass. com. 7-12-2004 n° 1802 : RJDA 4/05 n° 467). Mais elle se déduit de l'exécution par le créancier d'une saisie de matériel dans le nouveau lieu où se trouve le fonds (Cass. com. 7-7-2009 n° 08-17.792 précité).

Les créanciers inscrits ne peuvent pas s'opposer au déplacement mais ils peuvent demander au tribunal de commerce de prononcer la déchéance du terme si le déplacement a pour effet de déprécier le fonds (C. com. art. L 143-1, al. 3 et 4).

Sur la protection des créanciers contre la résiliation du bail et la déspécialisation du fonds, nos 5269 s. et n° 4892.

CONTESTATIONS LORS DE LA RÉALISATION DU NANTISSEMENT

3452 Le tribunal nomme, s'il y a lieu, un administrateur provisoire du fonds dans les conditions prescrites par l'article L 143-4 du Code de commerce.

Il est statué, s'il y a lieu, sur les moyens de nullité de la procédure de vente antérieure à l'adjudication, et sur les dépens, par le président du tribunal conformément aux dispositions de l'article L 143-7 du Code de commerce.

3455 **Manquements de l'adjudicataire** Faute par l'adjudicataire d'exécuter les clauses de l'adjudication, le fonds est vendu sur réitération des enchères, selon les formes prescrites par les articles L 143-6 et L 143-7 du Code de commerce ; l'adjudicataire défaillant est tenu, envers les créanciers du vendeur et le vendeur lui-même, de la différence entre son prix et celui de la revente sur réitération des enchères, sans pouvoir réclamer l'excédent s'il y en a (C. com. art. L 143-9).

F. Gage de l'outillage et du matériel

3500 Depuis le 1er janvier 2022, le gage de l'outillage et du matériel est soumis au régime du gage de droit commun (nos 57003 s.).

En effet, l'ordonnance 2021-1192 du 15 septembre 2021 ayant réformé le droit des sûretés a abrogé les dispositions du Code de commerce relatives au gage de l'outillage et du matériel (C. com. ex-art. L 525-1 s. ; ord. 2021-1192 art. 28, 3°).

CHAPITRE 5

BAUX COMMERCIAUX

SOMMAIRE

SECTION 1
DOMAINE D'APPLICATION DU STATUT 4009
A. Conditions d'application du statut 4012
B. Extension du champ d'application du statut 4100
C. Bail dérogatoire au statut des baux commerciaux 4150
SECTION 2
RÈGLES GÉNÉRALES APPLICABLES AU BAIL 4400
I. Conclusion du bail 4400
II. Exécution du bail 4490
A. Durée du bail 4500
B. Droits et obligations des parties 4550
1. Obligations de droit commun 4553
2. Principales clauses 4620
C. Loyer 4700
1. Loyer d'origine 4700
2. Révision légale du loyer 4740
D. Destination des lieux et déspécialisation 4850
1. Destination contractuelle des lieux 4850
2. Déspécialisation 4860
E. Sous-location d'un bail soumis au statut 4949
F. Cession du bail 5000
G. Formalités 5060
III. Fin du bail 5150
A. Rupture du bail 5190
B. Expiration du bail 5300
C. Conséquences de la fin du bail 5338
D. Achat du local loué par le preneur 5500
SECTION 3
RENOUVELLEMENT DU BAIL 5600
I. Droit au renouvellement 5603
A. Conditions du droit au renouvellement 5603
B. Exercice du droit au renouvellement 5650
II. Régime du bail renouvelé 5800
III. Loyer du bail renouvelé 5900
A. Modes de fixation du loyer 5900
B. Plafonnement de la variation du loyer initial 5940
C. Fixation du loyer à la valeur locative 6000
1. Détermination de la valeur locative 6003
2. Déplafonnement du loyer pour modification notable de la valeur locative 6080
D. Règles spécifiques à certains baux 6150
IV. Refus de renouvellement 6300
A. Refus de renouvellement avec indemnité d'éviction 6300
1. Détermination de l'indemnité d'éviction 6303
2. Repentir du bailleur 6360
3. Paiement de l'indemnité d'éviction 6380
B. Autres cas de refus de renouvellement 6450
SECTION 4
CONTENTIEUX 6800

QUALIFICATION

4000 Le « bail commercial » est le bail d'un **local** où est exploité un fonds de commerce ou un fonds artisanal, soumis de ce fait aux dispositions protectrices du locataire, constituant ce qui est appelé le « **statut des baux commerciaux** », figurant dans les articles L 145-1 s. du Code de commerce, ci-après désigné « le statut ».

Ce statut ne portant que sur les conditions particulières du bail, il doit être complété par les règles du **Code civil** relatives aux baux d'immeuble.

ESPRIT DE LA LÉGISLATION SUR LES BAUX COMMERCIAUX

4003 Le bail d'un local étant un élément indispensable à l'exercice d'une activité commerciale ou artisanale, la réglementation des baux commerciaux tend à assurer **la protection** du **locataire** et organise à cet effet :

– la stabilité de l'exploitation commerciale en fixant la **durée** minimale du bail à neuf ans et surtout en reconnaissant au locataire le droit au **renouvellement** de son bail à l'expiration de celui-ci ou, à défaut d'un refus de renouvellement justifié, le droit à une indemnité d'éviction ;

L'expression « propriété commerciale » fréquemment employée en pratique pour désigner le droit au renouvellement signifie donc seulement que le locataire peut demander le renouvellement et qu'en cas de refus du bailleur il a droit à une indemnité ; mais en aucun cas, il ne peut prétendre à un droit au maintien dans les lieux.

– l'**adaptation de l'activité** du locataire **aux nécessités économiques,** puisque le locataire peut étendre son activité et même la transformer totalement en passant outre à un éventuel refus du bailleur (droit à la « déspécialisation ») ;

– le **plafonnement du loyer** du bail renouvelé et le contrôle de la révision du loyer.

POINTS SENSIBLES

4006 L'attention du bailleur et du locataire doit être spécialement attirée sur les conditions dans lesquelles un bail est ou n'est pas **soumis** aux dispositions du statut (nos 4012 s.).

Lorsque le statut s'applique, bien que seulement certaines de ses dispositions, signalées dans les développements subséquents, soient expressément déclarées d'**ordre public** en ce qu'elles sont réputées non écrites (cf. C. com. art. L 145-15), les tribunaux tendent à le considérer comme étant d'ordre public (cf. Cass. 3e civ. 13-6-2012 no 11-16.182, 2e esp. : RJDA 11/12 no 939 som.), sous réserve bien entendu des dispositions qui admettent formellement la solution contraire.

Depuis la loi 2014-626 du 18 juin 2014, les clauses contraires à ces dispositions ne sont plus nulles mais réputées non écrites (art. L 145-15) ; cette sanction ne s'applique pas aux clauses qui sont l'objet d'un litige en cours (Cass. 3e civ. 28-6-2018 no 16-17.939 FD : RJDA 11/18 no 810) mais elle s'applique aux litiges postérieurs (CA Bordeaux 2-7-2015 no 15/00079, réf. : RTD com. 2015.478 obs. Kendérian) ainsi qu'aux baux en cours (Cass. 3e civ. 19-11-2020 no 19-20.405 FS-PBI : RJDA 2/21 no 82 ; Cass. 3e civ. 30-6-2021 no 19-23.038 FP-BC, 1e esp. : RJDA 10/21 no 640 ; Cass. 3e civ. 21-4-2022 no 21-10.375 : RJDA 5/23 no 242).

SECTION 1

DOMAINE D'APPLICATION DU STATUT

4009 Le bail d'un local est soumis aux dispositions du statut s'il répond à l'une des trois conditions suivantes :

– il satisfait aux critères généraux d'application du statut ;

– une mesure d'extension légale ou conventionnelle prévoit cette application ;

– une exception ne l'exclut pas du champ d'application du statut.

A. Conditions d'application du statut

4012 L'application du statut est de droit dès lors que le bail satisfait aux trois conditions suivantes (C. com. art. L 145-1) :

– existence d'un bail portant sur un immeuble ou un local ;

– exploitation d'un fonds de commerce ou artisanal dans l'immeuble loué ;

– immatriculation du propriétaire du fonds au registre du commerce et des sociétés ou au registre national des entreprises (ex-répertoire des métiers).

La preuve que ces conditions sont réunies incombe à celui qui invoque l'application du statut, généralement le locataire (Cass. civ. 29-11-1995 : RJDA 2/96 no 189).

EXISTENCE D'UN BAIL PORTANT SUR UN IMMEUBLE OU UN LOCAL

4015 **Nécessité d'un contrat de bail à loyer** Les dispositions du statut ne sont pas applicables dès lors que le contrat ne constitue pas un bail à loyer, lequel suppose d'être à titre onéreux et d'accorder au locataire la jouissance exclusive du bien (Cass. 3e civ. 22-10-2020 n° 18-17.802 F-D : RJDA 2/21 n° 74), peu important que sa date de prise d'effet ne soit pas déterminée (cf. Cass. 3e civ. 28-10-2009 n° 08-20.224 : Bull. civ. III n° 237), le prix devant être sérieux (CA Versailles 14-1-2000 : RJDA 3/00 n° 271).

Le contrat de bail n'est pas un contrat de prestations de services car il ne comporte pas, à titre principal, l'exécution par le bailleur d'une prestation, à savoir une tâche (n° 19508) (cf. Cass. 1e civ. 19-6-2019 n° 18-10.424 FS-PB).

Sur la distinction du bail de la location-gérance et du prêt à usage, nos 3000 et 23500.

1. Exclusion de certains baux et contrats voisins. En raison de son incompatibilité avec les règles spécifiques les concernant, le statut ne s'applique pas aux contrats suivants : 4018

– **bail rural** (Cass. 3e civ. 6-9-2018 n° 16-20.092 F-D : BRDA 20/18 inf. 14 : requalification en bail rural d'un contrat de bail commercial portant sur un bien principalement affecté à un élevage de chevaux, peu important l'affectation différente au jour du congé).

– **bail emphytéotique,** sauf pour la révision du loyer ; mais les baux consentis par l'emphytéote sont régis par le statut, si les conditions en sont réunies, dans la limite de la durée du bail emphytéotique (C. com. art. L 145-3) ; le sous-locataire ne peut donc pas obtenir une indemnité d'éviction à l'expiration du bail emphytéotique (Cass. 3e civ. 9-2-2005 n° 190 : RJDA 5/05 n° 516) ;

Sur la qualification du bail emphytéotique et la révision du loyer, Cass. 3e civ. 8-9-2016 n° 15-21.381.

– **bail à construction** (CA Paris 8-11-1990 : JCP N 1992.II.26 note Brault ; sur ce bail, CCH art. L 251-1 s.) ; mais le titulaire du bail peut consentir des locations soumises au statut dans la limite de la durée du bail à construction (Cass. 3e civ. 14-11-2007 n° 06-18.133 : RJDA 4/08 n° 383 ; Cass. 3e civ. 4-4-2019 n° 18-14.049 FS-PBI : RJDA 7/19 n° 488) ; il doit indemniser le locataire du préjudice résultant de l'absence de droit au renouvellement s'il ne lui a pas révélé qu'il était titulaire d'un bail emphytéotique et non propriétaire des locaux (Cass. 3e civ. 10-10-2019 n° 18-16.063 F-D : RJDA 1/20 n° 6) ;

– **crédit-bail** immobilier (n° 41661) ;

– **concession immobilière** (Loi 67-1253 du 30-12-1967) ;

– **magasins collectifs de commerçants indépendants,** car la personne morale à qui appartiennent ces magasins ne devient pas propriétaire des fonds de commerce ou des entreprises artisanales exploités en son sein (cf. C. com. art. L 125-2) ;

– **autorisations d'occupation du domaine public** (CE 25-1-1985 : D. 1985.466 ; Cass. civ. 24-1-1996 : RJDA 4/96 n° 465 ; Cass. civ. 18-3-1998 : RJDA 5/98 n° 566 ; C. com. art. L 145-2, II écartant l'application du statut à l'autorisation d'occupation accordée par l'administration sur un immeuble acquis par elle à la suite d'une déclaration d'utilité publique) ;

Un bail commercial ne peut jamais concerner un local situé sur le domaine public, ce bail serait-il conclu entre deux personnes privées dont l'une détient le droit d'occuper le domaine public (Cass. 3e civ. 10-3-2010 n° 09-12.714 : RJDA 6/10 n° 606), que ce soit en vertu d'un bail emphytéotique (Cass. 3e civ. 19-12-2012 n° 11-10.372, 1e esp. : RJDA 8-9/13 n° 694) ou en vertu du déclassement du domaine public dont a fait l'objet le local loué au cours de la période d'occupation, même si, ensuite, ce local a été cédé à une personne de droit privé, car ce déclassement n'a pas d'incidence sur le titre d'occupation qui ne peut être de plein droit transformé en bail commercial (Cass. 3e civ. 6-2-2013 n° 11-20.207, 2e esp. : RJDA 8-9/13 n° 694), sauf intention de nover (Cass. 3e civ. 19-11-2014 n° 13-20.089 : JCP E 2014.1660 note Brignon ; RJDA 3/15 n° 163).

Ces solutions demeurent, les dispositions relatives à l'exploitation d'un fonds de commerce sur le domaine public (CGPPP art. L 2124-32-1) ne comportant aucune disposition contraire indispensable pour déroger au principe général d'inaliénabilité du domaine public.

Lorsque l'autorité gestionnaire du domaine public conclut un bail commercial pour l'exploitation d'un bien sur le domaine public ou laisse croire à l'exploitant de ce bien qu'il bénéficie des garanties prévues par la législation sur les baux commerciaux, elle commet une faute de nature à engager sa responsabilité (CE 24-11-2014 n° 352402 : RJDA 11/15 n° 737, accordant à l'exploitant trompé l'indemnisation de la totalité des dépenses qu'il a dû exposer, voire de la perte des bénéfices) ; elle est exonérée si le preneur connaissait l'illégalité (CAA Bordeaux 17-2-2022 n° 19BX02811 : DMF 2022.357 obs Yolka).

– **autorisation d'exploitation,** consentie par l'Office national des forêts, d'un établissement de buvette-restaurant situé sur le **domaine privé de l'État,** pour une durée maximale de neuf ans sans possibilité de prolongation tacite, comportant des clauses exorbitantes relatives au caractère strictement personnel attaché à l'autorisation sans possibilité de cession, au respect par l'exploitant des heures d'ouverture déterminées de la buvette, au contrôle de l'État et de l'office sur l'activité autorisée avec remise de toutes les preuves attestant la gestion de la buvette, à l'exécution par l'exploitant des ordres que pourraient être amenés à lui donner les agents chargés du contrôle, à la procédure de résiliation conforme à la législation domaniale ; cette autorisation correspond à une convention de nature administrative (Cass. civ. 13-3-2002 : D. 2002.1550 obs. Rouquet).

2. Convention d'occupation précaire. La convention d'occupation précaire échappe au statut, quelle que soit sa durée, dès lors que l'occupation des lieux n'est autorisée qu'à raison de circonstances particulières **indépendantes de la seule volonté des parties** (C. com. art. L 145-5-1). 4021

Les tribunaux ont qualifié de précaire l'occupation qui :

– ne confère pas à l'occupant un droit de jouissance certain ;

C'est le cas, si :

– le propriétaire se réserve le droit d'interrompre la convention à tout moment (Cass. com. 25-4-1963 : Bull. civ. III p. 158 ; Cass. civ. 24-11-1981 : Loyers 1982 n° 100 ; Cass. civ. 8-12-1982 : JCP G 1983.IV.65) ;

– le preneur ne peut espérer créer un fonds de commerce durable, ne jouit pas d'une clientèle propre et prédominante par rapport à celle du propriétaire (CA Aix 13-9-2001 : Bull. d'Aix 2001-2 p. 353).

En revanche, l'absence de loyer ou son caractère minime ne suffit pas à emporter la qualification d'occupation précaire mais peut venir corroborer d'autres indices (Cass. civ. 16-10-1979 : D. 1980.IR.95 ; Cass. civ. 12-5-1981 : Loyers 1981 n° 287).

– n'est pas justifiée par la seule volonté des parties puisqu'elle doit résulter de conditions particulières indépendantes de leur volonté ;

Elle ne peut donc pas résulter de motifs de bienveillance, tel celui du bailleur qui consent l'occupation précaire à la fin d'un bail non renouvelé pour permettre au preneur de trouver d'autres locaux (Cass. com. 28-2-1966 : Bull. civ. III n° 120) ou de vendre son fonds de commerce (Cass. 3e civ. 7-7-2015 n° 14-11.644 : RJDA 11/15 n° 736), ni de l'existence d'un contrat de crédit-bail car la résiliation du crédit-bail dépend de son exécution par le locataire et de la levée de l'option d'achat dont il bénéficie à l'issue du contrat, donc de la volonté du preneur (CA Lyon 23-9-2021 n° 16/03027 : RJDA 4/22 n° 188).

– est justifiée par des circonstances particulières objectives.

Constituent des circonstances légitimant la précarité :

– la **situation transitoire** de l'immeuble loué : occupation consentie dans l'attente d'une expropriation (Cass. 3e civ. 6-11-1991 : RJDA 12/91 n° 1003), de l'obtention d'un accord commandant la possibilité de conclure un bail (Cass. 3e civ. 29-4-2009 n° 08-13.308 : RJDA 7/09 n° 598), d'une reconstruction du local détruit par un incendie (Cass. civ. 8-12-1982 : JCP G 1983.IV.65 ; Cass. 3e civ. 2-4-2003 n° 490 : RJDA 7/03 n° 697), de la réalisation d'une condition suspensive (Cass. 3e civ. 31-1-2012 n° 10-28.591 : RJDA 2/13 n° 91) ou, s'agissant d'une construction légère et démontable, occupation consentie dans l'attente de l'édification d'un immeuble (CA Aix 23-10-1986 : D. 1988.242 note Roy Loustaunau) ;

– les **besoins du commerçant** qui, par exemple, non assuré du succès d'un point de vente, veut en faire l'essai sans se lier par un bail (Cass. civ. 16-4-1973 : AJPI 1974.317 note J.V.) ;

– l'**occupation discontinue et temporaire** (Cass. civ. 14-11-1973 : D. 1974.139 : pièce mise à la disposition d'une banque les jours de marché ou de foire ; CA Paris 28-11-1989 : JCP G 1990.IV.59 : mise à disposition de vitrines et rayons ; CA Paris 26-2-1991 : D. 1991.som.370 obs. Rozès : autorisation d'installation d'un kiosque mobile et démontable ; TGI Paris 13-12-1979 : D. 1980.503 note Brière de l'Isle : salles de cours utilisées à certaines heures ; CA Aix 13-6-2019 n° 16/18821 : RJDA 11/19 n° 677 : poursuite de la situation de fait jusqu'à l'issue de la procédure collective).

Mais ne constitue pas une cause de précarité l'accord entre le bailleur et le preneur de rester dans les lieux pour faciliter le projet du preneur de céder son fonds de commerce ou son droit au bail, car il ne résulte pas de cet objectif un obstacle à la conclusion ou à l'exécution d'un bail commercial justifiant le recours à une convention d'occupation précaire (Cass. 3e civ. 12-12-2019 n° 18-23.784 : RJDA 3/20 n° 132).

L'occupation n'est pas soumise à une durée limitée, notamment à la durée maximale de trois ans qui est la condition d'exclusion du statut des baux de courte durée (Cass. civ. 25-5-1977 n° 76-10.226 : Bull. civ. III n° 220), car l'occupation précaire n'est pas un bail (Cass. civ. 15-3-1977 : D. 1977.IR.302).

La convention d'occupation précaire n'étant pas un bail, elle n'a pas à être publiée pour être opposable aux tiers, quelle que soit sa durée (Cass. 3e civ. 19-11-2014 n° 13-20.089 : RJDA 3/15 n° 163).

4022 **3. Occupant sans droit ni titre.** Exclu du bénéfice du statut, l'occupant sans droit ni titre doit néanmoins une indemnité d'occupation qui peut être évaluée à la valeur locative (Cass. 3e civ. 7-1-2021 n° 19-21.655 F-D : RJDA 5/21 n° 295 : évaluation à la valeur locative d'un terrain nu agricole sans tenir compte des loyers que l'occupant a perçus du fait de la sous-location du terrain sur lequel il avait fait construire un local, les propriétaires ne justifiant pas qu'ils auraient pu jouir de leur fonds autrement que comme un terrain nu agricole).

La valeur locative est une référence possible mais non obligatoire (Cass. 3e civ. 19-7-2000 n° 98-23.503 : Bull. civ. III n° 147).

4024 **4. Locations saisonnières.** Les locations purement saisonnières, conclues pour quelques jours ou semaines ou pour une saison, ne sont pas soumises au statut, même si elles se sont poursuivies pendant plusieurs saisons (C. com. art. L 145-5, al. 4 ; Cass. civ. 12-11-1974 : JCP G 1976.IV.61 ; Cass. civ. 3-1-1978 : Bull. civ. III p. 1).

Toutefois, le bail est soumis au statut s'il confère au preneur une **jouissance continue.**

L'absence de continuité a été constatée dans les cas suivants : remise des clés au propriétaire à la fin de chaque période estivale, nonobstant la présence permanente de l'enseigne et du mobilier (Cass. civ. 13-7-1999 : RJDA 10/99 n° 1050) ; locataire laissé dans les lieux en vertu d'une simple tolérance (Cass. 3e civ. 18-1-2011 n° 10-11.680 : GP 2011.som.963 note Brault) ; dépôt de matériel autorisé en dehors de la saison (Cass. civ. 22-5-1986 : Bull. civ. III p. 58).

Mais il y a continuité lorsque le locataire a conservé les clés du local depuis la signature du premier bail, a souscrit des abonnements annuels pour le téléphone et l'électricité, a consommé ces services en dehors des périodes de location prévues aux baux, a souscrit une assurance annuelle, a engagé une employée par un contrat à durée indéterminée, a reçu des livraisons en dehors des périodes contractuelles de location et a payé un montant de loyers correspondant aux prix pratiqués habituellement dans le secteur pour des locations annuelles (Cass. civ. 10-6-1998 : RJDA 8-9/98 n° 953). Il importe peu alors que le bailleur se réserve des droits limités d'usage des locaux à une certaine période déterminée de l'année (CA Aix 31-1-1995 : Bull. d'Aix 1995-2 n° S.20 obs. Lassalle).

Location d'un immeuble ou d'un local Pour que le statut soit applicable, le bail doit porter sur un immeuble ou un local (C. com. art. L 145-1), c'est-à-dire des bâtiments ou une partie de bâtiments, lieux clos et couverts susceptibles de recevoir la clientèle (CA Paris 14-11-1956 : GP 1956.2.401). **4027**

Répond à cette condition une configuration particularisée par son emplacement et sa disposition, telle qu'une construction couverte adossée au mur d'un supermarché (Cass. civ. 1-12-1976 : Bull. civ. III p. 331), un stand, même de nature mobile, situé dans un emplacement fixe dans une galerie marchande (CA Versailles 10-4-1996 : RJDA 12/96 n° 1441), une surface d'exploitation si l'emplacement concédé est stable et permanent, car il ne résulte pas de l'exigence d'un local clos et couvert qu'un fonds de commerce ne puisse être ainsi exploité (Cass. 3e civ. QPC 20-3-2014 n° 13-24.439 : RJDA 3/15 n° 161). Encore faut-il que le locataire d'un tel emplacement justifie avoir une clientèle propre détachable de l'achalandage du centre commercial qui lui imposait ses horaires d'ouverture et de fermeture (Cass. 3e civ. 15-10-2014 n° 13-24.439 : RJDA 10/15 n° 633 : condition non remplie).

En revanche, ne constitue pas un local une surface uniquement destinée au stationnement de véhicules (Cass. 3e civ. 1-7-2014 n° 13-17.789 : RJDA 11/14 n° 829).

Sont donc exclus du champ d'application du statut :

– les locations de **meubles** (Cass. civ. 10-5-1989 : Bull. civ. III p. 58 : fonds de commerce) ;

– les baux portant sur des **constructions** ne constituant pas des bâtiments ou des locaux : les murs, toitures et emplacements servant à l'affichage publicitaire (cf. Cass. civ. 11-5-1949 : D. 1949.346 ; Cass. civ. 20-11-1991 : RJDA 3/92 n° 221), les emplacements de vente dans les passages et sur les trottoirs (CA Paris 13-4-1956 : Rev. loyers 1956.420 ; contra CA Paris 9-6-1971 : JCP G 1971.IV.247), des cabines préfabriquées et transportables (Cass. civ. 10-5-1989 : Bull. civ. III p. 57), mais non les vitrines d'exposition (CA Paris 15-2-1982 : GP 1983.som.16 note Brault) ; des cloisons légères à hauteur d'homme délimitant l'espace au sol (Cass. civ. 5-7-1995 : RJDA 8-9/95 n° 939) ;

– les concessions d'**emplacement dans un grand magasin,** lorsque le bailleur se réserve le droit d'en fixer unilatéralement la situation et l'étendue et de les modifier (Cass. civ. 24-2-1976 : JCP G 1976.II.18427 note Boccara ; Cass. civ. 20-2-1985 : Bull. civ. III p. 28 ; CA Paris 10-5-1991 : JCP E 1991.985).

Pour que le commerçant exerçant dans un tel emplacement puisse bénéficier du statut, il doit justifier d'une clientèle propre (n° 4064) et le contrat ne doit pas constituer une convention d'occupation précaire (n° 4021).

Pluralité de locaux principaux Lorsque le fonds est exploité dans plusieurs **locaux** qui sont **indissociables,** il suffit que l'un d'eux réponde aux conditions du statut pour que ce dernier s'applique à tous (Cass. civ. 22-1-1997 : RJDA 3/97 n° 330). Les juges n'ont pas à rechercher leur caractère indispensable, cette condition n'étant exigée que pour les locaux accessoires (Cass. com. 18-11-1958 : D. 1959.139 ; Cass. civ. 29-10-1970 : Bull. civ. III p. 399). Peu importe l'importance respective de l'activité exercée dans chaque local : ainsi jugé pour des locaux abritant chaque succursale (Cass. com. 18-11-1958 : D. 1959.139 ; Cass. civ. 22-10-1974 : Bull. civ. III p. 279), pour un bureau annexe où une banque reçoit une clientèle régionale, même si l'activité essentielle s'exerce au siège social (Cass. civ. 12-2-1971 : Bull. civ. III p. 81). **4030**

Les **dépendances** des locaux principaux (cour, garage, remise) suivent leur sort en raison de l'indivisibilité du bail, sauf clause contraire.

Par ailleurs, lorsque le bail porte **à la fois** sur un **local** commercial ou artisanal **et** sur un local d'**habitation,** le statut s'applique à l'ensemble des locaux loués dès lors qu'existe une indivisibilité matérielle des locaux (Cass. civ. 1-10-1997 : RJDA 12/97 n° 1469), sauf renonciation du locataire à utiliser l'habitation (Rép. Ravier : AN 9-9-1991 p. 3633) et sauf la conclusion d'un bail sur des locaux à usage d'habitation et d'un autre sur des locaux à usage commercial, chaque bail étant alors soumis à son propre régime (Cass. 3e civ. 30-6-2010 n° 09-16.244 : RJDA 10/10 n° 928). Le loyer est fixé sans ventilation, sauf stipulation contraire (Cass. civ. 5-2-1971 : Bull. civ. III p. 60 ; Cass. civ. 16-10-1974 : JCP G 1974.IV.388), mais les juges restent libres d'adopter le mode de calcul qui leur paraît le meilleur (Cass. civ. 16-10-1974 : Bull. civ. III p. 276).

Locaux accessoires Les locaux où le fonds du locataire n'est pas directement exploité sont soumis au statut (C. com. art. L 145-1, al. 1-1°) à condition : **4033**

1. Qu'ils soient rattachés à un **local principal** (Cass. civ. 12-7-1995 : RJDA 11/95 n° 1205) ;

Sont des locaux rattachés au local principal dans lequel le locataire exerce une activité d'ingénierie électronique les places de parking permettant au locataire d'équiper les véhicules de ses clients

(CA Versailles 12-1-2016 n° 14/00097 : RJDA 8-9/16 n° 597). Il en est de même d'un entrepôt de stockage indispensable au modèle économique adopté par le locataire (CA Paris 2-4-2022 n° 19/12702 : RJDA 10/22 n° 550). Constitue un établissement principal ou secondaire, et non accessoire, le local, loué à proximité de l'établissement principal, destiné à l'usage d'entrepôt, d'atelier et de bureaux, dans lequel le locataire a installé son service après-vente, son atelier de réparation, son entrepôt de stockage, la direction administrative et financière, l'administration des ventes, la direction des ressources humaines et qui servait, en outre, à présenter le matériel commercialisé à la clientèle ainsi qu'à assurer la formation de cette dernière (CA Versailles 1-7-1999 : RJDA 11/99 n° 1181).

2. Que leur retranchement soit de nature à **compromettre** l'exploitation du fonds, ce qui :
– s'apprécie sans considérer les possibilités de remplacement, dès lors que le remplacement s'impose pour ne pas compromettre ladite exploitation (Cass. 3e civ. 7-12-2004 : RJDA 3/05 n° 234) ;
– est souverainement constaté par les juges du fond (Cass. civ. 29-6-1982 : GP 1983.pan.15) ;
– doit être prouvé par le preneur (Cass. civ. 27-2-1991 : Bull. civ. III p. 38).

Ont été jugées essentielles à l'exploitation du fonds :
– une boutique adjacente à une agence de voyages louée aux fins d'une utilisation commerciale dans le cadre du développement de l'activité de l'agence (CA Paris 17-2-1987 : D. 1987.IR.58) ;
– une remise située à 700 m d'une boutique et contenant des stocks et des emballages (CA Paris 6-10-1988 : D. 1988.IR.274 ; dans le même sens, pour une cave servant de réserve : CA Paris 20-6-1995 : D. 1995.IR.185).

N'ont pas été jugés essentiels à l'exploitation du fonds :
– des locaux loués pour le logement du personnel (Cass. com. 2-12-1958 : Bull. civ. III p. 352 ; CA Aix 26-10-1988, 1e esp. : Bull. d'Aix 1988/3-4 n° 118) ;
– des vitrines (CA Paris 26-11-1991 : RJDA 5/92 n° 430) ;
– des locaux utilisés pour la livraison des commandes (CA Versailles 16-2-1995 : RJDA 5/95 n° 548) ;

3. Qu'ils **appartiennent** au propriétaire du local où est situé l'établissement principal (CA Aix-en-Provence 7-1-2016 n° 14/21755 : RJDA 6/16 n° 422 : propriétaires différents) ; à défaut, ils doivent avoir été loués au vu et au su de leur propriétaire en vue de l'utilisation jointe (Cass. 3e civ. 19-3-2008 n° 06-21.752 : RJDA 6/08 n° 612) ;

La connaissance par le bailleur du local accessoire de l'utilisation jointe peut résulter des clauses du bail (Cass. civ. 20-6-1984 : Quot. jur. 12-1-1985) ou des circonstances, comme la proximité des locaux (CA Paris 28-6-1984 : Loyers 1984 n° 330).

4. Qu'ils présentent les **caractéristiques d'un local,** ce que les juges doivent rechercher (Cass. civ. 4-1-1995 : RJDA 3/95 n° 259). Sur la notion de local, n° 4027.

Toutefois, le statut a été aussi appliqué à un emplacement de parking indispensable à l'exploitation du local (Cass. 3e civ. 22-3-2006 n° 387 : RJDA 6/06 n° 625).

4036 **Terrains nus** Les baux des terrains nus ne sont soumis au statut que si des constructions à usage commercial ou artisanal ont été élevées sur le terrain par le locataire - soit avant soit après le bail - avec le consentement exprès du propriétaire (C. com. art. L 145-1, I-2°) ; à défaut de constructions, il importe peu que l'activité exercée sur le terrain nu soit une activité commerciale pouvant bénéficier du statut (Cass. civ. 22-4-1971 n° 70-10.242 : Bull. civ. III n° 248 ; Cass. 3e civ. 9-4-2014 n° 13-10.725 : D. 2014.1663.som. obs. Dumont-Lefrand).

Pour que le statut s'applique, trois conditions doivent donc être réunies.

4039 **1. Édification de constructions par le locataire sur le terrain loué.** Les constructions doivent consister en des locaux solides et fixes (Cass. com. 11-10-1966 : JCP G 1966.IV.149).

Ne constituent **pas des constructions** :
– de simples travaux d'aménagement du sol, par exemple pour un golf (Cass. com. 9-2-1960 : GP 1960.1.296) ;
– une aire de parc de voitures avec implantation de bancs, de mâts porte-drapeaux et de panneaux (Cass. civ. 11-10-1978 : Rev. loyers 1979.36 note J.V.) ;
– un matériel sportif et de loisirs (CA Douai 1-2-1985 : Loyers 1985 n° 204) ;
– divers baraquements, installations sommaires et constructions légères aisément démontables (Cass. com. 10-1-1961 : Rev. loyers 1961.381 ; Cass. civ. 9-11-1982 : Loyers 1983 n° 51 ; Cass. civ. 8-2-1989 : GP 1989.pan.80 ; CA Versailles 7-5-1987 : GP 1988.som.98) ;
– les pylônes d'un téléski (Cass. civ. 16-3-1988 : Bull. civ. III p. 32) ;
– la pose sur le terrain de deux containers destinés au stockage de pièces (Cass. 3e civ. 10-9-2020 n° 19-12.814 F-D).

En revanche, constituent des **constructions** un bar aménagé à proximité de terrains de tennis (Cass. civ. 1-2-1972 : Bull. civ. III p. 51), un hangar destiné au stockage de matériaux de construction (Cass. civ. 4-12-1979 : D. 1980.IR.204), un local fixe à structure rigide, dont la fixité résulte de ce qu'il est relié aux réseaux d'eau, d'électricité, de téléphone et de tout-à-l'égout, peu important qu'il ait été déplacé dès lors que ce déplacement a nécessité l'intervention d'une grue de 14 tonnes et a donné lieu à une véritable implantation avec des travaux de scellement et de branchement (CA Nîmes 6-3-2003 : GP 2003.som.3171 note Brault ; Cass. 3e civ. 1-10-2014 n° 13-16.806 : RJDA 3/15 n° 162).

2. Affectation des constructions. Les constructions élevées par le locataire doivent être à usage commercial ou artisanal (Cass. com. 4-11-1959 : JCP G 1960.II.11543 ; Cass. com. 13-12-1966 : D. 1967.161 ; Cass. civ. 26-3-1985 : Loyers 1985 n° 289) et un fonds doit y être exploité (Cass. civ. 6-12-1983 : Bull. civ. III p. 193 ; Cass. civ. 11-5-1988 : Bull. civ. III p. 52 ; Cass. 3e civ. 23-1-2020 n° 19-11.215 FS-PBI : RJDA 4/20 n° 201). 4042

3. Consentement exprès du propriétaire. Bien que le statut exige que les constructions aient été édifiées avec le consentement exprès du bailleur, les tribunaux tiennent pour valable **tout acte** manifestant une volonté certaine (Cass. com. 25-2-1964 : Bull. civ. III p. 81 ; Cass. civ. 19-3-1974 : GP 1974.1.pan.133 ; sur un défaut de preuve du caractère non équivoque, Cass. civ. 1-2-1989 n° 87-16.864 : Bull. civ. III n° 26). Cette volonté est équivoque lorsqu'elle est déduite de ce que le bailleur, en acceptant un bail dérogatoire de deux années, n'a renoncé à invoquer l'inapplicabilité du statut résultant d'une location d'un terrain nu que pendant le temps du bail dérogatoire (Cass. 3e civ. 6-4-2011 n° 10-12.097 : Rev. loyers 2011.244 note Lebel). 4045

EXPLOITATION D'UN FONDS DANS LES LIEUX LOUÉS

Sauf extension conventionnelle (n° 4103), le statut n'est applicable au bail que si un fonds appartenant à un commerçant ou au chef d'une entreprise relevant du secteur des métiers et de l'artisanat est exploité dans les lieux loués (C. com. art. L 145-1, al. 1) et si cette exploitation est conforme à celle prévue au bail (nos 4850 s.). 4055

Profession du locataire Les lieux doivent être loués à un locataire **commerçant, industriel ou au chef d'une entreprise relevant du secteur des métiers et de l'artisanat.** 4058
Juridiquement, la qualité de commerçant et d'industriel est confondue, l'activité industrielle étant réputée commerciale (n° 151).
Sont donc exclus du statut les baux consentis :
– aux membres des **professions libérales** : médecins (CA Paris 15-11-1983 : Loyers 1984 n° 21) ; conseils juridiques et fiscaux (Cass. civ. 4-10-1983 : Bull. civ. III p. 136) ; experts-comptables (Cass. civ. 7-11-1973 : Quot. jur. 11-5-1974 ; CA Rouen 5-2-2021 n° 19/03298) ; vétérinaires (CA Paris 4-11-1970 : Rev. loyers 1971.21) ;
– aux **agents commerciaux** et VRP (Cass. com. 2-11-1954 : JCP G 1955.II.8496) ;
– à une **société** d'assurance à forme **mutuelle** ayant une activité civile (CA Rennes 3-5-1977 : D. 1977.IR.476), à une caisse de crédit agricole, société civile à forme mutualiste (Cass. civ. 26-1-1982 n° 80-12.327 : Bull. civ. III n° 21) ou à une association qui n'exploite pas un fonds de commerce (CA Paris 17-1-1984 : Loyers 1984 n° 91 ; CA Aix-en-Provence 28-11-2019 n° 19/04808 : RJDA 8-9/20 n° 413 ; aussi n° 1209) ;
– à une **société** commerciale à **objet civil** (par exemple, société d'ingénierie, Cass. civ. 5-3-1971 : Bull. civ. III p. 122), sauf le cas des coopératives commerciales (n° 4100).
Les **groupements d'intérêt économique** qui exploitent une clientèle commerciale peuvent bénéficier du statut (cf. C. com. art. L 251-4).

Propriété du fonds Le locataire doit être propriétaire du fonds exploité dans les lieux (Cass. civ. 25-1-1983 : Bull. civ. III p. 17 ; Cass. civ. 6-12-1983 : Rev. loyers 1984.87 ; CA Paris 11-10-1983 : Loyers 1983 n° 367). En cas d'usufruit portant sur le fonds, le droit au statut est reconnu au nu-propriétaire (Cass. civ. 6-1-1982 : Bull. civ. III p. 1). 4061
En revanche, l'application du statut doit être écartée dans les cas suivants :
– **sous-location,** dès lors qu'il est établi que le locataire principal n'est pas le propriétaire du fonds exploité dans les lieux, celui-ci appartenant au sous-locataire (Cass. civ. 26-10-1982 : Loyers 1983 n° 61) ;
– **apport** du fonds à une société car celle-ci en devient propriétaire, même si elle est constituée entre les locataires (Cass. civ. 13-2-1974 : Bull. civ. III p. 57) ou si le locataire détient la quasi-totalité des parts sociales (Cass. civ. 4-5-1976 : Bull. civ. III p. 142) ; mais l'apport de la location à une société en participation, ou par analogie à une société de fait, est valable car la propriété du fonds ne lui est pas transférée (Cass. 3e civ. 24-1-2019 n° 17-27.383 F-D : BRDA 4/19 inf. 14) ;
– **location-gérance,** le locataire-gérant n'étant pas, par définition, propriétaire du fonds qu'il exploite (Cass. civ. 13-2-1980 : Rev. loyers 1980.309 note Viatte ; Cass. civ. 26-9-2001 : RJDA 12/01 n° 1186) ; toutefois, si la location porte **à la fois** sur l'**immeuble** et le **fonds** de commerce, le locataire-gérant bénéficie d'une indemnité à son départ (n° 3162).
Mais le locataire-gérant pourrait revendiquer l'application du statut s'il créait dans des conditions régulières un fonds distinct de celui qui lui est loué (Cass. civ. 22-5-1968 : JCP G 1969.II.15784 note Boccara).

Sur la non-application de droit du statut à l'acquéreur du fonds de commerce qui était exploité dans un local non loué, n° 2548.

Existence d'un fonds Le locataire doit exploiter dans les lieux loués un « fonds » (C. com. art. L 145-1, al. 1) et le prouver (Cass. 3e civ. 28-1-2015 n° 13-24.661 : RJDA 7/15 n° 483). 4064

Une telle exploitation s'établit dans les termes suivants.

1. Preuve de l'exploitation. Elle est établie dès lors que le bail prévoit que le preneur « pourra exercer dans les lieux toutes activités professionnelles, commerciales ou industrielles », même si l'activité commerciale a lieu dans un local d'habitation (Cass. 3e civ. 9-7-2014 n° 12-29.329 : RJDA 3/15 n° 164).

Mais elle n'est pas établie du seul fait que le bail constitue un acte de commerce parce qu'il est conclu par une société commerciale locataire (Cass. civ. 5-3-1971 : Bull. civ. III p. 122 ; CA Paris 10-11-1988 : D. 1989.IR.10).

Il n'y a pas exploitation d'un fonds, outre les conditions générales exposées au n° 2506, lorsque le local sert uniquement à l'entreposage de marchandises (CA Paris 30-9-1991 : BRDA 22/91 p. 18) ou ne sert pas à la réception de la clientèle (Cass. civ. 23-2-1994 : RJDA 6/94 n° 632 ; Cass. 3e civ. 16-6-2004 n° 749 : RJDA 10/04 n° 1092) et lorsque le locataire subit des contraintes incompatibles avec le libre exercice de son activité (Cass. 3e civ. 5-9-2012 n° 11-14.961 : RJDA 12/12 n° 1048).

2. Locaux loués dans un ensemble commercial (emplacement dans une grande surface ou un hôtel, bar ou buffet dans une salle de spectacle ou sur un terrain de sport, etc.). Dans ce cas, l'existence d'une clientèle propre est déduite du fait que le locataire n'est **pas** soumis à des **contraintes** incompatibles avec le libre exercice de son activité (Cass. 3e civ. 19-1-2005 n° 60 : RJDA 4/05 n° 362), peu important que la clientèle de l'exploitant ne soit pas prépondérante par rapport à celle de l'ensemble dans lequel se trouve l'emplacement en cause (Cass. 3e civ. 19-3-2003 n° 01-17.679 : RJDA 6/03 n° 572).

Par exemple a une clientèle propre un commerce exercé dans une **construction permanente** située à l'extérieur d'un supermarché (Cass. civ. 1-12-1976 : Bull. civ. III p. 331 ; Cass. 3e civ. 23-11-2004 : GP 2005.som.1307) ou dans une dépendance qui ne contraint « que modérément » la gestion du locataire (Cass. civ. 6-3-1984 : Loyers 1984 n° 233).

Mais le locataire ne dispose pas d'une clientèle propre lorsqu'il exploite un **emplacement de vente** dans des grandes surfaces (Cass. civ. 9-7-1979 : Bull. civ. III p. 119 ; Cass. civ. 28-9-1982 : GP 1983.pan.51 obs. Dupichot ; Cass. civ. 27-11-1991 : RJDA 3/92 n° 221 ; Cass. civ. 5-4-1995 : RJDA 6/95 n° 690 ; Cass. 3e civ. 5-2-2003 : RJDA 4/03 n° 365 ; CA Rennes 28-6-1977 : D. 1978.IR.303 ; CA Paris 3-2-2017 n° 15/03927 : JCP E 2017.1320 n° 5 obs. Monéger) ou un buffet-buvette installé dans l'enceinte d'un hippodrome (Cass. ass. plén. 24-4-1970 n° 68-10.914 : JCP G 1970.II.16489 note Bocarra).

3. Sociétés immobilières ayant pour seule activité la location ou la sous-location de locaux. L'existence d'un fonds est appréciée ainsi :

– lorsque ces sociétés louent **durablement** les lieux (souvent après aménagement et division en boutiques) à des commerçants pour les besoins de leur activité, elles ne sont pas titulaires d'un fonds de commerce (Cass. com. 13-11-1962 : GP 1963.1.121 ; Cass. com. 2-3-1964 : GP 1964.1.353 ; Cass. com. 30-10-1969 : JCP G 1969.IV.288 ; CA Paris 23-6-1987 : GP 1988.som.17) ;

– la conclusion habituelle de contrats de **courte durée,** ayant pour objet par exemple la location à des particuliers d'emplacements de garage pour voitures automobiles ou d'appartements meublés, traduit l'existence d'une clientèle et donc d'un fonds de commerce (Cass. soc. 2-4-1957 : JCP G 1958.II.10356 ; Cass. civ. 5-6-1970 : D. 1970.673 ; CA Paris 11-1-1991 : JCP G 1991.IV.122).

Dans le même sens pour des locations de boxes par un bailleur particulier, Cass. civ. 30-10-1984 n° 83-11.178 : Bull. civ. III n° 178.

Mais les appartements eux-mêmes, qui sont l'objet des locations, ne sont pas les lieux où la société locataire, entrepreneur de location, exploite son fonds de commerce (Cass. civ. 10-11-1993 : RJDA 1/94 n° 11), sauf s'il est établi que cette société fournit des prestations de services dans les lieux loués (Cass. civ. 10-2-1999 : RJDA 5/99 n° 529).

4. Concession commerciale et franchisage, n° 2507.

IMMATRICULATION DU PROPRIÉTAIRE DU FONDS

4070 **Obligation d'immatriculation** Les locataires propriétaires du fonds doivent être immatriculés au registre du commerce et des sociétés ou au registre national des entreprises, selon qu'ils sont commerçants ou qu'ils relèvent du secteur des métiers et de l'artisanat (C. com. art. L 145-1, I).

Ne bénéficie pas du statut une fédération mutualiste qui ne peut s'inscrire au registre du commerce et qui n'est pas l'un des établissements (n° 4100) auxquels la loi applique le statut (CA Paris 5-7-1991 : JCP E 1991.pan.984) ni une association qui ne peut être inscrite au registre du commerce (n° 450).

Pour l'auto-entrepreneur se prévalant d'un bail existant avant le 19 décembre 2014, date d'abrogation de l'article L 123-1-1 du Code de commerce qui avait dispensé l'auto-entrepreneur de l'immatriculation et l'avait remplacée par une simple déclaration d'activité effectuée directement au centre de formalités des entreprises, cette déclaration était la seule formalité susceptible d'avoir une portée équivalente à celle de l'immatriculation, de sorte que la seule production par le locataire auto-entrepreneur d'un certificat d'inscription Insee ne pouvait suffire pour justifier du droit au renouvellement (CA Grenoble 29-10-2015 n° 13/00070 : RJDA 5/16 n° 353).

Cette condition n'est requise que pour obtenir le droit au renouvellement du bail (Cass. civ. 1-10-1997 : RJDA 12/97 n° 1467) ; elle est écartée en cas de soumission volontaire du bail au statut (Cass. 3e civ. 9-2-2005 n° 197 : RJDA 5/05 n° 510), sauf si le locataire est un commerçant (Cass. 3e civ. 18-1-2011 n° 09-71.910 : GP 2011.som.11 mars note Brault).

Sur la renonciation des parties à l'inscription au RCS, n° 4103.

L'obligation d'immatriculation est appliquée dans les conditions suivantes. **4071**

1. Sous-locataire. Dès lors qu'il revendique le bénéfice du statut (n° 4973), le sous-locataire doit justifier de son immatriculation (CA Paris 8-3-1983 : Loyers 1983 n° 175).

2. Propriétaire du fonds donné en location-gérance. Le loueur d'un fonds de commerce ou artisanal, titulaire du bail commercial du local où est exploité le fonds, n'est pas tenu de s'immatriculer pour bénéficier du statut des baux commerciaux (C. com. art. L 145-1, II) à condition que la location-gérance soit intervenue avant la date de délivrance du congé car, à défaut, il est l'exploitant du fonds et doit donc être immatriculé (Cass. civ. 4-11-1998 : RJDA 12/98 n° 1331) ou qu'elle ne soit pas annulée (Cass. 3e civ. 10-11-2010 n° 09-16.927 : RJDA 3/11 n° 216). Il n'est pas davantage requis, pour que le loueur bénéficie de ce droit, que le locataire-gérant soit inscrit à la date de délivrance du congé (Cass. 3e civ. 15-9-2010 n° 09-68.521 : RJDA 1/11 n° 15).

3. Ayant cause. L'héritier du preneur et le cessionnaire du bail doivent être immatriculés personnellement (Cass. civ. 1-7-1975 : Bull. civ. III p. 175).

En cas de décès du titulaire du bail, ses héritiers ou ayants droit, bien que n'exploitant pas de fonds de commerce ou de fonds artisanal, peuvent demander le maintien de l'immatriculation de leur ayant cause pour les besoins de sa succession afin de bénéficier de l'application du statut (C. com. art. L 145-1, III-al. 2).

4. Pluralité de preneurs. Plusieurs cas doivent être distingués :

– fonds dépendant de la **communauté entre époux** : l'immatriculation n'est requise qu'en la personne de celui des époux qui exploite dans l'intérêt commun (C. com. art. L 145-1, III-al. 1 ; Cass. 3e civ. 21-2-2007 n° 06-12.491 : RJDA 5/07 n° 451) ;

– fonds en **indivision** : seul l'indivisaire qui exploite le fonds dans l'intérêt commun doit justifier d'une immatriculation (C. com. art. L 145-1, III-al. 1 ; Cass. 3e civ. 1-6-2011 n° 10-18.855), laquelle doit être prise dans un délai raisonnable après le décès de son auteur en cas d'indivision successorale (CA Paris 8-11-1991 : RJDA 1/92 n° 16, jugeant excessif un délai de quatre ans) ; le statut n'est pas applicable si aucun des coïndivisaires n'est inscrit (CA Paris 3-11-2000 : RJDA 3/01 n° 277) ; mais tous les indivisaires doivent être inscrits si, après le décès de leur auteur, ils ont conclu un nouveau bail car ils sont devenus cotitulaires de celui-ci (Cass. civ. 2-6-1999 : RJDA 8-9/99 n° 895) ;

– **copreneurs** du bail : seul doit être inscrit l'exploitant du fonds, c'est-à-dire celui qui le gère, ce qui suppose qu'il l'administre et le dirige (CA Paris 3-7-2019 n° 17/12114) ; il bénéficie du statut, même en l'absence d'immatriculation de ses copreneurs non exploitants du fonds (C. com. art. L 145-1, III-al. 1, renversant la jurisprudence antérieure qui exigeait l'inscription de tous les copreneurs) ;

– **usufruitier et nu-propriétaire** : lorsque la propriété d'un fonds de commerce est démembrée entre un usufruitier qui a la qualité de commerçant et un nu-propriétaire qui n'a pas cette qualité, le nu-propriétaire doit être immatriculé en qualité de propriétaire non exploitant (Cass. 3e civ. 5-3-2008 n° 05-20.200 : RJDA 5/08 n° 493).

5. Sociétés. Dès lors que la société locataire n'est pas immatriculée, elle ne peut pas se prévaloir de ce que la société inscrite à l'adresse des lieux loués est un établissement secondaire d'une société appartenant au même groupe qu'elle, car cette société constitue une personne morale distincte de la sienne (Cass. civ. 5-2-1997 n° 95-14.190 : RJDA 4/97 n° 478).

La société qui, à la suite d'un apport partiel d'actif, devient titulaire d'un bail commercial en cours d'exécution ne peut pas se prévaloir de l'immatriculation de la société apporteuse et doit donc se faire immatriculer (Cass. civ. 7-11-2001 : RJDA 2/02 n° 137).

Date d'immatriculation Dans les rapports entre bailleur et locataire, l'immatriculation doit être effective **à la date** où **l'application** du statut est demandée par le locataire ou déniée par le bailleur, à savoir : **4073**

– en cas de congé, à la date de délivrance de celui-ci (Cass. 3e civ. 2-7-1985 n° 84-11.373 : Bull. civ. III n° 105) ou à la date d'effet du congé si le locataire est resté dans les lieux après la délivrance du congé (Cass. 3e civ. 20-3-1991 n° 583 PF : RJDA 5/91 n° 386) ;

– en cas de demande de renouvellement, à la date de cette demande (Cass. 3e civ. 4-3-1998 n° 96-13.556 : RJDA 5/98 n° 567) ;

– en cas de demande amiable du locataire avant la cession du bail, suivie d'un congé avec refus de renouvellement délivré à l'acquéreur, à la date de ce congé (Cass. 3e civ. 10-7-2002 : RJDA 11/02 n° 1118) ;

– en cas de revendication en justice de l'application du statut au cours du bail, selon la distinction suivante : si le locataire a introduit une demande en renouvellement, à la date de l'assignation par laquelle il revendique le bénéfice du statut (Cass. 3e civ. 22-1-2014 no 12-26.179 : RJDA 7/14 no 604 ; Cass. 3e civ. 24-11-2021 no 19-25.251 FD : RJDA 2/22 no 64) ; si le locataire présente sa demande alors qu'il a été assigné en expulsion en tant qu'occupant sans droit ni titre, à la date où il a présenté sa demande en cours de procédure, le juge ne pouvant pas la rejeter au seul motif qu'il n'était pas immatriculé au jour de l'assignation (Cass. 3e civ. 13-7-2010 no 09-67.506 : JCP N 2010.1375 note Barbiéri).

N'est pas prise en compte la date du dépôt de la demande d'immatriculation auprès d'un centre de formalités des entreprises (CA Versailles 13-11-1997 : GP 1999.som.240). De même, l'immatriculation intervenue **après** la demande de renouvellement mais avant que le bailleur ne conteste l'application du statut est dépourvue d'effet rétroactif (Cass. civ. 4-3-1998 : RJDA 5/98 no 567) comme celle intervenue après le congé avec refus de renouvellement (Cass. civ. 12-6-1996 : RJDA 10/96 no 1166 ; Cass. 3e civ. 19-2-2014 no 11-20.193).

Toutefois, en cas de vente du fonds de commerce et de cession du bail, le statut est applicable dès lors que le locataire en place était régulièrement immatriculé à la date du congé délivré par le bailleur et que la nouvelle locataire, société cessionnaire, était elle-même immatriculée à la date d'effet du congé, peu important que cette immatriculation soit intervenue postérieurement à la date d'acquisition du fonds exploité dans les lieux loués (Cass. 3e civ. 28-1-2004 no 02-18.983 : RJDA 5/04 no 530).

Après l'extinction du bail, l'immatriculation n'est plus requise si bien que le locataire ne peut pas se voir refuser le bénéfice du statut lorsque sa radiation au registre du commerce est intervenue après la date d'expiration du bail (Cass. 3e civ. 29-9-2004 no 03-13.997 : RJDA 12/04 no 1301).

Après sa mise en liquidation judiciaire, le locataire ne peut plus demander son immatriculation (cf. Cass. com. 3-5-1994 : Bull. civ. IV p. 129).

4076 **Objet de l'immatriculation** L'immatriculation doit avoir pour objet le fonds exploité dans les lieux loués (Cass. civ. 31-5-1978 : Bull. civ. III p. 174 ; Cass. civ. 23-2-1982 : Bull. civ. III p. 36). Elle est obligatoire tant pour les **locaux principaux** que pour les établissements **secondaires** (C. com. art. R 123-41 et R 123-43 ; Cass. civ. 13-10-1999 : RJDA 12/99 no 1302 ; CA Colmar 31-10-2018 no 17/00562 : GP 2019 no 11 p. 84 note S. Chastagnier) ; la mention de local secondaire indiquée par le locataire dans son inscription lui est opposable par les juges, qui sont dès lors dispensés de la vérifier (Cass. civ. 6-1-1993 no 91-13.904 : RJDA 2/93 no 95).

Sont **dispensés** d'immatriculation les locaux **accessoires** (no 4033) (Cass. civ. 11-6-1997 : RJDA 8-9/97 no 1013), les juges ne pouvant retenir le défaut d'immatriculation d'un local pour l'exclure du champ du statut sans rechercher s'il est ou non accessoire (Cass. civ. 18-10-1989 : GP 1990.416 note Barbier), et des locaux voisins formant avec le local immatriculé un ensemble (Cass. civ. 29-10-1970 : Bull. civ. III p. 399 ; Cass. civ. 30-11-1988 : Bull. civ. III p. 91 ; CA Paris 21-4-1992 : JCP G 1992.IV.2170).

4079 **Validité de l'immatriculation** L'immatriculation doit comporter l'**indication de l'adresse** du local considéré (cf. C. com. art. R 123-53, 4° et R 123-38, 2°, auquel renvoie l'art. R 123-64 en matière d'immatriculation secondaire) ; il en est ainsi dès qu'elle mentionne l'adresse de l'établissement, peu important alors, si celui-ci est situé dans un ensemble de bâtiments, que la référence au bâtiment dans lequel se trouve le local soit erronée (Cass. 3e civ. 4-7-2012 no 11-13.868 : RJDA 11/12 no 940).

L'**absence** d'immatriculation, même imputable à un tiers ou au bailleur, interdit au locataire de se prévaloir du statut (Cass. com. 12-1-1999 no 96-17.210 : RJDA 3/99 no 260, pour une erreur de l'administration ; Cass. 3e civ. 12-7-2000 no 99-10.455 : RJDA 11/00 no 961, pour une erreur du greffe du tribunal ; Cass. 3e civ. 18-10-2005 no 04-15.348 : RJDA 1/06 no 10, pour une négligence du bailleur).

Il en est de même pour le bénéficiaire d'une immatriculation annulée au motif qu'elle comportait une domiciliation à l'adresse d'un fonds sur lequel ce bénéficiaire n'avait aucun droit, pour la période antérieure à l'acquisition dudit fonds par l'intéressé, celle-ci n'ayant emporté régularisation de l'immatriculation que pour la période postérieure (CA Versailles 19-1-1989 : GP 1989.821).

Par ailleurs, il a été jugé qu'une irrégularité ou une omission dans les mentions obligatoires laisse ouverte au locataire la possibilité de rapporter la preuve d'un fait non publié (CA Paris 19-9-1995 : D. 1995.IR.217).

4082 **Mise en cause du défaut d'immatriculation** La dénégation du droit au statut des baux commerciaux en raison du défaut d'immatriculation n'a pas à être précédée d'une **mise en demeure** (Cass. 3e civ. 22-9-2016 no 15-18.456 F-PB : RJDA 12/16 no 847).

Le bailleur peut **se prévaloir du défaut d'immatriculation** pendant toute la **durée** de la procédure en fixation du loyer du bail renouvelé ou en paiement d'une indemnité d'éviction, même s'il en était informé à la date du congé (Cass. 3e civ. 20-4-2023 no 22-12.937 FS-D : RJDA 12/23 no 643).

B. Extension du champ d'application du statut

EXTENSION LÉGALE

Le statut s'applique aux baux d'immeubles (C. com. art. L 145-2, I) : **4100**

– abritant des **établissements d'enseignement** appartenant au locataire (Cass. civ. 16-12-1980 : Rev. loyers 1981.153) et régulièrement exploités (Cass. 3e civ. 14-1-2004 n° 14 : RJDA 5/04 n° 531), à condition que l'enseignement soit donné dans les locaux au moins en partie (Cass. civ. 26-2-1992 : RJDA 5/92 n° 431) ; mais il n'est pas nécessaire que l'exploitant soit inscrit au registre du commerce, la forme juridique sous laquelle il exerce son activité important peu (Cass. 3e civ. 21-2-2007 n° 231 : RJDA 5/07 n° 452) ;

– consentis aux **communes** pour y exploiter des services municipaux en régie ;

– nécessaires à l'activité des **entreprises publiques** et établissements publics à caractère commercial et industriel ; la nécessité est appréciée en fonction des critères spécifiques différents de ceux retenus pour juger de l'utilité d'un local au regard de l'exploitation du fonds (n° 4033) (Cass. civ. 20-3-1969 : JCP G 1969.II.16106 ; Cass. civ. 12-3-1987 : Loyers 1987 n° 177) ;

L'application du statut, lorsque l'immeuble est loué à l'État ou à une collectivité publique autre que celles susvisées, doit être exclue, à notre avis, car ce statut étant dérogatoire au droit commun ses dispositions sont d'interprétation stricte (n° 74753) et ces personnes morales publiques n'exercent pas d'activité commerciale.

– appartenant à l'**État,** aux collectivités territoriales et aux établissements publics, mais à l'exclusion des immeubles situés sur le domaine public (Cass. civ. 28-2-1984 : J. soc. 1984 n° 110) ;

Les baux contenant des clauses exorbitantes du droit commun ou ayant pour objet une mission de service public sont des contrats administratifs exclus de l'application du statut (Cass. com. 22-4-1966 : D. 1966.454 ; Cass. civ. 20-11-1973 : Bull. civ. I p. 281 ; CA Chambéry 2-4-2002 : JCP G 2002.IV.2640 ; CA Versailles 4-11-1993 : RJDA 3/94 n° 268 ; CA Rennes 9-2-2011 n° 09-7955 : RJDA 5/11 n° 390).

– abritant des **coopératives** commerciales, des coopératives de crédit (Cass. civ. 21-2-1996 : RJDA 5/96 n° 612, Caisse de crédit mutuel) ou des caisses d'épargne mais seulement pour ces dernières à compter de l'entrée en vigueur de la loi 91-635 du 10 juillet 1991 (Cass. civ. 5-7-1995 : RJDA 8-9/95 n° 940) ;

– consentis à des **artistes** admis à cotiser à la caisse de sécurité sociale de la Maison des artistes et reconnus auteurs d'œuvres graphiques et plastiques telles que définies par l'article 98 A de l'annexe III du Code général des impôts, dès lors qu'ils réalisent des travaux de création dans les lieux loués (Cass. 3e civ. 21-2-2007 n° 158 : RJDA 5/07 n° 452) ; l'intéressé n'a pas à faire enregistrer le local, objet du bail, dans les fichiers tenus par la caisse de sécurité sociale susvisée (Cass. 3e civ. 23-3-2011 n° 10-30.495 : RJDA 7/11 n° 610) ;

– affectés à un usage exclusivement **professionnel** si les parties ont conventionnellement adopté le statut.

Sur l'application du statut aux baux préemptés, n° 5023.

EXTENSION CONVENTIONNELLE

Les parties peuvent soumettre volontairement au statut un bail qui n'est pas inclus dans son champ d'application sous les conditions suivantes. **4103**

1. Elles ne doivent **pas** se placer sous le régime du statut pour faire **échec** à une réglementation d'**ordre public,** telle la législation sur les baux d'habitation ou professionnels de la loi du 1er septembre 1948 (CA Saint-Denis 18-11-1988 : D. 1990 som.260 obs. Rozès ; CA Paris 20-11-2002 : GP 2003.som.1864 ; toutefois, CA Paris 22-10-1991 : RJDA 4/92 n° 325 admet la dérogation au statut des baux professionnels de la loi de 1948, celui des baux commerciaux étant plus protecteur du locataire).

2. La **volonté** des parties doit être explicite (pour des exemples : Cass. civ. 11-12-1996 : RJDA 2/97 n° 174 ; Cass. civ. 25-4-2001 : RJDA 7/01 n° 763) ; il est donc recommandé aux parties de la préciser très exactement. En effet :

– la présence des **clauses habituelles** des baux commerciaux (durée du bail, révision du loyer, conditions de la cession et de la sous-location...) ne suffit pas à la caractériser (Cass. civ. 4-3-1987 n° 85-17.137 : Bull. civ. III n° 38 ; Cass. 3e civ. 1-12-2016 n° 15-21.759 F-D : RJDA 3/17 n° 158 ; CA Paris 26-2-1999 : DA 1999.621 ; CA Versailles 5-1-2016 n° 14/04401 : RJDA 4/16 n° 260) ni même la mention dans la convention selon laquelle « le preneur bénéficiera du statut de la propriété commerciale » ainsi que la référence aux règles du Code de commerce (Cass. 3e civ. 20-10-2016 n° 15-20.285 FS-PB : RJDA 1/17 n° 9 ; aussi CA Paris 9-6-1992 : RJDA 11/92 n° 993) ;

– l'acceptation ponctuelle d'un renouvellement n'interdit pas nécessairement au bailleur de refuser un renouvellement ultérieur (CA Paris 6-12-1991 : D. 1992.IR.74) ; mais l'application du statut consentie dans le bail d'origine ne prend pas fin à l'expiration du bail et donne au locataire droit au renouvellement en dépit de l'opposition du bailleur (TGI Toulouse 20-11-2007 n° 06-88) ;

La promesse de faire bénéficier le locataire du droit au renouvellement est valable (Cass. civ. 12-11-1980 : Rev. Loyers 1981.87 note J.V.).

– la renonciation du bailleur à invoquer les conditions d'application du statut doit être non équivoque ; n'a pas renoncé à exiger l'exploitation d'un fonds de commerce dans les lieux celui qui a donné son accord à la cession du bail suivie d'une demande de révision du loyer (Cass. 3e civ. 13-11-2013 no 11-28.341 : RJDA 3/14 no 203.som.) ; en revanche, ont renoncé à exiger l'immatriculation du locataire au RCS les parties qui ont déclaré au bail « leur intention expresse de soumettre la présente convention au statut des baux commerciaux, tel qu'il résulte des articles L 145-1 du Code de commerce et des textes subséquents, et ce, même si toutes les conditions d'application de ce statut ne sont pas remplies ou ne le sont que pour partie, en sorte qu'il y aura éventuellement extension conventionnelle du champ d'application de ce statut » (Cass. 3e civ. 28-5-2020 no 19-15.001 FS-PBI : RJDA 8-9/20 no 414).

3. Le choix du statut emporte soumission à toutes les dispositions impératives de celui-ci (Cass. ass. plén. 17-5-2002 : RJDA 8-9/02 no 861).

Le renouvellement du bail doit être reconnu au locataire si la condition qui fait défaut pour l'obtenir est précisément celle que les parties ont entendu pallier en soumettant volontairement le bail au statut (Cass. 3e civ. 21-5-2014 no 13-14.474 : RJDA 10/14 no 746).

C. Bail dérogatoire au statut des baux commerciaux

4150 Les parties peuvent écarter l'application du statut dans les conditions ci-après précisées.

Ces baux sont appelés « baux dérogatoires ».

CONDITIONS DE VALIDITÉ

4153 La dérogation au statut suppose les conditions suivantes (C. com. art. L 145-5).

1. La **durée** totale du bail ou des baux successifs ne doit **pas excéder** trois ans (C. com. art. L 145-5, al. 1).

La succession de baux, chacun d'une durée inférieure à la durée maximale légale, est frauduleuse lorsque le nouveau bail conclu à l'expiration du premier, qui avait été passé avec une société, l'est avec un prête-nom, associé majoritaire de cette société, celle-ci ayant continué à assumer les obligations du bail ; cette fraude interdit alors au bailleur de se prévaloir de la renonciation du preneur au droit à la propriété commerciale (Cass. 3e civ. 8-4-2010 no 08-70.338 : RJDA 7/10 no 713 ; dans le même sens Cass. 3e civ. 13-6-2012 no 11-16.182, 2e esp. : RJDA 11/12 no 939.som.).

En cas de deux baux conclus chacun pour 23 mois, la durée totale a dépassé deux ans (applicable en l'espèce) dès lors que le second bail a été signé avant l'expiration du premier, peu important que l'activité du locataire ait changé d'un bail à l'autre (Cass. 3e civ. 31-5-2012 no 11-15.580 : RJDA 10/12 no 831, transposable à la durée de trois ans par analogie).

Un bail à durée indéterminée n'est pas un bail de courte durée (CA Paris 3-1-1985 : Loyers 1985 no 113) et une durée inférieure à la durée maximale légale ne caractérise pas nécessairement un bail dérogatoire (Cass. 3e civ. 2-2-2005 no 135 : RJDA 5/05 no 511) ni le seul fait de la limitation de la durée du bail à la limite légale s'il ressort des clauses du bail que le bailleur avait exprimé sa volonté de conférer au locataire un bail soumis au statut (Cass. 3e civ. 2-2-2005 no 03-19.541 : RJDA 5/05 no 511).

2. La dérogation doit être **convenue** « **lors** de l'entrée dans les lieux du preneur », c'est-à-dire lors de la prise de possession des locaux en exécution du bail conclu avec le propriétaire (Cass. civ. 15-4-1992 : Bull. civ. III p. 79), ce qui est le cas pour un sous-locataire au jour où il conclut avec le bailleur, après l'extinction du bail principal, un bail d'une durée d'un an renouvelable qu'une fois (Cass. 3e civ. 30-3-2017 no 16-10.786 F-D : RJDA 6/17 no 392). Il doit y avoir concomitance entre la prise d'effet du bail et l'entrée du preneur dans les lieux (CA Poitiers 22-4-1981 : Rev. loyers 1982.156 ; cf. Cass. 3e civ. 15-12-2016 no 15-23.539 F-D : JCP E 2017.1320 no 6 obs. Kendérian).

Il importe peu que le preneur ait occupé les lieux antérieurement en vertu d'un autre titre depuis expiré (Cass. 3e civ. 2-3-2017 no 15-28.068 F-D : JCP E 2017.1320 no 8 obs. Monéger).

3. La volonté de dérogation doit être claire et **non équivoque** (pour un exemple de volonté établie, CA Paris 17-2-2016 no 15/10553 : RJDA 6/16 no 423). Les juges du fond apprécient souverainement si la commune intention des parties était de conclure un bail dérogatoire (Cass. 3e civ. 8-4-2021 no 19-24.672 F-D).

La conclusion du bail dérogatoire ne doit pas être le résultat d'une fraude à la loi commise par le bailleur ; c'est le cas de celui qui a refusé depuis un certain temps de fournir des quittances de loyer et un décompte de taxes foncières et qui ne s'est jamais plaint de retards de paiement avant l'introduction de l'instance, plaçant ainsi volontairement le preneur dans une situation de précarité ne lui permettant pas de s'opposer à la signature d'un nouveau bail dérogatoire (Cass. 3e civ. 6-10-2016 n° 15-18.033 F-D : GP 2016.som. n° 40 p. 63 note Barbier).

4. Il doit être établi un **état des lieux,** lors de la prise de possession des locaux par le preneur et lors de leur restitution, contradictoirement et amiablement par les parties ou par un tiers mandaté par elles ; si l'état des lieux ne peut être établi dans les conditions qui précèdent, il l'est par un huissier ou un commissaire de justice, sur l'initiative de la partie la plus diligente, à frais partagés par moitié entre le bailleur et le locataire (C. com. art. L 145-5, al. 5 et 6). L'état des lieux doit être joint au contrat de bail ou, à défaut, conservé par chacune des parties.

Ces dispositions sont applicables aux restitutions relatives à des baux conclus avant le 20 juin 2014 dès lors qu'un état des lieux a été établi lors de la prise de possession (Loi 2014-626 du 18-6-2014 art. 3).

SITUATION À L'EXPIRATION DU BAIL

Délivrance au locataire d'un congé avant l'expiration du bail Un congé, délivré antérieurement au terme du dernier des baux dérogatoires successifs, dont la durée cumulée ne dépasse pas la durée légale, et qui manifeste la volonté du bailleur de ne pas laisser le locataire se maintenir dans les lieux, le prive de tout titre d'occupation à l'échéance de ce bail (Cass. 3e civ. 11-5-2022 n° 21-15.389 FS-B : RJDA 8-9/22 n° 460). **4155**

Le locataire est laissé dans les lieux à l'issue du bail Si le preneur « reste et est laissé en possession » des lieux un mois après l'expiration du bail dérogatoire, même inférieur à trois ans (Cass. 3e civ. 8-6-2017 n° 16-24.045 FS-PBI : RJDA 8-9/17 n° 534 ; Cass. 3e civ. 26-3-2020 n° 18-16.113 F-D : RJDA 6/20 n° 301), il s'opère un nouveau bail soumis au statut (C. com. art. L 145-5, al. 2), sans conclusion d'un nouveau contrat (Cass. 3e civ. 13-6-2012 n° 11-16.356, 1e esp. : RJDA 11/12 n° 939). **4156**

La formation du nouveau bail, par maintien dans les lieux du preneur, peut être invoquée tant par le preneur que par le bailleur (Cass. civ. 31-5-1994 : GP 1994.706 note Barbier).

Le bailleur qui invoque le maintien dans les lieux du preneur doit le prouver (Cass. 3e civ. 6-4-2011 n° 10-11.846 : RJDA 12/11 n° 999). Il ne peut pas prétendre que celui-ci est établi par le fait que le locataire a occupé les lieux en vertu du délai de grâce qu'il lui a accordé pour les vider (CA Rouen 29-11-1990 ; CA Versailles 15-4-2010 n° 09-4303 : RJDA 11/10 n° 1040).

Ce mécanisme ne joue que si le preneur se maintient dans les lieux avec **l'accord** exprès ou tacite du **bailleur** (Cass. civ. 15-3-1972 : JCP G 1973.II.17417 obs. Boccara), celui-ci devant prouver qu'il n'a pas donné son accord (cf. Cass. civ. 27-6-1990 : Bull. civ. III p. 88).

Le seul fait que le locataire n'ait **pas** reçu un **congé** du bailleur **ne suffit pas** à établir que celui-ci a accepté son maintien dans les lieux, car un bail à durée déterminée cesse de plein droit sans congé à l'arrivée du terme (C. civ. art. 1737 ; Cass. civ. 15-3-1972 précité ; CA Paris 5-10-1982 : Loyers 1982 n° 379 ; Cass. 3e civ. 8-4-2021 n° 19-24.672 F-D). Il en est de même dès lors que le bailleur lui a, avant le terme du bail dérogatoire, délivré congé, le fait qu'il se soit écoulé plus de vingt mois entre la fin des pourparlers en vue de la signature d'un bail commercial et la date à laquelle il a assigné le bailleur en constatation d'un nouveau bail ne constituant pas un accord tacite sur un maintien dans les lieux (Cass. 3e civ. 5-6-2013 n° 12-19.634 : RJDA 10/13 n° 772, 1e esp.).

L'acceptation tacite du bailleur suppose, par exemple, la poursuite de l'activité commerciale du locataire, l'absence de remise des clés et de toute action contre ce dernier, la perception des loyers sans opposition ni protestation (Cass. civ. 23-10-1984 : Loyers 1985 n° 70).

Si le bailleur souhaite exprimer formellement sa volonté de mettre un terme au bail, il doit adresser au locataire, avant l'expiration du contrat, un congé donné pour le terme contractuel (Cass. civ. 26-4-1984 : Loyers 1984 n° 279). Ce congé obéit au droit commun puisque le statut n'est pas applicable (cf. CA Besançon 24-11-1995 : JCP G 1996.IV.629, prenant en compte une lettre recommandée). Le bailleur ne peut pas prévoir dans le contrat que le bail finira de plein droit à l'expiration du terme fixé sans qu'il ait à signifier congé et que le locataire se maintenant dans les lieux au-delà sera considéré comme occupant sans droit ni titre (Cass. 3e civ. 4-5-2010 n° 09-11.840 : RJDA 8-9/10 n° 825).

Le bailleur qui a accepté le maintien dans les lieux peut demander au locataire qui, après ce maintien, lui a adressé congé, paiement de dommages-intérêts correspondant au montant des loyers jusqu'au terme normal du bail, la renonciation du bailleur à invoquer le nouveau bail devant être non équivoque (Cass. 3e civ. 23-1-2013 n° 11-25.465 : RJDA 10/13 n° 772, 2e esp.).

Le **nouveau bail** est soumis au statut, sous réserve que les conditions d'application du statut soient remplies (Cass. 3e civ. 24-6-2009 n° 08-14.674 : RJDA 1/10 n° 5) ; ainsi, le preneur doit exploiter dans les lieux un fonds de commerce (CA Caen 12-5-2010 et CA Paris 17-11-2010 : JCP E 2011 comm.1331 note Chavance).

Toutefois, l'immatriculation du preneur au registre du commerce n'est pas requise au moment de l'expiration du bail (Cass. 3e civ. 30-4-1997 n° 94-16.158 : RJDA 6/97 n° 756 ; Cass. 3e civ. 25-10-2018 n° 17-26.126 F-PBI : RJDA 1/19 n° 2).

La demande tendant à faire constater l'existence d'un bail soumis au statut résultant du seul effet de l'article L 145-5 du Code de commerce n'est pas soumise à la prescription biennale (Cass. 3e civ. 1-10-2014 n° 13-16.806 : RJDA 3/15 n° 162).

Il s'en déduit que :

– étant un « premier bail », l'article L 145-33 du Code de commerce a seul vocation à constituer le cadre de la détermination du **prix** du **loyer** alors applicable si les parties ne s'accordent pas et que la **valeur locative** s'impose donc par application de ce texte (Cass. 3e civ. 5-2-2008 no 06-21.999 : RJDA 1/09 no 7) ;

L'application de la valeur locative a été jugée conforme à la Constitution (Cass. 3e civ. QPC 12-11-2020 no 20-15.179 FS-PBI : RJDA 2/21 no 80).

– le preneur est tenu au **paiement** des **loyers** jusqu'à l'échéance triennale (Cass. 3e civ. 8-6-2017 no 16-24.045 précité) ;

– le **congé** doit être donné dans les formes prévues au no 5312 (Cass. 3e civ. 23-3-2011 no 10-12.254 : RJDA 7/11 no 607) ;

– les **cotitulaires** d'un bail dérogatoire qui se sont maintenus dans les lieux sont liés par le bail soumis au statut qui naît de la loi, qu'ils soient ou non personnellement exploitants du fonds (Cass. 3e civ. 23-5-2013 no 11-17.071 : RJDA 8-9/13 no 693).

4157 **Conclusion d'un nouveau bail** Lorsque le premier bail dérogatoire arrive à son terme, les parties peuvent conclure un nouveau bail dérogatoire, à **condition** que la **durée** totale des baux successifs ne soit pas supérieure à trois ans (C. com. art. L 145-5, al. 1). À l'expiration de la durée maximale de trois ans, il est interdit aux parties de conclure un nouveau bail dérogatoire pour exploiter le même fonds dans les mêmes locaux (même article).

Cette durée maximale **se calcule** à compter de la date d'effet du premier bail conclu entre les parties, même si le locataire a renoncé, à l'issue de chaque bail dérogatoire, à l'application du statut des baux commerciaux (Cass. 3e civ. 22-10-2020 no 19-20.443 FS-PBI : RJDA 12/20 no 630). Il s'ensuit que la renonciation du locataire à l'application du statut est sans effet si la durée cumulée des baux dérogatoires successifs excède trois ans.

SECTION 2

RÈGLES GÉNÉRALES APPLICABLES AU BAIL

I. CONCLUSION DU BAIL

4400 Les règles du droit commun des contrats sont applicables à la conclusion du bail commercial, compte tenu des précisions ci-après.

CONDITIONS DE FOND

4401 **Parties au contrat de bail** Les parties au contrat de bail sont celles qui ont conclu le bail, ce qui peut résulter d'un échange de courriels (Cass. 3e civ. 20-10-2016 no 15-18.104 F-D). Ce sont le plus souvent celles qui ont signé le contrat (nos 13006 s.) ; dans le cas d'un bail signé par un seul époux, son conjoint ne peut être considéré comme locataire que si l'époux **signataire** justifie avoir porté à la connaissance du bailleur, par une démarche positive, l'existence de ce conjoint, nonobstant la connaissance informelle que le bailleur pouvait avoir de l'existence du lien matrimonial (Cass. 3e civ. 29-10-2013 no 12-23.138 : RJDA 1/14 no 11). Si le local est destiné à l'activité commerciale et d'habitation, il est soumis au régime du bail commercial, ce qui exclut que l'époux revendique la cotitularité du bail sur fondement de l'article 1751 du Code civil (CA Douai 19-10-2023 no 18/01923).

Sur la nullité du bail commercial conclu par un usufruitier sans l'accord du nu-propriétaire, no 30568.

4403 **Consentement** Le bail n'existe que si les protagonistes ont échangé leur consentement sur la conclusion d'un contrat de bail (pour un exemple d'absence de commune volonté, les pourparlers n'ayant pas abouti, Cass. 3e civ. 20-5-2021 no 19-24.658 F-D : RJDA 8-9/21 no 549).

Le bail est annulé en cas d'**erreur** du locataire sur une qualité substantielle et déterminante du local loué, par exemple sur la composition du centre commercial où ce local est situé (Cass. civ. 23-2-1982 : GP 1982.pan.219 ; Cass. civ. 12-4-1983 : GP 1983.pan.219 ; CA Paris 28-6-1994 : D. 1995.som.151 note Rozès), cette qualité correspondant à la qualité « essentielle » dès lors qu'elle a été expressément ou tacitement convenue et que les parties ont contracté en la prenant en considération (nos 12203 s.).

Le contrat est annulé en cas de **dol,** notamment lorsque le prétendu bailleur a dissimulé au preneur qu'il était en fait un locataire et qu'il ne pouvait conclure avec lui qu'une sous-location (CA Versailles 11-5-2006 n° 05-05789 : RJDA 1/07 n° 16) ou lui a dissimulé l'étendue des problèmes de solidité et de stabilité des locaux (Cass. 3e civ. 2-10-2012 n° 11-24.333 : RJDA 3/13 n° 197 ; sur un rejet du dol, Cass. civ. 19-3-1980 : JCP G 1980.IV.212).

L'annulation du bail aux torts du bailleur entraîne celle des prêts consentis au locataire pour les besoins de l'activité qu'il devait exercer dans les locaux, le bail et les prêts étant jugés interdépendants (CA Rennes 9-9-2020 n° 17/03847 : RJDA 12/20 n° 623).

Pour que le bail puisse être annulé, il faut que les vices du consentement soient survenus au moment de la conclusion du bail (n° 12200).

Lorsque le propriétaire du local a donné son consentement à la suite d'une **voie de fait** du bénéficiaire du bail, celui-ci est un occupant sans titre et le juge des **référés** peut ordonner son **expulsion** pour trouble illicite (Cass. civ. 23-2-1988 : Bull. civ. I p. 31).

Bail de la chose d'autrui Le bail ne donnant naissance qu'à un droit de créance, le bail de la chose d'autrui est **valable** entre **les parties** tant que la jouissance paisible des locaux n'est pas troublée par le légitime propriétaire (Cass. 3e civ. 5-4-2011 n° 10-14.215 : RJDA 4/12 n° 377). Le bailleur ne peut pas, pour ce motif, rompre unilatéralement le contrat (Cass. civ. 26-4-1972 : GP 1972.2.899). Il doit par ailleurs garantir le locataire de toute condamnation prononcée à son encontre au profit du véritable propriétaire des lieux et l'indemniser du préjudice subi du fait de son éviction (Cass. civ. 26-4-1972 précité). **4406**

Le bail de la chose d'autrui est **sans effet** à l'égard du **véritable propriétaire.** Toutefois, le bail **consenti** par un propriétaire **apparent** produit ses effets envers le véritable propriétaire ; mais le preneur doit avoir conclu le bail de bonne foi et sous l'empire de l'erreur commune (sur cette condition, n° 74915) lui faisant croire légitimement que son cocontractant était propriétaire des lieux loués (Cass. civ. 2-11-1959 : JCP G 1960.II.11456 note Esmein ; Cass. civ. 4-2-1975 : Bull. civ. III p. 29 ; Cass. civ. 11-6-1980 : Bull. civ. III p. 85), les juges devant préciser ces faits (Cass. civ. 1-2-1995 : RJDA 4/95 n° 407). Sur l'application de cette règle aux baux conclus par l'usufruitier, n° 30568.

Le bail conclu par l'**acquéreur** d'un immeuble dont la vente est ultérieurement **résolue** ne peut être maintenu que si le locataire a contracté de bonne foi (Cass. civ. 25-10-1983 : Bull. civ. III p. 150).

Capacité et pouvoir En raison du droit au renouvellement du locataire, la conclusion d'un bail commercial est soumise à des règles spéciales de capacité lorsque l'immeuble loué appartient à un **incapable,** mineur (nos 1010 s.) ou majeur (nos 1100 s.). Elle est subordonnée à l'**autorisation des indivisaires** lorsque l'immeuble est indivis (n° 30118) ou du **conjoint** lorsqu'il est commun (n° 1330). **4409**

Prix Il est recommandé, à notre avis, de considérer que le prix du bail doit être déterminé ou déterminable tant pour éviter la nullité du bail (cf. Cass. 3e civ. 30-6-1999 : RJDA 8-9/99 n° 886) que pour réduire les contestations ultérieures sur le montant du bail d'origine lors de la révision triennale du loyer (nos 4740 s.) ou du renouvellement du bail (nos 5900 s.), et de fixer le loyer à un montant déterminé ou par référence à des critères précis de détermination. Le loyer doit en outre être sérieux, ce qui n'est pas le cas de celui fixé à 2 000 F (307 € environ) en 1964 et jamais augmenté depuis (Cass. civ. 28-2-1984 : Loyers 1984 n° 192). **4412**

Les charges incombant au bailleur qui sont transférées aux locataires, et qui constituent alors un supplément de loyer, doivent aussi être déterminées ou déterminables (CA Bordeaux 18-1-2019 n° 17/01263 : GP 2020 n° 10 p. 86 obs. Chastegnier).

Locaux loués Le bail doit porter sur un ou plusieurs **locaux déterminés** ou **déterminables,** c'est-à-dire clairement identifiables (cf. C. civ. art. 1163, nos 12401 s.). **4415**

Les parties sont libres de définir les caractéristiques des locaux, notamment :

– leur superficie en retenant, par exemple, une surface brute locative ou hors œuvre incluant l'épaisseur des murs et des cloisons (Cass. civ. 23-2-1983 : JCP G 1985.II.20390), sans être tenues d'indiquer les dimensions des surfaces louées ou celles des surfaces utiles (CA Paris 1-2-1983 : Quot. jur. 10-1-1984 ; CA Paris 25-10-1983 : AJPI 1983.733) ;

– la consistance des locaux et des éléments d'équipements de ces locaux ; elles peuvent ainsi retenir comme élément déterminant de la conclusion du bail l'installation de chauffage desdits locaux et de la production d'eau chaude, nécessaire aux activités qui doivent y être exercées

(Cass. 3e civ. 19-11-2014 no 12-27.061 : RJDA 3/15 no 159, jugeant que le bailleur doit maintenir en cours de bail un système de chauffage adapté à l'activité de boucherie et, le cas échéant, changer le système qui a été substitué et indemniser le locataire du préjudice qu'il a subi) ;

– d'exclure du lot de copropriété loué le droit de jouissance privative sur les parties communes attaché à ce lot ; il en est ainsi lorsque les juges retiennent, souverainement, qu'il ressort des termes mêmes du contrat de bail que les bailleurs n'avaient pas entendu conférer à leur locataire le droit de jouissance sur la cour de l'immeuble (Cass. 3e civ. 23-9-2021 no 20-18.901 FS-B : RJDA 12/21 no 764).

À défaut de précision sur l'usage du mur extérieur des locaux loués, celui-ci fait partie de la location, ce qui interdit au bailleur de s'opposer à l'installation par le locataire d'étalages mobiles adossés au mur (Cass. civ. 8-11-1995 : RJDA 12/95 no 1332).

CONDITIONS DE FORME

4420 **Autorisations administratives** Doivent être autorisés :

– les baux d'immeubles à **usage de spectacles,** à peine de nullité, par le ministre chargé de la culture (Ord. 45-2339 du 13-10-1945 art. 3) ;

– les **transformations** des locaux à usage d'habitation situés dans les communes de plus de 200 000 habitants et dans les communes situées dans les départements des Hauts-de-Seine, de la Seine-Saint-Denis et du Val-de-Marne (CCH art. L 631-7 et R 631-4) ; toutefois, lorsque des locaux destinés à un usage autre que l'habitation auront été affectés temporairement à l'habitation, pour une durée n'excédant pas quinze ans, ces locaux pourront, pendant cette durée, retrouver leur usage antérieur sans avoir besoin d'une nouvelle autorisation (CCH art. L 631-7-1 B).

L'autorisation doit être obtenue, par le propriétaire, préalablement à la signature du bail (Cass. 3e civ. 10-6-2015 no 14-15.961 : RJDA 10/15 no 722).

Tout bail conclu sans autorisation est nul de plein droit (CCH art. L 631-7, al. 5) et la relation entre les parties ne peut pas être requalifiée en bail d'habitation et professionnel (CA Paris 17-1-2007 : JCP E 2007.2505 note Pereira-Osouf) ni la nullité évitée au motif qu'une régularisation est en cours auprès de l'administration (CA Paris 20-2-2008 no 06-21003 : RJDA 7/08 no 863). La nullité supposant l'existence d'un accord violant l'interdiction, elle ne peut être prononcée au seul motif que le locataire utilisait les lieux à des fins commerciales sans autorisation administrative (Cass. civ. 8-12-1993 : RJDA 3/94 no 326). Le bailleur peut se prévaloir de la transformation illicite pour demander la résiliation du bail, même s'il a autorisé la modification de la destination des lieux, l'interdiction d'invoquer en justice sa propre turpitude n'y faisant pas obstacle (Cass. civ. 24-6-1992 : RJDA 11/92 no 994).

Par ailleurs, le bail d'un immeuble construit en violation d'un plan d'occupation des sols est nul, de nullité absolue (CA Versailles 13-1-1994 : GP 1994.som.572).

4423 **Existence du bail** Le bail existe dès lors qu'il y a eu accord sur la chose et le prix (nos 12401 s.), il n'a pas à être formalisé par écrit (Cass. civ. 12-12-1990 : RJDA 2/91 no 91 ; CA Paris 24-11-2000 : RJDA 5/01 no 561 ; CA Paris 24-4-1992 : JCP G 1992.IV.2343).

La **promesse de bail** vaut bail lorsqu'il y a accord des parties sur la chose et sur le prix ; les parties sont dès lors engagées sans que soit nécessaire l'établissement ultérieur d'un acte authentique, sauf si elles ont fait de la passation de cet acte un élément constitutif de leur consentement (Cass. civ. 28-5-1997 : RJDA 8-9/97 no 1012).

Un acte authentique est requis pour les **baux** consentis pour une **durée supérieure à douze ans,** afin de permettre leur publication au service chargé de la publicité foncière et les rendre opposables aux tiers (C. civ. art. 710-1 ; Décret 55-22 du 4-1-1955 art. 4 et 28, 1o-b).

Tout écrit permet de pratiquer une saisie conservatoire pour le paiement des loyers (no 59115).

4426 **Mentions du bail** Le contrat de bail doit comporter (C. com. art. L 145-40-2, al. 1 et 2) :

– l'inventaire précis et limitatif des catégories de charges, impôts, taxes et redevances liés à ce bail (no 4638) ;

– un état prévisionnel des travaux que le bailleur envisage de réaliser dans les trois années suivantes, assorti d'un budget prévisionnel et un état récapitulatif des travaux qu'il a réalisés dans les trois années précédentes, précisant leur coût.

En cours de bail, cette information doit être renouvelée par le bailleur tous les trois ans, dans le délai de deux mois à compter de chaque échéance triennale ; à la demande du locataire, le bailleur doit aussi communiquer au locataire tout document justifiant le montant de ces travaux (C. com. art. R 145-37).

En outre, lorsque le local loué est situé dans une zone concernée par l'obligation d'établir un **état des risques,** le bailleur doit joindre ce document au bail commercial (C. envir. art. L 125-5, II). Ce document doit être établi moins de six mois avant la date de conclusion du contrat de location (C. envir. art. R 125-25, II) ; à défaut, le locataire peut poursuivre la résolution du contrat ou demander une diminution du prix (C. envir. art. L 125-5, V), sans avoir à justifier d'un quelconque préjudice (CA Paris 2-2-2022 n° 20/14673 : RJDA 7/22 n° 393).

PREUVE

Preuve entre les parties À l'égard de la partie commerçante, la preuve du bail se fait, conformément au droit commun, par tous moyens (n° 505). 4430

Si une des parties n'est **pas commerçante,** le bail qui n'a pas été constaté par écrit et qui n'a pas reçu un commencement d'exécution ne peut **pas** être prouvé à son encontre par **témoins,** même si le montant des engagements souscrits est modique ; la preuve de son existence peut seulement être rapportée par serment décisoire ou aveu (C. civ. art. 1715). La preuve par témoignages ou présomptions n'est admise que **si** le bail a reçu un **commencement d'exécution** (Cass. soc. 15-6-1962 : Bull. civ. IV p. 453 ; Cass. civ. 26-2-1971 : Bull. civ. III p. 105 ; Cass. civ. 22-5-1973 : Bull. civ. III p. 257).

La preuve du commencement d'exécution peut être administrée par tous moyens (Cass. civ. 23-11-1977 : Bull. civ. III p. 307). Mais elle ne saurait résulter de la simple occupation des lieux, car l'exécution suppose, de la part de celui qui se prévaut de l'existence du bail, aussi bien l'accomplissement des obligations que l'exercice des droits résultant du bail (Cass. civ. 5-1-1978 : Bull. civ. III p. 7 ; CA Aix 31-5-1991 : Bull. Cour d'Aix 1991/2 n° 55).

En outre, à défaut de quittance et en cas de contestation sur le montant du loyer d'un bail verbal dont l'exécution a commencé, le bailleur peut prouver par serment ce montant et le preneur ne peut écarter les prétentions de celui-ci qu'en demandant une estimation par expert (C. civ. art. 1716), étant observé que les juges ne peuvent pas fixer le loyer en fonction d'autres éléments (Cass. 3e civ. 15-3-2000 n° 380 : RJDA 5/00 n° 510).

Si l'estimation résultant de l'expertise excède le montant du loyer allégué par le locataire, les frais de l'expertise sont mis à la charge de celui-ci (C. civ. art. 1716).

Preuve par les tiers Conformément au droit commun (n° 75603), les tiers peuvent faire la preuve du bail par tous moyens. 4433

Preuve de la date du bail contre les tiers L'opposabilité aux tiers de la date du bail est fixée par les règles suivantes : 4436

– **en cas de vente de l'immeuble loué,** l'acquéreur ne peut expulser le locataire qui a un bail authentique ou dont la date est certaine (C. civ. art. 1743 ; pour un exemple d'acquisition de la date certaine par le décès du bailleur initial, Cass. 3e civ. 9-5-2019 n° 18-16.051 F-D : RJDA 8-9/19 n° 550) ; cette règle est applicable aux baux commerciaux (cf. Cass. civ. 12-7-1976 : Bull. civ. III p. 233) ; toutefois, le bail est aussi opposable à l'acquéreur, même à défaut de date certaine, lorsque l'acquéreur en a eu connaissance et l'a accepté de manière non équivoque (Cass. com. 11-2-1964 : D. 1964.262 note Esmein ; Cass. civ. 12-3-1969 : Rev. loyers 1969.281 ; cf. CA Versailles 3-2-1988 : GP 1988.som.446 : inopposabilité, le vendeur et le locataire ayant caché l'existence du bail à l'acquéreur) ; la vente entraîne la substitution de l'acquéreur dans les droits et obligations du vendeur (T. confl. 10-12-2018 n° 4141, en déduisant que le bail conserve son caractère de contrat de droit privé même si l'acquéreur est un établissement public) ; en revanche, le bail est inopposable à l'acquéreur si le congé a été délivré avant la vente de l'immeuble et celui-ci est dispensé du paiement de l'indemnité d'éviction (Cass. civ. 27-10-1993 : JCP G 1995.II.22390 note Boccara), dont l'ancien propriétaire reste seul tenu (Cass. civ. 30-5-2001 : Bull. civ. III n° 69) ; est aussi inopposable la modification de la destination des lieux consentie par le bailleur et qui n'a pas date certaine (n° 6327 ; aussi n° 4853) ;

L'acquéreur peut se prévaloir du bail et donner congé sans être tenu de signifier son acquisition au locataire par l'une des formalités de l'article 1690 du Code civil, car ces formalités ne concernent pas le transfert des droits réels immobiliers (Cass. civ. 7-11-1990 : Bull. civ. III p. 127 ; dans le même sens, Cass. civ. 5-6-1991 : Bull. civ. III p. 95 : droit de l'acquéreur de mettre en cause la responsabilité du locataire pour incendie).

Mais l'acquéreur ne peut pas demander la résiliation du bail en se fondant sur des fautes du locataire antérieures à la vente, sauf s'il bénéficie d'une cession de créance ou d'une subrogation expresse (Cass. 3e civ. 2-10-2002 n° 1441 : RJDA 12/02 n° 1241) ou sauf son droit à se prévaloir de l'effet acquis d'une clause résolutoire (Cass. civ. 30-5-1990 : JCP G 1992.II.21834). Il ne peut davantage réclamer des loyers antérieurs dus par le locataire s'il est subrogé dans les droits du bailleur pour l'avenir, sans aucune précision concernant les loyers antérieurs (Cass. 3e civ. 13-11-2014 n° 13-24.116 : RJDA 8-9/15 n° 552).

Le bailleur originaire n'est pas déchargé à l'égard du locataire des conséquences dommageables de l'inexécution de ses obligations par une clause contenue dans l'acte de vente subrogeant l'acquéreur dans les droits et obligations du vendeur bailleur (Cass. 3e civ. 23-1-2020 n° 18-19.589 F-D : RJDA 7/20 n° 356).

– **en cas de saisie de l'immeuble loué,** les baux consentis par le débiteur après la saisie, quelle que soit leur durée, sont inopposables au créancier poursuivant comme à l'acquéreur, la preuve de l'antériorité du bail pouvant être faite par tout moyen (C. exécution art. L 321-4) ; ainsi, est opposable à l'adjudicataire le bail de moins de douze ans qui n'est pas soumis à la publicité foncière pour son opposabilité, conclu par le débiteur, dès lors que sa réalité et son antériorité à la signification du commandement valant saisie immobilière étaient établies (Cass. 2e civ. 6-6-2013 n° 12-19.116 : RJDA 12/13 n° 985 ; Cass. 2e civ. 27-2-2020 n° 18-19.174 F-PBI : RJDA 7/20 n° 386) ;

– **en cas de conflit entre locataires commerçants d'un même local,** la préférence doit être donnée au locataire premier en date alors même que lui serait opposé un bail enregistré, car la preuve est libre entre commerçants (Cass. com. 25-4-1983 : D. 1984.1 note Jourdain).

La preuve de la date du bail à l'égard des tiers se fait dans les termes du droit commun de la preuve de la date certaine (n° 75698).

Sur la non-qualité de tiers du sous-locataire, n° 4973.

II. EXÉCUTION DU BAIL

PRISE DE POSSESSION DES LOCAUX

4490 Aux termes de l'article L 145-40-1 du Code de commerce : « Lors de la prise de possession des locaux par le locataire en exécution du bail conclu, un **état des lieux** est établi contradictoirement et amiablement par le bailleur et le locataire ou par un tiers mandaté par eux ; cet état des lieux est joint au contrat de location ou, à défaut, conservé par chacune des parties.

Si l'état des lieux ne peut être établi dans les conditions ci-dessus, il l'est par un huissier ou un commissaire de justice, sur l'initiative de la partie la plus diligente, à frais partagés par moitié entre le bailleur et le locataire.

Le bailleur qui n'a pas fait toutes diligences pour la réalisation de l'état des lieux ne peut pas invoquer la présomption de l'article 1731 du Code civil, selon laquelle le locataire est présumé avoir reçu les locaux en bon état de réparations locatives. »

A. Durée du bail

DURÉE MINIMALE OBLIGATOIRE

4500 La durée du bail relevant du statut ne peut pas être inférieure à **neuf ans** (C. com. art. L 145-4), sauf le droit de résiliation triennale accordé au preneur (n° 5200) ou au bailleur (n° 5203).

La faculté de résiliation triennale est interdite pour les baux commerciaux signés entre les propriétaires et les exploitants de **résidences de tourisme** mentionnées à l'article L 321-1 du Code du tourisme, qui sont obligatoirement d'une durée de neuf ans minimum (C. com. art. L 145-7-1). La cour d'appel de Paris considère que cette interdiction ne vaut que pendant le bail initial car le terme « baux signés » renvoie à la notion de « baux initiaux conclus lors de l'édification de la résidence ou lors de sa réhabilitation » (CA Paris 27-1-2021 n° 19/14657 : RJDA 5/21 n° 297), ce que la Cour de cassation approuve (Cass. 3e civ. 7-9-2023 n° 21-14.279 FS-B : RJDA 1/24 n° 8) et condamne la solution inverse adoptée par la cour d'appel de Poitiers (CA Poitiers 28-5-2019 n° 17/03289 : RJDA 3/20 n° 134).

La même durée s'applique au **bail renouvelé** (n° 5806).

DURÉE SUPÉRIEURE À LA DURÉE MINIMALE

4503 Les parties peuvent convenir d'une durée plus longue, notamment douze ans sous réserve de publicité foncière pour leur opposabilité aux tiers (n° 4423) ; mais elles ne peuvent pas convenir d'une durée **perpétuelle** (n° 13503 ; pour une application aux baux, Cass. civ. 15-5-1996 : RJDA 8-9/96 n° 1014, rejetant la possibilité pour le bailleur de renoncer à la nullité d'un bail renouvelable sur simple demande du preneur ; Cass. 3e civ. 13-3-2002 : RJDA 6/02 n° 599, tenant pour perpétuel le bail dont le terme dépend de la volonté du seul preneur).

Il est possible de conclure un **bail à périodes** (cf. C. com. art. L 145-9, al. 4), lequel est d'une durée supérieure à neuf ans comprenant nécessairement une première période de neuf années, suivie d'un nombre défini d'autres périodes triennales, ce qui n'est pas le cas d'un bail conclu pour une durée de neuf ans, assortie d'un renouvellement automatique triennal (Cass. civ. 1-7-1998 : RJDA 10/98 n° 1079).

ENTRÉE EN VIGUEUR DU BAIL

4506 Le bail prend effet à la date fixée par les parties, aucune disposition du statut ne s'opposant à la règle de droit commun reconnaissant aux parties la liberté de choisir la date d'entrée en vigueur de leur contrat (n° 13400). A été ainsi jugé valable le report, au-delà de sa date de conclusion, de la date d'entrée en vigueur d'un bail ainsi que le droit reconnu au preneur de renoncer à l'exécution du contrat moyennant une contrepartie financière (Cass. civ. 8-1-1997 : RJDA 2/97 n° 173). Mais, à défaut d'une clause accordant le droit de renoncer au contrat, les parties sont liées dès la conclusion du bail et ne peuvent pas « se désister » avant la date de prise d'effet, sauf pour les causes que la loi autorise (Cass. civ. 19-7-1995 : RJDA 11/95 n° 1202).

B. Droits et obligations des parties

Les parties sont tenues en vertu de la force obligatoire qui s'attache à tout contrat (nos 10635 s.) par le contenu dont elles sont convenues et par les règles de droit commun du bail. 4550

Elles ne peuvent donc être tenues l'une envers l'autre que sur le fondement de la responsabilité contractuelle (Cass. 3e civ. 5-6-2002 : RJDA 8-9/02 no 857).

1. OBLIGATIONS DE DROIT COMMUN

OBLIGATIONS DU BAILLEUR

Obligation de délivrance Le bailleur doit mettre l'immeuble loué à la disposition du preneur (C. civ. art. 1719), sans qu'il soit besoin d'aucune stipulation particulière prévoyant la délivrance (Cass. 1e civ. 4-7-2019 no 18-20.842 F-PB : RJDA 10/19 no 667) ; s'agissant des baux commerciaux comportant un local d'habitation, le bailleur doit délivrer un local décent au preneur qui l'utilise comme son habitation principale (C. civ. art. 1719), ce qui n'est pas le cas du preneur personne morale qui invoque cette obligation en vue de la location à autrui (CA Paris 20-5-2020 no 18/19805). 4553

La chose louée en vertu d'un premier contrat de bail ne peut matériellement faire l'objet d'une seconde délivrance si elle est reprise dans un nouveau contrat de bail (Cass. 3e civ. 19-5-2010 no 09-12.640 : Bull. civ. III no 96).

Cette obligation étant de l'essence même du contrat de bail (comme l'a caractérisée une jurisprudence datant de plus d'un siècle, no 10275), le **bailleur** ne peut s'en **exonérer,** par le biais d'une clause qui le dispenserait d'entretenir la chose louée en état de servir à l'usage pour lequel elle a été louée et d'en faire jouir paisiblement le preneur pendant la durée du bail (CA Paris 20-1-2017 no 16/03145 : GP 2017 11 juillet no 26 p. 55 note Barbier). Une telle clause aurait pour effet de vider cette obligation de sa substance et serait donc réputée non écrite en vertu de l'article 1170 du Code civil (no 12549).

En effet, la jurisprudence qui admettait la validité des clauses imputant au locataire les réparations de la chose louée « quelles qu'elles soient, pourvu que cette imputation soit expresse » (Cass. civ. 17-6-1980 : GP 1980.pan.515 ; Cass. civ. 16-3-1988 : GP 1988.pan.132 ; Cass. civ. 6-1-1993 : RJDA 4/93 no 301) au motif que l'article 1720 du Code civil n'est pas d'ordre public (Cass. civ. 7-2-1978 no 76-14.214 : Bull. civ. III no 71 ; CA Versailles 29-6-2001 : GP 2002.som.1821), est une solution prétorienne qui ne peut pas faire obstacle à l'application immédiate aux contrats en cours de l'article 1170 (no 10617) et ce, d'autant plus que les tribunaux l'ont pratiquement appliqué avant la promulgation de ce texte (no 12549).

Notamment, pour les clauses convenues depuis le **5 novembre 2014,** le bailleur ne peut pas s'affranchir des grosses réparations mentionnées à l'article 606 du Code civil ainsi que, le cas échéant, des honoraires liés à la réalisation de ces travaux ni des dépenses relatives aux travaux ayant pour objet de remédier à la vétusté ou de mettre en conformité avec la réglementation le bien loué ou l'immeuble dans lequel il se trouve, dès lors qu'ils relèvent des grosses réparations (C. com. art. R 145-35).

Ne sont pas comprises dans ces dépenses celles relatives aux travaux **d'embellissement** dont le montant excède le coût du remplacement à l'identique (C. com. art. R 145-35, al. 8).

De même, le bailleur peut mettre à la charge du preneur, par une clause expresse du bail, l'obligation de prendre en charge des travaux autres que ceux rendus nécessaires par les vices affectant la structure de l'immeuble, par exemple les charges d'entretien de la climatisation (Cass. 3e civ. 28-9-2022 no 21-20.879 FD).

Il en est de même pour les clauses antérieures à cette date, si cette imputation peut aboutir à priver le locataire de la pleine et entière jouissance de la chose louée (no 10275).

Le bailleur ne peut se soustraire à l'obligation de délivrance au motif que le locataire n'a pas payé le premier loyer et le dépôt de garantie (Cass. 3e civ. 28-6-2006 no 799 : RJDA 11/06 no 1115), ni en soutenant que le bien a été délivré en bon état de réparation (CA Versailles 30-3-2000 : JCP E 2000.pan.1162), ni en incluant au bail une clause de souffrance imposant au locataire de supporter sans indemnité les travaux de grosses et petites réparations quelles qu'en soient l'importance et la durée (Cass. 3e civ. 1-6-2005 no 04-12.200 : RJDA 10/05 no 1071 ; Cass. 3e civ. 6-11-2013 no 12-25.816), ni en invoquant que le locataire a accepté de prendre les locaux en l'état car cette clause ne dispense le bailleur ni de son obligation de délivrer et d'entretenir la chose louée afin de la maintenir en l'état de servir à sa destination et de procurer au preneur une jouissance paisible (Cass. 3e civ. 17-12-2002 no 1952 : RJDA 3/03 no 229 ; Cass. 3e civ. 3-11-2016 no 15-24.799 F-D : RJDA 3/17 no 157), ni de la garantie des vices cachés (Cass. civ. 31-5-1989 : Loyers 1989 no 364). Mais les travaux de mise aux normes de sécurité qui ne sont destinés qu'à assurer un meilleur usage et une plus grande sécurité des lieux ne relèvent pas de l'obligation de délivrance et peuvent donc être mis à la charge du locataire (Cass. 3e civ. 18-1-2018 no 16-25.126 D).

Le bailleur n'assume pas son obligation de délivrance lorsqu'il réalise des travaux en cours de bail qui rendent la chose louée impropre à l'usage auquel elle était destinée, le locataire pouvant alors lui opposer l'exception d'inexécution et cesser de payer les loyers (Cass. 3e civ. 27-2-2020 no 18-20.865 D). Mais les juges ne peuvent pas faire droit à cette exception sans rechercher, notamment si cela leur est demandé par le bailleur, si la chose louée est impropre à l'usage auquel elle est destinée (Cass. 3e civ. 6-7-2023 no 22-15.923 FS-B : RJDA 1/24 no 4).

En cas de contestation, c'est au bailleur de **prouver** qu'il a exécuté son obligation (Cass. 3e civ. 25-6-2008 no 07-14.341 : RJDA 10/08 no 987 ; Cass. 3e civ. 10-10-2019 no 18-20.418 F-D : RJDA 1/20 no 5) ou qu'une force majeure l'en a empêché (Cass. 3e civ. 28-9-2005 no 1028 : RJDA 12/05 no 1321).

En revanche, dès lors qu'il n'est pas constaté que le bailleur a empêché l'entrée dans les lieux du locataire, c'est celui-ci qui doit prouver que le bailleur y fait obstacle (Cass. civ. 9-10-1996 : RJDA 12/96 no 1439).

Le bailleur ne peut pas démolir en cours de bail des locaux même inoccupés (cf. Cass. civ. 9-3-1994 : RJDA 2/95 no 114) et ne peut **pas changer la forme** de la chose louée, notamment réaliser des travaux d'extension du local (Cass. civ. 3-4-1996 : RJDA 7/96 no 892, condamnant le bailleur à démolir les travaux d'extension d'un centre commercial) ou de reconstruction de l'immeuble loué (Cass. civ. 7-7-1982 : Loyers 1982 no 339) ; il doit aussi maintenir en état sa structure et procéder au besoin à sa réfection totale (Cass. civ. 23-4-1986 : GP 1986.pan.133 ; Cass. 3e civ. 28-5-2008 no 06-20.403 : Bull. civ. III no 98), sous réserve du cas où la nécessité de ces travaux aurait tenu, au moins pour partie, à l'inexécution par le locataire de son obligation d'entretien (Cass. civ. 11-12-1991 : RJDA 2/92 no 129).

4556 **Obligation d'entretien et de réparation** Sauf convention contraire (no 4626), le bailleur doit, pendant **toute la durée** du bail, faire les réparations qui peuvent devenir nécessaires à la chose louée (C. civ. art. 1720, al. 2 ; Cass. 3e civ. 25-2-2004 no 237 : RJDA 6/04 no 674) ; notamment, il doit entretenir la chose louée pour éviter une dégradation de nature à engendrer une perte de clientèle (CA Paris 18-2-2004 no 01-3181 : RJDA 5/05 no 503). À défaut, il ne peut pas se prévaloir de la clause résolutoire du bail pour inexécution par le locataire des travaux dont il a pris l'engagement, car il n'est pas alors de bonne foi pour l'invoquer (Cass. civ. 27-5-1987 : GP 1987.pan.212).

Le bailleur reste tenu des réparations qui lui incombaient pendant le cours du bail, même après la vente de l'immeuble (Cass. 3e civ. 14-11-2007 no 06-18.430 : RJDA 4/08 no 376). Il ne peut pas opposer au locataire l'exception du défaut de paiement de loyers pour refuser de réparer un dégât des eaux alors qu'il a accepté le règlement de loyers arriérés en connaissance de ce dégât (Cass. 1e civ. 27-12-1961 : Bull. civ. I no 630 ; rappr. Cass. civ. 11-2-1889 : DP 1890.1.121 ; Cass. soc. 31-5-1956 : Bull. civ. IV no 503).

Le locataire peut invoquer l'exception du défaut d'entretien pour refuser le paiement du loyer (Cass. civ. 20-6-1995 : RJDA 12/95 no 1361). Le locataire qui a néanmoins poursuivi son activité dans les lieux ne peut pas valablement refuser de payer la totalité des loyers (Cass. 3e civ. 23-5-2013 no 11-26.095 : RJDA 10/13 no 836) ; il est de règle en effet que l'exception d'inexécution doit avoir pour objet de refuser l'exécution d'une obligation d'une importance comparable à celle qui n'a pas été exécutée (no 14800).

Toutefois, le locataire peut être tenu des réparations résultant de désordres excédant l'usure normale du local commercial (CA Dijon 7-9-2023 no 21/01102).

Mais le bailleur n'est **pas responsable** du défaut d'entretien dès lors qu'il n'a pas été mis en demeure d'y procéder (Cass. civ. 10-7-1996 : RJDA 11/96 no 1298 ; Cass. 3e civ. 27-11-2012 no 11-23.274, 2e esp. : RJDA 7/13 no 586), qu'il n'a pas été averti de l'apparition, en cours de bail, de vices que seul le locataire était à même de constater (Cass. 3e civ. 9-2-2005 no 192 : RJDA 5/05 no 505 : partage de responsabilité ; Cass. 3e civ. 13-10-2021 no 20-19.278 FS-B : RJDA 1/22 no 7), ou que la nécessité de procéder à une réparation résultait de l'inexécution par le locataire de sa propre obligation d'entretien (Cass. civ. 11-12-1991 : RJDA 2/92 no 129) ou des modifications que celui-ci a apportées à la chose louée sans l'en avoir averti (Cass. 3e civ. 15-10-2010 no 09-67.192 : RJDA 11/10 no 1047 : à propos d'un bail d'habitation mais transposable).

Si le **preneur a pris l'initiative des travaux** dont le bailleur est tenu, celui-ci est tenu de les lui rembourser dans les conditions exposées au no 14905.

4559 Mais le **bailleur** n'est pas tenu :

– aux réparations **locatives** qui incombent au locataire (no 4590) ou à celles dont il s'est exonéré par une clause à condition qu'elles ne portent pas sur la structure de l'immeuble (no 4553) ;

Pour les baux conclus avant le 5 novembre 2014, le locataire ne peut être condamné à supporter le coût de travaux de réparation rendus nécessaires par la vétusté que par une clause expresse les mettant à sa charge (Cass. 3e civ. 26-3-2020 no 19-10.415 F-D : RJDA 7/20 no 353) ; en l'absence d'une telle clause, la résiliation du bail ne peut être prononcée à ses torts au motif qu'il n'a pas réalisé des travaux d'entretien rendus nécessaires par la vétusté (Cass. 3e civ. 18-4-2011 no 10-15.946, 2e esp. : RJDA 11/12 no 937.som.) et il peut mettre en jeu la responsabilité du bailleur qui n'effectue pas ces travaux (Cass. 3e civ. 27-9-2011 no 10-24.065, 3e esp. : RJDA 11/12 no 937.som.).

– de **reconstruire** l'immeuble en cas de perte totale ou partielle par cas fortuit (cf. C. civ. art. 1722) et a fortiori par la faute du locataire.

La **ruine** résultant de la **vétusté** est assimilable à une destruction par cas fortuit à condition qu'elle ne soit pas due à un défaut d'entretien imputable au bailleur et que les dépenses de remise en état apparaissent excessives compte tenu de la valeur de l'immeuble (Cass. civ. 4-7-1968 : Bull. civ. III p. 246 ; Cass. civ. 6-3-1984 : Bull. civ. III p. 47). Est de même assimilée à la destruction l'impossibilité absolue d'user de la chose louée conformément à sa destination ou la nécessité d'effectuer des travaux dont le coût excède la valeur de cette chose (Cass. 3e civ. 20-12-2018 n° 16-23.449 F-D : RJDA 2/19 n° 74).

Le bailleur est obligé de réparer les désordres d'une toiture pour cause de vétusté non imputable au preneur, nonobstant la clause du bail mettant toutes les réparations locatives et foncières à la charge du locataire (Cass. civ. 12-4-1995 : RJDA 7/95 n° 820).

Sur la résiliation du bail en cas de perte de la chose louée, n° 5210.

Obligation d'assurer une jouissance paisible Le bailleur, quel qu'il soit (Cass. civ. 30-11-1988 : Bull. civ. III p. 92), doit procurer au locataire une **jouissance paisible** (C. civ. art. 1719, 3°) ; il ne peut s'en affranchir qu'en cas de force majeure (Cass. 3e civ. 19-5-2004 n° 594 : RJDA 8-9/04 n° 948, l'art. 1719 excluant l'application de l'ex-art. 1384, al. 2, devenu art. 1242, al. 2 ; Cass. 3e civ. 23-11-2011 n° 10-25.978 : RJDA 3/12 n° 251 ; Cass. 3e civ. 23-5-2019 n° 18-10.034 F-D : RJDA 8-9/19 n° 549). Il ne peut être condamné pour défaut de jouissance paisible que si le défaut soulevé peut être imputé à une faute de sa part (Cass. 3e civ. 13-9-2018 n° 16-22.439 F-D : RJDA 3/19 n° 168). **4565**

Le locataire peut faire ordonner en référé la cessation du trouble illicite (CA Versailles 18-5-1988 : D. 1988.IR.219 : coupure d'eau, électricité, chauffage).

Il doit en outre garantir le locataire **contre les tiers** qui prétendraient faire valoir des droits sur la chose louée, mais non contre les tiers troublant sa jouissance par des voies de fait sans prétendre à aucun droit sur la chose louée (Cass. 3e civ. 13-9-2018 précité ; Cass. 3e civ. 9-3-2023 n°21-21.698 FS-B : RJDA 10/23 n° 501). Dans ce dernier cas, le locataire doit poursuivre ces tiers directement et en son nom personnel (C. civ. art. 1725).

Le locataire peut néanmoins démontrer que les voies de fait se rattachent par un lien direct de causalité à une faute déterminée et caractérisée du bailleur ou de ses préposés (CA Paris 4-6-2002 : D. 2002.IR.3058 : absence de faute du bailleur dans la protection des lieux loués). Il peut donc se prévaloir, lorsque le bailleur est une société civile, du trouble causé par des associés qui ne sont pas des tiers au sens de l'article 1725 susvisé (Cass. 3e civ. 9-3-2023 précité).

Concernant les troubles causés **à un locataire,** le bailleur n'est pas tenu de réparer le trouble causé par le propriétaire de l'immeuble voisin (Cass. 3e civ. 15-10-2008 n° 07-13.971 : RJDA 1/09 n° 4). **4566**

Pour ceux causés **par un locataire** à un **tiers,** le bailleur peut être tenu pour fautif s'il n'est pas intervenu pour faire cesser les troubles de voisinage (CA Versailles 25-5-1981 : Rev. loyers 1982.238) ; si la victime est un **autre locataire** il faut, du point de vue de la responsabilité du bailleur, distinguer deux cas :

– lorsque les locataires ont contracté avec des **bailleurs différents,** le locataire de l'un d'eux, auteur du trouble, est tiers par rapport au bailleur du locataire victime du trouble ; ce bailleur ne doit donc garantir son locataire **que** des **troubles** de **droit** et non des voies de fait ; les tribunaux admettent extensivement le trouble de droit quand le trouble se rattache au bail (Cass. civ. 24-1-1961 : JCP G 1961.II.12078 note Esmein) ;

– lorsque les locataires tiennent leurs droits d'un **même bailleur,** l'auteur du trouble n'est pas un tiers à l'égard du bailleur ; celui-ci est donc tenu au titre de sa garantie personnelle qui couvre les troubles de **droit et** de **fait** (Cass. civ. 29-5-1991 : Bull. civ. III p. 88 ; Cass. civ. 16-11-1994 : RJDA 2/95 n° 112 ; Cass. 3e civ. 20-4-2005 n° 529 : RJDA 8-9/05 n° 938).

Toutefois, le bailleur qui a indemnisé le locataire plaignant peut récupérer, auprès du locataire auteur du dommage, les dommages-intérêts qu'il a versés si le bail prévoit ce recours (CA Paris 21-4-1988 : D. 1988.IR.138).

Le bailleur n'est exonéré qu'en cas de force majeure (Cass. 3e civ. 22-5-2012 n° 11-19.233, 2e esp. : RJDA 10/12 n° 829).

En l'**absence de convention d'exclusivité** et de non-concurrence (nos 4644 s.), le **bailleur** peut exercer lui-même un commerce similaire à celui de son locataire ou louer à cette fin d'autres locaux situés dans le même immeuble (Cass. civ. 25-2-1975 : Bull. civ. III p. 56). En effet, le bailleur a l'obligation légale de garantir au preneur la jouissance de la chose louée mais non pas la jouissance du commerce exercé dans les lieux (Cass. civ. 16-3-1976 : D. 1976.559 note Serra ; Cass. civ. 4-12-1991 : RJDA 2/92 n° 127).Toutefois, le locataire peut agir par la voie de l'action oblique et faire interdire à un autre locataire du même bailleur d'exercer une activité autre que celle prévue dans son bail (Cass. civ. 4-12-1984 : Bull. civ. III p. 158).

Le locataire peut se prévaloir de la **clause de non-concurrence** incluse dans le bail consenti par le même bailleur à un nouveau locataire pour demander des dommages-intérêts sur le fondement de la responsabilité extracontractuelle (Cass. com. 13-7-2010 n° 09-67.516 : RJDA 12/10 n° 1136) ; il peut également demander au juge des référés de faire cesser le trouble illicite (Cass. 3e civ. 6-5-2021 n° 19-23.145 F-D : RJDA 11/21 n° 750).

Mais si le bail autorise le locataire à exercer l'activité litigieuse, le bénéficiaire de la clause de non-concurrence ne peut lui interdire l'exercice de cette activité, car c'est au bailleur qu'il incombe de faire respecter l'engagement qu'il a pris, le bénéficiaire pouvant le poursuivre en responsabilité extracontractuelle pour manquement à cette obligation (CA Caen 4-10-2012 n° 11/02464 : RJDA 2/13 n° 90).

Si le bailleur a consenti à l'**acquéreur d'un immeuble voisin** de celui qu'il a conservé une clause de non-concurrence de l'activité de restauration, l'acquéreur peut invoquer cette clause à l'encontre du locataire qui, ayant loué un local situé dans l'immeuble conservé par le bailleur, a enfreint l'interdiction prévue au bail d'exercer une telle activité (Cass. 3e civ. 17-2-2010 n° 08-18.752 : RJDA 10/10 n° 920).

4568 **Garantie d'usage de la chose** Le bailleur est tenu d'indemniser le preneur de la perte résultant des vices ou défauts de la chose louée qui en **empêchent** totalement ou partiellement **l'usage,** même s'il ne les a pas connus lors de la conclusion du bail (C. civ. art. 1721 ; Cass. 3e civ. 1-4-2009 n° 08-10.070 : RJDA 7/09 n° 600). Il ne peut pas invoquer le vice caché comme constituant un cas de force majeure, celle-ci ayant nécessairement une origine extérieure à la chose louée (Cass. 3e civ. 2-4-2003 n° 494 : RJDA 7/03 n° 692 ; Cass. 3e civ. 9-11-2011 n° 10-24-742 : RJDA 2/12 n° 128, refusant d'assimiler le vice imputable à un défaut d'entretien à un cas de force majeure). Il n'est pas exonéré par la preuve d'une absence de faute de sa part (Cass. civ. 9-10-1974 : Bull. civ. III p. 264).

Le bailleur n'est tenu que du vice caché inhérent à l'immeuble et non de celui affectant les meubles qui y ont été introduits par le ou les locataires successifs et qui ont endommagé la marchandise entreposée, comme c'est le cas de palettes de bois apportées par le locataire précédent ayant altéré le vin conservé dans le chai loué (Cass. 1e civ. 17-10-2012 n° 11-16.317 : RJDA 4/13 n° 295).

En cas d'annulation d'un bail commercial pour erreur sur la substance du fait que le bailleur l'a consenti sur un local impropre à sa destination contractuelle, le locataire qui, pour une raison indépendante de sa volonté, n'a pu bénéficier de la jouissance des lieux loués en raison de leur caractère inexploitable, n'a pas à verser d'indemnité d'occupation (Cass. 3e civ. 3-11-2021 n° 20-16.334 FS-B : RJDA 2/22 n° 63).

Il est aussi tenu de garantir le locataire contre l'**éviction** qu'un tiers est en droit de lui imposer (Cass. 3e civ. 2-3-2017 n° 15-11.419 : RJDA 5/17 n° 315).

4571 **Garantie de la commercialité d'un centre commercial** Le bailleur d'un local situé dans un centre commercial dont il est propriétaire n'est pas tenu d'assurer la bonne commercialité du centre, à défaut de **stipulations particulières** du bail (Cass. 3e civ. 15-12-2021 n° 20-14.423 FS-B : RJDA 5/22 n° 248 ; CA Paris 13-3-2002 : RJDA 11/02 n° 1117 ; Cass. civ. 12-7-2000 : RJDA 11/00 n° 956 ; Cass. 3e civ. 26-5-2016 n° 15-11.307 : RJDA 8-9/16 n° 596 ; CA Versailles 11-2-2021 n° 19/03622) ; autrement dit, il ne garantit pas que le local conservera pendant la durée du bail la clientèle potentielle qui est la sienne au jour de la conclusion du bail (TJ Paris 25-2-2021 n° 18/02353 : RJDA 7/21 n° 455 : à propos de la fermeture administrative Covid-19).

L'engagement contraire ne résulte pas de ce que les activités du bailleur et du locataire sont complémentaires ni des clauses relatives aux modalités de leur exploitation (Cass. 3e civ. 3-7-2013 n° 12-18.099 : RJDA 11/13 n° 879). Lorsque le bailleur est lié par un tel engagement, il en est quitte dès lors qu'il justifie avoir recherché de nouveaux locataires et que ces démarches ont échoué pour des raisons indépendantes de sa volonté (Cass. 3e civ. 14-2-2012 n° 11-13.393 : RJDA 7/12 n° 644). S'il n'a pas tenu son engagement, il doit indemniser le locataire de la perte de la chance de réaliser un meilleur chiffre d'affaires (CA Paris 19-2-2020 n° 18/20833 : RJDA 6/20 n° 300 : indemnité de 502 000 €, soit 50 % de la somme demandée).

Mais sa responsabilité est engagée : si, dans son seul intérêt financier, il n'a recherché à louer qu'à un seul locataire et, cette démarche n'ayant pas abouti, a laissé le locataire existant « choir » dans un sous-sol sans environnement commercial qui aurait pu être obtenu en proposant des locations à la valeur locative (CA Paris 7-10-1998 : RJDA 2/99 n° 144) ; s'il ressort des sujétions imposées par le bail aux locataires que le bailleur n'a pas agi pour leur procurer un centre d'une tenue correspondant à leurs obligations (TGI Paris 31-5-2018 n° 17/04641 : JCP E 2018.1540 note Legrix de La Salle ; TGI Paris 18-4-2019 n° 14/10036 et TGI Paris 10-4-2019 n° 17/09767 : RJDA 11/19 n° 675, 1e et 3e esp. : responsabilité du bailleur ; TGI Paris 11-4-2019 n° 17/08733 : RJDA 11/19 n° 675, 2e esp. : irresponsabilité du bailleur) ; s'il agit avec l'intention de nuire (Cass. civ. 25-2-1975 : Bull. civ. III p. 56).

En tout cas, il doit **entretenir les parties communes** du centre qui sont des accessoires nécessaires à l'usage du local loué (Cass. 3e civ. 19-12-2012 n° 11-23.541 : RJDA 4/13 n° 296) ; notamment, il doit l'entretenir pour éviter une dégradation de nature à engendrer une perte de clientèle (CA Paris 18-2-2004 n° 01-3181 : RJDA 5/05 n° 503).

OBLIGATIONS DU LOCATAIRE

Paiement du loyer Le paiement du loyer aux termes convenus est la principale obligation du locataire (C. civ. art. 1728, 2°) et il lui incombe de prouver qu'il s'en est acquitté (Cass. 3e civ. 13-11-2013 n° 12-25.768 : RJDA 4/14 n° 305). 4575

Il ne peut pas s'en dispenser même s'il **conteste** le montant du loyer (Cass. civ. 17-10-1968 : Bull. civ. III p. 294 ; Cass. civ. 11-4-1973 : Bull. civ. III p. 200) ou le commandement de payer les loyers pour illicéité du bail (Cass. civ. 16-2-1982 : Bull. civ. II p. 29) ou pour défaut de réclamation préalable de leur paiement (Cass. 3e civ. 24-11-2004 n° 1219 : RJDA 2/05 n° 104). Il ne peut pas non plus s'en dispenser en cas d'inexécution par le bailleur de ses propres obligations (Cass. civ. 30-3-1981 : GP 1981.pan.299 ; CA Colmar 10-1-2018 n° 16/01292 : GP 2018 n° 11 p. 81 note Chastagnier ; sur la non-suspension de la clause résolutoire dans ce cas, n° 5232), sauf si, sans que l'impossibilité d'user des lieux loués soit totale, ceux-ci ne peuvent pas être utilisés conformément à la destination prévue au bail (Cass. civ. 21-11-1990 : RJDA 2/91 n° 96 ; Cass. civ. 15-12-1993 : RJDA 3/94 n° 267 ; Cass. 3e civ. 19-3-2003 n° 404 : RJDA 6/03 n° 569).

La fermeture administrative pour Covid-19 ne **dispense** pas le locataire de **payer le loyer** au motif que cette fermeture ne correspond ni à la perte de la chose de l'article 1722 du Code civil, ni à l'inexécution de l'obligation de délivrance due par le bailleur, ni à un cas de force majeure dispensant le locataire du paiement des loyers (Cass. 3e civ. 30-6-2022 n° 21-20.190 FS-B : RJDA 11/22 n° 618).

Le dispositif mis en place par la loi du 14 novembre 2020, protégeant les locataires affectés par certaines mesures de restrictions sanitaires, ne s'applique pas en cas de mesures restreignant la liberté de circulation des personnes telles que le couvre-feu (Cass. 3e civ. 6-7-2023 n° 22-22.052 FS-B : RJDA 1/24 n° 5).

Dès lors que la fermeture n'entraîne pas la perte de la chose et n'est pas imputable au bailleur, le juge des référés ne peut qu'en déduire que l'obligation de payer le loyer n'est pas sérieusement contestable et accorder la provision demandée (Cass. 3e civ. 30-6-2022 n° 21-20.127 FS-B : RJDA 11/22 n° 618, 2e esp. ; Cass. 3e civ. 23-11-2022 nos 21-21.867 et 22-12.753 FS-B : RJDA 3/23 n° 136). La demande de paiement du loyer par le bailleur ne peut pas être considérée comme étant faite de mauvaise foi lorsque le bailleur a proposé de différer le loyer (Cass. 3e civ. 30-6-2022 n° 21-20.190 précité).

Le bailleur n'a pas à justifier d'un préjudice pour obtenir de son locataire le paiement des loyers jusqu'au terme du bail (Cass. 3e civ. 23-5-2012 n° 11-12.214 : RJDA 10/12 n° 833).

Sur la possibilité de demander une réduction du loyer pour exécution imparfaite des obligations incombant au bailleur, nos 14910 s. ; pour des exemples, Cass. 3e civ. 23-11-2010 n° 09-15.120 : RJDA 4/11 n° 284 ; CA Paris 14-5-2008 n° 07-222 : RJDA 11/08 n° 1093.

En cas de **retard** de paiement d'un loyer, les intérêts de retard sont dus par le locataire au jour de sa mise en demeure de payer (C. civ. art. 1231-6).

Les **copreneurs** sont solidairement tenus du paiement du loyer si une clause du bail prévoit leur engagement solidaire. Le colocataire solidaire qui délivre unilatéralement congé reste tenu de la totalité des loyers impayés jusqu'à la résiliation du bail (Cass. 3e civ. 8-11-1995 n° 93-17.110 : RJDA 12/95 n° 1333 ; Cass. 3e civ. 14-6-2018 n° 17-14.365 P : RJDA 10/18 n° 703). À défaut d'une telle clause de solidarité (pour un exemple, Cass. com. 9-12-2008 n° 07-18.236 F-D : RJDA 3/09 n° 265), les colocataires sont codébiteurs du loyer tant qu'ils demeurent l'un et l'autre parties au bail, ce qui est le cas même si l'un d'eux a quitté les lieux sans donner congé car la dette de loyer n'est pas par elle-même indivisible (cf. Cass. 3e civ. 30-10-2013 n° 12-21.034, 1e esp. : RJDA 2/14 n° 86). Si le bail prévoit que chaque copreneur non solidaire a la faculté de résilier le bail à tout moment sous réserve d'un préavis, un seul d'entre eux peut donner valablement congé ; le bail se poursuit alors avec le locataire restant sur l'ensemble des locaux avec obligation pour lui de payer l'intégralité du loyer en contrepartie de leur jouissance (Cass. 3e civ. 30-10-2013 n° 12-21.973 : RJDA 2/14 n° 86, 2e esp.).

Dès lors que la dette de loyer est connexe avec la créance d'indemnisation de l'inexécution par le bailleur de son obligation de délivrance, la **compensation** doit être ordonnée par le juge (Cass. 3e civ. 7-1-2021 n° 19-20.898 D).

Le **bailleur** bénéficie d'un **privilège** spécial en garantie du paiement du loyer (et de toutes les sommes dues en exécution du bail ou de l'occupation des lieux) sur le prix des meubles garnissant les lieux loués et appartenant au locataire (C. civ. art. 2332, 1°). Cette nouvelle rédaction issue de l'ordonnance 2021-1192 du 15 septembre 2021 met un terme, depuis le 1er janvier 2022, à la jurisprudence qui autorisait le bailleur à saisir tout meuble garnissant les locaux y compris ceux appartenant à des tiers (cf. Cass. 3e civ. 16-11-2010 n° 09-70.765 : RJDA 2/11 n° 114). Elle met également fin à la faculté légale pour le bailleur de revendiquer les meubles déplacés sans son consentement. 4578

En cas de **mise sous sauvegarde du locataire,** le bailleur n'a privilège que pour les deux dernières années de loyers avant le jugement d'ouverture de la procédure ; en cas de résiliation 4581 du bail, il a en outre le privilège pour l'année courante, pour tout ce qui concerne l'exécution du bail et pour les dommages-intérêts qui pourront lui être éventuellement attribués (C. com. art. L 622-16, al. 1 et 2).

Toute créance résultant de l'occupation des lieux à quelque titre que ce soit est garantie par ce privilège (Cass. com. 25-10-2011 n° 10-25.257 : RJDA 2/12 n° 127, pour une indemnité d'occupation).

Si le bail se poursuit après la mise sous sauvegarde du locataire, le bailleur ne peut pas exiger le paiement des loyers à échoir lorsque les sûretés qui lui ont été données lors de la conclusion du contrat sont maintenues ou lorsque celles qui lui ont été fournies depuis le jugement d'ouverture sont jugées suffisantes (C. com. art. L 622-16, al. 3).

Le juge-commissaire peut autoriser la vente des meubles garnissant les lieux loués soumis à dépérissement prochain, à dépréciation imminente ou dispendieux à conserver, ou dont la réalisation ne met pas en cause soit l'existence du fonds, soit le maintien de garanties suffisantes pour le bailleur (C. com. art. L 622-16, al. 4).

Mais il peut exiger de la caution solidaire du locataire le paiement des loyers échus pendant la durée de continuation du bail (Cass. com. 6-6-1989 : Bull. civ. IV p. 118 : à propos du règlement judiciaire mais transposable).

Les mêmes règles sont applicables au **redressement** judiciaire (C. com. art. L 631-14, al. 1, renvoyant à l'art. L 622-16) et à la **liquidation judiciaire** (C. com. art. L 641-12, al. 6, renvoyant à l'art. L 622-16, al. 1, 2 et 3 et à art. L 641-11, al. 1).

L'effacement de la dette de loyer ne fait pas obstacle à l'expulsion du locataire dès lors qu'il est survenu alors que la clause résolutoire était acquise (Cass. 2e civ. 4-2-2016 n° 14-17.782 : à propos d'un effacement consécutif à une procédure de surendettement mais transposable à tout effacement par analogie).

4584 **Usage de l'immeuble selon sa destination** Le locataire doit user de l'immeuble loué raisonnablement et selon la destination du bail (C. civ. art. 1728, 1° ; aussi nos 4850 s.) ; à défaut, le bailleur peut résilier le bail ainsi que dans le cas où l'usage qui en est fait lui cause un dommage (C. civ. art. 1729).

Si le local loué est situé dans un immeuble en **copropriété,** le **locataire** ne peut pas exercer dans le local loué une activité interdite par le règlement de copropriété (Cass. 3e civ. 27-4-2017 n° 15-24.031 F-D : GP 2017 11 juillet n° 26 p. 77 note Conseil). Mais le bailleur doit informer le locataire sur le règlement (Cass. 3e civ. 3-3-2004 n° 278 : Bull. civ. III n° 47).

Sur la responsabilité du locataire quant au comportement des personnes qu'il introduit dans les lieux loués, article 1735 du Code civil et Mémento Baux commerciaux n° 60280.

Le locataire ne peut imposer la restitution d'une partie des locaux qui lui serait devenue inutile (CA Rouen 16-3-1989).

4587 **Restitution en bon état de l'immeuble loué** Dès lors qu'il n'est plus titulaire d'un droit au bail (n° 5150), le locataire devient un occupant sans droit ni titre et il doit restituer les lieux loués dans les conditions suivantes.

Il lui incombe de faire la preuve de la libération effective des lieux occupés (Cass. 3e civ. 5-2-2013 n° 11-22.463 : RJDA 1/14 n° 10).

Un **état des lieux** doit être dressé sous les mêmes conditions que celui imposé lors de la prise de possession des lieux (n° 4490).

Pour les baux conclus avant le 20 juin 2014, cette obligation s'applique à toute restitution d'un local dès lors qu'un état des lieux a été établi lors de la prise de possession (C. com. art. L 145-40-2, II).

Si un état des lieux a été dressé lors de l'entrée dans les lieux, le locataire doit rendre les lieux tels qu'il les a reçus sur l'état dressé à l'origine, excepté ce qui a péri ou a été dégradé par vétusté ou force majeure (C. civ. art. 1730). Par conséquent, si l'état des lieux d'entrée a été dressé après l'exécution par le locataire de travaux de cloisonnement, les locaux doivent être considérés comme ayant été délivrés ainsi cloisonnés, sans que le bailleur soit en droit d'exiger l'enlèvement des cloisonnements en cause à la sortie (Cass. 3e civ. 15-9-2009 n° 08-14.605 : D. 2018.1736 avis Burgaud).

S'il n'a **pas** été dressé d'état des lieux à l'entrée en possession, le bailleur devra établir que le locataire doit des réparations locatives (C. civ. art. 1720, al. 2), puisqu'il ne peut plus invoquer la présomption de remise des lieux en bon état de réparations locatives (n° 4490). Si les parties n'ont pas établi d'état des lieux lors des renouvellements successifs, le locataire ne peut être condamné au paiement de travaux de mise en état que si les juges précisent que les dégradations et le défaut d'entretien sont postérieurs à la prise d'effet du nouveau bail (Cass. civ. 11-5-1995 n° 93-18.317 : RJDA 8-9/95 n° 949).

Le bailleur n'a pas à faire l'avance du coût des remises en état incombant au preneur (Cass. civ. 11-12-1991 n° 90-15.246 : RJDA 2/92 n° 130, cassant un arrêt qui avait réduit l'indemnité revenant au bailleur pour impossibilité de relocation en raison du défaut de remise en état au seul motif que le bailleur aurait pu faire effectuer les travaux, le cas échéant avec autorisation judiciaire).

Cette obligation s'apprécie dans les termes suivants.

1. Dommages. Le locataire est responsable : 4590

– des simples **réparations locatives** ou de menu entretien (C. civ. art. 1720, al. 2 et 1754), les autres réparations incombant au bailleur (nº 4556) ; il n'y est tenu que s'il en résulte pour le bailleur un préjudice (Cass. 3e civ. 3-12-2003 nº 02-18.033 : RJDA 4/04 nº 407 avec rapport Betoulle p. 360) ; il ne peut s'en exonérer qu'en établissant que les détériorations sont dues à une cause étrangère ou à la vétusté (C. civ. art. 1755), sauf stipulation expresse contraire (cf. Cass. 3e civ. 31-10-2006 nº 1116 : RJDA 1/07 nº 19) ; il doit exécuter cette obligation au fur et à mesure des besoins (CA Rouen 3-12-1992 : RJDA 1/93 nº 7), sans toutefois que le bailleur puisse exiger de lui, sauf clause contraire expresse, qu'il réalise des travaux en cours de bail, à moins que leur inexécution ne compromette la solidité de l'immeuble (Cass. civ. 28-4-1893 : DP 1893.1.407 ; CA Rouen 3-12-1992 précité) ;

Un copreneur n'est tenu des réparations que dans la mesure où, sauf clause de solidarité, il est établi qu'elles lui sont imputables (Cass. 3e civ. 26-11-2013 nº 12-20.978 : RJDA 5/14 nº 410).

– des **dégradations ou pertes** survenues pendant sa jouissance à moins qu'il ne prouve qu'elles ont eu lieu sans sa faute (C. civ. art. 1732) ;

L'indemnisation du bailleur pour ces pertes et dégradations n'est subordonnée ni à l'exécution des réparations, ni à l'engagement effectif de dépenses (Cass. 3e civ. 15-11-2018 nº 17-22.130 FS-D : RJDA 2/19 nº 72 ; Cass. 3e civ. 7-1-2021 nº 19-23.269 : RJDA 4/21 nº 214), ni à la justification d'une perte de valeur locative (Cass. 3e civ. 7-1-2021 précité).

– des détériorations provenant d'un **incendie,** sauf si le bailleur a renoncé à tout recours dans le bail (CA Rouen 31-5-2018 nº 16/06269) ou si le locataire prouve que l'incendie est arrivé par une cause étrangère, un vice de construction ou que le feu a été communiqué par une maison voisine (C. civ. art. 1733 ; Cass. 3e civ. 9-7-2013 nº 12-21.511 : RJDA 12/13 nº 982 : vice de construction ; Cass. 3e civ. 15-10-2013 nº 12-23.126 : RJDA 1/14 nº 9 et Cass. 3e civ. 14-6-2018 nº 17-19.891 FD : RJDA 8-9/18 nº 625 : cause étrangère). Constitue un vice de construction qui n'a pas à revêtir les caractéristiques de la force majeure le défaut d'entretien des locaux par le bailleur s'il est à l'origine de l'incendie (Cass. 3e civ. 15-6-2005 : RJDA 10/05 nº 1073).

Le locataire doit indemniser le bailleur de toutes les conséquences de l'incendie, notamment du montant des travaux de remise en état sans abattement pour vétusté (Cass. civ. 9-1-1991 : Bull. civ. III p. 8) et de la perte des loyers jusqu'à la reconstruction de l'immeuble, même si le bail a été résilié à la suite du sinistre (Cass. 3e civ. 11-7-2019 nº 18-15.424 F-D : RJDA 12/19 nº 742 ; CA Lyon 24-11-1988 : D. 1989.IR.18).

La présomption de responsabilité du locataire ne s'appliquant que si l'incendie a pris naissance dans les lieux loués (Cass. 3e civ. 19-12-2019 nº 18-24.012 F-D : RJDA 3/20 nº 130 : non-application en cas de naissance à proximité) et que dans les rapports entre bailleur et locataire, ne peut pas être condamné à réparer les conséquences de l'incendie :

– l'occupant à titre précaire, même en vertu d'une convention qu'il a conclue avec le locataire moyennant une contrepartie (Cass. civ. 17-7-1996 : RJDA 11/96 nº 1300) ;

– le sous-locataire (Cass. 3e civ. 7-7-2016 nº 15-12.370 : RJDA 11/16 nº 765) ; mais celui-ci peut l'être envers le locataire qui est son propre bailleur si l'incendie a pris naissance dans les lieux sous-loués (Cass. 3e civ. 23-5-2012 nº 11-17.183 : RJDA 10/12 nº 830) ;

Le locataire demeure responsable même s'il a mis le local à la disposition de l'occupant avec l'assentiment du bailleur (CA Rouen 16-9-1992).

– un locataire à l'égard d'un colocataire (Cass. civ. 6-3-1996 : RJDA 6/96 nº 751) ou du propriétaire des locaux incendiés situés dans une galerie marchande (Cass. 3e civ. 19-9-2012 nº 11-10.827 : RJDA 12/12 nº 1045) ;

– le locataire envers les tiers qui ont subi un préjudice du fait de l'incendie, par exemple ceux qui ont dû être relogés car ils ne pouvaient plus accéder à leur logement (Cass. 3e civ. 28-1-2016 nº 14-28.812 : RJDA 4/16 nº 259).

Toutefois, le bailleur qui occupe lui-même une partie de l'immeuble dans les mêmes conditions qu'un locataire ne peut pas opposer la présomption à son locataire (Cass. 3e civ. 23-6-2015 nº 14-18.072 : RJDA 10/15 nº 632) et il en va de même pour le locataire qui a sous-loué et qui occupe aussi l'immeuble dans les mêmes conditions, envers son sous-locataire (Cass. civ. 30-3-1994 : RJDA 6/94 nº 627) ; réciproquement, le locataire ne bénéficie d'aucune présomption contre le bailleur occupant (Cass. 3e civ. 29-4-2002 : RJDA 7/02 nº 736).

Dans un cas comme dans l'autre, chacun ne dispose contre l'autre que d'une action fondée ou sur une faute de celui-ci à l'origine de l'incendie ou de sa propagation, ou sur la réparation du trouble de jouissance (Cass. 3e civ. 9-12-2009 nº 08-21.592 : RJDA 3/10 nº 215).

Le bailleur n'est pas censé occuper les lieux lorsque, détenant les clés d'une partie des locaux, il a la simple possibilité de venir dans les lieux (Cass. 3e civ. 2-4-2003 nº 488 : RJDA 7/03 nº 693).

Les juges doivent caractériser les conditions dans lesquelles les lieux sont occupés (Cass. 3e civ. 1-10-2003 nº 1018 : RJDA 1/04 nº 17).

Sur la responsabilité des locataires les uns envers les autres, C. civ. art. 1734.

4593 **2. Constructions.** Le locataire qui a édifié des constructions en reste propriétaire pendant la durée du bail (Cass. civ. 23-10-1990 : Bull. civ. I p. 155).

À la fin du bail, le bailleur, à défaut de clause en réglant le sort (n° 4635), est en droit (C. civ. art. 555) :

– soit de conserver les constructions contre l'indemnisation du locataire (Cass. civ. 26-11-1985 : Bull. civ. III p. 117) ;

– soit de demander leur démolition (Cass. 3e civ. 1-6-2010 n° 08-21.254 : RJDA 10/10 n° 916).

Le locataire a droit à indemnisation en cas de résiliation anticipée du bail du fait de l'expropriation (Cass. 3e civ. 5-1-2012 n° 10-26.965 : JCP G 2012 n° 15-465 p. 755 n° 3 obs. Périnet-Marquet).

Le bailleur ne peut exiger la démolition que si le locataire n'a pas droit au renouvellement (Cass. com. 6-4-1965 : GP 1965.2.85) ou si le locataire ne peut pas se prévaloir du régime du statut pour des constructions élevées sur des terrains loués nus (Cass. com. 29-11-1961 : Rev. loyers 1962.313 ; n° 4036). Le locataire, qui a été reconnu propriétaire des constructions par une transaction conclue avec le bailleur, est un tiers de bonne foi qui ne peut donc être condamné à la suppression des constructions (Cass. 3e civ. 17-12-2013 n° 12-15.916 : Bull. civ. III n° 167).

L'autorisation du bailleur d'effectuer des travaux n'est pas de nature à écarter l'application de ces règles (Cass. civ. 10-11-1999 : GP.2000.1975 note Barbier), qui s'appliquent aussi aux « ouvrages » (C. civ. art. 555), tels que des éléments d'équipement (cf. Cass. 3e civ. 7-7-2004 n° 879 : RJDA 11/04 n° 1195).

Si le locataire vient à acquérir en cours de bail le bien loué sur lequel les constructions ont été édifiées, la confusion des droits locatifs et de propriété éteint le droit au bail sur ce bien (Cass. com. 12-6-2012 n° 11-18.978 : RTD civ. 2012.551 obs. Revet).

4596 **3. Installations.** Le locataire doit laisser dans les locaux les meubles devenus immeubles par destination (Cass. civ. 5-4-1965 : D. 1966.som.13). Sur ces immeubles, nos 56283 s.

4599 **4. Dépollution des lieux.** La dépollution et la remise en état d'un site industriel résultant d'une obligation légale particulière dont la finalité est la protection de l'environnement et de la santé publique incombent au dernier exploitant, notamment au locataire d'un site dès lors que le juge constate qu'il a cette qualité (Cass. 3e civ. 11-9-2013 n° 12-15.425 : RJDA 12/13 n° 980 ; Cass. 3e civ. 22-6-2022 n° 20-20.844 FS-B : RJDA 1/23 n° 13).

Le locataire doit une indemnité d'occupation jusqu'à ce qu'il justifie avoir pris toutes les dispositions utiles pour la mise en sécurité du site (Cass. 3e civ. 19-5-2010 n° 09-15.255 : RJDA 8-9/10 n° 831 : s'agissant des réservoirs de carburant et de leurs équipements annexes, il doit justifier les avoir neutralisés conformément aux dispositions de l'arrêté du 22 juin 1998, étant tenu de ces obligations en qualité de dernier exploitant ; Cass. 3e civ. 11-5-2022 n° 21-16.348 FS-B : RJDA 10/22 n° 549).

L'indemnité d'occupation due pendant la remise en état du site, après cessation de l'activité, doit être fixée par référence au loyer prévu au bail (Cass. 3e civ. 23-6-2016 n° 15-11.440 : RJDA 10/16 n° 672).

2. PRINCIPALES CLAUSES

RÉPARATIONS ET TRAVAUX

4620 Le bail peut mettre à la charge du locataire les travaux et réparations qui incombent en principe au bailleur, notamment par la clause de **prise des locaux en l'état** (Cass. 3e civ. 15-6-2010 n° 09-67.103 F-D : RJDA 10/10 n° 915.som.). Toutefois, les dépenses ainsi assumées par le locataire ne doivent pas être d'une ampleur telle que le bailleur se trouve pratiquement libéré de son obligation de fournir la chose louée (nos 4553 et 12490).

Les litiges relatifs aux travaux peuvent être soumis à une commission départementale de conciliation (C. com. art. L 145-35).

Il incombe au bailleur qui réclame au preneur de lui rembourser, conformément au contrat de bail le prévoyant, un ensemble de dépenses et de taxes, d'établir sa créance en démontrant l'existence et le montant de ces charges (Cass. 3e civ. 17-9-2020 n° 19-14.168 FS-PBI : RJDA 11/20 n° 558).

4626 **Obligation d'entretien** Le bailleur, tenu par l'obligation de délivrance à assurer la jouissance paisible au locataire à l'entrée dans les lieux et au cours du bail, ne peut échapper à l'obligation d'entretien qui en est la conséquence que dans la mesure où l'obligation de délivrance est remplie, ce qui l'oblige notamment à assumer les travaux qui ne peuvent pas être mis à la charge du locataire (n° 4553).

Il doit ainsi assumer :

– les travaux de **ravalement,** le seul paiement de provisions ne suffisant pas à caractériser un accord du preneur pour les prendre à sa charge (Cass. 3e civ. 19-12-2012 n° 11-25.414 : RJDA 7/13 n° 585, 1e esp) ;

La clause contraire est valable si elle est expressément acceptée par le locataire (Cass. 3e civ. 28-5-2020 n° 19-10.411 F-D : RJDA 8-9/20 n° 412, 1e esp., au sujet d'un bail professionnel mais transposable au bail commercial) ; elle ne résulte pas, par exemple, de la clause prévoyant que « le preneur sera également responsable de toutes réparations normalement à la charge du bailleur... », car les travaux de réfection de la toiture et de ravalement de la façade, qui ne constituent pas des réparations locatives, incombent au bailleur (Cass. 3e civ. 28-5-2020 n° 19-14.230 F-D : RJDA 8-9/20 n° 412, 2e esp).

– les travaux **urgents** qui ne peuvent être différés jusqu'à la fin du bail (C. civ. art. 1724), sauf faute lourde du locataire (CA Paris 20-6-1990 : GP 1991.som.395) ou impossibilité de jouir des lieux loués (CA Paris 4-4-2005 : JCP E 2005.pan.830) ;
– les réparations dues à la **vétusté** à défaut de clause expresse du bail les mettant à la charge du locataire (Cass. 3e civ. 9-5-2019 n° 18-14.123 F-D : RJDA 8-9/19 n° 548), clause interdite depuis le 5 novembre 2014 si les réparations relèvent des grosses réparations (n° 4553) ;
– les **grosses réparations,** qui sont visées dans l'article 606 du Code civil et qualifiées par les tribunaux comme celles qui intéressent l'immeuble dans sa structure et sa solidité générale, ce que les juges du fond apprécient souverainement (Cass. 3e civ. 13-7-2005 n° 04-13.764 FS-PB : RJDA 12/05 n° 1323) ; pour les baux conclus avant le 5 novembre 2014 (n° 4553), ces travaux peuvent être mis à la charge du locataire par une clause claire et précise dont la portée doit être interprétée restrictivement (Cass. 3e civ. 16-3-2023 n° 21-25.107 FD).

En cas d'urgence, quelle qu'elle soit, le locataire peut faire réaliser les réparations incombant au bailleur sans autorisation, et en obtenir le remboursement (Cass. 3e civ. 28-1-2021 n° 19-24.349 F-D : RJDA 4/21 n° 215).

Travaux prescrits par l'administration En l'état de la jurisprudence antérieure au **5 novembre 2014,** date d'entrée en vigueur de l'article R 145-35 du Code de commerce, construite dans le silence de la loi, les travaux, notamment de sécurité, prescrits par l'administration sont à la charge du bailleur, sauf stipulation contraire expresse concernant ces travaux mêmes (Cass. 3e civ. 21-3-2012 n° 11-14.809, 3e esp. : RJDA 7/12 n° 643 ; Cass. 3e civ. 10-9-2020 n° 19-10.454 F-D ; Cass. 3e civ. 28-1-2021 n° 20-13.854 F-D : RJDA 5/21 n° 293). La clause contraire est subordonnée à la condition que l'importance des travaux n'emporte pas un anéantissement de l'obligation essentielle de livraison de la jouissance de la chose louée (n° 10275). Cette clause est opposable au cessionnaire si elle a date certaine, a été connue de lui et a été annexée au bail initial (Cass. 3e civ. 26-11-2013 n° 12-25.769, 3e esp. : RJDA 4/14 n° 306). **4629**

Ne met pas les travaux à la charge du locataire la clause par laquelle le locataire s'est engagé à prendre les lieux loués dans l'état où ils se trouvent le jour de l'entrée en jouissance sans pouvoir exiger aucune réparation ni remise en état (Cass. 3e civ. 27-3-2002 : RJDA 6/02 n° 601), comme à assumer les réparations autres que les grosses réparations (Cass. civ. 13-7-1994 : RJDA 12/94 n° 1262) ou autres que celles concernant le clos et le couvert (Cass. civ. 17-12-1986 : Bull. civ. III p. 144) ou les murs et couvertures (Cass. civ. 17-10-1990 : Bull. civ. III p. 108).

Si la clause prévoit que le preneur ne pourra exiger du bailleur ni réparations, ni transformations, ni remise en état, il n'est pas légalement justifié de mettre à la charge du propriétaire les travaux de sécurité imposés par l'administration, au seul motif qu'aucun document produit ne les met à la charge du preneur, sans rechercher quelle avait été l'intention commune des parties à ce sujet (Cass. civ. 21-1-1976 n° 74-13.517 : Bull. civ. III n° 29).

Depuis le 5 novembre 2014, les travaux de mise aux normes ne peuvent pas être mis à la charge du locataire dès lors qu'ils constituent des grosses réparations (n° 4553).

En toute hypothèse, les travaux incombent au preneur si l'administration les a prescrits en raison du seul manquement par celui-ci à son obligation d'entretien et de respect des normes d'exploitation (Cass. 3e civ. 30-10-2013 n° 12-25.798, 2e esp. : RJDA 4/14 n° 306).

Autorisation d'effectuer des travaux Le bail peut autoriser le locataire à accomplir des travaux déterminés à condition d'obtenir l'autorisation du bailleur, et parfois de se soumettre à la direction de l'architecte désigné par celui-ci ; à défaut de respect de ces conditions par le locataire, le bail est résilié par les juges (Cass. 3e civ. 6-9-2011 n° 10-21.654 : GP 2011.som.21 octobre note Brault, l'architecte du preneur n'étant pas tenu de veiller au respect de ces conditions) ou de plein droit en vertu de la clause résolutoire (CA Paris 22-1-1993 : D. 1993.IR.113). Le bailleur peut aussi obtenir du juge des référés qu'il ordonne la cessation des travaux, leur mise en œuvre constituant un trouble illicite (Cass. 3e civ. 15-2-2018 n° 16-17.759 P). **4632**

En cas de refus du bailleur, le juge ne peut pas autoriser le locataire à réaliser des travaux, même si ceux-ci sont utiles ou nécessaires au commerce exercé dans les lieux (Cass. civ. 16-3-1983 : Loyers 1983 n° 253), sauf si les travaux portent sur un immeuble dans lequel est exploité un **hôtel** (C. tourisme art. L 311-1 s.) ou si le refus du bailleur est abusif (Cass. civ. 27-6-1990 : Bull. civ. III p. 87 ; CA Paris 26-6-2002 : D. 2003.69 obs. Rouquet ; toutefois Cass. civ. 20-7-1993 : GP 1993.som.537, reconnaissant au bailleur un droit discrétionnaire de refus).

Droit d'accession du bailleur Le bail peut **prévoir** que les aménagements réalisés par le preneur deviendront, en fin de bail, la propriété du bailleur sans indemnité. Une telle clause **4635**

ne joue que si lesdits aménagements existent encore à la fin du bail (CA Rennes 3-6-1998 : JCP G 1998.IV.3427, refusant au bailleur la possibilité d'invoquer un droit de créance sur l'indemnité d'assurance versée au locataire après un incendie et la destruction du local et de ses aménagements). Elle ne peut pas être invoquée par le bailleur lors du renouvellement du bail pour obtenir le déplafonnement du loyer (Cass. 3e civ. 17-9-2020 n° 19-21.713 F-D : RJDA 12/20 n° 633).

Les parties ont intérêt à fixer avec précision la date à laquelle doit intervenir l'accession ; à défaut, leur commune volonté doit être recherchée par le juge (sur des exemples d'appréciation par le juge : Cass. 3e civ. 12-4-2018 n° 17-14.349 D ; CA Paris 27-2-2013 n° 11/05464 : RJDA 2/14 n° 87).

Sur l'incidence de la prolongation du bail avec clause d'accession quant à la prise en compte des améliorations réalisées par le locataire pour le calcul de la valeur locative du bail renouvelé, n° 6018 ; sur la non-renonciation à l'indemnité d'éviction et son calcul en présence d'une clause d'accession, n° 6300 ; sur l'indemnisation des frais de transfert du fonds en présence d'une clause d'accession sans indemnité, n° 6336.

Le bailleur ne peut **pas invoquer la clause** lorsque, par sa faute, il a empêché le locataire d'user, dans le délai convenu, de la faculté d'acquérir la chose louée ; le locataire qui a construit a alors géré l'affaire du bailleur et a droit au remboursement des dépenses utiles (Cass. req. 16-7-1890 : D. 1891.1.49), le tiers qui a contracté avec le gérant ayant une action contre lui et le géré pour rentrer dans ses droits (même arrêt et n°s 10311 s.).

Inversement, le bailleur ne peut pas ignorer la clause et exiger la remise en état des locaux (Cass. 3e civ. 5-11-2015 n° 14-19.820 : RJDA 3/16 n° 173).

À défaut de clause prévoyant l'accession du bailleur, celle-ci se produit de plein droit à l'expiration du bail ; ainsi, en cas de renouvellement du bail, celui-ci entraînant la naissance d'un nouveau bail, le bailleur bénéficie de l'accession et devient propriétaire des aménagements faits par le preneur (Cass. 3e civ. 23-11-2017 n° 16-16.815 P : Bull. civ. III n° 124, à propos d'un bail rural mais transposable, la solution résultant du régime de l'accession et non du régime spécifique du bail rural).

CHARGES, IMPÔTS ET TAXES

4638 La conclusion du bail entraîne l'obligation de dresser un **inventaire** précis et limitatif des catégories de charges, d'impôts, taxes et redevances liés au bail, comportant l'indication de leur répartition entre le bailleur et le locataire (C. com. art. L 145-40-2, al. 1). En cas de bail verbal, la preuve de la prise en charge par le locataire de leur paiement peut être rapportée par tous moyens (Cass. 3e civ. 28-5-2020 n° 19-10.056 FS-PBI : RJDA 10/20 n° 472).

Ne peuvent pas être mis à la charge du preneur par une clause du bail (C. com. art. R 145-35) :

– les impôts, notamment la contribution économique territoriale, taxes et redevances dont le redevable légal est le bailleur ;

– les honoraires du bailleur liés à la gestion des loyers du local loué ;

– dans un ensemble immobilier, les charges, impôts, taxes, redevances et le coût des travaux relatifs à des locaux vacants ou imputables à d'autres locataires.

En revanche, peuvent être mis à la charge du preneur par une **clause expresse** :

– la taxe foncière et ses taxes additionnelles, les impôts, taxes et redevances liés à l'usage du local ou à un service dont le preneur bénéficie (C. com. art. R 145-35, al. 4), notamment la taxe d'enlèvement des ordures ménagères (Cass. 3e civ. 13-6-2012 n° 11-17.114 : RJDA 1/13 n° 12 ; Cass. 3e civ. 13-9-2018 n° 17-22.498 D ; Cass. 3e civ. 17-2-2022 n° 21-14.558 FD) ; la taxe foncière incombe au locataire dès lors que le bail met à sa charge tous les impôts auxquels sont assujettis les locaux (Cass. 3e civ. 12-9-2019 n° 18-18.018 F-D : RJDA 11/19 n° 674 ; cf. contra CA Versailles 7-4-2022 n° 20/05557 : RJDA 10/22 n° 551, qui refuse d'inclure sous cette formule la taxe sur les bureaux et locaux commerciaux) ;

– les taxes d'urbanisme (Cass. 3e civ. 25-1-2023 n° 21-17.985 FD : RJDA 5/23 n° 240).

Les parties sont libres de répartir les charges conformément aux usages existants dès lors qu'ils ne sont pas contraires aux exclusions énumérées ci-dessus (cf. CA Douai 30-10-2014 n° 13/022029, CA Lyon 22-1-2015 n° 13/04478, CA Pau 30-12-2014 n° 14/4618 : JCP 2105.1217 n°s 15 et 17 obs. Mousseron).

Les litiges relatifs aux charges peuvent être soumis à une commission départementale de conciliation (C. com. art. L 145-35).

En outre, le **bailleur** doit adresser au locataire un état récapitulatif de cet inventaire, chaque année, au plus tard le 30 septembre de l'année suivant celle au titre de laquelle il est établi ou, pour les immeubles en copropriété, dans le délai de trois mois à compter de la reddition des charges de copropriété sur l'exercice annuel ; il doit aussi informer le locataire des impôts, taxes et redevances nouveaux (C. com. art. L 145-40-2, al. 1) et lui communiquer, à sa demande, tout document justifiant le montant des charges, impôts, taxes et redevances imputés à celui-ci (C. com. art. R 145-36).

Les dispositions ci-dessus s'appliquent aux contrats conclus ou renouvelés à compter du 1er septembre 2014 (Loi 2014-626 du 18-6-2014 art. 21, II). Avant l'entrée en vigueur de ces dispositions, les tribunaux ont appliqué rigoureusement les clauses d'imputation contractuelle des charges et impôts et refusé au bailleur leur récupération dès lors que ces clauses n'étaient pas respectées (Cass. 3e civ. 5-11-2014 n° 13-24.451 : RJDA 4/15 n° 239 : refus d'application de la clause imputant les charges au preneur pour absence de régularisation annuelle ; Cass. 3e civ. 9-6-2015 n° 14-13.555 : condamnation à remboursement des charges pour défaut de production des pièces justificatives ; Cass. 3e civ. 9-5-2019 n° 16.24.701 FS-PBI : RJDA 8-9/19 n° 547 : condamnation à remboursement des charges pour défaut de clause du bail les mettant au compte du locataire).

Dans un **ensemble immobilier** comportant plusieurs locataires, le contrat de location précise la répartition des charges entre les différents locataires occupant cet ensemble ; cette répartition est fonction de la surface exploitée ; le montant des impôts, taxes et redevances pouvant être imputés au locataire correspond strictement au local occupé par chaque locataire et à la quote-part des parties communes nécessaires à l'exploitation de la chose louée ; en cours de bail, le bailleur est tenu d'informer les locataires de tout élément susceptible de modifier la répartition des charges entre locataires (C. com. art. L 145-40-2, al. 5).

La répartition susvisée peut être conventionnellement pondérée ; ces pondérations sont portées à la connaissance des locataires (C. com. R 145-35, al. 7).

CLAUSES D'EXCLUSIVITÉ

Le **bail** peut imposer au bailleur ou au locataire de ne pas exercer une activité concurrente 4644 (Cass. com. 16-10-1985 n° 84-14.105 : Bull. civ. III n° 123), sous réserve que l'interdiction ne crée pas une restriction de concurrence (CA Paris 3-7-2013 n° 11/17158 : RJDA 11/13 n° 947 : validité de l'interdiction faite aux locataires d'un centre commercial de se rétablir dans un périmètre donné n'entraînant pas un verrouillage du marché, quoique incluse dans plusieurs contrats).

Le bailleur s'est aussi valablement engagé lorsqu'il a :

– promis de ne pas louer tout ou partie de l'immeuble pour l'exploitation d'un commerce similaire à celui du preneur, même si les activités que celui-ci est susceptible d'exercer ne sont pas précisées, dès lors que cet engagement est limité à la durée du bail et à l'immeuble appartenant au bailleur (Cass. civ. 7-4-1993 : RJDA 8-9/93 n° 678) ;

– exigé du locataire d'un local de ne pas exercer l'activité du locataire déjà installé dans un local voisin, cette clause constituant une stipulation pour autrui au profit de ce dernier (Cass. civ. 4-2-1986 : GP 1986.pan.85).

Mais il n'a pas garanti au preneur l'exclusivité du commerce que celui-ci a choisi d'exercer lorsque le bail l'autorisait à exercer des commerces multiples à la condition qu'il se mette d'accord avec tout autre locataire exerçant l'un ou l'autre des commerces autorisés (Cass. civ. 16-3-1976 : D. 1976.559 note Serra).

Le bailleur est aussi tenu d'assurer au preneur une exclusivité (ou une non-concurrence) dans l'immeuble si des **circonstances** particulières le justifient (Cass. com. 16-10-1985 précité) ; ainsi, est implicitement engagé à une obligation de non-concurrence le bailleur qui ouvre dans son supermarché un rayon concurrent au commerce du preneur alors qu'il n'avait pas jusque-là exercé ce négoce, que le commerce du preneur était limité dans le contrat à celui des produits non vendus par le bailleur et qu'il ne pouvait résister à l'attractivité commerciale supérieure de celui-ci (CA Aix 4-1-1996 : RJDA 8-9/96 n° 1017).

L'engagement pris n'interdit au bailleur, sauf clause contraire, que l'exercice du commerce principal autorisé au preneur, à l'exclusion des activités connexes, complémentaires ou accessoires (Cass. 3e civ. 25-10-1972 : Bull. civ. III p. 400).

Le bailleur qui a pris un engagement de non-concurrence ne peut pas s'y soustraire en invoquant une affectation contraire à la destination de l'immeuble prévue par le règlement de copropriété ; il doit réparer les conséquences de son manquement (Cass. 3e civ. 7-3-1984 n° 82-12.495 : Bull. civ. III n° 63).

Le **locataire** bénéficiaire d'une exclusivité est en droit d'agir lui-même, sur le fondement de la **responsabilité extracontractuelle** (n° 15026), contre l'autre locataire (en l'espèce son cessionnaire) du même bailleur installé dans le même immeuble qui viole cet engagement (Cass. 3e civ. 13-7-2010 n° 09-67.516) ou d'exiger du bailleur qu'il le fasse respecter par son autre locataire, même si celui-ci n'est pas partie au contrat contenant cette stipulation (Cass. 3e civ. 11-10-2018 n° 17-23.902 F-D : RJDA 1/19 n° 1), sous réserve que le locataire en cause ne bénéficie pas lui-même du droit d'exercer cette activité (CA Paris 27-9-2007 n° 06-10688 : RDC 2010.55 obs. Deshayes).

Sur l'exercice, par la voie oblique, de l'action du bailleur pour contraindre un autre locataire au respect de la destination convenue dans son bail, n° 4566.

Le locataire tenu de respecter une clause de non-concurrence peut obtenir la **résolution de la clause** qui le lie dès lors que le bailleur, l'ayant initialement imposée à tous ses locataires, a par la suite cessé de l'exiger de ses nouveaux locataires (Cass. 3e civ. 3-5-2007 n° 404 : RJDA 10/07 n° 939).

Lorsque le **bailleur** de plusieurs locaux voisins a consenti un engagement d'exclusivité dans le 4647 bail conclu avec l'un des locataires et qu'il **vend un des locaux,** deux situations doivent être distinguées.

1. Le local vendu est **celui loué** au **preneur** qui bénéficie de l'exclusivité : celle-ci est alors **opposable** à l'**acquéreur** du local si le bail a acquis date certaine (n° 4436). Mais le nouveau bailleur n'est pas tenu de respecter l'engagement d'exclusivité pris par l'ancien bailleur pour la totalité de l'immeuble dès lors que cet immeuble a été, à l'occasion de sa vente, divisé en une copropriété dont le règlement ne prévoit pas de clause de non-concurrence, que le nouveau bailleur n'est pas propriétaire des locaux où s'exerce le commerce concurrent de celui de son locataire et qu'il doit se soumettre au règlement de copropriété (CA Versailles 27-10-1981 : Rev. loyers 1982.163 ; sur l'inopposabilité du règlement de copropriété dans les rapports bailleur-locataire, n° 4644 et ci-dessous point 2).

2. Le bailleur conserve le local loué avec un engagement d'exclusivité et cède un **autre local** : il reste alors tenu de cette obligation même pour le local vendu et, pour en assurer l'exécution, il doit obtenir de l'acquéreur le même engagement, peu important que les locaux loués et vendus soient des lots de copropriété, car le statut de la copropriété ne s'applique pas aux rapports entre bailleur et locataire (Cass. civ. 7-3-1984 : Rev. loyers 1984.239 ; rappr. Cass. civ. 9-11-1982 : Bull. civ. III p. 161).

CLAUSE RÉSOLUTOIRE

4653 La plupart des baux contiennent une clause résolutoire qui prévoit la résiliation de plein droit en cas de manquement du locataire à une seule de ses obligations (par exemple, pour défaut de paiement d'un seul terme de loyer à son échéance, pour usage de l'immeuble contrairement à sa destination, pour défaut de notification des changements d'état du locataire...). Cette clause, régie par l'article L 145-41 du Code de commerce, doit être rédigée avec attention car elle ne peut être mise en œuvre que pour les **manquements aux obligations** expressément **visées au bail** (Cass. civ. 18-5-1988 : D. 1988.IR.154 ; CA Limoges 19-2-1992 : Bull. inf. C. cass. 1992 n° 1490).

Par exemple, elle doit être appliquée lorsque le locataire dénature la destination fixée dans le bail en exerçant une activité de restauration alors que les locaux étaient destinés au commerce de vins, bois et charbons (CA Paris 28-4-1988 : D. 1988.IR.154).

En revanche, la clause résolutoire ne peut pas produire effet lorsque l'activité, sans être incluse implicitement dans la destination contractuelle, constitue un mode original d'exploitation du fonds de commerce (CA Paris 31-5-2002 n° 01-2195 : RJDA 12/02 n° 1243). Elle ne peut pas non plus être invoquée pour défaut d'exploitation si l'obligation d'exploiter le bail ne figure pas dans le contrat (Cass. civ. 8-1-1985 : Bull. civ. III p. 5).

Lorsque la clause vise avec précision les manquements susceptibles d'entraîner la résolution, elle est interprétée **restrictivement.**

Par exemple, jugé que la clause résolutoire qui ne concerne que le non-paiement des loyers ne produit pas d'effet en cas de non-remboursement des charges (CA Versailles 14-3-1988 : D. 1988.IR.138) ou des frais de commandement (Cass. civ. 24-5-2000 : RJDA 9-10/00 n° 840) ou de défaut de paiement des loyers consécutif au rappel d'une condamnation judiciaire (Cass. civ. 11-7-1990 : GP 1991.82) ou de l'indemnité d'occupation (Cass. civ. 24-2-1999 : RJDA 4/99 n° 387).

Le locataire est tenu des manquements commis par un gérant libre qu'il s'est substitué dans les lieux (Cass. com. 8-4-1967 : Bull. civ. III p. 132 ; Cass. com. 9-11-1981 : Rev. loyers 1982 ; CA Reims 18-5-1994 : JCP G 1995.IV.890).

Sur la mise en œuvre de la clause résolutoire, n° 5220 s. ; sur l'impossibilité de refuser son application en raison du caractère minime des manquements, n° 74924.

PACTES RÉSERVANT AU PRENEUR UN DROIT À L'ACHAT DU LOCAL LOUÉ

4656 Certains baux contiennent un pacte de préférence, reconnu par l'article 1123 du Code civil, parfois appelé dans les actes « droit de préemption », par lequel le bailleur reconnaît au locataire une priorité à l'achat du bien loué en cas de vente ou à la location d'un autre local (par exemple dans une galerie marchande) ou par lequel le locataire reconnaît au bailleur une priorité pour l'achat de son fonds de commerce en cas de vente (Cass. 3e civ. 12-7-2000 : RJDA 11/00 n° 965).

Il est recommandé aux parties de préciser si ce droit peut être invoqué seulement en cas de mise en vente du local loué par le bailleur ou également en cas de vente de l'intégralité de l'immeuble, car la jurisprudence est contradictoire. En effet, la clause du bail réservant au locataire un droit de préférence « sur les locaux loués » est tantôt appliquée lorsque le bailleur vend la totalité de l'immeuble (Cass. civ. 19-6-1970 n° 69-11.499 : D. 1970.729, censurant pour dénaturation l'arrêt qui avait refusé l'application de la clause dans ce cas), tantôt écartée au motif que la clause soit ne saurait conduire à imposer aux propriétaires de diviser leur bien en vue de le céder à des personnes distinctes (Cass. 3e civ. 9-4-2014 n° 13-13.949 : RJDA 8-9/14 n° 690, rejetant le pourvoi contre l'arrêt qui a débouté le locataire ayant demandé l'annulation de la vente de l'immeuble au profit d'un tiers), soit ne peut pas jouer lorsque la cession porte sur le tout, qui est un objet différent (CA Versailles 16-12-2005 n° 05/01199 : RJDA 10/06 n° 1002).

Si le bailleur ne respecte pas son engagement, le locataire peut obtenir d'être substitué à l'acquéreur ou au locataire comme il est exposé au n° 26639 ; mais il ne faut pas que le locataire ait renoncé à son droit, la renonciation pouvant se déduire de ce qu'il a payé les loyers au nouveau propriétaire et n'a rien dit lorsque celui-ci lui a donné congé (Cass. 3e civ. 14-12-2011 n° 10-18.105 : RJDA 2/12 n° 139) ou de ce qu'il a connu après la vente le changement d'identité du bailleur et l'existence d'une opération de crédit-bail (Cass. 3e civ. 14-12-2011 no 10-18.105 : RJDA 4/12 no 386). La même solution vaut, par analogie, pour le cas où le locataire ne respecte pas le sien.

Sur la soustraction du droit de préférence au dessaisissement, nos 63530 s., solution applicable par analogie au bail commercial.

Sur le droit de préférence du locataire en cas de cession du fonds de commerce, nos 5500 s.

OBLIGATIONS DIVERSES

Adhésion à une association La clause d'un bail commercial faisant obligation au locataire d'**adhérer à une association de commerçants** d'un centre commercial et de maintenir son adhésion pendant la durée du bail est entachée d'une **nullité absolue** (Cass. 3e civ. 12-6-2003 no 02-10.778 : RJDA 10/03 no 971 ; Cass. 3e civ. 11-10-2018 no 17-23.211 F-PB : RJDA 2/19 no 73) et peut ouvrir droit à **indemnisation** (Cass. 1e civ. 27-9-2017 no 16-19.878 F-D : RJDA 1/18 no 40). Dès lors, le juge qui annule une telle clause ne peut pas refuser d'ordonner la restitution des prestations exécutées au motif que la nullité est fondée sur une atteinte à une liberté fondamentale (Cass. 3e civ. 23-11-2011 no 10-23.928 : RJDA 4/12 no 378 ; Cass. 1e civ. 12-7-2012 no 11-17.587 : RJDA 12/12 no 1046). **4659**

Mais est valable l'obligation d'adhérer à une société d'exploitation de services communs interentreprises imposée par le cahier des charges d'une zone d'aménagement concerté, peu important que la partie poursuivie en paiement de sa quote-part des frais de fonctionnement de la zone n'ait pas requis de services, car cette obligation déroge au principe de l'effet relatif des conventions (Cass. 3e civ. 26-6-2013 no 12-19.698 : RJDA 1/14 no 4).

Un tel litige porte sur la validité et l'exécution de l'engagement contenu dans le bail commercial au regard du statut des baux commerciaux, si bien qu'il relève de la compétence exclusive du tribunal judiciaire (Cass. com. 24-10-2019 no 18-20.838 F-D : RJDA 2/20 no 67).

Charge des honoraires de gestion Le bail peut mettre à la charge du **preneur** le remboursement au bailleur des honoraires de gestion que celui-ci doit à son mandataire (Cass. 3e civ. 20-6-2019 no 18-15.914 F-D). **4660**

C. Loyer

1. LOYER D'ORIGINE

Le loyer initial est fixé **librement** par accord des parties aussi bien dans son montant que dans ses modalités de paiement (Cass. civ. 2-10-1984 : Bull. civ. III p. 121). Le prix fixé par un tiers désigné par les parties est réputé résulter de l'accord des parties elles-mêmes (Cass. com. 8-5-1961 : Bull. civ. III p. 169 ; cf. Cass. civ. 5-2-1997 : RJDA 4/97 no 484). **4700**

Sur la nécessité d'un prix sérieux, no 12493 ; sur le loyer des locaux commerciaux avec local d'habitation, no 4030.

CLAUSES-RECETTES

Ces clauses prévoient que le loyer est déterminé par un pourcentage du **chiffre d'affaires** (rarement du bénéfice) réalisé par le locataire, avec ou non un minimum garanti assorti d'une indexation. Elles sont valables et échappent aux dispositions du statut tant pour la révision triennale du loyer (no 4768) que pour le loyer du bail renouvelé (no 5900). **4703**

PAS-DE-PORTE

Le pas-de-porte est une somme versée par le locataire au bailleur à la conclusion du bail. **4706**

Le pas-de-porte, au sens ici considéré, n'existe que si la somme est versée au bailleur lui-même, ce qui n'est pas le cas si elle est versée au cédant du fonds de commerce (Cass. 3e civ. 5-6-2002 : RJDA 8-9/02 no 864).

Cette somme est :

– soit un supplément de loyer payé d'avance (Cass. civ. 15-2-1995 : RJDA 4/95 no 410, validant la clause affirmant cette qualification) ;

– soit la contrepartie d'avantages commerciaux sans rapport avec le loyer, consentis par le bailleur (Cass. com. 14-11-1962 : JCP G 1963.II.12999 concl. Gégout).

Les juges doivent rechercher, dans chaque espèce, la commune intention des parties (Cass. civ. 12-10-1976 : Bull. civ. III p. 254 ; Cass. civ. 11-10-1978 : Bull. civ. III p. 242).

Le fractionnement du paiement est un élément permettant de qualifier le pas-de-porte de supplément de loyer (CA Paris 29-2-1980 : Loyers 1980 no 204 ; CA Paris 20-7-1983 : D. 1983.IR.488).

Le pas-de-porte versé au bailleur qui, concomitamment à la vente de l'immeuble qu'il acquiert, loue le local qui y est situé est nul pour défaut de cause, car l'immeuble ne subit alors aucune dépréciation, que le pas-de-porte est censé compenser (Cass. 3e civ. 15-1-2013 no 11-25.325 : PA 2013 no 171 p. 9 note Garaud).

La nature juridique du pas-de-porte a des incidences sur la production d'intérêts (n° 4715) et en cas de révision triennale (n° 4755), résiliation judiciaire (n° 5263), renouvellement du bail (nos 5951 s. et 6092), indemnité d'éviction (n° 6340), sous-location (n° 4979).

Depuis le début des années 1970, les locations nouvelles portant sur des locaux neufs sont couramment consenties **sans pas-de-porte.** C'est notamment le cas pour les bureaux, les locaux industriels, les locaux commerciaux situés dans les centres commerciaux et les galeries marchandes. Leur **loyer** est fixé selon les prix pratiqués sur le marché. Lors des révisions triennales ou du renouvellement, la valeur locative est établie en tenant compte du montant du loyer (CA Paris 16-1-1980 : Rev. loyers 1981.82 note Rémy et Pialoux ; CA Versailles 26-6-1984 : AJPI 1984.541 ; CA Douai 26-4-1984 : AJPI 1984.673 ; CA Toulouse 14-6-1984 : AJPI 1985.209).

INDEXATION

4709 Les clauses d'indexation (ou clauses d'échelle mobile) sont valables dans les conditions du droit commun (nos 50390 s.), que le bail soit ou non soumis au statut, sous réserve des précisions complémentaires ci-après.

N'est pas une clause d'indexation celle qui ne comporte aucune périodicité pour la variation du loyer quoiqu'elle précise le cas d'ouverture du droit à la variation et les paramètres de calcul de la variation (CA Nancy 9-4-2014 n° 13/02244 : JCP E 2014.1372 note Brignon). Mais en est une celle qui prévoit que « le loyer sera révisé tous les trois ans ».

1. La **période** de **variation de l'indice** choisi ne doit pas être supérieure à la durée s'écoulant entre chaque révision (C. mon. fin. art. L 112-1, al. 2).

La clause est valable si aucune distorsion n'existe entre l'intervalle de variation indiciaire et la durée s'écoulant entre deux révisions (Cass. 3e civ. 3-12-2014 n° 13-25.034 : RJDA 4/15 n° 240 ; sur l'existence d'une distorsion, Cass. 3e civ. 25-2-2016 n° 14-28.165 : RJDA 6/16 n° 424 ; Cass. 3e civ. 9-2-2017 n° 15-28.691 FS-PB ; Cass. 3e civ. 6-2-2020 n° 18-24.599 FS-PBI : RJDA 4/20 n° 202 ; CA Paris 20-1-2016 n° 13/17680 : JCP G 2016.1165 note Brignon ; sur l'absence d'une distorsion contractuelle : Cass. 3e civ. 13-9-2018 n° 17-19.525 FS-PBI : RJDA 11/18 n° 806). Une distorsion, même minime, invalide la clause, que le juge doit déclarer non écrite sans pouvoir apprécier la gravité de la distorsion (Cass. 3e civ. 17-5-2018 n° 17-11.635 FS-D : RJDA 7/18 n° 558). Mais seule la stipulation qui crée la distorsion prohibée est réputée non écrite et la clause qui prévoit un premier ajustement, illicite mais ponctuel, tenant à la prise d'effet du bail en cours d'année civile, tandis que les périodes de référence suivantes ont la même durée, est compatible avec l'article L 112-1 du Code monétaire et financier qui suppose une distorsion dans l'entier déroulement du contrat (Cass. 3e civ. 29-11-2018 n° 17-23.058 FS-PBRI : RJDA 2/19 n° 76 ; Cass. 3e civ. 6-2-2020 n° 18-24.599 précité).

Le loyer de comparaison est celui prévu par la clause ; il peut en être autrement en cas de révision judiciaire du loyer, lorsque celle-ci crée mécaniquement une distorsion entre la période contenue entre chaque révision et celle de variation de l'indice ; le juge peut alors adapter la clause d'indexation en fonction de la nouvelle échéance légale afin de mettre fin à la distorsion (Cass. 3e civ. 17-5-2018 n° 17-15.146 FS-PBI : RJDA 7/18 n° 559).

2. Pour les baux conclus ou renouvelés depuis le 1er septembre 2014 (Loi 2014-626 du 18-6-2014 art. 21, II), les parties peuvent encore **choisir** d'indexer le loyer sur l'indice de la construction (**ICC**) mais ce choix paraît peu opportun car cet indice ayant été supprimé comme indice de référence pour calculer la révision triennale légale ou le plafonnement du loyer du bail renouvelé, on se trouverait alors en présence d'un loyer indexé sur l'ICC, mais révisé et/ou plafonné selon l'indice trimestriel des loyers commerciaux (**ILC**) ou l'indice trimestriel des loyers des activités tertiaires (**Ilat**) (C. com. art. L 145-34, al. 1 ; art. L 145-38), ce qui pourrait être source de difficultés futures.

Il est impossible de considérer que les articles L 145-34 et L 145-38 du Code de commerce constituent une dérogation à l'article L 112-1 du Code monétaire et financier car cet article ne concerne que la détermination de la période de variation de l'indice et non la faculté de se référer à l'ICC.

Sur le plafonnement à 3,5 % de la variation annuelle de l'ILC prise en compte pour la révision du loyer applicable aux petites et moyennes entreprises, pour les trimestres compris entre le deuxième trimestre 2022 et le premier trimestre 2023, article 14 de la loi 2022-1158 du 16 août 2022 portant mesures d'urgence pour la protection du pouvoir d'achat.

Toutefois peuvent être indexés sur le **niveau général des prix** les loyers prévus par les conventions portant sur un local affecté à des activités commerciales ou artisanales (C. mon. fin. art. L 112-3, 9°, L 112-2, al. 1 et D 112-2, al. 1).

Cette indexation est mise en œuvre en utilisant l'indice des prix à la consommation pour l'ensemble des ménages, hors tabac, publié mensuellement par l'Insee ; peut être également utilisé l'indice harmonisé des prix à la consommation, hors tabac, de la zone euro calculé mensuellement par l'office statistique des Communautés européennes (devenues UE) à Luxembourg (Eurostat) et publié par l'agence France Trésor (C. mon. fin. art. D 112-1).

3. La référence à un indice illicite entraîne la **nullité** de la **clause,** mais non la nullité de l'ensemble du bail (Cass. civ. 14-6-1983 : Bull. civ. III p. 107), **même** si son existence a déterminé l'engagement des parties et si la clause est considérée comme **indivisible** avec le reste du bail ; en effet, en entraînant la nullité du contrat dans son entier, l'indivisibilité porte atteinte au principe du droit au renouvellement du bail protégé par le statut, car elle fait dépendre la validité du bail du maintien d'une clause d'indexation illicite, ce qui constitue une fraude à la loi (Cass. civ. 6-6-1972 : D. 1973.151 note Malaurie ; Cass. civ. 9-7-1973 : D. 1974.24).

Le **locataire** a droit à la **répétition** des paiements effectués sur le fondement de la clause illicite, le simple fait de régler des loyers sur la base de la clause illicite ne valant pas renonciation à réclamer le remboursement des sommes indûment versées (Cass. civ. 13-12-1978 : JCP G 1981.II.19494 note Boyer) ; mais le droit à répétition est déchu si les paiements ont été effectués en pleine connaissance de la nullité (Cass. civ. 12-6-1979 : JCP G 1981.II.19494 note Boyer).

4. Les parties qui veulent indexer leur loyer doivent, lorsqu'elles se réfèrent à l'indice du coût trimestriel publié par l'Insee, **déclarer expressément** cette intention afin d'éviter que ladite référence ne soit considérée comme le simple rappel des règles de la révision légale du loyer dans laquelle la variation de l'indice Insee n'est pas retenue pour calculer le loyer mais seulement pour fixer le montant maximal de la révision (nº 4755). À défaut de clause claire et précise (Cass. civ. 23-2-1982 : Rev. loyers 1982.250 ; Cass. civ. 28-10-1987 : GP 1988.pan.132), les juges doivent rechercher la commune intention des parties (Cass. civ. 10-1-1979 : D. 1979.IR.237).

5. L'**indexation** doit être **réciproque** et jouer tant à la hausse qu'à la baisse du loyer : est illicite la clause qui stipule que le loyer ne peut être révisé qu'à la hausse (Cass. 3e civ. 14-1-2016 nº 14-24.681 : RJDA 4/16 nº 261 ; Cass. 3e civ. 15-2-2018 nº 17-40.069 QPC ; Cass. 3e civ. 12-1-2022 nº 21-11.169 FS-B : RJDA 6/22 nº 327) ou qui prévoit un loyer plancher (Cass. 3e civ. 11-3-2021 nº 20-12.345 F-D : RJDA 5/21 nº 296).

6. Pour les baux soumis au statut, les effets de la clause d'indexation sont réglementés (nºs 4765 s.).

DÉPÔT DE GARANTIE

Il est d'usage que le bailleur exige du locataire le versement, au moment de la conclusion du contrat, d'une somme destinée à en garantir la bonne exécution. **4712**

Le dépôt de garantie constitue, même s'il est rajusté proportionnellement au loyer, une sûreté réelle, un gage avec dépossession qui a vocation à être restitué et il ne correspond pas à une modification de loyer (CA Versailles 3-5-2016 nº 14/06654 : RJDA 7/16 nº 514 som.).

Le locataire a droit au remboursement de cette somme en fin de jouissance après entière exécution de ses obligations ; il peut le demander même si le dépôt de garantie a été versé par un tiers, sauf stipulation contraire expresse (Cass. 3e civ. 7-4-2010 nº 08-21.844 : RJDA 7/10 nº 721).

Les parties doivent clairement fixer les conditions dans lesquelles le dépôt restera acquis au bailleur, les juges devant à défaut interpréter leur volonté. Par exemple, jugé que le dépôt était acquis au bailleur en présence d'une clause prévoyant qu'il en serait ainsi en cas de résiliation pour une cause quelconque, à titre de dommages-intérêts, même si le bail avait été résilié à l'amiable, dès lors que cette résiliation n'avait pas entraîné novation de la clause et que le coût de la remise en état des lieux était d'un montant supérieur à celui du dépôt (CA Paris 21-4-1988 : D. 1988.IR.138) ou en cas de départ du locataire qui s'était engagé à acheter l'immeuble qu'il louait au cas où le bailleur voudrait vendre, dès lors qu'il était constaté que le locataire avait vendu son fonds de commerce et était parti (Cass. civ. 22-2-1994 : RJDA 7/94 nº 781 som.).

La clause qui attribue au bailleur, à titre d'indemnité forfaitaire, le dépôt de garantie en cas de résiliation du fait du preneur n'est pas une pénalité ; le preneur en est tenu sauf s'il prouve qu'il bénéficie d'une cause d'exonération, telle une cause étrangère (Cass. 3e civ. 7-11-2001 : RJDA 2/02 nº 132 ; CA Paris 4-12-1998 : GP 1999.som.385 obs. Brault). Quant au bailleur, il ne peut en bénéficier qu'en justifiant des sommes lui restant dues (Cass. 3e civ. 15-2-2012 nº 11-13.014 : RJDA 5/12 nº 478).

Le **montant du dépôt** est fixé librement par les parties, généralement à six mois de loyer si celui-ci est payable trimestriellement à terme échu, trois mois quand le loyer est payable trimestriellement d'avance.

Il est stipulé dans la plupart des contrats que la somme déposée en garantie n'est pas **productive d'intérêts.** Toutefois, lorsque le statut est applicable, le dépôt porte obligatoirement intérêt dès qu'il excède deux termes de loyer (nº 4715).

En cas de **vente de l'immeuble loué,** c'est au bailleur originaire, et non à l'acquéreur, de procéder à la restitution du dépôt de garantie (Cass. 3e civ. 1-4-2003 nº 467 : RJDA 7/03 nº 691 ; CA Versailles 3-4-2003 nº 01-2377 : Bull. inf. C. cass. 2003 nº 1549). N'étant pas partie à la vente, le locataire ne peut pas être contraint, en vertu d'une clause du contrat de vente transmettant le dépôt de garantie à l'acquéreur, de réclamer paiement du dépôt à ce dernier (Cass. civ. 18-1-1983 nº 81-15.516 : Bull. civ. III nº 14). Dans le silence de l'acte de vente sur le sort du dépôt, l'acquéreur n'est pas tenu à la restitution du dépôt de garantie, lequel incombe au bailleur originaire (Cass. 3e civ. 28-6-2018 nº 17-18.100 F-D : RJDA 11/18 nº 803) mais il ne peut pas exiger du preneur le versement d'un nouveau dépôt car il s'est trouvé, par l'effet de la vente, substitué au bailleur initial pour l'intégralité des clauses du contrat de bail et de ses accessoires (Cass. 3e civ. 26-3-2014 n° 13-10.698 : Bull. civ. III n° 41).

En cas de **cession du bail,** le locataire cédant a le droit de demander au bailleur la restitution du dépôt de garantie (Cass. com. 5-2-2008 n° 07-11.010 : RJDA 6/08 n° 691). Si le locataire est sous procédure collective, le dépôt de garantie est compensé avec la dette de loyer du locataire débiteur en tant que créances connexes (TGI Paris 20-1-2015 n° 14/15133 : RTD com. 2015.47 obs. Kendérian) et, si le bail est cédé en vertu d'un plan de cession, le cessionnaire doit verser au bailleur le dépôt prévu au bail, la restitution du dépôt initial revenant à la procédure collective (Cass. com. 16-9-2008 n° 06-17.809 : JCP E 2008.2465 note Brault).

INTÉRÊTS DES LOYERS PAYÉS D'AVANCE

4715 Les loyers des baux soumis au statut, payés d'avance, sous quelque forme que ce soit, et même à titre de garantie, portent intérêt au profit du locataire, au taux pratiqué par la Banque de France pour les avances sur titres, pour les sommes excédant l'équivalent de deux termes de loyers (C. com. art. L 145-40).

Applicable aux loyers payés d'avance, « sous quelque forme que ce soit », cette disposition s'applique au **pas-de-porte** dès lors que ce dernier constitue un supplément de loyer (n° 4706) et au **dépôt de garantie** (n° 4712).

CAUTIONNEMENT

4718 Le paiement des loyers est souvent garanti par un cautionnement dont il est recommandé aux parties de déterminer strictement le **sort** en cas de prolongation ou de renouvellement du bail (nos 5335 et 5800).

En cas de **cession du bail,** le cédant est généralement appelé à se porter garant du cessionnaire (n° 5053).

Sauf stipulation contraire, en cas de **vente de l'immeuble,** le cautionnement garantissant le paiement de loyers est transmis de plein droit au nouveau propriétaire en tant qu'accessoire de la créance de loyers cédée à l'acquéreur (Cass. ass. plén. 6-12-2004 n° 520 : RJDA 4/05 n° 458).

DIMINUTION DU LOYER POUR PERTE PARTIELLE DE LA CHOSE LOUÉE

4721 Le locataire a la faculté de demander la diminution du loyer si la chose louée vient à être partiellement détruite au cours du bail (C. civ. art. 1722). Est aussi une perte partielle justifiant une diminution du loyer l'arrêt de la fourniture d'eau courante en cours de location (Cass. 3e civ. 17-6-1980 n° 79-10.049 : Bull. civ. III n° 116).

Sur la possibilité pour le locataire de choisir la résiliation du bail plutôt que la diminution du loyer, n° 5210.

2. RÉVISION LÉGALE DU LOYER

4740 Le loyer de baux régis par le statut, renouvelés ou non, peut être révisé, à la demande de l'une ou de l'autre des parties, tous les trois ans ou, si le loyer est indexé, chaque fois que le jeu de la clause d'échelle mobile a provoqué une variation de plus d'un quart par rapport au loyer précédent (C. com. art. L 145-37 et 145-39).

Les dispositions susvisées sont applicables aux locaux à usage de bureaux, ceux-ci étant soumis au statut (Cass. civ. 30-5-2001 : RJDA 8-9/01 n° 853) mais non aux baux exclus du statut, tels les baux emphytéotiques (Cass. 3e civ. 19-2-2014 n° 12-19.270 : RJDA 5/14 n° 419).

Toute **clause contraire** à l'une ou l'autre de ces dispositions est **réputée non écrite** (C. com. art. L 145-15).

Est une clause **contraire** celle prévoyant que : le loyer serait fixé lors de la première révision triennale à la valeur locative alors que l'article L 145-38 du Code de commerce instaure un plafonnement (Cass. civ. 14-6-1983 : Bull. civ. III p. 107) ; en cas de cession, le loyer sera révisable sans attendre l'expiration de la période triennale en cours et le nouveau prix fixé en fonction du cours des loyers du moment (Cass. civ. 27-10-1983 : D. 1984.IR.73) ; une partie a renoncé au droit de demander la révision (Cass. civ. 2-7-1986 : JCP G 1986.IV.265 ; CA Toulouse 5-12-2018 n° 17/00509 : GP 2019 n° 11 p. 85 note Chastagnier) ; le loyer ne variera qu'à la hausse (Cass. 3e civ. 30-3-2017 n° 16-13.914 FS-PB : RJDA 6/17 n° 393) ; le loyer ne pourra pas être inférieur au loyer de base (Cass. 3e civ. 11-3-2021 n° 20-12.345 F-D : RJDA 5/21 n° 296).

La clause d'indexation illicite est réputée non écrite dans son entier si la stipulation illicite est indivisible avec le reste de la clause (Cass. 3e civ. 30-6-2021 n° 19-23.038 FP-BC : RJDA 10/21 n° 640, 1e esp. ; Cass. 3e civ. 12-1-2022 n° 21-11.169 FS-B : RJDA 6/22 n° 327 ; Cass. 3e civ. 28-9-2022 n° 21-25.507 F-D) ; en l'absence d'indivisibilité, seule la stipulation illégale est réputée non écrite (mêmes arrêts).

Mais est **valable** la clause par laquelle les parties conviennent librement de pratiquer une augmentation forfaitaire du loyer annuel de 4,5 % par an, indépendamment des prescriptions liées à la révision ou à l'indexation. (Cass. 3e civ. 22-6-2022 n° 21-16.042 FD : RJDA 1/23 n° 6).

Mais les parties peuvent valablement **déroger** aux dispositions légales **après** la conclusion du bail, de leur commun accord (Cass. 3e civ. 26-5-2016 no 15-11.307 : RJDA 8-9/16 no 596 : en l'absence d'une clause d'échelle mobile ; CA Colmar 4-7-2012 no 11/02844 : JCP E 2012.1590 note Dannenberger : en présence d'une clause d'échelle mobile même incluse dans le bail).

Le bailleur peut demander l'attribution d'une provision sur les loyers impayés même s'il remplit les conditions pour bénéficier de la révision du montant du loyer, le dépassement du seuil de plus d'un quart du loyer étant sans incidence sur le montant des loyers dus antérieurement à la demande de révision (Cass. 3e civ. 10-9-2020 no 19-11.345 F-D).

RÉVISION TRIENNALE EN L'ABSENCE D'INDEXATION

Demande de la révision La révision **doit** être **demandée** par l'une des parties selon les règles ci-après (C. com. art. L 145-38). **4743**

Sur la possibilité pour un créancier du bailleur de demander par l'action oblique la révision triennale du loyer de l'immeuble loué et saisi, no 53903.

Les litiges nés de l'application de l'article L 145-38 peuvent être soumis à une commission départementale de conciliation (C. com. art. L 145-35).

1. Forme de la demande. La demande doit être formée par acte extrajudiciaire ou par lettre recommandée avec demande d'avis de réception (C. com. art. R 145-20, al. 2). **4746**

Une lettre simple ne produit effet que si le locataire reconnaît l'avoir reçue et si l'inobservation des formes légales ne lui a pas porté préjudice (CA Paris 30-6-1971 : Ann. loyers 1972.1629).

Elle est généralement notifiée à l'adresse des lieux loués.

La demande doit, **à peine de nullité,** préciser le montant du loyer demandé ou offert (C. com. art. R 145-20, al. 1). La seule manifestation de la volonté de voir le loyer révisé est nulle (Cass. civ. 12-10-1976 : Rev. loyers 1977.43).

Il n'est pas nécessaire que le montant demandé ou offert soit chiffré avec exactitude. Il suffit que la demande comporte les éléments permettant de déterminer le loyer futur, par exemple par référence au taux de variation de l'indice trimestriel du coût de la construction publié par l'Insee (CA Paris 27-4-1977 : JCP G 1977.II.18765 note Boccara ; CA Paris 16-4-1985 : Loyers 1985 no 301).

Lorsque le montant est fixé de manière précise dans la demande, il peut être modifié tant qu'il n'a pas été accepté par l'autre partie (Cass. civ. 30-6-1971 : Bull. civ. III p. 294).

2. Délai et date de la demande. La demande de révision ne peut être formée **que tous les trois ans** accomplis : le délai court à compter de l'entrée en jouissance du locataire ou du point de départ du bail renouvelé (C. com. art. L 145-38, al. 1) **4749**

La date d'entrée en jouissance est celle que précise le bail, sans qu'il y ait à tenir compte du fait que le locataire aurait pris possession des lieux avant cette date (Cass. com. 28-6-1960 : Bull. III no 259) ni de la date de signature du bail à renouveler dès lors que la demande de révision, quoique antérieure à celle-ci, a été formulée plus de trois ans après l'entrée en vigueur dudit bail (Cass. 3e civ. 19-5-1971 no 70-11.174 : Bull. civ. III no 322).

En cas de renouvellement du bail, le délai court à compter de la date de renouvellement du bail même lorsque, en raison du retard apporté par le bailleur à proposer un nouveau loyer, la date d'exigibilité du loyer renouvelé a été reportée (Cass. 3e civ. 8-9-2016 no 15-17.485).

De nouvelles demandes peuvent être formées tous les trois ans à compter du jour où le nouveau prix a été appliqué (C. com. art. L 145-38, al. 2 ; Cass. civ. 11-6-1985 : Loyers 1985 no 344), même si la révision n'a pas été demandée au terme d'une première période de trois ans ; aucune disposition législative n'instaure de forclusion et n'empêche de tenir compte de l'évolution des facteurs de révision sur une période supérieure à trois ans, par exemple de six ans (CA Paris 21-9-1982 : Loyers 1982 no 394).

Le délai de trois ans expire le jour de la troisième année portant le même quantième que le jour du point de départ du délai : pour un bail révisé à compter du 1er décembre 1979, ce jour est le 1er décembre 1982 et une demande en révision ne peut être valablement formée avant le 2 décembre 1982 (Cass. civ. 23-2-1994 : RJDA 6/94 no 628, faisant application de l'art. 641, al. 2 CPC).

Une révision conventionnelle intervenue moins de trois ans après l'entrée en jouissance ou depuis la dernière révision ouvre un nouveau délai à partir du jour où le prix convenu a été effectivement appliqué (Cass. civ. 21-1-1981 : Quot. jur. 6-3-1982), mais non le nouveau prix résultant de la révision automatique du loyer en cours de bail par le jeu d'une clause d'échelle mobile (CA Paris 2-5-2001 : GP 2001.1168 note Brault).

La demande peut être formée alors que le loyer à réviser n'est pas encore, par suite de renouvellement, définitivement fixé (Cass. civ. 10-11-1982 : Bull. civ. III p. 163) ; cette action doit même être exercée dans le délai de deux ans pour éviter la **prescription** (même arrêt), qui court du jour où la lettre contenant la demande de révision a été expédiée et non de la date à laquelle le locataire a eu effectivement connaissance du contenu de cette lettre (Cass. civ. 7-11-1990 : RJDA 2/91 no 94) ni de la date d'entrée en vigueur du bail renouvelé (Cass. civ. 13-2-2002 : RJDA 5/02 n° 483). Sur la prescription biennale, nos 6818 s.

4752 **Montant du loyer révisé** Le montant du loyer ne peut pas dépasser le plafond légal ou être inférieur au plancher légal, sauf modification des facteurs locaux de commercialité.

En aucun cas, il ne peut excéder les limites fixées par les prétentions des parties, sauf si, depuis lors, les parties ont notifié de nouvelles prétentions ; le loyer qui, alors, excéderait les limites fixées par leurs prétentions originaires, ne prendrait effet qu'à compter de la date de la notification (cf. C. com. art. R 145-21 ; Cass. civ. 10-5-1991 : Bull. civ. III p. 77 : à propos du renouvellement mais transposable).

4755 **1. Cantonnement de la révision.** La majoration ou la diminution du loyer révisé ne peut excéder la variation de l'indice trimestriel des loyers commerciaux ou de l'indice trimestriel des loyers des activités tertiaires mentionnés aux premier et deuxième alinéas de l'article L 112-2 du Code monétaire et financier, intervenue depuis la dernière fixation amiable ou judiciaire du loyer ; cette règle s'applique quelle que soit la variation en hausse ou en baisse de la valeur locative, à la seule exception des cas visés au n° 4758 (C. com. art. L 145-38, al. 3) ; hors ces cas, la variation du loyer ne peut pas être calculée en fonction de la valeur locative et, partant, conduire à un loyer inférieur à celui résultant de la dernière fixation (Cass. 3e civ. 11-7-2007 n° 06-12.888 : RJDA 11/07 n° 1065) ; mais le loyer révisé doit être fixé en fonction de la valeur locative lorsque celle-ci est supérieure au loyer en cours et inférieure au montant résultant de la variation de l'indice (Cass. 3e civ. 6-2-2008 n° 06-21.983 : RJDA 5/08 n° 494, D. 2008.479.som. obs. Rouquet).

Il peut être prévu dans le contrat une variation du loyer inférieure à celle de l'indice, seules étant prohibées les modifications excédant la variation de l'indice (Cass. civ. 18-12-1985 n° 84-15.827 : Bull. civ. III n° 168).

Lorsque le **pas-de-porte** s'analyse dans l'intention des parties comme un supplément de loyer (n° 4706), une fraction de son montant doit, à notre avis, être comprise dans le loyer d'origine pour maintenir la correspondance avec la valeur locative (en ce sens pour le plafonnement du loyer du bail renouvelé, Cass. civ. 11-10-1978 : Bull. civ. III p. 242).

S'il n'a pas été demandé de pas-de-porte à l'origine du bail, les juges peuvent fixer le loyer révisé en tenant compte de l'absence de pas-de-porte lors de la conclusion du bail (Cass. 3e civ. 2-10-2002 n° 1445 : RJDA 12/02 n° 1242, retenant les prix pratiqués dans le voisinage pour des locations sans pas-de-porte).

Lorsque le bail est assorti contractuellement de **paliers d'augmentation,** le calcul de la révision doit se faire sans en tenir compte en se fondant sur le loyer au jour de la prise d'effet du bail (Cass. civ. 14-5-1980 : Rev. loyers 1980.377) et en respectant la règle de la variation à la hausse et à la baisse et celle (C. mon. fin. art. L 112-1, al. 2) interdisant la prise en compte d'une période de variation de l'indice supérieure à la durée s'écoulant entre chaque révision (Cass. 3e civ. 9-2-2017 n° 15-26.200 F-D : JCP E 2017.1338 n° 15 obs. Regnault).

4758 **2. Élargissement de la révision.** La variation du loyer peut dépasser la limite ci-dessus indiquée n° 4755 dans les cas suivants.

a. La limitation ne joue pas lorsque les **facteurs locaux de commercialité** ont subi une **modification matérielle** ayant entraîné une variation de **plus de 10 %** de la valeur locative ; cette variation ne peut pas conduire à des augmentations supérieures, pour une année, à 10 % du loyer acquitté au cours de l'année précédente (C. com. art. L 145-38, al. 3).

Sur la consistance des facteurs locaux de commercialité, n° 6021.

Par suite :

– la variation est écartée si la modification invoquée n'est pas matérielle (CA Paris 26-5-1999 : RJDA 10/99 n° 1051), tel par exemple l'abandon d'un projet de travaux (CA Paris 8-12-1970 : Ann. loyers 1971.1090) ou la modification, en faveur d'entreprises concurrentes, de conventions auxquelles le bailleur et le locataire sont tiers (Cass. 3e civ. 25-10-2018 n° 17-22.129 FS-PBI : RJDA 1/19 n° 3) ;

– le demandeur (le bailleur en cas de variation à la hausse, le preneur en cas de variation à la baisse) doit prouver que la modification des facteurs locaux de commercialité est la cause de la variation de la valeur locative ;

L'implantation de constructions nouvelles entraînant une augmentation de la population ou une modification de ses caractéristiques constitue le motif le plus fréquent de déplafonnement (CA Bourges 18-11-1986 : Loyers 1987 n° 185 ; CA Paris 11-10-1988 : D. 1988.IR.250). La désertification d'un quartier entraîne, en revanche, un abaissement du loyer au-dessous du seuil résultant de la variation de l'indice (CA Paris 29-1-1999 : GP 1999.som.390 obs. Brault).

– la modification des facteurs locaux de commercialité doit présenter un intérêt pour l'activité exercée dans les lieux par le locataire, les juges devant, au besoin d'office, procéder à cette recherche (Cass. 3e civ. 7-4-2004 n° 02-17.946 : RJDA 7/04 n° 796).

b. Le plafonnement est aussi exclu en cas de **déspécialisation** (n° 4892).

3. Date d'effet du loyer révisé. La révision du loyer prend effet à compter de la date de la demande en révision (C. com. art. L 145-38, al. 1 et R 145-20, al. 3). Les juges ne peuvent pas retenir la date de l'assignation en fixation du loyer révisé (Cass. civ. 29-4-1998 : RJDA 6/98 n° 689). **4761**

Jusqu'à l'entrée en vigueur du prix révisé, le locataire est tenu de continuer à payer les loyers échus au prix ancien ou, le cas échéant, au prix qui peut, en tout état de cause, être fixé à titre provisionnel par la juridiction saisie, sauf compte à faire entre le bailleur et le locataire, après fixation définitive du prix du loyer (C. com. art. L 145-57, al. 1).

Les intérêts moratoires courent par le seul effet de la loi, même s'ils n'ont pas été expressément demandés (Cass. civ. 20-3-1969 : JCP G 1970.II.16200 obs. Boccara). Ils sont dus à compter de la mise en demeure du locataire (C. civ. art. 1231-6).

RÉVISION DES BAUX ASSORTIS D'UNE CLAUSE D'INDEXATION

La révision peut être demandée **chaque fois** que, par le jeu d'une clause d'indexation, le loyer se trouve augmenté ou diminué de plus d'un quart par rapport au prix précédemment fixé contractuellement ou par décision judiciaire (C. com. art. L 145-39). L'existence d'une clause d'échelle mobile ne fait pas obstacle à la révision triennale du loyer (Cass. civ. 16-12-1998 : RJDA 2/99 n° 150). **4765**

En cas de doute sur la volonté des parties en raison d'une contradiction du bail visant, d'une part, la « révision » dans une clause se référant à la révision triennale et, d'autre part, la « révision indexée » dans une autre clause, c'est la résiliation triennale qui s'applique dès lors qu'elle est plus favorable au preneur (CA Paris 8-3-1988 : Rev. loyers 1988.425, appliquant l'ex-art. 1162 du Code civil devenu art. 1190).

Champ d'application Le contrôle de la variation n'est applicable qu'aux clauses d'indexation, à savoir celles faisant varier le loyer en fonction d'un indice, car il en résulte une automaticité des majorations ou diminutions du loyer (Cass. civ. 20-7-1994 : GP 1995.382 note Barbier). **4768**

Les clauses-recettes (n° 4703) ne sont pas des clauses d'indexation (Cass. 3e civ. 5-3-2013 n° 11-28.461 : RJDA 2/14 n° 89).

Mais seule l'indexation expressément consentie peut être invoquée ; à défaut, elle est indue et doit être, le cas échéant, restituée dans les limites de la prescription biennale comptée à rebours du jour de la demande (cf. nos 50350 et 54202).

Conditions Dès lors que l'indexation a été fixée selon les règles exposées au n° 4709, la révision est admise dans les conditions ci-après. **4771**

Il faut - et il suffit - que le **loyer** ait varié par le jeu de la clause d'indexation, en hausse ou en baisse, de **plus du quart** par rapport au prix précédemment fixé (C. com. art. L 145-39 ; Cass. 3e civ. 10-9-2020 n° 19-17.139 F-D : RJDA 2/21 n° 78, réputant intégralement non écrite la clause faisant de l'exclusion de la variation à la baisse un élément essentiel). N'étant pas un loyer, la taxe foncière ne peut pas lui être ajoutée pour établir le taux de la variation (Cass. 3e civ. 3-5-2012 n° 11-13.448 : RJDA 7/12 n° 646) ni le pas-de-porte, distinct d'un supplément de loyer (CA Paris 27-2-2013 n° 11/00683 : Loyers 2013 n° 246 obs. P.-H. B. ; sur la qualification de loyer, n° 4706).

La **base de comparaison** pour apprécier la variation est le loyer fixé contractuellement lors du contrat initial ou dans un avenant intervenu au cours du bail, hors indexation (Cass. 3e civ. 9-7-2014 n° 13-22.562 : RJDA 11/14 n° 830, se référant au dernier prix fixé par « l'accord » des parties et écartant le prix indexé fixé par l'avenant retenu par la cour d'appel). Lorsque le loyer a déjà fait l'objet d'une révision, le loyer servant de référence est celui résultant d'une précédente révision amiable par avenant (Cass. 3e civ. 17-3-2016 n° 14-26.009 : RJDA 5/16 n° 354 ; CA Versailles 21-5-2013 n° 11/08933 : GP 2013.som.2460 note Brault) ou judiciaire (Cass. com. 20-11-1962 : Bull. civ. III n° 468 ; Cass. 3e civ. 16-12-1992 : GP 1993.309), mais non le loyer résultant du jeu de la clause elle-même (Cass. 3e civ. 9-7-2014 précité ; CA Paris 13-6-1985 : Loyers 1985 n° 346).

Dans le cas où, faute de réponse du bailleur à la demande de renouvellement du locataire, le bail est renouvelé aux mêmes clauses et conditions que le bail expiré, le loyer à prendre en considération pour apprécier la variation de plus d'un quart est le loyer du bail renouvelé (Cass. 3e civ. 15-12-2016 n° 15-23.069 FS-PB : RJDA 4/17 n° 227).

Pour vérifier l'existence d'une évolution de plus du quart, le loyer de référence doit être comparé au loyer obtenu par le jeu de la clause d'indexation et non au loyer effectivement payé (Cass. 3e civ. 15-12-2016 n° 15-27.148 FS-PB : RJDA 4/17 n° 226).

La révision doit être demandée (C. com. art. L 145-39 ; CA Paris 17-10-1989 : D. 1989.IR.282). Elle peut l'être sous forme d'un moyen de défense à une demande en paiement de loyers, sans avoir recours aux règles de procédure spéciales (n° 6810) de l'action en fixation du loyer (CA Paris 13-7-1984 : D. 1984.IR.401).

Mise en œuvre La variation du loyer ne peut conduire à des augmentations supérieures, pour une année, à 10 % du loyer acquitté au cours de l'année précédente (C. com. art. L 145-39). **4774**

Le loyer révisé est dû à compter de la demande (C. com. art. R 145-20, al. 3). Pour l'application ultérieure de la clause d'échelle mobile, l'indice de base à retenir est celui publié à la date de la demande de révision (Cass. civ. 12-2-1985 : Bull. civ. III p. 21). En cas de disparition de cet indice, il est fait application de l'indice de substitution si les parties en ont prévu un, soit directement, soit en organisant dans le bail une procédure destinée à fixer un autre indice, par exemple par l'intervention d'un tiers (Cass. civ. 9-10-1984 : Bull. civ. III p. 126).

S'il s'avère **impossible** de calculer la variation devant résulter de la clause d'échelle mobile, et que les parties n'ont rien prévu pour pallier cette difficulté, la révision triennale est applicable (cf. C. com. art. R 145-22, al. 3 ; CA Nîmes 24-7-1991 : JCP G 1992.IV.5390).

Les parties peuvent **renoncer** à se prévaloir de la révision consécutive à une indexation une fois ce droit acquis, c'est-à-dire après le constat d'une augmentation du loyer de plus d'un quart par le jeu de la clause d'échelle mobile (Cass. 3e civ. 30-3-2017 n° 16-13.914 FS-PB : RJDA 6/17 n° 393).

La renonciation ne résulte pas du fait que le bailleur ne s'est pas prévalu de l'indexation pendant plusieurs années (Cass. civ. 26-1-1994 : Bull. civ. III p. 7).

Si l'application de la clause d'indexation n'a pas été réclamée, le bailleur ne peut poursuivre le rappel de loyer que pour cinq années antérieures à sa réclamation, les années au-delà étant prescrites ; il peut calculer le montant rappelé sur la base de la mise en œuvre théorique de la clause d'indexation depuis la prise d'effet du contrat (cf. Cass. 3e civ. 18-9-2007 n° 06-14.814 F-D : à propos d'un bail d'habitation mais transposable à défaut de disposition du statut contraire, sur ce point, au droit commun).

D. Destination des lieux et déspécialisation

1. DESTINATION CONTRACTUELLE DES LIEUX

APPLICATION DE LA CLAUSE

4850 Le locataire ne peut exercer dans les lieux loués que l'**activité prévue** au bail (Cass. ass. plén. 3-5-1956 : JCP G 1956.II.9345). Cette activité peut être commerciale dès lors que celle prévue au bail est commerciale (CA Agen 2-5-2007 n° 06-01203 : Bull. inf. C. cass. 2007 n° 2450), peu important qu'elle n'ait en réalité jamais été exercée en fait (Cass. 3e civ. 7-7-1993 : RJDA 11/93 n° 877).

Sur le sens à donner aux termes du bail désignant cette activité, jugé que : le commerce d'alimentation générale comprend la vente de vins, d'alcools, de fruits et de légumes (CA Paris 10-3-1981 : Loyers 1981 n° 227) ; le commerce d'alimentation générale et de restauration permet la vente à emporter ou en ligne (CA Paris 17-2-2021 n° 18/07905 : RJDA 6/21 n° 373) ; l'autorisation de vendre des articles textiles n'interdit pas la vente de vêtements de confection (Cass. civ. 25-1-1978 : Bull. civ. III p. 42) ; la boucherie-charcuterie inclut la préparation et la vente de plats cuisinés (CA Aix-en-Provence 4-3-1982 : Rev. loyers 1983.329 ; CA Bourges 18-11-1986 : Loyers 1987 n° 185) sous réserve que les juges du fond s'appuient sur des usages commerciaux et pas seulement sur la composition des plats cuisinés (Cass. 3e civ. 22-10-2015 n° 14-18.670) ; les stations-service peuvent vendre des denrées alimentaires et des boissons (CA Versailles 21-2-1991 : JCP E 1991.1302) ; l'activité de boulangerie-pâtisserie couvre le dépôt-vente de produits de cette activité, à défaut de stipulations particulières imposant la fabrication artisanale et la vente dans le même local (Cass. 3e civ. 27-6-2007 n° 05-15.456 : RJDA 12/07 n° 1195 ; contra Cass. civ. 30-11-1976 : Rev. loyers 1977.145 et CA Versailles 8-10-1982 : AJPI 1983.731, pour lesquels le commerce de boulangerie implique la fabrication du pain dans les lieux loués), et la vente de sandwichs et quiches (CA Rennes 6-1-2021 n° 17/06090).

Le sens des termes utilisés par le bail peut être actualisé lorsque les usages commerciaux ont fait évoluer leur signification : ainsi, l'ancienne expression « marchand de vin, cafetier » autorise l'ouverture d'un buffet froid ou chaud (CA Paris 20-11-1973 : Rev. loyers 1974.273 ; CA Paris 5-1-1993 : D. 1993.IR.121) et celle de « commerce de surgelés », la vente de produits frais (CA Versailles 28-10-1988 : GP 1989.som.122).

Il ne peut exercer une **activité différente** qu'avec **l'autorisation du bailleur,** laquelle est requise dès lors que l'activité exercée n'est pas conforme à celle prévue au bail, car le changement s'apprécie en fonction de la destination que les parties ont entendu donner à la location lors de la conclusion du bail et non par rapport à l'usage qu'en fait le locataire (CA Rouen 27-9-1995).

Cet accord est requis en cas de : suppression d'une activité de fabrication dans un local loué pour un « commerce de confection » (CA Paris 15-1-1991 : RJDA 3/91 n° 195) ; adjonction à la vente d'articles de photo-cinéma de l'exercice de l'art et de l'industrie cinématographiques et de la projection de films dans des salles spécialisées ouvertes au public, mais non pour la vente de vidéocassettes (CA Paris 12-7-1982 : Rev. loyers 1983.89) ; exercice de l'activité de piano-bar et de karaoké alors que le bail prévoit une activité d'hôtel meublé (Cass. civ. 17-7-1996 : RJDA 11/96 n° 1304).

Lorsque le local donné à bail est inclus dans une copropriété autorisant une destination mixte (commerciale et habitation) et que l'activité nouvelle n'a pas causé un trouble au copropriétaire qui la conteste, le changement d'activité peut être opéré librement (Cass. 3e civ. 24-3-2015 n° 13-25.528 : RJDA 10/15 n° 637 : de la boulangerie à la restauration).

Le propriétaire peut se prévaloir de la modification décidée par le gérant libre introduit dans les lieux par le locataire (Cass. civ. 27-6-1990 : Bull. civ. III p. 88).

MODIFICATION PAR ACCORD DES PARTIES

L'accord du bailleur à la modification contractuelle des lieux ne peut se déduire d'une attitude purement passive ou d'une simple **tolérance** de l'usage fait de la chose louée par le locataire (Cass. ass. plén. 3-3-1956 : GP 1956.1.394 ; Cass. 3e civ. 5-6-2002 no 974 : RJDA 8-9/02 no 862 ; CA Versailles 13-11-2014 no 13/03066 : RJDA 4/15 no 236 som.). Il faut des actes positifs manifestant de manière non équivoque la volonté du bailleur. **4853**

Il en est ainsi lorsque le bailleur invoque l'extension d'activité dans une demande de révision (Cass. civ. 10-10-1979 : Loyers 1980 no 41) ou pour justifier une demande d'augmentation du loyer ou encore lorsqu'il achète au locataire les produits vendus dans le cadre de la nouvelle activité (Cass. civ. 3-12-1974 : Bull. civ. III p. 347).

Il est recommandé d'établir un avenant et de l'enregistrer, s'il ne revêt pas une forme authentique, afin de lui conférer date certaine et de rendre le changement d'activité opposable aux tiers, notamment à l'acquéreur de l'immeuble. En outre, si le changement d'activité intervient moins de trois ans avant l'expiration du bail, le locataire doit obtenir du bailleur, au moment du changement d'activité, un engagement de renouvellement du bail s'il ne veut pas courir le risque de perdre le droit au renouvellement ou à indemnité d'éviction (nos 5609 s.).

SANCTIONS

L'exercice d'une activité irrégulière peut donner lieu à : **4856**

– déplafonnement en cas d'acceptation par le bailleur du renouvellement du bail (Cass. 3e civ. 13-3-2002 : RJDA 6/02 no 607) ;

– la **résiliation judiciaire** du bail, les juges disposant d'un pouvoir d'appréciation de la gravité du manquement aux obligations du bail (Cass. civ. 8-11-1977 : Rev. loyers 1978.197 ; CA Paris 13-12-1990 : RJDA 2/91 no 98 ; CA Versailles 9-3-2010 no 09-226 : RJDA 7/10 no 715 som. ; CA Paris 17-4-2019 no 17/05683 : RJDA 5/20 no 261 ; pour un refus, CA Versailles 12-10-1989 : GP 1990.som.700) ;

– l'application d'une clause **résolutoire de plein droit** si la clause sanctionne le changement irrégulier de destination sous réserve de la suspension de son effet accordée par le juge (nos 5226 s.) ;

– le **refus de renouvellement** sans indemnité d'éviction en fin de bail (no 6459) ;

– l'allocation de **dommages-intérêts** au bailleur s'il a subi un préjudice, conformément au droit commun (no 15000).

Lorsqu'une activité non autorisée par le bail a été exercée, le locataire ne peut **pas régulariser** l'extension irrégulière en introduisant une demande de déspécialisation (Cass. civ. 9-1-1985 : Loyers 1985 no 222).

2. DÉSPÉCIALISATION

Le locataire peut modifier son activité soit partiellement, soit totalement, selon une procédure dite « déspécialisation », même en cas de refus du bailleur (C. com. art. L 145-47 s.). **4860**

Toute clause contraire à ces règles est réputée non écrite (C. com. art. L 145-15 ; sur un exemple de clause contraire, Cass. com. 11-6-1991 : RJDA 7/91 no 572).

Des textes spéciaux autorisent la transformation des débits de boissons (CSP art. L 3331-6).

DÉSPÉCIALISATION PARTIELLE

Le locataire peut adjoindre à l'activité prévue au bail des activités connexes ou complémentaires (C. com. art. L 145-47). **4863**

Notion d'activité connexe ou complémentaire Le caractère connexe ou complémentaire s'apprécie par rapport à l'activité prévue au bail. L'activité envisagée doit laisser subsister le **commerce ancien,** mais elle peut être **prépondérante** par rapport à celui-ci (Cass. civ. 24-10-1984 : Bull. civ. III p. 136). **4866**

L'activité prévue au bail est celle en vigueur au moment de la notification au propriétaire de l'intention du preneur de procéder à une déspécialisation ; il ne saurait s'agir en effet de l'activité d'origine, car celle-ci a pu être modifiée soit par accord des parties, soit à la suite d'une précédente déspécialisation (CA Paris 21-2-1980 : Loyers 1980 no 206).

Les juges du fond apprécient souverainement le caractère connexe ou complémentaire d'une activité (Cass. civ. 18-7-1979 : GP 1979.pan.480).

Par exemple sont complémentaires :

– la vente de « produits bretons » (et donc de gâteaux bretons) et celle de « charcuterie, comestibles » (Cass. civ. 19-2-1974 : Rev. loyers 1974.272), la vente d'articles de maroquinerie et celle de chaussures (CA Paris 25-11-1974 : GP 1975.1.100), la vente de liquides et le commerce d'épicerie (CA Rouen 8-12-1967 : GP 1968.1.263) ;

– l'activité de « carrelage, peinture, électricité » et celle de « plomberie, sanitaire et chauffage », s'agissant d'un artisan exerçant à titre individuel (CA Versailles 25-10-1990 : RJDA 1/91 n° 17), celle de restauration rapide et celle de café-bar (Cass. 3e civ. 19-7-2000 : RJDA 12/00 n° 1076 som.).

En revanche, n'est pas complémentaire : de l'activité de tailleur, la vente de gants et sacs à main (CA Rouen 6-5-1969 : D. 1969.626) ; de l'exploitation d'un café-bar, l'activité de brasserie et plat du jour (CA Paris 17-4-1986 : JCP G 1987.IV.334) ou la gestion d'une discothèque (CA Bordeaux 22-4-1986 : Loyers 1986 n° 386) ; d'une activité de restauration sans cuisson, une restauration impliquant une cuisson (Cass. 3e civ. 18-6-2002 : RJDA 10/02 n° 991).

En vue de déterminer si l'extension de l'activité du locataire peut être autorisée, les juges du fond sont invités à tenir compte de « l'évolution des usages commerciaux » (C. com. art. L 145-47). C'est pourquoi il a été jugé que le commerce des articles pour enfants est complémentaire de celui de bonneterie-mercerie dès lors que ce commerce est situé dans une ville où la spécialisation commerciale est peu poussée (CA Riom 26-9-1974 : D. 1974.som.125), mais que la vente de produits régionaux n'est pas, à Paris, complémentaire au commerce de boucherie car l'importance de la clientèle potentielle donne à chaque commerçant parisien la possibilité d'exercer son commerce sans qu'il soit obligé de lui adjoindre d'autres activités (CA Paris 21-4-1983 : GP 1983.som.408).

4869 **Procédure** Le **locataire** qui souhaite adjoindre une autre activité à celle qu'il exerce déjà doit **notifier** son intention au propriétaire par acte extrajudiciaire ou par lettre recommandée avec demande d'avis de réception indiquant la nouvelle activité envisagée (C. com. art. L 145-47, al. 2 ; CA Paris 15-2-1990 : D. 1990.IR.63). Toute extension de l'activité, même limitée à une activité connexe ou complémentaire, sans autorisation préalable du bailleur ou du tribunal, constitue un manquement du locataire à ses obligations pouvant justifier le refus de renouvellement (Cass. civ. 24-10-1990 : Bull. civ. III n° 197) ou la résiliation soit judiciaire, soit par le jeu de la clause résolutoire (Cass. civ. 20-12-2000 : RJDA 3/01 n° 279).

Le **propriétaire** dispose d'un délai **de deux mois** à compter de cette demande pour **s'opposer** à la déspécialisation (C. com. art. L 145-47, al. 2). Aucune forme n'est imposée pour faire opposition ; il suffit d'une manifestation non équivoque (Cass. civ. 23-4-1974 : Bull. civ. III p. 118 ; Cass. 3e civ. 9-2-2017 n° 15-28.759 FS-PB : RJDA 5/17 n° 317).

Pour s'opposer à l'extension projetée, le bailleur n'est pas tenu de motiver sa décision (Cass. 3e civ. 9-2-2017 précité). Mais il ne peut invoquer que l'absence de connexité ou de complémentarité de la nouvelle activité envisagée par le locataire, à l'exclusion de tout autre motif ; il ne peut pas notamment lui opposer la clause par laquelle il s'est interdit l'activité qu'il envisage d'adjoindre à celle prévue au bail (Cass. ass. plén. 26-1-1973 n° 71-10.583 : JCP G 1973.II.17462 note Boccara ; Cass. 3e civ. 15-2-2012 n° 11-17.213 : RJDA 7/12 n° 648). Mais un engagement de non-concurrence conclu en dehors de tout rapport locatif doit être respecté (Cass. civ. 10-1-1978 : Bull. civ. III p. 17).

Le bailleur ne peut pas davantage lui opposer qu'il a reconnu une exclusivité à d'autres locataires (Cass. civ. 24-10-1984 n° 83-11.433 : Bull. civ. III n° 174). S'il a reçu du locataire bénéficiaire une somme en contrepartie de cet avantage, il doit la lui restituer car ce versement, dès la conclusion du bail, était dépourvu de cause puisque le bailleur ne pouvait s'opposer à l'application des dispositions (Cass. com. 5-10-1981 n° 80-11.076 : Bull. civ. IV n° 340).

Faute d'opposition de la part du propriétaire dans le délai de deux mois, l'extension d'activité est acquise (C. com. art. L 145-47, al. 2), en tout état de cause (Cass. civ. 1-3-1995 : BRDA 8/95 p. 5).

En cas de contestation, le litige relève de la compétence du tribunal judiciaire (C. com. art. R 145-23, al. 2).

Le locataire peut **renoncer** à sa demande de déspécialisation à tout moment et jusqu'à l'expiration d'un délai de quinze jours à compter de la date à laquelle la décision judiciaire est passée en force de chose jugée ; la renonciation doit être notifiée au bailleur par acte extrajudiciaire ou par lettre recommandée avec avis de réception et le locataire supporte alors tous les frais de l'instance (C. com. art. L 145-55).

Sur la fixation de la date d'une notification effectuée par lettre recommandée AR, n° 5060.

4872 **Effets** La déspécialisation partielle peut être prise en compte pour une révision du loyer lors de la **première révision triennale** suivant la notification au propriétaire de la demande de déspécialisation, si elle a entraîné par elle-même une modification de la valeur locative des lieux loués (C. com. art. L 145-47, al. 3), et non par un acte qui admet, en même temps, la déspécialisation et fixe le nouveau loyer (Cass. 3e civ. 19-5-2004 n° 593 : RJDA 8-9/04 n° 950, en raison du caractère d'ordre public de l'art. L 145-47).

La déspécialisation partielle peut aussi fonder le **déplafonnement** du loyer du bail renouvelé et être prise en compte pour le calcul de la valeur locative (n° 6086).

Lorsqu'il existe une clause de **résiliation de plein droit** pour cessation d'activité, les effets de cette clause sont **suspendus** pour le temps nécessaire à la réalisation des transformations impliquées par l'adjonction de la nouvelle activité ; mais la suspension ne peut pas excéder six mois à compter de l'accord sur la déspécialisation ou de la décision judiciaire l'autorisant (C. com. art. L 145-42).

La clause écartant la suspension est réputée non écrite (C. com. art. L 145-15).

DÉSPÉCIALISATION PLÉNIÈRE

Déspécialisation justifiée par la conjoncture économique Le locataire peut, sur sa demande, être autorisé à exercer dans les lieux loués une ou plusieurs activités différentes de celles prévues au bail dans les termes suivants. 4880

1. Conditions. L'autorisation d'exercer une ou plusieurs activités nouvelles est subordonnée aux conditions suivantes (C. com. art. L 145-48). 4883

a. Conditions économiques. La demande doit être appréciée eu égard à la conjoncture économique et aux nécessités de l'organisation rationnelle de la distribution. Ces deux conditions sont cumulatives (Cass. civ. 24-1-2001 : RJDA 4/01 n° 427).

La conjoncture économique revêt souvent pour le commerçant demandeur la forme d'une crise économique affectant sa branche d'activité. S'il est possible de remédier à cette situation en pratiquant une déspécialisation partielle, la déspécialisation plénière est refusée (Cass. civ. 26-10-1977 : GP 1978.1.pan.13).

Les juges se réfèrent à l'appareil local de distribution par rapport aux besoins de la clientèle pour apprécier l'intérêt que peut présenter le changement d'activité : par exemple, la transformation d'un commerce de chaussures en activité d'administrateur de biens et transactions immobilières a été refusée en raison notamment du nombre suffisant des agences immobilières dans la localité (Cass. civ. 26-10-1977 : GP 1978.1.pan.13) tandis qu'a été autorisée celle d'un commerce peu rentable de cartes géographiques en tous commerces autres qu'alimentaires compte tenu des nécessités de la conjoncture économique et de celles de l'organisation rationnelle de la distribution (Cass. civ. 8-6-1995 : RJDA 8-9/95 n° 942).

b. Conditions relatives à l'immeuble dont dépendent les lieux loués. Les activités nouvelles doivent être compatibles avec la destination, les caractères, la situation de l'immeuble ou de l'ensemble immobilier (pour un exemple d'incompatibilité, CA Pau 6-9-1994 : JCP G 1995.IV.432).

Le premier locataire d'un local compris dans un ensemble constituant une **unité commerciale** définie par un programme de construction ne peut pas se prévaloir de la faculté de déspécialisation plénière pendant un délai de **neuf ans** à compter de la date de son entrée en jouissance (C. com. art. L 145-48, al. 2).

2. Procédure. Le **locataire** doit demander l'autorisation d'exercer une activité différente par acte extrajudiciaire ou par lettre recommandée avec demande d'avis de réception comportant, à peine de nullité, l'**indication** de la nouvelle activité ; la demande est notifiée, en la même forme, aux créanciers inscrits sur le fonds de commerce exploité par le locataire (C. com. art. L 145-49, al. 1 et n° 4892). 4886

Le **bailleur** doit, dans le mois de la demande, **aviser,** dans la même forme, les locataires envers lesquels il s'est obligé à une **exclusivité** pour des activités similaires à celles visées dans la demande ; ceux-ci doivent faire connaître, à peine de forclusion, leur attitude dans le mois de cette notification (C. com. art. L 145-49, al. 2).

La loi ne précisant pas les conséquences de leur opposition, on ne saurait en déduire que celle-ci fait obstacle à la déspécialisation, les motifs d'ordre public qui justifient cette dernière pouvant toujours, si les juges l'estiment nécessaire, primer les intérêts privés, sous réserve de réparer le préjudice qui peut en résulter pour les bénéficiaires de l'exclusivité.

Le bailleur doit, dans les trois mois de la demande, notifier son **refus,** son acceptation ou les conditions auxquelles il subordonne son accord (C. com. art. L 145-49, al. 3) ; en raison du principe de correspondance des formes (n° 74813), cette notification, qui n'est pas une signification comme antérieurement exigée, laquelle appelle un acte extrajudiciaire (Cass. 3e civ. 11-6-2008 n° 07-14.551 : RJDA 11/08 n° 1094), peut être faite, à notre avis, par acte extrajudiciaire ou lettre recommandée ; à défaut de notification, le bailleur est réputé avoir acquiescé à la demande et conserve le droit à indemnité et à augmentation du loyer (C. com. art. L 145-49, al. 3).

Le **tribunal** judiciaire est **compétent** pour statuer sur la demande de déspécialisation (C. com. art. L 145-52). Si le litige ne porte que sur le prix, l'affaire est portée devant le juge des loyers (n° 6800).

La **renonciation du locataire** à la demande de déspécialisation plénière s'effectue dans les mêmes conditions que la renonciation à la déspécialisation partielle (n° 4869).

Sur la fixation de la date d'une notification effectuée par lettre recommandée AR, n° 5060.

3. Décision. Le bailleur peut accorder l'autorisation purement et simplement ou l'assortir de certaines modalités (C. com. art. L 145-49, al. 3). 4889

Mais il peut aussi s'opposer à la transformation en invoquant un motif grave et légitime (C. com. art. L 145-52). Le refus est notamment motivé lorsque le bailleur invoque qu'il entend reprendre les lieux à l'expiration de la période triennale en cours pour exécuter soit des travaux de surélévation, de construction ou de reconstruction (nos 6476 s.), soit des travaux prescrits ou autorisés dans le cadre d'une opération de rénovation urbaine ou de restauration immobilière (C. com. art. L 145-53).

4892 **4. Effets.** L'autorisation de créer une activité nouvelle entraîne les conséquences suivantes.

a. Le bailleur peut obtenir une **indemnité** en réparation du préjudice que lui a, le cas échéant, causé le changement d'activité (C. com. art. L 145-50, al. 1).

Il peut en outre demander une **augmentation** immédiate du loyer en contrepartie de l'avantage procuré, les règles de la révision triennale n'étant pas alors applicables (C. com. art. L 145-50, al. 2 ; Cass. civ. 24-6-1992 : Bull. civ. III p. 135).

Lors du **renouvellement** du bail, le changement d'activité peut fonder un déplafonnement et la fixation du loyer à la valeur locative (n° 6086), même si des travaux ont été effectués par le locataire pour l'exercice de la nouvelle activité autorisée dans les lieux (CA Paris 10-4-1990 : D. 1990.IR.117).

b. Les **droits des créanciers inscrits** sur l'ancien fonds de commerce sont reportés sur le fonds transformé avec leur rang antérieur (C. com. art. L 145-50, al. 3). Ces créanciers ne peuvent pas s'opposer au changement d'activité mais ils peuvent demander que l'autorisation de déspécialisation soit subordonnée à des conditions de nature à sauvegarder leurs intérêts (C. com. art. L 145-49, al. 1).

c. Sur la suspension de la résiliation de plein droit pour cessation d'activité, C. com. art. L 145-42 ; n° 4872.

4895 **Déspécialisation motivée par le départ en retraite du preneur ou son invalidité** Le locataire qui a demandé à bénéficier des droits à la retraite du régime social auquel il est affilié ou qui a été admis au bénéfice d'une pension d'invalidité attribuée par le régime d'assurance invalidité-décès des professions artisanales ou des professions industrielles et commerciales peut donner congé (C. com. art. L 145-4, al. 4) et, en précisant la nature des activités dont l'exercice est envisagé, soit obtenir le rachat de son droit au bail par le bailleur, soit le céder à un commerçant qui exercerait dans les locaux une autre activité que la sienne (C. com. art. L 145-51).

La même faculté est reconnue à une EURL ou à une SARL titulaire du bail dont l'associé unique ou le gérant majoritaire depuis au moins deux ans prend sa retraite (C. com. art. L 145-4, al. 5 et L 145-51), à l'usufruitier du droit au bail, immatriculé au registre du commerce pour le fonds qu'il exploite dans les lieux loués, s'il justifie de l'accord des nus-propriétaires pour la cession du bail (Cass. 3e civ. 6-2-2013 n° 11-24.708 : RJDA 5/13 n° 389) ainsi qu'aux ayants droit en cas de décès du preneur (C. com. art. L 145-4, al. 4), qui peuvent invoquer ce droit dans toute succession ouverte depuis le 20 juin 2014 (Loi 2014-626 du 18-6-2014 art. 21).

La clause imposant l'agrément par le bailleur du cessionnaire en cas de départ à la retraite du locataire cédant est illicite (Cass. 3e civ. 5-4-2018 n° 17-14.882 D, transposable par analogie à la cession pour invalidité, la condition d'agrément paralysant également la cession).

Cette déspécialisation obéit aux règles suivantes.

4898 **1. Conditions.** Seul le **locataire,** identifié au numéro ci-dessus, peut invoquer le droit de modifier la destination des lieux loués (C. com. art. L 145-51, al. 1). Mais il ne peut pas invoquer ce droit s'il n'a pas respecté le bail, par exemple en n'exécutant pas son obligation d'exercer l'activité prévue dans les lieux (Cass. civ. 2-10-1996 : RJDA 12/96 n° 1442).

Le bailleur ne peut prétendre s'être opposé à la cession au motif qu'il a adressé au locataire un commandement en vue de l'application de la clause résolutoire pour défaut d'exploitation, dès lors qu'il ne rapporte pas la preuve que ce défaut persistait après l'expiration du délai d'un mois fixé par le commandement (Cass. 3e civ. 5-3-2008 n° 07-13.985 : RJDA 5/08 n° 495).

Les **activités nouvelles** dont l'exercice est envisagé doivent être **compatibles** avec la destination, les caractères et la situation de l'immeuble (C. com. art. L 145-51, al. 2).

Une activité de café-restaurant par le cessionnaire du bail a été jugée compatible avec la situation de l'immeuble pris à bail par le cédant qui y exerçait une activité de quincaillerie, droguerie et articles de ménage (Cass. 3e civ. 23-11-2011 n° 10-25.108 FS-PB : RJDA 4/12 n° 380).

4901 **2. Signification de la demande.** Le locataire doit signifier au propriétaire et aux créanciers inscrits sur le fonds de commerce son intention de céder son bail et préciser la nature des activités dont l'exercice est envisagé et le prix proposé (C. com. art. L 145-51, al. 1).

Le **défaut** de signification à ces créanciers doit, à notre avis, être sanctionné par la **nullité** de la signification faite au propriétaire, car la signification aux créanciers inscrits est une condition de la cession au même titre que la signification au bailleur ; c'est du reste le seul moyen de faire respecter leur droit à être avertis et de leur permettre d'exercer les droits inscrits (n°s 3430 s.).

3. Décision du bailleur. Le bailleur dispose d'un délai de **deux mois** à compter de la signification soit pour racheter le bail aux conditions fixées par le locataire dans la signification, soit pour saisir le tribunal judiciaire au cas où il s'opposerait à la modification de la destination des lieux ; à **défaut** de réponse dans ce délai, il est réputé avoir **accepté** la cession et la déspécialisation (C. com. art. L 145-51, al. 1). **4904**

Pendant le délai de deux mois, le locataire doit continuer à exécuter le bail, notamment continuer à exploiter le fonds sous peine de résiliation à ses torts (Cass. civ. 7-11-1990 : RJDA 2/91 n° 95).

Le bailleur doit racheter le bail au prix de cession fixé dans la signification du projet de cession et ne pas compenser ce prix avec des sommes que lui doit le locataire pour travaux lui incombant dès lors que le cessionnaire a accepté de reprendre les lieux en l'état (Cass. civ. 30-11-1994 : RJDA 1/95 n° 8 ; aussi n° 5056).

Il engage sa responsabilité s'il provoque le désistement de l'acquéreur en s'opposant à un changement d'activité sans raison valable (CA Paris 27-6-2018 n° 16/20048 : RJDA 11/18 n° 807).

Lorsque le bailleur a autorisé la cession et la déspécialisation, le locataire ne saurait exercer personnellement les nouvelles activités visées dans la demande, car celles-ci n'ont été autorisées qu'en raison de son départ à la retraite. En outre, le droit de priorité réservé au bailleur pour acquérir le bail au prix figurant dans la signification, il ne saurait céder le bail à un tiers moyennant un prix inférieur à celui proposé, sauf à procéder à une nouvelle signification.

4. Effets de la déspécialisation. La déspécialisation en cas de départ à la retraite est autonome ; le bailleur ne peut donc pas invoquer un droit à augmentation immédiate du montant du loyer comme en cas de déspécialisation motivée par la conjoncture économique (n°s 4880 s.), car une telle augmentation, en rendant la cession plus difficile, irait à l'encontre de l'esprit du texte qui est de la faciliter (CA Paris 3-12-1991 : RJDA 3/92 n° 224 ; CA Reims 9-2-2004 : GP 2004.som.3324 obs. Brault ; contra Rép. Frédéric-Dupont : AN 1-7-1991 p. 2596). Mais ce plafonnement du loyer ne vaut que pour le temps restant à courir du bail et n'interdit pas pour autant au bailleur d'invoquer le changement d'activité à l'occasion du renouvellement du bail (Cass. 3e civ. 15-2-2023 n° 21-25.849 FS-B : RJDA 7/23 n° 361). **4907**

E. Sous-location d'un bail soumis au statut

INTERDICTION DE PRINCIPE

Lorsque le bail est soumis au statut, la sous-location, totale ou partielle, est **interdite,** sauf **stipulation contraire** du bail ou accord du bailleur (C. com. art. L 145-31). **4949**

QUALIFICATION DE LA SOUS-LOCATION

La sous-location implique le paiement d'un prix ou la fourniture d'une contrepartie (Cass. 3e civ. 10-11-2009 n° 08-17.892 : RJDA 2/10 n° 124 ; Cass. 3e civ. 7-4-1994 n° 92-14.478 : RJDA 7/04 n° 782). Elle suppose aussi une jouissance consentie et effective des lieux (pour un exemple, CA Rennes 12-10-2022 n° 21/06583 : RJDA 5/23 n° 241), ce qui n'est le cas ni d'une occupation précaire (CA Paris 15-12-1987 : Bull. inf. C. cass. 1988 n° 263 : convention de mise à disposition ne conférant aucun droit au bénéficiaire), ni d'un hébergement à des fins de représentation commerciale (Cass. civ. 20-6-1989 : BRDA 1/90 p. 13 : accueil par une société mère de ses filiales rémunéré par des commissions variables d'un mois à l'autre), ni de la domiciliation d'une autre entreprise commerciale (Cass. civ. 7-2-1996 : RJDA 5/96 n° 613) ou d'une association en lien avec l'activité professionnelle du locataire (CA Aix-en-Provence 14-6-2012 n° 11-17563 : RJDA 1/13 n° 13). La jouissance des lieux résultant d'une location-gérance, qui n'est que la conséquence accessoire et nécessaire de cet acte, ne constitue pas une sous-location (Cass. 3e civ. 9-7-2003 n° 899 : RJDA 10/03 n° 925), sous réserve de la preuve que la location-gérance déguise une sous-location (ci-dessous). **4950**

La location d'un emplacement publicitaire a été jugée comme une sous-location partielle (CA Aix 9-9-1986 : Bull. Cour d'Aix 1986/3-4 p. 41) ainsi que la mise à disposition d'un logement à un salarié du locataire (Cass. civ. 7-4-1994 : RJDA 7/94 n° 782).

La preuve de la sous-location interdite peut se faire par tous moyens et même par présomption (CA Aix 7-10-1986 : Bull. Cour d'Aix 1986/3-4 p. 42).

Le locataire principal peut être tenté de tourner l'interdiction de la sous-location en **dissimulant** celle-ci sous un autre contrat. Celui de location-gérance est le plus fréquemment utilisé, car il est exclu du champ d'application du statut (n° 4061).

La preuve que la sous-location a été déguisée sous un contrat de location-gérance incombe au bailleur. Elle résulte généralement de l'absence de fonds de commerce effectivement loué et de l'exploitation par le prétendu locataire-gérant de son propre fonds dans les lieux (Cass. civ. 1-7-1975 n° 74-11.702 : Bull. civ. III n° 229 ; dans le même sens, Cass. civ. 5-10-1994 : Loyers 1995 n° 28 ; sur la preuve de l'absence de fonds de commerce, Cass. civ. 17-6-1975 n° 74-10605 : Bull. civ. III n° 204). La mise en location-gérance par le preneur de son fonds ne constitue pas en soi une sous-location (Cass. 3e civ. 19-3-2008 n° 07-11.805 : RJDA 6/08 n° 614) ; elle l'est d'autant moins si les faits attestent une mise en gérance effective : accomplissement des formalités de publicité, arrêt de l'exploitation au profit du locataire-gérant qui occupe les locaux et s'engage à ses risques et périls (Cass. civ. 23-5-1995 : RJDA 8-9/95 n° 944) ou locataire qui n'est propriétaire ni d'un fonds ni d'un matériel commercial et auquel est mis à disposition un local de boucherie déjà équipé et exploité pratiquement sans interruption (Cass. civ. 14-3-1968 : Bull. civ. III n° 114 ; dans le même sens, Cass. com. 14-12-1993 : RJDA 5/94 n° 517).

CONDITIONS DE VALIDITÉ DE LA SOUS-LOCATION

4953 La sous-location doit être autorisée par le bailleur qui, dans ce cas, doit être appelé à concourir à l'acte (C. com. art. L 145-31, al. 2). L'autorisation du bailleur et son concours à l'acte sont deux conditions qui doivent être cumulativement réunies pour la validité de la sous-location (Cass. civ. 17-10-1990 : RJDA 1/91 n° 8).

4956 **Autorisation du bailleur** Elle peut revêtir trois formes.

1. Clause d'autorisation. Le contrat de bail peut valablement prévoir que le locataire pourra sous-louer les locaux dans des conditions définies librement par les parties. Celles-ci peuvent convenir :

– de limiter le droit de sous-louer à certaines personnes, par exemple à une société filiale (CA Paris 4-11-1983 : Loyers 1984 n° 37) ou à une « société apparentée » (CA Versailles 13-2-2001 : RJDA 10/01 n° 944) de la société locataire ;

– de limiter la durée de la sous-location à deux ans au plus de manière à écarter l'application du statut (nos 4150 s.) ;

– de subordonner la sous-location à des formalités supplémentaires à celles prévues par le statut (Cass. civ. 24-1-1984 : Loyers 1984 n° 216 : obligation d'adresser au bailleur la grosse des actes de sous-location).

2. Accord particulier. En l'absence de clause d'autorisation, le bailleur peut accepter une sous-location déterminée et ce, même tacitement (Cass. 3e civ. 4-5-2011 n° 09-72.550 : BRDA 10/11 inf. 19).

3. Renonciation du bailleur. Renonce à l'interdiction de sous-louer le bailleur qui augmente le loyer en tenant compte de la sous-location (Cass. soc. 13-12-1961 : D. 1962.326) ou qui, informé de la sous-location irrégulière, autorise le sous-locataire qui le lui demande à effectuer certains travaux (Cass. com. 9-5-1967 : Rev. loyers 1967.338).

4959 **Appel du bailleur à concourir à l'acte** Le locataire doit faire connaître au bailleur son intention de sous-louer par acte extrajudiciaire ou par lettre recommandée avec demande d'avis de réception ; si dans un délai de quinze jours le bailleur refuse ou omet de répondre, il est passé outre (C. com. art. L 145-31, al. 4).

Le locataire est tenu d'appeler le bailleur à concourir à l'acte de sous-location même si le bail autorise des sous-locations précaires (Cass. civ. 1-3-1995 : RJDA 5/95 n° 550), s'il comporte une clause générale autorisant de sous-louer (Cass. 3e civ. 5-4-2011 n° 10-14.215 : RJDA 4/12 n° 377 ; CA Versailles 19-6-2003 n° 01-4691 : RJDA 11/03 n° 1049) ou s'il a eu connaissance de la sous-location ou l'a tolérée (Cass. 3e civ. 22-2-2006 n° 233 : RJDA 5/06 n° 509). Il doit l'appeler non seulement pour le premier contrat, mais aussi pour les renouvellements amiables suivants (Cass. civ. 16-6-1999 : RJDA 10/99 n° 1052).

Mais il est dispensé d'appeler le bailleur lorsque les lieux loués sont destinés à une activité de résidence hôtelière, la sous-location étant l'objet même de l'activité du locataire (Cass. 3e civ. 15-4-2015 n° 14-15.976 : RJDA 7/15 n° 484).

Le bailleur ne peut **pas s'opposer** à la sous-location puisqu'il l'a autorisée. Il procède seulement à un contrôle de régularité au regard des stipulations du bail.

L'obligation de faire concourir le bailleur à l'acte n'est pas d'ordre public (cf. C. com. art. L 145-15). Il peut donc être valablement stipulé que le **locataire** est **dispensé** des formalités en vue du concours du bailleur (CA Paris 18-3-1998 : DA 1998.1037).

Lorsque le bail impose au locataire principal de consentir des sous-locations, cette obligation dispense le locataire de requérir le concours du bailleur aux actes de sous-location et à leur renouvellement (Cass. civ. 5-1-1983 : Bull. civ. III p. 5).

La **renonciation** du bailleur à concourir à l'acte ne se présume pas. Elle ne résulte pas de son silence et de la tolérance même prolongée de la sous-location (Cass. civ. 11-5-1976 : Bull. civ. III p. 151) ni du recouvrement du loyer sur un tiers débiteur du locataire principal (Cass. civ. 26-11-1991 : GP 1992.83 note Barbier), ni de la clause prévoyant que sous sa seule responsabilité le locataire fera son affaire personnelle des sous-locations, le bailleur ne devant jamais être inquiété à ce sujet (CA Paris 26-2-2020 n° 18/05192 : RJDA 7/20 n° 357). L'agrément tacite de la sous-location permet de couvrir l'absence de concours du bailleur à l'acte, à condition qu'il résulte d'actes non équivoques (par exemple, réajustement du loyer principal : Cass. civ. 29-10-1970 : AJPI 1971.334).

Sanctions du défaut d'autorisation ou de concours Lorsque le bailleur n'a pas autorisé la sous-location ou n'a pas été appelé à concourir à l'acte, les conséquences de ces omissions sont les suivantes : 4962

– **la sous-location** consentie dans ces conditions est **irrégulière,** pour violation des dispositions d'ordre public de l'article L 145-31 du Code de commerce (Cass. 3e civ. 12-3-2002 no 97-20.472 : RTD com. 2003. 277 obs. Monéger), peu important qu'elle ait été conclue pour une courte durée qui la soustrait en soi au statut (Cass. 3e civ. 1-3-1995 : RJDA 5/95 no 550 et, sur renvoi, CA Versailles 26-5-1998 : JCP E 1998.pan.1377), et ne peut pas être régularisée par l'accomplissement postérieur des formalités (Cass. 3e civ. 9-7-2003 no 892 : RJDA 1/04 no 22) ;

– le **sous-locataire** ne peut **pas** se prévaloir envers le bailleur de son droit direct au **renouvellement** de la sous-location (no 4973) ;

– le **bailleur** peut **refuser le renouvellement** du bail au locataire pour motif grave et légitime (nos 6453 s.), sans avoir à procéder à la mise en demeure qu'il doit effectuer pour se prévaloir d'un tel motif (Cass. 3e civ. 9-7-2003 précité) ;

– le bailleur peut **invoquer la clause résolutoire** de plein droit prévue au bail (Cass. 3e civ. 1-3-1995 précité) ;

– il peut aussi **demander la résiliation** judiciaire du bail ;

– si le bail est résilié, le bailleur peut **expulser le sous-locataire,** mais seulement une fois la résiliation acquise (cf. Cass. 3e civ. 1-2-2012 no 10-22.863 : RJDA 6/12 no 567), même si le sous-locataire bénéficie d'une sous-location à usage d'habitation ou professionnel (Cass. civ. 22-1-1992 : RJDA 4/92 no 326) ;

Quelle que soit la possibilité pour le bailleur d'engager une action contre le sous-locataire après la résiliation du bail principal, le locataire doit satisfaire à son obligation de faire libérer l'ensemble des locaux et peut être condamné à une indemnité d'occupation jusqu'à libération complète de ceux-ci par le sous-locataire introduit dans les lieux de son chef (Cass. 3e civ. 22-1-1992 précité). Il peut être tenu de restituer au bailleur les loyers qu'il a perçus du sous-locataire, car les sous-loyers perçus par le preneur constituent des fruits civils qui appartiennent par accession au propriétaire (Cass. 3e civ. 12-9-2019 no 18-20.727 FS-PBRI : RJDA 11/19 no 676 ; Cass. 3e civ. 8-3-2023 no 20-20.141 F-D : RJDA 6/23 no 299).

Le sous-locataire, privé de son droit à renouvellement en raison de l'irrégularité de la sous-location, a le droit d'obtenir du locataire réparation du préjudice qu'il subit de ce fait (Cass. civ. 7-12-1977 : Bull. civ. III no 433).

– le bailleur ne peut pas invoquer la **responsabilité de l'acquéreur** du fonds de commerce qui ne l'a pas averti de l'existence d'une sous-location partielle, dont avait manqué de l'informer le cédant, car la cession du fonds n'entraîne pas la transmission de cette obligation (Cass. 3e civ. 17-9-2008 no 07-10.170 : RJDA 1/09 no 8).

RÉGIME DE LA SOUS-LOCATION

Rapports entre le locataire et le sous-locataire La sous-location est un contrat de bail **distinct du bail principal** et soumis à un régime propre. Elle est soumise au statut si les conditions d'application en sont réunies (nos 4012 s.), alors même que le bail principal ne relèverait pas du statut (Cass. civ. 9-5-1979 : Rev. loyers 1979.424). 4970

Mais elle est **subordonnée** à l'existence de la location principale. En conséquence, la sous-location est caduque dès lors que le bail principal est résilié (Cass. civ. 19 juin 1970 : Bull. civ. III no 434) ou n'est pas renouvelé, même si ce défaut de renouvellement tient au refus du locataire principal de le demander, nul ne pouvant être contraint à contracter (CA Versailles 14-11-1996 : GP 1997.som.143 note Barbier).

La sous-location peut être conclue pour une durée inférieure à celle, restant à courir, du bail principal, sans constituer pour autant une renonciation de l'une ou l'autre des parties aux dispositions du statut des baux commerciaux (Cass. 3e civ. 17-3-2016 no 14-24.748 : RJDA 5/16 no 355, imposant la délivrance du congé par acte extrajudiciaire, requis en cette forme à la date de sa notification). Le sous-locataire peut valablement renoncer, dans le sous-bail, à toute indemnité pour le cas où la sous-location ne parviendrait pas à son terme contractuel (CA Paris 22-9-1992 : Loyers 1992 no 478).

La **sous-location irrégulière** produit tous ses effets dans les rapports entre locataire principal et sous-locataire tant que le premier a la jouissance des lieux (Cass. civ. 30-3-1978 no 76-14.923 : Bull. civ. III no 131).

Le sous-locataire, devenu occupant sans droit ni titre, doit réparer l'intégralité du préjudice qu'il cause au locataire principal par son maintien illicite dans les lieux, même s'il n'a occupé qu'une partie des lieux (Cass. 3e civ. 9-7-2020 no 19-15.874 F-D).

4973 **Rapports entre le sous-locataire et le propriétaire (bailleur principal)** En principe, il n'y a pas de lien de droit entre le sous-locataire et le propriétaire. Il existe cependant des exceptions.

1. Action directe du propriétaire. Le propriétaire dispose d'une action directe contre le sous-locataire pour les loyers dus au titre du bail principal (C. civ. art. 1753 ; Cass. civ. 19-2-1997 : RJDA 4/97 n° 475).

2. Droit direct au renouvellement. À l'expiration du bail principal, le sous-locataire peut exiger du propriétaire le renouvellement du sous-bail lorsque - à supposer le statut applicable à la sous-location (n° 4970) - les conditions suivantes sont réunies (C. com. art. L 145-32, al. 2) :

a. Le **bail principal** est **expiré** quelle que soit la cause de cessation du bail (CA Paris 12-3-2008 n° 07-6755 : RJDA 7/08 n° 765). Mais c'est seulement lorsque le locataire sous-louant ne peut obtenir lui-même le renouvellement que le sous-locataire peut agir directement contre le propriétaire (Cass. civ. 6-12-1972 : D. 1973.439 note Ghestin ; Cass. civ. 7-12-1977 : Bull. civ. III p. 329 ; sur le droit au renouvellement du locataire en cas de sous-location partielle, n° 4982) ;

Le sous-locataire a droit au renouvellement même si le bail principal a été consenti par un crédit-preneur, peu important que ce dernier n'ait pas lui-même droit au renouvellement dès lors que son locataire remplit envers lui les conditions requises pour bénéficier de ce droit (Cass. 3e civ. 10-12-2002 n° 01-15.062 : Bull. civ. III n° 257).

b. Le bailleur doit avoir **autorisé** expressément ou tacitement la sous-location (Cass. com.1-4-1965 n° 62-12.185 : JCP G 1965.II.14451 obs. Boccara) ; cette autorisation est nécessaire lors du renouvellement du sous-bail (Cass. 3e civ. 28-10-2009 n° 08-18.736 : RJDA 2/10 n° 126) ;

c. Le **sous-locataire** doit avoir demandé le renouvellement (Cass. 3e civ. 14-6-2006 n° 05-15.975 : RJDA 10/06 n° 998). En cas de refus du bailleur, il doit le demander en justice dans le délai de deux ans à compter du jour où il a eu connaissance du refus de renouvellement adressé au locataire principal (Cass. 3e civ. 15-9-2010 n° 09-16.679 : GP 2010.som.3570 note Barbier). En cas de résiliation du bail principal, ce délai ne court que du jour où la résiliation a été portée à la connaissance du sous-locataire (Cass. civ. 23-4-1985 : Bull. civ. III p. 514). Cette solution conforme au bon sens doit, à notre avis, être étendue aux autres cas d'expiration du bail principal ;

d. Il faut, en cas de **sous-location partielle** des locaux, que le bail principal ne stipule pas l'indivisibilité des locaux et que les locaux sous-loués soient matériellement divisibles de ceux occupés par le locataire (Cass. 3e civ. 19-1-2011 n° 09-72.040 : RJDA 7/11 n° 609).

3. Opposabilité de la date du bail principal. Le sous-locataire n'est pas un tiers qui peut soutenir en vertu de l'ex-article 1328 du Code civil (devenu art. 1377) (n° 75698) que le bail principal lui est inopposable à défaut de date certaine (Cass. civ. 16-4-1970 : Bull. civ. I p. 185).

4976 **Rapports entre le locataire et le bailleur** Le bailleur peut se prévaloir de la sous-location pour demander au locataire une majoration de son loyer et pour lui refuser le renouvellement du bail.

4979 **1. Majoration du loyer.** Le bailleur a la faculté de demander une augmentation du loyer lorsque le **loyer** de la **sous-location** est **supérieur** au prix du bail principal (C. com. art. L 145-31, al. 3). Il le peut même si la connaissance de ce fait lui parvient après fixation du loyer principal (Cass. civ. 30-10-1991 : RJDA 1/92 n° 17).

L'action en rajustement du loyer principal ne peut pas être exercée dans le cadre d'une instance en fixation du loyer du bail renouvelé car ce sont deux actions distinctes qui n'obéissent pas aux mêmes règles (Cass. 3e civ. 9-7-2020 n° 19-16.290 F-D : RJDA 10/20 n° 475).

En cas de **sous-location partielle,** le bailleur a droit à la majoration lorsque le prix de la sous-location est proportionnellement supérieur à celui du bail principal (Cass. civ. 28-5-1997 : RJDA 8-9/97 n° 1014, le loyer du sous-bail étant ici, à surfaces égales, plus élevé que le loyer principal).

Seul le bailleur qui a été dûment prévenu par son locataire et qui a concouru à l'acte de sous-location a, après avoir ainsi agréé la sous-location, la faculté d'exiger, le cas échéant, une augmentation du loyer principal (CA Paris 3-2-1970 : JCP G 1971.II.16637 note Boccara) ; mais, si le preneur a dissimulé la sous-location et que l'occupation des lieux a toutes les apparences de régularité, il peut demander le rajustement tant que la prescription biennale (nos 6818 s.) n'est pas acquise, celle-ci ne commençant à courir que du jour où le bailleur a connaissance du montant du loyer du sous-bail (Cass. 3e civ. 9-9-2021 n° 20-19.631 F-D : RJDA 1/22 n° 6).

La dispense par le bailleur de la formalité ne fait pas présumer la renonciation de sa part à demander une augmentation du loyer (Cass. civ. 20-12-1982 : Bull. civ. III p. 194).

À défaut d'accord entre les parties sur le montant de l'augmentation, celui-ci est déterminé par le président du tribunal judiciaire (C. com. art. L 145-31, al. 3). Il doit être égal à l'écart existant entre le loyer principal et le loyer de la sous-location ; la majoration doit être appliquée pendant la durée de la sous-location, entre sa date de prise d'effet (et non pas de celle de la demande du bailleur) et sa date d'expiration (CA Paris 31-1-1991 : D. 1991.IR.78).

En cas de versement d'un pas-de-porte constituant un supplément de prix, celui-ci doit être inclus dans le loyer principal dont il est un élément.

La hausse du loyer principal ne peut pas être répercutée par le locataire sur le sous-locataire, en l'absence de stipulation dans le contrat de sous-location (CA Chambéry 16-5-1995 : JCP G 1995.IV.2064).

2. Droit au renouvellement. En cas de **sous-location** de la **totalité** des lieux loués, le locataire principal, n'exploitant plus de fonds dans l'immeuble, voire n'étant plus immatriculé au registre du commerce et des sociétés, n'a pas droit au renouvellement dès lors que le bail n'envisage pas, directement ou indirectement, que le locataire bénéficiera conventionnellement du statut même s'il n'exploite aucun fonds de commerce dans les locaux et n'est pas immatriculé au registre du commerce et des sociétés à cette adresse (CA Paris 2-5-2012 n° 10/21283 : RJDA 2/13 n° 94 ; n° 4061). **4982**

En cas de sous-location **partielle,** le locataire principal peut demander le renouvellement du bail pour la partie des locaux où il exploite son fonds (Cass. com. 30-11-1959 : JCP G 1960.II.11440 note Boccara ; CA Paris 5-3-1991 : D. 1991.som.366 obs. Rozès) ou pour la totalité en cas d'indivisibilité matérielle ou conventionnelle des lieux (Cass. 3e civ. 15-11-2006 n° 1172 : RJDA 2/07 n° 132).

Sur le non-déplafonnement du loyer pour défaut de modification notable des obligations des parties résultant de la sous-location, n° 6089.

3. Extinction du bail principal : expulsion des sous-locataires habitant dans les lieux. L'expiration du contrat de bail principal entraîne la cessation du contrat de sous-location ; le propriétaire du local ne devient donc pas bailleur au lieu et place de l'ancien locataire, sauf si est relevée l'existence d'actes caractérisant la volonté de nover le bail par changement de bailleur (Cass. 3e civ. 6-5-2021 n° 20-13.511 F-D). **4985**

Lorsque la location principale est commerciale, le locataire ne peut pas opposer au bailleur le droit au maintien dans les lieux des sous-locataires bénéficiant d'une sous-location à usage d'habitation ou professionnel (Cass. civ. 22-1-1992 : RJDA 4/92 n° 326). Il doit faire libérer les lieux dès lors que les sous-locataires n'ont pas de titre à se maintenir dans les lieux ; à défaut, il peut être condamné à une indemnité d'occupation jusqu'à libération des lieux par les sous-locataires (Cass. civ. 22-1-1992 : RJDA 4/92 n° 326). Le bailleur peut poursuivre l'expulsion des sous-locataires en vertu du seul titre obtenu à l'encontre du locataire (Cass. 2e civ. 4-12-2003 n° 02-10.387 : Bull. civ. II n° 366).

F. Cession du bail

Qualification La cession de bail est le contrat par lequel le locataire **transfère** à un tiers le bénéfice du bail. **5000**

Constitue une **cession** de bail :
- une donation ou une donation-partage (Cass. soc. 10-1-1958 : Bull. civ. IV p. 48) ;
- l'apport du bail en société (Cass. civ. 2-2-1977 : Bull. civ. III p. 44 ; CA Douai 11-9-2007 : JCP E 2008.pan.1010) ;
- la cession du fonds de commerce dissimulant la cession du bail (Cass. com. 12-12-1989 et Cass. civ. 28-2-1990 : GP 1990.413 et 414 ; Cass. com. 27-2-1996 : DA 1996.448).

En revanche, il n'y a **pas** cession de bail :
- en cas de transmission universelle du bail (n° 5015) ;
- en cas de mise à disposition du bien loué à une société de fait (Cass. civ. 28-6-1989 : Bull. civ. III p. 82) ;
- en cas de cession par des associés des parts d'une société titulaire d'un bail (Cass. com. 3-6-2014 n° 13-21.345 : RJDA 7/15 n° 485), sauf preuve d'une cession déguisée du bail (cf. Cass. 3e civ. 10-7-2002 n° 1251 : RJDA 11/02 n° 1120 ; sur l'absence de preuve de la fraude, CA Paris 10-4-2013 n° 11/01736 : RJDA 8-9/13 n° 695) ;
- en cas de cession par le cotitulaire d'un bail à son copreneur de ses droits indivis dans ce bail, dès lors que cette cession entraîne l'extinction de l'indivision entre eux, car elle équivaut alors à un partage, l'acquéreur étant censé avoir été seul preneur depuis l'origine de l'indivision (Cass. 3e civ. 13-10-2004 n° 994 : RJDA 1/05 n° 13 ; Cass. 3e civ. 23-3-2011 n° 10-30.495 : RJDA 7/11 n° 610).

La cession peut être faite au profit du bailleur qui acquiert ainsi la jouissance matérielle des lieux, cession qui n'est donc pas dépourvue de cause (désormais de contrepartie) (Cass. 3e civ. 13-10-2004 n° 987 : RJDA 1/05 n° 12).

CLAUSES RELATIVES À LA CESSION DU BAIL À L'ACQUÉREUR DU FONDS DE COMMERCE

Le bail ne peut pas valablement interdire au locataire de céder son bail à l'acquéreur de son fonds de commerce ou au bénéficiaire du transfert universel de son patrimoine professionnel (C. com. art. L 145-16, al. 1). **5002**

5006 **Portée des clauses formulant la restriction** **1.** La clause interdisant au locataire de céder son bail sauf à un **« successeur dans son commerce »** ne permet la cession du bail qu'à l'acquéreur du fonds (Cass. civ. 8-2-1984 : Bull. civ. III n° 32 ; CA Paris 12-11-1991 : D. 1991.IR.290) et à condition qu'il y ait acquisition effective du fonds exploité par le cédant, peu important qu'il y ait seulement achat partiel du fonds dès lors qu'il y a exploitation indépendante (Cass. 3e civ. 11-2-1987 n° 85-15.588 : Bull. civ. III n° 23), sous réserve que la part cédée du fonds ne soit pas réduite à la seule clientèle attachée à l'emplacement (Cass. civ. 16-6-1981 : Rev. loyers 1981.435 note J.V.) ; sur l'invalidité de la clause interdisant au locataire la cession partielle du fonds, n° 5009.

Mais la clause n'interdit pas l'exercice par le cessionnaire d'une activité différente de celle du cédant, dès lors qu'il a acquis le fonds de commerce (Cass. civ. 3-1-1985 : Bull. civ. III p. 2) et que le changement d'activité s'est fait dans le respect de la destination contractuelle ou des règles de la déspécialisation (nos 4860 s.).

2. La clause réservant la faculté de céder au profit du **« successeur dans le même commerce »** ne comporte pas, dans l'intention commune des parties, « l'obligation que le cessionnaire du bail soit aussi l'acquéreur du fonds » (Cass. civ. 11-1-1978 : JCP G 1978.II.18944 obs. Boccara) ; le bailleur ne peut donc s'opposer à la cession dès lors que le nouveau locataire exerce le même commerce.

Pour éviter toute ambiguïté, il est **préférable** de prévoir que le preneur ne pourra céder son bail que dans les cas où le statut l'y autorise expressément ou de spécifier la nature du commerce qui pourra être exercé par le successeur (pour un exemple d'annulation d'une cession à la suite de laquelle un commerce de fromagerie avait été substitué au commerce de boucherie prévu au bail, CA Rouen 3-12-1987).

3. La clause subordonnant la cession au profit de l'acquéreur du fonds à des formalités d'obtention préalable (autorisation expresse du bailleur ou son appel à concourir à l'acte) ne fait qu'organiser la cession et est donc valable (CA Paris 13-2-2019 n° 17/08042 : GP 2019 n° 26 p. 84).

5009 **Clauses réputées non écrites** Sont réputées non écrites, quelle qu'en soit la forme, les conventions tendant à interdire au locataire de céder son bail ou les droits qu'il tient du statut à l'acquéreur de son fonds de commerce ou de son entreprise ou au bénéficiaire du transfert universel de son patrimoine professionnel (C. com. art. L 145-16, al. 1).

Empêche le locataire de céder son bail la clause lui interdisant :

– la cession à certaines catégories de personnes, telles que les personnes morales (Cass. civ. 29-2-1972 : Bull. civ. III p. 97) ;

– le nantissement du droit au bail (Cass. civ. 11-5-1982 : Bull. civ. III p. 82) ;

– une exploitation du fonds par un autre que le locataire pendant les trois dernières années car elle emporte impossibilité de céder le bail pendant cette période (Cass. 3e civ. 23-7-1986 : Bull. civ. III n° 131) ;

– la cession partielle du fonds si les branches d'activité cédées constituent par elles-mêmes un fonds de commerce distinct (Cass. civ. 24-11-1987 : JCP G 1988.II.21025 obs. Boccara) ;

– la cession par un locataire indivisaire de sa part indivise (Cass. com. 14-10-1959 : JCP G 1960.II.11417 obs. Boccara).

CESSIONS AUTORISÉES PAR LA LOI

5015 Le bail est transmis, sans l'accord du bailleur, nonobstant toute stipulation contraire :

– en cas de fusion ou de scission de sociétés, en cas de transmission universelle de patrimoine d'une société réalisée dans les conditions prévues à l'article 1844-5 du Code civil ou en cas d'apport d'une partie de l'actif d'une société soumis par les parties au régime des scissions, à la société issue de la fusion, à la société désignée par le contrat de scission ou, à défaut, aux sociétés issues de la scission, à la société bénéficiaire de la transmission universelle de patrimoine ou à la société bénéficiaire de l'apport (C. com. art. L 145-16, al. 2 ; MSC nos 84040 s.) ;

– en cas de départ pour la retraite ou d'invalidité du locataire, même à un non-acquéreur du fonds ou à un locataire qui n'exerce pas la même activité que lui (nos 4895 s.).

DROIT DE PRÉEMPTION DES COMMUNES

5020 Les communes jouissent d'un droit de préemption sur les baux commerciaux par application des dispositions relatives au droit de préemption des fonds de commerce et sont tenues, le cas échéant, de le restituer dans les mêmes termes (C. urb. art. L 214-2, al. 1 et 5 et n° 2757), sans préjudice des particularités suivantes :

– l'acte de rétrocession est subordonné, à peine de nullité, à l'accord préalable du bailleur, cet accord devant figurer dans l'acte de rétrocession (al. 3) ;

– le statut des baux commerciaux s'applique aux baux préemptés : pendant le délai de deux ans imparti à la commune pour rétrocéder le bail, le défaut d'exploitation ne peut pas être invoqué par le bailleur pour mettre fin au bail (C. com. art. L 145-2, III-al. 1 et 2).

Le titulaire du droit de préemption, ou s'il y a lieu le délégataire, doit, dans le délai de deux ans à compter de la prise d'effet de l'aliénation à titre onéreux, **rétrocéder le bail** commercial à une entreprise immatriculée au registre du commerce et des sociétés ou au registre national des entreprises, en vue d'une exploitation destinée à préserver la diversité et à promouvoir le développement de l'activité commerciale et artisanale dans le périmètre concerné ; ce délai peut être porté à trois ans en cas de mise en location-gérance du fonds de commerce ou du fonds artisanal ; l'acte de rétrocession prévoit les conditions dans lesquelles il peut être résilié en cas d'inexécution par le cessionnaire du cahier des charges (C. urb. art. L 214-2, al. 1 et 5). **5023**

FORMALITÉS DE CESSION

État des lieux Bien que la lettre de l'article L 145-40-1 du Code de commerce ne prévoie un état des lieux qu'entre le bailleur et le locataire, entendu ici comme le cessionnaire, il est recommandé de dresser l'état des lieux en présence du cédant, au cas où l'un ou l'autre aurait à réclamer à ce dernier réparation pour des dégradations ou des travaux non autorisés. En effet, l'état des lieux devant être contradictoire, il ne saurait être opposé au cédant s'il n'y a pas participé. **5027**

Clauses d'agrément du cessionnaire Les clauses subordonnant la cession à l'autorisation expresse du bailleur peuvent valablement figurer dans un bail soumis au statut (Cass. 3e civ. 2-10-2002 n° 1448 : RJDA 12/02 n° 1244). La clause visant toute cession du bail est applicable à la cession de droits indivis (Cass. civ. 30-4-1997 : Bull. civ. III p. 59). **5030**

L'autorisation doit être sollicitée préalablement à la cession. Celle-ci peut cependant être conclue sous la condition suspensive de l'obtention de l'agrément (Cass. com. 18-4-1967 : JCP G 1968.II.15687 ; Cass. civ. 6-1-1970 : Bull. civ. III p. 8), lequel, sauf convention contraire, doit s'entendre comme visant l'accord pur et simple du bailleur et non celui qui serait subordonné à des conditions nouvelles (CA Paris 18-1-1994 : RJDA 5/94 n° 498).

Les juges peuvent autoriser le preneur à passer outre au refus du bailleur qui ne reposerait pas sur un motif légitime (Cass. com. 28-2-1956 : Bull. civ. III p. 71 ; Cass. civ. 10-4-1973 : RTD com. 1973.505 obs. Pédamon ; Cass. com. 4-1-1994 : RJDA 6/94 n° 636).

Le bailleur a un motif légitime lorsqu'il a introduit contre le locataire cédant une action en résiliation du bail (Cass. civ. 14-4-1982 : GP 1982.pan.291) ou lorsque la cession ne porte pas sur un fonds de commerce, le cédant n'ayant exploité aucune activité dans les lieux loués (Cass. 3e civ. 9-12-2009 n° 04-19.923 : RJDA 3/10 n° 220 : peu important que le bailleur ait eu connaissance des causes du défaut d'exploitation).

Le bailleur qui n'a pas répondu loyalement dans des délais raisonnables aux demandes d'agrément transmises par le locataire lui a causé un préjudice constitué de la perte de chance de céder son bail à titre onéreux, le retard dans la réponse ayant empêché le locataire de faire d'autres recherches ou de discuter le refus (CA Bordeaux 20-2-2019 n° 18/04897 : RJDA 3/20 n° 133).

Le bailleur qui donne son agrément ne devient pas partie à la cession (Cass. civ. 25-3-1992 : Bull. civ. III p. 59).

Autres clauses Sont fréquemment prévues les obligations suivantes : établissement de l'acte de cession par le bailleur ou son mandataire, rédaction de l'acte sous forme notariée et délivrance au bailleur d'une copie revêtue de la formule exécutoire, appel du bailleur à concourir à l'acte. Le bailleur doit concourir à l'acte même si le cessionnaire n'est pas inscrit au registre du commerce au jour de la cession, car cette inscription n'est pas une condition de régularité de la cession au jour de la passation de l'acte (Cass. civ. 1-2-1995 : RJDA 4/95 n° 411). **5033**

Une clause peut aussi exiger du locataire qu'il règle avant la cession les loyers encore dus (Cass. civ. 31-5-1994 : GP 1995.som.307 note Barbier) ou qu'il fournisse une caution (CA Paris 24-5-2006 n° 05-9079 : BRDA 18/06 n° 16).

A été aussi validée la clause reconnaissant au bailleur un droit de préemption sur le bail (Cass. 3e civ. 12-7-2000 : RJDA 11/00 n° 965 ; CA Paris 13-2-2008 n° 07-2263 : BRDA 10/08 inf. 25).

Signification Pour les **cessions conclues avant le 1er octobre 2016** (sur cette date, n° 10000), le cédant doit signifier la cession au cédé, le bailleur, en raison de sa qualité de tiers au contrat, par remise d'un acte extrajudiciaire ou la lui faire accepter dans un acte authentique, ces formalités étant, jusqu'à la date susvisée, le seul moyen de rendre un droit opposable à un tiers. La signification peut aussi être faite par voie de conclusions au cours de l'instance introduite par le bailleur en résiliation du bail pour défaut de notification régulière de la cession (Cass. 3e civ. 3-2-2010 n° 08-19.420 : RJDA 4/10 n° 336). À défaut d'accomplissement de l'une de ces formalités, l'irrégularité de la cession est couverte si le bailleur a acquiescé à la cession de manière non équivoque (Cass. 3e civ. 13-11-2012 n° 11-16.123 : RJDA 6/13 n° 486), notamment en percevant des loyers, en délivrant quittance au **5036**

nom du cessionnaire sans réserve et en lui demandant une augmentation de loyer (Cass. civ. 14-12-1994 : JCP G 1995.IV.388) ou en poursuivant le cessionnaire et le cédant en paiement des loyers (CA Toulouse 11-3-2020 n° 18/02010 : RJDA 7/20 n° 358 : à propos d'un apport du bail à une société qui est soumis au régime de la vente).

Valent acceptation :

– la demande de paiement et de révision des loyers adressée au cessionnaire (Cass. civ. 5-11-1976 : GP 1977.1.pan.16) ;

– l'acceptation pendant plusieurs années du paiement des loyers effectué par le cessionnaire (Cass. civ. 11-5-1981 : JCP G 1982.IV.254) ;

– la demande faite par le bailleur lui-même de réitérer la cession par acte notarié (Cass. civ. 6-10-1982 : Loyers 1983 n° 109) ;

– la délivrance au cessionnaire d'un congé comportant offre de renouvellement et l'existence de pourparlers sur la fixation du prix du bail renouvelé (Cass. civ. 31-5-1983 : JCP G 1984.II.20156 note Petit) ;

– la délivrance de quittances au nom du cessionnaire après avoir encaissé sans réserves les loyers versés par celui-ci et la demande directe d'augmentation de loyer (Cass. civ. 14-12-1994 : JCP G 1995.IV.388).

En revanche, la simple connaissance par le bailleur ou les tiers de la cession (Cass. ass. plén. 14-2-1975 : Bull. civ. n° 1) ou la perception par le bailleur des loyers en délivrant quittance au nom du cédant (CA Paris 20-10-1980 : Loyers 1983 n° 110) ou en les versant sur un compte bloqué (Cass. civ. 10-5-1989 : JCP G 1989.IV.256) ne valent pas acceptation de la cession.

Pour les **cessions conclues à compter du 1er octobre 2016,** la cession du bail étant la cession d'un contrat, elle est opposable au cédé, le bailleur, dans les conditions exposées au n° 14168.

5039 **Sanctions** L'inobservation des formalités de la cession (n° 5036) a pour conséquence l'**inopposabilité** de celle-ci au bailleur (Cass. civ. 13-5-1998 : RJDA 8-9/98 n° 955). Ces manquements peuvent aussi entraîner la **résiliation** judiciaire de la cession.

Le défaut d'appel du bailleur à concourir à l'acte ne justifie pas la résiliation du bail dès lors que le non-respect des formalités prévues a été sans incidence pour le bailleur (Cass. civ. 12-7-1995 : RJDA 11/95 n° 1209 ; CA Paris 15-5-2002 : JCP G 2002.IV.2617) ; la résiliation a parfois été écartée sur le seul fait que le cédant s'était porté garant du paiement des loyers (Cass. civ. 11-2-1981 : Rev. loyers 1981.235 ; CA Paris 3-2-1988 : Loyers 1988 n° 179). Mais le défaut d'information du bailleur l'empêchant de contrôler les conditions de la cession la justifie (Cass. 3e civ. 15-6-2011 n° 10-16.421 : RJDA 3/12 n° 255 ; CA Versailles 20-2-1992 : RJDA 6/92 n° 563 ; CA Douai 11-9-2007 : JCP E 2008.pan.1010), ainsi que le défaut de rédaction d'un acte notarié dressé par le notaire du bailleur, car, de ce fait, le bailleur a été privé d'un titre exécutoire direct contre le preneur (Cass. civ. 24-6-1998 : DA 1998.1387).

Par ailleurs, l'inobservation des formalités peut constituer un **motif grave et légitime de refus de renouvellement** sans indemnité d'éviction (n° 6459).

Le cédant qui n'a pas accompli les formalités peut être condamné à **réparer** le préjudice subi par le **cessionnaire** (Cass. com. 26-1-1966 : GP 1966.1.303). La responsabilité peut également être partagée entre le cédant et le cessionnaire (Cass. civ. 24-10-1968 : JCP G 1969.II.15951 obs. Boccara) ou mise à la charge du rédacteur de l'acte (Cass. civ. 16-6-1981 : JCP G 1981.IV.318 ; CA Paris 5-5-1987 : D. 1987.IR.145).

Le locataire peut toujours conclure une nouvelle cession régulière avec le même cessionnaire, car la première cession, inopposable au bailleur, ne l'a pas dépossédé de son droit (Cass. civ. 22-3-1995 : RJDA 6/95 n° 692 ; rappr. Cass. civ. 27-3-2002 : RJDA 6/02 n° 606).

EFFETS DE LA CESSION

5050 **Rapports entre les parties à la cession** La cession emporte dessaisissement du cédant au profit du cessionnaire et transfert à celui-ci le droit d'agir à l'encontre du bailleur cédé pour faire valoir tous les droits nés du contrat (Cass. civ. 18-7-1979 : Bull. civ. III p. 120).

Privé de lien de droit avec le bailleur, sauf s'il s'en est réservé, **le cédant** ne peut pas demander au bailleur, après la cession, le remboursement du coût des travaux imposés par l'administration et qui incombaient à ce dernier (Cass. civ. 18-7-1979 précité).

Sur la qualité de tiers à la cession du bailleur, n° 5030.

5053 **Rapports entre le bailleur et le cédant** Si la cession est régulière (nos 5030 s.), le cédant **ne peut être tenu** du paiement des loyers échus après la cession que s'il en a pris l'engagement (cf. Cass. civ. 15-1-1992 : GP 1992.654 note Barbier, écartant son engagement à défaut de stipulation de solidarité avec le cessionnaire).

Compte tenu de la diversité des formules rencontrées dans les actes de cession et des qualifications retenues par les juges (ci-dessous), il est recommandé aux parties, qui entendent faire garantir par le cédant, au moyen d'un cautionnement, les loyers dus par le cessionnaire, de qualifier expressément de cautionnement solidaire l'engagement du cédant, plutôt que de qualifier le cédant de garant solidaire ou de partie solidaire codébiteur du cessionnaire.

À défaut, l'interprétation retenue par les juges peut être contraire à l'intention du locataire-cédant ; il a été, par exemple, jugé que :

– son engagement de « garantir... les obligations résultant du bail lui-même » l'oblige solidairement (CA Montpellier 31-3-1994 : JCP G 1995.IV.160) ; mais sur le refus d'assimiler le terme de « garant » à celui de « caution solidaire » n° 50148 ;

– son engagement en tant que « garant solidaire » est assimilable à un cautionnement (CA Rouen 22-9-1993) mais aussi, à l'inverse, à un engagement de codébiteur solidaire et non de caution (CA Paris 13-6-2001 : JCP N 2002.1196 note Djigo ; CA Paris 20-4-2005 : JCP G 2005.IV.2722) ;

– son engagement de « rester garant et répondant solidaire du paiement des loyers » ne saurait s'analyser en un cautionnement (CA Paris 1-3-1990 : BRDA 12/90 p. 20 ; dans le même sens, Cass. civ. 26-11-1997 : BRDA 24/97 p. 7).

À notre avis, doit être tenu pour garant et non pour caution celui qui s'est engagé à garantir « les loyers » sans référence au cessionnaire, par transposition du critère jurisprudentiel utilisé pour distinguer le garant à première demande de la caution (n° 58000).

L'engagement qui garantit les loyers ne peut pas être étendu aux réparations locatives et aux indemnités d'occupation mises à la charge du cessionnaire (Cass. civ. 12-4-1995 : RJDA 7/95 n° 820 ; Cass. civ. 6-3-1996 : RJDA 6/96 n° 755).

Sauf stipulation contraire, la clause de garantie solidaire ne s'applique que pour le **bail initial** (Cass. civ. 7-3-2001 : RJDA 5/01 n° 562) et ne peut pas être maintenue en cas de renouvellement ou de résiliation (sur ce dernier cas : Cass. 3e civ. 28-9-2022 n° 21-22.377 FD). Mais elle joue jusqu'à l'expiration du bail tacitement prolongé (Cass. 3e civ. 5-6-2002 : RJDA 8-9/02 n° 863).

Sur une atténuation de l'obligation du cédant au motif que le bailleur avait attendu quinze mois avant de lui réclamer les loyers impayés : CA Paris 7-5-1991, 1e esp. : D. 1991.som.362 obs. Rozès.

Lorsque le cédant est en **procédure collective,** la clause qui prévoit l'engagement solidaire du cédant est réputée non écrite si la cession intervient pendant la période d'observation de la sauvegarde ou du redressement judiciaire (C. com. art. L 622-15 et R 631-14, al. 1) ou en dehors du plan de cession en cas de liquidation judiciaire (C. com. art. L 641-12, al. 5). Mais la clause de solidarité inversée, obligeant le cessionnaire à garantir le bailleur contre les défauts de paiement du cédant à la date de cession, reste valable (Cass. com. 27-9-2011 n° 10-23.539 : RJDA 4/12 n° 424) car elle n'est pas visée par les textes précités. En revanche, si la cession du bail intervient dans le cadre du plan de sauvegarde, de redressement ou du plan de cession de la liquidation judiciaire, seule la clause de solidarité inversée est réputée non écrite (art. L 642-7, al. 7, L 626-1, al. 3 et L 631-22).

Si l'obligation de garantie ne peut plus être assurée dans les termes de la convention, le tribunal peut y substituer toutes garanties qu'il juge suffisantes (C. com. art. L 145-16, al. 3). Aucun délai n'est prescrit pour la saisine du juge, qui peut intervenir à l'initiative de l'une ou l'autre des parties (Cass. 3e civ. 13-11-1997 : JCP 1997.IV.2519) et après la cession (CA Paris 19-3-2008 n° 06-17548 : RJDA 10/08 n° 990). Dès lors, le bailleur ne peut pas prétendre que l'omission, dans l'acte de cession du bail, de la mention de la clause de garantie solidaire mise à la charge du cédant est une irrégularité irréversible justifiant le refus de renouvellement sans indemnité d'éviction (Cass. 3e civ. 15-9-2010 n° 09-14.519 : RJDA 1/11 n° 17).

Le cédant d'un fonds de commerce n'est pas garant de l'indemnité d'occupation due par le cessionnaire après la résiliation du bail, sauf engagement en ce sens (Cass. 3e civ. 28-10-2009 n° 08-16.826 : RJDA 2/10 n° 129).

La caution qui garantit au bailleur le paiement des dettes nées « du bail » sans viser expressément les dettes du locataire cédant ce bail, demeure néanmoins obligée envers le bailleur en cas de défaut de paiement par le cessionnaire (CA Versailles 5-11-2013 n° 12/03839 : RJDA 3/14 n° 271 som.).

Le bailleur doit informer le cédant de tout défaut de paiement du locataire dans le délai d'un mois à compter de la date à laquelle la somme aurait dû être acquittée par celui-ci (C. com. art. L 145-16-1). Il ne peut invoquer cette garantie que durant trois ans à compter de la cession (C. com. art. L 145-16-2 ; sur la non-application immédiate de cette disposition aux contrats en cours, Cass. 3e civ. 11-4-2019 n° 18-16.121 FS-PBI : RJDA 6/19 n° 410).

La loi ne sanctionnant pas expressément ce défaut d'information, il revient au seul juge du fond d'apprécier les conséquences qu'il convient de tirer du manquement allégué à l'égard du cédant (CA Lyon 3-4-2018 n° 17/04807 : GP 2018 n° 26 p. 70 note Chastagnier). Il a été ainsi jugé que le bailleur se trouvait alors privé de son recours en paiement total ou partiel (CA Aix-en-Provence 10-6-2021 n° 18/12850, 2e esp. : RJDA 4/22 n° 189.) mais aussi, à l'inverse, que le cédant était tenu des loyers impayés même si le bailleur ne l'avait informé que quatre mois après la survenance des impayés (CA Pau 13-4-2021 n° 20/01042, 1e esp. : RJDA 4/22 n° 189).

Rapports entre le bailleur et le cessionnaire Le cessionnaire devient locataire et doit exécuter les obligations résultant du bail, sauf accord particulier convenu avec le bailleur (cf. CA Paris 26-5-1992 : RJDA 11/92 n° 995). 5056

Le cessionnaire doit notamment, à défaut d'accord du bailleur, respecter la destination des lieux ; ainsi, son bail demeure soumis au statut même s'il cesse d'exploiter un fonds de commerce dans le local loué et s'y livre à une activité civile (CA Rouen 17-12-1987, rejetant l'application des règles de la surface corrigée propres aux baux professionnels) ; il encourt la résiliation du bail s'il n'a pas fait disparaître une construction irrégulière édifiée par le cédant (Cass. civ. 11-5-1999 : RJDA 7/99 n° 767 ; rappr. Cass. 3e civ. 30-1-2002 : RJDA 4/02 n° 362).

En cas d'annulation de la cession du fonds de commerce et, partant, du bail, le cessionnaire doit une indemnité d'occupation dès lors qu'il a eu la jouissance des lieux (Cass. 3e civ. 24-6-2009 n° 08-12.251 : RJDA 10/09 n° 818). La prescription de l'action en restitution de la contrepartie en valeur de la jouissance des lieux ne peut courir avant le prononcé de la nullité du bail (Cass. 3e civ. 14-6-2018 n° 17-13.422 FS-PBI : RJDA 11/18 n° 798 : à propos d'un bail d'habitation mais transposable par analogie).

En cas de cessions successives du bail, celles-ci opèrent transmission des obligations en résultant au dernier titulaire du contrat qui devient débiteur envers le bailleur des dégradations causées par ses prédécesseurs (Cass. 3e civ. 9-7-2003 n° 900 : RJDA 10/03 n° 926).

Toutefois, la responsabilité du dernier cessionnaire dans le déficit d'entretien uniquement imputable à la faute des précédents preneurs ne peut pas être sanctionnée par la résiliation du bail (Cass. 3e civ. 30-6-2010 n° 09-13.754 : RJDA 11/10 n° 1042), à condition que le juge du fond ait recherché si le cessionnaire n'était pas tenu lui-même d'exécuter l'obligation dénoncée et si ses propres agissements ont été conformes aux clauses du bail (Cass. 3e civ. 8-10-2015 n° 14-13.179 : RJDA 1/16 n° 9).

Ce cessionnaire ne répond pas, sauf clause contraire du bail ou de l'acte de cession, des loyers laissés impayés par le cédant (CA Paris 23-11-1982 : GP 1983.som.108 note Brault).

Sur le droit du cessionnaire au renouvellement, n° 5618. Sur le sort de la clause rendant le cessionnaire solidaire du locataire en cas de cession du bail dans le cadre de la procédure collective de celui-ci, voir n° 5053.

G. Formalités

5060 Lorsque les notifications entre bailleur et locataire sont effectuées par **lettre recommandée** avec demande d'avis de réception, la date de notification à l'égard de celui qui y procède est celle de l'expédition de la lettre et, à l'égard de celui à qui elle est faite, la date de première présentation de la lettre ; lorsque la lettre n'a pas pu être présentée à son destinataire, la démarche doit être renouvelée par acte extrajudiciaire (C. com. art. R 145-38).

Lorsque le congé concerne un bail conclu avant l'entrée en vigueur de cette disposition issue du décret 2016-296 du 11 mars 2016, la date de la notification est fixée par application de l'article 668 du Code de procédure civile (Cass. 3e civ. 16-3-2023 n° 21-22.240 FSB : RJDA 6/23 n° 300).

III. FIN DU BAIL

CAUSES D'EXTINCTION DU BAIL

5150 Le bail prend fin pour des causes diverses : arrivée du terme, achat du local loué par le preneur, refus de renouvellement, annulation, résiliation ou résolution.

Le bail dérogatoire cesse de plein droit à l'expiration du terme fixé, lorsqu'il a été conclu par écrit, sans qu'il soit nécessaire de donner congé (Cass. 3e civ. 8-4-2021 n° 19-24.672 F-D).

Sur le sens nouveau des qualifications « résiliation » et « résolution » depuis le 1er octobre 2016 (sur cette date, n° 10000), nos 15470 s.

Ne sont examinés ci-après que la résiliation et la résolution, l'expiration pour survenance du terme et l'achat de l'immeuble loué par le preneur qui obéissent à des règles spécifiques.

A. Rupture du bail

RÉVOCATION MUTUELLE

5190 Comme tout contrat, en l'absence de disposition contraire, les parties peuvent convenir de mettre fin au bail d'un commun accord (nos 15445 s.). Cet accord ne résulte pas de la simple remise des clés au bailleur et de la présence de son représentant lors de l'état des lieux de sortie. Ces éléments n'établissent pas sa volonté certaine et non équivoque d'accepter la résiliation anticipée du bail commercial, telle celle invoquée par le locataire qui avait donné congé à son bailleur un 30 mars pour le 30 septembre suivant, mais qui lui avait remis les clés dès le 16 avril (CA Versailles 4-11-2014 n° 13/01962 : RJDA 4/15 n° 238 som.).

RÉSILIATION UNILATÉRALE PAR CHAQUE PARTIE

Dénonciation par le locataire Le locataire peut donner congé à l'**expiration de chaque période triennale** au moins six mois à l'avance par lettre recommandée avec demande d'avis de réception ou par acte extrajudiciaire (C. com. art. L 145-4, al. 2 ; Cass. 3e civ. 24-10-2019 n° 18-24.077 FS-PBI : RJDA 1/20 n° 7) qui n'est valable que s'il est adressé au bailleur (CA Paris 2-12-2015 n° 13/20706 : RJDA 6/16 n° 427). 5200

Ce délai ne peut pas bénéficier de la prorogation pour expiration un samedi, un dimanche ou un jour férié ou chômé (CPC art. 642, al. 2) car cette prorogation ne s'applique que lorsqu'un acte ou une formalité doit être accompli avant l'expiration d'un délai (Cass. 3e civ. 8-3-2018 n° 17-11.312 P : RJDA 5/18 n° 397). Sur l'application de cette disposition aux contrats en cours, Rép. min. n° 93154 : JOAN Q 31 mai 2016 p. 4684.

Si le congé est donné à une date ne permettant pas le respect du délai minimal de préavis légal, il ne prend effet qu'à la période triennale suivante (Cass. 3e civ. 7-7-1975 n° 74-11.090 : Bull. civ. III n° 238 ; CA Paris 11-9-2019 n° 17/22800).

En cas de non-respect des conditions de forme, le congé est nul (Cass. 3e civ. 13-12-2000 n° 1680 FS-PB : RJDA 3/01 n° 280). Les loyers restent donc dus non pas pour la période triennale suivante mais jusqu'au terme du bail (Cass. civ. 10-11-1999 : GP 2000.som.1192 obs. Barbier).

Les baux conclus pour une durée supérieure à neuf ans, les baux des locaux construits en vue d'une seule utilisation, les baux des locaux à usage exclusif de bureaux et ceux des locaux de stockage mentionnés au 3° du III de l'article 231 ter du Code général des impôts peuvent comporter des stipulations contraires (C. com. art. L 145-4, al. 2). Dans ces cas, il reste possible, comme il avait été jugé à propos de l'article L 145-4, al. 2 dans sa version antérieure qui comportait la réserve d'une convention contraire (Cass. civ. 21-6-1995 : RJDA 8-9/95 n° 943), de mettre une indemnité à la charge du locataire qui use de la faculté de résilier à l'expiration d'une période triennale.

Lorsque le locataire a demandé à bénéficier de ses droits à la retraite du régime social auquel il est affilié ou a été admis au bénéfice d'une pension d'invalidité attribuée dans le cadre de ce régime social, il peut **donner congé à tout moment** pendant le cours du bail sans attendre l'expiration d'une période triennale (C. com. art. L 145-4, al. 4). Le congé doit alors être notifié au moins six mois à l'avance par lettre recommandée avec demande d'avis de réception ou par acte extrajudiciaire (même art.).

Sur la fixation de la date d'une notification effectuée par lettre recommandée AR, n° 5060.

Dénonciation par le bailleur Le bailleur peut résilier le bail à l'**expiration** d'une **période de trois ans** pour construire, reconstruire ou surélever l'immeuble, réaffecter le local d'habitation accessoire à cet usage, transformer à usage principal d'habitation un immeuble existant par reconstruction, rénovation ou réhabilitation ou y exécuter des travaux prescrits ou autorisés dans le cadre d'une opération de restauration immobilière (C. com. art. L 145-4, al. 3 ; nos 6476 s.). Le congé doit être donné dans les formes et délai de l'article L 145-9 du Code de commerce (nos 5306 s.). 5203

Sanction des clauses contraires Les clauses qui méconnaissent le droit des parties à résilier unilatéralement le bail sont réputées non écrites (C. com. art. L 145-15) ; pour une application à la clause prévoyant une révision annuelle à l'initiative du bailleur qui n'est pas une clause d'échelle mobile au fonctionnement automatique, CA Paris 19-12-2018 n° 17/07428 : GP 2019 n° 26 p. 8. 5206

RÉSILIATION POUR IMPOSSIBILITÉ D'EXÉCUTION DU BAIL

Perte de la chose La **destruction totale** par **cas fortuit** de la chose louée entraîne la **résiliation de plein droit** du bail (C. civ. art. 1722). 5210

Il y a perte lorsque la chose louée : est devenue impropre à l'exploitation prévue au bail (Cass. 3e civ. 8-2-2018 n° 17-11.439 P : RJDA 5/18 n° 398 ; CA Versailles 27-2-2020 n° 18/02634 : RJDA 7/20 n° 354) ; ne peut pas être conservée sans dépenses excessives (Cass. civ. 12-6-1991 : RJDA 8-9/91 n° 691), les dépenses à considérer étant celles qui sont nécessaires à la réalisation de la destination contractuelle du bail (Cass. civ. 4-11-1998 : RJDA 12/98 n° 1329) ; est en ruine à condition que cet état ne soit pas imputable au bailleur (dû par exemple à un défaut d'entretien, Cass. civ. 30-9-1998 : Bull. civ. III n° 177) ; a été l'objet d'une décision administrative empêchant le locataire d'user des lieux loués conformément à leur destination (Cass. civ. 20-1-1988 : Bull. civ. III p. 6 ; CA Dijon 29-9-2009 n° 08-2140 : RJDA 11/10 n° 1039).

En cas de **destruction partielle,** le preneur, s'il n'a pas opté pour la diminution du loyer (n° 4721), peut demander, suivant les circonstances, la résiliation (C. civ. art. 1722), option à laquelle il peut renoncer par avance et accepter dans le contrat de bail que la résiliation du bail interviendra de plein droit (Cass. 3e civ. 17-12-2015 n° 14-23.385 : JCP E 2016 note Monéger). Le droit de demander la résiliation n'appartient qu'au preneur (Cass. civ. 1-2-1995 : RJDA 4/95 n° 409). En cas d'impossibilité totale d'exploitation de quelques mois due à un incendie, le preneur a aussi droit à la résiliation (Cass. civ. 6-3-1996 : RJDA 6/96 n° 753).

Le droit de demander la résiliation n'appartient qu'au preneur (Cass. civ. 1-2-1995 : RJDA 4/95 n° 409). Mais le bailleur peut se prévaloir de la clause résolutoire prévue au bail pour destruction partielle et ce, sans avoir au préalable à délivrer au locataire le commandement requis pour la mise en œuvre de la clause résolutoire en cas d'inexécution d'une obligation du bail (Cass. 3e civ. 14-10-2009 n° 08-14.926 : RJDA 1/10 n° 7 ; sur ce commandement, n° 5229).

La destruction totale ou partielle ne donne lieu à aucun **dédommagement au profit du locataire** (C. civ. art. 1722), notamment en indemnisation de la perte d'exploitation ou de la chance de vendre le fonds de commerce (CA Rennes 29-9-2004 n° 02-3321 : Bull. inf. C. cass. 2005 n° 541). Le locataire peut demander la restitution des loyers payés d'avance pour privation de jouissance due à la perte de la chose, cette demande n'étant pas une demande d'indemnité prohibée (Cass. civ. 1-4-1998 : Bull. civ. III n° 76).

Sur la perte du droit à indemnité d'éviction en cas de résiliation du bail, n° 6300.

Le bail est aussi résilié en cas de destruction survenue par la **faute** de l'une des parties ; des dommages-intérêts peuvent être mis à la charge de celle des parties déclarée responsable de cette perte (Cass. civ. 4-4-2001 : RJDA 6/01 n° 664). Le locataire qui invoque la faute du bailleur doit la prouver (Cass. civ. 28-5-1997 : RJDA 7/97 n° 884). Il peut demander l'indemnisation des troubles de jouissance qu'il subit du fait de la communication d'un incendie qui s'est déclaré dans les locaux d'un colocataire et dont la cause n'est pas déterminée, car cet incendie ne caractérise pas un cas fortuit et le bailleur est responsable envers les autres locataires des troubles de jouissance dus à ce fait (Cass. 3e civ. 12-7-2018 n° 17-20.696 F-PBI : RJDA 10/18 n° 704).

Pour la période comprise entre le sinistre et la libération des lieux par le locataire dont le bail est résilié, le bailleur n'a droit à aucune indemnité d'occupation puisque le locataire a été privé de la jouissance du local loué (Cass. 3e civ. 23-1-2020 n° 18-15.246 D).

5213 **Résiliation conventionnelle** Certains baux peuvent contenir une clause prévoyant leur résiliation en cas de survenance d'événements déterminés (vente de l'immeuble par exemple ; sur cette résiliation, nos 15505 s.). Dans cette hypothèse, pour un bail soumis au **statut,** la résiliation ne peut intervenir **qu'au-delà** de la durée de **neuf ans** et par l'effet d'une notification faite six mois à l'avance et pour le dernier jour du trimestre civil ; cette notification doit mentionner la réalisation de l'événement prévu au contrat (C. com. art. L 145-9, al. 3).

RUPTURE POUR INEXÉCUTION DES OBLIGATIONS RÉSULTANT DU BAIL

5220 **Clause résolutoire de plein droit** La mise en œuvre de la clause résolutoire de plein droit prévue dans le bail (n° 4653) obéit aux règles suivantes.

5223 **1. Règles du droit commun.** La clause doit être invoquée dans les conditions du droit commun (nos 15556 s.), compte tenu des observations complémentaires ci-après :

– elle ne peut être invoquée que par **celui en faveur de qui elle est stipulée** ; le seul fait pour le bailleur bénéficiaire de la clause de délivrer un commandement au locataire ne suffit pas à considérer qu'il a entendu se prévaloir de la clause (Cass. 3e civ. 2-10-2012 n° 11-24.222 : RJDA 4/13 n° 299, refusant au locataire le droit d'agir en constat de la résiliation) ; le locataire peut se prévaloir de la clause qui n'est pas stipulée dans l'intérêt exclusif du bailleur (Cass. 3e civ. 6-9-2018 n° 17-22.767 D) ;

– elle ne joue que pour les manquements visés (Cass. 3e civ. 6-3-2013 n° 12-12.200, 1e esp. : RJDA 7/13 n° 589), ce qui peut inclure le défaut de paiement de l'indemnité d'occupation par le preneur qui se maintient dans les lieux dans l'attente du paiement de l'indemnité d'éviction (Cass. 3e civ. 27-11-2012 n° 11-19.422, 2e esp. : RJDA 7/13 n° 589) ;

Les manquements invoqués ne doivent pas être prescrits (Cass. com. 24-5-2017 n° 16-16.541 F-D), ni être antérieurs au renouvellement du bail (Cass. 3e civ. 1-2-2018 n° 16-29.054 D : RJDA 4/18 n° 304).

– elle ne doit pas être invoquée de **mauvaise foi** par son bénéficiaire ; il en est ainsi de la part du bailleur lorsqu'il est à l'origine du manquement qu'il reproche au locataire (Cass. civ. 28-9-1982 : Loyers 1983 n° 21) ou lorsqu'il délivre un commandement dans des conditions telles qu'il est impossible au locataire d'y satisfaire (Cass. 3e civ. 15-12-1976 : Bull. civ. III n° 465 ; Cass. civ. 9-10-1984 : GP 1985.pan.19 ; cf. Cass. civ. 5-6-1991 : RJDA 8-9/91 n° 692) ou de façon prématurée (Cass. 3e civ.18-9-2012 n° 11-23.051 : RJDA 12/12 n° 1049 som.) ;

Lorsque le locataire le lui demande, le juge doit rechercher si la clause résolutoire a été mise en œuvre de bonne foi par le bailleur (Cass. 3e civ. 1-2- 2018 n° 16-28.684 FD).

La mauvaise foi du bailleur s'apprécie au regard de chacun des griefs qu'il invoque, et le fait qu'un manquement soit invoqué de mauvaise foi ne prive pas la mise en demeure de tout effet (Cass. 3e civ. 23-5-2012 n° 11-14.456 : RJDA 10/12 n° 832). Sur une absence de mauvaise foi, Cass. 3e civ. 5-3-2013 n° 11-27.773.

– peu importe que le manquement soit **minime** (n° 15568) ou qu'il ne porte **pas préjudice** au bailleur (Cass. civ. 11-7-1977 n° 76-10.165 : Bull. civ. III n° 306), le juge n'ayant pas à apprécier la gravité du manquement (Cass. 3e civ. 5-10-2017 n° 15-25.018 F-D : RJDA 4/18 n° 303) ; le bailleur peut notamment, en cas de défaut de paiement du loyer, délivrer le commandement de payer dès le terme révolu sans égard à la tolérance d'usage admettant le paiement du loyer jusqu'au quinzième jour suivant l'expiration du terme (CA Paris 9-7-1991 : JCP E 1991.pan.954) ;

– le locataire peut se prévaloir d'un cas de **force majeure** ; mais des raisons de santé ou le décès du preneur ne font pas obstacle au jeu de la clause résolutoire (Cass. civ. 5-3-1980 : Loyers 1980 n° 225 ; CA Paris 15-12-1984 : D. 1984.IR.99 ; contra CA Paris 12-3-1985 : Loyers 1985 n° 244) ni l'occupation irrégulière des lieux par des squatteurs si le locataire ne prouve pas avoir usé de tous les moyens légaux pour s'y opposer (Cass. civ. 29-3-1995 : RJDA 6/95 n° 693) ;

– le bailleur peut **renoncer** à invoquer la **clause résolutoire** stipulée dans son intérêt, même après la délivrance d'un commandement visant la clause résolutoire ; tant qu'il n'a pas été statué sur sa demande par une décision passée en force de chose jugée, il peut décider de renoncer (CA Paris 21-9-2022 n° 19/21402), par exemple, en acceptant le principe du renouvellement plus d'un mois après avoir délivré le commandement (Cass. 3e civ. 11-5-2022 n° 19-13.738 FS-B : RJDA 8-9/22 n° 461) ;

– la perception de loyers ne vaut **pas** nécessairement **renonciation** du bailleur à invoquer la clause (Cass. civ. 16-10-1984 : GP 1985.pan.35), ni une demande du bailleur en révision du loyer (Cass. civ. 8-12-1965 : Bull. civ. II p. 202), ni le renouvellement du bail moyennant un certain loyer, sans exprimer de réserve quant à l'issue d'une procédure en cours devant la Cour de cassation ni exprimer de motif qui soit de nature à empêcher ce renouvellement, alors que l'infraction au bail n'a disparu que postérieurement à l'expiration du délai judiciairement octroyé en suspension de la résolution (Cass. 3e civ. 5-6-2002 : RJDA 8-9/02 n° 862, 2e esp.), ni le seul écoulement du temps, en l'espèce cinq ans avant de demander l'expulsion du locataire (Cass. 3e civ. 19-3-2008 n° 07-11.194 : RJDA 6/08 n° 610).

Sur l'application de la clause de résiliation postérieurement à l'expiration du bail en cas de **maintien du locataire dans les lieux**, n° 6383.

Dans le cadre de la crise due à l'épidémie de **Covid-19**, il a été jugé que l'action du bailleur en constatation de l'acquisition de la clause résolutoire pour non-paiement des loyers du 3e trimestre 2020 se heurtait à une contestation sérieuse, la crise sanitaire imposant d'examiner les modalités d'exécution de l'obligation de payer au regard de l'exigence de bonne foi et des dispositions sur l'imprévision (TJ Paris réf. 21-1-2021 n° 20/55750 : RJDA 6/21 n° 371) et que l'interdiction des sanctions contre les locataires commerciaux pour non-paiement de loyers échus pendant la période protégée ne s'applique pas à la clause résolutoire acquise avant cette période, dont la suspension était conditionnée au respect des délais fixés par le juge (Cass. 3e civ. 15-6-2023 n° 21-23.902 FS-B : RJDA 1/24 n° 10).

2. Suspension de la clause. Quoique résolutoire de plein droit, et **quel que soit le manquement** invoqué par le bailleur, la clause ne peut produire effet qu'après un commandement infructueux et qu'après expiration d'un délai de grâce accordé, le cas échéant, par le juge saisi dans les conditions et les formes de l'article 1343-5 du Code civil (n° 50506), tant que la résiliation n'est pas constatée ou prononcée par une décision de justice ayant acquis l'autorité de la chose jugée (C. com. art. L 145-41). Néanmoins, il a été jugé que le délai de grâce peut être demandé tant que la résiliation du bail n'est pas constatée par une décision passée en force de chose jugée (Cass. 3e civ. 3-6-2021 n° 20-14.677 F-D), ce qui est manifestement ajouter à la loi car l'acquisition de la force de chose jugée vient après celle de l'autorité de la chose jugée. **5226**

Cette disposition joue dans les conditions suivantes.

a. Le commandement d'exécuter doit être délivré en tout état de cause, même si la situation créée par le manquement du locataire présente un caractère irréversible (Cass. civ. 19-2-1997 : RJDA 4/97 n° 479), par le bailleur (Cass. civ. 25-3-1992 : RJDA 8-9/92 n° 808) au locataire (Cass. civ. 8-12-1993 : Bull. civ. III p. 107) par acte extrajudiciaire et mentionner le délai d'un mois imparti au locataire pour s'exécuter ainsi que le point de départ de ce délai (C. com. art. L 145-41, al. 1 ; Cass. civ. 6-3-1996 : RJDA 6/96 n° 756 ; Cass. 3e civ. 21-12-2017 n° 16-10.583 FS-PBI : RJDA 4/18 n° 302 : délivrance d'une lettre recommandée ne valant pas acte extrajudiciaire), ou le délai contractuel stipulé s'il est plus long (CA Grenoble 4-2-2016 n° 15/04629 : RJDA 8-9/16 n° 600). Toute clause prévoyant un délai inférieur, qui était nulle (Cass. com. 11-6-1991 : RJDA 7/91 n° 572 ; Cass. 3e civ. 8-12-2010 n° 09-16.939 : RJDA 4/11 n° 289) jusqu'au 20 juin 2014, est, depuis, réputée non écrite (C. com. art. L 145-15 modifié). **5229**

Dans la mesure où les dispositions de l'article L 145-41 susvisé précisent simplement que le commandement doit, à peine de nullité, mentionner le délai d'un mois, ces dispositions n'ont pas à être littéralement reproduites ; il suffit que ce délai soit bien rappelé (CA Paris 16-2-2023 n° 22/14002).

Les juges n'ont pas à vérifier d'office la régularité du commandement (Cass. civ. 12-6-1996 : RJDA 11/96 n° 1305).

Aucune autre **forme** n'est imposée. Mais le commandement doit indiquer de manière précise les manquements auxquels il doit être remédié (Cass. civ. 20-3-1996 : RJDA 6/96 n° 758). Ceux-ci doivent être relatifs aux lieux loués (Cass. civ. 24-3-1993 : RJDA 6/93 n° 481) et affecter les obligations prévues au bail (Cass. 3e civ. 19-5-2004 n° 589 : RJDA 8-9/04 n° 953 : refus de la résolution pour défaut d'exploitation, celle-ci n'étant pas imposée par le bail).

Le montant des loyers dus doit figurer au commandement (Cass. civ. 6-1-1982 : Loyers 1982 n° 140) mais la mention d'une somme supérieure à la dette véritable n'emporte pas la nullité du commandement, quelle que soit l'importance de la disproportion (Cass. civ. 5-2-1992 : RJDA 4/92 n° 317).

À défaut de suspension de la clause résolutoire (n° 5232), la **résolution** n'intervient qu'un mois au moins après le commandement d'exécuter demeuré infructueux. Il appartient au bailleur d'établir la persistance de l'infraction aux clauses du bail après l'expiration du délai de mise en demeure (Cass. civ. 13-11-1997 : RJDA 1/98 n° 25 ; Cass. 3e civ. 20-5-2021 n° 20-12.533 F-D : RJDA 8-9/21 n° 553).

Le **paiement** dans le **délai** imparti doit être fait au bailleur ou à la personne désignée pour recevoir le paiement (C. civ. art. 1342-2, al. 1 ; cf. Cass. civ. 5-3-1997 : RJDA 5/97 n° 616). En cas de paiement par voie postale, c'est la date de réception du titre de paiement par le bailleur ou son mandataire qui doit être prise en considération (CA Versailles 21-2-1983 : Quot. jur. 14-1-1984).

Le paiement fait par la caution du locataire interdit au bailleur de se prévaloir de la clause résolutoire (CA Colmar 15-11-2010 n° 09-03606 : PA 2011 n° 83 p. 10 note Perrin, solution reposant sur l'ex-art. 1236 du Code civil tenant pour libératoire le paiement par la caution, transposable à l'article 1342-1 nouveau qui prévoit que le paiement peut être fait par toute personne, n° 50085).

5232 **b. Suspension de la clause par octroi de délais.** Lorsque le juge a accordé des délais d'exécution ou a suspendu les effets de la clause résolutoire, celle-ci ne joue pas si le locataire se libère dans les conditions fixées par le juge (C. com. art. L 145-41, al. 2) ; elle ne joue pas non plus si une procédure collective est ouverte alors que la procédure en constatation du jeu de la clause est en cours, en raison de la suspension des poursuites qui résulte de cette ouverture (Cass. 3e civ. 9-1-2008 n° 06-21.499 : RJDA 4/08 n° 381).

La clause résolutoire n'est pas acquise, même si le locataire n'a pas respecté au terme du délai imparti les causes du commandement, dès lors qu'il règle sa dette en cours de procédure, les juges du fond pouvant lui accorder des délais à l'audience et en déduire que la clause a cessé de produire ses effets (Cass. 3e civ. 13-9-2011 n° 10-24.862 : RJDA 1/12 n° 13 ; dans le même sens, Cass. civ. 20-4-1977 : Bull. civ. III p. 132 ; CA Paris 20-12-1983 : Rev. loyers 1984.91).

Mais les juges ne peuvent rejeter la demande de constatation d'acquisition de la clause au motif que le preneur a régulièrement formé opposition au commandement, alors qu'ils n'ont ni octroyé de délais ni constaté qu'il en a été accordé (Cass. 3e civ. 8-4-2010 n° 09-11.292 : Bull. civ. III n° 78) ; ils ne peuvent pas non plus suspendre les effets de la clause sans accorder de délais au preneur (Cass. 3e civ. 7-12- 2004 n° 03-18.144 : Bull. civ. III n° 224 ; CA Lyon 15-1-2019 n° 18/04538 : GP 2019 n° 11 p. 85 note Chastagnier).

L'exécution immédiate de l'ordonnance constatant l'acquisition de la clause résolutoire peut être suspendue si elle a des conséquences manifestement excessives (CA Douai 29-6-2023 n° 23/00055).

Le **locataire** doit obligatoirement invoquer le bénéfice des délais, au moins implicitement (Cass. 3e civ. 18-5-2010 n° 09-66.848 : RJDA 8-9/10 n° 829).

Une demande de consignation des fonds litigieux ne peut être considérée comme valant une demande implicite de délai (Cass. civ. 10-11-1982 précité).

La demande de délais peut être présentée après expiration du délai fixé au commandement (Cass. civ. 7-1-1998 : RJDA 3/98 n° 266). Elle peut être formulée pour la première fois en appel et par demande reconventionnelle (Cass. civ. 16-2-2011 n° 10-14.945 : D. 2011.677.som. obs. Rouquet) et peut intervenir jusqu'à la décision de la cour (Cass. civ. 9-5-1979 : JCP G 1979.IV.224). Le locataire peut solliciter en appel un délai plus long que celui accordé par le premier juge (CA Paris 22-12-1983 : Loyers 1984 n° 97).

La demande doit être formée dans les formes et conditions prévues à l'article 1343-5 du Code civil (C. com. art. L 145-41, al. 2 ; n° 50506).

Sur l'absence de droit des créanciers inscrits à formuler une demande, n° 5272.

Les juges du fond disposent d'un **pouvoir discrétionnaire pour refuser de suspendre** les effets de la clause résolutoire (Cass. com. 13-12-2005 n° 1632 : RJDA 4/06 n° 391) et d'un pouvoir souverain pour accepter la demande de suspension (Cass. 3e civ. 27-10-1993 n° 1539 : RJDA 12/93 n° 1006). Ils doivent se prononcer en fonction des critères posés par l'article 1343-5 du Code civil, en considération de la position du locataire et des besoins du bailleur (pour un exemple d'octroi d'un délai fondé sur la bonne foi du locataire, Cass. civ. 19-5-1999 : RJDA 7/99 n° 765 ; sur la censure de l'arrêt rejetant la demande de délai faute de préciser les éléments de preuve de la persistance du manquement au terme du délai imparti par le commandement, Cass. 3e civ. 24-10-2019 n° 18-20.317 F-D).

Les juges ne peuvent pas suspendre une clause de résiliation du bail et dire que celle-ci ne pourra pas jouer car le locataire a apuré sa dette lorsqu'ils n'ont pas au préalable accordé des délais de paiement au locataire (Cass. 3e civ. 25-5-2023 n° 22-11.315 F-D).

Considérant comme essentielle l'obligation de payer le loyer, les juges refusent de suspendre la clause sur le fondement de l'exception d'inexécution dont se prévaut le locataire pour manquement du bailleur à ses propres obligations (Cass. civ. 20-11-1979 : GP 1980.pan.122 et Cass. civ. 10-11-1982 précité : inexécution par le bailleur de travaux de réparation), à moins que le preneur ne puisse pas jouir des lieux conformément à leur destination (n° 4575). A été aussi considéré comme non réparable le défaut de conclusion de l'assurance prévue par le bail (CA Paris 2-7-1991 : BRDA 23/91 p. 14).

L'octroi de délais de grâce entraîne nécessairement la suspension des effets de la clause résolutoire (Cass. civ. 6-11-1983 : Rev. loyers 1984.45 ; CA Versailles 9-11-2017 n°s 17/00530 et 17/04040 : GP 2018 n° 11 p. 80 note Chastagnier).

Lorsque la résiliation du bail a été prononcée en référé, le locataire peut saisir le juge du fond en suspension de la clause même si les conditions de mise en œuvre de cette dernière n'ont pas été contestées devant ce juge, la décision de référé n'ayant pas autorité de chose jugée au principal même dans ce cas (Cass. civ. 6-3-1996 : RJDA 6/96 n° 854). Mais le juge du fond ne peut accorder de nouveaux délais dès lors que les délais accordés par l'ordonnance de référé n'ont pas été respectés (Cass. 3e civ. 15-10-2008 n° 07-16.725 : RJDA 12/08 n° 1227).

Dès lors que l'ordonnance de référé est passée en force de chose jugée et en l'absence de décision contraire statuant au principal, le bailleur ne peut plus, en cas de non-respect par le locataire des délais de paiement conditionnant la suspension des effets de la clause résolutoire, demander unilatéralement l'exécution du bail résilié (Cass. 3e civ. 22-10-2020 n° 19-19.542 FS-PBI : RJDA 1/21 n° 7).

c. Expiration des délais de suspension. Au terme des délais accordés par le juge : **5235**

– de nouveaux délais ne peuvent pas être accordés au principal dès lors que le locataire n'a pas satisfait aux obligations de l'ordonnance (Cass. 3e civ. 2-4-2003 n° 485 : RJDA 7/03 n° 700) ;

– le bail est maintenu si le locataire s'est libéré dans les conditions fixées par le juge (C. com. art. L 145-41, al. 2) ;

– si ces conditions n'ont pas été respectées, le bénéfice de la clause résolutoire est acquis au bailleur (Cass. com. 11-1-1994 : RJDA 6/94 n° 630) à l'expiration du délai imparti par le commandement (Cass. civ. 8-12-1999 : RJDA 2/00 n° 136), sauf respect du commandement à l'audience (n° 5232), et peu important que le bailleur soit de bonne ou mauvaise foi (Cass. 3e civ. 26-10-2023 n° 22-16.216 FS-B : BRDA 22/23 inf. 14) ; si des créanciers sont inscrits sur le fonds exploité dans les lieux (n°s 3400 s.), le bailleur ne peut leur opposer la résiliation du bail que s'il leur a **notifié** celle-ci (n°s 5269 s.) ; un paiement postérieur aux échéances de règlement fixées par l'ordonnance ayant accordé les délais, même portant sur l'ensemble des sommes dues, est inopérant (Cass. civ. 26-10-1977 n° 76-14.680 : Bull. civ. III n° 359 ; toutefois, CA Versailles 23-11-1988 : GP 1989.som.122), comme l'est le paiement non parvenu au bailleur dans le délai imparti bien qu'il ait été fait par le locataire mais sans avoir été viré sur le sous-compte de l'avocat mandataire du bailleur (Cass. 3e civ. 26-5-2009 n° 08-15.772 : RJDA 8-9/09 n° 706).

d. Effets de la clause résolutoire. La clause résolutoire ne produit ses effets, si son application a été contestée, que du jour où une décision passée en force de chose jugée l'a admise. À compter de la date d'acquisition de la clause résolutoire, le bail est résilié et ne peut plus être l'objet d'une nouvelle résiliation pour la même cause, le preneur peut être expulsé et n'est plus tenu au paiement des loyers (Cass. 3e civ. 29-9-2010 n° 09-13.922 : RJDA 2/11 n° 117) ; mais le preneur et sa caution sont tenus au paiement des sommes restant dues à l'expiration du délai imparti par le commandement (Cass. civ. 11-5-1995 : RJDA 10/95 n° 1134). **5238**

La décision de référé constatant l'acquisition de la clause résolutoire n'ayant pas autorité de chose jugée au principal, le juge du fond peut être saisi d'une demande de résolution du bail pour défaut de délivrance de la chose louée (Cass. 3e civ. 2-12-2014 n° 13-23.019 : PA 2018 n° 157 p. 12 note Gamleu Kameni).

Par l'effet de l'acquisition de la clause résolutoire pendant la période de maintien dans les lieux, le preneur perd son droit au bail, son droit à une créance d'indemnité d'éviction et, par conséquent, à une compensation à ce titre (CA Paris 10-5-2023 n° 19/07524 : GP n° 37 p. 59 : expulsion du preneur ainsi que de tout occupant de son chef dans le délai d'un mois à compter de la signification de l'arrêt).

Sur les effets de droit commun de la clause résolutoire, n° 15585.

Résolution unilatérale

5239 En principe, un contrat peut être résilié unilatéralement par une partie qui a le droit d'y procéder. Mais ce ne saurait être le cas dans le cadre du bail commercial du **bailleur** ou du **locataire** qui résoudrait unilatéralement le bail pour justes motifs en se référant aux dispositions de l'article 1226 du Code civil (n°s 15512 s.). En effet, la législation sur les baux commerciaux est d'ordre public, voire même d'ordre public de direction, si bien que la résiliation est strictement encadrée. Permettre la rupture du bail conformément à l'article 1226 précité conduirait à mettre fin au bail en violation du statut qui exige de la partie qui veut mettre fin au bail de recourir à la délivrance d'un congé (toutefois, CA Reims 10-5-2022 n° 21/00852 : RJDA 12/22 n° 675, qui admet par prétérition la rupture unilatérale pour justes motifs de droit commun).

En cas de pluralité de locataires, lorsque l'un d'eux a le droit de résilier le bail avant le terme, la seule volonté d'un locataire, sauf clause expresse, de résilier le bail ne peut suffire à mettre fin au contrat à l'égard des autres copreneurs, qui restent seuls obligés au paiement de l'intégralité du loyer (Cass. 3e civ. 15-12-2016 no 15-25.240 F-D : RJDA 3/17 no 159 ; Cass. 3e civ. 12-1-2017 no 15-23.686 F-D).

5241 **Résolution judiciaire** Le **bailleur** peut, sur le fondement du droit commun (nos 15600 s.), demander en justice la résolution du bail pour inexécution par le locataire de ses obligations.

Depuis le 1er octobre 2016 (sur cette date, no 10000), toute rupture demandée au juge et prononcée par lui est une résolution ; elle ne devient une résiliation que si les prestations échangées ne sont pas soumises à restitution (nos 15621 s.).

Il le peut, notamment :

– s'il a déjà délivré au locataire un congé avec refus de renouvellement sans indemnité d'éviction, tant pour des motifs visés ou non dans le congé et éventuellement postérieurs (Cass. 3e civ. 12-7-2011 no 10-19.047 : RJDA 1/12 no 19) et sans mise en demeure préalable bien que celle-ci soit requise pour soulever un motif grave de refus de renouvellement sans indemnité d'éviction (nos 6453 s.), car la demande de résiliation n'est pas soumise à une telle condition (Cass. civ. 4-5-2000 : RJDA 7-8/00 no 750) ;

– s'il a déjà adressé au locataire une mise en demeure visant la clause résolutoire, même en invoquant les manquements objet de cette mise en demeure (Cass. civ. 4-5-1994 no 92-11.196 P : JCP G 1995.II.22380 note Boccara) ;

– même après notification d'un congé avec offre d'indemnité d'éviction, dès lors que le locataire n'a pas respecté ses obligations (CA Versailles 27-1-1994 : RJDA 7/94 no 789) ;

– s'il a accepté le renouvellement du bail, à condition d'invoquer des manquements postérieurs au renouvellement (Cass. 3e civ. 20-5-2021 no 19-26.021 FS-D : RJDA 8-9/21 no 554).

La résolution a été par exemple prononcée à la demande du bailleur, et aux torts du locataire, dans les cas suivants :

– modification unilatérale par le locataire de l'activité exercée dans les lieux (no 4856) ;
– propos injurieux réitérés adressés au bailleur par le locataire (Cass. 3e civ. 3-6-1992 : GP 1992.656 note Barbier) ;
– cession du seul droit au bail en présence d'une clause prohibitive (Cass. civ. 28-3-1977 : Bull. civ. III p. 119).

Mais la résolution a été refusée pour défaut d'immatriculation des copreneurs au registre du commerce dès lors que le bail ne leur faisait pas obligation d'y procéder (Cass. civ. 15-5-1996 : RJDA 8-9/96 no 1024), pour domiciliation dans les lieux loués, laquelle ne constitue pas une sous-location (Cass. civ. 7-2-1996 : RJDA 5/96 no 613) et pour défaut d'exploitation du fonds en cours de bail en l'absence d'une clause imposant l'exploitation effective et continue du fonds dans les lieux loués (Cass. 3e civ. 16-10-2012 no 11-25.234 : RJDA 1/13 no 16 ; Cass. 3e civ. 3-12-2020 no 19-20.613 F-D : RJDA 2/21 no 79), pour fermeture temporaire du fonds (Cass. 3e civ. 2-6-2010 no 09-11.112 : RJDA 10/10 no 922 som.) ou pour exploitation discontinue du fonds dès lors que ce manquement s'est produit à une période où l'exploitation du fonds s'était nécessairement ralentie du fait de la grave maladie, puis du décès d'un des locataires (CA Versailles 27-1-1994 précité).

En cas de carence du bailleur à faire valoir ses droits, la résolution peut être demandée par la voie de l'action oblique ; ce droit a été notamment reconnu au syndicat des copropriétaires du local loué et à tout copropriétaire (Cass. 3e civ. 8-4-2021 no 20-18.327 FS-P : RJDA 7/21 no 456 ; CA Aix 15-11-2023 no 21/02329 : résolution pour violation du règlement de copropriété qualifié de contrat).

Le **locataire** peut aussi, sauf renonciation de sa part, agir en résiliation du bail pour manquement grave du bailleur à ses obligations (CA Paris 28-1-1998 : DA 1998.366, rejetant la demande mais accordant une indemnité pour trouble anormal de jouissance en raison de travaux importants, pendant trois ans, aux abords des lieux loués constituant une galerie marchande ; CA Aix-en-Provence 15-10-2020 no 19/18060 : RJDA 4/21 no 219 : rejetant la demande fondée sur un abus de confiance commis par le bailleur en sa qualité de directeur salarié de la société locataire et non sur l'inexécution d'une de ses obligations en tant que bailleur ; CA Toulouse 17-3-2021 no 18/04865 : RJDA 3/22 no 135.som., rejetant la demande pour absence de gravité du manquement du bailleur et absence de préjudice subi par le locataire ; Cass. 3e civ. 21-9-2023 no 22-15.850 F-D : RJDA 1/24 no 7 : rejetant la demande de résolution du bail pour non-fourniture au locataire d'un état des risques naturels et technologiques daté de moins de 6 mois à la date de conclusion du bail commercial, le juge devant constater que ce manquement du bailleur est grave). Il peut le faire par demande reconventionnelle en annulation du bail en réplique à une demande de résiliation du bail à ses torts même présentée, pour la première fois à hauteur d'appel, cette demande se rattachant par un lien suffisant aux prétentions originaires (Cass. 3e civ. 6-7-2023 no 22-13.545 F-D à propos d'un bail d'habitation, mais transposable à tout bail en général).

Sur le cas particulier où un contrat expiré peut néanmoins être résolu en raison des effets prévus pour après son expiration, lesquels ne seront éteints que par la résolution ou l'annulation du contrat (no 16090).

Un **bail expiré** ne pouvant pas être résilié, la résiliation ne peut être demandée ni par le bailleur qui a délivré au locataire un congé avec refus de renouvellement (CA Paris 21-4-1992 : GP 1992.som.504

note Brault) ni par le locataire qui a donné congé au bailleur qui l'a accepté (Cass. 3e civ. 19-5-2010 n° 09-13.296 : RJDA 8-9/10 n° 828).

Les **juges** du fond **apprécient souverainement** la gravité du manquement pouvant entraîner la résiliation du bail (Cass. 3e civ. 8-6-2023 n° 22-14.491 F-D).

RÉSILIATION EN CAS DE PROCÉDURE COLLECTIVE

Voir nos 62170 s. **5245**

EFFETS DE LA RÉSILIATION

Expulsion du locataire Le bailleur qui a obtenu un titre exécutoire ordonnant l'expulsion du locataire principal peut poursuivre l'expulsion des occupants des lieux en vertu de ce seul titre, ces occupants, tenant leur droit du locataire principal, étant désormais sans droit ni titre à se maintenir dans les lieux ; tel est le cas notamment des occupants de chambres louées dans un hôtel meublé situé dans un immeuble donné à bail (Cass. civ. 4-5-1994 : RJDA 7/94 n° 783 ; Cass. 2e civ. 4-12-2003 n° 02-10.387 P) ou des sous-locataires d'un bail principal résilié (n° 4962). **5260**

Sur la clause d'un bail, partiellement exécuté, assortissant d'une pénalité l'obligation du locataire de quitter les lieux après extinction du bail, n° 15283.

Le locataire qui se maintient indûment dans les lieux doit une **indemnité d'occupation** dont il n'est tenu que jusqu'au jour de la remise des clés des lieux loués (Cass. civ. 4-4-1991 : RJDA 5/91 n° 384). Cette indemnité est destinée à réparer l'entier préjudice causé au bailleur si bien qu'elle peut être assortie d'une indexation (Avis Cass. 3e civ. 4-7-2017 n° 17-70.008 F-PBRI : RJDA 11/17 n° 701) et excéder ou être inférieure à la valeur locative (Cass. com. 23-3-1954 : Bull. civ. III n° 120). La caution qui a garanti les obligations du bail n'est pas tenue au paiement de cette indemnité, le cautionnement ne pouvant pas être étendu au-delà des limites dans lesquelles il a été contracté (Cass. civ. 15-12-1998 : RJDA 3/99 n° 338).

L'action en paiement de cette indemnité d'occupation se prescrit dans le délai de droit commun de cinq ans (Cass. 3e civ. 26-1-2017 n° 16-10.235 F-D), les conditions d'application du statut n'étant plus réunies.

Indemnisation du préjudice En cas de **résiliation** judiciaire **aux torts** du : **5263**

– **locataire,** celui-ci est tenu de payer le loyer pendant le temps nécessaire à la relocation, sans préjudice des dommages-intérêts qui ont pu résulter de l'abus (C. civ. art. 1760 ; Cass. 3e civ. 8-11-1995 : RJDA 12/95 n° 1337 : exclusion de l'art. 1760 à défaut de résiliation) ;

Lorsque le **pas-de-porte** versé s'analyse en une indemnité compensatrice d'avantages commerciaux, il reste acquis au bailleur, sauf convention contraire (Cass. civ. 19-3-1980 : Rev. loyers 1980.355) ; en revanche, s'il est considéré comme un supplément de loyer, il peut donner lieu à un remboursement proportionnel au temps d'occupation des locaux restant à courir si le preneur l'a versé intégralement lors de son entrée dans les lieux ; en tout état de cause, le bailleur ne peut pas réclamer le paiement des annuités postérieures à la résiliation (CA Aix 18-6-1980 : Ann. loyers 1981.693).

Sur l'absence de droit de préférence ou de suite sur l'indemnité de résiliation au profit des créanciers inscrits sur le fonds de commerce, n° 3406.

– **bailleur,** le locataire qui a sous-loué une partie des locaux ne peut pas prétendre au paiement d'une somme équivalente au droit au bail du sous-locataire en réparation de la perte des loyers versés par le sous-locataire, la résiliation du bail entraînant l'extinction du droit de percevoir les loyers du sous-locataire et la valeur du droit au bail du sous-locataire n'étant pas incluse dans le fonds de commerce du locataire (Cass. 3e civ. 8-7-2009 n° 08-10.869 : RJDA 10/09 n° 819).

Notification aux créanciers inscrits **Conditions de la notification.** La notification doit être faite par le bailleur qui poursuit la résiliation du bail tant en cas de résiliation judiciaire ou amiable (C. com. art. L 143-2) qu'en cas de résiliation de plein droit en exécution d'une clause du bail (Cass. civ. 27-6-1990 : Bull. civ. III p. 89). **5269**

La notification n'est soumise à aucun formalisme ; seule importe l'information claire et non équivoque fournie aux créanciers inscrits (Cass. com. 16-1-2001 : RJDA 4/01 n° 429).

La notification requise est celle de la demande en justice en vue d'obtenir l'expulsion ou celle de l'accord des parties pour l'évacuation amiable des lieux et non celle du commandement ou de la mise en demeure qui ne valent pas demande en justice (Cass. civ. 13-11-1969 : Rev. loyers 1970.142 ; Cass. civ. 21-7-1975 : JCP G 1977.II.18545 note Boccara ; Cass. 3e civ. 3-10-2007 n° 05-22.031 : RJDA 12/07 n° 1196) ou celle de l'assignation en référé afin de faire constater le jeu de la clause résolutoire, cette assignation n'imposant pas, en outre, celle de l'ordonnance de référé rendue sur cette assignation (Cass. civ. 4-3-1998, 2e esp. : RJDA 5/98 n° 571) ou encore celle de l'ordonnance de référé ayant constaté la résiliation du bail (Cass. com. 4-3-1998, 1e esp. : RJDA 5/98 n° 591).

La notification doit être faite aux créanciers **« antérieurement inscrits »** au domicile élu par eux dans leurs inscriptions (C. com. art. L 143-2, al. 1 ; art. R 143-22), **à la date** de la demande en justice, même lorsque le bailleur veut faire constater l'acquisition de la clause résolutoire du bail (Cass. 3e civ. 22-3-2006 no 385 : RJDA 6/06 no 628) ou, par transposition, à celle de l'accord en cas de résiliation amiable. Tous les créanciers inscrits doivent être avertis, peu important que, en cas de cessions successives, le bailleur n'ait pas reçu signification des dernières cessions (Cass. civ. 8-12-1993 : RJDA 3/94 no 271) ; mais seuls les créanciers inscrits peuvent invoquer le défaut de notification (Cass. com. 16-10-2007 no 05-19.756 : RJDA 1/08 no 10).

N'est pas créancier inscrit le titulaire d'une inscription provisoire qui n'a pas renouvelé celle-ci dans le délai imparti (Cass. civ. 6-12-1995 : RJDA 2/96 no 191) ou celui qui ne s'est pas fait inscrire dans la quinzaine de l'acte constitutif (Cass. 3e civ. 15-2-2012 no 11-10.911 : RJDA 7/12 no 649, JCP E 2012.1425 note Brault).

5272 **Effets de la notification.** Les créanciers inscrits qui ont reçu notification peuvent **exécuter eux-mêmes,** dans le délai d'un mois, l'obligation dont la violation constitue la cause de la demande de résiliation (Cass. com. 27-5-1972 : Bull. civ. IV. p. 154), mais il ne s'agit là que d'une faculté qu'on (notamment la caution du locataire) ne saurait reprocher au créancier de ne pas avoir exercée (Cass. com. 30-10-2000 : RJDA 2/01 no 230).

S'il n'a **pas** été mis **fin** au manquement dans le délai d'un mois suivant la notification, les juges peuvent statuer sur la demande de résiliation (C. com. art. L 143-2, al. 1). En cas de résiliation amiable, la résiliation est définitive et opposable aux créanciers inscrits un mois après la notification (C. com. art. L 143-2, al. 2).

La prolongation du délai de grâce pour exécuter les conditions mises à la charge du locataire par l'ordonnance de référé lui ayant accordé le délai est inopposable aux créanciers inscrits qui n'ont pas été appelés à l'instance en référé (cf. Cass. civ. 16-2-1982 P : JCP G 1983.II.19934 note Boccara).

Une fois la résiliation acquise, les créanciers inscrits ne peuvent pas en éviter les effets ; ainsi, ils ne peuvent plus : demander l'annulation de la résiliation amiable après l'expiration du délai d'un mois suivant sa notification (CA Paris 1-10-1991 : D. 1991.IR.242) ; demander en leur nom la suspension de la clause résolutoire acquise (no 5232 ; Cass. com. 22-10-1963 : Bull. civ. III p. 365) ; prétendre écarter la résolution en exécutant après le jeu de la clause l'obligation du locataire, le bailleur pouvant alors poursuivre expulsion de celui-ci (Cass. 3e civ. 21-1-2009 no 07-19.916 : RJDA 4/09 no 316).

Pas davantage, le locataire ne peut écarter l'effet acquis de la clause résolutoire en exécutant l'obligation à l'origine de la résolution dans le délai d'un mois offert aux créanciers inscrits pour procéder à cette exécution, car cette possibilité, édictée dans le seul intérêt des créanciers inscrits, demeure étrangère aux rapports existant entre le bailleur et le preneur (Cass. civ. 20-5-1992 : RJDA 7/92 no 689).

5275 **Défaut de notification.** La résiliation est, de plein droit, inopposable aux créanciers inscrits (Cass. 3e civ. 12-7-2006 no 854 : RJDA 11/06 no 1119, censurant le rejet de la demande d'inopposabilité au motif que le créancier inscrit avait pu faire valoir son point de vue en temps utile).

Les créanciers peuvent poursuivre la vente forcée du fonds, y compris le droit au bail (CA Paris 23-3-1937 : D.H. 1937.274) ou demander des dommages-intérêts (Cass. com. 13-11-1969 : Bull. civ. IV p. 311 ; Cass. com. 3-2-2015 no 13-26.210 : RJDA 1/16 no 10 ; Cass. 3e civ. 25-10-2018 no 17-16.828 FS-PBI : RJDA 1/19 no 4).

La notification tardive de l'assignation n'ouvre pas au créancier inscrit le droit à des dommages-intérêts dès lors que le préjudice né de la perte de sa sûreté résulte de son inertie (Cass. 3e civ. 9-11-2011 no 10-20.021 : RJDA 3/12 no 256).

Ils peuvent aussi obtenir rétractation de la décision judiciaire de résiliation par tierce opposition sans qu'il puisse être ultérieurement suppléé au défaut de notification (Cass. civ. 22-3-1989 no 87-19.019 : Bull. civ. III no 67). En conséquence, le locataire ne peut pas obtenir par la voie de la rétractation un nouvel examen en droit et en fait de la situation (Cass. civ. 6-12-1995 : RJDA 2/96 no 191). Le défaut de notification rend donc irrémédiablement inopposable aux créanciers inscrits la résiliation du bail.

NON-RÉSOLUTION DU BAIL PAR DÉCÈS

5278 Le bail n'est point résolu par la mort du bailleur ni par celle du preneur (C. civ. art. 1742).

B. Expiration du bail

5300 Le bail **non** soumis au **statut** et qui n'a pas fait l'objet d'une résiliation anticipée prend fin, s'il est à durée déterminée, à l'expiration du terme sans qu'il soit nécessaire de donner congé (C. civ. art. 1737) ; s'il est à durée indéterminée, il expire à la date du congé donné dans les délais d'usage (C. civ. art. 1736).

Les parties ne peuvent être tenues pour effectivement déliées du bail qu'après la remise des clés (Cass. 3e civ. 16-3-2023 no 21-25.002 F-D : RJDA 12/23 no 641).

Le **bail** soumis au **statut** et non résilié, par dérogation aux règles ci-dessus, ne cesse que par l'effet d'un congé ou d'une demande de renouvellement, sauf accord des parties pour conclure un nouveau bail à des conditions différentes du précédent (Cass. 3e civ. 25-6-2003 n° 785 : RJDA 10/03 n° 928) ou renonciation du locataire au renouvellement (Cass. 3e civ. 8-4-2010 n° 09-10.926 : RJDA 7/10 n° 717) ou à un congé non équivoque (Cass. 3e civ. 26-1-2022 n° 21-10.828 F-D : RJDA 5/22 n° 250 et CA Rouen 7-9-2023 n° 22/01468 : RJDA 1/24 n° 6 : maintien du locataire auteur du congé dans les lieux au-delà de la date limite n'étant pas sans équivoque ; CA Paris 4-10-2007 n° 06-12914 : RJDA 8-9/08 n° 888 : installation du cessionnaire du bail, cédé après le congé, dans les lieux et traitement du cessionnaire comme vrai locataire par le bailleur), ou accord des parties pour mettre fin au bail (n° 5306).

DÉLIVRANCE D'UN CONGÉ

Définition Le congé est un acte juridique unilatéral qui, régulièrement délivré, met fin au bail et à l'obligation de payer le loyer par la seule manifestation de volonté de celui qui l'a délivré (Cass. civ. 12-6-1996 : RJDA 10/96 n° 1164). **5303**

Il présente un caractère irrévocable et son auteur **ne peut le rétracter** sans le consentement de l'autre partie (Cass. civ. 27-6-1984 n° 83-12.552 : Bull. civ. III n° 125 ; Cass. civ. 18-1-1989 n° 86-18.965 : JCP G 1989.II.21335 ; Cass. 3e civ. 9-7-2014 n° 13-15.643 : Bull. civ. III n° 102).

Date de délivrance et d'effet Le congé doit être donné **au moins six mois** à l'avance (C. com. art. L 145-9, al. 1), c'est-à-dire au moins six mois avant la date d'expiration du bail. **5306**

Le congé donné à une date prématurée n'est pas nul, ses effets étant reportés à la date d'expiration du bail (Cass. civ. 9-10-1996 : RJDA 12/96 n° 1446 ; Cass. 3e civ. 10-2-2015 n° 13-26.403 : JCP E 2015.1198 note Brignon).

Ainsi, rien ne s'oppose à ce qu'il soit donné congé à l'avance : le congé du bailleur comportant refus de renouvellement avec offre d'indemnité d'éviction donné trois ans à l'avance n'a pas été tenu pour un abus de droit (Cass. civ. 9-11-1981 : Rev. loyers 1982.26 ; contra CA Paris 21-5-2008 n° 07-9087 : RJDA 4/09 n° 317) ; le locataire peut accepter un préavis d'un an au cas où il userait de sa faculté de résilier le bail à la fin d'une période triennale (Cass. civ. 10-5-2001 : RJDA 7/01 n° 761 ; Cass. 3e civ. 18-6-2013 n° 12-20.241 : GP 2013.som.2456 note Barbier).

Il a même été jugé que les parties peuvent amiablement donner effet à un congé non conforme aux formes et délai de préavis requis (CA Paris 21-12-1982 : Loyers 1983 n° 64 ; CA Orléans 5-1-1994 : Loyers 1994 n° 384 obs. Brault).

Le congé délivré **moins de six mois** avant le terme du bail produit effet après la date d'expiration du bail, c'est-à-dire en période de tacite prolongation ; il obéit donc aux règles exposées n° 5335.

Si le **bail** est **à périodes** (n° 4506), le congé doit être délivré six mois au moins avant l'expiration de chaque période (C. com. art. L 145-9, al. 4 ; TGI Créteil 26-4-1994 : GP 1994.som.574 note Barbier).

Sur la faculté de donner congé par les héritiers du preneur après son décès, ou par le preneur ayant demandé à bénéficier de ses droits à la retraite du régime social auquel il est affilié ou ayant été admis au bénéfice d'une pension d'invalidité attribuée dans le cadre de ce régime social, C. com. art. L 145-4.

Le congé qui fixe sa prise d'effet à une **date erronée** produit néanmoins ses effets à cette date à défaut d'une demande ou d'une défense pouvant s'analyser comme une contestation dans le délai de deux ans suivant la date (Cass. 3e civ. 23-9-2021 n° 20-10.026 FS-D : RJDA 12/21 n° 768, en déduisant que le locataire qui n'a pas contesté le congé dans le délai de deux ans à compter de cette date est irrecevable à demander une indemnité d'éviction).

Parties au congé Le congé **doit** être délivré par le **propriétaire actuel** des lieux **mais** celui délivré par le précédent propriétaire lui profite en tant qu'acquéreur de l'immeuble (Cass. civ. 15-3-1989 n° 87-20.226 : Bull. civ. III n° 63) et lui est opposable s'il manifeste par des actes positifs son intention d'exécuter ce congé, notamment en adressant au preneur des factures d'occupation des lieux à partir de la date d'expiration du bail alors qu'il a adressé des factures de loyer pour la période antérieure (Cass. 3e civ. 9-7-2014 n° 13-16.655 : RJDA 12/14 n° 888). **5309**

Bien que l'usufruitier ne puisse conclure un bail commercial sans le consentement du nu-propriétaire, il peut seul délivrer un congé sans offre de renouvellement (Cass. 3e civ. 29-1-1974 n° 72-13.968 : Bull. civ. III n° 48).

Le congé délivré à une personne **qui n'a plus la qualité** de bailleur équivaut à une absence de congé (Cass. 3e civ. 11-7-2006 : RJDA 11/06 n° 1118) ou est nul (CA Paris 4-10-2017 n° 15/20827 : RJDA 3/18 n° 214) ; il en est de même de celui délivré au seul usufruitier (Cass. 3e civ. 5-11-2003 n° 1171 : RJDA 2/04 n° 142) ou à un seul coïndivisaire, sauf s'il a reçu mandat des autres indivisaires (Cass. 3e civ. 11-7-2007 n° 06-12.210 : RJDA 11/07 n° 1067).

L'erreur de désignation du locataire est une irrégularité de forme qui ne peut entraîner la nullité du congé que si elle a causé un grief au réel destinataire, lequel est au demeurant le seul à pouvoir invoquer cette irrégularité (Cass. 3e civ. 23-3-2011 n° 10-13.540 : RJDA 2/12 n° 133).

En cas de bail consenti à des **copreneurs,** le congé délivré par le bailleur à un seul d'entre eux n'est pas nul mais valable à l'égard de celui-ci et inopposable aux autres (Cass. 3e civ. 17-2-2010 n° 09-12.989 : Bull. civ. III n° 43 : à propos d'un bail rural mais transposable, aucune règle spécifique à ce bail ne fixant la portée de la cotitularité). Il est opposable à tous les copreneurs qui se sont engagés solidairement à l'égard du bailleur (cf. Cass. civ. 21-10-1992 n° 90-21.738 : Bull. civ. III n° 275 ; Cass. 3e civ. 19-2-2014 n° 12-17.263 : RJDA 5/14 n° 413) ; est aussi opposable à tous le jugement rendu sur la validité du congé donné à un seul cotitulaire du bail (CA Paris 28-11-2000 : Rev. Loyers 2001 p. 96).

5312 **Forme et contenu** Depuis le 8 août 2015, le congé doit être donné par **acte extrajudiciaire** (C. com. art. L 145-9, al. 5).

Le congé doit préciser les **motifs** pour lesquels il est donné (C. com. art. L 145-9, al. 5).

Ces dispositions doivent être observées par le locataire qui donne congé après s'être maintenu dans les lieux à l'expiration d'un bail dérogatoire (Cass. 3e civ. 23-3-2011 n° 10-12.254 : RJDA 7/11 n° 607).

Il doit aussi **indiquer** que « le locataire qui entend soit contester le congé, soit demander le paiement d'une indemnité d'éviction, doit saisir le tribunal avant l'expiration d'un délai de deux ans à compter de la date pour laquelle le congé a été donné » (C. com. art. L 145-9, al. 5). Le bailleur est dispensé de cette mention en cas de congé avec offre de renouvellement (Cass. civ. 20-10-1976 : AJPI 1977.46) ; le locataire n'a en effet de raison ni de contester le congé, ni de demander une indemnité d'éviction.

Le locataire qui a contesté le congé en défense peut demander le paiement d'une indemnité d'éviction à toute hauteur de la procédure, notamment plus de trois ans après la date d'effet du congé (Cass. 3e civ. 10-12-2008 n° 07-15.241 : D. 2009.96.som. obs. Bouquet).

Bien que la loi n'exige pas d'autres mentions, le congé doit se présenter comme un **acte ayant pour but de prévenir** d'une façon non équivoque le cocontractant de la volonté de mettre fin au bail pour la date et les conditions précisées, ce qui n'est pas le cas d'une opposition fournie par le locataire à un commandement du bailleur dès lors qu'elle ne contenait aucune mention de cette nature propre à lui conférer les effets d'un congé (Cass. civ. 19-3-1997 n° 95-13.364 D ; dans le même sens, CA Paris 29-5-1998 : DA 1998.1306).

Sur le congé en cas de résiliation unilatérale par le locataire, n° 5200 ; sur celui avec offre de renouvellement, n° 5653.

5315 **Nullité** Le congé est nul :

1. S'il a été donné par un **acte autre** qu'extrajudiciaire ;

Cette nullité peut être invoquée :

– seulement par le destinataire du congé et non par son auteur (Cass. civ. 18-5-1994 : RJDA 8-9/94 n° 915 ; Cass. 3e civ. 15-9-2010 n° 09-15.192 : RJDA 1/11 n° 20), qui le peut alors même qu'il s'est montré de mauvaise foi en tardant à répondre à la lettre de congé (Cass. civ. 7-2-1996 : GP 1996.568 note Brault) ;

– que le défaut d'acte extrajudiciaire fasse ou non grief au destinataire qui l'invoque (Cass. civ. 13-12-2000 : RJDA 3/01 n° 280 : bailleur destinataire) ;

– qu'autant que le destinataire n'a pas renoncé à l'invoquer, ce qui est le cas du bailleur destinataire qui demande à son locataire la remise des clés et les reçoit effectivement (Cass. 3e civ. 25-11-2009 n° 08-17.245 : GP 2010.som.937 note Barbier ; CA Versailles 21-11-1997 : JCP E 1998.pan.346).

2. S'il a été délivré **sans** l'indication des **motifs** et sans les mentions requises (C. com. art. L 145-9, al. 5) ; il en est de même en cas de mention erronée (par exemple, fausse indication du point de départ du délai, n° 5312, pour réagir au congé, CA Nancy 26-6-1978 : JCP G 1979.II.19224 note Boccara) ;

Dans ces cas, il s'agit d'une nullité pour **vice de forme** relevant des articles 112 s. et 649 du Code de procédure civile qui implique l'existence d'un grief (Cass. 3e civ. 25-10-2018 n° 17-20.713 F-D : RJDA 2/19 n° 78 som.). En conséquence :

– elle ne peut être prononcée que si l'irrégularité cause un préjudice au locataire (Cass. civ. 19-12-2000 : RJDA 5/01 n° 566) ; tel n'est pas le cas, si ce dernier en a eu connaissance en temps utile (CA Paris 11-10-1985 : D. 1988.IR.281), mais tel est le cas s'il a perdu son droit au renouvellement du bail (CA Rouen 12-6-1990, inédit) ;

– elle ne peut plus être soulevée si celui qui l'invoque a fait valoir des moyens de fond sans l'opposer (Cass. 3e civ. 27-5-2003 n° 02-11.515 : RJDA 8-9/03 n° 815) ou si la cause de nullité a été supprimée (Cass. civ. 19-12-1990 : Bull. civ. p. 153).

Lorsque le congé est délivré sans motifs ou pour motifs équivoques, le **locataire** peut (Cass. 3e civ. 28-6-2018 n° 17-18.756 FS-PBI : RJDA 10/18 n° 709) :

– soit se prévaloir de la nullité du congé : la nullité produit alors ses effets et le congé est censé n'avoir jamais existé, si bien que le bail se poursuit par tacite reconduction ;

– soit renoncer à la nullité du congé : le congé irrégulier met alors bien fin au bail mais le bailleur est tenu de payer une indemnité d'éviction.

3. S'il a été délivré à la suite d'une **collusion frauduleuse** entre le bailleur et le signataire d'une promesse de vente qui ne pouvait y procéder n'étant pas encore propriétaire de l'immeuble ; tel est le cas du congé avec refus de renouvellement fondé sur l'absence d'immatriculation délivré par le bailleur moins de deux mois après dénonciation par le locataire de l'acquisition de son fonds de commerce et alors qu'il avait entrepris les démarches en vue de son immatriculation au registre du commerce et des sociétés (Cass. 3e civ. 5-3-2008 n° 06-20.831 : RJDA 5/08 n° 497) ;

4. S'il a été **délivré par** une **personne** qui n'était pas le bailleur, le **défaut de pouvoir** constituant une irrégularité de fond affectant la validité de l'acte pour laquelle l'exception de nullité doit être accueillie sans que celui qui l'invoque ait à justifier d'un grief (CPC art. 117 et 119 ; Cass. 3e civ. 29-9-1999 : Bull. civ. III no 190).

Le congé signifié à une société, mais au domicile de son représentant et non au siège social, est entaché d'une nullité de forme (Cass. 3e civ. 11-5-2017 no 16-13.098 F-D : RJDA 12/17 no 790). Les exceptions de nullité doivent, à peine d'irrecevabilité, être soulevées avant toute défense au fond ou fin de non-recevoir (CPC art. 74 et 112 ; Cass. 2e civ. 16-3-2017 no 15-18.805 F-PB : Bull. civ. II no 58).

L'usufruitier d'un local loué a seul qualité pour agir en validation du congé sans offre de renouvellement, son intervention volontaire à l'action en validation du congé délivré par le nu-propriétaire ne donnant pas qualité à ce dernier pour exercer cette action (Cass. 3e civ. 26-1-2022 no 20-20.223 FS-B : RJDA 7/22 no 394 : à propos d'un bail d'habitation mais transposable, la décision étant fondée sur le droit de l'usufruitier qui a les mêmes prérogatives au regard d'un bail commercial).

Sur la régularisation d'un congé irrégulier par accord des parties sur le renouvellement, no 5653.

DEMANDE DE RENOUVELLEMENT DU BAIL

Recevabilité de la demande **À défaut de congé,** le bail prend fin par la demande de renouvellement adressée par le locataire au bailleur (cf. C. com. art. L 145-12, al. 3). Le locataire qui veut obtenir le renouvellement de son bail doit en faire la demande (C. com. art. L 145-10, al. 1). 5320

Le locataire a reçu congé seulement lorsque celui-ci lui a été délivré pour la date d'expiration contractuelle (Cass. civ. 18-12-1991 : Bull. civ. III p. 190). Il peut donc demander le renouvellement en présence d'un congé, avec offre de renouvellement, délivré avant l'échéance contractuelle du bail, mais pour une date postérieure (Cass. civ. 21-12-1988 : JCP G 1990.II.21449 note Dumortier ; Cass. civ. 27-11-1990 : GP 1991.471 note Barbier), la demande pouvant être faite, dans ce cas, même en présence d'un congé avec offre de renouvellement délivré par le bailleur en cours de tacite prolongation (Cass. civ. 1-10-1997 : RJDA 12/97 no 1468) ; le locataire évite ainsi que le bail ne dépasse douze ans et, partant, le déplafonnement du loyer.

Mais le congé existe et écarte la demande du locataire, même s'il a été délivré pour une date postérieure à l'échéance du bail, lorsque le bailleur a délivré un congé avec refus de renouvellement (Cass. 3e civ. 21-2-2007 no 167 : RJDA 5/07 no 455).

La demande de renouvellement par le locataire est recevable même si une clause du bail prévoit un « renouvellement » **automatique** triennal sans limitation de périodes car cette clause est nulle pour obstacle au droit au renouvellement (no 5627) puisqu'elle prive le locataire du droit de demander le renouvellement pour une durée de neuf années, laquelle est la durée minimale du bail renouvelé (Cass. civ. 1-7-1998 : RJDA 10/98 no 1079).

Date de délivrance et d'effet La demande doit être faite soit **dans les six mois précédant** l'expiration du bail, soit à tout moment au cours de sa prolongation (C. com. art. L 145-10, al. 1). La demande faite dans les six mois précédant l'expiration du bail produit effet à la date du premier jour du trimestre civil suivant cette demande (C. com. art. L 145-12, al. 3). La clause qui impose au locataire un délai déterminé pour présenter sa demande et qui était nulle (Cass. 3e civ. 23-1-2008 no 06-19.129 : RJDA 5/08 no 496) est, depuis le 20 juin 2014, réputée non écrite (C. com. art. L 145-15). 5323

Destinataires Sauf stipulations ou notifications contraires, la demande peut être notifiée non seulement au **bailleur** mais également au **gérant** (sous-entendu, à notre avis, « des locaux du bailleur ») lequel est réputé avoir qualité pour la recevoir ; s'il y a **plusieurs propriétaires,** la demande adressée **à l'un d'eux** vaut à l'égard de tous, sauf stipulations ou notifications contraires (C. com. art. L 145-10, al. 2). 5326

N'est pas valable la demande adressée à l'administrateur d'une société qui n'est pas propriétaire des lieux, cet administrateur fût-il lui-même un des propriétaires (Cass. 3e civ. 29-6-2005 no 815 : RJDA 10/05 no 1078).

Dans le **cas d'une sous-location,** le sous-locataire doit adresser la demande soit **au locataire principal** si celui-ci a des droits suffisants pour lui consentir le renouvellement du sous-bail, soit, à défaut, au bailleur (no 4973). Dans l'incertitude, il est prudent de notifier la demande à chacun d'eux.

Forme et contenu de la demande La demande de renouvellement doit être **notifiée au bailleur** par acte extrajudiciaire ou par lettre recommandée avec demande d'avis de réception (C. com. art. L 145-10, al. 2). Elle doit reproduire, à peine de nullité, les termes suivants de l'alinéa 4 de l'article L 145-10 : « Dans les trois mois de la signification de la demande en renouvellement, le bailleur doit, par acte extrajudiciaire, faire connaître au demandeur s'il refuse le renouvellement en précisant les motifs de ce refus. À défaut d'avoir fait connaître ses intentions dans ce délai, le bailleur est réputé avoir accepté le principe du renouvellement du bail précédent » (C. com. art. L 145-10, al. 3). 5329

Seul le bailleur ou son mandataire agissant au titre de son habilitation peut refuser le renouvellement (Cass. 3e civ. 7-9-2022 n° 21-15.999 F-D).

La demande de renouvellement ne peut donc pas être valablement faite par **acte judiciaire** (assignation en justice ou conclusions régulièrement signifiées par huissier ou commissaire de justice audiencier), même si celui-ci reproduit les mentions ci-dessus (Cass. civ. 10-7-1996 : RJDA 11/96 n° 1306), ni par télécopie au notaire du bailleur (Cass. 3e civ. 23-4-2013 n° 12-16.579).

Sur la fixation de la date d'une notification effectuée par lettre recommandée AR, n° 5060.

EFFET DU DÉFAUT DE CONGÉ OU DE DEMANDE DE RENOUVELLEMENT

5335 À défaut de congé ou de demande de renouvellement, le bail fait par écrit **se prolonge tacitement** au-delà du terme fixé par le contrat (C. com. art. L 145-9, al. 2), selon les règles suivantes :

– le bail est prolongé pour une **durée indéterminée** (Cass. 3e civ. 7-12-2004 n° 1351 : RJDA 3/05 n° 235) ; il n'est pas un nouveau contrat (Cass. civ. 18-3-1998 : RJDA 5/98 n° 568) et il ne peut prendre fin que par la délivrance d'un congé au moins six mois à l'avance et pour le dernier jour du trimestre civil ou par une demande de renouvellement (C. com. art. L 145-9, al. 2) ;

Il en résulte, notamment, que le bailleur peut refuser le renouvellement du bail reconduit en invoquant les manquements commis par le locataire avant l'expiration du bail (Cass. civ. 18-3-1998 précité).

– le bail prolongé et renouvelé après congé ou demande de renouvellement prend effet comme il est dit au n° 5806 ;

– la prolongation tacite du bail entraîne **extinction** du cautionnement, sauf si celui-ci prévoit qu'il s'applique à cette période (Cass. 1e civ. 5-11-2009 n° 08-15.433 F-D : RDC 2010 p. 1325 note C. Grimaldi).

C. Conséquences de la fin du bail

EXPULSION DE L'OCCUPANT

5338 Dès lors que l'occupant des lieux est sans droit ni titre pour s'y maintenir (nos 4073, 4403, 4581, 4985, 5260), le propriétaire peut en demander l'expulsion. En effet, le **maintien dans les lieux** par l'occupant cause un **trouble illicite** que le juge des référés ne peut pas justifier en jugeant que l'expulsion porterait une atteinte plus importante au droit au respect de la vie privée et familiale reconnu par l'article 8 de la convention européenne des droits de l'Homme que le refus de cette mesure en porterait au droit de propriété (Cass. 3e civ. 21-12-2017 n° 16-25.469 FS-PBI ; dans le même sens, Cass. 3e civ. 17-5-2018 n° 16-15.792 FP-PBRI : RJDA 8-9/18 n° 686).

Le juge de l'exécution qui a annulé la mesure d'expulsion ne peut pas rejeter la demande de réintégration pour un motif tiré de l'absence de droit d'occupation de la personne expulsée (Cass. 3e civ. 16-5-2019 n° 18-16.934 P, concernant un bail rural mais transposable par analogie).

Le vendeur de l'immeuble qui a pris l'engagement de faire libérer les lieux par le locataire à une date déterminée sous peine de versement à l'acquéreur d'une indemnité par jour de retard est tenu par cet engagement, même pour la période d'occupation postérieure à la date du transfert de la propriété (Cass. 3e civ. 14-2-2019 n° 18-11.683 D).

L'occupant expulsé est tenu au paiement d'une indemnité d'occupation pour la période où il est resté dans les lieux, ce qui est le cas s'il n'a pas restitué les clés (Cass. 3e civ. 8-4-2021 n° 20-14.247 FS-D) ; aucun texte n'impose que cette indemnité de droit commun soit fixée à la valeur locative des locaux donnés à bail (CA Paris 13-5-2020 n° 17/03812).

Sur l'absence d'obligation au paiement d'une indemnité d'occupation par le locataire qui n'a pas eu la jouissance de la chose louée, n° 4568.

EFFET SUR LE BÉNÉFICIAIRE DE LA JOUISSANCE DE LA CHOSE LOUÉE

5341 Le locataire qui est devenu sans droit ni titre sur la chose louée peut demander à celui à qui il a mis la chose à disposition le **paiement** de la **redevance** d'utilisation dont ils étaient convenus (Cass. 3e civ. 19-10-2017 n° 16-23.680 F-D : RJDA 1/18 n° 3).

RESTITUTION DES LOCAUX LOUÉS

5344 Lorsque le bail est expiré, le locataire doit restituer les locaux. La preuve de la restitution des lieux loués avec l'accession des améliorations revient au preneur (Cass. 3e civ. 21-9-2023 n° 22-17.436 F-D).Tant que les **clés** ne sont pas **remises,** les locaux ne sont pas restitués (Cass. 3e civ. 21-9-2022 n° 21-17.431 F-D). Le juge ne peut pas tenir le bail pour expiré sans constater la remise des clés au bailleur en personne ou à un mandataire dûment habilité à les recevoir (Cass. 3e civ. 5-3-2020 n° 19-10.398 F-PBI).

La remise doit concerner un **local libre** de toute occupation, sauf impossibilité absolue (Cass. civ. 14-4-1982 : Bull. civ. III p. 59).

D. Achat du local loué par le preneur

DROIT DU PRENEUR AU RACHAT

Lorsque le propriétaire d'un local commercial ou artisanal envisage de le vendre, le locataire a le droit d'acheter le local dans lequel il exploite son fonds (C. com. art. L 145-46-1, al. 1). Jugé que ce droit n'est pas un droit de préemption mais comporte une offre de vente au locataire qui bénéficie d'un droit de préférence sur tout autre acquéreur (CA Douai 28-3-2019 n° 17/03524 : GP 2019 n° 26 p. 85). **5500**

Une société commerciale, locataire de locaux à usage de bureaux et y exerçant une activité commerciale, bénéficie du droit de préemption (CA Paris 1-12-2021 n° 20/00194 : RJDA 5/22 n° 253) ; mais le locataire ne peut l'invoquer lorsque le local sert à un usage industriel (Cass. 3e civ. 29-6-2023 n° 22-16.034 FS-B : RJDA 1/24 n° 12), notamment lorsqu'y est exercée une activité de manufacture (CA Orléans 10-3-2022 n° 20/01235 : RJDA 8-9/22 n° 464) ; tel es le cas de tout local principalement affecté à l'exercice d'une activité qui concourt directement à la fabrication ou la transformation de biens corporels mobiliers et pour laquelle le rôle des installations techniques, matériels et outillages mis en œuvre est prépondérant (Cass. 3e civ. 29-6-2023 précité).

Il ne peut **pas** être **invoqué** en cas de (C. com. art. L 145-46-1, al. 1 et 6) :

– cession unique de plusieurs locaux d'un ensemble commercial ;

– cession unique de locaux commerciaux distincts (pour des applications, Cass. 3e civ. 29-6-2022 n° 21-16.452 FS-B : RJDA 10/22 n° 552 ; CA Paris 17-3-2021 n° 19/10232 : RJDA 8-9/21 n° 557 ; TGI Paris 24-1-2020 n° 18/08952 : RJDA 7/20 n° 361) ;

– cession d'un local commercial au copropriétaire d'un ensemble commercial ;

– cession globale d'un immeuble comprenant des locaux commerciaux, même lorsque l'immeuble ne comprend qu'un local commercial (Rép. Fabre : AN 14-8-2018 n° 5054 ; CA Bordeaux 18-3-2021 n° 18/03890 : RTD com. 2021.306 obs. Kendérian ; CA Douai 23-3-2023 n° 20/05233 : RJDA 11/23 n° 569) ; la cession est aussi globale lorsqu'il s'agit d'un bien partiellement loué, la loi ne faisant aucune distinction selon l'importance respective des parties louées et affectées à un autre usage (CA Versailles 14-11-2019 n° 19/05033 : RTD com. 2021.306 obs. Kendérian et sur pourvoi Cass. 3e civ. 30-6-2021 n° 20-11.893 FS-D : RJDA 11/21 n° 705) ;

– cession d'un local au conjoint du bailleur, ou à un ascendant ou un descendant du bailleur ou de son conjoint ;

– locaux faisant l'objet, depuis le 23 février 2022 (Loi 2022-217 du 21-2-2022 art. 118), de préemption par une collectivité territoriale sur le fondement du droit de préemption urbain (DPU), en zone d'aménagement différé (ZAD), ou dans les périmètres provisoires de ZAD prévus par le Code de l'urbanisme (C. urb. art. L 213-9 et L 213-11), ni lorsqu'ils sont ensuite **aliénés** par la collectivité.

Cette limitation à certaines catégories de ventes du champ d'application du droit de préférence du locataire n'est pas contraire à la liberté d'entreprendre, celle-ci n'impliquant aucun droit d'acquérir le bien loué (Cass. 3e civ. QPC 15-12-2022 n° 22-17.505 FS-D).

Le droit de préférence ne s'applique pas non plus en cas de vente faite d'autorité de justice (Cass. 3e civ. 15-2-2023 n° 21-16.475 FS-B : RJDA 6/23 n° 328 ; Cass. 3e civ. 30-11-2023 n° 22-17.505 FS-B : BRDA 1/24 inf. 20), même en cas d'adjudication amiable (Cass. 3e civ. 17-5-2018 n° 17-16.113 FS-PBI : RJDA 7/18 n° 562).

Le droit de préférence ne peut pas être exercé par celui qui a perdu la qualité de locataire, ce qui est le cas du locataire qui, ayant reçu congé avec refus de renouvellement, se maintient dans les lieux en attendant le paiement de l'indemnité d'éviction car il n'a plus la qualité d'un locataire titulaire d'un bail en cours mais celle d'un locataire évincé (CA Paris 28-3-2018 n° 16/13272 : RJDA 10/18 n° 706).

Le locataire commercial, dont le **droit de préférence** n'a **pas** été **respecté** lors de la vente du local loué, peut demander l'annulation de la vente, même après que ce local a été détruit par un incendie (Cass. 3e civ. 14-9-2023 n° 22-15.427 F-D : RJDA 1/24 n° 13).

MISE EN ŒUVRE DU DROIT D'ACHAT

Offre de vente par le propriétaire du local Lorsque le propriétaire du local loué envisage de le vendre, il en **informe** le locataire par lettre recommandée avec demande d'avis de réception ou remise en main propre contre récépissé ou émargement (C. com. art. L 145-46-1, al. 1). **5503**

L'information notifiée au locataire par le bailleur après avoir entamé des démarches inhérentes à tout processus de commercialisation est valablement faite (Cass. 3e civ. 23-9-2021 n° 20-17.799 FS-B : RJDA 12/21 n° 767). De même, rien n'interdit au bailleur de consentir à un tiers une promesse de vente sous condition suspensive du non-exercice par le locataire de son droit de préférence, dès lors que la notification de l'offre de vente est adressée au locataire avant la vente (arrêt précité).

Cette notification **doit,** à peine de nullité, **indiquer** le prix et les conditions de la vente envisagée (C. com. art. L 145-46-1, al. 1).

L'offre de vente ne peut pas inclure des honoraires de négociation, la vente étant parfaite dès lors que le locataire a accepté le prix de vente, même s'il a refusé d'acquitter ces honoraires (Cass. 3e civ. 28-6-2018 n° 17-14.605 FS-PBI : RJDA 10/18 n° 710 ; CA Douai 28-3-2019 n° 17/03524 : JCP E 2019.1426 n° 18 obs. Kenderian) ; la seule mention dans la notification de vente, en sus du prix principal, du montant de ces honoraires n'est pas une cause de nullité de l'offre de vente s'il n'en est pas résulté de confusion dans l'esprit du locataire qui savait ne pas avoir à en supporter la charge (Cass. 3e civ. 23-9-2021 n° 20-17.799 précité).

Elle entraîne les **effets** suivants (C. com. art. L 145-46-1, al. 1) :

– elle vaut offre de vente au profit du locataire ;

– ce dernier dispose d'un délai d'un mois à compter de la réception de cette offre pour se prononcer ;

– s'il accepte l'offre, le locataire dispose, à compter de la date d'envoi de sa réponse au bailleur, d'un délai de deux mois pour la réalisation de la vente ;

– si, dans sa réponse, il notifie son intention de recourir à un prêt, l'acceptation par le locataire de l'offre de vente est subordonnée à l'obtention du prêt et le délai de réalisation de la vente est porté à quatre mois ;

Si le défaut de réalisation de la vente dans le délai de quatre mois est imputable à la seule absence de diligences du locataire, ce que les juges du fond apprécient souverainement, ce dernier ne peut pas faire établir que la vente est réalisée par l'expiration du délai (Cass. 3e civ. 24-11-2021 n° 20-16.238 FD : RJDA 2/22 n° 67).

– si, à l'expiration de ce délai, la vente n'a pas été réalisée, l'acceptation de l'offre de vente est sans effet.

5506 **Modification de l'offre de vente** Lorsque le propriétaire décide de vendre à des **conditions ou** à un **prix plus avantageux** pour l'acquéreur, le notaire doit, lorsque le bailleur n'y a pas préalablement procédé, notifier au locataire dans les formes prévues au n° 5503, à peine de nullité de la vente, ces conditions et ce prix ; cette notification vaut offre de vente au profit du locataire ; elle est valable pendant une durée d'un mois à compter de sa réception ; l'offre est caduque si elle n'a pas été acceptée dans ce délai (C. com. art. L 145-46-1, al. 3).

Le locataire qui accepte l'offre ainsi notifiée dispose, à compter de la date d'envoi de sa réponse au bailleur ou au notaire, d'un délai de deux mois pour la réalisation de l'acte de vente ; si, dans sa réponse, il notifie son intention de recourir à un prêt, l'acceptation par le locataire de l'offre de vente est subordonnée à l'obtention du prêt et le délai de réalisation de la vente est porté à quatre mois ; si, à l'expiration de ce délai, la vente n'a pas été réalisée, l'acceptation de l'offre de vente est sans effet (C. com. art. L 145-46-1, al. 4).

5509 **Contenu des notifications** Chaque notification (en cas de cession initiale ou de cession à un prix plus avantageux) doit **reproduire,** à peine de nullité, les dispositions des quatre premiers alinéas de l'article L 145-46-1 du Code de commerce.

5510 **Exercice illégal du droit de préemption** Lorsqu'un locataire commercial exerce le droit de préemption en application de l'article L 145-46-1 du Code de commerce alors qu'il n'en avait pas le droit, seul le propriétaire des locaux peut agir en nullité de la vente ainsi conclue (CA Paris 16-12-2022 n° 21/07772 : RJDA 5/23 n° 246).

5512 **Droit de préférence de droit commun** Lorsque le locataire ne peut pas se prévaloir du droit de préférence légal prévu à article L 145-46-1 du Code de commerce car les circonstances de l'espèce ne remplissent pas les conditions de sa mise en œuvre, le droit de préférence convenu par les parties selon le droit commun est valablement consenti (Cass. 3e civ. 28-9-2022 n° 21-18.007 F-D : RJDA 1/23 n° 12 : cession globale d'un immeuble comprenant des locaux commerciaux exclue du droit de préemption, supra n° 5500).

SECTION 3

RENOUVELLEMENT DU BAIL

Si le bail est soumis au statut, le **preneur** jouit du droit au renouvellement ou, à défaut et sauf exceptions, du droit à une indemnité d'éviction. 5600

Ce droit, dit « propriété commerciale », ne porte pas atteinte au droit de propriété tel qu'il est protégé par l'article 1er du premier protocole additionnel à la convention européenne des droits de l'Homme (Cass. civ. 27-2-1991 : Bull. civ. III n° 67). Cette protection peut être invoquée à la condition que l'atteinte invoquée entre dans le champ d'application de l'article 1er précité, ce qui n'est pas le cas de l'atteinte relative à l'acquisition de plein droit de la clause résolutoire du bail (Cass. 3e civ. 11-3-2021 n° 20-13.639 FS-PI : RJDA 6/21 n° 446).

Le locataire a droit à être indemnisé de la perte de son droit au renouvellement qui résulte de la substitution d'une convention d'occupation précaire au bail commercial dont il était titulaire (Cass. 3e civ. 28-1-2021 n° 19-25.036 F-D : RJDA 4/21 n° 216).

I. DROIT AU RENOUVELLEMENT

A. Conditions du droit au renouvellement

DATE D'EXISTENCE DES CONDITIONS

Les conditions du droit au renouvellement s'apprécient à la date de délivrance du congé sans offre de renouvellement ou de la demande de renouvellement (n° 4073, à propos de l'obligation d'immatriculation). 5603

Le locataire acquiert le droit au renouvellement et, à défaut, au paiement de l'indemnité d'éviction dès lors qu'il remplit les conditions pour bénéficier de ce droit au jour du congé (ou de la demande de renouvellement par analogie) et jusqu'au moment où il quitte les lieux (Cass. civ. 4-3-1998 : GP 1999.169 note Barbier).

PROPRIÉTÉ DU FONDS

Le locataire doit être propriétaire du fonds exploité dans les lieux loués (n° 4061) ; lui seul a droit au renouvellement (Cass. civ. 26-9-2001 : RJDA 12/01 n° 1186 refusant au locataire-gérant la possibilité, par l'action oblique, d'obtenir la condamnation du bailleur au versement d'une indemnité de déménagement et de réinstallation au titre de l'indemnité d'éviction). 5606

EXPLOITATION EFFECTIVE DU FONDS

Le fonds doit être exploité dans les conditions ci-après (C. com. art. L 145-8). 5609

Exploitation effective Il faut une exploitation réelle, régulière et conforme aux stipulations du bail. 5612

Il n'est **pas nécessaire** que l'exploitation soit **continue.** Le droit au renouvellement est reconnu dans le cas d'un bail continu avec exploitation saisonnière (Cass. com. 17-10-1962 : JCP G 1963.II.13075 note B.B. ; Cass. civ. 16-4-1973 : Bull. civ. III p. 208).

Les commerçants ou artisans suivant des stages de conversion ou de formation professionnelle sont dispensés d'exploiter pendant la durée de ces stages (C. com. art. L 145-43).

Durée de l'exploitation effective Elle doit être de **trois années** consécutives précédant la date d'expiration du bail ou de sa tacite prolongation ; cette dernière date est soit la date pour laquelle le congé a été donné, soit, si une demande de renouvellement a été faite, le premier jour du trimestre civil qui suit cette demande (C. com. art. L 145-8, al. 2 et L 145-9). 5615

L'exploitation commencée dans les lieux loués **avant l'immatriculation** du locataire au registre du commerce peut être prise en compte (Cass. civ. 25-10-1983 : Bull. civ. III p. 149).

Exploitation d'un même fonds En principe, la durée d'exploitation pendant trois ans doit concerner le même fonds, sauf accord du bailleur sur le changement de commerce donné à l'occasion de la cession du fonds (Cass. civ. 27-6-1990 : GP 1991.83 note Barbier) ou donné dans le bail par l'introduction de la clause « tous commerces », laquelle permet un changement à tout moment en cours de bail (CA Paris 4-6-1996 : GP 1996.485 note Brault). 5618

En cas de cession du seul bail au cours de la dernière période triennale, le cessionnaire ne peut ajouter à son temps d'exploitation celui du cédant ayant exercé la même activité que lui (Cass. civ. 19-7-1995 : Bull. civ. III p. 132), même si le bail initial permet l'exercice de tous commerces (Cass. civ. 4-5-1994 : RJDA 8-9/94 n° 914).

Pour pouvoir bénéficier du renouvellement, le cessionnaire doit obtenir un engagement du bailleur ou ne conclure la cession qu'après le renouvellement. L'accord tacite du bailleur ne peut résulter de son intervention à l'acte de cession ni de son autorisation à exercer un commerce déterminé (Cass. civ. 6-10-1981 : JCP G 1983.II.19951 note Boccara).

Néanmoins, l'exploitation peut porter sur un fonds transformé par le locataire dans les conditions prévues par les règles de la **déspécialisation** (nos 4860 s.) (C. com. art. L 145-8, al. 2). Toutefois, le changement d'activité en cours de bail effectué sans suivre la procédure de déspécialisation mais avec l'accord du bailleur ne prive pas le preneur du droit au renouvellement (Cass. civ. 17-5-1977 : JCP G 1978.II.18851 note Boccara).

5621 **Motifs légitimes d'interruption de l'exploitation** Leur appréciation relève du pouvoir souverain des juges du fond (Cass. civ. 6-10-1982 : Bull. civ. III n° 191). A été considéré comme justifié un défaut d'exploitation :

– qui n'avait pas fait disparaître le fonds et qui tenait à la contestation qui s'était élevée sur la propriété du fonds (Cass. civ. 6-10-1982 : Bull. civ. III p. 142) ;

– dû à l'inexécution par le bailleur des travaux et réparations lui incombant (Cass. civ. 25-10-1976 : GP 1977.1.pan.16 ; Cass. civ. 5-12-1979 : GP 1980.pan.123) ;

– dû à l'allongement des délais des travaux de modernisation entrepris par le locataire en raison des exigences injustifiées du propriétaire (Cass. civ. 6-7-1977 : GP 1977.2.pan.364) ;

– dû à l'exercice par une commune de son droit de préemption sur le fonds de commerce acquis par le locataire qui, en conséquence, avait interrompu l'exploitation pour redéfinir les travaux qu'il envisageait en tant que propriétaire et l'avait reprise après leur achèvement (Cass. 3e civ. 26-10-2011 n° 10-25.247 : RJDA 4/12 n° 379).

Mais n'a pas été considéré comme justifié le défaut d'exploitation dû à la mise en liquidation judiciaire du locataire (CA Paris 7-11-1997 : RJDA 2/98 n° 146).

NATIONALITÉ DU LOCATAIRE

5624 En raison de son caractère discriminatoire condamné par l'article 14 de la convention européenne des droits de l'Homme, le **refus aux** locataires **étrangers** du droit au renouvellement est contraire à cette convention (Cass. 3e civ. 9-11-2011 n° 10-30.291 : RJDA 3/12 n° 257).

En conséquence, l'article L 145-13 du Code de commerce a été abrogé.

CLAUSES CONTRAIRES RÉPUTÉES NON ÉCRITES

5627 Les clauses, stipulations et arrangements, quelle qu'en soit la forme, qui auraient pour effet de faire échec au droit de renouvellement, qui étaient nuls, sont, depuis le 20 juin 2014, réputés non écrits (C. com. art. L 145-15 ; Cass. 3e civ. 21-4-2022 n° 21-10.375 F-D : RJDA 5/23 n° 242).

Sur l'atteinte au droit de propriété, droit constitutionnellement protégé, d'un non-renouvellement pouvant résulter de l'usage abusif d'une prérogative contractuelle, n° 30077.

EXCEPTIONS AU DROIT AU RENOUVELLEMENT

5630 Certains baux, même soumis au statut, ne confèrent pas le droit au renouvellement. Il en est ainsi des baux consentis par un tuteur (n° 1043), par le parent habilité (n° 1146), par un usufruitier sans le consentement du nu-propriétaire (n° 30568) ainsi que des baux concernant les immeubles acquis en vue de la constitution de réserves foncières (C. urb. art. L 221-2).

ACCORD DES PARTIES

5633 Le preneur peut valablement **renoncer** au renouvellement après la fixation définitive du loyer (n° 5659) ; il peut aussi accepter tacitement le renouvellement pourvu que ce soit sans équivoque (Cass. 3e civ. 7-9-2022 n° 21-11.592 FD : motif invoqué équivoque).

Le bailleur peut faire bénéficier le locataire d'un droit au renouvellement que la loi ne lui reconnaît pas (nos 4103 et 5300) ou lui promettre, dès la conclusion du bail, le renouvellement de celui-ci (Cass. 3e civ. 27-10-2004 n° 1065 : RJDA 1/05 n° 14). Le bailleur peut aussi promettre dans le bail qu'à défaut de congé le bail se renouvellera tacitement par périodes de neuf ans (CA Colmar 2-11-2016 n° 13/06107 : JCP E 2018.1041 n° 14 obs. Monéger). Il peut encore obtenir **amiablement le départ** anticipé du locataire et promettre à l'acquéreur de l'immeuble de lui livrer celui-ci libre de toute occupation à une date antérieure à celle de l'expiration du bail (Cass. civ. 18-5-1994 : RJDA 10/94 n° 1009).

L'accord des parties n'a pas à être régularisé par un écrit (Cass. 3e civ. 20-9-2005 n° 972 : GP 2006.1966 obs. Barbier).

Le bail est renouvelé de manière irrévocable lorsque les parties se sont entendues sur le nouveau loyer : aucun droit de repentir ne leur est ouvert (CA Paris 7-10-1988 : D. 1988.IR.261). À défaut d'accord sur ce loyer, les parties doivent agir en fixation de loyer comme il est exposé au nº 5903.

B. Exercice du droit au renouvellement

EN CAS DE CONGÉ AVEC OFFRE DE RENOUVELLEMENT PAR LE BAILLEUR

Le congé avec offre de renouvellement délivré par le bailleur met fin au bail e ; il s'opère un nouveau bail, sauf remise en cause par le bailleur ou renonciation du locataire. 5650

Contenu du congé Outre l'observation des règles relatives à tout congé (nºs 5303 s.), le bailleur doit exprimer son accord pour le renouvellement prévu par le statut. Il n'est **pas** tenu d'indiquer le **loyer demandé** (Cass. civ. 4-5-1983 : Loyers 1983 nº 294), le renouvellement n'étant pas subordonné à la fixation préalable du loyer du nouveau bail (Cass. civ. 15-5-1996 : RJDA 8-9/96 nº 1025). Le nouveau loyer ne sera alors dû qu'à compter de la date de la demande ultérieure (nº 5903). 5653

L'accord des parties sur le renouvellement, obtenu à la suite d'une offre de renouvellement par lettre, couvre l'irrégularité du congé qui n'a pas été donné dans les conditions requises (nºs 5303 s. ; Cass. civ. 15-5-1996 précité).

Remise en cause du congé par le bailleur Sauf s'il y a renoncé (Cass. civ. 12-11-1980 : Rev. loyers 1981.87 note J.V. ; CA Paris 28-1-1997 : D. 1997.IR.49), le bailleur **peut** reprendre son offre de renouvellement dans les conditions suivantes. 5656

a. Lorsque l'action en fixation du prix a été exercée, le bailleur dispose d'un droit de **rétractation** de son offre de renouvellement dans le délai d'un mois suivant la signification de la décision définitive fixant le loyer (C. com. art. L 145-57, al. 2).

La rétractation de « l'offre de renouvellement » ne vaut pas « rétractation du congé » et le bail ne peut donc pas être tenu pour prolongé tacitement (Cass. 3e civ. 9-3-2011 nº 10-10.973 : RJDA 11/11 nº 888).

Le bailleur peut exercer son droit avant l'introduction de toute instance en fixation de loyer (Cass. 3e civ. 23-3-2011 nº 06-20.488 : RJDA 7/11 nº 612). À défaut, hormis les cas où l'action en fixation du loyer est prescrite (CA Aix 8-2-2013 : nº 10/07405 : GP 2013.som.2472 note Brault) et où ni un accord ni une décision définitive ne sont intervenus sur le montant du loyer (Cass. 3e civ. 6-12-1995 : RJDA 2/96 nº 193), il le peut à tout moment au cours de l'instance jusqu'à l'expiration du délai d'un mois à compter de la signification de la décision devenue définitive (Cass. 3e civ. 11-12-2013 nº 12-29.020 : RJDA 3/14 nº 205).

Le bailleur n'a pas à reproduire sur l'acte de rétractation l'indication que le locataire doit agir dans le délai de deux ans pour contester cet acte, cette indication n'étant requise par la loi que pour l'acte de congé (Cass. civ. 13-6-2001 : RJDA 10/01 nº 945).

La demande d'expertise du bailleur, sur le fondement de l'article 145 du Code de procédure civile (nº 75527), destinée à déterminer le montant de l'indemnité d'éviction doit être rejetée tant qu'il n'a pas exercé son droit de rétractation car il n'existe à ce stade aucun litige potentiel (Cass. 3e civ. 16-4-2008 nº 07-15.486 : RJDA 7/08 nº 766).

La rétractation est **rétroactive** au jour de l'expiration du bail, objet du renouvellement. À compter de cette date, le locataire a droit à l'indemnité d'éviction dans les conditions exposées aux nºs 6300 s. La rétractation est **irrévocable** (C. com. art. L 145-59 ; CA Versailles 21-10-1999 : Bull. inf. C. cass. 2000 nº 928), sauf si elle a été exercée sous réserve (Cass. 3e civ. 14-11-2007 nº 06-16.063 : D. 2007.3014 obs. Rouquet).

Dès lors qu'il a rétracté son congé offrant le renouvellement, le bailleur peut demander l'expertise ad futurum (nº 75527) aux fins d'évaluation de l'indemnité d'éviction (Cass. 3e civ. 8-4-2010 nº 09-10.226 : RJDA 7/10 nº 720).

b. Le bailleur peut revenir sur le renouvellement proposé pour **motif grave** et légitime (nºs 6453 s.) apparu **après** l'acceptation du renouvellement (Cass. 3e civ. 7-7-2004 nº 875 : RJDA 11/04 nº 1197).

c. Le bailleur peut remettre en cause, en toute circonstance dans le délai fixé, le renouvellement proposé en invoquant l'**absence des conditions requises** pour que le locataire bénéficie du statut ou du droit au renouvellement : aussi bien après avoir offert une indemnité d'éviction (Cass. civ. 9-10-1991 : RJDA 12/91 nº 1005) qu'à tout moment de la procédure (CA Paris 27-9-1990 : D. 1990.IR.240) et alors même qu'il connaissait cette situation au moment de son offre de renouvellement dès lors qu'il n'avait pas renoncé à se prévaloir de la déchéance du bénéfice du statut (Cass. civ. 10-1-1996 : RJDA 4/96 nº 468) ou encore alors même que, le loyer étant fixé par une clause-recettes (nº 4703), la fixation judiciaire du loyer est exclue (Cass. 3e civ. 23-11-2004 nº 1244 : RJDA 10/05 nº 1082). Mais il ne peut pas invoquer le défaut d'immatriculation des locaux accessoires, ceux-ci n'étant pas soumis à immatriculation (Cass. civ. 20-12-1994 : RJDA 2/95 nº 116).

5659 **Renonciation du locataire au renouvellement** Dans le mois qui suit la décision définitive fixant le loyer, le locataire peut renoncer au renouvellement (C. com. art. L 145-57, al. 2). Il le peut aussi avant cette décision tant après le congé avec offre de renouvellement qu'après le repentir du bailleur (nos 6360 s.) si le nouveau loyer à fixer judiciairement lui apparaît comme une charge trop lourde (Cass. civ. 17-7-1997 : RJDA 10/97 n° 1175). Il devient alors occupant sans titre rétroactivement à compter de la date d'expiration du bail et doit une indemnité d'occupation dans les conditions exposées au n° 6386.

EN CAS DE DEMANDE DE RENOUVELLEMENT PAR LE LOCATAIRE

5668 **Manifestation de la volonté du bailleur** Dans les **trois mois** de la notification de la demande en renouvellement, le bailleur doit faire connaître par acte extrajudiciaire au locataire **s'il refuse** le renouvellement, en précisant les motifs de ce refus (C. com. art. L 145-10, al. 4).

Ne constitue pas un acte de refus de renouvellement la **déclaration verbale** de refus de renouveler le bail, faite par le bailleur en réponse à l'interpellation de l'huissier (ou commissaire) de justice lui signifiant une demande du locataire de renouvellement du bail (Cass. 3e civ. 24-9-2020 n° 19-13.333 FS-PBI : RJDA 12/20 n° 632).

Seul le bailleur partie au bail peut refuser le renouvellement (Cass. 3e civ. 23-3-2011 n° 06-20.488 : RJDA 7/11 n° 612 : transposable au congé qui serait délivré par l'acquéreur du local, sans être cessionnaire du bail en raison de l'effet relatif des contrats).

L'acte indique, à peine de nullité, que le locataire qui entend soit contester le refus de renouvellement, soit demander le paiement d'une indemnité d'éviction, doit saisir le tribunal avant l'expiration d'un délai de deux ans, à compter de la date à laquelle est signifié le refus de renouvellement (C. com. art. L 145-10, al. 5).

À défaut d'avoir fait connaître ses intentions dans ce délai, il est réputé avoir **accepté** le principe du renouvellement du bail précédent (C. com. art. L 145-10, al. 4 ; Cass. 3e civ. 7-9-2017 n° 16-17.174 FS-PBI : RJDA 11/17 n° 702) ; mais il n'est pas privé du droit de demander la fixation d'un nouveau loyer (Cass. 3e civ. 4-5-2011 n° 10-15.473 : D.2011.1345.som. obs. Rouquet).

Le bailleur a néanmoins intérêt à accepter expressément et à indiquer dans son acceptation le nouveau loyer qu'il demande, car, à défaut, celui-ci ne sera dû qu'à compter de la demande qu'il fera ultérieurement (n° 5903).

Mais tant que le prix n'est pas amiablement ou judiciairement fixé (Cass. 3e civ. 21-1-2014 n° 12-27.184 : GP 2014.som.18 avril note Barbier), le bailleur peut **revenir** sur son acceptation et refuser le renouvellement en offrant le paiement d'une indemnité d'éviction (Cass. 3e civ. 16-9-2015 n° 14-20.461 : RJDA 12/15 n° 813), ou en invoquant un motif de refus de renouvellement qui n'existait pas ou qu'il ne connaissait pas au moment où il a donné son accord (Cass. civ. 4-5-1982 : Bull. civ. III p. 78), le défaut des conditions d'existence du droit au renouvellement pouvant être toujours invoqué (n° 5656).

II. RÉGIME DU BAIL RENOUVELÉ

NOUVEAU BAIL

5800 Le bail renouvelé est un nouveau bail, même s'il est expressément conclu aux clauses et conditions de l'ancien contrat (Cass. civ. 24-11-1999 : RJDA 1/00 n° 14) ; ces clauses et conditions sont applicables, à défaut de convention contraire et, à l'exception du prix du loyer, même si le preneur n'a pas signé le bail (Cass. 3e civ. 17-5-2006 n° 605 : RJDA 8-9/06 n° 877) ou si le rappel n'en est pas fait dans le nouveau bail (Cass. civ. 3-2-1988 : Bull. civ. III p. 13).

Mais il en est autrement dans deux cas :

– la caution du bail initial n'est tenue de garantir le bail renouvelé que dans la mesure où elle l'a accepté et où le nouveau bail n'engendre pas d'obligations nouvelles (n° 55727) ;

– le pacte de préférence couché dans le bail initial n'est pas reporté dans le bail renouvelé, ce pacte étant devenu caduc à l'expiration du premier bail car il constituait une convention distincte de celui-ci (Cass. civ. 21-12-1988 : JCP G 1989.II.21324 note Dagot).

Le bail est renouvelé à la date d'effet du bail renouvelé, telle que précisée n° 5806, même si le loyer n'est pas encore fixé (Cass. 3e civ. 17-6-2021 n° 20-12.844 FS-B : RJDA 8-9/21 n° 552).

5803 **Impossibilité de modifier les clauses et conditions de l'ancien bail** Les **juges** n'ont le pouvoir de modifier aucune clause, fût-elle accessoire (Cass. civ. 6-3-1991 : Bull. civ. III p. 46 ; Cass. civ. 12-10-1982 : Bull. civ. III p. 146 : refus d'adjoindre une clause fixant le montant du dépôt de garantie à six mois de loyer et de supprimer une clause autorisant la cession et la sous-location ; Cass. civ. 14-6-1983 : Bull. civ. III p. 108 : refus de modification des lieux loués ; Cass. civ. 30-5-1984 : Bull. civ. III p. 84 : refus de supprimer une clause limitant à une certaine somme le remboursement de l'impôt foncier).

Cette solution, application de la règle de droit commun selon laquelle le juge ne peut modifier le contrat, est susceptible d'être mise en cause si les conditions de l'article 1195 du Code civil sont réunies au moment du renouvellement (n°s 14006 s.).

Le bailleur ne peut pas refuser le renouvellement d'une partie des locaux, autres que ceux servant à l'habitation, qui ont été loués à usage commercial, sous peine d'être condamné au paiement d'une indemnité d'éviction, car le refus de renouvellement partiel équivaut alors à un refus de renouvellement pour le tout (Cass. com. 1-12-1966 : Bull. civ. III n° 464). Il est notamment tenu de respecter la clause d'indivisibilité (Cass. 3e civ. 19-12-2012 n° 11-21.340 : RJDA 5/13 n° 392) ; mais il peut opter pour un renouvellement partiel dès lors qu'il n'existe, dans la commune intention des parties, aucune indivisibilité matérielle ou conventionnelle entre les locaux (Cass. civ. 7-7-1993 : RJDA 11/93 n° 879).

Durée La durée du bail renouvelé est de **neuf ans,** sauf accord des parties pour une durée plus longue (C. com. art. L 145-12, al. 1) ; cette disposition étant d'ordre public, les parties doivent expressément lorsqu'elles ont conclu initialement pour plus de neuf ans, lors de chaque renouvellement, réitérer leur volonté de contracter pour cette durée : à défaut, le bail est renouvelé pour neuf ans (Cass. 3e civ. 2-10-2002 n° 1464 : RJDA 12/02 n° 1246). Toute clause limitant cette durée est nulle (n° 5627). 5806

Le nouveau bail **prend effet** à l'expiration du bail précédent, ou, le cas échéant, de sa prolongation, cette dernière date étant soit celle pour laquelle le congé a été donné, soit, si une demande de renouvellement a été faite, le premier jour du trimestre civil qui suit cette demande (C. com. art. L 145-12, al. 3).

Le renouvellement n'étant pas subordonné à la fixation du prix du bail renouvelé, le loyer au montant antérieur n'est pas suspendu par le congé et son défaut de paiement peut être sanctionné par l'application de la clause résolutoire prévue au bail (CA Paris 24-10-2003 n° 03-5000 : RJDA 4/04 n° 410).

En cas d'exercice par le bailleur du **droit de repentir,** le point de départ du bail renouvelé se situe au jour de la notification par acte extrajudiciaire de sa décision de consentir au renouvellement du bail (n° 6369).

ÉTABLISSEMENT D'UN ACTE

En cas d'**accord** sur le montant du loyer, les parties établissent généralement un nouvel acte constatant le nouveau loyer et le complément du dépôt de garantie. 5809

III. LOYER DU BAIL RENOUVELÉ

A. Modes de fixation du loyer

FIXATION PAR LES PARTIES

Le loyer du bail renouvelé peut être **librement** fixé par les parties, rien ne s'opposant à ce qu'elles choisissent d'un commun accord de déterminer à l'avance par une stipulation du bail les conditions de fixation du prix du bail renouvelé (Cass. 3e civ. 10-3-2004 n° 295 : RJDA 6/04 n° 681). Ainsi, le loyer fixé par une clause-recettes est valable (n° 4703) (Cass. civ. 10-3-1993 : RJDA 6/93 n° 484 ; Cass. 3e civ. 27-1-1999 : RJDA 3/99 n° 265 ; Cass. civ. 7-3-2001 : RJDA 5/01 n° 564) ainsi que celui qu'une clause soumet au plafonnement, qui vaut renonciation du bailleur à invoquer tout motif de déplafonnement (Cass. civ. 2-7-1997 : GP 1997.som.462 obs. Barbier). De même, jugé qu'il y a reconduction du loyer du bail expiré dès lors qu'une clause prévoit que le bail est renouvelé « aux mêmes clauses et conditions antérieures » sans mention d'aucune réserve, ce qui vaut accord exprès sur les conditions et clauses du bail précédent (Cass. 3e civ. 15-4-2021 n° 19-24.231 FP-P : RJDA 7/21 n° 457). 5900

Le renouvellement est **irrévocable** lorsque les parties se sont entendues sur le nouveau loyer (n° 5633).

FIXATION PAR UN TIERS

Le tiers désigné par les parties à un contrat de bail commercial pour procéder à l'évaluation de la valeur locative d'un local est libre de retenir les critères qu'il juge opportuns suivant la **méthode** qui lui paraît la plus adaptée et peut ainsi recourir à deux méthodes différentes selon les spécificités distinctes d'un ensemble immobilier ; en revanche, il commet une erreur grossière s'il cumule les résultats de deux méthodes d'évaluation d'un même bien (Cass. 3e civ. 12-3-2020 n° 19-10.245 FS-D : RJDA 5/20 n° 262). 5901

FIXATION JUDICIAIRE

5903 En cas de désaccord, les parties doivent faire fixer le nouveau loyer par le **juge des loyers commerciaux,** qui statue selon une procédure spéciale (nos 6800 et 6810).

Si les parties ont prévu un loyer assorti d'une clause-recettes (n° 5900), ce juge n'a pas alors compétence pour fixer le loyer du bail renouvelé (Cass. 3e civ. 9-9-2014 n° 13-14.448 : JCP E 2015.1130 obs. Kenfack ; Cass. 3e civ. 12-5-2016 n° 15-14.107 : RJDA 8-9/16 n° 606). Toutefois, les parties peuvent convenir dans le contrat de bail de donner compétence au juge des loyers commerciaux pour fixer, lors du renouvellement, la partie fixe du loyer à la valeur locative (Cass. 3e civ. 3-11-2016 nos 15-16.826 FS-PBRI et 15-16.827 FS-PBRI : RJDA 1/17 n° 5 ; Cass. 3e civ. 28-11-2018 n° 17-27.798 FS-PBI : RJDA 2/19 n° 77).

Le bailleur qui a promis dans le contrat le renouvellement du bail n'a pas pour autant renoncé à faire fixer le prix du bail renouvelé ; s'il veut obtenir une modification du prix dès le renouvellement, il doit, sauf clause fixant une autre modalité de demande d'un nouveau prix, faire connaître le loyer qu'il propose dans un congé conforme au statut (Cass. 3e civ. 12-12-2012 n° 11-20.727 : RJDA 3/13 n° 202). À défaut, le nouveau prix n'est dû qu'à compter de la demande qui en est faite ultérieurement (C. com. art. L 145-11), soit par acte extrajudiciaire ou lettre recommandée AR, soit dans le mémoire prévu dans la procédure en fixation du loyer (C. com. art. R 145-1).

Les parties peuvent se concilier en cours d'instance et demander au juge de donner force exécutoire à leur accord (cf. C. com. art. R 145-31, al. 3).

Si l'action en fixation du loyer n'est pas introduite dans le **délai de deux ans,** elle est prescrite (n° 6821) et le prix du bail renouvelé est maintenu au montant du loyer du bail expiré (Cass. civ. 4-10-1994 : GP 1995.128 note Barbier).

Lorsque l'action a été valablement introduite, le locataire doit, **pendant** la durée de **l'instance,** continuer à payer les loyers échus au prix ancien ou, le cas échéant, au prix qui a été fixé à titre provisionnel par le juge (C. com. art. L 145-57, al. 1). Cette décision bénéficie de plein droit de l'exécution provisoire (CA Amiens 9-2-1994 : JCP G 1994.IV.2308).

Le juge **fixe** le nouveau loyer :

– soit en fonction du loyer ancien rajusté selon un coefficient de variation plafonné (nos 5940 s.) ;

– soit en fonction de la valeur locative telle que déterminée par le statut (nos 6003 s.), lorsque celle-ci est inférieure au montant du loyer plafonné (n° 6000) ou lorsqu'elle a subi une modification notable (nos 6080 s.) ;

– soit en fonction de règles particulières lorsque les lieux loués présentent des caractéristiques spécifiques (nos 6150 s.).

Les éléments ci-dessus à prendre en considération s'apprécient à la date du renouvellement (Cass. 3e civ. 17-12-2003 n° 1423 : RJDA 3/04 n° 277).

Toutefois, le nouveau loyer ne peut pas excéder les prétentions des parties comme lors de la révision triennale (cf. C. com. art. R 145-21 ; n° 4752).

La décision définitive qui fixe le nouveau loyer constitue un **titre exécutoire** et peut donc être exécutée avant l'expiration du délai d'un mois dont disposent les parties pour exercer leur droit d'option et renoncer au renouvellement (Cass. 3e civ. 6-10-2016 n° 15-12.606 FS-PB : RJDA 1/17 n° 4).

Une fois le loyer arrêté par le juge, les parties doivent, sauf si elles ont renoncé au renouvellement (nos 5656 s.) ou si le bailleur refuse le renouvellement (nos 6300 s.), dresser un **nouveau bail** dans les conditions fixées par lui, dans le délai d'un mois suivant la signification de la décision définitive ; faute pour le bailleur d'avoir envoyé dans ce délai le projet de bail à la signature du preneur ou faute d'accord dans le mois de cet envoi, l'ordonnance ou l'arrêt fixant le prix ou les conditions du nouveau bail vaut bail (C. com. art. L 145-57, al. 2).

Le **nouveau loyer** est **dû** à compter de la demande qui en est faite par le bailleur soit dans le congé, soit dans la réponse à la demande de renouvellement ; à défaut, il n'est dû qu'à compter de la demande faite ultérieurement (C. com. art. L 145-11) ; cette règle, qui ne vise que le bailleur, ne s'applique pas lorsque la demande en fixation du prix émane du locataire, le nouveau loyer ne pouvant alors pas être fixé au jour où le bailleur l'a demandé dans son mémoire (Cass. 3e civ. 7-1-2009 n° 07-19.464 : RJDA 3/09 n° 185), mais à la date de prise d'effet du renouvellement (CA Montpellier 5-7-2022 n° 19/06834).

Cette décision implique que le loyer du bail expiré n'est plus dû par le locataire. Mais elle ne donne aucune indication sur ce que doit le locataire jusqu'à la fixation du nouveau loyer. À notre avis, le loyer contractuel n'étant plus applicable, mais le locataire continuant à en jouir légalement, il doit une indemnité d'occupation fixée à la valeur locative, comme dans le cas où l'indemnité d'occupation est due en attente du paiement de l'indemnité d'éviction (n° 6386). Il la doit jusqu'au jour où l'entrée en vigueur du nouveau loyer sera fixée.

Si les parties ont varié dans leurs prétentions, le prix ne peut prendre effet, dans la mesure où il excéderait les limites fixées par les prétentions originaires des parties, qu'à dater de la notification des nouvelles prétentions (C. com. art. R 145-21 ; pour une application, CA Nîmes 27-11-2007 : GP 2008.som. 6 juillet).

Le locataire doit des **intérêts moratoires,** qui courent du jour de la mise en demeure (n° 53812), si le montant du nouveau loyer est plus élevé que le montant payé en attente de la fixation du loyer renouvelé (Cass. 3e civ. 3-10-2012 n° 11-17.177 : RJDA 2/13 n° 95 ; Cass. 3e civ. 18-6-2014 n° 13-14.715 : RJDA 11/14 n° 831).

B. Plafonnement de la variation du loyer initial

Légitimité du plafonnement Le plafonnement de la variation du loyer initial est compatible avec la Constitution (Cass. 3e civ. 13-3-2011 n° 11-11.072 : RJDA 4/12 n° 382) et avec la convention européenne des droits de l'Homme (CA Amiens 8-2-2005 n° 04-02965 : JCP G 2005 II 10060 note Auque). **5940**

Avertissement Les nouvelles dispositions relatives au plafonnement et au déplafonnement du loyer résultant de la modification de l'article L 145-34 du Code de commerce sont applicables aux contrats conclus ou renouvelés depuis le 1er septembre 2014 (Loi 2014-626 du 18-6-2014 art. 21). **5943**

PRINCIPE DU PLAFONNEMENT

Pour les **baux dont la durée n'est pas supérieure à neuf ans,** le loyer initial ne peut être augmenté que dans la mesure où le taux de variation du loyer applicable lors de la prise d'effet du bail à renouveler n'excède pas la variation, intervenue depuis la fixation initiale du loyer du bail expiré, de l'indice trimestriel des loyers commerciaux ou de l'indice trimestriel des loyers des activités tertiaires mentionnés à l'article L 112-2, al. 1 et 2 du Code monétaire et financier, publiés par l'Insee (C. com. art. L 145-34, al. 1 ; C. mon. fin. art. D 112-2). À défaut de clause contractuelle fixant le trimestre de référence de l'indice, il y a lieu de prendre en compte la variation de l'indice trimestriel des loyers commerciaux ou de l'indice trimestriel des loyers des activités tertiaires, calculée sur la période de neuf ans antérieure au dernier indice publié (C. com. art. L 145-34, al. 1). **5951**

Cette limitation de la variation du loyer doit être appliquée au loyer initial, nonobstant la fixation dans le bail expiré d'un loyer progressif par paliers (Cass. 3e civ. 6-3-2013 n° 12-13.962 : RJDA 6/13 n° 488).

Le coefficient légal s'appliquant au loyer d'origine du bail venu à expiration, les révisions intervenues en cours de bail ne sont donc pas prises en compte (CA Paris 15-2-2012 n° 10/05366 : GP 2012.som.1705 note Brault).

Le loyer de référence est celui fixé par les parties lors de la prise d'effet du bail à renouveler (Cass. 3e civ. 17-5-2006 n° 606 : RJDA 8-9/06 n° 879, écartant le loyer réellement acquitté ; Cass. 3e civ. 11-4-2019 n° 18-14.252 FS-PBI : RJDA 6/19 n° 412, écartant la fixation judiciaire du loyer révisé au cours du bail expiré).

Une fraction du **pas-de-porte** peut être intégrée au loyer d'origine si celui-ci s'analyse dans la commune intention des parties en un supplément de loyer (cf. Cass. civ. 12-10-1976 : Bull. civ. III p. 254).

En cas de **renouvellement postérieur à la date d'expiration** du bail échu, cette variation est calculée à partir du dernier indice publié, pour une période d'une durée égale à celle qui s'est écoulée entre la date initiale du bail et la date de son renouvellement effectif (C. com. art. L 145-34, al. 2).

EXCLUSION DU PLAFONNEMENT

La règle du plafonnement ne s'applique pas lorsque la durée contractuelle prévue du bail expiré - et non celle prévue pour le bail renouvelé (Cass. civ. 13-11-1997 : RJDA 1/98 n° 26) - est **supérieure à neuf ans** (C. com. art. L 145-34, al. 1 ; Cass. 3e civ. 30-1-1991 : RJDA 3/91 n° 197 : durée contractuelle de neuf ans et demi). Pour être appliquée lors de chaque renouvellement, cette durée doit être expressément réexprimée par les parties à chaque renouvellement (Cass. 3e civ. 2-10-2002 : Bull. civ. III n° 194) ; elle ne peut pas résulter de ce que le bail initial de 12 ans prévoyait qu'il serait renouvelé pour une durée égale (Cass. 3e civ. 18-6-2013 n° 12-19.568 : RJDA 12/13 n° 989) ni de ce que le locataire a accepté le renouvellement du bail aux clauses et conditions initiales (CA Paris 30-9-2016 n° 14/14983 : RJDA 3/17 n° 160). **5953**

Il en est de même lorsque le bail expiré, bien que conclu pour une durée de neuf ans, s'est poursuivi, par l'effet d'une tacite prolongation, pendant une période **supérieure à douze ans** (C. com. art. L 145-34, al. 3, texte déclaré conforme à la Constitution : Cass. 3e civ. QPC 5-10-2010 n° 10-14.091 : RJDA 5/11 n° 491 som. ; Cass. civ. 5-4-1995 : RJDA 6/95 n° 694 ; CA Paris 17-11-2010 n° 09-00600 : GP 2011.som.11 mars). La tacite prolongation existe lorsque le contrat de bail se poursuit sans que ni le bailleur ni le preneur ne s'occupe de son renouvellement (CA Montpellier 19-10-2021 n° 18/03796).

En revanche, le plafonnement est applicable dès lors que le renouvellement est demandé par le locataire avant les douze années écoulées et pour prendre effet à la date d'expiration de ces douze années (Cass. civ. 21-12-1993 : RJDA 3/94 n° 272), sauf si le locataire a donné avant son accord au bailleur sur une date de prise d'effet postérieure à l'expiration des douze ans, peu important qu'il s'en soit ravisé après pour fixer une date antérieure (Cass. 3e civ. 14-1-2016 n° 14-21.814 : D. 2016.1621.som. obs. Dumont-Lefrand). Il est aussi applicable en cas de non-publication de l'ILC au jour du renouvellement, cette circonstance ne figurant pas parmi les cas légaux, limitativement énumérés, de déplafonnement (TGI Paris 22-9-2017 n° 15-17568 : RJDA 4/18 n° 305). La hausse de la valeur locative des locaux d'habitation inclus dans le bail ne peut pas non plus justifier un déplafonnement (Cass. civ. 8-1-1980 : Bull. civ. III p. 5).

Pour les contrats conclus ou renouvelés depuis le 1er septembre 2014 (n° 5943), l'**augmentation** du loyer résultant du déplafonnement ne peut pas être supérieure, pour une année, à 10 % du loyer acquitté au cours de l'année précédente (C. com. art. L 145-34, al. 4 reconnu conforme à la Constitution : Cons. const. 7-5-2020 QPC n° 2020-837 : RJDA 10/20 n° 473). Le taux de 10 % n'est pas modulable et il appartient aux parties, et non au juge des loyers commerciaux, d'arrêter l'échéancier des loyers qui seront exigibles durant la période au cours de laquelle s'applique l'étalement de la hausse du loyer (Cass. 3e civ. avis 9-3-2018 n° 17-70.040 PB : RJDA 10/18 n° 708 ; Cass. 3e civ. 25-1-2023 n° 21-21.943 FS-B : RJDA 5/23 n° 243). L'étalement n'étant pas d'ordre public, les parties peuvent convenir de ne pas l'appliquer (même arrêt).

Le mécanisme de limitation annuelle des hausses du loyer ne s'applique pas lorsque le déplafonnement est la conséquence d'une tacite prolongation du bail ayant abouti à ce que la durée de celui-ci excède douze ans, car ce motif de déplafonnement n'est pas visé par l'article L 145-34, al. 4 (TGI Paris 5-5-2017 n° 14/10431 : RJDA 1/18 n° 8).

Sur le déplafonnement pour améliorations à défaut de clause d'accession au profit du bailleur, n° 6018 et pour modification notable de la valeur locative, nos 6080 s.

CONCILIATION

5956 Les **litiges** nés de la mise en œuvre du plafonnement sont réglés ainsi (C. com. art. L 145-35) :

– ils peuvent être soumis à une commission départementale de conciliation composée de bailleurs et de locataires en nombre égal et de personnes qualifiées, cette commission devant s'efforcer de concilier les parties et de rendre un avis ;

– si la juridiction est saisie parallèlement à la commission compétente par l'une ou l'autre des parties, elle ne peut statuer tant que l'avis de la commission n'est pas rendu ;

– la commission est dessaisie si elle n'a pas statué dans un délai de trois mois.

Sur la procédure à suivre, articles D 145-17 et D 145-18 du Code de commerce et circulaire du 3 août 1988.

Le juge peut statuer même si la commission n'a pas été saisie, sa saisine n'étant pas prévue à peine d'irrecevabilité (Cass. 3e civ. 10-3-2010 n° 09-10.344 : RJDA 5/10 n° 481 ; CA Rouen 11-10-2007 : JCP E 2008.1706 note Chavance). L'accord intervenu devant la commission signé des deux parties doit recevoir application, le preneur ne pouvant pas refuser de signer le bail (Cass. civ. 14-6-1995 : RJDA 8-9/95 n° 947).

C. Fixation du loyer à la valeur locative

APPLICATION DE LA VALEUR LOCATIVE

6000 Le montant du loyer renouvelé doit correspondre à la valeur locative (C. com. art. L 145-33, al. 1).

Il s'ensuit que :

– les juges doivent, au besoin, rechercher d'office si le loyer est conforme à la valeur locative (Cass. 3e civ. 3-12-2003 n° 1350 : RJDA 3/04 n° 278 ; Cass. 3e civ. 5-11-2014 n° 13-21.990 : RJDA 4/15 n° 241) ;

– le nouveau loyer peut être inférieur au loyer du bail expiré, le bail renouvelé étant un nouveau bail et non le prolongement du bail antérieur (Cass. civ. 29-10-1986 : Bull. civ. III p. 110 ; CA Paris 23-5-2018 n° 14/10550 : GP 2018 n° 40 p. 84 note Chastagnier) ;

– le locataire a droit à la valeur locative même si elle est inférieure au montant plafonné (n° 5951), sans avoir à établir une quelconque modification notable des éléments de la valeur locative (Cass. 3e civ. 3-6-2004 n° 661 : RJDA 10/04 n° 1096), même si une indexation conventionnelle régit la variation annuelle du loyer (Cass. 3e civ. 23-6-2015 n° 14-12.411 : RJDA 2/16 n° 92).

Mais le montant plafonné peut être **dépassé** lorsque la valeur locative est supérieure en raison d'une modification notable de ses composants dans les conditions exposées aux nos 6080 s., même lorsque le bail comporte une clause d'indexation régulièrement appliquée (Cass. 3e civ. 20-5-2015 n° 13-27.367 : RJDA 10/15 n° 635).

Le bailleur qui, par la faute de son mandataire, n'a pas saisi le juge des loyers commerciaux avant l'expiration de la prescription biennale, sur le fondement de l'article L 145-34 du Code de commerce, en vue de la fixation du prix du bail renouvelé, a droit à être indemnisé de la perte de la chance de bénéficier du déplafonnement de plein droit que ce texte lui aurait procuré en raison de la durée du bail excédant douze ans, sans qu'il puisse lui être opposé qu'il aurait pu demander la révision du loyer sur le fondement de l'article L 145-38 du même Code car celui-ci ne lui permet pas de bénéficier du déplafonnement de plein droit lorsque la durée du bail excède douze ans (Cass. 3e civ. 20-5-2021 n° 20-10.905 F-D : RJDA 10/21 n° 638).

1. DÉTERMINATION DE LA VALEUR LOCATIVE

LES ÉLÉMENTS DE LA VALEUR LOCATIVE

À défaut d'accord entre les parties, la valeur locative est déterminée d'après les éléments ci-après (C. com. art. L 145-33, al. 2 et R 145-2 s.). 6003

Le caractère supplétif de cette disposition ne porte pas atteinte à la protection du droit de propriété du bailleur au sens des articles 2 et 17 de la Déclaration des droits de l'Homme et du citoyen de 1789 : le bailleur ne perd pas son droit de propriété ; s'il souhaite reprendre le local loué, il lui suffit d'indemniser le locataire sortant du dommage qui en résulte (CA Versailles 17-2-2015 n° 14/00005 : JCP E 2015.1350 n° 19 note Monéger).

Caractéristiques du local **Seuls les** éléments qui font partie du local loué (CA Versailles 14-4-2022 n° 20/06207 : exclusion d'une terrasse installée sur le domaine public et exploitée en vertu d'une autorisation administrative) et les caractéristiques **suivantes** dudit local peuvent être pris en considération (C. com. art. R 145-3 et R 145-4) : 6006

– la **situation** du local dans l'immeuble, sa surface, son volume, la commodité d'accès pour le public ;

– l'importance des **surfaces** respectivement affectées à la réception du public, à l'exploitation ou à chacune des activités exercées dans les lieux ;

Pour des exemples de modification des surfaces accessibles à la clientèle, Cass. 3e civ. 8-4-2014 n° 13-11.728 et Cass. 3e civ. 11-3-2014 n° 13-10.748 : RJDA 8-9/14 n° 688.

– les rapports entre ses différentes dimensions, la conformation de chaque partie et son **adaptation** à la forme d'activité qui y est exercée ;

– l'état d'**entretien,** de vétusté ou de salubrité et le cas échéant la conformité aux normes exigées par la législation du travail ;

– la nature et l'état des **équipements** et les moyens d'exploitation mis à la disposition du locataire ;

– l'existence de **locaux accessoires,** de locaux annexes ou de dépendances, loués par le même bailleur et susceptibles d'une utilisation conjointe avec les locaux principaux.

Lorsque les lieux loués comportent une partie affectée à l'habitation, la valeur de celle-ci est déterminée par comparaison avec les prix pratiqués pour des locaux d'habitation analogues faisant l'objet d'une location nouvelle, majorés ou minorés pour tenir compte des avantages ou des inconvénients que présente leur intégration dans un ensemble commercial (C. com. art. R 145-4, al. 2).

Destination des lieux La destination qui doit être considérée est celle autorisée par le bail, ses avenants ou une décision judiciaire à l'issue d'une procédure de déspécialisation (C. com. art. R 145-5 ; nos 4860 s.). 6009

Obligations respectives des parties Les obligations mises à la charge de l'une ou de l'autre des parties par le contrat de bail ou par la loi peuvent être des facteurs de diminution ou de majoration de la valeur locative (C. com. art. R 145-8, al. 1 et 3). 6012

Sur l'exclusion de ces dispositions pour la fixation du loyer des locaux monovalents, n° 6159.

Notamment, constituent des facteurs de **diminution** les restrictions à la jouissance des lieux (Cass. civ. 16-6-1986 : GP 1987.17 note Barbier) et le transfert sans contrepartie à la charge du locataire d'obligations incombant normalement au bailleur, par exemple paiement de l'impôt foncier (Cass. 3e civ. 16-3-2017 n° 16-11.972 F-D : RJDA 6/17 n° 395 ; Cass. 3e civ. 15-2-2018 n° 16-19.818 FD : RJDA 10/18 n° 707 ; Cass. 3e civ. 8-4-2021 n° 19-23.183 F-D : RJDA 8-9/21 n° 555) ou de certains travaux de réparation et d'entretien (Cass. com. 12-12-1960 : JCP G 1961.IV.9 ; CA Paris 26-9-1984 : D. 1984.IR.464). 6015

En revanche, **augmentent** la valeur locative les **avantages** procurés au locataire, par exemple une durée supérieure à neuf ans (Cass. civ. 17-1-1984 : Bull. civ. III p. 12). 6018

Il en est de même des **améliorations** apportées aux locaux au cours du bail venu à expiration ; mais celles-ci ne peuvent être prises en considération pour le calcul de la valeur locative que si le bailleur en a assumé la charge directement ou indirectement, notamment par l'acceptation d'un loyer réduit (C. com. art. R 145-8, al. 1 ; Cass. civ. 16-10-1979 : JCP G 1980.II.19392 note Boccara).

Constituent des améliorations d'importants travaux d'embellissement (CA Paris 28-6-1984 : JCP G 1985.II.20428 note Guérin) ou de réorganisation de l'espace des lieux loués (Cass. civ. 17-7-1996 : RJDA 11/96 n° 1307 ; Cass. civ. 29-1-2002 : RJDA 4/02 n° 363), même si celle-ci entraîne une modification des caractéristiques des locaux (Cass. civ. 21-3-2001 : RJDA 6/01 n° 666) sans extension de l'assiette du bail (Cass. 3e civ. 29-1-2002 n° 163 : RJDA 4/02 n° 363), ainsi que des constructions édifiées par le preneur (Cass. civ. 16-10-1979 précité).

Le **bailleur** est considéré comme ayant **participé indirectement** à la réalisation des améliorations lorsqu'il a prorogé le bail pour quinze années, repoussant d'autant les effets de l'accession (Cass. civ. 26-1-1982 : Rev. loyers 1982.202), mais non parce qu'il n'a pas perçu d'indemnité en contrepartie de l'autorisation faite au preneur de réaliser des travaux (Cass. civ. 6-10-1981 : GP 1982.pan.63) ni lorsqu'il a effectué les travaux de mise en conformité des lieux à leur destination contractuelle (Cass. civ. 30-6-1999 : RJDA 8-9/99 n° 899).

Pour les **hôtels,** le bailleur ne peut prétendre à aucune majoration de loyer du fait de l'incorporation à l'immeuble des améliorations pendant la durée du bail en cours et celle du bail renouvelé qui lui fait suite et pendant une durée de douze ans à compter de l'exécution de ces travaux réalisés par le locataire à ses frais et sous sa responsabilité dès lors que celui-ci lui a adressé une notification préalable accompagnée d'un plan d'exécution et d'un devis (C. tourisme art. L 311-2, 3 et 4 ; Cass. 3e civ. 13-11-2013 n° 12-21.165 : BRDA 24/13 inf. 20, précisant que la durée susvisée ne court pas de l'autorisation donnée par le bailleur). À défaut d'avoir procédé à cette notification, le locataire ne peut pas s'opposer à la majoration du loyer (Cass. civ. 21-2-2001 : RJDA 5/01 n° 565) ni demander l'application d'un abattement au titre des travaux qu'il a réalisés (Cass. 3e civ. 10-7-2002 n° 1255 : RJDA 11/02 n° 1121), même si le bail l'autorise à procéder à tous travaux nécessaires, sans l'agrément préalable du bailleur pour ceux relatifs aux gros murs (CA Pau 28-3-2006 n° 04-1735 : Bull. inf. C. cass. 2006 n° 2261 ; CA Aix 19-10-2012 n° 12/029092 : JCP E 2013.1075 note Chavance).

À défaut de participation du bailleur, les améliorations peuvent intervenir dans le calcul de la valeur locative à l'occasion du **second renouvellement** suivant leur réalisation (Cass. civ. 4-3-1998 : RJDA 5/98 n° 572) et sont susceptibles, en l'absence de clause d'accession, d'entraîner un déplafonnement du loyer (Cass. 3e civ. 14-3-2019 n° 18-13.221 D). Les améliorations sont prises en compte, même si le bailleur ne s'en est pas prévalu lors du premier renouvellement du bail (Cass. civ. 30-5-1990 : Bull. civ. III p. 73) ou même si le bail a été renouvelé une première fois moyennant un déplafonnement (Cass. civ. 31-10-2000 : RJDA 1/01 n° 14). Mais les améliorations ne peuvent plus être prises en compte après le second renouvellement (Cass. civ. 22-3-1995 : RJDA 6/95 n° 696).

Sur les améliorations apportées par le preneur profitant au bailleur par une clause d'accession en fin de bail, n° 4635.

6021 **Facteurs locaux de commercialité** Les facteurs locaux de commercialité dépendent principalement de l'intérêt que présente, pour le commerce considéré, l'importance de la ville, du quartier ou de la rue où il est situé, du lieu de son implantation, de la répartition des diverses activités dans le voisinage, des moyens de transport, de l'attrait particulier ou des sujétions que peut présenter l'emplacement pour l'activité considérée et des modifications que ces éléments subissent d'une manière durable ou provisoire (C. com. art. R 145-6).

6024 **Prix pratiqués dans le voisinage** Les prix pratiqués dans le voisinage par unité de surface sont ceux des locaux considérés comme équivalents en fonction des quatre éléments mentionnés ci-dessus aux nos 6006 à 6021 ; à défaut d'équivalence, ils peuvent être utilisés à titre indicatif, sauf à être corrigés en considération des différences constatées entre le local loué et les locaux de référence (C. com. art. R 145-7 ; sur une impossibilité de retenir les loyers du voisinage, Cass. 3e civ. 19-9-2007 n° 06-16.820 : RJDA 12/07 n° 1197).

MÉTHODES DE CALCUL DE LA VALEUR LOCATIVE

6030 Les juges du fond fixent le nouveau loyer à partir des éléments existant à la date du renouvellement (Cass. civ. 13-5-1992 : RJDA 7/92 n° 691 ; Cass. 3e civ. 9-3-2022 n° 20-19.188 F-D : exclusion de l'extension de la galerie marchande postérieure au renouvellement du bail) et sont souverains pour chiffrer la valeur locative sur la base des éléments ci-dessus énumérés en adoptant le mode de calcul qui leur paraît le meilleur (Cass. 3e civ. 3-6-2004 n° 667 : RJDA 10/04 n° 1097 ; Cass. 3e civ. 31-5-2011 n° 10-18.662 : GP 2011.som.2237 note Brault), sans avoir à tenir compte des clauses du bail expiré (CA Rouen 8-9-1988 : GP 1990.som.89).

Le juge des référés est incompétent pour désigner, sur le fondement de l'article 145 du Code de procédure civile (n° 75527), un expert permettant au bailleur d'établir la valeur locative des locaux en vue de la fixation ultérieure du prix du bail renouvelé (CA Paris 13-2-1991 : D. 1991.IR.72).

6033 **Détermination de la surface pondérée** Une pondération des surfaces réelles des locaux est effectuée par l'application de coefficients déterminés en fonction des caractéristiques du local (situation dans l'immeuble, configuration, affectation, etc., n° 6006).

La pondération trouve son fondement juridique dans l'obligation de se référer aux valeurs de comparaison par « unité de surface » (C. com. art. R 145-7) ; elle est souverainement appréciée par les juges du fond (Cass. 3e civ. 19-9-2007 no 06-16.820 : RJDA 12/07 no 1197).

Elle a été appliquée à l'estimation de la valeur locative d'une clinique transformée en établissement de soins (Cass. 3e civ. 11-12-2012 no 11-21.910 : RJDA 5/13 no 391).

Détermination de la valeur au mètre carré par recherche d'éléments de comparaison La valeur du mètre carré pondéré (ou réel) est déterminée par des éléments tirés de fixations amiables ou judiciaires de loyers pour des locaux proches et comparables ; le juge peut aussi se référer à des loyers de commerces pas nécessairement de même nature que celle du commerce en cause (CA Grenoble 8-12-2011 no 09/03110). L'évolution de ces éléments ne peut entraîner le déplafonnement que si elle a une incidence favorable sur le commerce concerné, ce qui n'est pas le cas d'une évolution à la baisse (Cass. 3e civ. 17-1-2012 no 11-12.090 : Rev. loyers 2012.103). Des correctifs sont appliqués pour tenir compte des différences avec les locaux concernés. 6037

Pour fixer le loyer des baux conclus sans pas-de-porte, les juges se réfèrent aux valeurs libres du marché (CA Rouen 8-9-1988 : GP 1990.som.89 ; aussi no 4755).

Dans les centres commerciaux, les éléments de comparaison sont généralement pris dans le centre où se situent les locaux en cause (CA Caen 24-5-1985 : JCP G 1986.II.20656 obs. Boccara ; TGI Versailles 26-6-1984 : AJPI 1984.541 ; TGI Caen 10-7-1986 : AJPI 1987.16 note Boccara). Mais il n'y a pas lieu d'exclure par principe des éléments de comparaison provenant d'autres centres (CA Paris 1-2-1983 : AJPI 1983.394 ; contra CA Caen 24-5-1985 précité).

2. DÉPLAFONNEMENT DU LOYER POUR MODIFICATION NOTABLE DE LA VALEUR LOCATIVE

CONDITIONS GÉNÉRALES

Lorsque les éléments pris en compte pour la fixation de la valeur locative (nos 6006 à 6021) ont subi une modification notable, le loyer est porté au **montant de la valeur locative** qui en résulte alors même que ce montant dépasse le plafond de hausse autorisé mais l'augmentation ne peut pas être supérieure, pour une année, à 10 % du loyer acquitté au cours de l'année précédente (C. com. art. L 145-34, al. 4 ; sur l'application de la limitation à 10 %, no 5953). 6080

La modification a dû intervenir **avant la prise d'effet** du nouveau bail, au plus tard au moment même de la prise d'effet du nouveau bail (Cass. civ. 21-12-1976 : Bull. civ. III p. 359), la charge de la preuve de cette antériorité incombant au bailleur qui invoque le changement notable (Cass. civ. 1-3-2000 no 98-18.787 P : RJDA 5/00 no 516) ; le bailleur doit invoquer la modification à l'occasion du renouvellement du bail expiré au cours duquel elle est intervenue et non à l'occasion d'un renouvellement ultérieur (Cass. civ. 14-10-1992 : RJDA 12/92 no 1109).

La modification est **prise en compte** même si :

– elle a justifié un déplafonnement du loyer lors d'une révision triennale (Cass. civ. 24-1-1990 : Rev. loyers 1990.231 note Duplan-Miellet ; no 4758) ;

– elle a donné lieu à une augmentation du loyer à l'expiration d'une période triennale antérieure (Cass. civ. 24-2-1988 : Loyers 1988 no 177 ; Cass. civ. 14-5-1997 : DA 1997.723) ou au cours du bail expiré (Cass. 3e civ. 14-11-2012 no 11-25.017, 1e esp. : RJDA 5/13 no 388) ou a donné lieu au versement par le locataire à l'expiration d'une période triennale antérieure d'une indemnité pour obtenir une autorisation de changement d'activité et de divers autres avantages (Cass. civ. 12-12-1990 : Bull. civ. III no 261) ;

– elle résulte d'un bail distinct qui a adjoint des locaux accessoires (Cass. civ. 2-12-1992 : RJDA 1/93 no 11).

Toutefois, le plafonnement est applicable si l'augmentation (ou si la somme reçue par le locataire) recouvre définitivement toutes les conséquences de la modification (CA Paris 23-5-1979 : GP 1979.som.436 note Brault).

La modification **s'apprécie** à la date du renouvellement du bail (Cass. 3e civ. 7-12-2010 no 09-16.982 : GP 2011.som. 11 mars) en recherchant si elle est notable (Cass. 3e civ. 30-6-2004 no 810 : RJDA 10/04 no 1095).

Les juges apprécient **souverainement** si la modification est notable (Cass. civ. 19-3-1986 : Loyers 1986 no 248) mais ils doivent motiver leur appréciation (Cass. civ. 21-6-1995 : RJDA 8-9/95 no 946 ; Cass. 3e civ. 5-2-2013 no 11-28.829, 3e esp. : RJDA 5/13 no 390), en précisant formellement en quoi la modification mérite d'être retenue (Cass. 3e civ. 1-4-2019 no 18-13.668 D : GP 2019 no 26 p. 80), et en recherchant, au besoin d'office (Cass. civ. 27-1-1999 : RJDA 3/99 no 262), si les modifications retenues ont profité au commerce exercé dans les lieux loués (Cass. 3e civ. 9-7-2008 no 07-16.605 FS-PBI : RJDA 10/08 no 991 ; Cass. 3e civ. 14-9-2011 no 10-30.825 : RJDA 1/12 no 16 ; Cass. 3e civ. 17-1-2012 no 11-12.090 : Rev. loyers 2012.103), sans qu'il y ait lieu d'exclure de cet examen l'activité d'un sous-locataire (Cass. 3e civ. 8-12-2010 no 09-70.784 : RJDA 4/11 no 290).

La modification **peut résulter** du changement d'un seul des différents éléments constitutifs de la valeur locative (cf. Cass. civ. 11-12-1996 : Bull. civ. III p. 152) ou de plusieurs d'entre eux qui, pris isolément, ne pourraient pas justifier le déplafonnement du loyer (Cass. civ. 2-12-1998 : RJDA 2/99 no 155).

La modification notable qui répond aux conditions susvisées peut affecter l'un des éléments du bail limitativement prévus par la loi, ci-après listés.

Les possibilités de déplafonnement sont plus larges que dans le cadre de la révision triennale, où est seulement retenue la modification matérielle des facteurs locaux de commercialité (n° 4758).

MODIFICATION NOTABLE DES CARACTÉRISTIQUES DES LOCAUX

6083 Les caractéristiques des locaux (n° 6006) dont la modification notable peut entraîner le déplafonnement se rapportent aux caractéristiques **matérielles** propres aux locaux loués. Le changement des caractéristiques peut concerner les parties communes de l'immeuble (Cass. civ. 9-10-1996 : RJDA 12/96 n° 1444). Dès lors que ce changement ne constitue pas une amélioration visée au n° 6018, il est à prendre en compte dès le premier renouvellement qui suit sa constatation au cours du bail expiré (Cass. civ. 8-1-1997 : RJDA 4/97 n° 481) et ce, même s'il résulte d'un bail distinct qui a adjoint des locaux accessoires (Cass. civ. 2-12-1992 : RJDA 1/93 n° 11).

Constituent des modifications des caractéristiques des locaux :

– **l'extension** des locaux en cours de bail ;

Exemples : adjonction d'un bureau (Cass. civ. 2-12-1980 : GP 1981.pan.122) ou de 5 m² prélevés sur un couloir (CA Paris 27-4-1977 : Rev. loyers 1977.416) ; doublement des surfaces louées (CA Paris 10-2-1999 : JCP G 1999.IV.2516) ; augmentation de la surface (Cass. civ. 2-6-1999 : RJDA 8-9/99 n° 898 ; CA Paris 21-9-2022 n° 19/21722) ; constructions édifiées par le preneur (CA Paris 20-2-1998 : JCP E 1998.1830 note Brault).

– **les travaux d'embellissement,** autres que ceux considérés comme des améliorations (Cass. 3e civ. 7-9-2022 n° 21-16.613 FD ; n° 6018), et de transformation réalisés **par le bailleur** (Cass. 3e civ. 15-11-2005 n° 04-15.509 : importants travaux de rénovation du logement d'habitation).

Mais l'exécution des travaux de réparation et d'entretien auxquels est tenu le bailleur en vertu de ses obligations contractuelles ne peut être cause de déplafonnement (Cass. civ. 30-6-1976 : Rev. loyers 1977.35). Il en est ainsi pour le ravalement de l'immeuble (CA Paris 28-2-2001 : D. 2001.746), à moins que les travaux ne dépassent le cadre du simple entretien (Cass. civ. 22-2-1978 : Bull. civ. III p. 75) ou que le bailleur prouve qu'il en est résulté une modification notable de la commercialité des lieux loués (CA Paris 28-2-2001 précité).

MODIFICATION NOTABLE DE LA DESTINATION DES LIEUX

6086 Le changement de destination des lieux entraîne le déplafonnement s'il a été accepté par le bailleur (Cass. 3e civ. 13-3-2002 : RJDA 6/02 n° 607).

Le bailleur n'a pas renoncé à invoquer cette modification au motif qu'il a autorisé la cession du bail par le locataire à un successeur exploitant un autre commerce (Cass. civ. 10-1-1996 : RJDA 4/96 n° 469).

Peu importe l'absence d'exercice effectif de l'activité (Cass. 3e civ. 4-1-2012 n° 10-23.532 : RJDA 4/12 n° 383).

Mais la modification notable n'est pas caractérisée pour la seule raison que le locataire a exercé une activité non autorisée par le bailleur (Cass. civ. 8-1-1997 : RJDA 2/97 n° 180).

Le **plafonnement** est applicable si, dès l'origine du bail, ont été prévues la modification de la destination des lieux et, partant, l'augmentation du loyer qui en résulterait (Cass. 3e civ. 7-7-2004 n° 878 : RJDA 11/04 n° 1198).

MODIFICATION NOTABLE DES OBLIGATIONS DES PARTIES

6089 Seules les modifications intervenues au cours du bail à renouveler jusqu'à la date d'effet du nouveau bail peuvent être prises en compte (Cass. 3e civ. 9-3-2022 n° 20-19.188 F-D). Sont des modifications à prendre en compte les modifications des obligations respectives des parties relevant du contrat de bail et celles résultant de la loi (C. com. art. R 145-8, al. 1 et 2).

Constituent une modification notable justifiant le déplafonnement la modification conventionnelle du loyer au cours du bail expiré (Cass. civ. 4-4-2001 : RJDA 6/01 n° 665 ; Cass. 3e civ. 24-3-2004 n° 366 : RJDA 6/04 n° 679 ; Cass. 3e civ. 15-2-2018 n° 17-11.866 FS-PBI : RJDA 5/18 n° 402), l'autorisation de faire exploiter le fonds par un locataire-gérant (Cass. 3e civ. 25-11-2009 n° 08-21.049 : RJDA 3/10 n° 223 ; CA Paris 30-4-1987 : D. 1987.IR.139), ainsi que l'évolution de l'impôt foncier à la charge du bailleur (Cass. 3e civ. 25-6-2008 n° 07-14.682 : RJDA 10/08 n° 994 ; CA Pau 9-2-2023 n° 19/00194).

La mise à la charge du bailleur des grosses réparations de l'article 606 du Code civil à la suite de l'adoption de la loi Pinel (n° 4553) constitue une modification notable de la clause du bail mettant à la charge du locataire ces réparations (CA Caen 25-11-2021 n° 19/03390 : RJDA 5/22 n° 251).

La taxe foncière ne peut pas être imposée au locataire en vertu d'un usage qui aurait cours pour fixer le montant du loyer du bail renouvelé portant sur des locaux à usage de supermarché (Cass. 3e civ. 8-4-2021 n° 19-23.183 F-D : RJDA 8-9/21 n° 555).

Il n'en est pas ainsi, en revanche, de l'annulation d'une clause d'échelle mobile qui est censée n'avoir jamais existé (Cass. civ. 21-11-1979 : Rev. loyers 1980.154), d'une adjonction d'activité dans le respect de la destination prévue au bail (Cass. civ. 12-10-1988 : Bull. civ. III p. 75), de la conclusion d'une sous-location, même non autorisée (Cass. civ. 24-11-1999 : RJDA 1/00 n° 16 ; rappr. Cass. 3e civ. 14-5-1997, 1e esp. : RJDA 7/97 n° 885) ou de l'augmentation des charges de copropriété (CA Paris 28-2-2001 : D. 2001.1622).

DISPARITION DES CAUSES DE LA MODICITÉ DU LOYER D'ORIGINE

Lorsque les circonstances particulières qui expliquaient la minoration du loyer d'origine ont disparu en cours de bail, le déplafonnement joue dans la mesure où la minoration tient aux convenances des deux parties et non lorsqu'elle résulte du seul fait du bailleur (Cass. civ. 10-7-1996 : RJDA 1/97 n° 22). 6092

Par exemple, le déplafonnement a été admis lorsque les rapports privilégiés entre le bailleur et le locataire, qui avaient justifié un loyer anormalement bas, n'existent plus lors du renouvellement (Cass. civ. 5-3-1986 : Rev. loyers 1986.191 ; Cass. civ. 6-11-1986 : Loyers 1986 n° 482 ; Cass. civ. 3-4-1996 : RJDA 7/96 n° 895) ou lorsque le bailleur, vendeur du fonds, a consenti un loyer très inférieur à la valeur locative pour aider son successeur à entreprendre son commerce dans les meilleures conditions (CA Paris 14-4-1983 : Loyers 1983 n° 265 ; dans le même sens, Cass. civ. 12-2-1992 : GP 1992.370 note Barbier).

Dans le cas où un **pas-de-porte** présentant une nature mixte (contrepartie des avantages de la propriété commerciale et supplément de loyer) a été versé, il y a modification notable des modalités de fixation du prix originaire car il n'est pas possible de déterminer la proportion du pas-de-porte à inclure à ce prix pour appliquer le coefficient de variation du plafonnement (CA Paris 24-2-1978 : GP 1978.1.321 note Brault ; CA Paris 18-10-1979 : GP 1980.som.77). En revanche, dans l'hypothèse où le pas-de-porte présente une nature homogène de supplément de loyer, il ne peut pas y avoir modification des conditions de fixation du loyer d'origine, car une fraction peut être ajoutée au loyer initial pour constituer la base du plafonnement (contra CA Paris 4-5-1995 : GP 1996.som.629 note Brault) ; il en est de même si le pas-de-porte est une indemnité, car il est indépendant du loyer et de ses modalités de fixation.

MODIFICATION NOTABLE DES FACTEURS LOCAUX DE COMMERCIALITÉ

La modification des facteurs locaux de commercialité (sur la définition de ces facteurs, n° 6021) entraîne le déplafonnement pour tout fait entraînant une augmentation de la clientèle pour le commerce considéré, tel que la création d'un parc de stationnement, l'installation de parcmètres, l'amélioration de la desserte des lieux (par exemple, Cass. 3e civ. 29-1-2002 : RJDA 6/02 n° 608 som. : l'ouverture au cours du bail expiré d'une zone piétonne constituant l'artère vitale de la ville pour un local situé au centre-ville et à l'angle de cette zone). 6095

Les **critères** d'appréciation de l'évolution de la commercialité ont été ainsi précisés :

– pour les commerces situés dans les galeries marchandes, est prise en compte l'évolution de la commercialité de la galerie et non du quartier (CA Paris 12-7-1983 : D. 1983.IR.401) ;

– la commercialité d'un secteur géographique donné dépend non de la zone de chalandise potentielle - zone à l'intérieur de laquelle le commerçant, par un effort propre, peut développer une clientèle - mais des seuls facteurs locaux de commercialité qui se situent dans la zone de chalandise naturelle (CA Versailles 7-1-1999 : RJDA 5/99 n° 530) et, à l'intérieur de cette zone, de l'évolution du prix de vente des fonds de commerce et des loyers pratiqués dans ce secteur, sous réserve qu'elle ne traduise pas des tendances purement spéculatives (CA Paris 23-11-1993 : RJDA 7/94 n° 786) ;

– toute considération subjective, par exemple le mode de gestion du fonds de commerce par le locataire, doit être écartée (CA Versailles 20-11-1997 : GP 1998.som.477) ;

– l'évolution favorable d'un quartier peut avoir une incidence sur certains commerces et non sur d'autres (CA Paris 22-10-1982 : AJPI 1983.320 ; CA Paris 8-10-1991 : D. 1991.IR.290 ; CA Paris 26-3-2009 n° 08-19402 : RJDA 12/09 n° 1050 som.) ;

– il importe peu que le locataire n'ait pas su profiter de l'opportunité (CA Paris 18-1-1994 : D. 1994.IR.99) ;

– en présence d'évolutions notables des facteurs locaux de commercialité à la fois favorables et défavorables pour le commerce considéré, il y a lieu de faire le bilan et de ne prononcer le déplafonnement du loyer de renouvellement que si les avantages l'emportent notablement (TGI Verdun 12-7-2012 n° 10/00289).

La valeur locative au jour du renouvellement ne peut pas tenir compte des révisions triennales qui auraient pu intervenir en cours de bail pour modification des facteurs locaux de commercialité (n° 4758) dès lors qu'aucune demande de révision triennale du loyer n'a été formée par acte extrajudiciaire ou par lettre recommandée (Cass. 3e civ. 1-7-2015 n° 14-13.056).

D. Règles spécifiques à certains baux

LOYER DES TERRAINS NUS

Le loyer des baux des terrains nus **échappe au plafonnement** lors du renouvellement (Cass. civ. 5-1-1978 : Bull. civ. III p. 11). Tel est le cas d'un terrain utilisé pour les besoins d'une activité commerciale d'exposition et de vente de remorques et caravanes, bien que le locataire y ait édifié une clôture, car celle-ci ne pouvait être assimilée à une construction (Cass. civ. 1-3-1995 : RJDA 5/95 n° 549). 6150

L'article R 145-9 du Code de commerce ne prévoit pas expressément le déplafonnement ; les tribunaux déduisent cette solution des éléments spécifiques de fixation de la valeur locative de ces terrains posés par le texte (précisée ci-après) et de la place de celui-ci dans les dispositions sur les baux commerciaux.

La **valeur locative** des terrains nus est **appréciée** en considération des **éléments** qui sont **particuliers aux terrains,** eu égard à la nature et aux modalités de l'exploitation effectivement autorisée (C. com. art. R 145-9).

Généralement, les juges procèdent ainsi : d'une part, ils déterminent la valeur vénale du terrain et fixent le loyer en fonction de la rentabilité du capital investi calculé selon un taux ayant varié, avant la baisse des taux d'intérêt, entre 4 et 5 % ; d'autre part, ils pondèrent ces taux par le critère du mode d'exploitation du terrain (CA Paris 7-7-1977 : GP 1977.2.504 note Legrand). Parfois, le calcul de rentabilité n'est fait qu'à titre comparatif (CA Paris 16-12-1980 : GP 1981.som.192 note Brault).

LOYERS DES LOCAUX CONSTRUITS EN VUE D'UNE SEULE UTILISATION

6153 Le loyer des locaux construits en vue d'une seule utilisation échappe au plafonnement et **peut** être déterminé **selon les usages** observés dans la branche d'activité considérée (C. com. art. R 145-10). Cette règle est applicable dès lors que les locaux sont monovalents, même s'il existe d'autres causes de déplafonnement (Cass. 3e civ. 29-9-2004 n° 940 : RJDA 12/04 n° 1303).

6156 La **qualification** de la monovalence est fonction de l'objectif assigné aux locaux qui doivent être aménagés de manière à constituer une exploitation unique concernant une même clientèle (Cass. 3e civ. 30-6-2004 n° 820 : RJDA 10/04 n° 1094), peu important l'usage qu'en fait le locataire (Cass. civ. 22-1-1992 : RJDA 4/92 n° 327), et sous la condition que les juges vérifient qu'il n'est pas possible d'affecter les locaux à une autre destination sans travaux importants ou transformations coûteuses (Cass. civ. 7-3-2001 : RJDA 5/01 n° 563). Elle est étendue à des **locaux anciens** devenus « monovalents » par suite d'importants travaux d'aménagement et qui ne pourraient être affectés à une nouvelle destination qu'à l'occasion de transformations considérables (Cass. civ. 2-3-1977 : Bull. civ. III p. 83 ; Cass. civ. 2-12-1980 : Rev. loyers 1981.158 ; Cass. civ. 10-2-1981 : Bull. civ. III p. 20 ; Cass. 3e civ. 8-2-2006 n° 169 : RJDA 5/06 n° 513). Ces travaux, pour profiter dès le premier renouvellement au bailleur, ne doivent pas avoir été accomplis par le locataire (cf. Cass. civ. 26-2-1992 : RJDA 4/92 n° 328), les travaux faits par le locataire ne profitant au bailleur que lors du second renouvellement après leur exécution (n° 6018).

Par **exemple,** ne sont pas monovalents des hangars sans aménagements spéciaux (Cass. civ. 14-12-1981 : JCP G 1982.IV.88), un local loué à usage de boulangerie-pâtisserie pouvant être affecté à un autre commerce sans transformations importantes (Cass. civ. 19-1-1982 : Rev. loyers 1982 n° 158), un local loué par une banque qui a, pour seul aménagement, installé en sous-sol une salle de coffres pouvant être déménagée pour un faible coût (CA Versailles 11-6-1998 : Rev. jur. com. 2000.42 obs. Raffray) ou des locaux aménagés en club de sports équipés de matériels faciles à enlever, le coût de la destruction des aménagements spécifiques et de la remise en état des lieux que nécessiteraient de nouvelles destinations, nécessairement limitées par la superficie exceptionnelle des locaux loués, étant raisonnable (CA Paris 5-9-2012 n° 10/14720 : RJDA 12/12 n° 1051 som.).

En ce qui concerne les **hôtels,** la question se pose fréquemment à propos des locaux du rez-de-chaussée où il est prévu l'exploitation d'un bar ou d'un restaurant. La destination monovalente de l'immeuble n'est pas remise en cause, lorsque ces locaux sont tenus pour accessoires : ainsi lorsqu'ils occupent une faible surface (Cass. civ. 2-3-1976 : Bull. civ. III p. 76 ; Cass. civ. 4-1-1995 : RJDA 2/95 n° 115 ; CA Paris 3-10-1984 : Loyers 1985 n° 35) ou lorsqu'ils servent en même temps à l'exploitation de l'hôtel (Cass. civ. 13-11-1997 : RJDA 1/98 n° 27) ; inversement, ils ne sont pas accessoires lorsque le restaurant dispose d'une entrée distincte de celle de l'hôtel, qu'il engendre un chiffre d'affaires élevé et que sa clientèle est extérieure à celle de l'hôtel (Cass. civ. 30-9-1998 : RJDA 11/98 n° 1194) ou si l'exploitation d'autres commerces dans l'immeuble prouve que celui-ci n'a pas été construit en vue d'une seule utilisation (Cass. civ. 8-11-1978 : GP 1979.pan.112 ; Cass. civ. 12-11-1980 : GP 1981.pan.82).

Ne relève pas de l'activité hôtelière la location de logements en meublé avec fourniture de services parahôteliers dans un immeuble en copropriété au moyen de baux commerciaux consentis par les copropriétaires (Cass. 3e civ. 21-2-2019 n° 17-24.458 D).

Lorsque les **locaux** sont **loués indivisiblement** pour un **prix unique** au même locataire et qu'ils sont qualifiés de monovalents, ils échappent globalement au plafonnement même s'ils sont l'objet d'une utilisation différente mais accessoire (Cass. civ. 13-12-1978 : Bull. civ. III p. 284 ; Cass. civ. 6-7-1982 : Rev. loyers 1982.448). Lorsque deux activités économiques distinctes dont aucune n'est l'accessoire de l'autre sont effectivement exercées dans les locaux, la monovalence ne peut être retenue (Cass. 3e civ. 25-11-2009 n° 08-14.189 : RJDA 2/10 n° 131).

6159 **Pour fixer le loyer** de ces locaux, les juges retiennent souverainement le mode de calcul qui leur paraît le meilleur (Cass. civ. 19-4-1983 : Loyers 1983 n° 263), tel que par exemple celui résultant :

– des usages (Cass. civ. 15-11-2000 : RJDA 2/01 n° 134 : usages de la profession hôtelière ; CA Paris 11-12-1990, 2 arrêts : GP 1991.386 et 429 notes Brault : usages en matière de location de salles de théâtre) ;

– de la valeur locative fixée selon les usages observés dans la branche d'activité considérée, sans abattement pour tenir compte des travaux effectués par le locataire, l'application des dispositions relatives aux améliorations (nos 6012 s.) étant exclu pour la fixation du loyer des locaux monovalents (Cass. 3e civ. 5-10-2017 no 16-18.059 FS-PBI : RJDA 1/18 no 7 ; toutefois à propos d'un hôtel, Cass. civ. 30-4-1997 : RJDA 6/97 no 758) ;

– de l'appréciation de la situation particulière des bâtiments composant un hôtel (CA Paris 16-2-2001 : GP 2001.som.1246 note Brault).

Toutefois, ils doivent appliquer la valeur locative à défaut d'usage (Cass. 3e civ. 3-5-1978 no 77-12.007 : Bull. civ. III no 179).

LOCAUX À USAGE DE BUREAUX

Le loyer des locaux à usage exclusif de bureaux est fixé **par référence aux prix pratiqués pour les locaux équivalents,** sauf à être corrigés en considération des différences constatées entre le local loué et les locaux de référence (C. com. art. R 145-11 ; CA Paris 25-3-1997 : Loyers 1997 no 233 note Ph.-H. B.). La valeur ainsi dégagée peut être inférieure au loyer en vigueur à l'expiration du bail précédent (CA Paris 15-5-1984 : GP 1984.som.349 note Brault). 6162

L'indice des loyers commerciaux (no 5951) est inapplicable au loyer des locaux à usage exclusif de bureaux (C. mon. fin. art. D 112-2).

La **destination à prendre en compte** est celle prévue au bail et non l'usage effectif des locaux par le locataire (Cass. civ. 7-4-1994 : RJDA 7/94 no 787 ; Cass. 3e civ. 2-2-2010 no 08-13.559 : RJDA 4/10 no 339).

L'usage n'est pas exclusivement de bureaux dès lors que le bail, bien qu'il l'affirme, prévoit qu'il peut être cédé avec le consentement exprès et par écrit du bailleur « dans une autre activité » (Cass. 3e civ. 14-2-2012 no 11-11.115 : RJDA 7/12 no 650 ; CA Versailles 23-10-2018 no 17/07822 : GP 2019 no 11 p. 84 note Chastagnier) ou lorsque la destination contractuelle vise les activités d'architecture, de marchand de biens, de transaction, de gestion et de syndic, ainsi que « l'informatique », car cette énumération recouvre non seulement des activités de conseil dans ce domaine mais aussi la conception et la vente de matériels et de logiciels (CA Paris 29-1-2014 no 12/03692 : RJDA 7/14 no 605).

Elle s'apprécie, en cas de renouvellement du bail, à la date de celui-ci (Cass. 3e civ. 1-4-2009 no 08-13.130 : RJDA 6/09 no 521). Dans le silence du bail, il appartient aux juges de rechercher l'affectation que les parties ont entendu donner aux lieux loués (Cass. civ. 31-1-1979 : Bull. civ. III p. 22).

Ont été considérés comme justifiant la destination exclusive de bureaux les :
- cabinets d'affaires et de domiciliation de sociétés (Cass. civ. 15-2-1977 : Bull. civ. III p. 56) ;
- agences d'affaires et d'assurances (Cass. civ. 25-2-1976 : Bull. civ. III p. 70) ;
- agences immobilières et promotion de constructions immobilières (CA Paris 5-11-1981 : Loyers 1982 no 37) ;
- bureaux d'import-export (Cass. civ. 8-1-1980 : GP 1980.pan.220) ;
- agences de voyages et de tourisme (Cass. civ. 21-10-1980 : Rev. loyers 1981.82) ;
- agences de transactions immobilières (CA Paris 7-2-2005 no 03-20185 : D. 2005.AJ.1415 obs. Rouquet).

En revanche, jugé qu'il n'y avait pas usage exclusif de bureaux dans les cas suivants : activité d'édition (Cass. 3e civ. 5-6-1997 no 1108 : RJDA 10/97 no 1176 ; CA Paris 30-10-1980 : Loyers 1981 no 192) ; bureaux d'achats et ventes en gros et en détail (Cass. civ. 21-6-1983 : Loyers 1983 no 348) ; bail comportant une clause « tous commerces » (Cass. 3e civ. 10-2-2004 no 175 : RJDA 6/04 no 680).

Le caractère d'usage exclusif de bureaux n'est **pas incompatible** avec le fait pour le preneur d'y recevoir clients et fournisseurs, dès lors que ce local ne sert notamment ni au dépôt ni à la livraison des marchandises (derniers exemples d'une jurisprudence constante : Cass. civ. 7-4-1994 : RJDA 7/94 no 787 ; CA Paris 2-7-1991 : RJDA 10/91 no 792 ; CA Paris 11-6-1993 : D. 1993.IR.181), ni avec le fait qu'une partie de l'immeuble soit affectée à l'usage exclusif de bureaux et l'autre à l'habitation (Cass. civ. 21-2-1996 : RJDA 5/96 no 615), à la condition que la partie consacrée à l'habitation ne couvre pas la majeure partie des locaux (Cass. civ. 10-10-1979 : Rev. loyers 1980.103 note J.V.).

En raison de l'**indivisibilité** du bail, il est impossible de soustraire au plafonnement le loyer correspondant à la partie des locaux à usage de bureaux dépendant d'un immeuble loué en son entier à un autre usage au même locataire pour un prix global (Cass. civ. 13-5-1980 : Rev. loyers 1980.490).

Les locaux loués aux **banques** sont des locaux à usage exclusif de bureaux (Cass. civ. 8-1-1997 : RJDA 2/97 no 181).

Sur l'application des règles du statut à la révision des locaux à usage de bureaux, no 4740.

LOCAUX À USAGE DE SALLE DE CINÉMA

Le prix du bail des locaux construits ou aménagés en vue d'une utilisation comme établissement de spectacles cinématographiques au sens de l'article L 212-2 du Code du cinéma et de l'image animée est déterminé selon les **seuls** usages observés dans la branche d'activité considérée (C. com. L 145-36, al. 2). 6165

IV. REFUS DE RENOUVELLEMENT

A. Refus de renouvellement avec indemnité d'éviction

DROIT À L'INDEMNITÉ D'ÉVICTION

6300 Sauf les exceptions exposées aux nos 6450 s., dès lors que le bail est soumis au statut, le bailleur ne peut refuser le renouvellement du bail qu'en indemnisant le **locataire du préjudice** subi du fait du défaut de renouvellement (C. com. art. L 145-14, al. 1). Mais, il peut toujours, même s'il a délivré un commandement de mauvaise foi, refuser le renouvellement en payant une indemnité d'éviction (Cass. 3e civ. 25-11-2009 no 08-21.029 : RJDA 2/10 no 130). Il n'est pas libéré par l'offre d'un bail portant en partie sur d'autres locaux (Cass. civ. 1-2-1989 : Bull. civ. III p. 16).

En cas d'indivision de l'immeuble loué, il appartient à celui des propriétaires **indivis** qui entend refuser le renouvellement d'obtenir l'accord de ses coïndivisaires ou, à défaut, l'autorisation judiciaire prévue aux articles 815-5 ou 815-6 du Code civil (Cass. civ. 18-4-1985 : Loyers 1985 no 292). Si les preneurs sont indivis, le refus de renouvellement doit être notifié à chacun d'eux, sauf mandat spécial (Cass. civ. 17-7-1991 : RJDA 11/91 no 959 : rejet du mandat tacite assumé par l'un des indivisaires).

Sauf clause contraire, toute cession du fonds de commerce emporte, au profit du **cessionnaire,** cession de la créance d'indemnité d'éviction due au cédant et du droit au maintien dans les lieux dont jouit ce dernier (Cass. 3e civ. 17-2-2010 no 08-19.357 : RJDA 10/10 no 921). L'indemnité comprend éventuellement la plus-value conférée au fonds par le cessionnaire après l'expiration du bail (Cass. civ. 2-6-1982 : Bull. civ. III p. 97).

Le droit à indemnité d'éviction existe même si le locataire a obtenu l'aide au départ des personnes âgées (Cass. civ. 18-3-1992 : RJDA 6/92 no 566) ou s'il a été mis en **liquidation judiciaire** après la date d'effet du congé avec refus de renouvellement, pourvu que le liquidateur soit demeuré dans les lieux, le fonds ayant gardé une valeur marchande au moins égale au droit au bail (Cass. 3e civ. 15-6-2010 no 09-10.814 : RJDA 11/10 no 1045).

Le locataire n'a **pas renoncé** à l'indemnité d'éviction du seul fait qu'il a accepté dans le bail une clause d'accession au bailleur des améliorations sans indemnité (Cass. civ. 17-7-1996 : RJDA 11/96 no 1308).

Si le bail porte sur un terrain nu avec clause d'accession sans indemnité en fin de bail, l'indemnité d'éviction ne porte que sur la perte d'un terrain nu et ne peut en conséquence comprendre, au titre des frais de réinstallation, les frais de construction d'un bâtiment sur le nouveau terrain nu pris à bail par le preneur pour y transférer son fonds (Cass. 3e civ. 21-5-2014 no 13-10.257 : RJDA 10/14 no 750). Si le bailleur devait ces frais, il paierait le coût des constructions qu'il devait acquérir sans indemnité.

Mais le locataire n'a **pas droit** à l'indemnité d'éviction si le bail a été résilié de plein droit par destruction totale des locaux loués (no 5210) avant qu'il n'ait acquis ce droit (Cass. 3e civ. 29-6-2011 no 10-19.975 : RJDA 12/11 no 1005), s'il ne subit aucun préjudice (Cass. 3e civ. 6-11-2001 no 1567 : RJDA 1/02 no 22), ou s'il n'a pas demandé l'indemnité (cf. Cass. 3e civ. 21-2-2007 no 158 : D. 2007.733.som. obs. Rouquet). Le locataire n'a pas non plus droit à l'indemnité d'éviction s'il ne remplit pas les conditions pour bénéficier du statut : la dénégation du statut peut être invoquée par le bailleur alors même qu'il a accepté le principe du renouvellement ou offert le paiement d'une indemnité d'éviction après avoir exercé son droit d'option, tant que le bail n'est pas définitivement renouvelé dans tous ses éléments, notamment tant que le montant du loyer n'est pas fixé (CA Paris 19-11-2008 no 07-18623 : AJDI 2009.195 obs. Rouquet ; dans le même sens, Cass. 3e civ. 28-1-2016 no 14-18.628 : RJDA 5/16 no 356 ; Cass. 3e civ. 3-11-2016 no 15-25.427 FS-PB : RJDA 2/17 no 66) ou tant qu'une décision définitive n'a pas été rendue sur la fixation de l'indemnité d'éviction (Cass. 3e civ. 7-9-2017 no 16-15.012 FS-PBRI : RJDA 1/18 no 9).

L'action du locataire en vue de l'obtention d'une indemnité d'éviction **se prescrit** par deux ans à compter, en cas de congé avec offre d'indemnité d'éviction ou d'une telle offre en réponse à sa demande de renouvellement, de la date d'effet du congé ou de la réponse du bailleur (Cass. 3e civ. 31-5-2007 no 06-12.907 : RJDA 8-9/07 no 822). En cas de refus de renouvellement sans offre d'une indemnité d'éviction, le locataire qui a contesté dans le délai de deux ans le congé peut ultérieurement formuler une demande en paiement d'une indemnité d'éviction (Cass. 3e civ. 7-2-2019 no 17-31.807 F-D : RJDA 6/19 no 416).

DÉPART VOLONTAIRE DU LOCATAIRE

6301 Le locataire qui quitte les lieux de lui-même n'est libéré de son obligation de les **restituer** que s'il les libère totalement et rend toutes les clés (Cass. 3e civ. 13-10-1999 no 97-21.683 : Bull. civ. III no 202). S'il a conservé les clés du local, même sans l'exploiter, pendant l'instance en annulation du bail, il doit une indemnité d'occupation (Cass. 3e civ. 21-2-2019 no 18-11.109 D).

L'indemnisation du préjudice résultant du non-renouvellement du bail n'est pas subordonnée au maintien dans les lieux du preneur qui, sauf condition expresse figurant dans le bail, n'est pas tenu, lorsque ce renouvellement lui a été refusé, de rester dans les lieux jusqu'au paiement par le bailleur de l'indemnité d'éviction (Cass. 3e civ. 15-6-2023 no 22-13.376 F-D).

1. DÉTERMINATION DE L'INDEMNITÉ D'ÉVICTION

RÈGLES GÉNÉRALES D'ÉVALUATION

Préjudice indemnisé Le locataire évincé a droit à la réparation intégrale du préjudice qu'il subit (Cass. civ. 13-6-1969 : Bull. civ. III no 477). **6303**

Partant, il n'a pas droit au préjudice que subit par voie de conséquence son sous-locataire, tels les frais de déménagement de la partie des locaux sous-loués, les frais de réinstallation incluant des frais supportés par le sous-locataire, ni le double loyer payé en partie par celui-ci (Cass. 3e civ. 10-10-2019 no 18-19.662 F-D : RJDA 12/19 no 743).

S'il a conclu une transaction sur l'indemnité d'éviction avec renonciation à recours, il ne peut plus demander d'autres sommes à un tiers (Cass. 1e civ. 14-12-2022 no 21-21.222 FD).

Les modalités de calcul de l'indemnité d'éviction **convenues** entre les parties ne sont pas contraires à l'ordre public dès lors qu'elles ne privent pas le locataire de son indemnisation en cas de non-renouvellement du bail ou ne limitent pas forfaitairement par avance son indemnisation et, par voie de conséquence, directement ou indirectement son droit au renouvellement (Cass. 3e civ. 18-1-2023 no 21-22.209 FD).

Ne contrevient pas à ces conditions la clause prévoyant qu'en cas de sous-location l'indemnité d'éviction du locataire serait calculée en fonction des caractéristiques d'exploitation du sous-locataire et devrait être d'un montant suffisant pour permettre au locataire d'indemniser le sous-locataire du préjudice subi par ce dernier en raison du non-renouvellement du bail car une telle clause n'a pas pour objet de priver le locataire de l'indemnisation de son préjudice et ne vient pas davantage le limiter puisqu'il ne s'agit pas d'une indemnisation forfaitaire (Cass. 3e civ. 18-1-2023 précité).

À défaut d'accord entre les parties, les **juges** du fond apprécient souverainement le montant de l'indemnité (Cass. 3e civ. 15-6-2023 no 22-16.076 F-D) et son mode de calcul selon la méthode qui leur paraît la mieux appropriée (Cass. 3e civ. 13-10-2009 no 08-15.185 : RJDA 1/10 no 13). Ils ne sont pas tenus d'évaluer séparément les divers éléments du préjudice (Cass. civ. 2-2-1982 : Rev. loyers 1982.248). Mais ils doivent, même lorsqu'ils procèdent à une estimation globale, préciser les éléments qu'ils entendent réparer (Cass. civ. 16-3-1983 : Loyers 1983 no 261) et ne peuvent fixer une évaluation forfaitaire (Cass. 3e civ. 7-12-2004 no 1309 : RJDA 3/05 no 237).
Le préjudice subi par le locataire est différent selon que le refus de renouvellement entraîne la disparition du fonds (nos 6315 s.) ou simplement un transfert du fonds (no 6340), sous réserve des règles communes ci-après.

Dans tous les cas, le locataire a droit à la réparation du trouble commercial résultant du refus de renouvellement (CA Paris 25-11-2020 no 15/011281 : allocation de trois mois d'excédent brut d'exploitation « conforme aux usages »).

Date d'évaluation Le préjudice est apprécié par les juges à la date la plus proche possible du départ du locataire (Cass. 3e civ. 10-7-2002 no 1250 : RJDA 11/02 no 1122). **6306**

1. Lorsque le **locataire est resté dans les lieux,** ce qui arrive fréquemment puisqu'il bénéficie d'un droit au maintien dans les lieux tant qu'il n'a pas perçu l'indemnité, les **juges** évaluent celle-ci **au jour de leur décision** (Cass. civ. 19-6-1991 : RJDA 8-9/91 no 694).
Lorsque la **cour d'appel** a été saisie, elle doit évaluer le fonds au jour où elle statue et doit prendre en compte le chiffre d'affaires à cette date, même s'il a fortement augmenté et sans qu'il y ait lieu à réévaluation ; elle ne saurait se référer au chiffre d'affaires moyen de certaines des années antérieures en affectant la valeur retenue d'une majoration de 10 % (Cass. civ. 19-6-1991 précité). Mais l'augmentation du chiffre d'affaires doit résulter des activités exercées pendant le bail écoulé et non d'activités nouvelles créées depuis l'expiration du bail (Cass. civ. 20-10-1971 : Bull. civ. III p. 358 ; Cass. civ. 14-12-1971 : Bull. civ. III p. 444).

Le chiffre d'affaires du dernier exercice a été écarté, pour être dénué de pertinence en raison de la crise sanitaire de la Covid-19 qui a perturbé l'activité économique, et il lui a été substitué la moyenne des chiffres d'affaires des exercices 2017 à 2019 (CA Paris 30-3-2022 no 19/15252 : JCP E 2022.1273 obs. Ph-H. Brault).

2. Lorsque le **locataire** a régulièrement **quitté les lieux** au moment où les juges statuent, l'évaluation est faite au jour de son départ effectif (Cass. 3e civ. 14-3-2019 no 18-11.991 F-D : RJDA 6/19 no 413) et il n'y a pas lieu à réactualisation à la date de la décision (Cass. civ. 9-2-1977 : GP 1977.1.pan.165) ou, le cas échéant, au jour où il a acquis des droits sur le nouveau local (Cass. civ. 28-3-1979 : GP.1979.2.som.306).

3. Lorsque le locataire a retardé la fixation de l'indemnité par des manœuvres dilatoires, les juges peuvent retenir les éléments existant au jour du début de ces manœuvres (Cass. com. 20-12-1965 : Bull. civ. III p. 592 ; Cass. civ. 30-3-1981 : GP.1981.pan.299).

ÉVALUATION EN CAS DE DISPARITION DU FONDS

6315 L'indemnité d'éviction comprend notamment la valeur marchande du fonds de commerce déterminée selon les usages de la profession, augmentée éventuellement des frais normaux de déménagement et de réinstallation, ainsi que des frais et droits de mutation à payer pour un fonds de même valeur, sauf dans le cas où le propriétaire fait la preuve que le préjudice est moindre (C. com. art. L 145-14, al. 2 ; pour un exemple de prise en compte de ces éléments, CA Aix 13-5-2011 n° 09-19871 : RJDA 11/11 n° 889 som. ; pour un exemple de fonds non transférable et donc perdu, CA Montpellier 9-5-2017 n° 15/00589 : RJDA 12/17 n° 794).

La prise en compte de la valeur marchande du fonds de commerce déterminée selon les usages de la profession est conforme à la Constitution, quoiqu'elle porte une atteinte au droit de propriété du bailleur, car cette atteinte, justifiée par l'intérêt général, est proportionnée (Cons. const. QPC 5-3-2021 n° 2020-887 : RJDA 6/21 n° 374).

Lorsque la disparition du fonds est la conséquence de l'expropriation de l'immeuble dans lequel le fonds est exploité, le preneur a droit à une indemnisation distincte qui doit réparer l'intégralité du préjudice direct, matériel et certain causé par l'expropriation (C. expropriation art. L 321-1), ce qui implique que le preneur qui souhaite se réinstaller afin de poursuivre son activité soit replacé dans la situation où il se serait trouvé si l'expropriation n'était pas intervenue ; il n'y a donc pas lieu d'appliquer à l'indemnité pour frais de réinstallation un abattement tenant compte de la vétusté des aménagements des locaux expropriés (Cass. 3e civ. 29-6-2022 n° 21-15.741 FS-B).

6318 **Valeur marchande du fonds** Elle est déterminée par la prise en compte des éléments suivants : les conditions du bail, l'emplacement de l'exploitation, la clientèle existante et potentielle liée à l'expérience et à la connaissance du marché de l'exploitant du fonds, la conjoncture économique, la concurrence, l'état d'entretien des matériels et agencements, et le bilan des trois dernières années (CA Dijon 27-12-2005 : JCP G 2006.IV.1925).

Le juge ne peut pas refuser de rechercher la valeur marchande du fonds de commerce dès lors que celui-ci est non transférable (Cass. 3e civ. 3-11-2021 n° 20-20.739 FD : RJDA 2/22 n° 66).

La mise en œuvre de cette définition peut être ainsi complétée :

6321 **1. Résultats d'exploitation.** Dans la plupart des cas, la valeur du fonds est un pourcentage du chiffre d'affaires-recettes moyen des dernières années (pour un exemple, CA Versailles 20-12-1988 : D. 1989.IR.74) ; le montant de la TVA est inclus ou non dans le chiffre d'affaires selon les usages de la profession (Cass. 3e civ. 5-2-2014 n° 13-10.174 : RJDA 5/14 n° 415), que les juges doivent rechercher eux-mêmes (Cass. 3e civ. 27-4-2017 n° 16-11.307 F-D : GP 2017 11 juillet n° 26 p. 67 note Brault) ; il est ainsi exclu dès lors que les usages de la profession sont en ce sens, notamment lorsque l'indemnité représente la stricte réparation d'un préjudice (Cass. 3e civ. 17-12-2003 n° 1429 : RJDA 3/04 n° 280).

En l'absence de tout élément permettant d'évaluer le chiffre d'affaires des trois dernières années et alors que le fonds avait été donné en location-gérance et constituait pour le locataire (qui exploitait un autre commerce) un placement financier, les juges du fond ont pu fixer l'indemnité en capitalisant la redevance annuelle payée par le gérant (Cass. civ. 8-1-1985 : GP 1985.pan.181).

Pour mieux tenir compte de la rentabilité effective du fonds, l'évolution des méthodes d'évaluation conduit à prendre en compte la capacité d'autofinancement (résultat d'exploitation + dotation) ressortant du compte de résultat, affectée d'un coefficient multiplicateur (CA Paris 10-1-2005 : AJDI 2006.865 ; CA Paris 25-3-2009 : AJDI 2009.575).

6324 **2. Prise en compte du droit au bail.** La valeur du droit au bail non renouvelé doit être prise en considération pour le calcul de l'indemnité d'éviction (Cass. civ. 11-6-1992 : RJDA 8-9/92 n° 814).

Le droit au bail pris en compte est celui afférent au local dont le locataire est évincé et non celui du local dans lequel il doit se réinstaller (Cass. 3e civ. 13-10-2021 n° 20-19.340 FS-B : RJDA 1/22 n° 3).

L'indemnité d'éviction doit être égale à la valeur du droit au bail si, l'exploitation du fonds étant déficitaire, cette valeur est supérieure à la valeur marchande du fonds (Cass. civ. 13-10-1993 : GP.1994.202 note Barbier ; CA Lyon 12-1-2000 : JCP G 2001.IV.1082) ; la valeur du droit au bail est déterminée compte tenu de la situation géographique du commerce et par comparaison avec des transactions intervenues dans le même secteur, étant observé que la clause interdisant au locataire de céder son droit au bail à une autre personne qu'à son successeur dans le fonds (n° 5006) entraîne une moins-value importante du droit au bail (CA Dijon 10-9-1993 : RJDA 5/94 n° 499).

6327 **3. Activités indemnisées.** Seules les activités **permises dans le contrat de bail** peuvent servir au calcul de l'indemnité d'éviction (Cass. 3e civ. 9-4-2013 n° 12-13.622), même si elles sont exercées en vertu d'autorisations administratives révocables (par exemple autorisation d'exploiter un casino, Cass. civ. 27-1-1981 : GP 1981.408 note Brault), ou celles exercées en l'absence d'opposition du bailleur (Cass. 3e civ. 4-5-2006 n° 05-10.938 : RJDA 8-9/06 n° 876).

Les activités exercées irrégulièrement pour absence d'autorisation expresse ou tacite du bailleur (Cass. 3e civ. 4-5-2006 précité ; CA Aix 28-10-1986 : Bull. Cour d'Aix 1986/3-4 p. 44) ou non-respect d'une procédure de déspécialisation (Cass. civ. 26-10-1971 : Bull. civ. III n° 510) ne sont pas prises en considération.

En cas de vente de l'immeuble loué, un changement de destination autorisé par un acte n'ayant pas date certaine n'est pas opposable à l'acquéreur ; l'indemnité ne peut donc pas porter sur l'activité autorisée par l'ancien bailleur (Cass. com. 22-3-1966 : Rev. loyers 1966.323), à moins que l'acquéreur n'en ait accepté l'exercice.

En cas de disparition partielle du fonds, les activités subsistantes sont prises en compte et le locataire a droit à l'indemnisation de la perte de rentabilité du fonds subsistant (Cass. 3e civ. 21-2-2019 n° 17-24.458 D).

4. Locaux d'habitation. La perte du local d'habitation compris dans le bail est un élément du préjudice indemnisable à condition qu'il soit nécessaire à l'exploitation (Cass. civ. 4-7-1972 : Bull. civ. III p. 319). 6330

5. Mobilier. Pour un exemple de prise en compte du mobilier et du matériel dépendant du fonds, CA Paris 17-6-1994 : GP 1995.som.47 note Brault. 6333

Indemnisation des frais accessoires Il s'agit principalement des frais **de déménagement et de réinstallation,** ainsi que des frais et droits de mutation à payer pour un fonds de même valeur (C. com. art. L 145-14 ; pour un exemple d'indemnisation d'une réinstallation coûteuse, CA Paris 24-2-2010 n° 08-19561 : GP 2010.som.2334 note Brault). 6336

Une clause d'accession sans indemnité stipulée au profit du bailleur ne fait pas obstacle au droit du preneur évincé d'être indemnisé des frais de réinstallation dans un nouveau local bénéficiant d'aménagements et équipements similaires à celui qu'il a été contraint de quitter (Cass. 3e civ. 13-9-2018 n° 16-26.049 : RJDA 12/18 n° 891).

En pratique, les juges **ajoutent** fréquemment une indemnité pour le trouble commercial subi par le locataire pendant le temps de recherche d'un nouveau fonds, jusqu'à sa réinstallation (pour un exemple, CA Dijon 9-7-1996 : JCP G 1997.IV.284) et, le cas échéant, les indemnités de licenciement des salariés du locataire (Cass. civ. 2-2-1982 : Rev. loyers 1982.248 ; CA Versailles 23-10-1997 : RJDA 2/98 n° 152) ou encore une compensation pour la perte de stock (Cass. 3e civ. 12-1-2017 n° 15-25.939 F-D : RJDA 4/17 n° 231) à condition que le locataire justifie d'un préjudice spécifique (Cass. 3e civ. 22-9-2016 n° 15-18.983 F-D : RJDA 12/16 n° 848) ; mais est écartée la prime versée à un actionnaire pour les services rendus à la société depuis de nombreuses années (CA Rouen 8-11-1994 : JCP G 1995.IV.298).

Ces frais sont dus même si le locataire n'a pas exploité le fonds dès lors qu'il est établi qu'il se réinstalle (Cass. 3e civ. 17-11-2016 n° 15-19.741 FS-D : RJDA 2/17 n° 67) mais il ne sont **pas dus** si le bailleur peut prouver qu'ils ne sont pas tous justifiés (Cass. civ. 2-12-1998 : RJDA 2/99 n° 157) ou qu'ils sont inexistants, comme c'est le cas si le locataire n'a pas contesté qu'il cesserait son activité lorsqu'il aurait perçu l'indemnité d'éviction (Cass. civ. 9-10-1991 : RJDA 12/91 n° 1004) ou si, mis en liquidation judiciaire, il a cessé toute activité à la date de restitution des locaux (Cass. civ. 26-9-2001 : RJDA 12/01 n° 1187).

Le fait que le locataire soit âgé de 58 ans n'a pas suffi à établir qu'il ne se réinstallerait pas (cf. Cass. 3e civ. 18-12-2012 n° 11-23.273 : GP 2013.som.1188 note Barbier).

ÉVALUATION EN CAS DE TRANSFERT DU FONDS

Le locataire a droit à l'indemnisation du **préjudice résultant du déplacement du fonds** qu'il exploite dès lors que la preuve de sa non-réinstallation n'est pas rapportée par le bailleur au moment où le juge statue car son préjudice sera certain s'il décide de se réinstaller (Cass. civ. 27-5-1998 : DA 1998.1165). Cette indemnité doit comprendre, le cas échéant : 6340

– les frais liés à l'**achat** d'un terrain en vue d'y construire de nouveaux locaux (Cass. civ. 16-7-1986 : Loyers 1986 n° 392) ou à l'**agencement** des locaux de remplacement (Cass. 3e civ. 21-3-2007 n° 06-10.780 FS-PB : RJDA 7/07 n° 701) ;

– les frais de **déménagement,** justifiés par devis, ainsi que la part non amortie des frais d'aménagement des anciens locaux (CA Versailles 27-2-1992 : BRDA 8/92 p. 16) ;

– le **pas-de-porte** que le locataire doit éventuellement verser pour obtenir la jouissance de nouveaux locaux (Cass. civ. 20-6-1979 : Rev. loyers 1979.478) ; la disparition des pas-de-porte raréfiant les cas où le locataire peut invoquer ce chef de préjudice, les juges prennent en compte la hausse de loyer devant être supportée pour louer de nouveaux locaux (CA Paris 6-5-1983 : Loyers 1983 n° 260 ; CA Paris 10-1-1985 : Loyers 1985 n° 126) ;

– **la valeur du droit au bail,** que les juges apprécient souverainement en tenant compte des circonstances de chaque espèce (Cass. 3e civ. 15-10-2008 n° 07-17.727 : RJDA 12/08 n° 1232 : indemnisation selon la méthode la plus appropriée ; Cass. 3e civ. 13-10-2009 n° 08-15.185 : RJDA 1/10 n° 13 et CA Paris 5-7-2017 n° 15/16820 : RJDA 12/17 n° 795 : indemnisation selon la méthode dite du différentiel de loyers) ;

Le locataire n'a pas droit à la valeur du fonds de commerce si le transfert n'entraîne pas perte de la clientèle (Cass. com. 13-2-2001 : RJDA 5/01 n° 567).

– les **frais de remploi,** que le fonds soit ou non transférable, pour compenser les frais et droits de mutation à exposer pour l'acquisition d'un fonds de même valeur, sauf s'il est établi que le preneur ne se réinstallera pas dans un autre fonds (Cass. 3e civ. 18-12-2012 n° 11-23.273, 2e esp. : RJDA 7/13 n° 590) ;

– les **indemnités de licenciement** des salariés qui ont refusé de rejoindre le nouveau lieu d'activité, la cause de la rupture de leur contrat de travail résidant dans l'éviction de l'entreprise, mais non les indemnités de préavis faute pour le locataire de rapporter la preuve du non-accomplissement du préavis par les salariés, ni les indemnités compensatrices de congés payés, ni les frais de panier et de déplacement, le paiement de ces sommes résultant de l'exécution du contrat de travail (CA Versailles 23-10-1997 : RJDA 2/98 n° 152).

Lorsque, à la suite du refus opposé par un propriétaire, le locataire est obligé de transférer l'ensemble de ses activités indissociables exercées dans plusieurs immeubles, le préjudice en résultant doit être réparé dans son intégralité (Cass. civ. 16-12-1980 : GP 1981.pan.130 ; Cass. civ. 6-5-1985 : Loyers 1985 n° 338).

Le locataire est **tenu d'accepter l'offre d'un local** et d'une indemnité faite par le bailleur dès lors que cette offre répare le préjudice provoqué par l'éviction et notamment écarte la perte de clientèle (Cass. com. 22-3-1960 : Bull. civ. III p. 101 ; CA Paris 24-3-1995 : JCP E 1995.pan.639).

Les **indemnités accessoires** sont identiques à celles allouées en cas de perte du fonds mais ne sont pas calculées sur la valeur du fonds (n° 6336) si les locataires conservent l'essentiel de leur clientèle après le transfert d'exploitation (Cass. civ. 29-10-1980 : GP 1981.pan.98). N'est pas pris en compte le surcoût généré par des travaux d'installation du locataire dans les nouveaux locaux dès lors que ces travaux ne sont pas dus au fait du bailleur (TGI Paris 14-11-1995 : GP 1996.som.130 note Barbier, les travaux en cause concernant la mise en conformité des locaux avec la réglementation des établissements classés).

Le bailleur a droit à la **restitution** des sommes qu'il a payées au titre des frais de remploi et de déménagement et au titre du trouble commercial sur le fondement de l'indu s'il établit que le locataire ne s'est pas réinstallé (Cass. 3e civ. 28-3-2019 n° 17-17.501 FS-PBI : RJDA 6/19 n° 414).

2. REPENTIR DU BAILLEUR

6360 Le propriétaire peut, **jusqu'à l'expiration d'un délai de quinze jours à compter de la date** à laquelle la décision fixant l'indemnité d'éviction est **passée en force de chose jugée,** se soustraire au paiement de l'indemnité d'éviction en consentant au renouvellement du bail, à charge de supporter les frais de l'instance (C. com. art. L 145-58).

Lorsque la décision a été rendue en appel, le congé avec offre de renouvellement, notifié sous réserve du pourvoi en cassation formé contre cette décision, dépourvue du caractère irrévocable, ne vaut pas repentir (Cass. 3e civ. 9-3-2011 n° 10-10.409 : RJDA 11/11 n° 890).

Le délai de quinze jours court à compter de la date du prononcé de la décision d'appel (CPC art. 450 ; Cass. civ. 29-9-1999 : RJDA 11/99 n° 1182), à condition que les parties aient eu connaissance de la date du prononcé (Cass. civ. 13-6-2001 : RJDA 10/01 n° 948).

Le défaut de paiement de ces frais n'entraîne pas la nullité de l'exercice du droit de repentir par le bailleur (Cass. 3e civ. 1-10-2014 n° 13-17.114 : RJDA 3/15 n° 165, déboutant le locataire demandeur en annulation du repentir).

Le fait que le bailleur exerce son droit de repentir avec l'intention de faire échec à tout risque de paiement d'une indemnité d'éviction ne caractérise pas, à lui seul, un exercice fautif de ce droit (Cass. 3e civ. 9-7-2020 n° 18-25.329 F-D : RJDA 10/20 n° 474).

L'exercice du droit de repentir est valablement exercé dès que les conditions légales sont respectées (Cass. 3e civ. 15-2-2023 n° 21-21.985 F-D : RJDA 5/23 n° 244, refusant d'invalider le repentir en raison d'une impossibilité d'exploiter due à des actions du bailleur sur l'environnement).

6363 **Situation du locataire** Le droit de repentir ne peut être exercé qu'autant que le locataire est encore dans les lieux ou n'a pas déjà, du fait de ce refus, loué ou acheté un autre immeuble en vue de sa réinstallation (C. com. art. L 145-58), sauf le seul cas de travaux nécessitant l'évacuation de l'immeuble (C. com. art. L 145-28, al. 2 visant l'art. L 145-18, al. 2).

Le locataire est censé être dans les lieux même si le fonds de commerce n'existe plus dans les lieux, dès lors qu'il n'a pas cherché à implanter dans d'autres locaux l'activité propre au fonds (CA Bordeaux 9-7-1987 : GP 1989.som.89), que les opérations de déménagement ne sont pas encore terminées et les clés des locaux non encore restituées (Cass. 3e civ. 27-11-2002 n° 1720 : RJDA 2/03 n° 116) ou que le locataire n'a pas engagé un processus irréversible et irrévocable de libération des lieux rendant impossible la poursuite de l'activité (CA Paris 7-11-2018 n° 17/03627 : RJDA 4/19 n° 248) ; l'engagement d'un tel processus par le locataire suffit à faire obstacle au droit de repentir du bailleur, peu important que ce dernier en ait eu connaissance ou non (Cass. 3e civ. 15-12-2021 n° 21-11.634 FS-D : RJDA 5/22 n° 252), ce qui est le cas lorsque le locataire a créé une société qui a acquis un terrain et commencé à construire des locaux, ces démarches ayant été effectuées dans l'intérêt du locataire (Cass. 3e civ. 6-7-2022 n° 21-12.024 FS-D : RJDA 1/23 n° 11).

Le repentir est impossible lorsque le locataire a quitté régulièrement les lieux en exécution du congé qui lui a été délivré (Cass. 3e civ. 15-5-2008 n° 07-15.225 : Rev. loyers 2008.377) ou lorsque le bailleur, informé de l'intention du locataire de quitter les lieux, lui a notifié son repentir (Cass. civ. 15-5-1991 : RJDA 6/91 n° 469), pour autant que la connaissance de cette intention soit établie (cf. CA Dijon 3-11-1992 : JCP G 1993.IV.1589).

Il en est de même lorsque le locataire occupe encore les locaux mais justifie avoir loué, sous-loué en vue de sa réinstallation (CA Paris 22-3-2007 : GP 2007.som.2631 note Brault) ou acheté un autre immeuble en vue de sa réinstallation (Cass. civ. 15-2-1995 : RJDA 4/95 n° 414). L'engagement contracté sur le nouveau local doit être la conséquence du refus de renouvellement, mais il peut intervenir avant la date pour laquelle le congé a été donné (Cass. civ. 11-2-1971 : Bull. civ. III p. 72).

Le locataire doit prouver qu'il a conclu un nouveau bail soit en produisant un acte ayant date certaine (n° 75698) si le bailleur n'est pas commerçant, ce qui est le cas dès lors qu'un nu-propriétaire non commerçant a concouru au bail consenti par un usufruitier commerçant (Cass. 3e civ. 31-5-2012 n° 11-17.534 : RJDA 10/12 n° 834), soit en établissant que le bailleur a eu connaissance de ce bail (Cass. civ. 21-6-1995 : RJDA 8/95 n° 952).

Il n'est pas exigé que cette connaissance résulte de la communication au bailleur du contenu de l'acte permettant au locataire de se réinstaller ; elle peut résulter du fait que l'assignation en fixation d'indemnité d'éviction mentionnait que le preneur avait alors acquis un terrain de remplacement (Cass. civ. 28-5-1986 : Bull. civ. III p. 61) ou qu'il avait l'intention de se réinstaller ailleurs « dès maintenant » (CA Reims 26-6-1989 : Jurisprudence Champagne-Ardennes 1989/90 n° 9, n° 707).

En cas de conclusion d'une promesse d'achat du droit au bail ou d'un local, le locataire est engagé dès lors que les éléments essentiels de la cession sont déterminés dans la promesse et que les conditions suspensives auxquelles la cession est subordonnée sont réalisées au jour du repentir du bailleur, même si l'acte de cession est signé après (Cass. 3e civ. 3-7-2013n° 12-18.819 : RJDA 1/14 n° 14). En revanche, le locataire n'est pas engagé si, à la date du repentir, les trois conditions suspensives de son engagement ne sont pas réalisées, une seule des trois l'étant (Cass. civ. 16-2-2000 : RJDA 4/00 n° 387).

Le texte n'exige pas une réinstallation à l'identique et les locaux ne sont pas obligatoirement équivalents (CA Paris 14-2-1985 : GP 1985.som.205 note Brault).

Forme Dans le silence des textes, le repentir peut résulter de tout acte manifestant clairement la volonté du bailleur (par exemple, demande en fixation du loyer : Cass. 3e civ. 31-1-2012 n° 10-31.081, 1re esp. : RJDA 6/12 n° 568). **6366**

Effets **L'acceptation** du renouvellement est **irrévocable** (C. com. art. L 145-59 ; Cass. 3e civ. 4-7-2012 n° 11-19.043 : RJDA 11/12 n° 943) et la **notification** du repentir par acte extrajudiciaire entraîne, à compter de sa date, le renouvellement du bail (C. com. art. L 145-12, al. 4 ; Cass. civ. 5-1-1977 : Bull. civ. III n° 8, en déduisant que le locataire n'a ni à répondre ni à intenter une quelconque action pour bénéficier du droit au renouvellement, et ne peut se voir opposer la prescription de ce droit, le défaut d'action en fixation du loyer ne pouvant avoir de conséquence que sur le loyer ; Cass. 3e civ. 24-1-2019 n° 17-11.010 F-D : RJDA 5/19 n° 321, en déduisant que l'instance en résiliation engagée avant l'exercice de ce droit ne peut plus être poursuivie ; Cass. 3e civ. 12-9-2019 n° 18-18.218 F-D : RJDA 11/19 n° 678, en déduisant que le repentir ne peut emporter la conclusion d'un nouveau bail incluant une modification substantielle des modalités de fixation du loyer). **6369**

Pour la fixation du loyer du bail renouvelé à la valeur locative, celle-ci est appréciée au jour de départ du bail renouvelé et non à la date d'effet du congé (Cass. civ. 19-7-1984 : Bull. civ. III p. 112). Le bailleur peut, pour écarter le plafonnement du loyer du bail renouvelé, se prévaloir des modifications notables de la valeur locative (nos 6080 s.) intervenues avant la prise d'effet du nouveau bail, notamment de celles des facteurs locaux de commercialité (Cass. civ. 11-12-1996 : RJDA 2/97 n° 178) ou du changement de destination des lieux (Cass. civ. 13-6-2001 : RJDA 10/01 n° 948). La valeur locative est appréciée au jour du début du bail renouvelé et non à la date d'effet du congé (Cass. civ. 19-7-1984 n° 82-15.305 : Bull. civ. III n° 146).

Il s'écoule entre l'expiration de l'ancien bail et la formation du nouveau bail lors de la notification du repentir une période intermédiaire de maintien dans les lieux donnant droit au paiement d'une **indemnité d'occupation** qui est déterminée conformément aux dispositions relatives à la fixation du loyer (C. com. art. L 145-28, al. 1), c'est-à-dire à la valeur locative (Cass. 3e civ. 27-11-2002 n° 1736 : RJDA 2/03 n° 117 ; Cass. 3e civ. 17-6-2021 n° 20-15.296 FS-B : RJDA 8-9/21 n° 556), avec possibilité d'un abattement de précarité (CA Versailles 30-6-2015 n° 13/08370 : RJDA 11/15 n° 738 ; CA Rennes 11-5-2022 n° 18/08341). Pendant cette période intermédiaire, il y a lieu à l'application des conditions et clauses du bail expiré (C. com. art. L 145-28, al. 1), telle la clause obligeant le locataire à payer le loyer au domicile du bailleur (Cass. civ. 5-2-1997 : RJDA 4/97 n° 482, approuvant la résiliation prononcée pour violation de cette clause).

3. PAIEMENT DE L'INDEMNITÉ D'ÉVICTION

MAINTIEN DANS LES LIEUX

6380 **Droit au maintien** Le **locataire** qui peut prétendre à une indemnité d'éviction **ne peut être obligé de quitter les lieux avant de l'avoir reçue** (C. com. art. L 145-28, al. 1) ni, sauf condition expresse figurant au bail, d'y demeurer jusqu'au moment du paiement (Cass. civ. 13-7-1994 : GP 1994.703).

Le préjudice commercial né de la perte du droit au maintien dans les lieux jusqu'au paiement de l'indemnité d'éviction est distinct de celui lié à l'éviction du fonds de commerce (Cass. 3e civ. 27-2-2020 nº 18-24.986 F-D : RJDA 5/20 nº 263 ; Cass. 3e civ. 17-6-2021 nº 19-21.132 F-D ; Cass. 3e civ. 25-1-2023 nº 21-19.089 FS-B).

Ce droit bénéficie au seul locataire créancier de l'indemnité d'éviction demeuré dans les locaux, ce qui n'est pas le cas du cessionnaire de l'entreprise du locataire mis en redressement judiciaire qui s'est établi dans les lieux avec l'accord du commissaire à l'exécution du plan (Cass. civ. 28-5-1997 : RJDA 8-9/97 nº 1016).

Le locataire perd son droit à l'indemnité d'éviction en cas de perte totale des locaux pendant la période de maintien dans les lieux (Cass. 3e civ. 29-9-2004 nº 934 : RJDA 12/04 nº 1301) ou en cas d'acquisition de la clause résolutoire postérieurement au congé délivré par le bailleur (CA Versailles 18-3-2021 nº 18/05433).

Le locataire qui a perdu son droit au maintien dans les lieux à la suite d'une décision de justice est en droit d'être indemnisé de cette perte dès lors qu'il n'a pas pu être réintégré dans les lieux à la suite d'une nouvelle décision de justice qui lui a reconnu le droit au maintien dans les lieux, l'indemnité d'éviction ne réparant pas le préjudice né de la perte du droit au maintien dans les lieux (Cass. 3e civ. 30-11-2017 nº 16-17.686 FP-PB : RJDA 2/18 nº 109).

6383 **Régime** Le maintien dans les lieux s'opère aux **clauses et conditions du contrat expiré,** excepté pour le loyer (C. com. art. L 145-28, al. 1). Les parties doivent exécuter leurs obligations sous les mêmes sanctions qu'en cours de bail. Notamment, le bailleur peut demander la résiliation du bail en cas de faute de l'occupant qui perd alors son droit à l'indemnité d'éviction (Cass. civ. 3-7-1974 : Bull. civ. III p. 216 ; Cass. 3e civ. 29-6-2005 nº 812 : RJDA 10/05 nº 1083 ; Cass. 3e civ. 5-10-2017 nº 16-21.977 F-D) ; la clause résolutoire de plein droit est applicable, le cas échéant, et fait perdre à l'occupant le bénéfice de l'indemnité d'éviction, sans que le bailleur ait à procéder à la mise en demeure du locataire prévue par l'article L 145-17 du Code de commerce (nos 6453 s.) (Cass. civ. 1-3-1995 : Bull. civ. III p. 45), sauf si elle vise le non-paiement des loyers, car l'indemnité d'occupation n'est pas un loyer (Cass. civ. 9-12-1980 : JCP G 1981.II.19612 note Boccara) ; le bailleur est tenu de réparer tous les manquements à son obligation de délivrance (Cass. 3e civ. 28-11-2019 nº 18-18.862 F-D : GP 2020 nº 10 p. 75 note Brault).

Les manquements aux clauses du bail doivent être graves ; n'ont pas cette gravité des retards de paiement rapidement régularisés, survenus au surplus dans le contexte de la fermeture administrative de l'établissement du fait de la pandémie de la Covid-19 (CA Pau 5–1–2023 nº 20/01242).

Les infractions commises après l'expiration du bail peuvent aussi justifier un refus de renouvellement sans indemnité (Cass. civ. 4-1-1985 : Bull. civ. III nº 4).

6386 **Indemnité d'occupation** Le locataire, ou l'occupant de son chef (notamment le locataire-gérant), qui se maintient dans les lieux comme il est dit au nº 6380, doit de plein droit au bailleur (Cass. 3e civ. 11-2-2016 nº 14-28.091, dispensant le bailleur d'en faire la demande), non plus le loyer contractuel, mais une indemnité d'occupation (C. com. art. L 145-28, al. 1 ; Cass. civ. 21-1-1998 : RJDA 4/98 nº 391).

Le maintien dans les lieux prend effet à la date du congé même si le bailleur a décidé de ne pas renouveler après la fixation judiciaire du nouveau loyer (Cass. civ. 7-11-1984 nº 83-13.550 : Bull. civ. III nº 185). Il s'achève avec la libération effective des lieux laquelle résulte de la remise des clés au bailleur ou du refus de celui-ci de les recevoir (Cass. 3e civ. 3-12-2020 nº 19-22.443 F-D : RJDA 2/21 nº 77) ; si le départ se produit en cours de mois, l'indemnité d'occupation doit être calculée prorata temporis du nombre de jours d'occupation (CA Versailles 21-4-2005 nº 04-481 : Bull. inf. C. cass. 2005 nº 1762). Mais le maintien dans les lieux n'oblige le locataire à l'indemnité d'occupation que si l'exploitation du fonds de commerce a été possible pendant ce temps (Cass. civ. 26-6-1991 : RJDA 10/91 nº 793).

Le défaut de paiement de l'indemnité d'occupation est un manquement dont les juges du fond apprécient souverainement la gravité (Cass. 3e civ. 29-6-2005 nº 04-11.397 : RJDA 10/05 nº 1083) : manquement grave justifiant la résiliation judiciaire du bail aux torts du locataire, avec déchéance subséquente du droit au maintien dans les lieux et du droit au paiement d'une indemnité d'éviction (CA Paris 17-11-2010 nº 09-08220 : GP 2011.som.11 mars note Brault) ; manquement de gravité insuffisante pour entraîner la déchéance du droit à l'indemnité d'éviction (CA Paris 5-7-2017 nº 15/16820 : RJDA 12/17 nº 795).

Jusqu'à la date à laquelle la prescription de l'action en paiement de l'indemnité d'éviction est acquise, le locataire se maintient dans les lieux **en vertu du titre** qu'il tient de l'article L 145-28 du Code de commerce.

Il s'ensuit que :

– l'indemnité d'occupation due par le locataire est **calculée** selon la valeur locative compte tenu de tous les éléments d'appréciation (C. com. art. L 145-28, al. 1) et non en fonction du loyer du bail expiré (Cass. civ. 30-6-1999 : RJDA 8-9/99 n° 901 ; Cass. 3e civ. 3-10-2007 n° 06-17.766 : D. 2007.2602. obs. Rouquet) ;

Parmi ces éléments figurent notamment celui de la précarité du maintien dans les lieux, qui justifie l'application d'un abattement sur le montant de l'indemnité évaluée à la valeur locative, et celui de la longueur de l'occupation (CA Paris 5-7-2017 n° 15/16820 précité) mais non celui de la prise en compte de la valeur locative de marché (CA Paris 12-5-2021 n° 18/08135, l'indemnité devant être fixée par référence au prix du loyer tel qu'il aurait été fixé judiciairement ou amiablement en cas de déplafonnement si le bail avait été renouvelé, ce prix étant en principe inférieur au prix du marché).

– la valeur locative est **applicable** dès lors que le locataire s'est trouvé occuper les lieux par suite du congé avec refus de renouvellement, même si, ultérieurement, le bailleur a renoncé à ce congé (Cass. civ. 30-6-1999 : RJDA 8-9/99 n° 901) ;

– l'indemnité d'occupation est soumise à la **révision triennale** (CA Paris 16-12-1983 : Loyers 1984 n° 107) ; une révision annuelle est exclue (Cass. civ. 25-4-1984 : GP 1984.pan.226 ; contra Cass. civ. 18-2-1987 : Loyers 1987 n° 133) ;

À propos d'une indemnité d'occupation due depuis le 1er octobre 2014, il a été jugé que l'indemnité serait indexée annuellement en raison de son application sur une durée de plus de sept ans sur la base de la variation du dernier indice des loyers commerciaux connu par rapport à l'indice du même trimestre de l'année précédente, pour la première fois le 1er octobre 2015 (CA Paris 13-4-2022 n° 17/00655).

– les **actions en fixation** et **en paiement** de l'indemnité d'occupation se **prescrivent** par deux ans à compter du jour où est définitivement consacré, dans son principe, le droit du locataire au bénéfice de l'indemnité d'éviction (pour l'action en fixation, Cass. civ. 22-1-1997 : RJDA 4/97 n° 483 et Cass. 3e civ. 23-3-2011 n° 10-13.898 FS-PB : RJDA 7/11 n° 615 ; pour l'action en paiement, Cass. 3e civ. 17-10-2012 n° 11-22.920 : RJDA 2/13 n° 96 et Cass. 3e civ. 18-1-2018 n° 16-27.678 FS-PB : RJDA 4/18 n° 306) ou, en l'absence de contestation, de la date d'effet du congé avec refus de renouvellement (Cass. civ. 10-12-1997 : RJDA 2/98 n° 154) et, en cas d'exercice du droit d'option, à compter de la date de notification de l'option (Cass. 3e civ. 16-3-2023 n° 21-19.707 FS-B : RJDA 6/23 n° 301 ; CA Paris 12-10-2023 n° 23/02451) ;

– l'indemnité d'occupation est égale à la valeur locative pendant toute la période où le locataire a droit au maintien dans les lieux, ne devenant une indemnité de droit commun qu'à partir de la date à laquelle il perd son titre d'occupation par **prescription** de l'**action en indemnité d'éviction** (Cass. 3e civ. 5-9-2012 n° 11-19.200 : RJDA 12/12 n° 1053) ;

– la **compensation** de l'indemnité d'occupation avec l'indemnité d'éviction n'opère que si elle est invoquée par le bailleur ou le locataire (C. civ. art. 1347, al. 2) ; la même solution s'applique pour la compensation entre l'indemnité d'occupation et le dépôt de garantie revenant au locataire (cf. CA Lyon 5-4-2005 n° 04-2193 : Bull. inf. C. cass. 2006 n° 427) ;

– lorsque la **solidarité** a été stipulée entre des locataires et que le bail a mis à leur charge le paiement d'une indemnité d'occupation en cas d'application de la clause résolutoire du bail, cette indemnité est due solidairement par les locataires, une fois acquis les effets de la clause résolutoire (Cass. civ. 24-3-1999 : RJDA 5/99 n° 528) ; mais les locataires ne sont pas tenus solidairement au paiement de cette indemnité en l'absence d'une stipulation expresse visant l'indemnité d'occupation (Cass. 3e civ. 12-1-2017 n° 16-10.324 FS-PBI : RJDA 5/17 n° 374).

Ces solutions sont écartées dès lors que le locataire reste dans les lieux **sans s'appuyer sur le titre** que lui donne le statut, ce qui est le cas lorsqu'il renonce au renouvellement ; il se trouve alors dans la situation d'un occupant sans titre et, notamment, l'indemnité peut alors dépasser la valeur locative (Cass. civ. 30-9-1998 : RJDA 11/98 n° 1193 ; CA Paris 11-10-2000 : D. 2000.AJ.439).

RÈGLEMENT DE L'INDEMNITÉ D'ÉVICTION

Exigibilité du paiement Une fois le délai de repentir du bailleur écoulé (n° 6360), l'indemnité doit être payée au locataire ou à un séquestre **au plus tard dans un délai de trois mois** à compter d'un commandement délivré par acte extrajudiciaire ; celui-ci doit reproduire à peine de nullité cette disposition (C. com. art. L 145-30, al. 2), sauf le droit du bailleur à invoquer la compensation de plein droit avec l'indemnité d'occupation (CA Paris 27-2-2009 n° 09-669 : RJDA 7/09 n° 670). **6393**

Sur l'absence de droit de préférence ou de suite sur l'indemnité d'éviction au profit du créancier nanti sur le fonds de commerce, n° 3406 ; sur le point de départ de la prescription de l'action en paiement de l'indemnité d'éviction, n° 6824.

Désignation d'un séquestre pour recevoir le paiement La désignation d'un séquestre est facultative ; en cas de désaccord entre les parties, le séquestre peut être nommé dans la décision prononçant la condamnation au paiement de l'indemnité ou ultérieurement par simple ordonnance sur requête (C. com. art. L 145-29, al. 1). **6396**

Le bailleur a en général **avantage** à faire désigner un séquestre. Cela lui permet d'être assuré que le locataire a exécuté les obligations auxquelles est subordonné le paiement (n° 6402) et de faire imputer au besoin les pénalités pour remise tardive des clés sur l'indemnité (n° 6399).

6399 **Départ du locataire** Le locataire doit, une fois le paiement effectué, **remettre les lieux** au bailleur à l'expiration d'un délai de trois mois suivant la date du versement de l'indemnité d'éviction au locataire lui-même ou de la notification à celui-ci du versement de l'indemnité à un séquestre (C. com. art. L 145-29, al. 1).

Il appartient au bailleur de notifier au locataire le versement de l'indemnité et non au séquestre qui n'est pas mandataire du bailleur (Cass. civ. 18-1-1989 : Bull. civ. III. p. 7).

La **remise des clés** doit concerner un local libre de toute occupation, sauf impossibilité absolue (Cass. civ. 14-4-1982 : Bull. civ. III p. 59).

À défaut de remise à la date fixée et après mise en demeure, le séquestre doit retenir 1 % par jour de retard sur le montant de l'indemnité et restituer cette retenue au bailleur sur sa seule quittance (C. com. art. L 145-30, al. 1). Il y a également lieu à retenue lorsque les clés ont été remises mais que les locaux ne sont pas libérés de toute occupation (Cass. civ. 4-2-1986 : Rev. loyers 1986.190).

Cette retenue est subordonnée à la condition que la somme séquestrée couvre l'intégralité de l'indemnité d'éviction, en principal et accessoires (Cass. 3e civ. 19-10-2022 n° 21-16.055 F-D).

Elle a le caractère d'une pénalité définitive et non d'une astreinte : le juge des référés ne peut en suspendre les effets en accordant un délai supplémentaire au locataire ; seul le juge du fond peut en retarder le point de départ en fonction de l'existence d'un cas de force majeure ou du comportement du bailleur (CA Paris 27-6-1990 : D. 1991.som.369 obs. Rozès ; aussi Cass. civ. 30-4-1997 et 28-5-1997 : RJDA 7/97 n° 887 : force majeure ; Cass. 3e civ. 7-3-1968 : Bull. civ. III n° 92 : tergiversations du bailleur à accepter les clés).

La mise en demeure doit avoir date certaine, donc être adressée par lettre recommandée avec avis de réception ou par acte extrajudiciaire (CA Paris 2-11-1993 : JCP E 1994.pan.297). Elle doit aussi fixer une date précise pour la remise des clés, la formule visant le « premier jour du terme d'usage » n'étant pas suffisante à l'égard d'un non-professionnel, compte tenu de la gravité de la sanction encourue (Cass. civ. 19-3-1997 : RJDA 5/97 n° 623).

La pénalité légale commence à courir dès que le bailleur a consigné l'indemnité chez un séquestre et a fait sommation de libérer les lieux (Cass. civ. 7-4-1994 : GP 1994.705 note Brault), à la condition que l'indemnité d'éviction consignée ait été allouée par une décision passée en force de chose jugée (Cass. 3e civ. 5-4-2006 n° 472 : RJDA 7/06 n° 785 ; Cass. 3e civ. 2-10-2012 n° 11-17.098 : D. 2012.2389 obs. Rouquet).

6402 **Versement au locataire de l'indemnité par le séquestre** Le séquestre ne peut remettre l'indemnité au locataire que sous les conditions suivantes (C. com. art. L 145-29, al. 2) :
- absence d'opposition des créanciers ;
- remise des clés du local libre de toute occupation dans les conditions exposées au n° 6399 ;
- justification du paiement des impôts et des loyers.

L'indemnité est versée sous réserve des réparations locatives (C. com. art. L 145-29, al. 2) ; la nécessité de telles réparations ne fait donc pas obstacle au versement (Cass. civ. 30-4-1997 : RJDA 7/97 n° 887).

6405 **Intérêts moratoires** L'indemnité d'éviction porte intérêts moratoires à compter du jour du jugement fixant son montant à moins que le juge en décide autrement (C. civ. art. 1231-7 ; Cass. 3e civ. 25-11-2018 n° 07-21.729 D ; n° 53809).

Le bailleur n'est pas tenu au paiement de ces intérêts dès lors qu'il a consigné le montant de l'indemnité dans les mains du séquestre et que celle-ci reste légitimement dans les mains de ce dernier, car cette consignation est libératoire pour lui ; mais il y est tenu s'il s'est opposé, sans fondement, au versement de l'indemnité par le séquestre, jusqu'au jour du versement par celui-ci (Cass. 3e civ. 4-7-2001 n° 97-20.663 : RJDA 11/01 n° 1083).

6408 **Produits financiers** Les produits financiers de l'indemnité d'éviction bénéficient de plein droit au preneur dès le jour du versement au séquestre qui vaut paiement libératoire (Cass. 3e civ. 3-12-2003 n° 1357 : RJDA 3/04 n° 282).

6412 **Autre indemnité** Le locataire peut prétendre à être indemnisé du préjudice résultant du trouble de jouissance qu'il a pu subir pendant la période de maintien dans les lieux, une telle demande échappant à l'autorité de la chose jugée sur le montant des indemnités d'éviction et d'occupation ; en effet, elle n'a pas le même objet que les demandes relatives à la fixation de ces indemnités, lesquelles sont fixées indépendamment d'un éventuel trouble de jouissance (Cass. 3e civ. 22-11-2011 n° 10-24.306 : GP 2012.som.446 note Barbier).

B. Autres cas de refus de renouvellement

REFUS DE RENOUVELLEMENT POUR NON-APPLICATION DU STATUT

Le bailleur peut toujours refuser le renouvellement au motif que les conditions d'application du statut ne sont pas remplies (Cass. com. 13-10-1964 : Bull. civ. III n° 422 et Cass. com. 24-11-1965 : Bull. civ. III n° 599 : non-exploitation d'un fonds dans les lieux), sans être tenu de justifier d'un préjudice (Cass. 3ᵉ civ. 22-5-1979 : Bull. civ. III n° 113) ni d'une mise en demeure (Cass. 3ᵉ civ. 8-1-2008 n° 06-14.190 : RJDA 12/08 n° 1231). 6450

Le congé portant dénégation du droit au statut des baux commerciaux, même délivré pour un motif erroné, met fin au bail (Cass. 3ᵉ civ. 8-1-2008 précité).

Le bailleur le peut aussi pour les raisons spécifiques ci-après exposées.

REFUS DE RENOUVELLEMENT POUR MOTIF GRAVE ET LÉGITIME

Le bailleur peut refuser le renouvellement sans payer d'indemnité d'éviction en présence d'un comportement fautif du preneur constituant un motif grave et légitime, sous réserve d'une mise en demeure du locataire lorsque le motif tient à sa faute (C. com. art. L 145-17-1). 6453

Dès lors qu'il constate l'existence d'un motif grave, le juge doit priver le locataire **de toute indemnité** d'éviction (Cass. 3ᵉ civ. 19-12-2001 : RJDA 5/02 n° 480) et de toute autre réparation : le preneur sortant ne peut pas demander au nouveau locataire une indemnité pour la valeur du fonds de commerce en invoquant un enrichissement sans cause (Cass. 3ᵉ civ. 10-9-2020 n° 19-14.254 F-D : RJDA 1/21 n° 8).

Motifs utilisables Le motif grave et légitime est essentiellement constitué par une faute du locataire, même si celle-ci n'a pas causé de préjudice au bailleur (Cass. civ. 21-5-1985 : Loyers 1985 n° 347) ; ne constitue pas une telle faute le désaccord du locataire sur le montant du loyer (Cass. 3ᵉ civ. 12-9-2019 n° 18-18.590 F-D : RJDA 7/20 n° 359). Le manquement n'est pas limité aux seules infractions au statut (Cass. civ. 24-1-1996 : RJDA 4/96 n° 470) mais il doit se rattacher au bail par un lien suffisant (CA Paris 2-9-1998 : DA 1998.1557). Le bailleur ne doit pas avoir renoncé au motif susceptible d'être invoqué (cf. Cass. 3ᵉ civ. 22-1-2008 n° 07-10.175 : GP 2008.som. 6 juillet, admettant, pour défaut de renonciation non équivoque, la demande de résiliation du bail renouvelé pour un motif né sous le bail antérieur). 6456

Seuls les faits imputables au locataire sortant peuvent constituer des motifs de refus de renouvellement et non ceux imputables à celui qui lui a cédé le droit au bail (Cass. 3ᵉ civ. 10-1-2007 n° 99-12.722 : RJDA 3/07 n° 232). Mais sont imputables au locataire les faits des personnes dont il répond (Cass. 3ᵉ civ. 11-6-2008 n° 07-14.256 : RJDA 11/08 n° 1098 : membres de la famille).

Les juges du fond apprécient souverainement l'existence et la gravité des motifs de refus de renouvellement (Cass. 3ᵉ civ. 2-6-2010 n° 09-14.194 : RJDA 10/10 n° 924). Il ressort de leurs décisions les solutions suivantes.

Motifs liés à l'inexécution des obligations du bail Ont été retenus comme justifiant un refus de renouvellement sans indemnité : 6459

– le défaut de paiement du loyer et des charges, aux échéances fixées (Cass. civ. 28-3-1995 : GP 1996.126 note Barbier ; Cass. 3ᵉ civ. 16-10-2007 n° 06-14.789 : RJDA 1/08 n° 11) ;

– les manquements aux obligations d'entretien et de réparation incombant au locataire (Cass. civ. 6-12-1983 : Loyers 1984 n° 123) ;

– une sous-location interdite (Cass. civ. 9-12-1980 : Rev. loyers 1981.155) ou irrégulière (Cass. com. 17-5-1988 : Bull. civ. IV p. 114), de même qu'une cession irrégulière (Cass. com. 19-12-1963 : Bull. civ. III n° 110 ; CA Paris 3-7-2008 n° 07-4005 : RJDA 12/08 n° 1226) ;

Mais ne constitue pas un motif de non-renouvellement la sous-location, sans le consentement du bailleur requis par le bail portant sur des locaux commerciaux et un appartement, consentie par la société locataire à l'un de ses dirigeants, car la faculté donnée à une société d'occuper à usage d'habitation un appartement impliquait l'autorisation d'en accorder la jouissance à l'un de ses représentants personnes physiques (Cass. civ. 23-5-2002 : RJDA 8-9/02 n° 866).

– un changement irrégulier d'activité (Cass. civ. 19-6-1979 : GP 1979.pan.481 ; CA Montpellier 1-4-1998 : Bull. inf. C. cass. 1999 n° 1137) ;

Le changement d'activité effectué avec l'accord du bailleur ne prive pas le locataire de son droit au renouvellement (Cass. civ. 10-2-1988 : Bull. civ. III p. 17), pourvu que l'exploitation convenue ait été effective (Cass. 3ᵉ civ. 14-6-2006 n° 722 : RJDA 10/06 n° 996, ce qui ne résulte pas d'un motif relevant que la preuve de la cessation totale d'activité n'était pas rapportée).

– l'exécution de travaux affectant le gros œuvre et la structure de l'immeuble sans l'autorisation du bailleur (Cass. civ. 2-10-1996 : RJDA 12/96 n° 1443), même si les travaux ont été prescrits par de nouvelles dispositions administratives (Cass. com. 7-1-1963 : Bull. civ. III p. 14 ; dans le même sens, Cass. civ. 15-1-1971 : Loyers 1971 p. 231), à moins que le bailleur ne les ait tacitement acceptés (Cass. civ. 5-1-1993 : Loyers 1993 p. 201).

6462 **Motifs extracontractuels** Ont été retenues :
– des violences exercées par le locataire sur la personne du propriétaire (Cass. civ. 28-3-1995 : GP 1996.126 note Barbier ; CA Rouen 14-9-2023 n° 21/04099 : RJDA 1/24 n° 11) ou contre son épouse, fussent-elles amnistiées (Cass. civ. 6-3-1996 : RJDA 6/96 n° 759) ;
– l'occupation par le locataire sans droit de locaux d'habitation situés dans le même immeuble (Cass. civ. 20-6-1979 : Rev. loyers 1980.42) ;
– la production par le locataire de documents inexacts en vue d'obtenir une augmentation indue du montant de l'indemnité d'éviction (Cass. 3e civ. 19-12-2001 : RJDA 5/02 n° 480).

6465 **Mise en demeure préalable** La délivrance d'une mise en demeure d'avoir à cesser le manquement **est exigée** s'il s'agit soit de l'inexécution d'une obligation, soit de la cessation sans raison sérieuse et légitime de l'exploitation du fonds (C. com. art. L 145-17, 1-1°). Les juges ne peuvent pas refuser le renouvellement pour motif grave sans rechercher si le bailleur a procédé à la mise en demeure du locataire (Cass. civ. 25-3-1992 : RJDA 7/92 n° 693) ou le droit au paiement d'une indemnité d'éviction s'ils ont constaté l'absence de mise en demeure (Cass. 3e civ. 19-12-2012 n° 11-24.251 : RJDA 8-9/13 n° 696).

Les manquements même postérieurs au congé peuvent être invoqués par le bailleur dès lors qu'ils ont fait l'objet d'une mise en demeure (Cass. 3e civ. 26-1-2017 n° 15-26.371 F-D : RJDA 4/17 n° 230).

Il y a lieu, par exemple, à mise en demeure en cas d'interruption temporaire d'exploitation (Cass. civ. 16-2-1982 : JCP G 1982.II.19888 note Boccara), ou pour des fautes extracontractuelles (Cass. civ. 5-3-1980 : Rev. loyers 1980.313). En cas de retard de paiement, chaque retard relevé doit donner lieu à une mise en demeure (Cass. civ. 17-2-1993 : RJDA 5/93 n° 386).

La mise en demeure doit, à peine de nullité, être effectuée par **acte extrajudiciaire,** préciser le motif invoqué et reproduire les termes de l'article L 145-17, 1-1° du Code de commerce ; la nullité doit être invoquée avant toute défense au fond (Cass. 3e civ. 2-6-2010 n° 09-14.194 : RJDA 10/10 n° 924).

Le commandement tendant à mettre en œuvre la clause résolutoire et cette mise en demeure peuvent figurer dans le même acte (Cass. civ. 12-10-1982 : Bull. civ. III p. 147), comme la sommation faite au locataire de respecter ses obligations et le refus de renouvellement (Cass. civ. 5-5-1999 : RJDA 6/99 n° 649).

La mise en demeure fait courir **un délai d'un mois** pendant lequel le locataire doit cesser l'infraction qui lui est reprochée. À défaut, le bailleur peut se fonder sur le manquement pour refuser le renouvellement (C. com. art. L 145-17, 1-1°).

Le manquement dénoncé doit avoir effectivement pris fin dans le mois : il ne suffit pas que le locataire ait pris des dispositions pour y mettre un terme (Cass. civ. 29-5-1991 : RJDA 8-9/91 n° 693) ou qu'il y ait mis un terme au jour où les juges statuent (Cass. civ. 3-6-1992 : RJDA 8-9/92 n° 813).

Les retards réitérés dans le paiement des loyers ayant donné lieu à plusieurs commandements successifs ne constituent pas un défaut d'exécution du bail dès lors que le paiement est survenu dans le délai d'un mois à compter de chaque commandement (Cass. civ. 6-2-1991 : RJDA 3/91 n° 199).

Il n'y a **pas** lieu à **mise en demeure** préalable pour un motif invoqué à l'appui d'une demande de résolution judiciaire du bail (n° 5241), pour méconnaissance des obligations imposées par le statut, la mise en demeure n'étant prévue que pour les infractions aux dispositions contractuelles (CA Paris 18-10-1991 : RJDA 2/92 n° 132 : défaut d'inscription au registre du commerce) ou pour manquement continu ou irrégularisé dans le mois suivant la mise en demeure.

Il en est ainsi en cas de défaut de concours du propriétaire à l'acte de sous-location (Cass. civ. 2-11-1982 : Rev. loyers 1983.45) ou de cession du bail (Cass. civ. 13-2-1973 : Bull. civ. III p. 80), de paiement du loyer par chèque sans provision (Cass. civ. 19-11-1975 : D. 1976.IR.38), de cessation d'activité dans les lieux loués depuis de nombreuses années (Cass. civ. 5-7-1995 : RJDA 8-9/95 n° 950), sauf si, le locataire ayant cessé son activité avec l'accord du bailleur pendant trois ans, il n'est pas établi qu'il n'est pas susceptible de reprendre son exploitation (CA Aix 7-9-1995 : Bull. d'Aix 1995-2 n° S.23).

Mais la possibilité de procéder à une régularisation a été admise au profit d'un locataire qui avait dégradé les parties communes alors qu'il ne pouvait les remettre en état par son intervention directe (Cass. civ. 11-6-1997 : RJDA 10/97 n° 1177) et de celui condamné pour exploitation illégale de son fonds de commerce qui a été considéré comme disposant de différentes voies de droit pour y remédier (Cass. 3e civ. 23-11-2011 n° 10-24.180 : RJDA 4/12 n° 384).

6468 **Refus de renouvellement injustifié** Le refus de renouvellement du bail n'est pas justifié **à défaut** de motif grave (Cass. 3e civ. 28-10-2009 n° 07-18.520 : RJDA 1/10 n° 12), à défaut de mise en demeure (Cass. 3e civ. 15-5-2008 n° 07-12.669 : RJDA 7/08 n° 767), auquel est assimilée la mise en demeure insuffisamment motivée (Cass. civ. 11-5-1995 : RJDA 8-9/95 n° 949), ou en cas de notification du refus avant l'expiration du délai d'un mois suivant la mise en demeure (Cass. 3e civ. 4-3-2009 n° 08-14.557 : RJDA 5/09 n° 414).

Le locataire a alors droit, non pas au renouvellement, mais **seulement au paiement de l'indemnité** d'éviction (Cass. 3e civ. 28-10-2009 n° 07-18.520 précité). Il peut invoquer ce droit pour la première fois en appel (Cass. civ. 8-4-1999 : RJDA 6/99 n° 650) et, même s'il ne l'a pas demandé, le juge peut contraindre le bailleur au paiement de l'indemnité (Cass. civ. 1-4-1998 : RJDA 6/98 n° 692).

REFUS DE RENOUVELLEMENT EN VERTU D'UN DROIT DE REPRISE

Reprise pour travaux Le bailleur peut invoquer l'exécution de travaux sur l'immeuble dans les conditions suivantes. 6470

1. Reprise pour démolir un immeuble insalubre ou dangereux. Le bailleur peut refuser sans indemnité le renouvellement du bail « s'il est établi que l'immeuble doit être totalement ou partiellement démoli comme étant en état d'insalubrité reconnue par l'autorité administrative ou s'il est établi qu'il ne peut plus être occupé sans danger en raison de son état » (C. com. art. L 145-17, I-2°). 6473

L'insalubrité est constatée par arrêté du préfet, lequel s'impose aux tribunaux judiciaires (CA Paris 4-3-1988 : GP 1989.som.90).

Le caractère dangereux relève de l'appréciation souveraine des tribunaux judiciaires (Cass. com. 10-1-1978 : Rev. loyers 1978.158), sauf le cas d'arrêté de péril (Cass. civ. 9-1-1969 : GP 1969.1.224). Si le bailleur ne prouve pas l'état dangereux, le congé avec refus de renouvellement est irrégulier (CA Paris 25-2-2009 n° 08-19187 : RJDA 7/09 n° 604).

Encore faut-il que cet état affecte les locaux indispensables à l'exploitation du fonds (Cass. civ. 30-1-2002 : RJDA 4/02 n° 365 : péril seulement, en présence de locaux divisibles, de la partie à usage d'habitation) et ne soit pas la conséquence d'un fait imputable au bailleur (Cass. civ. 21-6-1995 : RJDA 8-9/95 n° 951).

Le locataire a un **droit de priorité** pour louer dans l'immeuble si celui-ci est reconstruit (C. com. art. L 145-17, II). Pour en bénéficier, il doit se conformer aux dispositions de l'article L 145-19, al. 1, 2 et 3 du Code de commerce.

La **violation** du droit de priorité entraîne l'indemnisation par le propriétaire du préjudice subi par l'ancien locataire (C. com. art. L 145-19, al. 4). Les dommages-intérêts sont évalués conformément au droit commun et non selon les règles applicables pour la fixation de l'indemnité d'éviction (Cass. civ. 5-4-1978 : AJPI 1978.811).

2. Reprise pour construire ou reconstruire l'immeuble. Le bailleur peut refuser le renouvellement du bail pour construire ou reconstruire l'immeuble, ou pour effectuer des travaux sur un immeuble situé dans un secteur sauvegardé nécessitant l'évacuation des lieux (C. com. art. L 145-18, al. 1 et 2). 6476

Le bailleur est présumé de bonne foi lorsqu'il invoque la reconstruction pour délivrer congé au locataire (Cass. com. 1-7-1958 : Bull. civ. III n° 289). Il n'est donc pas obligé de produire certains documents, tel le permis de construire (Cass. com. 6-4-1960 n° 56-2.070 : Bull. civ. III n° 142), ni d'établir qu'il procédera lui-même à la démolition-construction (Cass. 3e civ. 14-9-2010 n° 09-15.338 : RJDA 1/11 n° 18). Mais est nul car frauduleux le congé donné au locataire afin de reconstruire l'immeuble loué dès lors qu'il résulte des circonstances que le bailleur n'avait pas l'intention de reconstruire l'immeuble au moment de la délivrance du congé (CA Toulouse 22-5-2017 n° 15/02550 : RJDA 12/17 n° 796).

Le bailleur doit alors au locataire une indemnité d'éviction, fixée comme en cas de refus de renouvellement avec indemnité d'éviction (nos 6300 s.), sauf s'il lui offre un local correspondant à ses besoins et à ses possibilités, situé à un emplacement comparable (C. com. art. L 145-18, al. 3 ; pour un local jugé correspondant, CA Paris 31-1-2008 n° 07-1722 : RJDA 6/08 n° 616). Ces qualités sont appréciées à la date du refus du renouvellement (Cass. civ. 7-12-1977 : Bull. civ. III p. 328).

Le bailleur doit, dans l'acte de refus de renouvellement, ou dans le congé, viser les dispositions lui permettant l'offre de locaux de remplacement et préciser les nouvelles conditions de location ; dans un délai de trois mois, le locataire doit faire connaître par acte extrajudiciaire ou par lettre recommandée avec demande d'avis de réception son acceptation ou saisir le tribunal en cas de refus (C. com. art. L 145-18, al. 5). Le bailleur doit proposer un local existant et non un local en cours de construction (Cass. 3e civ. 14-1-2016 n° 14-19.092 : RJDA 4/16 n° 266). Sur la fixation de la date d'une notification effectuée par lettre recommandée AR, n° 5060.

Le locataire peut percevoir, le cas échéant, une indemnité compensatrice de la privation temporaire de jouissance et de la moins-value du fonds et être remboursé de ses frais normaux de déménagement et d'emménagement (C. com. art. L 145-18, al. 4). Le refus de remplacement des locaux par le locataire ne le prive pas de cette indemnité même si les locaux ont été reconnus satisfaisants par le juge, dès lors que le locataire ayant pris soin de déterminer le montant de l'indemnité qu'il estimait lui être due pour le cas où l'offre de réinstallation serait reconnue satisfaisante par le tribunal, il était fait application de la disposition de l'article L 145-18, al. 4 du Code de commerce (Cass. 3e civ. 13-3-2002 : RJDA 6/02 n° 611).

Le bailleur peut aussi exercer son droit de reprise en délivrant un congé à l'expiration d'une période triennale (n° 5203).

3. Ajournement du renouvellement pour surélever l'immeuble. Le bailleur peut différer, pendant une durée maximale de **trois ans,** le **renouvellement** du bail s'il se propose de 6479 surélever l'immeuble et si cette surélévation rend nécessaire l'éviction temporaire du locataire (C. com. art. L 145-21).

Cette disposition ne s'applique qu'en cas de simple surélévation et non à une démolition avec reconstruction, même si la construction nouvelle comporte plus d'étages que la précédente (Cass. civ. 6-1-1976 : Bull. civ. III p. 2).

Le locataire a droit à une **indemnité** qui est égale au préjudice subi et qui ne peut excéder trois ans de loyer (C. com. art. L 145-21).

6482 **4. Permis de construire.** Le renouvellement peut être refusé par le bailleur qui a obtenu un permis de construire un **local d'habitation** sur un **terrain loué nu** soumis au statut (n°s 4036 s.) ; ce droit de reprise ne peut être exercé que sur la partie du terrain indispensable à la construction ; si le locataire doit cesser son exploitation, il a droit à une indemnité comme dans le cas de reprise pour construire (n° 6476) (C. com. art. L 145-24).

6485 **Reprise pour habiter** Le bailleur peut refuser le renouvellement du bail **pour la partie concernant exclusivement les locaux d'habitation** compris dans le bail, pour les habiter lui-même ou pour les faire habiter par son conjoint, ses ascendants, ses descendants ou ceux de son conjoint (C. com. art. L 145-22). Mais il ne peut pas reprendre seulement une partie des locaux, cette hypothèse n'étant pas prévue par le statut et les locaux en cause étant indivisibles (CA Versailles 23-2-1995 : RJDA 11/95 n° 1211).

6488 **Bailleur vendeur du fonds de commerce** Lorsque le bailleur est en même temps vendeur du fonds exploité dans les lieux et qu'il a reçu le paiement intégral, il ne peut refuser le renouvellement qu'à charge de payer l'indemnité d'éviction, sauf s'il justifie d'un motif grave et légitime de refus de renouvellement (C. com. art. L 145-25).

Est illicite la convention d'occupation précaire conclue par le propriétaire des lieux avec les acquéreurs du fonds (Cass. civ. 12-6-1996 : RJDA 10/96 n° 1165).

6491 **Collectivités publiques** Lorsque les immeubles appartiennent à l'État, aux collectivités territoriales, aux établissements publics, la personne publique ne peut échapper au paiement de l'indemnité d'éviction au motif que le refus de renouvellement serait justifié par une raison d'utilité publique (C. com. art. L 145-26).

Mais la collectivité publique peut y échapper, comme les autres bailleurs, en se prévalant des cas de reprise sans indemnité, par exemple pour démolir un immeuble insalubre ou dangereux (Cass. com. 17-11-1966 : Bull. civ. III p. 384).

En cas d'expropriation, l'expropriant peut se soustraire au paiement de l'indemnité d'expropriation - qui couvre les conséquences de l'éviction - en offrant au locataire évincé un local équivalent situé dans la même agglomération ; il peut alors être alloué au locataire une indemnité de déménagement et une indemnité compensatrice de sa privation de jouissance (C. expropriation art. L 322-12, al. 2 et 3).

6494 **Sanction de l'exercice frauduleux du droit de reprise** S'il est établi que le bailleur n'a exercé son droit au refus de renouvellement (n°s 6453 s.) qu'en vue de faire échec frauduleusement aux droits du locataire, notamment par des opérations de location et de revente, ce dernier aura droit à une indemnité égale au montant du préjudice subi (C. com. art. L 145-27 ; pour un exemple, n° 6476).

SECTION 4 CONTENTIEUX

COMPÉTENCE

6800 **Contestations sur la fixation du prix du bail révisé ou renouvelé** Elles relèvent de la compétence du **président du tribunal judiciaire** (cf. C. com. art. R 145-23, al. 1).

S'agissant d'une juridiction d'exception, la compétence du président du tribunal - appelé couramment « juge des loyers » - est d'interprétation stricte. Elle ne porte que sur les contestations relatives à la fixation du prix du bail révisé ou renouvelé.

Peuvent être considérées, à notre avis, comme relevant de ces contestations, car elles ont trait à la détermination du montant du loyer, les actions tendant à :
– la fixation du loyer du local offert par le bailleur qui exerce le droit de reprise pour construire (n° 6476) ;
– la fixation du loyer du local offert pour satisfaire au droit de priorité du locataire après éviction pour insalubrité ou état dangereux de l'immeuble (n° 6473) ;
– l'action en majoration du loyer à la suite d'une sous-location (n° 4979 ; contra TGI Paris 5-6-1973 : Rev. loyers 1973.391) ;
– l'action en majoration de loyer après déspécialisation plénière (n° 4892).

En revanche, sont exclues de la compétence du juge des loyers commerciaux :
– les contestations portant sur le montant du dépôt de garantie ou le calcul de l'impôt foncier (CA Paris 23-2-1983 : Loyers 1983 n° 171) ;
– la mise en cause de la validité d'une « clause-recettes » (CA Aix 7-6-1984 : Rev. loyers 1985.223) ou du droit au renouvellement (CA Paris 15-2-1989 : D. 1989.IR.82) ;
– la demande tendant à faire juger que l'estimation de la valeur locative effectuée par un expert désigné d'un commun accord s'imposait au locataire (Cass. civ. 5-2-1997 : RJDA 4/97 n° 484) ;
– la demande du locataire en condamnation du bailleur au remboursement d'un trop-perçu de loyers (Cass. 3e civ. 11-5-2022 n° 20-21.689 FS-B : RJDA 8-9/22 n° 463).

Si une question sur la propriété des lieux loués se pose, le juge des loyers doit surseoir à statuer jusqu'à ce qu'elle ait été résolue par le tribunal de grande instance (remplacé par le tribunal judiciaire) (CA Angers 16-11-1987 : GP 1988.422 note du Rusquec).

Il doit aussi apprécier d'office sa propre compétence (CA Paris 15-2-1989 précité).

Le juge des loyers statuant en principal sur la fixation du prix du bail ne peut pas, à titre additionnel, prononcer **condamnation au paiement** du loyer fixé, aux rappels et aux intérêts (Cass. 3e civ. 11-5-2022 n° 20-21.689 FS-B : RJDA 8-9/22 n° 463). Le sens littéral du terme « fixation » visé dans l'article R 145-23 du Code de commerce s'oppose à ce que le juge des loyers dispose de ce pouvoir (CA Besançon 25-11-1983 : Loyers 1984 n° 159) ; mais des considérations pratiques conduisent certaines juridictions à lui reconnaître cette compétence pour éviter la multiplication des actions (CA Paris 16-11-1977 : GP 1977.2.650 note Legrand).

Autres contestations relatives au bail **Toutes** les contestations en matière de baux visés par les articles L 145-1 et L 145-2 du Code de commerce (nos 4009 s.), autres que celles relatives au prix du bail révisé ou renouvelé (n° 6800) dans la mesure où elles ne sont pas accessoires aux précédentes, relèvent du **tribunal judiciaire** (C. com. art. R 145-23, al. 2 ; Cass. 3e civ. 14-11-2007 n° 06-21.802 : RJDA 4/08 n° 386 : demande du locataire en indemnisation de pertes d'exploitation imputées à la désertification de la zone d'achalandage provoquée par le bailleur ; Cass. com. 18-10-2016 n° 14-27.212 FS-PBI : RJDA 2/17 n° 125 : demande fondée sur l'exercice par le bailleur de son droit de rétractation (n° 5656) ; Cass. 3e civ. 14-9-2017 n° 16-18.444 F-D : demande en fixation d'une indemnité d'occupation ; CA Paris 6-3-2014 n° 13/22214 : GP 2014.som.18 avril note Brault : demande du locataire en répétition de sommes indûment versées en application d'une clause d'indexation nonobstant la qualité de commerçants des parties ; CA Douai 16-3-2023 n° 22/02391 : demande en fixation de la durée du bail renouvelé, qui est une irrecevabilité d'ordre public). 6803

Compétence territoriale La juridiction territorialement compétente est celle du **lieu de situation de l'immeuble** (C. com. art. R 145-23, al. 3). Il en est ainsi lorsque les fautes reprochées au bailleur trouvent leur source dans les règles spécifiques du statut portant sur la délivrance du congé et le déplafonnement du loyer (Cass. 3e civ. 13-10-2021 n° 20-18.333 F-D : RJDA 1/22 n° 5). 6806

Compétence de droit commun Le tribunal de droit commun est compétent dès lors que la demande de paiement du bailleur à l'encontre du locataire ne relève pas des règles du statut (Cass. 3e civ. 10-3-2015 n° 14-10.341 : RJDA 10/15 n° 639). 6807

PROCÉDURE EN FIXATION DU LOYER

Seule la procédure spéciale en fixation du loyer obéit à des **règles particulières** (C. com. art. R 145-23 à R 145-33) dont, notamment, celle qui impose au demandeur de **notifier,** par lettre recommandée avec demande d'avis de réception, **un mémoire** au défendeur préalablement à la saisine du juge. 6810

Ce mémoire ne peut pas être suppléé par une demande initiale par acte extrajudiciaire (Cass. civ. 5-7-1983 n° 81-15.725 : Bull. civ. III p. 121) ou par la notification des conclusions après expertise, ce qui constitue une nullité de fond et l'extinction définitive de la procédure en fixation du loyer du bail renouvelé, nonobstant des mémoires échangés après l'ordonnance de clôture (Cass. 3e civ. 25-5-2023 n° 21-25.309 F-D), sauf si l'auteur de cette dernière a notifié un mémoire dans les formes prescrites à cet effet avant que le juge ne statue (Cass. 3e civ. 22-1-2013 n° 11-28.184 : RJDA 10/13 n° 775 som.) ou si l'instance devant le juge des loyers ne fait que poursuivre celle ouverte devant le juge des référés qui s'est déclaré incompétent (Cass. 3e civ. 14-9-2011 n° 10-10.032 : Bull. civ. III n° 148).

Les règles de la procédure de fixation des loyers sont d'ordre public (Cass. civ. 10-6-1971 n° 70-12.678 : Bull. civ. III n° 374 ; CA Montpellier 20-10-2009 n° 08-5823 : GP 2010.13 mai p. 24).

La procédure spéciale n'est pas applicable devant le tribunal de grande instance (remplacé par le tribunal judiciaire depuis le 1-1-2020) saisi à titre accessoire d'une demande en fixation du prix du bail renouvelé ; doit alors être suivie la procédure en matière contentieuse applicable devant cette juridiction (Cass. 3e civ. 23-5-2013 n° 12-14.009 : RJDA 8-9/13 n° 697 ; Cass. 3e civ. 6-7-2023 n° 22-16.465 F-D).

EXTINCTION DE L'ACTION FONDÉE SUR LES DISPOSITIONS DU STATUT

6818 **Prescription biennale** **Toutes les actions** fondées **sur** les dispositions du **statut** se prescrivent par deux ans (C. com. art. L 145-60). Cette prescription obéit aux règles suivantes.

6821 **1. Domaine.** Sont soumises à la prescription biennale, notamment :

– l'action en requalification d'une convention en bail commercial (Cass. 3e civ. 23-11-2011 n° 10-24.163 : RJDA 4/12 n° 385 ; Cass. 3e civ. 17-11-2016 n° 15-12.136 FS-D : RJDA 2/17 n° 69 ; Cass. 3e civ. 25-1-2023 n° 21-24.394 FD : RJDA 6/23 n° 303) ;

L 'article L 145-15 du Code de commerce réputant non écrites les clauses qui ont pour effet de faire échec au droit de renouvellement n'est donc pas applicable à une demande en requalification d'un contrat en bail commercial (Cass. 3e civ. 25-1-2023 précité).

– l'action en validité (Cass. civ. 18-1-1972 : Bull. civ. III n° 35) ou en nullité d'un congé (Cass. 3e civ. 15-11-2005 n° 1250 : RJDA 2/06 n° 117) ;

– l'action en nullité d'une demande de renouvellement du bail (Cass. 3e civ. 17-6-2021 n° 19-15.865 FS-D : RJDA 11/21 n° 707) ;

– l'action en fixation du nouveau loyer en cas de congé délivré par le bailleur avec offre de renouvellement moyennant une modification du prix (Cass. civ. 8-1-1997 : RJDA 2/97 n° 183) et en cas de demande de renouvellement signifiée au bailleur par le locataire (Cass. civ. 12-6-1996 : RJDA 7/96 n° 899) ;

– l'action en rajustement du loyer principal fondée sur l'existence d'un loyer de sous-location supérieur à celui de la location principale (n° 4979), car il s'agit d'une action en fixation du loyer et non en paiement du loyer (Cass. civ. 1-4-1998 : RJDA 6/98 n° 691) ;

– l'action en fixation du montant de l'indemnité d'éviction, en cas de refus de renouvellement avec offre d'indemnité, peu important que le congé ne soit pas contesté (Cass. 3e civ. 8-7-2009 n° 08-13.962 : RJDA 10/09 n° 822, appliquant à cette prescription l'interruption par assignation en référé) ;

– l'action en nullité d'une clause du bail sur laquelle est fondé un commandement (Cass. 3e civ. 3-2-2010 n° 08-21.333 : RJDA 4/10 n° 341).

Les clauses désormais réputées non écrites sont de plein droit privées d'effet, à défaut de disposition donnant au juge le pouvoir de les déclarer non écrites (n° 16153).

6824 **2. Point de départ.** La prescription biennale court :

– pour l'action en fixation du loyer d'un bail commercial né à l'issue d'un bail dérogatoire, de la date à laquelle la demande d'application du statut est formée par l'une ou l'autre des parties et non de la date à laquelle naît le bail commercial (Cass. 3e civ. 7-7-2016 n° 15-19.485 : RJDA 11/16 n° 767, précisant que le montant du loyer est fixé à la valeur locative à compter du jour de cette demande) ;

– pour l'action en fixation du nouveau loyer en cas de congé délivré par le bailleur avec offre de renouvellement moyennant une modification de prix, à compter de la date d'effet du congé (Cass. civ. 1-7-1998 : RJDA 10/98 n° 1084 ; Cass. 3e civ. 3-11-2016 n° 15-19.598 F-D : RJDA 2/17 n° 70) ;

L'action en fixation du loyer du bail renouvelé est recevable dès lors qu'elle a été intentée dans le délai de deux ans à compter de la date d'effet du congé et que le mémoire a été déposé après le dépôt du rapport d'expertise et avant que le juge ne statue sur le moyen de nullité tiré de l'absence de notification du mémoire (Cass. 3e civ. 24-9-2014 n° 13-17.478 : Bull. civ. III n° 112).

Lorsque le bail renouvelé a pris effet, la prescription court de ce jour et l'action est prescrite si le mémoire en demande de fixation du nouveau loyer a été demandé plus de deux ans après cette date (Cass. 3e civ. 20-10-2016 n° 15-19.940 FS-PB : RJDA 1/17 n° 6).

– pour l'action en fixation du nouveau loyer en cas de demande de renouvellement signifiée au bailleur par le locataire et de réponse du bailleur acceptant le principe du renouvellement, de la date de cette acceptation (Cass. civ. 12-6-1996 : RJDA 7/96 n° 899 ; Cass. 3e civ. 17-12-2002 : GP 2003.1779 note Barbier) et ce, même si le nouveau bail a pris rétroactivement effet avant cette date (Cass. 3e civ. 29-11-2006 n° 1225 : RJDA 2/07 n° 134) ; toutefois, si le bailleur a accepté la demande avant l'expiration du bail, le point de départ est fixé au jour de la prise d'effet du nouveau bail (Cass. 3e civ. 30-6-2004 n° 808 : RJDA 10/04 n° 1099) ;

La prescription de l'action en expulsion du locataire auquel le renouvellement a été refusé pour manquement aux clauses du bail ne court pas du jour du manquement mais seulement de la date d'effet du congé (Cass. civ. 28-6-2000 : RJDA 9-10/00 n° 842).

– pour l'action en fixation de l'indemnité d'éviction, de la date d'effet du congé, et non du jour où, en cas de refus de renouvellement du bailleur avec offre d'une indemnité d'éviction, celle-ci a été retirée ou contestée par le bailleur (Cass. 3e civ. 31-5-2007 no 06-12.907 : RJDA 8-9/07 no 822) et, en cas d'expertise, à compter de l'ordonnance de référé ayant désigné l'expert (Cass. 3e civ. 8-7-2009 no 08-13.962 : RJDA 10/09 no 822) ;

Lorsque le bailleur a refusé la demande de renouvellement du locataire, le délai court à compter de la date de signification par le bailleur de son refus de renouvellement assorti ou non d'une offre de paiement d'une indemnité d'éviction (Cass. 3e civ. 3-11-2021 no 20-18.351 FD, 1e esp. : RJDA 2/22 no 68. ; Cass. 3e civ. 3-11-2021 no 20-20.219 FD, 2e esp. : RJDA 2/22 no 68), même si le refus intervient avant le terme du bail (Cass. 3e civ. 3-11-2021 no 20-18.351 précité).

– pour l'action en paiement de l'indemnité d'occupation du locataire qui a droit de se maintenir dans les lieux jusqu'au paiement de l'indemnité d'éviction, de la date d'effet du congé, dès lors que le congé avec refus de renouvellement offre une indemnité d'éviction (Cass. 3e civ. 10-12-1997 no 96-13.973 P : RJDA 2/98 no 154), ou, en cas de contestation du droit à indemnité, du jour où est définitivement consacré, dans son principe, le droit du locataire au bénéfice d'une indemnité d'éviction ; lorsque ce droit a été reconnu par un jugement de première instance confirmé sur ce point en appel, le délai court à compter de la décision d'appel (Cass. 3e civ. 15-12-2016 no 15-23.508 F-D : RJDA 3/17 no 162) ;

– pour l'action en paiement de l'indemnité d'éviction du locataire, de la date pour laquelle le congé avec refus de renouvellement a été donné (Cass. 3e civ. 30-3-2017 no 16-13.236 F-D : RJDA 8-9/17 no 537), même si cette date est erronée (Cass. 3e civ. 23-9-2021 no 20-10.026 FS-D : RJDA 12/21 no 768) ou si le bailleur a introduit une action en validation de son congé (Cass. 3e civ. 3-11-2021 no 20-20.219 F-D, 2e esp. : RJDA 2/22 no 68), ou de la date à laquelle le bailleur a signifié son refus de renouvellement, même si cette date est antérieure au terme du bail (Cass. 3e civ. 3-11-2021 no 20-18.351 F-D, 1e esp. : RJDA 2/22 no 68).

– pour l'action en rétractation de l'offre de renouvellement du bail pour motif grave et légitime, du jour où le bailleur a eu connaissance de l'infraction qui fonde son refus (Cass. com. 9-11-2017 no 16-23.120 FS-PBI : RJDA 2/18 no 105) ;

– pour l'action en requalification d'une convention en bail commercial, du jour de la conclusion de la convention dont la requalification est recherchée, même en présence d'une succession de baux dérogatoires (Cass. 3e civ. 25-5-2023 no 22-15.946 FS-B : RJDA 12/23 no 644).

3. Interruption. La prescription est interrompue, notamment : 6827

– pour l'action en fixation du loyer, par la notification du mémoire préalable à la saisine du juge (sur cette notification, no 6810) ;

Il en est ainsi même si l'assignation est survenue après l'expiration du délai de deux ans dès lors que la notification du mémoire a été faite par lettre recommandée avec demande d'avis de réception dans ce délai, complétée par sa remise ultérieure à son destinataire, peu important que cette remise soit intervenue après l'expiration du délai (Cass. 3e civ. 17-10-2012 no 11-21.646).

Mais l'assignation délivrée en l'absence de cette notification est dépourvue d'effet interruptif (Cass. civ. 11-3-1980 : Rev. loyers 1980.264 note J.V.), de même que l'envoi du mémoire par une simple lettre (Cass. 3e civ. 2-2-2005 no 134 : RJDA 5/05 no 514), la saisine de la commission de conciliation (Cass. 3e civ. 18-2-1998 no 96-14.525 : RJDA 4/98 no 396 ; CA Paris 10-12-1999 : D. 2000.AJ.123.som. ; sur la commission susvisée, no 5956) et la délivrance d'un second congé avec offre de renouvellement précisant la demande du prix du nouveau loyer, qui ne figurait pas dans le premier congé, ce second congé pouvant proposer un nouveau loyer bien qu'il ne puisse unilatéralement rétracter le premier (Cass. 3e civ. 9-7-2014 no 13-15.643 : Bull. civ. III no 102).

– pour l'action en fixation de l'indemnité d'éviction, par la désignation d'un expert (Cass. civ. 15-2-1995 : RJDA 4/95 no 415), par la reconnaissance tacite par le bailleur du droit du locataire au paiement d'une telle indemnité dans une réponse à une sommation (Cass. 3e civ. 18-10-2012 no 11-28.513 : RJDA 4/13 no 304) ou par la contestation du congé (Cass. 3e civ. 7-2-2019 no 17-31.807 F-D : RJDA 6/19 no 416) ;

La mise en œuvre de l'action en fixation de l'indemnité d'éviction n'interrompt pas la prescription de l'action en fixation de l'indemnité d'occupation, et réciproquement, car ces deux actions sont distinctes par leur objet et par leur cause (Cass. civ. 19-1-2000 : RJDA 3/00 no 248).

De même, l'action du bailleur en validation de son congé signifié au locataire avec refus de renouvellement sans indemnité d'éviction n'interrompt pas le délai de prescription de l'action du locataire en paiement de l'indemnité d'éviction (Cass. 3e civ. 3-11-2021 no 20-20.219 F-D : RJDA 2/22 no 68, 2e esp.).

– pour l'action en contestation d'un congé, par l'action introduite à cette fin devant le juge des loyers incompétent pour en connaître (Cass. 3e civ. 2-6-2010 no 09-13.075 : RJDA 10/10 no 925).

4. Suspension. La prescription a été suspendue, en raison de l'impossibilité d'agir, pour l'action en paiement d'une indemnité d'éviction dès lors que le bailleur contestait devoir cette indemnité en se prévalant de motifs graves et légitimes (Cass. civ. 17-12-1970 : Bull. civ. III p. 523) ainsi que pour l'action en fixation de l'indemnité d'occupation tant que le bénéfice de l'indemnité d'éviction n'était pas reconnu au preneur (Cass. civ. 4-5-1982 : Bull. civ. III no 109). 6830

Mais, en matière de révision triennale du loyer, l'absence de détermination du loyer afférent à la période précédente n'est pas une cause de suspension de l'action en fixation du loyer révisé (Cass. civ. 10-11-1982 : Bull. civ. III p. 13 ; Cass. civ. 13-3-1985 : Loyers 1985 n° 291).

Elle a été aussi suspendue pour fraude lorsque le contrat de bail comportait des clauses convenues dans le but exclusif de contourner le statut des baux commerciaux (Cass. 3e civ. 19-11-2015 n° 14-13.882 : RJDA 5/16 n° 357). Le juge doit rechercher l'existence d'une fraude si cela lui est demandé (Cass. 3e civ. 23-9-2021 n° 20-10.812 FD : RJDA12/21 n° 769).

La prescription n'est pas suspendue par la mise sous procédure collective du demandeur (Cass. 3e civ. 8-10-2015 n° 14-18.881 : RJDA 2/16 n° 94).

6833 **5. Mise en œuvre.** Le juge du fond n'est pas tenu de soulever d'office la prescription (Cass. civ. 19-12-1990 : BRDA 4/91 p. 22).

6836 **Prescription de droit commun** Pour les actions qui ne sont pas fondées sur les dispositions du statut, la prescription est de cinq ans (C. civ. art. 2224).

Il en est ainsi, par exemple, de l'action en exécution du congé par expulsion de l'occupant sans droit ni titre (Cass. civ. 13-3-1985 n° 83-16.120 : Bull. civ. III n° 51), de l'action en résiliation du bail pour inexécution d'une de ses clauses (Cass. civ. 3-7-1985 : Bull. civ. III p. 82), notamment de celle relative à la destination des lieux loués (Cass. civ. 27-1-1988 : GP 1988.pan.132), de l'action par laquelle le locataire poursuivi en expulsion au terme du bail dérogatoire de deux ans invoque le bénéfice du statut en réplique à cette poursuite (Cass. civ. 1-6-1994 : GP 1994.704 note Barbier), de l'action en paiement de loyers arriérés (Cass. civ. 5-10-1994 : RJDA 12/94 n° 1267) ou de l'action en paiement de l'indemnité de rupture anticipée stipulée dans le bail (Cass. 3e civ. 9-3-2023 n° 21-20.358 FD : RJDA 6/23 n° 304).

Tel n'est pas le cas en revanche de la demande tendant à faire constater l'existence d'un bail commercial statutaire, né du maintien en possession du locataire à l'issue d'un bail dérogatoire, qui n'est pas soumise à prescription (Cass. 3e civ. 25-5-2023 n° 21-23.007 FS-B : RJDA 10/23 n° 505).

TRANSACTION

6840 Le bailleur et le locataire peuvent transiger sur les litiges nés entre eux de l'application des dispositions du statut (Cass. com. 15-7-1958 : D. 1958.602, locataire acceptant de sortir à une date déterminée sans indemnité d'éviction).

Le juge des loyers n'est pas compétent pour statuer sur les difficultés nées de la transaction dès lors qu'il n'est pas saisi d'une action aux fins de fixation du prix du bail mais d'une demande tendant à faire juger que l'estimation de la valeur locative effectuée par l'expert désigné d'un commun accord s'imposait au locataire (Cass. civ. 5-2-1997 : RJDA 4/97 n° 484).

CHAPITRE 6

LIBERTÉ DU COMMERCE

SOMMAIRE

Liberté de l'initiative privée	**7503**
Droit des personnes publiques d'exercer des activités économiques	**7515**
Police des activités économiques	**7535**

En vertu du **principe** dit « de la liberté du commerce et de l'industrie », les opérateurs économiques sont libres d'exercer l'activité économique de leur choix et selon les modalités qui leur conviennent, compte tenu des réglementations que les pouvoirs publics peuvent leur imposer. **7500**

Mais les pouvoirs publics ne peuvent pas aménager à leur guise la liberté du commerce. En effet, cette liberté est une des libertés publiques reconnues par la Constitution et se trouve fondée sur la Déclaration des droits de l'Homme et du citoyen du 26 août 1789 (Cons. const. 16-4-1982 : AJDA 1982.202 et 209 note Rivéro). Elle peut donc être organisée par le législateur, en vertu des pouvoirs que lui confère l'article 34 de la Constitution, mais seulement dans les limites des exigences de l'intérêt public (Cons. const. 27-7-1982 : Rec. 48 ; Cons. const. 10-10-1984 et 11-10-1984 : Rec. 78 ; Cons. const. 16-1-1991 : GP 1991 Législation 156). La loi ne saurait notamment interdire une activité légalement entreprise, sauf si la remise en cause de celle-ci s'avérait réellement nécessaire pour assurer la réalisation de l'objectif constitutionnel poursuivi (Cons. const. 10-10-1984 et 11-10-1984 précités), ni édicter une mesure en commettant une erreur manifeste d'appréciation (Cons. const. 16-1-1982 : Rec. 19).

Le législateur doit intervenir par une mesure législative expresse : une simple autorisation budgétaire ne suffit pas (CE 13-11-1953 : D. 1954.553 note Reuter).

Les dispositions réglementaires ne peuvent pas imposer des restrictions non prévues par la loi (CE 16-12-1988 : AJDA 1989.134).

Les pouvoirs publics des États membres de l'UE sont aussi limités dans leur liberté d'intervenir sur la liberté nationale du commerce par la réglementation européenne régissant l'attribution des aides qu'un État membre peut consentir à ses entreprises (TFUE art. 3 et 107 s.).

LIBERTÉ DE L'INITIATIVE PRIVÉE

Liberté d'entreprendre La liberté d'entreprendre, garantie par l'article 4 de la Déclaration des droits de l'Homme et du citoyen du 26 août 1789 (CE 13-12-2019 n° 431724), permet à toute personne privée capable de s'installer ou de s'établir en ouvrant une activité économique quelconque (cf. CE 30-5-1930 : Lebon 583, réservant par principe les activités économiques aux entreprises privées), sauf si cette activité est l'objet d'un monopole public (n° 7515). La liberté d'entreprendre peut faire l'objet de restrictions afin notamment de préserver l'ordre public ou la santé publique. **7503**

Est notamment justifié par des objectifs d'ordre public, en particulier de police de la circulation et du stationnement sur la voie publique, le monopole accordé aux taxis de stationnement sur la voie publique en quête de clients, marché dit de « la maraude » (Cons. const. 22-5-2015 n° 2015-468/469/472 QPC), qui justifie l'interdiction faite aux motos-taxis de pratiquer la maraude (Cons. const. 7-6-2013 n° 2013-318 QPC). Mais porte atteinte à la liberté d'entreprendre l'incompatibilité, édictée par l'article L 3121-10 du Code des transports dans sa version antérieure au 15 janvier 2016, de l'activité de taxi avec celle de conducteur de voiture de tourisme avec chauffeur (VTC) (Cons. const. 15-1-2016 n° 2015-516 QPC : GP 2016.som. p. 36 note Richaud et Salles).

Par ailleurs, est justifiée par des objectifs de santé publique la restriction à la liberté d'entreprendre des sociétés commercialisant des eaux minérales, qui ne peuvent pas faire figurer sur les emballages, les étiquettes ou dans la publicité de leurs produits toute mention relative à la faible teneur en sodium susceptible d'induire en erreur le consommateur (CJUE 17-12-2015 aff. 157/14 : RTD eur. 2017.368 obs. Benoît-Rohmer). La protection de l'environnement, qui est un objectif de valeur constitutionnelle, justifie aussi l'interdiction faite aux producteurs de pesticides français d'exporter des produits phytosanitaires, prévue par la loi 2018-938 du 30 octobre 2018, dite loi « Egalim » (Cons. const. 31-1-2020 n° 2019-823 : JCP G 2020.275 note Aguila et Rollini).

Les autorités administratives, en particulier les maires, ne sauraient :
– instaurer des conditions d'accès à l'exercice d'une profession (CE 22-6-1963 : Lebon 386) ;
– exiger une autorisation préalable non prévue par une loi (CE 26-2-1960 : Lebon 154 ; CE 16-3-1962 : JCP G 1962.II.12912 note Savatier ; CE 28-3-1979 : Lebon 641) ou même une simple déclaration préalable (CE 24-10-1930 : S. 1931.3.1 note Bonnard) ;
– interdire l'ouverture d'un établissement (CE 17-10-1952 : Lebon 445) ;
– attribuer un monopole à une entreprise (CE 15-2-1946 : Lebon 49 ; CE 9-10-1981 : Lebon 366), sauf si ce monopole cherche à assurer un niveau de protection particulièrement élevé des consommateurs dans le secteur considéré et s'il est seul de nature à permettre de maîtriser les risques liés à ce secteur et de poursuivre l'objectif de prévention des risques d'une façon suffisamment efficace, ce qui peut être le cas de la société du Pari mutuel urbain, seule habilitée à organiser les paris hippiques en France (CJUE 30-6-2011 aff. 212/08 : JCP E 2011.362).

L'employeur d'un salarié engagé à temps partiel ne saurait davantage soumettre l'exercice par ce salarié d'une autre activité professionnelle à une autorisation préalable, laquelle n'est valable que si elle est indispensable à la protection des intérêts légitimes de l'entreprise et si elle est justifiée par la nature de la tâche à accomplir et proportionnée au but recherché (Cass. soc. 16-9-2009 n° 07-45.346 : RJS 12/09 n° 987).

L'interdiction des entraves à la liberté d'entreprendre peut résulter d'une entente anticoncurrentielle et être sanctionnée à ce titre (pour des exemples, voir MCC n° 44480).

7506 **Liberté d'exercice** L'entrepreneur est libre d'exploiter, comme il l'entend, l'activité économique qu'il a choisie.

Ainsi, les pouvoirs publics ne peuvent pas, sans porter atteinte à la liberté d'entreprise :
– imposer aux usagers du service des eaux l'obligation de se munir d'un compteur d'une marque déterminée (CE 26-1-1940 : Lebon 27) ;
– soumettre l'entreprise à des contrôles d'exploitation (CE 29-7-1953 : Lebon 430) ;
– interdire aux photographes l'accès de certaines voies parisiennes (CE 15-10-1965 : Lebon 516) ;
– fixer une limite d'âge pour l'exercice de la profession de chauffeur de taxi (CE 16-6-1978 : Lebon 260) ou pour l'exercice du droit de pêche en mer (TA Rennes 21-2-1979 : Lebon 508) ;
– accorder aux seuls moniteurs de ski appartenant à l'école de ski français de Val-d'Isère une priorité d'accès aux remontées mécaniques de la station (TA Grenoble 28-11-1979 : Lebon 641 ; dans le même sens, TA Grenoble 20-1-1988 : GP 1989.som.534) ;
– ordonner à une agence immobilière le licenciement immédiat d'un collaborateur qui ne remplit pas les conditions requises pour l'exercice de l'activité de gestion immobilière, sans lui laisser la faculté de modifier les attributions professionnelles de celui-ci (TA Lyon 7-2-1991 : GP 1992.pan.17) ;
– imposer un nombre minimal de membres d'équipage en fonction de la capacité d'accueil du bateau de croisière navigant sur la Seine, dès lors que cette obligation, tout en ayant pour objectif la sécurité des passagers, est susceptible d'affecter l'activité économique de certains opérateurs organisant des croisières (CE 15-5-2009 n° 311082 : RJDA 5/10 n° 559) ;
– limiter les choix économiques de l'entreprise, notamment celui d'aliéner ses biens, et faire peser sur sa gestion des contraintes qui portent une atteinte inconstitutionnelle au droit de propriété et à la liberté d'entreprendre (entendue comme celle d'exploiter), en imposant à l'entreprise l'obligation d'accepter une offre de reprise sérieuse en l'absence de motif légitime de refus et en confiant au tribunal de commerce la compétence pour apprécier cette obligation et sanctionner son non-respect (Cons. const. 27-3-2014 n° 2014-692 DC).

7509 **Sanctions** L'atteinte portée par une autorité publique à la liberté d'exercice d'une activité professionnelle constitue une **voie de fait** si elle est d'une gravité certaine (Cass. 1e civ. 16-4-1991 : Bull. civ. I p. 94) et si elle ne se rattache pas à la mission de l'administration (Cass. 1e civ. 18-11-1997 : RJDA 4/98 n° 541) ; la sanction de la voie de fait relève de la compétence du juge judiciaire dans les conditions fixées au n° 30055.

Elle peut aussi constituer une « contestation sur un droit » au sens de l'article 6, 1 de la convention européenne des droits de l'Homme et justifier le contrôle de sa compatibilité avec les dispositions de cette convention (CEDH 27-11-1991 aff. Verlmans : Série A n° 219 : à propos d'une mesure privant l'intéressé de sa liberté de cultiver à sa guise son domaine et l'obligeant à solliciter une autorisation administrative à diverses fins, modification du mode d'exploitation ou accomplissement de travaux agricoles d'entretien).

La discrimination opérée entre les personnes physiques ou morales est sanctionnée pénalement sur le fondement des articles 225-1 s. du Code pénal (pour une application, Cass. crim. 18-12-2007 n° 06-82.245 : RJDA 8-9/08 n° 978 ; n° 11660).

DROIT DES PERSONNES PUBLIQUES D'EXERCER DES ACTIVITÉS ÉCONOMIQUES

Monopoles L'État ou les collectivités publiques peuvent intervenir dans le domaine économique lorsqu'ils sont titulaires d'un monopole leur conférant l'**exploitation exclusive** de certaines activités, sous réserve des exigences de concurrence résultant des dispositions du traité sur le fonctionnement de l'UE. 7515

Seule une loi peut créer un monopole (CE 9-10-1985 : Lebon 275). Toutefois, un monopole institué par une loi peut être modifié par voie réglementaire (CE 2-6-1972 : Lebon 407) ou être notamment déclaré caduc comme contraire à la liberté d'expression protégée par la convention européenne des droits de l'Homme (CEDH 24-11-1993 : GP 1994.45 note Pelliti).

La création d'un contingentement n'emporte pas création d'un monopole (CE 15-7-1959 : Lebon 457).

Pour des exemples de monopoles irrégulièrement constitués, CE 9-7-1937 : Lebon 681 ; CJCE 10-12-1991 : DET 1992.57.

Les monopoles doivent être **interprétés restrictivement** (par exemple, est compatible avec le monopole des opticiens-lunetiers la vente de matériel d'optique non destiné à la vision, Cass. com. 25-2-2003 n° 364 : RJDA 7/03 n° 702). Ils doivent aussi être exploités sans discrimination abusive entre clients (cf. CA Versailles 9-6-1988 : D. 1988.IR.215, ordonnant la publication d'une insertion dans les Pages jaunes de l'annuaire exploitées par une société jouissant d'un monopole). Le **monopole postal** n'est pas justifié lorsqu'il empêche une entreprise privée d'assumer « certains services spécifiques, dissociables du service d'intérêt général, qui répondent à des besoins particuliers des opérateurs économiques et qui exigent certaines prestations supplémentaires que le service postal traditionnel n'offre pas » ; mais ces services ne doivent pas « mettre en cause l'équilibre économique du service d'intérêt économique général » assumé par le titulaire du droit exclusif (CJCE 19-5-1993 : Rec. I-2533).

L'immixtion d'une personne privée dans l'exercice d'une activité expressément réservée à une personne publique fait l'objet de **sanctions** pécuniaires et pénales, qui varient selon le monopole violé.

Pour un exemple de violation du monopole des opticiens, Cass. com. 9-5-1985 : D. 1987.som.19, ou de celui des pharmaciens, Cass. com. 19-6-2019 n° 18-12.292 FS-PB : RJDA 8-9/19 n° 555.

Intérêt général L'État, les départements et les communes peuvent exercer des activités économiques pour satisfaire des besoins d'intérêt général. 7518

Une fois admise dans son principe en vertu de l'intérêt général, l'intervention d'une personne publique ne doit pas se réaliser selon des modalités telles qu'en raison de la situation particulière dans laquelle se trouverait cette personne publique par rapport aux autres opérateurs agissant sur le même marché elle fausserait le libre jeu de la concurrence sur celui-ci (CE 31-5-2006 n° 275531 : RJDA 4/07 n° 347 ; sur un cas de non-concurrence, CE 5-7-2010 n° 305564 : RJDA 3/11 n° 255, RTD com. 2011.66 obs. Orsoni).

Revitalisation artisanale et commerciale Les opérations de revitalisation de territoire permettent la mise en œuvre d'un projet global de territoire destiné à adapter et moderniser le parc de locaux commerciaux et artisanaux (CCH art. L 303-2, I-al. 1). Ces opérations donnent lieu à une convention entre l'État, ses établissements publics, un établissement public de coopération intercommunale à fiscalité propre et tout ou partie de ses communes membres, ainsi que toute personne publique ou tout acteur privé susceptible d'apporter un soutien ou de prendre part à la réalisation des opérations prévues par la convention (art. L 303-2, I-al. 2). 7519

Besoins du public Il y a besoin du public à satisfaire dans les cas suivants : 7521

1. Lorsque le **maintien de l'ordre public** l'exige, notamment pour assurer l'hygiène publique (création de lavoirs et de bains-douches municipaux, CE 12-7-1939 : Lebon 478), la circulation (création d'un parc de stationnement, CE 18-12-1959 : Lebon 692), des secours à la population (création de restaurants pour les indigents, CE 19-2-1943 : Lebon 43), voire le maintien de l'activité économique et de l'emploi (recherche d'un « repreneur » susceptible de racheter une entreprise en difficulté, CE 10-5-1985 : Lebon 145) ;

Mais une commune ne peut pas charger une société de gardiennage d'assurer la surveillance des voies publiques (CE 29-12-1997 : JCP G 1998.II.10139 note Prétot).

2. Lorsque les entreprises privées ne parviennent pas à **satisfaire un besoin important** : ainsi peuvent être créés un camping municipal (CE 17-4-1964 : Lebon 231), un cabinet dentaire (CE 20-11-1964 : Lebon 563), des logements (CE 27-10-1971 : Lebon 632), un bar-restaurant (CE 25-7-1986 : GP 1987.som.230 ; TA Rennes 9-11-1994 : GP 1995.pan.60) ou peuvent être fournies des prestations de services déterminées (CE 23-6-1965 : Lebon 380, transports aériens par l'Institut géographique national). Sur un cas où les entreprises privées n'étaient pas défaillantes, TA Toulouse 27-1-1988 : GP 1989.som.231 ;

L'intervention de la personne publique peut prendre la forme d'une aide accordée à une personne privée, laquelle peut être octroyée par une collectivité territoriale dès qu'un simple besoin des populations ne peut pas être satisfait par les activités privées existantes et alors même que le bénéficiaire de l'aide réalise une grande partie de son activité en dehors du territoire de la collectivité (CE 20-10-2010 n° 300347 : GP 2011.som. 20 mai).

3. Lorsqu'il s'agit d'**améliorer le service d'une activité publique existante** ; par exemple : les services d'enseignement peuvent être complétés par des restaurants universitaires (CE 27-2-1942 : Lebon 64) ou par l'installation d'une librairie sur le domaine public universitaire (CE 10-5-1996 : GP 1997.pan.4) ; un parc de stationnement peut être doté d'une station-service (CE 18-12-1959 : Lebon 692) ; l'exploitation d'un cinéma créé dans une commune où il n'en existait pas peut être poursuivie après l'ouverture d'un cinéma privé pendant le temps nécessaire à l'amortissement des installations (CE 12-11-1938 : Lebon 822).

7524 **Besoins du domaine public** La sauvegarde du domaine public peut justifier que des restrictions soient apportées à la liberté des entreprises qui y exercent leur activité. Tel est le cas notamment lorsqu'il s'agit d'assurer la conservation du domaine public (CE 6-4-1951 : GP 1951.1.328) ou son exploitation pour en obtenir la meilleure utilisation économique (CE 18-11-1966 : Lebon 607 ; aussi CE 20-12-1957 : S. 1958.73 concl. Guldner ; CE 7-10-1988 : GP 1989.som.244).

7527 **Besoins des services publics existants** Les services publics existants peuvent faire face à leurs propres besoins en procédant avec leurs propres agents aux travaux et fournitures nécessaires à leur fonctionnement (CE 26-10-2011 n° 317827 : RJDA 10/12 n° 927). Cette faculté peut même aller jusqu'à la mise sur le marché de produits ou de services contre rémunération, le « principe de gratuité du service public administratif » devant être rejeté (CE 10-7-1996 : RJDA 3/97 n° 439, vente par l'Insee de ses données ; CE 6-3-1936 : Lebon 292, admettant que, dans des circonstances exceptionnelles, les armées pourraient vendre leurs excédents de produits pétroliers ; CE 14-10-1955 : Lebon 483, admettant que les orchestres du service public de la radiodiffusion donnent des concerts publics).

Il est aussi admis qu'une collectivité publique fournisse des prestations à une autre collectivité publique : par exemple, une commune peut conclure une convention de maîtrise d'œuvre avec une autre commune qui met à sa disposition un architecte (CE 28-9-1984 : RFD. adm. 1985.219 concl. Laroque).

Toutefois, une collectivité publique ne peut pas fournir des prestations en dehors de ses attributions : une chambre d'agriculture qui a compétence pour créer des services d'utilité agricole ne peut pas assurer la maîtrise d'œuvre de la construction d'un foyer de jeunes dans une commune (CE 28-9-1984 : Lebon 309).

POLICE DES ACTIVITÉS ÉCONOMIQUES

7535 **Paix publique** Les pouvoirs publics tirent de leur pouvoir général de police la faculté de fixer des conditions particulières à l'exercice des activités économiques portant atteinte à la paix publique (CE 22-6-1951 : D. 1951.589 concl. Gazier note J. C.).

Constitue un principe inhérent à l'identité constitutionnelle de la France l'interdiction de déléguer à des personnes privées des compétences de police administrative générale inhérentes à l'exercice de la force publique nécessaire à la garantie des droits, l'article 12 de la Déclaration de 1789 n'autorisant l'usage de la force publique qu'à l'avantage de tous (Cons. const. 15-10-2021 n° 2021-940 QPC).

Les mesures prises à ce titre ont le plus souvent pour objet de réglementer la **circulation** sur les voies publiques. Elles ne sont justifiées que si elles ne règlent pas d'une façon générale et permanente l'exercice d'une activité, mais l'organisent dans des circonstances concrètes (CE 23-7-1937 : DH 1937.572 ; CE 26-7-1985 : Lebon 236 ; TA Strasbourg 21-6-1984 : AJDA 1984.692 ; aussi CE 20-3-1985 : GP 1985.som.323 ; CE 17-1-1986 : GP 1986.som.316 ; CE 21-2-1986 : GP 1986.som.480 ; CE 6-6-1986 : Lebon 156 ; CE 17-3-1989 : GP 1989.som.483 ; Cass. crim. 18-11-1991 : GP 1992.285 note Doucet).

Mais elles peuvent aussi être prises à propos de **n'importe quel trouble** de la paix publique, par exemple, pour assurer la tranquillité publique (CE 7-11-1984 : AJDA 1984.701 ; CE 23-10-1987 : GP 1988.som.232 ; CE 27-2-1995 : JCP G 1995.IV.1516 ; CE ord. 8-6-2005 n° 281084 : GP 2006.1074 note Pissaloux), l'hygiène et la salubrité publiques (CE 9-2-1973 : Lebon 127), la sécurité publique (CE 11-3-1987 : D. 1988.IR.55 obs. Moderne et Bon) ou le respect de la dignité humaine (CE 27-10-1995 : D. 1996.177 note Lebreton).

En vertu du principe d'égalité devant les charges publiques, jugé qu'avait droit à réparation l'exploitant d'un relais routier qui avait perdu la quasi-totalité de sa clientèle à la suite de l'interdiction faite par un arrêté municipal à certains véhicules de traverser la commune (CE 13-5-1987 : JCP G 1988.II.20960 note Pacteau).

Ces mesures doivent, toutefois, être justifiées par l'intérêt général (CE 18-12-1985 : AJDA 1986.112 ; rappr. Cons. const. 10-3-2011 n° 2011-625 DC : PA 2012 n° 151 p. 17) et respecter les libertés publiques.

Notamment, elles doivent prendre en compte, si elles sont susceptibles d'affecter des activités de production, de distribution de services, la liberté du commerce et de l'industrie et les règles de concurrence (Avis CE 22-11-2000 : Lebon 525 : à propos de la réglementation de l'affichage).

Elles ne doivent également pas faire obstacle à la convention européenne de sauvegarde des droits de l'Homme ; ainsi, elles doivent respecter la liberté d'expression des toiles d'un peintre (CEDH 18-12-2012 n° 3111, interdisant une mesure de blocage général de tous les sites portant le même nom que celui du site litigieux ; CEDH 24-5-1988 aff. Müller : Clunet 1989.812 obs. Rolland, trouvant justifiée l'interdiction d'une exposition pour motif d'obscénité, mais excessive la confiscation des toiles) ou le droit d'exploiter un débit de boissons (CEDH 7-7-1989 aff. Traktorer : 4/1988/148/202), les dispositions pénales afférentes à ce droit ne relevant toutefois pas de la convention (Cass. crim. 12-1-1988 : Bull. crim. p. 22).

Pour être légales, elles ne doivent pas non plus avoir un caractère général (CE 3-7-1992 : Lebon 280), ni imposer des sujétions excessives au regard des exigences de la sécurité publique (CE 26-4-1993 : RJDA 3/94 n° 277 ; rappr. Cons. const. 10-3-2011, précité). Elles ne sont pas irrégulières du seul fait qu'elles sont frappées d'un recours devant le juge administratif (Cass. 1e civ. 28-1-1997 : RJDA 6/97 n° 856).

Elles ne peuvent être ramenées à exécution d'office que si une disposition législative ou réglementaire prévoit cette possibilité ; à défaut de celle-ci ou d'une autre sanction légalement édictée, elles sont punies par une amende de 150 € réprimant ceux qui contreviennent aux obligations édictées par les décrets et arrêtés de police (C. pén. art. R 610-5 ; cf. Cass. crim. 14-3-1989 : D. 1989.IR.144).

Satisfaction des besoins du public La nécessité d'assurer le bon fonctionnement des marchés communaux dans l'intérêt du public peut justifier que soit imposée une ouverture de ces derniers le samedi sans pour autant qu'il soit par-là porté atteinte à la liberté religieuse (CE 23-12-2011 n° 323309 : RTD com. 2012.301 obs. Orsoni). **7536**

Bon ordre des professions L'exercice de certaines professions est soumis à des conditions déterminées qui tendent à assurer la compétence de ceux qui s'y adonnent ; voir par exemple les réglementations applicables aux artisans, aux opticiens-lunetiers, aux pharmaciens, aux commissionnaires de transport, aux transporteurs, aux masseurs-kinésithérapeutes, aux agents immobiliers, aux acteurs du commerce électronique (fourniture de biens et services par la voie électronique), aux exploitants de taxis et aux opérateurs de jeux en ligne. **7538**

Les États membres peuvent encadrer et limiter la publicité des professions réglementées, telles que les professions de santé, mais une interdiction générale et absolue est contraire à la directive 2000/31 du 8 juin 2000 sur le commerce électronique et à la libre circulation (CJUE 4-5-2017 aff. 339/15).

Pour assurer une meilleure protection du public, certaines professions sont organisées en ordres. Il en est ainsi par exemple pour les avocats, les médecins, les architectes et les pharmaciens.

Étrangers L'exercice par des étrangers d'une activité professionnelle, autre que commerciale, industrielle ou artisanale, est en principe libre pour les ressortissants de l'UE. Pour les autres étrangers, le régime applicable est à déterminer en fonction de leur nationalité, de l'existence éventuelle de traités sur la liberté d'établissement liant la France à leur pays d'origine et de l'activité envisagée. **7541**

Marchés virtuels Sous le nom de « métavers », les biens les plus divers sont échangés, sur des plates-formes créées à cet effet, sous formes de jetons non fongibles (« non fongible tokens » ou « NFT ») ; par exemple, un chirurgien a tenté de vendre la radiographie de l'une de ses clientes blessée au Bataclan (Legeais, La folie NFT : RD bancaire 2022 repère n° 2). **7544**

Au sens de l'article L 552-2 du Code monétaire et financier, constitue un jeton tout bien incorporel représentant, sous forme numérique, un ou plusieurs droits pouvant être émis, inscrits, conservés ou transférés au moyen d'un dispositif d'enregistrement électronique partagé permettant d'identifier, directement ou indirectement, le propriétaire dudit bien.

Ces échanges se développent, du moins pour l'instant, sous le régime de droit commun de la liberté contractuelle, sous réserve du respect des règles d'ordre public.

Lanceurs d'alerte Le lanceur d'alerte, en dénonçant les pratiques qu'il juge illégales, contribue à la police des activités économiques. Sa protection est organisée par les dispositions des articles 6 à 16 de la loi 2016-1691 du 9 décembre 2016 (dite loi « Sapin 2 ») et du décret 2022-1284 du 3 octobre 2022. **7547**

CHAPITRE 7 RESPONSABILITÉ CIVILE

SOMMAIRE

Généralités	8000	Réparation du préjudice écologique	8129
Dommage réparable	8012	Responsabilité du fait des préposés	8135
Responsabilité pour faute personnelle	8040	Responsabilité du fait d'autrui	8170
Responsabilité du fait des choses	8060	Responsabilité économique et sociale des entreprises	8172
Responsabilité spécifique du fait des produits défectueux	8085	Action en réparation	8175

GÉNÉRALITÉS

On entend par « responsabilité civile » l'obligation qui incombe à une personne de réparer les dommages causés par sa faute, intentionnelle ou d'imprudence, ainsi que par le fait des choses qui sont sous sa garde ou par le fait des préposés qu'elle emploie. **8000**

La responsabilité civile, qui ne recouvre pas la responsabilité contractuelle, d'où son nom de « responsabilité extracontractuelle », est délictuelle ou quasi délictuelle selon que celui qui en est tenu a commis une faute intentionnelle ou non intentionnelle.

Nous attachant spécialement aux dommages qui intéressent l'entreprise, nous n'abordons pas ici les cas de responsabilité quasi délictuelle qui ne la concernent pratiquement pas, tels que ceux de la responsabilité du fait des père et mère (C. civ. art. 1242, al. 4), des instituteurs (art. 1242, al. 6), du propriétaire d'un animal (art. 1243) et du fait des bâtiments (art. 1244).

Les dommages résultant des accidents de la circulation, qui sont soumis au régime dérogatoire de la loi 85-677 du 5 juillet 1985, dite « loi Badinter », ainsi que ceux résultant d'un trouble anormal de voisinage qui entraînent une réparation de plein droit (Cass. 3e civ. 16-3-2022 nº 18-23.954 FS-B : RJDA 8-9/22 nº 527), sont exclus des présents développements limités au droit commun.

Ne sont exposées aux nos 8003 s. que les règles de réparation des **dommages non corporels** et seulement dans leurs traits essentiels, car, les entreprises étant généralement assurées aux termes d'un contrat d'assurance de responsabilité contre les conséquences de ces dommages, ce sont les compagnies d'assurances qui, tenues d'indemniser la victime si l'assuré est responsable, ont en pratique l'occasion de faire application des règles de la responsabilité civile.

Régime La responsabilité civile - telle que délimitée nº 8000 - est régie par les articles 1240 à 1245-17 du Code civil. **8003**

Ce régime est **applicable** lorsque les conditions de mise en œuvre de la responsabilité civile sont toutes rattachées au **territoire français** ; tel est le cas du dommage subi en France en vertu d'un fait générateur produit en France entre des personnes résidant en France, au sens du règlement CE 864/2007 du 11 juillet 2007 sur la loi applicable aux obligations non contractuelles, dit « Rome II », au moment de la survenance du dommage (Régl. art. 4, a contrario).

Cette solution se déduit du champ d'application du règlement : le régime du Code civil est inapplicable dès lors que le fait délictueux à juger entre dans le champ d'application délimité par les articles 1 à 3 du règlement CE 864/2007.

Lorsque le régime du Code civil n'est **pas applicable,** la loi applicable à la réparation du dommage extracontractuel est déterminée en fonction des **hypothèses** suivantes :

a. Le dommage qui provoque un **conflit entre lois nationales des États membres de l'UE** est régi par le règlement CE 864/2007.

Aux termes de ce règlement, les parties peuvent choisir la loi applicable à l'obligation non contractuelle dans les conditions fixées par l'article 14 du règlement ; leur accord doit être postérieur à la survenance du fait générateur du dommage ; toutefois, si les parties exercent toutes une activité commerciale, elles peuvent conclure un accord librement négocié avant la survenance du fait générateur du dommage ; ce choix doit être exprès ou résulter de façon certaine des circonstances et ne pas porter préjudice aux droits des tiers. Si les parties n'ont pas usé de cette faculté, la loi française est applicable dans les cas suivants :

– si le dommage survient en France, quel que soit le pays où le fait générateur du dommage s'est produit et quels que soient le ou les pays dans lesquels des conséquences indirectes de ce fait surviennent (Régl. art. 4-1) ;

– si, le dommage étant subi ailleurs qu'en France, la personne dont la responsabilité est invoquée et la personne lésée ont leur résidence habituelle en France au moment de la survenance du dommage (Règl. art. 4-2) ;

– si, quoique non subi en France ou n'impliquant pas des résidents en France, il résulte de l'ensemble des circonstances que le fait dommageable présente des liens manifestement plus étroits avec la France ; un tel lien peut être fondé, notamment, sur une relation préexistante entre les parties, telle qu'un contrat, présentant un lien étroit avec le fait dommageable en question (Règl. art. 4-3).

b. Le dommage qui provoque un conflit entre la **loi française et celle d'un pays tiers à l'UE** est régi :

– soit, le cas échéant, par une **convention internationale** applicable au conflit en cause et dont l'application est réservée par le règlement (Règl. CE 864/2007 art. 28 ; sur la liste de ces conventions établie par la Commission de l'UE, JOUE 2010 C 343) ;

Toutefois, le régime du Code civil peut être adopté, et le juge lié par ce choix, si les parties impliquées dans le dommage sont toutes deux françaises (Cass. 1e civ. 19-4-1988 n° 85-18.715 : Bull. civ. I n° 104, écartant la convention de La Haye du 4-5-1971 sur la loi applicable en matière d'accidents de la circulation routière).

– soit, à défaut de convention internationale, par la loi désignée par la **règle de conflit** de lois, notamment par la **loi française** si le fait dommageable s'est produit en France, ce lieu s'entendant aussi bien de celui du fait générateur du dommage que de celui où le dommage est apparu (Cass. 1e civ. 14-1-1997 : RJDA 5/97 n° 735 ; Cass. com. 25-3-2014 n° 12-29.534 : RJDA 6/14 n° 570).

Toutefois, la loi du lieu du fait générateur, entendu comme le lieu présentant les liens les plus étroits avec le fait dommageable, est appliquée si le délit est complexe ; il a été ainsi jugé que le fait générateur du dommage relatif :

– à la faute de la société de classification du navire qui présentait des défauts de construction était localisé en Malaisie, où le bateau avait été construit, dès lors que le litige ne portait pas sur le contenu ou la portée des règles de classification élaborées en France par cette société, mais sur les négligences qu'elle aurait commises lors des visites du navire (Cass. 1e civ. 27-5-2010 n° 09-65.906 : DMF 2010.701 obs. d'Avout) ;

– à la rupture brutale d'une relation commerciale par une société de droit français établie en France, fabricant d'un produit distribué au Chili par une société de droit chilien, était localisé en France, dès lors que cette relation préexistait depuis plus de douze ans entre les parties, à partir d'un contrat conclu à Paris, désignant le droit français comme loi applicable et le tribunal de commerce de Paris comme juridiction compétente (Cass. com. 25-3-2014 n° 12-29.534 : RJDA 6/14 n° 570) ;

– à la domiciliation des parties à l'étranger et à la répartition du fait générateur dans plusieurs pays était localisé en France afin d'assurer un contentieux centralisé avec application de la loi française au litige (Cass. 1e civ. 10-10-2018 n° 16-19.430 : JDI 2019.495 note Boskovic).

La loi du lieu du fait générateur s'applique tant au principe de la responsabilité née de ce fait qu'aux modalités de l'indemnisation du dommage (CA Caen 12-9-1991 : DMF 1993.50 note Tinayre).

Le régime du Code civil est en l'état **d'ordre public** ; tout accord prévoyant l'irresponsabilité ou la limitation de responsabilité de l'auteur du dommage est nul (Cass. 1e civ. 5-7-2017 n° 16-13.407 F-D : RJDA 11/17 n° 768) ; néanmoins, le responsable peut se faire garantir par un tiers des conséquences pécuniaires de sa responsabilité civile (Cass. 2e civ. 29-3-1962 : Bull. civ. II n° 360) et les modalités de la réparation peuvent être aménagées par les parties (n° 15008).

Mais, dès lors que les conditions de la responsabilité civile présentent un élément d'extranéité, elles ne sont **pas d'ordre public** international français (Cass. 1e civ. 30-9-2003 : JCP G 2003.IV.2825) : notamment, la loi étrangère applicable ne peut pas être écartée parce qu'elle exclut la réparation intégrale du préjudice (Cass. civ. 15-12-1969 : Rev. crit. 1971.512 note Bourel), spécialement celle du préjudice moral (Cass. civ. 30-5-1967 : Rev. crit. 1967.728 note Bourel ; Cass. crim. 16-6-1993 n° 92-83.871 : Bull. crim. p. 537 ; Cass. 1e civ. 1-3-2023 n° 21-22.015 F-D). Sur l'application des exclusions et limitations de responsabilité extracontractuelle admises par la CMR, n° 25150.

8006 **Qualification** La réparation due au titre de la responsabilité civile ne peut être obtenue que si le **dommage** invoqué par la victime **ne résulte pas d'un contrat,** conformément à la règle du non-cumul de la responsabilité extracontractuelle et de la responsabilité contractuelle (nos 15023 s.).

Avertissement : Certaines des règles exposées nos 8012 s. relatives au dommage sont tirées du dommage contractuel car elles sont transposables au dommage extracontractuel.

DOMMAGE RÉPARABLE

8012 Par principe, aucune réparation ne peut être demandée si celui qui y prétend n'a pas subi de dommage, serait-il prouvé que la personne poursuivie a commis une faute (Cass. com. 19-7-1976 : JCP G 1976.II.18507 obs. R.D.M.).

Mais il est des fautes qui sont nécessairement constitutives de préjudice. Tel est le cas d'une atteinte à la vie privée (Cass. 1e civ. 5-11-1996 n° 94-14.798 P : JCP G 1997.II.22805 note Ravanas), d'un acte de concurrence déloyale (Cass. com. 1-7-2003 n° 01-13.052 F-D) ou de la reprise illicite d'un logement (Cass. 3e civ. 6-7-2017 n° 16-15.752 FS-PB : D. 2018.1126 obs. Damas).

Nature des préjudices réparables Tout dommage, aussi bien matériel que corporel ou moral, est réparable (cf. CPP art. 3, al. 2). 8015

Le dommage **aux biens** est celui causé aux choses quelles qu'elles soient et quelle que soit la nature du dommage, matériel ou moral : par exemple, dégradation des enseignes lumineuses d'un commerçant occupant un immeuble à l'occasion des travaux dans cet immeuble (CA Paris 8-7-1987 : GP 1988.som.203), dépréciation d'une villa du fait de l'installation à proximité d'une usine (Cass. 2e civ. 15-12-1971 : Bull. civ. II p. 253), manque à gagner (Cass. civ. 25-10-1976 : D. 1977.IR.76) ou atteinte à l'environnement (n° 8129).

L'atteinte aux **droits de la personnalité,** notamment à l'honneur, à la réputation, au nom, à l'image, à la considération, constitue un dommage moral qu'une personne physique ou morale peut éprouver (cf. Cass. 2e civ. 2-4-1997 : RJDA 5/97 n° 736 ; CA Paris 30-6-2006 n° 04-6308 : RJDA 12/06 n° 1222). Elle peut entraîner aussi un préjudice patrimonial lorsque la victime a, par exemple, par son activité ou sa notoriété, conféré une valeur commerciale à son image (CA Paris 10-9-1996 : Bull. inf. C. cass. 1997 n° 93).

Il est des agissements, notamment ceux de concurrence déloyale, qui sont présumés causer un préjudice, fût-il moral, dont la victime doit néanmoins démontrer l'étendue, laquelle, lorsque les effets préjudiciables résultent de pratiques consistant à parasiter les efforts et les investissements, intellectuels, matériels ou promotionnels, d'un concurrent, ou à s'affranchir d'une réglementation, dont le respect a nécessairement un coût, peut être évaluée au montant de l'économie injustement réalisée par l'auteur des actes déloyaux, modulée en tenant compte des volumes d'affaires respectifs des parties affectés par lesdits agissements (Cass. com. 12-2-2020 n° 17-31.614 FS-PBRI : RJDA 4/20 n° 249).

Dommage certain Le dommage doit être actuel et certain (Cass. 1re civ. 1-3-2023 n° 21-24.166 F-B) et non pas simplement éventuel ou hypothétique (Cass. civ. 3-11-1971 : D. 1972.667 note Lapoyade-Deschamps ; Cons. const. 20-1-2011 n° 2010-624 DC et 4-2-2011 n° 2010-97 QPC : PA 2012 n° 152 p. 23 ; Cass. 1re civ. 28-6-2012 n° 11-19.265 : Bull. civ. I n° 148 ; CA Aix 7-2-2019 n° 16/20396 : BTL 2019.14). 8018

Cette condition est remplie dans les cas suivants.

1. Dommage futur. Le dommage qui se réalisera inévitablement, dans la mesure où il constitue la conséquence certaine et directe d'un fait actuel, est réparable (Cass. 2e civ. 15-12-1971 : Bull. civ. II p. 253 ; Cass. 3e civ. 29-1-2003 : Bull. civ. III n° 18 ; Cass. 3e civ. 2-6-2016 n° 15-16.967 FS-PB : RJDA 3/17 n° 171 ; Cass. com. 7-7-2020 n° 18-20.934 F-D : RJDA 10/20 n° 541).

2. Perte d'une chance. La perte d'une chance est surtout invoquée en réparation d'un dommage contractuel mais les règles régissant cette réparation sont, à notre avis, transposables pour la plupart à la réparation d'un dommage extracontractuel. Le régime de la perte de la chance est donc présenté au n° 15072 consacré à la responsabilité contractuelle, les applications extracontractuelles y étant néanmoins précisées.

Dès lors qu'ils ont constaté la réalité d'un dommage, les juges doivent en ordonner immédiatement la réparation ; ils ne peuvent pas refuser d'évaluer le dommage (Cass. 3e civ. 2-2-2011 n° 10-30.427 : RJDA 5/11 n° 481) ni refuser de l'évaluer (Cass. 3e civ. 2-2-2011 n° 10-30.427 : RJDA 5/11 n° 481) et ne peuvent surseoir à statuer sur les dommages que dans la mesure où leur étendue définitive ne peut pas être déterminée en l'état (Cass. crim. 10-5-1979 n° 78-90.373 : GP 1980.127).

Dommage personnel Seuls ceux qui ont personnellement souffert du dommage peuvent en demander réparation (pour un exemple, CA Versailles 19-1-2001 : GP 2002.som.258 : le préjudice subi par la gérante d'une société privée d'un local d'habitation, que le bailleur avait repris pour habiter sans avoir donné suite, sept ans après, à son intention, n'est pas un préjudice souffert par la société locataire, le local litigieux n'étant pas affecté à l'activité professionnelle et commerciale de la société). 8021

Le droit d'agir en réparation peut cependant être reconnu à des personnes qui supportent, par **« ricochet »,** les conséquences du dommage (CA Paris 7-2-1975 : GP 1975.2.846 : indemnisation d'un bureau d'études, privé pendant plusieurs mois d'un de ses ingénieurs victime d'un accident). Tel n'est pas le cas, néanmoins, du créancier ou de l'associé de la victime en tant que tel (Cass. com. 12-7-1961 : Bull. civ. III p. 285 ; Cass. 2e civ. 21-2-1979 : Bull. civ. II p. 42).

Lorsque le dommage est subi non pas par un individu mais par un ensemble de personnes, il n'est réparé que s'il est établi que les personnes ont subi un **préjudice collectif.** Cette condition est surtout applicable en cas de constitution de partie civile par les syndicats et les associations (n° 8190). Une personne ne peut alors pas obtenir, à titre individuel, réparation de ce dommage (Cass. 1re civ. 14-5-1992 : Bull. civ. I p. 94).

Sur le préjudice individuel des indivisaires, n° 30100.

Dommage direct Seules les conséquences qui résultent directement du fait dommageable peuvent être réparées. 8024

Ce lien est évidemment affaire d'appréciation des juges. Par exemple, n'ont pas été considérés comme un préjudice direct : l'obligation, à la suite d'un accident de voiture, de payer des mensualités de crédit-bail, mode d'acquisition du véhicule endommagé, et des primes de l'assurance du véhicule (CA Aix 14-1-1982 : Bull. Cour d'Aix 1982/1 p. 46), des réparations du véhicule (CA Rouen 29-4-2003 : JCP G 2004.IV.1416) ou des droits de mutation consécutifs au décès de la victime de l'accident (Cass. crim. 17-5-1988 : D. 1988.IR.207) ; le préjudice subi par l'associé d'une société civile poursuivi en paiement de la dette sociale dont il est tenu indéfiniment envers une banque créancière du remboursement d'un prêt, qui résulte directement de cette obligation et non pas de la faute qu'il reproche reconventionnellement à la banque dans l'exécution du prêt (Cass. com. 13-10-2015 n° 11-20.746 : RJDA 3/16 n° 207).
Sur le lien direct du dommage résultant d'une infraction, n° 8190.

8027 **Intérêt légitime** La victime doit se prévaloir d'un **« intérêt légitime juridiquement protégé ».** Par suite, jugé :

– qu'une association qui avait déposé des marques et enseignes contraires à l'ordre public ne peut pas demander la condamnation d'une autre association qui avait imité ses marques (Cass. com. 28-6-1976 : JCP G 1977.II.18700 obs. Burst) ;

– qu'un tailleur qui exerçait sa profession sans être titulaire d'une carte d'identité d'étranger n'est pas fondé à demander la condamnation de son bailleur pour occupation des lieux loués (Cass. 2e civ. 30-1-1959 : Bull. civ. II p. 76) ;

– que le salarié victime d'un accident de la circulation ne peut obtenir réparation de la perte de ses rémunérations que si celles-ci sont licites, ce qui n'est pas le cas des rémunérations provenant d'un travail dissimulé (Cass. 2e civ. 24-1-2002 : D. 2002.2559 note Mazeaud) ;

– qu'une entreprise ne pouvait pas mettre en cause la responsabilité d'un avocat dont la faute avait entraîné la perte du bénéfice d'une exonération fiscale dès lors que, le dispositif fiscal visé constituant une aide illicite incompatible avec les règles de droit européen, le préjudice invoqué par l'entreprise ne revêtait pas le caractère légitime permettant son indemnisation (Cass. 1e civ. 19-2-2013 n° 12-14.527 : RJDA 6/13 n° 482) ;

– qu'une partie n'a pas droit à la réparation du dommage qu'elle prétend subir de la perte de la chance de bénéficier d'un tarif procédant d'une aide d'État illégale, un tel préjudice n'étant pas réparable (Cass. com. 18-9-2019 n° 18-12.601 FS-PBR).

Sur l'intérêt illégitime d'un tiers à se prévaloir d'une faute dans l'exécution d'un contrat, n° 15026.

8030 **Dommage imputable** Pour qu'une personne physique ou morale soit tenue pour responsable d'un dommage, il faut qu'il existe un **lien de causalité** entre ce dommage et la faute ou le « fait » reproché à cette personne car la fonction de la responsabilité civile est de replacer la victime, aux dépens du responsable, dans la situation où elle se serait trouvée si l'acte dommageable ne s'était pas produit (Cass. 1e civ. 2-7-2014 n° 13-17.894 : RJDA 11/14 n° 833).

Cette condition n'est pas écartée par la charte de l'environnement et le principe de précaution (C. envir. art. L 110-1, II-1°) ; ainsi, l'agriculteur qui invoque à l'encontre du titulaire d'une servitude électrique établie sur ses terres le dommage que les champs électromagnétiques émis par la ligne électrique ont causé à son élevage doit prouver que ce préjudice était la conséquence directe et certaine de ces émissions, cette démonstration, sans exiger une preuve scientifique, pouvant résulter de présomptions graves, précises, fiables et concordantes (Cass. 3e civ. 18-5-2011 n° 10-17.645 : RTD civ. 2011.540 obs. Jourdain).

Toute condition nécessaire du dommage en est une cause juridique, même si elle est en relation indirecte avec le dommage ; il en est ainsi lorsque, entre une cause initiale et un dommage, se sont intercalées d'autres causes du dommage, du moment que la cause initiale est un antécédent nécessaire du dommage (Cass. 2e civ. 27-3-2003 : JCP G 2004.I.101 n° 13 obs. Viney ; Cass. crim. 18-11-2008 n° 08-81.672 : lien établi avec une faute remontant à cinq ans). Toutefois, la cause la plus proche et la plus adéquate écarte parfois la causalité juridique de la cause plus lointaine (Cass. 3e civ. 19-2-2003 : RTD civ. 2003.508 n° 3 obs. Jourdain).

Par exemple, il a été jugé :

– que le décès accidentel de la victime, n'ayant pas empêché l'exploitation d'un fonds de commerce pendant plus de vingt mois, a été sans conséquence sur la vente de ce fonds et le préjudice économique qui en résultait pour la vente (Cass. 2e civ. 14-6-1995 : RJDA 12/95 n° 1482) ;

– qu'un taureau, atteint d'une maladie mortelle et contagieuse, a, après être passé dans l'herbage voisin, sailli deux vaches et contaminé l'intégralité du troupeau dès lors que la preuve du lien de causalité entre la contamination du troupeau et la saillie des vaches peut résulter de la preuve de la qualité de l'élevage du voisin avant le passage du taureau, ce dont témoignent les résultats d'un concours agricole publiés dans la presse locale (CA Caen 31-3-1998 : JCP G 1998.IV.2930) ;

– que le fait que le réceptionnaire d'une marchandise, annoncée livrée en deux conteneurs, n'ait pas été averti qu'elle avait en réalité été placée en un seul conteneur n'est pas suffisant à établir que cette carence est la cause du préjudice que le réceptionnaire invoque comme la conséquence de l'impossibilité dans laquelle il s'est trouvé de différer le crédit documentaire qu'il avait souscrit (CA Aix 2-12-2004 : BTL 2005.218) ;

– que le lien de causalité n'existe pas lorsque les juges ont constaté que les parties qui se plaignent du manquement d'un notaire à son devoir d'information auraient contracté aux mêmes conditions si elles avaient été informées (Cass. 1e civ. 20-3-2014 no 13-12.287 : RJDA 7/14 no 612 ; CA Paris 8-2-2017 no 15/19815 : JCP N 2017.1199) ou lorsque le conseil qu'il était reproché au notaire de ne pas avoir donné était inutile (Cass. com. 1-6-2010 no 09-15.322 : RJDA 10/10 no 965).

Dès lors qu'il est établi que le fait reproché à son auteur a concouru à la réalisation du dommage, l'intéressé ne peut pas être exonéré de sa responsabilité, même si un **événement étranger** l'a concurremment provoqué (cf. Cass. civ. 29-3-1977 : D. 1977.IR.440 obs. Larroumet). **8031**

Il s'ensuit que l'effet des causes étrangères doit être apprécié comme suit.

a. Force majeure. L'événement invoqué est constitutif de force majeure s'il est imprévisible et irrésistible (Cass. ass. plén. 14-4-2006 no 04-18.902 : RJDA 7/06 no 753, 2e esp.). Si un événement de force majeure est seul à l'origine du dommage, personne ne peut en être tenu pour responsable, même lorsqu'une chose a été l'instrument du dommage (Cass. 2e civ. 5-10-1983 no 82-14.617 : Bull. civ. II no 162).

b. Fait de la victime. En cas de dommages résultant concurremment d'une faute de l'auteur du dommage et d'une faute de la victime, il y a partage de responsabilité en fonction de la gravité respective des fautes (Cass. ass. plén. 9-5-1984 : D. 1984.525 concl. Cabannes note Chabas ; Cass. crim. 29-6-2010 no 09-87.463 : Bull. crim. no 117) ; l'auteur du dommage ne peut pas être intégralement exonéré (Cass. com. 15-9-2009 no 08-12.719 : RJDA 1/10 no 95), sauf si le dommage est dû à la faute exclusive de la victime (Cass. com. 1-4-2008 no 06-20.905 : RJDA 7/08 no 835).

c. Fait d'un tiers. Lorsque le dommage résulte à la fois des agissements de l'auteur du fait poursuivi et du fait d'un tiers, l'un et l'autre sont responsables in solidum, chacun d'eux devant indemniser la victime de l'intégralité du dommage qu'ils lui ont causé (Cass. civ. 25-1-1984 : D. 1984.242 note Larroumet).

Toutefois, le fait d'un tiers exonère totalement l'auteur recherché de sa responsabilité s'il présente les caractères d'imprévisibilité et d'irrésistibilité de la force majeure (Cass. civ. 10-3-1977 : D. 1977.IR.328 obs. Larroumet ; CA Paris 19-12-1986 : GP 1987.208).

d. Ordre ou permission de la loi. Il est généralement admis, par transposition de l'article 122-4 du Code pénal qui prévoit qu'une infraction ne peut pas être sanctionnée lorsqu'elle a été ordonnée ou autorisée par la loi, que le fait qui a causé un dommage n'engage pas la responsabilité civile de son auteur lorsqu'il a été ordonné ou permis par la loi.

Toutefois, l'octroi d'une autorisation ou d'un **visa administratif** préalable permettant l'exercice d'une activité ou l'exploitation d'un produit n'écarte pas la responsabilité de son bénéficiaire pour les cas où celui-ci commettrait des actes de négligence ou d'imprudence préjudiciables aux tiers (Cass. civ. 14-6-1972 : D. 1973.423 note Lepointe).

Par exemple, jugé :

– que l'observation de la réglementation en vigueur quant à l'emploi d'un insecticide toxique n'exonère pas le propriétaire du champ traité des conséquences dommageables dues aux fautes qu'il a commises en n'avertissant pas ses voisins des risques de toxicité du produit employé (Cass. civ. 14-6-1972, précité) ;

– que l'exploitation d'une fabrique d'huile de ricin bien qu'autorisée par l'administration engage la responsabilité de son propriétaire en raison des troubles de santé qu'elle provoque aux voisins (Cass. civ. 27-10-1964 : JCP G 1965.II.14288 obs. Esmein) ;

– que la SNCF est responsable d'un accident survenu sur un passage à niveau, peu important qu'elle ait été dispensée de le clore (Cass. 2e civ. 19-12-1977 : Bull. civ. II p. 175).

De même, la simple **tolérance administrative** ne saurait avoir une valeur justificative. Ainsi, l'approbation du service de la répression des fraudes donnée à la fabrication d'un mélange composé pour partie d'alcools neutres ne saurait justifier la concurrence déloyale dont le fabricant s'est rendu coupable (CA Douai 2-7-1973 : JCP G 1974.II.17800 note Fourgoux).

e. Commandement de l'autorité légitime. Lorsqu'un acte dommageable a été accompli sur ordre de l'« autorité légitime », et dans les limites de l'ordre donné, son auteur n'engage sa responsabilité civile que s'il a obéi à un ordre **manifestement illégal** (cf. Cass. 2e civ. 22-11-1978 : Bull. civ. II p. 189 ; C. pén. art. 122-4).

f. État de nécessité. La responsabilité de l'auteur d'un acte dommageable mais nécessaire pour parer à un danger imminent est écartée. Par exemple, le locataire qui avait détruit, afin de rétablir le courant nécessaire à sa famille, la palissade mise par le propriétaire pour empêcher l'accès au compteur de gaz et d'électricité n'est pas fautif (Cass. crim. 4-1-1956 : D. 1956.som.130). En revanche, la crise du logement ne constitue pas un péril imminent justifiant l'occupation illégale d'un immeuble inoccupé (CA Angers 11-7-1957 : D. 1958.357).

g. Consentement de la victime. Ne donne pas lieu à responsabilité le fait dommageable portant atteinte à un droit ou à un intérêt dont la victime pouvait disposer, si celle-ci y a préalablement consenti (Cass. com. 18-3-2020 n° 18-17.010 F-D : RJDA 6/20 n° 314) ; ainsi, le gérant d'une société qui, durant son mandat, exerce, à titre personnel ou par l'intermédiaire d'une autre société, une activité concurrente de celle de la société qu'il dirige ne manque pas à son devoir de loyauté et n'engage pas sa responsabilité envers celle-ci s'il a reçu, pour ce faire, l'autorisation unanime des associés (Cass. com. 18-3-2020, précité) ; les organisateurs d'une exposition ne commettent pas une voie de fait en fermant le stand d'une société pour infraction au règlement qu'elle a accepté (Cass. 1e civ. 11-12-1979 n° 78-13.636 : Bull. civ. I n° 318).

8033 **Preuve du dommage** La victime qui demande réparation doit prouver le préjudice dont elle se plaint (Cass. 3e civ. 5-5-1976 : Bull. civ. III p. 147). Cette preuve peut être apportée par tous moyens, tel un décompte d'indemnisation établi par la victime, sous réserve de l'appréciation souveraine par le juge de leur valeur et de leur portée (Cass. 2e civ. 10-2-2005 n° 02-20.495 : Bull. civ. II n° 31 ; Cass. 2e civ. 13-12-2013 n° 12-16.839 : Bull. civ. II n° 41).

8036 **Appréciation du dommage** Tout dommage remplissant les conditions exposées nos 8012 s. donne lieu à réparation dans les mêmes conditions que les dommages contractuels (nos 15072 et 15300 s.). Toutefois, la victime d'un délit n'est pas tenue de limiter son préjudice dans l'intérêt du responsable (Cass. 2e civ. 19-6-2003 nos 930 et 931 : RJDA 4/04 n° 496 ; Cass. 2e civ. 25-10-2012 n° 11-25.511 : D. 2013.415 note Guégan-Lécuyer ; Cass. 1e civ. 2-7-2014 n° 13-17.599 : RJDA 1/15 n° 6).

8038 **Fait dommageable** Le fait dommageable est celui qui constitue la cause génératrice du dommage (Cass. 3e civ. 12-10-2017 n° 16-19.657 FS-PBI).

RESPONSABILITÉ POUR FAUTE PERSONNELLE

8040 L'auteur d'un acte fautif doit réparer le dommage qu'il a commis par sa faute (C. civ. art. 1240).

Le Conseil constitutionnel attribue une valeur constitutionnelle au principe de responsabilité pour faute, qui résulte de la liberté reconnue à l'article 4 de la Déclaration des droits de l'Homme et du citoyen de 1789, lequel dispose que « la liberté consiste à pouvoir faire tout ce qui ne nuit pas à autrui » (Cons. const. 14-4-2016 n° 2016-533 QPC).

En cas d'agissements dommageables, il en est ainsi même d'un mineur, la minorité ne faisant pas obstacle à sa condamnation personnelle sur le fondement de l'article 1382 (devenu 1240) du Code civil (Cass. 2e civ. 20-10-2016 n° 15-25.465 F-PB : Bull. civ. II n° 238), et de celui qui a agi sous l'empire d'un **trouble mental** (C. civ. art. 414-3), ce qui est le cas du majeur en tutelle, dirigeant de fait d'une société, dont les agissements ont causé un dommage au créancier (Cass. civ. 9-11-1983 n° 81-16.548 : D. 1984.139 note Derrida), comme de la caution lorsque l'annulation du cautionnement pour insanité mentale a causé un dommage au créancier garanti, l'article 489-2 (devenu 414-3) du Code civil ne faisant aucune distinction entre les causes possibles du dommage (CA Paris 25-11-1999 : GP 2000.som.2755).

Une personne morale répond des fautes commises par ses organes (pour les sociétés commerciales, MSC n° 4520).

La faute peut être **intentionnelle** (faute délictuelle ; C. civ. art. 1240) ou consister en un acte d'imprudence ou de négligence (faute quasi délictuelle ; art. 1241). Mais elle doit être personnelle (Cass. soc. 9-3-1989 : JCP G 1989.II.21333 concl. Gauthier).

Lorsque la loi étrangère applicable à la réparation du dommage ne donne pas une définition de la faute, les juges peuvent, s'agissant d'une règle de portée générale et non pas d'une disposition spécifique de la loi étrangère, rechercher dans la loi française les éléments permettant de décider si l'auteur du dommage avait commis une faute (Cass. civ. 2-2-1988 : Clunet 1988.741 note Alexandre).

Constitue une faute **tout manquement** au devoir général de prudence et de diligence auquel quiconque est tenu (Cass. 1e civ. 6-10-1993 n° 91-13.925 ; Cass. com. 8-12-1998 n° 98.17.731 : RJDA 3/99 n° 306 ; Cass. 2e civ. 1-7-2010 n° 09-66.404).

Lorsque plusieurs fautes ont concouru à la production du dommage, chacun des acteurs est tenu de réparer le dommage pour le tout, la charge définitive de la dette étant répartie entre les coauteurs en fonction de la gravité de leur faute respective (nos 50220 s.).

Les principales fautes sont signalées nos 8043 s.

8043 **1. Violation d'une loi,** d'un règlement ou d'un principe du droit. Par exemple, non-respect des règles d'urbanisme (Cass. 3e civ. 18-2-1981 : Bull. civ. III p. 28), des règles de vente sur la voie publique même en présence d'une tolérance (CA Paris 13-2-1992 : RJDA 7/92 n° 697), de l'interdiction des ententes anticoncurrentielles ou des abus de position dominante (MCC nos 41000 s. ; CA Paris 28-6-2002 : JCP G 2003.II.10183 note Vetu), des règles de confidentialité (Cass. soc. 5-3-2008 n° 06-18.907 : D. 2008.840 note Ines) ou des règles sur la vie privée (C. civ. art. 9 ; C. pén. art. 226-1 à 226-7) ou sur la liberté de communication (Cass. 1e civ. 16-1-2013 n° 12-15.547 : Bull. civ. I n° 4).

Selon la Cour de cassation, seules les personnes physiques peuvent se prévaloir d'une atteinte à la vie privée au sens de l'article 9 du Code civil (Cass. 1e civ. 17-3-2016 n° 15-14.072 : RJDA 6/16 n° 439) alors que, selon le Conseil d'État, les personnes morales ont également droit à la protection de leur vie privée (CE 7-10-2022 n° 443826 : RJDA 3/23 n° 178, interdisant la communication de renseignements sur le patrimoine d'une fondation). La seule constatation d'une telle atteinte ouvre droit à réparation (Cass. 1e civ. 5-11-1996 n° 94-14.798 : Bull. civ. I n° 378 ; Cass. soc. 12-11-2021 n° 19-20.583 F-D).

En matière de cession de droit à l'image, l'article 9 ne fait pas obstacle à la liberté contractuelle, dès lors que les parties ont stipulé de façon suffisamment claire les limites de l'autorisation donnée quant à sa durée, son domaine géographique, la nature des supports et l'exclusion de certains contextes (Cass. 1e civ. 11-12-2008 n° 07-19.494 F-PB : Bull. civ. I n° 282) ; il s'en déduit que la méconnaissance de ce texte ne peut être invoquée qu'à la condition que la diffusion litigieuse ne se rattache pas à l'exécution du contrat (Cass. 1e civ. 20-10-2021 n° 20-16.343 FS-D, constatant que l'objet du litige entrant dans le champ contractuel délimité par les parties ne relevait pas de l'art. 9).

2. Transgression d'un usage. Par exemple, violation du « Code des courses » par un jockey (Cass. civ. 4-5-1972 : D. 1972.596 note Le Tourneau). **8046**

3. Déloyauté. Tout acte accompli de mauvaise foi et destiné à nuire à un tiers, à porter atteinte à sa réputation, à lui ôter un droit ou à favoriser l'intérêt d'une personne au détriment du sien est fautif. **8049**

Par exemple :

– diffusion d'un tract diffamatoire dénonçant la déloyauté d'un entrepreneur dans la présentation de ses devis et de ses factures et sa négligence dans son travail (Cass. civ. 25-10-1973 : D. 1974.som.8) ;

– menaces de poursuites en contrefaçon contre une entreprise suivies d'une sommation interpellative délivrée par un huissier (ou un commissaire de justice) au cours d'un salon international (CA Paris 9-7-1980 : GP 1981.som.101) ;

– délivrance d'attestations de complaisance à un constructeur en état de cessation des paiements, destinées à lui permettre d'obtenir d'une banque des avances et de continuer artificiellement son activité (Cass. com. 22-6-1977 : D. 1978.IR.34) ;

– intervention d'un ancien ministre auprès du ministre de l'équipement afin d'empêcher la réalisation d'une opération immobilière (Cass. 3e civ. 3-5-1973 : Bull. civ. III p. 219) ;

– comportement partisan de l'ORTF qui, par le biais d'une publicité clandestine et privilégiée sur la fabrication des feux d'artifice, faite à une firme commerciale, au moyen d'une émission prétendument culturelle, s'est départie de la prudence et de l'impartialité qui doivent guider son action (TGI Lyon 7-11-1973 : JCP G 1974.II.17665) ;

– aval inconsidéré du Bureau Veritas à une technique d'étanchéité purement expérimentale, qui a abusé les constructeurs et les compagnies d'assurances (TGI Paris 9-12-1976 : GP 1977.2.som.267) ;

– accusation non fondée de l'Institut national de la consommation qui a dénoncé, sans pouvoir en rapporter la preuve, le caractère déminéralisé d'une eau présentée comme telle par son fabricant (CA Paris 4-5-1987 : D. 1988.283 note Deboux et Paisant) ;

– diffusion du fac-similé d'une note interne d'une banque relative aux risques liés aux cartes bancaires à puce falsifiées, sans son autorisation, sur un site internet, le diffuseur n'ayant pu ignorer le caractère privé de cette note qui avait été élaborée par la banque non pour être publiée mais à l'usage exclusif de ses services auxquels elle était adressée (Cass. 1e civ. 3-11-2004 n° 1527 : Bull. civ. I n° 238).

Un tel acte ne peut pas être justifié, même par la liberté de la presse (TGI Paris 24-2-1993 : LP 1993.I.43).

4. Négligence ou imprudence. La prudence dont l'auteur d'un acte professionnel doit faire preuve est appréciée par rapport à celle que l'on peut attendre d'un bon professionnel de sa spécialité compte tenu de l'évolution des sciences et techniques. **8052**

Jugé, par exemple, que constituent des fautes les faits suivants :

– la mise en péril de propriétés voisines par suite de fouilles entreprises par une société immobilière et le défaut d'exécution de travaux dans le délai imparti par le maire de la commune (Cass. civ. 11-3-1981 : GP 1981.pan.238) ;

– le défaut de signalisation de la présence de graviers déversés sur la chaussée par les préposés d'une entreprise (CA Bordeaux 14-3-1977 : GP 1977.2.som.273) ;

– l'apposition de son visa par l'Office national interprofessionnel des céréales (remplacé par l'Établissement national des produits de l'agriculture et de la pêche) sur une déclaration de stocks sans en vérifier la sincérité (Cass. 1e civ. 20-7-1988 : Bull. civ. I p. 176) ;

– le manque de précautions qui a entraîné l'épandage de produits chimiques sur des vignes voisines contre la volonté de leur propriétaire refusant d'utiliser ces produits (CA Reims 17-2-1988 : GP 1989.som.116) ;

– la non-vérification par un bijoutier de l'origine de pièces d'or reçues par lui dans des circonstances de nature à faire naître des soupçons (Cass. 1e civ. 6-12-1989 : Bull. civ. I p. 259) ;

– l'édification de barrages obstruant l'accès d'un port (Cass. 2e civ. 30-1-1991 : Bull. civ. II p. 21) ;

– la diffusion par l'Inpi sur son serveur minitel « Euridile » d'informations erronées (TGI Bar-le-Duc 16-1-1997 : DA 1997.317) ;

– le défaut de mention dans un annuaire téléphonique du pays de Vannes des numéros de deux avocats salariés d'une société d'avocats alors qu'ils avaient personnellement l'usage d'un numéro téléphonique (Cass. 2e civ. 9-10-2003 no 1367 : Bull. civ. II no 295 ; dans le même sens, à propos d'une annonce de presse comportant des mentions erronées, Cass. 2e civ. 10-6-2004 no 942 : RJDA 10/04 no 1176).

8055 **5. Malveillances à l'égard d'autrui.** Tout comportement qui révèle une légèreté blâmable ou une volonté de dénigrement à l'égard d'autrui est une faute, qui engendre nécessairement un préjudice (Cass. com. 15-1-2020 no 17.27.778 FS-PB : RJDA 6/20 no 338, cassant l'arrêt qui n'a pas recherché, comme il lui était demandé, l'existence d'un préjudice), à moins que l'information en cause ne se rapporte à un sujet d'intérêt général et repose sur une base factuelle suffisante, et sous réserve qu'elle soit exprimée avec une certaine mesure (Cass. com. 4-3-2020 no 18-15.651 FS-PB : RJDA 6/20 no 337).

Il en est ainsi, par exemple :

– de l'indifférence aux dangers auxquels on expose autrui (Cass. civ. 5-1-1973 : JCP G 1973.IV.70 : démolition d'un immeuble sans prendre de précautions suffisantes) ;

– du mépris conscient des droits des tiers (Cass. civ. 24-2-1976 : JCP G 1976.IV.137 : modification d'un système d'irrigation par l'un des propriétaires au détriment des autres ; CA Paris 28-4-1973 : JCP G 1973.II.17506 : implantation volontaire par une commune de blocs de béton empêchant une société d'accéder à son terrain) ;

– de l'appréciation péjorative et publique, sans argumentation motivée, portée par un chef d'entreprise sur un de ses collaborateurs (CA Lyon 23-3-1989 : D. 1989.IR.134, qualification de « nullité » ; dans le même sens, Cass. 2e civ. 7-11-1990 : Bull. civ. II p. 116), par un journaliste sur un chef d'entreprise (TGI Nanterre 21-7-1993 : LP 1994.III.22 note Ader), par l'auteur d'un ouvrage qui, à partir de faits répréhensibles reprochés à certains professionnels, laisse croire au lecteur que ces faits relèvent de la pratique habituelle de tous les professionnels (CA Paris 30-6-2000 : D. 2000.IR.233), par une société de radio qui crée un lien hypertexte de son propre site internet vers un autre site dénigrant un de ses concurrents directs (CA Paris 19-9-2001 : GP 2002.381 note L. Tellier-Loniewski) ou par un internaute sur un restaurateur (CA Dijon 20-3-2018 no 15/02004 : D. IP/IT 2018.442 obs. Lecourt) ;

– des renseignements erronés sur un produit diffusés par un organisme de défense des consommateurs à partir d'analyses sciemment tronquées (CA Paris 23-1-1998 : GP 1998.857) ;

– de la diffusion de fausses informations sur une société par un analyste financier (CA Paris 30-6-2006 no 04-6308 : RJDA 12/06 no 1222) ;

– du dépôt frauduleux d'une marque pour obtenir de l'hébergeur Facebook la fermeture de la page d'un concurrent (CA Lyon 18-12-2014 no 13/10118 : D. 2015.2221.som. obs. J. Larrieu) ;

– du discrédit jeté par un agent économique sur un produit fabriqué par un autre, même si les intéressés ne sont pas en concurrence (Cass. 1e civ. 12-12-2018 no 17-31.758 FS-PB : RJDA 4/13 no 304) ;

– de la divulgation à la clientèle, par une société, d'une action en contrefaçon n'ayant pas donné lieu à une décision de justice, dépourvue de base factuelle suffisante en ce qu'elle ne reposait que sur le seul acte de poursuite engagé par le titulaire des droits (Cass. com. 9-1-2019 no 17-18.350 FS-PB : RJDA 4/19 no 303).

Mais ne constituent pas une malveillance des propos mettant en cause les véhicules d'une marque automobile tenus dans le cadre d'une émission satirique diffusée par une entreprise de communication audiovisuelle et qui ne pouvaient pas être dissociés de la caricature du président-directeur général, de sorte que ces propos relevaient de la liberté d'expression sans créer aucun risque de confusion entre la réalité et l'œuvre satirique (Cass. ass. plén. 12-7-2000 : RJDA 3/01 no 387).

Pour plus de détails sur le dénigrement, MCC nos 12300 s.

RESPONSABILITÉ DU FAIT DES CHOSES

8060 Toute personne est responsable des dommages provoqués par les objets corporels qu'elle a sous sa garde (C. civ. art. 1242, al. 1), sans qu'elle puisse opposer à la victime, sauf exception légale (C. sport art. L 321-3-1), son acceptation des risques (Cass. 2e civ. 4-11-2010 no 09-65.947 FS-PBR : RJDA 4/11 no 365 ; Cass. 2e civ. 14-9-2017 no 16-21.992 F-D : JCP G 2018.497 obs. Blanc).

Cette responsabilité ne porte manifestement pas atteinte au principe d'égalité car elle répond à la situation objective dans laquelle se trouvent toutes les victimes d'un dommage ayant pour origine l'intervention d'une chose autre qu'un véhicule terrestre à moteur, lequel est soumis à un régime spécial (Cass. 2e civ. QPC 31-3-2011 no 10-25.281 F-D).

8063 **Choses visées** Toutes les choses, quelles que soient leur nature ou leur consistance, peuvent être retenues comme ayant constitué la source d'un dommage, par exemple : terrain (Cass. req. 6-3-1928 : DP 1928.1.97 note Josserand), navire (Cass. civ. 23-1-1959 : D. 1959.281 note Rodière), avion (Cass. civ. 23-1-1959 : D. 1959.101 note Savatier), bouteille de chlore (Cass. civ. 4-12-1973 : GP 1974.1.444 note Plancqueel), eaux polluées (Cass. 2e civ. 5-3-1975 : Bull. civ. II p. 61), appareil de réfrigération du lait (Cass. civ. 7-6-1978 : GP 1978.2.som.340), compresseur (Cass. 2e civ. 26-3-1985 : Bull. civ. II p. 51), boue provenant d'un champ de betteraves (Cass. civ. 16-4-1986 : BT 1986.491), fumée (CA Lyon 14-3-1975 : D. 1975.som.100), eaux de pluie (cf. CA Angers 16-5-1977 : D. 1978.IR.206), image (TGI Paris 27-2-1991 : JCP 1992.II.21809 note Le Tourneau), immeuble pour les dommages non causés par sa ruine (Cass. 2e civ. 22-10-2009 no 08-16.766 : RJDA 3/10 no 307).

Fait de la chose La responsabilité du gardien n'est engagée que si la chose est considérée comme le fait générateur du dommage, c'est-à-dire que, sans elle, le dommage ne se serait pas produit (Cass. civ. 24-2-1941 : DC 1941.85 note Flour), et que la victime a rapporté la preuve de ce rôle causal de la chose, en quelque manière que ce soit et ne fût-ce que pour partie (Cass. 2e civ. 5-1-1994 : Bull. civ. II p. 8 ; CA Versailles 13-3-1996 : Bull. inf. C. cass. 1996 no 907). **8066**

En conséquence, il n'est pas nécessaire que la chose impliquée dans le dommage :
- ait été actionnée par la main de l'homme (Cass. civ. 20-5-1974 : JCP G 1975.II.18183 note Dejean de la Batie) ;
- comporte un vice inhérent à sa nature et susceptible de causer le dommage (Cass. ch. réunies 13-2-1930 : DP 1930.1.57 note Ripert) ;
- ait été en contact avec la personne ou l'objet qui a subi le dommage (Cass. civ. 10-3-1971 : D. 1971.540) ;
- ait été en mouvement au moment de l'accident (Cass. civ. 24-2-1941, précité).

Toutefois, lorsque la chose est **inerte et immobile,** la victime ne peut pas invoquer le fait de cette chose si celle-ci n'était pas placée dans une position anormale et si elle n'a joué aucun rôle actif dans la réalisation du dommage (Cass. 2e civ. 29-3-2012 no 10-27.553 : RJDA 7/12 no 729 ; Cass. 1e civ. 9-9-2020 no 19-11.882 FS-PB, ajoutant que l'exploitant d'un magasin n'est pas tenu envers le consommateur d'une obligation de sécurité de résultat), ce que le juge doit mettre en évidence dans ses motifs (Cass. 2e civ. 25-5-2022 no 20-17.123 F-B). Il en est ainsi :
- du sol rendu glissant du fait d'un détritus (Cass. 2e civ. 24-1-1985 : Bull. civ. II p. 14 ; sur un défaut de preuve, Cass. 2e civ. 11-7-2002 no 811 : RJDA 1/03 no 90) ;
- d'un escalier dont les marches étaient glissantes (Cass. 2e civ. 19-7-1972 : Bull. civ. II p. 184) ou qui présentait une structure irrégulière (Cass. 1e civ. 9-7-2002 no 1110 : RJDA 1/03 no 90) ;
- du bruit assourdissant causé par des engins de chantier (Cass. civ. 8-3-1978 : D. 1978.641 note Larroumet) ;
- d'une porte vitrée rendue dangereuse par la fragilité des vitres de grande dimension (Cass. 2e civ. 16-11-1978 : Bull. civ. II p. 185).

Dès lors que le dommage n'est pas imputable à une utilisation anormale de la chose, le gardien ne peut être exonéré que par une cause étrangère revêtant un caractère imprévisible et irrésistible (Cass. 2e civ. 29-5-1996 : RJDA 11/96 no 1426).

Le gardien ne peut pas être responsable du dommage survenu à la chose (Cass. 2e civ. 25-11-1992 : RJDA 1/93 no 83).

Garde de la chose La responsabilité du fait de la chose pèse sur le gardien de celle-ci, c'est-à-dire sur celui qui en a l'**usage,** la **direction et** le **contrôle** (Cass. ch. réunies 2-12-1941 : DC 1942.25 note Ripert ; Cass. ch. mixte 26-3-1971 : JCP G 1972.II.16957) ; la chose a plusieurs gardiens lorsque plusieurs personnes exercent sur elle les mêmes pouvoirs de direction et de contrôle (CA Lyon 23-5-1991 : GP 1993.som.341). **8069**

La garde d'une chose étant alternative et non cumulative, les qualités de gardien et de préposé sont incompatibles (Cass. 3e civ. 16-1-2020 no 19-10.489).

Sur la qualité de gardien du prestataire de services, no 19655.

Une présomption de garde pèse sur le **propriétaire** de la chose (Cass. 1e civ. 5-3-1980 : Bull. civ. I p. 38). Mais la responsabilité du propriétaire peut être écartée dans les deux cas présentés nos 8072 s. **8070**

1. Le propriétaire peut se dégager de sa responsabilité en prouvant qu'il avait **perdu les pouvoirs** d'usage, de direction et de contrôle (Cass. ch. mixte 4-12-1981 : D. 1982.365 concl. Cabannes note Chabas). Si la chose est dangereuse, ce transfert suppose, entre professionnels, que le propriétaire ait transmis toute information utile pour permettre au tiers de prévenir les dommages que la chose peut causer (cf. Cass. civ. 12-10-2000 : JCP G 2001.I.338 no 15 obs. Viney). **8072**

Le transfert de la garde résulte souvent de l'exécution d'un contrat.

Ainsi, la garde a été jugée transférée en cas de remise de la chose à un réparateur professionnel (Cass. civ. 8-12-1971 : JCP G 1972.IV.19), à un garagiste (Cass. civ. 27-4-1978 : D. 1978.IR.409 obs. Larroumet), à un transporteur (CA Amiens 25-6-1976 : D. 1977.IR.106 ; CA Douai 17-9-1987 : GP 1989.som.116), à un dépositaire bien que ce dernier n'ait pas le droit de se servir de la chose (Cass. 2e civ. 21-11-1973 : Bull. civ. II p. 202) ou à un locataire (Cass. 2e civ. 20-11-1996 : RJDA 3/97 no 459.som. ; Cass. 2e civ. 12-12-2002 : RJDA 6/03 no 665). Mais il arrive que la garde ne soit pas transférée en vertu du contrat (Cass. civ. 21-5-1979 : Bull. civ. no 149 : contrat de location de la chose ; Cass. civ. 15-12-1986 : D. 1987.221 note Larroumet : contrat de concession de l'exploitation d'un terril ; Cass. 1e civ. 16-6-1998 : RJDA 12/98 no 1438 : contrat de gardiennage d'un immeuble). Sur le transfert de la garde en cas de prêt à usage, no 23525.

Lorsque le propriétaire de la chose a confié celle-ci à un **préposé,** il en conserve la garde (Cass. 2e civ. 23-10-1969 : Bull. civ. II p. 209), sauf si le préposé a agi en dehors du cadre de ses fonctions (Cass. 2e civ. 8-11-1986 : Bull. civ. II p. 234). En conséquence, le préposé victime d'un dommage causé par la chose qu'il a utilisée peut agir contre son commettant pris en tant que gardien (Cass. 2e civ. 9-11-1972 : Bull. civ. II p. 226). Par ailleurs, lorsque la victime est un tiers, elle peut agir contre le propriétaire de la chose sur le fondement à la fois de la responsabilité du fait de la chose et de celle du fait du préposé (Cass. 2e civ. 17-6-1970 : Bull. civ. II p. 161), pourvu toutefois que les conditions de mise en œuvre de sa responsabilité en qualité de commettant soient remplies (nos 8135 s.).

8075 **2.** Lorsque la chose est dotée d'un **dynamisme propre et dangereux** susceptible de générer un dommage, tel un extincteur d'incendie, une bouteille d'oxygène liquide, voire un matériel quelconque, il y a lieu de distinguer :

– pour les dommages liés à la **« structure »** de la chose, c'est-à-dire ceux qui résultent d'un **défaut de fabrication** ou d'un vice, le gardien est celui qui dispose du pouvoir de contrôle sur les organes internes de la chose ; il s'agit essentiellement du fabricant, même envers l'acheteur (Cass. civ. 12-11-1975 : GP 1976.1.174 note Heno ; Cass. civ. 24-2-1983 : GP 1983.pan.212 ; Cass. 2e civ. 30-11-1988 : Bull. civ. II p. 130), de celui qui a l'obligation d'entretenir la chose, tel le bailleur même envers son locataire (Cass. 3e civ. 12-6-1969 : Bull. civ. III p. 359) ou le loueur (Cass. civ. 3-10-1979 : D. 1980.325 note Larroumet ; Cass. civ. 12-10-2000 : RTD civ. 2001.372 no 3 obs. Jourdain), du vendeur qui assure le service après-vente (Cass. civ. 14-11-1979 : D. 1980.325 note Larroumet), de la coopérative tenue de fournir un matériel en état à ses ouvriers (CA Nancy 24-10-2002 : JCP G 2004.IV.2033) ;

– pour les dommages liés au **« comportement »** de la chose, c'est-à-dire ceux qui proviennent d'une **mauvaise utilisation,** le propriétaire est en principe le gardien de la chose (pour des exemples, Cass. 2e civ. 26-3-1985 : Bull. civ. II p. 41 ; CA Versailles 5-2-1988 : GP 1988.som.374), sauf s'il démontre que la garde a été transférée à un tiers (no 8072).

La **victime** d'une chose dotée d'un dynamisme propre et dangereux est seulement tenue d'établir que le dommage provenait de ce dynamisme (par exemple, explosion) de la chose. Ce fait étant établi, l'explosion est présumée provenir de la structure même de la chose, sauf si le gardien de la « structure » prouve que le dommage provient en réalité d'un maniement défectueux ou d'une erreur de manipulation et qu'il est imputable au gardien du « comportement » (cf. Cass. 2e civ. 20-7-1981 : Bull. civ. II p. 109 et Cass. civ. 4-6-1984 : GP 1984.634 note Chabas).

Le dommage ne peut donc pas être imputé pour partie au gardien de la structure et pour partie au gardien du comportement : s'il n'est pas dû à un défaut dans la garde de la structure, il tient à un défaut dans la garde du comportement, et réciproquement (Cass. civ. 1-6-1987 : GP 1987.pan.222 ; Cass. 1e civ. 16-10-1990 : Bull. civ. I p. 152).

8078 **Exonération du gardien** Le gardien ne peut échapper à sa responsabilité que s'il prouve que le dommage est dû à une cause qui lui est étrangère, revêtant pour lui un caractère imprévisible et irrésistible, qu'il s'agisse d'un fait de la nature (Cass. 2e civ. 13-7-2006 no 1244 : RJDA 11/06 no 1189 : pluies exceptionnelles), d'une faute de la victime (Cass. 2e civ. 11-7-2002 no 842 : RJDA 1/03 no 91 ; Cass. 2e civ. 27-3-2014 no 13-13.790 : RJDA 6/14 no 580) pourvu qu'elle soit la cause exclusive du dommage (Cass. 2e civ. 7-4-2022 no 20-19.746 F-B), ou du fait d'un tiers (Cass. 2e civ. 15-3-2001 : RJDA 8-9/01 no 923).

L'événement n'est pas irrésistible si le gardien ne peut pas établir qu'il a été dans l'impossibilité de prendre les mesures que la prévisibilité de l'événement rendait nécessaires (Cass. 2e civ. 18-3-1998 : Bull. civ. II no 97).

La chute d'un pilote sur un circuit ne constitue pas un fait imprévisible pour les motards qui le suivent (Cass. 2e civ. 30-11-2023 no 22-16.820 F-B).

La cause étrangère exonère le gardien de sa faute personnelle, l'existence d'une cause étrangère établissant par elle-même que le gardien a eu un comportement irréprochable (Cass. 3e civ. 23-3-2017 no 16-12.870 F-D : GP 10-10-2017.som. p. 26 note Traullé).

Mais le gardien ne peut pas s'exonérer en opposant à la victime son acceptation des risques (Cass. 2e civ. 14-4-2016 no 15-17.732 F-PB : RJDA 7/16 no 577) ou le trouble mental qui l'affecte (C. civ. art. 414-3 ; Cass. 1e civ. 24-6-1987 : Bull. civ. I no 137).

8081 **Communication d'incendie** Le gardien de tout ou partie d'un immeuble ou de meubles dans lesquels un incendie a pris naissance n'est tenu à réparation des dommages causés aux tiers par cet incendie que s'il est prouvé qu'il doit être attribué à sa **faute** ou à la faute de personnes dont il est responsable (C. civ. art. 1242, al. 2).

Est gardien le vendeur d'un bateau non conforme aux normes minimales de sécurité qui, après l'avoir vendu en connaissance de cet état, effectue avec l'accord de l'acheteur une dernière sortie en mer au cours de laquelle le bateau prend feu et provoque l'incendie d'autres navires (Cass. 2e civ. 28-6-1995 : RJDA 1/96 no 168).

Est un tiers l'associé d'une société propriétaire d'un immeuble en jouissance à temps partagé qui demande à cette société réparation du préjudice causé par un incendie qui s'était déclaré dans un appartement du même immeuble et qui s'était propagé à son appartement, car ce faisant cet associé demande la réparation d'un préjudice étranger à l'exécution du contrat de jouissance à temps partagé (Cass. 2e civ. 9-6-1993 : RJDA 11/93 no 993).

L'incendie s'entend de toute combustion anormale et accidentelle (ce qui exclut les incendies allumés volontairement : Cass. civ. 13-6-1979 : GP 1979.som.425).

Tel est le cas notamment d'un feu destructeur embrasant la chose dans laquelle le feu a pris naissance et non de la production d'étincelles provoquant un incendie alentour (Cass. civ. 15-12-1976 : GP 1977.1.som.84 : étincelles produites par une moissonneuse-batteuse ; Cass. civ. 1-2-1978 : D. 1978.IR.321 : gerbe d'étincelles provoquée par l'inflammation d'un produit déclenchant ainsi une déflagration) ni de la production d'une forte chaleur par le conduit de cheminée de l'appartement voisin, laquelle a entraîné la lente combustion d'une poutre en bois dans l'appartement de la victime (Cass. 2e civ. 11-1-1995 : RJDA 3/95 n° 387).

La victime n'a pas à déterminer la **cause** première **de l'incendie** ni que celle-ci est liée à une chose dont est gardien l'occupant du fonds où l'incendie a pris naissance ; il suffit que l'incendie soit né dans l'immeuble ou les biens mobiliers du gardien et soit la cause du dommage (Cass. 2e civ. 13-3-2003 n° 292 : Bull. civ. II n° 62).

Tel est le cas notamment d'un incendie qui a pris naissance dans une remorque contenant des balles de foin, même si cet incendie provenait de gouttelettes d'essence enflammées s'échappant du moteur à explosion du tracteur et qui, par suite, s'est propagé à une forêt (Cass. civ. 31-1-1980 : GP 1980.pan.363 ; dans le même sens, Cass. 2e civ. 13-2-1991 : Bull. civ. II p. 27 ; Cass. 2e civ. 13-2-1991 : RJDA 4/91 n° 365 ; Cass. 2e civ. 13-3-1991 : Bull. civ. II p. 46).

Le gardien de la chose incendiée peut être tenu pour responsable, même si le dommage s'est produit cinq minutes après que l'incendie a été maîtrisé, dès lors qu'il serait dû à l'explosion de la chose incendiée (cf. Cass. 2e civ. 22-1-1976 : Bull. civ. II n° 21).

Mais s'il est prouvé que la chose de la victime a été incendiée par une explosion de sa télévision et non par la communication de l'incendie de la chose du gardien, celui-ci est alors responsable de plein droit en tant que gardien de la structure (Cass. 2e civ. 16-1-1991 n° 89-18.525 : Bull. civ. II n° 20).

La victime doit aussi établir que la naissance de l'incendie, son extension ou son aggravation était due à la négligence, à l'imprudence ou à la faute du gardien.

La faute du gardien peut résulter :

– de la mise en marche d'un moteur à essence dans une grange où se trouvait du fourrage et dont le sol était couvert de paille et alors que la température extérieure était élevée (TGI Vesoul 19-1-1988 : GP 1989.som.116) ;

– de l'entreposage à proximité directe d'un local à usage de maternité de porcs et chauffé grâce à une installation électrique complexe, dont l'exploitant n'a pu, au demeurant, produire le certificat de conformité, de matériaux hautement inflammables (CA Metz 11-1-1996 : JCP G 1996.IV.2276).

Mais la responsabilité extracontractuelle du gardien n'est pas engagée :

– sur la base de la simple constatation que le propriétaire du bien à l'origine de l'incendie ne s'était pas déchargé, même partiellement, de sa responsabilité en tant que gardien de la structure de la chose (Cass. 2e civ. 3-10-1979 : D. 1980.325 note Larroumet, à propos d'une société loueur d'un poste de télévision qui avait pris feu) ;

– si aucun lien de causalité entre la faute et l'incendie n'est établi, un tel lien ne résultant pas, à propos d'un incendie dont la cause n'a pu être déterminée, de la constatation que le propriétaire des objets qui se sont enflammés les entreposait sans protection ni précaution dans un passage malgré l'opposition des autres usagers (Cass. 2e civ. 18-6-1997 : RJDA 11/97 n° 1444) ;

– si l'origine inconnue du départ de feu et l'activation du système d'alarme comme des capteurs témoignent de son absence de faute (CA Paris 16-11-2017 n° 16/19549) ;

– sur le fondement de la responsabilité du fait des troubles excédant les inconvénients normaux de voisinage qui ne peut être étendue au cas de communication d'un incendie entre immeubles voisins, lequel est régi par les dispositions de l'article 1384 (devenu 1242, al. 2) du Code civil (Cass. 2e civ. 7-2-2019 n° 18-10.727 F-PB : RJDA 5/19 n° 387).

RESPONSABILITÉ SPÉCIFIQUE DU FAIT DES PRODUITS DÉFECTUEUX

Le régime spécifique de responsabilité du fait des produits défectueux est prévu aux articles 1245 à 1245-17 du Code civil. **8085**

Ce régime est issu de la transposition de la directive CEE 85/374 du 25 juillet 1985 modifiée par la directive 99/34 du 10 mai 1999 étendant son application aux produits du sol, de l'élevage, de la pêche et de la chasse.

Ces dispositions concernent les actions des victimes et des personnes poursuivies résidant en France au moment du dommage et, à défaut, les actions qui répondent aux critères définis par l'article 5 du règlement CE 864/2007 (sur ce règlement n° 8003) en cas de conflits entre les lois de deux ou plusieurs États membres de l'UE.

Le conflit avec la loi d'un pays autre que celle d'un État membre de l'UE est réglé, le cas échéant, par la convention de La Haye du 2 octobre 1973 sur la loi applicable à la responsabilité des fabricants pour les dommages causés par un produit ou, à défaut, par la loi désignée par les règles de droit commun des conflits de lois en matière extracontractuelle (n° 8003).

Champ d'application de la responsabilité Le régime de la responsabilité du fait des produits défectueux est une responsabilité sans faute, encore dite « objective » ou « de plein droit », qui s'applique au dommage résultant du défaut de sécurité d'un produit sans porter « atteinte aux droits dont la victime d'un dommage peut se prévaloir au titre de la **8088**

responsabilité contractuelle ou extracontractuelle ou au titre d'un régime spécial de responsabilité » (C. civ. art. 1245-17, al. 1) ; en conséquence :

– il exclut l'application d'autres régimes de responsabilité contractuelle ou extracontractuelle de droit commun fondés sur le défaut d'un produit qui n'offre pas la sécurité à laquelle on peut légitimement s'attendre, notamment le régime de responsabilité du fait des choses que l'on a sous sa garde qui, lorsqu'il est invoqué à l'encontre du producteur après la mise en circulation du produit, procède nécessairement d'un défaut de sécurité (Cass. 1e civ. 11-7-2018 n° 17-20.154 FS-PBI : RJDA 11/18 n° 872) ;

Mais la victime peut agir en responsabilité contre le producteur sur le fondement de la responsabilité extracontractuelle de droit commun si elle établit que son dommage résulte d'une faute commise par le producteur, telle qu'un maintien en circulation du produit dont il connaît le défaut ou encore un manquement à son devoir de vigilance quant aux risques présentés par le produit (Cass. 1e civ. 15-11-2023 n° 22-21.174 FS-B : RJDA 2/24 n° 135).

Par ailleurs, le fait que le fournisseur ait été déclaré responsable sur le fondement de la responsabilité du fait des produits défectueux n'exclut pas qu'il puisse être condamné à garantir le vendeur intermédiaire sur le fondement de la garantie des vices cachés (Cass. 1e civ. 19-4-2023 n° 21-23.726 F-B : RJDA 7/23 n° 409).

– il n'exclut pas l'application du régime jurisprudentiel français déclarant les hôpitaux publics responsables de plein droit de la défaillance d'un appareil ou d'un produit utilisé dans le cadre des soins dispensés, dès lors que l'hôpital mis en cause n'est pas le producteur au sens du régime spécifique puisqu'il ne participe pas à la chaîne de fabrication et de commercialisation du produit (CJUE 21-12-2011 aff. 495/10 : RJDA 4/12 n° 448), ni celle du régime de responsabilité pour faute ainsi que celle du régime de la garantie des vices cachés dès lors que le dommage n'est pas dû à un défaut de sécurité (Cass. com. 26-5-2010 n° 08-18.545 FS-PB : RJDA 8-9/10 n° 895 ; Cass. 1e civ. 10-12-2014 n° 13-14.314 F-PB : Bull. civ. I n° 209 ; Cass. 1e civ. 17-3-2016 n° 13-18.876 F-PB : RJDA 6/16 n° 493 ; Cass. 1e civ. 19-4-2023 n° 21-23.726 F-B : RJDA 7/23 n° 409) ; mais l'établissement de santé condamné du fait d'un produit défectueux a la possibilité de rechercher, à titre récursoire, la responsabilité du producteur sur le fondement du régime posé par les articles 1245 s. du Code civil, d'une part, et sur le terrain de sa responsabilité pour faute, d'autre part, la prescription décennale ne s'appliquant alors pas dans cette seconde hypothèse (CE 25-5-2022 n° 446692 : RJDA 12/22 n° 724) ;

– le producteur reste responsable des conséquences de sa faute et de celle des personnes dont il répond (C. civ. art. 1245-17, al. 2).

Le juge est tenu, lorsque les faits dont il est saisi le justifient, de faire application des règles d'ordre public issues du droit de l'UE, telle la responsabilité du fait des produits défectueux, même si le demandeur ne les a pas invoquées ; tel est le cas lorsque la victime, intoxiquée par les vapeurs d'un herbicide, met en cause la responsabilité extracontractuelle du producteur pour un manquement à son obligation d'information sur les risques d'utilisation de son produit sur la santé compte tenu de l'insuffisance des mentions portées sur l'étiquetage et l'emballage du produit (Cass. ch. mixte 7-7-2017 n° 15-25.651 PBRI : RJDA 11/17 n° 769). Un tel manquement, visé par la directive 85/374 et l'article 1245-3, al. 2 du Code civil (n° 8097), ne peut pas constituer un fondement distinct du régime de responsabilité du fait des produits défectueux, de sorte que la victime ne peut pas agir pour faute sur le terrain de la responsabilité extracontractuelle.

8091 **Fait générateur de la responsabilité** La responsabilité du fait des produits défectueux est engagée lorsqu'un produit est intervenu dans la réalisation d'un dommage dans les conditions exposées aux nos 8094 s.

8094 1. Le produit a porté une atteinte à **la personne** (C. civ. art. 1245-1, al. 1) **ou à un bien** autre que le produit défectueux lui-même si le dommage est supérieur à 500 € (art. 1245-1, al. 2 ; Décret 2005-113 du 11-2-2005).

Le bien visé peut être un bien professionnel car la disposition susvisée ne concerne pas les seuls biens destinés à la consommation privée (Cass. 1e civ. 11-7-2018 n° 17-20.154 FS-PBI : RJDA 11/18 n° 872).

Constituent une atteinte au bien lui-même les désordres affectant des plants de pommes de terre qui ont endommagé les fruits des semences, c'est-à-dire les pommes de terre de consommation (CA Grenoble 28-6-2006 : JCP G 2006.IV.3328), ou le défaut de sécurité affectant des bouteilles de gaz inerte elles-mêmes (Cass. com. 8-4-2021 n° 19-21.716 F-D : RJDA 8-9/21 n° 619).

La réparation de l'atteinte au produit défectueux lui-même relève du régime de droit commun de la responsabilité, notamment s'agissant de l'action d'un acheteur contre son vendeur (C. civ. art. 1231-1) (CA Grenoble 11-6-2008 n° 06/04305 : RDC 2009.542 obs. J.-S. Borghetti). Il en est de même de l'action en résolution de la vente du produit défectueux, dont l'objet n'est pas de réparer le dommage résultant d'une atteinte causée par ce produit ; elle se trouve hors du champ des dispositions relatives à cette réparation (Cass. 1e civ. 9-12-2020 n° 19-21.390 FS-PI : RJDA 6/21 n° 439).

À défaut de précision en restreignant la portée, l'article 1245-1 doit être entendu :
– en ce qui concerne l'atteinte à la personne, comme toute altération de l'intégrité d'une personne physique (mort, blessure, maladie, infection, brûlure, malformation d'une personne) ;
– en ce qui concerne l'atteinte à un bien, comme la destruction, la dégradation, la détérioration de tout élément sur lequel porte un droit, que cet élément soit corporel ou incorporel.

Tel est le cas d'un vin rendu impropre à la consommation par les débris de verre affectant les bouteilles le contenant (Cass. 1e civ. 1-7-2015 no 14-18.391 : RJDA 11/15 no 793) ou par l'utilisation d'un produit pour le fonctionnement d'une machine procédant à l'électrodialyse du vin qui lui a donné un « goût de bouchon » (Cass. 1e civ. 9-12-2020 no 19-17.724 FS-P : RJDA 4/21 no 277). Mais, au sens de la directive 85/374 du 25 juillet 2015, ne peut être retenue l'atteinte portée à un produit destiné à l'usage professionnel et utilisé pour cet usage ; cela n'interdit pas néanmoins qu'une disposition nationale permette à la victime d'une telle atteinte de l'invoquer si elle prouve le dommage, le défaut du produit et le lien de causalité entre ce défaut et le dommage (CJCE 4-6-2009 aff. 285/08 : RJDA 8-9/09 no 794. som. ; Cass. com. 26-5-2010 no 07-11.744 : RJDA 8-9/10 no 894 ; Cass. 1e civ. 14-10-2015 no 14-13.847 : RJDA 12/15 no 880), ou que soit retenue, par application de la directive, la responsabilité du producteur d'un produit affecté d'un défaut, quelle que soit la destination, privée ou professionnelle, de l'usage de ce produit (Cass. 1e civ. 11-1-2017 no 16-11.726 FS-PBI : RJDA 4/17 no 300 ; Cass. 1e civ. 21-10-2020 no 19-18.689 FS-PBRI : RJDA 3/21 no 204).

2. L'atteinte à prendre en compte est celle qui résulte d'une défectuosité qui a mis en cause la **sécurité « à laquelle on peut légitimement s'attendre »** de la part du produit en cause (C. civ. art. 1245-3, al. 1 ; Cass. 1e civ. 7-11-2006 no 1552 : RJDA 3/07 no 304 : à propos d'un béton générateur de brûlures ; CA Poitiers 8-3-2005 : JCP G 2005.IV.3268 : à propos de l'incendie spontané du moteur d'un véhicule ; CA Reims 12-1-2021 no 19/01413 : JCP G 2021.269 : à propos de l'incendie dû à une surtension du réseau de distribution de l'électricité assimilée à un défaut de sécurité de l'électricité fournie). **8097**

La simple imputabilité du dommage au produit incriminé ne suffit pas à établir le défaut du produit ou le lien de causalité entre ce défaut et le dommage (Cass. 1e civ. 27-6-2018 no 17-17.469 FS-PB : RJDA 11/18 no 873).

Cette sécurité doit être appréciée en tenant compte de toutes les circonstances et notamment de la présentation du produit, de l'usage qui peut en être raisonnablement attendu et du moment de sa mise en circulation (art. 1245-3, al. 2). Le manque de sécurité a été retenu pour information insuffisante sur le risque encouru attaché à la prise d'un médicament (Cass. 1e civ. 27-11- 2019 no 18-16.537 FS-PBI : RJDA 4/20 no 250).

Un produit ne peut être considéré comme portant atteinte à la sécurité attendue du seul fait qu'un autre, plus perfectionné, a été mis postérieurement en circulation (art. 1245-3, al. 3).

Il appartient à celui qui dénonce la défectuosité d'un produit d'en rapporter la preuve (Cass. 1e civ. 4-1-2015 no 13-27.505 : RJDA 6/15 no 468).

3. L'atteinte considérée doit résulter d'un **produit mis en circulation,** c'est-à-dire d'un produit dont le producteur s'est dessaisi volontairement, mais un même produit ne peut faire l'objet que d'une seule mise en circulation (C. civ. art. 1245-4). **8100**

Le produit est mis en circulation le jour où il quitte le processus de fabrication pour entrer dans le processus de commercialisation, qu'il soit directement vendu au consommateur ou qu'il transite par des distributeurs appartenant ou non au même groupe que le fabricant ; toutefois, lorsque le distributeur est une filiale à 100 % du fabricant, la juridiction nationale doit vérifier que cette dernière n'est pas impliquée dans le processus de fabrication (CJCE 9-2-2006 aff. 127/04 : JCP G 2006.II.10083 note Zarka).
La date de mise en circulation du produit s'entend, dans le cas de produits fabriqués en série, de la date de commercialisation du lot dont il faisait partie (Cass. 1e civ. 20-9-2017 no 16-19.643 : Bull. civ. I no 193 ; Cass. 1e civ. 21-10-2020 no 19-18.689 : RJDA 3/21 no 204).

Le produit susceptible d'être incriminé est constitué par tout bien meuble, même s'il est incorporé dans un immeuble, y compris les produits du sol, de l'élevage, de la chasse et de la pêche ; l'électricité est aussi considérée comme un produit (art. 1245-2).

Un logiciel infecté d'un virus peut être un produit défectueux dès lors qu'il a porté une atteinte à un système informatique.

Victimes de l'atteinte à la sécurité Tant le **consommateur** que le **professionnel** peut invoquer l'atteinte à sa personne ou à ses biens, les dispositions régissant la réparation d'une telle atteinte ne faisant aucune distinction entre ces deux qualités. **8103**

La victime peut demander cette réparation, qu'elle soit ou non liée par un contrat avec le producteur du produit mis en circulation (C. civ. art. 1245).

Responsables de l'atteinte à la sécurité L'obligation de réparer l'atteinte à une personne ou à un bien incombe : **8106**

1. Au **producteur** du produit cause de l'atteinte, qu'il soit ou non lié par un contrat avec la victime (C. civ. art. 1245), à savoir à celui qui, à titre professionnel, produit une matière première, fabrique un produit fini ou une matière composante (art. 1245-5, al. 1). C'est le cas de toute personne se présentant comme producteur en apposant sur le produit son nom, sa marque ou un autre signe distinctif, ou l'ayant autorisé (CJUE 7-7-2022 aff. 264/21 : D. 2022.2076 chr. Borghetti ; déjà en ce sens, Cass. 1e civ. 21-10-2020 n° 19-18.689 : RJDA 3/21 n° 204, se fondant sur l'étiquetage) ou qui intervient dans la fourniture du produit, tel le gestionnaire d'un réseau de distribution d'électricité dès lors qu'il modifie le niveau de tension de l'électricité en vue de sa distribution au client final (CJUE 24-11-2022 aff. 691/21 : RJDA 3/23 n° 172 ; Cass. com. 13-4-2023 n° 20-17.368 FS-B : RJDA 8-9/23 n° 481).

En cas de dommage causé par le défaut d'un produit incorporé dans un autre, le producteur de la partie composante et celui qui a réalisé l'incorporation sont solidairement responsables (art. 1245-7).

2. À **toute personne** que la loi assimile au producteur, c'est-à-dire qui, à titre professionnel (art. 1245-5, al. 2) :

– se présente comme producteur en **apposant** sur le produit son nom, **sa marque** ou tout autre signe distinctif ;

– **importe** un produit dans l'UE en vue d'une vente, d'une location, avec ou sans promesse de vente, ou de toute autre forme de distribution ;

– fait don d'un produit vendu sous marque de distributeur en tant que fabricant lié à une entreprise ou à un groupe d'entreprises, au sens de l'article R 412-47 du Code de la consommation.

Le **vendeur,** le **loueur** ou tout autre **fournisseur** professionnel n'est responsable du défaut de sécurité du produit dans les mêmes conditions que le producteur que si ce dernier demeure inconnu, tel n'étant pas le cas dès lors que le fournisseur a désigné son propre fournisseur ou le producteur dans le délai de trois mois à compter de la date à laquelle la demande de la victime lui a été notifiée (art. 1245-6, al. 1).

Le vendeur d'un véhicule d'occasion n'a pas été tenu responsable dès lors que le vice affectant ce véhicule n'était pas inhérent à sa fabrication (CA Colmar 30-10-2002 : JCP G 2003.IV.2935). Jugé également que n'a pas la qualité de fournisseur du produit incriminé l'établissement public de santé qui l'a utilisé dans le cadre d'une prestation de soins (CE 27-5-2021 n° 433822 : RJDA 1/22 n° 46).

La mise en cause du producteur, après l'expiration du délai de dix ans qui éteint l'action en réparation (n° 8127), au lieu et place du distributeur, quoique celui-ci ait été poursuivi dans le délai de dix ans, est impossible car cela reviendrait à admettre que ce délai puisse être interrompu à l'égard du producteur par une cause autre qu'une procédure judiciaire engagée à son encontre ; toutefois, les juges nationaux peuvent admettre la substitution lorsque le distributeur est une filiale à 100 % du fabricant et que celui-ci a déterminé en fait la mise en circulation du produit (CJUE 2-12-2009 aff. 358/08 : RJDA 2/10 n° 187).

En revanche, **ne répondent pas de l'atteinte** :

– le **coproducteur** du produit envers un autre coproducteur (Cass. 1e civ. 15-3-2017 n° 15-27.740 F-PB : RJDA 8-9/17 n° 593) ;

– le **crédit-bailleur** et le « loueur assimilable au crédit-bailleur » (art. 1245-6, al. 1) ;

– les personnes dont la responsabilité peut être recherchée sur le fondement des articles 1792 à 1792-6 et 1646-1 du Code civil, c'est-à-dire au titre de la garantie décennale des **constructeurs d'ouvrages** (art. 1245-5, al. 3).

8109 **Causes d'exonération de responsabilité** La responsabilité **de plein droit** du producteur est écartée dans les seuls cas suivants (CA Toulouse 14-12-2004 n° 03-809 : RJDA 3/06 n° 340, excluant la force majeure).

8112 **1.** Le **producteur** est exonéré de sa responsabilité s'il **prouve** (C. civ. art. 1245-10) :

– qu'il n'avait pas mis le produit en circulation ;

Un produit défectueux est mis en circulation lorsqu'il est utilisé à l'occasion d'une prestation de services concrète, de nature médicale, consistant à préparer un organe humain en vue de sa transplantation et que le dommage causé à celui-ci est consécutif à cette préparation (CJCE 10-5-2001 : JCP G 2002.II.10141 note Gaumont-Prat).

– que, compte tenu des circonstances, il y a lieu d'estimer que le défaut ayant causé le dommage n'existait pas au moment où le produit a été mis en circulation par lui ou que ce défaut est né postérieurement ;

La constatation, par le juge, du défaut d'un produit n'implique pas que le producteur ait eu connaissance des risques lors de sa mise en circulation (Cass. 1e civ. 25-2-2016 n° 15-11.257 : CCC 2016 comm. n° 111 note Leveneur).

– que le produit n'était pas destiné à la vente ou à toute autre forme de distribution ;

L'exonération pour absence d'activité dans un but économique ou d'activité professionnelle (Dir. CE 85/374 du 25-7-2015 art. 7, c) ne s'applique pas au cas d'un produit défectueux qui a été fabriqué et utilisé dans le cadre d'une prestation médicale concrète qui est entièrement financée par des fonds publics et pour laquelle le patient ne doit verser aucune contrepartie (CJCE 10-5-2001, précité).

– que l'état des connaissances scientifiques et techniques, au moment où il a mis le produit en circulation, ne permettait pas de déceler l'existence du défaut (cf. CA Toulouse 22-2-2000 : JCP G 2000.II.10429 note Le Tourneau : défaut décelable) ;

La Cour de justice des Communautés européennes (devenue CJUE) a précisé que l'état des connaissances scientifiques et techniques, visé à l'article 7 de la directive CE 85/374, doit être apprécié de manière objective, et non seulement au regard de la pratique et des normes de sécurité en usage dans le secteur industriel dans lequel opère le producteur, et doit prendre en considération le niveau le plus élevé de ces connaissances (CJCE 29-5-1997 : Rec. I-2663).

– que le défaut est dû à la conformité du produit avec des règles impératives d'ordre législatif ou réglementaire ; mais le producteur ne peut **pas** être exonéré par le fait que le produit a été fabriqué dans le respect des règles de l'art ou des normes existantes, ou qu'il a fait l'objet d'une autorisation administrative (art. 1245-9).

2. Le producteur d'une **partie composante** n'est pas responsable s'il établit que le défaut est imputable à la conception du produit dans lequel cette partie a été incorporée ou aux instructions données par le producteur de ce produit (C. civ. art. 1245-10, al. 2). **8115**

3. La responsabilité du producteur **peut** être réduite ou supprimée, « compte tenu de toutes les circonstances », lorsque le dommage a été causé conjointement par un défaut du produit et par la **faute de la victime** ou d'une personne dont la victime est responsable (C. civ. art. 1245-12). Il est donc exclu que la responsabilité du producteur soit réduite au motif que la faute de la victime a seulement aggravé le dommage (Cass. 1e civ. 2-6-2021 nº 19-19.349 FS-P : RJDA 8-9/21 nº 620). **8118**

Le producteur ne peut pas s'exonérer de sa responsabilité ou limiter celle-ci en établissant qu'un tiers a concouru à la réalisation du dommage (art. 1245-13 ; pour une application, Cass. 1e civ. 28-11-2018 nº 17-14.356 FS-PB : RJDA 3/19 nº 232). Il ne peut pas non plus s'exonérer s'il résulte des pièces produites qu'à la date de mise en circulation du produit, il avait eu toute latitude pour connaître le défaut lié à l'étiquetage du produit et à l'absence de mise en garde sur la dangerosité particulière de certains travaux (Cass. 1e civ. 21-10-2020 nº 19-18.689 : RJDA 3/21 nº 204).

Clauses élusives ou limitatives de la responsabilité Les clauses qui écartent ou limitent la responsabilité du fait des produits défectueux sont **interdites** et réputées non écrites (C. civ. art. 1245-14, al. 1). **8121**

Toutefois, elles sont **valables** entre personnes agissant à titre professionnel à condition qu'elles ne concernent que les dommages causés aux biens qui ne sont pas principalement utilisés par la victime pour son usage ou sa consommation privée (art. 1245-14, al. 2).

Les dommages exclus doivent s'entendre, à notre avis, de tous les préjudices pouvant résulter de l'atteinte aux biens puisque, comme il est dit nº 8124, la victime a droit à la réparation de tous les préjudices ; l'exclusion ne saurait donc être limitée aux préjudices matériels au motif que la loi a ici visé non plus le « dommage résultant d'une atteinte » mais les « dommages causés aux biens ».

Réparation de l'atteinte à la sécurité La victime d'une atteinte à sa personne ou à ses biens peut obtenir réparation si elle prouve le dommage, le défaut du produit et le lien de causalité entre le défaut et le dommage (C. civ. art. 1245-8 ; Cass. 1e civ. 4-2-2015 nº 13-27.505 : RJDA 6/15 nº 468). Lorsque cette preuve est établie, la victime a droit à la réparation de plein droit sauf si le producteur prouve qu'il peut bénéficier d'une cause d'exonération (art. 1245-10 ; nºs 8109 s.). **8124**

La victime a droit « à la réparation du dommage qui résulte » de l'atteinte à sa personne ou à ses biens, dans la mesure où ce dommage est supérieur à 500 € (art. 1245-1 ; Décret 2005-113 du 11-2-2005). Le terme « dommage » n'étant l'objet d'aucune restriction, la victime peut demander la réparation de tous les préjudices qu'elle subit, tant matériels qu'immatériels ; cette solution est compatible avec la directive CE 85/374 du 25 juillet 2015 pour autant que la victime rapporte seulement la preuve du dommage, du défaut du produit et du lien de causalité entre ce défaut et le dommage (CJCE 4-6-2009 aff. 285/08 : RJDA 8-9/09 nº 794).

Exercice de l'action en réparation L'action en réparation du dommage dû au produit défectueux **s'éteint dix ans** après la mise en circulation de ce produit à moins que, durant cette période, la victime n'ait engagé une action en réparation (C. civ. art. 1245-15). Au terme de ce délai, le producteur peut encore être poursuivi, mais dans les conditions du droit commun de la responsabilité. **8127**

Sur l'impossibilité d'agir après l'expiration du délai de dix ans contre le producteur au lieu et place du distributeur initialement poursuivi dans le délai de dix ans, nº 8106.

À l'intérieur du délai de dix ans, l'action **se prescrit** dans le délai de trois ans à compter de la date à laquelle le demandeur a eu ou aurait dû avoir connaissance du dommage, du défaut et de l'identité du producteur (C. civ. art. 1245-16 ; sur une action non prescrite compte tenu du jour où le défaut a été connu, Cass. 1e civ. 27-11- 2019 n° 18-16.537 FS-PBI : RJDA 4/20 n° 250).

Le fournisseur (vendeur ou loueur) poursuivi en justice par la victime du dommage et qui appelle le producteur en garantie doit agir dans l'année suivant le moment où il est lui-même cité en justice (art. 1245-6, al. 2).

Le lieu où le dommage s'est produit, au sens du règlement CE 44/2001 du 22 décembre 2000 sur la **compétence** judiciaire (désormais Règl. UE 1215/2012 du 12-12-2012), s'entend à la fois du lieu où le dommage est survenu et de celui de l'événement causal ; le défendeur, lorsque ces lieux ne sont pas identiques, peut être attrait devant le tribunal de l'un d'eux ; correspond à un de ces lieux celui où le dommage initial est survenu du fait de l'utilisation normale du produit aux fins auxquelles il est destiné (Cass. 1e civ. 19-12-2018 n° 17-25.803 F-D : RJDA 5/19 n° 396).

RÉPARATION DU PRÉJUDICE ÉCOLOGIQUE

8129 **Préjudice réparable** Toute personne responsable d'un préjudice écologique est tenue de le réparer (C. civ. art. 1246). À ce titre, sont réparables l'**atteinte** non négligeable aux éléments ou aux fonctions des écosystèmes ou aux bénéfices collectifs tirés par l'homme de l'**environnement** (art. 1247) ainsi que les **dépenses exposées** pour prévenir la réalisation imminente du dommage, pour éviter son aggravation ou pour en réduire les conséquences (art. 1251).

En l'absence de précision dans la loi, le responsable doit être déterminé en application du droit commun, c'est-à-dire par les règles, selon le cas, de la responsabilité contractuelle ou par celles de la responsabilité extracontractuelle.

Les articles 1246 s. sont applicables à la réparation des préjudices dont le fait générateur est antérieur au 1er octobre 2016 s'ils n'ont pas donné lieu à une action en justice introduite avant cette date (Loi 2016-1087 du 8-8-2016 art. 4, VIII). Avant la loi de 2016, le principe de la réparation du préjudice résultant d'une atteinte à l'environnement était déjà admis (Cass. crim. 25-9-2012 n° 10-82.938 : D. 2012.2711 note Delebecque ; TGI Tarascon 29-7-2014 n° 706/2014 : D. 2014.1694 note Neyret).

La **réparation** s'effectue par priorité **en nature** mais, en cas d'impossibilité de droit ou de fait ou d'insuffisance des mesures de réparation, le responsable est condamné à verser des dommages-intérêts (art. 1249, al. 1 et 2).

L'évaluation du préjudice tient compte, le cas échéant, des mesures de réparation déjà intervenues en particulier dans le cadre de la mise en œuvre des articles L 160-1 s. du Code de l'environnement (art. 1249, al. 3).

Les dommages-intérêts sont versés à l'État si le demandeur ne peut pas prendre les mesures utiles à la réparation de l'environnement (art. 1249, al. 2). Il en est de même de l'astreinte (art. 1250).

« La protection de l'environnement, patrimoine commun des êtres humains », inscrite dans le préambule de la Charte de l'environnement, est un objectif de valeur constitutionnelle (Cons. const. 31-1-2020 n° 2019-823 QPC).

8130 **Exercice de l'action** L'action en répartition du préjudice écologique est ouverte à toute **personne** ayant qualité et intérêt à agir, notamment l'État, l'Office français de la biodiversité, les collectivités territoriales et leurs groupements dont le territoire est concerné, ainsi que les établissements publics et les associations, agréées ou créées depuis au moins cinq ans à la date d'introduction de l'instance, qui ont pour objet la protection de la nature et la défense de l'environnement (C. civ. art. 1248).

Outre la réparation du préjudice écologique, ces personnes peuvent demander au juge d'ordonner les mesures raisonnables propres à prévenir ou faire cesser le dommage (art. 1252).

L'action se **prescrit** par dix ans à compter du jour où le titulaire de l'action a connu ou aurait dû connaître la manifestation du préjudice écologique (art. 2226-1).

RESPONSABILITÉ DU FAIT DES PRÉPOSÉS

8135 Les commettants, principalement les employeurs, doivent réparer les dommages causés dans l'exercice de leurs fonctions par les personnes auxquelles ils ont recours (C. civ. art. 1242, al. 5).

8138 **Qualité de préposé** Est un préposé la personne qui reçoit d'une autre, le commettant, des ordres ou des instructions sur la façon d'exercer les activités qui lui ont été confiées, avec ou sans rémunération, à titre temporaire ou permanent (Cass. crim. 14-6-1990 : Bull. crim. p. 629). Peu importe que le donneur d'ordre soit ou non qualifié pour prescrire les directives qu'il a formulées (Cass. crim. 12-1-1977 : D. 1977.IR.330 note Larroumet : ordre d'un bailleur à son locataire de poser une canalisation d'eau).

La subordination est exclue lorsque les intéressés sont liés par un contrat qui laisse à son exécutant la liberté de ses initiatives ; ainsi ne sont pas considérés comme des préposés :
- l'exécutant d'un contrat d'entreprise, y compris le transporteur (Cass. civ. 15-1-1954 : D. 1954.169) ;

– les mandataires à l'égard de leur mandant (Cass. soc. 15-11-1972 n° 71-40.701 : Bull. civ. V n° 618), sauf circonstances spéciales caractérisant un pouvoir de surveillance (Cass. civ. 4-12-1945 : JCP G 1946.II.3110 note J. R.) ;
– les gérants d'affaires par rapport aux maîtres d'affaires (Cass. civ. 24-7-1935 : GP 1935.2.598) ;
– les associés à l'égard des autres associés (CA Paris 4-7-1934 : GP 1934.2.724) ;
– l'emprunteur, même employé de la société, lorsque cette dernière lui a prêté un véhicule pour son usage personnel (Cass. 1e civ. 28-10-1986 : Bull. civ. I p. 229).

Sur l'incompatibilité des qualités de préposé et de gardien, n° 8069.

Détermination du commettant La qualité de commettant est attachée à celui qui ordonne à la personne qui agit pour son compte. Elle peut être partagée ou transférée. 8141

1. Pluralité d'employeurs. Lorsque le préposé exerce ses fonctions successivement pour plusieurs employeurs, le commettant responsable est celui au service duquel se trouvait le préposé lorsqu'il a commis l'acte dommageable (CA Paris 25-2-1977 : D. 1977.IR.329 note Larroumet). En revanche, s'il travaille simultanément pour plusieurs d'entre eux, il est toujours loisible à la victime d'obtenir leur condamnation in solidum (Cass. civ. 9-2-1967 : GP 1967.1.224 ; CA Orléans 21-4-1986 : GP 1986.628).

2. Mise à la disposition d'un tiers. Seul est responsable, sauf convention contraire, l'employeur qui a la direction du salarié au moment de l'acte dommageable.

Ainsi en est-il, selon l'interprétation souveraine des juges (Cass. crim. 20-10-1987 : Bull. crim. p. 960), qui peuvent tenir compte, le cas échéant, des stipulations contractuelles liant les parties à la mise à disposition du salarié (cf. Cass. 3e civ. 22-10-1974 n° 73-12.057 : Bull. civ. III n° 370 ; Cass. com. 22-5-1975 n° 74-11.095 : Bull. civ. IV n° 135 ; Cass. com. 26-1-1976 : GP 1976.1.100) :
– du transporteur qui, aux termes du contrat, reste responsable de son chauffeur (Cass. 2e civ. 22-4-1970 : Bull. civ. II p. 103) ;
– de l'entrepreneur, employeur du salarié auteur du dommage, bien qu'il ait exécuté en régie des travaux pour le compte de l'administration des Ponts et Chaussées, dès lors que celle-ci s'est bornée à lui fixer les travaux à réaliser et à contrôler les horaires de travail et qu'il a utilisé son personnel resté sous son autorité (Cass. 1e civ. 17-7-1973 n° 72-12.751 : Bull. civ. I n° 249) ;
– de l'employeur d'un salarié tenu de conduire un tracteur chez un réparateur pour que ce dernier y attache une faucheuse, alors même que la garde du tracteur était au réparateur (Cass. civ. 9-11-1976 : D. 1977.IR.107) ;
– du bailleur d'un ponton qui a utilisé les services d'un mécanicien treuilliste qu'avait mis à sa disposition le locataire du matériel (Cass. com. 13-5-1980 : JCP G 1980.IV.281) ;
– de l'utilisateur d'un personnel intérimaire, l'utilisateur ne pouvant invoquer, pour s'exonérer, son incompétence au regard des tâches effectuées par l'intérimaire qui ne lui permet pas de les vérifier, car il lui appartient d'assumer les conséquences de ses choix de recourir à des entreprises de travail temporaire plutôt qu'à des sous-traitants spécialisés (CA Lyon 18-5-2006 n° 04-6807 : Bull. inf. C. cass. 2007 n° 1895) ; l'utilisateur peut néanmoins rechercher la responsabilité de l'entreprise d'intérim pour sa faute personnelle dans le recrutement et l'envoi en mission de son personnel (Cass. civ. 28-5-1980 : D. 1981.IR.136) ; mais la société de travail intérimaire est le commettant lorsqu'elle a délivré un certificat de travail, payé les appointements et les cotisations de sécurité sociale, alors que l'entreprise utilisatrice s'est bornée à fournir au salarié les pièces et documents nécessaires à son travail (Cass. crim. 29-11-1973 : D. 1974.194 note Dauvergne), la convention contraire étant possible (Cass. crim. 10-5-1976 : GP 1976.2.587).

Dommages réparables Le commettant répond de tous dommages causés par son préposé lorsque ce dernier a trouvé dans son emploi l'occasion et les moyens de sa faute (Cass. crim. 21-12-1976 : Bull. crim. p. 953 ; Cass. 2e civ. 17-3-2011 n° 10-14.468 : D. 2011.1530 note Sindres). 8144

Il ne peut dès lors invoquer pour s'y soustraire :
– l'engagement pris par la victime, dans le contrat de dépôt de son véhicule dans son garage, de le dégager de sa responsabilité pour les vols qui y seraient commis (Cass. crim. 6-6-1946 : GP 1946.2.97) ;
– la circonstance qu'il n'avait pu empêcher le fait dommageable (Cass. crim. 3-5-1979 : Bull. crim. n° 157) ;
– l'existence d'un trouble mental affectant le préposé (C. civ. art. 414-3), solution appliquée à toutes les responsabilités extracontractuelles (Cass. 2e civ. 24-6-1987 n° 84-15.173 : Bull. civ. II n° 137, à propos de l'ex-art. 489-2 mais transposable).

Mais la victime ne doit pas avoir été en mesure de se rendre compte de l'abus de fonctions commis par ce préposé (Cass. 2e civ. 13-11-1992 : RJDA 1/93 n° 85 ; rappr. Cass. 2e civ. 8-6-1995 : RJDA 12/95 n° 1484).

L'application de cette règle appelle les observations suivantes.

1. La **nature du dommage** commis importe peu. Ainsi, le commettant peut être condamné à réparer les conséquences des agissements de son préposé, que ces derniers constituent : 8147

– des crimes (Cass. crim. 20-11-1974 : GP 1975.1.som.97 : rapt d'enfant ; Cass. crim. 26-7-1977 : D. 1978.IR.109 obs. Puech : tentative d'homicide volontaire) ;

– des délits pénaux (Cass. crim. 18-6-1979 : D. 1980.IR.36 note Larroumet : introduction clandestine en France de livres et de matériels pornographiques ; Cass. ass. plén. 19-5-1988 : GP 1988.640 concl. Dorwling-Carter : abus de confiance par détournement de fonds ; Cass. crim. 23-6-1988 : Bull. crim. p. 771, 6 arrêts relatifs, pour les arrêts 1 et 3 à des violences sur les personnes et, pour les arrêts 2, 4, 5 et 6 à des vols, escroqueries, abus de confiance, faux) ;

– des délits ou des quasi-délits civils, tels que le déversement de fioul dans une carrière afin d'échapper à la constatation d'un détournement de la marchandise (Cass. crim. 3-5-1979 : D. 1979.IR.530), l'incendie provoqué par des ouvriers pendant qu'ils prenaient leur repas sur leur lieu de travail (Cass. civ. 27-11-1976 : GP 1976.1.som.15), un accident de la circulation (Cass. civ. 28-1-1970 : D. 1970.som.88).

8150 **2.** Le **commettant** est **exonéré** seulement lorsque le **préposé** a **agi hors** de ses **fonctions,** sans autorisation et à des fins étrangères à ses attributions (Cass. ass. plén. 19-5-1988 : D. 1988.513 note Larroumet) et non parce qu'il n'a pas commis de faute (Cass. 2e civ. 17-6-2021 no 20-14.463 F-D).

Tel est le cas : d'opérations de contrebande commises sur des marchandises en transit dans les entrepôts d'un transitaire (Cass. crim. 2-5-1984 : Bull. crim. p. 393) ; de l'incendie volontairement allumé par un préposé d'une société de surveillance dans le bâtiment qu'elle était chargée de protéger (Cass. ass. plén. 15-11-1985 : D. 1986.81 note Aubert ; Cass. crim. 16-2-1999 : Bull. crim. no 23) ; des vols commis par des préposés sur leurs lieux de travail (Cass. crim. 8-11-1993 : RJDA 3/94 no 375 ; Cass. 2e civ. 22-5-1995 : RJDA 10/95 no 1189) ou grâce aux informations que leur procurent leurs fonctions (CA Paris 20-4-2017 no 15/22256) ; du vol par un intérimaire en dehors de ses heures de travail (CA Paris 8-12-1977 : Rev. jur. com. 1981.93 note Mancin).

C'est aussi le cas, en particulier, lorsque le préposé utilise le véhicule de fonction de son employeur à des fins personnelles et sans autorisation (Cass. ass. plén. 17-6-1983 : JCP G 1983.II.20120 concl. Sadon note Chabas ; Cass. 2e civ. 11-4-1986 : Bull. civ. II p. 33), en dehors de ses heures de travail (Cass. civ. 11-4-1986 : GP 1986.pan.159) ou dans des conditions non conformes aux fonctions : ainsi du chauffeur qui confie la conduite du véhicule à un employé de l'entreprise non titulaire du permis de conduire (Cass. civ. 5-2-1981 : GP 1981.pan.206), qui ne remet pas les clés du véhicule, comme prescrit, au client de son employeur (Cass. crim. 18-7-1978 : GP 1979.som.50), qui fait monter à bord du véhicule un passager au mépris de l'interdiction formelle qui lui en était faite par une plaque apposée à l'intérieur de sa cabine (CA Lyon 25-1-1985 : BT 1985.522). Mais le chauffeur peut être considéré comme ayant agi dans ses fonctions dès lors qu'il disposait, en vertu de ces dernières, d'une grande latitude dans l'organisation de son travail (Cass. 2e civ. 18-11-1987 : Bull. civ. II p. 130 ; Cass. crim. 21-3-1989 : Bull. crim. p. 363) ou qu'il s'est borné à avancer la date du déplacement prévu (Cass. 2e civ. 3-7-1991 : RJDA 10/91 no 865).

L'abus de fonctions n'existe pas du seul fait que le préposé a agi sans l'autorisation de son commettant (Cass. crim. 24-1-1994 : RJDA 3/94 no 375). A agi dans ses fonctions, par exemple, le préposé d'une société qui a émis des chèques à son profit personnel en imitant la signature du président, car il agissait au titre de ses attributions de directeur de gestion chargé de faire établir les chèques destinés au Trésor public (Cass. com. 7-6-1994 : RJDA 11/94 no 1173).

Sur la responsabilité des banques dont les employés sont réputés, au regard de la clientèle, agir dans l'exercice de leurs fonctions, Cass. 2e civ. 13-11-1991 : RJDA 12/91 no 1103 ; Cass. com. 25-2-1992 : RJDA 6/92 no 669 ; Cass. 2e civ. 28-2-1996 : RJDA 7/96 no 1000 ; Cass. 2e civ. 24-6-1998 : Bull. civ. II p. 133. La conscience que le préposé agit hors de ses fonctions s'apprécie de manière subjective à l'égard du client (CA Paris 3-10-1996 : D. 1996.IR.230).

Il importe peu que le préposé se soit placé hors de ses fonctions avec discernement ou non (Cass. civ. 9-5-1990 : GP 1990.pan.191).

Il incombe au commettant de rapporter la preuve de l'abus de fonctions, laquelle a été jugée non établie sur le fondement de la seule déclaration du préposé et d'une attestation de quatre employés de l'entreprise (Cass. 2e civ. 24-1-1996 : RJDA 6/96 no 864).

8156 **Actions de la victime** Lorsque le préposé a agi dans les limites de ses fonctions, la victime a une action contre le commettant et exceptionnellement contre le préposé.

1. La victime qui intente une action **contre le commettant** n'a pas à établir la faute personnelle de ce dernier, ni à obtenir la condamnation préalable du préposé, ni à le mettre en cause personnellement (Cass. civ. 11-3-1970 : D. 1971.som.211). Il lui suffit d'établir que le dommage est dû au fait du préposé dans le cadre de ses fonctions et dans des conditions susceptibles d'engager la responsabilité personnelle de ce dernier. Ces circonstances sont présumées lorsque le fait a été commis dans l'enceinte de l'entreprise (Cass. crim. 10-11-1987 : Bull. crim. p. 1051).

Cependant, devant les juridictions répressives, la responsabilité pénale du préposé doit être préalablement établie pour pouvoir demander la condamnation civile du commettant en tant que civilement responsable (Cass. crim. 17-5-1976 : D. 1977.650 rapport Lecourtier obs. Durry).

Dès lors qu'il a été jugé que l'employeur n'était pas délictuellement responsable de son préposé, lui-même condamné à indemniser la victime, celle-ci n'a pas été admise à prétendre obtenir la même réparation de cet employeur sur le fondement de la responsabilité contractuelle au motif que l'autorité de la chose jugée constituait une fin de non-recevoir (TGI Paris 10-10-1990 : Bull. inf. C. cass. 1991.210).

Le commettant est tenu de toute somme ayant un caractère de réparation mise à la charge de son préposé (Cass. crim. 19-1-1955 : Bull. crim. p. 82 : amendes fiscales).

2. La victime peut poursuivre **le préposé** seulement si son préjudice résulte d'agissements de ce dernier hors des fonctions auxquelles il était employé, sans autorisation et à des fins étrangères à ses attributions (Cass. ass. plén. 25-2-2000 : RJDA 5/00 n° 614 ; Cass. 2e civ. 12-5-2011 n° 10-20.590 : D. 2011.1938 note Gout) ; toutefois, elle peut poursuivre le préposé qui a été condamné pénalement pour avoir intentionnellement commis une infraction qui lui a porté préjudice, même si ce préposé a agi sur l'ordre du commettant (Cass. ass. plén. 14-12-2001 n° 00-82.066 P : RJDA 3/02 n° 330).

L'exonération du commettant est désormais déterminée dans des termes différents de ceux de décisions qui l'avaient admise en cas d'infraction pénale ou de faute intentionnelle (Cass. 2e civ. 20-12-2007 n° 07-13.403 : D. 2008.1248 note Mouly ; Cass. 2e civ. 21-2-2008 n° 06-21.182 : D. 2008.2125 note Laydu ; CA Besançon 7-5-2008 n° 07-402 : Bull. inf. C. cass. 2008 n° 1838).

3. La victime peut aussi agir **contre le commettant et le préposé** si elle établit qu'ils sont civilement coauteurs du dommage et demander leur condamnation in solidum (Cass. civ. 17-4-1979 : D. 1980.IR.114).

4. La victime, créancier d'une obligation contractuelle, peut se prévaloir contre le débiteur de cette obligation des règles de la responsabilité extracontractuelle pour demander la réparation du préjudice résultant d'un fait distinct, commis par un salarié de ce dernier (Cass. com. 24-5-2023 n° 21-25.081 F-D).

Recours du commettant contre son préposé Le commettant ne peut se retourner contre son préposé que si le dommage que celui-ci a causé dans les limites de ses fonctions est dû à sa faute personnelle (cf. Cass. com. 12-10-1993 n° 91-10.864 : D. 1994.124 note Viney ; pour une application, Cass. 1e civ. 12-7-2007 n° 06-13.790 : D. 2007.2908 note Porchy-Simon), aucune loi ne l'interdisant, et ce, sans qu'il soit nécessaire d'établir une faute lourde à sa charge (Cass. civ. 20-3-1979 n° 77-10.962 : GP 1979.som.340). 8159

Pour établir la faute personnelle du préposé, il peut être tenu compte de la solution appliquée pour déterminer si un agent d'un service public a commis une telle faute, ce qui est le cas s'il a commis un acte involontaire mais d'une gravité certaine (Cass. 1e civ. 2-6-1993 n° 90-11.275 : Bull. civ. I n° 202).

Non-recours du préposé contre le commettant La responsabilité du commettant étant instituée dans l'intérêt exclusif des victimes (Cass. crim. 3-6-1970 n° 69-92.312 : Bull. crim. n° 181 ; Cass. 2e civ. 28-10-1987 n° 86-11.839 : Bull. civ. II n° 214 ; CA Aix 27-9-2005 n° 01-10049 : Bull. inf. C. cass. 2006 n° 918), le préposé ne peut pas exercer un recours contre le commettant si la victime l'assigne seul en responsabilité (Cass. civ. 26-2-1974 : D. 1974.409 note Le Tourneau). 8160

Il ne peut le faire que si le commettant a commis une faute personnelle pouvant justifier un partage de responsabilité avec le préposé (Cass. 1e civ. 25-11-1992 : Bull. civ. I n° 293) ou s'il est coauteur du dommage avec ce dernier (n° 8156).

Rapports du préposé avec un tiers, cocontractant du commettant Le préposé, qui poursuit la réparation du préjudice que lui aurait personnellement causé un tiers, lui-même cocontractant de son commettant, peut se voir opposer sa propre faute par ce tiers (Cass. com. 10-12-2013 n° 11-22.188 : RJDA 3/14 n° 249). 8161

Cas particulier de la responsabilité du fait des apprentis Une responsabilité comparable à celle du fait des préposés, exposée nos 8135 s., mais distincte à certains égards, pèse sur le commettant qui emploie des apprentis. 8162

La responsabilité du fait des apprentis est expressément mise, par la loi, à la charge des artisans (C. civ. art. 1242, al. 6). Elle a néanmoins été étendue par les tribunaux à tout commettant, même non artisan, qui accepte de former des apprentis en contrepartie des travaux que ceux-ci fournissent (Cass. crim. 30-6-1943 : JCP G 1943.II.2383 note J. D.).

Cette responsabilité obéit aux règles suivantes :

– le commettant répond de tout dommage imputable à la faute de l'apprenti ou au fait de la chose dont celui-ci a la garde, tant qu'il est en mesure d'exercer sur lui sa surveillance (Cass. crim. 14-5-1980 : Bull. crim. p. 353) ;

Il importe peu dès lors que le dommage soit causé par l'apprenti pendant un trajet pour se rendre à ses cours (Cass. crim. 6-1-1953 : S. 1954.1.9 note Blanc) ou pendant une absence non autorisée des lieux de travail (Cass. crim. 14-5-1980, précité), ou encore pendant les jours de congé si l'employeur fournit aussi l'hébergement (Cass. crim. 30-6-1943, précité).

– le commettant est responsable dès lors qu'il s'est engagé à fournir une formation professionnelle à l'apprenti et que celui-ci lui a promis, en contrepartie, d'apporter son travail, même si le contrat d'apprentissage n'est pas conforme aux prescriptions du Code du travail (Cass. crim. 18-2-1959 : GP 1959.1.som.26) ;

– le commettant n'est pas responsable s'il établit qu'il a correctement surveillé l'apprenti pendant qu'il était sous sa surveillance (Cass. civ. 8-12-1961 : JCP G 1962.II.12658 note Pierron) ou que celui-ci en était sorti au moment du dommage parce qu'il était à ce moment-là de retour chez ses parents (Cass. req. 9-1-1934 : D.H. 1934.98) ou dans un centre de formation (cf. CA Amiens 12-12-1949 : D. 1950.32).

RESPONSABILITÉ DU FAIT D'AUTRUI

8170 Indépendamment des cas de responsabilité du fait d'autrui prévus par la loi (notamment ceux de l'article 1242 du Code civil : père et mère, maîtres et commettants, instituteurs et artisans), toute personne qui accepte la charge d'organiser et de contrôler, à titre permanent, le mode de vie d'une autre personne répond des faits de cette personne au sens de l'ex-article 1384, al. 1, devenu l'article 1242, al. 1 du Code civil (Cass. ass. plén. 29-3-1991 : RJDA 7/91 n° 675) ; une responsabilité de plein droit est ainsi mise à la charge du département auquel a été confiée la garde d'un mineur (CE 13-2-2009 n° 294265).

RESPONSABILITÉ ÉCONOMIQUE ET SOCIALE DES ENTREPRISES

8172 Les **sociétés françaises par actions** de plus de 5 000 salariés (en son sein et dans ses filiales en France) ou 10 000 salariés (en son sein et dans ses filiales en France et à l'étranger) doivent établir et mettre en œuvre un **plan de vigilance** (C. com. art. L 225-102-4, I-al. 1 remplacé, à compter du 1-1-2025, par l'art. L 225-102-1, I-al. 1 tel qu'issu de ord. 2023-1142 du 6-12-2023). Ce plan est destiné à prévenir les risques d'atteintes graves aux droits humains et libertés fondamentales, à la santé et la sécurité des personnes et à l'environnement pouvant résulter des activités de la société mère et des sociétés qu'elle contrôle, ainsi que des activités de ces sociétés avec ses sous-traitants ou fournisseurs habituels (art. L 225-102-4, I-al. 3 remplacé, à compter du 1-1-2025, par l'art. L 225-102-1, I-al. 3).

Le manquement aux obligations définies à l'article L 225-102-4 (remplacé, à compter du 1-1-2025, par l'article L 225-102-1) engage la responsabilité de son auteur dans les conditions prévues aux articles 1240 et 1241 du Code civil et l'oblige à réparer le préjudice que l'exécution de ces obligations aurait permis d'éviter (C. com. art. L 225-102-5, al. 1 remplacé, à compter du 1-1-2025, par l'art. L 225-102-2, al. 1 tel qu'issu de ord. 2023-1142).

ACTION EN RÉPARATION

8175 La réparation du dommage délictuel ou quasi délictuel peut être demandée à la juridiction civile ou pénale.

Le droit de demander la réparation du dommage que l'on a subi est un droit fondamental au point que :

– la loi ne peut pas en priver les victimes d'un délit ou d'un quasi-délit civil (Cons. const. 22-10-1982 n° 82-144 DC : D. 1983.189 ; rappr. Cons. const. 9-11-1999 : JCP G 2000.I.280 n° 1 obs. Viney) ;

– il peut être invoqué même par celui qui agit avec turpitude (Cass. 1e civ. 22-6-2004 n° 01-17.258 : JCP G 2005.II.10006 note Eyraud) ;

– il peut être exercé alors même que le dommage a disparu au jour de la demande car il existe dès le jour de la survenance du dommage (Cass. com. 20-2-2019 n° 17-20.652 F-D : RJDA 7/19 n° 535).

8178 **Action en réparation d'un délit ou d'un quasi-délit civil** La demande doit être portée devant les **juridictions judiciaires,** conformément aux règles générales des actions en justice, même si elle est présentée par une personne publique (TA Amiens 17-11-1987 : GP 1988.som.135).

Elle peut être portée devant le juge des **référés** lorsque le dommage constitue un trouble manifestement illicite (n° 72524) ou pour obtenir une provision si le droit à réparation n'est pas sérieusement contestable (nos 59400 s.).

L'action est une action en responsabilité **délictuelle ou quasi délictuelle** ; si la demande est formellement fondée sur l'une ou l'autre de ces responsabilités, le juge saisi peut s'en tenir au fondement indiqué dans l'assignation ; il n'est pas obligé de requalifier les faits ; à défaut de précision dans la demande du fondement de l'action, le juge doit préciser la responsabilité qui est conforme aux faits (n° 71910).

Le juge saisi peut notamment changer le fondement retenu par l'assignation (Cass. 2e civ. 26-4-1984 : Bull. civ. II p. 50, substituant la responsabilité du fait des bâtiments à la responsabilité du fait des choses ; Cass. 1e civ. 19-3-1985 : Bull. civ. I p. 89, substituant la responsabilité contractuelle à la responsabilité extracontractuelle ; CA Paris 18-3-1986 : GP 1986.275, appliquant d'office la loi 85-677 du 5-7-1985 sur les accidents de la circulation). Mais il n'est pas tenu de le faire ; s'il rejette des demandes basées sur un fondement délictuel expressément invoqué, il n'est pas obligé de lui en substituer un autre (Cass. 3e civ. 25-6-2013 n° 11-27.799 : GP 2013.som.3067 note Bléry).

Le paiement des **dommages-intérêts** incombe à l'auteur (ou aux auteurs, n° 50232) du dommage. Mais ce paiement peut être aussi demandé à la personne civilement responsable, lorsque la loi en a désigné une, comme c'est le cas des commettants pour le fait de leurs préposés.

La prescription de l'action obéit aux mêmes règles que celles applicables à la prescription de l'action en responsabilité contractuelle (n° 15400).

Action en réparation d'une infraction pénale La victime d'un dommage causé par une infraction pénale peut obtenir réparation selon les règles particulières de l'**action dite civile** qui a pour objet la réparation d'un tel dommage (CPP art. 2). **8181**

Sur la possibilité pour la victime de demander réparation en cas de relaxe au pénal du prévenu pour absence de faute pénale non intentionnelle : n° 74318.

Sur le pouvoir de médiation du procureur de la République, article 41-1, 5° du Code de procédure pénale.

Elle peut agir devant le juge pénal ou devant le juge civil. Ces règles sont les suivantes.

Action devant le juge pénal **8184**

1. Sauf disposition expresse contraire (cf. Cass. crim. 18-9-2012 n° 11-84.279 : Bull. crim. n° 186), toute victime peut demander réparation du dommage au tribunal répressif en se constituant **partie civile** devant le juge d'instruction compétent (CPP art. 85 s. et 52) ou à l'audience même du tribunal correctionnel (CPP art. 418) ; elle ne le peut toutefois que si elle n'a pas déjà saisi le juge civil (CPP art. 5), sauf s'elle s'est désistée au préalable de cette instance civile (CPP art. 85, al. 3). Le juge pénal, régulièrement saisi, ne peut se prononcer sur l'action civile qu'après avoir statué au fond sur l'action publique (Cass. crim. 5-1-2017 n° 15-82.562 F-PB).

Les tribunaux français sont compétents pour les infractions commises en France, par exemple lorsque la partie civile y résidait au moment des faits qui ont porté atteinte à ses droits matériels et moraux (CA Paris 30-3-1987 : JCP G 1988.II.20965).

Lorsque l'infraction a eu lieu sur le territoire d'un État membre de l'UE, l'action peut aussi être portée devant le tribunal saisi de l'action publique dans la mesure où, selon sa loi, ce tribunal peut connaître de l'action civile (Règl. UE 1215/2012 du 12-12-2012 art. 7, 3 ; sur ce règlement, n°s 72103 s.). Cette plainte relève du champ d'application du règlement européen sur la compétence judiciaire au sein de l'UE dans la mesure où elle a pour objet l'indemnisation pécuniaire du préjudice allégué par le plaignant (CJUE 22-10-2015 aff. 523/14 : RJDA 2/16 n° 166 : application de la disposition sur la litispendance).

Les héritiers et les légataires universels de la victime (Cass. crim. 4-11-2003 n° 03-81.567 : Bull. crim. n° 207), si l'action publique a été mise en mouvement par le ministère public - y compris à la suite d'une plainte avec constitution de partie civile - et si la victime n'a pas renoncé à l'action civile, sont recevables à agir devant la juridiction saisie (Cass. ass. plén. 9-5-2008 n° 05-87.379 : Bull. civ. n° 2 ; Cass. crim. 1-9-2010 n° 09-87.624 : Bull. crim. n° 126) ; à défaut, et sauf exceptions légales, ils ne peuvent exercer le droit à réparation qu'ils ont reçu en cette qualité que par la voie civile car la constitution de partie civile est une prérogative propre à la victime qui a personnellement souffert de l'infraction (Cass. ass. plén. 9-5-2008 n° 06-85.751 : Bull. civ. n° 2).

Lorsque les héritiers sont recevables à agir, chacun d'eux exerce l'action civile dans son intégralité et est fondé à obtenir réparation du préjudice que l'infraction a causé à son auteur, car cette action, de nature personnelle, est étrangère aux actes d'administration et de disposition relatifs aux biens indivis pour lesquels le consentement de tous les indivisaires est requis (Cass. crim. 9-10-1985 : D. 1987.93 note Breton).

Sont également recevables à agir les personnes morales de droit public (Cass. crim. 7-4-1999 : Bull. crim. n° 69).

Mais les personnes qui sont subrogées dans les droits de la victime ne le sont pas (Cass. crim. 26-3-1990 : Bull. crim. p. 348 ; CA Douai 24-8-1995 : Bull. inf. C. cass. 1996 n° 117), sauf si le subrogé subit personnellement le dommage, par exemple parce que l'infraction lui fait perdre le bénéfice de son droit de gage (Cass. crim. 5-5-1993 : RJDA 12/93 n° 1111) ; ne le sont pas non plus les personnes auxquelles la victime a cédé sa créance contre le responsable après les faits délictueux (Cass. crim. 6-6-1988 : GP 1989.12) ou les créanciers de la victime par la voie de l'action oblique (Cass. crim. 16-1-1964 : D. 1964.194 note J.M.).

Parallèlement à cette action, la victime peut demander au juge des **référés** d'ordonner toutes mesures provisoires relatives aux faits qui sont l'objet de poursuites pénales lorsque l'existence de l'obligation n'est pas sérieusement contestable (CPP art. 5-1).

Ne constituant pas l'action civile proprement dite (CA Paris 26-5-1988 : D. 1988.IR.183), cette demande obéit à des règles propres :

- elle peut être exercée même s'il a déjà été statué sur l'action publique (Cass. 2e civ. 13-1-1988 : Bull. civ. II p. 12) ;
- elle peut être formée par voie de requête dès lors que les circonstances exigent que la mesure conservatoire soit prise non contradictoirement (CA Paris 15-4-1988 : D. 1988.IR.137) ;
- la victime peut communiquer au juge des référés les éléments du dossier pénal auquel elle a accès (même arrêt) ;
- le juge des référés n'a pas à surseoir à statuer ; puisqu'il ne prend qu'une mesure provisoire, la règle « le criminel tient le civil en l'état » est inapplicable (CA Paris 26-5-1988, précité) ;
- toute mesure provisoire peut être ordonnée pourvu qu'elle ne prive pas le juge pénal de la possibilité de procéder aux recherches lui incombant (TGI Paris réf. 11-3-1985 : GP 1985.269) ;
- la présomption d'innocence ne constitue pas par elle-même une contestation sérieuse (Cass. civ. 6-12-1991 : D. 1992.240 note N. S.).

La victime ne peut **plus** agir devant le tribunal répressif :

– lorsqu'elle a laissé passer le délai de **prescription** de l'action publique (nº 8190) ;

Mais elle peut obtenir jugement par la juridiction répressive de son action lorsque celle-ci a été engagée avant la prescription de l'action publique, même si, une fois saisie, la cour d'appel a laissé s'écouler le délai de prescription avant de faire comparaître les prévenus (Cass. crim. 2-4-2008 nº 06-86.384 : Bull. crim. nº 89).

– lorsque la loi pénale réprimant l'infraction a été **abrogée** si une décision au fond en premier ressort n'a pas été rendue par la juridiction répressive avant l'abrogation (Cass. crim. 12-10-1987 : GP 1988.205 note Marchi).

8190 2. L'**exercice de l'action civile** par constitution de partie civile appelle les observations suivantes.

a. La victime se constitue partie civile en déposant une plainte dans les mains du juge d'instruction, laquelle est recevable lorsqu'elle a consigné la somme fixée par le juge d'instruction (CPP art. 88 ; sur la date du paiement de cette somme par virement, nº 50806), en demandant la réparation de son préjudice ; à défaut d'avoir formulé cette demande, la victime ne peut se voir opposer l'autorité de la chose jugée au pénal si elle demande ensuite réparation devant le juge civil (Cass. ass. plén. 14-4-2023 nº 21-13.516 BR).

b. La victime doit disposer de la capacité juridique, ce qui interdit à un mineur non émancipé d'agir lui-même (Cass. crim. 16-6-1992 : D. 1993.75 note Prothais).

La réglementation d'un État membre de l'UE peut valablement subordonner la constitution de partie civile à la délivrance au représentant de la victime d'un mandat spécial, même si l'État membre d'origine de la victime n'exige pas une telle formalité (CJCE 1-2-1996 : Rec. I-161).

Sur le droit d'agir : du débiteur en liquidation judiciaire, nº 63560 ; du contribuable d'une commune, d'un département ou d'une région, articles L 2132-5, L 3133-1 et L 4143-1 du Code général des collectivités territoriales ; des personnes publiques pour les infractions à la législation des déchets ou qui sont intervenues pour atténuer les dommages causés par une installation classée, articles L 541-6 et L 514-16 du Code de l'environnement ; d'une personne morale étrangère, nº 1398 ; du maire au nom de la commune, Cass. crim. 15-6-1993 : Bull. crim. p. 528 ; des collectivités publiques, Cass. crim. 2-9-2014 nº 13-84.663 : Bull. crim. nº 176.

c. La victime ne peut se constituer partie civile que pour un **dommage personnel** ; cette condition est appréciée dans les termes suivants :

– la victime peut se prévaloir d'un préjudice dès lors que les circonstances sur lesquelles elle s'appuie permettent au juge d'admettre comme possibles l'existence du préjudice allégué et la relation directe de celui-ci avec une infraction à la loi pénale (Cass. crim. 25-6-2019 nº 18-84.653 FS-PBI) ;

– les **syndicats** peuvent exercer tous les droits réservés à la partie civile concernant les faits portant un préjudice direct ou indirect à l'intérêt collectif de la profession qu'ils représentent (C. trav. art. L 2132-3), dès lors que ces faits rendent possible l'existence d'un préjudice, fût-il indirect, résultant de l'atteinte aux intérêts moraux de la profession et distinct de celui qu'ont pu subir individuellement les adhérents, par exemple pour prise illégale d'intérêts (Cass. crim. 27-6-2012 nº 11-86.920 : Bull. crim. nº 160), pour infractions à la réglementation des prix et de la concurrence (Cass. crim. 13-3-1979 : GP 1979.404) ou à celle des ventes (Cass. crim. 9-10-1975 : D. 1975.IR.229). L'action d'un syndicat est recevable même si une association peut agir pour les mêmes faits (Cass. crim. 25-5-1993 : RJS 10/93 nº 1000).

Mais les syndicats ne peuvent pas défendre l'intérêt général (Cass. crim. 9-6-1976 : D. 1976.IR.213 ; Cass. crim. 8-12-1987 : Bull. crim. p. 1196 ; Cass. crim. 2-7-1980 : D. 1981.IR.134) ou un autre intérêt collectif que celui de la profession qu'ils ont pour objet de représenter (Cass. crim. 14-1-1969 : D. 1969.583 ; Cass. crim. 24-5-1977 : D. 1977.IR.424) ou encore l'intérêt individuel d'un de leurs membres (Cass. crim. 29-1-1986 : Bull. crim. p. 90 ; Cass. crim. 10-5-2011 nº 10-84.037 : RJS 10/11 nº 817).

Les mêmes règles sont applicables aux ordres professionnels (Cass. crim. 28-3-1991 : Bull. crim. p. 380 : conseil régional de l'ordre des vétérinaires ; Cass. crim. 4-11-1991 : Bull. crim. p. 988 : conseil régional des notaires).

d. Les **associations** peuvent agir soit si elles y ont été autorisées, soit, à défaut, et en l'absence de prévision statutaire expresse quant à l'emprunt des voies judiciaires, au nom d'intérêts collectifs qu'elles ont statutairement pour mission de défendre si le fait dénoncé leur a causé un préjudice direct et personnel en raison de la spécificité du but et de l'objet de leur mission (cf. Cass. crim. 9-11-2010 nº 09-88.272 : JCP G 2010 nº 48-1174 p. 2219 note Cutajar ; Cass. crim. 29-10-2013 nº 12-84.108 : RJDA 2/14 nº 179 ; Cass. crim. 20-5-2014 nº 13-82.689 : Dr. pén. 2014 chron. nº 10 obs. M. Segonds).

Les associations agréées pour un but statutaire déterminé sont recevables à agir dans les conditions qui leur sont fixées à cet effet (cf. Cass. crim. 11-10-2017 nº 16-86.868 FS-PB : JCP G 2017.1253 note Lapérou-Scheneider : association de lutte contre la corruption de cinq ans d'existence ; Cass. crim. 29-6-2021 nº 20-82.245 FS-P : D. 2021.2219 note Bourgais : association de défense de l'environnement en réparation du préjudice moral tenant à la seule violation de la réglementation applicable).

Si l'action est introduite par une association de droit étranger, sa qualité à agir est appréciée selon la loi du for et la loi de l'association uniquement pour vérifier que l'intérêt collectif en question entre dans les limites de son objet social (Cass. 1e civ. 9-3-2022 n° 20-22.444 FS-B : RJDA 7/22 n° 454).

e. Le dommage personnel qu'invoque la victime doit **résulter directement d'une infraction.** Tel est le cas d'un préjudice simplement **possible** (Cass. crim. 6-9-2000 n° 99-83.001 : Bull. crim. n° 263 ; pour un autre exemple, Cass. crim. 12-5-2015 : Bull. crim. n° 102), mais non de celui susceptible de résulter de l'existence de manquements aux obligations nées d'une loi ou d'un règlement (Cass. crim. 22-5-2012 n° 11-85.507 : PA 2012 n° 236 p. 17 note M.-E. Boursier : irrecevabilité du franchiseur pour atteinte à sa réputation résultant d'une violation de la loi par le franchisé), d'un contrat (Cass. civ. 16-1-1985 n° 83-14.063 : JCP G 1985.II.20484 note Calais Auloy ; Cass. 2e civ. 11-7-1988 : Bull. civ. II p. 93) ou de la garde d'une chose, le gardien étant responsable sans faute (Cass. crim. 9-12-1969 : Bull. crim. p. 785).

f. La victime qui exerce **abusivement** son droit peut être condamnée à des dommages-intérêts pour le préjudice que cette plainte a causé à l'inculpé (devenu « mis en examen ») (Cass. crim. 30-5-1956 : D. 1956.som.139) et/ou à une amende civile (CPP art. 177-2 et 212-2 ; Cass. crim. 1-3-2011 n° 10-84.979 : Bull. crim. n° 41), sans préjudice d'une dénonciation calomnieuse (CPP art. 91).

g. L'action civile exercée devant une juridiction répressive se **prescrit** dans le même délai que l'action publique (CPP art. 10, al. 1), soit six ans ou un an selon que l'infraction est un délit ou une contravention (CPP art. 8 et 9).

Tout acte de poursuite et d'instruction accompli dans le délai de prescription de l'action publique interrompt la prescription des actions tant publiques que civiles, non seulement à l'égard de tous les participants à l'infraction, mais encore à l'égard de toutes les victimes de celle-ci (Cass. crim. 17-2-1986 : Bull. crim. p. 152).

La constitution de partie civile devant une juridiction incompétente n'interrompt pas la prescription, lorsque les plaignants disposaient des informations de nature à leur permettre de fixer avec exactitude la juridiction compétente (Cass. crim. 16-3-1988 : Bull. crim. p. 340). Il en est de même d'une constitution de partie civile purement formelle, aux seules fins de corroborer l'action publique, sans être assortie d'une demande de réparation (Cass. civ. 25-1-2000 : D. 2001.1348 note Matsopoulou).

En cas d'extinction de l'action publique, les juges répressifs ne peuvent pas statuer sur l'action civile, notamment sur celle exercée devant eux par voie de citation directe après qu'un jugement de relaxe a définitivement statué sur l'action publique (Cass. crim. 18-11-2014 n° 13-88.240 : JCP G 2014.1246 obs. A. Donnier).

h. La victime a droit à des **dommages-intérêts** (CPP art. 418, al. 3 ; 464, al. 2 et 3 ; 515, al. 3), même si le prévenu a été définitivement relaxé dès lors qu'il a commis une faute civile distincte de la faute pénale (Cass. crim. 28-5-2019 n° 17-84.720 F-D). Les dommages-intérêts sont évalués au jour de la décision (Cass. crim. 8-3-2011 n° 10-81.741 : Bull. crim. n° 48 : préjudice économique), sauf si les juges justifient que l'évaluation au jour de l'infraction était nécessaire pour réparer intégralement le préjudice (Cass. crim. 1-3-2011 n° 10-85.965 : Bull. crim. n° 42). La réparation doit couvrir tous les chefs de préjudice (Cass. crim. 26-3-1991 : Bull. crim. p. 362 ; Cass. crim. 28-1-2004 n° 779 : RJDA 6/04 n° 764) mais ne peut pas comporter, sous couvert de dommages-intérêts, condamnation au paiement d'une créance contractuelle préexistante à l'infraction (Cass. crim. 18-12-2019 n° 18-85.535 : RJDA 4/20 n° 237) ; ils ne peuvent pas être réduits au profit de l'auteur d'une infraction intentionnelle contre les biens pour négligence de la victime (Cass. crim. 5-10-1995 : RJDA 1/96 n° 173 ; Cass. crim. 14-6-2006 n° 3599 : RJDA 1/07 n° 110).

La victime qui a été escroquée d'une somme et qui demande de la recouvrer forme une demande en dommages-intérêts et non une demande de restitution de cette somme qui, en tant que telle, serait à déclarer à la procédure collective de l'auteur de l'escroquerie (Cass. crim. 7-1-1980 n° 79-90.369 : Bull. crim. n° 7).

La juridiction pénale statuant sur la réparation ne peut pas accorder des **délais de grâce** (Cass. crim. 17-1-1991 : Bull. crim. p. 82).

i. La victime ne peut pas demander la réparation d'un dommage contractuel (n° 15400).

Action devant le juge civil **8193**

À défaut de constitution de partie civile, la victime peut exercer l'action civile devant le juge civil ou commercial compétent, le juge judiciaire étant seul compétent pour statuer sur cette action (Cass. 1e civ. 29-5-1990 : Bull. civ. I n° 127 : à propos d'une infraction commise dans l'exécution de travaux publics).

La victime ne peut plus revenir devant la juridiction répressive (CPP art. 5 : règle dite « electa una via »), dès lors que les conclusions ont été échangées devant la juridiction civile (Cass. civ. 17-3-1976 : D. 1976.IR.170) et qu'elle exerce exactement la même action (Cass. crim. 25-2-1980 : JCP G 1980.IV.181), peu important que l'assignation ait été annulée (Cass. crim. 17-2-2004 n° 1216 : Bull. crim. p. 174). Néanmoins, elle peut se rétracter lorsqu'elle a saisi la juridiction civile en ignorant que le fait dommageable constituait une infraction pénale (Cass. crim. 22-4-1958 : JCP G 1958.II.10620) ou lorsqu'elle s'est adressée à un tribunal civil incompétent (Cass. crim. 17-1-1885 : S. 1885.283). Elle peut aussi, devant la cour d'appel statuant correctionnellement, se

8193 (suite) désister de son action et saisir ensuite la juridiction civile si le prévenu a consenti au désistement (Cass. 2e civ. 15-5-1992 : RJDA 7/92 no 783).

Mais, dans la mesure où la juridiction civile est liée par l'**autorité de la chose jugée** au pénal sur l'action en dommages-intérêts, elle doit surseoir à statuer jusqu'à ce que la décision pénale soit définitive et elle doit respecter cette autorité (no 74318). La décision rendue au pénal ne lie le juge civil statuant sur les intérêts civils que sur la reconnaissance de la responsabilité civile du condamné ; elle ne le lie pas pour délimiter l'étendue du préjudice et le droit à réparation (Cass. crim. 5-12-2017 no 17-80.688 F-PB : D. 2017.2537).

L'action civile exercée devant la juridiction civile est recevable si la personne poursuivie en responsabilité a bénéficié au pénal d'un non-lieu pour prescription de l'action publique, lequel ne peut pas être interprété comme l'affirmation de la culpabilité pénale du requérant (CEDH 9-3-2023 no 20148/09). Elle se **prescrit** selon les règles du Code civil (CPP art. 10, al. 1 ; Cass. crim. 15-5-2008 no 07-83.326 : Bull. crim. no 120), ce qui laisse subsister la disposition spéciale de l'article 65 de la loi du 29 juillet 1881 prévoyant une prescription de trois mois de l'action en diffamation (Cass. 2e civ. 17-2-1993 no 91-18.877 : Bull. civ. II no 66).

PARTIE 2

Contrats

CHAPITRE 1

RÈGLES COMMUNES À TOUS LES CONTRATS

SOMMAIRE

SECTION 1
LES RÈGLES DE QUALIFICATION DES CONTRATS 10010
A. Qualification par les parties 10015
B. Qualification par le juge 10050
C. Effets de la qualification du contrat 10090
SECTION 2
L'EXISTENCE D'UN CONTRAT 10200
A. Éléments caractéristiques du contrat 10203
1. Accord des volontés des parties 10203
2. Engagement juridique 10250
B. Engagements et obligations non contractuels 10300
1. Engagement unilatéral 10300
2. Quasi-contrats 10303
3. Autres engagements ou obligations non contractuels 10335
SECTION 3
LE DROIT COMMUN DU CONTRAT 10600
A. Détermination du droit commun du contrat 10600
B. Application du droit commun du contrat 10611
1. Application dans le temps 10611
2. Principes directeurs d'application du droit commun du contrat 10625
C. Exclusion du droit commun du contrat 10668
D. Règles propres à des catégories de contrats en fonction de leur contenu 10795
1. Catégories du Code civil 11000
2. Catégories externes au Code civil 11200
SECTION 4
LA FORMATION DU CONTRAT 11600
I. Recherche du cocontractant 11600
A. Prospection du cocontractant 11600
B. Choix du cocontractant 11650
II. Négociation du contrat 11790
A. Recours à la négociation 11800
B. Déroulement des négociations 11820
1. Orientations générales 11820
2. Devoirs incombant aux négociateurs 11828
C. Issue des négociations 11900
1. Rupture des négociations 11900
2. Accord de principe 11905
3. Promesse de contrat 11908
4. Contrat sous condition de dédit 11965
5. Contrat définitivement conclu 11975
SECTION 5
LA VALIDITÉ DU CONTRAT 12000
I. Consentement des parties 12003
1. Existence du consentement 12003
2. Échange des consentements 12015
3. Absence de vices du consentement 12200
4. Consentement à un contrat lésionnaire 12320
II. Capacité et pouvoir des contractants 12350
A. Capacité de contracter 12350
B. Pouvoir de contracter 12375
III. Contenu licite et certain du contrat 12400
A. Contenu certain 12401
1. Détermination de l'obligation essentielle et de sa contrepartie 12402
2. Réalité de l'obligation essentielle et de sa contrepartie 12487
B. Contenu licite 12510
1. Illicéité du contrat 12515
2. Illicéité partielle du contrat 12549
SECTION 6
MISE EN FORME DU CONTRAT ET DÉMARCHES ANNEXES 12700
SECTION 7
L'EXÉCUTION DU CONTRAT 13000
I. Parties à l'exécution du contrat 13000
II. Obligations contractuelles 13100
A. Notion 13100
B. Règles d'interprétation des contrats 13103
1. Pouvoir d'interprétation du juge 13106
2. Lignes directrices du juge 13143
III. Règles générales d'exécution des obligations contractuelles 13190
A. Obligations types 13190
B. Obligation de moyens ou de résultat 13250
C. Obligation de ne pas faire ou interdiction de faire 13265
IV. Délais d'exécution du contrat 13400
A. Entrée en vigueur 13400

1. Terme suspensif de l'entrée en vigueur 13403
2. Condition suspensive de l'entrée en vigueur 13420
B. Délais d'exécution des obligations 13495
V. Modalités d'exécution du contrat 13600
VI. Paiement du prix 13800
SECTION 8
LES MODIFICATIONS DU CONTRAT 14000
I. Interdiction de modifier le contrat 14000
II. Modifications admises 14005
A. Révision légale en cas de changement imprévisible de circonstances 14005
1. Droit à révision 14005
2. Mise en œuvre de la révision 14024
B. Révision conventionnelle 14050
C. Autres dérogations à l'interdiction de modification unilatérale 14070
D. Novation 14100
E. Cession de contrat 14150
F. Cession de créance 14200
G. Cession de « droit ou action » 14280
H. Cession de dette 14300
I. Substitution de parties 14350
SECTION 9
L'INEXÉCUTION DU CONTRAT 14400
I. Établissement de l'inexécution 14403
A. Existence de l'inexécution 14403
B. Preuve de l'inexécution 14412
C. Inexécution du contrat due à l'impossibilité d'exécuter 14465
II. Droit d'invoquer l'inexécution du contrat 14495
III. Mesures de sauvegarde du contrat 14600
IV. Suspension du contrat 14700
V. Exception d'inexécution du contrat 14800
VI. Exécution forcée du contrat 14900
VII. Réparation de l'inexécution du contrat 15000
A. Droit à réparation de l'inexécution du contrat 15005
1. Dommage contractuel 15020
2. Dommages contractuels réparables 15060
3. Dommage non imputable à un fait justificatif (ou cause étrangère) 15076
4. Imputation du dommage au débiteur défaillant 15180
5. Lien de causalité 15200
B. Réparation en dommages-intérêts 15250
1. Clause pénale 15256
2. Dommages-intérêts judiciaires 15300
C. Réparation en nature 15350
D. Action en réparation 15400
VIII. Rupture de la relation contractuelle tacite ou formelle 15440
A. Révocation mutuelle du contrat 15445
B. Rupture unilatérale brutale d'une « relation commerciale » 15455
C. Résiliation du contrat 15470
1. Résiliation légale 15495
2. Résiliation d'un commun accord 15500
3. Résiliation unilatérale pour durée indéterminée 15503
4. Résiliation unilatérale conventionnelle 15505
5. Effets de toute résiliation 15507
D. Résolution du contrat 15508
1. Résolution unilatérale 15512
2. Clause résolutoire de plein droit 15553
3. Résolution judiciaire 15600
4. Effets de toute résolution 15618
SECTION 10
L'EXTINCTION DU CONTRAT 15650
I. Nullité du contrat 15650
A. Qualification de la nullité 15650
B. Régime de la nullité 15668
C. Causes d'annulation 15671
D. Mise en œuvre de la nullité 15676
1. Sommation de se prononcer sur la nullité 15676
2. Action en nullité 15680
E. Annulation du contrat 15703
1. Constatation amiable de la nullité 15703
2. Prononcé de la nullité par le juge 15707
3. Effets de l'annulation 15715
II. Caducité du contrat 16000
III. Terme extinctif 16003
IV. Condition résolutoire 16045
V. Confusion 16060
VI. Conséquences de l'extinction du contrat 16090
A. Arrêt du contrat 16090
B. Restitutions 16120
SECTION 11
SURVIE DU CONTRAT 16150
A. Survie totale 16150
B. Survie partielle 16175
C. Survie dans un contrat nouveau 16190
SECTION 12
CONTENTIEUX DU CONTRAT 16250

RÉFORME DU DROIT COMMUN DES CONTRATS

Le droit des contrats, le régime général des obligations et leur preuve, tels qu'ils étaient fixés par le Code civil (ex-art. 1101 à 1381), ont été réformés par l'**ordonnance 2016-131 du 10 février 2016** – appelée « ordonnance de réforme » dans les développements qui suivent – qui a fixé un nouveau régime dans les nouveaux articles 1100 à 1386-1. **10000**

Cette réforme est entrée **en vigueur** le **1er octobre 2016** selon les modalités qui sont détaillées nos 10611 s.

L'ordonnance de 2016 a été ratifiée par la **loi 2018-287 du 20 avril 2018** (ci-après « loi de ratification ») qui a en outre modifié une vingtaine des dispositions nouvelles. Certaines de ces modifications ne s'appliquent qu'aux actes juridiques conclus ou établis **depuis le 1er octobre 2018** (date d'entrée en vigueur de la loi) tandis que d'autres, que la loi de ratification déclare expressément à caractère interprétatif, rétroagissent au 1er octobre 2016 (date d'entrée en vigueur de l'ordonnance) en vertu des principes exposés no 74459.

Les différents régimes applicables (celui antérieur au 1-10-2016, celui transitoire entre cette date et le 30-9-2018, ou celui en vigueur depuis le 1-10-2018) sont exposés dans la mesure où la situation est encore amenée à se présenter en pratique.

Depuis la ratification de l'ordonnance de 2016, les **dispositions** issues de cette dernière ont perdu leur caractère réglementaire, ce qui interdit désormais de contester leur légalité, car elles ont acquis **valeur de loi** à compter de l'entrée en vigueur de la loi de ratification (no 73558), soit le 1er octobre 2018.

SECTION 1

LES RÈGLES DE QUALIFICATION DES CONTRATS

INTÉRÊT DE LA QUALIFICATION DU CONTRAT

La qualification du contrat est l'opération qui consiste à **déterminer,** si un acte est un contrat et, le cas échéant, de quelle catégorie de contrat nommée par la loi il relève, afin d'en déduire les **règles** qui lui sont **applicables.** Elle est donc le préalable à l'application de la législation du contrat. **10010**

Toutefois, il n'est pas indispensable que la qualification soit formellement affirmée par les parties ou par le juge puisqu'il a été expressément jugé que la qualification d'un contrat n'est pas obligatoire dès lors que le régime du contrat peut être fixé sans que soit formellement affirmée une qualification. Il en est ainsi :

– lorsque les obligations dont il est demandé au juge de reconnaître l'existence et d'ordonner l'exécution « se trouvaient, quant à leur objet et leur étendue, clairement précisées par les conventions », car il en résulte, « implicitement mais nécessairement, que (la qualification) était sans influence possible sur la solution du litige » (Cass. com. 13-1-1964 no 59-11.593 : Bull. civ. III no 18) ;

– lorsque les obligations des parties, dont l'une était envisagée comme « un vendeur ou un courtier », sont définies par des « usages commerciaux, qui sont la loi en la matière, (lesquels) confondent en fait la marge bénéficiaire du négociant et la commission du courtier, l'une et l'autre aboutissant approximativement aux mêmes chiffres » (Cass. com. 12-5-1965 no 62-10.545 : Bull. civ. III no 308) ;

– lorsque le litige peut être résolu indépendamment de la qualification donnée à une clause litigieuse (Cass. 1e civ. 20-6-2006 no 03-16.640 : RJDA 1/07 no 111) ;

– lorsqu'un garant s'est engagé à payer à première demande du bénéficiaire de la garantie et que la créance de celui-ci n'est contestée ni dans son principe ni dans son montant, cet engagement se suffisant à lui-même et pouvant être exécuté sans avoir à rechercher s'il constitue une garantie à première demande (CA Paris 21-1-2010 no 07/07375 : RD bancaire 2010 § 91 obs. Cerles).

La qualification, même d'ordre public, est sans incidence si la solution ne heurte pas l'ordre public (Cass. civ. 20-2-1991 : Rev. arb. 1991.453 note Idot ; CA Versailles 9-1-2012 : Rev. arb. 2013.som.281), comme l'est aussi la qualification retenue par les juges dont ils n'ont tiré aucune conséquence juridique (Cass. com. 2-12-2020 no 18-15.288 F-D : RJDA 2/21 no 136).

Sauf disposition législative contraire, la qualification d'un contrat s'apprécie à la date à laquelle il a été conclu (T. confl. 4-7-2016 no 4055 : RJDA 11/16 no 778 som.).

Les **parties** ont néanmoins **intérêt,** dès lors que leurs prestations ne sont pas pures et simples, à **énoncer** expressément la **qualification** de leur contrat et même, lorsqu'elles le peuvent, à imposer au juge leur qualification (nº 10025).

La qualification d'un contrat ne peut pas résulter d'un aveu extrajudiciaire (nº 75900).

A. Qualification par les parties

CRITÈRE DE LA QUALIFICATION

10015 Est un contrat l'accord de volonté entre deux ou plusieurs personnes destiné à créer, modifier, transmettre ou éteindre des obligations (C. civ. art 1101).

Par exemple n'a pas caractérisé un contrat le juge qui affirme l'existence d'un contrat sans relever l'existence d'une obligation déterminée (cf. Cass. 2e civ. 21-12-2023 nº 21-22.239 FS-B).

QUALIFICATION INDICATIVE

10020 Les parties peuvent donner une qualification au contrat ; mais celle-ci **ne lie pas le juge** qui peut, sauf convention contraire expresse des parties (nº 10025), la corriger s'il la trouve inexacte.

Cette indication crée néanmoins une **présomption** en faveur de la qualification formellement énoncée, qui sera retenue à défaut de preuve établie d'indices contraires (Cass. com. 2-2-1988 nº 86-16.879 : BT 1988.490 note Chao ; nº 10056). Elle pourra aussi éviter que le juge ne parvenant pas à la découvrir se trompe sur l'exacte volonté des parties, qu'il est indispensable de déterminer pour arrêter la qualification (cf. Cass. civ. 31-1-1950 : Bull. civ. I p. 18 : convention d'arbitrage pour un contractant, contrat de mandat pour l'autre, contrat innomé pour le juge ; T. com. Béziers 2-3-1970 : GP 1970.2.215 : nantissement ou cession de créance).

Le risque de requalification judiciaire peut être réduit si les parties choisissent leur qualification en tenant compte des règles que suit le juge pour qualifier. Elles doivent, en outre, au cours de l'exécution de leur contrat, n'accomplir aucun acte qui contredise la volonté qu'elles ont affichée par leur qualification formelle au moment de la conclusion du contrat et qui puisse être considéré comme une novation.

Si les parties **ne trouvent pas de qualification** correspondant à leur contrat ou si elles doutent sérieusement de la qualification exacte (pour un exemple de leurs hésitations, CA Aix 19-4-1984 : DMF 1985.216), elles peuvent considérer leur **contrat** comme **innomé** (cf. C. civ. art. 1105, al. 1) et peuvent alors – et elles ont intérêt à le faire pour éviter les errements du juge – fixer elles-mêmes le régime de leurs opérations contractuelles, à condition de ne pas enfreindre de règles d'ordre public (pour des exemples de régimes ainsi établis par les parties et pris en compte par le juge : CA Aix 19-4-1984 précité ; TGI Paris 8-1-1982 : Bull. inf. C. cass. 1982 nº 368).

Le juge s'en tiendra au régime que les parties auront donné à leur contrat dès lors que ce régime est certain et licite, puisqu'il n'est pas dans l'obligation de donner au contrat une qualification formelle (nº 10010) et que, sauf violation de l'ordre public, il doit respecter la volonté des parties (nos 10625 s.).

Les parties peuvent renforcer la sécurité de leur accord en indiquant une **qualification subsidiaire** que le juge n'aurait à appliquer que pour régler les cas sur lesquels elles auraient éventuellement omis de se prononcer dans le contrat.

QUALIFICATION CONTRAIGNANTE POUR LE JUGE

10025 Les parties peuvent imposer au juge leur qualification, à **condition** de le dire expressément et de ne pas écarter, par leur choix, une qualification dont elles n'ont pas la libre disposition (CPC art. 12, al. 3), c'est-à-dire, pratiquement, une qualification d'ordre public (nº 10028).

Quoique écrite dans le Code de procédure civile, cette règle s'applique, à notre avis, à la qualification des contrats dès le moment de leur conclusion et pas seulement lorsque les parties sont en litige et envisagent une action en justice (en ce sens, cf. CA Paris 25-11-1997 : Rev. arb. 1998.684 note Bolard). Plusieurs raisons nous incitent à adopter cette solution :

– l'alinéa 3 de l'article 12 du Code de procédure civile qui ouvre aux parties cette faculté n'impose pas l'existence du litige ; ce silence est d'autant plus notable que l'alinéa 4 du même article exige, lui, formellement que le litige soit né - condition dont la suppression est d'ailleurs recommandée (Rapport Magendie au ministre de la justice 2004) ; par ailleurs, on ne saurait arguer de ce que l'article 57, 1 du même Code dispose que la requête ne peut être présentée qu'après la naissance du litige, car ce texte est relatif, non pas au droit de lier le juge, mais aux modalités de sa saisine, lesquelles ne peuvent, de toute évidence, être mises en œuvre qu'une fois le litige né ; enfin, les auteurs qui ont envisagé l'application de ce texte n'ont pas subordonné celle-ci à l'existence d'un litige (Oppetit, D. 1979.chr.107 nº 18 ; Miguet, Mélanges Hébraud, p. 567 ; J.-P. Rémery : Rev. crit. 1993.461, spécialement p. 470 in fine) ; un large consensus doctrinal ressortant de l'avant-projet de réforme des contrats (Projet Catala art. 1142, al. 2) a entériné cette interprétation (certes non reprise par la réforme mais le silence ne vaut pas interdiction, nº 74259) ; des décisions de justice l'ont aussi implicitement suivie, refusant de tenir le juge pour lié en relevant seulement le défaut d'accord exprès des parties en ce sens (CA Paris 25-11-1997 : Rev. arb. 1998.684 note Bolard ; cf. CA Paris 28-6-1988 : Rev. arb. 1989.328) ;

– la portée de la solution proposée est beaucoup moins révolutionnaire qu'elle ne paraît de prime abord tant la règle que le juge est « maître des qualifications » est familière ; il est déjà arrivé que, sans y être tenu, le juge s'abstienne de remettre en cause la qualification des parties, bien qu'elle ne fût pas rigoureusement conforme aux faits, en raison de la compatibilité de cette dernière avec l'ordre public : à propos de la qualification de « cadre » (Cass. soc. 10-6-1965 n° 62-40.555 : Bull. civ. IV n° 438 ; Cass. soc. 24-2-1971 n° 70-40.123 : Bull. civ. V n° 144 ; Cass. soc. 22-11-1972 n° 71-40.758 : Bull. civ. V. n° 635 ; Cass. soc. 29-11-1972 n° 71-40.735 : Bull. civ. V n° 654) ; à propos de celle de « bail commercial » (CA Rouen 31-10-1979 : BRDA 23/79 p. 13) ; H. Motulsky, tenu pour le rédacteur de l'article 12, a d'ailleurs présenté ce texte comme une confirmation de cette jurisprudence (Cours de droit processuel p. 200), laquelle a rencontré d'autres approbations (Carbonnier, RTD civ. 1960.683 ; Terré, « L'influence des volontés individuelles sur les qualifications » n° 352 ; Atias, Les biens p. 95) ;

– la solution est parfaitement concordante avec le principe fondamental de la liberté contractuelle sous réserve de l'ordre public (C. civ. art. 1102) ; dès lors que l'ordre public est respecté, il importe peu que l'analyse « logique » n'y trouve pas son compte (en ce sens, Cass. 2e civ. 20-2-1991 n° 89-19.159 : Rev. arb. 1991.453 note Idot, qui juge qu'une sentence n'encourt la nullité que dans la mesure où la solution qu'elle donne au litige heurte l'ordre public, peu important la qualification - celle-ci serait-elle régie par des dispositions d'ordre public - donnée au contrat par les arbitres ; CA Paris 21-3-1991 : Rev. arb. 1991.124 note Loquin, dont les motifs admettent que la qualification soit fixée par amiable composition si sont exposés les facteurs d'équité retenus pour aboutir à la solution ; sur la place de la logique en droit, n° 74806) ;

– la solution ne fait courir aucun risque d'injustice aux contractants qui la pratiquent ni à l'intérêt général puisque, par le moyen de l'ordre public, le juge peut faire régner la protection que la loi estime légitime (cf. Cass. 1e civ. 19-4-1988 n° 85-18.715 : Rev. crit. 1989.68 note Batiffol, qui, sous la seule réserve de l'ordre public entendu ici comme droits non disponibles, a autorisé les parties à lier le juge pour lui imposer l'application de la loi française là où une convention internationale prévoyait celle d'une loi étrangère).

Imposer une qualification au juge peut être **opportun** dans les situations où les parties peuvent **hésiter entre plusieurs qualifications,** comme c'est le cas entre celles de vente et de contrat d'entreprise (CA Versailles 25-6-1998 : GP.1999.som.457, appuyant la qualification de vente sur la volonté des parties), de location et de dépôt, de contrat de transport et de contrat de location de véhicule ou de commission de transport, de contrat de commission ou de contrat de mandat (CA Rouen 12-4-2018 n° 16/06191, relevant l'accord des parties, ce qui permet d'induire que le juge considère que les parties ont la libre disposition de ces deux qualifications), de contrat de cession et de contrat de délégation (pour l'exemple d'une clause se référant à une délégation mais interprétée comme une cession de créance, Cass. com. 4-6-1996 : RJDA 10/96 n° 1223, D. 1996.630 note Billau, cet auteur admettant le caractère supplétif de ces deux qualifications et la liberté des parties de choisir entre elles) ou de cautionnement et de garantie à première demande (n° 58000).

Lier le juge peut contribuer aussi à éviter que des décisions contradictoires ne soient rendues à propos d'une même volonté contractuelle (cf. Cass. civ. 28-1-1907, 2 arrêts : DP 1910.1.97) ou que le juge ne se trompe sur cette volonté lorsqu'il est obligé de la déterminer lui-même pour qualifier l'acte litigieux.

La **mise en œuvre** d'une qualification contraignante appelle les observations suivantes. **10028**

1. La **volonté** de choisir une telle qualification doit être, bien entendu, **exempte de vices** du consentement.

Elle doit aussi être assortie de la **mention formelle** que la qualification choisie « lie le juge » conformément à l'article 12, al. 3 du Code de procédure civile, car le juge, à défaut, peut être porté à s'affranchir de statuer sur l'accord des parties (cf. Cass. 3e civ. 18-1-1989 n° 87-16.847 : Bull. civ. III n° 15 qui, le moyen invoquant seulement la violation de l'ex-art. 1134 – devenu art. 1103 C. civ., ne soulève pas d'office l'application de l'art. 12, al. 3 CPC et applique la qualification de clause pénale bien que, selon le moyen, « les parties avaient expressément décidé d'un commun accord que l'indemnité d'occupation ne devrait en aucun cas s'analyser comme une clause pénale » ; Cass. 3e civ. 16-2-2022 n° 21-10.368 F-D qui qualifie de promesse unilatérale une promesse sans accorder la moindre attention à la mention précisant expressément que les parties convenaient de « donner un caractère synallagmatique à leurs engagements »).

2. La qualification voulue **lie les parties** ; dès lors qu'elle répond aux conditions de validité ici requises, elle est opposable aux **tiers** sous les conditions exposées n° 13054.

3. La **qualification** voulue est **disponible** pour les parties, ce qui suppose pour l'essentiel que le contrat ne tombe pas sous le coup d'une qualification qui s'impose à elles en vertu de dispositions d'ordre public. Il est très rare que la loi déclare expressément qu'une qualification est d'ordre public (pour un exemple, C. civ. art. 1871, al. 2 déclarant d'ordre public l'art. 1832 qui qualifie le contrat de société) ; la tâche incombe généralement aux tribunaux, ce qui a été fait pour la qualification d'arbitrage, tant interne qu'international (n° 70631). Le risque d'invalidation de la qualification conventionnelle est limité pour les parties car la méconnaissance d'une qualification d'ordre public n'est pas sanctionnée si la règle en définitive appliquée ne heurte pas l'ordre public (Cass. 2e civ. 20-2-1991 n° 89-19.159 P : Rev. arb. 1991.453 note Idot).

Pour un exemple de droit indisponible au sens de l'article 12, al. 3 du Code de procédure civile, n° 71342.

4. La qualification voulue ne doit pas constituer une **fraude à la loi,** une telle fraude supposant que soit établie l'intention des parties d'échapper à l'application d'une loi impérative ou prohibitive (n° 74903 ; aussi CA Nîmes 7-5-1987 : D. 1988.248 note Beignier, qui admet la qualification d'occupation précaire et n'impose pas celle de bail rural, les parties n'ayant pas eu l'intention de fraude ; CA Paris 13-10-1988 : GP 1989.som.298 qui admet, à défaut de preuve d'une fraude, la qualification de bail dérogatoire et n'impose pas le statut des baux commerciaux) ; néanmoins, les parties doivent alors s'attendre à une grande **méfiance du juge** si elles prévoient des prestations qui, prises en elles-mêmes, relèvent d'une qualification qui entraîne l'application de règles d'ordre public.

Dans des cas de fraude, les juges ont, alors que la faculté de lier le juge n'était pas en vigueur, redressé les qualifications adoptées par les parties ; ainsi, ils ont tenu pour :

– un contrat de travail, un louage d'ouvrage (Cass. ass. plén. 4-3-1983 n° 81-15.290 : Bull. civ. n° 3 ; Cass. crim. 15-2-1983 n° 82-92.003 : Bull. crim. n° 57 ; voir aussi CA Paris 28-4-1978 : BT 1978.277, requalifiant un « contrat de franchise » en contrat de travail) ;
– un contrat de location-gérance, un bail d'immeuble (Cass. 3e civ. 14-3-1968 : Bull. civ. III n° 114) ;
– un contrat de société, un contrat d'association (Cass. com. 2-3-1982 n° 80-13.790 : Bull. civ. IV n° 85) ;
– une donation, une vente (CA Nîmes 28-6-1976 : GP 1978.1.38) ;
– une location, une vente (Cass. civ. 14-12-1981 : GP 1982.pan.170) ;
– un prêt de main-d'œuvre, une sous-traitance (Cass. crim. 15-2-1983 : BRDA 12/83 p. 23) ;
– un contrat d'agence commerciale, un contrat de promotion (CA Paris 2-5-2002 : RJDA 11/02 n° 1130).

B. Qualification par le juge

10050 S'il n'est pas lié par les parties, le juge doit donner ou restituer aux faits et aux actes leur exacte qualification (CPC art. 12, al. 2). Il applique les qualifications selon sa propre loi (loi du for) (n° 74606) et doit les appliquer d'office si celles-ci sont d'ordre public ou si elles ont été adoptées pour frauder des dispositions d'ordre public (n° 71922). Il apprécie, sauf disposition législative contraire, la nature juridique d'un contrat à la date à laquelle celui-ci a été conclu (T. confl. 11-4-2016 n° 4043 : RJDA 10/16 n° 753).

Sauf solution particulière (pour le bail, deux ans : n° 6821), la **prescription** de l'action en qualification du contrat est celle de droit commun (n° 71725). Elle court du jour de la conclusion du contrat (Cass. 3e civ. 22-1-2013 n° 11-22.984 et Cass. com. 11-6-2013 n° 12-16.103 : RJDA 12/13 n° 990, rendus à propos de la requalification d'un contrat en contrat de bail commercial mais à notre avis transposable à la requalification de tout contrat).

10053 **Légalité de la qualification** La qualification dont l'application est envisagée ne doit pas être illégale. Il en est ainsi, par exemple, si la qualification est établie par un **texte réglementaire non conforme à la loi.**

Jugé qu'un arrêté n'avait pu avoir pour effet d'assimiler le courtier de fret au commissionnaire de transport vu, « qu'en effet, un arrêté réglementaire ne saurait modifier la qualité du courtier de fret et édicter à son égard une responsabilité identique à celle du commissionnaire de transport ou du voiturier telle qu'elle résulte des articles L 132-4 (ex-art. 97) et L 133-1 (ex-art. 103) du Code de commerce, puisqu'il n'exécute pas le transport » (CA Paris 15-1-1954 : BT 1954.585).

Depuis l'entrée en vigueur de la Constitution du 4 octobre 1958, la loi détermine les principes fondamentaux du régime des obligations civiles et commerciales (Constitution art. 4).

10056 **Concordance avec la volonté des parties** Sauf si la qualification donnée par les contractants est contraire à l'ordre public, celle retenue par le juge ne doit pas être contraire à la volonté des parties (cf. CA Paris 22-10-1991 : RJDA 4/92 n° 325). Le juge ne peut pas dénaturer cette volonté (n° 13112) ni requalifier un contrat qui doit être annulé (n° 15707).

La commune intention des parties doit être appréciée au moment de la conclusion du contrat (Cass. com. 7-2-1955 : Bull. civ. III p. 49 ; Cass. com. 17-7-1978 n° 76-15.482 : Bull. civ. IV n° 203), la qualification qui en résulte ne pouvant dégénérer sous l'effet d'une inexécution partielle ou d'une volonté unilatéralement imposée (CA Aix 10-10-2007 : Transidit 2008 n° 56 § 34).

Lorsque la preuve directe de cette commune intention n'est pas rapportée, le juge peut, pour la fixer, tenir compte de divers indices, tels que :

– les modalités d'exécution du contrat (Cass. com. 17-11-1965 : Bull. civ. III n° 583 ; Cass. com. 25-6-1979 n° 77-12.169 : Bull. civ. IV n° 214 ; Cass. com. 8-12-1980 n° 79-13.203 : Bull. civ. IV n° 414 ; CA Paris 20-10-1981 : BT 1982.38) ;

– la qualification expressément donnée par les parties à leur contrat (Cass. soc. 18-10-1978 n° 77-11.363 : Bull. civ. V n° 680 ; Cass. 1e civ. 22-6-1982 n° 81-13.655 : Bull. civ. I n° 233 ; Cass. com. 18-10-1983 n° 82-10.022 : Bull. civ. IV n° 267 ; rappr. CA Aix 13-1-1983 : DMF 1984.523, qui attache de l'importance au fait que les parties ont pris soin de ne pas qualifier formellement leur contrat) ; mais le juge trouve aussi souvent que la qualification des parties n'est pas exacte (Cass. 1e civ. 26-10-1976 n° 75-13.707 : Bull. civ. I p. 245 ; Cass. com. 17-7-1978 : DMF 1979.7 ; Cass. soc. 1-3-1979 : JCP G 1979.IV.162 ; Cass. com. 2-3-1982 : Bull. civ. IV n° 85 ; CA Aix 16-3-1979 : Bull. Cour d'Aix 1979/2 p. 19) ; il y sera d'autant plus porté si les faits

relèvent de règles d'ordre public que la qualification formelle paraîtra avoir eu pour objet d'écarter (n° 10028) ;
– un bon de réception (Cass. civ. 3-2-1982 : JCP CI.1982.10566) ;
– la conclusion d'un autre contrat (Cass. com. 13-12-1982 : JCP G 1983.IV.74) ;
– la correspondance échangée entre les parties et le libellé de leur facture (CA Paris 20-10-1981 : BT 1982.38) ;
– l'existence de contrats antérieurs (CA Toulouse 5-3-1980 : RFDA 1981.233) ;
– les usages (Cass. com. 25-2-1981 n° 79-11.644 : Bull. civ. IV n° 107).
Mais le juge ne peut pas prendre en compte l'aveu car la qualification du contrat constitue une question de droit (CA Versailles 26-10-1995 : Bull. inf. C. cass. 1996 n° 426), sauf à le considérer simplement comme un fait constitutif d'un indice concordant avec d'autres circonstances de l'espèce.

Prise en compte de l'obligation caractéristique Dans le cas d'un contrat **unique,** le juge doit qualifier l'existence d'un contrat en fonction de l'obligation caractéristique ou essentielle qu'il comporte et qui corresponde à l'obligation caractéristique ou essentielle d'une qualification donnée soit par la loi, soit par le juge. **10059**

Ainsi est : une vente ou un contrat d'entreprise le contrat par lequel une personne fournit à la fois son travail et des objets mobiliers, selon que la prestation de fourniture ou de travail est la plus déterminante (n° 19514) ; un contrat de dépôt celui dans lequel l'obligation de garde est souscrite à titre principal (n° 21000) ; un contrat de transport seulement celui qui comporte une prestation de déplacement à titre principal (n° 24200).

Si les **différentes prestations,** même d'un contrat unique, peuvent être **isolées** les unes des autres sans mettre en péril l'unité de l'opération contractuelle, elles sont alors qualifiées séparément, chacune en fonction de sa nature propre (Cass. com. 20-7-1970 : BT 1970.311 ; Cass. crim. 12-3-1974 : D. 1974.607 ; Cass. civ. 16-3-1977 : Bull. civ. III p. 101 ; CA Aix 22-6-1982 : Bull. Cour d'Aix 1982/2 p. 9 ; CA Paris 28-11-1986 : DMF 1988.178 ; aussi Cass. com. 23-1-1978 : GP 1978.1.pan.199). Toutefois, bien que qualifiés distinctement, les contrats peuvent obéir, en raison des liens qui les unissent, à des règles communes quant à leur validité, leur exécution ou leur extinction (nos 10103 s.).

Dans le cas où **plusieurs contrats** servent un même but, la qualification sera emportée par l'obligation caractéristique du contrat qui est la raison d'être de l'opération contractuelle recherchée, les autres contrats n'en étant que l'accessoire indispensable ; l'ensemble forme alors un tout indivisible (nos 10103 s.).

C. Effets de la qualification du contrat

La qualification d'un contrat permet le rattachement de ce contrat à la catégorie nommée de contrat à laquelle il correspond (par exemple, vente, bail, transport, etc.), et par là de connaître le **régime** à lui appliquer. **10090**

Sur le champ d'application des règles contractuelles, parfois délicat à déterminer, nos 15023 s., 15458 et 72025 s.

Si plusieurs contrats concourent à la réalisation d'une même opération, la qualification du contrat principal, qui traduit le but de l'opération, commande le régime des contrats qui lui sont accessoires.

La catégorie des contrats interdépendants est une création prétorienne qui a été indirectement reconnue par la réforme du droit des contrats (sur cette réforme, n° 10000) à travers l'article 1186, al. 2 du Code civil qui affirme que la disparition de l'un entraîne celle des autres (n° 10106) et à travers l'article 1189, al. 2 du Code civil qui dispose que les contrats sont interprétés en fonction de leur commune finalité. Il s'ensuit que les autres règles prétoriennes construites en raison du silence du Code civil dans sa rédaction de 1804 sont applicables (n° 10106) aux contrats conclus depuis le 1er octobre 2016 (sur cette date, n° 10000), d'autant plus qu'aucune disposition issue de cette réforme ne contredit ces solutions.

CONTRAT INDÉPENDANT

Lorsque **plusieurs contrats** sont conclus à l'occasion d'une opération déterminée entre les mêmes parties, ils sont tenus pour indépendants les uns des autres en fonction de l'interprétation souveraine par les juges du fond (Cass. 1e civ. 3-4-2002 : RJDA 7/02 n° 721 ; Cass. com. 3-5-2011 n° 09-72.664 : RJDA 10/11 n° 762) des éléments suivants. **10100**

1. L'**absence d'indication expresse** que les contrats sont subordonnés les uns aux autres.
Jugé par exemple que :
– les conditions de paiement prévues pour un contrat de vente ne peuvent pas être étendues, à défaut d'indication expresse, à celles d'un contrat de transport qui lui est consécutif (T. com. Toulouse 16-5-1983 : BT 1984.227) ;

– il n'existe aucun lien entre trois conventions distinctes - cession d'un cabinet médical, contrat d'exercice professionnel et cession de parts sociales - en l'absence de référence d'une convention à l'autre (CA Paris 22-5-1987 : D. 1989.550 note Mémeteau) ;

– le contrat par lequel un journaliste salarié a cédé à son employeur ses droits d'auteur sur ses œuvres de reporter et qui avait fait l'objet d'un avenant à son contrat de travail a survécu à sa démission de son emploi salarié, autorisant l'employeur à divulguer les clichés après cette date (Cass. soc. 12-7-2007 n° 06-40.344 : JCP G 2008.I. n° 3 obs. Caron).

Mais la clause affirmant l'indépendance des contrats n'est pas en soi suffisante à l'établir si elle est en contradiction avec l'économie générale de l'opération mise en œuvre par ces contrats (cf. Cass. com. 24-4-2007 n° 06-12.443 : RJDA 10/07 n° 927) ou si elle est en réalité contraire à la commune intention des parties (Cass. com. 6-12-2011 n° 10-21.832 : RJDA 3/12 n° 236).

2. L'**existence d'une caractéristique distincte** des contrats invoqués.

Par exemple :

– le contrat de vente et le contrat de transport sont indépendants l'un de l'autre (Cass. com. 7-4-2004 n° 630 : RJDA 10/04 n° 1080 ; CA Rouen 27-6-1979 : DMF 1979.734) ;

– le contrat de prêt qui sert au financement de l'acquisition d'un bien est considéré comme indépendant du contrat de vente (n° 26753), comme il est indépendant du contrat d'assurance-vie qu'il sert à abonder (Cass. com. 5-11-2013 n° 11-27.400 : RJDA 2/14 n° 74) ; sur l'interdépendance de la location financière et du contrat dont elle sert les objectifs, n° 10103 ;

– le contrat de location de conteneurs, même par un transporteur, tend à procurer la jouissance du conteneur et n'a pas nécessairement pour but son transport (CA Versailles 14-1-1999 : DMF 1999.933 note Human, obligeant le loueur à garantir les vices du conteneur selon les règles du contrat de location de meubles).

3. La **substitution d'un contrat à un autre** ; par exemple, le contrat éteint pour survenance du terme et repris est indépendant du contrat précédent, nul ne pouvant exiger le renouvellement d'un contrat (n° 16193).

4. La **conclusion par une même personne,** en des qualités juridiques distinctes, **de deux contrats** avec une autre partie (CA Paris 24-9-1981 : BT 1982.198, l'un en qualité de mandataire, l'autre en qualité de commissionnaire).

5. La **reprise** d'un engagement contractuel dans un titre négociable (n° 12505).

6. L'existence, pour trois contrats conclus successivement entre les mêmes parties et se rapportant au même objet, **de conditions distinctes,** d'une durée expressément limitée pour chacun et de formalités de publicité accomplies séparément (Cass. com. 13-12-1971 : JCP G 1972.II.17120 note A. S. T. ; rappr. Cass. com. 6-6-1990 n° 88-19.108 : Bull. civ. IV n° 170), voire de conditions identiques mais assorties de durées expressément limitées, lesquelles font ressortir une volonté de ne pas lier les contrats entre eux (Cass. com. 13-12-1971 n° 70-13.983 : Bull. civ. IV n° 299).

7. La **portée de l'engagement** : ainsi, la promesse par le vendeur d'un ordinateur et d'un logiciel qui présentait quelques défauts de rendre les programmes informatiques conformes aux besoins de l'acheteur concerne ce logiciel et non l'ordinateur (Cass. com. 22-1-1991 : RJDA 5/91 n° 379).

8. La **volonté** certaine des parties de conclure des **contrats autonomes** l'un par rapport à l'autre (Cass. com. 12-11-2020 n° 19-11.506 F-D).

Lorsque les **contrats** sont **indépendants,** chacun **obéit** aux règles qui lui sont propres. Notamment, le renouvellement d'un contrat ne peut pas être étendu à un autre (Cass. com. 13-12-1971 n° 70-13.983 : Bull. civ. IV n° 299).

CONTRATS INTERDÉPENDANTS

10103 **Critères** Il résulte de l'article 1186, al. 2 du Code civil que des contrats sont interdépendants lorsque ces contrats sont « **nécessaires à la réalisation d'une même opération** », autrement dit lorsque les contrats ont le même but. Ces contrats relèvent en soi d'une qualification propre, mais peuvent être soumis à une ou plusieurs règles identiques, même si ces règles sont contraires à celles de telle ou telle des différentes qualifications en cause.

Cette interdépendance se rencontre lorsque les parties l'ont **expressément** affirmée (Cass. com. 14-5-1996 : RJDA 10/96 n° 1157 ; Cass. com. 10-2-2015 n° 13-25.783 : RJDA 5/15 n° 327 ; CA Paris 3-12-1991 : RJDA 4/92 n° 337 ; CA Paris 29-6-2022 n° 18/19812).

Les parties ont d'ailleurs intérêt à faire clairement connaître leur volonté sur ce point car le juge risque de relever leur silence pour en déduire que les contrats sont indépendants ou pour limiter la portée du lien entre les contrats. Par exemple, la stipulation selon laquelle des cessions de parts de société et la cession de créance en compte courant sur la société forment un « tout indivisible de sorte que l'une des opérations juridiques ne saurait intervenir sans que soient réalisées simultanément les (...) autres » ne fait pas obstacle, à défaut de disposition expresse contraire, à l'annulation d'une seule des cessions prévues (Cass. 1e civ. 5-2-1991 n° 89-10.626 D : BRDA 9/91 p. 7).

Dans le silence des parties, des contrats sont jugés liés l'un à l'autre parce que l'un ou plusieurs sont tenus pour **accessoires à un contrat principal.**

Ainsi ont été réputés liés à un autre contrat :

– trois actes, qui ont été qualifiés de donations déguisées dès lors que, s'expliquant les uns par les autres, ils formaient un tout (Cass. civ. 11-4-1932 : DP 1932.173) ;

– le contrat qui donne lieu à des actes d'exécution de moindre importance par leur nature et par leur nombre que celui-là (TGI Strasbourg 13-6-1979 : BT 1979.546) ;

– le contrat qui en favorise la conclusion (Cass. 1e civ. 9-3-1964 : Bull. civ. I n° 134 : contrats conclus le même jour, par lesquels un garagiste a vendu à un particulier un véhicule neuf et lui a acheté son véhicule usagé ; Cass. com. 2-2-1993 : RJDA 6/93 n° 476 : contrat de concession et contrat de financement des achats du concessionnaire ; Cass. com. 24-6-2008 n° 07-14.581 : RJDA 11/08 n° 1130 : contrat de reprise de droits sociaux au titre d'un plan de continuation et engagement du cessionnaire à se substituer aux cautions garantissant des dettes de la société à l'égard des banques ; CA Versailles 25-1-2001 : RJDA 8-9/01 n° 866 : acte distinct d'une cession de parts sociales portant garantie du passif par le cédant, non signé par le cessionnaire mais implicitement accepté par lui du seul fait de sa signature concomitante de celle de l'acte de cession, avec lequel cet acte forme un tout) ;

– le contrat qui n'est qu'un acte intermédiaire permettant son exécution (Cass. com. 27-4-1979 : BT 1979.401 ; CA Aix 12-11-1980 : D. 1983.IR.123 obs. Mercadal) ;

– le contrat qui n'a de raison d'être que par rapport à lui (Cass. com. 15-6-1999 : JCP E 2000.842 n° 9 obs. Vivant et Le Stanc ; Cass. 1e civ. 24-9-2002 n° 99-11.139 P : RJDA 12/02 n° 1224 ; Cass. 1e civ. 13-3-2008 n° 06-19.339 : RJDA 5/09 n° 402 ; CA Bordeaux 5-3-2012 n° 10/04647 : BRDA 6/12 inf. 13) ;

– les promesses d'achat et de vente réciproques assises sur ledit contrat (Cass. com. 9-11-1982 : JCP G 1983.IV.31).

Des contrats sont aussi jugés unis les uns aux autres parce qu'il ressort des circonstances de l'espèce qu'il ont un **même objet** ou un **même but,** soit en raison des circonstances économiques justifiant ces contrats (Cass. com. 8-1-1991 : RJDA 5/91 n° 373 ; Cass. com. 18-6-1991 : RJDA 11/91 n° 878 ; Cass. com. 9-5-1995 : RJDA 11/95 n° 1262 ; Cass. 1e civ. 1-10-1996 : RJDA 2/97 n° 163), soit en raison de l'intention des parties (Cass. civ. 15-6-1999 : RJDA 10/99 n° 1039 ; CA Paris 3-12-1991 : RJDA 4/92 n° 337 ; sur une absence d'intention, Cass. 1e civ. 9-7-2015 n° 14-22.117 : GP 2015.som.8 novembre note Bury), soit en raison des circonstances dans lesquelles ils ont été exécutés (T. com. Paris réf. 6-6-1988 : Lettre distrib. 1988/6 p. 1 : série de contrats, plusieurs dizaines, conclus entre un fournisseur et un distributeur et exécutés sur plusieurs décennies).

L'appréciation des juges du fond est souveraine (Cass. 1e civ. 1-10-1996 précité).

Mais sont **obligatoirement liés** en vertu d'une solution prétorienne d'ordre public, les contrats concomitants ou successifs qui s'inscrivent dans une **opération incluant une location financière** car les parties ne peuvent pas écarter leur indivisibilité par une clause même expresse, celle-ci étant réputée non écrite (Cass. ch. mixte 17-5-2013 nos 11-22.768, 11-22.927 : RJDA 10/13 n° 765 ; Cass. com. 12-7-2017 n° 15-27.703 : RJDA 12/17 n° 782, 1e espèce ; Cass. com. 10-1-2024 n° 22-20.466 FS-BR : BRDA 3/24 inf. 9).

Les juges ne peuvent pas considérer qu'un contrat est inclus dans une opération de location financière s'ils ne précisent pas à quel titre ce contrat s'inscrit dans cette opération (Cass. com. 17-11-2015 n° 14-13.152 : BRDA 24/15 inf. 8) et si le prestataire ou le fournisseur ne sont pas présents (Cass. 1e civ. 20-2-2019 n° 18-11.666 F-D : RJDA 8-9/19 n° 541).

L'ordre public de l'indivisibilité des contrats inclus dans l'opération de location financière est, à notre avis, de protection car il a pour effet essentiel d'éviter à la partie emprunteuse de devoir continuer à verser des loyers alors que le contrat de prestations de service financé a pris fin.

Inversement ne sont pas liés le **contrat principal** et le **contrat de sous-traitance** en raison de l'autorité définitive attachée à la chose jugée par l'assemblée plénière de la Cour de cassation (n° 20425), qui ne peut être remise en cause que par un revirement de jurisprudence décidée par la même formation de la Haute Juridiction.

Le revirement pourrait être considéré comme en germe dans l'article 1186, al. 2 nouveau du Code civil, qui valide la caducité des contrats liés entre eux.

Conséquences de l'interdépendance La principale conséquence engendrée par l'interdépendance des contrats est que la **disparition d'un des contrats** entraîne celle des autres, le sort de chacun devant être apprécié à l'aune de l'ensemble contractuel indivisible (Cass. 1e civ. 13-6-2006 n° 04-15.456 : D. 2007.277 note Ghestin ; CA Reims 14-4-1987 : JCP G 1988.IV.37 ; Cass. com. 10-1-2024 n° 22-20.466 FS-BR : BRDA 3/24 inf. 9). **10106**

Cet effet ne peut se produire que si l'existence de chacun des contrats en cause est établie (Cass. com. 14-9-2022 n° 21-16.840 F-D : RJDA 11/22 n° 610).

Cette extinction du **contrat subséquent,** qui est la seule sanction possible (Cass. com. 1-7-2020 n° 18-22.905 F-D, censurant le réputé non écrit des clauses inconciliables), est qualifiée de **caducité** (C. civ. art. 1186, al. 2).

Il y a lieu à caducité du contrat secondaire lorsque le contrat principal a été résilié (Cass. 1e civ. 4-4-2006 n° 02-18.277 : RJDA 10/06 n° 985 ; Cass. com. 5-6-2007 n° 04-20.380 : RJDA 3/08 n° 217 ; Cass. com. 26-3-2013 n° 12-11.688 : RJDA 8-9/13 n° 685 ; Cass. com. 20-10-2021 n° 19-24.796 F-B : RJDA 12/21 n° 783), est avorté pour défaillance de la condition qui commandait son entrée en vigueur (Sentence CCI n° 5346 en 1988 : Clunet 1991.1060 obs. Y. Derains) ou a été annulé (Cass. com. 1-7-2020 précité). Il avait été aussi expressément jugé, en cas de location

10106 (suite) financière (nº 10103), que l'anéantissement du contrat principal, celui de prestations de service, était un préalable nécessaire à la caducité, par voie de conséquence, du contrat de location (Cass. com. 4-11-2014 nº 13-24.270 : RJDA 2/15 nº 66 ; Cass. com. 5-4-2018 nº 17-11.650 F-D : PA 25-7-2018 p. 7 note Lanzara, peu important que le loueur ait fait application, au préalable, de la clause résolutoire stipulée dans le contrat de location) ; mais cette solution a été remise en cause, la résiliation de l'un quelconque d'entre eux entraînant la caducité, par voie de conséquence, des autres, sauf pour la partie à l'origine de l'anéantissement de cet ensemble contractuel à indemniser le préjudice causé par sa faute (Cass. com. 12-7-2017 nº 15-23.552 : RJDA 12/17 nº 782, 2e espèce). Cette solution doit, à notre avis, être généralisée à toute interdépendance car, depuis le 1er octobre 2016, la « disparition » d'un contrat est une condition légale de la caducité des contrats liés (C. civ. art. 1186, al. 2). Il doit toutefois être retenu que la disparition d'un contrat ne résulte pas de l'ouverture de la liquidation judiciaire d'une partie à ce contrat (Cass. com. 13-12-2016 nº 15-14.355 : RJDA 3/17 nº 150 ; Cass. com. 25-9-2019 nº 18-15.162 F-D : RJDA 12/19 nº 768, en l'espèce, de la partie prestataire du service).

Les **conditions** de la caducité sont réunies dès lors que la disparition d'un contrat, quelle qu'en soit la raison, rend impossible l'exécution du contrat qui lui est interdépendant ; ce contrat prend alors fin pour l'avenir (nº 16000).

S'il y a lieu à restitution, il est recommandé aux parties de préciser qui en sera tenu, notamment lorsqu'un prêt a été souscrit par une partie pour financer une acquisition par une autre partie qui peut avoir disparu (par exemple une société liquidée) ou être devenue insolvable alors qu'elle a bénéficié de la prestation financée par le prêt.

Mais l'interdépendance des contrats peut avoir d'**autres conséquences,** qui portent notamment :

1. Sur la validité d'un contrat. Ainsi :

– la validité d'un contrat peut résulter de son rattachement à un autre contrat ;

Par exemple :

– l'action en rescision pour lésion dirigée contre un contrat de vente, pièce d'un ensemble, peut être écartée en raison de l'avantage trouvé dans une autre convention par la victime de la lésion (CA Aix 27-11-1956 : JCP G 1957.II.10046 note Laurent) ;

– un contrat réglant entre trois frères le sort d'un fonds de commerce appartenant à leur mère avant que celle-ci en ait effectué donation n'a pas été annulé comme pacte sur succession future, mais reconnu valable comme rattaché à la donation postérieure, l'ensemble des deux contrats constituant une opération unique de partage (Cass. civ. 8-7-1957 : Bull. civ. I p. 249) ;

– le prix d'un contrat peut être trouvé dans un autre contrat (cf. Cass. 3e civ. 14-11-1968 nº 65-11.046 : Bull. civ. III nº 465) ;

– l'acte qu'une partie conteste et qui lui est opposé forme un tout avec celui qu'elle a signé (CA Versailles 25-1-2001 nº 98-6995 : RJDA 8-9/01 nº 866).

– l'invalidité d'un contrat ou de certaines de ses clauses peut être déduite de l'interdépendance de ce contrat avec un ou plusieurs autres contrats.

Par exemple, le contrat de prêt conclu pour acquérir un bien ou le louer est nul si est annulé le contrat de vente (nº 26753) ou de bail (CA Rennes 9-9-2020 nº 17/03847 : RJDA 12/20 nº 623).

En cas de location financière, sont réputées inapplicables au locataire les clauses inconciliables avec l'interdépendance existant entre ces contrats (Cass. com. 10-1-2024 nº 22-20.466 précité), notamment celle écartant la responsabilité du loueur du matériel, imposant au locataire le paiement intégral des loyers après la signature du procès-verbal de livraison en cas d'indisponibilité du matériel pour quelque cause que ce soit ou interdisant au locataire tout recours contre le loueur (cf. Cass. com. 19-11-2013 nº 12-23.955 : RJDA 3/14 nº 196 et Cass. com. 19-11-2013 nº 12-12.008 : RJDA 4/14 nº 299 ; dans le même sens, CA Lyon 27-2-2020 nº 18/08265 : RTD civ. 2020.375 obs. Barbier), celle reconnaissant au loueur le droit de résiliation anticipée dès lors que le matériel n'a été délivré que partiellement malgré une attestation de livraison erronée et qu'il n'a jamais donné satisfaction (Cass. com. 24-9-2013 nº 12-25.103 : RDC 2014.64 obs. Seube) ou celle prévoyant une clause pénale (Cass. com. 6-12-2017 nº 16-21.180 F-D : RJDA 3/18 nº 212).

2. Sur la détermination des obligations incombant aux parties aux contrats.

Ainsi :

– la garantie des vices cachés de la vente a été imposée à un garagiste qui avait prêté l'usage d'une voiture en vue de sa vente (TGI Paris 26-5-1983 : GP 1983.615) ;

– le dépositaire, qui était aussi lié à un même fournisseur par un contrat d'agent commercial, a été indemnisé de la perte de son activité de dépositaire au motif que celle-ci résultait de la rupture par l'employeur du contrat d'agent commercial (Cass. com. 10-5-1977 : JCP G 1979.II.19048 obs. Hémard) ;

– le titulaire d'un mandat de recevoir le prix des livraisons et de représenter un fournisseur n'a pas été dédommagé de la résiliation de ce mandat car celui-ci n'était qu'accessoire à un contrat de dépôt (Cass. com. 21-10-1963 : Bull. civ. III nº 428).

3. Sur les règles applicables à l'exécution du contrat.

Jugé notamment que :

– un contrat qui n'est pas en soi international le devient s'il est rattaché à un contrat international et la loi applicable à un contrat peut valoir pour le contrat qui lui est rattaché (nº 16921) ;

– la prescription des obligations du contrat de transport est applicable à celle des contrats qui lui sont accessoires (n° 24655) ; sur un refus d'appliquer cette prescription aux contrats accessoires, les contrats quoique liés devant être considérés comme superposés, CA Besançon 10-9-2019 n° 18/00151 ;

– les règles de preuve d'un contrat synallagmatique s'appliquent au contrat unilatéral qui lui est rattaché (CA Paris 5-5-1983 : BRDA 18/83 p. 21) ;

– le jeu de la compensation entre les créances et dettes réciproques issues des différents contrats est admis, s'il ressort de ces derniers la commune intention des parties de convenir une compensation conventionnelle globale (Cass. com. 23-9-2014 n° 13-14.815 : RJDA 2/15 n° 137) ; l'indivisibilité des contrats n'entraîne pas la compensation de plein droit dès lors que la créance et la dette en cause ne sont ni réciproques ni fongibles, car n'existant pas entre les parties qui l'invoquent et étant payables l'une en nature et l'autre en espèces (CA Paris 18-11-2005 n° 04/02261 : RJDA 6/06 n° 696) ;

– la clause compromissoire contenue dans l'un des contrats est étendue au litige né d'un autre contrat, la partie à qui la clause est opposée en ayant eu nécessairement connaissance (Cass. 1e civ. 9-7-2014 n° 13-17.495 : RJDA 1/15 n° 59 ; CA Paris 21-3-2018 n° 16/16091 : GP 2018 n° 27 p. 23 note D. Bensaude ; sur les refus d'extension de la clause, nos 70856 et 70862), sauf si les parties ont expressément exclu cette extension (Cass. 1e civ. 9-7-2015 n° 14-22.258 : GP 22-3-2016 jur. p. 32 note D. Bensaube) ou si celle-ci aboutissait à appliquer une clause d'arbitrage à des rapports d'obligations qui ne résultent pas de la convention dans laquelle cette clause est stipulée (CA Paris 3-10-2017 n° 16/23621 : GP 2018 n° 11 p. 27 note Bensaude) ;

– l'interprétation de chacun des contrats doit être fonction de l'opération à laquelle ces contrats concourent (C. civ. art. 1189, al. 2).

4. Sur la sanction de l'inexécution des obligations.

Jugé que :

– une partie liée à deux cocontractants distincts, peut **opposer** à l'un d'eux, pour repousser sa demande, l'inexécution de son contrat par l'autre (Cass. com. 4-10-1961 : Bull. civ. III n° 341 ; Cass. com. 12-7-2005 n° 03-12.507 : RJDA 12/05 n° 1316) ; un juge a pu soulever d'office l'exception d'inexécution, sans soumettre le moyen à la discussion des parties, dès lors que le contrat de location financière prévoyait une compensation des loyers avec une somme que le fournisseur du matériel loué devait verser au locataire de ce matériel (Cass. com. 15-10-1996 n° 94-18.903 : RJDA 1/97 n° 1) ;

– la résiliation d'un contrat de maintenance en cours résultant d'une ordonnance du juge-commissaire de la procédure collective du prestataire entraîne, à la date de la résiliation, la caducité par voie de conséquence du contrat de location financière interdépendant (Cass. com. 11-9-2019 n° 18-11.401 FS-PB : RJDA 11/19 n° 700 : la décision du juge-commissaire de résilier un contrat en cours n'a pas l'autorité de la chose jugée à l'égard des tiers mais leur est néanmoins opposable en ce qu'elle constate ou prononce la résiliation).

5. Mais l'**indivisibilité** entre plusieurs conventions a des **limites** : elle ne prive pas l'un des cocontractants de la possibilité d'agir seul en réparation de ses préjudices personnels, même si la partie qui a contracté les mêmes obligations que lui n'est pas représentée à l'action (Cass. 1e civ. 22-3-2012 n° 09-72.792 : RJDA 8-9/12 n° 746), et elle n'implique pas, d'elle-même, que les contractants tenus par des conventions distinctes quant aux prestations à fournir et à leur prix sont obligés in solidum (n° 50223, § 4).

Sur la **loi applicable** à des contrats internationaux conclus entre les mêmes parties, n° 16921.

SECTION 2

L'EXISTENCE D'UN CONTRAT

CONDITIONS DE L'EXISTENCE D'UN CONTRAT

Pour qu'un acte donné puisse être ramené à exécution avec le concours de la justice, il doit réunir les deux conditions exigées par la loi pour constituer un contrat : être un accord de volonté entre les protagonistes et obliger les parties à une prestation, à sa modification, sa transmission ou son extinction (C. civ. art. 1101 ; Cass. civ. 24-12-1919 : DP 1920.1.12 ; Cass. civ. 27-4-1977 : D. 1977.413 note Gaury). **10200**

Le contrat est en ce sens le prototype de l'acte juridique défini comme celui qui est une manifestation de volonté destinée à produire des effets de droit qui peuvent être conventionnels ou unilatéraux et qui obéissent, en tant que de raison, pour leur validité et leurs effets, aux règles qui gouvernent les contrats (C. civ. art. 1100-1) ; concrètement, les effets de droit consistent en la création, modification ou suppression d'un droit ou d'une obligation (TGI Aix 8-1-1985 : D. 1986.289 note Bergel).

N'est pas un acte juridique, par exemple, une photocopie qui n'a par elle-même aucune valeur juridique (Cass. com. 15-12-1992 : RJDA 4/93 n° 369).

Sur la disparition dans l'article 1101 de la classification des obligations en obligation de donner, de faire ou de ne pas faire, nos 13200 s.

Il s'ensuit que n'est pas un contrat tout engagement qui ne résulte pas d'un accord de volonté entre deux ou plusieurs parties ou qui n'oblige pas.

Toutefois, **une situation juridique non contractuelle peut engendrer un contrat** entre des parties. Ainsi, une relation extracontractuelle établie de longue date peut devenir une relation contractuelle tacite au sens du règlement CE n° 44/2001 du 22 décembre 2000 sur la compétence (nos 72103 s.). De même, un acte juridique, tel le cahier des charges d'une zone d'aménagement concerté (ZAC) peut devenir contractuel par stipulation pour autrui au profit des parties qui ont acquis un terrain dans la zone (Cass. 3e civ. 4-3-2021 n° 19-22.987 FS-PR).

Par ailleurs, certains faits peuvent en dehors de tout accord préalable obliger leurs auteurs à exécuter les obligations que les tribunaux ou la loi attachent à leur comportement, notamment sous la qualification de quasi-contrats.

A. Éléments caractéristiques du contrat

1. ACCORD DES VOLONTÉS DES PARTIES

10203 **Nécessité d'un accord** Le contrat suppose l'accord des volontés des parties.

Les tribunaux l'affirment sans ambages : « Tout contrat exige essentiellement le concours de deux ou plusieurs déclarations de volonté, se manifestant d'un côté par une offre ou proposition et de l'autre par son acceptation » (Cass. civ. 16-4-1924 : DH 1924.392 ; Cass. civ. 15-11-1926 : GP 1927.1.122). Un contrat ne peut donc résulter que du consentement des parties (Cass. 3e civ. 26-4-1976 n° 74-13.527 : Bull. civ. III n° 175 ; Cass. civ. 2-5-1978 : GP 1978.2.pan.291 ; Cass. com. 20-3-1984 : JCP E 1984.13461 ; Cass. com. 30-5-1989 n° 87-17.932 : Bull. civ. IV n° 166 ; Cass. 3e civ. 20-6-2006 : RJDA 1/07 n° 27 ; CA Paris 4-3-1980 : GP 1980.536).

Les arbitres reconnaissent aussi que les actes qui expriment un accord des volontés, par exemple la concession consentie par un État à une entreprise étrangère, doivent être, en vertu des principes généraux du droit et des enseignements du droit comparé, considérés comme des contrats (Sentence du 19-1-1977 : Yearbook 1979.177).

Tout acte ou tout fait qui manifeste un tel accord a vocation à être un contrat, par exemple : un échange par téléphone (Cass. req. 14-5-1912 : DP 1913.1.281 note Valéry) ; un communiqué émanant d'un ministère (CA Paris 28-6-1977 : GP 1977.2.657) ; le cahier des charges d'une procédure de saisie immobilière (Cass. 2e civ. 2-7-1986 n° 85-12.884 : Bull. civ. II n° 102) ou d'une adjudication (Cass. civ. 14-1-1981 : JCP G 1981.IV.110) ; la convention entre époux réglant les effets patrimoniaux d'un divorce en dépit de son homologation judiciaire (Cass. ch. mixte 6-12-1985 : JCP G 1986.II.20646 concl. Cochard, note Bénabent et Lindon), de même que l'acte homologué de changement de régime matrimonial des époux (Cass. civ. 14-1-1997 : D. 1997.273 rapport Savatier) ; le règlement intérieur d'une collectivité (TGI Paris 7-5-1976 : GP 1976.2.522 : foyer-hôtel de travailleurs immigrés) ; le jugement qui constate l'accord donné, dans les mêmes termes, par une partie à l'autre sur un objet déterminé, dit **contrat judiciaire** (Cass. civ. 8-7-1925 : DP 1927.1.21 ; CA Versailles 6-2-1979 : GP 1980.som.88 ; cf. Cass. 1e civ. 25-6-2008 n° 07-10.511 : D. 2008.1997.som.) ; un échange de correspondance par lettres (Cass. com. 19-1-1993 : RJDA 5/93 n° 393 ; Cass. com. 29-11-1994 : RJDA 3/95 n° 246 ; Cass. 3e civ. 9-5-2012 n° 11-15.161 : RJDA 12/12 n° 1037), par télex (Cass. com. 25-5-1988 n° 86-16.366) ou par courriels dès lors que ces derniers comportent tous les éléments exigés pour l'existence du contrat en cause, en l'espèce ceux de l'article L 222-17 du Code du sport, lequel n'impose pas que le contrat soit établi sous la forme d'un acte écrit unique (Cass. 1e civ. 11-7-2019 n° 17-10.458 P ; cf. CA Paris 17-9-2013 n° 12/05435 : RJDA 2/14 n° 90) ; un projet de contrat non signé (CA Versailles 16-10-2003 n° 02/00249 : RJDA 12/04 n° 1291) ; une feuille de présence à une représentation signée par un artiste-interprète (Cass. ass. plén. 16-2-2018 n° 16-14.292 PBRI : RJDA 7/18 n° 610) ; le règlement de copropriété (Cass. 3e civ. 8-4-2021 n° 20-18.327 FS-P) ; une convention d'assistance bénévole (Cass. 1e civ. 5-5-2021 n° 19-20.579 FP : D. 2021.1803 note Galbois-Lehalle), une telle convention existant si l'assistance est apportée par l'assistant ou sollicitée par l'assisté (Cass. 1e civ. 18-1-2023 n° 20-18.144 F-B).

Encore faut-il que l'accord des parties ait pour objet de faire naître un engagement (n° 10256).

L'**accord** peut être aussi, sauf disposition légale contraire, purement **verbal** (n° 11175) et la preuve de la conclusion du contrat peut résulter de son exécution (Cass. com. 16-5-2018 n° 17-14.602 F-D : RJDA 10/18 n° 723) ou des actes d'exécution (Cass. civ. 23-3-1966 : D. 1966.397 ; CA Versailles 23-9-1987 : BT 1989.562).

Même un contrat administratif peut être conclu tacitement et résulter de son exécution par les parties, soit un établissement public à caractère scientifique, culturel et professionnel et une association (CE 25-7-2008 n° 304172).

Le défaut d'accord est, à notre avis, sanctionné par une nullité absolue de l'acte car il est de l'intérêt général des échanges et de la sécurité juridique que les tiers ne soient pas tenus de respecter un acte qui n'est pas un contrat (cf. n° 13054).

2. ENGAGEMENT JURIDIQUE

EXISTENCE D'UN ENGAGEMENT JURIDIQUE

Un engagement est juridique lorsque son bénéficiaire - dit créancier - **peut obtenir d'un tribunal** que le promettant de cet engagement - dit débiteur - soit **condamné à exécuter** ce qu'il a promis, notamment par la saisie de ses biens (sur l'établissement de l'engagement, TGI Paris 8-11-1973 : D. 1975.401). **10250**

Pour cela, chacune des parties doit avoir eu la volonté de s'engager (C. civ. art. 1113, al. 1). Dans le doute, on doit présumer que les protagonistes n'ont pas voulu s'engager juridiquement et imposer la preuve du caractère juridique de l'engagement à celui qui réclame son exécution (Cass. req. 13-12-1875 : DP 1876.1.417). Le non-engagement, c'est en effet la liberté. Or, celle-ci prime (n° 74259). Néanmoins, ceux qui veulent être sûrs de ne pas être liés juridiquement ont intérêt à le dire expressément, surtout si leur accord revêt l'apparence d'un contrat (n° 10348).

L'engagement sur lequel des parties ont scellé un accord est contraignant s'il contient une promesse qui porte sur la prestation caractéristique de l'accord et qui est déterminée ou déterminable.

IDENTIFICATION D'UNE PROMESSE D'ENGAGEMENT JURIDIQUE

Les tribunaux déduisent l'existence d'une promesse faite par une partie à une autre en considérant la terminologie employée, la présence ou non d'une condition ou le comportement de celui qui est censé avoir promis un engagement juridique (pour une décision retenant un engagement ferme sur le fondement de ces trois critères, CA Versailles 8-4-2014 n° 13/03008 : RJDA 7/14 n° 592 som.). **10253**

Terminologie et contexte Les termes utilisés dans un acte déterminent l'existence ou non de l'engagement d'une partie ; ainsi, lorsque l'acte de vente énonce que l'acquéreur « a acheté la toile et que, lorsque celle-ci lui aurait été remise, il verserait le complément du prix », la somme versée dès la conclusion de l'acte est un acompte que les juges du fond ne peuvent pas tenir pour des arrhes au motif « qu'on ne peut s'attacher au sens précis des termes utilisés » (Cass. civ. 23-3-1966 : D. 1966.397). Mais aucun mot n'a en soi une valeur décisive. Tout dépend de la formulation et du contexte dans lequel la volonté recherchée est exprimée (cf. Cass. 2e civ. 27-11-1985 n° 84-13.971 : Bull. civ. II n° 178 : censure une cour d'appel pour refus de tenir compte d'un engagement d'honneur parce qu'un tel engagement n'est pas juridiquement opposable à son auteur « sans préciser les motifs de fait ou de droit sur lesquels elle se fondait »). **10256**

Ainsi ont été jugés **juridiques** :

– la promesse sur sa conscience - ou sur son honneur -, dès lors que cette promesse de rembourser une somme est faite à un créancier qui renonce à en poursuivre le recouvrement immédiat pour la seule raison que son débiteur déclare qu'il le désintéressera si la fortune lui sourit un jour, l'appel à la conscience du débiteur n'étant dans ce contexte qu'un moyen pour fortifier la promesse de ce dernier et non point un simple engagement d'honneur de sa part (Cass. com. 23-12-1968 : Bull. civ. IV n° 374 ; CA Aix 11-6-1872 : DP 1873.2.177 ; dans le même sens, Cass. com. 10-1-1972 n° 70-11.161 : JCP G 1972.II.17134 note Guyon ; T. com. Saint-Étienne 2-3-1980 : Lettre distrib. 1980/6 p. 4) ; est aussi lié celui qui ne met pas en cause son engagement sur l'honneur au moment même où il aurait pu se prévaloir de son non-engagement juridique (CA Amiens 13-1-1953 : D. 1953.som.51) ;

– l'engagement à faire un effort de bonne foi pour satisfaire les attentes du bénéficiaire d'une promesse (Sentence CCI n° 5477 en 1988 : Clunet 1988.1204 obs. Alvarez) ;

– l'engagement même expressément qualifié « exclusivement moral », dès lors qu'il peut être établi que son auteur a exprimé par ailleurs une volonté non équivoque et délibérée de s'obliger envers l'autre partie (Cass. com. 23-1-2007 n° 05-13.189 : RJDA 6/07 n° 589).

En revanche, ont été jugés **non juridiques** :

– la recommandation ainsi formulée : « Nous avons l'honneur d'introduire auprès de vous et de recommander à votre meilleur accueil M. L. Nous vous serions reconnaissants de bien vouloir mettre à la disposition de M. L. et de lui fournir, dans la mesure du possible, les renseignements qu'il pourrait être amené à vous demander afin de faciliter sa mission » (CA Paris 30-4-1985 : Banque 1985.754 obs. Rives-Lange) ;

– la promesse de céder un certain nombre d'actions tout en refusant, en réalité, au cessionnaire l'exercice des droits attachés à ces actions (Cass. com. 17-7-1984 : Bull. civ. Joly 1984.873) ;

– l'indication donnée par une société à une autre par laquelle elle lui avait « confirmé (son) accord sur le principe (de lui) réserver une commission » (Cass. com. 24-6-1986 : BRDA 15-16/86 p. 22 ; sur la portée juridique d'un accord de principe, n° 11905) ;

– les assurances et encouragements prodigués par des personnes publiques à des entreprises pour les inciter à un comportement déterminé (CE 4-2-1955 : Lebon 66 ; CE 16-11-1960 : Lebon 621 ; CE 24-4-1964 : D. 1964.579 note Fromont ; CE 13-5-1970 : AJDA 1970.II.507) ; mais si la personne publique a eu un comportement fautif, elle peut être tenue pour responsable du dommage subi par l'entreprise (CE 14-10-1987 : GP 1988.som.132 ; CE 3-3-1989 : Lebon tables 905 ; pour une absence de faute, CE 20-10-1954 : Lebon 543 ; CE 16-6-1998 : Lebon 238) ;

– la remise par un casino à un joueur de jetons pour la soirée, afin de permettre à celui-ci d'établir un seul chèque au lieu d'une série de chèques, qui constitue un simple « accord de commodité » et non un contrat de prêt (Cass. 1e civ. 3-5-1988 no 86-16.859 : Bull. civ. I no 124) ;

– le « contrat-cadre de coopération » dans lequel les parties précisent qu'elles sont intéressées éventuellement pour collaborer à la réalisation de projets d'édition et de publication et que le présent contrat constitue un cadre juridique général déterminant les grandes lignes d'une éventuelle coopération (CA Paris 26-9-1995 : RJDA 2/96 no 180) ;

– la lettre d'intention évoquant notamment « l'intérêt pour la poursuite des négociations en vue de la prise de contrôle majoritaire » de la filiale et la situation qui existerait « si les négociations devaient aboutir » et employant le conditionnel (CA Paris 8-12-2009 no 08/21540 : RJDA 7/10 no 747) ;

– le fait d'accepter la remise d'une chose pour rendre service, non constitutif d'un dépôt (no 21015) ou de donner sa « garantie morale », non constitutif d'un cautionnement (no 55015).

10259 **Réitération de la promesse** Les parties peuvent décider que l'acte présentement convenu ne sera juridiquement conclu qu'après **réitération en la forme authentique,** cette condition étant à leurs yeux un élément constitutif de leur consentement et non une simple modalité d'exécution de leur accord (Cass. 3e civ. 19-6-2012 nos 10-22.906 et 10-24.222 : RDC 2014.54 obs. Brun ; dans le même sens, Cass. com. 9-12-1980 no 79-11.550 : Bull. civ. IV no 421 : bon de commande signé par le préposé du vendeur comportant une clause subordonnant la vente de véhicule à l'agrément écrit de la société venderesse ; Cass. com. 23-9-1982 no 81-10.131 : Bull. civ. IV no 284 : paiement du prix par une société subordonné à la réitération par celle-ci de son intention d'acquérir ; Sentence CCI no 5346 en 1988 : JDI 1991.1060 obs. Derains, tenant la mise sous condition de l'existence même du contrat pour un usage du commerce international et conforme à la liberté contractuelle).

L'engagement de réitération appelle les précisions suivantes.

10262 **1.** Le premier accord qui prévoit la **réitération,** ce qui est licite (Cass. 3e civ. 10-5-2005 no 568 : RJDA 10/05 no 1087 ; Cass. com. 25-9-2012 no 11-24.524 : RJDA 1/13 no 23), ne constitue **pas un engagement** si les parties ont entendu effectivement subordonner leur engagement à la passation d'un nouvel acte, notamment si elles ont précisé que la réitération était une condition essentielle de leur promesse (Cass. 3e civ. 7-9-2022 no 21-17.628 F-D : RJDA 12/22 no 678).

Les juges ne peuvent écarter la nécessité d'un nouvel acte sans se justifier (Cass. 3e civ. 5-1-1983 no 81-14.890 : Bull. civ. III no 7 ; sur la même recherche par des arbitres, Sentence CCI no 5065 en 1986 : Clunet 1987.1039 obs. Derains), mais leur appréciation est souveraine (Cass. civ. 13-6-1978 : GP 1978.2.pan.354 ; Cass. civ. 11-6-1980 : GP 1980.pan.579 note Piedelièvre ; Cass. civ. 21-10-1980 : GP 1981.pan.40). À défaut d'une telle condition, le premier accord est définitif.

La **simple affirmation** que l'acte doit être réitéré n'est **pas** en soi **suffisante** à établir que la réitération est une condition de l'engagement (Cass. 3e civ. 17-7-1991 : RJDA 11/91 no 906 ; Cass. 1e civ. 20-12-1994 : RJDA 4/95 no 427 ; CA Nancy 6-1-1981 : JCP G 1982.IV.365 ; Cass. 1e civ. 9-12-2010 no 09-71.205 : RDC 2011.523 obs. Mekki ; contra Cass. com. 12-6-1978 : D. 1978.IR.426) ni même, s'agissant d'une vente, l'indication que le transfert de propriété est retardé jusqu'à la réitération, à défaut d'autres circonstances propres à établir la volonté des parties à être engagées avant la réitération (Cass. 3e civ. 28-5-1997 : RJDA 8-9/97 no 1022). Jugé qu'étaient engagées avant la réitération les parties à un acte de vente qui prévoyait que « l'acquéreur aura la propriété de l'immeuble vendu à compter de la signature de l'acte authentique. Cependant cette stipulation n'empêche pas la vente d'être parfaite à compter de ce jour et les parties d'être définitivement liées dès la signature du présent acte » (Cass. 3e civ. 4-3-1998 : RJDA 6/98 no 701).

Il incombe donc aux parties d'être précises sur leur intention ; le plus sûr pour elles est de **déclarer expressément,** selon leur volonté :

– soit qu'elles sont d'ores et déjà engagées à exécuter leurs présentes promesses, en fixant les conditions de leur réitération dans le contrat à venir ou par exemple en reconnaissant le droit à la plus diligente de poursuivre cette réitération (Cass. civ. 8-4-1986 : JCP G 1986.IV.162) ; la liberté de ne pas réitérer ne saurait alors être reconnue à une seule partie, car l'exécution de l'accord qui était définitif serait subordonnée à sa seule volonté (Cass. 3e civ. 7-6-1983 : Bull. civ. III no 132) ; lorsqu'un délai a été fixé pour la réitération, la promesse n'est pas caduque si le terme fixé par les parties pour la régularisation n'est pas assorti de cette sanction (Cass. com. 23-10-2012 no 11-24.349 : RJDA 2/13 no 126 ; Cass. 3e civ. 14-1-2021 no 19-13.675 F-D ; Cass. 3e civ. 22-6-2023 no 22-12.794 F-D : RJDA 11/23 no 571) ; l'expiration du délai dans lequel la réitération doit intervenir détermine le moment à partir duquel chaque partie peut mettre l'autre en demeure de régulariser l'acte et, à défaut pour celle-ci de s'exécuter spontanément, de demander en justice soit l'exécution forcée du contrat – si les conditions suspensives sont réalisées à cette date (Cass. 3e civ. 4-2-2021 no 20-15.913 F-D : BPIM 2/21 inf. 128) – soit sa résolution (Cass. 3e civ. 29-11-2000 no 98-20.502 FS-D : RJDA 4/01 no 434 ; Cass. 3e civ. 1-10-2020 no 19-16.561 FS-PBI : RJDA 1/21 no 15) ;

– soit qu'elles ne sont pas d'ores et déjà engagées à exécuter leurs présentes promesses et qu'elles ne le seront que lorsque le contrat à venir sera conclu et signé et que, si des sommes ont été versées, elles pourront être conservées par le bénéficiaire ou que ce dernier devra les restituer ; dès lors, en l'absence d'établissement de l'acte authentique dans le délai convenu, la promesse devient caduque (Cass. 3e civ. 9-7-2014 no 13-12.470 FS-D : RJDA 2/15 no 77 ; Cass. 3e civ. 7-9-2022 no 21-17.628 F-D : RJDA 12/22 no 678) ; à défaut de délai convenu, les parties demeurent liées par la condition de réitération, laquelle n'est pas limitée dans le temps (Cass. 3e civ. 30-1-2020 no 18-25.381 FS-PBI : RJDA 5/20 no 267).

La réitération entraîne la **validité de l'engagement repris** dans le nouvel acte dans les conditions suivantes :

– chaque partie à l'acte initial doit être partie à l'acte de réitération, sauf cas de parties solidaires entre elles pouvant être représentées à cet acte par l'une d'elles (Cass. 3e civ. 8-12-1993 : RJDA 3/94 no 251) ;

– l'engagement a pris naissance au jour de l'acte initial (Cass. 3e civ. 29-1-1992 no 90-15.555 : Bull. civ. III no 35, faisant courir le délai pour agir en rescision pour lésion à compter de cet acte) ; au cas où il dépend de la réalisation de conditions suspensives, pour laquelle aucun terme n'a été fixé, l'engagement existe au jour de la réalisation des conditions, même si la date de réitération fixée par les parties est postérieure, car la date fixée pour la réitération n'est pas extinctive mais constitutive du point de départ à partir duquel l'une des parties peut obliger l'autre à s'exécuter (Cass. 3e civ. 21-11-2012 no 11-23.382 : RJDA 3/13 no 210) ;

L'acte de réitération d'une vente signé par le vendeur après avoir été mis en liquidation judiciaire et sans intervention du liquidateur est inopposable à ce dernier même si l'acte ne fait que reprendre la promesse de vente conclue antérieurement (cf. Cass. com. 8-9-2015 no 14-13.273 : Rev. proc. coll. 2016 no 1 § 13 note. Berthelot).

– les obligations souscrites dans l'acte initial lient les parties dès lors que l'acte authentique qui ne les reprend pas ne les supprime pas (CA Nancy 15-10-2012 no 10/00362 : JCP G 2013 no 19-20-546 p. 942 obs. Henry) ;

– le préjudice subi, en cas de vente, par le vendeur du fait du défaut de réitération par l'acheteur doit prendre en compte l'ensemble de la période pendant laquelle le vendeur est resté tenu par son acceptation de l'engagement de l'autre partie d'acquérir (Cass. 3e civ. 23-6-1993 : Bull. civ. III no 102).

2. L'engagement de réitération conclu sous **condition suspensive** vaut engagement juridique 10265
et oblige les parties ; ainsi, celles-ci peuvent prévoir que le contrat ne sera conclu qu'après le paiement du prix de la vente, au plus tard au jour de la passation de l'acte authentique (Cass. 3e civ. 10-5-2005 no 03-19.238 F-D, censurant la décision ayant jugé que le paiement du prix ne peut pas être érigé en condition suspensive d'une promesse de vente), ou après l'agrément de l'accord par un comité (Cass. com. 17-3-2009 no 08-12.830 : RJDA 7/09 no 594).

Engagement sous condition résolutoire Si les parties ont assorti leur accord d'une 10268
condition résolutoire, celui-ci est dès sa conclusion un contrat juridiquement formé (no 16047). Mais le contrat est caduc dès que la condition est réalisée (no 16050).

Comportement du promettant Une personne est juridiquement engagée lorsqu'elle 10271
s'est comportée comme si elle l'était.

Par exemple, jugé que :

– un médecin s'était engagé, bien qu'aucun écrit ne fût signé, à conclure un contrat de société avec le propriétaire d'un immeuble, en vue de sa transformation et de son exploitation en clinique, dès lors qu'il avait approuvé les plans de l'architecte, versé à ce dernier une provision sur ses honoraires, fait des démarches pour obtenir le permis de construire et l'agrément des autorités médicales ainsi que passé des commandes à des entrepreneurs (Cass. 1e civ. 8-10-1963 no 60-10.501 : Bull. civ. I no 419) ;

– un médecin qui avait exercé pendant plus de dix ans sa spécialité dans une clinique contre la garantie d'un certain niveau d'activité et de revenus était lié à cette clinique par un lien contractuel (Cass. 1e civ. 19-7-1988 no 86-19.407 : Bull. civ. I no 248).

OBLIGATION DE L'ENGAGEMENT JURIDIQUE CARACTÉRISÉE

Obligation essentielle Un accord ne peut lier juridiquement ses auteurs sur un contrat 10275
donné que si ces derniers y ont fixé l'obligation essentielle, déterminante de leur entente ; à défaut, il n'y a pas consentement faute de « contenu certain » (nos 12400 s.).

Cette prestation est celle qui est **caractéristique** du contrat et qui commande l'application d'une qualification nommée (sur les contrats nommés ou innomés, nos 11000 s.). Mais les **parties peuvent convenir,** à la condition que ce soit sans équivoque (cf. Cass. com. 30-11-2004 no 1722 : RJDA 4/05 no 366 som.), que d'autres éléments, quoique non caractéristiques d'un contrat nommé, sont essentiels à leurs yeux, par exemple : les modalités de paiement du prix dans la vente (Cass. civ. 2-5-1978 : D. 1979.317 note Schmidt-Szalewski ; Cass. com. 16-4-1991 : RJDA 7/91 no 559), lesquelles ne sauraient être toutefois considérées d'une manière générale comme essentielles (Cass. civ. 26-11-1962 : D. 1963.61 ; rappr. Sentence CCI 10422 en 2001 : JDI 2003.1142) ; la clause excluant l'indemnisation des améliorations réalisées par le locataire (Cass. 3e civ.

15-4-1980 n° 78-15.836 : Bull. civ. III n° 73) ; la date de livraison d'un pli (Cass. com. 22-10-1996 : RJDA 1/97 n° 6) ; la garantie de remboursement d'un prêt d'argent (CA Lyon 22-3-2007 n° 05-06937 : Bull. inf. C. cass. 2008 n° 470). Dès lors que les volontés ne se sont pas rencontrées sur un élément essentiel, l'accord est nul (n° 12475).

Cette solution a été initialement affirmée par les tribunaux à propos des baux d'immeubles (Cass. req. 19-1-1863 : DP 1863.1.248 : « Un contrat ne peut légalement exister s'il ne renferme les obligations qui sont de son essence et s'il n'en résulte un lien de droit pour contraindre les cocontractants à les exécuter ; il est de l'essence du contrat de louage que le bailleur s'engage à faire jouir le locataire de la chose louée et à l'entretenir, pendant la durée du bail, en l'état de servir à l'usage auquel elle est destinée » ; Cass. civ. 12-11-1889 : DP 1890.1.33 : un bail ne peut recevoir exécution s'il ne contient pas toutes les stipulations nécessaires à son existence légale ; Cass. 3e civ. 16-4-1973 n° 72-10.487 : Bull. civ. III n° 287 : propriétaire d'un immeuble se réservant de faire connaître à l'occupant les conditions qu'il poserait pour le bail ; Cass. civ. 10-5-1977 : JCP G 1977.IV.168 : écrit renvoyant à un acte ultérieur pour l'établissement des charges et conditions ; aussi Cass. 1e civ. 23-2-1994 : Bull. civ. I n° 76). Elle a été ensuite reprise à propos du contrat de transport de messagerie (Cass. ch. mixte 22-4-2005 n° 232, 1e esp. : RJDA 7/05 n° 808) et désormais à propos de tout contrat (Cass. com. 9-6-2009 n° 08-10.350 : RJDA 10/09 n° 811 : vente de fonds de commerce ; CA Rennes 19-9-2008 : JCP G 2009.IV.1711 : contrat d'abonnement à internet). Elle est aussi appliquée en droit de l'UE (CJUE 14-7-2016 aff. 196/15 : RJDA 11/16 n° 839).

L'obligation essentielle valablement convenue lie définitivement les parties ; toute clause qui la vide de sa substance est réputée non écrite (n° 12496).

10278 **Prestation déterminée** La prestation est précise ou déterminée lorsque la formulation qui en est faite dans l'accord suffit - à elle seule et sans avoir recours à une autre manifestation de volonté des parties - à fixer ce que doit faire ou ne doit pas faire son promettant.

Par **exemple** a été jugé déterminé le contrat :

– qui mentionnait sans ambiguïté les parcelles à exploiter, qui prévoyait leur exploitation jusqu'à complet épuisement et qui fixait le prix de cession à une somme déterminée à l'hectare, contenait l'accord des parties sur la chose et sur le prix et les éléments nécessaires et suffisants pour constituer un contrat synallagmatique parfait, bien que ne précisant ni la durée d'exploitation ni les modalités de paiement, lesquelles devaient être réglées conformément à l'usage en la matière (Cass. civ. 30-10-1979 : GP 1980.pan.45) ;

– placé sous l'intitulé commercial de « gardiennage et de surveillance » d'une entreprise de travail temporaire car il était, à lui seul, un programme et une promesse (Cass. com. 25-11-1975 n° 74-13.230 : Bull. civ. IV n° 281) ;

– la promesse de faire quelque chose selon ses moyens, le juge pouvant apprécier objectivement si le promettant a ou non les moyens.

À l'opposé, a été jugé indéterminée pour valoir :

– contrat de société en participation, la lettre d'une société à un chef de chantier lui confirmant son engagement pour travailler sur divers chantiers à l'étranger moyennant une rémunération mensuelle déterminée et acceptée par lui, aucune précision ne déterminant ces éléments (Cass. soc. 30-4-1985 : BRDA 17/85 p. 9) ;

– engagement, la promesse de « faire un geste » qui ne vise aucune prestation déterminée ou déterminable (Cass. com. 28-2-1983 : GP 1983.pan.207) ;

– agrément d'une personne comme associée, la résolution des associés d'une société adoptant « le principe d'admission » de cette personne comme nouvel associé s'analysant en un simple projet (Cass. com. 3-1-1980 : GP 1980.498 note A. P. S.).

B. Engagements et obligations non contractuels

1. ENGAGEMENT UNILATÉRAL

10300 Il est fréquent qu'une ou plusieurs personnes déclarent, de leur propre initiative, à une ou plusieurs autres, **sans** recevoir d'**acceptation** de celles-ci, qu'elles agiront dans tel sens : par exemple, elles annoncent une démission (Cass. com. 8-6-2017 n° 14-29.618 F-D : RJDA 8-9/17 n° 553), une renonciation, une ratification, une notification, une rétractation, un congé, un vote, une offre de contracter (pour un exemple, Cass. 1e civ. 28-11-2012 n° 11-20.674 : RDC 2013.505 obs. Genicon : engagement irrévocable de souscrire des actions).

La déclaration unilatérale n'est un engagement unilatéral que si son auteur s'est engagé dès sa prise de position, avant même toute acceptation de qui que ce soit (cf. Cass. com. 21-12-1987 n° 85-13.173 : Bull. civ. IV n° 281 ; CA Versailles 5-5-1988 : D. 1988.IR.171 ; CA Nancy 3-3-2003 : JCP G 2004.IV.2027).

L'engagement unilatéral constitue un acte juridique qui est soumis au régime des contrats en tant que de besoin (C. civ. art. 1100-1 ; CA Colmar 21-9-2020 n° 19/01866 : GP 14-9-2021 n° 42502 p. 23 obs. Houtcieff ; CA Douai 20-1-2022 n° 20/04441, validant un engagement unilatéral pris par un SMS).

L'engagement unilatéral peut donc obliger son auteur si ceux qui en réclament le profit peuvent établir :

– soit que la loi reconnaît l'engagement unilatéral qu'ils ont pris dans un acte, tel celui de payer dans une reconnaissance de dette exprimée dans les conditions légales requises (n° 75689), par exemple dans un bon de caisse (Cass. 1e civ. 27-3-2012 n° 11-15.316 : RJDA 8-9/12 n° 817) ;

– soit qu'ils ont légitimement pu croire à l'existence d'une promesse exécutoire ;

Jugé que tel est le cas de :

– la déclaration de l'Association professionnelle des banques de faire rembourser les créanciers d'une banque en « faillite », au motif que cette déclaration avait été traduite dans les écritures de l'Association et qu'elle avait reçu un retentissement, non démenti, dans la presse spécialisée (CA Aix 15-3-1984 : Rev. jur. com. 1985.313) ;

Dans le même sens : l'engagement d'une société à respecter les termes d'un plan social qu'elle avait incité ses salariés à accepter, Cass. soc. 23-2-1994 : RJS 4/94 n° 392 et Cass. soc. 27-1-2015 n° 13-22.509 : RJS 4/15 n° 247.

– l'annonce par l'organisateur d'une loterie d'un gain à un destinataire sans mettre en évidence l'existence d'un aléa, Cass. ch. mixte 6-9-2002 : RJDA 12/02 n° 1332 et Cass. 1e civ. 19-3-2015 n° 13-27.414 : RJDA 7/15 n° 534, fondant cet engagement sur l'ex-article 1371 - devenu art. 1300 - du Code civil et cf. CJUE 18-10-2012 aff. 428/11 : RJDA 1/13 n° 72.som., qui sanctionne une telle loterie au titre des pratiques commerciales déloyales ; celui pris par le repreneur d'une entreprise en liquidation judiciaire de maintenir l'activité de l'entreprise (Cass. com. 28-3-2000 n° 98-12.074 P : RJDA 7-8/00 n° 781) ;

Une telle annonce a été aussi sanctionnée au titre des pratiques commerciales déloyales (CJUE 18-10-2012 aff. 428/11 : RJDA 1/13 n° 72.som. ; Cass. crim. 22-11-2022 n° 21-86.010 F-D, retenant que le préjudice n'est que moral).

– la lettre d'une société adressée aux bénéficiaires des options de souscription d'actions annonçant la mise en place d'un système de contrepartie au sein du groupe dont elle faisait partie, CA Paris 8-6-2001 : RJDA 10/01 n° 977, condamnant la société, faute que la contrepartie ait été en mesure de racheter les actions, à procéder elle-même à ce rachat ou à indemniser les bénéficiaires) ;

– la déclaration du gérant d'une société de réparer personnellement une malfaçon dont était responsable la société, Cass. 3e civ. 12-2-2013 n° 11-21.314 : RDC 2013. obs. Genicon).

Toutefois, l'affirmation par les juges du caractère unilatéral d'un engagement est très aléatoire ; ainsi, les lettres de patronage ne le sont pas et doivent être acceptées par leurs bénéficiaires (n° 58224) alors que les garanties à première demande le sont et n'ont pas à l'être par leurs bénéficiaires (n° 58006).

L'existence d'un engagement unilatéral ne peut pas être exclue par les juges au seul motif qu'une promesse a été faite après l'exécution de la prestation prévue au contrat (Cass. com. 12-12-2018 n° 17-22.268 F-D : RDC 2019.16 obs. Laithier : promesse d'une livraison supplémentaire).

– soit qu'ils ont, en vertu de cette déclaration, d'ores et déjà acquis un droit.

Il est de règle que le droit acquis ne peut pas être remis en cause : la règle s'impose même à la loi (n° 74468) et à une personne publique (CE 25-7-1986 : RJDA 1987.458).

Dès que l'une ou l'autre de ces deux dernières conditions est satisfaite, la déclaration unilatérale de volonté ne peut plus être rétractée par son auteur, qui doit l'exécuter ou réparer les dommages causés par son inexécution, sans pouvoir toutefois imposer au bénéficiaire d'en poursuivre l'exécution si celui-ci décide de renoncer à cette exécution (CA Colmar 20-2-2002 : JCP G 2002.IV.2974, autorisant le créancier cautionné par une société de caution rémunérée à renoncer à la garantie avant son terme).

L'inexécution de l'engagement unilatéral engage la responsabilité extracontractuelle de son auteur (Cass. com. 13-1-2015 n° 13-16.518 : RJDA 4/15 n° 296), les règles contractuelles n'étant applicables, comme il est dit plus haut, qu'en tant que de raison.

Encore faut-il que l'engagement pris soit valable, sa licéité étant appréciée selon les règles applicables aux contrats (Cass. 1e civ. 17-3-1987 n° 85-16.484 : Bull. civ. I n° 97, appliquant la prohibition des pactes sur succession future ; Cass. 1e civ. 20-11-1990 n° 89-14.103 : Bull. civ. I n° 250, appliquant la nullité pour erreur de droit ; Cass. 1e civ. 19-2-1991 n° 88-20.074 : Bull. civ. I n° 63 et Cass. 1e civ. 10-9-2015 n° 14-20.498 : RJDA 11/15 n° 732, sanctionnant le défaut de cause – désormais de contrepartie, nos 12496 s. ; Cass. 1e civ. 11-3-2003 n° 99-12.628 : RJDA 8-9/03 n° 806, sanctionnant la fausse cause – désormais sanctionnée par l'erreur sur un motif déterminant, n° 12213 ; CA Paris 1-4-1997 : D. 1997.IR.116 et Cass. com. 26-6-2019 n° 17-24.592 F-D : RJDA 10/19 n° 655, appliquant l'ex-art. 1326 devenu l'art. 1376, qui vise « l'acte juridique par lequel une seule partie s'engage envers une autre » et jugeant non valable l'engagement ne précisant pas envers qui il est souscrit).

En tout état de cause, un engagement unilatéral ne peut pas remettre en cause un engagement contractuel en lui substituant des avantages différents (Cass. soc. 4-2-2015 n° 13-28.034 : RJS 4/15 n° 298) ; en effet, une telle possibilité reviendrait à permettre la modification unilatérale du contrat, ce qui ne peut survenir que par accord mutuel des parties (nos 14000 et 15445 s.).

2. QUASI-CONTRATS

RÉGIME DES QUASI-CONTRATS

Les quasi-contrats sont définis comme étant des faits purement volontaires dont il résulte un engagement de celui qui en profite sans y avoir droit, et parfois un engagement de leur auteur 10303 envers autrui (C. civ. art. 1300, al. 1). Les quasi-contrats régis par le présent sous-titre (C. civ. art. 1300 à 1303-4) sont la gestion d'affaires, le paiement de l'indu et l'enrichissement injustifié (ancien enrichissement sans cause) (C. civ. art. 1300, al. 2). Présentés par l'article 1300, al. 2 comme étant « régis par le présent sous-titre », ces trois quasi-contrats ne constituent pas les seules applications qui dérivent de la qualification de « quasi-contrats ». Celle-ci étant caractérisée comme recouvrant des « faits purement volontaires », elle est susceptible d'autres applications, comme celle visant déjà les loteries (n° 10300).

Seuls sont présentés aux n°s 10305 s. la gestion d'affaires et l'enrichissement injustifié (ex-enrichissement sans cause), le paiement de l'indu étant étudié avec le paiement (n°s 54200 s.).

GESTION D'AFFAIRES

10305 Lorsqu'une personne accomplit des actes utiles pour autrui, sans son accord, il en résulte un quasi-contrat (C. civ. art. 1300 et 1301), dit « gestion d'affaires », générateur d'obligations (C. civ. art. 1301 s.).

Sur la loi applicable aux gestions d'affaires soulevant un conflit entre des lois des États membres de l'UE, règlement CE 864/2007 du 11 juillet 2007 sur la loi applicable aux obligations non contractuelles (art. 11).

10308 **Conditions** La gestion d'affaires existe aux conditions suivantes.

1. Elle ne doit **pas** être **exclue** par une **disposition** législative qui réserve le droit d'agir en faveur d'autrui à une personne déterminée (Cass. com. 7-4-2010 n° 09-11.196 : RJDA 7/10 n° 755 : droit d'agir au nom des obligataires réservé aux seuls représentants de la masse ; Cass. 3e civ. 16-10-2013 n° 12-20.881 : Bull. civ. III n° 131 : gestion de la copropriété réservée au syndic) ou qui interdit à un agent économique donné d'agir autrement que selon les dispositions légales (Cass. 1e civ. 22-3-2012 n° 11-13.000 : RJDA 10/12 n° 844 : refus à un agent immobilier non mandaté dans les conditions légales de se prévaloir de la gestion d'affaires).

2. Le gérant doit **agir pour autrui** (C. civ. art. 1301), ce que les juges doivent établir (Cass. 3e civ. 13-1-1999 : RJDA 4/99 n° 384).

La volonté de gérer l'affaire d'autrui peut être déduite de l'opportunité et de l'utilité des travaux entrepris (Cass. 1e civ. 5-3-1985 n° 84-10.097 : Bull. civ. I n° 86 : gestion par une épouse du bien de son mari emprisonné ; Cass. civ. 26-1-1988 : JCP G 1989.II.21217 note Dagorne-Labbé : aide à la capture d'un voleur). Toutefois, les juges du fond ne peuvent pas tirer cette déduction en relevant seulement qu'un sous-traitant n'a pas agi dans son intérêt personnel, quoiqu'au su du maître d'ouvrage, sans constater qu'il avait eu l'intention d'agir pour ce dernier (Cass. civ. 13-12-1978 : JCP G 1979.IV.65).

Il en est ainsi que le maître de l'affaire ait connu ou ignoré l'intervention (C. civ. art. 1301 ; Cass. 1e civ. 19-2-2014 n° 12-24.113 : JCP N 2014.358.som.) et que le gérant se soit occupé en même temps de sa propre affaire (C. civ. art. 1301-4 ; Cass. civ. 28-10-1942 : DC 1943.29 note L. P. : usufruitier agissant aussi dans l'intérêt du nu-propriétaire, Cass. civ. 28-10-1942 : DC 1943.29 note L. P.).

Il n'y a donc pas gestion d'affaires lorsqu'une personne agit uniquement dans son propre intérêt, sans avoir conscience de rendre service à autrui, même si son action profite à ce dernier (Cass. civ. 25-6-1919 : DP 1923.1.223 ; Cass. civ. 28-5-1991 : RJDA 10/91 n° 789) ou en exécution d'une obligation légale (Cass. com. 13-1-2015 n° 13-11.550 : RJDA 5/15 n° 331). Il en est de même lorsque l'action a été conduite dans l'intérêt général (CE 24-1-1936 : S. 1936.3.25 note P. L. : travaux exécutés sur une propriété privée dans un but de police générale).

3. Le gérant doit agir **volontairement** (C. civ. art. 1301), ce que les juges doivent constater (Cass. 3e civ. 13-12-1978 n° 77-12.492 : Bull. civ. III n° 372), et accomplir un acte auquel il n'est en rien tenu : ni par la loi, ni par un contrat (Cass. 1e civ. 15-5-2019 n° 18-15.379 F-PB : RJDA 8-9/19 n° 544), ni par des statuts (Cass. 1e civ. 22-3-2012 n° 11-10.616 : Bull. civ. I n° 67 : absence de disposition statutaire prévoyant le paiement par le conseil régional des notaires des charges d'un office pendant la suppléance de son titulaire décédé) ; c'est le cas même s'il le fait à l'invitation d'un tiers (Cass. 1e civ. 14-11-1978 n° 77-11.082 : JCP G 1980.II.19379 note Bout) ou s'il a administré l'immeuble qu'il a acquis sous une condition suspensive pendante qui ne s'est pas réalisée, situation distincte de l'enrichissement injustifié (Cass. req. 5-3-1945 : GP 1945.1.147).

Ce n'est pas le cas de celui qui a été chargé de régler une dette (Cass. 1e civ. 22-10-2009 n° 08-18.331) ou a été obligé légalement à assumer la suppléance d'un avocat empêché (Cass. 1e civ. 17-7-1996 n° 92-19.017 : Bull. civ. I n° 323). Ce n'est pas non plus le cas de celui qui, ayant conclu de nouveaux contrats, ici d'assurance, avec une nouvelle compagnie après la résiliation irrégulière de ceux le liant à une précédente compagnie qui lui en réclamait l'exécution, prétend avoir rendu service à cette dernière alors que les nouveaux contrats, qui avaient pour objet de remplacer les contrats résiliés, ont été accomplis par lui en conséquence de la violation de ses obligations contractuelles (Cass. 1e civ. 14-6-1988 n° 86-17.428 : Bull. civ. I n° 191).

4. L'**acte** doit avoir été **utile** à l'affaire du géré (C. civ. art. 1301 ; Cass. com. 26-6-1990 n° 88-15.026 : Bull. civ. IV n° 195 ; CA Paris 29-3-1946 : D. 1946.227 ; Cass. civ. 31-1-1995 : RJDA 10/95 n° 1080) ; il peut être aussi utile à la fois au géré et au gérant, par exemple lorsqu'en payant les dettes du géré le gérant évite la saisie des biens de ce dernier et préserve le gage garantissant ses créances (Cass. 1e civ. 12-1-2012 n° 10-24.512 : RJDA 4/12 n° 376).

Sur le recours à la gestion d'affaires pour justifier la conclusion d'un acte de disposition supposant le concours d'un coïndivisaire, n° 30130, solution transposable à l'acte de disposition requérant le consentement du conjoint (n° 1330).

Sur la gestion d'affaires d'un bailleur par le locataire qui a élevé des constructions qu'il n'a pu acquérir par la faute du bailleur, n° 4635.

L'utilité de l'intervention du gérant est notamment établie si le géré ne pouvait agir lui-même et si sont caractérisés les risques que le maintien de la situation pouvait lui faire courir (Cass. com. 12-1-1999 : RJDA 2/99 n° 143).

Elle ne l'est pas si le maître de l'affaire était en situation de pourvoir lui-même à la sauvegarde de ses intérêts (Cass. com. 24-6-1964 : Bull. civ. III n° 334).

5. Ne résultant pas d'un acte juridique, la **gestion** d'affaires peut être **prouvée** par tous moyens (Cass. civ. 9-12-1947 : D. 1948.142 ; CA Nancy 25-3-2003 : JCP G 2004.IV.2030).

6. L'action en justice relative à la gestion d'affaires, laquelle ne relève pas d'une prescription contractuelle, est soumise à la **prescription** de droit commun de cinq ans, la gestion d'affaires étant un quasi-contrat et non un contrat (Cass. 1e civ. 9-6-2017 n° 16-21.247 F-PB : RJDA 10/17 n° 609, écartant la prescription biennale applicable aux contrats conclus entre professionnels et consommateurs).

Obligations du gérant Le gérant doit : 10311

- **apporter** à la gestion de l'affaire tous les soins raisonnables (C. civ. art. 1301-1, al. 1) et est soumis à toutes les **obligations d'un mandataire** (art. 1301) ;

  En fonction des circonstances qui ont conduit le gérant à se charger de l'affaire, le juge peut modérer les dommages-intérêts qui résulteraient de ses fautes (C. civ. art. 1301-1, al. 2 ; Cass. 1e civ. 3-1-1985 : Bull. civ. I p. 4).

  Il doit l'exonérer des cas fortuits (Cass. civ. 3-5-1955 : D. 1955.som.64) et d'un défaut de précaution (en l'espèce, défaut de réserve à la livraison d'une marchandise qu'il devait prendre en dépôt) si le maître de l'affaire s'est trouvé en mesure, par la présence de son représentant, d'assumer l'acte de prudence qui s'imposait (Cass. com. 24-6-1965 : Bull. civ. III n° 334).

- **achever** toute gestion commencée jusqu'à ce que le maître de l'affaire, ou le cas échéant son successeur soit en mesure d'y pourvoir lui-même (C. civ. art. 1301-1, al. 1) et doit se charger de tout ce que la gestion implique ;

  Le gérant doit continuer à gérer l'affaire, même après la révélation de l'identité du maître de l'affaire, laquelle n'a pas pour effet de substituer ce dernier au gérant d'affaires dans l'exécution du contrat conclu, et le maître dont l'affaire a été bien administrée doit rembourser au gérant toutes les dépenses utiles ou nécessaires qu'il a faites (Cass. 2e civ. 2-2-2022 n° 20-19.728 F-B).

- **assumer** les actes qu'il a accomplis envers un tiers avec lequel il a conclu, même après la révélation de l'identité du maître de l'affaire, laquelle n'a pas pour effet de substituer ce dernier au gérant d'affaires dans l'exécution du contrat conclu (Cass. 2e civ. 2-2-2022 n° 20-19.728 F-B : RJDA 5/22 n° 247), sauf s'il s'est présenté, même implicitement, comme agissant pour le compte du maître de l'affaire (Cass. civ. 14-1-1959 : D. 1959.106).

  Il est tenu avec le maître de l'affaire, chacun pour le tout, des dettes qu'il a contractées envers les tiers, lesquels ont, en outre, une action directe contre le maître de l'affaire (Cass. req. 16-7-1890 : D. 1891.1.49).

Obligations du géré Dès lors que l'acte accompli par le gérant est qualifié de gestion d'affaires, les obligations suivantes incombent au maître de l'affaire. Il doit : 10313

- **remplir** les **engagements** que le gérant a contractés en son nom, tant matériels (C. civ. art. 1301-2 ; Cass. civ. 16-11-1955 : JCP G 1956.II.9087 note Esmein : acte de dévouement) que juridiques, fussent-ils de disposition (Cass. civ. 28-10-1942 : DC 1943.29 note L. P. : aliénation ; Cass. civ. 13-12-1954 : Bull. civ. I p. 303 : transaction ; Cass. 1e civ. 15-5-1974 n° 72-11.417 : Bull. civ. I n° 147 : échange de parcelles) ;
- **rembourser** au gérant toutes les dépenses utiles ou nécessaires qu'il a faites (C. civ. art. 1301-2, al. 2), les juges du fond appréciant souverainement les éléments de preuve des dépenses (Cass. 1e civ. 29-5-2019 n° 18-16.999 FS-PB : D. 2019.1979 note de Ravel d'Esclapon) ; le texte n'envisageant que le remboursement des dépenses, il reste de règle que le gérant n'a pas droit à une rémunération (Cass. 1e civ. 18-11-2020 n° 19-10.965 F-PB) ;

  Si le gérant a aussi agi dans son intérêt personnel, la charge des engagements, des dépenses et des dommages se répartit à proportion des intérêts de chacun dans l'affaire (C. civ. art. 1301-4, al. 2 ; cf. Cass. 1e civ. 18-4-2000 n° 97-20.879 : Bull. civ. I n° 113).

- le défrayer de l'**intérêt des avances** qu'il a faites à compter du jour où les avances ont été constatées (C. civ. 1301-2, al. 3 ; Cass. civ. 20-3-1900 : DP 1901.1.477) ;

– indemniser le gérant des **dommages** qu'il a subis lors de son intervention, sans imprudence qui lui soit imputable (CA Rouen 15-5-1996, laissant à la charge du gérant un quart du préjudice corporel subi par lui en raison de son imprudence) ; mais il ne lui doit pas une rémunération pour les actes accomplis (Cass. com. 15-12-1992 : RJDA 4/93 n° 300).

En outre, le maître de l'affaire est tenu comme un mandant s'il a ratifié la gestion du gérant (C. civ. art. 1301-3) ; les rapports des parties doivent alors être régis par les règles du mandat ; sont notamment applicables l'obligation de reddition des comptes, les règles de responsabilité du mandant et du mandataire, tant l'un envers l'autre qu'envers les tiers. Enfin, si l'action du gérant ne répond pas aux conditions de la gestion d'affaires mais profite néanmoins au géré, celui-ci doit indemniser le gérant selon les règles de l'enrichissement injustifié (C. civ. art. 1301-5).

ENRICHISSEMENT INJUSTIFIÉ (EX-ENRICHISSEMENT SANS CAUSE)

10315 Celui qui bénéficie d'un enrichissement injustifié au détriment d'autrui doit, à celui qui s'en trouve appauvri, une indemnité égale à la moindre des deux valeurs (C. civ. art. 1303) ; l'enrichissement est injustifié lorsqu'il ne procède ni de l'accomplissement d'une obligation par l'appauvri ni de son intention libérale (C. civ. art. 1303-1 ; Cass. req. 15-6-1892 : DP 1892.1.596 ; rappr. Cass. com. 10-9-2013 n° 12-19.386 : RJDA 12/13 n° 978).

Qu'il soit dit sans cause ou injustifié, l'enrichissement est distinct de la gestion d'affaires et du paiement de l'indu, car ces deux quasi-contrats sont soumis à des conditions qui ne correspondent pas à un enrichissement tel qu'il est défini. Cette différence est relevée par l'article 1303.

L'**indemnisation** de l'appauvri n'est obtenue qu'aux **conditions** suivantes.

Sur la loi applicable aux enrichissements sans cause soulevant un conflit entre des lois des États membres de l'UE, règlement CE 864/2007 du 11 juillet 2007 sur la loi applicable aux obligations non contractuelles (art. 10).

10318 **1.** Il faut un **enrichissement au moment** où la demande est présentée (Cass. req. 23-11-1908 : DP 1912.1.217 note Ripert) et il doit être constaté par les juges qu'une valeur est entrée dans le patrimoine du prétendu enrichi (Cass. 3e civ. 27-9-2000 : RJDA 1/01 n° 11).

L'enrichissement est constitué par tout avantage procuré à autrui, tel que :

– l'amélioration d'un bien (Cass. req. 15-6-1892 précité : terres bonifiées par des engrais ; Cass. req. 11-9-1941 : S. 1942.1.121 : immeuble amélioré par des réparations) ;

– l'économie d'une dépense (Cass. 1e civ. 15-10-1996 n° 1655 : RJDA 3/97 n° 327).

10321 **2.** Il faut que celui qui a procuré l'enrichissement se soit **corrélativement appauvri** (Cass. 3e civ. 31-3-2010 n° 09-11.969 : RJDA 10/10 n° 913 : absence d'appauvrissement corrélatif).

L'appauvrissement n'est pas nécessairement une perte matérielle ; ce peut être le profit tiré par autrui sur celui qui le lui procure (Cass. req. 11-12-1928 : DH 1929.18 : compagnie de distribution d'eau qui, pour distribuer aux usagers l'eau dont elle leur fait payer le prix, utilise une conduite appartenant à un particulier).

L'appauvri peut demander l'indemnisation de l'enrichissement même s'il l'a provoqué par sa **faute,** sauf la possibilité pour le juge de modérer l'indemnité (C. civ. art. 1303-2, al. 2).

« Modérer » n'étant pas « supprimer », le juge peut moduler l'indemnité en fonction de la gravité de la faute ; sa seule limite est de ne pas accorder une indemnité dérisoire qui, selon une règle jurisprudentielle constante, équivaudrait à une suppression (sur cette règle, n° 73561).

Mais l'appauvrissement n'est pas indemnisable lorsque l'appauvri a agi à ses **risques et périls,** escomptant retirer de son action un avantage personnel (C. civ. art. 1303-2 ; Cass. civ. 28-3-1939 : GP 1939.1.879 ; Cass. civ. 26-5-1965 : D. 1965.628 ; Cass. 3e civ. 2-12-1975 n° 74-13.104 : Bull. civ. III n° 351 ; Cass. 1e civ. 24-9-2008 n° 07-11.928, 1e esp. : D. 2009.140 note Lemouland ; Cass. 3e civ. 20-5-2009 n° 08-10.910 : RJDA 11/09 n° 933).

L'appauvri n'est plus censé avoir agi à ses risques et périls lorsque l'appauvrissement qu'il invoque tient au travail qu'il avait réalisé en tant que propriétaire sur la chose qu'il avait acquise dès lors qu'il a perdu sa qualité de propriétaire à la suite de l'annulation de la vente (Cass. 1e civ. 25-5-1992 : RJDA 1/93 n° 6).

10324 **3.** Il faut que **l'enrichissement** soit **injustifié** ; ainsi l'enrichissement :

– **est causé ou justifié** lorsque l'avantage est retiré : par une partie de l'exécution d'un contrat (Cass. civ. 28-2-1939 : DP 1940.1.5 note Ripert ; Cass. com. 18-1-1994 : RJDA 6/94 n° 625 ; Cass. 3e civ. 27-2-2008 n° 07-10.222 : Bull. civ. III n° 35), fût-il verbal (Cass. 1e civ. 5-11-2009 n° 08-16.497 : RJDA 10/10 n° 912), ou de la cessation d'un contrat (Cass. com. 23-10-2012 n° 11-21.978, 2e esp. : RJDA 7/13 n° 584) ; par la société qui a refusé, après son immatriculation, de reprendre les actes faits pour son compte au cours de la période de formation (CA Paris 1-10-1982 : BRDA 23/82 p. 11) ; par des héritiers auxquels un généalogiste a révélé une succession, leur enrichissement résultant des règles légales régissant la dévolution de la succession de leur auteur (Cass. 1e civ. 28-5-1991 : RJDA 10/91 n° 789) ; par le bénéficiaire d'un enrichissement résultant d'une décision de justice en raison de l'autorité qui s'attache à la chose jugée (Cass. 1e civ. 14-1-1997 : RJDA 7/97 n° 881) ; par la société d'acquêts entre époux qui a vocation à recueillir le fruit de l'activité de chacun des époux (Cass. 1e civ. 10-5-1984 n° 83-12.370 : Bull. civ. I n° 153).

Sur l'impossibilité d'accorder une rémunération, sous quelque forme que ce soit : à un généalogiste non titulaire d'un mandat, art. 36 de la loi 2006-728 du 23 juin 2006 portant réforme des successions ; à un administrateur de société anonyme dont le contrat de travail a été annulé, Cass. com. 16-5-1995 n° 1066 : RJDA 10/95 n° 1112.

– **n'est pas causé ou justifié** lorsque l'avantage qu'un concubin a procuré à sa concubine provient de dépenses qu'il a exposées sur un bien appartenant à cette dernière qui excèdent, par leur ampleur, sa participation normale aux charges de la vie commune et ne peuvent être considérées comme une contrepartie des avantages dont il a profité pendant la période du concubinage, de sorte qu'il n'a pas, sur ce point, agi dans une intention libérale (Cass. 1e civ. 24-9-2008 n° 06-11.294 : Bull. civ. I n° 211).

4. Il faut que la **demande** de remboursement de l'enrichissement injustifié, dite action « de in rem verso », soit la seule action susceptible de pourvoir à l'indemnisation de l'enrichissement (C. civ. art. 1303-3). C'est le cas sous les conditions suivantes lorsque : 10327

– l'appauvri ne dispose pas, pour obtenir ce qui lui est dû, d'une autre action résultant d'un contrat, d'un délit ou d'un quasi-délit (Cass. civ. 2-3-1915 : DP 1920.1.102 ; Cass. req. 11-9-1940 : DH 1940.150 ; Cass. civ. 30-11-1988 : GP 1989.pan.25 ; Cass. civ. 9-12-1992 : RJDA 2/93 n° 94 ; CE 23-11-1994 : GP 1995.pan.98 ; CA Aix 8-1-1998 : DMF 1998.899 note Coste) ;

A été jugée recevable l'action de in rem verso :

– en réparation de la **dépréciation subie par une chose vendue** conservée et utilisée par l'acheteur après résolution de la vente (ou annulation, le contrat annulé n'ayant jamais existé ne peut pas être la cause de l'enrichissement), ce préjudice ne résultant ni du contrat de vente ni de sa résolution (Cass. civ. 12-2-1923 : DP 1924.1.129 ; Cass. civ. 25-1-1965 : D. 1965.som.61 ; Cass. com. 15-3-1988 n° 86-16.691 : Bull. civ. IV n° 105) ;

– exercée par le **créancier d'un débiteur insolvable** contre le tiers que la prestation de ce débiteur a enrichi (CA Toulouse 22-1-1973 : D. 1973.509 note Aubert : impossibilité d'obtenir du cédant ruiné le remboursement du prix de cession d'une étude notariale, la cession n'ayant pu avoir lieu et la caisse de garantie des notaires ayant été dispensée de rembourser des créanciers du notaire qui avaient été désintéressés à l'aide du prix de la cession ; CA Aix 8-11-1990 : JCP 1992.IV.333 : impossibilité de récupérer une créance par production à la procédure collective du débiteur ; CA Limoges 2-6-1993 : JCP G 1994.IV.867 : impossibilité de récupérer sur un locataire le prix des travaux commandés par lui) ;

– en **remboursement d'une somme** qui n'avait pas pu être obtenue par le demandeur sur le fondement d'un contrat de mandat de gestion dès lors que le demandeur n'avait pas pu prouver l'existence de ce contrat (Cass. 1e civ. 25-6-2008 n° 06-19.556 : RJDA 11/08 n° 1089) ou qui ne pouvait pas être recouvrée en vertu d'un acte administratif annulé sur le fondement duquel le demandeur ne pouvait plus faire valoir sa créance (Cass. 3e civ. 26-10-2022 n° 21-12.674 FS-B) ;

– contre un enrichi qui a reçu un paiement de bonne foi (Cass. 1e civ. 11-3-2014 n° 12-29.304 : RJDA 7/14 n° 603).

– l'appauvri n'exerce pas cette action pour **tourner** les conditions auxquelles la loi subordonne l'exercice d'une autre action (Cass. com. 10-10-2000 n° 98-21.814 : RJDA 1/01 n° 12 : irrecevabilité de l'action, le demandeur disposant d'une action contre ses cautions) ; en particulier, elle ne peut suppléer une action irrecevable pour prescription, forclusion, déchéance, autorité de la chose jugée ou insuffisance de preuve (Cass. civ. 29-4-1971 : Bull. civ. III p. 197 ; Cass. 1e civ. 31-3-2011 n° 09-13.966 : Bull. civ. I n° 67 ; Cass. 1e civ. 18-6-2014 n° 13-13.553 : Bull. civ. I n° 110) ou pour contourner les effets de la nullité d'un acte (Cass. com. 2-11-2005 n° 1352 : RJDA 3/06 n° 310 : nullité de la période suspecte).

Il ne résulte pas du caractère subsidiaire de l'action fondée sur l'enrichissement injustifié que sa prescription ne commence à courir que du jour où l'action principale mise en œuvre a échoué dès lors que, soumise à la prescription de droit commun, elle court du jour où le demandeur avait connaissance des faits susceptibles d'en relever (Cass. 1e civ. 29-5-2019 n° 18-18.376).

5. La **somme remboursée** à l'appauvri est égale à l'enrichissement mais ne peut pas dépasser le montant de son **appauvrissement,** c'est-à-dire le montant nominal de ses dépenses (Cass. civ. 18-5-1982 : D. 1983.IR.14 obs. Robert), à l'exclusion des incidences fiscales qu'a eues pour lui l'opération génératrice de son appauvrissement car elles ne sont pas corrélatives à l'enrichissement procuré (Cass. 1e civ. 25-5-1992 : RJDA 1/93 n° 6). 10330

L'enrichissement et l'appauvrissement doivent être **évalués** à la date du jugement, l'appauvrissement étant constaté au jour de la dépense, et l'enrichissement tel qu'il subsiste au jour de la demande d'indemnisation (C. civ. art. 1303-4), ce qui implique notamment la prise en compte des plus-values le cas échéant (cf. Cass. 1e civ. 3-3-2021 n° 19-19.000 FS-P : RJDA 7/21 n° 454 ; CA Angers 10-1-2023 n° 19/01576).

3. AUTRES ENGAGEMENTS OU OBLIGATIONS NON CONTRACTUELS

OBLIGATIONS LÉGALES

N'ont pas leur origine dans un contrat les obligations qui sont mises à la charge d'une personne par « l'autorité seule de la loi » (C. civ. art. 1100, al. 1). 10335

10335 (suite) Ces obligations sont aussi appelées « statutaires » (par exemple, dans CPC art. 1405, 1°) ou « de statut légal », conformément à la terminologie qui est devenue d'usage pour caractériser toute disposition créatrice d'une sujétion.

La **qualification** de ces obligations est très délicate. Bien souvent, en effet, les obligations légales entre des personnes données sont imbriquées dans des actes ou des faits à propos desquels ces mêmes personnes ont échangé un accord de volonté. C'est le cas lorsqu'il s'agit de décider l'application immédiate d'une loi nouvelle (nos 10617 et 74478) ou, plus rarement, pour déterminer le caractère contractuel ou non d'une situation juridique comme en attestent les exemples ci-après.

Il a été jugé, par **exemple,** que :

- l'erreur de droit commise par une partie ne prive pas d'efficacité les dispositions légales qui produisent leurs effets en dehors de toute manifestation de volonté de la part de celui qui se prévaut de leur ignorance ; ainsi, une épouse commune en biens ne pouvait pas se prévaloir de son droit à la reprise des biens qu'elle prétendait réservés en invoquant son erreur de droit ayant tenu à sa méconnaissance de la loi alors applicable (C. civ. art. 1457 ancien) qui lui imposait de renoncer à la communauté pour exercer le droit de reprise dès lors que, n'y ayant pas renoncé, elle s'était trouvée déchue de ce droit par l'effet de la loi qui s'était réalisé sans requérir son consentement (Cass. 1e civ. 4-11-1975 n° 73-13.701 : Bull. civ. I n° 307) ;
- le montant des honoraires dus à un expert n'est pas déterminé en vertu des stipulations d'un contrat dès lors que le mandant s'est borné, en demandant l'expertise, à préciser qu'une dépense du montant qu'il indiquait lui paraissait amplement justifiée (Cass. 2e civ. 20-3-1985 n° 84-10.246 : Bull. civ. II n° 72) ;
- l'obligation incombant à l'adhérent d'une caisse de retraite complémentaire de fournir à celle-ci les états nominatifs de ses salaires résulte de la loi et non du domaine contractuel (TI Saint-Benoît 22-7-1991 : Bull. inf. C. cass. 1991.1882) ainsi que l'obligation des caisses d'assurance maladie de verser à leurs affiliés les prestations auxquelles ils ont droit (Cass. soc. 13-3-1997 n° 95-18.358 : RJS 10/97 n° 1157, censurant l'arrêt qui avait accordé le paiement des prestations à un commerçant qui n'avait pas payé ses cotisations avant l'ouverture de la procédure collective au motif que les relations de l'affilié avec la caisse sont contractuelles et qu'il est interdit au débiteur de payer les créances antérieures au jugement d'ouverture) ;
- les obligations des commissaires aux comptes de sociétés, bien que la loi vise leur mission en se référant au « mandat », sont de nature institutionnelle (CA Paris 10-3-2006 n° 04/13651 : RJDA 12/06 n° 1232.som., excluant que la société contrôlée se prévale de l'exception d'inexécution à l'encontre du commissaire qui a commis des fautes dans l'exécution de son « mandat » ; CA Paris 30-6-2006 n° 04/23203 : RJDA 5/07 n° 497.som., soumettant au droit commun contractuel les missions autres que légales accomplies par le commissaire ; dans le même sens, Cass. com. 24-11-2015 n° 14-17.014 : RJDA 3/16 n° 202) ;
- l'obligation d'information de la caution par l'établissement de crédit (C. mon. fin. art. L 313-22) est une obligation légale sanctionnée par la déchéance du droit aux accessoires de la créance et non pas la contrepartie de l'obligation de la caution (Cass. com. 8-4-2015 n° 13-14.447 : RJDA 7/15 n° 525, en déduisant que l'exécution de l'obligation d'information ne vaut pas exécution du contrat de cautionnement rendant irrecevable l'exception de nullité) ;
- les obligations du notaire qui tendent à assurer l'efficacité d'un acte instrumenté par lui et qui constituent le prolongement de sa mission de rédacteur d'acte relèvent de sa responsabilité délictuelle (Cass. 1e civ. 6-6-2018 n° 17-13.975 FS-PB : GP 25-9-2018 jur. p. 35 note M. Mekki) ;
- l'obligation faite à l'expert devant déterminer le prix des parts sociales cédées par un associé ou rachetées par la société implique de suivre les méthodes d'évaluation prescrites par l'article 1843-4 du Code civil (Cass. com. 18-11-2020 n° 19-13.402 FS-PB).

Aux obligations légales sont assimilables celles qui naissent de l'autorité prétorienne du juge. C'est le cas notamment des obligations de mise en garde et de conseil créées par le juge (n° 11837), qui a considéré fautif le manquement à ces obligations et source de préjudice pour celui qui n'a pas bénéficié de leur exécution.

Le manquement à ces obligations, légales ou prétoriennes, est sanctionné par la responsabilité de l'auteur du manquement, et non par la nullité de l'engagement pris sur la base de ce défaut (C. civ. art. 1112-1, al. 6 ; Cass. com. 8-9-2021 n° 20-14.931 F-D : RJDA 1/22 n° 41, à propos d'un défaut de mise en garde de conclure un cautionnement).

Lesdites obligations ne sont pas des conditions de validité d'un engagement, contractuel ou unilatéral, car elles ne relèvent pas, à notre avis, de l'illicéité au sens de l'article 1128, 3° du Code civil (n° 12510).

Cette responsabilité n'ayant pas sa source dans la commune volonté des parties ne peut être qu'une responsabilité extracontractuelle (n° 8000 ; Cass. 1e civ. 6-6-2018 n° 17-13.975 FS-PB précité, le jugeant expressément pour manquement du notaire).

La responsabilité de l'auteur du manquement est retenue même s'il n'a pas eu l'intention de nuire (CA Montpellier 9-1-2018 n° 14/05517 : GP 2018 n° 19 p. 24).

La partie qui a exécuté une obligation légale ne peut pas obtenir réparation du préjudice qu'elle subit de ce fait car cette exécution ne peut pas constituer un préjudice indemnisable (Cass. com. 4-7-2018 n° 17-17.425 D : RJDA 11/18 n° 829 : à propos de l'obligation légale de garantie du prix du transport incombant à l'expéditeur et au destinataire ; n° 24455).

FAITS JURIDIQUES GÉNÉRATEURS DE RESPONSABILITÉ CIVILE

Les faits juridiques sont des agissements ou des événements auxquels la loi attache des effets de droit (C. civ. art. 1100-2, al. 1). Ces faits peuvent faire naître un engagement, tels les quasi-contrats ou les cas de responsabilité extracontractuelle, exonérer d'un manquement à un engagement, telle la force majeure, ou servir à établir une preuve, telle une présomption de fait. 10340

ENGAGEMENTS « DÉCONTRACTUALISÉS »

Licéité des engagements non juridiques Les parties à un accord peuvent convenir d'y inclure des prestations qui sont caractéristiques de tel ou tel contrat juridiquement nommé et obligatoire mais en même temps souhaiter ne pas conclure effectivement un tel contrat avec ses conséquences de droit, à savoir la possibilité pour chacun de contraindre l'autre à exécuter sa promesse par mise en œuvre d'une saisie. 10345

Un tel accord est licite (C. civ. art. 1102, al. 1).

Les tribunaux ont admis le caractère non obligatoire d'accords conclus entre frères et sœurs (Cass. req. 25-2-1835 : DP 1838.1.439) et entre des personnes animées seulement par un désir de se rendre amicalement service, rapports dits de complaisance (Cass. com. 25-9-1984 : JCP G 1984.IV.325 ; CA Paris 8-12-1989 : D. 1990.IR.13 ; CA Toulouse 16-12-1991 : Bull. inf. C. cass. 1992.936 et, sur pourvoi, Cass. civ. 26-1-1994, inédit). Sur les promesses sur l'honneur, n° 10256.

Les entreprises sont parfois tentées d'avoir recours à cette pratique pour conserver à leurs relations une grande **flexibilité,** par exemple dans les contrats de coopération. Elles doivent alors veiller au strict respect des conditions ci-après définies.

Conditions Pour être valablement « décontractualisé » et exécuté en tant que tel, un accord doit répondre aux conditions suivantes : 10348

1. Les parties doivent clairement affirmer leur **volonté d'écarter toute obligation juridique.** À cet effet, le mieux est de prévoir une clause précisant nettement que l'accord se limite à des déclarations d'intention dont l'exécution ne peut être demandée devant les tribunaux. À défaut d'une telle clause, l'absence d'engagement juridique pourra être établie par une interprétation de la volonté des parties, mais elle sera difficile à prouver car, lorsqu'un accord se présente comme un contrat, l'apparence joue en faveur de l'engagement juridique (C. civ. art. 1191 ; cf. Cass. req. 4-7-1904 : S. 1904.1.37 ; Cass. com. 10-1-1972 : JCP G 1972.II.17134 note Guyon). Sur la possibilité d'invoquer une présomption de non-engagement en cas de doute quant à la volonté des parties, n° 10250.

2. Les parties doivent veiller dans l'exécution de leur accord à ne pas trahir leur **commune volonté** affirmée par un **comportement** propre à caractériser un engagement juridique (n° 10271).

3. Elles ne doivent pas commettre d'agissements enfreignant l'**ordre public,** notamment engageant leur responsabilité extracontractuelle (n° 8003) ou constituant une fraude (n° 74903).

DEVOIR MORAL (OBLIGATION NATURELLE)

Celui qui reconnaît volontairement son devoir moral ou de conscience, dit « obligation naturelle », s'oblige civilement, de ce seul fait (C. civ. art. 1100, al. 2), à condition que l'engagement pris ne soit pas illicite (Cass. 1e civ. 6-1-2011 n° 09-71.243 F-PBI : RJDA 5/11 n° 398). L'engagement unilatéral d'exécuter l'obligation naturelle n'exige pas qu'une obligation civile ait elle-même préexisté à celle-ci (Cass. 1e civ. 10-10-1995 n° 93-20.300 : Bull. civ. I n° 352) ni que l'engagement pris oralement soit suivi d'un commencement d'exécution (Cass. 1e civ. 17-10-2012 n° 11-20.124 : D. 2013.411 note Pignarre). 10355

N'est ainsi obligé que celui qui est tenu d'un devoir moral : une société peut mettre fin au prêt à usage de durée indéterminée consenti par sa gérante, car elle n'est pas liée par le devoir moral de cette dernière envers l'occupant qui était son père (Cass. 3e civ. 21-9-2010 n° 09-67.605 : RTD civ. 2010.784 obs. Fages).

Mais il est nécessaire de démontrer qu'un tel engagement traduit l'exécution d'un devoir moral ou de conscience envers autrui, d'une part, et, d'autre part, qu'un tel engagement est établi conformément aux règles de forme imposant que l'acte juridique par lequel une seule partie s'engage envers une autre à lui payer une somme d'argent ou à lui livrer un bien fongible doit être constaté dans un titre qui comporte la signature de celui qui le souscrit ainsi que la mention, écrite par lui-même, de la somme ou de la quantité en toutes lettres et en chiffres (CA Aix 19-10-2023 n° 19/18710 : GP 2024 n° 1 p. 3).

Il en est ainsi dans les relations d'affaires, notamment :

– des promesses prises par les débiteurs de payer leurs créanciers s'ils reviennent à meilleure fortune (n° 10256) ;

– des promesses d'indemniser une personne des services que cette personne a rendus aux promettants (CA Lyon 18-1-1945 : GP 1945.1.193 ; CA Besançon 18-3-1947 : GP 1947.1.206 ; voir aussi Cass. com. 26-5-1981 : GP 1982.pan.3) ;

Pour des applications dans les rapports entre époux, TGI Nice 12-3-1980 : JCP G 1982.II.19843 note Rémy, ou entre des époux et leurs parents, Cass. civ. 16-7-1987 : D. 1987.IR.180.

– des renonciations par les débiteurs à invoquer des causes d'extinction de leurs dettes, telle l'extinction du contrat générateur de la dette (Cass. 1e civ. 21-11-2006 no 1640 : RJDA 4/07 no 332) ;

– de la promesse faite par l'acquéreur des parts sociales d'un groupement foncier agricole au cédant de lui verser une compensation financière correspondant à la différence entre la valeur estimée des parts et le produit final de la vente du groupement (CA Versailles 19-1-2007 no 05/08242 : RJDA 8-9/07 no 848).

Bien entendu, pour produire cet effet, la reconnaissance doit reposer sur une volonté certaine (pour un exemple de volonté douteuse, CA Paris 10-5-1991 : Droit des sociétés 1991/11 no 430), exempte de vices du consentement (Cass. req. 7-7-1931 : DH 1931.445), et être prouvée, les juges du fond étant souverains pour apprécier les éléments de preuve, notamment pour exiger un écrit ou un aveu (Cass. 2e civ. 24-6-1971 no 70-12.348 : Bull. civ. II no 234 ; Cass. 1e civ. 23-5-2006 no 04-19.099 : Bull. civ. I no 264). Cet effet est, par ailleurs, limité à la portée que son auteur a voulu donner à l'engagement moral qu'il a pris (Cass. req. 23-10-1946 : GP 1947.1.102 : non-révisibilité ; Cass. civ. 22-3-1954 : D. 1954.398 : intransmissibilité ; CA Rennes 7-3-1904 : DP 1905.2.305 note Planiol : paiement d'une pension viagère sous condition) et proportionné au devoir de conscience qui le lie (Cass. 1e civ. 29-6-2011 no 10-12.018 : RDC 2012.157. obs. Goldie-Genicon, annulant pour défaut de cause - désormais, de contrepartie - l'engagement excédant son devoir de conscience pris par un concubin dans une convention de fin de concubinage envers l'ex-concubine).

SECTION 3 LE DROIT COMMUN DU CONTRAT

A. Détermination du droit commun du contrat

QUALIFICATION

10600 « Le droit commun du contrat », formule juridique courante mais non positivement définie (cf. C. civ. art. 1842, al. 2), est constitué par les règles susceptibles d'être appliquées à n'importe quel contrat. Il s'induit de l'article 1105, al. 3 du Code civil selon lequel les **règles générales** s'appliquent sous réserve des **règles particulières**. Une règle est donc de droit commun lorsqu'elle n'est pas contredite par une règle précise applicable à une situation formellement définie par elle.

Le droit commun du contrat est en pratique précisé au cas par cas par les décisions de justice qui sont amenées à le fixer.

C'est le cas des décisions judiciaires qui tranchent les litiges soulevant un conflit entre deux règles en concurrence pour régir une situation donnée (pour des exemples, no 74803) mais aussi des décisions administratives qui tranchent les litiges sur l'existence ou non, dans les contrats conclus par les personnes publiques, de clauses « exorbitantes du droit commun » dont des exemples sont cités no 10712.

CONTENU DU DROIT COMMUN DU CONTRAT

10603 **Dispositions du Code civil** Il est unanimement admis que le droit commun du contrat, des obligations qu'il engendre et de leur preuve est constitué par les **dispositions** édictées par les articles 1100 à 1386-1 du Code civil. Ces règles s'appliquent aux contrats, qu'ils aient ou non une dénomination propre, mais seulement dans la mesure où des règles particulières ne les contredisent pas (C. civ. art. 1105).

10606 **Règles coutumières et prétoriennes** Les dispositions du Code civil ne renferment pas toutes les règles susceptibles d'être appliquées à un contrat. Le droit commun positif comprend aussi des **principes généraux du droit,** telle la censure des comportements indignes (no 74921) et des règles d'origine coutumière qui ont acquis force de loi par la permanence de leur application. C'est le cas notamment de l'assimilation de la faute lourde au dol (no 15005) et de la présomption de solidarité entre les codébiteurs d'une dette commerciale (no 50145).

Il en est de même des **règles prétoriennes** appliquées par une jurisprudence constante, comme celle assimilant à une prestation inexistante une prestation dérisoire (no 12493), définissant la négociabilité (no 12505) ou soustrayant au formalisme les engagements commerciaux (no 75615).

B. Application du droit commun du contrat

1. APPLICATION DANS LE TEMPS

PRINCIPE

L'application des lois nouvelles - et des règlements nouveaux - au contrat se fait conformément à la règle de principe de la **non-rétroactivité** (C. civ. art. 2 ; nos 74450 s.). 10611

C'est notamment le cas de l'ordonnance 2016-131 du 10 février 2016 (no 10000), dont la non-rétroactivité de ses dispositions, affirmée par son article 9, a été renforcée par la mise à l'écart expresse de certaines solutions jurisprudentielles, précisées aux nos 10615 s., par la loi ratifiant cette ordonnance (sur cette loi, no 10000). Ce principe est mis en œuvre dans les conditions ci-après.

Sur la date de conclusion du contrat, no 11975 ; sur les règles générales d'entrée en vigueur des nouveaux textes, nos 73600 s.

a. Survie de la loi ancienne

CONTRATS EXÉCUTÉS SOUMIS À LA LOI ANCIENNE

La loi sous l'empire de laquelle le contrat a été exécuté règle définitivement le régime de ce contrat. La loi nouvelle ne peut ni anéantir, ni modifier les effets du contrat qui se sont produits avant son entrée en vigueur (Cass. 1e civ. 18-3-2003 no 00-11.476 FS-PB : RJDA 10/03 no 1014 ; Cass. 1e civ. 2-6-2004 no 02-21.463 F-D : RJDA 12/04 no 1383 ; Cass. com. 13-2-2007 no 05-13.308 FS-PB : Bull. civ. IV no 32), ni faire produire à ce contrat des effets dont il était dépourvu lors de sa conclusion (cf. Cass. civ. 17-7-1968 : GP 1969.1.16). 10614

Toutefois, une loi nouvelle peut porter atteinte aux situations légalement acquises ou remettre en cause les effets qui peuvent légitimement être attendus de telles situations si un intérêt général suffisant le justifie (Cons. const. 12-1-2018 no 2017-685 QPC).

CONTRATS EN COURS D'EXÉCUTION SOUMIS À LA LOI ANCIENNE

Par « contrat en cours », il faut entendre tout contrat qui, au jour de l'entrée en vigueur de la loi nouvelle, n'a **pas** été **entièrement exécuté,** qu'il soit ou non à exécution successive (cf. Cass. com. 16-2-1988 no 86-13.956 : Bull. civ. IV no 72 : à propos de l'application des dispositions relatives aux procédures collectives mais transposable par analogie à toute législation) ou qui n'a pas été dénoncé avant cette entrée en vigueur (CA Orléans 6-10-1965 : JCP G 1966.II.14554 obs. R. D. ; CA Paris 19-1-1966 : GP 1966.1.241). 10615

Au regard de ces contrats, les solutions relatives à la loi qui leur est applicable sont les suivantes :

– la loi nouvelle n'est pas applicable aux contrats en cours ; cela est régulièrement jugé (Cass. 3e civ. 19-12-2019 no 18-20.854 FS-PBI, rendu en matière de bail d'habitation) et a été reconnu pour les dispositions des articles du Code civil issues de l'ordonnance 2016-131 du 10 février 2016 portant réforme du droit des contrats qui ne sont pas applicables aux contrats conclus avant le **1er octobre 2016** et à tous les **effets** de ces contrats qui se produisent **depuis cette date** ; l'application de ces nouvelles dispositions est expressément exclue quant aux effets légaux nouveaux que pourraient produire ces contrats et pour les dispositions d'ordre public (Ord. 2016-131 du 10-2-2016 art. 9, al. 2 ; Cass. 1e civ. 19-9-2018 no 17-24.347 FS-PB : RJDA 12/18 no 887) ;

Sur la mise à l'écart, au regard des contrats d'application conclus après l'entrée en vigueur d'une loi nouvelle, de la loi ancienne régissant le contrat cadre conclu avant ladite loi, no 11193.

– la **validité** des contrats en cours s'apprécie, à défaut d'une disposition expresse de rétroactivité, selon la loi en vigueur **au jour de la conclusion** du contrat (Cass. civ. 22-2-1941 : DH 1941.84 ; Cass. 1e civ. 2-3-1959 : Bull. civ. I p. 105 ; Cass. com. 18-12-1978 no 77-13.472 : Bull. civ. IV no 317 ; Cass. com. 11-10-1988 no 87-11.884 : Bull. civ. IV no 274 ; CA Grenoble 17-10-1978 : JCP G 1979.IV.339 ; T. confl. 4-7-2016 no 4055) ;

Tout contrat qui n'est pas conclu conformément aux règles de capacité ou d'incapacité en vigueur au jour de sa conclusion, ne peut pas être validé en vertu de l'apparence ou de la nécessité de préserver la sécurité des relations contractuelles (CA Paris 4-11-1993 : D. 1994.IR.30 ; contra CA Paris 3-3-2005 : CCC 2005 no 197 note Raymond), ou encore en vertu du caractère d'ordre public de la loi nouvelle qui supprime la cause de nullité (CA Grenoble 17-10-1978 précité). Toutefois, sur l'ignorance légitime de l'incapacité d'un contractant étranger, no 16937.

– les **effets déjà** légalement **produits** des contrats en cours ne peuvent **pas** être **remis en cause par la loi** nouvelle (Cass. civ. 23-4-1947 : D. 1947.295 ; Cass. civ. 30-10-1967 : JCP G 1968.II.15530 obs. P.L., en dépit d'une référence dans le contrat aux lois futures ; Cass. 1e civ. 10-9-2015 no 14-19.879 : Bull. civ. I no 202 ; sur le principe constitutionnel du respect des situations légalement acquises : Cons. const. 9-12-2016 no 2016-603 QPC ; Cass. soc. 14-12-2016 no 16-40.242 : RJS 3/17 no 199), quand bien même la loi ancienne aurait été abrogée (CE 21-3-2012 no 349415), sauf les exceptions signalées no 10617 ;

Un droit invoqué par une partie est produit par un contrat lorsqu'il est né directement de ce contrat ; ainsi résulte :

– du contrat de cession de droits successifs, et non de l'exercice du retrait, le droit au retrait successoral (Cass. 1e civ. 20-5-1981 no 80-12.030 : Bull. civ. I no 178) ;

– du contrat de bail, et non du congé, le droit au renouvellement d'un bail (Cass. civ. 21-1-1971 : JCP G 1971.II.16776 obs. Level) ;

– du contrat qui les rend créanciers, et non du statut donné par la loi à la société, le droit des créanciers sociaux à poursuivre les associés en paiement des dettes de la société (Cass. civ. 3-7-1979 : JCP G 1980.II.19384 note Dekeuwer-Défossez) ;

– du contrat de gage sans dépossession, le droit de rétention du créancier gagiste (CA Versailles 20-1-2011 no 09-7588 : JCP G 2011.26-770 p. 1283 obs. P. Delebecque).

– en l'absence de dispositions spéciales, la loi nouvelle ne s'applique pas aux contrats en cours, même si elle est d'**ordre public** (Cass. com. 15-6-1962 : JCP G 1962.II.12899 ; Cass. 3e civ. 25-11-1992 no 90-21.282 : Bull. civ. III no 305 ; Cass. 1e civ. 17-3-1998 no 96-12.183 : Bull. civ. I no 115 ; contra Cass. 3e civ. 9-2-2017 no 16-10.350 : RJDA 4/17 no 228 : application de la disposition nouvelle au seul motif qu'elle est d'ordre public, étant néanmoins observé qu'elle est aussi un élément du statut légal des baux commerciaux ; sur cet effet, no 10617), sauf si les juges estiment qu'elle relève d'un ordre public supérieur (no 10617) ;

– la disposition nouvelle qui indique expressément qu'elle s'applique aux contrats conclus **à compter d'une date déterminée** ne s'applique pas aux contrats conclus antérieurement (Cass. 2e civ. 2-2-2017 no 16-12.997 : Bull. civ. II no 28).

CONTRAT OBJET D'UNE ACTION EN COURS SOUMIS À LA LOI ANCIENNE

10616 Sauf en cas d'impérieux motifs d'intérêt général, la loi nouvelle ne s'applique pas aux actions en justice relatives à des contrats conclus avant son entrée en vigueur, solution imposée par le droit à un procès équitable issu de la convention européenne de sauvegarde des droits de l'Homme (no 74453).

Ainsi, les dispositions du Code civil dans leur rédaction antérieure à la réforme du droit des contrats de 2016 sont expressément applicables aux **actions engagées avant le 1er octobre 2016** (Ord. 2016-131 du 10-2-2016 art. 9, al. 4 ; sur la date du 1-10-2016, no 10000 ; pour un exemple, Cass. 3e civ. 28-6-2018 no 16-17.939 F-D : RJDA 11/18 no 810).

La loi ancienne s'applique à toutes les étapes de la procédure concernant un même litige : l'appel et le pourvoi en cassation sont jugés selon les règles applicables lors du prononcé de la décision de première instance (cf. Cass. 1e civ. 27-5-2010 no 09-16.094 F-PBI : RTD civ. 2010. obs. J. Hauser). Le principe est affirmé pour les textes issus de la réforme de 2016 (Ord. 2016-131 art. 9, al. 5).

b. Application immédiate de la loi nouvelle

PRINCIPE

10617 Le contrat en cours est soumis à la loi nouvelle dès son entrée en vigueur, dans les cas suivants :

a. Lorsque la **loi** nouvelle le **prévoit expressément** (par exemple, Loi 71-579 du 16-7-1971 art. 51 et Cass. 3e civ. 1-12-1981 : Bull. civ. III p. 142 ; Loi 94-624 du 2-7-1994 art. 20, al. 1 et Cass. 3e civ. 17-2-2010 no 08-21.360 : Bull. civ. III no 45 ; CGCT art. L 2224-12-1 et Cass. com. 8-11-2017 no 16-18.859 F-PBI : JCP G 2017 no 1/2-9 note Leveneur).

Sur les conditions de validité d'une disposition impliquant la rétroactivité, nos 74453 s., notamment une loi interprétative, no 74459.

b. Lorsque les parties ont volontairement, le jour de la conclusion de leur accord, placé leur contrat sous l'empire de cette loi, dès sa publication avant même son entrée en vigueur (Cass. civ. 23-3-1977 : D. 1978.163 note Agostini).

c. Lorsque la loi nouvelle, à l'exclusion des dispositions de l'ordonnance de réforme de 2016 (no 10615), impose un **effet** au contrat en cours de par sa seule volonté, indépendamment de celle des contractants ; la « loi nouvelle régit immédiatement les **effets légaux** des situations juridiques ayant pris naissance avant son entrée en vigueur et non définitivement réalisées » (Avis Cass. 16-2-2015 no 14-70.011 : PA 2017 no 60 p. 18 note Hisquin ; Cass. 3e civ. 23-11-2017 no 16-20.475 FS-PBI ; Cass. com. 25-9-2019 no 16-24.151 F-D : RJDA 1/20 no 22).

Les règles de « statut légal » ne doivent pas être confondues avec les règles d'ordre public car, si les premières s'appliquent de plein droit aux effets à venir du contrat, les secondes, comme nous le verrons plus bas (d), s'appliquent seulement si elles relèvent d'un ordre public impérieux ; par exemple, n'est pas d'application immédiate l'article L 145-16-2 du Code de commerce, d'une part, car la limitation de la garantie qu'il prévoit à trois ans ne constitue pas un effet légal du contrat mais demeure régie par la volonté des parties et, d'autre part, car, quoiqu'il revête un caractère d'ordre public, il ne répond pas à un motif impérieux d'intérêt général (Cass. 3e civ. 11-4-2019 no 18-16.121 FS-PBI : RJDA 6/19 no 410). Il arrive cependant que les décisions de justice les confondent (par exemple, Cass. civ. 5-6-1970 : JCP G 1970.II.16537 note Guillot ; CA Paris 12-10-1983 : RTD civ. 1984.123 no 1 obs. Giverdon ; CE 25-5-1979 : Lebon 231 concl. Genevois). Ces décisions sont, à notre avis, critiquables. En effet, une règle est de statut légal parce qu'elle fait produire au contrat un effet sur lequel les parties n'ont pas à s'entendre tandis qu'elle est d'ordre public parce que la loi estime indispensable son application à la protection d'un intérêt général ou particulier qu'une clause du contrat méconnaît et non pas pour la seule raison qu'elle s'applique de plein droit (cf. CE 11-2-1976 : Lebon tables 1000). **10617** (suite)

Il en est ainsi :

– des dispositions de l'article 555 du Code civil relatives à la restitution des constructions irrégulièrement édifiées sur le terrain d'autrui (Cass. 1e civ. 20-6-1967 : Bull. civ. I n° 228) ;

– des règles fixant les procédés de mise en œuvre des droits créés par le contrat (CA Paris 1-7-1983 : BRDA 20/83 p. 21 : conditions d'exercice des poursuites par les créanciers d'une société civile contre les associés de cette dernière) et de celles relatives aux actions auxquelles le contrat peut donner lieu (CA Angers 15-1-2013 n° 11/02341 : BTL 2013.80) ;

– des règles instituant au profit d'un tiers à un contrat une action directe contre un contractant (Cass. ch. mixte 13-3-1981 : D. 1981.309 note Bénabent) ainsi que de celles relatives à la mise en œuvre de cette action (Cass. civ. 13-6-1990 : D. 1990.465 note Dubois) ; toutefois, l'application immédiate de la loi ayant institué l'action directe du transporteur contre le destinataire a été refusée car, dans les contrats antérieurs à l'entrée en vigueur de cette loi, le destinataire n'était pas, en principe, partie au contrat (Cass. com. 10-5-2005 n° 707 FS-PBIR : RJDA 8-9/05 n° 973) ;

– des règles d'annulation des contrats conclus pendant la période suspecte d'une procédure collective (cf. T. com. Troyes 28-7-1980 : GP 1980.620) ;

– des règles fixant la responsabilité extracontractuelle (cf. Cass. civ. 17-5-1982 : GP 1983.185 : application à un contrat d'assurance conclu avant l'application de cette responsabilité à un dément) ;

– des règles du contrat d'assurance (CA Paris 16-3-1960 : Clunet 1960.1060 ; CA Paris 8-4-1998 : D. 1998.IR.137) ;

– des règles fixant le statut de la copropriété des immeubles bâtis (CA Paris 12-10-1983 : RTD civ. 1984.123 n° 1 obs. Giverdon ; cf. Cass. 3e civ. 5-6-1970 n° 69-10.929 : JCP G 1970.II.16537 note Guillot, appliquant aux règlements antérieurs les dispositions nouvelles de répartition des charges mais au motif erroné qu'elles sont d'ordre public) ;

– des règles de police des activités économiques, notamment de celles qui délimitent la liberté du commerce (CE 28-2-1947 : Lebon 83 : prohibition d'une exportation) ;

– des règles relatives au secret des correspondances des avocats qui sont issues de l'article 66-5 de la loi 71-1130 du 31 décembre 1971 (Cass. 1e civ. 14-3-2000 n° 97-17.782 : Bull. civ. I n° 91) ;

– des règles relatives aux obligations qui naissent du plan d'aide au retour à l'emploi, bien qu'il y ait signature par les parties d'un document fixant leurs obligations réciproques (Cass. soc. 31-1-2007 n° 04-19.464 : D. 2007.988 rapport Chauviré) ;

– des règles des contrats types transport (Cass. com. 22-1-2008 n° 06-19.440 : Bull. civ. IV n° 12) ;

– des règles relatives à la révision du loyer des baux commerciaux ou au relogement du locataire d'un hôtel meublé (Cass. 3e civ. 4-3-2009 n° 07-20.578 : RJDA 6/09 n° 584) ;

– des règles qui donnent au juge la faculté d'accorder un délai de trois ans au plus au locataire en situation de régler sa dette locative (Avis Cass. 16-2-2015 n° 14-70.011 précité) ;

– des dispositions qui fixent les qualifications juridiques dont les parties n'ont pas la libre disposition ; à défaut de cette liberté, le juge doit donner ou restituer leur exacte qualification aux faits et actes litigieux sans s'arrêter à la dénomination que les parties en auraient proposée (n° 10025 ; cf. CA Versailles 13-9-2016 n° 14/04104 : BTL 2016.563 : application implicite).

d. Lorsque l'application de la loi nouvelle, à l'exclusion des dispositions de l'ordonnance de réforme de 2016 (n° 10615), est justifiée par des considérations d'**ordre public** particulièrement impérieuses (Cass. 1e civ. 4-12-2001 : RJDA 6/02 n° 719 ; Cass. com. 3-3-2009 n° 07-16.527 : RJDA 6/09 n° 578 ; CE 8-4-2009 nos 271737 et 271782 : RJDA 3/10 n° 238 ; Cass. 3e civ. 11-4-2019 n° 18-16.121 FS-PBI : RJDA 6/19 n° 410, qui constitue un revirement par rapport à Cass. 3e civ. 9-2-2017 n° 16-10.350 : RJDA 4/17 n° 228, qui n'avait visé que le caractère d'ordre public mais dont la solution a été reprise par Cass. 3e civ. QPC 6-2-2020 n° 19-19.503 FS-PB : RJDA 4/20 n° 203), le caractère d'ordre public d'une disposition nouvelle ne suffisant pas à lui seul à justifier son application rétroactive (n° 10615).

Des décisions anciennes avaient déjà fait application immédiate de la loi nouvelle en considération de l'« intérêt supérieur » qui justifiait cette application (Cass. civ. 7-6-1901 : DP 1902.1.105 et Cass. req. 30-11-1920 : S. 1921.1.167 : relatifs au contrat de travail ; CE 25-6-1954 : Lebon 379 : à propos de la police des prix et des changes ; aussi Cass. civ. 22-4-1929 : DH 1929.281 et Cass. civ. 17-7-1930 : GP 1930.2.502, 2e arrêt ; Cass. civ. 17-2-1937 : DH 1937.218 qui, implicitement, se réfèrent à un intérêt supérieur en visant les « raisons d'intérêt social » ou de « protection du travail » ; Cass. com. 27-10-1969 : Bull. civ. IV n° 310, déclarant que la survie de la loi ancienne joue dans la mesure où « aucune raison ne commande d'y déroger »).

e. Lorsque la loi nouvelle remet en cause une **solution prétorienne,** c'est-à-dire une solution créée de toutes pièces par le juge sans rattachement à une disposition législative, comme c'est le cas de la « construction jurisprudentielle » du principe de l'apparence qui ne peut être l'objet d'une question préjudicielle de constitutionnalité, car une telle construction n'est pas une disposition législative (Cass. 3e civ. 30-3-2017 n° 16-22.058 QPC : Bull. civ. III n° 46 ; dans le même sens, CE 16-9-2021 n° 451257, jugeant que le Conseil constitutionnel ne peut être saisi d'une règle d'origine jurisprudentielle dans le cadre d'une question prioritaire de constitutionnalité que si elle procède effectivement à une interprétation d'une disposition législative). À notre avis, c'est aussi le cas par exemple du régime de l'offre et de l'acceptation, de la fixation du prix des prestations exécutées sur le fondement d'un contrat cadre, de la rétractation de la promesse unilatérale, du contrat entre absents, de la réfaction du prix d'une vente commerciale, de la résiliation unilatérale pour justes motifs ou des restitutions en cas de disparition du contrat. Dans tous ces cas et ceux similaires, la règle appliquée par les juges avant le 1er octobre 2016 n'a pas été fondée sur une disposition législative ; l'application immédiate des nouvelles dispositions issues des articles du Code civil en vigueur depuis le 1er octobre 2016 ou 1er octobre 2018 (sur ces dates, nº 10000) n'est donc pas rétroactive puisqu'elle ne remet pas en cause une disposition législative antérieure et doit donc être immédiate. Cela se déduit d'ailleurs formellement de l'affirmation catégorique selon laquelle : « Nul ne peut se prévaloir d'un droit acquis à une jurisprudence figée » (nº 74488). Si le juge peut modifier sa jurisprudence quand il l'estime nécessaire, a fortiori la loi peut-elle la modifier.

Il ne s'agit pas là d'un revirement de jurisprudence qui doit obéir aux exigences du procès équitable (nº 74488), car la modification de la solution jurisprudentielle n'est pas une décision des juges mais le fait de la loi.

Néanmoins, les dispositions nouvelles ne sont applicables aux procédures en cours, qu'en cas d'impérieux besoin d'intérêt général (nº 74453).

Si une nouvelle solution prétorienne modifie la jurisprudence antérieure, le Conseil d'État refuse de lui conférer une portée rétroactive en affirmant qu'« eu égard à l'impératif de sécurité juridique tenant à ce qu'il ne soit pas porté une atteinte excessive aux relations contractuelles en cours, le recours issu de la nouvelle jurisprudence ne pourra être exercé par les tiers qui n'en bénéficiaient pas et selon les modalités prévues par cette jurisprudence qu'à l'encontre des contrats signés à compter de la lecture de la présente décision » (CE 4-4-2014 nº 358994 : RJDA 3/15 nº 180). Mais la nouvelle solution s'applique à l'avenant signé après cette date, et ce, même s'il vient modifier un contrat passé antérieurement (CE 20-11-2020 nº 428156).

Pour la même raison, les juges peuvent modifier l'interprétation qu'ils ont donnée jusque-là à une disposition ancienne en s'appuyant sur la loi nouvelle (Cass. ch. mixte 24-2-2017 nº 15-20.411 PBRI : RJDA 5/17 nº 324 ; rappr. Cass. 1e civ. 20- 9-2017 nº 16-12.906 FS-PB : RJDA 12/17 nº 789 et, surtout, Cass. soc. 21-9-2017 nos 16-20.103 FS-PBRI et 16-20.104 : RJDA 12/17 nº 784).

En effet, d'une part, une solution résultant de l'interprétation d'une loi ne constitue pas une disposition légale équivalant à celle résultant d'une loi (en ce sens, l'irrecevabilité d'une QPC mettant en cause l'interprétation d'une loi, qui ne met pas en cause la loi, Cass. crim.11-6-2010, nº 10-81.810 ; Cass. 3e civ. QPC 15-2-2018 nº 17-40.069 à 17-40.075) ; d'autre part, les juges sont libres d'interpréter la loi dès lors qu'ils n'enfreignent pas une interprétation imposée par le Conseil constitutionnel, la Cour de justice de l'UE ou la CEDH (nos 74705 s.), aucune disposition légale ne limitant la liberté d'interprétation du juge (nos 74750 s.).

f. Sur le cas exceptionnel où l'objectif de **cohérence et** de **sécurité juridique** implique d'appliquer la loi nouvelle immédiatement, nº 60403.

EXCEPTIONS À L'APPLICATION IMMÉDIATE DE LA LOI NOUVELLE

10620 **Bouleversement de l'économie du contrat** La loi nouvelle ne peut pas recevoir une application immédiate si elle porte une atteinte inconstitutionnelle à l'économie des contrats légalement conclus (cf. Cons. const. 13-1-2003 nº 2002-465 DC). Cette solution rejoint celle jugée depuis plus d'un siècle, selon laquelle l'application immédiate de la loi nouvelle doit être écartée si elle crée un **bouleversement des éléments essentiels du contrat** qui ont été la cause impulsive et déterminante de l'engagement des parties (cf. Cass. req. 5-12-1906 : DP 1907.1.249 note Planiol : résolution de la convention qui ne peut plus être appliquée du fait de la loi nouvelle ; CA Chambéry 2-5-1923 : DP 1923.2.113 note Picard : résiliation d'un bail en raison de la diminution notable de la jouissance du preneur résultant de la loi nouvelle ; CA Lyon 23-3-1943 : S. 1943.2.39 ; aussi CE 1-3-1968 : Lebon 150, posant pour règle qu'une disposition nouvelle ne peut porter atteinte aux principes généraux applicables, même sans texte, aux relations de travail nées de contrats soumis par le législateur aux règles de droit privé).

À titre d'exemple tiré de la jurisprudence administrative, ont été reconnues comme entraînant un bouleversement de l'économie d'un contrat de travaux publics la signature d'avenants ayant augmenté le volume des travaux et par voie de conséquence le prix, mais également l'immixtion du maître d'ouvrage dans l'exécution du contrat de nature à remettre en cause le prix forfaitaire et l'arrêt du chantier pendant plus de trois mois (CE 9-11-2016 nº 388806 : JDI 2017.278 note Manciaux : indemnisation du surcoût).

Dans le même sens, lorsqu'une réglementation nouvelle est susceptible de porter une atteinte excessive à des situations contractuelles en cours qui ont été légalement nouées, l'autorité investie du pouvoir réglementaire doit, pour des motifs de sécurité juridique, édicter les mesures transitoires qu'implique la réglementation nouvelle, sous peine d'annulation du règlement qui ne prévoit pas lesdites mesures (CE 24-3-2006 nº 288460 : RJDA 6/06 nº 656).

En revanche, la loi nouvelle n'entraîne pas un bouleversement de l'équilibre du contrat au seul motif qu'elle modifie l'état du droit, ce qui est le propre d'une loi nouvelle (CA Paris 3-4-2019 n° 17/21462 : GP 2019.26 p. 66 note Barbier).

Les parties peuvent d'ailleurs prévoir, dès l'origine du contrat, une **clause résolutoire** de plein droit en cas de changement de législation (Cass. civ. 11-3-1931 : DH 1931.218 ; CA Paris 28-4-1926 : DP 1926.2.103 note Lalou).

Faits juridiques détachables du contrat Les faits juridiques (n° 10340) sont soumis à la loi en vigueur le jour où ils surviennent (n° 74450). **10623**

2. PRINCIPES DIRECTEURS D'APPLICATION DU DROIT COMMUN DU CONTRAT

a. Liberté contractuelle sauf ordre public

LIBERTÉ CONTRACTUELLE

Chacun est libre de contracter ou de ne pas contracter, de choisir son cocontractant et de déterminer le contenu et la forme du contrat dans les limites fixées par la loi, sous réserve de ne pas déroger aux règles qui intéressent l'ordre public (C. civ. art. 1102). Par exemple, la liberté de ne pas contracter a été appliquée au regard du principe de discrimination à l'embauche (Cass. soc. 9-11-2022 n° 21-13.629 F-D). **10625**

Aucune norme de valeur constitutionnelle ne garantit le principe de la liberté contractuelle (Cons. const. 3-8-1994 : JCP G 1995.II.22404 note Broussole). En revanche, l'atteinte à la liberté contractuelle est inconstitutionnelle si elle met en cause un principe constitutionnel (cf. Cons. const. 30-12-1996 : JO 31-12-1996 p. 19557) ou si elle porte à l'économie des contrats légalement conclus une atteinte d'une gravité telle qu'elle méconnaisse manifestement la liberté résultant de l'article 4 de la Déclaration des droits de l'Homme et du citoyen de 1789 (cf. Cons. const. 10-6-1998 : D. 2000.som.60 obs. Favoreu ; rappr. Cons. const. 13-1-2000 n° 99-423 : PA 2000 n° 150 p. 22). Tel est le cas de la suppression par la loi des clauses des conventions collectives antérieures relatives aux heures supplémentaires pour atteinte portée à la stabilité des relations contractuelles (Cons. const. 7-8-2008 n° 568 DC : PA 2008 n° 260 p. 17) ou de l'obligation, contraire aux principes de la liberté contractuelle et de la liberté d'entreprise, de souscrire un engagement dont le contenu est totalement prédéfini (Cons. const. 13-6-2013 n° 2013-672 DC : JCP G 2013.929 note Ghestin). Mais tel n'est pas le cas de l'utilisation par une partie d'une disposition dans un sens contraire à sa finalité (Cass. 2e civ. 20-4-2017 n° 17-40.027 QPC : Bull. civ. II n° 81).

L'atteinte à la liberté contractuelle peut aussi être justifiée par le droit au respect de la propriété des biens si elle est proportionnée par rapport aux intérêts en cause (CEDH 12-7-2016 n° 562/05 : JCP E 2017.1138 n° 7 obs. Zollinger, atteinte reconnue proportionnée par la décision juridictionnelle imposant aux parties de conclure pour l'avenir de nouvelles licences d'exploitation de droit d'auteur, en définissant les termes financiers sur lesquels les parties n'arrivaient pas à s'entendre).

Sur le refus de reconnaître la liberté contractuelle comme une liberté fondamentale au sens du référé-liberté, n° 72549.

Toute **mesure touchant à la liberté contractuelle** relève du domaine de la loi, qui détermine les principes fondamentaux du régime des obligations civiles et commerciales ; une disposition qui porte atteinte à la liberté contractuelle prise par décret est en conséquence illégale (CE 20-1-1989 : Rec. Lebon.1989.26).

DOMAINE DE L'ORDRE PUBLIC CONTRACTUEL

L'ordre public qui limite la liberté contractuelle est largement identique à ce qu'il était avant le 1er octobre 2016 (sur cette date, n° 10000), tant en ce qui concerne les dispositions du Code civil que celles émanant d'autres normes. Les unes et les autres sont présentées ci-après tandis que le régime général de l'ordre public est exposé aux nos 74250 s. **10627**

Ordre public des dispositions générales du Code civil relatives au contrat Les dispositions du Code civil suivantes affirment expressément leur caractère d'ordre public : l'article 1170 sur le déséquilibre significatif d'un contrat d'adhésion ; l'article 1104, al. 2 imposant d'agir de bonne foi lors des négociations du contrat ; les articles 1169 et 1170 (nos 12549 s.) tenant pour nul le contrat à titre onéreux ne comportant pas de contrepartie ou une contrepartie illusoire ou dérisoire et interdisant de vider l'obligation essentielle de sa substance, et les articles 1231-5 et 1343-5 affirmant le caractère d'ordre public du régime de la clause pénale et de celui des délais de grâce. **10628**

Au 15 janvier 2024, l'interdiction de déroger aux bonnes mœurs ne figure qu'à l'article 6 du même Code alors que les ex-articles 1133 et 1172 du Code civil, en vigueur jusqu'au 30 septembre 2016, le prévoyaient également. En réalité, les bonnes mœurs ne sont pratiquement plus invoquées pour limiter la liberté contractuelle. Le temps est révolu de l'annulation des contrats pour violation de la morale sexuelle (Cass. civ. 15-12-1873 : DP 1874.1.222 : maison de tolérance ; CA Paris 14-6-1955 : JCP 1956.II.9903 : relations adultères), pour courtage matrimonial (cf. en ce sens, Hausser obs. sur CA Dijon 22-3-1996 : RTD civ. 1996.88) ou pour promesse de « claque » lors d'une représentation théâtrale (CA Lyon 25-3-1873 : DP 1873.2.179). Au cas où la nécessité de corriger des mœurs réapparaîtrait, l'ordre public offre une telle plasticité que les juges n'éprouveraient aucune difficulté pour sanctionner le but d'un contrat qui le mériterait à leurs yeux. L'osmose entre « bonnes mœurs » et « ordre public » est si prégnante que les législations allemande et suisse ne visent que les bonnes mœurs. Et l'article 6 peut être invoqué comme règle de droit commun dès lors qu'aucun autre texte du Code civil ne l'exclut expressément (n° 74803).

Une autre règle d'ordre public est apportée, du côté de la preuve, par l'interdiction de déroger aux présomptions irréfragables (n° 75503).

Quant aux autres dispositions du Code civil, leur **caractère d'ordre public** dépend de l'**appréciation des tribunaux** (nos 74253 s.).

À cet égard, le rapport au Président de la République relatif à l'ordonnance 2016-131 du 10 février 2016 portant réforme du droit des contrats ne change pas la donne. Certes, il affirme que le caractère supplétif des dispositions issues de cette ordonnance « s'infère directement de l'article 6 du Code civil et des articles 1102 et 1103, sauf mention contraire explicite de la nature impérative du texte concerné ». Mais il a pris soin de préciser avant ces lignes que « dans la tradition du Code civil, l'ordonnance n'affirme pas expressément dans un article spécifique le caractère supplétif de volonté de ses dispositions ». On ne peut alors que s'étonner qu'une réforme qui s'affiche comme apportant la sécurité juridique se dispense d'un texte clair et sans équivoque pour fixer les limites de la liberté contractuelle. Ce refus délibéré de prendre parti et la référence à la tradition du Code civil placent ainsi le juge dans la situation antérieure qui le laissait maître, en l'absence de disposition expresse, de déterminer l'ordre public. Il doit en être d'autant plus ainsi que les opinions ministérielles ne s'expriment que sous réserve de l'interprétation souveraine des tribunaux. On ne peut donc pas s'abriter derrière le rapport au Président pour déclarer supplétive une nouvelle disposition du Code civil issue de l'ordonnance alors qu'elle n'est pas expressément déclarée d'ordre public.

Les tribunaux ont généralement une conception stricte de l'ordre public, qui est conçu comme une exception à la liberté contractuelle (n° 74259).

À notre avis, lorsque les parties ont un **égal pouvoir de négociation,** le juge pourrait être plus tolérant sur les exigences de l'ordre public dès lors que la rigueur de celui-ci se manifeste lorsque les parties n'ont pas négocié le contrat (nos 12560 s.). Une cour d'appel a d'ailleurs fait sienne cette conception, déclarant que « chacun des contractants, qui disposait d'un pouvoir de négociation d'égale force, a été à même de mesurer la portée de ses engagements dans une opération économique non dénuée par nature d'aléas et d'arrêter son accord sur chaque disposition contractuelle à l'exécution de laquelle il est désormais tenu » (CA Paris 1-3-1991 : RJDA 10/91 n° 831 ; rappr. CA Paris 15-5-1998 n° 97-10718 : Contrats conc. consom. 1998 n° 115 obs. Vogel ; CA Paris 26-11-2008 : JCP G 2009.I.123 n° 11 obs. Stoffel-Munch). De même, la Cour de cassation ouvre implicitement la possibilité aux grandes enseignes de la distribution d'échapper à une condamnation pour avoir imposé des clauses créatrices d'un déséquilibre significatif en alléguant que certains de leurs fournisseurs auraient pu, à raison de leur puissance économique, du nombre important de références qu'ils proposaient ou de leur caractère incontournable, obtenir la suppression de ces clauses dans le cadre de négociations (Cass. com. 4-10-2016 n° 14-28.013 FS-D : RJDA 1/17 n° 45).

10629 **Ordre public économique d'intérêt général** Toutes les dispositions qui qualifient un acte d'illicite sont d'ordre public dont le respect s'impose aux cocontractants (C. civ. art. 1162). En matière contractuelle, revêtent une importance pratique notable, celles du Livre quatrième du Code de commerce, intitulé « De la liberté des prix et de la concurrence » qui couvrent les articles L 410-1 à L 490-12 et les articles correspondants de la partie réglementaire.

10630 **Ordre public international français** Les dispositions du Code civil ne contiennent aucune indication sur l'existence d'un ordre public international français. Les juges, et au premier chef la Cour de cassation, conservent donc un pouvoir souverain pour fixer les dispositions ou règles du droit français auxquels la liberté contractuelle ne saurait porter atteinte. Les décisions existantes révèlent qu'ils font un usage très modéré de ce pouvoir (n° 16662).

10631 **Ordre public constitutionnel** Il ne saurait être porté atteinte par contrat aux libertés que le Conseil constitutionnel reconnaît comme ayant valeur constitutionnelle (n° 10625).

Un contrat ne peut pas restreindre la liberté d'entreprendre (Cons. const. 27-9-2013 n° 2013-344 QPC), la liberté de résilier unilatéralement un contrat à durée indéterminée (Cons. const. 9-11-1999 n° 99-419 DC : JO 16-11-1999 p. 16962), la liberté de disposer de son bien (Cass. 1e civ. 4-1-1995 n° 92-20.013 : Bull. civ. I n° 4 ; Cass. 1e civ. 13-12-2005 n° 04-13.772), la liberté de ne pas s'associer (Cass. 3e civ. 23-11-2011 n° 10-23.928 : Bull. civ. III n° 198), la liberté du notaire de monnayer sa clientèle par le biais de la présentation de ses clients à son successeur (Cons. const. 21-11-2014 n° 2014-429 QPC : PA 2014 n° 245 p. 16 note Hartman) ou celle du propriétaire d'une entreprise de faire ses choix économiques (Cons. const. 27-3-2014 n° 2014-692 DC, jugeant que le fait de faire peser sur sa gestion des contraintes porte une atteinte inconstitutionnelle au droit de propriété et à la liberté d'entreprendre, entendue comme celle d'exploiter).

Au titre des exigences constitutionnelles, le contenu d'un contrat peut être imposé par la loi ; ainsi, la loi 2021-1109 du 24 août 2021 confortant le respect des principes de la République peut valablement soumettre toute association ou fondation qui sollicite l'octroi d'une subvention auprès d'une autorité administrative ou d'un organisme chargé d'un service public industriel et commercial à l'obligation de souscrire un contrat d'**engagement républicain** (Loi 2021-1109 art. 12 introduisant l'art. 10-1 dans la loi 2000-321 du 12-4-2000). Cet engagement oblige à respecter les principes de liberté, d'égalité, de fraternité et de dignité de la personne humaine, ainsi que les symboles de la République au sens de l'article 2 de la Constitution, c'est-à-dire l'emblème national, l'hymne national et la devise de la République, mais il emporte aussi l'obligation de ne pas remettre en cause le caractère laïque de la République et, enfin, celle de s'abstenir de toute action portant atteinte à l'ordre public (Cons. const. 13-8-2021 n° 2001-823 DC).

Ordre public issu de textes supranationaux En vertu de l'article 55 de la Constitution, les traités ont « une autorité supérieure à celle des lois ». Il s'ensuit qu'un contrat contraire à un engagement international pris par la France ne peut pas recevoir application. Il en est ainsi qu'il s'agisse d'un traité ou d'une convention, dont les principaux à considérer sont les suivants. 10632

Au premier rang des traités, les traités sur **l'UE** qui font partie intégrante de l'ordre juridique français ainsi que le droit qui en est dérivé (sur ces dispositions et leur supériorité sur les lois et règlements français, n°s 73535 s. et 73806 s.). Mais les parties peuvent y déroger dès lors que leurs dispositions ne sont pas d'ordre public (Cass. 1e civ. 19-4-1988 n° 85-18.715 : Bull. civ. I n° 104).

Doivent aussi être respectés les droits et libertés fondamentaux tirés de la convention européenne de sauvegarde des droits de l'Homme (CESDH).

Au titre de cette convention, il a été jugé par exemple que :

– en application du principe de sécurité juridique innervant l'ensemble des articles de la convention, les États ont l'obligation positive de protéger le citoyen et de prévoir ainsi l'obligation des banques, compte tenu des conséquences fâcheuses que peut avoir la prescription, de tenir informé le titulaire d'un compte inactif de l'approche de la fin du délai de prescription ; n'exiger aucune information de ce type risque de rompre le juste équilibre entre les exigences de l'intérêt général de la communauté et les impératifs de la sauvegarde des droits fondamentaux de l'individu (CEDH 29-1-2013 n° 66610/09 : RTD civ. 2012.336 obs. Marguénaud) ;

– le droit de propriété de la clientèle attachée à la personne implique le droit d'en disposer (CEDH 26-6-1986 n° 7/1984/79/123-126, Van Marle) ;

– la CEDH « ne saurait rester inerte lorsque l'interprétation faite par une juridiction nationale d'un acte juridique, qu'il s'agisse d'une disposition testamentaire, d'un contrat privé, d'un document public, d'une disposition légale ou encore d'une pratique administrative, apparaît comme étant déraisonnable, arbitraire ou (...) en flagrante contradiction avec l'interdiction de discrimination établie à l'article 14 et plus largement avec les principes sous-jacents de la convention », ce contrôle devant être fait en fonction, non de la finalité de la disposition en cause au moment de son adoption, mais des bouleversements juridiques, économiques et sociaux survenus depuis (CEDH 13-7-2004 : RDC 2005.645 obs. J. Rochfeld ; rappr. CEDH 1-12-2009 n° 64301/01 : RDC 2010.981 obs. Marguénaud, condamnant une interprétation mécanique d'un article du Code civil roumain) ;

– le droit au respect de la vie privée et familiale affirmé par l'article 8 de la convention s'oppose à ce qu'une clause d'un bail d'habitation interdise au locataire d'héberger ses proches dans le bien loué (Cass. 3e civ. 10-3-2010 n° 09-10.412 : RJDA 5/10 n° 483) ;

– la liberté de réunion et d'association reconnue par l'article 11 de la convention interdit la clause d'un contrat obligeant une partie à adhérer à une association donnée (Cass. 3e civ. 12-6-2003 n° 02-10.778 : RJDA 10/03 n° 971 ; Cass. com. 28-11-2018 n° 17-18.619 F-D : RJDA 3/19 n° 182, voyant dans la liberté de créer une association de défense des franchisés d'un réseau une liberté fondamentale) ;

– la violation d'une clause affectant un droit fondamental et la sanction qui s'ensuit s'apprécient selon un jugement de proportionnalité mettant en balance les intérêts de l'auteur de l'atteinte, ici les intérêts économiques de l'employeur qui procède au licenciement, et ceux de la victime de l'atteinte, ici l'exercice par la salariée visée de sa liberté d'expression en dehors de l'entreprise (CEDH 5-11-2019 n° 11608/15 : RDC 2020 n° 1 p. 80 obs. Marchadier) ;

– les divergences de jurisprudence dans le domaine contractuel, comme d'ailleurs dans les autres, ne sont pas contraires à la convention, sauf si elles sont profondes et persistantes ; dans ce cas, l'ordre juridique national doit disposer de moyens pour les supprimer pour que soit respecté le principe de sécurité juridique et les exigences du procès équitable (CEDH 9-2-2021 n° 62318/09 : RDC 2021 n° 3 p.89 obs. Marguénaud).

Principes généraux du droit supérieurs L'article 1102 du Code civil se borne à énoncer le principe de la liberté contractuelle sans en déterminer la portée. La liberté 10633 contractuelle est donc subordonnée aux principes non écrits et reconnus par les tribunaux comme supérieurs (CE 1-3-1968 : Lebon 150, reconnaissant l'autorité supérieure des principes généraux, applicables même sans texte). Partant, les contractants ne sauraient enfreindre l'interdiction de fraude, de dol, d'abus du droit, de comportement indigne, de se faire justice à soi-même, de se soustraire aux effets de l'apparence ou de l'accessoire (nos 74903 s. ; sur l'abus du droit spécifique de ne pas contracter, n° 11660). En outre, tendent progressivement à prendre corps de nouveaux principes surplombant le droit contractuel : le bouleversement de l'économie générale du contrat (n° 10640), l'utilité de l'acte incriminé (n° 10642), la stabilité des relations contractuelles (n° 10645).

10634 **Aménagement conventionnel des effets de l'ordre public** Les parties peuvent convenir d'appliquer à leur relation des règles d'ordre public (n° 74293) et/ou de fixer les modalités de la sanction de la violation d'une règle d'ordre public.

b. Force obligatoire du contrat

RESPECT DÛ AU CONTENU DU CONTRAT

10635 Les contrats légalement formés tiennent lieu de loi à ceux qui les ont faits (C. civ. art. 1103).
L'application du contrat est donc dominée par la commune volonté des parties et l'interdiction de la dénaturer (nos 13109 s.) mais le contenu du contrat n'est pas intangible et peut être adapté ou révisé par le juge qui peut, à défaut de l'avoir corrigé, le mettre à néant aux conditions qui ne dépendent que de sa propre appréciation (n° 14040).

RESPECT DÛ AU CONTRAT PAR LES PARTIES

10636 Le contrat ne crée d'obligations qu'entre les parties ; les tiers ne peuvent ni demander l'exécution du contrat ni se voir contraints de l'exécuter (n° 13054).

RESPECT DÛ À L'ORDRE PUBLIC

10637 Le contrat n'a force obligatoire que s'il a été « légalement fait ». Seul l'ordre public limitant la liberté des parties de fixer le contenu du contrat (nos 10627 s.), la condition du respect dû à la loi se ramène à celui de l'ordre public. Ceci résulte de la combinaison des articles 1102 et 1103 du Code civil.

En conséquence, l'arbitre qui juge un contrat contraire à l'ordre public ne porte pas atteinte au principe de la force obligatoire du contrat, ce contrat n'ayant pas été légalement fait (CA Paris 14-9-2021 n° 19/19388).

RESPECT DÛ À L'ÉCONOMIE GÉNÉRALE DU CONTRAT

10640 Selon une règle prétorienne, le juge est tenu de respecter l'économie générale du contrat, ce qui peut avoir pour base légale l'article 1189 du Code civil lequel recommande au juge de donner à chaque clause un **sens conforme à la cohérence du contrat.** Il s'ensuit qu'il doit alors interpréter le contrat conformément à cette donnée (n° 13176) et, si le contrat est international, écarter la loi du lieu de la situation de l'immeuble dans le cas où elle n'est pas appropriée à l'économie de la convention (n° 19530) ; il doit aussi parer au bouleversement de l'économie du contrat, notamment : refuser l'application immédiate de la loi nouvelle (n° 10620), ouvrir la renégociation du contrat pour imprévision (n° 14015), reconnaître la force majeure dans la modification des circonstances économiques (n° 15108), exclure l'acceptation tacite par l'assureur de la modification de la police par l'assuré (n° 17600), relever le prix à forfait de prestations (n° 19555), appliquer la limitation de durée à dix ans de la clause d'exclusivité d'achat dès lors qu'elle est un élément essentiel de l'économie du contrat (n° 21563) ; en cas de pluralité d'assurés à la Coface, écarter l'avenant signé par l'un d'entre eux lorsqu'il bouleverse l'économie du contrat (n° 58410). Sur une application réglementaire, voir l'atteinte à la substance du contrat type commission de transport, n° 24046.

Le bouleversement de l'économie du contrat entraîne, en effet, l'inexistence de celui-ci. Comme l'on sait, le contrat repose sur la commune volonté des parties. Celle-ci n'existe plus si les bases sur lesquelles elle s'est constituée sont chamboulées, mises sens dessus dessous. L'inexistence du contrat a d'ailleurs été construite sur la constatation que les parties n'avaient pas consenti en réalité au contrat qui formellement paraissait les lier (n° 15656).

RESPECT DÛ À L'UTILITÉ DE L'ACTE INCRIMINÉ

10642 Un **acte en rapport avec un contrat** est sans conséquence juridique s'il est prouvé qu'il n'aurait été, s'il avait été accompli, d'**aucune utilité pour la partie** qui dénonce son omission (pour un exemple, n° 55800 : acte du créancier inutile pour la protection des intérêts de la caution) ou dès lors qu'il a cessé d'être utile (cf. Cass. civ. 18-2-1971 : Bull. civ. III p. 89 : l'immobilisation d'un meuble cesse quand ce meuble n'est plus utile à l'immeuble). Inversement, un acte qui a été **utile** à l'exécution d'un contrat résolu n'est pas remis en cause (nos 15621 et 15630).

RESPECT DÛ À LA STABILITÉ DES RELATIONS CONTRACTUELLES

Conformément au principe de sécurité juridique (nos 10632 et 74468), il est de plus en plus souvent invoqué qu'il est de l'intérêt des cocontractants et de l'intérêt général que les contrats, même comportant des irrégularités, soient exécutés et sauvegardés autant que faire se peut. **10645**

En effet, ouvrir la voie à la remise en état, c'est : juridiquement, ouvrir celle d'un contentieux sur les restitutions, comme en attestent les nombreuses décisions de justice citées nos 16125 à 16147 et no 74468 sur les droits acquis ; économiquement, dépenser en pure perte car anéantir n'est pas produire de la richesse ; politiquement, aller à contre-courant de la politique juridique qui a inspiré la réforme des contrats de 2016 (sur cette réforme, no 10000), qui a adopté des dispositions favorables à la stabilité des relations contractuelles, et à l'évolution de la jurisprudence.

Cette solution a été notamment retenue par le Conseil d'État à propos d'une demande d'annulation d'une convention conclue en 1998 (no 15709) et par la Cour de cassation (cf. Cass. com. 30-9-2020 no 18-18.239 F-D : RJDA 1/21 no 1). La solution a également été retenue par une décision de référé donnant effet à un pacte d'actionnaires, respectant ainsi ses prévisions (Cass. com. 13-1-2021 no 19-11.726 FD : RJDA 4/21 no 245).

Mais la sécurité juridique ne peut pas faire obstacle à l'application immédiate d'une solution nouvelle résultant d'une évolution de la jurisprudence, dès lors que la partie qui s'y oppose n'a pas été privée du droit à l'accès au juge (Cass.1e civ. 3-2-2021 no 19-10.669 FP-PI).

c. Devoir de bonne foi

CONSÉCRATION DU DEVOIR DE BONNE FOI

Formulation Les contrats doivent être négociés, formés et exécutés de bonne foi (C. civ. art. 1104, al. 1). Ce principe vient immédiatement après l'affirmation du principe de la liberté contractuelle et de l'effet obligatoire du contrat. Tout comme ces deux principes, le devoir de bonne foi domine donc le droit des contrats et s'impose comme un **devoir d'intérêt général** pour assurer la probité des rapports contractuels. **10650**

Imposée par la loi, l'exigence de la bonne foi n'est pas un effet du contrat mais celui de la loi. Elle doit donc être traitée par application de l'article 1104.

Le devoir de bonne foi est expressément imposé dans la négociation, la formation et l'exécution du contrat. Chacun est tenu de le connaître : nul ne saurait voir sa responsabilité engagée pour n'avoir pas rappelé à une partie ce principe élémentaire ou les conséquences de sa transgression (Cass. 1e civ. 28-3-2000 no 97-18.737 : Bull. civ. I no 101 ; Cass. 1e civ. 31-10-2012 no 11-15.529 : Bull. civ. I no 222).

PORTÉE JURIDIQUE DU DEVOIR DE BONNE FOI

Devoir d'ordre public L'article 1104, al. 2 du Code civil affirme expressément que la disposition prescrivant le devoir de bonne foi est d'ordre public. **10652**

Comme toute disposition d'ordre public, elle peut cependant être aménagée jusqu'au point où elle n'en vient pas à valider un comportement de mauvaise foi (no 74293).

Exclusion du devoir moral Aussi exigeant soit-il, le devoir de bonne foi ne peut pas devenir un devoir d'ordre moral. Le juge ne peut sanctionner qu'un intérêt juridiquement protégé (nos 71606 s.). Il ne saurait donc, sous couvert de bonne foi, aller jusqu'à reprocher à un contractant un manquement à la morale qui ne causerait aucun préjudice au cocontractant, futur ou actuel. **10655**

En se calant sur ce critère, le juge pourrait valider un comportement moralement condamnable qui profite à son auteur sans pour autant nuire à son cocontractant, à l'image de ce que la Cour suprême du Canada a jugé en ces termes : « L'inexécution rentable correspond à ce que les économistes décrivent comme l'optimum de Pareto : une partie peut être avantagée sans qu'aucune autre ne soit désavantagée ; en d'autres termes, personne n'y perd. Les tribunaux ne devraient pas décourager l'inexécution rentable. Cette absence de désapprobation rappelle que les dommages-intérêts pour inexécution contractuelle accordés par les tribunaux équivalent habituellement à la valeur du marché pour le demandeur » (Banque d'Amérique du Canada c/ Société de Fiducie Mutuelle, (2002) 2 RCS 601, spéc. § 31, cité par Laithier, La consécration par la Cour suprême du Canada d'un principe directeur imposant l'exécution du contrat de bonne foi : D. 2015.746 note 86). Agir de la sorte peut être justifié juridiquement puisqu'une faute n'est sanctionnée que si elle génère un dommage (C. civ. art. 1240), ce qui exclut la sanction de la faute morale (pour un exemple de cette exclusion, Cass. 3e civ. 4-10-2018 no 17-23.235 : JCP G 2018.48-1259 § 5 obs. Houtcieff).

Respect des droits et obligations des parties dans l'exécution du contrat Pour faire respecter l'exigence de la bonne foi au cours de l'exécution du contrat, le juge ne peut pas **10658**

ordonner des solutions faisant fi des règles d'ordre public qui gouvernent les droits et obligations des parties nés du contrat ou de celles qui en préservent leur substance (nº 13600).

MISE EN ŒUVRE DU DEVOIR DE BONNE FOI

10660 **Substance de la bonne foi** Dans son sens le plus courant, la bonne foi implique loyauté et honnêteté. Les tribunaux lui ont donné un sens plus étendu leur permettant sous son couvert de sanctionner tout comportement d'une partie qui nuit, sans raison valable, aux intérêts du cocontractant. Ils l'ont ainsi, au gré des espèces, concrétisée en obligation d'agir sans fraude (CA Paris 20-6-1996 : Rev. arb. 1996.657 obs. Bureau ; cf. T. com. Luxembourg 27-11-1980 : D. 1981.IR.504 note Vasseur ; TGI Lyon 11-5-1984 : GP 1984.668), sans dol (Cass. 3ᵉ civ. 2-7-1975 nº 74-10.171 : Bull. civ. III nº 233), en devoir de coopération (CA Paris 10-10-2003 nº 01/09341 : RJDA 4/04 nº 431 ; cf. Sentence CCI nº 17106 en 2013 : JDI 2018.192 note Silva-Romero), en devoir d'information, de mise en garde et de conseil (nºˢ 11834 s.) et, plus spécialement pour le créancier, en devoir de vigilance et de retenue dans l'exercice de ses droits (nºˢ 13600 s.).

Pour une formulation générale, mérite d'être relevée la définition donnée par la cour d'appel de Paris : « L'obligation de bonne foi implique que chaque partie s'abstienne de tout abus, ait un comportement raisonnable et modéré, sans agir dans son intérêt exclusif ni nuire de manière injustifiée à son partenaire ; qu'il en est d'autant plus ainsi en l'espèce que la banque a le pouvoir de fixer unilatéralement les loyers ; que la liberté de ceux-ci n'autorise pas l'abus ; que la contrepartie de l'absence de réglementation est précisément qu'il appartient aux tribunaux par le contrôle de la bonne foi des parties, notamment lorsqu'elles sont en situation de domination économique, de sanctionner l'abus » (CA Paris 24-10-2001 : D. 2001.3236).

En plaçant l'abus sous le couvert de la bonne foi, la décision précitée révèle que les deux notions peuvent recouvrir une même réalité (sur les applications de l'abus, nº 74912). À notre avis, elles doivent être distinguées lorsqu'il y a lieu de sanctionner le comportement litigieux ; la sanction de l'abus engage toujours la responsabilité extracontractuelle de son auteur (nº 74912) alors que celle de la bonne foi peut être contractuelle (nº 13600).

10662 **Applications du devoir de bonne foi** Les applications du devoir de bonne foi sont liées aux situations dans lesquelles le comportement des parties est mis en cause de son chef. Elles sont ainsi à distinguer selon que le comportement dénoncé se rapporte à la phase précontractuelle (nºˢ 11823 s.) ou à celle d'exécution du contrat (nºˢ 13600 s.).

SANCTIONS DU DEVOIR DE BONNE FOI

10665 La méconnaissance du devoir de bonne foi est différemment sanctionnée selon le moment auquel elle se manifeste : au cours des négociations précontractuelles, elle constitue un dommage de nature extracontractuelle (nº 15024) ; au cours de l'exécution du contrat, elle constitue un dommage de nature contractuelle (nº 15023), bien souvent par l'usage d'une prérogative contractuelle qu'une partie s'est réservée dans le contrat lors de sa conclusion (nº 13600) ; au cours des restitutions, des dispositions spéciales précisent son effet (nºˢ 16128, 16131, 16134 et 16143).

C. Exclusion du droit commun du contrat

EFFACEMENT DEVANT LES RÈGLES PARTICULIÈRES

10668 Les règles générales du droit commun du contrat sont écartées par les règles particulières propres à certains d'entre eux (C. civ. art. 1105, al. 2 et 3).

Les règles particulières ne sont pas précisées dans l'article 1105. La généralité des termes employés qui désignent « les règles particulières » sans restriction ni même d'exemples les illustrant, conduit à tenir pour telles toutes les **règles incompatibles** avec une règle générale soit explicitement, soit en raison de leur finalité.

Si l'incompatibilité n'est pas établie, les règles générales peuvent être appliquées concurremment avec les règles spéciales (nº 74803).

Le sort des règles générales dépendant ainsi de leur incompatibilité avec les règles spéciales, le doute sur la portée de la règle particulière peut être levé, à notre avis, en faisant primer la règle particulière si cette primauté est une condition du respect de sa finalité. En effet, si la loi édicte une règle particulière, c'est en fonction d'un objectif déterminé dont elle fait par là même une priorité. Lever le doute en sa faveur est donc la condition du respect de sa volonté.

Ces règles particulières sont à la lettre celles « établies dans les dispositions propres » à chaque contrat concerné. Bien qu'il soit d'usage dans le vocabulaire juridique de réserver le terme « disposition » aux **prescriptions législatives** ou réglementaires, on ne saurait écarter les règles particulières posées par les **décisions de justice** qui établissent elles aussi de véritables prescriptions.

Qui pourrait imaginer que le statut du contrat administratif ne déroge pas au droit commun parce qu'il est pour l'essentiel l'œuvre des juridictions administratives (nos 10700 s.) ou que la règle coutumière de la solidarité des codébiteurs d'une dette commerciale n'est plus applicable parce que non écrite dans la loi (no 50145) ?

Les **contrats** qui **dérogent au droit commun** du contrat sont soumis à des règles particulières avec une intensité variable, allant de l'exclusion de certaines d'entre elles, comme c'est le cas pour le contrat commercial ou le contrat de vente de produits agricoles, à un affranchissement de principe du droit commun, comme c'est le cas du contrat administratif, du contrat international et du contrat de consommation.

DROIT DU CONTRAT COMMERCIAL

Les contrats commerciaux (sur la qualification d'acte de commerce, nos 110 s.) sont soumis à des 10670
règles particulières précisées aux nos 505 s. qui les soustraient au droit commun du contrat dans la mesure de leur champ d'application. Ces règles sont aujourd'hui pratiquement limitées à la liberté des preuves contre les commerçants et à la compétence des tribunaux de commerce.

DROIT DU CONTRAT ADMINISTRATIF

Soustraction au droit commun du contrat Le contrat administratif est soumis à un 10700
régime autonome qui l'affranchit du droit commun du contrat ainsi que des obligations qu'il génère et de leur preuve. Des éléments de ce droit lui sont applicables en tant que de besoin lorsque le juge administratif ne trouve pas d'incompatibilité avec les nécessités de l'action des pouvoirs publics. Ces emprunts au droit commun du contrat sont mentionnés au cours des développements lorsqu'une décision des juridictions administratives en a fait application.

Le régime du contrat administratif s'applique au contrat qui répond aux qualifications ci-après exposées.

Ces conditions s'apprécient à la date de conclusion du contrat (T. confl. 4-7-2016 no 4055 : RJDA 11/16 no 778.som.).

Qualification légale La loi répute contrats **administratifs**, notamment, les contrats 10701
suivants :

– les marchés de travaux publics (Loi 2001-1168 du 11-12-2001 art. 2, al. 1 ; Directive 2004/18 du 31-3-2004 art. 1) ;

Ne peut être, néanmoins, un marché de travaux que celui qui est exécuté pour le compte d'une personne publique et dans un but d'intérêt général ou s'il a pour objet l'exécution même d'un service public, peu important que la personne publique assure ou non la maîtrise d'ouvrage (Cass. 1e civ. 4-10-2017 no 16-21.693 F-PB).

– les contrats comportant occupation du domaine public (CGPPP art. L 2331-1 ; T. confl. 16-10-2006 no 3514 : Bull. civ. T. confl. no 30) ;

– les marchés passés en application du Code de la commande publique (CCP art. L 2 et L 6 ; par exemple, T. confl. 8-10-2018 no 4125 relatif à un contrat de fournitures de carburants et de paiements de péage à une commune) ; ces contrats sont administratifs, même s'ils ont été passés en méconnaissance des règles définies par ce Code (T. confl. 18-2-2013 no 3894 : RJDA 4/14 no 326 rendu sous le régime du Code des marchés publics mais transposable à défaut de disposition du Code de la commande publique s'y opposant), et même si les parties sont liées par un contrat de droit privé dès lors que l'une d'elles agit pour le compte d'une personne publique (cf. T. confl. 9-7-2012 no 3834 et 15-10-2012 no 3853 : RJDA 6/13 no 504, également transposables) ;

Est un marché public, et non une concession, le contrat qui met à la charge de la personne publique le paiement du prix de la prestation qu'elle reçoit, de sorte que son cocontractant ne supporte aucun risque d'exploitation (CE 4-3-2021 no 438859).

– les contrats de partenariat public-privé (PPP) (Ord. 2004-559 du 17-6-2004), par lesquels une collectivité territoriale ou un établissement public local confie à un tiers, pour une période déterminée en fonction de la durée d'amortissement des investissements ou des modalités de financement retenues, une mission globale ayant pour objet la construction ou la transformation, l'entretien, la maintenance, l'exploitation ou la gestion d'ouvrages, d'équipements ou de biens immatériels nécessaires au service public, ainsi que tout ou partie de leur financement à l'exception de toute participation au capital (sur la conformité à la Constitution du régime des PPP, Cons. const. 24-7-2008 no 2008-567 DC et Cons. const. 12-2-2009 no 2009-575 DC : RJDA 5/09 no 427) ;

– le contrat de bail emphytéotique portant sur un bien immobilier appartenant à une collectivité territoriale et destiné à la réalisation d'une opération d'intérêt général relevant de la compétence de cette collectivité ou conclu en vue de l'affectation à une association cultuelle d'un édifice du culte ouvert au public (CGCT art. L 1311-2, al. 1).

10703 **Qualification prétorienne de droit commun** Pour qu'un contrat, non qualifié comme tel par la loi, soit un contrat administratif, il faut (T. confl. 3-7-2023 n° 4278 : RJDA 12/23 n° 651) :
– qu'il soit conclu par une personne publique ;
– et, soit qu'il ait pour objet le service public, soit qu'il comporte des clauses exorbitantes du droit commun en faveur de la personne publique afin de répondre à un intérêt général.

Les contrats qui ne répondent pas à ces caractéristiques sont, en conséquence, des contrats de droit privé. Il en est ainsi notamment du contrat par lequel une personne publique cède un bien de son domaine privé, y compris lorsque l'acquéreur est une autre personne publique (T. confl. 4-7-2016 n° 4052), du contrat par lequel le port du Havre s'engage à contrôler l'accès aux installations du terminal de l'Atlantique (T. confl. 8-4-2019 n° 4157 : RJDA 11/19 n° 687), ou du contrat conclu entre un transporteur et la société titulaire d'un marché de travaux publics pour la livraison de matériaux sur un chantier, à supposer même que la personne publique soit considérée comme ayant la qualité de destinataire partie au contrat de transport au sens de l'article L 132-8 du Code de commerce (n° 24236 ; T. confl. 9-12-2019 n° 4164 : RJDA 5/20 n° 266 : compétence judiciaire pour connaître de l'action du transporteur contre la personne publique destinataire).

Ces critères appellent les observations suivantes.

10706 Le contrat est conclu par **une personne publique** dans les cas suivants.

a. Lorsqu'une personne publique **elle-même** le conclut (T. confl. 7-1-1972 : RD publ. 1972.465 concl. Braibant).

Cette condition est requise même si le contrat est qualifié d'administratif par la loi, tel le contrat de travaux publics (T. confl. 17-12-2001 : RJDA 4/02 n° 450).

Il importe peu que des personnes privées prennent avec la personne publique les mêmes engagements au regard du cocontractant (CE 18-10-1974 : AJDA 1974.I.535 ; CAA Lyon 25-5-1989 : AJDA 1989.646 note Arrighi de Casanova) ou que le contrat soit ultérieurement transféré par la personne publique à une personne privée (cf. CE 9-7-1965 : Lebon 418).

Réciproquement, un contrat privé à l'origine ne devient pas administratif pour la seule raison qu'une personne publique se substitue à une personne privée (T. confl. 15-10-1973 : Lebon 849 ; T. confl. 9-12-1996 : RJDA 3/97 n° 443 ; T. confl. 10-12-2018 n° 4141).

Mais il faut, bien entendu, que la personne contractante soit incontestablement publique.

Tel n'est pas le cas si elle est, par exemple :
– une association reconnue d'utilité publique (CE 12-1-1951 : Lebon 15) ; mais oui si l'association est une personne interposée par la personne publique (Cass. crim. 7-11-2012 n° 11-82.961) ;
– une société d'économie mixte (Cass. 3e civ. 17-4-1974 n° 73-10.487 : Bull. civ. III n° 150) ;
– une personne privée, même chargée de l'exécution d'un service public (T. confl. 3-3-1969 : AJDA 1969.307 concl. Kahn, note de Laubadère ; T. confl. 26-6-1989 : D. 1990.som.191 obs. Prétot) ;
– une personne privée, qui, ayant obtenu de l'État la concession d'un aérodrome, est chargée de l'exploitation de celui-ci et de la fourniture du service aéroportuaire car elle ne peut pas être regardée comme un mandataire de l'État, sauf s'il résulte des stipulations définissant la mission du concessionnaire ou d'un ensemble de conditions particulières prévues pour l'exécution de cette mission que la concession doit, en réalité, être regardée, en partie ou en totalité, comme un contrat de mandat par lequel l'État demande seulement à son cocontractant d'agir en son nom et pour son compte, notamment en vue de conclure avec d'autres personnes privées les contrats nécessaires (T. confl. 4-7-2022 n° 4247 : RJDA 2/23 n° 72).

Il faut aussi qu'elle ait respecté les conditions de sa compétence pour contracter, le juge judiciaire étant compétent pour constater l'illégalité de son engagement (Cass. 1e civ. 31-1-2018 n° 16-21.697 : JCP G 2018.15-418 note G. Deharo).

Le contrat est de droit privé dès lors qu'il est conclu entre deux personnes privées, peu important qu'une personne publique ait un rapport avec le contrat ou que celui-ci présente un intérêt public.

Par exemple sont privés : le contrat conclu entre une société privée et une société d'économie mixte soumise au contrôle de l'autorité concédante (Cass. 1e civ. 1-10-1985 n° 84-10.130 : Bull. civ. I n° 242) ; le contrat conclu entre deux sociétés de droit privé, dont l'une est la sous-traitante de l'autre, même s'il est relatif à l'exécution de travaux publics (T. confl. 9-10-2017 n° 4095 : RJDA 4/18 n° 376 ; T. confl. 10-12-2018 n° 4144) ; le contrat de crédit-bail conclu entre deux personnes privées pour réaliser des aménagements dans les locaux d'une cantine scolaire appartenant à une commune qui a consenti le marché de restauration à l'entreprise preneuse et qui a autorisé leur financement par ce moyen en intervenant à l'acte de crédit-bail (Cass. 1e civ. 28-5-2008 n° 07-17.648 : RJDA 5/09 n° 422) ; le contrat de raccordement signé entre un producteur d'énergie photovoltaïque et la société ERDF, cette société n'exerçant aucune mission pour le compte d'une personne publique lorsqu'elle conclut un tel contrat car, quoique le raccordement constitue un préalable technique à la délivrance de l'électricité à la société EDF, il n'est pas pour autant l'accessoire du contrat d'achat de l'électricité produite par EDF (Cass. 1e civ. 11-12-2013 n° 12-29.328 : RJDA 4/14 n° 328).

b. Le contrat peut aussi être administratif s'il est conclu **par une personne privée** à condition que celle-ci agisse en vertu d'un **mandat** d'une personne publique, même s'il est conclu avec une autre personne privée (CA Paris 25-6-2002 : GP 2002.som.1566).

Le mandat ne fait pas de doute lorsqu'il est exprès (CE 27-5-1957 : Lebon 350 ; CE 18-6-1976 : AJDA 1976.579 note Durupty ; Cass. 1e civ. 30-9-2003 no 1227 : RJDA 6/04 no 696).

À défaut, il peut résulter :

– des énonciations du contrat que la personne publique a conclu avec la personne privée, notamment celles prévoyant en cas de travaux d'aménagement la remise des ouvrages exécutés à la personne morale publique, la possibilité pour la personne privée de percevoir les subventions et bonifications revenant à la personne morale publique et la substitution de plein droit de cette dernière à la personne privée pour l'exercice du recours en garantie décennale (Cass. 1e civ. 10-3-1987 no 85-13.939 : Bull. civ. I no 92 ; CE 27-11-1987 : D. 1989.261 note Thomas-Tual) ;

– des circonstances (cf. T. confl. 10-5-1993 : JCP G 1993.IV.2447 ; CE 22-7-1977 : Lebon 347 ; CE 22-1-1997 : RJDA 7/97 no 899 ; CE 21-3-2007 no 281796 : RJDA 7/07 no 716) ;

– de la loi (cf. T. confl. 27-3-1952 : Lebon 623 ; CE 2-6-1961 : AJDA 1961.345 concl. Braibant).

En revanche, il n'y a pas mandat du fait que la personne privée serait chargée de l'exécution d'un service public (T. confl. 4-5-1987 : Lebon 448) ou serait le concessionnaire d'un aménagement public (T. confl. 23-10-1995 : RJDA 3/96 no 307 ; T. confl. 16-6-2014 no 3944 : RJDA 10/14 no 757 ; T. confl. 11-12-2017 no 4101 : RJDA 7/18 no 566).

Il a été aussi jugé, inversement, que le contrat conclu par une personne publique pour le compte d'une personne privée est un contrat privé (TA Paris 2-7-1979 : Lebon 523).

Le **contrat** conclu par une personne privée peut être un contrat administratif s'il est l'**accessoire d'un contrat public** (T. confl. 22-6-1998 no 3003 : RJDA 1/99 no 33, l'admettant pour un cautionnement ; T. confl. 4-7-2016 no 4059 : RJDA 12/16 no 853, écartant cette qualification pour une garantie autonome par rapport au contrat liant la personne publique).

c. Le contrat peut encore être administratif s'il est conclu par une **société d'économie mixte concessionnaire** de la construction et de l'exploitation des **autoroutes** mais seulement dans des conditions particulières, cette réserve n'étant toutefois applicable qu'aux contrats conclus depuis le 9 mars 2015 (T. confl. 9-3-2015 no 3984 : RJDA 7/15 no 540 ; CE 17-6-2015 no 383203 : RJDA 10/15 no 728).

Sous le régime antérieur, a été jugé administratif le contrat ayant pour objet la construction, l'entretien et l'exploitation des tunnels routiers (T. confl. 12-11-1984 : RFD. adm. 1985.353 note Llorens), des travaux d'évacuation des eaux en provenance de l'autoroute (CAA Lyon 19-11-1992 : GP 1994.pan.10) ou d'entretien des logements affectés par nécessité absolue de service aux agents chargés de l'entretien de l'autoroute et de la sécurité des usagers (CE 23-12-2011 no 340348 : RJDA 8-9/12 no 765 ; CAA Douai 17-5-2000 : RJDA 6/01 no 676.som.) ou de réalisation de l'œuvre d'art imposée à la société d'autoroute tenue par le contrat de concession de consacrer une certaine somme à la réalisation d'une œuvre conçue par un artiste (Cass. 1e civ. 17-2-2010 no 08-11.896 : RJDA 5/10 no 578).

Il en est de même des contrats conclus pour assurer l'accomplissement du service public dans la mesure où leur contenu les exclut du domaine privé (CA Paris 27-6-1991 : GP 1992.som.331 : contrat de dépannage des usagers).

En revanche, ce n'est pas le cas des contrats conclus par la société d'autoroute avec d'autres personnes privées, tel celui portant sur la construction par cette société d'un ensemble immobilier à usage de siège social et d'entrepôt (CE 9-2-1994 no 126485 : GP 1994.pan.139) ou ceux portant sur le dépannage autoroutier des véhicules et n'emportant pas occupation du domaine public (T. confl. 9-2-2015 no 3992 : RJDA 7/15 no 541.som.).

d. Le contrat est enfin administratif s'il est conclu **par une société d'économie mixte concessionnaire** de travaux d'**aménagement pour le compte d'une collectivité publique** (T. confl. 7-7-1975 : JCP G 1975.II.18171 note Moderne : construction d'un réseau d'assainissement ; CE 30-5-1975 : D. 1976.3 note Moderne : réalisation de voies publiques ; Cass. 1e civ. 1-10-1985 no 84-14.700 : Bull. civ. I no 241 : réalisation du chauffage collectif d'une zone à urbaniser par priorité).

Il ressort de cette jurisprudence que le contrat est réputé conclu pour le compte de la personne publique lorsqu'il répond aux indices suivants : le caractère circonscrit du marché, l'absence quasi totale de risque financier pour celle des parties qui fait office de maître d'ouvrage ; la prise de possession des ouvrages par la personne publique bénéficiaire dès leur achèvement ; enfin sa substitution à la société concessionnaire pour toute action en responsabilité dirigée contre les constructeurs.

Le contrat a pour **objet le service public** lorsque les **conditions** suivantes sont réunies. **10709**

1. Le contrat doit intervenir **sur l'action de service public** elle-même. Il en est ainsi, notamment, des contrats suivants.

a. Contrats confiant au cocontractant l'**exécution même** du service public.

Par exemple : transport d'une aide alimentaire (CA Paris 8-12-1989 : D. 1990.IR.10) ; étude d'urbanisme en vue d'une implantation d'équipements collectifs (CAA Paris 7-7-1992 : GP 1993.pan.169) ; promotion de l'image d'un département (T. confl. 5-7-1999 : RJDA 12/99 no 1321.som.) ; convention relative à la délivrance d'un diplôme universitaire au titre de la formation continue du personnel d'une société (T. confl. 18-12-2000 n° 3234 : GP 2001.som.1973) ; contrat passé par une région pour la conception et la gestion d'un fichier permettant d'identifier toute cible géographique ou sectorielle en vue d'une action de communication (CAA Nantes 31-5-2001 n° 00NT01631 : GP 2003.som.1159) ; contrat relatif à l'exploitation d'un terminal portuaire (T. confl. 13-11-2017 n° 4099 : Bull. civ. T. confl. n° 10).

Mais tel n'est pas le cas : de la convention passée entre une commune et une société d'HLM qui a pour objet de régler les modalités du préfinancement par la société de l'acquisition d'un terrain par la commune et de la rétrocession de ce terrain à la société (CE 20-3-1987 : GP 1988.som.66) ; du contrat par lequel un établissement public d'aménagement d'une agglomération a vendu à un particulier une licence de débit de boissons (T. confl. 4-5-1987 : Lebon 450) ; du contrat par lequel une commune a confié à une société d'économie mixte l'étude technique de la construction d'un bâtiment d'usine financée par elle pour être mis à la disposition d'une société privée propriétaire du terrain considéré, ainsi que l'étude des formalités administratives et financières à accomplir (CA Riom 28-3-1988 : GP 1989.som.37) ; des contrats de maîtrise d'œuvre entre une société et l'État qui ne comportent pas la réalisation de travaux et d'ouvrages publics (T. confl. 11-10-1993 : RJDA 3/94 n° 246) ; du contrat de gestion et d'exploitation d'un réseau d'appareils de télévision mis à la disposition des malades d'un hôpital public (T. confl. 21-5-2007 n° 3609 : RJDA 4/08 n° 397) ; du contrat par lequel une commune vend les terrains de son domaine privé, même si la vente est conditionnée à la réalisation d'un hôtel dans le cadre de l'aménagement du quartier de la commune où ils sont situés (T. confl. 4-7-2016 n° 4052) ; du contrat par lequel une commune s'engage envers un éco-organisme agissant pour le compte d'un des producteurs de déchets à collaborer à la collecte des déchets (T. confl. 1-7-2019 n° 4162 : RJDA 2/20 n° 74).

L'exécution du service peut être **partielle** (CE 4-7-1969 : Lebon 360).

b. Contrats par lesquels le cocontractant fournit des **prestations** de services **pour le fonctionnement** du service public.

Par exemple, une convention par laquelle : un hôpital public charge un pharmacien d'exécuter des analyses médicales concernant les patients hospitalisés (CE 13-7-1962 : Lebon 918) ; une association donne un terrain en location à une commune qui y exploite un camping dès lors que la convention stipule que les tarifs et le règlement intérieur de ce service public sont arrêtés d'un commun accord par les parties, l'association étant ainsi associée à l'organisation et à la gestion d'un service public (T. confl. 6-6-2016 n° 4053 P : Bull. inf. C. cass. 1-12-2016 n° 1434) ; une association de droit privé contribue à l'exploitation d'un musée, au sens de l'article L 410-1 du Code du patrimoine, en enrichissant les collections et en intervenant dans l'organisation des visites et des conférences (T. confl. 10-12-2018 n° 4140) ; une commune conclut un bail emphytéotique avec une société privée pour l'exploitation d'une centrale hydraulique, celle-ci poursuivant un intérêt général de développement des énergies renouvelables (Cass. 3e civ. 15-6-2023 n° 21-22.816 FS-B).

2. Contrats constituant le **moyen même d'exécution** du service public (T. confl. 24-6-1968 : D. 1969.116 note Chevallier : contrat confiant l'allocation de subventions financées sur des ressources provenant exclusivement de l'État ; CE 18-6-1976 : AJDA 1976.579 note Durupty : prêts consentis par le Crédit foncier de France à des rapatriés ; TA Clermont-Ferrand 18-6-1987 : JCP G 1988.II.21032 : contrat d'une commune avec une entreprise pour obtenir l'installation d'une entreprise sur le territoire de la commune ; dans le même sens, CAA Lyon 26-6-1990 : AJDA 1991.375 note Deves ; T. confl. 27-4-1998 : JCP G 1998.IV.3067 : convention ayant pour objet la gestion, dans l'intérêt général, des ressources en eau).

3. Le **service public** doit s'entendre ici, en principe, selon la **définition générale,** les tribunaux visant le service public sans aucune autre précision (cf. les arrêts cités dans le § 1), c'est-à-dire une action en vue de satisfaire un besoin général.

Sur l'absence de service public dans les prestations de formation délivrées par une chambre de commerce, T. confl. 20-1-1986 : GP 1986.som.310, dans l'application des quotas laitiers par une laiterie, TA Nantes 9-3-1989 : GP 1990.som.66 ou dans l'exécution des contrats de prêt sur gage consentis par les caisses de crédit municipal, T. confl. 12-2-2018 n° 18-04.108 : Bull. civ. I n° 2.

Des décisions exigent, en outre, que le service soit **dirigé** dans des **conditions différentes** de celles dans lesquelles fonctionnent ou fonctionneraient des **entreprises privées** ayant un objet similaire (CE 30-11-1960 : Lebon 944 ; CE 12-6-1974 : Lebon 336 ; CE 17-1-1986 : GP 1986.som.311).

10712 Le contrat comporte des **clauses exorbitantes** du droit commun lorsque s'y trouve l'un des quatre éléments ci-après :

a. Les clauses doivent servir l'**intérêt général** ; ainsi, il a été jugé que les juges doivent rechercher si la clause de résiliation unilatérale incluse dans un contrat conclu entre un syndicat mixte intercommunal de collecte de déchets et un éco-organisme implique que les relations contractuelles ont été placées dans l'intérêt général sous un régime exorbitant du droit commun (Cass. 1e civ. 14-11-2019 n° 18-22.793 F-PBI : RJDA 2/20 n° 74).

Le juge judiciaire peut tirer les conséquences d'une clause exorbitante ; par exemple accorder au maître d'ouvrage, dont le marché n'a pas été exécuté, l'indemnité prévue au marché à son profit en cas de résiliation dans l'intérêt général, la recherche d'une économie étant un motif légitime (Cass. 3e civ. 11-5-2022 n° 21-15.389 FS-B).

b. Une **référence** à des clauses exorbitantes ; 10712 (suite)

Il en est ainsi, par exemple :

– de la référence à un cahier des charges contenant des clauses exorbitantes du droit commun (T. confl. 5-7-1999, 1e esp. : RJDA 12/99 n° 1322) ou renvoyant à un autre cahier des charges où se trouvent des clauses exorbitantes (CE 21-12-1960 : Lebon 720) ;

– de la référence à des textes édictant des règles exorbitantes, lesquelles, à défaut de référence, n'auraient pas été applicables (T. confl. 17-7-1923 : Lebon 581) ; toutefois, la référence à la compétence des juridictions administratives - ou, réciproquement, des tribunaux judiciaires - n'emporte pas, par elle-même, la qualification de contrat administratif - ou, réciproquement, de droit privé - si les autres conditions de cette qualification ne sont pas remplies par ailleurs (CE 25-10-1961 : Lebon 592).

c. La **stipulation** d'une **prérogative exorbitante** ;

Il en est ainsi de la possibilité reconnue par le contrat à la personne publique :

– d'employer la procédure de décision exécutoire (privilège du préalable) à l'occasion de l'exécution du contrat (CE 27-7-1950 : Lebon 668) ;

– d'imposer à son cocontractant des mesures unilatérales (résiliation, retrait, rachat, suspension, modification, etc.) selon des procédures arbitraires : pouvoir discrétionnaire pour la personne morale publique de prendre sa décision ; action d'office ; exclusion de toute indemnisation (T. confl. 5-7-1999 précité ; CE 8-1-1965 : Lebon 7 ; Cass. 1e civ. 20-11-1973 n° 72-14.821 : Bull. civ. I n° 316 ; CE 8-5-1974 : Lebon 269 ; Cass. 1e civ. 14-11-2019 n° 18-16.514 FS-PBI ; CAA Bordeaux 20-2-1995 : GP 1996.pan.72 ; CA Paris 24-10-1995 : RJDA 3/96 n° 306 ; pour des cas de refus du caractère exorbitant : T. confl. 28-3-1955 : Lebon 615 ; T. confl. 15-6-1970 : Lebon 889 ; Cass. 1e civ. 24-3-1987 n° 85-16.146 : Bull. civ. I n° 110 ; T. confl. 20-2-2008 n° 3623 : RJDA 6/08 n° 640) ;

– d'intervenir unilatéralement dans les propres affaires du cocontractant ou dans la structure de son entreprise (CE 19-6-1952 : Lebon 628 : droit de modifier la structure même de la société ou d'en ordonner la liquidation suivant les résultats obtenus ; CE 23-12-1952 : Lebon 573 concl. Tricot : droit de résilier un contrat de location de véhicules si le cocontractant n'entretenait pas ses propres véhicules ; T. confl. 7-7-1980 : AJDA 1981.48 note de Laubadère : droit de contrôle sur le personnel du cocontractant) ;

– de surveiller l'activité du cocontractant à condition que les prérogatives dépassent celles qui pourraient être stipulées dans des contrats entre particuliers (T. confl. 19-6-1952 : Lebon 268 : maîtrise de l'État sur les fabrications ; CE 10-5-1963 : RD publ. 1963.584 concl. Braibant : contrôle du stockage et des opérations d'entrée et de sortie de stocks ; T. confl. 7-7-1980 : AJDA 1981.48 note de Laubadère : contrôle du syndicat intercommunal sur les tarifs ; T. confl. 22-6-1998 : GP 1999.193 concl. Sainte-Rose : contrôle de l'activité d'un emprunteur ; Cass. 3e civ. 9-3-2005 n° 03-19.385 : RJDA 7/05 n° 802 : détermination des objectifs d'exploitation de domaines agricoles ; CE 19-11-2010 n° 331837 : Lebon 449 : contrôle direct de l'ensemble des documents comptables d'un occupant du domaine public).

Il en est de même si le contrat accorde au cocontractant à l'égard des tiers des pouvoirs ou des privilèges qui échappent normalement aux particuliers (T. confl. 2-7-1962 : Lebon 823 : exonération de taxes et attribution au cocontractant d'une part sur un impôt).

d. La **stipulation** d'une **mesure incompatible** avec un contrat **privé** ;

Il en est ainsi d'une clause qui, dans un tel contrat, serait :

– inconcevable (T. confl. 14-11-1960 : AJDA 1961.89 note A. de L. : stipulation que les constats d'agents assermentés feront foi en vue de l'application des pénalités contractuelles) ;

– inhabituelle (cf. T. confl. 14-11-1960 : Lebon 866 ; voir aussi T. confl. 2-6-1975 : Lebon 796, qui trouve dans la présence de clauses usuelles dans les contrats privés, notamment versement d'un « pas-de-porte », un motif supplémentaire de refuser la qualification de contrat administratif).

Mais n'est pas incompatible avec un contrat de droit privé la clause d'un contrat :

– de prêt conclu entre une compagnie d'assurance et une commune subordonnant la remise des sommes prêtées à une délibération du conseil municipal par laquelle la commune emprunteuse s'engageait à créer et à mettre éventuellement en recouvrement les impositions nécessaires pour assurer le paiement des annuités, cette clause n'ayant pas pour objet de conférer à l'une des parties un avantage de nature différente de celui résultant de toute garantie ou sûreté de droit privé (Cass. 1e civ. 18-2-1992 : RJDA 7/92 n° 678) ;

– de travaux par laquelle un maître d'ouvrage privé renonce à agir en garantie décennale contre l'administration pour ses prestations de maître d'œuvre, cette clause devant seulement être réputée non écrite (T. confl. 11-10-1993 : JCP G 1994.IV.207 ; voir aussi Cass. 1e civ. 24-3-1987 : Bull. civ. I p. 82) ;

– dite « anti-spéculative » qui confère un droit de regard à la collectivité publique ayant consenti des aides en faveur de l'accession à la propriété en cas de revente des biens, clause pouvant prendre la forme d'une limite à la liberté de disposer de l'acquéreur pendant un certain délai, d'affectation du bien à un certain usage, de restrictions au droit de louer, ou autres (T. confl. 5-7-2021 n° 4214.).

e. L'**inclusion** dans le contrat d'une ou plusieurs **stipulations spécifiques** manifestant le souci de la personne morale publique de **défendre** à travers elles l'**intérêt général** (CE 19-2-1988 : Lebon 77 : paiement d'une indemnité en contrepartie des sujétions de sécurité qu'entraîne le fonctionnement d'un marché pour une commune ; T. confl. 15-1-2018 n° 4109 : intervention significative de la commune dans l'activité de la société à la disposition de laquelle elle a mis une salle de spectacles) ou les **intérêts du public** (T. confl. 7-7-1980 : AJDA 1981.48 note de Laubadère : contrat concernant l'exploitation d'un restaurant-bar que la société cocontractante s'engageait à faire fonctionner tous les jours selon un horaire déterminé pendant la saison des sports d'hiver ; T. confl. 20-4-1959 : Lebon 866 : possibilité, sans avoir à fournir de motifs et sans responsabilité, de renvoyer pour raison de police toute personne attachée à l'exploitation du concessionnaire).

Notamment ne le sont pas les clauses par lesquelles l'acquéreur de terrains faisant partie du domaine privé d'une commune s'engage, sous une condition résolutoire, à construire un hôtel exploité sous l'enseigne Hilton, à maintenir la destination de l'immeuble pendant dix ans et à le revendre dans un délai de six mois à un sous-acquéreur (T. confl. 4-7-2016 n° 4052 : RJDA 12/16 n° 852) ou les clauses comportant une prérogative exorbitante, telle celle prévoyant que, compte tenu de la spécificité des locaux donnés à bail, le locataire, personne publique, n'aura pas la possibilité de donner congé au cours du bail, car elle procure un avantage à la partie privée bailleresse et non à la partie publique (Cass. 1e civ. 17-2-2016 n° 14-26.632 F-PBI : Bull. civ. I n° 39).

DROIT DU CONTRAT INTERNATIONAL

10750 Le contrat international peut échapper au droit commun du contrat, tel qu'ici entendu, lorsque les parties sont convenues de le soumettre à une autre loi que la loi française (nos 16500 s.).

DROIT DU CONTRAT CONCLU AVEC UN CONSOMMATEUR

10760 Les contrats conclus conformément aux dispositions de l'article préliminaire du Code de la consommation (n° 11200) obéissent aux règles particulières de ce Code.

D. Règles propres à des catégories de contrats en fonction de leur contenu

DIVERSITÉ DES CONTRATS EN FONCTION DE LEUR CONTENU

10795 Livré à l'imagination des parties, le contenu des contrats est éminemment variable. Certains traits sont cependant communs à tous ceux qui présentent les mêmes caractéristiques. Le Code civil les identifie, les classifie et détermine les règles qui sont propres à chaque catégorie, en les couplant en général par opposition de leur contenu.

1. CATÉGORIES DU CODE CIVIL

a. Contrats nommés et contrats innomés

CONTRATS NOMMÉS

11000 Les contrats nommés (C. civ. art. 1105, al. 1) sont ceux dont la définition et le régime ont été précisés par la loi, notamment par le Code civil. Ces contrats comportent des règles particulières qui écartent la règle de droit commun incompatible avec elles (sur l'appréciation de l'incompatibilité, n° 10668). Au besoin, le contrat peut aussi être nommé par les tribunaux (par exemple, contrat de concession, n° 21910).

CONTRATS INNOMÉS

11003 Les contrats innomés (ou « sui generis ») visés par l'article 1105, al. 1 du Code civil sont ceux dont les caractéristiques sont telles qu'ils ne correspondent à aucune des qualifications nommées existantes.

Ces contrats sont d'autant plus susceptibles d'être validés que le juge peut statuer à leur sujet sans le qualifier, n° 10010.

Les contrats innomés sont soumis aux règles du droit commun du contrat (nos 10600 s.), telles les règles de la force majeure (CA Dijon 28-6-1974 : JCP G 1975.IV.140) et celles de la rupture brutale du contrat (CA Poitiers 28-4-1982 : JCP G 1983.II.20068 note Mémeteau ; TGI Paris 25-2-1977 : GP 1977.2.478).

En conséquence, ils échappent, par principe, au régime de tout contrat nommé (Cass. 1e civ. 12-10-1967 : Bull. civ. I n° 292, excluant du régime de la vente, pour défaut de prix en dépit d'une évaluation requise à des fins fiscales, un contrat qualifié « vente » par les parties par lequel avait été transférée la nue-propriété d'un immeuble moyennant l'engagement d'effectuer toutes les réparations, puis, par acte postérieur, celui de verser une rente ; Cass. com. 19-7-1971 : Bull. civ. IV n° 213, excluant du régime du prêt à usage l'accord par lequel une société philatéliste autorisait une autre société à utiliser dans ses publications le numérotage de son catalogue).

b. Contrat synallagmatique et contrat unilatéral

CONTRAT SYNALLAGMATIQUE

11050 Le contrat est synallagmatique lorsque les **contractants s'obligent réciproquement** les uns envers les autres (C. civ. art. 1106, al. 1 ; Cass. 3e civ. 8-5-1974 : D. 1975.305 note Larroumet : concession d'un bail gratuit en contrepartie d'un droit de passage ; Cass. com. 3-12-1985 n° 83-16.475 : Bull. civ. IV n° 286 : clause de non-concurrence moyennant le versement d'une indemnité compensatrice ; Cass. 1e civ. 19-4-1988 n° 86-12.449 : Bull. civ. I n° 110 : acceptation par une banque de porter au crédit du compte de l'emprunteur un prêt en devises étrangères en contrepartie de l'engagement de ce dernier de prendre en charge le risque de change ; Cass. com. 25-4-1989 n° 87-17.281 : Bull. civ. IV n° 136 : absence de promesse synallagmatique de vente à défaut de promesse réciproque d'acheter ; Cass. 1e civ. 20-9-2012 n° 11-13.144 : RJDA 1/13 n° 41 : garantie de passif incluse dans une cession de droits sociaux).

Les juges ne peuvent pas qualifier le contrat de synallagmatique sans rechercher s'il comporte des engagements réciproques (Cass. 1e civ. 7-6-1979 n° 78-11.777 : Bull. civ. I n° 168).

N'est pas synallagmatique le procès-verbal d'une délibération du conseil d'administration d'une société anonyme autorisant l'achat par la société à deux de ses administrateurs d'actions d'une autre société à un prix déterminé dès lors qu'il ne contient ni l'offre de vente ni l'acceptation de celle-ci et que, partant, il ne peut pas emporter transfert de propriété des actions (TGI Paris 2-12-1986 : RJF 8-9/87 n° 954).

Sur le caractère, à notre avis, synallagmatique du prêt d'argent consenti par un professionnel du crédit, n° 41063.

Des **règles** particulières lui sont **applicables** : établissement d'autant d'exemplaires qu'existent de parties (n° 75686) ; droit d'invoquer l'exception d'inexécution (n° 14800) ; dispense des mentions obligatoires des engagements unilatéraux (n° 75689) ; promesse synallagmatique de vente valant vente (n° 11910) ; impossibilité de renonciation unilatérale aux engagements réciproques (Cass. com. 3-12-1985 n° 83-16.475 précité).

CONTRAT UNILATÉRAL

Le contrat est unilatéral lorsqu'une ou plusieurs personnes **s'obligent** envers une ou plusieurs autres **sans** qu'il y ait d'**engagement réciproque** de celles-ci (C. civ. art. 1106, al. 2 ; Cass. com. 26-5-1981 : GP 1982.pan.3 : engagement d'une société à verser des commissions à un intermédiaire à titre de reconnaissance ; Cass. 1e civ. 28-3-1984 n° 82-15.538 : Bull. civ. I n° 120 : contrat de prêt d'argent consenti par un non-professionnel du crédit ; CA Paris 27-6-1989 : Bull. Joly 1989.804 : contrat optionnel de vente d'actions). Il n'engendre donc d'obligations qu'à la charge de l'une des parties. **11053**

Mais il est un contrat en ce sens que le débiteur n'est obligé par son engagement que par accord conclu au préalable avec le créancier (CA Paris 4-3-1971 : JCP G 1972.IV.43 ; contra CA Rouen 4-7-1958 : D. 1959.som.42, tenant le nantissement d'un fonds de commerce pour formé à la date de la signature du constituant et non à celle, sans effet, de la signature du bénéficiaire) alors que dans l'engagement unilatéral le débiteur est obligé, en soi, par sa seule promesse indépendamment de l'acceptation du créancier préalable à sa promesse (n° 10300).

Les règles du droit commun du contrat lui sont applicables (Cass. com. 26-5-1981 précité : règle de la durée indéterminée du contrat), sauf le **formalisme spécial** aux promesses de payer une somme d'argent ou de livrer un bien fongible (n° 75689) et la dispense d'une pluralité d'originaux (n° 75686).

c. Contrat à titre onéreux et contrat à titre gratuit

CONTRAT À TITRE ONÉREUX

Le contrat est à titre onéreux lorsque chacune des parties reçoit de l'autre un **avantage en contrepartie** de celui qu'elle procure (C. civ. art. 1107, al. 1). **11100**

On ne saurait interpréter le terme « avantage » comme impliquant qu'une partie devrait procurer à l'autre un bénéfice. Si tel était le sens à retenir, tout contrat devrait être susceptible d'annulation pour lésion. Or, celle-ci est clairement rejetée (n° 12320).

CONTRAT À TITRE GRATUIT

Le contrat est à titre gratuit lorsque l'une des parties procure à l'autre un avantage, **sans** recevoir de **contrepartie** (C. civ. art. 1107). L'exemple type en est la donation qui, soumise à des règles spéciales, est souvent à distinguer de la vente (nos 26506 s.). **11103**

Ces contrats ne doivent pas être confondus avec les contrats dits « essentiellement gratuits » comme le mandat, le dépôt et le prêt à usage, qui, bien qu'ils puissent ne pas rémunérer la partie qui fournit la prestation essentielle, ne sont pas causés par l'intention libérale de cette dernière ou n'ont pas pour mobile une telle intention.

Celui qui se prévaut d'un contrat à titre gratuit doit démontrer l'intention libérale (Cass. 3e civ. 31-5-1989 : Bull. civ. III p. 70 : à propos des prestations d'un architecte sans écrit préalable).

d. Contrats commutatifs et contrats aléatoires

CONTRAT COMMUTATIF

Le contrat est commutatif lorsque chacune des parties s'engage à procurer à l'autre un avantage qui est regardé comme l'**équivalent** de celui qu'elle reçoit (C. civ. art. 1107). Sur la notion d'avantage, n° 11100. **11150**

Pour l'application des règles relatives à la période suspecte d'un redressement ou d'une liquidation judiciaire (nos 63120 s.), a été considérée comme un contrat commutatif la cession de créances professionnelles (Cass. com. 4-4-2006 n° 05-14.037 F-D : RJDA 10/06 n° 1056).

CONTRAT ALÉATOIRE

11155 **Qualification** Un contrat est aléatoire lorsque les parties acceptent de faire dépendre les effets du contrat, quant aux avantages et aux pertes qui en résulteront, d'un **événement incertain** (C. civ. art. 1108, al. 2 et art. 1964 ; Cass. civ. 15-7-1952 : S. 1953.1.75).

11158 **1.** Un **contrat** est tenu pour **aléatoire** dans les cas suivants :

a. La **valeur de la prestation de chaque partie** dépend d'un événement incertain ; par exemple, dans le contrat d'assurance, l'assuré ne sait pas quel sera le montant de ses primes jusqu'au jour de la réalisation du risque tandis que l'assureur ne sait pas quelle indemnité, sous réserve du maximum de la valeur assurée, il versera ou même s'il aura une indemnité à verser (sur cet aléa, nº 17540) ;

b. Quoique la **valeur d'une seule prestation** soit apparemment sous la dépendance d'un événement incertain, dès lors que les deux parties ont accepté qu'il en soit ainsi, ce qui suppose que la valeur de chaque prestation ait été envisagée, dans une **commune intention** spéculative, en fonction de ce risque ; par exemple, en cas de vente aux risques et périls de l'acheteur, si le vendeur reçoit, à la conclusion du contrat, un prix ferme et définitif fixé en fonction du risque, le contrat est néanmoins aléatoire car le vendeur gagnera - et l'acheteur perdra - si le risque déprécie la chose vendue au-delà du prix ; il perdra - et l'acheteur gagnera - si la dépréciation est moindre.

Sur la base des critères susvisés, est un contrat aléatoire :

– l'achat contre un prix déterminé de droits de souscription qui n'étaient pas encore évalués et qui risquaient de ne pas exister (Cass. com. 10-6-1960 : S. 1961.1.43 note Autesserre) ou d'une vache en sachant qu'elle présente une réaction positive à la tuberculine, même si le prix versé était normal (Cass. 1re civ. 15-11-1961 nº 59-12.992 : Bull. civ. I nº 532) ;

– le prêt d'une somme déterminée dont la contrepartie pour le prêteur est le paiement d'un pourcentage des recettes de l'exploitation d'un film que ce prêt a permis de réaliser (Cass. com. 4-10-1977 nº 76-11.049 : Bull. civ. IV nº 218) ;

– la cession de droits successifs à prix déterminé par un héritier à son cohéritier si les contractants ont mis effectivement à la charge du cessionnaire les risques et périls résultant d'une incertitude sur la consistance et l'importance du passif cédé (Cass. 1re civ. 12-10-1966 : Bull. civ. I nº 467 ; Cass. civ. 4-2-1981 : JCP G 1981.II.19694 obs. Rémy ; Cass. 1re civ. 2-5-1989 nº 87-14.416 : Bull. civ. I nº 177) ;

– le contrat de vente d'armement à un pays étranger subordonné à l'autorisation des autorités françaises à propos de laquelle il était possible d'envisager un refus (CE 29-6-1962 : Lebon 432 ; CA Colmar 15-10-1929 : GP 1929.2.824) ;

– le contrat de cession de droits sur des biens par un cédant sous réserve des résultats de procédures en cours relatives aux droits d'une autre partie sur ces mêmes biens, des droits litigieux étant nécessairement aléatoires (Cass. 1re civ. 26-3-1985 nº 83-13.600 : Bull. civ. I nº 106) ;

– le contrat d'assurance-vie dont la durée dépend de la vie humaine (Cass. ch. mixte 23-11-2004 nº 03-13.673 : RJDA 2/05 nº 89).

11161 **2.** Sur la base des critères énoncés nº 11158, ne sont **pas aléatoires** les **contrats** suivants.

a. Un contrat dans lequel une partie, au moment de la conclusion du contrat, a fixé la **valeur** de sa prestation comme si un événement incertain ne pouvait **pas** la **modifier.**

Tel est le cas si aucun aléa ne peut se produire, car :

– une partie sait que la valeur de sa prestation est si dérisoire qu'en aucun cas elle ne peut perdre (Cass. 3e civ. 25-1-1978 nº 76-15.199 : Bull. civ. III nº 55) ;

– le prix de vente d'un immeuble étant cinq fois inférieur à sa valeur vénale, l'aléa que pouvait constituer la réserve d'usufruit était de trop minime importance par rapport aux valeurs retenues (Cass. 3e civ. 3-10-1991 nº 90-12.591 P : D. 1992.218 note Sallé de la Marnière) ;

– la survenance de l'événement visé au contrat ne peut pas, compte tenu de l'objet de l'accord, augmenter ou diminuer la valeur reçue ; ainsi n'est pas aléatoire à l'égard d'un vendeur l'acte par lequel, moyennant un prix global, le propriétaire d'un immeuble en a vendu la nue-propriété à un acquéreur et l'usufruit à un autre, cet acte ne pouvant comporter pour le vendeur une espérance ou une chance (Cass. civ. 26-4-1948 : S. 1949.1.31 ; CA Lyon 26-11-1945 : JCP G 1946.II.3128).

b. Un contrat qui se traduit par une perte ou un gain pour une seule des parties, dès lors qu'à sa conclusion les parties ont **apprécié la valeur** de chaque prestation **sans** considération de l'**incidence d'un événement incertain,** mais en tenant compte de tous les éléments indispensables pour faire cette évaluation ; dans un tel contrat, chaque partie accepte de regarder la valeur de la prestation de son cocontractant comme équivalente à la sienne, ce qui rend ce contrat commutatif.

Ainsi, n'est aléatoire ni la vente d'une source thermale, attaquée pour lésion, au motif que l'acheteur courait le risque de perdre le droit de l'exploiter par retrait ou refus de renouvellement, car il n'en résultait aucune chance de gain supplémentaire pour le vendeur venant en compensation de la perte éprouvée par l'acheteur (Cass. civ. 15-7-1952 : S. 1953.1.75), ni le contrat dans lequel une partie prend seule un risque (Cass. com. 24-3-1980 : D. 1981.IR.25 obs. Vasseur : client agissant au mépris des recommandations de sa banque dans un transfert de fonds à l'étranger) ; sur l'incidence de l'acceptation des risques au sens de l'article 1195 du Code civil sur le caractère aléatoire du contrat, n° 14018.

Conditions de validité du contrat aléatoire Les parties peuvent convenir d'un contrat aléatoire sous les conditions suivantes. 11164

1. Tout contrat peut comporter une obligation aléatoire, l'article 1108 du Code civil ne contenant aucune restriction (cf. Cass. com. 3-5-1978 : D. 1979.247 note Burst : à propos d'une cession de brevet d'invention ; Cass. 1e civ. 12-10-1966 : Bull. civ. I n° 467 : à propos de cessions de droits successifs entre cohéritiers).

2. L'**événement** qui rend le contrat aléatoire doit être effectivement **incertain, futur et étranger à** la **volonté** de chacune **des parties.**

Le contrat qui ne comporte pas d'aléa au jour de sa conclusion n'est pas aléatoire si la chose qui est l'objet de l'obligation essentielle a déjà péri (CA Lyon 2-10-2003 : BTL 2004.594) ou si le juge ne constate pas que les parties avaient pour but de faire une « opération réellement aléatoire » (Cass. civ. 19-1-1931 : DH 1931.179), sauf si l'obligation privée d'aléa ne remet pas en cause le contrat en son entier (CA Lyon 2-10-2003 précité).

La nullité est exclue si la partie qui l'invoque a accepté consciemment l'éventualité d'une perte (Cass. com. 6-1-1987 : Droit des sociétés 1987 n° 2 p. 7 ; Sentence Chambre arbitrale maritime de Paris 12-2-1986 : DMF 1986.569) et dès lors que l'indétermination du prix invoquée pour cause de nullité n'est pas la conséquence de l'aléa qui ne porte pas sur le prix du contrat mais sur le montant des préjudices (CA Aix 16-9-1980 : DMF 1981.91, jugeant que l'engagement de garantir les « préjudices directs et indirects » pouvant résulter de la livraison d'une cargaison sans connaissement est déterminable, l'aléa ne portant que sur les montants desdits préjudices).

Toutefois, l'annulation du contrat ou la réparation du préjudice pourrait être obtenue par le cocontractant victime de l'aléa lorsque celui-ci est survenu par la faute de l'autre partie (Sentence du 12-2-1986 précitée).

Sur la nullité du contrat d'assurance pour défaut d'aléa, n° 17540.

3. L'événement ne doit **pas dépendre de la volonté d'une partie** car il comporte alors une obligation sous condition potestative qui est nulle et entraîne la nullité du contrat si elle est la cause impulsive et déterminante du contrat (Cass. req. 5-3-1935 : GP 1935.1.758 : prétendu assureur du risque encouru par un litige fiscal se réservant le droit d'engager ou non le procès ; CA Paris 15-2-1957 : JCP G 1958.II.10418 : annulation pour absence de cause due au défaut d'aléa, l'un des cocontractants pouvant mettre le contrat à néant dès lors que l'autre partie va en profiter ; CA Versailles 16-4-1999 : JCP E 1999.pan.1799 : validité du bail de locaux loués brut de décoffrage à charge d'être aménagés par le preneur en échange d'une dispense de loyer en deçà d'un seuil de recettes, cet aléa n'ayant rien de potestatif).

Les juges du fond apprécient souverainement l'existence du risque (Cass. 3e civ. 21-11-1972 n° 71-13.188 : Bull. civ. III n° 624). Mais ils doivent motiver leurs décisions (Cass. 1e civ. 14-12-1959 : Bull. civ. I p. 440).

Règles propres au contrat aléatoire Le contrat aléatoire obéit aux règles suivantes : 11167

– il ne peut **pas** être **annulé pour erreur sur** les **qualités** de la prestation, si chaque partie a consciemment et librement accepté l'aléa (C. civ. art. 1133, al. 3 ; auparavant, Cass. civ. 16-5-1939 : GP 1939.2.152 ; Cass. com. 16-12-1970 n° 68-10.497 : Bull. civ. IV n° 346 ; TGI Paris 21-1-1976 : D. 1977.478 note Malinvaud) ;

N'a pas été accepté l'aléa nouveau apparu après la conclusion du contrat convenu sur la base d'un aléa différent existant à cette date (Cass. 1e civ. 28-3-2008 n° 06-10.715 : RJDA 10/08 n° 1002 : cassation de l'arrêt refusant d'annuler la vente d'un tableau dont le prix avait été diminué sur la base du doute sur son attribution au peintre Sargent au motif que l'incertitude sur la paternité du tableau avait été prise en compte car cette considération n'emportait pas que les parties avaient de ce fait retenu que cette réduction couvrait aussi le doute apparu ultérieurement sur l'attribution du tableau au peintre Monnet).

– il ne peut **pas,** en principe, être **rescindé pour lésion** lorsque celle-ci peut être invoquée (Cass. 1e civ. 14-12-1959 : Bull. civ. I n° 536 ; Cass. civ. 19-7-1983 n° 82-13.162 : Bull. civ. I n° 212 ; CA Versailles 16-4-1999 : JCP E 1999.pan.1799) ; en cas de promesse unilatérale de vente, l'aléa s'apprécie au jour de la levée d'option (Cass. 3e civ. 7-7-2010 n° 09-14.579 : RJDA 11/10 n° 1061) ;

Cependant, il ne suffit pas qu'une vente contienne un élément aléatoire pour se trouver à l'abri de l'action en rescision. Celle-ci reste possible à la condition que le juge relève l'existence de conditions spéciales du contrat qui suppriment l'aléa, ce qui ne résulte pas dans le cas d'une vente avec réserve d'usufruit du seul motif que cet usufruit ne pouvait suffire à justifier la différence énorme entre le prix de cette vente et le prix de revente (Cass. 1e civ. 22-2-1950 : Bull. civ. I n° 54). Elle est aussi rescindable si l'aléa n'existe pas (Cass. 3e civ. 10-6-1998 : RJDA 8-9/98 n° 971).

– il ne peut pas, s'il s'agit d'un contrat de **prêt d'argent,** donner lieu ni à une réduction du taux d'intérêt prévu pour usure (Cass. com. 16-12-1970 : Bull. civ. IV p. 306) ni, par analogie, à application du délit d'usure ;

– il ne peut pas engager la responsabilité d'un notaire qui a été dispensé de demander un certificat d'urbanisme (Cass. 1e civ. 12-1-1982 n° 81-10.004 : Bull. civ. I n° 15) ;

– il est soustrait à la **renégociation pour imprévision** (sur cette renégociation, n° 14005 s.) ;

– en cas d'**inexécution,** celle-ci ne peut **pas** être **justifiée** au motif que la réalisation de l'aléa est la conséquence d'un cas de **force majeure** ; ainsi, le refus d'une autorisation d'exporter dont le risque a été assumé par l'acheteur ne dispense pas ce dernier d'exécuter le contrat (CA Colmar 15-10-1929 : GP 1929.2.824) ; mais la réalisation de l'événement qui constitue un cas de force majeure exonère les parties de leurs obligations dès lors qu'en concluant le contrat les parties, toutes deux informées du risque, ont accepté de l'assumer chacune pour sa part, l'aléa étant alors contractuellement traité comme un cas de force majeure (CA Bordeaux 6-6-1977 : JCP G 1979.II.19047 note Rodière).

Sur l'exclusion de la garantie d'éviction et des vices cachés à propos d'un bien inclus dans le plan de cession arrêté dans le cadre d'une procédure collective, n° 63820.

Remarque. Le risque couru par une partie en vertu d'un contrat, sans rendre celui-ci aléatoire, est souvent pris en compte par les juges soit pour écarter la responsabilité d'une partie qui ne pouvait l'éviter (CA Versailles 15-6-1989 : D. 1989.IR.223 : concédant non responsable, au regard du concessionnaire, de la chute du marché), soit pour retenir la responsabilité de professionnels qui n'ont pas pris les dispositions voulues pour y parer (CA Paris 21-4-1989 : D. 1989.IR.156 : remisier en Bourse ; CA Paris 26-6-1989 : D. 1989.IR.225 : notaire), soit pour refuser la nullité du contrat pour abus de faiblesse (CA Versailles 29-3-1990 : D. 1990.IR.121).

e. Contrat consensuel, solennel et réel

CONTRAT CONSENSUEL

11175 Le contrat est consensuel lorsqu'il se forme par le seul échange des consentements quel qu'en soit le mode d'expression (C. civ. art. 1109, al. 1).

Il en est ainsi dès lors que la loi n'impose pas que les consentements des parties soient échangés par écrit (n° 11178).

Les contractants peuvent alors donner leur consentement au contrat soit par écrit, soit oralement, soit tacitement par leur comportement.

S'ils consentent à travers un écrit, celui-ci fait preuve du contrat (nos 75600 s.).

S'ils n'ont pas établi d'écrit spécifique attestant la conclusion du contrat, ils doivent prouver leur échange de volontés par des actes ou par leurs comportements démontrant leur intention d'accepter le contrat proposé (cf. Cass. 2e civ. 21-1-1981 n° 79-14.037 : Bull. civ. II n° 14).

Cette preuve, qui peut être faite par tous moyens entre commerçants, a été souvent admise à propos de contrats conclus oralement, dont l'exécution a été imposée : Cass. 1e civ. 8-10-1963 : Bull. civ. I n° 419 ; Cass. com. 21-10-1963 : Bull. civ. III n° 428 ; Cass. com. 13-6-1978 : GP 1978.2.pan.374 ; Cass. com. 16-2-1988 : BRDA 9/88 p. 5 ; Cass. com. 25-6-1991 : RJDA 8-9/91 n° 708 ; Cass. 1e civ. 6-1-2010 n° 08-18.645 : RJDA 5/10 n° 485.som. ; Cass. com. 14-1-2014 n° 12-13.270 : RJDA 4/14 n° 375.

Sur les conditions permettant d'établir l'existence d'une relation contractuelle tacite selon la CJUE, n° 15458.

CONTRAT SOLENNEL

11178 Le contrat est solennel lorsque sa conclusion est subordonnée à des formalités déterminées par la loi (C. civ. art. 1109, al. 2).

La formalité requise est l'établissement d'un écrit qui conditionne la validité du contrat, écrit dit « ad validatem ». C'est le cas lorsque la loi dispose expressément que le contrat est nul si un écrit n'est pas établi (par exemple, C. civ. art. 1322 pour la cession de créance). Inversement, une disposition générale exigeant l'écrit peut être écartée par une disposition spéciale (Cass. com. 17-2-2015 n° 13-27.080 : RJDA 5/15 n° 389, rendu sur la base de C. com. art. L 521-1 et écartant l'écrit pour la validité du gage commercial quoique l'ex-article 1326 du Code civil, devenu l'article 2336, exige un écrit pour que le gage soit « parfait »).

Lorsque la loi exige un écrit sans préciser qu'à défaut le contrat est nul, naît un doute sur la **portée de l'exigence.** Les tribunaux ont ainsi été appelés à dire que les mentions manuscrites exigées de la caution sont requises pour la validité du consentement de cette dernière (Cass. 1e civ. 30-6-1987 n° 85-15.760 : Bull. civ. I n° 210 ; Cass. 1e civ. 15-11-1989 n° 87-18.003 : Bull. civ. I n° 348) et inversement, que l'article L 112-3, al. 1 et 5 du Code des assurances, précisant que le contrat d'assurance et les informations requises « sont rédigées par écrit » et que toute modification « doit être constatée par un avenant signé des parties » sont des écrits requis pour faire la preuve des engagements des parties (Cass. civ. 9-5-1996 : GP 1996.som.450). Lorsque la finalité probatoire de l'écrit est établie, le contrat est néanmoins valablement formé (C. civ. art. 1173 ; Cass. civ. 28-11-1864 : D. 1865.1.105 ; Cass. civ. 8-1-1874 : DP 1879.1.128 ; Cass. 3e civ. 6-2-1973 : Bull. civ. III n° 104 ; Cass. 1e civ. 20-11-1979 : Bull. civ. I n° 289).

Lorsqu'elle exige un écrit, la loi précise s'il doit être **authentique** (par exemple, donation et hypothèque) ; à défaut d'une indication, l'écrit est un acte **sous signature privée** (par exemple : vente d'un brevet, d'une marque ou d'un navire ; contrat contenant une stipulation d'intérêt ; gage ; clause de réserve de propriété ; clause compromissoire ; compromis et cession de créance).

L'écrit sous signature privée n'est soumis à aucune forme particulière. Mais l'exigence d'un écrit suppose que les parties écrivent au moins formellement qu'elles sont d'accord pour conclure le contrat visé (cf. Cass. com. 21-7-1987 n° 86-11.001 : Bull. civ. IV n° 201, refusant de voir dans un échange de correspondances l'écrit requis, sous peine de nullité, pour constituer un droit sur un navire ; Cass. com. 30-11-1993 : RJDA 5/94 n° 508, refusant de déduire l'accord des parties de leur comportement ; Cass. com. 1-7-1997 : RJDA 12/97 n° 1479, tenant un bon de commande assorti des mentions requises pour un écrit constatant la vente d'un navire).

L'écrit peut aussi être établi et conservé sous forme **électronique** dans les conditions prévues n° 75650 (C. civ. art. 1174, al. 1 ; pour une application, Cass. 1e civ. 11-7-2018 n° 17-10.458 P, rendu sur la base de l'ex-art. 1108-1 du Code civil repris par l'art. 1174, al. 1).

Depuis le 1er janvier 2022, aucun texte ne l'interdisant, les sûretés personnelles et réelles peuvent être conclues par acte électronique sous signature privée, sans restriction, y compris en dehors d'un cadre professionnel.

Les parties devant exprimer leur consentement par écrit, le défaut d'écrit équivaut à un défaut de consentement, l'accord litigieux n'ayant pas pris naissance (Cass. 3e civ. 26-4-1976 n° 74-13.527 : Bull. civ. III n° 175 : vente non parfaite) ; jugé inexistant, il ne peut donc pas être confirmé et ne peut être régularisé que par la conclusion d'un contrat écrit (n° 15656).

La forme solennelle prescrite par la loi doit être observée (cf. Cass. 1e civ. 17-10-2018 n° 17-22.021 F-D : Defrénois 2019 n° 3 p. 22 note Beauruel, excluant que l'acte de donation puisse résulter d'un acte contenu dans un jugement).

Les parties peuvent par leur commune volonté subordonner l'échange de leur consentement à l'établissement d'un écrit, rien n'interdisant d'assurer la sécurité juridique d'un accord (sur la clause de réitération d'un écrit sous signature privée en la forme authentique, n° 10262).

CONTRAT RÉEL

Le contrat est réel lorsque sa formation est subordonnée à la remise d'une chose (C. civ. art. 1109, al. 3). Tant que la **remise effective** de la chose mobilière qui en est la prestation essentielle n'a pas eu lieu, le contrat n'est donc pas formé, seule une promesse de contrat existant. Il a été jugé que c'est le cas du prêt à usage ou d'argent (consenti par un non-professionnel) et du dépôt. Il en est de même, en vertu d'une jurisprudence établie, du don manuel. **11180**

f. Contrat de gré à gré et contrat d'adhésion

CONTRAT DE GRÉ À GRÉ

Le contrat de gré à gré est celui dont le contenu est négocié par les parties (C. civ. art. 1110, al. 1). **11181**

Ce texte appelle deux observations d'ordre terminologique.

La première a trait à l'épithète « négociable ». Pris dans son sens juridique strict, il traduit la notion de « négociabilité », et non celle de « négociation », et signifie qu'un droit constaté dans un titre dit « négociable » peut être transmis à ordre, par inscription nominative sur un registre ou au porteur (n° 12505). Ce sens n'étant pas de toute évidence celui entendu ici par le législateur : il faut retenir qu'il vise « ce qui a été soustrait à la négociation » (en ce sens, Pillet séance Sén. du 1-2-2018 relative à la loi 2018-287 du 20-4-2018). Il faut donc entendre que le contrat de gré à gré est celui dont aucune clause n'a été unilatéralement imposée par une partie à l'autre.

La seconde remarque concerne l'usage de la formule de « de gré à gré ». Tout contrat ainsi qualifié ne doit pas être pris comme le contrat correspondant à la définition susvisée. Par exemple, les ventes d'immeubles réalisées au titre de la procédure collective de liquidation judiciaire sont dites « de gré à gré » mais le prix et les conditions en sont déterminés par le juge-commissaire (C. com. art. L 642-18, al. 3). Il en est de même de la vente « amiable » de l'immeuble saisi sur autorisation judiciaire. « Amiable » peut, en effet, être pris pour synonyme de « gré à gré », ce que confirment les dictionnaires. Pourtant, le prix et les conditions de cette vente sont fixés par le juge de l'exécution (C. exécution art. L 322-1 et R 322-1). Une vente dite « amiable » n'est vraiment « de gré à gré » au sens de l'article 1110, al. 1, que si elle est librement convenue entre les parties. C'est le cas, même si une saisie immobilière a frappé l'immeuble, de la vente faite avec l'accord du créancier qui a renoncé à la procédure de saisie en donnant mainlevée du commandement de saisie (Cass. 3e civ. 4-6-2008 n° 07-13.479 : RJDA 11/08 n° 1110).

CONTRAT D'ADHÉSION

Qualification du contrat d'adhésion Le contrat d'adhésion est celui qui comporte un ensemble de clauses non négociables, déterminées à l'avance par l'une des parties (C. civ. art. 1110, al. 2). Il résulte de cette disposition que l'acte valant contrat d'adhésion doit : **11185**

– être un **« contrat »,** c'est-à-dire un acte sur lequel les parties se sont accordées ; ne peut donc être qualifié de contrat d'adhésion l'acte dont une clause a été imposée à une partie, sans rechercher si une telle clause avait été ou non portée à sa connaissance, circonstance dont dépend son opposabilité à cette partie (Cass. 1e civ. 22-11-1988 n° 87-13.999 : GP 1989.pan.9) ;

– comporter un **contenu prédéterminé** par l'une des parties ;

– comporter un ensemble de **clauses non « négociables »** ; la partie, qui prétend que le contrat est d'adhésion, doit donc établir qu'un lot de clauses n'a pas été effectivement négocié selon le sens à retenir du terme non négociable (n° 11181), sens que certains juges adoptent spontanément (cf. T. com. 2-9-2019 n° 2017050625 qui, sous le titre « Absence de négociation », retient qu'il est constant que les contrats [et autres éléments contractuels visés] ne sont pas négociables). L'expression « non négociable » signifiant ici non négocié, les solutions présentées ci-dessous sur l'absence de négociation sont donc transposables à la détermination des clauses non négociables.

La partie qui invoque l'existence de la négociation du contrat doit compter sur une attention particulière du juge qui voudra s'assurer que les éléments invoqués ne dissimulent pas la volonté de soustraire le contrat à l'article 1171 sanctionnant le déséquilibre significatif dans le contrat d'adhésion (n°s 12560 s.).

La négociation sera établie, à notre avis, dès lors que les parties s'opposant des conditions générales contradictoires auront choisi l'une d'entre elles ou auront fixé au contrat un régime ad hoc car elles ne peuvent pas être parvenues à ce résultat sans avoir eu des pourparlers.

Une présomption de négociation réelle pourra aussi, à notre avis, être retenue si les parties au contrat d'adhésion ont un égal pouvoir de négociation (n° 10628).

Si des conditions particulières sont adjointes aux conditions générales, celles-ci sont, à notre avis, négociées si, et seulement si, les conditions particulières ont pour effet de retirer le déséquilibre significatif qu'elles auraient comporté à défaut de ces clauses.

Sous l'empire de l'article L 442-6, I-2 du Code de commerce (devenu L 442-1), des clauses ont été jugées non négociées dès lors que les juges avaient constaté qu'aucune suite n'avait été donnée aux réserves ou avenants proposés par les fournisseurs pour les modifier (Cass. com. 3-3-2015 n° 14-10.907 : RJDA 5/15 n° 393, 2e espèce) ou lorsque des conditions particulières ont été ajoutées à un contrat type (CA Paris 14-1-2021 n° 18/20126).

Il a aussi été jugé que la preuve de l'absence de négociation effective des clauses ne résulte pas de ce que la structure d'ensemble du marché de la grande distribution peut constituer un indice de l'existence d'un rapport de force déséquilibré car ce seul élément ne peut pas suffire et doit être complété par d'autres indices établissant l'absence de négociation effective (Cass. com. 20-11-2019 n° 18-12.823 F-PB : RJDA 2/20 n° 111).

Inversement, il pourrait être présumé que le contrat est d'adhésion du seul fait que la signature de la partie qui le prétend a été précédée de la mention « lu et approuvé », car, en soi, elle signifie que le contrat n'a été que lu et, partant, non négocié (en ce sens, Barrillon : JCP G n° 27-754). Il peut y avoir là un indice, en effet, mais qui ne peut être retenu que dans les conditions de recevabilité d'une présomption de fait (n° 75812).

Les contrats conclus par une plate-forme constituant une place de marché en ligne comportent nécessairement des clauses non « négociables » (T. com. 2-9-2019 n° 2017050625).

11189 **Règles particulières au contrat d'adhésion** La qualification de « contrat d'adhésion » emporte deux particularités énoncées par l'article 1171 du Code civil sanctionnant le **déséquilibre significatif** (n°s 12560 s.) et l'article 1190 du même Code recommandant d'**interpréter** le contrat contre celui qui l'a proposé (n° 13158).

Ces dispositions doivent être complétées par les **règles jurisprudentielles** suivantes :

– la nécessité de dénoncer un manquement du cocontractant par une **mise en demeure** ne peut pas être écartée au motif que le contrat est d'adhésion (Cass. com. 22-3-1977 n° 75-14.793 : Bull. civ. IV n° 92) ;

– une **clause limitative ou exonératoire de responsabilité** peut figurer dans un contrat d'adhésion, aucune disposition légale ne prohibant d'une façon générale l'insertion d'une telle clause dans un tel contrat (Cass. 1e civ. 19-1-1982 n° 80-15.745 : Bull. civ. I n° 29 ; CA Paris 18-6-1991 : RJDA 10/91 n° 790), sauf si cette clause est à l'origine d'un déséquilibre significatif ;

– la partie qui renouvelle un contrat d'adhésion doit attirer l'attention de son cocontractant sur la modification qu'elle a apportée aux conditions générales du contrat, si cette modification constitue une amputation nouvelle et substantielle des droits du cocontractant (Cass. com. 5-2-2002 : RJDA 5/02 n° 498 : clause nouvelle écartant l'indemnisation des pertes du mandataire).

g. Contrat cadre

11190 **Définition** Le contrat cadre est un accord par lequel les parties conviennent des **caractéristiques générales** de leurs relations contractuelles futures ; des contrats d'application en précisent les **modalités d'exécution** (C. civ. art. 1111).

Cette terminologie qualifie légalement un accord né de la pratique à partir des années 1970 pour fixer un engagement de fourniture devant être exécuté par la conclusion de commandes ponctuelles étalées dans le temps et répondant aux caractéristiques de l'accord. Principalement convenu à l'origine entre fournisseurs et détaillants pour certains produits (carburants, boissons), cette convention est devenue courante et a connu depuis des applications dans divers secteurs de la vie économique, par exemple, en matière de transports sous la forme d'un contrat de « tonnage » entre un transporteur et un chargeur prévoyant une quantité de produits à transporter sur une période déterminée (Cass. com. 29-1-1985 : DMF 1985.400 note Achard ; CA Aix 19-4-1984 : DMF 1985.216 note Achard) ou dans le domaine financier, sous la forme de convention cadre de cession de créances professionnelles (Cass. com. 19-5-2015 n° 14-12.872 : GP 2015.som. 21-7-2015 note Bonhomme).

Il en résulte que, lorsqu'une convention prévoit la conclusion de contrats ultérieurs, l'indétermination du prix de ces contrats dans la convention initiale n'affecte pas, sauf dispositions légales particulières, la validité de celle-ci (Cass. ass. plén. 1-12-1995 n°s 91-15.999, 91-15.578 P : RJDA 1/96 n° 7).

Sur la dispense de fixer le prix dans le contrat cadre, n° 12428.

Il résulte de cette qualification que, pour qu'un accord donné soit un contrat cadre, les **conditions** suivantes doivent être remplies :

– l'accord doit constituer un contrat ; est donc exclu celui dont l'objet n'est qu'un projet, une éventualité de coopération (CA Paris 26-9-1995 : RJDA 2/96 n° 180.som.), ou ne contient aucune obligation à exécuter sur la base de ses clauses (Cass. com. 9-12-2014 n° 13-23.309 : Bull. civ. IV n° 180) ;

– les parties doivent convenir dans l'accord « des caractéristiques générales de leurs relations contractuelles futures » auxquelles les contrats d'application doivent satisfaire ;

L'accord ne remplit pas cette condition s'il est « autosuffisant » ; tel est le cas de l'accord qui contient en lui-même l'obligation essentielle qui lui donne sa qualification (Cass. com. 29-1-1985 et CA Aix 19-4-1984 précités : contrat d'affrètement ; CA Colmar 26-2-2014 n° 12/04614 : BTL 2014.160 : contrat de mise à disposition de véhicules).

N'est pas non plus un contrat cadre l'accord de principe qui oblige à négocier ultérieurement de bonne foi le contrat envisagé mais non à le conclure (n° 11905) ni le contrat à la suite duquel d'autres contrats ont été signés dès lors qu'ils n'ont pas été conclus entre les mêmes parties, portent sur des objets distincts et s'exécutent dans des zones géographiques différentes (Cass. com. 1-3-2017 n° 15-22.675 : RJDA 5/17 n° 372, faisant application de la clause compromissoire contenue dans ces contrats et écartant la clause attributive de compétence contenue dans le prétendu contrat cadre).

Mais est un contrat cadre et non un contrat de transport le contrat qui fixe les relations futures des parties (CA Colmar 26-2-2014 n° 12/04614 : BTL 2014.160).

– l'accord doit énoncer les caractéristiques que requiert la conclusion des contrats d'application ; seul le prix (et la quantité des fournitures ou des services demandés au coup par coup, bien que la loi ne le mentionne pas comme pour le prix) pouvant être, si les parties l'ont prévu, unilatéralement fixé (n° 12428), il s'ensuit que les autres éléments essentiels à leur validité doivent être déterminés ou déterminables.

Sur les effets de l'annulation d'un contrat de distribution convenu entre un fournisseur de produits pétroliers et un pompiste sur les contrats de vente entre ce dernier et le consommateur, n° 15733.

Régime La loi précise seulement que les parties peuvent convenir dans le contrat cadre que le **prix** (sous-entendu celui des prestations prévues par les contrats d'application) sera unilatéralement fixé par l'une des parties ; la mise en œuvre de cette **règle spécifique** est précisée n° 12428. **11193**

Le prix fixé oblige le contractant débiteur qui peut être contraint de le payer dès lors qu'il est validé par le juge.

À défaut d'autres règles particulières, la validité du contrat cadre doit donc (cf. C. civ. art. 1105, al. 3) être conforme aux règles générales formant le **droit commun du contrat** (n°s 10600 s.), c'est-à-dire aux conditions fixées par l'article 1127 du Code civil, dont notamment à celles relatives à un contenu certain et licite (n°s 12400 s.). Tout particulièrement, le contrat cadre doit définir la chose qui doit être l'objet des contrats d'application (n°s 12410 s.). Il n'ouvre aux parties que le droit de conclure les contrats d'application (cf. Cass. com. 9-12-2014 n° 13-23.309 : RJDA 8-9/15 n° 556).

Au regard d'une cession de droit d'auteur, il a été jugé que la cession prévue par un contrat, qui précisait qu'il serait complété par un « contrat particulier » fixant l'étendue et la durée de la cession des droits ainsi que la rémunération de l'auteur, est conclue en vertu d'un contrat cadre dont la validité ne doit pas être appréciée en elle-même, mais au vu du projet du contrat d'exécution (Cass. 1e civ. 25-1-2001 : JCP E 2002.chr.223 n° 4 obs. Ratovo).

Quant aux **contrats d'application,** ils doivent, étant donné leur rattachement au contrat cadre, être, à notre avis, soumis aux mêmes règles que lui. C'est le cas par exemple pour les règles fixant les conditions de rémunération, la facturation, les lieux d'enlèvement et de livraison, et les délais de paiement. Toutefois, la validité des contrats d'application doit être appréciée au jour de leur conclusion (n° 10615). En outre, certaines règles ne peuvent concerner que les obligations qui naissent des contrats d'application eux-mêmes, par exemple celles relatives à leur prescription (CA Paris 14-6-1995 : BTL 1995.748). Enfin, les juges soumettent ces contrats aux lois en vigueur au jour de leur conclusion (Cass. com. 25-9-2019 n° 18-12.265 F-D : RJDA 12/19 n° 752, faisant application de la faute inexcusable du nouvel article L 133-8 du Code de commerce) et aux annexes du contrat cadre notamment celle incluant des conditions générales signées (CA Grenoble 5-5-2022 n° 20/02105).

À notre avis, les contrats d'application étant rattachés au contrat cadre devraient suivre le même régime que lui. En effet, ces contrats n'en sont que l'accessoire, l'article 1111 du Code civil issu de l'ordonnance 2016-131 du 10 février 2016 portant réforme du droit des contrats les qualifiant expressément de « contrats d'application [qui] en précisent les modalités d'exécution. » Aussi bien, ces derniers contrats doivent-ils être soumis à la même loi que le contrat cadre qui les génère pour que soient respectées les prévisions des parties qui ont conclu ce dernier. Si la solution de l'arrêt du 25 septembre 2019 précité, rendu sur la base d'un contrat cadre et d'un contrat d'application conclus avant la réforme des contrats était maintenue, il en résulterait non seulement un risque de distorsion entre le régime du contrat cadre et celui des contrats qui l'exécutent, mais surtout une méconnaissance de la volonté clairement affirmée du législateur par la loi de ratification de l'ordonnance de réforme et une rétroactivité de la loi nouvelle serait introduite dans son exécution (sur les textes de la réforme, n° 10000). Sur un exemple, au sujet d'un contrat de vente prévoyant des ventes successives, de la soumission de ces dernières au régime du contrat de base, qui peut apparaître comme un contrat cadre, CA Paris 11-9-1996 : La lettre de la distribution septembre 1996 p. 1.

h. Contrat à exécution instantanée et contrat à exécution successive

11197 **Contrat à exécution instantanée** Le contrat à exécution instantanée est celui dont les obligations peuvent s'exécuter en une **prestation unique** (C. civ. art. 1111-1, al. 1).

Reste un contrat instantané celui qui donne lieu à des versements périodiques du prix, si les parties ont considéré leur convention comme un tout indivisible (Cass. req. 4-5-1898 : DP.1898.1.457 note Planiol). N'est en revanche pas un contrat instantané le contrat de commission de transport qui suppose l'organisation de l'acheminement de bout en bout et l'accomplissement de plusieurs prestations qui ne peuvent être exécutées en un trait de temps (CA Paris 16-4-2015 n° 13/23426 : JCP E 2017.1680 note Dissaux).

11198 **Contrat à exécution successive** Le contrat à exécution successive est celui dont les obligations d'au moins une partie s'exécutent en **plusieurs prestations échelonnées** dans le temps (C. civ. art. 1111-1, al. 2).

Jugé, par exemple, que constitue un contrat à exécution successive l'ouverture de crédit consentie par une banque, prévoyant le remboursement par mensualités (CA Nancy 11-1-1936 : DH.1936.155) et le contrat par lequel une personne renommée autorise un tiers à user dans le temps de son patronyme pour les activités commerciales qu'il initiera (Cass. com. 8-2-2017 n° 14-28.232 FS-PBI : RJDA 5/17 n° 378). Sur le contrat prévoyant des paiements échelonnés mais voulus indivisibles par les parties et, partant, instantané : n° 11197.

11199 **Contrat de prestation de service** Le Code civil érige en catégorie de contrat celui dont la prestation essentielle est la fourniture d'un service puisqu'il fait dépendre de cette fourniture une règle spécifique de fixation du prix (C. civ. art. 1165) mais sans définir les caractéristiques de cette prestation. À notre avis, celles-ci tiennent à la **fourniture d'une activité** comme cela est précisé par les jurisprudences élaborées pour qualifier le contrat d'entreprise (n°s 19505 s.) ou pour déterminer la juridiction compétente au sens du règlement UE sur la compétence (n° 72124).

À noter que le contrat de prêt est qualifié de contrat de prestation de service pour la détermination de la juridiction de l'État membre de l'UE compétente pour connaître des litiges y afférents (CJUE 15-6-2017 aff. 249/16).

2. CATÉGORIES EXTERNES AU CODE CIVIL

a. Contrat entre professionnels et non-professionnels

QUALIFICATION

11200 Seul le Code de la consommation définit ce qu'il faut entendre, pour « l'application du présent Code », par consommateur, non-professionnel et professionnel (C. consom. art. liminaire).

Cette catégorisation ne méconnaît pas les principes d'égalité devant la loi et d'égalité devant la justice (Cass. 3e civ. 17-2-2022 n° 21-19.829 FS-B : RJDA 8-9/22 n° 532).

Au sens de l'article préliminaire précité, est un « **professionnel** » toute personne physique ou morale, publique ou privée, qui agit **à des fins** entrant dans le cadre de son activité commerciale, industrielle, artisanale, libérale ou agricole, y compris lorsqu'elle agit au nom ou pour le compte d'un autre professionnel.

Au sens de l'article 2.2 de la directive 2011/83/UE du 25 octobre 2011 relative aux droits des consommateurs, constitue un « professionnel », non seulement la personne physique ou morale qui agit **à des fins** qui entrent dans le cadre de sa propre activité commerciale, industrielle, artisanale ou libérale en ce qui concerne des contrats relevant de cette directive. En conséquence, est un professionnel la personne physique ou morale agissant en tant qu'intermédiaire, au nom ou pour le compte de ce professionnel, cet intermédiaire et le commerçant principal pouvant tous deux être qualifiés de « professionnels », au sens de cette disposition, sans qu'il soit besoin pour cela de caractériser l'existence d'une double prestation de services (CJUE 24-2-2022 aff. 536/20). **11200** (suite)

Est un **consommateur** la personne physique qui agit à des fins qui n'entrent pas dans le cadre de son activité commerciale, industrielle, artisanale, libérale ou agricole ; est un non-professionnel toute personne morale qui n'agit pas à des fins professionnelles.

Ainsi, « seuls les contrats conclus en dehors et indépendamment de toute activité ou finalité d'ordre professionnel, fût-elle prévue pour l'avenir, dans l'unique but de satisfaire aux propres besoins de consommation privée d'un individu, relèvent du régime de protection du consommateur en tant que partie réputée faible » (CJCE 3-7-1997, aff. 269/95 ; CJUE 14-2-2019 aff. 630/17). Peu importe donc que la personne qui conclut le contrat soit un professionnel ou non, un consommateur ou non, le contrat relève du droit commun ou du Code de la consommation selon sa finalité. Notamment, un professionnel qui emploie cinq salariés au plus et qui souscrit, hors établissement, un contrat dont l'objet n'entre pas dans le champ de son activité principale, bénéficie des dispositions protectrices du Code de la consommation (Cass. 1e civ. 27-11-2019 n° 18-22.525 FS-PBI). Inversement, n'est pas un consommateur le souscripteur d'un prêt destiné, d'une part, au remboursement anticipé total d'un précédent prêt destiné à constituer un apport en compte courant à une société commerciale, dont l'emprunteur est l'associé et le gérant, d'autre part, au remboursement partiel d'un prêt destiné au financement de la constitution d'une SCI ayant pour but l'acquisition d'un local destiné à la location dans une galerie commerciale (Cass. com. 15-6-2022 n° 21-10.712 F-D).

Les solutions jurisprudentielles antérieures ne sont donc pas remises en cause lorsqu'elles ont appliqué ce critère, tant pour établir la qualité de non- professionnel que celle de professionnel.

A été qualifié de **non-professionnel** celui qui n'a accompli des actes qu'à des fins privées.

Par exemple,

– l'agent immobilier qui a vendu une maison neuve, en tant que covendeur avec un chirurgien-dentiste, car il a seulement agi dans le cadre de la gestion de son patrimoine personnel (Cass. 3e civ. 10-10-1978 n° 77-11.263 : GP 1978.2.pan.431) ;

– le groupement foncier agricole qui loue ses biens immobiliers (cf. Cass. 1e civ. 25-11-2015 n° 14-23.224 : RJDA 3/16 n° 219, jugeant que ce n'est pas le cas des locations de baux ruraux consentis par un groupement foncier agricole) ;

– le syndicat des copropriétaires représenté par un syndic professionnel (Cass. 1e civ. 25-11-2015 n° 14-20.760, 14-21.873 : RJDA 2/16 n° 107 ; Cass. 1e civ. 29-3-2017 n° 16-10.007 F-PB : RJDA 10/17 n° 670 ; Cass. 3e civ. 28-9-2022 n° 21-19.829 FS-B), ce syndicat accomplissant, au sens de l'article liminaire susvisé, des actes tendant seulement à gérer le patrimoine immobilier de ses membres ;

– l'avocat, qui conclut un contrat qui n'est pas lié à son activité professionnelle, peu important qu'il consente, en qualité de représentant de son cabinet d'avocat, au cocontractant un cautionnement hypothécaire sur un immeuble appartenant à son cabinet d'avocat (CJUE 3-9-2015 aff. 110/14 : RJDA 12/15 n° 872) ;

– une association qui a une activité professionnelle dès lors qu'elle a conclu une donation, qui n'est pas un acte commis à finalité commerciale, industrielle, artisanale, libérale ou agricole (Cass. 1e civ. 1-6-2016 n° 15-13.236 : JCP E 2016.1419 note Loir) ;

– la personne physique qui souscrit un prêt à des fins étrangères à son activité professionnelle (Cass. 1e civ. 22-9-2016 n° 15-18.858 : RJDA 3/17 n° 207) ;

– le comité d'entreprise lorsqu'il agit dans le cadre de sa mission légale de gestion des activités sociales et culturelles dans l'entreprise (Cass. 1e civ. 5-7-2017 n° 16-20.748 F-PB : RJDA 1/18 n° 19) ;

– l'acquéreur de parts sociales, qui n'exerce pas de fait une activité professionnelle (Cass. 1e civ. 20-4-2022 n° 20-19.043 F-B : RJDA 11/22 n° 663).

Il a été précisé qu'une personne morale ne pouvait pas être un consommateur (Cass. com. 6-9-2011 n° 10-21.583 : RJDA 1/12 n° 37 ; Cass. com. 15-5-2019 n° 18-14.789 F-D : RJDA 8-9/19 n° 570) ; toutefois, il a été aussi jugé qu'une personne morale est un non-professionnel [...] lorsqu'elle conclut un contrat n'ayant pas de rapport direct avec son activité professionnelle, laquelle s'apprécie par rapport à elle-même et non par rapport à celle de son représentant légal (Cass. 3e civ. 17-10-2019 n° 18-18.469 FS-PBI : RJDA 1/20 n° 49).

À l'inverse, agit en qualité de **professionnel** celui qui n'accomplit pas un acte de gestion privée.

Ont ainsi été qualifiés de professionnels :

– la société civile qui a pour objet social l'acquisition, l'administration et la gestion par location ou autrement de tous immeubles et qui conclut une promesse synallagmatique de vente portant sur une villa (Cass. 3e civ. 24-10-2012 n° 11-18.774 : RJDA 1/13 n° 26) mais non la société civile, promoteur immobilier et professionnel de l'immobilier mais pas professionnel de la construction, qui est non professionnelle dans ses rapports avec le contrôleur technique qu'elle a chargé du contrôle de la solidité des équipements de constructions qu'elle a fait réaliser (Cass. 3e civ. 4-2-2016 n° 14-29.347 : RJDA 4/16 n° 327) ;

– l'acheteur d'un matériel destiné à une imprimerie en cours de création (Cass. 1e civ. 10-7-2001 no 99-12.512 : RJDA 3/02 no 320) ;
– le commerçant qui donne mandat à un agent immobilier de vendre le fonds de commerce qu'il exploitait (Cass. 1e civ. 5-3-2015 no 14-13.062 : D. 2015 p. 1030 note X. Henry) ;
– les époux qui ont souscrit un prêt afin d'acquérir un lot de copropriété destiné à la location au sein d'une résidence hôtelière, l'époux étant inscrit au registre du commerce en tant que loueur en meublé professionnel (Cass. 1e civ. 12-10-2016 no 15-20.487 : JCP E 2016.1671 note R. Loir ; Cass. 1e civ. 6-12-2017 no 16-10.341 FD : RJDA 4/18 no 369) ; mais toute personne qui n'est pas inscrite au registre du commerce n'est pas un non-professionnel pour cette seule raison (Cass. com. 6-6-2018 nos 17-16.519, 17-16.520 : RJDA 10/18 no 779) ;
– celui qui joue le rôle d'intermédiaire entre deux personnes agissant comme consommateur, tel le garagiste qui intervient dans l'achat d'un véhicule par un non-professionnel à un autre non-professionnel, peu important qu'il soit rémunéré ou non (CJUE 9-11-2016 aff. 149/15) ;
– le locataire d'un véhicule frigorifique destiné à son activité professionnelle (CA Versailles 17-11-2016 no 14/08697 : BTL 2016.707) ;
– la société qui confie à un expert-comptable une mission de présentation de ses comptes annuels et d'établissement des bulletins de paie de ses salariés, la lettre de mission ayant un rapport direct avec l'activité de la société (Cass. com. 11-10-2023 no 22-10.521 F-B) ;
– la société exploitant un hôtel qui conclut un contrat avec un architecte pour l'extension de l'hôtel, dès lors que ce contrat a un rapport direct avec l'activité de la société exploitant l'hôtel (Cass. 3e civ. 25-5-2023 no 21-20.643 FS-B : RJDA 10/23 no 551) ;
– la société civile immobilière qui souscrit deux prêts immobiliers afin d'acquérir des immeubles à des fins d'investissement locatif (Cass. 1e civ. 28-6-2023 no 22-13.969 FS-B : RJDA 12/23 no 680).

Sur la qualification de créancier professionnel, no 55074.

RÉGIME DU CONTRAT ENTRE PROFESSIONNELS ET NON-PROFESSIONNELS

11210 Sauf le cas où le professionnel a opté pour l'application des dispositions relatives au consommateur (Cass. 1e civ. 11-12-2019 no 18-14.191 F-D), pourvu que sa volonté soit certaine (Cass. 1e civ. 9-3-2022 no 20-20.390 F-PB : RJDA 8-9/22 no 517 : volonté inexistante), et qu'elle ne soit pas contraire à des dispositions d'ordre public qu'il est tenu de respecter, le professionnel est soumis à des règles particulières qui jouent au profit du non-professionnel ou du professionnel profane de la prestation due en vertu du contrat. Ainsi, le professionnel :

– doit informer des particularités de la chose qui est l'objet du contrat (nos 11834 s.) ;
– ne peut pas se prévaloir d'une erreur dans la conclusion du contrat (no 12228) ;
– est tenu à la réparation des vices cachés de la chose vendue par elle comme un vendeur de mauvaise foi (nos 27250 s.) ;
– est lié par un contrat de prêt consensuel, qui n'exige pas la remise de la chose (no 41012) ;
– ne doit pas faire souscrire à une caution un engagement disproportionné par rapport à ses revenus (no 55100) et doit lui faire souscrire un acte comportant des mentions imposées par la loi (nos 55074 et 55255) ;
– est soumis à un taux d'intérêt légal particulier en ce qui concerne ses créances et ses dettes envers un non-professionnel (no 53821) ;
– ne peut pas invoquer la prescription biennale du Code de la consommation (Cass. 1e civ. 20-5-2020 no 19-13.461 F-PB : BRDA 12/20 inf. 21) ;
– ne dispose pas du droit de se rétracter de l'acquisition d'un local d'habitation si son achat est lié à son activité professionnelle, ici en vue d'y installer les bureaux de son entreprise ; il ne peut pas non plus invoquer la défaillance de la condition relative à l'obtention d'un prêt en cas de négligence dans sa demande de prêt (Cass. 3e civ. 16-2-2022 no 20-23.237 F-D) ;
– est soumis à une appréciation particulière de sa responsabilité envers son cocontractant aussi professionnel (CA Versailles 10-3-2022 no 21/01915 : application de la limitation de responsabilité convenue).

Par ailleurs, deux parties appartenant à la même profession sont présumées, sauf clause contraire, avoir adopté les usages de leur profession (no 73590) et deux parties ayant la même compétence professionnelle peuvent convenir de supprimer ou de réduire l'obligation de garantie des vices cachés pesant sur le vendeur (no 27259).

b. Contrat fondé sur la personnalité du cocontractant

11250 **Définition** Certains contrats ne sont conclus qu'en raison de la personnalité respective des parties ou de la personnalité de l'une d'elles. Ces **contrats** sont conclus **« intuitu personae »,** ce qui ne résulte pas de la seule liberté de choisir son cocontractant reconnue expressément par l'article 1102, al. 1 du Code civil. Les contrats ne sont conclus intuitu personae que si leur contenu permet de déterminer que le cocontractant a été choisi pour ses qualités. Sont de tels contrats :

1. Ceux que la loi répute conclus intuitu personae, notamment les contrats de société civile ou de société en nom collectif.

2. Ceux qui contiennent une clause formelle en ce sens ou qui sont fondés sur cette considération ;

Il en est ainsi de la clause :

– interdisant le remplacement d'une partie sans l'accord de l'autre (Cass. req. 31-10-1922 : S. 1924.1.57 note Esmein) ;

– affirmant que le contrat est conclu « essentiellement en fonction de Messieurs (X) père et fils » (CA Paris 12-11-1986 : BRDA 24/86 p. 21) ;

– prévoyant, lorsque la personne considérée est une société, l'accord du cocontractant en cas de changement d'un dirigeant social, faute de quoi le contrat pourra être résilié de plein droit et sans mise en demeure (Cass. com. 28-10-1986 : BRDA 22/86 p. 20) ou en cas de changement d'associés (cf. Cass. com. 29-1-2013 n° 11-23.676 : RJDA 5/13 n° 410) ;

– subordonnant la cession d'un contrat successif à l'engagement du cédant de garantir personnellement l'exécution de ce contrat et de régler le prix convenu en cas de défaillance du cédé (Cass. com. 3-11-1980 : GP 1981.pan.50, à propos d'un bail rural) ; mais n'a pas été tenu pour un contrat conclu intuitu personae le contrat autorisant la cession sous réserve que le cédant demeure solidairement responsable (CA Paris 24-3-2006 n° 04/23205 : RJDA 8-9/06 n° 907).

Les parties ont intérêt à fixer clairement leur volonté ; à défaut, le contrat n'est pas réputé conclu intuitu personae (CA Poitiers 17-6-1981 : JCP G 1984.II.20184).

Cette clause formelle est valable dès lors qu'elle répond aux conditions de validité de tout contrat, sauf si elle est incluse dans un contrat relevant de l'article L 442-1, 1, 2° du Code de la consommation sanctionnant le déséquilibre significatif (n° 12563) et qu'elle contribue à ce déséquilibre en ne concernant qu'une partie, en l'espèce un franchisé (n° 22070).

Règles particulières Les principales règles qui caractérisent les contrats conclus intuitu personae sont les suivantes : 11253

– cession impossible du contrat par le contractant débiteur de prestations personnelles sans l'accord de l'autre partie, sauf, toutefois, en cas de procédure collective de ce contractant (nos 63780 s.) ;

– annulation du contrat pour erreur sur la personne (n° 12212).

SECTION 4 LA FORMATION DU CONTRAT

I. RECHERCHE DU COCONTRACTANT

A. Prospection du cocontractant

Moyens de prospection Lorsque ses relations d'affaires n'y suffisent pas, l'entreprise peut user de différents procédés pour découvrir un partenaire susceptible de lui convenir. 11600

L'action la plus importante est celle qui vise la vente des produits de l'entreprise. Elle revêt des traits spécifiques et consiste dans la mise en place d'un réseau de distribution. Elle appelle donc une présentation particulière qui se trouve nos 21500 s.

Pour les contrats qui exigent une prospection plus ponctuelle et plus affinée en raison de leur importance (par exemple licences de brevets ou de marques, sous-traitance, consortium, etc.) notamment à l'étranger, les entreprises peuvent consulter des sources spécialisées.

Ces sources sont les suivantes.

a. Annuaires spécialisés, tels le « Kompass » (www.fr.kompass.com) pour plus de 60 pays à travers le monde, le « ThomasNet » (www.thomasnet.com) pour la recherche de fabricants aux États-Unis et au Canada, le « Japan External Trade Organisation » (www.jetro.go.jp) pour le Japon.

b. Organismes divers, par exemple :
– banques, celles-ci fournissent notamment le service de recherche d'investisseurs financiers, dit « Introduction of potential Investors », et sont rémunérées au résultat en vertu d'une clause dite « Fees and Expenses » pouvant ouvrir droit à une rémunération postrésiliation (CCIP-CA 13-12-2022 n° 21/18660) ;
– chambres de commerce et d'industrie et chambres de commerce françaises à l'étranger ;
– syndicats professionnels ;
– attachés commerciaux des ambassades de France à l'étranger ;
– Business France (www.businessfrance.fr), agence résultant de la fusion d'Ubi-France, de l'Agence pour le développement international des entreprises, et de l'Agence française pour les investissements internationaux ;
– directions régionales du commerce extérieur ;
– Compagnie française d'assurance pour le commerce extérieur (www.coface.fr) ;
– commissionnaires de transport et transporteurs ;
– sociétés spécialisées ;
– sociétés de développement régional.

c. Appels d'offres publiés dans la presse économique et professionnelle émanant des donneurs d'ordres qui sollicitent des cahiers des charges en vue de l'accomplissement d'une tâche déterminée. Sont applicables à ces appels les dispositions de l'ordonnance 2009-515 du 7 mai 2009 relative aux procédures de recours applicables aux contrats de la commande publique.

d. Foires et expositions. La participation d'un exposant à une foire, à une exposition ou à un salon est réglée par le contrat conclu entre l'intéressé et l'organisateur de la manifestation, conformément aux conditions générales élaborées par ce dernier. Sur le régime des foires et salons, MCC n°s 61000 s. Le **règlement** de la manifestation lie les adhérents qui l'ont accepté (Cass. civ. 11-12-1979 : D. 1980.IR.192 : la fermeture du stand d'un adhérent pour violation du règlement accepté par celui-ci n'est pas une voie de fait).

e. Démarchage par courrier électronique. La sollicitation des professionnels par courrier électronique est valable sous certaines conditions (MCC n°s 16150 s.).

f. Intermédiaires financiers.

11603 **Financement de la prospection à l'étranger** Pour financer leur prospection à l'étranger, les entreprises peuvent avoir recours aux assurances de la Coface pour prospection et participation aux foires.

B. Choix du cocontractant

SOLVABILITÉ DU COCONTRACTANT

11650 **Informations sur le cocontractant** Les banques et les agences de renseignements spécialisées peuvent fournir aux clients qui le demandent des informations sur la **situation financière** de telle entreprise donnée, dans la mesure où ces renseignements échappent au secret professionnel bancaire (n° 40125).

Il s'ensuit un contrat qui peut engager la responsabilité contractuelle de la banque ou de l'agence sollicitée.

Si le **contrat** de renseignements est **international,** la responsabilité s'apprécie selon la loi applicable au contrat (CA Paris 22-12-1983 : D. 1984.IR.191 ; CA Paris 30-10-1987 : Clunet 1988.114 note Mahout).

Cette banque ou agence est **responsable** du préjudice causé au client qui s'est engagé sur le fondement d'**informations erronées,** à condition que ce dernier prouve qu'elles n'ont pas mis les soins nécessaires à s'assurer de leur exactitude, leur fausseté étant en soi insuffisante (CA Aix 28-1-1993 : Bull. Cour d'Aix 1993-1 n° 518 ; CA Caen 5-2-1998 : JCP G 1998.IV.2924), et que le préjudice subi est dû à l'inexactitude relevée (Cass. com. 24-5-1994 : RJDA 11/94 n° 1116). Mais elles ne sont pas tenues, sauf engagement formel, ou demande précise des chances de paiement d'un chèque déterminé (CA Paris 11-6-2004 n° 03/07589 : RJDA 12/04 n° 1371), à garantir l'exactitude des renseignements communiqués (CA Paris 23-4-1976 : Journ. agréés 1976.432 ; cf. Cass. com. 12-12-1984 : GP 1985.pan.115 ; CA Versailles 25-4-1984 : Rev. jur. com. 1986.224) et, a fortiori, si elles ont fait toutes réserves sur les informations communiquées (Cass. com. 10-2-2015 n° 12-24.684 : RJDA 8-9/15 n° 549). Elles ne peuvent pas néanmoins limiter leur responsabilité dans des conditions qui aboutissent à la suppression de leur obligation de renseignement (CA Versailles 25-3-2010 n° 09/03393 : RJDA 1/11 n° 76 et, sur pourvoi, Cass. com. 28-6-2011 n° 10-18.626 : RJDA 12/11 n° 1071), ce qui est ratifié par l'article 1170 (n°s 12549 s.) du Code civil.

Sur le fondement de ces principes, il a été jugé qu'était fautive :
– l'agence ou la banque qui avait omis de transmettre des renseignements défavorables (Cass. com. 1-3-1982 : GP 1982.pan.250 note Chabas ; Cass. com. 20-3-2007 n° 05-19.929 : RJDA 8-9/07 n° 885) ;

– la banque qui avait transmis des informations qu'elle aurait, selon ses propres écritures, recueillies sur une simple communication téléphonique, dont elle ne pouvait prouver ni l'existence ni la teneur (Cass. com. 24-11-1983 : D. 1984.IR.307 obs. Vasseur) ;
– la banque qui n'avait pas pris un minimum de précautions dans le choix d'un correspondant et dans le contrôle des renseignements fournis par celui-ci (CA Paris 3-4-1987 : GP 1988.som.194) ;
– la banque qui n'avait pas assorti sa communication de restrictions et de réserves sur les indications qu'elle avait fournies en précisant qu'elles provenaient d'un tiers établissement et n'avaient pu être vérifiées (CA Paris 19-6-1987 : JCP G 1988.IV.194) ;
– la banque qui avait affirmé la solvabilité d'un homme d'affaires sur la foi d'un document dont l'origine et l'auteur précis étaient inconnus, alors que cet homme était impliqué dans des affaires d'escroquerie qu'elle ne pouvait ignorer puisque la presse s'en était fait l'écho (CA Caen 5-2-1998 précité) ;
– la banque qui avait fourni des renseignements déterminants sur la solvabilité d'une société alors que celle-ci était fictive, ne disposait d'aucuns fonds, et que la moindre vérification n'aurait pas manqué de révéler l'absence de toute surface financière (CA Orléans 24-3-1988 : JCP G 1988.IV.260) ;
– l'agence qui avait fourni des renseignements périmés et n'avait pas attiré l'attention de sa cliente sur l'absence de dépôt par l'entreprise de ses comptes sociaux des deux derniers exercices clos (Cass. com. 27-1-2009 n° 07-20.613 : RJDA 4/09 n° 383).

La faute peut être recherchée même si la banque ou l'agence a précisé que les **renseignements** étaient fournis « **à titre indicatif** » (TGI Paris 24-4-1984 : D. 1985.IR.47) ou qu'ils ne constituaient qu'une « recommandation » (cf. CA Paris 30-4-1985 : Banque 1988.754 obs. Rives-Lange). Pour s'exonérer, la banque ou l'agence doit clairement avertir son client que les informations qu'elle donne sont sans engagement de sa part et doit lui préciser qu'elle n'a pas été en mesure de les vérifier elle-même (CA Orléans 24-3-1988 : JCP G 1988.IV.260).

La diffusion de renseignements erronés n'est **pas fautive** lorsque la banque ou l'agence qui les a fournis a pu les croire exacts (CA Colmar 5-1-1973 : GP 1973.2.som.537 ; CA Versailles 25-4-1984 : Rev. jur. com. 1986.224 ; cf. Cass. com. 22-4-1977 : Banque 1977. 1244 ; Cass. com. 3-10-1995 : RJDA 1/96 n° 80 ; Cass. com. 3-10-1995 : RJDA 1/96 n° 91 ; CA Paris 3-12-1986 : D. 1987.302 obs. Vasseur).

Par ailleurs, la **faute** de la banque ou de l'agence peut être **atténuée** en raison de l'attitude du client qui aurait dû manifester plus de circonspection dès lors qu'il lui avait été conseillé d'accorder à son cocontractant un crédit modéré (CA Paris 20-10-1955 : GP 1956.1.64) ou deux fois moindre que celui consenti (CA Orléans 27-5-2004 : JCP G 2004.IV.3146).

Les banques et les agences peuvent aussi être tenues d'**indemniser,** sur le fondement de la responsabilité extracontractuelle, le préjudice subi par la **personne au sujet de laquelle elles ont donné** des renseignements inexacts, même s'il n'y a eu de leur part aucune intention de nuire (Cass. req. 20-10-1941 : GP 1941.2.480 ; CA Paris 6-2-1975 : D. 1975.318 note Vézian ; CA Aix 20-2-1989 : Bull. Cour d'Aix 1989/3-4 p. 2 ; CA Versailles 26-2-2004 : D. 2004.1694 note Atias).

État des inscriptions Les entreprises peuvent aussi obtenir des informations sur la solvabilité d'un éventuel partenaire français en demandant un état des inscriptions le concernant. **11653**

Les demandes peuvent être adressées :

1. Au service de la publicité foncière pour les sûretés et les contrats de crédit-bail sur immeubles ;
2. Au greffe du tribunal de commerce, du tribunal judiciaire ou du tribunal mixte de commerce auprès duquel le cocontractant est immatriculé au registre des sûretés mobilières et autres opérations connexes, pour divers sûretés et avis, notamment : privilège du vendeur du fonds de commerce et contrat de crédit-bail mobilier de biens d'équipement.
3. À la préfecture pour les véhicules mis en gage.

RECHERCHE DU BÉNÉFICIAIRE EFFECTIF DU CONTRAT

Chaque cocontractant d'une société ou d'une entité juridique nationale peut avoir intérêt à connaître, selon l'objet du contrat, avec qui elle contracte en fait. Pour répondre à ce besoin, il a été institué le registre de l'UE dit des « bénéficiaires effectifs » (Dir. 2018/843/UE du 30-5-2018). La liberté de communiquer à tout public les informations du registre est limitée par le respect de l'article 7 de la Charte des droits fondamentaux de l'UE qui garantit à toute personne le droit au respect de sa vie privée et familiale, de son domicile et de ses communications, ainsi que le respect de l'article 8, 1 de la Charte qui confère explicitement à toute personne le droit à la protection des données à caractère personnel la concernant (CJUE 22-11-2022 aff. 37/20 et 601/20 : RJDA 2/23 n° 79). **11656**

LIBERTÉ DE CHOIX COCONTRACTANT

Sauf obligation légale (par exemple, C. rur. art. L 631-24-2 prévoyant la possibilité de rendre obligatoires des contrats écrits entre producteurs et acheteurs de produits agricoles), nul n'est obligé de conclure contre son gré (CA Versailles 14-11-1996 : GP 1997.som.143 obs. Barbier, confirmé par C. civ. art. 1102, al. 1) et le seul **refus de contracter** ne peut pas **11660** constituer une faute (Cass. com. 18-9-2012 n° 11-21.790 : RJDA 1/13 n° 64). Les entreprises sont donc libres de décider de contracter et de **choisir** leur **cocontractant** sous les réserves suivantes.

1. Elles ne doivent pas **« boycotter »** une autre entreprise ou la « mettre à l'index », sous peine de tomber sous le coup de la prohibition des ententes illicites (MCC n° 44420).

La Cour européenne des droits de l'Homme considère que le fait de boycotter une autre entreprise n'est pas en soi illégitime et qu'une telle action ne doit être sanctionnée que si elle s'apparente à un exercice abusif de la liberté d'expression ; elle peut être tolérée si elle contribue à alimenter un débat d'intérêt général et à faire vivre la démocratie (CEDH 5-11-2019 n° 15271/16 : RDC 2020 n° 2 p. 119 obs. Marchadier).

2. Elles ne peuvent pas conclure un contrat, sous peine de dommages-intérêts, voire de nullité de celui-ci, si elles se sont engagées à l'égard de telle personne déterminée à lui proposer ledit contrat par **priorité** (par exemple, pacte de préférence) ou se sont interdit de le passer avec toute autre, comme c'est le cas lorsqu'elles ont déjà conclu une promesse de négocier un contrat, une promesse de contracter ou une obligation de non-concurrence.

Il existe aussi des interdictions et des obligations de contracter spéciales à un contrat déterminé qui sont signalées avec l'exposé du régime des contrats en cause.

3. Elles ne doivent pas, sous peine d'un emprisonnement de trois ans et d'une amende de 45 000 €, **refuser** de conclure un contrat, quel qu'il soit, dès lors que ce refus aurait pour effet de contribuer à rendre plus difficile l'exercice d'une quelconque activité économique dans des conditions normales par une personne physique ou morale à raison des discriminations visées aux articles 225-1 et 225-2 du Code pénal (Cass. crim. 9-11-2004 n° 6311 : Bull. crim. n° 273 ; Cass. crim. 18-12-2007 n° 06-82.245 : RJDA 8-9/08 n° 978).

4. En toute hypothèse, elles ne doivent pas **refuser** un contrat ou le rendre impossible par des conditions exigées de **façon abusive,** règle dont l'application se rencontre principalement à propos de la liberté de vendre ou d'acheter (n° 26600).

II. NÉGOCIATION DU CONTRAT

RÉGIME APPLICABLE

11790 Faites de démarches et discussions diverses, les négociations du contrat sont des « agissements » qui constituent des faits au sens de l'article 1100-2, al. 1 du Code civil. En tant que tels, ils sont soumis aux dispositions en vigueur à la date de leur accomplissement (n° 74475). Ainsi, toute négociation en cours ou engagées au 1er octobre 2016 (sur cette date, n° 10000) est soumise aux articles 1112 à 1112-2 du Code civil.

Il en est de même pour des faits commis à l'occasion des pourparlers achevés avant l'entrée en vigueur de la loi nouvelle bien que le contrat en résultant ait été conclu après cette entrée en vigueur, car on ne saurait reprocher la méconnaissance d'une disposition légale (par exemple celle imposant une information, n° 11834) qui n'existait pas au jour du fait dénoncé (n° 74450).

Sur le régime spécial des négociations dites « commerciales », Loi 2023-221 du 30 mars 2023 tendant à renforcer l'équilibre dans les relations commerciales entre fournisseurs et distributeurs, souvent désignée « Egalim 3 ».

A. Recours à la négociation

LIBERTÉ DE NÉGOCIER

11800 L'article 1112, al. 1 du Code civil confirme la jurisprudence ayant posé que les parties sont, par principe, libres d'ouvrir ou non des négociations entre elles (TGI Lille 9-12-1976 : RIDA 1977.163), sauf le cas où elles se sont antérieurement promis de le faire (n° 11803).

Lorsqu'une entreprise souhaite négocier les conditions d'un contrat que l'autre partie lui présente comme à prendre ou à laisser, elle n'a guère comme moyen de pression que de la menacer de dénoncer en justice que son attitude est abusive (n° 11660).

OBLIGATION DE NÉGOCIER

11803 Il est fréquent qu'une partie promette à une autre de négocier avec elle dans telle ou telle circonstance et selon des modalités précisées. C'est le cas notamment si elle a consenti, par exemple, à un accord de principe à parfaire ou à un contrat définitif dont la révision est admise mais reste à préciser.

L'obligation de négocier n'existe pas lorsqu'il ressort des termes de l'accord, souvent dénommé en pratique « lettre d'intention », qu'il n'est qu'une invitation à négocier (CA Versailles 30-6-2011 n° 10/6302 : RJDA 12/11 n° 989).

En revanche, en cas de contrat cadre qui prévoit que des contrats d'application le mettront en œuvre, les parties ont souscrit l'obligation de conclure ces contrats (nº 11190).

Cet engagement constitue une obligation juridique car il est possible objectivement de déterminer si chaque partie s'est prêtée à la négociation promise ou non ; la liberté de chacune de ne pas conclure le contrat envisagé ne supprime pas leur devoir de chercher à le conclure (Cass. com. 8-2-1972 nº 70-13.313 : Bull. civ. IV nº 50 ; Cass. com. 16-9-2014 nº 13-16.524 : RJDA 1/15 nº 2). Celle qui fait échouer la conclusion du contrat faute de contribuer à la négociation est donc responsable (sur cette faute, nº 11900).

Si le contrat est définitivement conclu, les obligations éventuellement prévues par l'engagement de négocier sont éteintes dès lors que le contrat ne les reprend pas (pour un exemple, CA Paris 24-10-2013 nº 12/14281 : RJDA 2/14 nº 120).

ORGANISATION PAR UN CONTRAT DE POURPARLERS

Conclusion du contrat de pourparlers Lorsque les négociations s'annoncent longues et complexes (sur des pourparlers ayant duré quatre ans, Cass. com. 7-4-1998 : RJDA 8-9/98 nº 937), les négociateurs peuvent avoir intérêt à fixer dans un contrat - qu'on peut dire de pourparlers - les règles qu'ils ont décidé d'appliquer dans la recherche de leur accord, pourvu qu'ils ne méconnaissent pas par ces stipulations et dans leur mise en œuvre les devoirs de bonne foi définis aux nºˢ 11863 s. **11804**

Si le contrat de pourparlers, généralement appelé alors « lettre d'intention », a un caractère international, son régime doit être établi comme celui de tout contrat international.

Ce contrat suppose que les parties s'engagent à négocier et seulement à négocier et se réservent en particulier la possibilité de ne pas conclure le contrat projeté au terme des négociations (nº 11803).

Un tel contrat peut, notamment :
- préciser l'objet des négociations et délimiter les questions à débattre ;
- organiser les modalités matérielles des négociations : lieu, époque, date limite ;
- rappeler l'obligation de négocier de bonne foi et, le cas échéant, interdire de mener des négociations parallèles (sur la nécessité d'une formulation expresse de cette interdiction, nº 11885) ;
- prévoir la rédaction, éventuellement, d'écrits constatant des accords partiels et la force obligatoire à reconnaître à ces accords, selon que le contrat définitif sera ou non conclu (pour un exemple de non-prise en compte des écrits échangés en cours de négociation dès lors qu'une partie avait précisé qu'elle ne serait engagée que par un acte « définitif et détaillé » : Cass. com. 15-11-1994 nº 92-19.931 : RJDA 3/95 nº 264 ; aussi nº 12727) ;
- confier, le cas échéant, à un tiers une mission d'assistance à la négociation ou de perfection de l'accord ;
- déterminer les informations qui, communiquées au cours des négociations, devront être gardées confidentielles ;
- les modalités, le cas échéant, d'un essai technique proposé ;
- la répartition de la charge des frais de négociation et des études éventuellement produites (sur la charge du coût des devis, nº 19540) ;
- comporter l'affirmation du droit de rompre les négociations, à tout moment ou dans des cas déterminés ; il a été jugé que les parties pouvaient préciser qu'elles n'encourraient aucune responsabilité l'une à l'égard de l'autre dans le cas où l'une déciderait de rompre les pourparlers pour quelque raison que ce soit (CA Paris 16-2-2011 nº 09/16782 : RJDA 8-9/11 nº 704), la clause d'irresponsabilité contractuelle, sauf dol ou faute lourde, étant valable (nº 15005) ;
- prévoir le droit à indemnité en cas de rupture et le montant de celle-ci ; la responsabilité étant ici contractuelle, les parties sont en droit de convenir de l'évaluation du préjudice né de la rupture.

Règles applicables au contrat de pourparlers Le contrat de pourparlers est soumis aux mêmes règles que tout contrat. **11805**

Les parties dans la **négociation** de ce contrat sont tenues de respecter les sujétions qui s'imposent à tout négociateur (nºˢ 11823 s.).

Une fois le contrat de pourparlers conclu, les parties doivent l'**exécuter** comme tout contrat, notamment de bonne foi, les manquements à cette obligation relevant de la responsabilité contractuelle (Cass. com. 16-9-2014 nº 13-16.524 : RJDA 1/15 nº 2) exposée nºˢ 15000 s.

AIDE D'UN TIERS À LA NÉGOCIATION

Un tiers peut contribuer à la négociation du contrat, ce qui se rencontre surtout en cas de conclusion d'un contrat international (nº 17206), sous réserve que son action soit licite. **11806**

Sous cette réserve, le tiers peut intervenir dans la négociation avec différents rôles.

1. Initiative des négociations. Il arrive qu'un tiers prenne l'initiative des pourparlers au nom de l'une des parties intéressée à la conclusion du contrat envisagé dont il se dit mandataire. La partie sollicitée est en droit de demander au mandant de lui préciser s'il a ou non mandaté ce tiers (n° 23021). Ce droit lui a été reconnu avant cette date ; ainsi, il a été jugé que la partie sollicitée ne pouvait pas être condamnée à indemniser le tiers qui prétendait que la demande adressée au mandant lui avait causé tort en raison des termes par lesquels elle s'étonnait de le voir en rapport avec ce mandant (Cass. 1e civ. 8-3-1978 n° 76-13.321 : Bull. civ. I n° 100).

2. Conseil et rédaction du contrat. Les parties peuvent demander à un tiers professionnel du droit, notaire ou avocat, de les conseiller dans leurs pourparlers et, au terme de ces derniers, de rédiger le contrat.

Cette mission oblige le professionnel à :

– donner au contrat la valeur juridique que les parties en attendent, dans la mesure des éléments qu'elles lui ont fournis ;

Ainsi, il ne peut lui être reproché de ne pas avoir pris en compte que le bail qu'il était chargé de rédiger était destiné à être repris par une société en formation lorsque les parties n'ont pas appelé son attention sur ce fait qu'elles n'entendaient pas agir en leur nom personnel (Cass. 1e civ. 25-3-2010 n° 09-12.294 : RJDA 7/10 n° 709).

– s'informer de l'objectif que la partie ou, le cas échéant les parties, qui le sollicitent assignent à l'acte afin de lui conférer la meilleure efficacité possible ; tel est le cas des notaires qui en sont tenus en vertu de leurs devoirs professionnels légaux (Cass. 3e civ. 10-7-1970 n° 68-13.508 : Bull. civ. III n° 484 ; rappr. Cass. 1e civ. 20-12-2012 n° 11-28.202 : RJDA 4/13 n° 370), sous peine d'engager leur responsabilité extracontractuelle (Cass. 1e civ.17-6-2015 n° 13-19.762 ; Cass. 1e civ. 20-12-2012 précité) ;

La même obligation incombe à l'avocat rédacteur d'un acte juridique ; il doit veiller à la validité et à l'efficacité de l'acte, en l'espèce une vente, qu'il doit dresser en vérifiant les éléments relatifs à la chose vendue afin de procéder à son exacte description dans l'acte, sans qu'il puisse s'exonérer, même partiellement, de cette obligation et de sa responsabilité en excipant de la négligence de son client qui, connaissant lui-même ces éléments, aurait dû s'apercevoir de l'erreur commise (Cass. 1e civ. 17-1-2018 n° 16-28.100 FD : RJDA 4/18 n° 295).

– recommander à cette ou à ces parties la solution adéquate (n° 11837).

3. Médiation et conciliation. Pour faciliter leurs échanges, les parties peuvent, par convention, charger un tiers de se conduire comme un intermédiaire entre elles pour aider à leur rapprochement. Ce tiers joue alors un rôle comparable à celui d'un courtier comme il est décrit n° 26650.

Les conditions dans lesquelles le tiers doit agir peuvent être inspirées de la procédure conventionnelle de conciliation (CPC art. 1530 s.).

4. Fixation d'un élément du contrat. Les parties peuvent aller jusqu'à mandater un tiers pour qu'il arrête tel élément du contrat sur lequel elles n'arrivent pas à s'accorder notamment le prix du contrat (n° 12434).

Les parties ne sauraient toutefois s'en remettre entièrement à un tiers du soin d'élaborer leur contrat et non pas simplement de le compléter ou de le modifier, car elles ne se seraient pas entendues alors sur l'obligation essentielle de leur accord et n'auraient donc pas échangé leur consentement sur une promesse déterminée (nos 10275 s.).

5. Nomination judiciaire d'un tiers. Les parties qui ont souscrit un accord de négociation du contrat, mais qui ne parviennent pas à s'entendre peuvent demander au juge de leur désigner un médiateur sur le fondement de la solution, transposable par analogie, rendue envers des parties qui s'étaient engagées à renégocier leur contrat sous l'influence de circonstances déterminées (n° 14056).

B. Déroulement des négociations

1. ORIENTATIONS GÉNÉRALES

RECOMMANDATIONS

11820 Compte tenu de l'importance que revêtent les contrats pour la réussite de l'entreprise, car ils matérialisent ses coûts (fournitures) et ses recettes (ventes), il est recommandé aux négociateurs de veiller à la formulation de leur accord.

Bien des contestations que les contractants demandent au juge de trancher tiennent, en effet, au peu de temps et d'attention qu'ils ont réservé à la formulation de leur volonté. Aussi doivent-ils être mis en garde :

– contre la tendance à croire qu'ils se connaissent et que tout affinement de leur stipulation est un coût non justifié ;

– contre le sentiment que la recherche d'une mise au point trop serrée peut empêcher la conclusion du contrat, voire engendrer une méfiance préjudiciable à l'exécution du contrat ;
– contre l'espérance que les imprécisions ou les lacunes créeront, le moment venu, une incertitude dont chacun secrètement pense pouvoir tirer avantage ;
– contre les clauses adoptées sans attention suffisante et qui se révèlent par la suite lourdes de conséquences, dénommées par un auteur anglais « onéreuses », telles que les clauses d'attribution de compétence, d'arbitrage, de limitation de responsabilité ou de garantie des vices cachés ou d'exclusion de la garantie de l'assureur.

LIBERTÉ DES PARTIES À LA NÉGOCIATION

Le déroulement des négociations, sur lequel le Code civil dans sa rédaction de 1804 ne **11823**
contenait aucune disposition, a été progressivement encadré par les tribunaux. Les parties ont joui d'une liberté de principe pour conduire leurs négociations. Mais celle-ci a progressivement était régulée ; d'une part, la loi a fixé un régime spécifique à ce qui en législation est connue sous le nom de « négociations commerciales » (sur un aperçu, nos 21575 s.) tandis que, d'autre part, les tribunaux, par touches successives, en ont contrôlé l'exercice en la plaçant sous les exigences de la **bonne foi** considérée comme un principe général du droit. Ce régime a été repris dans son principe par l'article 1112, al. 1 du Code civil qui dispose : « L'initiative, le déroulement et la rupture des négociations précontractuelles sont libres. Ils doivent impérativement satisfaire aux exigences de la bonne foi ».

La liberté ainsi reconnue aux négociateurs par l'article 1112 valide implicitement les échanges électroniques d'informations. Bien qu'un échange informatique ne soit envisagé, à la lettre des textes, que pour la mise à disposition des conditions contractuelles ou des informations sur les biens et services (n° 12094), les négociateurs peuvent utiliser cette voie tout au long des négociations pour tout type d'échanges (sur l'opposabilité des SMS à leur auteur, Cass. soc. 23-5-2007 n° 06-42.209 : RJDA 10/07 n° 1043 et Cass. com. 10-2-2015 n° 13-14.779 : RJDA 4/15 n° 321).

Se trouvent ainsi pratiquement légalisées les solutions anciennes qui peuvent donc être conservées, quitte à être harmonisées avec les précisions apportées par les textes du Code civil sur le devoir d'information et de confidentialité (nos 11834 s. et 11887).

Sur l'application dans le temps de ces textes, n° 11790.

Elles créent à la charge des négociateurs des devoirs qu'ils sont tenus d'observer dans toutes négociations que celles-ci soient spontanées ou encadrées par un contrat de pourparlers.

Ces devoirs sont imposés lors des négociations spontanées qui ont lieu sur le territoire français car, tant que le contrat n'est pas conclu et sauf contrat de pourparlers, les parties sont des tiers les unes à l'égard des autres et leurs éventuels manquements tombent sous les règles de la responsabilité extracontractuelle (Cass. com. 11-1-1984 n° 82-13.259 : Bull. civ. IV n° 16 ; CA Paris 2-2-1990 : D. 1990.IR.51). Or ces règles sont celles du lieu où se produisent les faits pouvant entraîner leur application et elles sont, en France, d'ordre public (n° 8003).

Elles sont les mêmes si un contrat international de pourparlers a été conclu et soumis à la loi française. Elles sont aussi applicables même si le contrat est soumis à une loi étrangère dont les solutions seraient contraires car elles sont autant d'application de l'exigence de bonne foi qui est d'ordre public international français (n° 10652).

2. DEVOIRS INCOMBANT AUX NÉGOCIATEURS

a. Devoir de prudence et de diligence

DEVOIR D'ATTENTION DES NÉGOCIATEURS À LEURS PROPRES INTÉRÊTS

Les tribunaux font peser sur les cocontractants un **devoir général** de prudence et de diligence **11828**
(Cass. 1e civ. 6-10-1993 n° 91-13.925).

Il devient de mode d'appeler, en imitation de la doctrine belge, ce devoir « devoir d'incombance », la formule voulant signifier que ce devoir existe de droit à la charge d'une partie.

À ce titre, chaque négociateur qui aborde les pourparlers d'un contrat donné est censé connaître les usages professionnels de sa propre activité et avoir accompli les diligences raisonnables, compte tenu de la nature du contrat en cause et de sa compétence professionnelle, pour s'informer des données de ce contrat.

A été ainsi tenu pour coupable de sa propre négligence ou imprudence :
– le souscripteur à une augmentation de capital s'étant contenté d'une affirmation vague, sans procéder à aucune vérification (Cass. com. 14-11-1966 : Bull. civ. III n° 430) ;
– le client d'un transporteur ayant négligé de se renseigner sur le prix du transport (T. com. Paris 17-12-1971 : BT 1972.23) ;
– l'acheteur d'ordinateurs qui n'a pas demandé la rédaction d'un cahier des charges (CA Paris 3-12-1976, 2e esp. : JCP G 1977.II.18579 obs. Boitard et Dubarry) ;

– le cessionnaire d'un brevet n'ayant pas recherché, en dépit de l'affirmation du cédant, si la taxe annuelle due au titre du brevet avait été payée (Cass. com. 13-6-1978 n° 76-15.573 : Bull. civ. IV n° 162) ;
– le concessionnaire professionnel du marché des produits concédés qui aurait dû s'informer sur la portée de son engagement avant d'entrer dans un réseau de distribution (Cass. com. 25-2-1986 n° 84-13.432 et Cass. com. 10-2-1987 n° 85-18.186 : JCP G 1988.II.20995 note Virassamy) ;
– le promoteur qui n'a pas tenu compte des aléas pesant sur un projet immobilier négocié avec une commune alors que sa réalisation exigeait une modification du plan d'occupation des sols et qui a fourni des informations à cette commune dépassant ce à quoi il était légalement tenu (TA Versailles 8-2-1994 : GP 1994.pan.153).

Pour des solutions comparables : n° 11650 ; Sentence du 14 avril 1986 : Clunet 1988.181, tenant même un État pour fautif de ne pas s'être renseigné.

SANCTION DU DÉFAUT DE PRUDENCE ET DE DILIGENCE DES NÉGOCIATEURS

11831 Le négociateur négligent ne peut ni demander des dommages-intérêts à son partenaire si son propre comportement lui a causé un préjudice (Cass. com. 14-11-1966 : Bull. civ. III n° 430 ; CA Paris 3-12-1976, 2e esp. : JCP G 1977.II.18579 obs. Boitard et Dubarry), ni prétendre que celui-ci a manqué à son obligation de contracter de bonne foi (Cass. 1e civ. 18-4-2000 n° 98-12.056 : RJDA 9-10/00 n° 897), ni invoquer son ignorance comme un fait justificatif du manquement à ses obligations (Cass. com. 13-6-1978 n° 76-15.573 : Bull. civ. IV n° 162), ni contester le prix qui lui est demandé (T. com. Paris 17-12-1971 : BT 1972.23). Son manquement peut, en revanche, l'obliger à réparation envers son cocontractant de bonne foi (Cass. req. 11-2-1878 : S. 1879.1.196) ; mais le préjudice qui en résulte ne peut avoir pour objet de compenser ni la perte des avantages attendus du contrat non conclu ni la perte de chance d'obtenir ces avantages (C. civ. art. 1112, al. 2).

b. Devoir d'information des négociateurs

11834 Celle des parties qui connaît une information dont l'importance est déterminante pour le consentement de l'autre doit l'en informer dès lors que, légitimement, cette dernière ignore cette information ou fait confiance à son cocontractant (C. civ. art. 1112-1, al. 1).

Ce devoir d'information précontractuel s'applique à la négociation de n'importe quel contrat, à l'exception de ceux qui sont soumis à une disposition légale particulière (n° 11843). Mais il ne doit être respecté que dans la mesure où il concerne une « information » et non une autre prestation, notamment celle de mise en garde ou de conseil comme il est précisé ci-dessous.

PORTÉE DU DEVOIR D'INFORMATION DES NÉGOCIATEURS

11837 **Devoir autonome** Au sens de l'article 1112-1 du Code civil, le négociateur n'est tenu que de délivrer une « information ». Étymologiquement, il n'est donc tenu que de mettre au courant l'autre partie, autrement dit de lui révéler une donnée.

Le sens précis du devoir d'information a été, à notre avis, mis clairement en lumière par un jugement du tribunal de commerce de Paris (T. com. Paris 13-11-2014 n° 2013054520 : GP 2015.19 août.som.) selon lequel : l'information suppose une présentation claire et non équivoque du produit en négociation et une réponse aux questions posées ; mais elle ne va pas jusqu'à imposer à celui qui la doit de se substituer au choix de son vis-à-vis, l'information devant être adaptée au profil de ce dernier : si celui-ci est apte à comprendre, la remise d'une documentation écrite peut valoir exécution du devoir d'information.

Le devoir d'information ne doit donc pas être confondu avec :

– le devoir de **mise en garde,** parfois formulé comme le devoir d'attirer l'attention (Cass. 1e civ. 16-4-1975 n° 73-13.990 : Bull. civ. I n° 133 ; Cass. 1e civ. 29-10-2014 n° 13-19.729 : PA 2014 n° 261 p. 15 note Mignot), qui existe lorsque la partie ignorante court un risque de surendettement à conclure en l'état de ses connaissances ; un tel devoir pèse notamment sur le banquier (n° 40113) ;

Le devoir d'information est distinct en ce sens qu'il ne tend pas à mettre la partie ignorante à l'abri d'un emprunt excessif, mais à la renseigner sur les conditions de son engagement ; par exemple, lorsqu'une banque consent un prêt dont le remboursement, en cas de défaillance de l'emprunteur, est garanti par un organisme public (tel Oseo devenu Bpifrance), elle doit informer ce dernier quant à l'effet de cette garantie sur sa propre obligation de remboursement, notamment sur le fait qu'il n'en est pas libéré par là même (Cass. com. 3-12-2013 n° 12-23.976 : RJDA 4/14 n° 374) ou lorsqu'elle fait souscrire une assurance de groupe pour garantir le prêt consenti, elle doit éclairer sur la portée de cette assurance, indépendamment du risque d'endettement excessif lié au prêt (Cass. 1e civ. 30-9-2015 n° 14-18.854 : Banque et droit janvier-février 2016 p. 44 note Bonneau).

Le devoir de mise en garde a été étendu à l'agent immobilier qui doit attirer l'attention du vendeur d'un bien immobilier sur les risques d'insolvabilité de l'acquéreur qu'il lui a présenté (Cass. 1e civ. 11-12-2019 n° 18-24.381 F-PBI).

Le manquement au devoir de mise en garde n'ouvre droit à réparation, sur la base de l'article 1240 du Code civil, au profit de la victime tenue à une obligation de paiement que si cette dernière a subi un préjudice certain, ce qui n'est pas le cas tant qu'une action en paiement n'a pas été engagée contre elle (Cass. com. 4-11-2021 n° 19-23.522 F-D).

– le **devoir de conseil** qui suppose de la part de la partie tenue de recommander à l'autre partie d'opter pour une solution déterminée, obligation qui pèse notamment sur le professionnel du droit (Cass. 1e civ. 25-3-2010 n° 09-12.294 : RJDA 7/10 n° 709), spécialement le notaire ou l'avocat qui rédige ou contresigne l'acte.

Pour s'acquitter du devoir de conseil, il ne suffit donc pas de délivrer une information brute sans en tirer le sens positif qu'il conviendrait de lui donner dans l'espèce. Il s'agit, par exemple, pour le notaire instrumentaire « d'informer et d'éclairer les parties sur la portée, les effets et les risques, notamment quant à ses incidences fiscales, de l'acte auquel il prête son concours, et, le cas échéant, de le leur déconseiller, sans que l'acceptation par l'acquéreur d'être représenté à l'acte par le notaire, l'absence de demande d'information à ce dernier, la circonstance qu'un autre notaire soit intervenu, le fait que le versement des fonds soit nécessaire à la réalisation de l'opération « clé en mains » envisagée et que le notaire ait reçu pouvoir sur tous appels de fonds ne le dispensent de son devoir de conseil » (Cass. com. 17-2-2015 n° 13-27.545 : PA 2015 n° 146 p. 7 note Niel) ou d'informer clairement un acquéreur des incidences d'un refus de délivrance du certificat de conformité d'une construction aux exigences du permis de construire et du risque qu'il s'engageait à supporter (Cass. 1e civ. 17-6-2015 n° 14-19.692 : Bull. inf. C. cass. 15-12-2015 n° 1268). De même, l'avocat, qui dans une négociation sur la totalité des actions d'une société signale l'existence d'un litige portant sur le local loué dans lequel la société exerce son activité, doit informer l'acquéreur de l'issue prévisible de cette procédure (Cass. 1e civ. 7-10-2020 n° 19-17.617 F-D : RJDA 4/21 n° 242). Dans l'exercice de son devoir de conseil, le notaire doit prendre en compte les mobiles qui sont la cause du consentement des parties au contrat (Cass. 1e civ. 29-3-2017 n° 15-50.102 F-PB : Bull. civ. I n° 74 ; Cass. com. 20-9-2017 n° 15-14.176 D).

Les compétences et connaissances personnelles du client ne libèrent pas le notaire de son devoir de conseil (Cass. 1e civ. 10-10-2018 n° 16-16.548 FS-PB : RJDA 12/18 n° 884). Mais ce devoir n'est pas sans limite. Le notaire n'est pas tenu de donner un conseil sur la solvabilité d'une partie à l'acte ou sur l'opportunité économique de l'opération (Cass. 1e civ. 18-2-2015 n° 14-11.559 : RTD com. 2015.571 note D. Legeais), étant observé que ne relève pas de l'opportunité économique la faisabilité de l'opération sur laquelle le notaire doit conseiller (Cass. 1e civ. 17-6-2015 n° 13-19.759 : RJDA 11/15 n° 739).

Sur la distinction entre devoir de mise en garde et devoir de conseil : du banquier, Cass. com. 13-1-2015 n° 13-25.856 : RJDA 4/15 n° 301 ; de l'assureur, CA Versailles 23-11-2000, 12e ch., 2e sect. : Bull. inf. C. cass. 2001 n° 60 ; de l'agent immobilier, Cass. 1e civ. 11-12-2019 n° 18-24.381 F-PBI.

Le devoir de conseil convenu contractuellement est dû dans les termes où il est déterminé, la partie débitrice ne pouvant s'en exonérer en se prévalant d'un copilotage du contrat avec le créancier de sa prestation (CA Paris 3-7-2015 n° 13/06963, à propos du contrat prévoyant un processus collaboratif d'élaboration de logiciels, dit « Agile »).

Devoir d'ordre public Les parties ne peuvent ni limiter, ni exclure le devoir d'information précontractuel (C. civ. art. 1112-1, al. 5). Celui-ci est donc d'ordre public. **11840**

Exclusion du devoir d'information de droit commun Le devoir d'information de l'article 1112-1 du Code civil est écarté par les dispositions qui fixent des **règles spécifiques d'information incompatibles** avec ses prescriptions (cf. C. civ. art. 1105, al. 2 et 3). **11843**

Cette incompatibilité peut se rencontrer par exemple pour les contrats conclus par un professionnel avec un consommateur (C. consom. art. L 111-1 à L 111-3 ; MCC nos 16300 s.), les contrats de distribution comportant un engagement d'exclusivité (C. com. art. L 330-3, R 330-1 et R 330-2 ; n° 21546) ou encore le contrat d'arbitrage (CPC art. 1456, al. 2 et 1506, 2° ; n° 71015). Ce peut être aussi le cas en matière de vente, l'article 1602 du Code civil imposant au vendeur d'expliquer clairement à quoi il s'engage (Cass. 1e civ. 13-10-1993 n° 91-16.344 : RJDA 1/94 n° 17 ; Cass. 3e civ. 21-2-2001 n° 99-17.666 : RJDA 5/01 n° 574).

PARTIE À LA NÉGOCIATION TENUE AU DEVOIR D'INFORMATION

Partie à la négociation Aux termes de l'article 1112-1, al. 1 du Code civil, le devoir précontractuel d'information ne pèse que sur les parties à la négociation du contrat. **11847**

Est donc dispensé d'informer :

– celui qui n'a pas participé à la négociation ; par exemple, dans un cas où un conseiller financier indépendant avait détourné les fonds qu'un investisseur avait versés sur son compte bancaire en vue d'un placement financier, l'investisseur ne peut pas reprocher à sa banque, qui était également celle du conseiller, de ne pas lui avoir révélé les soupçons de fraude portant sur le conseiller, peu important que ce dernier fût son client et qu'elle fût au courant des liens existant entre ce dernier et l'investisseur, car elle était tenue par la présomption d'innocence et par le secret bancaire (CA Toulouse 22-9-2015 n° 13/02500 : JCP E 2015.754) ;

– celui qui n'a pas conclu le contrat ; par exemple, n'est pas tenu : l'assureur de groupe garantissant le remboursement d'un prêt d'éclairer l'emprunteur-assuré sur l'adéquation des risques couverts à sa situation personnelle d'emprunteur, cette obligation incombant au seul établissement de crédit souscripteur du contrat d'assurance de groupe (Cass. com. 1-12-2015 n° 14-22.134 : RJDA 5/16 n° 392) ; la banque qui n'a pas mis en garde le conjoint de la caution, intervenant à l'acte de cautionnement pour l'autoriser à engager les biens communs, car il n'a pas pour autant la qualité de partie à l'acte (Cass. com. 9-2-2016 n° 14-20.304 : RJDA 4/16 n° 321) ; le fabricant envers le sous-acquéreur car il n'a aucun lien contractuel direct avec lui (Cass. 1re civ. 17-1-2018 n° 16-27.016 FD : RJDA 5/18 n° 407).

11848 **Partie détentrice d'une information** L'article 1112-1, al. 1 du Code civil fait peser le devoir d'information sur « celle des parties **qui connaît** » une information déterminante pour l'autre.

Visant « celle des parties », ce devoir concerne l'une ou l'autre des parties à la négociation du contrat si celui-ci prévoit des prestations réciproques ; chacune est alternativement tenue d'informer si elle détient, au regard de la prestation qu'elle propose, une information susceptible d'être déterminante pour l'autre.

À la lettre, il ne paraît pas pouvoir être étendu à celui qui **devrait connaître** ou ne pouvait pas ignorer l'information ou son utilité pour l'autre partie. Mais la présomption de connaissance attachée à la qualité de professionnel doit, à notre avis, être tenue par les négociateurs comme un acquis jurisprudentiel qui ne sera pas remis en cause.

Une jurisprudence ancienne et constante a attaché à cette qualité une présomption de connaissance (par exemple, CA Paris 22-4-1983 : GP 1983.346 ; CA Nîmes 19-5-1994 : JCP G 1995.IV.1080) et, en matière de vente, une présomption irréfragable de connaissance des vices cachés affectant le bien vendu (n° 27250). Mais cette présomption ne couvre pas toute information ; ainsi un professionnel, en l'espèce un franchiseur, a été exonéré de son devoir de communiquer au franchisé l'information portant sur une circonstance imprévisible, comme celle relative à l'ouverture irrégulière d'une activité concurrente de celle objet de la franchise en cause (Cass. com. 21-6-2016 n° 15-10.029 D : RTD civ. 2016.611 obs. Barbier).

Celui qui doit l'information ne peut ni reprocher à l'autre de ne pas avoir procédé à des investigations pour pallier l'absence d'information qu'il ne lui a pas spontanément communiquée (Cass. 3e civ. 10-9-2013 n° 12-22.844 : RJDA 4/14 n° 318) ni invoquer l'intervention d'un autre professionnel (Cass. 3e civ. 8-6-2023 n° 22-12.302 FS-B). En revanche, il peut lui reprocher de ne pas l'avoir mis en situation d'exécuter son obligation de conseil (CA Pau 30-6-2021 n° 16/02545).

PARTIE À LA NÉGOCIATION BÉNÉFICIAIRE DE L'INFORMATION

11849 L'article 1112-1, al. 1 du Code civil réserve le droit à l'information à la partie qui, légitimement, ignore une information déterminante ou fait confiance à son cocontractant.

11850 **Partie légitimement ignorante** La partie ignorante de l'information dont elle pouvait attendre la communication est, bien entendu, celle qui n'a aucune qualité pour la connaître. Il s'agit souvent de celle que les tribunaux qualifient de « personne non avertie », qualité qui est appréciée en fonction du contrat en cause et du niveau d'étude ou de l'expérience professionnelle de l'intéressé (pour des exemples, nos 19549 et 26706).

Il n'existe pas, en principe, d'ignorance légitime entre professionnels de la même spécialité (cf. Cass. com. 22-2-1994 : BTL 1994.234, RJDA 7/94 n° 805, l'affirmant à propos du devoir de conseil) ni au regard des règles applicables que nul n'est censé ignorer (par exemple au regard des règles de limitation de responsabilité du transporteur : nos 24248 s.).

Mais, que la partie soit avertie ou non avertie, elle n'a droit à l'information que si elle peut « légitimement » l'ignorer dans les circonstances de l'espèce. Une partie ne peut donc pas se prévaloir de son ignorance légitime si elle a commis une faute ayant empêché le détenteur de l'information de mesurer qu'il était tenu de l'informer ou si elle connaît les risques attachés à l'exécution de la prestation due.

Au regard de cette condition de légitimité, gardent leur valeur les décisions ci-après. Par exemple :

– doit être reconnu en droit de ne pas connaître la résistance des quais concédés le concessionnaire d'une installation de manutention de bateaux, professionnel de l'exploitation de telles installations mais non de leur aménagement, au regard du concédant, promoteur d'un port de plaisance et professionnel de l'aménagement d'installations maritimes (Cass. 3e civ. 17-2-1982 : JCP 1982.IV.162) ;

– est censé être informé l'investisseur qui, ayant eu connaissance de l'évaluation d'une société faite par une banque, a souscrit à une augmentation du capital de cette société dès lors qu'il était un professionnel de l'investissement financier et spécialisé dans les opérations de prises de participation (Cass. com. 10-2-2015 n° 13-24.684 : RJDA 8-9/15 n° 549.som.) ;

– n'a pas à être informée la partie qui connaît les risques attachés à l'exécution de la prestation due, tel le commettant spécialiste du commerce international qui a demandé à un commissionnaire de transport d'organiser un transport vers une destination où l'insécurité est endémique (CA Paris 13-10-2015 n° 13/15408 : BTL 2015.621) ;

– ne peut prétendre ne pas avoir été informée la partie dont il est établi qu'elle l'a été et qui a poursuivi l'opération dont elle se plaint car les conséquences d'un engagement librement souscrit et déclaré valable ne constituent pas un préjudice réparable (Cass. 1e civ. 10-4-2019 nº 18-14.987 PB : RJDA 12/19 nº 745 ; dans le même sens, Cass. 2e civ. 24-9-2020 nº 18-12.593 FS-PBRI ; Cass. 1e civ. 9-9-2020 nº 18-22.181 F-D : RJDA 1/21 nº 12).

Partie qui légitimement fait confiance Il peut être couramment entendu que la personne qui légitimement « fait confiance » s'en remet naturellement à celui qui lui inspire confiance. Elle ne voit pas de raison de se méfier et se dispense ainsi de toute recherche pour mieux connaître par elle-même la portée de la prestation qui lui est promise. Elle demeure alors passive dans la négociation comme la personne qui légitimement ignore. Celle-ci se tait parce qu'elle ne sait rien ou est fondée à ne rien savoir tandis que celle-là se tait parce qu'elle n'a pas de raison de douter des propos du promettant. Dans les deux cas celui qui sait doit révéler ce qu'il sait. **11853**

Il pourrait cependant venir à l'idée d'une partie de comprendre autrement la formule « ou fait confiance » et de donner à cette dernière un sens positif. Cette partie ne se contenterait pas alors de manifester sa confiance implicitement mais la ferait connaître à l'autre en lui déclarant expressément qu'elle prend acte des informations fournies et qu'elle lui fait confiance sur le résultat que ces informations lui permettent d'espérer. Elle tendrait alors à obliger l'informateur soit à corriger l'interprétation qu'elle aurait retenue, soit à lui confirmer qu'elle peut lui faire confiance sur l'objet déterminé de l'information donnée. Dans ce dernier cas, il en résulterait juridiquement, qu'en acceptant, en supposant sans équivoque, la confiance qui lui est faite, un nouvel accord serait né entre les parties qui aurait nové le devoir unilatéral d'information en une promesse convenue de résultat de l'information communiquée. Le devoir d'information deviendrait alors un « contrat de confiance » portant sur les résultats promis par le débiteur de l'information.

La confiance est d'autant plus accordée que l'avis donné est exprimé comme un impératif, disant par exemple, « vous allez disposer d'une sécurité totale sur votre investissement », suivi d'aucune restriction, réserve ou atténuation (Cass. 1e civ. 26-9-2019 nº 18-21.405 FD : RJDA 1/20 nº 11).

INFORMATION DUE

Le devoir d'information prévu par l'article 1112-1, al. 1, 2 et 3 du Code civil vise l'information dont l'importance est déterminante pour l'autre partie, exception faite de celle relative à la valeur de la prestation ; ont une importance déterminante les informations qui ont un lien direct et nécessaire avec le contenu du contrat ou la qualité des parties. **11857**

N'a pas été jugée déterminante l'information qui n'aurait servi à rien (cf. CA Aix- 16-2-2023 nº 22/05418).

Ces conditions sont précisées par les observations qui suivent.

De façon générale, celui qui sait, est tenu de donner des informations d'une fiabilité à la hauteur des qualités dont il se vante (Cass. com. 17-2-2015 nº 13-27.545 : PA 2015 nº 146 p. 7 note Niel). Pour un exemple d'information insuffisante, Cass. 3e civ. 14-12-2017 nº 16-24.170 FS-PBI.

Information sur la valeur de la prestation Le devoir d'information ne porte pas sur l'estimation de la valeur de la prestation (C. civ. art. 1112-1, al. 2 ; Cass. 1e civ. 3-5-2000 nº 98-11.381 : RJDA 9-10/00 nº 848 ; Cass. 3e civ. 17-1-2007 nº 06-10.442 : RJDA 6/07 nº 599). Cette disposition est en concordance avec celle qui écarte l'erreur sur l'expression monétaire de la valeur (nº 12210). **11858**

On peut en déduire que le devoir d'information ne va pas jusqu'à obliger une partie à informer l'autre sur sa marge bénéficiaire, comme il a déjà été jugé en matière bancaire où il a été refusé au client d'une banque d'exiger d'elle qu'elle lui révèle cette information (Cass. com. 17-3-2015 nº 13-25.142 : RJDA 6/15 nº 437).

Information liée au contrat L'information qui a un **lien direct et nécessaire** avec le contenu du contrat est déterminante (C. civ. art. 1112-1, al. 3 ; pour un exemple de défaut de lien direct, CA Versailles 4-11-2021 nº 20/02387). Au premier chef, il s'agit de l'information qui se rapporte à l'obligation essentielle puisque cette obligation est la caractéristique déterminante du contrat, celle qui ne peut pas être détruite dès lors que les parties ont échangé leur consentement sur son existence (nºs 12402 s.). **11860**

La partie débitrice de l'information doit en tout état de cause informer d'un élément essentiel à la bonne réalisation de la prestation, comme il a été jugé s'agissant de prestations informatiques (CA Paris 16-10-2015 nº 13/06759 : Com. com. électr. 2015 comm. nº 98 note G. Loiseau, relatif à la conception d'un site de réservation hôtelière en ligne qui s'était avéré ne pas permettre les paiements en ligne ; les juges ont relevé que l'absence de cette fonctionnalité essentielle, mais ne figurant pas sur le bon de commande, démontrait « l'inexécution de son devoir de conseil pesant sur le prestataire informatique dans la mesure où cette fonctionnalité, dont l'intérêt ne fait aucun doute eu égard à la commodité et la sécurité qu'elle présente en supprimant un intermédiaire dans la chaîne du paiement, était suffisamment importante pour que l'information tenant à son inexistence lui soit délivrée »).

Jugé que le vendeur d'un immeuble, dont il était devenu propriétaire à la suite d'une donation-partage prévoyant le retour du bien au donateur dans certains cas, devait informer l'acheteur, avant le compromis de vente, de l'existence de cette clause de retour, susceptible de justifier une revendication du bien entre les mains de l'acheteur (CA Douai 4-5-2023 n° 21/02382).

Mais toute autre clause du contrat peut justifier la communication d'une information utile à l'efficacité de celui-ci.

Par exemple, il ressort de la jurisprudence les solutions suivantes :
– le vendeur d'un matériel informatique qui a informé l'acquéreur sur les fonctions d'un progiciel et sur les adaptations proposées, n'est pas tenu d'informer celui-ci sur les solutions concurrentes si aucune circonstance ne justifie un tel devoir (Cass. com. 12-11-1992 n° 91-12.600 : RJDA 2/93 n° 100) ;
– le bailleur doit informer le locataire avant la conclusion du bail que les locaux concernés font l'objet d'une procédure d'expropriation (Cass. 3e civ. 27-5-1998 n° 96-18.236 : RJDA 7/98 n° 841) ;
– l'expert-comptable qui accepte d'établir les statuts constitutifs d'une société commerciale pour le compte d'autrui est tenu, en sa qualité de rédacteur, d'informer et d'éclairer de manière complète son client sur les effets et la portée de l'opération projetée et notamment ses incidences fiscales (CA Paris 13-5-2014 n° 13/05915 : RJDA 8-9/14 n° 687).

Jugé que l'avocat auquel avait été confiée une mission exclusivement juridique n'était pas tenu de renseigner son client sur les aspects financiers et économiques d'une acquisition de parts sociales (Cass. 1e civ. 14-1-2016 n° 15-11.156 : RJDA 5/16 n° 348).

Il est donc recommandé à la partie qui pressent qu'elle peut encourir le reproche de sous-information de s'enquérir des objectifs de la partie intéressée par ses prestations (Cass. 1e civ. 2-7-2014 n° 13-10.076 : RJDA 12/14 n° 899, en faisant une obligation).

Pour servir l'objectif du contrat, il appartient à la partie plaignante de prouver l'utilité de l'information manquante (Cass. com. 5-4-2016 n° 14-23.947 : RJDA 7/16 n° 561 : preuve non rapportée).

11863 **Information liée à la qualité des parties** Sont aussi considérées comme déterminantes et doivent être communiquées, les informations en lien direct et nécessaire avec la qualité des parties (C. civ. art. 1112-1, al. 3). La finalité du devoir d'information étant de renseigner sur les prestations attendues, la qualité des parties doit s'entendre de l'aptitude de la partie, qui s'engage à fournir une prestation donnée, à communiquer toute information utile susceptible de donner à l'autre le moyen d'apprécier qu'elle est en mesure d'assumer ce qu'elle propose.

Ce n'est pas le cas du liquidateur judiciaire qui passe une vente d'immeuble de gré à gré (n° 63980), qui n'a en effet aucune aptitude particulière à connaître la chose vendue.

Une partie pourrait donc avoir à renseigner l'autre négociateur de sa mise sous procédure collective, ce que la Cour de cassation a écarté, mais avant l'entrée en vigueur le 1er octobre 2016 de l'article 1112-1, au motif qu'aucun texte n'obligeait une partie à informer son cocontractant du fait qu'elle était soumise à un redressement judiciaire (Cass. com. 24-9-2003 n° 00-21.863 : RJDA 2/04 n° 189 ; CA Paris 30-1-2008 n° 05-21137 : RJDA 8-9/08 n° 881). De même, une société pourrait être tenue de révéler les liens qui l'unissent à une autre société ou à un groupe concurrent.

PREUVE DE L'EXISTENCE ET DE L'EXÉCUTION DU DEVOIR D'INFORMATION

11867 La preuve de l'existence du devoir d'information incombe à la partie qui l'invoque, à charge pour la partie mise en cause de prouver qu'elle l'a fournie (C. civ. art. 1112-1, al. 4).

Dans le silence de l'article 1112-1 du Code civil sur ce point, la preuve de l'existence et de l'exécution de l'obligation d'information peut être faite par tout moyen (cf. C. civ. art. 1358). Il est conseillé de mentionner dans l'acte que telle information déterminée, supposée déterminante, a été communiquée (cf. Cass. 1e civ. 8-1-2020 n° 18-23.948 F-D : RJDA 4/20 n° 235).

Pour faciliter la preuve de l'exécution, la partie tenue peut demander à l'autre de reconnaître qu'elle a reçu les informations spontanément ou en réponse à ses sollicitations ; cette déclaration peut figurer dans le contrat ou dans un document annexé à celui-ci, identifiant en termes explicites les informations communiquées (Cass. civ. 23-5-1999 : RTD civ. 2000.323 n° 3 obs. Mestre et Fages et CA Paris 2-2-1999 : GP 2000.som.314, décisions rendues à propos de notaires mais transposables à tout professionnel tenu d'un devoir d'information). Toutefois, cette clause pourrait être reconnue abusive dans un contrat d'adhésion (cf. CCA avis 13-01 relatif au contrat de crédit à la consommation).

Il est recommandé de mentionner les faits qui fondent la reconnaissance de la communication, car les juges doivent établir positivement la délivrance de l'information et ne pas se contenter de relever des faits montrant que l'information pouvait en être déduite (Cass. 1e civ. 29-10-2014 n° 13-19.729 : PA 31-12-2014 p. 15 note Mignot ; pour un exemple de preuve de l'exécution établie par les juges du fond, Cass. 1e civ. 7-2-2016 n° 14-26.661 : RJDA 10/16 n° 723). Ils ne peuvent pas admettre cette délivrance sans vérifier si l'argumentation contraire développée par le plaignant est fondée ou non (Cass. 1e civ. 16-4-1975 n° 73-13.990 : Bull. civ. I n° 132).

DÉFAUT OU INSUFFISANCE D'INFORMATION

11870 **Réparation du préjudice** L'article 1112-1, al. 6 du Code civil ouvre la voie à une demande de réparation en cas de manquement au devoir d'information, sans préciser le **régime** de la responsabilité à appliquer.

Quoique distinct du devoir d'information, le manquement au devoir de mise en garde ou de conseil est sanctionné, s'agissant dans tous ces cas d'un devoir légal ou prétorien par la responsabilité de l'auteur du manquement (n° 10335).

Néanmoins, ce manquement ayant été commis avant la conclusion du contrat, la responsabilité ne peut être qu'extracontractuelle, même si elle est invoquée après (Cass. 1e civ. 5-3-2009 n° 08-11.374 : RJDA 6/09 n° 511 ; Cass. com. 20-10-2009 n° 08-20.274 : RJDA 1/10 n° 68 ; Cass. 1e civ. 9-12-2010 n° 09-69.490 : RJDA 5/11 n° 480 ; Cass. com. 22-9-2021 n° 19-18.886 F-D, ces arrêts visant l'ex-art. 1382 devenu 1240 ; aussi n° 15024).

Ce manquement entraîne la perte de la chance de ne pas conclure le contrat et d'éviter ainsi de subir des pertes, ou encore la perte d'une chance de contracter à des conditions plus avantageuses, mais non par la perte d'une chance d'obtenir les gains attendus (Cass. 1e civ. 9-12-2010 précité ; Cass. com. 22-9-2021 précité).

Dans la mesure où le défaut ou l'insuffisance d'information entraîne la perte d'une chance de conclure le contrat, le juge doit préciser quelle est l'éventualité favorable dont a été privée la victime (Cass. com. 21-6-2017 n° 15-17.059 F-D : RJDA 11/17 n° 698). La perte de chance n'existe pas si le préjudice était certain (Cass. 1e civ. 6-10-2011 n° 10-23.654 : RJDA 1/12 n° 99), s'il n'a pas pu se réaliser (Cass. com. 30-6-2015 n° 14-11.607 : impossibilité pour un emprunteur de perdre la chance de mieux placer les capitaux empruntés s'il avait été correctement informé, car il n'aurait pas alors emprunté et n'aurait pas eu des capitaux à placer) ou s'il ne peut pas être la conséquence du défaut d'information (Cass. 1e civ. 2-7-2014 n° 13-17.894 : RJDA 11/14 n° 833 : l'acquéreur d'une exploitation agricole qui prétend que, mieux informé, il n'aurait pas acheté ne peut pas en déduire qu'il a néanmoins subi un manque à gagner et une perte d'une plus-value potentielle).

En matière d'assurance, le montant des dommages-intérêts peut être égal à l'indemnité correspondant à la couverture du risque que l'assuré croyait garanti (Cass. 1e civ. 10-2-1987 n° 85-15.329 : Bull. civ. I n° 44).

La **prescription de l'action en réparation** de la perte de la chance ne court pas du jour de la conclusion du contrat mais du jour où la perte est certaine, c'est-à-dire le jour où l'exécution du contrat ne peut plus supprimer les conséquences négatives du défaut d'information (Cass. 1e civ. 16-1-2019 n° 17-21.220 F-D).

Annulation du contrat Si le manquement au devoir d'information a vicié le consentement de la partie qui, dans l'ignorance de l'information non révélée, a conclu le contrat, celui-ci peut être annulé pour vice du consentement dans les conditions exposées nos 12200 s. (C. civ. art. 1112-1, al. 5 ; cf. Cass. 1e civ. 15-12-1998 n° 96-19.898 ; Cass. com. 28-6-2005 n° 03-16.794 : RJDA 12/05 n° 1314 ; Cass. 1e civ. 3-11-2016 n° 15-24.886 F-D : JCP E 2017.1019 note Le Gac-Pech). **11873**

Résolution du contrat Dans le silence des textes, les juges du fond se sont reconnus le pouvoir de prononcer la résolution du contrat pour manquement au devoir d'information et de conseil (Cass. 1e civ. 1-10-2014 n° 13-23.607 : RTD com. 2014.851 note B. Bouloc ; CA Montpellier 15-1-2015 n° 12/00197 : GP 2015.pan.6 mai). Cette solution ne saurait être maintenue. Elle nous paraît en effet mal fondée. La résolution sanctionne l'inexécution d'une obligation contractuelle (n° 15508) et non celle d'une obligation précontractuelle. **11875**

c. Devoir de droiture

PRINCIPE

Les obligations de loyauté, de bonne foi et de sincérité s'imposent en matière contractuelle, leur respect doit être apprécié au jour de la conclusion du contrat ou au jour de l'échange des consentements, ce qui, lorsque le contrat est précédé d'une promesse unilatérale de contrat, ici de vente, n'est pas le jour de la promesse mais celui du contrat (Cass. 3e civ. 19-1-2022 n° 20-13.951 F-D). **11877**

CONTENU DU DEVOIR DE LOYAUTÉ

Honnêteté Tout négociateur ne doit pas exploiter à ses fins personnelles les informations recueillies de son partenaire en vue de la conclusion du contrat, par exemple en les communiquant à des concurrents (CA Paris 8-7-1972 : JCP G 1973.II.17509 : idée d'une chanson ; CA Aix 26-2-1981 : Bull. Cour d'Aix 1981/1 p. 25 : prix) ou en les mettant en œuvre pour son compte (Cass. com. 3-10-1978 n° 77-10.915 : Bull. civ. IV n° 208 ; CA Aix 10-1-1985 : Bull. Cour d'Aix 1985/1 p. 24). **11880**

Il doit aussi éviter tout conflit d'intérêts ; constitue un tel conflit « toute situation d'interférence entre un intérêt public et des intérêts publics et privés qui est de nature à compromettre l'exercice indépendant, impartial et objectif d'une fonction » (Loi 2013-907 du 11-10-2013 art. 2, I-al. 1).

Loyauté et sincérité Le négociateur doit donner à l'autre partie des informations exactes (Cass. 1e civ. 31-10-2012 n° 11-15.529 : RJDA 3/13 n° 238). **11885**

Il doit aussi ne pas provoquer chez elle une croyance inconsidérée en sa volonté de contracter (CA Rennes 8-7-1929 : DH 1929.548).

Mais il n'est pas tenu d'informer son cocontractant qu'il mène des négociations parallèles si l'engagement de s'en abstenir n'a pas été pris envers lui (Cass. com. 12-5-2004 n° 00-15.618 : RJDA 8-9/04 n° 989 ;

CA Paris 6-8-2019 nº 17/09608 : RTD civ. 2019.845 obs. Barbier ; toutefois, Cass. com. 10-7-2018 nº 16-27.868 D, jugeant que manque à son devoir de loyauté le dirigeant cessionnaire qui n'informe pas l'associé cédant de négociations en cours avec un tiers en vue de la revente des titres objet de la cession, peu important leur état d'avancement).

Chaque négociateur est censé savoir qu'il est tenu à cette obligation de sincérité sans que quiconque soit tenu de le lui rappeler (Cass. 1e civ. 31-10-2012 nº 11-15.529 : RJDA 3/13 nº 238 ; Cass. 2e civ. 25-5-2022 nº 19-22.149 F-D ; aussi nº 17560).

11886 **Bienveillance** Le négociateur doit aussi se montrer attentif aux intérêts de l'autre partie, par exemple en s'abstenant de faire des offres non raisonnées susceptibles de la surprendre (Sentence CCI nº 2291 en 1975 : Clunet 1976.989 obs. Derains), de tarder à donner une confirmation attendue (CA Aix 5-1-1978 : Bull. Cour d'Aix 1978/1 p. 8 ; CA Versailles 25-9-2003 nº 01/04672 : RJDA 2/04 nº 123), d'abuser du pouvoir qu'il peut détenir sur elle du fait de sa position d'important puis d'unique client (cf. Cass. crim. 10-1-1973 nº 71-93.351 : Bull. crim. nº 14 ; sur le risque d'annulation du contrat pour abus de dépendance, nos 12312 s.), de la priver de la chance d'étendre son activité commerciale que le contrat aurait pu lui apporter (CA Paris 13-5-1988 : BRDA 12/89 p. 17).

11887 **Confidentialité** Celui qui utilise ou divulgue sans autorisation une information confidentielle obtenue à l'occasion des négociations engage sa responsabilité dans les conditions du droit commun (C. civ. art. 1112-2).

L'organisateur d'une vente à l'encens qui respecte un usage professionnel établi imposant la confidentialité sur l'identité de l'acquéreur ne commet pas un dol (CA Paris 16-6-2020 nº 18/10105).

Les conditions fixées par ce texte recoupent ce que les tribunaux avaient déjà jugé (Cass. com. 3-10-1978 nº 77-10.915 : Bull. civ. IV nº 208 ; CA Aix 10-1-1985 : Bull. Cour d'Aix 1985/1 p. 24), validant ainsi leur jurisprudence. Il en ressort les règles suivantes.

L'**information** en cause doit être **confidentielle.** Est sûrement confidentielle l'information qui est un secret des affaires au sens de l'article L 151-1 du Code de commerce, secret qui n'est d'ailleurs protégé que si le détenteur a pris les mesures raisonnables pour le protéger, ce qui implique qu'il ait notamment obtenu la conclusion d'une clause de confidentialité. Il ne résulte pas cependant de cette disposition qu'une information qui n'est pas un secret des affaires ne puisse pas être l'objet d'une clause de confidentialité. N'importe quelle information peut être rendue confidentielle si les parties en conviennent. Seul un intérêt général d'ordre public de direction pourrait s'y opposer.

Cette information doit avoir été **obtenue au cours des négociations.** C'est le cas si elle a été délivrée spontanément par la partie la détenant ou si elle lui a été demandée et qu'elle a consenti à la délivrer, les parties pouvant alors préciser les termes de la communication dans un accord formel.

L'information communiquée doit avoir été **utilisée ou divulguée sans autorisation.** L'information est utilisée par un négociateur lorsqu'il l'a exploitée, soit à des fins commerciales ou malveillantes par communication à des concurrents, soit par mise en œuvre pour son compte personnel.

Les faits révélés ne peuvent être retenus comme **prouvés** que si le juge les soumet à un débat contradictoire entre les parties (CE 2-10-2017 nº 3999753 ; CE 9-6-2021 nº 449643).

SANCTION DU DEVOIR DE LOYAUTÉ

11888 Le négociateur qui manque au devoir de confidentialité engage sa **responsabilité** dans les conditions du droit commun (C. civ. art. 1112-2). La solution s'impose tout autant pour les manquements au devoir de sincérité et de bienveillance, car tous ces manquements portent atteinte au devoir de bonne foi qui est sanctionné par la responsabilité de leur auteur. Celle-ci est par principe extracontractuelle (nº 10645). Néanmoins, elle peut être contractuelle si les parties s'étaient engagées à respecter ces devoirs, par exemple dans un contrat de pourparlers.

Le préjudice de la victime, résultant d'une faute commise pendant les négociations, est réparé comme il est dit nº 11831.

d. Devoir de vigilance

PRINCIPE

11890 **Conformité ou « Compliance »** Les entreprises sont tenues d'observer des règles de bonne conduite instaurées par la loi 2017-399 du 27 mars 2017. Ces règles sont appelées a être modifiées par la proposition de directive de l'UE « sur le devoir de vigilance des entreprises en matière de durabilité » (Proposition dir. COM/2022/71 final du 23-2-2022).

Voir le rapport de la mission d'information parlementaire sur l'évaluation de la loi du 27 mars 2017 (Rapport AN nº 5124 du 24-2-2022)

C. Issue des négociations

1. RUPTURE DES NÉGOCIATIONS

LIBERTÉ DE ROMPRE

Sauf dans le cas où elles sont liées par un contrat de pourparlers fixant les conditions de la rupture (n° 11804), chaque partie peut rompre librement les négociations (C. civ. art. 1112) si elle estime ne pas avoir intérêt à conclure le contrat projeté, sans qu'il puisse lui être reproché de ne pas révéler les motifs de sa décision (CA Aix 28-2-1990 : Bull. Cour d'Aix 1990/1 n° 6). 11900

RUPTURE FAUTIVE

La rupture des négociations est fautive si son auteur l'a décidée dans l'intention de nuire à l'autre partie ou de mauvaise foi (Cass. com. 12-4-1976 n° 74-11.770 : Bull. civ. IV n° 122). 11901

Par **exemple,** la rupture est **fautive** si son auteur :

– a suscité chez son partenaire la confiance dans la conclusion du contrat envisagé (Cass. 2ᵉ civ. 7-6-1967 : Bull. civ. II p. 146 ; Cass. com. 22-2-1994 : RJDA 7/94 n° 765), notamment en lui laissant croire qu'il pouvait s'engager en considération de sa personne alors qu'il agissait en réalité au nom et pour le compte d'une personne morale (CA Versailles 21-12-2001 : RJDA 5/02 n° 466) ;

– a rompu des pourparlers très avancés et ayant reçu un commencement d'exécution (CA Riom 10-6-1992 : RJDA 10/92 n° 893) ;

– a su que son partenaire avait engagé de gros frais, ne lui avait pas communiqué le devis définitif transmis par le fabricant de la machine dont il assurait la distribution et l'avait volontairement maintenu dans une incertitude prolongée (Cass. com. 20-3-1972 : JCP G 1973.II.17543 note Schmidt) ;

– a rompu des pourparlers en prétextant un défaut de réponse à l'une de ses propositions alors qu'il avait transmis celle-ci sans fixer aucun délai, avait employé la formule sauf « meilleurs délais » et que la réponse lui était parvenue dans un délai de dix jours qui devait être considéré comme raisonnable (Cass. com. 22-4-1997 : RJDA 8-9/97 n° 996) ;

– l'a maintenu dans l'illusion d'un prochain dénouement (Cass. com. 18-6-2002 n° 99-16.488 : RJDA 11/02 n° 1111 ; CA Versailles 18-3-2004 n° 02-36 : RJDA 12/04 n° 1332) ;

– a mis, en dépit de plusieurs courriers recommandés de relance, près de quatre-vingt-dix jours pour refuser une offre claire et complète résultant de six mois de négociations approfondies, tout en maintenant abusivement, par des artifices et des atermoiements, l'autre partie dans la quasi-certitude qu'un accord définitif allait intervenir (CA Versailles 3-3-2005 n° 03/08008 : RJDA 12/05 n° 1356) ;

– a maintenu volontairement son partenaire dans une incertitude prolongée en lui laissant croire que la cession de ses parts sociales dans une société allait être conclue à son profit, et a, tandis que des discussions étaient en cours, cédé ses parts à une autre personne sans en avertir son partenaire alors qu'il savait que ce dernier avait engagé des frais (Cass. com. 18-1-2011 n° 09-14.617 : RJDA 5/11 n° 430).

En revanche, la rupture n'est **pas fautive** dès lors qu'elle a été décidée : sans intention de nuire au partenaire (Cass. 1ᵉ civ. 12-4-1976 n° 74-11.770 : Bull. civ. I n° 122) ; sans surprise, son auteur ayant toujours fait connaître à l'autre partie la condition à laquelle il subordonnait son accord (Cass. civ. 19-12-1977 : GP 1978.1.pan.89 ; dans le même sens, CA Versailles 21-9-1995 : RJDA 2/96 n° 177) ; à propos de négociations qui n'étaient engagées que depuis un peu plus de six mois et qui étaient très loin d'aboutir (Cass. com. 12-1-1999 : RJDA 4/99 n° 371) ; devant l'impossibilité d'obtenir les assurances techniques demandées (CA Paris 13-9-2007 : RTD civ. 2008.101 obs. Fages) ; en présence de désaccords subsistants dont les deux parties étaient conscientes (Cass. com. 19-10-2010 n° 09-65.382 : RJDA 2/11 n° 100).

RÉPARATION DE LA RUPTURE FAUTIVE

L'article 1112, al. 2 du Code civil ne précise pas la **nature** de la responsabilité à retenir en cas de rupture fautive, se contentant d'exiger une « réparation » en cas de faute commise lors des négociations (C. civ. art. 1112, al. 2). Les tribunaux ayant écarté la responsabilité contractuelle (Cass. com. 11-1-1984 n° 82-13.259 : Bull. civ. IV n° 16 ; CA Paris 2-2-1990 : D. 1990.IR.52), la partie fautive engage donc sa responsabilité extracontractuelle. La partie fautive est tenue à l'indemnisation des dépenses exposées ou des pertes subies du fait des pourparlers (Cass. com. 26-11-2003 n° 00-10.243 : RJDA 5/04 n° 511 ; Cass. com. 18-1-2011 n° 09-14.617 : RJDA 5/11 n° 430) mais non à celle de la perte de la chance de réaliser les gains que la conclusion du contrat permettait d'espérer (C. civ. art. 1112, al. 2 ; Cass. com. 18-9-2012 n° 11-19.629 : RJDA 1/13 n° 2 ; Cass. 3ᵉ civ. 19-9-2012 n° 11-10.532 : RJDA 1/13 n° 14). 11902

À notre avis, la rupture fautive étant un fait soumis aux règles en vigueur au jour de la survenance du fait (n° 11790), le préjudice né de la rupture fautive des négociations antérieures au 1ᵉʳ octobre 2016, date d'entrée en vigueur de l'article 1112, peut être réparé, comme le décidaient les tribunaux, par la perte d'une chance en application des ex-articles 1382 et 1383 du Code civil alors en vigueur (Cass. 1ᵉ civ. 5-3-2009 n° 08-11.374 : RJDA 6/09 n° 511 ; Cass. com. 20-10-2009 n° 08-20.274 : RJDA 1/10 n° 68). Encore faut-il qu'il y ait perte d'une chance, ce qui impose au juge de préciser quelle est l'éventualité favorable dont a été privée la victime (Cass. com. 21-6-2017 n° 15-17.059 F-D : RJDA 11/17 n° 698). La perte de chance n'existe pas si le préjudice était certain (Cass. 1ᵉ civ. 6-10-2011 n° 10-23.654 : RJDA 1/12 n° 99), s'il n'a pas pu se réaliser (Cass. com.

30-6-2015 n° 14-11.607 : impossibilité pour un emprunteur de perdre la chance de mieux placer les capitaux empruntés s'il avait été correctement informé, car il n'aurait pas alors emprunté et n'aurait pas eu de capitaux à placer) ou s'il ne peut pas être la conséquence du défaut d'information (Cass. 1e civ. 2-7-2014 n° 13-17.894 : RJDA 11/14 n° 833 : l'acquéreur d'une exploitation agricole qui prétend que, mieux informé, il n'aurait pas acheté ne peut pas en déduire qu'il a néanmoins subi un manque à gagner et la perte d'une plus-value potentielle).

En matière d'**assurance,** le montant des dommages-intérêts peut être égal à l'indemnité correspondant à la couverture du risque que l'assuré croyait garanti (Cass. 1e civ. 10-2-1987 n° 85-15.329 : Bull. civ. I n° 44).

La **prescription de l'action en réparation** de la perte de la chance ne court pas du jour de la conclusion du contrat mais du jour où la perte est certaine, laquelle existe le jour où l'exécution du contrat ne peut plus supprimer les conséquences négatives du défaut d'information au jour de la conclusion du contrat (Cass. 1e civ. 16-1-2019 n° 17-21.220 D).

Si les négociations ont lieu **à l'étranger** et si une partie a commis une faute dans le déroulement ou la rupture des négociations, sa condamnation, par une décision de justice étrangère ou par une sentence arbitrale dont l'exécution est susceptible d'être poursuivie sur le territoire français, recevra l'exequatur si elle n'est pas contraire à l'ordre public international français applicable en matière de responsabilité extracontractuelle (n° 8003).

2. ACCORD DE PRINCIPE

QUALIFICATION

11905 Inconnu du Code civil, l'accord de principe est défini par les tribunaux comme celui par lequel les **parties s'obligent à négocier ultérieurement** un contrat donné mais sans y préciser les caractéristiques essentielles de ce contrat (cf. Cass. soc. 24-3-1958 : JCP G 1958.II.10868 note Carbonnier ; Cass. civ. 8-10-1963 : Bull. civ. I n° 418 ; Cass. 3e civ. 6-10-1964 : Bull. civ. III n° 409 ; Cass. com. 28-10-1969 : JCP G 1970.II.16435 ; Cass. com. 4-2-1986 : D. 1991.chr.67 ; Cass. com. 24-6-1986 : BRDA 15-16/86 p. 22 ; Cass. soc. 19-12-1989 : D. 1991.62 note Schmidt-Szalewski ; Cass. com. 2-7-2002 : RJDA 1/03 n° 52 ; Cass. com. 10-1-2012 n° 10-26.149 F-D : RJDA 4/12 n° 428 ; Cass. 3e civ. 5-9-2012 n° 10-28.596).

Cet accord est **distinct** :

– de la **déclaration d'intention** de contracter, qui n'oblige son auteur qu'en cas de comportement fautif de sa part (nos 10256 s.) ;

– de la **promesse de contracter,** car aucune des parties ne peut être liée par le contrat envisagé, comme cela arrive au promettant dans la promesse dès que le bénéficiaire de l'option décide de lever celle-ci, le contrat étant d'ores et déjà défini dans ses éléments essentiels par la promesse (nos 11915 s.) ; il s'ensuit, par exemple, que si la conclusion d'un contrat de vente est subordonnée à la condition de l'obtention d'un prêt, cette condition n'est pas remplie lorsque son débiteur ne peut présenter, à la date requise, qu'un accord de principe, la réalisation du prêt demandant encore plusieurs semaines (TGI Rouen réf. 29-11-1982, inédit) ;

– de l'**accord sous condition,** car, dans ce cas, le contrat en vue est établi dans tous ses éléments essentiels, seule sa conclusion définitive étant différée jusqu'à la survenance de la condition (nos 10259 s. ; pour un exemple d'« accord de principe » dont l'exécution ne dépendait que de la survenance d'une condition, CA Paris 20-11-1992 : JCP E 1993.pan.111 ; T. com. Paris 17-3-2010 n° 2008008023 : GP 2012.som.2313) ;

– du **contrat cadre,** encore que ce nom lui soit parfois donné, car il contient l'engagement ferme de conclure les contrats d'application (n° 11190).

Il n'existe que si un accord s'est noué entre les parties. Ce n'est pas le cas lorsqu'une partie a envisagé la possibilité d'un accord de principe sous réserve que l'autre partie remplisse certaines conditions auxquelles elle n' a pas satisfait (Cass. com. 31-1-2017 n° 15-18.975 F-D : JCP E 2017.1246 n° 7.som. obs. Mathey) ou, a fortiori, si l'accord noué a été qualifié de principe alors qu'il comporte des engagements définitifs (Cass. com. 31-1-2017 n° 15-17.093 F-D : RJDA 7/17 n° 499).

CONSÉQUENCES DE L'INEXÉCUTION DE L'ACCORD DE PRINCIPE

11906 Si l'une des parties se refuse à négocier le contrat défini, l'autre ne peut pas obtenir la **conclusion forcée du contrat** car les conditions essentielles n'en sont pas définies, les parties s'étant seulement obligées à poursuivre, de bonne foi, les négociations en cours (Cass. com. 10-1-2012 n° 10-26.149 : RJDA 4/12 n° 428). Elle n'a droit qu'à la **réparation** du préjudice que ce refus lui cause, sous le régime de la responsabilité contractuelle (nos 15020 s.) puisqu'il viole ouvertement un engagement contractuel de faire précis. Il en est de même si, tout en participant à la recherche de l'accord définitif, une partie renonce abusivement à accepter les propositions de l'autre car elle se rend ainsi coupable d'un abus du droit (n° 74912).

L'accord peut néanmoins contenir des obligations déterminées dont l'exécution peut être ordonnée (Sentence CCI n° 13997 en 2007 : JDI 2016 n° 2 chr. 3 obs. Derains, relevant la claire volonté des parties d'être liées par la clause de négociation exclusive).

3. PROMESSE DE CONTRAT

La promesse de contrat, en tant que telle, a été ignorée du Code civil en 1804. Elle est désormais intégrée dans le droit commun du contrat par l'article 1124, sous le nom de « promesse unilatérale ». 11908

Le Code se met ainsi en concordance avec les faits. D'une part, il reconnaît que la promesse peut concerner **tout contrat.**

En pratique, on rencontre des promesses de vente (les plus courantes), de bail, d'hypothèque, de licence de brevet, de prêt ou de société. Toutefois, ce sont les promesses de vente qui nourrissent le contentieux des promesses ; les décisions citées par la suite les concernent principalement mais elles sont transposables à d'autres types de promesse dans la mesure où elles sont fondées sur la qualification de promesse et non sur celle de vente.

D'autre part, il fixe le critère qui distingue la **promesse unilatérale** de ce qu'il dénomme depuis 1804 « promesse **synallagmatique** », qui en réalité n'est pas une promesse mais un contrat définitif. Il s'ensuit que ces deux promesses ne sauraient être confondues.

a. Promesse synallagmatique

QUALIFICATION

Si les parties ne sont pas convenues d'une option, elles sont, sauf circonstances exceptionnelles (Cass. 3e civ. 8-11-2006 n° 05-17.748 FP-D : RJDA 3/07 n° 238), définitivement liées dès qu'elles sont tombées d'accord sur la chose et le prix, ce que le Code civil (C. civ. art. 1589, al. 1) exprime en énonçant que la **« promesse de vente vaut vente »,** lorsqu'il y a consentement réciproque des parties sur la chose et sur le prix. Il en est issu la formule d'usage traduisant la condition de réciprocité : « la promesse synallagmatique de vente vaut vente ». 11910

Tel est le cas si :

– la promesse unilatérale est assortie d'un dédit ou d'une indemnité d'immobilisation obligeant, en raison de son montant, son bénéficiaire à lever l'option (Cass. com. 20-11-1962 : Bull. civ. IV n° 470 ; CA Paris 22-10-1991 : D. 1993.som.234 obs. G. Paisant) ;

– l'apparent bénéficiaire de l'option a versé immédiatement au promettant des sommes qu'il acceptait de perdre en cas de dédit (Cass. com. 13-2-1978 : Bull. civ. IV n° 60 ; Cass. civ. 28-4-1981 : GP 1981.pan.344 ; voir aussi Cass. civ. 31-3-1981 : GP 1981.pan.308) ;

– l'accord contient tous les éléments déterminants du contrat considéré, la conclusion définitive de ce dernier étant simplement retardée à la date de la passation d'un acte authentique (Cass. 1e civ. 25-2-1963 : Bull. civ. I n° 120 ; Cass. civ. 27-11-1969 : Bull. civ. III n° 772 ; Cass. civ. 14-1-1987 : D. 1988.80 note Schmidt) ou à une date ultérieure (Cass. civ. 4-12-1985 n° 84-14.353 : Bull. civ. III n° 162 ; CA Toulouse 23-7-1981 : JCP G 1983.I.3122, en annexe) ou subordonnée à la survenance d'une condition dès lors que celle-ci est réalisée (CA Aix 9-12-1993 : Bull. Cour d'Aix 1993/2 n° 4 note Giovannangeli) ;

– l'accord a été exécuté, les bénéficiaires de l'engagement de vente étant entrés dans les lieux dès sa signature et ayant depuis lors réglé l'intégralité du prix et assumé les charges incombant aux copropriétaires de l'immeuble (Cass. civ. 11-5-1976 : D. 1978.260 note Taisne) ;

– les parties ont échangé des promesses unilatérales croisées d'achat et de vente, sans assortir chaque promesse d'une option et en fixant la date à laquelle la vente serait formée, dès lors que les deux promesses réciproques ont le même objet et qu'elles sont stipulées dans les mêmes termes (Cass. com. 22-11-2005 n° 04-12.183 : RJDA 4/06 n° 396) ; si chaque promesse est assortie d'une option, ce que permet le caractère supplétif de l'article 1589 du Code civil, la vente est parfaite dès lors qu'une des options est levée (Cass. com. 27-9-2017 n° 16-13.112 FD : RJDA 2/18 n° 133) ; cette dernière solution rend caduque la jurisprudence selon laquelle, pour que des promesses croisées assorties chacune d'une option soient synallagmatiques, elles devaient être soumises à des conditions différentes (Cass. 3e civ. 26-6-2002 n° 00-20.244 : JCP E 2003.543 note Mainguy : promesse de vente et d'achat entre les mêmes parties sur un même objet mais avec, pour l'une, une levée d'option de vente possible huit ans après l'entrée en vigueur d'un contrat de crédit-bail et, pour l'autre, une levée d'option d'achat en cas de non-entrée en vigueur de ce contrat) ; elle n'interdit pas, par ailleurs, aux parties, qui jouissent ici d'une totale liberté contractuelle, de fixer la conclusion de la vente au jour où les deux options seront levées ;

– la promesse comporte des engagements réciproques, même en présence d'une clause autorisant le bénéficiaire de la promesse à se substituer une partie de son choix, une telle clause ne rendant pas la promesse unilatérale (Cass. 3e civ. 28-6-2006 n° 05-16.084 PBRI : RJDA 1/07 n° 24).

À défaut de consentement réciproque des parties pour vendre et acheter ainsi que d'un accord sur la chose et sur le prix, il n'existe pas de promesse de vente valant vente : il s'agit alors soit de promesse unilatérale (Cass. civ. 21-11-1984 n° 83-13.919 : Bull. civ. III n° 198 ; Cass. com. 25-4-1989 n° 87-17.281 : Bull. civ. IV n° 136 ; Cass. 3e civ. 26-3-2008 n° 06-21.308 : RJDA 10/08 n° 1000 ; CA Paris 3-12-1930 et 15-7-1931 : DP 1931.2.147), soit d'une offre de vente qui n'est qu'une manifestation unilatérale de volonté (cf. Cass. civ. 10-5-1989 n° 87-18.130 : Bull. civ. III n° 109).

La **conclusion de la vente** ne peut alors être **écartée** que si les parties :

– se sont réservé une faculté de dédit (Cass. 1e civ. 15-1-1962 : Bull. civ. I n° 31 : dite en l'espèce « clause pénale » ; aussi Cass. 1e civ. 29-6-2016 n° 15-22.923 F-D) ;

– ont subordonné leur accord à une condition suspensive ;

N'a pas été jugée constituer une condition suspensive la clause fixant la durée de la promesse à trois mois dès lors que ce délai n'était pas assorti de la sanction de la caducité et que n'étaient pas relevées de circonstances de nature à démontrer que les parties avaient fait de la réitération par acte notarié un élément constitutif de leur consentement (Cass. 3e civ. 9-7-2014 no 13-12.470 FS-D : RJDA 2/15 no 77).

– ont prévu une date butoir avant laquelle la signature de l'acte authentique devait intervenir et ont expressément sanctionné le dépassement de cette date par la caducité de la vente (cf. Cass. 3e civ. 30-11-2017 no 16-25.107 F-D : RJDA 3/18 no 219).

EFFETS DE LA PROMESSE SYNALLAGMATIQUE

11911 Le contrat étant définitivement conclu, il en résulte, notamment, les conséquences suivantes : dès cette date, sont exigibles les droits de mutation s'agissant d'une vente qui y est soumise (Cass. com. 14-5-1985 : Bull. civ. IV p. 130) ou l'éventuelle rémunération d'un intermédiaire (Cass. 1e civ. 5-10-1982 no 81-14.279 : Bull. civ. I no 271) ; la partie qui n'exécute pas le contrat s'expose à la résolution de celui-ci (Cass. civ. 2-4-1979 : Defrénois 1980.1057 note Morin) ou à l'exécution forcée ou, à défaut, au versement de dommages-intérêts (C. civ. art. 1217 ; no 14900).

Par exemple, une partie ne peut pas refuser de passer l'acte authentique pour ouverture d'une procédure collective à l'encontre de son cocontractant dès lors que le compromis est devenu définitif par réalisation de la condition suspensive avant l'ouverture de la procédure (Cass. com. 18-11-1980 : D. 1981.131 obs. A. H.) ; si le promettant de la vente d'un bien rural a été mis en redressement judiciaire après la conclusion de la promesse, le notaire chargé de la réitération de la vente peut, pendant la période d'observation, notifier celle-ci à la Safer sans avoir à solliciter l'autorisation du juge-commissaire requise pour les actes de disposition (CA Orléans 22-6-2006 no 06-1158 : RJDA 1/07 no 71).

b. Promesse unilatérale

QUALIFICATION

11915 Constitue une promesse unilatérale le contrat par lequel une partie, le promettant, accorde à l'autre, le bénéficiaire, le droit d'opter pour la conclusion d'un contrat dont les éléments essentiels sont déterminés, et pour la formation duquel ne manque que le consentement du bénéficiaire (C. civ. art. 1124, al. 1 ; Cass. soc. 21-9-2017 nos 16-20.104 et 16-20.103, 2 espèces : RJDA 12/17 no 784). Le terme « option » ne suffit pas néanmoins, à lui seul, à caractériser une promesse unilatérale si les autres conditions de cette promesse ne sont pas réunies (CA Versailles 2-11-1995 : RJDA 7/96 no 872).

Mais, alors même que ces conditions sont remplies par une promesse comportant une option, la qualification de promesse **unilatérale** est écartée si elle est interdépendante d'un autre contrat avec lequel elle forme un ensemble d'engagements réciproques (Cass. 3e civ. 13-11-2014 no 13-14.589 : RTD civ. 2015.127 obs. Barbier : existence d'une interdépendance ; Cass. com. 16-10-2019 no 18-14.678 FD : RJDA 1/20 no 9 : absence d'interdépendance).

VALIDITÉ DE LA PROMESSE UNILATÉRALE

11916 **Conditions de fond** À défaut de disposition établissant des règles particulières, la promesse unilatérale est soumise aux conditions de validité du contrat de droit commun. Elle doit donc :

– avoir été **consentie** réciproquement ;

La jurisprudence révèle que le contentieux ne porte pas sur le consentement du promettant mais essentiellement sur l'acceptation de la promesse par le bénéficiaire.

Jugé, spécialement que :

– la remise matérielle entre les mains d'un tiers d'un écrit portant promesse de vente détenu par un courtier ne crée aucun lien de droit entre le signataire de l'écrit et son destinataire inconnu, alors qu'il n'est justifié d'aucune acceptation avant révocation de la pollicitation (Cass. req. 29-4-1903 : D.P. 1904.1.135) ;

– l'acceptation d'une promesse unilatérale de vente établie en un seul exemplaire remis, sitôt rédigé, au bénéficiaire sans rechercher les circonstances d'où aurait pu résulter une acceptation qui ne peut se déduire du seul fait que le bénéficiaire s'était fait remettre l'acte afin de détenir la preuve légale de l'obligation contractée à son profit (Cass. com. 7-6-1979 : JCP N 1980.II.21) ;

– n'a pas consenti à la promesse celui qui a signé, en précisant « vu et pris connaissance », un document intitulé « offre unilatérale de vente » et dont aucune formule ne traduisait le consentement du signataire à accepter cette offre (Cass. 3e civ. 19-10-2011 no 10-30.655 : RJDA 3/12 no 276).

– avoir été **valablement** consentie ;

Ces conditions s'apprécient à l'époque de la promesse et non au moment de la levée de l'option (Cass. civ. 7-1-1982 : JCP G 1982.IV.108). Par exemple, le promettant est engagé même s'il n'a plus ses facultés mentales au moment où le bénéficiaire lève l'option (Cass. civ. 30-11-1971 : JCP G 1972.II.17018 ; Cass. civ. 7-1-1982 précité).

En cas de promesse de vente, la capacité de vendre s'apprécie à la date de la promesse tandis qu'en cas de promesse d'achat la capacité de vendre du bénéficiaire s'apprécie à la date de la levée d'option (Cass. 3e civ. n° 19-13.818 F-D : RJDA 1/21 n° 10).

Notamment, elle ne doit pas être affectée d'un vice du consentement (Cass. 3e civ. 12-6-2014 n° 13-18.947 : RJDA 12/14 n° 883).

– porter sur un **contenu certain et licite,** tel qu'il est défini aux nos 12400 s. et 12520 s.

En cas de **promesse de vente,** les parties doivent avoir notamment déterminé dans l'acte, la chose à vendre et son prix, le contrat de vente supposant ces deux conditions (C. civ. art. 1583). La chose n'est pas déterminée dans une promesse de vendre une partie d'un immeuble dès lors qu'aucune description précise de la division à intervenir n'y figure, son étendue et sa portée n'étant pas précisées (Cass. 3e civ. 12-9-2006 n° 05-15.281 : RJDA 2/07 n° 137). Le prix n'est pas déterminé ni déterminable, par exemple, lorsque le contrat n'en indique ni le montant ni les modalités d'évaluation (Cass. com. 16-10-1967 n° 64-10.898 : Bull. civ. III n° 324 ; Cass. civ. 19-10-1983 : GP 1984.pan.100) ou, lorsqu'une indexation du prix est prévue, si l'indice de référence n'est pas mentionné (Cass. 1e civ. 8-3-1954 : Bull. civ. I n° 87) ou a disparu (Cass. civ. 28-2-1949 : GP 1949.1.184 ; sur la possibilité de substitution d'un autre indice, n° 50396). En outre, le paiement du prix ne peut pas dépendre de la seule volonté de celui qui en est débiteur (cf. C. civ. art. 1304-2 ; ex-art. 1174) ; tel est le cas d'une promesse de vente d'un fonds de commerce qui précise que le bénéficiaire est tenu de payer le prix prévu s'il réitère son intention au moment convenu pour acheter, en l'espèce à la fin de la location-gérance en cours au moment de la promesse (Cass. com. 23-9-1982 n° 81-10.131 : Bull. civ. IV n° 284).

Les mêmes conditions ont été imposées en cas de promesse de bail (Cass. 3e civ. 20-5-1992 n° 90-21.109 : Bull. civ. III n° 152) ou de société (Cass. com. 28-4-1987 n° 85-18.062 : Bull. civ. IV n° 104 ; CA Paris 25-6-1985 : BRDA 21/85 p. 9).

Conditions de forme Les promesses peuvent être conclues par écrit ou oralement, sauf : **11919**

– les promesses unilatérales de vente de fonds de commerce qui doivent, à peine de nullité, être constatées par écrit et enregistrées (n° 2703) ;

La même règle est applicable aux promesses unilatérales de vente ayant pour objet un immeuble ou un droit réel immobilier (C. civ. art. 1589-2).

– les promesses de contrats solennels qui doivent, à peine de nullité, être passées dans les mêmes formes que le contrat qui en est l'objet (CA Dijon 26-4-1932 : D.H.1932.339 : à propos d'une donation) ; mais la promesse d'hypothèque sous signature privée n'est pas nulle (n° 56244).

OPTION DU BÉNÉFICIAIRE D'UNE PROMESSE UNILATÉRALE

Le régime de l'option d'une promesse unilatérale dépend de la commune volonté des parties, la loi ne l'ayant jamais défini. Les parties peuvent se guider sur les solutions suivantes. **11925**

Délai de levée de l'option Pour choisir le délai dont le bénéficiaire de la promesse unilatérale dispose pour lever l'option, les **parties** peuvent se **déterminer** sur la base des développements généraux sur les délais exposés nos 13503 s. et aux solutions jurisprudentielles particulières au délai d'option ci-après. **11928**

Le délai d'option peut être de la durée de l'opération sur laquelle repose la promesse. Ainsi dans un cas où un contrat de location-gérance de fonds de commerce était assorti d'une promesse unilatérale de vente du fonds au locataire, jugé que la durée de la levée d'option prévue jusqu'à l'expiration du « présent contrat » expirait au jour de l'extinction du contrat de location-gérance et n'était pas prorogée du temps de la tacite reconduction de ce contrat, en l'absence d'indivisibilité voulue par les parties (Cass. com. 22-10-1996 n° 94-13.373 : RJDA 1/97 n° 9). De même, lorsque le bien sur lequel porte la promesse fait l'objet d'un bail renouvelé, la durée du délai d'option et la durée du bail sont distinctes car la prorogation légale du bail n'entraîne pas celle de l'option (Cass. civ. 8-4-1924 : DP 1924.1.118 ; Cass. civ. 16-7-1951 : D. 1951.620) ; en revanche, les deux durées sont identiques si les parties ont voulu créer une indivisibilité entre les deux conventions (Cass. civ. 8-4-1924 précité ; Cass. 3e civ. 10-12-1969 : Bull. civ. III n° 819) et que cette commune volonté a persisté à chaque renouvellement du bail (Cass. civ. 8-4-1924 précité).

Lorsque la conclusion de la promesse est subordonnée à la réalisation de **conditions suspensives,** ce délai s'apprécie comme il est dit ci-dessous.

Le délai :

– commence à courir du jour de la réalisation des conditions si les parties ont fixé son point de départ à cette date (Cass. civ. 24-2-1999 : RJDA 5/99 n° 537) ;

– est expiré à la date limite de la levée d'option si les parties ont aligné sur sa durée celle de la réalisation des conditions ou s'il est devenu certain à la date limite de levée de l'option que la réalisation des conditions était impossible ; dès lors, si les conditions n'étaient pas réalisées à cette date, la promesse est caduque (Cass. 3e civ. 24-6-1998 : D. 1999.403 note Kenfack ; Cass. 3e civ. 4-2-2004 n° 115 : RJDA 6/04 n° 687 ; Cass. 3e civ. 9-6-2009 n° 07-15.421 : RJDA 11/10 n° 1036), même si la condition à laquelle elle était subordonnée (le non-exercice d'un droit de préemption) s'est trouvée accomplie par l'effet de l'annulation de la décision de préemption (Cass. 3e civ. 22-9-2010 no 09-14.817 : RJDA 2/11 no 134).

– peut être prorogé automatiquement dans les termes prévus par la promesse (Cass. 3e civ. 17-10-2019 no 18-16.823 D) ; il n'est pas prorogé si la promesse est sous la condition suspensive de l'obtention d'un permis de construire par l'octroi de délais supplémentaires pour cette obtention, aucune des pièces n'établissant un accord quelconque des parties sur une prorogation du délai d'option (Cass. civ. 22-11-1995 : RJDA 3/96 no 324).

À défaut de stipulation expresse du délai et de mise en demeure de prendre parti dans un délai raisonnable, le bénéficiaire dispose pour lever l'option d'une durée égale à celle de la prescription de son droit, soit cinq ans (no 71725) au lieu et place des trente ans antérieurs (CA Aix 18-9-1978 : Bull. Cour d'Aix 1978/3 p. 84 ; CA Aix 24-6-1981 : Bull. Cour d'Aix 1981/2 p. 40) ; jugé que le bénéficiaire n'a pas usé d'un délai raisonnable lorsqu'il a levé l'option plus de onze ans plus tard (Cass. com. 27-1-2021 no 18-22.492 F-D : RJDA 6/21 no 375).

Une mise en demeure est inutile s'il est établi que le bénéficiaire a renoncé à se prévaloir de son option (Cass. civ. 4-4-1949 : D. 1949.316 ; Cass. 3e civ. 24-4-1970 no 68-10.536 : Bull. civ. III no 279 ; Cass. 3e civ. 23-4-1976 no 74-12.968 : Bull. civ. III no 172 ; Cass. com. 26-1-1993 : D. 1994.68 note Maury).

Mais le promettant peut mettre fin à tout moment à son engagement, comme il est de règle pour tout engagement à durée indéterminée (no 15503 ; CA Versailles 8-11-1991 : RJDA 1/92 no 19 : caractère non abusif de la résiliation décidée cinq mois après l'expiration du délai fixé initialement et prorogé pour une durée indéterminée).

11931 **Versement d'une indemnité d'immobilisation** Les parties sont libres de prévoir ou non si le bénéficiaire, dans le cas où il ne lèverait pas l'option, devra verser au promettant une indemnité, dite « d'immobilisation » (Cass. civ. 5-11-1996 : RJDA 2/97 no 164).

Ce versement est parfois exigé avant même la levée de l'option (Cass. 3e civ. 27-2-1991 no 89-19.942 : Bull. civ. III no 74, estimant que l'offre d'un prêt ne valait pas paiement). Il est dû dès lors que la non-réalisation de la promesse n'est pas imputable au promettant (Cass. 3e civ. 15-12-2010 no 09-15.211 : RJDA 4/11 no 297).

La somme due par le bénéficiaire tend seulement à compenser le prix de l'exclusivité consentie au bénéficiaire de la promesse ; elle est due sans avoir à considérer si le promettant a subi un éventuel préjudice (Cass. civ. 5-12-1995 : RJDA 4/96 no 477). Par ailleurs, ne sanctionnant pas l'inexécution d'une obligation, cette indemnité n'est pas une clause pénale (no 15259).

Le montant de l'indemnité peut dépendre de la durée d'immobilisation, les juges ne pouvant condamner au paiement du montant prévu sans rechercher si cette indemnité n'a pas été fixée par les parties en fonction de la durée d'immobilisation de l'immeuble et si, partant, son montant ne devait pas être réduit du fait de la renonciation anticipée du bénéficiaire de la promesse de vente (Cass. 3e civ. 5-12-1984 no 83-12.895 : D. 1985.544 note Bénac-Schmidt ; pour une réduction en raison d'une renonciation à la promesse avant l'expiration de la durée d'option, CA Paris 31-5-1990 : D. 1990.IR.180). Si les parties ont prévu que l'indemnité serait acquise de plein droit au promettant à titre de dommages-intérêts dans le cas où la vente ne se réaliserait pas, le montant de l'indemnité n'a pas alors à être réduit en fonction de la durée effective de l'immobilisation, en l'espèce moins d'une année (Cass. civ. 10-12-1986 : JCP G 1987.II.20857 note Paisant).

11937 **Transmission de l'option** Les parties sont libres de régler la transmission de la promesse unilatérale à leurs héritiers. Elle peuvent ainsi, notamment prévoir que la promesse profitera aux **héritiers** du bénéficiaire ou dispensera les héritiers du promettant de son exécution (CA Paris 4-10-1991 : D. 1992.IR.3).

Elles peuvent aussi prévoir que le bénéficiaire aura le **droit de se substituer un tiers,** s'il pourra le faire avant ou après la levée de l'option et si, en cas de substitution permise, il sera libéré.

La substitution, conforme aux conditions posées par les parties, ne confère au substitué le **droit de se prévaloir** de la promesse que si celle-ci peut lui être transmise, ce qui n'est pas le cas lorsque le substituant s'est réservé la possibilité de ne pas réitérer la promesse (Cass. 3e civ. 13-7-1999 no 97-18.926 : RJDA 10/99 no 1064).

Sur la substitution, nos 14350 s.

11943 **Entrée en possession du bénéficiaire** La promesse de vente peut prévoir que le bénéficiaire pourra entrer en possession de la chose vendue dès la conclusion de la promesse (cf. à propos de promesse sur immeuble, Cass. civ. 12-1-1994 : D. 1995.52 note Macorig-Venier : bénéficiaire mis effectivement en possession ayant le droit de louer l'immeuble ; Cass. 1e civ. 31-1-2018 no 16-24.007 F-D : RJDA 4/18 no 308 : bénéficiaire tenu de payer une indemnité d'occupation).

SITUATION DES PARTIES À LA PROMESSE AVANT LA LEVÉE D'OPTION

11945 **Situation du bénéficiaire** Avant la levée de l'option, sauf clause lui imposant paiement d'une indemnité d'immobilisation dès la conclusion de la promesse (no 11931), le **bénéficiaire** n'est tenu d'**aucune obligation.**

Il n'est que créancier de l'obligation de délivrance de la chose vendue ou louée, ou de la remise de la chose prêtée, dont est tenu le promettant selon l'objet de la promesse. Sa créance est donc mobilière même s'il s'agit de la promesse de vente d'un immeuble (cf. Cass. civ. 30-4-1970 : JCP G 1971.II.16674 note Mourgeon) et ne vaut donc pas, à ce stade, acquisition du bien objet de la promesse, lequel ne peut être ainsi un acquêt de communauté (Cass. 1e civ. 1-12-2010 n° 09-65.673 : JCP G 2011.17-481 p. 803 note Dagorne-Labbe ; contra CA Lyon 29-1-2015 n° 13/09344 : JCP G 2015.24-709 obs. Simler).

Sur le droit du bénéficiaire d'entrer en possession avant la levée de l'option, n° 11943.

Situation du promettant Le promettant est tenu de respecter son engagement : en conséquence, il ne peut pas **révoquer** sa **promesse** avant l'expiration du délai d'option ; s'il le fait, le bénéficiaire reste en droit de lever l'option et de provoquer, de ce seul fait, la formation du contrat (cf. C. civ. art. 1124, al. 2 ; disposition conforme à la Constitution : Cass. 3e civ. QPC 17-10-2019 n° 19-40.028 FS-PBI : RJDA 1/20 n° 10). 11946

Cette disposition rend caduque la jurisprudence antérieure autorisant la révocation de la promesse sans que le bénéficiaire puisse demander l'exécution forcée du contrat (Cass. com. 13-9-2011 n° 10-19.526 : RJDA 1/12 n° 25 au motif que la levée de l'option après la rétractation de la promesse excluait toute rencontre du consentement). Le bénéficiaire ne pouvait réclamer que des dommages-intérêts (CA Paris 27-9-2012 n° 11-20031 : RJDA 1/13 n° 22).

À notre avis, les promesses unilatérales conclues avant le 1er octobre 2016 ne sauraient désormais être révoquées car la loi nouvelle s'applique immédiatement aux situations juridiques soumises à des jurisprudences prétoriennes (n° 10617 ; dans le même sens, mais sur le fondement de l'ex-art. 1142 et le droit à l'exécution forcée d'un engagement ferme, Cass. 3e civ. 23-6-2021 n° 20-17.554 et rappr. Cass. 3e civ. 20-10-2021 n° 20-18.514 FS-B ou sur le fondement de l'évolution du droit des obligations, Cass. com. 15-3-2023 n° 21-20.399 F-B : RJDA 6/23 n° 363).

Si le promettant refuse d'exécuter sa promesse, il s'expose aux sanctions exposées n° 11953.

Si le **promettant conclut** un contrat **avec un tiers en violation de la promesse,** le bénéficiaire peut demander l'annulation de ce contrat à condition d'établir que le tiers connaissait l'existence de la promesse (C. civ. art. 1124, al. 3). 11947

Avant le 1er octobre 2016 (sur cette date, n° 10000), l'annulation de la cession supposait la preuve, plus délicate, de l'existence d'une collusion frauduleuse entre le tiers et le promettant (Cass. 3e civ. 8-7-1975 n° 73-14.486 : Bull. civ. III n° 249 ; Cass. 3e civ. 10-11-1982 n° 81.13-408 : Bull. civ. III n° 221). Désormais, cette solution doit être écartée, la loi primant les solutions prétoriennes (n° 10617).

La même solution s'impose si l'acte conclu ne contrevient pas directement à la promesse mais est susceptible d'aboutir à la violation de celle-ci, comme l'a révélé une espèce où le créancier du promettant s'était rendu complice de celui-ci en acceptant de prendre une hypothèque en fraude des droits du bénéficiaire de la promesse (Cass. civ. 10-4-1948 : JCP G 1948.II.4403 note Becqué, réparant le préjudice du bénéficiaire par la mainlevée de l'inscription d'hypothèque et l'annulation de la saisie pratiquée par le créancier).

LEVÉE DE L'OPTION PRÉVUE DANS LA PROMESSE

Conditions L'exécution de la promesse unilatérale passe par la levée de l'option, que le **bénéficiaire** est libre de décider, ou par sa renonciation à la lever (Cass. 3e civ. 29-6-2017 n° 15-26.419 FS-D, écartant qu'il puisse pour cette raison être condamné à dommages-intérêts). 11949

En cas de décès du bénéficiaire, les **héritiers** de celui-ci peuvent lever l'option dans le délai fixé par la promesse (Cass. 1e civ. 4-7-2012 n° 11-10.594 : RJDA 12/12 n° 1038). Ils le peuvent même après le décès du promettant, dont les héritiers sont, sauf la clause vue n° 11937, obligés à la réalisation de la vente, y compris les mineurs qui sont engagés même sans autorisation du juge des tutelles (Cass. 3e civ. 8-9-2010 n° 09-13.345 : RJDA 12/10 n° 1142).

La levée de l'option n'est valable que si les **conditions convenues** à cet effet sont respectées (Cass. 3e civ. 7-1-1987 n° 85-14.930 : Bull. civ. III n° 7 : défaut de lettre recommandée ; Cass. 3e civ. 16-9-2014 n° 12-25.806 : RJDA 12/14 n° 933 : défaut de paiement complet des loyers d'un crédit-bail ; CA Paris 18-9-1989 : D. 1989.IR.258 : défaut de paiement effectif du prix ou d'offre réelle de paiement à la date convenue). L'option est ainsi valablement levée dès lors qu'elle est intervenue avant la date limite fixée pour son exercice, par exemple en cas de levée notifiée par pli postal, si la lettre a été postée le dernier jour de validité de la promesse, même si le promettant n'a reçu cette notification qu'après l'expiration de celle-ci (CA Paris 27-10-2015 n° 14/14101 : RJDA 3/16 n° 199). Elle doit être levée par lettre recommandée si une clause spéciale de la promesse le prévoit, même si une clause générale de l'acte relative aux modalités de notification autorise aussi la remise en main propre (Cass. com. 30-8-2023 n° 21-24.090 F-D : RJDA 12/23 n° 658).

Lorsque la matérialisation de la levée de l'option suppose une lettre recommandée AR, il est valablement suppléé à une telle lettre lorsque le bénéficiaire de la promesse a été contraint de poursuivre le promettant en justice pour faire constater la validité de la promesse (Cass. 3e civ. 11-5-2005 n° 548 : RJDA 3/06 n° 280).

Il est prudent d'indiquer avec précision le lieu où la levée de l'option doit être notifiée au promettant ; à défaut, la notification faite chez le notaire du promettant vaut levée dès lors que le notaire a averti ce dernier (Cass. 3e civ. 19-12-2012 no 08-14.225 : RJDA 3/13 no 207).

La levée de l'option n'a **pas à être constatée** formellement dès lors que le promettant et le bénéficiaire ont exécuté la promesse (Cass. com. 2-7-1974 no 72-14.218 : Bull. civ. IV no 216).

On ne saurait trop recommander au promettant de subordonner la levée de l'option au **paiement comptant** du prix (CA Paris 18-9-1989 : D. 1989.IR.258, validant la condition de paiement avant la levée de l'option).

Dire que le prix est **payable à la réalisation** de la promesse peut être interprété par les juges comme une condition suspensive du contrat promis, celui-ci n'étant conclu et le prix payable qu'après la rédaction du contrat définitif et non pas dès la levée de l'option (Cass. civ. 25-1-1977 : J. Not. 1977.443), mais aussi comme valant seulement l'indication d'un terme pour le paiement du prix (CA Aix 20-1-1977 : Bull. Cour d'Aix 1977/1 p. 19, la promesse prévoyant que le prix serait payé au plus tard le jour de la rédaction de l'acte authentique).

Ne vaut pas une offre réelle de paiement la lettre du bénéficiaire au promettant faisant état de ses difficultés financières (cf. Cass. com. 26-11-1979 : Bull. civ. IV no 307).

À défaut de levée régulière de l'option dans le délai convenu, la promesse est **caduque** (cf. Cass. civ. 15-6-1982 : Defrénois 1982.1631 obs. Vermelle ; Cass. 3e civ. 22-9-2010 no 09-14.817 : RJDA 2/11 no 134). Toutefois, cette déchéance est écartée s'il ressort des circonstances de l'espèce que le délai n'était pas de rigueur dans l'intention des parties (Cass. com. 1-6-1993, deux espèces : RJDA 12/93 no 1009).

Sur la caducité de la promesse assortie de conditions suspensives, no 11928.

11950 **Effets** Sauf clause expresse contraire, lorsque l'option a été levée dans les conditions convenues, le **contrat** qui faisait l'objet de la promesse est réputé, de ce seul fait, définitivement **conclu,** dès lors que la promesse en contient tous les éléments déterminants (Cass. com. 30-11-2004 no 1742 : RJDA 3/05 no 270), et ce, conformément aux clauses de la promesse (Cass. req. 17-6-1938 : S. 1938.1.386 ; CA Paris 17-6-1987 : BRDA 22/87 p. 13 ; T. civ. Seine 15-6-1932 : GP 1932.2.565).

Le défaut de concordance entre les clauses de la promesse et celles du contrat peut engendrer des difficultés d'interprétation (cf. Cass. civ. 2-6-1981 : GP 1982.pan.4, appliquant la clause d'indexation prévue dans la promesse quoique non reprise dans l'acte), voire, en cas de divergence profonde, la résolution de la promesse aux torts de celui qui a modifié unilatéralement l'accord convenu (Cass. civ. 2-4-1979 : GP 1979.pan.391 : résolution aux torts du promettant).

Le contrat prévu par la promesse prend **effet au jour** de la levée de l'option, sauf convention contraire des parties (pour un exemple de report au jour de l'acte notarié d'une vente d'immeuble, Cass. civ. 11-12-1984 : JCP G 1985.IV.73). Il s'ensuit que c'est à la date de levée de l'option ou de la prise d'effet conventionnelle du contrat :

- qu'en cas de promesse de vente d'immeuble, le promettant peut demander la rescision pour **lésion** de la vente (Cass. civ. 11-12-1984 : JCP G 1985.IV.73) ;
- que **naît la créance** du prix de vente convenu dans une promesse unilatérale d'achat, laquelle n'a pas à être déclarée à la procédure collective du promettant si la levée de l'option intervient après le jugement d'ouverture, et le bénéficiaire de la promesse qui lève l'option a le droit d'être payé à l'échéance (Cass. com. 3-5-2011 no 10-18.031 : RJDA 10/11 no 833) ;
- que commence à courir la **prescription** de l'action en nullité du contrat (CA Paris 18-12-2008 no 08/05219 : RJDA 4/09 no 351) ;
- que le **transfert de la propriété et des risques** du bien visé dans la promesse de vente a lieu (Cass. 1re civ. 10-6-1949 : Bull. civ. I p. 607 ; TGI Hazebrouck 19-10-1983 : D. 1984.379 note Contamine-Raynaud).

Sur le transfert de la pleine propriété du bien grevé d'usufruit en cas de promesse de vente de ce bien par le nu-propriétaire, sauf s'il s'est réservé l'usufruit, no 30650.

REFUS DU PROMETTANT D'EXÉCUTER LA PROMESSE

11952 **Refus justifié** Le promettant peut valablement refuser d'exécuter la promesse **après la levée d'option** s'il invoque la **faculté de dédit** que la promesse lui reconnaît à condition de respecter les conditions prévues pour son exercice (Cass. com. 14-6-1982 : GP 1983.pan.19 et Cass. 3e civ. 12-2-1971 no 69-14.146 : Bull. civ. III no 119 : conditions non respectées).

11953 **Refus injustifié** En cas de refus injustifié du promettant d'exécuter la promesse **après la levée de l'option,** le bénéficiaire peut obtenir :

- un **jugement valant contrat,** lorsque les éléments essentiels du contrat sont précisés dans la promesse et que la promesse se suffit à elle-même (pour une promesse de bail, Cass. req. 11-6-1925 : GP 1925.2.436 ; contra CA Aix 4-10-1977 : Bull. Cour d'Aix 1977/3 p. 25 ; pour une promesse de licence de brevet, CA Paris 17-6-1987 : BRDA 22/87 p. 18 ; pour une promesse d'embauche, Cass. soc. 15-12-2010 no 08-42.951 ; rappr. Cass. com. 17-2-1982 : D. 1983.484 note Schmidt) ; le **juge des référés** est compétent s'il n'existe pas une contestation sérieuse sur la promesse (CA Paris 21-12-2007 no 07/17846 : RJDA 5/08 no 539) ;

Pour d'autres exemples : Cass. civ. 19-2-1970 : GP 1970.1.282 ; Cass. civ. 7-1-1982 n° 80-14.396 : JCP G 1982.IV.108 ; Cass. 3e civ. 16-6-2009 n° 08-14.901 : RJDA 12/09 n° 1057 ; CA Paris 17-6-1987 : BRDA 22/87 p. 18 ; CA Versailles 19-9-1996 : RJDA 3/97 n° 366 ; CA Versailles 19-1-2006 n° 05/00414 : RJDA 5/06 n° 541.

– des **dommages-intérêts** lorsque l'exécution de la promesse suppose un choix de la part des parties (CA Paris 29-6-1964 : JCP G 1965.II.14135 obs. Boccara : choix offert au bénéficiaire, après levée de l'option, entre un prix indexé et un prix plus élevé non indexé), laisse à la charge du promettant une obligation de faire (prestation de services depuis le 1-10-2016, nos 13200 s.) lui imposant une contrainte physique, telle la présentation d'un successeur (n° 14900), ou l'accomplissement d'un acte, nouveau par rapport à la promesse et indispensable à la conclusion du contrat promis, telle la remise de la somme prêtée constitutive d'un prêt d'argent consenti par un non-professionnel du crédit, ce prêt n'étant formé que par la remise de la chose par le promettant (n° 41010).

Les dommages-intérêts peuvent comprendre la réparation de la perte de la chance que la promesse apportait au bénéficiaire ; jugé ainsi que l'inexécution par un actionnaire de la promesse de cession de 53 % des actions d'une société a privé le cocontractant des bénéfices que, selon les prévisions, il lui était permis d'espérer et qu'il est donc nécessaire de rechercher si le profit que l'acquéreur pouvait raisonnablement prévoir pendant cinq ans est ou non supérieur au produit du placement du prix d'acquisition pendant la même période (CA Paris 12-11-1982 : Bull. inf. C. cass. 1982 n° 40).

Le promettant qui tarde à exécuter la promesse peut aussi être condamné à dommages-intérêts pour le préjudice dû à ce **retard** (TGI Paris 12-12-1973 : GP 1974.1.454). L'action en exécution de la promesse est une action personnelle qui se prescrit par cinq ans (Cass. 3e civ. 8-7-2021 n° 19-26.342 F-D).

DÉFAILLANCE DU BÉNÉFICIAIRE DE LA PROMESSE

Refus de lever l'option Sauf s'il l'a déjà payée, le bénéficiaire doit **verser l'indemnité** d'immobilisation prévue, le cas échéant, par la promesse pour le cas où il renoncerait à lever l'option (n° 11931). Il ne peut en être exonéré que si son abstention est imputable au promettant (Cass. civ. 15-6-1982 : Defrénois 1982.1631 obs. Vermelle). **11955**

Défaut de conclusion du contrat par le bénéficiaire après levée de l'option **11958**
Lorsque le bénéficiaire a levé l'option mais n'a pas, par la suite, passé avec le promettant le contrat qui avait été promis, tel que la promesse l'avait défini, il n'a pas exécuté ses engagements ; le promettant peut alors obtenir la **résolution de la promesse,** mais il doit la demander en justice, nul ne pouvant se faire justice à lui-même (CA Paris 19-11-1993 : Bull. Joly 1994 p. 193). Sur le cas où les parties ont prévu une réitération de l'acte, n° 10262.

La résolution de la promesse doit être prononcée, notamment si le contrat n'a pas été passé dans le délai prévu et à défaut de prorogation expresse ou tacite (CA Paris 27-4-1987 : D. 1987.IR.138).
Elle ne saurait l'être, en revanche, si les conditions de la promesse ont été respectées. Tel est le cas, par exemple, lorsque les promettants d'une vente, qui s'étaient réservé un délai de dix-huit mois pour convenir du prix ou, à défaut, le faire fixer par un arbitre, ont gardé le silence, pendant ce délai, sur le prix que le bénéficiaire leur avait proposé, car en se réservant cette faculté ils s'étaient obligés à manifester expressément leur désaccord si le prix proposé ne leur convenait pas ; en conséquence, leur silence valait acceptation du prix, ce qui rendait la vente parfaite (Cass. civ. 12-1-1988 : D. 1988.IR.38).

En raison du parallélisme des situations, le promettant peut aussi demander l'**exécution forcée** de la promesse et obtenir un jugement valant contrat sous les mêmes conditions que celles requises du bénéficiaire de la promesse lorsque c'est lui qui refuse l'exécution (n° 11953).

Le bénéficiaire est fondé à **refuser de conclure un acte authentique** prévu par la promesse dès lors que celui-ci n'est pas conforme aux termes de cette dernière et qu'il n'a pas consenti à la modification imposée par son cocontractant (cf. Cass. 3e civ. 27-6-2019 n° 18-18.310 FD : RJDA 10/19 n° 608).

4. CONTRAT SOUS CONDITION DE DÉDIT

EXISTENCE D'UNE FACULTÉ DE DÉDIT

Contre le versement d'une somme ou gratuitement (Cass. com. 30-10-2000 n° 98-11.224 : D. 2001.som.3241 obs. Mazeaud), le droit de **se dédire** et de mettre à néant le contrat conclu peut être prévu dans le contrat (C. civ. art. 1590 sur la vente mais transposable à tout accord ; CA Lyon 13-2-1951 : D. 1951.502 : promesse d'association). **11965**

Constitue une clause de dédit, et non une clause pénale, celle qui :
– donne à une partie la faculté de dénoncer le contrat moyennant paiement d'une indemnité (Cass. civ. 9-1-1991 : D. 1991.481 note Paisant ; Cass. civ. 17-11-1993 : RJDA 3/94 n° 328) ;
– prévoit le droit, en cas de résiliation anticipée provoquée par le cocontractant, au profit de l'autre partie à une indemnité forfaitaire et définitive d'un montant déterminé variant selon la date à laquelle la rupture interviendrait (Cass. com. 14-10-1997 : RJDA 1/98 n° 14) ;

– reconnaît à un vendeur le droit de racheter à terme le produit vendu moyennant le paiement d'un acompte de 20 %, sauf à renoncer au rachat contre abandon à l'acheteur de l'acompte versé à titre « d'indemnité de dédit » (Cass. com. 18-1-2011 n° 09-16.863 : RJDA 5/11 n° 383) ;

– prévoit « qu'en cas de résiliation anticipée du contrat de maintenance d'un photocopieur, quelle qu'en soit l'origine, le débiteur sera redevable d'une indemnité égale à 110 % du volume des copies le séparant de l'échéance » ; en effet, une telle faculté ne sanctionne pas l'inexécution d'une partie de manière forfaitaire mais compense un manque à gagner en cas de résiliation anticipée, la clause pénale ayant pour objet de sanctionner une inexécution contractuelle, tandis que la clause de dédit permet aux parties de se libérer unilatéralement de leurs engagements moyennant un prix (CA Montpellier 15-12-2022 n° 22/01571).

En revanche, constitue une clause pénale celle qui a pour objet de contraindre un cocontractant à exécuter le contrat jusqu'à son terme et d'évaluer de manière forfaitaire le préjudice subi par l'autre partie s'il ne le fait pas (Cass. com. 5-12-2018 n° 17-22.346 F-D : RJDA 3/19 n° 165).

Les juges apprécient souverainement si la faculté de dédit a été reconnue à l'une des parties (Cass. civ. 16-7-1956 : GP 1956.2.142) ou aux deux (Cass. req. 26-12-1927 : DP 1928.1.166).

Le droit de se dédire appartient à chaque partie si l'accord a été conclu avec des **arrhes,** celui qui les a donnés en les perdant, celui qui les a reçus, en restituant le double (C. civ. art. 1590 ; Cass. civ. 18-3-1997 : RJDA 6/97 n° 755, qualifiant d'arrhes une somme forfaitaire versée au promettant d'une promesse de vente à titre de « dépôt de garantie » ; CA Aix 8-7-1947 : D. 1947.456 ; CA Toulouse 29-11-1949 : JCP G 1950.II.5342 note Toujas), sauf clause contraire (CA Paris 11-10-1988 : D. 1988.IR.288 : dédit fixé au simple montant des sommes versées).

Les juges du fond apprécient souverainement si la somme versée par un cocontractant à l'autre constitue des arrhes valant dédit ou simplement un acompte sur le prix (Cass. 3e civ. 15-12-1976 n° 75-12.518 : Bull. civ. III n° 468).

Ils ont une tendance très nette à qualifier d'**acompte** le versement litigieux ; jugé notamment, que la somme versée correspond à un acompte :

– lorsqu'elle l'a été avant la signature de l'acte authentique de réitération de l'accord initial car, sauf s'il est indiqué qu'elle constitue un dédit, elle doit être considérée comme un acte d'exécution du contrat (CA Rouen 19-6-1991) ;

– lorsque rien n'établit qu'une faculté de dédit a été réservée (Cass. com. 20-11-1973 n° 72-11.029 : Bull. civ. IV n° 336 ; Cass. 3e civ. 15-12-1976 n° 75-12.518 : Bull. civ. III n° 468) ;

– lorsque le contrat prévoit que les sommes versées viennent en déduction du prix (Cass. req. 23-11-1942 : S. Tables 1943 V° Arrhes n° 1) ou sont « à valoir sur une vente future » (CA Aix 11-1-1977 : Bull. Cour d'Aix 1977/1 p. 95) ;

– lorsque le reçu des sommes versées contient promesse de payer le solde avant un certain délai (CA Paris 29-11-1930 : GP 1931.1.128) ou que le solde du prix sera payé en fin de travaux (CA Aix 12-3-1980 : Bull. Cour d'Aix 1980/1 p. 59) ;

– lorsque les versements donnent lieu à une réclamation pour « complément du premier loyer » (T. civ. Seine 28-10-1936 : DH.1936.597) ;

– lorsque les versements sont faits « pour garantir l'exécution des engagements de l'acquéreur » (CA Lyon 9-5-1946 : GP 1946.2.64) ;

– lorsque les usages commerciaux s'opposent à ce que le versement soit considéré comme des arrhes (CA Toulouse 29-11-1949 : JCP G 1950.II.5342 note Toujas ; CA Pau 29-2-1960 : GP 1960.1.317 et, sur pourvoi, Cass. com. 3-5-1965 : D. 1966.som.2).

11968 **Effets du dédit** Le **bénéficiaire** de la clause de dédit peut **repousser** la demande d'**exécution** du contrat tant qu'il remplit les **conditions** convenues pour l'exercice de la faculté de dédit, sous réserve de se conformer aux règles suivantes :

– il ne doit pas avoir renoncé à se prévaloir du dédit, ce qui est le cas, notamment, s'il a exécuté l'obligation que le contrat mettait à sa charge (Cass. 1e civ. 15-6-1961 : Bull. civ. I n° 318 ; Cass. 1e civ. 28-1-1971 : Bull. civ. I n° 67) ;

– il ne doit pas invoquer le dédit avec mauvaise foi, par exemple en prétendant soumettre l'exécution d'une promesse à des conditions nouvelles alors que l'acquéreur était entré dans les lieux et assumait les charges de l'immeuble (Cass. civ. 11-5-1976 : D. 1978.269 note Taisne) ;

– il doit procéder à la mise en demeure préalable prévue au contrat (Cass. 1e civ. 27-5-1975 n° 74-11.257 : Bull. civ. I n° 179) ou obtenir l'accord de chaque promettant si la faculté a été ouverte à plusieurs copromettants indivis, le juge pouvant à défaut d'accord de ces derniers ordonner l'exécution de la promesse (Cass. com. 20-7-1955 : Bull. civ. III p. 227 ; CA Angers 11-4-1951 : JCP G 1951.II.6615 note Becqué).

Si le dédit est prévu pour le cas où l'autre partie ne remplit pas ses obligations, il ne peut pas être invoqué lorsque le contrat est rendu caduc par la survenance d'une condition indépendante de la volonté de cette partie, tel un refus d'un permis de construire (Cass. civ. 3-10-1978 : D. 1979.IR.55) ou d'un prêt (Cass. civ. 5-11-1980 : GP 1981.pan.88).

Lorsque la **faculté** de dédit a été **exercée** ou que le contrat ne peut pas être exécuté pour cause de force majeure (CA Aix 20-3-1991 : Bull. Cour d'Aix 1991/1 n° 21) le **contrat** est **caduc.** En effet, le contrat interdépendant d'un autre est caduc si ce dernier disparaît (n° 10103). L'auteur du dédit doit ainsi restituer l'acompte reçu le cas échéant (sur cette restitution, nº 50500) et le contrat ne peut plus constituer la cause d'un autre engagement par exemple, s'agissant d'une vente, justifier le droit à rémunération de l'agent immobilier qui était intervenu pour sa conclusion (Cass. 1e civ. 18-3-1997 : RJDA 6/97 nº 755).

5. CONTRAT DÉFINITIVEMENT CONCLU

Sauf exception (nos 11178 et 11180), le contrat est juridiquement créé à la date à laquelle les **parties** sont réputées avoir **échangé leurs consentements.** Cette date dépend des modalités dont elles ont usé pour procéder à cet échange et du respect des conditions de validité de ces modalités qui sont exposées nos 12015 s. 11975

Le contrat ne peut plus alors être remis en cause en vertu d'un usage professionnel, tel celui qui permettrait à une partie organisatrice de congrès qui a accepté de réserver un espace à un exposant de l'éliminer discrétionnairement (Cass. com. 20-5-2014 nº 13-17.041 : PA 2014 nº 204 p. 8 note Garaud).

SECTION 5 LA VALIDITÉ DU CONTRAT

CONDITIONS POSÉES PAR LA LOI

Sont nécessaires à la validité du contrat (C. civ. art. 1128) : 12000

- le consentement des parties (nos 12003 s.) ;
- leur capacité de contracter (nos 12350 s.) ;
- un contenu licite et certain (nos 12400 s.).

I. CONSENTEMENT DES PARTIES

1. EXISTENCE DU CONSENTEMENT DES PARTIES

RÉALITÉ DU CONSENTEMENT DES PARTIES

Les parties ne sont pas liées par un contrat si l'échange de leurs consentements n'est pas établi ; 12003
les juges doivent constater cet échange si une partie conteste avoir donné son consentement (Cass. com. 20-3-1984 nº 82-16.711 : Bull. civ. IV nº 107 ; pour l'exemple d'une recherche des consentements, CA Metz 7-7-2022 nº 21/01357). Seule la partie liée par le prétendu contrat peut demander la nullité dudit contrat pour défaut de consentement de sa part (Cass. com. 23-10-2019 nº 18-11.425 F-D : RJDA 3/20 nº 149). Si elle ne demande pas la nullité, la partie est tenue à la conclusion d'un contrat donné par le consentement qu'elle a donné dans une transaction (Cass. 3e civ. 14-5-2020 nº 19-13.785 F-D), la transaction ayant l'autorité de la chose jugée (nº 70400).

Sur l'inexistence du prétendu contrat, nº 15650.

LUCIDITÉ DU CONSENTEMENT DES PARTIES

En tête des dispositions relatives au consentement, le Code civil affirme qu'il faut être sain 12006
d'esprit pour consentir valablement au contrat (C. civ. art. 1129). Cette condition est la reprise de l'article 414-1 du même Code. Les solutions déduites de ce dernier sont donc transposables à l'article 1129 (nos 1103 s.).

LIBERTÉ DU CONSENTEMENT DES PARTIES

Liberté de contracter Chacun est libre de contracter ou non, sauf disposition légale 12009
contraire (C. civ. art. 1102, al. 1).

Il s'ensuit, à notre avis, que celui qui s'est rétracté peut conclure un nouveau contrat, même aux clauses et conditions de l'ancien, s'il accepte l'exécution des prestations en cause (cf. Cass. 1e civ. 1-7-2020 nº 19-12.855 F-PB).

Il en résulte notamment que le consentement à conclure un contrat ne peut pas être subordonné à la conclusion d'un autre contrat car un élément essentiel à la conclusion d'un contrat, tel le consentement, ne peut pas être mis sous condition : la clause prévoyant cette condition doit donc être réputée non écrite, la partie entravée pouvant agir sans en tenir compte (Cass. 3e civ. 22-10-2015 no 14-20.096 : RJDA 1/16 no 8 ; dans le même sens, retenant la validité d'un engagement unilatéral subordonné à la conclusion d'un contrat, Cass. soc. 5-6-2019 nos 17-28.377 et 17-28.381).

12012 **Modes d'expression des consentements** Si une disposition le prévoit, le consentement au contrat n'est valable que s'il est exprimé dans la forme requise (no 11178).

Le contrat est nul si cette forme, dite« ad validatem », n'est pas établie.

À défaut d'une telle disposition, les parties consentent valablement soit par écrit, soit verbalement, soit tacitement par leur comportement (no 11175).

2. ÉCHANGE DES CONSENTEMENTS DES PARTIES

a. Échange consécutif à une offre de contracter

NÉCESSITÉ DE LA RENCONTRE D'UNE OFFRE ET D'UNE ACCEPTATION

12015 Le contrat est formé par la rencontre d'une offre et d'une acceptation par lesquelles les parties manifestent leur volonté de s'engager (C. civ. art. 1113, al. 1 ; Cass. civ. 16-4-1924 : DH 1924.392 ; Cass. civ. 15-11-1926 : GP 1927.1.122).

Manifestations de volontés, l'offre et l'acceptation sont des actes juridiques au sens de l'article 1100-1 du Code civil.

VALIDITÉ DE L'OFFRE

12018 **Volonté de contracter** L'offre doit manifester la volonté de son auteur de contracter, c'est-à-dire d'être lié en cas d'acceptation (C. civ. art. 1113, al. 1 et 1114 ; Cass. com. 6-3-1990 : JCP G 1990.II.21583 note Gross ; Cass. com. 25-9-2012 no 11-23.319 : RJDA 1/13 no 24). À défaut, il y a seulement invitation à entrer en négociation (C. civ. art. 1114).

La volonté de s'engager peut résulter d'une déclaration ou d'un comportement non équivoque (art. 1113, al. 2). Ainsi une partie a été tenue pour avoir voulu contracter :

– lorsqu'elle a exécuté le contrat en connaissance de cause (Cass. com. 30-5-1989 no 87-19.065 : Bull. civ. IV no 169 ; CA Versailles 23-9-1987 : BT 1989.562), sauf si les éléments de la cause ne permettent pas, par exemple, de déduire du versement d'une partie du prix la volonté des parties de s'engager (Cass. com. 8-11-1973 et Cass. civ. 2-5-1978 : JCP G 1980.II.19465 note Fieschi-Vivet) ;

– lorsque les termes de l'acte faisaient apparaître un engagement sans condition sur les éléments essentiels et déterminants de l'opération envisagée (rapprochement d'entreprises) et qu'une des parties a, avant de rompre l'accord, reconnu dans un communiqué boursier et dans une lettre adressée à l'autre partie, l'existence d'un engagement ferme (CA Versailles 8-4-2014 no 13/03008 : RJDA 7/14 no 592 som.) ;

– lorsque le comportement de la partie non signataire implique qu'elle a agi en tant que partie au contrat (no 13018).

Une cession d'actions a pu être déduite du seul ordre de mouvement des titres (CA Paris 24-9-2004 no 03-2406 : RJDA 5/05 no 566).

Mais la volonté de contracter ne peut être déduite ni d'un échange sur des conditions imprécises, une partie ayant donné son accord « pour formaliser au plus tôt » l'ensemble des conditions et l'autre ayant donné son accord sur certaines de ces conditions sans jamais adresser aucun projet de contrat (Cass. com. 18-1-2011 no 09-72.508 : RDC 2011.7 obs. Mazeaud et Revet), ni d'une proposition d'achat précisant que « le paiement sera effectué après audit du matériel », cette formule constituant une réserve qui subordonne la conclusion définitive du contrat à une nouvelle manifestation de volonté de son auteur en fonction des résultats de l'audit (Cass. com. 25-10-2017 no 16-18.948 F-D : RJDA 2/18 no 113), ni d'une offre d'achat d'un bien à un prix déterminé prévoyant que, en cas d'acceptation, un acte sera signé pour préciser les modalités de la vente (Cass. 3e civ. 11-5-2023 no 22-11.287 F-D : RJDA 10/23 no 494).

12021 **Éléments déterminants du contrat à venir** L'offre doit comprendre les éléments essentiels du contrat envisagé, sous peine de constituer une simple invitation à entrer en négociation (C. civ. art. 1114). Traduite plus concrètement, cette condition postule que l'offre qualifie l'obligation essentielle du contrat et sa contrepartie réelle (nos 12401 s. et 12496).

En cas d'erreur matérielle manifeste dans l'énoncé de l'offre, le contrat peut être annulé à l'égard de celui qui s'est saisi de cette offre de mauvaise foi (CA Rouen 12-6-1991, inédit).

Sur l'emploi obligatoire de la langue française pour la présentation d'une offre au public, MCC nos 62000 s.

Le **destinataire** de l'offre peut être une personne déterminée ou indéterminée (C. civ. art. 1114 ; Cass. 3e civ. 12-2-1975 no 73-14.407 : Bull. civ. III no 60 jugeant que l'offre faite au public lie l'offrant à l'égard du premier acceptant dans les mêmes conditions que celle faite à une personne déterminée ; Cass. 3e civ. 1-7-1998 no 96-20.605 : RJDA 11/98 no 1198 déclarant une vente formée par acceptation d'une offre publique de vente ne comportant aucune restriction).

Rétractation de l'offre L'offre peut être librement rétractée tant qu'elle n'est **pas parvenue à son destinataire** (C. civ. art. 1115). 12024

Si elle est **parvenue** à celui-ci, l'offre ne peut pas être révoquée avant l'expiration du délai fixé par son auteur ou, à défaut, à l'issue d'un délai raisonnable (art. 1116, al. 1 ; Cass. 3e civ. 7-7-2015 no 14-20.536 : RJDA 12/15 no 816 : rétractation avant l'expiration du délai stipulé ; Cass. 3e civ. 24-1-2012 no 10-27.965 : RJDA 5/12 no 487 exigeant que l'acceptation intervienne dans le délai raisonnable nécessairement contenu dans toute offre de vente non assortie d'un délai précis).

Comme un acte unilatéral, l'offre peut être rétractée unilatéralement même si le destinataire, fût-il une personne publique, jouit d'un droit de préemption (Cass. 3e civ. 17-9-2014 no 13-21.824 : RJDA 12/14 no 892).

Par analogie, la rétractation de l'offre doit prendre effet au moment où elle est parvenue au destinataire comme il en est de celle de l'acceptation (no 12039).

Sur la possibilité d'élargir le droit de rétractation par une clause expresse et négociée, cf. Cass. 3e civ. 5-12-2019 no 18-24.152 PBI.

La rétractation de l'offre en violation de cette interdiction empêche la conclusion du contrat et engage la responsabilité extracontractuelle de son auteur dans les conditions du droit commun sans l'obliger à compenser la perte des avantages attendus du contrat (C. civ. art. 1116, al. 2 et 3 ; Cass. com. 11-1-1984 no 82-13.259 : Bull. civ. IV no 16 ; Cass. 3e civ. 7-7-2015 précité).

À notre avis, si l'absence d'obligation de compenser accrédite l'idée d'une dispense de compenser plus que celle d'une interdiction de compenser, elle doit néanmoins être entendue comme telle, car elle est la condition de la liberté de se rétracter.

Caducité de l'offre L'offre est caduque à l'**expiration du délai** fixé par son auteur ou, à défaut, à l'issue d'un délai raisonnable (C. civ. art. 1117, al. 1 ; Cass. 3e civ. 20-5-1992 no 90-17.647 : RJDA 11/92 no 998 ; Cass. com. 27-4-2011 no 10-17.177). 12027

Seul l'offrant peut se prévaloir d'un délai d'expiration de l'offre (Cass. soc. 30-5-2018 no 17-10.888 FS-PB : RJS 10/18 no 597 : en l'espèce, l'offre qui n'était pas assortie d'un délai d'expiration, avait été acceptée au terme de dix-huit mois).

Elle l'est également en cas d'**incapacité** ou de **décès** de son auteur ainsi qu'en cas de décès du destinataire (C. civ. art. 1117, al. 2).

VALIDITÉ DE L'ACCEPTATION DE L'OFFRE

Objet de l'acceptation L'acceptation de l'offre est l'acte qui manifeste la volonté du destinataire de s'engager et donc d'être lié dans les termes de l'offre (C. civ. art. 1113 et 1118, al. 1 ; Cass. 3e civ. 4-12-2007 no 06-18.574 : RJDA 6/08 no 621). Cette volonté peut résulter d'une déclaration ou d'un comportement non équivoque (C. civ. art. 1113, al. 2), notamment de l'exécution par le destinataire de l'offre reçue (Cass. com. 28-4-1998 no 95-17.350 : RTD civ. 1999.81 obs. Mestre). Pour des exemples d'engagement tacite, no 12018. 12036

Si le destinataire indique seulement qu'il prend l'offre en considération en se réservant de se prononcer définitivement avant le terme du délai de validité de l'offre, il n'a pas accepté de contracter (Cass. 3e civ. 4-12-2007 précité). Il en est de même pour la société qui a accepté verbalement une proposition d'achat en indiquant qu'un accord écrit du service juridique était nécessaire (Cass. 3e civ. 17-1-2019 no 17-26.162 FD : RJDA 3/19 no 161). Par ailleurs, la personne qui s'est rendue sur un site internet afin de le consulter sans présenter une quelconque demande, telle qu'une commande ou une réservation, n'est pas non plus engagée contractuellement avec la société propriétaire de ce site (CA Paris 23-3-2012 no 10/11168 : D. 2012.1060.som. obs. Manara).

Mais l'acceptation doit être conforme à l'offre ; à défaut, elle est sans effet, sauf à constituer une offre nouvelle (C. civ. art. 1118, al. 3) si elle répond aux conditions exposées nos 12018 et 12021.

La contreproposition est réputée acceptée si l'autre partie lui a donné suite (CA Paris 11-3-1999 no 1996-13860 : RJDA 7/99 no 754 et, sur pourvoi, Cass. com. 9-4-2002 no 99-15.315) mais elle ne l'est pas si l'émetteur de la contreproposition sur les conditions initiales de paiement n'a pas reçu de réponse, même s'il a exécuté le contrat sans nouvelles réserves sur ce point (Cass. com. 16-10-2012 no 11-21.968 : RJDA 1/13 no 32 : l'échange des consentements n'avait pu se former à défaut de prix déterminé ou déterminable).

N'est pas une contreproposition, l'acte qui peut être interprété comme précisant l'offre (Cass. 1e civ. 27-5-1961 : Bull. civ. I no 271).

Délai de l'acceptation L'acceptation doit intervenir avant que l'offre ne soit caduque (no 12027 ; aussi, CA Riom 29-2-1996 : JCP 1997.IV.441). 12038

Rétractation de l'acceptation L'acceptation de l'offre peut être librement rétractée tant qu'elle n'est pas parvenue à l'offrant, pourvu que la rétractation lui parvienne avant l'acceptation (C. civ. art. 1118, al. 2). 12039

Silence du destinataire de l'offre Le silence ne vaut pas acceptation, à moins qu'il n'en résulte autrement de la loi, des usages, des relations d'affaires ou de circonstances 12041 particulières (C. civ. art. 1120 ; Cass. 1e civ. 4-6-2009 n° 08-14.481 : RJDA 12/09 n° 1032 ; Cass. com. 18-1-2011 n° 09-69.831 : RJDA 5/11 n° 377 ; Cass. com. 3-4-2012 n° 10-24.641 : RJDA 8-9/12 n° 796).

Généralement, la circonstance retenue a été l'existence de relations d'affaires entre les parties (CA Paris 5-2-1980 : JCP G 1981.IV.364 ; CA Paris 10-11-1981 : BRDA 4/82 p. 20 ; Sentence 20-3-1977 : Yearbook 1978.225). Mais des juges se sont aussi fondés sur les circonstances propres à l'espèce (Cass. com. 15-3-2011 n° 10-16.422 : RDC 2011.795 obs. Genicon).

b. Échange des consentements par correspondance

RÈGLES GÉNÉRALES APPLICABLES À TOUT CONTRAT PAR CORRESPONDANCE

12060 **Principe** Le contrat est conclu dès que l'acceptation parvient à l'offrant et il est réputé l'être au lieu où l'acceptation est parvenue (C. civ. art. 1121).

L'offre présentée par son auteur comme valable jusqu'à une date précise et expresse, par exemple le 9 janvier 2015, est caduque dès lors que, émise à 22 h 21 de ce jour, elle est parvenue à l'offrant le 10 janvier 2015 à 5 h 02 (Cass. 1e civ. 6-1-2021 n° 19-21.071 F-D : RJDA 8-9/21 n° 543 : rendu sous le régime antérieur à l'art. 1121, mais transposable au régime actuel).

12067 **Exceptions** La règle posée par l'article 1121 du Code civil est écartée lorsque la loi ou le contrat ont prévu de subordonner la date de l'échange définitif des consentements des parties à l'écoulement d'un délai que l'article 1122 du Code civil envisage sous deux formes :

– un **délai de réflexion** ; le destinataire de l'offre ne peut alors manifester son acceptation tant que ce délai n'est pas expiré (sur la qualification de ce délai en condition suspensive, n° 13420) ;

Sur le fondement du délai de réflexion instauré par le Code de la consommation, il a été jugé que le destinataire peut obtenir l'annulation du contrat s'il a été exécuté en violation du délai (cf. Cass. 1e civ. 12-7-2005 n° 02-13.614 : Contrats conc. consom. 2005 comm. n° 212 ; rappr. Cass. 1e civ. 9-12-1997 n° 95-15.494 : Bull. civ. I n° 368).

– un délai **de rétractation** ; le bénéficiaire peut alors rétracter son consentement tant que le délai n'est pas expiré.

Lorsque plusieurs parties, notamment des époux ou des indivisaires, concluent un contrat leur ouvrant une faculté de rétractation, le contrat est entièrement anéanti dès lors que l'une d'elles a exercé cette faculté dans les termes prévus (Cass. 3e civ. 4-12-2013 n° 12-27.293 : RJDA 4/14 n° 320).

RÈGLES PROPRES AUX CONTRATS CONCLUS PAR VOIE ÉLECTRONIQUE

12080 **Objet de l'usage de la voie électronique** La voie électronique peut être utilisée pour mettre à disposition des stipulations contractuelles ou des informations sur des biens ou services (C. civ. art. 1125).

La voie électronique suppose un rapport avec l'utilisation d'internet ; tel n'est pas le cas d'un contrat d'abonnement téléphonique et d'échange de données mobiles établi sur support papier (CA Aix 10-1-2013 n° 11/15120 : JCP E 2014.1137 § 32) et d'une offre faite par courrier postal à la suite d'une annonce faite par internet (CA Riom 28-2-2013 n° 12/00735 : JCP E 2014.1137 § 32).

La voie électronique peut aussi être utilisée pour pratiquer le commerce électronique dans les conditions établies par les articles 14 s. de la loi 2004-575 du 21 juin 2004.
Sur les restrictions à l'emploi de la voie électronique, n° 11178.

12083 **Communications aux tiers** La communication électronique est possible avec un destinataire :

– qui n'est pas un professionnel s'il a accepté l'usage de ce moyen (C. civ. art. 1126) ;

– qui est un professionnel, dès lors qu'il a communiqué son adresse électronique ; si les informations doivent être portées sur un formulaire, celui-ci est mis, par voie électronique, à la disposition de la personne qui doit le remplir (C. civ. art. 1127, al. 1 et 2).

12085 **Offre de contracter émise par un professionnel** Tout professionnel qui présente par voie électronique une offre de contracter en vue de la fourniture de biens ou la prestation de services, met à disposition des destinataires les stipulations contractuelles applicables d'une manière qui permette leur conservation et leur reproduction (C. civ. art. 1127-1, al. 1).
Cette offre doit comporter les mentions prescrites par les articles 1127-1, al. 2 s. du Code civil, à l'exception des dérogations mentionnées n° 12091.

12088 **Acceptation de l'offre par voie électronique** Le contrat n'est valablement conclu que si les conditions suivantes sont respectées (C. civ. art. 1127-2, al. 1 et 2) :

– le destinataire de l'offre doit avoir eu la possibilité de vérifier le détail de sa commande et son prix total et de corriger d'éventuelles erreurs avant de confirmer celle-ci pour exprimer son acceptation définitive ;

– l'auteur de l'offre doit accuser réception sans délai injustifié, par voie électronique, de la commande qui lui a été ainsi adressée ;

La commande, la confirmation de l'acceptation de l'offre et l'accusé de réception sont considérés comme reçus lorsque les parties auxquelles ils sont adressés peuvent y avoir accès (C. civ. art. 1127-2, al. 3)

La preuve par courrier électronique d'un contrat a été admise à l'égard d'un commerçant (CA Paris 26-1-2005 : BTL 2005.144 ; cf. Cass. com. 16-4-2013 n° 12-15.657 : RJDA 12/13 n° 1067), mais cette preuve a aussi été rejetée par principe car un tel courrier peut être fabriqué de toutes pièces avec un outil informatique (CA Aix 21-6-2007 : JCP E 2007.pan.2432). Pour un cas où un courriel portant acceptation d'une offre a été écarté car il ne pouvait émaner de celui à qui on l'attribuait, CA Paris 17-9-2013 n° 12/05435 : RJDA 2/14 n° 119.

Contrats conclus exclusivement par échange de courriers électroniques ou entre professionnels Pour les contrats de fourniture de biens ou de prestation de services qui sont conclus exclusivement par échange de courriers électroniques, les **prescriptions** visées aux 1° à 5° de l'article 1127-1 et aux deux premiers alinéas de l'article 1127-2 du Code civil (nos 12085 et 12088) sont **écartées** (C. civ. art. 1127-3, al. 1). 12091

Si ces échanges ont eu lieu entre professionnels, il peut, en outre, être dérogé à ces dispositions (art. 1127-3, al. 2).

Modes de correspondance électronique L'échange électronique peut correspondre à une lettre simple (C. civ. art. 1127-4) ou à une lettre recommandée (CPCE art. L 100 s. ; art. R 53 s.). 12094

Il est aussi possible de procéder par la remise d'un écrit électronique (voir C. civ. art. 1127-6).

Les irrégularités invoquées à propos d'une mise en demeure effectuée par lettre recommandée électronique peuvent être suppléées par la **copie postale de la lettre contestée,** imprimée sur papier, mentionnant le numéro du pli recommandé, ce numéro étant compris dans ceux du bordereau d'envoi groupé portant le cachet de La Poste, étant relevé que la conformité des copies de ces documents aux originaux n'était pas contestée (Cass. 2e civ. 25-6-2020 n° 19-13.624 F-D : RDC 2020/4.49 obs. Danis Fatôme).

c. Consentements échangés par adhésion aux conditions générales d'une partie

QUALIFICATION DES CONDITIONS GÉNÉRALES

À défaut de définition légale, voire, à notre connaissance, prétorienne, les conditions générales ont été couramment entendues comme des modalités écrites sur des documents divers, établies à l'avance par un professionnel et **destinées à régler ses rapports contractuels** avec ceux qui lui passeront commande. 12130

Une **définition plus juridique** peut être retenue, en s'inspirant de la loi allemande (BGB § 305) selon laquelle les conditions générales sont caractérisées par :

– des conditions contractuelles préformulées ; il en résulte que peuvent être des conditions générales tous documents préétablis quelle que soit leur dénomination, telle que celle de contrat cadre, de contrat type, de modèle standard ;

– une application à une multitude de contrats, ce qui exclut des conditions générales conçues pour un seul cocontractant ;

– d'être formulées dans un document constituant à lui seul le contrat ou dans un document séparé ; il suffit dans ce cas que leur contenu se rattache au document qui vaut contrat (n° 11190) ;

– un contenu volumineux ou pas, pourvu que ce contenu vaille contrat (n° 11190) ;

– une présentation formelle quelconque qui, la pratique le révèle, peut prendre la forme de prospectus publicitaires, bons de commande, factures, écriteaux ou affiches, lettres de confirmation, quoique ces documents n'aient pas pour objet essentiel de codifier les relations contractuelles.

MISE EN RELIEF DES CLAUSES SENSIBLES DES CONDITIONS GÉNÉRALES

Vu la diversité des documents dans lesquels peuvent être insérées les conditions générales, elles risquent de ne pas être remarquées par les destinataires de ces documents auxquels la partie qui les a élaborées prétend les opposer. Aussi est-il recommandé à cette dernière, pour écarter les contestations, de mettre en évidence les clauses dites **onéreuses** (clause d'attribution de compétence, d'arbitrage ou de limitation de garantie ou de responsabilité) afin que l'autre partie ne puisse pas soutenir qu'elle ne les a pas connues et qu'elle ne les a pas consciemment acceptées (pour des exemples, nos 12139 et 12145). 12133

Sur l'inopposabilité de la clause d'un contrat élusive de responsabilité sur la base du contenu des conditions générales du cocontractant bénéficiaire de cette clause, n° 15005.

OPPOSABILITÉ DES CONDITIONS GÉNÉRALES

12136 La partie qui a élaboré des conditions générales peut les opposer à celle qui a contracté avec elle conformément aux distinctions suivantes et aux précisions complémentaires exposées nos 12150 à 12159.

La connaissance et l'acceptation des conditions générales et particulières d'une partie conditionnent seulement leur opposabilité au cocontractant et non la formation du contrat (Cass. 3e civ. 20-4-2017 no 16-10.696 FS-PB : RJDA 10/17 no 614, en matière d'assurance mais transposable à toutes conditions générales car la solution est relative à ces conditions et non à une règle spéciale au contrat d'assurance).

12139 **Référence expresse** Les conditions générales d'une partie sont opposables au cocontractant si l'écrit liant les parties les a reproduites (Cass. civ. 3-12-1991 : RJDA 2/92 no 203), s'il y est expressément et ouvertement fait référence, l'écrit en contenant en outre des extraits (CA Paris 12-11-1986 : BT 1987.59), peu important alors qu'elles n'aient pas été signées (CA Grenoble 10-9-2020 no 17/05715), ou si l'écrit les contient en annexe (CA Paris 30-11-1990 : Rev. arb. 1992.645 obs. Pellerin).

Lorsque les conditions générales sont signalées par un renvoi, il est recommandé à la partie qui les invoque de signaler les clauses qui dérogent aux règles de principe ; par exemple, un renvoi aux clauses des conditions générales d'achat de l'acquéreur, comportant une clause attributive de compétence territoriale, est insuffisant pour établir l'acceptation de cette compétence par le vendeur dès lors qu'il ne précise pas expressément qu'il se rapporte au choix de la juridiction compétente (CA Aix 11-9-2007 no 666 : Bull. d'Aix 2008-2 p. 85 obs. Mouralis).

12142 **Modification expresse** Les conditions générales ne sont pas opposables dès lors que les parties les ont expressément modifiées dans leur accord formel (Cass. com. 19-12-2006 no 04-19.643 : RJDA 7/07 no 779).

Ainsi, jugé que toute modification manuscrite prévaut sur une clause contraire des conditions générales du vendeur (CA Paris 7-1-1992 : RJDA 5/92 no 422, ne jugeant pas la clause contraire ; pour des exemples d'une clause jugée contraire : Cass. com. 7-1-1969 : JCP G 1969.II.16121 obs. Prieur ; CA Aix 24-4-1979 : Bull. Cour d'Aix 1979/2 p. 13 ; T. com. Paris 6-5-1968 : GP 1968.2.135, sous-note).

De même, les modifications apportées sur un document annexe priment sur les conditions générales ; ainsi un bon de commande fixant un délai de livraison s'impose au vendeur indépendamment des stipulations portées sur ses conditions générales (Cass. 1e civ. 9-2-1977 no 75-13.275 : Bull. civ. I no 78), comme une lettre de confirmation fixant des modalités de paiement différentes (Cass. com. 23-1-1990 : BRDA 4/90 p. 21) ; un bon de commande se référant aux spécifications d'un cahier des charges emporte exclusion de la clause de garantie des conditions générales (Cass. com. 1-10-1991 : RJDA 12/91 no 994) ; les conditions générales d'une police d'assurance peuvent renvoyer aux conditions particulières pour fixer une limitation du montant de l'indemnisation (Cass. 2e civ. 14-4-2016 nos 15-16.625 et 15-22.147).

12145 **Acceptation** Les conditions générales invoquées par une partie n'ont d'effet à l'égard de l'autre que si elles ont été portées à la connaissance de celle-ci et si elle les a acceptées (C. civ. art. 1119).

a. Les conditions générales doivent avoir été **connues** de la partie à laquelle elles sont opposées au moment de la conclusion du contrat. À cet effet, elles doivent être communiquées, ce qui est même une obligation légale pour les producteurs et distributeurs qui en ont établies (no 21575).

La communication n'a pas eu lieu ni lorsque l'accord conclu oralement n'a donné lieu à aucun échange de correspondance (CA Paris 26-1-1981 : BT 1981.141), ni lorsqu'il a été conclu par télex (CA Pau 27-8-1987 : JCP G 1988.IV.37), ni lorsque les conditions générales sont affichées dans un magasin dans lequel le client ne s'est jamais rendu (CA Rouen 1-12-1981 : GP 1982.som.397), ni lorsqu'elles ont été signalées par un simple renvoi sur les factures (CA Versailles 14-5-2013 no 12/08680 : BTL 2013.477), ni lorsqu'elles n'ont pas été remises à l'occasion de la conclusion de deux abonnements à une revue, peu important qu'aient été produites des conditions afférentes à un troisième abonnement sans lien avec les deux autres (Cass. 1e civ. 11-3-2014 no 12-28.304 : Bull. civ. I no 35). Pour plus de détails sur les affichages, no 12153.

Mais les conditions générales, non communiquées, sont réputées connues dès lors qu'elles ont été établies par un organisme professionnel ou déposées au greffe d'un tribunal et que le cocontractant est un professionnel exerçant l'activité à laquelle ces conditions se rapportent (Cass. com. 12-10-1983 no 80-11.885 : Bull. civ. IV no 265 ; sur l'inopposabilité à un non-professionnel : CA Paris 30-6-1964 : JCP G 1965.II.14058 ; CA Rouen 29-6-2000 : RJDA 4/01 no 407) ou que leur connaissance peut se déduire des relations d'affaires existant entre les parties et que l'acheteur ne soutient pas n'avoir pu les consulter sur le site internet du vendeur (CA Montpellier 1-3-2011 no 10/00867 : GP 2011.som.11 mai).

Mais, alors même qu'elles ont été communiquées, elles doivent, en outre, avoir été présentées de façon **apparente et lisible** pour ne pas échapper à l'attention du cocontractant.

Tel n'est pas le cas lorsqu'elles figurent au dos d'un document contractuel signé au recto seulement (Cass. 1e civ. 3-5-1979 no 77-14.689 : Bull. civ. I no 128) ou lorsqu'elles sont imprimées en caractères fins, voire illisibles (CA Rouen 8-2-1974 : D. 1974.som.72 ; TGI Paris 20-5-1968 : GP 1968.2.135). Pour des exemples transposables sur les exigences d'apparence, no 72055.

b. Les conditions générales doivent avoir, aussi, été **acceptées.** Ce n'est pas le cas lorsqu'elles n'ont été révélées au cocontractant qu'après la conclusion du contrat (Cass. com. 28-4-1998 : RJDA 8-9/98 n° 938 ; CA Paris 16-3-1994 : RJDA 11/94 n° 1114). Mais il n'est pas nécessaire qu'elles aient été signées lorsqu'elles ont été remises au moment de la signature des conditions particulières, ces deux séries de clauses constituant les conditions du contrat d'assurance en cause (Cass. 1e civ. 3-3-1981 n° 79-16.323 : Bull. civ. I n° 75).

Conformément à l'effet du silence (n° 12041), celui-ci ne vaut pas en lui-même acceptation des conditions générales (Cass. com. 25-4-2006 n° 477 : RJDA 10/06 n° 1018), sauf lorsque les parties ont été antérieurement en **relation d'affaires,** notamment dès lors que l'acheteur ne soutient pas n'avoir pu les consulter sur le site internet du vendeur (CA Montpellier 1-3-2011 n° 10/00867 : GP 2011.som.11 mai) ou qu'il s'est acquitté pendant plus de quinze ans de factures contenant une référence claire à des conditions générales de vente mises expressément à sa disposition (Cass. 1e civ. 20-11-2019 n° 18-21.854 F-D ; aussi, Sentence 20-3-1977 : Yearbook 1978.225), ou lorsque les conditions générales ont été bien connues de la partie à laquelle elles sont opposées (Cass. com. 12-10-1983 n° 80-11.885 : Bull. civ. IV n° 265 ; Cass. 1e civ. 13-2-2019 n° 18-11.609 FD : RJDA 8-9/19 n° 597 ; Cass. com. 21-6-2023 n° 21-21.635 F-D : RJDA 1/24 n° 1).

Conditions générales contradictoires En cas de discordance entre les conditions générales invoquées par l'une et l'autre des parties, les clauses incompatibles entre elles sont privées d'effet (C. civ. art. 1119, al. 2 ; Cass. com. 7-11-1956 : GP 1957.1.227 ; Cass. com. 5-1-1959 : Bull. civ. III n° 2 : contradiction entre des confirmations mais transposable). **12146**

Il n'y a pas contradiction entre les conditions générales de vente d'un fournisseur et celles de son cocontractant dès lors que celui-ci, agissant en qualité d'acheteur, a communiqué à l'autre partie ses propres « conditions générales de vente » (cf. Cass. civ. 16-11-1961 : D. 1962.420 note Pochon) ni entre les conditions générales et particulières d'une location de matériel, les unes fixant un préavis de résiliation, les autres imposant aux parties de définir pendant le préavis le sort du matériel (Cass. com. 12-7-2016 n° 14-29.616 F-D : RJDA 12/16 n° 843 ; Cass. com. 6-2-2019 n° 17-26.494 FD : RJDA 7/19 n° 481).

Toutefois, il y a lieu d'appliquer les conditions générales dont il peut être établi qu'elles ont été acceptées par les parties.

Par exemple : les conditions générales du vendeur qui figuraient de manière très apparente dans une lettre portant offre de vente ont été acceptées de l'acheteur dès lors que celui-ci avait passé commande sans discuter et que ses conditions générales d'achat étaient imprimées en petits caractères au verso de sa correspondance (Cass. com. 29-10-1964 : Bull. civ. III n° 458 ; voir aussi CA Paris 25-6-1958 : GP 1958.2.125) ; les conditions générales du cocontractant d'une société, qui lui avait opposé les siennes, ont été appliquées car l'accusé de réception de la commande passée par la société émis par le cocontractant mentionnait que le contrat était soumis à ses conditions générales et la société n'avait émis aucune réserve quant à leur application (Cass. com. 11-3-2014 n° 13-14.699 : RJDA 12/14 n° 887) ; ont été aussi appliquées les conditions générales d'une partie écartées par la clause contraire portée sur le bon de commande d'un donneur d'ordre qui a été exécutée sans réserve (CA Paris 14-4-2015 : BTL 2015.253).

Contradiction entre conditions générales et particulières En cas de discordance entre les conditions générales et les conditions particulières, les secondes l'emportent sur les premières (C. civ. art. 1119, al. 3 ; Cass. 1e civ. 12-5-1969 n° 67-12.469 : Bull. civ. I n° 174 ; Cass. 1e civ. 9-2-1999 n° 96-19.538 : Bull. civ. I n° 44 ; Cass. com. 8-3-2017 n° 15-15.658 F-D : RJDA 6/17 n° 388). **12147**

Pour une absence de contradiction, Cass. com. 12-7-2016 n° 14-29.616 F-D : RJDA 12/16 n° 843.

d. Consentements échangés sur la base de documents extérieurs au contrat conclu

Documents publicitaires La partie à laquelle des documents publicitaires ont été présentés peut s'en prévaloir comme formant contrat dès lors que, suffisamment précis et détaillés, ils ont eu une influence sur le consentement du cocontractant (Cass. 1e civ. 6-5-2010 n° 08-14.461 : JCP G 2010.38-922 note Labarthe ; Cass. com. 14-11-2019 n° 18-16.807 F-D : RJDA 4/20 n° 205 ; CA Versailles 21-10-1987 : D. 1987.IR.254 ; CA Aix 19-9-1995. Bull. d'Aix 1995-2 n° S30 obs. Agostinelli ; sur une plaquette publicitaire indicative, CA Paris 29-1-1997 : BTL 1997.492), sous réserve que celui-ci se soit assuré du sérieux de ces documents (Cass. com. 16-10-2007 n° 03-17.717 : RD bancaire 2008 n° 31 obs. Crédot et Samin). Si le contrat conclu est imprécis, les documents publicitaires peuvent servir à le compléter, par exemple pour établir l'existence de la garantie due par un assureur (Cass. civ. 20-11-1963 : Bull. civ. I n° 507). Les juges apprécient souverainement la portée contractuelle des documents publicitaires (Cass. com. 1-2-2005 : BTL 2005.122). **12150**

Toutefois, les clauses « onéreuses » (n° 11820) qui figurent uniquement sur les prospectus et non sur les documents contractuels établis postérieurement ne peuvent pas être valablement invoquées par la partie qui les a rédigées (Cass. 1e civ. 5-12-1973 n° 72-11.162 : Bull. civ. I n° 338 : clause attributive de compétence ; Cass. civ. 27-2-1996 : RJDA 7/96 n° 886 : clause exclusive de garantie ; CA Paris 23-2-1968 : GP 1968.1.som.20 : clause de non-responsabilité). Par ailleurs, un acheteur ne peut pas valablement se prévaloir des indications portées sur les documents publicitaires du vendeur lorsqu'il a pris livraison d'un objet non conforme à ces documents sans émettre de réserves (Cass. com. 21-11-1972 : GP 1973.1.135).

Lorsque les conditions de vente figurant dans une publicité sont proposées pour une durée indéterminée, elles doivent être maintenues pendant un délai raisonnable ; elles ne peuvent être modifiées à tout moment qu'à l'expiration de celui-ci (CA Versailles 28-2-1992 : RJDA 5/92 n° 524) ; cette publicité est, en effet, l'accessoire de l'offre de vente qui doit être maintenue pendant un délai raisonnable (n° 12027).

12153 **Écriteaux et affiches** Les mentions portées par une partie sur des écriteaux ou affiches apposés dans un lieu où son cocontractant est appelé à venir lors de la conclusion ou de l'exécution du contrat (par exemple, garage, parking, bureaux) sont généralement déclarées inopposables à ce dernier par les tribunaux (Cass. com. 10-2-1959 : Bull. civ. III n° 70 ; CA Lyon 25-4-1967 : GP 1967.2.22 ; CA Bordeaux 20-1-1972 : GP 1972.1.426).

Il n'en est autrement que si ces mentions sont **affichées** de **façon très apparente** ou dans un lieu où le cocontractant vient régulièrement (Cass. com. 29-6-1953 : Bull. civ. III p. 169 ; CA Montpellier 9-11-1954 : D. 1955.som.35 ; T. com. Marseille 14-6-1961 : GP 1961.2.258 ; CA Nîmes 26-2-1974 : GP 1975.1.som.43).

12156 **Factures** La production d'une facture par son auteur - document unilatéral et postérieur à la commande - **n'établit pas** d'elle-même que le destinataire de cette facture a **accepté** de contracter aux conditions qui y figurent (Cass. 3e civ. 9-3-1988 n° 86-17.599 : Bull. civ. III p. 30 ; Cass. com. 9-3-1999 : RJDA 6/99 n° 633 ; CA Paris 7-12-1983 : BRDA 5/84 p. 14), a fortiori s'il a émis des protestations sur des clauses insérées dans la facture ou si ces dernières sont contredites par d'autres documents (Cass. com. 3-5-1984 n° 82-16.640 : Bull. civ. IV n° 149).

Toutefois, **si** le destinataire a payé le montant de la facture sans réserves - ou même un acompte (CA Versailles 25-5-1989 : D. 1989.IR.220) -, il est censé avoir aussi accepté ce qui en est l'objet : le prix facturé (CA Lyon 19-6-2014 n° 12/07144 : BTL 2014.495), un nouveau tarif (Cass. com. 28-1-1975 n° 73-14.936 : Bull. civ. IV n° 22) ou les modalités de paiement (Cass. req. 13-4-1880, 1re, 2e et 3e esp. : DP 1881.1.33 ; CA Colmar 28-11-1936 : GP 1937.1.267).

Notamment, le destinataire de la facture n'a pas accepté les clauses imprimées dans celle-ci dès lors qu'il n'en a eu connaissance qu'à la réception de la facture, et donc postérieurement au moment où il a conclu le contrat (Cass. civ. 17-6-1903 : DP 1905.1.345 note Valéry ; Cass. com. 16-10-1967 : D. 1968.193 note Plaisant : modification implicite ou explicite des documents contractuels antérieurs ; CA Aix 16-12-1977 : Bull. Cour d'Aix 1977/4 p. 91 : clause limitative de responsabilité ; CA Paris 27-5-1982 : BRDA 15-16/82 p. 23 : clause attributive de compétence).

12159 **Lettres de confirmation** Lorsqu'une lettre de confirmation est adressée par une partie à l'autre, spontanément ou en exécution de l'accord conclu qui l'a exigée (Cass. com. 22-1-1958 : Bull. civ. III p. 34), les clauses qui y figurent ne sont opposables au destinataire que s'il est censé les avoir acceptées conformément aux règles relatives à l'acceptation des conditions générales (nos 12136 s.), la lettre reproduisant généralement ces dernières.

e. Échange des consentements par simulation

QUALIFICATION

12180 Le Code civil admet que les consentements échangés puissent être simulés, c'est-à-dire que les parties concluent un contrat apparent qui dissimule un contrat occulte, appelé **contre-lettre** (C. civ. art. 1201). Les parties peuvent donc dissimuler aux tiers leur véritable intention en concluant un acte caché qui modifie l'accord apparent.

Ces deux actes peuvent ne pas être contemporains (CA Chambéry 12-4-1996 : Bull. inf. C. cass. 1996 n° 792) ; la contre-lettre peut avoir été rédigée postérieurement (Cass. civ. 8-3-1949 : JCP 1949.II.4973 note Voirin) ou antérieurement (Cass. 1e civ. 2-6-1970 : Bull. civ. I n° 186).

12183 **Cas de simulation** L'acte apparent peut dissimuler :

1. La ou les **parties** réellement **engagées** (Cass. civ. 28-11-2000 n° 98-14.618 : JCP 2001.II.10645 note Azzi) ; cette hypothèse est connue sous le nom d'« interposition de personnes » ; la partie dont le nom est apparent est dite « prête-nom ».

Dès lors que les juges ont qualifié l'acquéreur apparent d'un immeuble de prête-nom de son fils, la simulation est constatée et l'immeuble doit être restitué par l'acquéreur à son fils, rétrocession dont les juges n'ont pas à préciser les modalités (Cass. 1e civ. 11-2-1976 nos 74-13.003 et 74-13.091 : Bull. civ. I n° 64).

2. La véritable **qualification du contrat** (CE 15-10-1986 : BRDA 3/87 p. 11 : location-gérance dissimulant une cession du fonds de commerce ; sur la dissimulation sous couvert d'une société des contrats de prêt, de travail, de vente ou de donation, MSC n° 6515) ;

3. Le véritable **prix** (Cass. req. 18-3-1895 : DP 1895.1.346).

4. L'**acte diamétralement contraire** ; par exemple, lorsque l'acte apparent a pour objet une cession de droits sociaux et que l'acte secret comporte l'engagement de l'acquéreur de rétrocéder les titres au cédant (CA Paris 26-5-2016 n° 15/11712 : RJDA 11/16 n° 762).

Conséquences de la simulation entre les parties L'acte secret est valable entre les parties (C. civ. art. 1201), la simulation n'étant pas en soi une cause de nullité de l'acte qui en est l'objet (Cass. 1e civ. 11-7-1979 : Bull. civ. I n° 209), pourvu qu'il constate une convention licite en elle-même (cf. Cass. civ. 8-7-1975 n° 73-13.192 : Bull. civ. I n° 225). 12186

Sont nulles les donations déguisées au profit des incapables (C. civ. art. 911) et les contre-lettres dissimulant le prix de vente d'un immeuble ou d'un fonds de commerce (C. civ. art. 1202 ; n° 2719, à propos du fonds de commerce).

Si l'**acte secret** est **nul,** l'acte apparent est seul à produire effet dans la mesure où il satisfait lui-même aux conditions de validité qui lui sont propres : ainsi, dans un cas où une donation déguisée sous une société avait été annulée en application de la règle « donner et retenir ne vaut », la société avait été aussi déclarée nulle pour défaut d'apports, puisqu'il était par là même établi que celui qui avait pris la qualité d'apporteur des biens en cause n'avait pas transféré ces derniers à la société (Cass. civ. 20-10-1971 : Bull. Joly 1972.177). Mais, dès lors qu'il y a indivisibilité entre les actes secret et apparent, ils sont tous deux nuls ; tel est le cas lorsque la fraude résultant de la simulation n'a pu être réalisée qu'au moyen de la conclusion des deux actes (Cass. com. 13-10-1969 : Bull. civ. IV n° 289).

Lorsque l'**acte secret** est **valable,** c'est lui, et non l'acte apparent, qui régit les relations entre les parties.

Pour établir l'existence de cet acte, les parties disposent de l'**action en déclaration de simulation.** La preuve de la simulation est libre contre les commerçants (Cass. com. 17-11-1966 : Bull. civ. III n° 436). Lorsqu'elle doit être établie à l'encontre d'un non-commerçant, elle suppose un écrit, si l'acte apparent a été conclu par écrit (Cass. 3e civ. 19-4-2000 : RJDA 6/00 n° 634). Toutefois, si l'acte secret a servi à réaliser une fraude à la loi, la preuve de son existence et de son caractère frauduleux peut être rapportée par tous moyens contre toute personne (Cass. 1e civ. 17-12-2009 n° 08-13.276 : RJDA 3/10 n° 227).

L'action en déclaration de simulation peut être exercée contre une clause d'un acte authentique, par les parties ou les tiers, dès lors que cette clause ne concerne pas les faits qui y sont énoncés par l'officier public comme accomplis par lui-même ou comme s'étant passés en sa présence dans l'exercice de ses fonctions (Cass. com. 19-11-2002 n° 1906 : RJDA 4/03 n° 352 ; cf. CA Paris 15-6-1994 : GP 1995.som.79).

L'acte secret et valable obéit aux **règles** qui lui sont **propres.**

Ainsi, lorsque l'acte secret est une vente, les règles de la vente doivent être appliquées entre les parties : la vente d'un immeuble dissimulée sous un contrat de société peut être annulée pour lésion de plus des sept douzièmes conformément aux dispositions de l'article 1674 du Code civil (Cass. com. 10-6-1953 : JCP G 1954.II.7908 note Bastian) ; lorsqu'il est une donation, il est fait application des règles relatives aux libéralités, en particulier celle de la réduction des donations excédant la quotité disponible (C. civ. art. 920 ; Cass. civ. 2-2-1971 : D. 1971.590 note Ghestin).

Conséquence de la simulation à l'égard des tiers L'**acte secret** n'est **pas opposable aux tiers** (C. civ. art. 1201 ; Cass. civ. 22-2-1983 n° 81-16.061 : JCP G 1985.II.20359 obs. Verschave). 12189

Les tiers sont tous ceux qui n'ont pas la qualité de « partie au contrat ». Mais l'application de cette règle appelle les correctifs suivants :

– les héritiers qui deviennent partie à l'acte secret conclu par leur auteur ne sont pas liés par cet acte lorsqu'ils ont un droit propre à faire valoir contre lui ; par exemple, les héritiers réservataires peuvent demander la réduction d'une donation déguisée (Cass. civ. 10-5-1905 : DP 1908.1.276) et ils peuvent alors prouver la simulation par tous moyens (Cass. civ. 25-3-1981 n° 79-16.230 : Bull. civ. I n° 105) ;

– les créanciers des parties à l'acte secret qui sont des tiers audit acte perdent cette qualité s'ils réclament par l'action oblique la créance que leur débiteur en retire, car ils exercent alors les droits de ce dernier (Cass. civ. 12-10-1982 n° 81-14.844 : Bull. civ. I n° 284) ;

– celui qui a sciemment participé à la simulation ne peut se prévaloir de l'acte ostensible contre les personnes ayant agi en qualité de prête-nom et leur demander l'exécution de cet acte (Cass. civ. 8-7-1992 n° 90-12.452 : JCP G 1993.II.21982 note Wiederkehr) ; mais un tiers peut demander l'exécution de l'acte au prête-nom, quoiqu'il ait connu cette qualité et sans qu'il soit nécessaire de constater sa participation active à la simulation (Cass. civ. 17-11-1999 n° 97-16.749 : PA 1999 n° 260 p. 10).

Les tiers peuvent, selon leur intérêt, soit s'en tenir à l'acte apparent, soit se prévaloir de la situation réelle (art. 1201). Pour établir la situation réelle, ils disposent de l'**action en déclaration de simulation,** en vue de faire reconnaître la nullité de l'acte apparent, qu'ils peuvent exercer même si l'acte simulé ne leur porte pas préjudice (Cass. civ. 19-5-1942 : S. 1942.1.98), s'ils ne justifient pas d'une créance antérieure à l'acte attaqué ou de l'existence d'une intention de leur nuire

(Cass. 1e civ. 17-9-2003 n° 01-12.925 : RJDA 3/04 n° 268) ou encore s'ils n'invoquent pas la fraude des parties (Cass. 3e civ. 4-6-2003 n° 02-12.275 : RJDA 10/03 n° 913). Cette action n'a qu'un caractère conservatoire : ainsi, le créancier à terme ou conditionnel peut l'intenter (Cass. req. 23-12-1903 : S. 1904.1.465).

Les créanciers ont le choix d'exercer l'action paulienne ou l'action en simulation, par laquelle toute personne y ayant intérêt tend à faire établir que la situation réelle est différente de celle apparemment voulue par les parties et à rétablir la vérité (Cass. 3e civ. 31-3-2010 n° 08-16.693 : RJDA 10/10 n° 904).

Les tiers peuvent faire la **preuve** de la simulation par tous moyens (Cass. civ. 10-5-1905 : DP 1908.1.276).

Si l'acte est authentique, les tiers peuvent le contester dans la mesure où ils ne mettent pas en cause ses énonciations ; notamment, s'ils visent une clause qui est étrangère aux constatations du notaire (n° 12186) ou s'ils établissent seulement l'existence d'un acte secret contredisant l'acte authentique car ils ne contredisent pas ainsi l'acte apparent et, partant, n'agissent pas en déclaration de simulation (CA Versailles 23-4-1992 : D. 1992.IR.194, rejetant l'action en déclaration de simulation).

Lorsqu'il y a **conflit entre les tiers,** les uns invoquant la contre-lettre, les autres l'acte apparent, préférence est donnée à celui ou ceux qui se prévalent de l'apparence. Par exemple, dans un cas où la donation d'un immeuble déguisée sous une vente avait été annulée, la demande en nullité de l'hypothèque consentie sur l'immeuble dirigée par un héritier réservataire (qui se présente alors comme un tiers, voir plus haut) contre le créancier hypothécaire a été rejetée, car le créancier avait pu croire au droit de propriété de ceux constituant l'hypothèque (Cass. civ. 25-4-1939 : DH 1939.305) ; de même, en cas de société fictive dissimulant une vente immobilière, le tiers acquéreur de bonne foi des parts sociales peut obtenir le maintien de la société et échapper à la rescision pour lésion de la vente de l'immeuble (Cass. com. 10-6-1953 : JCP G 1954.II.7908 note Bastian).

La personne subrogée au droit d'un tiers qui a opté pour l'acte apparent peut elle-même s'en tenir à l'acte apparent (Cass. 1e civ. 31-1-1989 n° 87-11.346 : Bull. civ. I n° 52).

L'action en déclaration de simulation se prescrit selon le délai de **prescription** de droit commun (cinq ans), aucune disposition particulière n'écartant ce délai désormais de droit commun, qui a été substitué au délai de trente ans antérieur que les tribunaux avaient eu l'occasion d'appliquer (Cass. 1e civ. 3-6-1975 : Bull. civ. I n° 125 ; Cass. com. 9-3-1981 n° 78-15.940 : Bull. civ. IV n° 125).

3. ABSENCE DE VICES DU CONSENTEMENT

12200 Les **principes directeurs** sont les suivants :

1. Distinction avec l'insanité d'esprit. Il n'y a pas vice du consentement de la partie capable qui n'est pas saine d'esprit mais défaut de consentement de sa part, quelle que soit la cause de l'insanité d'esprit (n° 12006).

2. Date d'appréciation du vice. Dans le silence des textes, l'existence d'un vice du consentement est appréciée au jour de la **conclusion du contrat** ; ainsi, l'application au contrat de dispositions nouvelles doit être écartée dès lors que leur existence n'a pas pu être envisagée par les parties au jour du contrat (Cass. 1e civ. 12-7-2007 n° 06-15.090 : D. 2007.2235.som.). Le juge peut néanmoins se fonder sur des éléments postérieurs à la date de conclusion du contrat pour établir que le vice existait à cette date (Cass. 3e civ. 13-1-1999 n° 96-18.309 : Bull. civ. III n° 11 : à propos de la violence mais transposable par analogie à l'erreur et au dol).

Ainsi, en cas de retrait d'un permis de construire sur le terrain vendu pour être construit, l'appréciation du vice se fait sur la base de la distinction suivante : si le vice d'inconstructibilité existe au jour de la vente et si le terrain n'était pas constructible à ce jour, la vente est alors annulée, peu important que ce défaut ne soit établi qu'après la vente (Cass. 3e civ. 13-7-1999 n° 1273 : RJDA 11/99 n° 1191 ; Cass. 3e civ. 12-6-2014 n° 13-18.446 : RJDA 11/14 n° 832) ; en revanche, si le vice n'existe pas au jour de la vente, celle-ci n'est pas annulée lorsque le terrain était constructible à sa date, l'impossibilité d'y construire n'étant apparue qu'après (Cass. 3e civ. 13-11-2014 n° 13-24.027 : RJDA 3/15 n° 172 ; Cass. 3e civ. 24-11-2016 n° 15-26.226 FS-PB : RJDA 4/17 n° 237).

3. Imputation du vice au représenté. Les actes du représentant accomplis dans les limites de ses pouvoirs et qui sont à l'origine du vice engagent le représenté (Cass. com. 2-3-1976 n° 74-12-489 : Bull. civ. IV n° 78 ; Cass. com. 13-6-1995 n° 93-17.577 : RJDA 12/95 n° 1404 ; Cass. 3e civ. 29-4-1998 n° 96-17.540 : RJDA 7/98 n° 825 ; Cass. 3e civ. 5-7-2018 n° 17-20.121 FS-PBI : RJDA 10/18 n° 715).

4. Caractère déterminant du vice. Tout vice du consentement (erreur, dol et violence) ne peut être source de nullité du contrat que s'il a été déterminant de l'engagement de la partie qui l'invoque (sur l'application de cette condition, nos 12225 et 12265). Sans ce vice, cette partie n'aurait **pas contracté ou** l'aurait fait **à des conditions** substantiellement **différentes.** Le caractère déterminant s'apprécie eu égard aux personnes et aux circonstances dans lesquelles le consentement a été donné (art. 1130, al. 2).

5. Sanction des vices du consentement. L'erreur, le dol et la violence sont des causes de **nullité** du contrat aux termes de l'article 1131 du Code civil. Ce texte précise en outre que la nullité est relative.

Celui dont le consentement a été vicié par erreur, violence ou dol peut renoncer à la nullité relative qui en résulte par une exécution volontaire de son engagement irrégulier, en connaissance du vice l'affectant (Cass. com. 21-4-2022 n° 20-16.295 F-D : RJDA 8-9/22 n° 459).

a. Erreur

NATURE DE L'ERREUR

Erreur sur les qualités essentielles de la prestation L'erreur qui vicie le consentement doit porter sur les **qualités essentielles** qui ont été expressément ou tacitement **convenues** et en considération desquelles les parties ont contracté (C. civ. art. 1133, al. 1). 12203

Le juge doit rechercher si la qualité substantielle dont les parties sont convenues expressément dans leur contrat a été satisfaite ou pas par celle qui était tenue de la respecter (Cass. com. 22-6-2022 n° 20-11.846 FS-B : RJDA 11/22 n° 611).

L'erreur est ainsi déterminée par les caractéristiques de la prestation telle que définie au contrat. Les juges peuvent donc retenir les erreurs suivantes.

1. L'erreur sur la **consistance** de la chose objet de la prestation litigieuse ; celle-ci peut être relative : 12206

– soit à la **matière d'une chose** corporelle (Cass. 3e civ. 21-11-1973 n° 72-13.336 : Bull. civ. III n° 598 : nature de l'appartement vendu ; CA Paris 8-7-1966 : GP 1967.1.33 : acquisition de parts sociales donnant droit à un appartement au lieu de l'appartement lui-même que l'acheteur croyait acquérir ; CA Aix 12-7-1979 : Bull. Cour d'Aix 1979/3 p. 14 : éléments de cuisine commandés comme étant en bois véritable alors qu'ils n'étaient en fait qu'en aggloméré ; TGI Paris 26-6-1979 : D. 1980.IR.263 obs. Ghestin : lot mis aux enchères différent du lot annoncé ; TGI Paris 10-3-1980 : D. 1980.IR.265 obs. Ghestin : adjudication de deux chambres habitables dans des conditions normales alors qu'en fait elles avaient été réunies en un seul local) ;

– soit au **contenu d'un droit** : par exemple, croyance en l'existence d'un fonds de commerce (CA Aix 24-6-1982 : Bull. Cour d'Aix 1982/2 p. 57), en un droit de propriété entier alors qu'il n'est qu'indivis (CA Lyon 25-5-1977 : JCP G 1979.IV.15), en un droit successif de nue-propriété alors que le droit porte sur la pleine propriété (Cass. civ. 17-11-1930 : D. 1932.1.161 note Laurent), en la garantie d'un contrat d'assurance (cf. Cass. 1e civ. 25-2-1986 n° 84-16.882 : Bull. civ. I n° 40) ou en celle de la chose vendue (Cass. civ. 17-3-1987 : BRDA 8/87 p. 23), ou en l'existence d'une licence de taxi (CA Montpellier 26-9-2001 : Bull. inf. C. cass. 2002 n° 162 : inexistence en raison de l'incessibilité de l'autorisation administrative de stationnement) ;

– soit à la **nature de la chose** matérielle sur laquelle porte la prestation due, qui est si loin des objectifs du contrat qu'elle a été qualifiée d'erreur-obstacle à la rencontre des consentements (Cass. 3e civ. 1-2-1995 n° 92-16.729 : RJDA 5/95 n° 535 ; Cass. com. 15-4-2008 n° 07-12.645 : RDC 2008 p. 716, 1e esp., note T. Genicon ; Cass. 3e civ. 21-5-2008 n° 07-10.772 : Bull. civ. III n° 92).

Cette erreur entraîne la nullité de l'acte même si elle est inexcusable (Cass. 3e civ. 16-12-2014 n° 14-14.168 : Contrats, conc. consom. 2015 comm. n° 54 note L. Leveneur ; Cass. com. 15-4-2008 n° 07-12.645 précité).

Elle a été sanctionnée par une nullité absolue (Cass. 3e civ. 15-4-1980 n° 78-15.836 : Bull. civ. III n° 73 ; CA Paris 8-7-1966 : GP 1967.1.33 ; TGI Pau 7-1-1982 : JCP G 1983.II.19999 note Coiret). Mais il a été aussi jugé que la nullité est relative si un intérêt général n'est pas en cause (Cass. 3e civ. 26-6-2013 n° 12-20.934 : RJDA 1/14 n° 3 : erreur sur la désignation des lots d'une copropriété). Cette solution est, à notre avis, à retenir ; elle est dans la ligne de la nouvelle jurisprudence qui distingue la nullité absolue de la nullité relative sur le seul critère de l'atteinte portée par l'irrégularité à l'intérêt général ou à un intérêt privé (Cass. com. 22-3-2016 n° 14-14.218 : RJDA 5/16 n° 359) ; en outre, aux termes de l'article 1131 du Code civil, les vices du consentement sont une cause de nullité relative.

2. L'erreur sur les **propriétés** de la prestation due ; celle-ci peut porter sur tout aspect de la chose, quel que soit le contrat en cause. 12209

Jugé, par exemple, qu'il y avait vice du consentement en cas d'erreur :

– sur les aptitudes d'un terrain ou d'un immeuble à remplir l'usage auquel il était destiné (contenance insuffisante : Cass. 3e civ. 30-3-2005 n° 422 : RJDA 12/05 n° 1336, 1e esp. ; inconstructibilité d'un terrain : Cass. 3e civ. 30-3-2005 n° 452 : RJDA 12/05 n° 1336, 2e esp. ; impossibilité d'exploiter l'établissement envisagé : Cass. civ. 25-5-1972 : JCP G 1972.II.17249 obs. Ghestin ; ignorance d'une expropriation partielle déjà décidée : Cass. civ. 13-1-1926 : S. 1926.1.119 ; impossibilité d'accomplir les modifications projetées : CA Aix 11-3-1980 : Bull. Cour d'Aix 1980/1 p. 6 et TGI Paris 4-3-1980 : D. 1980.IR.262 obs. Ghestin) ;

– sur les caractéristiques d'une automobile (sa puissance : CA Nancy 18-7-1933 : GP 1933.2.785 ; son âge et son état mécanique : CA Paris 1-3-1975 : GP 1975.2.som.294) ;

– sur la protection attendue des gaines achetées pour abriter des naissains de moules (Cass. com. 28-10-1980 : GP 1981.pan.88) ;

– sur l'authenticité d'un tableau (parmi une jurisprudence abondante : Cass. 1e civ. 31-5-2007 n° 05-17.203 : RJDA 2/08 n° 113 ; Cass. 1e civ. 30-9-2008 n° 06-20.298 : RJDA 1/09 n° 20 ; Cass. 1e civ. 31-5-2007 n° 05-17.203 : RJDA 2/08 n° 113 ; CA Paris 31-5-2022 n° 19/04497) ;

– sur la portée des sûretés assortissant la garantie de passif promise dans une cession d'actions (CA Paris 6-4-1986 : Dr. des sociétés 1986 n° 166) ;

– sur l'impossibilité d'obtenir l'autorisation d'installer une alarme (CA Paris 13-5-1987 : D. 1987.IR.158) ;

– sur la possibilité d'opérer un branchement d'électricité sur une ligne plus proche (Cass. req. 19-1-1925 : S. 1925.1.101) ;
– sur l'aptitude d'un matériel informatique (CA Paris 14-11-1990 : D. 1991.IR.8) ;
– sur le coût d'un contrat de location et de maintenance d'un lecteur de chèques destiné à vérifier la solvabilité des chèques remis par les clients d'une station-service, conclu le jour même où le commerçant a été démarché, dès lors que ce dernier n'avait pas compris que chaque chèque passé dans la machine déclenchait un appel téléphonique, générant ainsi une facture de téléphone disproportionnée par rapport au montant des chèques irrécouvrables (CA Versailles 3-2-2000 : RJDA 5/00 n° 502).

Toutefois, l'erreur peut être écartée si les circonstances de la cause avaient dû conduire celui qui invoque l'erreur à se renseigner sur la chose objet de la prestation (CA Versailles 13-12-2016 n° 16/07240 : BTL 2017.75).

12210 **3.** L'erreur sur l'**appréciation monétaire** des qualités substantielles de la chose due ou sur les propriétés de la prestation due.

Jugé, ainsi, qu'était une erreur sur l'appréciation d'une qualité de la chose :
– la valeur culturale donnée à un fonds rural en raison de la durée et de l'importance des travaux de remise en état (Cass. soc. 4-5-1956 : D. 1957.313 note Malaurie) ou à des parts sociales par un associé peu au fait des affaires (Cass. com. 12-2-2008 n° 06-19.204 : RJDA 6/08 n° 667) ;
– la vente à un prix dérisoire d'une pleine propriété par des successibles qui croyaient n'avoir hérité que d'une nue-propriété (Cass. req. 17-11-1930 : DH 1931.3 ; voir aussi Cass. com. 12-2-2008 n° 06-19.204 : RJDA 6/08 n° 667 : cession de parts pour leur valeur nominale [15 €] sans commune mesure avec leur valeur objective [près de 490 €] ; TGI Pau 7-1-1982 : JCP G 1983.II.19999 note Coiret) ; mais l'erreur est écartée si celui qui invoque le prix dérisoire a eu tous les moyens de se faire une juste idée de la valeur de la chose (Cass. com. 19-7-1971 n° 68-13.737 : Bull. civ. IV n° 217) ;
– la demande d'un prix inadéquat à la suite d'une simple erreur matérielle d'étiquetage (TGI Caen 14-11-1984 : GP 1985.som.244) ou d'une croyance en l'existence d'une taxation (CA Montpellier 23-10-1951 : D. 1952.15, le prix étant simplement rectifié) ;
– le malentendu sur le montant du prix de l'unité de la chose vendue (Cass. civ. 28-11-1973 : D. 1975.21 note Rodière) ;
– l'erreur grossière sur le prix demandé (CA Paris 7-3-1989 : D. 1989.IR.128) ou l'indication par inadvertance d'un prix erroné ou résultant d'un malentendu fondamental (CA Paris 15-9-1995 : D. 1995.IR.219).

Mais l'**estimation fausse** de la valeur monétaire de la prestation attendue, sans se tromper sur les qualités essentielles de celle-ci n'est pas une cause de nullité (C. civ. art. 1136) ; elle constitue une pure erreur sur la valeur, dite « **lésion** » qui n'est prise en compte que dans les cas prévus par la loi (sur cette définition, cf. CA Versailles 7-1-1987 : D. 1987.485 note Aubert ; TGI Caen 14-11-1984 : GP 1985.som.244).

A été considérée comme une lésion :
– la valeur donnée à des marchandises par un acheteur qui soutenait que leur prix était moindre en raison de leur état défraîchi (Cass. com. 20-5-1980 : JCP G 1980.IV.290) ;
– la valeur accordée à un fonds de commerce compte tenu de son rendement escompté, dès lors que le vendeur n'a pas commis de manœuvres dolosives (CA Aix 1-7-1976 : Bull. Cour d'Aix 1976/3 p. 7) ;
– la valeur attribuée par l'acheteur à un débit de tabac qui a subi une forte dépréciation à la suite d'une modification de la législation (Cass. civ. 15-11-1954 : Bull. civ. I p. 271), à un fonds de commerce compte tenu de son rendement escompté, dès lors que le vendeur n'a pas commis de manœuvres dolosives (CA Aix 1-7-1976 : Bull. Cour d'Aix 1976/3 p. 7) ou au chiffre d'affaires et aux résultats réalisés par l'exploitation d'un fonds de commerce (Cass. com. 28-6-1994 : RJDA 10/94 n° 994) ;
– la valeur estimée d'un immeuble en raison d'une fausse appréciation de sa rentabilité (Cass. 3e civ. 31-3-2005 n° 408 : RJDA 3/06 n° 219 ; contra TGI Fontainebleau 9-12-1970 : D. 1972.89 note Ghestin) ;
– la valeur donnée par un acquéreur public à la prestation prévue par un marché (CE 9-11-2018 n° 420654).

12211 **4.** Sur la **nature juridique** de la prestation due.

Par exemple, se prévaut d'une erreur celui qui a conclu : un prêt différé au lieu d'un prêt ordinaire (Cass. com. 18-7-1956 : Bull. civ. III p. 189) ; un contrat d'assurance mutuelle au lieu d'un contrat à prime fixe (Cass. req. 6-5-1878 : D. 1880.1.12) ; un contrat de vente au lieu d'un échange (Cass. civ. 18-3-1980 : JCP G 1980.IV.217) ; un contrat pur et simple au lieu d'un contrat avec dédit (Cass. civ. 14-5-1985 : JCP G 1985.IV.261) ; un contrat optionnel de vente d'actions au lieu d'un contrat d'achat d'options (CA Paris 27-6-1989 : Bull. Joly 1989.804) ; un contrat de location au lieu d'une vente (CA Paris 13-12-1991 : BTL 1992.672).
Il en est de même s'il a pris pour le contrat à conclure - au prix contenu dans celui-ci notamment - un contrat qui ne lui avait été transmis qu'à titre indicatif (Sentence du 26-11-1979 : DMF 1980.444).

12212 **Erreur sur la personne** La partie qui s'est trompée sur la personne de son cocontractant peut invoquer son erreur si la personnalité de l'intéressé était la cause déterminante du contrat (C. civ. art. 1134 ; CA Paris 29-1-1979 : GP 1979.som.11 ; CA Versailles 22-12-2000 : RJDA 4/01 n° 408).
Elle peut invoquer :
– soit l'erreur sur l'identité du cocontractant (CA Rouen 4-3-1969 : JCP G 1969.II.15911 ; pour des cas d'erreur non déterminante : Cass. req. 17-1-1911 : DP 1911.5.61 ; CA Aix 9-6-1976 : Bull. Cour d'Aix 1976/3 p. 6 ; T. com. Blois 7-12-1990 : Rev. jur. com. 1992.179) ;

– soit l'erreur sur une qualité du cocontractant (Cass. civ. 20-3-1963 : D. 1963.403 ; Cass. com. 19-11-2003 n° 1583 : RJDA 8-9/04 n° 937 ; CA Saint-Denis-de-la-Réunion 6-10-1989 : JCP G 1990.II. 21504 note Putman ; pour un cas où l'erreur n'a pas été tenue pour déterminante, CA Paris 29-1-1979 : GP 1979.som.360).

Erreur sur les motifs L'erreur sur un simple motif, étranger aux qualités essentielles de la prestation due ou du cocontractant, n'est pas une cause de nullité (C. civ. art. 1135, al. 1), quand bien même ce motif aurait été déterminant (Cass. com. 11-4-2012 n° 11-15.429 : RJDA 12/12 n° 1035). 12213

Par exemple, en cas d'erreur d'une partie sur la disparition du privilège garantissant une créance qui l'a amenée à donner au cessionnaire de la créance la garantie du paiement par le débiteur (Cass. civ. 26-5-1891 : D.1891.1.352) ou sur l'utilité que représente pour elle le contrat (Cass. com. 11-4-2012 précité).

Fait exception à cette règle l'erreur qui est expressément une cause de nullité de la donation (C. civ. art. 1135, al. 2).

Il n'en est autrement que si une **volonté expresse** l'a fait entrer dans le champ contractuel en l'érigeant en condition déterminante du consentement au contrat (C. civ. art. 1135, al. 1 ; Cass. com. 11-4-2012 précité ; sur un refus de prise en compte de la rentabilité de l'immeuble vendu réputée non entrée dans le champ contractuel, Cass. 3e civ. 5-11-2020 n° 19-21.575 F-D ; sur une prise en compte, cf. Cass. 3e civ. 18-4-2019 n° 18-10.693 F-D : RJDA 7/19 n° 483). Dans ce cas, l'erreur sur le motif est pratiquement équivalente à la fausse cause (cf. Cass. 1e civ. 6-9-2017 n° 16-15.331 F-PB : PA 2017 n° 254 p. 7 note Dupré, rejetant l'erreur sur la cause, l'erreur ayant été commise sur la nature du financement cautionné qui n'était pas entré dans le champ contractuel ; voir cependant, Cass. 3e civ. 18-4-2019 précité qui voit une absence de cause dans la méconnaissance des motifs qui sous-tendent le contrat).

Elle consiste en effet dans l'erreur du contractant qui s'est trompé sur la raison qu'il avait de s'engager. C'est le cas, par exemple :

– lorsqu'un preneur a renoncé au bail qu'il possédait dans un immeuble sur l'affirmation mensongère du notaire que ce bail était nul (Cass. req. 13-12-1927 : S. 1928.1.125) ;

– lorsque l'exploitant d'un cinéma promet, parce qu'il s'en croit à tort légalement tenu, d'indemniser un artiste dont le matériel a été détruit dans un incendie (Cass. req. 1-7-1924 : DH 1924.509) ;

– lorsqu'un cocontractant a conclu le contrat sans raison (Cass. req. 6-6-1932 : DH 1932.396) ;

– lorsqu'un laboratoire a promis de verser des redevances pour exploiter un produit alors qu'il avait, avant de prendre cet engagement, obtenu les visas afférents audit produit (CA Aix 13-1-1977 : Bull. Cour d'Aix 1977/1 p. 4) ;

– lorsqu'une entreprise a conclu une assurance avec l'État alors qu'elle bénéficiait déjà d'une autre assurance pour le même risque, le résultat ainsi promis étant déjà acquis (CE 12-11-1948 : Lebon 428) ;

– lorsque le gérant d'une société en redressement judiciaire a acquis la créance d'un associé sur la société pour un prix fixé dont l'associé lui réclamait le solde, dès lors qu'aux yeux du gérant, dont l'état physique avait commencé à s'affaiblir avant la conclusion de la cession, la cause exclusive de celle-ci résidait dans l'abandon pur et simple de cette créance qu'il avait consentie à la société, par un acte passé le lendemain du jour de l'acte de cession, en vue de la libérer de cette charge pour faciliter son redressement dès lors qu'elle emportait substitution à cette société du gérant en qualité de débiteur de ladite créance (Cass. 1e civ. 10-7-2013 n° 12-17.407 : D. 2013.2146 note Ghestin).

Pour entrer dans le champ contractuel, le motif doit avoir été exprimé à l'acte ; dès lors, si l'acte doit être prouvé par écrit, le caractère contractuel (et déterminant) du motif doit l'être aussi.

Cette solution est, pour la même raison, appliquée à la preuve de la nullité pour fausse cause (Cass. com. 14-3-2006 n° 342 : RJDA 7/06 n° 747 ; Cass. 1e civ. 23-2-2012 n° 11-11.230 : RJDA 6/12 n° 558).

Sur la fausseté partielle de la cause, il a été jugé, en dernier lieu, qu'elle entraîne la nullité du contrat synallagmatique et non la réduction de l'obligation de la victime (Cass. 1e civ. 31-5-2007 n° 05-21.316 : RJDA 2/08 n° 102), contrairement à ce qui avait été jugé précédemment (Cass. 1e civ. 11-3-2003 n° 99-12.628 : Bull. civ. I n° 67).

Les juges doivent rechercher si le motif a été expressément exprimé à l'acte (Cass. com. 30-5-2006 n° 707 : RJDA 8-9/06 n° 859.som.).

Erreur de droit L'erreur de droit est la fausse croyance dans les exigences de la loi régissant le contrat auquel celui qui l'invoque a consenti. Cette erreur est une cause d'annulation du contrat reconnue par l'article 1132 du Code civil. Elle entraîne la nullité du contrat : 12218

– si la fausse croyance dans le contenu de la loi porte sur une règle susceptible d'être effectivement appliquée au contrat en cause ;

Il n'y a donc pas erreur de droit si la partie qui l'invoque s'est cru obligée au respect d'un droit au profit de son cocontractant alors que celui-ci n'en jouissait pas (Cass. 3e civ. 20-10-2010 n° 09-66.113 : RJDA 2/11 n° 103 : offre de vente du local loué par le bailleur à un locataire, en vue de l'exercice par ce dernier du droit de préemption dont il ne bénéficiait pas en l'espèce mais que le juge du fond avait néanmoins tenue pour valable en qualifiant d'inexcusable l'erreur commise par le bailleur) ou s'il s'est affranchi du contrat en vertu duquel il était tenu de payer en prenant un engagement autonome de payer (Cass. com. 13-12-1994 n° 92-12.621 : RJDA 4/95 n° 397).

– si la partie qui se dit victime s'est trompée sur la règle qui commandait la validité du contrat ; tel est le cas lorsque, se trompant sur l'étendue de ses droits héréditaires, elle a cédé ses droits successifs à vil prix (Cass. civ. 19-11-1930 : S. 1932.1.17 note Breton) ou lorsqu'elle a cru, à tort, être tenue par un congé valable (Cass. civ. 29-5-1980 : JCP G 1980.IV.297).

Mais une partie ne peut pas prétendre s'être trompée sur la règle applicable à son cas lorsqu'elle invoque, pour justifier sa croyance erronée en la validité de clauses de son contrat, la nullité de clauses comparables prononcée par une décision de justice rendue entre d'autres parties (Cass. 1e civ. 27-6-2006 nº 05-13.337 : Bull. civ. I nº 328).

Sur l'impossibilité d'invoquer l'erreur de droit pour neutraliser un effet de la loi qui se produit sans requérir aucun consentement, nº 10335.

RECEVABILITÉ DE L'ERREUR

12225 **Erreur déterminante** La partie qui invoque l'une des erreurs visées dans les numéros qui précèdent doit établir qu'elle n'aurait pas contracté ou aurait contracté à d'autres conditions si elle n'avait pas commis cette erreur (nº 12200).

Cette condition est souverainement appréciée par les juges (Cass. civ. 3-10-1979 : D. 1980.IR.263 obs. Ghestin ; Cass. civ. 26-2-1980 nº 78-15.631 : Bull. civ. nº 66).

La qualité est déterminante si elle a été mentionnée dans le contrat (CA Aix 13-12-1977 : Bull. Cour d'Aix 1977/4 p. 15).

En revanche, l'erreur n'a pas ce caractère lorsque les parties ont admis un certain aléa sur la qualité litigieuse (nº 11167).

12228 **Erreur excusable** Que l'erreur soit de droit ou de fait, le **contrat** vicié par l'erreur est **annulé** si celle-ci est excusable (C. civ. art. 1132).

Il en est ainsi :

– soit parce que la victime de l'erreur est irréprochable, n'ayant pu, malgré ses diligences, se rendre compte de son erreur (Cass. 3e civ. 26-10-2005 nº 1143 : RJDA 4/06 nº 398) ;

– soit parce que son erreur est la conséquence de la faute de son cocontractant qui, sans intention de la tromper, a omis de l'informer de l'impropriété, qu'il connaissait, de la chose à sa destination (Cass. civ. 23-5-1995 : RJDA 8-9/95 nº 929 ; sur un cas où la victime a été parfaitement informée, Cass. 3e civ. 17-9-2014 nº 13-18.931 : RJDA 2/15 nº 78), les juges ne pouvant le disculper qu'en constatant de façon certaine et non dubitative l'absence d'un tel devoir (Cass. civ. 12-6-1979 : GP 1979.pan.430), ce qui implique que les juges vérifient si l'obligation d'information due par le cocontractant n'a pas été méconnue (nos 11847 s.) ;

– soit parce que son cocontractant a intentionnellement provoqué son erreur par son silence, la réticence dolosive du cocontractant rendant toujours excusable l'erreur provoquée (nº 12259) ;

– soit parce qu'elle s'est méprise sur l'objet du contrat (Cass. 3e civ. 21-5-2008 nº 07-10.772 : Bull. civ. III nº 92), ou sur son contenu certain (nos 12400 s.) ;

– soit parce que l'erreur était commune (Cass. com. 19-11-2003 nº 1583 : RJDA 8-9/04 nº 937 ; cf. CA Versailles 26-2-1990 : GP 1990.som.439), ce qui suppose que les juges du fond ne se contentent pas de relever la bonne foi du contractant mais établissent que la cause de la nullité de l'acte était nécessairement ignorée de tous (Cass. com. 3-2-2015 nº 13-26.078 : RJDA 5/15 nº 360).

Inversement, la **nullité** n'est **pas prononcée** si l'erreur est inexcusable.

C'est le cas si la victime :

– est un professionnel averti des qualités de la chose (Cass. com. 4-7-1973 : D. 1974.538 note Ghestin ; Cass. civ. 3-11-1978 : GP 1979.pan.7 ; Cass. 3e civ. 4-7-2007 nº 06-15.881 : RJDA 12/07 nº 1204 ; CA Paris 24-4-1984 : GP 1985.179 ; CA Versailles 28-10-2009 nº 08/04375 : RJDA 5/10 nº 468), sauf s'il est intervenu au contrat à des fins autres que celle de l'exercice de sa spécialité (Cass. 1e civ. 14-12-2004 nº 1832 : Bull. civ. I nº 326) ;

– ne peut pas ignorer la réalité des faits (Cass. civ. 20-1-1981 : JCP G 1981.IV.113) ou celle de la loi, telle l'ignorance par une femme commune en biens de la faculté de renoncer à la communauté pour justifier sa demande de reprise des biens réservés (Cass. civ. 4-11-1975 : D. 1976.IR.22) ;

– a été négligente (Cass. 1e civ. 2-3-1964 : Bull. civ. I nº 122 ; Cass. civ. 9-7-1980 : GP 1980.pan.580 ; Cass. com. 11-2-1992 : RJDA 5/92 nº 423 ; Cass. com. 27-1-1998 : RJDA 6/98 nº 673 ; voir aussi CA Aix 4-2-1976 : Bull. Cour d'Aix 1976/1 p. 10 ; CA Aix 21-12-1976 : Bull. Cour d'Aix 1976/4 p. 7) ou imprudente (CA Paris 15-11-1990 : GP 1992.51 ; CA Pau 7-10-2002 : JCP G 2003.IV.2985), notamment au point de ne pas tenir compte de l'information qui lui a été donnée sur la chose, ici l'inconstructibilité du terrain acheté, par un document séparé et par sa mention dans l'acte (Cass. 3e civ. 13-7-2017 nº 16-19.353 F-D).

12231 **Preuve** La **victime** doit prouver que l'erreur répond aux conditions exposées nos 12203 s. Elle peut le faire par tous moyens puisqu'il s'agit de prouver des faits. Elle peut même user d'éléments d'appréciation dont elle a eu connaissance postérieurement à la conclusion du contrat (Cass. civ. 13-12-1983 : JCP G 1984.II.20186 concl. Gulphe). Sur l'obligation de prouver par écrit le motif déterminant entré dans le champ contractuel, nº 12213.

NULLITÉ DU CONTRAT

12235 L'erreur établie peut entraîner l'annulation du **contrat** (C. civ. art. 1131).

La nullité du contrat peut être remplacée par celle de la clause viciée si celle-ci est accessoire (Cass. 1e civ. 12-10-1955 : Bull. civ. I p. 279).

La nullité est **relative** (art. 1131) : la victime seule peut la demander (C. civ. art. 1181, al. 1 ; Cass. 1e civ. 1-3-1988 nº 86-17.492 : Bull. civ. I nº 56) et elle peut la confirmer (art. 1181, al. 2 ; CA Paris 12-12-1984 : GP 1985.232, relevant que la victime s'était livrée à une exploitation prolongée et suffisante avant de se plaindre alors que le défaut de rendement allégué était vérifiable dès les premières semaines). L'action se prescrit selon le délai de cinq ans de droit commun (nº 71725), à compter du jour où l'erreur a été découverte (art. 1144).

Le juge se reconnaît le pouvoir de statuer d'office sur la nullité pour erreur qui n'a pas été expressément invoquée devant lui, dès lors qu'il a été saisi d'une demande de nullité pour dol, car la « notion de dol contient celle d'erreur » (CA Rouen 21-5-1991, inédit).

La victime peut obtenir aussi des **dommages-intérêts** (CA Aix 12-7-1979 : Bull. Cour d'Aix 1979/3 p. 14). Elle peut n'avoir droit qu'à une indemnisation si l'erreur n'est pas substantielle mais seulement relative à une qualité particulière de la chose pour laquelle les conditions générales du vendeur prévoient un dédommagement (CA Paris 11-3-1947 : D. 1949.148).

b. Dol

CONTENTIEUX DU DOL

Le dol est certainement le vice du consentement le plus invoqué devant les tribunaux. Ses terrains d'élection sont la vente d'immeuble et, plus encore, les cessions de droits sociaux ; sur la jurisprudence concernant ces deux actes, Mémento Vente Immobilière nºs 16700 s. ; Mémento Cessions de parts et actions nºs 19300 s. 12240

Sur un exemple de motivation scrupuleuse de l'absence de dol affectant une cession de parts, CA Paris 10-11-2015 nº 14/12176 : RJDA 5/16 nº 347.som.

ÉLÉMENTS CONSTITUTIFS DU DOL

Énoncé Le dol est le fait pour un contractant (C. civ. art. 1137) : 12245
– d'obtenir le consentement de l'autre par des manœuvres ou des mensonges ;
– de dissimuler intentionnellement une information dont il sait le caractère déterminant pour l'autre partie, sans toutefois lui imposer de révéler à son cocontractant son estimation de la valeur de la prestation.

Intention de tromper Les manœuvres ou tromperies constitutives du dol doivent être accomplies pour induire en erreur le cocontractant (Cass. 3e civ. 6-3-1969 : Bull. civ. III nº 198 ; Cass. com. 4-11-2014 nº 13-24.665 : RJDA 4/15 nº 278.som. ; Cass. com. 21-4-2022 nº 20-12.846 F-D : RJDA 10/22 nº 546), de même que la réticence à révéler un fait déterminant du consentement du cocontractant (nº 12253). Le juge ne peut pas écarter l'existence d'un dol sans avoir recherché si la partie poursuivie, en s'abstenant de révéler une information utile au cocontractant, n'avait pas eu l'intention de le tromper (Cass. com. 27-1-2021 nº 18-16.418 F-D). 12250

Ne constituent donc pas un dol :
– des négligences même si elles ont généré une erreur (Cass. req. 3-1-1900 : S. 1901.1.321 note Wahl ; CA Aix 19-5-1982 : Bull. Cour d'Aix 1982/2 p. 55) ou si elles sont graves (Cass. com. 10-3-1981 : JCP G 1981.IV.188) ;
– l'erreur provoquée par le cocontractant en se trompant lui-même (CA Paris 20-12-1934 : S. 1935.2.190) ;
– des démarches en vue d'exercer une influence (Cass. com. 2-6-1981 nº 79-13.931 : Bull. civ. IV nº 259 ; CA Paris 17-6-1992 : JCP E 1992.pan.1054) ;
– l'inscription d'une clause dans un texte imprimé en caractères minuscules sans qu'aucune précaution n'ait été prise pour que son importance n'échappe pas à une personne normalement informée (cf. Cass. com. 5-3-1974 : GP 1974.1.pan.148) ;
– l'exercice d'une contrainte sur un débiteur (cf. Cass. 1e civ. 9-3-2022 nº 20-18.532 F-D).

Ces pratiques se rencontrent à l'occasion de la conclusion de n'importe quel contrat, mais sont spécialement présentes lors des cessions de droits sociaux (MSC nºs 16430 s.).

Réticence Le dol peut être aussi constitué par la dissimulation intentionnelle par l'un des contractants d'une information dont il sait le caractère déterminant pour l'autre partie (C. civ. art. 1137). Ce silence est sanctionné de longue date par les tribunaux sous le nom de réticence dolosive. 12253

Le silence doit être incontestablement intentionnel si la nullité du contrat est demandée (Cass. com. 28-6-2005 nº 956 : RJDA 12/05 nº 1314 ; Cass. com. 10-2-2015 nº 13-25.008 : RJDA 12/15 nº 818 ; Cass. com. 17-2-2021 nº 19-16.673 F-D).

Il doit l'être également, selon la chambre commerciale de la Cour de cassation, même si seulement des dommages-intérêts sont seulement demandés sur le fondement du dol (Cass. com. 7-6-2011 nº 10-13.622 : RJDA 8-9/11 nº 691) alors que la première chambre civile de la Cour valide l'octroi des dommages-intérêts en dispensant le juge de se prononcer expressément sur le caractère intentionnel (Cass. 1e civ. 28-5-2008 n° 07-13.487 : RJDA 5/09 n° 406).

Le silence doit induire en erreur une partie n'ayant pas les moyens d'accéder par elle-même aux informations indispensables à l'expression d'un consentement éclairé (Cass. com. 8-11-2016 n° 14-29.884 F-D : GP 2017.som. 3-1-2017 p. 27 note Houtcieff ; sur un cas où le plaignant disposait des informations, Cass. com. 13-12-2016 n° 15-18.002 F-D : RJDA 4/17 n° 253).

Ont été ainsi tenues pour dolosives, par **exemple,** les dissimulations résultant du silence gardé :
– sur l'irrégularité de la situation administrative d'un bien (Cass. com. 15-6-1973 : GP 1973.2.som.211 ; Cass. com. 13-10-1980 : D. 1981.IR.309 obs. Ghestin ; Cass. com. 22-2-1994 : RJDA 6/94 n° 619 ; CA Montpellier 27-3-1980 : D. 1980.IR.556 ; CA Aix 19-5-1982 : Bull. Cour d'Aix 1982/2 p. 54) ;
– sur l'existence d'un droit grevant un bien (Cass. 3e civ. 23-1-1974 n° 72-14.299 : Bull. civ. III n° 36 : hypothèque ; Cass. civ. 7-10-1980 : GP 1981.pan.71 : pacte de préférence ; CA Amiens 4-6-1975 : D. 1976.124 et TGI Lyon 25-10-1973 : JCP G 1974.IV.430 : servitudes d'urbanisme) ;
– sur l'état réel d'un bien (Cass. 3e civ. 7-3-1974 : Bull. civ. III p. 140 ; Cass. com. 27-6-1995 : RJDA 12/95 n° 1406 ; Cass. civ. 20-12-1995 : RJDA 2/96 n° 206 ; CA Paris 12-4-1995 : RJDA 7/95 n° 801 ; CA Versailles 17-11-1995 : RJDA 6/96 n° 736) ;
– sur l'existence d'un litige relatif à un droit ou à un bien (Cass. com. 22-6-1981 : BRDA 19/81 p. 14 ; CA Aix 15-3-1976 : Bull. Cour d'Aix 1976/2 p. 9) ;
– sur la condamnation prononcée par le passé contre l'un de ses dirigeants par une société qui avait demandé, à l'occasion d'une augmentation de capital, à un consultant de rechercher des investisseurs, ce qui avait entraîné le retrait d'un investisseur (Cass. com. 7-2-2012 n° 11-10.487 : RJDA 6/12 n° 557).

Ne commet pas une réticence la commune qui, aussitôt après son achat, a revendu le terrain acheté sous la condition suspensive de l'obtention du permis de construire, sans révéler à son vendeur initial sa demande de modification du plan d'occupation des sols dès lors que c'est le vendeur lui-même qui avait suggéré cette modification, dont la décision appartenant à un Sivom restait hypothétique (CA Metz 24-2-1993 : Bull. inf. C. cass. 1994 n° 511) ; la réticence est de même écartée chaque fois que celui qui l'invoque a, en réalité, connu la situation dont il se plaint (Cass. com. 16-1-1996 : RJDA 4/96 n° 454 ; Cass. com. 30-1-1996 : RJDA 4/96 n° 453).

Mais ne constitue pas une réticence le défaut de révélation par une partie à son cocontractant de son estimation de la valeur de la prestation (C. civ. art. 1137, al. 3).

Cette disposition reprend, en l'étendant aux deux parties au contrat, la solution jurisprudentielle ayant écarté la réticence dolosive de l'acheteur qui avait acquis sciemment une chose à un prix dérisoire par rapport à sa valeur réelle sans révéler cette dernière au vendeur car il n'était pas tenu d'informer le vendeur de la valeur de la chose (Cass. 1e civ. 3-5-2000 n° 98-11.381 P : RJDA 9-10/00 n° 848 ; Cass. 3e civ. 17-1-2007 n° 06-10.442 FS-PB : RJDA 6/07 n° 599). Mais a été tenu pour un dol le silence gardé par un acheteur professionnel de l'immobilier sur la sous-évaluation volontaire et importante faite par un agent immobilier de l'immeuble en vente et sa proposition à un prix supérieur au vendeur pour lui faire croire qu'il faisait une bonne affaire (Cass. 3e civ. 5-12-2006 n° 1291 : RJDA 8-9/07 n° 829).

12256 **Manœuvres et mensonges** Le dol peut aussi résulter d'agissements par lesquels un contractant amène l'autre partie à conclure (C. civ. art. 1137, al. 1). Il en est ainsi, notamment :
– d'actes de captation du consentement (CA Colmar 30-1-1970 : D. 1970.297 note Alfandari ; CA Amiens 20-9-1994 : GP 1995.152 note Vindreau) ;
– de mensonges (Cass. 1e civ. 14-4-2010 n° 08-20.386 ; Cass. 3e civ. 11-2-2014 n° 12-29.986 : SN 4/14 inf. 76 ; CA Versailles 11-5-2001 : RJDA 11/01 n° 1090) ;
– de tromperies, tel le fait par une société de négocier avec un hôpital un contrat de location financière avec une option d'achat, conformément à une pratique établie entre les parties, et de supprimer cette option lors de la signature (Cass. com. 13-4-2022 n° 20-18.973 F-D : RJDA 7/22 n° 388).

Il n'y a pas mensonge :
– dans l'utilisation du terme « Hi-Fi », aucune norme française ne définissant ce terme (Cass. civ. 3-10-1979 : GP 1980.pan.60) ;
– dans la déclaration qu'une demande était « en cours d'acceptation » (Cass. com. 15-6-1981 : GP 1982.pan.35).
– dans la promesse d'un autofinancement d'une installation photovoltaïque qui était irréalisable (CA Orléans 29-8-2019 n° 18/02982 : RJDA 12/19 n° 733).

Sur la distinction entre mensonge et simple exagération publicitaire, Cass. com. 13-12-1994 n° 92-20.806 : RJDA 4/95 n° 420 ; Cass. 3e civ. 7-4-2016 n° 14-24.164 : RJDA 7/16 n° 518.

CONDITIONS REQUISES DU DOL

12259 **Provocation d'une erreur** Les faits constitutifs de dol doivent avoir provoqué une erreur chez le cocontractant. Toute **erreur** suffit, car, en vertu de l'article 1139 du Code civil, l'erreur qui résulte d'un dol est toujours **excusable.**

Cette règle ressortait déjà de la jurisprudence antérieure à l'entrée en vigueur, le 1er octobre 2016, de l'article 1139 du Code civil qui la retenait (Cass. com. 13-2-2007 n°s 04-16.520 et 05-21.564 : RJDA 11/07 n° 1076), quelles que soient les circonstances dans lesquelles l'erreur avait été commise ; il en était ainsi même si l'erreur ne portait pas sur la substance de la chose objet du contrat (Cass. 1e civ. 13-2-1967 : Bull. civ. I no 58 ; Cass. 3e civ. 2-10-1974 no 73-11.901 : Bull. civ. III no 330 ; Cass. 3e civ. 7-4-2016 no 14-24.164 : RJDA 7/16 no 518), si elle portait sur sa valeur (Cass. com. 17-6-2008 no 07-15.398 : RJDA 12/08 no 1269), si la victime aurait dû se rendre compte de son erreur en tant que professionnel (Cass. com. 8-3-2016 no 14-23.135 : RJDA 7/16 no 508) ; il suffisait que la victime ait été induite en erreur (Cass. com. 8-3-2016 no 14-23.135 : RJDA 7/16 no 506).

Influence déterminante sur la victime Le dol doit avoir été déterminant du consentement de la victime (C. civ. art. 1130 et 1137, al. 2 ; Cass. 1e civ. 13-2-1967 : Bull. civ. I no 58 ; Cass. com. 4-6-1985 : Bull. civ. Joly 1985.787 ; CA Douai 12-1-1983 : GP 1983.213 ; pour des cas de dol non déterminant : Cass. civ. 1-3-1977 no 73-11.901 : D. 1978.91 note Larroumet ; Cass. com. 14-5-1979 no 78-11.063 : Bull. civ. IV no 151 ; Cass. com. 7-6-2011 no 10-13.622 : Bull. civ. IV no 91). Celle-ci ne saurait donc l'invoquer si elle a exclu, par une clause du contrat, que son consentement était déterminé par l'élément sur lequel elle prétend avoir été trompée (Cass. 3e civ. 21-3-2001 no 99-14.399 : RTD civ. 2001.904 obs. Gautier) ou si elle a déclaré connaître parfaitement l'objet de son acquisition, une clinique, et a disposé de nombreux documents lui révélant le niveau de rentabilité de celle-ci (CA Paris 8-1-2015 no 14/0917 : RJDA 5/15 no 326.som.). 12265

Dol émanant du cocontractant Le dol est cause de nullité du contrat s'il émane d'un contractant (C. civ. art. 1137, al. 1 ; Cass. civ. 27-6-1973 : D. 1973.733 note Malaurie ; Cass. 1e civ. 26-1-1977 no 75-13.920 : Bull. civ. I no 52 ; Cass. com. 14-12-1977 no 75-12.206 : Bull. civ. IV no 293 ; Cass. 1e civ. 1-12-1999 : RJDA 2/00 no 200), de son représentant (légal, conventionnel ou judiciaire), de son préposé, du porte-fort qui a promis son fait, du gérant de son affaire, ou encore s'il émane d'un tiers de connivence (art. 1138 ; Cass. com. 13-6-1995 no 93-17.409 : Bull. civ. IV no 175 ; Cass. 3e civ. 27-1-2015 no 13-20.974 : RDC 2015.443 obs. Stoffel-Munc ; Cass. com. 27-2-1996 no 94-11.241 : Bull. civ. IV no 65 ; Cass. civ. 3-7-1996 : RJDA 11/96 no 1291). 12271

En dehors de ces cas, le dol d'un tiers au contrat est sans effet sur la validité du contrat, sauf si l'erreur que ce dol a provoquée porte sur une qualité essentielle de la prestation due (Cass. com. 19-4-2023 no 22-11.097 F-D : RJDA 8-9/23 no 420).

La donation est annulée pour dol quel qu'en soit l'auteur (CA Pau 17-12-1953 : GP 1954.1.86). Notamment, le notaire bénéficiaire d'une donation-partage peut invoquer, non seulement le dol du donateur, mais aussi celui de son copartagé (Cass. 1e civ. 17-10-2019 no 18-22.769 FD).

Preuve Le dol doit être prouvé par la victime, tous moyens pouvant être retenus (Cass. 3e civ. 17-11-2004 no 1190 : RJDA 3/05 no 241). La preuve du dol suppose celle de la volonté chez l'auteur du dol d'induire en erreur la victime pour obtenir son consentement (Cass. 3e civ. 26-10-2022 no 21-19.898 FS-B). Cette preuve n'est pas établie par le fait que, après la conclusion du contrat, l'acheteur d'un fonds de commerce n'a pas obtenu du vendeur la possibilité d'examiner ses livres comptables (Cass. com. 15-11-1977 : GP 1978.1.pan. 36). 12274

SANCTIONS DU DOL

Nullité Seule la victime du dol peut demander la nullité du contrat, celle-ci étant considérée comme relative (C. civ. art. 1131 ; Cass. 3e civ. 18-10-2005 no 1117 : RJDA 4/06 no 371). La victime peut même demander la nullité si le dol est **incident,** c'est-à-dire s'il n'a pas amené la victime à contracter mais seulement à accepter des conditions désavantageuses (C. civ. art. 1130, al. 1). 12280

Le dol n'ouvre pas une action en résolution ou en résiliation (cf. Cass. com. 3-3-1975 : JCP G 1976.II.18463 note Larroumet).

L'action se prescrit selon le délai de cinq ans de droit commun (no 71725), à compter du jour où le dol a été découvert (C. civ. art. 1144).

Dès lors que le dol est constitué, la victime peut opposer la nullité du contrat vicié, même si elle n'a pas encore été judiciairement prononcée, contre le tiers qui se prévaut d'un effet de ce contrat (Cass. civ. 21-2-1995 : RJDA 6/95 no 678 : assureur du véhicule dont l'achat avait été vicié pour dol ne pouvant pas se prévaloir du contrat d'assurance accessoire à cet achat conclu par l'acheteur, la nullité de la vente effaçant toutes les conséquences de ce contrat).

L'annulation du contrat donne à la victime le droit d'obtenir la restitution de l'intégralité des sommes qu'elle a versées (Cass. com. 19-5-1998 : RJDA 10/98 no 1094).

Sur le recours en garantie de l'auteur du dol contre son conseil, no 50232.

Dommages-intérêts La victime peut obtenir, outre la nullité, des dommages-intérêts si elle subit un préjudice (no 15736). 12283

Elle peut aussi ne demander que des dommages-intérêts, sous réserve de démontrer l'intention de tromper (Cass. com. 11-5-2017 no 15-25.301 F-D : RJDA 10/17 no 633), condition qui n'est pas toutefois toujours exigée (Cass. 1e civ. 28-5-2008 no 07-13.487 : RJDA 5/09 no 406 ; CE 23-11-2007 no 268918). Les dommages-intérêts peuvent consister en une réduction de prix (Cass. 3e civ. 6-6-2012 no 11-15.973 : RJDA 2/13 no 87). Mais la victime, qui a renoncé à demander l'annulation du contrat, n'a droit qu'à la réparation de la perte de la chance d'avoir pu contracter à des conditions plus avantageuses et non à celle d'avoir pu réaliser un autre investissement (Cass. com. 5-6-2019 n° 16-10.391 FD : RJDA 10/19 n° 605). Toutefois cette chance n'a pas été perdue dès lors qu'il n'est pas établi que le prix payé était excessif au moment où les parties en sont convenues (Cass. com. 24-9-2013 n° 12-19.640 F-D : RDC 2014.30 obs. Deshayes).

La victime peut demander l'indemnisation de son préjudice même après s'être désistée de l'action en nullité (Cass. com. 18-10-1994 : RJDA 2/95 n° 102) ou en avoir été déboutée (Cass. 3e civ. 11-1-2012 n° 10-23.141 : RJDA 5/12 n° 467).

Elle peut encore, si toute indemnisation lui a déjà été refusée par une décision de justice irrévocable, à nouveau réclamer des dommages-intérêts si, depuis cette décision, son préjudice est devenu actuel et certain (Cass. com. 21-6-2016 n° 14-29.874 : RJDA 11/16 n° 761, solution fondée sur l'intérêt à agir et donc transposable à une nouvelle demande formée à compter du 1-10-2016).

12286 **Escroquerie** Le dol peut aussi être sanctionné par les peines du délit d'escroquerie (par exemple pour des souscriptions provoquées par des manœuvres frauduleuses, T. corr. Paris 9-10-1985 : GP 1986.65).

c. Violence

CONFIRMATION ET ÉLARGISSEMENT DU VICE DE VIOLENCE

12300 La réforme du droit des contrats a repris le vice de violence comme dans la rédaction de 1804 du Code civil, mais avec une extension qui germait en jurisprudence. La violence économique a été introduite dans le Code sous la forme de l'abus de l'état de dépendance. Quelle que soit la forme sous laquelle elle s'est manifestée, la violence doit avoir été déterminante du consentement de la partie qui l'invoque (n° 12000).

ACTES DE VIOLENCE SUR LA PERSONNE OU SES PROCHES

12302 **Personnes menacées par la violence** La violence vicie le contrat dès lors que la menace porte sur un proche du contractant (C. civ. art. 1140).

Sans précision de la disposition susvisée, le « proche » doit être entendu, à notre avis, comme celui qui est uni au contractant par des liens affectifs de nature à provoquer chez lui la crainte d'un mal considérable caractéristique de la violence.

12303 **Contrainte physique** Il y a violence si l'une des parties a exercé sur l'autre des voies de fait (C. civ. art. 1140 ; CA Douai 16-6-1982 : JCP G 1983.II.20035 note Jambu-Merlin), même si la partie qui les subit est une personne morale, lorsqu'elles ont été exercées sur son représentant légal personne physique (Cass. soc. 8-11-1984 : JCP G 1985.IV.23).

12306 **Contrainte morale** La violence peut aussi consister dans l'acceptation d'un engagement sous la menace de manquer de ressources pour subsister (C. civ. art. 1140 ; Cass. com. 4-6-1973 n° 72-10.782 : Bull. civ. IV n° 193) ou la crainte d'exposer sa fortune à un mal considérable (Cass. 1e civ. 22-4-1986 n° 85-11.666 : Bull. civ. I n° 98) ou son entreprise à une perte substantielle (TGI Bourges 11-4-1989 : GP 1990.som.310 : menace d'interrompre le séjour de 140 personnes participant à un voyage à l'étranger).

N'a pas constitué une menace contre la fortune du cédant d'actions l'exercice à son encontre, lors de la conclusion de la cession, d'une action en référé se bornant à demander la nomination d'un expert et alors que la prétendue menace ne pesait sur le cédant qu'au travers de la société dont il était le dirigeant et l'actionnaire majoritaire (CA Versailles 2-6-1987 : Bull. Joly 1987.691).

12309 **Abus des voies de droit** La menace de la voie de droit existe si la voie de droit est détournée de son but ou si elle est invoquée ou exercée pour obtenir un avantage manifestement excessif (C. civ. art. 1141).

Tel est le cas lorsqu'elle est invoquée de façon illégitime, n'ayant aucune chance de succès (Cass. 1e civ. 4-2-2015 n° 14-10.920 F-D : RDC 2015.445 obs. Savaux), ou lorsqu'elle est utilisée pour obtenir une promesse ou un avantage sans rapport ou hors de proportion avec l'engagement primitif (Cass. 3e civ. 17-1-1984 n° 82-15.753 : Bull. civ. III n° 13).

Ont été tenus pour être en rapport avec l'engagement primitif :

– le règlement partiel d'une créance par l'imputation du prix de vente de l'appartement du débiteur au créancier (Cass. 3e civ. 17-1-1984 précité) ;

– l'engagement pris par l'ancienne directrice d'un magasin envers les propriétaires de payer une dette irrégulièrement contractée par elle pour éviter les actions pénales et civiles pouvant résulter de son acte (Cass. com. 30-1-1974 : GP 1974.1.pan.104 ; dans le même sens, Cass. civ. 17-11-1987 : GP 1988.pan.24) ;

– les rappels répétés des causes de déchéance faits par un assureur à un assuré (Cass. civ. 19-7-1965 : RGAT 1966.191).

Ont été tenus pour disproportionnés :

– l'engagement pris par le constructeur d'une maison mal implantée de payer au propriétaire le prix de ce terrain et à celui qui a renoncé à l'acquérir le montant de la différence entre le prix prévu pour ce terrain et celui d'un autre terrain dont ce renonçant envisageait l'acquisition (CA Poitiers 7-11-1979 : D. 1980.IR.265 obs. Ghestin) ;

– la promesse par l'auteur d'un détournement de fonds au préjudice d'une entreprise de rembourser le montant des sommes détournées, de démissionner de son emploi et de se soumettre à une clause de non-concurrence (CA Toulouse 26-3-1981 : D. 1981.385 obs. Merle).

Sur la pression exercée pour obtenir une transaction, n° 70218 ; sur la répression du chantage, C. pén. art. 312-10.

ABUS DE DÉPENDANCE

L'abus par une partie de l'état de dépendance de l'autre partie à son égard est assimilé au vice de violence dans les conditions ci-après (C. civ. art. 1143). 12312

Pourraient ainsi être sanctionnées : l'exploitation abusive de l'état de dépendance économique, faite pour tirer profit de la crainte d'un mal menaçant directement les intérêts légitimes de la personne (cf. Cass. 1e civ. 3-4-2002 : RJDA 8-9/02 n° 851 ; CA Paris 16-2-2010 n° 09/12380 : RJDA 1/11 n° 6), à condition que la contrainte soit strictement établie (Cass. com. 9-7-2019 n° 18-12.680 D) ; la dépendance psychologique tenant à l'emprise qu'une personne exerçe sur une autre en état de faiblesse mentale (cf. Cass. 3e civ. 4-5-2016 n° 15-12.454 FS-D : PA 2016 n° 209 p. 6 obs. Lequette).

Abus L'abus est pris dans l'article 1143 du Code civil dans son sens courant, faute de précision contraire. Il doit donc être entendu comme l'acte inspiré par une intention de nuire ou, autrement dit, par la malice (Cass. com. 21-2-1978 : D. 1978.IR.425). Celle-ci peut se déduire notamment de la conjonction de l'inutilité de l'usage auquel prétend le titulaire du droit et du préjudice que cet usage cause à celui qui s'y oppose (cf. Cass. civ. 20-6-1964 : D. 1964.518 ; CA Pau 15-2-1973 : JCP G 1973.II.17584 obs. J.B.) ou de la conscience chez le titulaire du droit du préjudice que devait causer son comportement (TGI Paris 25-4-1978 : GP 1979.71 note de Belot), comme le refus injustifié de donner une autorisation (Cass. 3e civ. 17-1-1978 n° 76-12.896 : Bull. civ. III n° 33). 12313

Le cocontractant n'aura pas été abusé si une pression sur son consentement résulte exclusivement de circonstances économiques objectives, lesquelles ont été aussi rejetées par les tribunaux comme cause générale de violence (Cass. com. 20-5-1980 n° 78-10.833 : Bull. civ. IV n° 212 ; Cass. com. 11-1-2005 n° 01-11.414 ; Cass. com. 9-10-2007 n° 06-16.744 ; Cass. com. 16-10-2007 n° 05-19.069 : RJDA 3/08 n° 343 ; CA Paris 16-2-2010 n° 09/12380 : RJDA 1/11 n° 6).

Dépendance L'article 1143 du Code civil ne définit pas la dépendance. 12314

Dans un rapport d'affaires, il s'induit du sens étymologique du terme « dépendance » qu'une partie ne peut pas être, hormis le cas de faiblesse mentale (n° 12312), « dans la main » de l'autre si elle n'est pas par rapport à elle dans une situation d'**infériorité économique.**

Ce critère a été notamment retenu pour juger que n'était pas dans un état de dépendance économique une société de courtage d'assurance, dont le rang dans le classement des courtiers en France et le chiffre d'affaires, supérieur en 2006 à celui réalisé par la compagnie d'assurance à laquelle elle prêtait ses services, et à qui elle reprochait d'avoir résilié le contrat de courtage, témoignaient d'une position éminente sur le marché du courtage en assurance (Cass. 1e civ. 18-2-2015 n° 13-28.278 : RJDA 6/15 n° 404, refusant d'annuler la clause de réduction des commissions de courtage et de gestion en cas de déficit du résultat opérationnel annuel de l'assureur).

Cet état d'infériorité économique s'apprécie en tenant compte de la possibilité, pour une entreprise, de disposer d'une solution techniquement et économiquement équivalente aux relations commerciales qu'elle a nouées avec une autre entreprise (Cass. com. 12-2-2013 n° 12-13.603 F-PB : RJDA 4/13 n° 365 ; Cass. com. 6-12-2016 n° 15-12.320 F-D : JCP E 2017.1166 note Mathey, 1e esp.).

Ce qui peut exister, à notre avis, sans qu'il soit démontré que le fait dénoncé aurait conduit la partie plaignante à la faillite (CA Paris 16-2-2010 n° 09/12380 : RJDA 1/11 n° 6).

La partie qui invoque l'abus doit être en état de dépendance **à l'égard de la partie** à laquelle elle l'impute (C. civ. art. 1143).

Ne peut donc pas se prévaloir d'un abus la partie qui subit une pression n'émanant pas de son cocontractant. Néanmoins, lorsque le cocontractant use d'une menace fondée sur une dépendance à l'égard d'un tiers, par exemple à l'égard de la société mère de la filiale cocontractante, cette dernière peut invoquer, le cas échéant, la violence visée par l'article 1140 du Code civil, à savoir d'exposer sa fortune à un mal considérable.

Lien de causalité entre l'engagement et l'abus Le contrat conclu sous l'effet de la dépendance doit être une conséquence de l'abus. Cela pourrait tenir, par exemple, au fait que la partie qui dénonce le contrat pour abus avait un besoin pressant de trésorerie (cf. Cass. 1e civ. 30-5-2000 n° 98-15.242 : RJDA 11/00 n° 1063). 12315

Les juges ont déjà retenu cette condition dans un cas où un salarié prétendait avoir cédé des droits d'exploitation d'un dictionnaire à son employeur sous la menace d'un licenciement inhérent à la perspective de compression du personnel dans l'entreprise ; il a été jugé que l'état de dépendance ne pouvait pas être retenu sans que soit constaté que, lors de la cession, le salarié était lui-même menacé par le plan de licenciement et que l'employeur avait exploité auprès de lui cette circonstance pour le convaincre (Cass. 1e civ. 3-4-2002 n° 00-12.932 : RJDA 8-9/02 n° 851).

12316 **Avantage manifestement excessif** Pour encourir l'annulation pour violence, le contrat conclu sous l'effet de l'abus de dépendance doit procurer à son auteur un avantage manifestement excessif (C. civ. art. 1143), ce qui peut être traduit par un profit d'une ampleur disproportionnée par rapport à ce que le contrat aurait dû lui rapporter s'il avait été conclu sans cette pression. À défaut de repère disponible pour caractériser cette condition, il appartiendra au juge de comparer le profit tiré du contrat litigieux avec le profit que génèrent les contrats comparables convenus entre parties jouissant d'un égal pouvoir de négociation (sur cette notion, n° 10628). Il n'y a pas là, pour autant, une atteinte aux libertés de gérer ou d'entreprendre (sur ces libertés, n°s 7503 et 7506), car celles-ci supposent un usage licite. Or, ce n'est plus le cas si elles sont invoquées pour justifier un abus que réprouve le sain accomplissement des échanges économiques.

RÉGIME DE LA VIOLENCE

12317 **Conditions de la violence** Pour que les menaces invoquées constituent le vice de violence, les conditions suivantes doivent être réunies :

– la menace doit être mesurée à son effet sur la personne qui l'a subie ;
– la menace peut émaner d'une partie au contrat ou d'un tiers (C. civ. art. 1142) ;

Un avocat peut, comme tout cocontractant, invoquer une situation de dépendance économique et l'avantage excessif qu'en a retiré son client pour annuler une convention d'honoraires (Cass. 2e civ. 9-12-2021 n° 20-10.096 F-PB, dépendance démontrée ; Cass. 2e civ. 10-11-2021 n° 20-15.361 F-B, dépendance non démontrée).

– la menace doit être illégitime (cf. Cass. com. 20-5-1980 n° 78-10.833 : Bull. civ. IV n° 212 ; Cass. com. 21-2-1995 n° 93-13.302 : Bull. civ. IV n° 50).

Cette condition non prévue dans le Code civil s'impose par nature, car, si la menace est fondée, elle ne peut pas être par principe source d'un défaut.

12318 **Sanctions de la violence** Comme il a été exposé n° 12200, la violence est une cause de nullité du contrat et cette nullité est relative.

L'action se **prescrit** selon le délai de cinq ans de droit commun (n° 71725), à compter du jour où la violence a cessé (C. civ. art. 1144).

Sur la répression de l'abus de faiblesse et du chantage, respectivement, C. pén. art. 223-15-2 et 312-10.

4. CONSENTEMENT À UN CONTRAT LÉSIONNAIRE

12320 **Principe** Selon une solution qui reste constante, bien que tout contractant ressente et dénonce spontanément comme injuste un contrat qu'il estime « léonin » au motif qu'il porte gravement atteinte à ses intérêts, la loi tient néanmoins un tel **contrat** pour **valable,** dès lors qu'il a été régulièrement conclu, quelle que soit la disproportion existant entre le prix payé ou reçu en échange de la prestation fournie (C. civ. art. 1168), sauf les exceptions citées n° 12323 et sous réserve que les parties n'aient pas entendu conclure un contrat aléatoire (n° 11167).

Cette solution de principe est suivie par les tribunaux (Cass. civ. 24-5-1978 n° 76-15.013 : Bull. civ. I n° 204 : refus d'appliquer la sanction des clauses léonines du contrat de société prévue par l'art. 1844-1 C. civ. à un contrat autre ; Cass. com. 21-4-1980 n° 78-13.943 : Bull. civ. IV n° 153 : location d'un tracteur ; CA Aix 20-11-1981 : Bull. Cour d'Aix 1981/3-4 p. 19 : exploitation d'une agence ; CA Aix 9-3-1982 : Bull. Cour d'Aix 1982/1 p. 38 : vente de meubles ; CA Paris 11-10-1984 : JCP G 1985.II.20499 obs. Viandier et CA Paris 21-2-2012 n° 10/24934 : RJDA 12/12 n° 1081.som. : cession de parts sociales).

Certaines décisions de cours d'appel interprétées a contrario semblent, toutefois, admettre la sanction des contrats léonins (CA Aix 20-12-1974 : DMF 1975.338 ; CA Aix 30-6-1983 : Bull. Cour d'Aix 1983/2 p. 10).

Cette règle s'applique aussi à un **contrat international** soumis à la loi française, le régime de la lésion dépendant de la loi applicable au contrat (CA Toulouse 24-9-1985 : Rev. crit. 1986.322).

Le seul moyen de faire prendre en compte l'équilibre des prestations, dans les contrats tant nationaux qu'internationaux, serait, selon nous, d'affirmer que les parties ont voulu faire un contrat équilibré et de renvoyer le soin de trancher les litiges comme amiable compositeur soit à un arbitre, soit au juge (cf. CPC art. 1478, 1512 et 12, al. 4).

À défaut, il ne reste à la partie lésée qu'à demander la nullité du contrat pour vices du consentement, défaut d'objet (désormais de contenu certain), absence de cause (désormais de contrepartie) ou abus de droit (cf. sur le recours à l'abus de droit, Cass. 1e civ. 6-12-1989 n° 88-16.727 : JCP G 1990.II.21534 note Delebecque).

Exceptions En dehors de diverses dispositions spéciales (par exemple, CPI art. L 131-5 pour la cession de droits d'auteur), la lésion n'est sanctionnée par le Code civil que dans les cas suivants : 12323

– lorsque le **vendeur d'un immeuble** qui a cédé ses droits a reçu un prix inférieur aux cinq douzièmes de la valeur de l'immeuble (C. civ. art. 1674) ;

– lorsque le contrat est lésionnaire à l'égard d'un cocontractant **mineur** (sauf si celui-ci exerce une profession, n° 1028), ou d'un **majeur sous sauvegarde de justice** (n° 1124) ;

– lorsqu'un **copartageant** a reçu moins du quart de la valeur des biens à partager (n° 30393).

Néanmoins, les tribunaux n'ont pas hésité à sanctionner indirectement la lésion en réduisant les **rémunérations** des prestations **des professions libérales,** convenues avant l'exécution du service dû et hors de proportion avec les services effectivement rendus (Cass. 1e civ. 23-1-1962 : Bull. civ. I n° 52 ; Cass. 1e civ. 7-5-1969 : Bull. civ. I n° 172 ; Cass. 1e civ. 3-6-1986 n° 85-10.486 : JCP G 1987.II.20791 note Viandier : accroissement considérable du montant des honoraires annuels antérieurement pratiqués).

Cette jurisprudence reste applicable à tout contrat quelle que soit, à notre avis, la date de sa conclusion. Certes, l'article 1168 du Code civil issu de l'ordonnance 2016-131 du 10 février 2016 exclut expressément de la lésion les contrats synallagmatiques, ce que sont incontestablement les contrats de prestations de service précités. Mais l'interdiction de la lésion les frappait tout autant avant ce texte car elle était le principe et les contrats de prestations de service ne profitaient pas d'une dérogation expresse. L'admission de la lésion dans ces contrats se présentait ainsi pratiquement dans les mêmes termes qu'aujourd'hui. Elle peut donc perdurer.

Par ailleurs, cette jurisprudence ne se confond pas avec celle permettant au juge de fixer le prix d'une prestation de service exécutée sans accord préalable sur le prix (n° 12429). Elle concerne le cas où la rémunération a été fixée à l'avance et le cas où celle-ci est qualifiée d'« honoraires » et non de prix, car elle vise un type de prestations de service déterminé (celui des professions libérales), et non n'importe quelle prestation de service (Cass. 1e civ. 3-6-1986 précité, posant pour règle, s'agissant des prestations d'un comptable « lorsqu'une convention a été passée en vue de l'exécution de travaux donnant lieu à honoraires... »).

Elle ne se confond pas non plus avec la réduction du prix pour exécution imparfaite de la prestation due (nos 14910 s.).

La réduction ne peut être refusée que si le donneur d'ordre a versé le montant demandé en connaissance du travail effectué et après service fait (Cass. 2e civ. 6-3-2014 n° 13-14.922 : Bull. civ. II n° 62 : prestation d'avocat ; CA Paris 16-12-1960 : D. 1961.som.33 : prestation d'huissier ; CA Rouen 13-6-1991 : prestations de conseil) ; le juge doit vérifier que le paiement est intervenu en connaissance de cause après exécution du service (Cass. 1e civ. 14-1-1976 n° 74-13.067 : JCP G 1976.II.1838 ; Cass. com. 23-5-1978 n° 77-11.601 : Bull. civ. IV n° 146 ; CA Paris 28-1-1980 : D. 1980.161 concl. Jéol). Encore faut-il que le montant réglé ait été établi régulièrement, ce qui n'est pas le cas des honoraires de l'avocat facturés sans mention des diligences effectuées (Cass. 2e civ. 6-7-2017 n° 16-19.354 PB : RDC 2018.23 obs. P. Stoffel-Munck).

Le délai préfix de deux ans imposé pour l'exercice de l'action en nullité de la vente d'immeuble lésionnaire (C. civ. art. 1676) n'est pas applicable à l'action en « réduction des honoraires » (TGI Paris 14-3-1984 : D. 1984.IR.66).

II. CAPACITÉ ET POUVOIR DES CONTRACTANTS

A. Capacité de contracter

PRINCIPE

Toute personne peut contracter sauf en cas d'incapacité prévue par la loi (C. civ. art. 1145 ; nos 1000 s.) 12350
au jour de la conclusion du contrat (Cass. 3e civ. 17-9-2014 n° 13-11.891 FS-D : D. 2015.1578 obs. Noguéro).

La **portée de ce principe** est précisée au regard de la capacité des personnes morales et des incapacités édictées à l'encontre des personnes physiques. Sur la date à laquelle s'apprécie la validité d'un contrat, n° 10615.

PERSONNES MORALES

Le Code civil fixe la capacité des personnes morales, comme il est exposé n° 1200, aucune 12353
disposition légale n'édictant d'incapacité à leur encontre.

PERSONNES PHYSIQUES

Personnes incapables Les personnes physiques incapables de contracter sont les 12356
mineurs non émancipés et les majeurs protégés (C. civ. art. 1146).

Elles peuvent néanmoins contracter dans la mesure où la loi le leur permet (n° 12359).

12359 **Actes autorisés à tout incapable** Tout mineur et tout majeur incapable peuvent accomplir seuls les **actes courants** autorisés par la loi ou l'usage dans les conditions exposées n°s 1013, 1016, 1124, 1130, 1133, 1146 et 1151. Si la nullité de l'acte est demandée et obtenue, sont applicables les règles exposées n°s 1028, 1124, 1141, 1145 et 1151.

B. Pouvoir de contracter

RÈGLES APPLICABLES À TOUT REPRÉSENTANT

12375 Les parties, même capables, ne s'engagent valablement que si elles ont, en outre, le pouvoir de conclure le contrat envisagé.

Notamment, n'ont pas un entier pouvoir de contracter un époux (n°s 1303, 1330, 1405 s.) ou un indivisaire (n° 30124), qui ne peuvent pas en particulier accomplir seul un acte de disposition sur un bien commun, sur un bien du conjoint ou sur un bien indivis.

Elles ne concluent valablement que si elles agissent pour elles-mêmes (C. civ. art. 1203) ou sont **habilitées à agir pour autrui.**

Il y a donc lieu de **vérifier** si ces conditions sont remplies avant de conclure un contrat.

Cette précaution est d'autant plus recommandée que les juges n'ont pas hésité à exiger de la partie qui dénonce l'absence de pouvoirs du cocontractant avec lequel elle a traité un devoir de vérification élémentaire du pouvoir de ce dernier (Cass. 3e civ. 15-6-2011 n° 10-21.085 : RJDA 11/11 n° 908 ; Cass. com. 21-1-2014 n° 12-24.505 : RJDA 4/14 n° 344 ; Cass. 1e civ. 6-4-2016 n° 15-16.446 : RJDA 7/16 n° 533) et que la loi permet à une partie qui doute de l'étendue du pouvoir du représentant conventionnel de demander au représenté de lui confirmer le pouvoir que prétend détenir son interlocuteur (C. civ. art. 1158 ; n° 23021).

Le notaire instrumentaire d'un contrat est tenu à cette vérification en vertu de sa mission et il n'en est pas dispensé au motif qu'un autre professionnel de l'immobilier est intervenu lors de la signature d'une promesse de vente d'un immeuble (Cass. 1e civ. 2-10-2013 n° 12-24.754 : RJDA 2/14 n° 96).

Une partie qui se présente pour conclure un contrat pour autrui engage valablement ce dernier si elle est son représentant en vertu de la loi, d'une décision judiciaire ou d'un contrat de mandat. Mais la représentation d'autrui est soumise à des règles communes et à des règles distinctes selon que le représenté est une personne physique ou une personne morale.

REPRÉSENTATION DES PERSONNES PHYSIQUES

12378 La représentation des personnes physiques obéit aux règles suivantes :

a. Représentation légale. Les incapables sont représentés dans les conditions exposées n°s 1003 s.

b. Représentation judiciaire. Les personnes qui ne jouissent pas d'un entier pouvoir de représentation peuvent être habilitées judiciairement (n° 12375).

c. Représentation conventionnelle. Les parties peuvent donner mandat dans les conditions fixées n°s 23000 s.

d. Règle commune à toute représentation. Un représentant ne peut ni agir pour le compte de plusieurs parties au contrat en opposition d'intérêts ni contracter pour son propre compte avec le représenté ; en ces cas, l'acte accompli est nul à moins que la loi ne l'autorise ou que le représenté ne l'ait autorisé ou ratifié (C. civ. art. 1161, al. 1).

REPRÉSENTATION D'UNE PERSONNE MORALE

12390 **Vérification des pouvoirs du représentant légal** La partie appelée à contracter avec une personne morale a intérêt à s'assurer des pouvoirs de celui qui se présente comme représentant légal de celle-ci.

Pour s'assurer des pouvoirs du représentant légal, il est notamment possible si la personne morale est une **société,** un groupement d'intérêt économique de droit français ou un établissement public industriel et commercial, d'exiger de son représentant la production d'un **extrait** modèle **K bis** du registre du commerce et des sociétés attestant de sa qualité, ou de se le procurer soi-même. Si la personne morale est une **association** de droit français, il faut demander la production des statuts ou de la délibération qui l'a investie de la qualité de représentant légal.

Si l'acte n'est pas passé par le représentant légal lui-même, mais par une personne se présentant comme investie par un contrat de mandat, il est alors possible d'interroger ce dernier sur l'existence du mandat (n° 23021) ou d'invoquer l'existence d'un mandat apparent (n° 23027).

12393 **Portée du pouvoir de représentation du représentant légal** Le pouvoir de représentation d'une personne morale est dévolu au représentant légal, lequel en est investi soit par la loi, soit par les statuts.

Le représentant légal des **sociétés** ou des **GIE** est fixé par les dispositions légales les concernant et qui limitent le pouvoir de représentation aux actes qui entrent dans l'objet social (MSC nos 13321 s. et 96900).

Le représentant légal des **personnes morales** qui ne sont **pas soumises à des dispositions légales particulières,** telles les associations, représente valablement ces dernières s'il agit en conformité de leurs statuts (Mémento Associations n° 6620).

SANCTIONS DU DÉFAUT DE POUVOIR

Dépassement de pouvoir L'**acte** accompli par un représentant sans pouvoir est **inopposable** au représenté, sauf si le tiers contractant a légitimement cru en la réalité des pouvoirs du représentant, notamment en raison du comportement ou des déclarations du représenté (C. civ. art. 1156, al. 1). **12395**

Toutefois, il a été refusé que l'apparence puisse faire exception au respect des règles de représentation d'un incapable (Cass. 1e civ. 17-5-2017 n° 15-24.840 FS-PB : RJDA 12/17 n° 808).

Pour apprécier la croyance légitime du tiers, il est possible de s'inspirer des solutions retenues pour identifier celle du tiers qui a conclu avec un mandataire apparent (n° 23027).

Lorsqu'il ignorait que l'acte était accompli par un représentant sans pouvoir ou au-delà de ses pouvoirs, le tiers contractant peut en invoquer la **nullité** (C. civ. art. 1156, al. 2).

Si le tiers n'a pas usé de la faculté d'interroger le prétendu représenté (n° 23021), il peut néanmoins demander l'annulation du contrat, car celui-ci, conclu au nom d'une partie qui n'a pas consenti, n'est pas valide ; le tiers doit cependant supporter les conséquences de son insouciance ou de sa négligence et réparer le préjudice qui en résulte pour le cocontractant.

L'inopposabilité comme la nullité de l'acte ne peuvent plus être invoquées dès lors que le représenté l'a **ratifié** (C. civ. art. 1156, al. 3).

À notre avis, les dispositions de l'article 1156 ne s'appliquent pas au défaut ou au dépassement de pouvoirs du représentant légal d'une société. Dans ce cas, il est prévu spécifiquement que la violation des dispositions impératives du droit des sociétés, telles celles qui encadrent les pouvoirs du représentant légal, peut entraîner la nullité de l'acte méconnaissant ces dispositions (C. civ. art. 1844-10, al. 3 pour les sociétés civiles ; C. com. art. L 235-1, al. 2 pour les sociétés commerciales). Dans la mesure où le législateur a pris soin d'organiser un régime de sanctions particulier pour les sociétés, et spécialement pour les sociétés commerciales, il n'y a pas lieu d'ajouter les sanctions du droit commun des contrats.

La nullité d'un contrat fondée sur l'absence de pouvoir du représentant est relative et ne peut donc être demandée que par le représenté, donc la société (Cass. 1e civ. 12-11-2015 n° 14-23.340 : RJDA 2/16 n° 115).

La nullité étant relative, elle peut être confirmée comme cela est admis pour toute nullité relative (C. civ. art. 1156, al. 3).

Détournement de pouvoir Le Code civil sanctionne expressément le représentant qui a détourné les pouvoirs qui lui ont été accordés au détriment du représenté en ouvrant à ce dernier la possibilité d'invoquer la nullité de l'acte accompli si le tiers avait connaissance du détournement ou ne pouvait l'ignorer (C. civ. art. 1157). Il en est ainsi que la représentation soit légale, judiciaire ou conventionnelle. **12398**

III. CONTENU LICITE ET CERTAIN DU CONTRAT

MÉTAMORPHOSE DE L'OBJET ET DE LA CAUSE DU CONTRAT EN CONTENU LICITE ET CERTAIN

Les parties doivent échanger leur consentement sur un « contenu licite et certain » (C. civ. art. 1128, 3°). Auparavant, l'ex-article 1108 du Code civil prévoyait un échange de consentement sur un « objet certain qui forme la matière de l'engagement » et sur « une cause licite de l'obligation ». Il n'en résulte pas, à notre avis, un changement de fond sur ce qu'impliquent les conditions précédentes d'objet et de cause. Le contrat, comme nous espérons le démontrer ci-après, conserve un objet à travers l'exigence, d'ordre public, d'une « obligation essentielle », qui reçoit une consécration légale (C. civ. art. 1170), ainsi qu'une cause à travers les exigences de « contrepartie » (C. civ. art. 1169) et de « but » (C. civ. art. 1162). **12400**

Puisque ce qui est dû doit être licite, on ne saurait dire illicite ce que l'on ne connaît pas certainement, du moins ne le voyons-nous pas comment pour notre part ; la nature des choses impose donc de fixer le contenu certain avant le contenu licite.

A. Contenu certain

DÉFINITION

12401 Le contenu certain du contrat n'est pas défini. Mais il se déduit de l'articulation des textes que ce qui doit être certain est, **l'obligation essentielle** du contrat et sa contrepartie.

En effet, le contrat crée des obligations (C. civ. art. 1101), lesquelles ont un objet (C. civ. art. 1163, al. 1), dont l'existence n'est impérative que pour une seule d'entre elles : l'obligation essentielle ; celle-ci ne peut pas, en effet, être vidée de sa substance (C. civ. art. 1170). Et cette obligation est celle qui est, au mot à mot, « l'essence » même du contrat, autrement dit celle qui, à elle seule, fait le contrat, son « cœur » (nº 10275).

Mais cette obligation n'est créatrice d'un contrat valable que si elle reçoit une contrepartie incontestable (C. civ. art. 1169 qui l'impose pour les contrats onéreux, la contrepartie financière étant exclue des contrats à titre gratuit dont la contrepartie est l'intention libérale). Ainsi, tout redevient comme avant !

À défaut de retenir cette interprétation des textes, toute obligation incertaine, par exemple celle imposant le recours à une juridiction insuffisamment précisée (nºs 72061, 72151 et 72232), devrait entraîner la nullité du contrat puisqu'il serait incontestable que le contrat n'a pas alors un contenu certain et qu'un contrat est nul s'il ne remplit pas les conditions requises pour sa validité (C. civ. art. 1178, al. 1).

L'obligation essentielle étant la condition « sine qua non » de l'existence du contrat, c'est donc elle qui doit satisfaire aux conditions prescrites pour conférer au contrat sa validité, telles que les fixe l'article 1163 du Code civil. Mais il ne suffit pas qu'elle soit formellement prévue ; elle doit avoir un contenu réel.

Il s'ensuit que donner contractuellement au contrat un « objet » reflétant l'obligation essentielle du contrat, comme le font traditionnellement les praticiens, ne sera en rien illicite, ce d'autant plus que le Code civil lui-même ne s'en prive pas (cf. art. 1171) ; ce sera tout simplement identifier l'obligation essentielle. La clause y afférente pourrait être mieux désignée par l'intitulé « Objet du contrat - Obligation essentielle ». Mieux encore, les parties pourraient renforcer la portée de leur volonté en explicitant en quoi telle obligation est essentielle à leurs yeux et en liant le juge sur cette qualification, dans la mesure où il n'en résulte pas une fraude à une qualification d'ordre public (nºs 10025 s.). Ce serait ainsi aider le juge qui ne peut pas reconnaître une obligation comme essentielle sans préciser en quoi la nature et la portée de l'obligation lui confèrent cette caractéristique (Cass. com. 18-10-2017 nº 16-21.016 FD : RJDA 4/18 nº 298).

1. DÉTERMINATION DE L'OBLIGATION ESSENTIELLE ET DE SA CONTREPARTIE

DÉFINITION DE LA PRESTATION

12402 La **prestation** qui forme l'objet de l'obligation doit être déterminée ou déterminable (C. civ. art. 1163, al. 2).

Les tribunaux avaient déjà déduit de l'ancienne rédaction du Code civil (ex-art. 1129) que la « chose » formant l'objet de l'obligation devait être déterminée ou déterminable. Le mot « chose », au sens où il est pris dans l'ex-article 1129, ne se retrouve pas dans l'article 1163 du Code civil, bien que ce texte ait aussi pour objet de fixer en quoi l'obligation doit être déterminée. Il est néanmoins présent dans plus d'une quinzaine des nouvelles dispositions dans le sens ici retenu.

Mais pas plus que l'ex-article 1129 ne définissait la « chose », qui était autant le bien matériel, le service ou l'abstention de faire que le prix, avant que celui-ci n'en soit exclu (nº 12425), l'article 1163 ne définit la « prestation ». On peut donc continuer à dire, ce qui est fait dans les développements qui suivent, que la « prestation » est la « chose » au sens sus-indiqué et le prix.

S'il va de soi que la prestation recouvre la chose, cela s'induit pour le prix de ce que, d'une part, les articles 1164 et 1165 précisent dans quels contrats celui-ci peut être fixé unilatéralement, alors qu'aucune disposition ne déroge à l'obligation de déterminer la prestation et de ce que, d'autre part, l'article 1342, al. 1 dispose que le paiement est l'exécution volontaire de la prestation due. En vertu de ce texte, est donc bien un paiement, non seulement l'exécution de l'obligation de délivrer la chose, de fournir le service ou de s'abstenir de faire, mais aussi le versement du prix qui constitue l'exécution de l'obligation de payer la contrepartie des obligations précitées (cf. la validité de l'obligation de non-concurrence souscrite par un salarié qui comprend la détermination de sa prestation d'abstention et celle de l'indemnité qui en est la contrepartie financière : Cass. soc. 10-7-2002 nºs 00-45.135, 00-45.387 et 99-43.334 FP-PBRI : RJS 10/02 nº 1119). En outre, comme les tribunaux, qui n'ont jamais affirmé que tout contrat était valable même si le prix y était indéterminable, il n'est pas davantage un texte issu de la réforme du droit des contrats le proclamant.

C'est d'ailleurs en ce sens que se prononce le rapport au Président de la République qui interprète les articles 1164 et 1165 comme dérogatoires, en soulignant, à propos de l'article 1164 : « Compte tenu du danger qu'il y aurait à autoriser une fixation unilatérale du prix dans tous les contrats, le champ de ce texte a été limité aux contrats-cadres [...], dans lesquels ce mécanisme est particulièrement important ». C'est aussi la conception que les juges se faisaient avant le 1er octobre 2016 (sur cette date, n° 10000) de l'obligation de déterminer le prix au préalable ; ainsi un arrêt a refusé de suppléer le défaut de prix fixé dans un contrat de sous-traitance de transport au motif que le contrat type renvoyant à la convention des parties, un écrit postérieur sur papier à en-tête du donneur d'ordre prévoyant une indemnité d'immobilisation des véhicules du sous-traitant ne pouvait pas suffire à imposer une rémunération au profit de ce dernier (Cass. com. 14-6-2016 n° 14-20.256 FS-PB : RJDA 10/16 n° 688).

Toutefois, la liberté contractuelle commandant le contenu du contrat, il est loisible aux parties d'ériger des éléments non essentiels en condition de validité du contrat (n° 10275), aucune disposition nouvelle ne contredisant cette solution.

APPLICATION À LA CHOSE ET AU PRIX

Si les parties n'ont pas subordonné la validité du contrat à d'autres éléments de leur accord, seuls la chose - entendue comme le bien matériel ou le fait à exécuter (le service) objet de la prestation - et le **prix** dû en contrepartie doivent être déterminés. 12403

La détermination préalable par les parties de ces deux éléments, dans la mesure où le Code ne permet pas expressément d'y déroger, comme il est fait pour le prix de certains contrats (contrat cadre et contrat de prestations de service), est requise par la nature même du contrat qui est un « accord » des parties sur les obligations qu'elles sont convenues de s'imposer. Si l'obligation essentielle et sa contrepartie étaient par principe laissées à la volonté unilatérale d'une partie, elle ne serait pas née d'un accord et le contenu du contrat ne serait pas certain car il dépendrait de la volonté discrétionnaire, autrement dit potestative, de cette partie (CA Versailles 22-9-2011 n° 09/00740 : BTL 2011.590).

Cette exigence n'étant définie ni par l'ex-article 1129 ni par l'article 1163 du Code civil, les solutions par lesquelles les tribunaux avaient cerné sa portée restent donc valables. Elle ne concerne donc pas les obligations qui :

– portent sur les prestations ou les modalités secondaires (Cass. civ. 8-6-1977 n° 76-11.332 : Bull. civ. I n° 269 : indétermination des modalités de partage des bénéfices complétant le prix ; Cass. civ. 30-10-1979 : GP 1980.pan.45 : indétermination des modalités de paiement du prix ; T. com. Cherbourg 6-9-1912 : S. 1914.2.49 note Demogue : indétermination de la clause attributive de compétence ; Sentence Chambre arbitrale maritime 1-4-1976 : DMF 1976.637 : indétermination des modalités de détail d'un contrat d'affrètement) ;

– ne concernent pas les prestations qui doivent être échangées entre le débiteur et le créancier ; ainsi, il importe peu que ne soient pas déterminées les conditions du partage du montant du prix entre les covendeurs (Cass. 3e civ. 19-3-1986 n° 84-13.582 : Bull. civ III n° 36).

La détermination de la chose ou du prix doit être faite **au moment de la conclusion** du contrat ou, au plus tard, au moment où le débiteur doit s'exécuter (Cass. 1re civ. 11-6-1981 : Bull. civ. I p. 173). 12406

Dès lors que le prix a été payé, son indétermination ne peut plus être soulevée (Cass. com. 11-6-1985 : Bull. Joly 1985.781).

DÉTERMINATION DE LA CHOSE

Définition de la chose La « chose » à déterminer est celle qui forme la substance matérielle ou intellectuelle de la prestation objet de l'obligation essentielle. Elle correspond à l'**obligation de délivrer, d'assumer un service ou de s'abstenir d'un acte ou d'un fait** (nos 13200 et 13203). 12410

Mais il n'est pas nécessaire, ce qui est confirmé (C. civ. art. 1163, al. 1), que le bien ou le service existe au moment de la conclusion du contrat - pourvu qu'il soit déterminé ou déterminable (CA Paris 8-3-1988 : D. 1988.IR.105) : il peut être un bien ou un service à produire ou à exécuter dans l'avenir (chose future, C. civ. art. 1163, al. 1). Il n'en est autrement que si la loi l'interdit (par exemple, CPI art. L 131-1 : interdiction de la cession globale de ses œuvres futures par un auteur).

Modalités de détermination de la chose Pour que la chose soit déterminée ou déterminable, il faut préciser sa nature et sa quantité (C. civ. art. 1166). 12413

Même si l'article 1166 du Code civil n'envisage que la qualité de la chose, la quantité doit être fixée pour que la prestation soit déterminée ou déterminable.

1. Nature de la chose. La **désignation** du bien ou du service doit permettre une identification certaine de la chose. 12416

Ne permet pas une telle identification l'engagement :

– d'acheter auprès d'une brasserie uniquement les produits débités dans le fonds de commerce exploité, alors que la liste des produits que le commerçant s'engageait ainsi à vendre n'était pas fixée dans le contrat (Cass. com. 7-11-1983 : JCP G 1984.IV.19) ;

– de vendre un assortiment de maroquinerie dont le contenu n'était détaillé ni dans une annexe, ni dans un catalogue de vente, ni dans une confirmation de commande (CA Versailles 5-2-1986 : D. 1986.IR.236) ;

– de vendre dont il n'était pas possible de savoir s'il portait sur un immeuble ou sur des parts sociales (Cass. civ. 30-5-1978 : GP 1978.2.pan.355) ;

– de livrer des locaux à construire sur un terrain vendu, ces locaux, même si des plans avaient déjà été établis, n'étant pas susceptibles d'être individualisés quant aux millièmes de copropriété auxquels ils correspondaient (Cass. civ. 26-11-1986 n° 84-16.566 : Bull. civ. III n° 168) ;
– d'acheter, pris par un franchisé, à chaque saison nouvelle, le spécimen des nouveaux articles fixé par le franchiseur, lequel s'était aussi réservé le droit de déterminer le stock minimal à détenir par le franchisé ainsi que celui de modifier et d'étendre la liste des articles à reprendre sans solliciter l'avis ou l'accord de son cocontractant (CA Paris 19-5-1988 : GP 1988.665 ; dans le même sens, Cass. com. 5-11-1991 : RJDA 1/92 n° 27) ;
– d'exécuter un contrat de franchise dont la signature, le concept et les conditions sont restés à l'état de simple projet (Cass. com. 21-3-1995 : RJDA 11/95 n° 1193), ce qui est le cas si le droit cédé consistant en un concept a même été l'objet d'un dépôt de marque, celui-ci ne pouvant à lui seul valoir détermination de la chose due (Cass. com. 4-2-2014 n° 12-21.695 F-D : PIBD 2014 n° 1003 III p. 294) ;
– de louer un lot de 200 cassettes vidéo, réparties en trois séries avec un prix différent pour chacune, sans que soient définies les caractéristiques des cassettes correspondant à chaque série de telle sorte que le loueur pouvait répartir à sa guise les films loués entre les séries à des rémunérations différentes (Cass. com. 19-11-1996 : RJDA 3/97 n° 348) ; mais ces caractéristiques sont suffisamment précisées lorsque le contrat contient l'indication du genre auquel doivent répondre les cassettes alors même que le titre des films n'y est pas mentionné (Cass. com. 20-5-1997, 1e esp. : RJDA 10/97 n° 1160), ou vise « tous genres » de vidéogrammes (Cass. com. 20-5-2001 : RJDA 7/01 n° 768).

En revanche, est déterminée la désignation par référence à une norme qui peut être notamment une norme Afnor (CA Paris 18-2-1977 : Journal agréé 1977.194), une norme communautaire ou une norme étrangère ou internationale, telle la norme ISO : International Standard Organization (pour un exemple d'appréciation des qualités de la chose due par référence à une norme européenne et à une norme américaine, Cass. com. 7-2-2012 n° 10-27.716 : RJDA 8-9/12 n° 758).

Lorsque la **chose** due est **complexe,** cette spécification est faite dans un document annexé au contrat, dit « cahier des charges ». Des exemples extrêmement détaillés de cahier des charges peuvent être trouvés dans les cahiers des clauses techniques des marchés publics.

Sur les modalités d'identification des documents annexes au contrat valant contrat, n° 12727.

En revanche, lorsque la chose à fournir est une marchandise d'un **genre donné** (chose de genre telle que blé ou un minerai donné), il est suppléé au silence des parties sur la qualité de cette marchandise par le Code civil qui impose au débiteur de fournir une qualité conforme aux attentes légitimes des parties en considération de sa nature, des usages et du montant de la contrepartie (C. civ. art. 1166).

Sur la référence à la nomenclature des activités économiques visée dans un contrat, n° 2110.

12419 **2. Quantité de la chose.** Si elle n'est pas **chiffrée** au contrat, la quantité du bien ou du service formant l'objet du contrat est déterminée lorsqu'elle peut être objectivement **calculée** à partir d'un critère donné par le contrat.

Tel est le cas d'une vente :
– portant sur les meubles contenus dans un garde-meuble désigné (Cass. 1e civ. 16-6-1964 : Bull. civ. I n° 322) ;
– de terrains d'une superficie précisée à prendre dans une parcelle définie (Cass. civ. 2-7-1997 : RJDA 11/97 n° 1327) ;
– en bloc (Cass. civ. 25-2-1896, 1e esp. : DP 1896.1.151).

En revanche, n'est pas déterminé l'engagement pris par des actionnaires d'une société d'apporter, avant une certaine date, « les mesures permettant de couvrir les risques latents de pertes et les dispositions de caractère structurel permettant de régler durablement les difficultés de la société », dès lors que ni les moyens techniques du soutien financier des actionnaires à la société ni les modalités des « mesures » et « dispositions » d'ordre non financier envisagées ne sont déterminés (CA Paris 13-1-1998 : RJDA 3/98 n° 324 et, sur pourvoi, Cass. com. 13-2-2001 n° 98-13.059).

DÉTERMINATION DU PRIX

12425 **Obligation des parties** À défaut de précision contraire, le prix à déterminer, demeure la **somme d'argent** qu'un cocontractant doit payer à l'autre, quel que soit le nom (redevance, commission, royalties) que les parties lui ont donné (CA Paris 23-3-1982 : GP 1983. som.112).

Si la remise d'une chose en nature est prévue dans le contrat à sa conclusion, la chose doit avoir été estimée ou pouvoir l'être à partir des éléments d'évaluation fixés dans le contrat ; sous cette réserve, cette faculté peut être utilisée pour le paiement du prix de la chose vendue (Cass. 3e civ. 9-12-1986 : Bull. civ. III n° 177 ; Cass. 3e civ. 23-5-2007 n° 06-13.629 : RJDA 11/07 n° 1080 ; CA Versailles 26-3-1997 : RJDA 7/97 n° 946 ; CA Versailles 8-10-1998 : D. 1999.IR.6) ou d'une prestation de service (Cass. 2e civ. 19-11-2009 n° 07-13.268 : D. 2009.2870 : paiement de l'honoraire de résultat d'un avocat). Il n'y a là qu'une dation en paiement (n° 53500). Mais, en dépit d'une estimation faite à des fins fiscales, ne peut être considéré comme un prix l'engagement d'aménager un centre équestre en contrepartie de la cession d'un terrain qui n'a pas été exécutée, l'estimation de cette prestation étant dès lors impossible (Cass. 3e civ. 17-3-1981 : Bull. civ. III n° 56 : perte par le cédant du terrain du privilège du vendeur pour défaut de prix sur lequel il l'exerçait).

Dans les limites autorisées par la loi, le prix des prestations contractuelles est librement fixé par les parties (nº 21585). Celles-ci ne peuvent pas se dispenser de le fixer. Le prix doit être certain ; c'est une condition de la **validité** du contrat.

La détermination du prix, dans la rédaction du Code civil avant la réforme du droit des contrats, était expressément exigée, et le reste, par l'article 1583 pour le contrat de vente. Pour subordonner la validité **de tout contrat** à cette condition, les tribunaux l'avaient, dans un premier temps, fondée sur l'ex-article 1129 qui l'exigeait pour la « chose » puis, dans un deuxième temps, ont renoncé à cette généralisation (Cass. ass. plén.1-12-1995 : RJDA 1/96 nº 7, 3ᵉ esp. : à propos d'un contrat cadre de location ; Cass. 1ᵉ civ. 12-5-2004 nº 733 : RDC 2004.925 obs. Mazeaud : à propos d'une indemnité en remboursement anticipé d'un prêt). À compter de 1995, la détermination préalable du prix n'a plus été requise comme règle de principe de tout contrat et s'est trouvée soumise à des règles différentes selon la nature de l'obligation essentielle du contrat.

Cette solution n'est pas fondamentalement remise en cause depuis le 1er octobre 2016 (sur cette date, nº 10000). Si les articles 1164 et 1165 du Code civil édictent des règles propres pour les contrats-cadres et les contrats de prestation de service, celles-ci sont comparables à celles ressortant de la jurisprudence antérieure (nºs 12428 et 12429). Ils laissent par ailleurs, comme nous l'avons soutenu nº 12402, subsister pour tout autre contrat la règle de la détermination préalable.

Prix des contrats-cadres Dans le contrat cadre - contrat qui prévoit des contrats d'application -, il peut être convenu que le prix sera fixé unilatéralement par l'une des parties, à charge pour elle d'en **motiver le montant** en cas de contestation (C. civ. art. 1164, al. 1). **12428**

Le **prix** ainsi fixé ne doit pas être **abusif** (art. 1164, al. 2).

L'intervention d'une commission de conciliation a été jugée comme un moyen d'exclure le risque d'abus, car le prix ne dépend plus alors de la volonté d'une partie (cf. CA Paris 26-3-1992 : RJDA 6/92 nº 576).

A été jugé fixé abusivement le prix arrêté sans négociation, compte tenu de l'économie du contrat, du comportement de la partie ayant fixé le prix et de l'absence de justification du montant arrêté (CA Paris 24-10-2000 : D. 2001.3236.som. obs. Mazeaud) ou sans référence au prix du marché et dans des conditions révélatrices d'un déséquilibre grandissant entre les prestations réciproques des parties (CA Versailles 27-1-2000 : RJDA 9-10/00 nº 859) ou discriminatoire par rapport aux autres clients (Cass. com. 4-11-2014 nº 11-14.026 : RJDA 2/15 nº 84, prix moyen facturé au plaignant 25 % plus cher qu'aux autres clients et taux de marge brut moyen de 29 % alors qu'il était de 10 % sur les autres ventes).

Le prix demandé a été jugé non abusif lorsque le cocontractant avait la possibilité de ne pas s'engager (Cass. 1ᵉ civ. 30-6-2004 nº 01-00.475 : RJDA 2/05 nº 94), disposait d'une possibilité de choix entre des prix différents et de la liberté de négocier (Cass. com. 21-1-1997 : RJDA 5/97 nº 635) ou lorsque le fournisseur a indiqué avec précision les paramètres (prix de la main-d'œuvre, du coton, des services divers et de l'énergie) entrant dans la composition du prix de revient de son activité et sur la base desquels il révisait ses tarifs (CA Paris 5-6-1998 : RJDA 12/98 nº 1355).

Dès lors que l'**abus** est **établi,** la partie victime peut demander des dommages-intérêts ou la résolution du contrat (art. 1164, al. 2).

Contrats de prestations de service L'obligation de déterminer le **prix** dès la conclusion du contrat n'affecte pas la validité du contrat de prestations de service exécuté sauf si les parties ont subordonné la conclusion du contrat à sa **fixation préalable** (Cass. civ. 23-10-1979 : JCP G 1980.IV.7 ; CA Versailles 30-5-1996 : JCP E 1996.pan.1140 ; CA Paris 19-9-1994 : RJDA 2/95 nº 137), ce qu'elles peuvent faire puisque ce faisant elles se conforment à la règle de principe (nº 12425). **12429**

Mais, à défaut d'accord des parties avant leur exécution, le prix peut être **fixé par le créancier,** à charge pour lui d'en motiver le montant en cas de contestation (C. civ. art. 1165, al. 1). En cas d'**abus** dans la fixation du prix, le juge peut être saisi d'une demande de dommages-intérêts et, le cas échéant, de résolution du contrat (art. 1165, al. 2).

Le juge pourrait retenir qu'il y a abus compte tenu :

– des éléments de la cause, appréciés souverainement (Cass. 1ᵉ civ. 15-6-1973 nº 72-12.062 : Bull. civ. I nº 202 ; Cass. 1ᵉ civ. 9-2-1977 nº 75-11.922 : Bull. civ. I nº 74 ; Cass. 3ᵉ civ. 17-3-2004 nº 02-17.681 : Bull. civ. III nº 57 ; CA Orléans 10-7-2007 nº 06/02208 : RJDA 6/08 nº 642) ;

– des usages professionnels (Cass. com. 25-6-1973 : D. 1973.som.150), notamment du lieu de conclusion du contrat (CA Aix 27-5-1981 : Bull. Cour d'Aix 1981/3-4 p. 15) ;

– d'un rapport d'expertise (Cass. com. 6-11-1978 : JCP G 1979.IV.21) ;

– du prix pratiqué sur le marché et du tarif habituellement appliqué par le prestataire (CA Versailles 30-5-1996 : JCP E 1996.pan.1140) ;

– des barèmes professionnels qu'il n'était pas tenu d'appliquer (Cass. 3ᵉ civ. 24-1-1978 : Bull. civ. III p. 39).

Pour un exemple d'un prix jugé anormal, nº 20360.

Les dispositions de l'article 1165 ne s'appliquent pas aux honoraires de l'expert-comptable (Cass. com. 20-9-2023 nº 21-25.386 FS-B : RJDA 1/24 nº 21).

12430 **Autres contrats** L'obligation de déterminer le prix dans les **contrats de vente** est expressément prévue par la loi (C. civ. art. 1591 ; Cass. 1e civ. 24-11-1965 : JCP G 1966.II.14602 note Gaury et Cass. com. 25-9-2012 n° 11-23.319 : RJDA 1/13 n° 24 : vente non conclue à défaut de prix ; Cass. 1e civ. 2-12-1997 : RJDA 2/98 n° 158 : vente conclue dès lors que le prix est déterminable), les dispositions permettant une fixation unilatérale du prix (nos 12428 et 12429) étant, à notre avis, dérogatoires (n° 12402).

À notre avis, cette obligation s'applique dans **tout contrat pour lequel** la loi n'a pas prévu une dérogation à l'obligation de fixer le prix lors de la conclusion du contrat (n° 12425).

En revanche, elle n'existe pas pour tout contrat **international,** aucune décision n'ayant, à notre connaissance, affirmé que cette exigence était d'ordre public international français et la solution contraire allant à l'encontre de la convention de Vienne sur la vente internationale de marchandises (n° 26547) qui admet que le prix ne soit pas déterminé ou déterminable.

12431 **Modalités de détermination du prix** Le prix est déterminé s'il est formellement **chiffré,** ne serait-ce qu'à un euro (Cass. com. 3-1-1985 n° 83-15.520 : Bull. civ. IV n° 8), ou s'il est **déterminable** à partir des éléments de référence prévus dans le contrat, pourvu que leur mise en œuvre n'appelle pas une nouvelle manifestation de volonté de la part de l'un des contractants.

Les juges ne peuvent pas avoir recours à des éléments extérieurs à l'acte de cession pour procéder à une fixation judiciaire du prix ; ainsi, ils ne peuvent pas condamner un cessionnaire à payer au cédant le prix de cession des actions d'une clinique au motif qu'en l'absence de désaccord entre les parties à l'époque de la cession, il y a lieu de se référer au principe selon lequel le prix d'une action est au moins celui de sa valeur au jour de la négociation (Cass. 1e civ. 24-2-1998 n° 96-13.414 P : RJDA 5/98 n° 575).

Cette condition s'apprécie dans les termes suivants.

12434 **1. Fixation du prix par un tiers.** Le soin de fixer le prix peut être confié à un tiers (C. civ. art. 1592), dit « expert ».

L'intervention du tiers - fréquemment retenue pour pallier les diverses impossibilités d'arrêter le prix immédiatement - peut être prévue simplement pour le cas où les parties ne parviendraient pas à se mettre d'accord (Cass. com. 25-5-1981 : BRDA 13/81 p. 15 ; CA Paris 10-10-1991 : D. 1991.IR.260), sans constituer pour autant un arbitrage (n° 70628).

Elle est valable même si elle n'est prévue qu'implicitement (CA Rouen 31-5-1979 : GP 1980.som.87, qui la déduit de ce que l'acte de vente d'un fonds de commerce prévoyait que les marchandises dépendant de ce fonds seraient estimées par expert).

Mais il faut que le tiers soit investi de la mission de dire le prix ; tel n'est pas le cas :

– si le prix est « celui de toute offre d'achat dûment justifiée émanant d'un tiers notoirement solvable », car le créancier du prix peut susciter une offre d'achat par une personne de son choix à un prix discrétionnairement suggéré par elle (CA Paris 4-3-1985 : BRDA 9/85 p. 13 et, sur pourvoi, Cass. civ. 21-12-1987 : D. 1988.IR.16) ;

– si deux tiers sont désignés sans que soient prévues les conditions de nomination d'un troisième pour les départager en cas de désaccord (CA Paris 23-5-1986 : GP 1987.613 ; aussi Cass. com. 27-4-1968 : Bull. civ. IV n° 141) ;

– si le tiers doit fixer le prix en se référant aux prix pratiqués par le ou les distributeurs du même fournisseur dans la même région, ce qui revient à un prix résultant de la seule volonté du fournisseur (Cass. com. 11-6-1991 : RJDA 10/91 n° 804).

Les **parties** peuvent désigner le tiers dans le contrat ou ultérieurement mais à condition que le contrat le prévoie, les **juges** ne pouvant pas s'arroger ce pouvoir (Cass. civ. 5-3-1970 n° 68-11.086 : Bull. civ. III n° 179 ; Cass. 1e civ. 16-5-1984 n° 82-17.008 : Bull. civ. I n° 164 ; Cass. com. 23-1-1990 n° 88-11.644 : Bull. Joly 1990 p. 275 n° 76). Une partie ne peut pas non plus le choisir unilatéralement (Cass. civ. 9-1-1996 n° 93-19.468 : RJDA 5/96 n° 642).

Le tiers est librement choisi par les parties, à condition qu'il ne soit pas sous la dépendance de l'une d'entre elles (Cass. civ. 2-12-1997 : RJDA 4/98 n° 403), les juges devant, pour l'établir, rechercher s'il existe un doute légitime et actuel sur son impartialité (Cass. com. 5-10-2004 n° 1454 : RJDA 12/04 n° 1307). Il peut être une personne morale, par exemple le service des domaines (CA Aix 24-11-1977 : D. 1978.IR.332).

Les parties peuvent convenir que le prix sera fixé par expert dans les conditions de l'article 1843-4 du Code civil (CA Aix 27-2-2003 n° 02/12915 : RJDA 7/03 n° 703 et, sur pourvoi, Cass. com. 30-11-2004 n° 1742 : RJDA 3/05 n° 270 ; sur l'article 1843-4, MSC nos 16790 s. ; sur l'application de l'ordre public conventionnel, nos 74293 s.).

L'expert est investi de sa mission dès lors qu'il l'a acceptée (Cass. civ. 23-10-1979 : GP 1980.pan.45).

Le défaut de désignation de l'expert entraîne la nullité du contrat pour défaut de détermination du prix (C. civ. art. 1592), la partie à laquelle est imputable cette défaillance pouvant être condamnée à verser à l'autre des dommages-intérêts (Cass. civ. 24-11-1965 : Bull. civ. I n° 651).

L'expert désigné **doit fixer le prix** : tel est le cas s'il fixe un prix d'un franc dès lors que la contre-prestation est sans valeur (Cass. com. 3-1-1985 n° 83-15.520 : Bull. civ. IV n° 8) mais non s'il se borne à proposer aux parties un prix minimal et un prix maximal (Cass. com. 29-5-1972 : D. 1973.255 note Guyenot, vente non conclue, seul le vendeur ayant adopté l'un des deux prix) ou s'il se limite à un examen des comptes qui lui sont soumis en vue du rajustement du prix d'une cession d'actions (Cass. com. 26-6-1990 : BRDA 19/90 p. 11). Il peut fixer le prix, le cas échéant, à partir des méthodes d'évaluation convenues par les parties entre elles (CA Paris 18-9-1998 : JCP E 1999.666 obs. Viandier et Caussain), pourvu que leurs recommandations puissent être appliquées (CA Paris 25-6-1996 : RD bancaire 1997 n° 59 p. 28).

N'agissant pas, en réalité, comme expert, il n'a pas à suivre les formalités de l'expertise (Cass. req. 31-3-1862 : DP 1862.1.242), et notamment à respecter le contradictoire (Cass. com. 19-4-2005 n° 663 : RJDA 8-9/05 n° 986 : à propos de l'expertise de l'article 1843-4 C. civ., mais transposable par analogie).

La **décision de l'expert** s'impose aux parties, à moins que celles-ci n'établissent qu'elle a été prise à la suite d'une erreur grossière (Cass. com. 4-2-2004 n° 01-13.516 : RJDA 6/04 n° 688). Dans le cas où il en serait ainsi, le tribunal ne pourrait pas néanmoins fixer le prix à la place de l'expert (cf. Cass. 1e civ. 25-1-2005 n° 139 : RJDA 5/05 n° 565 : à propos d'un expert désigné par le juge sur le fondement de l'art. 1843-4 mais transposable à l'expert amiable, car dans les deux cas le prix ne serait pas fixé par l'expert).

Si l'expert a commis une faute en exécutant sa mission, la victime peut mettre en cause sa responsabilité (Cass. com. 4-2-2004 précité ; Cass. com. 6-2-2007 n° 05-21.271 : RJDA 5/07 n° 490).

Si le tiers désigné ne veut ou ne peut pas faire l'estimation, il n'y a point de vente, sauf estimation par un autre tiers (C. civ. art. 1592).

2. Fixation du prix par indication d'un maximum ou d'un minimum. Le prix est déterminé si les parties ont chiffré un minimum et ont fixé les bases de calcul des variations qui pourront se produire au-dessus de ce minimum, par exemple en prévoyant un prix unitaire et le mesurage des quantités fournies (CA Paris 1-6-1982, inédit) ou une somme minimale et un surplus en fonction du chiffre d'affaires (Cass. 1e civ. 28-6-1988 n° 86-12.812 : Bull. civ. I n° 212). Il en est de même si les parties ont fixé un prix plancher et un prix plafond et s'en sont remises à l'estimation d'un tiers pour fixer le prix (CA Rouen 3-2-1999 : RJDA 6/99 n° 636). **12437**

En cas d'indication d'un prix maximal et/ou d'un prix plancher, le prix est déterminé dès lors que les parties ne sont pas, pour arrêter le prix, dans l'obligation d'en débattre ; c'est le cas si le débiteur offre le prix maximal (cf. Cass. com. 28-2-1962 : Bull. civ. III n° 136) ou si le créancier demande le paiement du prix plancher prévu en tout état de cause (Cass. com. 30-6-2004 n° 1087 : RJDA 1/05 n° 23). Mais la fixation d'un plafond ne rend pas, en soi, le prix déterminable (Cass.com. 21-9-2022 n° 20-16.994 F-B : RJDA 1/23 n° 31).

3. Fixation du prix par référence. Le prix est déterminé s'il est calculable à partir de paramètres constituant « un élément de référence sérieux, précis et objectif » et rendant la fixation des prix indépendante de la seule volonté d'une partie (Cass. com. 12-1-1988 n° 86-12.838 : Bull. civ. IV n° 31). **12440**

Tel n'est pas le cas, par exemple :

– du prix de fournitures à calculer selon des règles précises dès lors qu'un élément d'incertitude est introduit par une clause ainsi libellée : « sans toutefois qu'il y ait un parallélisme absolu à propos de l'évolution à venir des rabais calculés selon la marge professionnelle en usage » (Cass. com. 27-4-1981 n° 80-10.720 : Bull. civ. IV n° 188) ;

– du prix devant être établi à partir d'éléments dont la mise en œuvre s'avère ultérieurement impossible (Cass. com. 5-5-1970 n° 68-13.523 : Bull. civ. IV n° 147 ; Cass. com. 13-1-1971 n° 69-12.174 : Bull. civ. IV n° 13) ;

– du prix de vente d'un terrain représenté par l'attribution au vendeur d'un certain nombre de mètres carrés de logement à construire, choisis pour moitié par le vendeur, pour moitié par l'acheteur (CA Aix 17-3-1976 : Bull. Cour d'Aix 1976/2 p. 13) ;

– du prix de cession de droits sociaux à déterminer à partir du bilan social établi contradictoirement par les parties mais sans qu'ait été prévu comment elles seraient départagées au besoin (Cass. com. 14-12-1999 n° 97-15.654 : RJDA 4/00 n° 425) ;

– du prix de cession d'un portefeuille de créances égal à 80 % des créances recouvrées par le cessionnaire, dont un acompte a été versé à la signature de l'acte (Cass. com. 7-4-2009 n° 07-18.907 : RJDA 8-9/09 n° 725).

Appliquée aux divers indices de référence rencontrés dans les contrats, cette directive conduit aux solutions suivantes.

a. Prix du marché ou du cours des mêmes produits (ou services) que ceux visés aux contrats. Cette référence est valable si : **12443**

– elle concerne un **marché** ou un cours **identifiable** (Cass. 1e civ. 14-12-2004 n° 1881 : RJDA 3/06 n° 247), ce qui n'est pas le cas, par exemple, lorsque les mercuriales ou les cotations à consulter ne sont pas précisées (Cass. com. 10-12-1979 n° 78-11.278 : Bull. civ. IV n° 329 ; Cass. com. 21-3-1983 : BRDA 14/83 p. 22 ; CA Paris 23-3-1988 : D. 1988.IR.123) ou lorsque les conditions dans lesquelles le prix se forme sur le marché ne sont pas suffisamment définies (CA Paris 13-9-1990 : BRDA 24/90 p. 6 ; CA Rouen 31-10-1990 : RJDA 3/91 n° 190) ou lorsque le marché de référence n'est ni spécifique ni soumis à des conditions certaines de concurrence (CA Aix 11-1-1994 : JCP G 1994.II.22295 note Contant) ;

– elle est l'expression du **cours général** ou moyen qui ressort des échanges entre toutes les offres et les demandes solvables et qui permet un écoulement suffisant dans des conditions de rentabilité (cf. Cass. com. 21-6-1976 n° 75-11.517 : Bull. civ. IV n° 208 ; Cass. com. 31-1-1984 : GP 1984.pan.224 ; CA Aix 10-1-1977 : Bull. Cour d'Aix 1977/1 p. 6 ; CA Metz 8-2-1978 : Rev. jur. com. 1979.133 ; CA Lyon 9-7-1981 : JCP G 1982.IV.223) ;

Mais, il n'en est pas ainsi :

– des prix pratiqués par le fournisseur avec sa seule clientèle (Cass. com. 13-12-1982 : JCP G 1983.IV.73 ; CA Douai 19-10-1933 : S. 1934.2.139) ;

– des prix pratiqués par « l'ensemble du négoce sérieux » (Cass. civ. 18-5-1978 : GP 1978.2.pan.348) ;

– des prix habituellement pratiqués avec des acheteurs de même catégorie s'il n'est pas démontré que le prix ne résulte pas exclusivement des transactions avec des acheteurs liés par une obligation d'approvisionnement exclusif (cf. Cass. com. 14-1-1980 : JCP G 1981.II.19585 note Gross ; CA Aix 14-10-1977 : Bull. Cour d'Aix 1977/3 p. 6) ;

– des prix reflétant les « tendances du marché » (Cass. com. 3-6-1986 : GP 1986.pan.288).

– elle vise le **prix moyen pratiqué par les concurrents** les plus importants, les éléments d'identification de ces concurrents étant précisés (Cass. com. 30-1-1978 n° 76-13.849 : Bull. civ. IV n° 38 ; Cass. com. 16-6-1987 : BRDA 13/87 p. 12 ; CA Paris 14-11-1985 : BRDA 3/86 p. 17) ;

– elle prend pour **prix** celui **offert par un concurrent** (offre concurrente), sous réserve que soient rigoureusement déterminés les conditions définissant la concurrence visée (définition du concurrent, de la qualité et de la quantité du produit) et le moyen de trancher les contestations qui pourraient s'élever entre les parties sur l'existence de ces conditions (cf. CA Paris 2-5-1986 : JCP G 1986.II.20622 note Ghestin et, sur pourvoi, Cass. com. 14-6-1988 : GP 1988.pan.288 note Calvo ; dans le sens du texte, Mestre RTD civ. 1987.94 ; Cass. com. 22-2-1994 : RJDA 5/94 n° 478).

12446 **b. Tarif.** Le tarif du fournisseur peut être valablement pris pour référence s'il a été **arrêté d'un commun accord** (Cass. com. 20-1-1987 : BRDA 4/87 p. 22) ou accepté (Cass. com. 15-7-1970 : D. 1971.151 : acceptation du tarif d'un dépositaire à l'occasion du dépôt) ou diffusé dans le public et qu'il est établi qu'il résulte des prix effectivement imposés par la concurrence, mais à la condition que soit vérifié que ces derniers constituent un élément de référence sérieux, précis et objectif rendant la fixation du prix indépendante de la volonté du rédacteur du tarif (Cass. com. 12-1-1988 n° 86-12.838 : Bull. civ. IV n° 31 ; Cass. com. 30-6-1992 : D. 1992.som.391 obs. Serra).

Les juges ne peuvent pas rejeter le tarif en soi, sans constater que les conditions susvisées ne sont pas remplies (Cass. civ. 30-10-1979 : D. 1980.IR.569 note Audit).

Pour des cas où le prix du tarif n'a pas été tenu pour déterminé : Cass. com. 14-4-1993, 1e esp. : RJDA 7/93 n° 612 ; Cass. com. 7-10-1993 : RJDA 7/94 n° 797 ; CA Paris 26-10-1982 : BRDA 23/82 p. 15 ; CA Paris 10-1-1983 : BRDA 5/83 p. 12 ; CA Paris 19-5-1988 : GP 1988.665 ; CA Paris 13-6-1991 : D. 1991.IR.196.

12449 **c. Prix conforme à celui d'autres accords.** Le prix peut être celui convenu entre les parties dans d'autres accords si le prix desdits accords est lui-même déterminé (cf. Cass. com. 12-2-1974 : JCP G 1975.II.17915) ou dans des accords conclus par des tiers (Cass. civ. 1-10-1986 : BRDA 1/87 p. 15 : accord entre deux groupements professionnels, l'une des parties étant membre de l'un de ces groupements ; Cass. civ. 8-11-1983 : JCP G 1984.IV.24 : prix fixé entre le fabricant et le concessionnaire réputé déterminé au regard de l'acheteur du concessionnaire).

12452 **d. Prix indicatif sur le bon de commande.** Lorsque le prix est porté à titre indicatif sur le bon de commande et qu'il est précisé qu'il sera celui en vigueur au jour de la livraison, il doit être **accepté par l'acquéreur** au moment de la livraison : il ne saurait lui être imposé (Cass. civ. 20-5-1981 : JCP G 1981.IV.283 ; cf. Cass. com. 11-10-1977 : GP 1977.2.pan.378 ; Cass. civ. 11-6-1981 : GP 1982.pan.36).

12455 **e. Prix calculé sur des éléments variables.** Le prix est déterminé si tous les éléments nécessaires à son calcul (par exemple prix de l'unité et quantité) sont mentionnés dans le contrat et à condition que les éléments variables ne dépendent pas de la volonté d'une partie.

Tel n'est pas le cas lorsque l'assiette sur laquelle doit être calculée une commission n'est pas fixée (CA Paris 28-1-1982 : GP 1982.som.107) ou lorsque l'une des parties peut influencer l'importance de la variation (CA Paris 23-5-1986 : GP 1987.374).

Mais le prix est déterminé s'il doit varier, s'agissant des éléments cessibles d'un cabinet d'expertise, en fonction du chiffre d'affaires dudit cabinet (Cass. 1e civ. 28-6-1988 n° 86-12.812 : Bull. civ. I n° 212) ou, s'agissant d'une cession d'actions, en fonction du montant des capitaux propres, du bénéfice de l'année en cours et de la valeur nette comptable des immobilisations (Cass. com. 18-6-1996 : RJDA 10/96 n° 1202) ou de la valeur des actions arrêtée par le conseil d'administration sur la base des résultats publiés de l'actionnaire majoritaire (CA Paris 29-10-2019 n° 18/00226 : RJDA 6/20 n° 311).

Il en est de même du prix stipulé en monnaie étrangère, dès lors que la variation du taux de change, susceptible d'affecter le prix, ne dépend pas de la volonté des parties (CA Colmar 22-2-1991 : JCP G 1992.IV.438).

12458 **4. Fixation par le prix coûtant.** Le prix peut être déterminé à partir du coût de revient du produit ou du service contractuel si les éléments constitutifs de ce coût sont objectivement déterminés : par exemple, matières premières, salaires directs, pourcentage pour les retouches, amortissement des investissements, intérêts sur le capital immobilisé, frais généraux, coût du crédit de paiement éventuellement consenti (agios d'escompte notamment), etc. Pour l'exemple d'un coût invalidé car laissé à la discrétion du fournisseur, CA Paris 18-10-1984 : GP 1985.221.

5. Fixation d'un prix forfaitaire. Le prix établi par forfait est valablement déterminé puisqu'il est définitivement arrêté dès la conclusion du contrat ; il doit être un prix ni détaillé ni révisable (T. com. Paris 19-11-1979 : GP 1980.som.276). Il en est de même de la stipulation d'un prix global en contrepartie de l'acquisition de plusieurs objets (Cass. com. 8-4-2008 n° 06-18.042 : RJDA 12/08 n° 1270 : prix global pour l'acquisition de trois sociétés). 12461

6. Fixation d'un prix indexé. Le prix est déterminable, et le reste (cf. C. civ. art. 1167, qui admet par prétérition la validité de l'indexation), s'il est arrêté à une somme donnée qui doit varier en fonction d'un indice de référence, pourvu que cet indice soit objectivement calculable (Cass. com. 4-7-1972 : D. 1973.662). Il n'en est pas ainsi lorsque l'indice n'est pas précisé (Cass. civ. 1-7-1981 : GP 1982.pan.38 ; CA Caen 13-3-1980 : GP 1981.som.81 ; CA Paris 27-5-1988 : BRDA 17/88 p. 12) ou lorsqu'il dépend, même partiellement, de la volonté d'une partie (Cass. com. 2-11-1993 : RJDA 5/94 n° 510). Sur la substitution d'indice, n° 50396. 12464

Choix du prix Sauf dans les cas où le prix est fixé par une disposition impérative, par exemple les tarifs de l'électricité ou du gaz, les parties sont libres de choisir le prix, à condition de respecter le jeu de la concurrence (C. com. art. L 410-2). 12467

Il s'ensuit que les concurrents doivent pouvoir comparer leurs prix et en conséquence en faire pratiquer des relevés par leurs salariés dans leurs magasins respectifs (Cass. com. 4-10-2011 n° 10-21.862 : RJDA 1/12 n° 90).

Cette condition implique que le prix ne soit pas le résultat de pratiques commerciales abusives (MCC n°s 70000 s. et 87500 s.), d'ententes prohibées ou d'abus de dépendance économique ou de position dominante (MCC n°s 41000 s.).

SANCTIONS DU DÉFAUT DE DÉTERMINATION DE LA CHOSE ET DU PRIX

Annulation du contrat Sauf les exceptions signalées n°s 12428 et 12429, le contrat conclu est entaché de **nullité** dès lors que la prestation contestée n'est ni déterminée ni déterminable car le contenu de ces contrats doit être certain (C. civ. art. 1128 et 1178). 12475

Des décisions ont toutefois pour le même défaut prononcé la résolution du contrat (Cass. com. 24-5-1994 : RJDA 11/94 n° 1134 ; CA Aix 29-4-1980 : Bull. Cour d'Aix 1980/2 p. 7) mais à tort, selon nous, car le défaut de contrepartie (ou de cause) prive le contrat d'une de ses conditions de validité et n'est pas l'inexécution d'une obligation contractuelle qui caractérise la résolution (n° 15508).

Cette nullité est en principe **relative**, le critère de distinction de la nullité relative étant celui de l'intérêt protégé (n° 15680).

Pour autant, elle ne saurait être systématiquement tenue pour relative car il peut se trouver une circonstance où l'indétermination dénoncée s'avérera porter une **atteinte à l'intérêt général**, par exemple lorsqu'un prix anormalement bas empêcherait un distributeur tiers de s'aligner sur un autre distributeur qui l'obligerait ainsi à sortir du marché (cf. C. com. art. L 420-5 ; Cons. conc. 15-9-1998 n° 98-PB-05 : BOCC 30-91998).

Effets de l'annulation du contrat Le **juge doit** prononcer la nullité et ne peut pas sauver le contrat en imposant aux parties une méthode de détermination du prix ou de la chose (Cass. 1e civ. 25-4-1972 : D. 1972.661), ni autoriser par enquête la preuve du prix (Cass. 1e civ. 6-10-1965 : Bull. civ. I n° 517), ni le faire estimer par expert si les parties n'ont fixé à l'avance aucun élément objectif permettant la détermination du prix (Cass. 1e civ. 16-7-1998 n° 96-17.414 : Bull. civ. I n° 265), sauf le cas du bail verbal (C. civ. art. 1716). 12478

Le fait que le contrat ait été exécuté pendant plusieurs années n'emporte pas confirmation (CA Paris 2-5-1986 : JCP G 1986.II.20622 note Ghestin).

Les produits livrés doivent être payés à leur valeur réelle, sans inclure la part du bénéfice réalisé par le fournisseur (Cass. com. 23-6-1992, deux arrêts : RJDA 11/92 n°s 983 et 985). Mais l'acheteur est tenu de les payer au prix convenu dans le contrat annulé dès lors qu'il a accepté le montant des livraisons ainsi fixé dans des reconnaissances de dettes postérieures (CA Paris 22-3-1991, 2e esp. : D. 1992.som.389 obs. Serra).

Le contractant qui a proposé un contrat dont l'objet est indéterminable ne peut être condamné à dommages-intérêts envers l'autre partie que s'il a agi avec légèreté ou conscience de nuire à celle-ci (Cass. com. 5-11-1991 : RJDA 1/92 n° 27).

2. RÉALITÉ DE L'OBLIGATION ESSENTIELLE ET DE SA CONTREPARTIE

INEXISTENCE DE L'OBLIGATION ESSENTIELLE

12487 Si l'obligation essentielle a pour objet des prestations qui n'ont pas une existence réelle susceptible d'être ramenée à exécution, le contrat n'a pas de contenu certain puisque les prestations ne sont qu'apparentes. Le contrat est donc nul pour défaut d'une de ses conditions de validité.

C'est le cas de l'inexistence de la chose ou du prix qui a pour conséquence de priver l'obligation de délivrer la chose de la contrepartie du prix ou de priver l'obligation de payer le prix de la contrepartie de la chose.

Cette règle est expressément affirmée dans l'article 1169 du Code civil pour les contrats à titre onéreux (n° 12496).

12490 **Inexistence de la chose due** La chose promise par l'obligation essentielle, même déterminée, n'existe pas dans les hypothèses suivantes.

a. Perte de la chose objet de la prestation. Selon l'article 1601 du Code civil, transposable à toute perte de la chose objet de l'obligation, lorsque la chose a péri **en totalité** avant la conclusion du contrat, celui-ci est nul ; si la perte est **partielle,** il est au choix de l'acquéreur d'abandonner la vente, ou de demander la partie conservée, en faisant déterminer le prix par la ventilation ; toutefois, si la chose ne présente plus d'intérêt pour l'acquéreur, cette perte supprime la cause ou la contrepartie de l'obligation de l'acheteur et le contrat est également nul (Cass. civ. 7-2-1996 : RJDA 5/96 n° 679). Cette règle s'applique même si les conditions générales du contrat prévoient la vente des objets dans l'état où ils se trouvent sans recours possible (Cass. req. 5-2-1906 : DP 1907.1.468 : betteraves pourries par suite de gelées antérieures à la vente) ou sur des biens périmés (Cass. com. 16-5-2006 n° 625 : RJDA 10/06 n° 1060).

Il en est de même lorsque la cession porte sur les droits sociaux émis par une société disparue par l'effet d'une opération de fusion par absorption mais non lorsqu'elle porte sur les droits sociaux d'une société placée sous procédure collective ; sur ces questions, MSC n°s 16690 s.

b. Impossibilité d'exécution dès la conclusion du contrat. Cette impossibilité est expressément reconnue par la loi, qui fait de la possibilité de la prestation due une condition de validité du contrat (C. civ. art. 1163, al. 2). Il demeure donc que l'obligation essentielle n'est pas valide, et que le contrat est nul, lorsque la prestation sur laquelle elle porte n'existe pas dès la conclusion du contrat.

Par exemple :

– si la vente prévoit que le prix sera payé au vendeur par des appartements dès lors qu'il était impossible de les construire (Cass. civ. 3-2-1982 : D. 1982.IR.228) ;

– si la promesse porte sur la fourniture d'un savoir-faire qui ne pouvait être mis en œuvre par quiconque (CA Paris 26-4-1984 : BRDA 12/84 p. 19) ;

– si la chose vendue appartenait à autrui (cf. C. civ. art. 1599) ou si le brevet, la marque ou le modèle sur lequel porte la cession ou la licence est nul (n°s 32818, 33303 et 33600) ;

– si l'accord d'approvisionnement exclusif de bière avait pour objet des fournitures à un fonds de commerce disparu (CA Nancy 18-11-1991 : RJDA 6/92 n° 575) ;

– si le but recherché à travers l'obligation essentielle ne peut plus être atteint (Cass. 1e civ. 3-7-1996 n° 94-14.800 : RJDA 12/96 n° 1431).

Sur l'impossibilité d'exécution survenue après la conclusion du contrat, n° 16000.

12493 **Inexistence du prix** Le prix étant l'objet d'une prestation (n° 12402), il doit exister pour que l'obligation de payer une somme d'argent soit valable.

Le prix fixé au contrat n'existe pas s'il a été stipulé comme n'étant **pas exigible** par le vendeur (Cass. civ. 28-12-1949 : JCP G 1950.II.5500 note Gavarroc) ou s'il n'est pas la contrepartie de la prestation de l'autre partie (CA Nîmes 28-6-1976 : GP 1976.2.som.325).

Il en est de même s'il n'est **pas sérieux** (Cass. civ. 27-4-1976 : JCP G 1976.IV.201) ou s'il est **dérisoire** ou vil (Cass. com. 8-2-2005 n° 03-10.749 : RJDA 5/05 n° 538 ; Cass. 3e civ. 25-5-2011 n° 10-14.464 : RJDA 3/12 n° 267 ; CA Douai 25-11-2021 n° 19/00257 : DMF 2022.333 obs. Bonassies), à moins que les parties aient voulu conclure un contrat aléatoire (Cass. com. 3-3-1998 : RJDA 7/98 n° 851).

Le prix dérisoire s'apprécie en fonction de toutes les contreparties reçues par le vendeur (exemples de prix justifié : Cass. 3e civ. 26-9-2007 n° 06-16.292 : RJDA 1/08 n° 27 ; CA Riom 6-10-2011 n° 10/02136 : RJDA 4/12 n° 392).

Un prix d'un euro (ou d'un franc) est réel dès lors que des contreparties suffisantes sont mises à la charge de l'acquéreur ou que le contrat en cause est intégré dans une opération globale formant un tout indivisible et procurant au cédant un avantage réel (Cass. com. 10-10-2018 n° 17-12.564 F-D : RJDA 1/19 n° 20 ; CA Paris 28-6-2011 n° 10/22840 : RJDA 3/12 n° 268.som. ; rappr. CA Versailles 26-3-1997 n° 95-6291 : RJDA 7/97 n° 946) ou si un passif est pris en charge par l'acquéreur (Cass. com. 11-2-1992 : RJDA 5/92 n° 466 ; Cass. 3e civ. 3-3-1993 n° 91-15.613 : Bull. civ. III n° 28).

Une personne publique ne peut pas légalement louer un bien à une personne poursuivant des fins d'intérêt privé pour un loyer inférieur à la valeur locative de ce bien, sauf si cette location est justifiée par des motifs d'intérêt général et comporte des contreparties suffisantes (CE 28-9-2021 n° 431625).

Nature de la nullité du contrat pour défaut de la chose ou du prix La nullité pour défaut de **prix** est une nullité relative car elle ne porte atteinte qu'à un intérêt privé (Cass. 3e civ. 21-9-2011 n° 10-21.900 : BRDA 19/11 inf. 17 ; Cass. 3e civ. 11-2-2014 n° 12-25.756 : JCP G 2014 n° 24-699 obs. Ghestin ; Cass. com. 22-3-2016 n° 14-14.218 : RJDA 5/16 n° 359 ; Cass. com. 10-4-2019 n° 14-12.409 F-D : RJDA 8-9/19 n° 563). 12494

La nature de la nullité pour inexistence de la **chose** n'ayant pas été, à notre connaissance, précisée par les tribunaux ni par la loi, il y a lieu de considérer qu'elle est relative car seul le créancier de la délivrance de la chose subit un préjudice.

Toutefois, à notre avis, la nullité, pour défaut de prix ou inexistence de la chose, est absolue s'il venait à être prouvé que l'intérêt général a été affecté (n° 12475).

INEXISTENCE DE LA CONTREPARTIE

Absence de contrepartie Il résulte de l'article 1169 du Code civil qu'un contrat à titre onéreux est nul lorsque, au moment de sa formation, chaque partie ne reçoit pas de l'autre un **avantage en contrepartie** de ce qu'elle procure, avantage qui ne peut valoir contrepartie que s'il n'est pas **illusoire ou dérisoire** (sur la notion d'avantage, n° 11100). Cet article sauvegarde le rôle essentiel de la cause du contrat qui conditionnait la validité des contrats avant la réforme des contrats opérée par l'ordonnance 2016-131 du 10 février 2016. 12496

Il en résulte que les solutions rendues sur l'existence de la cause sont transposables à l'existence de la contrepartie, laquelle s'apprécie au jour où le contrat a été conclu (cf. Cass. com. 15-3-2017 n° 15-22.314 F-D : RJDA 6/17 n° 411, rejetant l'appréciation au jour de la réalisation de la condition suspensive prévue au contrat).

Il a été jugé par **exemple** que la contrepartie **n'existe pas** en cas de :

– versement d'une « commission » à un établissement financier en sus des intérêts convenus pour une ouverture de crédit, dès lors que cette commission n'était justifiée par aucun service ni aucun risque particulier (Cass. civ. 30-3-1943 : DC 1944.13) ;

– promesse de versement d'une commission forfaitaire et irréductible par l'acheteur d'un fonds de commerce qui en réalité n'existait pas (Cass. com. 5-1-1966 : Bull. civ. III n° 6) ou de versement d'un prix pour l'acquisition d'un immeuble sans que les juges recherchent si l'état du bien au jour de la vente ne rendait pas dérisoire, dès la formation du contrat, la contrepartie à l'obligation de payer le prix de vente (Cass. 3e civ. 14-2-2019 n° 17-30.942 FS-D : RJDA 5/19 n° 324) ;

– versement d'un prix en contrepartie d'une prestation dont la réalisation s'avère impossible, par exemple : pour succéder à une personne qui s'était engagée à présenter le candidat comme son successeur dès lors que cette présentation ne peut produire aucun effet, soit parce que la clientèle promise n'existe pas (CA Aix 30-11-1976 : Bull. Cour d'Aix 1976/4 p. 9), soit parce que l'intéressé pouvait obtenir le même résultat sans recourir à cette présentation (Cass. civ. 20-2-1973 : D. 1974.37 note Malaurie ; Cass. 3e civ. 4-5-1983 n° 79-16.575 : Bull. civ. III n° 103) ; pour jouir d'un logiciel dès lors que son créateur refuse de le mettre à jour et le rend ainsi inutilisable (CA Versailles 14-5-1992 : RJDA 12/92 n° 1114) ; pour obtenir le droit d'opérer dans une clinique exploitée par une société dès lors que le praticien cédant de ce droit ne bénéficiait d'aucuns droits propres autres que ceux résultant de la qualité d'associé de cette société (Cass. civ. 15-6-1994 : RJDA 11/94 n° 1105) ; pour obtenir du bénéficiaire d'une promesse sa renonciation à cette dernière dès lors que la promesse était devenue caduque à la suite de la défaillance d'une condition suspensive (CA Paris 14-4-1995 : RJDA 7/95 n° 804) ; pour disposer du droit de diffuser des cassettes vidéo auprès d'une clientèle insuffisante pour les acquérir (Cass. 1e civ. 3-7-1996 n° 94-14.800 : RJDA 12/96 n° 1431) ;

– versement d'une rémunération pour une prestation de services inexistante (Cass. 1e civ. 10-10-1962 : Bull. civ. I n° 414 : agent d'affaires ; Cass. 1e civ. 20-1-2010 n° 08-20.459 : Defrénois 2010 p. 609 note Grimaldi : généalogiste) ;

– erreur sur l'existence de la cause, fût-elle inexcusable (Cass. 1e civ. 10-5-1995 n° 92-10.736 : Bull. civ. I n° 194) ;

– disparition de la cause à la date de conclusion du contrat par l'effet d'une loi rétroactive qui supprime le mobile en vertu duquel les parties ont contracté (Cass. 1e civ. 11-2-1986 n° 84-15.513 : JCP G 1988.II.21027 note David ; CA Aix 1-6-2022 n° 19/10911 : RJDA 1/23 n° 7) ;

– engagement de vendre ses parts dans une société civile d'exploitation agricole, objet d'un plan de continuation, pris par un associé envers un autre associé à un prix qui ne pouvait pas être réglé à la date à laquelle l'acquéreur s'était obligé vu les sommes importantes qu'il devait à la société et l'impossibilité de créditer les comptes de dividendes, le plan de continuation de la société ayant interdit la distribution de bénefices (Cass. com. 15-1-2013 n° 11-28.510 : Bull. civ. IV n° 13) ;

– prévision, au jour de la conclusion du contrat, que la cause ne doit exister qu'en fin de contrat ; tel est le cas du bail d'un terrain pour un « franc symbolique » ouvrant au locataire la possibilité d'y édifier une maison qui, s'il ne l'enlevait pas en fin de bail, resterait la propriété du bailleur sans indemnité, car la contrepartie procurée par le locataire n'existerait qu'en fin de bail au moment où il déciderait de ne pas retirer la construction qu'il avait édifiée (Cass. 3e civ. 19-5-2015 no 14-11.830 : RJDA 8-9/15 no 551) ;

– clause d'un contrat de prestation logistique limitant la responsabilité du prestataire à la réparation des dommages matériels directs car les dommages indirects étant les plus importants en matière d'attaque informatique, la clause rend dérisoire toute indemnisation (CA Paris 5-10-2023 no 23/02220 : BTL 2023.601).

Sur des exemples de contrepartie insuffisante à une exclusivité d'achat, no 21560.

Mais la **contrepartie existe** dès lors que :

– le prix est la contrepartie d'un service effectivement rendu : par exemple, communication d'un savoir-faire à un industriel qui l'ignorait alors même que des tiers en ont connaissance (Cass. com. 13-7-1966 : JCP G 1967.II.15131 note Durand) ;

– en contrepartie du loyer annuel d'un franc d'un bail à construction, le propriétaire obtenait en fin de bail la propriété des constructions, ce qui lui permettait d'exiger du preneur un loyer substantiel pour un bail ultérieur (Cass. 1e civ. 19-12-1995 : RJDA 8-9/96 no 1106) ;

– la clause de renonciation à recours contre le responsable d'un dommage causé à des marchandises entreposées est inscrite dans le cadre de relations contractuelles habituelles et équilibrées, prévoyant une répartition entre les deux parties des risques encourus par les marchandises (Cass. com. 26-4-2017 no 15-23.239 F-D : RJDA 12/17 no 787) ;

– l'obligation essentielle du contrat de pose d'un système d'alarme n'est pas vidée de sa substance par la clause prévoyant que l'installateur n'est pas responsable en cas de dysfonctionnement de l'alarme qu'il a installée s'il n'est pas établi qu'il a commis une faute (Cass. com. 7-7-2021 no 19-22.807 F-D : RJDA 12/21 no 762).

Il n'y a pas non plus absence de contrepartie dès lors que : la contre-prestation convenue n'a pas été exécutée (Cass. 3e civ. 16-11-1977 : Bull. civ. III p. 298) ou la preuve de son inexécution n'est pas rapportée (Cass. com. 30-6-1987 : Bull. civ. IV p. 122) ; la contre-prestation a perdu postérieurement sa raison d'être pour l'une des parties (Cass. 1e civ. 3-12-2002 no 1711 : RJDA 5/03 no 461 ; aussi spécialement pour le cautionnement de dettes sociales, no 55071) ou est devenue impossible à exécuter (CA Reims 17-10-2002 : JCP G 2003.IV.2500) ; l'avantage attendu n'a pas été obtenu (Cass. com. 31-3-2009 no 08-13.560 : RJDA 2/10 no 112), ce qui permet de voir une contrepartie dans l'intérêt recherché à travers le contrat et ce d'autant plus que le contrat est justifié par son but (no 12546) ; deux contrats distincts ayant été conclus avec des parties différentes pour obtenir l'exécution d'une même prestation, la partie qui en est créancière est en droit d'exiger l'exécution de l'obligation par l'un ou l'autre des débiteurs (Cass. 1e civ. 29-6-1959 : Bull. civ. I no 320 : validité de deux contrats d'assurance dès lors que l'assuré pouvait demander, à son choix, l'exécution de l'un ou de l'autre ; Cass. 1e civ. 22-6-1977 no 75-15.142 : Bull. civ. I no 295 : validité de deux ventes consenties chacune moyennant un prix converti en bail à nourriture, la venderesse pouvant demander à l'un ou à l'autre acheteur l'exécution de son entière obligation).

12498 L'ex-article 1132 du Code civil établissait une **présomption de l'existence de la cause**. Cet article a été abrogé par la réforme du droit des contrats opérée par l'ordonnance 2016-131 du 10 février 2016 sans être repris à propos de la contrepartie, de sorte qu'une telle présomption n'existe pas pour cette dernière.

12502 **Sanction du défaut de contrepartie** La sanction du défaut de contrepartie est la nullité du contrat que le défaut tienne à l'inexistence du prix (no 12493) ou à celle de la chose. En effet, l'article 1169 du Code civil déclare nul le contrat sans contrepartie.

La nullité est en principe relative car le vice nuit principalement au cocontractant, sauf toutefois, à notre avis, s'il venait à être prouvé que l'intérêt général a été affecté (no 12475).

12505 **Dispense de contrepartie** Le droit commun du contrat ne faisant pas le droit commun de l'engagement juridique, les dispositions de l'article 1169 du Code civil ne remettent pas en cause les règles particulières qui admettent la validité des **engagements abstraits** qui doivent être exécutés pour ce qu'ils sont en eux-mêmes, sans égard à l'existence ou non d'une contrepartie réelle. Tel est le cas des engagements négociables et de l'engagement autonome.

Il est admis, la loi n'ayant pas donné, nous semble-t-il du moins, de définition de la négociabilité, que le **titre négociable,** qui s'identifie par la clause nominative, à ordre ou au porteur, doit être exécuté conformément à la lettre de ses mentions envers ceux qui sont nommés ou tiers porteur de bonne foi. Le signataire d'un tel titre ne peut pas se soustraire à l'engagement formel en invoquant des exceptions rattachées au contrat qui a créé l'obligation reprise ainsi (sur cette règle dite « de l'inopposabilité des exceptions au porteur de bonne foi », nos 51250 s. ; sur le régime de la lettre de change qui est le prototype du titre négociable, nos 50900 s.).

N'est pas un titre négociable le certificat d'assurance qui renvoie expressément à la police d'assurance dont il atteste l'existence (rapport Potocki obs. Lucas), car il est rattaché à la relation contractuelle. Mais est un titre négociable un contrat de capitalisation au porteur (cf. Cass. 2e civ. 6-2-2014 no 13-14.823 F-P, qui exige la production de l'original du titre pour reconnaître le droit créé par le titre).

Sans utiliser la clause à ordre ou au porteur, les parties peuvent prévoir, en application de l'article 2321 du Code civil que le souscripteur d'un engagement devra l'exécuter en toute hypothèse et exclusivement dans les termes de cet engagement. Il en est ainsi de la promesse dite « **garantie autonome** ».

Elles obtiennent aussi le même résultat pour le paiement du prix d'une vente en concluant un **crédit documentaire** selon les « Règles et usances uniformes » mises au point par la Chambre de commerce internationale (nos 53300 s.).

B. Contenu licite

PORTÉE DU CONTENU LICITE

La licéité du contrat est requise en deux temps : d'une part, l'article 1128, 3o du Code civil dispose qu'est « nécessaire à la validité du contrat... un contenu licite », et, d'autre part, en vertu de l'article 1162 « le contrat ne peut déroger à l'ordre public ni par ses stipulations, ni par son but ». Par le biais de l'ordre public, le Code laisse aux juges (no 10628) le pouvoir de fixer la licéité du contrat. **12510**

Outre l'illicéité de la clause destructrice de l'obligation essentielle, le Code prévoit l'illicéité du contenu du contrat en sanctionnant les clauses génératrices d'un déséquilibre significatif entre les parties. Toutefois, dans ces deux cas, le contrat n'est pas nul, mais seules les clauses répréhensibles sont réputées non écrites.

1. ILLICÉITÉ DU CONTRAT

a. Illicéité des prestations en nature

PORTÉE DE L'ILLICÉITÉ

L'illicéité frappant tout ce qui est interdit, elle recouvre ou peut recouvrir les prestations les plus diverses. Elle trouve sa source dans le Code civil, dans des textes spéciaux ou dans les décisions de justice. **12515**

Lorsque la loi a prévu des mesures en vue de mettre un terme à la situation illicite (par exemple, l'article L 480-5 du Code de l'urbanisme, qui prévoit notamment la condamnation à démolition d'un ouvrage illicite), la charge des travaux peut être contractuellement fixée par l'acte de vente d'un tel ouvrage entre le vendeur et l'acquéreur (Cass. 3e civ. 17-9-2020 nos 17-14.407 et 17-14.408 F-PBI : RJDA 12/20 no 638).

La violation de l'une de ces dispositions est une cause de nullité du contrat pour contenu illicite.

Selon le Conseil d'État, le contenu d'un contrat ne présente un caractère illicite que si l'objet même du contrat est, en lui-même, contraire à la loi (CE 5-4-2023 no 459834 : défaut de mise sur le marché d'un produit larvicide dont la fourniture constituait l'objet même du contrat).

PRESTATIONS HORS DU COMMERCE

Les prestations sont illicites lorsqu'elles sont hors du commerce. Ces prestations, que visaient expressément l'ex-art. 1128 du Code civil ont été précisées par les tribunaux, qui peuvent continuer à le faire en invoquant l'ordre public, comme il a été exposé no 12510. **12520**

Clientèles civiles Une clientèle attachée à l'exercice d'une activité civile ne peut être l'objet d'un contrat que sous les distinctions et conditions suivantes. **12523**

1. Clientèles attachées à la personne. Ces clientèles, pratiquement celles des professions libérales, sont celles liées à la personnalité d'un praticien en raison de ses qualités de savoir, d'habileté et de conscience professionnelle, qualités qui sont propres à créer chez son client une confiance personnelle dans sa capacité à satisfaire les services que ce dernier lui demande (CA Chambéry 24-11-1958 : JCP G 1959.IV.119 : à propos d'un expert-comptable mais transposable à tout autre professionnel fixant une clientèle pour les mêmes raisons ; aussi Cass. civ. 29-4-1954 : JCP G 1954.II.8249 note Bellet, visant les qualités intellectuelles et l'habileté technique d'un chirurgien-dentiste).

Encore faut-il qu'une clientèle existe effectivement (Cass. 1re civ. 20-2-1973 : D. 1974.37 note Malaurie ; CA Aix 30-11-1976 : Bull. Cour d'Aix 1976/4 p. 9) ou qu'elle puisse exister : ainsi, les fonctions d'administrateur

12523 (suite) judiciaire attribuées par la justice n'engendrent pas de clientèle (Cass. 1e civ. 20-3-1984 n° 83-10.416 : Bull. civ. I n° 109 ; Cass. 1e civ. 28-5-2014 n° 13-14.884 FS-PB : GP 2015.1918.som. note Bidan). Encore faut-il encore que la clientèle soit le produit d'une activité licite (Cass. 1e civ. 10-2-1998 : RJDA 6/98 n° 674 : illicéité de la présentation de sa clientèle par un astrologue au regard de l'article R 34-7, 1° du Code pénal alors en vigueur punissant « les gens qui font métier de deviner et pronostiquer, ou d'expliquer les songes »).

Ne mettant pas en œuvre de telles qualités dans ses relations avec ses clients, le pharmacien n'a pas une clientèle civile mais commerciale (n° 123).

Tout praticien n'étant donc pas équivalent à un autre, elles ont été de tout temps jugées incessibles, en soi, et les actes consacrant leur cession annulés (Cass. com. 17-10-1951 : D. 1953.145 note Minvielle : à propos d'un architecte ; Cass. civ. 31-5-1988 : GP 1988.650 note Flécheux : à propos d'un avocat ; aussi Cass. 1e civ. 17-11-1987 : Bull. civ. I p. 215 : à propos d'un kinésithérapeute).

Désormais, cette interdiction est ébranlée :

– la cession de la **clientèle médicale** est licite si la liberté de choix du patient est sauvegardée (Cass. civ. 7-11-2000 : RJDA 10/01 n° 953), ce qui est le cas lorsque le contrat de cession prévoit, en cas de choix par le malade d'un médecin autre que le cessionnaire, que celui-ci devra transférer le dossier médical au praticien désigné (CA Bordeaux 23-11-2000 : Bull. inf. C. cass. 2001 n° 603) ou lorsque deux infirmières s'associent en laissant aux clients le libre choix de l'infirmière dont ils souhaitent recevoir les soins (Cass. civ. 19-1-1988 : JCP G 1989.II.21298 note Harichaux) ;

Mais ce n'est pas le cas lorsque la nature des soins (dialyse) fait obstacle à la liberté de choix du médecin traitant et du lieu d'exécution et que rien n'est prévu pour laisser au malade une liberté de choix (Cass. 1e civ. 30-6-2004 n° 1153 : RJDA 3/05 n° 247).

– la cession de **parts** de sociétés civiles **professionnelles** est expressément permise par la loi (Loi 66-879 du 29-11-1966 art. 19 s.) ; mais les conditions de cette cession ne doivent pas priver le client de sa liberté de choisir son praticien (Cass. 1e civ. 14-11-2012 n° 11-16.439 : RJDA 4/13 n° 310 : nullité de la cession des parts d'une SCP notariale pour impossibilité pour le cédant rétabli dans un autre office notarial d'accepter un ancien client) ;

La société qui ne peut plus en raison d'une disposition légale exercer une activité, en l'espèce d'avocat, peut céder la clientèle qu'elle a acquise pendant le temps où elle pouvait licitement exercer cette activité, peu important qu'elle soit contrainte par la loi de le faire (Cass. 1e civ. 9-7-2015 n° 14-12.994 : JCP G 2015 n° 46/47-1261 § 6 note G. Loiseau).

– au sens de l'article 1er du protocole n° 1 de la convention européenne de sauvegarde des **droits de l'Homme,** le droit qu'un praticien libéral a sur sa clientèle est un **droit de propriété** dont le titulaire ne peut être privé que pour cause d'utilité publique et dans les conditions prévues par la loi et les principes généraux du droit (CEDH 26-6-1986 n° 7/1984/79/123-126) ;

Il est aussi admis en jurisprudence française que l'exercice d'une activité libérale donne naissance à un bien patrimonial constitué par l'existence d'un fonds d'exercice libéral comprenant la clientèle, les matériels et les locaux nécessaires à l'exercice de l'activité (cf. Cass. 1e civ. 27-4-1983 n° 82-11.815 : Bull. civ. I n° 134, visant la cession d'un cabinet de kinésithérapie comprenant les objets mobiliers et les éléments incorporels ; Cass. civ. 2-5-2001 : JCP G 2002.II.10062 note Barret, incluant le fonds libéral dans la communauté entre époux ; TGI Meaux 24-6-1999 : JCP E 1999.1589 note Vialla, reconnaissant l'existence d'un fonds libéral réunissant le droit au bail, du mobilier et la clientèle valablement cédée avec le fonds comme l'est celle du fonds de commerce ; contra CA Paris 4-3-1988 : D. 1989.59 note Penneau, affirmant que la clientèle n'est pas un bien patrimonial).

– des décisions ont admis la cession de la clientèle (Cass. 1e civ. 27-4-1983 n° 82-11.815 : Bull. civ. I n° 134 : cession de la clientèle de pédicure ; cf. Cass. com. 18-1-1994 : RJDA 6/94 n° 638, n'invalidant pas la « cession de la clientèle » d'un vétérinaire pour le motif que la cession portait sur la clientèle elle-même).

Dans la mesure où les clientèles demeurent incessibles en soi, leur titulaire, notamment un notaire (Cons. const. 21-11-2014 n° 2014-429 QPC : PA 2014 n° 245 p. 16 note Hartman), peut néanmoins les monnayer par le biais de la **présentation** de ses clients à son **successeur** (Cass. civ. 13-3-1990 : Bull. Joly 1990.458), la présentation pouvant porter sur une partie seulement de la clientèle (Cass. civ. 7-10-1997 : RJDA 1/98 n° 46).

Les héritiers du praticien peuvent procéder à la présentation du successeur (Cass. 1e civ. 17-5-1961 : Bull. civ. I n° 257). Ils ont droit, lorsque leur auteur exerçait dans un cabinet de groupe, à une quote-part de la valeur globale du droit de présentation attaché au cabinet (Cass. civ. 5-5-1993 : RJDA 1/94 n° 15 : à propos d'une clientèle médicale mais transposable aux autres clientèles).

Il s'ensuit :

– qu'il importe peu que la clientèle ne soit pas identifiable dès lors que son titulaire s'engage seulement à inciter ses clients à se reporter sur son successeur (Cass. 1e civ. 7-6-1995 n° 93-17.099 P : D. 1995.560) ;

– que le titulaire de la clientèle qui a pris l'engagement susvisé n'est pas tenu à une obligation de garantie et peut donc continuer à servir ses anciens clients, dès lors qu'il ne favorise pas volontairement cette activité en intervenant auprès d'eux pour les détourner du choix qu'ils auraient naturellement opéré en faveur de son successeur (cf. Cass. civ. 20-10-1993 : RJDA 1/94 n° 19) ou dès lors que la clause de non-sollicitation porte une atteinte excessive à la liberté de choix de leur avocat par les clients et n'est pas proportionnée aux intérêts légitimes à protéger en ce qu'elle interdit au praticien de servir des clients désignés par elle (Cass. 1e civ. 21-3-2018 n° 17-16.762 F-D) ; mais il en est différemment si la cession de la clientèle est licite, le cédant pouvant alors s'engager à garantir le transfert à l'acquéreur de sa clientèle (Cass. 1e civ. 10-4-2013 n° 12-15.168 : RJDA 11/13 n° 887) ;

– que le mandat de rechercher un autre praticien pour un rapprochement n'est pas illicite en soi mais peut l'être si l'acte définitif est illicite comme ayant pour objet une cession de clientèle interdite (CA Paris 20-9-1996 : D. 1996.IR.223 : relatif au rapprochement de cabinets d'experts-comptables).

2. Autres clientèles. Toute clientèle qui n'est pas attachée à la personne peut être cédée. Il en est ainsi, notamment, d'une clientèle attachée à une exploitation agricole, dont la cession peut être assortie d'une clause de non-concurrence et de la cession d'une marque (Cass. 3e civ. 16-9-2009 n° 08-18.868 : JCP G 2010 n° 5-115 p. 214 obs. Barbiéri), à une entreprise artisanale, à une activité d'agent commercial.

Biens et services divers Hormis le cas des immeubles inclus dans le domaine public dont la mise hors du commerce est certaine, s'agissant des biens et services dont la valeur marchande n'est pas évidente, les tribunaux recherchent si le bénéfice de ces « choses » mérite qu'un prix soit demandé en contrepartie. Cette appréciation conduit quelquefois, comme on va le constater ci-après, à des solutions plus aisément justifiées par des considérations d'opportunité que de rigueur juridique. Tel est le cas pour les contrats suivants. **12526**

1. Cession du bénéfice d'une autorisation administrative. La loi **interdit** expressément la cession de certaines autorisations, telle celle de transporteur public intérieur (C. transp. art. L 3411-1, al. 4). **12529**

D'autres le sont par les tribunaux qui estiment leur cession incompatible avec leur objet.

Notamment, ne peut être cédée :

– une autorisation accordée de plein droit, sans prise en compte d'élément d'opportunité économique, à tout intéressé remplissant les conditions requises pour obtenir ladite autorisation (Cass. 3e civ. 4-5-1983 : Bull. civ. III p. 82 : autorisation d'exploiter une auto-école) ;

– une autorisation d'occupation du domaine public (CE 10-5-1989, Munoz : RD pub. 1989.1805) ;

– la licence d'agence de voyages, titre exclusivement attaché à la personne à laquelle il a été attribué et qui ne peut être prêté ni donné en location, fût-ce à titre gratuit, sa transmission provisoire en cas de cession du fonds de commerce supposant une autorisation administrative préalable (CA Paris 13-2-1992 : D. 1992.IR.144).

En revanche, il en est dont la cession est **autorisée** soit par la loi (C. transp. art. L 3121-2, al. 2 : autorisation de stationnement accordée aux exploitants de taxi), soit par les tribunaux (Cass. 1e civ. 8-12-1987 n° 86-12.426 : Bull. civ. I n° 333 : concession de parcs à huîtres ; Cass. 1e civ. 5-12-1995 n° 93-12.096 : Bull. civ. I n° 445 : droit de place dans les halles d'une commune ; cf. Cass. com. 29-5-1953 : JCP 1953.II.7720 note Cohen ; RTD com.1994.38 obs. Derruppé : cession de la licence d'exploitation d'un débit de boissons).

2. Présentation d'un successeur. Celui qui facilite son remplacement auprès du bénéficiaire de ses services peut obtenir un prix pour les efforts réels qu'il déploie en vue de faire admettre le successeur qu'il propose (Cass. com. 4-7-1978 : GP 1978.2.pan.449 : présentation d'un successeur au PMU pour le service du groupage et du transport des paris relatifs au tiercé ; Cass. com. 10-6-1986 n° 84-17.711 : Bull. civ. IV n° 121 : présentation à un client d'un successeur avec aide matérielle pour lui permettre de réussir l'acquisition de cette clientèle). **12532**

Mais jugé que tel n'est pas le cas du gardien d'immeuble qui présente un successeur au propriétaire des lieux, au motif que le bénéficiaire du prix « ne détenait aucun droit qu'il puisse céder à l'obtention dudit poste » (Cass. civ. 20-2-1973 : D. 1974.37 note Malaurie).

3. Concession d'un droit réel sur un bien. En dépit de l'adage « pas de droit réel sans texte », l'attribution conventionnelle de droits réels est admise. **12535**

La validité des concessions de droits réels doit être reconnue puisque « les articles 544, 546 et 552 sont déclaratifs du droit commun, relativement à la nature et aux effets de la propriété, mais ne sont pas prohibitifs ; ni ces articles ni aucune autre loi n'excluent les diverses modifications et décompositions dont le droit ordinaire de propriété est susceptible » (Cass. req. 13-2-1834 : DP 1834.1.118 ; aussi Cass. ch. réun. 20-2-1851 : DP 1851.1.54 ; Cass. civ. 12-12-1899 : S. 1901.1.497, sur pourvoi contre CA Dijon 30-12-1896 : DP 1898.2.100 ; Cass. civ. 8-2-1966 : JCP G 1967.II.15116 note Voirin).

Ainsi, il a été jugé :

– qu'un **droit perpétuel d'affichage** pouvait être reconnu par une convention (Cass. civ. 18-1-1984 : D. 1985.504 note Zénati ; toutefois Cass. civ. 6-3-1979 : D. 1979.IR.379, ayant déclaré inopposable à un ayant cause particulier un droit d'affichage) ainsi qu'un droit perpétuel de jouissance au bois, dit « à crû et à croître », pris sur le sol d'une parcelle appartenant à un tiers, qui ne peut s'éteindre par le non-usage trentenaire (Cass. 3e civ. 23-5-2012 n° 11-13.202 : D. 2012.1934 note D'avout) ;

– que les parties peuvent **conventionnellement,** conformément à l'article 686 du Code civil, créer une **servitude** sur un immeuble interdisant l'affectation de ce dernier à une activité déterminée, dès lors que cette interdiction est restreinte à un lieu circonscrit (Cass. com. 15-7-1987 : D. 1988.360 note Atias et Mouly) ou, inversement, imposant de l'affecter à une destination déterminée (Cass. 3e civ. 17-2-2015 no 13-27.479 : RDC 2015.945 obs. Tadros) ;

– qu'un propriétaire peut attribuer sur son bien un **droit réel de jouissance spéciale** qui, s'il n'est pas limité dans le temps par la volonté des parties, ne peut être perpétuel et s'éteint dans les conditions prévues par les articles 619 et 625 du Code civil relatifs, respectivement, à l'extinction par trente ans de l'usufruit et au droit d'habitation (Cass. 3e civ. 28-1-2015 no 14-10.013 : RJDA 4/15 no 318 ; toutefois, semant le doute, Cass. 3e civ. 7-6-2018 no 17-17.240 P : RJDA 1/19 no 56 : validité de la création par un règlement de copropriété d'un droit réel de jouissance perpétuel d'un autre lot, comme est perpétuel le droit réel attaché à un lot de copropriété ; néanmoins, levant le doute pour les droits de jouissance spéciale accordés en dehors de la copropriété des immeubles bâtis, Cass. 3e civ. 4-3-2021 no 19-25.167 F-D) ; un droit de jouissance spéciale peut aussi être accordé sur le domaine public de l'État (CE 11-5-2016 no 390118 : Lebon.162 concl. Henrard : validité du bail à construction constitutif d'un droit réel sur les constructions édifiées) ; il n'en résulte pas cependant que le bénéficiaire acquiert pour autant la qualité de copropriétaire (Cass. 3e civ. 2-12-2009 no 08-20.310 : Bull. civ. III no 266, en déduisant que son titulaire doit acquitter les frais inhérents à cette jouissance mais non une quote-part des charges communes de la copropriété).

Toutefois, la concession dans un **cimetière** est un droit hors du commerce ; en conséquence, une sépulture ne peut pas avoir de valeur marchande et la vente d'un caveau ne peut être négociée (TI Angoulême 3-2-1988 : GP 1988.som.358).

Les **permis de recherche minière** accordés dans des périmètres limités et pour une durée limitée par l'autorité administrative ne sauraient être assimilés à des biens objet pour leurs titulaires d'un droit de propriété (Cons. const. 11-10-2013 no 2013-346 QPC : PA 2015 no 48 p. 8 obs. Macaya).

Il est aussi désormais licite de souscrire, par contrat entre le propriétaire d'un fonds immobilier et une personne morale publique ou privée, des obligations opposables aux propriétaires successifs, telle une obligation à finalité écologique au profit de cette personne, appelée « **obligation réelle environnementale** » (C. envir. art. L 132-3).

12538 **4. Attributs patrimoniaux des droits de la personnalité.** Au titre du respect de sa vie privée (C. civ. art. 9 ; no 8043), une personne physique a droit au respect de son image ; elle peut néanmoins en détacher les attributs d'ordre patrimonial et autoriser la reproduction de son image par contrat, conformément au régime de droit commun du contrat (CA Versailles 22-9-2005 no 03/06185 : Prop. intell. 2006.362 no 4 obs. Bruguière ; cf. CA Paris 10-9-2008 no 07/06621 : D. 2008.2985 note Bruguière et Brégou et, sur pourvoi, Cass. 1e civ. 28-1-2010 no 08-70.248 : Bull. civ. I no 21). Mais son image étant intimement liée à sa personne, ses héritiers ne peuvent pas, après son décès, autoriser des tiers à en faire usage (CA Paris 6-11-2013 : LP 2014.498 note Gisclard).

12539 **5. Indisponibilité d'un bien.** Un bien saisi ne peut pas être l'objet d'un acte de disposition (no 59755).

PRESTATIONS INTERDITES OU RÉGLEMENTÉES

12540 La liberté contractuelle cesse lorsque des dispositions législatives ou réglementaires l'interdisent ou l'autorisent sous conditions.

Notamment la **loi** déclare nulles les conventions ayant pour effet de conférer une valeur patrimoniale au corps humain, à ses éléments ou à ses produits (C. civ. art. 16-5).

Le corps humain, ses éléments et ses produits ne peuvent faire l'objet d'un droit patrimonial (C. civ. art. 16-1, al. 3), même après la mort (art. 16-1-1 ; Cass. 1e civ. 16-9-2010 no 09-67.456 et Cass. 1e civ. 29-10-2014 no 13-19.729 : PA 2014 no 261 p. 15 note Mignot : interdiction d'une exposition de dépouilles humaines à des fins commerciales).

Les **tribunaux** prononcent aussi la nullité d'un contrat pour objet illicite ou, désormais, pour contenu illicite (nos 12400 et 12546), même si la loi n'a pas prévu cette nullité (Cass. com. 24-9-2003 no 1311 : RJDA 2/04 no 147 : vente de marchandises contrefaites ; Cass. com. 4-11-2008 no 07-19.805 : RJDA 3/09 no 168 : exercice sans agrément de l'activité de gérant de portefeuille de titres ; Cass. com. 25-6-2013 no 12-17.037 : RJDA 10/13 no 767 : vente de fichiers de clientèle informatisés non déclarés à la Cnil ; Cass. com. 4-11-2008 no 07-19.805 : RJDA 3/09 no 168 : exercice sans agrément de l'activité de gérant de portefeuille de titres ; T. com. Paris 22-9-1997 : GP 1998.som.465 : vente de marchandises de contrebande).

Mais n'emporte pas nullité du contrat la violation d'une réglementation qui n'entraîne pas l'illicéité de l'objet du contrat, ce qui est le cas de l'interdiction pour les compagnies d'assurances de n'accomplir des opérations bancaires qu'accessoirement (Cass. com. 7-4-2009 no 07-18.907 : RJDA 8-9/09 no 725) ou, à elle seule, la violation des exigences de forme et d'information sur les prix des prestations funéraires (Cass. 1e civ. 27-6-2018 no 17-23.264 FS-PB : RJDA 10/18 no 780).

En tout état de cause, le juge des **référés** peut **interdire** l'exécution d'un contrat si celle-ci cause un trouble manifestement illicite (CA Paris 18-2-1987 : GP 1987.372 : interdiction de vente de médicaments dans un hypermarché ; Cass. com. 26-5-1987 n° 84-17.777 : Bull. civ. IV n° 127 : interdiction de publier les moyens de capter gratuitement un réseau privé d'émissions audiovisuelles).

Il est des contrats qui sont particulièrement exposés à la sanction de l'illicéité de leur contenu ; c'est le cas des contrats pouvant être taxés de faits de corruption ou de trafic d'influence, au titre de l'article 17 de la loi 2016-1691 du 9 décembre 2016 relative à la transparence, à la lutte contre la corruption et à la modernisation de la vie économique (dite « loi Sapin II ») ou encore celui des contrats dont l'objet est le traitement des données à caractère personnel (Régl. UE 2016/679 du 27-4-2016 relatif à la protection des personnes physiques à l'égard du traitement des données à caractère personnel dit « RGPD » ; Loi 2018-493 du 20-6-2018 relative à la protection des données personnelles ; Ord. 2018-1125 du 12-12-2018).

L'administration compétente pour exercer la tutelle des activités réglementées peut, de son côté, enjoindre aux contrevenants de cesser leurs agissements irréguliers (CE 6-11-1981 : D. 1982.som.379 obs. Mais : injonction de cesser de publier, sans autorisation de La Poste, un annuaire des abonnés au télex résidant à l'étranger).

Les données publiques doivent être diffusées par l'administration, sauf interdiction légale ou réglementaire ; seules celles qui ont été enrichies par l'administration peuvent être vendues (Circulaire du Premier ministre du 14-2-1994 relative à la diffusion des données publiques : JO 19-2-1994 p. 2864).

PRESTATIONS INCLUSES DANS UNE SUCCESSION NON OUVERTE

Sauf dans les cas où la loi le permet, il est interdit de consentir par contrat des droits sur tout **12543**
ou partie d'une succession non ouverte (ou d'un bien en dépendant) ou de renoncer à ces mêmes droits (C. civ. art. 722). Cette règle est connue sous le nom de « prohibition des **pactes sur succession future** ».

Ces pactes sont nuls d'une nullité absolue qui peut être invoquée par tout intéressé, y compris les signataires de la convention litigieuse (Cass. 1e civ. 11-3-1981 n° 79-16.831 : Bull. civ. I n° 87) et ils ne peuvent recevoir exécution en France alors même qu'ils seraient reconnus licites par des jugements étrangers (TGI Paris 18-5-1989 : GP 1989.som.411).

Sont ainsi **prohibés** :

– la convention par laquelle une personne renonce par avance à l'usufruit qu'elle doit recevoir dans une succession à venir (Cass. civ. 20-4-1983 : D. 1986.31 note Grimaldi) ;

– les ventes à crédit lorsqu'il est convenu que l'acquéreur sera automatiquement libéré par le décès du vendeur, la succession se trouvant ainsi privée des échéances qui devaient survenir après ce décès alors que le vendeur en aurait lui-même bénéficié s'il avait survécu (CA Paris 24-6-1988, deux arrêts : D. 1988.IR.205 et 223) ;

Il en est de même si le prix est payable sous la forme d'une rente jusqu'au décès du vendeur dès lors que cette rente apparemment viagère « avait pour seul but de priver la succession (du vendeur) des annuités du prix de vente échues postérieurement au décès du vendeur » (Cass. civ. 7-12-1983 : D. 1984.563 note Mayaux).

– le partage par des enfants, après le décès de leur mère et du vivant de leur père, de la nue-propriété des biens communs de leurs parents - le père étant usufruitier de la totalité des biens de la mère - car une partie de ces biens communs dépendait de la propre succession du père (Cass. 1e civ. 12-12-1984 n° 83-14.826 : Bull. civ. I n° 336) ;

– l'acte de vente qui règle en même temps la dévolution successorale de l'acquéreur (lui retirant ainsi sa liberté de tester) en prévoyant qu'en cas de prédécès de celui-ci, les biens qui lui étaient vendus reviendraient à son père, et qu'en cas de décès simultané de lui-même et de son père, ils seraient remis à son frère (Cass. civ. 11-3-1981 : Bull. civ. Joly 1981.445) ;

Il en est de même de la vente consentie par le donataire du bien avant que ne soit conclue la donation le lui attribuant, car cette vente, qui ne différait pas son effet au jour du décès du donateur ou à la renonciation à l'usufruit qu'il s'était réservé, aboutissait à attribuer un droit privatif sur un bien dont la propriété n'avait pas été encore transférée au donataire par la donation (Cass. 1e civ. 26-10-2011 n° 10-11.894 : RJDA 1/12 n° 2).

– l'acte qui met à la charge des héritiers une obligation née après le décès de leur auteur et dont celui-ci n'était pas tenu de son vivant (Cass. com. 13-1-1987 : JCP G 1988.II.20954 note de la Marnierre) ;

– la donation de parts sociales demeurée clandestine - non signifiée à la société - dans le dessein de rompre l'égalité du partage d'une succession non ouverte (CA Paris 17-5-1990 : JCP G 1991.II.21695 note Salvage) ; il en est de même de la donation qui ne doit prendre effet qu'après le décès du donateur (CA Rouen 2-12-1998) ;

– l'attribution d'un droit éventuel sur tout ou partie de la succession (Cass. civ. 6-2-1996 : D. 1997.369 note Najjar, tenant pour l'attribution d'un tel droit la reconnaissance de dette consentie par un débiteur énonçant qu'en « cas de décès (dudit débiteur) le montant de la présente reconnaissance de dette correspondra au cinquième des biens possédés (par lui) à son décès »).

Mais n'entraînent pas attribution d'un droit éventuel sur la succession le pacte qui prévoit, avant l'ouverture de la succession, que les dons manuels reçus seraient rapportés à la succession affectés d'un indice à déterminer lors du partage, car il crée seulement un droit actuel au rapport au profit des héritiers et aménage celui-ci (Cass. 1e civ. 18-5-1994 no 92-11.829 : Bull. civ. I no 178), ni l'acte par lequel le vendeur d'un immeuble transfère de son vivant la propriété à l'acquéreur et se réserve un droit d'habitation (CA Paris 24-9-1991 : D. 1992.246 note Paire).

Cette prohibition peut s'appliquer à un acte unilatéral, qui n'a pas été fait selon les formes prévues par la loi pour les donations ou les testaments, et qui contient des stipulations attribuant aux futurs héritiers et avec leur accord des biens qui dépendent d'une succession future, même si celles-ci ne portent pas atteinte à la réserve (Cass. 1e civ. 17-3-1987 no 85-16.484 : Bull. civ. I no 97).

Mais il est **possible** de conclure une promesse post mortem prévoyant que la propriété d'un bien compris dans la succession du promettant ne sera transférée qu'au décès de ce dernier à condition (Cass. civ. 30-5-1985 : D. 1986.65 note Najjar ; Cass. civ. 5-5-1986 : JCP G 1987.II.20851 note Barret ; Cass. 1e civ. 8-7-1986 no 85-12.878 : Bull. civ. I no 202 ; Cass. 1e civ. 9-7-2003 no 977 : RJDA 1/04 no 6) :

– que son engagement soit immédiat et lui interdise d'aliéner ledit bien de son vivant ;
– que le droit reconnu au bénéficiaire soit pur et simple, c'est-à-dire existe irrévocablement dès la conclusion de la promesse ;

Ce droit doit aussi correspondre à une valeur fixée et non à une valeur aléatoire, comme celle d'une quote-part des biens existant au jour du décès (Cass. civ. 6-2-1996 précité).

Il est aussi possible à un débiteur de reconnaître au profit d'un créancier un droit actuel de créance qui s'exercera contre sa succession (Cass. 1e civ. 22-10-2014 no 13-23.657 : RJDA 4/15 no 234) ou de stipuler qu'il paiera sa dette dès l'ouverture à son profit d'une succession future, car il fixe par là seulement la date d'exigibilité de sa dette et n'attribue pas à son créancier un droit sur la succession qu'il s'attend à recueillir (Cass. req. 15-2-1897 : D. 1897.1.582).

Sur la loi applicable aux pactes sur succession future rattachés à une succession ayant des incidences transfrontalières au sein de l'UE, Règlement UE 650/2012 du 4 juillet 2012, applicable aux successions ouvertes depuis le 17 août 2015 (art. 84).

b. Illicéité du prix

12545 Les prix des biens, produits et services sont librement déterminés par le jeu de la concurrence dans les conditions définies no 21585.

c. Illicéité du but du contrat

12546 Le but au sens étymologique et courant est la raison qui pousse à la conclusion d'un contrat, que le droit appelle indifféremment mobile ou motif. Il recouvre donc exactement ce que les juristes appelaient auparavant la « cause subjective » du contrat.

À défaut de disposition expresse sanctionnant un but déterminé, le but est – comme l'était la cause – illicite dès lors qu'il est **contraire à l'ordre public** (C. civ. art. 1162 ; ex-art. 1133).

Ainsi, a été jugé illicite en ce qu'il a pour effet de contrevenir aux dispositions d'ordre public ayant pour objet de prévoir des modalités de départage entre des demandeurs disposant d'un égal droit à être nommé le contrat par lequel un notaire, nommé pour la création d'un office dans une zone dite « d'installation libre » à la suite d'un tirage au sort, use, peu de temps après sa nomination, de son droit de présentation en faveur d'un notaire qui n'a pas obtenu un rang suffisant au tirage au sort, alors qu'il n'a reçu aucun client ni instrumenté aucun acte, n'a pas ouvert de compte auprès de la Caisse des dépôts et consignations, n'a pas demandé de clé dite Real et a indiqué à la chambre des notaires qu'en cas de refus de la cession de son office, il demanderait sa suppression pure et simple (Cass. 1e civ. 7-6-2023 no 21-16.833 FS-B).

Ont été annulés sur le fondement de la cause illicite et peuvent donc être annulés sur le fondement du but illicite les contrats conclus :

– au mépris d'une interdiction légale (CA Amiens 9-2-1976 : JCP G 1977.IV.45 ; CA Grenoble 31-5-1978 : D. 1979.61 ; CA Paris 29-5-1986 : D. 1986.IR.308 ; toutefois, Cass. req. 12-2-1883 : DP 1883.1.450, validant un contrat sur des marchandises interdites pour un produit illicite mais utilisées, sans intention frauduleuse, à un emploi licite) ;
– au mépris d'un engagement contractuel antérieur (CA Aix 27-3-1980 : Bull. Cour d'Aix 1980/2 p. 19) ;
– au mépris d'une décision de justice, par exemple ordonnant la fermeture d'un débit de boissons (Cass. civ. 10-10-1968 : Bull. civ. III p. 285) ;
– en vue de corrompre un fonctionnaire (Cass. 1e civ. 19-12-1960 : Bull. civ. I p. 447 ; CA Paris 10-9-1993 : Rev. crit. 1994.349 note Heuzé) ou le salarié d'une entreprise (Cass. soc. 6-10-1965 : Bull. civ. IV p. 517 ; CA Aix 18-5-1976 : Bull. Cour d'Aix 1976/2 p. 80) sans préjudice des sanctions pénales (C. pén. art. 433-1, 433-2 et 445-1).
– dans l'intention de troubler des enchères (CA Aix 11-5-1976 : Bull. Cour d'Aix 1976/2 p. 80) ;
– en fraude d'une loi d'ordre public, par exemple « dans le but exclusif de contourner le statut des baux commerciaux » (Cass. 3e civ. 19-11-2015 no 14-13.882 : RJDA 5/16 no 357).

Mais la cause n'a pas été tenue pour illicite à défaut de preuve que le bail consenti à une société avait été conclu à son détriment pour favoriser son dirigeant (Cass. 3e civ. 29-10-2013 no 12-22.498 : RJDA 10/14 no 745). La solution est transposable au but.

L'illicéité de la cause – et donc du but – peut être **prouvée** par tous moyens (Cass. 3e civ. 10-10-1968 : Bull. civ. III p. 285).

Elle est **sanctionnée** en tant que violation de l'ordre public (nos 74275 s.). Notamment, la sanction peut être prononcée même si une partie n'a pas connu le but qui animait le cocontractant (C. civ. art. 1162), pourvu que le mobile ait été déterminant du consentement de la partie qui l'invoque (Cass. 3e civ. 16-6-2016 no 11-28.572 F-D).

2. ILLICÉITÉ PARTIELLE DU CONTRAT

a. Anéantissement de l'obligation essentielle

Perte de substance L'article 1170 du Code civil répute non écrite toute clause qui prive l'obligation essentielle de sa substance. Selon la jurisprudence, il y a perte de substance dès lors que l'indemnité prévue par une clause limitative de responsabilité est si dérisoire que l'obligation elle-même se trouve supprimée (Cass. com. 22-10-1996 no 1496 : RJDA 1/97 no 6 ; Cass. com. 30-5-2006 no 706 : RJDA 10/06 no 1021 ; Cass. com. 13-2-2007 no 05-17.407 : RJDA 10/07 no 928 ; CA Paris 14-12-2010 no 08/09544). Il a été jugé aussi qu'une clause élusive de responsabilité ne peut pas exonérer un vendeur de son obligation de délivrance (Cass. com. 9-6-2009 no 08-10.350 : RJDA 10/09 no 811) et que le bailleur ne peut en toute circonstance se dispenser de son obligation de délivrance (no 4553). **12549**

On peut donc, en généralisant ces solutions, qualifier la perte de substance comme résultant de la clause qui a pour effet de **neutraliser le caractère contraignant de l'obligation** essentielle en dispensant le débiteur de l'exécuter.

Les juges ne peuvent pas admettre l'anéantissement de l'obligation essentielle sans préciser en quoi la clause incriminée, en l'espèce celle qui se limite à exclure les dommages immatériels, ôte toute portée à une obligation essentielle du fournisseur (Cass. com. 6-6-2018 no 17-15.155 FD : RJDA 11/18 no 799).

Inversement, l'obligation essentielle n'a pas perdu sa substance lorsqu'elle a conservé l'effet juridique qui était attendu d'elle ; tel est le cas si l'indemnisation prévue par la clause limitative de responsabilité n'est pas dérisoire (Cass. com. 29-6-2010 no 09-11.841 : RJDA 11/10 no 1031), si la clause litigieuse ne prive pas de la garantie promise (CA Versailles 10-3-2015 no 13/05649 : RJDA 8-9/15 no 570.som. : perte de cette garantie tenant au manquement du bénéficiaire à ses obligations) ou, s'agissant d'un contrat de dépôt, si celui-ci organise la garde des objets déposés entre les parties (Cass. com. 26-4-2017 no 15-23.245 F-D : clause imputant au déposant les risques relatifs aux produits stockés et le privant de recours dès lors que, inscrite dans des relations habituelles équilibrées, elle lui accorde une faculté de contrôle et prévoit une répartition entre les deux parties des risques encourus par les marchandises).

Sanction de l'anéantissement de l'obligation essentielle L'atteinte à l'obligation essentielle est sanctionnée par la neutralisation de la clause qui lui porte atteinte ; cette clause est alors réputée non écrite (C. civ. art. 1170 ; décisions précitées no 12549 ; cf. Cass. ch. mixte 22-4-2005 no 03-14.112, 1re espèce : RJDA 7/05 no 808). Sur les effets du réputé non écrit, nos 16150 s. **12552**

Les arbitres appliquent aussi la même solution (par exemple neutralisation de la clause exonérant de l'obligation de fournir un navire en bon état dans un contrat d'affrètement : Sentence du 5-11-1974 : DMF 1975.297).

b. Déséquilibre significatif

APPLICATION DU DÉSÉQUILIBRE SIGNIFICATIF AUX CONTRATS D'ADHÉSION

Contrats d'adhésion Les clauses qui créent un déséquilibre significatif entre les droits et obligations des parties à un contrat d'adhésion sont réputées non écrites (C. civ. art. 1171). Le déséquilibre significatif est également appréhendé par le Code de la consommation et le Code de commerce. **12560**

Ces contrats d'adhésion sont soumis, à notre avis, à la disposition de l'article 1171 différemment selon qu'ils sont des contrats internes ou internationaux.

Les contrats qui ne sont pas internationaux (no 16500) sont dits « internes ».

Contrats d'adhésion internes N'entrent pas dans le champ d'application de l'article 1171 du Code civil les contrats conclus par les professionnels avec les consommateurs ou les non-professionnels (sur ces notions, no 11200) ; les **clauses** générant un déséquilibre significatif dans ces contrats sont **régies par** les articles L 212-1 s. et L 241-1 du **Code de la consommation,** connus sous le nom de « régime des clauses abusives » et qui constituent des textes spéciaux dérogeant au texte de droit commun qu'incarne l'article 1171. Il en est de même des contrats conclus entre professionnels lorsqu'ils relèvent de l'article L 442-1, I-2° du **Code de commerce.** **12563**

L'autonomie de l'article 1171 par rapport à l'article L 442-1, I-2° est confirmée sur le fondement des travaux parlementaires de la loi du 20 avril 2018 ratifiant l'ordonnance 2016-131 du 10 février 2016, desquels il ressort que l'intention du législateur était que l'article 1171 du Code civil, qui régit le droit commun des contrats, sanctionne les clauses abusives dans les contrats ne relevant pas des dispositions spéciales des articles L 442-6 (devenu art. L 442-1, I-2°) du Code de commerce et L 212-1 du Code de la consommation (Cass. com. 26-1-2022 n° 20-16.782 F-B : RJDA 4/22 n° 185).

Outre cette exception, le texte ne s'applique qu'aux contrats d'adhésion tels que définis n° 11185.

L'article 1171 a donc, notamment, un champ d'application bien distinct de celui de l'article L 442-1, I-2° du Code de commerce dont l'application est indépendante de l'existence de « clauses non négociables » et qui ne tend qu'à la réparation du préjudice et non à « l'annulation du contrat ou des clauses litigieuses » (CA Paris 18-5-2016 n° 14/12584 : RTD civ. 2016.852 obs. Barbier, rejetant la demande de réputer la clause non écrite).

12566 **Contrats d'adhésion internationaux** Bien qu'un contrat d'adhésion susceptible de comporter des clauses non « négociables » et un déséquilibre significatif autonome tel que défini n° 12563 soit rarement appelé à être un contrat international, le contentieux montre qu'à la faveur des échanges par internet, la situation peut se rencontrer et poser la question de la validité d'un contrat au regard du caractère d'ordre public international français de la disposition de l'article 1171 du Code civil. La question s'est posée à propos de la disposition relative au déséquilibre significatif de l'article L 442-6, I-2° du Code de commerce (devenu art. L 442-1, I-2°) ; il a été jugé que cette disposition est une loi de police de l'ordre économique français dont la méconnaissance rend le contrat illicite pour atteinte au fonctionnement du marché national et à la libre concurrence devant y régner (T. com. Paris 7-5-2015 n° 2015000040 : GP 2015.19 août.som. ; dans le même sens, CA Paris 21-6-2017 n° 15/18784 : RJDA 10/17 n° 668 ; T. com. Paris 2-9-2019 n° 2017050625). Il s'induit de cette motivation que si le contrat argué de déséquilibre significatif ne produit pas ses effets sur le marché national, la raison d'en faire un élément de l'ordre public international français disparaît.

Sur une décision argentine jugeant, à propos d'un contrat international d'adhésion, que l'adhésion n'implique pas de façon inéluctable l'existence d'un abus, JDI 2016.977.

DÉTERMINATION DU DÉSÉQUILIBRE SIGNIFICATIF

12570 **Éléments exclus de l'appréciation du déséquilibre significatif** Le déséquilibre significatif susceptible de vicier le contrat d'adhésion ne peut pas s'induire :

– de l'**objet principal du contrat** (C. civ. art. 1171, al. 2) ;

L'objet n'existant plus dans le droit commun du contrat, pour que ce texte ait un sens, il faut y voir, comme nous l'avons soutenu (nos 12400 s.), la désignation de l'obligation essentielle. C'est d'ailleurs ce que confirme le contentieux du déséquilibre significatif dont peut avoir à se plaindre un consommateur ; en effet, à propos de l'article L 212-1, al. 3 du Code de la consommation, qui comporte la même exclusion, il a été jugé que cette dernière vise la clause qui fixe l'élément essentiel qui caractérise l'ensemble contractuel appréhendé à travers la nature, l'économie générale et les stipulations formant le contenu de cet ensemble (CJUE 23-4-2015 aff. 96/14 : BRDA 9/15 inf. 23 ; Avis de la Commission des clauses abusives 09-01 du 11-1-2010 : BRDA 2/10 inf. 28, excluant du déséquilibre significatif la clause litigieuse qui porte sur l'objet principal du contrat ; Cass. 1re civ. 13-12-2012 n° 11-27.631 : Bull. civ. I n° 259, écartant le déséquilibre significatif de la clause portant sur la garantie promise qui constitue l'objet principal du contrat ; Cass. 1re civ. 3-6-2015 n° 14-13.193 et 14-13.194 : RJDA 10/15 n° 710, jugeant que les clauses limitant la durée de validité du crédit de communication et de la ligne dédiée des cartes prépayées de téléphone ne peuvent pas être déclarées abusives dès lors que la durée de validité du crédit de communication et celle de la ligne dédiée participent de la définition de l'objet principal du contrat).

– de l'inadéquation du **prix** à la prestation (CA Lyon 27-2-2020 n° 18/08026 : RTD civ. 2020.375 obs. Barbier) ; le contraire serait d'admettre la généralisation de la lésion alors qu'une telle extension est condamnée par le Code civil (nos 12320 s.) ;

– de la **survenance de circonstances nouvelles** ; tenant à une ou à des clauses du contrat, le déséquilibre doit nécessairement être recherché à travers le contenu du contrat tel qu'il a été conclu à l'origine ou amendé par la suite ; cela exclut que le déséquilibre résulte d'un changement des circonstances puisque celles-ci sont extérieures aux stipulations des parties et en outre sont prises en compte par des dispositions spéciales nos 14006 s. ;

– d'une **clause ne créant pas une obligation** entre les parties, le déséquilibre devant exister « entre les droits et obligations des parties ».

Tel est le cas de la clause obligeant « chaque partie à intervenir dans toute procédure ou instance qui viendrait à être engagée par un tiers au contrat » car, en dépit de ses termes, elle constitue une déclaration et non une obligation à défaut de sanction au cas où elle ne serait pas respectée (cf. T. com. Paris 20-5-2014 n° 2013077093 : GP 2015.19 août.som. : fondé sur l'art. 442-6, I-2°, devenu art. L 442-1, I-2°, qui se réfère également aux droits et obligations entre les parties).

Appréciation des stipulations contractuelles non exclues Aucun précédent ne précise en quoi consiste le déséquilibre significatif visé par l'article 1171 du Code civil. Pour en avoir une idée, il est possible de s'inspirer des appréciations qui ont été faites pour l'application des déséquilibres significatifs relevant des dispositions spéciales du Code de la consommation et, en particulier car elles concernent les professionnels, celles du Code de commerce (nº 12563) ; le déséquilibre significatif a été apprécié au regard de ces dernières dispositions en fonction de l'existence ou non d'une négociation des clauses incriminées (nº 11185). 12572

L'enseignement à retenir de la jurisprudence relative à l'article L 442-1, I-2° (ex-art. L 442-6, I-2°) est que le juge peut procéder à une analyse globale et concrète du contrat et apprécier le contexte dans lequel le contrat a été conclu ou proposé à la négociation, sans être tenu de rechercher les effets précis du déséquilibre significatif auquel la partie incriminée avait soumis ou tenté de soumettre ses partenaires (Cass. com. 3-3-2015 nºs 13-27.525 et 14-10.907 : RJDA 5/15 nº 393 ; CA Paris 25-11-2015 nº 12/14513) ; selon une solution plus récente (T. com. Paris 2-9-2019 nº 2017050625), le déséquilibre significatif ne résulte pas de la formulation des clauses incriminées mais de ses effets concrets ; il doit être effectif et pas seulement potentiel ; il ne doit pas être rééquilibré par d'autres clauses et il peut tenir à l'absence de réciprocité, à la disproportion entre les obligations des parties, au caractère potestatif d'une obligation, à l'absence d'intérêt de la clause incriminée pour la partie qui subit le contrat d'adhésion et à la présence d'obligations injustifiées à la charge de ce dernier. En attendant les solutions spécifiques du déséquilibre significatif de droit commun, voir les applications jurisprudentielles de l'article L 442-1, I-2° du Code de commerce dans l'ouvrage Réforme du droit des contrats éd. Francis Lefebvre 2016 nºs 430 s. et MCC nºs 87860 s.

SANCTION DU DÉSÉQUILIBRE SIGNIFICATIF

Dans les contrats d'adhésion, toute clause non négociable, déterminée à l'avance par l'une des parties et génératrice d'un déséquilibre significatif est réputée non écrite (C. civ. art. 1171). Même déséquilibrée, une clause négociable ne peut donc être réputée non écrite. 12575

Il mérite d'être souligné que le juge a, jusque-là, sanctionné avec circonspection le déséquilibre significatif visé par l'article L 442-1, I-2° du Code de commerce (ex-art. L 442-6, I-2°), le taux d'échec étant de 92 % des demandes, selon une étude de E. Dieny (Déséquilibre significatif : sept ans après, a-t-on atteint l'âge de raison ? : JCP E 2015.1626).

Pour l'application de cette même sanction aux clauses abusives visées aux articles L 212-1 s. et L 241-1 du Code de la consommation, il a été précisé, que le juge ne pouvant prononcer qu'une disparition de la clause, il ne peut pas compléter le contrat en révisant le contenu de cette clause (CJUE 14-6-2012 aff. 618/10 : RJDA 8-9/12 nº 807) ou l'annuler au motif que le contrat ne peut plus subsister sans la clause incriminée et décider du sort du contrat en se fondant sur le seul intérêt du consommateur (CJUE 15-3-2012 aff. 453/10 : RJDA 5/12 nº 535). Ces solutions sont transposables à l'application de l'article 1171 qui ne comporte pas de particularité sur ce point par rapport aux dispositions du Code de la consommation.

Sur les autres aspects du réputé non écrit, voir nºs 16150 s.

c. Atteintes à la libre concurrence

Des dispositions particulières interdisent, sous peine de nullité ou de réparation du préjudice, les pratiques contractuelles portant atteintes à la libre concurrence, telles celles relatives à la prohibition des ententes ou des abus de position dominante (MCC nºs 41000 s.) et celles citées nºs 21574 s. 12578

SECTION 6 MISE EN FORME DU CONTRAT ET DÉMARCHES ANNEXES

NATURE DE L'ÉCRIT

L'écrit peut être constitué par tout document qui est de nature à établir l'existence d'un accord entre les deux parties en cause (nº 10203). Pour son élaboration, les parties peuvent se référer au Modèle universel de contrat d'affaires, Dossier Pratique Éd. Francis Lefebvre 2019. 12700

Lorsque le contrat n'est pas conclu sur le territoire français, il doit être établi dans les formes prescrites par la loi du lieu où les parties ont échangé leur consentement (nº 16940).

La forme la plus courante est celle de l'acte sous signature privée (nos 75680 s.), sauf lorsque la forme authentique est requise ou volontairement choisie.

L'écrit doit, en tous cas, être porté sur un document lisible et rédigé en termes compréhensibles (CA Paris 17-10-1964 : JCP G 1964.IV.163 ; CA Paris 23-9-1971 : GP 1972.1.100 note Y. de V. ; CA Rouen 8-2-1974 : D. 1974.som.72).

Lorsque l'écrit est destiné à exprimer un contrat important, l'expérience recommande de le dresser conformément aux lignes directrices ci-après.

STRUCTURE DE L'ÉCRIT

12702 Rien n'étant dit dans le Code civil, les parties ont la liberté de construire le contrat comme elles le veulent.

12703 **Préambule** Le texte du contrat débute souvent par un préambule qui a essentiellement pour objet d'expliciter la **situation** des parties, notamment de rappeler le cas échéant les tenants et aboutissants du contrat.

Le préambule doit être rédigé en tenant compte de l'effet que le juge peut lui donner, en cas de besoin, pour résoudre les équivoques ou les lacunes du texte du contrat (pour des exemples, Cass. com. 13-2-1996 n° 93-19.654 : RJDA 6/96 n° 795 ; CA Paris 17-5-1985 : BRDA 19/85 p. 9 ; CA Paris 25-6-2004 n° 03/00732 : RJDA 7/05 n° 790 som. ; Sentence CCI n° 5346 en 1988 : Clunet 1991.1059 obs. Derains) ou pour apprécier la licéité de son contenu (Cass. 1e civ. 6-9-2017 n° 16-13.242 F-D : RJDA 3/18 n° 287).

12706 **Définitions** Pour réduire les incertitudes sur les principaux termes utilisés dans le contrat et simplifier la rédaction, les parties ont intérêt à les définir dans une rubrique particulière.

12709 **Langue du contrat** Il est recommandé de conclure le contrat dans la langue **comprise** par les parties car celle qui a une insuffisante connaissance de la langue du contrat peut être réputée ne pas avoir consenti au contrat (CA Versailles 2-9-2010 : RTD civ. 2011.120 obs. Fages). Il convient aussi d'éviter l'emploi isolé de **termes étrangers** aux parties ou à l'une d'elles, car le sens exact à leur donner en français peut s'avérer douteux par la suite.

Dès lors que le contrat est international, il peut être rédigé dans la langue étrangère choisie par les parties (Cass. com. 11-3-1997 : RJDA 7/97 n° 994), sauf disposition légale contraire (C. ass. art. L 112-3, al. 2, auquel l'art. L 111-2 du même Code interdit de déroger).

Lorsque le choix est permis, il peut même être établi en **plusieurs langues.** Mais il est sage alors de préciser quelle sera la langue qui, en cas de contradictions, prévaudra, choix auquel les juges donnent force obligatoire (CA Versailles 7-6-2007 : JCP E 2007.pan.2435).

Les juges apprécient souverainement la traduction à donner aux expressions étrangères (Cass. com. 25-6-1968 : Bull. civ. IV n° 203, retenant une dénaturation), sous réserve de ne pas dénaturer la volonté des parties (Cass. civ. 11-1-1943 : DC 1943.48). En application de ce pouvoir, il a été jugé, par exemple que le mot « juridiction » inséré dans une clause attributive de compétence désignant un tribunal français signifiait non seulement, conformément au sens français de ce terme, que le tribunal désigné était compétent, mais encore qu'il entraînait, conformément au sens qu'il a en droit anglais, l'indication de la loi applicable au contrat (Cass. civ. 2-3-1970 : Rev. crit. 1971.251).

Sur la production en justice en langue française des contrats invoqués à titre de preuve, n° 75681.

12712 **Présentation formelle du contrat** Les rédacteurs ne doivent pas négliger la **présentation matérielle** du contrat qui facilite la compréhension et souligne la structure des stipulations contractuelles. Ainsi, ils peuvent utilement avoir recours aux **en-têtes** qui mettent en valeur l'enchaînement logique des divers éléments contractuels et guident l'interprétation. De même, les **paragraphes** permettent d'éviter l'opacité et indiquent généralement l'introduction d'une nouvelle obligation.

12715 **Contenu du contrat** Le contenu du contrat comprend toutes les stipulations que les parties conviennent de mentionner en fonction de leur commune volonté. Ainsi entendu le contenu du contrat n'a pas de valeur juridique : il n'a que le sens courant que lui donne son étymologie. Il doit donc être distingué de la signification juridique qu'il a au sens de l'article 1128 du Code civil explicité nos 12400 s.

Ces stipulations sont exprimées formellement par ce qu'il est convenu d'appeler des « **clauses** ».

Les « clauses » du contrat ne doivent pas être confondues avec les « conditions » du contrat ; ainsi, le contrat par lequel un bailleur s'engage envers l'acquéreur du bail à maintenir ce contrat « aux mêmes conditions » - et non pas aux mêmes clauses - n'emporte pas le transfert à l'acquéreur de la « clause » du contrat par lequel le bailleur a consenti un droit de préférence au précédent locataire en cas de vente du bien loué (Cass. com. 13-2-2007 n° 05-17.296 FS-PBRI : RJDA 8-9/07 n° 826, 2e espèce). La pratique, soucieuse d'obtenir une application pleine et entière du contrat en cause, ne manque pas de préciser que le nouveau contrat est transféré ou repris « aux mêmes clauses et conditions antérieures » (n° 5900, à propos du bail renouvelé).

RÉDACTION DU CONTRAT

Formulations à éviter Les contractants étant libres de rédiger le contrat à leur convenance, il peut être opportun d'attirer leur attention sur les **formules litigieuses** que nous avons rencontrées à travers le contentieux judiciaire et arbitral. Les incidents se manifestent principalement à propos des défauts ci-après auxquels peuvent être ajoutés ceux révélés par la jurisprudence sur la dénaturation des clauses claires et précises (nº 13112). 12718

Il est à conseiller aux parties de **tester** leur rédaction sur des observateurs neutres qui ne manqueront pas d'avoir des réactions susceptibles de les conduire à une amélioration de leur texte.

Imperfections grammaticales Les rédacteurs doivent veiller à éviter les erreurs suivantes. 12721

a. Utilisation inappropriée des prépositions et de la ponctuation. Ont donné lieu à litige les rédactions suivantes :

– l'usage du trait d'union dans la formule « Paris-Orly » sur un billet d'avion, le tribunal compétent pouvant être celui de Paris ou d'Orly (Cass. civ. 16-4-1975 : BT 1975.406, en faveur d'Orly) ;

– l'introduction, précédée par une virgule, de la préposition « sauf » dans la formule selon laquelle sont « communs, le sol [ ] les canalisations [ ], sauf les parties affectées à l'usage exclusif du propriétaire et le séchoir », qui a créé un doute sur le point de savoir si le séchoir est ou non commun (Cass. 1e civ. 19-10-1964 : Bull. civ. I nº 451, déclarant le séchoir commun) ;

– le visa d'un droit de préemption dans un alinéa à part dans la clause ainsi présentée :

« Les soussignées s'engagent à ne pas vendre pendant trois ans.

« Dans le cas où l'un des héritiers viendrait à vendre, les autres cohéritiers ont un droit de préemption », car il a été entendu par une partie, en raison de l'alinéa indépendant, comme affirmant que ce droit existait même après l'expiration du délai de trois ans, l'autre partie soutenant le contraire (Cass. civ. 11-10-1983 : JCP G 1984.II.20157, limitant le droit de préemption à trois ans) ;

– la présence d'une virgule dans la clause prévoyant que « le fournisseur garantit la maintenance du système, et la mise à niveau technologique gratuitement pendant une durée de cinq ans », qui révèle que les parties n'ont entendu appliquer la gratuité qu'à la seule mise à niveau et non pas à la maintenance (CA Paris 25-3-1988, inédit).

b. Usage imprécis du conditionnel.

Lorsqu'une clause met à la charge du cédant d'un bien le versement d'une pénalité au profit de l'acquéreur ainsi que le remboursement des sommes versées par lui en cas d'inexécution d'une obligation et se termine par la formule « cette clause annulerait tous les accords qui auraient été passés », il est possible d'entendre par là que si la clause joue, les accords sont résolus, le bénéficiaire de la clause touchant l'indemnité et ayant droit au remboursement des sommes versées, ou que l'intéressé peut obtenir seulement l'indemnité sans exiger la résolution ; en l'espèce, les accords ont été jugés résolus (Cass. com. 11-1-1971 nº 69-12.241 : Bull. civ. IV nº 8).

c. Usage du pluriel et du singulier. Lorsque les contractants emploient des expressions au singulier ou au pluriel, ils doivent s'efforcer de préciser leur portée exacte.

Jugé par exemple :

– que la clause d'un cahier des charges prévoyant une pénalité et indiquant, dans l'échéancier des travaux, que « le tableau ci-après est établi pour un logement : travaux de gros œuvre 50 jours ouvrables » détermine le délai pour un seul logement et que ce délai doit être multiplié par le nombre de logements (CA Colmar 25-1-1963 : GP 1963.1.277) ;

– que la clause des statuts d'une SARL selon laquelle « les décisions concernant les modifications de forme ou de consistance de la société sont soumises à la condition de l'adhésion de la majorité des associés représentant les trois quarts du capital social » implique que la désignation du gérant doit être faite, conformément à une autre clause, par « des associés représentant plus de la moitié du capital social », l'emploi du pluriel dans ce dernier paragraphe n'impliquant pas qu'un seul associé ne puisse suffire (Cass. com. 26-4-1971 : Bull. civ. IV nº 105).

Pour éviter cet écueil, les contractants peuvent insérer, comme cela se rencontre parfois, dans une rubrique « Définitions », une clause « singulier-pluriel » précisant que « les mots écrits au singulier peuvent s'entendre au pluriel et réciproquement ».

d. Usage d'un pronom personnel pouvant se rapporter à deux sujets différents.

Tel est le cas de la clause d'un bail prévoyant qu'« ils sont libres de résilier », dans un contexte tel que le pronom « ils » peut viser aussi bien les bailleurs que les locataires ou les uns et les autres (Cass. soc. 11-5-1948 : GP 1948.2.41, jugeant qu'il s'agit des locataires car d'autres clauses du bail les désignent par « ils »).

Qualificatifs sujets à interprétation Les parties font souvent dépendre l'existence ou le contenu de leurs obligations de critères vagues qui, au moment de leur mise en œuvre, supposent nécessairement une appréciation. Les chances sont grandes qu'elles se séparent 12724 alors sur le sens précis qu'elles ont visé en utilisant un de ces qualificatifs. Il en est ainsi, par exemple, des **épithètes,** dites communément « standard », telles que « vraisemblable », « exceptionnel », « sérieux », « grave », « normal », « manifeste », « exagéré », « raisonnable » (sur ce terme, n° 13179), « équitable », « convenable », « possible », « habituel », « adéquat », « suffisant », « bon », etc., et des **formules** comme celles prévoyant une action déterminée si les « intérêts vitaux d'un contractant sont touchés » ou sous la condition de « ne pas bouleverser indûment les autres obligations du fournisseur ».

Par exemple :

– lorsqu'un directeur de théâtre s'est réservé de remercier un artiste qu'il estimerait « insuffisant » aux répétitions, quelques séances de répétitions dans un rôle secondaire n'établissent pas cette insuffisance (Cass. req. 4-5-1905 : D. 1906.1.359) ;

– la référence d'un contrat de vente à de vieux papiers, journaux, illustrés de « qualité collectés dans les rues d'Allemagne » suppose une simple conformité au standard prévu dans la nomenclature des organismes professionnels qualifiés (Cass. com. 23-10-1978 : JCP G 1979.IV.8) ;

– la clause d'une charte-partie visant un navire apte « for ordinary cargo service » n'oblige pas l'armateur à présenter un navire en état de charger des graviers (Sentence chambre arbitrale maritime de Paris 10-4-1980 : DMF 1980.691) ;

– la clause obligeant à assurer les besoins de trésorerie d'une société à condition que celle-ci ne se trouve pas « en réel danger » vise le cas notamment de son dépôt de bilan mais non celui de l'espèce où un emprunt est nécessaire (Cass. com. 6-3-1984, inédit).

12727 **Incohérence du texte** Les rédacteurs doivent spécialement veiller à l'harmonie du texte de leur contrat et prendre le temps et le soin nécessaires à pourchasser toutes les contradictions qui peuvent s'y glisser. À cet effet, ils doivent notamment :

a. Harmoniser les différentes clauses du contrat ;

Il est extrêmement fréquent que deux clauses d'un même contrat se contredisent et que les parties en soient alors réduites à demander aux juges de dire laquelle des deux doit être appliquée. L'illustration efficace de ces situations supposant un exposé détaillé et minutieux des textes en cause, il nous est apparu que la présentation ici d'un résumé ne permettrait pas au lecteur d'apprécier exactement l'origine, la portée et la solution des difficultés rencontrées. Seule une lecture complète des espèces peut être éclairante (par exemple : Cass. com. 30-11-1966, 1e esp. : Bull. civ. III n° 460 ; Cass. 1e civ. 8-11-1972 : Bull. civ. I n° 236 ; Cass. 3e civ. 29-5-1973 n° 72-10.162 : Bull. civ. III n° 376 ; Cass. soc. 20-2-1975 : D. 1976.142 ; Cass. civ. 29-6-1982 : JCP G 1982.IV.323 ; Cass. 1e civ. 4-6-1985 n° 83-17.230 : Bull. civ. I n° 175 ; Cass. com. 15-12-1992 : RJDA 4/93 n° 291 ; CA Aix 6-11-1979 : Bull. Cour d'Aix 1979/4 p. 9 ; CA Paris 2-6-1982 : D. 1983.437 note Vasseur ; T. civ. Seine 15-1-1937 : GP 1937.1.716 ; TI Dijon 20-1-1983 : GP 1984.som.186 ; Sentence CCI n° 3316 en 1979 : JDI 1980.970 obs. Derains).

b. Préciser et harmoniser les différents documents ayant une valeur contractuelle. Il faut particulièrement y veiller lorsque des annexes ou des avenants ont été établis (pour l'exemple d'un avenant repoussé comme non contractuel, CE 27-9-1985 : JCP G 1986.II.20618). Pour réduire les risques de contradictions, les parties ont intérêt à fixer le ou les documents valant contrat (pour un exemple d'application de leur choix, CA Paris 15-6-2005 : RTD civ. 2006.111 obs. Mestre et Fages) et la préséance des documents les uns sur les autres, notamment au regard des documents préparatoires et de leurs documents commerciaux (pour un exemple de clauses hiérarchisant les documents contractuels en matière de marchés publics de travaux, Arrêté ECEM0916617A du 8-9-2009 art. 4).

Pour la même raison que celle donnée à propos du paragraphe a. ci-dessus, nous indiquons simplement les références de litiges ayant eu pour objet des contradictions entre les documents contractuels : Cass. 1e civ. 26-2-1962 : Bull. civ. I n° 123 ; Cass. 1e civ. 26-3-1962 : Bull. civ. I n° 179 ; Cass. 1e civ. 24-10-1962 : Bull. civ. I n° 443 ; Cass. com. 29-11-1965 : Bull. civ. III n° 612 ; Cass. 1e civ. 12-5-1966 : Bull. civ. I n° 290 ; Cass. civ. 18-10-1978 : GP 1979.pan.6 ; Cass. com. 21-4-1970 n° 68-12.443 : Bull. civ. IV n° 126 ; Cass. 3e civ. 23-10-1973 n° 72-12.506 : Bull. civ. III n° 542 ; Cass. 1e civ. 30-1-1974 : Bull. civ. I n° 33 ; Cass. civ. 4-6-1980 : GP 1980.som.530 ; Cass. civ. 2-7-1980 : GP 1980.pan.530 ; Cass. civ. 2-6-1981 : GP 1982.pan.4 ; Cass. civ. 12-7-1983 : GP 1983.pan.299 ; Cass. 1e civ. 18-2-1986 n° 84-12.347 : Bull. civ. I n° 31 ; Cass. com. 4-5-1999 : RTD civ. 1999. 836 n° 3 obs. Mestre. Aussi n° 12736.

12730 **Imprécision des conditions** Les parties subordonnent souvent l'application de telle ou telle clause du contrat à la survenance d'une condition qu'elles formulent par l'emploi d'une expression du langage courant qui souvent se révèle incertaine au moment de son application.

Cette imprécision a été rencontrée, par exemple, à propos des formules suivantes :

– « cessation totale d'activité » (Cass. com. 3-1-1980, inédit) ;

– « exploitation » d'un fonds de commerce (Cass. soc. 19-3-1980 : Bull. civ. V n° 271) ;

– « réalisation » d'une vente (Cass. civ. 25-1-1977 : J. not. 1977.443) ;

– « marchandise rendue » dans telle ville (Cass. com. 16-10-1972 n° 71-12.218 : Bull. civ. IV n° 252) ;

– possibilité pour un créancier de « reprendre ses droits » (Cass. com. 11-1-1967 : Bull. civ. III n° 23).

MODIFICATIONS DU CONTRAT

Au moment de la signature du contrat, les corrections qu'appelle la rédaction sont faites par des mentions en marge qu'il est recommandé de parapher ; celles qui ne le sont pas sont sans effet (CA Paris 18-3-1981 : BRDA 1/82 p. 15). 12733

Pour les modifications postérieures à la conclusion du contrat sur lesquelles les parties se sont accordées, il est habituel de rédiger un acte séparé, appelé « **avenant** ». Il est recommandé aux parties de préciser si leur avenant a ou non un effet novatoire (cf. n° 14103).

Ne saurait être considéré comme un nouveau contrat de bail un accord qui, conformément à son intitulé d'avenant, renvoie expressément aux termes du contrat initialement conclu entre les parties, ce dont il résulte le maintien en vigueur des stipulations initiales inchangées, le nouvel accord se limitant à remplacer une des pièces louées par une autre (Cass. 1e civ. 24-4-2013 n° 11-26.597 : RJDA 3/14 n° 202 som. ; dans le même sens, Cass. 3e civ. 13-7-2016 n° 15-18.924 FS-PB : RJDA 10/16 n° 725, en déduisant que le point de départ de la prescription était au jour de la conclusion du contrat). Sur un cas où il a été jugé que le loyer était fixé par le bail et non par l'avenant, n° 4771.

ANNEXES AU CONTRAT

Généralement la description détaillée des produits ou des travaux faisant l'objet de l'accord n'est pas mentionnée dans le contrat lui-même, mais dans des annexes de ce contrat. Sont aussi annexées, le cas échéant, les autorisations administratives, les pièces justifiant de l'étendue d'un droit (par exemple, titre de propriété ou contrat de licence) ou d'un pouvoir (par exemple procès-verbal du conseil d'administration d'une société anonyme autorisant le président à consentir une garantie au nom de la société), etc. 12736

Afin d'éviter toute discussion sur la portée des annexes, il est conseillé de les faire signer par les parties dans les mêmes conditions que le contrat lui-même (n° 12739). À défaut de signature, les annexes n'ont de valeur contractuelle que si le contrat y fait référence et si la partie à laquelle elles sont opposées a pu en prendre connaissance (cf. Cass. civ. 5-12-1973 : D. 1974.398 note Solus et Perrot). À cet égard, les parties peuvent utilement introduire dans le contrat lui-même une clause précisant la nature et le nombre des documents placés en annexe (pour un exemple, CA Aix 16-5-1980 : Bull. Cour d'Aix 1980/2 p. 19).

Jugé que l'intercalaire qui n'avait pas été signalé comme pièce annexe avec d'autres documents, qui l'avaient été, et qui avait été agrafé au contrat après la signature de celui-ci ne faisait pas partie du contrat (CA Paris 23-11-1981 : GP 1982.som.75). De même, a été écarté un intercalaire non signé ne faisant pas référence au feuillet signé (CA Paris 18-6-1964 : GP 1964.2.311 ; dans le même sens, Cass. com. 14-12-2004 n° 1814 : RJDA 4/05 n° 388).

SIGNATURE DU CONTRAT

Le Code civil n'exige pas expressément la signature du contrat. Mais celle-ci est d'usage pour valoir la qualité de partie au contrat, sans que la signature soit pour autant une condition nécessaire et suffisante (n° 13006 s.). Il est aussi d'usage de parapher toutes les pages de l'acte. Mais ni la signature ni les paraphes ne sont une condition de la force obligatoire du contrat. 12739

La **signature** sert à identifier qui est partie au contrat mais n'est une condition ni nécessaire ni suffisante (nos 13006 s.).

Son absence peut être suppléée ; c'est ce qui a été jugé pour l'absence de signature électronique, qui est pourtant requise pour valider l'écrit électronique (Cass. 1e civ. 7-10-2020 n° 19-18.135 FS-PB : RJDA 12/20 n° 626, et qui par analogie peut être transposée à toute signature).

Le **paraphe** n'est pas davantage une condition de validité de l'acte (CA Paris 4-10-1990 : GP 1994.som.67), sauf s'il est imposé en vertu d'un usage (CA Aix 17-1-2019 n° 16/16130 : JCP 2019.1252 n° 9 obs Piquet). Il peut servir à préciser si une énonciation de l'acte a été contractuellement acceptée (Cass. 3e civ. 24-5-1976 n° 74-13.607 : Bull. civ. III n° 221) ou renforcer l'opposabilité d'un acte à celui qui conteste en être partie (CA Bourges 21-8-2001 : JCP 2001.pan.1789). Jugé, par exemple, que devaient être écartées :

– la stipulation du paiement d'indemnités de retard de remboursement d'un prêt, dès lors qu'elle était établie au verso du premier feuillet d'un contrat de prêt de douze pages qui était imprimé seulement sur le recto des feuillets, à l'exception du premier et du dernier, et que le verso du premier était le seul qui ne fût pas paraphé (CA Paris 20-10-1993 : RJDA 2/94 n° 196) ;

– l'existence d'un accord sur la clause d'un bail contenant une promesse de vente au locataire car le seul fait pour celui-ci d'avoir signé l'acte afin de formaliser le bail souscrit n'emportait pas acceptation de la clause spécifique de promesse de vente, ce qui permet de sous-entendre qu'un paraphe aurait validé cet engagement (Cass. 3e civ. 7-7-2010 n° 09-69.463 : RJDA 11/10 n° 1053).

Lorsqu'un document est simplement paraphé, il appartient au juge, si les parties n'ont pas précisé la portée de leur paraphe, de déterminer, en fonction des circonstances, si le document vaut engagement ou constitue une simple constatation de l'état provisoire de leur négociation (pour un paraphe retenu comme valant signature et engagement contractuel : Cass. 3e civ. 7-3-2001 : Bull. civ. III no 31 : paraphe apposé à l'emplacement des signatures ; CA Paris 27-2-2014 no 13/12761 : JCP G 2016 no 46-1224 § 1 obs. Simler : reconnaissance de son paraphe par une caution ; pour un paraphe refusé : CA Aix 24-3-2016 no 14/14819 : JCP G 2016 no 46-1224 § 1 obs. Simler).

Sur la portée de la signature quant à la détermination de la qualité de partie au contrat, nos 13006 s., ou de l'auteur d'un commencement de preuve par écrit, no 75624 ; sur les modalités de la signature, manuscrite ou électronique, no 75683 ; sur la contestation de la signature, no 75695 ; sur la portée de la mention « Lu et approuvé », no 75701.

DATE DU CONTRAT

12742 La fixation de la date n'est pas en elle-même une condition de validité du contrat (TGI Aix 28-2-1980 : Bull. inf. C. cass. 1980 no 172). Mais il est recommandé aux parties de dater leur contrat du jour de l'échange de leurs consentements afin de donner une date certaine à la conclusion du contrat, car c'est à cette date que :

– le contrat est conclu et que s'apprécient, notamment les conditions de validité du contrat (no 10615), la naissance des obligations même si leur exigibilité est reportée (no 13400) et le point de départ de la prescription de l'action en requalification du contrat (Cass. 3e civ. 3-12-2015 no 14-19.146 FS-PB : RJDA 3/16 no 176) ;

– le contrat entre en vigueur, sauf stipulation contraire des parties (no 13400).

Pour donner au contrat sous signature privée une date certaine à l'égard des tiers, les parties doivent le faire enregistrer (no 75698).

DÉTOURNEMENT DE L'ÉCRIT

12748 Le détournement de l'écrit (instrumentum) sur lequel le contrat a été rédigé et exprimé peut constituer le délit d'abus de confiance (Cass. crim. 9-3-1987 : JCP G 1988.II.20913 note Devèze, transposable sous l'art. 314-1 C. pén.).

FORMALITÉS

12751 **Enregistrement** Certains contrats contiennent des dispositions de nature à rendre **obligatoire** la formalité de l'enregistrement (nos 2703, 2745 ; Mémento Fiscal nos 63500 s.).

12754 **Démarches administratives** Les démarches administratives imposées par la réglementation française sont exposées avec les opérations qu'elles concernent.

Avant de conclure un contrat devant produire effet dans un pays déterminé, il est indispensable de s'informer auprès des autorités locales sur les démarches et autorisations requises. Des renseignements peuvent être recueillis auprès de Business France (no 11600).

Le contractant, qui n'accomplit pas avec les diligences nécessaires les formalités dont il a la charge, peut être sanctionné par la résiliation du contrat dont l'exécution était subordonnée à une condition suspensive d'agrément, au vu des circonstances de la cause (Cass. 1e civ. 25-4-1968 : Bull. civ. I no 123) ou par la condamnation au paiement de dommages-intérêts (Cass. com. 7-3-1972 no 70-13.454 : Bull. civ. IV no 83).

SECTION 7 L'EXÉCUTION DU CONTRAT

I. PARTIES À L'EXÉCUTION DU CONTRAT

13000 **Effet relatif du contrat** Les contrats ne peuvent être exécutés qu'entre les parties contractantes et ils ne peuvent ni nuire ni profiter aux tiers, sauf les exceptions signalées nos 13033 s. et 13054. Cette règle connue sous le nom d'effet relatif des contrats - ou des premiers mots de la formule latine « Res inter alios acta » - est expressément affirmée par les articles 1199 et 1200 du Code civil.

Sont tenus à l'exécution du contrat comme les parties leurs ayants cause ou ayants droit, la loi utilisant ces deux expressions comme synonymes, visant tantôt l'une (par exemple, CPI art. L 611-6), tantôt l'autre (par exemple, CPI art. L 132-1).

Contractants formels La **qualité de contractant** s'apprécie dans les conditions suivantes. 13003

1. Elle doit être attribuée à ceux dont : 13006

– l'**identité des cocontractants** est **affirmée au contrat** et qui l'ont signé, la signature identifiant son auteur et manifestant son consentement aux obligations qui résultent du contrat (C. civ. art. 1367 ; Cass. 1e civ. 18-12-2014 n° 13-23.868 : RDC 2015.489 obs. Danis-Fatôme, tenant pour contractant celui qui a signé et exécuté le contrat sans révéler sa qualité de mandataire ; Cass. com. 7-7-2020 n° 18-19.292 F-D : RJDA 11/20 n° 569, ne tenant pas pour contractante la société dont le dirigeant a signé un acte à titre personnel) ; pour la validité de l'engagement, il importe peu que la signature soit précédée ou non, sur un acte sous signature privée, de la mention « Lu et approuvé » (Cass. 1e civ. 27-1-1993 : RJDA 4/93 n° 367), mais cette mention peut contribuer à la preuve de l'engagement (n° 75701) ; les juges sont enclins à écarter la qualité de contractant de ceux qui n'ont pas signé le contrat (en ce sens, CA Rouen 7-9-2023 n° 22/0389 : IDIT n° 2550) ;

La signature ne peut pas emporter la qualité de partie au contrat si la preuve est rapportée d'une altération frauduleuse du contrat ou d'une falsification de la signature (cf. Cass. 1e civ. 25-5-2016 n° 15-13.151 F-D), si une personne dont l'identité est affirmée comme partie au contrat alors que ce contrat a été sciemment signé par une autre personne (Cass. 3e civ. 21-6-1995 n° 1316 D : RJDA 8-9/95 n° 936 : nullité du contrat), si la signature n'a pas mis fin aux négociations (Cass. com. 10-10-2018 n° 17-12.527 F-D : RJDA 1/19 n° 7) ou si la signature n'a pas été donnée à titre de partie (CA Paris 8-2-2022 n° 19/04499 : RJDA 5/22 n° 280).

L'acte sous signature privée qui n'a pas été signé par la personne à laquelle on l'oppose ne vaut ni engagement de la part de celle-ci (Cass. 1e civ. 2-7-2014 n° 13-19.968 : RJDA 11/14 n° 862) ni preuve de son engagement (Cass. com. 4-6-1996 : RJDA 11/96 n° 1312 ; Cass. civ. 2-7-1996 : RJDA 1/97 n° 98) ou sauf si l'acte peut lui être opposé sur le fondement de son comportement (n° 13018). À notre avis, cet acte est nul de nullité absolue car n'étant pas un accord, il ne peut produire effet à l'égard de quiconque aurait un intérêt à contester son existence (n° 13054). Il en est de même de l'acte sous signature privée qui ne porte que le paraphe de la personne à qui on l'oppose (Cass. com. 27-10-2019 n° 18-11.825 F-D, relatif à un cautionnement).

– le contrat mentionne l'identité des **cocontractants** et l'indication qu'ils ont été **représentés** à la conclusion du contrat par une personne dûment habilitée à agir en leur nom et pour leur compte et qui a signé le contrat de son nom exactement porté sur le contrat avec sa qualité de mandataire (nos 12375 s.) ; toutefois, l'existence du mandat peut être admise en fonction des circonstances (cf. CA Dijon 27-11-1992 : GP 1994.som.237) ;

Lorsque le contrat est conclu par une **société,** il importe :

– que le signataire précise qu'il agit au nom de la société (MSC n° 13380) et que le cocontractant s'assure de la qualité en laquelle il agit (n° 12390) ; l'indication nominative du représentant légal d'une personne morale est une disposition déclarative ne nécessitant pas l'accord du cocontractant (Cass. com. 18-10-2017 n° 16-10.162 D : RJDA 1/18 n° 29) ;

– si le contrat est conclu pour le compte d'une société en formation, que le cocontractant qui souhaite n'être obligé qu'envers la société, et non envers la partie agissant pour la future société, indique expressément dans le contrat que celui-ci sera caduc si la société n'est pas immatriculée au terme d'un délai déterminé et qu'il sera alors délié de tout engagement personnel envers le cocontractant ;

– si la société est liée à une autre société, d'établir sans équivoque que le contrat engage seulement celle-ci si telle est l'intention des parties (Cass. 3e civ. 10-11-1999 n° 1341 D : RJDA 3/00 n° 238, refusant de déduire cet engagement du seul silence de ladite société ; aussi n° 13048) et inversement que telle autre société, notamment la société mère, est liée par le contrat ;

– que la société soit immatriculée au registre du commerce et des sociétés, l'attribution du numéro « système d'identification du répertoire des entreprises » (Siren) par l'Institut national de la statistique et des études économiques ne pouvant pas avoir cet effet (Cass. com. 29-11-2023 n° 22-16.463 F-B : RJDA 2/24 n° 96).

– le contrat porte **seulement la signature** sans qu'ils y soient désignés si l'indication tirée de la signature peut être étayée par des circonstances de fait.

Ainsi, ont été tenus pour partie à un contrat conclu par d'autres :

– le membre d'un consortium, lequel avait conclu avec le maître d'ouvrage, dès lors qu'il avait participé aux négociations, avait signé le protocole, avait assisté à la réception des travaux, devait réparer à ses frais les malfaçons, pouvait même encourir une responsabilité propre et avait toujours été payé directement par le maître de l'ouvrage (CA Paris 21-1-1975 : Journal des Agréés 1975.247) ;

– le fils du propriétaire du fonds de commerce vendu par ses parents, qui en assurait l'exploitation, qui avait pris une part active aux pourparlers de vente et qui était intervenu à l'acte de vente et y avait apposé sa signature (Cass. com. 10-3-1982 n° 80-14.579 : Bull. civ. IV n° 96 : condamnation du fils à respecter la clause de non-concurrence prévue au contrat de vente) ;

– les associés majoritaires d'une société qui avaient signé le contrat dès lors que la société y était représentée par son gérant et que la présence des associés à l'acte ne se justifiait qu'en leur qualité de cocontractants (Cass. com. 7-4-1992 : RJDA 1/93 n° 1) ;

– l'épouse d'un peintre qui avait contresigné l'engagement pris et signé par son mari d'authentifier des épreuves de « gravures d'interprétation » de huit de ses œuvres, ce contreseing ayant été souverainement interprété par les juges du fond comme constituant une « garantie de bonne exécution » de l'engagement pris par son mari (Cass. 1e civ. 26-1-1994 no 91-17.731 : Bull. civ. I no 33).

Mais le contreseing d'une épouse peut être interprété, à l'opposé, comme ne la rendant pas partie au marché d'entreprise établi au nom de son mari sur lequel elle avait apposé sa signature à côté de celle de ce dernier (Cass. civ. 3-5-1977 no 75-15.221 : GP 1977.2 pan.225).

Les juges ne peuvent pas tenir pour partie à un contrat un signataire sans relever de faits propres à établir un engagement de ce dernier (Cass. 1e civ. 3-5-1977 : Bull. civ. I no 201) ; mais ils peuvent admettre l'inverse en fonction des circonstances (Cass. com. 17-10-1995 : RJDA 1/96 no 3).

13009 **2.** La qualité de cocontractant peut être attribuée à celui dont le contrat ne porte **pas la signature** car il ne peut résulter de cette seule raison qu'il n'est pas partie au contrat litigieux (Cass. com. 9-10-1978 no 77-11.304 : Bull. civ. IV no 216, censurant les juges pour ne pas avoir recherché la commune volonté des parties) ; est partie au contrat celui qui par exemple :

– s'est comporté comme un contractant de fait (no 13018) ;

– détenait l'écrit qu'il n'a pas signé (Cass. com. 27-2-1978 no 77-10.023 : Bull. civ. IV no 75) ;

– avait, ainsi que la partie qui a signé, l'intention de conclure l'acte (Cass. com. 9-10-1978 no 77-11.304 : Bull. civ. IV no 216).

Mais son engagement ne peut pas résulter de ce qu'il soutient que lui seul peut être le contractant (CA Paris 2-10-1985, inédit).

La signature n'est pas une condition de forme de l'échange des consentements (Cass. civ. 27-11-1990 : JCP G 1992.II.21808 note Dagorne-Labbé, obligeant les juges à rechercher si la vente de l'espèce n'avait pas été conclue avant sa signature par l'acheteur intervenue huit ans après celle du vendeur décédé à ce moment-là) ; réciproquement, les juges peuvent considérer que les parties à un écrit relatif à un projet de vente n'ont pas conclu l'accord visé dans cet écrit quoiqu'il ait reçu un commencement d'exécution par le versement prévu d'une partie du prix, dès lors qu'ils ont écarté ce document en relevant qu'il n'avait pas été signé (Cass. com. 8-11-1973 et Cass. civ. 2-5-1978 : JCP G 1980.II.19465 note Fieschi-Vivet, en déduisant qu'il ne pouvait avoir été l'objet de la contre-lettre invoquée par une partie pour le compléter) ; ils peuvent décider de même qu'un contrat de prêt n'a pas été conclu par un majeur sous tutelle qui ne l'avait pas signé (Cass. civ. 5-3-1991, 1er esp. : D. 1993.508 note Collet, refusant au prêteur le droit d'invoquer le gage sur automobile qu'il n'avait pas le droit d'inscrire).

13012 **3.** La **qualité** de cocontractant ne peut **pas** être **attribuée** :

a. À celui **qui est intervenu** uniquement **pour autoriser** le contrat qui ne pouvait pas être valablement conclu sans son accord (CA Paris 6-7-1976 : BT 1976.405 ; CA Paris 12-7-1984 : Rev. arb. 1986.75, qui retient que l'approbation d'un contrat par un ministre, en tant qu'autorité de tutelle, ne confère pas la qualité de partie à l'État). C'est notamment le cas de l'époux qui consent à l'acte que conclut son conjoint (no 1330) ou du bailleur qui a donné son agrément à la cession du bail (Cass. 3e civ. 25-3-1992 : Bull. civ. III no 100 ; CA Paris 6-7-1976 : BT 1976.405, jugeant qu'il est de principe que celui qui autorise ne s'oblige pas).

Mais sa **responsabilité** peut être engagée s'il ne répond pas à la demande d'autorisation et qu'il en résulte pour le demandeur un préjudice, par exemple si son silence sur la demande d'agrément à la reprise d'une concession immobilière d'un terrain communal prive le liquidateur judiciaire du précédent concessionnaire de la chance de lui proposer un autre candidat répondant à ses attentes (Cass. 3e civ. 14-4-2010 no 09-14.061 F-D : PA 2010 no 216 p. 18 note Atias).

L'absence d'autorisation préalable ne constitue pas en soi un vice du consentement si les circonstances permettent de constater que l'autorisation a été par la suite donnée (CE 8-10-2014 no 370588).

Sur le non-consentement de l'**époux** qui a passivement assisté à la conclusion de la vente d'un bien commun par son conjoint, no 1333 ; sur le droit d'agir en nullité du **nu-propriétaire** qui n'a pas donné son « concours » à l'usufruitier pour conclure un bail rural ou commercial, no 30568 ; mais sur l'engagement de l'épouse qui a contresigné l'engagement pris par son mari, interprété par les juges comme une garantie de l'engagement de celui-ci, no 13006.

b. À celui qui est intervenu à un contrat comme « **représentant** » d'une société en formation ; en effet, le signataire d'un tel contrat n'est pas considéré comme ayant signé le contrat au nom de celle-ci ; il n'a donc pas à répondre de cet acte si la société ne le reprend pas (Cass. com. 18-11-2020 no 18-23.239 F-D : RJDA 3/21 no 166).

c. À celui qui s'est borné à **signer** l'acte contenant **une stipulation en sa faveur** en sa qualité de bénéficiaire (no 13039).

d. Au maire qui a conclu un contrat au mépris des dispositions d'ordre public relatives à la compétence de l'autorité signataire d'un contrat de droit privé passé au nom d'une commune (Cass. com. 6-3-2019 no 16-25.117 FS-PB : RJDA 6/19 no 403).

13015 **4.** La **qualité** de cocontractant est **perdue** en cas de cession du contrat opposable au cocontractant ou, à défaut de clause contraire (nos 14150 s.), en cas de changement de contrôle de la société avec laquelle l'autre partie a conclu en raison de sa personnalité (n° 21935) ou encore lorsqu'une personne physique qui s'était engagée à exécuter personnellement le contrat le fait exécuter par une société contrôlée par elle (Cass. civ. 26-11-1986 : GP 1987.pan.4 : résolution du contrat).

Contractants de fait La personne dont le nom et la signature ne figurent pas sur un contrat peut néanmoins être tenue pour partie au contrat si les **circonstances** suivantes sont établies. 13018

1. Elle a agi envers une autre partie qui la prétend engagée comme si elle l'était ; par exemple, en réponse à l'architecte qui lui avait proposé de construire ensemble une clinique, elle a approuvé les plans de ce dernier, lui a versé une provision, a effectué des démarches pour l'obtention du permis de construire et a commandé certains travaux à plusieurs entrepreneurs (Cass. 1e civ. 8-10-1963 n° 60-10.501 : Bull. civ. I n° 419).

2. Elle s'est approprié l'acte qui lui a été remis soit en l'opposant à la partie qui l'a signé (Cass. 1e civ. 18-11-1965 n° 64-11.058 : Bull. civ. I n° 629 ; Cass. com. 27-2-1978 n° 77-10.023 : Bull. civ. IV n° 75), soit en fondant ses conclusions sur cet acte (Cass. 3e civ. 8-7-1974 n° 73-11.130 : Bull. civ. III n° 295), soit en participant à l'acte (Cass. 1e civ. 22-7-1986 n° 85-10.255 : Bull. civ. I n° 216), notamment en l'exécutant depuis plus de vingt ans (CA Rouen 18-12-2014 n° 14/01657 : DMF 2015. 197 obs. Scapel).

3. Elle a signé un acte avec lequel celui qu'elle conteste forme un tout (CA Versailles 25-1-2001 n° 98-6995 : RJDA 8-9/01 n° 866).

4. Elle s'est immiscée dans la gestion des intérêts d'une partie au contrat en créant pour le cocontractant de cette dernière une apparence trompeuse propre à lui permettre de croire légitimement que cette personne était aussi son cocontractant (Cass. com. 17-10-1995 n° 1774 : RJDA 1/96 n° 3 ; cf. Cass. 3e civ. 18-2-2016 n° 15-10.007 : RJDA 10/16 n° 670, censurant l'arrêt qui a retenu obligée par le contrat une partie non signataire sans vérifier si les conditions susvisées étaient remplies)

Ainsi :

– en cas de démarche étroite auprès d'un client de deux sociétés, bien que le contrat ne soit conclu qu'avec l'une d'elles, est justifiée la résolution de ce contrat aux torts des deux sociétés (Cass. com. 2-7-1991 : RJDA 8-9/91 n° 682) ;

– lorsque deux sociétés offrent ensemble un contrat sur un formulaire portant à la fois dans son en-tête principal le « logo » de la société A et, en caractères plus petits, la désignation de la société B, les paiements prévus au contrat et adressés à la société A ont valeur libératoire à l'égard de l'une et de l'autre société (Cass. com. 5-11-1991 : RJDA 1/92 n° 4) ;

– lorsqu'une société mère s'est immiscée dans les activités et la gestion de sa filiale, elle doit être tenue in solidum avec cette dernière de réparer le préjudice subi par un cocontractant de la filiale du fait de l'inexécution d'un contrat qu'il avait conclu avec elle dès lors qu'il existait entre les deux sociétés des flux importants de trésorerie et que la société mère avait repris les activités de la filiale, laquelle n'avait plus de personnel et n'exerçait plus d'activité, les techniciens de la société mère étant notamment intervenus chez le cocontractant dans le cadre de l'exécution du contrat de maintenance litigieux (Cass. com. 26-2-2008 n° 06-20.310 : RJDA 7/08 n° 803).

Pour d'autres exemples concernant les sociétés, MSC n° 81101.

Il en est autrement : si elle est intervenue dans l'exécution du contrat à la demande d'une partie qui avait seule dirigé cette intervention, le cocontractant ayant refusé de prendre à son compte le coût en résultant (Cass. civ. 18-7-1978 : GP 1978.2.pan.428) ; si les documents passés établissent qu'elle a agi pour le compte d'une autre (Cass. 1e civ. 5-10-1994 n° 1203 : RJDA 3/95 n° 247) ; si elle est considérée comme ayant agi en vertu d'un mandat apparent (nos 23027 s.) ; si, s'agissant d'une société mère qui a pris part dans l'exécution du mandat de cession de droits sociaux reçu par sa filiale dès lors que le mandant n'avait traité qu'avec la filiale, personne morale distincte dont il n'était pas prétendu qu'elle était fictive ou que son patrimoine était confondu avec celui de sa société mère (Cass. ass. plén. 9-10-2006 n° 542 : RJDA 1/07 n° 50).

Ayants cause universels des contractants Les **successeurs universels ou à titre universel** des contractants, qui ont accepté purement et simplement la succession, deviennent, à la disparition de leur auteur, parties aux contrats dans les mêmes termes que leur auteur (Cass. 3e civ. 13-7-1999 : RJDA 10/99 n° 1068). 13021

L'ayant cause universel est tenu de délivrer la chose vendue par son auteur, même s'il est devenu propriétaire de son chef de la chose vendue (Cass. 1e civ. 5-5-1987 n° 85-14.558 : Bull. civ. I n° 142) et ne peut ni soulever l'incapacité du cocontractant du défunt ni être qualifié de tiers au sens de la publicité foncière (Cass. 1e civ. 14-1-2009 n° 07-16.451 : D. 2009.371.som.).

Si le **contrat** a été **conclu en considération** de la **personnalité du défunt,** ses héritiers ne peuvent pas s'en prévaloir mais ils peuvent, si leur auteur a exercé une action en justice pour faire valoir ses droits sur ce contrat avant son décès, continuer ladite action (Cass. civ. 2-12-1992 : GP 1993.som.550 note Massip).

La référence dans un contrat aux « ayants droit » de l'une des parties a été interprétée comme ne visant que les ayants droit universels ou à titre universel (Cass. com. 4-12-2007 n° 06-19.996 : RJDA 4/08 n° 424).

13022 **Ayants cause à titre particulier des contractants** Sont des ayants cause à titre **particulier** les **cocontractants** de l'une ou l'autre des parties qui ont acquis un droit sur eux en vertu du contrat et qui sont considérés comme représentés par leur auteur pour les actes accomplis par celui-ci avant la naissance de leur droit (Cass. 3e civ. 12-1-2011 n° 10-10.667 : Bull. civ. III n° 5).

Si le droit acquis par le contrat est un droit réel soumis à la publicité foncière, les ayants cause ne sont plus représentés par leur auteur du jour où les formalités de cette publicité ont été accomplies (Cass. 3e civ. 12-1-2011 précité).

Sont considérés comme des ayants cause **universels** les **créanciers chirographaires** au motif que le patrimoine du débiteur étant leur gage, ils subissent indirectement les dettes de ce dernier ou profitent de ses droits, sous réserve de leur possibilité de faire déclarer inopposables les actes frauduleux (action paulienne) et nuls ceux de la période suspecte ; mais ils ne sont **pas** pour autant **des parties** au contrat liées par les droits et obligations en résultant (TGI Saint-Gaudens 8-4-1992 : Bull. inf. C. cass. 1992 n° 1892) ; ils peuvent notamment contester la date de l'acte sous signature privée qui leur est opposé (n° 75698) ou faire valoir leur qualité de tiers à l'égard d'une contre-lettre (n° 12189).

13024 **Acceptant d'un contrat conclu par un porte-fort** Devient partie au contrat la personne, tiers à ce contrat, qui **ratifie** l'engagement pris par une partie au contrat - dit « promesse de porte-fort » - qui a assuré à son cocontractant que cette personne ratifierait le contrat (C. civ. art. 1204).

N'est pas un engagement de porte-fort l'engagement pris par un vendeur qui ne s'est obligé qu'à aider par tous ses moyens à légaliser l'acte de vente car il n'a pas promis de procurer le consentement de son coïndivisaire (Cass. 3e civ. 7-3-1978 n° 76-14.534 : Bull. civ. III n° 108) ou l'engagement de celui qui agit comme le mandataire de la partie qu'il s'agit d'obliger (Cass. com. 6-6-2000 : RJDA 11/00 n° 950).

L'engagement de porte-fort suppose une **volonté certaine,** soit expresse, soit non équivoque (Cass. com. 8-3-2016 n° 14-24.921 : RJDA 5/16 n° 345) de faire ratifier (ou exécuter) le contrat conclu.

Généralement exprimée formellement dans le contrat, cette volonté peut être tacite (Cass. ass. plén. 22-4-2011 n° 09-16.008 : RJDA 8-9/11 n° 676 ; CA Paris 17-10-1968 : D. 1969.som.45). Ainsi, elle peut ressortir des éléments de l'acte manifestant l'intention certaine de la partie recherchée de s'engager pour un tiers (CA Paris 1-7-2014 n° 12/22624 : RJDA 12/14 n° 882). Si elle porte sur le paiement d'une somme d'argent, la mention manuscrite de l'article 1376 du Code civil (ex-art. 1326) n'est pas requise dans la mesure où la promesse de porte-fort ne constitue qu'un engagement de faire (Cass. com. 18-6-2013 n° 12-18.890 : RJDA 11/13 n° 874). Il se déduit de cette décision que la mention manuscrite est requise si l'intention des parties est de conclure une garantie d'exécution.

La promesse de porte-fort n'est valide que si elle concerne un acte qui ne suppose pas, pour sa **validité,** l'accord d'un tiers (n° 13012). Par exemple, n'est pas valable la promesse consentie par un époux qui vend le logement familial, car les époux ne pouvant l'un sans l'autre en disposer (C. civ. art. 215, al. 3), l'acte est nul (Cass. 1e civ. 11-10-1989 n° 88-13.631 : D. 1990.310 note Le Guidec, écartant la condamnation du promettant à l'indemnisation du bénéficiaire du porte-fort).

Le **tiers** est libre de **ratifier** ou non ; il n'est pas lié par le contrat tant qu'il n'a pas accepté de tenir l'engagement (Cass. com. 25-1-1994 : RJDA 6/94 n° 618).

La ratification est un acte unilatéral qui n'implique pas le concours du bénéficiaire de la promesse (Cass. civ. 28-12-1926 : S. 1928.1.273 note Vialleton ; CA Rennes 21-3-1950 : S. 1950.2.121 note G. Lagarde).

Si le **tiers ratifie** le contrat, le porte-fort est dégagé de sa promesse et il ne peut pas lui être demandé d'exécuter l'engagement promis (C. civ. art. 1204, al. 2). Le tiers est alors tenu rétroactivement du contrat à compter de la conclusion de celui-ci (C. civ. art. 1204, al. 3).

La ratification n'est soumise à aucune forme particulière et peut même être tacite, mais elle doit résulter d'un fait qui révèle une volonté certaine d'approuver l'engagement (Cass. civ. 26-11-1975 : D. 1976.353 note Larroumet ; Cass. civ. 16-2-1977 : JCP G 1977.IV.96 ; Cass. com. 22-7-1986 : BRDA 17/86 p. 8).

Si le tiers ne ratifie **pas** le contrat, ce qui est le cas s'il n'exécute pas l'intégralité des engagements pris dans la promesse (Cass. civ. 18-4-2000 : RJDA 7-8/00 n° 741), le bénéficiaire de celle-ci n'a droit qu'à des dommages-intérêts (C. civ. art. 1204, al. 2), sauf si le porte-fort a pris l'engagement personnel d'exécuter le contrat, hypothèse dite du « **porte-fort d'exécution** » (n° 58193).

Ces derniers lui sont dus de ce seul fait car la promesse de porte-fort est un engagement autonome comportant une obligation de résultat ; le porte-fort ne peut donc pas invoquer, pour se dégager, des moyens qui pourraient être soulevés par le tiers pour échapper à l'exécution de son engagement s'il l'avait ratifié (Cass. com. 28-5-2013 n° 12-16.879 : RJDA 11/13 n° 875 : nullité de l'obligation de non-concurrence promise ; Cass. com. 1-4-2014 n° 13-10.629 : RJDA 7/14 n° 593 : inexécution de l'obligation de non-concurrence promise).

Le bénéficiaire a droit à la perte subie et au manque à gagner que lui cause l'inexécution de la promesse (CA Versailles 19-11-1998 : RJDA 7/99 n° 755) ; la perte qu'il subit peut être égale à la somme qu'il doit à son créancier et que le porte-fort avait pour objet de garantir (Cass. 1e civ. 5-1-1977 n° 75-13.017 : Bull. civ. I n° 12).

Les cocontractants peuvent convenir par avance d'une indemnisation forfaitaire du bénéficiaire, pour le cas où le tiers refuserait de ratifier, en insérant une clause pénale dans la promesse de porte-fort (CA Aix 16-4-1986 : Bull. Cour d'Aix 1986/1 p. 45).

L'action contre le promettant est éteinte si le bénéficiaire a renoncé à sa créance (Cass. 1e civ. 22-4-1986 n° 84-10.288 : Bull. civ. I n° 99).

L'acte conclu en qualité de porte-fort par les deux parties (vendeur et acquéreur) peut être résolu dès lors que les juges constatent que ni l'une ni l'autre n'ont rapporté la ratification des tiers dont elles se sont portées fort (Cass. 3e civ. 25-5-1976 n° 75-10.431 : Bull. civ. III n° 229).

Le porte-fort **peut exécuter lui-même** la promesse non ratifiée par le tiers et imposer la conclusion de l'acte au bénéficiaire qui a accepté de conclure le contrat avec une clause de substitution pour toute personne physique sans exclusion, dès lors qu'il résultait d'un avenant, dans lequel le porte-fort apparaissait personnellement comme acquéreur, que ce dernier s'était substitué au bénéficiaire initial de l'acte en cause (Cass. 3e civ. 26-6-1996 : RJDA 10/96 n° 1151).

Remplaçants des contractants Une partie au contrat peut se faire remplacer, dans cette qualité, par un tiers en convenant avec son cocontractant, soit de la cession ou de la novation du contrat, soit de la cession ou de la délégation de sa créance, soit de la subrogation du tiers dans sa créance, soit de la substitution du tiers en ses lieu et place. 13027

Acquéreur d'une chose porteuse de droits et d'actions Les **contrats accessoires** nécessaires à l'usage d'une chose sont transmis avec la propriété de celle-ci aux acquéreurs successifs, qui acquièrent le droit d'agir directement contre les cocontractants du vendeur (notamment, Cass. ass. plén. 7-2-1986 nos 83-14.631 et 84-15.189 : Bull. civ. n° 2, deux arrêts ; Cass. 1e civ. 21-1-2003 n° 00-19.513 F-D : RJDA 6/03 n° 581). 13030

À notre avis, il peut être soutenu que cette jurisprudence est une application de l'article 1615 du Code civil selon lequel la vente emporte transfert de propriété de la chose vendue et de ses accessoires (n° 26909). L'action directe en cause peut donc être considérée comme déduite de la loi conformément aux dispositions de l'article 1341-3 du Code civil (n° 54030).

Si la chose est un **immeuble,** sauf clause contraire, l'acquéreur - ayant cause à titre particulier auquel il faut ici assimiler toute personne devenant propriétaire, tels l'échangiste, le légataire particulier et le sous-acquéreur - de cet immeuble devient **partie activement et passivement** aux contrats que le précédent propriétaire avait conclus relativement à ce bien, lorsque ces contrats sont un accessoire nécessaire du bien transmis et seulement pour les droits et obligations qui y sont attachés, c'est-à-dire qui ne peuvent profiter qu'au propriétaire actuel de la chose ou n'être exécutés que par lui (Cass. 3e civ. 20-12-2018 n° 17-22.467 FS-D : RJDA 4/19 n° 246 ; cf. CA Douai 6-2-1992 : Bull. inf. C. cass. 1992 n° 1494) ; ainsi :

Le caractère accessoire d'un droit ne saurait résulter du seul fait qu'il soit né à l'occasion du bien transmis (Cass. 3e civ. 7-11-2019 n° 18-21.447 F-D).

- l'acquéreur d'un immeuble a qualité à agir contre les constructeurs, même pour les dommages nés antérieurement à la vente, sur le fondement de la responsabilité contractuelle de droit commun (Cass. 3e civ. 9-7-2014 n° 13-15.923 : GP 2014.2460.som. note Mekki ; Cass. 3e civ. 12-7-2018 n° 17-20.627 FS-PBI : RJDA 12/18 n° 903 : action pour faute dolosive, ce qui rend caduque la jurisprudence antérieure qui excluait le transfert à l'acheteur de l'action en réparation de droit commun : Cass. 3e civ. 17-11-2004 : RJDA 5/05 n° 536) ; il peut agir en réparation, même si le vendeur a lui-même agi (Cass. 3e civ. 10-7-2013 n° 12-21.910 : RJDA 12/13 n° 997) ; le sous-acquéreur peut aussi agir contre le vendeur initial, même si le vendeur intermédiaire peut lui opposer une clause de non-garantie dans leurs rapports réciproques (Cass. 3e civ. 22-6-2011 n° 08-21.804 : RJDA 11/11 n° 898) ;

À défaut de clause expresse réservant au vendeur le droit de faire valoir les droits qu'il a acquis contre son cocontractant, le juge doit rechercher, si cela lui est demandé, si, en dépit de la vente, le vendeur n'a pas conservé le droit d'agir contre ce dernier (Cass. 3e civ. 12-11-2020 n° 19-22.376 FS-PBI, rendant caduc Cass. 3e civ. 5-11-2013 n° 12-13.923 F-D : RDC 2014.201 obs. Deshayes, qui avait exigé que le vendeur réserve ses droits par une clause expresse).

- le sous-acquéreur d'un immeuble peut invoquer à son profit l'engagement pris par le vendeur à l'égard du premier acheteur de supporter les frais de ravalement (Cass. 3e civ. 14-4-1982 n° 81-10.098 : Bull. civ. III n° 90), a fortiori si une clause expresse de l'acte le subroge dans les droits du premier acheteur (Cass. 3e civ. 8-12-2010 n° 09-72.525 : RJDA 2/11 n° 129) ;
- les acquéreurs d'un immeuble en copropriété sont liés par le contrat de chauffage conclu par la société qui leur a vendu l'immeuble (Cass. 3e civ. 18-6-2003 n° 773 : RJDA 10/03 n° 911) ;
- l'acquéreur d'un immeuble loué doit respecter le bail, n° 4436.

En revanche, les **obligations non accessoires** contractées par le précédent propriétaire ne sont pas transmises à l'acquéreur de plein droit et en tant que tel, « à moins qu'elles n'aient eu pour effet de restreindre ou de modifier le droit transmis » (Cass. civ. 15-1-1918 : DP 1918.1.17) ou que l'acheteur n'ait connu l'existence de ces obligations et ne soit de ce fait censé les avoir acceptées (Cass. req. 17-2-1931 : GP 1931.1.663), même tacitement (Cass. com. 2-2-1971 n° 69-13.851 : D. 1971.som.152), ou encore qu'il ne se soit, par une disposition spéciale de la vente, obligé personnellement à exécuter les engagements du vendeur (Cass. req. 3-9-1940 : D. analytique 1941.37).

Sur le non-transfert à l'acquéreur d'un immeuble loué : du dépôt de garantie versé par le locataire au vendeur, n° 4712 ; du mandat de gestion, Cass. 1e civ. 17-11-2011 n° 10-22.865 : RJDA 2/12 n° 145.

Si la chose est un **objet mobilier,** ses acquéreurs et sous-acquéreurs deviennent aussi parties au contrat et peuvent demander la réparation des vices cachés de la chose transmise à celui à qui le vice est imputable dans les conditions exposées nos 19640, 20425 et 27243, voire la réparation du défaut de livraison (n° 27006).

Sur d'autres contrats accessoires à chose transmise, nos 19640, 20430 et 26753.

13033 **Bénéficiaire d'une stipulation pour autrui** Un contractant (le promettant) peut promettre d'exécuter une prestation déterminée, à la demande de son cocontractant (le stipulant), au profit d'une autre personne (le bénéficiaire) qui n'intervient pas à la conclusion du contrat (C. civ. art. 1205, al. 2). Le bénéficiaire est ainsi rendu créancier d'un droit créé par le contrat, d'où le nom de « stipulation pour autrui » donné à cette opération.

Cette stipulation obéit aux règles suivantes.

13034 Bien que la stipulation ait pour objet de rendre créancier le bénéficiaire, il a été admis qu'elle peut valablement prévoir des **obligations à la charge du bénéficiaire,** dès lors que celui-ci accepte la stipulation (Cass.1e civ. 8-12-1987 : Bull. civ. I p. 246, engagement par l'acquéreur d'une parcelle de terre de la donner à son fils et d'inclure dans la donation une clause d'inaliénabilité et d'exploitation personnelle par le donataire pendant quinze ans ; cf. CA Paris 15-9-2015 n° 14/20957 : RJDA 1/16 n° 36 som. : stipulation au profit d'un tiers du bénéfice d'une intervention contre rémunération).

13036 La **stipulation** est **valablement formulée** dès lors qu'elle désigne pour bénéficiaire une personne qui a un intérêt à demander l'exécution du contrat, qu'elle désigne formellement cette personne ou qu'elle permette de la déterminer même s'il s'agit d'une personne future (C. civ. art. 1205, al. 2).

Les tribunaux se montrent très libéraux et admettent pratiquement sans réserve l'existence d'une stipulation pour autrui dès lors qu'une personne qui a été étrangère à la conclusion du contrat a néanmoins un intérêt à son exécution. Jugé ainsi que :

– la société exploitant un magasin qui a chargé une banque de recevoir le produit des recettes du magasin peut directement demander au transporteur réparation des conséquences du vol commis à l'occasion d'un mouvement de fonds, bien que le contrat de transport ait été conclu entre le transporteur et la banque (Cass. civ. 21-11-1978 : D. 1980.309 note Carreau) ;

– les trois enfants mineurs de parents divorcés peuvent demander à ces derniers l'inscription à leur nom du transfert de propriété d'un immeuble auprès de la conservation des hypothèques (devenue le service chargé de la publicité foncière), en vertu de la convention par laquelle ces parents avaient liquidé leurs intérêts communs et y avaient prévu ce transfert de propriété, le mari s'étant engagé à payer seul le prix de l'immeuble (Cass. 1e civ. 5-5-1986 n° 84-17.460 : Bull. civ. I n° 116) ;

– le fournisseur qui s'est engagé envers l'entrepreneur principal chargé d'une construction à lui livrer des matériaux a pu demander le paiement de ces livraisons au maître d'ouvrage au motif que, dans une lettre diffusée aux parties concernées, le maître d'ouvrage demandait à l'entrepreneur principal de lui faire parvenir chaque fin de mois les factures du fournisseur de matériaux afin qu'il puisse en faire assurer le règlement directement par la société finançant la construction (CA Aix 9-1-1979 : Bull. Cour d'Aix 1979/1 p. 77) ;

– des coopérants français en Algérie ont pu agir directement contre le déménageur de leurs meubles, sur le fondement d'un contrat conclu par celui-ci avec un mandataire du ministère algérien par lequel ce déménageur s'était engagé à transporter les meubles des coopérants français en Algérie (CA Aix 13-1-1982 : Bull. Cour d'Aix 1982/1 p. 43) ;

– la personne qui intervient pour compléter le montant d'un prêt, dont des versements particuliers ont déjà été faits par un autre prêteur, bénéficie de l'hypothèque promise par l'acte de prêt conclu entre l'emprunteur et le premier prêteur (TGI Bordeaux 13-2-1969 : D. 1969.334 note Ghestin) ;

– les créanciers d'une société en règlement judiciaire peuvent demander à l'acquéreur des 99 % du capital de cette société réparation du préjudice que leur cause l'inexécution par ce dernier de l'engagement pris par lui dans l'acte d'achat de présenter ou de faire présenter un « concordat acceptable » (T. com. Paris 14-9-1983 : Rev. jur. com. 1984.297, susceptible de transposition au règlement amiable clôturant une procédure de conciliation) ;

– la Caisse d'épargne qui était désignée dans la clause de l'acte prévoyant que tous paiements du solde du prix de vente de lots de construction devaient, pour être libératoires, être effectués, soit en la comptabilité du notaire, soit directement à la Caisse, a été reconnue en droit de réclamer au débiteur le paiement du solde du prix payé à tort directement au stipulant (Cass. 1e civ. 4-7-2007 n° 05-14.510 : RD bancaire 2008 n° 33 obs. Crédot et Salmin).

Toutefois, l'existence, au titre d'un contrat de voyage, d'une stipulation implicite, au profit des victimes par ricochet du contrat conclu par leurs parents, a été refusée à ces dernières, qui n'étaient pas ayants cause de leurs parents décédés et qui n'agissaient en qualité ni de cessionnaires ni d'héritiers (Cass. 1e civ. 28-10-2003 n° 1299 : RJDA 10/04 n° 1175).

Sur la stipulation pour autrui résultant de la garantie du passif souscrite par le cédant de droits sociaux, MSC n° 17871.

La stipulation peut être **révoquée** par le stipulant tant que le bénéficiaire ne l'a pas acceptée (C. civ. art. 1206, al. 2). Elle devient irrévocable au moment où l'acceptation parvient au stipulant ou au promettant (C. civ. art. 1206, al. 3). **13039**

L'acceptation peut être expresse ou tacite et elle peut intervenir même après le décès du stipulant ou du promettant (C. civ. art. 1208 ; cf. Cass. 2e civ. 23-10-2008 n° 07-19.163 : RJDA 3/09 n° 163).

Les **modalités de la révocation** sont définies par l'article 1207 du Code civil et obéissent aux règles suivantes : **13040**

– la révocation ne peut émaner que du stipulant ou, après son décès, de ses héritiers ; ces derniers ne peuvent y procéder qu'à l'expiration d'un délai de trois mois à compter du jour où ils ont mis le bénéficiaire en demeure de l'accepter ;

– si la révocation n'est pas assortie de la désignation d'un nouveau bénéficiaire, elle profite, selon le cas, au stipulant ou à ses héritiers ;

– la révocation produit effet dès lors que le tiers bénéficiaire ou le promettant en a eu connaissance ;

– lorsqu'elle est faite par testament, la révocation prend effet au moment du décès ;

– le tiers initialement désigné est censé n'avoir jamais bénéficié de la stipulation faite à son profit.

Le **bénéficiaire** peut exiger directement du promettant l'exécution de sa prestation, et ce, dès la naissance de la stipulation (C. civ. art. 1206, al. 1). En cas d'inexécution par le promettant, le bénéficiaire tire de son droit celui de demander la réparation dès lors qu'il prouve avoir subi un dommage, comme cela était jugé avant cette date (CA Versailles 6-6-1991, 12e ch. : Rev. trim. civ. 1992.560 obs. Mestre), et il peut invoquer des dommages-intérêts, ceux-ci pouvant toujours sanctionner une inexécution (n° 14400). **13042**

Il doit, le cas échéant, assurer les actes de sauvegarde de son droit au regard des tiers, par exemple la publicité d'une hypothèque (TGI Bordeaux 13-2-1969 : D. 1969.334 note Ghestin).

Le promettant peut lui opposer les exceptions qu'il peut faire valoir à l'encontre du stipulant (Cass. 1e civ. 29-11-1994 : RJDA 4/95 n° 396). Mais il ne peut pas exiger de lui la preuve par écrit de l'acte duquel il tire son droit, car il n'a pas été partie à cet acte (Cass. 1e civ. 2-2-1988 n° 86-15.193 : Bull. civ. I n° 30).

Sur le droit du bénéficiaire d'invoquer ou d'opposer la clause d'arbitrage, n° 70856 ; sur son droit d'opposer la clause attributive de compétence en cas de litige au sein de l'UE, n° 72165 ; sur son droit d'invoquer le privilège de juridiction s'il exerce l'action née du contrat, n° 72255.

En cas de défaillance du promettant, le bénéficiaire ne peut pas demander l'**exécution** du contrat au **stipulant** car celui-ci est un tiers au regard des rapports créés par la stipulation entre le bénéficiaire et le promettant (Cass. com. 13-4-2010 n° 09-13.712 : D. 2010.1208.som. obs. Delpech).

Le **stipulant** peut lui-même **exiger du promettant** l'exécution de son engagement envers le bénéficiaire (C. civ. art. 1209 ; Cass. civ. 14-12-1999 : RJDA 5/00 n° 501). Toutefois, il ne peut pas l'exiger à son propre profit (CE 22-1-1986 : GP 1986.som.318), ce qui n'est pas contredit par le nouveau texte. **13045**

Parties à des contrats distincts interdépendants Les parties qui sont liées par des contrats distincts mais interdépendants peuvent invoquer, ou subir, l'un de ces contrats alors même qu'elles ne l'ont pas formellement conclu, voire, dans le cas du contrat de location financière d'un matériel, écarter les clauses contraires à l'interdépendance de ce contrat avec celui de prestation de services utilisant ce matériel (nos 10103 s.). **13048**

Tiers aux contrats dits « penitus extranei » Tout intéressé à un contrat qui n'y est pas partie dans les conditions exposées nos 13003 s. et 14289 est un tiers au contrat. **13054**

Le contrat ne crée d'obligations qu'entre les parties (C. civ. art. 1199, al. 1). Les tiers ne peuvent ni demander l'exécution du contrat ni se voir contraints de l'exécuter, sauf en cas de stipulation pour autrui (C. civ. art. 1199, al. 2).

Par exemple :

– l'acquéreur d'un local loué n'est pas tenu au remboursement du dépôt de garantie si celui-ci ne lui a pas été transmis (n° 4712) ;

13054 (suite) – un tiers ne peut pas demander l'application à son profit d'une clause d'irresponsabilité (Cass. 3e civ. 15-2-1972 no 70-13.884 : Bull. civ. III no 95) ou limitative de responsabilité (CA Versailles 8-6-2004 : BTL 2004.520 ; cf. Cass. 3e civ. 17-12-1986 : Le Moniteur 13-2-1987 p. 48, jugeant que le tiers à un acte de vente ne peut pas opposer au vendeur qui le poursuit que l'acquéreur a renoncé à exercer un recours contre lui) ;

– la résiliation du contrat d'exploitation d'un film ne lie pas la banque qui a obtenu un nantissement des recettes provenant de ce film, car cette banque est un tiers par rapport à ce contrat et à la convention de résiliation (Cass. com. 4-7-1984 : GP 1985.pan.21) ;

– l'association qui a le droit de se porter partie civile ne peut pas pour autant introduire une action sur l'existence de manquements aux obligations nées d'un contrat (Cass. civ. 16-1-1985 : D. 1985.317 note Aubert) ;

– le vendeur-expéditeur d'une marchandise qui a stipulé dans le contrat de vente que les risques du transport seraient transférés à l'acheteur peut néanmoins agir en responsabilité contre le transporteur, car ce dernier ne peut pas se prévaloir du contrat de vente auquel il n'est pas partie (CA Paris 11-4-1986 : BT 1986.304) ;

– un contrat conclu par les syndicats professionnels pour le compte des membres d'une profession n'engage individuellement ces derniers qu'autant qu'ils acceptent les stipulations de l'accord collectif (CA Aix 8-6-1978 : Bull. Cour d'Aix 1978/3 p. 12) ;

– l'obligation de garde qui lie un dépositaire au déposant d'une chose ne peut pas être invoquée par un tiers (CA Besançon 15-10-1928 : GP 1929.1.15) ;

– le propriétaire d'un fonds de commerce de restaurant ne peut pas invoquer à son profit le contrat de fourniture exclusive de bière conclu entre le locataire de ce fonds de commerce et un sous-locataire (Cass. com. 21-12-1981 : JCP G 1982.IV.95) ;

– le vendeur d'un bien ne peut pas invoquer le contrat de crédit-bail auquel il n'a pas été partie, pour se dégager de ses obligations de garantie envers l'acheteur (Cass. com. 7-6-1994 : RJDA 11/94 no 1168) ;

– l'organisateur d'un congrès ne peut pas se prévaloir du règlement « Foires, salons et congrès de France » pour refuser l'admission d'un participant à un congrès dès lors que cet organisateur n'est pas membre de l'association ayant établi ce règlement (Cass. com. 31-1-2012 no 11-10.632 : RJDA 4/12 no 369) ;

– la partie liée par une clause attributive de compétence ne peut pas l'opposer au liquidateur judiciaire de son cocontractant dès lors que celui-ci agit dans l'intérêt collectif des créanciers (no 72046).

L'ex-article 1165 du Code civil prévoyait que les conventions ne nuisaient point aux tiers et ne leur profitaient pas. En application de cette disposition, il avait été jugé que le contrat était **inopposable au tiers à qui il nuisait** (Cass. 1e civ. 3-5-1988 no 86-13.931 : Bull. civ. I no 123 : inopposabilité de la cession d'un bien du domaine public au tiers qui défend ses droits face à l'acquéreur ; Cass. 1e civ. 17-6-2015 no 14-17.906 : RJDA 12/15 no 806 : inopposabilité de la décharge par le bailleur de l'un des époux des obligations du bail du logement familial à l'autre époux car elle est susceptible de lui nuire en faisant peser sur lui seul ces obligations en raison de la solidarité entre époux des dettes d'entretien du ménage édictée par l'art. 220 du Code civil) ; l'article 1199, issu de la réforme du droit des contrats opérée par l'ordonnance 2016-131 du 10 février 2016, ne reprend pas cette disposition, mais celle-ci pourrait néanmoins recevoir application si une raison d'ordre public le justifiait.

Si la « nuisance » du contrat aux intérêts du tiers ne peut plus être rattachée à la lettre de l'article 1199, reste que le contrat ne saurait par la violation d'une règle d'ordre public porter atteinte aux intérêts d'un tiers. Par exemple si le contrat de remise de dette a pour effet de libérer le codébiteur solidaire (no 50547), cette remise, qui est conventionnelle, ne peut pas avoir d'effet au regard des règles d'ordre public de direction, une partie ne pouvant pas s'ériger en maître de l'intérêt général, comme c'est le cas de l'ordre public conjugal en cause dans la décision susvisée (Cass. 1e civ. 17-6-2015 no 14-17.906 précité). Le tiers doit certes « respecter la situation juridique créée par le contrat » (C. civ. art. 1200) mais pas les situations juridiques illicites puisque tout contrat contraire à l'intérêt général est infecté d'une cause de nullité absolue (no 15668). C'est pourquoi, outre la décision précitée, les tribunaux ont admis que tout tiers intéressé peut, pour défendre ses droits, contester ceux de l'acquéreur d'un bien du domaine public frappé d'inaliénabilité (Cass. 1e civ. 3-5-1988 no 86-13.931 : Bull. civ. I no 123) et, le cas échéant, ceux qu'une partie tire d'un contrat inexistant pour défaut de rencontre des consentements des parties à ce contrat (no 15650) ou d'un contrat nul pour indétermination des prestations (nos 12400 s.) ou pour mise à néant de l'obligation essentielle (nos 12549 s.). Ces solutions sont confirmées par la décision qui juge qu'une transaction conclue par le débiteur avant sa mise en liquidation judiciaire est opposable au liquidateur judiciaire, à moins qu'elle n'ait été passée en fraude des droits des créanciers (Cass. com. 13-4-2022 no 20-23.328 F-D : RJDA 10/22 no 577).

Ces solutions rejoignent la jurisprudence du Conseil d'État qui a ouvert aux tiers la possibilité de saisir le juge du contrat d'un recours de pleine juridiction contestant la validité du contrat, à la condition que ceux-ci soient susceptibles d'être lésés dans leurs intérêts de façon suffisamment directe et certaine par la passation du contrat ou ses clauses (CE 4-4-2014 no 358994 : RJDA 3/15 no 180). En application de ce principe, le Conseil d'État a jugé que, « si la société requérante n'est pas un concurrent dont la candidature ou l'offre a été rejetée ou qui aurait été empêché de présenter sa candidature, et si en sa seule qualité de société susceptible d'intervenir en qualité de sous-traitante, elle ne justifie pas d'un intérêt lésé pouvant la rendre recevable à contester la validité du contrat en cause, il ressort des pièces du marché que l'offre d'un des groupements candidats reposait sur la technologie que fournit cette société (…) ; dans ces conditions, elle justifie être lésée par la conclusion du contrat litigieux de manière suffisamment directe et certaine pour être recevable à en demander l'annulation ainsi que la suspension » (CE 14-10-2015 nº 391183 : RJDA 3/16 nº 185).

Toutefois, avant comme après l'ordonnance 2016-131, le contrat crée une **« situation de fait »** qui a les conséquences suivantes pour les tiers :

a. Ils doivent respecter la situation contractuelle créée par le contrat (C. civ. art. 1200, al. 1) ; sans être formellement énoncée, cette solution était appliquée avant l'ordonnance par les tribunaux qui tenaient pour fautif celui qui s'était rendu complice de la violation d'un contrat (nº 15035).

b. Ils peuvent se prévaloir du contrat (C. civ. art. 1200, al. 2 ; Cass. 3e civ. 21-3-1972 : Bull. civ. III nº 193).

Un associé peut invoquer le contrat conclu par la société dont il est membre pour demander réparation d'un préjudice personnel et distinct de celui qui pourrait être subi par la société elle-même, c'est-à-dire d'un préjudice qui ne puisse être effacé par la réparation du préjudice social, étant observé que le seul fait que cet associé agisse sur le fondement de la responsabilité contractuelle ne suffit pas à établir le caractère personnel du préjudice allégué (Cass. com. 4-11-2021 nº 19-12.342 FS-B).

L'article 1200 du Code civil se contentant de préciser que les tiers peuvent se prévaloir du contrat « notamment pour apporter la preuve d'un fait » (droit déjà largement admis avant l'ordonnance 2016-131 par les tribunaux : voir ci-dessous), ils peuvent donc toujours invoquer les diverses possibilités qui leur avaient été reconnues pour tirer du contrat **certains effets.**

Les conditions auxquelles les tribunaux avaient subordonné le droit des tiers demeurent valables. Les tiers peuvent donc :

– prouver que le contrat invoqué a fait naître à leur profit une créance de nature extracontractuelle (Cass. com. 18-12-2012 nº 11-25.567 : RJDA 4/13 nº 291 ; nº 15026) ;

– invoquer le contenu d'un contrat à titre de preuve : par exemple pour prouver un droit de propriété (nºs 27050 et 30016), le montant d'un dommage (cf. Cass. civ. 25-7-1866 : DP 1866.1.309), la contenance des objets garnissant un immeuble loué (Cass. req. 27-7-1896 : DP 1897.1.421), l'extinction d'une créance (Cass. com. 22-10-1991 : RJDA 1/92 nº 6) ou la nature du contrat litigieux (Cass. com. 21-6-2011 nº 10-17.587 : RDC 2011.1151 obs. Laithier) ; aussi nº 70406 ;

– tirer du contrat la justification ou non d'un enrichissement sans cause (nº 10324) ou celle du montant d'une indemnité de résiliation (Cass. 1e civ. 10-5-2005 nº 790 : D. 2006.1156 note Guégan-Lécuyer) ou encore celle d'une interprétation d'un autre contrat (nº 13106) ;

– se prévaloir des conditions dans lesquelles plusieurs créanciers sont convenus entre eux de poursuivre des cautions (nº 50009) ;

– notamment l'assureur de marchandises transportées, s'appuyer sur le contrat de vente de ces marchandises pour fixer au regard du chargeur les risques de perte et de vol de ces dernières (CA Paris 4-9-2006 : BTL 2006.583) ;

– invoquer la renonciation à un droit que renferme une transaction (Cass. soc. 20-11-2013 nº 10-28.582 : RJS 2/14 nº 124 ; Cass. 1e civ. 22-2-2017 nº 16-10.925 F-D).

Mais les tiers ne peuvent pas reprocher aux parties d'avoir renoncé à exécuter le contrat (Cass. com. 19-5-1992 : RJDA 8-9/92 nº 802). Toutefois, il a été jugé qu'un tiers à un contrat administratif, s'il est lésé dans ses intérêts de façon suffisamment directe et certaine par la résiliation de ce contrat, peut contester devant le juge du contrat la validité de cette résiliation, mais uniquement en vue d'obtenir la réparation du préjudice qu'il estime avoir subi (TA Versailles 7-12-2018 nº 1504770).

Le contrat peut aussi rejaillir sur des tiers lorsqu'il est interdépendant d'autres contrats (nº 10106), lorsqu'il est connexe à d'autres contrats (70859 s.) ou l'objet de l'immixtion d'un tiers en mesure économiquement de le soumettre à sa volonté (Cass. com. 22-6-2022 nº 21-14.230 F-D).

II. OBLIGATIONS CONTRACTUELLES

A. Notion

Les obligations contractuelles sont celles dont les parties sont convenues dans le contrat qui fait 13100
leur loi (C. civ. art. 1103 ; nºs 10635 s.), par opposition à celles qui s'imposent aux cocontractants par la volonté de la loi (nº 10335). Le juge doit s'y tenir (Cass. 1e civ. 3-3-2011 nº 09-70.754 : RJDA 3/12 nº 282), sauf besoin d'interprétation.

La partie qui exécute un contrat sur le domaine public est liée, même si elle n'a pas d'autorisation d'occuper ce domaine, car ce défaut ne rend pas le contrat illicite dès lors qu'il n'a pas pour objet l'occupation du domaine (CE 10-7-2020 nº 427216, en déduisant que le contrat peut être invoqué pour régler un litige entre les parties).

L'interprétation de la volonté des parties est nécessaire lorsque l'exécution de ces obligations impose de déterminer ce que leur contenu, par la nature des choses, implique.

Ainsi, les juges ont retenu que le fait pour le titulaire d'un contrat de travaux, n'ayant pas pour objet l'occupation du domaine public mais dont le lieu d'exécution se situe sur une dépendance du domaine public, de ne pas disposer d'un titre l'autorisant à occuper cette dépendance n'a pas pour effet de rendre illicite le contenu du contrat (CE 10-7-2020 n° 427216 : RJDA 2/21 n° 88) ; jugé également que le contrat de réparation d'un véhicule conclu entre un garagiste et le propriétaire du véhicule contient implicitement l'obligation de gardiennage de celui-ci dès lors que l'exécution des réparations nécessite le dépôt du véhicule (Cass. 1e civ. 19-4-2023 n° 22-11.331 F-D, obligeant le donneur d'ordre qui ne retirait pas le véhicule au paiement des frais de gardiennage).

B. Règles d'interprétation des contrats

13103 Les neuf articles relatifs à l'interprétation des contrats inscrits dans le Code civil en 1804 ne sont pas tous applicables depuis le 1er octobre 2016 (sur cette date, n° 10000), certains ayant été abrogés et d'autres plus ou moins réécrits sous les articles 1188 à 1192. Mais l'essentiel des règles antérieures d'interprétation demeure applicable. Les directives issues de l'ordonnance 2016-131 du 10 février 2016 confirment les solutions jurisprudentielles qui avaient dû être élaborées pour pallier les insuffisances du Code, comme celles relatives au risque de dénaturation de la volonté des parties par le juge et au contrat d'adhésion. Les solutions prétoriennes ou jurisprudentielles antérieures peuvent donc être suivies, sauf indication contraire.

L'interprétation des contrats est l'œuvre du **juge** auquel on la demande.

Si le contrat est international, l'interprétation des contrats est pratiquée, en principe, selon les règles édictées à ce sujet par la loi applicable au contrat (n° 16934).

À cet effet, le juge jouit d'un très large **pouvoir d'interprétation.** Aussi ses solutions sont-elles difficiles à conjecturer. Tout au plus peut-on dégager les règles de conduite générale qu'il observe.

La mesure de cette incertitude peut être appréciée à travers l'exemple suivant qui révèle que des solutions contradictoires ont été données par des juges différents à propos d'un texte exactement identique. Ainsi, à propos du même emprunt lancé par la Ville de Tokyo, la cour de Paris (7-3-1929 : DH 1929.240) a décidé que les prêteurs ne pouvaient pas réclamer autre chose que des francs français, tandis que la cour de Besançon (12-12-1928, sous Cass. civ. 14-1-1931 : DP 1931.1.18) a jugé que les obligataires devaient être remboursés en valeur-or, ce qui imposait de leur verser un supplément tenant compte de la baisse de la monnaie française.

Toutefois, son pouvoir est limité par le **contrôle** que se réserve d'exercer la Cour européenne des droits de l'Homme (n° 10632).

1. POUVOIR D'INTERPRÉTATION DU JUGE

LIBERTÉ DE CHOISIR LES MOYENS D'INTERPRÉTATION

13106 Le juge peut choisir les moyens qui lui paraissent le plus appropriés pour dégager le sens d'un contrat dont les termes sont ambigus. Il utilise généralement les éléments suivants :

1. Les **témoignages,** même pour fixer le sens d'un contrat écrit contre lequel il est interdit de prouver outre ou contre (n° 75803) ;

2. Les **documents préparatoires** du contrat (Cass. 1e civ. 21-4-1976 n° 75-10.129 : Bull. civ. I n° 135 ; Cass. com. 15-5-1972 : JCP G 1974.II.17864 ; CA Aix 22-5-1980 : Bull. Cour d'Aix 1980/2 p. 22 ; CA Limoges 22-6-2005 n° 03/00816 : Bull. inf. C. cass. 2006.1904 ; cf. Cass. com. 2-12-1974 n° 70-12.539 : Bull. civ. IV n° 311 ; Cass. civ. 2-7-1980 : GP 1980.pan.530), sauf si les parties les ont écartés (n° 13109) ;

3. Les **contrats comparables,** même liant des tiers, l'effet relatif des contrats ne faisant pas obstacle à l'utilisation de ces contrats (Cass. com. 8-12-1987 n° 85-16.216 : Bull. civ. IV n° 262).

OBLIGATION DE SE CONFORMER À LA VOLONTÉ DES PARTIES

13109 **Obligation de chercher la volonté des parties** Le juge doit s'en tenir à la commune intention des parties (C. civ. art. 1188, al. 1). Si la **clause** qui lui est soumise est **ambiguë,** il doit rechercher la commune intention des parties (Cass. 1e civ. 30-1-2019 n° 18-10.796 : RDC 2019/2.14 obs. Laithier ; CA Paris 7-2-2002 n° 00/21523 : RJDA 8-9/02 n° 962 ; Sentence CCI n° 1434 en 1975 : JDI 1976.978 obs. Derains ; rappr. Sentence CCI n° 8694 en 1996 : JDI 1997.1056 obs. Derains), mais il n'a pas cette obligation au regard des clauses dépourvues d'ambiguïté (Cass. com. 4-12-2019 n° 18-14.537 F-D : RJDA 2/20 n° 61).

La recherche de la commune intention des parties n'est pas la divination de la volonté des parties. Elle se déduit de faits objectifs, tels que le sens qui s'induit des termes de l'acte et de la corrélation de ses clauses (CA Paris 16-6-2015 n° 14/02590 : RJDA 11/15 n° 752 ; CA Paris 30-6-2015 n° 14/12687 : RJDA 11/15 n° 749), des usages (n° 13150) ou des actes d'exécution (n° 13153), de la dernière manifestation de volonté en cas de contrats successifs, le plus récent et, de surcroît plus précis, l'emportant sur le précédent (Cass. com. 5-7-2017 n° 16-10.325 F-D : RJDA 11/17 n° 708), voire d'un témoignage impartial (CA Montpellier 23-2-2022 n° 19/01259 : GP 2022 n° 17 p. 24). Elle résulte aussi de l'application des autres procédés d'interprétation qui sont également fondés sur des éléments objectifs tels l'effet utile (n° 13173), l'économie du contrat (n° 13176) et le sens raisonnable (n° 13179).

La commune intention des parties à retenir est celle qui les animait au **moment** de la conclusion du contrat (CA Versailles 5-10-1995 : RJDA 2/96 n° 183) ou de sa modification (Cass. com. 11-1-2000 : RJDA 3/00 n° 240).

Cette commune intention s'entend de la volonté de chacun des cocontractants ; les juges ne peuvent pas se contenter, pour la déterminer, de relever l'intention d'une seule partie, sans faire état de la volonté de l'autre (Cass. 1e civ. 20-1-1970 n° 68-11.420 : Bull. civ. I n° 24).

L'obligation de rechercher la commune intention des parties est tenue pour quasi universelle (CA Paris 7-9-2000 : Rev. arb. 2001.199.som.).

Le juge doit ainsi observer les prescriptions suivantes.

Interdiction de dénaturation Le juge du fond ne peut interpréter les clauses claires et précises, à peine de dénaturation (C. civ. art. 1192). Autrement dit, il ne peut interpréter que les clauses ambiguës (pour un rappel de cette règle, CA Aix 26-6-2002 : JCP G 2004.II.10022 note Egea). 13112

Cette règle dite de l'interdiction de la dénaturation des clauses claires et précises peut être invoquée à propos d'un acte rédigé en langue étrangère (Cass. com. 16-4-1996 : DMF 1996.796 rapport Rémery) mais non pour obtenir l'annulation d'une sentence arbitrale (nos 71222 et 71333).

Il ne peut pas le faire pour quelque motif que ce soit, notamment :

– parce que le cocontractant qui l'invoque est de bonne foi ou que l'autre n'a éprouvé aucun préjudice (Cass. civ. 24-7-1912 : D. 1913.1.85 ; Cass. civ. 29-5-1933 : RGAT 1933.801 ; Cass. civ. 9-10-1968 : RGAT 1969.198) ;

– parce que la clause était antérieurement ambiguë dès lors qu'elle ne l'est plus, les parties ayant précisé leur volonté par une mention insérée en marge de l'acte (Cass. 3e civ. 18-1-1977 n° 75-11.973 : Bull. civ. III n° 23) ;

– parce que la clause a un effet contraire à l'équité (Cass. civ. 25-4-1972 : D. 1972.som.196 ; Cass. civ. 23-7-1957 : D. 1957.670 ; CA Paris 13-3-1978 : GP 1978.1.258).

Parmi les nombreuses décisions statuant sur le moyen de dénaturation, il a été jugé notamment que :

– la clause d'un contrat prévoyant que la signature du locataire devait être portée tant au recto qu'au verso de cet acte ne peut signifier que le locataire était engagé en signant soit au recto, soit au verso de celui-ci (Cass. com. 23-6-1992 : RJDA 11/92 n° 982) ;

– l'indemnisation demandée par une banque en vertu d'une police d'assurance « protection détournement et informatique » pour les détournements commis par plusieurs de ses salariés ne peut être refusée dès lors que cette police définit, sans aucune restriction, la garantie des pertes pécuniaires que pourrait subir l'assurée à la suite d'un détournement commis pendant la période de validité du contrat (Cass. civ. 16-3-1994 : RJDA 7/94 n° 799) ;

– la clause qui vise le cas « de cession, de fusion ou de transformation du fonds d'une clinique, ou de toute modification de la situation juridique de la clinique » ne peut pas être interprétée comme visant le cas de cession de la majorité des actions de la société exploitant cette clinique (Cass. com. 17-10-1995 : RJDA 4/96 n° 511) ;

– la clause d'un contrat de prêt précisant qu'« en cas de défaillances de l'emprunteur, le capital restant dû produira intérêt au taux du prêt majoré de trois points, et ce jusqu'à la date de reprise du cours normal des remboursements », est ambiguë, le « capital restant dû » pouvant s'entendre aussi bien de l'ensemble du capital non remboursé échu ou à échoir que du seul capital échu (Cass. civ. 10-3-1998 : RJDA 6/98 n° 670 : non-dénaturation par l'arrêt qui a appliqué les intérêts à l'ensemble du prêt restant à courir, dont le montant des échéances non encore échues, et non seulement sur le capital restant dû, correspondant aux échéances passées) ;

– la clause prévoyant que chaque partie au contrat s'interdisait de prendre « directement ou indirectement » une participation dans une société contrôlant au sens de l'article L 233-2 du Code de commerce directement ou indirectement l'autre partie, était ambiguë et qu'elle a pu être interprétée comme ne renvoyant pas pour la définition de la prise de participation directe ou indirecte à celle du contrôle direct ou indirect défini à l'article précité (Cass. com. 14-12-2004 n° 1833 : RJDA 5/05 n° 623) ;

– le contrat autorisant le maître d'œuvre à adresser tous courriers utiles aux entreprises pour l'exécution de sa mission de direction des travaux, ne contient aucun mandat exprès à l'effet d'adresser aux entreprises défaillantes une mise en demeure avant résiliation du contrat (Cass. 3e civ. 7-9-2022 n° 21-21.382 FS-B).

Sur l'impossibilité de remettre en cause pour dénaturation l'interprétation d'un contrat par les arbitres, n° 71222.

Obligation de se conformer à l'interprétation voulue par les parties Le juge doit respecter les directives d'interprétation que les parties ont conventionnellement fixées dans leur contrat, telle la clause **d'intégralité** excluant de prendre en compte les documents échangés pendant les négociations ou la clause de **priorité** précisant les documents qui priment sur les autres. 13115

Interdiction d'interpréter le contrat en référé Sur cette question, n° 72506. 13118

2. LIGNES DIRECTRICES DU JUGE

PRISE EN COMPTE DE LA LETTRE DU CONTRAT

13143 **Sens des mots** Le juge doit retenir le sens clair et précis des termes du contrat.

Le juge rejette ainsi, sous la qualification de « clause de style », une clause conçue en termes généraux dont on ne peut pas déduire, prise en soi, la volonté commune des parties (CA Rouen 28-11-1996 : RJDA 5/97 n° 631). C'est pourquoi il est très rare que le juge rejette l'application d'une clause écrite dans le contrat au motif qu'elle ne serait que de style (Cass. 1e civ. 9-7-1956 : Bull. civ. I p. 237 ; Cass. 1e civ. 16-12-1963 : Bull. civ. I n° 557 ; Cass. 3e civ. 3-5-1968 n° 65-12.906 : Bull. civ. III n° 184 ; Cass. 3e civ. 8-7-1971 n° 70-11.810 : Bull. civ. III n° 442). Une clause en effet n'est pas de style lorsqu'elle est claire et précise (Cass. civ. 4-5-1942 : DC 1942.131 note Besson ; Cass. civ. 10-3-1948 : D. 1948.255 ; CA Montpellier 5-4-1933 : GP 1933.1.891). Mais il arrive que le juge rejette une clause en la qualifiant de style sans pour autant justifier ce caractère (CA Rouen 28-11-1996 : RJDA 5/97 n° 631 ; voir aussi : Cass. civ. 26-4-1932 : DH 1932.315 ; CA Aix 10-3-1977 : Bull. Cour d'Aix 1977/1 p. 75).

Si le sens des termes du contrat n'est pas évident, le juge doit s'efforcer de le fixer. À cet effet :

– il tient compte de l'adaptation qu'en droit il peut y avoir lieu de faire subir au sens vulgaire du mot employé (à propos du terme « hospitalisation », CA Paris 20-4-1983 : GP 1983.394) ;

– il prend en compte ce que le contractant a pu comprendre, notamment s'il n'est pas spécialiste (Cass. civ. 14-5-1974 : BT 1975.93) ;

– il se réfère au dictionnaire (Cass. com. 13-5-1974 : JCP G 1974.IV.244 ; cf. CA Aix 6-2-1985 : Bull. Cour d'Aix 1985/1 p. 66 ; Sentence CCI n° 4555 en 1985 : Yearbook 1986.140).

Sur le sens des expressions étrangères, n° 12709.

13146 **Sens des clauses** Le juge fixe le sens des différentes clauses d'un contrat en les confrontant les unes aux autres en donnant à chacune le sens qui respecte la cohérence de l'acte tout entier (C. civ. art. 1189, al. 1 ; Cass. 3e civ. 8-11-2006 n° 05-17.748 : RJDA 3/07 n° 238). Ainsi, une clause litigieuse ne peut pas être isolée des autres clauses (Cass. com. 23-1-1979 n° 77-13.002 : Bull. civ. IV n° 29 ; Cass. com. 27-5-2008 n° 07-11.374 : RJDA 12/08 n° 1306 : même si la clause en elle-même est claire et précise).

Le juge se réfère aussi, le cas échéant, au contrat pour éclairer la portée d'un acte qui en est l'application (Cass. com. 26-1-1999 : RJDA 4/99 n° 427).

Sur l'interprétation des contrats qui concourent à une même opération, n° 10103.

Par ailleurs, les **clauses spéciales** sont censées **déroger** aux clauses générales (Cass. 1e civ. 12-5-1969 n° 67-12.469 : Bull. civ. I n° 174 ; Cass. 1e civ. 9-2-1999 n° 96-19.538 : Bull. civ. I n° 44 ; Cass. com. 21-6-2017 n° 15-11.154 F-D : RJDA 10/17 n° 686).

Par exemple :

– dès lors qu'une clause d'un contrat de concession du droit d'exploitation d'un procédé de construction de maisons individuelles fixe le montant et les conditions de paiement des redevances en fonction des ventes effectives des maisons fabriquées, elle exclut que le cessionnaire soit tenu à un montant minimal de redevance au motif qu'une autre clause lui a imposé de vendre un minimum desdites maisons (CA Reims 5-1-1976 : D. 1976.IR.278) ;

– les clauses dactylographiées priment les clauses imprimées (Cass. civ. 23-12-1940 : DA 1941.67 ; Cass. civ. 23-6-1952 : S. 1953.1.86 ; Sentence arbitrale du 29-3-1976 : DMF 1976.638) ;

– les clauses du cahier des clauses administratives particulières (CCAP) d'un marché de travaux dérogent à celles du cahier des clauses administratives générales (CCAG) de ce marché (CA Lyon 3-9-2013 n° 11/07983 : RJDA 12/13 n° 970) ;

– les clauses particulières d'un contrat d'assurance garantissant le vol dans les parties communes d'un immeuble prévalent sur les clauses générales, avec lesquelles elles sont inconciliables, ne garantissant que le vol dans les parties techniques (Cass. 2e civ. 4-10-2018 n° 17-20.624 F-PB).

Les juges du fond apprécient souverainement le caractère spécial d'une clause (Cass. civ. 8-10-1980 : D. 1981.IR.67).

Les clauses qui dérogent au **droit commun** s'interprètent **restrictivement** (notamment les clauses limitatives de responsabilité, n° 15319).

Le libellé d'une clause peut servir à en fixer le sens (Cass. com. 10-6-2008 n° 07-12.370 : RJDA 12/08 n° 1245, refusant de tenir pour une clause limitative de garantie celle dont le libellé ne faisait pas mention d'une limitation de garantie), sans être pour autant déterminant dès lors que le contenu de la clause le dément, car avant tout il y a lieu de donner un sens à la clause (CA Versailles 19-11-2009 n° 08/03777 : RJDA 6/10 n° 631).

COMPLÉMENT À LA LETTRE DU CONTRAT

Usage L'usage étant applicable dès lors qu'il est tacitement accepté (n° 73590), le juge peut donner au contrat dont le sens est ambigu celui que fixe, le cas échéant, un usage. Il peut donc reprendre les solutions qui ont été rendues avant l'ordonnance 2016-131 du 10 février 2016 sur le fondement de l'ex-article 1159 du Code civil lequel disposait que ce qui est ambigu s'interprète par ce qui est d'usage dans le pays où le contrat est passé (CA Aix 27-5-1981 : Bull. Cour d'Aix 1981/3-4 p. 15 : l'interprétation de l'indication « prix de série de bâtiment, coefficient septembre 1973 » implique en vertu de l'usage l'acceptation des revalorisations résultant des coefficients en vigueur lors de l'exécution des travaux ; CA Paris 12-2-2003 : JCP E 2004.1770 obs. Guillemain : obligation d'un éditeur fixée en fonction des usages ; CA Orléans 20-2-2013 : JCP E 2015.1217 n° 13 obs. Mousseron : en matière informatique, les usages tolèrent une certaine marge de difficultés pendant la période de mise au point ; CA Paris 23-3-2016 n° 13/15215 : JCP E 2016.1299 n° 3 obs. Brès : en matière de contrats de travaux importants, usage des prestataires d'adresser au maître d'ouvrage un décompte provisoire avant le décompte définitif) ou de l'ex-article 1160 selon lequel on doit suppléer dans le contrat les clauses qui y sont d'usage, quoiqu'elles n'y soient pas exprimées (CA Rennes 9-7-1974 : JCP G 1975.II.17990 : à défaut d'écrit, possibilité de fixer le contenu du contrat par application des usages se rapportant à l'activité visée dans l'accord litigieux). 13150

Les « **pratiques habituelles des parties** » doivent aussi être prises en compte. Les juges doivent vérifier si elles ont été ou non suivies dès lors que les parties ont expressément visé comme critère d'appréciation l'exécution de leurs obligations (Cass. com. 5-2-2020 n° 18-20.674 F-D : RJDA 6/20 n° 299). Sur la non-reconnaissance d'une pratique usuelle, n° 19643.

Actes d'exécution du contrat Le sens à donner au contrat peut être celui que les parties lui ont reconnu en exécutant le contrat d'une façon déterminée (Cass. civ. 5-2-1971 : D. 1971.281 ; Cass. civ. 1-7-1975 : JCP G 1975.IV.274 ; Cass. 1e civ. 13-12-1988 : Bull. civ. I p. 239 ; CA Aix 4-4-1979 : Bull. Cour d'Aix 1979/2 p. 84, jugeant que la modalité de calcul doit être celle que la partie qui conteste le sens du contrat a acceptée pendant les vingt mois qui ont suivi la fin des travaux ; aussi Cass. com. 8-6-1999 : RJDA 10/99 n° 1041, qui se réfère, pour apprécier la conformité des livraisons actuelles, aux modèles retenus pour des livraisons antérieures). 13153

Faveur au débiteur d'un contrat de gré à gré Si le sens du contrat reste douteux, il faut alors lui donner celui qui est favorable au cocontractant qui s'est obligé en vertu d'un contrat de gré à gré (C. civ. art. 1190 ; pour une application, CA Angers 8-3-2022 n° 18/01469). 13156

Cette solution en vigueur depuis le 1er octobre 2016 (sur cette date, n° 10000) reprend celle de l'ex-article 1162 selon lequel, dans le doute, le contrat s'interprète contre celui qui a stipulé et en faveur de celui qui a contracté l'obligation, mais la limite au contrat de gré à gré. Elle peut être néanmoins illustrée par la jurisprudence antérieure rendue sur le fondement de cet ex-article qui se rapportait à tout contrat, le contrat d'adhésion n'ayant pas alors été distingué par une solution spécifique (n° 13158) (Cass. civ. 4-4-1991 : CCC 1991 n° 159 obs. Leveneur ; Cass. com. 9-5-1995 : RJDA 11/95 n° 1192 ; CA Aix 18-6-1985 : BT 1986.105 ; CA Rouen 12-10-1987 ; CA Versailles 7-2-1992 : RJDA 12/92 n° 1100).

La règle ne joue qu'autant qu'aucun élément susceptible de lever le doute ne peut être invoqué par le créancier, tel le sens clair qui résulte d'un autre alinéa de la même clause (Cass. civ. 7-3-1995 : RJDA 10/95 n° 1127) ou de contrats qu'il a conclus avec d'autres contractants et qui ont un objet comparable (CA Aix 18-4-1978 : Bull. Cour d'Aix 1978/2 p. 60 ; CA Aix 26-6-2002 : JCP G 2004.II.10022 note Egea, précisant que l'ex-art. 1162 C. civ. est supplétif de l'ex-art. 1156 du même Code), voire de l'exclusion conventionnelle de la règle du doute (Cass. soc. 20-2-1975 : Bull. civ. V n° 93 et Cass. com. 19-1-1981 : Bull. civ. IV n° 34, jugeant l'ex-art. 1162 du Code civil supplétif).

Faveur à l'adhérent au contrat d'adhésion Le doute sur le sens d'un contrat d'adhésion s'interprète contre celui qui l'a proposé (C. civ. art. 1190). Cette règle d'interprétation est, à notre avis, une règle d'ordre public de protection de la partie adhérente. Lui permettre d'y déroger serait l'exposer au risque de favoriser le déséquilibre significatif que le contrat d'adhésion ne doit pas comporter (nos 12560 s.). Pour la même raison, si l'ensemble de clauses caractérisant que le contrat est d'adhésion est inclus dans des conditions générales, la règle voulant que les conditions particulières l'emportent sur les conditions générales (C. civ. art. 1119, al. 3) n'est susceptible d'être appliquée que dans la mesure où elle a pour effet de supprimer le déséquilibre significatif. 13158

Équité Une obligation peut être considérée comme implicitement envisagée par le contrat lorsqu'elle apparaît comme une suite que l'équité donne au contrat d'après sa nature (C. civ. art. 1194). 13159

Par exemple, jugé, sur le fondement de l'équité, que :

– si un bail prévoit la faculté de donner congé à la fin des périodes indiquées sans préciser quelle partie a cette faculté, celle-ci doit être accordée aux deux parties (Cass. req.30-10-1934 : DH 1934.572) ;

– la mise à disposition par un hôtel d'une antichambre aménagée en vestiaire et attenante à un salon loué à l'organisateur d'une réunion entraîne une obligation de surveillance accessoire (Cass. 1e civ. 13-10-1987 n° 87-14.731 : Bull. civ. I p. 190) ;
– un contrat d'entretien d'une installation soumise à réglementation oblige à informer le client des modifications intervenues dans celle-ci de manière à lui permettre de les respecter (Cass. 1e civ. 28-2-1989 n° 87-14.731 : Bull. civ. I n° 102) ;
– une exclusion dans un contrat d'assurance n'est pas valable lorsqu'il est établi que l'assureur a su, lors de la conclusion du contrat, que les conditions de cette exclusion étaient déjà réunies (Cass. 1e civ. 10-5-1989 : Bull. civ. I n° 184) ;
– le fait d'obtenir sous la menace d'une arme l'ouverture d'un coffre-fort équivaut à une effraction justifiant l'application des conditions générales du contrat prévoyant que la garantie des espèces et valeurs est limitée au seul cas d'effraction (Cass. 1e civ. 2-5-1990 n° 87-18.835 : Bull. civ. I n° 89).

Mais l'équité n'est pas en soi une source de droit permettant au juge de créer une obligation contraire à une loi qui ne la prévoit pas et à laquelle les parties n'ont pas dérogé, notamment ordonner le paiement double des jours fériés travaillés, car, à l'exception du 1er mai, ils ne sont pas nécessairement chômés (Cass. soc. 4-12-1996 nos 94-40.693 et 94-40.701 : Bull. civ. V n° 421).

13162 **Exclusion de principe de l'interprétation a contrario** Selon l'ex-article 1164 du Code civil, lorsqu'un cas a été exprimé dans le contrat pour l'explication de l'obligation, il n'en résulte pas que les parties aient voulu par là restreindre l'étendue que l'engagement reçoit de droit aux cas non exprimés. Ainsi, lorsque la clause d'un bail prévoit que le locataire supportera toutes les taxes, y compris l'impôt foncier, la référence faite à l'impôt foncier constitue une précision n'impliquant pas que le cas non exprimé de la taxe sur les bureaux soit exclu de l'engagement (CA Versailles 5-5-1994 : RJDA 2/95 n° 113 ; CA Versailles 3-11-2000 : GP 2001.som.501). La précision dans les statuts d'un groupement foncier agricole que les héritiers en ligne directe de l'associé décédé peuvent devenir associés s'ils sont agréés par une décision unanime des associés survivants ne peut pas signifier que les héritiers autres que ceux en ligne directe, tel le conjoint survivant, peuvent devenir associés sans agrément (Cass. com. 6-11-2012 n° 11-25.058 F-D : RJDA 2/13 n° 130 : jugé sans visa de l'ex-art. 1164).

Mais cette interprétation est écartée lorsque le cas exprimé au contrat vise une hypothèse claire et précise qui est distincte, par sa définition et son régime, de celle à laquelle une partie prétend l'étendre ; ainsi, l'objet d'un pacte d'actionnaires n'a pas disparu du fait que la société a été mise en redressement judiciaire dès lors que le pacte précisait qu'il deviendrait caduc « le jour où une décision judiciaire accepterait un plan de cession de la totalité des actifs » sociaux, ce qui signifie, a contrario, qu'il n'est pas caduc en cas de plan de continuation (CA Aix 5-12-2003 n° 02/19692 : RJDA 3/05 n° 276).

La solution doit être appliquée depuis le 1er octobre 2016 (sur cette date, n° 10000) bien que cette disposition ait été abrogée par l'ordonnance 2016-131 du 10 février 2016, car aucune directive contraire n'est donnée au juge par les textes issus de l'ordonnance.

ÉLÉMENTS PRIMANT LA LETTRE DU CONTRAT

13170 **Intention commune** Le juge doit rechercher l'intention commune des parties plutôt que de s'arrêter au sens littéral des termes (C. civ. art. 1188, al. 1).

Jugé ainsi que :
– une vente se rapportait à un terrain à bâtir bien que le contrat ne comportât aucune condition suspensive sur le caractère constructible ou non du terrain (CA Aix 10-5-1976 : Bull. Cour d'Aix 1976/2 p. 8) ;
– un contractant ne peut pas faire prévaloir une erreur typographique sur le sens du contrat (CA Aix 26-10-1977 : Bull. Cour d'Aix 1977/4 p. 90 ; TA 26-6-1984 : GP 1985.som.437) ;
– la compétence peut être donnée à la chambre arbitrale du Havre bien que la clause d'un imprimé donnant compétence à la chambre arbitrale de Marseille n'ait pas été rayée (CA Rouen 31-1-1980, inédit) ;
– la clause qui prévoit la livraison de trois cents photos destinées à la révision de l'édition 1984 d'une encyclopédie ne peut pas être interprétée comme désignant sans équivoque l'édition de 1984 comme l'œuvre pour laquelle étaient commandées ces photos, sans qu'il soit constaté que, pour le fournisseur de ces photos, l'édition dans laquelle celles-ci étaient incluses revêtait un caractère déterminant (Cass. com. 23-3-1993 : RJDA 6/93 n° 477) ;
– l'acte de donation qui se bornait à reproduire les dispositions légales du rapport en moins prenant ne pouvait signifier que le donateur avait entendu imposer au donataire le rapport en valeur et écarter ainsi la faculté offerte à celui-ci de rapporter le bien donné en nature (Cass. 1e civ. 12-1-2011 n° 09-15.298 : RTD civ. 2011.573 obs. Grimaldi).

13173 **Effet utile** Une clause doit recevoir le sens qui lui permet d'avoir un effet utile par rapport à celui qui ne lui ferait produire aucune conséquence (C. civ. art. 1191 ; CA Amiens 15-2-1977 : JCP G 1978.II.19012 obs. Méjean ; CA Paris 8-6-1982 : BT 1982.564 ; Sentence CCI n° 1434 en 1975 : JDI 1976.978 obs. Derains ; Sentence CCI n° 3380 en 1980 : JDI 1981.927 obs. Derains).

Économie du contrat Une clause doit être entendue dans le sens qui respecte la cohérence du contrat tout entier (C. civ. art. 1189), ce qui était évoqué auparavant comme étant « l'économie du contrat ». 13176

Il a été ainsi jugé, sans souci de base légale, qu'un tribunal arbitral n'avait « nullement modifié l'économie du contrat en substituant aux obligations contractuelles des obligations nouvelles ne répondant pas à l'intention commune des parties » (CA Paris 1-12-2020 n°s 19/09347, 19/09352, 19/554 et 19/09725 : Rev. arb. 2021.95 note Le Lay).

Sens raisonnable Lorsque l'intention commune ne peut pas être décelée, le contrat s'interprète selon le sens que lui donnerait une personne raisonnable placée dans la même situation (C. civ. art. 1188, al. 2). 13179

Jugé par exemple que :

– l'obligation de verser une rente annuelle et viagère prélevée sur les recettes d'un cinéma exploité par le débiteur s'entend, en présence d'une situation imprévue à la promesse, comme ayant été contractée sous la condition que l'exploitation du cinéma ne cesse pas (Cass. 1e civ. 7-5-1974 n° 72-14.417 : Bull. civ. I n° 129) ;

– la clause selon laquelle le concessionnaire automobile est tenu de déclarer dans les quinze jours suivant la livraison du véhicule au client toute vente faite en dehors du secteur concédé afin de lui permettre de bénéficier du taux réduit de 25 % du montant de la remise sur le prix de vente qu'il doit rétrocéder au concessionnaire local lésé par une telle vente s'entend d'une déclaration spéciale faite par le premier concessionnaire au second (Cass. com. 13-12-1976 : D. 1977.IR.122) ;

– les vendeurs d'un terrain ne pouvaient raisonnablement se réserver, dans l'acte de vente, un droit discrétionnaire de faire modifier les ouvrages existants et futurs au moment même où ils permettaient à l'acquéreur de pratiquer des ouvertures dans le mur qu'il allait édifier, la commune intention des parties ayant été d'empêcher la constitution de servitudes et de donner aux vendeurs la possibilité d'exiger la modification des locaux dès qu'elle serait utile à leur fonds (CA Lyon 27-5-1975 : D. 1976.637 note J.P.) ;

– la surface constructible visée par les parties comme élément de détermination du prix de vente d'une propriété conclue sous la condition suspensive de l'obtention du permis de construire s'entend, une fois le permis obtenu, de la surface constructible autorisée et non de la surface totale y compris les sous-sols et les combles (CA Aix 24-1-1977 : Bull. Cour d'Aix 1977/1 p. 7) ;

– l'accord aux termes duquel le fournisseur consent des facilités de paiement exceptionnelles à son client, s'il ne prévoit aucune clause de fidélité, sous-entend, toutefois, que ce dernier doit se servir exclusivement chez ledit fournisseur ou, du moins, doit poursuivre avec celui-ci des relations d'affaires (CA Aix 29-11-1978 : Bull. Cour d'Aix 1978/4 p. 6) ;

– l'acquéreur de la majorité des actions d'une société qui, dans un même protocole, a promis un apport déterminé sur la base du dernier bilan et de faire son affaire personnelle des dispositions à prendre pour amener la situation nette de la société cédée à la somme nécessaire pour permettre la transformation de cette dernière dans les meilleurs délais en société anonyme est tenu non pas seulement à la hauteur de l'apport fixé mais jusqu'au montant permettant la transformation (CA Amiens 23-3-1987 : JCP E 1987.16916) ;

– la faculté offerte par des bailleurs au cessionnaire du droit au bail de demander la conclusion d'un nouveau bail de trois, six ou neuf ans pour un « loyer restant inchangé », ayant un caractère exorbitant en raison du maintien du même loyer pour une période pouvant durer neuf ans, ne peut, à défaut de précision dans la clause sur la date à laquelle le cessionnaire peut demander la conclusion d'un nouveau bail, raisonnablement être exercée qu'au jour de la cession et est caduque si elle ne l'a pas été (CA Paris 26-5-1992 : RJDA 11/92 n° 995, constatant que tel n'a pas été le cas).

III. RÈGLES GÉNÉRALES D'EXÉCUTION DES OBLIGATIONS CONTRACTUELLES

A. Obligations types

DISTINCTION DES OBLIGATIONS CONTRACTUELLES ET DES OBLIGATIONS EXTRACONTRACTUELLES

Par application des articles 1100-1 et 1100-2 du Code civil, les obligations contractuelles sont distinctes des obligations non contractuelles, parmi lesquelles sont rangées les obligations délictuelles ou quasi délictuelles. 13190

La **portée** de cette **distinction** est souvent mise à l'épreuve à l'occasion de la vie des contrats qui amène à déterminer si tel ou tel engagement contractuel recouvre ou non, notamment, une obligation délictuelle ou quasi délictuelle. C'est particulièrement le cas en matière de clause compromissoire (nº 70788) ou en matière de cautionnement (nº 55194).

La distinction est d'autant plus délicate à identifier qu'elle est poreuse : sur la métamorphose d'une relation extracontractuelle établie de longue date en relation contractuelle tacite au sens du règlement CE 44/2001 du 22 décembre 2000 sur la compétence, nº 72115 ; sur la rupture brutale d'une relation commerciale qui peut résulter d'un contrat tout en constituant une obligation délictuelle ou quasi délictuelle, nº 15458 ; sur la détermination des matières contractuelles et délictuelles pour fixer la compétence des juridictions, nºs 72025, 72112 s. et 72133.

CLASSIFICATION DES OBLIGATIONS CONTRACTUELLES

13200 **Suppression de la classification des obligations en obligation de donner, de faire ou de ne pas faire** Depuis 1804, les obligations étaient classées en fonction de la nature de la prestation qui en constituait l'objet, conformément à la définition de l'obligation que donne expressément, l'article 1163, al. 1 du Code civil. Toutefois, l'ex-article 1101 du Code civil qui prévoyait qu'en concluant le contrat les parties s'obligeaient « à donner, à faire ou à ne pas faire quelque chose » n'a pas été repris dans les dispositions du Code civil issues de l'ordonnance 2016-131 du 10 février 2016 au motif que ses dispositions étaient devenues inadéquates.

Ce silence sur l'obligation de faire ou de ne pas faire, qui se veut être un grand progrès simplificateur, ne saurait cependant interdire en soi l'utilisation de la terminologie en usage et d'en faire une cause d'invalidité du contrat car un silence ne crée pas une interdiction d'ordre public face à la liberté contractuelle (nº 10628). Les parties ne commettent donc aucune irrégularité en continuant de se référer, ce qui est courant dans le langage des praticiens, à l'expression « obligation de faire » ou à celle de « ne pas faire ».

Le sort de l'emploi de l'obligation de donner ne se pose pas en pratique car l'expression était tombée en désuétude et était couramment désignée comme obligation de « délivrer ».

13203 **Résurrection sous une terminologie nouvelle** Chacun sachant que les faits sont têtus, nul ne s'étonnera de constater que, depuis le 1er octobre 2016 (sur cette date, nº 10000), les obligations de donner, de faire ou de ne pas faire se retrouvent sous la paille des mots.

L'« **obligation de donner** », qui signifie que la propriété d'un droit étant transférée par la délivrance (C. civ. art. 1604), ce droit devait être « livré » (C. civ. ex-art. 1136 et 1138), se retrouve dans l'article 1196 du Code civil qui dispose que l'aliénation de la propriété ou la cession d'un droit emporte le transfert lors de la conclusion du contrat, et que le débiteur doit « délivrer » le droit transféré.

L'« **obligation de faire** », que le Code avait considérée comme compréhensible d'elle-même, se contentant de donner la sanction de son inexécution sous forme de dommages-intérêts (C. civ. ex-art. 1142) se retrouve sous le nom de « prestation de service » ; cette notion n'est pas davantage définie, mais elle n'est que l'obligation d'accomplir une tâche, autrement dit une obligation de faire (nº 12429), sous cette observation que la prestation de service évoque aussi une activité de service alors que l'obligation de faire peut correspondre à l'exécution d'une tâche unique et ponctuelle (pour un exemple, Cass. 1e civ. 27-9-2005 nº 03-17.838 F-D : RJDA 5/06 nº 540).

L'« **obligation de ne pas faire** », que le Code dans sa rédaction de 1804 avait traitée comme l'obligation de faire en visant seulement son inexécution (C. civ. ex-art. 1142 et 1145), n'était pas stéréotypée par un contrat déterminé ; elle se rencontrait en pratique comme une obligation accessoire d'une obligation de donner ou de faire, notamment sous la forme des obligations de secret et des obligations de non-concurrence. Ces obligations ne sont pas ignorées des nouvelles dispositions du Code mais elles ne sont envisagées qu'incidemment, supposant que tout un chacun sait ce qu'il advient de leur régime (cf. C. civ. art. 1230).

B. Obligation de moyens ou de résultat

PORTÉE DE LA DISTINCTION

13250 La distinction des obligations entre obligation de moyens et obligation de résultat est une création prétorienne qui survit, le Code civil continuant à l'ignorer, sans l'interdire donc.

Elle ne concerne que les obligations de faire : ce qui doit être fait peut être exigé sous la forme d'une diligence non précisée quant à son résultat ou d'une exigence d'un résultat déterminé.

L'obligation de transférer la propriété s'accomplit de droit par l'échange des consentements et celle de délivrer ne fait pas de doute sur ce qu'elle implique : le résultat de la délivrance.

L'obligation de ne pas faire ne se mesure aussi qu'à son résultat : l'acte interdit est fait ou non.

EFFET DE LA DISTINCTION

Sanction de l'exécution défectueuse La distinction entre obligation de moyens et obligation de résultat a pour effet d'imputer différemment au débiteur l'exécution défectueuse. 13253

Lorsque le débiteur est poursuivi, non pas pour une exécution défectueuse, mais pour une **absence totale d'exécution** de son obligation, il lui appartient de prouver qu'il l'a exécutée (C. civ. art. 1353), que son obligation soit de moyens ou de résultat. Toutefois, lorsque son obligation est de résultat, la preuve qu'il ne l'a pas exécutée est établie par le seul fait que le résultat promis n'est pas constaté. Il ne peut alors être déchargé de ce manquement que s'il prouve que celui-ci est dû à une cause étrangère comme il est dit ci-dessous pour une inexécution défectueuse de l'obligation.

1. Si l'**obligation** est **de moyens,** le débiteur est responsable de son exécution défectueuse si celle-ci est due à sa faute, dont la preuve incombe au créancier qui demande réparation (Cass. com. 19-10-1982 n° 81-10.220 : Bull. civ. IV n° 321 ; pour une absence de preuve : CA Paris 17-10-2003 n° 02/03142 : RJDA 3/04 n° 269). Toute faute, même légère, constitue l'inexécution de l'obligation (Cass. 1e civ. 7-2-1979 n° 77-13.735 : Bull. civ. I p. 42). Il n'en est autrement que si les parties ont exonéré le débiteur de ses fautes, autres qu'intentionnelles et lourdes (sur cette exonération, n° 15005).

2. Si l'**obligation** est **de résultat,** le débiteur doit en répondre dès lors qu'il est constaté que le résultat promis n'est pas réalisé car pèsent sur lui une présomption de causalité entre sa prestation et le dommage et une présomption de faute (n° 19637) ; dès lors, il ne peut s'exonérer, totalement ou partiellement, que s'il prouve que l'inexécution est due à une force majeure (C. civ. art. 1231-1 ; loi 2004-575 art. 15, I-al. 2 pour les prestations électroniques). Il est alors inutile de rechercher si le débiteur s'est comporté avec diligence (CA Nîmes 8-3-1990 : GP 1994.som.10).

Encore faut-il que la défaillance reprochée soit la cause du dommage invoqué. Ce lien de causalité peut se déduire de l'absence même du résultat promis, le dommage apparaissant comme la conséquence nécessaire de l'inexécution (Cass. civ. 5-3-1991 : Contrat, conc., consom. 1991 n° 132). Mais il ne peut en être ainsi lorsque le dommage survient longtemps après l'intervention du débiteur, par exemple celle d'un garagiste (Cass. 1e civ. 19-7-1988 n° 87-10.072 : Bull. civ. I n° 245).

Sur la force majeure, nos 15076 s.

Atténuation des effets de la distinction Les effets décrits n° 13253 sont partiellement estompés pour certaines exécutions défectueuses ; ainsi : 13254

- le débiteur n'est libéré de diverses **obligations** de **moyens** (dites **renforcées**) que si lui-même prouve son absence de faute ; il en est ainsi notamment de l'obligation de conservation de la chose qui porte sur certains prestataires de services (n° 19643), le dépositaire (n° 21040), le locataire de meubles (n° 22560), l'emprunteur à usage (n° 23531) et de l'obligation d'exploitation de l'éditeur (n° 34837) ;
- l'existence d'une obligation de résultat n'exclut pas que le contrat impose en même temps un **devoir** de **coopération au créancier** pouvant conduire, en cas de manquement de ce dernier à ce devoir, à un partage de responsabilité (CA Aix 23-5-1980 : Bull. Cour d'Aix 1980/2 p. 6 ; cf. CA Paris 19-1-1985).

Critère distinctif des obligations de moyens ou de résultat Sauf les cas où la loi précise la portée des obligations contractées (par exemple en matière de commerce électronique, loi 2004-575 du 21-6-2004 art. 15, I-al. 1, qui impose une responsabilité de plein droit à tout prestataire du commerce électronique) et celui où les parties sont convenues d'ériger les obligations en obligations de résultat (CA Paris 5-11-2009 : BTL 2009.739), la qualification d'obligation de moyens ou de résultat doit être appréciée concrètement « au vu de l'ensemble des éléments de la cause » (Cass. 1e civ. 8-1-1985 n° 83-15.084 : Bull. civ. I n° 12) ; ainsi, un conseil en recrutement peut être, selon la formulation de ses engagements, tenu d'une obligation de moyens (CA Aix 24-4-1991 : JCP G 1992.IV.330) ou de résultat (CA Paris 18-10-1990 : D. 1990.IR.284). 13256

Dès lors que le demandeur ne soutient pas que le débiteur a souscrit une obligation de résultat, celui-ci ne répond que de sa faute (Cass. civ. 29-1-1991 : RJDA 5/91 n° 382). Il a donc été jugé à tort que l'obligation de résultat est l'obligation de droit commun (CA Aix 18-4-1978 : Bull. Cour d'Aix 1978/2 p. 15).

Par ailleurs, la qualification d'obligation de moyens ou de résultat donnée par les parties elles-mêmes peut toujours être corrigée, comme toute autre qualification, si elle n'est pas confirmée par les éléments de la cause (Cass. com. 20-1-1981 : Bull. civ. IV n° 42), sauf accord exprès des parties (nos 10025 et 10050 s.), la distinction relevant de la liberté contractuelle de définir les obligations souscrites.

À cet effet, les tribunaux retiennent essentiellement la nature du contrat et le comportement du créancier.

Dès lors que le débiteur a promis dans le contrat un effet déterminé, **l'obligation** est **de résultat,** quel que soit le contrat où elle est incluse (cf. Cass. 3e civ. 24-6-1987 n° 86-11.920 : Bull. civ. III n° 133 ; Cass. com. 21-12-1987 : Bull. civ. IV p. 210 ; CA Paris 21-10-1987 n° 85-13.173 : GP 1988 som. 290). Il en est de même si l'exécution des prestations promises, par exemple des mises au point et des réparations, ne comporte pas d'aléa (Cass. com. 16-3-1999 : RJDA 6/99 n° 666). 13259

Ainsi, l'obligation est de résultat :

- lorsque le débiteur n'a pas limité son rôle à de simples conseils, mais a assumé la direction des opérations destinées à aboutir à la destruction demandée de deux ouvrages (Cass. 1e civ. 8-1-1995 : Bull. civ. I p. 12) ;

– lorsqu'un ingénieur-conseil accepte de garantir « le bon fonctionnement et/ou le rendement de l'installation étudiée par lui » ou encore lorsqu'il s'engage à l'égard du client à atteindre « un but précis bien déterminé » (T. com. Charleroi 18-12-1981 : Journal des Tribunaux 1983.285) ;
– lorsque le vendeur a fourni un matériel aussi banal qu'un photocopieur (CA Versailles 16-12-1987 : D. 1988.IR.44) ; mais l'acheteur est fautif s'il prétend obtenir des performances excessives (CA Versailles 21-10-1987 : D. 1987.IR.254) ;
– lorsqu'une entreprise de travail temporaire a garanti le sérieux du personnel et a souscrit dans l'intérêt de son client un contrat d'assurance garantissant certains risques, notamment le vol (CA Paris 21-10-1987 : GP 1988.som.290) ;
– lorsqu'une compagnie aérienne a promis aux passagers de première classe des prestations de confort et de qualité en contrepartie d'une augmentation très substantielle du prix du billet (CA Paris 26-9-2003 nº 02/14900 : RJDA 2/04 nº 130) ;
– lorsqu'une société s'est engagée envers l'acquéreur de sa participation dans une autre société à « maintenir » avec celle-ci un certain volume d'affaires sous peine d'une indemnité (CA Paris 8-1-2008 nº 06/17150 : RJDA 5/08 nº 532) ;
– même si la prestation est gratuite (CA Amiens 22-12-1976 : à propos du non-professionnel qui a exécuté un déplacement relevant du contrat d'entreprise).
Sur l'obligation de résultat : d'un prestataire de services, nº 19634 ; du commissionnaire de transport, nº 24075 ; du transporteur, nºs 24553.

L'**obligation** est **de moyens** lorsque le débiteur n'a **promis** que sa **diligence** ou n'a pas pris d'engagement précis.

Par exemple, est une obligation de moyens :
– l'obligation de recherche (nº 19050) ;
– l'obligation de conservation de l'acheteur d'un bien mobilier avec clause de réserve de propriété (Cass. com. 26-5-2010 nº 09-66.344 : RJDA 10/10 nº 939) ;
– l'engagement à réaliser des placements de capitaux qui ne garantit pas aux clients les résultats provisionnels des participations à un niveau maximal de rentabilité (CA Aix 13-4-1981 : Bull. Cour d'Aix 1981/2 p. 22), comme celui de réaliser une étude de marché, sauf promesse précise, ne garantit pas les ventes que cette étude prévoit même si sa prévision est très optimiste (CA Paris 12-6-1992 : JCP E 1992.pan.1089) ;
– la promesse de « s'efforcer » d'obtenir un résultat donné (Cass. com. 13-9-2011 nº 10-15.732 : RJDA 1/12 nº 46 som.) ou de « faire en sorte » d'obtenir un résultat déterminé (CA Paris 14-6-2017 nº 15/00827 : RJDA 11/17 nº 726).
Sur l'absence, à notre avis, d'obligation de moyens dans la promesse d'un « soutien » résultant d'une lettre d'intention, nº 58224.

13262 L'existence d'une obligation de résultat ou de moyens peut dépendre du **comportement** qu'a eu ou qu'aurait dû avoir le **créancier.**

Ainsi, un installateur d'un système d'alarme ne peut être tenu d'une obligation de résultat lorsqu'il justifie avoir proposé à sa cliente un dispositif qu'il estimait nécessaire pour assurer une protection efficace et que cette dernière n'a pas accepté cette proposition (Cass. com. 11-6-1985 : GP 1985.pan.350).

C. Obligation de ne pas faire ou interdiction de faire

13265 Le débiteur qui a souscrit une interdiction de faire n'est pas tenu, de droit, à réparation. Le créancier doit adresser au débiteur une mise en demeure impartissant la cessation des agissements contrevenant à l'obligation de ne pas faire et prouver qu'il subit un préjudice du fait de la contravention.

IV. DÉLAIS D'EXÉCUTION DU CONTRAT

A. Entrée en vigueur

PRINCIPES

13400 Le Code civil ne contient aucune disposition sur l'entrée en vigueur du contrat. Les solutions dégagées par les tribunaux sont donc applicables.

Ainsi, le contrat entre en vigueur au **jour de sa conclusion,** à zéro heure (CA Paris 18-10-2018 nº 16/22611 : JCP E 2019.1252 nº 12 obs. Grignon), les obligations convenues prenant naissance, sauf

convention contraire, au jour de la conclusion du contrat et non au jour de leur exécution (Cass. 1re civ. 11-12-1985 n° 84-15.716 : Bull. civ. I n° 349 ; Cass. 1re civ. 16-7-1986 n° 84-12.990 : Bull. civ. I n° 212). Ce jour est en principe celui de la signature du contrat, soit, en cas de signatures données à des dates différentes, celui de la dernière signature (CA Paris 25-4-1974 : GP 1974.2.669).

Ainsi, dès la conclusion du contrat : les parties sont liées par la clause d'arbitrage (Sentence CCI n° 3987 en 1983 : Clunet 1984.943 obs. Derains) ou par la clause attributive de compétence (CA Rouen 18-2019 n° 18/05392) ; elles ne peuvent plus ni se « désister » du contrat (Cass. 3e civ. 19-7-1995 : RJDA 11/95 n° 1202) ni le résilier (CA Paris 12-9-2003 n° 02-2932 : BRDA 10/04 inf. 13) ; les loyers nés du bail conclu pour le compte d'une société en formation prennent naissance avec la signature du bail (CA Paris 9-11-1995 : RJDA 2/96 n° 220) ; la créance née d'un cautionnement existe dès la conclusion du contrat (Cass. 1e civ. 28-3-1995 : JCP 1997.I.3991 n° 3 obs. Simler ; Cass. 1e civ. 27-1-1998 : JCP.1998.I.183 n° 3 ; CA Paris 18-3-2010 n° 08/01699 : RJDA 8-9/10 n° 848) ; lorsqu'un préavis doit être adressé trois mois avant l'expiration du contrat, cette dernière est fixée en fonction de la date de conclusion et non d'entrée en vigueur du contrat (CA Besançon 5-12-1995 : GP 1996.som.422 note Cousin).

Réciproquement, les parties ne sont pas liées contractuellement pour leurs agissements antérieurs, notamment ceux qui peuvent engager leur responsabilité, laquelle est alors extracontractuelle (n° 15024).

Il en est autrement, comme l'admet la jurisprudence ci-dessus si les **parties sont convenues d'une autre date.** Celle-ci peut être :

– soit **antérieure** à la date de conclusion du contrat ;

Sauf si le contrat tend à frauder les droits d'un tiers ou s'il engendre des obligations soumises à un régime d'ordre public (en ce sens, CA Paris 6-10-1995 : RJS 12/95 n° 1325 selon lequel des contrats de travail rétroactifs sont sans effet pour établir l'existence du lien de subordination ; C. com. art. L 442-3, a, interdisant la rétroactivité des clauses de remises, de ristournes ou d'accords de coopération commerciale), la **rétroactivité** du contrat n'est qu'une utilisation de la liberté contractuelle (pour des exemples, Cass. 3e civ. 3-11-2011 n° 10-20.936 : RJDA 2/12 n° 140 : contrat conclu le 11-3-2002 avec effet au 1-1-2002 ; Cass. 1e civ. 31-1-2018 n° 16-21.697 FS-PBI : JCP G 2018.418 note G. Deharo : contrat conclu le 27-4-1993 ayant commencé à courir le 1-11-1991 ; CA Paris 26-1-2000 : RTD civ. 2000. 315 n° 1 obs. Mestre et Fages, admettant la rétroactivité convenue d'un contrat au 1-10-1996 alors qu'il portait la date du 15-12-1996 et avait été signé le 19-7-1997 ; CA Bordeaux 3-10-2018 n° 17/03164, affirmant que le contrat aurait pu prévoir sa rétroactivité ; rappr. CE 14-5-2008 n° 284632, 1e esp. : RJDA 2/09 n° 94.som. : validité de la convention de délégation de service public entrée en vigueur à une date antérieure à sa signature et à sa transmission au préfet en vue du contrôle de légalité par celui-ci). Toutefois, le contrat ne sera opposable aux tiers que si les conditions de son opposabilité exposées n° 13054 sont réunies.

– soit **postérieure** à la date de conclusion du contrat (Cass. 3e civ. 8-1-1997 n° 95-11.014 : RJDA 2/97 n° 173).

1. TERME SUSPENSIF DE L'ENTRÉE EN VIGUEUR

Existence du terme Le terme du contrat peut être **exprès ou tacite** et à défaut d'accord **13403** des parties sur sa date, le juge peut le fixer en considération de la nature de l'obligation et de la situation des parties (C. civ. art. 1305-1).

Le terme peut être une **date fixe** (terme certain). Il peut être aussi une **date indéterminée** mais dépendant d'un événement futur et certain (terme incertain : C. civ. art. 1305) : par exemple : « lors de la vente d'un ou plusieurs biens déterminés » (Cass. 1e civ. 21-7-1965 : Bull. civ. I n° 496 ; Cass. 1e civ. 28-1-1976 n° 74-14.069 : Bull. civ. I n° 37) ; « lorsque la majorité des associés estimera (à propos de la date de remboursement d'un prêt) que la trésorerie de la société ne nécessite plus cette avance » (CA Paris 22-5-1984 : BRDA 13/84 p. 12) ; « lorsque le créancier (prêteur) décidera de demander le remboursement de sa créance » (Cass. com. 24-2-1975 n° 73-14.532 : Bull. civ. IV n° 55) ; « le moment où une construction aura été élevée par l'acquéreur sur le terrain vendu » (Cass. 3e civ. 4-12-1985 n° 84-14.353 : Bull. civ. III n° 162).

Si le terme est incertain, les tribunaux peuvent fixer eux-mêmes la date limite à laquelle l'événement auquel il est reporté doit intervenir et retiennent généralement un délai raisonnable (Cass. 1e civ. 28-1-1976 n° 74-14.069 : Bull. civ. I n° 37 ; Cass. 3e civ. 4-12-1985 n° 84-14.353 : Bull. civ. III n° 162). Ils peuvent également retenir un moment précis si la nature des choses le permet (CA Paris 13-10-1987 : D. 1987.618 note Moury : une reconnaissance de dettes implique un remboursement qui, à défaut d'une date précise, devient exigible au jour où le débiteur manifeste sa volonté de ne pas respecter ses engagements).

Effet du terme Tant que le contrat n'est pas entré en vigueur, son **exécution** ne peut pas **13406** être exigée (C. civ. art. 1305-2), sauf, bien entendu, déchéance du terme (n° 13518) ou renonciation du bénéficiaire au terme stipulé (n° 13521).

La **prescription** ne court pas jusqu'à ce que le terme soit arrivé (C. civ. art. 2233, 3°).

Lorsque l'entrée en vigueur d'un contrat est le jour de l'expiration d'un autre contrat, si ce contrat est annulé avant l'échéance de son terme, le premier contrat existe néanmoins, sauf si les parties ont entendu faire dépendre sa validité de celle du second contrat (Cass. com. 19-7-1973 n° 72.10-556 : Bull. civ. IV n° 254, censurant les juges du fond qui avaient refusé, sans rechercher l'intention des parties, l'indemnité de rupture prévue au contrat devant succéder au contrat annulé).

Le contrat peut néanmoins - comme nous l'avons déjà dit - produire certains effets si les parties n'ont pas précisé qu'elles retardaient aussi le moment de sa conclusion. Et le **paiement fait avant le terme** ne peut être répété (C. civ. art. 1305-2).

2. CONDITION SUSPENSIVE DE L'ENTRÉE EN VIGUEUR

EXISTENCE DE LA CONDITION

13420 L'entrée en vigueur du contrat ou sa conclusion, selon la commune intention des parties, est subordonnée à une condition suspensive lorsqu'elle dépend d'un événement futur et incertain et que son accomplissement rend l'obligation pure et simple (C. civ. art. 1304, al. 1 et 2).

L'événement n'est pas incertain si sa survenance est prévisible (CA Caen 25-4-1958 : DMF 1958.486).

L'existence de cette condition doit être **clairement affirmée** pour éviter toute contestation.

À défaut, les juges apprécient souverainement si les parties ont entendu ou non prévoir une condition suspensive (Cass. com. 29-6-1981 : JCP G 1981.IV.339).

Notamment, il y a condition suspensive :

– sur l'engagement qui est subordonné aux conclusions à tirer d'un essai (Cass. com. 6-10-1964 : Bull. civ. III p. 366) ou à la mise au point de certaines modalités ordinairement accessoires - telles que la date du paiement du solde du prix ou la date de prise de possession des lieux - dès lors que la volonté des parties de faire de ces modalités une condition apparaît certaine aux yeux des juges (Cass. 3e civ. 2-5-1978 : D. 1979.317 note Schmidt-Szalewski) ;

– sur l'engagement qui réserve un délai de réflexion à celui qui doit le prendre (CA Aix 15-2-1980 : Bull. Cour d'Aix 1980/1 p. 4 ; cf. C. civ. art. 1122 : nº 12067) ;

– sur l'obtention d'un prêt, lorsque le jour même de la signature du bon de commande d'un matériel, le vendeur établit une facture pro forma destinée à l'obtention d'un crédit couvrant l'intégralité du prix de celui-ci (Cass. com. 10-3-1980 : GP 1980.pan.372) ;

– sur la livraison d'un matériel au titre d'un contrat de crédit-bail, lorsque ce contrat prévoyait que la commande de la machine vendue était annulée et le crédit-bailleur libéré à défaut de transmission à ce dernier du procès-verbal de prise en charge, signé par le vendeur et le preneur, et que la livraison devait intervenir dans les conditions et délais prévus (Cass. com. 10-12-1996 : RJDA 4/97 nº 533) ;

– sur la conclusion d'une promesse d'achat d'actions d'une société anonyme courant sur une période de 63 mois à compter du jour de la réalisation définitive soit de la fusion de cette société avec une autre société, soit de l'augmentation de son capital, à intervenir en tout cas avant une date fixée (Cass. 1e civ. 13-7-2004 nº 1232 : RJDA 11/04 nº 1186 ; rappr. CA Paris 15-10-2009 nº 08/17992 : RJDA 6/10 nº 593) ;

– sur le versement de l'indemnité de résiliation d'un bail promise par le bailleur à son locataire sous réserve que la promesse de vente du bien loué soit levée par son bénéficiaire (Cass. com. 20-3-2007 nº 522 : D. 2007.1013.som. obs. Delpech).

Mais ne constitue pas une condition suspensive :

– d'un contrat de vente qui a été conclu purement et simplement : l'obligation de payer le prix avant l'entrée en possession (Cass. req. 12-7-1872 : DP 1873.1.111) ou après l'achèvement d'un événement devant se produire au plus tard à une date déterminée, telle la réalisation d'un golf prêt à l'exploitation (Cass. 3e civ. 7-1-2016 nº 14-26.945 : D. 2016.939 note Pellier) ; le renvoi à plus tard de la fixation des modalités de paiement du prix (Cass. req. 20-1-1941 : DC 1942.155 note Maguet) ; le défaut d'accord ne portant que sur des modalités (Cass. civ. 26-11-1962 : D. 1963.61) ;

– d'un engagement pris dans une convention en comportant deux, prévoyant que le deuxième d'entre eux devrait être précisé dans une convention annexe, car cette convention n'avait pas entendu subordonner aussi à ladite annexe le premier qui avait été fidèlement exécuté (Cass. com. 20-12-1971 nº 69-11.784 : Bull. civ. IV nº 305) ;

– de la cession d'un cabinet médical, le fait que l'acquéreur n'ait pas pu être inscrit au tableau de l'ordre des médecins (Cass. civ. 16-11-1976 : GP 1977.pan.5) ;

– d'une cession d'actions d'une société d'agence immobilière, l'engagement du cessionnaire, en contrepartie de la renonciation du cédant au paiement du solde du prix, de prendre à sa charge une expertise de la comptabilité des fonds détenus pour le compte des clients avant une date donnée (Cass. com. 10-9-2013 nº 12-19.811 : RJDA 2/14 nº 77) ;

– d'une promesse de contrat, l'accord fixant la durée de la promesse à trois mois sous réserve de prévoir que les parties aient précisé que la promesse est caduque à l'expiration du délai si la condition n'est pas réalisée (nº 11910) ;

– de la cession d'une autorisation administrative, l'agrément préalable de ce transfert par l'administration dès lors que l'une des parties a déclaré dans la promesse de cession que « rien ne s'opposait à la cession projetée » et l'autre lui ayant, par une lettre recommandée, fait part de son intention de lever l'option et de son « engagement irrévocable d'acquérir » (Cass. com. 10-3-2015 nº 13-10.002).

Sur le point de savoir si l'engagement de réitérer un acte de vente sous signature privée par un acte authentique est ou non sous une condition suspensive, nº 10262.

VALIDITÉ DE LA CONDITION

Licéité de la condition L'article 1304-1 du Code civil exige que la condition soit licite sous peine de nullité de l'obligation qui en est assortie. La condition de licéité renferme en elle-même, l'exigence de conformité de la condition à l'**ordre public** qui postule qu'est illicite tout ce qui lui est contraire. **13423**

Est illicite la condition d'un contrat de prêt qui interdit à un emprunteur de louer le bien financé car elle porte atteinte au principe constitutionnellement reconnu et énoncé à l'article 544 du Code civil de disposer de son bien de la manière la plus absolue (Cass. 1e civ. 13-12-2005 n° 1749 : RJDA 5/06 n° 498).

Quant à celle de l'**impossibilité de la condition relative à une obligation de faire,** elle est sanctionnée d'elle-même, car la condition étant d'ores et déjà impossible à l'instant même de son adoption, il est certain qu'elle ne se produira pas ; le contrat est donc mort-né à défaut de consentement (en ce sens, Cass. 1e civ. 28-9-2016 n° 15-18.148 F-D : CCC 2016 comm. n° 248 note L. Leveneur).

Il en a été ainsi jugé : de l'obtention de la carte professionnelle d'agent immobilier qui ne pouvait pas être accordée (CA Grenoble 5-1-1990 : Droit des sociétés 1990/10 p. 3) ; d'une acquisition qui ne pouvait pas être réalisée (Cass. 3e civ. 8-10-2008 n° 07-14.396 : RJDA 4/09 n° 302, retenant la nullité relative) ou d'une mainlevée de la saisie portant sur un bien car la condition « affectant une obligation relative à un bien présuppose qu'on puisse contracter une obligation à propos de ce bien » (CA Aix 6-12-2012 n° 2012/736 : RTD civ. 2013. obs. Barbier) ; or un bien saisi est indisponible, seul l'usage en étant autorisé (n° 59755).

Caractère non potestatif de la condition Est nulle l'obligation contractée sous une condition dont la **réalisation dépend de** la seule **volonté du débiteur** (C. civ. art. 1304-2). **13426**

Ne peut pas être qualifiée de condition potestative la clause qui n'affecte pas l'existence même de l'obligation mais seulement sa durée, telle celle qui ouvre seulement à l'une des parties la faculté de mettre un terme au contrat sans aucune contrepartie (Cass. com. 31-3-2021 n° 19-16.214 F-D : RJDA 8-9/21 n° 544), ni celle dont l'application est subordonnée à l'existence de justes motifs (Cass. com. 22-9-2021 n° 19-23.958 F-D : RJDA 12/21 n° 761).

Ne concernant que le débiteur, elle est valable lorsque le fait qui affecte l'obligation dépend de la **volonté du créancier** de l'obligation (Cass. com. 16-10-1978 : GP 1979.pan.38 ; CA Paris 17-2-2011 n° 09/20618 : RJDA 8-9/11 n° 679.som.). Il importe peu que ce créancier soit par ailleurs, en vertu d'un contrat synallagmatique, débiteur d'une autre obligation (Cass. com. 11-3-1968 : Bull. civ. IV n° 101 ; Cass. civ. 21-1-1971 : Defrénois 1971.505). Mais il ne peut être à la fois le débiteur et le créancier de l'obligation en cause : jugé que des actionnaires qui se sont rendus par dol majoritaires du capital d'une société pour être libres de demander ou non le versement des apports incombant à certains d'entre eux ont ainsi contracté un engagement sous une condition purement potestative (Cass. civ. 18-6-1974 : D. 1974.som.116).

Le créancier ainsi défini peut se réserver, par exemple :

– d'autoriser son débiteur à entrer dans un groupement (Cass. civ. 24-4-1981 : GP 1981.pan.336) ;

– de donner son accord sur des réparations qui doivent venir en déduction du montant d'une rente viagère (Cass. 1e civ. 21-4-1976 n° 74-14.734 : Bull. civ. I n° 132) ;

– de se dégager du contrat ou de poursuivre le débiteur (Cass. 1e civ. 20-10-1954 : Bull. civ. I p. 250) ;

– d'afficher un prix de vente inférieur au prix limite fixé par le fournisseur provoquant lui-même, de ce fait, la baisse de la commission que lui doit ce fournisseur (Cass. com. 17-12-1991 : RJDA 12/92 n° 1102).

Le créancier peut d'autant plus se réserver une faculté que l'exercice de cette dernière ne dépend pas de sa seule volonté (Cass. civ. 20-10-1982 : D. 1983.IR.24 : possibilité pour une caisse régionale du Crédit agricole de modifier le taux de l'intérêt, en cours d'exécution du prêt, si celui de la caisse nationale de cet établissement venait à changer ; Cass. 1e civ. 21-3-1984 n° 83-11.012 : Bull. civ. I n° 112 : possibilité pour un employeur-prêteur d'exiger le remboursement du prêt au cas où l'emprunteur cesserait de travailler pour lui, le licenciement étant intervenu pour motifs économiques ; CA Paris 19-12-1984 : BRDA 6/85 p. 22 : possibilité pour le concédant d'une marque en exclusivité de réserver le droit d'utiliser celle-ci, sur le territoire concédé, aux nouveaux franchisés, l'apparition de ces derniers supposant leur propre volonté) et, à plus forte raison encore, si l'événement visé constitue un terme incertain (Cass. civ. 6-5-1987 : JCP N 1987.639 : possibilité pour le bailleur de demander au locataire sortant une indemnité de privation de jouissance du jour de la restitution des clefs à la fin des travaux de remise en état des lieux, seule la date d'achèvement des travaux étant incertaine).

La condition n'est potestative qu'autant qu'elle dépend de la **seule volonté du débiteur** (C. civ. art. 1304-2), ce que les tribunaux désignent sous l'expression de **condition « purement potestative ».**

Tel est le cas lorsque le débiteur :

– peut mettre en vigueur le contrat en notifiant sa décision à l'autre partie (Cass. civ. 13-11-1980 : JCP G 1981.IV.40) ou en se réservant la responsabilité de l'établissement de l'acte authentique auquel il avait dans son offre de contracter unilatéralement subordonné l'existence du contrat (CA Versailles 30-4-1998 : GP 1998.som.665, tenant néanmoins le contrat pour conclu, l'autre partie ayant prouvé que l'offre avait été acceptée) ;

– est tenu du paiement de 70 % du prix des terrains qu'il a achetés s'il les revend (Cass. civ. 8-10-1980 n° 79-11.992 : Bull. civ. III n° 154) ;

– promet de réserver à son cocontractant, moyennant un dépôt de garantie de 5 % du prix de vente, des locaux dans un immeuble terminé, sans pour autant prendre l'engagement de les lui vendre (CA Paris 26-11-1981 : D. 1982.IR.463 note Magnin) ;

13426 (suite) – peut refuser son concours dans un procès à son créancier (assistance de l'assureur à son assuré) s'il estime cette aide mauvaise ou inutile (CA Lyon 26-10-1950 : GP 1950.2.407) ;

– a pris un engagement de louer ou d'acheter sans qu'aucun prix ne soit fixé (Cass. com. 22-2-1967 : Bull. civ. III n° 87 ; Cass. 3e civ. 1-2-1984 n° 82-16.266 : Bull. civ. III p. 21) ou en se réservant la faculté de fixer le prix à sa guise ainsi que le moment du paiement (Cass. 1e civ. 7-4-1967 : Bull. civ. I n° 110 ; Cass. com. 10-12-1979 : JCP G 1980.IV.84 ; CA Pau 19-10-1972 : JCP G 1973.IV.108) ;

– peut retirer, pour des raisons jugées par lui impératives, des distributeurs automatiques qu'il a installés (Cass. com. 17-5-1976 n° 74-14.973 : Bull. civ. IV n° 165 ; mais Cass. com. 12-5-1980 : JCP G 1980.IV.285 considère non potestatif le droit de retirer les appareils si l'installateur juge leur exploitation déficitaire) ;

– promet la construction d'un immeuble en se réservant d'apprécier quand il pourra construire (CA Angers 12-5-1980 : D. 1982.IR.469 note Magnin) ou les modifications qu'il jugera bon d'apporter à la construction convenue (Cass. civ. 5-7-2000 : RJDA 2/01 n° 142) ;

– promet de payer les honoraires d'un architecte s'il obtient le permis de construire mais aussi s'il décide de vendre sa propriété et de construire (CA Aix 17-6-1985 : Bull. Cour d'Aix 1985/1 p. 40).

En revanche, est valable l'obligation subordonnée à une condition qui dépend pour partie seulement de sa volonté et n'est donc pas purement potestative (cf. C. civ. art. 1304-2). Dans ce cas, la **condition** est dite « **simplement potestative** ».

Par exemple, il en est ainsi dans les cas suivants :

1. Lorsque la réalisation de la condition dépend aussi de la décision ou du **fait** d'un **tiers** ; tel est le cas :

– si l'engagement du débiteur est subordonné non pas à sa décision de vendre mais à la réalisation d'une vente d'un de ses biens qui dépend donc aussi de la volonté d'un acquéreur (Cass. com. 17-5-1965 : Bull. civ. III n° 321 ; Cass. civ. 17-2-1976 : JCP G 1976.IV.122 ; Cass. com. 8-11-1976 : D. 1977.IR.45 ; Cass. civ. 22-11-1995 : RJDA 3/96 n° 310) ou à l'obtention d'un prêt bancaire (Cass. com. 22-11-1976 : JCP G 1978.II.18903 note Stemmer) ou à l'absence de vol (Cass. 1e civ. 19-1-1982 n° 80-15.745 : Bull. civ. I n° 29) ;

– si le prix dû par l'acquéreur d'actions est fonction du chiffre d'affaires réalisé par la société (Cass. com. 15-6-1982 : JCP G 1984.II.20141 note Guillet-Ponton) ;

– si le représentant légal d'une société avertit clairement le cocontractant que la conclusion du contrat est subordonnée à l'autorisation des organes statutaires compétents (CA Versailles 15-2-1990 : GP 1990.som.716 ; CA Paris 18-10-1991 : RJDA 1/92 n° 9) ;

– si le loueur d'un fonds de commerce peut résilier de plein droit la location en cas de résiliation du bail des locaux, car celle-ci dépend de la seule décision du propriétaire, tiers à la location du fonds, même pour manquement du locataire (Cass. civ. 22-11-1995 : RJDA 3/96 n° 311) ;

– l'engagement dépend de la décision de tiers (Cass. com. 10-2-1998 : RJDA 7/98 n° 829) ;

– si le versement d'une commission à un intermédiaire en contrepartie de la présentation de sociétés à acheter à un candidat est subordonné à la réalisation de l'opération car celle-ci dépend aussi de la volonté du cédant (CA Versailles 23-2-2001 : RJDA 11/01 n° 1072).

2. Lorsque la réalisation de la condition dépend aussi de **facteurs** qui sont **étrangers au débiteur** de l'obligation, comme :

– la clause donnant au concessionnaire d'une mine le droit d'extraire le minerai à son heure, dès lors que celui-ci est tenu d'extraire une certaine quantité de minerai à partir d'une date déterminée (Cass. civ. 22-7-1952 : Bull. civ. I p. 193) ;

– la clause relative à l'enlèvement de sable sur le carreau d'une mine qui ne précise pas la quantité exacte de matériaux devant être enlevée mais a prévu l'hypothèse de prélèvements inférieurs ou supérieurs à la quantité considérée pour le calcul des redevances, dès lors que l'entrepreneur a invoqué la faiblesse de la demande de sable et a effectivement enlevé une quantité moindre que celle évoquée (Cass. com. 16-6-1975 n° 74-11.127 : Bull. civ. IV n° 164) ;

– l'engagement de l'acquéreur de brevets à les exploiter dans la mesure où leur rentabilité apparaîtrait possible, avec la stipulation que si ledit cessionnaire n'avait plus d'intérêt à cette exploitation le cédant les reprendrait, l'appréciation de l'intérêt du cessionnaire n'étant pas laissée, selon les juges, à la discrétion de ce dernier (Cass. com. 1-2-1977 : GP 1977.1.pan.190) ;

– l'engagement d'une personne à donner son concours à une société selon ses possibilités dès lors qu'elle était tenue de donner son avis si la société le lui demandait (Cass. soc. 5-11-1984 : JCP G 1985.II.20510 note N. S.) ;

– l'engagement d'un gendre à entreprendre la remise en valeur du nom et de l'œuvre littéraire de son beau-père quand il le jugera possible et souhaitable, compte tenu des difficultés, indépendantes de sa volonté, qu'il a rencontrées après la libération du territoire (CA Paris 6-12-1969 : JCP G 1971.II.16796 note Ghestin) ;

– la faculté que s'attribue un groupement d'intérêt économique, qui garantit ses membres contre l'insolvabilité de leurs clients, d'agréer chacun des contrats conclus par eux, ce groupement ne pouvant, « à l'évidence accepter le risque de prendre en charge le coût des livraisons au profit de clients de ses adhérents que ces derniers savaient déjà notoirement insolvables » (CA Paris 31-5-1979 : D. 1980.426 note Parléani) ;

– l'engagement qui dépend de la volonté de la partie qui invoque la condition mais aussi des fluctuations économiques (Cass. civ. 7-10-1987 : JCP G 1987.IV.380 ; CA Paris 15-2-1995 : RJDA 7/95 n° 809) ou de la décision de tiers (Cass. com. 10-2-1998 : RJDA 7/98 n° 829).

La nullité de l'obligation potestative n'est pas d'ordre public international français ; elle ne fait pas obstacle l'exequatur en France de la sentence rendue sur le fondement d'une telle obligation (Cass. 1e civ. 7-12-2022 n° 21-17.492 F-B).

Effets de la nullité de la condition impossible, illicite ou potestative Est nulle l'obligation contractée sous une **condition illicite** ou **dont la réalisation dépend de la seule volonté du débiteur qui l'a souscrite** (C. civ. art. 1304-1 et 1304-2). En revanche la nullité du contrat n'est pas prévue. 13430

Ce silence n'empêchera pas, à notre avis, les tribunaux de prononcer la nullité du contrat lorsqu'ils considéreront que la condition illicite ou potestative était la raison impulsive et déterminante du consentement des parties au contrat. Sous l'empire du Code civil dans sa rédaction de 1804, ils ont d'ailleurs utilisé cette solution pour éviter que toute condition impossible ou illicite entraîne la nullité du contrat pourtant expressément retenue par l'ex-article 1172. En outre, on ne peut déduire d'un silence de la loi une limitation du pouvoir d'interprétation du juge ; celui-ci peut toujours invoquer que la finalité de la disposition méconnue impose la sanction qu'il retient (n°s 74800 s.).

La nullité de l'obligation ne peut plus être invoquée lorsque l'obligation a été exécutée en connaissance de cause (C. civ. art. 1304-2).

SORT DU CONTRAT AVANT LA RÉALISATION DE LA CONDITION

Tant que la condition n'est pas réalisée, le contrat est formé, mais il n'est pas exécutoire, l'obligation n'étant pas pure et simple (n° 10265). Il s'ensuit les conséquences suivantes. 13435

1. Le débiteur ne peut pas :

– se délier de sa promesse tant que la défaillance de la condition n'est pas établie (CA Rennes 16-3-1976 : JCP G 1978.II.18809 note C. M. ; cf. Cass. civ. 3-5-1978 : GP 1978.2.pan.265 ; Cass. 3e civ. 2-2-1983 n° 81-12.036 : Bull. civ. III n° 34 ; Cass. civ. 11-4-1995 : RJDA 12/95 n° 1373) ;

– empêcher la bonne exécution de l'obligation (n° 13451).

C'est pourquoi on ne saurait dire (comme CA Aix 4-2-1980 : Bull. Cour d'Aix 1980/1 p. 2) que l'engagement conclu sous condition constitue, tant que la condition est pendante, une simple proposition d'entrer en pourparlers.

Mais **il peut** commencer à exécuter sa prestation avant la réalisation de la condition, dès lors que le contrat n'a pas interdit cette exécution anticipée (Cass. 3e civ. 19-2-1976 n° 74-12.154 : Bull. civ. III n° 76, ayant imposé au maître d'ouvrage qui avait résilié le contrat après réalisation de la condition de régler à l'entrepreneur de construction le montant de ces travaux).

L'article 1304-5, al. 2 du Code civil prévoit la possibilité d'une exécution anticipée en disposant que ce qui a été payé peut être répété tant que la condition suspensive ne s'est pas accomplie. Il se déduit clairement de cette formule que la somme d'argent versée avant la réalisation de la condition peut être répétée, par exemple un acompte. Mais il est plus difficile de répéter une prestation de service exécutée en nature. Pourtant, le droit à répétition n'en est pas exclu puisque le paiement est l'exécution de la prestation due (C. civ. art. 1342, al. 1), sans qu'il soit distingué entre la prestation pécuniaire et la prestation en nature. Si la restitution en nature n'est pas possible, le prestataire pourra demander l'équivalent, sauf pour le bénéficiaire de la condition le droit de démontrer qu'il a agi à ses risques et périls. Aussi ne saurait-on trop recommander à ce dernier, pour éviter des difficultés si la condition ne se réalise pas, soit d'interdire toute exécution préalable, soit d'organiser avec le prestataire les conditions de la répétition.

Par ailleurs, **il doit,** à notre avis, assumer les risques de la chose qu'il est tenue de délivrer en vertu de son obligation, car, tant que le transfert de propriété n'a pas eu lieu, la chose périt à la charge du débiteur selon le principe général connu sous la formule « res perit debitori ».

2. Le créancier ne **peut pas** :

– en tant qu'acquéreur de la chose vendue, exiger le transfert de propriété (Cass. civ. 2-4-1979 : JCP G 1979.IV.205) ;

– en tant que cédant d'un brevet, obtenir la résolution de la cession pour non-paiement du prix dès lors que les parties en ont subordonné le versement à la réalisation par l'acquéreur d'un résultat courant avant impôts positif et que cette condition n'est pas remplie (Cass. com. 14-2-2018 n° 15-24.146 F-D : RJDA 6/18 n° 540).

Mais **il peut** :

– accomplir des actes conservatoires sur la créance conditionnelle (C. civ. art. 1304-5, al. 1), par exemple : déclarer sa créance dans la procédure collective du débiteur, la garantir par une inscription d'hypothèque provisoire (n° 59215) ou exercer l'action en déclaration de simulation (n° 12189) ;

Le créancier ne saurait donc effectuer des actes d'administration (par exemple, conclusion d'un bail ou réception d'un paiement) avant l'accomplissement de la condition et ce, d'autant plus que la

réalisation de la condition suspensive n'ayant plus d'effet rétroactif, sauf clause contraire, la validation de ces actes ne peut plus résulter de cet effet.
Sur le droit de l'acquéreur au remboursement de ses dépenses nécessaires et utiles, n° 13460.

- attaquer les actes du débiteur accomplis en fraude de ses droits (C. civ. art. 1304-5, al. 1) ;
- céder sa créance conditionnelle (Cass. 3e civ. 20-6-1973 n° 72-12.719 : Bull. civ. III n° 433) ;
- se prévaloir de la suspension de la prescription jusqu'à ce que la condition arrive (C. civ. art. 2233 ; Cass. 3e civ. 12-1-1988 : Bull. civ. III n° 6).

3. L'une ou l'autre des parties peut invoquer la clause de résiliation que le contrat contient, le sort de la condition s'appréciant dans ce cas à la date de la résiliation (Cass. 3e civ. 14-9-2023 n° 22-18.642 FS-B : RJDA 2/24 n° 73).

BÉNÉFICIAIRE DE LA CONDITION

13440 La condition peut être invoquée, pour se prévaloir de sa réalisation ou de sa non-réalisation, par **celui au profit de qui elle a été stipulée,** ce qu'admet implicitement l'article 1304-4 du Code civil. Il importe donc pour les parties de préciser clairement si elles peuvent l'une et l'autre opposer la condition ou seulement l'une d'elles. À défaut, les juges apprécient souverainement leur commune intention (Cass. civ. 27-6-1979 : GP 1979.pan.527 : condition d'obtention d'une autorisation administrative d'édification d'une station-service sur le terrain vendu dans l'intérêt des deux parties ; Cass. 3e civ. 16-12-2003 n° 1501 : RJDA 6/04 n° 662 : condition d'obtention d'un prêt en vue d'une vente dans l'intérêt exclusif des acquéreurs ; Cass. 3e civ. 20-10-2010 n° 09-69.645 : RJDA 2/11 n° 120 : condition d'obtention d'un permis de construire dans l'intérêt des deux parties).

Seul celui dans l'intérêt exclusif duquel la condition a été stipulée peut **y renoncer** tant qu'elle n'est pas accomplie ou n'est pas défaillie (C. civ. art. 1304-4 ; dans le même sens, Cass. 3e civ. 27-10-2016 n° 15-23.727 F-D : CCC 2017 comm. n° 1 note L. Leveneur).

À la lettre, l'article 1304-4 ne permet la renonciation que si la condition n'est pas accomplie, c'est-à-dire si elle ne s'est pas réalisée dans le délai convenu ; dans ce cas, en effet, au moment même où la défaillance est constatée, la promesse sous condition est caduque ; une renonciation postérieure ne peut donc la restaurer (déjà en ce sens, Cass. 3e civ. 12-1-2010 n° 08-18.624 F-PB : RJDA 7/10 n° 726). Mais un nouvel engagement peut être pris après la défaillance de la condition, par exemple par la réitération de la promesse de vente d'un fonds de commerce dans un acte authentique, reprenant le prix et la désignation du bien vendu, sans demander la restitution de l'acompte remis au vendeur et en versant la somme due à titre de complément de prix (Cass. com. 6-2-1996 n° 93-12.868 P : RJDA 4/96 n° 480).

La clause de renonciation à la condition suspensive ne doit pas nécessairement être manuscrite lorsque la promesse de vente est reçue en la forme authentique par un notaire (Cass. 3e civ. 18-3-2021 n° 20-16.354 FS-P).

RÉALISATION OU NON DE LA CONDITION

13445 **Constatation de l'événement mis en condition** La survenance ou non de l'événement constituant la condition doit être déterminée en fonction des stipulations des parties.

Par exemple :

- la condition de conclure un contrat n'est pas remplie par la conclusion d'un accord de principe (Cass. 1e civ. 7-11-2007 n° 06-17.413 : RJDA 3/08 n° 245 ; Cass. 1e civ. 16-10-2013 n° 12-24.509 : RJDA 2/14 n° 94) ni celle de conclure un nouveau contrat par la proposition de renouveler le contrat en cours (Cass. com. 22-11-2017 n° 16-21.401 F-D : RJDA 5/18 n° 405) ;
- la condition visant l'obtention d'une autorisation administrative n'a jamais été réalisée dès lors que cette autorisation a été annulée (Cass. civ. 24-5-2000 : RJDA 9-10/00 n° 847.som.) ;
- la condition consistant dans la commercialisation d'un produit est réalisée dès lors que cette commercialisation a eu lieu, peu important ses résultats financiers (CA Paris 4-1-2005 n° 04/05225 : RJDA 6/05 n° 715) ;
- la condition suspensive subordonnant une vente d'immeuble à l'absence de révélation de servitudes ou d'autres prescriptions administratives par les pièces d'urbanisme à obtenir ne peut pas être prétendue non réalisée car elle ne s'analyse pas en une condition suspensive d'obtention d'un permis de construire dont le vendeur aurait empêché la réalisation (Cass. 3e civ. 30-3-2010 n° 09-14.589 : BRDA 11/10 inf. 15) ;
- dès lors que la promesse de vente prévoit que l'envoi, par le vendeur, d'une lettre recommandée est indispensable pour faire partir le délai dans lequel l'acquéreur doit justifier des diligences accomplies pour l'obtention d'un prêt, le vendeur qui n'use pas de cette faculté et n'envoie pas la lettre ne peut pas se prévaloir de la défaillance de l'acquéreur dans la réalisation de la condition suspensive (Cass. 3e civ. 23-6-2010 n° 09-15.999 : RJDA 11/10 n° 1051) ;
- la condition suspensive subordonnant une cession de droits sociaux à la remise par le cédant d'un certificat attestant qu'à la date de la cession aucun cas de défaut de la société dont les droits sont cédés ne serait à déplorer a été réputée réalisée dès lors que le certificat avait été remis par le cédant, peu important qu'il ne corresponde pas à la situation réelle de la société dans la mesure où aucune

clause du contrat ne prévoyait la possibilité pour l'acquéreur de contester le bien-fondé du certificat (CA Paris 4-10-2022 n° 20/12582 : RTD civ. 2023.100 obs. Barbier).

Moment auquel l'événement a dû ou non se produire Il est **recommandé aux parties** qui souhaitent enfermer la réalisation de la condition dans un délai d'en convenir dans le contrat en se fondant sur les solutions jurisprudentielles ci-après exposées. 13448

1. Condition soumise à un délai déterminé. Lorsque les parties ont fixé le délai dans lequel l'événement devait se produire, il leur est recommandé de prévoir, conformément à ce que prévoyait l'ex-article 1176 du Code civil, que la condition est défaillie dès lors que ce délai est expiré sans que l'événement soit arrivé ; le délai ainsi prévu est de rigueur, les juges ne pouvant écarter la défaillance dès lors que le délai fixé a été dépassé (Cass. com. 11-2-1980 n° 77-15.277 : Bull. civ. IV n° 71 ; Cass. 3e civ. 11-5-2011 n° 10-14.536 : RJDA 8-9/11 n° 689 ; CA Aix 9-7-1982 : Bull. Cour d'Aix 1982/2 p. 60).

En présence d'une clause fixant un délai de six mois pour l'obtention d'un permis de construire, et tenant, passé ce délai, les conventions pour nulles dans les huit jours suivant une lettre recommandée, la condition a été tenue pour défaillie dès l'expiration du délai de six mois, l'envoi de cette lettre n'ayant pas eu pour objet de prolonger le délai pendant lequel l'événement pourrait encore se produire, mais de fixer la date définitive à laquelle se trouvait acquis l'effet de la non-réalisation de la condition (Cass. civ. 14-11-1978 : D. 1979.IR.174).

2. Condition soumise à un délai indéterminé. Lorsque les parties n'ont pas précisé le délai dans lequel l'événement devait survenir (pour un cas d'absence de délai implicitement convenu, Cass. 3e civ. 9-2-2010 n° 09-11.972 : RJDA 6/10 n° 594), il leur est recommandé de prévoir que la condition est censée défaillie lorsqu'il est devenu certain que l'événement n'arrivera pas, conformément à ce que prévoyait l'ex-article 1176 du Code civil (Cass. civ. 9-10-1974 : JCP G 1975.II.18149 note Thuillier ; CA Paris 19-10-1978 : D. 1979.IR.100 ; CA Aix 29-5-1979 : Bull. Cour d'Aix 1979/2 p. 77), les juges devant le justifier par des motifs appropriés (Cass. 3e civ. 26-2-2013 n° 12-14.074 : RJDA 7/13 n° 593) :

Jugé ainsi que :

– l'obtention du permis de construire – condition d'une vente de terrain – ne pouvait être retardée indéfiniment, les vendeurs n'ayant pu accepter de « geler » leur terrain, d'autant plus que le prix de vente n'était assorti d'aucune indexation (CA Aix 23-1-1979 : Bull. Cour d'Aix 1979/1 p. 78) ;

– les parties n'avaient pu envisager que les conditions retenues puissent s'accomplir plus de neuf ans après la signature du contrat (CA Orléans 27-10-2005 : JCP G 2006.IV.3179) ou après plus de six ans (Cass. 3e civ. 3-2-1982 : Bull. civ. III p. 24) ou plus de trois ans après (Cass. 1e civ. 9-1-1963 : Bull. civ. I n° 24), voire seulement plus de deux ans après (Cass. civ. 3-5-1978 : GP 1978.2.pan.265) ;

– en l'absence d'indexation du prix et de coefficient de revalorisation, les parties avaient eu la commune intention de fixer un délai raisonnable pour la réalisation de la condition suspensive (Cass. 3e civ. 26-2-2013 précité).

Si cette recommandation n'est pas suivie ou s'il n'est pas certain que l'événement arrivera, les juges n'ont d'autre ressource que d'user de leur pouvoir prétorien et arrêter un délai raisonnable (n° 13512). En effet, une obligation sous condition suspensive ne peut pas avoir un caractère perpétuel prolongeant indéfiniment le délai d'attente de l'événement (Cass. civ. 4-6-1991 : RJDA 11/91 n° 884 ; Cass. 3e civ. 20-5-2015 n° 14-11.851 : RJDA 10/15 n° 643) et une partie ne peut pas mettre fin unilatéralement au contrat tant que la condition n'est pas défaillie (Cass. com. 6-3-2007 n° 442 : RJDA 8-9/07 n° 810).

Sur le délai d'une condition d'essai, n° 26806.

Empêchement de la condition par le débiteur La condition est **réputée accomplie** si celui qui y avait intérêt en a empêché l'accomplissement (C. civ. art. 1304-3). 13451

Le « réputé accompli » se produit dès que le créancier a prouvé que les démarches requises pour cette réalisation par le contrat n'ont pas été accomplies (Cass. 3e civ. 17-3-2010 n° 09-13.158 : RJDA 10/10 n° 929).

Tel est le cas :

– du débiteur d'une obligation dont l'exécution doit être autorisée qui ne fait pas tout ce qui est en son pouvoir pour obtenir l'autorisation requise (Cass. 1e civ. 25-4-1968 : Bull. civ. I n° 122 ; Cass. com. 7-3-1972 n° 70-13.454 : Bull. civ. IV n° 83 ; Sentence CCI n° 3987 en 1983 : Clunet 1984.943 obs. Derains) ;

– de l'acquéreur sous condition d'obtention d'un prêt, qui a : renoncé au contrat le jour même de la signature, sans fournir de motif, alors qu'il avait fini par trouver un prêteur (CA Aix 22-11-1978 : Bull. Cour d'Aix 1978/4 p. 80 ; dans le même sens, CA Rouen 11-3-1987 : GP 1988.som.292) ; prétendu avoir essuyé un refus alors qu'un prêt lui a été accordé quelques semaines plus tard (Cass. com. 25-10-1983 : GP 1984.pan.121) ; effectué des démarches insuffisantes (Cass. com. 23-11-1993 : RJDA 5/94 n° 480 ; CA Versailles 19-10-2002 : RJDA 3/02 n° 237) ; refusé deux propositions sans raison valable (Cass. com. 31-1-1989 : BRDA 7/89 p. 14) ; demandé un prêt non conforme aux conditions convenues (Cass. 3e civ. 24-9-2014 n° 13-18.698 : RJDA 4/15 n° 250.som. ; dans le même sens, Cass. 3e civ. 16-1-2013 n° 11-26.557 : RJDA 5/13 n° 381 ; Cass. 3e civ. 20-11-2013 n° 12-29.021 : RJDA 2/14 n° 93) ; acheté en tant que particulier et présenté une demande au nom d'une société civile immobilière en cours de constitution, sans avoir exercé la faculté de substitution prévue à l'acte (Cass. 3e civ. 27-2-2013 no 12-13.796 : RJDA 6/13 no 497) ;

– du bénéficiaire d'une promesse de vente sous la condition d'obtention d'un permis de construire, dès lors qu'il a provoqué par sa résistance le rejet de sa demande (Cass. civ. 16-4-1986 : JCP G 1988.II.21033 note Liet-Veaux) ;

– du cocontractant qui met fin unilatéralement et sans motif légitime au contrat avant la survenance de la condition qui subordonnait le versement d'une rémunération due au titre d'une période d'essai avant embauche à l'accomplissement d'un stage d'essai concluant (CA Versailles 3-3-1988 : JCP G 1988.II.21132 note Estoup) ;

– du promettant du rachat d'actions soumis, entre autres, à l'obtention de l'autorisation des autorités de marché qui s'est borné à une simple prise de contact verbal par intermédiaires interposés sans que soit déposé un dossier étayé auprès de ces autorités (CA Paris 8-11-2002 no 01/08529 : RJDA 4/03 no 354).

Le **contrat est alors formé** à la date de sa conclusion (Cass. 3e civ. 23-2-1977 no 75-15.515 : Bull. civ. III no 99 ; Cass. 3e civ. 24-6-1981 no 80-13.031 : Bull. civ. III no 135). L'acompte qui a été, le cas échéant, versé sous réserve de **restitution** en cas de défaillance de la condition peut alors être conservé par celui qui l'a reçu (CA Aix 22-11-1978 : Bull. Cour d'Aix 1978/4 p. 80 ; CA Paris 14-4-1986 : D. 1986.IR.264).

Mais la condition n'est pas considérée comme ayant été empêchée si la partie poursuivie prouve que, même si elle a fait obstacle à son accomplissement, sa défaillance est imputable à une cause indépendante de sa volonté (Cass. 3e civ. 12-9-2007 no 06-15.640 : RJDA 1/08 no 20 et Cass. 3e civ. 15-12-2010 no 10-10.473 : RJDA 4/11 no 282 : preuve rapportée) ou qu'elle a accompli les démarches requises par le contrat, le créancier invoquant l'empêchement devant alors prouver que ce dernier lui est néanmoins imputable (Cass. 3e civ. 6-10-2010 no 09-69.914 : RJDA 2/11 no 121).

Ainsi, l'accomplissement de la condition n'a pas été empêché :

– lorsque des vendeurs d'un fonds de commerce qui avaient vendu sous la condition d'obtenir la mainlevée des inscriptions prises sur le fonds par une banque ont refusé de consentir à la banque l'hypothèque qu'elle demandait sur leur maison d'habitation en contrepartie (CA Pau 6-11-1984 : RTD civ. 1985.731 obs. Mestre) ;

– lorsque l'acquéreur n'a pu obtenir les autorisations administratives requises pour la conclusion de la vente d'un immeuble, celles-ci s'étant avérées impossibles à obtenir à la date prévue pour la réalisation de la vente à cause de travaux préalables nécessaires mais irréalisables dans le peu de temps imparti (Cass. civ. 28-11-1978 : JCP G 1979.IV.50) ou à cause d'un désaccord entre les autorités administratives (Cass. civ. 20-3-1996 : RJDA 6/96 no 740) ;

– lorsque le bénéficiaire d'une promesse de vente sous condition d'obtention d'un prêt présente au moins une demande d'emprunt conforme aux caractéristiques prévues dans la promesse, même si celle-ci est restée infructueuse (Cass. civ. 8-12-1999 : RJDA 2/00 no 140) ou n'a pas obtenu le montant maximal du prêt envisagé dans la promesse, l'indication d'un montant maximal du prêt n'étant pas de nature à contraindre les acquéreurs à accepter toute offre d'un montant inférieur (Cass. 3e civ. 14-12-2022 no 21-24.539 FS-B : RJDA 3/23 no 135) ;

– lorsque le bénéficiaire d'une promesse de vente sous condition suspensive de l'obtention d'un permis de construire pour une surface donnée a demandé un permis pour une surface inférieure et l'a ensuite retirée dès lors que cette demande était sans avenir au regard du COS (Cass. 3e civ. 11-9-2012 no 11-22.345 : RJDA 12/12 no 1062).

SORT DU CONTRAT APRÈS RÉALISATION DE LA CONDITION

13455 Le contrat est formé le jour où la condition est réalisée (C. civ. art. 1304-6, al. 1). Toutefois, les parties peuvent opter pour la rétroactivité de la condition suspensive et prévoir que l'accomplissement de la condition rétroagira au jour du contrat. La chose, objet de l'obligation, n'en demeure pas moins aux risques du débiteur, qui en conserve l'administration et a droit aux fruits jusqu'à l'accomplissement de la condition (C. civ. art. 1304-6, al. 2).

SORT DU CONTRAT EN CAS DE DÉFAILLANCE DE LA CONDITION

13460 En cas de défaillance de la condition, l'obligation est réputée n'avoir jamais existé (C. civ. art. 1304-6, al. 3). Cette disposition est, à la lettre, différente de la solution prétorienne établie avant l'ordonnance 2016-131 du 10 février 2016 qui, dans le silence du Code civil depuis 1804, posait que la défaillance de la condition rendait **caduc** le contrat qui en dépendait (notamment, Cass. 3e civ. 10-9-2013 no 12-22.163 : RJDA 2/14 no 78). En réalité, sous cette expression qui signifie que le contrat prend fin pour l'avenir (no 16000), il était jugé qu'aucun contrat n'avait jamais existé (Cass. com. 29-4-1974 no 73-10.172 : Bull. civ. IV no 135). Le contrat était ramené à néant comme le prévoient l'article 1304-6, al. 3 susvisé qui assimile la défaillance de la condition à une inexistence des obligations contractuelles ainsi que l'article 1187, al. 2 du même Code qui précise que la caducité peut donner lieu à restitution (no 16000).

Il en résulte que les solutions retenues sous l'empire du Code civil dans sa rédaction de 1804 sont maintenues sous l'empire du Code civil dans sa rédaction de 2016 ; ainsi :
– la partie qui peut s'en prévaloir n'a qu'à établir devant le juge que la défaillance est consommée et qu'elle n'a pas renoncé à s'en saisir (cf. Cass. 1e civ. 23-1-1996 n° 93-21.118 : Bull. civ. I n° 37) ;
– une mise en demeure n'est pas nécessaire pour se prévaloir de la condition qui doit être réalisée dans un délai fixé (Cass. com. 29-4-1974 n° 73-10.172 : Bull. civ. IV n° 135) ;
– le jeu de la clause attributive de compétence prévue au contrat est exclu (Cass. com. 29-4-1974 précité).
Si le contrat est une vente :
– le vendeur n'est pas tenu de livrer la chose vendue (Cass. req. 20-10-1908 : DP 1912.1.61) ;
– il doit restituer les acomptes que l'acheteur lui a versés (Cass. com. 7-3-1977 n° 75-13.531 : Bull. civ. IV n° 72), ainsi que le dédit (Cass. com. 7-10-2008 n° 07-14.607 : RJDA 2/09 n° 85) ;
– les clauses du contrat sont anéanties, ainsi : l'acquéreur, qui avait accepté la clause d'une promesse de vente immobilière précisant que « les honoraires des présentes sont à la charge de l'acquéreur qui s'y oblige », n'est pas tenu à cette prise en charge à défaut de son engagement à l'accepter quel que soit le sort de la vente (Cass. 2e civ. 22-1-2004 n° 73 : RJDA 5/04 n° 541 ; rappr. Cass. civ. 23-12-1968 : D. 1969.235), sauf faute des parties (Cass. civ. 16-10-1963 : JCP G 1964.II.13595) ; le vendeur n'a pas à mettre en œuvre la clause concernant le refus de réitération de la vente par les parties (Cass. 3e civ. 25-1-2011 n° 09-17.454 : RJDA 6/11 n° 508) ;
– l'acquéreur, qui a occupé l'immeuble entre le jour de la conclusion de la vente et celui de la défaillance de la condition, doit verser une indemnité d'occupation au vendeur, sauf s'il avait été convenu que cette jouissance serait gratuite (Cass. 3e civ. 18-12-1973 n° 73-10.135 : Bull. civ. III n° 640) ; mais il a droit au remboursement des dépenses nécessaires et utiles (Cass. 3e civ. 15-1-2003 : RJDA 4/03 n° 375), voire à des dommages-intérêts (Cass. com. 7-1-1981 n° 79-12.061 : Bull. civ. IV n° 17), sauf si l'acte prévoit qu'aucune indemnité n'est due de part et d'autre en cas de non-réalisation de la vente (Cass. 3e civ. 8-10-2013 n° 12-12.792 : RJDA 2/14 n° 84) ;
– les frais d'études relatifs au matériel à livrer entrant dans les éléments du prix de vente restent à la charge exclusive du fabricant (Cass. com. 20-10-1975 n° 74-12.238 : Bull. civ. IV n° 233) ;
– la promesse de vente consentie par l'acquéreur à un tiers est anéantie (Cass. 1e civ. 1-6-1983 n° 82-10.759 : Bull. civ. I n° 166).

Seule la partie en faveur de laquelle la condition a été stipulée peut **se prévaloir** de la caducité (Cass. 3e civ. 20-6-2006 n° 789 : RJDA 1/07 n° 25 ; Cass. 3e civ. 24-11-2016 n° 15-14.017 FS-D : RJDA 2/17 n° 71 ; CA Paris 19-5-2011 n° 09/28881 : RJDA 10/11 n° 781). Mais elle ne doit pas invoquer la défaillance de la condition de mauvaise foi (Cass. 3e civ. 23-6-2004 n° 03-12.207 : RJDA 1/05 n° 16).

A aussi perdu le droit de se prévaloir de la caducité la partie qui y a renoncé, par exemple, en acceptant, malgré la défaillance de la condition, la réitération de la promesse de vente d'un fonds de commerce dans un acte authentique, reprenant le prix et la désignation du bien vendu, sans demander la restitution de l'acompte remis au vendeur et en versant la somme due à titre de complément de prix (Cass. com. 6-2-1996 : RJDA 4/96 n° 480, fixant le point de départ de la forclusion encourue au jour de la promesse).

B. Délais d'exécution des obligations

AMÉNAGEMENT DES DÉLAIS PAR LES PARTIES

Silencieux sur les délais d'exécution du contrat, les dispositions du Code civil issues de l'ordonnance 2016-131 du 10 février 2016 ne remettent pas en cause la règle jurisprudentielle selon laquelle les **parties** sont libres de fixer les délais d'exécution des obligations prévues au contrat. Elles ne sont **limitées** dans cette liberté que par l'interdiction des engagements perpétuels (n° 13503) ou par des lois spéciales imposant une durée déterminée au contrat lui-même (par exemple : C. com. art. L 145-2 : neuf ans au minimum pour les baux commerciaux ; C. com. art. L 330-1 : dix ans au plus pour les contrats d'approvisionnement exclusif) ou par l'octroi judiciaire de délais de grâce (n° 50506). **13495**

L'exécution du contrat continue ainsi de relever des solutions qui suivent.

Exécution immédiate Lorsque le contrat est définitivement conclu et entré en vigueur, il doit être immédiatement exécuté, sauf si les parties ont fixé au profit du débiteur des délais d'exécution. **13500**

Choix des délais Les parties qui tiennent à une exécution ponctuelle, à **date fixe,** ne doivent pas omettre de le préciser formellement dans le contrat. **À défaut,** non seulement un doute, suivi naturellement de contestation, apparaîtra sur la portée de délais approximatifs, mais encore un **délai raisonnable** pourra leur être imposé par les tribunaux qui admettent volontiers que les parties l'ont implicitement prévu (n° 13512). **13503**

En tout état de cause, les parties ne peuvent pas assigner au contrat une **durée perpétuelle** (C. civ. art. 1210). La perpétuité est, en effet, une entrave à la libre circulation des richesses qui est, depuis l'institution de la liberté du commerce, un intérêt général d'ordre économique.

À défaut d'une définition de la perpétuité par l'article 1210, les solutions jurisprudentielles rendues avant le 1er octobre 2016 (sur cette date, n° 10000) demeurent applicables. Ainsi, le contrat est d'une **durée perpétuelle** :

– lorsqu'une personne a pris un engagement d'une durée égale ou supérieure à la durée moyenne de la vie professionnelle (Cass. 1e civ. 27-4-1978 n° 76-14.071 : Bull. civ. I n° 161 : engagement d'un coopérateur pour cinquante ans ; Cass. 1e civ. 8-7-1986 n° 84-14.758 : Bull. civ. I n° 206 : engagement d'un coopérateur pour soixante-quinze ans) ;

– lorsque le terme du contrat dépend de la volonté discrétionnaire d'une seule partie (Cass. civ. 19-2-1992 : RJDA 4/92 n° 323 et Cass. 3e civ. 27-5-1998 : Bull. civ. III n° 110 : preneur d'un bail ; CA Paris 21-6-1975 : D. 1976.som.13, accord ne pouvant être dénoncé qu'à la majorité des cocontractants) ; toutefois, en cas de stipulations subordonnant la fin du contrat à un événement qui dépend en partie de la volonté d'un des cocontractants, les solutions sont incertaines ; ainsi a été réputée perpétuelle la reconnaissance d'un droit de chasse au vendeur d'une propriété rurale, détachée d'un domaine, et à ses héritiers tant qu'ils seraient propriétaires ou locataires du domaine (Cass. civ. 8-7-1980 : GP 1981.263) mais non perpétuelle la promesse par l'acquéreur d'actions d'employer le cédant aussi longtemps qu'il resterait majoritaire dans la société (Cass. com. 6-7-1982 : BRDA 22/82 p. 18) ;

– lorsque le locataire d'une installation téléphonique ne pouvait se dégager du contrat qu'en se privant de toute possibilité d'adaptation de cette installation relevant pourtant d'une technique en constante évolution (Cass. com. 7-4-1998 : RJDA 8-9/98 n° 977 ; CA Versailles 13-4-1995 : RJDA 7/95 n° 810) ; il en est de même du locataire de matériel informatique qui doit subir la reconduction automatique et à l'infini du contrat ou encore l'impossibilité de modifier le matériel loué (Cass. com. 11-5-2022 n° 19-22.015 FB : RJDA 11/22 n° 631) ;

– lorsqu'il a pour objet la reconnaissance d'un droit de jouissance spéciale sans précision de durée, car le droit réel conférant la jouissance privative de tout ou partie d'un bien, s'il n'est pas limité dans le temps par la volonté des parties, ne peut être perpétuel et s'éteint comme un usufruit lorsqu'il bénéficie à une personne physique comme le prévoit l'article 625 du Code civil (Cass. 3e civ. 18-1-2023 n° 21-23.000 F-D).

En revanche, le contrat est à **durée indéterminée mais non à durée perpétuelle**, notamment :

– lorsqu'il est renouvelable par tacite reconduction tant que l'une des parties et ses enfants (en l'espèce le preneur d'un bail) seraient désireux de le continuer, car il a nécessairement pour terme le décès des bénéficiaires (Cass. 3e civ. 30-11-1983 n° 82-13.223 : Bull. civ. III n° 249) ou lorsque, conclu pour une durée de cinq ans, il est renouvelable par tacite reconduction, sauf dénonciation par l'une des parties, par périodes successives de cinq années chacune (Cass. 1e civ. 21-3-2006 n° 03-20.960 : Bull. civ. I n° 169) ;

– lorsque la durée du contrat n'a pas été fixée (Cass. com. 8-4-1986 : Bull. civ. IV n° 58 ; CA Versailles 8-11-1991 : RJDA 1/92 n° 19), car ce contrat peut être unilatéralement résilié pour durée indéterminée (n° 15503) ;

– lorsqu'il doit fatalement s'éteindre avec l'épuisement de son objet, par exemple celui d'un gisement (CA Aix 11-4-1985 : Bull. Cour d'Aix 1985/1 p. 22) ou d'une société (Cass. 1e civ. 25-1-2023 n° 19-25.478 FS-B : RJDA 5/23 n° 262) ;

– lorsqu'il est subordonné à une condition suspensive qui consiste en un événement devant arriver dans un délai indéterminé (n° 13448).

Mais l'**engagement de quatre-vingt-dix-neuf ans** est valable dès lors qu'il n'a pas pour objet une obligation contractuelle ; tel est le cas s'il n'est que la conséquence des dispositions légales qui lui sont applicables (relatives au retrait de l'associé d'un groupement foncier agricole) (Cass. 1e civ. 3-6-2010 n° 09-65.995 : RJDA 10/10 n° 980) ou s'il porte sur un droit de la personnalité, par exemple sur celui de reproduire l'image d'une personne pour quatre-vingt-dix-neuf ans car l'autorisation ne porte pas sur la prestation due par son auteur (CA Grenoble 3-9-2012 : LP 2013.138).

Chaque contractant peut **mettre fin à l'engagement perpétuel** dans les conditions prévues pour le contrat à durée indéterminée (C. civ. art. 1210, al. 2 ; n° 15503). La reconnaissance de cette faculté ne saurait exclure, à notre avis, l'action en nullité du contrat, qui était jusque-là la sanction prétorienne de l'engagement perpétuel pour obtenir son anéantissement rétroactif dès lors que la prohibition étant d'intérêt économique général relève de l'ordre public de direction, et donc d'une nullité absolue que nul ne peut confirmer ; elle ne saurait non plus exclure que le juge tienne la clause pour réputée non écrite (sur le choix par le juge entre la nullité et le réputé non écrit, n° 74275).

13506 **Délais chiffrés** Les parties peuvent énoncer les délais en les fixant par un chiffre, par exemple : jusqu'à telle date ; dans tant de jours, mois ou années ; entre telle date et telle date. Mais elles ont intérêt, même dans ce cas, à préciser que le délai est **« de rigueur »** si elles veulent qu'il soit réputé accompli dès la survenance de son échéance (Cass. civ. 18-10-1927 : DH 1927.510 ; cf. CA Paris 22-9-1992 : RJDA 10/93 n° 782.som. ; aussi n° 11949). En effet, un délai de rigueur ne peut pas être prorogé, le juge ne pouvant pas accorder un délai de grâce (Cass. com. 17-3-1998 : RJDA 7/98 n° 853), et son dépassement entraîne l'application de la sanction, quel que soit le motif du retard (Cass. 3e civ. 20-12-2018 n° 17-27.814 PBI : visant une sanction légale mais transposable par analogie à toute autre sanction prévue pour la méconnaissance d'un délai convenu de rigueur).

Le délai est de rigueur lorsque son dépassement est sanctionné par la déchéance du droit qui devait être invoqué dans le délai prévu (Cass. com. 15-3-2011 n° 09-13.299 : RJDA 7/11 n° 631 ; CA Douai 26-1-2017 n° 16/00583 : BTL 2017.96). Il n'est manifestement pas de rigueur lorsqu'il est prévu « renouvelable » (CA Paris 3-7-2016 n° 13/06963).

Si le délai n'est pas de rigueur, son application n'est pas strictement entendue par les juges.

Jugé, par exemple :

– que la date limite de passation de l'acte authentique d'une vente, date prévue par le compromis, ne peut porter effet qu'après une mise en demeure (CA Aix 21-3-1979 : Bull. Cour d'Aix 1979/2 p. 27) ;

– qu'une sommation de signer l'acte authentique d'une vente dans un délai de deux mois ne permettait pas de déclarer caduc l'acte de vente au motif qu'un délai de treize ans et demi s'était écoulé entre sa date et celle de la sommation, dès lors que celle-ci n'était assortie d'aucune sanction, les parties étant par ailleurs d'accord sur la chose et sur le prix (Cass. civ. 12-12-1978 : GP 1979.pan.124).

Jugé aussi qu'une durée de trente ans étant extrêmement longue et contraire aux usages pour un contrat de location téléphonique, elle ne peut être imposée aux parties qu'en cas d'engagement précis et non ambigu (CA Aix 27-2-1980 : Bull. Cour d'Aix 1980/1 p. 11).

Les parties ne doivent pas se contenter d'indiquer formellement les délais ; elles doivent aussi, pour réduire les risques de contentieux, arrêter leur **mode de computation.** Afin de s'assurer d'une formulation aussi rigoureuse que possible, il est recommandé aux parties de faire purement et simplement référence au mode de calcul fixé par les articles 640 à 642 du Code de procédure civile tels qu'ils sont appliqués par les tribunaux (afin que l'interprétation qui en est donnée soit aussi applicable sans conteste) ou aux dispositions de la convention européenne sur la computation des délais du 16 mai 1972.

À défaut d'une telle précision, les textes du Code de procédure civile sont aussi applicables, à notre avis, bien qu'ils concernent les délais de procédure, car il a été jugé qu'ils ne sont que l'expression en matière procédurale d'une règle de portée générale valable pour la notification de tous actes juridiques (Cass. civ. 21-12-1987 : JCP G 1988.II.21012 note Prévault ; dans le même sens, Cass. crim. 5-10-1987 : Bull. crim. p. 892 ; Cass. civ. 23-2-1994 : RJDA 6/94 n° 628 ; Cass. civ. 8-4-1998 : RJDA 6/98 n° 688 ; Cass. 3e civ. 5-12-2007 n° 06-19.567 : RJDA 5/08 n° 510). Mais les dispositions du Code de procédure civile relatives à la computation ne sont pas applicables à la computation des délais de prescription (CA Versailles 6-7-2021 n° 21/00799) ; notamment, la prescription est acquise si elle expire un samedi, un dimanche ou un jour férié car elle ne profite pas de la prorogation de délai au jour suivant prévue par l'article 642, al. 2 du Code de procédure civile (Cass. 2e civ. 7-4-2016 n° 15-12.960 : RD bancaire 2016 n° 3 § 130 obs. Piedelièvre ; CA Rouen 20-2-2020 n° 17/030803).

Les jours chômés s'entendent des jours non ouvrables déclarés tels par une loi ou un règlement (Cass. 2e civ. 16-5-1990 n° 89-10.751 P : Bull. civ. II n° 99).

Le régime légal de computation des délais ne comporte plus de délai franc (Décret 72-788 du 28-8-1972).

Délais approximatifs Les parties expriment souvent les délais d'exécution par des formules approximatives, telles que : « en temps utile », « en temps opportun », « en temps voulu », « dans les plus brefs délais », « dès que possible », etc. La portée pratique de toutes ces expressions ne peut dépendre, en cas de désaccord, que de l'appréciation souveraine du juge. **13509**

Voici quelques exemples des appréciations retenues par les juges :

– la clause « dès que possible » n'est pas potestative et oblige le débiteur à faire toute diligence et notamment à avertir le cocontractant de son retard (CA Reims 4-1-1978 : Jurisprudence Champagne-Ardenne, 1979 n° 1 p. 41) ;

– le délai d'exécution dans « environ un mois » est violé si l'exécution n'a pas eu lieu deux mois et demi après la date de conclusion du contrat (T. com. Seine 5-12-1919 : GP 1920.1.580) ;

– la livraison due « autant que possible à la date indiquée » est encore dans « les délais de livraison » un an après la date de la commande (Cass. com. 24-6-1980 n° 78-15.632 : Bull. civ. IV n° 273) ;

– le délai stipulé « sauf imprévu » ne doit pas être considéré comme un délai de rigueur et peut être modifié en cas d'incidents de fabrication (CA Paris 20-3-1928 : GP 1928.2.825) ;

– la mention « livraison 15 février-mars-5 avril » n'a qu'une valeur indicative et n'impose pas un délai de rigueur (Cass. com. 17-10-1978 : GP 1979.som.42) ;

– la clause « à titre précaire » doit s'apprécier en fonction de la bonne foi qui s'impose dans les relations contractuelles (CA Toulouse 12-12-1983 : GP 1984.som.116) ;

– le paiement promis par une partie « dès qu'elle aura effectué la vente de certains biens immobiliers » doit intervenir dans un délai raisonnable, ce qui n'est pas le cas lorsqu'il n'est pas intervenu six années après cette promesse (Cass. 1e civ. 28-1-1976 n° 74-14.069 : Bull. civ. I. n° 37) ;

– l'engagement de renforcer le prêt consenti à une société « lors de la formation du capital définitif d'une autre société », qui devait être constituée, doit intervenir dans un délai raisonnable fixé par les juges (Cass. civ. 6-10-1976 : JCP G 1976.IV.342) ;
– le remboursement d'une avance devant avoir lieu « lorsque la majorité estimera que la trésorerie de la société ne nécessite plus cette avance » suppose que ladite société jouisse d'un délai raisonnable pour s'acquitter de son obligation (CA Paris 22-5-1984 : BRDA 13/84 p. 12) ;
– la formule d'une lettre recommandée AR annonçant au cocontractant que la résiliation du contrat prendra effet « à compter de la présente lettre », a pour effet que le point de départ de la résiliation se situe, compte tenu du libellé de la lettre, à la date de la première présentation de cette dernière à son destinataire et non à la date à laquelle celui-ci l'a retirée (Cass. com. 3-5-1994 : RJDA 8-9/94 n° 906).

13512 **Délais implicites** Si les parties n'ont fixé ni formellement ni approximativement un délai, les prestations promises doivent être exécutées dans un **délai raisonnable,** qui est toujours sous-entendu ; il appartient alors au juge de déterminer sa durée (Cass. 3e civ. 10-4-1973 n° 72-11.436 : Bull. civ. III n° 274 ; Cass. 3e civ. 16-3-2011 n° 10-14.051 : RJDA 6/11 n° 525 ; CE 4-7-2014 n° 371633 : RJDA 2/15 n° 85.som.).

Aucune indication prédéterminée de cette durée ne peut être formulée car elle est commandée par les circonstances de chaque espèce. Il ne peut être recommandé que d'éviter une durée risquant d'être vue comme un moyen de pression injustifié et, partant, écartée par le juge pour manquement à la bonne foi que se doivent les parties.

13515 **Expiration des délais** Le délai fixé au contrat prend naturellement fin avec l'arrivée du **terme** convenu (n° 16003).

13518 **Suppression des délais** Les délais disparaissent :

1. Lorsque le **débiteur** a, par son fait, **diminué** les **sûretés** qu'il avait données dans le contrat à son créancier (C. civ. art. 1305-4), ou n'a pas fourni celles qu'il a promises (art. 1305-4 précité ; Cass. req. 2-5-1900 : S. 1901.1.14 ; CA Montpellier 23-4-1931 : GP 1931.1.879) : c'est la règle de la **déchéance du terme.**

La diminution des sûretés ne peut entraîner la déchéance du terme lorsque le créancier a pu en prévoir l'éventualité à la signature du contrat, surtout lorsque la diminution est inhérente à la nature de la chose, s'agissant de marchandises destinées à la vente (CA Paris 22-4-1976 : GP 1977.1.14).

Cette diminution ne concerne, toutefois, que les sûretés données dans le contrat, comme par exemple l'engagement pris par le débiteur que les prêts obtenus seraient remboursés par prélèvement sur ses appointements (Cass. 1e civ. 9-5-1994 : Bull. civ. I n° 171), et non les sûretés légales. Mais les tribunaux sont partagés sur son application aux sûretés que la loi fait elle-même résulter d'un contrat, tel le privilège du vendeur (pour l'application, Cass. req. 21-1-1861 : DP 1861.1.170 ; CA Chambéry 13-5-1902 : DP 1903.2.236 ; contra Cass. civ. 4-1-1870 : DP 1870.1.11 ; CA Rouen 24-6-1903 : GP 1903.2.280).

À défaut de disposition contraire, la déchéance du terme peut être prévue contractuellement pour des causes autres que celles énoncées par l'article 1305-4, par exemple pour défaut de paiement d'une seule échéance d'un prêt, un mois après une mise en demeure restée infructueuse (CA Paris 27-1-2015 n° 14/07875 : RJDA 5/15 n° 352). Lorsque la déchéance est acquise, et si le prêt a été consenti par plusieurs prêteurs, l'un d'eux est recevable à agir seul en paiement de la part du solde du prix lui revenant (même arrêt).

Sauf disposition expresse et non équivoque, la déchéance du terme ne peut pas être invoquée si aucune clause ne l'a prévue, car elle ne s'attache pas de plein droit au non-paiement d'une échéance (CA Paris 10-3-2009 n° 07/21931 : RJDA 7/09 n° 675), ni être déclarée acquise au créancier sans la délivrance d'une mise en demeure restée sans effet, précisant le délai dont dispose le débiteur pour y faire obstacle (Cass. 1e civ. 22-6-2017 n° 16-18.418 F-PB : RJDA 11/17 n° 752 ; Cass. 1e civ. 22-5-2019 n° 18-13.246 FS-D : RJDA 12/19 n° 781).

Elle ne peut pas davantage être invoquée comme cause d'extinction de la dette concernée (Cass. com. 24-3-2021 n° 1924.484 F-P).

13521 **2.** Lorsque le **bénéficiaire** du terme y a **renoncé** (C. civ. art. 1305-3, al. 2 ; pour un exemple, CA Rouen 11-3-1987 : GP 1988.som.292) car on peut toujours renoncer à un droit, sauf protection d'ordre public (n° 15680).

À défaut de désignation du bénéficiaire par les parties, le terme est présumé stipulé en faveur du débiteur, à moins qu'il ne résulte de la loi, de la volonté des parties ou des circonstances, qu'il a été aussi convenu en faveur du créancier ou des deux parties (C. civ. art. 1305-3, al. 1).

N'a pas renoncé le débiteur qui reconnaît son insolvabilité dès lors qu'il a en même temps prié son créancier de ne pas engager de procédure susceptible d'entraver ses efforts de redressement (CA Paris 22-4-1976 : GP 1977.1.14).

Une fois le terme expiré, il y a retard qui doit être sanctionné conformément aux stipulations des parties, si elles se sont prononcées à ce sujet, par exemple par une clause pénale (Cass. civ. 8-1-1985 : GP 1985.pan.109) ou, si l'obligation est d'une somme d'argent, comme il est dit nos 53800 s.

3. Lorsque les **parties** liées par des paiements échelonnés sont **convenues** que le défaut de paiement d'une échéance entraînerait la **déchéance du terme** (CA Paris 27-1-2015 n° 14/07875 : RJDA 5/15 n° 352, validant la déchéance contractuelle prévue à l'occasion d'un prêt et précisant que si le prêt a été consenti par plusieurs prêteurs, l'un d'eux est recevable à agir seul en paiement de la part du solde du prix lui revenant). 13523

À défaut d'une telle clause, le créancier, non payé de certaines échéances, ne peut pas exiger le paiement des sommes non échues (CA Paris 10-3-2009 n° 07/21931 : RJDA 7/09 n° 675).

4. Lorsque le débiteur est en **déconfiture** (n°s 54100 s.). 13526

5. Lorsque le juge a accordé des délais de grâce au débiteur (n° 50506). 13529

V. MODALITÉS D'EXÉCUTION DU CONTRAT

RÈGLES DE BONNE CONDUITE DES PARTIES AU CONTRAT

Comme il a été exposé au titre des principes directeurs du droit commun du contrat (n°s 10625 s.), tout contractant (et ses salariés, dont il répond) reste tenu d'exécuter le contrat de **bonne foi** (C. civ. art. 1104, al. 1). 13600

Aucune disposition légale ne précisant le **contenu** de la bonne foi en cours d'exécution du contrat, la bonne foi est ici entendue comme elle a été définie n° 10650. Les tribunaux l'ont, au gré des espèces, concrétisée, à l'égard de tout contractant, en obligation de loyauté, d'information, de mise en garde ou de conseil, en obligation d'agir raisonnablement et, à l'égard du créancier, en obligation de vigilance et de retenue dans l'exercice de ses droits.

Mais ils en ont aussi fixé les **limites.** Ainsi, le juge ne peut pas, au titre de l'exécution de bonne foi :

– s'affranchir des **dispositions impératives,** par exemple celles du statut des baux commerciaux (Cass. 3e civ. 9-12-2009 n° 04-19.923 : RJDA 3/10 n° 220 et Cass. 3e civ. 14-4-2016 n° 15-14.27 : RJDA 7/16 n° 515 : censure de la décision ayant déclaré opposable à un bailleur la cession d'un droit au bail intervenue sans son concours en violation des clauses du bail, au motif que la clause a été stipulée et invoquée de mauvaise foi) ;

– porter **atteinte à la substance même** des droits et obligations légalement convenus entre les parties car son pouvoir ne porte que sur le contrôle de l'exercice des prérogatives contractuelles.

Notamment, le juge ne peut pas refuser :

– au cessionnaire d'actions le droit d'invoquer la mise en œuvre de la garantie de passif que lui a promise le cédant au cas où la société ferait l'objet d'un redressement fiscal, sous prétexte que, dirigeant et principal actionnaire de la société, cette partie a manqué à la bonne foi car elle savait que la société avait été exposée au risque de ce redressement (Cass. com. 10-7-2007 n° 06-14.768 : RJDA 11/07 n° 1057) ;

– à un bailleur, pour manquement à la bonne foi, le droit de s'opposer à la cession du bail par la société locataire en vertu de la clause n'autorisant celle-ci qu'à l'acquéreur du fonds de commerce alors que le fonds n'existait pas à la date du bail et que le bailleur le savait pour en avoir été le gérant de fait (Cass. 3e civ. 9-12-2009 n° 04-19.923 : RJDA 3/10 n° 220), le droit d'invoquer une clause claire du bail relative au calcul des charges locatives (Cass. 3e civ. 26-3-2013 n° 12-14.870 : RJDA 12/13 n° 979), le droit de demander la régularisation des charges au motif qu'il a manqué à la loyauté contractuelle en ne joignant pas à sa demande un justificatif à sa mise en demeure et alors même que le locataire avait quitté les lieux depuis plus d'un an (Cass. 3e civ. 15-12-2016 n° 15-22.844 F-D : RJDA 3/17 n° 155) ou le droit de demander l'indexation du loyer convenue au motif que la demande avait pour objet de récupérer une réduction de prix que le bailleur avait dû consentir au locataire lorsqu'il lui avait vendu le bien loué (Cass. 3e civ. 2-3-2017 n° 16-10.600 F-D : RJDA 5/17 n° 319) ;

– à une société liée à une autre pour la conception et la confection de coffrets promotionnels formellement déterminés, le droit, au titre de la loyauté contractuelle, de concevoir et de fabriquer des coffrets différents pour le compte d'autres donneurs d'ordre (Cass. com. 24-11-2015 n° 14-20.512 F-D) ;

– à l'associé d'une SAS le droit de révoquer le président que lui accorde la loi, en le condamnant à dommages-intérêts pour avoir usé de ce droit dans l'unique but de provoquer l'achat immédiat des actions appartenant au président que la convention les liant obligeait ce dernier à lui céder (Cass. com. 8-11-2016 n° 14-29.770 F-D : RJDA 2/17 n° 83) ;

– au cédant de parts sociales ou d'actions le droit de se prévaloir d'une clause de déchéance de la garantie de passif dont la cession est assortie (Cass. com. 19-6-2019 n° 17-26.635 F-D : RJDA 10/19 n° 607) ;

– au parrain du financement des salaires d'une équipe sportive dénommée sous un nom convenu dans le contrat de parrainage le droit de s'opposer au changement de ce nom, car la modification porterait atteinte aux conditions financières du parrainage, la dénomination de l'équipe sous le seul nom du parrain en étant la contrepartie, telles que fixées par les parties, lesquelles constituent la substance même des droits et obligations légalement convenus entre les parties (Cass. com. 9-3-2022 n° 19-18.934 F-D)

Le juge ne peut pas non plus, au titre de l'exécution de bonne foi, porter atteinte aux modalités de paiement du prix fixé par les parties, par exemple reprocher à une partie de ne pas avoir consenti des délais de paiement à son cocontractant débiteur pour le sauver de ses difficultés financières (Cass. com. 19-6-2019 n° 17-29.000 D).

Inversement, le juge peut contrôler par la bonne foi l'exercice des prérogatives que les parties se sont reconnues sur le fondement de la liberté contractuelle ; par exemple : le constructeur automobile qui peut définir discrétionnairement le numerus clausus de ses distributeurs en vertu du contrat de distribution sélective qui le lie à ses distributeurs ne saurait nommer un nouveau distributeur dont l'implantation modifierait l'équilibre contractuel des contrats antérieurs en créant des conditions de concurrence plus défavorables (Cass. com. 7-6-2016 n° 14-22.093 F-D : RJDA 2/17 n° 75) ; le locataire, qui prend à bail commercial des locaux dont il n'ignore pas que le régime fiscal favorable, dont les bailleurs devaient bénéficier en l'espèce, serait compromis en cas de cessation de la location des biens en meublé et qui fait insérer dans les baux une clause lui réservant la faculté de donner congé à l'issue de la première période triennale, a manqué à la loyauté contractuelle en faisant usage de cette prérogative contractuelle (Cass. 3e civ. 5-10-2017 n° 16-17.533 F-D : RTD com. 2018.62 obs. Kendérian).

Tenus de faire respecter la bonne foi sans plus de précision, les tribunaux ont retenu que les manquements à la bonne foi au cours de l'exécution du contrat portent atteinte à des obligations contractuelles et encourent la même sanction que celle prévue pour l'inexécution du contrat. Généralement, ils ont retenu la **responsabilité contractuelle** du cocontractant qui a agi de mauvaise foi et ont accordé à la victime des dommages-intérêts (à titre d'exemples : Cass. com. 1-10-1991 : RJDA 11/91 n° 898 ; Cass. com. 3-11-1992 : RJDA 5/93 n° 380). L'inexécution de mauvaise foi d'un contrat n'emporte donc pas son annulation (Cass. 3e civ. 6-5-2021 n° 20-15.094 F-D : RJDA 8-9/21 n° 545).

13603 **Exécution loyale** Quels que soient les qualificatifs qu'ils emploient, les tribunaux exigent fondamentalement que les parties agissent loyalement l'une envers l'autre et notamment agissent sans fraude (CA Paris 20-6-1996 : Rev. arb. 1996.657 obs. Bureau ; cf. T. com. Luxembourg 27-11-1980 : D. 1981.IR.504 note Vasseur ; TGI Lyon 11-5-1984 : GP 1984.668), sans malice, voire fassent preuve de la coopération que postule l'exécution de leur accord (CA Paris 10-10-2003 n° 01/09341 : RJDA 4/04 n° 431).

Une importante négligence ne caractérise pas la mauvaise foi du responsable (CA Paris 8-4-2009 n° 08/21196 : RJDA 1/10 n° 8).

Le contractant qui manque à ce devoir est généralement privé, sous une forme ou sous une autre, de l'avantage qu'il escomptait retirer de son attitude.

Par exemple :

– la société chargée de la commercialisation en France de matériel de travaux publics et qui traite avec un grossiste corse ne peut pas se plaindre que celui-ci ait annulé sa commande antérieure de sept jours et non encore exécutée, dès lors qu'elle a prospecté la clientèle individuelle des entrepreneurs de la région, et ce, bien qu'elle n'ait pas concédé à ce grossiste une exclusivité (CA Aix 9-1-1976 : Bull. Cour d'Aix 1976/1 p. 73) ;

– le preneur d'un bail emphytéotique conclu sous la condition résolutoire du défaut d'obtention de permis de construire doit, le bail ayant été résolu par suite de la défaillance de cette condition, des dommages-intérêts pour avoir sollicité un permis en vue d'une construction que la configuration du terrain ne permettait pas (Cass. 3e civ. 12-11-1975 n° 74-12.292 : Bull. civ. III n° 328) ;

– la société qui, en contrepartie de la mise à sa disposition par un transitaire, pendant cinq ans, d'un chai, a promis à ce transitaire l'exclusivité de diverses opérations pour tous les vins qu'elle importait ou exportait ne pouvait rompre cet engagement avant son terme, car la bonne foi contractuelle lui imposait d'exercer une activité d'import-export en rapport avec la capacité de stockage mise à sa disposition par le transitaire (Cass. com. 1-10-1991 : RJDA 11/91 n° 898) ;

– la société pétrolière qui a pris l'engagement d'intégrer un distributeur à son réseau et qui ne lui donne pas les moyens de pratiquer des prix concurrentiels en lui consentant un prix inférieur à son tarif « pompiste de marque », alors qu'elle pouvait le faire sans enfreindre la réglementation prohibant les pratiques discriminatoires par la conclusion d'un accord de coopération commerciale conforme aux exceptions admises, manque à son obligation d'agir de bonne foi (Cass. com. 3-11-1992 : RJDA 5/93 n° 380, accordant des dommages-intérêts au distributeur) ;

– la suppression brutale de ristournes établies par une pratique constante depuis plusieurs années est contraire à l'attente légitime du cocontractant qui pouvait espérer voir récompenser ses efforts sur les bases arrêtées les années précédentes, le chiffre d'affaires ayant quasiment doublé au cours de l'exercice pour lequel les ristournes avaient été refusées (CA Versailles 7-6-1999 : RTD civ. 2000. 113 n° 6 obs. Mestre et Fages, condamnant au paiement de ristournes).

Il ne commet pas un manquement à son devoir de loyauté si la partie envers qui il en est tenu par principe a approuvé son comportement (cf. Cass. com. 18-3-2020 n° 18-17.010 F-D : JCP E 2020.1429 note Jullian, rendu en matière extracontractuelle mais transposable en matière contractuelle par identité de justification).

Devoir d'exécution avisée La partie tenue à l'exécution en nature de la prestation due doit le faire en prévenant les risques de malfaçons. 13606

Cette obligation implique, par exemple, que cette partie :

– doit attirer l'attention de l'autre partie sur la nécessité de nouveaux travaux (Cass. civ. 28-5-1980 : JCP G 1980.IV.300 ; pour une application particulière de l'obligation de mise en garde réciproque des parties sur toute insuffisance d'exécution dans un contrat collaboratif de mise au point d'un logiciel, CA Paris 3-7-2016 n° 13/06963 ; CA Paris 1-10-2015 n° 14/07440) ;

– doit s'assurer qu'une bonne exécution pourra être réalisée (Cass. 3e civ. 17-3-1975 n° 73-10.618 : Bull. civ. III n° 109 et Cass. 3e civ. 15-10-2015 n° 14-24.553 : pour un constructeur que la construction respecte les autorisations requises comme les droits de propriété du voisin mitoyen ; TGI Paris 24-2-1973 : JCP G 1974.IV.310 : pour un imprimeur que le bon à tirer a été donné à bon escient) ;

– doit avertir le cocontractant de toute information utile dès qu'elle vient à sa connaissance (CA Aix 23-9-1993 : BTL 1993.741).

Mais la responsabilité encourue par l'auteur de ces manquements est atténuée si le créancier de la prestation a les connaissances voulues pour apprécier les conditions d'exécution de la prestation qui lui est fournie (CA Versailles 19-11-1986 : GP 1987.som.397) ou décide de lui-même un nouvel usage, peu importe qu'il en informe le cocontractant, car il agit alors à ses risques et périls (Cass. com. 9-1-1978 : Bull. civ. IV n° 17).

Comportement raisonnable Les contractants doivent exécuter le contrat raisonnablement, c'est-à-dire conformément à ce que les faits impliquent ou comme il est juste en l'espèce. 13609

Cette exigence est aussi retenue par les arbitres (Sentence CCI n° 1435 en 1975 : Clunet 1976.1434).

Les parties doivent notamment :

1. Apporter à l'exécution du contrat une **diligence** conforme aux circonstances et aux objectifs contractuels ;

Jugé par exemple que :

– une société de droit américain qui a établi un document douanier ne permettant pas à l'acheteur français de dédouaner la marchandise et qui après plusieurs échanges de correspondance ne produit pas le document adéquat se rend coupable d'une carence ou d'une mauvaise volonté qui justifie la résolution du contrat de vente à ses torts (Cass. com. 26-6-1979 : JCP G 1979.IV.299) ;

– un transitaire français qui reçoit par erreur à Paris en provenance de Belgique un lot de marchandises, qui était destiné à un acheteur de New York, agit avec légèreté en prenant livraison et en le réexpédiant tel quel à New York, sans aucune instruction (CA Paris 7-5-1979 : BT 1979.389 ; aussi CA Paris 27-4-1960 : BT 1960.186 : faute de la SNCF qui, en dépit du doute qu'elle a sur la qualité de destinataire du présentateur d'un récépissé, lui délivre la marchandise sans vérifier son identité) ;

– un vendeur de produits destinés au marché américain et nécessitant une adaptation consécutive à la mise sur ce marché est tenu d'une obligation implicite de garantie de commercialisation et d'aptitude des équipements fournis et doit supporter en conséquence les dépenses nécessaires d'adaptation aux normes américaines, à l'exclusion toutefois des frais résultant d'une négligence ou d'un abus de l'acheteur (Sentence CCI n° 2129 en 1972 : Yearbook 1978.219) ;

– l'armateur qui était autorisé par la charte-partie à récupérer le montant des surestaries en exerçant un droit de rétention sur la cargaison et ne pouvait les demander à l'affréteur qu'à défaut ne peut se retourner contre celui-ci s'il n'a rien tenté pour mettre en œuvre son droit de rétention (Chambre arbitrale maritime de Paris du 16-12-1985 : DMF 1986.433) ;

– le crédit-bailleur, dont l'assureur, en présence d'un accident survenu au véhicule loué ayant entraîné un dommage d'un montant supérieur à la valeur vénale du bien, a fait réparer le camion, ne peut pas reprocher au locataire d'avoir interrompu le paiement des loyers dès lors que le contrat de crédit-bail prévoyait la cessation du prélèvement des loyers dans le cas du dommage susvisé et que le locataire avait conclu avec le bailleur un autre contrat de crédit-bail pour un nouveau véhicule (Cass. com. 23-11-1993 : RJDA 5/94 n° 551).

2. S'**informer** mutuellement de toute circonstance susceptible de compromettre l'exécution du contrat ;

Par exemple :

– le gérant d'une société devenu liquidateur de celle-ci peut, bien qu'il ait fait régulièrement publier au registre du commerce la dissolution de la société, être déclaré personnellement responsable du préjudice causé à une société unie à la première par un contrat pour avoir, postérieurement à la date de dissolution, continué d'entretenir des relations d'affaires avec ladite société sans la prévenir de cette dissolution (Cass. com. 16-3-1976 : D. 1976.som.60) ;

– tout contractant a le devoir de prévenir son cocontractant des obstacles que la réglementation des changes, qu'il est tenu de respecter, peut introduire dans l'exécution du contrat (Sentence CCI n° 2216 en 1974 : Clunet 1975.917) ;

– le fournisseur d'un locataire-gérant qui bénéficiait d'un engagement solidaire du gérant au paiement de ses fournitures au locataire est responsable du préjudice subi par le loueur pour avoir poursuivi ses livraisons sans avertir ce dernier de l'existence d'impayés (Cass. com. 31-5-1994 : RJDA 11/94 n° 1129).

Mais une partie n'a pas l'obligation d'informer son cocontractant créancier de l'ouverture de sa procédure collective (Cass. com. 11-10-2011 n° 10-20.604 : RJDA 2/12 n° 183) ; elle n'engage sa responsabilité qu'en cas de fraude, le créancier devant prouver le caractère intentionnel de sa dissimulation (Cass. com. 13-11-2007 n° 06-14.372 : RJDA 3/08 n° 308).

3. Prendre le temps de se **rendre compte** de tout défaut apparent de la chose ou du travail fourni, sous peine d'être privé du droit de demander la réparation du dommage (Cass. 2e civ. 26-11-1970 n° 69-12.146 : Bull. civ. II n° 329 ; Cass. soc. 18-3-1975 n° 74-11.014 : Bull. civ. V n° 151) ou la résolution du contrat (CA Paris 3-12-1976 : JCP G 1977.II.18579) ;

Le seul fait pour le maître d'ouvrage d'avoir fait vérifier par un homme de l'art de son choix, sans aviser le maître d'œuvre, la bonne exécution des travaux et la réalité des malfaçons ne constitue pas une faute de nature à entraîner sa responsabilité dans la rupture du contrat (Cass. 3e civ. 12-11-1974 n° 73-12.930 : Bull. civ. III n° 409).

4. Minimiser les conséquences des dommages survenus dans l'exécution du contrat (n° 15069) ;

5. S'interdire de **se surprendre** l'une l'autre et agir avec précipitation pour profiter d'une circonstance inopinée (Sentence CCI n° 2443 en 1975 : Clunet 1976.991) ou avec calcul pour empêcher l'autre de réagir (Cass. 3e civ. 15-12-1975 n° 75-15.377 : Bull. civ. III n° 465 : envoi au début des vacances estivales d'un commandement de payer des loyers sous huit jours sous peine de résiliation de plein droit du bail) ;

6. Ne **pas trahir la confiance** qu'elles se sont accordée réciproquement et veiller à la sauvegarde de leurs intérêts réciproques.

Ainsi, les commerçants qui s'obligent à rembourser sur une période de trois ans d'importantes sommes à l'un de leurs fournisseurs s'engagent en même temps, implicitement mais nécessairement, à maintenir les relations commerciales existant entre eux et ce fournisseur, alors même que n'est pas prévue cette clause de fidélité (CA Aix 29-11-1978 : Bull. Cour d'Aix 1978/4 p. 6 ; dans le même sens, Cass. com. 1-10-1991 : RJDA 11/91 n° 898).

13612 **Devoir de vigilance et de retenue du créancier** Le créancier titulaire d'une créance contractuelle doit constamment veiller à la sauvegarde de son droit et éviter toute attitude susceptible de le compromettre.

1. Le créancier ne commet pas de faute en poursuivant tardivement son débiteur, dès lors qu'il agit en **recouvrement de sa créance** dans le délai de prescription, sauf abus dans l'exercice de ce droit (Cass. com. 2-11-2016 n° 14-29.723 FS-PB : RJDA 2/17 n° 135 ; déjà en ce sens, exigeant une légèreté blâmable : Cass. 1e civ. 16-4-1996 : RJDA 8-9/96 n° 1008 : passivité de sept ans ; Cass. com. 3-6-2003 n° 02-11.477 F-D : RJDA 12/03 n° 1248 : passivité de quatorze ans ; CA Paris 14-11-2002 : BTL 2003.64 : mise à l'encaissement de traites émises en paiement presqu'un an après les avoir reçues et retenue en garantie pendant le même délai des marchandises qui se sont avariées). Le juge doit rechercher l'existence de l'abus si cela lui est demandé.

Cette solution pourrait être remise en cause par la Cour européenne des droits de l'Homme jugeant qu'une partie à qui son cocontractant a présenté des revendications puis a laissé s'écouler un délai de plusieurs années sans saisir la justice est légitimement en droit de déduire de cette longue inaction que l'intéressé a renoncé à toute revendication (CEDH 2-5-2013 nos 25143/08 et 25156/08 : RDC 2013.1503 obs. Marguénaud).

Sur la possibilité de tenir compte ou non de l'écoulement du temps indépendamment du délai de prescription extinctive si le retard a été préjudiciable (Sentences Cirdi, JDI 2019.247 obs. B. Rémy).

Pour éviter ce risque, il est recommandé au créancier de **ne pas tarder** à se prévaloir de ses droits si les conditions d'exécution du contrat le justifient et à formuler des réserves appropriées.

Avant l'arrêt précité du 2 novembre 2016, de nombreuses décisions ou sentences ci-dessous ont sanctionné la désinvolture du créancier sans la considérer comme un abus ; elles ne pourront donc être reprises que si le comportement du créancier peut être qualifié d'abus.

a. Tribunaux français :

– acceptation que le produit du recouvrement de bons de caisses qu'un client avait demandé à une banque d'effectuer ne porte pas d'intérêts, dès lors qu'il avait reçu pendant près de trois ans les relevés mensuels de son compte sans protester (Cass. com. 13-5-1980 n° 78-13.379 : Bull. civ. IV n° 199) ;

– faute lourde de l'artiste qui a remis des dessins à un éditeur et qui néglige de les réclamer pendant plusieurs années (CA Lyon 28-1-1954 : JCP G 1954.IV.55) ;

– diminution du montant des dommages-intérêts du titulaire d'une marque contrefaite qui tarde à réclamer réparation (CA Paris 2-6-1972 : Ann. propr. ind. 1973.34), voire refus d'indemnisation (Cass. com. 6-5-2003 : Propr. intell. 2003.441 obs. Buffet-Delmas ; Cass. 1e civ. 13-11-2014 n° 13-15.989 : LP 2015 p. 800 n° 32308 ; CA Paris 7-9-2006 : JCP E 2006.pan.2583) ;

– refus d'une indemnité au dépositaire qui s'abstient d'aviser son client qu'il a oublié un lot de palettes, attendant dix mois pour réclamer pour la première fois des frais d'entreposage (CA Aix 15-10-1976 : Bull. Cour d'Aix 1976/3 p. 88), ainsi qu'au cessionnaire de droits d'auteur qui, entre autres, avait attendu deux ans et neuf mois après le jugement ayant affecté l'exploitation desdits droits pour rechercher la responsabilité de son cocontractant alors qu'aucun élément particulier ou nouveau ne justifiait qu'il ait ainsi différé son action (T. com. Paris 22-3-1999 : GP 1999.som.601) ;

– refus de justifier la résiliation du contrat d'un agent commercial par les fautes de ce dernier invoquées par le mandant alors que pendant plus de six années celui-ci n'avait élevé aucune critique sur son activité (CA Rouen 10-9-1987) ; **13612** (suite)

– refus du paiement des mensualités prévues au contrat au profit d'un prestataire de services à compter du jour où il aurait dû mettre en demeure son cocontractant pour défaut de paiement alors que, le service de la dette étant interrompu depuis déjà trois années, il a laissé le contrat se reconduire pendant deux années supplémentaires (CA Paris 22-6-2001 n° 99/17644 : GP 2003.438 note Véret et Paillard) ;

– condamnation à dommages-intérêts d'un commissionnaire de transport qui a laissé passer un délai de deux mois après une première échéance impayée par le donneur d'ordre avant de suspendre les transports ou de ne les réaliser que contre paiement comptant (CA Toulouse 19-5-2004 : BTL 2004.578) ou de la banque qui a attendu plus de cinq ans avant de poursuivre l'associé d'une société civile en paiement du solde de sa créance sur cette société (CA Versailles 27-1-2011 n° 10/00408 : RJDA 7/11 n° 637) ;

– dispense du bailleur d'exécuter son obligation d'entretien des lieux loués lorsque le locataire l'a averti des dégradations huit ans après leur survenance (Cass. 3e civ. 9-2-2005 n° 192 : RJDA 5/05 n° 505) ;

– cassation d'un arrêt qui n'a pas répondu aux conclusions reprochant la faute commise par la prétendue victime d'un dommage ayant attendu plus d'un an avant d'agir (Cass. 2e civ. 10-12-2009 n° 08-70.299 : GP 2010.som. 907 note Routier) ;

– rejet de la demande d'un bailleur en régularisation des charges locatives, sans aucune explication, présentée pour la première fois au bout de cinq ans, représentant plus du triple du montant des charges provisionnées, bien que cette demande fût juridiquement recevable et exacte dans son calcul, car elle était, dans ce cas, déloyale et brutale et constitutive d'une faute du bailleur dans l'exécution du contrat engageant sa responsabilité envers la locataire pour le dommage occasionné (Cass. 3e civ. 21-3-2012 n° 11-14.174 : RJDA 8-9/12 n° 754 ; dans le même sens, Cass. 3e civ. 8-10-2015 n° 14-21.710 : RJDA 1/16 n° 11).

Sur l'intérêt à ne pas tarder à demander le paiement de loyers au cédant du bail garant de ces derniers, n° 5053, le jeu d'une clause de révision, n° 14056 ; à donner suite, au regard du point de départ des intérêts moratoires, à un rapport d'expert sur l'évaluation d'une créance, n° 53812 ; à être vigilant pour ne pas perdre le bénéfice d'un cautionnement, n° 55831.

b. Sentences arbitrales : le défaut de prompte réaction du créancier est généralement considéré comme une renonciation à agir (Sentence CCI n° 3344 en 1981 : Clunet 1982.978 ; Sentence CCI n° 3243 en 1981 : Clunet 1982.968 ; Sentence du tribunal des différends irano-américains : Clunet 1985.846 note 296 ; Sentence polonaise du 22-4-1964 : DPCI 1981.699), mais peut aussi être un manquement du créancier à son obligation de minimiser son dommage, n° 15069.

Toutefois, le créancier n'est **pas fautif** d'avoir tardé à agir lorsque le débiteur l'a laissé espérer de mois en mois que la fiabilité des fournitures serait prochainement atteinte (CA Paris 3-3-1987 : D. 1987.IR.76) ou à facturer ses prestations de fourniture d'eau à un bailleur d'immeuble car ce retard n'empêchait pas ce dernier de récupérer le coût des consommations d'eau sur les locataires puisqu'il n'ignorait pas que ce coût était à sa charge et qu'il devait exécuter le contrat de bonne foi en vérifiant ses factures (Cass. civ. 23-1-1996 : RJDA 6/96 n° 741).

Compte tenu des solutions qui précèdent, on ne saurait trop recommander aux parties de préciser très formellement les limites des concessions qu'elles se font en cours d'exécution, au coup par coup, et notamment de ne pas se fier à une clause générale du contrat qui prévoirait qu'aucune dérogation amiable ne pourra être invoquée à titre de précédent, car les renonciations sont de droit strict (nos 14500 s.).

2. Le créancier ne doit **pas faire obstacle à l'exécution du contrat** pour ensuite reprocher l'inexécution de celui-ci au débiteur.

Conformément à la règle qui veut que l'on réponde toujours de son propre fait (n° 74921) :

– un bailleur ne peut pas alléguer la clause de résolution d'un bail pour défaut de remise en état des lieux par le locataire, dès lors que les travaux ont été rendus nécessaires par son propre manquement à l'obligation de délivrer la cave qu'il avait promise (Cass. civ. 7-11-1978 : GP 1979.pan.14) ;

– un maître d'ouvrage ne peut pas prétendre obtenir la résolution d'un contrat de construction aux torts exclusifs de l'architecte et de l'entrepreneur pour mauvaise exécution de la part de ces derniers alors qu'il a brusquement décidé de prendre possession de la villa qu'il les avait chargés de construire, a refusé de se rendre à la réunion contradictoire organisée par l'homme de l'art quelques jours auparavant, afin d'aviser de l'objet des reprises et fournitures qui pouvaient avoir lieu dès cette date, et a immédiatement assigné les constructeurs en référé, mettant l'architecte dans l'impossibilité de prescrire les fournitures nécessaires (Cass. civ. 14-11-1979 : JCP G 1980.IV.35) ;

– le cédant d'actions ne saurait obtenir à son profit la résolution de la cession pour défaut de paiement du prix à la date prévue, dès lors que ce défaut de paiement est dû aux difficultés qu'il a lui-même créées sur la détermination de la date de celle-ci qui, pourtant, avait fait l'objet d'un accord non équivoque (Cass. com. 17-7-1984 : Bull. civ. Joly 1984.872).

3. Le créancier ne peut pas se plaindre de l'**exécution** du contrat **qu'il a imposée.**

Par exemple, il ne peut pas :

– invoquer la responsabilité du débiteur de la prestation contestée dès lors que celui-ci a respecté les diverses directives données par le créancier (Cass. civ. 25-11-1975 : GP 1976.1.pan.20 ; Cass. civ. 4-10-1978 : JCP G 1978.IV.335) et, a fortiori, s'il s'y est conformé en faisant des réserves nettes sur le choix que le maître d'ouvrage avait imposé (Cass. civ. 25-11-1975 : GP 1976.pan.20) ;

– se plaindre du défaut de présentation du navire au port de chargement s'il a pris le risque de grève et de congestion du port de destination connu lors de la signature de la charte-partie (CA Paris 15-1-1981 : DMF 1983.359) ;

– reprocher à une banque chargée de poursuivre l'encaissement d'un crédit documentaire pour son compte d'avoir commis une faute professionnelle en se dessaisissant des documents entre les mains d'un tiers au Nigeria, qui s'était révélé fictif, dès lors qu'ayant empêché la banque de s'adresser à son correspondant au Nigeria et lui ayant donné instruction de transmettre ces documents à ce tiers, il était seul tenu de vérifier l'existence et le sérieux de ce dernier (Cass. com. 24-3-1980 : D. 1981.IR.25 obs. Vasseur).

SUIVI PAR LES PARTIES DES CONDITIONS D'EXÉCUTION DU CONTRAT

13620 **Pièges à éviter** Les parties doivent suivre les conditions d'exécution du contrat et notamment :

– ne pas accréditer une interprétation du contrat, qu'elles seraient ultérieurement portées à contester, en acceptant une exécution des obligations contractuelles contraire à la thèse qu'elles viendraient à soutenir (n° 13153) ;

– respecter les obligations de notification prévues le cas échéant par le contrat (n°s 13623 s.) ;

– formuler des réserves sans équivoque et s'en ménager la preuve dès qu'un motif de se plaindre de l'attitude du cocontractant apparaît (n° 13635) ;

– se méfier de tout comportement susceptible d'entraîner une modification du contrat (n° 14112) ;

– éviter, lorsqu'elles participent à l'exécution d'un ouvrage auquel concourent plusieurs entreprises, d'apparaître aux yeux des tiers comme si elles agissaient solidairement et en commun avec ces entreprises (n° 18703) ;

– surveiller les délais de prescription, les faits d'interruption, de suspension et d'interversion de la prescription ainsi que la possibilité de répliquer à temps par une demande reconventionnelle (n° 71718).

13621 **Exercice d'une prérogative contractuelle** Lorsque le contrat reconnaît à une partie une prérogative donnée en en fixant les **conditions** d'exercice, la forme convenue pour l'exercice de cette prérogative doit être respectée car elle est, à notre avis, inhérente à la prérogative reconnue ; ainsi, lorsque dans un contrat une partie accorde au cocontractant un droit de préemption au cas où elle céderait les actions qu'elle détient dans le capital d'une société dénommée en précisant que « l'exercice » de ce droit sera fait par lettre recommandée AR, cet exercice ne peut pas résulter d'une assignation car la formalité n'est pas requise au titre d'une notification d'un acte juridique procédural (Cass. com. 3-10-2006 n° 05-13.052 FS-PB : RJDA 3/07 n° 266).

13623 **Notifications** **1. Formes des notifications.** Les **parties** sont **libres de fixer** les formes dans lesquelles devront s'effectuer les notifications, aucune disposition du Code civil de portée contractuelle ne s'y opposant (pour un exemple, CA Paris 10-1-2023 n° 21/09460 : RJDA 7/23 n° 410).

Toutefois, lorsque l'avertissement d'une autre partie prend la forme d'une opposition autorisée par la loi, sans que celle-ci en ait défini la forme, l'envoi d'une simple lettre recommandée ne peut valoir opposition ; ce terme désigne, en effet, un acte suffisamment explicite revêtant les caractères d'un acte extrajudiciaire, qui ne peut être notifié que par un huissier ou un commissaire de justice (Cass. com. 11-2-2003 : RJDA 7/03 n° 713 : opposition autorisée par C. civ. art. 1944).

Elles choisissent le plus souvent la lettre recommandée, avec ou sans accusé de réception.

Si les parties ont fait de la **forme** contractuelle une condition **de rigueur ou substantielle** de la validité de la notification, elles doivent s'y conformer. Notamment si une lettre recommandée a été prévue, elles ne peuvent pas procéder par télécopie (en ce sens, Rép. Deprez : AN 25-5-1992 p. 2355) ou par remise manuelle actée (cf. CA Paris 2-12-2004 : BTL 2005.143) ou par assignation qui vaut signification (Cass. com. 3-10-2006 n° 05-13.052 FS-PB : RJDA 3/07 n° 266).

Dans le cas contraire, la forme prévue au contrat n'est pas considérée comme une condition de validité de la notification dès lors que le destinataire a été effectivement averti (Cass. com. 24-4-1974 n° 73-10.313 : Bull. civ. IV n° 131 ; Cass. 3e civ. 26-5-2004 n° 634 : RJDA 1/05 n° 17 ; CA Aix 4-5-1982 : Bull. Cour d'Aix 1982/2 p. 11 ; CA Paris 23-9-1983 : BRDA 2/84 p. 18 ; Sentence CCI n° 7139 en 1995 : JDI 2004.1272 obs. Derains). Il en est ainsi a fortiori si les parties ne sont convenues d'aucune forme spécifique (CA Paris 20-6-2001 : GP 2003.som.2595 note Vray).

Les juges font alors application des règles des notifications prévues par le Code de procédure civile considérées comme l'expression d'un droit commun (CPC art. 668 s. ; Cass. com. 13-6-1995 : RJDA 2/96 n° 176).

De même, si les parties ont soumis les notifications à des **délais** non spécifiés de rigueur, leur dépassement n'est pas systématiquement sanctionné (n° 13506).

S'agissant de délais de procédure, il a été jugé qu'un dépassement de délai peut être justifié par une perturbation postale (Cass. civ. 14-2-1979 : JCP G 1979.IV.132) mais à la condition que l'expéditeur n'ait commis aucune imprudence, ce qui n'est pas le cas s'il a porté sur l'enveloppe un numéro de rue erroné (Cass. com. 5-3-1980 n° 78-12.834 : Bull. civ. IV n° 114 : irrecevabilité du pourvoi tardif) ou s'il a affranchi au tarif lent (Cass. 2e civ. 8-5-1980 n° 78-15.893 : Bull. civ. II n° 99 : irrecevabilité de l'appel).

Lorsque la notification est faite par **lettre recommandée,** celle-ci est envoyée, sauf indication contraire des parties : 13627

– soit par voie postale ;

Pour apprécier si la notification a été accomplie dans les délais contractuels, les tribunaux se réfèrent aux dispositions du Code de procédure civile relatives aux notifications ordinaires ; ainsi, la date de la notification par voie postale est, à l'égard de celui qui y procède, celle de l'expédition, et, à l'égard de celui à qui elle est faite, la date de la réception de la lettre (CPC art. 668 ; Cass. com. 13-6-1995 : RJDA 2/96 n° 176 : date de la mise à La Poste pour fixer le respect du préavis de résiliation par celui qui l'a décidée ; Cass. 3e civ. 13-7-2011 n° 10-20.478 : RJDA 11/11 n° 884 : date portée sur l'accusé de réception pour fixer le délai de préavis du congé délivré au locataire d'un logement ; sur les règles propres à la lettre recommandée en matière de bail commercial, n° 5060). La date de réception par le destinataire s'apprécie par preuve de la date du dépôt du courrier et de l'avis de passage du facteur chez le destinataire ; la distribution hors délai du courrier à son destinataire n'a donc aucun effet au regard de l'émetteur qui ne peut raisonnablement pas être tenu responsable du temps pris par le destinataire pour retirer son pli (CA Paris 18-11-2021 n° 18/23376, à propos de la forclusion pour réserve tardive en matière de transport, n° 24436).

Par « date de La Poste », il faut entendre, outre celle des cachets apposés par le service de La Poste, celle des cachets apposés par des usagers à l'aide de machines à affranchir utilisées avec l'autorisation et sous le contrôle de La Poste (Cass. 1e civ. 9-2-1982 n° 81-10.543 : Bull. civ. I n° 64). Le cachet qui n'est pas apposé par La Poste ne fait pas preuve (Cass. com. 11-4-1995 : RJDA 10/95 n° 1079).

– soit par voie électronique (n° 12094).

Selon le ministre de la justice, est relative à l'exécution du contrat la lettre électronique notifiant la résiliation d'un contrat (Rép. Tardy n° 191 : JOAN 11-6-2013 p. 6171, BRDA 12/13 inf. 21).

2. Lieu des notifications. À défaut d'indication contraire, les notifications doivent être faites au **domicile** du destinataire. Les parties peuvent cependant élire un domicile à cet effet, quitte à préciser, si elles veulent éviter la compétence du juge du domicile élu, que cette élection n'emporte pas attribution de compétence (nos 72040 et 72223). 13629

Toute notification faite à ce domicile est valablement accomplie (C. civ. art. 111 ; Cass. com. 5-3-2002 : RJDA 6/02 n° 661). Les notifications qui n'y sont pas faites peuvent être annulées et les délais d'appel ne pas avoir couru (CA Lyon 10-9-1992 : GP 1993.som.509).

3. Défaut de notification. Les parties peuvent prévoir la sanction qui frappera le défaut de notification : déchéance, dommages-intérêts, résiliation, résolution, etc. 13632

Les tribunaux exigent un respect scrupuleux de l'obligation de notification (Cass. civ. 19-1-1983 : GP 1983.pan.173 : refus de tenir pour acquise une prise de possession effective au motif que celle-ci était subordonnée à une notification ; CA Paris 20-9-1984 : BRDA 22/84 p. 16 : refus de faire exécuter un engagement subordonné à une notification qui a été omise ; CA Paris 24-10-2013 n° 12/14281 : RJDA 2/14 n° 120 : déchéance du droit d'invoquer une garantie de passif après le délai de forclusion pour ce faire, peu important que le garant ait connu les faits dénoncés).

La notification par lettre recommandée est censée faite si l'accusé de réception atteste que la lettre a été reçue (Cass. soc. 5-11-2014 n° 13-18.663 : D. 2016.171 n° 2, rejetant le moyen faisant valoir que l'expéditeur n'apportait pas la preuve du contenu de la lettre ; rappr. Cass. soc. 29-9-2014 n° 12-26.932 : RJS 12/14 n° 841) ou si le destinataire ne prouve pas que celui qui l'a reçue en son nom, n'en avait pas le pouvoir (CE 28-3-2018 n° 399867 : preuve non rapportée de l'absence de pouvoir du gardien de l'immeuble de recevoir les plis recommandés adressés au destinataire ; Cass. 3e civ. 21-3-2019 n° 18-10.772 FS-PBI : RJDA 7/19 n° 494 : preuve rapportée que l'époux signataire n'avait pas agi en qualité de mandataire de son épouse).

À défaut de présentation de l'avis de réception, l'expéditeur peut être admis à établir, par témoins ou présomptions, que la lettre a été envoyée en recommandé avec accusé de réception, n° 17937.

Réserves La **partie qui a à se plaindre** des conditions d'exécution du contrat par son cocontractant doit faire connaître à ce dernier ses protestations par la formulation de réserves. 13635

À défaut d'une définition légale sont, à titre d'illustration, au sens du contrat type commission de transport, des « réserves » le fait d'exprimer de façon expresse, précise, motivée et significative toute contestation relative à l'état et/ou à la quantité de la marchandise au moment de sa prise en charge ou de sa livraison et/ou relative au délai d'acheminement de la marchandise (art. 2.9 c.t.c).

En l'absence de législation ou de réglementation de droit commun en fixant le régime, les règles jurisprudentielles posées principalement en matière de transport sont transposables car elles tendent à établir également la mauvaise exécution de la prestation due (nos 24443 et 26094).

Il en ressort que les réserves :

– doivent être précises et non équivoques sous peine de ne pas être prises en compte ;

– ne sont efficaces qu'autant qu'elles ne sont pas contredites par le comportement ultérieur de leur auteur qui ferait apparaître que ce dernier est censé y avoir renoncé (Cass. com. 4-2-1986 :

GP 1986.pan.71), sauf dans le cas où ce comportement n'aurait pas été volontaire (Cass. 2e civ. 10-6-1960 : Bull. civ. II n° 367) ;

– peuvent être prouvées par tous moyens, car elles ont pour objet de prouver le fait de la mauvaise exécution d'une prestation (n° 14412), notamment contre un commerçant (CA Paris 30-10-1981 : BT 1981.577) ;

– doivent viser expressément les dommages apparents pour que soit écartée la présomption qu'à défaut ces dommages sont acceptés, sous réserve de la preuve contraire renversant la présomption ;

À titre d'exemple, il a été jugé que le dommage est apparent « lorsqu'au moment de la délivrance, le réceptionnaire peut s'en rendre compte par un examen rapide, à l'aide des sens dont chacun dispose, éventuellement complété par des moyens normaux » (CA Chambéry 17-4-2001 : BTL 2001.626).

– ne sont pas constituées par la convocation à une expertise qui ne décrit pas la nature des avaries subies (CA Aix 23-1-2020 n° 17/12154).

Les réserves remplissant les conditions ci-dessus font **présumer** l'existence du dommage apparent dénoncé et renverse la charge de prouver le contraire par celui à qui elles sont opposées (à titre d'exemple, n° 26094).

À défaut de réserve sur la situation apparente qu'elle aurait pu formuler, une partie ne peut **pas contester** la situation de fait qui lui est opposée.

Par exemple :

– l'associé d'une SARL doit être considéré comme un salarié de ladite société lorsque le syndic n'a exprimé, dans la lettre de licenciement adressée à ce dernier, aucune réserve sur sa qualité de salarié (CA Paris 28-1-1985 : Bull. Joly 1985.637) ;

– l'assuré indemnisé par son assureur ne peut remettre en cause l'évaluation de son préjudice faite par les premiers juges, lorsqu'il a signé sans aucune réserve une quittance d'indemnité (CA Versailles 24-5-1985 : GP 1985.560) ;

– le client d'un agent de change (de nos jours, un prestataire de services financiers) ne peut agir en responsabilité contre ce dernier s'il ne justifie pas avoir formulé des réserves à la réception des avis d'opéré et des relevés de liquidation qui lui étaient adressés (Cass. 1e civ. 22-5-1985 n° 83-16.529 : Bull. civ. I n° 160).

Mais elle **conserve** l'exercice des droits qui résultent pour elle de cette situation car seule sa renonciation à les invoquer, qui ne se présume pas (n° 14503) peut l'en priver, peu important qu'elle ait payé la facture correspondant à la prestation due (Cass. 3e civ. 20-5-1974 n° 73-10.980 : Bull. civ. III n° 215) ou accepté le travail commandé (CA Versailles 28-2-1997 : Bull. inf. C. cass. 1997 n° 998).

La partie qui a déclaré « **accepter sans réserves** » des obligations contenues dans un contrat et énumérées dans son engagement ne peut ultérieurement remettre en cause celui-ci (Cass. civ. 6-5-1980 : BT 1980.357 ; Cass. com. 12-12-1984 n° 83-14.799 : Bull. civ. IV n° 346).

Elle peut, le cas échéant, agir en responsabilité pour manquement à son devoir de conseil contre le notaire qui n'a fait aucune réserve pour sauvegarder ses droits (CA Paris 5-10-1982 : GP 1983.som.129).

Le juge n'est pas tenu de rechercher d'office si des réserves ont été émises, notamment à la livraison de la chose vendue (Cass. com. 18-5-2016 n° 14-17.909 : RJDA 7/16 n° 520).

INSERTION PAR LES PARTIES D'UNE CLAUSE DE SECRET OU DE CONFIDENTIALITÉ

13640 **Existence d'une clause de secret** De nombreux contrats interdisent à la partie qui reçoit en cours d'exécution du contrat des informations de son cocontractant de divulguer les renseignements communiqués. La validité d'une telle clause est légalement reconnue (cf. C. civ. art. 1230).

Pour être aussi **efficace** que possible, la **clause** de secret ou de confidentialité doit **prévoir** :

– les informations que le destinataire doit tenir secrètes ou confidentielles ainsi que les modalités de règlement des désaccords qui pourraient survenir à leur sujet (sur un litige relatif au champ de la confidentialité, CA Versailles 20-5-2010 n° 09/03261 : RJDA 11/10 n° 1030 ; sur l'impossibilité d'invoquer la violation de la confidentialité si les informations confidentielles méconnues ne sont pas précisées, TGI Nanterre 2-10-2014 : Légalis) ;

– l'usage qui pourra être fait de ces informations, en précisant que leur communication n'entraîne aucun transfert de droit d'exploitation (notamment de propriété intellectuelle) au profit de leur destinataire ;

– l'avertissement à donner au personnel du cocontractant sur le caractère confidentiel des informations communiquées ;

– les personnes tenues au secret ou à la confidentialité et celles à qui les informations ne doivent pas être communiquées ;

Le contrôle des entrées dans une usine n'emporte pas, en soi, obligation au secret pour ceux qui sont autorisés à y entrer et la clause prévoyant que l'obligation de secret portera sur les objets et plans

« signalés » comme constituant des secrets professionnels ne s'applique qu'à ceux pour lesquels cet avis est donné (TGI Paris 16-5-1990 : Dossiers Brevets 1990.V.1).

– les conditions dans lesquelles il pourra, le cas échéant, être dérogé au secret, par exemple pour l'obtention d'un prêt ou en cas de cession de ses activités par l'une des parties ou de prise de contrôle de l'une des parties par un concurrent ;
– la durée pendant laquelle le secret devra être observé ;

Celle-ci peut n'être limitée ni dans le temps ni dans l'espace sans pour autant être perpétuelle, si l'interdiction de révélation ne porte que sur un procédé déterminé et laisse ainsi à celui qui l'a souscrite la possibilité d'exercer sa profession dans d'autres domaines (Cass. com. 2-4-1979 : GP 1979.pan.401).
Lorsque l'obligation de respecter le secret se prolonge au-delà de l'expiration du contrat, il convient de préciser que cette obligation existe quelle que soit la cause pour laquelle il est mis fin au contrat. Cette précaution s'impose car l'article 1230 ne prévoit légalement la survivance de la clause que dans le cas où la résolution met fin au contrat.

– la sanction de la violation du secret, par exemple par une clause pénale dont le montant peut, en outre, être garanti par un gage-espèces avec lequel elle peut être compensée à l'initiative du créancier (n° 57055), la déchéance du terme dont bénéficie, le cas échéant, le contrevenant, l'interdiction d'exploiter l'information communiquée autrement qu'en respectant les limites de l'autorisation donnée au moment de la transmission du secret, l'interdiction de débaucher du personnel du titulaire du secret ou encore, en cas d'engagements réciproques, le droit de la victime de divulguer ce qui lui a été transmis.

À défaut de clause pénale, la violation du secret oblige le contrevenant au paiement de dommages-intérêts si elle cause un préjudice au cocontractant (n° 13265). Mais les tribunaux risquent d'évaluer le préjudice avec parcimonie (CA Paris 3-6-2014 n° 12/21265 : RJDA 10/14 n° 777, accordant un euro en réparation du préjudice moral, contre 10 000 € en première instance).

Absence de clause de secret Dans le silence du contrat, l'obligation de secret peut être reconnue comme résultant implicitement de l'objet du contrat. Il en est ainsi, par exemple, dans les communications de savoir-faire. 13643
Les tribunaux ont admis, de longue date, que la violation d'un secret, ou par analogie une clause de confidentialité, peut donner lieu à réparation lorsqu'elle constitue une faute au sens des ex-articles 1382 et 1383 du Code civil (devenus C. civ. art. 1240 et 1241) (CA Paris 1-3-1978 : Ann. prop. ind. 1980.150 ; CA Rouen 13-1-1981 : D. 1982.som.233 ; cf. Cass. com. 22-3-1971 n° 69-12.975 : Bull. civ. IV n° 84).

Réparation de la révélation du secret ou de l'information confidentielle 13646
La victime de la violation du secret, dont une clause n'a pas fixé les droits, peut agir en indemnisation de son préjudice (Cass. soc. 26-4-1963 : Bull. civ. IV n° 354) ou en résiliation du contrat (CA Paris 10-10-1997 : RJDA 2/98 n° 135 ; sur une résiliation unilatérale : Cass. com. 12-7-2011 n° 10-22.753 : RJDA 12/11 n° 993).

Le bénéficiaire de la violation du secret peut aussi être condamné s'il s'est rendu complice de l'auteur de la divulgation (cf. CA Paris 3-7-1975 : GP 1976.1.43 ; n° 15035).

Sanction pénale de la révélation des secrets de fabrique Est puni d'un emprisonnement de deux ans et d'une amende de 30 000 € et le cas échéant d'une interdiction, pour une durée de cinq ans au plus, des droits civiques, civils et de famille le fait, pour tout directeur ou salarié d'une entreprise où il est employé, de révéler ou de tenter de révéler des secrets de fabrique (CPI art. L 621-1). 13649
La mise en œuvre de cette sanction pénale appelle les remarques suivantes.

1. La violation du secret de fabrique n'est punissable que s'il s'agit d'un **procédé** offrant un intérêt pratique ou commercial, mis en œuvre par un industriel et tenu caché par lui à ses concurrents qui ne le connaissaient pas avant la communication qui leur en a été faite (Cass. crim. 10-12-1957 : Bull. crim. p. 1486 ; sur un procédé révélé, Cass. crim. 15-4-1982 : Ann. propr. ind. 1983.207).

Il n'est pas nécessaire que le procédé soit brevetable (CA Douai 16-3-1967 : D. 1967.637 note Plaisant) et qu'il soit absolument inconnu de tous les concurrents (Cass. crim. 19-9-2006 n° 5102 : RJDA 2/07 n° 128). Mais il faut qu'il présente un caractère inédit, faute de quoi la protection pénale ne serait pas assurée (Cass. crim. 14-4-1970 : JCP G 1970.IV.146).

2. La divulgation doit être le fait d'un **salarié du bénéficiaire du procédé** (T. cor. Seine 26-1-1933 : GP 1933.1.546) ; peu importe que cette divulgation soit postérieure à son départ de l'entreprise (Cass. crim. 19-9-2006 n° 5102 précité ; CA Aix 22-12-1960 : Ann. propr. ind. 1961.277 ; CA Bordeaux 7-6-1983 : JCP G 1983.II.20087 note Seillan).

3. Le **secret** doit avoir été **communiqué à un tiers** quelconque, qui peut être le conjoint de l'employé (T. cor. Seine 26-1-1933 : GP 1933.1.546) ou une société créée par lui (CA Paris 6-6-1908 : Ann. propr. ind. 1908.322). En revanche, il n'y a pas communication et les sanctions pénales ne sont pas applicables si le salarié s'établit à son compte après avoir quitté l'usine et utilise les secrets de fabrication dont il a eu connaissance dans son ancien emploi (CA Paris 30-6-1876 : Ann. propr. ind. 1876.1980) ; en pareil cas, la violation du secret ne pourrait être réparée que par des dommages-intérêts au titre de la concurrence déloyale.

Le fait que le titulaire du procédé l'ait communiqué à des tiers auxquels il est lié par un contrat d'échange d'informations ne retire pas à ce procédé son caractère secret dès lors qu'il est resté inconnu des concurrents ; aussi celui qui le transmet à un concurrent commet-il le délit (Cass. crim. 20-6-1973 n° 72-92.270 : Bull. crim. n° 289).

4. Enfin, le délit de divulgation de secrets de fabrique suppose une **intention frauduleuse** (Cass. crim. 12-6-1974 n° 73-90.724 : Bull. crim. n° 218). Tel n'est pas le cas si la révélation résulte d'une simple négligence ou si le personnel n'a pas reçu de consignes de secret (cf. Cass. crim. 14-4-1970 : JCP G 1970.IV.146 ; T. cor. Lyon 19-12-1968 : JCP G 1969.IV.242).

5. Le seul fait de recevoir communication d'un secret de fabrique ne suffit pas pour constituer la **complicité** de ce délit, lorsqu'il n'est relevé de la part du bénéficiaire de la divulgation, alors même qu'il l'a exploitée, aucun acte de provocation, d'incitation, d'aide ou d'assistance antérieur ou concomitant à la consommation de l'infraction (Cass. crim. 7-11-1974 : D. 1974.som.144).

6. Se rend coupable du délit de **recel** celui qui a accueilli en connaissance de cause des renseignements frauduleusement communiqués sur un secret de fabrication et les a mis en œuvre (Cass. crim. 7-11-1974 : D. 1974.IR.144).

7. La règle de libre circulation des marchandises à travers l'Union européenne ne peut pas constituer un fait justificatif de la violation d'un secret de fabrique (Cass. crim. 24-6-1985 : Bull. crim. p. 641).

SECRET DES AFFAIRES

13652 Le secret des affaires est protégé par les dispositions des articles L 151-1 s. du Code de commerce ; sur l'opposabilité du secret des affaires en matière probatoire, n° 75530.

Il est aussi possible au juge administratif des référés de prescrire toute mesure provisoire et conservatoire afin de prévenir une atteinte imminente au secret des affaires (C. just. adm. art. R 557-3 ; CE 10-2-2022 n° 456503 : RJDA 5/22 n° 268, sur un refus de prendre une mesure contre le risque d'une atteinte qui était conjuré par l'obligation faite aux parties de la cause d'observer la confidentialité de leurs échanges).

Sur la recevabilité d'une mesure d'instruction ad futurum compatible avec le secret des affaires, n° 75527.

CONTRAT COMPORTANT UNE OBLIGATION DE NON-CONCURRENCE

13655 En cas de cession d'un fonds de commerce, de droits sociaux, de concession par le bailleur d'une exclusivité au locataire d'un immeuble et plus généralement lorsque le contrat entraîne une interpénétration des intérêts des deux parties, il est habituel qu'il comporte une obligation de non-concurrence. Cette obligation est appréhendée par l'article 1230 du Code mais sans que cet article ne fixe son **régime,** ce qui laisse perdurer le statut prétorien existant.

13658 **Existence** L'obligation de non-concurrence résulte de la promesse faite par une partie à son cocontractant de ne pas exercer une ou des activités déterminées.

Tel n'est pas le cas lorsqu'un exploitant d'hypermarché donne à bail quelques surfaces annexes de son établissement à d'autres commerçants indépendants, ledit bail prévoyant que le preneur ne peut se prévaloir d'aucune garantie d'exclusivité de non-concurrence : le bailleur peut alors ouvrir un rayon nouveau concurrençant le commerce exploité par le preneur (CA Grenoble 24-4-1984 : Rev. loyers 1984.467 ; dans le même sens, Cass. com. 5-10-1993 : RJDA 3/94 n° 250).

Il importe peu que cette promesse ne soit **pas directement affirmée.**

Par exemple :

– le preneur d'un bail consenti dans un centre commercial pour l'exploitation d'un commerce de boucherie hippophagique « tel que défini par l'usage » s'est engagé, en signant le cahier des charges, à respecter le caractère exclusif de l'activité professionnelle des autres commerçants du centre et, partant, s'est interdit la vente de bœuf, de mouton, de veau et de porc (Cass. com. 10-12-1974 n° 72-13.950 : Bull. civ. IV n° 325) ;

– l'entreprise de transport qui s'est engagée à présenter une entreprise concurrente aux collectivités locales pour des contrats de ramassage scolaire, et à ne pas soumissionner elle-même pendant dix ans auprès de ces collectivités pour certains services de ramassage déterminés, s'est par là même obligée, à l'expiration des contrats en cours lors de la signature de l'acte, à ne pas solliciter leur reconduction et même à ne pas l'accepter activement ou passivement (Cass. com. 1-4-1981 n° 79-14.575 : Bull. civ. IV n° 174).

13661 **Conditions de validité** En l'absence de prescriptions particulières (par exemple celles relatives à l'agent commercial statutaire, n° 21714, ou salarié, Mémento Social n°s 69620 s.), l'obligation de non-concurrence est valable sur le fondement de l'article 1103 du Code civil, dès lors qu'elle répond aux conditions ci-après (pour un exemple de clause répondant à ces conditions, Cass. com. 24-11-2009 n° 08-17.650 : RJDA 3/10 n° 208).

Ces conditions sont de droit commun et ne peuvent pas être écartées au motif que la clause serait insérée dans un pacte d'associé et non dans un contrat de travail (Cass. com. 30-3-2022 n° 19-25.794 F-D : RJDA 7/22 n° 405). Dans le cas où la clause est incluse dans un pacte d'associé et où l'engagement de non-concurrence est souscrit par un salarié, celui-ci a droit à une contrepartie financière (Mémento Social n° 69625), peu important que ce salarié soit en même temps actionnaire ou associé de la société qui l'emploie (Cass. com. 15-3-2011 n° 10-13.824 : RJDA 6/11 n° 549). Mais n'a pas droit à cette contrepartie le mandataire en assurances qui, exerçant une activité purement libérale, n'est pas salarié (Cass. 1e civ. 2-10-2013 n° 12-22.846, 12-22.948 : RJDA 1/14 n° 30) ou l'associé qui n'est pas salarié au moment de la naissance de l'obligation (Cass. com. 8-10-2013 n° 12-25.984 : RJDA 2/14 n° 124). La même règle est applicable à la clause de non-affiliation (Cass. com. 31-1-2012 n° 11-11.071 : RJDA 5/12 n° 469).

Sur la clause de non-sollicitation, n° 13724.

1. En toute circonstance, l'obligation de non-concurrence ne doit pas : 13664

a. Interdire au débiteur personne physique l'**exercice de son activité professionnelle** ; elle est nulle, notamment :

– si elle dépossède un franchisé, propriétaire de son fonds de commerce, de toute sa clientèle et l'empêche d'exercer sa profession (CA Paris 13-11-1984 : BRDA 5/85 p. 16) ;

– si, compte tenu de sa durée et des aptitudes du débiteur, elle met ce dernier dans l'impossibilité d'exercer son activité professionnelle (Cass. com. 17-2-1982 : Bull. civ. Joly 1982.264 ; CA Paris 6-3-1992 : RJDA 7/92 n° 683 ; CA Rouen 25-11-1993 : RJDA 3/94 n° 256 ; CA Versailles 16-3-2000 : RJDA 1/01 n° 33) ;

– si, en raison de la densité du réseau d'une enseigne de magasin, la clause de non-concurrence, qui fixe à un rayon de cinquante kilomètres à vol d'oiseau autour des magasins l'interdiction pour un ancien gérant-mandataire d'exercer une activité concurrente, conduit à une impossibilité, de fait, de toute réinstallation (Cass. com. 2-10-2019 n° 18-15.676 FS-PBR) ;

b. Si toute activité n'est pas interdite au débiteur, **être disproportionnée** par rapport aux intérêts légitimes à protéger, compte tenu de la durée du contrat et du lieu d'exercice de la profession (Cass. civ. 11-5-1999 : RJDA 8-9/99 n° 880) ou du montant de la prestation (CA Versailles 14-9-2023 n° 21/05171 : RJDA 2/24 n° 74) ; les juges ne peuvent juger que la disproportion existe sans la justifier de façon concrète (Cass. com. 24-6-1997 : RJDA 12/97 n° 1457) ni rejeter la clause, limitée dans le temps et dans l'espace, sans avoir recherché si elle était disproportionnée aux intérêts légitimes à protéger (Cass. com. 11-3-2014 n° 13-12.503 : RJDA 6/14 n° 505 ; Cass. 3e civ. 13-6-2018 n° 17-10.131 D ; sur des exemples d'appréciation de la proportionnalité de la clause quant à ses effets sur le respect de la libre concurrence, CA Paris 3-10-2018 n° 16/05817 et CA Paris 22-11-2018 n° 18/06688 : JCP E 2019.1060 note Bories) ;

La clause de non-réaffiliation doit aussi être proportionnée aux intérêts de son bénéficiaire (Cass. com. 30-5-2012 n° 11-18.779 : RJDA 11/12 n° 949).

c. Etre indéterminée ou indéterminable **dans le temps et dans l'espace** (sur des clauses satisfaisant à cette double condition : Cass. com. 11-3-2014 n° 12-12.074 : RJDA 6/14 n° 537 : durée limitée à deux ans et limitée aux pays susceptibles de constituer le marché des « mémoires magnétiques intégrées sur du silicium » ; CA Paris 28-11-1991 : D. 1992.som.352 obs. Serra : espace fixé par référence au secteur géographique dans lequel l'entreprise exerce ses propres activités le jour où la clause de non-concurrence postcontractuelle prend son effet).

2. L'obligation de non-concurrence n'est soumise à aucune des conditions ci-dessus si elle constitue une **servitude** grevant un immeuble de l'interdiction de servir à une activité déterminée, dans l'intérêt d'un autre immeuble, pourvu que cette interdiction ne soit pas contraire à l'ordre public (Cass. com. 15-7-1987 : D. 1988.360 note Atias et Mouly ; Cass. civ. 24-3-1993 : RJDA 6/93 n° 553). 13670

3. L'obligation qui n'est pas conforme aux conditions ci-dessus est frappée d'une **nullité relative** (cf. Cass. soc. 21-3-1978 n° 76-40.952 : Bull. civ. V n° 215 : à propos de l'obligation de non-concurrence d'un salarié mais transposable, les conditions requises protégeant le débiteur). 13673

L'action en concurrence déloyale est aussi possible si les conditions en sont réunies (cf. CA Paris 28-9-1981 : GP 1982.som.173).

Elle est aussi annulée si elle a pour effet de conférer à son bénéficiaire un droit exclusif à une clientèle car elle constituerait alors une entente prohibée (Trib. UE 28-6-2016 aff. 208/13 : RJDA 1/17 n° 44).

La convention par laquelle des époux associés se séparent et règlent l'exercice de leurs activités respectives ne constitue pas une entente (CA Aix 4-1-1978 : Bull. Cour d'Aix 1978/1 p. 52).

Contenu de l'obligation de non-concurrence Sous réserve d'observer les conditions de validité exposées nos 13661 s., les parties sont libres de fixer la portée de l'interdiction, celle-ci devant être **interprétée** conformément à la commune intention des parties et restrictivement. 13676

Ainsi, le locataire-gérant d'un fonds de commerce de pizzeria qui s'était interdit, pendant deux ans à compter de la rupture du contrat, de s'intéresser directement ou indirectement à l'exploitation d'un fonds de nature similaire dans un rayon de dix kilomètres à vol d'oiseau a violé cet engagement dès lors qu'un mois après avoir donné congé à son bailleur, il avait conclu un contrat de travail avec un restaurant-grill se situant dans la même rue, à 50 m de la pizzeria, qu'étant le concubin de la propriétaire du restaurant-grill et le seul cuisinier, il bénéficiait des fruits de l'exploitation, que l'établissement ne pouvait pas fonctionner sans lui et que le restaurant-grill proposait des pizzas (CA Paris 26-9-2013 n° 12/01999 : RJDA 2/14 n° 80).

Mais le fabricant de pantalons pour hommes qui s'était engagé à ne pas fabriquer de pantalons pour femmes peut vendre des pantalons pour hommes à une clientèle féminine (Cass. com. 23-10-1972 : GP 1973.1.395), le franchisé qui a promis de ne pas concurrencer le franchiseur en cas de rupture du contrat de son fait ne s'est pas obligé pour le cas où le contrat cesserait en raison de son décès (CA Poitiers 17-6-1981 : JCP G 1984.II.20184) et le cédant des parts sociales d'une société qui s'est interdit de « créer ou d'exploiter » des activités de transport ou de dépannage ou de « s'intéresser directement ou indirectement, à quelque titre que ce soit, même comme associé commanditaire » à ces activités, peut devenir salarié d'une entreprise concurrente (CA Paris 8-1-2009 n° 07/21656 : RJDA 4/09 n° 307).

Pour des exemples en matière de fonds de commerce, n° 2815.

Le respect de l'obligation de non-concurrence ne peut pas être imposé au tiers auquel le débiteur transmet l'activité protégée si le contrat ne prévoit pas cette transmission (Cass. com. 6-11-2012 n° 11-19.457 : RJDA 3/13 n° 191). La même solution s'applique au sous-acquéreur d'un fonds de commerce, n° 2824.

13679 **Sanctions de la violation de l'obligation de non-concurrence** La **violation** de l'obligation de non-concurrence résulte du fait que l'activité interdite est exercée (Cass. com. 15-10-1985 n° 84-10.248 : Bull. civ. IV n° 236 ; CA Reims 25-1-1984 : GP 1984.som.281), qu'elle est effectivement concurrente de l'activité protégée (Cass. soc. 16-5-2012 n° 11-10.712 : RJDA 11/12 n° 934) et qu'elle l'est par celui-là même qui a pris l'engagement (Cass. com. 15-12-1992 : RJDA 4/93 n° 319, tenant pour distinctes deux sociétés sœurs en l'absence de fraude).

Toute reprise détournée d'activité est sanctionnée ; tel est le cas de l'activité exercée sous la forme d'une affiliation à une chaîne concurrente du concessionnaire qui avait promis à son concédant de ne pas exercer son activité dans le périmètre interdit, dans lequel le concédant n'exerçait pas d'activité parce qu'il en avait été précisément éliminé par cette chaîne (Cass. com. 29-5-1980 : JCP G 1980.IV.297) ou sous couvert d'une société dont le débiteur de l'obligation détenait 40 % du capital (Cass. 1e civ. 8-11-2007 n° 05-12.933 : BRDA 22/07 inf. 16 ; rappr. CA Paris 2-2-2010 n° 09-883 : RJDA 10/10 n° 962).

Les juges ne sauraient néanmoins présumer l'interposition de personnes dans l'exercice de l'activité interdite (Cass. com. 18-6-1979 : JCP G 1979.IV.288).

La violation de l'obligation de non-concurrence entraîne l'application des **sanctions** éventuellement **prévues par les parties** dans le contrat, notamment le versement d'une indemnité par le contrevenant.

Cette indemnité ne doit pas être confondue avec la contrepartie pécuniaire que s'engage à verser le bénéficiaire d'une obligation de non-concurrence au promettant de celle-ci pour compenser forfaitairement l'avantage qu'il en retire ; une telle contrepartie n'est pas réparatrice de l'inexécution d'un engagement et ne peut, en conséquence, être réduite comme une clause pénale (CA Paris 25-4-1984 : D. 1984.IR.376).

Le **juge** doit **interdire** l'exercice de l'activité si cette mesure lui est demandée (Cass. com. 20-1-1981 : Bull. civ. IV n° 41). Le juge des référés est aussi compétent pour prononcer cette injonction (Cass. com. 15-3-1988 : BRDA 7/88 p. 14 ; CA Paris 23-10-1986 : D. 1988.som.178 obs. Serra), mais non le juge de l'exécution car la violation de l'obligation de non-concurrence constitue un trouble manifestement illicite et non une difficulté d'exécution d'un titre exécutoire (TGI Saintes réf. 2-3-1993 : Bull. inf. C. cass. 1994 n° 299).

Le juge doit appliquer l'obligation telle qu'elle est prévue au contrat : il n'a pas le pouvoir de la réduire s'il la trouve excessive (CA Aix 20-1-1978 : Bull. Cour d'Aix 1978/1 p. 47).

Il doit aussi accorder des **dommages-intérêts** si l'exercice illicite a causé un préjudice au créancier de l'obligation puisque la réparation est le remède ouvert à toute inexécution contractuelle (C. civ. art. 1217, dern. al.).

Les **tiers** qui aident le promettant à violer son obligation engagent leur **responsabilité** (Cass. com. 19-10-1983 : JCP G 1983.IV.356 ; aussi n° 15035) ; il en est ainsi même si leur aide est intervenue à l'étranger, car elle constitue une fraude au droit du bénéficiaire de la clause et viole ainsi l'ordre public international français (Cass. civ. 23-10-1912 : S. 1913.1.259).

Il peut donc être utile, notamment dans le cas d'une activité spécialisée, de publier dans la presse professionnelle l'obligation de non-concurrence pour favoriser son opposabilité aux tiers.

CONTRAT PRÉVOYANT UN DÉTACHEMENT DE PERSONNEL

Il arrive, pour l'exécution de certains contrats, que du personnel d'une entreprise A soit appelé à se rendre dans une entreprise B pour aider ou instruire le personnel de cette dernière ou bien que le personnel de l'entreprise B soit amené à suivre des stages dans les installations de l'entreprise A. **13685**

Il existe **différents vocables** pour désigner ces échanges de personnel : « détachement », « mise à disposition », « sous-traitance de service », « fourniture d'assistance technique », « prêt ».

Sur la mise à disposition de salariés via un groupement d'employeurs, Mémento Social n°s 33040 s.

Ces contrats, qui ne sont soumis à aucune disposition particulière du Code civil, relèvent de la **liberté contractuelle** sous réserve des dispositions d'ordre public du Code du travail.

Les développements qui suivent peuvent être utilisés lorsque les faits sont comparables pour les contrats de **mise à disposition par interim** et, réciproquement, des solutions posées pour ces derniers sont transposables aux contrats ici envisagés.

Licéité des détachements Les détachements de personnel accessoires à l'exécution des contrats impliquant un travail en commun des entreprises concernées sont licites s'ils ne correspondent pas au **prêt de main-d'œuvre à but lucratif prohibé,** c'est-à-dire lorsque l'entreprise prêteuse ne facture à l'entreprise utilisatrice que les salaires versés aux salariés, les charges sociales afférentes et les frais professionnels remboursés à l'intéressé au titre de la mise à disposition (C. trav. art. L 8241-1 ; CA Lyon 16-2-2022 n° 18/07913 ; pour plus de détails, Mémento Social n°s 33035 s.). **13688**

Le caractère lucratif de l'opération peut résulter de ce que, à l'occasion de l'utilisation d'une main-d'œuvre extérieure, l'entreprise utilisatrice élude le paiement des charges sociales (Cass. crim. 19-3-2013 n° 11-86.552 : Bull. crim. n° 67), ce qui a déjà été en partie jugé avant la rédaction actuelle de l'article L 8241-1 du Code du travail (Cass. soc. 18-5-2011 n° 09-69.175 : RJS 8-9/11 n° 659, déduisant le caractère lucratif de l'accroissement de flexibilité dans la gestion du personnel et de l'économie de charges tirés du prêt par l'entreprise utilisatrice), de ce que le personnel détaché par l'employeur le mettant à disposition ne met pas en œuvre pour l'exécution de la mission une technicité propre à celui-ci ou un savoir-faire spécifique (Cass. com. 11-4-2012 n° 09-12.431 : RJDA 11/12 n° 929) ou de ce que la société prêteuse qui avait mis ses salariés à la disposition d'une autre société pour effectuer exclusivement les tâches habituellement dévolues aux salariés de cette dernière en avait retiré un bénéfice en étant rémunérée au-delà des salaires versés aux salariés prêtés et des charges sociales afférentes (Cass. crim. 9-9-2020 n° 18-82.746 F-PBI : RJDA 1/21 n° 18).

Pour respecter cette condition, les entreprises qui y ont recours doivent donc veiller à s'assurer et à mettre en évidence le **caractère accessoire aux travaux exécutés** de la mise à disposition convenue du personnel.

Le détachement n'est pas accessoire, par exemple, lorsque les salariés mis à disposition sont intégrés au personnel de l'entreprise qui les utilise et directement placés sous la responsabilité de celle-ci, la rémunération de l'entreprise fournisseur étant fonction des heures de travail réellement effectuées, du nombre des salariés et de leur qualification (Cass. crim. 26-5-1988 : Bull. crim. p. 593 ; aussi Cass. crim. 25-4-1989 : GP 1989.832 ; Cass. soc. 4-4-1990 : BRDA 12/90 p. 21 ; Cass. crim. 3-12-1991 : RJDA 7/92 n° 703 ; Cass. crim. 15-3-1994 : RJS 10/94 n° 1233).

A été annulée la convention, conclue entre une société étrangère et une société française, qui prévoyait l'exécution principale de la prestation de travail à l'étranger, dès lors que cette convention a été soumise à la loi française et qu'elle a été conclue et exécutée sur le plan financier en France (CA Paris 21-5-1991 : D. 1991.IR.198).

Le respect de la liberté de prestation de services qu'impose le traité sur le fonctionnement de l'UE n'interdit pas aux États membres de « vérifier si une entreprise engagée dans des travaux [...] ne se sert pas de la liberté de prestation de services dans un autre but », notamment pour se livrer à des opérations illicites de prêt de main-d'œuvre (CJCE 27-3-1990 : Rec. 1417).

Lorsqu'une société, contre rémunération, met du personnel à la disposition d'une autre société, qui fait travailler celui-ci sans le déclarer, la première doit être incriminée pour prêt de main-d'œuvre illicite, la seconde pour travail dissimulé (Cass. crim. 19-6-2012 n° 11-82.391 F-D : RJS 10/12 n° 853).

Sur le travail dissimulé, MS n°s 79040 s.

Définition de la mission La mission à exécuter par le personnel mis à disposition doit être rigoureusement définie afin d'éviter toute tentative d'abus de la part de l'entreprise bénéficiaire sous forme de dénaturation des tâches ou de prolongation excessive de la mission, qui font aussi courir le risque du prêt de main-d'œuvre à but lucratif et de travail dissimulé. Aussi les parties ont-elles intérêt à arrêter un schéma d'organisation technique et administratif de l'assistance promise, un planning et un budget prévisionnel de dépenses. Si le personnel détaché doit être intégré dans la structure bénéficiaire, il faut alors établir l'organigramme complet de cette entreprise et désigner les postes affectés au personnel en mission en définissant les tâches et les voies hiérarchiques correspondantes. **13691**

Si une mission de recherche est confiée au personnel détaché, il convient de préciser quel employeur sera, le cas échéant, attributaire des inventions.

13694 **Suivi du contrat** Les parties ont aussi intérêt à prévoir des structures de concertation, notamment par le biais de réunions et comptes rendus réguliers ayant pour objet d'apprécier l'état des travaux, le respect du planning, le rattrapage d'éventuels retards, etc.

13697 **Durée de la mission** Il faut également indiquer la durée de la mission, préciser le nombre de renouvellements éventuels de missions et préciser si la mission commence au départ de l'entreprise fournisseur ou à l'arrivée sur les lieux du travail. Quant à la fin de la mission, les contractants peuvent prévoir qu'elle « ne s'achèvera qu'une fois les ouvrages définitivement réceptionnés à l'issue des périodes de garantie, toutes les réserves éventuelles étant levées ».

13700 **Rémunération de la mission** Le fournisseur de personnel peut être rémunéré selon des modalités diverses, sous réserve du risque de prêt de main-d'œuvre à but lucratif (n° 13688).

13703 **Personnel** Le nombre et les qualifications professionnelles des personnes mises à disposition doivent être indiqués dans le contrat.

Il est aussi recommandé d'envisager une éventuelle augmentation ou diminution des effectifs en fonction de divers facteurs, par exemple de l'état d'avancement des travaux et des besoins. Au cas où des besoins complémentaires de personnel s'avéreraient nécessaires, il convient de prévoir laquelle des deux parties se chargera des formalités de recrutement et notamment du choix de ces personnes. Sur ce point, il est conseillé de préciser qu'aucun recrutement ne pourra être effectué sans l'accord du demandeur de personnel.

Les contractants doivent encore envisager les modalités de remplacement du personnel afin d'éviter que le partenaire ne demande trop souvent son changement.

13706 **Lieux de travail** L'accord doit préciser, outre les lieux du travail, les déplacements qui pourront être demandés au personnel.

Si certaines tâches comportent un risque spécial, l'entreprise qui en est informée doit avertir l'autre afin que celle-ci prenne les dispositions qui peuvent s'imposer. Le chef d'entreprise mis au courant, qui ne prendrait pas les précautions nécessaires, engagerait sa responsabilité pénale (cf. Cass. crim. 18-1-1973 : Bull. crim. p. 67).

13709 **Prestations du personnel** Il est bon aussi de préciser l'horaire, les jours chômés et payés, les congés, les conditions dans lesquelles seront sanctionnées les fautes, les conséquences des grèves (indemnité pour préjudice, remplacement, etc.).

13712 **Rémunération du personnel** Il convient tout d'abord de déterminer à qui incombe la charge de la rémunération du personnel en mission. Doivent aussi être précisés le montant de cette rémunération, la monnaie et le lieu du paiement et, éventuellement, le sort des charges sociales et fiscales afférentes à la rémunération.

13715 **Conditions de séjour** Concernant les conditions de séjour du personnel de mission (ou de sa famille), plusieurs points sont à examiner : lieu d'habitation, conditions de logement (habitation, meubles, déménagement) ; voyages de vacances en France ou sur place (modes de déplacement, nombre de voyages, délai et périodicité, droits de la famille) ; impôts ; nourriture ; voyages exceptionnels ; conséquences de la maladie et du décès (rapatriement, fourniture, assistance prévoyance, capital décès, etc.) ; scolarité des enfants (conditions et charge des frais, etc.) ; démarches administratives en France pour l'obtention des visas du personnel dans les pays du chantier. Il est indispensable de préciser lequel des contractants assumera ces diverses charges, en tout ou en partie.

13718 **Accidents du travail** Les caisses de sécurité sociale peuvent exercer contre le tiers responsable d'un accident du travail un recours pour récupérer les indemnités qu'elles ont versées (Mémento Social n°s 1370 s.).

Ce recours peut donc être exercé, en principe, contre l'employeur **bénéficiaire du détachement** de main-d'œuvre puisqu'il n'est pas l'employeur de la victime. Il est néanmoins écarté lorsqu'il est constaté que le salarié auteur de l'accident et le salarié qui en est la victime, bien qu'ayant des employeurs et des tâches différents, travaillent simultanément pour un objet ou un intérêt commun et sous une direction unique (Cass. crim. 28-6-1977 : Bull. crim. p. 625 ; Cass. crim. 11-10-2011 n° 11-80.122 : Bull. crim. n° 203).

L'application à l'étranger d'une notion de travail en commun différente de cette définition n'est pas contraire à l'ordre public international français (TGI Paris 24-11-1977 : Clunet 1981.80 note Lyon-Caen).

Sur la **garantie** par un contractant des dommages causés aux salariés du cocontractant ou, réciproquement, de ceux qu'elle pourrait subir elle-même, n° 15005.

Dommages de droit commun Celui des contractants qui a autorité sur le préposé doit supporter l'obligation de réparation en qualité de commettant ainsi que, le cas échéant, les sanctions pénales (n° 2180). 13721

Toutefois, le fournisseur de la main-d'œuvre est responsable, même si le bénéficiaire est devenu le commettant, s'il a commis une faute dans le choix du personnel qu'il a délégué (CA Paris 12-11-1981 : GP 1982.som.185 ; cf. Cass. com. 22-5-1975 n° 75-11.905 : Bull. civ. IV n° 135).

Cette faute engage sa responsabilité contractuelle, car elle est une mauvaise exécution du contrat d'échange de main-d'œuvre (Cass. 3e civ. 22-10-1974 n° 73-12.057 : Bull. civ. III n° 370).

La charge des indemnités peut être répartie entre les contractants.

Débauchage Il est prudent d'inclure dans l'accord d'assistance technique une stipulation aux termes de laquelle chaque entreprise s'engage à ne pas débaucher le personnel de l'autre ou le personnel d'autres entreprises travaillant avec l'autre, sauf accord préalable (**clause** dite « **de non-sollicitation** »). Cette mesure peut faciliter le succès d'une action en concurrence déloyale en cas de débauchage. 13724

Cette clause n'est pas une clause de non-concurrence et, dans le cas où elle coexiste avec elle dans un même contrat, elle doit recevoir une application autonome car elle n'en est ni une variante ni une précision (Cass. com. 11-7-2006 n° 958 : RJDA 12/06 n° 1199). Elle ne peut être contestée que par les salariés auxquels elle porte préjudice et non par leur employeur (Cass. com. 10-5-2006 n° 582 : RJDA 11/06 n° 1108).

Secret de fabrique Il est opportun de rappeler, le cas échéant, les conditions de protection d'un secret de fabrication (nos 13640 s.). 13727

MISE À DISPOSITION DE MATÉRIEL PAR UNE PARTIE AU CONTRAT

Lorsque les relations commerciales existant entre les parties les conduisent à aider la conclusion et l'exécution d'un contrat par la mise à disposition de l'une par l'autre d'un matériel, il leur est recommandé de préciser si cet acte ouvre droit à un prix ou s'il est gratuit (n° 23500). 13730

VI. PAIEMENT DU PRIX

Le paiement du prix est une opération extrêmement courante, car pratiquement tous les contrats comportent l'obligation de verser un prix. Compte tenu de leur ampleur, les règles qui le concernent sont exposées sous les rubriques « Paiement » (nos 50000 s.), « Garanties » (nos 55000 s.), « Recouvrement des créances » (nos 59000 s.) et « Entreprises en difficulté » (nos 61000 s.). 13800

SECTION 8 LES MODIFICATIONS DU CONTRAT

I. INTERDICTION DE MODIFIER LE CONTRAT

INTERDICTION DE MODIFICATION UNILATÉRALE PAR UNE PARTIE

Sauf les dérogations admises par la loi (par exemple, nos 14005 s. et 14905), **une partie** ne peut pas **imposer à l'autre** une modification du contrat qu'elle estimerait conforme à ses intérêts (voir C. civ. art. 1193). 14000

L'interdiction de modification unilatérale du contrat est d'ordre public international français (CA Paris 8-2-2002 : JCP E 2002.pan.1808).

Il s'ensuit que :

– le seul **refus** d'une partie **de renégocier** un contrat ne peut pas constituer une faute (Cass. com. 18-9-2012 n° 11-21.790 : RJDA 1/13 n° 64) ; il en est de même de la **tentative** de renégocier les conditions du contrat (Cass. com. 18-12-2012 n° 11-27.296 : RJDA 3/13 n° 192) ;

Toutefois, ce refus pourrait être fautif s'il portait atteinte à l'obligation de loyauté et d'exécution de bonne foi que son auteur doit à son cocontractant (cf. Cass. 1e civ. 16-3-2004 n° 01-15.804 : RJDA 7/04 n° 788). La solution est applicable aux contrats conclus avant le 1er octobre 2016 et aussi, à notre avis, aux contrats conclus depuis cette date dans la mesure où les conditions de la révision légale pour imprévision ne seraient pas remplies, car la solution est fondée sur le manquement à l'obligation d'exécuter le contrat de bonne foi (n° 13600).

– toute **modification décidée par une partie** est fautive dès lors qu'elle porte atteinte aux obligations du contrat.

Sous la réserve d'une éventuelle indemnisation du refus de mauvaise foi de prendre en compte par la partie sollicitée la demande de modification que lui a présentée son cocontractant, les applications suivantes de l'interdiction restent actuelles ; ainsi :

– un contractant, lié même par un contrat à durée indéterminée, ne peut pas valablement, c'est-à-dire sans abus (n° 15504), résilier unilatéralement ce contrat au seul motif que l'autre partie a refusé d'en continuer l'exécution aux conditions moins avantageuses pour elle qu'il lui proposait car elle est en droit de refuser de modifier les termes du contrat (Cass. com. 20-12-1976 n° 75-13.732 : Bull. civ. IV n° 328 ; Cass. com. 14-12-1977 : JCP G 1978.IV.49 ; CA Paris 13-4-1995 : BTL 1995.619) ;

– l'entrepreneur qui a confié des travaux à un autre entrepreneur ne peut, de sa seule initiative, changer les modalités de paiement et, devant le refus de ce dernier, résilier le marché (CA Aix 8-1-1981 : Bull. Cour d'Aix 1981/2 p. 23) ;

– celui qui s'est engagé à un prix donné pour une opération donnée ne peut pas réclamer un supplément de prix au motif que les conditions d'exécution étaient plus onéreuses en raison d'un manque d'information (CA Aix 23-9-1993 : BL 1994.512 ; rappr. Cass. com. 30-10-2000 : BTL 2000.784) ni procéder de sa propre autorité à une réduction du prix au motif que le périmètre des prestations de fouilles archéologiques a été réduit par les services de surveillance de l'État (CE 2-11-2022 n° 450930) ;

– le nouveau franchiseur qui prend la place du précédent ne peut pas modifier les engagements de ce dernier sans l'accord du franchisé (Cass. com. 3-1-1996 : RJDA 4/96 n° 490) ;

– l'entreprise chargée de publier dans l'annuaire officiel des abonnés du téléphone une insertion concernant un médecin ne peut unilatéralement modifier le texte que lui a remis ce dernier en invoquant sa non-conformité à certaines normes déontologiques (Cass. 1e civ. 6-10-1998 n° 96-19.352 P : RJDA 1/99 n° 102) ;

– un distributeur d'eau ne peut pas modifier le tarif de la prestation essentielle dès lors que le cahier des charges annexé au contrat d'abonnement de fourniture d'eau prévoit que, à défaut d'accord des parties sur les modifications tarifaires, il doit être fait application d'une procédure contentieuse tendant à la résiliation du contrat et que cette procédure n'a pas été introduite (Cass. 1e civ. 8-2-2005 n° 02-14.453 : RJDA 6/05 n° 782) ;

– un assureur modifie unilatéralement la police lorsqu'il décide de lui-même l'augmentation unilatérale de la prime (n° 17590).

Mais, la modification unilatéralement décidée peut être tenue pour valable à condition que le cocontractant soit prévenu dans un délai suffisant et sous réserve de son droit de résilier le contrat ; à défaut de protestation de sa part à la réception des factures comportant un supplément de prix d'un transport consécutif à l'augmentation du carburant pendant la guerre du Golfe, un expéditeur a été tenu de régler ce surcoût (CA Angers 24-6-1996 : BTL 1997.83). A fortiori, si les pratiques suivies par les parties sont conformes aux aménagements non écrits convenus entre elles au cours de l'exécution du contrat, le strict respect du contrat ne peut pas être invoqué par une partie pour reprocher une faute à l'autre partie (CA Paris 30-8-2019 n° 17/19477).

INTERDICTION DE MODIFICATION PAR LE JUGE

14001 Le juge lui-même ne peut pas modifier le contrat.

Il ne saurait, par **exemple** :

– en présence d'une clause prévoyant le remboursement de frais d'installation si les appareils prêtés étaient rendus ou repris avant dix ans, réduire la somme à rembourser au motif qu'à l'expiration des dix ans le prêteur n'aurait eu droit à aucun remboursement et que le matériel avait servi pendant quatre ans (Cass. com. 2-12-1947 : GP 1948.1.36 ; dans le même sens, Cass. com. 24-9-1981 : GP 1982.pan.63) ;

– annuler ou limiter une clause de non-concurrence à la demande d'une kinésithérapeute au prétexte que son mari, qui s'était porté caution de l'associée de celle-ci au moment de son retrait de la société fondée avec elle, traverserait des difficultés financières dues au fait que le prêt cautionné par lui n'avait pas été remboursé par son ex-associée (CA Versailles 3-3-1983 : GP 1984.som.199) ;

– substituer à un droit d'usage et d'habitation prévu par un contrat de vente un complément de prix (Cass. 3e civ. 1-3-1989 n° 87-14.109 : Bull. civ. III n° 56) ;

– imposer au fournisseur d'un logiciel d'adapter celui-ci en cours de contrat aux évolutions législatives, en l'absence d'une clause créant cette obligation (CA Rouen 21-6-2018 n° 16/05587 : RJDA 11/18 n° 821). Toutefois, le juge pourrait procéder à une réfection du contrat s'il était investi d'un **pouvoir de médiation** et d'arbitrage conforme aux dispositions de l'article 12, al. 4 du Code de procédure civile (TGI Paris 6-6-1979 : Bull. inf. C. cass. 1980 n° 32) ou inviter les parties à lui soumettre des propositions tendant à rétablir l'équilibre contractuel dès lors que le contrat inclut une obligation de coopération loyale et de solidarité qui n'interdit pas de prendre en compte les efforts de chaque partie (CA Nancy 26-9-2007 : D. 2008.1120 note Boutonnet).

II. MODIFICATIONS ADMISES

A. Révision légale en cas de changement imprévisible de circonstances

1. DROIT À RÉVISION

INTRODUCTION DE L'IMPRÉVISION DANS LE CODE

Renversement de la jurisprudence L'article 1195 du Code civil prévoit la possibilité d'imposer à la partie récalcitrante l'adaptation du contrat en cas de changement imprévisible de circonstances. Il rompt ainsi avec le silence du Code depuis 1804 sur l'incidence d'un tel changement et, plus encore, avec la jurisprudence qui refusait, à défaut de clause la prévoyant, la modification du contrat sous la pression des circonstances, jurisprudence bien connue sous le nom de Canal de Craponne (Cass. civ. 6-3-1876 : DP 1876.1.195) et de rejet de « l'imprévision ». **14005**

Toutefois, sur un signe avant-coureur, TGI Paris 28-10-1987 : BT 1988.151 : décision proche de la jurisprudence administrative sur l'imprévision pour assurer la continuité du service public.

Contrats soumis à l'article 1195 du Code civil L'article 1195 du Code civil est applicable aux contrats conclus depuis le 1er octobre 2016 (sur cette date, n° 1000). En revanche, il ne l'est pas aux contrats conclus avant cette date (CA Aix 21-6-2016 n° 15/10056 : GP 2016.som. n° 40 p. 76 ; CA Paris 9-5-2019 n° 17/04789 : GP 2019 n° 31 p. 21 note Houtcieff) car l'ex-article 1134, al. 2 du Code civil donnait à la force obligatoire du contrat une portée générale et absolue. Appliquer l'imprévision à ces contrats serait donner à l'article 1195 un effet rétroactif puisqu'il remettrait en cause la portée de la loi ancienne. **14006**

Plusieurs cours d'appel ont refusé l'application de la loi nouvelle (CA Paris 16-2-2018 n° 16/08968 et sur pourvoi Cass. com. 25-3-2020 n° 18-16.513 ; CA Grenoble 5-11-2020 n° 18/01803 ; CA Paris 4-6-2021 n° 19/10047 ; CA Paris 20-10-2021 n° 21/01806 ; CA Toulouse 20-10-2021 n° 20/03501).

Rien n'étant dit sur le caractère d'**ordre public** ou non de l'article 1195, il est peu probable, à notre avis, que ce texte soit déclaré d'ordre public international français et appliqué aux **contrats internationaux,** même s'il est reconnu d'ordre public dans les contrats internes (n° 14009).

Outre la tendance de principe des juges français à interpréter restrictivement l'ordre public international (n° 16662), les juges, qui à notre connaissance n'ont pas encore eu l'occasion de se prononcer sur l'application de cette qualification à l'imprévision, auront à prendre en considération, le cas échéant, les réticences des **arbitres** à admettre la révision des contrats internationaux dès lors que les parties ne l'ont pas clairement prévue (Sentence n° 1512 en 1971 : Clunet 1974.905 ; Sentence n° 1990 en 1972 : Clunet 1974.897 ; Sentence n° 2216 en 1974 : Clunet 1975.917 ; Sentence n° 2404 en 1975 : Clunet 1976.995 ; Sentence n° 2508 en 1976 : Clunet 1977.939 ; Sentence n° 2708 en 1976 : Clunet 1977.943 ; Sentence CCI n° 8873 en 1997 : Clunet 1998.1017 obs. Derains). Les arbitres fondent leurs solutions soit sur la présomption de compétence des praticiens du commerce international qui, compte tenu de leur expérience, sont censés avoir renoncé à la révision du contrat dès l'instant où ils ne l'ont pas prévue, soit sur le caractère naturellement spéculatif de certaines transactions internationales. Une sentence a même relevé que les principes du contrat du commerce international d'Unidroit qui admettent la révision n'étaient pas sur ce point conformes aux intérêts et attentes des entreprises (Sentence CCI n° 10422 en 2001 : JDI 2003.1142 obs. E. Jolivet).

L'article 1195 n'est pas applicable aux obligations qui résultent d'**opérations sur les titres** et les **contrats financiers** mentionnés aux I à III de l'article L 211-1 du Code monétaire et financier (C. mon. fin. art. L 211-40-1).

Il importe peu, à notre avis, que cette disposition soit ou non d'ordre public (cf. Thibierge, RLDC 161/2018 « clause du mois » n° 6465) car le caractère spéculatif des obligations visées dont l'exécution est par nature aléatoire emporte de ce fait même acceptation par les parties qui les souscrivent des risques pouvant survenir, dont celui de krach boursier régulièrement évoqué par les commentateurs boursiers. L'inapplication de l'article 1195 ne saurait donc être invoquée, les conditions mêmes de son application, dont la principale est l'imprévisibilité, ne sont donc guère susceptibles d'être réunies. C'est l'originalité de ces obligations, notamment leur négociabilité, qui justifie leur conformité à la constitution (Cons. const. 26-5-2023 n° 2023-1049 QPC : RJDA 8-9/23 n° 526).

À notre avis, il n'est pas non plus applicable aux contrats de **baux commerciaux.** En effet, ces contrats sont soumis à un régime de révision qui pare lui-même à l'imprévision par des dispositions d'ordre public à la fois de protection du locataire et de direction du marché des locations commerciales (nos 4740 s. et 5900 s. ; dans le même sens, CA Versailles 12-12-2019 n° 18/07183). Il en est de même pour l'article 1793 du Code civil, qui édicte des règles spéciales s'agissant de la fixation du prix en matière de marché forfaitaire (CA Douai 23-1-2020 n° 19/01718 ; CA Bordeaux 27-4-2021 n° 20/04054 ; contra, CA Colmar 4-3-2022 n° 20/00803).

Sur une application étonnante, assimilant le changement imprévisible des circonstances à une inexécution de ses obligations par une partie, T. com. Évry 17-1-2018 n° 2017F00641 : GP 2018 n° 330 p.28 note Houtcieff.

DROIT DE DEMANDER LA RÉVISION

14009 **Illicéité de la renonciation anticipée** À notre avis, le droit de demander la révision du contrat est un **droit d'ordre public,** au moins de protection, dont aucune des parties au contrat ne saurait se dépouiller dans le contrat comme si ce droit était supplétif. En effet, un droit supplétif est un droit qui est censé traduire la volonté des parties, et non celle de la loi (F. Terré et N. Molfessis, Introduction générale au droit : Dalloz 15e éd. n° 567) ; aussi est-il à la disposition des parties qui peuvent y renoncer par avance discrétionnairement (cf. Cass. 1e civ. 25-2-1964 GP 1964.1.391, retenant qu'il est loisible à un cocontractant de s'y soustraire). Or, la formulation de l'article 1195 du Code civil ne présente aucun signe susceptible de justifier que les parties peuvent le rejeter à leur guise.

En effet, on ne saurait retenir, comme le fait le rapport au Président de la République présentant l'ordonnance 2016-131 du 10 février 2016 dont est issu l'article 1195, que ce texte est supplétif « comme l'implique la rédaction retenue » et que les parties peuvent l'écarter par avance. Le rapport ne précise pas en quoi sa formulation peut fonder ce caractère supplétif.

Le premier élément susceptible d'être invoqué en ce sens est celui tenant au verbe « peut » qui indique qu'une partie a la faculté de demander une renégociation du contrat. Mais il ne résulte pas de la faculté d'invoquer un droit qu'il est possible de disposer de celui-ci à sa guise, car la libre disposition d'un droit dépend de la finalité que la loi lui assigne. Or, du contexte à l'origine de l'article 1195, il ressort que la loi a voulu briser la jurisprudence qui depuis 140 ans refusait ce droit. Par là même, elle a signifié que ce refus était injustifié et donc que la partie qui en souffrait méritait d'être protégée. Le rapport au Président de la République affirme expressément cet objectif. On y lit en effet que l'article 1195 est « l'une des innovations importantes de l'ordonnance » et que cette « consécration [...] permet de lutter contre les déséquilibres contractuels majeurs qui surviennent en cours d'exécution, conformément à l'objectif de justice contractuelle poursuivi par l'ordonnance » et aussi que l'ordonnance tend à instaurer un droit français des contrats « plus juste » et à « préserver les intérêts de la partie la plus faible ». Permettre à cette partie de renoncer par avance à la nouvelle faculté qu'est censé lui ouvrir l'article 1195 est aussitôt renoncer à l'effectivité de la protection que l'on a voulu lui procurer.

Il en est de même du second élément qui permettrait d'induire que la renonciation est possible. Le texte prévoit expressément que le changement de circonstances imprévisible rendant l'exécution du contrat excessivement onéreuse pour une partie ne peut être invoqué que par la partie « qui n'avait pas accepté d'en assumer le risque. » En termes positifs, une partie peut effectivement renoncer à la renégociation du contrat si elle prend l'engagement de prendre à sa charge le surcoût d'exécution de ses obligations provoqué par le changement imprévisible. Mais s'agissant de la souscription d'une obligation, celle-ci doit être, comme toute obligation, consentie avec certitude et sur un objet déterminé ou déterminable comme il est exposé n° 14018.

Certes, on pourrait, en outre, objecter que la partie faible sera protégée si le contrat est d'adhésion puisqu'elle peut alors faire réputer non écrite une clause créant un déséquilibre significatif (nos 12560 s.). Mais il lui faudra alors prouver que la clause l'engageant à supporter l'exécution excessivement onéreuse a été soustraite à la négociation (nos 11185 s.).

On ne saurait encore objecter que la renégociation d'un contrat administratif pour imprévision ne présente pas un caractère d'ordre public en arguant d'une décision du Conseil d'État (CE 11-7-2014 n° 359980 : RJDA 4/15 n° 266.som.). En effet, les raisons de l'imprévision administrative ne sont pas les mêmes que celles du droit civil : d'un côté, il s'agit d'assurer la continuité du service public, de l'autre de permettre la poursuite d'un contrat dont l'exécution est devenue « lésionnaire » pour une partie. En outre, la conséquence qu'en tire la décision est compatible en droit privé avec le caractère d'ordre public de l'article 1195, tel que nous le soutenons : le demandeur à la renégociation avait renoncé à invoquer l'imprévision alors qu'il était en mesure de le faire, et non pas à l'avance, puisqu'il s'était abstenu de soulever l'exception de l'imprévision en première instance et qu'il la présentait en instance d'appel.

C'est seulement si le contrat est international que les parties peuvent écarter l'application de la révision car il est pratiquement un usage du commerce international qui veut qu'elle ne soit prise en compte que si une clause expresse la prévoit (pour un rappel de cette solution, Sentence CCI n° 15814 en 2010 : JDI 2019.899 obs. Cavalieros), les usages du commerce étant, selon le droit français, dans tous les cas applicables (n° 71048).

La crise sanitaire provoquée par l'épidémie de **Covid-19** a fait ressentir combien il était irréaliste d'évincer l'imprévision par une clause et a provoqué un appel à plus de circonspection (B. Mercadal, Feu le caractère supplétif de l'article 1195 du Code civil sur l'imprévision : BRDA 19/20 inf. 22), ce qui commence à être admis en justice (TJ Toulouse 1-7-2021 n° 21/02415) et en doctrine (Rouvière : RTD civ. 2020.738).

CONDITIONS D'OUVERTURE DU DROIT À RÉVISION

Une partie peut demander une renégociation du contrat à son cocontractant si un changement de circonstances imprévisible lors de la conclusion du contrat lui rend l'exécution excessivement onéreuse et si elle n'a pas accepté dans le contrat d'en assumer le risque (C. civ. art. 1195, al. 1). **14012**

Survenance de circonstances imprévisible lors de la conclusion du contrat À défaut de précision sur le caractère imprévisible du changement de circonstances, les parties peuvent s'en faire une idée au travers des décisions qui ont défini le caractère imprévisible de la force majeure. Ces décisions sont transposables car l'imprévision, comme la force majeure, est une atteinte au principe dominant de la force obligatoire du contrat. Elle ne peut donc, comme elle, être admise que strictement. **14013**

Ont rejeté l'imprévisibilité : CA Paris 17-1-2020 n° 18/01078 : évolution du cours du pétrole ; CA Metz 27-5-2021 n° 19/03346 : évolution du barème de la taxe foncière ; CA Aix 24-6-2021 n° 20/06465 : difficultés d'exécution ; CA Nîmes 15-12-2021 n° 20/00072 : difficultés financières antérieures au contrat ; T. com. Versailles 20-10-2021 n° 2020F00301 : suppression de travaux de nuits prévus par un contrat conclu avec la RATP invoquée par le contractant qui avait déjà réalisé des travaux pour cette dernière.

Si le changement imprévisible s'est produit ou est invoqué après la reconduction tacite du contrat, l'appréciation du changement se fera par rapport au contenu du contrat d'origine ; en effet, si le contrat issu de la tacite reconduction est un nouveau contrat, la reconduction s'opère aux mêmes conditions, l'exécution du nouveau contrat se présentant dans les mêmes termes.

Peuvent aussi être retenus certains principes dégagés par le juge administratif. Peut par exemple être imprévisible la circonstance prévisible au moment de la conclusion du contrat si elle a engendré ensuite des conséquences qui étaient imprévisibles pour celui qui l'invoque (cf. CE 4-11-1932 : Rec. Lebon 916 ; CE 22-2-1963 : Rec. Lebon 115). Mais n'est pas imprévisible la diminution du frêt de 16 % par rapport aux prévisions de trafic réalisées lors de l'élaboration d'un contrat de délégation d'un service public de transport, cette diminution étant principalement à l'origine des déficits d'exploitation de la société titulaire de la délégation car ceux-ci résultent de l'état de fragilité financière initiale de cette société (CE 21-10-2019 n° 419155).

Les parties peuvent tenter de **cerner l'imprévisibilité** des circonstances en introduisant dans leur contrat une définition concrète de celle-ci en fonction du surcoût que le changement peut entraîner.

Le contentieux relatif aux contrats de franchise offre des exemples de mesure chiffrée ayant entraîné l'invalidité du contrat pour erreur du franchisé sur la rentabilité du contrat au regard des prévisions établies par le franchiseur. D'un côté, un contrat a été annulé pour erreur, le franchisé ayant prouvé qu'il avait réalisé un chiffre d'affaires inférieur de plus de 40 % aux prévisions du franchiseur sans qu'il puisse luit être reproché d'avoir une masse salariale trop importante, car les embauches avaient été déterminées en fonction de ces comptes erronés (CA Montpellier 21-10-2014 n° 13/03206 : JCP G 2015 n° 7-198) ; d'un autre côté, un contrat a été validé, le franchisé, bien qu'il fût en liquidation judiciaire, se plaignant seulement d'un écart de 7,5 % (CA Montpellier 21-10-2014 n° 13/03207 : JCP G 2015 n° 7-198). Les parties pourraient ainsi convenir que l'événement imprévisible sera celui qui provoquera une baisse de la rentabilité du contrat de x % du chiffre d'affaires attendu du contrat en prenant soin de préciser les éléments que devra produire le demandeur pour prouver qu'il remplit cette condition. Appliquant cette méthode, le Conseil d'État (CE avis 15-9-2022 n° 405540) a, par exemple, limité le montant d'une révision, demandée par le titulaire d'un marché public ou d'une concession de service public, à 50 % du montant des dépenses qu'il a exposées ou du montant de la diminution de ses recettes du fait de la survenance des circonstances imprévisibles.

En fixant un tel seuil, les parties ont par là même accepté sans équivoque le risque de l'imprévision pour tout changement de circonstances qui n'atteindrait pas ce seuil ; elles réduiraient ainsi toute difficulté d'interprétation sur l'acceptation ou non de ce risque.

14015 **Exécution devenue excessivement onéreuse** Sans aucune directive d'appréciation, le **juge** devra, en premier lieu, vérifier le lien de causalité entre le coût de l'exécution devenu excessivement onéreux et les circonstances qui ont provoqué le changement de l'environnement économique puisque, selon l'article 1195 du Code civil, c'est le changement des circonstances qui doit rendre le coût de l'exécution excessivement onéreux, ce qui ne résulte pas d'une impossibilité d'exécution (CA Rennes 14-12-2021 nº 21/00471).

Jugé que le coût de la prestation n'est pas devenu plus onéreux lorsque le prix à payer est resté le même depuis le changement des circonstances (CA Paris 4-11-2021 nº 21/05272 : GP 2022. nº 1 p. 25 obs Houtcieff). Mais il a été admis que la hausse du coût de production résultant de la crise Covid et de la guerre d'Ukraine avaient entraîné, à l'analyse des circonstances de l'espèce, une exécution excessivement onéreuse que les parties n'avaient pas pu envisager lors de la conclusion du contrat (T. com. Paris 14-12-2022 nº 2022033136).

En second lieu, il devra apprécier ce coût concrètement au regard du cocontractant qui le dénonce et non pas objectivement au regard d'un coût idéal, car c'est le coût qui ressort du contrat litigieux qui doit être en lien avec le changement de circonstances.

À propos d'un contrat de fourniture comportant une clause de hardship, il a ainsi déjà été jugé que le fournisseur, qui invoquait une augmentation du coût des matières premières, ne rapportait pas la preuve de l'augmentation du coût de l'exécution de ses obligations au titre du contrat, ni d'une situation qui aurait altéré fondamentalement l'équilibre des prestations et constituant un cas de hardship, dès lors qu'il produisait aux débats une documentation sur le cours mondial des matières premières ainsi que diverses lettres de ses fournisseurs annonçant des hausses de prix de 4 % à 16 %, et qu'il évoquait la nécessité corrélative d'augmenter le prix des marchandises facturées à son cocontractant en raison de la diminution de 58 % de sa marge brute (Cass. com. 17-2-2015 nºs 12-29.550, 13-18.956, 13-20.230 : RDC 2015.458 obs. Laithier).

Si l'on s'en rapporte aux exemples fournis par le contentieux administratif sur l'imprévision, le demandeur pourrait justifier l'exécution excessivement onéreuse en établissant qu'il subit un déficit d'exploitation (CE 4-10-1961 : Rec. Lebon 539 ; mais sur un refus de prendre en compte un déficit d'exploitation dont il ne résulte pas, en soi, qu'il rende plus onéreuses des redevances) ou un dépassement du prix qu'il n'avait pu ou qu'il ne pouvait pas nécessairement envisager au moment de la conclusion du contrat (CE 21-11-1947 : Rec. Lebon 647) mais la détérioration de la rentabilité a été rejetée (T. com. Paris 10-11-2021 nº 2021/016742), laquelle ne prouve pas en effet par elle-même qu'elle est la conséquence d'une exécution excessivement onéreuse.

En revanche, il ne saurait invoquer :

– une modification du taux de change concernant des matériaux qu'il n'était pas dans l'obligation d'acheter pour assurer l'exécution du contrat (CE 7-10-1970 : Rec. Lebon 1097) ;

– la variation des prix qui n'étaient pas dans une relation suffisante avec le contrat litigieux, telle celle du prix des champignons à propos de l'exécution d'un marché d'enlèvement du fumier d'un établissement hippique (CE 30-10-1957 : Rec. Lebon 567).

En troisième lieu, il peut avoir à trancher si l'exécution excessivement onéreuse ne rend pas l'exécution impossible pour en faire un cas de force majeure (nº 15108).

14018 **Non-acceptation du risque d'assumer le contenu du contrat** La partie qui demande la révision ne doit pas avoir accepté dans le contrat le risque d'une exécution excessivement coûteuse en raison du changement imprévisible des circonstances (C. civ. art. 1195, al. 1). Cette acceptation implique un engagement de cette partie sur un risque qui ne peut être objet d'une obligation que s'il est déterminé ou déterminable (art. 1163, al. 2). Or, il ne peut en être ainsi que si le contrat fixe les éléments qui permettront de constater l'existence certaine de cet engagement. Pour cela, il doit satisfaire aux deux conditions suivantes.

1. Le contrat doit faire apparaître que la **partie** concernée a réellement voulu **souscrire le risque** d'un changement imprévisible.

La jurisprudence suisse offre un exemple topique du caractère déterminant du comportement du contractant qui demande la révision (AFT 1933 59 II 372). Le preneur d'un local destiné à la restauration avait conclu un bail d'une durée de quinze ans, le 10 mai 1929, et demandé, après six mois d'exploitation, une diminution des loyers et des charges par l'indexation des loyers sur les chiffres d'affaires réalisés. Relevant que même un déséquilibre notable ne suffit pas à permettre de résilier ou de modifier un contrat, le Tribunal fédéral suisse considère qu'il convient de prendre en considération le caractère « raisonnable » ou non de la résiliation ou de la modification du contrat du point de vue de l'autre partie et notamment de retenir que celle-ci ne cherche pas exploiter la situation financière critique du plaignant. Mais il estime qu'il n'en est pas ainsi lorsque le plaignant, qui invoque la crise économique de 1931 et 1932, a pris un risque dès le départ et a insisté auprès du bailleur pour conclure le bail. Le Tribunal établit ce comportement par les éléments suivants :

– la durée de quinze ans, préfixée et longue, comporte, en tout cas du point de vue du plaignant, un élément spéculatif ; le type et le périmètre des projets de location prouvent une importante prise de risque dès le départ ; dans de tels contrats, on ne peut utiliser la résiliation ou la modification à la légère ; pour une telle durée de contrat, chacun des contractants doit tenir compte, et même

massivement, des fluctuations de la conjoncture ; prévoir réellement des modifications ultérieures du contexte économique, c'est faire preuve de prudence dans de tels contrats légèrement spéculatifs ;
– c'est le plaignant qui a fait pression de manière répétée et insistante sur le bailleur pour conclure le contrat en lui faisant miroiter différents avantages ; notamment, il avait cherché à le rassurer en lui écrivant qu'il disposait d'une réserve financière par l'exercice d'une autre activité, ce qui, selon le Tribunal, laissait entendre qu'il escomptait de mauvaises années ; il ne pouvait donc pas affirmer que le bailleur exploitait un déséquilibre entre prestation et contrepartie lorsqu'il lui avait demandé d'utiliser sa réserve financière.

Les parties doivent soigneusement préciser les circonstances au regard desquelles le risque d'imprévisibilité a été accepté en l'état des prévisions concevables au jour de la conclusion du contrat car l'acceptation d'un risque donné au moment de la conclusion du contrat n'emporte pas acceptation d'un nouveau risque (nº 11167).

Il est à noter que l'acceptation du risque au sens de l'article 1195 ne rend pas le contrat aléatoire car celui-ci suppose que les deux parties acceptent de faire dépendre les effets du contrat du risque envisagé (nº 11158) alors qu'au sens de ce texte seule la partie qui accepte l'imprévision court un risque.

2. Les parties doivent aussi préciser quel est le **surcoût généré** par le changement imprévisible qui sera à tenir pour excessivement onéreux ; il ne suffit pas en effet que, comme dans un contrat aléatoire, un événement incertain survienne ou ne survienne pas ; il faut en outre que, lorsqu'il est survenu, il engendre un coût excessif ; or, ce coût ne peut pas être laissé à la discrétion de la partie qui l'impose à l'autre ; pour être opposable à cette dernière par la partie créancière, il faut que celle-ci puisse faire valoir qu'elle a accepté un coût prédéterminé ou prédéterminable. Sinon, l'obligation d'assumer la prestation de couvrir le risque d'une exécution excessivement onéreuse n'aura pas un objet déterminé ou déterminable.

Absence de faute du demandeur Le demandeur ne peut pas invoquer un événement qui s'est réalisé par sa faute. **14021**

Cette règle posée par le Conseil d'État dans le cas d'une imprévision affectant l'exécution d'un contrat administratif est transposable à l'application de l'article 1195 du Code civil, car elle est l'expression d'une règle jurisprudentielle de droit commun (nºs 15093, 15506, 15568).

Cette règle a conduit à rejeter la demande de révision du cocontractant de la personne publique en cas :
– de sous-estimation dans ses prévisions (CE 31-10-1947 : Rec. Lebon 643 ; CE 23-1-1959 : Rec. Lebon 67) ;
– de méconnaissance des obligations lui incombant (CE 24-10-1947 : Rec. Lebon 389 ; CE 17-6-1981 : Rec. Lebon 814) ;
– de négligences à prendre les mesures qui auraient permis de remédier à l'état d'imprévision (CE 16-7-1943 : Rec. Lebon 193 ; CE 23-1-1952 : Rev. droit publ. 1952.525 ; CE 5-1-1973 : Rec. Lebon 1031 ; rappr. Cass. 1e civ. 16-3-2004 nº 01-15.804 : RJDA 7/04 nº 788) ;
– du retard à conclure un avenant dont le principe avait été convenu avec le concédant « jusqu'à une date où le concédant n'avait plus la possibilité de se retourner vers les usagers » (CE 14-1-1955 : Rec. Lebon 25) ;
– du retard mis à l'exécution du contrat qui aurait dû être terminée au moment où l'événement perturbateur s'est produit (CE 20-1-1978 : Rev. droit publ. 1978.1485).

Lorsque le cocontractant est seulement partiellement responsable du fait d'imprévision, le juge administratif apprécie la quote-part du déficit qu'il estime être due à cette attitude (CE 8-5-1925 précité ; CE 1-7-1949 : Rec. Lebon 318 ; CE 11-12-1957 : Rec. Lebon 671). Il importe peu, en revanche, que le fait constitutif d'imprévision soit imputable à la personne publique (CE 2-3-1977 : Rec. Lebon 890).

2. MISE EN ŒUVRE DE LA RÉVISION

RENÉGOCIATION CONVENTIONNELLE DU CONTRAT

Demande de renégociation présentée au cocontractant La **partie victime du changement** de circonstances peut demander une renégociation du contrat à son cocontractant (C. civ. art. 1195, al. 1). Aucune forme particulière n'est requise pour la présentation de la demande. Mais cette demande ouvre la procédure dite de « renégociation » du contrat ; elle est le préalable aux mesures qui pourront suivre, celles-ci n'étant expressément ouvertes qu'« en cas de refus ou d'échec de la renégociation ». La partie demanderesse a donc intérêt à se prémunir de la preuve qu'elle a présenté cette demande et celle, le cas échéant, du refus qui lui a été opposé ou de l'échec de la tentative de renégociation. Aller directement devant le juge l'expose à une fin de non-recevoir pour méconnaissance de la lettre de l'article 1195, mais aussi de la nécessaire tentative de rapprochement qui doit précéder toute assignation (CPC art. 56 et 58). Pour assurer à cette demande la meilleure efficacité, son auteur pourra utilement se reporter aux exigences de l'article 1344 du Code civil sur la mise en demeure (nºs 14415 s.). Il aura intérêt à préciser dans sa mise en demeure les conséquences qu'il tirera du défaut de réponse de son cocontractant à l'issue d'un délai déterminé. **14024**

Comme l'ont relevé des auteurs (Chantepie et Latina : La réforme du droit des obligations, éd. Dalloz n° 526), le débiteur peut se laisser poursuivre en exécution forcée pour opposer au créancier que l'intérêt qu'il peut en retirer est manifestement disproportionné par rapport à ce qu'il lui en coûtera.

En réponse à cette mise en demeure, le **créancier** aura, de son côté, intérêt à préciser que son acceptation à engager des pourparlers ne vaut en aucun cas reconnaissance de sa part que le changement imprévisible a entraîné une exécution devenue excessivement onéreuse.

14027 **Poursuite de l'exécution du contrat** Le demandeur de la révision du contrat doit continuer à exécuter ses obligations jusqu'à l'expiration de la négociation qu'il a provoquée (C. civ. art. 1195, al. 1), dans la mesure où le changement de circonstances n'a pas par lui-même rendu irrémédiable l'inexécution du contrat.

Selon les enseignements du contentieux administratif où la même obligation s'impose au demandeur, celui-ci en est libéré seulement si ce sont les circonstances imprévisibles elles-mêmes qui en ont imposé l'arrêt (CE 30-6-1932 : Rec. Lebon 647) ou lorsque l'obstacle ne peut plus être surmonté (CE 9-12-1932 : D. 1933.3.17 note Pelloux). Il en résulte que si le cocontractant cesse d'exécuter ses obligations sous prétexte d'imprévision, il encourt les sanctions applicables au défaut d'exécution (CE 5-11-1982 : D. 1983.245 note Dubois).

14030 **Succès de la négociation** Si les parties parviennent à s'entendre sur de nouvelles clauses et si, ce qui sera le cas sûrement en pratique, un nouvel écrit est rédigé, elles doivent s'assurer que son contenu est en harmonie avec les clauses du contrat qui demeurent inchangées. Elles doivent aussi tenir compte du risque que les changements entraînent la novation et la disparition du contrat antérieur et des clauses qu'il contenait, voire l'annulation du nouveau contrat s'il a été conclu irrégulièrement (pour l'exemple d'un tel risque, Cass. 3e civ. 6-5-1980 n° 78-15.675 : Bull. civ. III n° 88).

REFUS OU ÉCHEC DES NÉGOCIATIONS

14033 **Résolution conventionnelle du contrat** Si les parties n'arrivent pas à renégocier le contrat, elles peuvent d'un commun accord décider de le résoudre à la date ou aux conditions qu'elles déterminent (C. civ. art. 1195, al. 2). Cette disposition laisse donc une grande liberté aux parties pour mettre un terme au contrat et liquider leurs rapports.

14037 **Demande commune faite au juge d'adapter le contrat** Les parties peuvent aussi demander d'un commun accord au juge de procéder à l'adaptation du contrat (C. civ. art. 1195, al. 2). La mise en œuvre de cette demande appelle les précisions suivantes.

1. Formulation de la demande. Les parties devant agir d'un commun accord pour demander au juge d'adapter le contrat, il s'ensuit sur le plan procédural que la demande doit être présentée au juge conjointement par les parties. À défaut de précision, cette demande correspond, dans l'arsenal juridique, à l'introduction d'une instance par **requête conjointe,** spécialement prévue en matière contentieuse par l'article 54 du Code de procédure civile. Elle doit donc répondre aux conditions requises par l'article 57 du même Code et peut, conformément à l'article 57-1 de ce Code, autoriser le juge à statuer en amiable compositeur ou le lier par les qualifications et les points de droit auxquels les parties entendent limiter le débat. Ces dispositions peuvent être utilement utilisées par les parties qui craindraient un excès de pouvoir du juge.

2. Pouvoir d'adaptation du juge. Le juge ne pouvant exercer ce pouvoir que s'il est saisi par requête conjointe, il en résulte que les parties, qui agissent d'un commun accord, peuvent fixer les bornes de l'adaptation du contrat à laquelle elles consentent :

– soit en conférant au juge le pouvoir d'amiable compositeur, ce qui suppose en toute hypothèse le respect de l'ordre public (sur cette limite au regard des arbitres amiables compositeurs, n° 71054) ;

Quant au pouvoir d'amiable compositeur des arbitres, il a été jugé que ceux-ci pouvaient atténuer les effets excessifs d'une clause, par référence à l'équité, pour concilier la lettre d'un contrat international de longue durée et son exécution de bonne foi dans des circonstances qui bouleverseraient l'équilibre entre les parties (Cass. 1e civ. 28-4-1987 n° 85-14.904 : Bull. civ. I n° 128 ; aussi CA Paris 4-11-1997 n° 96-80089 : Rev. arb. 1998.704 obs. Derains).

– soit en précisant ce qu'est pour elles l'économie du contrat ;

Le juge s'y réfère de lui-même (CA Paris 28-9-1976 : JCP 1978.II.18810 note Robert qui y a eu recours dans un cas, bien antérieur à l'article 1195, où, invitant les parties à renégocier le contrat, il avait donné pour limite le respect de l'économie du contrat). Le Conseil d'État (CE avis 15-9-2022 n° 405540) recommande même au juge administratif de respecter l'équilibre économique du contrat.

– soit en fixant les points de droit qui commandent l'application de l'article 1195, tels que l'évaluation chiffrée de ce qu'elles tiennent pour le renchérissement excessif de l'exécution, soit tant % du prix des prestations litigieuses, ou les limites infranchissables par le juge.

Si les parties n'ont pas usé de la faculté que leur donne la requête conjointe, le pouvoir d'adaptation du juge ne saurait aller jusqu'à la renégociation du contrat, ce que le juge s'est de lui-même interdit dans le passé (CA Paris 12-3-1985 : Rev. arb. 1985.299 ; dans le même sens, Sentences CCI n° 2694 en 1977 : Clunet 1978.985 obs. Derains et n° 3938 en 1982 : Clunet 1984.926 obs. S.J. ; toutefois, des arbitres ont annulé un contrat pour prix excessif : Sentence ad hoc du 17-2-1971 : Yearbook 1976.136). Lorsque seule l'adaptation lui est demandée, il doit continuer à s'imposer cette limite. À la lettre, l'adaptation n'est pas la remise en cause du contrat. Elle l'est d'autant moins que l'article 1195 lui-même fait une distinction entre l'adaptation et la révision. L'adaptation ne doit consister que dans une correction des clauses qui rendent l'exécution du contrat excessivement onéreuse. Elle ne doit pas être un examen de toutes les clauses du contrat pour les reconsidérer au regard de la nouvelle situation ; sinon, elle serait équivalente à une révision (n° 14040).

Au cas où le juge, saisi d'une demande d'adaptation, transformerait celle-ci en révision, il modifierait l'objet du litige et sa décision encourrait la cassation (n° 71928) ou dépasserait ses pouvoirs car, sur le fondement de cette demande, la loi ne lui a attribué que le pouvoir « d'adapter » le contrat (sur l'excès de pouvoir, n° 72409).

Cette limite est d'ailleurs posée par le Conseil d'État (CE avis 15-9-2022 n° 405540), qui interdit au juge administratif de modifier l'objet du contrat mais précise que le juge n'est pas lié par l'existence d'un prix forfaitaire.

Demande par une partie au juge de réviser le contrat Une partie peut demander au juge de réviser le contrat ou d'y mettre fin (C. civ. art. 1195, al. 2). La mise en œuvre de cette demande et son aboutissement obéissent aux règles suivantes. 14040

1. Délai ouvert aux parties pour s'accorder. Si les parties ne sont pas parvenues à s'accorder dans un délai raisonnable sur la renégociation, la résolution du contrat ou la saisine du juge en vue de son adaptation, la partie qui entend saisir le juge a intérêt à prendre acte formellement, par lettre recommandée AR adressée au cocontractant, du refus d'ouvrir la renégociation ou de l'échec de celle-ci et à fixer la date à laquelle elle situe la réalisation de ces faits.

2. Saisine du juge. La saisine du juge est offerte à chacune des parties au contrat, aussi bien à celle qui a demandé la renégociation qu'à l'autre, le texte visant à ce stade « une partie ».

Il ne résulte pas, en soi, que la créance réclamée, en l'espèce de loyer, est l'objet d'une contestation sérieuse écartant la compétence du juge des référés du fait que seul le juge du fond est compétent pour réviser le contrat si les conditions en sont réunies dès lors que l'existence de la créance n'est pas contestable au regard des termes mêmes du contrat (CA Nancy 10-11-2021 n° 21/01022 : GP 2022 n° 1 p. 25 obs. Houtcieff).

3. Intervention du juge. Sous réserve du cas où le recours sera irrecevable pour introduction au-delà d'un délai raisonnable, le juge sera tenu de statuer sur la demande qui lui sera présentée, sans pouvoir lui substituer un autre objet. Autrement dit, s'il lui est seulement demandé de « réviser » le contrat, il ne pourra pas décider d'« y mettre fin » et il ne pourra pas prendre une autre décision que celle de réviser, à moins que le demandeur n'ait subsidiairement demandé au juge de mettre fin au contrat.

Il n'est pas, en effet, dans le pouvoir du juge de changer l'objet du litige (n° 71928).

En remettant au juge le pouvoir de « **réviser le contrat** » sans plus de précision, la loi lui donne, à la lettre, un pouvoir discrétionnaire. Elle ne lui fixe en effet aucune limite, autre que celle de « réviser » le contrat. Au sens étymologique du verbe « réviser », le juge a le pouvoir d'examiner le contrat pour le changer, le modifier. Il peut donc lui donner le contenu qu'il lui semble bon.

Ce pouvoir de refaire le contrat est récusé par le Conseil d'État qui fixe au juge administratif les limites qu'il ne doit pas franchir (CE avis 15-9-2022 n° 405540).

À notre avis, le pouvoir discrétionnaire accordé au juge judiciaire par l'article 1195 peut être contesté par une question prioritaire de **constitutionnalité** pour violation par la loi des libertés économiques garanties par la Constitution. En effet, la liberté contractuelle est de valeur constitutionnelle (n° 10625). En outre, le Conseil constitutionnel a censuré des dispositions faisant peser sur les choix économiques de l'entreprise, notamment d'aliénation de ses biens, et sur sa gestion des contraintes portant une atteinte inconstitutionnelle au droit de propriété et à la liberté d'entreprendre (Cons. const. 27-3-2014 n° 2014-692 DC). Cela est susceptible d'être le cas si le juge cherche à sauver l'entreprise du cocontractant plutôt qu'à adapter le contrat. Ce serait un détournement de la finalité de l'article 1195 qui est de sauver le contrat et non l'entreprise (cf. CE 9-12-1932 : D. 1933.3.17 concl. Josse note Pelloux qui a refusé que le sauvetage d'un contrat administratif, sous couvert d'imprévision, soit mis à la charge du contribuable).

Il nous semble qu'il est aussi possible, le cas échéant, de contester la décision, sur le fondement du droit au procès équitable de l'article 6 de la convention européenne des droits de l'Homme, si le juge a suivi aveuglément la partie qui l'aura saisi et qui lui aura vraisemblablement présenté le nouveau contrat de ses vœux en retenant une apparence de motivation qui reproduirait pratiquement les conclusions de la partie demanderesse (pour des illustrations : Cass. com. 23-3-2010 n° 09-11.508 : RJDA 7/10 n° 812 ; Cass. com. 23-3-2010 n° 09-11.029 : RTD civ. 2010.289 obs. Marguénaud ; Cass. com. 5-10-2010 n° 09-71.679 : GP 8-1-2011 p. 26 note Fricero ; Cass. 1e civ. 17-3-2011 n° 10-10.583 : Bull. civ. I n° 56). L'atteinte à la liberté contractuelle peut aussi être sanctionnée par le droit au respect de la propriété des biens mais aussi écartée si elle est proportionnée par rapport aux intérêts en cause (CEDH 12-7-2016 n° 562/05 : JCP E 2017.1138 n° 7 obs. Zollinger : validité d'une atteinte reconnue proportionnée par la décision juridictionnelle imposant aux parties de conclure pour l'avenir de nouvelles licences d'exploitation de droit d'auteur, en définissant les termes financiers sur lesquels les parties n'arrivaient pas à s'entendre).

En outre, ce pouvoir discrétionnaire du juge peut être dénoncé comme portant atteinte à l'article 16 de la Charte des droits fondamentaux de l'UE garant de la liberté d'entreprise qui recouvre « la liberté d'exercer une activité économique ou commerciale, la liberté contractuelle et la concurrence libre » (CJUE 22-1-2013 aff. 283/11 : RTD eur. 2015.171). Quant au droit de l'UE, il est recommandé de tenir compte du balisage du pouvoir du juge de reconsidérer le contenu d'un contrat posé par la Cour de justice de l'Union, qui a jugé, à propos de la correction d'une clause abusive d'un contrat avec un consommateur, que : le juge national peut, à défaut d'autre moyen de protéger le consommateur, inviter les parties à négocier en vue de fixer les modalités de calcul du taux d'intérêt ici en question, pourvu qu'il fixe le cadre de ces négociations et que celles-ci visent à établir entre les droits et les obligations des parties un équilibre réel, tenant notamment compte de l'objectif de protection du consommateur ; toutefois, les pouvoirs du juge ne sauraient s'étendre au-delà de ce qui est strictement nécessaire afin de rétablir l'équilibre contractuel entre les parties au contrat et ainsi de protéger le consommateur, sans qu'il soit permis au juge de modifier ou de modérer le contenu des clauses abusives (CJUE 25-11-2020 aff. 269/19). Ces directives sont, à notre avis, transposables à la correction de l'imprévision en tenant compte, au lieu et place de l'objectif de protection du consommateur, de l'objectif de sauvetage d'un contrat en péril pour exécution devenue excessivement onéreuse. C'est ce que des juges du fond ont pensé, sur le fondement de la bonne foi due à l'exécution des contrats, pour résoudre les effets bouleversant de la crise sanitaire de la Covid 19 sur le cours des baux commerciaux (CA Riom 2-3-2021 n° 20/01418), ce qu'avait déjà retenu un arrêt précurseur (CA Paris 28-9-1976 : JCP 1978.II.18810 note Robert).

Lorsqu'il est saisi par une partie pour **mettre un terme au contrat,** le juge jouit d'une totale liberté pour régler la fin du contrat, puisqu'en vertu de l'article 1195, al. 2, il le fait « à la date et aux conditions qu'il fixe ». Le juge dispose ainsi du moyen de refaire le contrat pour la période qu'il choisit. L'article 1195 le libère notamment des dispositions qui régissent les restitutions telles qu'elles sont définies aux nos 16120 s. Plus encore, il lui remet à nouveau un pouvoir sans restriction, comme celui qu'il lui accorde pour réviser le contrat. Ce pouvoir se trouve ainsi exposé aux mêmes remises en cause que celles qui ont été exposées au sujet du pouvoir de révision.

La résiliation du contrat peut être demandée à titre subsidiaire pour le cas où la révision du contrat serait refusée et être accordée, faute pour le demandeur d'avoir produit « les éléments nécessaires pour mesurer le bien-fondé des modifications du tarif présentées » (T. com. Paris 14-12-2022 n° 202203313 : D. 2023.5 obs. Dubarry).

Dans l'exercice de son pouvoir d'appréciation des mesures adaptées aux circonstances de l'espèce, si le risque de l'imprévision n'est pas assumé par la partie qui a demandé la révision, le juge pourrait admettre que l'économie du contrat implique que cette partie a accepté une part du risque de l'imprévision (CE avis 15-9-2022 n° 405540). Il pourrait aussi admettre de substituer à la révision une indemnisation (même arrêt).

B. Révision conventionnelle

VALIDITÉ

14050 Les parties peuvent, à **condition,** à notre avis, de ne pas vider de sa substance le droit à la révision ouvert par l'article 1195 du Code civil, prévoir une révision du contrat en fonction de critères prédéterminés, par exemple insérer dans leur contrat une clause d'indexation automatique du prix des prestations en cas de variation d'indices déterminés ou un alignement sur le client le plus favorisé ou sur des offres concurrentes (pour l'application d'une clause de révision du prix déterminable, Sentence CCI n° 4761 en 1987 : Clunet 1987.1012 obs. Jarvin).

Sur la responsabilité encourue par celui qui impose une clause de renégociation du prix de certains contrats portant sur la vente des produits agricoles et alimentaires, article L 441-8 du Code de commerce.

Elles peuvent aussi prévoir que l'ensemble ou certaines obligations du contrat seront réexaminées si surgissent des événements qui en modifient l'économie. Dans les contrats internationaux, on désigne généralement cette clause par l'expression « **clause de hardship** » ou de « Material Adverse Change » (**MAC clause**).

La validité de ces clauses a été implicitement admise par la Cour de cassation (cf. Cass. civ. 10-12-1975 : JCP G 1976.IV.41 ; Cass. com. 31-5-1988 n° 86-16.937 : Bull. civ. IV n° 189) et par les arbitres qui jugent selon le droit français (Sentence n° 2708 en 1976 : Clunet 1977.943).

Mais il est recommandé aux parties de formuler **expressément** la clause de révision, car les juges n'admettent pas aisément son existence tacite (Cass. com. 31-5-1988 n° 86-16.937 : Bull. civ. IV n° 189 ; cf. Cass. com. 5-2-2020 n° 18-20.674 F-D : RJDA 6/20 n° 299), ni les arbitres (sentences citées n° 14006).

Pour un exemple d'interprétation par des arbitres de clauses complexes de révision, jugées audacieuses, Rev. arb. 1991.611.

Lorsque la clause de révision est certaine, elle produit alors son plein effet (Sentence n° 1990 en 1972 : Clunet 1974.897 ; Sentence n° 2291 en 1975 : Clunet 1976.989). Elle peut même jouer si le marché est à forfait (Cass. 1e civ. 11-2-1964 : Bull. civ. I n° 79).

CAUSES DE RÉVISION

Les clauses de révision doivent préciser les circonstances susceptibles d'ouvrir droit à l'adaptation du contrat. Ces circonstances peuvent tenir à des **événements** précis et déterminés, par exemple à une augmentation des prix à un taux fixé ou à une mesure administrative précise, ou correspondre à des événements graves, politiques, économiques ou financiers, que les parties n'avaient pas inclus dans leurs prévisions et qui créent une impossibilité raisonnable d'exécuter le contrat ou engendrent pour l'une des parties des rigueurs que l'on ne pourrait pas lui demander équitablement de supporter. **14053**

Généralement, le **droit de demander la révision** est ouvert aux deux parties ; mais rien n'interdit qu'il ne soit reconnu qu'à une seule d'entre elles. L'exercice de ce droit peut être subordonné à l'écoulement d'un délai (pas avant tel terme, quelques années par exemple) ou à une périodicité (une fois tous les deux ans).

Pour apprécier si les conditions susceptibles de déclencher la révision sont réunies, il faut tenir compte des règles suivantes.

a. En aucun cas, les événements visés ne doivent avoir été **provoqués** par la partie qui en est la victime ; il est constant en effet que nul n'est admis à se prévaloir de ses propres fautes (n° 14021).

b. Il faut entendre par « **empêchement raisonnable** » d'exécuter le contrat un événement qui ne permettrait pas à un opérateur, agissant avec la prudence et la diligence normales, de faire face à ses obligations. Autrement dit, l'empêchement est raisonnable lorsque, pour parer aux difficultés nées de l'événement, il faudrait mettre en œuvre des moyens exceptionnels, tant par leur nature et leur ampleur que par leur coût.

Les parties peuvent d'ailleurs elles-mêmes fixer ce qu'elles entendent par « empêchement raisonnable » et prévoir par exemple qu'il en sera ainsi lorsque les charges financières annuelles dépasseront le profit annuel des ventes prévu au contrat.

Il ressort des sentences arbitrales que les arbitres exigent que la partie qui invoque la révision démontre « les conséquences graves » qui seraient résultées pour elle de l'exécution du contrat (cf. Sentence n° 2508 en 1976 : Clunet 1977.939). Ils apprécient aussi les conséquences non pas seulement sur le contrat mais sur l'ensemble des activités du demandeur (cf. Sentence n° 2508 en 1976 : Clunet 1977.939).

c. L'**équité** doit être prise en considération si les parties l'ont admise soit directement, soit en soumettant leur différend à l'amiable composition. À défaut, elle ne doit pas être un élément d'appréciation déterminant puisque la lésion est exclue par principe ; toutefois, les arbitres et les juges sont sensibles aux situations manifestement injustes et peuvent être enclins à en tenir compte sous couvert d'abus de droit ou de mauvaise foi. Sur un refus abusif d'une offre de révision, n° 14059.

PROCÉDURE DE RÉVISION

La partie qui peut se prévaloir de la révision doit faire connaître sa demande dans les conditions prévues au contrat. Il est recommandé aux parties de fixer les délais et les formes de la demande et le sort du contrat pendant le cours de la procédure. **14056**

Si le sort du contrat n'est pas précisé, ce silence signifie que les parties ont entendu le maintenir en vigueur puisque la modification du contrat est une dérogation qui doit être interprétée restrictivement.

Les parties sont ensuite amenées à négocier les nouveaux termes du contrat. La conduite de cette **négociation** appelle les observations suivantes.

1. La demande de révision doit se faire dans le **délai imparti** au contrat, sous peine de ne pas pouvoir être invoquée (CA Paris 14-10-2005 : RTD civ. 2006.112 n° 7 obs. Mestre et Fages) ; en l'absence d'indication, les parties disposent d'un délai raisonnable qui suppose que la demande soit présentée au plus tard avant que le cocontractant ne puisse plus réagir (CA Aix 19-2-1975 : Bull. Cour d'Aix 1975/1 p. 15).

2. Les parties peuvent rechercher elles-mêmes les bases de leur nouvel accord. Elles peuvent aussi remettre à un **médiateur** le soin de fixer ces bases, voire de le demander au juge.

À défaut de clause expresse prévoyant l'intervention d'un tiers, il a été jugé, dans un cas où les parties avaient prévu de renégocier leur contrat sous l'influence de circonstances déterminées, que **le juge** pouvait nommer un médiateur et se réserver le droit, faute d'accord des parties, d'imposer une modification du contrat qui n'altérerait pas l'économie de l'accord ou d'annuler le contrat si la modification proposée devait porter une atteinte à cette économie (CA Paris 28-9-1976 : JCP G 1978.II.18810 note Robert ; cf. TGI Paris 6-6-1979 : Bull. inf. C. cass. 1980 nº 130, considérant que le juge chargé d'une mission de médiation et d'arbitrage en vertu de l'art. 12, al. 4 du CPC pourrait procéder à une réfection d'un contrat). Sur l'impossibilité des arbitres, amiables compositeurs, de refaire un contrat, nº 71054.

3. La révision doit être constatée par **écrit** si le contrat le prévoit.

Si un nouvel écrit est rédigé, les parties doivent veiller à mettre son contenu en **harmonie** avec les clauses du contrat qui demeurent inchangées (pour des exemples de divergences entre le contrat et l'avenant : Cass. 3e civ. 6-5-1980 nº 78-15.675 : Bull. civ. III nº 88).

4. Les parties doivent éviter que leur comportement ne puisse être interprété comme une renonciation à se prévaloir de la révision (cf. Cass. soc. 25-11-1943 : DA 1944.31).

ÉCHEC DE LA RÉVISION

14059 Si les parties ne peuvent pas se mettre d'accord sur de nouvelles bases, ce qui ne constitue pas en soi une faute (Cass. com. 18-9-2012 nº 11-21.790 : RJDA 1/13 nº 64), deux solutions sont alors envisageables : la **suspension** du contrat pendant une période déterminée suivie, au terme de cette période, de sa résiliation ou la **résiliation** immédiate du contrat.

La résiliation ne peut pas être obtenue, même en cas d'échec, si les parties ne l'ont pas prévue (Sentence nº 2478 en 1974 : Clunet 1975.925). Elle risque aussi d'être refusée par un juge ou un arbitre si la partie qui la demande a rejeté une offre raisonnable de révision et a ainsi eu un comportement abusif, car les contrats s'exécutent de bonne foi (cf. Sentence nº 2508 en 1976 : Clunet 1977.939 ; sur une absence d'abus, Cass. com. 3-10-2006 nº 1143 : RJDA 2/07 nº 129). Bien entendu, la partie qui le souhaite peut se dégager du contrat à ses risques et périls (nos 15512 s.).

La partie qui n'a pas négocié la recherche de l'aménagement du contrat de bonne foi peut être condamnée à réparer le préjudice subi par l'autre (CA Angers 21-1-2004 nº 02/02127 : RJDA 10/05 nº 1068 et, sur pourvoi, Cass. com. 3-10-2006 nº 04-13.214 : RJDA 2/07 nº 129).

C. Autres dérogations à l'interdiction de modification unilatérale

14070 La modification unilatérale du contrat est permise lorsqu'il existe une disposition légale (par exemple, révocation ad nutum du mandat, nº 23080 ; modification du contrat d'assurance, nº 17600), une clause du contrat (cf. Cass. com. 15-2-1983 : GP 1983.pan.206) ou un usage (Cass. civ. 16-11-1982 : GP 1983.pan.55 : possibilité d'actualiser les prix d'un marché commencé avec un an de retard, l'usage voulant en l'espèce que les prix convenus ne soient valables que pour trois mois) qui l'autorise. Elle peut aussi être justifiée par le comportement du cocontractant (Cass. com. 14-11-2006 nº 1247 : RJDA 4/07 nº 343 : défaut de réaction à une modification tarifaire annoncée dans un délai raisonnable ; CA Aix 22-2-1990 : Bull. Cour d'Aix 1990/1 nº 9 : exigence justifiée d'un règlement préalable à la livraison à la place du règlement prévu à 90 jours après facturation en raison des incidents de paiement antérieurs) ou par le bouleversement de l'économie du contrat, ce qui est le cas par exemple si le volume des travaux est doublé (Cass. 3e civ. 12-3-1997 nº 95-10.904 P : RJDA 5/97 nº 640, qui casse l'arrêt ayant retenu que, faute d'accord, un marché à forfait, ayant donné lieu à des travaux supplémentaires commandés et exécutés, ne fait pas perdre au marché son caractère forfaitaire).

D. Novation

FACULTÉ DE NOVER LES OBLIGATIONS CONTRACTÉES

14100 Les parties peuvent convenir de procéder à une novation de leurs obligations par **substitution d'une obligation à une autre** ou par changement soit du débiteur, soit du créancier (C. civ. art. 1329).

L'article 1329, al. 1 précise que la novation est un contrat ; l'acte novateur est donc soumis aux règles de validité des contrats, notamment à celles exigeant un consentement non vicié (Cass. 3e civ. 5-5-1970 n° 68-11.527 : Bull. civ. III n° 311 ; Cass. com. 14-5-1996 n° 94-14.625 : Bull. civ. IV n° 138 ; Cass. com. 19-11-2003 n° 00-15.287) ou à celles relatives à l'objet (cf. Cass. com. 4-2-1992 n° 90-12.609 : Bull. civ. IV n° 60, jugeant qu'un acte nul ne peut pas être l'objet d'un acte de novation).

EXISTENCE DE LA NOVATION

Preuve de l'intention de nover Pour que la novation se produise, il faut prouver que les parties l'ont effectivement voulue, l'**intention de nover ne se présumant pas** (C. civ. art. 1330). La volonté d'opérer novation doit résulter clairement de l'acte (même article ; Cass. 1e civ. 2-12-1997 : RJDA 2/98 n° 136). 14103

La **preuve** de l'intention de nover se prouve par tous moyens (C. civ. art. 1358 ; Cass. 1e civ. 11-2-1986 n° 84-15.849 : Bull. civ. I n° 26), bien qu'il s'agisse de prouver un acte.

Il est à relever que l'article 1330 en visant « l'acte » ne se réfère pas au « contrat » lui-même argué de novation.

Sur d'autres exemples de qualification de la novation en cas de cautionnement de la dette initiale, n° 55721.

La **novation** ne doit pas nécessairement être **expresse**. La volonté novatoire peut être **tacite**, dès l'instant où elle est dépourvue d'ambiguïté, étant précisé que si elle est laissée à l'appréciation souveraine des juges du fond (Cass. 1e civ. 25-5-1976 : Bull. civ. I n° 200), la Cour de cassation se réserve la possibilité de censurer des arrêts ne relevant pas des éléments d'où résulte sans équivoque la volonté de nover (Cass. com. 19-3-1979 : Bull. civ. IV n° 105 ; Cass. 3e civ. 15-2-2023 n° 22-19.421 F-D : RJDA 5/23 n° 237).

Silence Le seul fait pour une partie de ne pas réagir à une modification du contrat par son cocontractant n'emporte pas acceptation de cette modification (Cass. com. 11-12-2001 : RJDA 4/02 n° 351 ; CA Paris 15-1-1987 : D. 1987.IR.37). Mais il peut en être autrement, notamment lorsque cette partie a bien connu la modification (Cass. com. 25-9-1984 n° 82-14.993 : Bull. civ. IV n° 245 ; CA Paris 17-9-1992 : BTL 1992.655). 14106

Intervention d'un tiers dans le paiement La novation ne résulte pas du seul fait qu'un tiers intervienne dans le paiement du prix du contrat. 14109

Ne vaut pas novation :

– la simple indication du nom d'une personne qui doit payer (C. civ. art. 1340 ; Cass. civ. 11-1-1893 : DP 1895.1.179) ;

– l'individualisation entre les membres d'un groupement d'entreprises des factures émises à l'origine au nom de ce groupement (Cass. com. 15-10-1991 n° 90-11.185 D : RJDA 11/91 n° 887) ;

– le règlement des factures de ses adhérents par une centrale alors que le contrat de vente était conclu entre le fournisseur et l'adhérent qui en demeurait maître à toutes les phases et que la centrale intervient comme centrale de référencement en donnant sa garantie au fournisseur (Cass. com. 3-1-1995 : RJDA 4/95 n° 426) ;

– le simple fait d'accepter la substitution d'un nouveau débiteur au précédent (Cass. com. 12-12-1995 : RJDA 3/96 n° 375), a fortiori si l'auteur du paiement est l'œuvre d'une société de fait sans personnalité morale (Cass. 1e civ. 4-11-1982 n° 79-13.466 : Bull. civ. I n° 368) ;

– la demande de l'acheteur au vendeur d'établir la facture au nom d'une autre société (Cass. com. 8-12-2009 n° 09-11.209 : RJDA 4/10 n° 323) ;

– l'acceptation par le créancier du paiement prévu au contrat des mains d'un autre que celui qui le doit en vertu du contrat (Cass. 1e civ. 13-5-2014 n° 13-15.686 : RJDA 1/15 n° 42) ;

– l'ouverture d'un crédit documentaire en règlement du prix d'une vente (n° 53350) ;

– la cession judiciaire d'un contrat en vertu d'un plan de cession (n° 63790).

Il en est autrement si le **créancier accepte le changement de débiteur** par des actes positifs, tels que ceux du vendeur qui reçoit sans réserve « un avis exprès de changement de débiteur » émanant d'un second acheteur et qui établit, dès réception de cet avis, un contrat exclusif avec ce dernier (Cass. com. 29-1-1991 : RJDA 4/91 n° 276, en déduisant la libération du premier acheteur) ou ceux des parties à un contrat conclu pour le compte d'une société en formation lorsqu'il ressort des correspondances échangées après l'immatriculation de celle-ci qu'elles avaient accepté de substituer la société à ses fondateurs (Cass. 2e civ. 14-12-2006 n° 04-20.673 : Bull. civ. II n° 353 ; Cass. com. 24-6-2014 n° 13-18.317 : RJDA 10/14 n° 764).

Exécution différente de celle prévue au contrat Une modification des conditions d'exécution du contrat est **rarement** une cause de **novation,** et ce d'autant moins que la partie qui procède à cette modification aura pris soin d'avertir son cocontractant qu'il n'en résulte pas pour autant renonciation de sa part aux clauses initiales. 14112

Ne suffisent **pas** à caractériser une **novation** :
– l'acte nouveau qui a pour seul but de récapituler et de consolider une dette antérieure sans modification de sa consistance ou la constitution de sûretés nouvelles (TGI Lorient 3-2-1982 : GP 1983.som.279) ;
– une modification du montant de la dette (Cass. 1e civ. 25-5-1981 n° 80-12.494 : Bull. civ. I n° 182 ; Cass. com. 18-10-1988 : BRDA 21/88 p. 14) ;
– la remise de traites par le débiteur à son créancier (Cass. crim. 19-10-1977 : Bull. crim. p. 783 ; toutefois, Cass. com. 14-10-1997 : RJDA 1/98 n° 15) ;
– des modifications des modalités d'une vente : le report du délai de retirement de la commande auprès du vendeur bien que celui-ci l'ait accepté (Cass. com. 5-10-1993 : RJDA 3/94 n° 261) ; l'engagement de reprendre une partie de la marchandise vendue à un distributeur et de lui remettre un avoir de la valeur de cette marchandise, tandis que ce dernier a promis en contrepartie de payer le solde du prix (Cass. com. 3-3-1998 : RJDA 7/98 n° 835) ;
– le report d'un prêt consenti pour l'achat d'un fonds de commerce sur un nouveau fonds de commerce acquis après la vente du précédent, dès lors que le montant, le taux des intérêts et la durée du prêt initial n'ont pas été modifiés (Cass. com. 14-5-1996 : RJDA 10/96 n° 1156, maintenant en faveur du second prêt les cautions données pour le premier, lesquelles avaient accepté ce report) ;
– l'acceptation du paiement sans la majoration résultant d'une clause d'indexation convenue entre les parties (Cass. com. 22-5-1984 n° 83-10.079 : Bull. civ. IV n° 178 ; rappr. Cass. 1e civ. 20-5-2003 : JCP G 2003.IV.2236) ;
– une modification des modalités de remboursement d'un emprunt (Cass. com. 28-1-2014 n° 12-27.404 : RJDA 7/15 n° 519) ;
– le seul fait d'avoir rédigé un avenant au contrat qui n'a pas modifié les conditions de la résiliation anticipée fixées au contrat et qui n'a pas eu d'incidence sur le fait que la résiliation anticipée du contrat soit plus ou moins onéreuse que sa poursuite (Cass. 3e civ. 13-7-2016 n° 15-18.924 : RJDA 10/16 n° 725).
Toutefois, il arrive que la novation soit **admise** ; ainsi :
– la conclusion d'un accord fixant conventionnellement, comme conséquence de la résolution d'une promesse de vente intervenue à l'amiable, l'indemnité due pour la non-réalisation d'ores et déjà acquise de la vente entraîne novation de la pénalité contenue dans ladite promesse pour sanctionner son éventuelle inexécution (Cass. com. 13-10-1981 : JCP G 1982.IV.4) ;
– les demandes de modifications successives du cahier des charges ont entraîné une extension de la mission du prestataire telle que celle-ci résultait d'un document ayant valeur contractuelle justifiant une augmentation du prix (Cass. com. 13-4-1983 : GP 1983.pan. 232) ;
– le façonnier qui répond à son client qu'il livrera une commande donnée à une date précise s'interdit de se prévaloir pour cette commande de la clause contractuelle stipulant que « les ordres seront exécutés dans le plus bref délai possible » (Cass. com. 6-5-1965 : Bull. civ. III n° 296) ;
– en continuant de tenir des « fiches » des coffres loués à la clientèle malgré la suppression de l'obligation légale, une banque a transformé cette obligation en obligation contractuelle (CA Paris 9-11-1984 : BRDA 2/85 p. 23) ;
– la société, bénéficiaire d'une clause d'approvisionnement exclusif, qui répond, après une baisse de commande significative (50 % au cours d'une année), à la lettre de son acheteur l'informant qu'il a demandé à l'un de ses concurrents une amélioration du produit vendu, « nous allons voir avec notre confrère ce qu'il a préparé comme calibre afin de mesurer de façon identique à vous-même », a renoncé à sa clause d'exclusivité (CA Versailles 29-11-1990 : RJDA 2/91 n° 86) ;
– une société et son salarié, aussi actionnaire, ont changé la nature des créances de salaire de ce dernier lorsque celui-ci, avec l'accord du conseil d'administration, a accepté de laisser le montant de ses créances sur un compte dénommé « compte courant », vu l'importance des sommes dues et l'étroite imbrication des intérêts du salarié et de la société (Cass. soc. 22-6-1993, 1e esp. : RJDA 10/93 n° 776, refusant de porter les sommes restant dues au jour du redressement judiciaire de la société sur l'état des créances salariales) ;
– l'acte notarié qui n'était pas un simple acte d'engagement hypothécaire mais qui comportait, en outre, un cautionnement personnel et solidaire avec limitation de l'engagement à un montant déterminé par caution (qui en l'espèce étaient plusieurs) avait, en dépit d'une clause faisant état des garanties antérieurement données et dont l'interprétation était rendue nécessaire dans ce contexte, éteint l'acte antérieur stipulant un cautionnement général d'un montant illimité, car l'acte notarié renfermait un ensemble de dispositions redéfinissant entièrement les relations d'affaires entre les parties (Cass. com. 30-3-1999 : RJDA 6/99 n° 641).

14115 **Conclusion d'un nouvel accord** La novation d'un précédent accord par la conclusion d'un nouvel accord résulte de l'**incompatibilité des obligations successivement souscrites** ; ainsi : la nouvelle stipulation d'un cautionnement général limité dans son montant ne peut laisser subsister le cautionnement général illimité antérieur, sans priver de sens cette stipulation (CA Metz 6-9-1995 : JCP G 1997.II.22854 note Jacob) ; la fixation dans un nouvel acte d'un prix fixe élimine la clause de l'acte antérieur fixant un prix provisoire à parfaire (Cass. com. 25-3-2014 n° 13-15.717 : RJDA 7/14 n° 597) ; la substitution à l'objet de la prestation essentielle d'un autre objet éteint la première (cf. Cass.3e civ. 6-5-1980 n° 78-15.675 : Bull. civ. III n° 88).

Mais n'opère pas novation l'adhésion conjointe de l'épouse au contrat d'assurance-vie souscrit par son mari qui fait naître un rapport d'obligation complémentaire entre l'assureur et l'épouse, sans que ce rapport n'ait un quelconque effet extinctif sur celui du mari (Cass. 1e civ. 19-3-2015 n° 13-28.776 : Bull. civ. I n° 64).

Substitution d'une partie à une autre Un nouveau **débiteur** peut remplacer l'ancien, cette substitution s'opère sans le concours du premier débiteur (C. civ. art. 1332). **14118**

La novation peut se produire par changement du **créancier,** notamment lorsqu'un prêteur prend les lieu et place du prêteur d'origine avec le consentement du débiteur (C. civ. art. 1333, al. 1 ; voir aussi, Cass. 1e civ. 16-2-1977 n° 74-13.207 : Bull. civ. I n° 96), étant précisé que le débiteur peut, par avance, accepter que le nouveau créancier soit désigné par le premier.

La novation par changement de créancier est opposable aux tiers à la date de l'acte et en cas de contestation de la date de la novation, la preuve en incombe au nouveau créancier, qui peut l'apporter par tout moyen (C. civ. art. 1333, al. 2).

EFFETS DE LA NOVATION

Substitution d'une obligation nouvelle à l'obligation originaire La novation entraîne la **disparition** de l'**obligation initiale** et la naissance d'une nouvelle obligation à la condition que les deux obligations soient valables (C. civ. art. 1329, al. 1 et art. 1331). **14121**

Si la novation est annulée, le contrat initial demeure exécutoire tel qu'il était (Cass. 3e civ. 12-2-1986 : Bull. civ. III n° 9 ; Cass. com. 4-2-1992 n° 90-12.609 : Bull. civ. IV n° 60 ; CA Paris 23-12-1967 : JCP 1968.II.15552), sauf si la nullité de la novation a été prononcée pour dol du créancier qui savait que l'obligation nouvelle était annulable de son propre fait (Cass. 3e civ. 5-5-1970 n° 68-11.527 : Bull. civ. III n° 311 : refus de se prévaloir du contrat primitif ; contra Cass. com. 14-5-1996 n° 94-14.625 : Bull. civ. IV n° 138 ; Cass. com. 19-11-2003 n° 00-15.287 : application du contrat primitif).

Dans la mesure où l'obligation doit avoir un objet possible (n° 12490), l'obligation nouvelle doit pouvoir être exécutée (Cass. 3e civ. 29-10-1968 : Bull. civ. III n° 429) ou ne pas être résolue (Cass. com. 30-11-1983 : Bull. civ. III n° 337 ; contra Cass. 1e civ. 10-2-1958 : Bull. civ. I n° 337).

La substitution entraîne disparition de l'obligation ancienne.

Ainsi, l'extinction de l'obligation ancienne s'étend à tous ses **accessoires** (C. civ. art. 1334, al. 1) ; mais les sûretés d'origine peuvent être réservées pour la garantie de la nouvelle obligation avec le consentement des tiers garants (C. civ. art. 1334, al. 2).

La disparition de l'obligation ancienne laisse subsister les **clauses** antérieures qui sont autonomes, telles la clause compromissoire (n° 70850) et par assimilation la clause attributive de compétence considérée elle aussi comme autonome (nos 72043, 72148, 72235), subsiste également l'action en réparation de préjudices résultant de manquements précontractuels commis par celle-ci à l'occasion de la conclusion du contrat initial (Cass. com. 8-9-2021 n° 19-16.543 F-D).

Sur les effets de la novation au regard des cautions et des débiteurs solidaires, nos 55721 et 50178.

Changement de débiteur ou de créancier La désignation d'un nouveau créancier ou débiteur ne libère l'ancien débiteur que s'il est expressément déchargé par le contrat de novation, rien ne contredisant la jurisprudence existante sur la substitution (nos 14350 s.). **14124**

E. Cession de contrat

DIVERSITÉ DES CESSIONS DE CONTRATS

Cessions interdites Aucune disposition particulière ne venant limiter le droit des parties de fixer le contenu de leur accord (C. civ. art. 1102, al. 1) et la loi leur reconnaissant le droit de conclure leur contrat en fonction de la personnalité du cocontractant (nos 11250 s.), les parties ont la faculté d'interdire la cession du contrat. **14150**

Il a été déduit de l'existence d'une clause de confidentialité du contrat la contenant que ce contrat avait été conclu en considération de la personne et, partant, incessible, sauf accord du cédé (Sentence CCI n° 7983 en 1996 : Clunet 2002.1085 obs. Jarvin).

Mais l'interdiction de principe de céder un contrat conclu intuitu personae n'est pas méconnue en cas de transmission universelle du patrimoine d'une société unipersonnelle dissoute à l'unique associé, lorsque l'objet de la transmission n'a pas porté sur le contrat lui-même mais, celui-ci ayant été résilié avant la dissolution de la société, sur les sommes dues à la société par le cocontractant au titre de commissions impayées et d'indemnité de résiliation, droit de créances qui étaient déjà compris dans le patrimoine de la société au jour de la dissolution et que l'associé pouvait lui réclamer (Cass. com. 7-6-2006 n° 753 : RJDA 11/06 n° 1149 : possibilité pour l'associé unique de se prévaloir de ces droits).

En outre, le principe de relativité des contrats s'oppose à la cession des contrats sans l'accord du cédé, solution notamment appliquée pour les contrats conclus par le vendeur d'un fonds de commerce (n° 2716).

14153 **Cessions réglementées** Bien que les articles 1216 s. du Code civil ne réservent pas formellement le cas des cessions soumises à un régime particulier, doivent être soustraites au régime du Code civil les cessions soumises à des règles spéciales (n° 10668). Ainsi, des règles particulières régissent la cession du bail commercial (n°s 5000 s.), la transmission du bail ou de l'assurance à l'acquéreur de l'immeuble assuré (respectivement, n°s 4436 et 18019), la transmission du contrat de travail à l'acquéreur d'une entreprise (Mémento Social n°s 74560 s.) et celle du contrat d'édition à l'acquéreur du fonds de commerce de l'éditeur (n° 34846).

Sur la cession des contrats d'abonnement d'électricité, C. énergie art. L 111-59 et Cass. com. 10-05-2011 n° 09-67.744 : Bull. civ. IV n° 69.

14156 **Cessions libres** Les cessions sont soumises à la **liberté contractuelle,** sous réserve d'être conclues par écrit, cette **condition** étant d'ordre public car elle est prescrite non seulement pour constater la cession mais aussi à peine de nullité de la cession. Il s'en déduit que les autres dispositions du Code civil sur la cession du contrat sont supplétives puisque, a contrario, elles sont conformes au principe de liberté contractuelle (sur l'« a contrario », n° 74772). Cette liberté n'est donc limitée que par l'exigence d'établir un écrit et, le cas échéant, par l'ordre public.
Sur les cessions interdites ou réglementées, respectivement n°s 14150 et 14153.

RÉGIME DE LA CESSION DE CONTRAT

14158 **Qualification de la cession de contrat** Les articles 1216 et suivants du Code civil, qui ont formellement légalisé la cession de contrat, ne donnent aucun **critère** de qualification de cette cession. Pourtant, le contentieux antérieur au 1er octobre 2016 (sur cette date, n° 10000) révèle que les tribunaux ont souvent été appelés à se prononcer sur cette question, notamment à propos de la cession de bail (n° 5000). Les solutions alors apportées conservent donc leur valeur. Il en ressort que la cession d'un contrat est un acte autonome caractérisé par le transfert de la qualité de partie au contrat par un titulaire de cette qualité à un tiers.

Outre les décisions relatives à la cession de bail, il a été jugé, d'une part, qu'est une cession de contrats et non une cession de clientèle la cession d'un portefeuille de contrats d'assurance qui comporte une cession de créances soumise au formalisme de l'article 1690 du Code civil (Cass. 1e civ. 5-2-2009 n° 08-10.230 : RJDA 10/09 n° 842) et, d'autre part, que n'est une cession du contrat ni la cession d'une créance née de ce contrat et détachable de lui (cf. Cass. com. 9-10-2012 n° 11-21.528 : RJDA 3/13 n° 241 ; CA Versailles 31-3-2015 n° 14/05768 : RJDA 4/16 n° 315) ni l'acte par lequel une partie se substitue un tiers (n°s 14350 s.).

14159 **Clause autorisant la cession** Les parties peuvent insérer dans le contrat une clause autorisant par avance sa cession (C. civ. art. 1216), sous la **condition** que la cession soit notifiée au cédé ou que celui-ci en ait pris acte (sur ces formalités n° 14221, transposable par analogie). La cession ne peut être soustraite à ces formalités qu'en cas de renonciation expresse.

Dans la clause d'autorisation, les parties ont intérêt à préciser que la notification susvisée est la condition de l'opposabilité de la cession au cédé pour éviter que ne soit invoquée la jurisprudence passée admettant la dispense explicite d'information du cédé (Cass. com. 6-5-1997, 1e esp. : RJDA 11/97 n° 1333 ; Cass. com. 1-4-2014 n° 13-10.158 : RJDA 6/14 n° 515.som.). A été notamment tenu envers le cessionnaire le cédé qui avait poursuivi l'exécution du contrat et avait payé des factures au cessionnaire (Cass. com. 7-1-1992 précité ; rappr. Cass. com. 6-7-1999 : RJDA 11/99 n° 1197 ; Cass. com. 14-9-2010 n° 09-13.508 : JCP E 2010.2068 note Mathey), qui avait émis des factures au nom du cessionnaire (CA Toulouse 13-9-2007 n° 06/01803 : D. 2007.2704 note Penneau) ou qui avait reconnu dans diverses correspondances le cessionnaire comme nouveau contractant (CA Rouen 16-2-1994 : RJDA 7/94 n° 785 ; Cass. com. 9-6-2021 n° 19-20.157 F-D : RJDA 12/21 n° 770).

À défaut de précision légale sur la forme de la notification de la cession, celle-ci peut être fixée par les parties comme il est dit n° 13623.

14161 **Bénéficiaire de la cession** Le bénéficiaire de la cession, le **cessionnaire,** est soit une ou certaines personnes déterminées, notamment des sociétés d'un même groupe, soit d'autres cocontractants, qui peuvent aussi jouir d'un droit de préemption.

Les parties doivent être attentives à la rédaction de la formule désignant le bénéficiaire car, par exemple, prévoir la cession d'un pacte de préférence aux mêmes « conditions » n'est pas prévoir la cession des « clauses » du contrat (n° 12715).

Généralement, les parties prévoient l'**agrément** par le cédé de toute cession à un tiers et déterminent la procédure qui doit alors être suivie (avis au cédé, délai de réponse, autorisation de la cession à l'unanimité ou à la majorité des cédés, etc.). Pour éviter toute contestation de leur refus d'agrément, notamment une action en refus abusif, elles ont intérêt à préciser les critères sur lesquels elles peuvent fonder ce refus.

Toutefois, la clause imposant l'agrément du cocontractant est nulle, comme contraire à la liberté de céder, lorsqu'elle subordonne à cette condition la cession du droit réel, opposable à tous par nature, créé par le contrat, ce qui est le cas pour le droit réel né d'un bail à construction (Cass. 3e civ. 24-9-2014 nº 13-22.357 : RJDA 12/14 nº 889).

Droits cédés Les parties à la cession de contrat peuvent convenir : 14163

– de l'**étendue** des droits et obligations cédés ; en cas de doute sur l'étendue de la cession, le juge la détermine souverainement, mais strictement (cf. Cass. com. 20-1-2015 nº 14-10.010), en fonction de la commune intention des parties (Cass. com. 2-2-2010 nº 08-70.285 : RJDA 5/10 nº 492) ; sauf précision contraire, l'excluant ou la limitant, la cession du contrat emporte la cession des créances qui y sont attachées (Cass. 1e civ. 5-2-2009 nº 08-10.230 : RJDA 10/09 nº 842) ;

En cas de cessions successives du contrat, les parties doivent prévoir à qui incomberont les éventuels manquements commis dans l'exécution du contrat (sur les solutions applicables en matière de bail, nº 5056).

Si le contrat cédé est un contrat à exécution successive, le cessionnaire est tenu, sauf indication contraire, de toutes les obligations incombant au cédant, même celles nées avant la cession, dès lors que le cessionnaire a notifié au cédé la cession (Cass. com. 13-9-2017 nº 16-16.675 F-D : RJDA 12/17 nº 799).

– de la **date** à laquelle la cession prend effet, les parties pouvant prévoir la rétroactivité de la cession à la date de la signature du contrat (cf. CE 9-11-2016 nº 388806 : JDI 2017.278 note Manciaux) ;

– du sort des **sûretés** consenties par le cédant ou données par des tiers dans les termes suivants.

Si le cédant n'est pas libéré, les sûretés subsistent (C. civ. art. 1216-3, al. 1).

Si le cédant est libéré :

– les sûretés qu'il a consenties et celles consenties par des tiers ne subsistent qu'avec leur accord (art. 1216-3, al. 1) ;

– ses codébiteurs restent tenus déduction faite de sa part dans la dette (art. 1216-3, al. 2).

Libération du cédant Par une clause expresse, le cessionnaire peut accepter de libérer le cédant des obligations dont il était tenu en vertu du contrat (C. civ. art. 1216-1, al. 1). Le cédant perd alors la qualité de créancier (CA Paris 21-4-1983), et seul le cessionnaire peut agir à l'encontre du cédé pour faire valoir les droits nés du contrat (Cass. civ. 18-7-1979 : GP 1979.pan.479). 14165

Non-libération du cédant À défaut de clause expresse le libérant, le cédant reste tenu, et sauf clause contraire, solidairement envers le cessionnaire des obligations qui le lient au cédé (C. civ. art. 1216-1, al. 2 ; TGI Strasbourg 24-3-1971 : D. 1973.16 note Larroumet). Il n'est pas nécessaire que cette obligation du cédant soit reproduite dans l'acte de cession dès lors qu'elle est contenue dans le contrat cédé (Cass. 3e civ. 2-7-1974 nº 73-20.019 : Bull. civ. III nº 278, transposable sous le régime actuel, rien ne s'opposant à la reprise de cette solution). 14168

Délai d'option consenti au cessionnaire sur la libération du cédant En cas d'obligations réciproques, les parties peuvent convenir que le cessionnaire disposera d'un délai déterminé pour décider s'il libère ou non le cédant ; il convient alors de prévoir si, dans les rapports du cédant et du cessionnaire, la cession produira ou non effet entre eux au cas où le cédé n'aurait pas pris parti à l'expiration du délai ou aurait refusé de libérer le cédant. 14171

Obligation du cessionnaire d'exécuter le contrat Quant au cessionnaire, il est tenu à l'égard du cédé, sauf convention contraire entre eux, dans les termes mêmes du contrat qui lui a été transmis (TGI Strasbourg 24-3-1971 : D. 1973.16 note Larroumet). Réciproquement, le cédé peut poursuivre directement le cessionnaire, qui est tenu envers lui en vertu du contrat transmis (Cass. 1e civ. 14-12-1982 nº 81-15.455 : Bull. civ. I nº 360). 14174

Le cédé peut opposer au cessionnaire toutes les **exceptions** qu'il aurait pu opposer au cédant (C. civ. art. 1216-2).

Mais le cessionnaire peut opposer au cédé seulement les exceptions inhérentes à la dette mais non les exceptions personnelles au cédant (C. civ. art. 1216-2 ; sur les exceptions, nos 50006 s.).

Cession de contrat sans l'accord du cédé À notre avis, un contractant peut aussi céder sa qualité de partie au contrat sans l'accord du cédé, voire en passant outre son opposition. 14177

Entre le cédant et le cessionnaire, cette cession est valable car :

– d'une part, il ne résulte pas du silence du Code civil que celui-ci la condamne ; en effet, on ne saurait déduire de la validité qu'il affirme de la cession faite avec l'accord du cédé que cette autorisation emporte interdiction de toute autre cession, toute interdiction étant de droit strict (nº 74753) et se heurtant ici aux principes de valeur constitutionnelle de liberté du commerce (nº 7500) et de liberté contractuelle (nº 10625) ;

– d'autre part, cette cession ne peut l'obliger puisqu'il est un tiers à qui elle est inopposable (nº 13054).

Toutefois, la cession peut lui être rendue **opposable** par l'accomplissement des formalités de l'article 1690 du Code civil (nº 14286).

La notification et la prise d'acte visées à l'article 1216, al. 2 du Code civil présentées au nº 14221 ne sont applicables que lorsque le cédé a donné son accord à la cession par anticipation et lorsque la cession a pour objet une « créance » (nºs 14200 et 14221). Or, la cession par un contractant de sa qualité de partie au contrat n'est pas la cession du droit d'être payé d'une somme d'argent ou d'une prestation en nature déterminée ou déterminable. Elle ne peut être que la cession du droit singulier de devenir contractant, dont l'article 1689 du Code civil subordonne l'opposabilité à l'accomplissement des formalités de l'article 1690.

Dès lors que la cession du contrat est opposable au cédé, elle produit à son endroit les mêmes effets que la cession qui a été opérée avec son accord, les effets d'une opposabilité ne dépendant pas des formalités qui l'ont engendrée (nº 15653).

14180 **Opposabilité aux tiers de la cession de contrat** N'étant pas une cession de créance (nº 14158), la cession de contrat n'est opposable au tiers que si le régime de la cession des « droits ou actions » prévu par les articles 1689 et 1690 du Code civil (nº 14286) a été appliqué.

F. Cession de créance

QUALIFICATION

14200 La cession de « créance » est une **opération autonome** par rapport à la cession « d'un droit ou d'une action ».

La cession de « créance » est l'objet d'une section spécifique intitulée « La cession de créance », qui comprend les articles 1321 à 1326 du Code civil, tandis que la cession « d'un droit ou d'une action » est régie par les articles 1689 à 1701 du même Code (à l'exception des articles précités abrogés).

Les articles qui lui sont propres ne peuvent donc lui être appliqués que s'il est donné au terme « **créance** » un sens le distinguant des mots « droit ou action ». À notre avis, la créance ainsi entendue ne peut être que celle dont l'objet est une **somme d'argent,** autrement dit une créance monétaire, conformément au sens courant de ce mot dans le langage des affaires (sur la prise en compte du sens usuel d'un mot, nº 74760).

Une créance monétaire peut être cédée pour éteindre une dette due en nature (CA Paris 18-9-2001 : JCP E 2002.pan.59).

Les parties ont **intérêt** à préciser expressément, si telle est leur intention, que leur acte est une cession de créance au sens des articles 1321 à 1326 précités ; souvent, en effet, les tribunaux sont appelés à trancher un litige sur la qualification d'un acte qui crée une hésitation **entre cession** de créance, nantissement et mandat de recouvrement. Pour augmenter la sécurité de leur opération, les parties peuvent lier le juge sur la qualification de cession de créance mais seulement dans leurs rapports ; elles ne peuvent pas rendre leur qualification opposable aux tiers, car elles n'ont pas la libre disposition du droit de décider des conditions d'opposabilité aux tiers de l'acte qu'elles ont conclu (sur cette règle, nºs 10025 s.).

Jugé que constituait une **cession** de créance :

– un acte intitulé « nantissement de marché privé - cession de créance - articles 1689 et 1690 du Code civil » (Cass. com. 18-10-1983 : D. 1984.IR.270 obs. Vasseur) ;

– un acte intitulé « délégation d'indemnité » (TI Paris 28-8-1987, 2e esp. : JCP G 1988.II.21114) ;

– un acte mentionnant qu'une société « a cédé » à sa filiale sa créance sur un tiers « sous les mêmes conditions et titres contre lesquels elle a reçu cette créance de la part (du créancier initial) », la filiale ayant indiqué dans sa requête en vue de l'inscription d'un nantissement sur le fonds de commerce du débiteur que la société mère lui avait transmis ses droits (Cass. com. 27-11-2001 : RJDA 4/02 nº 372) ;

– un acte de revente de parts sociales précisant qu'était cédée la totalité des engagements pris par le cédant initial envers le premier acquéreur, l'absence de stipulation dans l'acte de cession initial d'une faculté de transmission de la garantie contractuelle ne faisant pas par elle-même obstacle à ce que le bénéficiaire de celle-ci cède la créance en résultant au sous-acquéreur des parts (cf. Cass. com. 9-10-2012 nº 11-21.528 : RJDA 3/13 nº 241).

Mais jugé que n'est pas une cession de créance :

– mais un mandat l'acte par lequel un créancier donne à un garagiste pouvoir d'encaisser « en son nom » une indemnité d'assurance qui lui est due, acte tenu pour un mandat (Cass. 1re civ. 30-11-1977 : Bull. civ. I p. 357) ;

– mais une stipulation pour autrui la délégation d'honoraires en faveur des « experts d'assurés » à prélever sur l'indemnité d'assurance attendue par l'assuré qui l'a consentie (T. com. Paris 29-10-1986, 1e esp. : JCP G 1988.II.21114) ;

– le transfert de droits réels immobiliers, tel notamment le droit de propriété sur un immeuble loué (Cass. civ. 11-12-1996 : RJDA 3/97 no 342) ;

– la cession du seul émolument que représente la créance, autrement dit son montant, le cédant conservant la qualité de créancier, ce qui lui permet notamment de saisir le débiteur (CA Paris 22-9-2016 no 15/10044 : PA 2017 no 246 p. 17 obs. Andreu).

RÉGIME DE LA CESSION DE CRÉANCE

La cession de créance obéit aux règles suivantes. **14203**

1. Elle obéit aux dispositions qui lui sont spécifiquement consacrées comme il est expliqué no 14200.

En toute hypothèse échappent au régime de droit commun de la cession de créance les cessions soumises par la loi à un régime dérogatoire ; il en est ainsi des créances constatées dans des titres négociables, des créances professionnelles transférées par la simple remise d'un bordereau, des créances transmises par subrogation ou par délégation parfaite et des créances transférées, par bordereau, à un fonds commun de créances.

2. Si la cession a pour objet une créance sur une personne publique issue d'un **contrat administratif,** elle obéit aux règles du contrat administratif si la nature de la créance n'est pas modifiée par la cession ; aussi l'action du crédit-bailleur, cessionnaire de la créance du cocontractant, dirigée contre la personne publique, et tendant au paiement de cette créance, relève-t-elle de la compétence de la juridiction administrative (T. confl. 14-5-2018 no 4119, 2e espèce : RJDA 11/18 no 876).

3. Lorsque la cession est un **contrat international** et que la loi française est en conflit avec la loi d'un État **non membre** de l'**UE,** les formalités de la cession de créance sont celles de la loi du domicile du débiteur cédé, même si le contrat a été conclu à l'étranger et si le cédant et le cessionnaire sont eux-mêmes étrangers (CA Paris 11-2-1969 : D. 1970.522 note Larroumet ; CA Paris 14-12-1984 : BRDA 7/85 p. 12 ; CA Paris 26-3-1986 : Rev. crit. 1987.827 ; CA Chambéry 22-5-2001 : JCP G 2001.IV.2594, appliquant la loi du cédant de la créance en vertu de la convention de La Haye du 15-6-1955 selon laquelle, à défaut de choix par les parties, la loi applicable à la vente est la loi interne du pays où le vendeur a sa résidence habituelle au moment où il reçoit la commande). Mais les relations entre le cédant et le cessionnaire sont régies par la loi qu'ils ont expressément ou tacitement adoptée (CA Paris 11-2-1969 : D. 1970.522 note Larroumet ; Sentence CCI no 7983 en 1996 : Clunet 2002.1085 obs. Jarvin).

En cas de conflit entre lois d'États **membres de l'UE,** la loi qui régit la cession de créance est (Règl. CE 593/2008 art. 14 ; sur ce règlement, no 17103) :

– la loi qui s'applique au contrat qui lie les parties pour la fixation des obligations entre le cédant et le cessionnaire ;

– la loi qui régit la créance cédée, c'est-à-dire la loi applicable au contrat qui a donné naissance à cette créance, pour ce qui concerne la détermination du caractère cessible de celle-ci, les rapports entre cessionnaire et débiteur, les conditions d'opposabilité de la cession au débiteur et le caractère libératoire de la prestation faite par le débiteur (pour un exemple sous l'empire de la convention de Rome du 19-6-1980 contenant la même disposition, Cass. 2e civ. 16-5-2012 no 11-30.027 : GP 2012.som.2888 note Morel-Maroger).

CRÉANCES CESSIBLES

La cession peut porter sur une ou plusieurs créances présentes ou futures, déterminées ou déterminables (C. civ. art. 1321, al. 2). Il en résulte que toutes les créances, sauf interdiction légale (Cass. 1e civ. 10-1-2006 no 03-17.839 : Bull. civ. I no 6), sont librement cessibles, aucune disposition du Code civil ne permettant au débiteur cédé d'exercer un contrôle sur les motifs de la cession de créance qui lui est signifiée ou de son éventuelle mainlevée demandée par le cessionnaire (CE 26-1-2018 no 402270 : RJDA 4/18 no 310). **14210**

Par suite, peuvent être cédées :

– la créance conditionnelle (no 13435) ;

– les créances futures (C. civ. art. 1321, al. 2) ou éventuelles (Cass. 3e civ. 20-4-1982 no 80-15.828 : Bull. civ. III no 96 ; Cass. 2e civ. 7-7-2011 no 10-20.296 : RJDA 11/11 no 899), pourvu qu'elles soient suffisamment identifiées (Cass. 1e civ. 20-3-2001 no 99-14.982 : D. 2001.3110 note Aynès) et qu'elles soient nées le jour où leur cession est invoquée (Cass. 1e civ. 25-3-2010 no 09-12.813 : JCP G 2010 no 40-983 p. 1862 obs. Ghestin).

Mais le Code civil n'interdit pas pour autant de convenir que la cession sera subordonnée à l'**agrément préalable et écrit du cédé** ; une telle clause n'est pas opposable au cessionnaire qui a acquis la créance sans que cette clause soit respectée car il n'est pas partie au contrat entre le débiteur cédé et le créancier cédant (Cass. com. 21-11-2000 : RJDA 2/01 no 144). Le Code civil n'interdit pas non plus d'interdire la cession (CA Colmar 19-1-1999 : GP.2000.som.748 note H. Vray).

CONCLUSION DE LA CESSION DE CRÉANCE

14215 **Règles de droit commun** La cession de créance doit être conclue par des parties capables (Cass. com. 2-5-2007 n° 05-14.071), dont le consentement n'est pas vicié (Cass. 1e civ. 24-1-1962 : Bull. civ. I n° 58) et ne pas avoir pour but une opération illicite, telle celle de contribuer à une corruption (cf. Cass. 3e civ. 17-4-2013 n° 11-10.710 FS-D, constatant qu'un tiers n'avait pas d'intérêt légitime à demander la nullité de la cession).

14216 **Accord des parties** La conclusion de la cession de créance est subordonnée à un accord **écrit** entre le cédant et le cessionnaire, celui-ci étant requis à peine de nullité (C. civ. art. 1322). À notre avis, cette nullité est absolue car, l'acte de cession n'étant opposable aux tiers que s'il est valable, ceux-ci ont intérêt à en demander la nullité. Les parties ne peuvent pas couvrir cette nullité par une confirmation ; elles doivent refaire l'acte par écrit, même pour lui faire produire effet entre elles (C. civ. art. 1172, al. 2 ; n° 15688).

Le consentement du **débiteur** n'est pas requis, sauf si la créance a été stipulée incessible (C. civ. art. 1321, al. 4).

TRANSFERT DE LA PROPRIÉTÉ DE LA CRÉANCE CÉDÉE ENTRE LES PARTIES

14217 Dans les rapports entre le cédant et le cessionnaire, le transfert de la créance s'opère à la date de la cession par le seul effet de l'acte de cession et à la date de cet acte (C. civ. art. 1323, al. 1). Lorsque la cession porte sur une créance future, le transfert n'a lieu qu'au jour de sa naissance (art. 1323, al. 3).

OPPOSABILITÉ DU DROIT DU CESSIONNAIRE DE LA CRÉANCE

14218 **Opposabilité aux tiers** La cession de créance est opposable aux tiers dès la **date** de l'acte, la preuve de cette date incombant au cessionnaire, qui peut la rapporter par tout moyen (C. civ. art. 1323, al. 2). Le cessionnaire peut donc opposer aux tiers le droit de propriété qu'il a acquis sur la créance en produisant l'écrit qui scelle la cession. En cas d'acquisition d'une créance future, il ne peut opposer son droit de propriété qu'au jour de la naissance de la créance (art. 1323, al. 3).

Cette règle n'est applicable qu'autant que la cession de créance en cause n'est pas soumise à un régime particulier, comme par exemple la cession de créance à un fonds commun de créances par bordereau de cession (Cass. com. 13-2-2007 n° 03-11.025 F-PB : RJDA 5/07 n° 517) et qu'autant que la créance existe au jour de l'acte (cf. CE 26-1-2018 n° 402270 : RJDA 4/18 n° 310 : à propos de l'inefficacité de la signification d'une cession d'une créance inexistante).

En cas de **cessions multiples d'une créance** par le même créancier à des cessionnaires successifs et si la cession de créance est un **contrat international**, la loi applicable à la détermination de l'opposabilité aux tiers de ces cessions relève de la loi applicable selon la règle de conflit du juge du for car cette question n'est pas tranchée par l'article 14 du règlement CE 593/2008 (CJUE 9-10-2019 aff. 548/18 : RJDA 1/20 n° 15).

14221 **Opposabilité au débiteur cédé** Dans les rapports entre le cessionnaire et le débiteur cédé, le premier ne devient le créancier du second qu'après **notification** de la cession ou après que ce dernier en a pris acte (C. civ. art. 1324, al. 1).

N'étant qu'un constat, la prise d'acte a seulement pour effet d'accepter le cessionnaire pour créancier ; elle ne rend pas le débiteur cédé partie à la cession de créance, ce qui supposerait un consentement à s'engager personnellement et directement au profit du cessionnaire.

Faute de précision sur la forme de la **notification,** celle-ci peut être faite par voie postale, de préférence par lettre recommandée AR, ou par l'acceptation dans un acte sous signature privée conforme aux exigences de preuve par un tel acte (nos 75680 s.).

Quant au **donné acte** du débiteur, il n'est également soumis à aucune forme. Tout moyen propre à prouver qu'il a eu connaissance de la cession doit donc convenir (n° 14168). Tel est le cas lorsque, après avoir été mis en demeure de payer par le cessionnaire, le cédé a payé directement entre ses mains, ce paiement faisant ressortir que le cédé a pris acte de la cession (Cass. com. 9-6-2022 n° 20-18.490 F-B : RJDA 10/22 n° 548 : à propos de la cession d'un contrat mais transposable par analogie de la règle applicable à la cession de créance).

Jusqu'à la notification ou la prise d'acte, le débiteur cédé est un tiers à la cession, qui ne peut se la voir opposer ni s'en prévaloir (Cass. 3e civ. 12-6-1985 n° 83-17.134 : Bull. civ. III n° 95 ; aussi n° 14233). Il ne suffit donc pas qu'il en ait eu connaissance (Cass. 1e civ. 22-3-2012 n° 11-15.151 : RJDA 7/12 n° 662).

Sur la notification au débiteur cédé de la créance professionnelle cédée en vertu d'un contrat d'affacturage, n° 53225.

DROIT DU CESSIONNAIRE DE LA CRÉANCE

Le cessionnaire est, à l'égard du débiteur cédé, titulaire de la créance et de ses accessoires. Le débiteur cédé doit payer le montant de la créance dès lors qu'il n'a pas d'exception à opposer au cessionnaire pour justifier son refus de paiement. 14224

Droit au paiement de la créance Le cessionnaire peut demander au débiteur le paiement dès que la créance cédée est devenue certaine et exigible (Cass. 3e civ. 3-2-1976 n° 74-11.787 : Bull. civ. III n° 44). Il importe peu que l'acte constatant la cession n'en précise pas le prix (CA Rouen 27-3-1991, inédit). 14230

Mais il ne peut demander le paiement que dans la limite des droits dont disposait le cédant (Cass. 3e civ. 26-3-2014 n° 13-10.698 : Bull. civ. III n° 41).

Il peut **exiger** le paiement :
- si une fraude a été organisée par le débiteur cédé pour le priver de ses droits (Cass. req. 17-2-1874 : S. 1875.1.399) ;
- même s'il a acquis la créance sans fournir de contrepartie au cédant car le cédé qui n'est pas partie à la cession ne peut pas en contester la validité (CA Colmar 22-11-2006 n° 06-324862 : JCP G 2007.IV.1696).

En revanche, il ne peut pas :
- demander au débiteur de payer la créance dans un autre lieu que celui prévu dans le contrat originaire (Cass. civ. 6-5-1968 : JCP G 1969.II.15737 obs. Prieur) ;
- invoquer le privilège de juridiction lorsque la créance cédée fait l'objet d'un litige devant un tribunal étranger saisi par le cédant ou dont ce dernier a accepté la compétence (Cass. 1e civ. 24-11-1987 : Bull. civ. I p. 218) ou une autre compétence juridictionnelle que celle qu'impose la nature de la créance, qui ne change pas du fait de la cession (T. confl. 18-10-1999 : RJDA 3/00 n° 257 et T. confl. 8-4-2019 n° 4156 : RJDA 10/19 n° 670 : compétence administrative pour connaître d'une créance de marché public).

Droit aux accessoires de la créance La cession s'étend aux accessoires de la créance (C. civ. art. 1321, al. 3). Le cessionnaire peut ainsi se prévaloir : 14231

- des **sûretés** garantissant la créance (Cass. com. 27-3-2007 n° 538 : RJDA 6/07 n° 602 : opposabilité à la caution, même simple, de la cession, non signifiée au débiteur, mais qui lui a été signifiée) ;

  La créance qui est cédée à titre de garantie vaut nantissement du cessionnaire (Cass. com. 20-5-2010 n° 09-13.388 : Bull. civ. IV n° 94) ;

- de plein droit, des **actions et droits** appartenant au cédant et attachés à la créance cédée.

  Par exemple, il peut invoquer : l'action en garantie (Cass. civ. 12-11-1884 : DP 1885.1.357) ; l'action en responsabilité contractuelle contre un cocontractant du cédant (Cass. 1e civ. 24-10-2006 n° 04-10.231 : D. 2006.2787.som. obs. Avena-Robardet : avocat ; Cass. 1e civ. 19-6-2007 n° 05-21.678 : RJDA 11/07 n° 1083 : notaire) ; l'action tendant à la mise en jeu d'une responsabilité civile professionnelle qui ne fait l'objet d'aucune restriction légale (Cass. 1e civ. 10-1-2006 n° 03-17.839 : Bull. civ. I n° 6) ; le titre exécutoire obtenu par le cédant à l'encontre de la caution garantissant le paiement de la créance (Cass. com. 5-2-2008 n° 06-17.029 : RJDA 5/08 n° 512) ; le bénéfice d'une décision judiciaire assortie d'une astreinte (cf. Cass. 2e civ. 7-7-2011 n° 10-20.296 : RJDA 11/11 n° 899) ; l'action paulienne (Cass. com. 8-10-2013 n° 12-21.436 : RJDA 5/14 n° 474).

  En revanche, n'est **pas un accessoire** de la créance pouvant être invoqué par le cessionnaire l'action en concurrence déloyale antérieurement engagée par le cédant d'une clientèle contre un tiers, sauf clause contraire, car elle ne résulte pas du droit acquis par le cessionnaire sur le titre de créance (Cass. com. 3-6-2008 n° 06-21.862 : RJDA 12/08 n° 1250 ; Cass. 2e civ. 7-7-2011 n° 10-20.296 précité) ; il en est de même de l'action en responsabilité exercée contre le cédant fondée sur la mise en œuvre irrégulière d'une voie d'exécution exercée pour le recouvrement de la créance cédée (Cass. 2e civ. 20-5-2010 n° 09-65.434 : Bull. civ. II n° 95), de celle exercée par la caution garantissant la créance cédée contre le cédant pour défaut d'inscription d'une sûreté, sauf connexité de cette faute avec la créance (Cass. com. 2-7-2013 n° 12-18.413 : RJDA 10/13 n° 838) et de celle exercée par le débiteur au titre d'une faute commise par le prêteur dans l'exercice de son devoir de mise en garde lors de l'octroi du prêt litigieux (Cass. com. 10-3-2021 n° 19-12.722 F-D : RJDA 6/21 n° 379).

  Sur le caractère accessoire ou non de la clause attributive de compétence, n° 50015.

Mais la cession n'emporte pas le transfert au cessionnaire de la **qualité** en laquelle le **cédant** a acquis la créance cédée, notamment pas celle de victime de l'infraction pénale qui a justifié que cette créance lui soit allouée (Cass. 1e civ. 10-1-2018 n° 16-20.416 F-PB : RJDA 6/18 n° 548).

Lorsque le débiteur cédé invoque un défaut de livraison pour demander la résolution de la vente dont procède la créance et le rejet de la demande de paiement du cessionnaire, ce dernier peut opposer son propre défaut de qualité pour défendre à la demande de résolution (Cass. com. 15-5-2019 n° 17-27.686 FS-PB : RJDA 10/19 n° 615).

14232 **Exceptions opposables au cessionnaire** Le débiteur peut opposer au cessionnaire les **exceptions inhérentes à la dette,** telles que la nullité, l'exception d'inexécution, la remise de dette, la compensation de dettes connexes (C. civ. art. 1324, al. 2). Il peut le faire quelle que soit la date de naissance de l'exception et donc même si l'exception est postérieure à la cession (Cass. com. 12-1-2010 n° 08-22.000 : JCP E 2010.1497 note Marty).

Le cédé peut également opposer les **exceptions personnelles** : il peut invoquer les exceptions nées de ses rapports avec le cédant avant que la cession lui soit devenue opposable, telles que l'octroi d'un terme, la remise de dette ou la compensation de dettes non connexes (C. civ. art. 1324, al. 2), cette liste n'étant pas limitative.

DROITS DU CÉDANT DE LA CRÉANCE

14233 Le cédant peut exiger du **débiteur cédé** qu'il exécute sa prestation, tant que la cession n'est pas opposable à ce dernier (Cass. 1e civ. 13-7-2004 : RD bancaire 2004 p. 416 n° 256 obs. Piedelièvre) ; le débiteur cédé ne peut pas se soustraire à son obligation en invoquant la cession dont il aurait eu personnellement connaissance (Cass. civ. 20-6-1938 : DP 1939.1.26 note Weill ; aussi Cass. com. 7-1-1981 n° 79-1.993 : Bull. civ. IV n° 12, rejetant l'action en responsabilité introduite par le cessionnaire contre le débiteur qui avait réglé sa dette au cédant, dès lors que la cession ne lui avait pas été signifiée).

En revanche, à compter du moment où la cession est opposable au cédé, le cédant n'a plus aucun droit contre le débiteur cédé qui s'expose, s'il désintéresse le cédant sans l'accord du cessionnaire, à devoir payer une seconde fois dans les mains de celui-ci le montant de la créance cédée (CA Bordeaux 27-6-1983, inédit).

À l'égard du cessionnaire, le transfert de la créance prenant effet à la date de l'acte de cession, le cédant peut lui réclamer le prix de la cession dès lors qu'il lui a transféré la créance et le cessionnaire n'a pas à déclarer sa créance à la procédure collective ouverte contre le cédant après la cession (Cass. com. 9-7-2013 n° 11-27.417 : RJDA 1/14 n° 25).

DROIT DU CÉDÉ AU RETRAIT LITIGIEUX

14234 Lorsque la créance cédée est litigieuse, le cédé peut exercer son droit au retrait litigieux, c'est-à-dire se faire tenir quitte de la créance par le cessionnaire, en lui remboursant le prix réel de la cession avec les frais et les intérêts à compter du jour où le cessionnaire a payé le prix de la cession à lui faite (C. civ. art. 1699 s.).

OBLIGATION DE GARANTIE DU CÉDANT DE LA CRÉANCE

14240 **Garantie de l'existence de la créance** Le cédant est garant envers le cessionnaire, sauf clause contraire (C. civ. art. 1326, al. 1) :

– de l'**existence de la créance,** dont il a la charge de la preuve (Cass. com. 29-3-1994 : RJDA 8-9/94 n° 918) ;

Ainsi, la garantie du cédant est appelée à jouer en cas de cession de créances dont le montant s'est révélé inférieur à celui indiqué par l'acte de cession dès lors que ce dernier montant n'était ni forfaitaire ni aléatoire (Cass. com. 16-1-1968 : Bull. civ. IV n° 23) ; mais, en présence d'une clause précisant que seule l'existence de la créance cédée est garantie, le cessionnaire est tenu de payer le prix convenu même si les comptes courants cédés étaient constitués pour l'essentiel de rémunérations dont les conditions d'attribution étaient contestées (CA Paris 31-1-1990 : BRDA 15-16/90 p. 11).

– de l'**absence** de toute **cause d'extinction** (telle que le paiement, la compensation ou la prescription) **et** de tout **vice** affectant la créance ou son titre constitutif (Cass. req. 26-12-1860 : DP 1861.1.212) ;

– de l'**existence,** à l'époque de la cession, des **accessoires** de la créance (Cass. 1e civ. 31-10-1962 : D. 1963.363 note Champaud).

Cette garantie est néanmoins écartée si le cessionnaire avait acquis la créance à ses risques et périls ou s'il connaissait son caractère incertain (C. civ. art. 1326, al. 1).

14243 **Garantie de la solvabilité** Le **cédant** n'est **pas garant** de la solvabilité du débiteur cédé (C. civ. art. 1326, al. 2), sauf s'il connaissait son insolvabilité au moment de la cession et était donc de **mauvaise foi** (CA Angers 4-12-1893 : DP 1894.2.228).

Mais il peut être convenu expressément que le cédant garantira au cessionnaire la solvabilité du débiteur cédé. La garantie ainsi accordée connaît une double limite :

– d'une part, le cédant ne doit garantir que jusqu'à concurrence du prix qu'il a retiré de la cession (C. civ. art. 1326, al. 2) ;

– d'autre part, il ne garantit que la solvabilité du débiteur cédé au moment de la cession, sauf s'il a accepté de la garantir à l'échéance (C. civ. art. 1326, al. 3).

Même si le cédant n'a pas garanti la solvabilité du cédé, le cessionnaire, qui n'a pas été payé par ce dernier, peut lui réclamer le paiement de la créance cédée, dès lors que le cédant était son débiteur, car la cession de créance n'emporte pas par elle-même extinction de la dette du cédant envers le cessionnaire ; le cédant n'est libéré de sa dette que si le cessionnaire lui en a consenti la remise en contrepartie de la cession que le cédant lui a faite des créances qu'il détenait sur des tiers (Cass. com. 23-6-1992 : RJDA 11/92 n° 1053).

Aménagement conventionnel de la garantie Aucune disposition légale ne les contredisant, les aménagements conventionnels de la garantie admis en jurisprudence et présentés ci-après demeurent valables. 14246

Leur validité est même renforcée par la modification depuis le 1er octobre 2016 de l'article 1693 du Code civil. Ce texte selon lequel « celui qui vend un droit incorporel doit en garantir l'existence au temps du transport, quoiqu'il soit fait sans garantie » ne s'applique plus à la cession de créance.

Il peut ainsi être valablement convenu que la **cession** est **faite aux risques et périls du cessionnaire** ; par l'effet de cette clause, en cas d'inexistence de la créance cédée ou des accessoires utiles, le cédant est dispensé de payer des dommages-intérêts et même de restituer le prix (Cass. req. 17-11-1875 : S. 1876.1.33 ; Cass. req. 4-7-1905 : DP 1910.1.122).

Toutefois, le cédant reste tenu de sa faute qui a entraîné l'annulation partielle du titre constitutif de la créance (C. civ. art. 1628 ; CA Amiens 18-10-1956 : GP 1956.2.353). En cas d'éviction, il est tenu à la restitution du prix (C. civ. art. 1629).

Il peut aussi être convenu que le cédant ne sera **dispensé de garantie** que **partiellement,** par exemple de celle de l'existence d'une sûreté (Cass. req. 28-5-1873 : DP 1873.1.407).

La cession faite « sans autre garantie que celle de l'existence de la créance » ne comprend que la garantie de la réalité même de la créance, à l'exclusion de la garantie de l'hypothèque qui en est l'accessoire (Cass. req. 28-5-1873 : DP 1873.1.407).

FRAIS DE LA CESSION

Le cédant et le cessionnaire sont solidairement tenus de tous les frais supplémentaires occasionnés par la cession dont le débiteur n'a pas à faire l'avance ; sauf clause contraire, la charge de ces frais incombe au cessionnaire (C. civ. art. 1324, al. 3). 14249

G. Cession de « droit ou action »

QUALIFICATION

Au sens de l'article 1689 du Code civil, est la cession « d'un droit ou d'une action », la cession ayant un objet autre qu'une créance telle que définie n° 14200 ou un droit réel immobilier (n° 4436). Tel est le cas de la cession d'un contrat qui emporte aussi cession d'obligations, de la cession de droits incorporels (pour un exemple, CA Paris 12-12-1934 : DH 1935.89) qui ouvrent à leurs titulaires des prérogatives diverses et les soumettent à des obligations (brevet, dessins et modèles, marques, droits d'auteur, droits sociaux, droits successifs). La cession de ces droits est soumise aux articles 1689 à 1701 du Code civil. 14280

N'est pas la cession « d'un droit ou d'une action » la transmission d'une pluralité de droits et d'obligations, telle qu'une transmission universelle (CA Versailles 12-2-1998 : Rev. jur. com. 1999.som. n° 218 ; aussi n° 13021) ou la cession d'une universalité, telle celle d'un fonds de commerce, ni la transmission d'un droit par une subrogation.

La modification de l'actionnariat d'une société ne constitue pas non plus un changement du titulaire du droit consenti à la société, dès lors que le maintien de ce droit n'est pas conditionné dans son acte créateur à la stabilité du capital du titulaire (CE 21-3-2022 n° 451678 ; aussi n° 21935).

La cession d'un droit **publiée sur un registre ad hoc** pour informer les tiers échappe à la formalité de la signification (T. com. Paris 29-1-2003 n° 2001002912 : GP 2004.som.2637 : droit d'exploitation d'une œuvre audiovisuelle).

FORMALITÉS DE LA CESSION DE « DROIT OU ACTION »

Entre les parties Entre le cédant et le cessionnaire d'un droit ou d'une action sur un tiers, la délivrance s'opère par la remise du titre (C. civ. art. 1689). 14283

À l'égard des tiers Le cessionnaire n'est saisi à l'égard des tiers que par la signification de la cession faite au débiteur ; néanmoins, le cessionnaire peut être également saisi par l'acceptation de la cession faite par le débiteur dans un acte authentique (C. civ. art. 1690). 14286

Dans les développements qui suivent les décisions citées rendues à propos d'une cession de créance sont transposables à la cession d'un droit ou d'une action, l'article 1690 du Code civil sur la base duquel elles ont été prononcées étant, au moment où elles ont été rendues, également applicable à la cession de créance. Les mots « droit » ou « action » sont donc à substituer à celui de « créance ».

1. Signification de la cession au débiteur. En principe, la signification doit être réalisée à l'**initiative** du cédant ou du cessionnaire par un exploit d'huissier ou de commissaire de justice, remis au débiteur cédé (C. civ. art. 1690, al. 1).

Il suffit que les mentions de l'exploit permettent au débiteur cédé d'identifier la créance cédée (Cass. 1e civ. 8-10-1980 no 79-13.478 : Bull. civ. I no 249 ; CA Paris 14-12-1984 : BRDA 7/85 p. 12).

Mais elle l'est aussi par tout acte qui avertit le débiteur cédé sans équivoque.

Cet acte peut être une assignation contenant les mentions nécessaires pour identifier la créance (Cass. civ. 17-2-1937 : DH 1937.221 ; Cass. com. 18-2-1969 : D. 1969.354 ; Cass. com. 1-12-1987 no 85-10.510 : Bull. civ. IV no 251 ; CA Poitiers 10-10-1967 : JCP G 1968.II.15544 obs. Prieur), des conclusions prises par le cédant (Cass. 1e civ. 8-10-1980 no 79-13.478 : Bull. civ. I no 249), l'assignation en paiement du débiteur cédé (Cass. com. 1-12-1987 : BRDA 4/88 p. 22 ; CA Poitiers 10-10-1967 : JCP G 1968.II.15544 obs. Prieur) ou le commandement aux fins de saisie (Cass. 2e civ. 4-1-1974 no 72-13.355 : Bull. civ. II no. 3).

La signification peut être faite **à tout moment** à compter de la conclusion de la cession, sans limitation de durée, l'article 1690 du Code civil n'imposant aucun délai pour accomplir les formalités qu'il édicte (CA Versailles 1-3-2001 : GP 2001.som.1947).

La signification d'un acte de cession irrégulier est entachée du même vice que cet acte (Cass. 1e civ. 28-10-1986 : Bull. civ. I p. 234, annulation de la signification).

Mais la seule connaissance par le débiteur cédé de l'existence de la cession ne lui permet ni de s'en prévaloir ni de l'opposer (Cass. 3e civ. 12-6-1985 no 83-17.134 : Bull. civ. III no 95).

2. Acceptation du débiteur cédé. À défaut de signification, la cession doit être acceptée par le débiteur dans un **acte authentique** pour être opposable au cédé (C. civ. art. 1690, al. 2). La créance est alors assortie d'un titre exécutoire qui permet une saisie-attribution (Cass. 2e civ. 3-11-2005 no 1707 : RJDA 2/06 no 190).

La cession est aussi acceptée lorsque le débiteur cédé l'**a connue et acceptée** de façon certaine et non équivoque ; le débiteur ne peut pas alors se prévaloir du défaut de signification ou d'acceptation dans un acte authentique (Cass. com. 26-4-1979 no 76-15.398 : Bull. civ. IV no 129 ; Cass. com. 15-7-1986 no 85-11.941 : Bull. civ. IV no 157 ; Cass. 1e civ. 19-9-2007 no 06-11.814 : RJDA 12/07 no 1244 ; aussi en matière de cession de bail, no 5036).

Pour un exemple d'une acceptation équivoque rendant la cession inopposable au débiteur, Cass. 1e civ. 22-3-2012 no 11-15.151 : RJDA 7/12 no 662.

PORTÉE DES FORMALITÉS DE LA CESSION DE « DROIT OU ACTION »

14289 **Opposabilité au cédé** La cession ne peut pas être opposée au débiteur cédé, qui est un tiers à la cession (Cass. 3e civ. 12-6-1985 no 83-17.134 : Bull. civ. III no 95), si la signification ne lui en a pas été faite ou s'il ne l'a pas acceptée dans un acte authentique.

Outre la jurisprudence citée au no 14286 sur la signification aux tiers qui peut être ici transposée, la remise au débiteur, lors d'une audience devant le juge de l'exécution, de conclusions mentionnant une cession de créance et contenant copie de l'acte de cession équivaut à une signification au débiteur auquel la cession est dès lors opposable (Cass. 1e civ. 1-6-2022 no 21-12.276 F-B).

En conséquence, le cédé est valablement libéré s'il s'est acquitté de son obligation envers le cédant avant que celui-ci ou le cessionnaire lui ait signifié la cession (C. civ. art. 1691).

Si le débiteur cédé ne s'est pas ainsi libéré, le cessionnaire peut lui demander l'exécution de l'obligation quand cette exécution n'est susceptible de faire grief à aucun droit advenu depuis la naissance de la créance soit au débiteur cédé, soit à une autre personne étrangère à la cession (Cass. com. 28-9-2004 no 03-12.023 : Bull. civ. IV no 173).

14292 **Opposabilité aux tiers** Sont des tiers tous ceux qui, n'ayant pas été parties à l'acte de cession, ont intérêt à ce que le cédant soit encore créancier (Cass. 1e civ. 4-12-1985 no 84-12.737 : Bull. civ. I no 336).

La cession leur est opposable **dès** que l'une des **formalités** de signification ou d'acceptation a été régulièrement accomplie (Cass. 2e civ. 24-6-1987 no 86-11.770 : Bull. civ. II no 138), formalité seule apte à saisir le cessionnaire à l'égard des tiers (Cass. 3e civ. 29-6-2005 no 814 : RJDA 12/05 no 1342) et seule formalité requise pour emporter l'opposabilité (Cass. 1e civ. 12-11-2015 no 14-23.401 : RJDA 4/16 no 271).

En cas de conflit entre **cessionnaires successifs,** et à défaut de disposition contraire propre à la cession d'un droit incorporel donné (par exemple de propriété industrielle, nos 33200 et 33400), c'est celui qui a le premier accompli la formalité qui doit être préféré, même s'il n'est pas le premier cessionnaire et s'il a connu l'existence de celui-ci avant l'exécution des formalités, cette circonstance étant sans influence sur la validité de la cession (Cass. com. 19-3-1980 no 78-11.672 : Bull. civ. IV no 137 ; CA Reims 8-3-1976 : D. 1976.IR.327).

EFFET DE LA CESSION DE « DROIT OU ACTION »

Garantie du droit cédé Toute cession étant une vente, la cession d'un droit incorporel, ou d'une action, est à défaut de disposition contraire soumise aux règles relatives à la garantie de la chose vendue (nos 27200 s.). 14294

Comme le vendeur doit la garantie d'éviction, le cédant d'un droit doit garantir, que le droit cédé soit corporel ou incorporel (Cass. 1e civ. 7-4-1998 no 96-13292 : Bull. civ. I no 145), au cessionnaire **l'existence du droit cédé,** même si la cession est faite sans garantie (C. civ. art. 1693). Il résulte de cette précision que le cédant doit la garantie, même si l'acte ne la mentionne pas. De surcroît, il ne peut pas s'exonérer de son propre fait, comme cela est interdit au vendeur d'une chose corporelle (no 27300).

Ainsi, la garantie du cédant est appelée à jouer en cas de cession d'un droit de sous-location non opposable au propriétaire, les formalités de cession prévues dans le bail principal n'ayant pas été respectées (Cass. soc. 3-10-1957 : Bull. civ. IV p. 642).

Droit au retrait litigieux Les développements exposés no 14234 sont ici transposables car le droit au retrait litigieux peut être exercé à l'encontre de la cession d'un « droit litigieux » ce qui couvre n'importe quel droit. 14295

Accessoires du droit cédé Le cessionnaire d'un droit ne peut se prévaloir des accessoires qui l'assortissent qu'autant que la cession du droit a été signifiée ou acceptée (Cass. com. 15-5-2022 no 20-16.726 F-D : inopposabilité du titre exécutoire accessoire). 14298

H. Cession de dette

LÉGALISATION DE LA CESSION DE DETTE

La cession de dette est prévue par les articles 1327 s. du Code civil. 14300

Quoique la loi ne le précise pas, la cession de dette, supposant un accord entre un débiteur cédant et un cessionnaire, est un contrat. Elle est donc soumise aux dispositions du Code civil.

CONDITIONS DE VALIDITÉ DE LA CESSION DE DETTE

La cession de dette étant un contrat (no 14300), elle est soumise au droit commun du contrat, sauf disposition contraire. Ainsi, une disposition spéciale la soustrait au principe de droit commun du consensualisme (nos 11175 et 11178) : la cession de dette doit être constatée par écrit, à peine de nullité (C. civ. art. 1327, al. 2). À notre avis, cette nullité est absolue. En effet, elle protège certes personnellement le créancier cédé contre le risque d'une moindre solvabilité du débiteur cessionnaire par rapport au débiteur cédant mais elle protège également les codébiteurs solidaires du cédant car ce même risque les expose davantage aux poursuites du créancier cédé. 14303

Ce risque vient de ce qu'un codébiteur solidaire peut céder sa quote-part dans la dette sans le consentement de ses codébiteurs, l'article 1328, al. 2 validant implicitement cette cession en précisant que ces codébiteurs restent tenus de la dette, déduction faite de leur part dans la dette.

La cession de dette valablement conclue entraîne l'application des règles exposées nos 14306 s.

OPPOSABILITÉ DE LA CESSION DE DETTE AU CRÉANCIER CÉDÉ

La cession de dette n'est opposable au créancier cédé que s'il a donné son accord à la cession (C. civ. art. 1327, al. 1 ; Cass. 1e civ. 2-6-1992 no 90-17.499 : JCP 1992 I no 3632 obs. Billau ; Cass. 1e civ. 30-4-2009 no 08-11.093 : Bull. civ. I no 82). Cet accord peut être donné par avance et, s'il n'est pas intervenu à la cession, lorsqu'elle lui a été notifiée ou qu'il en a pris acte (C. civ. art. 1327-1). 14306

Il résulte de cette opposabilité que :

– le créancier cédé doit accepter le paiement que lui fait le débiteur cessionnaire et, réciproquement, peut lui demander le paiement ; dans ce dernier cas, le débiteur cessionnaire peut lui refuser le paiement en soulevant les exceptions inhérentes à la dette et celles, le cas échéant, qui sont personnelles à ses rapports avec le créancier cédé (C. civ. art. 1328) ; sur les exceptions opposables, nos 50009 et 50012 ;

– le débiteur cédant reste tenu solidairement avec le débiteur cessionnaire, sauf si le créancier l'a libéré (C. civ. art. 1327-2) ; s'il n'est pas libéré, il peut opposer au créancier cédé les exceptions inhérentes à la dette et celles, le cas échéant, qui sont personnelles à ses rapports avec le créancier cédé (C. civ. art. 1328).

LIBÉRATION DU DÉBITEUR CÉDANT

14309 Si le créancier y consent expressément, le débiteur cédant peut :

– soit intégralement être libéré pour l'avenir de ses obligations envers le créancier (C. civ. art. 1327-2), à la fois de sa dette et de son obligation solidaire du cessionnaire (nº 14306) ; le débiteur cessionnaire est alors devenu le seul débiteur du créancier cédé ;

– soit seulement de son obligation solidaire du cessionnaire ; il reste alors tenu de sa dette mais n'est plus solidaire du débiteur cessionnaire défaillant.

14315 **Sort des garanties** Le sort des garanties est réglé par l'article 1328-1, al. 1 du Code civil comme suit :

– celles données par le débiteur originaire subsistent si le **débiteur** n'est **pas déchargé** par le créancier ;

– celles données par le débiteur originaire ou par des tiers ne subsistent qu'avec leur accord si le débiteur est **déchargé.**

Lorsque le **cédant** est un codébiteur solidaire et se trouve **déchargé,** les autres codébiteurs solidaires restent tenus déduction faite de sa part dans la dette (art. 1328-1, al. 2).

I. Substitution de parties

QUALIFICATION

14350 **Définition et nature juridique** À défaut de disposition légale caractérisant la « substitution » d'une partie à un contrat à une autre, il ressort des décisions de justice ayant eu à connaître de cette opération que la « substitution » existe lorsqu'une ou des parties liées par un contrat sont remplacées par une ou plusieurs autres.

L'identification d'un tel remplacement est souverainement constatée par les juges du fond (Cass. 3e civ. 11-7-2019 nº 18-14.511 F-D).

À notre avis, la substitution est, au regard de la jurisprudence, judiciaire et administrative la concernant, une **notion autonome** qui est susceptible de qualifications juridiques différentes selon la finalité de la règle à lui appliquer.

1. Jurisprudence judiciaire. Eu égard à la formalité susceptible de la rendre **opposable aux tiers,** il a été jugé, avant le 1er octobre 2016 (sur cette date, nº 10000), que la substitution n'était **pas une cession,** ni de créance ni de contrat, exigeant la signification requise par l'article 1690 du Code civil (nos 14289 s.), notamment à propos de la substitution du bénéficiaire d'une promesse unilatérale (Cass. 3e civ. 17-4-1984 : Bull. civ. III nº 87 ; Cass. 3e civ. 19-3-1997 nº 95-12.473 : RJDA 7/97 nº 945 ; Cass. com. 27-3-2001 nº 98-13.637 : RJDA 11/01 nº 1088) ou synallagmatique (Cass. 3e civ. 12-4-2012 nº 11-14.279 : RJDA 8-9/12 nº 760, constituant un revirement de jurisprudence par rapport à Cass. 3e civ. 7-7-1993 : D. 1994 p. 597 note Clavier qui avait assimilé la substitution à une cession de contrat).

Ces jurisprudences n'étant en rien contredites par l'article 1124 du Code civil qui ne fixe que partiellement le régime de la promesse unilatérale, il ne saurait résulter de ce que la loi dispose désormais sur la cession de contrat (nos 14150 s.) que la substitution est devenue une telle cession (en ce sens, Cass. 3e civ. 8-2-2023 nº 21-24.443 F-D : RJDA 5/23 nº 250). Certes la substitution entraîne, comme la cession, un changement de partie mais le cédant, comme le cessionnaire, n'est pas purement et simplement mis à la place de l'autre comme s'il s'agissait d'une succession. En revanche, la substitution, sinon à quoi servent les mots, a précisément pour objet, conformément à son sens étymologique, de mettre le substitué à la place du substituant pour jouer le rôle de ce dernier, « substituer » équivalant à « succéder ». Par ailleurs, rien ne s'oppose à ce que la substitution soit traitée comme une notion autonome avec des effets propres, ce que tend à reconnaître la décision qui voit une substitution dans le changement du locataire qui n'a pas engendré un nouveau bail (Cass. 3e civ. 6-6-2019 nº 18-13.665 F-D : RJDA 11/19 nº 679) et celle qui écarte l'existence d'une cession dans le cas où le repreneur de l'entreprise d'un débiteur en liquidation judiciaire se substitue un autre repreneur (nº 64027).

Eu égard à la **qualité de partie** à un contrat, la substitution a été jugée comme **valant novation** de la partie créancière, affranchissant ainsi cette dernière de la qualité partie au contrat initial dès lors que les conditions de ce dernier avaient été modifiées à l'occasion de la substitution (Cass. 1e civ. 16-2-1977 nº 74-13.207 : Bull. civ. I nº 96).

2. Jurisprudence administrative. Eu égard au point de savoir si la substitution emportait la conclusion d'un **nouveau contrat** soumis à l'obligation de mise en concurrence, il a été implicitement jugé que la substitution constituait une **novation** par changement de débiteur faisant naître un nouveau contrat (CE 16-5-2022 nº 459408).

RÉGIME DE LA SUBSTITUTION

Liberté contractuelle Dans le silence de la loi sur la substitution, les parties sont libres de déterminer le régime de celle dont elles conviennent, sauf à respecter les règles d'ordre public susceptibles d'interférer dans les circonstances de leur contrat. 14353

FORMALITÉS DE LA SUBSTITUTION

Les parties peuvent aménager les conditions dans lesquelles la substitution interviendra et prévoir notamment qu'elle devra être constatée par acte notarié ou signifiée au promettant dans les termes de l'article 1690 du Code civil, sous peine d'inopposabilité ; la substitution opérée sans l'accomplissement de cette formalité est inopposable au cocontractant, peu important que celui-ci ait été informé de la substitution autrement dès lors qu'il n'est pas prouvé qu'il l'a acceptée sans équivoque (Cass. 3e civ. 30-11-2011 no 10-16.843 : RJDA 6/12 no 574). Les parties peuvent aussi prévoir que la société en formation sera substituée au fondateur qui a conclu un bail pour son compte sans qu'il soit besoin de suivre les formalités de reprise des actes conclus au cours de la période de formation (Cass. com. 15-1-2020 no 17-28.127 F-D : RJDA 4/20 no 211). Elle peuvent prévoir également que la substitution peut être mise en œuvre sans autre formalité que la demande expresse de l'ayant droit à la substitution accompagnée de l'identification du substitué (Cass. 3e civ. 16-3-2023 no 21-26.012 F-D). 14356

EFFETS DE LA SUBSTITUTION

Au regard du substituant **À défaut** de clause du contrat prévoyant que le substituant sera libéré des obligations qu'il a acceptées, celui-ci **reste tenu** d'exécuter les engagements du substitué défaillant (Cass. com. 14-11-2019 no 18-18.833 F-PB) et, a fortiori, s'il s'en est porté garant solidaire (cf. Cass. com. 8-6-2017 no 15-28.438 F-PB : RJDA 10/17 no 661). 14359

Au regard du substitué Si la substitution est pure et simple, le substitué devient **partie** au contrat et peut demander notamment sa nullité (CA Paris 12-10-2018 no 17/00745 : RTD civ. 2018.679 obs. Barbier). 14362

Au regard de la novation du contrat Dans le cas où le contrat est nové, la substitution, au cours de l'exécution d'un marché passé avec un groupement d'opérateurs économiques, lequel n'est pas doté de la personnalité juridique, d'un ou de plusieurs des membres de ce groupement par un ou plusieurs autres opérateurs économiques constitue une **modification du titulaire** du marché qui ne peut valablement avoir lieu sans mise en concurrence que dans les cas prévus par les dispositions de l'article L 2194-1 du Code de la commande publique. 14365

SECTION 9 L'INEXÉCUTION DU CONTRAT

DROIT DE LA VICTIME DE L'INEXÉCUTION DU CONTRAT

En vertu d'un principe général du droit, la victime de l'inexécution du contrat ne doit pas **se faire justice** à elle-même (no 74927). 14400

La victime de l'inexécution ne peut donc défendre ses intérêts qu'en usant des **procédés légaux** que la loi met à sa disposition dans cette situation et qui sont régis par les dispositions des articles 1217 à 1231-7 du Code civil.

Lorsque l'exécution est paralysée par le créancier qui la refuse, le débiteur peut l'y contraindre en suivant la procédure exposée no 54300.

À condition de ne pas chercher à priver le débiteur de sa liberté (CEDH protocole additionnel no 4 art. 1 ; sur l'interdiction faite au débiteur de quitter le territoire jusqu'au complet paiement d'une dette civile, CEDH 11-5-2021 no 5170/15 : RDC 2022/1.118 obs. Marguénaud), quelle que soit la mesure à laquelle le créancier de l'exécution a recours, il peut toujours demander, en outre, la **réparation** du **préjudice** que l'inexécution lui a **causé** (C. civ. art. 1217, al. 7).

Si les parties stipulent dans le contrat la sanction légale applicable en cas d'inexécution du contrat, une telle stipulation n'exclut pas la mise en œuvre des sanctions non visées issues du droit commun des obligations ; ainsi la stipulation de pénalités contractuelles de retard ne peut faire obstacle à ce que la victime de l'inexécution puisse opposer l'exception d'inexécution aux retards de paiement du débiteur pour suspendre l'exécution de sa propre prestation (Cass. 3e civ. 14-2-2019 no 17-31.665).

À défaut de précision sur la sanction applicable à la violation d'une clause conférant un droit à une partie, la détermination de la sanction relève du pouvoir souverain d'appréciation du juge du fond de la commune intention des parties et de la portée des clauses du contrat (CA Paris 9-1-2020 no 18/22848 : RJDA 6/20 no 312).

Mais le créancier n'est pas tenu, en vertu du principe de bonne foi, à traiter également tous ses débiteurs tenus d'une même obligation envers lui : l'éventuelle mauvaise foi dans l'application de la clause résolutoire doit s'apprécier au regard des relations entre les parties au contrat, sans qu'il y ait lieu de se référer à d'autres relations contractuelles ; notamment, le franchiseur n'est pas soumis à une obligation d'adopter strictement le même comportement à l'égard de ses franchisés (CA Versailles 24-6-2021 no 19/05687 : RTD civ. 2021.875 obs. Barbier).

L'usage des procédés légaux susvisés permet à la partie qui y a recours, si sa demande est justifiée, d'obtenir un **titre exécutoire** qui lui ouvre la voie à l'exercice des voies d'exécution pour recouvrer ses droits.

La demande d'exécution du contrat est distincte de la demande en réparation de l'exécution et se prescrit dans le délai de droit commun de cinq ans (CA Paris 17-5-2023 no 20/17817).

I. ÉTABLISSEMENT DE L'INEXÉCUTION DU CONTRAT

A. Existence de l'inexécution du contrat

FAITS D'INEXÉCUTION DU CONTRAT

14403 **Exécution tardive** L'obligation est inexécutée dès qu'elle n'a pas reçu exécution à l'échéance prévue.

Il appartient au débiteur de prouver qu'il a exécuté son obligation dans le délai convenu (Cass. com. 15-9-2009 no 07-21.842 : RJDA 12/09 no 1063 : à propos du délai imposé à un vendeur mais transposable à tout débiteur qui est tenu par un délai).

Le créancier peut invoquer aussitôt l'inexécution **si** le **délai** d'exécution était **de rigueur** (no 13506). À défaut, il doit réagir avec mesure, notamment s'interdire toute rupture brutale de la relation qu'il entretient avec son cocontractant (nos 15455 s.) sans pour autant trop tarder (no 13612).

Le débiteur peut être jugé fautif s'il force le créancier à agir en justice pour obtenir satisfaction (T. com. Paris 30-5-1973 : Rev. jur. com. 1974.153) ou s'il retarde arbitrairement l'exécution (CA Paris 29-9-1983 : D. 1984.IR.265 obs. Vasseur).

14406 **Défaut d'exécution des obligations** L'obligation n'a pas été exécutée lorsque ce qui a été promis n'a pas été tenu, ce qui est acquis, sans que soit requise la connaissance par le débiteur du dommage pouvant en résulter, lorsque le débiteur refuse délibérément d'exécuter son obligation (Cass. 1e civ. 31-1-2018 no 16-25.522 F-D : RDC 2018.187 obs. Laithier) ou lorsqu'il ne l'exécute pas correctement.

Tel est le cas (outre les exemples cités no 15606 et pouvant être indirectement déduits du no 14900), même si :
- l'administration n'y a pas trouvé un motif de se plaindre (Cass. 3e civ. 16-7-1986 : Bull. civ. III no 112 : le certificat de conformité délivré par l'administration au constructeur ne dispense pas celui-ci de livrer un immeuble conforme aux prévisions contractuelles) ;
- le débiteur a effectué des diligences pour éviter l'inexécution ou pour réduire les dommages subis par l'autre partie (Cass. com. 16-7-1980 : GP 1980.pan.581) ;
- le débiteur offre de renoncer à la contrepartie à laquelle il a droit (Cass. com. 3-12-1985 : JCP G 1986.IV.62).

IDENTIFICATION DE L'OBLIGATION INEXÉCUTÉE DÉTERMINANTE DE LA CONCLUSION DU CONTRAT

14407 Sauf le cas où les parties ont déterminé dans le contrat l'inexécution de l'obligation (ou des obligations) qui vaudra inexécution du contrat ainsi que la sanction encourue, comme elles le font lorsqu'elles adoptent une clause résolutoire de plein droit (nos 15553 s.), le contrat n'est inexécuté qu'en cas de **manquement** grave (cf. C. civ. art. 1219, 1224 et rappr. art. 1221).

L'inexécution du contrat, ici entendue comme emportant une sanction affectant le contrat, doit donc porter sur l'élément essentiel et caractéristique du contrat, c'est-à-dire sur l'**obligation essentielle** (no 10275).

Si l'obligation essentielle comporte une prestation unique, l'inexécution est établie dès que cette prestation est atteinte par l'un des faits d'inexécution présentés nos 14403 s.

Mais si elle a pour objet une **pluralité de prestations,** l'inexécution doit alors être déterminée en fonction des distinctions suivantes.

Obligation cumulative Si l'obligation impose l'exécution de plusieurs prestations, elle est inexécutée dès lors que la totalité de celles-ci n'est pas satisfaite (C. civ. art. 1306). Mais rien n'interdit aux parties de choisir parmi ces dernières celles dont l'inexécution vaudra inexécution du contrat. Aucune raison d'ordre public n'est de nature à faire obstacle ici à la liberté contractuelle, les parties ayant la liberté de déterminer les obligations qu'elles souscrivent (nos 10625 s.). 14408

L'obligation cumulative se distingue de l'obligation à prestation indivisible (no 50120) en ce qu'elle a pour objet différentes prestations qui s'additionnent sans être indissolublement liées entre elles.

Obligation alternative L'obligation alternative a pour objet plusieurs prestations et l'exécution de l'une d'elles libère le débiteur (C. civ. art. 1307). 14409

a. Est supprimé l'ex-article 1192 du Code civil disposant que l'« obligation est pure et simple, quoique contractée d'une manière alternative, si l'une des deux choses promises ne pouvait être le sujet de l'obligation ». Cette disposition laissait entendre qu'au cas où l'**une** des obligations serait **nulle,** l'autre obligation subsisterait et devrait recevoir exécution. Elle avait reçu un écho dans une décision qui avait jugé que les deux prestations ne pouvaient obliger les parties à défaut d'être déterminées ou déterminables (Cass. 3e civ. 22-10-2014 no 10-24.834 : RJDA 4/15 no 248 som.).

b. La même solution peut, à notre avis, être maintenue sur le fondement de l'article 1307. En effet, ce texte dispose que si l'une des prestations mises en option a été exécutée, le débiteur est libéré, de sorte qu'il admet implicitement l'équivalence des obligations au regard du créancier : l'une vaut l'autre. Le créancier qui soutiendrait qu'il aurait choisi de demander l'exécution de la prestation nulle ne peut donc pas refuser celle de la prestation valide puisqu'il avait admis au moment de la conclusion de l'option que l'obligation valable était équivalente à celle qui n'existe plus.

En outre, s'agissant des dispositions du Code civil quant à l'**exercice de l'option** qu'ouvre l'obligation alternative, sous réserve d'un complément, il convient de faire les observations suivantes :

- les dispositions du Code civil sont applicables seulement si les parties n'ont pas précisé autrement les modalités du choix qui, sous la condition que les obligations soient licites, déterminées ou déterminables, ne heurtent pas l'ordre public ;
- le choix appartient au débiteur (C. civ. art. 1307-1) ;
- si le débiteur n'a pas exercé son choix dans le temps convenu ou dans un délai raisonnable, le créancier peut, après mise en demeure, le faire en ses lieu et place ou résoudre le contrat (art. 1307-1, al. 2) ;

La faculté de pousser le débiteur à exercer son choix ne modifie pas le droit de ce dernier et tend seulement à éviter une hésitation sur le moyen de contraindre le débiteur à se prononcer. La disposition nouvelle qui l'instaure peut être, à notre avis, considérée comme une disposition interprétative (no 74459). Les tribunaux avaient en effet dû préciser ce que pouvait faire le créancier en l'autorisant à procéder au choix dans le silence du débiteur sous le contrôle souverain du juge quant aux circonstances le lui permettant (Cass. req. 17-7-1929 : DP 1929.1.143 rapport Bricaut).

- le choix se fait « entre les prestations » (art. 1307-1, al. 1) ;

Cette formulation permet de condamner un autre choix tel qu'un choix panaché comportant une partie d'une prestation et une partie de l'autre, ce qu'interdisait formellement l'ex-article 1191 du Code civil.

- le choix exercé est définitif et fait perdre à l'obligation son caractère alternatif (art. 1307-1, al. 3 ; Cass. 1e civ. 3-6-1966 : Bull. civ. I no 329).

Le juge ne peut pas choisir à la place de la partie défaillante (Cass. 3e civ. 4-7-1968 no 66-10.101 : Bull. civ. III no 325).

Obligation facultative Il peut être prévu que le débiteur fournira une prestation déterminée mais qu'il pourra se libérer en en fournissant une autre (C. civ. art. 1308). 14410

Par rapport à l'obligation alternative, l'obligation facultative présente les différences suivantes :
- le créancier ne peut en aucun cas choisir la prestation à exécuter ;
- seul le débiteur peut choisir l'obligation qu'il exécutera ; il peut exercer son choix tant qu'il n'a pas exécuté, aucun délai d'exercice de la faculté de substitution ne lui étant imposé, sauf clause contraire.

En revanche, il n'est pas libéré s'il propose une chose autre que l'une des deux entre lesquelles le contrat lui a donné le choix (CA Douai 21-3-1891 : DP 1892.2.549, refusant à l'acquéreur autorisé à se libérer du prix d'achat en espèces ou en bons garantis par l'inscription du privilège du vendeur, de le faire par la remise de bons qui n'étaient plus garantis par ce privilège).

B. Preuve de l'inexécution du contrat

MOYEN ET CHARGE DE LA PREUVE DE L'INEXÉCUTION DU CONTRAT

14412 Étant un fait, l'inexécution du contrat peut être prouvée par tous moyens (nº 75750). La charge de la preuve incombe au débiteur ou au créancier selon la nature de l'obligation méconnue (nºs 13253 s.).

Il est néanmoins un moyen privilégié de prouver l'inexécution et auquel la loi impose d'ailleurs de recourir dans certains cas : la mise en demeure du débiteur dont le régime est présenté ci-après.

OBLIGATION DE METTRE EN DEMEURE LE DÉBITEUR

14415 **Obligation contractuelle** La mise en demeure du débiteur est toujours exigée **si le contrat la prévoit** (Cass. civ. 20-6-1978 : D. 1979.IR.11) et dans les conditions fixées par le contrat (CA Paris 16-12-1987 : BRDA 6/88 p. 9, mettant la résiliation d'un contrat à la charge de la partie qui l'avait décidée avant l'expiration du délai de mise en demeure).

Mais la clause doit être nette. Elle ne résulte pas dans un contrat de concession de l'existence d'une clause de quota (Cass. com. 22-3-1977 nº 75-14.793 : Bull. civ. IV nº 92).

Il n'est pas de nouvelle raison d'ordre public depuis la réforme du droit des contrats qui s'oppose à la survivance de ces solutions.

14416 **Obligation légale** La mise en demeure du débiteur est aussi requise si le contrat ne l'a **pas prévue** dans les nombreux cas où la loi l'impose. Les tribunaux en font aussi une règle générale préalable à la dénonciation de l'inexécution.

À défaut de mise en demeure :

– de l'acquéreur d'un véhicule à payer le solde du prix d'achat, le vendeur n'a pas pu conserver à titre de dommages-intérêts les acomptes reçus de l'acquéreur qui les lui réclamait en justice (Cass. civ. 21-10-1980 : GP 1981.pan.72, qui a relevé aussi que le vendeur n'avait pas poursuivi l'acquéreur en résolution, s'étant borné à conclure au débouté de ses prétentions) ;

– le créancier qui a droit à des démonstrations promises par le débiteur, même s'il doit prêter son concours pour mieux tirer parti des prestations de ce dernier, ne peut pas lui reprocher sa carence (Cass. com. 28-5-1996 : RJDA 11/96 nº 1297) ;

– du locataire d'un véhicule industriel à régler sa facture impayée, sous peine de rupture du contrat, le loueur ne peut pas résilier unilatéralement le contrat de location (CA Pau 13-6-2023 nº 22/00409).

DISPENSE DE MISE EN DEMEURE DU DÉBITEUR

14417 Il n'y a toutefois **pas lieu** à mise en demeure du débiteur si :

Les règles suivantes, dégagées par les tribunaux avant la réforme issue de l'ordonnance 2016-131, demeurent valables à défaut de nouvelles dispositions contraires.

– le contrat l'a écartée ; l'exclusion peut être implicite (Cass. soc. 3-7-1953 : D. 1954.615 ; Cass. 3e civ. 22-4-1975 nº 73-14.055 : Bull. civ. III nº 130 ; Cass. com. 28-11-1978 nº 77-11.698 : Bull. civ. IV nº 282 ; Cass. civ. 19-2-1986 : GP 1986.pan.137 ; Cass. 3e civ. 9-6-1999 nº 97-20.977 : Bull. civ. III nº 131) ; elle peut résulter pour un contrat de la clause d'un autre contrat liant les parties et prévoyant la résiliation sans mise en demeure de tout contrat liant les parties (Cass. com. 10-2-2015 nº 13-25.783 : RJDA 5/15 nº 327) ;

L'existence d'une clause pénale ne dispense pas, en principe, de l'envoi d'une mise en demeure (CA Versailles 20-10-1982 : GP 1983.som.116) ni le fait que le contrat est « d'adhésion » (Cass. com. 22-3-1977 : Bull. civ. IV nº 92).

– l'exécution était impossible au jour où le débiteur aurait dû être interpellé (Cass. req. 14-1-1925 : S. 1925.1.364 ; Cass. com. 4-7-1955 : Bull. civ. III p. 199 ; Cass. com. 18-10-2023 nº 20-21.579 FP-BR : RJDA 2/24 nº 76) ou était devenue impossible, le contrat à durée déterminée étant expiré au moment de l'assignation lancée sans mise en demeure préalable (Cass. com. 17-2-2009 nº 08-13.896 : RTD civ. 2009.322 nº 8 obs. Fages) ;

– le débiteur a laissé passer les délais d'exécution (C. civ. art. 1146 ; Cass. 1e civ. 24-11-1965 : Bull. civ. I p. 491 ; Cass. 1e civ. 5-6-1967 : Bull. civ. I nº 195 : application de la clause pénale ; Cass. com. 2-4-1974 nº 72-14.525 : Bull. civ. IV nº 122 : condamnation à dommages-intérêts ; dans le même sens, pour l'application de la clause résolutoire de plein droit, nº 15559) ;

– l'inexécution du contrat est acquise et a causé un préjudice à la partie qui réclame des dommages-intérêts compensatoires (Cass. ch. mixte 6-7-2007 nº 06-13.823 : RJDA 11/07 nº 1060 ; Cass. com. 22-2-1994 : RJDA 7/94 nº 770) ou si le débiteur a pris l'initiative de déclarer à son créancier qu'il refuse d'exécuter son obligation (Cass. 3e civ. 3-4-1973 nº 72-10.247 : Bull. civ. III nº 254) ;

– l'urgence l'excluait (CA Paris 14-5-1970 : BT 1970.183, transport de marchandises périssables).

Sur la mise en demeure relative à une obligation de ne pas faire, nº 13265.

FORME DE LA MISE EN DEMEURE DU DÉBITEUR

Le contrat peut prévoir que la mise en demeure du débiteur résulte de la seule exigibilité de l'obligation (C. civ. art. 1344). Il s'en suit que la mise en demeure du débiteur doit être faite dans la **forme convenue,** le cas échéant, **par les parties** dans le contrat. 14418

Lorsque les parties ont prévu une mise en demeure par acte extrajudiciaire, celle-ci ne peut émaner, comme tout acte extrajudiciaire, que d'un huissier ou d'un commissaire de justice (Cass. civ. 27-11-1990 : D. 1991.357 note Laroche de Roussane).

Si le contrat ne prévoit pas une forme déterminée, la mise en demeure peut résulter d'une sommation ou d'un acte équivalent, telle une simple lettre lorsqu'il ressort de ses termes une interpellation suffisante (C. civ. art. 1344 ; Cass. com. 17-12-1996 n° 94-20.568 D : RJDA 4/97 n° 551 : validité d'une lettre recommandée AR ; CA Paris 20-1-2004 : JCP E 2004.pan.392 : validité d'un courriel). 14419

En cas de **pluralité de parties** conjointes, portées au contrat comme ayant la même adresse, il est recommandé d'adresser à chaque partie une mise en demeure distincte (cf. Cass. 2e civ. 26-3-2015 n° 14-13.327 F-D, l'imposant en matière d'assurance mais sans fonder la solution sur une spécificité du contrat d'assurance).

La mise en demeure peut aussi résulter d'une **assignation** en résolution pour exécution défectueuse de travaux (Cass. 1e civ. 23-5-2000 n° 97-22.547 : Bull. civ. I n° 150) ou pour défaut de paiement du prix de la chose vendue (Cass. com. 28-2-1972 n° 70-13.850 : Bull. civ. IV n° 75), même de celle formée par la voie de l'action oblique contre le débiteur du débiteur, car cette action exprime formellement la volonté de la part du créancier demandeur d'obtenir paiement dans des conditions telles que son propre débiteur ne peut s'y tromper (Cass. civ. 9-12-1970 : JCP G 1971.II.16920 note MDPS). Elle peut également résulter d'un commandement de payer valable (n° 59711).

Sur les particularités du paiement de la prime d'assurance, n° 17665.

EFFETS DE LA MISE EN DEMEURE DU DÉBITEUR

Droit du créancier à se prévaloir de l'inexécution Lorsque la mise en demeure du débiteur a été effectuée, l'inexécution est établie à l'égard du créancier si le manquement reproché au débiteur persiste à l'expiration du délai imparti à ce dernier pour exécuter sa prestation. 14421

Tant qu'il n'a pas constaté l'inefficacité de la mise en demeure, le créancier ne peut pas notamment demander le paiement de dommages-intérêts (Cass. civ. 13-4-1923 : S. 1926.1.17 note Aubert ; CA Reims 30-6-1977 : JCP G 1979.IV.14), réclamer le paiement des sommes qui lui sont dues (Cass. soc. 17-12-1943 : JCP G 1947.II.3373 note Pierrard), exiger des intérêts moratoires (Cass. com. 20-6-1972 n° 70-11.918 : Bull. civ. IV n° 199) ou rompre le contrat (Cass. civ. 21-10-1980 : GP 1981.pan.72).

Il peut se prévaloir de mises en demeure portant sur une somme supérieure à celle stipulée à la convention, ces mises en demeure restant valables dans la mesure de ce qui était réellement dû (Cass. 1e civ. 9-3-1970 n° 68-12.778 : Bull. civ. I n° 85 ; dans le même sens, Cass. 3e civ. 6-5-1998 n° 96-14.339 P : JCP G 1998.II.10180 note du Rusquec : commandement de payer fait pour une somme supérieure à la créance).

Si le débiteur a été informé qu'à défaut d'exécution la déchéance du terme interviendrait, il n'est pas nécessaire de procéder à une seconde notification de la déchéance du terme (Cass. com. 10-11-2021 n° 19-24.386 FS-B).

Cours des intérêts moratoires La mise en demeure du débiteur de payer une obligation de somme d'argent fait courir l'intérêt moratoire, au taux légal, sans que le créancier soit tenu de justifier d'un préjudice (C. civ. art. 1344-1). 14424

Imputation des risques La mise en demeure de délivrer une chose met les risques à la charge du débiteur, s'ils n'y sont déjà (C. civ. art. 1344-2). 14427

C. Inexécution du contrat due à l'impossibilité d'exécuter

FORCE MAJEURE

Le débiteur, tenu de délivrer une chose, est libéré à due concurrence s'il prouve que l'impossibilité d'exécuter procède d'un cas de force majeure et qu'elle est définitive, à moins qu'il ait accepté de s'en charger ou qu'il ait été préalablement mis en demeure (C. civ. art. 1351). Pour plus de développements sur la force majeure, nos 15076 s. 14465

PERTE DE LA CHOSE DUE

14468 Lorsque l'impossibilité d'exécuter résulte de la perte de la chose due, le débiteur mis en demeure est néanmoins libéré s'il prouve que la perte se serait **pareillement** produite si l'obligation avait été exécutée (C. civ. art. 1351-1, al. 1).

À défaut de définition de la perte, celle-ci peut toujours résulter des circonstances énoncées par l'ex-article 1302 du Code civil ; en effet, le terme « perdre », étymologiquement, signifie « cesser d'avoir », ce qui advient lorsque le corps certain objet de l'obligation vient à périr, est mis hors du commerce ou se perd de manière qu'on en ignore absolument l'existence.

Il est cependant tenu de céder à son créancier les droits et actions attachés à la chose (C. civ. art. 1351-1, al. 2).

L'alinéa 4 de l'ex-article 1302 imposant à celui qui a dérobé la chose d'en restituer le prix de quelque manière que la chose volée ait péri ou ait été perdue ne se retrouve pas dans l'article 1351-1. Mais il reste que le propriétaire de la chose peut user des voies de droit commun sanctionnant le vol ou la perte de la chose (n° 30038) et, le cas échéant, invoquer l'enrichissement injustifié.

II. DROIT D'INVOQUER L'INEXÉCUTION DU CONTRAT

ABSENCE DU DROIT D'INVOQUER L'INEXÉCUTION DU CONTRAT

14495 Chaque partie est privée du droit d'exiger de son cocontractant la stricte exécution de ses obligations dès lors que ni l'une ni l'autre n'a respecté les siennes (CA Paris 30-8-2019 n° 17/19477 : RJDA 12/19 n° 736 : rejetant même les demandes d'expertise des parties) ; c'est là une application du principe général selon lequel nul ne peut venir contre son propre fait (n° 74921).

Compte tenu de l'**épidémie de Covid-19,** le Gouvernement a encadré les sanctions encourues pour certaines entreprises qui n'étaient pas en mesure de payer, pendant l'état d'urgence sanitaire lié à cette épidémie, les **factures d'eau, de gaz et d'électricité** afférents à leurs locaux professionnels. Ainsi, entre le 17 octobre 2020 et jusqu'à l'expiration d'un délai de deux mois à compter de la date à laquelle l'activité des entreprises protégées a cessé d'être affectée par une mesure de police, les fournisseurs d'électricité, de gaz et d'eau potable ne pouvaient pas suspendre, interrompre ou réduire, y compris par résiliation de contrat, la fourniture d'électricité, de gaz ou d'eau aux entreprises au motif qu'elles n'avaient pas payé les factures concernant leurs locaux professionnels où elles exerçaient une activité affectée par une mesure de police administrative ; sur cette même période, les fournisseurs d'électricité ne pouvaient pas non plus réduire la puissance distribuée à ces entreprises. Par ailleurs, sur demande des entreprises protégées, les fournisseurs devaient leur accorder, sans pénalité financière, frais ou indemnité, le report des échéances de paiement des factures exigibles entre le 17 octobre 2020 et l'expiration du délai de protection, qui n'avaient pas encore été acquittées (Loi 2020-1379 du 14-11-2020 art. 14, V). Le paiement des échéances ainsi reportées a été réparti de manière égale sur les échéances de paiement des factures postérieures, sur une durée ne pouvant pas être inférieure à six mois (Loi 2020-1379 du 14-11-2020 art. 14, VI). Sur les entreprises éligibles à cette protection, décret 2020-1766 du 30 décembre 2020.

RENONCIATION À INVOQUER L'INEXÉCUTION DU CONTRAT

14500 **Validité de la renonciation** La renonciation à un droit est un acte unilatéral qui n'exige pas l'existence de concessions réciproques (Cass. 2e civ. 2-2-2017 n° 16-13.521 F-PB : Bull. civ. II n° 27).

Chacun est libre de renoncer aux droits dont il a la libre disposition, c'est-à-dire dans les limites de l'ordre public (nos 74278 s.). Les parties peuvent convenir contractuellement des conditions de la renonciation, qui ne peut alors résulter que du respect du formalisme prévu (Cass. 3e civ. 9-9-2021 n° 20-14.189 F-D).

La renonciation faite **en fraude** des droits d'une partie n'est pas valable (Cass. civ. 19-2-1986 : RTD civ. 1987.761 obs. Mestre : inopposabilité à la société de la renonciation à une créance frauduleusement consentie par son dirigeant).

14503 **Portée de la renonciation** Le créancier qui a renoncé au bénéfice du contrat ne peut plus ultérieurement en réclamer l'exécution. La renonciation est libre sous les réserves énoncées n° 14500.

La renonciation émise ne produit effet que si elle n'est pas **rétractée** avant d'avoir été acceptée par le cocontractant (cf. CA Aix 21-3-1979 : Bull. Cour d'Aix 1979/2 p. 27 ; TGI Beauvais 28-3-1980 : JCP G 1981.IV.228) ; les juges du fond apprécient souverainement si la renonciation est définitive (Cass. com. 19-2-2008 n° 07-10.943 : RJDA 5/08 n° 490).

La renonciation ne se présume pas et doit résulter d'**acte** manifestant **sans équivoque** la volonté de renoncer (Cass. ch. mixte 26-4-1974 : D. 1975.249 note Boré) et elle ne se déduit pas de la seule inaction ou du silence (Cass. 2e civ. 10-3-2005 n° 376 : Bull. civ. II n° 68).

La renonciation est interprétée restrictivement ; ainsi la clause qui prévoit la résolution du contrat pour deux manquements spécifiés n'exclut pas la résolution fondée sur un manquement différent (Cass. 3e civ. 10-12-2014 no 13-27.332 FS-PB : Bull. civ. III no 163).

Les **exemples** qui suivent montrent comment les juges apprécient l'existence ou l'absence d'une renonciation.

Existence de la renonciation La renonciation est retenue lorsqu'elle résulte d'**actes positifs** qui révèlent l'intention du créancier de ne pas invoquer l'inexécution de l'obligation. 14506

Ainsi a renoncé à se prévaloir de la clause d'irresponsabilité pour retard le fournisseur qui a livré tardivement des marchandises dès lors qu'il a proposé d'indemniser le retard de livraison avant de se rétracter et qu'il a ainsi reconnu sa responsabilité contractuelle en cas de retard (Cass. com. 19-2-2008 no 07-10.943 : RJDA 5/08 no 490).

Elle peut aussi être révélée par l'inaction du créancier.

Par exemple :

– la cogérante d'une société, qui a toujours reconnu que la société était uniquement dirigée par un gérant de fait et n'a en conséquence jamais réclamé de rémunération, a retiré ainsi à ses héritiers le droit d'exiger cette rétribution (Cass. com. 26-2-1974 no 72-14.056 : Bull. civ. IV no 71) ;

– le maître d'ouvrage, qui a payé le travail fait par l'entrepreneur, n'a pas protesté et n'a pas agi en justice après réception des travaux, a renoncé à mettre en jeu la responsabilité contractuelle de l'entrepreneur (Cass. com. 28-11-1960 : Bull. civ. III no 383 ; Cass. civ. 10-10-1969 : JCP G 1969.IV.269 ; CA Aix 3-5-1978 : Bull. Cour d'Aix 1978/2 p. 61) ;

– le vendeur d'un immeuble, qui est décédé dix-sept ans après le dernier paiement, sans avoir recherché à l'amiable ou judiciairement à recouvrer le solde du prix impayé et sans renouveler l'inscription du privilège du vendeur qui était expirée entre-temps, a renoncé à demander la résolution de la vente (Cass. com. 4-3-2014 no 13-11.736 F-D) ;

– le locataire qui, pendant toute la durée d'un bail à construction, paie la taxe foncière afférente au bien loué manifeste sa volonté claire et non équivoque de renoncer à la clause du bail mettant cette taxe à la charge du propriétaire (Cass. 3e civ. 7-4-2016 no 15-11.129 : BRDA 9/16 inf. 16 ; contra CA Paris 17-1-2018 no 16/08381 : GP 2018 no 11 p. 81 note Chastagnier : malgré paiement pendant 17 ans).

Sur une solution comparable de la CEDH, no 13612.

Rejet de la renonciation Les juges refusent l'existence d'une renonciation en s'appuyant sur divers facteurs comme le montrent les décisions ci-dessous présentées. 14509

a. Actes positifs ne contredisant pas la prétention affirmée :

– malgré la différence de rédaction entre les contrats de vente qui ne reproduisent pas la clause d'indexation du prix prévue par la promesse de vente, cette indexation doit être appliquée dès lors que ni la volonté non équivoque de nover ni la preuve de la renonciation des parties à l'indexation ne sont établies (Cass. civ. 2-6-1981 : GP 1982.pan.4) ;

– à propos d'un contrat de location d'un emplacement dans un garage, la seule connaissance par le chef d'atelier et les employés du garage du fait que la voiture était toujours chargée de marchandises ne vaut pas renonciation du garagiste à la clause excluant sa responsabilité pour les marchandises se trouvant dans le véhicule (Cass. 1e civ. 18-11-1980 no 79-14.398 : Bull. civ. I p. 297) ;

– la renonciation (expresse et non équivoque) à la procédure de résolution de la vente antérieurement engagée ne peut résulter ni d'une sommation d'huissier (désormais « commissaire de justice ») en vue d'une saisie conservatoire ni de la production du vendeur au passif du règlement judiciaire de l'acheteur qui a un caractère purement conservatoire en l'espèce (Cass. com. 19-11-1975 : D. 1976.IR.40) ;

– le vendeur qui participe à l'instruction d'une demande de prêt renouvelée par l'acquéreur après le délai, à la suite de l'échec d'une première demande, n'est pas censé renoncer, de ce fait, à la clause pénale contenue dans la promesse de vente conclue sous la condition suspensive de l'obtention d'un prêt par l'acheteur dans un certain délai (Cass. ch. mixte 26-4-1974 : D. 1975.249) ;

– le cédant des actions d'une société, qui convient avec le cessionnaire d'une indemnité forfaitaire de 5 % au cas où il serait obligé de recourir à la justice, n'est pas censé renoncer implicitement à demander en justice la résolution judiciaire de la cession (CA Paris 1-12-1983 : D. 1984.IR.60) ;

– le fait d'assigner en réparation une personne n'entraîne pas renonciation au droit de demander la réparation à une autre personne (Cass. civ. 1-12-1993 : RJDA 6/94 no 739) ;

– le fait pour le vendeur d'un matériel à une coopérative, la vente étant définitivement conclue, d'accepter un rendez-vous avec les nouveaux dirigeants de la coopérative désireux de remettre en cause la commande et de proposer un matériel identique, d'un coût moindre, accompagné de nouveaux accessoires, sans référence au contrat initial, ne vaut pas renonciation à ce contrat dès lors que les nouvelles négociations n'ont pas abouti par défaut final d'acceptation de la coopérative (Cass. 1e civ. 9-7-2003 no 978 : RJDA 2/04 no 132).

b. Manque de diligence. Le bénéficiaire d'un cautionnement renouvelable par tacite reconduction, qui n'a pas fait diligence pour obtenir une réponse à sa lettre demandant le renouvellement de sa garantie, n'a pas, par ce seul fait, renoncé à cette garantie (Cass. civ. 14-1-1981 : BRDA 7/81 p. 11) ; de même, 14512 les parties à un compromis de vente ne sont pas censées avoir renoncé à la vente du seul fait qu'elles n'ont pas fait diligence pour parvenir à la signature de l'acte authentique (CA Rouen 16-10-1991, inédit).

14518 **c. Inaction.** Jugé que :

– le seul fait, pour le bailleur qui a connu la véritable situation de sa locataire (par une lettre postérieure à la signature du bail), de laisser celle-ci en possession des lieux pendant plusieurs années sans exercer son droit ne laisse pas présumer la volonté du bailleur de confirmer le bail (Cass. 3e civ. 20-11-1974 : Bull. civ. III no 421 ; aussi en matière de bail, nos 4853 et 4959) ;

– le vendeur d'un four de boulangerie non livré à la date prévue, qui a vainement mis en demeure l'acheteur de prendre livraison deux ans plus tard, ne manifeste pas, par ce simple retard, son intention de renoncer à poursuivre l'exécution du contrat et à demander la résiliation de la vente avec application de la clause pénale prévue au contrat (Cass. com. 18-1-1984 no 82-16.964 : Bull. civ. IV no 24) ;

– l'abandon d'une procédure d'injonction de payer n'implique pas renonciation à la créance et laisse ouvert un renouvellement des poursuites (Cass. com. 24-3-1992 : RJDA 7/92 no 682) ;

– le silence du débiteur qui ne conteste pas la facture qu'il reçoit dans laquelle le créancier désigne un lieu de paiement autre que celui du domicile du débiteur ne vaut pas, à lui seul, renonciation à son droit de payer sa dette à son domicile (Cass. com. 27-2-1996 : RJDA 6/96 no 743) ;

– le défaut de poursuite de l'exécution de la convention au moyen de l'astreinte prévue au contrat et le silence conservé pendant plusieurs mois ne sont pas des actes manifestant sans équivoque la volonté de renoncer (Cass. civ. 7-3-2000 : RJDA 1/01 no 5) ;

– la non-réitération dans l'acte notarié de cession d'un bail commercial, convenue dans une promesse synallagmatique comportant aussi promesse de cession des murs dans les deux ans suivant la conclusion du bail, de cette cession ne signifie pas que les parties ont entendu renoncer à la cession des murs (Cass. com. 22-1-2008 no 06-21.160 : RJDA 4/08 no 369) ;

– ni l'acceptation par la bailleresse, avant la date de renouvellement du bail, du calcul opéré par les locataires et du paiement de loyers indexés sur la base du loyer minoré correspondant au seul loyer exigible avant renouvellement ni le silence gardé postérieurement au terme de cette période ne manifestaient de manière non équivoque sa volonté de renoncer à exiger le loyer prévu au bail à compter de ce renouvellement (Cass. 3e civ. 22-1-2014 no 12-29.856 : RJDA 5/14 no 412, 1e esp.) ;

– le créancier d'une société, dont la dissolution est décidée par l'associé unique, qui ne forme pas l'opposition ouverte par l'article 1844-5, al. 3 du Code civil n'a pas pour autant renoncé à sa créance (Cass. com. 25-3-2020 no 18-20.079 F-D : RJDA 8-9/20 no 430).

Sur la non-réclamation par le prêteur de deniers du paiement des intérêts, no 41106.

14521 **d. Actes faits par ignorance d'un fait.** Jugé qu'un éleveur de poulets n'a pas renoncé à demander la nullité du contrat d'intégration le liant (pour non-respect des articles L 326-6 s. du Code rural sur le contrat d'intégration) en acceptant des traites tirées pour l'exécution du contrat, dès lors qu'il n'est pas prouvé que cet éleveur savait au moment de l'acceptation des traites qu'il pouvait invoquer une cause de nullité (Cass. civ. 13-1-1980).

III. MESURES DE SAUVEGARDE DU CONTRAT

14600 La partie qui estime que le contrat n'est pas exécuté ou est mal exécuté doit chercher immédiatement à préserver ses intérêts en ayant recours à des mesures conservatoires.

Elle doit, en premier lieu, se préoccuper des délais dont l'inobservation peut entraîner la perte de son droit, notamment des **délais** de prescription et préfix.

Elle doit aussi, le cas échéant, ne pas omettre de prévenir ses garants et de prévoir leur **appel en garantie.**

Elle peut par ailleurs se protéger contre un péril imminent, contre une menace urgente, contre un trouble manifestement illicite et, plus généralement, contre tout trouble que lui cause l'existence d'un différend, en saisissant le juge des **référés** et en lui demandant d'ordonner une mesure appropriée à la situation. Elle peut aussi obtenir en référé le versement d'une provision.

Elle peut, enfin, prendre des **précautions contre** le risque d'**insolvabilité** de son cocontractant en inscrivant une hypothèque provisoire sur les immeubles de ce dernier ou un nantissement judiciaire du fonds de commerce ou en pratiquant une saisie conservatoire sur tout bien meuble.

Si le cocontractant est soumis à une procédure collective, le fournisseur peut récupérer les marchandises qu'il lui a vendues dans les conditions exposées nos 62960 s. Lorsque le contrat le lui impose, une partie doit faire les actes propres à **sauvegarder** les **recours** de son cocontractant (clause dite « de sauvegarde des recours »).

Il lui est aussi recommandé de chercher, si elle le peut, à **minimiser le dommage** qu'elle subit (no 15069).

IV. SUSPENSION DU CONTRAT

DÉFINITION

La suspension est l'arrêt momentané des effets du contrat en raison d'un événement déterminé. 14700

Elle peut être judiciaire ou conventionnelle.

SUSPENSION JUDICIAIRE DU CONTRAT

1. Prononcé de la suspension. Les tribunaux admettent la suspension dans les conditions suivantes. 14701

L'exécution du contrat peut être suspendue en cas de force majeure génératrice d'une impossibilité d'exécution temporaire (C. civ. art. 1218, al. 2 ; Cass. req. 24-10-1922 : GP 1922.2.693 : état de guerre ; Cass. req. 12-12-1922 : D. 1924.1.186 : réquisition ; Cass. civ. 6-6-1952 : Bull. civ. I p. 155 : réglementation temporaire ; Cass. 1e civ. 24-2-1981 : Bull. civ. I n° 65 : divorce ; Cass. 3e civ. 22-2-2006 n° 233 : RJDA 5/06 n° 509 : tempête ; CA Versailles 30-4-1998 : RJDA 10/98 n° 1076 : émeutes). La suspension peut également intervenir en dehors de la force majeure, l'article 1217 du Code civil la visant comme une mesure générale et unilatérale décidée par une partie ; les juges peuvent valider la décision prise par cette partie et prononcer la suspension lorsqu'elle est justifiée par les circonstances de l'espèce, par exemple lorsque l'exécution du contrat apparaît gravement et immédiatement dommageable pour une partie (Cass. com. 1-12-1998 : RJDA 2/99 n° 210).

Les arbitres statuent dans le même sens (Sentence CCI n° 1703 en 1971 : Clunet 1974.894 obs. Derains).

2. Effets de la suspension. La suspension paralyse, pendant le temps que dure l'événement, les effets du contrat. Dès qu'elle cesse, le contrat reprend son cours tel qu'il est, sans aucun changement ; ainsi, sa durée n'est pas prorogée (T. civ. Thonon 2-2-1945 : GP 1945.1.119) et des conditions nouvelles ne peuvent pas être imposées par une partie à l'autre, par exemple un paiement anticipé (CA Orléans 23-10-1975 : JCP G 1977.II.18653 note Le Tourneau).

En cas de clause d'approvisionnement exclusif, l'obligation d'exclusivité est suspendue, en vertu de l'exception d'inexécution, si l'obligation principale de fourniture l'est (Cass. com. 15-1-1973 : D. 1973.473).

Mais la résolution du contrat peut être prononcée si le retard provoqué par l'empêchement la justifie (C. civ. art. 1218, al. 2).

SUSPENSION CONVENTIONNELLE DU CONTRAT

En pratique, la suspension est surtout prévue par les parties elles-mêmes qui en fixent alors les causes et les effets. 14703

1. Causes de suspension. La suspension peut être prévue pour tout obstacle temporaire à l'exécution du contrat selon les circonstances dans lesquelles les parties envisagent d'exécuter celui-ci.

Il convient pour les parties de prévoir un mécanisme pour constater la cause de suspension au cas où elles seraient en désaccord sur sa survenance ou non.

2. Effets. Dans le silence de la loi, les parties peuvent régler les effets de la suspension et notamment :

a. Indiquer si toutes les **obligations** nées du contrat seront **suspendues** ou si cette suspension n'atteindra que certaines d'entre elles, qu'il convient alors d'énumérer ;

Pour éviter de compromettre les objectifs du contrat, certaines obligations doivent être maintenues, comme celles de conservation du secret ou de non-concurrence.

b. Prendre parti sur le **droit** (ou au contraire l'interdiction), pour le contractant qui, en raison de la suspension, ne peut obtenir les prestations convenues, de s'adresser à un tiers pour **remplacer** momentanément son partenaire défaillant ;

c. Fixer les conditions de la **reprise** du contrat : délai au terme duquel la reprise devra intervenir (nécessaire pour éviter une prolongation indéfinie de la suspension) ; modalités de constatation de la disparition de la cause de suspension ; modalités de réparation des effets de la suspension, par exemple accélération des fournitures suspendues pendant un délai déterminé pour rattraper le retard des livraisons ;

d. Décider des **conséquences** de l'**extinction** définitive du contrat, à défaut de reprise : octroi ou non de dommages-intérêts ; possibilité pour chaque contractant de conserver ce qui lui a été fourni en exécution du contrat ; règlement du solde final, etc.

V. EXCEPTION D'INEXÉCUTION DU CONTRAT

14800 L'article 1220 du Code civil a légalisé, en reprenant sa désignation sous l'expression d'« exception d'inexécution », la règle jurisprudentielle selon laquelle, lorsque le contrat est synallagmatique, la partie qui n'a pas encore exécuté son obligation peut **s'abstenir** de le faire si son cocontractant n'a pas exécuté la sienne ou a refusé d'y procéder (Cass. req. 17-5-1938 : DH 1938.419 ; Cass. com. 15-1-1973 : D. 1973.473), à condition de prouver cette inexécution (Cass. 1e civ. 18-12-1990 no 89-14.975 : Bull. civ. I no 296).

La clause prévoyant l'indivisibilité de la mission d'un prestataire de service et l'engagement du client pour le tout de la mission ne peut pas faire obstacle au jeu de l'exception d'inexécution du contrat invoquée par le client qui établit l'inexécution du contrat (CA Paris 26-9-2017 no 17/00415 : D. IP/IT 2018.134 obs. Lecourt), ce qui peut signifier que l'exception d'inexécution est au moins d'ordre public interne.

Toutefois, la mise en œuvre de l'exception n'est pas totalement reconduite selon les règles que les tribunaux ont précisées, comme il est mentionné, le cas échéant, avec l'exposé de ces règles ci-après.

La partie qui désire invoquer l'exception :

– doit avoir subi un préjudice du fait du manquement dénoncé (Cass. com. 25-5-2022 no 20-18.666 F-D : RJDA 10/22 no 547, obligeant, à défaut, l'acquéreur à payer le prix de la chose achetée) ;

– ne peut l'opposer qu'à une partie qui lui doit une contrepartie en vertu d'un contrat et non à une partie envers laquelle elle est tenue par des **obligations de statut légal** (no 10335), ce qui suppose que le contrat pour lequel elle est invoquée soit, comme l'ont requis les décisions susvisées, un contrat synallagmatique ;

– ne peut le faire qu'à l'encontre de l'obligation même qu'elle prétend inexécutée, ce qui peut être le cas lorsque le locataire oppose son refus de payer le loyer au bailleur qui n'a pas exécuté son obligation de délivrer la chose louée et l'a privé de la jouissance des lieux (cf. no 4556) ou lorsque les rapports réciproques et interdépendants naissent de la résolution ou de la nullité d'un contrat synallagmatique qui donnent lieu à restitution (Cass. civ. 17-12-1928 : DH 1929.52) ou encore en présence de contrats distincts à condition qu'ils soient eux-mêmes interdépendants (no 10106).

Elle ne peut donc pas invoquer l'exception lorsqu'il n'y a plus d'obligation à exécuter (CCIP-CA 13-12-2022 no 21/18660).

– peut suspendre l'exécution de son obligation dès lors qu'il est manifeste que son cocontractant ne s'exécutera pas à l'échéance et que les conséquences de cette inexécution sont suffisamment graves pour elle, à condition de notifier cette suspension dans les meilleurs délais (C. civ. art. 1220) ;

– doit invoquer une inexécution suffisamment grave de la part de son cocontractant (C. civ. art. 1219), ce que les juges apprécient souverainement (Cass. com. 27-10-1981 no 80-11.083 : Bull. civ. IV no 372 ; Cass. com. 1-12-1998 no 96-12.026 : RJDA 2/99 no 210 ; Cass. 3e civ. 11-1-2006 no 04-30.240 : RJDA 4/06 no 404) ;

Pour des exemples de manquements jugés suffisamment graves : Cass. com. 21-7-1975 : GP 1975.2.pan.286 ; Cass. com. 10-12-1979 : Bull. civ. IV no 327 ; Cass. com. 15-10-1996 no 94-18.903 : RJDA 1/97 no 1 ; Cass. 3e civ. 11-1-2006 précité ; CA Paris 10-4-1987 : D. 1987.IR.132 ; CA Paris 9-3-1989 : D. 1989.som.303 obs. Hassler ; CA Paris 14-10-1993 : RJDA 2/94 no 233 ; CA Agen 22-11-2023 no 22/00955 : BTL 2023.719.

Pour des exemples de défaillance du cocontractant considérée comme insuffisamment grave : CA Paris 20-5-1981 : GP 1982.som.99 ; CA Paris 18-12-1986 : D. 1987.IR.19 ; CA Rouen 14-9-1988, au motif que l'inexécution dénoncée faisait l'objet d'une action en justice pendante.

– ne doit pas être à l'**origine du défaut d'exécution** qu'elle impute à son cocontractant, car nul ne peut se prévaloir de ses fautes (no 74921) ;

– doit refuser d'exécuter une **obligation** d'une importance comparable à celle qui n'a pas été exécutée (cf. Cass. com. 1-7-1980 : GP 1980.pan.580 ; CA Aix 22-12-1977 : Bull. Cour d'Aix 1977/4 p. 24) ;

– doit limiter sa réaction à la suspension provisoire d'inexécution de ses obligations et ne pas décider, l'exception d'inexécution serait-elle fondée, de rompre le contrat litigieux (Cass. com. 1-12-1992 : RJDA 1/93 no 2) ;

– doit, en cas de contestation de l'exécution de prestations objet de diverses factures, justifier, facture par facture, de l'existence de manquements attestant de la mauvaise exécution des prestations de son cocontractant, objet des factures litigieuses (CA Versailles 4-11-2021 no 20/04676).

Mais ces conditions sont suffisantes. Il importe peu que l'autre partie n'ait pas été mise en demeure (Cass. com. 26-5-1981 no 79-15.606 : Bull. civ. IV no 248) ou qu'une clause prévoie la résolution de plein droit du contrat pour inexécution (CA Aix 9-7-1981 : Bull. Cour d'Aix 1981/2 p. 24) ou que la partie s'opposant à l'exception invoque un manquement de son auteur au devoir de conseil qu'il lui devait (Cass. com. 14-2-2018 no 16-25.100 F-D : RJDA 6/18 no 487) ou une faute que son cocontractant aurait commise à son égard en tant que son mandataire (nº 41615). Le contractant qui a régulièrement soulevé l'exception d'inexécution peut demander la résolution du contrat alors même qu'une procédure collective a été ouverte à l'encontre de son cocontractant (nº 62410).

Par ailleurs, le contractant qui suspend l'exécution de sa prestation doit **surveiller** avec attention le délai de prescription de son droit ; il court le risque, en effet, que son cocontractant le poursuive en exécution de ses obligations à un moment où l'action reconventionnelle qu'il prétendra former pour réclamer son droit se trouvera prescrite (nº 71718). Il doit aussi **reprendre l'exécution** de ses obligations dès l'instant où son débiteur l'a indemnisé des dommages qu'il lui a causé par son manquement (CA Paris 21-3-1979 : BT 1979.257), pourvu qu'il n'ait pas renoncé à tout recours (CA Rennes 16-11-2004 : JCP G 2005.IV.3330).

Sur la possibilité d'invoquer l'exception d'inexécution pour retards de paiement en présence d'une clause de pénalités contractuelles de retard, nº 14400.

VI. EXÉCUTION FORCÉE DU CONTRAT

CONDAMNATION À EXÉCUTION SOUS ASTREINTE

La partie qui n'exécute pas ses obligations contractuelles peut être condamnée en justice, après mise en demeure et généralement sous astreinte, à **assumer en nature** ses prestations si son cocontractant le demande, à **condition** que cette exécution soit possible et qu'il n'existe pas une disproportion manifeste entre le coût de cette exécution pour le débiteur de bonne foi et son intérêt pour le créancier (C. civ. art. 1221). 14900

Pour éviter un litige au fond sur la réalité de l'inexécution de l'obligation de faire et rendre incontestable le recours à l'exécution forcée, les parties ont intérêt à conférer au juge des référés le pouvoir de constater l'inexécution de l'obligation (nº 15574).

Sur la compétence du juge des contentieux de la protection ou du tribunal judiciaire pour condamner à l'exécution en nature d'une obligation née d'un contrat conclu entre des personnes n'ayant pas toutes la qualité de commerçants, CPC art. 1425-1 s.

Il s'ensuit que l'exécution forcée peut être largement prononcée.

Les **exemples** en sont abondants.

a. Obligation de faire. Il est possible de contraindre :

- un occupant sans titre à libérer les lieux ;
- un acheteur à prendre livraison (Cass. com. 19-6-1963 : Bull. civ. III p. 264) ou à payer la somme due, le créancier d'une somme d'argent impayée étant toujours en droit de préférer le paiement de cette somme au versement de dommages-intérêts ou à la résolution de la convention (Cass. 1ᵉ civ. 9-7-2003 nº 1004 : RJDA 2/04 nº 131) ;
- un bailleur à délivrer au locataire la chose louée (Cass. com. 23-5-1964 : Bull. civ. III p. 224) ou à lui rétablir le courant électrique (Cass. 1ᵉ civ. 17-3-1965 : Bull. civ. I nº 195) ;
- un fournisseur à livrer l'objet commandé (Cass. com. 21-3-1984 nº 82-12.347 : Bull. civ. IV nº 115 ; CA Colmar 18-10-1972 : JCP G 1973.II.17479 note Burst ; CA Aix 17-2-1982 : Bull. Cour d'Aix 1982/1 nº 82) ;
- un constructeur à livrer l'appartement acheté (Cass. 1ᵉ civ. 12-2-1964 : Bull. civ. I nº 471) ;
- un bailleur à effectuer les travaux dans les lieux loués (Cass. civ. 9-7-1970 nº 69-10.888 : Bull. civ. III nº 316) ;
- par référé, une partie à un contrat, eu égard à l'imminence et à la gravité du dommage résultant de la rupture, de reprendre immédiatement ses relations commerciales avec le demandeur et à en aviser ses propres détaillants, eu égard à l'imminence et à la gravité du dommage résultant de la rupture, par cette société, de ses relations contractuelles avec ledit demandeur (Cass. com. 21-3-1984 : Bull. civ. IV nº 115 ; Cass. com. 26-2-1991 : RJDA 6/91 nº 548 ; sur ce référé, nº 72524) ;
- un transporteur aérien à assumer le service qu'il avait promis (Cass. com. 31-5-1976 nº 75-14.625 : Bull. civ. IV nº 186) ;
- un annonceur (disposant d'une situation de monopole) à exécuter toute commande d'insertion ne contrevenant pas aux usages commerciaux (CA Versailles 9-6-1988 : D. 1988.IR.215) ;
- un employeur à rompre le contrat de travail conclu en violation d'une obligation de non-concurrence à laquelle était tenu le salarié embauché (Cass. com. 26-10-1993 : RJDA 2/94 nº 240) ;
- celui qui l'a promis de souscrire à une augmentation de capital (CA Paris 30-6-1995 : JCP E 1996.pan.13) ;
- une société à céder les titres qu'elle avait vendus dès lors que les conditions de la vente étaient réalisées et qu'aucune impossibilité matérielle, juridique ni morale ne faisait obstacle à l'exécution forcée (CA Paris 21-12-2001 : RJDA 6/02 nº 643) ;
- l'acquéreur d'un bien en violation d'un droit de préférence à subir, si les conditions en sont remplies, la substitution du bénéficiaire du droit méconnu, nº 26639.

b. Obligation de ne pas faire. Il a été interdit, sous astreinte, d'exercer l'activité prohibée par un engagement de non-concurrence (Cass. soc. 16-4-1975 nº 74-40.081 : Bull. civ. V nº 189) ou de commercialiser un ouvrage contrairement aux engagements contractuels (Cass. 1ᵉ civ. 16-1-2007 nº 55 : RJDA 5/07 nº 442).

14900 (suite) **c. Destruction de travaux.** Le créancier a le droit de demander que ce qui a été fait contrairement à l'engagement soit détruit : il peut se faire autoriser à le détruire aux frais du débiteur, sans préjudice des dommages et intérêts s'il y a lieu (C. civ. art. 1222 et 1217). Ainsi, un bailleur peut être condamné à détruire les aménagements qui gênent la jouissance paisible du locataire (Cass. civ. 14-10-1964 : D. 1964.710). Sur la destruction de travaux qui porte atteinte à la propriété privée, n° 74924.

L'exécution forcée ne peut pas être refusée pour **insuffisante gravité du manquement,** celle-ci pouvant justifier le refus de la résolution du contrat mais non le rejet de la demande d'exécution sous astreinte (Cass. 3e civ. 22-5-2013 n° 12-16.217 : RJDA 5/14 n° 408).

Il ne peut pas être opposé au demandeur en exécution forcée d'y avoir renoncé au motif qu'il a, entre-temps, demandé la restitution de l'acompte versé et des dommages-intérêts car, tant qu'il n'a pas été statué sur sa demande initiale par une décision passée en force de chose jugée, il conserve le choix entre exécution forcée ou résolution (Cass. 3e civ. 25-3-2009 n° 08-11.326 : RJDA 10/09 n° 808).

Mais, s'il présente en appel une demande en résolution, il substitue à la demande en exécution une demande nouvelle car l'action en résolution, qui a pour effet de mettre à néant le contrat, ne tend pas aux mêmes fins que la demande tendant à l'application des clauses de ce contrat, qui le laisse subsister (Cass. 3e civ. 20-1-2010 n° 09-65.272 : Bull. civ. III n° 14, l'arrêt nommant « résiliation » l'action qui tend « à mettre à néant » le contrat ; Cass. 2e civ. 8-9-2011 n° 09-13.086 : Bull. civ. II n° 163).

Néanmoins, le créancier ne peut **pas,** en toute hypothèse, **obtenir l'exécution forcée** :

– qui oblige le débiteur à « payer de sa personne » car il est interdit de priver un débiteur de sa liberté pour inexécution d'obligations contractuelles (cf. convention européenne des droits de l'Homme art. 4 ; CJUE 19-12-2019 aff. 752-18 excluant le prononcé par une juridiction nationale de l'UE d'une contrainte par corps dès lors qu'il n'existe pas dans la législation nationale une disposition pouvant servir de base légale à un tel prononcé).

Ainsi ne peut pas être condamné sous astreinte :

– le promettant de la cession d'un office ministériel ou d'un bureau de tabac à présenter son successeur (Cass. civ. 4-1-1837 : S. 1837.1.445 ; CA Paris 6-3-1845 : S. 1845.2.225) ;

– un artiste ou un auteur, qui s'est engagé à accomplir une œuvre littéraire ou artistique, à achever son œuvre ou même à la livrer, une fois achevée, son droit moral le rendant seul et discrétionnairement maître de la divulgation (cf. Cass. civ. 14-3-1900 : DP 1900.1.497 rapport Rau, concl. Desjardins ; CA Paris 4-7-1865 : DP 1865.2.201 ; CA Paris 19-3-1947 : DH 1949.20 note Desbois) ; mais le cocontractant de l'auteur peut être, lui, condamné à exécuter son obligation (cf. Cass. 1e civ. 16-3-1983 n° 81-14.454 : Bull. civ. I n° 101 ; TGI Paris 14-12-1983 : RTD com. 1984.284 obs. Françon) ;

– le preneur d'un bail à nourriture à recevoir la personne à qui il a promis son hébergement (Cass. req. 20-10-1936 : DH 1936.555) ;

– celui qui s'est obligé à dispenser un enseignement (TGI Paris 3-10-1968 : GP 1968.2.345 note Doucet) ;

– une femme à exécuter la convention de « strip-tease » qu'elle a souscrite (TGI Paris 8-11-1973 : D. 1975.401 note Puech).

– s'il n'est pas en mesure de fournir la prestation à laquelle il s'est engagé (Cass. civ. 22-12-1981 : GP 1982.pan.181), fût-ce par le fait de son cocontractant (Cass. com. 18-12-1990 : RJDA 3/91 n° 192) ;

– en appel, pour cause de demande nouvelle, s'il a, en première instance, demandé la résolution du contrat pour inexécution, les deux actions n'ayant pas le même objet (Cass. 2e civ. 8-9-2011 n° 09-13.086 : Bull. civ. II n° 163) ;

– si le contrat a prévu que la violation de l'obligation de payer un minimum annuel serait sanctionnée, soit par la résiliation du contrat, soit par la suppression de l'exclusivité accordée au débiteur (Cass. com. 1-2-1994 : RJDA 6/94 n° 620) ;

– s'il poursuit l'exécution forcée de la délivrance d'un bien dont le débiteur n'a plus la libre disposition ou sur lequel il a reconnu un droit à un tiers, par exemple lorsqu'un bailleur a déjà loué à un tiers le local promis à un autre (Cass. 3e civ. 13-6-2006 n° 15-25.463 : RJDA 10/06 n° 995) ;

– si l'exécution est impossible ou s'il existe une disproportion manifeste entre son coût pour le débiteur et son intérêt pour le créancier (C. civ. art. 1221 ; Cass. 3e civ. 15-10-2015 n° 14-23.612 : RTD civ. 2016.70 obs. Puig, contraignant le juge qui prononce l'annulation d'un contrat de construction à rechercher, lorsque le constructeur s'y oppose, si la démolition de l'ouvrage constitue une sanction proportionnée à la gravité des désordres ; Cass. 3e civ. 22-11-2018 n° 17-12.537 P : RJDA 2/19 n° 84, refusant la remise en état pour des travaux qui étaient réalisés à hauteur de 89,5 %).

Le coût peut être injustifié soit parce qu'il dépasse une évaluation forfaitaire par les parties ou un pourcentage de renchérissement du coût supérieur par exemple à 10 % du prix contractuel des obligations inexécutées, soit parce que le créancier dispose d'autres moyens moins onéreux pour être rempli de ses droits, soit encore parce que l'exécution forcée pourrait conduire à des effets hors de mesure avec l'intérêt du litige (par exemple, Cass. com. 18-2-1992 n° 87-12.844 : RJDA 5/92 n° 474, annulant la restitution en nature des cuves installées dans une station-service à la fin de l'accord car, en entraînant des travaux coûteux susceptibles de dissuader les revendeurs de traiter avec d'autres fournisseurs, elle constitue une entrave à la concurrence). Sous cet angle, ne devrait plus être censuré l'arrêt qui a refusé d'ordonner la démolition d'une construction dont la hauteur était de 33 centimètres inférieure à celle prévue au contrat de construction (Cass. 3e civ. 11-5-2005 n° 03-21.136 : RDC 2006.323 obs. D. Mazeaud).

Le coût peut être justifié, aussi élevé soit-il, si l'inexécution de l'obligation est le résultat d'une faute lucrative (n° 15322), cette faute pouvant aussi être considérée comme une fraude à la loi car, plaçant le créancier sur le terrain de la responsabilité contractuelle, elle le prive du droit à l'exécution forcée que lui reconnaît la loi par priorité.

– si le juge use de son pouvoir d'allouer des dommages-intérêts, au lieu et place de l'exécution forcée en nature sollicitée, dès lors que les dommages-intérêts sont de nature à réparer intégralement le désordre, en l'espèce esthétique, affectant l'ouvrage (Cass. 3e civ. 10-11-2021 n° 20-19.323 FS-B, mettant à la charge du constructeur qui a insuffisamment chiffré les travaux réservés par le maître d'ouvrage le coût de ces travaux, déduction faite du prix compris dans la notice descriptive).

Si le créancier n'a **pas demandé l'exécution forcée,** il n'a alors droit qu'à la réparation de son préjudice par l'attribution de dommages-intérêts (Cass. com. 18-12-1990 : RJDA 3/91 n° 194, lui refusant le paiement du prix d'une prestation qu'il n'a pas exécutée).

REMPLACEMENT

Après mise en demeure, le créancier peut aussi, dans un délai et à un coût raisonnables, faire exécuter lui-même l'obligation (C. civ. art. 1222, al. 1), sans autorisation judiciaire. **14905**

Cette règle générale cède le pas, à notre avis, à la règle commerciale coutumière ouvrant à l'acheteur de marchandises des mains d'un vendeur commerçant de procéder lui-même à un nouvel achat (nos 26980 s.), cette coutume étant une règle spéciale dérogeant au droit commun (n° 10668).

Toutefois, si le créancier veut faire détruire ce qui a été fait en violation de l'obligation, il doit obtenir l'autorisation préalable du juge (art. 1222, al. 1).

Dans les deux cas, le créancier peut demander (art. 1222, al. 1 et 2) :

– au débiteur le remboursement des sommes engagées à cette fin ;

– en justice que le débiteur avance les sommes nécessaires à cette exécution ou à cette destruction.

L'avance due par le débiteur de l'obligation inexécutée n'est pas l'indemnisation du coût des travaux d'exécution (Cass. 3e civ. 6-4-2023 n° 19-14.118 FS-B : RJDA 10/23 n° 502).

S'agissant d'une **faculté,** le créancier peut l'invoquer s'il y a intérêt ; jugé par exemple qu'il peut :

– s'accorder avec le débiteur sur la substitution d'un tiers acceptant de procéder à l'exécution (cf. Cass. com. 18-12-2007 n° 06-15.116 : RJDA 10/08 n° 979, 2e esp.) ;

– cumuler l'exécution par un tiers avec des dommages-intérêts s'il subit néanmoins, en outre, un préjudice mais non la résolution du contrat en raison de l'incompatibilité entre la demande d'exécution et celle de sanction de l'inexécution (C. civ. art. 1217, al. 7).

Mais le créancier peut être tenu pour responsable du préjudice causé au débiteur et qu'il aurait pu minimiser (n° 15069).

RÉDUCTION DU PRIX

Définition Selon l'article 1223 du Code civil, la réduction du prix prévu au contrat en contrepartie de la prestation promise prend en compte l'exécution imparfaite du contrat sans abolir le contrat. **14910**

Elle est distincte de la réduction des honoraires rétribuant les prestations des professions libérales qui sanctionne leur montant excessif par rapport au service rendu et qui peut être invoquée alors même que l'exécution n'est pas imparfaite (n° 12323).

Sous le terme de « réfaction » du prix, le juge a, de longue date, dans le silence du Code civil, accepté une réduction du prix de la chose livrée en vertu d'une **vente commerciale** et non conforme à la commande (Cass. soc. 10-10-1941 : D. 1941.359 ; Cass. com. 15-12-1992 n° 90-19.006 : RJDA 4/93 n° 304 ; Cass. 3e civ. 26-10-2011 n° 09-10.699 : RJDA 3/12 n° 273).

Cette solution était une dérogation coutumière à l'article 1610 du Code civil qui n'offre en cas de défaut de délivrance qu'une option entre mise en possession ou résolution (n° 14916). Elle est désormais obsolète.

Contrats visés Les contrats soumis au régime de la réduction du prix organisée par l'article 1223 du Code civil sont tous ceux dont la **réduction du prix** n'est pas **régie par une disposition particulière,** une telle règle primant la règle générale en vertu de l'article 1105, al. 3 (C. civ. art. 1644 : au titre de la garantie des vices cachés ; C. civ. art. 1617 et 1674 : pour défaut de contenance ou lésion en matière de vente immobilière ; C. consom. art. L 217-10 au titre de la garantie légale de conformité) ou exclue (C. civ. art. 1610 : défaut de délivrance dans le temps convenu restant sanctionné dans les ventes, au choix de l'acheteur, par sa mise en possession ou par la résolution de la vente). **14916**

14919 **Droit à la réduction du prix** La **réduction** du prix peut être **demandée** par le créancier de la prestation imparfaitement exécutée :

– s'il a mis le débiteur en demeure ;

– si les parties ne l'ont pas écartée ;

Elles l'ont fait lorsqu'elles ont conclu un contrat de vente sur échantillon car elles ont dans ce cas exprimé l'intention d'écarter tout défaut, même minime, de la marchandise (Cass. req. 15-5-1877 : DP 1878.1.36).

En revanche, le défaut de conformité d'objets vendus sur modèle peut n'entraîner qu'une diminution du prix lorsqu'au moment de la conclusion du contrat les produits ne sont pas encore fabriqués : ainsi, une différence de couleur entre le modèle présenté sur papier et le produit peint sur fer résultant du mode de fabrication justifie seulement la réfaction et non la résolution de la vente (Cass. com. 17-1-1962 : Bull. civ. III p. 33).

– si la prestation n'est pas conforme aux spécifications du contrat, par exemple s'agissant de la marchandise vendue et livrée si elle n'est pas conforme à l'usage auquel elle était destinée.

Par exemple, la réfaction a été prononcée dans les cas suivants :

– les meubles livrés avaient été fabriqués en sapin bleu de Trieste au lieu du sapin de Suède prévu au contrat, mais cette modification du matériau de fabrication n'altérait pas les « qualités essentielles de solidité et d'élégance des meubles vendus » (Cass. civ. 11-4-1918 : DP 1921.1.224) ;

– le blé livré était « à la limite extrême de la qualité acceptable », mais il était néanmoins « propre à remplir l'objet de sa destination », d'autres acheteurs ayant reçu un blé identique sans faire de réclamations et ayant fabriqué pour la boulangerie la farine qu'ils étaient en droit d'en attendre (Cass. req. 23-5-1900 : DP 1901.1.269) ;

– les pierres tombales livrées pouvaient être rendues strictement conformes à la commande par un léger travail d'achèvement (Cass. req. 17-10-1905 : S. 1906.1.175) ;

– médiocrité et insuffisance manifeste des services rendus (CA Paris 17-3-1987 : D. 1988. 219 note Mirbeau-Ganvin).

Si le **créancier** n'a pas encore payé tout ou partie de la prestation, après mise en demeure, il notifie au débiteur sa **décision de réduire** le prix dans les meilleurs délais (C. civ. art. 1223, al. 1).

En matière de réfaction du prix d'une vente commerciale, il a été admis une réduction unilatérale du prix par un donneur d'ordre en raison de la médiocrité des services rendus et de leur insuffisance manifeste (CA Paris 17-3-1987 : D. 1988. 219 note Mirbeau-Ganvin).

Faute d'avoir effectué cette notification, le créancier ne peut pas invoquer les dispositions de l'article 1223 du Code civil et n'est donc pas fondé à solliciter de réduction (CA Versailles 13-6-2023 nº 22/01013).

En se référant aux « meilleurs délais », le texte impose au créancier une diligence spéciale. Il doit faire au plus vite, et pas seulement dans un délai raisonnable.

Si le créancier a déjà payé, à défaut d'accord entre les parties, il peut demander au juge la réduction de prix (C. civ. art. 1223, al. 2).

14922 **Montant de la réduction** La réduction du prix doit être **proportionnelle** (C. civ. art. 1223, al. 1), ce qui s'entend nécessairement à la valeur de l'imperfection de l'exécution.

Sans directive plus précise, le juge est libre d'apprécier la valeur du manquement. Il peut donc se guider sur les solutions qui ont été pratiquées sous le couvert de la réfaction du prix des ventes commerciales.

Le juge a notamment tenu compte des usages (Cass. civ. 1-4-1924 : S. 1925.1.371 : usages pour les marchés du bois ; Cass. req. 1-12-1875 : DP 1877.1.450 : usage commercial pour les ventes de vin) ; à défaut d'usages, il lui a été reconnu le pouvoir de déterminer souverainement le montant de la réduction (Cass. com. 23-3-1971 nº 69-12.029 : D. 1974.40 note Alter).

La réduction prononcée a été par exemple :

– de 50 % pour une marchandise livrée non conforme dans la proportion des deux tiers mais dont plus de la moitié avait été revendue dans des conditions normales (Cass. com. 23-3-1971 précité) ;

– proportionnelle à la valeur locative des locaux dont le locataire n'a pas été mis en possession (Cass. civ. 5-3-1894 : S. 1897.1.74) ;

– de 10 % en raison du mélange de qualité de chiffons dépréciant la marchandise (CA Montpellier 25-5-1895 : DP 1895.2.504).

La réduction du prix notifié par le créancier peut être **acceptée par le débiteur,** à condition que ce soit par écrit (C. civ. art. 1223, al. 1).

14925 **Allocation de dommages-intérêts** Toute sanction de l'inexécution des obligations contractuelles pouvant se cumuler avec l'allocation de dommages-intérêts (nº 14400), la solution rendue à propos de la réfaction du prix d'une vente commerciale peut être reconduite ; ainsi, le cumul de la réduction et des dommages-intérêts est possible dès lors que la réduction a eu pour objet de pallier un défaut de qualité qui a exposé l'acheteur à des réparations et à des diligences tandis que les dommages-intérêts ont réparé le dommage consécutif à une livraison défectueuse (Cass. com. 22-1-2008 n° 07-11.375 : RJDA 4/08 n° 392).

VII. RÉPARATION DE L'INEXÉCUTION DU CONTRAT

GÉNÉRALITÉS

Le contractant qui subit un dommage, du fait de l'inexécution ou de la mauvaise exécution du contrat par l'autre partie, peut lui en demander réparation, sous forme de dommages-intérêts ou en nature, sous le régime dit de la « responsabilité contractuelle ». 15000

En l'état des textes applicables, l'allocation de dommages-intérêts a été conçue dans le Code civil, depuis 1804, comme une conséquence de la responsabilité du débiteur de l'obligation méconnue, supposant sa faute et un dommage corrélatif. Mais une autre perception de l'inexécution de l'obligation contractuelle tend désormais à considérer les dommages-intérêts, non plus comme la sanction de la responsabilité du débiteur défaillant, mais comme une modalité d'exécution par équivalent de l'obligation demeurée impayée (Cass. soc. 4-12-2002 n° 00-44.303 : Bull. civ. V n° 368) ; il s'ensuit, selon cette conception, que les dommages-intérêts peuvent être alloués sans que soient établis ni la faute du débiteur (Cass. com. 30-6-1992 : D. 1994.454 note Bénabent) ni le préjudice de la victime (Cass. 3e civ. 30-1-2002 n° 193 : RJDA 4/02 n° 358 : sur cette conception, RDC 2003.54 obs. Stoffel-Munck).

La victime peut éviter d'agir en réparation contre l'auteur du dommage si elle a contracté une **assurance** couvrant les dommages contractuels ou si elle a obtenu dans le contrat une clause obligeant son cocontractant à souscrire une assurance à son profit ; ce contrat est valable sous la seule condition que ne soient pas réparés les dommages intentionnels ou causés par une faute lourde (Cass. civ. 29-3-1962 : GP 1962.2.151 ; cf. Cass. com. 21-4-1980 : Bull. civ. IV p. 119 ; Cass. soc. 12-10-1989 : JCP G 1990.II.21413 note Saint-Jours) ou résultant de fautes lourdes (CE 16-5-1994 : GP 1995.pan.68).

Cette clause doit notamment rigoureusement définir les risques à assurer (en particulier ceux dont l'assurance est, le cas échéant, obligatoire), la durée de la couverture, le montant des valeurs assurées, la délégation du versement de l'indemnité au bénéficiaire, la subrogation de celui-ci dans tous les droits de l'assuré sur la compagnie d'assurance et la communication au bénéficiaire d'un exemplaire de la police et de tous avenants.

Si le contrat d'assurance n'est pas conclu par la faute de la partie qui avait pris l'engagement de le souscrire, celle-ci doit indemniser le bénéficiaire du préjudice qui en résulte pour lui (cf. CA Reims 25-2-1975 : JCP G 1975.IV.279, refusant de voir un préjudice dans le seul défaut d'assurance, car, si cette carence a permis à la partie débitrice un bénéfice, il n'en résulte pas automatiquement une perte pour l'autre, celle-ci ne pouvant par ailleurs prétendre que l'éventualité du risque couru lui avait causé un préjudice moral).

Qu'elle que soit la conception retenue, l'allocation de dommages-intérêts en réparation du préjudice subi par la victime d'une exécution de mauvaise foi du contrat ne la dispense pas de l'exécution de ses propres obligations contractuelles (Cass. com. 26-1-2022 n° 19-26.059 F-D : RJDA 7/22 n° 389 : droit de l'auteur du dommage à obtenir paiement des sommes qui lui sont dues au titre du même contrat).

Sous réserve de cette évolution et des quelques solutions susvisées auxquelles elle a donné lieu, la victime doit, pour obtenir la sanction de l'inexécution de l'obligation contractuelle due, suivre les règles ci-après exposées fondées sur la responsabilité du débiteur défaillant.

A. Droit à réparation de l'inexécution du contrat

AMÉNAGEMENTS CONTRACTUELS DU DROIT À RÉPARATION

Exclusion de la réparation Sauf les exceptions ci-dessous, les parties peuvent convenir que les dommages issus d'un contrat ne seront pas réparés (Cass. 1e civ. 18-11-1980 : Bull. civ. I n° 297 : irresponsabilité d'un garagiste pour le matériel et les marchandises se trouvant dans les voitures occupant des places de stationnement louées ; Cass. com. 27-5-1983 n° 81-14.174 : Bull. civ. IV n° 154 : irresponsabilité de la société de crédit-bail pour les vices du matériel ; Cass. 1e civ. 3-1-1996 n° 6, 1e esp. : RJDA 11/96 n° 1406 : irresponsabilité d'une commune pour incendie ; CA Colmar 15-2-2006 n° 04/00851 : Bull. inf. C. cass. 2006 n° 2260 : irresponsabilité d'un bailleur pour incendie). 15005

Est licite la clause par laquelle une partie se fait **garantir par** son **cocontractant** de la totalité des dommages dont elle pourrait être tenue envers des tiers, notamment les salariés de cette partie, et de ceux qu'elle pourrait subir elle-même (conséquences pour elle du dommage subi par ses salariés : salaires payés pendant la période d'incapacité, trouble commercial, perte du recours contre le tiers responsable), car elle correspond à un pacte analogue à un contrat d'assurance reconnu valable (n° 15000).

Le débiteur doit, **en tout état de cause,** réparation lorsque :

– il lui est interdit de s'éxonérer, ce qui est le cas par exemple pour un transporteur (nos 24553 et 25200) ou pour un vendeur professionnel à l'égard d'un acquéreur qui n'a pas la même spécialité professionnelle que lui (n° 27259) ;

– il a commis soit une faute intentionnelle - dite aussi « dol » - qui est sanctionnée en toute hypothèse (n° 15322), soit une faute inexcusable (nos 24624, 25242, 26227) soit une faute lourde (n° 15322) ;

– lui est imputable une exécution défectueuse d'origine extracontractuelle (nos 15023 s.), la responsabilité extracontractuelle étant d'ordre public (n° 8003).

La clause élusive de responsabilité « du fait des attentes en matière de sûreté et de sécurité » a été aussi écartée lorsque les conditions générales et le site internet de la partie, bénéficiaire de la clause, insistaient sur la sûreté des lieux, élément déterminant du choix du client (CA Paris 8-2-2017 n° 14/20152 : BTL 2017.125).

Lorsque la clause d'irresponsabilité est valable, le débiteur est libéré de toute réparation (Cass. com. 6-7-1955 : GP 1955.2.253 ; Cass. com. 15-6-1959 : D. 1960.97 note Rodière).

La clause ne produit toutefois effet qu'à l'égard de son bénéficiaire : ainsi, l'acquéreur d'un immeuble qui l'accepte dans l'état où il se trouve renonce à agir contre son vendeur mais non à l'égard de l'entrepreneur responsable du vice (Cass. civ. 17-12-1986 : D. 1987.IR.12).

Bien entendu, les clauses d'irresponsabilité, même valables, ne peuvent être opposées au cocontractant victime du dommage que si elles ont été acceptées par lui (Cass.1e civ. 27-2-1996 : RJDA 7/96 n° 886 ; voir aussi n° 15316 les solutions relatives à l'opposabilité des clauses limitatives de responsabilité qui sont transposables). Les tiers ne peuvent pas s'en prévaloir (Cass. 3e civ. 15-2-1972 n° 70-13.884 : Bull. civ. III n° 95 ; cf. Cass. 3e civ. 17-12-1986 : Le Moniteur 13-2-1987 p. 48, jugeant que le tiers à un acte de vente ne peut pas opposer au vendeur qui le poursuit que l'acquéreur a renoncé à exercer un recours contre lui) et elles ne peuvent pas leur être opposées dans les conditions exposées n° 13054.

Lorsque le contrat est international, la validité des clauses d'irresponsabilité est appréciée selon la loi applicable au contrat (CA Paris 16-6-1959 : D. 1960.209 note Rodière).

15008 **Aggravation de la réparation** Sauf interdiction expresse de la loi, les parties peuvent toujours aggraver la responsabilité du débiteur (voir C. civ. art. 1351).

Cette aggravation ne peut être appliquée que si elle a été certainement **acceptée** par la partie à qui elle est opposée.

Bien qu'insérée en petits caractères avec les autres conditions générales d'un contrat de location d'un véhicule automobile conclu entre une société de location et un commerçant, une clause excluant le caractère exonératoire de la force majeure en cas de sinistre a été réputée opposable au locataire « commerçant suffisamment averti du monde des affaires pour n'être pas surpris par des clauses usuelles dans des contrats de ce type » (CA Paris 9-7-1982 : BRDA 20/82 p. 22).

Mais, dans un cas où une clause des conditions générales de vente prévoyant que « tous les événements pouvant entraîner un retard de fabrication des produits ou de leur livraison sont considérés comme des cas de force majeure » ne figurait ni dans les bons de commande remplis par l'acheteur ni dans la lettre ultérieure par laquelle le vendeur avait ratifié la commande mais seulement dans des documents établis postérieurement à l'accord de volontés des parties, cette clause a été déclarée inopposable à l'acheteur, dès lors qu'il n'avait pas entretenu de relations d'affaires constantes et suivies avec le vendeur (CA Aix 6-3-1980 : Bull. Cour d'Aix 1980/1 p. 68).

L'acceptation peut être implicite : ne peut pas se prévaloir de la force majeure celui qui a pris un engagement incompatible avec la libération qu'elle implique.

Ainsi :

– le bailleur qui s'est engagé à effectuer à ses frais exclusifs toutes les réparations des dégâts causés par fait de guerre ne peut pas soutenir que le fait de guerre ayant entraîné une coupure d'eau dans l'immeuble loué constitue un cas de force majeure (Cass. soc. 24-1-1958 : Bull. civ. IV p. 145) ;

– le débiteur qui s'est engagé à se charger, sous son entière responsabilité, de tous les travaux de construction et d'aménagement ainsi que de toutes les formalités administratives s'est interdit de prétendre que le refus de permis de construire constitue un cas de force majeure (Cass. com. 11-3-1970 : Bull. civ. IV n° 96) ;

– s'interdit d'apprécier la gravité de ses manquements, telle que la jurisprudence l'apprécie dans les contrats ordinaires, celui qui avait promis un « contrat de confiance » (TI Paris 9-3-1977 : GP 1977.2.som.398).

Lorsque c'est le cas, l'aggravation conventionnelle de responsabilité doit être **appliquée.**

Ainsi, n'a pas pu s'exonérer :

– l'assureur qui garantit le risque de force majeure (Cass. req. 28-1-1890 : DP 1891.1.246) ;

– le locataire de matériel qui, au terme du contrat de location, a pris en charge toutes les détériorations et pertes dues à tous les cas de force majeure (CA Aix 6-10-1987 : Bull. Cour d'Aix 1987/2 p. 13) ou le locataire d'un local qui a renoncé expressément, à invoquer la force majeure ;

– le manutentionnaire qui a augmenté sa responsabilité (CA Rouen 12-10-2006 : Transidit 2007 n° 51 § 7).

RÉGIME LÉGAL DU DROIT À LA RÉPARATION

Lorsque les parties ne sont pas convenues du régime de la réparation des dommages consécutifs au contrat (n° 15005), la victime a le droit d'en obtenir réparation dès qu'elle remplit les conditions requises à cet effet, peu important que le contrat n'ait pas prévu l'attribution d'une indemnisation (Cass. com. 20-10-1975 : JCP G 1975.IV.364). **15015**

Ces conditions, ci-après exposées, supposent que :

– le débiteur ait été mis en demeure (n°s 14415 s.) ;

– le dommage soit une conséquence du contrat ;

– la victime établisse qu'elle a subi un dommage réparable ;

– le débiteur ne puisse pas invoquer un fait justificatif ;

– à défaut de fait justificatif et de promesse d'un résultat précis par le débiteur, la victime prouve que le dommage est imputable à ce dernier et se trouve rattaché par un lien de causalité à la cause du dommage ;

– la victime du dommage n'invoque pas, pour la réparation du même dommage, les règles de la réparation contractuelle et de la réparation extracontractuelle.

Les juges ne peuvent pas ajouter d'autres conditions (cf. Cass. 3e civ. 13-10-2004 n° 999 : RJDA 1/05 n° 10).

1. DOMMAGE CONTRACTUEL

La première condition du droit à la réparation de l'inexécution du contrat tient à l'existence d'un dommage de nature contractuelle. C'est le cas si : **15020**

– la victime et l'auteur du dommage sont liés par des rapports contractuels ;

– le dommage consiste en une atteinte à une obligation contractuelle.

Mais la gravité de la faute commise n'est pas déterminante de la nature contractuelle ou non du dommage (Cass. civ. 30-5-1978 : JCP G 1978.IV.238).

NÉCESSITÉ DE RAPPORTS CONTRACTUELS

Existence La nécessité de rapports contractuels entre la victime et l'auteur du dommage est une condition constamment affirmée par les tribunaux pour tenir le dommage invoqué comme contractuel (par exemple, Cass. 3e civ. 7-5-1986 n° 84-12.814 : Bull. civ. III n° 62 : censure de l'application de la responsabilité contractuelle sans établissement préalable d'un lien contractuel). Cette **condition** est **remplie** lorsque : **15023**

– la victime et l'auteur du dommage sont parties à un même contrat (Cass. 2e civ. 18-10-2012 n° 11-14.155 : RJDA 3/13 n° 275 ; Cass. 1e civ. 5-2-2020 n° 18-25.625 F-D : RJDA 6/20 n° 336) ;

– ils sont parties à des contrats distincts dès lors que ceux-ci se rapportent à la fourniture d'une même chose (n°s 19640, 20425, 27243) ou que l'un est, comme le cautionnement, l'accessoire de l'autre (CA Angers 30-9-2008 : JCP E 2009.pan.1540) ;

– le dommage est causé par la faute dolosive d'un cocontractant (Cass. civ. 27-6-2001 n° 99-21.017 : JCP G 2001.II.10626 note Malinvaud ; Cass. 3e civ. 27-3-2013 n° 12-13.840 : Bull. civ. III n° 39) ;

Jusqu'aux décisions ci-dessus, la responsabilité d'un cocontractant pour sa faute dolosive était extracontractuelle (Cass. 3e civ. 18-12-1972 : D. 1973.272 note Mazeaud).

– le dommage est dû à la faute lourde d'une partie (Cass. civ. 28-11-1967 : D. 1968.199 ; Cass. civ. 9-5-1979 : D. 1980.414), même si la faute a entraîné des blessures involontaires au sens pénal (Cass. civ. 20-5-1936 : DP 1936.1.88) ;

– le dommage est dû aux agissements des salariés d'un cocontractant (Cass. civ. 5-1-1961 : D. 1961.340 ; Cass. com. 31-1-1983 : D. 1984.IR.217 ; Cass. civ. 18-1-1989 : JCP G 1989.II.21326 note Larroumet ; CA Paris 5-12-2007 : Transidit 2008 n° 56 § 39 ; dans le même sens Cass. ch. mixte 4-12-1981 : Bull. ch. mixte p. 9) ;

– lorsque le débiteur d'une obligation s'est substitué une autre personne qui est intervenue en tant que mandataire (Cass. com. 20-2-1996 : D. 1996.290 note Delebecque, RJDA 5/96 n° 633 ; CA Bourges 23-12-1974 : JCP G 1977.II.18587) ou en tant que « chargé du travail » commandé (cf. Cass. 1e civ. 8-3-1988 n° 86-18.182 : JCP G 1988.II.21070 note Jourdain, visant un « débiteur substitué » qui ne s'identifie pas, comme le note l'auteur, à la seule hypothèse de sous-traitance).

Sur la responsabilité extracontractuelle du sous-traitant envers le maître d'ouvrage, n° 20425.

Dès lors qu'un lien contractuel existe entre la victime et l'auteur du dommage, la responsabilité extracontractuelle est en principe inapplicable (Cass. 2e civ. 24-6-1987 no 83-15.599 : Bull. civ. II no 42 ; Cass. 1e civ. 28-6-2012 no 10-28.492 : RJDA 2/13 no 176).

15024 **Absence de rapports contractuels** En revanche, il n'y a pas de lien contractuel entre les intéressés dans les cas suivants.

1. Lorsque la **faute** à l'origine du préjudice a été commise **avant la conclusion** du contrat (Cass. com. 11-1-1984 no 82-13.259 : Bull. civ. IV no 16, qui reconnaît que « la victime est en droit de poursuivre la réparation sur le fondement de la responsabilité délictuelle ») ou lorsque la faute est survenue avant l'entrée en vigueur du contrat (Cass. com. 8-2-1994 no 91-16.494 P : RJDA 6/94 no 651 : explosion du colis remis à un transporteur avant sa prise en charge par ce dernier qui donne naissance à sa responsabilité contractuelle).

Mais la faute commise avant la conclusion du contrat en exécution d'un contrat de pourparlers (no 11805) serait de nature contractuelle ; il en est de même lorsque la faute ne peut pas être dissociée (ou détachée) d'un contrat effectivement conclu ultérieurement (CJUE 2-4-2020 aff. 500/18 ; rappr. Cass. 1e civ. 16-6-2009 no 08-17.313 F-D ; Cass. com. 17-5-2017 no 15-21.260 FD et Cass. com. 8-9-2021 no 19-16.543 F-D, tenant l'action pour contractuelle, le contrat ayant été conclu).

15026 **2.** Lorsque le contrat est invoqué par une **personne** qui n'y est **pas partie.**

Tel est le cas :

– en matière de bail, de l'action : du sous-locataire contre le bailleur (Cass. civ. 23-4-1969 : Rev. loyers 1969.412), l'action étant cependant contractuelle si le bailleur a chargé le locataire de sous-louer (cf. Cass. 3e civ. 7-1-1987 : Bull. civ. III p. 3) ; du locataire invoquant envers le cessionnaire d'un autre locataire du même bailleur installé dans le même immeuble la violation de la clause de non-concurrence contenue dans son bail (Cass. 3e civ. 13-7-2010 no 09-67.516 : RJDA 12/10 no 1136) ; du locataire qui met en cause la responsabilité de l'agent immobilier du bailleur qui n'a pas réagi correctement après avoir été averti d'un dégât des eaux (Cass. 1e civ. 30-9-2010 no 09-69.129 : RJDA 12/10 no 1149) ;

– de l'action d'un porteur de connaissement - qui a conclu le contrat de transport avec l'affréteur du navire - contre le fréteur de celui-ci, lequel, après avoir demandé et obtenu la consignation de la marchandise en mains tierces pour non-paiement du fret qui lui était dû, a refusé d'exécuter cette mesure et a empêché le déchargement du navire (Cass. com. 10-5-1983 : DMF 1984.273 ; dans le même sens, Cass. com. 2-4-1996 : DMF 1996.702 note Tassel) ;

– de l'action en responsabilité des clients d'un magasin libre-service dont l'entrée est libre contre l'exploitant pour les dommages inhérents à l'organisation et au fonctionnement de cet établissement (Cass. 2e civ. 5-6-1991 : Bull. civ. II no 176) ;

– de l'action du membre d'une association ou d'un syndicat contre un professionnel qui n'est pas membre de ce groupement (Cass. com. 29-6-1993 : RJDA 1/94 no 115) ;

– de l'action d'une mutuelle d'assurances contre un courtier qui a fait souscrire à une association, pour assurer ses membres, une garantie complémentaire de frais de santé qui ne pouvait bénéficier qu'à des salariés (Cass. 1e civ. 19-9-2018 no 16-20.164 FS-PB : JCP E 2018 no 1609 note Moracchini-Zeidenberg) ;

– du propriétaire de marchandises transportées dès lors que sa qualité de partie au contrat de transport n'a pas été constatée (Cass. com. 9-7-2002 no 99-19.156 FS-P : RJDA 12/02 no 1335).

Ce tiers au contrat peut néanmoins se prévaloir de l'exécution défectueuse du contrat, donc de la faute contractuelle, qui lui a causé un dommage pour en demander réparation sur le fondement de la **responsabilité extracontractuelle** (Cass. ass. plén. 6-10-2006 no 541 : RJDA 1/07 no 18 : locataire-gérant d'un fonds de commerce reprochant au bailleur le mauvais entretien des locaux dans lequel le fonds est exploité ; Cass. ass. plén. 13-1-2020 no 17-19.663 PBR : société privée des fournitures attendues en raison de l'impossibilité pour son vendeur de réaliser ses prestations tenant à la faute du cocontractant de ce dernier ; toutefois, CE 11-7-2011 no 339409 : D. 2012.653 note Viney) ; il peut invoquer cette responsabilité après avoir soulevé la responsabilité contractuelle (Cass. com. 6-3-2007 no 04-13.689 : RJDA 7/07 no 693). Le juge à qui il est demandé de rechercher cette responsabilité ne peut pas s'y soustraire (Cass. 1e civ. 19-9-2018 no 16-20.164 FS-PB : JCP E 2018 no 1609 note Moracchini-Zeidenberg).

Il peut obtenir réparation sans avoir à caractériser une faute extracontractuelle envisagée en elle-même indépendamment de tout point de vue contractuel (Cass. com. 5-4-2005 no 587 : RJDA 8-9/05 no 935). Mais il ne peut pas obtenir réparation sur le seul fondement d'un manquement à une obligation contractuelle de résultat de livrer un ouvrage conforme et exempt de vices (Cass. 3e civ. 18-5-2017 no 16-11.203 FS-PBRI : RJDA 12/17 no 788). Il ne peut pas non plus obtenir réparation s'il invoque un manquement contractuel qui ne constitue pas une faute contractuelle (Cass. com. 20-1-1998 : Bull. IV no 37).

La partie poursuivie peut appeler en garantie un tiers en invoquant la faute de celui-ci dans la réalisation du dommage qui lui est imputé (Cass. com. 14-6-2016 nos 14-16.471 et 14-29.165 : RJDA 10/17 no 607). Le tiers ne peut pas être exonéré (en l'espèce partiellement) par le seul visa de la faute des demandeurs sans que soit recherché par les juges si la faute relevée constitue une faute quasi délictuelle à l'égard dudit tiers (cf. Cass. 3e civ. 22-10-2008 no 07-15.692 : Bull. civ. III no 160 : expert commis par le tribunal ; Cass. 1e civ. 15-12-2011 no 10-17.691 : D. 2012.659 note Mazeaud : agent immobilier intermédiaire du vendeur).

Étant tiers au contrat, la victime d'un tel dommage ne peut pas se voir opposer, notamment, les clauses élusives ou limitatives de responsabilité, les clauses pénales ou les délais de prescription propres au contrat (n° 15005).

Mais il peut lui être opposé qu'elle était illégitime à invoquer le dommage lorsqu'elle était en mesure de l'éviter, en raison notamment de ses compétences (Cass. com. 28-1-2014 n° 12-27.703 : RDC 2014.365 obs. Carval).

3. Lorsque le dommage est la conséquence de l'**abus** commis par un cocontractant dans l'exercice de ses prérogatives contractuelles (n° 74912) ou de la violation du devoir général de prudence et de diligence, qui est une obligation imposée à tout un chacun par la loi, partant extérieure aux obligations nées du contrat (cf. Cass. 1e civ. 6-10-1993 n° 91-13.925). **15029**

4. Lorsque le dommage subi par un contractant est la conséquence de la **faute d'un tiers** (Cass. ass. plén. 9-5-2008 n° 07-12.449 PBRI : RJDA 12/08 n° 1241) ou de la **complicité apportée par un tiers** au contractant qui a manqué à ses engagements contractuels. **15035**

Cette complicité a été rencontrée en cas de violation d'une promesse de vente (Cass. civ. 7-1-1960 : Bull. civ. I p. 13), d'un pacte de préférence (CA Aix 20-2-1950 : JCP G 1950.II.5501), d'une clause de non-concurrence (Cass. com. 3-1-1964 : Bull. civ. III n° 4 ; Cass. com. 20-6-1972 n° 71-11.151 : Bull. civ. IV n° 198), d'une clause d'exclusivité (Cass. com. 30-10-1968 : JCP G 1969.II.15964 ; Cass. com. 11-10-1971 : D. 1972.120), d'une prohibition d'exportation (CA Rouen 29-2-1928 : GP 1928.1.677) ou de franchise (Cass. com. 23-1-2007 n° 75 : RJDA 5/07 n° 574).

La responsabilité extracontractuelle du tiers complice obéit aux règles suivantes.

a. Le tiers responsable ne doit pas avoir agi dans le cadre de relations contractuelles avec la victime, notamment en qualité de mandataire de cette dernière (Cass. com. 24-2-1976 : JCP G 1977.II.18522).

b. Le tiers doit avoir agi de mauvaise foi, à savoir avec la connaissance effective du contrat enfreint (Cass. 1e civ. 7-1-1960 : Bull. civ. I n° 15 ; Cass. com. 3-1-1964 : Bull. civ. III n° 4 ; Cass. com. 11-10-1971 : D. 1972.120 ; Cass. com. 23-1-2007 n° 75).

La complicité n'est pas établie lorsque le tiers a connu l'existence du contrat mais n'a eu aucune part dans la résiliation de celui-ci qui a été décidée par la seule volonté du contractant franchisé (Cass. com. 23-1-2007 nos 81 et 76 : RJDA 5/07 n° 574).

c. La victime doit avoir subi un dommage, c'est-à-dire se trouver privée du bénéfice de son contrat (Cass. 1e civ. 17-2-1976 n° 74-14.612 : Bull. civ. I n° 71).

d. Le tiers est condamné à verser des dommages-intérêts à la victime (Cass. civ. 12-6-1954 : D. 1954.588 ; Cass. 1e civ. 16-7-1970 n° 68-14.393 : Bull. civ. I n° 241). Il est condamné in solidum avec le contractant en faute pour inexécution de ses obligations contractuelles (Cass. civ. 16-7-1970 précité).

Les dommages-intérêts dus par le tiers sont évalués en tenant compte éventuellement des clauses pénales insérées au contrat enfreint (CA Paris 18-3-1936 : DH 1936.som.14).

ATTEINTE À UNE OBLIGATION CONTRACTUELLE

Le dommage doit consister en un manquement à une obligation contractuelle. **15038**

Tel est le cas du dommage causé par un transporteur aux installations de l'expéditeur ou du destinataire (Cass. com. 19-3-1985 : BT 1985.314) ou à l'acquéreur d'un terrain par le vendeur qui a faussement déclaré dans l'acte qu'il n'était, à sa connaissance, grevé d'aucune servitude (Cass. 3e civ. 21-3-2001 n° 99-10.913 FS-PB : BRDA 8/01 inf. 10).

Mais tel n'est pas le cas, notamment :

– du dommage survenu alors que le contrat était expiré (Cass. com. 27-12-1949 : BT 1950.321) ;

– du dommage causé à un intervenant bénévole à l'occasion d'une livraison (Cass. 2e civ. 15-2-1984 : Bull. civ. II n° 29 ; Cass. com. 14-12-1993 n° 92-11.417 : RJDA 5/94 n° 520 ; contra Cass. 1e civ. 16-12-1997 n° 95-18.596 : RJDA 4/98 n° 389 ; Cass. 1e civ. 16-7-1997 n° 95-17.880 : RJDA 12/97 n° 1456) ;

– du dommage dû à l'action d'un sous-contractant mais non justifié par le contrat (CA Paris 13-2-1984 : commissionnaire de transport non garant des agissements de son substitué obstruant pendant deux heures l'entrée de l'entrepôt du destinataire) ;

– du dommage résultant d'une faute du cocontractant indépendante de l'exécution des prestations du contrat en cause ; par exemple lorsqu'un déposant refuse de remettre au dépositaire l'ordre écrit de garantie prévu par le contrat d'assurance souscrit par celui-ci auprès de son propre assureur, le privant ainsi de tout recours contre ce dernier, cette faute ne portant pas sur une prestation due au titre du contrat de dépôt (Cass. 1e civ. 15-5-2015 n° 14-14.517 F-D) ;

– du dommage résultant d'un manquement à une obligation légale, n° 10335.

NON-CUMUL DES RÉPARATIONS CONTRACTUELLE ET EXTRACONTRACTUELLE

Lorsque le dommage est contractuel, seules les règles de la **responsabilité contractuelle** sont applicables, les règles dites de responsabilité extracontractuelle des articles 1240, 1241 et 1242 **15041** (ex-art. 1382, 1383 et 1384) étant exclues (Cass. 2e civ. 24-6-1987 n° 83-15.599 : Bull. civ. II n° 142 ; Cass. com. 13-7-2010 n° 09-14.985 : RDC 2011.51 obs. Laithier ; Cass. 1e civ. 28-6-2012 n° 10-28.492 : RJDA 2/13 n° 176 ; CA Montpellier 10-12-2013 n° 11/07147 : GP 2014.som.1876), alors même que le cocontractant créancier y aurait intérêt (Cass. com. 14-2-2012 n° 11-10.346 : RJDA 12/12 n° 1116). Cette règle est dite « règle du non-cumul des responsabilités contractuelle et extracontractuelle ».

Le **juge** peut **changer** d'office le **fondement** de la responsabilité invoqué, mais il n'y est pas obligé (n° 71910 ; pour des applications : Cass. 3e civ. 28-5-1986 n° 85-11.402 : Bull. civ. III n° 82 ; Cass. 3e civ. 22-3-1995 n° 93-15.233 : Bull. civ. III n° 80).

Par ailleurs, ne présente pas une demande qui ne pourrait pas se **cumuler** avec une action en responsabilité extracontractuelle, la partie qui n'a pas obtenu, devant la juridiction répressive, le montant des intérêts qu'elle avait réclamés au titre de la réparation d'une infraction au motif que ces intérêts n'entraient pas dans le préjudice, dès lors qu'elle demande leur paiement devant la juridiction civile au titre de l'exécution d'une convention (Cass. com. 17-11-1987 n° 86-12.608 : Bull. civ. IV n° 241). Une action en résolution du contrat pour inexécution peut aussi être exercée, bien que cette inexécution constitue une faute contractuelle, concurremment avec une action en concurrence déloyale, qui repose sur une faute délictuelle (Cass. com. 7-6-1994 : RJDA 11/94 n° 1133).

Cette règle ne reçoit application que dans les rapports entre contractants (Cass. com. 9-7-2002 n° 99-19.156 FS-P : RJDA 12/02 n° 1335 : recevabilité de l'action du propriétaire de la marchandise endommagée au cours d'un transport fondée sur l'ex-article 1383 du Code civil dès lors que sa qualité de partie au contrat n'a pas été constatée).

Sur l'application du régime de responsabilité contractuelle pour le dommage causé par un produit n'offrant pas la sécurité à laquelle on peut s'attendre, nos 8088 s.

2. DOMMAGES CONTRACTUELS RÉPARABLES

DÉTERMINATION CONVENTIONNELLE DES DOMMAGES RÉPARABLES

15060 Les parties peuvent définir elles-mêmes - ce qu'elles font fréquemment dans les contrats internationaux - la nature des dommages qui seront réparés, par exemple en fixant : la **consistance** du dommage (pertes de telle ou telle nature ; tel manque à gagner ; prise en compte ou non du préjudice moral, commercial, indirect, imprévisible, etc.) ; la **période** au cours de laquelle les dommages seront pris en compte ; les **faits** qui donneront lieu à réparation.

Pour des exemples, CA Paris 21-3-1985 : Rev. Scapel 1985.25 ; CA Lyon 31-10-1979 : JCP G 1980.II.19435 note Galle.

Les parties doivent éviter notamment de se référer, sans autre précision, à la prise en compte des « **dommages indirects** » car ceux-ci peuvent atteindre des proportions inattendues (par exemple CA Aix 16-9-1980 : DMF 1981.91 note R. A., admettant, à ce titre, la prise en compte de la perte d'exploitation d'une ligne maritime subie par un armateur). Pour cerner au mieux la notion de dommages indirects, il leur est recommandé de prendre exemple sur la formulation qui en est donnée dans les polices d'assurance des risques d'exploitation. Elles pourront aussi utiliser ces polices pour définir les préjudices réparables consécutifs à un retard.

Il y a lieu d'éviter une formule visant la réparation de « tous » les dommages, car elle peut s'entendre comme s'appliquant à tous les dommages quels qu'ils soient ou seulement aux dommages dont la loi impose la réparation.

Elles peuvent même laisser à une **partie** le **droit de déterminer, seule,** le dommage réparable sous la condition qu'elle le fasse de bonne foi.

Cette clause - qui se rencontre dans des accords industriels importants - n'est pas, à notre avis, nulle pour fixation arbitraire des dommages, car celle-ci n'est pas discrétionnaire puisqu'elle est placée sous le contrôle de la bonne foi par le juge (cf. Cass. civ. 5-3-1894 : S. 1897.1.74, qui admet dans les rapports des parties elles-mêmes la validité de la clause d'un bail laissant au bailleur le soin de fixer de bonne foi les dommages causés par le gibier dans les récoltes ; rappr. la jurisprudence sur la fixation non abusive du prix qui atteste d'une tendance à admettre la fixation unilatérale du contenu d'une obligation par son créancier sous contrôle de l'abus ; nos 12428 et 12429).

Mais la clause est sûrement nulle si elle permet à une partie de fixer arbitrairement l'indemnité réparant le préjudice (CA Paris 3-11-1977 : Rev. arb. 1978.486 note Fouchard ; Cass. com. 4-3-1980 : GP 1980.pan.373).

CARACTÉRISTIQUES LÉGALES DU DOMMAGE RÉPARABLE

15063 Dans le cas même où l'inexécution du contrat résulte d'une faute lourde ou dolosive, les dommages-intérêts ne comprennent que ce qui est une suite immédiate et directe de l'inexécution de la convention (C. civ. art. 1231-4). Le dommage réparable doit donc être **certain, direct et propre** à celui qui l'invoque (Cass. com. 13-3-2007 n° 05-20.606 : PA 2007 n° 182 p. 7 note Lanthiez : exigence du caractère certain du dommage). Ces trois caractéristiques sont les mêmes que celles qui conditionnent le dommage extracontractuel. Les règles exposées à leur sujet (nos 8012 s.) sont donc ici transposables car elles correspondent à une exigence qui se déduit de la nature des choses : celui qui demande une réparation ne peut y avoir droit que s'il établit qu'il a subi un dommage, ce qui implique la preuve des trois caractéristiques susvisées.

Le dommage doit en outre trouver sa **cause** dans le manquement du débiteur, et non dans le respect par le créancier de ses propres obligations (Cass. com. 31-1-2018 n° 16-12.406 F-D : JCP G 2018 n° 1192 obs. Bloch), ou dans l'application d'une disposition légale, tel l'effet légal de la nullité imposant la restitution du prix versé (n° 27250) ou le paiement du prix d'un transport (n° 24455) imposé aux parties à un contrat de transport (Cass. com. 4-7-2018 n° 17-17.425 D).

Mais seul le dommage contractuel **prévisible** lors de la conclusion du contrat est en principe réparable (C. civ. art. 1231-3) et à condition d'avoir constitué une suite immédiate et directe de l'inexécution de ce contrat (Cass. com. 11-3-2020 n° 18-22.472 F-PB : RJDA 8-9/20 n° 410). **15066**

Cette règle est considérée comme universelle par les arbitres (Sentence CCI n° 2404 en 1975 : Clunet 1976.995 obs. Derains ; Sentence 31-5-1990 : Clunet 1991.172 note Gaillard).

L'imprévisibilité s'apprécie uniquement en fonction des éléments constitutifs du dommage et non de leur équivalent monétaire au jour de la réparation (Cass. com. 4-3-1965 n° 60-12.767 : JCP G 1965.II.14219 note Rodière ; Cass. 1e civ. 6-12-1983 n° 82-14.898 : Bull. civ. I n° 287), et en se plaçant au moment de la conclusion du contrat (Cass. civ. 25-1-1989 : GP 1990.16 note Pantaleux).

Ainsi, lors de la conclusion du contrat, la SNCF ne peut prévoir que le terme du voyage en train n'était pas la destination finale des voyageurs et que ces derniers ont conclu des contrats de transport aérien dont ils ont perdu le bénéfice en raison du retard du train (Cass. 1e civ. 28-4-2011 n° 10-15.056 : RJDA 1/12 n° 51 ; rappr. Cass. 1e civ. 26-9-2012 n° 11-13.177 : RJDA 12/12 n° 1068) et un bailleur ne peut pas prévoir que le locataire entreposera des marchandises dans le local loué, en violation de la clause du bail le lui interdisant (Cass. req. 20-10-1926 : S. 1927.1.54).

Est imprévisible le dommage dont l'étendue est imprévisible (Cass. civ. 27-6-1928 : GP 1928.2.520 ; Cass. civ. 1-6-1976 : JCP G 1976.II.18483 note Savatier).

Dans le sens de la prévisibilité du préjudice, jugé que :
– un commissionnaire de transport qui livre en retard un conteneur doit s'attendre à ce que le fournisseur lui réclame les indemnités de retard qu'il a dû payer (CA Paris 10-7-1974 : BT 1974.467) ;
– le pépiniériste qui fournit des plants de vigne atteints par une maladie virale doit les frais de replantation, désinfection incluse, et une indemnité pour perte de récolte pendant trois ans (CA Bordeaux 19-6-1973 : GP 1975.1.93) ;
– en présence d'un contrat conclu pour dix-huit ans mais résiliable tous les trois ans pour « raison majeure » le dommage prévisible peut être limité à trois ans alors même qu'il restait seize ans à courir (CA Aix 18-2-1976 : Bull. Cour d'Aix 1976/1 p. 74) ;
– la hausse du cours d'une marchandise subie par un affréteur parce que l'armateur avait résilié l'affrètement et empêché le transport à temps est prévisible pour cet armateur (Sentence chambre arbitrale maritime de Paris 9-11-1979 : DMF 1980.187) ;
– le montant convenu avec l'assuré de l'indemnité due par l'assureur peut être considéré par les juges comme constituant le dommage prévisible aux yeux des parties (Cass. com. 29-3-2017 n° 15-19.761 F-D).
Sur d'autres exemples, n° 24609.

Dans le sens de l'imprévisibilité du préjudice, jugé que :
– un vendeur ne peut pas, si la déclaration de l'emprunt ne lui a pas été faite, prévoir qu'il aurait à payer les intérêts de ce prêt (CA Aix 11-3-1975 : Bull. Cour d'Aix 1975/1 p. 70) ;
– la solidification du fuel livré à la suite d'une baisse importante de la température était imprévisible, car cet événement, bien que ne présentant pas les caractères de la force majeure, était néanmoins exceptionnel (CA Paris 27-9-1991 : RJDA 11/91 n° 895).

Toutefois, le dommage **même imprévisible** est **réparable** lorsque les parties en sont convenues (Cass. com. 24-11-1982 : DMF 1983.472) ou que le cocontractant l'a commis **intentionnellement** (C. civ. art. 1231-3), c'est-à-dire délibérément (Cass. com. 19-1-1993 : RJDA 5/93 n° 382 ; Cass. com. 8-2-2005 n° 185 : RJDA 7/05 n° 792.som.).

En tout état de cause, seul est réparable le dommage **causé par le débiteur.** Ce n'est pas le cas de celui imputable à la faute du garant (Cass. 3e civ. 19-5-2009 n° 08-16.002 : RDC 2010.52 obs. Laithier) ou de l'aggravation due à la faute prouvée de la victime (cf. Cass. 2e civ. 24-11-2011 n° 10-25.635 : Bull. civ. II n° 217 ; D. 2012.141 note Adida-Canac ; Cass. 1e civ. 2-10-2013 n° 12-19.887 : RDC 2014.27 obs. Deshaye). **15069**

N'est pas non plus mise à la charge du débiteur, du moins selon les **juges du fond** et les arbitres, la part du dommage susceptible d'être imputée à la **victime qui n'a pas cherché à** le **minimiser.**

Jugé, par exemple, que :
– le fait qu'un wagon ait été loué en mauvais état n'autorisait pas le locataire à recourir unilatéralement à un mode de transport plus onéreux, alors qu'il lui suffisait d'exiger la fourniture d'un autre wagon du même type en bon état, les frais supplémentaires nés de cette attitude se trouvant, partant, sans relation directe de cause à effet avec la faute de son cocontractant (CA Paris 21-3-1979 : BT 1979.257) ;

15069 (suite) – les atermoiements et les hésitations d'un armateur pour procéder au sauvetage d'une cargaison en péril à la suite d'un échouement engagent sa responsabilité (CA Rouen 6-12-1984 : BT 1985.359) ;

– l'acquéreur d'un matériel livré, non conforme à la commande, qui n'a pas tout mis en œuvre en ayant recours à des solutions intermédiaires pour pallier la carence de son vendeur et en limiter les conséquences, ne peut se voir indemniser du dommage subi (CA Versailles 26-11-1986 : GP 1987.som.402) ;

– un armateur ne peut pas prétendre à la réparation de la totalité de son préjudice lorsque, ayant dès l'origine accepté un fonctionnement défectueux des treuils, il a, par son comportement, aggravé les conséquences du vice de construction (CA Amiens 30-5-1983 : DMF 1984.220) ;

– un éditeur est responsable d'avoir aggravé son préjudice en continuant, sans même protester, à verser à l'auteur les indemnités mensuelles prévues au contrat après la date à laquelle l'auteur devait remettre son premier manuscrit (CA Paris 25-2-1987 : D. 1988.som.208 obs. Colombet) ;

– le transporteur qui n'a pas pris les mesures qui auraient permis de sauver la totalité des marchandises en souffrance de la décongélation dès lors qu'une partie d'entre elles avait pu être utilisée, bien que le stationnement prolongé des marchandises fût imputable à l'expéditeur qui avait tardé à fournir les garanties exigées pour leur déblocage (CA Paris 25-10-1995 : BTL 1995.832), ou qui, averti de l'impossibilité de faire voyager le transformateur endommagé lors du chargement, a retardé le déchargement demandé par l'expéditeur aux fins de réparation jusqu'à l'engagement de ce dernier de prendre en charge le coût de l'opération, entraînant ainsi une aggravation du dommage (CA Paris 21-11-2007 : BTL 2008.222), doit supporter le dommage résultant de ces comportements ;

– l'acheteur qui a remplacé le vendeur défaillant d'une chose de genre et qui demande à ce dernier le remboursement du surcoût qu'il a dû assumer n'a droit à ce surcoût que s'il a payé un prix raisonnable en raison de son obligation de minimiser le préjudice dont il réclame réparation au débiteur de l'obligation non exécutée (Sentence CCI n° 5865 : Clunet 1998.1008 obs. D. Hascher) ;

– le créancier doit tout faire pour limiter le préjudice résultant de la résiliation du contrat en nouant de nouvelles relations pour tenter de compenser le dommage résultant de la fin de son contrat (Sentence CCI n° 2103 en 1972 : JDI 1974.902 obs. Derains) ;

– l'entreprise étatique chargée d'exploiter et de commercialiser des matières premières nationalisées devait être capable de minimiser le dommage résultant du non-enlèvement des quantités achetées en trouvant rapidement d'autres acquéreurs, cela compte tenu de son organisation et de son importance internationale (Sentence CCI n° 2139 en 1974 : Clunet 1975.929 obs. Derains ; Sentence CCI n° 2142 en 1974 : Clunet 1974.892 obs. Thompon) ;

– le créancier pouvait réduire le dommage résultant du défaut de prise de livraison de la marchandise vendue en agissant « sans tarder » dès qu'il a eu connaissance de la défaillance de son cocontractant (Sentence CCI n° 2404 en 1975 : Clunet 1976.995 obs. Derains).

Quant à la **Cour de cassation,** la troisième chambre civile a jugé, à l'occasion du recours d'un assureur dommage-ouvrage contre un assureur de responsabilité, que ce dernier devait prendre toutes les mesures utiles pour éviter l'aggravation du sinistre tenant à des désordres relevant de l'article 1792 du Code civil, donc au titre d'un contrat de construction (Cass. 3e civ. 9-4-2014 n° 13-15.555 : Bull. civ. III n° 47), après avoir jugé, sur le fondement de l'ex-article 1147 du Code civil (désormais art. 1231-1) et donc en matière contractuelle, que l'auteur d'un dommage devait en réparer toutes les conséquences et que la victime n'était pas tenue de limiter son préjudice dans l'intérêt du responsable (Cass. 3e civ. 10-7-2013 n° 12-13.851 : GP 2013.som.3823 note Mekki). Cette formule a été reprise par la chambre commerciale (Cass. com. 25-9-2019 n° 15-28.598 : DMF 2020.1000 obs. Delebecque).

À notre avis, l'obligation de minimiser le dommage s'impose au titre du devoir général de prudence et de diligence que la Cour de cassation met à la charge de tout un chacun même dans les relations contractuelles (cf. Cass. 1e civ. 6-10-1993 n° 91-13.925). Toutefois, cette obligation ne peut pas bénéficier au professionnel du droit, car sa responsabilité ne présente pas un caractère subsidiaire (Cass. 1e civ. 22-9-2016 n° 15-13.840 F-PB : Bull. civ. I n° 174), tel l'avocat (Cass. 1e civ. 17-1-2018 n° 16-28.100 F-D : RJDA 4/18 n° 295) ou le notaire qui a le devoir d'assurer l'efficacité juridique de l'acte qu'il reçoit et ne peut opposer à la victime qu'elle aurait pu éviter la réalisation du dommage qu'elle invoque (Cass. 1e civ. 22-9-2016 précité). Il a été néanmoins jugé au profit du notaire qu'il n'est pas tenu de procéder à d'autres recherches que celles consistant en la consultation des publications légales, ce qui l'exonère de rechercher sur internet (Cass. 1e civ. 28-11-2018 n° 17-31.144 F-PB : RJDA 3/19 n° 176).

La CJUE juge, dans le même sens, qu'une législation nationale prévoit un dédommagement approprié si elle prévoit qu'il n'y a pas lieu d'indemniser une personne pour le préjudice que celle-ci a subi en conséquence du fait qu'elle n'a pas agi ainsi qu'il peut généralement être attendu de toute personne en vue d'éviter ou de réduire son préjudice (CJUE 12-9-2019 aff. 688/17 : RTD com. 2020.614 obs. Galloux).

Le projet de réforme de la responsabilité civile, dans sa version de mars 2017, prévoit que la victime devra prendre « les mesures sûres et raisonnables, notamment au regard de ses facultés contributives, propres à éviter l'aggravation de son préjudice » (art. 1263).

DIFFÉRENTS CHEFS DE PRÉJUDICES

La victime d'un dommage a droit : **15072**

1. Au remboursement de ses **pertes** (C. civ. art. 1231-2), à savoir :

a. des dépenses que le dommage a occasionnées : frais de remise en état (Cass. civ. 19-11-1975 : D. 1976.137 note Le Tourneau ; Cass. civ. 23-6-1976 : JCP G 1976.IV.276) ; frais de correction d'une erreur dans l'exécution de travaux (Cass. civ. 8-3-1995 : RJDA 6/95 n° 684 ; CA Orléans 23-10-1975 : JCP G 1977.II.18653 note Le Tourneau) ; surcoût de dépenses résultant de la nécessité de contracter à des conditions plus onéreuses que prévues (Cass. civ. 10-4-1975 : JCP G 1975.IV.168 ; CA Paris 18-12-1986 : D. 1987.IR.19) ;

Mais le remboursement des dépenses somptuaires est refusé (CA Aix 12-10-1984 : Scapel 1986.23).

Quant au montant de la **TVA** que la victime du dommage a déjà versé au Trésor au titre de la prestation qui est à l'origine de son préjudice ou celui de la TVA qu'elle devrait verser sur des travaux exécutés en réparation du dommage, il ne constitue pour elle une perte indemnisable qu'autant qu'elle n'a pas droit à récupération de la TVA (Cass. com. 11-7-1983 : BRDA 2/84 p. 22 ; Cass. crim. 16-10-1984 : D. 1985.347 note Chartier ; Cass. 2e civ. 21-10-1987 n° 86-12.623 : Bull. civ. II n° 207) ; aussi, dès lors que cela leur est demandé, les juges doivent-ils rechercher si la victime du dommage peut, au regard des règles fiscales, récupérer la TVA, l'indemnité allouée devant dans ce cas être calculée sur le montant hors taxe des travaux, et non sur leur montant TTC (Cass. 3e civ. 17-1-2012 n° 10-16.321 : RJDA 6/12 n° 565). Les parties peuvent cependant convenir d'exclure le montant de la TVA de l'indemnisation (Cass. 1e civ. 16-2-1988 n° 85-18.843 : Bull. civ. I n° 44).

b. de la détérioration ou de la dépréciation des biens endommagés, sans qu'il y ait lieu a priori de distinguer entre l'atteinte à la valeur d'usage et la diminution de la valeur vénale de ces biens (Cass. civ. 28-1-1975 : D. 1976.221 note Agostini et Lamarque) ;

c. des frais financiers consécutifs aux dépenses engagées ou au financement des pertes subies (Cass. com. 17-3-1987 : BRDA 9/87 p. 15 ; CA Aix 24-4-1984 : DMF 1986.356) ;

2. À l'indemnisation du gain manqué ou **préjudice commercial** (C. civ. art. 1149) : perte de clients et de chiffres d'affaires ; commandes annulées ; détérioration de l'image de marque (CA Aix 20-12-1974 : DMF 1975.338 ; CA Amiens 15-2-1977 : JCP G 1978.II.19012 note Méjean ; CA Rouen 18-3-1982 : GP 1983.som.28 ; CA Rouen 14-9-1993 : BT 1993.796) ; perte de revenus de la somme utilisée à la réparation du dommage et non placée sur le marché financier (Cass. civ. 8-3-1995 : RJDA 6/95 n° 684) ; perte de loyers pour un crédit-bailleur (CA Colmar 30-5-2006 : JCP E 2006.pan.2459) ;

3. À l'indemnisation de la **perte d'une chance,** qui a été définie, sous l'empire de l'article 1240 du Code civil mais est transposable en matière contractuelle vu la généralité de la formule, comme la privation d'une potentialité présentant un caractère de probabilité raisonnable et non un caractère certain (Cass. 3e civ. 7-4-2016 n° 15-14.888 F-D : RJDA 2/17 n° 133). Sur cette base s'est construit, de décision en décision, le régime suivant :

a. Existence de la perte d'une chance. Ont été jugés comme étant des dommages réparables, la perte de la chance :

– de conclure un contrat pouvant être profitable (Cass. 1e civ. 9-12-2010 n° 09-69.490 : RJDA 5/11 n° 480), ce qui exclut que le juge exige du plaignant qu'il prouve qu'il aurait conclu le contrat qu'il dit ne pas avoir pu passer (Cass. 2e civ. 20-5-2020 n° 18-25.440 : RJDA 11/20 n° 592), ou la perte de chance d'avoir conclu le contrat à de meilleures conditions (Cass. 3e civ. 21-11-2019 n° 18-23.251 FS-PBI : RJDA 2/20 n° 115) ;

Dans le même sens été réparée la perte de la chance de :

– voir un portefeuille de valeurs mobilières, dont la gestion avait été confiée à un mandataire qui l'avait frauduleusement géré, augmenter dans les proportions où il aurait pu le faire s'il avait été géré par un mandataire normalement diligent (Cass. crim. 19-2-1975 : Bull. crim. p. 196) ;

– poursuivre d'un contrat d'assurance (Cass. 1e civ. 2-10-1984 n° 83-14.595 : Bull. civ. I n° 245) ;

– toucher une commission sur la vente de bijoux (CA Paris 25-2-1986 : BT 1986.480) ;

– lever, pour un salarié licencier, ses options de souscription d'actions (Cass. soc. 16-5-2007 n° 05-42.885 : RJDA 8-9/07 n° 850) :

– vendre, pour un associé lié par un pacte à d'autres associés ses actions à un prix supérieur en raison de la violation du pacte par l'un de ses membres (CA Paris 29-9-2009 n° 08-14331 : RJDA 2/10 n° 157) ;

– se prémunir contre le risque existant au moment de la conclusion de l'achat d'une maison du prononcé d'une condamnation pour construction illégale (Cass. 1e civ. 14-1-2010 n° 08-16.760 : RJDA 12/10 n° 1130 som.) ;

– négocier une réduction du prix de vente d'un bien immobilier dont le prix avait été fixé sur la base d'une mauvaise appréciation par le diagnostiqueur de la qualité énergétique du bien, le préjudice subi par les acquéreurs du fait de cette information erronée ne consistant pas dans le coût de l'isolation (Cass. 3e civ. 21-11-2019 n° 18-23.251 FS-PBI : RJDA 2/20 n° 115) ;

– conclure une assurance plus adéquate Cass. 2e civ. 15-9-2022 n° 21-13.670 F-B : RJDA 12/22 n° 711).

– de ne pas conclure un contrat dispendieux (Cass. com. 20-10-2009 n° 08-20.274 : RJDA 1/10 n° 68) ;

– de faire établir son droit par une action en justice (cf. Cass. 1e civ. 30-4-2014 n° 12-22.567 : JCP G 2014 n° 28-815 note Borghetti ; CA Nîmes 2-7-2015 n° 13/04381 : BTL 2015.526) ;

– d'éviter un événement malheureux (Cass. 1e civ. 6-9-2017 nos 16-17.175 et 16-18.917 F-D).

b. Absence de la perte d'une chance. Seule la disparition actuelle et certaine d'une éventualité favorable constitue la perte d'une chance (Cass. 1e civ. 8-3-2012 no 11-14.234 : RJDA 7/12 no 655 : absence d'une perte).

Ne constitue donc pas la perte d'une chance de tirer parti du contrat l'espoir qu'un fait se produira éventuellement, tel celui du renouvellement du contrat qui, dans les circonstances de l'espèce, est aléatoire (Cass. com. 19-7-1971 no 70-13.040 : Bull. civ. IV no 219), ni un risque, fût-il certain, ne suffit pas à caractériser la perte certaine d'une chance (Cass. 1e civ. 16-6-1998 : RJDA 10/98 no 1074), ni le dommage invoqué qui est réalisé, le préjudice étant alors certain (Cass. 1e civ. 6-10-2011 no 10-23.654 : RJDA 1/12 no 99) ou qui n'a pas pu se réaliser (Cass. com. 30-6-2015 no 14-11.607 : impossibilité pour un emprunteur de perdre la chance de mieux placer les capitaux empruntés s'il avait été correctement informé, car il n'aurait pas alors emprunté et n'aurait pas eu des capitaux à placer), ni la chance perdue non génératrice d'un préjudice (Cass. com. 28-3-2018 no 16-27.809 F-D).

c. Établissement de la perte d'une chance. C'est à la partie qui l'invoque de prouver la perte d'une chose, comme cela incombe à tout demandeur (no 75506).

Cette preuve établie, il appartient au juge de préciser quelle est l'éventualité favorable dont a été privée la victime (Cass. com. 21-6-2017 no 15-17.059 FD : RJDA 11/17 no 698).

d. Réparation de la perte d'une chance. Toute perte d'une chance doit être réparée, même si elle est partielle (Cass. 1e civ. 14-12-2016 no 16-12.686 F-PB), faible (Cass. 1e civ. 16-1-2013 no 12-14.439 F-PBI : RJDA 12/13 no 977), voire minime (Cass. 1e civ. 12-10-2016 no 15-23.230 F-PB : D.2017.46 note Traullé). Le juge ne peut pas refuser d'indemniser une perte de chance de ne pas subir un dommage, dont il constate l'existence (Cass. com. 9-11-2022 no 21-11.753 F-D).

La réparation doit couvrir l'ensemble des préjudices directs et non hypothétiques subis, dans la mesure de la chance perdue, conformément au principe de réparation intégrale sans perte ni profit (Cass. 1e civ. 6-9-2017 précité). La perte doit être mesurée à la chance perdue et ne peut être égale à l'avantage qu'aurait procuré cette chance si elle s'était réalisée (Cass. 1e civ. 9-4-2002 : RJDA 8-9/02 no 855 ; Cass. com. 13-9-2011 no 10-20.644 : RJDA 12/11 no 1070 ;). La seule perte d'une chance interdit d'allouer une indemnité égale au bénéfice que le demandeur aurait retiré de la réalisation de l'événement escompté (Cass. 1e civ. 9-12-2010 no 09-69.490 F-PBI : RJDA 5/11 no 480 ; Cass. 1e civ. 26-9-2012 no 11-19.464 F-D : RJDA 1/13 no 9). Mais une différence d'un euro suffit (Cass. com. 8-11-2011 no 10-23.662 F-D : RJDA 4/12 no 375).

4. À l'indemnisation du **préjudice moral,** résultant par exemple, pour un locataire dont le bail a été à tort résilié, de la disparition de son entreprise à la condition que la réparation soit justifiée par une atteinte frappant pour partie des droits extra-patrimoniaux (cf. Cass. civ. 24-1-1984 : JCP G 1984.IV.106) ; sur l'absence de préjudice moral dans le simple fait d'avoir couru un risque, no 15072.

Il n'est pas d'ordre public international français que le préjudice moral doit être réparé (no 16662).

PREUVE DU DOMMAGE CONTRACTUEL

15075 Le dommage contractuel est un fait qui peut être prouvé par tous moyens (nos 75750 s.), notamment par l'existence de réserve sur l'exécution de la prestation due (no 13635).

Ne vaut pas reconnaissance du dommage l'acceptation par un contractant du principe d'une transaction (Cass. com. 10-7-1974 no 73-13.547 : Bull. civ. IV no 227) ni la proposition d'un abattement modeste de 750 €, faite par un fournisseur sur une commande future, qui apparaît comme une proposition faite à titre commercial, compte tenu des difficultés rencontrées par son client (CA Versailles 19-11-1986 : GP 1987.som.397).

3. DOMMAGE NON IMPUTABLE À UN FAIT JUSTIFICATIF (OU CAUSE ÉTRANGÈRE)

a. Force majeure

DÉFINITION DE LA FORCE MAJEURE

15076 La force majeure est constituée par un événement correspondant aux caractéristiques fixées **par les parties** ou, à défaut, **par la loi** et qui exonère le débiteur de toute responsabilité pour l'inexécution qui en est résultée (C. civ. art. 1231-1).

Il en résulte que le **créancier** qui n'a pas pu profiter de la prestation à laquelle il avait droit ne peut pas obtenir la résolution du contrat en invoquant la force majeure (Cass. 1e civ. 25-11-2020 no 19-21.060 FS-PBI : RJDA 2/21 no 72).

STIPULATIONS CONTRACTUELLES SUR LA FORCE MAJEURE

15080 Sauf dispositions contraires de la loi (contrats de transport routier et maritime, notamment), les **parties** sont libres d'**aménager** les **conditions et** les **effets** de la force majeure dans les conditions ci-après précisées. Cette liberté est expressément prévue par l'article 1351 du Code civil qui autorise le débiteur à se charger d'exécuter le contrat en dépit de la force majeure.

15083 **Clauses fixant la force majeure** Les parties peuvent énumérer les **événements** (faits de la nature ou d'un tiers, notamment fournisseur, sous-traitant, autorité publique) qu'elles

considèrent comme **constitutifs** de force majeure (CA Aix 6-3-1980 : Bull. Cour d'Aix 1980/1 p. 68). La seule survenance de l'événement visé constitue la force majeure, sans qu'il y ait lieu de rechercher si le fait répond aux critères légaux de la force majeure exposés n° 15099 (CA Versailles 12-12-1996 : RJDA 7/97 n° 906 ; cf. Cass. com. 9-12-1986 : BRDA 3/87 p. 2 ; Cass. com. 8-7-1981 : Bull. civ. IV n° 312 ; Sentence 9-9-1983 : Yearbook 1987.63), a fortiori si la prise en compte de ces critères est expressément exclue par la clause (CA Paris 26-3-2021 n° 20/13493).

Pour éviter les contestations, il est néanmoins recommandé aux parties d'écarter expressément le caractère irrésistible et, plutôt, de se référer à l'impossibilité d'exécuter en précisant sa portée (CA Paris 28-7-2020 n° 20/06689 : RJDA 11/20 n° 554, appliquant en référé la clause définissant comme un cas de force majeure l'événement, en l'espèce l'épidémie de Covid-19, rendant impossible l'exécution des obligations des parties dans des conditions économiques raisonnables).

Il convient aussi que les parties soient précises sur la nature de ces événements. Il est conseillé de ne pas procéder à une énumération car celle-ci peut comporter des oublis et n'écarte pas les contestations sur le point de savoir si tel ou tel fait entre dans la liste des cas prévus. Le visa d'une condition générale, au moins à titre subsidiaire, est préférable : par exemple, considérer comme un cas de force majeure le renchérissement de x % du montant des frais d'exécution des prestations contractuelles.

En cas d'ambiguïté, les tribunaux apprécient souverainement la commune intention des parties. Jugé :

– que la clause d'un accord conclu entre une papeterie et un agent commercial en vertu de laquelle les commissions dues à ce dernier seraient réduites en « cas de force majeure dont l'effet limiterait la production » de la papeterie joue même si les obstacles rencontrés par la papeterie sont dus à sa mauvaise politique commerciale (Cass. com. 8-7-1981 précité) ;

– qu'en présence d'un contrat de transport par eau de déchets industriels spécifiant les cadences de chargement et de déchargement que devrait respecter la société expéditrice sous peine d'indemnité, sauf cas de force majeure auxquels le contrat assimilait la survenance d'un arrêté préfectoral interdisant le chargement ou le déchargement des bateaux, la parution d'un arrêté préfectoral interdisant à cette société de déverser les déchets dans la zone prévue pour le déchargement ne constituait pas un cas de force majeure au sens de cette clause car, bien avant que les parties ne contractent, un autre arrêté dont les prescriptions étaient connues de la société avait interdit l'utilisation de déchets de ce type pour le comblement de la zone en cause (Cass. com. 21-4-1980 : Bull. civ. IV n° 159).

Si les parties indiquent, comme cela est fréquent, que l'événement doit être imprévisible, irrésistible et rendre impossible l'exécution ou l'empêcher, et citent ensuite un certain nombre de cas concrets, il est bon de préciser si ces cas ne valent force majeure que dans la mesure où ils présentent lesdits caractères.

Sur un cas où, à défaut d'une telle précision, le juge a vérifié si chacune des conditions de la force majeure était remplie et a refusé la force majeure, Cass. com. 23-6-2021 n° 19-21.919 F-D : RJDA 10/21 n° 639.

Les parties peuvent aussi préciser comment le débiteur doit **notifier** à l'autre partie qu'il invoque la force majeure, si les deux parties ou une seule pourra s'en prévaloir, si l'événement devra ou non être **confirmé par un tiers,** par exemple une chambre de commerce ou toute autre organisation compétente du pays dans lequel cet empêchement a surgi et enfin le **sort du contrat** en cas de survenance de l'événement de force majeure.

Il est tout spécialement recommandé aux parties à un **contrat international** de préciser dans quelle mesure les refus, diminutions ou retraits de licence d'importation (voire d'exportation) ainsi que les interdictions ou embargos d'importation ou d'exportation et les mesures de contrôle des changes seront considérés pour l'exécution de leurs contrats comme des cas de force majeure. Ces événements donnent lieu, en effet, à de nombreuses contestations lorsque le contrat ne se prononce pas à leur sujet (n° 15117).

Clauses renonçant à l'effet exonératoire de la force majeure Pour plus de détails sur cette question, n° 15008. 15084

RÈGLES LÉGALES RÉGISSANT LA FORCE MAJEURE

La loi exonère le débiteur qui a manqué à ses obligations contractuelles par l'effet de la force majeure (C. civ. 1231-1). 15090

Il y a force majeure en matière contractuelle lorsqu'un événement échappe au contrôle du débiteur, qui ne pouvait pas être raisonnablement prévu lors de la conclusion du contrat et dont les effets ne peuvent être évités par des mesures appropriées, et empêche l'exécution de son obligation par le débiteur (C. civ. art. 1218, al. 1).

Bien que cette **définition**, issue de l'ordonnance 2016-131 du 10 février 2016 portant réforme du droit des contrats, ne reprenne pas exactement les critères jurisprudentiels antérieurs d'extériorité, d'imprévisibilité et d'irrésistibilité, elle y correspond au fond. En effet, en posant qu'il y a force majeure lorsque :

– l'événement échappe au contrôle du débiteur, elle confirme que l'événement ne doit pas tenir à la faute du débiteur, celle-ci relevant par essence de son contrôle, et qu'il doit à la fois être inévitable et extérieur au débiteur ; si l'événement ne présente pas ces qualificatifs, c'est que le débiteur peut le contrôler ; ainsi, la maladie peut être comme avant une cause de force majeure dans la mesure où elle n'est pas sous le contrôle, en principe, du débiteur (Cass. ass. plén. 14-4-2006 n° 538 : RJDA 7/06 n° 753) ; en revanche, le gel des avoirs bancaires d'un débiteur, décidé en raison de ses activités par des autorités publiques (étatiques ou supra-nationales telles celles de l'Union européenne) investies du pouvoir de prononcer cette mesure est un fait qui n'est pas extérieur au débiteur ou, autrement dit, qui n'échappe pas à son contrôle (Cass. ass. plén. 10-7-2020 nos 18-18.542 et 18-21.814 : JCP E 2020.1442 note Clavel-Thoraval) ; en effet, le débiteur s'est mis de lui-même dans les conditions légalement prévues de subir le gel de ses avoirs ; il ne tenait qu'à lui de ne pas créer les circonstances justifiant un tel gel ;

– l'événement ne pouvait pas être raisonnablement prévu au moment de la conclusion du contrat, elle confirme qu'il doit être imprévisible ;

Jugé, anticipant sur l'application de la définition de la force majeure, que n'est pas imprévisible l'évènement invoqué qui pouvait être raisonnablement prévu et que le débiteur aurait pu éviter en prenant les mesures appropriées (CA Versailles 21-4-2022 n° 21/03167 : locaux d'un transporteur insuffisamment sécurisés contre le vol).

– l'événement doit produire des effets qui ne peuvent être évités par des mesures appropriées, elle confirme qu'il doit être irrésistible.

Les **applications jurisprudentielles** des caractéristiques antérieures de la force majeure sont donc **transposables** sous l'empire de l'article 1218.

15093 **Absence de faute du débiteur ou de ses préposés ou substitués** Par principe, la force majeure ne peut pas être constituée par le fait du débiteur ou de son préposé ou substitué (Cass. 1e civ. 14-10-2010 n° 09-16.967 : RJDA 2/11 n° 140 ; en ce sens : Cass. civ. 16-5-1922 : DP 1922.1.130 ; Cass. civ. 27-10-1982 : BRDA 2/83 p. 24 ; CA Paris 14-5-2003 : BTL 2003.391), autrement dit elle suppose une circonstance non imputable au fait de la partie à laquelle un manquement à ses obligations est reproché (Cass. 2e civ. 25-3-2021 n° 20-10.654 F-P).

Le débiteur n'a pas commis de faute si, eu égard aux circonstances de l'espèce, il a pris toutes les mesures requises pour éviter que l'événement ne se réalise (Cass. com. 1-10-1997 n° 95-12.435 : RJDA 11/97 n° 1317).

Tel n'est pas le cas de la partie qui :

– chargée d'expédier un pli urgent devant parvenir avant un jugement imminent, est partie en congé le lendemain de l'expédition dudit pli et n'a donc pris aucune précaution pour s'assurer de la remise à temps du pli à son destinataire, lequel ne l'a pas reçu en raison d'une erreur de l'administration des postes (Cass. 1e civ. 2-10-1984 n° 83-15.331 : Bull. civ. I n° 243) ;

– a expédié par lettre simple un chèque important, volé en cours d'acheminement (Cass. civ. 9-5-1994 n° 91-21.876 : RJDA 1/95 n° 6) ;

– a stocké des matières hautement inflammables sans mesures préventives contre l'incendie appropriées (CA Paris 23-9-2021 n° 20/03239).

15099 **Imprévisibilité et irrésistibilité de l'événement** Seul un fait qui présente un caractère imprévisible lors de la conclusion du contrat et qui est irrésistible dans son exécution est constitutif de force majeure (Cass. ass. plén. 14-4-2006 n° 538 : RJDA 7/06 n° 753 ; CE 7-5-2008 n° 305815 : RJDA 8-9/08 n° 883.som. ; Cass. com. 8-3-2011 n° 10-12.807 : RJDA 4/12 n° 398 ; Cass. 1e civ. 30-10-2008 n° 07-17.134 : RJDA 8-9/09 n° 699).

Le caractère imprévisible lors de la conclusion du contrat s'apprécie en fonction des circonstances de l'espèce : par exemple, les juges doivent rechercher si un vol avec agression à l'occasion d'un transport sécurisé de produits de téléphonie mobile n'est pas un événement qui pouvait être prévu (Cass. com. 22-1-2013 n° 11-28.083 : RJDA 5/13 n° 408). Le caractère imprévisible s'apprécie également en fonction de l'aptitude du débiteur, en raison de ses compétences professionnelles, à prévoir la circonstance invoquée (Cass. 3e civ. 4-3-2021 n° 20-14.509 FS-D : RJDA 6/21 n° 365).

Il importe peu dès lors qu'il n'ait pas été extérieur au débiteur, telle la maladie (Cass. ass. plén. 14-4-2006 n° 538 précité ; Cass. 1e civ. 10-2-1998 : D. 1998.539 note Mazeaud, RJDA 6/98 n° 684, 2e esp.), celle-ci n'étant pas en principe sous son contrôle.

Pour permettre aux parties de déterminer dans quelle mesure les juges retiennent la force majeure, nous présentons ci-après une série d'**exemples.**

Forces de la nature 15102

Jugé que **constituaient** un cas de force majeure :

– la tempête tropicale dont l'intensité et la soudaineté avaient constitué une anomalie imprévisible par rapport à la climatologie locale, interdisant toute intervention pour prévenir la projection d'un conteneur contre un bateau (Cass. 2e civ. 5-1-1994 no 92-13.853 : Bull. civ. II no 13 ; dans le même sens à propos d'un ouragan d'une violence exceptionnelle, Cass. civ. 11-5-1994 : RJDA 7/94 no 778 ; CA Versailles 30-10-2003 : RJDA 4/04 no 405, ou d'un orage d'une violence exceptionnelle, Cass. 2e civ. 16-9-2010 no 09-66.800, 1e esp. : RJDA 12/10 no 1197) ;

– l'incendie qui a détruit totalement les locaux et les machines utilisés pour l'exploitation d'une société (Cass. soc. 20-10-1983 : Bull. civ. V no 519) ;

– le retard de livraison de marchandises transportées par une péniche ayant été immobilisée par les glaces (CA Amiens 13-11-1979 : DMF 1980.206) ;

– de fortes chutes de neige collante qui ont entraîné des interruptions de fourniture de courant (CA Nîmes 8-3-1990 : JCP G 1990.II.21573 note Paisant) ;

– la conjonction exceptionnelle de phénomènes de grande intensité, en l'espèce des pluies sur la vallée du Rhône du 30 novembre au 3 décembre 2003 qui ont entraîné de grandes crues du fleuve (CE 15-11-2017 no 403367) ;

– l'épidémie de Covid-19, appréciée à la date du 17 mars 2020 (T. com. Évry 1-7-2020 no 2020R0092 : GP 2020 15-9 no 386 p. 29 obs. Houtcieff).

En revanche, jugé que ne constituaient **pas** un cas de force majeure :

– des pluies abondantes dont il n'était pas démontré, au vu des relevés établis par le centre départemental de météorologie, qu'elles avaient été exceptionnelles, et ce, d'autant plus que les dispositions nécessaires pour éviter les conséquences des orages n'avaient pas été prises (Cass. civ. 7-10-1987 : GP 1987.pan.287) ;

– la sécheresse exceptionnelle de l'été, dès lors que l'acheteur a pu se faire livrer la même quantité de luzerne par le fournisseur du vendeur, la résistance du vendeur ayant procédé d'un esprit de spéculation motivé par la hausse des cours (Cass. com. 4-1-1980 no 78-13.978 : Bull. civ. IV no 6) ;

– l'effondrement de la toiture d'un hangar à la suite d'une tempête, la toiture étant en mauvais état d'entretien et une tempête plus violente ayant déjà eu lieu l'année précédente (CA Paris 26-5-1983 : BRDA 13/83 p. 14) ;

– l'effondrement d'une carrière désaffectée, en raison de l'existence de cette carrière et des effondrements qui s'étaient déjà produits dans le même secteur (Cass. 2e civ. 5-2-1992 : RJDA 6/92 no 668) ;

– l'inondation invoquée sur la seule existence d'un arrêté de déclaration de catastrophe naturelle (Cass. 3e civ. 10-12-2002 no 1882 : RJDA 3/03 no 243).

Violence 15105

Jugé que **constituaient** des cas de force majeure :

– l'incendie d'un local consécutif à un cambriolage, tout lien entre le locataire et les auteurs du sinistre étant exclu (CA Paris 26-4-1982 : GP 1982.473) ;

– l'explosion suivie d'un incendie due à la pose d'une bombe incendiaire provoquant des dégâts immobiliers et la destruction de matériels et de marchandises (TGI Paris 30-9-1986 : GP 1987.som.221) ;

– la destruction partielle d'un immeuble en construction par des charges explosives posées par des terroristes dès lors que rien ne pouvait laisser prévoir que l'immeuble serait une cible pour les organisations terroristes (Cass. 3e civ. 28-1-1998 : RJDA 6/98 no 684).

Mais jugé que ne constituait **pas** un cas de force majeure l'état de guerre, quand l'événement était connu des parties ou prévisible au moment de la conclusion du contrat (T. com. Paris 23-6-1977 : GP 1979.som.273 ; aussi CA Paris 9-2-1984 : BT 1985.13 ; contra T. com. Paris 15-3-1993 : RFDA 1993.351 : à propos de la guerre du Golfe) ou encore lorsqu'il n'était pas établi comme un obstacle réel (Cass. 1e civ. 8-12-1998 : RJDA 2/99 no 141).

Modification des circonstances économiques 15108

Jugé que ne **constituaient pas** des cas de force majeure :

– les circonstances difficiles qui ont rendu particulièrement onéreux mais pas impossible le montage de chaudières en Nouvelle-Calédonie (Cass. com. 3-1-1979 : JCP G 1979.IV.79) ;

– le seul refus d'une entreprise de peinture à exécuter, dans le délai demandé, les travaux de peinture auxquels s'étaient engagés les locataires en vertu du contrat, ce refus ne mettant pas les locataires dans l'impossibilité de remplir leurs obligations (Cass. civ. 23-4-1975 : GP 1975.2.588) ;

– la cessation d'activité du fournisseur d'un distributeur de produits chimiques, ce distributeur étant tenu de s'enquérir de la disponibilité de ses fournisseurs et de pourvoir à leur défaillance dans les délais convenus (cf. CA Aix 6-3-1980 : Bull. Cour d'Aix 1980/1 p. 68 ; CA Aix 8-2-1983 : Bull. Cour d'Aix 1983/1 p. 49) ;

– la prolongation des délais de tournage d'un film du fait des exigences du réalisateur, entraînant une augmentation du budget prévu avec le client, cette circonstance ne dégageant pas la société de production de son obligation de tourner le film (CA Paris 13-7-1982 : BRDA 4/83 p. 23) ;

– la baisse considérable des arrivages de gasoil de Russie avec comme conséquence une importante hausse des prix, car, si la livraison de gasoil de mer Noire au marché libre était difficile, le vendeur n'a pas pu démontrer qu'elle était impossible (CA Aix 13-1-1983 : Bull. Cour d'Aix 1983/1 p. 49) ;

– l'augmentation brutale du cours du fer pour un professionnel de la filière (CA Paris 28-1-2009 no 08/17748 : RJDA 6/09 no 586).

Néanmoins, il peut arriver que les circonstances économiques entraînent une impossibilité d'exécution. Jugé, en effet, que constituait une **contestation sérieuse** la demande présentée au juge des référés tendant à la condamnation d'une partie à l'exécution de sa prestation de maintenance d'un matériel dès lors que cette partie avait invoqué pour justifier son refus d'exécution la force majeure résultant notamment de l'augmentation du coût des matières premières et des métaux depuis 2006 et leur incidence sur celui des pièces de rechange ; il devait être recherché si cette évolution n'avait pas eu pour effet, compte tenu du montant de la redevance payée par sa cocontractante, de déséquilibrer l'économie générale du contrat tel que voulu par les parties lors de sa signature en décembre 1998 et de priver de toute contrepartie réelle l'engagement souscrit par la partie prestataire du service (Cass. com. 29-6-2010 n° 09-67.369 : D. 2010.2481 note Mazeaud).

Il ressort de ces décisions que si le contrat n'est pas renégocié pour imprévision (n°s 14005 s.), il peut être résolu par l'effet de la force majeure si les circonstances sont telles que l'exécution n'est pas excessivement onéreuse mais impossible.

15111 Événements affectant le chef d'entreprise

Jugé que ne constituaient **pas** des cas de force majeure :

– le prononcé du règlement judiciaire du débiteur (Cass. com. 8-7-1981 n° 76-15.343 : Bull. civ. IV n° 313) ;

– la mort de l'employeur, même si elle entraîne la disparition de l'entreprise, la succession restant tenue à l'égard des salariés aux diverses obligations nées des contrats de travail (Cass. soc. 10-2-1982 : D. 1982.IR.249) ;

– la restructuration des agences d'une société, qui l'a conduite à résilier son contrat de location d'appareils téléphoniques, car la raison de la résiliation n'était pas extérieure à la société (CA Paris 6-7-1983 : BRDA 20/83 p. 23).

15114 Grève

Jugé que **constituaient** des cas de force majeure :

– la grève du personnel d'EDF en raison de décisions prises par le Gouvernement et imposées à EDF de bloquer les salaires pour lutter contre l'inflation, EDF en tant qu'établissement public n'ayant pas les moyens de remplacer le personnel en grève (Cass. ch. mixte 4-2-1983 : BRDA 9/83 p. 13 ; dans le même sens, Cass. civ. 24-1-1995 : RJDA 5/95 n° 545) ;

– la grève du personnel d'une imprimerie, celle-ci ayant fait tout ce qui était dans son pouvoir pour en pallier les conséquences, tant en accélérant ses livraisons dès le moment où les possibilités de grève sont apparues qu'en sollicitant l'intervention des pouvoirs publics pour obtenir l'évacuation des locaux et en faisant intervenir le syndic pour que lui soient remis les travaux déjà exécutés et les textes établis par son client, toutes démarches demeurées vaines (CA Rouen 21-4-1978 : GP 1979.som.260) ;

– la grève des gardiens d'une prison, imprévisible car nouvelle dans ses modalités, qui a empêché une société, titulaire d'une concession de main-d'œuvre pénale et extérieure au conflit entre gardiens et administration, d'effectuer ses livraisons (CA Paris 18-5-1995 : RJDA 12/95 n° 1330) ;

– la grève des cheminots survenue à la fin de l'année 1995, car la SNCF n'avait pu ni la prévoir, ni l'éviter, ni y obvier par des mesures de transport routier ou de réquisition (Cass. soc. 11-1-2000 : RJS 2/00 n° 201).

Jugé que ne constituait **pas** un cas de force majeure :

– une grève d'un mois survenue plus de six mois avant la date prévue de livraison pour justifier un retard d'un an de la part de l'entrepreneur (Cass. 1e civ. 16-5-1977 n° 75-14.575 : Bull. civ. I n° 229) ;

– le mouillage d'un navire dans l'axe du chenal d'accès d'un port sur l'injonction des membres de l'équipage, le commandant et les officiers, tous libres de leur personne, n'ayant pas cessé de commander le navire sur le plan technique et l'armateur étant constamment en contact avec eux pour apprécier la situation (Cass. ch. mixte 4-12-1981 : Bull. ch. mixte p. 9) ;

– la grève des douaniers à Garonor, étant donné qu'il restait la possibilité d'effectuer les opérations dans un autre bureau de douane (CA Paris 27-5-1980 : BT 1980.435) ;

– la grève des dockers menaçant depuis treize jours (CA Paris 25-4-1984 : BT 1985.61) ;

– la grève locale du personnel de la SNCF empêchant le transport selon l'itinéraire prévu dès lors qu'il existait une solution de rechange sous la forme d'un acheminement par un autre itinéraire (CA Caen 6-1-1994 : BTL 1994.86) ;

– la grève du personnel d'un organisateur de voyages dans l'un de ses villages de vacances ayant abouti à la séquestration puis à l'évacuation des clients sous protection de la gendarmerie, car l'organisateur avait refusé deux mois auparavant de consentir des augmentations de salaires malgré le climat social difficile, provoquant la rupture des négociations salariales annuelles qu'il avait ensuite refusé de rouvrir, puis, informé du préavis de grève déposé par le personnel, n'avait fermé le village que quatre jours après le début des événements pour essayer d'y mettre fin, au risque d'aggraver les tensions sociales ; en outre, jusqu'à la veille du séjour, l'organisation pouvait proposer aux clients une autre destination (CA Paris 3-5-2002 : RJDA 10/02 n° 986) ;

– la grève du personnel d'EDF en raison du projet de privatisation (Cass. 1e civ. 30-10-2008 n° 07-17.134 : RJDA 8-9/09 n° 699).

Faits d'une autorité publique 15117
Jugé que **constituaient** des cas de force majeure :
– la non-livraison d'un tracteur aux bénéficiaires originaires du fait de la décision administrative réglementant rigoureusement la vente et l'attribution de ces machines pendant une certaine époque (Cass. com. 23-6-1952 : Bull. civ. III p. 191) ;
– l'interruption de la circulation des wagons-citernes de vins importés d'Italie par décision de la SNCF craignant une manifestation (Cass. com. 26-2-1980 : JCP CI 1980.8902) ;
– la rupture d'un contrat de location d'une installation téléphonique d'une durée de quinze ans, la société contractante devant, six ans après le début de la location, quitter l'immeuble abritant son entreprise pour cause d'expropriation (CA Paris 11-7-1980 : GP 1981.som.268) ;
– l'interdiction d'importer décidée par les douanes si elle est imprévisible pour un importateur (cf. Cass. com. 1-10-1991 : RJDA 12/91 n° 999) ;
– le retrait de la licence d'exportation de pétrole par les autorités étatiques, à condition que l'intéressé ait invoqué l'événement dans les délais et conditions prévus au contrat (Sentence CCI n° 2478 en 1974 : Clunet 1975.925 obs. Derains).
Jugé que ne constituaient **pas** des cas de force majeure :
– l'arrivée, un mois après la date de son envoi, de la lettre que l'avocat a envoyée à l'avoué pour lui demander de régulariser l'appel, ce fait ne justifiant pas le caractère tardif de l'appel car la lettre avait été affranchie à « tarif lent » (Cass. civ. 8-5-1980 : GP 1980.559) ;
– le non-déchargement dans le pays de destination d'une partie des marchandises périssables transportées, en raison de l'attitude des autorités de ce pays, dès lors que le transporteur connaissait parfaitement les difficultés de déchargement dans ce pays et les exigences des autorités locales (Cass. com. 6-11-1979 n° 77-14.570 : Bull. civ. IV n° 275 ; dans le même sens à propos d'un blocage en douane non imprévisible, Cass. com. 20-6-1995 : RJDA 1/96 n° 24) ;
– l'expédition, le transport et la réception de céréales sous couvert de titres de mouvement inadéquats alors même que l'intéressé l'ignorait car, s'il était difficile pour lui de vérifier l'exactitude des titres, cela n'était pas insurmontable (Cass. crim. 5-5-1980 : JCP CI 1980.8944) ;
– le refus du permis de construire empêchant une société civile immobilière de satisfaire l'engagement d'édifier dans les quatre ans un immeuble d'habitation sur le terrain par elle acquis, avec exonération des droits d'enregistrement, car cette éventualité était connue de la société au moment de l'achat, en raison d'un arrêté préfectoral qui réservait ce terrain à d'autres fins publiques (Cass. com. 12-5-1980 : GP 1980.pan.443) ;
– l'expropriation d'un fonds de commerce pour justifier la rupture d'un contrat de travail, car cette rupture résultait du choix de l'employeur de ne pas continuer son exploitation qu'il pouvait envisager autrement (Cass. soc. 22-6-1994 : RJDA 11/94 n° 1117) ;
– l'impossibilité d'exécuter un contrat clés en main en raison des hostilités déclenchées entre les pays des deux parties, ce qui a occasionné l'annulation par le Gouvernement de l'entreprise d'ingénierie des crédits de financement du contrat et l'impossibilité d'obtenir des visas de sortie, car la société d'ingénierie aurait pu contourner ces obstacles en constituant une équipe de lancement de l'usine composée de personnel local et en recherchant d'autres financements (Sentence CCI n° 1703 en 1971 : Yearbook 1976.130) ;
– l'interdiction par les autorités mexicaines de deux magazines français publiés en langue espagnole par une société mexicaine, puisque l'interdiction était temporaire et qu'ensuite la société mexicaine a continué à publier les périodiques français (Sentence CCI n° 1840 en 1972 : Yearbook 1979.209) ;
– la non-livraison par le fournisseur de grains argentin de la quantité prévue de marchandises, au motif que le Gouvernement argentin a édicté un décret interdisant l'exportation de ces produits, dès lors que le fournisseur ne rapportait pas la preuve qu'il disposait d'une quantité de marchandises suffisante pour remplir son obligation si cette interdiction à l'exportation n'avait pas été édictée (Sentence du Tribunal arbitral des marchands de grains de Rotterdam 22-8-1972 : Yearbook 1976.137).

Menace 15120
La violation d'une clause de fourniture exclusive est justifiée de la part d'un franchiseur qui a été menacé de poursuites pour refus de vente (Cass. com. 11-1-1984 : GP 1984.pan.165 note Dupichot).

Impossibilité d'exécution de l'obligation Pour que le débiteur soit libéré, il faut 15123
encore que l'événement qu'il invoque pour justifier l'inexécution de son obligation ait « rendu absolument impossible » l'exécution de cette obligation (Cass. soc. 25-2-1954 : Bull. civ. IV n° 107 ; Cass. 1e civ. 19-12-2000 n° 98-14.141 : RJDA 4/01 n° 416 ; Sentence CCI n° 10527 en 2000 obs. Jolivet ; rappr. Cass. civ. 4-3-1954 : JCP G 1954.II.8122 note Rodière ; Cass. 1e civ. 3-5-1977 : Bull. civ. I n° 203) ou ait imposé la violation d'une obligation lui incombant (cf. CE 23-4-2009 n° 312824 : RJDA 7/09 n° 597.som.).
L'événement même irrésistible (destruction en partie d'un hôtel par un cyclone) ne rend pas impossible la reprise de l'exploitation de celui-ci et, partant, ne peut pas justifier le licenciement de tous les salariés (Cass. soc. 12-2-2003 n° 409 : RJDA 5/03 n° 469).

De même, la maladie qui est irrésistible ne rend pas l'exécution impossible dès lors qu'elle rend seulement l'exercice de la profession de l'intéressé plus pénible (Cass. civ. 23-1-1968 : JCP G 1968.II.15422 ; Cass. 3e civ. 22-1-2014 no 12-28.246 : RDC 2014.398 obs. Seube ; CA Paris 29-2-1984 : BRDA 9/84 p. 15).

Sur d'autres exemples relatifs à l'existence d'une impossibilité ou non d'exécuter l'obligation due, nos 15102 à 15120.

Mais le débiteur d'une obligation contractuelle **de somme d'argent** inexécutée ne peut pas s'exonérer de cette obligation en invoquant un cas de force majeure (Cass. com. 16-9-2014 no 13-20.306 : RJDA 12/14 no 886).

Néanmoins la force majeure peut justifier un simple retard de paiement (Cass. 3e civ. 17-2-2010 no 08-20.943 : RJDA 10/10 no 923).

Quant au débiteur d'une **obligation** qui n'est **pas pure et simple,** il est libéré selon les distinctions suivantes.

1. Si l'obligation est **cumulative,** le débiteur n'est libéré que si l'exécution de toutes les prestations qui sont l'objet de l'obligation est impossible (C. civ. art. 1306) ;

2. Si l'obligation est **alternative,** le débiteur est libéré dans les conditions suivantes :

- l'impossibilité d'exécuter la prestation choisie par le débiteur le libère si l'impossibilité atteint cette prestation (art. 1307-2) ;
- l'impossibilité d'exécuter une des prestations ne libère pas le débiteur qui n'a pas fait son choix ; il doit donc exécuter l'une des autres (art. 1307-3) ; cet article constitue le pendant de l'article 1307-2 pour le cas où le débiteur n'a pas fait connaître son choix ; il doit exécuter l'une des prestations possibles ;
- si l'une des prestations devient impossible à exécuter par suite d'un cas de force majeure, le débiteur est exonéré si le créancier avait fait ce choix de demander l'exécution de cette prestation ; si le créancier n'avait pas fait ce choix, le débiteur reste tenu des autres (art. 1307-4) ;
- lorsque toutes les prestations deviennent impossibles, le débiteur n'est libéré que si l'impossibilité procède, pour chacune, d'un cas de force majeure (art. 1307-5).

3. Si l'obligation est **facultative,** le débiteur est libéré dès lors que l'exécution de l'obligation initialement convenue devient impossible (art. 1308, al. 2).

15126 **Effets de la force majeure** Le **débiteur** qui peut invoquer la force majeure est **exonéré,** selon le cas (C. civ. art. 1218, al. 2 et 1231-1) :

- **temporairement** de l'exécution des obligations concernées si l'empêchement n'est pas définitif, à moins que le retard en résultant ne justifie la résolution du contrat ; il n'est pas non plus tenu de réparer le dommage que le retard, quel qu'il soit, peut causer au créancier ;
- **définitivement** de l'exécution de ses obligations si l'empêchement est définitif, car il en résulte la résolution de plein droit du contrat et la dispense de tous dommages-intérêts susceptibles de naître de l'empêchement.

La résolution de plein droit opérant par l'effet de la loi, chacune des parties peut l'invoquer et, en cas de résistance de l'autre partie, demander au juge de la constater dans les conditions exposées no 15574 et se prévaloir des effets visés no 15585 ; en effet, dès lors que la résolution est de plein droit, la situation quant à sa portée est identique que la résolution résulte du jeu de la force majeure ou de celui de la clause résolutoire de plein droit.

Toutefois, le débiteur n'est pas libéré lorsqu'il a accepté de se charger de la force majeure ou a été mis en demeure avant que la force majeure ne survienne (C. civ. art. 1351 ; sur des applications, no 15008).

Ces solutions ne sont pas applicables si le contrat a prévu l'effet de la force majeure sur les obligations qu'il engendre, les aménagements conventionnels de la force majeure relevant de la liberté contractuelle (no 15080).

15129 **Contrat international** L'incidence de la force majeure sur un contrat international est réglée par les clauses liant les parties et/ou, le cas échéant, par la loi choisie par les parties.

Il arrive que les parties soumettent la force majeure à une loi spécifique, distincte de celle du contrat. Parfois même, il est prévu que la loi applicable sera celle du pays sur le territoire duquel se produit l'événement, les événements étant soumis à des lois différentes selon qu'ils se produisent dans le pays de l'un ou de l'autre des contractants.

À défaut d'un tel choix spécifique, la loi du contrat sera applicable puisque cette loi détermine les effets du contrat (no 16934). Toutefois, il ressort des sentences arbitrales que les **arbitres** ne se réfèrent pas aux droits nationaux pour apprécier l'existence de la force majeure ; ils appliquent la règle, qu'ils considèrent comme matérielle, selon laquelle la force majeure suppose un événement imprévisible et irrésistible (Sentence no 2478 en 1974 : Clunet 1975.925 ; Sentence no 2139 en 1974 : Clunet 1975.929 ; Sentence no 2142 en 1974 : Clunet 1974.892 ; Sentence no 1782 en 1973 : Clunet 1975.923 ; Sentence no 2216 en 1975 : Clunet 1975.917).

MISE EN ŒUVRE DE LA FORCE MAJEURE

Possibilité d'invoquer la force majeure N'a pas renoncé à se prévaloir de la force majeure le contractant qui ne l'a pas invoquée dans la phase de discussion amiable avec son cocontractant et qui ne la lui a opposée que dans la phase contentieuse (CA Paris 4-4-2001 : BTL 2001.402). 15135

Mais la force majeure ne peut pas être invoquée si le débiteur n'a pas été préalablement mis en demeure (C. civ. art. 1231) ou si les circonstances du sinistre sont indéterminées (CA Paris 29-5-2013 n° 10/14262 : BTL 2013.398).

APPRÉCIATION PAR LE JUGE

Le juge a un pouvoir souverain d'appréciation des faits caractéristiques de la force majeure (Cass. 1e civ. 6-7-2022 n° 21-11.310 D). Le tribunal a pu estimer qu'était caractérisé, au vu des éléments de fait et de preuve qui lui étaient soumis, un cas de force majeure rendant impossible l'exécution des obligations contractuelles, la progression de la crise sanitaire et l'absence de fin de celle-ci, justifiant, en application de la clause du contrat, un remboursement de l'acompte versé (Cass. 1e civ. 6-7-2022 n° 21-11.310 F-D). 15138

b. Autres causes exonératoires de réparation

La force majeure permet au débiteur de s'exonérer de l'exécution de son obligation (C. civ. art. 1231-1). 15145

Faute de la victime Le **débiteur** est exonéré de la réparation s'il **prouve** que le dommage est dû à la faute de la victime revêtant les caractéristiques de la force majeure ou constituant la cause exclusive du dommage (Cass. com. 27-6-2018 n° 17-14.283 F-D : RJDA 11/18 n° 800). Lorsque la victime n'a contribué que pour partie à la réalisation de son dommage, le débiteur est partiellement exonéré (Cass. com. 1-3-2005 n° 333 : RJDA 12/05 n° 1315 : à propos d'une agence de publicité ; Cass. 1e civ. 1-7-2010 n° 09-13.896 : RJDA 11/10 n° 1116 : à propos d'un notaire). 15150

Mais l'auteur du dommage ne peut pas être exonéré s'il a commis une faute dolosive (cf. Cass. 1e civ. 1-7-2010 précité) et la victime qui a intentionnellement trompé son cocontractant ne peut pas obtenir réparation du dommage que celui-ci a pu lui causer par ailleurs (CA Douai 4-5-1998 : DA 1998.1740).

Fait d'un tiers Le débiteur est aussi exonéré lorsque le dommage est dû au fait d'un tiers imprévisible et irrésistible, ce qui assimile ce fait à un cas de force majeure (Cass. com. 26-10-1954 : D.1955.213 note Radouant ; Cass.1e civ. 22-4-1981 n° 80-10.489 : GP 1981.2.782). 15152

Tel est le cas du dommage résultant de la faute du notaire instrumentaire (Cass. req. 27-3-1839 : S. 1839.1.269 ; Cass. req. 28-5-1936 : S. 1936.1.253).

Vice de la chose Lorsque le dommage est dû au vice de la chose, le débiteur n'est pas non plus tenu de le réparer. 15153

Le seul fait d'avoir appliqué dans l'exécution d'un ouvrage une technique courante et reconnue ne permet pas de déduire automatiquement que le dommage n'est pas dû au vice de la chose (cf. Cass. 3e civ. 22-10-1980 nos 78-40.830 et 79-12.249 : Bull. civ. III nos 161 et 162 ; Cass. 3e civ. 17-5-1983 n° 81-16.876 : Bull. civ. III n° 115).

4. IMPUTATION DU DOMMAGE AU DÉBITEUR DÉFAILLANT

À défaut de clause contraire licite (n° 15000), le débiteur de l'obligation inexécutée ou mal exécutée est personnellement tenu de réparer le dommage subi par le créancier. Il en est tenu : 15180

– dès lors qu'il est établi qu'il n'a pas accompli toutes les diligences qui étaient en son pouvoir pour éviter le dommage (cf. Cass. com. 30-1-2019 n° 17-16.604 : RJDA 5/19 n° 335) ;

– par tout manquement contractuel, même si ce manquement ne justifie pas la résiliation unilatérale et immédiate du contrat par l'autre partie (Cass. com. 22-2-2020 n° 18-20.394 FD) ;

– même s'il est atteint d'un trouble mental (C. civ. art. 414-3 ; cf. CA Chambéry 19-1-1981 : Rev. jur. com. 1981.145) ou si l'inexécution est due au mandataire qu'il a désigné pour le représenter (n° 23060) ;

– s'il est établi que le manquement à l'obligation a été commis par le tiers auquel il a transféré sa qualité de partie au contrat (sur cette hypothèse, n° 13027), à défaut d'en être libéré par le créancier ;

Encore faut-il que le remplacement de partie soit établi, ce qui n'a pas été jugé le cas de la substitution invoquée par l'entrepreneur général de travaux qui s'était engagé envers le maître de l'ouvrage à exécuter seul les travaux et à user de la faculté que lui donnait le contrat de se substituer des exécutants, à charge de conserver l'entière responsabilité des travaux (Cass. civ. 15-5-1973 n° 72-11.915 : Bull. civ. III n° 343).

S'il s'est dit « garant » des obligations qu'il a transférées à son remplaçant, il ne répond que des cas où celui-ci est obligé, car tel est le sens du droit commun de la « garantie » du fait d'autrui (en ce sens, C. com. art. L 132-6). Un engagement dérogatoire au droit commun doit être pris explicitement : le débiteur principal devrait donc, pour être tenu indépendamment du substitué, préciser qu'il sera engagé même si celui-ci ne l'est pas.

– même si le dommage a été causé par son sous-traitant (n° 20435) ;

– même si, en tant que société, il invoque comme fait d'un tiers celui commis par ses actionnaires dès lors que ceux-ci y assument un rôle prépondérant de direction (Cass. 1e civ. 3-2-1993 n° 90-19262 : Bull. civ. I n° 61) ;

– même si la victime dispose, contre un tiers (tel un professionnel du droit), d'une action consécutive à la situation dommageable née de cet acte et propre à assurer la réparation du préjudice (Cass. 1e civ. 9-11-2004 n° 02-10.769 FS-PB : Bull. civ. I n° 257 : notaire ; Cass. 1e civ. 22-9-2016 n° 15-20.565 FS-PB : RDC 2017.44 obs. Knetsch : avocat).

5. LIEN DE CAUSALITÉ

15200 Le dommage invoqué par un cocontractant est réparable s'il existe un lien de causalité entre ce dommage et le fait générateur invoqué (Cass. civ. 6-10-1998 : RJDA 7/99 n° 762), tout facteur intervenu dans la réalisation du dommage pouvant être retenu comme causal (Cass. 3e civ. 12-6-2003 n° 708 : RJDA 10/03 n° 922).

Le lien de causalité ne se présume pas ; il ne résulte pas :

– de la seule existence d'une faute contractuelle (Cass. civ. 18-11-1997 : RJDA 2/98 n° 142) ; celle-ci ne peut donner lieu à dommages-intérêts que si le juge, au moment où il statue, constate qu'il en est résulté un préjudice (Cass. 3e civ. 3-12-2003 n° 1337 : RJDA 4/04 n° 407 rapp. Betoulle ; Cass. com. 31-1-2012 n° 11-10.716 : RJDA 5/12 n° 486 ; Cass. com. 19-6-2012 n° 11-17.061 : RJDA 3/13 n° 254 ; Cass. 1e civ. 9-9-2020 n° 19-16.047 F-PB) ;

Il en serait autrement si l'indemnisation était conçue comme une modalité d'exécution par équivalent de l'obligation (n° 15000).

– de ce que l'obligation est de résultat ; la responsabilité qui pèse sur le débiteur d'une telle obligation ne s'étend qu'aux dommages causés par le manquement à cette obligation et il incombe à la victime d'établir que le dommage qu'elle invoque est lié à l'exécution de l'obligation de résultat (Cass. 1e civ. 28-3-2008 n° 06-18.350 : RJDA 3/09 n° 209 ; Cass. 1e civ. 31-10-2012 n° 11-24.324 : RJDA 3/13 n° 225).

B. Réparation en dommages-intérêts

15250 La réparation du dommage est évaluée soit par les parties à une somme forfaitaire convenue dans une clause dite pénale, soit par le juge à hauteur du préjudice.

La créance en réparation de la mauvaise exécution d'une obligation contractuelle est née au jour du manquement et non au jour où le dommage s'est révélé, car cette créance trouve son principe dans le contrat (Cass. com. 12-1-1982 : D. 1982.533 note Derrida).

1. CLAUSE PÉNALE

15256 **Points sensibles** L'efficacité de la clause pénale suppose, spécialement :

– que son objet soit expressément spécifié comme étant de réparer les dommages et en aucun cas de constituer un dédit permettant à une partie de se dégager du contrat en versant son montant (n° 15259) ;

– que les causes des dommages entraînant sa mise en jeu soient rigoureusement précisées (n° 15268) ;

– que son montant ne soit pas excessif, le juge pouvant dans ce cas le réduire (n° 15280) ;

– que soit précisé son sort s'il y a exécution partielle de l'obligation (n° 15283) ;

– qu'en cas de contrat international les parties ne prévoient pas des dommages et intérêts punitifs disproportionnés par rapport au préjudice (n° 15300).

15259 **Définition de la clause pénale** L'ex-article 1226 du Code civil ayant été abrogé par l'ordonnance 2016-131 du 10 février 2016 portant réforme du droit des contrats, la clause pénale n'est plus définie comme la clause « par laquelle une personne, pour assurer l'exécution d'une convention, s'engage à quelque chose en cas d'inexécution ». Mais le simple fait d'autoriser les parties à prévoir le montant des dommages-intérêts qui sanctionneront le manquement du débiteur – comme le fait l'article 1231-5, al. 1 – laisse subsister l'idée qu'elle a certes pour fonction d'évaluer le dommage mais aussi d'inciter le débiteur à s'exécuter (Cass. com. 5-5-2021 n° 19-20.824 F-D : RJDA 10/21 n° 636, sur une réaffirmation de ces deux fonctions dans une espèce antérieure au 1-10-2016 - sur cette date n° 10000). Cette stipulation recelant en elle-même l'élément de contrainte à l'exécution, elle doit donc toujours répondre aux trois conditions suivantes. **15259** (suite)

1. Engagement à payer une somme supplémentaire. La clause pénale suppose un engagement qui s'ajoute aux obligations prévues par le contrat, amenant un contractant à payer plus que ce à quoi il est tenu en vertu du contrat.

Un tel engagement se déduit de la clause qui évalue forfaitairement et d'avance l'indemnité à laquelle donnera lieu l'inexécution de l'obligation contractée en précisant que toutes les sommes versées par l'acquéreur et toutes améliorations apportées à l'immeuble vendu seront de plein droit et définitivement acquises au vendeur à titre de dommages-intérêts et d'indemnité forfaitaire (Cass. 3e civ. 26-1-2011 n° 10-10.376 : RJDA 6/11 n° 498) ; il peut en effet obliger au paiement d'une somme supérieure au montant du préjudice.

Ainsi n'est pas une clause pénale celle qui :

– prévoit qu'un contractant devra, même pour le cas d'inexécution de ses obligations, simplement restituer à l'autre le montant de ce que celui-ci lui a versé (Cass. 1e civ. 22-2-1977 n° 75-13.717 : Bull. civ. I n° 99 ; Cass. 2e civ. 19-6-2003 n° 932 : Bull. civ. II n° 202) ;

– fixe simplement le montant des intérêts de retard en cas de non-paiement, car les intérêts moratoires sont de droit dès la survenance de l'échéance (CA Metz 14-11-1978 : JCP G 1979.IV.280 ; CA Aix 10-3-1982 : Bull. Cour d'Aix 1982/2 p. 59) ;

– est une clause résolutoire (Cass. 3e civ. 20-7-1989 n° 88-13.586 : Bull. civ. III n° 172) ;

– ne détermine pas le montant à payer, mais seulement le montant maximum que pourra atteindre l'indemnité (Cass. 2e civ. 31-3-2022 n° 20-23.284 F-B).

La clause qui fixe une somme (autre que les intérêts moratoires) pour exécution tardive des obligations est une clause pénale (Cass. civ. 28-3-1977 : D. 1977.IR.344 ; Cass. 3e civ. 6-11-1986 n° 85-10.809 : Bull. civ. III n° 150 ; CA Versailles 9-4-1993 : RJDA 7/93 n° 602). Il en est de même de la clause qui, en cas de résiliation d'un contrat de location, oblige le locataire à payer les loyers à venir pour une période pendant laquelle il ne jouit plus du bien loué (Cass. com. 18-4-2000 : RJDA 7-8/00 n° 745 ; Cass. com. 8-2-2023 n° 21-21.391 F-D : RJDA 5/23 n° 238 ; CA Rouen 17-3-1986 : BRDA 11/86 p. 14), prévoit l'exécution d'une obligation sous astreinte (Cass. 1e civ. 9-3-1977 n° 75-14.270 : Bull. civ. I n° 126 ; Cass. 2e civ. 3-9-2015 n° 14-20.431 FS-PB : RJDA 11/15 n° 733 ; CA Versailles 18-6-1998 : GP.1999.som.425) ou majore le taux de la commission due par un fabricant à son distributeur en cas de paiement en retard de cette commission (Cass. com. 11-1-1994 : RJDA 3/94 n° 263).

2. Sanction d'une inexécution du contrat. La clause pénale suppose que son débiteur y ait été tenu au motif qu'il n'a pas exécuté son obligation contractuelle (Cass. 1e civ. 6-3-2001 n° 98-20.431 : RJDA 7/01 n° 751 ; CA Paris 21-1-1993 : BTL 1993.292).

C'est le cas de l'indemnité de jouissance qu'un contrat de location de matériel met à la charge du locataire qui conserve le matériel loué à l'issue du contrat, même si elle n'est pas plus élevée que le loyer convenu (Cass. com. 14-6-2016 n° 15-12.734 : RJDA 8-9/16 n° 594) et de l'indemnité relative à l'ouverture d'un contentieux (n° 16250).

Mais n'est pas une clause pénale :

– la clause du règlement intérieur d'un syndicat professionnel qui prévoyait qu'en cas de démission d'un de ses membres la cotisation afférente aux six mois suivant la date de la démission resterait due, la démission d'un syndicat constituant l'exercice d'un droit reconnu par la loi (cf. C. trav. art. L 2141-3), ce qui exclut qu'elle puisse constituer l'inexécution d'une obligation (Cass. 1e civ. 23-3-1983 : Bull. civ. I p. 97) ;

– la clause stipulant une indemnité pour immobilisation de la chose objet d'une promesse unilatérale de vente (Cass. civ. 29-6-1994 : RJDA 10/94 n° 1004 ; Cass. 3e civ. 30-4-2002 : RJDA 10/02 n° 981 ; Cass. 3e civ. 10-3-2015 n° 13-27.942 : RJDA 5/15 n° 332.som. ; CA Versailles 12-3-2020 n° 18/01551 : RJDA 7/20 n° 352), sauf si elle tend à sanctionner un refus d'acquérir alors que toutes les conditions suspensives sont réalisées (Cass. 3e civ. 30-1-2020 n° 18-24.105 FS-D : RJDA 5/20 n° 264), ou pour immobilisation d'un véhicule loué (CA Grenoble 22-1-1981 : BT 1981.399 ; CA Paris 4-6-1982 : BT 1982.471) ;

– la clause stipulant un dédit (Cass. com. 18-1-2011 n° 09-16.863 : RJDA 5/11 n° 383) et celle fixant une indemnité en contrepartie d'une obligation de non-concurrence (CA Paris 25-4-1984 : D. 1984.IR.376) ;

– la clause fixant une indemnité forfaitaire pour perte d'un objet remis pour usage (n° 23534), pour révocation sans cause d'un dirigeant de société (Cass. com. 11-3-2014 n° 13-10.188 : RJDA 7/14 n° 629) ou attribuant le dépôt de garantie pour résiliation du bail (n° 4712) ;

– la clause de préavis (CA Paris 25-2-1992 : RJDA 5/92 n° 427).

3. Contrainte à l'exécution du contrat. La clause pénale ne saurait être qu'une évaluation du dommage car elle est stipulée pour sanctionner celui qui manque d'exécuter le contrat.

Ainsi est une clause pénale, et non la contrepartie de l'indisponibilité des lieux loués, la clause d'un bail prévoyant que le locataire qui viendrait à quitter les lieux sans les avoir remis en état devrait procéder aux réparations à ses frais et que, pendant la durée des travaux de remise en état, il devrait payer au bailleur un loyer dont le montant serait calculé sur la base du double du dernier loyer payé, majoré du préjudice causé par le retard du locataire suivant à entrer dans les lieux, car cette clause a pour effet de contraindre le locataire à exécuter l'une de ses obligations contractuelles (Cass. 3e civ. 1-7-1998 : RJDA 1/99 n° 14 ; rappr. Cass. com. 24-5-2005 n° 769 : RJDA 11/05 n° 1190) ; est aussi une clause pénale la clause stipulant une indemnité en cas de résiliation anticipée de la part du cocontractant, dont le montant est équivalent au prix dû en cas d'exécution du contrat jusqu'à son terme (Cass. com. 5-9-2019 n° 18-14-427 F-D).

Mais n'est pas une clause pénale :

– celle qui évalue le préjudice consécutif à la résiliation du contrat (Cass. com. 4-7-1972 : D. 1972.732 note Malaurie ; Cass. com. 22-5-1978 n° 76-15.171 : Bull. civ. IV n° 141 ; Cass. com. 5-4-1994 : RJDA 10/94 n° 1003 ; Cass. civ. 10-10-1995 : RJDA 3/96 n° 318) ;

– celle fixant l'indemnité pour remboursement anticipé d'un prêt (n° 41109) ou pour résiliation anticipée d'un contrat (Cass. com. 14-10-1997 : RJDA 1/98 n° 14).

Sur la distinction de la clause pénale de la clause de dédit, n° 11965.

15262 **Licéité de la clause pénale** La clause pénale est valable même en l'**absence** de tout **préjudice** : tendant tout autant à l'exécution du contrat qu'à la réparation du préjudice, les parties sont libres de l'utiliser exclusivement comme « pénalité » (Cass. 3e civ. 2-10-1974 n° 73-10.951 : Bull. civ. III n° 323 ; Cass. 3e civ. 20-12-2006 n° 1344 : RJDA 5/07 n° 448).

À notre avis, la **clause** pénale est **nulle** si l'obligation inexécutée l'est ; en revanche, celle-ci demeure valable en cas de nullité de la clause pénale.

En effet, la clause pénale est liée à l'obligation dont elle tend à obtenir l'exécution ; elle n'a donc plus de raison d'être lorsque l'obligation n'est plus susceptible d'exécution et doit donc suivre, en tant qu'accessoire, le principal. Inversement, le principal qui n'est pas dépendant de l'accessoire doit, sauf volonté contraire, survivre à l'extinction de celui-ci.

La caducité du contrat laisse subsister la clause pénale (n° 16000).

15265 **Opposabilité de la clause pénale** Aucune **forme** particulière n'est imposée pour rendre la clause pénale opposable à une partie. Il a été admis que la clause est opposable :

– même si elle figure sur une page « peu lisible » d'un contrat de crédit-bail, compte tenu de ses caractères typographiques microscopiques, dès l'instant que le locataire avait signé le contrat (Cass. civ. 23-7-1979 : GP 1979.som.488) ;

– quoique les documents la contenant n'aient pas été signés, au motif que leur destinataire n'avait pas émis de protestation après leur réception alors que le donneur d'ordre avait pris soin d'y préciser les modalités d'application des pénalités (Cass. com. 25-6-1991 : RJDA 10/91 n° 787).

Mais a été jugée inopposable à un acheteur en relation d'affaires avec un grossiste la clause pénale figurant sur les factures de ce dernier car il n'était pas établi que l'acheteur avait eu connaissance de la clause préalablement à la conclusion du contrat ou à la commande (CA Limoges 20-5-1996 : Bull. inf. C. cass. 1996 n° 1091).

15268 **Conditions d'application de la clause pénale** Pour éliminer toute incertitude, la clause pénale doit être rédigée avec le plus grand soin. Ainsi, il est opportun d'indiquer clairement :

1. Si la clause est prévue pour tout **manquement** du débiteur sans distinguer entre les causes de rupture (Cass. com. 17-5-2023 n° 22-10.369 F-D : RJDA 10/23 n° 512 : application de la clause même en cas de résiliation abusive du contrat par le cocontractant) ou pour des manquements déterminés (pour un exemple de manquements précis : CA Orléans 22-3-1973 : JCP G 1973.IV.365) ; établie par exemple pour l'inexécution du contrat, elle ne peut jouer pour un simple retard ou pour une exécution défectueuse (Cass. req. 13-7-1899 : D. 1899.1.524 ; Cass. 3e civ. 14-2-2019 n° 17-26.758 F-D : RJDA 5/19 n° 317) ; établie pour la résiliation unilatérale du contrat à l'initiative d'une partie, elle ne peut pas être invoquée pour la résiliation judiciaire du contrat (Cass. com. 9-10-1990 n° 89-12.955 : Bull. civ. IV n° 228) ;

Les parties ne peuvent pas prévoir une clause pénale pour le seul cas où le débiteur serait mis en redressement ou liquidation judiciaire (n° 62355).

2. Les **préjudices** pour lesquels la peine est prévue ; jugé que la peine qui répare, en cas de défaillance d'un exposant qui avait pris l'engagement d'occuper un espace dans un salon, le coût de la réorganisation de cet espace et de la recherche d'un nouvel occupant laisse subsister le préjudice distinct résultant de la perte des redevances que l'exposant devait payer (Cass. com. 20-5-1997 : RJDA 10/97 n° 1165) et que celle qui répare un retard peut laisser place à une demande en réparation d'un préjudice financier (Cass. com. 7-12-1993 : DMF 1994.188 obs. Tassel) ;

3. Si la peine est encourue sans qu'il soit nécessaire de procéder à une **mise en demeure** préalable du débiteur. À défaut d'une telle précision, la dispense de mise en demeure peut être déduite de la formulation de la clause (Cass. civ. 9-6-1999 : RJDA 10/99 n° 1044 : clause prévoyant l'exécution de l'obligation pour une certaine date, sous peine d'une indemnité de 2 000 F [environ 307 €] par jour de retard à compter de cette date ; CA Paris 27-4-1984 : BRDA 12/84 p. 20, mention manuscrite obligeant le vendeur à assurer le fonctionnement de la machine vendue « au plus tard le 15 mai prochain » et ajoutant qu'« à compter de cette date il sera dû à titre d'astreinte par quinzaine de retard la somme de 2 000 F » [environ 307 €]) ;

Lorsque la clause pénale prévoit une mise en demeure préalable, celle-ci est obligatoire même si elle s'avère inopérante, par exemple lorsqu'elle devait intervenir avant l'action en paiement des vendeurs et alors que l'acheteur avait renoncé à acheter (Cass. 3e civ. 2-2-2022 n° 20-21.705 F-D).

4. Le **montant** de la peine ou les modalités de calcul de cette dernière : ainsi, la peine peut inclure le remboursement du montant de la TVA (Cass. com. 4-7-1972 : D. 1972.732 note Malaurie) ;

5. L'**étendue** du cautionnement prévu au contrat ; ainsi, sauf si le cautionnement exclut la garantie de la clause pénale, la caution garantit la pénalité dès lors qu'elle s'est engagée pour un montant indéterminé de la dette principale (n° 55200).

La caution peut alors demander une modération de la clause (Cass. 1e civ. 24-7-1978 : Bull. civ. I p. 219 ; cf. Cass. com. 3-2-1982 : Bull. civ. IV p. 37), mais seulement par la voie de l'action oblique, après avoir établi que le débiteur principal ne demande pas cette réduction (CA Paris 18-3-1985 : BRDA 11/85 p. 12).

La caution n'a pas été tenue pour engagée à payer le montant de la clause pénale dans un cas où le cautionnement était assorti d'un « bon pour » suivi du montant du principal (Cass. com. 22-1-1963 : Bull. civ. III n° 53).

6. La **portée de la peine** ; ainsi, la clause d'un contrat de cession de droits sociaux prévoyant qu'en cas de non-respect de l'échéancier de paiement, les sommes déjà versées restent acquises au cédant, celui-ci pouvant poursuivre l'acquéreur en paiement ou en résolution de la cession, ne permet pas au créancier de percevoir deux fois le prix de cession (Cass. com. 11-5-2023 n° 19-24.977 F-D : RJDA 8-9/23 n° 435).

Exécution de la clause pénale La clause pénale doit être exécutée lorsque les conditions suivantes sont réunies. 15271

1. Le bénéficiaire n'y a **pas renoncé,** par exemple en prenant livraison d'une marchandise et en réglant les factures sans réserves (cf. Cass. com. 10-4-1964 : Bull. civ. III n° 173) ou en formulant une demande limitée au montant du seul préjudice subi alors que la clause pénale du contrat de crédit-bail en cause prévoyait une indemnité égale au montant de l'option d'achat (CA Paris 29-9-1981 : JCP G 1982.IV.210).

2. Le **manquement** pour lequel elle a été stipulée s'est **produit.**

Cette condition étant suffisante, il importe peu notamment :

– que la prestation fournie (matériel livré) par le créancier lui ait été restituée dès lors que l'inexécution du contrat prévue dans la clause a eu lieu (Cass. com. 25-5-1981 : JCP G 1981.IV.286) ;

– que l'acquéreur d'un immeuble ait pu y pénétrer pour examiner les travaux à réaliser si la remise des clefs a eu lieu après la date prévue par la clause pénale (CA Paris 30-6-1986 : BRDA 20/86 p. 19) ;

– que la garantie qui assortissait le paiement de la pénalité soit éteinte (Sentence CCI n° 3055 en 1980 : Clunet 1981.937 obs. Derains) ;

– que le bénéficiaire ne démontre pas qu'il a subi un préjudice (Cass. 3e civ. 20-12-2006 n° 05-20.065 : RJDA 5/07 n° 448).

Le bénéficiaire de la clause peut obtenir son application s'il démontre que le manquement a été dissimulé frauduleusement (cf. Cass. 1e civ. 8-4-2010 n° 09-14.597 : Bull. civ. I n° 84).

La clause pénale destinée à réparer les conséquences dommageables de la résolution du contrat survit à la résolution (Cass. 3e civ. 12-1-1994 n° 91-19.540 : Bull. civ. III n° 5 ; Cass. 3e civ. 15-2-2005 n° 04-11.223 : RJDA 8-9/05 n° 934).

Mais cette survivance est limitée aux inexécutions sanctionnées par la clause pénale (CA Paris 23-10-1998 : RJDA 5/99 n° 515). Elle est exclue si la résolution est due à une cause imputable à la partie qui la réclame ; jugé que la vente d'un camion donné en crédit-bail ayant été résolue pour vice caché, le locataire ne pouvait pas être condamné à la peine prévue pour non-versement des loyers dès lors que le crédit-bailleur ne lui avait pas délivré un matériel en état de servir à l'usage auquel il était destiné (Cass. com. 13-6-1977 : Bull. civ. IV p. 141). Elle est également exclue si la clause sanctionne le retard d'exécution, lequel ne peut plus se produire si le contrat est résilié.

3. Le bénéficiaire a mis le débiteur **en demeure** d'exécuter son engagement (C. civ. art. 1231).

4. Le débiteur n'a **pas invoqué** une cause d'**exonération.**

A été écartée la clause pénale sanctionnant :

– le retard de l'entrepreneur dès lors que ce retard était dû aux profondes modifications demandées par le maître d'ouvrage (Cass. civ. 3-2-1976 : D. 1976.IR.119) ;

– l'inexécution de ses obligations par l'un ou l'autre des contractants dès lors que chacun a manifesté sa volonté de rompre le contrat (CA Aix 8-6-1979 : Bull. Cour d'Aix 1979/3 p. 22).

5. Le bénéfice de la clause est **réclamé** par la partie au contrat **qui y a droit** : tel n'est pas le cas d'un architecte, condamné avec l'entrepreneur à réparer l'intégralité du préjudice subi par le maître d'ouvrage, qui invoque une clause pénale existant dans un contrat conclu entre l'entrepreneur et le maître d'ouvrage (Cass. 3e civ. 13-11-1974 no 73-12.220 : Bull. civ. III no 417).

6. Le bénéficiaire de la clause ne demande **pas** l'exécution de l'obligation visée par la clause, car on ne peut pas demander en même temps **le principal et la peine.**

Lorsqu'un contrat de crédit-bail d'un véhicule prévoit qu'en cas de résiliation pour défaut de paiement des loyers le preneur devra la totalité des loyers restant à courir jusqu'au terme du contrat, déduction faite du prix de revente du véhicule, le crédit-bailleur, en réclamant, après résiliation pour non-versement des loyers et récupération du véhicule, la pénalité susvisée, ne demande pas à la fois l'exécution du contrat et la résolution de celui-ci mais ne fait que poursuivre la résiliation du contrat (Cass. com. 12-5-1987 : GP 1988.528 note Bey).

7. Le **bénéficiaire** de la clause n'est **pas** lui-même à l'**origine** du **manquement** que la clause pénale avait pour objet de sanctionner (Cass. civ. 10-7-1978 : GP 1978.2.pan.428).

15274 **Révision du montant de la clause pénale** Le juge peut, même d'office, réduire ou majorer la peine convenue si elle est manifestement excessive ou dérisoire (C. civ. art. 1231-5, al. 2), peu important que la pénalité ait été convenue entre des professionnels (Cass. 1e civ. 1-12-2011 no 10-22.767 : RJDA 3/12 no 246). Il peut exercer ce pouvoir, d'ordre public (art. précités), conformément aux règles ci-après.

Le juge ne peut donc pas annuler la clause prévoyant une indemnité contractuelle de licenciement s'il ne démontre pas en quoi cette indemnité présente un caractère manifestement excessif de nature à faire échec au droit de licenciement reconnu à l'employeur (Cass. soc. 5-3-2014 no 12-23.106 : RJS 5/14 no 400).

15277 **1. Conditions générales.** Le juge doit déterminer s'il y a lieu de réviser la peine en tenant compte du préjudice effectivement subi par l'une des parties (Cass. com. 3-12-2002 no 2026 : RJDA 3/03 no 224 ; pour un exemple d'une appréciation justifiée, Cass. 3e civ. 6-11-2012 no 11-25.656 : RJDA 6/13 no 481 ; pour un exemple d'une appréciation non justifiée, Cass. com. 4-11-2021 no 15-17.479 F-D : RJDA 3/22 no 134), eu égard à la nature de sa prestation (Cass. 3e civ. 11-5-2004 no 577 : RJDA 11/04 no 1266). Mais, si la clause prévoit, d'une part, l'indemnisation du préjudice et, d'autre part, une peine pour faire pression en vue de l'exécution du contrat, il peut faire une appréciation globale sans avoir à isoler la partie de la clause qui tend à l'indemnisation du préjudice et celle qui a trait à la peine proprement dite (Cass. com. 3-12-2002 no 2026 précité).

Ainsi jugé qu'une peine destinée à assurer la bonne exécution du contrat est excessive eu égard à l'importance des sommes prévues à titre d'indemnisation du préjudice bien que ces deux éléments de la clause aient été fixés séparément dans le contrat (CA Paris 23-7-1985 : BRDA 21/85 p. 13 ; dans le même sens, CA Paris 20-9-1988 : BRDA 1/89 p. 14).

Le juge peut prendre en compte, à titre d'indication, tout élément de mesure de l'importance du montant de la clause qui lui paraît utile (par exemple les valeurs retenues dans la réglementation des clauses abusives : CA Aix 10-11-1982 : Bull. Cour d'Aix 1982/3 p. 32 ; les peines habituellement stipulées dans les conventions ayant un objet similaire : CA Paris 11-3-1987 : D. 1987.492 note Paisant ; CA Versailles 9-4-1993 : RJDA 7/93 no 602) ; l'usage établi (CA Rennes 27-9-2022 no 20/022637, le juge restant libre de procéder à sa propre appréciation).

Il ne peut pas se référer seulement à la position économique et à la bonne foi du débiteur qui sont des conditions d'octroi des délais de grâce (no 50506 ; Cass. com. 11-2-1997 : RJDA 5/97 no 610).

Il ne doit pas modifier la peine lorsque l'inexécution a été volontaire (CA Douai 10-3-1976 : JCP G 1976.IV.337 ; CA Amiens 25-5-1976 : JCP G 1978.IV.69), la réduction de la peine étant réservée au débiteur de bonne foi (CA Rouen 7-3-1991 no 89-2041), ni lorsqu'elle résulte d'une décision de justice portant transaction (Cass. com. 12-10-1993 : RJDA 2/94 no 141).

Il doit apprécier le caractère excessif ou dérisoire de la clause **au jour où il statue** et non à la date de conclusion du contrat (Cass. 1e civ. 19-3-1980 no 78-13.151 : Bull. civ. I no 95) ni à celle où la pénalité s'était trouvée exigible (Cass. 1e civ. 10-3-1998 : RJDA 6/98 no 683). Le juge des référés ne peut pas se livrer à cette appréciation mais il peut accorder une provision au créancier en constatant que l'obligation du débiteur résultant du contrat n'est pas sérieusement contestable (Cass. 3e civ. 19-2-2003 no 273 : RJDA 7/03 no 688 ; CA Paris 26-9-1997 : D. 1997.IR.242).

La **somme corrigée** par le juge est productive d'**intérêts de droit** au taux légal à compter du jour de la sommation de payer (Cass. com. 21-7-1980 : D. 1981.335 ; Cass. soc. 9-11-1983 no 81-41.256 : Bull. civ. V no 547 ; CA Paris 20-11-1986 : BRDA 24/86 p. 23).

S'il refuse de la réviser et fait une application pure et simple de la peine prévue par la convention, le juge n'a pas à motiver sa décision (Cass. 1e civ. 12-7-2001 no 99-13.555 : Bull. civ. I no 218) ; il en est de même si la réduction de la peine n'est pas de son initiative mais résulte d'une renonciation partielle de la partie bénéficiaire de la clause pénale (Cass. com. 18-12-1986 : BRDA 3/87 p. 14). En revanche, lorsqu'il modifie le montant de la peine, il doit préciser en quoi son montant est manifestement excessif ou dérisoire

(Cass. 3e civ. 1-7-1980 n° 79-11.366 : Bull. civ. III n° 131) ; la constatation du caractère « un peu élevé » de ce montant ne constitue pas une justification suffisante (Cass. ch. mixte 20-1-1978 n° 76-11.611 : Bull. ch. mixte n° 1).

2. Réduction de la peine excessive. Le **juge** peut, même d'office, réduire la peine qui a été convenue si elle est manifestement excessive (C. civ. ex-art. 1231-5, al. 2 ; pour des exemples de réduction : CA Paris 11-6-1992 : RJDA 11/92 n° 990 ; CA Versailles 26-2-1999 : RJDA 6/99 n° 645 ; CA Versailles 28-10-1999 : RJDA 2/00 n° 131 ; pour des refus de réduction : Cass. com. 5-5-2009 n° 08-10.261 : RJDA 8-9/09 n° 698 ; CA Nancy 3-7-1991 : RJDA 12/91 n° 997 ; CA Versailles 28-11-2002 n° 00-4481 : RJDA 4/03 n° 401), dans les limites suivantes. **15280**

a. Il doit, en toute hypothèse, accorder **au moins la valeur du préjudice** subi ; ainsi, il ne peut pas :

– réduire la peine qui ne couvre pas le montant du préjudice (Cass. com. 7-11-1978 n° 77-10.653 : Bull. civ. IV n° 245 ; CA Paris 30-11-1993 : RJDA 5/94 n° 489) ;

– réduire la peine au-dessous du montant du préjudice (Cass. com. 9-6-1980 : Bull. civ. IV p. 199 ; Cass. com. 3-2-1982 n° 80-13.061 : Bull. civ. IV n° 44 ; Cass. com. 8-7-1986 : JCP G 1986.IV.275) ;

– exonérer totalement de la clause pénale si l'absence de préjudice n'est pas constatée (Cass. com. 28-4-1980 n° 78-16.461 : Bull. civ. IV n° 167 ; Cass. com. 21-10-2014 n° 13-30.600 : RJDA 2/15 n° 70).

b. Il n'est pas tenu de réduire la peine pour le seul motif que le montant du **préjudice** lui est **inférieur.** La clause pénale peut comprendre l'indemnisation du préjudice et, en outre, si le juge l'estime justifiée, une peine pour faire pression en vue de l'exécution (Cass. com. 21-7-1980 : D. 1981.335 ; Cass. 1re civ. 8-6-2004 n° 987 : RJDA 12/04 n° 1297).

La condamnation à une telle peine ne sera toutefois admise par le juge que par comparaison avec le montant des dommages-intérêts prévus par la clause (n° 15277).

c. Il n'est pas davantage tenu à la réduction dès lors que le bénéficiaire de la clause n'a subi **aucun préjudice** (Cass. com. 10-1-1977 n° 75-13.654 : Bull. civ. IV n° 7) ni de refuser de l'appliquer au motif de l'absence de préjudice (Cass. com. 23-3-1999 n° 97-11.835). Mais il peut alors limiter à un euro le montant de la condamnation du débiteur au titre de la clause pénale (Cass. com. 13-3-1979 : GP 1979.343 ; Cass. civ. 12-10-1983 : GP 1984.pan.45) ou supprimer toute peine (Cass. com. 16-7-1991 : D. 1992.365 note Mazeaud).

d. Il ne peut **d'office** réduire la peine sans avoir au préalable invité les parties à présenter leurs observations (Cass. com. 23-3-1993 : RJDA 7/93 n° 603).

e. Il ne peut se fonder pour réduire la peine que sur son montant manifestement excessif par rapport au préjudice subi et non sur le fait que la peine procure au créancier un **bénéfice supérieur à celui** qu'il aurait retiré **de l'exécution normale** de la convention (Cass. com. 14-12-2010 n° 09-68.275 : RJDA 5/11 n° 454) ni sur le fait que la peine est manifestement excessive et disproportionnée au regard des prestations fournies (Cass. com. 16-2-2010 n° 09-13.380 F-D : RJDA 5/10 n° 472).

f. Il peut modérer tant une obligation de paiement qu'une **obligation de faire** (CA Douai 21-5-2015 n° 14/06130 : D. 2015.2114 note Lemay).

3. Ajustement et réduction de la peine en cas d'exécution partielle. En présence d'une clause pénale assortissant une obligation prévue au contrat qui a été en partie exécutée, le montant de la peine est fixé, même d'office, conformément aux deux règles posées par l'article 1231-5, al. 3 du Code civil qui sont d'ordre public (C. civ. art. 1231-5, al. 4). **15283**

A été partiellement exécutée l'obligation au paiement d'une indemnité d'occupation fixée dans le contrat de bail au double du montant du loyer à la charge du locataire resté dans les lieux après extinction du bail dès lors que celui-ci avait effectué des versements au titre de cette obligation (Cass. 3e civ. 8-4-2010 n° 08-20.525 : RJDA 6/10 n° 605).

a. Le juge doit **proportionner** le montant de la peine à l'exécution partielle dès lors que celle-ci est constatée, en dépit de toute clause contraire.

Il n'a pas cependant à procéder à ce rajustement :

– si les parties ont elles-mêmes proportionné le montant de la peine à l'intérêt que l'exécution partielle a procuré au créancier (Cass. com. 21-7-1980 et Cass. com. 5-11-1981 précités ; dans ces deux espèces, l'indemnité de résiliation des contrats - respectivement de crédit-bail et de location - était égale aux quatre cinquièmes des loyers restant à échoir ; dans le même sens, Cass. com. 19-11-1991 : RJDA 2/92 n° 122) ;

– si l'exécution partielle n'a procuré aucun intérêt au bénéficiaire de la clause (cf. CA Amiens 23-11-1976 : JCP G 1977.II.18567) ;

– si le débiteur « ne peut s'acquitter de son obligation que par une prestation unique et indivisible du fait de la loi, de la nature de l'obligation ou de la convention des parties » (CA Paris 21-1-1970 : JCP G 1970.II.16376 note Boccara).

b. Le juge peut, la proportion entre la peine et l'exécution étant rétablie, **réduire** la peine qui en ressort si celle-ci lui apparaît néanmoins excessive (Cass. 3e civ. 8-4-2010 n° 08-20.525 : RJDA 6/10 n° 605 ; cf. Cass. com. 21-7-1980 : D. 1981.335).

Lorsque les parties sont convenues d'une réduction chiffrée de la peine proportionnelle à la durée de l'exécution des obligations du débiteur, le juge ne peut en réduire le montant sans préciser en quoi cette peine est manifestement excessive (cf. Cass. com. 21-7-1980 : D. 1981.335 ; Cass. com. 5-11-1981 n° 80-10.090 : Bull. civ. IV n° 380).

15286 **4. Augmentation de la peine dérisoire.** Le juge peut aussi augmenter la peine convenue qui lui paraîtrait manifestement dérisoire (C. civ. art. 1231-5, al. 2) à condition de dire en quoi le montant fixé par la clause est manifestement dérisoire (Cass. 3e civ. 1-7-1980 n° 79-11.366 : Bull. civ. III n° 131).

Ainsi, la clause pénale prévue en cas de résiliation d'un contrat de crédit-bail aboutissant à une indemnité d'un montant inférieur à la moitié du préjudice subi par la société de crédit-bail du fait de la résiliation a été élevée jusqu'au montant du préjudice effectivement souffert (CA Amiens 23-11-1976 : JCP G 1977.II.18567 ; aussi CA Versailles 7-2-2000 : RJDA 6/00 n° 632).

À l'inverse, dans un cas où une vente d'immeuble n'avait pas été régularisée par acte authentique car l'acquéreur s'y était refusé, il a été jugé que la clause de l'acte sous seing privé mettant à sa charge une indemnité égale à 10 % du prix de vente n'était pas manifestement dérisoire et qu'il n'y avait donc pas lieu à majoration de la peine même si le préjudice subi par le vendeur était supérieur (Cass. civ. 3-7-1979 : D. 1980.IR.227).

Sur le caractère dérisoire de la pénalité assortissant une clause de non-concurrence, Cass. soc. 5-6-1996 : RJDA 3/97 n° 322.

Les arbitres font preuve d'une tendance constante à refuser d'ajuster le montant des pénalités pour tenir compte de la dévaluation de la monnaie dans laquelle ces pénalités sont exprimées (par exemple, Sentence CCI n° 1990 en 1972 : Clunet 1974.897 obs. Derains).

15289 **Paiement de la clause pénale** Sauf si l'inexécution est définitive, le paiement de la clause pénale ne peut être demandé que si le **débiteur** a été **mis en demeure** (C. civ. art. 1231-5, al. 5).

Lorsque les conditions en sont remplies, le paiement de la clause pénale peut être **demandé par provision** en référé (Cass. 2e civ. 10-7-1978 n° 77-11.897 : Bull. civ. II n° 187 ; Cass. com. 1-3-1983 : Bull. civ. IV p. 78). Le fait que le juge puisse réviser la clause pénale n'a pas pour effet de l'obliger, avant de condamner à son paiement, à vérifier sa validité (Cass. 2e civ. 5-4-1993 n° 91-19.979 : Bull. civ. II n° 142) ; il n'a en effet que la faculté, et non l'obligation, de se saisir d'office (n° 15280).

Le paiement **libère** le débiteur de l'exécution de l'obligation visée par la clause ; en effet, l'exécution ne peut pas être cumulée avec la peine (C. civ. art. 1229, al. 2).

Mais il n'éteint **que le préjudice pris en compte** par la clause. Le débiteur peut être condamné à payer des dettes arriérées (Cass. com. 2-7-1991 : RJDA 11/91 n° 892) ou à réparer tout préjudice dont le juge du fond identifie, souverainement, le caractère distinct (Cass. com. 12-7-2011 n° 10-18.326 : JCP E 2011.pan.1648), par exemple : le retard mis à verser le montant de la clause pénale depuis le jour où l'indemnité était due jusqu'à celui de la condamnation au paiement (Cass. civ. 30-1-1979 : D. 1979.IR.284) ; le préjudice d'actes de concurrence déloyale commis parallèlement à la violation d'une obligation de non-concurrence (CA Paris 5-11-1979 : GP 1980.som.175).

Sur le paiement de la clause pénale par l'un des héritiers du débiteur, selon que l'obligation est indivisible ou divisible, n° 50100.

2. DOMMAGES-INTÉRÊTS JUDICIAIRES

ÉVALUATION DU DOMMAGE

15300 **Bases de l'évaluation** Aucune règle du Code civil ne fixant les règles d'évaluation du dommage (perte subie ou gain manqué, n° 15063), ce sont celles élaborées par les tribunaux qui s'appliquent dans tous les cas.

La partie qui a subi le dommage a ainsi droit à la **réparation** de son préjudice **dès** qu'elle l'a **subi** (Cass. com. 2-2-2010 n° 09-11.938 : RJDA 5/10 n° 532), ce qui n'est pas le cas, par exemple, tant qu'elle est elle-même poursuivie par un tiers et qu'elle n'a pas encore été condamnée (Cass. 3e civ. 16-3-2017 n° 15-12.384 FS-PB : Bull. civ. III n° 39) ; mais il se déduit du principe de réparation intégrale de la victime que toute perte de chance ouvre droit à réparation, sans que, par exemple, un emprunteur ait à démontrer que, mieux informé et conseillé par la banque prêteuse, il aurait souscrit de manière certaine une assurance garantissant le risque réalisé (Cass. 2e civ. 17-6-2021 n° 19-24.467 FS-BR : RJDA 10/21 n° 684). L'indemnité due doit être calculée sur l'étendue du dommage au jour du jugement ou de l'arrêt qui consacre la créance indemnitaire (Cass. 1e civ. 7-7-1993 : RJDA 11/93 n° 991 ; toutefois, pour l'évaluation de la perte d'une récolte à la date de cette perte, Cass. 1e civ. 20-11-1990 n° 87-19.564 P : D. 1991.455 note Aubert) ou au jour de la réalisation du dommage avec actualisation en fonction d'un indice au jour de la décision de justice (Cass. com. 2-11-1993 n° 91-14.673 P : RJDA 4/94 n° 387 : indemnité indexée sur l'indice Syntec au jour de la décision sur la base de la valeur de l'indice en 1967 ; Cass. com. 8-11-2017 n° 16-13.307 FS-D : devoir d'actualisation pour le juge qui a estimé le préjudice au jour où il a été subi ; CA Paris 16-1-1985 : BT 1985.172 : valeur arrêtée le 11 juillet 1973 mais qui a dû être versée en 1980 actualisée de 10 % par an entre 1973 et 1980 ; contra, Cass. 1e civ. 20-11-1990 n° 87-19.564 P : D. 1991.455 note Aubert, rejetant l'actualisation par un indice).

L'actualisation ne saurait être réalisée par l'octroi dans le jugement d'une augmentation de l'indemnité réparant la dévaluation monétaire (cf. CA Aix 27-2-1979 : Bull. Cour d'Aix 1979/1 p. 65, qui a jugé contraire à l'ordre public international français un jugement italien qui majorait de 25 % la condamnation du débiteur à seule fin de tenir compte de la dépréciation monétaire) ; ce ne pourrait être le cas que si le créancier demandait spécialement réparation du préjudice éventuellement tiré du retard du débiteur à s'exécuter dans une monnaie dévaluée depuis l'exigibilité de sa dette (cf. Cass. 1e civ. 11-6-2002 : RJDA 12/02 no 1312).

La réparation doit être **intégrale,** à hauteur du préjudice subi, tel que déterminé ou déterminable (C. civ. art. 1149 ; Cass. 1e civ. 14-2-2008 no 07-10.419 : JCP G 2008.I.186 no 1 obs. Stoffel-Munck), sans qu'il en résulte pour la victime ni perte ni profit (parmi une jurisprudence constante, Cass. 2e civ. 14-12-2017 no 16-26.736).

Tout préjudice reconnu doit être indemnisé même s'il est minime (Cass. 3e civ. 10-7-2013 no 12-19.131), ne peut pas être réduit au motif que la victime peut obtenir une réparation partielle par d'autres voies juridiques auprès de tierces personnes (Cass. com. 12-10-1993 no 1479 : RJF 2/94 no 147), ne peut pas non plus être évalué en équité (Cass. com. 16-4-1996 : GP 1996.som.399 ; contra CA Paris 17-1-2008 no 06/74718 : PA 2008 no 199 p. 18 note Roy) ou être égal à l'indemnité due par l'assureur de l'auteur du dommage à la victime (Cass. 1e civ. 30-9-1997 no 95-20.519 : Bull. civ. I no 257).

Le préjudice doit être évalué à la date à laquelle le juge rend sa décision (Cass. 1e civ. 23-9-2020 no 19-18.582) en tenant compte des avantages que la victime a pu tirer de la situation dommageable (Cass. 1e civ. 28-9-2016 no 15-18.904 F-D : D. 2016.2061 note Carval), sauf si l'avantage est une condition de la réparation intégrale du préjudice (Cass. 3e civ. 20-11-2013 no 12-29.259 FS-PBI : RJDA 3/14 no 216). Le même préjudice ne peut pas être réparé deux fois (Cass. com. 16-2-2016 no 14-22.914 F-D : RJDA 6/16 no 421 : condamnation de l'auteur de la rupture brutale d'une relation commerciale à payer à la victime, tout à la fois, les commissions jusqu'au terme prévisible du contrat résilié sept mois avant son échéance et des dommages-intérêts correspondant à un préavis de six mois). En outre, il n'y a pas lieu à indemnisation en cas de demandes réciproques portant sur des fautes et préjudices respectifs d'égale importance (Cass. com. 21-2-1995 : RJDA 7/95 no 816).

Toutefois, une condamnation à des dommages-intérêts punitifs, non contraire à l'ordre public international français à la condition d'être proportionnée (no 16662), est, à notre avis, contraire à l'ordre public interne en raison de l'invalidité d'une peine privée non autorisée par la loi (cf. TGI Paris 8-6-2010 : RTD com. 2011. obs. F. Pollaud-Dulian, interprétant la loi - CPI art. L 331-1-3 relatif aux dommages-intérêts dus au titre de la réparation d'une contrefaçon de droits d'auteur - comme n'autorisant pas des dommages punitifs).

Indépendamment des dommages-intérêts, le cocontractant responsable peut être, lorsque la loi le prévoit, condamné au paiement d'une amende civile (par exemple, C. com. art. L 442-4, I-al. 3).

Les dispositions fiscales frappant les revenus sont sans incidence sur les obligations des personnes responsables du dommage et le calcul de l'indemnisation des victimes (cf. en matière extracontractuelle mais transposable à la matière contractuelle par analogie, Cass. com. 27-3-2019 no 17-26.646 F-PB : absence de prise en compte pour fixer le montant de l'indemnisation des déductions des factures sur le résultat fiscal dont a pu bénéficier la victime).

Office du juge L'indemnisation ne devant entraîner pour la victime ni perte ni profit, les juges : 15301

– ne peuvent pas retenir une indemnisation forfaitaire (Cass. 1e civ. 2-4-1996 no 94-13.971 : Bull. civ. I no 166 ; Cass. 3e civ. 3-12-2015 no 13-22.503 FS-PB : Bull. civ. III no 131 ; Cass. com. 30-11-2022 no 21-17.703 F-B) ;

– qui ont retenu le principe d'un préjudice doivent en rechercher, le cas échéant, l'étendue (Cass. 2e civ. 4-1-2006 : GP 2006.3265 note M. Périer ; Cass. 3e civ. 28-9-2010 no 09-15.336 : RJDA 12/10 no 1140 ; Cass. 3e civ. 4-10-2018 no 17-23.190 FS-PBI) ;

Ils ne peuvent pas, par exemple, refuser d'évaluer un dommage aux prétextes qu'il est réclamé une somme globale pour trois postes de préjudices dont un seul est retenu, que l'expertise ne permet pas de suppléer cette lacune et que la facture produite ne permet pas de déterminer avec précision la somme correspondant à la réparation en cause (Cass. 3e civ. 6-2-2002 no 00-10.543 : Bull. civ. III no 54).

– en cas de perte d'un bien, ne peuvent pas appliquer un abattement pour vétusté, même si le bien était usagé (Cass. 2e civ. 23-1-2003 no 47 : JCP G 2003.II.10110 note Barbiéri), la victime étant seulement en droit d'obtenir la valeur de remplacement de son bien (Cass. crim. 22-9-2009 no 08-88.181 : RJDA 1/10 no 96) et non sa seule valeur vénale, sauf si l'exclusion d'un coefficient de vétusté conduit à un enrichissement infondé de la victime (Cass. 3e civ. 16-6-2010 no 09-13.156 : RJDA 11/10 no 1038) ;

Par exemple, ainsi lorsque la victime ne recherche plus le remplacement, comme c'est le cas lorsqu'elle a abandonné toute idée de reconstruction du bâtiment détruit en vendant à un tiers le terrain sur lequel elle devait reconstruire (Cass. 3e civ. 8-4-2010 no 08-21.393 : RJDA 7/10 no 710).

– apprécient souverainement le montant du préjudice, sans être tenus d'en préciser les divers éléments (Cass. ass. plén. 26-3-1999 no 95-20.640 : Bull. ass. plén. no 3 ; Cass. 3e civ. 11-2-2004 no 164 : RJDA 6/04 no 668) ;

L'évaluation souveraine n'est pas, par principe, une évaluation en équité (Cass. 1e civ. 24-9-2014 no 12-28.453 : RTD com. 2016.61 obs. Loquin). Néanmoins, elle permet au juge, pour parvenir à la réparation intégrale, d'assortir l'indemnité qu'il accorde des modalités qu'il estime nécessaires (Cass. avis 4-7-2017 no 17-70.008 : RJDA 11/17 no 701).

– peuvent retenir que le coût des travaux exécutés pour prévenir un risque de dommage (un éboulement) constitue un élément du préjudice (Cass. 2e civ. 15-5-2008 no 07-13.483 : Bull. civ. II no 112) ;
– peuvent évaluer le montant des dommages-intérêts en fonction de ce qu'aurait coûté la réparation en nature (Cass. 3e civ. 27-3-2012 no 11-11.798 et Cass. com. 7-2-2012 no 10-20.937 : RDC 2012.773 obs. Genicon) ;
– le cas échéant, doivent respecter le montant du préjudice fixé par les parties (Cass. civ. 29-6-1925 : GP 1925.2.480 ; Cass. 1e civ. 15-10-1985 : Bull. civ. I no 258 ; CA Paris 8-1-1986 : JCP G 1987.II.20738 note Pons) ;
– ne peuvent pas réparer deux fois le même préjudice (Cass. com. 21-10-2020 no 19-13.549 F-D : crédit-preneur ayant loué à un tiers le bien qu'il avait pris à bail et demandé à ce dernier en réparation du dommage subi par ce bien à la fois l'indemnisation de la perte de chance de louer le bien et du préjudice financier lié au fait qu'il paie des loyers au crédit-bailleur ; Cass. 2e civ. 9-2-2023 no 21-21.217 F-B : viole ce principe l'arrêt qui tient compte du salaire d'un employé dont le recrutement est rendu nécessaire, tout en indemnisant par ailleurs la perte future de revenus professionnels, la Cour de cassation considérant que ce chef de préjudice inclut nécessairement le surcoût de charges lié à l'embauche d'un salarié).

15302 **Indemnisation de la victime** La **victime** :
– a le choix, en cas de dommage à un bien, entre le remboursement des frais de remise en état de la chose endommagée ou le paiement d'une somme d'argent représentant la valeur de son remplacement (CA Caen 16-11-1987 : GP 1988.som.24) ; mais si le montant des frais excède la valeur de remplacement, la victime n'a droit qu'à cette dernière (Cass. 2e civ. 18-1-1973 no 71-14.282 : Bull. civ. II no 27 ; Cass. crim. 22-9-2009 no 08-88.181 : RJDA 1/10 no 96) ;
– peut, si elle est poursuivie en paiement, demander à être déchargée de son obligation en invoquant la faute de son cocontractant dans l'exécution de ses obligations sans prétendre à un autre avantage (Cass. 3e civ. 3-5-2001 no 00-10.053 : Bull. civ. III no 57) ;
– n'est pas tenue de justifier de l'emploi des fonds obtenus (Cass. 3e civ. 29-5-2013 no 12-17.349 : Bull. civ. III no 66 ; Cass. crim. 2-6-2015 no 14-83.967 : Bull. crim. no 134) ; sur la règle inverse pour l'indemnité d'assurance, no 17765.

PLAFONNEMENT LÉGAL DES DOMMAGES-INTÉRÊTS

15305 Quelle que soit l'estimation du préjudice, les dommages-intérêts ne peuvent pas être supérieurs au montant maximal fixé par la loi lorsque celle-ci a imposé un plafond de responsabilité, dit « limitation de responsabilité ». Il en est ainsi notamment en matière de transport quel qu'en soit le mode (nos 24621, 25233, 25890 et 26226).

La limitation d'origine réglementaire, telle celle des contrats types de transport, est toujours opposable (CA Paris 15-9-2017 : BTL 2017.550).

CLAUSES LIMITATIVES DE RESPONSABILITÉ

15310 Sous réserve des règles d'ordre public (no 15322), les parties peuvent convenir, dans une clause dite « limitative de responsabilité », des bases d'évaluation du dommage et du montant de la réparation de ce dommage dans les conditions ci-après fixées.

Est une telle clause celle qui fixe un plafond d'indemnisation dans la limite du préjudice subi par le cocontractant victime du dommage (Cass. com. 18-12-2007 no 04-16.069 : RJDA 4/08 no 371). Elle n'est pas une clause pénale car elle ne tend pas, en outre, à contraindre à l'exécution de l'obligation visée (no 15259).

15313 **Validité** Aucune disposition du Code civil ne régissant les clauses limitatives de responsabilité, les règles prétoriennes fixent leur régime.

Ces clauses peuvent être stipulées dans tous les contrats où une disposition expresse de la loi ne les a pas interdites.

Une telle interdiction n'existe pas pour le contrat dit d'adhésion (Cass. 1e civ. 19-1-1982 no 80-15.745 : Bull. civ. I no 29 ; CA Paris 18-6-1991 : RJDA 10/91 no 790), sous réserve que la clause ne crée pas un déséquilibre significatif (nos 12560 s.), ni pour le contrat de remorquage portuaire (Cass. ass. plén. 26-3-1999 : RJDA 6/99 no 671).

En revanche, l'interdiction existe notamment dans le contrat de vente pour la garantie des vices cachés par le vendeur à l'égard d'un acheteur qui n'a pas la même spécialité professionnelle (no 27259), dans les contrats avec les consommateurs soumis à la réglementation des clauses abusives (MCC nos 17690 s.), dans tout contrat pour les dommages corporels (Cass. civ. 2-8-1950 : D. 1951.581 ; CA Paris 25-3-1954 : D. 1954.295), dans le contrat d'hôtellerie pour le vol des objets déposés (C. civ. art. 1953) et dans les contrats portant sur des produits défectueux (no 8121).

Toutefois, les clauses limitatives ne sont pas valables si elles vident de sa substance l'obligation essentielle du contrat (nos 12549 s.), si elles contreviennent aux règles de la libre concurrence (pour un exemple, décision Cons. conc. 18-9-1990 : BRDA 20/90 p. 9 ; pour une absence d'abus de position dominante, Cass. com. 18-12-2007 no 04-16.069 : RJDA 4/08 no 371) ou si le montant de l'indemnité qu'elles prévoient est dérisoire, sauf si elles offrent, au moment de la conclusion du contrat, la possibilité, moyennant une somme supplémentaire, d'opter pour une indemnisation non forfaitaire (Cass. civ. 17-7-1990 : D. 1991.460).

Opposabilité Les **clauses** limitatives de responsabilité ne sont opposables à l'autre partie que si celle-ci est réputée les avoir **acceptées,** fût-ce tacitement (Cass. com. 24-5-2005 : BTL 2005.402 ; Cass. com. 14-9-2022 n° 20-20.736 F-D : RJDA 12/22 n° 673) ou si elles ont été acceptées par son mandataire agissant dans la limite de sa mission (Cass. com. 21-3-1983 n° 81-16.770 : Bull. civ. IV n° 110). 15316

Elles sont aussi opposables au subrogé dans les droits de la partie qui les a acceptées (Cass. 3e civ. 26-5-1992 : RJDA 11/92 n° 1012).

Mais les tiers au contrat ne peuvent pas bénéficier de la clause (Cass. civ. 17-12-1986 : Le Moniteur 13-2-1987 p. 48 ; CA Versailles 8-6-2004 : BTL 2004.520) et celle-ci ne peut pas leur être opposée (n° 13054).

Il revient au débiteur de le prouver (CA Paris 15-2-1982 : BT 1982.209).

A été déclarée **opposable** au cocontractant :

– la clause insérée dans les conditions générales de vente d'un fabricant de vitres et limitant sa responsabilité au remplacement des vitres défectueuses dès l'instant que l'acquéreur était lui aussi un professionnel et que les parties étaient liées par des relations commerciales continues (Cass. com. 29-11-1983 n° 82-13.503 : Bull. civ. IV n° 329) ;

– la clause du règlement intérieur d'un parking selon laquelle « chaque utilisateur circule ou stationne à ses risques et périls, notamment en ce qui concerne les dégâts ou vols pouvant être subis par le véhicule ou son contenu, le concessionnaire ne pouvant, en aucun cas, être considéré comme dépositaire », dès lors que ce règlement était affiché à l'entrée et que la carte d'abonnement précisait que l'accès au parking impliquait l'acceptation du règlement (CA Paris 27-1-1982 : D. 1982.IR.426 ; dans le même sens, CA Paris 30-1-1984 : D. 1984.IR.299) ;

– la clause reproduite sur une douzaine de factures antérieures à la naissance de la prestation litigieuse avec l'indication au recto qu'elle était inscrite au verso (CA Paris 7-10-1998 : BTL 1998.820).

Jugé **à l'inverse** qu'était inopposable :

– la clause dont l'acceptation ne pouvait résulter des rapports antérieurs entre les parties à l'occasion desquels il n'était pas établi que le cocontractant avait effectivement accepté la clause (Cass. com. 24-1-1983 n° 81-13.722 : Bull. civ. IV n° 29) ;

– la clause insérée dans un catalogue de vente de mobilier à l'étranger, à des acheteurs français qui avaient eu connaissance de la vente par une publicité faite par le vendeur étranger dans deux numéros de la « Gazette de l'Hôtel Drouot » mentionnant les conditions de la vente mais ne reproduisant pas la clause litigieuse inscrite dans le catalogue (Cass. com. 4-12-1979 : JCP G 1980.IV.73) ;

– la clause apparue pour la première fois dans les factures postérieures à la conclusion du contrat (CA Aix 16-12-1977 : Bull. Cour d'Aix 1977/4 p. 91) ;

– la clause qui figurait au dos des bons de commande sans être mise en évidence (Cass. com. 9-5-2007 n° 05-19.555 : RJDA 10/07 n° 954).

La clause acceptée n'est **opposable** que si elle est invoquée pour limiter le montant des dommages-intérêts réparant un préjudice et non pour atténuer le montant de la dette contractuelle incombant à celui qui l'invoque et qui est la contrepartie des prestations qu'il a reçues et qui lui ont été facturées (Cass. com. 25-9-2019 n° 18-11.702 F-D : RJDA 4/20 n° 196).

Contenu Dérogatoire au droit commun, la clause limitative de responsabilité fait l'objet d'une **interprétation** stricte. 15319

Ainsi :

– dans un cas où un contrat portant sur l'insertion d'annonces publicitaires dans les annuaires des PTT prévoyait : « Toute erreur ou omission ne peut entraîner la résiliation de l'engagement ; elle donne droit seulement à réduction proportionnelle (du prix) à l'exclusion de toute autre indemnité », cette clause ne pouvait jouer pour des insertions qui n'étaient pas parues ; en effet, il n'y avait pas eu erreur ou omission mais inexécution totale de ses obligations par l'annonceur (Cass. com. 17-1-1984 : Bull. civ. IV n° 20) ;

– la clause de non-garantie de désignation et de contenance figurant dans l'acte de vente d'un terrain ne dispensait pas le vendeur de garantir l'acheteur contre l'éviction d'une partie du terrain vendu (Cass. 3e civ. 12-1-1982 n° 80-13.794 : Bull. civ. III n° 12) ;

– la clause mettant à la charge d'un transporteur, en cas d'empêchement au transport, la différence entre le coût du transport de substitution et celui prévu au contrat n'emportait pas exclusion de toute autre indemnisation à défaut de disposition explicite le précisant (CA Rouen 18-11-2006 : Transidit 2007 n° 51, § 14).

Dans le doute, elle s'interprète contre celui auquel elle bénéficie (CA Paris 20-2-2003 n° 01-12248 : BTL 2003.196 ; aussi n° 13156).

Neutralisation Le **dommage** doit être **réparé intégralement** lorsque le contractant qui aurait pu invoquer la clause l'a causé par l'une des fautes suivantes : 15322

1. Il a commis une **faute dolosive,** c'est-à-dire lorsque l'inexécution ou la mauvaise exécution de l'obligation a été intentionnelle, si un texte particulier la prévoit (notamment en matière de transport) ou non, le dol étant alors sanctionné en vertu d'une règle prétorienne coutumière

15322 (suite) (n° 74906) ; il est obligé même si le dol est le fait d'une personne qu'il a introduite, déléguée ou commise dans l'exécution du contrat, notamment ses salariés (CA Amiens 24-5-1984 : GP 1984.642) ;

Mais il ne répond pas du dol commis par un tiers (Cass. 1e civ. 19-1-1982 n° 80-15.745 : Bull. civ. I n° 29 ; CA Lyon 10-7-1980 : GP 1982.3 note Demesse). Cette solution n'est pas contraire aux dispositions de l'article 1137, al. 3 du Code civil qui sanctionnent un vice du consentement au contrat et préservent l'intérêt de la victime (n° 12271) ; en effet, il s'agit ici de sanctionner une faute dans l'exécution du contrat et de faire subir au débiteur, privé de la limitation de responsabilité, les conséquences d'une faute qui ne peut pas lui être imputée. Seule une disposition expresse concernant ce dol pourrait justifier une telle atteinte au principe de la personnalité des fautes.

2. Il a commis une **faute inexcusable** si une disposition expresse la prévoit (notamment en matière de transport) ;

La faute inexcusable est une faute autonome ; elle peut exister alors même que l'absence de faute pénale non intentionnelle est établie (Cass. 2e civ. 10-5-2012 n° 11-14.739 : Bull. civ. II n° 81).

Les juges du fond ne sont pas tenus de rechercher d'office si l'auteur du dommage a commis une faute inexcusable (Cass. com. 26-6-2019 nos 18-12.249 et 18-12.450 F-PB : DMF 2020.1041 obs. Peignon).

3. Il a commis une **faute lourde,** une règle coutumière ancestrale l'assimilant au dol, ou celle-ci a été commise par ses salariés (Cass. com. 17-11-1981 n° 79-13.030 : Bull. civ. IV n° 398) ou par toute autre personne qu'il a introduite, déléguée ou commise dans l'exécution du contrat (cf. Cass. ass. plén. 30-6-1998 : RJDA 11/98 n° 1224 et, sur renvoi, CA Paris 10-1-2000 : BTL 2000.117 : faute lourde d'un substitué à propos d'une clause d'exonération de responsabilité a fortiori transposable, qui peut le plus pouvant le moins).

Cette règle est d'ordre public interne et international français (CA Aix 27-2-1980 : GP 1980.783 note Rodière). Aussi bien est-il interdit aux parties de déterminer dans leur contrat les faits constitutifs de faute lourde (Cass. soc. 11-3-2009 n° 07-40.813 : Bull. civ. V n° 79) ; elle constitue par ailleurs un moyen de pur droit, que le juge peut soulever d'office (CA Paris 18-4-1986 : BT 1986.542).

La faute lourde est caractérisée lorsque le dommage résulte d'un comportement d'une extrême gravité, confinant au dol et dénotant une inaptitude à l'accomplissement de la mission contractuelle acceptée par le débiteur (Cass. ch. mixte 22-4-2005 n° 232, 1e esp. : RJDA 7/05 n° 808). Cette appréciation dépend concrètement de la nature de l'obligation inexécutée et de la gravité du comportement du débiteur (Cass. com. 13-6-2006 n° 786 : RJDA 1/07 n° 44 ; Cass. 1e civ. 4-4-2006 : RJDA 10/06 n° 992). Elle ne résulte pas du seul manquement à une obligation contractuelle, fût-elle essentielle (Cass. com. 29-6-2010 n° 09-11.841 : RJDA 11/10 n° 1031 ; Cass. 1e civ. 29-10-2014 n° 13-21.980), ni du simple fait que les circonstances du dommage ne peuvent pas être expliquées (T. com. Antibes 19-9-2008 : BTL 2008.622) ; elle consiste en des faits précis, que le juge doit relever et que doit prouver celui qui les allègue (Cass. 1e civ. 29-10-2014 n° 13-21.980 : D. 2015 p. 188 note Mazeaud) et non hypothétiques (CA Paris 30-11-2006 : BTL 2007.13). Pour disculper celui qui invoque certaines circonstances, les juges doivent rechercher s'il ne pouvait pas y parer en agissant autrement (Cass. com. 30-6-2004 n° 1069 : RJDA 1/05 n° 32).

Ainsi :

– le fait du débiteur qui est en même temps constitutif d'une infraction pénale ne constitue pas nécessairement une faute lourde (Cass. ch. mixte 21-11-1975 n° 71-92.532 : Bull. civ. n° 6) ;

– l'appréciation des juges est d'autant plus sévère que la négligence est le fait de spécialistes de la prestation en cause (CA Aix 16-5-1979 : Bull. Cour d'Aix 1979/2 p. 17) ou affecte l'obligation essentielle du contrat (Cass. 1e civ. 24-9-2002 n° 1350 : RJDA 4/03 n° 403) ou présente ces deux caractéristiques (CA Versailles 30-6-1988 : D. 1988.IR.285) ;

– l'incompétence de l'exécutant est un élément caractéristique de la faute lourde du cocontractant qui a choisi cet exécutant (Cass. com. 17-2-1987 : GP 1987.pan.109 ; dans le même sens, Cass. com. 3-4-1990 n° 88-14.871 : Bull. civ. IV p. 71) ;

– l'absence de précautions élémentaires est souvent créatrice d'une faute lourde (Cass. civ. 22-4-1980 : JCP CI 1980.8906 : défaut de surveillance d'un chantier lorsqu'une simple visite du chantier aurait évité le dommage ; Cass. com. 9-2-1988 : BRDA 7/88 p. 15 : défaut de vérification des adresses d'envois postaux non parvenus à destination ; Cass. com. 6-12-1994 : RJDA 3/95 n° 255 : modification par Gaz de France de ses conditions techniques de livraison du gaz sans avertir sa clientèle ; Cass. 1e civ. 30-11-2004 n° 1726 : RJDA 6/05 n° 658 som. : suppression du nom d'un chirurgien-dentiste des pages de l'annuaire ; CA Paris 12-11-1981 : GP 1982.som.185 : remise d'effets bancaires, même temporairement, à une personne dont l'honnêteté n'avait pas été vérifiée) ; inversement, le défaut de précaution de la part de la victime peut permettre d'exclure la faute lourde du cocontractant (Cass. 1e civ. 3-1-1996 : RJDA 5/96 n° 606) ;

– le seul fait que le risque envisagé par la clause limitative se réalise ne peut induire l'existence d'une faute lourde imputable au débiteur (CA Pau 11-3-2008 : JCP E 2008.2257 obs. Burgard).

4. Il a commis une **faute lucrative,** c'est-à-dire une faute commise avec l'intention d'en tirer parti, son auteur escomptant que, même s'il est condamné à réparer, le montant de la réparation sera inférieur au profit retiré de la faute ; il en a été ainsi jugé, sous couvert de « faute lourde », lorsque, pour profiter de la différence du taux de fret entre le pont et la cale, un transporteur maritime a chargé en pontée une marchandise en percevant le prix du fret pour un voyage en cale et alors que le chargeur n'avait assuré la marchandise qu'au tarif d'un voyage en cale (Cass. com. 5-6-1920 : S. 1921.293 : neutralisation de la limitation de responsabilité et condamnation à réparation intégrale ; rappr. Cass. com. 27-11-1967 : Bull. civ. n° 98, qui a condamné le débiteur au paiement des commissions dues à un intermédiaire intervenu dans l'obtention de marchés au motif qu'il avait renoncé à ces marchés dans son seul intérêt) ; en revanche, la faute lucrative a été écartée dans un cas où il était reproché à l'armateur d'avoir « bourré » le navire alors que ce fait était démenti par la constatation qu'un grand nombre d'emplacements étaient demeurés inoccupés (T. com. Marseille 5-10-2004 : BTL 2005.103).

5. Il a, à notre avis, commis une faute portant **atteinte à la loyauté contractuelle** mais qui n'a causé de tort à personne, ce qui supprime par là même le lien de causalité entre la faute et le dommage.

En se calant sur ce critère, le juge pourrait valider un comportement qui profite à son auteur sans pour autant nuire à son cocontractant, à l'image de ce que la Cour suprême du Canada a jugé en ces termes : « L'inexécution rentable correspond à ce que les économistes décrivent comme l'optimum de Pareto : une partie peut être avantagée sans qu'aucune autre ne soit désavantagée ; en d'autres termes, personne n'y perd. Les tribunaux ne devraient pas décourager l'inexécution rentable. Cette absence de désapprobation rappelle que les dommages-intérêts pour inexécution contractuelle accordés par les tribunaux équivalent habituellement à la valeur du marché pour le demandeur » (Banque d'Amérique du Canada c/ Société de Fiducie Mutuelle, (2002) 2 RCS 601, spéc. § 31, cité par Laithier, La consécration par la Cour suprême du Canada d'un principe directeur imposant l'exécution du contrat de bonne foi : D. 2015.746 note 86). Agir de la sorte n'est pas juridiquement condamnable puisqu'aucun tort n'est causé. Ce n'est pas non plus commettre une faute lucrative qui entraîne un dommage avec l'espoir que l'indemnisation sera d'un coût inférieur au profit retiré de la faute (Cass. com. 5-6-1920 : S. 1921.293). Sur l'assimilation de la faute lucrative à l'optimum de Pareto, voir l'article précité de Laithier p. 753 in fine.

Effets de la clause Lorsqu'elles sont réputées valables et opposables au cocontractant, les clauses limitatives de responsabilité produisent leur plein effet entre les parties mais dans les limites de leurs termes. 15325

Par exemple :

– l'acheteur de doubles vitres dont certaines se révélaient défectueuses en raison de l'apparition de buée n'a eu droit, conformément à la clause limitative de responsabilité, qu'au remplacement des vitres et non au remboursement des frais annexes occasionnés par ce remplacement (Cass. com. 29-11-1983 n° 82-13.503 : Bull. civ. IV n° 329) ;

– l'acheteur d'une drague défectueuse n'a eu droit, conformément à l'acte de vente, qu'au remplacement des pièces et non à une indemnisation de son préjudice résultant de l'immobilisation du matériel pendant les travaux de réfection (Cass. com. 14-10-1980 : JCP G 1981.IV.7).

Bien entendu, le bénéficiaire ne doit pas avoir renoncé à la clause (Cass. com. 23-5-1978 : Bull. civ. IV n° 150 ; Cass. com. 19-2-2008 n° 07-10.943 : RJDA 5/08 n° 490).

Le partage de responsabilité étant sans incidence sur les limites d'indemnité, le plafond légal est applicable sur le montant total de l'indemnité et pas seulement sur la part incombant à une partie (Cass. com. 27-9-2017 n° 16-16.761 F-D : DMF 2018.309 obs. Montas).

PAIEMENT DES DOMMAGES-INTÉRÊTS

Les dommages-intérêts sont dus à compter de la condamnation par le tribunal avec intérêts de droit à compter du **jour** du jugement, sauf décision contraire du juge (n° 53809). 15330

La condamnation est prononcée dans la **monnaie** du contrat mais avec conversion dans la monnaie du lieu du tribunal accordant l'indemnisation au jour fixé par le jugement. Ce jour est généralement celui du paiement (CA Aix 10-2-1984 : Rev. jur. com. 1984.334 ; aussi Cass. crim. 23-2-1988 : Bull. crim. p. 226 ; pour une conversion au jour du sinistre, CA Paris 11-10-2007 n° 04-496).

Dans un cas où le dommage résultait de l'immobilisation d'un avion, les dommages-intérêts évalués en monnaie étrangère ont été convertis en francs français selon le taux de change moyen en vigueur pendant la durée d'immobilisation de l'appareil (CE 7-5-1986 : GP 1986.som.464, rendu en matière extracontractuelle mais transposable à la matière contractuelle).

Les dommages-intérêts sont **garantis** par les sûretés qui garantissent une partie de l'inexécution par l'autre de ses obligations (Cass. req. 9-5-1881 : S. 1882.1.150, précisant que la garantie joue même si le contrat est résilié d'un commun accord ; Cass. req. 20-3-1922 : D. 1923.1.21).

C. Réparation en nature

Droit à la réparation en nature La victime du dommage peut prétendre à la réparation en nature si elle a été **convenue dans le contrat** (cf. Cass. soc. 23-2-1956 : Bull. civ. IV n° 185). 15350

À défaut, la réparation en nature peut être **proposée par le débiteur,** même en cours d'instance (Cass. civ. 19-4-1928 : GP 1928.1.820).

Quant au sort de cette proposition, il a été interdit à un locataire de la refuser (Cass. 3e civ. 27-3-2013 n° 12-13.734 : RJDA 3/14 n° 206) mais permis de le faire à un entrepreneur de construction (Cass. 3e civ. 28-9-2005 n° 04-14.586 : RJDA 2/06 n° 133). On ne saurait, en effet, imposer à un maître d'ouvrage insatisfait de la qualité des travaux de l'entrepreneur de faire confiance à ce dernier pour la correction de ses malfaçons.

Elle peut aussi être **demandée par la victime,** qui n'y a pas renoncé par le fait que le contrat a prévu l'allocation de dommages-intérêts ; elle ne peut lui être refusée que s'il est établi qu'elle a renoncé à son droit de demander, outre des dommages-intérêts, l'exécution de l'obligation qu'avait souscrite le débiteur (Cass. com. 20-1-1981 : Bull. civ. IV n° 41 : en l'espèce, l'obligation était de non-concurrence et le créancier demandait la cessation de l'activité du débiteur).

La victime peut renoncer en cours d'instance à la réparation en nature qu'elle a initialement demandée et solliciter une réparation pécuniaire au lieu de la modification d'un édifice (Cass. req. 18-12-1934 : GP 1935.1.102) ou au lieu de la livraison de la marchandise (Cass. soc. 30-12-1949 : Bull. civ. III p. 1301).

Le **juge** ne peut pas **l'écarter** au motif que le créancier ne peut être contraint à accepter une réparation en nature qu'il n'a pas demandée, car le propre de la responsabilité civile est de rétablir aussi exactement que possible l'équilibre détruit par le dommage et de replacer la victime dans la situation où elle se serait trouvée si l'acte dommageable ne s'était pas produit (Cass. com. 10-1-2012 n° 10-26.837 : RDC 2012.782 obs. Laithier).

Le juge apprécie souverainement les modalités de réparation du préjudice (Cass. 3e civ. 28-2-1969 n° 67-10.996 : Bull. civ. III n° 182 ; Cass. com. 5-12-1989 : Bull. civ. IV n° 307, rendu en matière délictuelle mais transposable en matière contractuelle, les règles d'évaluation du dommage étant les mêmes).

Jugé ainsi que :

– l'auteur du dommage peut être condamné à l'affichage et à la publication d'une décision de justice (Cass. crim. 4-2-1986 : Bull. crim. p. 107) ;

– les pertes consécutives à un investissement malheureux sont réparées par l'obligation faite à celui qui avait conseillé cet investissement (souscription de parts dans des sociétés civiles immobilières) de le reprendre à son compte et d'en assumer les suites (Cass. civ. 28-4-1986 : GP 1986.pan.174) ;

– l'usage fait d'une machine comptable défectueuse compensait le préjudice dû à la défectuosité (Cass. com. 15-12-1977 : GP 1978.1.pan.107) ;

– celui qui avait bouleversé un terrain par le creusement des galeries d'une mine devait le niveler (Cass. civ. 19-2-1941 : DA 1941.148).

Mais des décisions ont refusé la réparation en nature dans des circonstances difficiles à distinguer des précédentes (par exemple, Cass. civ. 4-6-1924 : DP 1927.1.136 et Cass. civ. 19-1-1926 : DH 1926.115 : refus de condamner une compagnie de chemin de fer à réparer des wagons endommagés par elle et appartenant à l'un de ses clients ; Cass. soc. 23-2-1956 : Bull. civ. IV p. 136 : refus de condamner des locataires à réparer le dommage résultant de la résiliation du bail à la reconstruction de l'immeuble démoli par eux).

La réparation en nature peut aussi consister dans l'annulation de l'acte qui a causé le dommage (cf. CA Paris 31-10-1997 : RDPI 1998 n° 84 p. 35 et Finance, RDPI 2000 n° 115 p. 36).

Le juge ne peut, toutefois, méconnaître la portée de dispositions impératives et les détourner de leur finalité sous prétexte de réparation ; par exemple, au motif que le créancier aurait commis des négligences causant un préjudice à la masse des créanciers (on dirait aujourd'hui « à la procédure collective »), ne saurait être retirée leur garantie hypothécaire à des créances à concurrence du préjudice subi par la masse, car, parmi les causes d'extinction des hypothèques, la loi ne fait pas figurer les fautes commises par le créancier hypothécaire (Cass. com. 2-6-1980 n° 78-12.340 : Bull. civ. IV n° 229).

Il pourrait néanmoins l'écarter au motif de ce qu'elle impliquerait des dépenses entraînant une disproportion manifeste entre son coût pour le débiteur et son intérêt pour le créancier, à l'image de ce qui justifie le refus de l'exécution forcée (n° 14900).

Certes, l'exécution forcée tend à obtenir l'exécution de l'obligation alors que la réparation en nature tend à la remise en état. Mais il devient progressivement de règle que le juge doit en toute matière fonder ses décisions sur une appréciation proportionnée des intérêts en présence (n° 74929).

Il pourrait, bien entendu, la refuser s'il la juge impossible.

L'**autorité de la chose jugée** s'impose dès que la décision est définitive : le responsable condamné à dommages-intérêts ne peut offrir alors la réparation en nature (Cass. 1re civ. 17-6-1964 : Bull. civ. I n° 324). Tout au plus pourrait être demandée la modification purement matérielle des mesures prises par la décision de justice si ces dernières se révélaient inefficaces ou insuffisantes (Cass. req. 24-12-1928 : DH 1929.34 : modification de l'indication à porter sur des étiquettes pour éviter une concurrence déloyale).

15353 **Montant de la réparation en nature** La réparation en nature ne peut pas dépasser le montant du préjudice en raison du principe de réparation intégrale de celui-ci (Cass. com. 24-5-2011 n° 10-24.869 : RJDA 10/11 n° 816 : en cas d'achat d'actions en violation d'un pacte d'actionnaires, impossibilité de condamner à la restitution de ces actions car la restitution ne remettait pas les parties dans l'état où elles se trouvaient avant la violation du pacte mais augmentait la participation du bénéficiaire, alors que le pacte visait l'égalité des participations des deux parties).

D. Action en réparation

À défaut de transaction, la victime du dommage doit demander en justice condamnation de son cocontractant à réparation et surtout ne pas se faire justice à elle-même (n° 14400). **15400**

L'action en réparation obéit aux règles du droit commun de l'action en justice, sauf dans le cas où la loi en dispose autrement. L'application des règles du droit commun appelle néanmoins les précisions suivantes :

– poursuivie par son cocontractant en exécution de son obligation, l'autre **partie** peut demander à être **déchargée** de cette obligation en invoquant la **faute du cocontractant** dans l'exécution de ses propres obligations, sans prétendre à un autre avantage que le simple rejet de la prétention adverse, ce qui ne l'oblige pas à formuler une demande reconventionnelle en dommages-intérêts (Cass. 3e civ. 3-5-2001 n° 00-10.053 : Bull. civ. III n° 57) ;

– le **point de départ** de la **prescription** de l'action en réparation est le jour où le dommage s'est manifesté (Cass. 1e civ. 9-9-2020 n° 18-26.390 FS-PB : RJDA 12/20 n° 671), soit, en principe, le jour du fait générateur du dommage (Cass. com. 2-2-2010 n° 09-11.938 : RJDA 5/10 n° 532) ; toutefois le point de départ peut être reculé au jour où la victime a connu ou aurait dû connaître le dommage (cf. C. civ. art. 2224 ; auparavant, Cass. soc. 26-4-2006 n° 1011 : Bull. civ. V n° 146 ; Cass. 1e civ. 9-7-2009 n° 08-10.820 : RJDA 4/10 n° 452) ;

Dès lors que le dommage s'est manifesté, la prescription court quand bien même celui-ci n'était pas « chiffrable » à ce moment-là (Cass. com. 9-5-2007 n° 06-10.185 : Bull. civ. IV n° 120).

– le demandeur qui se plaint d'une prestation contractuelle (par exemple un acheteur de panneaux laqués dénonçant des craquelures dans le laquage), sans demander la résolution du contrat pour défaut d'exécution du contrat ou au titre de la garantie des vices cachés de la chose vendue (C. civ. art. 1641), est **censé demander** la **réparation** (Cass. com. 25-2-1981 : JCP G 1981.IV.170) ;

– la réparation du dommage contractuel ne peut **pas** être demandée par la voie de l'**action civile** (Cass. civ. 16-1-1985 : JCP G 1985.II.20484 note Calais-Auloy) ;

– le demandeur doit avoir **intérêt à agir,** ce qui n'est plus le cas du propriétaire d'un immeuble qui demandait réparation aux constructeurs dès lors qu'il a vendu l'immeuble en cours d'instance, à défaut de clause expresse du contrat de vente lui réservant le droit d'agir (n° 13030) ;

– le demandeur n'a pas un **intérêt légitime** à faire valoir lorsqu'il prétend obtenir des dommages-intérêts correspondant à la différence entre le prix convenu au marché et celui auquel il aurait pu remplacer le vendeur, s'il a laissé s'écouler un an après l'échéance fixée pour la livraison sans réclamer l'exécution de celle-ci, en raison de la progression ascendante des cours (Cass. com. 23-3-1949 : Bull. civ. II p. 281).

Sur le **régime spécial** applicable aux actions en dommages-intérêts en droit national pour les infractions aux dispositions du droit de la concurrence des États membres et de l'UE, directive 2014/104/UE du Parlement européen et du Conseil du 26 novembre 2014.

VIII. RUPTURE DE LA RELATION CONTRACTUELLE TACITE OU FORMELLE

GÉNÉRALITÉS

Éventail des ruptures du contrat La rupture, mot du langage courant, peut être entendue comme l'acte qui met un terme au contrat en cours, généralement par la **volonté unilatérale** d'une partie et plus exceptionnellement par la volonté **mutuelle** des parties. Ainsi entendue, elle recouvre les différentes voies légalement utilisables pour y parvenir, qui vont de la rupture brutale jusqu'à la demande en résolution du contrat en passant par la révocation mutuelle, la demande ou la décision de résiliation ou de résolution unilatérale. **15440**

À notre avis, la rupture d'une relation commerciale établie, bien qu'elle soit sanctionnée par la responsabilité extracontractuelle de son auteur, aboutit en réalité à la rupture d'une relation contractuelle car la relation rompue n'existe que par la commune volonté des parties ; elle ne constitue une faute extracontractuelle que parce que cette faute est une contravention spécifique à la loi et non une faute fondée sur la violation d'une obligation contractuelle (C. com. art. L 442-1, II). La loi a ainsi superposé à des échanges consentis par les parties un régime de rupture distinct qui peut, dès lors, être invoqué même si les parties ont conclu un contrat formel, car ce régime est d'ordre public de direction, le législateur en ayant fait un élément de sa politique de régulation économique (cf. intitulé du livre IV, titre IV, chapitre II du Code de commerce ; cf. CA Lyon 10-4-2003 : JCP G 2004.IV.1307, qui place la relation commerciale établie au-dessus du contrat formel et reconnaît au juge le pouvoir d'apprécier la durée du préavis alors même que le contrat prévoyait une durée d'un an) ; sur l'interprétation d'un texte par l'intitulé sous lequel il est rangé, n° 74769.

Toute rupture doit, en principe, être précédée d'un **préavis** fixant le délai au terme duquel le contrat sera éteint et son exécution ne sera plus exigible.

Tant que ce délai n'est pas expiré, l'exécution des prestations, sauf circonstances particulières, doit se poursuivre, que soit invoquée la rupture d'une relation commerciale de fait (Cass. com. 10-2-2015 n° 13-26.414 : RJDA 4/15 n° 259) ou celle d'un contrat formel (Cass. com. 7-10-2014 n° 13-21.086 : Bull. civ. IV n° 143).

15442 **Préavis** La décision de rompre le contrat est généralement accompagnée d'un préavis ouvrant un délai au terme duquel le contrat prend fin.

Quelle que soit la cause de la rupture, le préavis doit être accompli loyalement (Cass. com. 3-3-2021 n° 19-16.773 F-D : RJDA 6/21 n° 380).

A. Révocation mutuelle du contrat

CONDITIONS DE LA RÉVOCATION MUTUELLE DU CONTRAT

15445 Les parties peuvent de leur **commun accord** révoquer le contrat dans les conditions établies par les tribunaux sur le fondement de l'article 1193.

S'agissant d'un accord de volontés produisant des effets de droit, il doit satisfaire aux conditions générales de validité des contrats (Cass. 3e civ. 11-5-2005 n° 03-17.682 : Bull. civ. III n° 101, annulant la révocation mutuelle d'un contrat pour réticence dolosive d'une partie ; Cass. 1e civ. 22-11-1960 : D. 1961.89 note Holleaux et Cass. 3e civ. 23-3-2011 n° 10-10.226 : RJDA 2/12 n° 131 : validité du consentement tacite) et aux conditions particulières qui le concernent le cas échéant (Cass. com. 27-2-1996 n° 94-12.454 : Bull. civ. IV n° 69 : autorisation préalable du conseil d'administration de la révocation mutuelle consentie par une société).

L'accord doit être **certain et non équivoque** : il ne peut pas résulter du simple fait que son exécution n'est pas poursuivie au moyen de l'astreinte prévue au contrat et que les parties ont conservé le silence pendant plusieurs mois (Cass. 1e civ. 7-3-2000 n° 97-20.858 : Bull. civ. I n° 75) ni du fait qu'une partie n'a pas mis l'autre en demeure de régulariser la vente et a affecté les fonds destinés au paiement du prix à une autre opération (Cass. 3e civ. 22-11-1983 n° 82-14.741 : Bull. civ. III n° 239). Mais il peut être prouvé par tout moyen (Cass. 1e civ. 18-5-1994 n° 92-15.184 : Bull. civ. I n° 175).

EFFETS DE LA RÉVOCATION MUTUELLE DU CONTRAT

15450 La révocation mutuelle entraîne l'**anéantissement** en toutes ses clauses du contrat révoqué sauf clause contraire (Cass. 3e civ. 15-6-2017 n° 16-16.102 FS-D : RDC 2018.16 obs. Laithier ; Cass. 3e civ. 4-3-2021 n° 20-13.276 F-D : RJDA 6/21 n° 363). Si le contrat est à exécution successive et à défaut de clause contraire, la révocation éteint le contrat pour l'avenir ; les obligations nées du contrat demeurent pour le passé et doivent donc être exécutées ; notamment doit être acquitté le prix des prestations reçues (Cass. com. 18-1-2011 n° 10-10.683 F-D : RTD civ. 2011.126 obs. Fages) ; la révocation n'étant pas fautive, elle ne peut pas entraîner, en cas d'extinction d'une location de matériel, condamnation du loueur à verser une indemnité au locataire en réparation du préjudice lié à la perte de l'utilisation de l'appareil pour la période restant contractuellement à courir au moment de la rupture (Cass. com. 1-2-1994 : RJDA 6/94 n° 621).

Si le contrat révoqué a été substitué à un contrat antérieur, celui-ci reprend vie (Cass. com. 30-11-1983 n° 82-13.323 : Bull. civ. IV n° 337), à condition qu'il soit valable (cf. CE 1-10-2013 n° 349099 : JCP E 2014.1416 note Pauliat).

Elle entraîne aussi le cas échéant l'anéantissement des **contrats annexes** dès lors que l'accord de révocation « annule » tous contrats ou accords antérieurs (Cass. soc. 2-4-2014 n° 11-25.442 FS-PBR : RDC 2014.339 obs. Laithier : pré-contrat annulé en vertu d'une clause dite à tort d'« annulation »).

B. Rupture unilatérale brutale d'une « relation commerciale »

EXISTENCE D'UNE RUPTURE BRUTALE FAUTIVE

15455 La rupture brutale de la « relation commerciale » est fautive et oblige son auteur à réparer le préjudice causé si les conditions suivantes sont remplies (C. com. art. L 442-1, II) :

Cette disposition n'est applicable ni aux contrats qui entrent dans le champ d'application du Code des marchés publics (CAA Nancy 27-10-2015 n° 15NC00242 : RJDA 10/16 n° 685), même ceux exécutés par des sous-traitants (Cass. com. 25-9-2019 n° 17-22.275 D), ni aux crédits consentis par un établissement de crédit à une entreprise, opérations exclusivement régies par les dispositions du Code monétaire et financier (Cass. com. 25-10-2017 n° 16-16.839 FS-PBI : RJDA 2/18 n° 166), ni à la rupture du contrat d'agent commercial par le mandant (Cass. com. 18-10-2017 n° 15-19.531 F-D : JCP E 2018.1131 n° 9 obs. Respaud).

15455 (suite)

Elle constitue une loi de police (CA Paris 19-9-2018 n° 16/05579 ; toutefois, CCIP-CA Paris 3-6-2020 n° 19/03758, retenant que la disposition protège un intérêt privé).

– elle émane de toute personne exerçant des **activités** de production, de distribution ou de services ;

Tel n'est pas le cas d'une association à but non lucratif (CA Douai 13-2-2012 n° 10/09275), sauf si elle exerce une activité de production, de distribution ou de services (Cass. com. 25-1-2017 n° 15-13.013 FS-PBI : RJDA 4/17 n° 288) ; tel n'est pas non plus le cas d'un expert-comptable dont l'activité est incompatible avec toute activité commerciale ou tout acte d'intermédiaire, à l'exception des actes répondant à la double condition d'être réalisés à titre accessoire et de ne pas mettre en péril les règles d'indépendance et de déontologie de la profession (Ord. 45-2138 du 19-9-1945 art. 22 ; Cass. com. 10-2-2021 n° 19-10.306 F-P : RJDA 6/21 n° 427) et pourvu qu'ils soient de nature commerciale. Mais tel est le cas du syndicat de copropriétaires commerçants ayant conclu un contrat de prestation de services pour les besoins de l'activité commerciale de ses membres (Cass. com. 28-6-2023 n° 21-16.940 FS-B : RJDA 10/23 n° 549).

– elle porte sur une **relation** qui lie directement la **victime** et l'**auteur de la rupture,** ce qui n'est pas le cas de celui qui a entretenu la relation avec un donneur d'ordre en qualité de salarié ou de dirigeant de celui-ci ou de dirigeant d'une entreprise sous-traitante de celui-ci (Cass. com. 7-10-2014 n° 13-20.390 : JCP E 2015.1071 note Mathey) ni des rapports entre une coopérative et ses associés (Cass. com. 18-10-2017 n° 16-18.864 F-PB : RJDA 1/98 n° 73) ;

La seule circonstance qu'un tiers, ayant repris l'activité ou partie de l'activité d'une personne, continue une relation commerciale que celle-ci entretenait précédemment ne suffit pas à établir que c'est la même relation commerciale qui s'est poursuivie avec le partenaire concerné, si ne s'y ajoutent pas des éléments démontrant que telle était la commune intention des parties (Cass. com. 10-2-2021 n° 19-15.369 F-P : RJDA 5/21 n° 341 ; Cass. com. 7-9-2022 n° 21-12.704 F-D : RJDA 12/22 n° 716). En conséquence :

– en cas d'absorption de la société distributrice des produits du cocontractant auteur de la rupture, la relation existe à compter de la date où elle a pris naissance avec cette dernière en dépit de la signature d'un nouvel accord avec la société absorbante (CA Paris 29-7-2015 n° 12/22955) ;

– en cas de vente du fonds de commerce, la vente n'a pas de plein droit substitué le cessionnaire au cédant dans les relations contractuelles et commerciales que le cédant entretenait avec un prestataire de services (Cass. com. 15-9-2015 n° 14-17.964 : RJDA 11/15 n° 785).

Par ailleurs, une relation rompue et réglée par une transaction est éteinte ; sa reprise par les mêmes parties après la transaction donne naissance à une nouvelle relation (Cass. com. 18-11-2020 n° 18-25.709 F-D).

– elle constitue une **rupture,** c'est-à-dire qu'elle entraîne en tout ou partie la cessation de la relation ; c'est le cas notamment, à elle seule, de la baisse considérable du chiffre d'affaires du prestataire en cause à la suite du retrait d'un marché (Cass. com. 20-11-2019 n° 18-15.646 D) ou de la demande de modification substantielle des conditions de la relation (Cass. com. 19-10-2022 n° 21-22.802 F-D).

Tel n'est pas le cas de la demande en fixation des droits à commissions tirés d'un contrat d'apporteur d'affaires au titre de commandes qui ont déjà été honorées, les juges du fond n'ayant pas alors à faire application de l'article L 442-6, II du Code de commerce (devenu L 442-1, II) (Cass. 2e civ. 23-2-2017 n° 15-24.059 F-PB : Bull. civ. II n° 40).

Ne constitue pas davantage une rupture partielle ni l'abandon réciproque de l'exclusivité conformément aux clauses d'un contrat de concession (Cass. com. 9-7-2013 n° 12-20.468 : JCP E 2013.1499 note. Vilmart), ni une diminution du chiffre d'affaires de 4 % (CA Paris 17-9-2015 n° 13/24537 : BTL 2015.572), ni une résiliation à titre conservatoire (CA Paris 19-12-2019 n° 17/11609), ni une modification de la relation non substantielle (Cass. com. 20-11-2019 n° 18-11.966 F-D : RJDA 4/20 n° 246).

– elle porte sur une **relation établie** ; il faut que, eu égard à la nature des prestations délivrées, la partie qui conteste la rupture ait pu légitimement s'attendre à la stabilité de sa relation (Cass. com. 18-5-2010 n° 08-21.681 : RJDA 10/10 n° 1006 ; Cass. com. 20-11-2012 n° 11-22.660 : JCP E 2013.1092 note Mathey) ;

Tel est le cas dès lors que sont démontrés la régularité, le caractère significatif et la stabilité de la relation (Cass. com. 15-9-2009 n° 08-19.200 : RJDA 1/10 n° 81 ; CA Paris 27-5-2021 n° 19/08675) ; peu importe alors que soient invoqués :

– une succession de contrats entre des parties différentes (Cass. com. 25-9-2012 n° 11-24.301 : RJDA 12/12 n° 1108) ou ponctuels entre mêmes parties (Cass. com. 15-9-2009 précité ; CA Versailles 18-9-2008 n° 07/07891, 2e esp. : RJDA 12/08 n° 1313 ; CA Paris 13-2-2020 n° 17/19879) ou à durée déterminée successifs contenant une stipulation excluant leur reconduction tacite si les circonstances de l'espèce ont établi que le partenaire pouvait légitimement s'attendre à la signature d'un nouveau contrat à l'échéance du précédent (Cass. com. 23-6-2015 n° 14-14.687 : RJDA 10/15 n° 709) ;

– un contrat reconduit (cf. CA Versailles 14-5-1996 : DA 1996.1093, transposable) ;

– un contrat à durée déterminée comportant un délai de préavis (CA Lyon 10-4-2003 : JCP G 2004.IV.1307, allongeant le préavis prévu au contrat) ;

– un contrat non renouvelé dès lors que les relations ont continué, leur durée comprenant celle du contrat expiré et celle des relations qui ont suivi (Cass. com. 24-11-2009 n° 07-19.248 : RJDA 4/10 n° 432) ou dès

15455 (suite) lors qu'il a pris automatiquement fin à son terme, les négociations pour son renouvellement ayant échoué (CA Paris 6-5-2009 n° 07/04848 : RJDA 1/10 n° 83 ; CA Paris 3-10-2019 n° 17/01356) ;

– un contrat de sous-traitance continué avec le cessionnaire de l'entreprise cocontractante, dont le plan de cession visait expressément la reprise de la clientèle, nonobstant l'absence de mention de ce contrat dans le plan de cession, le donneur d'ordre, qui faisait partie de la clientèle, ayant passé différentes commandes après la cession, et ainsi laissé croire au cessionnaire que les relations commerciales existantes se poursuivraient comme auparavant (Cass. com. 20-5-2014 n° 12-20.313 : JCP E 2014.1415 note Mathey) ;

– le fait que la clientèle et l'achalandage aient été cédés (CA Paris 10-9-2014 n° 12/11809 : JCP E 2014.1564 note Mathey).

Mais ne relèvent pas de la relation établie : le contrat à renouvellement successif si la conclusion de chacun de ces contrats est soumise à un aléa tel qu'il place la relation commerciale dans une perspective de précarité certaine et le prive de toute permanence prévisible (T. com. Paris 15-6-2010 n° 2009083450 : GP 2012.som.2308), notamment si chaque contrat est soumis à un appel d'offres (CA Paris 2-10-2015 n° 13/05217 : BTL 2015.592) ou à une mise en concurrence (Cass. com. 7-12-2022 n° 21-15.649 F-D : RJDA 3/23 n° 165) ; le contrat à durée déterminée qui n'est pas renouvelé à son terme et qui subordonne son renouvellement à un accord exprès des parties (CA Paris 10-5-2007 : Rev. jur. com. 2007.424 obs. Lebreton-Derrien) ; la prestation ponctuelle, par exemple fournie à une fin promotionnelle (CA Versailles 2-12-2004 : JCP E 2005.1177 n° 2 obs. Mainguy) ; la pratique de contrats non renouvelables par tacite reconduction, conforme aux usages de la profession, excluant toute pérennité, chaque contrat n'étant signé que pour une saison radiophonique (Cass. com. 12-2-2013 n° 12-13.819 : RTD civ. 2013.374 obs. Barbier) ; le contrat de manutention conclu par une alliance de six armements à la suite d'un appel d'offres car, soumis aux avatars pouvant affecter la durée et la composition des alliances, il souffrait d'un aléa (CA Paris 5-7-2017 n° 17/08926 : DMF 2018.15 obs. Delebecque) ; l'appréciation de la relation en fonction des seules perspectives d'avenir que cette relation ferait naître pour les partenaires (Cass. com. 7-9-2022 n° 21-13.400 F-D : RJDA 1/23 n° 55).

– elle porte sur une relation **commerciale,** ce qui est le cas dès lors que la relation a pour objet la fourniture d'une prestation en concurrence avec d'autres offres comme celle émanant des sociétés d'assurance mutuelle, peu important que leur activité ne soit pas animée d'une intention lucrative (Cass. com. 14-9-2010 n° 09-14.322 : RJDA 1/11 n° 87 ; Cass. com. 25-1-2017 n° 15-13.013 FS-PBI : RJDA 4/17 n° 288) ;

En revanche, ce n'est pas le cas de la relation établie avec un conseil en propriété industrielle, quand bien même l'activité de ce dernier serait exercée sous forme de société commerciale, car cette activité n'est pas commerciale (Cass. com. 3-4-2013 n° 12-17.905 : RJDA 8-9/13 n° 753) ou, pour la même raison, avec un avocat (Cass. com. 24-11-2015 n° 14-22.578 : RJDA 3/16 n° 232).

– elle intervient **brutalement** ; il peut en être ainsi même si la rupture était prévisible (Cass. com. 15-5-2007 n° 05-19.370 : JCP E 2008.1638 obs. Mainguy ; Cass. com. 6-9-2016 n° 14-25.891 FS-PBI : RJDA 12/16 n° 908) ;

Le caractère brutal de la rupture s'apprécie au jour où celle-ci est notifiée ; il ne peut pas être fondé sur des éléments postérieurs (Cass. com. 5-7-2017 n° 16-14.201 F-D : CCC 2017 comm. n° 201 note Mathey qui casse CA Paris 28-1-2016 n° 14/13036 : JCP G 2016.n° 11-288 note Grimaldi tenant la rupture pour brutale car le préavis consenti ne laissait pas à la victime le temps nécessaire pour se réorganiser ; Cass. com. 17-5-2023 n° 21-24.809 F-D : RJDA 8-9/23 n° 464, censurant une cour d'appel ayant fixé le préavis en tenant compte notamment du fait que la société victime de la rupture avait su se réorganisée après la rupture et trouver d'autres débouchés).

N'est pas une rupture brutale une baisse d'activité du donneur d'ordre pendant une dizaine de jours (CA Paris 4-4-2013 n° 10/02735 : RJDA 6/13 n° 549, retenant que la rupture est imputable au prestataire de services qui s'est délibérément placé sur le terrain contentieux alors que les dispositions relatives à la rupture brutale n'empêchent pas que les parties, dans le cadre d'une exécution loyale et de bonne foi, réaménagent leurs relations dès lors qu'il n'en résulte pas des conséquences excessives pour l'une ou l'autre), ni la demande de modification de la relation établie en cours (CA Paris 3-10-2019 n° 17/01356 : RTD civ. 2020.99 obs. Barbier) ; ne constitue pas non plus une rupture brutale le non-renouvellement d'une relation qui, chaque année, a été soumise à une négociation, les modifications apportées durant l'exécution du préavis n'étant pas substantielles au point de porter atteinte à l'effectivité de ce dernier (Cass. com. 7-12-2022 n° 19-22.538 F-B : RJDA 2/23 n° 112), de même pour le non-renouvellement d'une relation qui, chaque année, a été soumise à un nouvel appel d'offres car il en résultait une précarisation de la relation (CA Paris 15-4-2021 n° 18/15899), ni le simple regroupement de leurs achats par des sociétés d'un même groupe sous une même identité juridique (Cass. com. 31-3-2021 n° 19-14.547 F-D : RJDA 7/21 n° 523).

Mais est une rupture brutale une remise en cause de l'équilibre du contrat par réduction, sans motif valable, des commandes à 12 % du volume commandé sur une même durée pendant l'année 2010, année la moins productive de toute la période d'exécution du contrat (Cass. com. 7-10-2014 n° 13-21.086 : Bull. civ. IV n° 143).

– elle a été décidée **sans préavis écrit** tenant compte de la durée de la relation commerciale et respectant la durée minimale de préavis déterminée, en référence aux usages du commerce, par des accords interprofessionnels ; lorsque la relation commerciale porte sur la fourniture de produits sous marque de distributeur, la durée minimale de préavis est double de celle qui serait applicable si le produit n'était pas fourni sous marque de distributeur ; lorsque la rupture de la relation commerciale résulte d'une mise en concurrence par enchères à distance, la durée minimale de préavis est double de celle résultant de l'application des dispositions qui précèdent dans les cas où la durée du préavis initial est de moins de six mois, et d'au moins un an dans les autres cas ; à défaut d'accords interprofessionnels, des arrêtés du ministre chargé de l'économie peuvent, pour chaque catégorie de produits, fixer, en tenant compte des usages du commerce, un délai minimal de préavis et encadrer les conditions de rupture des relations commerciales, notamment en fonction de leur durée. 15455 (suite)

L'application de la règle ci-dessus a été ainsi précisée :

– les juges du fond apprécient souverainement la durée du préavis (Cass. com. 21-3-2018 n° 16-17.146 F-D : RJDA 6/18 n° 536) et n'ont pas à expliquer la raison pour laquelle ils considèrent que cette durée est suffisante au regard des critères légaux et jurisprudentiels (Cass. com. 18-10-2023 n° 22-20.438 F-B : RJDA 1/24 n° 51) ;

– il appartient à la partie qui invoque un usage au titre d'un accord professionnel de démontrer en quoi cet usage relève d'un tel accord, lequel ne doit être retenu que s'il tient compte de la durée de la relation et doit être apprécié au regard des circonstances de l'espèce (CA Paris 26-3-2015 n° 13/19922 : JCP E 2015.1528 n° 18 obs. Grignon ; sur un défaut de preuve, CA Paris 4-12-2015 n° 13/24248 : JCP E 2016.1299 n° 7 obs. Grignon) ;

– le préavis devant être écrit, l'annonce orale de la fin de la collaboration ne satisfait pas aux exigences du texte (CA Paris 3-7-2014 n° 12/19453 : BTL 2014.464) ;

– le préavis doit être fixé en fonction de la durée de la relation commerciale à la date à laquelle l'auteur de la rupture notifie son intention d'y mettre fin (Cass. com. 29-1-2013 n° 11-23.676 : Bull. civ. IV n° 19) en tenant compte, en outre (ce qui exclut que le préavis soit fonction de la seule ancienneté de la relation, Cass. com. 21-3-2018 n° 16-17.146 F-D : RJDA 6/18 n° 536), des autres circonstances, notamment de l'état de dépendance économique du partenaire évincé au moment de la notification de la rupture (Cass. com. 22-10-2013 n° 12-28.704 : RJDA 2/14 n° 177 ; Cass. com. 7-10-2014 n° 13-19.692 : JCP E 2015.1071 note Mathey, jugeant que la durée de dépendance de deux sociétés d'un même groupe s'apprécie au regard de chacune d'elles ; dans le même sens, CA Paris 31-5-2023 n° 21/03292, refusant d'appliquer en cas de transfert de l'activité d'une société à une autre d'un même groupe la clause permettant la prise en compte de la durée accomplie par la société cédante au motif que la condition convenue n'avait pas été satisfaite), des dépenses non récupérables dédiées à la relation (CA Paris 9-5-2018 n° 16/02810), de l'importance du chiffre d'affaires et du montant des investissements irrécupérables (CA Paris 19-4-2017 n° 15/24221 : RJDA 12/17 n° 840) ; mais l'importance du chiffre d'affaires n'est pas un critère suffisant en soi pour caractériser l'état de dépendance économique (Cass. com. 24-6-2014 n° 13-15.953 : RJDA 10/14 n° 799) et la situation financière dégradée alléguée par la victime ne saurait justifier un allongement du délai de préavis si elle n'est pas imputable à l'auteur de la rupture (CA Paris 19-4-2017 précité) ;

– est considéré comme produit vendu sous marque de distributeur le produit dont les caractéristiques ont été définies par l'entreprise ou le groupe d'entreprises qui en assure la vente au détail et qui est le propriétaire de la marque sous laquelle il est vendu (C. consom. art. L 112-6 ; pour une application, CA Versailles 18-5-2006 : JCP E 2006 n° 50 p. 2154) ; sur la durée minimale à observer dans ce cas : recommandation de la Commission d'examen des pratiques commerciales n° 10-01 du 30 juin 2010 ;

– le doublement du délai en cas de fourniture de produits sous marque ne joue pas en cas de prestation de service consistant dans le contrôle de la conformité, pour le compte d'une centrale d'achat, des produits distribués sous marque (Cass. com. 7-6-2011 n° 10-12.095 : RJDA 8-9/11 n° 738) ;

– en cas de relations commerciales avec plusieurs sociétés d'un même groupe, la durée du préavis nécessaire pour rompre l'une de ces relations s'apprécie par référence à la durée de celle-ci, à l'exclusion de la durée des autres relations (Cass. com. 31-3-2015 n° 14-11.329 : RJDA 6/15 n° 462) et en fonction du chiffre d'affaires réalisé par chacune d'elles et non du chiffre d'affaires global réalisé avec plusieurs sociétés du même groupe (Cass. com. 6-10-2015 n° 14-19.499 : RJDA 4/16 n° 326).

– elle présente un degré de gravité suffisant (Cass. com. 7-9-2022 n° 21-13.691 : RJDA 12/22 n° 717).

Le préavis prévu par l'article L 442-1, II du Code de commerce n'est pas requis dès lors qu'un préavis est imposé par une **disposition spécifique à la relation** contractuelle en cause. Tel est le cas du préavis de rupture du contrat d'agent commercial (n° 21745) et du préavis imposé par le contrat type transport – qui n'est pas contraire à la Constitution (Cass. com. 23-9-2014 n° 12-27.387 : RJDA 1/15 n° 49) – lorsque ce contrat s'applique aux relations des parties (Cass. com. 4-10-2011 n° 10-20.240 : RJDA 1/12 n° 93 ; Cass. com. 25-9-2019 n° 17-22.275 F-D ; CA Paris 28-9-2023 n° 20/17237 : BTL 2023.623). Le délai d'un contrat type transport ne s'applique toutefois au contrat cadre qui organise une relation de transport que si ce contrat fait expressément référence à un contrat type (Cass. com. 22-9-2015 n° 13-27.726 : RJDA 12/15 n° 870) ; le préavis est en revanche requis si le contrat type spécifique n'est pas applicable à l'espèce (CA Paris 12-4-2018 n° 15/12548), s'il ne comporte pas de délai (CA Douai 18-11-2021 n° 21/01018) ou dès lors que les parties ont prévu un délai contractuel qui a écarté le délai du contrat type (CA Paris 17-10-2019 n° 17/08928).

Le délai spécifique du contrat type s'applique même si l'auteur de la rupture a consenti un allongement du délai (CA Versailles 8-10-2015 n° 14/01166 : BTL 2015.624).

Le délai minimal de préavis prévu par les textes de l'UE sur la libre concurrence pour la rupture d'un contrat de concession automobile n'exclut pas l'application du délai plus long spécifique à la rupture brutale, car l'article 3, 2 du règlement CE 1/2003 du 16 décembre 2002 prévoit que les États membres peuvent adopter et mettre en œuvre sur leur territoire des lois nationales plus strictes qui interdisent ou sanctionnent un comportement unilatéral d'une entreprise (Cass. com. 5-7-2016 n° 15-17.004 : RJDA 1/17 n° 46).

Même si les parties sont liées par un contrat qui a fixé un délai de préavis en cas de résiliation, le juge doit examiner s'il est conforme à la durée de la relation commerciale qui a existé entre elles et à d'autres circonstances (Cass. com. 22-10-2013 n° 12-19.500 : RJDA 2/14 n° 174). Lorsque ce préavis est celui prévu par un contrat type transport, ici celui de sous-traitance, les usages commerciaux en référence desquels doit s'apprécier sa durée sont nécessairement compris comme conformes au contrat type dont dépendent les professionnels concernés (Cass. com. 19-11-2013 n° 12-26.404 : RJDA 2/14 n° 175).

Le **délai** de préavis doit être tenu pour assumé, même s'il n'a **pas été entièrement accompli**, dès lors qu'il a atteint son but tendant à permettre aux parties de réorganiser leurs activités commerciales, chacune d'elles ayant conclu, de son côté, un nouveau contrat, ce dont il résulte que la partie victime de la rupture a procédé à sa reconversion (CA Paris 7-11-2016 n° 15/10249).

En cas de **litige entre les parties sur la durée du préavis,** la responsabilité de l'auteur de la rupture ne peut être engagée du chef d'une durée insuffisante dès lors qu'il a respecté un préavis de dix-huit mois (C. com. art. L 442-1, II-al. 2).

RUPTURE BRUTALE NON FAUTIVE

15456 La rupture brutale n'est pas fautive en cas d'inexécution par l'autre partie de ses obligations ou en cas de force majeure (C. com. art. L 442-1, II-al. 3), peu important les modalités formelles de résiliation contractuelle (Cass. com. 8-11-2017 n° 16-15.296 F-D : RJDA 3/18 n° 284).

Sur des ruptures pour inexécution par l'autre partie de ses obligations : justifiées, CA Nancy 16-11-2011 n° 11/00341 : BTL 2011.722 ; CA Paris 11-1-2012 n° 10/08636 : BTL 2012.65 ; CA Versailles 16-10-2012 n° 11/02311 : BTL 2012.715 ; CA Paris 2-7-2014 n° 11/01468 : RJDA 5/15 n° 391 ; CA Aix 24-9-2015 n° 14/22542 : BTL 2015.606 ; CA Paris 31-5-2023 n° 21/03292 ; non justifiées, CA Bordeaux 5-2-2008 : JCP E 2008.pan.2061 ; CA Lyon 5-3-2009 : BTL 2009.191 ; CA Versailles 7-4-2011 n° 10/0132 : BTL 2011.287. Les juges du fond doivent préciser si les manquements qu'ils relèvent revêtaient une gravité suffisante pour justifier une rupture sans préavis (Cass. com. 8-6-2017 n° 16-10.005 FS-D) ; l'envoi de deux courriers d'avertissement relatifs à deux incidents signalés par le client du donneur d'ordre ne caractérise ni un manquement grave ni des manquements répétés justifiant l'absence de préavis (CA Paris 22-10-2020 n° 18/01963).

Sur une rupture justifiée par la force majeure, CA Paris 17-4-2013 n° 10/04855 : BTL 2013.352, et, sur une rupture non justifiée par la force majeure, CA Paris 9-2-2021 n° 20/05074 : RJDA 7/21 n° 524.

Elle ne l'est pas non plus si elle est justifiée par le refus de l'auteur de la rupture de se soumettre à des conditions commerciales injustifiées (cf. Cass. com. 19-1-2016 n° 14-21.670, 14-21.671 : D. 2016.973 note Buy et Roda), si elle porte sur un contrat de distribution automobile qui bénéficie d'une exemption à l'interdiction des ententes (Cass. com. 5-7-2016 n° 15-17.004 FS-PB : RJDA 1/17 n° 46) ou si les manquements du cocontractant de l'auteur de la rupture ont altéré la relation de confiance qui existait entre eux (CA Paris 16-5-2019 n° 17/04012), telles la qualité insuffisante de prestations et une menace de poursuite judiciaire en raison d'une baisse de commandes (CA Paris 31-7-2019 n° 16/18697). En revanche, la rupture n'est pas justifiée et est donc fautive lorsque son auteur invoque comme motif la diversification de l'activité de son entreprise (CA Paris 24-9-2020 n° 17/21056).

SANCTIONS DE LA RUPTURE BRUTALE FAUTIVE

15458 La rupture d'une relation commerciale établie engage la responsabilité extracontractuelle de son auteur (Cass. com. 15-9-2009 n° 07-10.493 : RJDA 1/10 n° 84 ; Cass. com. 18-1-2011 n° 10-11.885 : RJDA 5/11 n° 489). Seule la partie à la relation commerciale établie peut se prévaloir de l'article L 442-1, II du Code de commerce (ex-art. L 442-6, I, 5°) pour demander la réparation du préjudice subi causé par la brutalité de la rupture de la relation ; la victime par ricochet de cette rupture brutale agit, quant à elle, sur le fondement du droit commun de la responsabilité extracontractuelle (Cass. com. 18-3-2020 n° 18-20.256 : RJDA 6/20 n° 332 ; CA Paris 24-1-2023 n° 22/12646).

Mais, pour l'application du règlement UE sur la compétence (n° 72103), ne relève pas de la matière extracontractuelle l'action fondée sur une relation établie de longue date s'il existait, entre les parties, une relation contractuelle tacite ; la démonstration visant à établir l'existence d'une telle relation contractuelle tacite doit reposer sur un faisceau d'éléments concordants, parmi lesquels sont susceptibles de figurer notamment l'existence de relations commerciales établies de longue date, la bonne foi entre les parties, la régularité des transactions et leur évolution dans le temps exprimée en quantité et en valeur, les éventuels accords sur les prix facturés et/ou sur les rabais accordés, ainsi que la correspondance échangée (CJUE 14-7-2016 aff. 196/15 : RJDA 11/16 n° 839 ; pour une application de cette jurisprudence, Cass. com. 20-9-2017 n° 16-14.812 F-PBI : RJDA 2/18 n° 188 ; CA Paris 9-9-2020 n° 19/19392).

Ne relèvent pas non plus de la matière extracontractuelle la clause d'un contrat international rédigée en termes propres à couvrir la rupture brutale et à entraîner l'application d'une loi étrangère et la compétence de la juridiction étrangère choisie par les parties (Cass. com. 21-6-2017 n° 16-11.828 : RJDA 1/18 n° 74) ni la clause compromissoire incluse dans un contrat international (CA Paris 5-9-2019 n° 17/03703 : Rev. arb. 2020.455 note Carriouiçuikki). La solution est identique si la convention de Lugano est applicable (CA Paris 17-1-2018 n° 17/19430).

Cette responsabilité peut être mise en cause quel que soit le statut juridique de la victime (Cass. com. 6-2-2007 n° 167 : RJDA 7/07 n° 784 : association), même si celle-ci est un tiers à la relation commerciale (Cass. com. 6-9-2011 n° 10-11.975 : RJDA 1/12 n° 94 ; CA Paris 27-2-2014 n° 12/04804 : JCP E 2014.1267 note Mathey) et sans que puisse être opposé le principe du non-cumul des responsabilités contractuelle et extracontractuelle car n'est pas en question la réparation du préjudice résultant de l'inexécution d'une obligation contractuelle mais la réparation du préjudice résultant de la rupture brutale d'une relation commerciale (Cass. com. 24-10-2018 n° 17-25.672 F-PB : RJDA 4/19 n° 298). Une action en responsabilité extracontractuelle fondée sur l'article 1240 du Code civil n'est cumulable avec une action en responsabilité pour rupture brutale d'une relation commerciale établie qu'en cas de faute extracontractuelle distincte (Cass. com. 2-10-2019 n° 18-15.676 FS-PBR : RJDA 12/19 n° 789).

Seul est indemnisable le préjudice résultant, non de la rupture elle-même, mais de la brutalité de la rupture, évalué en considération de la marge brute escomptée durant la période d'insuffisance de préavis (Cass. com. 24-6-2014 n° 12-27.908 F-D : RJDA 12/14 n° 898), dont il convient de déduire les éventuelles charges de personnel transférées à une société tierce du fait de la rupture durant cette période (Cass. com. 7-12-2022 n° 21-17.850 F-D : RJDA 3/23 n° 166). Ces préjudices ont été réparés dès lors qu'il a été accordé à la partie évincée une indemnité correspondant au gain dont elle a été privée en raison de l'inexécution du contrat jusqu'à son terme (Cass. com. 16-2-2016 n° 14-22.914 : RJDA 6/16 n° 421), lequel est égal à la marge brute calculée sur la période où un préavis aurait dû être observé (Cass. com. 11-6-2013 n° 12-22.229 : RJDA 11/13 n° 952 ; CA Paris 16-9-2021 n° 18/03348), quelle que soit, par ailleurs, l'évolution de son chiffre d'affaires global (Cass. com. 14-10-2020 n° 19-19.228 F-D) ; il en est autrement si la victime de la rupture a réalisé des économies au cours de la période, ce qui limite alors son préjudice à la différence entre le chiffre d'affaires HT que cette partie aurait perçu durant le préavis non exécuté et les coûts HT non supportés durant cette période (Cass. com. 23-1-2019 n° 17-26.870 F-D : RJDA 4/19 n° 299) ; il en est de même dès lors que, durant le préavis, la relation s'est maintenue dans les conditions antérieures grâce à la vente des stocks de marchandises constitués avant la rupture (Cass. com. 1-3-2017 n° 15-20.848 F-D : RJDA 6/17 n° 436).

Les investissements réalisés au profit du donneur d'ordre initiateur de la rupture ne sont indemnisables que dans l'hypothèse où ils ne sont pas réutilisables pour les besoins d'autres donneurs d'ordre, la preuve en incombant au cocontractant (CA Paris 18-3-2021 n° 18/21733).

En dépit de la nature extracontractuelle de la responsabilité, les parties peuvent valablement s'accorder sur les modalités de la cessation de leur relation ou transiger sur l'indemnisation du préjudice subi (Cass. com. 16-12-2014 n° 13-21.363 : RJDA 2/15 n° 147 ; Cass. com. 11-5-2017 n° 16-13.464 F-D : CCC 2017 comm. n° 149 note Mathey). À défaut d'accord écrit le prévoyant, une reprise du stock constitué par le prestataire de services pour satisfaire les commandes de son client ne peut pas être imposée à ce dernier (Cass. com. 4-11-2014 n° 13-22.202 F-D).

Le juge des référés peut ordonner la **cessation** des pratiques abusives ou toute autre mesure provisoire (C. com. art. L 442-4, II-al. 3) ; ainsi, a été valablement ordonnée la poursuite des relations commerciales entre les parties, selon des modalités équivalentes à celles ayant été suivies au cours de l'année antérieure à celle de l'annonce de la rupture, pendant un délai de quinze mois et demi alors que la rupture avait été notifiée avec un délai de préavis de six mois (Cass. com. 10-11-2009 n° 08-18.337 : RJDA 4/10 n° 433) ou la poursuite des relations commerciales sur la durée du préavis jugé nécessaire en tenant compte de la durée des relations ayant existé entre les parties (Cass. com. 23-6-2015 n° 14-14.687 : RJDA 10/15 n° 709).

ACTION EN RESPONSABILITÉ POUR RUPTURE BRUTALE

La **victime** de la rupture brutale peut agir contre l'auteur de la décision, comme c'est le cas en matière extracontractuelle, soit devant la juridiction du lieu du fait générateur, soit devant celle du lieu où le dommage est subi, que le litige relève de la compétence des textes français (n° 72026 ; Cass. 2e civ. 6-10-2005 n° 03-20.187 : RJDA 12/05 n° 1390 ; CA Rennes 3-11-2009 : JCP E 2010.1504 note Mathey) ou, le cas échéant, du règlement UE sur la compétence (n° 72133). **15461**

La rupture brutale constitue un délit complexe qui, lorsque la décision de rupture et le préjudice en résultant se produisent dans deux pays différents, est soumis à la loi du lieu du fait générateur, entendu comme celui présentant les liens les plus étroits avec le fait dommageable (Cass. com. 25-3-2014 n° 12-29.534 : RJDA 6/14 n° 570) ; la rupture brutale est ainsi soumise à la loi française lorsque l'activité du fournisseur se situe en France (Cass. com. 20-5-2014 n° 12-26.705 F-PB : D. 2015.947.som. obs. Ferrier).

Il a été jugé qu'une clause d'un contrat international peut couvrir la rupture brutale et entraîner l'application de la loi et de la compétence étrangères choisies par les parties (Cass. com. 21-6-2017 n° 16-11.828 F-D : RJDA 1/18 n° 74). Cette solution est incompatible avec celle qui considère que le régime de la rupture brutale constitue une loi de police (CA Paris 19-9-2018 n° 16/05579), mais il est de règle jurisprudentielle qu'une telle clause est valable même si une loi de police est applicable au fond (n° 72220).

En cas de compétence française, sauf le cas où la relation commerciale résultant d'un contrat est administratif et où l'action doit être portée devant le tribunal administratif (T. confl. 8-2-2021 n° 4201 : RJDA 5/21 n° 343 ; Cass. 1e civ. 19-5-2021 n° 19-21.955, appliquant la décision du T. confl.), seuls les tribunaux de commerce ou mixtes de commerce désignés à l'article D 442-3 du Code de commerce sont compétents pour statuer sur les litiges relatifs à l'application de l'article L 442-1 et la **cour d'appel de Paris** est la seule compétente pour connaître des décisions rendues par ces juridictions (C. com. art. D 442-2, al. 2). Cette règle institue une règle de compétence d'attribution exclusive et non une fin de non-recevoir (Cass. com. 18-10-2023 n° 21-15.378 FS-BR : RJDA 1/24 n° 52). Il en résulte notamment que si un défendeur à une action fondée sur le droit commun présente une demande reconventionnelle en invoquant les dispositions du Code de commerce relatives à la rupture brutale, la juridiction saisie, si elle n'est pas une juridiction désignée par l'article D 442-2 précité, doit, si son incompétence est soulevée, selon les circonstances et l'interdépendance des demandes, soit se déclarer incompétente au profit de la juridiction désignée par ce texte et surseoir à statuer dans l'attente que cette juridiction spécialisée ait statué sur la demande, soit renvoyer l'affaire pour le tout devant cette juridiction spécialisée (Cass. com. 18-10-2023 n° 21-15.378 FS-BR précité).

Cette compétence est déterminée selon les règles suivantes :

La juridiction désignée est compétente pour connaître du litige sur la rupture brutale dès lors que la clause attributive de compétence du contrat rompu vise « tout différend survenant entre les parties » (CA Paris 4-6-2013 n° 12/23210 : JCP E 2013.1705 note Henderson et Boboce ; dans le même sens, mais avant l'entrée en vigueur de l'article D 442-3 précité, Cass. 1e civ. 6-3-2007 n° 06-10.946 : Bull. civ. I n° 93). Il en est ainsi même en cas de conflit de compétence entre juridictions de l'UE car seules les règles de conflit de juridictions doivent être mises en œuvre pour déterminer la juridiction compétente, des dispositions impératives constitutives de lois de police seraient-elles applicables au fond du litige (Cass. com. 24-11-2015 n° 14-14.924 : RJDA 3/16 n° 251 ; Cass. 1e civ. 18-1-2017 n° 15-26.105 F-PB : RJDA 4/17 n° 289 ; CA Montpellier 22-3-2012 n° 11/05090 : GP 2012.som. 16 mai). En droit interne, les dispositions des articles L 442-4, III et D 442-2 du Code de commerce, attribuant un pouvoir juridictionnel exclusif à certaines juridictions pour les litiges relatifs à l'application de l'ex-article L 442-1, ne peuvent pas être mises en échec par une **clause attributive de juridiction** (Cass. com. 1-3-2017 n° 15-22.675 F-PBI : RJDA 5/17 n° 372).

Le fait que les litiges en matière de rupture brutale d'une relation commerciale relèvent exclusivement de certains tribunaux spécialement désignés n'interdit pas de présenter une demande de réparation du préjudice causé devant un **tribunal arbitral** si une clause d'arbitrage a été prévue au contrat (Cass. 1e civ. 21-10-2015 n° 14-25.080 F-D : RJDA 1/16 n° 61 ; Cass. com. 1-3-2017 n° 15-22.675 F-PBI : RJDA 5/17 n° 372).

L'action peut également être exercée par le parquet, le ministre chargé de l'économie ou le président de l'Autorité de la concurrence, mais, en pratique, l'action est généralement engagée par la victime.

L'action relève de la **prescription** de droit commun, donc de cinq ans. Le point de départ du délai est le jour où la rupture a été effectivement connue ; ce peut être le jour de la notification de la rupture dès lors que la victime avait eu connaissance, à cette date, de l'absence de préavis et du préjudice en résultant, sans qu'il y ait lieu de tenir compte de l'éventualité d'une faute ayant pu justifier que l'auteur de la notification ait mis un terme à la relation sans préavis (Cass. com. 18-7-2020 n° 18-24.441 FS-PB), ou le jour du terme effectif de la relation et non celui de la notification de la rupture (CA Lyon 28-10-2010 n° 09/02604 : BTL 2011.47 ; CA Paris 2-3-2017 n° 15/10786).

Ce délai s'applique à l'action fondée sur l'article L 442-1, II du Code de commerce mais non, par exemple, à l'action relative à la rupture brutale d'un contrat type de sous-traitant qui se prescrit par un an (CA Paris 21-1-2016 n° 14/09600 : BTL 2016.76 ; contra CA Paris 30-3-2018 n° 15/12740).

C. Résiliation du contrat

GÉNÉRALITÉS

15470 **Qualification de la « résiliation »** La « résiliation » prévue par l'article 1229, al. 3 du Code civil n'est censée être qu'une résolution sans rétroactivité. Cet effet suffit à en faire une **modalité de rupture autonome de droit commun du contrat** ; en effet, la résiliation qui n'entraînerait pas la rupture du contrat ne pourrait pas produire l'effet qui est attaché à la rupture du contrat par l'article susvisé.

Pour que l'article 1229, al. 3 ait un sens, il est indispensable que le contrat ait été préalablement rompu.

Celui qui veut l'obtenir doit donc aviser la partie contre laquelle il l'invoque de son intention d'« interrompre » le contrat (CA Aix 24-6-2004 n° 02/12519 : Bull. d'Aix 2005-3 p. 95 obs. Marmayo, cette formulation signifiant l'intention de rompre le contrat et non de le suspendre), et n'est pas une résiliation l'acte qui n'entraîne pas la rupture du contrat : il en est ainsi lorsqu'une partie annonce à son cocontractant qu'elle a l'intention de le mettre en concurrence (CA Paris 5-5-1988 : D. 1988.IR.159), ne fait état que d'une communication téléphonique à une personne non identifiée et produit une correspondance ne faisant aucune allusion à une prétendue lettre de rupture (CA Paris 5-7-1988 : D. 1988.IR.226) ou se borne à faire savoir qu'elle refuse le renouvellement du contrat (Cass. com. 5-12-1989 : Bull. civ. IV p. 205 ; CA Paris 26-1-2001 : RTD civ. 2001.362 obs. Mestre et Fages).

La résiliation est d'un **usage constant et ancien** :

– dans les textes en vigueur, notamment dans le Code civil (art. 1722, 1724 et 1729), dans le Code de commerce (art. L 341-1, L 145-41 et L 622-13), dans le Code des assurances (art. L 113-12, L 113-14 et L 113-16) et dans le Code de la consommation (art. R 212-1) ;

Il arrive même qu'une rupture soit une résiliation, quoiqu'évoquée avec le terme de « résolution », l'article L 145-41 du Code de commerce portant à son comble la confusion terminologique : les parties peuvent convenir d'une « résiliation de plein droit » (al. 1), mais les effets de cette « clause de résiliation » peuvent être suspendus par le délai de grâce accordé par le juge, et cette « clause résolutoire » ne joue pas si le locataire se libère dans les conditions fixées par le juge (al. 2).

– dans les décisions de justice (Cass. civ. 4-5-1898 : DP.1898.1.457 ; Cass. soc. 23-2-1957 : D.1957.466 ; CA Nancy 11-1-1936 : DH. 1936.155) ;

La résiliation de plein droit de l'article L 341-1 du Code de commerce a été jugée constitutionnelle (Cons. const. 5-8-2015 n° 2015-715 : RJDA 10/15 n° 730).

– dans les contrats, les parties y introduisant très souvent une clause de résiliation.

Droit d'invoquer la résiliation Une partie peut invoquer la résiliation : 15477

– tant qu'elle n'y a pas renoncé sans équivoque ; tel n'est pas le cas du créancier qui a continué à accepter les prélèvements d'échéance postérieurs à la mise en demeure de payer les arriérés, car ces paiements n'ont d'autre vocation que de réduire sa créance (Cass. 1e civ. 18-12-2014 n° 13-18.441) ;

– dès lors qu'elle ne lui est pas interdite par une clause du contrat (Cass. com. 15-12-2009 n° 08-10.148 : JCP G 2010 n° 18-516 p. 972 : interdiction pendant une année pour permettre l'amortissement du matériel acquis par une partie pour l'exécution du contrat) ; à notre avis, cette clause est licite si elle ne fait pas obstacle à une résolution légale de plein droit et qu'elle n'a pas pour effet de maintenir la partie renonçante dans les liens du contrat pour une durée indéterminée susceptible de devenir perpétuelle (sur l'interdiction de la durée perpétuelle, n° 13503).

Elle est valablement invoquée si elle a été acceptée, expressément ou tacitement, par le cocontractant (Cass. 1e civ. 3-12-1985 n° 84-13.844 : Bull. civ. I n° 330).

À défaut d'une telle acceptation, elle doit être invoquée dans les conditions qui sont propres à chaque cas de figure dans lequel elle est permise (nos 15495 s.).

1. RÉSILIATION LÉGALE

RÉSILIATION DE PLEIN DROIT

La résiliation intervient de plein droit lorsque des dispositions légales le prévoient expressément, telles que celles des articles 1722 du Code civil (bail de droit commun ; n° 5210), L 341-1, al. 2 du Code de commerce (contrats liant les commerçants de détail à un réseau de distribution, nos 21590 s.) et L 121-9 du Code des assurances (assurance de dommages ; n° 18028). Ces résiliations mettent fin au contrat lorsque les conditions fixées par la loi sont réunies. 15495

C'est aussi le cas dans toute circonstance où la loi dispose qu'il est mis fin au contrat sans réserver une possible rétroactivité de la rupture du contrat, qui est désormais l'exception (n° 15621) et qui est donc à appliquer restrictivement.

C'est le cas, par exemple, des articles 1211 (contrat à durée indéterminée) et 2004 du Code civil (mandat) et L 134-11, al. 2 du Code de commerce (contrat d'agent commercial).

Sur la résiliation de plein droit prévue par la clause de résiliation, n° 15506.

ACTION EN RÉSILIATION

Souvent la **loi autorise** formellement une partie, ou l'une et l'autre, **à demander au juge** de prononcer la résiliation ou de mettre fin au contrat (par exemple : C. civ. art. 1724, al. 3 et 1729 ; C. com. art. L 134-11, al. 2 ; C. ass. art. L 113-14 et L 113-16). 15498

À défaut d'autorisation légale, tout **contractant qui y a intérêt** peut demander en justice le prononcé ou la constatation de la résiliation, sauf renonciation de sa part (pour des exemples, n° 17668). Lorsque des manquements contractuels sont invoqués par chacune des parties, le juge doit apprécier leur existence et leur gravité respective (Cass. com. 2-2-2016 n° 13-24.582 F-D, rendu entre les mêmes parties). Cette appréciation est souveraine (Cass. com. 5-12-2000 n° 98-12.827 F-D : RJDA 4/01 n° 447) : ainsi, la résiliation d'un contrat de concession a été prononcée aux torts du concessionnaire, qui n'avait pas payé ses factures au concédant, alors même que ce dernier ne lui avait pas transmis les informations permettant de calculer les commissions qu'il lui devait, mais que le concédant avait négligé de lui réclamer pendant deux ans environ (Cass. com. 27-1-2021 n° 18-22.916 F-D : RJDA 6/21 n° 381).

En l'absence de dispositions légales spécifiques à l'action en résiliation, les **règles applicables à l'action en résolution judiciaire** sont transposables par analogie, puisqu'il s'agit dans les deux cas de décider de la fin du contrat (n°s 15609 s.), sous réserve de règles propres à la cause de la demande de résiliation, qui peut varier comme il est dit dans les numéros subséquents.

2. RÉSILIATION D'UN COMMUN ACCORD

15500 Les parties peuvent convenir de résilier le contrat (Cass. com. 1-2-1994 n° 92-18.276 : Bull. civ. IV n° 44 ; Cass. 1e civ. 23-9-2003 n° 1153 : Bull. civ. I n° 184).

3. RÉSILIATION UNILATÉRALE POUR DURÉE INDÉTERMINÉE

PRINCIPE

15503 Si le contrat est conclu pour une durée indéterminée, chaque partie peut y « mettre fin » à tout moment, sous réserve de respecter le délai de préavis contractuellement prévu ou, à défaut, un délai raisonnable (C. civ. art. 1211).

a. La jurisprudence avait fait de cette solution une prérogative d'ordre public (Cass. 1e civ. 7-3-2006 n° 463 : RJDA 8-9/06 n° 950), entérinée par le Conseil constitutionnel (Cons. const. 9-11-1999 n° 99-419 : RJDA 1/00 n° 29).

b. Cette dénonciation n'a pratiquement d'intérêt que pour les échanges de prestations qui ne donnent pas naissance à des relations commerciales au sens de l'article L 442, I-5 du Code de commerce, ces dernières pouvant toujours être rompues sous réserve de préavis, sans considération de la durée du contrat (n°s 15455 s.).

CONDITIONS DE LA RÉSILIATION UNILATÉRALE POUR DURÉE INDÉTERMINÉE

15504 Pour l'exercice de la faculté prévue par l'article 1211 du Code civil, le contrat doit être à durée indéterminée. C'est le cas lorsqu'il ne comporte pas de terme extinctif (n° 13503).

La durée indéterminée n'est pas une durée perpétuelle (n° 11199).

La faculté de renoncer au contrat peut être invoquée par chaque partie (Cass. 1e civ. 11-6-1996 : RJDA 12/96 n° 1437). Sauf si le contrat le prévoit, le demandeur n'a pas à justifier d'un quelconque motif (Cass. 1e civ. 30-10-2008 n° 07-19.736 F-D : JCP G 2009.II.10052 note Chabas ; Cass. com. 26-1-2010 n° 09-65.086 F-PB : RJDA 5/10 n° 470).

Conformément au droit commun, la résiliation ne doit pas être invoquée abusivement (Cass. com. 26-1-2010 n° 09-65.086 F-PB : RJDA 5/10 n° 470) ; est abusive la résiliation sans préavis d'une durée raisonnable (Cass. com. 9-2-1976 n° 74-12.283 : Bull. civ. IV n° 44, imposant le respect du terme imposé par la convention et censurant l'arrêt qui avait imposé la poursuite des relations contractuelles ; Cass. com. 27-9-2017 n° 16-13.112 F-D : RJDA 2/18 n° 133, annihilant la résiliation) ou sans mise en demeure (CA Paris 26-2-2003 : BTL 2003.256).

Sur l'appréciation du délai évitant une rupture brutale qui peut servir d'indication à l'appréciation du délai raisonnable, n° 15455.

L'article 1211 permet l'exercice de cette faculté à tout moment.

4. RÉSILIATION UNILATÉRALE CONVENTIONNELLE

QUALIFICATION

15505 La **clause de résiliation** permet à chaque partie ou à une partie seulement de mettre fin au contrat pour l'avenir, sans avoir recours aux tribunaux.

La clause doit ouvrir droit à la « résiliation » ; ce n'est pas le cas de celle d'une convention d'escompte prévoyant qu'une « banque aurait toujours la faculté, après examen du bordereau, de rejeter tout ou partie des créances présentées à l'escompte », car elle permet seulement à la banque de refuser les créances présentées à l'escompte mais non de résilier la convention (Cass. com. 8-12-1987 : BRDA 4/88 p. 22, jugeant abusive la résiliation sans préavis décidée par la banque).

MISE EN ŒUVRE DE LA RÉSILIATION UNILATÉRALE CONVENTIONNELLE

15506 À défaut de disposition contraire du Code civil et conformément au principe de liberté contractuelle, les parties peuvent adopter et aménager selon leur commune volonté une clause de résiliation à condition de ne pas heurter une règle d'ordre public.

A été notamment jugée contraire à l'ordre public la clause :

– dont l'application est suspendue à une condition dépendant du bon vouloir de la partie qui doit la remplir (Cass. com. 20-9-2011 n° 10-30.567 : RJDA 1/12 n° 8) ;

– qui trouble le fonctionnement de la concurrence ; tel est le cas de la clause d'un contrat d'assurance qui limite l'indemnisation versée aux assurés en cas de résiliation du contrat et les empêche d'y mettre fin car, étant de nature à dissuader les assurés de résilier le contrat et de faire jouer librement le jeu de la concurrence, elle constitue un acte de concurrence déloyale à l'égard des assureurs concurrents (CA Paris 23-1-2014 nº 12/02577) ; **15506** (suite)

– qui fait obstacle au jeu des dispositions sanctionnant la rupture brutale de la relation commerciale établie (CA Paris 12-9-2013 nº 11/22934).

À notre avis, la clause est aussi illicite si elle n'a pas pour effet d'anéantir les prestations utilement échangées (nº 15507), sauf l'exception signalée nº 15621. Mais n'est pas contraire à l'ordre public la clause du contrat autorisant la résiliation par l'une ou l'autre des parties d'un contrat d'agence commerciale, alors même que le contrat est à durée déterminée (CA Paris 8-7-2021 nº 18/27045 : DMF 2022.123 obs. Delebecque, accordant à l'agent une réparation pour non-respect du délai de préavis contenue dans la clause, ainsi que la réparation prévue par l'article L 134-12 du Code de commerce qui conduit à accorder à l'agent une indemnisation sur la base des deux dernières années des commissions perçues).

1. Détermination du contenu de la clause par les parties. Les parties sont libres d'aménager le jeu de la clause selon les modalités suivantes.

a. Elles peuvent adopter la clause, que le contrat soit à **durée déterminée ou indéterminée** (sur la résiliation spécifique pour durée indéterminée du contrat, nºs 15503 s.), à condition que la clause ne mette pas en cause une règle d'ordre public.

b. Elles peuvent choisir les **causes qui justifieront la résiliation.** Ces causes tiennent généralement à des circonstances objectives, telles que la cession du fonds de commerce, le changement de contrôle d'une société contractante, le défaut de paiement ou autre manquement contractuel, l'incapacité, la force majeure, la faute grave, lourde ou inexcusable, la perte ou vente de la chose, l'expiration d'une période déterminée de vie du contrat.

La clause de résiliation peut prévoir que, compte tenu du caractère intuitu personae des services rendus par une personne membre de la société prestataire des services qui étaient d'une importance capitale pour l'autre partie, celle-ci pourrait résilier automatiquement et sans préavis le contrat si cette personne n'était plus en mesure d'exécuter elle-même les prestations pour quelque raison ce soit, notamment du fait de sa condamnation liée à son activité ou pour des faits de caractère à nuire à sa réputation (Cass. com. 8-12-2015 nº 14-11.394 : RJDA 7/16 nº 510, jugeant que la clause a été valablement mise en œuvre pour cause de mise en examen de l'intéressé).

Elles peuvent aller jusqu'à reconnaître le droit de résilier le contrat à une partie « quand bon lui semblera », autrement dit sans motif objectif, uniquement à sa discrétion, une telle clause étant jugée non abusive (Cass. 1e civ. 3-4-2001 nº 99-18.442 FS-P : RJDA 11/01 nº 1075).

En effet, l'article 1102, al. 1 du Code civil dispose que chacun est libre de contracter ou de ne pas contracter, et la Déclaration des droits de l'Homme et du citoyen de 1789, en son article 4, précise que « la liberté consiste à pouvoir faire tout ce qui ne nuit pas à autrui : ainsi, l'exercice des droits naturels de chaque Homme n'a de bornes que celles qui assurent aux autres membres de la société la jouissance de ces mêmes droits. Ces bornes ne peuvent être déterminées que par la loi ». Or, aucune loi n'interdit de se dégager d'un contrat dès lors qu'autrui (le cocontractant), qui pourrait en souffrir, l'accepte. La clause est ainsi validée en raison du principe de la liberté contractuelle qui a valeur constitutionnelle (nº 10625).

c. Elles peuvent prévoir que la clause fonctionnera **de plein droit,** à la demande de la partie désignée ou de l'une ou de l'autre des parties.

Lorsque la clause prévoit que le contrat pourra être résilié « en cas de faillite, de dissolution, de cession ou de vente d'activité affectant l'une ou l'autre des parties », celle des parties qui a cédé ses activités ne peut pas invoquer cette faculté de résiliation, laquelle n'est offerte qu'à son cocontractant ; en effet, cette clause a pour seul but de garantir le caractère personnel des relations contractuelles puisque la cession ou la vente d'activité ne peut aboutir qu'à un changement de cocontractant (CA Paris 14-5-1999 : RJDA 11/99 nº 1198).

d. Elles peuvent subordonner la mise en œuvre de la clause à une **mise en demeure préalable** de l'autre partie. Cette modalité est strictement interprétée par les tribunaux.

Jugé notamment :

– si la clause prévoit que la mise en demeure devra prononcer la résiliation, que celle-ci ne peut pas, à défaut de cette déclaration, résulter de l'assignation en constatation de la résiliation opérée par la mise en demeure incomplète (Cass. com. 20-9-2011 nº 10-30.834 : RJDA 1/12 nº 7) ;

– qu'un contrat renouvelable « sauf dénonciation par l'une des parties au moins trois mois avant l'expiration voulue du contrat » faite par lettre recommandée AR a été valablement résilié par une simple lettre, car la forme recommandée n'était pas exigée pour la validité de la rupture mais seulement à titre de preuve du contenu et de la date de cette rupture, faits que le destinataire ne contestait d'ailleurs pas (CA Paris 17-4-1986 : BRDA 18/86 p. 21).

15506 (suite) Toutefois, l'auteur de la résiliation est dispensé de mise en demeure s'il invoque un motif légitime pour ne pas y avoir procédé (CA Paris 8-9-2000 : RJDA 1/01 n° 6) ou si la clause a prévu une résiliation de plein droit pour survenance de l'une des causes de résiliation (CA Aix 8-2-1978 : Bull. Cour d'Aix 1978/1 p. 10 ; cf. Cass. com. 18-2-2014 n° 12-29.752 : RJDA 7/14 n° 628).

e. Elles peuvent préciser le **moment** où la résiliation pourra être mise en œuvre ; elles doivent alors fixer ce moment rigoureusement.

Le juge doit respecter les conditions fixées (Cass. civ. 6-5-1997 : RJDA 11/97 n° 1315) mais doit les interpréter si celles-ci ne sont pas clairement exprimées, ce qui a été le cas des clauses suivantes :
- une clause prévoyant que le contrat peut être résilié « avec préavis de six mois pleins avant le début d'une nouvelle saison de fabrication et de vente », le point de départ du préavis se réfère aux livraisons des commandes et aux facturations des redevances et non aux saisons de fabrication et de vente résultant des usages de la profession auxquels les parties étaient libres de déroger (Cass. com. 20-2-1980 : Bull. civ. IV p. 70) ;
- la résiliation unilatérale n'est pas possible « à tout moment », en cas de contrat conclu pour une durée d'un an reconductible par accord tacite par périodes de trois ans, car le préavis devait se situer à la fin de chaque période de trois années en cours, la résiliation ne pouvant prendre effet qu'à l'issue de chaque période triennale (Cass. com. 3-2-1982 : JCP G 1982.IV.139) ;
- le contrat renouvelable par tacite reconduction pour une période de trois ans sous réserve d'un préavis de six mois ne peut être résilié à tout moment, le préavis devant se situer à la fin de chaque période de trois ans en cours (Cass. com. 3-2-1982 : GP 1982.pan.234).

Le délai conventionnel ne peut être écarté que si la résiliation est due à un cas de force majeure (Cass. com. 3-3-2015 n° 13-22.573 : RJDA 6/15 n° 407).

f. Les parties prévoient généralement que la résiliation ne prendra effet qu'au terme d'un **délai de préavis** mais elles doivent retenir une durée en rapport avec celle de la relation commerciale (n° 15455).

g. Les parties peuvent fixer les effets de la clause quant aux prestations accomplies sous réserve, selon notre avis exprimé plus haut, de ne pas anéantir les prestations qui ont été utiles à la réalisation du contrat.

h. Elles peuvent préciser la partie qui a le droit d'invoquer la clause ou ouvrir à chacune d'elles cette faculté et ce même à des conditions différentes sous réserve, si les clauses n'ont pas été négociées, du risque de déséquilibre significatif (nos 12560 s.).

i. Les parties peuvent se prononcer sur les **indemnités** susceptibles d'être dues par la partie qui a usé de son droit de résiliation à l'autre partie. Il s'agit généralement d'une indemnité dite de résiliation qui tend à indemniser la victime de la résiliation anticipée du préjudice que celle-ci lui cause (Cass. com. 12-5-1987 n° 85-16.137 : GP 1988.528 note Bey), même si elle résulte du redressement judiciaire dans le cadre duquel la continuation du contrat n'a pas été imposée (Cass. com. 16-3-1976 : D. 1976.646 : à propos du règlement judiciaire mais transposable, et aussi à la procédure de sauvegarde). Il peut arriver que les parties prévoient, en outre, une indemnité distincte, par exemple, « une indemnité de fin de contrat » pour l'indemniser de ses investissements et lui permettre de rechercher une nouvelle clientèle. Cette indemnité n'est pas une clause pénale (CA Paris 24-11-2015 n° 14/17322 : RJDA 7/16 n° 511).

2. Application de la clause. La clause ne peut être appliquée que si elle est invoquée par la partie investie du droit de la mettre en œuvre.

Celle-ci ne peut le faire que si elle n'y a pas renoncé.

N'y a pas renoncé la partie qui reconduit tacitement un contrat à exécution successive, alors que son cocontractant n'exécute plus le contrat depuis quelques années (CA Aix 8-2-1978 : Bull. Cour d'Aix 1978/1 p. 10), ni le vendeur qui, ayant reçu des acomptes, accepte à la demande de l'acheteur d'annuler les commandes pendantes et propose parallèlement de porter le montant des acomptes au crédit d'un compte à débiter au fur et à mesure de commandes nouvelles, cette proposition constituant un geste commercial et non l'engagement de ne pas invoquer les stipulations contractuelles sur la résiliation (CA Paris 4-3-1987 : GP 1987.som.394).

Le juge doit appliquer la clause dès lors que les conditions prévues sont réunies. Il ne peut pas l'écarter sous prétexte que le manquement ainsi sanctionné ne porte pas préjudice (Cass. com. 18-3-1997 n° 728 : RJDA 7/97 n° 874).

La demande d'application de la clause n'est recevable qu'autant qu'elle n'est pas abusive (Cass. 1re civ. 21-2-2006 n° 292 : RJDA 7/06 n° 749 ; Cass. 1re civ. 30-10-2008 n° 07-19.736 : JCP G 2009.II.10052 note Chabas).

La résiliation décidée en dehors des causes prévues à cet effet n'est pas abusive de ce seul fait (Cass. com. 31-5-1994 : RJDA 11/94 n° 1108) et l'abus dans la résiliation du contrat ne résulte pas exclusivement de l'intention de nuire (Cass. com. 3-6-1997 : RJDA 11/97 n° 1342).

L'abus existe si la clause de résiliation prévoyait qu'une rupture à l'amiable devait préalablement être envisagée (CA Versailles 2-9-2014 n° 12/08963 : RJDA 2/15 n° 83) et peut exister, même en cas de respect des modalités prévues par la clause de résiliation, en raison des circonstances particulières qui accompagnent la résiliation, telles des manœuvres pour éviter un dédommagement (Cass. 1e civ. 21-2-2006 n° 02-21.240 : Bull. civ. I n° 82).

Si le contrat est considéré comme étant à durée déterminée, il est alors censé aller jusqu'au terme prévu, le dommage s'appréciant sur cette durée (CA Versailles 29-5-2012 n° 08/08885 : BTL 2012.428).

5. EFFETS DE TOUTE RÉSILIATION

EXTINCTION DU CONTRAT ET EXCLUSION DES RESTITUTIONS

La résiliation produit effet à compter de la **date** à laquelle elle a été acquise, date qui dépend des circonstances (pour des exemples : Cass. com. 12-10-1993 n° 91-17.621 : Bull. civ. IV n° 327 ; Cass. com. 3-5-1994 n° 92-14.800 D : RJDA 8-9/94 n° 906 ; Cass. 3e civ. 13-5-1998 n° 96-18.358 : Bull. civ. III n° 98 ; Cass. 3e civ. 30-4-2003 n° 01-14.890 : Bull. civ. III n° 87). **15507**

Si la résiliation par lettre recommandée AR annonçant au cocontractant qu'elle prendra effet « à compter de la présente lettre », le point de départ de la résiliation se situe, compte tenu du libellé de la lettre, à la date de la première présentation de cette dernière à son destinataire et non à la date à laquelle celui-ci l'a retirée (Cass. com. 3-5-1994 précité).

Cependant, aucune des dispositions légales qui prévoient une résiliation ne définit ses effets. Ces derniers relèvent donc du droit commun du contrat (C. civ. art. 1105, al. 2 et 3). En l'occurrence, ils sont ceux que l'article 1229 du Code civil fixe, dont ceux relatifs aux restitutions des prestations échangées qu'il qualifie expressément de « résiliation ».

Toute résiliation **met fin au contrat** (n° 15470).

Aussi, même en cas de résiliation fautive, le cocontractant ne peut pas demander le paiement de la rémunération convenue, celle-ci n'étant due qu'en cas d'exécution du contrat (Cass. com. 3-5-2011 n° 10-15.884 : RJDA 10/11 n° 769).

Le **préjudice** consécutif à la résiliation peut être réparé (n° 15000).

Ainsi jugé que :

– la victime de la résiliation n'a pas droit à réparation si elle n'a pas subi de préjudice (Cass. com. 29-4-1986 : BRDA 11/86 p. 14 : rupture avant terme par le client d'un contrat de fourniture exclusive avec un montant minimal de commandes, mais laissant la possibilité au fournisseur, qui en avait largement usé, de vendre à d'autres clients) ;

– la victime d'une résiliation prévue au contrat avec une clause de préavis a droit aux recettes qu'elle aurait effectuées pendant la période de préavis si celui-ci avait été respecté (CA Paris 5-5-1988 : D. 1988.IR.159) ; sauf clause contraire, le non-respect du préavis donne lieu a une indemnisation du préjudice en résultant qui est déterminé selon les règles de la responsabilité contractuelle et non celles de l'application d'une clause pénale ou de la rupture brutale (CA Montpellier 26-10-2021 n° 19/02199) ;

– en cas de résiliation à leurs torts réciproques, les parties peuvent obtenir une indemnité dès lors qu'un préjudice en est résulté pour elles ou pour l'une d'elles, les juges ne pouvant les débouter de leurs demandes respectives sur le seul fondement de leurs torts réciproques (Cass. com. 5-12-2000 n° 98-12.827 F-D : RJDA 4/01 n° 447) ; si la résiliation a été prononcée à parts égales entre deux parties, chaque partie étant tenue du préjudice pour moitié, elle doit réparer le préjudice subi par l'autre en tenant compte de cette proportion, soit seulement à concurrence de 50 % de ce préjudice, la compensation ne devant s'opérer qu'après application de ce coefficient au préjudice de chaque partie, de sorte que la compensation ne peut pas être ordonnée sans tenir compte de cette proportion et chaque partie être condamnée à indemniser intégralement le préjudice de l'autre (Cass. com. 23-3-2022 n° 20-15.475 F-B : RJDA 7/22 n° 391) ;

– en cas de résiliation amiable, qui ne vaut pas renonciation à l'action en responsabilité, la partie victime peut obtenir réparation du préjudice résultant de manquements commis antérieurement par son cocontractant (Cass. com. 24-5-2016 n° 14-24.709 D) ;

– en cas de résiliation pour faute grave prévue au contrat, une telle faute, par son importance, rend impossible le maintien de ce contrat pendant la durée même limitée du préavis et qu'elle ne peut donc être retenue que si la résiliation a été prononcée avec un effet immédiat (Cass. 1e civ. 14-11-2018 n° 17-23.135 FS-PB : RJDA 3/19 n° 163, rendu à propos d'un contrat d'exploitation ou d'exercice conclu entre un professionnel de santé ou une société professionnelle et un établissement de santé).

Sur les réparations prévues par la clause de résiliation, n° 15506.

Mais si le contrat a été résilié d'un commun accord, il ne peut être alloué à l'une des parties une indemnité en réparation du préjudice lié à la privation de l'usage d'un appareil pour la période restant contractuellement à courir au moment de la rupture des relations contractuelles (Cass. com. 1-2-1994 n° 92-18.276 : Bull. civ. IV n° 44).

La résiliation ne donne pas lieu à **restitution** (Cass. 1e civ. 5-7-2006 : D. 2006.2404 note Naccach ; Cass. soc. 20-12-2006 : D. 2007.555 note Blanc-Jouvan). Toutefois la prestation qui n'a pas reçu sa contrepartie doit être restituée au titre de la liquidation des échanges qui ont eu lieu entre les parties.

À supposer que les parties prévoient qu'elle donnerait lieu à restitution ou à telle ou telle restitution, la résiliation deviendrait au sens de l'article 1229, al. 3 une résolution et ne saurait avoir des effets différents de ceux prévus nos 15621 s.

D. Résolution du contrat

QUALIFICATION

15508 La résolution met fin (nº 15618) aux contrats mais elle n'entraîne que très exceptionnellement la **restitution des prestations exécutées,** « comme si l'obligation n'avait jamais existé » (voir C. civ. art. 1229, al. 3).

En toute hypothèse, il reste que la résolution ici envisagée sanctionne toujours l'inexécution des engagements contractuels d'une partie.

La résolution résulte aussi de plein droit de l'impossibilité d'exécuter le contrat pour cause de force majeure (nºs 15126 s.).

Sont ainsi successivement examinés ci-après la résolution due à la décision unilatérale d'une partie, à une clause résolutoire, à la décision du juge et les effets qui sont communs à toute résolution.

1. RÉSOLUTION UNILATÉRALE DU CONTRAT

CARACTÈRE D'ORDRE PUBLIC DE LA RÉSOLUTION

15512 L'article 1226 du Code civil qui reconnaît le droit à un contractant de résoudre le contrat ne comporte aucune précision sur les **aménagements contractuels** que les parties peuvent apporter à la résolution unilatérale. Reposant sur la gravité du manquement qui doit en être le juste motif, elle apparaît comme une mesure de sauvegarde des intérêts d'une partie, de mise à l'abri d'un danger ; elle ne saurait lui apporter cette garantie s'il était possible d'y renoncer par avance ; elle doit donc être vue comme une mesure d'ordre public de protection car, à défaut, la mesure manquerait son but qui tend à sanctionner une inexécution grave. Mais elle pourrait être aménagée à condition que le droit de résoudre unilatéralement le contrat ne soit pas vidé de sa substance (nº 74293).

Quoique se rapportant à l'exécution d'un contrat conclu avant le 1er octobre 2016, date d'entrée en vigueur de l'article 1126, le caractère d'ordre public de la résolution pour manquement grave tend à se confirmer, celle-ci ayant été déclarée, sans réserve quant à l'avenir, recevable en dépit d'une clause que les juges du fond avaient analysée comme une fin de non-recevoir de la demande de résolution (Cass. 3e civ. 8-2-2018 nº 16-24.641 FS-PB : RJDA 4/18 nº 296 ; dans le même sens, Cass. 3e civ. 8-6-2023 nº 22-13.469 F-D : RJDA 10/23 nº 498).

DOMAINE DE LA RÉSOLUTION UNILATÉRALE

15515 La résolution unilatérale est une dérogation à la loi du contrat qui en interdit la révocation unilatérale en spécifiant que la révocation ne peut être que mutuelle (C. civ. art. 1193). La faculté de résoudre unilatéralement le contrat doit donc être interprétée de manière restrictive. Dès lors, toute résolution unilatérale qui n'est pas conforme aux dispositions de l'article 1226 du Code civil doit être jugée comme non avenue, soit inexistante ou nulle.

MISE EN ŒUVRE DE LA RÉSOLUTION UNILATÉRALE DU CONTRAT

15518 **Mise en demeure du débiteur** Le créancier ne peut résoudre unilatéralement le contrat sans avoir préalablement mis en demeure le débiteur défaillant de s'exécuter, sauf en cas d'urgence (C. civ. art. 1226, al. 1) ou, lorsque, au vu des circonstances, cette mise en demeure aurait été vaine (Cass. com. 18-10-2023 nº 20-21.579 FP-BR : RJDA 2/24 nº 76). Hormis ces hypothèses, la résolution qui n'a pas été précédée de la mise en demeure ne produit pas effet (cf. Cass. com. 9-6-2022 nº 20-14.550 F-D : RJDA 10/22 nº 560).

Conformément au droit commun qui permet que soit adoptée toute mesure appropriée justifiée par l'**urgence,** à savoir lorsqu'une menace sérieuse et imminente pèse sur des intérêts légitimes (nº 74909), la partie qui estime que cette situation est réalisée peut résoudre immédiatement le contrat (Cass. com. 4-2-2004 nº 99-21.480 : JCP G 2004.I.1449 nº 15 obs. J. Rochfeld ; Cass. 1e civ. 24-9-2009 nº 08-14.524 : RDC 2010.690 ; Cass. 1e civ. 20-3-2014 nº 12-27.943 : RJDA 7/14 nº 599).

La mise en demeure doit (art. 1226, al. 1 et 2) :

– laisser au débiteur un **délai** raisonnable pour exécuter son engagement ;
Sur le soin à prendre dans la fixation de la durée du délai pour éviter le risque de la rupture brutale, nº 15455.

– **mentionner** expressément qu'à défaut pour le débiteur de satisfaire à son engagement, le créancier sera en droit de résoudre le contrat.

15521 **Notification de la résolution** Le créancier de l'obligation peut notifier au débiteur la résolution lorsque « l'inexécution persiste » au-delà du délai qu'il a imparti au débiteur pour s'exécuter (C. civ. art. 1226, al. 3). Ce texte ne donne aucune précision ni sur la durée de cette persistance ni sur le **délai** que le créancier doit impartir au débiteur dans la mise en demeure. **15521** (suite)

Cette formulation tend à imposer un certain délai d'inexécution au-delà de l'extinction du délai de la mise en demeure, qui a seulement fait acquérir au créancier le « droit de résoudre le contrat ». Il reviendra donc au créancier d'apprécier le temps qu'il doit laisser au débiteur pour être en droit de se prévaloir d'une inexécution persistante. Sauf à avoir qualifié « de rigueur » le délai donné dans la mise en demeure, le créancier devra se garder d'une précipitation intempestive et de mauvaise foi. Sur l'exemple d'un délai trop rigoureux, CA Reims 10-5-2022 n° 21/00852 : RJDA 12/22 n° 675.

Aucune disposition n'indique non plus la **forme** que doit revêtir cette notification. À la lettre de l'article 1226, la notification est réputée faite dès lors que la preuve est établie que la décision de résoudre le contrat a été adressée au cocontractant défaillant. Les tribunaux ont admis cette solution en cas de notification requise, sans que la forme en soit précisée, par le contrat (CA Paris 20-6-2001 : GP 2003.som.2595 note Vray). En revanche, lorsque les parties ont fait de la forme contractuelle une condition substantielle de la validité de la notification, elles ne peuvent plus utiliser un autre procédé de notification, tel un envoi par télécopie (en ce sens, Rép. Deprez : AN 25-5-1992 p. 2355) ou une remise manuelle (cf. CA Paris 2-12-2004 : BTL 2005.143).

Les parties se préserveront en suivant la forme des notifications prévues par le Code de procédure civile (cf. Cass. com. 13-6-1995 n° 93-15.046 : RJDA 2/96 n° 176).

La notification doit mentionner les **motifs** de la résolution (C. civ. art. 1226, al. 1). Ceux-ci étant ouverts à la contestation du débiteur, le créancier agira prudemment en rédigeant sa motivation **aussi rigoureusement** qu'une assignation, pour le cas où il lui serait reproché d'invoquer devant le juge un moyen nouveau.

Ces motifs ont pour objet de justifier la réalité du manquement du débiteur à son engagement.

Pour apprécier le bien-fondé de ses motifs, l'auteur de la notification peut s'inspirer des solutions retenues par les cours d'appel qui, de longue date, sont confrontées à des résiliations unilatérales. Jugé, par exemple, que constitue une **inexécution justifiant** la résiliation unilatérale du contrat :

– le comportement de mauvaise foi du débiteur (Cass. civ. 4-1-1910 : S. 1911.1.195, société tentant de s'approprier frauduleusement la clientèle qu'avait créée son représentant de commerce ; Cass. soc. 1-7-1981 : D. 1982.419 note Karaquillo : cadre supérieur dénigrant publiquement et systématiquement les travaux de son employeur ; Cass. 1e civ. 4-5-1982 : résiliation par une partie deux jours après avoir signé le contrat, son engagement ayant eu pour but de conduire son cocontractant à consentir à un autre contrat pour lequel son accord était indispensable afin de lui permettre de réaliser son objectif) ;

– le refus d'un concessionnaire d'honorer dix-sept lettres de change, refus qui devait se poursuivre car ce concessionnaire était presque en état de cessation des paiements (CA Colmar 23-3-1979 : D. 1980.IR.192) ;

– la cessation injustifiée par un locataire du paiement des loyers (Cass. civ. 8-1-1980 : GP 1980.pan.220) ;

– le défaut de fourniture de la garantie demandée en cours d'exécution du contrat alors que cette demande était justifiée par les renseignements défavorables recueillis sur la solvabilité du cocontractant et qu'elle n'a revêtu aucun caractère abusif, le choix de la garantie étant laissé au débiteur (CA Toulouse 15-2-1984 : Bull. inf. C. cass. 1984 n° 356) ;

– le défaut par l'éditeur d'une œuvre des mentions sur l'identité de l'auteur devant figurer sur chacun des exemplaires ou sur l'œuvre réalisée sous une forme numérique (n° 34834) ;

– l'apparition, en cours d'exécution du contrat, d'un risque sérieux de conflits d'intérêts, le dirigeant de la société chargée d'améliorer les performances de production d'une entreprise étant devenu, tout en gardant ses fonctions, salarié d'un groupe concurrent de l'entreprise (Cass. com. 30-10-2007 n° 06-20.944 : BRDA 23/07 inf. 14) ;

– le fait pour un fournisseur de n'avoir pas informé son revendeur du caractère contrefait des produits fournis et de n'avoir pas pu les remplacer, le revendeur qui avait en partie payé la commande se retrouvant ainsi avec un stock invendable (Cass. com. 23-9-2008 n° 07-10.025 : BRDA 19/08 inf. 15) ;

– les manquements répétés d'une entreprise de nettoyage qui portait ainsi atteinte à l'image de la société cocontractante à l'égard de ses clients et de ses stagiaires (CA Versailles 6-11-2008 n° 07/05360 : RJDA 4/09 n° 308) ;

– la violation de l'ordre public (Cass. 1e civ. 24-9-2009 n° 08-14.524 : RDC 2010.690 obs. Pelletier ; CA Paris 4-5-1961 : JCP G 1962.II.12517 note Gendrel et Lafarge ; CA Bourges 2-4-2001 : Transidit 30/01 n° 69) ;

– le comportement du cocontractant qui a généré chez l'autre partie une perte de confiance dans l'exécution du contrat (Cass. com. 18-6-2013 n° 12-13.360 : PA 2013 n° 209 p. 9 note Albarian) ;

– la violation de l'obligation essentielle du contrat tenant, par exemple, s'agissant d'une entreprise chargée d'assurer la sécurité, au fait que l'un de ses agents chargés d'assumer la mission de sécurité s'est présenté dans un état d'ébriété (Cass. com. 12-5-2015 n° 14-10.062 : RJDA 1/16 n° 6.som.).

Mais la **résiliation** a été jugée **injustifiée** lorsque l'auteur de la résiliation a invoqué comme motif :

– l'exécution tardive de ses prestations par le cocontractant (Cass. com. 24-6-1980 n° 78-15.632 : Bull. civ. IV n° 273) ;

– la nécessité de résilier pour entreprendre une extension d'activité, peu important que ce motif soit en lui-même légitime (Cass. com. 21-5-1997 : RJDA 10/97 n° 1164) ;

– un manquement du cocontractant d'une gravité insuffisante (Cass. com. 19-6-2007 n° 06-13.868 : GP 2008.som. 480 note Saurel et Ohayon) ;
– la modification unilatérale du contrat par le cocontractant (CA Paris 15-1-1987 : D. 1987.IR.37) ;
– l'inexécution de ses obligations par le cocontractant rendue impossible par sa faute (CA Paris 12-11-1992 : D. 1994.som.22 obs. Vasseur) ;
– un manquement du cocontractant qui n'existait pas (Cass. com. 9-10-2001 : RJDA 2/02 n° 127).

CONTESTATION DE LA RÉSOLUTION UNILATÉRALE DU CONTRAT

15524 **Charge de la preuve du juste motif** Lorsque le débiteur conteste la résolution unilatérale du contrat devant le juge, le créancier doit alors prouver la gravité de l'inexécution (C. civ. art. 1226, al. 4).

15527 **Saisine du juge** Le débiteur peut à **tout moment** saisir le juge pour contester la résolution unilatérale du contrat (C. civ. art. 1226, al. 4).

La contestation du débiteur étant, à notre avis, une défense au fond (n° 15521), aucune prescription ne peut lui être opposée (n° 71715).

Le juge compétent est, faute de précision, celui que détermine le droit commun ou, le cas échéant, celui désigné par la clause de règlement des différends qui survit à la fin du contrat (n° 16100).

15530 **Décision du juge** Si le juge trouve la **résolution justifiée** telle qu'elle a été notifiée par l'auteur de la résolution, il se borne alors à constater une situation existante dont il donne acte. Il s'ensuit que son jugement est déclaratif et non constitutif de la résolution. La résolution existe en effet au jour de la réception de la notification par le débiteur (C. civ. art. 1229, al. 2).

A fortiori, la solution est la même si le débiteur a accepté la décision du créancier.

Si le juge estime la résolution **injustifiée,** l'article 1226 du Code civil ne dit pas quelles conséquences il en résulte. Le juge ne peut, à notre avis, accorder à la partie qui a contesté la résolution que des dommages-intérêts.

La décision du juge sur les motifs de la résolution venant après la notification du créancier, elle intervient donc alors que la résolution est prononcée et acquise. Cet effet est expressément attaché à la notification par l'article 1226, al. 3, ainsi que par l'article 1224 selon lequel : « la résolution résulte [...] d'une notification du créancier au débiteur ou d'une décision de justice. » Dire, comme le rapport au Président de la République (relatif à l'ord. 2016-131 du 10-2-2016 ; sur cette ordonnance n° 10000), que le juge peut prononcer la résolution revient à dépouiller de tout effet utile, ce que tout texte doit avoir (n° 74800), la notification de la résolution adressée au débiteur. Celle-ci n'aurait pas alors, par elle-même, emporté la « résolution du contrat ». Le pouvoir du juge de prononcer la résolution ne serait plus l'alternative introduite par la conjonction disjonctive « ou » de l'article 1224 et la résolution unilatérale serait un faux semblant car il n'en résulterait jamais que le contrat a été résolu par la notification et, partant, que celle-ci est acquise à la date de cette dernière. Le créancier ne pourrait jamais considérer qu'au jour de la notification il s'est définitivement délié du contrat, puisque le juge pourrait sur la contestation du débiteur lui refuser la résolution et ordonner l'exécution du contrat, en accordant éventuellement un délai au débiteur (C. civ. art. 1228). Cette faculté ne peut, en effet, être retirée au juge que si la résolution est acquise (T. com. Nancy 29-3-2017 n° 2017002712 ; TGI Paris 16-11-2017 n° 16/06303 ; TGI Paris 23-3-2018 n° 15/18773, cités par Houtcieff : GP 2019 n° 354m1 p. 9). À défaut d'admettre cet effet de la notification, aurait perdu toute sa pertinence le fameux avantage de la résolution unilatérale apportant au créancier la certitude qu'il est dégagé du contrat et qu'il n'a pas à attendre la décision du juge pour promptement procéder à la réallocation de ses ressources (D. Mazeaud, Une nouvelle rhapsodie doctrinale pour une réforme du droit des contrats : D. 2009.1364 n° 8).

La partie qui a subi une résolution injustifiée a droit au remboursement des sommes qu'elle a exposées pour faire face à ses obligations contractuelles (CA Paris 26-1-2001 : RJDA 6/01 n° 663).

En revanche, elle n'a pas droit au prix des prestations qui auraient dû lui être payées, mais seulement à l'indemnisation de la perte de la chance de percevoir une marge sur les prestations qu'elle aurait été amenée à réaliser si le contrat avait été mené à son terme (CA Montpellier 7-7-2015 n° 14/03085 : JCP G 2015.30/35-893 obs. Vinet). En effet, tant que les prestations sont à venir, le dommage n'est pas certain (voir n° 15063).

2. CLAUSE RÉSOLUTOIRE DE PLEIN DROIT

VALIDITÉ ET QUALIFICATION

15553 Les parties peuvent prévoir que le contrat sera résolu de plein droit si survient telle ou telle circonstance.

La clause résolutoire est validée par les articles 1224 et 1225.

La clause est régie par les dispositions de l'article 1225 du Code civil.

Cette clause est généralement **valable,** sauf si elle heurte l'ordre public, par exemple si elle prévoit la résolution pour inexécution d'un engagement illicite (Cass. 3e civ. 23-7-1986 n° 85-11.683 : Bull. civ. III n° 130). Elle est potestative et donc nulle si elle permet à la partie qui peut s'en prévaloir de résilier le contrat sans en justifier la cause (Cass. 3e civ. 19-10-2023 n° 22-10.740 F-D : RJDA 2/24 n° 75).

Toutefois, son application est strictement réglée en matière de baux commerciaux (nos 5220 s.).

La **clause** résolutoire doit exprimer de manière **non équivoque** que la résolution surviendra de plein droit, faute de quoi les juges recouvrent leur pouvoir d'appréciation (Cass. 3e civ. 12-10-1994 : Bull. civ. III n° 158 ; Cass. 3e civ. 7-10-1998 : RJDA 12/98 n° 1325 ; Cass. 3e civ. 26-1-2011 n° 08-21.781 : RJDA 6/11 n° 497). Mais aucune terminologie n'est imposée ; il suffit que la volonté des parties soit certaine (CA Aix 12-7-1982 : Bull. Cour d'Aix 1982/2 p. 69).

N'est pas une clause résolutoire de plein droit celle qui prévoit qu'elle s'appliquera « à défaut d'exécution », car il n'y a là qu'un rappel de la résolution judiciaire (Cass. req. 3-5-1937 : D. 1937.364) ou qui donne, en cas de manquement de l'une des parties à ses obligations, à l'autre partie « la faculté de résoudre le contrat » (Cass. 3e civ. 26-1-2011 n° 08-21.781 précité), de demander sa résolution (Cass. 3e civ. 7-10-1998 n° 1514 : RJDA 12/98 n° 1325) ou de la faire prononcer (Cass. 1re civ. 16-7-1992 n° 90-17.760 : Bull. civ. I n° 227).

CONDITIONS DE LA CLAUSE RÉSOLUTOIRE

Causes de la résolution La clause doit préciser les engagements contractuels sanctionnés (C. civ. art. 1225, al. 1). **15556**

Les parties peuvent ainsi convenir que le contrat prendra fin si :

– survient un cas de force majeure en précisant les obligations frappées d'impossibilité d'exécution qui seront ainsi sanctionnées ;

Toutefois, l'effet de la force majeure étant momentané, les parties ne sauraient convenir de la fin du contrat. En effet, il peut être soutenu que la suspension prévue dans ce cas par l'article 1218, al. 2 du Code civil est d'intérêt économique général au motif qu'il tend à sauvegarder les effets d'un contrat dont l'exécution peut reprendre.

– le débiteur est soumis à une procédure collective ; mais la clause ne pourra produire effet que si l'administrateur ou le liquidateur ne décide pas la poursuite de son exécution (nos 62030 s.) ;

– le débiteur se substitue un tiers, alors que le créancier s'est engagé en fonction de sa personnalité (n° 21935).

Mise en demeure La clause résolutoire peut prévoir que la résolution ne sera acquise au profit d'une partie qu'après une mise en demeure faite à l'autre partie d'exécuter ses obligations ou de respecter le contrat. **15559**

1. Lorsque la **clause** résolutoire **exige** une **mise en demeure,** elle détermine généralement la forme de celle-ci (par exemple, sommation, lettre recommandée, lettre missive), ainsi que le moment auquel la résolution se produira (par exemple, un nombre déterminé de jours après cette notification restée sans effet).

Si la clause prévoit une résolution de plein droit après sommation, mais sans indication de délai, le créancier apprécie librement le délai au terme duquel il considérera que l'inexécution est définitive (Cass. 1re civ. 28-3-1962 : Bull. civ. I p. 165). Lorsqu'un délai a été fixé, la résolution est irrégulière et prématurée s'il n' a pas été respecté (Cass. com. 15-11-2011 n° 10-27.838 : RDC 2012.787 obs. Génicon).

La résolution est subordonnée à une mise en demeure infructueuse, s'il n'a pas été convenu que celle-ci résulterait du seul fait de l'inexécution (C. civ. art. 1225, al. 2). Il s'en suit que la **mise en demeure doit indiquer** avec précision les manquements ou les fautes auxquels il y a lieu de remédier (Cass. com. 22-11-2016 n° 15-17.743 F-D : RDC 2017.56 obs. Danis-Fatome), afin de mettre la partie fautive en mesure de cesser les infractions ou d'exécuter correctement le contrat (Cass. 3e civ. 1-10-1975 n° 74-10.103 : Bull. civ. III n° 269 ; Cass. 3e civ. 3-7-1979 n° 77-11.445 : Bull. civ. III n° 148).

Les manquements dénoncés doivent être exactement ceux qui sont mentionnés dans la clause résolutoire : si celle-ci prévoit la résolution pour défaut d'exécution d'une obligation de faire en nature, la mise en demeure est nulle si elle comporte une sommation d'avoir à payer au créancier une certaine somme car celle-ci n'équivaut pas à une mise en demeure d'exécuter une obligation stipulée en nature (Cass. 3e civ. 23-3-2017 n° 16-13.060 FS-PBI : RJDA 7/17 n° 439).

Si le cocontractant sommé s'est conformé à la mise en demeure, il ne peut se voir reprocher ses fautes antérieures à cette dernière (Cass. civ. 16-12-1986 : D. 1988.173 note Edelman).

La mise en demeure doit aussi mentionner expressément la clause résolutoire (C. civ. art. 1225, al. 2) et invoquer expressément l'application de cette clause (cf. Cass. 3e civ. 1-6-2011 n° 09-70.502 : Bull. civ. III n° 89).

La signification du commandement visant la clause résolutoire est valablement faite au domicile élu dans le contrat (Cass. 3e civ. 16-2-1977 n° 76-10.508 : Bull. civ. III n° 77). Est aussi valable la signification au domicile réel et non au domicile élu en l'absence de grief pour le débiteur (Cass. 3e civ. 27-3-2008 n° 06-20.255 : RJDA 10/08 n° 982).

Le commandement de payer fait pour une somme supérieure au montant réel de la créance n'en est pas moins valable pour la partie non contestable de la dette (Cass. 1re civ. 2-7-1996 n° 94-17.530 P : RJDA 3/97 n° 386).

2. La **mise en demeure** peut être **écartée** par les parties en vertu de l'article 1225, al. 2 du Code civil à la condition qu'il ait été convenu que la résolution résulterait du seul fait de l'inexécution. Alors même que les parties sont convenues de l'exigence d'une mise en demeure, la gravité du comportement de l'un des cocontractants, dépositaire qui a subi trois vols en moins de deux ans, peut justifier une résiliation anticipée du contrat, sans aucun formalisme et aux risques et périls de la partie à l'initiative de la rupture (CA Paris 2-9-2021 n° 19/10081).

MISE EN ŒUVRE DE LA CLAUSE RÉSOLUTOIRE

15565 **Renonciation à la clause résolutoire** Le bénéficiaire de la clause résolutoire ne doit pas avoir renoncé à l'invoquer, étant observé que les tribunaux se montrent extrêmement exigeants pour reconnaître cette renonciation ; le seul écoulement du temps ne peut caractériser un acte manifestant sans équivoque la volonté de renoncer à se prévaloir des effets d'une clause résolutoire (Cass. 3e civ. 19-3-2008 n° 07-11.194 : RJDA 6/08 n° 610).

Ainsi ne valent pas renonciation :

– l'acceptation par une partie des sommes dues en vertu du contrat (Cass. 3e civ. 18-7-1979 : GP 1979.pan.479), notamment une fois acquis le jeu de la clause résolutoire (Cass. civ. 22-4-1975 : D. 1975.IR.163 ; Cass. com. 28-1-1992 : BRDA 5/92 p. 14) ;

– l'inaction du bénéficiaire, s'il n'y a aucun signe de renonciation de sa part (Cass. 3e civ. 5-3-1971 n° 69-13.568 : Bull. civ. III n° 175 ; Cass. 3e civ. 19-3-2008 n° 07-11.194 : RJDA 6/08 n° 610 ; contra Cass. 3e civ. 30-6-2015 n° 14-16.929 : RJDA 12/15 n° 809) ;

– l'accomplissement de mesures conservatoires telle une saisie (Cass. com. 19-11-1975 : GP 1976.1.pan.39).

En revanche, a été tenue pour une renonciation l'acceptation du prix, même payé après échéance du terme, s'il n'y a eu ni réserve ni protestation sur ce point (Cass. 3e civ. 18-3-1970 : Bull. civ. III n° 221 ; CA Paris 28-7-2020 n° 17/18452 : RJDA 11/20 n° 561), à condition que la volonté de se prévaloir de la clause n'ait pas été affirmée clairement avant la réception du prix sans réserve, notamment par l'envoi d'un commandement de payer (Cass. 3e civ. 10-9-2008 n° 07-11.528 : RJDA 3/09 n° 207).

Lorsque la clause résolutoire est accompagnée d'une **clause pénale,** la mise en jeu de cette dernière ne paralyse pas la mise en œuvre de la clause résolutoire (cf. Cass. 3e civ. 22-2-1978 n° 76-13.828 : Bull. civ. III n° 99 : décision rendue à propos du cumul d'une clause pénale et de l'action en résolution judiciaire mais transposable).

15568 **Mise en jeu de la clause résolutoire** La clause résolutoire peut être mise en jeu et entraîner la résolution du contrat dès que survient la cause de résolution prévue au contrat, notamment s'il y a eu mise en demeure restée sans effet (voir C. civ. art. 1225, al. 2).

La résolution est alors acquise, même si le **manquement** est **minime** (Cass. civ. 13-4-1972 n° 71-20.040 : Bull. civ. III n° 225 ; Cass. civ. 16-2-1983 : GP 1983.pan.159 ; Cass. com. 28-9-2022 n° 21-17.269 F-D : RJDA 1/23 n° 19) ou si le **débiteur** a témoigné de sa **bonne foi** (Cass. 3e civ. 24-9-2003 n° 1015 : RJDA 1/04 n° 10 : débiteur se conformant au commandement de payer après l'expiration du délai imparti ; Cass. 3e civ. 5-5-2009 n° 08-12.565 : JCP G 2009.39-273 § 25 obs. Grosser : débiteur justifiant son retard de paiement par des problèmes psychiatriques). Mais la mise en œuvre de mauvaise foi de la clause peut donner lieu à indemnisation du préjudice subi par le débiteur de ce fait (cf. Cass. com. 1-7-2020 n° 19-12.189 F-D : RJDA 12/20 n° 624).

Par exemple, la clause résolutoire produit effet :

– en cas de retard dans la livraison, peu important que les marchandises aient été livrées peu après la date fixée (CA Colmar 20-5-1971 : D. 1973.som.147) ;

– en cas de non-paiement des loyers afférents à une location-gérance de fonds de commerce, même si les sommes ont été consignées et si le paiement est garanti par un cautionnement (CA Aix 25-2-1977, 4e esp. : Bull. Cour d'Aix 1977/1 p. 9), mais non dès lors qu'un chèque a été remis avant la mise en demeure, le bénéficiaire ayant tardé à le présenter à l'encaissement (Cass. com. 27-2-1968 : Bull. civ. IV n° 84) ;

– en cas de non-fourniture à l'acquéreur de l'assistance promise, même si le vendeur a offert de remplacer la chose défectueuse (CA Dijon 19-12-1991 : JCP G 1993.IV.131) ;

– dès lors qu'elle est acquise, l'effacement postérieur de la dette locative à l'issue d'une procédure de traitement du surendettement étant inopérant (Cass. 2e civ. 18-2-2016 n° 14-17.782 F-PB : Rev. proc. coll. 2016 n° 4 § 109 note Gjidara-Decaix) comme l'est la suspension des poursuites à l'encontre du débiteur sous procédure collective survenue après l'acquisition de la clause (Cass. com. 3-5-2016 n° 14-23.727 F-D : Rev. proc. coll. 2016 n° 4 § 117 note F. Macorig-Venier).

Sur le droit du créancier qui a plusieurs débiteurs d'invoquer la clause contre certains franchisés et pas contre d'autres, n° 14400.

Le bénéficiaire peut **ne pas demander** le jeu de la clause et préférer demander soit l'exécution forcée du contrat (Cass. com. 18-6-1979 n° 77-11.295 : Bull. civ. IV n° 201), soit la résolution judiciaire de celui-ci

(Cass. com. 7-3-1984 : JCP G 1985.II.20407 obs. Delebecque ; CA Paris 7-4-2004 n° 03/15701 : RJDA 8-9/05 n° 957), soit des dommages-intérêts si la clause ne les exclut pas (CA Pau 7-4-2008 n° 06/03765 : RJDA 12/08 n° 1249).

Il n'est pas d'usage qui imposerait aux parties de prévoir un délai avant de mettre en œuvre une clause résolutoire (CA Douai 16-4-2015 n° 14/02413 : JCP E 2015.1528.11 note Mousseron).

Le cocontractant du bénéficiaire de la clause ne peut ni réclamer la résolution ni contraindre le cédant à appliquer la clause (CA Orléans 22-8-2019 n° 18/01714 : RJDA 12/19 n° 759).

Toutefois, le **jeu de la clause** peut être **neutralisé** : 15571

– par un événement de force majeure ;

Ainsi en est-il lorsque l'inexécution résulte des congés payés, malgré les diligences du contractant (Cass. com. 19-7-1966 : Bull. civ. III n° 367 ; Cass. 3e civ. 24-6-1971 n° 70-12.017 : Bull. civ. III n° 404), sauf si celui-ci s'est adressé à une seule entreprise pour faire exécuter les travaux qui lui incombaient (Cass. civ. 23-4-1975 : GP 1975.2.588 note Plancqueel), ou de l'impossibilité absolue d'exécuter l'obligation réclamée, soit en raison du délai imparti à cet effet (Cass. civ. 16-12-1987 : JCP G 1989.II.21184 note Boccara), soit en raison d'un incident survenu dans le système informatique d'une banque qui a empêché l'exécution d'un ordre de virement (Cass. 3e civ. 17-2-2010 n° 08-20.943 : Bull. civ. III n° 47), soit en raison de la contrainte d'arrêter l'exécution de l'obligation de construire résultant de l'annulation d'un permis de construire (Cass. 3e civ. 1-6-2011 n° 09-70.502 ; Cass. 3e civ. 17-2-2010 n° 08-20.943 : Bull. civ. III n° 47).

– en cas d'inexécution par le bénéficiaire de la clause de ses propres obligations (Cass. req. 3-1-1883 : S. 1884.1.432 ; Cass. com. 14-12-1993 : RJDA 5/94 n° 484) ;

– lorsque le bénéficiaire de la clause agit de mauvaise foi (Cass. com. 7-1-1963 : Bull. civ. III n° 16 ; Cass. civ. 29-6-1976 : GP 1976.2.pan.240 ; Cass. com. 1-12-1998 : RJDA 2/99 n° 129 ; CA Paris 13-2-1985 : D. 1985.IR.417 obs. Cabrillac ; CA Paris 4-6-1985 : GP 1986.som.356) ;

– par une demande tendant à la résolution du contrat (Cass. civ. 24-11-1999 n° 97-17.026 PB : D. 2000.599 note Vinckel ; CA Aix 26-3-1981 : Bull. Cour d'Aix 1981/1 p. 29) ;

– par le défaut de mention expresse de la clause résolutoire, insérée dans un contrat de vente immobilière, dans la publication de l'acte par lequel des tiers ont acquis des droits sur l'immeuble du chef de l'acquéreur, car la clause leur est alors inopposable (Cass. 3e civ. 15-10-2015 n° 14-20.400 : RJDA 2/16 n° 99).

Mais le jeu de la clause, intervenant de plein droit, ne crée pas un dommage imminent ou un trouble illicite permettant de prendre en référé une mesure provisoire de reprise du contrat (n° 72524).

Le bénéficiaire de la **clause** résolutoire n'est pas tenu de recourir à la justice pour la faire exécuter dès lors qu'elle est **acquise.** 15574

Face à un cocontractant récalcitrant à admettre de plein gré la résolution, le bénéficiaire est contraint de **demander en justice** la **constatation** de celle-ci, pour pouvoir obtenir de la résolution tous les effets attendus.

Il doit demander au juge de « constater » et non de « prononcer » la résolution sous peine que celui-ci déclare que l'emploi du mot « prononcer » révèle l'absence de demande d'application de la clause résolutoire (Cass. com. 30-6-1966 : Bull. civ. III n° 333).

Si les conditions en sont réunies, la demande peut être faite en **référé** (Cass. com. 4-6-1962 : Bull. civ. III n° 298), sauf s'il y a lieu de trancher une contestation sérieuse (comme l'exigibilité des sommes réclamées, Cass. 1e civ. 14-12-1965 : Bull. civ. I n° 708 ; Cass. 3e civ. 19-2-1975 n° 74-11.119 : Bull. civ. III n° 72).

Si la clause résolutoire attribue compétence au juge des référés pour donner effet à la résolution, celui-ci peut être saisi sans que soit établie l'urgence, car il statue alors en application des stipulations du contrat lui attribuant compétence pour constater en référé la résiliation du contrat (Cass. 3e civ. 20-1-1988 n° 86-18.276 : Bull. civ. III n° 14).

Les décisions précitées ont été rendues en matière de baux d'habitation pour lesquels la clause résolutoire était soumise au droit commun.

Le juge des référés, que sa compétence soit de droit commun ou contractuelle, n'a qu'un **pouvoir strict de constatation** ; il ne peut pas refuser la résolution dès lors qu'il a constaté la survenance de la cause prévue au contrat (cf. Cass. soc. 28-5-1953 : S. 1954.1.79) ni accorder des délais de grâce, seule une disposition expresse (par exemple en matière de baux commerciaux, nos 5226 s.) pouvant neutraliser un effet se produisant de plein droit (CA Paris 4-10-2006 : RJDA 3/07 n° 282 : crédit-bail).

Si la résolution doit intervenir après un défaut de paiement consécutif à un commandement de payer, le juge des référés apprécie ce non-paiement au jour où le commandement devait produire effet (Cass. 3e civ. 3-2-1988 n° 86-16.327 : Bull. civ. III n° 24 : bail d'habitation).

Le défendeur ne peut régulariser sa situation une fois l'ordonnance devenue définitive, par exemple en offrant de payer sa dette (Cass. soc. 3-5-1956 : JCP G 1956.II.9505 note J. G. L.).

Dans le cas où le juge des référés a tenu la clause pour acquise alors qu'il a été saisi sur le fondement du droit commun des référés, la suspension de sa décision peut être demandée au juge du fond, même si les conditions de sa mise en œuvre n'ont pas été contestées, car l'ordonnance de référé n'a pas autorité devant le juge du fond (Cass. 3e civ. 6-3-1996 n° 93-21.122 P : RJDA 6/96 n° 854), du moins lorsque celui-ci est saisi aux mêmes fins (n° 72546). Il en va différemment, à notre avis, s'il a statué sur le fondement de la clause résolutoire lui attribuant compétence, car il n'est pas alors le juge de l'urgence mais le juge investi du pouvoir de juger comme c'est le cas lorsqu'il statue « comme en matière de référé ».

EFFETS DE LA CLAUSE RÉSOLUTOIRE

15585 L'article 1224 du Code civil énonce que la « résolution résulte [...] de l'application d'une clause résolutoire » et l'article 1229, al. 2 que « la résolution prend effet [...] dans les conditions prévues par la clause résolutoire ». À défaut de précision dans la clause ou dans la mise en demeure sur la date de prise d'effet, celle-ci, intervenant de plein droit, est acquise le jour où le manquement la déclenchant est survenu et, en cas de contestation de cette date, le jour où le juge saisi a constaté que l'effet de plein droit s'est produit (n° 15574 ; art. 1229, al. 2).

Il est **recommandé aux parties de prévoir** si la résolution sera totale, partielle, étendue ou non à d'autres contrats plus ou moins liés au contrat résolu.

Il peut être aussi utile, s'il y a lieu à dommages-intérêts, de fixer les chefs du préjudice, lesquels peuvent prévoir l'indemnisation de la rentabilité escomptée du contrat et notamment dans le cas de la résiliation d'un contrat de crédit-bail prévoir que « le locataire doit régler au bailleur... une somme HT égale à la différence entre, d'une part, la somme représentative de la rentabilité escomptée de l'opération (total des loyers HT dus jusqu'au terme du contrat et de la valeur résiduelle)... et, d'autre part, le prix d'achat HT du matériel majoré des loyers HT perçus... » (Cass. com. 26-10-1993 : RJDA 2/94 n° 188). Sur la solution contraire en cas de nullité du contrat, n° 15736.

À **défaut de stipulations contractuelles,** les effets de la résolution judiciaire sont transposables (nos 15618 s.).

3. RÉSOLUTION JUDICIAIRE DU CONTRAT

15600 La résolution judiciaire du contrat est prononcée par le juge, à la demande de l'une des parties qui invoque l'inexécution de ses obligations par son cocontractant (C. civ. art. 1224 et 1227).

15606 **Conditions** La résolution judiciaire suppose une inexécution suffisamment grave des obligations contractuelles (C. civ. art. 1224). Il s'ensuit les solutions ci-après.

1. Faits d'inexécution. L'inexécution résulte, évidemment, de tout acte qui traduit que le débiteur n'accomplit pas ses obligations ;

Il en est ainsi, par exemple :

– du refus brutal de continuer l'exécution du contrat sans motifs valables (CA Aix 12-1-1978 : Bull. Cour d'Aix 1978/1 p. 12) ;

– du non-accomplissement d'un kilométrage garanti (Cass. com. 15-1-1980 : BT 1980.186) ;

– du manque de livraison de 12 % des marchandises commandées et payées (Cass. com. 25-9-2019 n° 17-22.035 F-D : RJDA 12/19 n° 739) ;

– du défaut de retirement de fournitures à la date prévue (Cass. com. 13-5-1975 : Bull. civ. IV p. 111 ; Sentence du 11-11-1975 : Yearbook 1977.147) ;

– du défaut de délivrance de la chose vendue (Cass. com. 24-10-1977 : GP 1978.1.pan.37).

N'est pas, en soi, suffisant pour établir que le débiteur n'a pas commis une inexécution le fait qu'il s'est efforcé d'être diligent (Cass. com. 16-7-1980 : GP 1980.pan.581) ou qu'il ait été relaxé au pénal pour les mêmes agissements (Cass. 3e civ. 14-4-2010 n° 08-21.346 : RJDA 10/10 n° 1020).

L'inexécution doit être certaine au jour de la demande : tel n'est pas le cas lorsque le délai contractuellement fixé pour exécuter l'obligation n'est pas encore écoulé (Cass. com. 24-1-1973 : BT 1973.121).

2. Caractéristiques de l'inexécution. Pour entraîner la résolution du contrat, l'inexécution doit :

– porter sur une obligation incombant certainement à la partie poursuivie (Cass. 1e civ. 12-3-1985 n° 84-10.169 : Bull. civ. I n° 94), déterminante de l'engagement des parties (Cass. com. 24-10-1977 : GP 1978.1.pan.37 ; Cass. civ. 22-2-1983 : GP 1983.pan.183 ; CA Paris 25-6-2004 n° 2003-732 : RJDA 7/05 n° 799) et qui a été contractuellement souscrite par une partie envers l'autre (Cass. 1e civ. 27-2-2001 n° 98-22.346 FS-P : RJDA 7/01 n° 750) ;

– revêtir une gravité suffisante (Cass. com. 15-6-1983 : D. 1984.IR.175) ; tel est le cas lorsque la chose livrée n'est pas conforme aux stipulations contractuelles (Cass. com. 6-10-1975 : GP 1975.2.pan.287) ou à la réglementation en vigueur (Cass. com. 30-3-1981 : GP 1981.pan.308 : machine non conforme aux normes d'intensité sonore).

En revanche, la résolution est prononcée même si l'inexécution n'est pas fautive, notamment si l'absence de faute du débiteur risque d'être constatée à terme par une ordonnance de non-lieu venant clôturer une procédure d'instruction pénale pour abus de confiance

(Cass. 1e civ. 4-2-1976 no 74-13.837 : Bull. civ. I no 53), si l'inexécution est due au seul fait du créancier (Cass. civ. 1-2-1968 : D. 1968.som.81 : bailleur empêchant les locataires d'exploiter ; Cass. com. 9-3-1999 no 97-11.810 : RJDA 6/99 no 643 : refus de l'acheteur de prendre livraison) ou de la force majeure (Cass. 3e civ. 9-10-1979 no 78-10.014 : Bull. civ. III no 169 ; Cass. 1e civ. 2-6-1982 no 81-10.158 : Bull. civ. I no 205 ; Cass. 3e civ. 6-5-2009 no 08-13.824 : RJDA 11/09 no 930).

L'inexécution, sauf renonciation démontrée des parties à s'en prévaloir, peut être invoquée même si les parties ont poursuivi une certaine collaboration après la cessation de leurs obligations contractuelles dans l'attente d'une décision judiciaire (Cass. 1e civ. 6-3-1996 : RJDA 7/96 no 882).

Nécessité d'une demande en justice La résolution doit être demandée en justice (C. civ. art. 1224 et 1227 ; Cass. com. 25-2-1981 no 79-14.665 : Bull. civ. IV no 112). **15609**

Toutefois, cette demande n'est **pas nécessaire** :

– si la résolution a opéré de plein droit en vertu de la loi (pour force majeure, nos 15126 s. ; pour défaut de retirement des meubles vendus, no 26940) ;

– si le contrat a été unilatéralement résolu (nos 15512 s.).

Dans les cas où l'action en résolution n'est pas requise, la partie qui se prévaut de l'inexécution peut se dégager immédiatement du contrat et, par exemple, vendre les fournitures non enlevées et affecter une partie du prix au paiement de celles qui avaient déjà été livrées et qui étaient demeurées impayées (Cass. com. 27-5-1983 : Bull. civ. IV p. 136).

Recevabilité de l'action L'action en résolution est recevable : **15612**

– si elle **émane** du cocontractant ou : du subrogé dans ses droits (Cass. 1e civ. 1-2-1965 : JCP 1965.II.14187 note J. A.) ; du créancier exerçant l'action oblique (Cass. 3e civ. 14-11-1985 : D. 1986.386 note Aubert) ; du sous-acquéreur en cas de ventes successives (Cass. com. 17-5-1982 : Bull. civ. IV no 182) ; de la caution (Cass. 1e civ. 20-12-1988 : D. 1989.166 note Aynès) ; du porte-fort tant que la ratification n'est pas intervenue (Cass. 3e civ. 25-5-1988 : Bull. civ. III no 229) ;

– à défaut de **mise en demeure** préalable, l'assignation en résolution valant mise en demeure (Cass. 1e civ. 23-1-2001 : RJDA 8-9/01 no 848 ; Cass. com. 16-2-2022 no 20-16.869 F-D) ;

– même si le demandeur se prévaut de l'**illicéité d'une clause qu'il a acceptée,** sa turpitude ne l'empêchant pas de se prévaloir du caractère illicite (Cass. civ. 24-6-1992 : RJDA 11/92 no 994 : à propos d'une demande de résiliation mais transposable s'agissant dans les deux cas de mettre fin au contrat), ou même s'il invoque le vice caché de la chose qu'il a revendue, l'incidence de cette circonstance ne se manifestant que sur les restitutions (CA Paris 22-6-2001 : PA 2003 no 9 p. 4 note Ch. M.-B.) ;

– si le contrat est arrivé à son **terme** le jour où le juge statue, dès lors que le demandeur peut invoquer un manquement antérieur de son cocontractant (Cass. com. 19-9-2006 no 101 : RJDA 1/07 no 13) ;

– si le contrat comporte une **clause résolutoire de plein droit,** sans avoir à observer les conditions auxquelles celle-ci subordonne la résolution, comme par exemple l'envoi d'une lettre recommandée (CA Paris 1-3-1996 : RDPI 1996 no 65 p. 25) ;

– si, à notre avis, elle porte sur un manquement aux obligations d'un contrat qui contient une clause de **renonciation anticipée** à demander en justice la résolution, cette clause étant illicite au regard du droit de l'Homme à l'accès à la justice, reconnu par l'article 6 de la convention européenne des droits de l'Homme (no 71603).

Il peut aussi être invoqué à l'encontre de la validité de la renonciation anticipée qu'il fût, très anciennement, jugé que le droit d'agir en résolution ne pouvait pas être l'objet d'une telle renonciation sous peine de détruire « l'essence » du contrat (Cass. req. 19-1-1863 : DP 1863.1.148). Cet argument a été repris par le rapport au Président de la République (relatif à l'ord. 2016-131 du 10-2-2016 ; sur cette ordonnance no 10000), qui, tout en retenant la dernière solution jurisprudentielle validant la renonciation anticipée au motif, non justifié, que l'ex-article 1184 du Code civil n'était pas d'ordre public (Cass. 3e civ. 3-11-2011 no 10-26.203 : RJDA 2/12 no 125 ; cf. TGI Draguignan 10-12-2019 no 17/02457, validant une renonciation anticipée au regard de l'article 6 de la CEDH au motif que ce texte n'interdit pas de renoncer à un droit, mais sans distinguer entre la renonciation à un droit acquis et la renonciation anticipée), a tout de même relevé qu'il « appartiendra donc aux juridictions saisies de vérifier au cas par cas que la restriction ainsi consentie ne porte pas atteinte à la substance même du droit et au droit d'agir en justice ». Par cette réserve, le rapport en arrive pratiquement à recommander aux juges d'aujourd'hui de renouer avec les juges de la chambre des requêtes de 1863 qui avaient mis en avant le risque de la perte de substance du droit de résolution.

On peut aussi ajouter que l'article 1227 du Code civil dispose que la résolution peut, en toute hypothèse, être demandée en justice.

Irrecevabilité de l'action L'action en résolution n'est pas recevable : **15613**

– si la résolution est déjà acquise en vertu soit d'une clause résolutoire de plein droit (no 15585) soit de la notification de la résolution (nos 15530 s.).

– si elle **émane** de la partie défaillante (Cass. req. 22-2-1932 : DH 1932.203).

15614 **Liberté de décision du juge** Le juge est souverain pour apprécier si la résolution doit ou non être prononcée, aucune disposition du Code civil consacrée à la résolution ne restreignant son pouvoir d'appréciation.

Il est libre dans l'exercice de ce pouvoir :

– de **décider ou non la résolution** en fonction de toutes les circonstances de la cause intervenues jusqu'au jour de sa décision (Cass. civ. 22-3-1983) ;

Par exemple, de prononcer la résolution :

– pour un défaut de paiement de 10 % du prix seulement (Cass. civ. 24-5-1978 : GP 1978.2.pan.355) ;

– alors même que la demande de paiement des arriérés a reçu satisfaction, au motif que le paiement est intervenu après sept années de procédure, rendues nécessaires par la résistance injustifiée du débiteur de loyers (Cass. 3e civ. 17-6-2014 n° 12-26.003 : RJDA 11/14 n° 828, décidant la résiliation mais applicable à la résolution s'agissant d'une rupture du contrat pour manquements d'une partie) ;

– de fixer la proportion dans laquelle chaque partie est tenue de réparer ses fautes ou peut être déchargée partiellement de ses obligations lorsque son cocontractant n'a pas rempli les siennes (Cass. com. 15-6-1983 : GP 1984.pan.9 ; Cass. com. 6-3-1984 : JCP G 1984.IV.152), sans aller, toutefois, jusqu'à imputer à une seule des parties la résolution lorsqu'il a, par ailleurs, relevé une faute du cocontractant (Cass. 1e civ. 12-10-1977 : Bull. civ. I p. 288) ou lorsqu'il n'a pas caractérisé la faute qu'il lui reproche (Cass. com. 4-11-2008 n° 07-17.142 : RJDA 3/09 n° 203).

Il est aussi libre de refuser la résolution en estimant par exemple que :

– les « insuffisances » de l'objet d'une vente ne rendent pas le matériel impropre à l'usage auquel il est destiné mais en diminuent seulement les possibilités d'utilisation, refuse de prononcer la résolution du contrat et octroie des dommages-intérêts à l'acheteur (Cass. com. 4-6-1980 n° 78-12.324 : Bull. civ. IV n° 239) ;

– un défaut de conformité qui n'atteint pas plus de 5 % des produits commandés est insuffisant (Cass. com. 3-11-1992 : RJDA 4/93 n° 297).

– de décider, si le contrat est à exécution échelonnée, une **résolution totale** du contrat (Cass. com. 4-3-1997 : RJDA 5/97 n° 653) ou **partielle,** portant sur « certaines de ses tranches seulement suivant que les parties ont voulu faire un marché indivisible ou fractionné en une série de contrats » (en faveur de l'indivisibilité : Cass. civ. 4-5-1898 : DP. 1898.1.457 note Planiol ; Cass. 1e civ. 3-11-1983 n° 82-14.003 : Bull. civ. I n° 252 ; Cass. 1e civ. 13-1-1987 n° 85-12.676 : Bull. civ. I n° 11) ;

Il incombe à celui qui invoque une inexécution totale d'en apporter la preuve, comme de prouver, en cas d'inexécution partielle, que le manquement est suffisamment grave pour que la résolution soit immédiatement prononcée (CA Lyon 3-5-2007 n° 06/05261 : Bull. inf. C. cass. 2008 n° 698).

– d'ajourner sa décision en **octroyant un délai** au débiteur pour s'exécuter (C. civ. art. 1228 ; cf. Cass. civ. 4-1-1995 : RJDA 7/95 n° 814) et de prononcer d'avance la résolution pour le cas où le délai qu'il accorde ne serait pas utilisé par le débiteur (Cass. req. 16-5-1933 : GP 1933.2.422 ; Cass. 1e civ. 19-12-1984 n° 83-14.083 : Bull. civ. I n° 343) ;

– de prononcer la résolution aux **torts réciproques** des parties si aucune d'elles n'a sérieusement voulu poursuivre l'exécution du contrat (Cass. 3e civ. 8-2-1977 n° 75-14.289 : Bull. civ. III n° 64) ou si chacune d'elles a commis une faute (Cass. 1e civ. 20-5-2020 n° 18-23.529 PB) ;

– de refuser le moyen invoqué par une partie d'un **prétendu intérêt commun des parties** au succès de la mise sur le marché d'un produit nouveau et d'en déduire que le contrat est une vente pure et simple de ce produit (Cass. com. 24-3-1998 n° 94-21.076 : RJDA 8-9/98 n° 967).

Le juge apprécie la gravité des manquements au jour où il statue (Cass. 3e civ. 10-11-2009 n° 08-21.874 : RJDA 2/10 n° 132).

15615 **Limite à la liberté de décision du juge** Le juge ne peut pas prononcer la résolution d'un contrat et, en même temps, ordonner une mesure tendant à son exécution, telle que celle condamnant le cocontractant défaillant à payer à l'autre les échéances contractuelles restant dues (Cass. 1e civ. 5-7-2005 : Bull. civ. I n° 292, RDC 2006.312 obs. Mazeaud).

Il ne peut pas davantage requalifier le contrat litigieux en un autre contrat, à moins que les parties ne l'aient envisagé (cf. Cass. civ. 9-10-1979 : GP 1980.pan.61 ; sur la non-requalification d'un contrat nul, n° 15707).

15616 **Date de prise d'effet de la résolution** La résolution prononcée par le juge prend effet à la date qu'il indique (voir C. civ. art. 1229, al. 2). Ainsi, la résolution peut prendre effet, comme il a déjà été jugé :

– à une date antérieure, pourvue qu'elle ne soit pas antérieure aux manquements contractuels, dès lors que le juge estime que ces derniers le justifient (Cass. soc. 23-2-1957 : D. 1957.466 ; Cass. 3e civ. 13-7-2005 n° 873 : RJDA 1/06 n° 9) ;

– au jour de la décision d'appel si le contrat a continué à être exécuté entre cette décision et celle de première instance (Cass. soc. 20-1-2014 n° 12-28.237 : à propos d'un contrat de travail mais au visa de C. civ. ex-art. 1184).

À défaut de précision contractuelle ou judiciaire sur la date à laquelle la résolution prend effet, au jour de l'assignation (C. civ. art.1229, al. 2).

4. EFFETS DE TOUTE RÉSOLUTION

a. Fin du contrat

EFFET DE LA RÉSOLUTION SUR TOUT CONTRAT

La résolution met fin au contrat (C. civ. art. 1229, al. 1), quelle que soit la date à laquelle celui-ci a été conclu. 15618

Il en est de même du contrat qui lui est juridiquement lié (n° 10106 et n°s 41627 s.). Mais il n'en est rien s'il n'existe pas d'indivisibilité entre les deux contrats (Cass. com. 22-1-1991 : RJDA 5/91 n° 379) et la solidarité existant entre deux contractants n'implique pas que la résolution doive être prononcée contre l'un d'eux dès lors que l'autre peut s'opposer à la résolution en vertu d'une exception personnelle, cette résolution n'étant indivisible que dans son exécution (Cass. civ. 25-5-1954 : JCP G 1954.IV.98).

Toutefois, l'article 1230 du Code civil dispose que survivent au contrat notamment les clauses de confidentialité et de non-concurrence (n° 16100).

EFFET DE LA RÉSOLUTION DE PLEIN DROIT SUR LES CONTRATS

Dans les cas où l'action en résolution n'est pas requise (résolution unilatérale, condition unilatérale, clause résolutoire), la partie qui se prévaut de l'inexécution peut se dégager immédiatement du contrat et, par exemple, vendre les fournitures non enlevées et affecter une partie du prix au paiement de celles qui avaient déjà été livrées et qui étaient demeurées impayées (Cass. com. 27-5-1983 : Bull. civ. IV p. 136). 15619

Le vendeur ne peut pas obtenir d'un tiers la garantie du prix auquel, du fait de la résolution de la vente et de la remise de la chose, il n'a plus droit et dont la restitution ne constitue donc pas pour lui un préjudice indemnisable (Cass. com. 22-11-2023 n° 22-18.306 F-B : BRDA 24/23 inf. 15).

b. Obligation aux restitutions

ANÉANTISSEMENT DU CONTRAT NON SYSTÉMATIQUE

L'anéantissement du contrat est une exception que l'article 1229, al. 3 du Code civil exprime en ces termes : « Lorsque les prestations échangées ne pouvaient trouver leur utilité que par l'exécution complète du contrat résolu, les parties doivent restituer l'intégralité de ce qu'elles se sont procuré l'une à l'autre ». 15621

Sur le régime des restitutions issu de l'ordonnance 2016-131 du 10 février 2016, voir n°s 16120 s.

À notre avis, c'est le cas :

– de tout contrat de vente, car la remise en cause du transfert de propriété ne peut s'opérer sans que la chose vendue et le prix payé soient restitués ; plus largement, il en est de même de tout contrat translatif de propriété (cession, apport, donation) ; c'est le cas a fortiori de l'anéantissement expressément imposé par l'article 1644 du Code civil, qui constitue une disposition spéciale au sens de l'article 1105, al. 2 du même Code (n° 27225) ;

Même lorsque les parties à la cession sont convenues du versement du prix à un tiers, le cédant doit restituer le prix car lui seul a contacté avec l'acquéreur (Cass. com. 25-5-2022 n° 19-24.770 F-D : RJDA 10/22 n° 554).

– des contrats à prestations échelonnées que les parties ont conçu comme un tout indivisible (n° 15614).

La note de Planiol sous une décision ancienne explicite comment un contrat, même à prestations échelonnées, peut être, de par la commune intention des parties, traité comme un contrat formant un tout indivisible (Cass. civ. 4-5-1898 : DP. 1898.1.457 note Planiol). Cette décision a refusé de tenir pour valablement exécutés les versements périodiques assumés par une partie et a ordonné leur restitution à la partie victime de la rupture. Selon Planiol, si le but du contrat a pour une partie été de se procurer un avantage futur, tel que la possibilité d'user du câble transatlantique de son cocontractant à une époque où le sien serait détruit ou de participer à des bénéfices éventuels résultant d'une augmentation du trafic dans un avenir éloigné, le contrat n'avait de sens pour elle que s'il était poursuivi sur toute sa durée. Les sommes auxquelles elle avait droit n'avaient d'utilité que si elles formaient un tout indivisible. Rien ne saurait en effet interdire à une partie d'assigner au contrat un but dès lors qu'il est licite et, comme l'écrit Planiol « de donner l'indivisibilité à une prestation successive, devant se prolonger un certain temps, bien que, par sa nature, un pareil objet soit parfaitement divisible et figure normalement dans les contrats avec ce caractère ».

– d'un contrat de crédit-bail dont les choses louées n'ont pas donné satisfaction dès leur mise en service (Cass. com. 3-1-1971 : JCP G 1973.II.17300 note Leloup) ou comme d'un contrat de bail en cas d'inexécution ou d'exécution imparfaite dès l'origine (Cass. 3e civ. 30-4-2003 no 01-14.890 FP-PBRI : RJDA 7/03 no 694).

Doit donner lieu à restitution la prestation exécutée après la date d'effet de la résolution (no 15616), puisqu'elle n'est pas due en vertu du contrat qui a pris fin. Toutefois, si la restitution est impossible, notamment en raison de la nature de la prestation, la partie qui l'a exécutée a droit à indemnisation dans la mesure de l'enrichissement procuré à l'autre partie (nos 10315 s.).

En dépit de la tournure de l'article 1229 qui dispose que les parties « doivent restituer » l'intégralité des prestations échangées, il n'est pas, à notre avis, de raison d'ordre public évidente pour interdire aux **parties** de **renoncer** totalement ou partiellement **aux restitutions.**

« L'utilité » des prestations échangées implique en effet qu'il est plus opportun économiquement de conserver ce qui a été fait plutôt que d'imposer sa suppression. En effet, ouvrir la voie à la remise en état : juridiquement, c'est ouvrir celle d'un contentieux sur les restitutions comme en attestent les nombreuses décisions de justice citées nos 16125 à 16146 et no 74468 sur les droits acquis qui les complémentent ; économiquement, c'est dépenser en pure perte car anéantir n'est pas produire de la richesse ; politiquement, c'est aller à contre-courant de la politique juridique favorable à la stabilité des relations contractuelles et à l'évolution de la jurisprudence qui en a fait un objectif (no 10645).

D'ailleurs, lorsque l'existence du contrat est subordonnée à une condition résolutoire portant sur l'obligation essentielle, tous les actes conservatoires et d'administration sont sauvegardés (no 16050) et, lorsqu'elle est subordonnée à une condition suspensive, la loi a supprimé le principe séculaire de la rétroactivité de la condition. La loi elle-même n'entend donc pas la rétroactivité comme un effet d'ordre public.

En revanche, les parties ne sauraient, à notre avis, convenir que les restitutions seront intégrales.

Il en résulterait, en effet, la perte de « l'utilité » que la loi a entendu sauvegarder au bénéfice de l'intérêt général de l'économie.

DISPENSE DE RESTITUER

15630 L'article 1229, al. 3 du Code civil écarte l'anéantissement du contrat résolu lorsque les prestations échangées ont trouvé leur utilité au fur et à mesure de l'exécution réciproque du contrat.

Cette résolution correspond à ce qu'on appelait la « résiliation judiciaire », car c'était le juge qui limitait alors l'effet de la résolution sur les prestations échangées (Cass. 3e civ. 30-4-2003 no 01-14.890 : RJDA 7/03 no 694 ; Cass. 3e civ. 13-7-2005 no 04-14.761 : RJDA 1/06 no 9).

Elle ne correspond pas pour autant à la solution jurisprudentielle qui écartait la restitution des prestations échangées au motif que le contrat était à exécution successive (Cass. 1e civ. 1-7-1963 : Bull. civ. I no 355 ; Cass. com. 17-3-1982 no 80-16.728 : Bull. civ. IV no 109 ; Cass. 3e civ. 30-4-2003 précité ; Cass. com. 3-5-2012 no 11-17.779 : RJDA 1/13 no 8). Si la règle est écrite pour ces contrats puisqu'elle concerne formellement « les prestations échangées [...] au fur et à mesure de l'exécution réciproque du contrat », la partie qui voudra faire obstacle à une restitution demandée ne pourra pas se contenter, pour s'y opposer, d'invoquer le caractère successif des prestations engendrées par le contrat résolu. Il lui faudra établir que la prestation fournie a été utile au titre de l'exécution du contrat résolu.

L'utilité des prestations échangées existe si le but du contrat a été servi, notamment si elles correspondent à ce que les juges dénomment parfois l'économie du contrat (no 13176), l'équilibre du contrat (Cass. 3e civ. 10-12-1980 : GP 1981.pan.122) ou l'objectif du contrat (Cass. com. 3-4-1984 no 83-40.483 : BRDA 17/84 p. 13).

L'utilité peut aussi se déduire de ce qu'il n'est pas démontré que le but du contrat implique, pour être servi, la restitution intégrale des prestations à partir des exemples cités no 15621.

c. Dommages-intérêts

COMPATIBILITÉ AVEC TOUTE RÉSOLUTION

15635 Toute sanction de l'inexécution du contrat peut être cumulée avec l'allocation de dommages-intérêts (pour un exemple, Cass. 3e civ. 14-9-2017 no 16-18.156 F-D : GP 9-1-2018 jur. p. 35 note Houtcieff ; no 14400).

APPLICATIONS

15638 Si le créancier de l'obligation inexécutée a subi du fait de l'inexécution sanctionnée par une des résolutions un **préjudice** qui n'est **pas réparé par la fin du contrat,** il peut obtenir l'allocation de dommages-intérêts (pour un exemple de lourds dommages-intérêts, Cass. com. 23-9-2014 no 13-15.495 : RJDA 1/15 no 22 ; pour un exemple de rupture abusive, Cass. com. 20-10-2015 no 14-20.540 : RJDA 2/16 no 101).

Le **préjudice réparable** est ainsi déterminé :

– chaque partie est tenue de celui qui lui est imputable ; en cas de résolution prononcée aux torts réciproques des parties, chacune n'est tenue de réparer que le préjudice résultant de sa responsabilité et ne peut pas être condamnée à réparer l'entier préjudice subi par l'autre (cf. Cass. com. 3-1-1978 : Bull. civ. IV p. 3) ;

Le juge qui prononce une telle résolution ou résiliation n'est pas tenu de préciser la part de responsabilité incombant à chacune d'elles dès lors qu'il relève que ni l'une ni l'autre n'avaient voulu sérieusement poursuivre l'exécution du contrat et qu'il ne lui avait pas été demandé de procéder à cette recherche (Cass. 3e civ. 6-9-2018 nº 17-22.026 FS-PBI : D. 2018 p. 2213 concl. Tisseyre).

– tout préjudice distinct est pris en compte ; par exemple, l'acquéreur d'un appartement qui a droit à la restitution du prix de la vente résolue qu'il a versé a droit, d'une part, à une indemnité égale à la différence entre le montant de ce prix et le montant du prix qu'il lui a fallu payer pour acquérir un appartement analogue (Cass. 3e civ. 20-12-1995 : RJDA 3/96 nº 327) ;

– n'est pas prise en compte la part du préjudice dont le débiteur est exonéré par la survenance d'un cas de force majeure, même survenu postérieurement au refus d'exécution car, de toute façon, la force majeure aurait empêché le débiteur de remplir à l'avenir ses obligations, la responsabilité de la partie en faute disparaissant pour toute la période postérieure à cet événement (Cass. civ. 4-5-1898 : DP. 1898.1.457).

Réciproquement, le **créancier** peut être **condamné** à dommages-intérêts si le juge estime que la résolution qu'il a demandée n'est pas justifiée et si le débiteur en subit un préjudice (CA Paris 7-5-1986 : GP 1987.som.24).

SECTION 10 L'EXTINCTION DU CONTRAT

I. NULLITÉ DU CONTRAT

A. Qualification de la nullité

CRITÈRE DISTINCTIF DE LA NULLITÉ

La nullité est la mesure qui frappe tout acte qui n'est **pas conforme aux conditions de validité** 15650
que la loi impose pour lui reconnaître un effet juridique. S'agissant des obligations contractuelles des parties, elle peut frapper le contrat ou l'une de ses stipulations, en les réduisant à néant, le contrat étant, en ce qui le concerne, réputé « n'avoir **jamais existé** ».

Cette mise à néant est la caractéristique qui fait de la nullité la plus radicale des sanctions de l'illicite.

Le Code civil consacre huit articles à la nullité (C. civ. art. 1178 à 1185) qui reprennent, à l'exception de deux nouveautés « quasi révolutionnaires » (nos 15676 s. et 15703 s.), la jurisprudence antérieure.

DISTINCTION DE LA NULLITÉ D'AUTRES SANCTIONS PRIVANT D'EFFET LE CONTRAT

Inopposabilité L'inopposabilité est souvent prévue par la loi ou par les tribunaux. Nulle 15653
part définie, elle se comprend comme privant d'effet l'acte incriminé envers la partie qui est en droit de s'en prévaloir.

Le juge ne peut **pas la récuser** en prétendant que l'acte en cause doit être contesté par une action en nullité émanant de celui qui peut invoquer cette action (Cass. 1e civ. 3-5-1988 nº 86-13.931 : Bull. civ. I nº 123, le tiers à une aliénation d'un bien du domaine public pouvant la faire déclarer inopposable à son endroit). Mais le juge peut disqualifier l'action en nullité en action en inopposabilité (CA Bourges 10-5-2013 nº 12/01083 : JCP G 2013 nº 48-1256 § 3 obs. P. Simler : action en inopposabilité et non en nullité de l'action en sanction de la disproportion de l'engagement disproportionné d'une caution).

En revanche, si une partie redoute qu'un acte soit invoqué à son encontre, le Code civil ne lui ouvre pas une action spécifique comparable à l'action en nullité pour faire cesser l'incertitude. Il n'est d'issue pour l'intéressé que d'agir sur le fondement d'une action préventive. Les tribunaux reçoivent une telle action si la menace qui pèse sur un droit est telle que son titulaire a d'ores et déjà un intérêt né et actuel à obtenir du juge qu'il se prononce sur la réalité et l'étendue de ce droit (nº 71612) ; il a été ainsi admis une action en inopposabilité d'une décision étrangère (nº 72454).

À notre connaissance, aucun texte ne délimitant le domaine d'application de la sanction de l'inopposabilité, celle-ci peut, à notre avis, être invoquée en tant que palliatif du défaut de nullité si la protection d'un intérêt légitime le justifie ; on peut, en effet, déduire de la jurisprudence ci-dessus que les tribunaux appliquent l'inopposabilité si elle est adéquate pour préserver un intérêt qui mérite d'être protégé.

Cette action échappe à la prescription des actions en nullité, car elle ne tend pas au prononcé d'une annulation (Cass. 1e civ. 23-11-1976 n° 75-11.525 : Bull. civ. I n° 361).

On ne saurait déduire de cette décision, qui n'écarte que la prescription de cinq ans de l'action en nullité relative en un temps où la prescription de droit commun était de trente ans, que l'action en inopposabilité est imprescriptible. Il reste tout de même que cette action l'est car elle n'est pas une action personnelle au sens de l'article 2224 du Code civil qui est l'action tendant à faire valoir un droit de créance. La demande en inopposabilité ne réclame pas un droit de créance, elle tend seulement à faire prendre acte par la justice de l'existence d'une situation juridique donnée, ce qui est utile tant que cette situation perdure.

Ne faisant qu'écarter l'acte litigieux, l'inopposabilité n'atteint pas cet acte dans les rapports des parties, ce qui la différencie de la nullité.

15656 **Inexistence** Le contrat est dit « inexistant » lorsqu'un élément qui est de l'essence de son existence, et pas seulement de sa validité, lui fait défaut. Nulle disposition du Code civil n'a envisagé l'inexistence ni ne l'envisage. Pourtant, le contentieux révèle que dans certaines circonstances le contrat n'a pas pu se former, les parties n'ayant pas consenti et donc scellé un accord. Dans ces cas, la situation ne saurait produire des effets de droit.

Cette solution a été reconnue par la Cour de justice des communautés européenne (devenue Cour de justice de l'Union européenne) comme un principe du droit communautaire, devenu droit de l'Union européenne, en ces termes : « (...) les actes des institutions communautaires jouissent, en principe, d'une présomption de légalité et, partant, produisent des effets juridiques, même s'ils sont entachés d'irrégularités, aussi longtemps qu'ils n'ont pas été annulés ou retirés. Toutefois, par exception à ce principe, les actes entachés d'une irrégularité dont la gravité est si évidente qu'elle ne peut être tolérée par l'ordre juridique communautaire doivent être réputés n'avoir produit aucun effet juridique, même provisoire, c'est-à-dire être regardés comme juridiquement inexistants. Cette exception vise à préserver un équilibre entre deux exigences fondamentales, mais parfois antagonistes, auxquelles doit satisfaire un ordre juridique, à savoir la stabilité des relations juridiques et le respect de la légalité (CJCE 8-7-1999 aff. 199/92).

Aucune **sanction** légalement disponible, rigoureusement entendue, ne permet de sanctionner cette situation. La nullité et la caducité ne sont pas adéquates. Elles sanctionnent un défaut affectant un contrat qui a été conclu par un échange réel de consentement des parties. Or, dans les situations rencontrées au contentieux relatées ci-après, cet échange n'a pas eu lieu et aucun contrat n'a pris naissance. Force est, donc, de constater l'inexistence d'un contrat.

Ce qui a été jugé sous ce couvert peut donc être encore appliqué ; ainsi :

– les contrats jugés inexistants ont été déclarés insusceptibles de confirmation et de régularisation (Cass. civ. 16-11-1932 : DH 1933.4 ; Cass. civ. 17-12-1959 : D. 1960.294 ; CA Lyon 31-3-1909 sous Cass. req. 1-5-1911 : D. 1911.1.353 ; Cass. com. 30-11-1983 n° 82-12.045 : GP 1984.2.675 note Calvo), mais seulement dans la mesure où le vice porte atteinte à l'intérêt général selon la dernière jurisprudence (n° 12475), ce qui n'est pas le cas d'un acte de vente conclu par une société en participation, sans existence juridique (Cass. com. 8-2-2017 n° 14-29.747 F-D : RJDA 5/17 n° 342 admettant la ratification lorsque les associés ont au vu et au su des tiers encaissé sans réserve la part du prix convenu) ;

– un écrit relatif à un projet de vente non signé, quoiqu'il ait reçu un commencement d'exécution par le versement prévu d'une partie du prix, ne peut pas avoir été l'objet de la contre-lettre invoquée par une partie pour le compléter (Cass. com. 8-11-1973 : JCP G 1980.II.19465 note Fieschi-Vivet) ;

– la réitération d'un acte prétendu de vente ne peut pas être exigée dès lors que les juges avaient constaté l'absence d'accord tant sur la date du paiement du solde du prix que sur la date d'entrée en jouissance des lieux (Cass. 3e civ. 2-5-1978 : JCP G 1980.II.19465 note Fieschi-Vivet) ;

– la résiliation demandée d'un prétendu contrat n'a pas à être prononcée dès lors qu'il est constaté qu'une partie ne s'était pas engagée sur la prestation qu'il lui était reproché de ne pas avoir exécutée (Cass. 1e civ. 19-4-1988 n° 86-10.179 : reproche de ne pas exécuter une prestation de médecin généraliste à l'égard d'un médecin qui avait voulu s'engager en qualité de rhumatologue) ;

– le contrat de prêt non signé par un incapable majeur sous tutelle qui ne peut produire aucun effet juridique, notamment permettre au prêteur d'invoquer le gage sur automobile inscrit en garantie de ce prêt (Cass. civ. 5-3-1991, 1e esp. : D. 1993.508 note Collet) ;

– la prescription qui serait applicable si le prétendu contrat en était un est écartée ; par exemple, la prescription biennale prévue par l'article L 114-1 du Code des assurances n'est pas applicable à un contrat d'assurance qui n'a pas pris naissance, le souscripteur d'une police par l'intermédiaire d'un courtier n'ayant pas fait connaître à l'assureur un certain nombre de renseignements nécessaires pour déterminer la couverture du risque (Cass. 1e civ. 9-12-1992 n° 90-15.300 : Bull. civ. I n° 304, retenant que la cour d'appel avait relevé que la police n'avait jamais existé) ; de même, la prescription de cinq ans de la nullité relative en un temps où celle de la nullité absolue était de trente ans a été écartée aux motifs que le contrat n'avait pas pris naissance (Cass. 3e civ. 15-4-1980 n° 78-15.836 : Bull. civ. III n° 73 : bail conclu par un mandataire sans respecter les instructions du mandant ; CA Paris 8-7-1966 : GP 1967.1.33 : défaut d'accord sur la chose, l'acquéreur croyant acheter un appartement alors que le vendeur entendait lui céder ses parts sociales donnant droit à l'attribution dudit appartement ; TGI Pau 7-1-1982 : JCP G 1983.II.19999 note Coiret : défaut d'accord réel sur le prix, le vendeur n'ayant reçu que le dixième de celui qu'il espérait raisonnablement tirer du contrat) ou tout simplement parce que l'action engagée tend à faire constater l'inexistence de l'acte ou son inopposabilité et non sa nullité (Cass. 1e civ. 23-11-1976 n° 75-11.525 : Bull. civ. I n° 361) ;

- la dette de l'assureur est inexistante à l'égard de tous en cas de condamnation de l'assuré du chef d'escroquerie à l'assurance (Cass. 1e civ. 5-10-1999 : RJDA 12/99 n° 1297) ;
- la clause d'arbitrage n'est pas affectée par l'inexistence du contrat qui la contient (CA Paris 9-6-2017 n° 16/17575 : Rev. arb. 2018.639 note Barbet).

Lorsqu'un **contrat** a été **effectivement conclu,** la nullité s'impose.

Ainsi :

- a été rejeté le pourvoi en cassation d'un arrêt ayant déclaré irrecevable l'exception de nullité d'un contrat de prêt dont la signature était contestée par la partie à laquelle on l'opposait, au motif que l'arrêt, ayant relevé que le contrat avait reçu un commencement d'exécution et partant avait été conclu, avait exactement retenu que l'action en nullité du prêt litigieux était soumise à la prescription quinquennale de l'article 1304 du Code civil (désormais art. 2224), alors que le moyen de cassation avait expressément soutenu que la contestation de signature équivalait à un défaut de consentement (Cass. com. 14-1-2014 n° 12-13.270 : RJDA 4/14 n° 375) ;
- une société fictive est nulle et non inexistante, en raison des spécificités de la législation des sociétés commerciales qui exclut l'effet rétroactif de la nullité (MSC nos 89570 s.).

Résolution Bien que l'action en résolution et l'action en annulation aient un fondement différent, il arrive aux tribunaux de prononcer la nullité alors que le contrat aurait dû être résolu ou inversement. La Cour de cassation ne censure pas la décision dès lors que la confusion entre nullité et résolution est sans effet sur la solution du litige (Cass. 1e civ. 15-5-1974 n° 72-11.594 : Bull. civ. I n° 141 ; voir aussi Cass. 1e civ. 25-2-1981 n° 79-15.850 : Bull. civ. I n° 72, décision rendue dans un cas où résolution et caducité avaient été confondues). Mais la Cour de cassation doit être en mesure de contrôler si la confusion pouvait être tenue sans influence sur l'issue du litige par les juges du fond (Cass. com. 3-3-1975 n° 73-13.106 : JCP G 1976.II.18463 obs. Larroumet). 15659

Rescision pour lésion La rescision du contrat pour lésion est pratiquement identique à une nullité relative. Mais elle peut être neutralisée par le versement d'une somme d'argent si la loi le prévoit (C. civ. art. 1681 ; C. civ. art. 890, al. 1). 15662

Caducité Voir n° 16000. 15665

B. Régime de la nullité

Le régime des nullités est fonction de deux qualifications fondamentales desquelles se déduisent en principe deux séries de règles indissociables : 15668

- d'une part, la **nullité relative** qui sanctionne la violation d'une règle qui a pour objet la sauvegarde d'un intérêt privé et peut être invoquée par le titulaire de cet intérêt et être confirmée par lui (C. civ. art. 1179 et art. 1181) ;
- d'autre part, la **nullité absolue** qui, sanctionne la violation d'une règle qui a pour objet la sauvegarde d'un intérêt général, peut être invoquée par tout intéressé ainsi que par le ministère public et n'est pas susceptible de confirmation (C. civ. art. 1179 et art. 1180).

La jurisprudence antérieure à ces textes s'y rapportant demeure actuelle, notamment celle qui a posé que la qualification de la nature, absolue ou relative, de la nullité tenait exclusivement à l'appréciation de la nature de l'intérêt protégé, général ou privé (Cass. com. 22-3-2016 n° 14-14.218 : RJDA 5/16 n° 359).

Formellement édictées pour les contrats, les dispositions des articles susvisés sont appliquées à toute nullité quel que soit l'acte en cause et le fondement textuel de la nullité car elles sont traitées par les tribunaux comme règle de droit commun des nullités depuis la promulgation du Code civil en 1804.

C. Causes d'annulation du contrat

DÉTERMINATION PAR LA LOI

La nullité du contrat est prévue par la loi qui, selon le cas, déclare le contrat nul ou fait du vice affectant la validité du contrat une cause de nullité que le juge est appelé à apprécier 15671

(cf. C. civ. art. 1178). Les dispositions du Code civil sur le contrat offrent des applications de ces deux sources de nullité du contrat. Mais il en est une autre générale, tirée de l'ordre public auquel le contrat ne doit pas déroger. Cette cause de nullité est imposée au juge par l'article 1162 du Code civil, qui interdit en des termes précis que le contrat déroge à l'ordre public par ses stipulations ou par son but.
Sur ces bases légales, et à défaut de disposition contraire ou de méconnaissance d'une règle d'ordre public, les juges ont admis ou rejeté la nullité du contrat.

AUTRES CAUSES DE NULLITÉ

15672 **Nullité réparatrice du dommage** Afin d'accorder la **réparation** qui leur paraît **la plus adéquate** au préjudice subi (qui doit être intégralement réparé, n° 15300), les juges peuvent déclarer nul un contrat dont la conclusion est à l'origine d'un dommage (cf. CA Paris 31-10-1997 : RDPI 1998 n° 84 p. 35 et TGI Lyon 15-11-1999 : RDPI 2000 n° 115 p. 36).

Mais le juge ne peut pas, sous couvert de l'indemnisation du préjudice né de l'insuffisance de superficie du bien vendu en copropriété, ordonner le remboursement d'une fraction du prix de vente, la loi ayant prévu une sanction spécifique de l'obligation méconnue (Cass. 3e civ. 11-9-2013 n° 12-23.772 : RDC 2014.59 obs. Quézel-Ambrunaz).

15673 **Nullité d'une convention homologuée** Une convention qui, conformément aux exigences de la loi, a été homologuée par le tribunal, revêt la même force exécutoire que celle d'une décision de justice et ne peut plus être remise en cause hors des cas limitativement prévus par la loi ; n'entre pas dans ces cas l'action en inopposabilité fondée sur la fraude (Cass. 1e civ. 23-11-2011 n° 10-26.802 : au sujet d'une convention de divorce mais transposable à toute autre homologation, compte tenu de l'assimilation de cette dernière à une décision de justice). Néanmoins, la force de chose jugée ne fait pas obstacle au contrôle de la validité de l'acte par le juge de l'exécution (n° 72400).

Mais le contrat soumis à homologation qui n'a pas été homologué n'est pas nul et, par exemple, peut recevoir application quant à la clause pénale qu'il prévoit en cas de non-respect de la condition d'homologation (Cass. soc. 17-3-2010 n° 07-44.468 : Bull. civ. V n° 69).

15674 **Adjudication** La vente conclue par adjudication judiciaire ne peut pas être annulée dès lors que le jugement d'adjudication a été publié, cette publication purgeant tous les vices de la procédure antérieure (Cass. 2e civ. 10-2-2005 n° 233 : Bull. civ. II n° 25 ; Cass. civ. 1-12-1976 : GP 1977.som.84).

15675 **Ordre public** Le contrat ne peut déroger à l'ordre public ni par ses stipulations ni par son but, que ce dernier ait été connu ou non par toutes les parties (C. civ. art. 1162). Ainsi, un contrat, dont la conclusion a entraîné la violation d'une **règle impérative** que la loi ne sanctionne pas expressément par la nullité de tout acte contraire, peut néanmoins être annulé s'il est contraire à l'ordre public (Cass. com. 19-11-1991 n° 90-10.270 : RJDA 12/91 n° 1053). Les conditions dans lesquelles l'ordre public est déterminé et la nullité pour violation de l'ordre public prononcée sont exposées nos 74253 s.

Un contrat conclu entre un expert-comptable et son client fixant les honoraires dus en fonction des résultats financiers obtenus par le client est illicite et partant, nul, de sorte que le montant des honoraires doit être déterminé en fonction du travail fourni et du service rendu (Cass. 1e civ. 6-4-2022 n° 21-12.045 FS-B : RJDA 7/22 n° 414).

D. Mise en œuvre de la nullité

1. SOMMATION DE SE PRONONCER SUR LA NULLITÉ

DEMANDE

15676 Le cocontractant qui entend s'assurer de la validité du contrat sur laquelle il a un doute doit demander par **écrit** à la partie en droit de soulever la nullité du contrat « soit de confirmer le contrat, soit d'agir en nullité dans un délai de six mois à peine de forclusion » (C. civ. art. 1183, al. 1). La demande doit aussi préciser qu'à défaut d'action en nullité exercée avant l'expiration du délai de six mois, le contrat sera réputé confirmé (art. 1183, al. 2).

La mise en œuvre de cette disposition appelle les observations suivantes :

– la demande ne peut porter que sur une cause de nullité relative car elle est ouverte à « la partie en droit de se prévaloir de la nullité » et le défaut de réponse de la partie sollicitée dans le délai de six mois entraîne la confirmation du contrat ; or, la nullité absolue qui sanctionne une atteinte à l'intérêt général peut être soulevée par tout intéressé et n'appartient donc pas seulement à la partie en droit de s'en prévaloir, et elle ne peut jamais être confirmée ni régularisée (nos 15684 et 15688) ; si la nullité absolue était aussi visée par la demande de prise de position, il suffirait, pour que ces règles d'ordre public soient contournées, que la partie sollicitée ne réponde pas ou confirme l'acte ;

– la demande ne peut être formulée que lorsque la cause de la nullité a cessé (art. 1183, al. 1) ; il n'est donc pas requis que la nullité ait été supprimée et ne puisse plus être invoquée ; il est seulement exigé que le vice qui ouvre la voie à la nullité ait cessé car jusque-là la partie qui en est victime, ne sachant pas que le contrat comporte une cause de nullité, ne peut pas en effet réagir.

La victime pourra agir le jour où, s'agissant d'un vice du consentement, elle aura connu son erreur, ou le dol du cocontractant ou d'un tiers ou du jour où elle ne sera plus sous l'emprise de la violence. Si le vice tient à son incapacité, elle ne peut valablement agir que le jour où elle est devenue, ou redevenue, capable ; tant que ce moment n'est pas arrivé, elle est toujours incapable ; partant si elle est mise en demeure de prendre parti par son cocontractant, son défaut de réponse comme sa réponse seront l'acte d'un incapable sanctionné par la nullité de la réponse ou par l'inopposabilité de la confirmation attachée au défaut de réponse dans les six mois. Si le vice tient à une autre cause, et pour autant qu'il est sanctionné d'une nullité relative, elle sera en mesure d'agir le jour où elle aura connu ou aura dû avoir connu la cause de nullité ; il en sera ainsi par exemple lorsqu'elle invoquera le caractère dérisoire ou illusoire de la contrepartie.

EFFET DU RENONCEMENT À LA NULLITÉ

La partie qui a reçu la demande et qui n'a pas agi en nullité dans le délai de six mois que la loi lui impartit est déchue du droit de demander au juge l'annulation du contrat. Le contrat se trouve donc validé tel qu'il est (C. civ. art. 1183, al. 2). **15679**

2. ACTION EN NULLITÉ

a. Recevabilité de l'action en nullité

INTÉRÊT À AGIR EN NULLITÉ

Demandeur La recevabilité de l'action en nullité est subordonnée aux conditions suivantes, qui sont fonction de la nature de l'intérêt protégé. **15680**

a. Le demandeur doit avoir un **intérêt** au prononcé de la nullité (CA Paris 19-6-1974 : GP 1974.2.636 note Viatte) ; cet intérêt doit être légitime, ce qui n'est pas le cas du demandeur qui sait qu'il ne pourra pas restituer ce qu'il a reçu alors qu'il est tenu de le rendre (Cass. civ.17-12-1928 : DH. 1929.52).

Les créanciers du débiteur peuvent se prévaloir de l'intérêt à agir du débiteur par la voie de l'action oblique (TGI Valence 3-11-1981 : GP 1982.som.97), s'ils en remplissent les conditions (n° 53903).

b. Cet intérêt peut être un intérêt **privé**, la nullité étant alors relative, ou **général**, la nullité étant dans ce cas absolue (C. civ. art. 1179) ;

c. Lorsque la nullité est **relative**, ce qui correspond à l'ordre public de protection, seule la partie que la loi entend protégée peut la demander (C. civ. art. 1181, al. 1 ; Cass. civ. 6-2-1973 n° 71-11.797 : Bull. civ. I n° 47 ; cf. Cass. com. 22-3-2016 n° 14-14.218 FS-PB : RJDA 5/16 n° 359 ; CA Paris 25-2-2023 n° 22/04753 : RJDA 7/23 n° 377).

Par ailleurs, si l'action en nullité a plusieurs titulaires, la renonciation de l'un n'empêche pas les autres d'agir (C. civ. art. 1181, al. 3).

Bien qu'il ne soit pas expressément affirmé par les décisions de justice – sauf exception (Cass. civ. 6-2-1973 : Bull. civ. I p. 42) – que la sanction de l'ordre public de protection est une nullité relative, il ressort clairement des solutions ci-dessus sur le droit d'invoquer la nullité que les tribunaux appliquent à cette sanction le régime de la nullité relative.

La personne protégée ne peut cependant exercer cette action qu'autant qu'elle n'y a pas **renoncé** après qu'elle a été en mesure d'agir en nullité (Cass. civ. 29-6-1977 n° 76-10.408 : Bull. civ. III n° 294 ; Cass. soc. 3-6-1981 n° 79-41.887 : Bull. civ. V n° 520 ; cf. Cass. civ. 30-3-1996 : RJDA 6/96 n° 761 ; Cass. 1e civ. 24-4-2013 n° 11-26.876 : Bull. civ. I n° 81). Il faut s'assurer que la protection d'ordre public a rempli son office, c'est-à-dire qu'au moment où elle a renoncé la personne protégée savait qu'elle pouvait exercer une action en nullité.

d. Lorsque la nullité est **absolue**, ce qui correspond à l'ordre public de direction, toute personne justifiant d'un intérêt légitime à agir peut exercer l'action en nullité de l'acte contrevenant, même si elle s'est rendue volontairement coupable de l'illicéité (n° 15680), sous réserve d'en subir un préjudice (C. civ. art. 1180 ; Cass. 1e civ. 16-1-2013 n° 11-27.837 : RJDA 5/13 n° 378 ; CA Paris 5-7-1954 : D. 1954.706 ; CA Paris 26-5-1967 : GP 1967.2.246 note Blancher).

N'a pas un intérêt légitime à demander la nullité d'un contrat pour violation de l'ordre public de direction le commerçant ayant pour seul intérêt l'élimination d'un concurrent (Cass. req. 3-11-1932 : DP 1932.1.181 rapp. Dumas ; CA Paris 5-7-1954 : D. 1954.706). Par exemple, le ministère public a été admis à invoquer la nullité d'une convention dissimulant une partie du prix de vente d'un immeuble (CA Toulouse 18-6-1925 : GP 1925.2.487) ou celle d'une convention frauduleuse passée par une société de construction (Cass. req. 4-11-1946 : S. 1947.1.43).

Le ministère public peut aussi agir (C. civ. art. 1180) « pour la défense de l'ordre public à l'occasion des faits qui portent atteinte à celui-ci » (CPC art. 423).

L'intéressé **ne peut renoncer,** en aucune façon, à se prévaloir de la cause de nullité (Cass. ch. mixte 10-7-1981 : D. 1981.137 ; Cass. civ. 5-5-1982 : JCP G 1982.IV.244 ; Cass. civ. 7-7-1982 : JCP G 1982.IV.335 ; Cass. crim. 2-6-1986 : JCP G 1986.IV.236).

L'action en nullité absolue se prescrit selon le délai de droit commun de cinq ans (cf. C. civ. art. 2224).

e. L'action en nullité est recevable même si les parties ont conclu un **contrat immoral,** la règle dite « Nemo auditur propriam turpitudinem allegans » (nul ne peut se prévaloir de sa propre turpitude) interdisant seulement à la partie qui a exécuté le contrat d'obtenir la restitution de sa prestation (n° 15718 ; pour des applications de cette restriction, Cass. 3e civ. 4-10-2018 n° 17-23.235 F-D : JCP G 2018 n° 48-1259 § 5 obs. Houtcieff), ou un contrat **illicite,** même si le demandeur est celui qui a provoqué la violation de la loi par sa fraude, son mensonge ou sa réticence (Cass. req. 8-11-1880 : S.1880.115 ; Cass. com. 4-2-1975 n° 73-13.617 : Bull. civ. IV n° 34 ; Cass. civ. 22-6-1976 n° 74-10.119 : D. 1977.619 note Diener ; Cass. com. 21-6-1977 : D. 1978.113 note Lucas de Leyssac ; Cass. civ. 25-6-1985 : D. 1986.212 note Agostini ; Cass. com. 20-1-1987 n° 85-11.277 : GP 1987.pan.71).

f. L'intérêt à agir en nullité n'est **pas éteint** par une **loi** nouvelle qui **supprime la cause de nullité** d'un contrat (n° 10615).

Si les parties veulent obtenir l'effet contractuel recherché, elles doivent conclure un autre contrat conforme à cette loi (CA Grenoble 17-10-1978 : JCP G 1979.IV.339).

PERTE DE L'INTÉRÊT À AGIR EN NULLITÉ

15682 La perte de l'intérêt à agir a été rencontrée notamment à propos de la vente de la chose d'autrui qui ne peut plus être annulée lorsque le risque d'éviction de l'acheteur a disparu après la vente, soit parce que le vendeur est devenu propriétaire de la chose (Cass. com. 2-7-1979 n° 77-16.048 : Bull. civ. IV n° 224, ce, indépendamment de la connaissance que l'acheteur a pu avoir de ce fait ; Cass. com. 20-2-2001 : RJDA 7/01 n° 764), soit parce que le véritable propriétaire, ayant accepté purement et simplement la succession du vendeur, est tenu de l'obligation de garantie qui incombait à ce dernier, peu important que la vente ait porté à tort sur ses biens, donc sur la chose d'autrui (Cass. 1e civ. 6-1-1962 : Bull. civ. I n° 6 ; Cass. 1e civ. 16-6-1965 n° 62-12.103 : Bull. civ. I n° 404), soit parce qu'est caractérisée la volonté commune des parties de procéder à la réfection de la vente antérieure irrégulière (Cass. 3e civ. 7-3-2019 n° 17-31.062 F-D : RJDA 6/19 n° 417).

b. Irrecevabilité de l'action en nullité

CONFIRMATION D'UN ACTE NUL

15683 La confirmation d'un acte nul entraîne la renonciation à invoquer la nullité d'un contrat atteint d'un vice par celui qui peut s'en prévaloir (C. civ. art. 1182).

15684 **Nullités visées** Un contrat atteint de **nullité relative** peut être confirmé (C. civ. art. 1181, al. 2). La solution préexistait : il a toujours été jugé que les nullités relatives sanctionnant l'ordre public de protection peuvent être confirmées pourvu que la renonciation à les invoquer se produise une fois acquis par l'intéressé le droit à faire valoir la nullité (n° 15680).

15685 **Volonté de confirmer** La renonciation à invoquer la nullité doit :

– émaner de celui qui peut invoquer la nullité et être faite, de sa part, en pleine connaissance de cause, avec l'intention de réparer le vice (Cass. 3e civ. 29-10-1968 : Bull. civ. III p. 326 ; Cass. 1e civ. 27-2-2013 n° 12-15.972 : RJDA 6/13 n° 480) ;

L'intention de réparer le vice résulte de l'objet de la confirmation, qui est de renoncer à la nullité, et de l'obligation de mentionner la substance de l'obligation et le vice affectant le contrat, ce qui implique que l'acte porte la volonté de confirmer.

– intervenir après la disparition du vice (Cass. req. 4-7-1932 : S. 1932.1.375) ;

– intervenir après la conclusion du contrat (C. civ. art. 1182, al. 2).

15686 **Formes de la confirmation** La confirmation ne se présume pas (Cass. 1e civ. 27-4-1953 : Bull. civ. I n° 138, solution prétorienne qu'aucune disposition légale ne contredit).

Le fait, par exemple, pour un actionnaire de ne pas s'être immédiatement opposé à une résolution prise par l'assemblée générale ne saurait le priver de son droit de critique lorsqu'il constate par la suite que la résolution est entachée de nullité pour illégalité (CA Aix 13-1-1977 : Bull. Joly 1977.537, solution transposable au contrat).

Elle ne peut résulter que des circonstances suivantes :

– d'un acte **exprès** qui doit nettement affirmer le contenu du contrat à confirmer et le vice à supprimer (C. civ. art. 1182, al. 2 ; Cass. req. 16-1-1882 : D. 1882.1.412).

Ces mentions n'ayant d'autre objet que de rendre non équivoque la volonté de confirmer, elles peuvent être suppléées par tous moyens de preuve (Cass. civ. 24-12-1919 : D. 1920.1.12 ; Cass. com. 25-6-1958 : GP 1958.2.194).

– de l'**exécution volontaire** du contrat vicié (C. civ. art. 1182, al. 3 ; Cass. req. 25-11-1878 : DP 1879.1.415 ; Cass. req. 13-1-1902 : DP 1903.1.224 ; Cass. com. 8-1-2002 : RJDA 5/02 n° 504 ; Cass. 1e civ. 20-9-2017 n° 16-12.906 FS-PB : RJDA 12/17 n° 789) ; cette exécution ne doit pas avoir été assortie de réserves (Cass. req. 6-6-1894 : D. 1894.1.524) ; la confirmation est partielle si l'exécution l'est elle-même (Cass. civ. 16-3-1948 : JCP G 1948.II.4319) ; en cas de violence, elle ne peut intervenir qu'après que la violence a cessé (C. civ. art. 1182, al. 3), ce qui coule de source car, à défaut, la volonté de confirmer n'existerait pas.

Ne suffisent pas à caractériser la volonté de renoncer à invoquer la nullité du contrat : le seul fait de ne pas avoir invoqué la nullité d'une résolution prise par une assemblée générale d'actionnaires dès son adoption lorsque le demandeur a constaté par la suite que la résolution était entachée de nullité pour illégalité (CA Aix 13-1-1977 : Bull. Joly 1977.537, solution transposable au contrat) ; la seule tacite reconduction de celui-ci (Cass. civ. 11-6-1986 : JCP G 1986.IV.242) ; la stipulation de garanties conventionnelles (Cass. com. 3-11-2004 n° 00-15.725 : RJDA 3/05 n° 269) ; le début d'exécution du contrat par un contractant s'il n'est pas établi que l'irrégularité l'affectant était connue de lui à ce moment-là (Cass. 3e civ. 20-11-2013 n° 12-27.041 : RDC 2014.169 obs. Laithier).

Ces solutions ne sont pas contredites par l'article 1182 nouveau du Code civil qui ne dit pas que l'exécution volontaire est le seul moyen de confirmer, une interdiction ne pouvant pas résulter d'un « a contrario » (n° 74772).

– du **défaut** de **réponse** à la **sommation** de confirmer ou d'agir en nullité dans les conditions requises (nos 15676 s.).

Effets de la confirmation La partie qui a confirmé ne peut plus invoquer la nullité, y compris à titre d'exception, mais les tiers conservent leurs droits d'agir (C. civ. art. 1182, al. 4). **15687**

RÉGULARISATION DES ACTES NULS DE NULLITÉ ABSOLUE

Le contrat vicié par une cause de nullité absolue ne peut pas être couvert par la **confirmation** (C. civ. art. 1180, al. 2) et les actes solennels non conformes aux formalités requises sont nuls, « sauf possible régularisation » (C. civ. art. 1172, al. 2). **15688**

La règle est appliquée, depuis longtemps, par les tribunaux en tant que solution prétorienne (Cass. ch. réun. 1-3-1897 : D. 1897.277 concl. Manau et TGI Dieppe 14-2-1979 : GP 1979.495 : non-régularisation du défaut d'autorisation préalable par délivrance d'une autorisation après l'acte ; CA Paris 4-5-1955 : D. 1956.19 note Malaurie : la déclaration ultérieure à l'administration de la totalité du prix d'une vente ne régularise pas la dissimulation antérieure, la vente demeurant nulle).

À notre avis, aucune décision ne peut être invoquée en sens contraire :

– Cass. civ. 21-12-1954 : Rev. crit. 1956.663 note Rabinovitch qui valide un contrat de vente comprenant une clause de transfert de fonds contraire à la législation des changes alors applicable mais validée par l'autorisation obtenue au jour de l'exécution du transfert, illicite au regard du droit commun peut être justifiée par le particularisme du contrôle des changes ;

– Cass. req. 27-11-1933 : DH 1933.585 et Cass. req. 13-4-1934 : DH 1934.515, parfaitement identiques, n'ont pas pour objet de valider la clause illicite de variation du prix d'un bail mais se bornent à refuser aux parties qui ont pendant longtemps exécuté la clause d'en invoquer la nullité ; ce faisant, les parties n'avaient pas purgé l'illicéité de la clause que tout intéressé demeurait en droit de soulever.

Des décisions plus récentes ont statué dans le même sens ; elles admettent seulement que les parties réaffirment leur commune volonté lorsque la **cause de la nullité a cessé** (par exemple, volonté d'époux de maintenir après divorce l'acte annulé pendant leur mariage : Cass. civ. 4-5-1966 : JCP G 1967.II.15038 note Mazeaud : acte contraire à l'immutabilité matrimoniale à cette date ; Cass. 1e civ. 1-12-1976 n° 74-12.073 : D. 1977.177 note Breton : donation déguisée ; possibilité pour un administrateur de SA dont le contrat de travail en cours de mandat a été annulé de conclure, même tacitement, un nouveau contrat après la cessation de son mandat : Cass. soc. 25-6-1996 n° 94-19.992 : Bull. civ. V n° 255).

Les parties sont tenues, lorsque la validité de leur convention est soumise à des formes prévues par la loi, de conclure le nouveau contrat, dans les formes ainsi requises, qui produit ses effets à compter de sa formation (Cass. com. 26-9-2018 n° 16-25.937 F-PB).

Sur l'impossibilité de régulariser les contrats inexistants, voir n° 15656.

AUTORITÉ DE LA CHOSE JUGÉE EMPÊCHANT L'ACTION EN NULLITÉ

L'action en nullité ne peut plus être exercée lorsque le droit né du contrat ne peut plus être remis en cause devant la justice parce qu'il a été reconnu par une décision judiciaire irrévocable (Cass. com. 25-2-1980 n° 78-13.548 : Bull. civ. IV n° 95). **15689**

DÉFAUT DE PUBLICATION DE LA DEMANDE EN NULLITÉ

15698 L'action en nullité d'un **acte soumis à publicité foncière** doit être publiée (Décret 55-22 du 4-1-1955 art. 28, 4° ; Cass. com. 12-4-2005 n° 624 : RJDA 8-9/05 n° 1055 : pour une hypothèque ; Cass. 3e civ. 22-6-2017 n° 16-13.651 FS-PBI : pour une vente immobilière) ; mais l'assignation n'a pas à être établie par acte authentique (C. civ. art. 710-1, al. 3) ; à défaut, la demande en nullité est irrecevable (Décret 55-22 du 4-1-1955 art. 30, 5) et la fin de non-recevoir peut être invoquée en tout état de cause, y compris pour la première fois en appel (Cass. 3e civ. 12-2-1985 n° 83-17.153 : Bull. civ. III n° 32), mais seulement par les parties à l'acte (Cass. civ. 7-11-2001 : RJDA 2/02 n° 211).

La publicité de l'action est accomplie si le juge saisi constate la production d'un certificat du conservateur des hypothèques ou d'une copie de la demande revêtue de la mention de publicité (Cass. 3e civ. 10-2-2010 n° 07-19.228 : RJDA 7/10 n° 790). Elle est valable si l'action a été publiée comme action en nullité alors que la demande en nullité portée en justice s'est appuyée sur la clause résolutoire du contrat car cette confusion terminologique est sans effet dirimant dans les rapports des parties, l'action en nullité et l'action en résolution tendant à l'anéantissement rétroactif et la publicité n'ayant pour but que de rendre opposable aux tiers un contentieux susceptible d'interférer sur leur droit (Cass. 3e civ. 17-9-2014 n° 13-16.651 FS-PB : RJDA 2/15 n° 150).

Le **défaut de publicité** de la demande de nullité peut être **régularisé,** soit, en cours d'instance, par la publication des conclusions récapitulatives du demandeur contenant demande d'annulation ou de résolution de l'acte attaqué (Cass. 3e civ. 20-10-2010 n° 09-16.640 : RJDA 2/11 n° 192), soit, en cas d'appel du jugement contenant mention de l'assignation introductive d'instance, par la publication de ce jugement (Cass. 3e civ. 18-11-2009 n° 08-11.893 : RJDA 4/10 n° 444).

PRESCRIPTION DE L'ACTION EN NULLITÉ

15701 Les actions personnelles ou mobilières se prescrivent par cinq ans (C. civ. art. 2224 ; Cass. req. 5-5-1879 : DP 1880.1.145 note Beudant ; Cass. civ. 6-11-1895 : DP 1897.1.25 ; Cass. civ. 7-12-1971 : D. 1972.173 note Breton ; Cass. civ. 26-1-1983 : D. 1983.317 note Breton ; Cass. 1re civ. 29-11-1989 n° 88-13.926 : Bull. civ. I n° 368 ; Cass. 3e civ. 15-12-1999 : RJDA 2/00 n° 132). Il en résulte que, hormis les actions en nullité des titres de propriété industrielle qui sont expressément déclarées imprescriptibles par la loi (nos 31453, 32128 et 32480), toute autre action en nullité, relative ou absolue, est soumise à la prescription de cinq ans.

Toutefois, le délai de cinq ans pourrait être allongé si un contrat de droit privé avait une durée d'exécution supérieure à cette durée par transposition de la solution du Conseil d'État : lorsque la cause de la nullité d'un contrat administratif tient au caractère illicite du contenu du contrat ou à un vice d'une particulière gravité, relatif notamment aux conditions dans lesquelles les parties ont donné leur consentement, l'action en nullité est ouverte aux parties au contrat pendant toute la durée d'exécution de celui-ci ; en conséquence, la prescription quinquennale, prévue par l'article 2224 du Code civil, n'est pas opposable à une action, introduite en 2014, qui a pour objet de contester la validité d'un contrat administratif conclu le 31 décembre 1998 et qui a été exercée pendant la durée d'exécution de celui-ci (CE 1-7-2019 n° 412243 : RJDA 1/20 n° 16, solution justifiée, selon le commentaire de l'arrêt à la RJDA, par la durée générale supérieure à cinq ans des contrats administratifs qui ferait souvent obstacle à l'exercice de l'action en nullité, le délai de cinq ans à compter de la date de conclusion du contrat étant alors expiré au jour de l'introduction de l'action).

La prescription de l'action en nullité obéit à des règles différentes selon que la nullité est relative ou absolue, sauf pour ce qui concerne la durée du **délai.**

L'action en nullité relative est soumise à un délai de forclusion lorsque la partie qui pouvait s'en prévaloir a été sommée par l'autre de se prononcer sur le sort du contrat (n° 15676).

Le **point de départ** du délai varie en fonction des distinctions suivantes.

1. Nullité relative. Le délai court, en ce qui concerne les actes faits par les incapables, dans les conditions spéciales exposées dans le régime des **incapacités** (nos 1029, 1124, 1143, 1148 et 1151).

En cas de vice du consentement, il court dans les conditions suivantes (C. civ. art. 1144) :

– en cas de violence, seulement du jour où elle a cessé ;

– en cas d'erreur, du jour où elle a été découverte (Cass. 3e civ. 13-5-1998 : RJDA 7/98 n° 824), le caractère inexcusable de l'erreur qu'a pu commettre le vendeur étant sans incidence sur le point de départ du délai (CA Paris 15-11-1990 : GP 1992.51) ;

– en cas de dol, du jour où le contractant a découvert l'erreur qu'il allègue (Cass. 1re civ. 11-9-2013 n° 12-20.816 : JCP G 2013.48-1236 note Guerrero ; Cass. 1re civ. 31-5-1972 n° 71-10.571 : Bull. civ. I n° 142), et ce, même envers les héritiers de la victime du dol (Cass. 1re civ. 6-10-2010 n° 09-67.215 : RDC 2011.415 obs. Savaux : écartant le point de départ fixé par l'ex-art. 1304, al. 3 au jour du décès de leur auteur).

Il incombe à la partie qui invoque la prescription, pour repousser une demande reconventionnelle en nullité pour dol, de prouver que le demandeur a découvert le dol avant de le dénoncer (Cass. 1re civ. 25-3-2010 n° 08-13.060 : RTD civ. 2010.320 obs. Fages). En cas de publicité de l'acte (publicité foncière ou au registre du commerce), la connaissance du dol ne peut être fixée à la date de cette publicité qu'autant que le demandeur a pu trouver dans celle-ci tous les éléments lui permettant de découvrir le dol (Cass. com. 23-3-2010 n° 08-21.373 : RTD civ. 2010.320 obs. Fages).

2. Nullité absolue. À défaut de disposition contraire, le point de départ du délai est celui de droit commun, soit le jour où la partie qui invoque la nullité a connu ou aurait dû connaître les faits lui permettant d'exercer l'action en nullité (C. civ. art. 2224).

Imprescriptibilité de l'exception de nullité L'accomplissement du délai de prescription éteint l'action en nullité mais il n'éteint pas le droit, qui est perpétuel, d'opposer celle-ci comme exception **en défense.** En effet, l'article 1185 du Code civil prévoit que l'exception de nullité ne se prescrit pas si elle se rapporte à un contrat qui n'a reçu aucune exécution. Ce texte reprenant la formule des tribunaux, son application reste soumise aux **conditions** qu'ils ont établies. Ainsi, cette exception peut être invoquée : **15702**

– s'il s'agit de s'opposer à un délai de prescription et non à un délai préfix (Cass. civ. 29-3-1950 : D. 1950.396 ; Cass. com. 31-3-2004 n° 602 : RJDA 8-9/04 n° 966) ;

– avant ou après l'expiration du délai de prescription (Cass. 1e civ. 12-11-2015 n° 14-21.725 : RJDA 6/16 n° 420 ; Cass. com. 31-1-2017 n° 14-29.474 F-PBI : RJDA 4/17 n° 225) et quelle que soit la durée du délai de prescription en cause (Cass. com. 18-3-2020 n° 18-16.099 F-D : RJDA 6/20 n° 310 : application à un délai triennal) ;

– si l'acte attaqué n'a pas commencé à être exécuté (art. 1185 ; auparavant jurisprudence constante) ;

Le commencement d'exécution de l'acte paralyse l'exception de nullité :

– s'il émane de celui qui invoque l'exception (Cass. com. 13-5-2014 n° 12-28.013 : RJDA 10/14 n° 744), peu important que celui-ci ait commencé à exécuter sans avoir connaissance du vice (Cass. 1e civ. 15-1-2015 n° 13-25.512 : RJDA 6/15 n° 408 ; voir toutefois Cass. com. 28-2-2006 n° 03-17.375 : RJDA 7/06 n° 821 relevant que le demandeur avait bien été en mesure de détecter le vice) ;

– même s'il porte sur d'autres obligations que celle arguée de nullité (Cass. com. 13-5-2014 précité : mise en place de la garantie prévue par le prêt alors que la nullité invoquée concernait la clause d'intérêt pour défaut de mention du TEG) ;

– en cas de contrat de crédit-bail lorsque le bien a été acquis par le crédit-bailleur et mis à la disposition du preneur (Cass. 3e civ. 30-1-2002 n° 00-18.682 : RJDA 4/02 n° 352 ; Cass. com. 3-5-2006 n° 640 : RJDA 11/06 n° 1112) ;

– s'agissant d'un contrat de prêt ou d'une ouverture de crédit, si l'emprunteur a commencé à rembourser (Cass. com. 6-6-2001 n° 98-18.928 : Bull. civ. IV n° 113 ; Cass. 1e civ. 25-3-2003 n° 00-22.312 : RJDA 2/04 n° 212) ou a mis en place la garantie prévue (Cass. com. 13-5-2014 précité).

– que la nullité soit relative ou absolue (Cass. 1e civ. 24-4-2013 n° 11-27.082 : RJDA 8-9/13 n° 689 ; Cass. 3e civ. 16-3-2017 n° 16-13.063 : RJDA 7/17 n° 442) ;

– par le demandeur en nullité de la clause d'un contrat dont l'action a été jugée prescrite dès lors que la partie défenderesse à cette action a présenté une demande reconventionnelle sur le fondement de la clause dont la nullité a été demandée à titre principal (Cass. com. 18-6-2002 : RJDA 12/02 n° 1234 som.) ;

Mais exerce une action le défendeur qui invoque un droit subordonné à l'annulation d'une clause et qui se trouve en réalité, de ce fait, en position de demandeur (Cass. 3e civ. 19-7-1984 n° 83-12.355 : Bull. civ. III n° 145) ou l'emprunteur qui agit en annulation du prêt, fût-ce en réponse à un commandement aux fins de saisie immobilière du bien dont l'acquisition a été financée par ce prêt (Cass. 1e civ. 12-7-2005 n° 03-10.921 : JCP G 2005 II. 10140 note Gourio).

– en tout état de la cause, car l'exception de nullité ne constitue pas une exception de procédure mais une défense au fond (Cass. 3e civ. 16-3-2010 n° 09-13.187 : RDC 2010.1208 obs. Laithier).

E. Annulation du contrat

1. CONSTATATION AMIABLE DE LA NULLITÉ

VALIDITÉ DE LA CONSTATATION AMIABLE

Conditions expresses L'article 1178, al. 1 du Code civil autorise expressément les parties à un contrat qu'elles estiment atteint d'une cause de nullité à constater à l'amiable la nullité du contrat. **15703**

Lorsque le contrat est administratif, cette disposition n'est pas applicable et la personne publique ne peut, de sa seule autorité, réputer nulle et non écrite une clause du contrat dont la validité ne peut être appréciée que par le juge (CE 13-6-2022 n° 453769).

Il y met les conditions suivantes :

– les parties doivent constater la nullité « d'un commun accord » ; comme tout accord de volonté entraînant des effets de droit, ici éteignant des obligations, cet accord correspond à un contrat (C. civ. art. 1101) ; il doit donc remplir les conditions de validité du contrat ;

Si les parties annulent un contrat valide, elles enfreignent l'article 1178, al. 1, qui les autorise seulement à constater que leur contrat est vicié par une atteinte aux « conditions requises pour sa validité ». Elles n'ont pas alors fait un « constat », à défaut d'objet à constater : leur acte est donc inexistant et partant frappé de la sanction d'inexistence (n° 15656), tout intéressé pouvant s'en prévaloir et demander au juge de constater que le contrat n'a pas été annulé.

– le contrat doit être exécuté jusqu'au jour où l'accord est scellé ; tant que la nullité n'est pas constatée, le contrat existe, comme il en est dans le cas où le juge prononce la nullité.

Dans un cas antérieur à l'entrée en vigueur de l'article 1178, al. 1 du Code civil, il a été jugé que lorsque les parties sont convenues que le contrat est atteint d'une cause de nullité, qu'elles ont fixé dans un avenant les modalités de régularisation de la cause de nullité tout en continuant à l'exécuter et que l'une l'a rompu devant l'échec des pourparlers prévus par l'avenant, l'autre ne peut pas demander réparation de la cessation des relations contractuelles pour rupture abusive et l'auteur de la rupture, reconventionnellement réparation pour inexécution fautive (CA Paris, 5e ch. B, 28-2-2001, RTD civ. 2001.357 n° 5 obs. Mestre et Fages).

15704 **Conditions implicites** L'article 1178, al. 1 du Code civil prévoit que la constatation par les parties à un contrat de la nullité de celui-ci requiert un commun accord entre ces parties. Compte tenu de l'objectif d'un tel accord, celui-ci doit préciser sa portée, ce qui implique, à notre avis, qu'il comporte la **mention** de la cause de nullité qu'il s'agit d'éteindre en la qualifiant au regard des causes de nullité prévues par la loi.

Les parties n'ont pas, en effet, la libre disposition des causes de nullité car seule la loi peut conférer un effet de droit aux volontés privées et fixer les conditions de leur réception dans l'ordre juridique (en ce sens, Cass. com. 28-4-2009 n° 08-11.616 : RJDA 8-9/09 n° 795, tenant pour nul le cautionnement donné sans les mentions prescrites par la loi en dépit de l'aveu judiciaire de la caution qui avait reconnu son engagement). Les conditions de validité du contrat sont, en quelque sorte, « l'exequatur » du contrat.

À défaut de constater une réelle cause de nullité, les parties courent le risque que, sur l'action d'un créancier de l'une ou de l'autre, voire d'un tiers qui pourrait avoir intérêt à s'en prévaloir (n° 13054), le contrat soit tenu pour valable et que se croyant libérées, elles se trouvent obligées.

En outre, les parties devant « constater », elles doivent établir un **écrit** dont l'article 1178, al. 1 ne fait même pas une condition de validité de l'annulation conventionnelle.

Certes, la révocation par consentement mutuel, dont on a dit n° 15445 qu'elle n'a pas changé de régime, peut être tacite (Cass. 1e civ. 22-11-1960 : D. 1961.89 note Holleaux ; Cass. 3e civ. 22-11-1983 : RTD civ. 1985.161 obs. Mestre) et prouvée par tous moyens (Cass. 1e civ. 18-5-1994 n° 92-15.184 : RJDA 10/94 n° 1000). Mais elle est fondée sur des prérogatives qui sont à la libre disposition des parties, en tant qu'elles relèvent de la liberté contractuelle. Ce qui n'est pas le cas de la nullité qui est une sanction légale (n° 15671).

EFFET DU CONSTAT DES PARTIES

15705 Le constat de la nullité entraîne les effets de la nullité (nos 15715 s.), l'article 1178, al. 1 du Code civil ne mettant aucune restriction à l'anéantissement du contrat que prévoit son alinéa 2.

Celui-ci doit se produire à la **date** de l'accord entre les parties. Celles-ci ne sauraient, après être convenues de la nullité, différer la prise d'effet de cette dernière. Ce serait faire produire effet à un acte qui n'existe plus. Toutefois, l'accord pourrait être subordonné à une condition suspensive, par exemple l'autorisation du conseil d'administration d'une société anonyme, dont la réalisation aura, selon la volonté des parties, un effet rétroactif au jour de l'accord ou produira effet au jour de la réalisation de la condition.

Les parties peuvent aménager les restitutions des prestations exécutées dans la mesure indiquée n° 16123.

2. PRONONCÉ DE LA NULLITÉ PAR LE JUGE

OBLIGATION DE PRONONCER LA NULLITÉ

15707 Dès lors qu'il est saisi de faits dont l'un contrevient à une disposition impérative, le **juge** peut soulever **d'office** ce fait pour prononcer la nullité du contrat vicié (n° 71922).

Il doit alors constater la nullité du contrat contenant une clause illicite (Cass. com. 24-3-2021 n° 1922.708 F-P : RJDA 6/21 n° 385). Aucune autre sanction ne peut donc être substituée à la nullité, notamment l'inopposabilité du contrat (n° 1333). Il doit en être de même du réputé non écrit (n° 16153), car nul ne peut aller à l'encontre de la loi.

POUVOIR DU JUGE D'APPRÉCIER LA NULLITÉ

15709 Les dispositions légales sur la nullité ne contenant aucune règle susceptible d'y faire obstacle, lorsque la loi ne lui impose pas la nullité (Cass. com. 11-1-2023 n° 21-10.440 F-B), le juge est libre d'apprécier si l'irrégularité invoquée doit entraîner la nullité du contrat ou si seule la stipulation irrégulière doit l'être. Il a donc toujours le pouvoir, en présence d'une cause de nullité, de refuser ou d'admettre l'annulation du contrat dans les cas suivants.

Le Conseil d'État confirme la solution, jugeant qu'il appartient au juge, lorsqu'il constate l'existence d'irrégularités, d'en apprécier l'importance et les conséquences, après avoir vérifié que les irrégularités dont se prévalent les parties sont de celles qu'elles peuvent, eu égard à l'exigence de loyauté des relations contractuelles, invoquer devant lui. Il lui revient, après avoir pris en considération la nature de l'illégalité commise et en tenant compte de l'objectif de stabilité des relations contractuelles, soit de décider que la poursuite de l'exécution du contrat est possible, soit de prononcer, le cas échéant avec un effet différé, après avoir vérifié que sa décision ne portera pas une atteinte excessive à l'intérêt général, la résiliation du contrat ou son annulation, mais, dans ce second cas, en raison seulement d'une irrégularité invoquée par une partie ou relevée d'office par lui, tenant au caractère illicite du contenu du contrat ou à un vice d'une particulière gravité, relatif notamment aux conditions dans lesquelles les parties ont donné leur consentement. Cette action est ouverte aux parties au contrat pendant toute la durée d'exécution de celui-ci (CE 1-7-2019 n° 412243 : RJDA 1/20 n° 16 ; CE 9-11-2021 n°s 438388, 438389, 438408 : RJDA 7/22 n° 400) ; sur l'inopposabilité de la prescription quinquennale, n° 15701.

Plus sobrement, la Cour de cassation suit le même mouvement en refusant de prononcer la nullité d'un acte contraire à une disposition légale ou réglementaire lorsqu'il n'est pas prévu que sa méconnaissance soit sanctionnée par la nullité. Elle a notamment refusé d'annuler un acte accompli après l'expiration du délai fixé par la loi (Cass. 1e civ. 20-11-2019 n° 18-23.762 FP-BI : délai de l'art. 815-5-1 C. civ. ; Cass. 3e civ. 2-6-2021 n° 20-13.269 FS-P : défaut de mise en concurrence du syndic de copropriété).

Nullité portant sur un élément déterminant de la volonté des parties 15711 Lorsque la cause de **nullité n'affecte qu'une ou plusieurs clauses** du contrat, elle n'emporte nullité de l'acte tout entier que si cette ou ces clauses ont constitué un élément déterminant de l'engagement des parties ou de l'une d'elles (C. civ. art. 1184, al. 1 ; Cass. 3e civ. 24-6-1971 n° 70-11.730 : Bull. civ. III n° 405 ; Cass. 1e civ. 16-3-1983 n° 82-10.334 : Bull. civ. I n° 100 ; Cass. 1e civ. 25-1-2023 n° 19-25.478 FS-B : RJDA 5/23 n° 262). À défaut d'autre précision dans l'article 1184, cette reprise entraîne la survivance des solutions prétoriennes antérieures qui ont précisé la portée de la condition. Ainsi, les juges du fond apprécient souverainement l'existence d'une cause déterminante (Cass. civ. 19-10-1983 : GP 1984.pan.73), mais, dès lors qu'ils l'ont constatée, ils doivent prononcer la nullité (Cass. com. 13-11-1963 : Bull. civ. III n° 474).

Les parties peuvent d'ailleurs éclairer le juge sur ce point, en prévoyant le maintien du contrat en cas de nullité d'une ou de certaines de ses stipulations (clause dite « de validité ») ; dans ce cas, il convient de préciser, en outre, si les stipulations annulées devront ou non être remplacées par d'autres, conformes aux exigences légales. La nullité du contrat sera néanmoins prononcée si le juge estime son maintien contraire à l'ordre public.

Les juges ne peuvent pas déclarer la clause non déterminante au motif que son inefficacité ne détruit pas l'équilibre du contrat (Cass. 3e civ. 5-2-1971 n° 69-12.531 : Bull. civ. III n° 84).

Mais le juge doit annuler le contrat si les parties ont prévu qu'il serait nul intégralement si telle ou telle de ses clauses était invalidée (Cass. civ. 10-3-1919 : DP 1923.1.205 ; Cass. com. 19-1-1967 : Bull. civ. III n° 39), sauf si cette stipulation constitue une fraude à la loi (Cass. civ. 6-6-1972 : D. 1973.151 note Malaurie ; Cass. 3e civ. 9-7-1973 n° 72-12.660 : Bull. civ. III n° 467).

Nullité portant atteinte à un élément essentiel à la validité du contrat 15712 Le juge doit annuler le contrat qui porte atteinte à un ordre public de direction, tel le contrat qui porte atteinte à l'interdiction de durée perpétuelle du contrat (n° 13503) ou le contrat auquel il manque un élément déterminant de sa validité comme c'est le cas d'un contrat de vente conclu avec un préempteur qui n'est pas titulaire du droit de préemption exercé (Cass. 3e civ. 17-2-2010 n° 09-10.474 : Bull. civ. III n° 49).

Sur le prononcé de la nullité pour violation de l'ordre public, n° 74287.

Impossibilité de requalifier le contrat 15713 Le juge ne peut pas **requalifier le contrat** nul en un autre contrat (Cass. 3e civ. 18-5-2005 n° 592 : RJDA 10/05 n° 1100 ; CA Paris 17-1-2007 : JCP E 2007.2505 note Pereira-Osouf), selon la règle dite de la « conversion par réduction des actes juridiques », ou appliquer une règle tirée du régime du contrat inexistant (Cass. com. 3-11-1992 : RJDA 3/93 n° 203 et CA Paris 21-11-1991 : JCP E 1992.pan.121, refusant d'appliquer les règles du mandat après annulation d'un contrat contenant un mandat).

Contrats indivisibles 15714 Le juge doit annuler un **contrat valide** en soi dès lors que les parties l'ont **lié au contrat vicié** et qu'elles n'auraient pas conclu l'un sans l'autre (n° 10106).

Mais il ne peut annuler deux opérations distinctes figurant dans un même acte, telles la vente d'un pavillon et celle d'un fonds de commerce, sans rechercher s'il existait une indivisibilité entre elles (Cass. com. 5-6-1973 : Bull. civ. IV p. 181 ; pour la reconnaissance de l'indivisibilité, Cass. com. 5-4-1994 : RJDA 7/94 n° 773), ni annuler un acte ostensible sans rechercher s'il est ou non indivisible avec la contre-lettre (cf. Cass. ch. mixte 12-6-1981 n° 78-14.971 : D. 1981.413).

3. EFFETS DE L'ANNULATION DU CONTRAT

SUPPRESSION DES EFFETS DU CONTRAT ENTRE LES PARTIES

15715 Le contrat annulé est censé n'avoir jamais existé (C. civ. art. 1178, al. 2). Les tribunaux n'en ont jamais douté, le déduisant du sens courant du terme « nullité » (Cass. 3e civ. 2-10-2002 no 1431 : RJDA 1/03 no 8 ; Cass. 3e civ. 20-3-2002 no 592 : RJDA 7/02 no 751 : anéantissement du contrat en toutes ses dispositions) et jugeant que cet anéantissement emportait remise des parties en l'état où elles se trouvaient antérieurement à la conclusion du contrat annulé (Cass. 1e civ. 6-2-2019 no 17-25.859 F-PB : RJDA 6/19 no 421).

Ainsi, la **mise à néant** du contrat se produit à compter, selon le cas :

– du jour où la nullité est prononcée par le juge et seulement à cette **date** (Cass. 3e civ. 16-2-1982 no 80-14.231 : Bull. civ. III no 42, refusant à un locataire de se soustraire au paiement des loyers tant que la décision d'annulation n'est pas prononcée), que la nullité ait été obtenue par voie d'action ou d'exception (CA Versailles 1-4-1999 : RJDA 8-9/99 no 884) ;

– de la date de l'acte par lequel les parties ont constaté la nullité d'un commun accord (no 15705).

À compter de cette date, les dispositions légales dont l'application est subordonnée à l'existence d'un contrat entre les parties ne peuvent plus être appliquées ; notamment celle qui règle les effets de la perte de la chose (Cass. 3e civ. 24-11-1976 : Bull. civ. III p. 322), celles relatives à l'imputation des risques, ceux-ci restant, en cas de vente, à la charge du vendeur qui est censé demeurer propriétaire de la chose vendue (Cass. 1e civ. 6-12-1967 : Bull. civ. I no 358 ; CA Paris 16-3-2010 no 08/13087 : RJDA 12/10 no 1160 et, sur pourvoi, Cass. com. 8-11-2011 no 10-18.314), et celles relatives au régime de responsabilité applicable à la réparation d'un dommage invoqué à l'encontre d'une ex-partie au contrat, qui ne peut être qu'extracontractuel (Cass. com. 21-10-2020 no 18-19.429 FS-D).

Aucune **clause** du contrat ne peut recevoir exécution, par exemple :

– les clauses de dédit (Cass. 1e civ. 27-6-1978 no 76-10.145 : Bull. civ. I no 241) ;

– les clauses prévoyant des pénalités (Cass. com. 20-7-1983 no 82-12.145 : Bull. civ. IV no 230 ; Cass. 1e civ. 20-3-2007 no 06-12.770 : RJDA 7/08 no 783) ;

– les clauses de non-concurrence (CA Paris 22-6-1983 : GP 1984.som.27 ; CA Paris 19-5-1988 : GP 1988.665), tout en laissant subsister une possible concurrence déloyale, celle-ci étant une faute délictuelle (CA Paris 27-9-1990 : BRDA 21/90 p. 13) ;

– la clause reconnaissant à une partie un droit de préemption (Cass. com. 5-5-1987 : BRDA 12/87 p. 22) ou un droit de préférence (TGI Paris 7-3-1986 : D. 1988.som.208 obs. Colombet).

Mais, en raison de leur autonomie par rapport au contrat qui les contient, la clause d'arbitrage et celle attributive de compétence territoriale survivent à l'annulation du contrat (nos 70775 et 72043), de même que les sûretés garantissant les restitutions (nos 16123 et 16147).

REMISE EN L'ÉTAT ANTÉRIEUR À L'ANNULATION

15718 **Principe des restitutions** L'annulation du contrat implique la **remise des parties dans l'état** où elles se trouvaient avant la conclusion du contrat : chacune doit restituer à l'autre ce qu'elle a reçu d'elle.

a. En cas d'annulation d'un contrat de vente, seul le vendeur qui a reçu le prix est tenu de le restituer et non le créancier gagiste qui détenait la chose, aurait-il reçu une partie du prix de vente en sa qualité de créancier (Cass. 1e civ. 3-5-2018 no 16-13.656 FS-PBI : RJDA 11/18 no 818).

b. Il y a lieu à restitution même si l'annulation est due à une atteinte à une liberté fondamentale (no 4659) ou à l'illicéité du contrat (Cass. 1e civ. 27-11-1984 no 83-11.265 : Bull. civ. I no 319), telle une fraude (Cass. 1e civ. 4-4-2001 no 99-11.488 : Bull. civ. I no 103 ; Cass. 3e civ. 25-2-2004 no 02-15.269 : RJDA 7/04 no 799 ; Cass. soc. 10-11-2009 no 08-43.805 : RJS 1/10 no 35).

Mais il n'y a pas lieu à restitution si le demandeur de la restitution a commis une faute, telle celle, pour un prêteur qui a financé un achat, d'avoir versé les fonds au regard d'un document imprécis ne faisant pas état de la nature du bien vendu ni des travaux (Cass. 1e civ. 14-11-2019 no 18-20.459 F-D).

Restent valables le **cantonnement** de la restitution au profit que l'incapable a retiré du contrat (no 1030), l'interdiction d'obtenir restitution lorsque la loi n'accorde aucune action, notamment en cas de dette de jeu (C. civ. art. 1965) ou la **dispense** de remise en état pour impossibilité matérielle d'y procéder (Cass. com. 18-11-1974 précité ; Cass. com. 14-6-2005 no 03-12.339 : RJDA 3/06 no 279 ; Cass. 1e civ. 16-3-1999 no 97-12.930 : RJDA 5/99 no 510 ; rappr. Cass. 1e civ. 12-12-1979 no 78-14.604 : JCP G 1980.II.19464 note Prévault).

De même reste valable, à notre avis, la solution des tribunaux écartant la restitution si le contrat a été annulé pour cause immorale, par application de la maxime suivant laquelle **nul ne peut se prévaloir de sa turpitude** (Nemo auditur) (Cass. req. 17-7-1905 : D. 1906.1.72 ; cf. Cass. com. 12-11-1974 no 73-12.558 : Bull. civ. IV no 283).

Cette application est toujours actuelle bien que ne se retrouve pas dans l'article 1102, al. 2 du Code civil l'interdiction faite aux parties de déroger aux règles qui intéressent les bonnes mœurs. D'abord, parce que son objet n'est pas de délimiter le champ de la liberté contractuelle mais de tirer les conséquences de l'annulation d'un contrat. Ensuite, parce que, de droit commun général, l'article 6 du Code civil proscrit toujours de déroger aux bonnes mœurs, ce qui permet d'imposer le respect des bonnes mœurs à quiconque, le droit commun n'étant exclu que par une disposition expresse (n° 74803). La maxime peut donc être toujours employée selon la libre appréciation des juges. Il arrive ainsi que la restitution soit accordée en cas de nullité pour cause d'immoralité (Cass. com. 12-11-1974 n° 73-12.558 : Bull. civ. IV n° 283) et que la restitution soit refusée en cas de nullité pour cause d'illicéité (Cass. 1e civ. 16-7-1959 : Bull. civ. I p. 298) alors que cette nullité donne lieu par principe à restitution (Cass. 1e civ. 27-11-1984 n° 83-11.265 : Bull. civ. I n° 319 ; Cass. 1e civ. 26-9-2018 n° 16-25.184 FS-PB). En cas de turpitude réciproque des parties, il y a lieu de déclarer d'office irrecevable la demande de l'une dirigée contre l'autre (Cass. com. 27-4-1981 n° 80-11.200 : D. 1982.51 note Le Tourneau).

Modalités des restitutions La remise en l'état antérieur à l'annulation se fait par application du régime des restitutions dont les dispositions, ainsi que leur champ d'application, sont exposés nos 16120 s. **15722**

EFFETS DE L'ANNULATION À L'ÉGARD DES TIERS

L'annulation d'un acte a pour effet d'anéantir les droits des parties contractantes et même ceux des tiers qui avaient traité avec l'une d'elles, lorsque le contrat annulé et le contrat conclu avec un tiers sont fondés sur la même cause (n° 10106). **15733**

Cependant, l'annulation ne produit pas effet à l'égard des tiers dans les cas suivants :

– s'agissant d'actes de disposition sur un immeuble, l'action en nullité est inopposable aux tiers si elle n'a pas été publiée (n° 15698) ;

– le possesseur de bonne foi c'est-à-dire qui avait cru que le bien lui avait été remis par son véritable propriétaire d'un meuble corporel peut invoquer l'article 2276 du Code civil et conserver l'objet qui lui a été remis (n° 30035) ;

Mais il ne peut invoquer l'article 2276, même s'il a pris possession des meubles, lorsque ces meubles ont été acquis, à un moment où ils étaient des meubles par anticipation (arbres sur pied), d'un vendeur dont le droit de propriété sur le terrain a été ultérieurement annulé, car l'acquéreur, dans un tel cas, est en mesure de vérifier la qualité du vendeur en consultant les titres de la propriété immobilière dont lesdits meubles font partie jusqu'à leur vente (Cass. 3e civ. 4-7-1968 : Bull. civ. III n° 321).

– le possesseur d'un immeuble de bonne foi et en vertu d'un juste titre peut se prévaloir de la prescription acquisitive par dix ans (n° 30028) ;

– les actes conclus par un propriétaire apparent avec les tiers sont maintenus (n° 74915) ;

– les actes d'administration (comme par exemple un contrat de bail en principe) passés avec un tiers de bonne foi subsistent (cf. CA Paris 30-3-1995 : RJDA 1/96 n° 35, qui, tout en rappelant la règle, exclut des actes d'administration le bail commercial car le droit au renouvellement entraîne un démembrement partiel du droit de propriété) ;

– l'annulation d'un contrat de distribution de produits pétroliers ne pouvant donner lieu aux restitutions des produits vendus par le pompiste sur la base de ce contrat a été jugée comme ne remettant pas en cause les contrats de vente au consommateur final, chaque partie pouvant conserver le profit qu'elle avait retiré de ces opérations, à condition que le fournisseur ne s'enrichisse pas indûment et que le distributeur ne subisse pas un appauvrissement injustifié (Cass. com. 19-3-1996 : RJDA 7/96 n° 885).

RÉPARATION DU PRÉJUDICE CAUSÉ PAR LA NULLITÉ

La partie lésée peut demander la réparation du préjudice que lui cause l'annulation du contrat dans les conditions de la responsabilité extracontractuelle (C. civ. art. 1178, al. 4). Ainsi, est pratiquement entérinée la jurisprudence qui requérait, en outre, que le demandeur soit de bonne foi (Cass. ch. mixte 9-7-2004 n° 02-16.302 : RJDA 2/05 n° 116 ; rappr. CE 22-2-2008 n° 286174 : AJDA 2008.1102) et que le préjudice soit distinct de celui réparé par l'annulation et les restitutions auxquelles elle donne lieu (Cass. com. 12-7-2011 n° 10-19.297 : RJDA 11/11 n° 922). Ces conditions vont de soi car tout demandeur doit avoir un intérêt légitime à faire valoir en justice (nos 71606 et 74921) et nul ne peut se prévaloir de sa mauvaise foi (n° 8027). **15736**

Est distinct le préjudice qu'une partie subit du fait de l'inexécution des obligations de son cocontractant, ce préjudice n'étant pas réparé par l'annulation, notamment les dépenses qu'elle a dû exposer, en tant que locataire-gérant, pour les travaux nécessaires à l'exploitation du fonds de commerce loué et le préjudice commercial causé par les défauts des lieux loués (Cass. com. 15-11-2011 n° 10-16.987 : RJDA 3/12 n° 244). En cas d'annulation d'un contrat de prêt, indépendamment des restitutions (n° 16143), le prêteur peut obtenir réparation de la perte de chance de percevoir les intérêts à échoir (Cass. 3e civ. 1-6-2017 n° 16-14.428 FS-PBI : RJDA 10/17 n° 613 ; rappr. Cass. 3e civ. 18-2-2016 n° 15-12.719 : RJDA 7/16 n° 522), mais pas de la perte du capital restant dû, qui est couverte par la restitution ; en effet, une telle perte ne constitue pas, en elle-même, à l'inverse de la perte des intérêts conventionnels, un préjudice réparable (Cass. 3e civ.

19-5-2016 n° 15-11.441 : RJDA 8-9/16 n° 609). Dans le même sens sur l'absence de préjudice tenant à la restitution d'un prix après annulation de la vente, n° 27250.

Le contrat annulé étant censé n'avoir jamais existé, la partie lésée ne peut pas réclamer l'allocation d'une **indemnisation** correspondant à la non-obtention des résultats commerciaux qu'elle était en droit d'attendre de l'exécution du contrat, sauf à méconnaître les conséquences mêmes de la nullité prononcée (Cass. com. 18-10-2011 n° 10-23.524 : RJDA 2/12 n° 151).

Sous cette réserve, les parties peuvent, à notre avis, convenir des conséquences de la nullité. La solution admise par le Conseil d'État à propos de l'annulation des contrats administratifs (CE 11-5-2016 n°s 383768 et 383769) est transposable par analogie de situation. Dans la mesure où l'effet de la nullité est respecté et où l'indemnisation convenue est conforme aux règles de la réparation des dommages extracontractuels, il n'est pas de raison d'invalider l'accord des parties ; sur la validité de la clause réglant les conséquences de la responsabilité extracontractuelle en cas de rupture brutale, n° 15458 ; sur la réparation fondée sur la base des quasi-contrats, CE 9-6-2020 n° 420282 : RJDA 12/20 n° 641, indemnisant les dépenses qui ont été utiles à la personne publique cocontractante.

Il n'y a pas lieu à indemnisation lorsque la loi l'écarte ; par exemple, le contrat de jeu étant illicite et nul, la loi refuse toute action en exécution ou restitution de ce qui a été exécuté (cf. C. civ. art. 1965 ; Cass. 2e civ. 22-2-2007 n° 06-10.131 : JCP G 2007.II.10099 note Brusorio-Aillaud : refus du versement des gains de jeu et de la réparation de la faute commise par l'établissement de jeu qui a laissé miser un joueur interdit de salle de jeu) ou lorsque la partie victime de la nullité demande réparation du préjudice que lui aurait causé la rupture brutale du contrat qui n'a jamais existé, l'autre partie ayant alors droit à la contre-valeur des prestations qu'elle a exécutées (Cass. 3e civ. 18-11-2009 n° 08-19.355 : Bull. civ. III n° 152).

Substituer la relation de fait au contrat formel reviendrait à nier les effets de la nullité du contrat qui implique l'anéantissement de ce qui a été exécuté.

Sur le caractère non dommageable de la restitution du prix de la vente annulée, n° 27250.

II. CADUCITÉ DU CONTRAT

16000 L'impossibilité d'exécuter le contrat y met fin si elle est due à la **disparition d'un élément « essentiel »** (C. civ. art. 1186, al. 1). Ne pouvant plus être exécuté tel qu'il avait été conclu, le contrat est dit « caduc » (voir C. civ. art. 1186 et art. 1187).

Notamment, il a été admis, par une appréciation souveraine des juges du fond, que les parties qui n'avaient pas manifesté leur commune volonté de faire du régime applicable au prix contractuel disparu un élément déterminant du contrat avaient entendu écarter la sanction de la caducité et poursuivre l'exécution du contrat sur la base du prix fixé par l'une d'elles et correspondant à un cours moyen pourvu qu'il ne soit pas discriminatoire (cf. Cass. com. 27-4-1971 n° 69-12.329, 2e esp. : D. 1972.353 note Ghestin ; CA Paris 28-9-1976 : JCP G 1978.II.18810 obs. Robert).

À l'instar de cette décision, la volonté des parties d'aménager la sanction de la caducité pourrait être validée en cas : de suppression autoritaire d'un prix réglementé (cf. Cass. com. 27-4-1971 précité) ou d'un indice de référence que les parties ont considéré comme déterminant de leur commune volonté (n° 50396) ; de défaillance d'une condition suspensive (n° 13460) ; du décès d'un cocontractant partie au contrat en considération de sa personne (Cass. 2e civ. 23-5-1973 : GP 1973.pan.182) ; d'impossibilité d'exécuter le contrat survenue au cours du contrat (Cass. 3e civ. 21-2-1978 n° 76-14.762 : Bull. civ. III n° 88 ; Cass. com. 18-12-2001 n° 98-20.135 : RJDA 4/02 n° 349 ; Cass. 1e civ. 7-11-2006 n° 05-11.775 : Bull. civ. I n° 457 ; Cass. com. 4-10-2011 n° 10-10.548 : RJDA 1/12 n° 63) ; de novation (CE 19-6-1970 n° 75397 : Lebon 1098 ; Sentence CCI n° 3383 en 1979 : Clunet 1980.978 obs. Derains) ; de non-ratification de la promesse de porte-fort (n° 13024) ; d'expiration d'un contrat contenant un pacte de préférence pour le temps de sa durée (Cass. civ. 21-12-1988 : JCP G 1989.IV.68 : caducité du pacte) ; d'anéantissement d'un contrat interdépendant (n° 10106).

Mais la caducité a été aussi imposée comme une règle d'**ordre public** à laquelle les parties ne pouvaient pas déroger.

Ainsi, il a été notamment jugé : qu'était réputée non écrite la clause de divisibilité des contrats constitutifs d'une location financière qui avait pour effet d'écarter l'application de la sanction de la caducité (n° 10103) ; que le dépassement de la durée maximale de dix ans d'une exclusivité d'achat entraînait la caducité du contrat si cette clause était indissociable de l'objet du contrat (n° 21569) et que la clause d'une promesse unilatérale de vente contenant une condition suspensive, qui prévoyait sa caducité au cas où tel événement déterminé se produirait, n'a pas pour effet de retirer au bénéficiaire de la promesse l'intérêt et la qualité qu'il tient en tant que partie à la promesse (Cass. 3e civ. 23-1-2020 n° 19-12.035 D) ; supprimer les effets de la qualité de partie à un contrat valablement conclu reviendrait en effet à invalider ce contrat et pas seulement à supprimer ses effets pour l'avenir.

1. Le contrat caduc prend **fin pour l'avenir,** ce que précise l'article 1187, al. 1 du Code civil. Cette extinction se produit sans qu'il soit nécessaire de demander en justice la résolution du contrat (Cass. com. 28-4-1982 n° 80-16.678 : Bull. civ. IV n° 145). Il s'ensuit que chaque partie cesse d'exécuter les prestations à venir (Cass. com. 4-7-2018 n° 16-26.003 F-D : RJDA 12/18 n° 895 : dispense d'exécuter les clauses prévues en cas de résiliation du contrat et les clauses contractuelles de garantie ; CA Paris 3-6-1987 : BRDA 13/87 p. 12 : arrêt du paiement des intérêts restant dus sur le solde non encore amorti du prêt consenti par le cocontractant ; CA Nancy 18-11-1991 : RJDA 6/92 n° 575 : extinction d'un contrat d'approvisionnement due à la disparition du fonds de commerce ; sur l'extinction du cautionnement, n° 55727) et peut prendre les mesures qu'implique la cessation du contrat ; ainsi, par exemple un pompiste a pu, de sa propre autorité, démonter les cuves appartenant à la société pétrolière qui les lui avait mises à sa disposition pour l'exécution du contrat (Cass. com. 2-7-1974 n° 73-11.530 : Bull. civ. IV n° 212).

La partie qui y a intérêt peut invoquer les effets passés de l'acte devenu caduc, notamment les effets d'un titre exécutoire ; ainsi, une ordonnance de non-conciliation entre époux devenue caduc par l'effet du désistement de l'instance en divorce par l'époux bénéficiaire du titre n'est pas pour autant privée d'effet, sauf dispositions contraires, pour la période antérieure à la caducité (Cass. 1e civ. 9-2-2011 n° 09-72.653 F-PBI : RD bancaire 2011 n° 4 § 148 obs. Piedelièvre). Cette décision, conforme à la non-rétroactivité de la caducité, contredit celle qui, par une incise, l'avait admis par assimilation à la nullité pour en déduire la perte du droit du saisissant de demander réparation au tiers saisi qui n'avait pas, sans motif légitime, fournit les renseignements sur le saisi qu'il détenait (n° 59818) ; sur une autre décision s'étant fondée sur la rétroactivité de la caducité, Cass. 2e civ. 6-12-2007 n° 07-13.964 : RTD civ. 2008.162 obs. R. Perro et une autre ayant affirmé la non-rétroactivité de la caducité, CA Lyon 14-10-1998 : RJDA 5/99 n° 599.

Il s'ensuit aussi que les clauses du contrat peuvent **survivre** à sa caducité.

Jugé notamment que restent valables :

– la clause pénale stipulée dans une promesse de contrat, qui doit précisément produire effet en cas de caducité de la promesse due à la défaillance fautive de l'une des parties (Cass. com. 22-3-2011 n° 09-16.660 P : D. 2011.2179 note Hontebeyrie) ;

– la transmission aux héritiers des engagements pris par leur auteur pour le cas où la promesse serait caduque (Cass. 3e civ. 24-1-2018 n° 16-27.811 F-D) ;

– les obligations distinctes de celle devenue impossible à exécuter dès lors que l'obligation inexécutée n'était pas déterminante du contrat (cf. Cass. soc. 17-6-1981 n° 77-12.428 : Bull. civ. V n° 568).

2. La caducité peut donner lieu à restitution (C. civ. art. 1187, al. 2) ; chaque partie peut donc **demander la restitution** des prestations échangées.

3. Si le contrat est **partiellement caduc,** la rémunération de la partie qui n'exécute plus l'obligation caduque peut être **réduite** à proportion de l'obligation éteinte (Cass. soc. 17-6-1981 n° 76-12.361 : Bull. civ. V n° 568).

4. Sur les effets de la « caducité » pour défaillance de la condition suspensive, n° 13460.

Si les **conditions** de la caducité ne sont **pas réunies,** le contrat demeure et, par exemple, le renouvellement prévu par tacite reconduction se produit (Cass. com. 18-11-2008 n° 07-20.304 : RDC 2009.484 obs. Mazeaud).

III. TERME EXTINCTIF

Lorsque le contrat a été conclu pour une durée déterminée, l'arrivée du terme, dit alors extinctif quoiqu'aucun texte du Code civil n'utilise l'expression, met automatiquement fin au contrat sans qu'il soit nécessaire de procéder à une quelconque formalité. **16003**

Sur l'obligation de prévoir une échéance commune à tous les contrats liant un commerçant de détail à un réseau, n° 21590.

Cette extinction se produit si les conditions suivantes sont réunies.

1. La stipulation d'un terme doit être compatible avec la prestation due ; notamment la prestation consistant à assister une société ne peut pas être par nature à durée déterminée car sa durée dépend de l'obtention du résultat de la mission d'assistance (Cass. com. 7-11-2018 n° 17-26.372 F-D : RJDA 2/19 n° 70).

2. Il doit être établi qu'un terme extinctif a été fixé au contrat ou, autrement dit, que le **contrat** est **à durée déterminée.** Tel est le cas si le contrat doit expirer :

– à une date fixe ; il s'éteint alors au jour prévu à 24 heures (cf. CPC art. 642) ;

– au terme d'un délai déterminé (sur ce délai, n° 13506) ;

– au jour de la survenance d'un événement certain, même si la date de sa réalisation est inconnue, dès lors que cette réalisation est indépendante de la volonté des parties (Cass. civ. 18-1-1995 : RJDA 3/95 n° 257 : décès d'une partie ; Cass. com. 3-2-2009 n° 08-10.203 : RJDA 6/09 n° 570).

N'est pas un terme extinctif un terme trop lointain (99 ans) au regard de la durée moyenne de la vie professionnelle (CA Paris 28-1-2021 n° 20/01252 : RJDA 7/21 n° 475).

3. Il ne faut pas que les parties aient prorogé, renouvelé ou tacitement reconduit leur contrat (nos 16170 s. et 16190 s.) ou, inversement, l'aient rompu d'un commun accord (nos 15445 s.). Mais les parties peuvent avoir prévu que le contrat est renouvelable pour une période déterminée, par exemple d'année en année (Cass. com. 9-7-1996 : RJDA 12/96 n° 1438).

Lorsque le terme est acquis, le contrat ne peut plus produire d'effet. En conséquence, l'instance d'appel en cours qui tend à obtenir une reprise des relations contractuelles, que le jugement ait ou non ordonné celle-ci, n'a plus d'objet et la reprise ne peut plus être exécutée (CE 27-2-2019 n° 414114).

Tant que le terme n'est pas expiré, l'exécution de ce qui n'est dû qu'à terme ne peut pas être exigée mais ce qui est payé d'avance ne peut pas être répété (C. civ. art. 1305-2). Une fois que le terme est expiré, le contrat peut encore produire les effets qui y sont prévus pour advenir après la date d'expiration ; lesquels ne seront éteints que par la résolution ou l'annulation du contrat (n° 16090).

IV. CONDITION RÉSOLUTOIRE

16045 **Définition** La condition résolutoire est celle qui éteint l'obligation sur laquelle elle porte, lorsqu'elle est accomplie (C. civ. art. 1304, al. 3).

Est une condition résolutoire la clause d'une vente de semences qui prévoit la reprise en fin de campagne des semences invendues (Cass. com. 3-10-1978 n° 77-11.013 : Bull. civ. IV n° 210) mais non celle d'un compromis de vente prévoyant que le compromis « pourra être » considéré comme nul, cette clause étant une faculté de dédit offerte aux parties (CA Rouen 19-11-1997 n° 94/775).

16046 **Applications de la condition résolutoire** À défaut de précision légale, la condition résolutoire, à ne pas confondre avec la clause résolutoire de plein droit (nos 15553 s.), est soumise aux mêmes conditions de **validité** et de **réalisation** que la condition suspensive (C. civ. art. 1304 à 1304-5 ; nos 13420 s.).

Si les parties n'ont pas enfermé la condition dans un temps fixe mais ont correctement délimité son objet, le juge peut leur imposer le délai dans lequel la condition doit se réaliser (Cass. 3e civ. 22-9-2009 n° 08-19.754 : RJDA 2/10 n° 115).

Elle joue de **plein droit,** sans mise en demeure notamment, sauf stipulation contraire du contrat (Cass. 3e civ. 31-1-1978 n° 76-11.828 : Bull. civ. III n° 60 ; Cass. 3e civ. 9-1-1980 : Bull. civ. III n° 12).

Sur ces bases, les solutions suivantes ont été appliquées :

– l'engagement pris par un associé sous condition que la société dont il est membre soit en « réel danger » n'est pas résolu par le fait que la société a eu recours à des emprunts ; le réel danger aurait été constitué, par exemple, si la société avait déposé son bilan (Cass. com. 6-3-1984) ;

– dans le cas où une clause d'un contrat de vente d'un local prévoyait que cette vente serait résolue si le vendeur vendait un troisième local, la condition a été jugée accomplie dès lors que le vendeur avait conclu une telle vente (Cass. civ. 10-3-1981 : GP 1981.pan.272) ;

– la vente d'un appareil sous condition de son homologation, sans qu'aucun délai n'ait été précisé, est résolue lorsque l'homologation n'a pas été obtenue à l'expiration d'un délai raisonnable (CA Aix 11-1-1977 : Bull. Cour d'Aix 1977/1 p. 95) ;

– la condition résolutoire purement potestative est nulle (Cass. com. 28-6-1965 : Bull. civ. III n° 405 ; Cass. com. 19-1-2010 n° 08-19376 : Rev. soc. 2010.165 note Couret ; CA Paris 20-12-1994 : JCP E 1995.pan.135).

16047 **Effets de la condition résolutoire pendante** L'article 1304-7, al. 1 du Code civil précise que l'obligation est rétroactivement éteinte par la condition accomplie, ce qui fait entendre qu'elle existait jusque-là. Il s'en suit que le **contrat** sous condition résolutoire est **définitivement conclu** tant que la condition n'est pas réalisée. Chaque partie est donc tenue de l'exécuter et peut en exiger l'exécution.

16050 **Effets de la condition résolutoire accomplie** La survenance de la condition résolutoire provoque rétroactivement l'**extinction de l'obligation** sous condition résolutoire, laquelle, à son tour, met fin au contrat au jour de sa conclusion (cf. Cass. civ. 24-10-1950 : JCP G 1950.II.5835 obs. R. C.), du moins si la condition porte sur l'obligation essentielle car la disparition de cette obligation entraîne celle du contrat qui n'a plus de contenu certain (nos 12549 s.).

Si la condition résolutoire porte sur une obligation qui n'est pas déterminante de l'existence du contrat, elle disparaît sans entraîner le contrat lui-même. Mais les parties peuvent en avoir décidé autrement et rendu cette obligation, quoique secondaire, déterminante de leur consentement au contrat (n° 10275).

Chaque partie est désengagée dès la réalisation de la condition (Cass. 3e civ. 31-1-1978 n° 76-11.828 : Bull. civ. III n° 60).

Sauf clause contraire écartant la rétroactivité de principe de la condition résolutoire, chaque partie doit **restituer** ce qu'elle a reçu en exécution du contrat, mais sans que soient remis en cause les actes conservatoires et d'administration faits tant que la condition était pendante (C. civ. art. 1304-7, al. 1).

Il s'ensuit qu'en cas de vente ou de donation le vendeur ou le donateur **reprend son bien,** même s'il a été aliéné par l'acquéreur ou le donataire, ou si un droit réel (hypothèque notamment) a été constitué sur lui (CA Douai 6-2-1980 : JCP G 1981.II.19648 obs. Thuillier, annulant l'usufruit consenti par le donataire sur les biens qui lui avaient été donnés avec droit de retour).

Toutefois, si la reprise porte sur un immeuble, elle ne peut être opposée aux tiers que si la condition résolutoire a été publiée avant la publication des aliénations, charges et hypothèques (C. civ. art. 941 et 1673, al. 2).

Le vendeur qui récupère le bien doit restituer le prix qu'il a reçu. Les intérêts de ce prix ayant pour contrepartie les fruits produits par la chose dont l'acquéreur a joui ne sont pas dus par le vendeur si celui-ci a livré la chose au moment où il a été payé ; les parties peuvent cependant en convenir autrement (cf. CA Agen 28-3-1860 : S. 1860.2.167).

Sur les modalités de la restitution des biens depuis le 1er octobre 2016, nos 16120 s.

V. CONFUSION

Une obligation étant éteinte par confusion lorsque la même personne devient créancière et débitrice de cette même obligation (C. civ. 1349), les obligations nées du contrat sont donc éteintes dès lors que ces qualités sont réunies pour les mêmes obligations en la personne du même contractant. **16060**

Tel est le cas lorsqu'un locataire devient propriétaire du lieu loué puisqu'il devient créancier de toutes les obligations qu'il devait au propriétaire antérieur ; ce bien est devenu libre de tout bail (Cass. 1e civ. 11-6-1996 no 94-16.608 : Bull. civ. I no 252, précisant qu'il n'y a pas lieu alors de distinguer que l'héritier locataire devenu propriétaire du bien loué ait tenu son bail de son auteur ou comme en l'espèce d'un tiers ; Cass. soc. 30-6-1996 : Bull. civ. IV no 663 : rejet de la demande au précédent propriétaire des améliorations ; Cass. 3e civ. 15-7-1971 no 70-11.507 : Bull. civ. III no 45 : extinction du droit au bail ; Cass. 3e civ. 24-6-2009 no 08-16.728 : Bull. civ. III no 157 : recevabilité de l'action en résiliation de l'héritier de l'ancien bailleur ; Cass. com. 4-12-2012 no 11-25.958 F-PB : JCP N 2013.1102 note J.-P. Maublanc : l'extinction par confusion n'emporte pas transfert des droits soumis à perception des droits d'enregistrement).

Mais le contrat revit si l'acte créateur de la confusion est résolu ou annulé (Cass. 3e civ. 22-6-2005 no 768 : RJDA 2/06 no 127).

En cas de **pluralité de patrimoines affectés** créés par la même personne physique exerçant son activité professionnelle sous le statut de l'EIRL (no 2295), la confusion doit, à notre avis, opérer si un patrimoine devient créancier et débiteur de la même obligation puisqu'il réunit en lui les conditions qui provoquent l'extinction de l'obligation. L'affectation crée l'autonomie de ces patrimoines comme s'ils étaient dotés d'une personnalité juridique distincte.

À défaut de disposition contraire l'extinction de la créance ne peut pas être opposée aux tiers. Sur les effets de la confusion entre codébiteurs solidaires, no 50178, et au regard des cautions, no 55727.

VI. CONSÉQUENCES DE L'EXTINCTION DU CONTRAT

A. Arrêt du contrat

Qualification L'arrêt du contrat est ici entendu comme la **cessation** de ses **effets.** Il est donc distinct du cas où le contrat cesse avec rétroactivité de produire effet, comme s'il n'avait jamais existé, ce qui résulte de son annulation (no 15715) ou de la réalisation de la condition résolutoire (no 16050). **16090**

Il s'agit ici du cas où le contrat n'a pas encore produit tous ses effets, certains ayant été différés après son expiration (pour un exemple, CA Paris 27-11-2020 no 19/04428, prononçant la résolution du contrat expiré pour éteindre tous ses effets, en l'espèce le droit de préférence prévu à un terme postérieur à la date d'expiration).

Sort des obligations nées du contrat Le Code civil ne détermine pas les conséquences de la « fin du contrat », sauf pour affirmer la **survivance de certaines clauses** en cas de résolution du contrat (C. civ. art. 1230). **16100**

Ainsi la résolution n'affecte pas (art. précité) :

– les clauses relatives au règlement des différends, ce que les tribunaux avaient déjà admis à propos des clauses attributives de compétence (n° 72043) ou d'arbitrage (n° 70775) compte tenu de leur autonomie par rapport au contrat qui les contient ;

– les clauses destinées à produire effet même en cas de résolution, telles les clauses de confidentialité et de non-concurrence.

Cette disposition ne se limite pas aux obligations qu'elle vise formellement, qui ne sont citées qu'à titre d'exemples (« telles les clauses »). Elle offre ainsi, à notre avis, une base légale, jusque-là inexistante, à une généralisation de cette survivance chaque fois que la transposition de la solution retenue pour la résolution ne porte pas atteinte à une règle d'ordre public, notamment de direction, et qu'elle est justifiée par un intérêt légitime. Cette survie est d'ailleurs davantage une conséquence de la fin du contrat produite par la résolution qu'un effet inhérent à cette dernière.

À défaut de fixation d'une durée limitée, ces clauses peuvent encourir la nullité pour violation de l'interdiction des engagements perpétuels (CA Rennes 2-10-2002 n° 02/02150 et CA Versailles 18-10-2005 n° 04/01798, cités par Sassolas : RTD com. 2015.628 : à propos de clauses de confidentialité ; T. com. Paris 2-2-1998 : GP 1999.som.554). Toutefois, une durée illimitée a été validée au motif que l'obligation au secret n'avait qu'une portée limitée. À notre avis, toute clause survivant au contrat enfreignant la liberté du commerce devrait être entendue restrictivement et être assimilée au régime de la clause de non-concurrence (n°s 13655 s.), c'est-à-dire être proportionnée à l'objectif (sur la règle de proportionnalité, n° 74929).

Pour les clauses qui ne sont pas susceptibles de survivre à la fin du contrat, leur extinction implique qu'elles ne sont plus applicables mais que les effets qu'elles ont jusque-là produits ne sont pas remis en cause ; le maintien de ces effets s'impose comme c'est le cas de l'application d'une loi nouvelle qui n'affecte pas les effets déjà produits par le contrat (nos 10615 s.).

Il est rappelé que la rétroactivité n'est prévue qu'en cas d'annulation du contrat (nos 15715 s.), exceptionnellement en cas de résolution (n° 15621) ou de condition résolutoire (n° 16050) et doit être convenue par les parties en cas de condition suspensive (n° 13455).

16103 **Sort des moyens mis en œuvre pour l'exécution du contrat** Les stocks de marchandises, les matières premières et les pièces fabriquées inutilisées, les matériels prêtés ou mis en commun, les brevets et les connaissances techniques communiqués, les documents transmis, etc., doivent être restitués dans les conditions fixées au contrat. À défaut, la restitution s'impose conformément aux règles qui gouvernent la remise de ces biens, selon que celle-ci a été effectuée en vertu d'un prêt à usage ou d'un dépôt ; voir aussi, la reprise des stocks du concessionnaire (n° 21980).

Celui qui réclame la restitution d'une chose dont il n'est pas propriétaire doit établir qu'il a droit à la restitution (Cass. com. 16-12-2014 n° 13-24.943 : RJDA 11/15 n° 791).

16106 **Application des clauses du contrat à la liquidation** Les parties doivent liquider leurs comptes réciproques et terminer les affaires en cours dans les conditions prévues au contrat.

Ainsi, il a été jugé que les contestations sur le paiement de fournitures opposant un groupement d'achat à un coopérateur démissionnaire seraient tranchées conformément au système comptable du groupement, alors même qu'il s'agissait d'un litige postcontractuel, au motif que les règles acceptées lors de la conclusion d'un contrat survivent après son expiration pour le règlement des situations juridiques qui en résultent directement (CA Aix 2-2-1977 : Bull. Cour d'Aix 1977/1 p. 14).

16109 **Arrêté de compte** Lorsque les parties ont arrêté leurs comptes, cet arrêté est **définitif** et ne peut pas être révisé ; il peut seulement faire l'objet d'un redressement pour erreur, pour omission ou pour présentation inexacte (CPC art. 1269).

Pour qu'il y ait compte arrêté ne pouvant être révisé, le compte, fût-il intitulé « arrêté de compte », doit avoir été discuté, approuvé et ratifié par les deux parties dans des conditions impliquant leur volonté commune de fixer définitivement leur situation respective (Cass. civ. 17-7-1984 : JCP G 1984.IV.309), le décompte des sommes en cause devant être effectivement fait (Cass. com. 19-10-1993 : RJDA 3/94 n° 286). Tel n'est pas le cas s'il est produit une quittance délivrée à la suite d'un règlement (Cass. civ. 31-7-1889 : DP 1890.1.108 ; Cass. civ. 15-7-1965 : D. 1966.som.20) ou même une série de factures payées régulièrement et sans réserves (Cass. civ. 21-5-1959 : D. 1959.526).

Les juges sont parfois exigeants sur la preuve de cette intention (pour un exemple, CE 11-7-1986 : D. 1987.som.282 obs. Terneyre).

Mais la volonté des parties est déterminante ; ainsi, rien ne leur interdit d'inclure dans leur compte une créance qui n'est ni liquide ni exigible à la date de l'arrêté et qu'elles évaluent (CE 28-5-1984 : GP 1985.som.52).

Le redressement d'un compte arrêté doit donc être entendu restrictivement.

Bien qu'un arrêt (CA Paris 10-12-1941 : DA 1942.40) ait incidemment affirmé que les dispositions de l'ancien article 541 du Code de procédure civile (désormais CPC art. 1269) étaient d'ordre public, mais seulement pour en déduire que la loi interdisait une révision et n'autorisait qu'un redressement, on ne voit pas en quoi l'ordre public - de direction ou de protection - serait atteint si les parties à un contrat prévoyaient une possibilité de révision ou, au contraire, comme par exemple dans les contrats de prêt bancaire, limitaient la possibilité de redressement à l'existence d'une erreur manifeste (en ce sens, ci-dessous, Cass. com. 19-5-1992 n° 89-10.992 et CA Paris 3-12-1910).

Il s'ensuit que le redressement est écarté si l'**erreur** - car c'est pratiquement la seule cause de redressement invoquée :

– est de droit, c'est-à-dire porte sur l'ignorance d'une règle susceptible de donner des droits à l'intéressé (Cass. com. 24-3-1954 : Bull. civ. III p. 91) ;

– résulte d'une fausse interprétation du contrat par les parties (Cass. req. 7-4-1910 : DP 1911.1.383 ; CE 29-11-1895 : DP 1896.3.94 ; CE 12-5-1900 : DP 1901.3.65 ; Cass. soc. 25-2-1954 : Bull. civ. IV p. 110 ; CA Paris 10-12-1941 : DA 1942.40 ; voir aussi Cass. civ. 8-4-1930 : GP 1930.1.958) ;

Il importe peu que l'erreur ait été commise par ignorance ou inexpérience des contractants (CA Besançon 17-1-1930 : GP 1930.1.551).

– porte sur la solvabilité du débiteur ou l'évaluation de certaines marchandises (CA Paris 3-12-1910 : GP 1911.1.480) ; toutefois, il est possible de corriger le montant d'un des articles du compte, lorsque ce montant a été fixé en fonction d'indications inexactes, celles-ci ayant abouti à une surévaluation injustifiée (Cass. com. 19-5-1992 n° 89-10.992 : Bull. civ. IV n° 197 ; cf. CA Paris 3-12-1910 précité, considérant que la révision est ouverte en cas d'erreur ayant « trait à une valeur totalement inexistante ») ;

– consiste dans l'utilisation d'un mode de calcul inadéquat (CE 11-7-1986 : D. 1987.som.282 obs. Terneyre).

Le redressement est admis si l'erreur est matérielle (Cass. com. 15-3-1994 : RJDA 7/94 n° 774 : omission de la déduction d'une ristourne sur le montant à restituer d'une somme déposée ; CA Lyon 8-7-1980 : GP 1981.424 note Viatte : erreur d'addition), si elle a porté sur l'étendue de ses droits de la part du titulaire d'un compte bancaire (Cass. com. 13-12-1994 : RJDA 4/95 n° 460) ou si elle est le fait de l'acquéreur d'un fonds de commerce qui a surévalué des effets impayés, dans la situation comptable du fonds, sur la présentation inexacte que lui en a faite le vendeur (Cass. com. 19-5-1992 n° 89-10.992 précité).

L'**omission** ne peut être une cause de redressement lorsque l'article omis, en raison de l'époque à laquelle il se rapportait, était étranger au compte (Cass. civ. 2-8-1897 : DP 1897.1.590). Toutefois, la rectification a été admise - bien que cette cause ne figure pas dans la loi - en cas de découverte de nouveaux documents inconnus et, partant, non discutés au moment de l'arrêté de compte (Cass. civ. 9-3-1920 : DP 1924.1.91).

Toutefois, le compte peut être remis en cause en cas de **dol** (Cass. civ. 10-12-1912 : S. 1916.1.41) ou de fraude (cf. Cass. 2e civ. 24-1-1964 : Bull. civ. II p. 68 ; rappr. CA Grenoble 30-1-1894 : DP 1896.2.69, retranchant du compte des sommes représentant des intérêts usuraires). Sur le pouvoir de l'amiable compositeur de tempérer la rigueur d'un arrêté de compte, n° 71054.

Lorsque le compte arrêté porte sur des opérations nées d'un **contrat de transport,** l'action est soumise à la **prescription** annale (C. com. art. L 133-6, al. 1 et 2), sauf si une partie s'est rendue coupable de fraude ou d'infidélité, la prescription de droit commun lui étant alors substituée (Cass. com. 22-5-2013 n° 11-27.352 : RJDA 12/13 n° 1010).

Intérêts du solde du compte arrêté La partie créancière du solde du compte arrêté n'a droit aux intérêts moratoires de ce solde - sauf convention contraire - qu'à condition d'avoir mis en demeure son cocontractant de régler ce solde et à compter de cette mise en demeure (n° 53812). **16112**

Toutefois, si la partie qui se retrouve créancière est celle qui a assigné l'autre en reddition des comptes, cette assignation valant sommation, les intérêts du solde commencent à courir de la date de l'assignation, même si à cette date le reliquat du compte n'était pas liquidé (Cass. civ. 27-6-1973 : JCP G 1974.II.17606 ; Cass. civ. 14-10-1975 : D. 1975.IR.252 ; rappr. Cass. 1e civ. 23-5-2000 n° 97-20.848 : Bull. civ. I n° 158). La mise en demeure produit le même effet (Cass. 1e civ. 25-10-2005 n° 1390 : Bull. civ. I n° 386).

Le taux prévu par le contrat pour les sommes restant dues après liquidation est applicable (CA Paris 19-11-1969 : GP 1970.1.34).

B. Restitutions

DÉFINITION DES RESTITUTIONS

Les restitutions ont pour objet de **supprimer l'effet de l'exécution** d'une obligation ; elles conduisent à ce qu'une partie qui a reçu une prestation la rende à celui qui la lui a procurée. **16120**

Ainsi la demande par laquelle l'acquéreur évincé réclame au vendeur la plus-value en vertu de l'article 1633 du Code civil n'est pas une demande en restitution, la plus-value n'étant pas entrée dans le patrimoine du vendeur ; elle équivaut à une demande en indemnisation de la perte subie par l'effet d'une éviction (Cass. 3e civ. 27-10-2016 no 15-21.495 FS-PB : Bull. civ. III no 142).

N'est pas non plus une restitution au sens ici envisagé la restitution qui est une obligation contractuelle du dépositaire (no 21045) ni celle d'un paiement indu (no 53815). Les développements qui suivent ne peuvent donc être transposés en dehors de leur domaine qu'en cas de besoin et seulement s'ils ne sont pas incompatibles avec les règles particulières des restitutions susvisées.

Mais la condamnation du vendeur à rembourser à l'acquéreur les travaux de conformité du bien relève du régime des restitutions (Cass. 3e civ. 12-10-2022 no 20-22.911 FS-B).

L'obligation de restituer est précisée par la loi quant à son existence et son étendue en fonction des causes qui provoquent la fin du contrat : annulation du contrat (nos 15718 s.) ; caducité (no 16000) ; résolution (no 15621) ; répétition de l'indu (nos 54212 s.), auxquelles il faut ajouter, à notre avis, celles que provoque le réputé non écrit (no 16163).

Aucun des textes réputant une clause non écrite (C. civ. art. 1170, clause ruinant l'obligation essentielle ; art. 1343-5, al. 4, clause écartant la modération de l'indemnité prévue en cas de retard ; art. 1343-5, clause relative aux délais de grâce) ne renvoie aux dispositions relatives aux restitutions, alors que le réputé non écrit a un effet extinctif de l'obligation contractuelle concernée et que des décisions de justice ont admis dans certains cas la restitution des prestations exécutées au titre d'une clause réputée non écrite (no 16160), ce qui rend applicables les articles relatifs aux restitutions en tant que règles de droit commun du contrat (C. civ. 1100-1, al. 2).

RÉGIME DES RESTITUTIONS

16123 Les dispositions des articles 1352 à 1352-9 du Code civil qui régissent les restitutions sont, à notre avis, d'ordre public lorsqu'elles ont pour cause la nullité d'un contrat ou le réputé non écrit d'une clause, mesures d'anéantissement des obligations visées qui sanctionnent une illicéité, donc une violation de l'ordre public. Les parties ne sauraient donc y déroger, sans par là même porter atteinte à la sauvegarde de l'intérêt protégé par la règle d'ordre public.

Les parties peuvent, en revanche, aménager les règles prévues par ces dispositions lorsque les restitutions ont pour cause la résolution du contrat, car celle-ci n'entraîne plus, par principe, anéantissement rétroactif du contrat (nos 15618 s.). Elles doivent, cependant, respecter les règles d'intérêt général (pour un exemple de validité d'une clause de restitution en nature non contraire aux règles de libre concurrence, CA Paris 25-1-1990 : D. 1990.som.374) et les dispositions qui sanctionnent la mauvaise foi, laquelle, corollaire de la bonne foi, est, comme elle, d'ordre public (no 10652).

Par transposition des solutions ci-après rendues en matière de résolution mais transposables aux autres causes qui mettent fin au contrat, les parties peuvent ainsi convenir, d'une clause :

– garantissant les restitutions (Cass. ch. mixte 3-3-1989 no 86-11.941 : Bull. civ. ch. mixte no 1) ;

– prévoyant une pénalité lorsque la fin du contrat a pour cause l'inexécution d'une obligation contractuelle (no 15271).

Elles auraient d'ailleurs intérêt à :

– prévoir une clause d'indexation du prix à restituer parant au risque d'inflation - qui pourrait redevenir d'actualité avec les conséquences de l'épidémie de Covid-19 - ou au risque d'évolution de la valeur de la chose à restituer, car l'article 1352-5 nouveau du Code civil ne régit que les plus ou moins-values ressortant du comportement du débiteur de la restitution ;

– à préciser, dans le cas où différents contrats sont nécessaires à la réalisation d'une même opération et où l'un d'entre eux donnerait lieu à restitution (nullité ou résolution rétroactive), si la restitution des prestations exécutées au titre de ce contrat doit être étendue à celles relatives aux autres contrats, car cette extension n'est pas de principe (Cass. 3e civ. 15-6-2017 no 15-12.095 F-D).

Les dispositions des articles 1352 s. ne sont pas applicables aux obligations nées d'un contrat qui impliquent la restitution par une partie de la chose mise à disposition par son cocontractant, cette mise à disposition constituant l'objet du contrat (bail, dépôt ou prêt à usage). Les restitutions, au sens des articles susvisés, ne concernent que les biens reçus illégalement ou injustement. Le retour des biens à l'ayant droit en vertu des contrats précités peut néanmoins, sauf disposition ou volonté contraires, être calqué sur les dispositions de ces articles dès lors qu'elles sont appropriées à la situation à régir.

RESTITUTIONS D'UNE CHOSE

16125 **Restitution en nature ou en valeur** La restitution d'une chose, autre que d'une somme d'argent, a lieu en nature ou, lorsque cela est impossible, en valeur (C. civ. art. 1352 ; Cass. com. 11-5-1976 no 75-10.011 : Bull. civ. IV no 162 ; Cass. 1re civ. 11-6-2002 no 00-15.297 : RJDA 10/02 no 980 ; Cass. com. 14-6-2005 no 03-12.339 : RJDA 3/06 no 279 ; Cass. 3e civ. 16-6-2015 no 14-14.612 : RDC 2015.839 obs. Genicon).

La restitution en nature a été jugée possible, s'agissant des parts sociales d'une société en liquidation judiciaire, dont la personnalité morale subsiste pour les besoins de la liquidation, jusqu'à la publication de la clôture de la procédure ; donc tant que cette publication n'est pas intervenue, les parts sociales composant son capital ont toujours une existence juridique et peuvent faire l'objet d'une restitution en nature (Cass. com. 21-4-2022 n° 20-10.809 F-B).

Elle a été jugée impossible :

– lorsque le contrat est à exécution successive (n° 11199), chaque partie recevant une indemnisation en proportion des prestations qu'elle a fournies (Cass. 1e civ. 8-12-1987 n° 85-16.250 : Bull. civ. I n° 326) ;

– lorsque le contrat porte sur la jouissance d'un bien (Cass. 1e civ. 8-7-2015 n° 14-11.582 : RJDA 10/15 n° 699 ; CA Paris 11-9-2008 n° 07/11392 : RJDA 2/09 n° 73) ;

– lorsque le contrat a été exécuté et que la nature de la prestation en cause rend impossible la restitution, la partie qui en a bénéficié devant s'acquitter du coût correspondant à cette prestation (Cass. 1e civ. 28-3-2008 n° 07-12.657 : RJDA 7/08 n° 758 ; Cass. com. 26-10-2010 n° 09-16.337 : RJDA 2/11 n° 142) ; ce coût peut être déterminé par application du prix moyen d'une prestation comparable à celle en cause (Cass. 3e civ. 30-11-2011 n° 10-27.021 : RJDA 3/12 n° 287) ;

– en cas de consommation de la chose à restituer, notamment lorsqu'elle est consomptible (Cass. civ. 12-12-1979 : JCP G 1980.II.19464 note Prévault) ;

– lorsque la restitution conduit à une situation absurde et à des effets hors de mesure avec l'intérêt du litige (Cass. com. 10-2-1987 : GP 1987.pan.90 ; dans le même sens, Cass. com. 18-2-1992 n° 87-12.844 : RJDA 5/92 n° 474 ; CA Paris 5-5-1988 : GP 1988.578 note Douvreleur et Marchi) ;

– en cas d'annulation de la vente d'un bien qui se trouve au jour de l'annulation dans les mains d'un possesseur de bonne foi car il est en droit de le conserver (n° 15733) ou lorsque la remise en état est matériellement impossible (n° 15718).

Sur le droit d'obtenir la démolition d'une construction, n° 14900 ; sur l'absence du délit d'abus de confiance en cas de retard à restituer la chose, n° 19603.

En cas de restitution en **valeur d'un bien,** cette valeur est estimée à la date de la restitution (C. civ. art. 1352). Elle doit inclure la TVA à laquelle la prestation est assujettie (Cass. com. 8-2-2023 n° 21-16.874 F-B, jugé à propos d'une résolution du contrat mais transposable à la nullité qui entraîne aussi la restitution).

Sur la date d'appréciation de la valeur d'une **prestation de service,** n° 16146.

Le sort des **actes accomplis sur la chose à restituer** est régi par les mêmes règles que celles applicables en cas de réalisation de la condition résolutoire (n° 16050) en raison de l'analogie des situations.

Indemnisation des dégradations et détériorations de la chose Les dégradations et détériorations de la chose qui en ont diminué la valeur sont à la **charge** de la partie qui restitue (C. civ. art. 1352-1). 16128

Quoique distinguées par l'article 1352-1, les dégradations et les détériorations peuvent être tenues pour synonymes quant à leur incidence sur l'objet de la restitution ; les unes et les autres obligent à dédommagement.

Les détériorations visées, à défaut de précision, doivent être entendues comme il ressort de la jurisprudence existante qui mettait à la charge de la partie devant restituer les endommagements survenus entre la livraison et la restitution (Cass. com. 21-7-1975 : D. 1976.582 note Agostini et Diener).

Ont été assimilées à des détériorations, en cas de restitution au vendeur, les réparations qui lui ont été demandées avant l'annulation de la vente (Cass. com. 9-6-1975 : D. 1976.220), puisqu'il a droit à la remise de la chose dans l'état où il l'a délivrée, ainsi que les installations illicites (en l'espèce, pergola et terrasse contrevenant au règlement d'un lotissement) que le vendeur devra détruire ou mettre en conformité (CA Angers 9-3-2010 n° 06-150 : RJDA 10/10 n° 940).

L'usure résultant d'un usage normal de la chose ne saurait être indemnisée dès lors que celle-ci est inévitable et que le vendeur a droit désormais à une indemnité de jouissance (n° 16134).

Toutefois, elle en est **exonérée** si elle a reçu la chose de bonne foi et si les dommages ne sont pas dus à sa faute (C. civ. art. 1352-1).

Dans le silence de l'article 1352-1, l'**estimation** des dégradations et détériorations se fait au jour de la restitution puisque c'est à cette **date** que la chose doit être remise.

Chose à restituer vendue Celui qui, ayant reçu la chose de **bonne foi,** l'a vendue ne doit restituer que le **prix** de vente (C. civ. art. 1352-2, al. 1). 16131

La restitution du prix doit porter sur le montant antérieurement récupéré de la TVA (Cass. com. 8-1-2020 n° 18-17.895 F-PB : RJDA 4/20 n° 207 : en application de l'ex-art. 1184 du Code civil, mais transposable dès lors qu'il y a lieu à restitution d'un prix).

S'il l'a reçue de **mauvaise foi,** il ne peut se libérer en restituant le prix de la vente que si ce prix est égal ou supérieur à la valeur de la chose revendue ; si tel n'est pas le cas, il doit la valeur de la chose appréciée au jour de la restitution (C. civ. art. 1352-2, al. 2).

Restitution des fruits et de la jouissance de la chose La restitution d'une chose, outre le retour de la chose elle-même, oblige à la remise, le cas échéant, des fruits produits par 16134 la chose ou/et de la valeur de la jouissance de la chose dont a profité la partie tenue de restituer (C. civ. art. 1352-3).

L'article 1352-3 inclut dans la restitution les fruits et la valeur de la jouissance. Il ne doit pas s'en déduire que toute restitution emporte nécessairement le retour de ces deux éléments. L'article 1352-7, qui détermine ce qui est dû, oblige en effet à la restitution des fruits « ou » de la jouissance.

1. Fruits. Les fruits qui ne se retrouvent pas en nature sont restitués en valeur estimée à la date du remboursement, suivant l'état de la chose au jour du paiement de l'obligation (C. civ. art. 1352-3, al. 3).

L'article 1352-3 ne réglant pas la portée de la restitution des fruits, il y a lieu de tenir compte des décisions ci-après :

– celui qui récupère le bien générateur des fruits ne peut prétendre qu'aux fruits qu'aurait produits la chose dans l'état où le possesseur en a pris possession (cf. Cass. 1e civ. 20-6-1967 : Bull. civ. I no 227, rendu sur le fondement de l'article 549 C. civ. mais transposable, la restitution tendant à la remise en l'état au jour où la chose a été délivrée) ;

– il ne peut non plus reprocher aux juges sa condamnation à restituer les loyers perçus de la location de l'immeuble restitué sans avoir recherché si celui-ci n'était pas impropre à produire des fruits dans l'état où il en avait pris possession, la restitution des fruits effectivement perçus n'étant que la conséquence légale de l'anéantissement du contrat de vente (Cass. 3e civ. 29-6-2005 no 04-12.987 : RJDA 3/06 no 253) ;

– la restitution ne portant que sur les prestations échangées, n'en font pas partie les bénéfices retirés du contrat (Cass. 1e civ. 10-12-2014 no 13-23.903 : Bull. civ. I no 206) ;

– la restitution des fruits est due à compter du jour où le possesseur est de mauvaise foi (C. civ. art. 549 et 550), ce qui est le cas à compter de la demande en justice tendant à la résolution ou à l'annulation de la vente (Cass. 3e civ. 27-11- 2002 no 01-12.444 : Bull. civ. III no 244), peu important à cet égard que cette demande émane d'un tiers au contrat de vente (Cass. 3e civ. 1-10-2020 no 19-20.737 FS-PBI : RJDA 1/21 no 14).

2. Valeur de la jouissance. La restitution de la chose emporte l'indemnisation de la jouissance de la chose dont a profité celui qui a eu la chose dans ses mains (C. civ. art. 1352-3, al. 1).

Cette règle prend le contre-pied de la jurisprudence antérieure qui refusait, en cas d'annulation d'une vente, le droit au vendeur de demander à l'acquéreur une indemnisation pour la seule occupation ou utilisation du bien (Cass. ch. mixte 9-7-2004 no 02-16.302 : RJDA 2/05 no 116 ; Cass. 3e civ. 16-1-2013 no 11-18.483 : RJDA 5/13 no 397 ; Cass. com. 10-2-2015 no 13-24.501 : RJDA 6/15 no 413 ; Cass. 1e civ. 19-2-2014 no 12-15.520 : JCP E 2014.1125 note Seube). Toutefois, en cas de restitution due par le locataire d'un immeuble, celui-ci était tenu de s'acquitter d'une indemnité pour l'occupation des locaux (Cass. 3e civ. 10-5-2001 no 767 : RJDA 11/01 no 1077 ; Cass. 3e civ. 24-6-2009 no 08-12.251 : RJDA 10/09 no 818 ; Cass. 3e civ. 8-7-2015 no 14-11.582 : RJDA 10/15 no 699) et le locataire d'un meuble à restituer devait une indemnité pour l'usage du meuble (Cass. 3e civ. 30-4-2003 no 01-14.890 : RJDA 7/03 no 694 ; Cass. com. 9-5-2018 no 17-10.062 F-D : RJDA 8-9/18 no 623).

La valeur de la jouissance est évaluée par le juge au jour où il se prononce (art. 1352, al. 2).

La prescription de l'action en restitution de la valeur de la jouissance, en l'espèce celle de l'action en paiement d'une indemnité d'occupation d'un local donné à bail, et consécutive à l'annulation du contrat (ici du bail) ne peut pas courir avant le prononcé de la nullité du contrat (Cass. 3e civ. 14-6-2018 no 17-13.422 FS-PBI : RJDA 11/18 no 798).

3. Point de départ de l'obligation de restitution. La date à partir de laquelle la restitution des fruits ou de la valeur de la jouissance est due dépend de la mauvaise ou bonne foi de celui tenu à restitution (C. civ. art. 1352-7) :

– celui qui a reçu de mauvaise foi doit les fruits qu'il a perçus à compter du paiement, c'est-à-dire ici du jour où la chose lui a été remise ;

– celui qui a reçu de bonne foi ne les doit qu'à compter du jour de la demande en restitution.

Est notamment de bonne foi celui qui établit qu'il croyait légitimement qu'il avait le droit de percevoir les fruits ou d'user de la chose reçue.

Sous l'empire des anciens textes, jugé déjà que les fruits sont à restituer à compter de la demande de résolution car celui qui les a perçus n'est plus de bonne foi à compter de ce moment (Cass. 3e civ. 7-6-2011 no 09-70.998 : RJDA 12/11 no 1012).

Le montant des fruits à restituer variant en fonction de la bonne ou mauvaise foi de celui qui les a reçus, le créancier de leur restitution doit demander au juge de la prononcer, celui-ci ayant à apprécier le comportement de l'obligé (Cass. 3e civ. no 20-11.037 FS-PL : RJDA 5/21 no 300, rendu sous l'empire des textes antérieurs à l'art. 1352-3 mais transposable sous ce texte, l'appréciation de la bonne ou mauvaise foi étant également requise).

16137 **Remboursement des dépenses justifiées et des améliorations** Celui tenu à restitution a droit tant au remboursement des dépenses nécessaires à la conservation de la chose qu'au remboursement de celles qui ont augmenté la valeur de celle-ci, dans la limite de la plus-value estimée au jour de la restitution (C. civ. art. 1352-5).

Le juge ne peut pas accorder une plus-value s'il ne justifie pas en quoi les travaux qui en sont à l'origine ont été utiles (Cass. civ. 21-7-1964 : GP. 1964.2.384 ; Cass. civ. 5-4-1992 : RJDA 6/92 no 573).

RESTITUTION À UN MINEUR NON ÉMANCIPÉ OU À UN MAJEUR PROTÉGÉ

Voir nos 1030 et 1144. 16140

RESTITUTION D'UNE SOMME D'ARGENT

La restitution inclut le **capital, les intérêts** ainsi que les **taxes** acquittées entre les mains de celui qui a reçu la somme à restituer (C. civ. 1352-6). Elle doit donc inclure la taxe sur la valeur ajoutée (TVA) à laquelle cette prestation est assujettie (Cass. com. 26-6-1990 n° 88-17.892 : Bull. civ. IV n° 190 avant même que le redevable ait obtenu le remboursement de cet impôt par le Trésor public ; Cass. com. 8-2-2023 n° 21-16.874 F-B). 16143

Les intérêts courent du jour du paiement (voir, C. civ. art. 1352-7 ; n° 53815).

La restitution doit être faite dans la **même monnaie** que celle utilisée pour le versement de la somme à restituer (cf. Cass. 1e civ. 11-7-2018 n° 17-19.874 F-D : RJDA 1/19 n° 37).

La somme à restituer peut être réduite si l'ayant droit a commis une faute dans la fixation de la compensation à lui octroyer (CEDH 18-4-2023 n° 61380/15 : refus de réduire la somme car cela aurait privé l'ayant droit fautif, du fait de l'inflation, de tout dédommagement et rompu le juste équilibre voulu par l'art. 1er du Protocole n° 1, le vendeur ayant aussi commis une faute).

Lorsque la somme à restituer correspond au **prix,** l'obligation de restitution ne pèse que sur celui qui l'a reçu (Cass. com. 22-5-2012 n° 11-13.086 : RJDA 8-9/12 n° 759 ; dans le même sens, Cass. com. 14-2-2012 n° 11-10.559 : RJDA 6/12 n° 580) ; par exemple, sur l'acquéreur qui a emprunté les fonds, et non pas sur le prêteur, car celui-ci les a remis au vendeur pour le compte de l'acquéreur (Cass. com. 5-12-1995 : RJDA 3/96 n° 329). 16144

Notamment, le vendeur ne peut pas se retourner contre son propre vendeur pour obtenir la garantie du prix (Cass. 1e civ. 17-3-2011 n° 09-15.724 : RJDA 7/11 n° 622) ni contre le notaire qui a commis une faute en tant que rédacteur de l'acte (Cass. 3e civ. 5-10-2011 n° 09-70.571 : RJDA 1/12 n° 52 ; Cass. com. 22-11-2023 n° 22-18.306 F-B : BRDA 24/23 inf. 15), car la restitution du prix ne constitue pas un préjudice indemnisable.

RESTITUTION D'UNE PRESTATION DE SERVICE CONSOMMÉE

La restitution d'une prestation de service a lieu en valeur, selon une estimation à la date à laquelle la prestation a été fournie (C. civ. art. 1352-8 ; Cass. 1e civ. 8-12-1987 n° 85-15.289 : Bull. civ. I n° 327 : pour le travail effectué par un agriculteur dans le cadre d'un contrat d'intégration qui ne constitue pas juridiquement une prestation de travail mais ne peut être qu'une prestation de services ; Cass. com. 28-6-2023 n° 22-15.676 F-D : RJDA 12/23 n° 638 : pour les prestations fournies par la partie auteur d'un dol qui a entraîné l'annulation du contrat). Elle n'est pas conditionnée par l'absence de faute de la part du créancier de la prestation (Cass. com. 28-6-2023 précité). 16146

Sur l'impossibilité de contraindre par corps à l'exécution d'une prestation de service, n° 14900.

Des décisions de justice ont permis d'**apprécier la somme due** en fonction des circonstances et de retenir les solutions qui paraissent adéquates : paiement des prestations exécutées par exemple selon le prix moyen d'une prestation comparable (Cass. 3e civ. 30-11-2011 n° 10-27.021 : RJDA 3/12 n° 287) ou à leur valeur réelle, sans égard pour le prix convenu au contrat annulé et sans que soit prise en compte la valeur de l'ouvrage après reprise des désordres par un tiers (Cass. 3e civ. 13-9-2006 n° 05-11.533 P : RJDA 1/07 n° 43 ; Cass. com. 27-3-2019 n° 17-27.265 F-D : RJDA 8-9/19 n° 543).

L'obligation de restituer cesse du jour où la prestation n'est plus fournie (Cass. 1e civ. 1-7-1963 n° 61-12.662 : Bull. civ. I n° 355).

GARANTIE DE LA RESTITUTION

Toute restitution bénéficie du report des « **sûretés** » (C. civ. art. 1352-9). En dépit du terme « sûretés », le report peut, à notre avis, concerner toute garantie, cette extension étant conforme à la finalité du texte qui vise à sécuriser la restitution. 16147

Il a été jugé que toute garantie de l'obligation de remboursement était reportée sur la restitution : la stipulation de la solidarité entre les coemprunteurs (Cass. com. 3-10-2006 n° 04-14.611 : RJDA 2/07 n° 193) ; le cautionnement (Cass. 1e civ. 1-7-1997 n° 95-15.642 : RJDA 12/97 n° 1511) ; la désignation du créancier comme bénéficiaire d'une assurance-vie (Cass. 1e civ. 29-10-2002 n° 99-20.450 : RJDA 3/03 n° 298) ; la constitution d'une hypothèque (Cass. 3e civ. 5-11-2008 n° 07-17.357 : RJDA 4/09 n° 381).

À défaut de précision légale quant au report, celui-ci s'opère de droit par l'effet de la loi, la somme à restituer étant substituée à la créance garantie dans l'acte constitutif.

PRESCRIPTION DE L'ACTION EN RESTITUTION

À défaut de disposition particulière (par exemple en matière de transport routier intérieur, n° 24661), l'action en restitution se prescrit selon les règles du droit commun (nos 71700 s.). 16149

SECTION 11

SURVIE DU CONTRAT

A. Survie totale

STIPULATION RÉPUTÉE NON ÉCRITE

16150 **Régime du réputé non écrit** Toute stipulation illicite du contrat n'est pas nulle. De longue date, le législateur use de la sanction réputant non écrite telle ou telle clause, mais n'a encore jamais arrêté son régime, sauf dans la disposition de l'article 1184, al. 2 du Code civil qui dispose que le contrat est maintenu lorsque la loi répute la clause non écrite.

Les juges, qui ont aussi recours au réputé non écrit même dans le silence de la loi (n° 74275), ont été amenés à le préciser à la faveur des circonstances auxquelles ils ont dû apporter une solution.

En l'état de la jurisprudence et de la disposition de l'article 1184, il est possible de dégager les solutions suivantes quant à l'application du réputé non écrit et aux effets de ce dernier.

16153 **Application du réputé non écrit** Dès lors que le réputé non écrit est **prononcé par la loi,** son application est de plein droit. Qui y a intérêt peut donc constater que les conditions de sa prise en compte sont satisfaites et s'en prévaloir. La Cour de cassation l'a jugé, tenant la clause pour non avenue par le seul effet de la loi (Cass. 3e civ. 1-4-1987 n° 85-15.010 : JCP 1988.II.21028 note Blaisse). Le juge doit alors appliquer le réputé non écrit, sans pouvoir apprécier la gravité de la violation de la loi méconnue (Cass. 3e civ. 17-5-2018 n° 17-11.635 FS-D : RJDA 7/18 n° 558).

Dans le même sens, au sujet du réputé non écrit de la clause abusive d'un contrat conclu avec un consommateur selon le droit de l'UE, CJUE 8-9-2022 aff. Jointes 80/21 à 82/21.

Dans le Code civil, c'est le cas des articles 1170 (obligation essentielle vidée de sa substance), 1171 (déséquilibre significatif du contrat d'adhésion), 1231-5, al. 4 (pouvoir du juge de modérer la clause prévoyant une pénalité), 1245-14 interdiction au producteur d'un produit défectueux de limiter sa responsabilité) et 1343-5, al. 5 (pouvoir du juge d'accorder des délais de grâce).

En l'état de la législation et de la jurisprudence, le réputé non écrit est appliqué en fonction de considérations de politique juridique : il est plus approprié que la nullité lorsque l'illicéité ne justifie pas l'anéantissement du contrat ou lorsque, à l'inverse, le non-anéantissement du contrat apparaît comme une menace plus redoutable pour les parties. En somme le réputé non écrit a une fonction réparatrice et/ou préventive de l'irrégularité.

Il n'en est autrement que si la loi donne au **juge** le pouvoir de **prononcer le réputé non écrit.** Nous n'en connaissons qu'un exemple : la loi 65-557 du 10 juillet 1965 sur la copropriété des immeubles bâtis qui dispose en son article 43, al. 2 : « Lorsque le juge, en application de l'alinéa premier du présent article, répute non écrite une clause relative à la répartition des charges, il procède à leur nouvelle répartition ». Ce texte est interprété, dans la dernière jurisprudence devenue constante, comme signifiant que le réputé non écrit doit être demandé au juge et qu'il n'est effectif que lorsque celui-ci l'a prononcé (Cass. 3e civ. 21-6-2006 n° 05-13.607 : Bull. civ. III n° 159 ; Cass. 3e civ. 10-7-2013 n° 12-14.569 : Bull. civ. III n° 98 : pouvoir de prononcer le non-écrit réservé au juge ; Cass. 3e civ. 28-4-2011 n° 10-20.514 : Bull. civ. III n° 62 : juge devant prononcer le réputé non écrit dès lors qu'il l'a lui-même constaté). En conséquence, les clauses du règlement de copropriété doivent recevoir application tant qu'elles n'ont pas été déclarées non écrites par un juge (Cass. 3e civ. 6-7-2023 n° 22-18.697 F-D).

16157 **Inexistence de la stipulation réputée non écrite** Comme il avait déjà été jugé en matière de copropriété (par exemple, Cass. 3e civ. 27-9-2005 n° 03-12.402 : Loyers et copr. 2005 n° 229 obs. Vigneron) ainsi qu'en matière de bail rural (Cass. 3e civ. 2-12-1987 n° 86-10.793 : Bull. civ. III n° 198) et de bail commercial (Cass. 3e civ. 28-6-2018 n° 16-17.939 F-D : RJDA 11/18 n° 810), la clause réputée telle est censée n'avoir jamais existé, puisqu'il est confirmé (n° 16160) que l'action en réputé non écrit échappe à la prescription.

16160 **Conséquences de l'inexistence de la stipulation réputée non écrite** Dès lors que le réputé non écrit est ainsi entendu, il en résulte les conséquences suivantes :

– sanctionnant une illicéité, donc la violation d'une disposition d'ordre public, le réputé non écrit peut être **invoqué,** dans les conditions exposées nos 74275 s. ;

– le réputé non écrit n'entraîne pas la **nullité du contrat** lui-même (Cass. 3e civ. 2-12-1987 n° 86-10.793 : Bull. civ. III n° 198 ; cf. Cass. soc. 26-6-2013 n° 12-15.208 : RJS 10/13 n° 674, 2e espèce, l'arrêt relevant que la clause de l'espèce réputée non écrite n'affectait pas la validité du contrat) ;

Au sujet du réputé non écrit de la clause abusive d'un contrat conclu avec un consommateur selon le droit de l'UE, dans le même sens, CJUE 8-9-2022 aff. Jointes 80/21 à 82/21.

– il peut être invoqué **à tout moment,** aucun dépassement de **délai** pour obtenir le respect de la règle méconnue ne pouvant y faire obstacle, quel qu'il soit : prescription (Cass. 1e civ. 13-3-2019 n° 17-23.169 F-PB : D. 2019.1033 note Etienney-de Sainte Marie ; Cass. 3e civ. 19-11-2020 n° 19-20.405 FS-PBI ; Cass. 3e civ. 16-11-2023 n° 22-14.091 F-B : RJDA 2/24 n° 81) ; délai spécifique de l'article 12 de la loi 65-557 du 10 juillet 1965 pour introduire une demande en révision des charges de copropriété (Cass. 3e civ. 9-6-1999 n° 98-10.801 : AJDI 1999. 821) ;

– la clause est privée d'**effet au jour** où elle a été déclarée non écrite (cf. Cass. 3e civ. 27-9-2005 n° 03-12.402 : Loyers et copr. 2005 n° 229 obs. Vigneron, qui révèle que lorsque, en matière de copropriété, le réputé non écrit était tenu par la Cour de cassation comme inexistant de plein droit, il empêchait la clause de produire tout effet) ;

– l'inefficacité de la clause conduit, pour atteindre ce résultat, à l'**effacer** dans son intégralité (Cass. com. 9-7-2013 nos 12-21.238 et 11-27.235 : RJDA 10/13 n° 813) ou seulement dans la limite des mesures jugées illicites (Cass. soc. 20-2-2013 n° 11-17.941 : RTD civ. 2013 p. 836 note B. Fages et H. Barbier ; CA Versailles 9-11-2001 n° 00-778 : RJDA 6/02 n° 697) ainsi que toute conséquence qu'elle aurait pu produire (Cass. com. 6-5-2014 n° 13-14.960 : RJDA 7/14 n° 646 : annulation d'une assemblée générale ayant exclu un associé sans que celui-ci puisse participer au vote en vertu d'une clause statutaire qui le lui interdisait et qui de ce fait était réputée non écrite) ;

Pour l'application du droit de l'UE, le juge national ne peut pas constater le caractère abusif d'une partie de la clause quand une telle suppression aboutit à réviser la stipulation contractuelle et à changer son sens (CJUE 8-9-2022, précité).

– la partie qui a exécuté la prestation réputée non écrite peut exercer une action en répétition de l'indu pour obtenir répétition des sommes indûment versées, cette action étant soumise à la prescription quinquennale (CA Reims 9-7-2019 n° 18/01648).

En droit de l'UE, un délai de prescription peut être compatible avec le principe d'effectivité si, et seulement si, le consommateur a pu connaître ses droits avant que le délai ne commence à courir ou ne s'écoule entièrement (CJUE 8-9-2022, précité, transposable à notre avis à tout réputé non écrit en raison du ben fondé de la solution).

Sur la portée du réputé non écrit de la clause créant un déséquilibre significatif, n° 12575. Sur celle d'une clause illicite d'indexation du loyer d'un bail commercial, n° 4740.

Ces solutions jurisprudentielles peuvent être complétées, à notre avis, par les règles suivantes : **16163**

– celui qui est en droit d'invoquer le réputé non écrit ne peut y **renoncer,** car on ne peut pas renoncer à l'ordre public de direction en tout état de cause et, à l'avance, à l'ordre public de protection (n° 15680) ; pour la même raison, la **stipulation** incriminée ne peut pas être **confirmée** si le réputé non écrit sanctionne un ordre public de direction ; la clause qui en est frappée ne peut qu'être refaite, comme dans le cas de la nullité absolue (n° 15684) ;

– la loi nouvelle qui édicte la sanction du réputé non écrit ne s'applique pas à la stipulation antérieure qui est devenue contraire à la loi, car même les règles d'ordre public ne sont pas **rétroactives** sauf motifs impérieux (n° 10617) ;

– les **restitutions** auxquelles le réputé non écrit peut le cas échéant donner lieu sont soumises aux dispositions des articles 1352 s. du Code civil car ces dernières sont la conséquence de l'inexistence de la clause non écrite (n° 16160) et aucune disposition spéciale ne les exclue ;

– le **préjudice** que la stipulation effacée a généré doit être réparé, comme il l'est dans le cas où la clause est annulée (n° 15736), car la disparition de la clause est équivalente à celle que provoque la nullité ; n'étant pas la conséquence du défaut d'exécution d'un engagement contractuel, l'effacement de la clause n'est pas une cause de responsabilité contractuelle (nos 15020 s.) et la réparation doit être déterminée selon les règles de la responsabilité extracontractuelle (nos 8000 s.).

PROROGATION DU CONTRAT

Le contrat peut être prorogé si les contractants en manifestent la volonté avant son expiration (C. civ. art. 1213). **16170**

Aucune **définition** n'en n'étant donnée, il est conforme au sens étymologique du terme « proroger » de retenir qu'il y a prorogation du contrat lorsque les parties sont convenues de repousser à une date ultérieure le terme initialement prévu ; cet accord peut résulter du fait que le contrat a été continué après l'expiration du délai de préavis de résiliation initié par une partie alors même que cette initiative a été prise pendant le cours d'une période de tacite reconduction dudit contrat (Cass. com. 8-7-2003 n° 1114 : RJDA 1/04 n° 13), alors que, si les parties avaient considéré ce contrat comme tacitement reconduit, il aurait été un nouveau contrat à durée indéterminée pouvant être résilié sans application du préavis contractuel.

À défaut de volonté de prorogation exprimée, le contrat est tacitement reconduit dès lors qu'il est continué dans les conditions de la tacite reconduction (nos 16196).

Mais il faut que le contrat à poursuivre conserve le même objet : à défaut, un nouveau contrat apparaît par novation qui entraîne l'extinction du contrat (n° 14115).

La prorogation du contrat emportant des relations contractuelles nouvelles, elle est inopposable à tout tiers auquel elle ne peut pas nuire (C. civ. art. 1213). Ainsi, il a été jugé que le contrat prorogé n'était pas opposable à la caution qui se trouve libérée (n° 55727).

B. Survie partielle

16175 Les obligations réglant l'extinction du contrat sont traitées n° 16100. Quant à l'extinction partielle du contrat, voir n° 15507.

C. Survie dans un contrat nouveau

RENOUVELLEMENT DU CONTRAT

16190 **Définition** Le renouvellement du contrat est régi par les articles 1212, al. 2 et 1214 du Code civil : le renouvellement est l'acte qui crée un nouveau contrat mais qui reprend le contenu du précédent.

N'est pas un renouvellement le nouveau contrat proposé à des conditions différentes (Cass. com. 4-5-1982 n° 80-13.347 : Bull. civ. IV n° 152 ; Cass. com. 23-4-1985 : Bull. civ. IV n° 128).

16193 **Conditions** Le renouvellement n'est jamais un droit. L'article 1212, al. 2 le précise en disposant que nul ne peut exiger le renouvellement du contrat. Sont ainsi confirmées les solutions prétoriennes qui considéraient que les parties étaient toujours libres de refuser le renouvellement d'un contrat expiré (Cass. com. 16-10-1967 : D. 1968.193 note Plaisant ; Cass. 1e civ. 10-4-2008 n° 05-15.079 : RJDA 7/08 n° 795), sans avoir à motiver leur refus (Cass. com. 30-11-1982 : Bull. civ. IV p. 326 ; Cass. com. 25-4-2001 : D. 2001.som.3237 obs. Mazeaud), les motifs donnés, le cas échéant, fussent-ils fallacieux ou non sérieux, ne pouvant constituer un abus (Cass. com. 25-4-2001 : D. 2001.som.3237 obs. Mazeaud ; CA Paris 25-4-1997 : BTL 1997.489 ; sur une appréciation des motifs concluant à une absence d'abus, Cass. com. 4-9-2018 n° 17-18.132 D : RJDA 12/18 n° 899).

Toutefois, une disposition contraire spéciale dérogeant à la règle générale (C. civ. art. 1105, al. 3), l'agent commercial dont le contrat n'est pas renouvelé a droit à une indemnité, sauf faute grave de sa part (n° 21735), et tout contractant dont le contrat n'est pas renouvelé a droit à l'indemnité pour rupture brutale (n° 15455) ou pour rupture abusive (Cass. com. 7-9-2022 n° 21-17.914 F-D : RJDA 12/22 n° 681 : relatif à un contrat de franchise ; n° 21943).

Le renouvellement se produit s'il a été prévu dans le contrat expiré, lequel peut fixer les conditions de sa validité : par exemple, en exigeant un accord exprès (Cass. com. 17-11-1992 n° 1718 P : RJDA 5/93 n° 377) ou en spécifiant que le refus ne pourra donner lieu au paiement d'une indemnité quelconque par l'une des parties à l'autre (Cass. com. 26-10-1982 n° 81-12.360 : Bull. civ. IV n° 328).

Sur le renouvellement autonome des contrats non liés entre eux, n° 10100.

16196 **Effet** Le renouvellement entraîne l'apparition d'un **nouveau contrat** (C. civ. art. 1214, al. 2).

Un contrat soumis à une durée d'ordre public peut être renouvelé à condition qu'à l'occasion de chaque renouvellement successif le nouveau contrat soit soumis à la durée légale impérative (Cass. com. 20-3-2019 n° 17-27.802 F-PB : RJDA 6/19 n° 466).

Ayant pour objet de redonner vie au contrat expiré, il est, par principe, conclu avec un contenu identique à celui du contrat expiré (art. 1214, al. 2).

Dans un cas où les parties à un contrat de location de véhicules avaient convenu par une clause expresse que le contrat serait renouvelé, sans préciser à quelles conditions, le loueur des véhicules a pu valablement rejeter une demande du locataire en renouvellement partiel du parc en location aux conditions de prix initiales (Cass. 1e civ. 28-2-1995 n° 91-12.761).

Il doit, comme tout accord, être conforme aux conditions requises pour sa validité au jour du renouvellement (n° 10615).

TACITE RECONDUCTION

16210 **Définition** Un contrat est renouvelé par tacite reconduction lorsque, de leur plein gré et sans aucune manifestation expresse de volonté, les parties continuent à exécuter leurs obligations au-delà du terme prévu dans le contrat (C. civ. art. 1215).

Ainsi, il n'y a pas tacite reconduction d'un contrat dont la poursuite, qui peut intervenir au début de chaque année, est subordonnée au paiement d'une cotisation dans le mois d'ouverture d'une nouvelle année (Cass. 1e civ. 17-7-1980 : Bull. civ. I p. 178).

Dès lors qu'aucune des parties n'est un consommateur ou un non-professionnel (n° 11200), aucun avertissement de la possibilité de refuser la tacite reconduction n'est à donner par l'une à l'autre (C. consom. art. L 215-1 et L 215-3) ; une société commerciale n'a pas droit non plus à cet avertissement (Cass. com. 6-9-2011 n° 10-21.583 : RJDA 1/12 n° 37).

Existence La tacite reconduction intervient soit en vertu d'une clause du contrat (Cass. com. 13-3-1990 n° 88-18.251 : Bull. civ. IV n° 77), soit de fait si les relations se sont poursuivies suffisamment longtemps (Cass. com. 6-7-1976 n° 75-12.982 : Bull. civ. IV n° 231 : poursuite du contrat pendant plusieurs mois). 16216

Dans tous les cas, elle suppose la volonté non équivoque des parties de continuer le contrat (cf. Cass. 3e civ. 13-11-1979 n° 78-11.506 : Bull. civ. III n° 199).

Tel n'est pas le cas lorsque :

– une partie a manifesté sa volonté de mettre fin au contrat, même si celle-ci est restée ignorée de l'autre (CA Paris 11-4-1946 : D. 1946.228) ;

– les parties qui, après l'expiration du contrat, sont entrées en pourparlers sans aboutir à la conclusion d'un nouveau contrat, mais qui ont pendant ce temps continué leurs relations sans s'en tenir au contrat expiré, ce qui excluait que leurs relations aient eu un fondement contractuel (Cass. com. 14-3-1961 n° 58-10.049 : Bull. civ. III n° 137) ;

– le contrat ancien a été dénoncé et une collaboration sans conditions définies s'est ensuite instaurée (Cass. com. 26-3-1979 : JCP G 1979.IV.191) ;

– le contrat qui a annulé et remplacé le précédent ne prévoyait pas de tacite reconduction et a redéfini l'intégralité des obligations des parties (CA Versailles 16-4-1986 : D. 1986.IR.310).

Naissance d'un nouveau contrat Le contrat reconduit tacitement est un nouveau contrat, ce qui résulte de l'assimilation des effets de la tacite reconduction à un renouvellement (C. civ. art. 1215 et 1214, al. 2 ; CE 29-11-2000 : RJDA 6/01 n° 682 ; Cass. 1e civ. 15-11-2005 n° 1517 : RJDA 5/06 n° 504). 16219

Toutefois, la naissance d'un nouveau contrat est écartée pour la tacite reconduction d'un bail commercial (n° 5335) et en cas de volonté contraire des parties (Cass. 1e civ. 15-11-2005 n° 1517 précité).

Les tribunaux déduisent de cette règle les applications suivantes.

Durée La durée du nouveau contrat est indéterminée (Cass. 1e civ. 15-11-2005 n° 1517 : RJDA 5/06 n° 504) ; il s'ensuit qu'une partie ne peut pas invoquer la durée initiale pour prétendre, à l'expiration de la nouvelle période correspondant à cette durée, décider ou non de la reconduite du contrat (CE 10-6-1983 : Lebon 242). 16222

Toutefois, les parties peuvent convenir que la **durée initiale vaudra** pour le contrat reconduit, ce qui est le cas lorsque la tacite reconduction est prévue d'année en année (Cass. com. 9-7-1996 : RJDA 12/96 n° 1438 ; Cass. com. 15-1-2008 n° 06-14.698 : RJDA 4/08 n° 396) ou lorsqu'il est prévu que le contrat sera reconduit pour une période égale à sa durée initiale par la seule survenance d'un événement déterminé (Cass. com. 11-1-1982 : GP 1982.pan.188).

À une exception près (Cass. soc. 16-7-1987 n° 84-45.058 : Bull. civ. V n° 486, admettant que les renouvellements successifs, pour une même durée, d'un contrat de travail à durée déterminée avaient donné naissance à un ensemble à durée indéterminée), il est jugé avec constance que le contrat reconduit plusieurs fois de suite, d'échéance en échéance pour la même durée déterminée, est un contrat à durée déterminée (Cass. com. 24-4-1974 n° 73-10.666 : Bull. civ. IV n° 126 : contrat d'agent commercial ; Cass. soc. 4-10-1978 n° 76-40.015 : Bull. civ. V n° 633 : contrat de travail ; Cass. com. 22-1-1980 n° 77-14.346 : Bull. civ. IV n° 36 : contrat d'agent commercial ; Cass. com. 4-11-1986 n° 84-17.696 : Bull. civ. IV n° 197 : ouverture de crédit en compte courant ; Cass. com. 13-11-2003 : RJDA 3/04 n° 300 et Cass. com. 15-1-2008 n° 06-14.698 : RJDA 4/08 n° 396 : contrat d'agent commercial).

Le contrat reconductible par périodes successives de même durée chacune, sauf dénonciation par l'une des parties, n'a pas une durée perpétuelle (n° 13503).

Le contrat reconduit pour une durée déterminée doit être exécuté jusqu'à son terme ; le cocontractant qui le résilie de manière anticipée doit réparer le préjudice subi par l'autre du fait de cette rupture (CA Versailles 2-7-2019 n° 18/03679 : RJDA 12/19 n° 738), tandis que le contrat reconduit devenu à durée indéterminée peut être résilié dans les conditions exposées n°s 15503 et 15504.

Extinction du contrat expiré Le contrat expiré est éteint. En conséquence : 16225

– la date de naissance de la garantie due en vertu d'un contrat d'assurance n'est pas celle du contrat expiré mais celle à laquelle s'est opérée la tacite reconduction (Cass. com. 13-3-1990 : GP 1991.pan.8) ;

– les sûretés conventionnelles qui accompagnaient les anciennes obligations disparaissent (Cass. 3e civ. 4-11-1980 n° 79-13.227 : Bull. civ. III n° 167), notamment le cautionnement (Cass. 3e civ. 5-11-2009 n° 08-15.433 : RDC 2010.1325 obs. Grimaldi ; CA Aix 10-7-2009 n° 04/01833 : PA 2010 n° 16 p. 5 note Pellier) ; mais la caution reste tenue s'il ressort des éléments de l'acte de cautionnement qu'elle a accepté la reconduction tacite de son engagement (Cass. com. 11-6-2003 n° 99-18.714 : Bull. civ. IV n° 94 ; cf. Cass. com. 4-11-1986 n° 84-17.696 : Bull. civ. IV n° 197), ce qui doit être constaté même si la caution a accepté dans l'acte toutes prorogations de délai qui pourraient être éventuellement accordées à l'emprunteur et que celles-ci ne constitueraient novation en aucun cas (Cass. com. 6-2-2001 : RJDA 6/01 n° 725) ;

Cette solution est conforme à l'article 1740 du Code civil qui la prévoit expressément pour le cautionnement du bail.

– en cas de bail conclu avec des copreneurs, la **solidarité** stipulée entre eux perdure tant qu'ils persistent à jouir en commun de la chose louée (Cass. civ. 26-10-1898 : DP 1899.1.129) ;

– le congé donné au locataire après tacite reconduction du bail ne met pas fin au bail expiré mais au bail tacitement reconduit (CA Paris 28-10-1983 : GP 1984.som.181) ;

– la promesse de vente comprise dans le contrat de location-gérance reconduit ne peut pas être invoquée après la tacite reconduction dès lors que ce contrat prévoyait que la levée de l'option devait intervenir dans les trois mois de l'expiration du « présent contrat » (Cass. com. 22-10-1996 : RJDA 1/97 n° 9).

16228 **Reprise du contenu du contrat expiré par le nouveau contrat** L'article 1215 du Code civil le formule expressément, faisant produire à la tacite reconduction les mêmes effets que le renouvellement. Il est en cela conforme à la jurisprudence antérieure selon laquelle le nouveau contrat « en principe, [...] comporte les mêmes **clauses et conditions** que le précédent » (Cass. com. 6-5-1953 : Bull. civ. III n° 160) ; il en est ainsi notamment lorsque les circonstances de la reconduction permettent de retenir que le silence gardé par la partie qui les conteste vaut acceptation de ces conditions (Cass. 1e civ. 4-6-2009 n° 08-14.481 : RJDA 12/09 n° 1032), les juges devant vérifier la commune intention des parties (Cass. com. 30-5-2012 n° 11-18.779 : RJDA 11/12 n° 949 : défaut de vérification ; Cass. com. 16-10-2019 n° 17-12.952 F-D : RJDA 4/20 n° 194 : fondé sur la volonté des parties).

Toutefois, la clause distincte et indépendante du contrat est caduque ; il en a été ainsi jugé, en vertu de l'interprétation souveraine des juges, de la clause d'un bail prévoyant qu'au cas de relocations des lieux loués le preneur jouirait du privilège de location aux prix et conditions qui seront offerts, les juges n'y ayant vu qu'« une clause occasionnelle » ne présentant aucun lien indivisible avec les autres clauses du contrat (Cass. com. 15-6-1960 : Bull. civ. III n° 232).

Si le contrat reconduit est renégocié à de nouvelles conditions, à défaut d'accord sur celles-ci, les pourparlers peuvent être unilatéralement rompus (Cass. 1e civ. 15-11-2005 n° 1517 : RJDA 5/06 n° 504) et, s'ils aboutissent, le contenu du contrat expiré est nové (n° 16196).

16231 **Validité du contrat reconduit** Le nouveau contrat est soumis aux **conditions** de validité en vigueur au jour de sa naissance, soit à la date de sa reconduction (Cass. 3e civ. 10-6-1998 : RJDA 10/98 n° 1088 ; CE 29-11-2000 : RJDA 6/01 n° 682 ; Cass. com. 19-1-2010 n° 09-11.153 : RJDA 6/10 n° 620). L'action en nullité du contrat reconduit ne peut se prescrire qu'à compter de la date de son renouvellement (Cass. 3e civ. 25-4-1990 n° 88-18.228 : Bull. civ. III n° 100).

Sur une dispense d'obtenir le consentement du conjoint à la nouvelle ouverture de crédit résultant de la tacite reconduction prévue par l'accord expiré, n° 41415.

16234 **Formalité** Lorsque la conclusion du contrat considéré est soumise à une formalité de publicité ou administrative, ce contrat est valablement reconduit par tacite reconduction s'il continue de satisfaire aux conditions de validité applicables à la date de la tacite reconduction et que son contenu est resté inchangé (Cass. com. 7-7-1966 : D. 1966.555 ; Cass. com. 3-3-1992 : RJDA 4/92 n° 343 ; CE 23-5-1979 : Lebon 226, dispensant de la mise en adjudication d'un contrat administratif si le contrat reste le même et si les conditions de la conclusion de gré à gré ont perduré).

SECTION 12

CONTENTIEUX DU CONTRAT

16250 Pour résoudre les litiges nés du contrat, les parties conviennent, généralement, soit d'attribuer **compétence** à des arbitres (nos 70650 s.), soit de fixer la compétence territoriale des juridictions étatiques compétentes au fond (nos 72040 s., 72148 s. et 72220 s.). La survie de ces clauses à l'extinction du contrat est admise (n° 16100).

Plus exceptionnellement, il arrive qu'elles conviennent : **16250** (suite)

– de **créer une fin de non-recevoir** contractuelle, par exemple en subordonnant l'introduction de toute action en justice relative au contrat à une tentative de conciliation ou de médiation (n° 70013) ou à une procédure participative (n° 70014) ;

– d'imposer un délai de forclusion à l'introduction d'une action en justice (Cass. com. 30-3-2016 n° 14-24.874 F-D : RJDA 1/17 n° 1.som., en déduisant que les dispositions de l'article 2254 du Code civil relatif à l'aménagement conventionnel de la prescription ne sont pas applicables ; Cass. com. 15-11-2016 n° 14-28.983 F-D : RJDA 2/17 n° 115, écartant l'interruption du délai pour déclaration de la créance à la procédure collective du débiteur ; aussi n° 24588) ;

– du montant d'une **indemnité** forfaitaire que devra verser la partie qui agira en justice pour dédommager l'autre des tracas et des frais de procès (par exemple,10 % des sommes pour lesquelles les procédures seraient engagées), cette indemnité constituant une clause pénale car elle est à la fois un moyen de contraindre cette partie à l'exécution spontanée, moins coûteuse pour elle, et de fixer l'évaluation conventionnelle et forfaitaire du préjudice futur subi par son cocontractant du fait de l'obligation d'engager une procédure (Cass. com. 4-5-2017 n° 15-19.141 F-PBI : RJDA 10/17 n° 654 ; contra Cass. 1e civ. 16-1-1985 n° 83-11.029 P : Bull. civ. I n° 24 ; Cass. 1e civ. 21-2-1995 n° 92-18.988 P : RJDA 11/95 n° 1198 ; CA Versailles 9-4-1993 : RJDA 7/93 n° 602 ; CA Paris 30-1-1996 n° 94-2053 : RJDA 5/96 n° 607) ; cette clause n'interdit pas au créancier de déclarer sa créance au passif du débiteur (Cass. com. 8-9-2015 n° 14-14.183 F-D : RJDA 12/15 n° 843) et n'est pas applicable lorsque les causes d'un commandement de payer (par exemple des loyers) ont été réglées dans le délai légal et en l'absence de poursuites, car le terme « procédure » utilisé dans la clause implique une action en justice (Cass. 3e civ. 12-7-2018 n° 17-21.154 F-D : AJDI 2018 p. 707) ;

Les décisions qui ont affirmé les solutions susvisées n'ont pas eu à statuer sur la validité des clauses d'indemnité, qui n'était pas contestée. Cette validité pourrait, cependant, être mise en cause, à notre avis, si le montant de l'indemnité était tel qu'il fasse obstacle au droit du débiteur d'agir en justice, ce droit étant d'ordre public (en ce sens, n° 71603).

– d'obliger un des contractants à **agir en justice** (n° 71627) ;

– d'obliger chaque partie à intervenir dans toute procédure ou instance qui viendrait à être engagée par un tiers au contrat ; cette clause parfaitement générale et ne prévoyant aucune exception ou prise en compte de circonstances particulières a été considérée comme pouvant conduire l'obligation d'intervention à être significativement déséquilibrée ; en outre, elle restreignait le droit d'agir en justice (T. com. Paris 20-5-2014 n° 2013077093 : RJDA 4/15 n° 310) ;

– de déroger à certaines règles de **prescription** (n° 71706) ;

– de s'engager à **faire renoncer** leurs **assureurs** respectifs à l'exercice de tout **recours** l'une contre l'autre en cas de sinistre indemnisé (Cass. com. 26-4-2017 n° 15-23.239 F-D : RJDA 12/17 n° 787).

CHAPITRE 2

CONTRATS INTERNATIONAUX

SOMMAIRE

I. Droit applicable au contrat international	16510
II. Choix du droit applicable par les parties	16600
A. Principe de la liberté de choix du droit applicable	16600
B. Réserve de l'ordre public	16650
1. Détermination de l'ordre public applicable	16653
2. Application de l'ordre public international par le juge français	16680
III. Libre régulation du contrat par les parties ou « contrat sans loi »	16800
IV. Désignation expresse du droit applicable	16900
V. Désignation expresse de la « lex mercatoria »	17000
VI. Droit applicable à défaut de désignation expresse	17100
A. Fixation du droit applicable par le juge saisi	17100
B. Fixation du droit applicable par les arbitres	17120
C. Mise en œuvre du droit désigné	17130
VII. Droit applicable aux contrats de droit administratif	17200

QUALIFICATION DU CONTRAT INTERNATIONAL

À défaut de définition légale, le contrat international est classiquement entendu comme un contrat dont les **éléments constitutifs** ne sont pas tous rattachés à un même pays. Aucune disposition de la réforme des contrats ne contredit cette solution. 16500

Le contrat qui a trait aux échanges entre entreprises est incontestablement international dès lors que la prestation essentielle qui le caractérise intéresse le **commerce international,** car cet élément constitue à la fois son « objet » et son but (CE 9-11-2016 nº 388806 : Rev. arb. 2017 179.247 concl. Pélissier note Billemont ; T. confl. 24-4-2017 nº 4075 : RJDA 7/17 nº 519 ; CA Toulouse 26-10-1982 : Clunet 1984.603 ; CA Paris 9-11-1984 : Clunet 1986.1039 note Loquin ; Protocole relatif à la procédure devant la chambre internationale de CA Paris art 1.1 : compétente pour les litiges qui « intéressent le commerce international »).

Il a même été jugé que le contrat n'est pas international, quoique les parties soient de nationalités différentes, lorsqu'il n'intéresse pas le commerce international (TGI Paris 25-9-1989 : Dossiers Brevets 1990.III.9, qui annule la clause compromissoire et qui précise que la nationalité étrangère d'une partie ne suffit pas à donner le caractère international à un contrat).

Prise à la lettre, cette solution ne rend pas compte de la réalité. En effet, si les parties sont de nationalités différentes, il en résulte que le contrat comporte au moins un élément d'extranéité qui tient à la capacité des parties de conclure, élément qui est fixé par la loi personnelle de chaque partie (nº 16937). Il ne peut donc être affirmé qu'un contrat est un contrat de droit national dès lors qu'il n'intéresse pas le commerce international. En revanche, le contrat doit, aujourd'hui, être tenu pour international dès lors qu'il intéresse le commerce international car ce critère est devenu prédominant en jurisprudence (voir ci-dessous). La décision contraire (Cass. 1e civ. 7-10-1980 nº 79-13.990 : Bull. civ. I nº 242) qui avait jugé que le contrat, passé entre Français domiciliés en France, qui soumettait au droit français les rapports des parties entre elles, n'avait pas, même si l'un des cocontractants était appelé à s'expatrier pour assurer la représentation commerciale d'une partie à l'étranger, le caractère d'un contrat international pour écarter l'application de la clause compromissoire, n'a plus cours désormais car le recours à l'arbitrage est aujourd'hui valable si le contrat met en jeu les intérêts du commerce international (nº 70631).

Cette solution est constante. Elle est appliquée par :

a. Les **juridictions françaises,** quelle que soit la nature du contrat et de la règle en cause ;

Ainsi a été tenu pour international :

– un contrat conclu en France, entre deux Français, mais dont l'un résidait au Canada, en vue de donner à ce dernier mandat d'assurer la vente au Canada et aux États-Unis de pipes produites en France (CA Paris 13-11-1975 : Rev. crit. 1976.512 note Oppetit) ;

– un contrat entre deux parties de nationalités différentes prévoyant des livraisons à l'étranger (CA Paris 9-12-1980 : Rev. arb. 1981.306 note Jeantet) ;
– un contrat d'agence commerciale, conclu en Italie, entre deux parties de nationalités différentes dont l'objet était de permettre à un ressortissant italien de donner pouvoir à un ressortissant français d'accomplir en France un certain nombre d'actes juridiques relevant du droit interne (CA Toulouse 26-10-1982 : Clunet 1984.603 ; rappr. CA Paris 9-11-1984 : Clunet 1986.1039 note Loquin ; CA Paris 19-2-1992 : D. 1992.IR.137) ;
– un accord d'honoraires d'avocat qui se rattachait directement et expressément à un arbitrage international ayant lieu à Paris et qui portait sur un litige entre un État étranger et une société étrangère choisie pour exécuter un marché de travaux publics à la suite d'un appel d'offres international (TGI Paris 19-9-1991 : D. 1992.43 note Jarrosson) ;
– un contrat de commission conclu entre une société belge et une société française pour une prestation à exécuter en Belgique (Cass. com. 12-10-1999 n° 97-17.119 : RJDA 12/99 n° 1332).

b. Les **arbitres.**

A été jugé international le contrat d'importation de produits (Sentence du 20-3-1977 : Yearbook 1978.225).

Est aussi international un contrat, qui ne l'est pas en soi, s'il est **rattaché** à un contrat international (Cass. civ. 18-4-1931 : DP 1931.1.137 note Savatier ; Cass. civ. 8-7-1931 : S. 1931.1.387 ; cf. Cass. civ. 12-1-1994 n° 91-20.158 : Bull. civ. I n° 13).

Cette solution a un fondement légal dans l'article 1186, al. 2 du Code civil qui lie entre eux les contrats qui sont nécessaires à la réalisation d'une même opération.

I. DROIT APPLICABLE AU CONTRAT INTERNATIONAL

16510 Le droit applicable au contrat international est, soit :

– celui qu'impose une convention internationale ; tel est le cas, notamment, des conventions internationales relatives aux contrats de transport par route, par air et par mer ;

Sauf si la convention prévoit elle-même la faculté d'appliquer d'autres dispositions (n° 16600), il y a lieu de rechercher à travers les dispositions de la convention en cause si l'applicabilité de cette dernière ne doit pas être considérée comme d'ordre public.

– celui que les parties ont choisi par application du principe dit de l'autonomie de la volonté « sous réserve de l'ordre public international du juge saisi » ;
– celui résultant de l'application du droit commun des conflits de lois, en l'absence de convention internationale applicable et de choix de la loi par les parties.

La deuxième solution, qui est dominante, est applicable aux **contrats de droit privé.**

Les contrats conclus par les **personnes publiques** qui présentent un rattachement avec un autre pays sont soumis à des règles particulières, notamment les « contrats d'État » (n°s 17200 s.).

Sur la portée du choix de la loi applicable sous réserve de l'ordre public, n° 16653.

II. CHOIX DU DROIT APPLICABLE PAR LES PARTIES

A. Principe de la liberté de choix du droit applicable

16600 Sauf le cas où l'application d'une loi donnée est imposée à un contrat international déterminé par une convention internationale ou par diverses lois (C. ass. art. L 181-1, à propos des contrats d'assurance de dommages terrestres ; pour une application, CA Paris 10-3-2009 : BTL 2009.239), les tribunaux français reconnaissent aux parties la faculté de choisir le droit qui régira leur contrat (Cass. civ. 5-12-1910 : S. 1911.1.129 note Lyon-Caen).

Il est plus souvent dit que les parties peuvent choisir la **« loi »** applicable. Cette terminologie est source de confusion car elle est très généralement entendue comme signifiant que les parties ont le choix entre les lois formelles des États. En réalité, les parties sont libres de dire le droit de leur contrat sans élire expressément ou implicitement une loi formelle donnée (n° 16800). L'article 1511 du Code de procédure civile affirme d'ailleurs : « L'arbitre tranche le litige conformément aux **règles de droit** que les parties ont choisies. »

Cette règle est retenue par les **conventions ou règlements internationaux** sur les conflits de lois et sur l'arbitrage.

Sur les conflits de lois :
- convention de Vienne sur la vente internationale de marchandises (art. 6) ;
- convention de La Haye sur les conflits de lois en matière de vente internationale d'objets mobiliers corporels (art. 2) ; convention de La Haye portant loi uniforme pour la vente internationale d'objets mobiliers corporels (art. 3) ;
- règlement CE 593/2008 (art. 3 et point 11 de l'exposé des motifs du règlement) ;
- convention portant statut de la Cour internationale de justice (art. 38).

Sur le droit applicable à l'arbitrage :
- convention de Genève sur l'arbitrage commercial international (art. 7) ;
- convention de New York pour la reconnaissance et l'exécution des sentences (art. 5-2, b) ;
- règlement de la Chambre de commerce international (art. 21) ;
- règlement de la CNUDCI version 2013 (art. 35) ;
- règlement du Centre international de règlement des différends relatifs aux investissements (art. 42).

Elle est aussi souvent affirmée par les arbitres (Sentence CCI n° 1512 en 1971 : Yearbook 1976.128 ; Sentence Texaco/Calasiatic c/ Gouvernement libyen, Clunet 1977.350).

L'existence et la validité du consentement des parties quant au choix de la loi applicable s'apprécient, en principe, selon la loi applicable au contrat (n° 16934). Lorsque le règlement CE 593/2008 est applicable (n° 17103), l'appréciation se fait conformément aux dispositions des articles 10 et 11 du règlement.

B. Réserve de l'ordre public

Principe Comme pour toute autre règle fondée sur l'autonomie de la volonté (n° 10625), les parties ne peuvent **pas déroger** dans leur contrat aux **dispositions d'ordre public.** 16650

La règle n'est pas expressément affirmée pour le contrat international par une disposition générale de la loi française. Elle s'induit de différentes dispositions nationales (cf. CPC art. 1514) ou européennes (Règl. UE 1215/2012 art. 45) qui subordonnent l'exécution forcée d'une décision étrangère au respect de l'ordre public. Elle ne fait, en tout cas, aucun doute pour les tribunaux français qui valident le choix de la loi s'il n'est pas contraire à l'ordre public (Cass. civ. 19-4-1988 n° 85-18.715 : Bull. civ. n° 104 visant les droits dont les parties ont libre disposition ; dans le même sens, Cass. civ. 10-12-1991 n° 90-11.520 : Bull. civ. I n° 346).

La solution a un caractère universel (pour une affirmation de ce caractère, Sentence CCI n° 2930 en 1982 : Yearbook 1984.105).

Ces dispositions sont, en fait, les seules que les parties doivent respecter, puisque ce sont les seules que les tribunaux saisis sont tenus de faire respecter. Dès lors qu'une disposition d'ordre public est applicable au litige à trancher, elle s'impose au juge saisi, sans qu'il soit besoin de rechercher la règle de conflit de lois conduisant à la détermination de la loi applicable (Cass. com. 8-7-2020 n° 17-31.536 FS-PB : RJDA 2/21 n° 127).

1. DÉTERMINATION DE L'ORDRE PUBLIC APPLICABLE

ORDRES PUBLICS À CONSIDÉRER

L'ordre public que les parties doivent respecter n'est pas seulement celui de la **loi** qu'elles ont **choisie.** Cette loi sert à déterminer si le contrat est valable et si la partie demanderesse peut obtenir, au regard des clauses du contrat, un titre exécutoire lui ouvrant le droit d'obtenir du débiteur condamné l'exécution forcée de ses obligations. 16653

Cette loi sert aussi à mettre en œuvre les voies d'exécution forcée disponibles sur le territoire de l'État où est localisée la juridiction qui a accordé le titre exécutoire.

Mais ce titre n'est pas de lui-même exécutoire sur le territoire d'un autre État ; il doit être alors revêtu de l'exequatur accordé par le juge compétent sur ce territoire, ce qui suppose la conformité du **titre exécutoire** à l'ordre public applicable par ce juge.

Il s'ensuit que la partie qui veut s'assurer au mieux d'obtenir l'exécution forcée du contrat se doit de déterminer le lieu (ou les lieux) où son cocontractant débiteur détient des actifs saisissables et, ensuite, veiller à la conformité du contrat à l'ordre public de la juridiction compétente pour lui accorder le titre exécutoire et à la conformité de ce titre, donc du contrat, à l'ordre public du juge où elle risque d'avoir à demander l'exequatur.

La mise en pratique de cette démarche conduit aux solutions suivantes :

1. contrat litigieux jugé en vertu d'une **clause compromissoire** par un tribunal arbitral : ordre public international du lieu où la sentence doit être rendue en cas de recours en annulation (n°s 71336 s.) ou du lieu où la sentence doit faire l'objet d'une demande d'exequatur (n°s 71300 s. et 71320 s.) ;

2. contrat litigieux jugé par un tribunal étatique compétent en vertu d'une **convention internationale** ou d'un ordre juridique communautaire à plusieurs États (par exemple, ordre de l'UE ou ordre de l'Ohada) : ordre public international du **lieu** de la juridiction compétente pour apprécier si le contrat est licite et peut être l'objet d'un titre exécutoire et, le cas échéant, de la juridiction sollicitée d'ordonner par exequatur l'exécution forcée du titre exécutoire délivré ailleurs par l'usage des voies d'exécution applicables en ce dernier lieu.

Pour plus de détails sur ces recommandations, Modèle Universel de Contrat d'Affaires (MUCA) Dossier Pratique EFL, Paris, 2020.

16656 **1.** L'ordre public auquel un contrat international est subordonné est seulement l'**ordre public** qu'un **État souverain** entend imposer à un tel contrat constituant ce que l'on appelle l'ordre public international étatique, et, lorsqu'il s'agit de l'application du droit français, l'ordre public international français (Cass. com. 11-6-2002 n° 00-13.470 : DMF 2002.919 Raison-Rebufat et Raison ; pour une application légale, C. transports art. L 4454-3). Aucune disposition de l'ordonnance 2016-131 du 10 février 2016 portant réforme des contrats ne remet en cause cette solution, l'article 1102 nouveau du Code civil imposant le respect de l'ordre public sans autre précision.

Certes, dans les sentences arbitrales ou les textes (CPC art. 1514 et 1520) relatifs aux arbitrages internationaux, il est fait référence à l'« ordre public international ». Mais, comme il a été jugé (T. com. Paris 19-10-1982 : GP 1983.496 : à propos du droit des sociétés, mais transposable à toute autre règle), il n'existe pas d'« ordre public spécifiquement international qui coifferait l'ordre public, tel qu'il peut être exprimé par les différents systèmes nationaux du droit international privé » et « l'application des règles générales d'un droit international commun des sociétés supposerait que cet ordre fût reconnu par le droit français ou une jurisprudence constante qui lui aurait donné un embryon de définitions et de règles ». La même solution est susceptible de se retrouver dans tout autre État, car il n'existe pas de juridiction supranationale en mesure d'imposer un ordre public universel. Dans le monde d'aujourd'hui, l'ordre public international, mis à part pour l'instant le cas de la résolution des Nations unies (661 en 1990) décidant l'embargo à l'égard de l'Irak (dans le même sens, Bastid-Burdeau : Rev. arb. 2003.753 spécial. p. 775) et de celle du 14 décembre 1962 proclamant la souveraineté permanente des peuples et des nations sur leurs richesses et leurs ressources naturelles qui a été intégrée dans l'ordre public international français (CA Paris 16-1-2018 n° 15/21703 : D. 2018.1635 note Audit), ne peut être qu'un ordre public international « étatique ». Tout au plus, certaines règles de cet ordre public peuvent être largement partagées et être, de ce fait, quasi universelles (cf. Cour suprême des États-Unis 17-6-1974 : Yearbook 1976.203 ; Cour suprême d'Autriche 18-11-1982 : Rev. arb. 1983.519, jugeant qu'il est légitime de fonder une sentence arbitrale sur les principes immanents des systèmes de droit privé, le respect notamment des principes de la bonne foi, des usages et de l'équité étant une exigence de tout ordre juridique ; rappr. Cass. 1re civ. 3-10-2018 n° 17-20.296 FS-P, qui vise la mesure reconnue dans l'ordre public international comme une mesure provisoire et conservatoire sous le nom d'injonction Mareva).

Dans l'ordre juridique français, cette expression s'entend de la conception française de l'ordre public international (Cass. 1re civ. 15-3-1988 n° 86-12.478 : Bull. civ. I n° 72), c'est-à-dire de l'ensemble des règles et des valeurs dont l'ordre juridique français ne peut souffrir la méconnaissance, même dans des situations à caractère international (CA Paris 14-6-2001 : RJDA 1/02 n° 115) ou aux principes essentiels du droit français (Cass. 1re civ. 8-7-2010 n° 08-21.740 : Bull. civ. I n° 162) qui correspondent à des valeurs intangibles de l'ordre public international français.

Lorsque le règlement CE est applicable (n° 17103), que tous les éléments du contrat sont localisés dans un État membre et que la loi d'un autre État est choisie, les parties ne peuvent pas déroger aux règles d'ordre public de l'État où le contrat est localisé par ses éléments (Règl. 593/2008 art. 3.3).

Le respect de l'ordre public international de fond ne peut pas être conditionné par l'attitude d'une partie devant l'arbitre (Cass. 1re civ. 7-9-2022 n° 20-22.118 FS-B : rejet de la prétention tendant à obtenir l'annulation d'une sentence pour corruption en raison du comportement déloyal de la partie adverse).

16659 **2.** L'ordre public international étatique, au sens où il est ici envisagé, comprend **toutes les dispositions** que les **contractants doivent observer,** quelle que soit l'expression par laquelle elles sont désignées.

Sur les différents termes en usage caractérisant l'ordre public, n° 74250.

16662 **3.** L'ordre public international étatique ne comprend pas toutes les règles qui sont d'ordre public dans une législation donnée (dites d'« ordre public interne »). Sauf disposition légale expresse contraire de la loi française (C. ass. art. L 181-3 imposant le respect de l'ordre public quelle que soit la loi régissant le contrat), il comprend, seulement celles qui sont indispensables à la défense des **intérêts vitaux de l'État** considéré ou qui traduisent un intérêt de bien commun à faire prévaloir dans les relations contractuelles internationales (en ce sens, Cass. civ. 21-3-1979 n° 77-13.556 : Bull. civ. I n° 99 ; Cass. civ. 14-3-1984 n° 82-16.765 : Bull. civ. I n° 97 ; CA Paris 3-10-1984 : Clunet 1986.156 note Goldman ; CA Versailles 2-10-1989 : GP 1991.213) ou encore, selon une formulation plus récente, celles qui protègent un intérêt dont l'ordre juridique français ne saurait souffrir la méconnaissance, même dans un contexte international (CA Paris 16-1-2018 n° 15/21703 : D. 2018.1635 note Audit).

Le règlement CE 593/2008 vise l'incompatibilité manifeste avec l'ordre public du for (art. 21). **16662** (suite)
Il vise aussi les lois de police dont il donne une définition et pour lesquelles il reconnaît au juge saisi le pouvoir d'imposer l'application de celles qui relèvent de son for ainsi que la faculté d'appliquer celles d'un pays tiers dans la mesure où elles rendent l'exécution du contrat illégale (art. 9 ; sur la définition de loi de police, n° 74250).
Pour un refus d'assimiler l'ordre public interne et l'ordre public international étatique, Sentence CCI intérimaire rendue en 1986 dans l'affaire 5269 : Clunet 1987.1029 obs. Jarving.

La recherche de cet ordre public, dont la nécessité se présente surtout à l'occasion des demandes d'annulation ou d'exequatur des sentences arbitrales ou d'exequatur des décisions de justice étrangères, se fait à partir du postulat suivant : le développement des échanges internationaux étant considéré, par principe, comme bénéfique, il faut limiter les restrictions portées à la liberté contractuelle au strict minimum indispensable à la défense des intérêts vitaux des États impliqués dans les rapports juridiques en question (cf. Cass. civ. 19-11-1991 n° 89-22.042 : RJDA 1/92 n° 108 ; CA Paris 16-12-1974 : GP 1975.1.179 ; CA Paris 6-7-1969 : GP 1989.741 concl. Delafaye ; CPC art. 1514, admettant la reconnaissance des sentences arbitrales qui ne sont pas « manifestement » contraires à l'ordre public international) et il faut faire une appréciation concrète de la règle d'ordre public aux circonstances de la cause (Cass. com. 6-12-2017 n° 16-15.674 D : D. 2018.1986 D-1 obs. Witz). Dans cette recherche, le juge n'est lié ni par les appréciations portées par le tribunal arbitral (ou la juridiction étrangère), ni par la loi de fond choisie par les parties (CA Paris 27-9-2017 n° 15/12614 : RJDA 2/17 n° 134) ; il est libre aussi d'apprécier si, le cas échéant, la solution donnée au litige par une décision pénale doit ou non influencer son jugement sur le contenu de l'ordre public international français (pour une prise en compte : CA Paris 27-9-2017, précité ; pour un refus : CA Paris 21-2-2017 n° 15/01650 : Rev. arb. 2017.915 note Audit et Bollée) ; il est aussi libre de prendre en considération l'existence d'un consensus international sur une solution contraire à l'ordre public interne français. Les applications de cette conception sont indiquées dans le présent ouvrage avec l'exposé des règles qu'elle concerne.

Il s'ensuit que l'exception d'ordre public international étatique est rarement appliquée par les diverses juridictions à travers le monde (en ce sens, Van Berg, Bull. Cour CCI 1998, suppl. p. 860) ; selon une étude, non actualisée à notre connaissance, sur 140 sentences arbitrales soumises à l'exequatur dans différents pays, 5 seulement ont été refusées en vertu de l'ordre public international de l'État dont les tribunaux ont été saisis d'une demande d'exequatur (Matray DPCI 1983.639 obs. sur ouvrage Van Berg, The New York Arbitration Convention of 1958 p. 359 s.).
Cette attitude restrictive a été singulièrement renforcée en France par le refus de considérer la réserve héréditaire comme d'ordre public international français, en soi, sans égard aux conséquences concrètes de l'application de la loi étrangère (Cass. 1e civ. 27-9-2017 n° 16-13.151 FS-PBRI : D. 2017.2185 note Guillaumé). Mais l'on peut avoir un doute sur l'avenir de la solution vu l'attachement à cette réserve que manifeste la société française.

En l'état de la jurisprudence, à notre connaissance, ont été jugés **contraires à l'ordre public international français** :
– le fait du tiers qui, à l'étranger, se rend complice de la violation d'une obligation de non-concurrence (Cass. civ. 23-10-1912 : S. 1913.1.259) ;
– la violation du principe du respect des droits acquis et de la non-rétroactivité des lois (T. civ. Seine 26-5-1936 : GP 1936.2.329) ;
– la définition, différente de celle de la loi française, par une loi étrangère de la notion de travail en commun justifiant le prêt de main-d'œuvre entre les parties participant à l'exécution d'un même contrat (TGI Paris 24-11-1977 : Clunet 1981.80 note Lyon-Caen) ;
– l'actualisation de la dette du cocontractant débiteur d'une majoration de 25 % à seule fin de tenir compte de la dépréciation monétaire (cf. CA Aix-en-Provence 27-2-1979 : Bull. Cour d'Aix 1979/1 p. 65) ;
– la méconnaissance de la règle tenant la faute lourde pour équivalente au dol (CA Aix-en-Provence 27-2-1980 : GP 1980.783 note Rodière) ;
– l'interdiction des pactes sur succession future (TGI Paris 18-5-1989 : GP 1989.som.411) ;
– la sentence arbitrale qui consacre la violation des règles relatives aux investissements étrangers qui tendent à assurer, dans l'intérêt de la collectivité, l'équilibre des relations économiques et financières avec l'étranger par la maîtrise des mouvements de capitaux à travers les frontières (CA Paris 5-4-1990 : Rev. arb. 1992.110 note Synvet) ;
– l'atteinte au devoir de bonne foi, formellement (CA Paris 20-6-1996 : Rev. arb. 1996.657 obs. Hory) ou implicitement (Cass. 1e civ. 19-12-2012 n° 11-13.269) ;
– la modification unilatérale du contrat (CA Paris 8-2-2002 : JCP E 2002.pan.1808), interdiction qui perdure sous l'empire de l'article 1195 nouveau du Code civil admettant la modification du contrat en raison d'un changement de circonstances imprévisible lors de la conclusion du contrat mais qui impose l'exécution du contrat jusqu'à ce que les parties parviennent à un accord et qui, à défaut, les renvoie devant le juge ;

16662 (suite) – l'impossibilité pour une partie d'accéder au juge et d'exercer ainsi un droit qui relève de l'ordre public international consacré par le principe de l'article 6 de la convention européenne de sauvegarde des droits de l'Homme, car cela constitue un déni de justice (Cass. 1e civ. 1-2-2005 n° 02-15.237 : Bull. civ. I n° 53) ;

– en matière de régime matrimonial, l'application en France du régime légal danois semblable à la communauté universelle de droit français, à la différence que si celle-ci repose sur la volonté expresse des parties qui la choisissent, la loi danoise prive un époux de son droit de propriété sur ses propres sans qu'il en ait exprimé la volonté expresse et sans y avoir été judiciairement forcé (CA Pau 28-11-2005 : JCP G 2006.I.193 n° 7 obs. Wiederkehr ; dans le même sens, sur le respect de la volonté des parties, TGI Paris 26-11-2008 : Rev. crit. 2009.310 note Ancel) ;

– la violation du principe du contradictoire (CA Paris 19-6-2008 n° 06-17901 : GP 2008.som.3435) ;

– la condamnation d'une partie à des dommages-intérêts punitifs d'un montant disproportionné par rapport au préjudice subi, justifiant un refus d'exequatur (Cass. 1e civ. 7-11-2012 n° 11-23.871 : PA 2013 n° 8 p. 11 note Legrand ; Cass. 1e civ. 12-1-2022 n° 20-16.189 FD) ;

– l'empêchement résultant d'une loi étrangère qui fixe un délai de prescription ayant expiré avant que celui qui peut se prévaloir du droit d'agir, en l'occurrence un vendeur intermédiaire, ait été en état de le faire (CA Paris 10-4-2015 n° 13/07672 : JDI 2016.127 note Porcheron : exclusion de la loi suisse et application de la loi française) ;

– l'obtention d'un contrat par corruption (Cass. 1e civ. 13-9-2017 n° 16-25.657 F-D : Rev. arb. 2017.900 note Gaillard ; CA Paris 27-9-2016 n° 15/12614), à condition, en cas de passation des marchés publics fondés sur la publicité des appels d'offres, la mise en concurrence et la définition de critères objectifs et prédéterminés de sélection des soumissionnaires, qu'il soit démontré par des indices graves, précis et concordants, que la mise en œuvre de ces modalités aurait pour effet de donner force à un contrat obtenu par corruption (CA Paris 16-5-2017 n° 15/17442 : RDC 2017.304 obs. Serinet), car le juge de l'exequatur doit s'assurer que la reconnaissance et l'exécution d'une sentence n'ont pas pour effet de donner force à un tel contrat (CA Paris 10-4-2018 n° 16/11182 : Rev. arb. 2018.som.475) ;

– le blanchiment d'argent dont l'interdiction n'implique pas que le juge de l'annulation d'une sentence internationale recherche si une partie à l'arbitrage peut être déclarée coupable du délit de blanchiment en application des dispositions pénales d'un ordre juridique national, mais implique seulement qu'il recherche si la reconnaissance ou l'exécution de la sentence est de nature à entraver l'objectif de lutte contre le blanchiment en faisant bénéficier une partie du produit d'activités de cette nature, telles que définies par les stipulations de la convention des Nations unies contre la corruption faite à Mérida le 9 décembre 2003, signée par 140 États et entrée en vigueur le 14 décembre 2005 (CA Paris 21-2-2017 précité) ;

– l'obtention frauduleuse d'une autorisation administrative à laquelle la législation de la République du Laos subordonnait l'exploitation des ressources naturelles sur son territoire (CA Paris 16-1-2018 n° 15/21703 : D. 2018.1635 note Audit) ;

– la violation de l'autorité de la chose jugée au cours de la même instance (CA Paris 29-5-2018 n° 15/23187 : Rev. arb. 2018.478.som.) ;

– la pratique anticoncurrentielle visée par l'ex-article L 442-6, I, d) du Code de commerce, disposition reprise en termes généraux par l'article L 442-1, I (Cass. com. 8-7-2020 n° 17-31.536 FS-PB) ;

– l'inobservation des règles en matière fiscale et douanière à la condition de ne pas être sanctionnée pour elle-même au titre de l'ordre public international mais au titre de l'allégation d'une fraude ou d'une atteinte à l'objectif de lutte contre la corruption (CCIP-CA Paris 25-5-2021 n° 18/18708) ;

– l'atteinte aux droits de l'homme, protégés notamment par la convention européenne de sauvegarde des droits de l'Homme et des libertés fondamentales du 4 novembre 1950 et le Pacte des droits civils et politiques du 16 décembre 1966, ainsi qu'au droit humanitaire international, lui-même consacré par les conventions de Genève (1949), entrées en vigueur en France en 1951, et notamment la convention (IV) de Genève relative à la protection des personnes civiles en temps de guerre du 12 août 1949 (cf. CCIP-CA Paris 5-10-2021 n° 19/16601 § 35) ;

– en matière de procédure collective, la violation des règles relatives à l'égalité entre créanciers (n° 62357), la suspension des poursuites (nos 62395 s.), l'interruption des instances en cours (n° 62425), l'obligation de déclaration des créances (n° 62555), la compétence du juge-commissaire pour vérifier les créances déclarées (n° 62860) et le dessaisissement en cas de liquidation judiciaire (nos 63530 s.).

En revanche, n'ont **pas** été tenus pour **contraires à l'ordre public international français** :

– la non-réparation intégrale du dommage (Cass. civ. 15-12-1969 : Rev. crit. 1971.512 note Bourel), notamment celle du préjudice moral (Cass. civ. 30-5-1967 : Rev. crit. 1967.728 note Bourel) ;

– le fait que le président de la chambre arbitrale de Paris ait refusé la demande des appelants d'un examen du litige au second degré (CA Paris 26-4-1985 : Rev. arb. 1986.98) ;

– la clause exonératoire des vices cachés puisqu'il est interdit aux juges du fond de l'écarter sans rechercher si la loi étrangère applicable à la vente interdit ou non une telle clause (Cass. civ. 4-10-1989 : Rev. crit. 1990.316 note Lagarde) et qu'il peut écarter la présomption de connaissance du vice par le vendeur professionnel (cf. Cass. com. 4-11-2014 n° 13-10.776 : RJDA 5/15 n° 337) ;

– le taux d'intérêt qui dépasse légèrement le taux usuraire français (CA Paris 9-6-1983 : Rev. arb. 1983.497 note Vasseur) ;

– la dénaturation d'une convention (Cass. civ. 10-3-1981 : JCP G 1981.IV.185 ; Cass. 1e civ. 20-12-1993 n° 91-16.949 : Bull. civ. I n° 373) ;

16662 (suite)

– l'obligation de conclure par écrit une stipulation d'intérêts pour le taux applicable au solde d'un compte courant (Cass. civ. 16-2-1994 : RJDA 7/94 n° 835 accordant aux parties le choix de la loi applicable) ;
– l'implantation d'un système de contrat de franchise américain qui a été adapté au droit français (CA Paris 15-2-1996 : D. 1996.IR.85) ;
– les règles de procédures relatives aux demandes reconventionnelles et celles propres aux demandes de compensation (CA Paris 13-5-1998, 2e espèce : Rev. arb. 1999.251 note Y. Derains) ;
– la convention conclue entre une société française et une société anglaise, portant sur le cours du cacao, dont le mécanisme contractuel mis en place était destiné à garantir à la société française la stabilité des cours (Cass. 1e civ. 16-3-1999 : RJDA 5/99 n° 523, l'arrêt précisant que l'article 1965 du Code civil permettant d'invoquer l'exception de jeu pour se soustraire au paiement d'une dette réclamée n'est pas applicable à un contrat régi par le droit anglais) ;
– l'ordonnance de la High Court anglaise à Londres prononçant une injonction Mareva dans la mesure où, interdisant au débiteur de disposer en tout lieu de ses biens, elle tend à préserver les droits légitimes du créancier (CA Paris 5-10-2000 : GP 2002.983 note Niboyet et, sur pourvoi, Cass. 1e civ. 30-6-2004 nos 01-03.248 et 01-15.452 : RJDA 4/05 n° 489) ;
– la condamnation d'une commune au paiement d'une somme sur le fondement de l'apparence, le maire ayant, en apparence, été mandaté pour donner la garantie de droit privé de la commune à ce paiement (Cass. 1e civ. 28-2-2006 n° 04-19.418 : PA 2006 n° 76/77 p. 12 avis J. Sainte Rose ; D. 2006.1586 note Bouche) ;
– le jugement américain liquidant une astreinte à hauteur de plus de 13 millions de dollars car il n'est pas contraire aux droits fondamentaux dès lors que le débiteur poursuivi devant les juridictions civiles américaines pour des infractions à la législation boursière était soupçonné d'avoir détourné environ 200 millions de dollars (Cass. 1e civ. 28-1-2009 n° 07-11.729 : JDI 2009. comm. 17 Marchadier) ;
– le refus d'application de la loi française de 1975 sur la sous-traitance par un jugement italien (n° 20305) ; cette loi ne peut pas être appliquée sans que soit caractérisée l'existence d'un lien de rattachement de l'opération avec la France au regard de l'objectif de protection des sous-traitants (Cass. com. 27-4-2011 n° 09-13.524 : RJDA 8-9/11 n° 696 : aussi n° 20305) ;
– la cause (devenue contrepartie depuis le 1-10-2016, n° 12546) d'une obligation déterminée qui se trouve dans l'opération globale dans laquelle cette obligation s'insère, dès lors qu'elle est conforme au droit étranger applicable, tel celui de l'État de New York, la conception de la cause des obligations contractuelles retenue par le droit français n'étant pas, dans tous ses aspects, d'ordre public international (Cass. com. 13-9-2011 n° 10-25.533 : RJDA 11/11 n° 943) ;
– la méconnaissance du principe de l'estoppel, à la supposer démontrée, car elle ne caractérise pas, en l'absence de toute fraude procédurale, l'une des causes d'annulation d'une sentence arbitrale, notamment pas celle de la violation de l'ordre public (Cass. 1e civ. 19-12-2012 n° 11-13.269 : PA 30-4-2013 p. 7 note J. Maire du Poset) ;
– la méconnaissance des dispositions de l'article L 341-4 (devenu C. civ. art. 2300) du Code de la consommation qui interdit au créancier professionnel de faire souscrire à la caution personne physique un engagement manifestement disproportionné à ses biens et revenus (Cass. 1e civ. 30-1-2013 n° 11-10.588 : RJDA 7/13 n° 682 ; Cass. 1e civ. 28-3-2018 n° 17-10.625 F-D) ;
– l'immutabilité du régime matrimonial (Cass. 1e civ. 24-9-2014 n° 13-12.532 : JCP G 2014 n° 49-1265 § 5 obs. G. Wiederkehr) ;
– l'absence dans un cautionnement, donné par une personne physique à un créancier professionnel, des mentions exigées par la loi française lorsqu'une loi étrangère est applicable au cautionnement, ces exigences n'étant pas nécessaires pour la sauvegarde de l'organisation politique, sociale et économique du pays au point de régir impérativement la situation, quelle que soit la loi applicable, et de constituer des lois de police (Cass. 1e civ. 16-9-2015 n° 14-10.373 : RJDA 12/15 n° 810 ; dans le même sens, Cass. 1e civ. 2-12-2015 n° 14-25.147 : RJDA 3/16 n° 241 ; CA Paris 26-5-2015 n° 13/13174L : Rev. arb. 2015.som.654) ;
– la sentence qui se prononce sur la répartition conventionnelle de la charge d'un impôt entre les parties ainsi que la prétendue méconnaissance par une sentence de l'autorité de la chose jugée par une juridiction étatique (CA Paris 23-5-2017 n° 15/24578 : D. 2017.2562. som. obs. Clay) ;
– la clause d'un contrat prévoyant l'application de la loi étrangère et la compétence d'une juridiction étrangère rédigée en termes suffisamment extensifs pour couvrir la rupture brutale du contrat en dépit du caractère délictuel de cette rupture en droit interne (Cass. com. 21-6-2017 n° 16-11.828 : RJDA 1/18 n° 74, les juges s'étant abstenus de soulever d'office l'exception d'ordre public de la responsabilité délictuelle) ;
– la loi étrangère désignée par la règle de conflit qui ignore la réserve héréditaire et qui ne peut être écartée que si son application concrète, au cas d'espèce, conduit à une situation incompatible avec les principes du droit français considérés comme essentiels (Cass. 1e civ. 27-9-2017 n° 16-13.151 précité : absence d'incompatibilité au cas d'espèce) ;
– la loi italienne qui fixe à un an, à compter de la livraison, l'action de l'acheteur en dénonciation des défauts de conformité de la chose vendue, et à supposer qu'elle ne prévoie aucune dérogation au point de départ du délai de prescription, même dans le cas où l'acheteur était dans l'impossibilité d'agir, il n'y a pas lieu de retenir cette hypothèse car l'acquéreur ne se trouvait pas dans cette situation dès lors qu'il avait pu connaître le défaut de conformité qu'il dénonçait avant l'expiration du délai d'un an (Cass. com. 6-12-2017 n° 16-15.674 D précité) ;
– la décharge consentie par une juridiction des États-Unis au profit du débiteur de sa dette envers le cessionnaire d'une créance résultant d'une condamnation prononcée sur l'action civile par un juge

pénal français, dès lors que la cession de cette créance n'avait pas eu pour effet de conférer au cessionnaire la qualité de victime (Cass. 1e civ. 10-1-2018 no 16-20.416 F-PB : Bull. civ. I no 1) ;
– le prononcé, sans préciser les modalités de leur exécution, de condamnations qui sont compatibles avec la procédure de concordat préventif de la loi italienne, dès lors que, en vertu de l'article 17 du règlement d'insolvabilité de l'UE, les modalités de cette procédure s'appliquent de plein droit dans les autres États membres (CA Paris 27-2-2018 no 16/01358 : Rev. arb. 2018.som.299) ;
– la décision qui a validé un cautionnement d'emprunt manifestement disproportionné au regard des capacités de remboursement de la caution (Cass. 1e civ. 28-3-2018 no 17-10.625 D) ;
– l'exclusion de l'application de la loi du 31 décembre 1975 sur la sous-traitance à des travaux de sous-traitance réalisés à l'étranger, alors même que la loi française est applicable au contrat litigieux, car cette loi a seulement pour objet d'assurer l'existence d'une concurrence loyale sur le territoire français et, partant, n'a pas lieu d'être appliquée aux contrats internationaux de sous-traitance exécutés à l'étranger (CA Paris 23-10-2018 no 16/24374 : RDC 2019.79 obs. Laazouzi) ;
– la sentence arbitrale qui a jugé irrecevables les demandes d'un État en raison d'un embargo édicté par le Conseil de sécurité des Nations-Unies et mis en œuvre par des règlements de l'UE dès lors que l'État a pu en discuter contradictoirement la portée (Cass. 1e civ. 15-1-2020 no 18-18.088 : Rev. crit. 2020.526 note d'Avout) ;
– la règle selon laquelle « la preuve incombe au demandeur », qui est même susceptible d'aménagement en droit interne (CCIP-CA Paris 14-9-2021 no 19/19388, en déduisant qu'en demandant au juge de l'annulation de sanctionner le non-respect par l'arbitre des règles relatives à la charge de la preuve, le recourant entend conférer au juge de l'annulation le soin de réviser au fond la sentence rendue) ;
– la non-application par l'arbitre de la loi française de transposition de la directive sur les agents commerciaux, même applicable au litige (CA Paris 23-11-2021 no 19/15670 : GP 3-5-2022 no 15 p. 15).

16665 **4.** L'ordre public international étatique doit être observé par les contractants **même** lorsqu'une convention d'**arbitrage** est prévue au contrat.

Les parties ne sauraient compter sur le tribunal arbitral pour y procéder car les arbitres ne s'y sentent pas obligés (cf. Derains, Rev. arb. 1986.375 ; Sentence CCI no 6379 en 1990 : Bull. Cour CCI 1996 no 1 p. 84 : arbitres ne se sentant pas obligés de prendre en compte l'ordre public belge éventuellement contraire au droit italien choisi par les parties) ou considèrent qu'ils n'ont pas les moyens de le faire (Sentence intérimaire CCI no 6106 en 1988 : Bull. Cour CCI, no 2, 1994 p. 44). Toutefois, le règlement d'arbitrage CCI (art. 42) dispose que les arbitres doivent faire tous leurs efforts pour que la sentence soit susceptible de sanction légale.

Les parties doivent retenir une seule règle : elles n'obtiendront jamais - sauf erreur d'un tribunal - le concours de la force publique d'un État pour faire exécuter une sentence si l'ordre public international étatique que cet État estime devoir imposer aux contrats internationaux a été méconnu.

2. APPLICATION DE L'ORDRE PUBLIC INTERNATIONAL PAR LE JUGE FRANÇAIS

OFFICE DU JUGE FRANÇAIS SAISI

16680 Il est de règle constante que le juge doit faire respecter l'ordre public de son for applicable au litige en cause (no 16653).

Cette règle est notamment appliquée par le juge français, qui ne peut pas valider un contrat international contraire à cet ordre public (Cass. civ. 20-2-1979 no 77-13. 566 : Rev. soc. 1979.856 note Bismuth ; Cass. com. 9-5-1983 no 82-10.775 : JCP G 1983.II.20045 note Eck ; CA Aix 27-2-1979 : Bull. cour d'Aix 1979/1 p. 65 ; CA Versailles 9-7-1979 : GP 1981.som.240 ; CA Aix 27-2-1980 : GP 1980.783 ; CA Paris 15-3-1984 : Clunet 1985.126) car sa décision vaudra, par elle-même, titre exécutoire sur le territoire relevant de la juridiction de son for.

Mais l'ordre public international français ne peut en aucun cas être invoqué afin de remettre en question une situation juridique qui s'est valablement formée à l'étranger en vertu d'une loi étrangère et qui a épuisé ses effets à l'étranger, sans avoir à aucun moment affecté concrètement l'ordre juridique français (CA Paris 19-3-1965 : Rev. crit. 1966.87 note Lagarde).

L'ordre public international français comprend les dispositions impératives d'origine nationale et celles imposées par les traités auxquels la France est partie, notamment celles issues de l'ordre juridique de l'UE (CA Paris 18-11-2004 : GP 2004.som.3898 ; Cass. 1e civ. 26-5-2021 no 19-15.102 : D. 2021. 1522 note Guillaumé), ainsi que les résolutions des Nations unies qui peuvent être assimilées à des lois de police réellement internationales dont un tribunal ne peut faire abstraction si le litige qu'il tranche entre dans leur périmètre (CA Paris 3-6-2020 no 19/07261 : GP 2020 no 382t9.32 obs. Bensaude).

Le juge français **doit vérifier la conformité** de la solution qu'il applique à la conception française de l'ordre public international : il ne peut pas notamment déclarer compatible avec l'ordre public français la clause d'irresponsabilité du transporteur prévue dans un contrat de transport de droit belge en retenant qu'il n'y a pas de différence entre le droit belge et le droit français des transports, dès lors que l'exclusion de responsabilité ne peut pas porter sur le dol et la faute lourde (ou inexcusable) du transporteur, sans rechercher si les clauses de droit belge du contrat étaient conformes à la conception française de l'ordre public international (Cass. com. 16-4-1991 n° 89-19.258 : Bull. civ. IV n° 147). Mais la Cour de cassation ne peut pas censurer une décision pour violation de l'ordre public international français si ce moyen n'a pas été soulevé devant la juridiction du fond qui a rendu la décision querellée (Cass. 1e civ. 14-5-2014 n° 12-29.295 FD).

À notre avis, bien que l'article 1511 du Code de procédure civile prescrive à l'arbitre d'appliquer dans tous les cas les usages du commerce international, cette disposition ne saurait dispenser le juge de l'annulation ou de l'exequatur d'une sentence arbitrale de vérifier la compatibilité de cette dernière avec l'ordre public international français car ces mesures ne peuvent être accordées ou refusées qu'en fonction de ladite compatibilité (cf. CA Paris 31-10-1989 : D. 1989.IR.298, vérifiant la réception en droit français de la notion de groupe).

ORDRE PUBLIC INTERNATIONAL D'UN ÉTAT TIERS

Le juge français saisi d'un contrat international litigieux ne sanctionne son incompatibilité avec l'ordre public international d'un État tiers que dans les conditions ci-après exposées. 16690

Mise en cause de l'ordre public d'un État tiers Le juge français appelé à connaître d'un droit dont les parties n'ont pas la libre disposition, par exemple en matière contractuelle la capacité des parties qui est tranchée par la loi nationale de chacune d'elles, doit soulever d'office la question de la loi applicable (Cass. 1e civ. 24-5-2018 n° 16-21.163 F-PB). 16696

Sous la réserve de ce cas, le juge français n'appliquant l'ordre public d'un État tiers qu'avec réticence, la partie qui veut s'en prévaloir a intérêt à l'invoquer expressément et à l'établir.

Il lui est aussi recommandé de le faire devant l'**arbitre,** même amiable compositeur, celui-ci devant néanmoins respecter l'ordre public applicable à l'espèce (nos 71051 s.), car il ne peut compter sur l'application d'office par l'arbitre de l'ordre public d'un État tiers, quoique lui soit parfois imposé de chercher à donner à sa sentence la meilleure efficacité (cf. Règl. d'arbitrage de la CCI art. 26 ; sur les réticences de l'arbitre à appliquer l'ordre public d'un État tiers, Sentence CCI n° 2977 en 1978 : refus d'appliquer une loi monétaire de circonstance et rétroactive ; Sentences CCI nos 2977, 2978 et 3033 en 1978 : Yearbook 1981.133 : refus d'appliquer les lois prescrivant le boycottage d'Israël).

Pourtant, l'arbitre, à la différence du juge investi de la souveraineté de l'État au nom duquel il statue, n'a pas de for, aucune loi n'étant pour lui nationale ou étrangère (Sentence CCI n° 1990 en 1972 : Rev. arb. 1972.99), et il se trouve donc plus libre pour appliquer l'ordre public international d'un État tiers. Il pourrait ainsi le respecter pour donner au besoin une plus grande efficacité à ses sentences pour le cas où celles-ci auraient à être exécutées dans l'État tiers.

Cas d'application Lorsque les conditions ci-dessus sont satisfaites, l'ordre public international d'un État tiers **est appliqué** dans les cas suivants. 16699

1. L'ordre public tiers est celui du **lieu** où le contrat doit produire ses **effets** ou certains de ses effets. 16702

Il en est ainsi, avant tout, du lieu où les **prestations** contractuelles doivent être **exécutées** (Cass. soc. 31-5-1972 n° 71-40.424 : Rev. crit. 1973.683 : application de l'ordre public du Sénégal relatif à l'organisation ou à la réglementation administrative du travail favorable aux travailleurs bien que le contrat fût soumis à la loi française ; Cass. civ. 17-10-1972 n° 70-13.817 : Clunet 1973.716 note Oppetit : reconnaissance de l'impossibilité pour une société ayant son siège aux Pays-Bas de délivrer de nouveaux titres, ses actions ayant été réquisitionnées dans ce pays par des arrêtés néerlandais ; CA Paris 10-6-1967 : Clunet 1968.100 obs. Dayant : application à un contrat de bail, soumis à la loi française, des règles d'ordre public sur les loyers de la loi étrangère du pays de situation de l'immeuble).

Seul l'ordre public de cet État peut faire obstacle à l'exécution du contrat, fût-il celui tenant à une loi de police, une telle loi ne pouvant recevoir effet que si elle est une loi de police du lieu d'exécution du contrat et si cette dernière rend illégale l'exécution du contrat (CA Paris 25-2-2015 n° 12/23757 : D. 2015. note Winkler et Lacombe).

Mais l'ordre public du lieu d'exécution est écarté si le contrat peut être exécuté sans interférence avec la loi de ce lieu (CA Paris 13-7-1982 : Clunet 1983.383 note Kahn : la règle étrangère du contrôle des changes, même connue par le cocontractant français, ne s'impose pas au contrat conclu par ce dernier en France où est le siège de son entreprise et où la livraison de la marchandise devait être faite ; rappr. CA Paris 30-6-1933 : Clunet 1933.963 et CA Reims 25-10-1976 : Clunet 1978.99 note Mayer).

La même solution est appliquée en vertu du règlement CE 593/2008, qui admet la possibilité d'appliquer des lois de police du lieu d'exécution, dans la mesure où ces lois rendent l'exécution du contrat litigieux illégale, en tenant compte de leur nature et de leur objet, ainsi que des conséquences de leur application ou de leur non-application (Règl. 593/2008 art. 9, 3 ; CJUE 18-10-2016 aff. 135/15 : JDI 2017 n° 4 p. 149 obs. Kinsch, excluant l'application desdites lois par le juge saisi « en tant que règles juridiques », mais lui permettant d'en tenir compte en tant qu'éléments de fait, dans la mesure où le droit national applicable au contrat, en vertu des dispositions du règlement susvisé, le prévoit).

Les arbitres font aussi application au contrat de l'ordre public du lieu d'exécution (Sentences CCI : n° 1859 en 1973 ; n° 2136 en 1974 ; n° 1704 en 1977, citées par Derains, Études Goldman p. 40 ; n° 2138 en 1974 ; n° 2139 en 1974 ; n° 2216 en 1974 : Clunet 1975.934, 929, 917 obs. Derains) et l'écartent s'i n'a pas une influence déterminante sur le contrat (Sentence de 1982 de l'Association du commerce des grains d'Amsterdam : Yearbook 1983.158 : exclusion de l'ordre public autrichien des changes pour un contrat s'exécutant totalement aux Pays-Bas).

Mais le juge français ne peut appliquer cette solution que si la relation contractuelle litigieuse présente un « lien étroit » avec l'État qui a édicté la loi de police en cause, ici, une loi ghanéenne d'embargo sur des exportations de viandes françaises (cf. Cass. com. 16-3-2010 n° 08-21.511 : Bull. civ. IV n° 54, obligeant le juge, à propos de l'art. 7 de la convention de Rome du 19-6-1980 comparable à l'art. 9 susvisé, à rechercher l'existence éventuelle de ce lien).

Pour juger illicite la même loi d'embargo, l'application de la loi française a été validée au motif que les parties ne l'avaient pas contestée (CA Poitiers 9-11-2011 n° 10/035500 : BTL 2011.736).

16705 **2.** L'ordre public international tiers **concorde** avec l'ordre public international du for.

Jugé que le juge français doit sanctionner les atteintes à « certains principes de justice universelle considérés par l'opinion française comme doués de valeur internationale absolue » ou à des « normes de justice s'imposant internationalement » (CA Paris 19-3-1965 : Rev. crit. 1966.85 note Lagarde ; rappr. Cass. civ. 25-5-1948 : D. 1948.357 note L.P.).

Cette situation se rencontre, notamment :

16708 **a.** Si les parties se sont **frauduleusement soustraites** à l'ordre public international tiers ;

Sont illicites :
- le contrat ayant pour objet des fournitures destinées à un coup d'État (T. civ. Seine 2-7-1932 : S. 1932.2.73) ;
- le contrat tendant à violer une loi douanière étrangère (T. civ. Seine 4-1-1956 : Rev. crit. 1956.679 note Batiffol) ;
- le contrat d'exportation comportant une commission très élevée destinée à rémunérer de façon occulte des démarches faites en vue d'obtenir l'approbation du marché par un service public relevant d'une puissance étrangère (Cass. com. 7-3-1961 : Bull. civ. III p. 112 ; aussi Queen's Bench Division 13-10-1987 : The Weekly Law Reports 1988.735) ;
- un contrat immoral (CA Paris 6-4-1962 : Rev. crit. 1963.364 note Batiffol) ;
- un contrat favorisant le trafic d'armes de guerre (CA Paris 9-2-1966 : Rev. crit. 1966.264 note Louis-Lucas) ;
- le contrat organisant des opérations fictives pour obtenir des crédits et échapper aux règles monétaires yougoslaves (Sentence CCI n° 2730 en 1982 : Clunet 1984.914 obs. Derains).

16711 **b.** Si l'ordre public international tiers est inspiré par des **considérations** politiques auxquelles le juge du **for adhère** ; l'ordre public tiers est écarté lorsqu'il a un caractère politique partisan ;

Ainsi :
- Sentences CCI n°s 2977, 2978, 3033 en 1978 : Yearbook 1981.133 et n° 3881 en 1984 : Clunet 1986.1096 obs. Jarvin : refus d'appliquer les lois ordonnant le boycottage d'Israël ;
- Sentence CCI n° 1512 en 1971 : Clunet 1974.904 : refus d'appliquer une loi monétaire apparaissant comme de circonstance et rétroactive ; Sentence CCI n° 1803 en 1972 : Yearbook 1980.177 : refus d'appliquer de nouveaux décrets discriminatoires et confiscatoires.

16714 **c.** Si l'ordre public international tiers **sert un intérêt du for** (par exemple, pour un intérêt français, TGI Paris 12-11-1969 : Clunet 1971.816 note Malaurie) ;

16717 **d.** Si l'ordre public international tiers est **imposé** au juge du for **par** une **convention internationale** (CA Paris 19-3-1965 : Rev. crit. 1966.85 note Lagarde ; CA Aix 15-12-1966 sous Cass. civ. 16-10-1967 : Rev. crit. 1970.464 note Eck ; CA Paris 9-2-1966 : Rev. crit. 1966.264 note Louis-Lucas).

16729 **3.** Les **parties** ont **accepté** de se placer sous l'ordre public tiers, à l'occasion de l'exécution de leur contrat (Sentence CCI n° 1704 en 1977 : Clunet 1978.977 obs. Derains : application d'une loi indienne de dévaluation au créancier français ayant accepté de recevoir en Inde le paiement qui devait être fait à Paris, en vertu d'un contrat soumis au droit belge).

III. LIBRE RÉGULATION DU CONTRAT PAR LES PARTIES OU « CONTRAT SANS LOI »

16800 **Liberté de ne pas désigner un droit applicable** Les parties ne sont pas obligées de dire que leur contrat est soumis au droit, ou à la loi, de tel ou tel pays déterminé (contrat dit « sans loi »). Elles peuvent élaborer, aussi loin qu'elles l'estiment nécessaire ou opportun, les règles qui gouverneront leurs rapports contractuels, **sous réserve,** bien entendu, de l'**ordre public** international étatique **éventuellement applicable** (sur cet ordre public, n° 16653).

Cette solution - soutenue dans notre ouvrage sur les contrats de coopération interentreprises (EFL 1974 n° 67) et à nouveau défendue en 1977 (DPCI 1977.457), puis en 1978 (DPCI 1978.576) à la suite d'une réplique de P. Lagarde (Rev. crit. 1978.247) - est aujourd'hui largement appliquée, sinon définitivement acceptée (cf. Heuzé, La réglementation française des contrats internationaux p. 122 s.). Les témoignages en sont abondants.

1. La **doctrine** constate que des arbitres s'affranchissent totalement de la recherche du droit applicable (Goldman, Clunet 1979 p. 496 s. ; Derains, Rev. arb. 1986.375 ; Lalive, Rev. arb. 1986.329), ainsi que les juges

(Synvet note sous CA Paris 17-12-1991 : Rev. arb. 1993.281), et certains auteurs vont même jusqu'à dénoncer le gaspillage d'intelligence qu'a entraîné cette recherche du droit applicable à travers la théorie des conflits de lois en laquelle ils voient un « jeu de l'esprit » (Bredin, Mélanges Hébraud p. 114) tandis que d'autres remarquent que l'impossibilité théorique du contrat sans loi n'est « qu'une illusion, puisqu'un amiable compositeur peut trancher un litige sans appliquer aucune règle » (Mayer, Mélanges Bellet p. 393), ce qui n'est pas totalement exact car l'amiable compositeur doit respecter l'ordre public applicable (n° 71054). **16800** (suite)

2. Les **juges** eux-mêmes n'hésitent pas à trancher les litiges nés des contrats internationaux sans rechercher le droit applicable aux contrats en cause : Cass. civ. 5-12-1910 : S. 1911.1.129 note Lyon-Caen : refus de sanctionner la cour d'appel pour avoir estimé que les parties « n'entendaient se soumettre à la loi américaine que pour tout ce qui n'aurait pas été expressément prévu par la charte-partie » (dans le même sens, à propos de la loi française, CA Rouen 17-12-1987 : DMF 1989.440) ; Cass. soc. 25-5-1977 : Bull. civ. V p. 267 : approbation de la cour d'appel qui a directement fait application de l'ordre public international français ; Cass. civ. 6-6-1978 : Clunet 1978.907 note Oppetit : application sans s'interroger sur la loi applicable du droit des parties à renoncer à la clause d'arbitrage, ce qui revient à tenir, sans le dire, ce droit comme d'ordre public international français ; Cass. civ. 20-12-1993 : RJDA 3/94 n° 360 : validité de la clause compromissoire sous la seule réserve des règles impératives du droit français et de l'ordre public international, la référence à une loi étatique étant indifférente ; Cass. 1e civ. 20-2-2007 n° 05-14.082 P : D.2007.1115 note d'Avout et Bolée : le juge français de l'exequatur n'a pas à vérifier si la loi appliquée par le juge étranger est la loi désignée par la règle de conflit de lois française (dans le même sens, CA Paris 11-2-2014 n° 12/19130 : PA 2014 n° 214 p. 7 note Zelikson) ; CA Paris 4-2-1958 : JCP G 1958.II.10612 note Francescakis : exequatur d'un jugement étranger qui n'a pas été rendu selon la loi française désignée comme compétente par la règle française de conflit de lois dès lors que l'ordre public n'était pas méconnu ; CA Paris 16-3-1960 : Clunet 1960.1060 : inutilité de la recherche du droit applicable dès lors que l'ordre public international français devait être appliqué (aussi dans le même sens : CA Metz 5-1-1977 : Rev. soc. 1977.488 ; CA Aix 27-2-1980 : GP 1980.783 note Rodière ; CA Aix 16-9-1983 : Bull. cour d'Aix 1983/3 p. 4 ; CA Paris 17-12-1991 : Rev. arb. 1993.281 note Synvet ; CA Paris 11-2-2014 n° 12/19130 : PA 2014 n° 214 p. 7 note Zelikson). Des juges affirment même qu'il n'y a pas lieu de préciser le droit étatique sur le fondement duquel la décision est rendue dès lors que le contrat est conforme aux principes généraux qui régissent la matière, c'est-à-dire pratiquement à l'ordre public international français (CA Paris 24-1-1991 ; TGI Paris 19-9-1991 : D. 1992.43 note Jarrosson). À notre avis, ces solutions n'ont pas été remises en cause par l'arrêt de la chambre sociale de la Cour de cassation (Cass. soc. 13-1-2021 n° 19-17.157 FS-P : RJS 4/21 n° 199), selon lequel il résulte de l'intention des rédacteurs de la convention de Rome de 1980 sur les conflits de lois, déduite des travaux préparatoires du règlement 593/2008 (n° 17103), que les parties ne peuvent choisir qu'une « loi », au sens formel de ce mot (n° 73555), ce qui exclut le choix d'une convention internationale et, partant, le droit dérivé d'une convention, tel le statut du personnel d'une organisation internationale qui ne constitue pas une loi au sens de l'article 3, 1 de la convention ; de surcroît, cet arrêt ne reprend nullement la formule catégorique selon laquelle : « tout contrat international est nécessairement rattaché à la loi d'un État » (Cass. civ. 21-6-1950 : D. 1951.749 note Hamel).

3. Les **arbitres** ont pour attitude fréquente de ne pas rechercher le droit applicable (Sentences CCI : n° 2583 en 1976, Clunet 1977.950 ; n° 1434 en 1975, Clunet 1976.978 ; n° 1990 en 1972, Clunet 1974.897 ; n° 2375 en 1975, Clunet 1976.973 ; n° 7205 en 1993, Clunet 1995.1031 obs. Derains ; Sentence CCI n° 12603 en 2004 : GP 2008.som. 2 juillet obs. Jolivet ; dans le même sens les décisions du Tribunal des différends irano-américains citées au Clunet 1985 p. 847 notes 299 et 300 ; Monetti, Arbitrage et affrètements, thèse, Rouen 1981 p. 8 : 5 % des sentences sur les affrètements maritimes recherchent le droit applicable, les autres tenant la charte-partie pour loi des contractants). Les juges entérinent cette solution, considérant que les arbitres n'ont, en dehors de celle que leur imposeraient les parties, aucune obligation de déterminer le droit applicable au fond du litige s'ils peuvent juger au regard des seules stipulations du contrat (CA Paris 10-6-2004 : Rev. arb. 2004.733. som.). Cette tendance est pratiquement devenue un principe directeur de la jurisprudence arbitrale dont les décisions sont de plus en plus fondées sur des règles matérielles (Gaillard : Rev. arb. 2020. 701 ; Barbier et Fessas : JDI 2020.1413 s.).

Il en est, a fortiori, de même si les arbitres statuent comme amiables compositeurs (Sentences CCI n° 3267 en 1979 : Clunet 1980.962 ; n° 3742 en 1983 : Clunet 1984.910).

4. La **législation française** (CPC art. 1511) n'impose pas la recherche du droit applicable et recommande aux arbitres de trancher le litige conformément aux « règles de droit » que les parties ont choisies et, à défaut, conformément à celles qu'ils estiment appropriées.

5. La **pratique** n'hésite pas à élaborer des contrats dont les seules stipulations sont censées faire la loi des parties : par exemple, les clauses modèles CCI sur la force majeure et l'imprévision (Document 460-21/1/TR du 23-9-1983) présentées comme se suffisant à elles-mêmes, sous la seule réserve de l'ordre public ; la recommandation de l'Association allemande des constructeurs de machines incitant à se contenter du contrat, citée rapport Lalive, 2e congrès international du droit privé (Unidroit, Rome 9-15 sept. 1975) p. 14 note 17.

Ces solutions sont, à nos yeux, juridiquement fondées, car ces contrats sont sans droit formellement désigné mais ne sont pas pour autant « déjuridisés ». Il faut, en effet, distinguer les règles qui gouvernent un contrat de celles qui vont lui conférer sa force obligatoire : les premières peuvent être l'œuvre des parties alors que les secondes ne peuvent tirer leur autorité que d'une souveraineté étatique (en ce sens CA Aix 16-9-1983 : Bull. Cour d'Aix 1983/3 p. 4 : « la valeur juridique du contrat ne peut être fixée qu'en fonction du système législatif auquel il est demandé de reconnaître force exécutoire à ce contrat et de sanctionner son inexécution partielle »).

16803 **Affirmation expresse** Les parties qui souhaitent que leur contrat soit jugé conformément aux stipulations qu'il contient doivent, à notre avis, le dire expressément. À défaut, leur commune volonté risquerait d'être trahie par un juge ou un arbitre qui, s'appuyant sur leur silence, soumettrait leur contrat à une loi déterminée qui serait susceptible de l'invalider, alors que leurs stipulations seraient conformes aux règles l'ordre public international du juge saisi de leur exécution forcée, seules règles déterminantes des effets du contrat (nº 16653).

16809 **Désignation d'un droit subsidiaire** Il est recommandé aux parties, toutes les situations ne pouvant jamais être prévues, de désigner une loi subsidiaire qui ne sera appliquée qu'en cas d'insuffisance de leurs stipulations mais seulement si le juge saisi de l'exécution ne la juge pas contraire à l'ordre public de son for.

16812 **Exemples de clauses de libre régulation** La mise en œuvre d'un contrat sans loi peut être traduite, à titre d'exemple, par les clauses suivantes :

– « attendu que, s'agissant d'une opération de financement de caractère international librement conclue, la présente convention doit être interprétée et réputée comme telle en donnant le plus large effet possible à l'intention des parties telle que manifestée par les clauses et conditions stipulées ci-après » ;

– « tous les litiges seront réglés à l'amiable sinon ils seront portés devant le tribunal arbitral appliquant le contrat et, à titre supplétif, le droit du pays de l'acheteur en vigueur à la date de la signature du présent contrat » ;

– « en cas de lacune, et si les dispositions contractuelles ne permettent pas de trouver une solution aux éventuelles difficultés d'interprétation susceptibles de se poser, les parties conviennent expressément que la loi française sera seule compétente pour suppléer la volonté contractuelle non exprimée, et ce quel que soit le lieu d'exécution du présent contrat, dans les limites de l'ordre public du pays où le présent contrat recevra application ou exécution ».

IV. DÉSIGNATION EXPRESSE DU DROIT APPLICABLE

ÉTENDUE DE LA LIBERTÉ DES PARTIES

16900 **Principe** Sous réserve de s'assurer de la concordance de leur contrat avec l'ordre public international éventuellement applicable (nºs 16653.), les parties qui ne veulent pas définir elles-mêmes les règles de leurs stipulations peuvent choisir le droit de leur contrat parmi les différentes lois qui s'offrent à elles. À cet effet, les parties jouissent de larges possibilités.

Dès lors qu'il est conforme à l'ordre public du juge saisi de l'exécution forcée, il importe peu que le contrat ait un lien avec le droit choisi puisque l'efficacité du contrat ne dépend en définitive que de cet ordre public (en ce sens, Règl. CE 593/2008 art. 3, 3). Par ailleurs, dès lors que les droits invoqués devant le juge ont un contenu identique, le juge n'est pas tenu de rechercher le droit applicable (Cass. civ. 3-4-2001 nº 99-17.649 : RJDA 12/01 nº 1181), mais il doit vérifier la compatibilité des clauses avec l'ordre public international français (Cass. com. 16-4-1991 nº 89-19.258 : Bull. civ. IV nº 147).

Le choix du droit applicable est classiquement entendu par la référence au choix de la « loi » applicable.

Il a été ainsi précisé :

– qu'il faut entendre par « loi » toutes les normes du système désigné, que celles-ci figurent dans un texte de loi ou de règlement ou résultent de la jurisprudence, voire de la coutume (Sentence CCI nº 1434 en 1975 : Clunet 1976.978 obs. Derains) ;

– que « le renvoi au droit belge doit s'entendre non seulement comme renvoi au droit matériel (droit interne) mais encore comme renvoi au droit international privé belge » (Sentence CCI nº 1704 en 1977 : Clunet 1978.977 obs. Derains ; contra Règl. CE 593/2008 art. 20 selon lequel la « loi » d'un pays ne comprend pas les règles de droit international privé).

Des arbitres ont jugé que la désignation du « droit applicable aux sociétés dans la zone franche (du pays du vendeur) » n'emportait pas application des règles contractuelles du droit du vendeur, mais seulement des lois de ce droit réglant le régime fiscal et douanier des sociétés établies en zone franche (Sentence CCI nº 5904 en 1989 : Clunet 1989.1107 obs. Alvarez).

Choix d'une loi étatique ou d'une convention Les parties peuvent désigner la loi d'un État déterminé. Elles peuvent même choisir une loi déjà publiée mais non encore en vigueur (Cass. civ. 23-3-1977 n° 75-14.708 : Bull. civ. III n° 151). 16903

Elles peuvent aussi opter pour l'application d'une convention internationale alors même que les conditions d'application de ladite convention ne sont pas réunies (CA Poitiers 31-3-1971 : BT 1971.168 ; Sentence n° 157 du 5-9-1975 de la Chambre arbitrale maritime : DMF 1976.60). Mais elles ne peuvent, dans ce cas, écarter les prescriptions de cette convention auxquelles, si celle-ci était applicable de plein droit, il ne saurait être dérogé à peine de nullité (Cass. com. 4-2-1992 : RJDA 5/92 n° 425).

Cette solution n'est pas conforme, à notre avis, à la règle d'autonomie qui interdit seulement aux parties de déroger aux règles d'ordre public international français. Dès lors que cet ordre public leur permet de se soustraire à la convention en cause, il ne peut leur être fait défense de modifier une règle de cette convention, qu'elles ont contractualisée, que s'il est établi que ladite règle est elle-même contraire à l'ordre public international français. En excluant une règle de la convention, les parties ne font que pratiquer le « dépeçage » de celle-ci, pratique qui, en soi, n'est pas illicite (n° 16906).

À défaut d'être une « loi » au sens de l'article 3, 1 de la convention de Rome du 19 juin 1980, aujourd'hui du règlement CE 593/2008, les principes généraux applicables aux contrats internationaux, tels que ceux dits « Principes d'Unidroit » (n° 17000), ne peuvent pas être choisis par les parties (Cass. com. 16-11-2022 n° 21-17.338 FB : RJDA 2/23 n° 65).

Faculté de déterminer le contenu de la loi choisie Les parties peuvent préciser les règles de la loi choisie qu'elles entendent appliquer à leur contrat et celles qu'elles veulent exclure, toujours bien entendu sous réserve de celles d'ordre public international qui seraient applicables. 16906

Elles peuvent ainsi :

a. adopter la **loi en vigueur** au jour du contrat et évincer toutes les modifications à venir de cette loi, système dit de la « **pétrification** » de la loi choisie (Cass. civ. 21-6-1950 : D. 1951.749 note Hamel) ;

b. choisir **les dispositions** de la loi (ou des lois) désignée qui sont applicables au contrat, voire à tel ou tel élément (par exemple, validité, forme, interprétation, exécution...) du contrat selon la pratique dite du **« dépeçage »** (Cass. civ. 5-12-1910 : S. 1911.1.129 note Lyon-Caen ; Cass. req. 3-3-1924 : S. 1926.1.252 ; en ce sens aussi Règl. CE 593/2008 art. 3, 1) ;

c. **écarter** les règles de l'**ordre public interne** de la loi visée (CA Paris 15-9-1987 : BRDA 22/87 p. 20 : possibilité même en présence du choix de la loi française d'écarter les dispositions de l'ordonnance du 30-12-1958 sur les clauses d'indexation ; CA Rouen 17-12-1987 : DMF 1989.440 : possibilité d'écarter les dispositions d'ordre public de la législation française sur le transport maritime ; pour plus de détails, Mercadal, DPCI 1979.283 s.). Si l'ordre public interne n'a pas été évincé, il doit naturellement être appliqué comme une norme choisie par les contractants (cf. Cass. civ. 28-6-1966 : Rev. crit. 1967.334 note Batiffol : application de la loi française imposant des mentions obligatoires à la vente d'un fonds de commerce situé à Abidjan ; Cass. civ. 21-11-1973 : Clunet 1974.583 note Bigot : application à l'étranger du statut français des agents d'assurances ; Cass. soc. 31-3-1978 : Bull. civ. V p. 193 et Cass. soc. 25-1-1984 : JCP G 1984.IV.103 : application à l'étranger de la réglementation française du travail plus favorable ; aussi Sentence CCI n° 2119 en 1978 : Clunet 1979.977 ; Sentence CCI n° 3380 en 1980 : Clunet 1981.928) ;

d. préciser les **règles de la loi choisie** qu'elles retiennent comme applicables à leur contrat.

Sur le sens à donner aux mots « loi » et « droit », n° 16900.

Modification de la loi désignée Après la conclusion du contrat, les parties peuvent, d'elles-mêmes, apporter d'un commun accord toute modification à la loi désignée, la remplacer par une ou plusieurs autres ou même lui substituer un régime contractuel autonome. 16909

Lorsque le règlement CE 593/2008 est applicable (n° 17103), toute modification quant à la détermination de la loi applicable, intervenue postérieurement à la conclusion du contrat, ne remet pas en cause la validité du contrat au regard des règles de forme selon lesquelles il a été conclu et ne porte pas atteinte aux droits des tiers (Règl. CE 593/2008 art. 3, 2 et 11).

En cas de modifications successives de la loi applicable à la suite de plusieurs révisions du contrat, c'est la loi résultant de la dernière formulation qui s'applique (Sentence du 19-1-1977, arbitrage ad hoc : Yearbook 1979.177).

MODALITÉS DE DÉSIGNATION DU DROIT CHOISI

Formulation du choix La loi retenue doit être désignée de façon certaine (cf. Règl. CE 593/2008 art. 3, 1). À défaut, c'est le juge qui, par interprétation souveraine sous réserve de dénaturation, fixera le droit applicable (Cass. com. 7-7-1954 : Bull. civ. III p. 189 ; Cass. com. 14-10-1957 : D. 1958.333 note Jambu-Merlin) ou l'arbitre (Sentence CCI n° 5865 en 1989 : Clunet 1998.1008 obs. Hascher). 16915

Il convient d'être particulièrement net en cas de dépeçage (n° 16906) car les juridictions françaises ne sont pas portées à admettre cette pratique spontanément (cf. CA Paris 30-9-1986 : BRDA 22/86 p. 20).

16918 **Moment du choix** Le plus souvent, les parties désignent le droit applicable au moment de la **conclusion** du contrat.

Elles peuvent aussi le faire **après coup,** même devant la juridiction saisie (Cass. com. 18-11-1959 : Rev. crit. 1960.83 note Batiffol ; cf. CA Rouen 9-12-1982 : DMF 1983.545 ; Sentence CCI n° 1434 en 1975 : Clunet 1976.978 ; Cour d'arbitrage de Bulgarie 10-12-1972 et 17-12-1975 : Clunet 1979.655). Pour les droits dont elles ont la libre disposition, elles peuvent même, par un accord procédural qui peut résulter de conclusions concordantes sur ce point, choisir, pour régir une situation juridique déterminée, la loi française du for et évincer celle désignée par la règle de conflit applicable (Cass. 1re civ. 10-2-2021 n° 19-17.028 FS-P : JDI 2021.1317 note Godecot-Patris).

Toutefois, elles ne peuvent pas prévoir qu'une seule des parties pourra désigner le droit applicable, car les obligations de cette partie ne seraient pas alors déterminées ni déterminables au moment de la conclusion du contrat et leur contenu pourrait dépendre de son arbitraire ; or, la certitude de l'objet, devenue celle du contenu du contrat (nos 12400 s.) étant une condition fondamentale de l'engagement juridique contractuel, bon nombre de juridictions, dont assurément les tribunaux français, ne manqueraient pas d'inclure cette condition dans leur ordre public international.

16921 **Contrats soumis au droit désigné en cas de pluralité de contrats** Lorsque les **mêmes parties** concluent entre elles **plusieurs contrats,** il entre dans leur liberté du choix de la loi applicable de préciser si tous les contrats sont soumis à la même loi ou si des lois différentes seront applicables selon les contrats, bien entendu sous réserve du respect de l'ordre public international éventuellement applicable (n° 16653). Sinon, elles laissent au juge le soin d'interpréter leur volonté, ce qui est souvent source de litiges et de déconvenues (pour la soumission d'un contrat de sous-traitance au droit du contrat principal, Sentence CCI n° 2119 en 1978 : Clunet 1979.997 obs. Derains ; pour le refus d'alignement d'un contrat de consortium sur le contrat principal, Sentences CCI nos 3043 et 3048 en 1978 : Clunet 1978.1000 obs. Derains, et d'un engagement de caution sur le contrat principal, Cass. civ. 2-3-1970 : Rev. crit. 1971.251 note Batiffol).

APPLICATION DU DROIT ÉTRANGER DÉSIGNÉ

16925 **Obligation** Le juge, comme l'arbitre, est tenu d'appliquer le droit désigné par les parties, serait-il un droit étranger (Cass. 2e civ. 16-5-2019 n° 18-12.005 F-D ; CA Aix 11-5-1976 : Bull. cour d'Aix 1976/2 p. 49 ; Sentence CCI n° 1512 en 1971 : Yearbook 1976.128). La loi désignée est applicable, tout renvoi à une autre loi étant exclu (Cass. civ. 11-3-1997 n° 94-19.322 : RJDA 7/97 n° 878).

Lorsque le règlement CE 593/2008 est applicable (n° 17103), le juge doit appliquer la loi qu'il désigne même si cette loi est celle d'un État non contractant (art. 2).

Toutefois, le juge peut ne pas appliquer le droit étranger si la recherche et la preuve du contenu de ce droit devaient entraîner des retards incompatibles avec l'urgence de la cause (par exemple lorsqu'il s'agit d'assurer la protection d'incapables étrangers, Cass. ch. req. 10-11-1896 : DP 1897.1.313 ; Cass. civ. 19-11-1923 : DH 1924.3 ; Cass. civ. 7-5-1928 : DP 1929.1.47).

Il le peut aussi si les parties ont choisi le droit du for dans leurs conclusions (Cass. com. 19-12-2000 : RJDA 5/01 n° 560) ou si la loi étrangère désignée est équivalente à la loi qu'il applique, en ce sens que la situation de fait constatée par le juge a les mêmes conséquences juridiques en vertu de ces deux lois (Cass. civ. 13-4-1999 n° 96-22.487 : RJDA 7/99 n° 763 : équivalence entre les lois belge et française ; Cass. 1re civ. 11-1-2005 n° 01-02.473 : D. 2005.1924 note Mahinga : équivalence entre les lois allemande et française).

Les juges du fond doivent rechercher le droit étranger applicable dès lors que la localisation des faits de l'espèce comporte des éléments d'extranéité (Cass. civ. 6-2-1973 : Clunet 1975.66) ou préciser pour quelles raisons ils l'appliquent (Cass. civ. 10-10-1978 : Rev. crit. 1979.775 note Courbe) ; sur l'obligation du juge de justifier la loi étrangère sur laquelle il fonde la charge de la preuve, n° 75506.

16928 **Office du juge** Le juge français peut soulever d'office l'application de la loi étrangère, à condition de la soumettre au débat contradictoire (Cass. 3e civ. 16-1-2020 n° 18-22.780 D).

Il lui incombe de rechercher la teneur de la loi étrangère lorsqu'il doit en faire application (Cass. com. 24-6-2014 n° 10-27.648 : Bull. civ. IV n° 112). Mais lorsqu'est en cause une règle de portée générale de la loi étrangère et non pas l'une de ses dispositions spécifiques, il doit rechercher dans la loi française les éléments permettant d'appliquer cette règle (cf. Cass. civ. 2-2-1988 n° 86-10.704 : Bull. civ. n° 29 : à propos de la notion de faute extracontractuelle retenue par la loi du Kenya mais qu'aucune jurisprudence n'a fixée). Il peut aussi appliquer la loi française à titre subsidiaire lorsqu'il se heurte à l'impossibilité d'obtenir la preuve du contenu de la loi étrangère, même en matière de droits indisponibles (Cass. 1re civ. 21-11-2006 : Rev. crit. 2007.575 note Muir Watt, transposable à la matière contractuelle).

La preuve de la teneur de la loi étrangère peut être faite par tous moyens (Cass. civ. 21-7-1987 : Bull. civ. I p. 175).

Le juge, saisi de l'application d'une loi étrangère, doit indiquer les règles du droit étranger sur lesquelles il se fonde (Cass. 1re civ. 14-2-2006 n° 05-11.914 : RJDA 10/06 n° 993).

Sur l'obligation des **arbitres** d'appliquer les usages du commerce international, n° 16680.

Interprétation Le juge du fond français doit interpréter librement le droit étranger sous la seule réserve, quelle qu'en soit la source, légale ou jurisprudentielle, de ne pas le dénaturer (Cass. civ. 16-3-1999 : RJDA 5/99 n° 522 ; Cass. 1e civ. 3-6-2003 n° 722 : RJDA 12/03 n° 1165 ; Cass. soc. 13-12-2017 n° 15-13.098 FS-PB : Bull. civ. I n° 1). 16931

La Cour de cassation apprécie rigoureusement l'existence d'une dénaturation (cf. Cass. com. 10-7-2012 n° 10-17.325 : JCP E 2012.1622 n° 4) et juge qu'elle n'a pas à procéder au contrôle de la décision au regard des prescriptions de fond d'une loi étrangère (Cass. com. 26-2-1991 n° 89-15.462 : Bull. civ. IV n° 85).

Domaine **Sous l'empire du droit commun des conflits de lois,** lorsque les parties n'ont pas restreint son champ d'application (n° 16906), le droit désigné fournit toutes les règles nécessaires pour fixer le régime du contrat (cf. CA Paris 22-12-1983 : D. 1984.IR.191). 16934

Ainsi, la loi du contrat régit :

– le **consentement** des parties (CA Paris 14-12-1993 : Rev. crit. 1995.301 ; cf. Cass. civ. 3-1-1963 : D. 1963.241 note Holleaux) ;

– la licéité du **contenu** du contrat (CA Colmar 16-2-1937 : DP 1939.2.25 note Silz) ;

– l'**interprétation** du contrat (Cass. civ. 23-11-1892 : S. 1894.1.441) ;

– les **effets du contrat** au regard des tiers, des ayants cause universels ou à titre particulier et des créanciers chirographaires des parties (CA Paris 10-1-1970 : GP 1970.1.203), notamment la stipulation pour autrui qui y est incluse (cf. CA Paris 19-9-1997 : Rev. crit. 1998.413 note Poillot-Peruzzetto : à propos d'un contrat d'assurance conclu par le vendeur et invoqué par l'acheteur) ;

– la validité des clauses d'irresponsabilité ou de **limitation de responsabilité** (Cass. com. 7-7-1954 : Bull. civ. III p. 189 ; CA Paris 16-6-1959 : D. 1960.209 note Rodière) et des clauses **pénales** (CA Paris 22-12-1983 : D. 1984.IR.191) ;

– la **monnaie** du contrat ;

– la résiliation ou la **résolution** du contrat (Cass. civ. 25-5-1992 : RJDA 8-9/92 n° 804) ;

– la **prescription** (Cass. com. 5-9-2018 n° 16-26.516 F-D ; Cass. 2e civ. 16-5-2019 n° 18-12.005 F-D ; CCIP-CA Paris 6-9-2022 n° 21/09574) ;

– le délai pour agir en garantie des **vices cachés** ;

– la **compétence** des juridictions pour trancher les litiges nés du contrat (CA Rennes 8-12-1977 : Clunet 1978.885 note Lyon-Caen) ;

– les règles relatives à la force majeure (n° 15129) ;

– les règles relatives à la preuve (Sentence CCI n° ICC-EFA*2020-239 en 2014 : JDI 2020.1463 obs. Barbier et Fessas).

Sous l'empire du règlement CE 593/2008, sont soumis à la loi du contrat (Règl. art. 12, 1) :

– son interprétation ;

– l'exécution des obligations engendrées par le contrat ;

– dans les limites des pouvoirs attribués à la juridiction saisie par son droit procédural, les conséquences de l'inexécution totale ou partielle de ces obligations, y compris l'évaluation du dommage dans la mesure où des règles de droit la gouvernent ; en ce qui concerne les modalités d'exécution et les mesures à prendre par le créancier en cas de défaut dans l'exécution, il y a lieu d'avoir égard à la loi du pays où l'exécution a lieu ;

– les divers modes d'extinction des obligations ainsi que les prescriptions et déchéances fondées sur l'expiration d'un délai ;

– les conséquences de la nullité du contrat.

La loi du contrat s'applique aussi à la **preuve** des obligations dans la mesure où ladite loi établit des présomptions légales ou répartit la charge de la preuve (art. 18, 1) ; toutefois, la preuve des actes juridiques peut être faite selon la loi du for ou selon la loi au regard de laquelle l'acte est valable quant à la forme (n° 16940), pour autant que la preuve puisse être administrée selon ce mode devant le tribunal saisi (art. 18, 2).

En toute hypothèse, la **capacité** des parties est fixée par leur **loi personnelle** (n° 1398). 16937

Selon le règlement CE 593/2008, si le contrat est conclu entre personnes se trouvant dans un même pays, la personne physique qui serait capable selon la loi de ce pays ne peut invoquer son incapacité résultant d'une autre loi que si, au moment de la conclusion du contrat, le cocontractant a connu cette incapacité ou ne l'a ignorée qu'en raison d'une imprudence de sa part (Règl. art. 13).

Les règles de **forme du contrat** relèvent de la **loi du lieu** où ce contrat est passé (pour une application, Cass. civ. 23-1-2001 : JCP G 2001.II.10620 note Légier, à propos d'une donation faite en France par acte sous signature privée ; Cass. 1e civ. 28-6-2005 n° 00-15.734 : Bull. civ. I n° 289, à propos d'un acte notarié dressé en Allemagne ; pour un exemple légal, loi 2004-575 du 21-6-2004 art. 17, al. 2-2°) ; toutefois, cette règle n'est pas impérative (Cass. 1e civ. 12-6-2013 n° 12-15.467 : D. 2013.1540.som. obs. de Ravel d'Esclapon) : les parties ont ici un choix et peuvent décider de soumettre la 16940 forme comme le fond de leur accord à la « loi du contrat » (Cass. civ. 28-5-1963 : D. 1963.677 note Droz) ou à leur loi nationale si elle leur est commune (Cass. civ. 10-12-1974 : D. 1975.685 note Malaurie et Morin).

La clause de « soumission au droit français, sauf en matière de procédure », emporte application de la loi française aussi bien pour la forme de l'acte que pour ses effets (CA Versailles 22-9-1989 : GP 1990.som.170).

Lorsque le **règlement** CE 593/2008 est applicable (n° 17103) (Règl. art. 11) :

1. un **contrat** est valable quant à sa forme :

– aux conditions de forme de la loi du contrat ;

– ou de la loi du pays où il a été conclu si les contractants se trouvent dans ce pays ;

– ou de la loi de l'un des pays où se trouve chacun des contractants ;

2. un **acte juridique unilatéral** relatif à un contrat conclu ou à conclure est valable quant à la forme s'il satisfait aux conditions de forme de la loi qui régit ou régirait au fond le contrat ou de la loi du pays dans lequel cet acte est intervenu (Règl. art. 11, 3) ;

3. tout **contrat ayant pour objet un droit réel immobilier** ou un droit d'utilisation d'un immeuble est soumis aux règles de forme impératives de la loi du pays où l'immeuble est situé, pour autant que selon cette loi elles s'appliquent indépendamment du lieu de conclusion du contrat et de la loi le régissant au fond (Règl. art. 11, 5).

16943 Les mesures d'**exécution forcée** dirigées par les créanciers contre leurs débiteurs sont soumises à la loi du lieu de leur exécution (n° 59006).

V. DÉSIGNATION EXPRESSE DE LA « LEX MERCATORIA »

17000 Les parties peuvent formellement désigner comme droit applicable à leur contrat ce que, dans la langue juridique des contrats internationaux, il est devenu d'usage d'appeler la « lex mercatoria », c'est-à-dire les principes généraux du droit et les usages du commerce international, pour autant bien entendu que les uns et les autres ne sont pas contraires à l'ordre public international qu'un État serait en mesure d'imposer au contrat (en ce sens, Sentence CCI n° 6500 en 1992 : Clunet 1992.1015 obs. Arnaldez, écartant la lex mercatoria pour incompatibilité avec une loi d'ordre public). Ce choix peut être déduit du silence des parties sur le droit applicable (T. com. Nantes 11-7-1991 : Clunet 1993.330 note Leboulanger) ou être retenu d'office par l'arbitre, à défaut de désignation du droit applicable par les parties, comme droit le plus approprié à la solution du litige (Sentence CCI n° 9797 en 2000 : Bull. CIArb. CCI, vol. 12, n° 2-2001 p. 93 ; Sentence CCI n° 9875 en 1999 : Bull. CIArb. CCI, vol. 12, n° 2-2001 p. 100 ; cf. Cass. 1e civ. 22-10-1991 : JDI 1992.177 note Goldman).

Selon les statistiques publiées par la CCI en 2019 (Cavaliero, JDI 2019.897), « seulement 2 % du total des affaires prévoient l'application de règles ou principes internationaux autres qu'un droit national, comme par exemple les Principes d'Unidroit ».

Sur la liberté des arbitres quant à la détermination du droit applicable, n° 17120.

Cette désignation a pour effet de soumettre le contrat à des **règles de droit** et **non** à des préceptes déjuridisés d'**équité** : elle ne constitue donc pas un renvoi à l'amiable composition (Cass. civ. 13-10-1981 : Clunet 1982.931 note Oppetit ; TGI Paris 4-3-1981 : Clunet 1981.836 note Kahn ; dans le même sens, Cass. civ. 22-10-1991 : RJDA 1/92 n° 107) comme elle ne résulte pas de l'adoption de l'amiable composition (Sentence CCI n° 5118 en 1986 : Clunet 1987.1027 obs. Jarvin).

Les règles susvisées comprennent les principes généraux du droit, qui, d'ailleurs, reçoivent application même si les parties n'y ont pas fait référence car ils sont en réalité de véritables règles de droit généralement appliquées par les tribunaux comme des règles d'ordre public. Ces règles sont parfois reconnues par les arbitres dans les Principes Unidroit « dans la mesure où ils apparaissent comme une transposition fidèle des règles reconnues comme applicables aux contrats internationaux par les commerçants engagés dans le commerce international » (Sentence CCI n° 10422 en 2001 : JDI 2003.1142 obs. Jolivet ; Sentence CCI n° 14748 en 2009 : JDI 2016.149 obs. Derains).

Jugé ainsi que :

– les conventions doivent s'interpréter de bonne foi (Sentence CCI n° 2291 en 1975 : Clunet 1978.989) ;

– les parties doivent rapidement informer le cocontractant de leur position quand surgit un fait nouveau (Sentences CCI n° 3344 en 1981 : Clunet 1982.978 ; n° 3243 en 1981 : Clunet 1982.968) ;

– si l'exécution d'une convention n'est pas poursuivie jusqu'à son terme par suite d'une résiliation, la rémunération due s'apprécie en fonction de la partie exécutée de l'obligation par rapport à l'ensemble des prestations successives prévues au contrat (CA Paris 12-6-1980 : Clunet 1982.931 note Oppetit, admettant cette règle posée par des arbitres) ; sur la même règle appliquée par les tribunaux, n° 16125.

Sur l'invalidité de la désignation des Principes comme loi applicable au contrat, n° 16903.

VI. DROIT APPLICABLE À DÉFAUT DE DÉSIGNATION EXPRESSE

A. Fixation du droit applicable par le juge saisi

PRINCIPE

Lorsque les parties n'ont pas opté pour un contrat sans loi ou n'ont pas expressément désigné un droit étatique ou la lex mercatoria, le juge, si aucune convention internationale ne régit le rapport de droit litigieux (pour un exemple, Cass. com. 4-6-1991 n° 89-11.127 : RJDA 8-9/91 n° 701), n'est tenu de mettre d'office en œuvre la règle de conflit de lois que si les droits litigieux sont indisponibles (Cass. 1e civ. 1-6-2017 n° 16-16.903 D) ; si ces droits sont disponibles le juge n'est pas tenu d'appliquer d'office la règle de conflit de lois (Cass. civ. 9-3-1983 n° 82-10.654 : JCP G 1984.II.20295 note Courbe ; Cass. civ. 4-12-1990 n° 89-14.285 : Clunet 1991.371 note Bureau ; Cass. civ. 10-12-1991 n° 90-11.520 : Bull. civ. I n° 346), sauf si l'une des parties l'a invoquée mais sans avoir à l'inviter à s'expliquer sur ce point (Cass. 3e civ. 9-3-2017 n° 15-13.938 F-D). En tout état de cause, le juge ne peut pas appliquer une loi étrangère, non élue par les parties, sans déterminer le droit applicable au contrat litigieux et s'expliquer sur les motifs conduisant à l'application du droit retenu (Cass. 1e civ. 31-1-2006 n° 03-12.731 : Bull. civ. I n° 40). 17100

Il en est de même lorsqu'il résulte des conditions de vente des parties que plusieurs lois sont en concurrence pour régir le contrat (CA Versailles 21-5-1986 : D. 1986.IR.308) ou encore lorsque les parties s'en remettent à l'arbitre du soin de déterminer le droit applicable (cf. CPC art. 1511 qui autorise l'arbitre, dans le silence des parties, à rechercher le droit le plus approprié).

Pour y parvenir, le juge doit, à notre avis, distinguer les conflits de lois qui relèvent du règlement CE 593/2008 de ceux qui, lui étant étrangers, relèvent du droit commun des conflits de lois.

S'il a décidé d'appliquer une loi étrangère, il doit en déterminer la teneur comme il est dit au n° 16928.

APPLICATION D'UNE CONVENTION INTERNATIONALE

Si le contrat est susceptible de relever d'une convention internationale dont l'applicabilité n'est pas impérative (n° 16510), cette convention doit être appliquée si les parties ne l'ont pas exclue, d'un commun accord et pour des droits dont elles ont la libre disposition, par exemple en invoquant une loi déterminée (Cass. civ. 26-5-1999 n° 96-16.361 : Bull. civ. I n° 172, écartant la convention de La Haye du 15 juin 1955 sur la loi applicable à la vente internationale ; Cass. 1e civ. 6-5-1997 : RJDA 10/97 n° 1170, écartant une convention franco-marocaine ; aussi n° 8003 à propos de l'accord des parties sur la responsabilité délictuelle). 17101

Toutefois, il est recommandé aux parties qui souhaitent, lorsqu'elles ont la libre disposition de leurs droits, **écarter** une convention internationale de le **dire formellement** (en ce sens, Cass. civ. 6-12-1988 n° 86-14.064 : Bull. civ. I n° 346 ; Cass. civ. 4-10-1989 n° 87-13.020 : Bull. civ. I n° 304).

Les arbitres sont enclins à se référer à une convention internationale pour légitimer leurs solutions (Sentence CCI n° 1717 en 1972 : Clunet 1974.890 obs. Derains et Sentence CCI n° 2438 en 1975 : Clunet 1976.969 obs. Derains) et les juges à l'appliquer d'office par crainte, à défaut, que la responsabilité de l'État au nom duquel ils jugent ne soit engagée (J.-P. Rémery note sous Cass. com. 25-5-1993, Rev. crit. 1993.461, sur un exemple de mise en cause de la responsabilité par le Gouvernement des Pays-Bas de la responsabilité internationale de la Suède à propos de la mise en œuvre de la convention de La Haye du 12 juin 1902 sur la tutelle des mineurs).

APPLICATION DU RÈGLEMENT CE 593/2008 DU 17 JUIN 2008

La convention de Rome du 19 juin 1980 qui régissait les conflits de lois entre États de la Communauté européenne qui l'avaient ratifiée a été remplacée par le règlement CE 593/2008 du 17 juin 2008 sur la loi applicable aux obligations contractuelles, qui est applicable aux contrats conclus après le 17 décembre 2009 (Règl. art. 28). Ce règlement détermine la **loi applicable en cas de conflits entre lois d'États membres de l'UE,** à l'exception de ceux impliquant l'Irlande et le Danemark (considérants 45 et 46 du règlement précité) et de ceux dont la loi applicable est déterminée par une convention internationale dont le règlement n'affecte pas l'application dans les États membres qui en étaient parties avant son entrée en vigueur (Règl. art. 25 ; pour un exemple d'application d'une disposition comparable du règl. 864/2007 du 11-7-2007 relatif à la loi applicable aux obligations non contractuelles : Cass. 1e civ. 18-11-2020 n° 19-17.924 F-PB). 17103

À notre avis, le règlement CE n'est applicable qu'aux **conflits entre lois des États membres** de l'UE (contra Cass. 1e civ. 31-5-2005 : RJDA 12/05 n° 1319, qui a imposé la convention de Rome à un contrat de vente d'avion conclu en République centrafricaine entre deux parties françaises, sans aucune justification quant au domaine d'application de la convention tenue pour applicable par prétérition ; Cass. com. 8-3-2011 n° 09-11.751 : RJDA 7/11 n° 604 et CCIP-CA Paris 7-9-2021 n° 20/04480, appelant la même observation).

En effet, à défaut de disposition du règlement fixant son champ d'application territorial (seul son champ d'application matériel étant visé à l'article 1), il ressort de l'exposé des motifs que le règlement a pour objet d'apporter la sécurité juridique « dans les matières civiles ayant une incidence transfrontalière, dans la mesure nécessaire au bon fonctionnement du marché intérieur », ce qui conduit « entre autres à favoriser la compatibilité des règles applicables dans les États membres en matière de conflit de lois et de compétence ». De plus, l'article 25, 2 du règlement prévoit qu'il prévaut sur les conventions internationales lorsque les contrats sont conclus exclusivement entre deux États membres ou plusieurs d'entre eux, « dans la mesure où elles concernent des matières réglées par le présent règlement ». Par ailleurs, le règlement n'est pas en lui-même universel ; c'est la règle de conflit qui est universelle en ce sens que la « loi désignée par le présent règlement s'applique même si cette loi n'est pas celle d'un État membre » (Règl. art. 2).

Le juge est tenu, lorsque les faits dont il est saisi le justifient, de faire application des règles d'ordre public issues du droit de l'UE, telle une règle de conflit de lois lorsqu'il est interdit d'y déroger, même si les parties ne les ont pas invoquées (Cass. 1e civ. 26-5-2021 nº 19-15.102 FS-P : RJDA 8-9/21 nº 627 rendu en application du règl. 864/2007 du 11-7-2007 sur la loi applicable aux obligations non contractuelles, transposable, l'ordre public s'imposant à toute circonstance le mettant en cause).

La loi applicable, à défaut de choix par les parties, est :

– pour les contrats suivants : vente, prestation de services, ayant pour objet un droit réel immobilier ou un bail d'immeuble, franchise, distribution, vente de biens aux enchères, la loi désignée par le règlement (art. 4, 1) ;

– pour les contrats autres que ceux énumérés ci-dessus ou pour tout contrat lorsque ses éléments sont couverts par plusieurs des dispositions prévues pour les contrats susvisés, la loi du pays dans lequel la partie qui doit fournir la prestation caractéristique a sa résidence habituelle (art. 4, 2) ;

– pour tout contrat, la loi du pays avec lequel il résulte de l'ensemble des circonstances de la cause que le contrat présente des liens manifestement plus étroits avec un pays autre que celui dont la loi devrait être retenue en vertu des règles visées aux articles 4, 1 et 2 susvisés (art. 4, 3 ; Cass. com. 16-11-2022 nº 21-17.338 F-B : RJDA 2/23 nº 65) ;

– pour tout contrat, lorsque la loi applicable ne peut pas être déterminée selon les dispositions de l'article 4, 1 et 2 susvisé, la loi du pays avec lequel le contrat présente les liens les plus étroits (art. 4, 4).

APPLICATION DU DROIT COMMUN DES CONFLITS DE LOIS

17109 Le droit commun des conflits de lois est applicable dès lors que ne sont applicables ni une convention internationale (nº 17101) ni le règlement CE 593/2008 (nº 17103).

Le droit applicable dépend alors en priorité de la commune intention des parties et, à défaut de pouvoir la déterminer, du rattachement du contrat par l'existence d'un élément déterminant le reliant à une loi donnée.

17110 **Recherche de la commune intention des parties** La loi applicable à un contrat international étant, par principe, celle choisie par les parties, le juge doit, d'abord, rechercher si les **circonstances** permettent d'induire sous l'empire de quel droit la volonté des contractants a entendu localiser le contrat (règle dite de la **localisation du contrat**).

Jugé que la commune intention des parties ressortait des faits suivants :

– du caractère inadapté à l'économie du contrat de la loi saoudienne (Cass. civ. 29-10-1974 : Bull. civ. I p. 246 : application de la loi française) ;

– du maintien d'un salarié au Sénégal après avoir été informé du contenu de la loi sénégalaise du lieu d'exécution du contrat (Cass. civ. 29-1-1975 : Bull. civ. I p. 37 : application de la loi sénégalaise) ;

– de l'attribution de compétence à une juridiction d'un pays déterminé ; par exemple : conclusion entre une société française et son mandataire, de nationalité allemande, à Paris, d'un contrat rédigé en français et prévoyant la compétence exclusive du tribunal de commerce de la Seine (Cass. civ. 25-1-1978 : JCP G 1978.II.18821 concl. Gulphe : application de la loi française) ; conclusion d'un contrat à Paris, avec une clause attributive de compétence aux tribunaux de cette ville et ayant été exécuté partiellement en France (Cass. civ. 4-11-1981 nº 79-13.990 : Bull. civ. I nº 242 : application de la loi française) ;

– du lieu d'exécution d'un contrat, les indices contraires (langue du contrat, lieu des négociations, choix d'avocats allemands) n'ayant pas été estimés déterminants (Cass. civ. 22-7-1986 : Rev. crit. 1988.56 note Batiffol ; dans le même sens, Cass. civ. 25-10-1989 : Rev. crit. 1990.732 note Courbe).

Cette recherche doit prendre en compte toutes les circonstances susceptibles de déterminer la localisation du contrat, le juge devant y procéder notamment si les parties lui ont demandé (Cass. civ. 12-1-1994 nº 91-20.158 : Bull. civ. I nº 13).

Rattachement du contrat Lorsque le droit applicable au contrat ne peut pas être déduit de la commune intention implicite des parties, les tribunaux français recherchent l'élément du contrat qui justifie le mieux, compte tenu de la nature dudit contrat, le droit applicable. Ce droit est alors déterminé par « rattachement » (CA Angers 18-5-1989 : Rev. crit. 1990.501 note Heuze ; CA Paris 26-3-2013 n° 12/02707 : RD bancaire 2013 n° 4 § 140 obs. Bonneau). 17111

Depuis l'entrée en vigueur de la convention de Rome du 19 juin 1980 remplacée par le règlement CE 593/2008, la Cour de cassation (n° 17103) tend à déterminer le droit applicable en appliquant les critères de rattachement de ces textes.

Pourvu qu'il ne méconnaisse pas, le cas échéant, la localisation du contrat par les parties puisque la loi d'autonomie prime même si le choix de la loi applicable est tacite, le juge peut, dès lors qu'aucune disposition ne lui impose une loi déterminée, retenir le critère de rattachement du contrat qui lui paraît le plus approprié. À ce titre, il peut alors se référer aux critères du règlement CE dès lors qu'il justifie leur pertinence au regard du contrat de l'espèce.

Lorsque le contrat se rapporte à un immeuble, il est soumis à la loi du lieu de situation de l'immeuble (n° 19530).

B. Fixation du droit applicable par les arbitres

À défaut de choix exprès par les parties, les arbitres fixent le droit applicable en ayant recours à divers critères. 17120

Ils y sont encouragés par la réglementation de l'arbitrage qui leur reconnaît généralement, dans ce cas-là, la faculté d'appliquer les règles qu'ils estiment appropriées (CPC art. 1511, al. 1 ; art. VII de la convention de Genève du 21-4-1961 ; art. 35 du règlement d'arbitrage CNUDCI, version 2010 ; art. 21 du règlement d'arbitrage de la CCI ; cf. la convention de New York du 10-6-1958, qui ne contient aucune disposition sur le droit applicable).

Les juges français entérinent cette faculté en ces termes : « il est un principe bien établi que les tribunaux arbitraux disposent d'un large pouvoir d'appréciation et peuvent appliquer des règles de droit directement, sans effectuer d'analyse de conflit de lois » (CA Paris 25-2-2020 n° 17/18001).

Tous les critères susceptibles de fournir ce droit sont pratiquement utilisés.

Ainsi, les arbitres retiennent, selon le cas :

– la loi du lieu avec lequel le contrat a le plus de liens (Sentence du 9-1-1975 rendue par la Cour d'arbitrage de la Chambre de commerce tchécoslovaque : Yearbook 1977.143 ; Sentence CCI n° 1717 en 1972 : Clunet 1974.890 obs. Thompson et Derains ; Sentence CCI n° 953 en 1956 : Yearbook 1978.214 ; Sentence du 3-12-1963 de l'Association hollandaise pour les huiles, graines et oléagineux : Yearbook 1976.136 ; Sentence CCI n° 2730 en 1982 : Clunet 1984.914 obs. Derains ; Sentence CCI n° 9636 en 1998 : GP 2008.doctr. 2070 obs. Jolivet) ;

– la loi du lieu d'exécution (Sentence du 6-3-1973 rendue aux Pays-Bas : Yearbook 1978.224 ; Sentence CCI n° 2637 en 1975 : Yearbook 1977.153 ; Sentence CCI n° 4132 en 1983 : Clunet 1983.891 obs. Derains ; Sentence CCI n° 11024 en 2003 : GP 2008.doctr. 2074 obs. Jolivet) ;

– la loi du lieu de fourniture de la prestation caractéristique du contrat (Sentence CCI n° 2879 en 1978 : Clunet 1979.989 ; Sentence CCI n° 7205 en 1993 : Bull. Cour CCI 1996 n° 1 p. 91 ; Sentence CCI n° 7250 en 1992 : Bull. Cour CCI 1996 n° 1 p. 93) ;

– la loi du lieu où le contrat a son centre de gravité (Sentence du 13-4-1955 : Yearbook 1976.123 ; Sentence CCI n° 6719 en 1994 : Clunet 1994.1061 obs. Arnaldez) ;

– les usages du commerce (Sentence CCI n° 1641 en 1969 : Clunet 1974.888 obs. Derains) ;

– les principes généraux du droit (Sentences citées au n° 17000) ;

– la loi du lieu où l'arbitrage est rendu (Sentence de 1976, arbitrage ad hoc : Yearbook 1976.141 ; Sentence CCI n° 4491 en 1984 : Clunet 1985.966 obs. S.J. ; Sentence CCI n° 5551 en 1988 : Bull. Cour CCI 1996 n° 1 p. 83) ;

– la loi ressortant de la volonté tacite des deux parties (CA Paris 13-7-1989 : GP 1990.som.303).

L'arbitre doit, si la loi française est applicable, tenir compte, dans tous les cas, des usages du commerce (CPC art. 1511, al. 2 ; Cass. civ. 15-6-1994 : Rev. arb. 1995.88 note Gaillard). Dans un cas où la loi espagnole était applicable, les arbitres ont refusé de tenir pour des usages du commerce les solutions des principes Unidroit et du contrat type de la Fidic, ces solutions ne pouvant être appliquées que si les parties s'y sont référées (Sentence CCI n° 8873 en 1997 : Clunet 1998.1017 obs. Hascher).

Les usages relatifs à une activité déterminée, pris dans le sens exposé n° 73590, sont distincts des « usages du commerce » pris au sens ci-dessus, qui n'ont qu'une portée limitée à cette activité et ne sont applicables que si celui à qui on les oppose est réputé les avoir connus. La Cour de cassation refuse de contrôler leur existence et leur application (Cass. civ. 6-1-1987 : Clunet 1987.638 note Goldman).

C. Mise en œuvre du droit désigné

Le juge français, qui reconnaît applicable un droit étranger, doit en **rechercher** la teneur soit d'office, soit à la demande d'une partie qui l'invoque, avec le concours des parties et 17130 personnellement s'il y a lieu, et donner à la question litigieuse une solution conforme au droit positif étranger (Cass. 1e civ. 1-6-2016 n° 15-13.221).

Les règles relatives à la preuve, à l'interprétation et au domaine exposées à propos du droit choisi par les parties (nos 16928 s.) sont également applicables au droit désigné par le juge ou par l'arbitre.

VII. DROIT APPLICABLE AUX CONTRATS DE DROIT ADMINISTRATIF

QUALIFICATION

17200 Les contrats entre un **État,** ou une personne publique émanation de cet État, et une **entreprise de droit privé étrangère** sont des contrats **internationaux** dès lors qu'ils mettent en jeu les **intérêts du commerce international.** Après avoir été dits « contrats d'État », ils sont désormais plus connus sous le nom de « contrats d'investissements étrangers ».

Pour déterminer si le contrat intéresse ou non le commerce international, les critères suivants ont été retenus :

- la référence aux principes généraux du droit (Sentence ad hoc du 19-1-1977 : Clunet 1977.350 ; Sentence ad hoc du 10-10-1973 : Yearbook 1980.149 ; Sentence ad hoc du 14-1-1982 : Rev. arb. 1984.401) ;
- le recours à l'arbitrage (Sentence ad hoc du 19-1-1977, précitée ; T. 1e instance de Tunis du 22-3-1976 : Clunet 1979.661 ; Sentence ad hoc du 14-1-1982, précitée ; Sentence ad hoc du 18-11-1983 : Journal des tribunaux de Belgique 1984.230) ;
- la nature commerciale de l'opération visée au contrat (Sentence ad hoc du 18-11-1983, précitée).

Sur d'autres exemples relatifs à la qualification d'intérêt du commerce international, nos 16500 et 70631.

Le contrat conclu entre, d'une part, l'État français et des collectivités territoriales et, d'autre part, la société Walt Disney Productions, pour l'aménagement d'un parc de loisirs à Marne-la-Vallée, a été considéré comme relevant de l'ordre juridique interne français (Avis CE 6-3-1986 : Études et documents 1987.178).

Ils sont, au regard des critères français de qualification des contrats administratifs (nos 10700 s.), des contrats **de droit privé** seulement dans la mesure où ils ne sont pas soumis à un régime administratif français d'ordre public tel que défini par le Conseil d'État (nos 71345 s.).

Doivent aussi être tenus pour des contrats privés ceux conclus par une entreprise privée et une **agence internationale,** dès lors que les statuts de cette agence ne fixent pas de règles particulières à ces contrats. À défaut d'exclusion expresse, il y a lieu, en effet, d'appliquer le droit commun du contrat international.

CHOIX DU DROIT APPLICABLE

17203 Les parties peuvent librement déterminer le régime du contrat administratif international, **sous réserve** d'observer l'**ordre public** qui lui est applicable comme il a été dit ci-dessus.

Des sentences ont néanmoins jugé que la personne publique est engagée, sans restriction, par le droit choisi dans le contrat (Sentence ad hoc du 22-4-1978 : Yearbook 1986.105 ; Sentence ad hoc du 14-1-1982 : Rev. arb. 1984.401 ; Sentence CCI n° 5030 en 1992 : Clunet 1993.1004 obs. Derains).

En tout état de cause, l'État qui use de ses prérogatives de puissance publique en intervenant unilatéralement dans l'exécution du contrat ou en le résiliant, alors même que l'exercice de ces prérogatives serait justifié par une considération d'intérêt public, **doit indemniser** le cocontractant des conséquences de sa décision, car il lui fait subir un préjudice dont il n'a nullement à supporter la charge (Sentence Cirdi du 30-11-1979 : Rev. crit. 1982.92 note Batiffol ; Sentence Cirdi du 31-3-1986 : Clunet 1988.166).

Lorsque les parties n'ont pas précisé en tout point le régime du contrat et qu'il y a lieu de rechercher à quel régime il convient de le soumettre, la détermination du droit applicable se fait comme pour tout autre contrat international, étant observé qu'il a été jugé que le fait qu'un État soit partie à un contrat n'est pas un indice que les contractants ont, de ce seul fait, implicitement choisi la loi de cet État (Cass. civ. 31-5-1932 : DP 1933.1.169 ; cf. Cour permanente de justice internationale de La Haye 12-7-1929 : DP 1930.2.45 note Decenière Ferrandière).

INTERVENTION D'UN INTERMÉDIAIRE

17206 Il est toujours possible de recourir au service d'un **intermédiaire** qui s'efforce d'obtenir la conclusion du contrat convoité. Ce contrat est **licite** dès lors qu'il correspond à des **services effectifs** et qu'il n'est pas inspiré par une cause illicite telle que la volonté de corrompre un préposé de l'État considéré pour obtenir le contrat (Cass. 1e civ. 24-6-2015 n° 14-18.706 : Rev. arb. 2016.219 note Delanoy ; dans le même sens, Cass. civ. 9-12-1981 : Clunet 1982.931 note Oppetit ; CA Paris 12-6-1980).

A été annulé pour cause illicite le contrat d'exportation comportant une commission très élevée destinée à rémunérer de façon occulte des démarches faites en vue d'obtenir l'approbation du marché par un service public relevant d'une puissance étrangère (Cass. com. 7-3-1961 : Bull. civ. III p. 112 ; aussi dans le sens de l'illicéité : Sentence CCI n° 3916 en 1982 : Clunet 1984.930 obs. Derains).

Le tiers a droit à la **rémunération** convenue pour son intervention licite. Si celle-ci est subordonnée à l'obtention d'un résultat déterminé, il ne peut pas y prétendre si ce dernier n'est pas atteint ; mais il doit être indemnisé de la chance d'y parvenir que lui a fait perdre le comportement déloyal de la partie qui s'était engagée envers lui (CA Paris 1-2-1993 : JCP E 1993.II.489 note Couret et Pelletier).

FORMES DU CONTRAT

Le contrat doit être conclu dans les formes requises pour que la personne publique qui y est partie s'engage conformément à sa compétence et à ses pouvoirs. Cette personne commettrait une faute à l'égard du cocontractant si elle ne l'avertissait pas de ces exigences (Sentence CCI n° 3327 en 1981 : Clunet 1982.971). **17209**

ARBITRAGE

La personne publique **française** peut soumettre à l'arbitrage les litiges nés du contrat dès lors que celui-ci est un **contrat privé** international (n° 17200) (Cass. civ. 14-4-1964 : D. 1964.637 note Robert ; Cass. civ. 2-5-1966 : D. 1966.575 note Robert ; cf. T. confl. 19-5-1958 : D. 1958.699 note Robert ; Avis CE 6-3-1986 : Études et documents 1987.178 ; art. 2, 1 de la convention de Genève du 21-4-1961). **17212**

Elle le peut même si le contrat est **administratif** selon les critères du droit interne français, dès lors qu'il n'entre pas au nombre de ceux relevant des règles impératives du droit public français (n° 17203).

La convention pour le règlement des différends relatifs aux investissements entre États et ressortissants d'autres États (convention dite « Cirdi »), qui se borne à organiser les modalités de règlement de litiges que les parties à un différend ont décidé de soumettre au centre d'arbitrage prévu par cette convention, n'emporte pas, en elle-même, la possibilité de compromettre pour une personne publique française (Avis CE 6-3-1986 : Études et documents 1987.178).

Symétriquement, au regard de l'ordre juridique français, les personnes publiques **étrangères** sont liées par la convention d'arbitrage qu'elles ont acceptée (CA Paris 17-12-1991 : Rev. arb. 1993.281 note Synvet ; CA Paris 13-6-1996 : Rev. arb. 1997.251 note Gaillard ; CA Paris 14-4-2015 n° 14/07043 : Rev. arb. 2015.645 ; Sentence CCI n° 2321 en 1974 : Clunet 1975.938 obs. Derains ; Sentence CCI n° 2521 en 1975 : Clunet 1976.997 obs. Derains ; Sentence ad hoc 14-1-1982 : Rev. arb. 1984.401 ; Sentence ad hoc 18-11-1983 : Rev. arb. 1989.339 note Hascher ; Sentence CCI n° 3879 en 1984 : Clunet 1985.232 ; aussi n° 17200).

Sur la reconnaissance quasi générale de la validité de la convention d'arbitrage engageant l'État ou ses émanations, Bull. Cour CCI, supplément, 1998 p. 77.

CHAPITRE 3

ASSURANCES DE DOMMAGES TERRESTRES

SOMMAIRE

I. Règles générales	**17509**
A. Conclusion du contrat	**17509**
B. Exécution du contrat	**17600**
1. Modifications du contrat	**17600**
2. Paiement de la prime	**17650**
3. Règlement du sinistre	**17700**
4. Subrogation de l'assureur	**17800**
C. Contentieux du contrat d'assurance	**17900**
D. Extinction du contrat d'assurance	**17995**
II. Règles propres à l'assurance de responsabilité	**18200**

DÉFINITION

L'assurance de dommages est celle par laquelle une personne, l'assuré, obtient d'une autre, l'assureur, l'engagement que celle-ci l'indemnisera d'un ou plusieurs dommages résultant d'événements fortuits, dits sinistres, conventionnellement déterminés avec elle. **17500**

Cette assurance procure deux sortes de garanties :

1. L'**assurance de choses,** qui indemnise l'assuré de la **perte** ou de la **dégradation** des **biens assurés** ;

2. L'**assurance de responsabilité,** qui couvre **les dommages** causés **par l'assuré** à son **cocontractant** ou à des **tiers.**

Les assurances de choses et de responsabilité obéissent à des **règles distinctes** lorsqu'elles garantissent des opérations de crédit et lorsque les dommages assurés sont aériens, fluviaux ou maritimes.

DOMAINE

L'assurance des dommages terrestres garantit tous les **risques** liés à une **activité terrestre** (cf. C. ass. art. L 111-1), à **l'exclusion** de ceux qui se manifestent à terre mais sont couverts par une police d'assurance de marchandises transportées par tous modes dans les limites du voyage défini par la police (cf. C. ass. art. L 173-18). **17503**

RÉGIME

L'assurance des dommages terrestres, soumis à la loi française, est régie par les articles L 111-1 à L 125-6 et R 111-1 à D 125-6 du Code des assurances. Ces dispositions sont **d'ordre public,** à l'exception de celles énumérées dans l'article L 111-2 du Code des assurances. **17506**

Sur la loi applicable aux contrats conclus pour les risques situés sur le territoire d'un ou plusieurs États parties à l'accord sur l'Espace économique européen, articles L 181-1 à L 183-2 du Code des assurances et 17, al. 2-3° de la loi 2004-575 du 21-6-2004 pour les contrats d'assurance proposés à distance et par voie électronique.

Sur les matières pour lesquelles le Code des assurances ne dispose pas, les règles du droit commun sont applicables (cf. C. civ. art. 1105, al. 2 et 3) (n° 10668).

Les contrats d'assurance passés par des **personnes morales de droit public** sont des contrats administratifs et des marchés publics s'ils sont conclus dans les conditions fixées par le Code de la commande publique (CCP art. L 2).

Les décisions concernant l'ouverture d'une procédure de liquidation judiciaire prises par les autorités compétentes d'un État membre de l'UE autre que la France à l'égard d'une entreprise d'assurance ayant son siège sur le territoire de cet État produisent tous leurs effets sur le territoire de la République française sans aucune autre formalité, y compris à l'égard des tiers, dès lors qu'elles produisent leurs effets dans cet État (C. ass. art. L 326-20 ; Cass. com. 4-10-2023 n° 22-12.128 F-B).

I. RÈGLES GÉNÉRALES

A. Conclusion du contrat

CHOIX DE L'ASSUREUR

17509 L'entreprise qui désire conclure un contrat d'assurance peut **librement** choisir parmi les assureurs **établis en France** ou sur le territoire de l'UE celui avec lequel elle entend contracter (C. ass. art. L 310-2, I-1° et 2°).

Elle peut aussi choisir un assureur établi dans un **État de l'Espace économique européen,** sous condition de réciprocité (C. ass. art. L 310-2-1).

Elle peut enfin contracter avec une entreprise étrangère, autre que celles susvisées, à partir de ses succursales établies en France dans les conditions fixées par l'article L 310-2, I-3° du Code des assurances. Mais elle doit veiller à conclure avec un assureur autorisé à pratiquer sur le territoire de la République française ; à défaut, le contrat est nul ; toutefois, cette nullité n'est pas opposable, lorsqu'ils sont de bonne foi, aux assurés, aux souscripteurs et aux bénéficiaires (C. ass. art. L 310-2, III).

ÉTABLISSEMENT DU CONTRAT

17515 **Parties au contrat** Le contrat d'assurance est conclu entre un assureur et un assuré qui a intérêt à la conservation de la chose, tout intérêt direct ou indirect à la non-réalisation du risque pouvant faire l'objet d'une assurance (C. ass. art. L 121-6 ; Cass. 2e civ. 6-10-2011 n° 10-24.309 : GP 2012.som.971 note Cerveau), peu important que l'assuré ne soit pas propriétaire de la chose (Cass. 2e civ. 15-1-2015 n° 13-27.109 F-D ; Cass. 2e civ. 31-8-2022 n° 20-16.701 F-B : RJDA 12/22 n° 684).

Le souscripteur du contrat d'assurance a en toute hypothèse intérêt à agir à l'encontre de l'assureur qui dénie sa garantie (Cass. 2e civ. 14-4-2016 n° 15-17.111 F-PB : Bull. civ. II n° 107). Mais seul l'assuré peut invoquer la garantie de l'assureur (Cass. 3e civ. 19-1-2022 n° 20-21.865 F-D : l'assurance personnelle du gérant d'une société n'emporte pas la qualité d'assurée à la société).

Mais le contrat d'assurance les lie aussi s'il a été passé :

a. Par un **mandataire** de l'assuré, couramment appelé « courtier », qui agit en vertu d'un mandat général ou spécial, ou même sans mandat (C. ass. art. L 112-1, al. 1).

Est courtier de l'assuré celui qui s'entremet entre lui et un assureur, serait-il par ailleurs un agent général d'assurances (Cass. com. 21-6-2011 n° 09-72.788 : RJDA 11/11 n° 903). Mandataire rémunéré de son client (et en principe non de l'assureur), il doit vérifier l'exactitude des renseignements communiqués par un tiers et servant de base à la détermination du risque à garantir (Cass. 3e civ. 4-11-1993 : Bull. civ. III p. 89). À défaut de disposition spécifique au contrat de courtage d'assurance, le courtier est tenu d'informer son client dans les conditions fixées par l'article 1112-1 du Code civil (nos 11837 s. ; sur des applications, antérieures à ce texte, du devoir d'information : Cass. 2e civ. 7-7-2011 n° 10-21.719 : RJDA 12/11 n° 1021 ; Cass. 2e civ. 15-9-2022 n° 21-15.528 F-B : D. 2022.1661 ; CA Versailles 12-1-1995 : RJDA 4/95 n° 433 ; CA Nancy 21-4-2009 : BTL 2009.676).

L'assureur est aussi engagé par ses mandataires, qui sont les agents généraux soumis aux statuts homologués par le décret 49-317 du 5 mars 1949 (Décret art. 2), ou par les courtiers lorsque ceux-ci soit agissent en vertu d'un mandat tacite (Cass. 1e civ. 22-10-1996 : Bull. civ. I p. 251), soit réunissent les conditions du mandat apparent, notamment en usant de documents établis à en-tête de l'assureur (Cass. 1e civ. 16-7-1991 n° 90-11.535 : RGAT 1992.191 ; Cass. 1e civ. 8-4-2010 n° 09-10.790 ; CA Versailles 19-9-1997 : GP 1998.som.9 ; cf. Cass. 2e civ. 17-6-2021 n° 19-25.975 F-D), ou en se présentant comme mandataire de l'assureur dès lors que le souscripteur du contrat ne peut pas légitimement croire qu'il n'agissait pas à l'occasion de ses fonctions de mandataire de l'assureur (Cass. 2e civ. 7-2-2013 n° 11-25.582 : RJDA 6/13 n° 564) ;

Sur le caractère civil de l'activité d'agent d'assurance, sauf s'il agit comme un courtier, n° 223.

b. Par un **gérant d'affaires** qui, sans avoir reçu mandat d'une personne, agit pour le compte de celle-ci ; cette personne profite du contrat même si elle ne le ratifie qu'après le sinistre (C. ass. art. L 112-1, al. 1) ; sauf stipulation contraire, le gérant n'est pas personnellement obligé (Cass. civ. 14-1-1959 : RGAT 1959.328) ;

c. **Pour le compte** de qui il appartiendra ; le contrat est alors conclu entre le souscripteur - qui s'oblige envers l'assureur à exécuter le contrat, spécialement à payer la prime, et envers qui l'assureur peut faire valoir ses exceptions - et l'assureur, mais il contient une stipulation pour autrui au profit d'un bénéficiaire connu ou éventuel de ladite stipulation ; cette assurance garantit aussi le souscripteur (C. ass. art. L 112-1, al. 2 et 3) ;

Il en est ainsi, par exemple, des assurances contractées par les transporteurs pour les marchandises transportées (Cass. civ. 13-5-1946 : JCP G 1946.II.3212 note Besson).

d. Par une **société** qui a été **absorbée,** dès lors que les juges ont expressément constaté que ce contrat a été transféré, le transfert ne résultant pas du seul fait de l'absorption (Cass. com. 7-10-2020 n° 19-13.256 F-D) ;

Mais le contrat conclu par une société qui par la suite en absorbe une autre ne couvre pas le risque affectant cette dernière, et partant sa responsabilité, car il a été conclu en fonction de la potentialité de réalisation du risque garanti attachée à la société absorbante (Cass. 3e civ. 26-11-2020 n° 19-17.824 FS-PBI : RJDA 3/21 n° 172).

e. Par un **intermédiaire ou** un **distributeur d'assurances** qui, au sens de la législation de l'Union européenne, est la personne morale dont l'activité consiste à proposer à ses clients d'adhérer sur une base volontaire, en contrepartie d'une rémunération qu'elle perçoit de ceux-ci, à une assurance de groupe qu'elle a préalablement souscrite auprès d'une compagnie d'assurances (CJUE 29-9-2022 aff. 633/20). Les activités d'intermédiaire d'assurances et de distributeur d'assurances sont régies par les articles L 511-1 s. du Code des assurances, qui transposent la directive (UE) 2016/97 du 20 janvier 2016. Le critère de ces deux activités est commun car l'activité d'intermédiaire d'assurance implique celle de distributeur de produits d'assurance.

Informations préalables Avant la conclusion du contrat, l'assureur doit : **17518**

– outre l'information due au titre du devoir d'information de droit commun (nos 11837 s.), communiquer les informations spécialement déterminées en matière d'assurance ci-dessous précisées ; au besoin, il doit un **conseil adapté** à la complexité de l'opération et répondre à la situation personnelle de l'intéressé (Cass. 1e civ. 4-6-2014 n° 13-12.770 : JCP G 2014 n° 30/35-864 note L. Mayaux) ;

En cas de manquement à ces obligations, l'assureur est tenu envers l'assuré à des dommages-intérêts dont le montant peut être égal à l'indemnité correspondant à la couverture du risque que l'assuré croyait garanti (Cass. 1e civ. 10-2-1987 n° 85-15329 : Bull. civ. I n° 44).

– fournir à l'assuré une fiche d'information sur le **prix** et les **garanties** (C. ass. art. L 112-2, al. 1) ;

Avant la conclusion d'un contrat comportant des **garanties de responsabilité,** l'assureur remet à l'assuré une fiche d'information, dont le modèle est fixé en annexe de l'article A 112 du Code des assurances, décrivant le fonctionnement dans le temps des garanties déclenchées par le fait dommageable, le fonctionnement dans le temps des garanties déclenchées par la réclamation, ainsi que les conséquences de la succession de contrats ayant des modes de déclenchement différents (C. ass. art. L 112-2, al. 1).

– remettre à l'assuré un exemplaire du **projet de contrat** et de ses pièces annexes ou une notice d'information sur le contrat qui précise, notamment, les garanties assorties des exclusions, les obligations de l'assuré, la loi applicable au contrat si celle-ci n'est pas la loi française, les modalités d'examen des réclamations et de recours à un processus de médiation dans les conditions prévues au titre V du livre Ier du Code de la consommation, l'adresse du siège social ou de la succursale ; le souscripteur atteste par écrit de la date de remise de ces documents et de leur bonne réception (C. ass. art. L 112-2, al. 2 et R 112-3 ; pour une application, CA Metz 12-1-2017 n° 13/03211 : BTL 2017.61) ;

L'assureur ne peut pas opposer à l'assuré la déchéance de la garantie prévue au contrat s'il ne démontre pas, en l'absence de production des conditions générales du contrat signées par l'assuré ou d'un renvoi à celles-ci dans les conditions particulières, que ce dernier avait eu connaissance, avant le sinistre, de la clause de déchéance de garantie (Cass. 2e civ. 15-9-2022 n° 21-12.278 F-B : D. 2022.1661 ; Cass. 2e civ. 24-11-2022 n° 21-17.410 FD).

– porter **sur les polices** les informations énumérées à l'article R 112-1, al. 1 à 9 du Code des assurances, sauf si le contrat couvre un grand risque au sens de l'article L 111-6 du Code des assurances ou un voyage ou des vacances (C. ass. art. R 112-2) ;

S'il résulte de l'article R 112-1 que l'assureur doit rappeler les différentes causes d'interruption de prescription mentionnées à l'article L 114-2 du même Code et le point de départ de la prescription, il n'est pas tenu de préciser qu'en application de l'article 2243 du Code civil, l'interruption de prescription est non avenue si le demandeur se désiste de sa demande, laisse périmer l'instance ou si sa demande est définitivement rejetée (Cass. 2e civ. 9-2-2023 n° 21-19.498 FS-B).

– lorsque le contrat d'assurance est proposé en **libre prestation de services** au sens de l'article L 362-2 du Code des assurances, informer le souscripteur du nom de l'État membre de l'UE où est situé l'établissement de l'assureur avec lequel le contrat pourrait être conclu, ce renseignement devant en outre figurer sur tous les documents qui lui sont remis (C. ass. art. L 112-7).

Sur la proposition d'assurance à distance et sur la proposition d'assurance par téléphone, Code des assurances respectivement art. L 112-2-1 et L 112-2-2.

Existence du contrat Sauf s'il a été subordonné à une condition (par exemple, la signature de la police par le souscripteur ou le paiement de la première prime), l'assuré n'étant **17521**

pas garanti tant que la condition n'est pas remplie (CA Riom 5-4-1954 : D. 1955.238 note A.B.), le contrat d'assurance est formé **dès l'accord des parties** sur l'objet de la garantie et sur son prix (Cass. 1e civ. 4-1-1980 n° 78-14.386 : Bull. civ. I n° 8 ; Cass. 1e civ. 28-2-1989 n° 87-12.005 : Bull. civ. I n° 93 ; Cass. 2e civ. 13-12-2018 n° 17-22.532 F-D). L'existence de cet accord doit être établie par un écrit (n° 17527).

Toutefois, la **proposition d'assurance ou l'offre** de contracter faite par l'assureur ou l'assuré **n'engage** ni l'assureur ni l'assuré ; seule la police ou la note de couverture constate leur engagement réciproque (C. ass. art. L 112-2, al. 6).

La rencontre des volontés suppose l'acceptation de la proposition ou de l'offre, laquelle obéit aux dispositions des articles 1118 et 1121 du Code civil.

17524 **Prise d'effet du contrat** Les garanties ainsi que l'obligation de payer les primes jouent **dès la conclusion du contrat** (Cass. 1e civ. 25-10-1994 : RJDA 3/95 n° 274 : à propos des garanties ; CA Paris 11-5-1994 : D. 1994.IR.159 : à propos de la prime), sauf si les parties - ce qui est courant - ont avancé ou retardé l'entrée en vigueur du contrat.

Un contrat conclu par Internet a pris effet au jour où la demande de l'assuré a été acceptée par l'assureur conformément aux termes de l'offre de l'assureur (Cass. crim. 27-5-2008 n° 07-88.176 : D. 2009.1324 note Noguéro).

1. La prise d'effet est **avancée** lorsque l'assureur remet une note de couverture à son assuré (n° 17533) préalablement à la signature de la police d'assurance ; dans cette hypothèse, la date d'effet du contrat est celle indiquée sur la note sous réserve du paiement d'une provision.

Une police qui faisait suite à un précédent contrat et qui prévoyait une « reprise du passé » a été interprétée comme couvrant les dommages antérieurs à la date de prise d'effet dès lors que la réclamation consécutive à ces dommages était postérieure à cette date (Cass. 1e civ. 25-4-1984 : Bull. civ. I p. 112).

2. La prise d'effet est **différée** lorsque la police précise que le contrat prend effet à une date formellement fixée, en général parce que le risque n'existe pas encore ou parce qu'il est encore couvert par un contrat d'assurance résilié.

Ces reports doivent être **spécifiés** dans les conditions particulières (Cass. civ. 5-1-1959 : RGAT 1960.29). Il convient de les exprimer aussi clairement que possible pour éviter les contestations sur le sens des termes employés. Par exemple, la mise en jeu de la garantie promise d'assister l'assuré devant les juridictions étant subordonnée à la condition que « l'origine du litige » soit située à l'intérieur de la période assurée, cette expression a été interprétée comme désignant non pas la cause du conflit mais le point de départ de la procédure juridictionnelle (Cass. civ. 24-11-1987 : GP 1988.pan.99).

17527 **Preuve du contrat** Le contrat d'assurance et tout avenant doivent être établis par **écrit,** en français et en caractères apparents (C. ass. art. L 112-3, al. 1 et 5), en vue d'en faire la preuve entre les parties et à l'égard de la victime (Cass. civ. 9-5-1996 : GP 1996.som.450) ; cette preuve peut résulter de la police d'assurance ou de la note de couverture, voire d'autres documents. L'écrit doit émaner de l'assureur (Cass. 1e civ. 10-7-2002 n° 99-15.430 : Bull. civ. I n° 191) et préciser le contenu du contrat et sa durée (Cass. 2e civ. 13-1-2011 n° 08-21.010 : GP 2011.som.29 note Périer).

La preuve de la **date** n'est pas subordonnée à l'enregistrement du contrat car les contrats d'assurance sont dispensés de cette formalité (Cass. civ. 28-10-1970 : D. 1971.84 note Besson ; Cass. 2e civ. 26-3-2015 n° 14-11.206 : Bull. civ. II n° 83).

Une déclaration verbale ne peut pas être prise en compte si l'existence d'un document écrit n'est pas constatée (Cass. civ. 14-11-1995 : JCP G 1996.IV.9).

17530 La **police d'assurance** précise les conditions de l'assurance en distinguant :

– les conditions générales imprimées et communes à tous les assurés pour un type de contrat, qui décrivent les garanties ainsi que les conditions de validité du contrat ;

– les conditions particulières qui adaptent le contrat à la situation de chaque assuré.

Celles-ci prévalent sur les conditions générales lorsque, par exemple, elles modifient un ou plusieurs articles des conditions générales à la demande de l'assuré ou de l'assureur (Cass. civ. 22-12-1981 : BT 1982.96 ; Cass. 1e civ. 17-6-1986 : Bull. civ. I p. 167).

17533 La **note de couverture** constate l'existence d'une garantie préalable à l'établissement de la police (C. ass. art. L 112-3, al. 6), et ce, alors même que la prime correspondante ne serait pas payée (Cass. 1e civ. 25-10-1994 : RJDA 3/95 n° 274).

Pour faire la preuve du contrat, la note de couverture n'est soumise à aucune condition de forme mais doit permettre de déterminer l'objet, la durée et l'étendue de la garantie ; tout document comportant ces éléments vaut note de couverture (Cass. 1e civ. 6-10-1993 : RJDA 1/94 n° 22 : « certificat d'assurance » ; Cass. 1e civ. 25-10-1994, précité : « certificat de garantie provisoire »). Mais elle ne peut pas prévaloir sur les énonciations de la police (Cass. 2e civ. 10-5-2007 n° 06-14.543 : Bull. civ. II n° 125).

La preuve du contrat peut aussi résulter d'**autres documents,** par exemple de la délivrance d'une attestation provisoire d'une durée de trois mois et de l'encaissement simultané d'un chèque remis à titre d'avance sur primes (CA Paris 24-6-1987 : GP 1988.som.16) ; le contrat est établi même si le chèque est sans provision et il ne peut donc être que suspendu ou résilié (Cass. civ. 24-1-1980 : RGAT 1980.349 obs. A.B.). **17536**

DOMMAGES GARANTIS

Dommages non assurables Ne peuvent **pas** être assurés les dommages suivants : **17540**

1. Pertes et dommages provenant d'une **faute intentionnelle ou dolosive** de l'assuré (C. ass. art. L 113-1, al. 2), le fait intentionnel faisant disparaître l'aléa.

a. La faute intentionnelle s'entend de la faute impliquant la volonté et la conscience de mettre à la charge de son propre assureur les conséquences qui résulteraient de ses fautes (Cass. 2e civ. 14-6-2012 n° 11-17.367 : RJDA 6/13 n° 503 ; Cass. 2e civ. 28-3-2019 n° 18-15.829 F-D) ; toutefois, il est aussi jugé que la constatation du caractère délibéré du manquement de l'assuré à ses obligations supprime, sans retenir formellement la faute intentionnelle de celui-ci, l'aléa inhérent au contrat d'assurance (Cass. 3e civ. 10-6-2020 n° 20-10.774 F-D ; contra Cass. 3e civ. 11-7-2012 n° 10-28.535 : Bull. civ. III n° 106). Ainsi, une imprudence caractérisée ne constitue pas une faute intentionnelle (Cass. 1e civ. 24-3-1987 : Bull. civ. I p. 76 : à propos de la garantie d'un vol commis dans les locaux de l'assuré à l'aide de clefs qui lui avaient été précédemment dérobées malgré la négligence de ce dernier quant au remplacement des serrures ; Cass. 2e civ. 6-2-2020 n° 18-17.868 F-PBI : carence de l'assuré pouvant aussi bien résulter de sa négligence, de son imprévoyance, de son incompétence personnelle ou organisationnelle au sein de son cabinet de syndic), ni une erreur (Cass. 3e civ. 11-7-2012 n° 11-16.414 : Bull. civ. III n° 107 : choix inadapté de construction d'un kit de ferraillage), ni le seul fait du placement sous contrôle judiciaire de l'assuré à la suite de sa mise en examen, fût-ce pour des infractions intentionnelles (Cass. 2e civ. 22-10-2015 n° 14-25.494) ; même les conséquences dommageables d'une faute lourde peuvent être couvertes (Cass. civ. 24-1-1966 : D. 1966.256).

La volonté de créer le dommage s'entend de la volonté de le créer tel qu'il est survenu (Cass. 1e civ. 27-5-2003 n° 684 : Bull. civ. I n° 125 ; Cass. 1e civ. 1-7-2010 n° 09-10.590 : Bull. civ. II n° 129).

Lorsque l'assuré est une société, la faute intentionnelle lui est imputable lorsqu'elle est commise par son représentant légal (Cass. civ. 20-7-1994 : RGAT 1994.1118 note Mayaux) ou un dirigeant de fait (Cass. 1e civ. 6-4-2004 n° 591 : Bull. civ. I n° 108).

La faute intentionnelle est opposable à la victime du dommage (Cass. civ. 3-1-1996 : GP 1996.pan.82) et aux coassurés de l'auteur de la faute (Cass. 1e civ. 11-10-1994 : RJDA 3/95 n° 275).

Le caractère intentionnel de la faute s'apprécie au moment où elle a été commise, la reconnaissance ultérieure de la faute ne retirant pas l'existence de l'intention au moment de la faute (CA Paris 16-6-2003 : GP 2004.424). Il est établi à partir des constatations et énonciations procédant de l'appréciation souveraine par les juges du fond de la valeur et de la portée des éléments de preuve qui leur sont soumis (Cass. 2e civ. 12-9-2013 n° 12-24.650 : JCP G 2014 n° 13-383 note Pélissier).

b. La faute dolosive s'entend d'un acte délibéré de l'assuré commis avec la conscience du caractère inéluctable de ses conséquences dommageables (Cass. 2e civ. 20-1-2022 n° 20-13.245 FS-B : RJDA 5/22 n° 267). Elle ne se confond pas avec la conscience du risque d'occasionner le dommage (Cass. 2e civ. 6-7-2023 n° 21-24.833 F-B).

À notre avis, cette qualification serait plus conforme au dol si elle était complétée par la nécessité de constater la volonté de tromper l'assureur sur la réalité de l'aléa car la caractéristique fondamentale du dol est la ruse et l'intention de tromper (n° 12250).

C'est à **l'assureur** qu'il appartient, pour se libérer, de **prouver** la faute intentionnelle de l'assuré (CA Orléans 6-6-1967 : RGAT 1967.476) ;

2. Amendes pénales, même encourues à l'occasion d'infractions non intentionnelles ;

En raison du principe de la personnalité des peines (n° 74312), seule la personne condamnée peut et doit supporter la peine. Les amendes fiscales et douanières ainsi que toute autre sanction pécuniaire prononcée par les autorités administratives sont assimilables aux sanctions pénales (Rép. Jacquat : AN 24-11-1997 p. 4215).

3. Dommages certains. Le dommage doit être aléatoire, c'est-à-dire résulter d'un événement incertain (cf. C. civ. art. 1108, al. 2), ce que les juges du fond apprécient souverainement (Cass. 3e civ. 20-6-2019 n° 17-26.383 F-D) ; l'assurance est nulle si, au moment du contrat, la chose assurée a déjà péri ou ne peut plus être exposée aux risques (C. ass. art. L 121-15 ; Cass. 1e civ. 4-11-2003 n° 01.14.942 : Bull. civ. I n° 220 : sinistre déjà produit ; CA Lyon 2-10-2003 : BTL 2004.594 : chose assurée déjà périe au jour du contrat). La nullité est une nullité relative qui ne peut être invoquée que par celui dont la loi qui a été méconnue tendait à assurer la protection, soit l'assureur ou l'assuré mais non les tiers (Cass. 1e civ. 9-11-1999 : RJDA 2/00 n° 121).

En l'absence d'aléa, au jour de la conclusion du contrat d'assurance, concernant l'un des risques couverts par le contrat d'assurance, la garantie y afférente ne peut pas être retenue (Cass. 2e civ. 6-5-2021 n° 19-25.395 F-P : D. 2021.903, sans que pour autant, selon l'arrêt rendu en appel, soit prononcée la nullité du contrat d'assurance dès lors que celle-ci n'a pas été formellement demandée dans le dispositif des conclusions d'appel de l'assureur).

17543 **Dommages pouvant être exclus** Sauf le cas où une disposition impérative détermine les dommages couverts par la garantie, par exemple dans l'assurance construction, l'assurance auto ou l'assurance dommage au regard des dommages causés par les catastrophes naturelles (C. ass. art. L 242-1, R 211-10, L 125-1 et L 125-5, respectivement), les parties peuvent, par une **clause d'exclusion,** priver l'assuré du bénéfice de la garantie de risques déterminés en fonction de circonstances particulières (C. ass. art. L 113-1, al. 1).

Est licite la clause qui limite la réparation des dommages à ceux survenus en France (CJUE 11-6-2020 aff. 581/18).

Quelle que soit la loi applicable au contrat d'assurance, une clause d'exclusion relative à une assurance non obligatoire doit répondre aux exigences d'ordre public des articles L 112-4 et L 113-1 du Code des assurances (Cass. 2e civ. 15-6-2023 n° 21-20.538 FB).

Cette clause doit être distinguée de la **clause condition de la garantie** qui, elle, fixe les conditions de la naissance de la garantie, conditions que l'assuré doit prouver pour être garanti (Cass. 1re civ. 3-2-1993 : Bull. civ. I p. 33 ; Cass. 3e civ. 27-6-2019 n° 17-28.872 FS-PBI : RJDA 10/19 n° 641 ; Cass. 2e civ. 15-12-2022 n° 20-22.356 F-B).

Le **doute** s'interprète en faveur de la **garantie** (Cass. com. 7-2-1995 : BTL 1995.145). Par exemple, jugé que la garantie de l'assureur pour vol n'a pu être exclue aux seuls motifs que la clause de la police, aux termes de laquelle l'assuré devait s'engager, pendant les heures et jours de fermeture des locaux, à fermer à clé toutes les portes d'accès, ne figurait ni dans les conditions de garantie ni dans les exclusions, mais dans une rubrique intitulée « prescriptions particulières », car il n'était pas ainsi établi que la clause litigieuse constituait, dans la commune intention des parties, une exclusion de garantie (Cass. 1re civ. 10-3-1987 : Bull. civ. I p. 64).

Si les conditions de la garantie ne sont pas remplies, la garantie n'est pas due même si cette conséquence n'est pas formellement prévue, peu important que la sanction de la violation d'une autre clause de la même police le soit (Cass. 2e civ. 15-12-2022 précité).

17546 Les clauses d'exclusion ne sont opposables à l'assuré que si elles ont été portées à sa connaissance et qu'il les a acceptées, l'assureur devant en rapporter la preuve (Cass. 3e civ. 17-11-2021 n° 20-16.771 FS-B : preuve incombant à l'assureur ; Cass. 2e civ. 31-3-2022 n° 19-17.927 F-D et Cass. 3e civ. 21-4-2022 n° 20-18.890 F-D : preuve non rapportée).

Cette condition préalable remplie, elles doivent être formelles et limitées dans leur portée, comme il est exposé ci-après.

Forme. Les clauses d'exclusion - à l'exception de celles prévues par la loi (Cass. 1re civ. 1-12-1993 : Bull. civ. I n° 350) - doivent être **formelles et contenues dans la police** (Cass. 1re civ. 10-3-1987 : Bull. civ. I p. 63) de façon **très apparente** (C. ass. art. L 112-4, dernier al.) et en langue française (Cass. 1re civ. 24-11-1993 : RJDA 1/94 n° 23), sous peine d'inopposabilité à l'assuré (Cass. 1re civ. 24-11-1993, précité). Elles doivent se référer à des critères précis et ne pas nécessiter interprétation (Cass. 2e civ. 19-1-2023 nos 21-21.516 et 21-23.189 FS-BR).

L'obligation d'utiliser des caractères très apparents n'implique pas que ces caractères soient différents de ceux employés pour l'impression de clauses figurant à proximité (Cass. 1re civ. 28-6-1988 : Bull. civ. I p. 144). Cette obligation n'est pas respectée si les juges constatent que les caractères sont simplement « apparents » (Cass. crim. 30-1-1992 : RJDA 7/92 n° 700). Ils doivent s'assurer que la présentation de la clause attire spécialement l'attention de l'assuré (Cass. 2e civ. 14-10-2021 n° 20-11.980 F-B). Le caractère très apparent est souverainement apprécié par les juges (Cass. 1re civ. 1-12-1998 : Bull. civ. I n° 332).

Contenu. Les clauses doivent être **limitées quant à leur portée.** Ce caractère limité doit être apprécié en considération de la garantie concernée et non au regard de l'ensemble des garanties visées au contrat d'assurance (Cass. 2e civ. 9-2-2023 n° 21-18.067 F-D, pour la garantie « explosion »).

Ainsi a été considérée comme suffisamment limitée la clause garantissant les dommages causés par des produits et n'excluant que ceux subis par les produits eux-mêmes (Cass. 1re civ. 7-2-1995 : RJDA 8-9/95 n° 967) ou la clause, stipulée en gras et en italique, excluant de la garantie de l'assureur les « véhicules terrestres à moteur soumis à l'obligation d'assurance », cette référence étant dépourvue d'équivoque en ce qu'elle reprenait les dispositions de l'article L 211-1 du Code des assurances (Cass. 2e civ. 20-1-2022 n° 20-14.999 F-D).

N'a pas été considérée comme suffisamment limitée la clause excluant de la garantie de l'assureur :
– les dommages résultant de « la faute jugée lourde par le tribunal compétent » car elle se réfère à des éléments incertains (Cass. com. 7-4-1987 : Bull. civ. IV p. 63 ; aussi Cass. 1re civ. 29-11-1988 : Bull. civ. I p. 228) ;
– les dommages provenant d'une méconnaissance intentionnelle, délibérée ou inexcusable des règles de l'art et normes techniques applicables dans le secteur d'activité de l'assuré à défaut de définition contractuelle de ces règles et normes et du caractère volontaire ou inexcusable de leur inobservation (Cass. 3e civ. 19-9-2019 n° 18-19.616 FS-PBI : RJDA 12/19 n° 748) ou aggravés par un manque de réparations indispensables (Cass. 3e civ. 23-5-2012 n° 10-12.874 : Bull. civ. III n° 80) ;
– les dommages résultant d'un défaut d'entretien ou de réparation caractérisé dès lors qu'elle ne se réfère pas à des critères précis et à des hypothèses limitativement énumérées (Cass. 3e civ. 26-9-2012 n° 11-19.117 : Bull. civ. III n° 130) ;

– les « dommages résultant d'un défaut de réparations ou d'entretien indispensables incombant à l'assuré et les dommages de mouille et ceux occasionnés par le vent aux bâtiments non entièrement clos et couverts et à leur contenu » car elle ne se réfère pas à des critères précis et à des hypothèses limitativement énumérées (Cass. 2e civ. 5-12-2013 no 12-29.862).

En tout état de cause, la portée des clauses d'exclusion est précisée par les règles suivantes :

– ces clauses ne doivent **pas vider** la garantie de sa substance (Cass. 1e civ. 23-6-1987 no 85-17.010 : Bull. civ. I no 202 ; Cass. 2e civ. 9-2-2012 no 10-31.057 : Bull. civ. II no 22 ; Cass. 2e civ. 12-10-2023 no 22-13.759 FS-B : RJDA 2/24 no 90) ; tel est le cas de la clause qui, après son application, ne laisse subsister qu'une garantie dérisoire (Cass. 2e civ. 19-1-2023 nos 21-21.516 et 21-23.189, précité : clause suffisamment limitée en l'espèce).

Cette solution correspond, avant la lettre, à celle de l'article 1170 du Code civil.

– elles n'ont d'effet que si les **éléments exclus sont à l'origine** directe, certaine et exclusive du sinistre (Cass. 2e civ. 4-12-2008 no 08-11.158 : D. 2009.98) ;

– elles doivent être appréciées concrètement et non « par voie d'affirmation générale » (Cass. 2e civ. 6-5-2021 no 19-10.272 F-D) ;

– elles ne sont pas limitées dès lors qu'elles doivent être interprétées (Cass. 1e civ. 22-5-2001 : RJDA 5/02 no 465 ; Cass. 2e civ. 20-1-2022 no 20-10.529 FS-B ; Cass. 2e civ. 21-9-2023 no 21-19.776 FS-B : RJDA 1/24 no 18).

Mise en œuvre. Il appartient à **l'assureur,** nonobstant toute convention contraire, qui invoque l'exclusion de garantie de **démontrer** que les conditions en sont réunies (Cass. 1e civ. 2-4-1997 : RJDA 5/97 no 636). **17549**

L'assureur **ne peut** se prévaloir de l'exclusion **s'il y a renoncé,** notamment en dirigeant la procédure suivie contre son assuré en connaissance de circonstances pouvant exclure la garantie, sans aviser l'assuré d'autres réserves que celles qu'il lui avait adressées avant d'accomplir les actes relatifs à la direction de cette procédure (Cass. 1e civ. 15-10-1991 : Bull. civ. I p. 177) ; mais il n'a pas renoncé du seul fait qu'il a désigné un avocat pour défendre les intérêts de son assuré (Cass. 1e civ. 3-10-1995 no 93-15.778 : Bull. civ. I no 336) ou qu'il a encaissé les primes (CA Versailles 1-9-2015 no 14/04897 : BTL 2015.523).

Les clauses d'exclusion de garantie **opposables** à l'assuré le sont aussi aux tiers (C. ass. art. L 112-6), qu'elles soient ou non reproduites sur l'attestation d'assurance délivrée à l'assuré (Cass. 3e civ. 13-2-2020 no 19-11.272 F-D ; Cass. 3e civ. 20-10-2021 no 20-18.533 F-D).

Valeur assurée **L'assuré doit** indiquer la valeur assurée aussi **exactement** que possible : **17552**
s'il la fixe à un montant **supérieur** à la valeur de la chose assurée telle que celle-ci est constatée au moment du sinistre, il peut en résulter **l'annulation** du contrat ou la réduction de l'indemnité (nos 17563 s.) ; s'il la fixe à un montant **inférieur** à cette valeur, il s'expose à subir une **réduction proportionnelle** de l'indemnité (nos 17775 s.).

Dommages indemnisables Les dommages assurables et non exclus ne sont indemni- **17555**
sables par l'assureur qu'autant qu'ils répondent à la définition que la police en a donnée. L'assuré doit établir que sont réunies les conditions requises par la police pour la mettre en jeu (Cass. com. 16-12-2008 no 07-21.278 : DMF 2009.401 obs. Hübner).

En tout état de cause, l'assureur est tenu d'indemniser les pertes et dommages occasionnés par des **cas fortuits ou** par la **faute,** autre qu'intentionnelle, de l'assuré (C. ass. art. L 113-1, al. 1), mais non ceux dus à la force majeure (Cass. 3e civ. 11-5-1994 : RJDA 7/94 no 778). L'assureur doit aussi indemniser l'assuré des dommages nés d'une catastrophe naturelle lorsque celle-ci est la cause déterminante du sinistre (Cass. 2e civ. 8-12-2016 no 15-17.180 F-PB : RJDA 4/17 no 240), même si elle n'en est pas la cause exclusive (Cass. 2e civ. 29-3-2018 no 17-15.017 F-D : JCP E 2018.1461 note Asselain).

OBLIGATION LÉGALE DE DÉCLARATIONS INCOMBANT À L'ASSURÉ

Obligation de réponse à l'assureur Lors de la souscription du contrat, l'assuré est **17560**
tenu de répondre exactement aux questions posées par l'assureur, notamment dans le formulaire de déclaration du risque par lequel l'assureur l'interroge sur **les circonstances** de nature à lui permettre d'apprécier les risques qu'il prend en charge (C. ass. art. L 113-2, 2o), sous réserve de l'exception visée à l'article L 113-2-1 du Code des assurances lorsque le contrat a pour objet de garantir le remboursement d'un prêt immobilier.

En raison du caractère général de l'obligation de répondre avec loyauté et sincérité aux questions posées par l'assureur (cf. C. civ. art. 1104), ni l'assureur ni la banque qui a fait souscrire une assurance de groupe à des emprunteurs ne sont tenus de rappeler à l'assuré cette obligation (Cass. 1e civ. 28-3-2000 : Bull. civ. I no 101 : transposable à toute assurance, le devoir de loyauté étant de droit commun, nos 11885 s.).

Mais seule l'omission ou la déclaration inexacte de circonstances de fait déjà survenues au jour de la conclusion de la police d'assurance et qui sont de nature à diminuer sensiblement l'opinion de l'assureur sur le risque, annule l'assurance, ce qui exclut de reprocher à l'assuré emprunteur une omission relative au prêt non encore conclu au jour de la souscription du contrat d'assurance (Cass. com. 30-1-2019 n° 17-19.420 FS-PB).

De plus, l'assuré ne doit déclarer **que les faits connus de lui-même.** C'est à l'assureur de prouver qu'il avait cette connaissance lors de la souscription du contrat (Cass. civ. 16-7-1987 : D. 1988.som.158 obs. Berr et Groutel).

Les erreurs d'appréciation commises par un assureur sur le risque à assurer ne procèdent pas, faute d'allégation précise de tel ou tel fait, de l'insuffisance intentionnelle ou non intentionnelle des informations fournies par l'assuré (CA Paris 23-3-1983 : D. 1985.IR.190).

17563 **Nullité de la déclaration pour réticence ou inexactitude intentionnelle**

1. Existence de la réticence ou de la fausse déclaration. La fausse déclaration de l'assuré est établie dès lors qu'il l'a reconnue (Cass. 2e civ. 3-3-2016 n° 15-13.500 : JCP G 2016 n° 16-462 note Beignier et Ben Hadj Yahia), à condition qu'il ait signé de sa main la reconnaissance du sinistre (Cass. crim. 21-10-2014 n° 13-85.178 : Bull. crim. n° 212).

À défaut d'un tel aveu, il ne peut pas lui être reproché son caractère imprécis si l'assureur lui a posé des questions imprécises (C. ass. art. L 112-3, al. 4).

Même lorsque la déclaration est opposable, l'assureur ne peut se prévaloir de la réticence ou de la fausse déclaration intentionnelle de l'assuré que si celles-ci procèdent des réponses qu'il a apportées aux questions posées (Cass. ch. mixte 7-2-2014 n° 12-85.107 : Bull. civ. mixte n° 1, écartant la fausse déclaration dès lors que la déclaration n'est pas fausse au regard de la question posée ; Cass. 2e civ. 3-7-2014 n° 13-18.760 : Bull. civ. II n° 166, excluant la fausse déclaration dès lors que l'assureur n'a remis à l'assuré aucun questionnaire préalable ; Cass. 2e civ. 13-12-2018 n° 17-28.093 F-PB : RJDA 3/19 n° 184, écartant la réticence intentionnelle dès lors qu'il n'était pas constaté que l'assureur avait posé à l'assuré des questions précises impliquant la révélation des informations qu'il lui était reproché de ne pas avoir déclarées).

Cette condition peut être tenue pour satisfaite s'il résulte de la précision et de l'individualisation des déclarations consignées dans le formulaire de déclaration des risques signé par l'assuré que celles-ci correspondaient nécessairement à des questions posées par l'assureur lors de la souscription du contrat (Cass. 2e civ. 11-6-2015 n° 14-17.971 : RJDA 12/15 n° 821) ou s'il résulte des conditions particulières l'existence d'une telle question, ce que le juge doit préciser de façon motivée (Cass. 2e civ. 21-11-2019 n° 18-21.325 F-D).

Il en a été déduit que le juge ne peut pas retenir une fausse déclaration sans constater que celle-ci répond à une question posée (Cass. 2e civ. 11-6-2015 n° 14-14.336 : RJDA 10/15 n° 649 ; Cass. 2e civ. 4-10-2018 n° 17-25.967 F-PB) et que la preuve en est rapportée par l'assureur par la production notamment du formulaire de déclaration du risque (Cass. crim. 18-3-2014 n° 12-87.195 : Bull. crim. n° 82). Mais le contraire a été depuis jugé, autorisant le juge à prendre en compte les déclarations faites par l'assuré à sa seule initiative au motif que l'article L 113-2 du Code des assurances n'impose pas l'établissement d'un questionnaire préalable écrit (Cass. 2e civ. 4-2-2016 n° 15-13.850 : RJDA 6/16 n° 431).

En cas de **cession de la chose assurée,** l'existence de la fausse déclaration s'apprécie au jour du contrat initial si celui-ci, après avoir été suspendu en raison de la cession, a été remis en vigueur par la signature d'un avenant substituant une nouvelle chose assurée à la précédente (Cass. 2e civ. 14-6-2012 n° 11-11.344 : Bull. civ. II n° 108).

Lorsqu'une police garantit **plusieurs risques,** les effets de la fausse déclaration au regard de l'assureur doivent être déterminés par rapport à chaque risque en litige, mais indépendamment des circonstances du sinistre (Cass. 2e civ. 12-5-2011 n° 10-10.412 : GP 2011.som.2359 note Noguéro rapport Sargos : fausse déclaration sur la conduite exclusive d'un véhicule par l'assuré ayant effet tant pour le risque afférent à la responsabilité civile du conducteur que pour le risque distinct afférent à l'incendie).

Les juges du fond apprécient souverainement si les réponses apportées aux questions sont ou non exactes (Cass. 2e civ. 8-3-2012 n° 11-10.857 : Bull. civ. II n° 40).

17566 **2. Application de la nullité du contrat.** En cas de réticence ou de fausse déclaration intentionnelle de la part de l'assuré, le contrat est nul dès lors que ces faits **changent l'objet** du risque ou en diminuent l'opinion pour l'assureur, et ce, alors même que le risque omis ou dénaturé par le souscripteur a été sans influence sur le sinistre (C. ass. art. L 113-8, al. 1 ; pour une application, Cass. 2e civ. 29-8-2019 n° 18-14.768 F-PBI : RJDA 11/19 n° 685). S'agissant d'une police garantissant plusieurs risques distincts, l'appréciation de la portée de cette réticence ou fausse déclaration se fait par rapport à chacun des risques garantis (Cass. 2e civ. 6-7-2023 n° 22-11.045 F-B).

Le contrat d'assurance est aussi nul dans l'hypothèse d'une **création systématique** du risque par l'assuré ; tel est le cas en particulier lorsque l'assuré, commissionnaire de transport, garanti par son assureur pour le paiement du fret dû aux transporteurs substitués, omet de régler systématiquement ceux-ci du prix de leur transport (CA Rouen 16-5-1979).

La nullité est aussi encourue si la fausse déclaration émane du mandataire de l'assuré, peu important que l'assuré ne lui ait pas donné des instructions sur les déclarations à faire (cf. Cass. crim. 26-1-1988 n° 85-94.326 : Bull. crim. n° 34). Dans ce cas, **l'assuré** peut obtenir de son **mandataire,** à titre de réparation, le versement de **l'indemnité** qui aurait été à la charge de l'assureur (CA Rennes 4-5-1988 : GP 1988.806).

Mais l'assureur **ne peut pas** invoquer la nullité lorsque ses préposés ou mandataires (Cass. 1re civ. 23-11-1999 : Bull. civ. I n° 312 : à propos d'un agent général), dont il répond des fautes (C. ass. art. L 511-1, IV), ont conclu le contrat en connaissance de la fausse déclaration de l'assuré, même si l'assuré a fait lui-même intentionnellement une fausse déclaration (Cass. civ. 7-10-1992 : JCP G 1993.II.22119 note Behar-Touchais ; Cass. 2e civ. 4-2-2010 n° 09-11.464 : D. 2011.1928.som. obs. Groutel).

Il ne le peut pas non plus si l'inexactitude porte sur la déclaration des circonstances du sinistre (CA Metz 28-9-1995 : GP 1996.337) ni s'il a renoncé à cette nullité, par exemple s'il a adressé à la victime un courrier aux termes duquel il lui reconnaît, au vu du rapport de gendarmerie mentionnant la cause de nullité du contrat, son droit à indemnisation intégrale (Cass. crim. 4-6-2013 n° 12-84.557 : Bull. crim. n° 125). Mais ne vaut pas à elle seule renonciation la résiliation par l'assureur, même sans réserve, du contrat fondée sur l'aggravation du risque (Cass. 1re civ. 17-7-2001 : Bull. civ. I n° 226).

L'assuré n'a pas droit au remboursement des primes déjà versées et doit même verser celles arrivées à échéance avant la constatation de la nullité, car toutes les primes échues sont acquises à l'assureur à titre de dommages-intérêts (C. ass. art. L 113-8, al. 2). Il doit, le cas échéant, rembourser à l'assureur l'indemnité que celui-ci lui a versée (Cass. 1re civ. 26-2-1991 n° 88-15.814 : Bull. civ. I n° 764). Toutefois, la nullité prononcée pour fausse déclaration intentionnelle dans un avenant au contrat initial n'emporte pas nullité totale du contrat ; elle ne prend effet qu'à la date de la fausse déclaration qu'elle sanctionne et ne dégage pas l'assureur des engagements antérieurs (Cass. crim. 2-12-2014 n° 14-80.933 : Bull. crim. n° 252).

Seul l'assuré est tenu de procéder aux restitutions résultant du contrat d'assurance annulé (Cass. 2e civ. 16-6-2022 n° 20-20.745 F-B : RJDA 10/22 n° 556).

Conséquences de l'omission ou de la fausse déclaration faite sans mauvaise foi **1. Réduction proportionnelle.** Lorsque l'omission ou la fausse déclaration est constatée **après un sinistre** et que la **mauvaise foi** de l'assuré n'est **pas établie,** l'indemnité due par l'assureur est réduite en proportion des **primes payées** par rapport à celles que l'assuré aurait dû acquitter si les risques avaient été exactement et complètement déclarés (C. ass. art. L 113-9, al. 1 et 3). Ce mode de calcul est d'ordre public et le contrat d'assurance ne peut pas y déroger (Cass. 3e civ. 11-5-2022 n° 21-15.420 FS-B : RJDA 8-9/22 n° 472). **17569**

À défaut d'accord entre les parties sur le rajustement des primes et de l'indemnité demandé par l'assureur, il appartient aux juges du fond de déterminer le montant de la prime qui aurait été due et de fixer souverainement la réduction proportionnelle qui doit être apportée à l'indemnité (Cass. 3e civ. 17-4-2013 n° 12-14.409 : Bull. civ. III n° 52). Si le rajustement n'est pas demandé par l'assureur, il n'appartient pas au juge d'opérer d'office la réduction (Cass. 1re civ. 16-10-1990 n° 88-20.481 : RGAT 1991.45 note Margeat et Landel).

Il y a réduction proportionnelle alors même que le fait non déclaré a été sans influence sur la réalisation du risque (Cass. civ. 23-12-1946 : JCP G 1947.II.3458) ou est survenu en cours d'exécution des travaux assurés, les circonstances nouvelles aggravantes des risques rendant de ce fait inexactes ou caduques les réponses faites à l'assureur lors de la conclusion du contrat (Cass. 3e civ. 15-5-2013 n° 12-14.757 : Bull. civ. III n° 57).

La réduction proportionnelle équivaut à une absence de garantie et ne constitue ni une exclusion ni une déchéance de garantie dès lors que l'assuré s'est abstenu de déclarer un chantier à son assureur, de sorte qu'il n'a payé aucune cotisation pour ce risque (Cass. 3e civ. 27-6-2019 n° 17-28.872 FS-PBI : RJDA 10/19 n° 641).

2. Maintien du contrat avec surprime ou résiliation. Lorsque la constatation de l'omission ou de la fausse déclaration a lieu **avant sinistre et que la mauvaise foi** de l'assuré n'est **pas** établie, le contrat peut être **maintenu** moyennant **surprime** ou **résilié** dans les dix jours suivant la notification, par lettre recommandée adressée à l'assuré, du choix fait par l'assureur qui doit rembourser la portion de la prime payée pour le temps où l'assurance ne court plus (C. ass. art. L 113-9, al. 1 et 2). **17572**

3. Déchéance conventionnelle. L'assureur ne peut se prévaloir de la clause de la police prévoyant la déchéance de la garantie contractuellement prévue en cas de fausse déclaration qu'à la condition d'établir la mauvaise foi de l'assuré (Cass. 2e civ. 5-7-2018 nos 17-20.488 et 17-20.491 FS-PBRI : RJDA 1/19 n° 13, rendus sur le fondement de l'ex-art. 1134 du Code civil, devenu art. 1103 et 1104 ; dans le même sens, Cass. 2e civ. 15-12-2022 n° 20-22.836 F-B). **17575**

Cette déchéance ne saurait constituer une sanction disproportionnée (Cass. 2e civ. 15-12-2022 n° 20-22.836, précité).

CONTENU DU CONTRAT

17580 **Mentions obligatoires** Tout contrat d'assurance doit comporter les mentions suivantes (C. ass. art. L 112-4) :

a. Les noms et domiciles des parties ;

b. La chose assurée ;

c. La nature des dommages garantis ;

d. Le moment à partir duquel le risque est garanti et la durée de la garantie ;

La durée doit être portée en caractères très apparents (C. ass. art. L 113-15, al. 1), la clause étant, à défaut, inopposable à l'assuré (Cass. 1e civ. 14-11-1979 : Bull. civ. I p. 227). Celle fixée dans les conditions particulières prévaut sur celle figurant dans les conditions générales (Cass. 1e civ. 9-2-1999 n° 96-19.538 : Bull. civ. I n° 44).

La tacite reconduction doit être prévue par une clause expresse - pas nécessairement en caractères très apparents (cf. Cass. civ. 11-7-1963 : D. 1963.717) - mais spécifiant qu'en aucun cas la durée de la tacite reconduction ne peut être supérieure à une année (C. ass. art. L 113-15, al. 2). À défaut de clause expresse, le contrat cesse à l'expiration du délai stipulé (Cass. civ. 5-10-1964 : D. 1965.57 note Besson).

Sur les dispositions particulières à l'assurance de responsabilité quant à la période de garantie, nos 18215 s.

e. Le montant de la garantie ;

f. La prime (ou cotisation en cas d'assurance mutuelle) ;

g. La loi applicable au contrat lorsque celle-ci n'est pas la loi française ;

h. L'adresse du siège social de l'assureur et, le cas échéant, de la succursale qui accorde la couverture ;

i. Le nom et l'adresse des autorités chargées du contrôle de l'entreprise d'assurances qui accorde la couverture ;

j. Les clauses de nullité, de déchéance et d'exclusion de garantie en caractères très apparents (n° 17546 à propos des exclusions, solutions transposables aux nullités et déchéances).

La police doit aussi mentionner les **causes de résiliation** du contrat (C. ass. art. L 113-12, al. 1 ; nos 18010 s.).

Sur les mentions du contrat lorsqu'il est conclu avec un assureur d'un État membre de l'UE, C. ass. art. L 112-7, al. 3.

17583 **Interprétation en faveur de l'assuré** Toute disposition **ambiguë** du contrat s'interprète **en faveur de l'assuré** (Cass. civ. 11-1-1943 : D. 1943.1.48 ; cf. Cass. com. 10-5-2000 : RJDA 9-10/00 n° 826 ; aussi n° 17543), sans que l'assureur puisse se référer à une prétendue intention contraire des parties (CA Paris 24-6-1987 : GP 1988.som.193).

Si une **divergence** de rédaction entre les divers **exemplaires** de la police apparaît, c'est en principe celui remis à l'assuré qui fait **foi** (Cass. 1e civ. 4-11-1986 : Bull. civ. I p. 239).

PRIME

17590 En contrepartie de l'indemnité promise par l'assureur, l'assuré doit payer une prime (Cass. 2e civ. 2-2-2017 n° 16-10.165 F-PBI : RJDA 6/17 n° 401) dont le montant est, en principe, librement débattu entre les parties.

La prime peut être :

– **révisée** lorsque, à chaque échéance annuelle, l'assureur se réserve le droit de la modifier eu égard aux nouveaux tarifs ;

L'assureur ne peut pas augmenter la prime unilatéralement et au-delà du seuil prévu au contrat et, partant, résilier le contrat pour non-paiement de la prime (CAA Bordeaux 11-3-2008 nos 06BX00950 et 06BX02599).

– **indexée** selon les règles du droit commun (Cass. 1e civ. 28-4-1987 : Bull. civ. I p. 98) ;

– **calculée** en fonction de paramètres variables : salaires ou nombre des personnes ou des choses faisant l'objet du contrat (C. ass. art. L 113-10).

Outre le montant de la prime, les parties doivent fixer les époques d'échéance de la prime.

B. Exécution du contrat

1. MODIFICATIONS DU CONTRAT

DÉCLARATIONS INCOMBANT À L'ASSURÉ

17600 **Modification des données du contrat** Sauf refus exprès de sa part dans les dix jours suivant la demande de modification par lettre recommandée ou par envoi recommandé électronique, **l'assureur est réputé** avoir accepté la modification proposée (C. ass. art. L 112-2, al. 7). Ce texte ne faisant aucune distinction entre les diverses modifications possibles de la police, il s'applique même si la nouvelle prime reste à discuter (Cass. civ. 7-7-1992 : JCP G 1993.II.22067 note Bout) ou quelles que soient la nature et la portée de la modification demandée par l'assuré (Cass. 1e civ. 15-6-1999 : Bull. civ. I n° 199).

Toutefois, l'assuré ne peut pas se prévaloir d'une **acceptation tacite** de l'assureur dès lors que celui-ci, en réponse à sa demande, a précisé que, le risque exigeant un coassureur, sa couverture supposait la conclusion d'un contrat entièrement nouveau (Cass. 1e civ. 4-3-1986 : Bull. civ. I p. 42) ou lorsque sa demande aurait pour effet de bouleverser totalement l'économie de la police (Cass. 1e civ. 11-1-1989 : Bull. civ. I p. 3 ; CA Paris 20-1-1993 : BTL 1993.475).

Dès que la modification est acceptée par l'assureur, l'assuré ne peut plus invoquer les stipulations de l'assurance qu'il a souhaité modifier (Cass. 1e civ. 22-5-1991 : Bull. civ. I p. 106).

Aggravation du risque L'assuré est **tenu de déclarer** à l'assureur les circonstances nouvelles qui ont pour conséquence d'aggraver les risques ou d'en créer de nouveaux et qui rendent de ce fait inexactes ou caduques les réponses faites à l'assureur aux questions posées par lui, par lettre recommandée ou par envoi recommandé électronique dans un délai de quinze jours à partir du moment où il en a eu connaissance (C. ass. art. L 113-2, 3°). L'assureur doit, en retour, avertir l'assuré des conséquences de cette aggravation (C. ass. art. L 113-4, al. 5), telles qu'elles sont exposées au n° 17606. **17603**

Constitue une aggravation du risque une modification de celui-ci telle que l'assureur, s'il l'avait connue avant de s'engager, n'aurait pas contracté ou ne l'aurait fait que moyennant une prime plus élevée (C. ass. art. L 113-4, al. 1). Tel est le cas de :

– l'utilisation d'un véhicule à des fins autres que stipulées (Cass. civ. 3-5-1977 : D. 1978.1 note Berr et Groutel) ;

– la circulation du véhicule assuré dans certains pays étrangers non spécifiés lors de la conclusion du contrat (CA Bordeaux 13-7-1983 : BT 1983.542) ;

– l'augmentation de la superficie de l'exploitation agricole de l'assuré en présence d'une police garantissant la responsabilité du chef d'exploitation agricole en cette qualité et liant la garantie offerte à la consistance de l'exploitation (Cass. 1e civ. 25-11-1986 : Bull. civ. I p. 262).

En revanche, il n'y a pas aggravation du risque lorsque l'assureur n'a pas questionné l'assuré lors de la conclusion du contrat (Cass. 1e civ. 24-6-1997 : Bull. civ. I p. 137), lorsque l'événement survenu était envisagé dans la déclaration initiale (Cass. civ. 7-4-1965 : RGAT 1965.459) ou lorsqu'il ne constitue pas uniquement une augmentation de l'intensité et de la probabilité du risque (Cass. ass. plén. 13-12-1974 : D. 1975.325 note Besson : adjonction d'une remorque au véhicule assuré ; Cass. civ. 2-3-1970 : D. 1970.498 : substitution au véhicule défini dans la police d'un autre véhicule).

En tout état de cause, l'aggravation du risque ne peut être invoquée par l'assureur que s'il démontre que l'omission de l'assuré a eu pour effet de créer de nouveaux risques et de rendre de ce fait inexactes ou caduques les réponses précédemment apportées aux questions posées par l'assureur (Cass. 2e civ. 22-1-2009 n° 08-10.294 : D. 2009.372.som.).

En cas d'aggravation du risque, l'assureur peut choisir (C. ass. art. L 113-4, al. 1 et 2) : **17606**

– soit la **résiliation** du contrat ; celle-ci ne peut prendre effet que dix jours après notification et l'assureur doit alors rembourser à l'assuré la portion de prime afférente à la période pendant laquelle le risque n'a pas couru ;

– soit l'offre d'un **nouveau montant de prime** ; si l'assuré ne répond pas ou refuse expressément le nouveau montant, dans le délai de trente jours à compter de l'offre, l'assureur peut résilier le contrat au terme de ce délai, à condition d'avoir informé l'assuré de cette faculté, en la faisant figurer en caractères apparents dans la lettre de proposition.

Par ailleurs, les **sanctions** pour déclarations fausses ou inexactes faites lors de la conclusion du contrat (nos 17563 s.) sont applicables aux mêmes déclarations concernant l'aggravation (Cass. ch. réunies 8-7-1953 : D. 1953.594).

Mais l'assureur ne peut pas se prévaloir de l'aggravation des risques, quand, en ayant été averti de quelque manière que ce soit, il a donné son accord à la continuation du contrat, spécialement en continuant à recevoir les primes ou en payant après un sinistre une indemnité (C. ass. art. L 113-4, al. 3).

Diminution du risque L'assuré a droit, en cas de diminution du risque, à une diminution de la prime ; si l'assureur n'y consent pas, il peut dénoncer le contrat, la résiliation prenant effet trente jours après la dénonciation : l'assureur doit alors lui rembourser la portion de prime afférente à la période pendant laquelle le risque n'a pas couru (C. ass. art. L 113-4, al. 4). **17609**

L'assureur doit rappeler ces règles à l'assuré lorsque celui-ci l'informe d'une diminution de risques (C. ass. art. L 113-4, al. 5).

2. PAIEMENT DE LA PRIME

17650 **Échéance** La prime est payable aux échéances convenues par le contrat (C. ass. art. L 113-2, 1°). Généralement, elle est due d'avance et annuellement.

À chaque échéance de prime, l'assureur est tenu d'aviser le souscripteur par un « avis d'échéance » de la date du paiement et du montant de la somme dont il est redevable (C. ass. art. R 113-4). Cette obligation ne constituant pas une condition de validité de la procédure de suspension ou de résiliation du contrat, son exécution ou non n'a aucun effet sur la solution du litige (Cass. civ. 17-3-1987 n° 85-14.127 : D. 1987.som.338 note Groutel ; Cass. 1e civ. 21-1-1997 : D. 1998.som.48 obs. Cl. J. Berr) ni sur l'obligation de l'assuré de payer la prime visée dans les conditions particulières de la police (Cass. 1e civ. 21-1-1997 n° 94-15.847 : D. 1998.som.48 obs. Cl. J. Berr).

La prime est payable en numéraire dans les dix jours suivant l'échéance, sous peine d'enclenchement de la procédure pouvant mettre fin au contrat (C. ass. art. L 113-3, al. 2 ; nos 17662 s.).

Lorsque la prime est déterminée contractuellement pour une année, mais que la garantie ne joue que pendant une partie de cette année, l'assureur est tenu de **rembourser le trop-perçu** correspondant à la période non garantie - principe dit de la divisibilité de la prime - en cas : de résiliation pour **omission** ou déclaration inexacte d'un assuré de bonne foi (C. ass. art. L 113-9, al. 2), de résiliation pour **perte totale** de la chose assurée résultant d'un événement non prévu par la police (C. ass. art. L 121-9), de résiliation après **sinistre** (C. ass. art. R 113-10, al. 3).

Toutefois, lorsque le contrat prend fin en cours d'année par la survenance de l'événement prévu à la police, la prime est due dans son intégralité (Cass. civ. 19-5-1947 : D. 1948.69 : en matière d'assurance-vie mais transposable à toutes assurances).

17653 **Réceptionnaire du paiement** L'assuré doit remettre ou expédier les primes d'assurance au **domicile** de l'**assureur** ou du mandataire désigné par lui à cet effet (C. ass. art. L 113-3, al. 1) ou encore les payer au courtier qui peut être le mandataire apparent de l'assureur, le mandat apparent pouvant porter sur l'encaissement d'une somme d'argent (Cass. 1e civ. 7-6-1995 : RJDA 11/95 n° 1236).

Le paiement au mandataire apparent est libératoire à condition d'avoir été fait de bonne foi (C. civ. art. 1342-3).

17656 **Débiteur du paiement** En principe, il appartient à l'**assuré** de régler la prime d'assurance (C. ass. art. L 113-2, 1°).

En cas d'**aliénation du bien assuré,** le **vendeur** reste tenu des primes échues ; l'**acquéreur** devient débiteur des primes à échoir mais le **cédant** en reste garant à l'égard de l'assureur tant qu'il n'a pas informé ce dernier, par lettre recommandée ou par envoi recommandé électronique, de l'aliénation (C. ass. art. L 121-10, al. 3). En cas de pluralité d'acquéreurs, ceux-ci sont solidairement tenus (C. ass. art. L 121-10, al. 4).

En cas de **décès du souscripteur** et si l'assurance continue, les **héritiers** deviennent solidairement débiteurs du paiement de la prime d'assurance envers l'assureur (C. ass. art. L 121-10, al. 4).

17659 **Modalités de paiement** Les primes d'assurances peuvent être libellées en monnaie étrangère (C. ass. art. L 160-3) et payées selon les règles du droit commun (nos 50520 s.).

Le paiement peut notamment avoir lieu par **compensation** avec l'indemnité due par l'assureur en cas de sinistre, à concurrence de la somme la plus faible (Cass. civ. 2-11-1966 : RGAT 1967.343). Lorsque cette indemnité n'est pas encore déterminée dans son montant, les tribunaux peuvent ordonner la compensation judiciaire à concurrence d'un chiffre fixé provisoirement (CA Dijon 23-12-1936 : DH 1937.141).

17662 **Suspension de garantie pour non-paiement de la prime** Le défaut de paiement d'une prime ou d'une fraction de prime, **dans les dix jours** de son échéance, entraîne les conséquences suivantes.

17665 **1.** L'assureur peut **poursuivre** en justice l'assuré en exécution du contrat (C. ass. art. L 113-3, al. 2).

2. L'assureur peut **suspendre** la garantie du contrat trente jours après la mise en demeure de l'assuré (C. ass. art. L 113-3, al. 2).

La mise en demeure, qui n'est pas nécessaire si le contrat a déjà pris fin (Cass. civ. 29-11-1955 : RGAT 1956.75), résulte de l'envoi d'une lettre recommandée au dernier domicile connu de l'assuré ou de la personne chargée du paiement des primes (C. ass. art. R 113-1 ; pour un exemple, Cass. 1e civ. 15-11-1988 : Bull. civ. I p. 215 : courtier chargé de porter les primes).

Cet envoi n'a pas à être accompagné d'un accusé de réception, la preuve de son accomplissement pouvant être rapportée par l'assureur à l'aide de tous moyens (CA Rouen 14-3-1988 : GP 1988.som.348 ; pour un défaut de preuve : CA Paris 7-7-1987 : GP 1988.som.193).

Le délai de trente jours court à compter de l'envoi de la lettre recommandée de mise en demeure et non de sa réception (Cass. 2e civ. 8-9-2005 : JCP G 2005.IV.3167), soit du lendemain, zéro heure, de l'envoi de cette lettre recommandée (CA Paris 12-5-1942 : RGAT 1942.348). Il est suspendu et privé de tout effet par l'ouverture de la procédure collective de l'assuré (Cass. com. 14-3-2000 : RJDA 6/00 n° 687 : nécessité d'introduire une nouvelle procédure de résiliation).

La mise en demeure ne peut avoir aucun effet suspensif dans la mesure où elle concerne une prime due pour une période de garantie antérieure à celle du sinistre, même si cette prime était exigible postérieurement (Cass. 2e civ. 13-6-2013 n° 12-21.019 : Bull. civ. II n° 122).

La garantie demeure suspendue dès lors que la fraction de la prime venue à échéance pendant la période de suspension, ouverte pour le défaut de paiement de la fraction de prime antérieure, n'est pas payée (Cass. 1e civ. 15-12-1993 n° 90-19.321 : Bull. civ. I n° 363) ou que la prime qui a fait l'objet de la mise en demeure n'a pas été payée même si la nouvelle prime venue à échéance a été payée à sa date (Cass. 1e civ. 19-7-1988 : Bull. civ. I p. 170).

La suspension de la garantie ne délie pas l'assuré de son obligation de payer les primes ou fractions de prime venues à échéance pendant la période de suspension, sanction du retard apporté par lui dans l'exécution de son engagement (Cass. 1e civ. 11-3-1980 n° 78-16.450 : Bull. civ. I n° 80).

Si la preuve de la renonciation de l'assureur à se prévaloir de la résiliation n'est pas établie, l'assureur commet néanmoins une faute en délivrant, pendant la période de suspension de la garantie, une attestation sans mentionner la mise en demeure adressée à son assuré ni préciser le risque de résiliation à l'expiration du délai de régularisation et s'expose à indemniser le tiers qui s'est fié à l'attestation du préjudice qui en résulte pour lui (Cass. 3e civ. 24-10-2012 n° 11-16.012 : Bull. civ. III n° 147).

La demande de garantie ne peut pas être rejetée pour défaut de paiement de fractions de primes pour lesquelles aucune mise en demeure n'a été adressée (Cass. 2e civ. 24-11-2022 n° 21-17.410 F-D).

La **suspension prend fin** et le contrat recouvre ses effets :

– à midi le lendemain du jour où ont été payées à l'assureur ou à son mandataire les primes arriérées ou, en cas de fractionnement de la prime annuelle, les fractions de la prime ayant fait l'objet de la mise en demeure et celles venues à échéance pendant la période de suspension ainsi que, éventuellement, les frais de poursuites et de recouvrement (C. ass. art. L 113-3, al. 4) ; en cas de paiement par chèque, le paiement a lieu le jour de la remise du chèque et non le jour de l'encaissement du chèque (Cass. civ. 2-12-1968 : JCP G 1969.II.15775 concl. Lindon note Besson) ; mais il n'a pas eu lieu si, ultérieurement, le chèque n'a pas été encaissé, faute de provision (Cass. 1e civ. 4-4-2001 n° 99-14.927 : Bull. civ. I n° 102) ;

– en cas de renonciation de l'assureur (CA Montpellier 3-3-1934 : RGAT 1934.533).

3. L'assureur peut décider la **résiliation** du contrat dans les dix jours après l'expiration du délai de trente jours consécutif à la mise en demeure de l'assuré (C. ass. art. L 113-3, al. 2 et 3). **17668**

L'envoi de la lettre de mise en demeure peut être établi par la production conjointe de la page du bordereau où l'expédition de la lettre adressée à l'assuré est mentionnée et de sa première page qui précise le nombre total des envois et porte le cachet de La Poste ; il n'est en conséquence pas nécessaire que l'authentification postale soit apposée sur le bordereau où figure le nom de l'assuré (Cass. 2e civ. 29-6-2017 n° 16-16.842 F-D : JCP E 2018.1461 note Asselain).

La résiliation peut aussi résulter d'un commun accord, lequel ne peut se déduire du seul défaut de paiement des primes, même non réclamées (Cass. 1e civ. 23-9-2003 n° 1153 : Bull. civ. I n° 184).

L'assureur peut se prévaloir de la résiliation s'il n'y a pas renoncé, ce qui est le cas par exemple s'il a encaissé sans réserves, après la date de résiliation, une prime venue à échéance antérieurement, alors même que l'assureur n'a pas averti l'assuré qu'il persistait à considérer la police comme résiliée (Cass. crim. 16-5-2006 n° 05-80.974 : JCP G 2006.II.10164 note Krajeski) ; mais il a renoncé s'il a accepté le paiement de la prime dans les mêmes conditions plusieurs mois après la survenance d'un sinistre (Cass. 1e civ. 9-7-1996 : D. 1998.som.49 obs. Berr).

4. La **computation des délais** de trente jours et de dix jours doit être faite en application des articles 640 s. du Code de procédure civile (Cass. 1e civ. 22-1-2002 n° 99-10.445 : Bull. civ. I n° 17). **17671**

3. RÈGLEMENT DU SINISTRE

DÉCLARATION DU SINISTRE

Obligation L'assuré doit aviser l'assureur de la réalisation du sinistre de nature à entraîner la garantie (C. ass. art. L 113-2, 4°) en se conformant, le cas échéant, aux clauses de la police (sur les clauses de déchéance de la garantie en cas de retard de déclaration ou de fausse déclaration, n° 17712). **17700**

La déclaration peut être adressée **à l'agent** de l'assureur (CA Nîmes 16-1-1954 : RGAT 1955.258).

Ne constitue pas la déclaration à l'assureur celle qui est adressée au **courtier** (CA Paris 25-4-1984 : BT 1984.614). Néanmoins, le courtier est tenu d'une obligation de conseil à l'égard de son client dans la gestion du sinistre (Cass. com. 2-2-2022 n° 19-18.704 F-D).

Toute déclaration d'un sinistre imaginaire accompagnée de la mise en œuvre de tous les moyens propres à y faire croire (plainte, action en justice) constitue le délit d'**escroquerie** à l'assurance.

Il en est ainsi :
– lorsque l'assuré provoque **frauduleusement la réalisation** du risque lui ouvrant droit à une indemnité (Cass. crim. 23-1-1919 : S. 1923.1.33) ;
– lorsque l'événement relève d'une **mise en scène** de nature à faire croire à un sinistre véritable (Cass. crim. 7-1-1980 : Bull. crim. p. 8) ;
– lorsque l'assuré produit une demande d'indemnisation majorée par la prise en compte d'objets qui n'étaient pas en sa possession lors de la réalisation du sinistre et conforte le bien-fondé de cette prétention par la production d'attestations de complaisance (Cass. crim. 1-6-1992 : RJDA 11/92 n° 1010).

La condamnation d'une personne pour cette escroquerie emporte l'absence d'assurance à l'égard de tous et rend inexistante toute dette de l'assureur du fait du sinistre (Cass. 1e civ. 5-10-1999 : RJDA 12/99 n° 1297).

17703 **Délai de déclaration** L'assuré doit déclarer le sinistre à l'assureur dès qu'il en a eu connaissance et au plus tard dans le délai fixé par le contrat, ce délai ne pouvant être inférieur à cinq jours ouvrés (C. ass. art. L 113-2, 4°).

L'avis doit être expédié, mais non nécessairement reçu, dans le délai fixé au contrat dès lors qu'il est exigé « au plus tard » ; en outre, si le délai est fixé en jours, le dies a quo (jour du fait déclenchant le délai) ne doit pas être compté (Cass. 1e civ. 21-2-1989 : Bull. civ. I p. 56).

Ce délai minimal est ramené à deux jours ouvrés en cas de vol et à vingt-quatre heures en cas de mortalité du bétail (C. ass. art. L 113-2, al. 7).

Les délais susvisés peuvent être prolongés d'un commun accord entre les parties (C. ass. art. L 113-2, al. 8).

Le sinistre n'est pas constitué tant que l'assuré n'a pas pu apprécier les conséquences de l'accident et savoir que celui-ci peut entraîner la garantie de l'assureur (Cass. civ. 4-5-1955 : D. 1956.249 note A.B. ; aussi Cass. civ. 20-7-1942 : DC 1942.129 ; CA Paris 24-2-1982 : BT 1982.170).

17706 **Formes de la déclaration** Aucune forme n'étant imposée par la loi, l'assuré peut recourir à tout moyen de son choix. Mais il lui est conseillé de recourir à une lettre recommandée avec accusé de réception pour se ménager la preuve de sa déclaration.

Sur la prise en compte d'un simple avis indiquant les circonstances essentielles du sinistre, CA Lyon 8-11-1948 : D. 1949.426.

ÉTABLISSEMENT DU SINISTRE

17709 **Preuve et expertise** La preuve du sinistre est libre ; mais s'agissant de la preuve d'un vol, qui est aussi une infraction pénale, le contrat ne peut pas restreindre les modes de preuve car il porte alors atteinte à l'**ordre public** répressif qui impose que tout moyen puisse être invoqué pour prouver une infraction (Cass. 2e civ. 10-3-2004 n° 378 : RJDA 7/04 n° 932).

La preuve du sinistre **incombe au bénéficiaire** de l'indemnité d'assurance qui doit établir, tout d'abord, l'existence de l'assurance, puis la réalisation des conditions auxquelles est subordonnée cette assurance (Cass. civ. 7-1-1957 : RGAT 1957.54) ; si le sinistre n'est pas prouvé, il n'y a pas lieu d'examiner si la garantie est due (Cass. 2e civ. 21-11-2019 n° 17-21.695 F-D).

Une **expertise amiable** ou officieuse du sinistre déclaré est souvent demandée par l'assureur. Cette expertise est valable même si elle n'a pas été contradictoire, dès lors qu'elle a été soumise à la discussion contradictoire de la partie à qui elle est opposée ; mais elle ne lie pas le juge (n° 75524).

L'expert désigné par l'assureur n'est pas son mandataire mais un conseiller technique chargé, en vertu d'un contrat d'entreprise, d'une œuvre d'estimation matérielle qui ne peut donc se voir reprocher une faute contractuelle au prétexte d'une appréciation plus élevée que celle que souhaitait lui dicter la compagnie (CA Rouen 19-5-1987 : D. 1988.som.159 obs. Berr et Groutel). Néanmoins, l'assureur répond envers son assuré de l'inertie qu'il a manifestée en tolérant les lenteurs des experts qu'il a désignés (Cass. 1e civ. 7-1-1975 n° 73-13.203 : Bull. civ. I n° 4).

17712 **Déchéance** L'assureur ne doit la garantie du sinistre que dans la mesure où il ne peut pas opposer à l'assuré une déchéance de son droit à indemnisation en vertu d'une disposition légale (par exemple, C. ass. art. L 211-11 et L 172-28) ou, plus couramment, d'une clause prévue à la police, dont l'existence est signalée à l'occasion de l'étude des actes concernés.

La garantie est éteinte pour les sinistres survenus après la fin des contrats d'assurance : ainsi, dans un cas où un contrat d'assurance groupe avait été souscrit pour garantir le remboursement d'un prêt prévoyant que la déchéance du prêt entraînerait l'extinction de l'assurance et où, alors qu'il y avait eu déchéance du prêt, le juge avait suspendu cette déchéance entre l'emprunteur et le prêteur, l'assuré ne peut pas bénéficier de la garantie (Cass. 1e civ. 22-3-2023 n° 20-21.480 F-D).

Notamment, il est fréquent que le contrat prévoit que la déclaration tardive du sinistre entraînera la déchéance du droit de l'assuré à indemnisation du dommage, mais seulement pour le cas où l'assureur établira que ce retard lui a causé un préjudice ; en tout état de cause, la déchéance est écartée si le retard est dû à un cas fortuit ou de force majeure (C. ass. art. L 113-2, al. 9).

L'assuré n'encourt pas la déchéance de sa garantie lorsque son assureur, informé autrement du sinistre, en l'absence de déclaration de sa part, a pu prendre toutes mesures conservatoires utiles (T. com. Paris 26-1-1981 : DMF 1983.som.305).

Une clause de la police peut aussi prévoir que l'assuré sera déchu de sa garantie en cas de « fausse déclaration sur la nature, les causes, les circonstances ainsi que les conséquences du sinistre, ou toute utilisation de moyens frauduleux » ; une telle déchéance ne peut toutefois être opposée à l'assuré que si l'assureur établit sa mauvaise foi (Cass. 2e civ. 5-7-2018 no 17-20.491 FS-PBRI : RJDA 1/19 no 13, 2e esp., fondé sur l'obligation d'exécuter les contrats de bonne foi prévue à l'ex-art. 1134 du Code civil, devenu art. 1104).

Pour établir la mauvaise foi de l'assuré, sa malhonnêteté doit être caractérisée avec précision (Cass. 2e civ. 16-9-2021 no 19-25.278 F-D ; Cass. 2e civ. 16-12-2021 no 20-15.126 F-D).

Par ailleurs, rien n'interdit de limiter les effets de la déchéance au dommage effectivement subi par l'assureur du fait de la négligence de l'assuré (CA Paris 8-11-1989 : GP 1991.som.135 : réduction de l'indemnité due à l'assuré en rapport avec le dommage subi par l'assureur).

La clause de déchéance est soumise aux mêmes règles de forme que celles applicables aux clauses d'exclusion (cf. C. ass. art. L 112-4, dern. al. ; no 17546). Ainsi, la déchéance est inopposable à l'assuré lorsque la police ne lui a pas été remise au moment de la formation du contrat, seule une note de couverture ayant alors été établie (Cass. civ. 26-1-1980 : JCP G 1980.IV.181), qu'elle ne contient aucune clause prévoyant la déchéance (Cass. 1e civ. 9-5-1994 : Bull. civ. I p. 124) ou que, outre la déchéance, elle fait obligation à l'assuré de prendre toute mesure conservatoire pour sauvegarder les biens assurés, l'assuré pouvant alors croire qu'il n'est tenu de déclarer le sinistre qu'après échec de ses diligences (CA Grenoble 22-2-1996 : JCP G 1996.IV.2219).

L'assureur ne peut en aucun cas invoquer les clauses qui viseraient des causes de déchéance que la loi déclare expressément **nulles.** Sont nulles les clauses frappant de déchéance l'assuré (C. ass. art. L 113-11) :

– pour violation des lois et règlements, sauf si cette violation constitue un crime ou un délit intentionnel ;

– pour de simples retards dans la déclaration de sinistre aux autorités ou dans la production de pièces ; mais l'assureur a droit à une indemnité proportionnée au dommage que le retard lui a causé ;

Pour un sinistre vol par agression de matériel de sonorisation, déclaré dans les deux jours, pour lequel l'assuré a transmis ensuite avec retard le dépôt de plainte, le refus de garantie n'est pas justifié (Cass. 2e civ. 25-5-2023 no 21-22.161 F-D).

– pour non-respect de l'obligation d'installer dans le logement qu'il occupe au moins un détecteur de fumée normalisé.

Est **inopposable** par l'assureur à la victime ou à ses ayants droit :

– si l'assurance est de responsabilité, toute déchéance motivée par un manquement de l'assuré à ses obligations commis après le sinistre ; la police ne doit contenir aucune clause interdisant à l'assuré de mettre en cause son assureur ou de l'appeler en garantie à l'occasion d'un règlement de sinistre (C. ass. art. R 124-1) ;

– la déchéance tenant à la présentation par l'assuré d'une facture antidatée à l'assureur afin d'obtenir l'indemnisation du sinistre, dès lors que le contrat d'assurance ne prévoyait pas une telle mesure dans ces circonstances (Cass. 2e civ. 8-9-2016 no 15-16.890 : RDC 2017.88 obs. Leduc) ;

– la déchéance pour déclaration tardive, lorsque le contrat applicable ne comporte pas de clause l'édictant ou lorsque la clause la prévoyant n'est pas conforme aux dispositions de l'article L 113-2 (4o et al. 9) du Code des assurances, qui, étant d'ordre public, n'autorisent pas d'autres modifications conventionnelles que la prorogation du délai de déclaration de sinistre (Cass. 2e civ. 21-1-2021 no 19-13.347 FS-PI).

PRISE EN COMPTE DU SINISTRE PAR L'ASSUREUR

Dès lors que le **risque** est **réalisé** ou que le **contrat** est venu à **échéance,** l'assureur doit exécuter dans le délai convenu la prestation déterminée par le contrat et ne peut être tenu au-delà (C. ass. art. L 113-5). **17715**

Constitue pour l'assureur de responsabilité la réalisation du risque, tant dans son principe que dans son étendue, la décision judiciaire condamnant l'assuré à raison de sa responsabilité qui, dès lors, lui est opposable, à moins de fraude à son encontre ; l'assureur ne peut plus contester sa garantie qu'au regard des stipulations de sa police et ne peut pas, par exemple, refuser sa garantie au motif que la responsabilité de l'assuré résulte de l'exécution défaillante d'un contrat d'agent immobilier nul de nullité absolue (Cass. 1e civ. 29-10-2014 no 13-23.506 : Bull. civ. I no 177). Pour l'assureur de chose, le risque est réalisé lorsque le dommage garanti par la police est réalisé, ici avarie des marchandises assurées, l'assureur pouvant invoquer une éventuelle cause d'exclusion (Cass. com. 23-10-2019 n° 18-14.140 F-D).

La fraude, qui rend recevable la tierce opposition de l'assureur à l'encontre de la décision judiciaire condamnant son assuré à réparation, peut être le fait de l'assuré ou du tiers victime, mais ne peut pas être déduite de la seule absence d'appel en la cause de l'assureur dans l'instance opposant le tiers lésé à l'assuré (Cass. 3e civ. 14-9-2023 n° 22-13.107 FS-B : RJDA 1/24 n° 19).

L'assureur peut s'assurer de la réalité du risque invoqué à condition de ne pas porter atteinte à la vie privée de l'assuré car il a l'obligation d'agir dans l'intérêt de la collectivité des assurés, sous réserve, par exemple en cas de filature de l'assuré, que les moyens employés ne soient pas disproportionnés au regard du but poursuivi (Cass. 1e civ. 22-9-2016 n° 15-24.015 : JCP G 2016 n° 43/44-1136 note Lardeux) ; tel est le cas lorsque les investigations de l'assureur, effectuées à partir du domaine public et limitées à la constatation de la mobilité du requérant, visaient uniquement à préserver les droits patrimoniaux de l'assurance (CEDH 17-1-2019 n° 17331/11).

BÉNÉFICIAIRES DE L'INDEMNITÉ

17720 **Assuré** Lorsque le dommage survient, l'indemnité doit être versée par l'assureur à son bénéficiaire qui peut être, selon le cas, l'**assuré,** l'**acquéreur** du bien aliéné ou l'**héritier** de l'assuré décédé (nos 18019 et 18022), sous réserve de la preuve par l'intéressé de son droit à garantie (Cass. 1e civ. 25-1-1989 : Bull. civ. I p. 23).

En cas d'assurance de choses, le propriétaire des biens assurés au moment du sinistre est réputé être l'assuré (Cass. civ. 11-3-1986 : GP 1986.pan.115). Mais le souscripteur est en droit de demander l'indemnisation des biens dont il n'est pas le propriétaire (Cass. 1e civ. 6-10-1993 : RJDA 3/94 n° 284 : mari réclamant l'indemnisation pour vol des bijoux de sa femme).

L'acquéreur, sauf clause contraire, peut réclamer le versement entre ses mains de l'indemnité due au titre du sinistre survenu après la conclusion de la promesse de vente, alors même que celui-ci serait antérieur au transfert de propriété (Cass. 3e civ. 7-3-2019 n° 18-10.973 FS-PB : RJDA 5/19 n° 318).

Le bénéficiaire de l'indemnité est, le cas échéant, le titulaire du nantissement de la police (cf. C. ass. art. L 132-10).

17723 **Bénéficiaire de l'assurance pour le compte de qui il appartiendra** Dans cette assurance (n° 17515), le bénéficiaire désigné par le souscripteur a droit à l'indemnité due par l'assureur.

Une stipulation **implicite** en faveur du bénéficiaire a été admise dans un cas où elle résultait de la volonté non équivoque des parties (Cass. 1e civ. 10-7-1995 : Bull. civ. I p. 214) et rejetée dans d'autres pour volonté insuffisamment caractérisée (Cass. 2e civ. 16-1-2014 n° 12-29.647 : Bull. civ. II n° 9 ; Cass. 2e civ. 18-1-2018 n° 16-27.250 F-D : JCP E 2018.1461 note Asselain ; Cass. 2e civ. 25-6-2020 n° 18-26.685 F-PBI). La volonté à considérer est celle qui résulte du contrat d'assurance entre l'assureur et l'assuré, et non celle exprimée dans le contrat entre l'assuré et le tiers bénéficiaire (Cass. 2e civ. 24-10-2019 n° 18-21.363 F-D).

Le bénéficiaire dispose ainsi d'un droit propre sur l'indemnité d'assurance et d'une action directe contre l'assureur, car cette assurance vaut assurance de responsabilité du souscripteur (C. ass. art. L 112-1, al. 2 ; Cass. 1e civ. 18-5-1989 n° 87-12.064 : Bull. civ. I n° 195) ; ce droit lui est acquis à partir du **jour** où il a **accepté** la stipulation pour autrui faite par le souscripteur à son profit (Cass. civ. 7-10-1959 : RGAT 1960.160).

Il échappe donc au concours des créanciers du souscripteur sous une procédure collective (Cass. civ. 17-10-1945 : D. 1946.266 note A.C., transposable sous le régime des articles L 620-1 s. du Code de commerce), comme la victime en cas d'assurance de responsabilité (n° 18254).

Toutefois sont **opposables** au bénéficiaire toutes les **exceptions** que l'assureur aurait pu opposer au souscripteur (C. ass. art. L 112-6).

Il en est ainsi :
– de la nullité ou de la réduction proportionnelle en cas d'irrégularité dans la déclaration du risque souscrit par l'assuré (CA Lyon 28-1-1952 : RGAT 1952.244 ; cf. Cass. civ. 6-4-1965 : RGAT 1965.463) ;
– de la déchéance encourue pour non-déclaration du sinistre par le souscripteur dans les délais stipulés (Cass. 1e civ. 7-3-1989 : Bull. civ. I p. 67), ce qui, par analogie, vaut pour toute cause de déchéance (n° 17712) ;
– de la clause attributive de compétence à un tribunal déterminé (CA Paris 30-5-1960 : BT 1960.232) ;
– de la prescription biennale (Cass. 1e civ. 17-7-1985 : Bull. civ. I n° 227).

Le **souscripteur** a qualité pour exiger l'exécution du contrat et obtenir l'indemnisation prévue à la police dès lors que ceux qui pourraient invoquer la qualité de bénéficiaires l'ont usurpée (Cass. com. 3-11-2010 n° 09-69.627 : RJDA 5/11 n° 412).

17726 **Créanciers privilégiés et hypothécaires** Les créanciers hypothécaires et privilégiés - et l'assureur subrogé les ayant indemnisés (Cass. 1e civ. 7-7-1993 : Bull. civ. I p. 168) - bénéficient d'un droit de **préférence** sur l'indemnité d'assurance versée à leur débiteur (C. ass. art. L 121-13, al. 1). Il en est de même sur les indemnités dues par le locataire ou le voisin par application des articles 1733 et 1240 du Code civil (C. ass. art. L 121-13, al. 3).

Cette préférence leur est accordée à la condition qu'ils soient titulaires d'une créance certaine, liquide et exigible (Cass. 1e civ. 22-5-2002 : Bull. civ. I n° 133).

En bénéficient, par exemple :
– les créanciers titulaires d'un privilège général, tels les salariés (TGI Castres 12-3-1998 : Pet. aff. 1999 n° 131 p. 20 note Devéza), ou spécial, tel le bailleur d'immeuble sur les meubles garnissant les lieux loués (Cass. civ. 17-7-1911 : DP 1912.1.81) ;
– le fisc sur les biens confisqués (Cass. civ. 13-11-1940 : JCP G 1941.II.1614) ;
– le créancier gagiste sur un véhicule vendu à crédit (Cass. civ. 11-7-1966 : JCP G 1966.IV.129).

En revanche, le propriétaire d'un meuble donné en location n'a aucun droit sur l'indemnité due au locataire qui a contracté dans son intérêt exclusif une assurance des dommages de la chose louée (Cass. civ. 25-5-1943 : DC 1944.25 note A.B.).

Elle n'est qu'une faculté dont l'exercice, ou le non-exercice, n'est pas, en lui-même, constitutif d'une faute (Cass. civ. 22-5-2002, précité).

Lorsque le droit de préférence est invoqué, sa mise en œuvre obéit aux règles suivantes.

L'article L 121-13 du Code des assurances étant de caractère impératif, les parties ne peuvent y déroger en augmentant ou en restreignant sa portée (Cass. civ. 25-5-1943 : DC 1944.25 note Besson).

1. L'**assureur** doit payer ces créanciers s'il a eu **connaissance** de l'existence des sûretés grevant le bien assuré ; à défaut et avant opposition, il peut valablement payer l'assuré (C. ass. art. L 121-13, al. 2). Il n'est pas tenu de rechercher ou de vérifier au préalable l'existence d'éventuelles inscriptions d'hypothèques sur l'immeuble sinistré (Cass. 2e civ. 22-11-2018 n° 17-20.926 F-PB). **17729**

Les créanciers doivent donc, sous peine d'être déchus de leur droit de préférence se faire connaître de l'assureur par tout moyen (Cass. 1e civ. 29-2-2000 : GP 2000.1906 note Favre-Rochex) et notamment :
– soit par **opposition** avant le paiement de l'indemnité entre les mains de l'assureur (CA Nancy 8-11-1902 : DP 1906.2.297), sous une forme quelconque (Cass. civ. 12-10-1955 : D. 1956.195) : simple lettre (TGI Lyon 3-6-1969 : JCP G 1970.IV.169), déclaration verbale, réserve faite des difficultés de preuve en l'absence de récépissé (Cass. req. 15-1-1901 : DP 1901.1.102) ou tierce opposition (Cass. 1e civ. 21-1-1997 : Bull. civ. I n° 27) ;
– soit par **mention** de l'existence des sûretés dans la police d'assurance (cf. Cass. civ. 6-10-1971 : JCP G 1971.IV.253).

Ils n'ont pas à suivre les règles propres à la réalisation de leur sûreté, car elles sont indépendantes de celles sur l'attribution à leur profit de l'indemnité d'assurance (CA Rouen 12-2-1992 : à propos des règles de réalisation du gage).

L'**assureur** n'est **pas tenu** de requérir un état des inscriptions lorsque les droits des créanciers sont légalement soumis à publicité, celle-ci n'étant pas opposable à l'assureur qui a payé de bonne foi (Cass. civ. 2-6-1969 : D. 1969.587 ; Cass. civ. 17-6-1969 : D. 1970.21 note A.B. ; Cass. com. 25-6-1969 : GP 1969.2.216).

2. Le créancier peut faire valoir son droit sans avoir à justifier d'une délégation expresse et suivant le rang légal de ses privilèges et hypothèques (C. ass. art. L 121-13, al. 1 ; Cass. com. 12-5-1998 : RJDA 10/98 n° 1159, en déduisant que, l'indemnité ne tombant pas dans le patrimoine de l'assuré, peu importe qu'il soit soumis à une procédure collective). **17730**

Mais l'assureur doit mettre en cause l'assuré afin que les montants de la créance et de l'indemnité soient fixés contradictoirement (cf. Cass. civ. 24-10-1932 : RGAT 1932.1000).

3. L'assureur ne peut **opposer** au droit du créancier hypothécaire à l'attribution de l'indemnité d'assurance, qui prend naissance le jour du sinistre, à dater de cet événement, aucune exception ou déchéance qu'il pourrait opposer à l'assuré pour inobservation des clauses de la police (Cass. 2e civ. 3-11-2011 n° 10-30.876 : inopposabilité d'une fausse déclaration dans l'évaluation du dommage après le sinistre). L'assureur qui est tenu d'indemniser les créanciers, alors qu'il n'était pas obligé envers l'assuré, dispose d'un recours subrogatoire (nos 17800 s.) contre ce dernier (Cass. civ. 17-4-1956 : RGAT 1956.192 : à propos d'une assurance de responsabilité). **17732**

Bailleur et voisin En cas d'assurance du risque locatif ou du recours du voisin, l'assureur doit d'abord payer, jusqu'à concurrence du montant de l'indemnité leur revenant tant qu'ils n'ont pas été désintéressés des conséquences du sinistre, le propriétaire de l'objet loué, le voisin ou le tiers subrogé à leurs droits (C. ass. art. L 121-13, al. 4), sauf engagement du locataire à payer lui-même l'intéressé (Cass. 1e civ. 11-10-1994 : RJDA 5/95 n° 565 : à propos du risque locatif). Mais le propriétaire n'a droit au paiement prioritaire que sur l'indemnité relative au risque locatif (CA Paris 13-6-1991 : GP 1993.som.309 et, sur pourvoi, Cass. 1e civ. 7-7-1993 : Bull. civ. I p. 167). **17735**

MONTANT DE L'INDEMNITÉ

17740 **Maximum de l'indemnité** L'assuré n'a droit qu'à la prestation déterminée par le contrat et l'assureur ne peut pas être tenu au-delà (C. ass. art. L 113-5). Ainsi, l'assurance relative aux biens est un contrat d'indemnité et l'indemnité due par l'assureur à l'assuré ne peut pas dépasser le montant de la valeur de la chose assurée au moment du sinistre (C. ass. art. L 121-1).

Cette dernière disposition n'est pas applicable lorsque est en jeu l'assurance de responsabilité qui, si elle relève de la catégorie des assurances de dommages, n'a pas la nature d'une assurance de biens (Cass. 2e civ. 5-4-2007 n° 06-12.066 : Bull. civ. II n° 77).

L'assuré peut, pour compléter son indemnisation, souscrire une **garantie des pertes indirectes** qui constitue une promesse d'une indemnisation forfaitaire que l'assureur s'engage à verser en plus de l'indemnité principale.

L'indemnité correspondant au plafond de garantie peut produire des **intérêts en cas de retard,** même non fautif, dans son paiement (Cass. 1e civ. 7-7-1992 : RJDA 12/92 n° 1121), le plafond de garantie ne s'appliquant qu'à la prestation mise à la charge de l'assureur en vertu du contrat d'assurance et non aux intérêts de retard afférents à sa dette en application de l'article 1153 ancien du Code civil, devenu l'article 1231-6 (Cass. 1e civ. 14-11-2001 : RJDA 10/02 n° 985). Toutefois, il y a double indemnisation du préjudice subi par l'assuré en raison du retard dans le paiement de l'indemnité si l'assureur est condamné, d'une part, à verser une indemnité actualisée au jour de son paiement effectif et, d'autre part, à payer des intérêts au taux légal à compter de la demande (Cass. 1e civ. 14-1-1992 : Bull. civ. I p. 7).

En application de ces règles, l'indemnité est fonction de l'ampleur du sinistre, selon les distinctions ci-après.

17743 En cas de **perte totale de la chose assurée,** le juge doit fixer l'indemnité en fonction de la **valeur** de cette chose au **jour** du sinistre (Cass. 2e civ. 11-9-2008 n° 07-15.171 : Bull. civ. II n° 190), et non au jour où il statue (Cass. 2e civ. 8-7-2021 n° 20-10.575 F-B : D. 2021.1382).

L'**évaluation** de la **chose** assurée s'entend de :

- la valeur vénale ou commerciale du bien assuré lorsque celui-ci est destiné à être vendu ;
- la valeur à neuf de la chose sinistrée (bâtiment ou matériel) si la police prévoit son remplacement par une neuve dès lors que l'assuré y a procédé et en a payé le prix (Cass. 1e civ. 19-2-1969 : Bull. civ. I n° 76 ; cf. T. civ. Rochefort-sur-Mer 26-4-1963 : JCP G 1963.II.13416 note Bizière) ;

  Sur les risques d'une définition ambiguë par la police de la valeur à neuf, Cass. civ. 6-1-1987 n° 85-13.352 : D. 1987.som.332 obs. Groutel.
- la valeur d'usage, c'est-à-dire la valeur à neuf, vétusté déduite lorsque le bien assuré est un bâtiment ou un objet mobilier (matériel, par exemple).

  Il n'y a pas lieu de rechercher l'utilisation que l'assuré avait l'intention de faire ou de ne pas faire de la chose (Cass. civ. 11-3-1986 : GP 1986.pan.115).

17746 Lorsque le **bien** assuré n'a été que **partiellement endommagé,** les assureurs adoptent deux méthodes d'**évaluation** selon l'importance des dommages :

- pour les sinistres **peu importants,** le dommage partiel s'évalue directement indépendamment de la valeur totale du bien assuré selon les principes dégagés n° 17743 ;

  Mais l'indemnité de réparation ne peut pas excéder la valeur de la chose, déduction faite de la valeur qui en subsiste (Cass. req. 5-3-1940 : RGAT 1940.195).
- pour les sinistres **plus importants,** le dommage s'évalue par déduction de la valeur du sauvetage (c'est-à-dire de ce qui subsiste après sinistre) sur la valeur totale du bien assuré selon les principes dégagés n° 17743 (CA Orléans 24-9-1966 : RGAT 1968.81).

17749 Lorsque la **chose** assurée fait l'objet successivement de **plusieurs sinistres,** le second sinistre est **évalué** comme s'il s'agissait du sinistre initial, quelle que soit l'utilisation faite par l'assuré de la première indemnité.

17752 **Découvert obligatoire** Le contrat d'assurance peut prévoir que l'assuré supportera une **certaine part** du dommage, quelle que soit son importance (C. ass. art. L 121-1, al. 2) ; cette part, dite « découvert obligatoire », ne peut **pas être garantie** par un tiers et notamment **par un autre** assureur, car l'effort de prévention du risque auquel ce découvert incite l'assuré et sur lequel compte l'assureur ne se produirait pas : celui-ci serait alors en droit d'invoquer la nullité du contrat pour fausse déclaration, car cette assurance complémentaire modifie l'opinion qu'il se fait du risque (n° 17566).

17755 **Franchise** L'assuré dont le contrat comporte une franchise doit conserver à sa charge **une partie** des dommages (cf. C. ass. art. L 121-1, al. 2), **mais** à la différence du découvert obligatoire, celle-ci **peut être rachetée** moyennant le paiement d'une surprime.

La franchise figurant dans un document que l'assuré n'a pas signé ne lui est pas opposable (Cass. com. 4-6-1996 : RJDA 11/96 n° 1312).

Le calcul du montant de la franchise ne doit pas aboutir à priver l'assuré de toute indemnisation : a été ainsi annulée une clause prévoyant à la fois un plafond fixe de garantie par sinistre et une franchise proportionnelle, croissant avec l'importance du dommage, dès lors que plus le dommage est élevé, plus l'indemnité est faible, celle-ci pouvant à la limite devenir inexistante, si, du fait de l'importance du dommage, la franchise atteint ou dépasse le plafond fixe de garantie (Cass. 1e civ. 16-10-1990 n° 88-17.513 : Bull. civ. I n° 213).

Autres déductions Lorsque l'assuré s'est engagé à prendre des précautions précisées par la police, l'indemnité peut être proportionnée au préjudice que l'inobservation de cet engagement a causé à l'assureur (CA Paris 27-5-1988 : GP 1988.801). **17758**

À défaut de précisions sur les précautions mises à la charge de l'assuré sous peine d'exclusion de la garantie, l'indemnité ne peut pas être diminuée pour manque de diligence de sa part (Cass. 1e civ. 7-11-2000 n° 98-12.849 : Bull. civ. I n° 273).

VERSEMENT DE L'INDEMNITÉ

Obligation de l'assureur Généralement, l'indemnité d'assurance est versée sous la forme d'une somme **d'argent** qui peut être stipulée en monnaie étrangère (C. ass. art. L 160-3) et payée alors selon les règles du droit commun (nos 50520 s.). Mais l'assuré ne peut exiger un paiement en argent dès lors que l'assureur s'est réservé le **choix** de rembourser en espèces ou de remplacer en nature la chose assurée (CA Rouen 1-3-1951 : RGAT 1951.297). **17765**

La preuve du paiement de l'indemnité résulte en principe de la signature d'une **quittance** par l'ayant droit valablement identifié (CA Versailles 28-2-2008 n° 06/07371 : DMF 2010.295 obs. de Cet Bertin) ; mais cette signature n'emporte pas présomption irréfragable du paiement effectif de l'indemnité (Cass. 1e civ. 21-2-1984 : Bull. civ. I p. 55).

La signature de la quittance sans aucune réserve interdit à l'assuré de remettre en cause le montant de l'indemnité reçue (CA Versailles 24-5-1985 : GP 1985.560).

En principe, le règlement de l'indemnité est **définitivement acquis** à l'assuré lorsqu'il résulte d'une décision judiciaire passée en force jugée (Cass. civ. 24-5-1966 : D. 1966.483 note R.L.). Dans le cadre d'un règlement **amiable,** l'assureur, qui a payé à tort l'indemnité, peut obtenir la **restitution** de l'indu en tout ou en partie : par exemple, parce qu'il a mal interprété la déclaration du sinistre (CA Lyon 22-10-1975 : JCP G 1976.IV.174) ou parce qu'il a omis de tenir compte d'une limitation de garantie (CA Paris 2-3-1963 : BT 1963.150) ou encore s'il établit que l'assuré n'a pas affecté l'indemnité reçue à la réalisation des mesures de remises en état définies (Cass. 2e civ. 18-4-2019 n° 18-13.371 FS-PBRI).

L'assureur ne peut pas obtenir restitution de l'indu par le tiers victime du dommage causé par l'assuré car le véritable bénéficiaire de l'indu est l'assuré lui-même dont la dette a été acquittée par celui qui ne la devait pas (Cass. 2e civ. 30-3-2023 n° 21-18.488 FB).

Délai d'exécution Le paiement doit être effectué **dans les délais** prévus, le cas échéant, dans la police d'assurance, et ce, quel que soit le type d'assurance. **17768**

En cas de **retard** de paiement, aux **intérêts moratoires** les tribunaux ajoutent des **dommages-intérêts** si le retard est dû au comportement de mauvaise foi de l'assureur (Cass. 1e civ. 29-2-2000 : Bull. civ. I n° 71). Les intérêts moratoires sont cumulables avec une clause d'indexation (Cass. 1e civ. 16-5-1995 : Bull. civ. I p. 148).

En matière d'**assurance de choses,** les intérêts courent sur le montant de l'indemnité à compter du jour de la demande du paiement car il est fonction de la valeur de la chose assurée et non de l'évaluation du préjudice faite par le juge (Cass. 1e civ. 10-2-2004 n° 236 : GP 2004.2477 note Leducq).

En matière d'**assurance de responsabilité,** le juge peut fixer discrétionnairement le point de départ des intérêts sur l'indemnité qu'il alloue à la date de l'assignation et non au jour de sa décision, les intérêts antérieurs à sa décision ayant nécessairement un caractère moratoire (Cass. 3e civ. 15-3-2000 : RJDA 5/00 n° 507).

En cas d'**assurance incendie,** l'assuré a le droit de faire courir les intérêts par sommation si, dans les trois mois à compter de la remise de l'état des pertes, l'expertise n'est pas terminée (C. ass. art. L 122-2, al. 2). Il importe peu que la sommation soit délivrée avant ou après l'expiration des trois mois, ses effets étant, si elle a été faite antérieurement, simplement reportés à la date à laquelle les intérêts peuvent commencer à courir (Cass. 1e civ. 31-5-1988 : Bull. civ. I n° 158).

Délaissement Sauf **clause contraire** de la police, l'assuré ne peut faire **aucun délaissement** des objets assurés (C. ass. art. L 121-14). **17771**

Cette clause se rencontre notamment dans les assurances contre le **vol** où l'indemnité est versée si l'objet n'a pas été trouvé dans un délai déterminé. À défaut, l'assureur est en droit de réclamer la restitution de l'indemnité versée lorsque l'assuré a récupéré l'objet volé (CA Lyon 18-3-1981 : D. 1982.IR.94).

RÉDUCTION PROPORTIONNELLE POUR SOUS-ASSURANCE

17775 **Existence d'une sous-assurance** Lorsqu'il apparaît à l'assureur, une fois le sinistre survenu, que l'assuré a fait **garantir** un bien pour une **valeur inférieure** à la valeur réelle dudit bien au jour du sinistre, l'indemnité due à l'assuré est **réduite proportionnellement,** sauf **clause contraire** (C. ass. art. L 121-5). Cette réduction est opposable à la victime du dommage causé par une faute lourde de l'assuré car elle résulte de la loi régissant le contrat d'assurance et non d'une clause de limitation de responsabilité convenue par les parties (Cass. 1e civ. 28-6-1989 : Bull. civ. I p. 170).

La réduction proportionnelle est calculée en multipliant le montant du dommage par le nombre représentant la valeur assurée, divisé par celui représentant la valeur assurable, le coefficient ainsi obtenu étant appliqué au montant du dommage (CA Paris 6-12-2011 nº 09/22669 : GP 2012.som.978 note J.-G. Moore).

Elle joue dans toutes les assurances de dommages, de choses comme de responsabilité (Cass. civ. 18-6-1996 : BT 1996.504). Peu importe qu'elle ne soit pas mentionnée dans la police dès lors qu'elle n'a pas été écartée par une clause contraire (Cass. civ. 17-11-1993 : RGAT 1994.116 note Maurice).

La réduction ne s'applique **pas** en cas de **sinistre total** : la valeur assurée constitue la limite de l'obligation de l'assureur (CA Paris 4-6-1980 : BT 1980.345).

La sous-assurance peut être établie par l'assureur par tous moyens (Cass. civ. 7-1-1946 : D. 1946.237).

Remarque. Lorsque la valeur de la chose assurée excède au jour du sinistre la somme garantie, il n'en résulte **pas** une **modification du risque** pour l'assureur et l'assuré ne peut pas être sanctionné pour omission ou pour déclaration inexacte (Cass. 1e civ. 8-7-1986 : Bull. civ. I p. 193). Sur les sanctions de ces faits, nº 17569.

17778 **Dérogations** La réduction proportionnelle est écartée par les stipulations suivantes.

1. Clause d'abandon. Les parties peuvent écarter expressément, par une clause spéciale, la règle proportionnelle (C. ass. art. L 121-5).

2. Clause de valeur agréée. Les parties peuvent fixer contradictoirement la somme assurée, la valeur ainsi dégagée s'appelant la « valeur agréée ».

Cette valeur ne peut être retenue que si une clause expresse de la police d'assurance la prévoit (Cass. req. 12-7-1837 : S. 1838.1.129). L'assureur doit indemniser l'assuré du montant de cette valeur, sauf s'il prouve que la valeur réelle de la chose au jour du sinistre diffère de la valeur agréée (Cass. 1e civ. 24-2-2004 : Bull. civ. I nº 58).

3. Clause d'indice variable. Cette clause permet aux parties d'indexer l'assurance afin que la somme assurée et la prime varient automatiquement, à chaque échéance annuelle, suivant les variations d'un indice économique de base.

4. Assurance avec réversibilité. Lorsque plusieurs objets sont, sur une même police, assurés par articles séparés avec des évaluations distinctes, il peut être prévu la réversibilité d'un article sur l'autre soit des excédents d'évaluation, soit de l'intégralité des sommes assurées non utilisées.

5. Assurance au premier risque. L'assurance au premier risque (ou au premier feu) est une assurance où le capital assuré est toujours inférieur à la valeur totale des biens assurés mais où l'assureur renonce à l'avance à invoquer la règle proportionnelle.

Elle est surtout utilisée pour les gros risques industriels ou commerciaux disséminés, l'assuré étant convaincu que le sinistre ne peut l'atteindre que partiellement. Par exemple, une société possédant divers immeubles en différents endroits peut contracter une assurance au premier risque non pour un capital égal au total de ses biens mais pour un capital égal à la valeur la plus élevée de l'un de ses divers biens.

SURASSURANCE ET ASSURANCES CUMULATIVES

17785 **Surassurance** La surassurance existe lorsque, aux termes d'un **contrat unique,** l'assurance a été consentie pour une **indemnité supérieure à la valeur** de la chose assurée (C. ass. art. L 121-3, al. 1).

Lorsque la surassurance résulte du **dol** ou de la **fraude** de l'une des parties, la **nullité** du contrat ainsi que l'allocation de dommages-intérêts peuvent être demandées (C. ass. art. L 121-3, al. 1).

En l'absence de **dol** ou de fraude, l'assurance est **réductible** à la valeur exacte de la chose assurée, à la demande de l'une des parties ; corrélativement, les primes sont réduites dans la même proportion mais l'assureur conserve les primes échues ainsi que la prime courant lorsqu'elle est payable à terme échu (C. ass. art. L 121-3, al. 2).

17788 **Assurances cumulatives** L'assuré est tenu de **déclarer** à son assureur les **autres** assurances qu'il a pu contracter cumulativement auprès d'autres assureurs contre un **même**

risque et pour un même intérêt (C. ass. art. L 121-4, al. 1). Il n'y a assurances cumulatives que si, en outre, la souscription de ces contrats émane du même souscripteur (Cass. 2e civ. 17-2-2005 nº 284 : GP 2005.3397 note Leducq).

Sont cumulatives, par exemple, deux assurances contre l'incendie portant sur une grange et souscrites par un assuré auprès de deux assureurs différents (Cass. 1e civ. 30-5-1995 : RJDA 3/96 nº 333).

En revanche ne sont pas cumulatives une assurance de chose et une assurance de responsabilité, telle qu'une assurance pour compte, car ces deux assurances ne peuvent avoir pour objet un même intérêt d'assurance dès lors que l'assurance pour compte ne peut intervenir que comme assurance de responsabilité (Cass. 1e civ. 18-2-1997 nº 95-10.278 : Bull. civ. I nº 59 ; CA Paris 12-10-1999 : BTL 1999.802).

La déclaration, qui doit indiquer les noms des assureurs et la somme assurée (C. ass. art. L 121-4, al. 2), doit être faite **immédiatement** par celui qui a contracté plusieurs assurances (C. ass. art. L 121-4, al. 1). En cas d'**assurance pour compte,** c'est celui qui est appelé à en bénéficier qui doit faire la déclaration dès qu'il a connaissance de ladite assurance (Cass. civ. 25-3-1947 : JCP G 1947.II.3633).

Lorsque les assurances cumulatives ont été contractées **sans fraude, chacune** des assurances, **17791** quelle que soit la date de leur souscription, doit produire ses **effets** : elle s'applique en proportion de la somme qu'elle garantit, l'assuré ne pouvant percevoir plus que l'entière valeur de la chose assurée ; dans cette limite, le bénéficiaire du contrat peut s'adresser à l'assureur de son **choix** (C. ass. art. L 121-4, al. 4), lequel peut se prévaloir des dispositions applicables aux rapports entre assureurs (C. ass. art. L 121-4, al. 5), sans que l'un d'eux puisse lui opposer une déchéance de l'assuré à son égard pour déclaration tardive du sinistre (Cass. 1e civ. 30-10-1995 nº 92-13.254 : Bull. civ. I nº 379).

Cette règle est applicable dès lors que les assurances sont cumulatives, nonobstant la stipulation qu'une de ces assurances n'interviendra qu'en « complément, après épuisement ou à défaut » des autres polices d'assurance de responsabilité qui auraient pu être souscrites (Cass. 1e civ. 13-11-1996 nº 94-15.436 : Bull. civ. I nº 388).

Lorsque les assurances cumulatives ont été contractées de manière **dolosive ou frauduleuse,** les assureurs peuvent demander l'annulation du contrat et des dommages-intérêts (cf. C. ass. art. L 121-4, al. 3 ; Cass. civ. 9-11-1981 : D. 1983.303 note Berr et Groutel).

4. SUBROGATION DE L'ASSUREUR

CONDITIONS DE LA SUBROGATION

Conformément au droit commun de la subrogation, l'assureur qui a indemnisé l'assuré ou la **17800** victime d'un sinistre (Cass. 1e civ. 28-10-2015 nº 14-15.114 : RJDA 4/16 nº 268) peut exercer un recours, dit indifféremment « subrogatif » ou « subrogatoire », **contre le tiers responsable** du sinistre sur le fondement de la loi (C. ass. art. L 121-12) ou sur celui de la convention de subrogation, dite couramment « quittance subrogative », conclue avec l'assuré ou la victime indemnisée (nº 53015).

L'assureur peut se prévaloir de la subrogation légale résultant de l'article L 121-12 susvisé, quelle qu'ait été la cause du dommage indemnisé, y compris lorsque l'état de catastrophe naturelle a été déclaré et alors même qu'il se serait réassuré contre ce risque ; parallèlement, il peut se prévaloir de préjudices propres ne résultant pas de la stricte exécution des contrats conclus avec ses assurés (CE 31-5-2021 nº 434733 : RJDA 10/21 nº 652).

L'assureur peut bénéficier de cette subrogation légale pour la somme qu'il a versée à l'assuré, même s'il n'a pas fait valoir la déchéance des droits de l'assuré prévue par la police (CA Rouen 25-10-2001 : DMF 2002.269.som.).

Il peut aussi, la subrogation légale n'étant pas d'ordre public :

– se prévaloir de la subrogation légale de droit commun (Cass. com. 26-6-2019 nº 18-12.249 F-PB ; nos 53000 s.) ;

– convenir avec l'assuré d'une subrogation conventionnelle qui produit effet dès lors que les conditions en sont réunies (Cass. 1e civ. 9-12-1997 nº 95-19.003 : Bull. civ. I nº 355 ; Cass. com. 21-2-2012 nº 11-11.145 : Bull. civ. IV nº 50 ; CA Aix 3-1-2006 nº 03/15810 : DMF 2007.224 obs. Tassel), ces conditions ne subordonnant pas la subrogation à la preuve de la qualité d'assuré du subrogeant (Cass. 2e civ. 14-10-2021 nº 19-19.486 F-D : GP 2022 nº 10 p. 39) ; le juge saisi d'une demande fondée sur une quittance subrogative consentie par l'assuré à l'assureur doit rechercher si cette quittance n'emporte pas subrogation conventionnelle (Cass. 2e civ. 17-11-2016 nº 15-25.409 F-PB) ;

– à défaut de pouvoir l'invoquer, se prévaloir de l'enrichissement sans cause (désormais enrichissement injustifié ; nos 10315 s.) des parties auxquelles la responsabilité du dommage peut être imputée (Cass. 2e civ. 10-7-2008 nº 07-15.870 : DMF 2009.913 obs. Dablemont et Turgué ; cf. CA Aix 25-5-2011 nº 10/00780 : DMF 2012.111 obs. Turgué) ;

– se faire céder par la victime ses droits et renoncer à la subrogation légale (Cass. com. 21-10-2020 nº 19-16.206 FS-PBR).

Sur le fondement de l'article 13 de la convention de Rome sur les conflits de lois, devenu l'article 15 du règlement CE 593/2008 du 17 juin 2008 (nº 53003) relatif à la subrogation légale, il a été jugé que la loi applicable à la subrogation de l'assureur était régie, quant aux rapports du créancier et du débiteur, par la loi du contrat d'assurance (Cass. 1e civ. 11-3-2009 nº 07-21.639 : Rev. crit. 2009.518 note Boscovic : loi française ; CA Rouen 26-5-2008 : Transidit 2008 nº 57 § 55 : loi anglaise).

17803 **Indemnisation de l'assuré** L'assureur doit avoir payé l'assuré (C. ass. art. L 121-12, al. 1 ; Cass. 2e civ. 21-5-2015 no 14-14.812 ; Cass. 3e civ. 25-5-2022 no 21-18.518 FS-B ; CA Aix 15-5-2014 no 12/12130 : BTL 2014.347), ce qui est le cas dès lors qu'il l'a fait avant que le juge du fond n'ait statué (Cass. 1e civ. 9-10-2001 : Bull. civ. I no 245) ou même à titre provisionnel (CE 23-12-2011 no 335946 : GP 2012.som.491). Il peut le prouver en se bornant à se référer au rapport d'expertise établi à sa demande et qui contient les éléments de la police d'assurance, en particulier les évènements garantis et les modalités d'indemnisation en cas de sinistre (CE 25-11-2021 no 442977).

Encore faut-il que le paiement fait :

– soit intervenu à propos d'un sinistre pour lequel la subrogation est invoquée (Cass. 2e civ. 24-3-2015 no 15-11.319 F-D) et en vertu d'une garantie régulièrement souscrite (Cass. 2e civ. 5-7-2006 : DMF 2007.220 obs. Delebecque ; CA Paris 6-10-2011 : BTL 2011.622) ;

– soit invoqué par l'assureur de la victime et non par l'assureur du responsable du dommage bien qu'il ait indemnisé la victime (CE 26-11-2008 no 302109, 1e esp. : RJDA 4/09 no 331 ; contra, Cass. 2e civ. 8-7-2010 no 09-69.505 : GP 2010.som.3676 note Cerveau) ;

– que cet assureur ait indemnisé l'assuré qui a effectivement subi le dommage (CA Versailles 15-1-2009 : DMF 2009.447 obs. Jeannin) ; ce n'est pas le cas s'il indemnise le souscripteur de l'assurance pour compte qui peut certes demander l'exécution de la garantie au profit de l'assuré qui a subi le dommage mais non recevoir l'indemnité à son profit sauf convention contraire (Cass. com. 2-10-2012 no 11-21.039 : BTL 2012.600).

Mais il importe peu que le paiement ait été effectué ou non dans les mains de l'assuré (Cass. 1e civ. 6-1-1981 : Bull. civ. I p. 2 : indemnité versée au réparateur de la chose endommagée ; CA Paris 15-5-2008 no 06/06811 : indemnité versée à une autre société du même groupe en vertu d'une police garantissant toutes les sociétés du groupe et règlement reçu pour le compte de qui il appartiendra), par compensation (CA Paris 7-7-1982 : BT 1982.430), en cours d'instance (Cass. 1e civ. 18-6-1985 : Bull. civ. I p. 168) ou de la propre initiative de l'assureur (Cass. 2e civ. 16-12-2021 no 20-13.692 F-B).

Il doit prouver ce paiement qu'il peut justifier par tous moyens (pour des exemples en assurance maritime : CA Rouen 30-10-1997 : DMF 1998.466 note Tantin ; CA Aix 31-1-2008 no 06/09566 : Bull. inf. C. cass. 2008 no 1664).

S'il doit prouver par la production de la police, il ne peut produire une attestation d'existence de la police car seule la police définit le contenu des garanties ainsi que les clauses d'exclusion de ces garanties (CA Paris 30-1-2020 no 17/22764).

Il peut se prévaloir de la subrogation même si l'assuré s'est vu allouer par ailleurs une somme au titre du préjudice non indemnisé (Cass. 1e civ. 25-10-1994 : RJDA 5/95 no 564).

17806 **Exercice par l'assureur de l'action contre le tiers responsable** L'assureur peut agir dès lors que l'assuré dispose d'une action en responsabilité contre le tiers auteur du sinistre et le tiers qui, postérieurement, l'a aggravé.

Dans ce dernier cas, l'assureur qui a indemnisé la victime de son entier préjudice est subrogé dans les droits de celle-ci à l'encontre de chacun des coauteurs du dommage qu'il a subi car l'autorité de la chose jugée attachée au jugement rendu sur l'action engagée contre l'auteur du dommage n'a pas le même objet et ne concerne pas les mêmes parties que l'action qui tend à la réparation de l'aggravation du dommage causée par une autre partie, ici le centre hospitalier qui a commis une faute dans les soins apportés à la victime du dommage résultant d'un accident de la circulation (CE 20-12-2022 no 445319).

Ce recours, qui n'est pas récursoire (CE 20-12-2022 no 445319, précité), est ouvert contre **tout tiers** responsable, notamment l'État (Cass. 1e civ. 9-5-1990 no 88-10.617 : Bull. civ. I no 96 ; CE 16-2-1990 no 111766 : Lebon 36), et que sa responsabilité soit contractuelle (Cass. 1e civ. 10-6-1997 : GP 1997, Bull. civ. I p. 128) ou extracontractuelle (Cass. 1e civ. 8-11-1982 : Bull. civ. I p. 274 ; Cass. 1e civ. 13-5-1997 : Bull. civ. I p. 104). Il peut aussi être exercé par substitution de l'assureur à la victime qui a introduit une action avant qu'il ne l'indemnise (CE 13-10-2004 no 250241 : JCP G 2004.IV.3378).

La subrogation de l'assureur est écartée pour **défaut de recours** contre un tiers, dans les cas suivants :

– lorsque la victime a été indemnisée par le tiers (CA Alger 20-5-1952 : JCP G 1953.II.7829 note Deschamps) ; ce tiers peut néanmoins être condamné à un nouveau paiement intégral dans les mains de l'assureur dès lors qu'il a versé à un intermédiaire (ici commissionnaire de transport) l'indemnité revenant à la victime sans être sûr que cet intermédiaire avait dédommagé la victime ou qu'il s'était engagé à le faire (Cass. com. 25-10-1994 : RJDA 2/95 no 145) ;

– lorsqu'il n'existe pas d'autre responsable à mettre en cause que l'assuré (Cass. com. 8-3-1994 : BTL 1994.235 ; CA Toulouse 23-1-1995 : Bull. inf. C. cass. 1995 no 659) ;

– lorsque l'assureur a versé l'indemnité sans y être obligé, en accomplissant un geste commercial (Cass. civ. 23-3-1999 : RGDA 1999.618 note Kullmann), ou n'a pas réclamé l'indemnité versée à tort (Cass. 2e civ. 11-10-2007 : BTL 2007.651).

Par ailleurs, l'assuré est privé de recours contre le tiers à due concurrence de l'indemnité qu'il a reçue (Cass. 1e civ. 30-10-1995 : Bull. civ. I p. 265).

Il peut invoquer contre le tiers responsable, le cas échéant, l'interruption de la prescription accomplie par l'assuré (CA Rouen 12-10-2006 : Transidit 2006 n° 50 § 109), peu important l'irrégularité de l'assignation délivrée par son assuré (Cass. 2e civ. 4-2-2010 n° 08-17.115 : BTL 2010.127), et il peut le poursuivre, même si l'action de l'assuré contre lui est prescrite dès lors qu'il a versé à ce dernier l'indemnité qu'il lui doit contractuellement (Cass. com. 26-1-2010 n° 08-13.898 : DMF 2010.195 obs. Delebecque : à propos de l'assurance maritime mais transposable par analogie).

Sur la juridiction devant laquelle l'assureur doit porter son recours, n° 17900.

SUBROGATION EXCLUE

L'assureur est aussi **privé** de tout recours **contre** (C. ass. art. L 121-12, al. 3) : 17809

– les **enfants,** descendants, ascendants, alliés en ligne directe, préposés, même ne vivant pas habituellement au foyer de l'assuré (Cass. civ. 28-10-1947 : D. 1948.13 note P.L.P.) ;

Mais il peut agir contre leur assureur (Cass. 1e civ. 12-7-2007 n° 06-12.624 : JCP G 2007.II.10162 note Hocquet-Berg).

– toutes personnes **vivant** habituellement au **foyer** de l'assuré.

Il peut **néanmoins** agir contre ces personnes lorsqu'elles se sont rendues coupables de **malveillance** envers l'assuré (C. ass. art. L 121-12, al. 3 ; Cass. ass. plén. 13-11-1987 : GP 1988.120).

Cette malveillance est assimilable à une faute intentionnelle ou dolosive, ce qui implique qu'ont été voulus non seulement l'action génératrice du dommage, mais encore le dommage lui-même (CA Dijon 10-5-2007 : PA 2008 n° 70 p. 14 note Casson : faute dolosive établie).

DROITS DE L'ASSUREUR SUBROGÉ

La subrogation légale se produit par le seul effet de la loi, autrement dit de **plein droit,** comme il est de droit commun (C. civ. art. 1346) 17812

Dans la limite de la créance de l'assuré contre le tiers responsable (Cass. 2e civ. 16-12-2021 n° 20-13.692 F-B : RJDA 3/22 n° 139), l'assureur ne peut pas exiger plus qu'il n'a versé (C. ass. art. L 121-12, al. 1), quand bien même le paiement serait intervenu à la suite d'une transaction (CE 12-4-2023 n° 463881).

Ainsi l'assureur ne peut pas exiger du tiers responsable :

– le montant du préjudice commercial non garanti par lui (Cass. civ. 12-12-1977 : JCP G 1978.IV.49) ;

– le montant de l'indemnité résultant de la conversion d'une monnaie étrangère au cours du jour de l'exercice du recours, alors que la somme qu'il a versée a été calculée au cours du jour de ce versement (Cass. civ. 20-2-1961 : RGAT 1962.62).

En cas de partage de la responsabilité entre l'auteur du dommage et la victime (l'assuré), la part à imputer à cette dernière se calcule sur le montant évalué du préjudice et non sur la somme que l'assureur a versée (CE 12-4-2023 précité).

Dans la limite de la somme qu'il a versée, l'assureur peut se prévaloir des droits dont jouissent l'assuré ou la victime contre le tiers responsable ; notamment :

– il bénéficie des sûretés dont jouissait l'assuré (CA Paris 19-10-1988 : GP 1989.som.10) ;

– il ne peut pas avoir plus de droits que son assuré n'en a lui-même (Cass. 1e civ. 7-7-1993 : Bull. civ. I p. 167) ;

– il a un recours soumis à la prescription applicable à l'action en responsabilité appartenant à l'assuré contre ce tiers (extracontractuelle ou contractuelle, selon le cas) et non à la prescription biennale de l'article L 114-1 du Code des assurances (Cass. civ. 4-10-1973 : RGAT 1974.376 note J.B. ; CA Rouen 17-11-1993) ; mais ce recours est soumis à la prescription biennale si la subrogation invoquée résulte de l'indemnisation de l'assuré au titre d'une assurance de chose, et non de responsabilité, car il dérive alors du contrat d'assurance et, partant, l'assureur subrogé n'a pas plus de droit que l'assuré subrogeant (Cass. 3e civ. 27-1-2010 n° 08-21.291) ;

– il peut se voir opposer par le tiers responsable les exceptions opposables à l'assuré (Cass. com. 9-11-1993 : RJDA 4/94 n° 382), sauf celles nées postérieurement au paiement de l'indemnité (Cass. civ. 10-4-1962 : RGAT 1962.493 note A.B.) ;

– il ne peut pas exiger du tiers responsable une indemnité s'ajoutant à celle que ce tiers a déjà versée à l'assuré et qui couvrait la totalité du préjudice susceptible d'être mis à sa charge (CE 16-10-1995 : JCP G 1996.II.22567 concl. Schwartz) ;

– il peut se prévaloir de la déclaration de créance à la procédure collective de l'auteur du dommage faite par l'assuré avant le versement de l'indemnité d'assurance (Cass. com. 7-2-2012 n° 10-27.304 : Bull. civ. IV n° 26).

L'assureur étant un tiers au regard des conventions conclues par l'assuré avec la victime, celles-ci ne lui sont opposables que si elles ont acquis date certaine à son égard (CA Nancy 16-2-1939 : RGAT 1939.487 note Besson).

Lorsqu'**une fraction** du dommage n'a **pas** été **couverte** par l'indemnité (franchise, réduction proportionnelle, etc.), **l'assuré conserve** une action contre le tiers responsable uniquement pour cette fraction (Cass. civ. 3-12-1997 : D. 1998.som.225 obs. Groutel) et **doit être payé,** par le tiers, par préférence à l'assureur subrogé (Cass. civ. 5-3-1945 : D. 1946.1 note A.B. ; Cass. 1e civ. 2-11-2005 n° 1433 : RJDA 3/06 n° 231 ; cf. C. civ. art. 1346-3).

Lorsque l'assuré a été intégralement désintéressé du dommage, l'assuré ne peut plus, dans cette mesure, exercer contre le tiers responsable du dommage les droits dans lesquels l'assureur se trouve subrogé (Cass. 1e civ. 30-10-1995 no 93-14.147 : Bull. civ. I no 380 ; Cass. 1e civ. 4-2-2003 no 00-11.023 FS-PB : RJDA 7/03 no 772 ; contra Cass. crim. 28-3-2018 no 16-84.872 FS-PB : RGDA 2018.299 note Schulz).

Lorsqu'il a versé l'indemnité à l'assuré avant que la responsabilité du débiteur ait été établie, l'assureur peut se prévaloir de l'action subrogatoire, même prescrite ou presque, jusqu'à ce que le juge du fond saisi de l'action tendant à fixer cette responsabilité ait statué (CA Caen 13-1-2022 no 20/00120).

PERTE DU RECOURS PAR LE FAIT DE L'ASSURÉ

17815 Lorsque par le fait de l'assuré, l'assureur a perdu son recours subrogatoire, il peut être déchargé envers l'assuré de la totalité ou d'une partie de l'indemnité à concurrence du préjudice que lui cause la perte de la subrogation (C. ass. art. L 121-12, al. 2).

Il en est ainsi lorsque l'assuré n'accomplit pas les formalités des articles L 133-3 et L 133-4 (ex-art. 105 et 106) du Code de commerce (CA Paris 9-7-1947 : RGAT 1947.265), laisse prescrire son action contre le transporteur (T. com. Seine 1-4-1947 : RGAT 1947.262 ; aussi CA Rouen 26-2-1981 : BT 1982.368), n'exerce pas le recours que la police lui imposait de mettre en œuvre (Cass. com. 18-10-1994 : DMF 1995.289 note Tassel) ou ne poursuit pas l'assureur dans un délai lui permettant d'appeler les responsables en garantie ou, à défaut, ne poursuit pas lui-même les responsables du sinistre pour préserver les recours de l'assureur (Cass. 3e civ. 25-5-2022 no 21-18.518 FS-B).

Les juges ne peuvent pas priver l'assureur de son recours subrogatoire sans établir que la perte de ce recours est imputable à l'assuré (Cass. 2e civ. 17-12-2020 no 18-24.103 F-PI).

RENONCIATION AU RECOURS

17818 L'assureur ne peut pas se prévaloir de la subrogation et exercer un recours contre le tiers responsable, soit parce qu'il y a renoncé lui-même, soit parce que la victime y a renoncé (pour un exemple, Cass. com. 26-4-2017 no 15-23.239 F-D : RJDA 12/17 no 787) et l'a, de ce fait, privé du bénéfice de la subrogation ; mais la renonciation, qu'elle émane de la victime ou de son assureur, n'emporte pas, sauf stipulation contraire, renonciation à recourir contre l'assureur de l'auteur du dommage ; celui qui a renoncé d'avance à tout recours contre le responsable peut faire reconnaître dans son principe et son étendue la responsabilité de cette personne, appelée aux débats, pour demander paiement par voie d'action directe au seul assureur de cette dernière (Cass. 1e civ. 17-3-1998 no 96-12.249 : Bull. civ. I no 111).

La renonciation n'est valable qu'à la condition d'être **non équivoque** (Cass. civ. 8-5-1962 : RGAT 1963.196). Elle doit aussi **s'interpréter restrictivement** (Cass. ass. plén. 25-5-1973 : JCP G 1973.IV.257).

C. Contentieux du contrat d'assurance

COMPÉTENCE

17900 **Compétence d'attribution** Sous réserve de l'exception exposée ci-dessous, les actions tendant au **paiement de l'indemnité** d'assurance due par un assureur au titre de ses obligations de droit privé et à raison du fait dommageable commis par son assuré relèvent de la compétence exclusive des tribunaux de l'ordre judiciaire, même si l'appréciation de la responsabilité de cet assuré dans la réalisation du fait dommageable relève de la juridiction administrative (T. confl. 15-4-2013 no 3892 : RJDA 6/13 no 569) et peu important que l'action soit exercée par l'assuré contre l'assureur (T. confl. 24-6-1996, 2e esp. : RJDA 4/97 no 497) ou par l'assureur subrogé contre le tiers responsable (T. confl. 15-2-2010 no 3728 : Bull. civ. T. confl. no 2 ; Cass. 2e civ. 10-9-2015 no 14-22.023).

Toutefois, relèvent de la compétence administrative :

– le litige par lequel une personne publique agit contre le tiers responsable de malfaçons dans l'exécution d'un marché de travaux publics et auquel elle n'est liée par aucun contrat de droit privé (cf. T. confl. 2-6-2008 no 3621 : RJDA 8-9/08 no 971 ; Cass. 1e civ. 3-11-2004 no 03-11.210 : Bull. civ. I no 250 ; Cass. 1e civ. 8-6-2010 no 09-13.026) ;

– l'action directe engagée par la victime, ou son assureur subrogé dans ses droits, contre l'assureur du responsable du dommage personne morale de droit public, car elle poursuit alors l'exécution de l'obligation de réparer qui pèse sur l'assureur en vertu du contrat d'assurance qui présente le caractère administratif (Avis CE 31-3-2010 no 333627 : RJDA 2/11 no 197 ; Cass. 1e civ. 24-10-2018 no 17-31.306 FS-PBI ; sur la qualification de contrat administratif, no 17506) ;

– l'action tendant à l'engagement de la responsabilité de GRDF, maître de l'ouvrage public, sur le terrain de sa responsabilité sans faute à l'égard des tiers à cet ouvrage, alors même que l'assureur invoque une subrogation conventionnelle (T. confl. 9-3-2020 no 4179 : RJDA 10/20 no 542).

Les **tribunaux répressifs** - mis à part le cas d'homicides ou blessures par imprudence reprochés à l'assuré (CPP art. 388-1) - ne peuvent pas connaître des actions dirigées contre les assureurs, lesquels ne sont pas civilement responsables (Cass. crim. 10-6-1932 : RGAT 1932.813).

Compétence territoriale Tous les litiges relatifs à la **fixation** et au **règlement** des **indemnités** dues doivent être portés devant le **tribunal du domicile de l'assuré,** que le défendeur soit l'assureur ou l'assuré (C. ass. art. R 114-1, al. 1) et quels que soient les moyens opposés par l'assureur pour refuser l'indemnité (CA Pau 25-10-1946 : S. 1948.2.37 ; CA Paris 21-10-1992 : D. 1993.IR.19). Cette compétence est d'ordre public même au regard de l'assuré qui ne peut pas l'écarter en dehors des dérogations de l'article R 114-1 du Code des assurances exposées ci-après (CA Paris 26-11-1992 : D. 1993.IR.50) : **17903**

– en matière d'**immeubles** ou de **meubles par nature** : le litige **doit** être porté devant le **tribunal du lieu** où se trouvent ces immeubles et meubles même lorsque ce litige est relatif à la fixation et au règlement des sinistres ;

– en matière d'assurance contre les **accidents de toute nature** : l'**assuré** peut assigner son assureur devant le tribunal du **lieu du fait dommageable.**

La compétence du tribunal du domicile de l'assuré ne s'impose pas, en matière d'**assurance de responsabilité,** dans les rapports de l'assureur et de la victime agissant par la voie de l'**action directe,** la victime pouvant invoquer la compétence de droit commun, notamment celle du lieu du dommage (Cass. civ. 14-12-1983 : RGAT 1984.405 obs. J.B. ; Cass. 2e civ. 16-7-2020 n° 19-18.795 F-PBI), nonobstant les dispositions de la loi étrangère applicable au contrat d'assurance (Cass. com. 18-10-1994 : RJDA 3/95 n° 276) ou l'existence d'une clause attributive de compétence liant l'assureur et l'assuré auteur du dommage domicilié sur le territoire d'un État membre (CJUE 13-7-2017 aff. 368/16 : RJDA 11/17 n° 779 ; Règl. 1215/2012 du 12-12-2012 : n° 72103).

Lorsque l'action directe est possible, le subrogé dans les droits de la victime peut agir contre l'assureur devant le tribunal de l'État membre où il est établi (CJUE 20-7-2017 aff. 340-16).

Pour les **litiges transfrontaliers au sein de l'UE** (n° 72103), la compétence est déterminée par des dispositions spécifiques (n° 72142).

PRESCRIPTION

Délai Les actions entre assureurs et assurés se prescrivent dans le délai de deux ans (C. ass. art. L 114-1). Ce délai a été jugé conforme à la Constitution (Cons. const. QPC 17-12-2021 n° 2021-957). **17910**

Sont, par exemple, soumis à la prescription biennale :

– l'action en contrôle de la comptabilité de l'assuré et en paiement des primes omises, ainsi que des pénalités (Cass. civ. 5-6-1945 : JCP G 1945.II.2854) ;

– le recours de l'assureur contre l'assuré lorsqu'il a dû désintéresser un tiers victime ou un créancier privilégié (Cass. civ. 17-4-1956 : D. 1956.677 note Besson) ;

– l'action de l'assureur subrogé dans les droits d'une entreprise, tenue pour responsable d'un accident causé par un véhicule mis à sa disposition, contre le propriétaire qui lui avait confié le véhicule (Cass. civ. 17-2-1987 : D. 1987.som.336 obs. Berr et Groutel) ;

– l'action de l'assuré en responsabilité contre l'assureur qui, par un comportement fautif, a favorisé l'accomplissement de la prescription, qui court du jour où l'assuré a eu connaissance des manquements de l'assureur (Cass. 1e civ. 6-12-1994 n° 91-19.072 : Bull. civ. I n° 358 : défaut d'avertissement de la proximité de l'échéance de la prescription) ; n'a pas eu un comportement fautif l'assureur qui a différé sa réponse dans l'attente de l'analyse des éléments d'un dossier pénal (Cass. civ. 19-1-1988 : RGAT 1988.479) ou qui n'est pas coupable de manœuvre dilatoire du seul fait que l'expert a mis plus d'un an pour déposer son rapport (Cass. civ. 13-6-1995 D : RGAT 1995.576 note Favre-Rochex) ;

– l'action de l'assuré contre son assureur en règlement du sinistre (Cass. 1e civ. 16-1-1996 : Bull. civ. I p. 19), même si l'indemnité était fixée d'un commun accord entre l'assureur et l'assuré (CA Paris 3-10-1995 : GP 1996.som.124) ;

– la demande reconventionnelle de l'assureur contre l'assuré (Cass. 1e civ. 21-11-2000 : Bull. civ. I n° 293) ;

– l'action en garantie et en réparation des préjudices subis en raison des fautes commises par l'assureur dans l'exécution du contrat d'assurance, comme celle de considérer à la légère la nouvelle déclaration de sinistre de l'assuré relative au même désordre sans solliciter des investigations complémentaires (Cass. 2e civ. 28-3-2013 n° 12-16.011 : Bull. civ. II n° 64) ;

– l'action en exécution d'une transaction relative au règlement du sinistre (Cass. 2e civ. 19-11-2015 n° 13-23.095 : Bull. civ. II n° 254).

En revanche, la prescription biennale ne concerne pas :

– l'action directe de la victime contre l'assureur du responsable (n° 18260) ;

– l'action en répétition de l'indu, quelle que soit la source du paiement indu, même si l'indu résulte d'une erreur dans l'application du contrat d'assurance (Cass. 2e civ. 4-7-2013 n° 12-17.427 : RJDA 10/13 n° 769) ; la solution antérieure qui appliquait la prescription biennale lorsque l'indu dérivait d'une stipulation de la police est désormais caduque ;

– l'action dirigée par l'assuré contre un courtier qui a négligé de remplacer un coassureur s'étant retiré et contre la compagnie apéritrice représentée par ce courtier (Cass. civ. 3-3-1987 : D. 1987.som.337 obs. Berr et Groutel) ;

– les moyens de défense soulevés par voie d'exception (Cass. civ. 21-11-2000, précité ; Cass. 3e civ. 14-2-2007 n° 05-21.985 : Bull. civ. III n° 22) ;

– la demande en nullité d'un accord d'indemnisation, fondée sur le dol de l'assureur (Cass. 2e civ. 16-1-2014 n° 13-10.134 : Bull. civ. II n° 10) ;

– l'action en nullité du contrat d'assurance ou de ses avenants, fondée sur le dol de l'assureur ou de son mandataire, qui repose sur l'existence de manœuvres pratiquées avant la conclusion du contrat (Cass. 2e civ. 21-12-2023 n° 22-15.768 F-B) ;

– l'action extracontractuelle exercée par la caution d'un assuré contre l'assureur dont le refus d'indemniser le sinistre subi par l'assuré lui a causé un préjudice (Cass. 2e civ. 6-2-2014 n° 13-10.540 : Bull. civ. II n° 35).

Le délai de deux ans demeure applicable lorsque l'assureur et l'assuré ont conclu une transaction (n° 70403).

17916 **Point de départ de la prescription** Toutes les actions dérivant du contrat d'assurance se prescrivent à compter de l'événement qui y donne naissance (C. ass. art. L 114-1, al. 1).

Toutefois, le point de départ du délai de deux ans est **reculé** dans les cas suivants :

17919 **1.** Le délai ne court que du jour où l'**assureur a eu connaissance** de l'événement faisant naître l'action en cas de réticence, omission, fausse ou inexacte déclaration sur le risque couru (C. ass. art. L 114-1, al. 2-1° ; pour un exemple, Cass. 1e civ. 16-4-1985 : Bull. civ. I n° 112, écartant la date de l'indemnisation).

Tel est le cas aussi en cas d'omission ou fausse déclaration dans les assurances à primes variables, mais la prescription ne joue que si l'assureur a contrôlé la déclaration dans les deux ans de la souscription de l'assurance (Cass. 1e civ. 17-2-1987 n° 85-15.241 : Bull. civ. I n° 53).

17922 **2.** Le délai ne court, **en cas de sinistre,** que du jour où les intéressés en ont eu **connaissance,** s'ils prouvent qu'ils l'ont ignoré jusque-là (C. ass. art. L 114-1, al. 2-2°).

En cas d'assurance souscrite **au profit** d'un **tiers,** la prescription ne court pas à l'encontre du bénéficiaire tant que son **acceptation** n'est pas intervenue (CA Paris 8-7-1987 : GP 1988.som.17) ni tant qu'il n'a pas eu connaissance de l'assurance (Cass. civ. 11-10-1988 : D. 1989.som.248 obs. Berr).

17925 **3.** Quand l'action de l'assuré contre l'assureur a pour **cause** le **recours d'un tiers,** le délai court (C. ass. art. L 114-1, al. 5) :

– soit du jour où ce tiers a exercé une action en justice contre l'assuré, ce qui est généralement le cas en matière d'assurance-responsabilité (CA Paris 25-2-2014 n° 11/10616 : GP 2014.som.2346 note Moore) ;

Constitue le recours d'un tiers celui de l'établissement de crédit qui, s'agissant d'une assurance de groupe couvrant un contrat de crédit-bail, assigne l'adhérent en paiement du solde du prix du bien détruit (Cass. 1e civ. 3-5-1995 : RJDA 3/96 n° 335) ainsi que le commandement à fin de saisie immobilière signifié par une banque à l'assuré (Cass. civ. 13-2-1996 : GP 1996.pan.148), toute action en référé (Cass. 1e civ. 31-5-2007 n° 06-15.699 : Bull. civ. I n° 210) et la constitution de partie civile (Cass. 2e civ. 8-10-2009 n° 08-17.151 : D. 2009.2551.som.).

La caution qui a payé et qui exerce son recours contre le débiteur principal, que le cautionnement ait été donné au su ou à l'insu du débiteur, n'est pas un tiers au sens de cette règle, de sorte que le cours de la prescription biennale de l'action de l'assuré contre l'assureur ne peut partir de la date du recours de la caution (Cass. 1e civ. 14-10-1997 n° 95-17.269 : Bull. civ. I n° 273).

– soit du jour où l'assuré a indemnisé le tiers.

Dès lors que le tiers a agi contre l'assuré, le point de départ est exclusivement fixé au jour de l'assignation sans que l'assuré puisse choisir entre cette date et celle qui fait courir le délai à compter de l'indemnisation du tiers (Cass. 1e civ. 12-12-1995 : Bull. civ. I p. 316).

En cas de transaction entre le tiers et la victime, la prescription court de la date du règlement de l'indemnité convenue et non de celle de la transaction (Cass. civ. 2-12-1963 : RGAT 1964.469).

17926 **4.** Quand le **droit** de la victime à indemnisation est **soumis à** une **condition,** le délai court du jour de la réalisation de la condition par application de l'article 2233 du Code civil (CA Paris 11-3-2014 n° 12/03124 : GP 2014.som.2347 note Moore).

17927 Les **deux années se calculent** à partir de la date de l'événement concerné, sans compter le jour du point de départ ; mais le jour d'expiration du délai doit être compté (cf. CA Dijon 22-11-1926 : DH 1927.59).

17928 **Suspension de la prescription** La prescription est suspendue chaque fois que l'intéressé se trouve dans l'impossibilité de faire valoir ses droits, notamment en cas de **force majeure** (Cass. civ. 25-1-1935 : RGAT 1935.1063), lorsque l'assureur use du droit que lui a conféré l'assuré de diriger le procès (Cass. 1e civ. 2-7-1991 : Bull. civ. I p. 146) ou qu'il ne lui communique pas les informations dont il a besoin pour défendre ses droits (cf. CA Toulouse 13-3-1996 : Bull. inf. C. cass. 1996 n° 674), ou lorsqu'a été ordonnée en référé une mesure d'expertise judiciaire (Cass. 2e civ. 19-5-2016 n° 15-19.792), ou encore lorsqu'un légataire universel ne peut recevoir la chose léguée assurée sans obtenir l'autorisation administrative requise (Cass. 1e civ. 27-4-1994 n° 91-11.783 : Bull. civ. I n° 150).

La prescription n'est pas suspendue lorsque l'assureur exprime son « refus en l'état » de prendre en charge un sinistre (Cass. 1e civ. 13-11-1991 : Bull. civ. I n° 308).

Interruption de la prescription La prescription biennale est interrompue pour les causes suivantes (C. ass. art. L 114-2) : 17931

1. Désignation d'un expert à la suite d'un sinistre. 17934

La prescription n'est pas interrompue par :

– de simples **démarches** ou discussions auprès de techniciens (Cass. 1e civ. 4-7-1955 : Bull. civ. I p. 229), à moins qu'elles ne manifestent une intention de renoncer à la prescription (Cass. civ. 14-10-1968 : JCP G 1969.II.16145 note Bigot) ;

– l'**acte extrajudiciaire** envoyé par le souscripteur à l'assureur aux fins de demander l'arbitrage éventuel d'un expert (Cass. civ. 25-2-1975 : D. 1975.som.69) ;

– l'**expertise elle-même** ainsi que la clôture ou le dépôt du rapport d'expert (Cass. civ. 17-2-1948 : D. 1949.422), même suivi d'échanges de lettres et de propositions d'indemnisation qui constituent de simples pourparlers (CA Versailles 9-10-1998 : Bull. inf. C. cass. 1999 n° 772).

Toute désignation d'expert à la suite d'un sinistre interrompt la prescription pour tous les chefs de préjudice qui ont résulté de ce sinistre, alors même que l'expertise ne porterait que sur certains d'entre eux (Cass. 2e civ. 22-10-2009 n° 07-21.487 : JCP E 2009.pan.2120) et pour toutes les actions dérivant du contrat d'assurance, même l'action en nullité du contrat (Cass. 1e civ. 24-2-2004 n° 297 : Bull. civ. I n° 56). Il en est de même de toute décision judiciaire apportant une modification quelconque à une mission d'expertise ordonnée par une précédente décision, et ce, à l'égard de toutes les parties et pour tous les chefs de préjudices (Cass. 2e civ. 22-10-2009 n° 08-19.840 : Bull. civ. II n° 252).

Le délai de prescription ne recommence pas à courir à compter de la nomination de l'expert, mais au jour du dépôt du rapport d'expertise, conformément à l'article 2239 du Code civil (Cass. 2e civ. 18-5-2017 n° 16-18.526 F-D : JCP E 2018.1461 note Asselain). Sur la limitation de la durée de l'interruption à la durée de l'instance en référé, n° 71762.

2. Envoi d'une lettre recommandée ou d'un recommandé électronique avec accusé de réception par l'assureur à l'assuré pour l'action en paiement de la prime ou par l'assuré à l'assureur pour l'action en règlement de l'indemnité ; cette interruption ne se produit que si les sommes réclamées ne se rapportent qu'aux primes (Cass. 2e civ. 8-6-2017 n° 16-19.161 F-PB, excluant qu'elle s'applique à une demande de paiement de franchises) ou à l'indemnité, le juge devant vérifier que les termes de la lettre tendent effectivement au règlement de l'indemnité (Cass. 3e civ. 14-3-2012 n° 11-11.313 : Bull. civ. III n° 42). 17937

Il importe peu que la lettre recommandée soit envoyée au mandataire de l'assureur (Cass. 1e civ. 3-2-1981 : Bull. civ. I p. 29), pourvu que soit établi le mandat (Cass. 2e civ. 30-3-2023 n° 21-17.641 FD), ou par le mandataire de l'assuré (Cass. 2e civ. 22-9-2005 n° 1419 : D. 2005.IR.2480). La lettre recommandée doit être accompagnée d'un accusé de réception (Cass. 1e civ. 2-6-1982 : Bull. civ. I p. 177). En l'absence de récépissé postal de l'envoi ou de l'accusé de réception, la preuve par témoins ou présomptions que la lettre a été envoyée recommandée avec accusé de réception ne peut être admise de la part de l'expéditeur que s'il démontre au préalable l'existence de circonstances le mettant dans l'impossibilité matérielle de présenter ces pièces (Cass. 1e civ. 26-11-1996 : RJDA 4/97 n° 498).

En cas d'envoi de lettres recommandées successives, chacune de ces lettres interrompt à son tour la prescription (Cass. 1e civ. 29-11-1989 : Bull. civ. I p. 245).

La lettre recommandée, adressée après achèvement de l'expertise, vaut demande de règlement de l'indemnité, même si l'assuré se contente d'indiquer à l'assureur qu'il « (lui) notifie à nouveau l'interruption de la prescription pour les conséquences de ce sinistre » (Cass. 1e civ. 17-6-2009 n° 08-14.104 : Bull. civ. I n° 142).

L'envoi d'une lettre **simple** par l'assuré, même si l'assureur en accuse réception, ne peut pas avoir un effet interruptif (Cass. civ. 9-3-1999 : GP 1999.691 ; CA Angers 11-10-2016 n° 14/02220 : BTL 2016.608, même si l'assureur y a répondu). Toutefois, en ce qui concerne l'action en paiement de la prime, l'effet interruptif a été admis lorsque l'assureur a adressé une simple lettre recommandée à l'assuré et que celui-ci en a accusé réception dans la limite du délai de prescription, cette lettre valant par équivalent accusé de réception (Cass. 1e civ. 20-7-1988 n° 87-11.852 : Bull. civ. I n° 253 ; contra CA Caen 18-3-2010 n° 08/004173 : BTL 2010.611).

3. Causes du droit commun. Les causes de droit commun d'interruption de la prescription sont applicables (C. civ. art. 2241 et 2244) ; ainsi, une demande en justice, même en référé, interrompt la prescription (C. civ. art. 2241 ; Cass. 2e civ. 6-2-2020 n° 18-17.868 F-PBI : action contre l'assureur et le courtier pour obtenir la communication sous astreinte du contrat d'assurance). 17940

Par ailleurs, avant même que la réforme de la prescription de droit commun ne précise que l'interruption fait courir un nouveau délai de même durée que le précédent (C. civ. art. 2231), le cours de la prescription biennale avait été jugé exclusif de toute interversion de prescription, alors même qu'une décision judiciaire avait prononcé une condamnation à garantie de l'assureur ; ainsi, la prescription biennale avait été appliquée à une demande de désignation d'expert, formée après qu'une précédente décision judiciaire passée en force de chose jugée avait dit l'assureur tenu à garantie (Cass. 1e civ. 3-2-1998 n° 95-21.672 : Bull. civ. I n° 39).

17943 **Droit de soulever l'exception de prescription** **Seuls** l'assureur, l'assuré ou ceux qui sont subrogés dans leurs droits **peuvent se prévaloir** de la prescription (Cass. 1e civ. 13-11-1991 : Bull. civ. I n° 306).

Ils ne peuvent pas invoquer perpétuellement l'exception de nullité s'ils ont exécuté ou commencé à exécuter le contrat (Cass. 2e civ. 19-10-2006 n° 1575 : Bull. civ. II n° 276) ; néanmoins, dans ce cas, ils peuvent l'opposer dans le délai biennal (Cass. 2e civ. 4-12-2008 n° 07-20.717 : D. 2009.97).

17946 Plus spécialement, l'assureur ne peut pas **renoncer** à l'avance à invoquer la **prescription,** laquelle est d'ordre public ; en conséquence a été écartée la clause prévoyant que la prescription ne pourrait pas être invoquée contre l'assuré lorsqu'une action en justice serait en cours contre celui-ci dans le cadre d'un sinistre régulièrement déclaré (CA Paris 4-7-2006 : JCP E 2006.pan.2468). L'assureur peut néanmoins renoncer à se prévaloir de la prescription acquise (CA Paris 1-7-2014 n° 10/09154 : GP 2014.3956.som. note Moore).

L'assureur ne peut pas **opposer** la prescription à l'assuré si, la police portant sur une assurance visée à l'article R 112-1 du Code des assurances, il n'a pas pleinement informé l'assuré sur le régime de la prescription, notamment s'il ne lui a pas indiqué le point de départ de la prescription en cas de recours d'un tiers contre l'assuré (Cass. 2e civ. 28-4-2011 n° 10-16.403 : D. 2011.1281.som.), ou les causes d'interruption du délai (Cass. 2e civ. 18-4-2013 n° 12-19.519 : Bull. civ. II n° 83). Il ne peut pas non plus prétendre à l'application de la prescription de droit commun (Cass. 3e civ. 21-3-2019 n° 17-28.021 FS-PBI).

La charge de la preuve que l'information a été donnée à l'assuré incombe à l'assureur (Cass. com. 18-4-2019 n° 18-13.938 F-PBI).

L'assureur n'est pas tenu de préciser qu'en application du droit commun prévu à l'article 2243 du Code civil l'interruption de prescription est non avenue si le demandeur se désiste de sa demande, laisse périmer l'instance ou si sa demande est définitivement rejetée (Cass. 2e civ. 9-2-2023 n° 21-19.498 FS-B).

L'assureur est **privé** du droit d'invoquer la prescription lorsqu'il a agi frauduleusement à l'égard de l'assuré afin de le dissuader d'agir en justice (Cass. 1e civ. 28-10-1991 : RJDA 12/91 n° 1016).

L'assureur qui défend les intérêts de l'un de ses assurés peut invoquer la prescription à l'égard de son autre assuré aussi attaqué par la victime du dommage, les obligations contractées par une compagnie d'assurance à l'égard de ses assurés n'étant pas indivisibles (Cass. 1e civ. 31-5-1988 n° 86-13.485 : Bull. civ. I n° 159).

PROCÉDURE

17949 L'obligation contractuelle de réparation de l'assuré à l'égard de la victime et de ses assureurs est **indivisible** entre cet assuré, fautif, et son assureur ; aussi l'arrêt rendu sur l'appel du seul assuré bénéficie-t-il à son assureur, même si ce dernier n'est pas intervenu dans la procédure d'appel (CA Versailles 12-3-2020 n° 18/00537 : annulation de la saisie-attribution réalisée par les assureurs de la victime sur les comptes bancaires de l'assureur de l'assuré en vertu du jugement réformé).

D. Extinction du contrat d'assurance

RENONCIATION AU CONTRAT D'ASSURANCE

17995 Lorsque l'assuré a souscrit à des fins non professionnelles un **contrat d'assurance constituant un complément d'un bien ou d'un service** vendu par un fournisseur, il peut renoncer à ce contrat, sans frais ni pénalités, tant qu'il n'a pas été intégralement exécuté ou que l'assuré n'a fait intervenir aucune garantie, et dans la limite d'un délai de trente jours calendaires à compter de la conclusion du nouveau contrat ; lorsque l'assuré bénéficie d'une ou de plusieurs primes d'assurance gratuites, ce délai ne court qu'à compter du paiement de tout ou partie de la première prime (C. ass. art. L 112-10, al. 1).

ARRIVÉE DU TERME DU CONTRAT D'ASSURANCE

18000 Le contrat expire à la date fixée par la police (C. ass. art. L 113-15, al. 1). La durée se calcule du jour de l'entrée en vigueur du contrat (n° 17524), à compter de zéro heure de ce jour, jusqu'au jour fixé pour l'expiration, à minuit dudit jour ou à zéro heure du lendemain (T. civ. Seine 14-3-1955 : RGAT 1955.261 : garantie en vigueur le 23 mai 1952, à partir de zéro heure et fixée pour six mois, expirant le 22 novembre 1952 à minuit ou le 23 novembre 1952 à zéro heure et non le 23 novembre 1952 à minuit).

Il est recommandé aux parties de chiffrer la durée. Par exemple, la mention du seul mot « compagnie » figurant aux conditions particulières du contrat sous la rubrique « durée » ne signifie pas que le contrat a été conclu pour la durée de la société, vu l'ambiguïté de cette mention (Cass. civ. 28-11-1962 : D. 1963.146).

TACITE RECONDUCTION DU CONTRAT D'ASSURANCE

Le contrat continue - mais seulement pour un an - par tacite reconduction lorsque celle-ci a été régulièrement prévue par les parties (C. ass. art. L 113-15, al. 2). Le nouveau contrat prend naissance le lendemain du jour où le contrat reconduit a expiré (Cass. civ. 9-5-1996 : GP 1996.som.450). **18005**

La tacite reconduction se produit quelle que soit la durée du contrat (Cass. civ. 29-6-1964 : D. 1965.57 note Besson : durée supérieure à dix ans) et que la prime nouvelle ait été ou non réglée (CA Montpellier 2-5-1952 : RGAT 1952.172).

Aucun texte légal ou réglementaire ne contraint l'assureur à vérifier la capacité juridique de l'assuré, notamment celle survenue depuis la conclusion du contrat d'une interdiction d'exercer certaines activités, lors du renouvellement tacite du contrat ni lors de la délivrance des attestations (Cass. 3e civ. 7-11-2012 n° 11-18.138 : Bull. civ. III n° 163).

RÉSILIATION DU CONTRAT D'ASSURANCE

Résiliation par chaque partie L'assureur, comme l'assuré, a le droit de résilier le contrat d'assurance dans les cas suivants : **18010**

Sur les effets du terme « résiliation », n° 15507.

1. À l'**expiration d'un délai d'un an,** l'assuré, par l'un des moyens énoncés n° 18031 expédié au moins deux mois avant la date d'échéance, a le droit de résilier tous les ans, ce droit devant être rappelé dans chaque police (C. ass. art. L 113-12, al. 1 et 2) ; le délai de résiliation court à partir de la date figurant sur le cachet de La Poste ou de la date d'expédition de l'envoi recommandé électronique (art. L 113-12, al. 6).

Est illicite la clause prévoyant que l'indemnité due pendant l'année suivant la notification de la résiliation du contrat s'exercera à concurrence d'un maximum de 8 000 € par sinistre, toutes garanties confondues, car elle réduit la garantie due, aboutissant à indemniser l'assuré dix fois moins que ce qu'il aurait perçu s'il avait conservé le contrat pendant un an, ce qui ne pouvait que le dissuader de résilier le contrat (Cass. 2e civ. 10-12-2015 n° 14-14.512 : Bull. civ. II n° 272).

Lorsque l'assuré a souscrit un contrat à des fins professionnelles, l'assureur peut résilier le contrat dans les mêmes conditions de forme et de délai ; dans les autres cas, l'assureur peut résilier dans le même délai mais seulement par lettre recommandée (C. ass. art. L 113-12, al. 3 et 4). Il peut être dérogé à ces règles de résiliation annuelle pour les contrats individuels d'assurance maladie et pour la couverture des risques autres que ceux des particuliers (art. L 113-12, al. 5).

2. Lorsque la situation de l'assuré se trouve modifiée à tel point que la garantie de risques en relation directe avec la situation antérieure ne se retrouve pas dans la situation nouvelle du fait de la survenance de **l'un des événements** suivants (C. ass. art. L 113-16, al. 1) :
- changement de domicile de l'assuré ;
- changement de situation matrimoniale ;
- changement de régime matrimonial ;
- changement de profession ;
- retraite professionnelle ou cessation définitive d'activité professionnelle.

La résiliation ne peut être demandée qu'au cours des trois mois qui suivent la date de l'un des événements susvisés (C. ass. art. L 113-16, al. 8).

Elle s'effectue dans les conditions fixées à l'article L 113-14 du Code des assurances.

La résiliation ne prend effet qu'un mois après que l'autre partie au contrat a reçu notification (C. ass. art. L 113-16, al. 9), ce qui implique que la résiliation ne peut résulter que de l'envoi d'une lettre recommandée avec accusé de réception (Cass. 1e civ. 15-5-2015 n° 14-11.894 : Bull. civ. I n° 114) ou de l'envoi d'un recommandé électronique si la résiliation est à l'initiative de l'assuré.

L'assureur doit rembourser à l'assuré la partie de prime ou de cotisation correspondant à la période pendant laquelle le risque n'a pas couru, période calculée à compter de la date d'effet de la résiliation (C. ass. art. L 113-16, al. 10). Il n'a pas droit à une indemnité en cas de résiliation par l'assuré (art. L 113-16, al. 11).

Résiliation par l'assureur L'assureur a seul la faculté de résilier le contrat dans les cas suivants : **18013**
- en cas **d'aggravation** du risque (n° 17606) ;
- en cas de **défaut de paiement de la prime** par l'assuré (n° 17668) ;
- en cas de **sinistre,** à condition que cette possibilité soit expressément **prévue au contrat,** la résiliation ne produisant effet qu'après un mois à compter de la notification à l'assuré (C. ass.

art. R 113-10, al. 1 ; Cass. soc. 20-1-1944 : RGAT 1944.159 : inefficacité d'une lettre recommandée, dont l'emploi était exigé par la police, retournée à l'envoyeur dès lors que le destinataire ne s'était pas dérobé à sa réception) ; les contrats qui prévoient cette faculté doivent reconnaître à l'assuré le droit de résilier tout autre contrat qu'il peut avoir souscrit avec l'assureur dans le délai d'un mois de la notification de la résiliation de la police sinistrée (art. R 113-10, al. 2).

Que la résiliation émane de l'assureur ou de l'assuré, l'assureur doit restituer les portions de primes afférentes à la période pour laquelle les risques ne sont plus garantis (C. ass. art. R 113-10, al. 3).

18016 **Résiliation par l'assuré** L'assuré est seul autorisé à résilier le contrat lorsque l'assureur :

– résilie un de ses contrats après sinistre (n° 18013) ;

– transfère tout ou partie de son portefeuille de contrats dans les conditions fixées par l'article L 324-1 du Code des assurances ;

– société à forme mutuelle, remplace les cotisations fixes par des cotisations variables (C. ass. art. R 322-65, al. 2) ou réassure les risques qu'il couvre dans une proportion supérieure à 90 % du montant des cotisations perçues (C. ass. art. R 322-83, al. 1).

18019 **Résiliation pour aliénation de la chose assurée ou continuation du contrat** Lorsque la chose assurée a été aliénée, l'assureur ou l'acquéreur peut résilier le contrat dans les conditions fixées à l'article L 121-10 du Code des assurances. Cette disposition s'applique que le bien assuré soit un bien mobilier ou immobilier, corporel ou incorporel et quel que soit le mode d'aliénation de la chose assurée (Cass. 2e civ. 24-10-2019 n° 18-15.994 F-PBI : RJDA 2/20 n° 72 : vente d'un fonds de commerce).

La résiliation par l'assureur doit intervenir dans les trois mois à compter du jour où l'acquéreur a demandé le transfert de la police d'assurance à son nom (C. ass. art. L 121-10, al. 2). La loi ne fixe aucun délai pour la résiliation par l'acquéreur mais la police peut en prévoir un.

L'assureur n'a droit à aucune indemnité de résiliation (C. ass. art. L 121-10, al. 5).

Mais, à défaut de volonté expressément manifestée, l'assurance **continue de plein droit** (C. ass. art. L 121-10, al. 1 ; Cass. 1e civ. 18-10-1983 : Bull. civ. I p. 208), cette continuation ne pouvant pas être exclue par la police (CA Paris 21-3-1984 : GP 1984.579), même si la cession intervient dans le cadre d'un plan de cession (n° 63780).

La transmission à l'acquéreur s'opère **à la date du transfert** de propriété (Cass. civ. 20-11-1990 : GP 1991.pan.66) tant activement que passivement (Cass. 1e civ. 28-6-1988 n° 86-11.005 : Bull. civ. I n° 205).

Il s'ensuit qu'à compter de la date de ce transfert, l'acquéreur est en droit :

– d'exiger de l'assureur d'assumer son obligation de garantie, qui ne peut être suspendue que par une mise en demeure que l'assureur doit lui adresser personnellement, celle adressée par l'assureur à l'ancien propriétaire - lequel demeure tenu du paiement des primes jusqu'au moment où il a informé l'assureur de l'aliénation - étant sans conséquence au regard de l'acquéreur (Cass. civ. 28-6-1988, précité) ;

– d'invoquer les fautes commises par l'assureur à l'égard du souscripteur lors de la négociation du contrat et qui ont causé le dommage dont l'acquéreur recherche la réparation (Cass. 1e civ. 9-5-2001 : RJDA 10/01 n° 962).

En revanche, l'acquéreur ne peut pas invoquer le sinistre survenu avant le transfert de la propriété de la chose assurée (Cass. 1e civ. 18-7-2000 n° 98-12.272 : Bull. civ. I n° 212), même s'il n'est apparu qu'après l'aliénation (Cass. 2e civ. 4-11-2010 n° 09-71.677). Toutefois, il peut bénéficier, sauf clause contraire, de l'indemnité garantissant les risques de catastrophe naturelle (Cass. 3e civ. 7-5-2014 n° 13-16.400 : Bull. civ. III n° 61).

18022 **Résiliation pour décès de l'assuré ou continuation du contrat** L'héritier ou l'assureur, en cas de décès de l'assuré, peut résilier le contrat par application de l'article L 121-10 du Code des assurances dont les dispositions relatives à cette situation sont identiques à celles relatives à l'aliénation de la chose assurée. Les règles exposées n° 18019 pour ce cas, mises à part celles qui lui sont spécifiques, sont donc transposables ici en tant que de besoin.

18028 **Résiliation pour perte totale de la chose assurée** En cas de perte totale de la chose assurée résultant d'un événement non prévu par la police, l'assurance prend fin de plein droit et l'assureur doit restituer à l'assuré la portion de la prime payée d'avance et afférente au temps pour lequel le risque n'est plus couru (C. ass. art. L 121-9).

18031 **Formes de la résiliation** Hormis dans les cas de résiliation prévus aux articles L 113-12 et L 113-16 du Code des assurances (n° 18010), aucune forme de résiliation n'est imposée à l'**assureur.**

Sous les mêmes réserves, l'**assuré** ne peut résilier le contrat qu'en choisissant **l'un des moyens** énumérés à l'article L 113-14 du Code des assurances.

L'assuré ne peut notifier la résiliation du contrat que par l'un des moyens suivants :
- lettre ou tout autre support durable ;
- déclaration faite au siège social de l'assureur ou chez son représentant ;
- acte extrajudiciaire ;
- même mode de communication que celui qu'a utilisé l'assureur lorsqu'il a pris l'initiative de proposer à l'assuré la conclusion du contrat par un mode de communication à distance ;
- tout autre moyen prévu par le contrat.

Le destinataire doit confirmer par écrit la réception de la notification (C. ass. art. L 113-14, I-al. 7).

L'assuré peut valablement donner mandat de résilier le contrat sans être tenu d'établir qu'il l'a fait dans le délai imparti pour résilier (Cass. 2e civ. 28-3-2013 no 12-15.958 : Bull. civ. II no 63).

Effets de la résiliation Conformément au droit commun des contrats (C. civ. art. 1229, al. 3 ; no 15507), le contrat résilié cesse de produire effet pour l'avenir ; l'assureur n'est donc plus tenu de garantir les sinistres ultérieurs mais il doit garantir les dommages qui se manifestent après la résiliation du contrat et qui trouvent leur origine dans un fait antérieur à cette résiliation (Cass. 1e civ. 30-3-1994 no 92-15.664 : Bull. civ. I no 120). La clause prévoyant le paiement d'une prime subséquente pour obtenir cette garantie est réputée non écrite (Cass. 3e civ. 28-11-2019 no 18-22.009 F-D). 18034

Sur l'obligation de l'assureur de **restituer la portion** des primes en cours qui ne correspond plus à aucune garantie, no 17650.

RETRAIT D'AGRÉMENT

En cas de retrait de l'agrément administratif accordé à une entreprise mentionnée aux 2o et 3o de l'article L 310-1 du Code des assurances, tous les **contrats** souscrits par elle **cessent** de plein droit d'avoir effet le quarantième jour à midi, à compter de la publication au Journal officiel de la décision de l'Autorité de contrôle prudentiel et de résolution (ACPR) prononçant le retrait. 18040

Les **primes ou cotisations** échues avant la date de la décision de l'ACPR prononçant le retrait d'agrément, et non payées à cette date, sont dues en totalité à l'entreprise, mais elles ne sont définitivement acquises à celle-ci que proportionnellement à la période garantie jusqu'au jour de la résiliation ; les primes ou cotisations venant à échéance entre la date de la décision de l'ACPR prononçant le retrait d'agrément et la date de résiliation de plein droit des contrats ne sont dues que proportionnellement à la période garantie (C. ass. art. L 326-1 et L 326-12, al. 1 ; Cass. 2e civ. 21-9-2023 no 20-22.915 F-B).

II. RÈGLES PROPRES À L'ASSURANCE DE RESPONSABILITÉ

DÉFINITION

L'assurance de responsabilité est celle par laquelle une personne conclut avec un assureur un contrat par lequel celui-ci promet, en échange d'une prime, d'indemniser les dommages causés aux tiers, que cette personne est dans l'obligation d'indemniser. L'**assureur** n'est donc **obligé** que si **l'assuré** est **responsable** selon les règles de la responsabilité civile, contractuelle ou extracontractuelle. 18200

Constitue, par exemple, une assurance de responsabilité :
- le contrat par lequel un vendeur se garantit contre les conséquences financières de l'engagement qu'il a pris à l'égard de ses clients de leur livrer un matériel exempt, pendant cinq ans, des pannes ayant pour cause un défaut interne de ce matériel (Cass. 1e civ. 10-6-1986 no 84-15.034 : Bull. civ. I no 156) ;
- la garantie « responsabilité civile admise » (Cass. 1e civ. 25-11-1992 no 88-18.159 : Bull. civ. I no 290) ;
- le dommage dû au simple fait de l'homme et non à la machine qu'il utilise en vue d'une pulvérisation (Cass. 1e civ. 9-12-1992 no 90-10.527 : Bull. civ. I no 305).

Les assurances de responsabilité sont régies par les articles L 124-1 à L 124-5 du Code des assurances, dont seules les règles générales sont ici exposées.

ÉTENDUE DE LA GARANTIE

Responsabilité couverte En responsabilité **extracontractuelle,** l'assuré est couvert à l'égard des tiers des conséquences pécuniaires des dommages qui lui sont imputables, ainsi que de celles qui sont imputables aux personnes dont il est civilement responsable en vertu de l'article 1242 du Code civil, quelles que soient la nature et la gravité des fautes de ces personnes (C. ass. art. L 121-2). 18206

Cette disposition ne peut pas être écartée par convention (Cass. civ. 23-6-1942 : DC 1942.152 note P.L.P.), même pour les faits dus à la **faute intentionnelle** de ces personnes (Cass. 1e civ. 3-2-1993 no 90-19.209 : Bull. civ. I no 53 ; Cass. 2e civ. 8-3-2006 no 04-17.916 : Bull. civ. II no 67). Mais l'assureur n'est tenu à garantie que dans la limite des risques assurés (Cass. 1e civ. 14-5-1991 no 88-14.353 : Bull. civ. I no 146) ; il peut par exemple convenir avec l'assuré que les personnes dont il est civilement responsable ne sont pas elles-mêmes couvertes par sa garantie comme c'est le cas lorsque ces personnes sont, aux termes de la police, réputées elles-mêmes assurées et que la garantie est exclusivement réservée aux tiers (Cass. 2e civ. 6-10-2011 no 10-16.685 : JCP G 2012 no 4-73 p. 144 note Joseph-Ratineau).

La police ne peut pas exclure les dommages dus à un état d'aliénation des personnes dont répond l'assuré en vertu de l'article 1384 (devenu art. 1242) du Code civil, notamment des préposés (Cass. 1e civ. 26-11-1991 : Bull. civ. I p. 212).

L'assuré n'a pas droit à la garantie lorsque l'un de ses biens subit le dommage du fait des personnes dont il est civilement responsable (Cass. 1e civ. 5-12-2000 no 98-13.052 : Bull. civ. I no 312).

Mais la garantie due par le civilement responsable n'est pas limitée aux cas de responsabilité du fait d'autrui (no 8170) et peut jouer pour un dommage aux choses (Cass. 1e civ. 17-11-1993 no 90-18.018 : Bull. civ. I no 324).

18209 En responsabilité **contractuelle,** l'assuré est garanti des conséquences pécuniaires des dommages dont il est tenu pour responsable ; cette garantie peut notamment couvrir sa responsabilité professionnelle.

Il est recommandé à l'assuré de se faire préciser par son assureur si l'assurance de responsabilité **civile** englobe sa responsabilité contractuelle. En effet, la police « responsabilité civile » souscrite par un entrepreneur de chauffage central ne peut pas s'appliquer à la réparation du préjudice résultant des défectuosités de l'installation, dès lors que cette police ne couvrait pas sa responsabilité contractuelle (Cass. 1e civ. 1-3-1983 : Bull. civ. I p. 74 ; dans le même sens, Cass. 1e civ. 24-9-2014 no 13-23.733).

18212 **Condition de la garantie** L'assurance de responsabilité est fonction de la responsabilité de l'assuré.

1. Absence de garantie à défaut de responsabilité de l'assuré. L'assurance de responsabilité est subordonnée à l'existence de la responsabilité de l'assuré (pour un exemple de dispense de garantie à défaut de responsabilité de l'assuré : Cass. 1e civ. 25-11-1992 no 88-18.159 : Bull. civ. I no 290).

La responsabilité de l'assuré est engagée pour tout dommage ou ensemble de dommages causés à des tiers par la survenance du fait dommageable prévu au contrat (C. ass. art. L 124-1 et L 124-1-1) ; le fait dommageable est celui qui constitue la cause génératrice du dommage, un ensemble de faits dommageables ayant la même cause technique étant assimilé à un fait dommageable unique (C. ass. art. L 124-1-1) ; par exemple, constitue le fait dommageable la livraison des produits vendus lorsque la responsabilité de l'assuré est mise en cause pour vice caché, et non la survenance du sinistre (Cass. 1e civ. 16-12-1997 : Bull. civ. I no 370), ou la sentence arbitrale qui condamne l'assuré en raison de sa responsabilité (CA Paris 5-6-2012 no 10/12302 : GP 2012.som.2919 note Bensaude). N'ont pas une même cause technique les sinistres résultant d'un manquement de l'assuré à ses obligations d'information et de conseil, celles-ci étant individualisées par nature en fonction de la partie qui dénonce ledit manquement (Cass. 2e civ. 24-9-2020 no 18-12.593 FS-PBRI : D. 2020.2323 note Marly).

Mais la responsabilité de l'assuré ne peut **pas obliger l'assureur** :

– si elle résulte d'une reconnaissance de sa responsabilité par l'assuré ou d'une transaction acceptée par ce dernier dès lors qu'une clause de la police prévoit que ces faits sont inopposables à l'assureur (no 18230) ;

– si le tiers lésé, autrement dit la victime, n'a pas formé une réclamation amiable ou judiciaire à l'encontre de l'assuré (C. ass. art. L 124-1).

2. Obligation de garantie de l'assuré pour la durée de sa responsabilité. Toute clause ayant pour effet de réduire la durée de la garantie de l'assureur à un temps inférieur à la durée de la responsabilité de l'assuré est génératrice d'une obligation sans cause (devenue sans contrepartie) et doit être réputée non écrite (Cass. 3e civ. 26-11-2015 no 14-25.761 : D. 2016.458 note Boffa ; Cass. 3e civ. 5-12-2019 no 18-16.978 FD ; Cass. 3e civ. 16-3-2022 no 20-16.829 FS-B : RJDA 6/22 no 332).

3. Droit du tiers lésé. L'assureur doit, sauf limitation prévue au contrat, répondre envers le tiers lésé des conséquences de la responsabilité mise à la charge de l'assuré auquel ce tiers est substitué ; ainsi, lorsque la responsabilité de l'assuré a été jugée entière, l'assureur doit le couvrir intégralement, sans préjudice de son recours contre les coauteurs du dommage (Cass. 3e civ. 16-9-2021 no 20-15.518 F-D).

Dommages couverts par la garantie Lorsque le tiers lésé a réclamé réparation à l'assuré, les conséquences pécuniaires des sinistres sont couvertes différemment selon que les parties ont choisi de faire dépendre la mise en jeu de la garantie soit du fait dommageable, soit de la réclamation du tiers (C. ass. art. L 124-5, al. 1). **18215**

Sur les cas où cette option est écartée, C. ass. art. L 124-5, al. 1 et 6.

Le contrat doit reproduire le texte régissant le mode de déclenchement de la garantie choisi par les parties, soit celui relatif au fait dommageable, soit celui relatif à la réclamation (C. ass. art. L 124-5, al. 2).

Mise en œuvre de la garantie par survenance du fait dommageable **18218**
Lorsque la garantie est déclenchée par le fait dommageable, elle couvre l'assuré contre les conséquences pécuniaires des sinistres, dès lors que le fait dommageable **survient entre** la prise d'effet initiale de la garantie et sa date de résiliation ou d'expiration, quelle que soit la date des autres éléments constitutifs du sinistre (C. ass. art. L 124-5, al. 3 ; pour une application, Cass. 2e civ. 21-9-2023 n° 21-16.796 F-B).

Toute clause qui tend à réduire la durée de cette garantie de l'assureur à un temps inférieur est génératrice d'une obligation sans cause (aujourd'hui obligation sans contrepartie), comme telle illicite et réputée non écrite, car le versement de primes pour la période qui se situe entre la prise d'effet du contrat d'assurance et son expiration a, en l'absence d'autorisation législative spécifique contraire qui soit applicable en la cause, pour contrepartie nécessaire la garantie des dommages qui trouvent leur origine dans un fait qui s'est produit pendant cette période (Cass. com. 14-12-2010 n° 08-21.606 : Bull. civ. IV n° 200).

Mise en œuvre de la garantie par la réclamation du tiers contre l'assuré **18221**
Lorsque la garantie est déclenchée par la **réclamation** contre l'assuré, elle couvre les conséquences pécuniaires des sinistres, dès lors que le fait dommageable est antérieur à la date de résiliation ou d'expiration de la garantie, et que la première réclamation est **adressée** à l'assuré ou à son assureur **entre la prise d'effet initiale de la garantie et l'expiration d'un délai subséquent** à sa date de résiliation ou d'expiration mentionné par le contrat, quelle que soit la date des autres éléments constitutifs des sinistres (C. ass. art. L 124-5, al. 4).

Le délai subséquent des garanties déclenchées par la réclamation ne peut être inférieur à cinq ans ; le plafond de la garantie déclenchée pendant le délai subséquent ne peut être inférieur à celui de la garantie déclenchée pendant l'année précédant la date de résiliation du contrat ; il ne peut être inférieur à dix ans lorsque l'assuré rentre dans les listes dressées par l'article R 124-2 du Code des assurances (C. ass. art. L 124-5, al. 5 et R 124-2).

L'article L 113-3 du Code des assurances, qui fixe les modalités dans lesquelles la garantie peut être suspendue et le contrat résilié en cas de non-paiement des primes, ne fait pas obstacle à l'application de l'article L 124-5 du Code des assurances, qui est d'ordre public, lorsque le fait engageant la responsabilité de l'assuré survient à une date à laquelle la garantie était en vigueur, peu important que la première réclamation n'ait été effectuée qu'après la résiliation du contrat, dans le délai de garantie subséquente (Cass. 2e civ. 12-12-2019 n° 18-12.762 F-PBI, en déduisant qu'est illicite la clause de la police selon laquelle la disposition de ce texte concernant la garantie pendant le délai subséquent n'était pas applicable en cas de résiliation pour non-paiement de la prime ; Cass. 3e civ. 4-3-2021 n° 19-26.333 FS-P : cassation de l'arrêt qui a tenu la garantie pour éteinte alors que les faits dommageables étaient antérieurs à la suspension de la garantie pour défaut de paiement de la prime et que la réclamation avait été présentée dans le délai subséquent).

Toutefois, la garantie ne couvre les sinistres dont le fait dommageable a été connu de l'assuré postérieurement à la date de résiliation ou d'expiration que si, au moment où l'assuré a eu connaissance de ce fait dommageable, cette garantie n'a pas été resouscrite ou l'a été sur la base du déclenchement par le fait dommageable ; l'assureur ne couvre pas l'assuré contre les conséquences pécuniaires des sinistres s'il établit que l'assuré avait connaissance du fait dommageable à la date de souscription de la garantie (C. ass. art. L 124-5, al. 4 ; Cass. 3e civ. 12-10-2022 n° 21-21.427 FS-B : suppression de la garantie, et, dans le même sens, Cass. 3e civ. 30-11-2022 nos 21-17.161 et 21-17.731 F-D).

DÉCLARATION DU SINISTRE

Conformément aux règles générales du contrat d'assurance (n° 17703), le sinistre doit être déclaré dans le délai requis par le contrat à compter de la **réclamation** judiciaire ou amiable de la victime (Cass. civ. 22-11-1965 : RGAT 1966.502). **18225**

INDEMNISATION AMIABLE DE LA VICTIME PAR L'ASSURÉ

Si l'assuré a indemnisé la victime, **l'assureur** a le droit de **contester** cette indemnisation si les conditions de la responsabilité de son assuré ne sont pas établies (Cass. civ. 5-8-1935 : RGAT 1936.74) ou si l'assuré a négligé d'opposer la prescription au tiers lésé (Cass. civ. 23-7-1930 : S. 1931.1.45). **18230**

L'assureur peut stipuler qu'aucune reconnaissance de responsabilité, aucune transaction, intervenues en dehors de lui, ne lui sont opposables ; l'aveu de la matérialité d'un fait ne peut pas être assimilé à la reconnaissance d'une responsabilité (C. ass. art. L 124-2).

L'assureur qui a participé aux pourparlers ayant abouti à un accord entre la victime et son assuré ne peut pas prétendre à l'inopposabilité d'une telle transaction au seul motif qu'il ne l'a pas signée (Cass. 1e civ. 22-7-1986 : Bull. civ. I p. 207).

L'assureur peut **se prévaloir** de la transaction entre l'assuré et la victime (Cass. 1e civ. 23-6-1998 : Bull. civ. I no 224).

INDEMNISATION SUR ACTION DE LA VICTIME CONTRE L'ASSURÉ

18235 **Modes d'action** Lorsque l'assuré subit une action intentée par la victime, il peut mettre en jeu la garantie de l'assureur en agissant contre lui par une **action principale** indépendamment de l'action exercée contre lui par la victime ou en appelant l'assureur en **garantie** dans l'instance en cours engagée contre lui par la victime (Cass. civ. 12-5-1987 : D. 1988.som.155 obs. Berr et Groutel), à moins que l'assureur n'intervienne de lui-même à l'instance (CA Grenoble 4-6-1941 : RGAT 1942.85).

L'assureur doit communiquer à l'assuré les informations utiles à sa défense (CA Poitiers 17-10-1990 : GP 1991.220).

L'assureur ne peut pas agir en **répétition de l'indu** contre la victime qu'il a indemnisée alors que par la suite son assuré n'est pas reconnu responsable, car il doit agir contre le vrai bénéficiaire du paiement indu, lequel n'est pas la victime, qui avait droit à l'indemnisation, mais l'assuré dont la dette a été acquittée par quelqu'un qui ne la devait pas (Cass. 1e civ. 12-5-1987 no 85-11.387 : Bull. civ. I no 146 ; rappr. Cass. 3e civ. 29-2-2012 no 10-15.128 : RJDA 6/12 no 563).

18238 **Direction de la défense par l'assureur** L'assureur peut recevoir **mandat** de son assuré de **diriger le procès** en ses lieu et place.

Tel est le cas d'une clause « défense recours » à condition qu'elle emporte ce mandat. A été jugée telle la clause suivante : « en cas d'action mettant en cause une responsabilité garantie par le présent contrat, l'Assureur défend l'Assuré devant les tribunaux de l'ordre administratif, judiciaire ou répressif (...) ; devant les juridictions civiles, commerciales ou administratives, l'Assureur assume la défense de l'Assuré, dirige le procès et a le libre exercice des voies de recours. L'avocat est désigné par l'Assureur » (Cass. 2e civ. 28-2-2013 no 12-12.813 : Bull. civ. II no 44).

Néanmoins, il peut renoncer à **accomplir** son mandat au moment de la réalisation du risque sans engager **sa responsabilité** envers l'assuré dès lors qu'il invoque contre celui-ci un motif sérieux de déchéance de la garantie qu'il lui doit (Cass. civ. 20-7-1942 : DC 1942.129 note P.L.P.). S'il décide de diriger le procès, il est alors responsable s'il ne représente pas l'assuré (CA Paris 19-10-1994 : BT 1994.875). Quant à l'assuré, il est alors tenu de remplir toutes les obligations que lui impose la police, dont il ne peut se dispenser même si l'assureur lui a refusé sa garantie pour déclaration tardive du sinistre (Cass. civ. 6-11-1963 : JCP G 1963.II.13439 note P.P.).

L'assuré n'encourt aucune déchéance ni aucune sanction du fait de son immixtion dans la direction du procès, s'il avait intérêt à le faire (C. ass. art. L 113-17, al. 2).

L'**assureur** doit accomplir les diligences nécessaires (CA Paris 20-10-1994 : BTL 1994.85 et CA Paris 13-12-2011 no 07/17614 : GP 2012.som.985 note Moore : faute de l'assureur pour perte de l'occasion d'une transaction) et rendre compte à son assuré de l'exécution de son mandat (no 23047). En particulier, il doit le **prévenir** de l'issue du procès (Cass. civ. 25-5-1988 : GP 1988.pan.179).

Ce mandat ne lui confère **pas** le droit de **transiger** au nom de son assuré (CA Nancy 8-1-1951 : RGAT 1951.182 note A.B.). L'assureur peut le faire si une clause expresse l'y a autorisé ; si l'assureur a transigé régulièrement, l'assuré ne peut plus agir contre la victime (Cass. 1e civ. 13-12-1954 : Bull. civ. I p. 303 ; CA Paris 7-11-1970 : GP 1971.46 note M. d. V.). Si l'assureur a transigé sans mandat spécial et a versé à son assuré le montant de sa garantie, la victime peut alors agir contre l'auteur du dommage en réparation de celui qui subsiste après le versement de l'indemnité due en vertu de la police (Cass. req. 24-4-1934 : S. 1934.1.251) ainsi que si l'assureur a transigé alors qu'il ne devait pas sa garantie, par exemple à la suite d'une déchéance de l'assuré (Cass. civ. 9-5-1972 : D. 1972.658), ou si la police contenait une franchise d'avarie, s'opposer à la demande de l'assureur qui lui en réclame le remboursement (T. com. Béziers 7-2-1938 : RGAT 1938.492).

L'assureur qui prend la direction du procès, fût-ce en référé (Cass. civ. 16-1-2001 : D. 2001.som.3320 obs. Groutel), est **censé renoncer** à toutes les exceptions dont il avait connaissance lorsqu'il a pris la direction du procès (C. ass. art. L 113-17, al. 1) ; cette renonciation peut être invoquée par un tiers au contrat d'assurance (Cass. 2e civ. 21-4-2022 no 20-20.976 F-B). Toutefois, lorsque l'assuré demandeur de la garantie ne peut l'invoquer que s'il prouve que son assureur, qui a constitué avocat en son seul nom, avait pris la direction du procès pour son compte (Cass. 3e civ. 27-10-2016 no 15-25.143 FS-PB : Bull. civ. III no 141).

L'assureur peut toujours intervenir personnellement pour défendre ses droits en cas de divergence avec ceux de son assuré (CA Grenoble 4-6-1941 : D. 1941.344).

Remarque. Les règles de l'assurance de protection juridique (C. ass. art. L 127-1 s.) ne sont pas applicables à la direction de la défense par l'assureur agissant en vertu d'une assurance de responsabilité ou d'un mandat de son assuré, dès lors que l'assureur agit en même temps dans son intérêt (C. ass. art. L 127-6, 2°). Réciproquement, l'assureur qui défend les intérêts de son assuré en exécution d'un contrat de protection juridique reste en droit de se prévaloir d'une exception de non-garantie (Cass. 1e civ. 14-10-1997 n° 95-19.049 : Bull. civ. I n° 277).

Condamnation de l'assuré En cas de condamnation judiciaire de l'assuré, l'assureur est tenu **dès le prononcé** de la décision, et non à compter du jour où celle-ci est passée en force de chose jugée (Cass. 3e civ. 11-5-1988 : Bull. civ. III n° 91 p. 52). **18241**

Il est débiteur de l'indemnité du seul fait de cette décision et il peut, à compter de la date de la condamnation, exercer son recours contre un autre assureur : ce dernier ne peut pas alors lui opposer la prescription de l'action qui s'appliquerait à l'action par laquelle la victime mettrait en cause la responsabilité de son assuré (Cass. 1e civ. 10-5-1988 n° 87-10.040 : Bull. civ. I n° 151).

INDEMNISATION SUR ACTION DIRECTE DE LA VICTIME CONTRE L'ASSUREUR

Existence de l'action directe En cas de dommage ne comportant **pas d'élément d'extranéité,** le tiers lésé dispose d'une **action directe** contre l'assureur garantissant la responsabilité civile de la personne responsable (C. ass. art. L 124-3, al. 1), telle que la garantie est stipulée, définie et limitée au contrat (Cass. 1e civ. 1-10-1980 : Bull. civ. I n° 235 ; CA Versailles 20-10-2015 n° 14/04572 : BTL 2015.670). Il n'est pas pour autant tenu d'exercer cette action (Cass. 3e civ. 21-12-2017 n° 16-26.865 F-D). **18245**

Supposant établie la responsabilité de l'assuré, cette action n'est pas ouverte contre l'assureur de dommages (Cass. 1e civ. 7-7-1993 : Bull. civ. I p. 168).

L'action directe contre cet assureur n'est **pas** subordonnée à la **déclaration préalable** du sinistre par la victime auprès de son propre assureur (Cass. 2e civ. 16-12-2021 n° 20-16.340 F-B).

La victime doit apporter la preuve de la responsabilité de l'assuré et de l'obligation de l'assureur (Cass. civ. 12-11-1969 : JCP G 1969.IV.303).

Elle peut exercer l'action directe même si elle s'est désistée de son action contre l'assuré responsable du dommage, ce désistement n'emportant pas renonciation à son droit de voir établir, à l'encontre de l'assureur, la responsabilité de l'assuré (Cass. 3e civ. 12-7-2018 n° 17-20.696 F-PB).

La juridiction compétente pour connaître de l'action peut être au choix de la victime celle désignée soit par les règles de compétence issues des articles 42 s. du Code de procédure civile, soit par celles de l'article R 114-1 du Code des assurances ; mais aucun texte ne permet de retenir la compétence territoriale de la juridiction dans le ressort de laquelle demeure la victime (Cass. 2e civ. 16-7-2020 n° 19-18.795 F-PBI).

Si le dommage **comporte un élément d'extranéité,** la recevabilité de l'action directe est réglée **en distinguant** le cas où le défendeur à l'action directe est domicilié sur le territoire d'un État membre de l'UE du cas où il est domicilié sur le territoire d'un État tiers.

1. Défendeur à l'action directe domicilié sur le territoire d'un État membre de l'UE. Le régime de l'action directe obéit aux règles suivantes :

En cas de **dommage extracontractuel,** si le dommage met en conflit des lois d'États membres de l'UE, l'**action** directe de la victime est **recevable** si la loi applicable à l'obligation non contractuelle ou la loi applicable au contrat d'assurance la prévoit (Régl. CE 864/2007 du 11-7-2007 art. 18 ; sur ce règlement, n° 8003). Le juge français ne peut pas rejeter l'action directe au seul motif que la loi du lieu du fait générateur du dommage ne la prévoit pas sans rechercher si le dommage n'a pas été subi en France (Cass. com. 5-4-2011 n° 09-16.484 : JCP E 2011.1658 n° 12 obs. Gruber, reprochant aux juges du fond d'avoir écarté l'action directe en fonction de la loi du lieu du fait générateur du dommage (ici italienne) sans avoir recherché le lieu où le dommage a été subi). Les options de compétence qui sont déterminées par les articles 10 à 12 du règlement CE, qui emportent la désignation de la loi applicable, ne peuvent être invoquées par le tiers lésé que si le dommage n'est pas contractuel (Cass. 1e civ. 24-1-2018 n° 17-10.959 F-D).

En cas de **dommage contractuel,** la personne lésée peut agir directement contre l'assureur de la personne qui doit réparation si la loi applicable à l'obligation contractuelle ou la loi applicable au contrat d'assurance le prévoit (Cass. 1e civ. 9-9-2015 n° 14-22.794 : RJDA 11/15 n° 801 ; CA Besançon 10-4-2018 n° 17/01477, sur une absence d'action directe selon la loi suisse jugée applicable).

Que le dommage soit extracontractuel ou contractuel et quelle que soit la loi désignée pour la recevabilité de l'action directe, les **règles de fond** applicables à cette dernière sont celles de la loi du contrat d'assurance (Cass. 1e civ. 18-12-2019 n° 18-14.827 FS-PBI : application de la loi néerlandaise limitant le montant de l'indemnisation : JDI 2020.962 note Laazouzi 10.669 ; CA Rennes 1-12-2011 n° 07/07268 : DMF 2012.425 obs. Gruber : absence d'action directe dans la loi italienne applicable).

2. Défendeur domicilié sur le territoire d'un État tiers à l'UE. Le défendeur dispose d'une action directe, en matière de responsabilité contractuelle comme en matière de responsabilité extracontractuelle, si la loi du lieu du dommage l'admet, et les règles de fond alors applicables sont celles de la loi du contrat ; dès lors, le juge ne peut pas appliquer la loi française sur le régime des déchéances s'il n'a pas préalablement jugé que le contrat d'assurance était soumis à la loi française (Cass. 1e civ. 20-12-2000 : Bull. civ. I n° 342).

18248 **Personnes ayant qualité pour agir** Outre la **victime** directe du dommage, ont qualité pour agir contre l'assureur ses **ayants droit** (CA Paris 29-1-1931 : RGAT 1931.599), les **tiers subrogés** aux droits de la victime ou de ses ayants droit (CA Paris 4-12-1984 : BT 1985.122 ; pour des cas d'irrecevabilité à défaut de subrogation : Cass. 1e civ. 10-5-1988 : Bull. civ. I p. 89 ; Cass. 1e civ. 20-12-1988 : Bull. civ. I p. 248).

Peut aussi invoquer l'action directe la partie qui, en vertu du contrat d'assurance, bénéficie d'une extension de la garantie due à l'assuré (CA Bordeaux 6-1-2015 n° 13/05918 : JCP G 2015 n° 12-342 note Freleteau).

La clause de la police stipulant que le règlement de l'indemnité d'assurance devra s'effectuer entre les mains de l'assuré est inopposable à la victime (Cass. com. 14-3-1947 : BT 1949.581). L'assureur qui a néanmoins réglé son assuré peut donc se voir contraint par la victime d'effectuer un second versement entre ses mains (CA Paris 2-1-1981 : BT 1981.221).

18251 **Non-indemnisation de la victime par l'assuré** La victime ne peut agir contre l'assureur que si elle n'a pas été désintéressée par l'assuré, auteur du dommage, dans la limite de l'indemnité d'assurance.

L'action directe disparaît, notamment, en cas de compensation entre la créance d'indemnité de la victime et une créance de l'assuré responsable sur celle-ci (T. civ. Mâcon 3-7-1931 : RGAT 1932.508).

18254 **Mise en cause de l'assuré** L'exercice de l'action directe n'exige pas la mise en cause de l'assuré pour que soit fixée sa responsabilité (Cass. civ. 29-2-2000 n° 97-11.811 : GP 2000.1908 note Favre-Rochex ; Cass. 2e civ. 27-4-2017 n° 16-15.525 F-PBI).

La mise en cause de l'assuré est néanmoins utile pour lui rendre opposable la décision ; à défaut, elle n'a pas autorité de la chose jugée à son égard puisque, non présent au procès, il n'y a pas identité de parties (cf. T. com. Paris 29-1-2002 : BTL 2002.188).

La victime peut agir directement contre l'assureur de l'**auteur du dommage** bien que ce dernier soit soumis à une **procédure collective,** sans se soumettre à la procédure de vérification des créances, pour faire reconnaître dans son principe et dans son étendue la responsabilité de l'assuré (Cass. ch. mixte 15-6-1979, deux arrêts : Bull. ch. mixte p. 1 ; Cass. 3e civ. 12-5-2004 n° 553 : GP 2005.1940 note Leducq : à propos du redressement judiciaire mais transposable à toute procédure collective par analogie).

La victime ne doit se soumettre à la procédure de vérification des créances que dans la mesure où elle prétend faire valoir une créance de somme d'argent contre l'assuré (Cass. 1e civ. 25-3-1991 n° 89-14.645 : Bull. civ. I n° 105 ; Cass. 3e civ. 29-1-2003 n° 99-16.496 D : RJDA 6/03 n° 616).

L'assureur n'a pas le droit de déduire de l'indemnité d'assurance allouée à la victime les primes dues par l'assuré, au jour du sinistre, en vertu du même contrat, car les dettes entre la victime et l'assureur ne sont pas réciproques (Cass. civ. 31-3-1993, 1e esp. : D. 1993.519 note Larroumet).

La victime peut, par ailleurs, se prévaloir à son encontre, à moins de fraude, de la **décision judiciaire** condamnant l'assuré à réparation car elle constitue la **réalisation du risque** couvert, tant dans son principe que dans son étendue (Cass. 1e civ. 28-6-1989 n° 87-13.294 : Bull. civ. I n° 257). Pour la même raison, l'assureur peut réciproquement lui opposer cette décision (Cass. 1e civ. 2-5-1989 n° 87-12.657 : Bull. civ. I n° 176). A le même effet que la décision judiciaire l'admission de la créance de la victime au passif de l'assuré responsable (Cass. 2e civ. 7-2-2002 n° 00-10.495 : Bull. civ. II n° 12 ; CA Limoges 6-4-2006 : BTL 2006.311).

18257 **Effets de l'action directe** Par l'action directe, la victime acquiert un droit propre et exclusif sur l'indemnité prévue par la police, l'assureur de l'auteur du dommage ne pouvant pas procéder à un règlement quelconque entre les mains de tout autre qu'elle, tant qu'elle n'a pas été désintéressée jusqu'à concurrence de ladite indemnité des conséquences pécuniaires du fait dommageable ayant entraîné la responsabilité de l'assuré (C. ass. art. L 124-3, al. 2 ; Cass. 2e civ. 26-4-2007 : JCP G 2007.IV.2076), sous peine de s'exposer à payer une seconde fois l'indemnité (Cass. 1e civ. 13-3-1996 n° 93-20.773 : BTL 1996.802).

En cas de pluralité de victimes, l'assureur peut payer valablement l'une d'entre elles, dès lors que les autres n'ont pas fait d'opposition entre ses mains (CA Alger 5-7-1950 : RGAT 1951.70).

La **créance d'indemnité** est transmise à la victime dans les conditions de la police, telles que celles-ci se présentent au jour du fait générateur du dommage et non au jour du sinistre (Cass. 2e civ. 28-6-2007 n° 06-13.579, écartant un accord entre l'assureur et l'assuré postérieur au fait générateur, fût-il favorable à la victime).

Il incombe à l'assureur de démontrer, en versant le contrat aux débats, quelle est l'étendue de sa garantie pour le sinistre objet du litige (Cass. 2e civ. 14-10-2021 n° 20-14.684 F-D).

Toutes les déchéances encourues par l'assuré avant la réalisation du risque sont **opposables** à la victime (C. ass. art. L 112-6 ; Cass. 1e civ. 15-2-1977 : Bull. civ. I n° 81 ; Cass. 1e civ. 4-10-1989 n° 87-13.846 : Bull. civ. I n° 302), de même que les exceptions qui tiennent à la nature de la garantie (cf. Cass. 1e civ. 29-4-1997 n° 94-20.688) ou à son montant (Cass. 1e civ. 9-7-2003 n° 00-21.163 : Bull. civ. I n° 173).

La victime ne peut pas invoquer un droit à la réparation intégrale de son préjudice en raison de la faute lourde de l'assuré, privé par là du bénéfice de la limitation de responsabilité, si le contrat d'assurance ne le prévoit pas (Cass. 1e civ. 28-6-1989 n° 85-16.790 : Bull civ. I n° 256) ou s'il prévoit dans ce cas une franchise (CA Orléans 13-9-2007 n° 06/01977 : RJDA 4/08 n° 402).

Mais les clauses étrangères à la garantie sont inopposables, par exemple la clause attributive de compétence (CA Poitiers 7-11-2014 n° 14/00944 : DMF 2015. 124 obs. Delebecque).

Prescription L'action directe de la victime contre l'assureur de responsabilité se prescrit dans le **même délai** que l'**action** de la victime **contre le responsable** ; elle peut être exercée au-delà de ce délai tant que l'assureur reste exposé au recours de son assuré (Cass. 2e civ. 13-9-2007 n° 06-16.868 : GP 2008.1832 note Périer ; Cass. 2e civ. 11-9-2008 n° 07-19.507 : BTL 2008.603 ; Cass. 2e civ. 21-4-2022 n° 20-20.976 F-B ; CA Aix 26-10-2023 n° 23/04639 : BTL 2023.668). Tel est le cas lorsque ce dernier a été assigné par un tiers, pendant le délai de deux ans à compter du jour où ce tiers a exercé son recours (Cass. 2e civ. 30-6-2004 : Bull. civ. II n° 338). Ce tiers a exercé son recours le jour où il a assigné l'assuré en référé-expertise (Cass. 3e civ. 19-3-2020 n° 19-12.800 F-D) ou, s'il a agi devant la juridiction pénale, le jour de sa constitution de partie civile devant la juridiction pénale compétente pour connaître de la demande de réparation (Cass. 2e civ. avis 17-2-2022 n° 21-70.024 FS-D) mais ce n'est pas le cas lorsque l'assuré a été assigné en responsabilité après l'ouverture à son encontre d'une procédure collective, toute action contre lui étant alors suspendue (CA Nancy 8-2-2021 n° 19/02099). **18260**

L'assureur doit soulever la prescription, les juges ne pouvant le faire d'office, quoique la prescription soit d'ordre public (Cass. 1e civ. 28-6-1988 : Bull. civ. I p. 145).

L'acte interruptif de prescription à l'égard de l'assuré est sans effet sur l'action dirigée contre l'assureur (Cass. 2e civ. 17-2-2005 n° 282 : Bull. civ. II n° 34).

Sur le point de départ de la prescription de l'action contre l'assureur, nos 17916 s.

Compétence L'action directe de la victime contre l'assureur relève de la compétence des tribunaux de l'ordre judiciaire, sauf si le contrat d'assurance est un contrat administratif (n° 17900), ce qui oblige le juge judiciaire, à défaut de reconnaissance par l'assureur de la responsabilité de son assuré, à surseoir à statuer jusqu'à ce que la juridiction administrative se soit prononcée sur la responsabilité de la personne publique (Cass. 1e civ. 11-12-2019 n° 18-25.441 F-PBI : RJDA 4/20 n° 211). **18263**

Accessoire du droit d'action, la clause compromissoire est opposable aux victimes exerçant l'action directe contre l'assureur (CA Versailles 21-1-2021 n° 19/02675).

Les dispositions impératives dans les rapports assureur-assuré relatives à la **compétence territoriale** (n° 17903), qui prévoient que le défendeur est assigné devant le tribunal du domicile de l'assuré, ne s'imposent pas au tiers lésé, qui peut invoquer les **règles de procédure du droit commun** et par conséquent saisir, en cas de pluralité de défendeurs (CPC art. 42), la juridiction du lieu où demeure l'un d'eux, peu important que le sinistre soit traité par une autre agence de l'assureur que celle située dans le ressort de cette juridiction (CA Paris 17-4-1996 BTL 1996.562 ; CA Nancy 2-12-2002 : JCP G 2004.IV.3031).

CHAPITRE 4

CONTRATS DE COOPÉRATION INTERENTREPRISES

SOMMAIRE

A. Règles spécifiques proposées pour les contrats de coopération 18510
B. Modalités de mise en œuvre des contrats de coopération 18600
C. Contrat de consortium 18700
D. Contrat de fabrication en commun 18800
E. Contrat de fourniture d'installations industrielles (ingénierie et clé en main) 18900
F. Contrat de commande de recherche 19000
1. Conclusion du contrat 19006
2. Exécution du contrat 19050
3. Cessation du contrat 19100
G. Contrat de recherche en commun 19200
H. Contrat de recherche « intraprise » 19264

GÉNÉRALITÉS

Identification des contrats de coopération À notre avis, la qualification de « contrat de coopération », tendant à être désormais appelé « contrat de partenariat », doit être attribuée aux accords qui répondent aux caractéristiques suivantes. 18500

1. Ces accords doivent être juridiquement des contrats.

Ils sont incontestablement des contrats dès lors qu'ils contiennent des engagements sur des prestations déterminées ou déterminables (nos 10200 s.). Toutefois, les parties ont souvent tendance à ne pas les considérer comme tels, car elles estiment que leur objet doit être flexible et sans cesse adaptable aux évolutions et qu'en déclarant qu'elles « feront tout pour s'entendre », qu'elles « agiront de leur mieux », « en tant que de besoin », ou encore « raisonnablement », elles n'ont souscrit que de vagues promesses. Cette perception - à en juger par le contenu desdits accords qu'il est permis d'observer - est généralement inexacte, puisqu'on y trouve au minimum des promesses fermes de négocier les adaptations nécessaires. Or, ces promesses, si elles laissent la possibilité de ne pas conclure les aménagements et compléments envisagés, obligent en tout cas à chercher, de bonne foi, à parvenir à leur conclusion (no 18529).

2. Ils doivent comporter les indices révélateurs de la volonté des parties de coopérer, tels que la promesse de coopérer et les diverses modalités de mise en œuvre de cette promesse : notamment, un préambule explicite sur les tenants et les aboutissants du contrat, un engagement à négocier tous les besoins d'adaptation à venir, une structure ad hoc de prises de décisions concertées ou communes, une « foi jurée » d'action confiante et loyale.

La qualification de contrat de « collaboration » a été appliquée à un contrat sur le fondement des termes du préambule qui envisageait le rapprochement des parties pour faire avancer un projet commun sans toutefois obligation de réaliser celui-ci (CA Paris 15-2-2006 : JCP G 2006.IV.1869).

Remarque. Les contrats de coopération au sens ici retenu ne doivent pas être confondus avec les accords dits de « **coopération commerciale** » conclus entre fournisseurs et distributeurs et qui sont soumis à des règles spéciales très strictes (MCC nos 86600 s.). Ils peuvent certes comporter des prestations de coopération au sens de ces règles, mais leur objet ne s'identifie pas exclusivement à elles.

Règles applicables La reconnaissance du contrat de coopération au sens retenu au no 18500 doit conduire à soumettre ces contrats à trois séries de règles : 18503

– à des règles **spéciales** propres à traduire dans les faits l'engagement spécifique de coopération, telles que : élargissement de la liberté contractuelle entre partenaires égaux ;

obligation d'exécuter les prestations inhérentes à l'engagement de coopérer ; appréciation rigoureuse des diligences dues ; faculté reconnue à un médiateur de compléter le contrat à défaut d'accord des parties ;

Ces règles résultent de l'obligation d'exécuter les contrats de bonne foi (C. civ. art. 1104), l'engagement de coopérer emportant des exigences de bonne foi renforcées (nos 18520 s.).

– aux règles des **contrats** auxquelles correspondent les prestations échangées entre les parties, en général celles de la vente et/ou du contrat d'entreprise (ou de « prestations de services) et sur lesquelles vient se superposer l'intention spécifique de coopération ;

Toutefois, la qualification formellement donnée résultant le cas échéant d'un accord exprès (nos 10025 s.) doit être respectée par le juge, sauf fraude à une règle d'ordre public.

Des décisions de justice montrent que les juges sont sensibles à ces préoccupations et acceptent de reconnaître la **spécificité** d'une action de coopération. En particulier, ils évitent d'assimiler toute forme de coopération à une société. Par exemple :

– un constructeur de maisons préfabriquées ne saurait être considéré comme dirigeant de fait d'une société qu'il a chargée de diffuser ses maisons aux termes d'un contrat lui accordant concession de sa marque avec exclusivité sur quatre départements, en échange de l'engagement de cette société de réserver son activité à cette diffusion, de prendre en charge les démarches liminaires (permis de construire...), les travaux de finition, les travaux supplémentaires (électricité, chauffage, etc.), le service après-vente et de respecter une contrainte de prix (plafonnement du tarif des travaux supplémentaires), le constructeur demeurant maître toutefois de la publicité, car cet objectif justifiait que le constructeur surveille le coût des travaux supplémentaires ; en effet, cette activité, d'une part, pouvait avoir une influence sur le prix total, donc sur son image de marque, sa marque étant la raison d'être de la société de diffusion, et, d'autre part, l'obligeait à consentir en permanence des avances à la société de diffusion (CA Aix 28-5-1982 : Bull. Cour d'Aix 1982/2 p. 16) ;

– ne sont pas liées par une société en participation (ou de fait) une banque et une agence de voyages qui coopèrent à la promotion d'un produit mis au point par la banque sous le nom de « comptes épargne-loisirs », l'agence diffusant, par une publicité adaptée, le produit auprès de sa clientèle en contrepartie du concours financier (découvert en compte courant) consenti par la banque et garanti par la caution personnelle du gérant de l'agence, le nantissement de ses parts dans une société civile immobilière et deux hypothèques, ce qui traduisait l'absence d'affectio societatis et la volonté de la banque de ne pas participer aux pertes (CA Paris 24-11-1989 : D. 1991.som.37 obs. Vasseur).

– aux règles de **droit commun,** sans préjudice, le cas échéant, de l'application des règles commerciales (n° 505) et/ou de celles du contrat international (nos 16500 s.).

Toutefois, la prescription annale de l'article L 133-6 du Code de commerce ne s'applique pas à un accord de coopération conclu entre deux transporteurs ; entrant dans la catégorie des contrats d'adhésion, cet accord est soumis à la prescription quinquennale de l'article L 110-4 du même Code (CA Nancy 22-11- 2023 n° 22/00383 : BTL 2023.717).

Il n'y a donc lieu d'examiner que les règles spéciales signalées plus haut.

A. Règles spécifiques proposées pour les contrats de coopération

AVERTISSEMENT

18510 Les solutions qui suivent sont de nature - nous n'en doutons point - à soulever diverses objections. Avant de les condamner, il conviendrait, nous semble-t-il, de considérer le dilemme suivant : ou bien on applique aux contrats de coopération les règles du droit commun et les besoins inhérents aux actions de coopération - dont la pratique révèle incontestablement l'existence - sont méconnus ; ou bien on s'efforce de répondre à ces exigences et les règles du droit commun doivent alors être fatalement infléchies.

LIBERTÉ CONTRACTUELLE

18513 Les parties pourraient et devraient jouir dans les contrats de coopération d'**une plus large** liberté contractuelle que dans les contrats de droit commun.

L'esprit même de la coopération l'implique ; il a en effet été jugé (CA Aix 21-6-2018 n° 16/21090 : D. 2019.794 obs. Ferrier : à propos d'un contrat qualifié par les parties de « partenariat » ; pour un autre exemple, n° 35033) que ce contrat implique une plus grande liberté des contractants, dès lors que le partenaire peut adapter celui-ci à la réalité du marché local dans une certaine proportion.

Au sens de l'article L 442-6 du Code de commerce, il existe un partenariat commercial lorsqu'une entreprise commerciale entretient des relations commerciales avec un professionnel pour conduire une activité quelconque, ce qui suppose une volonté commune et réciproque d'effectuer de concert des actes ensemble dans des activités de production, de distribution ou de services, par opposition à la notion plus large d'agent économique ou plus étroite de cocontractant (Cass. com. 15-1-2020 n° 18-10.512 FS-PB, relevant que les contrats de mise à disposition de site internet conclus entre une société et ses clients sont des contrats de location ayant pour objet des opérations ponctuelles à objet et durée limités, de cinq ans, ne générant aucun courant d'affaires stable et continu et n'impliquant aucune volonté commune et réciproque d'effectuer, de concert, des actes ensemble dans des activités de production, de distribution ou de services).

Sur les conditions d'existence d'un partenariat économique qui peut impliquer la société d'un groupe, en l'espèce le groupe Amazon, même si elle n'est pas partie aux contrats litigieux dès lors que des faits établissent ses interventions dans leur mise en œuvre, T. com. Paris 2-9-2019 n° 2017050625.

Cette plus grande liberté est d'autant plus acceptable si les parties ont un **égal pouvoir de négociation,** puisqu'il n'apparaît alors **pas justifié** de leur imposer les règles d'**ordre public de protection** qui ont pour objet de préserver le contractant.

Cette solution est couramment admise aux États-Unis. Il y est ainsi jugé :

- qu'un accord ne peut être considéré comme « lésionnaire » lorsqu'il est négocié à armes égales, de bonne foi, entre deux parties de même puissance économique (J.J. New Berry Co c/ Mixon (ED MO) 440 F Supp 20 cité dans Uniform Commercial Code 1962 Official Text with comments, § 2-302 : 34) ;
- qu'est valable une limitation de garantie prévue entre un acheteur, fabricant expérimenté, et son vendeur (Royal Indem. Co c/ Westinghouse Electric Corp., cité dans Uniform Commercial Code, précité, § 2-302 : 39) ;
- que les clauses exclusives de garantie sont licites lorsque le vendeur et l'acheteur sont de force à peu près égale dans la négociation (Delta Airlines c/ Mc Donnel Douglas Corporation 503 F. 2 + 239 (5th Cire) 1974, cité in Annuaire de droit maritime et aérien T. IV.1980.420).

Rien n'interdit au juge français d'adopter pareille attitude. Il a déjà, de lui-même, infléchi l'interprétation de certains contrats en tenant compte de ce qu'ils ne sont pas négociés dans d'égales conditions par les parties notamment en réputant de mauvaise foi tout vendeur professionnel (n° 27250) et a été jusqu'à légitimer des conventions de vote entre associés en raison de leur utilité économique (T. com. Paris 4-5-1981 : Rev. jur. com. 1982.7). Sans en tirer des conséquences précises et comparables aux solutions américaines susvisées, un arrêt de la cour de Paris (CA Paris 1-3-1991 : RJDA 10/91 n° 831) a affirmé que « chacun des contractants, qui disposait d'un pouvoir de négociation d'égale force, a été à même de mesurer la portée de ses engagements dans une opération économique non dénuée par nature d'aléas et d'arrêter son accord sur chaque disposition contractuelle à l'exécution de laquelle il est désormais tenu » (dans le même sens, CA Paris 15-5-1998 : Contrats, conc., consom. 1998 n° 115 obs. Vogel ; CA Paris 26-11-2008 : JCP G 2009.I. 123 n° 11 obs. Stoffel-Munch).

La Commission européenne admet d'ailleurs de faire bénéficier les accords de coopération d'un traitement favorable au regard des règles de libre concurrence (MCC n°s 47170 s.).

OBLIGATION DE COOPÉRER

Existence Les contrats de coopération prévoient généralement l'obligation de collaborer, en précisant même, souvent, que les entreprises le feront étroitement, de **bonne foi** et de façon confiante, ou, en d'autres termes, que chacune fera tout ce qui est en son pouvoir ou fera tous ses efforts (« best efforts ») pour assurer la réussite du contrat. 18520

Cette promesse doit être considérée comme une obligation et doit être sanctionnée si elle est méconnue (pour un exemple, Sentence CCI n° 5030 en 1992 : Clunet 1993.1004 obs. Derains).

Elle est, à notre avis, une obligation juridique, même si elle est affirmée purement et simplement, sans que les prestations qui en résultent soient détaillées (cf. CA Paris 10-10-2003 n° 01/09341 : RJDA 4/04 n° 431, jugeant que les parties doivent faire preuve de la coopération que postule l'exécution de leur accord). Bien d'autres obligations sont juridiquement sanctionnées sans être autrement définies (par exemple l'obligation de « garde » visée par l'article 1915 du Code civil, définie par aucune disposition légale, mais fixée par les tribunaux, n° 21040). Le juge peut d'ailleurs en préciser le contenu car l'article 1194 du Code civil lui fournit la base légale en l'autorisant à déduire des conventions non seulement ce qui y est exprimé, mais encore toutes les suites que leur donnent l'équité et l'usage.

À défaut d'affirmation expresse de l'obligation de coopérer, le juge peut néanmoins constater qu'elle résulte de l'économie du contrat en s'appuyant sur les pouvoirs que la loi lui reconnaît pour interpréter les contrats (CA Paris 25-11-1993 : RJDA 3/94 n° 362 ; rappr. CA Paris 26-1-2001 : RJDA 6/01 n° 663 ; CA Nancy 26-9-2007 : D. 2008.1120 note Boutonnet).

Prestations dues L'obligation de coopérer suppose, selon le sens même donné au verbe « coopérer » par les dictionnaires, le devoir pour les parties d'agir conjointement, de participer à une œuvre commune, en un mot de concourir à l'exécution du contrat. 18523

Sur l'emploi des dictionnaires par les juges, n° 74760.

Ce devoir oblige ainsi chaque partie à accomplir ce qui convient pour réaliser l'œuvre commune, à savoir notamment :

- fournir à l'autre l'assistance nécessaire ;

– respecter les intérêts de l'autre, en s'interdisant tout spécialement de la priver des avantages qu'elle attend du contrat ;

La résolution d'un contrat, par exemple, a été partiellement imputée par les juges à une partie qui s'était engagée, à la lettre, à proposer à son cocontractant pendant un délai de deux ans tous les travaux de construction qu'elle pourrait avoir à faire traiter pour son propre compte sur divers terrains, en se fondant sur les motifs suivants : « s'il est vrai que la convention n'imposait pas au premier cocontractant d'autre délai que celui de deux ans pour confier de nouveaux travaux au second, il apparaît des circonstances de la cause que celui-là a pu passer de nombreuses commandes à d'autres entreprises et que, sans doute, avec une attitude plus conforme à l'esprit qui avait animé les deux parties dans la conclusion des accords, il aurait pu faire bénéficier le second de l'ouverture d'autres chantiers » (CA Aix 2-12-1983 : Bull. Cour d'Aix 1983/3-4 p. 34).

A été aussi approuvé le juge des référés d'avoir imposé à un fabricant la reprise des livraisons « eu égard aux relations contractuelles unissant les parties, qui n'étaient pas celles d'un acheteur et d'un vendeur mais conféraient à X des droits particuliers à l'égard (du fabricant) puisqu'il lui avait confié la fabrication exclusive » (Cass. com. 26-2-1991 : RJDA 6/91 n° 548).

– informer, consulter et conseiller l'autre dès lors que la démarche est utile à la bonne exécution du contrat (Sentence CCI n° 5030 en 1992 : Clunet 1993.1004 obs. Derains) ;

– exécuter les obligations que comporte le contrat, telle celle de passer commande par préférence au cocontractant (Cass. com. 14-11-2018 n° 17-16.153 F-D : RJDA 3/19 n° 166, où la violation de cet engagement a entraîné la condamnation de la partie défaillante à supporter le passif subi par la société cocontractante mise en liquidation judiciaire).

18526 **Diligences dues** Chaque partie promet couramment à l'autre, en termes explicites, ses plus extrêmes diligences dans l'exécution des prestations promises.

Chacune déclare agir, par exemple, « immédiatement », « rapidement », « le plus tôt possible », avec « une constante attention », en faisant « tous ses efforts ».

Il s'ensuit, à notre avis, qu'**il appartient à la partie qui n'a pas exécuté** sa prestation **de prouver** qu'elle a prodigué **les diligences** qu'elle avait promises.

Cette solution n'aboutit pas à la constitution d'une obligation de résultat, laquelle n'est pas, en principe, compatible avec l'obligation de collaborer (cf. Cass. com. 5-4-2011 n° 09-71.756 : RJDA 8-9/11 n° 680.som.). Dans ce cas, en effet, le débiteur ne peut pas s'exonérer en prouvant simplement son absence de faute : il doit établir une cause étrangère (C. civ. art. 1231-1), ce qui peut l'obliger à réparer le dommage alors même qu'il n'a commis aucune faute.

La règle proposée crée une obligation de moyen avec renversement sur le débiteur de la charge de la preuve alors que de droit commun celle-ci incombe au créancier ; elle est néanmoins acceptable pour deux raisons :

– d'une part, il est indispensable de donner un sens précis aux promesses souscrites ; dès lors que celles-ci visent des diligences qualifiées, le juge doit leur donner un effet utile (cf. C. civ. art. 1191) et ne peut donc pas faire comme s'il s'agissait de diligences courantes ;

– d'autre part, la partie qui a obtenu l'engagement de l'autre en l'assurant dans les termes les plus absolus qu'elle pouvait lui faire confiance s'est elle-même placée dans une situation exceptionnelle ; la promesse est si forte que, devant l'inexécution de son obligation, il est légitime de suspecter, au premier abord, sa défaillance.

Ce renversement de la charge de la preuve est du reste une solution à laquelle les juges ont tendance à se rallier pour tenir compte de l'intensité d'une obligation (n° 13254).

Dans l'appréciation de ces diligences, il convient cependant de n'imposer au contractant que ce qu'il était raisonnable d'attendre de lui et de tenir compte des efforts que l'autre partie devait, elle aussi, en vertu de son propre devoir de collaboration (sur l'exemple d'un partage de responsabilité déduit d'un devoir de coopération, CA Aix 23-5-1980 : Bull. Cour d'Aix 1980/2 p. 6).

Sur la prise en compte du comportement raisonnable, n° 13609.

Chaque partie doit, par ailleurs, réagir avec mesure et notamment, avant de dénoncer l'inobservation d'un délai, adresser un préavis au débiteur (cf. CA Aix 4-3-1976 : Bull. Cour d'Aix 1976/1 p. 74).
Les clauses pénales sanctionnant les manquements d'une partie ne sauraient être rigoureuses, car la coopération implique le partage des risques (CA Paris 10-3-1994 : BRDA 8/94 p. 9).

18529 **Obligation de négocier** Les contrats de coopération prévoient habituellement qu'en cas de difficultés les parties devront négocier de nouvelles bases d'accord pour les surmonter.

L'obligation de négocier peut aussi être implicitement déduite de l'obligation de coopérer (n° 18523).

Il arrive aussi qu'ils précisent dans quelles conditions cette obligation sera exécutée : délais, échanges de propositions, moment où sera constaté le refus d'accord, conséquences sur le contrat (résiliation et indemnisation notamment) de l'échec des négociations.

À défaut, le juge du contrat appréciera si les parties ont ou non une attitude conforme à leur engagement de négocier. Cette appréciation a seulement pour objet de vérifier que chacune **fait ce qu'il faut** pour arriver à un accord, mais non d'imposer un accord donné (nos 11803 s.).

Toutefois, lorsque les parties ont désigné pour favoriser leurs négociations un amiable compositeur, les juges sont enclins à reconnaître à ce dernier le pouvoir de définir les modifications à apporter au contrat (cf. TGI Paris 13-3-1974 : GP 1974.2.525 ; TGI Paris 6-6-1979 : Bull. inf. C. cass. 1980 n° 130). Mais les arbitres sont réticents à admettre cette solution (Sentence CCI n° 2694 en 1977 : Clunet 1978.985 obs. Derains).

B. Modalités de mise en œuvre des contrats de coopération

COMITÉ DE COORDINATION

Dans les contrats de coopération, notamment de consortium, de recherche et de fabrication en commun, qui exigent une coordination des tâches et une direction commune, il convient d'organiser la gestion du contrat en établissant une « **clause de management** ». **18600**

Cette clause doit prévoir la création d'une commission ou d'un comité - indifféremment appelé, au gré des parties, comité technique, consultatif, de fonctionnement, de direction, de liaison, de développement, etc. - et doit en fixer l'organisation et le fonctionnement.

Le statut du comité est généralement conçu de la manière suivante :

- sa composition est paritaire ;
- les décisions sont, le plus souvent, prises à l'unanimité, selon le cas avant ou après les opérations concernées ; parfois, l'unanimité n'est exigée que pour les plus importantes ; celles qui ne sont pas prises à l'unanimité sont adoptées à la majorité simple ou qualifiée (par exemple, les deux tiers si le nombre des participants est supérieur à deux) des présents ou des représentés ; en cas de partage des voix, le président a une voix prépondérante, la présidence étant alternativement dévolue à chaque partenaire ; un tiers neutre (« swingman » ou « umpire ») peut être chargé de faire prévaloir la décision conforme aux intérêts communs ; parfois, un recours contre les décisions du comité est prévu devant les hauts dirigeants ;
- les réunions du comité ont lieu selon la périodicité fixée et, en cas de besoin, sur l'initiative du président, ou de l'un de ses membres ; les modalités de convocation, d'information, de tenue et de compte rendu des réunions sont souvent calquées sur les règles des assemblées des sociétés anonymes ;
- la compétence du comité porte sur toute question relative à l'accomplissement de l'objet du contrat (sur le nouveau sens à donner à l'objet du contrat, nos 12400 s.), voire sur des sujets plus restreints ou différents, selon le vœu des parties.

RÈGLEMENT DU PRIX PAR ACCORD DIT « DE COMPENSATION »

Il est fréquent, dans les échanges entre les entreprises occidentales et les entreprises de pays en voie de développement, que l'entreprise occidentale qui a obtenu un contrat de fourniture soit dans l'**obligation d'acquérir des produits** ou des services fournis par l'entreprise du pays acheteur - ou une autre - pour un **montant équivalent au prix** de sa fourniture. **18605**

Cette opération est dite, en général, de compensation ou « counter trade ». Mais des termes plus précis la désignent selon la nature exacte des échanges prévus par les deux entreprises intéressées. On distingue ainsi :

1. Le troc. L'entreprise qui fournit reçoit à la place du prix qui lui est dû, non pas une somme d'argent, mais une quantité déterminée d'une marchandise convenue. Il s'agit juridiquement d'une dation en paiement.

2. Le contre-achat (ou contrat de buy back). L'entreprise qui fournit un produit ou un service s'engage à acheter à son acheteur ou à une autre entreprise désignée par lui une quantité déterminée d'un produit convenu pour un montant d'une valeur correspondant au prix de la fourniture.

3. Le contrat dit « reverse counter trade ». L'entreprise qui espère réaliser une fourniture prochaine commence par acheter un produit auprès de son cocontractant futur - ou d'une autre entreprise convenue - et obtient ainsi un crédit devant servir au règlement de sa fourniture ; celle-ci est alors payée par une somme d'argent.

4. Le switch. L'entreprise qui livre détient un crédit inscrit en compte qu'elle pourra utiliser à l'achat de prestations convenues, qui seront réglées par le débit de son compte.

5. Le « barter ». Il s'agit d'une bourse d'échange des créances sur les marchandises ou les services ; l'exploitant de la bourse organise et réalise les achats et ventes de chaque membre de cette « bourse » et procède à la tenue de leur compte, les achats et les ventes de chacun s'éteignant par compensation.

18608 Ces diverses opérations ont été présentées en France dans le **Guide** pratique de la compensation, édité en 1993 par l'Association pour la compensation des échanges (« **Aceco** »), dont le but est de venir en aide aux entreprises confrontées au « counter trade ».

Les engagements auxquels elles donnent lieu font l'objet de contrats qui appellent ces quelques observations particulières.

1. Contrat unique ou contrats séparés. Mis à part le troc qui, constituant un échange, est convenu par un seul contrat, les autres opérations supposent au moins deux engagements, l'un de vente, l'autre d'achat.

2. Détermination des contreparties. Le ou les contrats doivent déterminer la nature et le prix des contreparties.

3. Contre-achat auprès d'un tiers. Lorsque le contrat prévoit que l'acquéreur des contreparties devra se les procurer auprès non pas de son cocontractant, mais d'un tiers désigné par celui-ci, il convient qu'il précise si le cocontractant sera ou non garant à son endroit de la bonne exécution par ce tiers de ses obligations : pour des exemples de garantie du fait d'un tiers pouvant servir de modèle transposable, le cas du porte-fort d'exécution (n° 58193), du commissionnaire ducroire (n°s 58227 s.). À défaut, et en cas de contestations, le juge devra rechercher quelle a été la commune intention des parties (sur la preuve du ducroire, n° 58230).

C. Contrat de consortium

DÉFINITION

18700 Les contrats de **groupement momentané d'entreprises** ou « consortium » sont des accords conclus entre deux ou plusieurs entreprises en vue d'obtenir et d'exécuter ensemble, conjointement ou solidairement, un marché (ou une part de marché) de fournitures de biens ou de services.

Le contrat de consortium est très fréquent en pratique car la **réalisation de grands travaux** impose la réunion des compétences techniques et des capacités financières de plusieurs entreprises. Tel est le cas, notamment, pour la réalisation de travaux de génie civil ou la fourniture d'un complexe industriel. Les **banques** y ont aussi recours pour assumer des financements auxquels, à défaut, elles ne pourraient pas faire face ainsi que les compagnies maritimes pour rationaliser le transport par conteneurs.

Les parties sont liées dans les limites de l'objet qu'elles ont fixé au contrat.

QUALIFICATION DU CONTRAT

18703 La **volonté des parties** de ne **pas** créer, dans leurs rapports, une **société** ayant la personnalité morale, ni une société en participation ni une société créée de fait **doit être expressément exprimée** dans le contrat, pour éviter le risque de voir celui-ci qualifié de contrat de société, notamment de société en participation (Cass. com. 20-11-2001 n° 1909 : RJDA 3/02 n° 269).

Cette précaution témoigne assurément de la volonté des intéressés, mais ces derniers ne doivent pas perdre de vue que le **juge** peut **requalifier** le contrat. Maître des qualifications, sauf accord exprès des parties sur les droits dont elles ont la libre disposition, il peut refuser d'entériner la prétention d'une partie qui considère qu'un groupement d'entreprises est une société en participation (CE 16-12-2020 n° 440258) ou déduire des conditions d'exécution de leurs prestations qu'elles ont adopté un comportement d'associés de fait (cf. Cass. civ. 19-10-1959 : D. 1960.205 et Cass. com. 24-10-1966 : D. 1967.370).

Tout contrat de consortium n'est pas nécessairement un contrat de société (Cass. com. 16-12-2020 n° 18-24.195 FD : RJDA 4/21 n° 227).

Aussi, les participants auront-ils le plus grand intérêt à insérer dans la rédaction de leur contrat toutes **clauses complémentaires** susceptibles de faire apparaître leur indépendance respective.

Ces clauses doivent notamment porter sur les points suivants :

– le contrat doit exclure l'existence d'une société de travaux en commun et prévoir que chaque entreprise devra réaliser pour son compte personnel des travaux bien déterminés dont elle restera seule responsable à l'égard des autres membres dudit groupement ; le contrat doit également stipuler que les bénéfices ou les pertes demeurent propres à chacune (cf. Cass. com. 24-10-1966 précité) ;

– le contrat doit préciser que le « compte unique de transfert » destiné à recevoir tous les paiements du client ne doit être qu'un « compte de passage » servant à distribuer à chaque entreprise ce qui lui revient personnellement pour les travaux qu'elle a elle-même effectués (cf. Cass. com. 24-10-1966 précité ; aussi CA Riom 24-10-1962 : D. 1962.767) ;

- chacun des partenaires doit se voir attribuer une part de travaux distincts et précisément définis (CA Colmar 17-4-1974 : JCP G 1974.II.17832 ; CA Paris 26-4-1979 : JCP G 1979.II.19282) ;
- chacun des partenaires, même le chef de file, doit s'engager à faire exclusivement siens ses achats et ses obligations envers les tiers, les fournisseurs, les sous-traitants, le personnel salarié (cf. Cass. com. 17-11-1970 : D. 1971.206), facturer lui-même ses achats et en tenir la comptabilité ; il est conseillé que chacun s'engage à préciser, à l'occasion de chaque commande nécessaire à l'exécution de son lot, que cette commande est faite pour ses besoins propres et non pour ceux du groupement et qu'il en supportera seul le paiement ;
- toujours pour les mêmes raisons, il doit être prévu au contrat que si du matériel appartenant à l'une des entreprises membres du groupement est utilisé pour des besoins du chantier, il devra faire l'objet d'une location assortie d'un loyer à un prix normal, pour éviter qu'on puisse y voir un apport (Cass. com. 24-10-1966 précité) ; la fixation du loyer seulement au prix coûtant pourrait, en effet, conduire à présumer une intention de partager un bénéfice ;
- il conviendra aussi d'éviter dans la rédaction de tout document une expression pouvant laisser croire à l'existence d'une société (cf. CA Poitiers 11-5-1960 : D. 1961.40, qui ne tient pas compte du terme « associé » employé dans une circulaire émanant du pilote, mais qui a dû le justifier) ;
- le rôle du chef de file doit être fixé dans le contrat de façon telle qu'il apparaisse aux yeux des tiers aussi réduit que possible, afin de ne pas ressembler au comportement d'un gérant de société de fait (cf. CA Poitiers 11-5-1960 précité).

Le contrat de consortium est international s'il est accessoire à un contrat international (cf. Sentences CCI n°s 3043 et 3048 en 1978 : Clunet 1978.1000 obs. Derains, rejetant l'accessoire). Sur l'intérêt de fixer la loi applicable, n° 16921.

CLAUSES RELATIVES AUX POUVOIRS ET OBLIGATIONS DU CHEF DE FILE

Indépendamment de la part de travaux assumée par l'entreprise chef de file, le contrat doit préciser les pouvoirs et les obligations de celle-ci, considérée en tant que telle. À ce titre elle est l'**organe exécutif** du groupement : elle joue le rôle d'intermédiaire entre le maître d'ouvrage et les partenaires (cf. Cass. civ. 4-7-1979 : GP 1979.pan.489) et elle conduit les travaux en appliquant les décisions du comité de coordination (n° 18709). 18706

En principe, le chef de file est aussi le **mandataire commun** des entreprises participantes et il est souhaitable, pour cette raison, que ses attributions exactes soient précisées par écrit (sur les dangers d'une formulation imprécise, Cass. com. 8-5-1968 : Bull. civ. IV p. 131, retenant l'engagement solidaire des entreprises aux motifs que celles-ci avaient déclaré agir « conjointement et solidairement », s'étaient désignées comme « l'entrepreneur » et avaient donné pouvoir au chef de file d'agir « en toutes circonstances » pour le marché attribué). À défaut d'un mandat spécial l'en chargeant, le mandataire commun n'est tenu, en vertu de la loi du 31 décembre 1975, d'aucune obligation envers les sous-traitants de ses cotraitants ; il ne commet donc pas de faute en n'avisant pas le maître d'ouvrage de la présence de sous-traitants dont il a connaissance sur le chantier (Cass. 3e civ. 28-9-2005 : RJDA 1/06 n° 20 et, sur renvoi, CA Paris 17-1-2008 : JCP G 2008 IV 1326).

COMITÉ DE COORDINATION

Afin de faciliter l'exécution du marché et la coopération entre les membres, le contrat prévoit souvent la création d'un comité de coordination (n° 18600). 18709

RÉMUNÉRATION DES PARTICIPANTS

Le **prix des travaux** et des fournitures doit être précisé dans le contrat avec l'indication de la part revenant à chacun des membres. 18712

Il convient que le contrat précise si ce prix doit être versé à chaque membre du consortium ou au chef de file qui sera tenu alors de le répartir au prorata des facturations de chaque membre. La plupart des contrats stipulent dans ce cas une rémunération spéciale au profit du chef de file, sous la forme d'un pourcentage du montant des travaux, versée au fur et à mesure des règlements effectués par le client. À défaut d'une telle stipulation, le chef de file a seulement droit à une rémunération calculée selon la consistance réelle des prestations dès lors que l'application d'un pourcentage sur le montant des travaux ne constitue pas un usage établi dans la matière faisant l'objet du contrat (CA Reims 23-3-1987 : Jurisprudence Champagne-Ardenne 1987/1 p. 35).

EXÉCUTION DU CONTRAT PAR LES PARTICIPANTS

Le contrat de consortium n'est exécuté que si le contrat principal entre en vigueur (Sentence CCI n° 5346 en 1988 : Clunet 1991.1059 obs. Derains). Chaque participant doit exécuter, dans les conditions prévues au contrat, les prestations et fournitures qui lui incombent ; corrélativement, il établit, au fur et à mesure de leur avancement, les décomptes des travaux et fournitures effectués, ainsi que les mémoires, situations et factures correspondants. 18715

En cas de **défaillance** technique ou financière d'un membre du consortium, les prestations peuvent être reprises par un ou plusieurs membres du groupement non défaillants ou par une entreprise tiers agréée par le client, selon les prévisions du contrat.

Cette exécution s'accomplit sous la direction du comité de coordination (n° 18600).

MISSION DU CHEF DE FILE

18718 Le chef de file, en principe mandataire commun des entreprises participantes (n° 18706), **doit,** d'une manière générale :

– établir et soumettre aux clients l'offre commune, puis conduire les négociations avec ceux-ci et accomplir les formalités nécessaires ;
– se charger de la gestion générale du contrat et des problèmes de communication ;
– assurer la coordination technique des contrôles et des vérifications ;
– appliquer les décisions du comité de coordination ;
– procéder aux appels de fonds auprès des partenaires, faire souvent l'avance des dépenses communes, encaisser et répartir les paiements du client ; à cette fin, il lui appartient de gérer le compte prorata et le compte unique de transferts ; sauf convention contraire, le gestionnaire du compte prorata n'est pas mandataire de ceux qui l'ont chargé de la tenue de ce compte et n'est donc pas obligé par les dettes de ceux qui sont parties au compte et dont il n'est pas le représentant (Cass. 3e civ. 13-1-2010 n° 08-70.097 : Bull. civ. III n° 9) ;
– rendre compte de sa mission au comité de coordination et à chaque participant (cf. CA Paris 13-3-1912 : GP 1912.1.689).

Le **chef de file** doit veiller spécialement à **ne pas donner** aux tiers **l'apparence** qu'il agit pour le compte d'une **société** en participation ou de fait (n° 18703). Il doit donc éviter de se présenter comme le porte-parole du groupement, en particulier dans la correspondance, et de faire état d'un nom du groupement.

Si les panneaux sont apposés sur le chantier, le chef de file doit y faire figurer simplement la liste des entreprises, sans rien mentionner qui puisse laisser supposer que ces entreprises sont liées (cf. Cass. civ. 19-10-1959 : D. 1960.205 et Cass. com. 24-10-1966 : D. 1967.370).

Dès lors qu'il n'a pas été investi d'une mission de coordination des travaux d'un chantier de construction, il n'a pas la garde de ce chantier et ne peut être tenu responsable, à ce titre, des dommages subis par les tiers du fait du chantier (Cass. civ. 23-10-1991 : Bull. civ. III p. 144).

PARTICIPATION AUX DÉPENSES D'INTÉRÊT COMMUN

18721 Les parties doivent, dans la proportion fixée au contrat, verser leur contribution aux dépenses d'intérêt commun (Cass. civ. 17-6-1978 : GP 1979.pan.349).

Les parties doivent aussi prévoir la répartition des coûts des études entreprises en vue d'obtenir le marché convoité (pour un exemple de condamnation au remboursement de ceux-ci par une partie à sa cocontractante qui les a exposés, Cass. com. 2-11-1993 : RJDA 5/94 n° 483).

RESPONSABILITÉ À L'ÉGARD DU MAÎTRE D'OUVRAGE

18724 Lorsque le contrat de consortium est à **responsabilité conjointe,** chaque membre ne répond à l'égard du maître d'ouvrage que de ses propres prestations.

Le membre d'un consortium qui a directement traité avec le maître d'ouvrage (négociation et signature des travaux), qui a assisté à la réception des travaux, qui devait réparer les malfaçons et qui a été payé par le maître d'ouvrage est personnellement tenu à l'égard de celui-ci (CA Paris 21-1-1975 : Journal des Agréés 1975.247).

En général, les **membres** du consortium **s'engagent solidairement** à l'égard du client. Dans ce dernier cas, ils sont censés s'être donné mandat mutuel de se représenter (CE 31-5-2010 n° 323948 : RJDA 6/11 n° 529). Il arrive que la société chef de file soit « seule et personnellement responsable de l'ensemble des travaux, qu'ils soient exécutés par elle-même ou par ses cotraitants » (Cass. 3e civ. 13-2-2013 n° 11-22.427 : Bull. civ. III n° 23).

La plupart des contrats de consortium prévoient aussi expressément que les participants sont **solidairement** tenus du paiement des **clauses pénales** pour retard de fournitures. Il peut être opportun de prévoir la **répartition des indemnités proportionnellement** à la part de chacun des partenaires et de déroger ainsi au principe selon lequel chacun assume ses propres responsabilités. Cette précaution offre l'avantage d'éviter que l'unité d'action soit rompue et que chacun cherche à rejeter sur un autre la responsabilité des retards constatés.

RESPONSABILITÉ À L'ÉGARD DES TIERS

Le contrat prévoit généralement que **chaque membre** du consortium répond **personnellement des engagements qu'il a pris** à l'égard de ceux avec lesquels il contracte pour l'exécution du contrat. 18727

Il en serait autrement, toutefois, si les tiers démontraient l'existence d'une société de fait (n° 18703), tous les membres du groupement devant alors répondre solidairement des dettes de chacun, ou l'existence d'un mandat conféré par les membres du consortium à l'entreprise pilote (Cass. com. 8-5-1968 : Bull. civ. IV p. 131 ; Cass. com. 1-7-1974 : Bull. civ. IV p. 171).

RESPONSABILITÉ À L'ÉGARD DES AUTRES MEMBRES DU CONSORTIUM

Chacun des membres du consortium est **tenu,** à l'égard des autres membres, à la réparation des dommages qui lui sont imputables. 18730

Les dommages indirects (retard de paiement, frais financiers, perte de bénéfice, etc.) sont en général expressément exclus de la réparation.

Le **chef de file** est responsable de tout manquement à sa mission de mandataire. Une clause du contrat limite souvent sa responsabilité au montant des honoraires qu'il reçoit.

OBLIGATION DE NON-CONCURRENCE

Dans tous les contrats de consortium, chaque partenaire s'interdit de participer soit directement, soit indirectement, à des travaux quelconques ressortissant à l'ouvrage défini au contrat ou en constituant une conséquence. 18733

OBLIGATION DE SECRET

Tous les membres du consortium s'engagent à tenir secret le **contrat** lui-même, **mais aussi** tous les plans, documents, informations relatifs au marché, qu'ils seront appelés à se communiquer entre eux. La même obligation doit être mise à la charge des sous-traitants éventuels. 18736

En outre, **aucune publicité** concernant le projet ne peut être faite par un des membres sans l'accord des autres partenaires sur son libellé.

OBLIGATION D'INFORMATION RÉCIPROQUE

Chacun des partenaires doit faire connaître, en temps utile, à ses coparticipants, toutes les informations qu'il détiendra, ainsi que tous les incidents ou difficultés de toute nature qu'il serait susceptible de rencontrer. 18739

Cette obligation existe, alors même qu'elle ne serait pas prévue au contrat, dès lors qu'un comité de coordination n'a pas été institué (Cass. civ. 4-6-1986 : Bull. civ. III p. 69).

RÈGLEMENT DES DIFFÉRENDS

Les participants doivent s'efforcer de résoudre **à l'amiable** tous les litiges pouvant survenir entre eux à l'occasion du groupement. C'est au comité de coordination qu'il appartient, le cas échéant, d'émettre une proposition de conciliation. 18742

À défaut de règlement amiable, tous les contrats de consortium prévoient pratiquement que les litiges seront tranchés par des arbitres.

Les litiges relatifs au contrat de consortium conclu pour l'exécution d'un marché de travaux publics ne relèvent pas de la compétence du juge administratif (CE 17-6-1985 : GP 1985.pan.416).

D. Contrat de fabrication en commun

GÉNÉRALITÉS

Qualification Le contrat de fabrication en commun est celui aux termes duquel deux ou plusieurs entreprises s'engagent à participer à la fabrication d'un ou de plusieurs produits déterminés. Chaque partie promettant des prestations de services à titre principal, le contrat est juridiquement un contrat d'entreprise et obéit au régime de ce dernier, sous réserve des précisions exposées aux n°s 18803 s. 18800

Validité Le contrat de fabrication en commun doit être spécialement conforme aux règles de libre concurrence (MCC n°s 47170 s.). 18803

EXÉCUTION DES FABRICATIONS

18810 Les fabrications à exécuter et les spécialisations techniques s'y rapportant doivent être spécifiées dans le contrat avec le plus grand soin et avec le **maximum de détails.**

Il convient également de préciser strictement le **domaine d'application du contrat** ; en particulier, il est recommandé de dire si le contrat sera étendu aux fabrications dérivées de celles qui constituent son objet et si les parties pourront entreprendre d'autres actions.

18813 **Répartition des tâches** Le contrat doit fixer la répartition des tâches entre les parties et prévoir aussi dans quelles conditions la répartition initiale pourra être modifiée.

1. Tâches de fabrication. Les fabrications proprement dites peuvent être exécutées de deux façons différentes :

– les parties peuvent **fabriquer ensemble** les produits dans une usine commune ; dans ce cas, le contrat doit préciser la nature et l'importance de la contribution de chacune ;

– les parties peuvent **se répartir les fabrications,** chacune effectuant celles pour lesquelles elle est la plus apte.

Certains accords fixent un volume maximal de fabrication autorisé pour chaque partie. Ces **clauses de « quota »** de fabrication sont **à déconseiller** car elles peuvent porter atteinte à la libre concurrence (MCC n° 44160).

Il est opportun de préciser si les parties auront ou non le **droit de sous-traiter** une partie des travaux qui leur sont attribués. Lorsque la sous-traitance est autorisée, un droit de priorité peut être reconnu aux partenaires qui offriront des conditions égales. Si la sous-traitance est confiée à une entreprise non contractante, il est recommandé de lui faire signer un engagement de secret. Le contrat de sous-traitance ainsi conclu, avec une entreprise contractante ou non, n'a d'effet qu'entre les intéressés eux-mêmes et ne modifie pas la répartition du travail entre les parties au contrat de fabrication en commun.

2. Tâches de montage et d'essai. Le contrat doit aussi désigner la ou les parties qui seront chargées du montage de l'installation et des essais.

3. Conduite des fabrications. L'exécution du contrat est assurée généralement par un **comité de coordination** (n° 18600). Indépendamment de ce comité, le contrat confie parfois plus spécialement la responsabilité d'une fabrication à l'un des contractants appelé « **chef de file** ». Cette désignation permet de recréer une maîtrise d'œuvre unique et d'éviter ainsi que les décisions ne soient trop difficiles à prendre ou qu'une répartition irrationnelle du travail n'entraîne des doubles emplois et des gaspillages.

18816 **Exécution des tâches** Il est indispensable de régler certaines modalités essentielles.

1. Informations techniques. Conformément à l'esprit de collaboration qui doit animer les contrats de fabrication en commun, chacun des contractants doit s'engager à transmettre à son partenaire toutes les informations techniques dont il dispose, susceptibles de l'aider dans l'exécution des tâches qui lui sont confiées. Compte tenu de la valeur des renseignements qui peuvent être révélés, cette communication doit être entourée de quelques **précautions.**

D'abord, il doit être précisé que les connaissances techniques transmises (brevetées ou non) ne pourront pas être utilisées par le bénéficiaire à d'autres fins que l'exécution de l'accord auquel elles se rapportent.

On peut toutefois, selon les circonstances, se montrer moins rigoureux et admettre, par exemple, que les connaissances transmises pourront être utilisées en dehors des fabrications contractuelles, à condition que le bénéficiaire accepte de payer au donneur de ces connaissances une redevance d'utilisation.

Ensuite, il faut prévoir les modalités de **mise à disposition** du bénéficiaire des connaissances techniques à communiquer (remise de plans, dessins ou descriptions, assistance technique, etc.). Si les connaissances sont brevetées, le contractant qui en est titulaire peut accorder à l'autre un droit d'usage de ses brevets aux seules fins de permettre à celui-ci d'exécuter sa part de travail dans les limites du contrat de fabrication conjointe.

Les parties peuvent **s'aider mutuellement** sur d'autres aspects des fabrications en commun et notamment convenir :

– de se prêter assistance en vue d'obtenir, aux meilleures conditions économiques, les matières premières, équipements et outillages nécessaires aux fabrications envisagées ;

– de se communiquer toutes les informations de nature à contribuer à l'abaissement de leur coût de fabrication.

2. Découvertes. Le contrat doit déterminer qui sera propriétaire des découvertes nées à l'occasion de l'exécution des tâches. La solution la plus généralement adoptée repose sur la distinction suivante :

– si l'invention est l'œuvre d'une seule partie au contrat, celle-ci a seule le droit de déposer des demandes de brevet, sauf à accorder à son partenaire l'usage de ses découvertes ;

– si l'invention est l'œuvre commune des parties (par exemple, si elle est issue de la collaboration de leur personnel), le brevet doit être déposé en copropriété par toutes les parties ayant coopéré à la découverte ; on peut alors dans le contrat jeter les bases essentielles du règlement de copropriété du brevet (cf. CPI art. L 613-32).

3. Secret. Chacune des parties doit s'engager à garder secrètes toutes les informations techniques, brevetées ou non, qui lui sont transmises. Cette clause obéit aux règles générales des clauses de secret.

4. Contrôle de qualité. Pour prévenir une exécution défectueuse des fabrications, il est opportun de prévoir dans le contrat les modalités selon lesquelles un contrôle sera effectué au cours de l'exécution des opérations de fabrication. Sur ces modalités, nº 32981.

Moyens d'exécution L'exécution des fabrications en commun suppose notamment des moyens en personnel, en équipements et en matières premières. 18819

1. Personnel. Il peut être utile de prévoir une mise à disposition, par l'une des parties à l'autre, d'un personnel qualifié ou d'un personnel à initier sur un aspect technique déterminé. Dans ce cas, la clause doit être rédigée en observant les indications qui sont exposées sur ces échanges de personnel aux nºs 13685 s.

2. Équipements. Les contractants peuvent convenir de mettre en commun les équipements nécessaires aux fabrications conjointes (locaux, appareils et outillage, etc.) soit au sein d'un groupement doté de la personnalité morale (société, association, GIE), soit au sein d'une société en participation ou d'une indivision conventionnelle.

Mais une seule des parties peut aussi s'engager à les fournir. En ce cas, c'est elle seule qui supportera les frais d'acquisition, de transport et d'installation de ces équipements, sauf à bénéficier, éventuellement et dans les conditions prévues au contrat, d'une aide financière (sous forme de cautionnement, par exemple) ou matérielle de ses partenaires.

L'aide matérielle peut consister, par exemple, en un prêt de l'équipement nécessaire pour les fabrications incombant à l'un des partenaires. Juridiquement, cette aide obéit aux règles du prêt à usage.

Parfois, l'aide porte sur la construction ou l'aménagement des lieux d'exploitation : une des parties prend en charge l'exécution de divers travaux pour le compte de l'autre (par exemple, construction et aménagement d'une installation déterminée sur des terrains du partenaire bénéficiaire qui peut en devenir propriétaire dès achèvement ou au bout d'un certain délai ; dans ce cas, il est indispensable d'être très clair ; à défaut de convention, les règles légales relatives aux constructions sur le terrain d'autrui s'appliquent : C. civ. art. 555 ; au cas où l'usufruit des terrains serait accordé au constructeur, sauf convention contraire sur l'indemnisation, l'usufruitier ne peut invoquer l'article 555 précité : nº 30703).

3. Matières premières. Une partie peut s'engager à fournir à l'autre certaines matières premières entrant dans les fabrications convenues.

MODALITÉS DES FABRICATIONS

Engagement de fourniture Le contrat de fabrication en commun doit comporter l'engagement des parties fabricantes à fournir les autres partenaires et réciproquement l'engagement des autres partenaires à s'approvisionner chez les fabricants. L'engagement peut porter non seulement sur les produits fabriqués en commun mais aussi sur les pièces de rechange. Il peut être assorti de quotas (sur la réduction d'une clause pénale sanctionnant le non-respect des quotas, CA Paris 10-3-1994 : BRDA 8/94 p. 9). 18825

Le plus souvent, l'engagement est exclusif : les contractants ne peuvent s'approvisionner que chez les fabricants qui, de leur côté, ne peuvent fournir que les contractants (sur ces exclusivités, nºs 21545 s.).

Livraison des fabrications Le contrat doit prévoir les modalités de livraison des fabrications communes. 18828

Responsabilité La mauvaise exécution de l'obligation de fourniture peut causer un dommage appelant une réparation. Aussi est-il recommandé d'inclure dans le contrat les 18831 mesures nécessaires, lesquelles doivent être établies en fonction de la qualité des victimes : partenaires, clients et tiers.

1. Responsabilité à l'égard des autres partenaires. Un partenaire peut avoir à se plaindre de l'un des manquements suivants :

a. Inexécution de la fourniture. Comme pour toute inexécution d'un engagement pris par un contractant, il est possible de prévoir une réparation forfaitaire sous forme de dommages-intérêts, le recours à un sous-traitant qui suppléera la défaillance du partenaire ou la résolution du contrat.

b. Exécution tardive de la fourniture. Dans ce cas, la mesure la plus adéquate est de fixer dans le contrat une pénalité pour retard.

c. Exécution défectueuse. On peut prévoir, à cet égard, que les pièces défectueuses seront remplacées si elles sont inutilisables ou si leur possibilité d'utilisation a considérablement diminué. Toutefois, il est bon de viser spécialement le cas où la défectuosité des produits fournis est imputable à leur mauvaise conservation par le réceptionnaire et de mettre alors à sa charge les frais dus au remplacement ou à la remise en état.

Lorsque la prestation consiste en une fourniture de services, tels que le montage des appareils fabriqués et les essais, les parties qui en sont chargées doivent s'engager, en cas de défectuosités, à démonter et à remonter gratuitement les appareils et à renouveler les essais et, si ces défauts de montage ou d'essai entraînent une détérioration de pièces, à supporter les frais de remplacement ou de réparation qui en résulteraient pour le partenaire fabricant.

2. Responsabilité à l'égard des clients ou des tiers. Les clients ou les tiers sont exposés à subir eux aussi les conséquences d'une inexécution, d'une exécution tardive ou d'une exécution défectueuse de leurs commandes. La solution la plus naturelle est alors de tenir pour seul responsable à l'égard du client le contractant qui lui a vendu le produit final et qui a été en rapport direct avec lui.

Mais la charge réelle de la **réparation** peut être **répartie entre** les différents **partenaires,** par exemple de la façon suivante :

– chaque partenaire prend à sa charge la réparation du dommage causé au client qui résulte de son propre manquement ;

– lorsque plusieurs partenaires ont manqué à leurs obligations, la charge de la réparation du dommage causé au client est partagée entre ces partenaires au prorata de leur participation aux fabrications défectueuses ;

– en cas de différend entre les partenaires sur le point de savoir à qui incombe la responsabilité du dommage, cette responsabilité est supportée provisoirement par tous les partenaires au prorata de leur participation aux fabrications conjointes, jusqu'à ce qu'un accord intervienne entre eux ou, à défaut d'accord avant l'expiration d'un délai déterminé, jusqu'à ce que le différend soit tranché par arbitrage.

18834 **Paiement des fournitures** Le contrat doit contenir toutes indications utiles sur le montant du prix et les modalités de règlement de celui-ci.

Si chaque partenaire a effectué des fabrications et exposé seul les frais correspondants, il peut être convenu que chacun récupère les sommes qu'il a avancées, au fur et à mesure des ventes de la production commune.

COMMERCIALISATION DES FABRICATIONS

18840 Les entreprises qui envisagent des fabrications en commun ont intérêt à se préoccuper de définir, dans leur contrat, les aspects essentiels de la commercialisation future de ces fabrications, notamment les points suivants.

1. Droit de commercialisation des fabrications communes. Deux formules sont concevables :

a. ou bien chaque partie a le droit de vendre personnellement, en toute liberté ; dans ce cas, chacune est en rapport direct avec la clientèle, vend en son nom et pour son compte, utilise son propre réseau de distribution et définit ses actions de vente (publicité, promotion des ventes, marketing, etc.). Toutefois, le contrat peut, tout en affirmant le droit de vente de chacun, poser sur certains points des conditions particulières. Si ces conditions portent sur la liberté de vendre et d'exporter, il faut alors veiller au respect des règles sur la concurrence (MCC n°s 44775 s.) ;

b. ou bien les parties confient la commercialisation de leurs fabrications communes à un organisme spécialement créé à cet effet ; généralement, il s'agit d'une société ou d'un GIE.

2. Marques. Les parties doivent préciser si la vente se fera sous une marque commune ou sous la marque de chacune d'elles, ou encore sous une même marque appartenant à l'une d'elles mais que les autres utiliseront en vertu d'un droit d'usage ou de licence.

3. Service après-vente. En principe, en l'absence de précision, ce service incombe au vendeur : soit à chacun des partenaires vendeurs, soit à l'organisme commun de vente. Toutefois, rien n'interdit de prévoir des solutions différentes si elles paraissent préférables.

CAUSES DE CESSATION DU CONTRAT DE FABRICATION EN COMMUN

Les règles générales d'extinction des contrats sont applicables. **18845**

Mais les parties ont à prévoir spécialement :

– la durée pendant laquelle elles seront tenues de respecter le secret sur les informations techniques qui ont pu leur être communiquées ;

– la répartition des équipements appartenant à la communauté ;

– le sort des marchandises et matières premières restant en stock.

Lorsqu'il y a plusieurs parties à l'accord, il est possible de prévoir qu'en cas de défaillance de l'une d'elles le contrat continuera entre les autres. Il convient alors de régler les conditions de sortie du partenaire défaillant. Il est notamment indispensable de prévoir le maintien du droit d'usage des connaissances techniques que ce partenaire avait apportées et le sort des matériels et approvisionnements nécessaires aux fabrications détenus par lui ainsi que la remise des pièces terminées ou en cours de fabrication.

E. Contrat de fourniture d'installations industrielles (ingénierie et clé en main)

CARACTÉRISTIQUES GÉNÉRALES

Définition Le contrat de réalisation d'équipements industriels est celui par lequel une entreprise s'engage à assumer les diverses prestations tendant à la mise en place, voire à la mise en service, d'équipements industriels les plus divers : raffineries, usines, ports, autoroutes, installations de production d'énergie par cogénération de déchets, etc. **18900**

Ces prestations, plus ou moins étendues selon les cas, peuvent porter sur les éléments suivants : étude du projet et de ses conditions de réalisation ; conseils pour la conduite des opérations d'exécution du projet ; fourniture des matériels ; fourniture des moyens technologiques ; recherche d'un financement ; mise en fonctionnement, voire prise de participation dans le projet avec promesse de remboursement si le résultat escompté est atteint.

En pratique, le maître d'ouvrage - qu'on appellera par la suite « le client » - participe généralement à l'exécution de certaines missions dont l'importance varie en fonction des circonstances.

Terminologie Pour désigner les activités qui se rapportent à la mise en place d'installations industrielles, les appellations suivantes - qui n'ont pas de sens juridique précis - se rencontrent : **18903**

– contrat d'ingénierie ;

Selon l'arrêté du 12 janvier 1973 relatif à l'enrichissement du vocabulaire, l'ingénierie est l'ensemble des fonctions allant de la conception et des études à la responsabilité de la construction et au contrôle des équipements d'une installation technique ou industrielle.

– contrat « clé en main », formule qui suppose que les équipements soient remis, après réalisation, au maître d'œuvre prêts à fonctionner ;

– contrat « produit en main », en vertu duquel la fourniture va jusqu'à la remise d'une installation en fonctionnement.

Qualification et régime du contrat d'ingénierie En dépit de la diversité des obligations auxquelles il donne naissance, le contrat d'ingénierie est un **contrat d'entreprise** dans la mesure où les prestations assumées sont exclusivement ou principalement des prestations de services (études, conseils, constructions) (cf. CA Paris 5-11-1969 : GP 1970.2.55). **18906**

Toutefois, si la part des prestations de services et celle des fournitures sont susceptibles d'être distinguées, le contrat peut être, à la fois, qualifié de contrat d'entreprise et de contrat de **vente** (nº 19517).

Par ailleurs, si le contrat comporte un transfert de technologie, les règles de la licence de brevet ou de communication du savoir-faire lui seront applicables.

Forme du contrat **Aucune** forme particulière n'est requise pour l'établissement du contrat d'ingénierie. De même, les parties sont libres de concrétiser leur accord soit dans un seul contrat, soit dans plusieurs correspondant chacun à une mission très particulière. **18909**

En cas de **contrat unique,** il est recommandé de ventiler de la façon la plus précise possible les diverses prestations et fournitures à effectuer. Les différentes missions doivent faire l'objet de chapitres distincts contenant chacun l'énumération des obligations et l'étendue de la garantie donnée, le tout exactement adapté à la nature des prestations à accomplir.

Ce **« découpage » du contrat** en une série d'opérations distinctes facilite, en effet, son exécution et l'appréciation des responsabilités. Si le contrat se présente comme un ensemble indissolublement soudé, l'entreprise d'ingénierie supporte la charge de tous les risques jusqu'à l'achèvement complet des travaux. En revanche, en cas de découpage du contrat, il est possible, à la fin de chaque opération, de vérifier l'exécution des obligations respectives de chaque partie, de réceptionner les ouvrages exécutés et de régler les petits litiges. Les garanties de fonctionnement se trouvent ainsi dissociées.

18915 **Fournisseur** Lorsque l'ingénierie est fournie par un consortium d'entreprises, il importe de préciser la nature des rapports du consortium avec le client, notamment le point de savoir si les différentes entreprises du consortium sont solidaires à l'égard de celui-ci pour l'exécution du contrat ou si seulement l'entreprise chef de file en répondra (n° 18724).

Que l'entrepreneur soit une seule entreprise ou un consortium, il y a lieu de prévoir dans quelle mesure et pour quelles prestations il pourra avoir **recours à** des **sous-traitants.** Il conviendra alors d'éviter des incompatibilités entre le contrat d'ingénierie et les contrats de sous-traitance, notamment eu égard à l'arbitrage (n° 70868) et aux conséquences de la résiliation du contrat principal.

PRESTATIONS À ASSUMER PAR L'ENTREPRISE D'INGÉNIERIE

18920 Ces prestations varient avec les contrats, comme on l'a indiqué plus haut (n° 18900) ; toutes celles qui sont envisagées aux n°s 18923 s. ne se retrouvent pas nécessairement dans tous les contrats : elles sont tantôt écartées, tantôt accomplies par le client.

18923 **Études et projets** La principale obligation de l'entreprise d'ingénierie consiste dans l'étude des conditions et des moyens de mise en place de l'équipement demandé. En général, les éléments à définir sont les suivants :

1. Avant-projet. À ce titre, l'entreprise d'ingénierie s'engage à exécuter une première étude générale de l'ouvrage, sans calcul détaillé et sans devis complet, permettant cependant de se faire une idée nette du projet. Cet avant-projet ne doit pas être négligé. Trop souvent des difficultés surgissent lors de la présentation des appels d'offres ou lors de la réalisation des travaux parce que la préétude n'a pas été faite avec soin. Mais un avant-projet sérieux est nécessairement coûteux ; c'est pourquoi les entreprises d'ingénierie sont souvent amenées à exiger, en contrepartie, le versement d'une indemnisation, même si le marché leur est confié.

2. Projet. L'obligation consiste dans l'élaboration d'un plan d'ensemble comprenant :
- les spécifications techniques de l'installation accompagnées des schémas généraux et des plans d'implantation ;
- la nomenclature du matériel et un devis estimatif par chapitre (matériels et génie civil) ;
- un planning de base et un programme de financement ;
- un mémoire descriptif avec, éventuellement, les prévisions de résultats d'exploitation.

18926 **Assistance** L'entreprise d'ingénierie peut s'engager à concourir à l'exécution du projet en fournissant aux clients une assistance sur les points suivants.

1. Préparation des documents pour les appels d'offres. Cette préparation comporte l'élaboration des plans de détail, la rédaction des clauses des cahiers des charges, l'établissement des listes de matériel, les opérations relatives aux appels d'offres, etc.

2. Adjudication des travaux. Au cours de cette phase, l'entreprise d'ingénierie doit examiner les propositions des fournisseurs, vérifier leurs plans et leurs calculs, établir des tableaux comparatifs et un rapport au client préconisant les offres à retenir, rédiger les contrats à passer avec les entreprises retenues, etc.

3. Direction du chantier. Selon les contrats, la direction des travaux est assurée soit directement par la société d'ingénierie, soit par le client. Dans ce dernier cas, la société d'ingénierie intervient en qualité de conseil de son client pour la coordination des différents corps de métiers, la surveillance des opérations de montage, le contrôle des délais et de l'exécution des plannings, etc.

4. Achats. Lorsque la mission d'ingénierie se limite à l'assistance du client, c'est ce dernier qui décide des achats. La société d'ingénierie se charge néanmoins de toutes les formalités antérieures à la commande (établissement des conditions générales d'achat, d'appel d'offres, comparaison des offres et avis motivé à l'industriel, établissement des commandes et de leurs avenants éventuels, suivi administratif) ou postérieures à celle-ci (relances, inspections, contrôles, etc.). Mais elle n'agit pas en qualité de mandataire de l'industriel. Toutefois, celui-ci peut lui confier un mandat.

À défaut même de clause prévoyant l'assistance du fournisseur de l'installation, celui-ci est tenu, lorsque le client n'est pas compétent dans le domaine en cause, notamment en matière de système informatique, de lui prodiguer un enseignement allant au-delà de son devoir général de conseil, afin de réaliser le résultat promis, c'est-à-dire la fourniture d'un matériel conforme aux besoins de l'acquéreur (CA Aix 10-11-1994 : Bull. Cour d'Aix 1994/2 p. 213 obs. Boudot-Ricœur, prononçant la résolution de la vente).

Fourniture de matériels Dans les contrats « clé ou produit en main », l'entreprise d'ingénierie s'engage à fournir au client tous les matériels nécessaires. Le contrat doit donc fixer la consistance de cette prestation de fourniture. 18929

Toutefois, il faut prendre soin de distinguer le **transfert de propriété et des risques** des différentes fournitures de matériels (qu'on situe généralement à la livraison) du transfert de propriété et des risques de l'installation complète qui n'intervient qu'à la réception de l'ouvrage.

Transfert de technologie Très souvent, l'entreprise d'ingénierie promet au client une technologie déterminée. Le contrat doit alors prévoir les conditions de ce transfert qui se concrétise par un contrat de licence ou de sous-licence de brevet ou par un contrat de communication de savoir-faire. Sur ces contrats, nos 32800 s. et 33700 s. 18932

Travaux de génie civil L'entreprise d'ingénierie prend parfois à sa charge ces travaux. Il convient alors d'en régler les conditions d'exécution dans le contrat. Les dispositions à suivre sont celles du contrat d'entreprise, compte tenu des règles spécifiques à la construction immobilière (MUC nos 51850 s.). 18935

Mise en route Hormis le cas de livraison « clé en main », les entreprises d'ingénierie acceptent rarement d'assumer la direction de la mise en route de l'installation et les responsabilités qu'elle implique, surtout si leurs avis quant au choix de certains matériels importants n'ont pas été suivis. Le plus souvent, le rôle de l'entreprise d'ingénierie se limite à l'**assistance** de l'industriel sous la forme de conseils au moment des essais « à froid », l'installation tournant à vide, puis au démarrage. 18938

Mise en état de fonctionnement Dans le contrat dit « produit en main », l'entreprise d'ingénierie promet au client de lui livrer un équipement en marche. Pour ce faire, elle prend naturellement les engagements correspondants, à savoir : recruter et former le personnel, le diriger pendant une période déterminée en vue de résoudre tous les problèmes de démarrage, et même, dans certains cas, mettre en place les circuits commerciaux. 18941

CONDITIONS GÉNÉRALES D'EXÉCUTION DES PRESTATIONS

Délais Il convient de fixer dans le contrat les délais dans lesquels les différentes prestations promises par l'entreprise d'ingénierie doivent être exécutées. 18945

Ces délais sont à fixer pour chacune des étapes du contrat : études et projets, différentes missions d'assistance, ouverture du chantier, essais, mise en route. Il y a lieu aussi de prévoir si ces délais pourront être prorogés et dans quelles conditions.

La violation des délais est généralement assortie de pénalités calculées en fonction du retard, mais avec un plafonnement correspondant à un certain pourcentage des honoraires de l'entreprise d'ingénierie.

Propriété des études et documents Il est à conseiller de prévoir dans le contrat qui sera propriétaire des études et documents établis pour l'équipement envisagé (schémas, descriptifs, notes de calculs, spécifications des matériels, cahiers des charges, plans, etc.). En général, l'entreprise d'ingénierie en reste propriétaire, mais elle accepte souvent que le client puisse s'en servir pour la réparation, l'extension ou la reconstruction de l'ouvrage. Parfois, elle accepte qu'ils soient utilisés pour la construction d'un ouvrage similaire. 18948

De même, il est utile de fixer la propriété d'une invention brevetable qui pourrait être découverte en cours d'exécution du contrat (pour des éléments transposables, nos 19030 s.).

18951 **Secret** L'entreprise d'ingénierie doit s'engager à conserver le secret sur les renseignements qui lui sont fournis par le client ou dont elle peut avoir connaissance à l'occasion de sa mission (sur la clause de secret, n°s 13640 s.).

18954 **Travaux supplémentaires** Il est bon de prévoir leur éventualité et de déterminer dans quelles conditions ils pourront être demandés à l'entreprise d'ingénierie, acceptés par elle et rémunérés.

18957 **Garanties** Les garanties promises par l'entreprise d'ingénierie dépendent des accords des parties.

1. Étendue. En pratique, l'entreprise d'ingénierie garantit - et ce, même lorsque ses prestations sont limitées aux études et à l'assistance - un certain résultat de fonctionnement de l'ouvrage réalisé sous sa conduite. Ce résultat porte, selon la nature de l'équipement, sur la capacité, la qualité, le rendement, les consommations, etc. L'entreprise d'ingénierie répond ainsi de tout ce qui empêche d'obtenir le résultat escompté, qu'il s'agisse d'un vice de conception, d'un vice de fourniture ou d'un vice de construction.

Pour une application de cette solution à une entreprise chargée d'une mission de mise en route d'un chantier immobilier, Cass. civ. 3-4-1973 : Bull. civ. III p. 123.

Les défauts d'exécution sont imputables solidairement à tous les participants aux travaux lorsqu'ils se sont tous présentés comme concepteurs sans individualisation des tâches de chacun (Cass. 3e civ. 11-7-2012 n° 10-28.535 FS-PB : Bull. civ. III n° 106), sauf si le maître d'ouvrage, spécialiste réputé en la matière, a imposé le choix du procédé dont les désordres étaient la conséquence (T. com. Paris 13-1-1997 : GP 1998.som.430).

2. Conditions de mise en œuvre. Elles portent généralement sur :

– les conditions d'exploitation et d'entretien de l'ouvrage, qui doivent être respectées par l'industriel conformément aux données de l'étude et aux instructions de l'entreprise d'ingénierie ;

– les modalités d'appréciation des résultats, qui consistent en essais de réception à propos desquels il faut fixer avec précision la date, le nombre, la forme, la charge des frais, les critères permettant de déterminer si les garanties promises sont atteintes, les conséquences (sur la retenue de garantie notamment) d'une éventuelle impossibilité du client de procéder aux essais, le recours à l'expertise, etc. ;

– le délai pendant lequel la garantie peut être invoquée ;

– les incidences de la force majeure.

3. Effets. L'entreprise d'ingénierie s'engage couramment à effectuer les modifications nécessaires ou à verser une indemnité.

Cette garantie générale joue sans préjudice des règles propres aux garanties particulières de diverses prestations, telles que la garantie des **vices cachés** des matériels fournis et la **garantie décennale** des constructions immobilières (C. civ. art. 1792 s.).

18960 **Responsabilités diverses** Il s'agit ici, non pas de la responsabilité concernant les défectuosités de l'ouvrage lui-même, qui est couverte par les garanties visées ci-dessus, mais de celle résultant des dommages divers, corporels ou matériels, que l'exécution de l'ouvrage peut causer au client ou à des tiers.

Pour prévenir toute surprise, il est recommandé de prendre parti dans le contrat sur les conditions de réparation de ces différents dommages (n° 15060).

18963 **Garantie d'un tiers** Souvent le client demande à l'entreprise d'ingénierie de fournir la garantie d'un tiers que le contrat sera correctement exécuté. Cette garantie prend souvent la forme d'une garantie à première demande.

PRESTATIONS À ASSUMER PAR LE CLIENT

18970 **Tâches diverses** L'**industriel** doit faciliter la tâche de la société d'ingénierie en lui fournissant tous les **renseignements** utiles à sa mission et répondre aux demandes d'approbation de documents ou de plans qu'elle lui présente.

Il doit aussi mettre à sa disposition le **terrain** ou les **locaux** prévus pour l'implantation de l'installation et obtenir les autorisations administratives nécessaires à la société d'ingénierie pour l'accomplissement de sa mission.

Outre ces obligations très générales, les contrats prévoient parfois une intervention directe du maître d'ouvrage dans la réalisation de l'installation.

Réception des travaux Le maître d'ouvrage doit recevoir les travaux exécutés par ou sous la direction de la société d'ingénierie. Comme nous l'avons dit (nº 18909), cette réception peut être fractionnée. 18973

Paiement du prix convenu Le maître d'ouvrage doit, selon les modalités prévues au contrat, payer à la société d'ingénierie le prix convenu. 18976

Ce **prix** peut être **calculé par diverses méthodes** (au temps consacré, au forfait, au prix coûtant pour les études majoré d'une somme forfaitaire, en pourcentage de l'évaluation du coût des travaux, etc.). Une partie du prix peut aussi être liée à la réussite de l'équipement : on peut ainsi envisager de remplacer le taux fixe des intérêts se rapportant à des crédits servant à financer l'investissement par une participation des créanciers aux bénéfices ou aux résultats de l'opération ; de même, les redevances de licences de brevets et de communication de savoir-faire peuvent être calculées non pas sur le volume de la production, mais sur une partie des résultats ou des bénéfices (pour un exemple d'intéressement en matière de sous-traitance, nº 20245).

Le calcul de la rémunération de la société d'ingénierie peut être différent selon la nature des diverses prestations fournies (forfait pour les études, au temps passé pour les contrôles sur chantiers, en pourcentage sur certains matériels, etc.).

Pour les travaux importants de génie civil, s'est développée la formule « Built Operate Transfer » (BOT), aux termes de laquelle la société d'ingénierie assume la totalité des dépenses et, en contrepartie, exploite l'installation pendant un certain nombre d'années ; l'installation est transférée au maître d'ouvrage à l'expiration de cette période.

Les **conditions de paiement** doivent être fixées dans le contrat. Dans la plupart des cas, il est prévu un échelonnement en fonction de l'état d'avancement des travaux.

F. Contrat de commande de recherche

DÉFINITION

Le contrat de commande de recherche est, comme son nom l'indique, celui par lequel une entreprise achète des prestations de recherche à une autre entreprise moyennant une rémunération appropriée. 19000

On appelle habituellement « donneur de recherche » la partie qui prend l'initiative de la demande et « preneur de recherche » celle qui doit exécuter la recherche.

QUALIFICATION DU CONTRAT DE COMMANDE DE RECHERCHE

Le contrat de commande de recherche comportant une prestation de services est un contrat d'entreprise. 19003

Pour éviter la qualification de contrat de travail, les intéressés doivent faire apparaître que le chercheur n'agit pas comme le subordonné du donneur d'ordre (sur la qualification du contrat de travail, Mémento Social nºs 16360 s.).

1. CONCLUSION DU CONTRAT

Pour élaborer leur contrat, les parties peuvent s'inspirer du texte du cahier des clauses administratives générales (CCAG) des marchés publics d'études. 19006

CHOIX DES PARTIES

Le contrat de commande de recherche est incontestablement conclu « intuitu personae » ; l'entreprise industrielle confie l'étude d'un problème à telle société de recherche qu'elle a choisie pour la compétence et les qualités qu'elle lui reconnaît et pour bénéficier de ses idées dans un domaine déterminé. Ces considérations sont, en réalité, fondées sur la valeur des chercheurs de la société ; aussi bien n'est-il pas inutile de prévoir dans le contrat le sort de celui-ci (résolution, par exemple) en cas de décès ou d'empêchement (incapacité, indisponibilité physique ou départ) du ou des chercheurs effectivement chargés du travail demandé. 19009

La considération de la personne du chercheur exclut, en principe, toute possibilité pour celui-ci de sous-traiter la recherche. Le recours à des collaborateurs extérieurs n'est permis que si une clause expresse du contrat l'autorise. Il est alors prudent d'étendre explicitement à ces collaborateurs les obligations mises à la charge du chercheur, notamment celles relatives au secret, à la non-concurrence et au transfert des fruits de la recherche.

MODALITÉS DE LA RECHERCHE

19015 **Études préliminaires** Les sociétés de recherche répugnent à accepter des études préliminaires destinées à explorer l'intérêt de la recherche car elles craignent de dévoiler leurs idées sans que la conclusion d'un contrat s'ensuive. C'est pourquoi elles préfèrent un contrat en plusieurs phases (nº 19021).

19018 **Type de recherche** Il convient de préciser dans le contrat quelle doit être la nature de l'activité du preneur. Celle-ci peut consister notamment en études, conseils techniques, mise au point de prototype, communication d'informations, d'idées nouvelles ou d'avis.

19021 **Objet de la recherche** Le plus souvent, compte tenu du caractère aléatoire de la recherche et de la nécessité de faire une part à l'imprévu, il convient d'éviter une formulation trop stricte des travaux demandés. Les clauses du contrat doivent permettre une **adaptation,** par exemple lorsque certains objectifs prévus initialement se révèlent irréalisables en cours d'exécution ou lorsque apparaissent des perspectives nouvelles ou encore lorsque des résultats nouveaux sont connus et rendent les recherches inutiles.

Pour tenir compte de ces nécessités, il est conseillé soit d'inclure dans le contrat une **clause de révision,** soit de définir l'objet de la recherche en deux étapes.

a. Pour la première étape, il suffit d'indiquer sa durée et le domaine de la recherche, les voies à explorer compte tenu des résultats déjà connus sur le sujet.

b. Ensuite, il y a lieu de prévoir la possibilité pour le donneur de faire poursuivre la recherche dans une seconde phase dont la durée est également fixée ; cette phase est en principe plus longue que la précédente et dure généralement deux ans au minimum. À cette occasion, une nouvelle définition du sujet de la recherche peut être arrêtée. On peut aussi prévoir une continuation de la recherche par tacite reconduction après extinction de la première phase. Il est recommandé aux parties d'être très précises sur les conditions d'ouverture de la seconde phase, notamment quant à l'appréciation des résultats obtenus au cours de la première phase, lorsqu'ils conditionnent le passage à la seconde phase.

19024 **Moyens à mettre en œuvre** Le contrat de commande de recherche doit définir les moyens nécessaires pour l'exécution de la recherche.

1. Moyens en personnel. Il peut être convenu que le donneur détache une partie de son personnel en le mettant à la disposition du preneur.

2. Moyens matériels. Le contrat doit préciser les appareils et équipements qui seront nécessaires à l'exécution des recherches et déterminer qui des deux contractants doit les fournir.

3. Moyens financiers. Il convient d'indiquer dans le contrat les sommes que les partenaires entendent consacrer à l'exécution de la recherche. Souvent une somme maximale à ne pas dépasser, appelée « **budget** », est fixée.

Lorsque les travaux doivent être exécutés en deux phases successives, les parties conviennent, en général, d'un budget propre à chaque phase : celui de la première période est immédiatement arrêté, tandis que celui de la seconde n'est déterminé qu'au moment de la reconduction, les parties fixant parfois d'ores et déjà un chiffre minimal.

COMMUNICATION DES RÉSULTATS DE LA RECHERCHE

19030 **Découvertes nées du contrat** Il convient de prévoir dans le contrat que le preneur doit **transmettre** au donneur l'**ensemble des résultats** qu'il a obtenus : découvertes et éléments matériels accessoires, tels que dossiers, plans, prototype, dessins, croquis, schémas, calculs, maquettes, etc.

À défaut de clause précisant le bénéficiaire des résultats des recherches, il a été reconnu que le donneur y avait droit (Cass. com. 3-6-1998 nº 95-18.917 : PIBD 1998 nº 664 III p. 531). Toutefois, la solution contraire a été plus récemment affirmée : a été reconnu le droit de l'inventeur, salarié du preneur, de revendiquer le brevet déposé par le donneur (CA Paris 12-10-2012 nº 10/10211 : D. 2013.1377 nº 1 obs. Raynard, fondant la solution sur l'art. L 611-6 du CPI attribuant l'invention à l'inventeur).

L'obligation essentielle porte naturellement sur les découvertes. À cet égard, la clause de transfert doit envisager deux cas selon que les découvertes sont ou non brevetables.

1. Découvertes brevetables. Si les résultats sont susceptibles d'aboutir à des inventions brevetables (ce qui est l'hypothèse la plus fréquente), il faut régler dans le contrat les conditions dans lesquelles seront pris les brevets.

On réserve **généralement** au donneur le droit de décider si une **demande de brevet** sera déposée et dans quel pays. Cette demande est presque toujours déposée **au nom du donneur,** par ses soins et à ses frais, le preneur pouvant effectuer le dépôt en tant que mandataire.

Le donneur qui effectue le dépôt en vertu de la clause contractuelle lui attribuant l'invention agit de bonne foi ; aussi, au cas où l'invention ne serait pas due à l'activité du preneur mais à celle d'un salarié de ce dernier, l'action en revendication de cette invention dirigée contre le donneur se prescrit-elle par trois ans (Cass. com. 24-2-1998 : Dossiers Brevets 1999.I.6, rendu avant la loi du 11-3-2014 qui a porté la prescription à cinq ans ; cf. CPI art. L 611-8).

La rédaction des clauses du contrat afférentes au dépôt des brevets résultant des découvertes faites à l'occasion des travaux de recherche appelle les observations suivantes.

a. Pour éviter toute équivoque, il est recommandé de ne pas se contenter de la seule indication que les brevets seront pris au nom de telle partie, mais de désigner expressément celui des contractants auquel ils appartiendront.

b. Lorsque le contrat s'exécute en **plusieurs phases,** il arrive que l'invention faite au cours de la première phase soit brevetée au nom du preneur, une **licence gratuite et non exclusive** étant accordée **au donneur.** Si celui-ci confie l'exécution de la seconde phase de la recherche au preneur, ce dernier s'engage alors à lui céder tous les droits relatifs au brevet pris au cours de la première phase et à lui transmettre la propriété exclusive de toute invention faite au cours de cette seconde phase. En revanche, si le donneur ne demande pas l'exécution de la seconde phase, le preneur reste libre de poursuivre les recherches pour d'autres et d'utiliser les résultats obtenus au cours de la première phase, car il demeure titulaire des brevets déposés.

c. Il est souvent prévu, lorsque le contrat de commande de recherche est **accessoire à** un **contrat de fourniture,** que le preneur bénéficie lui aussi de certains fruits de la recherche. Dans ce but, il peut lui être reconnu, par exemple, le droit d'utiliser gratuitement les brevets pour des fabrications qui ne relèvent pas du contrat et destinées à des clients qui ne sont pas des concurrents du donneur.

2. Découvertes non brevetables. Le contrat doit préciser que les découvertes non brevetables seront **transmises** au donneur **dès leur apparition,** c'est-à-dire dès qu'on pourra en constater la formulation dans un plan ou dans un rapport.

Découvertes nées en dehors du contrat

Il y a lieu de distinguer : 19033

1. Les découvertes antérieures à la conclusion du contrat. Lorsque le preneur a déjà fait des découvertes qui ont un rapport avec l'objet du contrat de commande de recherche, il est indispensable que le donneur se voie reconnaître le droit de les utiliser ; sinon, il court le risque que le preneur lui en interdise l'exploitation et, par là, limite ou supprime l'intérêt du contrat. Pour écarter cette éventualité, il faut tenir compte des deux hypothèses suivantes :

– si le rapport entre le sujet de la recherche et les découvertes antérieures est établi au moment de la conclusion du contrat, il convient, dans le cas où les découvertes sont brevetées, d'introduire dans le contrat de commande de recherche une licence de ces brevets au profit du donneur et, si elles ne le sont pas, d'obtenir du preneur l'engagement de transférer au donneur les connaissances utiles à la recherche, en ayant soin naturellement de les déterminer avec autant de précision que possible ;

– si ce rapport est douteux lors de la conclusion du contrat, il est bon, dans la mesure du possible, de définir rigoureusement le sujet de recherche et d'obliger le preneur à mettre en œuvre pour sa recherche toutes les connaissances dont il dispose, en écartant ou en incluant, selon les convenances des contractants, tel ou tel domaine frontalier.

2. Les découvertes postérieures à l'expiration du contrat. Dans le prolongement des travaux effectués pour le donneur, l'activité intellectuelle du preneur peut se poursuivre au-delà de la fin du contrat et donner naissance à des idées nouvelles, à des inventions, à des perfectionnements, etc. Si le donneur souhaite se réserver ces résultats, il convient alors d'étendre dans le contrat l'**obligation de transfert** du preneur **pendant** un certain **délai** (un ou deux ans, par exemple) après l'extinction du contrat.

2. EXÉCUTION DU CONTRAT

EXÉCUTION DE LA RECHERCHE

Le preneur doit, bien entendu, exécuter les travaux de recherche qui lui ont été demandés. 19050

Il est libre de conduire son travail comme il l'entend sauf à **respecter** les **modalités** qui ont pu être **fixées au contrat** (nos 19018 s.).

Pendant l'exécution du contrat, le preneur doit permettre au donneur de suivre l'évolution des travaux. À cet effet, il est souvent prévu l'obligation pour le preneur de fournir périodiquement au donneur des rapports sur l'état d'avancement de la recherche (en faisant mention des résultats obtenus ou escomptés) et la possibilité pour le donneur de procéder à des **contrôles** sur place pour s'assurer de la réalité de ces travaux.

Les **résultats** des travaux doivent être **livrés dans** les **délais** convenus lors de la conclusion du contrat, sauf prorogation décidée d'un commun accord entre les parties.

En dehors du cas où il promet un résultat précis, le **preneur** est seulement **tenu d'apporter** aux travaux de recherche **toute la diligence requise.** En principe, il n'est responsable que si le donneur prouve sa faute dans l'exécution des travaux ; toutefois, compte tenu de la dépendance dans laquelle se trouve le donneur par rapport au preneur au regard de la conduite des travaux, la jurisprudence sur l'obligation de moyen renforcée, dont le débiteur ne se libère qu'en prouvant son absence de faute (nº 13254), peut trouver ici un nouveau terrain d'application.

CONSERVATION DU SECRET

19053 Le **preneur** doit garder le secret sur la nature de ses travaux, les renseignements qui lui sont communiqués par le donneur et les résultats de ses recherches (sur la clause de secret, nºs 13640 s.).

Toutefois, dans certains contrats, le donneur autorise la publication à titre scientifique par le preneur des résultats des recherches dès que la protection de ces résultats a été assurée par le dépôt d'un brevet. Mais il exige alors qu'avant sa parution le texte lui soit soumis pour modifications éventuelles.

L'obligation au secret subsiste même **après l'expiration du contrat** sans limitation de durée, sauf clause contraire. Elle ne peut être considérée comme levée qu'à partir du moment où le donneur a communiqué au public le résultat des travaux ; le donneur est, en effet, propriétaire des résultats de la recherche.

Pour éviter toute utilisation abusive du nom du preneur et néanmoins permettre au **donneur** de faire une **publicité,** il est parfois exigé de lui qu'il soumette à l'approbation préalable et écrite du preneur toute publicité associant explicitement ou implicitement le nom du preneur aux résultats des recherches.

NON-CONCURRENCE

19056 Le preneur doit réserver au donneur toute son activité sur le sujet de la recherche **même si** cette obligation n'est **pas** formellement **prévue** au contrat ; à défaut, l'obligation essentielle du contrat serait anéantie (nº 12490).

RÉMUNÉRATION DES TRAVAUX

19059 La rémunération de la recherche peut être déterminée sous la forme d'un **forfait** ou d'une **facturation.**

Le plus souvent, la facturation est établie en fonction des deux éléments suivants :

– d'une part, le « temps passé » du personnel : le prix de facturation des heures du personnel tient compte généralement d'autres dépenses, telles que les salaires du personnel auxiliaire, les dépenses courantes de laboratoire, les amortissements du matériel et les frais généraux ;

– d'autre part, les dépenses qui ne peuvent pas être prévues à l'avance, telles que les frais de déplacement, les achats d'équipements spéciaux nécessaires aux seuls besoins de la recherche, l'exécution d'essais à grande échelle ; l'engagement de ces dépenses doit être subordonné à l'accord écrit du donneur.

La rémunération est parfois assortie d'une redevance correspondant à un pourcentage du prix de vente des produits résultant de la recherche (cf. Cass. 1e civ. 12-7-2006 nº 1294 : RJDA 1/07 nº 7). À défaut de restriction expresse de l'assiette du calcul du pourcentage convenu, la redevance est due même si des adaptations ont été apportées au produit de l'invention par l'utilisateur (Cass. 1e civ. 21-11-2006 nº 1639 : RJDA 5/07 nº 444).

Lorsque la **durée** de la recherche et les **moyens** à mettre en œuvre n'apparaissent **pas déterminables** a priori, le donneur prend l'engagement de payer les frais occasionnés par la recherche dont le détail est donné au contrat. Dans ce cas, il est conseillé de fixer un **plafond** au-delà duquel le donneur ne sera pas tenu de rembourser le preneur ; si le contrat est divisé en plusieurs phases, un plafond peut être prévu pour chacune d'elles.

Le paiement de la rémunération est parfois subordonné à l'obtention d'une découverte valable ; pour savoir si cette condition est remplie, la solution la plus simple consiste à considérer comme telle l'invention pour laquelle un brevet a pu être délivré dans un pays pratiquant un examen préalable aussi complet que possible.

CONTRAT DE FOURNITURES

19062 Le contrat de commande de recherche comporte parfois l'engagement du donneur de faire fabriquer par le preneur le matériel à mettre au point pour la recherche. D'autres fois, il est prévu que le preneur fournira un certain nombre ou un certain pourcentage des appareils nécessaires ; il lui est alors permis de s'aligner sur le prix de marché fait par ses concurrents et de pouvoir ainsi, à prix égal, avoir toujours la préférence ; il arrive que, dans ce cas, il soit interdit au donneur de prendre en considération des offres de tiers qui ne seraient pas déjà introduits et compétents dans le domaine industriel en cause.

3. CESSATION DU CONTRAT

Les règles générales d'extinction des contrats sont applicables, étant observé : **19100**

– que, le contrat ayant été conclu en raison de la personnalité du ou des chercheurs, il doit prendre fin - qu'une clause l'ait prévu ou non - dès qu'un événement survient qui empêche les chercheurs nommés au contrat d'accomplir leur tâche ;

– que l'obligation de secret subsiste (nº 19053) ;

– que le preneur peut ainsi être tenu de livrer au donneur les résultats qu'il a obtenus pendant l'année qui suit l'expiration du contrat.

G. Contrat de recherche en commun

OBJET DU CONTRAT DE RECHERCHE EN COMMUN

Les contrats de recherche en commun, dits aussi « contrats de recherche et de développement », sont des accords conclus entre deux ou plusieurs entreprises en vue d'accomplir ensemble des recherches sur un ou plusieurs sujets déterminés. **19200**

Ils se distinguent des accords de « pool de résultats » qui ne prévoient pas des recherches en commun, mais obligent chaque contractant à communiquer à ses partenaires les résultats de ses propres recherches.

La **nature des recherches** à entreprendre doit être fixée dans le contrat avec autant de précision que possible. **19203**

Le domaine de recherche défini à l'origine peut être appelé à évoluer. Il convient donc de réserver dans le contrat la possibilité d'un aménagement ultérieur en fonction des éléments nouveaux qui peuvent apparaître, tout en prenant certaines précautions. Les parties sont, en effet, souvent conduites, pour préciser la nouvelle orientation de la recherche, à échanger des informations qu'elles possèdent en propre. Aussi est-il opportun de prévoir dans une clause particulière ce qu'il adviendra de ces informations et notamment de se prononcer sur l'usage éventuel qui pourra en être fait.

MODALITÉS D'EXÉCUTION DE LA RECHERCHE COMMUNE

Exécution des tâches Selon le cas, les tâches peuvent être confiées à l'un des contractants, réparties entre eux ou accomplies ensemble. Pour conduire ces opérations, le contrat prévoit généralement la constitution d'un **comité** de coordination (nº 18600). **19210**

Informations Les parties ont intérêt à se communiquer toutes les informations nécessaires aux recherches communes qu'elles pourraient acquérir chacune de leur côté. Elles ne doivent pas omettre alors de prévoir, pour ces informations, l'obligation au **secret** du contractant bénéficiaire et l'étendue de son droit d'utilisation (nº 19245). **19213**

Chercheurs Le contrat doit fixer l'**effectif et** la **qualification** des chercheurs que chacune des parties affectera aux recherches communes ainsi que les conditions de leur rémunération. **19216**

Si du personnel d'une entreprise est détaché dans une autre, il convient de régler dans le contrat les modalités de ce détachement.

Matériel Sur ce point, le contrat doit prévoir la contribution des parties aux fournitures des matériels et préciser si ces matériels seront prêtés ou déposés par l'une auprès de l'autre, s'ils appartiendront en propre à l'une des parties ou s'ils seront en copropriété, si leur utilisation sera ou non facturée, qui aura la charge des assurances les concernant, etc. **19219**

Locaux Il faut aussi déterminer dans le contrat les locaux où seront effectuées les recherches. Deux solutions peuvent se présenter : **19222**

– ou bien les recherches se font dans les **locaux appartenant à** l'**une** des **parties** et il est alors opportun de se prononcer sur les conditions de location ainsi que sur les dommages éventuels pouvant résulter des travaux et leurs conséquences (prime d'assurance, sort de l'indemnité, charge des dégradations non assurées, etc.) ;

– ou bien les recherches sont faites dans un **local commun** spécialement construit à cet effet : les parties doivent alors fixer le statut juridique de ce local ; le plus souvent, elles le font soit par création d'une personne morale (GIE, société, association) qui achète ou construit le local, soit par une convention d'indivision.

19225 **Frais** Le contrat doit fixer la proportion dans laquelle chaque contractant contribue au financement des recherches communes.

Compte tenu des dépenses imprévues que les travaux peuvent engendrer, il est à conseiller de prévoir dans le contrat la fixation, à la fin de chaque année, d'un **budget de dépenses** pour l'année suivante. Ce budget est arrêté d'un commun accord entre les parties sur proposition du comité de coordination s'il en existe un.

Pour plus de précisions, les éléments essentiels du budget peuvent être cités dans le contrat : par exemple, salaires du personnel délégué aux recherches communes, loyer des locaux, frais d'acquisition ou d'entretien du matériel, etc.

En vue de permettre le contrôle de l'utilisation des sommes mises à la disposition du comité de coordination, il est généralement prévu que celui-ci tiendra une comptabilité spéciale dans les conditions arrêtées d'un commun accord entre les parties.

Dans la limite du budget, les dépenses peuvent être engagées par l'une ou l'autre des parties ou obligatoirement par les deux parties, celles-ci devant, par exemple, signer conjointement les bordereaux d'engagement de dépenses.

RÉSULTATS DE LA RECHERCHE COMMUNE

19230 **Découvertes brevetables** Trois questions doivent être réglées dans le contrat de recherche.

1. Propriété des brevets. Les parties ont le choix entre deux solutions.

a. Propriété individuelle. Il peut être prévu que tous les brevets issus des recherches en commun seront attribués à une seule des parties ou qu'ils seront partagés entre les parties selon des critères déterminés (nature de l'invention, auteur de la découverte, etc.).

Il est prudent, afin d'éliminer toute discussion ultérieure, de préciser dans le contrat de recherche la nature exacte de l'invention qui sera attribuée à la partie désignée (pour un exemple où la nature exacte de l'invention a dû être recherchée afin de déterminer l'existence d'une soustraction frauduleuse par l'autre partie et de l'intérêt d'établir des comptes rendus précis des travaux exécutés, CA Paris 24-3-2006 : Prop. intell. 2006.350 obs. Galloux) ainsi que de désigner la partie qui déposera le brevet et celle qui en sera propriétaire, même si ce doit être la même personne. Il faut aussi indiquer les modalités du dépôt (pays où le brevet doit être déposé, frais du dépôt, paiement des annuités, conditions de défense du brevet et charge des frais correspondants, etc.).

Il est bon de prévoir aussi quels seront les droits du partenaire non breveté en cas de cession du brevet, notamment si, et à quelles conditions, il pourra en obtenir la licence.

b. Propriété collective. Les brevets peuvent être la copropriété des parties. Dans ce cas, il convient d'établir un règlement de **copropriété** (cf. CPI art. L 613-32). Le manquement à l'obligation de déposer en commun une demande de brevet est sanctionné par l'action en revendication.

2. Droit d'exploitation des brevets. Il est opportun à ce sujet de préciser les points suivants.

a. Droit d'exploitation des parties. Lorsque le brevet est en copropriété, c'est le règlement de copropriété qui détermine ce droit. Habituellement, il est prévu que chaque copropriétaire peut exploiter librement l'invention contre versement d'une redevance au syndicat de copropriété.

Lorsque le brevet appartient en propre à l'une des parties, le contrat accorde le plus souvent aux autres partenaires le droit d'usage gratuit dudit brevet.

b. Droit de **concéder** une **licence** à des tiers. Si le brevet est en copropriété, le règlement doit fixer les conditions d'octroi des licences. S'il est la propriété individuelle de l'une des parties, il faut prévoir si le titulaire du brevet peut ou non donner licence et à quelles conditions, notamment quant au partage des redevances.

3. Protection des brevets. Il est bon de prévoir dans le contrat de recherche les conditions dans lesquelles les parties devront se concerter pour décider de la meilleure attitude à adopter dans tout litige mettant en cause les brevets issus des recherches communes (action en contrefaçon ou en nullité) ainsi que les modalités de répartition des frais de justice et des indemnités pouvant être dues ou reçues à la suite des instances judiciaires.

Sur le modèle de gestion des résultats des recherches communes à plusieurs personnes publiques, CPI art. R 811-1-1.

Découvertes non brevetables Les parties doivent prévoir quels seront leurs droits réciproques sur ces découvertes. En fait, il s'agit pour elles de jeter les bases d'un contrat de communication de savoir-faire. 19233

Découvertes postérieures à l'expiration du contrat Il est utile de fixer dans le contrat les conditions auxquelles seront traités les inventions et perfectionnements qui seraient découverts dans un certain délai après l'expiration du contrat. 19236

Le plus souvent, ces inventions sont la propriété de l'inventeur, mais un traitement de faveur est réservé à son ancien partenaire (par exemple, une licence gratuite ou à taux réduit).

Exploitation des résultats En principe, le contrat de recherche en commun se borne à régler les problèmes posés par l'exécution des recherches communes. Toutefois, le but même de ces recherches étant souvent la mise sur le marché de produits nouveaux, les parties peuvent être amenées à envisager la commercialisation de ces produits. Dans ce cas, elles doivent prévoir dans le contrat de recherche les conditions de cette commercialisation et respecter les règles de libre concurrence (MCC nos 66000 s.). 19239

Information sur les résultats de la recherche Le contrat doit indiquer les modalités selon lesquelles les contractants se tiendront informés de l'état d'avancement des recherches et des résultats obtenus ou attendus. 19242

Conservation du secret Chaque partie doit s'engager à garder le secret sur ses travaux et sur les informations qu'elle a reçues de son partenaire (sur la clause de secret, nos 13640 s.). 19245

Cet engagement n'a pas été violé lorsqu'une partie a déposé des brevets dès lors que ces dépôts ne comportaient aucune information confidentielle, le savoir-faire qui y était incorporé figurant déjà dans l'état de la technique, tel qu'il résultait notamment d'un brevet russe précédemment publié et que le demandeur en violation de l'accord de confidentialité n'établissait pas de préjudice (cf. Cass. 1e civ. 12-6-2013 no 12-16.864 : JCP G 2013.784 obs. Séraglini).

Non-concurrence Les contractants s'engagent généralement à ne pas faire une recherche seuls ou avec d'autres sur les sujets d'études contractuels. En revanche, il est souvent prévu que chacun d'eux est libre de faire des recherches en dehors des limites du domaine contractuel (sur la clause de non-concurrence, nos 13655 s.). 19248

CESSATION DU CONTRAT DE RECHERCHE EN COMMUN

Les contrats de recherche en commun prennent fin conformément aux règles du droit commun. 19255

Les règles exposées à propos du contrat de recherche sur commande (no 19100) sont aussi transposables.

Le contrat prévoit, généralement, que les parties continueront à exploiter librement les brevets ou pourront en obtenir la licence pendant toute la durée de ces brevets.

H. Contrat de recherche « intraprise »

Comme le révèle la chronique intitulée « L'intraprise : étude juridique « (Girard-Gaymard : D. 2021.1197) », cette formule recouvre une pratique contractuelle anglo-américaine qui offre un nouvel outil de management de l'innovation. Le contrat « d'intraprise » est conclu **entre un employeur et certains** de ses **salariés** sur un objectif de recherche déterminé. 19264

Selon l'auteur de l'étude précitée, ce contrat pourrait se glisser dans un contrat de société en participation.

CHAPITRE 5

CONTRAT DE PRESTATION DE SERVICES OU D'ENTREPRISE

SOMMAIRE

SECTION 1
CONTRAT D'ENTREPRISE DE DROIT COMMUN 19540
A. Conclusion du contrat d'entreprise 19540
B. Exécution du contrat d'entreprise 19600
SECTION 2
CONTRAT DE GÉRANCE-MANDAT 19800
SECTION 3
CONTRAT DE PRESTATIONS INFORMATIQUES 20000
A. Contrat d'ingénierie informatique 20000
B. Contrat de fourniture de prestations électroniques 20050
C. Contrat de services d'intermédiation en ligne 20100
1. Transparence des prestations d'un service d'intermédiation 20103
2. Régime du marché unique des services d'intermédiation en ligne 20110
D. Contrat de fourniture d'un service de partage de contenus en ligne 20120
SECTION 4
SOUS-TRAITANCE 20200
A. Contrat de sous-traitance industrielle 20210
B. Sous-traitance de contrat ou de marché au sens de la loi du 31 décembre 1975 20300
1. Conclusion du contrat 20309
2. Exécution du contrat 20400

PRÉSENTATION DU CONTRAT DE PRESTATION DE SERVICES

19500 Le contrat dit « d'entreprise » en termes juridiques (louage d'ouvrage et d'industrie dans le Code civil) est le contrat par lequel sont réalisées les diverses **prestations de services** qui ne sont pas exécutées sous l'empire d'un contrat de travail.

La prestation de services est caractérisée par le fait qu'elle implique une « obligation de faire » ou, autrement dit, « une activité déterminée » (CA Paris 9-11-2017 n° 16/05321 : RTD civ. 2018.149 obs. Gautier).

Couvrant toutes les prestations de services exécutées dans des conditions indépendantes, le contrat d'entreprise est utilisé dans les **domaines** les plus variés. Il est, par exemple, le contrat par lequel sont convenus la construction d'un immeuble, la réalisation d'une étude, la fourniture d'opérations informatiques, la restauration collective d'entreprises, un gardiennage, un nettoyage, un recouvrement de créances, la prise en charge du service courrier, la gestion d'investissements divers, la gérance d'un fonds de commerce ou d'un fonds artisanal ou la fourniture de conseils en management ou en recrutement de cadres.

QUALIFICATION DE CONTRAT DE PRESTATION DE SERVICES

19505 Un contrat **doit être qualifié** d'entreprise lorsqu'une partie offre, à titre principal, à son cocontractant un service réalisé par elle-même ou son propre personnel qui reste placé sous sa direction et sous sa responsabilité.

La notion de services « implique, pour le moins, que la partie qui les fournit effectue une activité déterminée en contrepartie d'une rémunération » (CJCE 23-4-2009 aff. 533/07 : D. 2009.1489).

19508 **Accomplissement d'une activité** Le contrat a pour prestation caractéristique le déploiement d'une activité par une partie au profit de l'autre. Encore faut-il que les conditions suivantes soient réunies.

19511 **1.** La **tâche** à exécuter peut être **matérielle,** telles la fabrication, la réparation, la transformation d'une chose mobilière ou immobilière (CA Colmar 10-2-1970 : D. 1971 som. 28), ou purement **intellectuelle** (Cass. 3e civ. 28-2-1984 no 82-15.550 : Bull. civ. III no 51).

Ainsi en est-il :
- de la conception d'une œuvre à faire réaliser par des ingénieurs-conseils ou des bureaux d'études (Cass. civ. 17-6-1971 : D. 1971.515 ; Cass. 3e civ. 21-4-1982 no 80-14.105 : Bull. civ. III no 102) ;
- de l'impression d'un ouvrage (CA Versailles 28-2-1997 : Bull. inf. C. cass. 1997 no 998) ;
- de la tenue d'une comptabilité (Cass. 1e civ. 4-5-2012 no 11-15.617 : RJDA 12/12 no 1122, écartant la qualification de mandat pour les prestations d'un expert-comptable) ou de la tenue d'un compte sur lequel est autorisé un découvert, ou sur lequel sont prévues des remises réciproques pour l'exécution d'une autorisation de crédit (Cass. com. 9-3-1999 : RJDA 5/99 no 625).

En revanche, ne peut pas être assimilée à une prestation de services :
- l'autorisation accordée par la Sacem, moyennant redevance, aux exploitants de discothèques pour l'exécution publique d'une œuvre artistique, dès lors que ce droit exclusif à consentir une autorisation constitue un droit purement potestatif exigeant uniquement l'exercice de la volonté sans accomplissement d'actions matérielles ou intellectuelles proprement dites (TGI Lille 9-12-1976 : RIDA 1977.163) ;
- la mise à la disposition du cocontractant d'un matériel que celui-ci ne possède pas pour lui permettre d'exécuter ses obligations (Cass. 3e civ. 21-4-1982 no 80-14.105 : Bull. civ. III no 102) ;
- la fourniture d'un ordinateur et de logiciels avec option d'achat dès lors que les spécifications ont été imposées par l'utilisateur, qui était lui-même informé, dès avant la conclusion du contrat de location de matériel, de son inadéquation, qui a, directement, recherché des solutions aux difficultés rencontrées, et qui, dans diverses correspondances postérieures, a décrit l'intervention du loueur comme étant limitée à une opération de financement (Cass. com. 4-7-1995 no 93-18.871 : RJDA 1/96 no 52) ;
- le bail d'habitation, même s'il s'agit d'un contrat de location qui oblige le bailleur à mettre un immeuble à la disposition du locataire afin qu'il en jouisse pendant un certain temps (Cass. com. 19-6-2019 no 18-10.424 FS-PB).

19514 **2.** L'exécution de la tâche visée au contrat doit constituer l'**obligation essentielle** du contrat ; c'est le cas lorsque celui-ci comporte à la fois une prestation de services et la fourniture d'un bien dès lors que cette prestation est plus importante que la fourniture (cf. art. 3 de la convention de Vienne) ou qu'elle a pour objet un travail spécifique répondant à des besoins particuliers exprimés par le donneur d'ordre (Cass. com. 20-6-1989 et 4-7-1989 : D. 1990.246 note Virassamy ; Cass. 3e civ. 9-6-1999 no 1013 : RJDA 11/99 no 1207 ; Cass. 3e civ. 11-5-2005 : RJDA 11/05 no 1179).

Par **exemple** :

a. Est un contrat d'entreprise :
- le contrat ayant pour objet à la fois la livraison et la construction de toute une usine (Sentence CCI no 1704 en 1977 : Clunet 1978.977 obs. Derains), d'une liaison ferroviaire (CA Paris 14-1-1993 : JCP G 1993.II.22069 note Dumesnil-Rossi) ou la fourniture et la pose d'un parquet (Cass. 3e civ. 12-10-2022 no 20-17.335 FS-B : RJDA 1/23 no 23) ;
- le contrat portant sur la fabrication de wagons répondant à des critères particuliers imposés par le maître d'ouvrage (CA Paris 11-7-1983 : GP 1983.723 note Margeat) ;
- le contrat d'entretien s'il comporte accessoirement la fourniture d'ingrédients (CA Paris 18-10-1984 : GP 1985.som.8) ;
- le contrat conclu entre un entrepreneur de promenades équestres et son client qui peut tout ignorer de l'équitation et rechercher le divertissement d'un parcours à dos de cheval selon un itinéraire imposé par les accompagnateurs (Cass. 1e civ. 3-5-1988 : Bull. civ. I p. 87) ;
- le contrat intervenu entre le propriétaire de chevaux de course et l'entraîneur selon lequel ce dernier les loge, les nourrit et leur procure essentiellement un état de performance qui leur permettra de gagner les courses grâce à son habileté et à sa science (TGI Senlis 6-5-1986 : GP 1986.559 ; dans le même sens, CA Caen 8-7-1993 : JCP G 1993.IV.2479) ;
- le contrat de fabrication de certaines pièces d'avion devant répondre à des impératifs déterminés, non compatibles avec un travail de série, dans lesquels la précision, la qualité et surtout l'importance de la main-d'œuvre l'emportent sur le coût de la matière fournie (CA Versailles 15-11-1986 : GP 1987.som.375 ; dans le même sens, Cass. com. 3-1-1995 : RJDA 4/95 no 434 ; aussi no 20303) ;
- le contrat de réparation d'un matériel (Cass. civ. 26-1-1999 no 97-11.952 : JCP G 2000.II.10304 note Sainte-Rose) ;
- le contrat portant uniquement sur la définition de données et descriptions techniques à partir desquelles un élément original devait être développé en collaboration et sous le contrôle du client pour être ensuite mis en fabrication et fourni (CA Versailles 16-12-2004 : GP 2005.som.2126) ;
- le contrat de fourniture de deux compresseurs qui figuraient au catalogue du fabricant mais dont l'installation commandée nécessitait la combinaison de deux modèles à laquelle s'ajoutait un troisième compresseur, ce qui ne répondait pas simplement à la livraison d'un matériel déterminé à l'avance par le fabricant (CA Toulouse 3-9-2013 no 11/05488 : RJDA 11/13 no 890) ;
- le contrat de construction d'un navire lorsque les éléments commandés ne sont pas compatibles avec une production en série (CA Paris 11-10-2017 no 13/14795 : DMF 2018.323 obs. Piette) ;
- le contrat qui a pour objet de faire revêtir les projecteurs commandés d'une protection complémentaire par « rilsanisation » et équipés d'une patte de fixation, également traitée selon le même

procédé et raccourcie au maximum pour réduire l'encombrement des appareils de façon à faciliter le nettoyage du caniveau et répondre aux besoins précis du chantier auquel ils étaient destinés (Cass. 3e civ. 20-4-2022 n° 21-14.182 FS-B : RJDA 7/22 n° 386).

b. N'est pas un contrat d'entreprise, mais :
- un contrat de location de matériel, un contrat aux termes duquel une société met à la disposition d'une entreprise une grue en vue de la pose d'une canalisation moyennant un tarif horaire et non forfaitaire (CA Aix 30-6-1978 : Bull. Cour d'Aix 1978/3 p. 65) ;
- un contrat de vente à livrer, le contrat de construction d'un navire confié à des entrepreneurs spécialisés (Cass. com. 9-4-1991 : Bull. civ. IV p. 91 ; CA Aix 3-10-2014 n° 12/16294 : DMF 2015.144 obs. Lootgieter) ;
- un contrat de vente, le contrat de fourniture de béton « prêt à l'emploi » sur un chantier (CE 26-9-2007 n° 255993 : RJDA 1/08 n° 37) ;
- un contrat de vente, le contrat de fabrication de transformateurs à installer sur des rotatives dès lors que ces transformateurs ne sont pas destinés à un chantier particulier mais constituent un équipement de série et que leur substitution par des transformateurs d'une autre marque est possible (Cass. com. 3-6-2008 n° 07-15.380 : RJDA 11/08 n° 1115) ;
- un contrat de vente, le contrat de fourniture de menuiseries standards, le fournisseur n'étant pas chargé d'en effectuer la pose (Cass. 3e civ. 17-3-2010 n° 09-12.208 : RJDA 6/10 n° 621) ;
- un contrat de vente, le contrat de fourniture d'un kit de ferraillage avec plan fabriqué par une société qui n'est pas le sous-traitant du fournisseur (Cass. 3e civ. 11-7-2012 n° 11-16.414 : Bull. civ. III n° 107).

Le juge peut estimer que le contrat tel que conçu par les parties comporte à la fois un contrat d'entreprise et une vente de fournitures et se livrer à une appréciation des prestations au regard de ces deux contrats (Cass. civ. 16-3-1977 : JCP G 1978.II.18913 note Hassler : construction d'une centrale thermique sur le terrain du donneur d'ordre), mais il ne peut pas retenir le **caractère mixte du contrat** et constater un vice de fabrication rendant la chose impropre à l'usage auquel elle était destinée sans tirer les conséquences de la qualification donnée au contrat (Cass. com. 6-1-1982 n° 80-14.174 : Bull. civ. IV n° 4). 19517

Pour réduire l'incertitude, les parties peuvent **lier** expressément **le juge sur la qualification** qu'elles choisissent (n° 10025). Le risque de suspicion de fraude aux règles d'ordre public de la vente est inexistant si les parties sont de la même spécialité car il peut alors être dérogé à la garantie des vices cachés due par le vendeur (n° 27259).

Activité non subordonnée L'activité du prestataire de services, contrairement à celle du salarié lié par un **contrat de travail,** doit être conduite en toute indépendance dans l'exécution de sa tâche (Cass. soc. 29-1-1970 n° 69-40.029 : Bull. civ. V n° 68). 19520

Mais les tribunaux retiennent un certain nombre d'autres indices tels :
- la qualité de commerçant (Cass. soc. 16-12-1963 : Bull. civ. IV p. 729) ;
- l'absence de supplément en contrepartie d'une responsabilité ou d'un risque (Cass. soc. 19-7-1968 : Bull. civ. V p. 327) ;
- la propriété du matériel (Cass. soc. 14-11-1968 : Bull. civ. V p. 420 ; contra Cass. soc. 2-7-1964 : Bull. civ. IV p. 479) ;
- la liberté des horaires et la rémunération selon le travail fourni (Cass. soc. 2-12-1970 n° 69-12.014 : Bull. civ. V n° 683 ; Cass. soc. 20-10-2015 n° 14-16.179 : RJDA 2/16 n° 106) ;
- le contrôle exercé sur le mode d'exécution de la prestation et l'obligation de rendre compte (Cass. soc. 10-12-2008 n° 07-43.117 : RJDA 5/09 n° 423 ; CA Rouen 1-12-1987).

Ainsi jugé qu'avait la qualité de prestataire de services :
- le groupement économique de lamanage du port qui avait conclu un contrat de lamanage avec le propriétaire d'un navire alors même que le lamaneur agissait sous les ordres et la direction du capitaine (CA Aix 7-11-1975 : DMF 1977.172) ;
- l'artisan maçon, immatriculé au répertoire des métiers, qui s'est engagé à payer un dédit s'il abandonnait le chantier (Cass. soc. 1-12-1976 : GP 1977.1.pan.105) ;
- l'entreprise de battage restée maître de la conduite de ses engins alors même que l'agriculteur déterminait l'ordre des travaux, décidait de leur maintien ou non, compte tenu des conditions météorologiques (Cass. civ. 25-4-1978 n° 76-15.429 : Bull. civ. III n° 156) ;
- celui qui reconnaissait en avoir joué le rôle, réalisait seul les travaux de gros œuvre et signalait au maître d'ouvrage les matériaux à acquérir en le conseillant sur leur choix (Cass. civ. 18-1-1983 : JCP G 1983.IV.102).

Mais il y a contrat de travail lorsque le maître d'ouvrage fait construire le gros œuvre par un maçon en lui donnant des ordres, le payant à l'heure et fournissant lui-même la quasi-totalité des matériaux nécessaires à la construction (Cass. civ. 7-6-1977 : GP 1977.2.som.307) comme lorsqu'il fournit à un gaveur d'oies le terrain, les locaux et le matériel lui permettant d'exercer son activité, dont il assume la surveillance technique, et que la résiliation du contrat n'est prévue qu'en cas de manquement du gaveur à ses engagements contractuels (Cass. 2e civ. 13-11-2008 n° 07-15.535 : Bull. civ. II n° 241).

L'affirmation par accord exprès que le contrat est un contrat d'entreprise **ne lie pas** le juge si l'indépendance du prestataire de services n'est pas vérifiée dans la réalité. En effet, la qualification du contrat de travail est d'ordre public et, en conséquence, le juge la rétablira s'il constate un détournement des règles protectrices applicables au contrat de travail.

19523 **Activité à titre personnel** Le prestataire de services doit accomplir en son nom et pour son compte les actes d'exécution de la tâche qui lui incombe.

Le contrat d'entreprise est en effet distinct du **mandat.** Ainsi constituent un contrat d'entreprise :

– la convention conclue entre une société d'économie mixte et une société civile immobilière en vue de la construction d'un ensemble pavillonnaire aux termes de laquelle la première doit effectuer toutes les études techniques, choisir les hommes de l'art et contrôler les travaux jusqu'à la réception définitive (Cass. civ. 4-11-1976 : D. 1977.IR.48) ;

– le contrat aux termes duquel l'artisan s'engage à exécuter ou à faire exécuter des travaux de construction pour un prix forfaitaire avec des matériaux qu'il doit se procurer et reçoit des fonds de son client au titre d'avance sur travaux à titre définitif (CA Rouen 24-5-1983 : BRDA 22/83 p. 23) ;

– le « contrat obsèques » aux termes duquel une entreprise de pompes funèbres reçoit des fonds en vue de fournir diverses prestations à son client lors du décès de celui-ci (Cass. crim. 17-6-1991 : RJDA 10/91 n° 805).

RÉGIME DU CONTRAT DE PRESTATION DE SERVICES

19530 Nulle part dans la loi ne se trouvent affirmées comme telles les règles relatives au contrat d'entreprise. Celles-ci se déterminent ainsi :

– les articles 1787 à 1799-1 du Code civil contiennent les règles de **droit commun du contrat d'entreprise,** à l'exception de celles (C. civ. art. 1792 à 1792-6) réservées au contrat de construction immobilière ;

Bien que les dispositions autres que celles des articles 1792 à 1792-6 susvisées soient rédigées avec une terminologie qui se rapporte au contrat de construction immobilière, il est admis qu'elles sont transposables à tout contrat d'entreprise, par analogie, dès lors que leur spécificité n'interdit pas cette extension.

– les dispositions précitées du Code civil ne sont applicables que dans la mesure où la loi n'a pas édicté des **règles contraires** pour un contrat donné ; il en est ainsi, notamment, pour le contrat de transport et pour les marchés publics de services (pour une application au contrat de réparation d'un navire, le régime spécial ne visant que le contrat de construction d'un navire, CA Aix-en-Provence 21-12-2017 n° 15/11019 : DMF 2018.408 obs. Bonassies) ;

– ces dispositions doivent être complétées par les règles du droit commun des contrats, dans la mesure où elles sont compatibles avec les règles particulières précitées (cf. C. civ. art. 1105, al. 2 et 3 ; n° 10668) et où leur application se rapporte à des contrats conclus depuis le 1er octobre 2016 (nos 10611 s.).

Si le contrat est **international** et à défaut du choix de la loi applicable par les parties, la loi **du lieu d'exécution** de la prestation de services, qui est l'élément le plus caractéristique, est la plus appropriée pour donner le régime du contrat ; lorsque la prestation se rapporte à un immeuble, la loi du lieu de situation de l'immeuble est retenue par les tribunaux (Cass. civ. 26-11-1980 : Clunet 1981.355 note Kahn ; Cass. civ. 15-6-1982 : Bull. civ. I p. 191 ; Cass. civ. 10-7-1990 : Rev. arb. 1990.851 note Hoiry et Vergne ; TGI Poitiers 22-12-1999 : Rev. crit. 2001.670 note Rémy-Corlay), sauf si elle n'est pas appropriée à l'économie de la convention (Cass. civ. 29-10-1974 : Clunet 1975.314 note Fouchard).

Ces solutions jurisprudentielles sont largement compatibles avec celles du règlement européen Rome I (Règl. 593/2008 du 17-6-2008 art. 4, 1-b et c, 2 et 3), applicables aux contrats d'entreprise soulevant un conflit entre lois de l'UE (n° 17103) ; le règlement, visant en priorité la loi du lieu de la résidence habituelle du prestataire de services, ne conduit à écarter la loi du lieu d'exécution de la prestation que si ce lieu ne concorde pas avec celui de cette résidence, hypothèse qui en pratique ne doit pas être la plus fréquente.

POINTS SENSIBLES SUR LE CONTRAT DE PRESTATION DE SERVICES

19535 La première attention que les parties doivent à un contrat qui porte sur des prestations de services est de le **qualifier** exactement, conformément aux règles exposées aux nos 19505 s.

Ce préalable tranché, elles doivent aussi :

– **préciser** si le contrat est conclu intuitu personae (n° 19552) ;

– **décrire** les travaux à exécuter lorsque le prix est forfaitaire, car des compléments de prix ne pourront être exigés que pour des travaux supplémentaires et acceptés (n° 19555).

Le prestataire de services doit spécialement veiller, en outre, à **informer et à conseiller** le maître d'ouvrage dans la mesure de sa spécialité et à **exécuter** l'ouvrage de telle sorte que l'objectif recherché soit atteint (nos 19549 et 19625).

Si l'ouvrage est exécuté par **plusieurs prestataires** de services, chacun d'eux doit éviter d'apparaître, aux yeux des tiers, comme un associé de fait des autres exécutants, sous peine d'être condamné au paiement solidaire des dettes de ces derniers (nº 18703).

SECTION 1

CONTRAT D'ENTREPRISE DE DROIT COMMUN

A. Conclusion du contrat d'entreprise

Échange des consentements Le contrat d'entreprise est conclu par le seul échange des consentements, l'écrit n'en étant pas une condition substantielle (CA Dijon 23-9-2003 : JCP G 2004.IV.1245). 19540

Aussi, bien qu'il soit d'usage de demander aux prestataires de services un **devis** précisant les travaux à exécuter et le prix, le contrat d'entreprise est valablement formé même si un tel devis n'a pas été établi (Cass. 3e civ. 18-6-1970 : D. 1970.674) ou si les travaux ont été exécutés sur la base d'un devis non signé (Cass. 3e civ. 17-12-1997 : RJDA 3/98 nº 281), car l'accord préalable sur le coût des travaux n'est pas une condition de validité du contrat (C. civ. art. 1165 ; Cass. 1e civ. 20-2-1996 : RJDA 8-9/96 nº 1040 ; Cass. 1e civ. 28-11-2000 nº 98-17.560 : RJDA 3/01 nº 297), sauf si les textes l'imposent comme c'est le cas du contrat conclu avec un expert-comptable (Cass. com. 20-9-2023 nº 21-25.386 FS-B : RJDA 24/01 nº 21).

Le coût d'établissement du devis, même si le contrat n'est pas conclu, est dû si les parties l'ont prévu expressément. À défaut, rien n'est dû (Cass. civ. 22-10-1959 : D. 1960.90), sauf si les renseignements communiqués sous couvert de devis sont des études constituant une véritable œuvre de l'esprit (CA Aix 10-1-1984 : Bull. Cour d'Aix 1984/1 p. 29) ou constituent des informations que le maître d'ouvrage aurait dû faire rechercher (TGI Lille 31-5-1968 : AJPI 1969.II.421 note Gaston).

Si un devis a été établi et non accepté, il est insuffisant à établir l'accord des parties sur l'existence du contrat (Cass. com. 1-10-1991 : RJDA 6/92 nº 551).

Interdictions Indépendamment des conditions générales de validité des contrats, il est interdit à toute personne de proposer des services en utilisant, dans des conditions irrégulières, le **domaine public** de l'État, des collectivités locales et de leurs établissements publics (C. com. art. L 442-11) et à des conditions contraires à la législation de libre concurrence (MCC nºs 41000 s.). 19543

Travaux à exécuter Les parties doivent **définir** avec la plus extrême attention les travaux à exécuter. En cas de définition insuffisante, le prestataire de services peut être tenu d'exécuter les travaux qu'implique la nature de l'ouvrage commandé, car il peut être considéré avoir implicitement accepté cette condition, ou, à l'inverse, être à la merci du donneur d'ordre qui s'estimerait en droit de lui demander ou non son intervention tout en lui imposant des sujétions, par exemple une clause de non-concurrence (CA Versailles 12-9-1996 : JCP E 1996.pan.1278, qui a interprété le contrat de conseil fixant un nombre maximal de jours dus par le prestataire comme lui ouvrant droit à recevoir des demandes d'intervention et a condamné le donneur d'ordre à l'indemniser de l'absence de toute mission pendant neuf mois et de contrepartie à l'obligation de non-concurrence). 19546

Lorsque les tâches à exécuter sont importantes et complexes, le maître d'ouvrage a intérêt à prévoir des procédés de **contrôle** et de surveillance des travaux en fixant qui en supportera la charge. Il est recommandé de préciser – bien que la règle de principe aille de soi – que ce contrôle n'exonère pas le prestataire de services de ses responsabilités.

Il peut aussi demander l'exécution d'**essais** et se réserver le droit de rejeter l'ouvrage si les essais ne sont pas satisfaisants. Il convient, dans ce cas, de prévoir le délai permettant au prestataire de corriger les défauts qui seraient apparus au cours des essais.

Devoir d'information et de conseil du prestataire de services Le prestataire de services doit au destinataire de la prestation les **informations** spécifiquement visées nº 21575 et celles requises par le droit commun visées nºs 11834 s. dans la mesure où ces dernières ne sont pas exclues par les précédentes. 19549

L'exécution de ce devoir d'information ne dispense pas du **devoir de conseil** que les tribunaux restent libres de faire peser sur le prestataire de services, aucune disposition ne réglant ce devoir ; ainsi des décisions ont :

– mis à la charge du prestataire de services la délivrance d'une information circonstanciée et personnalisée sur le travail demandé (Cass. 1e civ. 2-7-2014 n° 13-10.076 : RJDA 11/14 n° 899) et exigé de lui qu'il refuse d'exécuter les travaux qu'il savait inefficaces (Cass. 3e civ. 21-5-2014 n° 13-16.855 : Bull. civ. III n° 63), ce devoir de conseil existant également entre entrepreneurs dès lors que le travail de l'un dépend du travail de l'autre (Cass. civ. 4-6-1986 : GP 1986.som.182 ; Cass. 3e civ. 31-1-2007 : Bull. civ. III n° 13) ;

– limité ce devoir à la mesure de la mission confiée au prestataire (Cass. civ. 7-6-1995 : RJDA 12/95 n° 1324 : absence de manquement du garagiste qui suit la demande de son client d'agir au moindre frais ; Cass. civ. 3-6-1998 : RJDA 11/98 n° 1199 : garagiste s'en tenant à la demande d'un professionnel ; CA Paris 2-3-2010 n° 09/01129 : RJDA 10/10 n° 948 : expert-comptable à qui il n'avait pas été demandé de prévoir une garantie de passif) ;

– écarté ce devoir lorsque le maître d'ouvrage ne lui avait pas communiqué tout renseignement propre à influencer la bonne exécution du travail commandé (Cass. civ. 17-3-1969 : D. 1969.532 ; Cass. civ. 3-1-1980 : RDI 1980.175 obs. Malinvaud et Boubli ; CA Lyon 23-12-1969 : JCP G 1970.II.16557) ; mais les juges peuvent toujours estimer que le prestataire de services, compte tenu de la prestation qu'il fournit et des circonstances, aurait dû s'informer plus précisément de la destination de sa prestation (Cass. 2e civ. 2-6-2016 n° 15-16.981 : PA 2016 n° 173 p. 12 note Delannoy) ;

– exigé qu'il rapporte la preuve qu'il avait assumé son devoir (Cass. civ. 4-5-1976 : D. 1977.34).

Par exemple, est tenu d'un devoir d'information et de conseil :

– l'éditeur d'une annonce publicitaire dont l'ordre prévoyait que l'annonceur devait envoyer un typon, dès lors que cet annonceur n'était pas un professionnel de l'édition et ne lui avait jamais passé d'ordre de publicité (CA Paris 14-5-1991 : RJDA 11/91 n° 918) ;

– le professionnel de l'emballage industriel tenu de prévenir son client de la sensibilité particulière à l'humidité des matériels confiés au conditionnement (CA Paris 29-4-1993 : BT 1993.387) ;

– l'entrepreneur qui aménage des locaux, même si un maître d'œuvre a assumé l'intégralité du projet (Cass. 3e civ. 11-2-1998 : RJDA 6/98 n° 707), ou qui, en connaissance de cause, exécute des travaux sans les plans et sans l'intervention d'un maître d'œuvre (CA Paris 19-1-2005 : JCP G 2005.IV.1515) ;

– le réparateur qui doit attirer l'attention de son client sur l'étendue réelle des travaux qui sont nécessaires sur son matériel (Cass. com. 3-3-1998 : RJDA 7/98 n° 856) ou sur les risques que comportent les travaux demandés (Cass. 3e civ. 1-10-1975 n° 74-10.103 : Bull. civ. III n° 269 ; CA Aix 16-4-1987 : Bull. Cour d'Aix 1987/1 p. 45) ; mais son devoir de conseil ne porte que sur les conséquences purement techniques des travaux commandés et non sur les conséquences administratives comme, par exemple, la modification d'une carte grise (CA Aix 2-12-1981 : Bull. Cour d'Aix 1981/3.4 p. 18) ;

– l'installateur d'un matériel, indépendamment de l'obligation de conseil du vendeur, car il est tenu d'adapter l'installation existante aux caractéristiques du matériel livré (Cass. civ. 25-1-2000 : RJDA 9-10/00 n° 857) ; mais les précautions à respecter dans la manipulation d'un appareil incombent au vendeur, et non pas, sauf circonstances particulières, au réparateur (Cass. 1e civ. 19-1-1983 n° 81-16.183 : JCP G 1984.II.20175 note Jourdain).

Un devoir d'information et de conseil peut aussi être mis à la charge d'un avoué (Cass. civ. 13-2-1974 : D. 1974.IR.98), d'un géomètre expert (Cass. 3e civ. 14-1-1975 n° 73-13.979 : Bull. civ. III n° 6), d'un huissier (ou commissaire de justice) (Cass. civ. 12-11-1975 : JCP G 1976.IV.8), d'un teinturier (Cass. civ. 7-3-1978 : Bull. civ. I p. 77), d'un agent d'affaires (Cass. civ. 9-5-1979 : D. 1979.IR.467), d'un ingénieur-conseil en propriété industrielle (CA Paris 8-5-1971 : GP 1971.2.705), du fournisseur du service de consultation du fichier national des chèques impayés (CA Lyon 17-12-1999 : JCP G 2002.IV.1400) et d'un expert-comptable peu important le montant de la rémunération fixée (Cass. 1e civ. 30-5-2013 n° 12-18.515 : RJDA 11/13 n° 877).

En matière d'installation de gaz située à l'intérieur de locaux d'habitation, il a été jugé que Gaz de France avait, en tant que distributeur, non seulement l'obligation de vérifier l'existence du certificat de conformité établi par l'installateur mais encore de s'assurer que la consistance de l'installation correspondait bien aux exigences des prescriptions de sécurité applicables à ce type d'installation (Cass. civ. 16-12-1987 : Bull. civ. III p. 122).

19552 **Exécutants** Lorsque le contrat est exécuté par plusieurs prestataires de services, ces derniers doivent régler leurs rapports. À cet effet, ils peuvent conclure un contrat de consortium. Les parties doivent aussi se prononcer sur la faculté de sous-traiter ou de céder le contrat ; à défaut, tout dépend du point de savoir si le contrat est conclu intuitu personae ou non (CA Paris 7-7-1981 : JCP G 1982.II.19823 note Flécheux, qui a reconnu un caractère personnel à un marché et a interdit la sous-traitance sans accord du donneur d'ordre ; dans le même sens, CA Aix 16-1-1991 : Bull. d'Aix 1991/1 p. 42 n° 27).

Les parties ont aussi intérêt à préciser – ce qu'elles sont admises à faire (CA Dijon 20-1-1921 : GP 1921.2.29) – si le décès du prestataire de services, ou la dissolution (ou la fusion) d'une société, éteindra ou non le contrat comme le prévoit, par principe, l'article 1795 du Code civil.

Prix Sous réserve des règles particulières applicables à la rémunération de prestations de service réglementées, notamment celles d'un avocat, le prix d'une prestation de services est librement fixé par les parties conformément aux règles générales des contrats (n° 12429). Généralement, les parties arrêtent le prix sur la base d'un devis ou d'un forfait ou encore ne le fixent pas, le bénéficiaire de la prestation acceptant celui de la facture, quitte à en contester le montant. 19555

Lorsque le prix a été fixé dans un **devis,** il doit être appliqué quoique le coût des pièces à utiliser n'ait pu être fixé par avance dès lors que le devis ne prévoit pas que ce coût sera à ajouter (CA Rouen 25-8-1993 : JCP G 1994.IV.379).

Lorsque le prix est **forfaitaire,** les travaux supplémentaires ne peuvent être facturés que si le prestataire de services établit que le bénéficiaire des prestations les a acceptés (sur des défauts de preuve, Cass. 3e civ. 8-6-2023 n° 22-10.393 FS-B ; CA Versailles 22-3-1990 : GP 1991.som.38 ; n° 50305) ou que ces travaux ont constitué un bouleversement de l'économie du contrat, ce qui peut résulter d'un quasi-doublement de leur volume (Cass. civ. 12-3-1997 : RJDA 5/97 n° 640 ; CE 24-6-2002 : RJDA 11/02 n° 1141 ; CE 3-3-2010 n° 304604 : RJDA 5/10 n° 506).

Lorsque la prestation a été exécutée **sans** que le **prix** soit **fixé,** le créancier a le pouvoir de fixer le prix, sauf à devoir des dommages-intérêts en cas de montant abusif (n° 12429).

Fourniture de la matière Les parties doivent préciser laquelle d'entre elles fournira la matière pour les travaux à exécuter. 19558

Au besoin, elles doivent aussi fixer les conditions dans lesquelles cette matière sera fournie.

Enfin, elles peuvent régler la charge des risques de perte de la matière, les règles des articles 1788 et 1789 du Code civil qui fixent une répartition de cette charge (nos 19615 s.) n'étant pas d'ordre public (Cass. civ. 25-2-1964 : D. 1964.som.90 : à propos de C. civ. art. 1789 transposable par analogie à l'art. 1788 du même Code).

Découvertes Lorsque les travaux peuvent conduire à des inventions, les parties doivent préciser qui en aura le bénéfice, et dans quels termes (nos 19030 et 20430). 19561

C'est à l'auteur de la commande que revient entièrement la propriété de l'invention dès lors qu'il établit avoir assumé la direction des fabrications et des recherches ainsi que leur financement et qu'en outre il a participé intellectuellement à l'opération (TGI Paris 11-7-1974 : PIBD 1975.III.90).

Assurance Les parties peuvent convenir des sinistres susceptibles de survenir dans l'exécution des travaux qui seront assurés ainsi que de la charge et des modalités de cette assurance (sur la clause d'assurance, n° 15000). 19564

Les risques à considérer sont :
- les dommages corporels aux personnes, les dommages aux biens situés sur les lieux d'exécution ou dans le voisinage ;
- les pertes d'exploitation inhérentes au défaut ou au retard de livraison de l'ouvrage ou encore à ses malfaçons ;
- les dommages causés par le sous-traitant ;
- les dommages causés par les produits défectueux qui portent atteinte à la sécurité des personnes et des biens (nos 8085 s.).

Secret Les parties peuvent prévoir une obligation de secret à la charge de celle qui reçoit des informations confidentielles communiquées par l'autre. Sur la clause de secret, nos 13640 s. 19567

Certaines prestations de services sont soumises par la loi au secret professionnel ; elles sont signalées avec l'exposé des règles qui les concernent.

Preuve du contrat d'entreprise Le contrat d'entreprise se prouve selon les règles du **droit commun.** 19570

Ainsi, la preuve du contrat d'entreprise, à l'égard d'un commerçant, peut se déduire des rapports commerciaux habituels entre les parties (Cass. civ. 20-3-1984 : D. 1985.494 note Daverat).

Mais l'exécution de prestations ne peut suppléer, envers un non-commerçant, l'absence d'écrit ou de commencement de preuve par écrit lorsque l'objet du contrat dépasse 1 500 € (cf. C. civ. art. 1359 ; ex-art. 1341 ; Cass. civ. 24-3-1987 : D. 1988.297 note Gourio).

Il appartient au prestataire de services qui demande le paiement des travaux qu'il a effectués d'établir qu'ils ont été commandés par son client (Cass. 1e civ. 30-9-2008 n° 07-12.705 : Bull. civ. I n° 215 : preuve non déduite du paiement, par le maître d'ouvrage, d'une somme plus importante que celle résultant des devis acceptés).

B. Exécution du contrat d'entreprise

LIVRAISON DE L'OBJET DU CONTRAT D'ENTREPRISE

19600 **Obligation de livraison** S'il a promis la **fourniture d'un objet façonné,** le prestataire de services doit le livrer au lieu et à la date convenus au contrat.

L'entrepreneur peut reprendre les fournitures qu'il a faites à son client tant que le transfert de propriété de celles-ci ne s'est pas réalisé, sinon il pourrait être condamné pour **vol** (Cass. crim. 13-1-1971 : D. 1971.191 ; Cass. crim. 12-10-1976 : D. 1976.IR.296).

Le **défaut de retirement,** dans le délai d'un an (ou de trois mois pour les véhicules terrestres à moteur), d'objets mobiliers confiés à un professionnel pour être travaillés, façonnés, réparés ou nettoyés ainsi que les navires et bateaux de plaisance déposés chez un professionnel pour être réparés, entretenus, conservés ou gardés permet à l'entrepreneur de se faire autoriser par le juge à vendre ces objets aux enchères publiques et à se faire payer sur le prix (Loi du 31-12-1903 art. 1).

Lorsque le **client ne prend pas livraison** dans les conditions convenues, le prestataire de services a intérêt à le mettre en demeure afin de lui transférer la charge des risques (cf. C. civ. art. 1790). Il a droit à rémunération si le contrat a reçu un commencement d'exécution (CA Paris 21-3-1990 : LP 1991.I.59).

S'il a promis des prestations intellectuelles, le prestataire doit accomplir les tâches dont il est convenu avec le donneur d'ordre (pour une exécution conforme, CA Paris 30-1-2004 n° 02/15444 : RJDA 6/04 n° 698 som.).

19603 **Restitution des matières confiées** En principe, l'entrepreneur est tenu de restituer à son client le matériel et les pièces confiées par ce dernier et non utilisées (Cass. com. 12-5-1980 : JCP G 1980.IV.277) ainsi que les documents qui seraient nécessaires au maître d'ouvrage pour faire valoir ses droits (CA Aix 28-5-1979 : Bull. Cour d'Aix 1979/2 p. 85 : situations et factures de nature à démontrer l'exécution d'un projet de décoration afin de permettre au client de récupérer la TVA).

À défaut, l'entrepreneur peut être condamné pour **abus de confiance** (Cass. crim. 17-3-1976 : D. 1976.682 rapport Dauvergne).

Le détournement n'est pas consommé par le simple retard mis à restituer la chose et la mise en demeure ne suffit pas à commuer le retard en délit (Cass. crim. 20-1-1939 : DH 1939.151).

Il est aussi passible des peines du **vol,** par exemple en cas d'appropriation des marchandises confiées en vue de leur pesage (Cass. crim. 4-11-1964 : JCP G 1965.II.14066 note Chavanne) ou de leur entreposage (Cass. crim. 17-12-1980 : Bull. crim. p. 351).

RÉCEPTION DES TRAVAUX DANS LE CONTRAT D'ENTREPRISE

19610 Dans le silence de la loi, qui ne dispose que sur celle des constructions immobilières (C. civ. art. 1793), la réception – dite parfois « recette » – est **entendue** comme la mesure qui permet au client d'approuver le travail exécuté. Elle se déroule conformément aux prévisions des parties lorsque celles-ci en ont prévu les modalités.

À défaut, la réception des travaux exécutés est l'acte par lequel celui qui les a commandés les accepte, avec ou sans réserves ; cette réception peut être tacite et résulter de la reprise de possession de la chose sur laquelle ont porté les travaux, à la condition que soit caractérisée la volonté non équivoque du donneur d'ordre d'accepter ces travaux (Cass. 1e civ. 19-9-2018 n° 17-17.748 F-PB : RJDA 1/19 n° 60 : à propos de travaux de réparation d'un navire transposable à tout autre chose mobilière, le navire étant un meuble et la solution posée n'étant pas fondée sur des particularités tenant au navire).

Lorsque le travail est réalisé en plusieurs parties distinctes ou à la mesure, la réception peut avoir lieu en **plusieurs fois** ; elle est censée être faite pour toutes les parties payées, si le client verse le prix en proportion de l'ouvrage fait (C. civ. art. 1791).

Si le maître d'ouvrage refuse de réceptionner la prestation exécutée, le prestataire doit le mettre en demeure d'y procéder, le juge étant, le cas échéant, saisi pour apprécier le caractère abusif ou non du refus.

Le refus du maître d'ouvrage est établi lorsqu'il a manifesté son intention formelle de ne pas réceptionner le travail effectué par un entrepreneur en se limitant au versement d'un acompte sur le paiement des factures et en introduisant une procédure de référé (Cass. civ. 17-11-1976 : D. 1977.IR.61).

La **réception** a pour **effet** de transférer la propriété et les risques de l'ouvrage au client (CA Rouen 14-5-1998). Elle met fin à toute responsabilité du prestataire de services du fait des vices apparents mais non des vices cachés (n° 27209) et elle permet d'obliger le maître d'ouvrage à régler le solde du prix (Cass. civ. 15-11-1968 : Bull. civ. III p. 362).

Mais elle demeure par elle-même sans effet sur les droits et obligations financiers nés de l'exécution du contrat, à raison notamment de retards ou de travaux supplémentaires (cf. CE 14-5-2008 n° 295253 : RJDA 2/09 n° 96).

PERTE DE LA MATIÈRE DU CONTRAT D'ENTREPRISE

Matière fournie par le prestataire Lorsque la matière est fournie par le prestataire, et sauf convention contraire (n° 19558), la charge de la perte est déterminée par l'article 1788 du Code civil qui distingue la perte antérieure de celle postérieure à la mise en demeure faite au maître d'ouvrage de recevoir la chose. 19615

L'article 1788, quoiqu'il constitue une disposition spéciale au façonnage de la matière, n'a pas vocation à s'appliquer lorsque la perte ou la détérioration de la chose est due à l'inexécution fautive des obligations de l'entrepreneur (Cass. 3e civ. 13-10-2016 n° 15-23.430 FS-PB : Bull. civ. III n° 133).

En revanche, il est applicable lorsque en dehors de toute recherche de responsabilité, même lorsque la cause des dommages (incendie de l'immeuble en construction) demeure inconnue et même s'il est établi qu'elle réside dans une mauvaise exécution, par l'entrepreneur, de ses obligations contractuelles, dès lors que la demande ne porte que sur la reconstruction de l'ouvrage dans les conditions du marché initial ou sur la restitution du prix payé (Cass. 3e civ. 25-5-2022 n° 21-18.098 FS-B : D. 2022 chron. p. 2316 obs. J.-F. Zedda, reconnaissant au maître d'ouvrage le droit de réclamer aux entrepreneurs, en dehors de toute recherche de responsabilité, la restitution par provision du prix des travaux qu'ils n'étaient pas en mesure de livrer).

Par ailleurs, l'article 1788 n'a pour objet que de déterminer la charge des risques et non la propriété du bien ouvré (Cass. 3e civ. 23-4-1974 n° 73-10.289 : D. 1975.287 note Mazeaud).

1. Avant la mise en demeure. La perte est à la charge du **prestataire** de services quelle que soit son origine (C. civ. art. 1788 ; Cass. 3e civ. 27-1-1976 : Bull. civ. III n° 34).

Mais le prestataire ne doit supporter que la perte de la chose même qu'il a fournie (Cass. 3e civ. 27-3-1991 : Bull. civ. III p. 59).

Il ne peut donc pas obtenir de son client le paiement du coût des travaux ou de la valeur de la matière perdue, alors même que l'inexécution des travaux ou la perte ne serait pas fautive, et il doit restituer les acomptes versés par ce dernier en paiement de ces travaux (Cass. 3e civ. 27-1-1976 précité).

En cas de perte de l'ouvrage lui-même, achevé mais non livré, le prestataire de services n'est tenu de procurer au maître d'ouvrage que la chose qu'il s'était engagé à fournir ; il se libère donc en offrant de rembourser le coût de la construction de l'ouvrage détruit selon les conditions du marché initial ou de reconstruire cet ouvrage sauf à ne supporter que ce coût (Cass. 3e civ. 28-10-1992 : Bull. civ. III p. 73).

2. Après la mise en demeure. La perte est alors supportée par le **donneur d'ordre** (C. civ. art. 1788) ; il la supporte aussi lorsqu'il a accepté le travail, même si la chose ne lui a pas encore été remise, car, par son acceptation, il a pris cette chose sous sa garde.

Sur la possibilité pour le prestataire de forcer le maître d'ouvrage à accepter la chose, n° 54300.

Matière fournie par le donneur d'ordre Dans ce cas et sauf convention contraire (n° 19558), le **prestataire de services** est responsable de la **perte** s'il ne fait pas la preuve de l'absence de faute de sa part (C. civ. art. 1789 ; Cass. civ. 14-5-1991 : RJDA 11/91 n° 914 ; Cass. 3e civ. 17-2-1999 : Bull. civ. III n° 41) ou de celle de ses préposés (Cass. 1e civ. 10-10-1995 : RJDA 1/96 n° 48). Encore faut-il que la chose à œuvrer lui ait été confiée (Cass. 3e civ. 11-3-1975 : Bull. civ. III p. 70). 19618

Ces dispositions appellent les observations complémentaires suivantes :

– le prestataire de services qui prouve qu'il n'a **pas** commis de **faute** est libéré (Cass. civ. 24-3-1993 : Bull. civ. I p. 80) ;

– en cas de perte de la chose due à sa **faute** ou à celle de ceux qu'il s'est substitués (CA Paris 28-7-1885 : DP 1886.2.247), le prestataire de services est tenu de restituer la valeur du bien à son client avec, éventuellement, des dommages et intérêts sans pouvoir réclamer aucune rémunération pour son travail (T. civ. Lille 30-6-1904 : DP 1906.1.204) ;

– en cas de perte de la chose par son **vice propre,** le maître d'ouvrage est tenu d'en supporter la perte et de verser au prestataire de services la rémunération correspondant à son travail, à moins que ce dernier ne connaisse l'existence de ce vice de par sa profession (CA Lyon 23-12-1892 : DP 1893.2.229) ;

– en cas de perte de la chose par **cas fortuit** ou force majeure, la perte doit être supportée par le maître d'ouvrage et la rémunération du prestataire de services ne sera pas due tant que le maître d'ouvrage n'aura pas été mis en demeure de recevoir la chose ou de vérifier le travail (cf. C. civ. art. 1790 ; Cass. 3e civ. 3-10-1978 : Bull. civ. III p. 232 ; Cass. com. 23-3-1982 : D. 1982.IR.327) ;

– le prestataire de services peut répondre de la perte **comme un dépositaire** s'il a accepté cette qualité (Cass. civ. 11-7-1984 : Bull. civ. I p. 194) ou si celle-ci est l'accessoire du contrat d'entreprise, comme en cas de contrat de réparation (Cass. 1e civ. 30-5-2006 : RJDA 11/06 n° 1130 : réparation d'un bateau ; Cass. 1e civ. 8-10-2009 n° 08-20.048 : RJDA 1/10 n° 24 : réparation d'un véhicule).

PAIEMENT DU PRIX DU CONTRAT D'ENTREPRISE

19621 Le maître d'ouvrage doit le prix des prestations qu'il a commandées. Pour en obtenir paiement, le prestataire de services qui a façonné la matière première qu'il lui a fournie a le droit de retenir la chose travaillée si le prix de son intervention est supérieur à la valeur de la marchandise, en remboursant au propriétaire le prix de la matière, estimée à la date du remboursement (C. civ. art. 571 ; pour la censure d'un arrêt qui a fait une application de cette disposition improprement motivée, Cass. com. 27-9-2011 n° 10-14.746 : JCP E 2012.1089 note Billemont, qui précise que l'art. 571 ne peut pas être invoqué pour écarter le jeu de la clause de réserve de propriété que le prestataire a inclus dans ses factures).

Sur l'acquisition de la propriété de la chose à fabriquer, n° 27056.

RÉPARATION DES DOMMAGES CONTRACTUELS

19625 **Régime** À défaut de disposition légale particulière, les dommages tenant à l'exécution ou à l'inexécution de tout contrat d'entreprise doivent être réparés conformément aux règles du **droit commun** de la réparation des dommages contractuels (cf. Cass. com. 3-1-1995 : RJDA 4/95 n° 434 ; n°s 15000 s.).

19628 **Application** L'application des règles du droit commun à la réparation des dommages nés du contrat d'entreprise appelle les observations complémentaires suivantes.

19631 **1.** Les **dommages réparables** sont ceux inhérents au contrat d'entreprise.

Il en est ainsi exclusivement de ceux relatifs au travail exécuté et de ceux portant sur les matières ou matériels utilisés pour l'exécution du contrat ou sur les biens qui sont l'objet du travail (Cass. civ. 21-11-1972 n° 71-13.311 : Bull. civ. III n° 623 ; Cass. civ. 30-5-1978 n° 77-10.375 : Bull. civ. I n° 205 ; Cass. com. 18-5-2022 n° 19-26.141 F-D : RJDA 11/22 n° 629) ; les dommages subis qui ne sont pas relatifs aux travaux commandés peuvent être réparés au titre de la responsabilité extracontractuelle (Cass. 1e civ. 2-11-1978 n° 76-15.608 : Bull. civ. I n° 327 ; Cass. 1e civ. 24-2-1981 n° 79-11.066 : Bull. civ. I n° 66 ; CA Lyon 2-3-2012 : BTL 2012.239).

19634 **2.** L'appréciation de la portée des **obligations** du prestataire de services, quant à savoir si celles-ci sont **de résultat ou de moyen,** dépend du contenu des engagements pris par ce dernier envers le maître d'ouvrage (Cass. 3e civ. 24-6-1987 : Bull. civ. III p. 78).

Par exemple, ont été considérés comme tenus d'une **obligation de résultat** :

– l'installateur d'un système de chauffage au gaz d'un élevage de cailles (Cass. civ. 16-6-1982 : Bull. civ. I p. 197 ; rappr. CA Paris 22-2-2001 : RJDA 11/01 n° 1080) ;

– l'entreprise qui a promis de livrer une installation à l'abri d'incidents de fonctionnement (Cass. com. 17-11-1992 : RJDA 4/93 n° 310) ;

– l'entrepreneur qui est intervenu trois fois pour réparer une climatisation sans parvenir à faire disparaître les désordres de son fonctionnement et qui a, de ce fait, recommandé au maître d'ouvrage de la changer en raison de sa vétusté (Cass. 3e civ. 23-10-2007 n° 06-17.667 : RJDA 3/08 n° 227).

Lorsque le contrat a pour objet l'accomplissement d'une tâche intellectuelle, le prestataire de services, sauf convention contraire, n'est tenu que d'une **obligation de moyen** : tel est le cas notamment des services fournis par :

– des agences dites « de classification » comme le bureau Veritas (Cass. req. 15-5-1923 : DP 1925.1.15) ;

– des agences de conseil en organisation d'entreprise (Cass. civ. 21-12-1964 : JCP G 1965.II.14005 ; CA Lyon 23-12-1969 : JCP G 1970.II.16557) ;

– des agences de renseignements commerciaux (Cass. com. 30-1-1974 : Bull. civ. IV p. 31 ; CA Lyon 27-10-1971 : D. 1972.327 note Tendler) ;

– des agences de publicité (Cass. com. 24-6-1986 : D. 1988.537 note Carreau ; CA Paris 21-11-1988 : D. 1989.IR.14) ;

– des experts-comptables (Cass. com. 2-6-1987 : D. 1987.500) ;

– des agences de recrutement (CA Versailles 3-3-1988 : JCP G 1988.II.21132 note Estoup ; CA Paris 11-1-1990 : D. 1990.IR.54 ; CA Paris 23-1-1990 : D. 1990.IR.50 ; cf. CA Paris 14-11-1991 : RJDA 1/92 n° 36) ;

– l'EDF car, en l'état de la technique, rien ne permet d'éviter les coupures inopinées de courant (CA Douai 17-3-1989 : JCP G 1989.II.21386 note Sachs) ;

– l'entraîneur de chevaux (CA Poitiers 20-6-2014 n° 13/00339 : JCP G 2014 n° 49-1263).

L'entreprise de **télésurveillance** n'est pas tenue d'une obligation de résultat quant à l'absence de vol, mais elle l'est quant à son devoir d'alerter les services de police et de se rendre immédiatement sur place (CA Versailles 18-4-1991 : RJDA 10/91 n° 788) ou de raccorder l'alarme d'un bâtiment à sa centrale et, à défaut, de répondre du vol qui aurait pu être interrompu par l'arrivée d'une patrouille (CA Douai 2-2-2023 n° 21/00692).

Le **garagiste** ayant été tenu d'une obligation de résultat puis admis à s'exonérer en prouvant qu'il n'avait pas commis de faute, il est désormais jugé que sa responsabilité n'est engagée qu'en cas de faute et que dès lors que des désordres surviennent ou persistent après son intervention, l'existence d'une faute et celle d'un lien causal entre la faute et ces désordres sont présumées (Cass. 1e civ. 11-5-2022 n° 20-18.867 FS-B : D. 2022 p. 1789 note P. Gaiardo, 2e arrêt, production de la facture ne permettant pas d'établir que la défectuosité alléguée soit reliée à son intervention en l'absence de tout élément technique objectif ou d'expertise contradictoire ; Cass. 1e civ. 11-5-2022 n° 20-19.732 FS-B : D. 2022 p. 1789 note P. Gaiardo, 1er arrêt, imputation des désordres dus à un défaut d'entretien du vendeur n'écartant pas la présomption de faute du garagiste).

3. Le **dommage** n'est réparable que s'il est **imputable** au prestataire de services ; lorsqu'il est tenu d'une obligation de résultat, pèse sur lui une présomption de causalité entre sa prestation et le dommage et une présomption de faute (Cass. 1e civ. 8-12-1998 : RJDA 2/99 n° 164 ; Cass. com. 22-5-2002 : RJDA 10/02 n° 1025), mais seulement dans la limite des travaux effectivement confiés et réalisés par lui (Cass. 1e civ. 14-12-2004 : Bull. civ. I n° 322 ; Cass. 1e civ. 4-5-2012 n° 11-13.598 : RJDA 11/12 n° 951 ; CA Lyon 26-7-2018 n° 17/01767) ; il appartient à celui qui recherche sa responsabilité, lors de la survenance d'une nouvelle panne, de prouver que les dysfonctionnements allégués sont dus à une défectuosité déjà existante au jour de l'intervention du prestataire ou qu'ils sont reliés à celle-ci (Cass. 1e civ. 31-10-2012 n° 11-24.324 : RJDA 3/13 n° 225 ; Cass. com. 9-9-2020 n° 19-12.728 F-D : RJDA 11/20 n° 567). **19637**

Si, à la suite de la vente du fonds de commerce du prestataire tenu d'une obligation de résultat, ici un garagiste, il n'est pas possible de déterminer qui est, du vendeur ou de l'acheteur, l'auteur de l'exécution défectueuse de la prestation, il appartient à chacun d'eux de prouver que la persistance de la panne ne résulte pas de prestations insuffisantes ou défectueuses, preuve que la seule indétermination de l'identité du dirigeant du garage au moment de ces interventions ne pouvait constituer (Cass. 1e civ. 5-2-2014 n° 12-23.467 : Bull. civ. I n° 17).

Le dommage n'est pas imputable au prestataire de services lorsqu'il est dû à l'**intervention du maître d'ouvrage** qui, dûment averti par lui, a exigé un moyen d'exécuter l'ouvrage ayant entraîné le dommage.

Par exemple, le dommage n'est pas imputable au prestataire :

– lorsque le maître d'ouvrage, conscient par sa présence sur les lieux et par sa connaissance des moyens dont disposait l'entrepreneur, a accepté le risque que présentait l'abattage d'un arbre (Cass. civ. 1-10-1975 : GP 1975.2.som.270) ;

– lorsque le maître d'ouvrage a imposé l'emploi d'un matériel d'occasion dont il disposait, en dépit des réserves expresses formulées par l'entrepreneur (Cass. civ. 25-11-1975 : JCP G 1976.IV.26) ;

– lorsque le maître d'ouvrage lui reproche d'avoir failli à ses missions de gestion, de suivi et de contrôle de l'activité de transport de son entreprise dès lors qu'il ne lui a pas donné accès aux informations et aux locaux lui permettant d'exercer pleinement ses missions (CA Caen 17-9-2020 n° 18/03095).

Mais le maître d'ouvrage n'est pas responsable pour la seule raison qu'il n'a pas fait appel à un maître d'œuvre compétent (Cass. com. 2-5-2001 : RJDA 10/01 n° 964).

Le dommage ne lui est pas non plus imputable lorsque, ayant fait intervenir un prestataire tiers, il n'a pas commis de faute dans l'exécution des travaux qui lui ont été confiés et n'est pas tenu de répondre des agissements du tiers qui n'était pas son sous-traitant (Cass. 3e civ. 13-4-2023 n° 21-24.985 FS-B : RJDA 7/23 n° 370).

4. Lorsque le **prestataire de services** fournit la matière, il n'est **pas** tenu de garantir le maître d'ouvrage contre les **vices cachés** de la chose fournie comme l'est un vendeur car les règles de la vente sont inapplicables (Cass. 1e civ. 2-6-1982 n° 81-11.743 : Bull. civ. I n° 204 ; Cass. com. 29-6-2022 n° 19-20.647 F-B : RJDA 10/22 n° 553). **19640**

Il peut néanmoins être **tenu** à garantie de ces vices s'il a accepté cette obligation dans le contrat et dans les termes prévus au contrat, notamment quant à la durée de la garantie (Cass. civ. 14-11-1978 : GP 1979.som.123 ; CA Paris 22-10-1987 : D. 1987.IR.238 ; sur la licéité des clauses aggravant la responsabilité : n° 15008). À défaut, il ne peut en être tenu au titre de l'obligation de résultat qu'il a promise car sa promesse ne concerne que le résultat de son travail et non la matière fournie.

Le **maître d'ouvrage** peut aussi agir directement par une action contractuelle contre le **fabricant** de la chose fournie par le prestataire de services pour défaut de conformité de la chose livrée (Cass. ass. plén. 7-2-1986, 2 arrêts : JCP G 1986.II.20616 note Malinvaud). Les clauses limitant la responsabilité du fabricant lui sont alors opposables (Cass. civ. 7-7-1995 : RJDA 1/96 n° 47). Il peut agir même s'il n'a pas déclaré sa créance au redressement judiciaire du prestataire de services, car son action n'est pas atteinte par cette procédure (Cass. com. 26-11-1990 n° 88-20.491 : Bull. civ. IV p. 205 : à propos d'un règlement judiciaire mais transposable à la procédure de sauvegarde).

Le prestataire de services, subrogé dans les droits du maître d'ouvrage qui dispose contre le fabricant d'une action contractuelle directe, ne peut pas rechercher la responsabilité de ce fabricant sur un fondement extracontractuel (Cass. 3e civ. 15-2-1989 : Bull. civ. III p. 20).

De même, le propriétaire de la chose endommagée, ici un navire de plaisance, peut agir, dans le cas d'une chaîne de contrats translatifs, contre le réparateur initial (Cass. 1e civ. 10-1-2022 n° 19-18.566 F-D : RJDA 2/22 n° 74).

5. La **réparation** est **écartée** si le **contrat** prévoit que le prestataire de services – ou le maître d'ouvrage pour les obligations qui lui incombent – ne sera pas responsable des dommages **19643**

contractuels ou ne le sera que dans une proportion déterminée (pour des exemples, Cass. civ. 25-11-1975 : JCP G 1976.IV.26 ; Cass. com. 22-6-1993 : RJDA 8-9/93 n° 677.som.).

Les clauses élusives ou limitatives de responsabilité sont valables, sauf dol ou faute lourde (CA Versailles 29-4-2003 n° 02/01144 : Bull. inf. C. cass. 2004 n° 248 ; sur ces clauses, n°s 15005 et 15310 s.).

Mais une clause limitative de responsabilité reproduite dans un contrat précédemment conclu et exécuté entre les parties ne peut être invoquée, à titre d'usage, par ces mêmes parties pour l'exécution d'un autre contrat dès lors que ladite clause n'y figure pas (CA Aix 22-11-1984 : Bull. Cour d'Aix 1985/1 p. 44).

Elle l'est aussi lorsque le prestataire jouit d'une **cause d'exonération** (n°s 15080 s.) ou établit qu'il n'a pas commis de faute (pour un exemple, Cass. civ. 20-12-1993 : Bull. civ. I p. 261). Certains prestataires doivent prouver leur absence de faute, notamment le teinturier (Cass. civ. 20-12-1993 précité), le garagiste (Cass. com. 26-4-2000 : RJDA 9-10/00 n° 858) et l'imprimeur (CA Versailles 28-2-1997 : Bull. inf. C. cass. 1997 n° 998).

19646 **6.** Lorsque le dommage lui est imputable, le **prestataire** de services peut être condamné à refaire les travaux nécessaires (Cass. 3e civ. 9-12-1975 n° 74-13.118 : Bull. civ. III n° 363). Mais il n'est tenu de réparer que les seules suites préjudiciables résultant de sa faute contractuelle (Cass. civ. 17-5-1988 n° 86-16.121 : Bull. civ. I n° 142). Il peut aussi être **privé du paiement** de ses travaux si le dommage qui lui incombe a rendu l'exécution de ses travaux inutile (Cass. civ. 21-2-1978 : GP 1978.som.45 : refus de paiement de travaux de serrurerie sur un bâtiment détruit par un incendie imputable à l'entrepreneur).

Le **donneur d'ordre** peut, au besoin, être autorisé à faire achever les travaux par un autre professionnel (n° 14905).

19649 **7.** Le **prestataire** de services est tenu de réparer les **dommages corporels** subis par son cocontractant dès lors que l'exécution du contrat peut affecter la sécurité physique de ce dernier ; il en est ainsi, notamment, pour un hôtelier (Cass. civ. 22-5-1973 : JCP G 1973.IV.260), un distributeur de gaz (cf. Cass. civ. 20-2-1979 : JCP G 1979.IV.146), l'exploitant d'un restaurant (Cass. civ. 18-11-1975 : JCP G 1976.IV.15) ou d'une laverie automatique (Cass. civ. 16-11-1976 : D. 1977.IR.87), ou pour un artisan chaudronnier (Cass. civ. 29-5-1996 : Bull. civ. I p. 158). Il est aussi contractuellement responsable des **dommages** qu'il a causés **aux biens** du maître d'ouvrage en exécutant les travaux prévus par le contrat (Cass. civ. 21-11-1972 : Bull. civ. III p. 459 ; Cass. civ. 9-10-1991 : RTD civ. 1992.107 obs. Jourdain).

RÉPARATION DES DOMMAGES CAUSÉS AUX TIERS

19655 Le prestataire de services engage sa responsabilité extracontractuelle pour les dommages causés aux tiers soit par sa **faute,** soit par celle de ses préposés (n° 15026).

Ainsi jugé :

– de l'acconier, requis par le transporteur, agissant non comme préposé de ce dernier mais en qualité d'entrepreneur de manutention responsable des dommages causés aux marchandises de l'expéditeur à l'occasion des opérations de chargement à lui confiées (Cass. com. 4-12-1968 : Bull. civ. IV p. 310) ;

– d'une société de contrôle technique responsable à l'égard du maître d'ouvrage des désordres causés par l'utilisation d'un procédé de revêtement des sols inadéquat dès lors qu'elle en a imposé l'exécution sans se borner à intervenir en sa seule qualité de contrôleur technique (CA Aix 11-12-1978 : Bull. Cour d'Aix 1978/4 p. 77) ou qui manque à son devoir d'information en établissant un procès-verbal de contrôle technique incomplet (CA Paris 17-1-2003 : JCP G 2003.IV.3072) ;

– de l'entreprise de travaux publics déclarée responsable des dommages causés aux véhicules d'un transporteur voisin par le voleur de ses propres véhicules pour défaut de surveillance de son parc automobile (TGI Saint-Etienne 15-10-1974 : D. 1975.201 note Robert).

Il est aussi responsable des dommages que peuvent causer aux tiers les **matières** dont il assume la transformation dans la mesure où il en a la **garde** (n°s 8060 s.).

Jugé ainsi que :

– l'entreprise chargée du fonctionnement de la chaufferie d'un immeuble HLM était gardienne des fumerolles s'échappant de la cheminée et endommageant ainsi un véhicule en stationnement (Cass. civ. 11-6-1975 : Bull. civ. II p. 141) ;

– l'entreprise d'électricité du bâtiment, chargée d'exécuter des réparations à une ligne électrique privée, était gardienne de l'essentiel de ladite ligne et des poteaux la soutenant (Cass. civ. 17-11-1976 : Bull. civ. II p. 243) ;

– une personne liée au propriétaire par un contrat d'entreprise et chargée d'organiser à sa guise une coupe de bois devient seule gardienne de l'arbre qu'elle abat (Cass. soc. 10-10-1979 : JCP G 1979.IV.371) ;

– une société de gardiennage, dont la mission consistait à maintenir en bon état de fonctionnement le moteur des embarcations données en garde en procédant à des essais, devait être considérée comme la gardienne desdites embarcations (Cass. civ. 14-10-1981 : GP 1982.pan.94).

En revanche, l'entrepreneur n'est pas responsable des dommages causés aux tiers par des schistes brûlants échappés par suite de l'effondrement d'un terril dès lors que ces dommages avaient été provoqués par des phénomènes de combustion interne que ledit terril recelait dans sa structure, si bien que, par rapport à l'exploitant, simple entrepreneur de terrassement, le propriétaire du terril disposait seul des connaissances théoriques et techniques lui permettant de surveiller et de contrôler les éléments de son terril (Cass. civ. 24-5-1984 : Bull. civ. II p. 67).

Toutefois, la responsabilité du prestataire en tant que **« gardien »** de la chose **disparaît** lorsque le **client** a pris effectivement la direction du travail.

Ainsi, en s'immisçant sans droit et contre la volonté de l'entrepreneur dans l'exécution d'un travail d'abattage d'arbres, le client s'est attribué la direction de ce travail et a ainsi remis l'arbre sous sa propre garde ; il est donc responsable des dommages causés à la propriété voisine lors de l'abattage (CA Douai 13-4-1954 : GP 1954.1.324).

Dans les rapports des parties, la **charge** de ces réparations peut, néanmoins, être réglée par le contrat (nº 15005).

RUPTURE DU CONTRAT D'ENTREPRISE

Conformément au droit commun, lorsque le prestataire de services ou le maître d'ouvrage a manqué à ses obligations contractuelles, le contrat d'entreprise peut être résolu ou résilié à ses torts (sur les règles applicables à la rupture du contrat, nºs 15440 s.). **19660**

Le client peut notamment ne payer le solde du prix que si les réfections nécessaires ont été opérées (Cass. civ. 15-6-1966 : Bull. civ. I p. 280).

En dehors de toute faute du prestataire, le maître d'ouvrage peut résilier unilatéralement le contrat lorsque celui-ci constitue un marché à forfait à la condition de lui rembourser tous les frais engagés par lui (C. civ. art. 1794).

Ces dispositions valent pour tout contrat d'entreprise (Cass. civ. 5-1-1897 : DP 1897.1.89 concl. Desjardins note Planiol : constructeur de machines ; CA Paris 23-5-1961 : D. 1962.som.17 : organisateur d'une croisière).

SECTION 2 CONTRAT DE GÉRANCE-MANDAT

Le contrat de gérance-mandat est le contrat par lequel une partie, le mandant, confie à une autre, dite « gérant-mandataire », le cas échéant dans le cadre d'un réseau, la gestion, pour son compte, d'un **fonds de commerce** ou d'un fonds artisanal, moyennant le versement d'une commission proportionnelle au chiffre d'affaires ; le mandant, qui reste propriétaire du fonds et supporte les risques liés à son exploitation, lui fixe une mission, en lui laissant toute latitude, dans le cadre ainsi tracé, de déterminer ses conditions de travail, d'embaucher du personnel et de se substituer des remplaçants dans son activité à ses frais et sous son entière responsabilité (C. com. art. L 146-1, al. 1). **19800**

Ce type de contrat, soumis aux articles L 146-1 s. du Code de commerce, est surtout répandu dans l'hôtellerie industrielle, le commerce de grandes surfaces et certains services informatiques.

Le **contrat précise,** le cas échéant, les normes de gestion et d'exploitation du fonds à respecter et les modalités du contrôle susceptible d'être effectué par le mandant ; ces clauses commerciales ne sont pas de nature à modifier la nature du contrat (art. L 146-1, al. 2).

En dépit de cette disposition, il est recommandé aux parties de veiller en cours d'exécution de la mission à ne pas, par leur comportement, provoquer l'apparition d'une société de fait (sur celle-ci, MSC nºs 95500 s.) ou celle d'un contrat de travail en plaçant le gestionnaire en état de subordination par rapport à son mandant (cf. Cass. soc. 16-1-2008 nº 07-40.055 : D. 2008.477.som. obs. Chevrier ; Cass. soc. 8-6-2010 nº 08-44.965 : RJS 11/10 nº 887 ; CA Paris 7-6-2001 : RJDA 1/02 nº 39).

Sur l'information précontractuelle due par le mandant, C. com. art. L 146-2 et R 146-1 s.

Quelle que soit la qualification du contrat de gestion, les **obligations du gestionnaire** sont rigoureusement appréciées par les tribunaux qui considèrent que ce dernier doit les diligences d'un spécialiste.

Jugé, par exemple :

– qu'une société d'assistance de gestion, chargée du contrôle permanent de la force de vente d'une entreprise, ne satisfait pas à ses obligations en ne décelant pas l'impéritie des services commerciaux de l'entreprise et en laissant celle-ci réaliser des ventes à perte et se procurer ainsi illicitement de la trésorerie (Cass. com. 2-12-1980 nº 79-10.020 P : JCP G 1981.IV.66) ;

– qu'une société de gestion, chargée de conseiller et de gérer, moyennant des commissions importantes, des sociétés civiles forestières dont elle se faisait nommer « administrateur unique », était tenue de les administrer en spécialiste de la gestion forestière et pas simplement en bon père de famille (CA Paris 24-1-1984 : BRDA 9/84 p. 12).

Le fait que le gérant-mandataire ait droit au paiement d'une indemnité minimale en cas de résiliation du contrat sans faute grave de sa part (art. L 146-4), sans plus de précision, n'exclut pas qu'il puisse invoquer la **rupture** brutale **du contrat** (nos 15455 s.), car il ne résulte pas de l'ouverture de ce droit que la rupture du contrat peut être décidée sans préavis (Cass. com. 2-10-2019 no 18-15.676 FS-PBR : RJDA 12/19 no 789).

La cour d'appel de Paris est seule compétente, par application de l'article D 442-3 du Code de commerce, pour statuer en appel sur la rupture brutale du contrat (Cass. com. 20-10-2015 no 14-15.851 : RJDA 1/16 no 60).

SECTION 3

CONTRAT DE PRESTATIONS INFORMATIQUES

A. Contrat d'ingénierie informatique

20000 Le contrat par lequel une entreprise confie à une autre entreprise tout ou partie de son système d'information (contrat dit « d'infogérance ») est un contrat d'entreprise soumis au régime de droit commun (nos 19505 s.).

Toutefois, il donne lieu à un contentieux abondant qui permet de dégager un corps de **solutions particulières.** Mais les décisions qui ont eu à se prononcer sur ces problèmes concernent le plus souvent des litiges relatifs à des contrats comportant, outre la prestation de services d'assistance technique, la vente ou la location d'un matériel informatique.

Le contrat qui comporte une fourniture de services et une vente peut, comme il a été dit (no 19508), recevoir une qualification mixte (Cass. civ. 16-3-1977 : JCP G 1978.II.18913 note Hassler ; aussi CA Paris 27-3-1984 : D. 1985.IR.42).

Il est recommandé aux parties de préciser si les **contrats** de maintenance et de vente (ou de location) sont liés afin d'éviter que les tribunaux les tiennent en fonction des circonstances de la cause pour **interdépendants** (CA Paris 18-3-1993 : GP 1994.267 note Véret) ou non (CA Paris 20-11-1992 : GP 1993.329 note Véret). Sur les contrats interdépendants, nos 10103 s. ; sur l'assistance technique due en cas de location pure et simple d'ordinateurs, no 22527.

OBLIGATIONS DU FOURNISSEUR DE SERVICES INFORMATIQUES

20003 **Devoir de conseil** Le prestataire de services informatiques est tenu d'une obligation contractuelle de conseil. Il doit mettre en garde et informer son client ainsi que **s'informer** auprès de lui, notamment lorsque ce dernier n'est pas un professionnel de l'informatique (Cass. com. 20-6-2018 no 17-14.742 F-D : RJDA 11/18 no 819 ; CA Versailles 9-11-2000 : RJDA 4/01 no 412).

Il est tenu notamment :
- d'évaluer les besoins réels auxquels ses clients doivent satisfaire pour éviter de leur proposer un équipement insuffisant ou trop puissant et inutilement coûteux (CA Paris 6-3-1981 : Expertise 1981 no 28-14) ;
- de mettre en garde le client sur les choix qu'il serait amené à faire (CA Paris 2-11-1981 : Expertises 1982 no 36-13) ;
- de lui prescrire des logiciels adaptés (CA Paris 24-1-1989 : D. 1989.IR.68) et une formation adéquate (CA Orléans 11-1-1995 : JCP G 1995.IV.1217).

Les contrats de maintenance d'ordinateurs, accessoires à des contrats de fournitures, doivent être résiliés aux torts du fournisseur qui a manqué à son devoir de conseil (CA Versailles 30-3-1989 : D. 1989.IR.166).

Mais l'obligation de conseil ne consiste pas à proposer le **matériel** informatique le plus **performant** qui constituerait, pour une entreprise de moyenne importance, un investissement dont le coût ne serait pas justifié par rapport à ses besoins (CA Paris 30-6-1983 : D. 1985.IR.43 obs. Huet et Maisl).

Le donneur d'ordre dont les besoins sont spécifiques doit les préciser dans un cahier des charges pour être en mesure de mettre en cause le devoir de conseil du fournisseur (Cass. com. 11-5-1999 : GP 2000.som.822 ; Cass. 1e civ. 8-7-2003 : D. 2003.som.2823 obs. Le Stanc). S'il a établi seul le cahier des charges, le donneur d'ordre ne peut pas mettre en cause le fournisseur dès lors que l'inadéquation du matériel fourni n'était pas détectable à la lecture du cahier des charges (CA Paris 14-5-1999 : RJDA 8-9/99 no 914).

Autres obligations Le prestataire de services informatiques doit exécuter le travail promis et, le cas échéant, les autres prestations, en particulier livrer le matériel vendu. S'il a conseillé l'acquéreur du matériel dans le choix de celui-ci, il est aussi tenu de surveiller le bon déroulement de l'installation technique de ce matériel (Cass. com. 3-5-1995 : RJDA 12/95 n° 1353). Il manque à son obligation de délivrance s'il omet de s'assurer de la mise au point du matériel et de sa conformité avec le réseau informatique du client (Cass. com. 31-1-2018 n° 16-16.634 F-D : RJDA 5/18 n° 410). 20006

Tout concepteur d'un progiciel a l'obligation de s'assurer que ce progiciel, au moment de sa cession, réponde tant aux besoins du client qu'aux obligations légales prévues ou prévisibles pour sa durée de vie, soit 4 ans, durée de l'amortissement, ou 7 ans, durée d'utilisation effective (Cass. com. 19-2-2008 n° 06-17.669 : RJDA 6/08 n° 644 ; pour un autre exemple de manquement à la fourniture d'un progiciel fiable, Cass. com. 24-6-2020 n° 18-22.408 F-D : RJDA 10/20 n° 479).

Réparation des dommages causés au maître d'ouvrage Les dommages qui résultent de l'exécution ou de l'inexécution du contrat de prestations informatiques sont réparés conformément aux règles du **droit commun** de la réparation des dommages contractuels (Cass. com. 26-6-2001 : RJDA 1/02 n° 38 ; nos 15000 s.). 20009

Les règles de droit commun ont reçu, par exemple, les applications suivantes :

– le prestataire de services qui a conclu un contrat de maintenance garantissant « un service de maintenance permettant le maintien des matériaux en état de fonctionnement » n'a pas souscrit une garantie de résultat sur l'efficacité constante du dépannage (CA Paris 15-4-1988 : D. 1988.IR.133) ; mais il a promis un résultat lorsque le contrat de gestion administrative doit permettre le traitement de diverses opérations (CA Aix 23-5-1980 : Bull. Cour d'Aix 1980/2 p. 6) ;

– le client qui n'a pas reçu un programme conforme à sa commande peut être indemnisé des dépenses supplémentaires provoquées par l'interruption de son service informatique, la ressaisie des écritures comptables, l'établissement manuel des paies, la reprise de la comptabilité sur un nouveau système, la reprise des cumuls de paie et la révision de la comptabilité (CA Paris 15-11-1988 : D. 1989.IR.5 ; rappr. CA Toulouse 29-6-2004 : JCP E 2005.963) ;

– le prestataire de services est responsable des pannes répétées du matériel dont il a assuré la maintenance sur une longue période, sans se livrer à une analyse approfondie de leur cause (CA Paris 25-2-1993 : GP 1993.470 note Véret), a fortiori s'il a promis un résultat qu'il ne peut pas obtenir (Cass. com. 1-6-2022 n° 20-19.476 F-D : RJDA 11/22 n° 630).

Pour d'autres exemples de responsabilité du prestataire de services informatiques, CA Versailles 11-5-1989 : D. 1989.IR.217 ; CA Paris 3-10-1989 : JCP G 1989.IV.426 ; CA Lyon 26-10-1989 : D. 1989.IR.293 ; CA Paris 24-5-1991 : GP 1992.65 note Cousin ; Cass. com. 4-2-1997 : RJDA 5/97 n° 639 ; CA Paris 7-12-2017 n° 17/04333 : D. IP/IT 2018.246 obs. Lecourt.

Pour des exemples d'exonération de responsabilité du prestataire, Cass. com. 4-12-1990 : RJDA 2/91 n° 102 ; Cass. com. 12-3-1996 : GP 1997.som.123.

Le contrat peut être résilié si le fournisseur ne s'est pas conformé aux spécifications que le donneur d'ordre lui a notifiées par écrit (CA Besançon 9-4-1999 : GP 2000.820).

OBLIGATIONS DU CLIENT DU PRESTATAIRE DE SERVICES INFORMATIQUES

Le maître d'ouvrage doit exécuter, en toute **bonne foi,** la convention en collaborant, de manière loyale et confiante, à la mission du prestataire de services (CA Paris 10-7-1980 : Expertises 1980 n° 22-3). 20015

Il est ainsi tenu de collaborer à la définition de ses besoins, au choix d'un matériel adapté, à l'élaboration et à la mise en place du système informatique (CA Paris 7-5-1986 : GP 1987.som.24), de garantir au fournisseur une alimentation électrique conforme au cahier des charges convenu et de respecter les consignes d'exploitation (Cass. com. 1-7-1997 : RJDA 12/97 n° 1478) ou de lui fournir les informations sans lesquelles celui-ci ne peut pas mener à bien sa mission (Cass. com. 5-6-2019 n° 17-26.360 F-D : RJDA 10/19 n° 624 ; CA Versailles 17-3-2022 n° 20/04847 : BRDA 17/22 inf. 13 mettant l'accent sur l'obligation de collaboration active en cas de création ou de refonte d'un site internet). Il est responsable des retards qu'il provoque (CA Paris 28-6-1998 : JCP E 2000.pan.841 n° 7 obs. Vivant et Le Stanc).

Il est aussi tenu d'acquitter le montant des prestations fournies dès lors que ces dernières sont exécutées correctement (CA Paris 14-4-1988 : D. 1988.IR.140).

RÉVERSIBILITÉ DU CONTRAT DE SERVICES INFORMATIQUES

Les contrats conclus pour une longue durée contiennent, afin de permettre à l'entreprise donneur d'ordre de maîtriser son développement et de prévenir le risque de dépendre du prestataire pour des activités étroitement imbriquées à son métier, une clause de réversibilité prévoyant le **retour** au **donneur d'ordre** des éléments (documents, données communiquées, droits de propriété ou d'utilisation) afférents à l'exécution des prestations de services 20020 demandées et l'engagement du prestataire à lui **vendre,** au prix convenu (par exemple, prix d'acquisition, déduction faite des amortissements pratiqués), tout ou partie des éléments utilisés par lui pour cette exécution (sur cette clause, RDC 2003.246 obs. Lallemand et Larrière).

B. Contrat de fourniture de prestations électroniques

20050 Les prestations électroniques comportent des fournitures d'accès au réseau internet et des fournitures de stockage ; les premières sont assumées par les **fournisseurs d'accès** ou serveurs, les secondes par des **hébergeurs.** Constituant des prestations de services, elles relèvent du régime du contrat d'entreprise, contrat de droit commun de la prestation de services (nos 19530 s.), sous réserve des dispositions spéciales édictées par la loi 2004-575 du 21 juin 2004 (loi pour la confiance dans l'économie numérique, LCEN), notamment celles sur la **responsabilité** de ces prestataires techniques, au regard des contenus qu'ils transportent, stockent ou conservent, qui est engagée selon les distinctions ci-après. Ces prestations sont soumises à de nouvelles dispositions en raison de l'adoption des règlements UE destinés, l'un à réguler la concurrence entre les entreprises fournisseurs de ces prestations (Règl. 2022/1925 du 14-9-2022 – Digital Market Act ou DMA – applicable depuis le 2-5-2023 et complété par règl. d'exécution 2023/814 du 14-4-2023) et l'autre à fixer un nouveau régime desdites prestations (Règl. 2022/2065 du 4-10-2022 art. 93, 1 – Digital Services Act ou DSA – en vigueur depuis le 16-11-2022, et qui sera intégralement applicable le 17-2-2024 selon l'article 93, 2) ; la législation française devrait être adaptée en conséquence.

N'est pas soumise au régime de responsabilité susvisée réservé aux intervenants techniques sur internet la société dont l'activité est la vente en ligne de compléments alimentaires de différentes marques et qui publiait sur son site internet marchand des avis sur les produits qui y étaient commercialisés (Cass. com. 24-11-2009 n° 08-15.002).

Les opérateurs de plateforme en ligne qui proposent un service de communication au public en ligne reposant sur le classement, le référencement ou le partage de contenus mis en ligne par des tiers et dont l'activité sur le territoire français dépasse un seuil de nombre de connexions déterminé par décret, qu'ils soient ou non établis sur le territoire français, doivent participer à la lutte contre la diffusion publique de contenus illicites (Loi 2004-575 art. 6-4).

1. Prestation de simple transport. Le prestataire (appelé fournisseur d'accès) qui se borne à assurer la transmission d'une communication ou qui fournit un accès à des services de communication en ligne n'est responsable ni civilement ni pénalement des contenus qu'il transmet, sauf s'il est à l'origine de la demande de transmission litigieuse, s'il sélectionne le destinataire de la transmission ou s'il sélectionne ou modifie les contenus transmis (CPCE art. L 32-3-3).

2. Prestation de stockage. Celui, appelé hébergeur, qui assure le stockage automatique, intermédiaire et temporaire des contenus qu'un prestataire transmet dans le seul but de rendre plus efficace la transmission ultérieure de ces contenus n'encourt pas de responsabilité civile ou pénale en raison de contenus qu'il stocke à condition (CPCE art. L 32-3-4) :

– de ne pas avoir modifié les contenus, de s'être conformé à leurs conditions d'accès et aux règles usuelles concernant leur mise à jour ou de ne pas avoir entravé l'utilisation licite et usuelle de la technologie utilisée pour obtenir des données ; tel est le cas du prestataire technique qui rationalise l'organisation de son service, en facilite l'accès à ses utilisateurs et commercialise des espaces publicitaires, car il n'a pas pour autant de capacité d'action sur les contenus mis en ligne (Cass. 1e civ. 17-2-2011 n° 09-67.896 : RJDA 8-9/11 n° 750) ;

En revanche, tel n'est pas le cas d'une plateforme qui propose non seulement la vente de divers vêtements, en usant des marques d'un tiers sans y être autorisée, mais accompagne les internautes dans leur démarche en leur proposant de nombreux services (Cass. com. 13-4-2023 n° 21-20.252 F-D : D. 2023.2156).

– d'agir promptement pour retirer les contenus stockés ou pour rendre l'accès impossible dès lors qu'il a connaissance du fait soit que les contenus transmis initialement ont été retirés du réseau, soit que l'accès aux contenus transmis initialement a été rendu impossible, soit que les autorités judiciaires ont ordonné de retirer du réseau les contenus transmis initialement ou d'en rendre l'accès impossible.

L'hébergeur connaît les faits illicites si ceux-ci lui ont été notifiés mais à condition qu'ils soient décrits et que soit mentionnée leur localisation précise (cf. Cass. 1e civ. 17-2-2011 n° 09-15.857 : RJDA 6/11 n° 595) ; il n'est tenu de réagir qu'au regard des faits visés dans la notification qui lui est adressée, car lui imposer une obligation générale de surveillance des contenus qu'il stocke et de recherche des mises en ligne illicites aboutirait à lui prescrire, de manière disproportionnée par rapport au but poursuivi, la mise en place d'un dispositif de blocage sans limitation dans le temps (Cass. 1e civ. 12-7-2012 n° 11-13.669 : RJDA 1/13 n° 78).

À défaut de notification, la partie invoquant la carence de l'hébergeur ne bénéficie pas de la présomption de connaissance, mais peut prouver que ce dernier avait connaissance des faits litigieux par tous moyens (CA Lyon 6-7-2022 n° 21/08396 : preuve établie).

Statuant selon la procédure accélérée au fond, le juge peut prescrire aux hébergeurs ou, à défaut, aux fournisseurs d'accès toutes mesures propres à prévenir ou faire cesser un dommage occasionné par le contenu d'un service de communication au public en ligne (Loi 2004-575 art. 6, I-8 ; Cass. 1e civ. 13-3-2007 n° 352 : RJDA 8-9/07 n° 919 : pouvoir du juge de prendre des mesures applicables à des non-titulaires ou des non-exploitants du site mis en cause).

Sur les pouvoirs de l'autorité administrative quant à la mise en œuvre de la décision judiciaire exécutoire ordonnant toute mesure propre à empêcher l'accès à un service de communication au public en ligne dont le contenu relève des infractions prévues à l'article 6, I-7 de la loi 2004-575, loi 2004-575 art. 6-3.

3. Conservation des données relatives aux éditeurs. Les fournisseurs d'accès et les hébergeurs conservent les données de nature à permettre l'identification de quiconque a contribué à la création du contenu ou de l'un des contenus des services dont ils sont prestataires (Loi 2004-575 art. 6, II ; CA Paris 7-6-2006 : GP 2006.som.18 octobre note Tellier-Loniewzki et Auffret : responsabilité de l'hébergeur pour défaut de communication des moyens d'identification).

Ils ne sont pas tenus à une obligation de surveillance (Loi 2004-575 art. 6, I-7).

Sur les modalités de l'obligation de conservation des données d'identification des créateurs de contenu, décret 2021-1362 du 20 octobre 2021.

4. Prestation portant atteinte aux droits d'auteur. Les droits d'auteur et les droits voisins sont protégés par des mesures techniques mises en œuvre par les producteurs (n° 34730) et, le cas échéant, par les sanctions de la contrefaçon (nos 34720 s.).

Un hébergeur a été jugé éditeur et contrefacteur pour avoir mis à la disposition d'un intervenant un espace publicitaire sur lequel celui-ci a introduit une œuvre contrefaisante (CA Paris 7-6-2006 précité).

5. Prestations inadéquates. Le prestataire de services est tenu de vérifier l'adéquation de l'offre qu'il émet tant aux spécifications locales du lieu de connexion de son client qu'aux caractéristiques propres aux équipements de ce dernier ; dès lors qu'il n'a émis aucune réserve sur la situation particulière de son client, il a nécessairement souscrit une obligation de résultat (TGI Paris 26-6-2007 : D. 2007.2157.som. obs. Manara).

C. Contrat de services d'intermédiation en ligne

OBJET D'UN SERVICE D'INTERMÉDIATION

Un service d'intermédiation en ligne désigne l'activité d'un site internet qui permet à des tiers 20100
de proposer des contenus, des services ou un espace de vente. C'est le cas des sites constituant des places de marchés (la Fnac, Amazon, etc.), mais également des sites de mise en relation tels que BlaBlaCar, Le Bon coin ou Airbnb.

1. TRANSPARENCE DES PRESTATIONS D'UN SERVICE D'INTERMÉDIATION

RÉGIME DU CONTRAT DE SERVICES D'INTERMÉDIATION EN LIGNE

L'activité de prestation de services d'intermédiation en ligne est régie par le règlement UE 20103
2019/1150 du 20 juin 2019 promouvant l'équité et la transparence pour les entreprises utilisatrices de services d'intermédiation. Ce règlement est applicable depuis le 12 juillet 2020. Depuis cette date, engage la responsabilité de son auteur et l'oblige à réparer le préjudice causé le fait, par toute personne proposant un service d'intermédiation en ligne au sens dudit règlement, de ne pas respecter les obligations expressément prévues par le même règlement (C. com. art. L 442-1, III-al. 1).

Toute clause ou pratique non expressément visée par le règlement est régie par les autres dispositions du titre IV du Code de commerce sur la transparence, les pratiques restrictives de concurrence et autres pratiques prohibées (art. précité, al. 2).

DISPOSITIONS ESSENTIELLES DU RÈGLEMENT SUR L'INTERMÉDIATION EN LIGNE

Le règlement UE 2019/1150 du 20 juin 2019 : 20106

– introduit des dispositions visant à rendre plus transparentes les pratiques commerciales des plateformes de services d'intermédiation : amélioration de l'information via les conditions générales avec notification préalable de toutes modifications desdites conditions (art. 3) ; information sur les paramètres de classement des opérateurs (art. 5) ;

– interdit certaines pratiques déloyales telles que la suspension ou la radiation inexpliquée d'un compte vendeur (art. 4) ;

– améliore l'information relative à la collecte et à l'utilisation des données personnelles (art. 9) ;

– prévoit un système interne de traitement des plaintes (art. 11), le recours à la médiation via des médiateurs spécialisés (art. 12 et 13), et le recours aux procédures judiciaires par les organismes publics établis dans les États membres et par les organisations et associations qui ont un intérêt légitime à représenter les entreprises utilisatrices ou les utilisateurs de sites internet d'entreprise (art. 14).

2. RÉGIME DU MARCHÉ UNIQUE DES SERVICES D'INTERMÉDIATION EN LIGNE

20110 Le règlement UE 2022/2065 du 19 octobre 2022 relatif à un marché unique des services numériques et modifiant la directive 2000/31/CE (règlement sur les services numériques) institue un régime unique des services intermédiaires en ligne qui a pour objectif de contribuer au bon fonctionnement du marché intérieur des services intermédiaires en établissant des règles harmonisées pour un environnement en ligne sûr, prévisible et fiable qui facilite l'innovation et dans lequel les droits fondamentaux consacrés par la charte, y compris le principe de protection des consommateurs, sont efficacement protégés (Régl. 2022/2065 art. 1).

Ce règlement est applicable à partir du 17 février 2024, sous réserve de quelques dispositions énumérées en son article 93, 2.

D. Contrat de fourniture d'un service de partage de contenus en ligne

20120 L'ordonnance 2021-580 du 12 mai 2021, transposant la directive UE 2019/790 du 17 avril 2019, met en place des obligations et un régime de responsabilité spécifique applicables aux fournisseurs de services de partage de contenus en ligne (YouTube ou les réseaux sociaux, par exemple), définis comme ceux qui fournissent un service de communication au public en ligne dont l'objectif principal est de stocker et de donner au public un accès à une quantité importante d'œuvres ou d'autres objets protégés téléversés par leurs utilisateurs, service que les fournisseurs organisent et promeuvent en vue d'en tirer profit (CPI art. L 137-1 s. et L 219-1 s.).

SECTION 4 SOUS-TRAITANCE

GÉNÉRALITÉS SUR LE CONTRAT DE SOUS-TRAITANCE

20200 **Qualification** La sous-traitance est une opération par laquelle une entreprise, le donneur d'ordre ou l'entrepreneur principal, confie à une autre, le sous-traitant, le soin d'exécuter pour elle et selon un cahier des charges préétabli une partie des actes de production et de services dont elle a elle-même été chargée et dont elle conserve la responsabilité. Il s'agit donc d'un **contrat de prestation de services** (ou « contrat d'entreprise ») puisqu'il a pour objet l'exécution d'un travail demandé moyennant une rémunération (CA Toulouse 11-4-2005 n° 04/03168 : Bull. inf. C. cass. 2005 n° 2069) et qu'il suppose une prestation technique spécifique (Cass. com. 10-9-2013 n° 12-18.050 : RJDA 2/14 n° 110 ; n° 19514).

Le sous-traitant, ne fournissant que des services et conformément aux instructions reçues, n'est donc pas un fabricant qui réalise à son initiative ses produits et qui les remet à ses clients en vertu d'un contrat de vente (Cass. civ. 5-2-1985 : D. 1986.499 note Huet ; CA Paris 25-5-1990 : D. 1990.IR.163).

Il ne peut pas y avoir contrat de sous-traitance lorsque, comme pour toute prestation de services (n° 19508), le sous-traitant fournit la matière première et que la valeur de celle-ci est plus importante que celle du travail fourni (Cass. com. 1-12-1970 : Bull. civ. IV p. 211 ; Cass. 3e civ. 21-4-1982 : Bull. civ. III p. 72), ou lorsqu'il n'exécute pas un travail spécifique (n° 20303).

Le contrat de sous-traitance est **distinct du contrat de travail,** à moins qu'il doive être requalifié, le sous-traitant se trouvant en fait dans un état de subordination par rapport au donneur d'ordre (Cass. soc. 27-2-1992 : RJDA 7/92 nº 702). De même, il se distingue du contrat de **location** d'un engin avec chauffeur (Cass. com. 1-12-1992 : D. 1994.som.147 obs. Bénabent), du contrat de fourniture au titulaire d'un marché sauf si les biens fournis présentent des spécificités pour satisfaire aux exigences du marché (CE 17-10-2023 nº 465913 : RJDA 1/24 nº 22) et du contrat de **marchandage** (nº 13688).

L'état de subordination ne résulte pas du seul fait que l'entrepreneur principal peut donner des instructions au personnel du sous-traitant (Cass. civ. 22-11-2000 : RJDA 5/01 nº 583) ni de l'état de dépendance économique (CA Rouen 11-3-2008 : Transidit 2008 nº 56 § 31).

Sous-traitance industrielle et sous-traitance de marché Avec l'aménagement 20203
des structures de production (notamment le développement de la structure « en réseau »), la sous-traitance est apparue indépendamment de l'exécution d'un marché à propos de laquelle elle a pris naissance sous le nom de « contrat de sous-entreprise ». Elle a ainsi donné naissance à un contrat dit « de sous-traitance industrielle » qui se distingue de la sous-traitance de marché (nºs 20210 s.) en ce qu'elle lie directement un donneur d'ordre et un exécutant sur une tâche déterminée, dont le prototype est la sous-traitance dans la fabrication automobile, alors que, dans la sous-traitance de marché, le donneur d'ordre est nécessairement titulaire d'un marché dont il confie l'exécution totale ou partielle à une autre partie (nº 20300), sous réserve de la disposition spécifique visée nº 20319.

A. Contrat de sous-traitance industrielle

QUALIFICATION DE L'ACTIVITÉ INDUSTRIELLE

Sur la qualification d'activité industrielle, voir nº 151. 20210

DÉFINITION DU TRAVAIL DEMANDÉ AU SOUS-TRAITANT INDUSTRIEL

Tâche à exécuter Le donneur d'ordre, qui a l'initiative technique et la responsabilité 20211
économique, doit définir la nature des tâches demandées au sous-traitant et les conditions de leur exécution (normes de qualité, tolérances, quantités, plans et documents qui seront communiqués par le donneur d'ordre au sous-traitant, etc.). Si le sous-traitant s'engage à effectuer des études, il faut arrêter leur domaine (nºs 19015 s.).

Il est également bon de prévoir la possibilité de modifier le programme défini et de déterminer la charge des frais qui en résultera.

Détermination de l'exécutant C'est naturellement le sous-traitant qui s'engage à 20213
assumer les tâches demandées. Sauf clause contraire et contrat conclu intuitu personae (sur ce contrat, nºs 11250 s.), il est libre de **sous-traiter** à son tour les travaux qui lui ont été confiés, mais il reste, en tout état de cause, responsable à l'égard du donneur d'ordre de la bonne exécution de l'ensemble de ces travaux. Il s'agit là d'une sous-traitance de marché dont les règles sont exposées aux nºs 20300 s.

Contrôle des tâches Le donneur d'ordre peut utilement se réserver le droit d'effectuer 20216
des contrôles. À cet effet, le contrat peut par exemple lui réserver un droit de visite des ateliers du sous-traitant, indiquer les noms des services devant accomplir les contrôles et prévoir les modalités de présentation des réclamations.

Stock Si besoin est, le contrat doit préciser l'obligation pour le sous-traitant de constituer un 20219
stock de marchandises, son importance et surtout son sort à la fin du contrat ou en cas de changement du programme défini.

Livraison du travail exécuté Sous cette rubrique, les parties peuvent régler un certain 20222
nombre de points, en particulier : les quantités à livrer, les délais de livraison (spécialement en cas de sous-traitance sous flux tendus), les lieux de remise, les modalités de transport, celles de la réception, les conditions de transfert de propriété et de risques.

CONDITIONS D'EXÉCUTION DU TRAVAIL DEMANDÉ DANS LA SOUS-TRAITANCE INDUSTRIELLE

Matières premières Le contrat doit préciser qui, du donneur d'ordre ou du sous-traitant, 20230
fournit les matières premières entrant dans les fabrications demandées. Lorsque c'est le

donneur d'ordre qui s'en charge, il convient de mettre au point cette fourniture en s'inspirant, au besoin, des règles de livraison de la chose vendue.

20233 **Matériels** Lorsque le travail demandé nécessite l'emploi de matériels d'équipement que le sous-traitant ne possède pas, trois solutions peuvent être envisagées :

1. Le **sous-traitant** fait entièrement **son affaire** du travail à exécuter.

2. Le **sous-traitant** achète le matériel, à son compte et pour son compte, mais le **donneur d'ordre accepte** de participer à l'investissement selon des modalités à préciser (prêts, cautions, prise en charge d'une partie du prix ou des redevances suivant que le matériel est acheté ou loué en crédit-bail).

3. Le **donneur d'ordre prête** le matériel au sous-traitant. Les règles du prêt à usage sont alors applicables. Les conditions de restitution du matériel doivent particulièrement retenir l'attention des parties ; il importe notamment de prévoir l'incidence des baisses d'activité et, à cet égard, il est souhaitable que le donneur d'ordre n'exige pas un rapatriement de son matériel au moindre fléchissement.

20236 **Moyens techniques** L'exécution du travail demandé peut nécessiter des compétences techniques particulières. Souvent, le sous-traitant les possède sous forme de **brevet** ou de **savoir-faire.** Le donneur d'ordre doit alors lui demander de le **garantir** contre toute action en contrefaçon du brevet ou en concurrence déloyale pour usage irrégulier du savoir-faire qu'un tiers pourrait intenter.

Si le sous-traitant n'a pas les compétences suffisantes, le donneur d'ordre peut les lui fournir par une **licence de brevet** ou une communication de savoir-faire suivant les règles de ces contrats.

Sans aller jusque-là, le donneur d'ordre peut promettre une **assistance technique** dont le contrat doit définir les modalités.

Il est bon de prévoir le **sort des inventions** qui pourraient être faites pendant les travaux par le sous-traitant (nº 19561).

20239 **Marque** Le contrat doit indiquer dans quelles conditions les produits seront revêtus d'une marque. Il faut préciser notamment :

– si le sous-traitant peut faire figurer sur les produits fabriqués sa marque ou l'indication d'origine précisant qu'il en est le fabricant ;

– s'il est interdit au sous-traitant de faire savoir au public, dans sa présentation commerciale, qu'il fabrique pour telle marque.

FIXATION DU PRIX DE LA SOUS-TRAITANCE INDUSTRIELLE

20245 Le prix et les conditions de révision de celui-ci sont librement fixés par les parties qui peuvent notamment utiliser trois formules :

1. Prix forfaitaire (sur bordereau préétabli).

2. Prix déterminé en fonction du prix de revient (temps passé, matières employées, transport, etc.). On appelle cette pratique « contrat de dépenses contrôlées » ou « à l'attachement », ou encore « en régie ». Cette méthode suppose une définition rigoureuse des éléments du prix de revient (nº 12458).

3. Prix fondé sur un partage équitable des risques et des chances entre le donneur d'ordre et le sous-traitant.

SANCTION DU MANQUEMENT DANS LA SOUS-TRAITANCE INDUSTRIELLE

20250 Le contrat doit prévoir les conséquences des différents manquements du sous-traitant (inexécution, exécution tardive, mauvaise exécution) et préciser les sanctions correspondantes (clauses prévoyant des pénalités, régime de responsabilité, clause résolutoire). Sur la sanction de la contrefaçon d'une invention brevetée, nº 31618.

De même, il peut fixer la charge de la perte éventuelle de la matière à ouvrer et régler le sort des dommages pouvant être causés à l'entrepreneur principal et aux tiers (nºs 19615 s.).

OBLIGATIONS DU SOUS-TRAITANT INDUSTRIEL

20255 **Obligation de résultat ou de moyens** Lorsque le contrat de sous-traitance porte sur l'exécution de tâches matérielles, le sous-traitant est tenu envers le donneur d'ordre d'une obligation de moyens ou de résultat comme tout prestataire de services, puisqu'il est lié à lui par un contrat d'entreprise (nº 19634).

Le fait que les défauts affectant les travaux effectués par le sous-traitant aient pour origine l'exécution défectueuse de ceux réalisés par le donneur d'ordre ne constitue pas une cause étrangère exonérant le sous-traitant de sa responsabilité dès lors que celui-ci a accepté de procéder sans contrôle suffisant et sans réserve aux travaux qui lui incombaient (Cass. com. 18-10-1977 : Bull. civ. IV p. 198 ; Cass. civ. 22-11-1983 : Bull. civ. III p. 178). Toutefois, il pourrait opposer au donneur d'ordre qui a exigé de lui une garantie totale de qualité (zéro défaut) qu'il ne saurait s'en prévaloir par application de la règle que nul ne peut venir contre son propre fait (n° 74921, dès lors que le bénéficiaire de cette garantie a mis en place un système de fabrication qui est forcément entaché d'imperfections et d'erreurs).

De même, il ne saurait se libérer :

– en soutenant que l'élément défectueux ayant été choisi par le donneur d'ordre après conseil verbal d'un ingénieur, « sa seule obligation contractuelle se limitait à exécuter le travail conformément aux règles de l'art » (Cass. civ. 23-10-1984 : Bull. civ. III p. 134) ;

– en faisant valoir que la technique était, « à l'époque où elle a été employée, courante et considérée comme valable » (Cass. civ. 30-11-1983 : Bull. civ. III p. 191).

Lorsque l'objet du contrat consiste en des **travaux intellectuels** (conseils, études, etc.), le sous-traitant est en principe tenu à une simple **obligation de moyens** (n° 19634).

Devoir de conseil Le sous-traitant doit informer le donneur d'ordre des problèmes que peut poser l'exécution du travail qu'il s'est engagé à réaliser. C'est ainsi qu'il doit attirer l'attention de ce dernier sur toutes les insuffisances de travaux qu'il viendrait à constater (Cass. 3e civ. 8-7-1975 : Bull. civ. III p. 187 ; Cass. civ. 20-7-1976 : Bull. civ. III p. 245) ou sur les dangers que feraient courir pour son propre ouvrage des travaux exécutés parallèlement (Cass. 3e civ. 16-10-1985 : Bull. civ. III p. 96). **20258**

Cette obligation est d'autant plus stricte que le sous-traitant a été appelé en raison de sa spécialisation (cf. Cass. civ. 23-2-2000 : RJDA 9-10/00 n° 864).

Obligation de communication des découvertes Lorsque le contrat le prévoit, le sous-traitant doit communiquer au donneur d'ordre toutes les découvertes qu'il est amené à faire au cours de ses travaux. Sur le sort des découvertes, n° 19561. **20261**

Obligation de discrétion Le sous-traitant doit garder secrètes toutes les informations communiquées par le donneur d'ordre pour l'exécution de son contrat et ne pas en faire un usage autre que celui prévu au contrat (sur la clause de confidentialité, nos 13640 s.). **20264**

De même, il doit restituer à l'expiration du contrat les documents, plans, dessins qui ont accompagné la communication des informations.

OBLIGATIONS DU DONNEUR D'ORDRE DANS LA SOUS-TRAITANCE INDUSTRIELLE

Le **paiement du prix** constitue l'obligation principale du donneur d'ordre. **20270**

Si le donneur d'ordre **tarde à régler** le prix, le sous-traitant peut retenir les objets qu'il a fabriqués ou façonnés, même si la matière première a été fournie par le donneur d'ordre, ainsi que cette matière première s'il en existe encore. Toutefois, il ne peut pas retenir l'outillage ou le matériel prêtés par ce dernier (n° 23540).

B. Sous-traitance de contrat ou de marché au sens de la loi du 31 décembre 1975

Qualification Il y a contrat de sous-traitance de marché au sens de la loi 75-1334 du 31 décembre 1975 lorsqu'un entrepreneur « confie par un sous-traité, et sous sa responsabilité, à une autre personne tout ou partie de l'exécution du contrat d'entreprise ou du marché public conclu avec le maître d'ouvrage » (Loi 75-1334 art. 1). **20300**

Sur la disqualification des contrats de sous-traitance qui dissimulent des prêts de main-d'œuvre, n° 13688.

Ce contrat, à défaut de qualification spécifique posée par la loi, est un **contrat de prestation de services** (anciennement « contrat d'entreprise » ; n° 20200).

Régime Lorsqu'il relève de la qualification visée au n° 20300, le contrat de sous-traitance est soumis aux dispositions de la loi du 31 décembre 1975 (par la suite « loi de 1975 ») et, pour le surplus, aux règles de droit commun du contrat de prestation de services (cf. CA Douai 29-6-2005 : JCP G 2005.IV.3826). **20303**

Toutefois, les parties peuvent convenir que l'exécutant de travaux qui ne remplit pas les conditions requises pour l'application de la loi de 1975 bénéficiera néanmoins de l'action directe (Cass. 3e civ. 3-2-1988 : Bull. civ. III n° 30 ; CA Rouen 14-5-1998 : RJDA 1/99 n° 39, jugeant que les parties pouvaient en décider ainsi quand bien même la qualification du contrat principal aurait en principe écarté l'application de la loi de 1975 et retenant la compatibilité de cette loi avec la qualification de contrat à forfait ; cf. Cass. com. 12-3-1991 : RJDA 4/91 n° 296, ne déduisant pas l'existence d'un tel accord de la seule qualification de « subcontractor » donnée par le contrat au prestataire de services ; contra CA Paris 22-5-1990 : D. 1990.IR.159, estimant que la loi de 1975 est d'ordre public et que les parties ne peuvent étendre son application à d'autres contrats que le contrat de sous-traitance – en l'occurrence un contrat de location – car l'action directe rompt l'égalité entre les créanciers d'une même entreprise).

20304 **Application de la loi de 1975 aux sous-traités d'un contrat principal national** Les dispositions de la loi de 1975 s'appliquent :

a. lorsqu'un contractant s'est engagé à la **réalisation d'un ouvrage** et a **confié** une partie de cette réalisation **à une autre partie** (Cass. com. 7-6-1994 : RJDA 11/94 n° 1196), ce qui n'est pas le cas de celui qui fournit des services sans que l'exécution de travaux lui ait été confiée, pour le compte du maître d'ouvrage, par l'entrepreneur principal (Cass. com. 12-3-1991 n° 88-17.181 : Bull. civ. IV n° 101) ni du sous-traitant qui a exécuté un nouveau marché ayant pour objet des travaux de reprise imputables à une erreur commise par l'entrepreneur principal (Cass. 3e civ. 14-4-2010 n° 09-12.339 : RJDA 7/10 n° 744 ; Cass. com. 27-9-2017 n° 15-15.073 : RJDA 1/18 n° 23) ;

b. lorsque le contractant sollicité accomplit un **travail spécifique** en vertu d'indications particulières rendant impossible de substituer au produit commandé un produit équivalent (Cass. civ. 5-2-1985 : Bull. civ. III p. 16 ; CA Paris 10-1-1986 : BRDA 7/86 p. 14 ; dans le même sens, Cass. com. 5-2-1991 : RJDA 6/91 n° 488 ; Cass. civ. 30-10-1991 : RJDA 12/91 n° 1021 ; Cass. 3e civ. 3-6-1992 : Bull. civ. III p. 115 ; Cass. civ. 9-6-1999 : RJDA 11/99 n° 1207 ; Cass. com. 13-10-2009 n° 08-19.343 : JCP E 2010.1526 note Cayol).

Tel n'est pas le cas :

– de celui qui fournit des éléments de plancher, certes spécifiques, mais livrés sur stock et accompagnés d'une notice de pose, qui ne justifie pas avoir participé à la mise en place et être intervenu à cette fin sur le chantier et qui déclare avoir annexé au marché ses conditions générales de vente rappelant qu'il appartient à l'entrepreneur principal de se conformer à la notice de pose, le matériel de pose étant consigné (CA Versailles 19-5-1988 : D. 1988.IR.221) ;

– d'un fabricant de charpente qui n'a pas participé à la mise en œuvre des éléments fournis (Cass. 3e civ. 14-12-2010 n° 10-10.312 : RJDA 3/11 n° 211.som. ; CAA Bordeaux 31-7-2003 n° 99-765 : RJDA 5/04 n° 552) ;

– de celui qui a fourni une grue avec le personnel chargé de l'utiliser pendant toute la durée des travaux, dès lors qu'il n'a pris aucune responsabilité directe dans la réalisation de l'ouvrage et qu'il ne s'est pas substitué à l'entrepreneur dans l'exécution de ses obligations (Cass. 3e civ. 21-4-1982 : Bull. civ. III p. 72 ; rappr. Cass. 3e civ. 23-1-2002 : RJDA 8-9/02 n° 883 pour la location et l'installation d'échafaudages).

Voir aussi Cass. com. 1-10-1991 : RJDA 11/91 n° 919 ; CA Paris 5-4-1991 : JCP G 1991.IV.331.

c. même lorsque les travaux à exécuter sont **d'ordre intellectuel** (Cass. civ. 28-2-1984 : Bull. civ. III p. 39).

d. lorsque les conditions ci-dessus sont réunies, car le seul fait que le contrat n'ait pas été conclu par écrit et qu'il n'ait pas été agréé par le maître d'ouvrage (nos 20315 s.) ne suffit pas à écarter la qualification de sous-traitance pour retenir celle de contrat de vente (CA Versailles 14-1-1988 : D. 1988.IR.41).

20305 **Application de la loi de 1975 aux sous-traités d'un contrat international principal** Lorsque le contrat principal est **international,** il est conseillé aux parties au contrat de sous-traitance de préciser le **droit applicable** à ce contrat.

Le refus d'application, par un jugement italien dont l'exequatur a été demandé en France, de la loi de 1975 au contrat de sous-traitance conclu entre un sous-traitant français et un prestataire de services italien n'est pas contraire à l'ordre public international français, car il ne constitue pas, au sens de la compatibilité de ce jugement avec l'ordre public français (n° 72466), une violation manifeste d'une règle de droit essentielle dans l'ordre juridique français (Cass. 1re civ. 15-6-2022 n° 20-23.115 F-D : D. 2022 pan. p. 1788 obs. L. d'Avout).

À défaut, le juge apprécie souverainement en fonction des circonstances de l'espèce à quel droit obéit le contrat de sous-traitance (pour la soumission d'un contrat de sous-traitance au droit du contrat principal, Sentence CCI n° 2119 en 1978 : Clunet 1979.997 obs. Derains). Mais les dispositions de la loi de 1975 qui tendent à protéger le paiement du sous-traitant sont applicables en tant que relevant d'une loi de police à un contrat de sous-traitance conclu avec un exécutant étranger qui peut faire valoir son action directe en paiement contre le maître d'ouvrage français (pour des applications : en cas d'ouvrage immobilier réalisé en France, Cass. ch. mixte 30-11-2007 n° 06-14.006 : RJDA 5/08 n° 519 ; Cass. 3e civ. 30-1-2008 n° 06-14.641 : RJDA 5/08 n° 518 ; Cass. 3e civ. 25-2-2009 n° 07-20.096 : RJDA 8-9/09 n° 736 ; en cas de fabrication de matériels effectuée à l'étranger, Cass. com. 27-4-2011 n° 09-13.524 : RJDA 8-9/11 n° 696 : loi française applicable que si les juges du fond ont caractérisé l'existence d'un lien de rattachement de l'opération avec la France au regard de l'objectif de protection des sous-traitants poursuivis ; Cass. com. 20-4-2017 n° 15-16.922 : RJDA 8-9/17 n° 547 : absence de rattachement à la France, le fait que l'entrepreneur principal ait son siège en France étant insuffisant dès lors que le sous-traitant avait le sien en Italie où les travaux avaient été exécutés ; CA Paris 23-10-2018 n° 16/24374 : RDC 2019.79 obs. Laazouzi : non-application de la loi française à des travaux de sous-traitance réalisés à l'étranger, alors même que la loi française est applicable au contrat litigieux, car cette loi a seulement pour objet d'assurer l'existence d'une concurrence loyale sur le territoire français et, partant, n'a pas lieu d'être appliquée aux contrats internationaux de sous-traitance exécutés à l'étranger).

Application de la loi de 1975 aux sous-traités d'un marché public La loi de 1975 s'applique aux **marchés** passés par les entreprises publiques qui ne sont pas des acheteurs soumis au Code de la commande publique (art. 4 à 10) et ouvre au sous-traitant le **droit au paiement direct** par le maître d'ouvrage des sommes correspondant aux travaux qu'il a exécutés pour l'entité publique. 20306

1. CONCLUSION DU CONTRAT

LIBERTÉ DE SOUS-TRAITER

En principe, l'entrepreneur principal peut sous-traiter librement tout ou partie de ses obligations résultant du contrat principal conclu avec le maître d'ouvrage, sauf si celui-ci a été conclu intuitu personae, c'est-à-dire si le maître d'ouvrage a fait appel à ses services pour effectuer des travaux en raison de ses compétences personnelles (nos 11250 s.). 20309

Toutefois, le contrat principal **peut** soit **interdire** totalement le recours à la sous-traitance, soit soumettre le droit de sous-traiter au contrôle du maître d'œuvre représentant le maître d'ouvrage. Notamment, il peut obliger l'entrepreneur à fournir certains renseignements au maître d'œuvre, réserver à ce dernier le droit de refuser d'agréer le sous-traitant et sanctionner la violation de la procédure d'agrément par la résiliation du contrat sans indemnité ou par des dommages-intérêts. Quant au sous-traitant, il peut être considéré comme complice de cette violation et condamné à des dommages-intérêts (n° 15035).

ACCEPTATION DU SOUS-TRAITANT ET AGRÉMENT DES CONDITIONS DE PAIEMENT

L'entrepreneur principal doit faire accepter chaque sous-traitant et agréer les conditions de paiement de chaque sous-traité par le maître d'ouvrage (Loi 75-1334 art. 3). Le sous-traitant est considéré comme l'entrepreneur principal à l'égard de ses propres sous-traitants (Loi 75-1334 art. 2). 20315

Jugé que le contrat principal peut dispenser de l'agrément du sous-traitant par le maître d'ouvrage (CA Rouen 7-11-1991, observant en outre que le maître d'ouvrage s'était déclaré satisfait des travaux).

L'entrepreneur principal n'est pas tenu de demander l'agrément d'un sous-traitant de second rang au maître de l'ouvrage, cette obligation incombant au sous-traitant de premier rang (Cass. 3e civ. 21-1-2015 n° 13-18.316 : RJDA 10/15 n° 654 ; toutefois, CA Versailles 16-1-1997 : DA 1997.376, ouvrant la voie à une solution contraire en raison des circonstances de l'espèce).

Le sous-traitant n'a pas l'obligation de demander au maître d'ouvrage son agrément (Cass. civ. 14-4-1999 : RJDA 8-9/99 n° 929). Mais le maître d'œuvre chargé d'une mission de surveillance des travaux a l'obligation d'informer le maître d'ouvrage de la présence d'un sous-traitant sur le chantier et de lui conseiller de se le faire présenter, de l'agréer et de définir les modalités de règlement de ses travaux (Cass. 3e civ. 10-12-2014 n° 13-24.892 FS-PBI : BRDA 1/15 inf. 10). Le maître d'ouvrage qui a connaissance de l'existence du sous-traitant et qui s'abstient de mettre en demeure l'entrepreneur principal (alors in bonis) de soumettre ce sous-traitant à son acceptation et de lui faire agréer ses conditions de paiement commet un manquement fautif à l'égard du sous-traitant qui lui a causé un préjudice en le privant du droit d'intenter une action directe contre lui, nonobstant le défaut de paiement de l'entrepreneur principal, placé en liquidation judiciaire (CA Montpellier 12-9-2019 n° 15/00600 : GP 17-12-2019.36).

Demande d'acceptation La demande peut être effectuée « au moment de la conclusion et pendant toute la durée du contrat ou du marché » (Loi 75-1334 art. 3, al. 1). 20318

Aucune forme n'est exigée pour la demande d'agrément. Elle est en pratique faite par écrit, soit qu'elle figure dans une clause spéciale du contrat principal, ce qui est généralement le cas lorsque l'entrepreneur a déjà déterminé à qui il ferait appel pour réaliser les différents travaux avant de contracter définitivement avec le maître d'ouvrage, soit qu'elle figure dans un acte spécial.

La demande d'agrément doit **énoncer** les conditions de paiement, puisque la loi prévoit expressément qu'elles doivent être agréées par le maître d'ouvrage, et l'identité du sous-traitant, la loi précisant que celui-ci doit être accepté. Elle peut utilement contenir la nature des travaux qui lui sont confiés afin de permettre au maître d'ouvrage d'apprécier concrètement la capacité personnelle et la valeur professionnelle du sous-traitant.

Dès lors que l'identité du sous-traitant doit être précisée, il n'est pas possible de faire agréer globalement et par avance les sous-traitants alors que ceux-ci ne sont pas encore choisis par l'entrepreneur principal.

La demande d'acceptation doit être effectuée à la diligence de **l'entrepreneur principal** (Loi 75-1334 art. 3, al. 1).

L'entrepreneur principal a intérêt à formuler sa demande rapidement car il ne peut pas invoquer le contrat de sous-traitance à l'encontre du sous-traitant pendant la période où celui-ci n'est pas accepté (n° 20330).

20319 **Mise en demeure de demander l'agrément** Si le contrat principal porte sur des **travaux de bâtiment ou des travaux publics,** le **maître d'ouvrage** doit mettre l'entrepreneur principal en **demeure** de formuler la demande d'agrément lorsqu'il a connaissance de la présence d'un sous-traitant sur le chantier, sauf s'il est une personne physique qui construit un logement pour l'occuper elle-même ou le faire occuper par son conjoint, ses ascendants, ses descendants ou ceux de son conjoint (Loi 75-1334 art. 14-1, al. 1 et 2). L'application de cette disposition obéit aux conditions suivantes :

– les contrats concernés sont ceux relatifs à des **marchés publics ou privés** (CAA Versailles 27-2-2014 n° 12VE01516 : JCP E 2014.pan.1418 : défaut de mise en demeure par le maître d'ouvrage public) ;

– les **travaux** de bâtiment ou de génie civil concernés sont exclusivement ceux réalisés au titre du marché principal (Cass. 3e civ. 2-10-2002 nos 1414, 1415, 1416 : RJDA 12/02 n° 1269 ; Cass. 3e civ. 15-12-2004 n° 1444 : RJDA 3/05 n° 257) ;

Sont des travaux de bâtiment ceux utilisant les techniques du bâtiment et des travaux publics, que ces techniques concernent la construction du bâtiment proprement dit ou les travaux de génie civil, y compris le génie civil industriel (CA Paris 17-1-2001 : RJDA 5/01 n° 584), ou la démolition d'un bâtiment (Cass. 3e civ. 24-9-2014 n° 13-14.404 : Bull. civ. III n° 115) ; en relèvent aussi les prestations intellectuelles en vue de la réalisation de ces travaux (Cass. 3e civ. 26-5-2004 n° 619 : RJDA 10/04 n° 1117). Mais ne constituent pas des travaux de bâtiment l'installation et la modification de machines (Cass. com. 12-3-1996 : RJDA 7/96 n° 917).

– le maître d'ouvrage est tenu de procéder à la mise en demeure dès qu'il a connaissance de l'existence du sous-traitant nonobstant l'absence de celui-ci sur le chantier et la découverte de son intervention après la fin de celle-ci (Cass. 3e civ. 28-2-2018 n° 16-26.682 F-D : RJDA 7/18 n° 569) ; il lui appartient de veiller à l'efficacité des mesures qu'il met en œuvre pour satisfaire à cette obligation, sous peine d'engager sa responsabilité extracontractuelle envers le sous-traitant (Cass. 3e civ. 21-11-2012 n° 11-25.101 : RJDA 4/13 n° 319 ; pour une absence de faute : Cass. 3e civ. 16-06-2015 n° 14-12.564 : RJDA 11/15 n° 744) ; la preuve de l'identification d'un sous-traitant ne peut pas être déduite de la lettre adressée par le maître d'ouvrage à l'entrepreneur avec lequel il a contracté lui demandant d'intervenir auprès de ses sous-traitants pour qu'ils arrêtent de le harceler et de lui demander paiement de leurs travaux (Cass. 3e civ. 7-11-2007 n° 06-18.870 : RJDA 3/08 n° 268 ; rappr. CE 13-10-2008 n° 290050 : RJDA 2/09 n° 97) ;

– **à défaut** de mise en demeure, le maître d'ouvrage perd le droit d'opposer au sous-traitant son défaut d'agrément (cf. Cass. civ. 13-6-1990 : D. 1992.som.115 obs. Bénabent) ; par ailleurs, il peut être condamné, pour faute extracontractuelle, à réparer le préjudice subi par le sous-traitant du seul fait qu'il a payé l'entrepreneur principal alors qu'il avait connaissance de l'existence du sous-traitant (Cass. civ. 14-11-2001 : RJDA 3/02 n° 254) ;

Les juges peuvent fixer l'indemnisation au montant des sommes encore dues par l'entrepreneur principal, le sous-traitant pouvant réclamer cette indemnisation même s'il n'a pas déclaré sa créance à la procédure collective de l'entrepreneur principal (Cass. civ. 26-2-1997 : DA 1997.415).

– le sous-traitant peut **poursuivre** le maître d'ouvrage sans être tenu d'établir qu'il est dans l'impossibilité de recouvrer sa créance contre l'entrepreneur principal (Cass. 3e civ. 26-11-2003 n° 1310 : RJDA 4/04 n° 419) ; mais il ne le peut plus s'il se manifeste à un moment où la mise en demeure par le maître d'ouvrage, qui n'avait jamais eu connaissance de son existence, de l'entrepreneur principal n'est plus possible, notamment si ce dernier est alors en redressement judiciaire (Cass. 3e civ. 22-6-2011 n° 10-18.573 : RJDA 11/11 n° 911) ou si les garanties auxquelles a droit le sous-traitant ne peuvent plus être exigées par le maître d'ouvrage (Cass. 3e civ. 29-3-2011 n° 10-11.916), voire si le sous-traitant a simplement tardé à invoquer son droit (CAA Bordeaux 7-12-2010 : Contrats marchés publ. 2011 n° 54 obs. Llorens) ;

– les règles ci-dessus s'appliquent également lorsque le marché donne lieu à un contrat de **sous-traitance industrielle** si le maître de l'ouvrage connaît son existence, nonobstant l'absence du sous-traitant sur le chantier (Loi 75-1334 art. 14-1, al. 5) et même si le marché principal n'est pas un marché de travaux de bâtiment ou de travaux publics (Cass. com. 5-11-2013 n° 12-14.645 : RJDA 3/14 n° 218 ; rappr. Cass. 3e civ. 7-11-2012 n° 11-18.138 : Bull. civ. III n° 163 : application du texte sans l'exécution d'aucune prestation sur le chantier ; voir aussi CA Versailles 13-12-2010 n° 09/08481 : RJDA 6/11 n° 533 : existence d'une sous-traitance industrielle).

20321 **Forme de l'acceptation** L'acceptation doit émaner du maître d'ouvrage ou du maître d'œuvre à condition qu'il ait reçu mandat à cet effet (cf. Cass. civ. 11-1-1995 : RJDA 3/95 n° 280).

L'acceptation doit porter à la fois sur l'agrément et sur les conditions de paiement (Cass. civ. 1-4-1992 : RJDA 5/92 n° 455 ; CA Versailles 9-9-2021 n° 20/00539 : RJDA 3/22 n° 142).

L'acceptation peut être **tacite** ; celle-ci ne doit pas résulter d'une attitude passive mais d'actes manifestant sans équivoque la volonté du maître d'ouvrage.

L'acceptation tacite existe :
– lorsque le maître d'ouvrage ne s'est pas opposé à l'exercice de l'action directe par le sous-traitant en se prévalant contre lui du défaut d'agrément (Cass. com. 16-7-1991 : RJDA 11/91 n° 920) ;
– lorsque le maître d'ouvrage a réceptionné pour le sous-traitant sans objection des matériaux livrés sur le chantier sur lequel le sous-traitant a fait pour 200 000 F de travaux (CA Bourges 23-1-1996 : JCP G 1996.IV.1661) ;
– lorsque le maître d'ouvrage a reçu pour approbation divers schémas techniques relatifs aux travaux sous-traités sur lesquels figurait le nom du sous-traitant ainsi que les copies des nombreux courriers que l'entrepreneur principal avait adressés à ce dernier et qu'il n'a pas exprimé de réserves sur les ouvrages livrés par le sous-traitant (CA Rouen 18-3-1999 : RJDA 10/99 n° 1076).

En revanche, ne constituent pas une acceptation tacite :
– le fait pour le maître d'ouvrage d'avoir assisté à des réunions de chantier auxquelles était présent le sous-traitant (Cass. civ. 18-7-1984 : Bull. civ. III p. 110 ; dans le même sens, CA Paris 6-12-1984 : Bull. Joly 1985.102) ;
– le fait pour le maître d'ouvrage d'avoir effectué des contrôles sur le chantier, de s'être abstenu de toute contestation quant à la bonne exécution des travaux sous-traités et au montant de leur facturation (Cass. com. 12-5-1987 : Bull. civ. III p. 87) ;
– la présence du nom du sous-traitant sur la liste des façonniers avec lesquels le maître d'ouvrage traitait habituellement, ce qui démontre l'existence d'un courant d'affaires entre les deux parties, mais ne suffit pas à établir que le maître d'ouvrage connaissait l'intervention de ce façonnier sur le marché considéré et avait agréé les conditions de paiement (CA Versailles 11-6-1992 : BRDA 18/92 p. 14) ;
– des correspondances échangées entre le maître d'ouvrage et le sous-traitant qui, même si elles font apparaître la volonté du maître d'ouvrage d'accepter le sous-traitant, ne sont pas suffisantes pour caractériser cette acceptation et celle des conditions de paiement (Cass. civ. 11-1-1995 : RJDA 3/95 n° 281 ; rappr. CA Versailles 31-1-2000 : RJDA 5/00 n° 534 ; CA Agen 4-12-2006 n° 05/01469 : Bull. inf. C. cass. 2008 n° 83).

Délai de réponse Le maître d'ouvrage peut accepter le sous-traitant et agréer ses conditions de paiement à n'importe quel moment au cours de l'exécution du marché, non seulement avant ou en même temps que la conclusion du sous-traité mais aussi après cette conclusion (Cass. ch. mixte 13-3-1981 : D. 1981.309 note Bénabent). **20324**

C'est ainsi que sa réponse peut intervenir lors d'une action directe introduite par le sous-traitant (Cass. ch. mixte 13-3-1981 précité), même après le prononcé du redressement judiciaire de l'entrepreneur principal (Cass. civ. 31-3-1993 : RJDA 7/93 n° 616, transposable à la procédure de sauvegarde par analogie).

Il n'a pas l'obligation d'informer le sous-traitant de son acceptation et de l'agrément des conditions de paiement, aucune faute ne pouvant être relevée de ce chef à son encontre (Cass. civ. 7-5-1997 : RJDA 8-9/97 n° 1042).

Refus d'acceptation Le refus d'acceptation n'a **pas** à être **motivé,** mais il ne doit pas être abusif, notamment entaché de fraude (Cass. 3e civ. 2-2-2005 n° 152 : RJDA 5/05 n° 550) ; il n'est pas abusif s'il est fondé sur le défaut de qualification du sous-traitant ; si, ultérieurement, un sous-traitant non qualifié a été agréé, l'entrepreneur principal ne peut en être responsable que s'il y a eu collusion entre lui et le maître d'ouvrage amenant ce dernier à commettre un abus de droit (CA Paris 25-3-1993 : D. 1994.som.149 obs. Bénabent). **20327**

Sanction du défaut d'acceptation La méconnaissance par l'entrepreneur principal de son obligation de faire accepter le sous-traitant et agréer ses conditions de paiement par le maître d'ouvrage ouvre au **sous-traitant** une faculté de résiliation unilatérale pendant toute la durée du contrat (Cass. 3e civ. 24-4-2003 n° 01-11.889 : RJDA 11/03 n° 1060). **20330**

Le **maître d'ouvrage** peut opposer au sous-traitant le défaut d'agrément pour faire échec à l'action directe du sous-traitant (Cass. ch. mixte 13-3-1981 : D. 1981.309 note Bénabent). Celui-ci ne peut pas alors obtenir paiement en invoquant l'enrichissement injustifié du maître d'ouvrage (Cass. civ. 9-12-1992 : RJDA 2/93 n° 94).

L'appréciation du défaut d'acceptation constitue une contestation sérieuse que le juge des référés ne peut pas trancher (Cass. com. 4-7-1989 : Bull. civ. IV p. 142).

L'entrepreneur principal qui a omis de procéder à la demande d'acceptation de ses sous-traitants et qui cherche à obtenir paiement du maître d'ouvrage ne peut pas invoquer le défaut d'acceptation pour s'opposer à l'action directe de ceux-ci (Cass. ch. mixte 13-3-1981 précité).

En outre, il reste tenu envers le sous-traitant mais il ne peut pas invoquer le contrat de sous-traitance à l'encontre du sous-traitant (Loi 75-1334 art. 3, al. 2).

L'administrateur du redressement judiciaire de l'entrepreneur principal qui a refusé de faire agréer le sous-traitant ne peut imposer à ce dernier la continuation du contrat de sous-traitance, sauf paiement complet du sous-traité (CA Rouen 24-1-1991, transposable par analogie à la procédure de sauvegarde).

Mais l'entrepreneur principal peut reprocher l'inexécution ou la mauvaise exécution du contrat au sous-traitant qui s'en prévaut (n° 20430) et il peut rejeter le recours du sous-traitant de mauvaise foi qui lui reproche le défaut d'acceptation (CA Versailles 27-10-1988 : D. 1989.375 note Dubois ; CA Rouen 22-2-1990).

CONDITIONS D'EXÉCUTION DU TRAVAIL DEMANDÉ

20335 **Définition** Le contrat doit préciser les travaux sous-traités. Si le contrat est « transparent », les spécifications techniques (normes, plans, documents, dessins, etc.) à observer sont naturellement celles du contrat principal et un simple renvoi suffit. Dans le cas contraire, elles peuvent être différentes et doivent alors être déterminées.

Le contrat doit aussi prévoir la possibilité d'augmentation ou de diminution des tâches résultant d'un changement de la masse ou de la nature des travaux, les limites supérieures et inférieures de ces variations et les conséquences qui en résulteront (par exemple résolution du contrat de sous-traitance et indemnité compensatoire ou imputation à l'un des partenaires des frais inhérents aux modifications).

20338 **Liaison et coordination** Le contrat doit prévoir l'harmonisation des actions de l'entrepreneur principal et du sous-traitant. Cette coordination repose essentiellement sur une obligation d'**information et** d'**assistance réciproque** et mutuelle.

20341 **Procès-verbaux de réunions** Les réunions qu'exige l'exécution du marché doivent faire l'objet de procès-verbaux et le contrat doit préciser dans quelle mesure les parties sont liées par les décisions qui y sont prises ; il peut notamment prévoir un certain délai de protestation.

20344 **Dépenses communes** Il y a lieu de préciser la nature de ces dépenses et de déterminer celles qui seront à la charge de l'entrepreneur principal et celles qui seront imputées à un compte commun.

Les conditions de règlement de ces dépenses doivent aussi être fixées : périodicité d'établissement des comptes, délais pour les observations, modes et dates des paiements.

20347 **Matières premières, matériels, moyens technologiques et marques** L'emploi de ces différents moyens est soumis aux mêmes règles que celles exposées dans le contrat de sous-traitance industrielle (n° 20230).

20350 **Secret** Comme dans la sous-traitance industrielle, il est prudent de couvrir toutes les communications confidentielles par une obligation de conservation du secret (sur la clause de secret, n°s 13640 s.).

20353 **Livraison et réception** Si le travail consiste en une livraison de fournitures, il y a lieu de suivre les règles qui ont été exposées à propos du contrat de sous-traitance industrielle (n° 20222). S'il s'agit de l'exécution de travaux, il faut se conformer aux règles de réception des travaux dans les contrats d'entreprise (n° 19610).

Si les parties ont opté pour un contrat de sous-traitance « transparent », les modalités de réception sont celles du contrat principal. L'entrepreneur principal doit alors faire diligence pour le compte du sous-traitant. En cas de carence de sa part, une sanction peut être prévue : par exemple la déchéance du droit pour lui de se prévaloir envers le sous-traitant des réserves ou du refus de réception opposés par le maître d'ouvrage et l'obligation de faire son affaire, à ses propres frais, des conséquences de la réception des ouvrages exécutés par le sous-traitant.

Lorsque le contrat n'est pas « transparent », il est opportun de prévoir que la réception coïncidera avec celle prononcée par le maître d'ouvrage à l'égard de l'entrepreneur principal. Mais le contrat peut reconnaître au sous-traitant le droit d'exiger de la part de l'entrepreneur principal un constat d'exécution conforme qui, sans préjuger des réserves éventuelles à la réception, retire au sous-traitant sa responsabilité au regard dudit entrepreneur pour les vices apparents.

PRIX

20360 **Fixation du prix** Lorsque le contrat est fondé sur la transparence, les parties peuvent se référer, dans la mesure du possible, au contrat principal, notamment pour les modalités de la révision du prix.

Toutefois, si le prix convenu au contrat principal est anormal, par exemple lorsque l'entrepreneur principal a consenti un rabais énorme (36 %), ce prix n'est pas opposable au sous-traitant qui a droit au prix correspondant à la valeur courante des travaux, à moins que l'entrepreneur principal ne l'ait complètement informé de sa décision et des suites de celle-ci (CA Colmar 28-3-1969 : D. 1969.735).

Par ailleurs, lorsque le prix du marché principal est à forfait, l'entrepreneur ne peut pas, dans ses rapports avec le sous-traitant, invoquer l'article 1793 du Code civil d'après lequel, dans un marché à forfait, le remboursement de travaux faits hors devis ne peut être réclamé que s'il est établi, par un écrit du maître d'ouvrage, que celui-ci avait demandé l'exécution de ces travaux supplémentaires (Cass. civ. 19-12-1984 : JCP G 1985.IV.79 ; CA Paris 19-4-1991 : D. 1992.som.116 obs. Bénabent).

À défaut de prix fixé au sous-traité, l'entrepreneur ne peut pas opposer au sous-traitant le prix qu'il a perçu du maître d'ouvrage dès lors qu'il ne conteste pas avoir commandé les travaux qui ont entraîné un dépassement de ce prix (CA Versailles 31-3-1989 : D. 1989.IR.169).

Paiement du prix Le paiement incombe à l'entrepreneur principal, qui ne peut échapper à la demande du sous-traitant au seul motif que le maître d'ouvrage, également sollicité, a reconnu son obligation envers le sous-traitant (Cass. civ. 25-11-1998 : RJDA 1/99 n° 40). Mais il est possible de prévoir que les paiements seront **faits directement** par le maître d'ouvrage selon les conditions définies au contrat (Cass. civ. 3-2-1988 n° 86-16.010 : Bull. civ. III n° 30), sauf si la sous-traitance de la prestation en cause est interdite (Cass. 3e civ. 27-4-2017 n° 16-15.958 FS-PBI : Bull. civ. III n° 51). 20363

Les acomptes versés au sous-traitant peuvent donner lieu, pour les marchés de construction visés à l'article 1779, 3° du Code civil, à une retenue de garantie limitée à 5 % du montant de ces acomptes (Loi 71-584 du 16-7-1971 art. 1).

Délégation Si le paiement direct du sous-traitant par le maître d'ouvrage n'a pas été prévu (n° 20363), l'entrepreneur principal peut déléguer le **maître d'ouvrage au sous-traitant** (Loi 75-1334 art. 14, al. 1). À défaut de délégation, le sous-traitant peut demander la nullité du sous-traité (Loi 75-1334 art. 14, al. 1). 20366

Le maître d'ouvrage est celui qui conclut le contrat d'entreprise ou le marché public avec l'entrepreneur principal, y compris à l'égard des sous-traitants de cet entrepreneur, quel que soit leur rang ; dès lors, la convention par laquelle le sous-traitant de premier rang délègue au sous-traitant de second rang, non pas le maître de l'ouvrage comme le prescrit l'article 14 mais l'entreprise principale, ne constitue pas la délégation de paiement au sens de ce texte ; les parties à la délégation peuvent donc déroger à l'interdiction faite au délégué d'opposer au délégataire les exceptions tirées des rapports entre le délégant et le délégataire (Cass. 3e civ. 23-11-2023 n° 22-17.027 FS-B : RJDA 2/24 n° 94).

Le sous-traitant ne peut pas renoncer au bénéfice de la délégation, laquelle est établie si elle est acceptée par le maître d'ouvrage lors de la conclusion du sous-traité (Cass. 3e civ. 4-2-2004 n° 113 : RJDA 6/04 n° 703) ; cette acceptation ne résulte pas du seul fait de l'acceptation du sous-traitant et de l'agrément des conditions de paiement par le maître d'ouvrage (Cass. com. 11-2-2014 n° 13-10.146 : RJDA 6/14 n° 522). Si le sous-traitant accepte expressément le maître d'ouvrage comme son débiteur, la délégation est parfaite, et il ne peut plus agir contre l'entrepreneur principal (Cass. civ. 15-12-1993 n° 92-10.689 : Bull. civ. III n° 169) ; à défaut d'une telle acceptation, il conserve le droit d'agir contre l'entrepreneur principal (Cass. civ. 15-1-1992 : Bull. civ. III n° 20).

Cautionnement Tous les paiements dus par l'entrepreneur principal au sous-traitant doivent – sous peine de nullité du sous-traité – être garantis par une **caution personnelle et solidaire** fournie par un établissement qualifié, sauf délégation par l'entrepreneur principal du maître d'ouvrage au sous-traitant (Loi 75-1334 art. 14, al. 1). 20369

Le cautionnement d'un sous-traitant donné peut résulter d'un acte de cautionnement global, conclu par l'entrepreneur principal avec une banque, pour tous les sous-traitants auxquels cet entrepreneur est susceptible de recourir, dont l'application est déclenchée de plein droit par l'annexion au contrat de sous-traitance en cause de la copie signée de cet acte, suivie d'un avis de notification par l'entrepreneur à la banque du contrat et d'une attestation de celle-ci, après réception de l'avis, au nom du sous-traitant l'informant que la garantie de la banque lui est acquise dans les conditions du cautionnement global (Cass. 3e civ. 20-6-2012 n° 11-18.463 : RJDA 11/12 n° 957).

Il ne peut pas être assorti de conditions permettant à la caution de se soustraire au paiement (pour un exemple de conditions nulles, CA Paris 7-10-2011 n° 09/24571 : RJDA 3/12 n° 286).

Le **sous-traité** est **nul** dès lors qu'au moment de sa conclusion la caution n'a pas été fournie, quelles qu'aient été les circonstances postérieures (Cass. civ. 7-2-2000 : RJDA 5/01 n° 586 : caution fournie au moment de l'assignation en nullité du contrat ; Cass. com. 12-7-2005 n° 1053 : RJDA 11/05 n° 1213 : sous-traité exécuté et payé au moment où il a été invoqué en justice par le sous-traitant pour obtenir un supplément de prix ; Cass. 3e civ. 25-5-2011 n° 09-17.137 : BRDA 11/11 inf. 11 : caution fournie après le commencement des travaux).

L'obligation de fournir une caution trouvant sa justification dans l'intérêt général de protection des sous-traitants, l'entrepreneur principal doit fournir la caution avant la conclusion du sous-traité et, si le commencement d'exécution des travaux lui est antérieur, avant celui-ci (Cass. 3e civ. 21-1-2021 n° 19-22.219 F-P : RJDA 6/21 n° 384).

La **nullité** du sous-traité est **relative** et seul le sous-traitant peut l'invoquer (Cass. com. 19-5-1980 : D. 1980.443 note Bénabent) ; il peut le faire alors même qu'il n'a pas commencé à exécuter le contrat (Cass. civ. 30-3-1994 : RJDA 6/94 n° 650, la nullité présentant l'avantage sur la résolution de le faire échapper à une condamnation à dommages-intérêts pour inexécution) et, bien mieux, alors même qu'il a reçu le paiement intégral de ses prestations (Cass. civ. 12-3-1997 : RJDA 5/97 n° 645 : annulation recherchée par le sous-traitant pour souscription à perte du contrat de sous-traitance). La nullité peut être invoquée même après la formulation des réserves, dans le délai de prescription de droit commun (CA Versailles 22-2-1990, 1e espèce : D. 1992.som.113 obs. Bénabent). Elle se prescrit dans les conditions du droit commun de la prescription des actions en nullité relative. Elle peut être aussi confirmée par le sous-traitant en exécutant le contrat en connaissance de cause (Cass. com. 9-9-2020 n° 18-19.250 F-D : RJDA 12/20 n° 625 ; Cass. 3e civ. 23-11-2023 n° 22-21.463 FS-B : RJDA 2/24 n° 93).

Le sous-traitant peut refuser d'exécuter le contrat nul et obtenir de l'entrepreneur principal, en conséquence de cette nullité, paiement des prestations exécutées alors que l'entrepreneur principal ne peut, en raison de la rétroactivité de la nullité, lui demander réparation du préjudice du fait de la rupture unilatérale du contrat (Cass. 3e civ. 18-11-2009 n° 08-19.355 : Bull. civ. III n° 152).

Le sous-traitant qui a exécuté les travaux, qui n'a pas obtenu de délégation et qui a donné mainlevée de la caution sans substitution d'une autre caution, reste en droit d'obtenir de cette dernière le paiement aux motifs, d'une part, que la seule exception à la dispense de fourniture d'une caution est la délégation du maître de l'ouvrage et, d'autre part, que les dispositions d'ordre public de la loi du 31 décembre 1975 interdisent toute renonciation ou remise conventionnelle accordée par le sous-traitant à la caution (Cass. 3e civ. 14-9-2017 n° 16-18.146 FS-PBRI : RJDA 2/18 n° 124).

Pour les contrats de **travaux de bâtiment et de travaux publics,** le **maître d'ouvrage** doit exiger de l'entrepreneur principal qu'il justifie d'une **caution** bancaire lorsque le sous-traitant accepté ne bénéficie pas de la délégation de paiement, sauf si le maître d'ouvrage est une personne physique construisant un logement pour l'occuper elle-même ou le faire occuper par son conjoint, ses ascendants, ses descendants ou ceux de son conjoint (Loi 75-1334 art. 14-1, al. 3).

Seul le maître d'ouvrage est tenu : le sous-traitant de second rang ne peut pas demander à l'entrepreneur principal de l'indemniser, au motif qu'il n'a pas exigé que le sous-traitant de premier rang justifie avoir fourni une caution au sous-traitant de second rang, lequel ne bénéficiait pas d'une délégation de paiement de la part de son donneur d'ordre (Cass. 3e civ. 15-9-2015 n° 13-26.781 : RJDA 4/16 n° 282).

Le maître d'ouvrage n'est tenu que s'il est établi qu'il a eu personnellement connaissance de la présence du sous-traitant sur le chantier (Cass. 3e civ. 15-4-2021 n° 19-20.424 FS-P : RJDA 10/21 n° 659).

Cette exigence est requise seulement si le sous-traitant est accepté (Cass. 3e civ. 9-5-2012 n° 10-27.079 : RJDA 11/12 n° 958) ; le maître d'ouvrage qui n'a pas mis l'entrepreneur principal en demeure de fournir la caution engage sa responsabilité extracontractuelle, le sous-traitant pouvant lui demander des dommages-intérêts équivalents au coût des travaux exécutés (Cass. 3e civ. 18-2-2015 n° 14-10.604 : Bull. civ. III n° 20 ; rappr. Cass. 3e civ. 8-9-2010 n° 09-68.724 : RJDA 12/10 n° 1151).

Le maître d'ouvrage qui ne demande pas à l'entrepreneur principal de justifier la fourniture d'une caution doit s'assurer que celui-ci a accepté la délégation de paiement au profit du sous-traitant (Cass. 3e civ. 12-6-2013 n° 12-21.317 : RJDA 12/13 n° 1009). En revanche, le sous-traitant n'est tenu d'aucune diligence particulière à l'égard de l'entrepreneur principal ou du maître d'ouvrage ; il ne commet donc pas une imprudence à l'origine du défaut de paiement dont il a été victime en acceptant de démarrer les travaux sans délégation de paiement ni caution, sans avoir perçu d'acompte et en consentant à l'entrepreneur principal des délais de paiement excessifs (Cass. 3e civ. 3-4-2013 n° 12-16.795 : RJDA 12/13 n° 1007).

Une partie du préjudice subi par le sous-traitant ne peut pas être laissée à sa charge pour avoir concouru à celui-ci en négligeant de réclamer à l'entrepreneur principal la fourniture du cautionnement ou de la délégation de paiement car la loi du 31 décembre 1975 ne lui impose pas cette démarche (Cass. civ. 5-6-1996 : RJDA 10/96 n° 1193).

La caution ayant payé le sous-traitant connu et accepté par le maître de l'ouvrage qui avait, à la date de mise en demeure, bloqué les sommes restant dues à l'entrepreneur principal, est subrogée dans les droits et actions du sous-traitant et fondée à exercer l'action directe dont dispose celui-ci contre le maître de l'ouvrage (Cass. com. 18-5-2017 n° 16-10.719 FS-PBI : RJDA 3/18 n° 231).

20372 **Mobilisation des créances de l'entrepreneur** L'entrepreneur principal ne peut librement **céder ou nantir** les créances résultant du marché ou du contrat passé avec le maître d'ouvrage qu'à concurrence des sommes qui lui sont dues au titre des travaux qu'il effectue personnellement (Loi 75-1334 art. 13-1, al. 1).

Il ne peut céder ou nantir l'intégralité de ces créances que s'il a obtenu, préalablement, et par écrit, une caution telle que définie au n° 20369 (Loi 75-1334 art. 13-1, al. 2). La même obligation s'impose au sous-traitant de premier rang qui a cédé sa créance au-delà des travaux qu'il a personnellement effectués ; le sous-traitant de second rang peut dès lors faire opposition au paiement au profit de la banque cessionnaire de la créance du premier sous-traitant (Cass. com. 4-1-1994 : RJDA 6/94 n° 649).

Si l'entrepreneur principal n'a pas donné caution, la cession est inopposable au sous-traitant (Cass. civ. 18-3-1992 : RJDA 6/92 n° 582 ; Cass. 3e civ. 17-1-2019 n° 17-11.853 F-D : RJDA 4/19 n° 255), même occulte (Cass. civ. 9-6-1999 : RJDA 11/99 n° 1207), comme lui est aussi inopposable la subrogation consentie par l'entrepreneur principal à un facteur (Cass. civ. 30-4-2002 : RJDA 8-9/02 n° 884.som.). Le sous-traitant peut alors exercer son action directe contre le maître d'ouvrage (n° 20418).

2. EXÉCUTION DU CONTRAT

20400 Dès lors que le sous-traitant n'use pas de la faculté de résiliation unilatérale qui lui est ouverte s'il n'a pas été agréé et accepté (n° 20330) et n'invoque pas la nullité du contrat pour défaut de délégation ou de fourniture d'un cautionnement (nos 20366 s.), le contrat doit être exécuté (Cass. 3e civ. 10-11-2021 n° 20-19.372 FS-B : RJDA 5/22 n° 271).

Par rapport au contrat d'entreprise de droit commun (nos 19600 s.), l'exécution du contrat de sous-traitance appelle les observations complémentaires ci-après.

ACTION DIRECTE DU SOUS-TRAITANT CONTRE LE MAÎTRE D'OUVRAGE

20403 **Champ d'application de l'action directe** Le paiement de leurs créances peut être directement demandé au maître d'ouvrage par les **sous-traitants agréés** (nos 20315 s.) (Loi 75-1334 art. 12) et dont le maître d'ouvrage a accepté les conditions de paiement (Cass. ch. mixte 13-3-1981 n° 80-12.125 P : Bull. civ. n° 3 ; CA Versailles 9-9-2021 n° 20/00539 : RJDA 3/22 n° 142). La stipulation d'une clause de paiement direct par un maître d'ouvrage qui n'est ni l'État, ni une collectivité locale, ni un établissement ou une entreprise publics ne les prive pas du droit d'exercer l'action directe (Cass. com. 15-10-1996 : RJDA 1/97 n° 48).

L'action directe peut être exercée sur des sommes séquestrées correspondant au solde de la créance de l'entrepreneur principal car, le séquestre n'équivalant pas à un paiement, la créance n'est pas éteinte (Cass. civ. 6-1-1999 : RJDA 3/99 n° 280).

En présence d'une **sous-traitance en chaîne,** les sous-traitants successifs disposent de l'action directe « de la même manière et sans distinction selon leur rang, à l'encontre du maître d'ouvrage qui reste toujours le même quelle que soit la succession des sous-traitants » (Cass. civ. 29-5-1980 : D. 1980.443 note Bénabent ; Cass. 1e civ. 26-10-2011 n° 10-17.708 : RJDA 2/12 n° 222) et ils peuvent agir contre le maître d'ouvrage dans la limite des sommes dont celui-ci reste débiteur, dès lors qu'il ne conteste pas avoir agréé les sous-traitants ainsi que leurs conditions de paiement (Cass. com. 19-5-1998 : RJDA 10/98 n° 1108). Mais les sous-traitants de second rang, quel que soit leur rang, n'ont d'action directe que contre celui pour le compte de qui la construction est réalisée et qui conserve la qualité de maître de l'ouvrage, ce qui exclut l'entrepreneur principal (Cass. civ. 12-7-1989 : Bull. civ. III p. 91).

Lorsque le sous-traitant bénéficie de l'action directe et que le maître d'ouvrage a eu recours à un **crédit spécifique** pour financer les travaux, l'établissement de crédit doit verser au sous-traitant le montant du prêt tant qu'il n'a pas reçu le paiement de l'intégralité de sa créance née du marché correspondant au prêt ; les versements se font sur l'ordre écrit et sous la responsabilité exclusive du maître d'ouvrage entre les mains du sous-traitant ou d'un mandataire désigné à cet effet (C. civ. art. 1799-1, al. 2 sur renvoi de l'art. 12, al. 4 de la loi 75-1334).

Tout **retard** dans le paiement directement demandé par le sous-traitant rend le maître d'ouvrage personnellement redevable des intérêts au taux légal sur les sommes dues (Cass. com. 16-7-1991 : RJDA 11/91 n° 920), même si l'entrepreneur principal est en redressement judiciaire (CA Paris 18-12-1990 : D. 1991.IR.48, transposable à la procédure de sauvegarde par analogie) ; le maître d'ouvrage n'est tenu aux intérêts qu'après sommation de payer (Cass. civ. 30-10-1991 : RJDA 1/92 n° 37).

20406 **Mise en demeure de l'entrepreneur principal** Le sous-traitant ne peut demander directement au maître d'ouvrage le paiement des sommes qui lui sont dues en vertu du sous-traité que si l'**entrepreneur principal** ne les a pas réglées **un mois après** avoir été **mis en demeure** (Loi 75-1334 art. 12, al. 1) ; cette mesure est d'ordre public et le sous-traitant ne peut pas obtenir paiement par le maître d'ouvrage s'il n'a pas mis en demeure l'entrepreneur (Cass. 3e civ. 15-9-2016 n° 15-22.592 FS-PB : Bull. civ. III n° 109). Une **copie** de cette mise en demeure doit être adressée au maître d'ouvrage (Loi 75-1334 art. 12, al. 1) ; la mise en demeure prend effet à la date de réception de la copie (Cass. com. 29-3-1994 : RJDA 10/94 n° 1020).

La mise en demeure n'est soumise à aucun formalisme et peut résulter d'une lettre recommandée AR demandant le prompt règlement de factures d'un montant déterminé et avisant de la mise en œuvre de l'action directe (CA Versailles 3-2-2000 : RJDA 9-10/00 n° 863). Mais la présentation d'une lettre de change au paiement ne constitue pas une interpellation suffisante valant mise en demeure (Cass. com. 3-7-1990 : RJDA 1/91 n° 24).

Le sous-traitant ne peut pas suppléer le défaut d'envoi au maître d'ouvrage de la copie de la mise en demeure par une lettre recommandée lui demandant de le payer directement, adressée après la mise en demeure notifiée à l'entrepreneur principal, même si le maître d'ouvrage ne conteste ni la mise en demeure ni la lettre (Cass. civ. 4-1-1996 : RJDA 6/96 n° 782).

Sur la mise en demeure en cas de procédure collective de l'entrepreneur principal, n° 20409.

C'est à l'expiration du délai d'un mois que s'apprécie l'existence de la **créance du sous-traitant** contre l'entrepreneur principal, sans qu'il y ait à considérer s'il lui a réclamé sa créance en justice (Cass. ch. mixte 30-11-2007 n° 06-14.006 : RJDA 5/08 n° 519).

Si le maître d'ouvrage invoque qu'il a déjà payé l'entrepreneur principal, il doit établir la date et le montant du règlement des travaux (Cass. 3e civ. 8-11-2006 n° 1146 : RJDA 2/07 n° 150).

S'il paie le sous-traitant alors que l'entrepreneur principal n'a pas été mis en demeure, il ne peut pas opposer ce paiement au liquidateur judiciaire de ce dernier (Cass. 3e civ. 6-12-2006 n° 1255 FS PB : RJDA 5/07 n° 478).

La mise en cause de l'entrepreneur principal dans l'instance entre le sous-traitant et le maître d'ouvrage n'est pas une condition de recevabilité de l'action directe (Cass. com. 6-5-1996 : RJDA 10/96 n° 1192).

20409 **Procédure collective de l'entrepreneur principal** L'action directe subsiste même si l'entrepreneur principal est mis en redressement ou en liquidation judiciaire (Loi 75-1334 art. 12, al. 3 ; Cass. civ. 4-1-1996 : RJDA 6/96 n° 783, transposable à la procédure de sauvegarde par analogie).

L'acceptation du sous-traitant par le maître d'ouvrage peut être postérieure au jugement d'ouverture (n° 20324).

En conséquence, les sous-traitants ne sont pas tenus, pour exercer l'action directe, de procéder à la **déclaration** de leurs **créances** (Cass. com. 11-4-1995 : RJDA 10/95 n° 1091). Mais ils peuvent le faire pour la totalité de ces dernières pour le cas où ils ne seraient pas payés, ou pas intégralement, par le maître d'ouvrage, cette déclaration valant mise en demeure (Cass. com. 9-5-1995 : RJDA 11/95 n° 1237). La copie de cette déclaration doit être adressée au maître de l'ouvrage, à peine d'irrecevabilité de l'action directe (Cass. 3e civ. 10-1-2001 : RJDA 5/01 n° 585).

La déclaration est toutefois obligatoire, pour exercer l'action directe, lorsque l'entrepreneur a été placé en liquidation judiciaire avant d'avoir été mis en demeure (Cass. 3e civ. 13-7-2023 n° 21-23.747 FS-B : RJDA 11/23 n° 578). En effet, dessaisi de ses droits sur son patrimoine par l'effet de cette procédure (C. com. art. L 641-9), l'entrepreneur ne peut plus valablement recevoir la mise en demeure. À notre avis, cette solution ne s'applique pas s'il fait l'objet d'une autre procédure collective, dans la mesure où il ne se trouve pas dessaisi.

Les sous-traitants ne peuvent pas obtenir le reversement à leur profit des **sommes que le maître d'ouvrage a versées à l'entrepreneur** principal en procédure collective (Cass. civ. 9-1-1991 : D. 1992.som.116 obs. Bénabent : à propos du règlement judiciaire mais transposable aux autres procédures).

Ni le défaut d'acceptation et d'agrément du sous-traitant ni l'omission de mise en demeure du mandataire de justice ne peuvent être opposés par l'entrepreneur principal ou par la banque cessionnaire de sa créance (Cass. com. 22-5-2001 : RJDA 12/01 n° 1210).

20412 **Renonciation à l'action directe** Toute renonciation à l'action directe est réputée non écrite (Loi 75-1334 art. 12, al. 2) et sont nuls les clauses et arrangements, quelle qu'en soit la forme, qui auraient pour effet de faire échec aux dispositions de la loi de 1975 (art. 15). Par suite, les sous-traitants peuvent valablement exercer l'action directe même s'ils y ont renoncé (Cass. civ. 27-9-1983 : Bull. civ. III p. 132) et même si cette renonciation intervient alors que le droit d'exercer l'action directe est déjà né (Cass. 3e civ. 4-12-1984 : Bull. civ. III p. 159).

20415 **Assiette de l'action directe** Le sous-traitant ne peut réclamer, au titre de l'action directe, que le paiement des prestations prévues au contrat de sous-traitance et dont le maître d'ouvrage est effectivement bénéficiaire (Loi 75-1334 art. 13, al. 1). Ce droit ne porte que sur les sommes dues au titre du contrat d'entreprise dont l'exécution lui a été confiée et ne s'étend pas aux sommes susceptibles d'être dues par le maître d'ouvrage au titre d'autres marchés (Cass. com. 10-12-2003 n° 1815 : RJDA 4/04 n° 420).

Ces sommes n'ont pas à être exigibles à la date de la mise en demeure ; il suffit que le sous-traitant ait effectivement accompli, avant cette date, les prestations prévues par le contrat de sous-traitance dont il demande le paiement (Cass. civ. 13-12-1983 : Bull. civ. III p. 197).

Les obligations du maître d'ouvrage sont limitées à ce qu'il doit encore à l'entrepreneur principal à la date où il reçoit copie de la mise en demeure (Loi 75-1334 art. 13, al. 2 ; Cass. civ. 7-5-1997 :

RJDA 8-9/97 n° 1042) et seulement pour les travaux que le sous-traitant a effectivement exécutés et non pour ceux qu'il pourrait être amené à exécuter pour achever le chantier (Cass. civ. 3-7-1996 : RJDA 11/96 n° 1326). À ce titre, le maître d'ouvrage doit au sous-traitant la totalité des sommes restant dues à l'entrepreneur principal, que ce soit au titre des prestations que celui-ci a personnellement exécutées ou de celles que le demandeur ou un autre sous-traitant a fournies (Cass. ch. mixte 18-6-1982, 2 arrêts : JCP G 1982.II.19858 ; CA Paris 13-10-1993 : RJDA 2/94 n° 158).

Le maître d'ouvrage n'a pas été reconnu débiteur :

– dans un cas où, à cette date, l'entrepreneur principal devait au maître d'ouvrage des pénalités de retard d'un montant supérieur au solde dû par ce dernier (Cass. civ. 15-2-1983 : D. 1983.483) ; lorsque les pénalités, ainsi que les sommes à retenir pour malfaçons, ne sont pas encore liquidées, le juge doit rechercher si les créances invoquées à ce titre sont certaines à la date de réception de la copie (Cass. civ. 10-7-1996 : RJDA 3/97 n° 351) ;

– des intérêts courus à compter de la sommation de payer adressée par le sous-traitant à l'entrepreneur principal, le maître d'ouvrage ne pouvant être tenu que des intérêts consécutifs à une sommation faite à lui-même (Cass. civ. 3-6-1992 : Bull. civ. III p. 115) ;

– des sommes dues au titre de travaux supplémentaires exécutés par le sous-traitant mais dont il n'est pas établi qu'ils ont été approuvés par le maître d'ouvrage comme ils auraient dû l'être (Cass. civ. 13-5-1992 : Bull. civ. III p. 91) ;

– des sommes correspondant à la révision du montant du prix prévue par le sous-traité si le contrat principal est à prix ferme et définitif (CA Paris 11-7-1983 : GP 1983.723).

En cas de **concours entre plusieurs sous-traitants,** ceux-ci sont payés au marc le franc « dès lors qu'ils se sont manifestés avant le paiement par le maître d'ouvrage de certains d'entre eux ou avant la décision judiciaire consacrant l'exercice à leur profit de l'action directe » (Cass. civ. 11-2-1987 : D. 1987.256 note Bénabent) ; mais échappe à cette répartition le sous-traitant qui bénéficie de l'attribution de la créance en vertu de la saisie-attribution qu'il a effectuée entre les mains du maître d'ouvrage (Cass. 3e civ. 9-6-1999 : JCP 1999.IV.2442).

Conflits avec d'autres créanciers Le sous-traitant peut opposer son action directe aux autres créanciers de l'entrepreneur principal dans les conditions suivantes. **20418**

1. Le sous-traitant qui, en raison de la carence de l'entrepreneur principal, n'a **pas** été **agréé** par le maître d'ouvrage (n° 20330), peut obtenir de ce dernier paiement de la créance qu'il détient sur l'entrepreneur principal, même si celui-ci a nanti ou cédé sa créance, car les créanciers de l'entrepreneur n'ont pas plus de droit que lui et ne peuvent donc, pas plus que lui, opposer au sous-traitant le défaut d'agrément (Cass. ch. mixte 13-3-1981 : D. 1981.309 note Bénabent : nantissement du marché ; Cass. civ. 25-2-1998 : RJDA 5/98 n° 589 : cession du marché).

La cession par bordereau étant inopposable au sous-traitant (n° 20372), elle ne peut, par elle-même, être la source d'aucun préjudice pour le sous-traitant ; il en résulte que les conditions de mise en œuvre de la responsabilité extracontractuelle du cessionnaire ne sont pas réunies et que le sous-traitant, qui n'a pas pu agir contre le maître d'ouvrage, ne peut pas lui reprocher de ne pas s'être assuré que l'entrepreneur principal, cédant, avait respecté les conditions d'efficacité de l'action directe (Cass. com. 26-5-2004 n° 842 : RJDA 11/04 n° 1212).

2. Le sous-traitant peut, dès lors que l'entrepreneur principal n'a **pas** obtenu le **cautionnement** écrit et préalable requis pour valider la cession ou le nantissement de sa créance en totalité (n° 20372), exercer son action directe contre le maître d'ouvrage et **l'opposer à tout créancier** de l'entrepreneur principal se prévalant d'un droit sur la créance de ce dernier, que ce droit soit né avant ou après l'exercice de l'action directe par le sous-traitant (application à propos de la cession de la créance : Cass. com. 22-11-1988 : D. 1989.212 note Bénabent, 1e esp. ; Cass. com. 26-4-1994 : RJDA 10/94 n° 1021 ; Cass. com. 16-5-1995 : RJDA 11/95 n° 1238). Si le cessionnaire de la créance cédée par l'entrepreneur principal a reçu paiement de celle-ci, le sous-traitant peut obtenir de ce cessionnaire restitution des sommes correspondantes (Cass. com. 16-1-1996 : RJDA 4/96 n° 499) ou demander réparation au maître d'ouvrage, qui peut se retourner contre son délégué mandaté pour surveiller l'application des dispositions protectrices du sous-traitant (Cass. 3e civ. 6-7-2010 n° 09-12.323 : RJDA 11/10 n° 1099).

3. Si des **lettres de change,** tirées par l'entrepreneur principal sur le maître d'ouvrage, ont été escomptées par une banque, le sous-traitant conserve le bénéfice de **l'action directe** s'il exerce cette dernière **avant** que la provision ait été transférée au banquier escompteur ou que la traite ait été payée (Cass. com. 18-11-1997 : RJDA 3/98 n° 284) ; l'action directe étant réputée exercée au jour de la réception par le maître d'ouvrage de la copie de la mise en demeure adressée par le sous-traitant à l'entrepreneur principal, les juges doivent rechercher si ce jour est antérieur ou non au transfert de la provision résultant de l'escompte (Cass. com. 29-3-1994 : RJDA 10/94 n° 1020) ; ce transfert de la provision se situe : si la traite a été acceptée, au jour de sa remise au banquier escompteur (Cass. com. 18-2-1986 : Bull. civ. IV p. 17) ; si la traite n'a pas été acceptée, et en l'absence de toute diligence du banquier escompteur, au jour de l'échéance de la traite (Cass. com. 4-12-1984 : D. 1985.181 note Bénabent).

Le banquier escompteur peut, toutefois, acquérir la provision par anticipation s'il rend son droit opposable au tiré par l'envoi de lettres revendiquant la propriété de la provision (CA Limoges 11-1-1989 : D. 1990.79 note Dubois).

Le banquier escompteur d'une lettre de change au profit de l'entrepreneur principal ne peut se voir opposer l'exception de défaut du cautionnement dû par celui-ci en cas de cession de l'intégralité de sa créance (n° 20372) que s'il est de mauvaise foi – au sens où l'est un tiers porteur (n° 51255 s.) – (Cass. com. 5-3-1991 : RJDA 4/91 n° 297).

4. Sur l'opposabilité au **facteur** de l'action directe du sous-traitant, n° 53231.

DROIT DU MAÎTRE D'OUVRAGE CONTRE LE SOUS-TRAITANT

20425 Le sous-traitant n'étant pas partie au marché, le maître d'ouvrage n'a pas contracté avec lui mais seulement avec l'entrepreneur principal (CA Versailles 25-1-2008 n° 06/07347 : Bull. inf. C. cass. 2008 n° 962).

Tel n'est pas le cas, toutefois, lorsque l'entreprise qui a exécuté des travaux initialement confiés à un sous-traitant est intervenue d'urgence pour suppléer un sous-traitant défaillant, à la demande du maître d'œuvre représentant le maître d'ouvrage, qu'elle a été convoquée à la réception des travaux à laquelle un sous-traitant ne participe officiellement pas et qu'elle a reçu un acompte du maître d'œuvre (CA Rouen 8-9-1988).

Le maître d'ouvrage n'a contre le sous-traitant qu'une action extracontractuelle (Cass. ass. plén. 12-7-1991 n° 90-13.602 : RJDA 8-9/91 n° 711 ; Cass. civ. 7-7-1992 : RJDA 3/93 n° 216).

En conséquence, le sous-traitant ne peut pas lui opposer les limitations de responsabilité prévues dans le contrat entre le maître d'ouvrage et l'entrepreneur principal (Cass. com. 22-5-2002 n° 1002 : RJDA 10/02 n° 1025).

Mais le maître d'ouvrage a une action contractuelle directe contre le fabricant de la chose qui lui a été livrée avec le travail commandé ; en sa qualité de sous-acquéreur du matériel livré en exécution du marché, il exerce à l'encontre du sous-traitant qui l'a fabriqué l'action dont l'entrepreneur principal, vendeur intermédiaire, jouit contre ce dernier, mais dans la limite des droits de l'entrepreneur principal : il subit en conséquence les limitations de responsabilité insérées dans le contrat passé entre l'entrepreneur principal et le sous-traitant (Cass. com. 22-5-2002 n° 1002 précité ; contra Cass. 3e civ. 28-11-2001 n° 1632 : RJDA 4/02 n° 381 et Cass. com. 26-11-2014 n° 13-22.067 : RJDA 4/15 n° 271 : action extracontractuelle).

Le sous-traitant n'est pas tenu de garantir le maître d'ouvrage contre les vices cachés de la chose fournie (cf. n° 19640). Mais, en tant qu'entrepreneur fabricant, il est tenu d'une obligation de résultat qui l'oblige à réparation lorsqu'il a promis de livrer un ouvrage apte à remplir la fonction à laquelle il est destiné (Cass. com. 22-5-2002 n° 1002 précité ; sur cette obligation, n° 19637).

DROITS DE L'ENTREPRENEUR PRINCIPAL CONTRE LE SOUS-TRAITANT

20430 L'entrepreneur principal (ou l'assureur subrogé, Cass. civ. 10-4-1996 : DA 1996.709) peut demander compte, selon le droit commun des contrats (nos 15000 s.) et le droit relatif au contrat d'entreprise (nos 19625 s.), au sous-traitant de l'inexécution ou de la mauvaise exécution de ses prestations, dès lors que celui-ci a reçu ou réclamé paiement, alors même que le maître d'ouvrage ne l'a pas accepté ou n'a pas agréé les conditions de paiement (Cass. civ. 3-6-1992 : RJDA 8-9/92 n° 821) ou que l'entrepreneur principal n'a pas fourni les garanties de paiement visées aux nos 20366 et 20369 (Cass. 3e civ. 14-12-2011 n° 10-28.149). Le sous-traitant qui n'a pas été accepté et dont les conditions de paiement n'ont pas été agréées ne peut pas se prévaloir du contrat de sous-traitance pour obtenir paiement de ses travaux et le rejeter pour échapper à ses obligations (Cass. civ. 23-4-1992 : RJDA 7/92 n° 704).

L'entrepreneur principal ne peut pas agir en responsabilité contre le sous-traitant en invoquant des clauses du contrat qui le lie au maître d'ouvrage, car le sous-traitant est un tiers à ce contrat (Cass. civ. 28-1-1997 : RJDA 6/97 n° 749) ; mais il peut lui demander, sur le fondement de la responsabilité extracontractuelle, la réparation du dommage que cette faute lui a causé dans ses rapports avec le maître d'ouvrage (nos 15026 et 15180), par exemple le montant des pénalités de retard versé en vertu du contrat le liant au maître d'ouvrage.

La prescription de l'action de l'entrepreneur principal contre le sous-traitant ne court qu'à compter du jour où lui-même a été assigné par le maître d'ouvrage en réparation des vices dénoncés ou du jour où il a obtempéré aux réclamations de celui-ci (Cass. com. 21-10-1997 : RJDA 2/98 n° 172). En cas de sous-traitance de travaux de construction immobilière, la prescription décennale (C. civ. art. 1792-4-1) n'est pas applicable à l'action en garantie exercée par l'entrepreneur principal à l'encontre de son sous-traitant (Cass. 3e civ. 26-4-2006 n° 493 : RJDA 1/07 n° 42), laquelle relève du délai de la prescription de droit commun.

Mais l'entrepreneur principal n'a pas d'action contractuelle contre le sous-traitant de son sous-traitant (Cass. civ. 13-12-1989 : D. 1991.25 note Kullman).

Le sous-traitant est tenu envers l'entrepreneur principal d'un devoir de conseil dans les domaines de sa spécialité (Cass. 3e civ. 10-11-2021 n° 20-18.510 F-D) et d'une obligation de résultat en ce qui concerne l'exécution des travaux (Cass. 3e civ. 2-2-2017 n° 15-29.420 FS-PBI : Bull. civ. III n° 17) ; il ne peut donc s'exonérer de cette obligation de résultat que par la preuve d'une cause étrangère (Cass. com. 22-1-2008 n° 06-20.302 : RJDA 6/08 n° 648 : preuve non rapportée). De même, le sous-traitant d'un sous-traitant non accepté est tenu, à l'égard de ce dernier, d'une obligation contractuelle de livrer, exempts de vices, les ouvrages dont il a reçu paiement (Cass. civ. 15-1-1992 : RJDA 3/92 n° 236), donc conformes au résultat attendu.

L'entrepreneur principal à qui le sous-traitant réclame paiement peut déduire de la somme due les frais qu'il a exposés pour achever les prestations incombant au sous-traitant (Cass. civ. 13-4-1988 : JCP G 1989.II.21302 note Martin ; CA Besançon 9-12-2003 : JCP G 2004.IV.1786).

Indépendamment de la mise en cause de la responsabilité du sous-traitant, l'entrepreneur principal a droit à ce que le sous-traitant lui a reconnu par avance, par exemple la propriété des programmes informatiques mis au point par les salariés du sous-traitant, dès lors que le sous-traitant a renoncé par avance à s'en prévaloir (CA Paris 19-11-1987 : JCP G 1988.IV.261).

OBLIGATIONS DE L'ENTREPRENEUR PRINCIPAL DU FAIT DU SOUS-TRAITANT

L'entrepreneur principal est contractuellement responsable envers le **maître d'ouvrage** des fautes commises par son sous-traitant dans l'exécution des travaux qu'il lui a confiés (Cass. civ. 5-1-1978 : Bull. civ. III n° 9 ; Cass. 3e civ. 11-5-2006 n° 550 : RJDA 10/06 n° 1019), même si le sous-traitant n'est jamais intervenu physiquement sur le chantier (CA Montpellier 13-3-2014 n° 11/07760 : GP 2014.som.1878). Il est aussi responsable à l'égard des propriétaires successifs de l'immeuble (Cass. 3e civ. 12-6-2013 n° 11-12.283 : RJDA 12/13 n° 1008). Sur son recours contre le sous-traitant, n° 20430. **20435**

Mais le maître d'ouvrage, étranger au contrat de sous-traitance, ne peut pas invoquer l'obligation de résultat dont le sous-traitant est tenu envers l'entrepreneur principal (Cass. civ. 22-6-1988 : Bull. civ. III n° 115), mais il peut invoquer sa responsabilité extracontractuelle (n° 15026).

L'entrepreneur principal n'a pas, en soi, une responsabilité extracontractuelle envers **les tiers** des dommages causés par son sous-traitant, dont il n'est pas le commettant (Cass. 3e civ. 22-9-2010 n° 09-11.007 : D. 2010.2227.som. obs. Delpech) ; mais il l'est pour la faute contractuelle qu'il a commise (n° 15026) en ne surveillant pas l'exécution par le sous-traitant des instructions qui lui avait été données (Cass. 3e civ. 27-3-2008 n° 07-10.473 : RJDA 10/08 n° 1022).

Le sous-traitant qui, à son tour, a sous-traité une partie des travaux n'a pas une responsabilité extracontractuelle envers les tiers des dommages causés par son sous-traitant (Cass. civ. 17-12-1997 : RJDA 3/98 n° 283).

CHAPITRE 6 DÉPÔT

SOMMAIRE

Généralités sur le dépôt	21000	Restitution de la chose	21045
Conclusion du contrat de dépôt	21015	Réparation des dommages	21065
Garde de la chose	21040	Dépôt dans les magasins généraux	21070

GÉNÉRALITÉS SUR LE DÉPÔT

Qualification Le dépôt est le contrat par lequel le détenteur d'une chose, appelé « déposant », la remet à une personne, dite « dépositaire », qui se charge de la garder et de la restituer en nature (C. civ. art. 1915). Il suppose que le dépositaire accepte, en même temps, l'obligation de garder et de restituer la chose (Cass. civ. 19-1-1982 : D. 1982.457 note Larroumet). 21000

Il a été jugé qu'il en était ainsi :

– lorsqu'une société exploitant un port de plaisance déclarait dans son tarif de stationnement assurer « la garde matérielle des bateaux » et avait souscrit une assurance couvrant « la disparition et la détérioration des bateaux par suite de vol » (Cass. com. 13-12-1982 : Bull. civ. IV p. 337) ;

– lorsqu'un contrat d'abonnement met à la disposition d'automobilistes, dans un garage commun, aux côtés d'autres voitures, un emplacement habituel fermé à clé (Cass. civ. 2-11-1966 : D. 1967.319 note Pélissier) ;

– lorsqu'il n'est pas établi que la marchandise détenue par une partie lui a été vendue (CA Orléans 5-12-2022 n° 20/00345).

L'existence du dépôt d'un véhicule a été reconnue catégoriquement, après des décisions en sens contraire de la même chambre de la cour de Paris (existence du dépôt : CA Paris 14-1-1988 : GP 1988.269 ; CA Paris 15-3-1995 : GP 1996.381 ; absence de dépôt : CA Paris 24-4-2001 : D. 2001.IR.1671), dans la remise des clés du véhicule par le client d'un établissement (restaurant, discothèque...) à un voiturier se chargeant de prendre en charge le véhicule et de le garer, peu important que ce voiturier soit le salarié d'un autre commettant ou un prestataire de services en vertu d'un contrat de collaboration conclu entre le propriétaire de l'établissement et le prestataire de services (CA Paris 17-12-2002 : GP 2003.som.1221 obs. J.G.M.).

En revanche, ne comporte pas une obligation de garde et de restitution le contrat :

– de nantissement avec la remise de fonds à un intermédiaire en garantie d'une inexécution éventuelle d'une promesse d'achat portant sur un immeuble (Cass. crim. 9-7-1953 : D. 1953.556) ;

– de remise d'un juke-box par son propriétaire à l'exploitant d'un café-restaurant, car cette remise n'a pas pour objet principal la garde de cet appareil (CA Colmar 18-12-1973 : D. 1974.som.121 ; dans le même sens pour une location de place dans un garage, Cass. civ. 26-10-1977 : Bull. civ. III n° 362 ; toutefois, pour l'existence dans un autre cas d'un dépôt salarié, Cass. civ. 2-11-1966 : D. 1967.319 note Pélissier) ;

– de location d'un terrain pour le stationnement d'une caravane moyennant une redevance (Cass. 1e civ. 3-2-1982 : Bull. civ. I p. 51 ; CA Amiens 7-5-2009 : Loyers et copr. 2009 comm. n° 227 obs. Vial-Pedroletti) ;

– par lequel l'exploitant d'un parking accepte des voitures en stationnement dès lors qu'il est précisé sur le ticket d'accès que les usagers circulent et stationnent à leurs risques et périls, peu important que la publicité mentionnait que le parking était gardé par des maîtres-chiens (CA Paris 30-1-1984 : D. 1984.IR.299), ou que l'exploitant n'avait pas pris l'engagement de restituer le véhicule dans l'état où il a été remis (Cass. 3e civ. 26-10-1977 : Bull. civ. III p. 275 ; Cass. 3e civ. 12-6-1996 n° 94-19.052 : RJDA 10/96 n° 1162) ;

– par lequel l'exploitant d'un port de plaisance avait souscrit une simple obligation de surveillance et non de garde, même si les propriétaires des bateaux en avaient déposé les clés au bureau de celui-ci pour permettre les opérations facultatives d'entretien (Cass. 1e civ. 21-7-1980 : Bull. civ. I p. 18 ; Cass. 1e civ. 31-1-1984 n° 82-12.956 : Bull. civ. I n° 44) ou avait consenti une simple location d'un poste de mouillage, même avec remise des clés (CA Agen 28-4-2003 n° 01-01618 : Bull. inf. C. cass. 2004 n° 83) ;

– comportant la seule mise à disposition d'une surface, laquelle est un bail (CA Rennes 28-5-1997 : BT 1997.467) ;

– par lequel un transporteur accepte de mettre un emplacement de stockage à la disposition d'un donneur d'ordre, occasionnellement, pendant le temps où il réalise un autre transport (CA Lyon 29-4-2021 n° 19/00683).

L'obligation de garde et de restitution doit être souscrite **à titre principal** (Cass. 3e civ. 29-3-1995 : RJDA 7/95 n° 819).

Il n'en est pas ainsi, notamment, lorsque la chose a été détenue :
– en vue de l'exécution d'un mandat (Cass. req. 19-3-1929 : DH 1929.218 ; Cass. com. 1-6-1993 : Bull. civ. IV n° 221 ; CA Limoges 4-5-2006 : JCP G 2007.IV.1618) ; mais le mandat peut être l'accessoire du dépôt (Cass. com. 21-10-1963 : Bull. civ. III p. 361) ;
– en vue de sa transformation (n° 19618) ;
– en vue de son transport (n° 24206) ;
– en vue de sa vente (n° 26527).
En revanche, lorsque la chose a été remise pour l'exécution d'un contrat d'entreprise, elle est réputée, selon la dernière jurisprudence, détenue à titre de dépôt (Cass. 1e civ. 5-4-2005 : RJDA 8-9/05 n° 966 ; Cass. 1e civ. 30-5-2006 : RJDA 11/06 n° 1130 ; Cass. 1e civ. 28-11-2007 n° 05-16.543 : RJDA 4/08 n° 401 ; Cass. 1e civ. 8-10-2009 n° 08-20.048 : RJDA 1/10 n° 24). Il en est de même lorsque la livraison qui a suivi sa remise n'est qu'accessoire (CA Lyon 14-2-2013 n° 11/04574 : BTL 2013.299, écartant la qualification de contrat de commission de transport).

Cette obligation doit porter sur une **chose** qui est susceptible de conservation et de restitution.
Si la chose est **fongible,** le dépôt peut exister dans la mesure où elle est individualisée et n'est pas consommée (Cass. 1e civ. 29-11-1983 : Bull. civ. I p. 251). Mais il n'y a pas dépôt si la chose remise, étant fongible, a été confondue avec celle du déposant qui la recevait (CA Besançon 5-5-1943 : D. 1945.38 note Voirin : essence versée par un négociant dans les cuves d'un autre négociant et confondue avec celle de ce dernier) ou s'il s'agit de fonds ou d'espèces contre versement d'un intérêt, car la remise constitue alors un prêt d'argent (n° 41005).

21007 **Régime** Le contrat de dépôt est régi par les **articles 1915 à 1951** du Code civil et par les textes de droit commun, dans la mesure où ils sont compatibles avec les règles particulières propres au dépôt (cf. C. civ. art. 1105, al. 2 et 3).
Des règles particulières (C. civ. art. 1952 à 1954) - qui ne seront pas exposées ici compte tenu de l'orientation du présent Mémento vers les besoins des entreprises - concernent le dépôt des vêtements, bagages et objets divers apportés par les voyageurs dans les hôtels.

Il obéit aux **règles du contrat administratif** lorsqu'il répond aux critères de ce contrat (T. confl. 17-7-1923 : Lebon 581 ; T. confl. 6-7-1946 : Lebon 330 ; T. confl. 19-6-1952 : Lebon 629 ; CE 9-2-1951 : Lebon 31 ; pour des dépôts conclus dans les conditions du droit commun par des personnes publiques : T. confl. 12-7-1945 : Lebon 278 ; T. confl. 22-2-1960 : AJDA 1960.II.146 ; CE 13-2-1967 : AJDA 1967.II.103 ; Cass. civ. 10-10-1956 : JCP G 1957.II.9710 note Astima) et à **celles du contrat international** lorsqu'il en est un (n° 16500).
À défaut de choix de la loi applicable par les parties, il a été jugé que la loi du lieu du dépôt - qui est le lieu de la prestation la plus caractéristique - devait être appliquée (CA Paris 15-2-1933 : GP 1933.1.805). Dans les conflits de lois entre États membres de l'UE, doit être appliquée la loi du pays du dépositaire, loi où le prestataire de services a sa résidence habituelle (Règl. CE 593/2008 du 17-6-2008 art. 4, 1-b ; n° 17103).

21009 **Points sensibles** Les parties doivent être particulièrement attentives à la **qualification** du contrat, car, comme nous l'avons vu ci-dessus (n° 21000), les risques de disqualification se rencontrent fréquemment.
Le **déposant** agira prudemment, en dépit de l'obligation de garde du dépositaire, en veillant à l'**assurance** de la chose déposée (n° 21033).
Le **dépositaire** doit se préoccuper de la **durée** du dépôt et, éventuellement, faire renoncer le déposant à réclamer la chose avant la date convenue, ainsi que se faire reconnaître le droit de se décharger de la chose non réclamée au terme d'un délai déterminé (n° 21051).

CONCLUSION DU CONTRAT DE DÉPÔT

21015 **Remise de la chose** Les parties doivent non seulement accepter de constituer un dépôt (C. civ. art. 1921), mais aussi procéder à la remise, réelle ou fictive, de la chose déposée dans les mains du dépositaire (C. civ. art. 1919). Ce dépôt est dit volontaire.
Le dépositaire commet une faute s'il accepte en dépôt une autre chose que celle qui a été convenue (CA Paris 30-11-1993 : BTL 1994.106).

Le consentement doit, toutefois, correspondre à une **volonté réelle** ; une simple acceptation de la remise de la chose pour rendre service ne suffit pas (Cass. civ. 15-5-1974 : GP 1974.2.som.227 ; Cass. 1e civ. 29-3-1978 : Bull. civ. I p. 101 ; Cass. com. 25-9-1984 : Bull. civ. IV n° 242).
Il doit émaner du véritable **propriétaire** (C. civ. art. 1922) ; mais le dépositaire ne peut pas exiger de celui qui fait la remise de la chose la preuve qu'il en est le propriétaire (C. civ. art. 1938, al. 1). Si le dépôt est fait par un non-propriétaire, la chose peut néanmoins être réclamée par le véritable propriétaire (n° 21048).

21018 **Dépôt nécessaire** Lorsque le déposant a dû, sous l'effet d'une contrainte extérieure (accident, incendie, pillage, par exemple), remettre la chose à un dépositaire qu'il n'a pas choisi, le dépôt est néanmoins formé (C. civ. art. 1949 ; Cass. req. 17-7-1923 : DP 1923.1.203 : remise à la suite d'une évacuation sur ordre militaire ; CA Metz 4-10-2007 : JCP G 2008.IV.2045 : remise par la police d'un véhicule volé chez un garagiste). Il est dit nécessaire.

Capacité Si le **déposant** est **incapable** de contracter, le dépositaire, capable quant à lui, est tenu de toutes les obligations que le contrat de dépôt met à sa charge ; il peut être poursuivi par le tuteur ou l'administrateur du déposant (C. civ. art. 1925). **21021**

Si le dépositaire est poursuivi en nullité du dépôt, il peut faire obstacle à l'action en nullité (nos 1029, 1124 et 1143).

Dans le cas où le **dépositaire** est **incapable** et le déposant capable, celui-ci n'a que l'action en revendication de la chose, tant qu'elle est dans les mains du dépositaire, ou une action en restitution jusqu'à concurrence de ce qui a tourné au profit de ce dernier (C. civ. art. 1926).

Preuve Le dépôt **nécessaire** peut être prouvé par tous moyens, quelle que soit la valeur de la chose déposée (C. civ. art. 1950). **21024**

Sauf à l'égard des commerçants (Cass. com. 9-2-2010 n° 08-10.574 : PA 2011 n° 102 p. 13 note Pignarre ; CA Paris 23-3-1995 : BT 1995.378), le dépôt **volontaire** se prouve par écrit lorsque la chose déposée est d'une valeur supérieure à 1 500 € (nos 75600 s.) ; à défaut, celui à qui la chose est réclamée comme dépositaire est cru sur sa déclaration soit pour le fait même du dépôt, soit pour la chose qui en faisait l'objet (C. civ. art. 1924), soit pour la restitution de l'objet déposé (Cass. 1e civ. 31-10-2012 n° 11-15.462, en raison de l'indivisibilité des déclarations du dépositaire). La preuve par témoignage ou présomption est irrecevable (Cass. 1e civ. 12-4-2005 n° 724 : RJDA 11/05 n° 1208) et il est inutile d'invoquer l'impossibilité morale de se procurer un écrit (Cass. 1e civ. 14-11-2012 n° 11-24.320 : RJDA 3/13 n° 226).

Devoir de conseil Le dépositaire professionnel est tenu d'un devoir de conseil à l'égard du déposant qui n'est pas en mesure d'apprécier les bonnes conditions à observer pour la conservation de la chose (CA Versailles 6-7-1984 : D. 1985.IR.129). **21030**

Assurances Le **dépositaire,** qui n'en reçoit pas l'ordre du déposant, n'est **pas tenu** d'assurer lui-même les objets déposés (Cass. civ. 1-8-1866 : DP 1866.1.331 ; Cass. civ. 18-10-1954 : D. 1955.81). **21033**

Le déposant a donc intérêt à veiller à l'assurance de la chose déposée. Il peut l'assurer lui-même ou convenir de la faire assurer par le dépositaire (sur la clause d'assurance, n° 15000).

Il peut aussi conclure une assurance de dommage en tant que propriétaire de la chose alors même que le dépositaire a, pour sa part, assuré sa responsabilité contractuelle ; ces deux assurances ont un objet distinct et peuvent se cumuler (Cass. 1e civ. 28-5-1984 : Bull. civ. I p. 147).

Sur les assurances cumulatives, nos 17788 s.

GARDE DE LA CHOSE

Le dépositaire doit garder la chose avec le **même soin** que celui qu'il met à conserver ses biens (C. civ. art. 1927). **21040**

Il ne doit pas s'en servir, sauf autorisation expresse ou présumée du déposant (C. civ. art. 1930) et il ne doit pas chercher à connaître sa consistance si elle lui est remise emballée (C. civ. art. 1931).

Il est tenu d'une **particulière diligence** dans les cas suivants : s'il s'est offert lui-même pour recevoir le dépôt, s'il est rémunéré, si le dépôt a été fait uniquement dans son intérêt, s'il a été convenu expressément qu'il répondrait de toute espèce de faute (C. civ. art. 1928 ; pour une application au dépositaire rémunéré, Cass. com. 12-11-1986 : Bull. civ. IV p. 177).

À défaut de preuve contraire, il assure la garde de la chose gratuitement (C. civ. art. 1917 ; CA Metz 4-10-2007 : JCP G 2008.IV.2045, excluant une indemnisation des dépenses non nécessaires).

Sauf s'il a été convenu que le déposant devra prouver la faute du dépositaire dans la survenance du dommage (Cass. 1e civ. 30-10-2007 n° 06-19.390 : RJDA 5/08 n° 514) ou si le déposant a manqué à l'obligation de lui indiquer le particularisme de la marchandise, stipulée dans ses conditions générales (CA Douai 21-1-2016 n° 14/07810 : BTL 2016.109), le dépositaire en répond même si la victime ne prouve pas sa faute car les tribunaux mettent à sa charge une **obligation de moyens renforcée** dont il ne peut s'exonérer que s'il prouve qu'il y est étranger, en établissant soit que cette détérioration préexistait à la remise de la chose ou n'existait pas lors de sa restitution, soit, à défaut, qu'il a donné à sa garde les mêmes soins que ceux qu'il aurait apportés à la garde des choses lui appartenant (Cass. 1e civ. 5-2-2014 n° 12-23.467 : RJDA 5/14 n° 427). Le dépositaire peut aussi s'exonérer s'il prouve que la détérioration est due à la force majeure (Cass. 1e civ. 6-1-2011 n° 09-69.545 : RJDA 6/11 n° 526), laquelle ne peut pas être constituée par son fait, le fait de son préposé ou de son substitué (Cass. 1e civ. 14-10-2010 n° 09-16.967 : RJDA 2/11 n° 140) ni être invoquée lorsqu'il a été mis en demeure de restituer la chose (C. civ. art. 1929) ou qu'il n'a pas pris les précautions nécessaires pour en assurer la conservation (Cass. 1e civ. 6-6-2018 n° 16-26.783 F-D : RJDA 11/18 n° 825).

Le dépositaire a été ainsi tenu pour responsable :

– des détériorations de la chose déposée (Cass. 1e civ. 29-5-1996 : RJDA 10/96 n° 1183 ; CA Aix 18-11-1981 : Bull. cour d'Aix 1981/3 p. 4 ; CA Paris 23-9-1987 : D. 1987.IR.221 ; CA Rouen 8-11-2007 : Transidit 2007 n° 53 § 61 ; pour des exemples de preuve non rapportée, Cass. civ. 11-7-1984 : GP 1985.pan.89 ; CA Versailles 8-1-1988 : GP 1988.som.299) ;

– de sa perte par vol, dommage le plus fréquent (Cass. 1e civ. 28-5-1984 : Bull. civ. I p. 147 ; Cass. 1e civ. 22-1-1991 : RJDA 5/91 no 395 ; Cass. 1e civ. 20-7-1994 : Bull. civ. I no 256 ; CA Aix 9-3-1983 : BT 1984.118 ; CA Paris 14-5-1987 : GP 1987.som.20 ; CA Paris 9-11-2001 : RJDA 8-9/02 no 880), ou par incendie (Cass. 1e civ. 14-10-2010, précité).

Mais il ne peut **pas s'exonérer** en invoquant pour justification le fait que le bâtiment incendié dans lequel la chose a péri avait fait l'objet d'un certificat de conformité à la suite de la construction (Cass. 1e civ. 9-7-1974 : Bull. civ. I p. 188) ni le fait que le déposant a refusé sa proposition d'assurance (Cass. 1e civ. 28-5-1984 : Bull. civ. I p. 147) ou l'a dispensé de souscrire une assurance (CA Paris 1-7-1987 : GP 1988.som.354).

RESTITUTION DE LA CHOSE

21045 La restitution de la chose déposée est régie par les dispositions des articles 1932 s. du Code civil. Ces textes soumettent cette restitution à des règles particulières distinctes de celles des restitutions visées aux nos 16120 s.

La personne que le dépositaire s'est substituée est aussi contractuellement tenue de cette obligation envers le déposant (Cass. civ. 31-10-1989 : JCP G 1990.II.21568 note Quénaudon). Le dépositaire peut revendiquer la chose qu'il a remise au sous-dépositaire lorsque celui-ci est soumis à une procédure collective, mais à condition de le faire dans le délai imparti (Cass. com. 14-11-2000 : RJDA 2/01 no 201).

21048 **Ayants droit à la restitution** La restitution de la chose remise peut être réclamée au dépositaire par les personnes suivantes.

1. Déposant. Le dépositaire ne doit restituer la chose déposée qu'au déposant lui-même, à celui au nom de qui le dépôt a été fait ou à celui qui a été indiqué pour le recevoir (C. civ. art. 1937 ; Cass. com. 27-6-2018 no 17-14.439 F-D : RJDA 11/18 no 824), cette indication pouvant être déduite des circonstances (CA Paris 25-4-1983 : D. 1983.431).

2. Héritiers. Le dépositaire doit restituer la chose aux héritiers du déposant en cas de décès de celui-ci, en remettant à chacun sa part si elle est divisible ; si la chose est indivisible, les héritiers doivent s'accorder entre eux pour la recevoir (C. civ. art. 1939).

S'il remet la chose à un seul d'entre eux, les autres peuvent agir en représentation de la chose tant contre le dépositaire que contre celui à qui elle a été restituée (Cass. 1e civ. 19-1-1982 : Bull. civ. I p. 26, au sujet d'une chose indivisible déposée par plusieurs déposants mais transposable aux héritiers).

S'il a déjà restitué au déposant ou s'il a usé de la chose conformément aux ordres du déposant, il doit justifier aux héritiers de la décharge qu'il a reçue à cette occasion (Cass. 2e civ. 30-1-1963 : Bull. civ. II p. 69).

3. Propriétaire. Si le dépositaire découvre que la chose a été volée, et quel en est le véritable propriétaire, il doit faire connaître à celui-ci le dépôt qui lui a été fait en le sommant de réclamer la restitution de la chose remise dans un délai déterminé et suffisant ; si celui qui a reçu cette dénonciation néglige de réclamer la chose, le dépositaire peut valablement la remettre à celui duquel il l'a reçue (C. civ. art. 1938).

Mais si la chose n'a été ni volée ni détournée frauduleusement, le dépositaire n'est pas tenu de la remettre au propriétaire qui la lui réclame ; il doit la restituer au déposant à défaut d'une saisie ou d'une opposition régulière (CA Paris 22-12-1953 : JCP G 1954.IV.55), laquelle implique plus que l'envoi d'une simple lettre recommandée, car le terme « opposition » désigne un acte suffisamment explicite revêtant les caractères d'un acte extrajudiciaire, qui ne peut être notifié que par un huissier ou un commissaire de justice (Cass. com. 11-2-2003 no 00-13.683 FS-P : RJDA 7/03 no 713). Le dépositaire ne peut pas exiger du déposant la preuve qu'il était le propriétaire de la chose déposée (Cass. 1e civ. 27-11-2001 : RJDA 3/02 no 249).

Le dépositaire n'est plus, bien entendu, tenu de restituer la chose s'il vient à découvrir qu'il en est propriétaire et rapporte la preuve de son droit (C. civ. art. 1946).

4. Administrateur des biens du déposant. Si le déposant a été dessaisi de ses pouvoirs d'administration, la chose ne peut être restituée par le dépositaire qu'à celui qui a l'administration des biens du déposant (C. civ. art. 1940).

Si le dépôt a été fait par un tuteur ou un administrateur, dans l'une de ces qualités, elle ne peut être restituée qu'à la personne que ce tuteur ou cet administrateur représentait, si leur gestion ou leur administration a pris fin (C. civ. art. 1941).

5. Créanciers du dépositaire. Le dépositaire détenant à titre précaire, ses créanciers **ne peuvent pas** prétendre **saisir** entre ses mains la chose déposée (cf. Cass. 1e civ. 19-2-1985 : Bull. civ. I p. 64).

6. Créanciers du déposant. Le dépositaire peut **retenir** le bien déposé lorsque celui-ci fait l'objet, entre ses mains, de la part des créanciers du déposant d'une saisie-attribution ou d'une opposition à restitution et au déplacement de l'objet (C. civ. art. 1944) ou lorsqu'il est créancier du déposant en vertu du dépôt (C. civ. art. 1948).

Le dépositaire, quoique créancier du déposant, ne peut pas lui refuser la restitution de l'objet déposé lorsqu'il n'existe pas de lien de connexité entre sa dette de restitution et la créance qu'il invoque sur le déposant (Cass. civ. 9-2-1988 : D. 1988.448 note Delebecque), ni lorsque le déposant est une personne publique en raison de l'insaisissabilité des biens d'une telle personne (CAA Paris 14-10-2008 nos 06/03339, 07/01993 et 07/02098 : JCP E 2009.pan.1293) ou lorsqu'il conteste de mauvaise foi les droits des déposants, ces derniers étant les propriétaires des biens retenus, connus en raison de la publicité des contrats de crédit-bail dont ces biens sont l'objet (CA Rouen 26-4-2018 n° 17/01857).

Le dépositaire ne peut pas opposer son droit de rétention à la restitution des fruits produits par la chose déposée dès lors qu'il a déjà restitué celle-ci (Cass. 1e civ. 24-3-2021 n° 19-20.962 F-P : RJDA 7/21 n° 467).

Mais il **doit restituer** le bien au créancier du déposant muni d'un titre exécutoire (C. exécution art. L 222-1).

Date de la restitution Le dépositaire doit restituer la chose **dès** que le **déposant** la **réclame** alors même que le contrat aurait fixé un délai déterminé pour la restitution (C. civ. art. 1944) ; la réclamation peut être faite verbalement, par sommation ou par tout autre moyen équivalent ; l'assignation en justice vaut mise en demeure (Cass. 1e civ. 28-2-1989 : Bull. civ. I p. 62). 21051

Si, au terme du contrat, le déposant n'a pas retiré la chose déposée, le dépositaire, s'il n'entend pas poursuivre le contrat, doit le mettre en demeure d'y procéder et l'avertir du sort qu'il compte réserver à la chose au terme d'un délai déterminé ; devant la carence persistante du déposant, il peut demander en référé l'autorisation de prendre la mesure appropriée.

Si le dépositaire ne dénonce pas le contrat, celui-ci se poursuit par tacite reconduction et devient à durée indéterminée (n° 16222) ; il peut alors, comme aussi lorsque le contrat ne comporte pas de terme, le résilier unilatéralement (Cass. com. 20-12-1976 : D. 1977.IR.148 ; CA Versailles 28-5-1986 : BT 1986.630), sauf à s'exposer à des dommages-intérêts si sa résiliation est abusive (n° 15504).

Sur la possibilité de vendre les meubles confiés à un professionnel pour être travaillés, façonnés, réparés ou nettoyés et qui n'auront pas été retirés dans le délai d'un an ou de trois mois, loi du 31-12-1903 relative à la vente de certains objets abandonnés (pour une application de cette loi, Cass. 1e civ. 7-2-2006 n° 04-14.267 F-D, jugeant que le dépositaire qui a exécuté la décision de justice lui ayant ordonné de détruire les biens demeure en droit de demander au déposant le paiement de sa prestation de garde desdits biens).

Sur la faute lourde commise par un artiste qui a négligé pendant plusieurs années de demander la restitution de dessins déposés chez un éditeur, n° 13612.

Pour éviter ces difficultés, les parties peuvent convenir que le dépositaire pourra se décharger de la chose déposée dans les conditions déterminées au contrat.

Lieu de la restitution La chose déposée doit être restituée au lieu **convenu au contrat** ; le dépositaire doit la transporter dans ce lieu, en cas de besoin, les frais de transport incombant au déposant (C. civ. art. 1942). 21054

À défaut, la restitution doit être faite au **lieu du dépôt** (C. civ. art. 1943).

Choses à restituer Le dépositaire doit rendre **identiquement** la chose même qu'il a reçue ; ainsi, le dépôt des sommes monnayées doit être rendu dans les mêmes espèces qu'il a été fait, soit dans le cas d'augmentation, soit dans le cas de diminution de leur valeur (C. civ. art. 1932). 21057

Le dépositaire s'acquitte de cette obligation dès lors que l'objet offert correspond en apparence à l'objet déposé (TGI Paris 15-2-1990 : Bull. inf. C. cass. 1990 n° 724) et qu'il remet au déposant de pièces d'or les pièces qu'il a reçues alors même qu'elles se sont révélées fausses pourvu que, remises dans une mallette close et déposée dans un coffre, elles n'aient jamais cessé d'être individualisées (Cass. 1e civ. 29-11-1983 : Bull. civ. I p. 251).

La preuve de la non-identité de l'objet restitué avec celui déposé incombant au déposant (Cass. 1e civ. 26-9-2012 n° 11-12.890 : RJDA 7/13 n° 611).

Si la chose déposée a produit des **fruits** qui ont été perçus par le dépositaire, il est obligé de les restituer (C. civ. art. 1936). Dès lors qu'il a été mis en demeure, il est aussi redevable des fruits qu'il aurait dû percevoir (Cass. 1e civ. 7-3-1979 : Bull. civ. I p. 71).

Toutefois, le dépositaire ne doit **aucun intérêt** de l'argent déposé, sauf à compter du jour où il a été mis en demeure d'en faire la restitution (C. civ. art. 1936).

Rien n'interdit néanmoins aux parties de convenir que, si le dépositaire (notamment un conseil qui encaisse et conserve momentanément des sommes revenant à ses clients) l'a placé, ces intérêts devront être restitués au déposant.

Les intérêts d'un tel placement sont aussi dus, à notre avis, si le dépositaire y a procédé de lui-même, car il ne saurait en tant que dépositaire conserver les fruits que la chose a produits. L'article 1936 du Code civil ne tend qu'à le dispenser de l'obligation de faire produire intérêt ; à défaut de le dire formellement, ce texte ne peut pas être considéré comme établissant une dérogation à l'obligation de restitution des fruits, laquelle est de principe (en ce sens, CA Paris 9-3-1992 : Banque 1992.735 obs. Rives-Langes ; aussi à propos des fonds détenus par les séquestres judiciaires, Rép. Bachelet : AN 3-2-1992 p. 560).

21060 **Défaut de restitution** En cas de dépôt volontaire et à défaut de contrat établi par écrit lorsque la valeur de la chose déposée est supérieure à 1 500 € (nos 75600 s.), le dépositaire est cru sur sa déclaration lorsqu'il affirme avoir restitué la chose (C. civ. art. 1924).

En cas de défaut de restitution fautif, le dépositaire, outre l'obligation de réparer le dommage (no 21065), peut être tenu coupable d'**abus de confiance** (Cass. crim. 3-11-1967 : D. 1968.80).

En cas de dépôt régulier, l'abus de confiance n'est pas consommé tant que le dépositaire ne se met pas, par son détournement, dans l'impossibilité de restituer l'équivalent de la chose déposée (Cass. crim. 18-2-1937 : DH 1937.189).

RÉPARATION DES DOMMAGES

21065 Le dépositaire qui est reconnu, comme on l'a dit plus haut (no 21040), responsable d'une détérioration ou de la perte de la chose doit indemniser le déposant conformément aux règles de droit commun de la réparation des dommages contractuels (nos 15000 s.). Notamment, il ne peut invoquer une clause exclusive ou limitative de responsabilité que s'il l'a fait accepter (no 15316) et n'a pas commis une faute **lourde ou dolosive** (no 15322).

A commis une telle faute :

– le garagiste qui laisse prendre une voiture reçue en dépôt sans exiger la présentation d'aucun document, notamment la carte grise, par une personne s'étant présentée comme le fils du propriétaire, les clefs de contact et de portière se trouvant sur le tableau de bord comme le prévoyait le règlement intérieur (CA Lyon 25-6-1974 : JCP G 1974.IV.378) ;

– le garagiste qui n'a pas empêché le vol d'un camion, lequel n'a pu être accompli qu'avec beaucoup de temps et de bruit, ce qui ne se comprend qu'en cas d'une longue absence de surveillance, les voleurs ayant pénétré dans le local par escalade de portes verrouillées et dans le camion par effraction des portières, ayant dû détériorer l'antivol et mettre le moteur en marche dans un local fermé (Cass. 1e civ. 12-12-1984 : Bull. civ. I p. 285) ;

– le garde-meuble qui a mélangé les objets déposés au point d'en arriver à ne plus savoir où se trouve ce qui lui a été confié et à livrer à un client ce qui ne lui appartenait pas (CA Paris 17-3-1993 : JCP 1993.IV.1825).

La valeur de remplacement de la chose non restituée doit être estimée à la date où les juges allouent des dommages-intérêts, sauf à justifier une autre évaluation (Cass. 1e civ. 15-7-1999 : Bull. civ. I no 240).

DÉPÔT DANS LES MAGASINS GÉNÉRAUX

21070 **Définition et régime** Les magasins généraux, parfois dénommés « docks », sont des établissements privés à **usage d'entrepôt,** agréés par l'autorité administrative, dans lesquels sont stockés des marchandises, des matières premières, des denrées ou des produits fabriqués appartenant à des industriels, commerçants, agriculteurs ou artisans (cf. C. com. art. L 522-1 et L 522-39).

Sur l'agrément des magasins généraux, articles R 522-1 s. du Code de commerce.

Le dépôt dans les magasins généraux est réglementé par les articles L 522-1 s. et R 522-1 s. du Code de commerce ainsi que par un règlement type homologué par un arrêté du 20 mars 1947.

L'exploitant du magasin général exerce une activité de dépositaire salarié qui exclut l'existence d'un contrat de louage sur tout ou partie des locaux de l'établissement (Cass. civ. 5-3-1975 : GP 1975.1.som.135).

21073 **Conditions du dépôt** Le dépôt d'une marchandise dans un magasin général obéit aux règles suivantes.

1. Toute marchandise est entreposée **sans préférence** ni faveur par rapport aux autres marchandises (C. com. art. R 522-13, al. 2). Ainsi, toute convention ayant pour effet de fixer un prix différent de celui des tarifs est nulle (Cass. com. 14-11-1949 : GP 1950.1.66).

Toutefois, les **marchandises** peuvent être **refusées** :

– lorsqu'elles sont susceptibles de porter atteinte à la bonne conservation des autres marchandises (C. com. art. R 522-13, al. 3) ;

– lorsque le magasin général ne dispose pas d'aménagements intérieurs permettant de les recevoir (Cass. civ. 20-3-1876 : DP 1877.1.369) ;

– lorsqu'elles seraient d'une valeur insuffisante pour couvrir les frais de magasinage, sauf consignation préalable de ces frais (Régl. type art. 14).

2. Le déposant doit recevoir de l'exploitant un **bulletin d'entrée** de la marchandise (Régl. type art. 12 et 13). Celui qui a demandé que la facture lui soit adressée est tenu de la régler (Cass. com. 25-11-1997).

Le bulletin, qui n'est pas un titre à ordre, ne forme pas titre de propriété mais une preuve du dépôt des biens remis (Régl. type art. 12). Il peut néanmoins être utilisé pour constituer un gage de droit commun (Cass. civ. 1-5-1901 : DP 1901.1.289).

Ce n'est que sur sa demande que l'exploitant doit lui délivrer un récépissé-warrant (nos 57300 s.).

3. L'exploitant du magasin général et son personnel sont astreints au **secret professionnel** pour tout ce qui regarde les marchandises entreposées sous peine de sanctions pénales (C. com. art. L 522-21). **21073** (suite)

4. Il ne peut effectuer aucun **acte** de commerce ou de spéculation **sur les marchandises déposées,** sous peine de retrait de son agrément administratif (C. com. art. L 522-5 et L 522-39).

5. L'exploitant du magasin général **répond** de la marchandise dans les termes de l'article 5 du règlement type d'exploitation des magasins généraux agréés.

CHAPITRE 7

ACCORDS DE DISTRIBUTION

SOMMAIRE

A. Modalités de distribution utilisables dans tout accord de distribution	21509	2. Agent commercial	21650
B. Contrôle des pratiques commerciales	21574	a. Agent commercial statutaire	21653
C. Droits et obligations des parties en fonction des différentes qualités du distributeur	21600	b. Agent commercial de droit commun	21780
1. Gérant libre de succursale partiellement soumis au régime du salarié	21600	c. Agent commercial exerçant hors Union européenne	21800
		3. Commissionnaire	21850
		4. Concessionnaire	21900
		5. Franchisé	22050

PRÉSENTATION DE LA DISTRIBUTION

Pour vendre, les entreprises ont généralement recours à des **intermédiaires,** appelés en pratique « distributeurs », qui participent à l'action de distribution de leurs produits et services dans des **conditions juridiques** différentes évoquées sous les diverses appellations suivantes : distributeurs agréés, voyageurs-représentants-placiers (VRP), gérants succursalistes, agents commerciaux, commissionnaires, concessionnaires ou franchisés. 21500

Les producteurs de **produits alimentaires** peuvent vendre directement leurs produits dans des points de vente collectifs dont les conditions de fonctionnement sont précisées dans une note de service de la Direction générale de l'alimentation (DGAL/SDSSA/N2010-8103 du 7-4-2010).

Les dispositions relatives à ces activités figurent au livre IV du Code de commerce (art. L 410-1 s.).

Tous les intermédiaires assumant une même fonction économique, les **accords** qui mettent en œuvre les actions de distribution sont fatalement appelés à comporter un bon nombre de **clauses identiques.** Il en est ainsi notamment de celles qui fixent les modalités de fourniture des produits ou des services par le producteur au distributeur et les modalités de la mise en vente de ces produits ou de ces services par le distributeur auprès de la clientèle recherchée, et qui concernent : 21503

- la définition des produits ou des services à distribuer ;
- les conditions d'usage de la marque les protégeant, le cas échéant ;
- la détermination du secteur à prospecter ;
- l'attribution ou non d'une exclusivité au distributeur ;
- les prescriptions relatives à l'action de vente : mode de prospection, publicité, promotion des ventes, quotas de vente à respecter, niveau des stocks à constituer et à maintenir, etc. ;
- les conditions de livraison du producteur au distributeur.

Mais chaque distributeur peut assumer sa mission avec des **droits et** des **obligations particuliers** au regard du producteur qui fait appel à ses services. Il n'existe pas, en effet, de définition autonome du « contrat de distribution » (CA Reims 4-10-2010 : JCP G 2010.13-343 p. 638 obs. J.-M. Despaquis). 21506

Cette expression n'est qu'une appellation générique susceptible de recouvrir tel ou tel régime spécifique de distribution selon la nature des droits et obligations convenus entre les parties ; selon leur contenu, le « contrat de distribution » pourra être soumis au **régime** de :

- voyageur-représentant-placier (VRP) dont le statut est présenté dans le Mémento Social aux n°s 60850 s. ;
- distributeur agréé d'un réseau de distribution sélective ;
- gérant salarié (ou libre) de succursale ;

– agent commercial au sens des articles L 134-1 s. du Code de commerce que l'on peut désigner, d'une formule plus commode, « agent commercial statutaire » ;
– agent commercial ou représentant commercial soumis au contrat de mandat de droit commun que l'on peut, pour mieux le distinguer du précédent, appeler « agent commercial de droit commun » ;
– commissionnaire ;
– concessionnaire ;
– franchisé.

Pour faire leur **choix** entre ces différents régimes, les parties jouissent d'une **grande liberté** ; elles ne sont contraintes que par les règles d'ordre public suivantes :
– le statut de **salarié** doit être appliqué dès lors que le distributeur correspond à la définition légale du VRP ou du gérant salarié de succursale ;
– le statut **d'agent commercial « statutaire »** s'impose dès lors que l'agent répond aux conditions requises par les articles L 134-1 s. du Code de commerce.

Les autres régimes (agent commercial de droit commun, commissionnaire, concessionnaire et franchisé) ne sont imposés par aucune disposition, la liberté des parties n'étant limitée que par l'ordre public de droit commun, notamment celui relatif au libre jeu de la concurrence dans les actions de distribution et aux exclusivités d'achat.

Il faut en effet **se garder de conférer systématiquement** une valeur juridique contraignante à toute formule de distribution, autre que celles de VRP et d'agent commercial « statutaire », au seul motif que le mode considéré est en pratique généralement utilisé avec tels ou tels traits caractéristiques. Certaines modalités sont, en effet, indépendantes de la qualification juridique résultant des droits et des obligations engendrés par l'accord entre les parties.

Avertissements. 1. Sont seulement exposés dans les développements qui suivent les droits et les obligations des parties aux contrats de distribution. Pour la validité de ces contrats au regard du **droit de la concurrence,** il convient de se reporter au Mémento Concurrence-Consommation.
2. Afin de permettre aux exploitants d'un commerce de détail de **sortir** plus facilement **du réseau** de distribution auquel ils sont affiliés, la loi impose l'extinction simultanée des contrats liant l'exploitant au réseau et paralyse certaines clauses de non-concurrence ou de non-réaffiliation (n° 21590).

A. Modalités de distribution utilisables dans tout accord de distribution

DISTRIBUTION SÉLECTIVE

21509 **Présentation** Le contrat de distributeur agréé ou de distribution sélective est un accord par lequel un fournisseur, désireux de préserver la notoriété de ses produits, s'engage à ne vendre les biens ou les services contractuels, directement ou indirectement, qu'à des **distributeurs sélectionnés** sur la base de critères définis, et par lequel ces distributeurs s'engagent à ne pas vendre ces biens ou services à des distributeurs non agréés dans le territoire réservé par le fournisseur au réseau de distribution sélective (Règl. d'exemption 2022/770/CE du 10-5-2022 ; pour plus de détails sur ce règlement, MCC n°s 46700 s.).

À défaut d'un tel accord, un distributeur peut vendre des marchandises sous une marque de luxe, cette marque n'étant pas en soi de nature à leur conférer la qualification de produit de luxe éligible à un système de distribution sélective (CA Paris 28-4-2000 : RJDA 12/00 n° 1186 et, sur pourvoi, Cass. com. 8-7-2003 n° 00-16.726 : Contrats conc. consom. 2003 comm. n° 155 note L. Leveneur).

Pour le **fournisseur,** l'agrément des distributeurs permet de s'assurer que la distribution de ses produits sera effectuée dans des conditions conformes au respect de leur qualité, de leur technicité ou de leur notoriété. Par ailleurs, n'approvisionnant que les distributeurs qui bénéficient de son agrément, il peut refuser de contracter avec les détaillants qui ne satisfont pas à ces critères et limiter le nombre total de distributeurs, sauf si cette restriction est contraire à la réglementation des ententes (n°s 21512 s.).

Pour le **revendeur,** ce mode de distribution permet de se prévaloir de l'agrément du fournisseur pour attirer la clientèle, sans qu'il lui soit interdit de vendre des produits concurrents de ceux qui font l'objet du contrat. Le distributeur agréé achète et revend les produits du réseau, et agit sous ce rapport comme le concessionnaire ; aussi les règles relatives au contrat de concession (nos 21900 s.) sont-elles transposables, notamment celles relatives à la rupture du contrat, sous réserve des précisions ci-après.

Libre concurrence L'exploitation d'un réseau de distribution sélective doit être conforme aux règles françaises et de l'UE relatives à la libre concurrence (sur ces règles, MCC nos 44670 s.). La distribution sélective est intégrée dans le règlement d'exemption par catégorie 2022/770 du 10 mai 2022 (MCC nos 46750 s.). 21512

1. Critères d'agrément. Les critères de choix des distributeurs agréés sont licites à condition qu'ils aient un caractère objectif de connotation qualitative, qu'ils soient fixés d'une manière uniforme à l'égard de tous les revendeurs potentiels et appliqués de façon non discriminatoire, que les propriétés du produit en cause nécessitent, pour en préserver la qualité et en assurer le bon usage, un tel réseau de distribution et que les critères définis n'aillent pas au-delà de ce qui est nécessaire (Cass. com. 18-12-2012 no 11-27.342 : RJDA 3/13 no 219). Il se déduit du principe de fixation uniforme des critères de sélection à l'égard de tout revendeur potentiel qu'un fabricant ne peut pas refuser, a priori, l'admission d'une forme de distribution. 21515

Est licite :

– s'agissant de l'agrément des membres d'un réseau de distribution sélective de produits de luxe, un critère relatif à la localisation et à l'environnement d'un point de vente, afin d'éviter la vente de tels produits dans des lieux totalement inadaptés à leur nature et à leur qualité, à condition que l'application concrète de ce critère ne soit pas discriminatoire ou ne comporte pas des exigences disproportionnées (Cass. com. 16-5-2000 : RJDA 9-10/00 no 856) ;

– s'agissant de la distribution automobile, le numerus clausus qui sert au concédant de critère quantitatif de sélection, aucune disposition législative ou réglementaire de droit national ou communautaire ne lui imposant, pour bénéficier de l'exemption prévue par le règlement 1400/2002 du 31 juillet 2002 et le règlement d'exemption 461/2010 du 27 mai 2010 (prorogé jusqu'au 31-5-2028 par le règl. 2023/822 du 17-4-2023), de justifier des raisons qui l'ont amené à décider ce numerus clausus (Cass. com. 15-1-2013 no 10-12.734 : RJDA 4/13 no 364) ; mais cette liberté n'exonère pas le constructeur qui agrée un nouveau distributeur dans le secteur de son obligation de droit commun d'exécuter de bonne foi le contrat conclu avec un distributeur déjà établi et de ne pas détruire l'équilibre contractuel de ce contrat en imposant à ce distributeur de nouvelles conditions de concurrence défavorables (Cass. com. 7-6-2016 no 14-22.093 F-D : RJDA 2/17 no 75, écartant l'aggravation des conditions de concurrence).

En revanche, a été jugée faire une application discriminatoire des critères de sélection la clause réservant une exclusivité territoriale à un seul distributeur sur un espace géographique restreint au motif que celui-ci aurait accepté d'installer un matériel donné (T. com. Paris 31-1-2000 : PA 2000 no 133 p. 14 note Calvo).

L'exclusion de l'agrément des revendeurs de la grande distribution doit être justifiée (CA Paris 11-9-2000 : GP 2000.som.2581) ; c'est le cas, notamment, s'ils ne réservent pas aux produits du réseau un emplacement spécifique dans leur surface de vente (CA Paris 7-11-2001 : Lettre distrib. 2001 décembre p. 1). Le recours à des distributeurs agréés doit aussi être justifié par « les nécessités d'une **distribution adéquate** des produits » (CA Paris 28-1-1988 : GP 1988.208). Une entreprise peut donc valablement choisir ce mode de distribution s'il lui paraît le plus propice à développer ses ventes.

C'est ainsi qu'ont été admises la distribution sélective de produits cosmétiques ou d'hygiène de la peau (Cass. com. 21-10-1997, 2e espèce : RJDA 12/97 no 1480) et celle des jeans Levi Strauss (Cass. com. 11-1-2005 no 02-10.566 : RDC 2005.768 note Behar-Touchais).

2. Rapports entre le fournisseur et les distributeurs. Les clauses suivantes ont été considérées comme **licites** car tendant à favoriser la distribution des produits : 21518

– la clause limitant à la **zone d'influence** du distributeur les efforts de publicité et de prospection consentis par lui sur un secteur déterminé, cette clause étant justifiée par la qualité améliorée du service rendu au consommateur (CA Paris 12-12-1990 : D. 1991.IR.42) ;

– la clause qui se borne à exiger, pour maintenir une certaine image de qualité, notamment par un service après-vente efficace, que la vente sur **internet** n'intervienne qu'en complément d'un point de vente physique (CA Paris 16-10-2007 no 06/17900 : RJDA 12/07 no 1282) ;

Mais a été jugée illicite la clause exigeant que les ventes de produits cosmétiques et d'hygiène personnelle soient effectuées dans un espace physique en présence obligatoire d'un pharmacien diplômé, car elle a pour effet d'interdire ces ventes par internet alors qu'il n'est pas établi que ces produits, qui n'entrent pas dans le monopole des pharmaciens, nécessitent sur le plan de la santé des utilisateurs des conseils particuliers, lesquels peuvent être, le cas échéant, donnés par une personne ayant reçu une formation adéquate en dermatologie ou cosmétologie (Cass. com. 24-9-2013 no 12-14.344 : RJDA 1/14 no 61 ; cf. CJUE 13-10-2011 aff. 439/09 : RJDA 2/12 no 208). Sur des refus d'accorder une exemption individuelle à une interdiction de vente en ligne, CA Paris 13-3-2014 no 2013/00714 : RJDA 8-9/14 no 691 ; CA Paris 2-2-2016 no 15/01542 : RJDA 7/16 no 524. Sur le cas particulier des produits de luxe, no 21530.

Néanmoins, écartant toute condition, il a depuis été jugé catégoriquement que l'interdiction totale de vente par internet est licite (CA Paris 28-2-2018 n° 16/02263 : D. IP/IT 2018.377 obs. C. Maréchal ; CA Paris 13-7-2018 n° 17/20787 : D. 2018.2278 obs. Larrieu).

– la clause interdisant de vendre **par correspondance** des produits cosmétiques de luxe car, d'une part, la vente de ces produits suppose un contact direct entre le client et un personnel de vente susceptible de le conseiller dans le choix du produit le plus approprié à ses besoins et, d'autre part, le fabricant doit conserver la possibilité de vérifier la qualité de son réseau de distribution (CA Versailles 23-2-1995 : RJDA 6/95 n° 706 som.) ;

– la clause relative à un réseau de distribution de montres **réservant** aux distributeurs agréés le droit de délivrer des bons de garantie internationale liés aux montres vendues et d'exclure de ce droit les distributeurs non agréés, un fabricant pouvant valablement faire coexister plusieurs catégories de distributeurs selon le type de relations commerciales qu'il entretient avec eux, dès lors qu'il n'existe de sa part aucune discrimination de nature anticoncurrentielle à l'intérieur de chacune de ces catégories et que celles-ci permettent au consommateur de bénéficier d'offres diversifiées, ce qui est le cas lorsque les distributeurs agréés sont astreints à des obligations auxquelles les distributeurs non agréés échappent (CA Paris 26-6-2001 n° 01-3254 : RJDA 4/02 n° 373) ;

– la clause relative à la distribution sélective de produits cosmétiques de luxe interdisant la publicité en faveur de ventes à **prix discount** car cette clause a pour objet d'empêcher la pratique systématique d'annonces de rabais qui nuit à l'image des produits et contrarie des efforts de publicité accomplis par leur fabricant pour renforcer leur notoriété (CA Paris 30-3-1992 : RJDA 6/92 n° 574 som.).

Mais ne commet pas de faute le distributeur qui s'est livré sur les produits du fabricant à des ventes promotionnelles avec remise, dès lors que celles-ci n'avaient pas un caractère systématique ni récidivant et tapageur (Cass. com. 14-1-2003 : PA 2004 n° 119 p. 16 § VII obs. Bacchichetti et Dom).

21524 **Application de l'agrément** Le fournisseur choisit librement le distributeur sans avoir à motiver sa décision ni communiquer les critères selon lesquels ce choix est exercé (Cass. com. 7-4-1998 n° 96-13.219 : D. 1998.332 obs. D. Ferrier).

Il n'est pas tenu, en vertu de l'exigence de bonne foi dès la phase précontractuelle, de sélectionner ses distributeurs sur le fondement de critères définis et objectivement fixés (Cass. com. 27-3-2019 n° 17-22.083 FS-PB : RJDA 10/19 n° 616).

Mais sa décision ne doit pas constituer une entente, un abus de position dominante ou un abus de droit (CA Paris 19-10-2016 n° 14/07956 : JCP E 2016.1007 note Wilhelm).

Les modalités d'un refus d'agrément ou de renouvellement d'agrément peuvent relever de la responsabilité civile, à la condition que soient invoquées et démontrées les conditions permettant la mise en œuvre d'une telle responsabilité (Cass. com. 12-5-2021 n° 19-17.580 F-D : RJDA 1/22 n° 11).

Dans l'espèce ci-dessus, cette responsabilité n'a pas été démontrée car le distributeur prétendait que le refus d'agrément était discriminatoire contrairement à ce qu'impose le droit de la concurrence, sans invoquer d'autres agissements relevant du droit de la responsabilité civile.

L'abus du refus d'agrément avait déjà été rejeté pour absence de preuve d'une application dérogatoire des critères de sélection objectivement fixés (Cass. com. 1-3-2011 n° 10-12.144 : D. 2012.583 note Ferrier).

Il a été admis que l'absence d'abus résultait d'une étude établissant que la création de nouveaux points de vente excédentaires pourrait entraîner des surcoûts tant pour le fournisseur que pour les consommateurs (CA Paris 10-2-1995 : GP 1997.36 concl. Cizardin) et que le refus était abusif car le site de commercialisation n'avait pas été apprécié avec objectivité, sans prendre de photos comme cela était prévu, alors que le distributeur démontrait entretenir, décorer les lieux avec soin et réaliser un chiffre d'affaires en constante augmentation pour la vente des produits du fabricant (CA Versailles 5-10-1995 : GP 1996.som.142).

L'octroi de l'agrément n'implique pas que les relations entre le fournisseur et les distributeurs sont conclues intuitu personae (Cass. com. 4-5-1999 : RJDA 7/99 n° 777).

21527 **Protection du réseau de distribution** Le fabricant peut obtenir **réparation du préjudice** résultant du fait, par toute personne exerçant des activités de production, de distribution ou de services, de participer directement ou indirectement à la violation de l'interdiction de revente hors réseau faite au distributeur lié par un accord de distribution sélective ou exclusive exempté au titre des règles applicables du droit de la concurrence (C. com. art. L 442-2).

Lorsque le fabricant est représenté dans des pays différents par autant de filiales que de pays, ces différentes filiales forment un réseau unique et chacune de ces filiales est en droit d'agir contre ceux qui violent le réseau (Cass. com. 11-1-2005 n° 63 : RDC 2005.768 obs. Behar-Touchais).

La mise en œuvre de la protection du réseau obéit aux règles ci-après.

1. Validité du réseau. Le fabricant qui poursuit le revendeur non agréé doit prouver que son système de distribution considéré dans l'ensemble des conventions s'y rapportant est licite, ce qui implique essentiellement d'établir une compatibilité du réseau avec les règles de libre concurrence (Cass. com. 27-10-1992, 2e et 3e espèces : RJDA 1/93 n° 18). La même preuve lui incombe en cas d'action en référé sur le fondement de l'article 873 du Code de procédure civile (Cass. com. 27-10-1992, 1e espèce : RJDA 1/93 n° 18 ; CA Paris 2-2-2016 n° 15/01542 : RJDA 7/16 n° 524). 21530

La validité du réseau ne peut pas être remise en cause en fonction du nombre de transgressions commises par les distributeurs, l'étanchéité d'un réseau n'étant pas une condition de sa validité (Cass. com. 5-7-2017 n° 14-16.737 FS-PBI : RJDA 12/17 n° 855, précisant que les juridictions françaises sont compétentes pour connaître de la réparation du dommage qui s'est produit en France).

Au regard de la législation de l'UE sur la concurrence, la protection de produits de luxe est valable sous les précisions suivantes (CJUE 6-12-2017 aff. 230/16 : RJDA 2/18 n° 116) :

– le choix des revendeurs doit s'opérer en fonction de critères objectifs de caractère qualitatif, fixés d'une manière uniforme à l'égard de tous les revendeurs potentiels et appliqués de façon non discriminatoire et les critères définis ne doivent pas aller au-delà de ce qui est nécessaire ;

– une clause visant, à titre principal, à préserver l'image de produits de luxe, peut interdire aux distributeurs agréés de ces produits de recourir de manière visible à des plates-formes tierces pour la vente sur internet des produits contractuels, dès lors que cette clause vise à préserver l'image de luxe de ces produits, qu'elle est fixée d'une manière uniforme et appliquée d'une façon non discriminatoire, et qu'elle est proportionnée au regard de l'objectif poursuivi, ce qu'il appartient à la juridiction de renvoi de vérifier ;

– l'interdiction faite aux membres d'un système de distribution sélective de produits de luxe, qui opèrent en tant que distributeurs sur le marché, d'avoir recours de façon visible à des entreprises tierces pour les ventes par internet, ne constitue pas une restriction de la clientèle, au sens de l'article 4, b du règlement UE 330/2010 du 20 avril 2010, ni une restriction des ventes passives aux utilisateurs finals, au sens de l'article 4, c du même du règlement, concernant l'application de l'article 101, 3 du traité sur le fonctionnement de l'UE à des catégories d'accords verticaux et de pratiques concertées.

2. Faute du distributeur non agréé. Le distributeur non agréé est responsable de la violation du réseau de distribution sélective : 21533

– lorsqu'il s'est **approvisionné auprès d'un distributeur agréé,** alors qu'il était interdit à ce dernier de vendre les produits du fournisseur à des tiers n'appartenant pas au réseau (Cass. com. 21-3-1989 : Bull. civ. IV p. 65 n° 98 ; CA Dijon 19-9-1989 : Bull. inf. C. cass. 1990/302 p. 15 ; CA Paris 1-10-1997 : D. 1998.445 note Malaurie-Vignal) ;

Le fabricant peut, en vue d'établir la preuve de l'origine du produit, et donc la faute du revendeur non agréé dans son approvisionnement, demander au tribunal qu'il soit enjoint à ce dernier de lui communiquer les factures correspondant à ses livraisons (Cass. com. 7-3-1989 : BRDA 7/89 p. 7 ; Cass. com. 25-4-2001 : Bull. civ. IV n° 77). Le revendeur non agréé a tout intérêt à satisfaire cette demande : l'achat de marchandises dans des conditions dont l'illicéité ou le caractère frauduleux est révélé par le refus de justifier leur provenance constitue en lui-même un acte de concurrence déloyale (Cass. com. 15-3-1994 : RJDA 7/94 n° 794 ; Cass. com. 9-4-1996 : D. 1997.som.26 obs. Mazeaud).

– même si le **revendeur agréé** qui a violé ses obligations contractuelles n'est **pas identifié** (CA Paris 20-12-1990 : RJDA 2/91 n° 182), sous réserve que le fabricant soit en mesure de démontrer que, dès qu'il a eu connaissance des faits, il a tenté de rechercher lequel de ses revendeurs avait violé ses obligations contractuelles en approvisionnant ce distributeur (CA Paris 28-9-1989 : BRDA 22/89 p. 8) ;

L'existence de sociétés intermédiaires, étrangères au réseau, afin de masquer l'identité du distributeur agréé, fournisseur du revendeur non agréé, ne peut empêcher la condamnation de celui-ci (Cass. com. 27-10-1992, 1e, 2e et 3e espèces : RJDA 1/93 n° 20), que ces sociétés aient une activité réelle (2e espèce précitée) ou non (sociétés coquilles) (1e et 3e espèces précitées).

– s'il a vendu des produits relevant d'un réseau de distribution sélective dont le conditionnement portait la mention **« Ne peut être vendu que par des distributeurs agréés »** car cette mention est de nature à favoriser la vente de ces produits (Cass. com. 27-10-1992 : RJDA 1/93 n° 20, 1e, 2e et 3e espèces ; Cass. com. 23-2-1993 : RJDA 6/93 n° 493 ; dans le même sens, Cass. com. 21-6-1994 : RJDA 12/94 n° 1276, 2e espèce) ;

Le fait de maintenir cette mention constitue par ailleurs une publicité trompeuse car elle est de nature à faire croire que le revendeur est agréé (Cass. com. 27-10-1992, 4e espèce : RJDA 1/93 n° 20 ; Cass. com. 24-11-1992, 5e espèce : RJDA 1/93 n° 20 ; Cass. com. 9-3-1993).

– même si sa faute n'a pas été relevée, sur le seul fondement de l'**importance du préjudice** (Cass. com. 18-10-1994 : RJDA 2/95 n° 235) ;

– lorsqu'il a commercialisé les produits du fabricant en ayant eu recours à la pratique de la **marque d'appel,** c'est-à-dire en attirant le consommateur par de la publicité sur les produits portant la marque du fabricant alors que le vendeur n'en détenait qu'une faible quantité (Cass. com. 19-5-1998 : RJDA 10/98 n° 1098).

Une telle pratique n'est pas caractérisée si le revendeur peut justifier d'une source d'approvisionnement immédiat et licite pour ces produits (Cass. com. 23-2-1993 : RJDA 6/93 n° 493).

Le distributeur non agréé peut **s'exonérer** en prouvant que le produit a été régulièrement acquis sur un réseau parallèle ou auprès d'un autre distributeur agréé (Cass. com. 26-1-1999 : RJDA 3/99 n° 278 ; sur une acquisition régulière, Cass. com. 31-3-2015 n° 14-12.272 F-D : JCP E 2015.1386 note Bories) mais il n'a pas à prouver l'acquisition régulière par le vendeur auquel il s'est adressé (Cass. com. 25-4-2001 : RJDA 11/01 n° 1094).

21536 **3. Préjudice.** Le fabricant subit essentiellement l'atteinte portée au renom et au prestige de sa marque (CA Versailles 15-9-1988 : BRDA 24/88 p. 9) et la désorganisation de son réseau (CA Paris 15-6-1988 : Pet. aff. 30-9-1988 p. 9).

Le fabricant ne peut pas invoquer contre le sous-acquéreur des produits, qui les a acquis régulièrement, l'indisponibilité juridique née des contrats de distribution sélective lui étant inopposable, l'usage illicite de sa marque dès lors que les produits sont authentiques et ont été mis en vente avec son consentement (CA Paris 18-3-1994 : JCP G 1994.IV.2448). Néanmoins, il peut se prévaloir de la licéité du réseau pour invoquer un juste motif propre à écarter l'effet d'épuisement (sur cette règle, n° 32649) et interdire la distribution des produits et, de ce fait, la diffusion de la marque en cause lorsque ces opérations sont effectuées en violation du réseau (CA Paris 1-10-1997 : D. 1998.445 note Malaurie-Vignal).

21537 **4. Compétence.** L'action en responsabilité en raison de la violation de l'interdiction de vente en dehors d'un réseau de distribution sélective résultant de l'offre, sur des sites internet opérant dans différents États membres, de produits faisant l'objet de ce réseau relève de la compétence du tribunal du lieu où le dommage s'est produit ; ce lieu doit être considéré comme étant le territoire de l'État membre qui protège cette interdiction de vente au moyen de l'action en question, territoire sur lequel le demandeur prétend avoir subi une réduction de ses ventes (CJUE 21-12-2016 aff. 618/15 : JCP E 2018.1131 n° 7 obs. Mainguy ; Cass. com. 5-7-2017 n° 14-16.737 FS-PBI : RJDA 12/17 n° 855).

21539 **Rupture du contrat de distribution** Le fabricant peut, outre la réparation de son préjudice, rompre le contrat de distribution.

Sa décision est appréciée au regard du principe de la liberté contractuelle. À ce titre, et compte tenu de la prohibition des engagements perpétuels, le fabricant n'est obligé ni de reconnaître un droit à l'agrément d'un ancien membre d'un réseau de distribution ni, en vertu de l'obligation de bonne foi contractuelle, de déterminer la mise en œuvre d'un processus de sélection des distributeurs sur le fondement de critères définis et objectivement fixés et l'application de ceux-ci de manière non discriminatoire (Cass. com. 16-2-2022 n°s 20-18.615 et 21-10.451 FS-D; Cass. com. 16-2-2022 n° 20-11.754 FS-B : RJDA 5/22 n° 263 ; dans le même sens : CA Paris 30-9-2015 n° 13/079151 et CA Paris 7-10-2015 n° 13/08846).

Au regard du droit de la concurrence, le refus d'agréer un distributeur remplissant les critères de sélection n'est pas fautif, sauf si les critères de sélection sont mis en œuvre d'une façon discriminatoire ayant pour objet ou effet de fausser la concurrence ou si le refus a le même objet ou effet (Cass. com. 16-2-2022 précité).

La rupture est justifiée en cas de violation de ses obligations contractuelles par le distributeur (Cass. com. 10-5-1994 : RJDA 8-9/94 n° 920 ; Cass. com. 18-3-1997 : RJDA 7/97 n° 874 ; CA Paris 23-10-1995 : RJDA 2/96 n° 213), en cas de nécessité de restructurer le réseau (Cass. com. 21-6-2016 n° 15-10.438 F-D : RJDA 11/16 n° 776 ; CA Paris 6-2-1997, 1e esp. : D. 1998.som.335 obs. Ferrier) ou en cas de perte de confiance du fabricant en raison d'un contentieux ayant existé entre les parties au cours de l'exécution du contrat expiré (Cass. com. 16-2-2022 précité).

Mais la rupture est fautive si la réorganisation invoquée par le fabricant a pour seul but d'évincer un distributeur auquel aucun manquement contractuel ne peut être reproché (CA Paris 22-11-1994, 1e espèce : D. 1997.som.62 obs. Ferrier).

Sur le régime de la résiliation, n°s 15470 s.

EXCLUSIVITÉ DE DISTRIBUTION

21545 L'exclusivité de distribution est la clause par laquelle le producteur reconnaît au distributeur que celui-ci sera le seul à disposer du droit de vendre les produits visés sur un territoire défini. Il est recommandé de stipuler expressément cette exclusivité car les tribunaux apprécient strictement son existence (Cass. com. 19-11-2002 n° 1878 : RJDA 5/03 n° 482 ; CA Paris 8-9-1995 : GP 1996.som.421 ; CA Lyon 20-2-2003 n° 01/03835 : RJDA 11/03 n° 1055 ; pour un exemple de reconnaissance de l'existence d'une exclusivité tacitement consentie, Cass. com. 3-7-2001 : RJDA 1/02 n° 35).

21546 **Information précontractuelle du distributeur** Le fournisseur qui, par un contrat conclu dans leur intérêt commun, met à la disposition **du distributeur, dont il exige l'engagement d'exclusivité,** son nom commercial, sa marque ou son enseigne doit, vingt jours au minimum avant la conclusion du contrat, communiquer à ce dernier des informations sincères lui permettant de s'engager en connaissance de cause (C. com. art. L 330-3, R 330-1 et R 330-2, qui définit le contenu du document et qui sanctionne le défaut de communication d'une amende de 1 500 €). Si le fournisseur communique au distributeur des documents complémentaires à ceux requis par la loi, ils doivent être sincères (Cass. com. 12-5-2021 n° 19-17.701 F-D : RJDA 10/21 n° 649 : comptes prévisionnels ; Cass. com.18-10-2023 n° 22-19.329 F-B : RJDA 2/24 n° 89 étude du marché local).

Cette obligation d'information, qualifiée de loi de police (CA Paris 25-10-2011 n° 10/24023 : RDC 2012.563 obs. Racine ; contra, CA Paris 30-11-2001 : Lettre distrib. février 2002 p. 2), existe dès lors que :

– les parties sont liées par des clauses prévoyant, d'un côté, la mise à disposition de l'enseigne, du nom commercial ou de la marque et, d'un autre côté, un engagement d'exclusivité pour l'exercice de l'activité concernée (Cass. com. 10-2-1998 : RJDA 6/98 n° 705 : application à un contrat de location-gérance ; CA Toulouse 3-12-2002 n° 01/05142 : D. 2003.som.2432 obs. Ferrier : application à un contrat qui renvoyait à une annexe les deux obligations réciproques ; CA Paris 2-10-2013 n° 10/19115 : RJDA 4/14 n° 322 : application à un contrat de location-gérance couplée à un contrat de franchise quoique l'obligation d'information fût respectée pour ce contrat) ;

– l'engagement, même de quasi-exclusivité, porte sur les produits couverts par le contrat, peu important que le distributeur ait la possibilité d'exploiter des activités non concurrentes (Cass. com. 19-1-2010 n° 09-10.980 : RJDA 5/10 n° 495 ; CA Paris 2-10-2013 précité) ;

– un contrat correspondant aux caractéristiques susvisées est conclu avec un distributeur, qu'il soit un franchisé (n° 22073) ou un concessionnaire (Cass. com. 21-2-2012 n° 11-13.653 : RJDA 8-9/12 n° 762) et dès lors qu'un nouveau distributeur remplace le distributeur initial (Cass. com. 21-2-2012 précité).

L'obligation a été **respectée** si l'information a été communiquée avant que l'accord soit définitivement conclu, peu important que le contrat ait prévu qu'il prenait effet à une date antérieure (Cass. com. 17-7-2001 : RJDA 1/02 n° 34, fixant la date de conclusion au jour de la signature de l'acte).

Lorsque le distributeur a certifié avoir reçu les documents requis, il peut néanmoins apporter la preuve contraire (CA Douai 15-6-2023 n° 21/06438).

Lorsque l'obligation n'a **pas** été **respectée,** le distributeur peut demander :

– la nullité du contrat s'il établit que son consentement a été vicié en raison du défaut d'information préalable (sur l'existence du vice : Cass. com. 13-6-2018 n° 17-10.618 FD : RJDA 8-9/18 n° 635 som. ; CA Versailles 16-1-2018 n° 16/01300 : RJDA 8-9/18 n° 636 ; CA Paris 15-2-2018 n° 15/10648 : RJDA 6/18 n° 494 ; sur une absence de vice : Cass. com. 16-5-2000 : RJDA 11/00 n° 974 ; Cass. com. 7-7-2004 n° 1164 : RJDA 1/05 n° 25 ; Cass. com. 21-6-2016 n° 15-10.029 : RJDA 10/16 n° 679) ou de l'insuffisance ou l'inexactitude de l'information (Cass. com. 12-6-2012 n° 11-19.047 : D. 2012.2079 note Disseaux ; Cass. com. 10-2-2021 n° 18-25.474 F-D : RJDA 7/21 n° 464 ; CA Paris 22-5-2008 n° 06/17959 : RJDA 11/08 n° 1112 ; CA Montpellier 21-10-2014 n°s 13/03206 et 13/03207, deux espèces : JCP G 2012.7-198 : nullité justifiée pour un chiffre d'affaires inférieur de 40 % aux prévisions et non justifiée pour un chiffre inférieur de 7,5 %) ; ces défauts ne peuvent être appréciés qu'à travers l'information que le franchiseur a fournie au distributeur (Cass. com. 24-6-2020 n° 18-15.249 F-D) ;

Si le juge constate que les résultats de l'activité du franchisé se sont révélés très inférieurs aux prévisions, il ne peut écarter la nullité pour erreur sans rechercher si le franchisé n'a pas commis une erreur substantielle sur la rentabilité de l'activité entreprise (Cass. com. 4-10-2011 n° 10-20.956 : RJDA 12/11 n° 1018).

La nullité ne peut être prononcée que si le franchisé n'était pas en mesure en raison de son expérience professionnelle de prévoir lui-même que les résultats attendus ne se produiraient pas (Cass. com. 10-12-2013 n° 12-23.890 et n° 12-23.115 ; CA Paris 12-9-2013 n° 11/19074 : RJDA 2/14 n° 100 ; CA Paris 5-2-2014 n° 12/18858 : D. 2015.953.som. obs. D. Ferrier). L'erreur sur la rentabilité a été écartée dès lors que le distributeur bénéficiait d'une expérience commerciale et qu'il avait fait réaliser une étude prévisionnelle révélant la faiblesse du projet, à savoir la concurrence existante (Cass. com. 6-9-2023 n° 21-22.493 F-D : RJDA 1/24 n° 2).

– des dommages-intérêts s'il subit un préjudice, peu important que le manquement du fournisseur n'ait pas vicié son consentement (Cass. com. 7-3-1995 : RJDA 7/95 n° 836 ; CA Paris 3-2-1994 : RJDA 7/94 n° 796, accordant 20 millions de francs et, sur pourvoi, Cass. com. 30-1-1996 : RJDA 6/96 n° 776), mais en cas de dol du fournisseur, seulement si le préjudice subi ne résulte pas de la seule faute du distributeur (Cass. com. 27-1-2009 n° 07-21.616 : RJDA 5/09 n° 419).

Le préjudice réparable est celui de la perte de la chance de ne pas contracter ou de contracter à des conditions plus avantageuses et non par celle d'obtenir les gains attendus (Cass. com. 25-11-2014 n° 13-24.658 : RJDA 10/15 n° 646 : cassation de l'arrêt qui avait réparé la perte de chance de percevoir la somme figurant dans les prévisionnels).

Mais le manquement à l'obligation d'information ne peut pas en soi justifier la rupture du contrat par le distributeur (Cass. com. 12-2-2008 n° 07-10.462 : RJDA 6/08 n° 634).

Conditions de validité de l'exclusivité **Pour être licite,** la stipulation d'exclusivité doit satisfaire à deux conditions : 21548

– elle doit être déterminée ou déterminable quant à son **territoire** (CA Paris 26-9-1991 : RJDA 12/91 n° 1014) et limitée dans le **temps** (cf. Cass. com. 2-12-1969 : D. 1970.203) ;

Les tribunaux sont cependant libéraux sur la limitation de durée : jugé qu'une exclusivité de trente ans renouvelable par tacite reconduction est limitée dans le temps (Cass. com. 2-12-1969 précité).

– risquant de porter atteinte à la libre concurrence, elle ne doit pas constituer une **entente prohibée** (MCC n°s 41000 s.).

21551 **Violation de l'exclusivité** **1. Violation par les tiers.** Le bénéficiaire d'une exclusivité peut demander à tout tiers qui vend les produits frappés par l'exclusivité sur son territoire de réparer le préjudice que les ventes qu'il y réalise lui causent (C. com. art. L 442-2).

Le bénéficiaire de la clause d'exclusivité est aussi protégé contre les ventes actives réalisées sur son territoire par d'autres distributeurs approvisionnés par le promoteur de ces ventes. Constitue, par exemple, une vente active le fait pour un concessionnaire sous enseigne d'équipement automobile d'organiser des opérations promotionnelles sur le parking d'un hypermarché situé sur le territoire exclusif d'un autre concessionnaire, en mettant à disposition de l'hypermarché ses salariés qui vendent des pneumatiques étiquetés au nom de l'enseigne et qui en proposent ensuite un montage sur un stand situé sur le parking et à l'aide d'une camionnette au nom de l'enseigne (CA Lyon 12-11-2019 n° 17/00952). Mais l'adaptation des modalités des ventes à la commercialisation des produits sur internet ne constitue pas une vente active sur internet (CA Paris 30-8-2019 n° 17/19477).

À cet effet, le bénéficiaire de la clause d'exclusivité doit prouver que le **tiers** a eu **connaissance** de cette exclusivité et l'a néanmoins délibérément méconnue (cf. Cass. com. 22-2-1967 : Bull. civ. III p. 81 ; CA Aix 14-10-1958 : JCP G 1959.II.10924 ; CA Paris 24-1-1983 : D. 1983.IR.421 note Serra).

Sur le droit du tiers de vendre par importation parallèle, n°s 31603, 32151, 32512 et 34717.

Le fournisseur qui a consenti l'exclusivité doit aussi la faire respecter par les tiers auxquels il l'a concédée (Cass. com. 20-2-2007 n° 04-17.752 : RJDA 12/07 n° 1219 ; Cass. com. 20-9-2016 n° 13-15.935 : Bull. civ. IV n° 117 ; Cass. com. 8-6-2017 n° 15-26.755 F-D : RJDA 2/08 n° 117).

21554 **2. Violation par le fournisseur.** Lorsque le fournisseur lui-même méconnaît l'exclusivité, il s'expose au versement de dommages-intérêts au profit de son distributeur, sans préjudice d'une résiliation éventuelle du contrat au cas où l'exclusivité aurait eu un caractère déterminant dans la formation de ce contrat (Cass. com. 9-2-1966 : Bull. civ. III n° 88).

Viole l'exclusivité le fournisseur qui :

– publie dans la presse régionale, à l'insu de son distributeur, une annonce ayant apparemment pour objet de pourvoir à son remplacement mais qui, en tout cas, porte atteinte à l'exclusivité dans une partie du territoire attribué (Cass. com. 18-1-1967 : Bull. civ. III p. 21 ; dans le même sens, Cass. com. 12-11-1996 : RJDA 3/97 n° 343) ;

– vend lui-même directement ses produits à des clients ou à des concurrents de son distributeur dans le secteur réservé à ce dernier (Cass. com. 9-2-1966 précité ; Cass. com. 31-5-1983 : Bull. civ. IV n° 165) ou sous couvert d'une société dont il a acquis le contrôle (CA Paris 9-6-1995 : DA 1995.20) ou sur son site internet alors que le contrat le lui interdit comme aux distributeurs (Cass. com. 13-4-2023 n° 21-25.133 F-D : RJDA 7/23 n° 368) ;

– ne prend pas les mesures nécessaires pour que son ancien distributeur cesse d'utiliser les panneaux de sa marque et d'être approvisionné par d'autres distributeurs voisins (Cass. com. 4-2-1986 ; rappr. Cass. com. 8-6-2017 n° 15-26.755 FD : RJDA 2/18 n° 117) ;

– accorde à un tiers, en cours de contrat, un droit de distribution sur le secteur réservé au distributeur exclusif (Cass. com. 3-11-2004 n° 1524 : RJDA 5/05 n° 539).

Néanmoins, le fournisseur reste en **droit** d'effectuer des ventes de dépannage à un entrepreneur qui accomplit des travaux pour le compte et dans les lieux du fournisseur (Cass. com. 15-5-1973 : Bull. civ. IV p. 154) ou **de vendre** lorsqu'il n'est pas payé par le distributeur car il se prévaut ainsi de l'exception d'inexécution, mais non de choisir un autre agent exclusif sans avoir, au préalable, fait prononcer la résolution judiciaire de l'accord (Cass. com. 15-1-1973 : Bull. civ. IV p. 18 ; dans le même sens, Cass. com. 1-12-1992 : RJDA 1/93 n° 2), ou encore de créer un site internet, ce qui n'est pas assimilable à l'implantation d'un point de vente dans le secteur protégé (Cass. com. 10-9-2013 n° 12-11.701 F-D : D. 2014.898.som. obs. Ferrier).

EXCLUSIVITÉ D'ACHAT

21560 **Formulation** Par cette exclusivité, le distributeur s'engage à s'approvisionner seulement auprès d'un fournisseur donné. Sur l'obligation d'information préalable du distributeur, n° 21545.

L'exclusivité d'achat doit être **stipulée sans équivoque,** car les juges sont exigeants. Par exemple : l'engagement de s'approvisionner de façon prioritaire auprès d'un fournisseur ne constitue pas une clause d'approvisionnement exclusif (CA Paris 25-1-1985 et 6-2-1985 : BRDA 7/85 p. 10) ; la promesse d'acheter auprès d'un seul fournisseur une quantité chiffrée oblige simplement à respecter un quota et laisse la liberté de s'approvisionner auprès d'un autre fournisseur (Cass. com. 18-2-1986 : Lettre distrib. 1986/3 p. 1 ; aussi Cass. com. 28-2-1989 : Bull. civ. IV p. 49 ; Cass. com. 9-5-1990 : Bull. civ. IV p. 96 ; CA Rouen 25-10-2001 : RJDA 8-9/02 n° 879).

L'exclusivité est nulle pour absence de cause (désormais de contrepartie) si la contre-prestation fournie par son bénéficiaire est insuffisante (Cass. com. 8-2-2005 n° 192 : RJDA 5/05 n° 538 ; CA Colmar 13-3-2013 n° 11/05506 : D. 2014.898.som. obs. Ferrier).

Il est aussi recommandé de **déterminer la quantité** de produits à acheter. À défaut, l'exclusivité se limite, en effet, soit à une obligation d'approvisionnement simplement prioritaire, dans un pourcentage non contractuellement déterminé (Cass. com. 23-6-2009 n° 08-13.495), soit à une interdiction de s'approvisionner ailleurs qu'auprès du fournisseur ce qui exclut que soit reproché au distributeur qui cesse son activité avant l'expiration de délai de dix ans de manquer à son engagement car il n'a pas pris l'engagement d'acheter une quantité déterminée (Cass. com. 2-2-1971 : D. 1971.152) et le contrat peut être annulé si la détermination des quantités à acheter dépend de la seule volonté du fournisseur (par exemple, à propos de l'engagement d'acheter la « collection de référence » de ce dernier : CA Paris 14-6-1984 : JCP E. 1985.II.14593 note Gross). Sur le sort du contrat à défaut d'achat de la quantité promise dans le délai de dix ans, n° 21569.

Il convient encore, **en cas de vente du fonds de commerce,** de préciser si le vendeur devra imposer le respect de l'engagement d'achat exclusif à l'acquéreur et même si les vendeurs successifs devront en faire autant (cf. Cass. com. 8-10-1979 : GP 1980.pan.21, limitant l'obligation au premier vendeur faute de disposition imposant au premier acquéreur d'introduire à son tour la clause dans l'acte de cession à son propre successeur). Le vendeur du fonds qui n'a pas imposé à l'acquéreur la transmission de la clause d'exclusivité, contrairement à la promesse de porte-fort par lui souscrite, doit subir à ses torts la résiliation du contrat de bière non transmis (CA Nancy 19-10-1992 : JCP G 1993.IV.2438).

Toutefois, le distributeur peut se réserver la possibilité de compléter son approvisionnement auprès d'autres fournisseurs dans les limites fixées au contrat.

Durée de l'exclusivité L'exclusivité d'achat doit être **limitée à dix ans** lorsque « l'acheteur, cessionnaire ou locataire de biens meubles, s'engage vis-à-vis de son vendeur, cédant ou bailleur, à ne pas faire usage d'objets semblables ou complémentaires en provenance d'un autre fournisseur » (C. com. art. L 330-1). **21563**

Sous réserve d'être compatible avec les règles de libre concurrence (n° 21575), cette **limitation** de durée est **applicable** :

– même si l'acquéreur peut s'approvisionner en objets qui ne sont pas concurrents de ceux visés par l'exclusivité (Cass. com. 15-1-2013 n° 11-17.797 : RJDA 5/13 n° 399 som.) ;

– dès lors que la clause est un élément essentiel de l'économie du contrat dont elle est indissociable (Cass. com. 15-1-2013 précité) ; tel est le cas si l'exclusivité est la contrepartie d'autres avantages, en particulier d'un prêt de matériel ou d'argent (Cass. com. 27-4-1971 n° 70-11.593 : Bull. civ. IV n° 245) ou si elle porte sur l'entretien du matériel vendu ou loué (Cass. com. 1-12-1981 : Bull. civ. IV p. 337 ; CA Paris 26-2-1988 : BRDA 7/88 p. 4 ; contra CA Paris 11-3-1987 : BRDA 8/87 p. 23).

Mais la limitation de durée est **inapplicable** :

– si l'exclusivité porte principalement sur l'obligation de passer commande de prestations de services (Cass. com. 10-12-1985 : JCP G 1986.IV.70 ; CA Paris 11-3-1987 : BRDA 8/87 p. 23), sous réserve du cas ci-dessus où elle est liée à des contrats de vente ou de location (Cass. com. 1-12-1981 précité) ;

– si le contrat prévoyait qu'à égalité de prix avec ceux pratiqués par la concurrence une entreprise de travaux publics s'approvisionnerait auprès d'une société exploitant une carrière, sous réserve que les matériaux fournis soient de bonne qualité et conformes aux normes administratives et que les commandes passées avec un préavis raisonnable fassent l'objet de livraisons ponctuelles (Cass. com. 7-12-1981 : durée de la société d'extraction) ;

– si l'exclusivité ne porte que sur la modification des installations et non sur leur achat (Cass. com. 28-2-1989 : BRDA 7/89 p. 15) ;

– si l'exclusivité pour une durée de quinze ans interdit au locataire d'une installation téléphonique de s'adresser à un autre fournisseur que le bailleur pour toute adjonction ou modification de l'installation fournie, justifiée par le maintien de la propriété du matériel au bailleur, dès lors qu'elle conserve intacte la possibilité pour le locataire de faire poser et entretenir toute autre installation téléphonique par toute entreprise de son choix (Cass. com. 19-1-1993 : RJDA 6/93 n° 497).

Une fois la durée de dix ans accomplie, les parties peuvent conclure un **nouvel accord** pour la **même durée** car elles se trouvent déliées de leurs obligations à l'expiration de la première période de dix ans, peu important que le contrat antérieur ait été conclu pour une durée supérieure à dix ans (Cass. com. 11-3-1981 n° 79-12.532 : Bull. civ. IV n° 135) ou qu'il ait duré plus de dix ans par tacite reconduction (Cass. com. 21-2-1995 : RJDA 7/95 n° 803). **21566**

Lorsque les parties sont convenues en cours d'exécution du contrat d'exclusivité de le remplacer par un autre contrat et que leurs relations ont été poursuivies en fait pendant deux ans jusqu'à la conclusion d'un nouvel accord, celui-ci peut, en l'absence de fraude, stipuler une exclusivité d'achat de dix ans à compter du jour de sa conclusion : l'engagement du même ordre contenu dans le contrat initial ayant disparu, un nouveau délai de dix ans a commencé à courir (Cass. com. 30-3-1981 n° 80-10.357 : Bull. civ. IV n° 166).

La **durée** de dix ans est **accomplie** dès que dix ans calendaires se sont écoulés, même si le contrat a été conclu pour la durée nécessaire à l'écoulement d'une quantité déterminée de produits donnés et que cette quantité n'a pas été épuisée au bout de dix ans à compter de la conclusion du contrat (CA Paris 3-6-1987 : BRDA 13/87 p. 12 ; contra CA Bourges 15-12-1986 : GP 1988.som.196, annulant le contrat au motif que seule la fixation d'un terme calendaire vaut durée déterminée).

Lorsqu'à la suite d'un premier contrat, les mêmes parties ont conclu d'autres **engagements analogues** portant sur le même genre de biens, les clauses d'exclusivité contenues dans ces nouvelles conventions prennent fin à la même date que celle figurant au premier contrat (C. com. art. L 330-2). Mais il faut que les conventions successives aient le même objet ; tel n'est pas le cas si, entre les mêmes parties, une convention relative à la fourniture de matériel succède à une convention portant seulement sur l'entretien du matériel fourni qui avait été livré par un autre fabricant (CA Aix 9-11-1978 : Bull. Cour d'Aix 1978/4 p. 92).

21569 Le **dépassement** de la **durée légale** entraîne en principe la **réduction de la clause** à dix années (Cass. com. 1-12-1981 n° 79-16.147 : Bull. civ. IV n° 423 ; Cass. com. 10-2-1998 : RJDA 6/98 n° 705).

Cette réduction entraîne aussi celle de la durée des obligations accessoires :

– lorsque l'exclusivité est une condition essentielle du contrat ; ainsi jugé que la réduction de durée affectant la clause d'exclusivité insérée dans un contrat d'approvisionnement en lubrifiants entraînait la caducité des intérêts sur le solde restant à amortir d'un prêt consenti par le fournisseur et de la possibilité pour celui-ci de réclamer la restitution du matériel qu'il avait mis à la disposition du distributeur (CA Paris 3-6-1987 : BRDA 13/87 p. 12) ;

– lorsque le montant d'une pénalité doit être calculé en fonction de la durée du contrat (CA Paris 7-12-1983 : BRDA 3/84 p. 17).

A échappé à la réduction la clause d'amortissement afférente au remboursement d'un prêt stipulé en contrepartie de la charge d'exclusivité d'approvisionnement dès lors que le débiteur avait un intérêt certain à ce que soit prévu un nombre d'annuités aussi élevé que possible afin que le montant de chaque annuité d'amortissement soit réduit en proportion (CA Paris 3-11-1981 : JCP G 1982.IV.210).

Le dépassement entraîne la **caducité du contrat** dès lors que la clause incriminée est indissociable de l'objet du contrat (Cass. com. 15-1-2013 n° 11-17.797 : RJDA 5/13 n° 399 : sous-licence de marque), ou que le contrat a été conclu pour la livraison d'une quantité déterminée qui n'a pas été atteinte au terme des dix ans (CA Paris 3-6-1987 : BRDA 13/87 p. 12), ce qui est conforme à l'article 1186 du Code civil.

La limitation de la durée à dix ans peut être indifféremment invoquée par l'acheteur ou par le vendeur (Cass. com. 25-3-1974 : JCP G 1976.II.18378 obs. Simler). Mais elle ne peut l'être par celui qui n'est pas partie au contrat (Cass. com. 21-12-1981 : JCP G 1982.IV.95, rejetant l'action du propriétaire du fonds contre un contrat conclu entre le locataire et le sous-locataire du même fonds).

Le dépassement peut aussi entraîner la **nullité de la clause,** à l'exclusion de celle du contrat (Cass. 3e civ. 31-1-2001 : RJDA 4/01 n° 428 ; CA Paris 7-7-1995 : Lettre distrib. novembre 1995). Cette nullité est absolue et n'est donc pas susceptible de confirmation ; elle peut être demandée par toute personne intéressée (Cass. com. 7-4-1992 n° 90-21.260 : RJDA 5/92 n° 442).

21572 **Violation de l'exclusivité** Toute violation de l'exclusivité d'achat peut être **sanctionnée** par des dommages-intérêts ou la rupture du contrat conformément au droit commun (nos 15440 s. et 15600 s.).

Par ailleurs, le **tiers complice** du distributeur, c'est-à-dire son vendeur, peut être condamné à des dommages-intérêts (cf. Cass. com. 11-10-1971 : D. 1972.120 ; n° 15035).

Le distributeur ne viole pas la clause d'exclusivité du contrat d'approvisionnement dès lors qu'il s'est trouvé dans l'impossibilité de s'approvisionner en raison du refus de livraison que lui a opposé le mandataire du fournisseur (CA Rouen 18-10-1990 : RJDA 1/91 n° 18).

21573 **Libre concurrence** Les accords d'approvisionnement exclusif ne doivent pas constituer une entente illicite (MCC nos 41000 s.).

B. Contrôle des pratiques commerciales

RÉGLEMENTATION D'ORDRE PUBLIC

21574 Les articles L 440-1 à L 444-8 du Code de commerce, qui encadrent les pratiques commerciales, s'appliquent à toute **convention** entre un fournisseur et un acheteur **portant sur des produits ou des services commercialisés sur le territoire français** ; ces dispositions sont d'ordre public (C. com. art. L 444-1 A). Tout litige portant sur leur application relève de la **compétence** exclusive des **tribunaux** français, sous réserve du respect du droit de l'UE et des traités internationaux ratifiés ou approuvés par la France et sans préjudice du recours à l'arbitrage (art. précité).

L'appréciation des pratiques commerciales peut être soumise à la commission d'examen des pratiques commerciales (art. L 440-1). La faculté de la saisir est laissée à l'appréciation discrétionnaire des juges du fond (Cass. com. 15-11-2023 n° 22-10.818 F-B).

TRANSPARENCE DES RELATIONS COMMERCIALES

Les **conditions générales** de vente, qui doivent être écrites, comprennent notamment les conditions de règlement, ainsi que les éléments de détermination du prix tels que le barème des prix unitaires et les éventuelles réductions de prix ; elles doivent être **communiquées** par toute personne exerçant des activités de production, de distribution ou de services qui les a établies à tout acheteur qui en fait la demande pour une activité professionnelle et elles constituent le socle unique de la négociation commerciale dès lors qu'elles sont établies ; tout manquement est passible d'une amende administrative d'un montant maximal de 15 000 € pour une personne physique et de 75 000 € pour une personne morale (C. com. art. L 441-1 ; MCC nos 86100 s.). Concernant les conditions générales de vente des produits alimentaires et des produits destinés à l'alimentation des animaux de compagnie, art. L 441-1-1 du Code de Commerce ; sur celles applicables aux grossistes dans leurs relations avec les fournisseurs ou les acheteurs, art. L 441-1-2 du même Code. 21575

Même si le vendeur, sauf abus de droit, est toujours libre de ne pas lui vendre, il est tenu, lorsqu'il entre en négociation commerciale avec un opérateur, de le faire sur la base de ses conditions de vente (Cass. com. 28-9-2022 n° 19-19.768 FS-B : RJDA 1/23 n° 54).

Tout prestataire de services est tenu à l'égard de tout destinataire de prestations de services des **obligations d'information** définies à l'article L 111-2 du Code de la consommation (C. com. art. L 441-2, excluant des prestations à caractère financier, d'assurance ou de prévoyance).

NÉGOCIATION ET FORMALISATION DE LA RELATION COMMERCIALE

La relation commerciale nouée entre un fournisseur et un distributeur ou un prestataire de services doit être formalisée dans une **convention écrite** dite « **unique** » dans les conditions fixées par les articles L 441-3 et s. du Code de commerce (MCC nos 86600 s.). 21576

FACTURATION ET DÉLAIS DE PAIEMENT

Tout achat de produits ou toute prestation de service pour une activité professionnelle fait l'objet d'une **facturation** dans les conditions établies par l'article L 441-9 du Code de commerce (n° 50515). Le prix facturé doit être versé au fournisseur ou au prestataire dans les **délais** fixés par les articles L 441-10 et s. du Code de commerce (MCC nos 28000 s.). 21577

PRATIQUES COMMERCIALES ABUSIVES ENTRE ENTREPRISES

Les articles L 442-1 et s. du Code de commerce interdisent certaines pratiques commerciales brièvement présentées ci-après. Pour plus de détails sur ces pratiques, MCC nos 87500 s. 21579

Sur les pratiques commerciales déloyales dans les relations interentreprises au sein de la chaîne d'approvisionnement agricole et alimentaire, MCC n° 89950.

Obtention d'un avantage sans contrepartie Engage la responsabilité de son auteur et l'oblige à réparer le préjudice causé le fait, dans le cadre de la négociation commerciale, de la conclusion ou de l'exécution d'un contrat, par toute personne exerçant des activités de production, de distribution ou de services d'obtenir ou de tenter d'obtenir de l'autre partie un avantage **ne correspondant à aucune contrepartie ou manifestement disproportionné** au regard de la valeur de la contrepartie consentie (C. com. art. L 442-1, I-1°). 21580

Cet article est conforme à la Constitution (Cons. const. QPC 6-10-2022 n° 2022-1011 : RJDA 3/23 n° 163).

L'avantage sans « contrepartie » s'entend de celui obtenu en l'absence de tout service de coopération commerciale ou encore de tout service ou diligence particulière de la part du bénéficiaire de cet avantage (CE 21-12-2022 n° 463938 : RJDA 6/23 n° 344).

Dès lors que l'avantage indu est établi, l'action en répétition exercée par le ministre chargé de l'économie ou le ministère public (C. com. art. L 442-4, I-al. 3) est recevable et l'avantage indu est sanctionné (Cass. com. 18-10-2011 n° 10-15.296 : RJDA 2/12 n° 212 ; Cass. com. 15-3-2017 n° 15-18.381 F-D).

Soumission à un déséquilibre significatif Engage la responsabilité de son auteur et l'oblige à réparer le préjudice causé le fait, dans le cadre de la négociation commerciale, de la conclusion ou de l'exécution d'un contrat, par toute personne exerçant des activités de production, de distribution ou de services de soumettre ou de tenter de soumettre l'autre partie à des obligations créant un déséquilibre significatif dans les droits et obligations des parties (C. com. art. L 442-1, I-2° ; MCC n° 87770 s.). Sur le déséquilibre significatif de droit commun, nos 12560 s. 21581

Rupture brutale de la relation commerciale Sur cette rupture, visée à l'article L 442-1 du Code de commerce, nos 15455 s. 21582

21583 **Autres pratiques abusives** Engage la responsabilité civile de son auteur le fait, dans le cadre de la négociation commerciale, de la conclusion ou de l'exécution d'un contrat, par toute personne exerçant des activités de production, de distribution ou de services (C. com. art. L 442-1) :

– d'imposer des pénalités disproportionnées au regard de l'inexécution d'engagements contractuels ou supérieures à un seuil fixé par la loi ou pour des inexécutions datant de plus d'un an ;

– de procéder au refus ou retour de marchandises (sauf non-conformité des marchandises ou retard de livraison), de déduire d'office du montant de la facture établie par le fournisseur les pénalités ou rabais correspondant au non-respect d'une date de livraison, à la non-conformité des marchandises, sans que le fournisseur ait disposé d'un délai raisonnable pour contrôler la réalité du grief correspondant ;

– de pratiquer, à l'égard de l'autre partie, ou d'obtenir d'elle des prix, des délais de paiement, des conditions de vente ou des modalités de vente ou d'achat discriminatoires et non justifiés par des contreparties réelles prévues par la convention relative à ces produits, en créant, de ce fait, pour ce partenaire, un désavantage ou un avantage dans la concurrence ;

– de ne pas avoir mené de bonne foi les négociations commerciales, ayant eu pour conséquence de ne pas aboutir à la conclusion d'un contrat dans le respect de la date butoir (1er mars ; art. L 441-3).

21584 **Accords nuls** Sont nuls les clauses ou contrats prévoyant pour toute personne exerçant des activités de production, de distribution ou de services, la possibilité de bénéficier (C. com. art. L 442-3) :

– rétroactivement de **remises,** de ristournes ou d'accords de coopération commerciale ;

– automatiquement des **conditions plus favorables** consenties aux entreprises concurrentes par le cocontractant ;

– d'interdire au cocontractant la **cession** à des tiers **des créances** qu'il détient sur elle.

LIBERTÉ DES PRIX

21585 Sauf dans les cas où la loi en dispose autrement, les prix des biens, produits et services sont librement déterminés par le jeu de la concurrence (C. com. art. L 410-2). Les restrictions à cette liberté sont les suivantes :

– les reventes à perte (art. L 442-5) et à un prix imposé (art. L 442-6) sont interdites ;

– l'achat de produits agricoles ou de denrées alimentaires à un prix abusivement bas engage la responsabilité de celui qui a imposé ce prix (art. L 442-7) ;

– la réglementation des ventes aux enchères (nº 26653) ;

– la hausse ou la baisse artificielle soit du prix de biens ou de services, soit d'effets publics ou privés, est pénalement sanctionnée (art. L 442-9) ;

– aucune association ou coopérative d'entreprise ou d'administration ne peut, de façon habituelle, offrir des produits à la vente, les vendre ou fournir des services si ces activités ne sont pas prévues par ses statuts (art. L 442-10) ;

– il est interdit à toute personne d'offrir à la vente des produits ou de proposer des services en utilisant, dans des conditions irrégulières, le domaine public de l'État, des collectivités locales et de leurs établissements publics (art. L 442-11).

CONTRAT LIANT UN COMMERÇANT DE DÉTAIL À UN RÉSEAU

21590 **Résiliation de plein droit** La résiliation d'un contrat emporte résiliation de l'ensemble des contrats conclus entre, d'une part, une personne physique ou une personne morale de droit privé regroupant des commerçants ou mettant à disposition un nom commercial, une marque ou une enseigne et, d'autre part, toute personne exploitant, pour son compte ou pour le compte d'un tiers, un magasin de commerce de détail, ayant pour but commun l'exploitation de ce magasin et comportant des clauses susceptibles de limiter la liberté d'exercice de son activité commerciale par l'exploitant (C. com. art. L 341-1, al. 1 et 2 ; sur la conformité de cette disposition avec la liberté contractuelle, Cons. const. 5-8-2015 nº 2015-715 : RJDA 10/15 nº 730). L'ensemble des contrats doit prévoir une échéance commune (art. L 341-1, al. 1 et 2).

Mais échappent à cette résiliation et restent soumis à la résiliation de droit commun :

– les contrats conclus par les commerçants regroupés en magasins collectifs de commerçants indépendants régis par les articles L 125-1 et suivants du Code de commerce ou en sociétés de caution mutuelle régies par l'article L 126-1 du même Code (C. com. art. L 341-1, al. 1) ;

– les contrats conclus aux termes desquels toute personne met en exclusivité à la disposition d'une autre personne son nom commercial, sa marque ou son enseigne (art. L 341-1, al. 1 ; nos 21546 s.) ;
– les baux commerciaux, le contrat d'association et le contrat de société civile, commerciale ou coopérative (art. L 341-1, al. 3).

Illicéité de la clause contraire Toute clause ayant pour effet, après l'échéance ou la résiliation d'un de ces contrats, de restreindre la liberté d'exercice de l'activité commerciale de l'exploitant est réputée non écrite, à moins que la personne qui s'en prévaut démontre qu'elle remplit les conditions cumulatives suivantes (C. com. art. L 341-2) : 21595
– la clause concerne des biens et services en concurrence avec ceux qui font l'objet du contrat soumis au régime de l'extension de la résiliation ;
– elle est limitée aux terrains et locaux à partir desquels l'exploitant exerce son activité pendant la durée du contrat susvisé ;
– elle est indispensable à la protection du savoir-faire substantiel, spécifique et secret transmis dans le cadre du contrat susvisé ;
– sa durée n'excède pas un an après l'échéance ou la résiliation d'un des contrats.

C. Droits et obligations des parties en fonction des différentes qualités du distributeur

1. GÉRANT LIBRE DE SUCCURSALE PARTIELLEMENT SOUMIS AU RÉGIME DU SALARIÉ

QUALIFICATION

Une entreprise peut confier la gestion de ses succursales à des gérants avec lesquels elle conclut un **contrat de travail.** Ces **gérants salariés** lui sont alors liés par les droits et obligations inhérents à la qualité de salarié et ne sont pas commerçants (n° 220). 21600

Que le gérant soit déjà ou non titulaire d'un contrat de travail (Cass. soc. 5-12-2012 n° 11-20.460 : RJS 3/13 n° 241), l'entreprise peut aussi conclure avec lui un **contrat de gérant de succursale.** Ce gérant a la qualité de commerçant (CA Nancy 11-3-1985 : GP 1985.som.396) mais sans pouvoir en tirer les avantages (n° 21605).

En dépit de cette qualité, ce gérant **jouit aussi** et parallèlement des **droits et obligations des salariés,** même s'il n'existe pas de lien de subordination entre les parties (Cass. soc. 9-3-2011 n° 09-42.901 : RJDA 6/11 n° 561), si les conditions suivantes sont remplies (C. trav. art. L 7321-2) :
– il vend, à titre professionnel, des marchandises ou des denrées de toute nature ;
– il acquiert ces marchandises ou denrées, exclusivement ou presque exclusivement, d'une seule entreprise industrielle ou commerciale ;

Ne constitue pas une atteinte à la sécurité juridique et, partant, à l'exigence d'un procès équitable le fait que les juridictions apprécient dans chaque cas l'importance, prépondérante ou non, de l'activité consacrée par un distributeur de produits au service du fournisseur, le contrôle juridictionnel constituant au contraire une garantie de sécurité pour ce dernier (Cass. soc. 5-12-2012 précité).

– il exerce sa profession dans un local fourni ou agréé par cette entreprise et aux conditions ou prix imposés par cette entreprise ;
– il applique les conditions et prix de vente imposés par ladite entreprise.

Ces **dispositions** protectrices des intérêts du gérant sont d'**ordre public** et ne peuvent pas être écartées par le contrat (C. trav. L 7321-5 ; Cass. com. 11-12-2019 n° 18-10.790 FP-PBR : RJDA 4/20 n° 210). Constituant un régime d'exception, elles doivent être interprétées restrictivement (CA Paris 14-6-1982 : JCP G 1983.II.19925) ; néanmoins, elles sont applicables dès lors que l'intéressé remplit les conditions susvisées, même s'il exerce son activité en société, la fictivité de celle-ci n'ayant pas à être établie pour justifier cette application (Cass. soc. 5-12-2012 précité).

Il a été jugé que ces dispositions étaient **applicables** dans les cas suivants :
– lorsque le gérant libre d'une station-service se trouve dans un état de subordination juridique même s'il n'est que le gérant de la société exploitante de la station dès lors qu'un lien direct s'est établi entre lui et le fournisseur (Cass. soc. 28-11-2006 n° 2749 : RJDA 4/07 n° 374) ; ce lien direct se déduit notamment de la clause précisant que la présence du gérant au capital social est déterminante (CA Paris 12-11-2013 n° 12/04694 : D. 2014.897.som. obs. Ferrier) ; mais ce lien fait défaut lorsque la société peut seule utiliser l'enseigne du fournisseur et percevoir les commissions rémunérant l'activité (CA Chambéry 7-11-2013 n° 12/02496 : D. 2014.897.som. obs. Ferrier) ;

– lorsque le gérant a l'obligation de se fournir exclusivement auprès du fournisseur qui lui a imposé les conditions d'ouverture de sa station-service (Cass. soc. 12-1-1983 : JCP G 1983.IV.93) ou qui a fixé le prix de vente des marchandises dont il est resté propriétaire jusqu'à leur vente (Cass. com. 3-5-1995 : RJDA 11/95 n° 1226) ;

– lorsqu'une société confie la direction de l'une de ses agences à une personne tout en se réservant la vérification de son activité de multiples façons (Cass. soc. 13-2-1975 : Bull. civ. V p. 66) ;

– lorsqu'un agent dit « exclusif » assure la vente des produits d'un fabricant qui limite sa liberté de vendre d'autres produits à quelques articles expressément désignés ne devant pas occuper plus de 20 % de la superficie du magasin et des vitrines, qui a agréé les locaux où l'agent pratique son commerce ainsi que son agencement, qui a astreint cet agent à constituer à ses frais et à maintenir en permanence un stock de marchandises déterminé, à assurer une place privilégiée à ses symboles publicitaires et à lui adresser chaque jour un état de ses ventes et qui, enfin, lui a consenti une marge sur les prix ne lui permettant pas de conduire personnellement sa politique de prix (Cass. soc. 7-7-1977 : Bull. civ. V p. 382) ;

– lorsque l'agent exploite un restaurant d'aéroport, même si cette exploitation est exercée dans des locaux faisant l'objet d'une autorisation temporaire d'occupation du domaine public (Cass. com. 1-7-2020 n° 17-31.755 F-D : RJDA 11/20 n° 566).

En revanche, ne **peuvent pas bénéficier des dispositions** susvisées du Code du travail :

– le concessionnaire de brasserie qui, outre la vente des bières du concédant, exerce un commerce personnel de vente d'agrumes (Cass. soc. 19-12-1978 : Bull. civ. V p. 674) ;

– l'agent exclusif du fabricant qui se voit consentir des remises sur factures de 38 % sur le prix de vente TTC à la clientèle, cette marge étant suffisante pour lui permettre de pratiquer une politique personnelle de prix (Cass. com. 19-11-1979 : JCP G 1980.IV.45) ;

– le gérant de station-service dont la vente de carburant ne constitue plus, en fait, l'essentiel de sa profession (Cass. soc. 6-7-1982 : JCP G 1982.IV.333 ; CA Paris 25-10-2001 : RTD com. 2002.38 obs. Saintourens) ;

– le gérant libre d'une station-service qui, tout en jouissant d'une exclusivité et en utilisant un matériel appartenant pour l'essentiel au fournisseur dont il distribue les produits, est libre de choisir son personnel, de fixer les heures d'ouverture et de fermeture de la station et d'adopter sa propre politique publicitaire et qui, en outre, exerce dans une totale indépendance une activité importante de lavage, graissage et entretien de véhicules ainsi que la vente d'accessoires automobiles (Cass. soc. 16-2-1983 : Bull. civ. V p. 61) ;

– le franchisé qui vend pour son propre compte les marchandises qui lui sont fournies par une société soit en consignation, soit en « ventes fermes », qui a la faculté de vendre dans son magasin des objets autres que ceux concernant la branche d'activité de la société, sauf à ne pas concurrencer celle-ci (Cass. com. 21-10-1970 : JCP G 1971.II.16632 obs. P. L.) ;

– le franchisé qui conclut un contrat aux termes duquel 65 % des approvisionnements doivent être réalisés auprès de la société distributrice, 30 % auprès de fournisseurs agréés, les 5 % restants étant entièrement libres, et qui est libre d'affecter partie de son local ou de son activité au commerce d'autres marchandises (CA Agen 8-11-1977 : JCP G 1979.II.19027 note Djian) ;

– le concessionnaire qui a une entière liberté d'appréciation des prix de vente, qui n'est pas tenu d'acheter exclusivement à la société concédante et qui reste libre de vendre dans son magasin des marchandises différentes de celles de la société sous la seule réserve de ne pas concurrencer cette dernière (CA Paris 3-11-1977 : JCP G 1979.II.19027 note Djian).

RÈGLES DU SALARIAT APPLICABLES AU GÉRANT LIBRE

21605 Soumis au régime du salariat comme dit ci-dessus, les gérants de succursale sont soumis à toutes les dispositions applicables au salarié, même si elles sont édictées en dehors du Code du travail (Cass. soc. 8-12-2009 n° 08-42.089 FP-BR : RJS 2/10 n° 222).

Le gérant de succursale ne peut pas cumuler le bénéfice qui résulte de la législation du travail avec celui consécutif à la qualité de commerçant ; il ne peut donc pas prétendre au cumul des sommes dues au titre des salaires et de celles perçues à titre de bénéfice commercial (Cass. soc. 12-1-2022 n° 20-19.386 F-D : RJS 3/22 n° 163) ; mais il peut, dès lors qu'il renonce à invoquer la législation du travail, se prévaloir de sa qualité de commerçant et imposer le respect des clauses de son contrat de location-gérance (Cass. soc. 8-4-1992 : RJS 6/92 n° 807).

La dépendance économique du gérant par rapport au franchiseur laisse subsister entre eux l'existence de relations commerciales ; les commandes passées par le gérant auprès du franchiseur le rendent débiteur de leur montant car elles sont faites en son nom et non en celui du franchiseur, qui n'est pas à la fois créancier et débiteur (Cass. com. 4-5-2017 n° 15-20.689 D : JCP E 2018.1131 n° 11 obs. Mainguy).

Il s'ensuit, principalement, que **la rupture du contrat** constitue un licenciement qui donne au gérant libre les mêmes droits que ceux qu'un salarié peut faire valoir à l'encontre d'un employeur, notamment le droit aux indemnités de licenciement.

Il en résulte aussi :

– que le **conseil de prud'hommes** est compétent pour toute contestation relative aux dispositions du Code du travail (Cass. soc. 14-2-1989 : Bull. civ. V p. 75 ; Cass. soc. 22-3-2006 n° 05-42.233 : RJS 6/06 n° 777) ; mais le tribunal de commerce est compétent lorsque le litige porte sur les modalités commerciales d'exploitation (Cass. soc. 9-7-1974 : Bull. civ. V p. 401 ; Cass. soc. 8-3-2006 n° 04-17.059 : RJS 6/06 n° 766 ; Cass. soc. 14-1-2015 n° 13-20.707 : RJDA 6/15 n° 471) ;

– que le gérant a droit au paiement d'heures supplémentaires dès lors que les conditions de travail sont soumises à l'accord de l'entreprise propriétaire de la succursale (Cass. soc. 29-9-2021 n° 20-10.634 : RJS 12/21 n° 675) ;

– qu'il peut prétendre au profit des **conventions collectives,** applicables aux personnes assimilées à des salariés, tels les gérants de station-service (Cass. soc. 26-2-1992 n° 88-41.533) et gérants de magasins (Cass. soc. 25-3-2009 n° 07-41.242 : RJS 6/09 n° 585) mais qu'il ne peut pas, en l'absence de lien de subordination, être assimilé à un cadre salarié et en conséquence prétendre à la qualification conventionnelle correspondante (Cass. soc. 15-1-2014 n° 11-11.223 : RJS 3/14 n° 280) ;

– qu'il doit être affilié à la **sécurité sociale** (notamment, Cass. 2e civ. 8-11-2012 n° 11-23.638 : RJDA 4/13 n° 314) ;

– que, à défaut d'accord fixant son coefficient de classification conventionnelle, son **salaire** est fixé par le juge en fonction des éléments qui lui sont soumis (Cass. soc. 20-2-2013 n° 11-26.855 : JCP E 2013.1273 note Drai) ; lorsque le contrat de gérant de succursale est conclu avec une personne morale et que le statut de gérant de succursale est reconnu au dirigeant de cette personne, le fournisseur, condamné à payer à ce dernier les sommes qui lui étaient dues en application de ce statut d'ordre public, auquel il ne peut être porté atteinte, même indirectement, n'est pas admis à réclamer à la personne morale, fût-ce pour partie, le reversement des sommes ayant rémunéré les prestations qu'elle a effectuées en exécution du contrat de distribution (Cass. com. 11-12-2019 n° 18-10.790 FP-PBR : BRDA 3/20 inf. 11 ; Cass. com. 27-5-2021 n° 19-11.903 F-D : RJDA 10/21 n° 650).

Il peut prendre en charge le déficit d'inventaire dans la mesure où il n'est pas porté atteinte à son droit au salaire minimum (Cass. soc. 20-1-1993 : D. 1993.414 note Ghestin et Langlois).

Les gérants libres des succursales de **maisons d'alimentation** de détail sont, en outre, régis par des dispositions particulières (C. trav. art. L 7322-2 à L 7322-6), notamment : **21608**

1. Ils ont droit à une **rémunération minimale** (art. L 7322-3 ; Cass. soc. 24-3-1988 : Bull. civ. V p. 141) ;

2. Ils bénéficient des **avantages** accordés aux **salariés** tels qu'ils sont énumérés à l'article L 7321-3 du Code du travail et du droit syndical dans les mêmes conditions que les salariés (Cass. ass. plén. 9-1-2015 n° 13-80.967 : RJS 3/15 n° 223) ;

Ils ne peuvent être privés, dès l'origine, par une clause du contrat, du bénéfice des règles de protection d'ordre public relatives à la rupture des relations contractuelles ; constitue un licenciement toute rupture du contrat de gérance à l'initiative de l'entreprise propriétaire de la succursale (Cass. soc. 28-9-2011 n° 10-21.294 : RJS 12/11 n° 1021 ; Cass. soc. 13-4-2023 n° 21-13.757 FS-B : RJS 7/23 n° 413).

3. Ils ne peuvent pas souscrire, sous peine de nullité, une **clause attributive de compétence** (art. L 7322-6 ; Cass. soc. 1-6-1994 : Bull. civ. V n° 185) ;

Les litiges entre les entreprises et leurs gérants non salariés relèvent de la compétence des tribunaux de commerce lorsqu'ils concernent les modalités commerciales d'exploitation des succursales ; ils relèvent de celle des conseils de prud'hommes lorsqu'ils concernent les conditions de travail des gérants non salariés (art. L 7322-5).

4. Ils ne peuvent valablement s'engager par une **clause de non-concurrence** que si celle-ci comporte l'obligation pour la société de distribution de leur verser une contrepartie financière ; à défaut, ils peuvent réclamer des dommages-intérêts y compris si le contrat est en cours d'exécution (Cass. soc. 9-1-2013 n° 11-26.418 : RJDA 5/13 n° 383).

OBLIGATIONS DU GÉRANT LIBRE

Les clauses du contrat liant le fournisseur à la société chargée de la distribution des produits sont inopposables au gérant de succursale sans que soit démontrée la fictivité de la société qu'il dirige (Cass. soc. 5-12-2012 n° 11-22.365 : Bull. civ. V n° 328). **21611**

2. AGENT COMMERCIAL

COEXISTENCE DE PLUSIEURS RÉGIMES

La pratique désigne comme agent commercial tout représentant d'une entreprise chargé de la vente de ses produits ou de ses services. Cette acception économique recouvre trois situations juridiques différentes : celle d'agent commercial répondant aux conditions légales strictement définies par le droit de l'UE, par la suite qualifié agent « statutaire » ; celle d'agent ne remplissant pas ces conditions légales, par la suite qualifié agent « de droit commun » soumis aux règles du droit français ; celle d'agent lié par un contrat international qui peut ne pas relever des règles UE ou françaises. **21650**

La différence essentielle qui sépare les agents statutaires des agents de droit commun est que seuls les premiers peuvent réclamer de plein droit, en cas de rupture fautive du contrat par le producteur, une indemnité compensatrice du dommage dû à cette rupture. Les autres ne peuvent obtenir une indemnisation que s'ils prouvent, au préalable, qu'ils étaient liés au producteur par un **mandat d'intérêt commun** et, s'ils sont liés par un contrat international, lorsque le contrat relève de la loi française.

a. Agent commercial statutaire

RÉGIME

21653 Les contrats d'agence commerciale sont soumis aux dispositions des articles L 134-1 s. et R 134-1 s. du Code de commerce, dans la mesure où ils ont pour objet l'activité visée par ces textes (nº 21660).

Ces articles sont issus de la loi 91-593 du 25 juin 1991 qui transpose la directive européenne 86/653 du 18 décembre 1986, relative à la coordination des droits des États membres de l'Union européenne concernant les agents commerciaux indépendants.

Les dispositions impératives de la directive, notamment celles relatives aux droits de l'agent en cas de résiliation du contrat, doivent recevoir application dès lors que la situation présente un lien étroit avec la Communauté (devenue l'UE), notamment lorsque l'agent exerce son activité sur le territoire d'un État membre, quelle que soit la loi à laquelle les parties ont entendu soumettre le contrat (CJCE 9-11-2000 aff. 381/98 : RJDA 2/01 nº 149). Elles n'ont donc pas lieu d'être appliquées si l'agent exerce hors de l'Union, car elles ne relèvent que de l'ordre public interne (Cass. 1e civ. 21-10-2015 nº 14-20.924 ; Cass. com. 5-1-2016 nº 14-10.628 : RJDA 4/16 nº 258 som. ; CA Paris 6-5-2014 nº 12/21230 : RDC 2015.81 obs. Laazouzi ; CCIP-CA 4-7-2023 nº 20/18196), à moins que le contrat ne soit soumis à la loi française (Cass. com. 11-1-2023 nº 21-18.683 FS-B : RJDA 4/23 nº 190).

Lorsque le contrat est conclu entre des parties ressortissantes de différents États membres de l'UE, la loi de l'État membre, conforme à la protection minimale prescrite par la directive et choisie par les parties pour régir le contrat, peut être écartée par le juge au profit des règles impératives de la loi de son pays dès lors que celle-ci accorde une protection plus favorable à l'agent (CJUE 17-10-2013 aff. 184/12 : RJDA 1/14 nº 7, transposable au règlement CE 593/2008 du 17-6-2008).

Ils sont aussi soumis aux textes de droit commun relatifs à la représentation introduits dans le Code civil, dans la mesure où ils sont compatibles avec les règles particulières propres au contrat d'agence commerciale (cf. C. civ. art. 1105, al. 2 et 3).

Sous les développements ci-après sont signalées des décisions de justice rendues en application de l'ancien décret du 23 décembre 1958 considérées comme transposables au régime actuel.

QUALIFICATION DU CONTRAT D'AGENCE

21660 **Activité visée** Le contrat d'agence commerciale est celui qui confie à une personne, dite « agent commercial », la charge, **en tant que mandataire et de façon permanente,** de **négocier** et, éventuellement, de conclure des contrats de vente, d'achat, de location ou de prestation de services, au nom et pour le compte de producteurs, d'industriels, de commerçants ou d'autres agents commerciaux (C. com. art. L 134-1).

Cette qualification est d'ordre public ; elle ne dépend ni de la volonté exprimée par les parties dans le contrat ni de la dénomination qu'elles ont donnée à leurs conventions, mais des conditions dans lesquelles l'activité est effectivement exercée (Cass. com. 10-12-2003 nº 01-11.923 FS-PB : RJDA 4/04 nº 416 ; Cass. com. 21-6-2016 nº 14-26.938 : RJDA 11/16 nº 777 ; Cass. com. 19-10-2022 nº 21-21.378 F-D : RJDA 1/23 nº 20 ; sur la dissimulation d'un contrat de franchise sous couvert d'un contrat d'agent commercial, CA Paris 26-6-2019 nº 16/23435 : JCP E 2019.1424 note Dissaux).

Il s'ensuit que :

– ne peut être agent commercial ni le titulaire d'un contrat de travail (même art.) ni l'importateur de tabacs manufacturés car il en est propriétaire depuis leur entrée en France jusqu'à leur vente au détail après consignation chez le débitant (CA Versailles 1-10-2009 nº 07/06246 : RTD com. 2010.272 obs. Saintourens) ;

– est agent commercial celui qui agit pour un producteur, c'est-à-dire pour une personne exerçant une activité économique génératrice d'une circulation de biens et de fourniture de services, comme c'est le cas d'un architecte d'intérieur-designer, qui, non soumis à une profession réglementée, aménage des magasins, réalise des stands de salons et des décors de vitrines et crée des objets (Cass. com. 20-3-2012 nº 11-15.287 : RJDA 3/13 nº 222) ;

– un agent est agent commercial dès lors qu'il a le pouvoir de « négocier » les contrats, peu important que le contrat précise qu'il n'a pas le pouvoir d'« engager » le mandant (Cass. com. 19-6-2019 nº 18-11.727 F-D : RJDA 2/20 nº 71) ou que le contrat ne lui confère pas la faculté de modifier les prix des marchandises dont il assure la vente pour le compte du commettant (CJUE 4-6-2020 aff. 828/18 : RJDA 2/21 nº 86 ; Cass. com. 2-12-2020 nº 18-20.231 F-P : RJDA 3/21 nº 157 ; Cass. com. 12-5-2021 nº 19-17.042 : RJDA 8-9/21 nº 561 ; CA Paris CCI 4-7-2023 nº 20/18196 ; sur le refus de la qualité d'agent au présentateur de produits non chargé de négocier des ventes : Cass. com. 27-4-2011 nº 10-14.851 F-PB : RJDA 10/11 nº 790 som. ; CA Paris 12-5-2000 : RJDA 11/00 nº 972).

Toutefois, certains mandataires sont **exclus** du champ d'application de la réglementation ; tel est le cas de ceux qui sont soumis à des dispositions législatives particulières (C. com. art. L 134-1, al. 2), notamment les agents de voyages (CA Paris 30-9-1999 : RJDA 5/00 nº 531) et les intermédiaires en opérations de banque (Cass. com. 18-2-2004 nº 351 : RJDA 11/04 nº 1209).

Le régime des agents commerciaux est applicable aux personnes habilitées par un titulaire de la carte professionnelle d'agent immobilier (Loi 70-9 du 2-1-1970 art. 3) à négocier, s'entremettre ou s'engager pour le compte de ce dernier, dès lors qu'elles ne sont pas salariées (Loi 70-9 art. 4 ; Cass. com. 18-10-2011 n° 10-30.087 : Bull. civ. IV n° 159 et Cass. 1e civ. 17-3-2016 n° 14-21.738 : RJDA 7/16 n° 525, censurant une décision qui avait appliqué la dérogation à un négociateur immobilier mandaté par un promoteur immobilier qui n'était pas titulaire de la carte professionnelle). Peut être agent commercial une personne morale, elle-même titulaire de la carte d'agent immobilier, et mandatée par un agent immobilier (Cass. com. 17-5-2023 n° 21-23.533 FS-B : RJDA 10/23 n° 513).

Le statut peut aussi être **écarté** par les parties dans les conditions suivantes (C. com. art. L 134-15) :

- l'activité d'agent commercial doit être prévue dans un contrat qu'elle sert à exécuter et qui a été conclu entre les parties à titre principal pour un autre objet (par exemple, mandat d'achat donné par les concessionnaires ou les franchisés d'un réseau à la centrale d'achat, tête de réseau) ;
- ce contrat doit être écrit ;
- la renonciation à l'application de la loi doit être écrite.

Toute clause ou convention contraire à ces règles est réputée non écrite (art. L 134-16, pour des renonciations valables : Cass. com. 29-10-2002 n° 1714 : RJDA 2/03 n° 132 ; Cass. com. 3-3-2004 n° 453 : RJDA 8-9/04 n° 971 ; cf. Cass. com. 12-7-2005 n° 1052 : RJDA 11/05 n° 1205).

Qualité des parties Les parties peuvent être des personnes physiques ou des personnes morales (C. com. art. L 134-1). En cas de société de fait, le contrat n'existe que s'il est conclu avec les associés personnellement (Cass. com. 6-1-1981 : JCP G 1982.II.19818 obs. Hémard). 21663

Une société d'exercice libéral à responsabilité limitée, qui ne peut exercer que des activités réglementées pour lesquelles elle doit être agréée, ne peut pas être agent commercial (CA Rouen 13-3-2008 n° 07/03936 : RJDA 12/08 n° 1288).

Écrit La rédaction d'un écrit n'est **pas requise** (Cass. com. 25-6-2002 : RJDA 12/02 n° 1259, admettant l'agent à faire la preuve de l'existence d'une convention verbale relative à l'application d'un contrat conclu par écrit et précisant que, s'agissant d'établir l'existence d'un accord distinct du premier contrat et postérieur, il ne s'agit pas de prouver contre et outre le contenu de ce contrat). Mais chaque partie a le **droit** d'obtenir de l'autre, sur sa demande, un écrit signé mentionnant le contenu du contrat d'agence, y compris celui des avenants (C. com. art. L 134-2). Toute clause ou convention prévoyant la renonciation d'une partie à ce droit est réputée non écrite (art. L 134-16). 21666

INSCRIPTION DE L'AGENT AU REGISTRE SPÉCIAL

Avant de commencer l'exercice de ses activités, l'agent commercial, **établi et exerçant en France,** doit se faire immatriculer sur un registre spécial tenu au greffe du tribunal de commerce (ou du tribunal judiciaire) dans le ressort duquel il est domicilié (C. com. art. R 134-6, al. 1 et 2). Mais cette formalité n'est qu'une **mesure de police professionnelle,** la directive européenne (n° 21653) ne subordonnant pas l'application du statut à son accomplissement (Cass. com. 7-7-2004 n° 1125 : RJDA 12/04 n° 1314 ; Cass. com. 20-9-2011 n° 10-21.623 : RJDA 1/12 n° 34.som.). 21670

Bien que toute clause contraire aux règles du statut relatives à la résiliation du contrat (nos 21745 s.) soit réputée non écrite, les parties peuvent subordonner la prise d'effet du contrat à l'inscription de l'agent au registre spécial (Cass. com. 8-7-2003 n° 1199 : RJDA 1/04 n° 37, en déduisant que l'agent qui avait droit à des indemnités de rupture et de préavis ne pouvait prétendre, au titre des indemnités demandées, à aucune somme sur les commissions perçues avant son inscription au registre spécial).

Les agents commerciaux **établis à l'étranger** qui ne procèdent sur le territoire national qu'à des prestations temporaires et occasionnelles ne sont pas tenus de s'inscrire sur le registre spécial dès lors qu'ils ne disposent en France d'aucun établissement (art. R 134-6, al. 8).

Formalités L'agent commercial doit déposer au greffe une déclaration conformément aux dispositions des articles A 134-1 s. du Code de commerce. 21673

La personne physique mariée sous un régime de communauté légale ou conventionnelle doit fournir un justificatif, selon un formulaire défini par arrêté, établissant que son conjoint a été informé des conséquences sur les biens communs des dettes contractées dans l'exercice de sa profession (C. com. art. R 134-5).

Si elle exerce son activité en qualité d'entrepreneur individuel à responsabilité limitée (EIRL), elle doit déclarer l'affectation du patrimoine avec les précisions requises par l'article R 134-5, al. 2 du Code de commerce. Elle doit aussi, dans le délai de six mois suivant la clôture de l'exercice, déposer au registre spécial les documents comptables mentionnés au n° 2320 (art. R 134-7).

Toute personne qui n'a pas fait la déclaration ou toute personne effectuant des déclarations inexactes ou incomplètes lors de l'accomplissement de ces formalités s'expose à une amende de 1 500 € (art. R 134-14).

En retour, le greffe délivre à l'agent commercial un **récépissé** de déclaration et un **numéro d'immatriculation** (art. R 134-6, al. 1). Le lieu et le numéro d'immatriculation au registre spécial doivent figurer sur les documents et correspondances à usage professionnel de l'intéressé, sous peine d'une amende de 450 €, l'agent commercial exerçant en tant qu'entrepreneur individuel à responsabilité limitée devant, en outre, mentionner l'objet de l'activité professionnelle à laquelle le patrimoine est affecté et la dénomination incorporant son nom ou nom d'usage précédé ou suivi immédiatement des mots « EIRL » ; si l'agent est un entrepreneur individuel, sa dénomination est accompagnée de la mention « EI » (art. R 134-12 et R 134-16).

Seul ce récépissé atteste l'accomplissement de la formalité ; la carte d'agent commercial délivrée par la Fédération nationale des agents commerciaux ne saurait donc avoir une valeur probante.

Sur la possibilité de procéder aux déclarations au registre spécial par voie électronique, C. com. art. R 134-13 ; sur les formalités en cas de transfert de l'activité dans le ressort d'un autre tribunal, art. R 134-13.

21679 **Modifications** Tout fait de nature à modifier l'une des mentions figurant à la **déclaration** d'immatriculation doit être déclaré au greffe sous peine, à défaut, d'une **amende** de 1 500 € (C. com. art. R 134-15, 2°). Cette déclaration peut être faite par voie électronique (art. R 134-13).

Sur les modalités de la déclaration modificative de l'activité d'un agent commercial entrepreneur individuel ou relative à un patrimoine affecté ou à son apport en société, C. com. art. R 134-6, al. 6.

21682 **Radiation** Tout agent commercial qui cesse d'exercer son activité ou ne remplit plus les conditions exigées par la loi doit, dans un **délai de deux mois,** demander la radiation de son immatriculation en indiquant la date de cette cessation, sous peine d'une amende de 1 500 € (C. com. art. R 134-8 et R 134-15, 4°).

En cas de décès, la radiation doit être demandée par ses héritiers ou ayants cause à titre universel (art. R 134-10).

Enfin, la radiation de l'agent commercial peut être ordonnée par toute juridiction de l'ordre judiciaire lorsqu'elle rend une décision entraînant pour lui l'incapacité ou l'interdiction d'exercer sa profession (art. R 134-11) ou d'office (art. R 134-9). La radiation du registre spécial résulte de droit de la radiation de l'agent commercial de son affiliation à l'organisme de sécurité sociale (art. R 134-9-1).

EXERCICE DE L'ACTIVITÉ

21690 **Caractère civil** L'agent commercial, simple mandataire (n° 21660), exerce une activité civile ; il ne peut donc pas être propriétaire d'un fonds de commerce et avoir la qualité de commerçant (Cass. com. 26-2-2008 n° 06-20.272 : RJDA 8-9/08 n° 901). La preuve du contrat d'agence et de son contenu obéit donc aux règles civiles de la preuve des actes (Cass. com. 24-10-1995 : RJDA 1/96 n° 39).

Toutefois, l'activité est commerciale si l'agent l'exerce sous le couvert d'une société commerciale (MSC n° 166) ou si son activité d'agence est l'accessoire de son activité commerciale principale (cf. Cass. com. 29-10-1979 : Bull. civ. IV p. 212, transposable sous le statut actuel).

21693 **Autres activités** À notre avis, l'agent commercial conserve le droit d'effectuer des **opérations commerciales** pour son propre compte dès lors que les dispositions relatives au statut d'agent commercial, sans l'y autoriser expressément comme le décret de 1958 le faisait, ne le lui interdisent pas formellement ; dans ce cas, l'agent est commerçant, mais seulement pour l'exercice de cette activité (CA Amiens 17-2-1960 : GP 1960.2.18), sauf si l'activité commerciale a absorbé celle d'agent commercial (Cass. com. 3-11-2004 : RJDA 5/05 n° 543).

Si l'agent commercial achète et revend les produits de son mandant, il convient de soigneusement distinguer cette activité d'acheteur-revendeur de celle de représentation, car elle obéit tout simplement aux règles de la vente et non pas à celles de l'agence commerciale ici exposées ; il peut s'ensuivre une disqualification du contrat d'agence commerciale en contrat de concession (Cass. com. 28-10-1986 : BRDA 22/86 p. 21).

Par ailleurs, le mandant reste étranger à cette activité de l'agent ; il ne saurait donc être tenu de facturer les prestations de services accomplies par l'agent au titre de cette dernière (CA Paris 7-7-1987 : D. 1987.IR.198).

En l'absence de clause d'exclusivité le liant au mandant (n° 21696), l'agent commercial a aussi le droit d'accepter la représentation de **nouveaux mandats** sans l'autorisation du mandant ; toutefois, il ne peut accepter la représentation d'une entreprise concurrente de celle d'un de ses mandants sans l'accord de ce dernier (C. com. art. L 134-3), sous peine de résiliation de l'accord (Cass. com. 21-6-1967 : Bull. civ. III p. 250), sauf si le mandant a renoncé à se prévaloir de cette condition (Cass. com. 20-10-2021 n° 19-24.667 F-D : RJDA 5/22 n° 265). En toute hypothèse, l'agent commercial ne doit pas faire une concurrence déloyale à l'un ou à l'autre de ses mandants, ce qui n'est pas le cas lorsque les divers produits représentés sont complémentaires les uns des autres et ne sont pas interchangeables (Cass. com. 10-11-2015 n° 14-14.820 : RJDA 5/16 n° 367).

Exclusivité L'**agent** ne peut représenter que son mandant si le contrat lui impose une clause d'exclusivité dont les conditions de validité sont définies aux nos 21545 s. 21696

Le **mandant,** quant à lui, peut, par principe, vendre directement dans le secteur affecté à l'agent (Cass. com. 25-3-1974 n° 73-11.423 : Bull. civ. IV n° 103), solution d'ailleurs conforme au droit commun de la représentation (C. civ. art. 1159, al. 2). Il ne saurait néanmoins user de cette faculté au point de rendre inexistante la contrepartie au contrat en réduisant à néant la mission qu'il a confiée à l'agent (n° 21660).

Libre concurrence En principe, les règles relatives à la prohibition des ententes illicites ne sont pas applicables aux contrats d'agence parce que l'agent n'est pas considéré comme une entreprise indépendante ; les seules clauses qui pourraient entraîner l'application de la prohibition sont les clauses de « monomarquisme » (terme de l'UE désignant une situation de non-concurrence), les clauses de non-concurrence postcontractuelle et les situations de collusion (MCC n° 47130). 21697

Droit du mandant de retirer des clients à l'agent Des contrats prévoient la faculté pour le mandant de modifier unilatéralement les clients entrant dans le secteur de représentation de l'agent commercial et permettent ainsi au mandant de reprendre « en direct » un client à condition d'accorder un préavis et de remplacer la clientèle reprise ou d'indemniser l'agent selon des modalités fixées par la clause, notamment par le versement d'une indemnité forfaitaire. « Sauf à interdire toute évolution du portefeuille de l'agent commercial », la clause a été jugé licite dès lors qu'en l'espèce le retrait n'avait concerné qu'un client, ce qui excluait qu'elle pût, sous couvert de modification du contrat par retrait d'un client, dissimuler une faculté de résiliation du contrat sans versement de l'indemnité de cessation du contrat (n° 21751 ; CA Versailles 9-7-2019 n° 18/03601 et, sur pourvoi, Cass. com. 5-10-2022 n° 20-16.665 F-D : RJDA 4/23 n° 192). 21698

Engagement du mandant L'agent commercial engage le mandant par ses actes et oblige donc celui-ci à honorer les commandes qu'il prend en son nom et pour son compte. Si le mandant entend se réserver la faculté d'accepter ou de refuser les commandes, il doit le stipuler expressément dans le contrat. Dans ce cas, il sera en faute s'il écarte systématiquement tous les ordres reçus de l'agent (Cass. soc. 24-4-1963 : Bull. civ. IV p. 227). 21699

Sous-agent Sauf clause contraire ou mandat conclu intuitu personae (CA Versailles 4-9-2003 n° 01-3773 : RJDA 1/04 n° 38), l'agent peut confier l'exécution de sa mission à des sous-agents (C. com. art. L 134-1). 21702

Le sous-agent a une action directe contre le mandant pour le paiement des sommes qui lui sont dues, peu important qu'il ait été rémunéré par le mandataire principal au cours de l'exécution de son mandat d'agent commercial (CA Lyon 10-6-2004 n° 02/4922 : Bull. inf. C. cass. 2005 n° 1892).

Consignation des produits contractuels Bien que les dispositions actuelles, contrairement au décret de 1958, ne le prévoient pas, le mandant peut, en raison de la liberté contractuelle, remettre à l'agent commercial un stock de produits que ce dernier aura la charge de livrer ; dans ce cas, le stock reste la propriété du mandant : il n'est chez l'agent qu'à titre de dépôt. 21705

Garantie d'exécution Conformément à la liberté contractuelle, l'agent commercial peut se porter garant envers le mandant, en dépit du silence des textes, du paiement des marchandises par l'acheteur (convention de ducroire). 21708

Même en l'absence d'une telle clause, l'agent peut être tenu de l'insolvabilité de l'acheteur s'il a manqué aux précautions élémentaires (CA Rennes 2-4-1952 : GP 1952.2.25).

Lorsque l'agent encaisse directement le produit des ventes, il est utile de lui imposer le versement des sommes reçues dans un compte distinct pour faciliter leur revendication en cas de procédure collective de l'agent qui serait une société commerciale (n° 21690).

Diligences Les parties sont liées par un contrat d'intérêt commun ; elles sont tenues d'un devoir de loyauté l'une envers l'autre ; elles se doivent aussi une **information réciproque** (C. com. art. L 134-4, al. 1 et 2). 21711

L'agent commercial doit communiquer à son mandant toute information nécessaire à l'exécution de son contrat (art. R 134-1).

Le mandant doit mettre à la disposition de l'agent commercial toute documentation utile sur les produits ou services qui font l'objet du contrat d'agence, lui communiquer les informations nécessaires à l'exécution du contrat, notamment l'aviser dans un délai raisonnable d'un risque de baisse sensible du volume des commandes auquel l'agent commercial aurait pu normalement s'attendre et l'informer, dans un délai raisonnable, de son acceptation, de son refus ou de l'inexécution d'une opération apportée par lui (art. R 134-2).

L'agent commercial doit exécuter son mandat en bon professionnel ; le mandant doit le mettre en mesure d'exécuter son mandat (art. L 134-4, al. 3).

Toute clause ou convention contraire aux dispositions qui précèdent est réputée non écrite (art. L 134-16 et R 134-4, al. 1).

21714 **Obligation de non-concurrence** L'agent peut s'engager à ne pas exercer des représentations concurrentes de celles du mandant à l'expiration du contrat si les **conditions** ci-après sont réunies (C. com. art. L 134-14).

1. La clause est établie par écrit.

2. L'interdiction de concurrence ne s'applique qu'au secteur géographique, à la clientèle et au type de marchandises ayant fait l'objet du contrat.

La clause n'est pas nulle seulement en raison de son étendue territoriale mais si, de plus, elle a pour effet d'empêcher l'ancien agent d'exercer toute activité professionnelle (Cass. com. 17-1-2012 n° 10-27.701 : RJDA 5/12 n° 468). Elle l'est aussi à défaut de corrélation entre la clientèle contractuellement confiée à l'agent et l'engagement de non-concurrence (Cass. com. 15-5-2012 n° 11-18.330 : RJDA 10/12 n° 847).

3. Sa durée est limitée à deux ans après la cessation du contrat ; toute clause prévoyant une durée supérieure est réputée non écrite (art. L 134-16).

Même limitée à deux ans, une clause est nulle dès lors qu'elle interdit à l'agent, pendant ce délai d'exercer son activité (Cass. com. 23-9-2014 n° 13-21.285 : RJDA 12/14 n° 894 ; CA Rennes 15-2-2011 n° 09/08191 : RJDA 7/11 n° 603 et, sur pourvoi, Cass. com. 15-5-2012 n° 11-18.330 : RJDA 10/12 n° 847).

Il se déduit du défaut d'indication expresse dans l'article L 134-14 que le législateur n'a pas entendu que l'obligation de non-concurrence ait une contrepartie financière (Cass. com. 4-12-2007 n° 06-15.137 : RJDA 3/08 n° 261 ; Cass. com. 10-2-2015 n° 13-25.667 : RJDA 7/15 n° 490).

21717 **Rémunération de l'agent** À **défaut de stipulations du contrat** sur la rémunération, l'agent commercial a droit à une rémunération conforme aux **usages** pratiqués, dans le secteur d'activité couvert par son mandat, là où il exerce cette activité ; en l'absence d'usage, il a droit à une **rémunération raisonnable** qui doit tenir compte de tous les éléments qui ont trait à l'opération (C. com. art. L 134-5, al. 3).

Si les parties sont convenues d'une rémunération, dite « à la **commission** », c'est-à-dire variant avec le nombre ou la valeur des affaires (art. L 134-5, al. 1), cette rémunération obéit aux règles suivantes.

21720 **1. Assiette de la commission.** Sauf convention contraire, la commission est calculée :

a. Sur toute **opération** commerciale **conclue pendant la durée du contrat** d'agence, lorsque l'opération a été conclue grâce à l'intervention de l'agent ou lorsqu'elle a été conclue avec un tiers dont l'agent commercial a obtenu antérieurement la clientèle pour des opérations du même genre (C. com. art. L 134-6, al. 1). Lorsque l'agent est chargé d'un **secteur géographique** ou d'un groupe de personnes déterminé, la commission est perçue sur toute opération conclue pendant la durée du contrat d'agence avec une personne appartenant à ce secteur ou à ce groupe (art. L 134-6, al. 2), même si cette opération est conclue sans son intervention mais sur l'intervention directe ou indirecte du mandant (CJCE 17-1-2008 aff. 19/07 : RJDA 6/08 n° 637 ; Cass. com. 1-7-2008 n° 03-12.724 : RJDA 12/08 n° 1252 : commission non due dès lors que l'agent n'a pas prouvé que des ventes parallèles avaient été réalisées sur l'intervention du mandant) ou même s'il ne bénéficie pas d'une exclusivité territoriale (Cass. com. 23-1-2007 n° 05-10.264 : RJDA 3/08 n° 260) ;

L'application de l'article L 134-6, al. 2 suppose que les juges constatent l'octroi d'un secteur géographique défini (Cass. com. 8-12-2009 n° 08-17.749 : RJDA 3/10 n° 235).

Le droit de l'agent à rémunération peut être écarté contractuellement pour l'opération conclue avec un tiers dont cet agent a obtenu antérieurement la clientèle pour des opérations du même genre (CJUE 13-10-2022 aff. 64/21 : RJDA 2/23 n° 70).

b. Sur toute **opération** commerciale **conclue après** la **cessation** du contrat d'agence (C. com. art. L 134-7) :

– soit lorsque l'opération est principalement due à l'activité de l'agent au cours du contrat d'agence et a été conclue dans un délai raisonnable à compter de la cessation du contrat ;

– soit lorsque l'opération a été conclue avec un tiers dont l'agent a obtenu antérieurement la clientèle pour des opérations du même genre et lorsque l'ordre du tiers a été reçu par le mandant ou par l'agent commercial avant la cessation du contrat d'agence.

Corrélativement, le nouvel agent n'a pas droit à la commission si celle-ci est due à l'agent précédent, à moins que les circonstances ne rendent équitable un partage de la commission entre les deux agents (art. L 134-8).

2. Droit à la commission. La commission est acquise dès que le mandant a exécuté l'opération ou devrait l'avoir exécutée en vertu de l'accord conclu avec le tiers ou bien encore dès que le tiers a exécuté l'opération (C. com. art. L 134-9, al. 1). Ce droit est mis en œuvre conformément aux précisions suivantes. **21723**

a. La commission est acquise au plus tard lorsque le client a exécuté sa part de l'opération ou devrait l'avoir exécutée si le mandant avait exécuté sa propre part (art. L 134-9, al. 2).

L'agent n'a pas droit à la commission lorsqu'il a négocié et conclu un simple accord-cadre sur les conditions de prix, de remise et de stockage en fonction des besoins du client et qu'il ne peut justifier de commandes passées en vertu de cet accord (Cass. com. 9-12-2014 n° 13-23.309 : RJDA 8-9/15 n° 556).

Le droit à la commission ne peut s'éteindre que si le mandant établit que le **contrat entre lui et le client** ne sera pas exécuté et que l'inexécution n'est pas due à des circonstances qui lui sont imputables (art. L 134-10, al. 1 ; Cass. com. 31-3-2015 n° 14-10.346 : RJDA 10/15 n° 648).

En cas d'exécution partielle, la commission est acquise au fur et à mesure de l'exécution du contrat (CJUE 17-5-2017 aff. 48/16).

Dans ce cas, l'agent doit rembourser les commissions déjà perçues si le droit y afférent est éteint (art. L 134-10, al. 2).

La clause imposant à l'agent de rembourser, au prorata, une partie de sa commission en cas d'inexécution partielle du contrat est valable à condition que la partie soumise à remboursement soit proportionnée à l'ampleur de l'inexécution du contrat et que cette inexécution ne soit pas due à des circonstances imputables au mandant ; ces circonstances ne se rapportent pas aux seuls motifs de droit ayant directement entraîné la rupture du contrat, mais vise toutes les circonstances de droit et de fait imputables au mandant, qui sont à l'origine de l'inexécution du contrat (CJUE 17-5-2017 aff. 48/16).

b. La commission doit être payée au plus tard le dernier jour du mois qui suit le trimestre au cours duquel elle est acquise (art. L 134-9, al. 2).

Les clauses dérogeant, au détriment de l'agent, aux règles des alinéas a et b, à l'exception de l'obligation de remboursement, sont réputées non écrites (art. L 134-16).

c. Le défaut d'inscription de l'agent commercial au registre spécial (n°s 21670 s.) ne prive pas l'agent de son droit à la commission prévue au contrat (Cass. com. 13-11-1990 : RJDA 2/91 n° 110).

d. Le mandant doit remettre à l'agent commercial un relevé des commissions dues, au plus tard le dernier jour du mois suivant le trimestre au cours duquel elles sont acquises ; ce relevé mentionne tous les éléments sur la base desquels le montant des commissions a été calculé (art. R 134-3, al. 1).

L'agent commercial a le droit d'exiger de son mandant qu'il lui fournisse toutes les informations, en particulier un extrait des documents comptables, nécessaires pour vérifier le montant des commissions qui lui sont dues (art. R 134-3, al. 2 ; Cass. com. 31-1-2012 n° 11-11.716 F-D : Rev. jur. com. 2012.31 obs. Leloup), même si l'agent ne bénéficie pas d'une exclusivité pour le secteur géographique ou la liste déterminée de clients qui lui ont été confiés (Cass. com. 17-5-2023 n° 22-11.463 F-D : RJDA 10/23 n° 514).

Toute clause ou convention dérogeant, au détriment de l'agent commercial, aux obligations du mandant prévues par l'article R 134-3 du Code de commerce est réputée non écrite (art. R 134-4).

Responsabilité

L'agent doit indemniser le mandant des préjudices qu'il lui cause par ses fautes (CA Paris 29-3-1979 : GP 1980.som.75). **21726**

Durée du contrat

Le contrat d'agent statutaire est librement conclu pour une durée **déterminée ou indéterminée** (cf. C. com. art. L 134-11). **21729**

Cession du contrat

Le contrat d'agence ne peut être cédé par l'agent qu'avec l'accord du mandant ; l'agent qui cède son contrat perd son droit à l'indemnité compensatrice de fin de contrat (C. com. art. L 134-13, 3°) ; toute clause ou convention dérogeant, au détriment de l'agent, à cette règle est réputée non écrite (art. L 134-16). **21732**

Si le mandant refuse son agrément au cessionnaire, le cédant n'a droit, à notre avis, à indemnité que si ce refus est abusif ; si tout refus du mandant ouvrait droit à indemnité, cela reviendrait à lui interdire de refuser son accord (cf. CA Rouen 13-11-1997, qui a trouvé injustifié le refus d'agrément par le mandant alors que la cession était motivée par l'âge du mandataire qui entendait prendre sa retraite ; CA Paris 29-11-2001 : Lettre distrib. janvier 2002 p. 4 : refus d'agrément non abusif).

Renouvellement du contrat

La loi prévoit que le contrat d'agent commercial conclu pour une durée déterminée, s'il est continué par les parties, est reconduit par **tacite reconduction** et devient un nouveau contrat à durée indéterminée (C. com. art. L 134-11, al. 1 ; n° 16222). **21735**

Si, à l'arrivée du terme, le contrat n'est **pas continué,** l'agent commercial a néanmoins droit à une indemnité compensatrice du préjudice subi, dès lors que le mandant ne peut pas justifier ce défaut de tacite reconduction par une faute grave de l'agent (art. L 134-12, al. 1 et L 134-13, 1° ; Cass. com. 3-10-2006 : JCP E 2007.1443 note Leveneur).

L'agent qui refuse de **conclure un nouveau contrat** à l'expiration du précédent ne peut pas être privé de l'indemnité due en cas de cessation de contrat car le refus du renouvellement ne constitue pas la cessation du contrat au sens de l'article L 134-13, 1° (Cass. com. 21-6-2017 n° 15-29.127 FS-PBI : RJDA 1/18 n° 17 ; dans le même sens, CA Paris 23-2-2017 n° 14/20582 : RJDA 8-9/17 n° 542). En outre, l'indemnité répare pour l'avenir la perte des revenus tirés de l'exploitation de la clientèle commune (CA Paris 9-12-2010 n° 09/18151 : RJDA 3/11 n° 235), même si l'agent s'est borné à exploiter une clientèle déjà existante (CA Rouen 14-5-1998).

La solution est contraire au droit commun du renouvellement qui affirme que nul n'a droit au renouvellement du contrat (n° 16193 ; dans le sens de cette disposition, non applicable à l'espèce, Cass. com. 19-6-2019 n° 18-11.727 F-D, jugeant que le renouvellement peut être refusé sans motif). Cette solution est toutefois justifiée par la dérogation au droit commun résultant de la disposition reconnaissant à l'agent le droit à indemnisation en cas de « cessation de ses relations avec le mandant » (C. com. art. L 134-12, al. 1).

Mais l'agent doit, sous peine de déchéance, se prévaloir de ce droit par une notification au mandant dans le délai d'un an à compter de l'expiration du terme du contrat (art. L 134-12, al. 2). Toute clause ou convention dérogeant, au détriment de l'agent, à ce droit est réputée non écrite (art. L 134-16).

21738 **Procédure collective du mandant** Lorsque le contrat n'est pas continué après que le mandant a été mis sous sauvegarde, en redressement ou liquidation judiciaire (n°s 62000 s.), l'agent commercial a **droit** à une indemnité compensatrice du préjudice subi, car il se produit alors la « cessation de ses relations avec le mandant » qui lui ouvre ce droit (C. com. art. L 134-12, al. 1). L'agent ne doit pas alors omettre de déclarer sa créance dans les délais requis à cet effet (n° 62155), lesquels, compte tenu de leur caractère d'ordre public de direction, priment, à notre avis, le délai de notification de l'article L 134-12, al. 2 du Code de commerce (cf. n°s 21735 et 74265).

En dépit de l'ouverture de la procédure collective du mandant, l'agent commercial peut faire constater en justice que la rupture tient à la faute du mandant, cette demande ne tendant ni à la condamnation du mandant au paiement d'une somme d'argent ni à la résolution du contrat pour défaut de paiement d'une somme d'argent (Cass. com. 13-4-2022 n° 20-18.175 F-D : RJDA 8-9/22 n° 497).

21741 **Décès de l'agent** Comme tout mandat (C. civ. art. 2003), le contrat de l'agent prend fin, sauf clause contraire, par la mort du mandant ou de l'agent lui-même.

Souvent, les **héritiers** de l'agent ont le **droit de présenter** un successeur. Dans ce cas, le mandant peut récuser le candidat proposé s'il a un juste motif (Cass. com. 20-4-1967 ; Cass. com. 22-5-1967 et Cass. com. 12-6-1967 : JCP G 1968.II.15389 obs. P. L.). À défaut de clause autorisant la présentation d'un successeur par les héritiers, le mandant peut refuser librement le tiers proposé (Cass. com. 20-2-1978 n° 77-10.064 : Bull. civ. IV n° 67).

Le contrat est, toutefois, réputé continuer avec les héritiers eux-mêmes lorsque, avisé du décès de l'agent, le mandant a exécuté sans réserve les ordres que ceux-ci ont transmis (CA Amiens 15-12-1960 : GP 1961.1.198).

Si le contrat n'est pas continué, les héritiers ont droit à la réparation du préjudice subi de ce fait (C. com. art. L 134-12, al. 3). Ce droit leur étant reconnu « également » (art. précité), ils sont tenus, comme leur auteur, de notifier leur demande d'indemnité dans le délai d'un an à compter du décès de l'agent (art. L 134-12, al. 2). Toute clause ou convention dérogeant, au détriment des héritiers, à leur droit à indemnité est réputée non écrite (art. L 134-16).

La loi ne distinguant pas entre les causes de décès de l'agent commercial, qui constitue l'événement objectif à l'origine de la rupture du contrat, le suicide de l'agent ne peut exclure le droit à indemnisation de ses ayants droit (Cass. com. 23-11-2010 n° 09-17.167 : RJDA 2/11 n° 137).

Si l'activité d'agent commercial est exercée par une EURL, celle-ci n'a pas droit à l'indemnité de rupture du contrat d'agence commerciale après le décès de l'associé unique, cette circonstance n'entraînant pas la dissolution de l'EURL et n'empêchant pas la poursuite de l'activité (Cass. com. 22-6-2022 n° 21-11.675 F-D : RJDA 11/22 n° 643).

RÉSILIATION UNILATÉRALE DU CONTRAT À DURÉE INDÉTERMINÉE

21745 **Préavis** Lorsque le **contrat** est à **durée indéterminée,** chacune des parties peut y mettre fin moyennant un **préavis** dont la durée est (C. com. art. L 134-11, al. 2 et 3) :

– d'un mois pour la première année du contrat ;
– de deux mois pour la deuxième année commencée ;

– de trois mois pour la troisième année commencée et les années suivantes.

Le préavis est de trois mois dès lors que la troisième année du contrat est commencée et non révolue (Cass. com. 2-11-2011 n° 10-22.859 : RJDA 2/12 n° 152).

La durée du délai de préavis pour rupture brutale de la relation commerciale ne peut pas être substituée aux durées susvisées (Cass. com. 3-4-2012 n° 11-13.527 : RJDA 8-9/12 n° 804).

En l'absence de convention contraire, la fin du délai de préavis coïncide avec la fin du mois civil (art. L 134-11).

Les parties ne peuvent pas réduire les délais ci-dessus mais elles peuvent les allonger à condition que le délai de préavis prévu pour le mandant ne soit pas plus court que celui prévu pour l'agent (art. L 134-11, al. 4), toute clause ou convention contraire étant réputée non écrite (art. L 134-16).

Ces règles s'appliquent au contrat à **durée déterminée qui,** du fait de la poursuite de son exécution par les deux parties après son terme, est devenu un contrat à durée indéterminée ; le calcul de la durée du préavis doit alors tenir compte de la période à durée déterminée qui précède (art. L 134-11, al. 1 et 2), sauf si la résiliation est intervenue avant l'expiration de la durée déterminée (CA Rouen 11-5-2000 : RJDA 12/00 n° 1084 : admettant néanmoins qu'une clause prévoit une résiliation anticipée moyennant un délai de préavis plus court que le délai légal).

Le défaut du préavis ne peut pas être invoqué lorsque le contrat prend fin en raison d'une faute grave de l'une des parties ou de la survenance d'un cas de force majeure (art. L 134-11, al. 5).

Toutefois, le mandant auquel est imputée la rupture du contrat d'agent commercial, quand bien même il n'aurait pas commis de faute grave, n'a pas droit à une indemnité de préavis (Cass. com. 4-2-2014 n° 12-14.466 : RJDA 5/14 n° 424).

L'agent qui réclame au mandant le paiement de cette indemnité n'est pas déchu de son droit s'il a présenté sa demande un an après la résiliation, car cette déchéance ne concerne que la demande de l'indemnité de rupture visée n° 21751 (Cass. com. 11-3-2008 n° 07-10.590 : RJDA 6/08 n° 638).

Résiliation du contrat par le mandant Lorsque le mandant résilie unilatéralement le contrat, il s'ensuit les conséquences suivantes : 21751

1. Droit de l'agent à une indemnité compensatrice. La résiliation unilatérale du contrat par le mandant ouvre droit au profit de l'agent statutaire, nonobstant toute clause contraire aux intérêts de l'agent, à une **indemnité compensatrice** du préjudice que lui cause l'extinction prématurée du contrat (C. com. art. L 134-12, al. 1 et L 134-16).

L'agent ne peut pas cumuler cette indemnité avec une indemnité au titre de la perte de clientèle (Cass. com. 25-6-2002 : RJDA 12/02 n° 1260, rendu sous le régime du décret de 1958 mais transposable car l'indemnité a toujours pour objet l'indemnisation des conséquences de l'arrêt de l'activité de l'agent).

L'agent a également le droit à une indemnité en cas de refus de renouvellement du contrat (n° 21735).

L'agent ne peut pas renoncer à l'avance à cette indemnisation (Cass. com. 21-10-2014 n° 13-18.370 F-PB : D. 2014.2173.som. obs. Chevrier). Il ne perd pas son droit à indemnité en cas de rupture du contrat pendant la période d'essai (CJUE 19-4-2018 aff. 645/16 : RJDA 10/18 n° 721 ; Cass. com. 23-1-2019 n° 15-14.212 FS-PB : RJDA 4/19 n° 253) ou si le contrat n'a donné lieu au paiement d'aucune commission (Cass. com. 4-11-2014 n° 13-18.024 F-PB : BRDA 24/14 inf. 10).

2. Droit du sous-agent à une indemnité compensatrice. Dans le cas où l'agent principal a employé un sous-agent, peut constituer un avantage substantiel pour lui l'apport supplémentaire de clientèle par le sous-agent ; toutefois, le paiement d'une indemnité d'éviction au sous-agent est susceptible d'être considéré comme étant inéquitable lorsque celui-ci poursuit ses activités d'agent commercial à l'égard des mêmes clients et pour les mêmes produits, mais dans le cadre d'une relation directe avec le commettant principal, et ce en remplacement de l'agent principal qui l'avait précédemment engagé (CJUE 13-10-2022 aff. 593/21 : application de l'art. 17, 2-a de la directive 86/653 du 18-12-1986).

3. Montant de l'indemnité compensatrice. Au titre de cette indemnité, l'agent a droit à la **réparation** :

– si le contrat est à durée déterminée, du préjudice résultant de la perte des commissions jusqu'à la date d'expiration prévue (Cass. com. 23-4-2003 n° 643 : RJDA 10/03 n° 940 ; Cass. com. 28-9-2022 n° 21-12.292 F-D : RJDA 12/22 n° 683) ;

– si le contrat est à durée indéterminée, à défaut de précision légale, de la perte de chance de percevoir des commissions à l'avenir, laquelle peut être évaluée en fonction de la durée des relations et du montant des commissions perçues (cf. Cass. com. 18-5-2010 n° 09-15.023 : caractère déterminé ou indéterminé non précisé) ;

– de toutes les pertes, sans distinction selon leur nature (Cass. com. 8-10-2013 n° 12-26.544 : RJDA 2/14 n° 102), qu'entraîne la cessation du contrat, même celles des rémunérations versées à l'agent au titre de

21751 (suite) prestations accessoires liées à l'exercice de l'activité (Cass. com. 5-4-2005 n° 589 : RJDA 8-9/05 n° 964 : pertes des commissions destinées à rémunérer l'activité de stockage, de transport et de livraison et les tâches administratives correspondantes).

Toute **clause** prévoyant une indemnisation différente est non avenue, notamment celle fixant une indemnisation correspondant à un pourcentage du chiffre d'affaires versé à l'agent en cours d'exécution du contrat (Cass. com. 17-6-2003 n° 1001 : RJDA 12/03 n° 1170), sauf si elle garantit à l'agent une indemnité supérieure (Cass. com. 20-3-2007 n° 06-11.987 : RJDA 3/08 n° 262), ou celle subordonnant l'indemnité à une augmentation de la clientèle (CA Paris 9-12-2010 n° 09/18151 : RJDA 3/11 n° 235).

4. Déchéance du droit à l'indemnité compensatrice pour défaut de réclamation par l'agent. L'agent perd ce droit s'il n'a pas notifié sa réclamation au mandant dans le **délai d'un an** à compter de la date de la résiliation (C. com. art. L 134-12, al. 2), toute clause ou convention abrégeant ce délai ou imposant d'autres conditions au détriment de l'agent étant réputée non écrite (art. L 134-16).

Ce délai court à compter de la cessation effective des relations contractuelles et non de l'expiration du préavis (Cass. com. 18-1-2011 n° 09-72.510 : RJDA 4/11 n° 305) ni du jour de la notification de la rupture par le mandant (CA Versailles 11-9-2008 n° 07/04954 : RJDA 12/08 n° 1253), mais l'agent peut présenter sa réclamation dès la notification de la résiliation (Sentence CCI n° 1367 en 2005 : JDI 2009.1367 note Jarvin et Truong-Nguyen). Ne constituent pas une réclamation les demandes présentées devant le conseil de prud'hommes et fondées sur l'existence d'un prétendu contrat de travail (Cass. com. 29-9-2009 n° 08-17.611 : RJDA 1/10 n° 22).

Le délai d'un an institue la déchéance d'un droit qui ne correspond pas à un délai de prescription de l'action (Cass. com. 27-9-2005 n° 03-18.579 : RJDA 12/05 n° 1346).

Il n'est pas applicable si l'agent invoque la rupture abusive du contrat par le mandant (Cass. com. 4-2-2014 n° 12-14.466 : Bull. civ. IV n° 27).

La notification par l'agent, qui doit manifester l'intention non équivoque de l'agent de faire valoir ses droits à réparation, n'est soumise à aucun formalisme particulier (Cass. com. 23-3-2022 n° 20-11.701 F-D : RJDA 11/22 n° 626).

5. Absence de droit de l'agent à l'indemnité compensatrice pour faute grave. L'agent n'a pas de droit à l'indemnité compensatrice si la résiliation est justifiée par une faute grave de sa part (C. com. art. L 134-13, 1°). Cette faute, spécifique (Cass. com. 21-6-2011 n° 10-19.902 : RJDA 12/11 n° 1020, un même fait pouvant justifier la rupture sans priver de l'indemnité), est celle qui porte atteinte à la finalité commune du mandat d'intérêt commun et rend impossible le maintien du lien contractuel (Cass. com. 29-6-2022 n° 20-13.228 F-B : RJDA 11/22 n° 625, 2e espèce ; CA Versailles 27-10-2005 n° 05/00508 : Bull. inf. C. cass. 2006 n° 425).

Ce droit étant d'ordre public, les parties ne peuvent pas convenir d'une définition de la faute grave, seul le juge, en l'absence de définition légale, pouvant qualifier cette faute (Cass. com. 28-5-2002 n° 00-16.857 : RJDA 11/02 n° 1131).

Jugé ainsi que l'agent a commis une faute grave, lorsqu'il :

– n'a pas atteint les objectifs fixés au contrat alors qu'il était tenu par d'autres contrats le liant au mandant de faire en sorte que ces objectifs - dont il avait reconnu le caractère réaliste - puissent être atteints et qu'il a perçu des commissions occultes de certains fournisseurs (CA Paris 18-6-1999 : RJDA 11/99 n° 1199) ;

– a représenté un concurrent sans l'autorisation du mandant, obligation que le contrat rappelait, sans la restreindre au seul territoire dans lequel l'agent bénéficiait d'une exclusivité (Cass. com. 8-10-2013 n° 12-24.064 : RJDA 2/14 n° 103) ;

– a montré un désintérêt manifeste et généralisé dans l'exécution du mandat (Cass. com. 9-12-2014 n° 13-28.170 : RJDA 4/15 n° 263) ;

– étant une société et le contrat ayant été conclu en considération de la personne physique la dirigeant à ce moment, n'a pas informé le mandant du changement de ce dirigeant, ce manquement portant atteinte à l'obligation de loyauté, essentielle au mandat d'intérêt commun (Cass. com. 29-6-2022 n° 20-11.952 F-B : RJDA 11/22 n° 625, 1e espèce) ;

– n'a pratiquement pas rendu compte à son mandant et a manqué à la loyauté contractuelle (CA Orléans 20-8-2020 n° 19/02454 : RJDA 11/20 n° 565).

Indépendamment de la perte de l'indemnité, la faute grave de l'agent peut aussi entraîner sa responsabilité pour le préjudice causé au mandant (Cass. com. 15-5-2007 n° 05-19.947 : RJDA 1/08 n° 31 ; Cass. com. 19-10-2022 n° 21-20.681 FB : RJDA 1/23 n° 21).

La **faute** grave **commise par l'agent avant la rupture** du contrat **mais découverte** après et dont il n'a **pas** été fait état **dans la lettre de résiliation** ne prive pas l'agent de son droit à indemnité (Cass. com. 16-11-2022 n° 21-17.423 FS-B : RJDA 2/23 n° 71 ; Cass. com. 13-4-2023 n° 21-23.076 F-D : RJDA 8-9/23 n° 422), contrairement à ce qui était admis auparavant (notamment, Cass. com. 14-2-2018 n° 16-26.037 F-D : RJDA 5/18 n° 412).

À défaut de faute grave, l'agent doit être indemnisé **même si** :

– des **contraintes économiques** ont poussé le mandant à la résiliation (Cass. com. 23-6-2004 n° 1036 : RJDA 1/05 n° 28) ;

– il a commis des **fautes mais qui ne sont pas graves** (Cass. com. 23-9-2008 n° 07-13.338 : RJDA 2/09 n° 91, excluant une indemnisation partielle en raison de ces fautes).

L'agent n'a pas commis de faute grave :

– s'il a représenté d'autres fournisseurs dès lors que le contrat lui reconnaissait la faculté de le faire (Cass. com. 19-12-1995 : RJDA 4/96 n° 491 ; CA Paris 17-10-2013 n° 12/10930 : RJDA 4/14 n° 325) ;

– s'il a réalisé sur une année un chiffre d'affaires inférieur de 26 % par rapport à l'objectif prévu au contrat (CA Versailles 15-9-2000 : RJDA 1/01 n° 21) ;

– si la responsabilité de la rupture est partagée (Cass. com. 26-6-2012 n° 11-19.446 : RJDA 12/12 n° 1067.som.).

– il a commis des **fautes graves** dès lors que le mandant les a tolérées (cf. Cass. com. 8-12-2009 n° 08-17.749 : RJDA 3/10 n° 235 ; CA Montpellier 12-9-2012 n° 11/00930 : RJDA 3/13 n° 223) ; il en est de même dès lors que le manquement de l'agent, même de nature à justifier une résiliation sans délai du contrat, est survenu après la notification de la résiliation du contrat moyennant préavis et avant l'échéance de celui-ci (CJUE 28-10-2010 aff. 203/09 : RJDA 2/11 n° 136) ou que le mandant, qui a pris l'initiative de la rupture a lui-même antérieurement commis des manquements graves et répétés à ses obligations contractuelles (Cass. com. 1-6-2022 n° 20-11.981 F-D : RJDA 10/22 n° 555).

6. Absence de manquement du mandant. L'arrêt de la commercialisation de produits faisant l'objet du contrat d'agence ne rend pas en elle-même la rupture du contrat imputable au mandant, dès lors que celui-ci a proposé des produits de substitution présentant des caractéristiques comparables ; l'agent ne pouvait, sans aucune raison valable, refuser de commercialiser ceux-ci dans le cadre de l'exécution de son contrat, conclu dans l'intérêt commun des parties (CA Montpellier 10-1-2023 n° 21/00391).

Résiliation du contrat par l'agent En cas de résiliation du contrat par l'agent, celui-ci n'a pas droit à réparation ; il peut obtenir une indemnité seulement si sa décision est justifiée (C. com. art. L 134-13, 1° et 2°) : 21754

– par des circonstances imputables au mandant (par exemple, paiement des commissions avec retard, Cass. com. 6-4-2022 n° 19-25.741 F-D : RJDA 7/22 n° 398), peu important que l'agent ait commis des fautes graves (Cass. com. 16-11-2022 n° 21-10.126 FS-B : RJDA 2/23 n° 71, 2e espèce) ;

Mais il ne peut pas invoquer des manquements du mandant qui ne figurent pas dans son courrier de rupture et qu'il aurait découverts postérieurement (dissimulation de factures afin d'échapper au paiement de commissions), ces griefs étant jugés inopérants, car sans lien causal avec la rupture (CA Paris 29-11-2018 n° 16/08588 : D. 2019.792 obs. Ferrier).

– par des circonstances dues à son âge, son infirmité ou sa maladie, par suite desquels la **poursuite** de son **activité** ne peut **plus être raisonnablement exigée**.

Les circonstances d'âge, d'infirmité ou de maladie doivent :

– être appréciées concrètement ; ainsi le seul fait que l'agent prenne sa retraite ou ait atteint l'âge pour la prendre ne suffit pas à établir qu'il ne peut plus raisonnablement poursuivre son activité (Cass. com. 29-11-2011 n° 10-26.759 : RJDA 3/12 n° 279 ; Cass. com. 23-6-2015 n° 14-14.856 : RJDA 11/15 n° 742) ; l'agent peut par exemple produire son dossier médical (CA Montpellier 21-2-2023 n° 21/01540) ;

– exister le jour où l'agent prend l'initiative de rompre le mandat ou, au plus tard, à la date d'effet de cette rupture ; lorsqu'il notifie la rupture, l'agent n'est pas tenu de mentionner l'existence de problèmes de santé (Cass. com. 8-2-2011 n° 10-12.876 : RJDA 6/11 n° 521).

Ces circonstances ne pouvant s'appliquer qu'à une personne physique, la société qui a conclu le contrat avec le mandant, et qui est donc l'agent commercial, ne peut pas invoquer le fait que la maladie frappe l'associé unique-gérant de la société (CA Versailles 29-5-2018 n° 17/04248 : D. 2019.792 obs. Ferrier, qui admet néanmoins que le décès de l'associé unique-gérant ouvre droit à réparation au profit de la société, mais après avoir qualifié la situation de « très spécifique » entraînant « de fait l'impossibilité de la poursuite de l'activité »).

Toute clause ou convention qui déroge, au détriment de l'agent, à cette règle est réputée non écrite (C. com. art. L 134-16 ; sur une résiliation non justifiée par l'âge, CA Rouen 9-3-2000 : RJDA 12/00 n° 1085).

L'agent peut aussi rompre le contrat par application des règles de droit commun qui autorisent le mandataire à **révoquer le mandat** (n° 23095) ; si sa décision est abusive ou déloyale, il doit indemniser le mandant (Cass. com. 14-3-1995 : RJDA 8-9/95 n° 966, transposable : concurrence faite au mandant pendant la durée du préavis de résiliation).

Mais le fait que l'agent demande en justice l'application de la clause résolutoire figurant au contrat et la résiliation de ce dernier n'emporte pas, à lui seul, rupture du contrat de sa part (Cass. com. 24-11-1998 : RJDA 1/99 n° 31 : impossibilité de refuser la résiliation sans rechercher si le mandant a permis à l'agent de pratiquer des prix concurrentiels).

Sur l'obligation de non-concurrence après la fin du contrat, n° 21714.

b. Agent commercial de droit commun

APPLICATION DU DROIT COMMUN DU MANDAT

21780 L'agent commercial est soumis au droit commun du mandat dès lors que les **conditions** requises pour l'application du statut définies par les articles L 134-1 s. du Code de commerce ne sont pas remplies (nos 21660 s.) ou que l'agent a valablement renoncé à ce statut (nos 21660 s.). Bien évidemment, l'intervention de l'agent doit répondre aux critères du mandat exposés no 23006.

Peut notamment être tenue pour un tel mandataire la personne qui représente, par intérim, pour la vente de ses produits un fournisseur dans certains départements quoique ce fournisseur ait facturé directement les clients (Cass. 1e civ. 20-2-1996 : DA 1996.418).

Ses **droits** et ses **obligations** sont donc ceux de tout mandataire (nos 23035 s.). À bien des égards, ils sont donc identiques à ceux de l'agent statutaire puisque celui-ci n'est qu'un mandataire jouissant de certaines mesures dérogatoires au mandat. Toutes les règles énoncées à propos de ce dernier qui font application du droit commun du mandat (nos 21693 à 21708) sont donc ici transposables.

DROIT DU MANDATAIRE À UNE INDEMNITÉ EN CAS DE RUPTURE DU CONTRAT

21782 **Cas où l'indemnité est due** C'est surtout le régime de la résiliation unilatérale par le mandant du contrat à durée indéterminée qui distingue l'agent de droit commun de l'agent statutaire. L'agent de droit commun ne peut prétendre, en effet, à une indemnité de rupture que dans deux cas :

1. Lorsque la **résiliation** est, conformément au droit commun, **abusive** (no 15503) ;

2. Lorsque le contrat d'agence comporte un **mandat d'intérêt commun** (Cass. com. 2-3-1982 : Bull. civ. IV p. 75 ; CA Paris 6-11-1975 : D. 1976.344 ; CA Versailles 19-6-1997 : DA 1997.1251 ; sur le mandat d'intérêt commun, no 23083).

La rupture unilatérale de ce mandat d'intérêt commun ouvre en principe droit au profit du mandataire à une **indemnité appréciée** dans des conditions sensiblement analogues à celles retenues pour les agents bénéficiant du statut (cf. Cass. com. 2-3-1982 : Bull. civ. IV p. 75 ; CA Paris 20-4-1972 : D. 1973.som.105 ; CA Paris 6-11-1975 : D. 1976.344).

Cette indemnité est due dès lors que le mandant ne peut justifier de l'une des causes de révocation qui l'en dispensent, ci-après exposées (no 21783), peu important alors que la rupture ait été le fait du mandataire qui a réagi au comportement fautif du mandant (CA Versailles 19-6-1997 précité).

21783 **Cas où l'indemnité n'est pas due** Différence essentielle avec le régime statutaire dans lequel seule la faute grave de l'agent est privative de réparation, cette indemnité ne sera pas due dans les cas suivants.

a. Rupture fondée sur un **motif légitime** qui, outre bien entendu la faute du mandataire (Cass. com. 26-11-1974 : GP 1975.1.36 ; CA Paris 23-10-1964 : D. 1965.som.36 ; CA Paris 8-2-1978 : GP 1978.2.som.469), peut consister, à condition que les mesures en cause ne s'accompagnent d'aucune faute du mandant :

- en une réorganisation du système de commercialisation ou des services du mandant (Cass. com. 13-11-1969 : Bull. civ. IV p. 313 ; CA Paris 30-1-1981 : GP 1981.som.304 ; contra CA Aix 2-5-1975 : D. 1976.344) ;
- en la cessation de fabrication des produits sous contrat (Cass. com. 28-6-1967 : JCP G 1967.II.15290 bis ; Cass. com. 10-3-1976 : D. 1976.som.49 ; TGI Valence 17-2-1976 : GP 1976.2.som.224), sauf si les nouveaux produits fabriqués sont susceptibles de satisfaire la clientèle de l'agent (Cass. com. 13-11-1990 : BRDA 3/91 p. 5) ;
- en la cession de son fonds de commerce par le mandant (Cass. com. 4-11-1980 : Bull. civ. IV p. 292).

Ne peut se prévaloir d'un juste motif de rupture le mandant qui reproche au mandataire une faute dans la prospection de la clientèle alors qu'il lui a lui-même fait concurrence en créant une organisation de vente directe dans le secteur concédé, CA Aix 16-6-1978 : Bull. Cour d'Aix 1978/3 p. 83.

b. Rupture en application des **clauses et conditions** spécifiées par le **contrat,** notamment d'une clause du contrat excluant toute indemnisation (Cass. com. 19-1-1976 : Bull. civ. IV p. 18 ; Cass. com. 7-7-1983 : Bull. civ. IV p. 175). Mais les juges ne peuvent pas déduire cette exclusion du seul fait qu'une clause prévoit la possibilité de rompre le contrat à tout moment, pour quelque cause que ce soit, par l'une ou l'autre des parties avec un préavis de six mois (Cass. com. 3-6-1997 : RJDA 7/97 no 903).

c. Agent commercial exerçant hors Union européenne

21800 **Précaution préalable** La distribution à l'étranger se fait essentiellement par la conclusion d'un contrat d'agence commerciale. Le régime de ce contrat, dès lors qu'il est international et qu'il a pour objet l'accomplissement des prestations de représentation dans un **pays tiers à l'UE** (le régime étant harmonisé entre les États membres de l'UE, n° 21653), dépend du droit applicable au contrat international (n° 16510).

Qualification du contrat international En l'absence de dispositions particulières, le contrat d'agent commercial doit être qualifié d'international par application des critères de droit commun (n° 16500). 21803

Certes, le caractère international a été refusé à un contrat conclu entre deux parties françaises alors qu'il avait pour objet la vente de produits français à l'étranger et que l'agent devait exercer son activité à l'étranger (Cass. 1e civ. 7-10-1980 n° 79-13.990 : JCP G 1980.II.19480 concl. Gulphe). Mais, à notre avis, cette décision, qui a eu pour conséquence de soustraire l'agent à la clause d'arbitrage prévue par le contrat, ne saurait, en raison de cet enjeu particulier, être systématiquement étendue à un contrat dont naîtrait un litige mettant en cause une clause ayant un autre objet. De surcroît, la clause d'arbitrage litigieuse serait aujourd'hui tenue pour valable pour la seule raison qu'elle intéresse le commerce international (n° 70631).

Choix de la loi applicable Dès lors que l'agent assume la représentation du mandant sur le territoire d'un État tiers à l'UE, les parties sont entièrement libres de leur choix, les dispositions relatives à l'agent statutaire n'étant impérativement applicables que si cette représentation est assumée sur le territoire de l'UE, même lorsque le mandant est établi dans un pays tiers (n° 21653). 21806

Dans le silence des parties, la loi française a notamment été jugée applicable :
– au contrat conclu à Paris, entre une société française et un ressortissant jordanien, en langue française et attribuant compétence au tribunal de commerce de Paris (CA Paris 25-3-1983 : BRDA 9/83 p. 14) ;
– au contrat conclu verbalement entre une société française et une société saoudienne, la correspondance échangée entre les parties étant en français alors que l'anglais est la langue commerciale usuelle en Arabie saoudite, les commissions étant payées à la société saoudienne sur un compte à Paris, leur montant étant déclaré à l'administration fiscale française pour le compte de cette dernière par la société française, ces éléments prouvant que les parties ont ainsi privilégié le lieu du domicile du représenté par rapport à celui du lieu d'exécution du contrat (CA Versailles 17-9-1986 : D. 1987 note Estoup) ;
– au contrat conclu par une entreprise française et un distributeur allemand dès lors que le litige en indemnisation pour rupture abusive a été porté devant les juridictions françaises (CA Paris 30-9-1986 : BRDA 22/86 p. 20 ; déjà en ce sens, Cass. civ. 25-1-1978 : JCP G 1978.I.8821 concl. Gulphe) ;
– au contrat conclu avec un distributeur algérien contenant une clause attributive de compétence au profit d'une juridiction française, conclu en France pour la distribution en Algérie de produits provenant de France et payés en France en monnaie de paiement française dans les accords antérieurs des parties (Cass. 1e civ. 29-9-2021 n° 20-18.954 F-D).
En revanche, il a été jugé que les parties avaient choisi la loi australienne pour un contrat qui devait être exécuté exclusivement sur le territoire australien par une société australienne ayant son siège social et son établissement en Australie (CA Versailles 21-5-1986 : D. 1986.IR.308).
Pour l'application de la loi du lieu d'exécution par les arbitres qui s'y réfèrent quasi systématiquement, Bull. Cour CCI 2001 n° 1 p. 49.

Arbitrage Bien que des législations prévoient que les litiges entre un concédant étranger et un distributeur agissant sur le territoire national relèvent de la compétence des tribunaux nationaux, ces litiges ont été reconnus arbitrables lorsque la clause compromissoire est incluse dans un contrat international (CA Paris 22-1-2002 : GP 2002.som.1810 ; Sentences CCI n° 8195 en 1995 et n° 8420 en 1996 : Bull. Cour CCI 2001 n° 1 p. 54 et 55, relevant aussi que l'agent était le demandeur à l'arbitrage ; Sentence CCI n° 12193 en 2004 : JDI 2007.1276 note Romero, relevant que le distributeur peut renoncer à la compétence juridictionnelle qui est prévue dans son seul intérêt, dès lors que le droit libanais est appliqué par le tribunal ; toutefois, cette solution est récusée au Liban : C. cass. Liban 19-3-1998 et CA Beyrouth 2-2-1999 : Clunet 2001.877 obs. Ganagé). 21809

3. COMMISSIONNAIRE

Éléments de choix du contrat de commission Commercialement, le commissionnaire procède aux ventes des produits du producteur - ici appelé « commettant » - dans les mêmes conditions que l'agent commercial. Mais il est soumis à des **droits et obligations** différents ; ainsi : 21850

– le commissionnaire s'engage personnellement à l'égard des acheteurs, même si ces derniers connaissent le nom du commettant ;
– le commissionnaire n'a droit à aucune autre indemnité en cas de résiliation unilatérale que celle due, en vertu du droit commun, pour rupture abusive ; il n'a pas droit, notamment, à l'indemnité pour rupture d'un mandat d'intérêt commun, celui-ci étant incompatible avec le contrat de commission ;

– le commissionnaire jouit d'un privilège garantissant le paiement des sommes qui lui sont dues par le commettant.

21853 **Qualification** Le **commissionnaire** est la personne qui s'engage à l'égard d'un commettant à vendre ou à acheter un produit ou un service pour le compte de ce dernier, tout en se trouvant **personnellement obligé** envers les tiers acheteurs ou vendeurs, qu'il leur ait fait connaître ou non l'existence de son commettant.

Tel est le sens que les tribunaux ont donné à l'article L 132-1 du Code de commerce aux termes duquel le commissionnaire est celui qui agit en son nom ou sous un nom social pour le compte d'un commettant. Ce sens est, **depuis** le 1er octobre 2016 (sur cette date, n° 10000), confirmé par l'article 1154, al. 2 du Code civil qui ratifie ainsi la jurisprudence antérieure. Jugé ainsi :

– d'un intermédiaire qui a agi en son propre nom (Cass. com. 3-1-1995 : RJDA 4/95 n° 425 ; cf. Cass. com. 22-5-1991 : JCP G 1992.II.323 note Saint-Jours, s'en tenant à la qualification d'« intermédiaire »), même si le tiers cocontractant a eu connaissance de l'identité du commettant (Cass. com. 7-5-1962 : Bull. civ. III p. 197) ;
– d'une agence de voyages qui avait fait des réservations auprès d'un hôtel à l'aide de ses bons de commande portant la mention qu'elle était responsable du paiement (Cass. com. 20-11-1967 : D. 1968.362) ;
– d'un intermédiaire qui avait, en son nom, vendu des marchandises ne lui appartenant pas, établi la facture et reçu en paiement un chèque émis à son ordre (Cass. com. 15-7-1963 : Bull. civ. III p. 319) ;
– d'une agence de publicité qui réalisait des publicités à partir de prestations commandées à des « supports », que ceux-ci lui facturaient sous son nom, qu'elle leur réglait elle-même et dont elle demandait ensuite le remboursement aux annonceurs, par de nouvelles factures qu'elle émettait et leur adressait (Cass. com. 10-6-1969 : Bull. civ. IV p. 209) ;
– d'un organisateur de transport qui a révélé au transporteur maritime le nom de son donneur d'ordre en indiquant celui-ci comme chargeur sur le connaissement dès lors qu'il n'était pas relevé qu'il avait agi au nom de ce dernier (Cass. com. 9-12-1997 : RJDA 4/98 n° 433, Rev. jur. com. 1998.194 rapport Rémery note Viallard).

En revanche, l'intermédiaire n'est pas un commissionnaire lorsqu'il n'a pas pris personnellement l'engagement d'exécuter lui-même le contrat mais est intervenu pour faire prendre cet **engagement par autrui** ; il a agi alors comme un courtier (n° 26650).

Ainsi jugé, par exemple :

– d'une centrale d'achat qui se bornait à faire connaître les fournisseurs à ses adhérents et à négocier les meilleures conditions des transactions à intervenir entre eux, voire qui se chargeait de payer les factures des adhérents (Cass. com. 28-5-1991, 2e espèce : RJDA 8-9/91 n° 702 ; dans le même sens, Cass. com. 24-1-1995 : RJDA 5/95 n° 562 ; Cass. com. 10-6-1997 : RJDA 11/97 n° 1335) ;
– d'un intermédiaire qui a expressément réservé des chambres d'hôtel au nom d'agences de voyages dénommées (Cass. com. 3-5-1965 : Bull. civ. III p. 253) ;
– d'un intermédiaire qui, à la demande d'un fabricant de conserves fournissant les semences aux cultivateurs, répartissait celles-ci entre lesdits intéressés conformément aux directives que l'usinier lui donnait pour la récolte et le battage, les paiements aux cultivateurs étant calculés à l'usine et les fiches de battage étant établies sur des bordereaux à en-tête de l'usine (Cass. com. 6-7-1960 : Bull. civ. III p. 257) ;
– d'un intermédiaire qui n'a jamais eu la maîtrise des négociations menées pour fixer les conditions d'un contrat d'affrètement (CA Paris 10-12-1985 : DMF 1986.som.375).

La nature des contrats que le commissionnaire est appelé à conclure importe peu, la loi ne posant aucune restriction à l'application de la qualification de commissionnaire : sa seule exigence est que le commissionnaire conclue des contrats en son nom.

21856 **Régime du contrat de commission** Le contrat de commission est formellement régi par les articles L 132-1 et L 132-2 du Code de commerce. Ces dispositions étant insuffisantes pour régler tous les droits et obligations qui résultent d'un contrat de commission, les tribunaux y ont suppléé en faisant, notamment, application des règles du **mandat** (C. civ. art. 1984 s.) dans les **rapports du commettant et du commissionnaire** (notamment, pour le commissionnaire en douane substitué, n° 26059 et, pour la responsabilité du commissionnaire, n° 21877).

Pour le surplus, les règles du **droit commun** des contrats, notamment commerciales, le commissionnaire étant un commerçant (n° 154), sont applicables (pour une annulation d'un contrat de commission pour cause illicite - désormais but, n° 12546 - en raison d'une contravention à la réglementation sur le commerce des munitions, CA Paris 29-5-1986 : D. 1986.IR.308). Mais ces règles ne sont applicables que dans la mesure où elles sont compatibles avec les règles particulières du Code de commerce précitées (cf. C. civ. art. 1105, al. 2 et 3 ; n° 10668).

Le contrat de commission est un **contrat international** par application des critères de qualification du contrat international (n° 16500), notamment lorsqu'il met en jeu les intérêts du commerce international, même s'il est conclu en France et entre des Français (Cass. civ. 3-7-1931 : S. 1931.1.387). À défaut de choix de la loi applicable par les parties, les règles applicables au contrat de commission de transport sont transposables par analogie, les rapports juridiques créés par ce dernier étant identiques à ceux engendrés par le contrat de commission de droit commun (nos 24003 s.).

Exercice de l'activité Le commissionnaire peut agir au profit de tout donneur d'ordre et exercer d'**autres activités.** Il n'est soumis à aucune restriction spéciale, sauf celle convenue avec son commettant à qui il peut réserver son activité. 21859

Sur des sanctions pénales pour escroquerie, le commissionnaire s'étant fait remettre des fonds ou des marchandises à l'aide de la fausse qualité d'intermédiaire, Cass. crim. 1-12-1911 et Cass. crim. 23-1-1913 : DP 1915.1.57 note Lacour.

Le commettant peut consentir au commissionnaire l'**exclusivité** de ses ordres (sur l'exclusivité, nos 21545 s.).

Le contrat de commission est un « contrat d'agence », au sens des lignes directrices de la Commission européenne sur les restrictions verticales et soumis aux mêmes règles que l'agent commercial (no 21697).

Instructions du commettant Le commissionnaire doit se conformer au prix et aux conditions de vente si le commettant lui en a fixés ; il ne peut notamment pas vendre les marchandises à un prix inférieur à celui fixé par le commettant sans son accord, même s'il démontre avoir agi au mieux des intérêts de celui-ci (Cass. req. 1-12-1924 : D. 1927.1.312 ; CA Rouen 15-3-1934 : GP TQ 1930-1935 Vo Commissionnaire en marchandises ; CA Paris 16-6-1992 : RJDA 10/92 no 902). En cas de non-respect des prix indiqués par le commettant, la vente est maintenue mais le commissionnaire doit payer au commettant des dommages-intérêts équivalents à la différence entre le prix indiqué et celui auquel il a traité (Cass. req. 1-12-1924 précité). 21862

Le commissionnaire n'est pas tenu par la prescription interdisant de fixer un prix de revente minimum (C. com. art. L 442-5) ; le commissionnaire ne « revend » pas, il vend, pour le compte du commettant, un produit ou un service dont il n'est jamais devenu acquéreur.

Si le commettant n'a donné **aucune instruction** au commissionnaire, ce dernier doit alors agir **au mieux** des intérêts du commettant et est responsable à son égard s'il ne fait pas preuve de diligence (T. com. Nantes 1-2-1930 : GP TQ 1930-1935 Vo Commissionnaire en marchandises).

Si le commissionnaire détient les **marchandises** du commettant **en consignation,** les règles du dépôt-vente sont alors applicables.

Contrepartie Le commissionnaire ne peut pas se porter contrepartie des biens qu'il est chargé de vendre ou d'acheter en achetant ou vendant pour propre son compte (cf. C. civ. art. 1596 ; Cass. req. 1-3-1909 : DP. 1910.1.5 note Lacour) ; mais il peut y être autorisé par le commettant (cf. Cass. req. 28-3-1904 : D. 1905.1.65). Si le commissionnaire n'obtient pas cet accord, le contrat qu'il a conclu peut être annulé (Cass. req. 28-3-1905 : D. 1905.1.65 ; Cass. civ. 10-12-1912 : D. 1914.1.97 note Lacour) et il peut être condamné pour escroquerie pour s'être fait remettre des fonds ou des marchandises à l'aide de la fausse qualité d'intermédiaire (Cass. crim. 1-12-1911 et Cass. crim. 23-1-1913 : DP 1915.1.57 note Lacour). 21865

Si une telle opération se répète, le commissionnaire peut être qualifié de concessionnaire.

Garantie d'exécution Le commissionnaire peut se porter garant envers le commettant vendeur de l'exécution du contrat de vente par l'acheteur, il peut également prendre un engagement dit de **« ducroire »** (pour un exemple à propos d'un commissionnaire d'une société de financement, CA Paris 15-5-1990 : D. 1990.IR.158). Réciproquement, le commissionnaire peut se porter garant de l'exécution du contrat d'achat par le commettant acheteur. 21868

Rémunération du commissionnaire Le contrat de commission doit préciser le taux, l'assiette, le fait générateur et les conditions de paiement de la commission. 21871

Un commissionnaire n'a pas eu droit au remboursement de la perte d'exploitation qu'il invoquait en raison du refus du commettant de baisser le prix de vente pour faire face à la concurrence, dès lors que sa rémunération était fixée de manière forfaitaire « tant pour ses peines et soins que pour ses frais sans aucune exception ni réserve » (CA Paris 16-6-1992 : RJDA 10/92 no 902).

À défaut de convention des parties, **la commission est due** dès la conclusion du contrat de vente, même si celui-ci n'est pas exécuté en vertu d'un événement y ayant fait obstacle (Cass. req. 21-12-1892 : DP 1893.1.118 ; toutefois, CA Versailles 16-12-1987 : D. 1988.IR.50, subordonnant le droit des centrales d'achat au paiement des ristournes convenues à l'encaissement effectif du prix par les fournisseurs adhérents). En revanche, la commission n'est pas due si l'inexécution est le résultat d'une faute du commissionnaire (CA Colmar 6-7-1937 : DH 1937.559).

Lorsque le commettant a empêché la vente par sa faute, il peut être condamné à verser des dommages-intérêts au commissionnaire (Cass. req. 17-3-1926 : S. 1926.1.285).

S'agissant du prix d'une prestation de services, le montant de la commission n'a pas à être préalablement déterminé ou déterminable pour obtenir le paiement du service fait (n° 12429).

21874 **Privilège** Le commissionnaire jouit d'un privilège sur les **marchandises** qui sont **en sa possession** (C. com. art. L 132-2 ; pour plus de détails transposables nos 24056 s.).

21877 **Responsabilité du commissionnaire** Dans ses **rapports avec le commettant,** la responsabilité du commissionnaire doit être appréciée comme en matière de mandat (Cass. com. 4-12-1973 n° 72-12.994 : Bull. civ. IV n° 351). En conséquence, le commissionnaire qui n'exécute pas les instructions du commettant peut être condamné à l'indemniser (C. civ. art. 1991 et 1992).
Même en l'absence de clause, le commissionnaire doit **informer le commettant** de l'exécution de l'accord et, notamment, lui faire part des difficultés qu'il rencontre (CA Paris 17-6-1932 : GP 1932.2.562 ; CA Paris 22-4-1981). En revanche, il n'est pas tenu de lui révéler l'identité des clients avec lesquels il traite (Cass. req. 30-3-1859 : DP 1859.1.175 ; Cass. req. 15-11-1898 : DP 1900.1.317).

Dans ses **relations avec** les **acheteurs ou** les **vendeurs,** le commissionnaire est personnellement tenu des obligations résultant des contrats de vente de marchandises (ou d'achat) qu'il conclut en cette qualité (Cass. com. 18-1-1955 : Bull. civ. III p. 22). En particulier, il est garant des vices cachés des produits qu'il vend ou achète (CA Paris 13-6-1892 : D. 1893.2.470, rendu en matière de commission à l'achat ; CA Lyon 26-6-2002 : JCP G 2003.IV.1200, appliquant au commissionnaire la garantie due par un vendeur professionnel, nos 27250 s.). Le cocontractant peut se retourner contre lui alors même qu'il aurait, en premier lieu, poursuivi le commettant (CA Lyon 6-12-1985 : Cah. dr. entr. 1985/25 p. 12).
Il en est ainsi pour tout commissionnaire (Cass. com. 20-11-1967 : D. 1968.362 : agence de voyages).

21880 **Absence d'actions directes entre le commettant et le cocontractant** Sauf disposition légale contraire (n° 24455) ou accord des parties, le cocontractant du commissionnaire n'a pas d'action directe contre le commettant de celui-ci, car seul le mandat donne naissance à l'action directe entre le mandant et les substitués du mandataire (Cass. com. 9-12-1997 : RJDA 4/98 n° 433 ; Cass. com. 28-5-2002 : RJDA 11/02 n° 1145 ; CA Rouen 21-5-2015 n° 14/02942 : BTL 2015.381).

21883 **Renouvellement du contrat de commission** Le commettant peut refuser le renouvellement du contrat, sans avoir à se justifier (CA Paris 20-11-1963 : D. 1964.som.42). La clause qui prévoit une indemnité compensatrice en cas de cessation des relations commerciales entre un commissionnaire et son mandant peut être constitutive d'un déséquilibre significatif, notamment si le commettant doit verser au commissionnaire une indemnité d'un montant pratiquement équivalent à celui des commissions qu'il aurait dû payer dans le cas où la relation contractuelle se serait poursuivie (Avis CEPC n° 19-8 du 18-4-2019).

21886 **Résiliation du contrat de commission** Lorsque le contrat est conclu pour une durée indéterminée, **chaque partie peut** (comme il est de règle, nos 15503) rompre l'accord unilatéralement et sans indemnité, **sauf abus** dont la victime doit apporter la preuve (CA Rennes 3-7-1974 : JCP G 1975.II.17990 note Plaisant ; aussi Cass. com. 30-11-1993 : RJDA 5/94 n° 513).
Les règles du mandat d'intérêt commun sont inapplicables au contrat de commission (Cass. com. 27-6-1978 n° 76-13.791 : Bull. civ. IV n° 182).

4. CONCESSIONNAIRE

CHOIX DU CONTRAT DE CONCESSION

21900 **Par rapport à l'agence commerciale ou à la commission** Il n'y a aucune raison commerciale de faire appel à un concessionnaire plutôt qu'à un agent commercial ou à un commissionnaire, car on peut inclure - en dépit des idées reçues en pratique - les mêmes modalités de distribution dans un contrat de concession, d'agence commerciale ou de commission.
Les seules **raisons** d'opter en faveur d'un contrat de concession sont d'**ordre juridique** et s'apprécient au regard des règles suivantes :
– le concessionnaire doit acheter ferme les produits du concédant ; il vend donc sous son nom et pour son compte comme un commerçant (n° 21910) ;
– le concédant ne peut imposer des conditions tombant sous le coup des ententes prohibées (MCC nos 41000 s.) ;
– le contrat de concession à durée déterminée expire au terme fixé, le **concédant** pouvant discrétionnairement **refuser le renouvellement,** sauf à respecter un délai d'usage de préavis (n° 21943) ;

– le concédant peut **rompre unilatéralement** le contrat de concession à durée indéterminée, sauf exercice abusif (notamment brusquerie) de sa part (n°s 21964 s.).

Par rapport au contrat de franchise Le mode de distribution appelé « franchise » peut être utilisé intégralement dans un contrat de concession. 21903

Le contrat de franchise dans lequel le franchisé achète ferme et revend sous son nom et pour son compte les produits du franchiseur n'est qu'un contrat de concession, autrement baptisé en vertu des pratiques commerciales, l'achat ferme pour revendre étant le critère déterminant du contrat de concession (n° 21910).

Les règles de **libre concurrence** ne font pas obstacle à cette solution. En effet, il est possible de se protéger de la concurrence et partant de soumettre le distributeur à des restrictions spéciales, non pas parce que le contrat est de franchise, mais parce qu'il comporte un ensemble de prestations de la part du fournisseur, notamment de savoir-faire et d'usage d'une même enseigne, qui justifie de plus amples atteintes à la concurrence ; il suffit donc que ces prestations se retrouvent dans un contrat de concession pour que celui-ci bénéficie du même traitement (sur cette règle, n°s 22053 et 22082).

Rien n'interdirait même d'exiger des concessionnaires un droit d'entrée, pourvu que les prestations du concédant le justifient.

QUALIFICATION DE CONCESSIONNAIRE

Le concessionnaire est celui qui agit **en son propre nom et pour son compte personnel** en se portant **acheteur ferme** des produits du fournisseur qu'il revend ensuite à sa clientèle (Cass. com. 13-5-1970 : JCP G 1971.II.16891 note Sayag ; CA Versailles 6-11-1997 : RJDA 5/98 n° 579). 21910

Peu importe que le fournisseur exerce un contrôle étroit sur le distributeur (Cass. com. 13-5-1970 précité), que le concessionnaire ne jouisse pas d'une exclusivité de vente (Cass. com. 17-5-1976 : Bull. civ. IV p. 141 ; cf. Cass. com. 22-5-1967 : Bull. civ. III p. 190), que la marge du concessionnaire soit très faible (Cass. com. 21-6-1983 : Bull. civ. IV p. 158) ou encore qu'il soit interdit au concessionnaire de revendre des produits concurrents (CA Paris 21-10-1983).

La **preuve** des achats fermes se fait pratiquement à partir des mentions des factures adressées par le fournisseur au distributeur (Cass. com. 17-5-1976 : Bull. civ. IV p. 141 ; Cass. com. 15-1-1979 : Bull. civ. IV p. 16 ; cf. Cass. com. 22-4-1976 : D. 1976.IR.199).

Le contrat cesse d'être un contrat de concession dès lors que le fournisseur facture lui-même directement les clients, perçoit les paiements et reverse un pourcentage au distributeur (CA Versailles 9-4-1998 : Pet. aff. 1998 n° 115 p. 23).

Sur la qualification de contrat de prestation de services appliqué au contrat de concession pour l'application du règlement 44/2001 du 22 décembre 2010 (désormais remplacé par le règlement 1215/2012 du 12-12-2012) concernant la compétence judiciaire, n° 72124.

RÉGIME DU CONTRAT DE CONCESSION

Aucune disposition légale ne règle le régime du contrat de concession. Celui-ci obéit aux règles spécialement posées par les tribunaux - seules examinées ici - et, pour le surplus, aux règles du contrat de droit commun (n°s 10600 s.). 21915

Lorsque le contrat est **international,** ce qui s'apprécie conformément aux critères de droit commun (n° 16500), la loi applicable, **à défaut de choix** exprès par les parties, est, pour les contrats générant un conflit entre des lois d'États membres de l'UE, celle de **la résidence habituelle** du distributeur (Règl. CE 593/2008 du 17-6-2008 art. 4, 1-f) ; pour les autres contrats, cette loi est déterminée comme il est exposé aux n°s 16510 s. 21918

Ainsi, le lieu de la prestation caractéristique d'un contrat de distribution sélective, qui le plus souvent est exécuté en vertu d'un contrat de concession par achat et revente du produit, a été fixé au lieu où exerce le distributeur, dès lors que, outre la revente des produits du fabricant, le contrat mettait à la charge du distributeur diverses obligations, telles celles de représenter la marque du fabricant sur le territoire concédé et la distribution de ses produits auprès des établissements spécialisés, sous certaines conditions (CA Paris 30-9-2004 : RTD com. 2005.188 n° 1 obs. Delebecque).

EXERCICE DE L'ACTIVITÉ DU CONCESSIONNAIRE

Liberté d'exercice Le concessionnaire est libre d'exercer toute autre activité, sauf les restrictions qu'il a acceptées dans le contrat. Celles-ci doivent cependant être licites au regard de la législation des ententes (MCC n°s 41000 s.), des règles relatives aux obligations de non-concurrence (n°s 13655 s.) et, le cas échéant, à celles sur l'exclusivité (n°s 21545 s.). 21925

Pendant la durée du contrat, le concessionnaire exclusif, à défaut même de clause le lui interdisant, ne peut pas faire concurrence au concédant (CA Paris 17-1-1989 : D. 1989.IR.52).

21928 **Achats et ventes** La mise en œuvre du contrat de concession implique, comme un contrat cadre, que le concessionnaire procède à des achats auprès du concédant aux conditions du contrat de concession et non, à défaut de clause en ce sens, aux conditions générales de vente du concédant (CA Paris 29-9-1978 : GP 1979.som.171). Si un prix est fixé par le contrat, il doit alors être respecté dès que les contrats d'achats sont définitivement conclus, même si le concédant baisse ultérieurement ses prix (Cass. com. 13-12-1976 : Bull. civ. IV p. 269).

Mais un concédant a été reconnu fondé à modifier les conditions de paiement antérieurement acceptées par le concessionnaire dès lors que celui-ci avait laissé dix factures impayées (Cass. com. 21-7-1975 : D. 1975.IR.206).

Le contrat de concession est valable même si le fournisseur peut fixer unilatéralement le prix des produits achetés par le concessionnaire dans les conditions fixées au n° 12428.
Le concessionnaire doit vendre aux **conditions fixées** par le **concédant.**

S'il accorde des garanties supplémentaires à ses acheteurs, il n'engage pas le concédant (CA Reims 13-10-1975 : JCP G 1976.IV.88).

21931 **Rémunération du concessionnaire** Bien que le concessionnaire achète les marchandises du concédant, sa rémunération est généralement fixée sous la forme d'une **commission.**

PERSONNALITÉ DU CONCESSIONNAIRE

21935 Le concédant est libre de choisir le concessionnaire en fonction de son appréciation personnelle des qualités de chaque candidat sans devoir justifier sa décision (Cass. com. 7-4-1998 : Bull. civ. IV n° 126 ; cf. Cass. com. 5-10-2004 n° 1469 : RJDA 2/05 n° 120). Le concessionnaire ne peut donc pas se **substituer un tiers** dans l'exécution du contrat, s'il a été spécifié que l'engagement était pris en fonction de sa personne (CA Paris 12-11-1986 : BRDA 24/86 p. 21 : mise en location-gérance justifiant la résiliation) et, s'il est une société, le contrat peut **spécifier** qu'il pourra être résilié si de **nouveaux associés** prennent le contrôle de la société (cf. Cass. com. 29-1-2013 n° 11-23.676 : RJDA 5/13 n° 410) ou si de nouveaux dirigeants sont nommés (Cass. com. 28-10-1986 : BRDA 22/86 p. 20).

Ainsi, dans un cas où le contrat initialement conclu « en considération des qualités personnelles du concessionnaire », personne physique, avait été repris par une société avec l'accord du concédant, celui-ci a été fondé à prendre acte de sa rupture du fait de cette société dès lors que son actionnaire majoritaire avait adhéré à un réseau soumis à l'influence du principal concurrent du concédant, mettant ainsi un terme aux relations de confiance entre les deux parties et compromettant la confidentialité des secrets de fabrication du concédant (CA Paris 7-11-1996 : JCP G 1997.II.22857 note Mousseron et, sur pourvoi, Cass. com. 16-11-1999 n° 96-22.770, cassant l'arrêt sur un autre point).

Toutefois, même en présence d'une clause autorisant la résiliation (sur cette clause n°s 15505 s.), celle-ci est tenue pour abusive si la clause a été invoquée comme prétexte, le changement de contrôle ne pouvant qu'être bénéfique à terme pour la commercialisation des produits (CA Paris 25-1-1995 : RJDA 10/95 n° 1089, cassé par Cass. com. 14-1-1997 n° 95-12.769 : RJDA 8-9/97 n° 1006, qui confirme la licéité de la clause et censure les motifs impropres à caractériser un abus).

À défaut d'une telle spécification, le contrat ne peut pas être résilié car, en vertu du principe d'autonomie de la personne morale, cette dernière reste inchangée en cas de cession de la totalité des parts ou actions d'une société ou de changement de ses dirigeants (Cass. com. 29-1-2013 précité).

La continuation du contrat a même été imposée alors que la société concessionnaire était passée sous le contrôle d'un groupe concurrent (CA Colmar 18-12-1972 : JCP G 1973.II.17479 note Burst).

Si le concessionnaire a le droit de présenter un successeur, le concédant ne peut pas refuser abusivement le candidat proposé (pour des exemples de refus abusif, Cass. com. 23-9-2014 n° 13-18.938 : RJDA 12/14 n° 893 ; CA Paris 11-7-1984 : BRDA 23/84 p. 13).

NON-RENOUVELLEMENT DU CONTRAT DE CONCESSION

21940 Sauf clause contraire ou tacite reconduction (n°s 16210 s.), le concessionnaire n'a aucun droit au renouvellement de son contrat lorsque celui-ci a été conclu pour une durée déterminée et qu'il expire à l'arrivée du terme prévu (C. civ. art. 1212, al. 2 nouv. et n° 16193 ; auparavant, Cass. com. 16-10-1967 : D. 1968.193 note Plaisant).

Le concédant peut donc décider de cesser les relations contractuelles à cette date : il ne doit au concessionnaire, de plein droit, aucune indemnité compensatrice de perte de clientèle (Cass. com. 9-1-1985 : JCP G 1985.IV.110), même s'il ne donne aucune justification de sa position (MDC n° 16193).

Importent peu les **renouvellements antérieurs** du contrat (Cass. com. 9-12-1969 : Bull. civ. IV p. 346), l'ancienneté des relations contractuelles entre les parties (CA Paris 24-1-1983 : Lettre distrib. 1983/5 p. 4) ou le maintien des relations contractuelles après la rupture du contrat (Cass. com. 3-5-1979 : D. 1979.364).

Lorsque le concédant a promis de faire savoir au concessionnaire avant une date donnée s'il accepterait de signer un nouveau contrat, il lui suffit de l'informer de son intention : il n'est pas obligé de préciser avant cette date le contenu de ses propositions (Cass. com. 4-5-1982 : JCP G 1982.IV.246).

Néanmoins, le concédant doit au concessionnaire une **indemnisation si** son **refus** est **abusif,** c'est-à-dire s'il a été décidé : 21943

– soit avec une intention de nuire ou même une légèreté blâmable (Cass. com. 9-2-1981 : D. 1982.4 ; Cass. com. 2-7-1991 : RJDA 8-9/91 n° 703 ; Cass. com. 23-5-2000 : RJDA 11/00 n° 973 ; CA Paris 16-5-1984 : BRDA 15-16/84 p. 21) ;

A été jugé non abusif le refus de renouvellement fondé sur la politique agressive et envahissante du concessionnaire incompatible avec les usages du réseau (CA Paris 1-12-1994 : RJDA 3/95 n° 269) et celui décidé en dépit des investissements réalisés par le concessionnaire en vue de se conformer aux exigences du concédant (Cass. com. 4-1-1994 : RJDA 6/94 n° 644).

– soit avec brusquerie.

Tel est le cas s'il ne respecte pas le délai de préavis prévu au contrat pour informer le concessionnaire de son intention de ne pas renouveler le contrat (Cass. com. 17-4-1980 : Bull. civ. IV p. 118).

Mais il en est de même dans le silence du contrat, le concédant devant respecter un délai conforme aux usages en la matière (Cass. com. 13-6-1978 : Bull. civ. IV p. 140) ou aviser en temps utile (Cass. com. 11-1-1983 : Bull. civ. IV p. 1).

RENOUVELLEMENT AVEC MODIFICATION DU CONTRAT DE CONCESSION

Le concédant, qui a la faculté de ne pas renouveler le contrat, peut aussi, sans commettre de faute, offrir un renouvellement avec modification des clauses du contrat, même si celles-ci sont inacceptables pour l'ancien concessionnaire (Cass. com. 6-6-2001 : RJDA 12/01 n° 1201). 21950

Il peut proposer par exemple :

– une limitation du secteur concédé et de l'étendue de l'exclusivité (Cass. com. 26-10-1982 : Bull. civ. IV p. 275), sauf, le cas échéant, abus du droit (CA Versailles 18-11-2004 : GP 2005.som.3 juin) ;

– l'attribution d'un secteur régional déterminé pour l'une des branches concédées (Cass. com. 4-5-1982 : Bull. civ. IV p. 135) ;

– l'obligation de vendre des produits supplémentaires (CA Paris 20-10-1981 : GP 1982.som.16) ;

– la désignation d'un deuxième concessionnaire pour le même secteur (Cass. com. 17-11-1980 : JCP G 1981.IV.50) ;

– la suppression de la possibilité de représenter une marque concurrente (Cass. com. 4-6-1980 : Bull. civ. IV p. 195) ou des facilités de crédit jusque-là consenties (Cass. com. 7-10-1987 : BRDA 21/87 p. 6).

Le concessionnaire est en faute s'il ne fournit pas les renseignements demandés en vue de l'établissement du nouveau contrat (Cass. com. 2-3-1981 : JCP G 1981.IV.179) ou ne répond pas à l'offre du concédant (CA Paris 22-11-1985 : BRDA 5/86 p. 13).

Mais cette modification peut se révéler **abusive** si le concessionnaire a été induit en erreur.

Ainsi a engagé sa responsabilité le concédant qui :

– selon la pratique suivie jusqu'alors, a adressé au concessionnaire trois mois avant la date d'expiration du contrat une lettre ronéotypée lui faisant connaître son intention de lui proposer l'établissement d'un nouveau contrat pour l'année suivante, sans lui préciser, alors que le contrat avait déjà été renouvelé sept fois sans modification, que sa zone d'activité serait considérablement réduite (Cass. com. 11-7-1978 : Bull. civ. IV p. 167) ;

– avait envoyé en septembre 1974 une lettre proposant au concessionnaire le renouvellement du contrat sous des conditions devant être précisées avant la fin de l'année en cours, puis, en janvier 1975, un projet de contrat prévoyant le retrait de l'exclusivité dont celui-ci bénéficiait jusqu'alors (Cass. com. 9-2-1981 : D. 1982.4) ;

– après avoir obtenu de son concessionnaire qu'il accepte de résilier, avant terme et sans indemnité, l'un des deux contrats qui, depuis une trentaine d'années, le liaient à lui, en échange de la promesse que l'autre contrat serait reconduit à l'échéance, avait refusé de renouveler ce contrat (Cass. com. 3-6-2001 : RJDA 12/01 n° 1202).

RUPTURE DU CONTRAT DE CONCESSION

Contrat à durée déterminée Lorsqu'il a été conclu pour une durée déterminée, le contrat doit être exécuté jusqu'à son terme conformément aux stipulations contractuelles : sa résiliation anticipée (Cass. com. 11-6-1981 : GP 1981.pan.385 note Le Tourneau) ou le non-respect d'une clause essentielle, telle que l'exclusivité (Cass. com. 20-10-1982 : Bull. civ. IV p. 272), engagent la responsabilité de l'auteur de la rupture. Il n'en va autrement que dans les deux cas suivants. 21955

1. Lorsque le contrat contient une **clause résolutoire expresse** pour inexécution par l'une des parties de ses obligations, la portée de cette clause est celle que les tribunaux avaient fixée avant le 1er octobre 2016 (sur cette date, n° 10000), lorsque la clause peut être considérée comme acquise avant cette date et aussi lorsque, contenue dans un contrat conclu avant cette date, elle 21958 est invoquée après cette date. Cette clause obéit au régime de droit commun exposé aux nos 15553 s.

Ainsi jugé :

– qu'un concédant avait légitimement usé de la faculté que lui donnait une clause du contrat de résoudre celui-ci sans préavis ni indemnité en cas de **difficultés financières** du concessionnaire, à la suite de l'émission par ce dernier de chèques sans provision et du défaut de paiement de lettres de change à leur échéance, le concessionnaire ayant de surcroît refusé de faire la preuve du caractère justifié des difficultés qui lui étaient imputées (Cass. com. 4-12-1979 : GP 1980.pan.128) ;

– que le concédant avait pu valablement résilier le contrat en raison d'une **condamnation pénale** du concessionnaire pour tromperie sur les qualités substantielles de la chose vendue dès lors que le contrat comportait une clause résolutoire pour faute grave du concessionnaire (Cass. com. 16-11-1981 : GP 1982.pan.162) ;

– que la rupture d'un contrat de concession automobile était imputable au concessionnaire qui, alors que le contrat précisait que la vente des véhicules neufs et le service après-vente constituaient sous peine de résiliation les deux obligations de base du contrat, n'avait pas respecté la **clause de quota** et n'avait pas assuré correctement le **service après-vente,** le concessionnaire ayant même été condamné à verser au concédant une indemnité de réparation du préjudice commercial subi par celui-ci du fait de la rupture du contrat et de la dégradation de la marque égale à 125 000 F (19 000 € environ) (CA Paris 19-10-1981 : GP 1982.420 ; dans le même sens à propos d'un distributeur n'ayant pas réalisé des ventes suffisantes, Cass. com. 8-6-1999 : RJDA 8-9/99 n° 917).

Toutefois, le juge doit contrôler si les conditions auxquelles les parties ont subordonné la résolution du contrat sont bien réunies (CA Paris 4-11-1982 : BRDA 4/83 p. 22 ; CA Paris 12-9-1988 : Lettre distrib. 1988/10 p. 4) et vérifier si l'inexécution reprochée au concessionnaire ne résulte **pas des agissements du concédant** (CA Paris 24-5-1983 : arrêt rendu à propos d'une clause de quota ; aussi Cass. com. 9-7-1974 : Bull. civ. IV p. 183) ou si celui-ci n'a pas eu **un comportement abusif** dans sa façon de rompre le contrat (CA Agen 7-9-1988 : Lettre distrib. 1988/10 p. 4 : rupture intempestive après avoir poursuivi pendant plusieurs mois des pourparlers en vue d'améliorer la situation financière ; dans le même sens, Cass. com. 2-7-1991 : RJDA 8-9/91 n° 703 ; Cass. com. 28-9-2004 : RDC 2005.773 obs. Behar-Touchais : exercice justifié du droit contractuel de reprise des produits livrés pour défaut de paiement dès lors que le concédant avait accordé des délais de paiement).

21961 **2.** Lorsqu'une partie a rendu **impossible le maintien** des rapports contractuels par des manquements graves et répétés à ses obligations, l'autre partie doit faire prononcer en justice la rupture du contrat, tout en étant autorisée le cas échéant à ne pas respecter l'exclusivité prévue au contrat (Cass. com. 15-1-1973 : D. 1973.473 ; CA Colmar 23-3-1979 : D. 1980.IR.192).

Ainsi la rupture du contrat est-elle justifiée dans les cas suivants.

a. Non-respect des engagements contractuels. Le concédant peut valablement rompre le contrat lorsque :

– le concessionnaire de vente de matériaux de construction n'honore pas des lettres de change acceptées en contrepartie de livraison de marchandises par le concédant (Cass. com. 3-12-1979 : JCP G 1980.IV.69) ;

– le concessionnaire ne retourne pas certains effets de commerce et proroge l'échéance de certains autres, ces faits, s'ils ne peuvent être assimilés exactement à des défauts de paiement, n'en constituant pas moins des infractions graves aux règles de la probité commerciale (Cass. com. 20-1-1987 : BRDA 5/87 p. 11) ;

– le concessionnaire a violé l'engagement de confidentialité qu'il avait pris envers lui (Cass. com. 6-4-2022 n° 20-18.135 F-D : RJDA 7/22 n° 397).

Mais le contrat a été rompu à tort :

– par le concédant, quoiqu'il soit fondé à mettre fin à une exclusivité qu'il venait de consentir pour neuf mois à un contractant quasiment en état de cessation des paiements qui avait refusé d'honorer dix-sept lettres de change d'un montant total de trente-quatre millions de lires, lorsqu'il a rompu de son propre chef, sans préavis et à l'insu de son partenaire, une concession qu'il venait de renouveler (CA Colmar 23-3-1979 : D. 1980.IR.192) ; aussi, estimant les difficultés financières du concessionnaire insuffisantes, CA Paris 12-9-1988 : JCP G 1989.IV.155 ;

– par le concessionnaire pour le motif que le concédant avait créé une nouvelle agence et avait omis de lui verser la commission qui lui revenait pour une vente effectuée sur le territoire concédé, les relations contractuelles étant d'ailleurs pratiquement rompues (Cass. com. 12-1-1988 : BRDA 7/88 p. 11).

b. Modifications interdites par le contrat. Il en est ainsi, par exemple : du remplacement par le concessionnaire de l'un de ses dirigeants sans l'accord préalable du concédant (Cass. com. 28-10-1986 : BRDA 22/86 p. 20 ; CA Paris 7-1-1985 : BRDA 5/85 p. 16) ; de l'autorisation donnée par le concédant à un concessionnaire concurrent de s'implanter à faible distance du concessionnaire déjà installé et qui aurait dû donner son accord à cette implantation (Cass. com. 19-12-1989 : Bull. civ. IV p. 219) ; de la suppression brutale par le concédant de tout crédit au concessionnaire alors que, par suite de sa carence à livrer à temps ses fournitures, il avait rendu nécessaire l'allongement des délais de paiement, concédant qui, ensuite, s'est prévalu de l'existence d'impayés de la part du concessionnaire pour rompre le contrat (CA Paris 12-9-1988 : D. 1988.IR.251).

Cependant, il a été décidé que :
– le simple grief de transformation du matériel par le concessionnaire sans autorisation préalable du concédant, alors que le concessionnaire était chargé par le contrat de livrer le matériel en vue de sa parfaite utilisation par les clients, ne pouvait pas être pris en compte pour l'appréciation des responsabilités encourues (Cass. com. 24-3-1981 : GP 1981.pan.292) ;
– le transfert, par le concessionnaire, de son hall d'exposition à 300 mètres dans la même rue dans un bâtiment aménagé à cette fin qui abritait déjà les services après-vente du concédant ne justifiait pas la résiliation du contrat de concession automobile par ce dernier, motif pris que la clause interdisant au concessionnaire de réaliser un quelconque changement aux caractéristiques immobilières de son entreprise n'avait pas été violée par ce seul fait (CA Paris 4-11-1982 : BRDA 4/83 p. 22) ; toutefois, le transfert d'un local d'exposition a été jugé fautif car, quoique nécessaire, il n'avait pas été soumis à l'accord préalable du concédant prévu au contrat (CA Paris 14-11-1994 : RJDA 3/95 n° 270).

c. Non-respect des quotas. Le concédant peut résilier le contrat si le concessionnaire n'a pas atteint le taux de pénétration prévu (Cass. com. 1-2-1994 : RJDA 6/94 n° 643), en dépit d'une réduction du territoire concédé (CA Versailles 20-12-1995 : RJDA 6/96 n° 773, jugeant le quota non atteint sans qu'il y ait lieu de tenir compte de la mesure de la défaillance du distributeur par rapport au minimum qu'il était tenu d'accomplir ; CA Paris 25-11-2021 n° 18/03979, jugeant que le contactant à l'origine de la rupture du contrat ne peut pas dénoncer le non-respect des quotas).

Mais, souvent, les tribunaux considèrent comme **abusive la résiliation pour non-respect d'une clause de quota.** Il en est ainsi par exemple :
– du fabricant qui, au préalable, ne met pas en demeure le fournisseur d'accroître les quantités de marchandises à livrer (Cass. com. 9-7-1974 : Bull. civ. IV p. 183) ;
– du concédant qui ne respecte pas pendant deux années son obligation minimum de confier annuellement un certain nombre de motos à une entreprise de montage et décide de résilier le contrat malgré la proposition de son contractant de réduire ce quota de moitié (CA Paris 15-4-1986 : BRDA 13/86 p. 14) ;
– du concédant qui tolère pendant plusieurs années l'inexécution partielle par son contractant de son obligation minimum d'achat de quatre-vingts tonnes de marchandises par an (CA Paris 12-1-1987 : BRDA 5/87 p. 11).

Dans un cas où le concédant était en droit de résilier le contrat pour insuffisance des ventes « pendant une période quelconque de six mois consécutifs », la résiliation ne pouvait pas être justifiée, bien que le contrat en cours renouvelé fût identique au précédent, en prenant en compte, pour constater l'insuffisance dans le délai prévu, un laps de temps écoulé sous l'empire du premier contrat (Cass. com. 7-12-1993 : RJDA 5/94 n° 485).

Généralement, l'**indemnité** allouée au contractant victime d'une résiliation abusive est **égale** à la perte de la marge bénéficiaire résultant de la différence entre le quota prévu et le quota effectivement livré ou confié (CA Paris 15-4-1986 précité).

d. Manque de loyauté contractuelle. La résiliation est abusive lorsque l'auteur de la rupture est à l'origine des inexécutions qu'il reproche à l'autre partie (Cass. com. 3-7-2001 : RJDA 12/01 n° 1203 ; rappr. CA Paris 12-9-1988 précité).

Contrat à durée indéterminée Si le contrat est à durée indéterminée, chacune des parties peut le dénoncer à **tout moment** (Cass. com. 19-1-1983 : JCP G 1984.II.20181), par application du droit commun (n° 15503). 21964

La qualification de **« mandat d'intérêt commun »** pour justifier le droit à indemnisation de la clientèle générée par le concessionnaire a été écartée par la Cour de cassation (Cass. com. 7-10-1997 n° 95-14.158 : RJDA 1/98 n° 36 ; CA Paris 1-3-2006 n° 03/16268 : RJDA 10/06 n° 1014 ; CA Versailles 14-6-2007 n° 06/04347 : RJDA 1/08 n° 28, cassé par Cass. com. 21-10-2008 n° 07-18.487 : RJDA 2/09 n° 72 mais sur un autre point). Il en a été de même pour celle de « contrat d'intérêt commun » (Cass. com. 30-11-1982 n° 81-11.978 : Bull. civ. IV n° 383).

Toutefois, la rupture est fautive dans les cas suivants.

1. Un délai de **préavis suffisant,** conforme aux stipulations du contrat ou aux usages du commerce n'a pas été respecté. Mais cette solution, en tant que telle, a perdu la plus grande partie de son intérêt car elle a été absorbée par le texte érigeant en délit civil la rupture brutale sans préavis de la relation commerciale (nos 15455 s.). 21967

Le concédant peut offrir au lieu et place du préavis une indemnité conventionnelle (Cass. com. 13-5-1986 : D. 1988.som.19 obs. Ferrier).

Le concessionnaire a droit à la réparation du **seul préjudice** consécutif à la **brutalité** de la décision de la rupture (Cass. com. 7-6-1988 : BRDA 13/88 p. 15, refusant l'indemnisation de la baisse du chiffre d'affaires, celle-ci étant la conséquence non pas de la brutalité mais de la rupture elle-même ; CA Paris 12-9-2001 : Lettre distrib. novembre 2001 p. 2).

Les parties peuvent convenir d'une **clause de rupture immédiate** en cas de survenance d'un fait objectif, le juge se bornant à vérifier que les conditions d'application de la clause sont remplies (Cass. com. 26-5-1998 : RJDA 11/98 n° 1212).

Le concédant qui a respecté le préavis contractuel n'est pas tenu de ne pas diminuer les chances de reconversion du concessionnaire, n'étant pas tenu d'une obligation d'assistance à sa reconversion (Cass. com. 6-5-2002 : RJDA 10/02 n° 1005).

21970 2. Elle a eu lieu de **façon abusive** ; l'abus peut résulter de l'**intention** du concédant d'**évincer** le concessionnaire pour profiter du réseau de distribution mis en place par celui-ci (Cass. com. 31-3-1978 : Bull. civ. IV p. 84) ou de son manque de loyauté envers le concessionnaire en agissant au mépris de ses intérêts (Cass. com. 5-4-1994 n° 92-17.278 : RJDA 8-9/94 n° 921 ; Cass. com. 23-6-1998 : RJDA 11/98 n° 1213 ; Cass. com. 8-10-2013 n° 12-22.952 : RJDA 1/14 n° 26).

Mais il n'y a **pas abus** lorsque la rupture est justifiée par la réorganisation du réseau du concédant (Cass. com. 6-3-2007 n° 05-13.991 : RJDA 7/07 n° 714 ; CA Versailles 7-10-2010 n° 09/05115 : RJDA 3/11 n° 234.som.), ni pour la seule raison que le concessionnaire n'a pas commis un manquement caractérisé (Cass. com. 3-7-2001 : RJDA 2/02 n° 147), ni lorsque le concédant n'a pas fait croire au concessionnaire que le contrat serait poursuivi pour l'inciter à procéder à des investissements (Cass. com. 5-10-2004 n° 1469 : RJDA 2/05 n° 120 ; CA Paris 4-2-2015 n° 12/20412 : RJDA 10/15 n° 647.som.), ni si le contrat prévoyait la modification brutale du contrat sous réserve d'un préavis d'un mois (cf. Cass. com. 15-2-1983 : GP 1983.pan.206), ni si la carence du concessionnaire justifiait l'attitude du concédant (Cass. com. 14-10-1997 : RJDA 3/98 n° 259 ; rappr. Cass. com. 5-4-1994 : RJDA 11/94 n° 1132 ; Cass. com. 25-9-2007 n° 06-15.517 : RJDA 12/07 n° 1286).

L'indemnité pour rupture abusive peut s'ajouter à celle due pour défaut de préavis suffisant (CA Versailles 3-5-1990 : D. 1990.som.367 obs. Ferrier).

Les mêmes règles s'appliquent à la résiliation par le **concessionnaire** ; ainsi, la résiliation décidée par un distributeur n'est pas abusive si elle est justifiée par la suppression brutale des remises jusque-là consenties par le fournisseur (CA Pau 27-10-1994 : JCP G 1995.IV.434, décision transposable au contrat de concession) ou par l'agressivité du concédant démontrée par un certificat médical non contesté (Cass. com. 5-3-1996 : RJDA 6/96 n° 745).

SANCTIONS DE LA RUPTURE FAUTIVE DU CONTRAT DE CONCESSION

21975 La rupture fautive du contrat ouvre au cocontractant, et aussi, le cas échéant, à la société mère de la filiale victime sur le fondement de la responsabilité délictuelle, un droit à réparation du préjudice qui en résulte pour lui (Cass. com. 21-10-2008 n° 07-18.487 : RJDA 2/09 n° 72).

L'appréciation de ce préjudice relève des pouvoirs des juges du fond conformément au droit commun de la responsabilité (cf. Cass. com. 27-10-1981 : BRDA 6/82 p. 21).

Ainsi, il ne peut être tenu compte dans l'évaluation du préjudice de la perte de la chance de renouvellement du contrat, dès lors que, dans les circonstances de l'espèce, le renouvellement étant aléatoire il constituait une éventualité et non la perte d'une chance (Cass. com. 19-7-1971 : Bull. civ. IV p. 203). Il faut aussi que soit précisé le lien de causalité entre la faute du concédant et la perte de recettes subie par le concessionnaire (Cass. com. 11-7-1978 : Bull. civ. IV p. 167).

L'évaluation du préjudice se fait en fonction de chaque cas d'espèce.

Des décisions ont considéré qu'outre le préjudice matériel, notamment la perte du fonds de commerce (Cass. com. 17-7-2001 : RJDA 2/02 n° 148), il y avait lieu d'indemniser le préjudice moral subi par le concessionnaire du fait de l'atteinte causée à sa réputation commerciale (CA Paris 17-11-1976 : D. 1977.IR.331 ; CA Paris 11-7-1983 ; CA Paris 16-5-1984 : BRDA 15-16/84 p. 21).

Par ailleurs, en cas de brusque rupture du contrat de concession, il convient de tenir compte de la marge bénéficiaire brute du concessionnaire et non de sa marge nette « car, lorsqu'un concessionnaire est brutalement privé par son concédant du droit de vendre, ses frais généraux normalement couverts par le bénéfice brut continuent de courir » (CA Amiens 15-2-1977 : JCP G 1978.II.19012 ; pour d'autres décisions ayant retenu elles aussi la marge brute du concessionnaire, CA Paris 16-5-1984 précité ; CA Paris 6-3-1985 : BRDA 11/85 p. 12 ; CA Paris 17-2-1993 : RJDA 8-9/93 n° 689 ; CA Paris 30-1-2008 n° 06/10925 : RJDA 6/08 n° 606, cassé par Cass. com. 13-10-2009 n° 08-14.123 sur un autre point).

Il y a lieu aussi de tenir compte, le cas échéant, des frais de formation professionnelle et d'impression de papier à en-tête qui n'avaient pu être amortis et de la revente à perte de pièces de rechange que le concessionnaire avait dû stocker pour se conformer au contrat (CA Paris 6-3-1985 précité).

CONSÉQUENCES DE L'EXTINCTION DU CONTRAT DE CONCESSION

21980 **Droit à la reprise des stocks** Lorsque le contrat contient une **clause** de reprise des stocks, sans aucune restriction quant à la durée de la validité ou la nature des produits pour leur reprise par le fournisseur, cette clause doit recevoir application, sauf à démontrer que le distributeur a fait preuve de mauvaise foi dans l'exécution du contrat ou encore qu'il a commis une faute grave (CA Paris 15-1-1999 : DA 1999.516, cassé par Cass. com. 15-1-2002 n° 99-13.597 sur un autre point). Le concessionnaire doit respecter les conditions fixées, notamment le délai pour réclamer la reprise (Cass. com. 28-10-1986 : BRDA 23/86 p. 15). En cas de reprise consécutive à la rupture abusive du contrat par le concédant, les stocks doivent être repris par celui-ci au prix auquel il les a vendus au concessionnaire et non au prix tel qu'il devait être calculé en fonction de la clause (Cass. com. 23-6-1992 : RJDA 12/92 n° 1119).

Lorsque le contrat n'a **rien prévu,** le distributeur conserve les stocks qu'il a acquis en pleine propriété (Cass. com. 8-3-1967 : JCP G 1968.II.15346 ; Cass. com. 16-2-1970 : Bull. civ. IV p. 59 ; Cass. com. 28-4-1975 : Bull. civ. IV p. 94 ; Cass. com. 26-10-1982 : Bull. civ. IV p. 275). Il s'expose à être déclaré coupable de **concurrence déloyale** s'il écoule des produits de marque sans l'autorisation expresse ou implicite du fournisseur (Cass. com. 18-7-1984 : BRDA 24/84 p. 20).

Cependant, si le **concédant** a commis une **faute** en refusant le renouvellement ou en résiliant le contrat, la réparation qu'il doit au concessionnaire emporte reprise des stocks (Cass. com. 9-2-1966 : Bull. civ. III n° 88 ; Cass. com. 20-10-1982 : Bull. civ. IV p. 273 ; Cass. com. 23-5-2000 : RJDA 11/00 n° 973). Par ailleurs, certaines décisions ont relevé que dans la commune intention des parties les ventes par le concédant au concessionnaire de matériels destinés à entrer dans le stock de ce dernier se trouvaient liées à l'existence et au maintien du contrat de concession exclusive pour la bonne exécution duquel elles étaient intervenues ; ces ventes étaient donc affectées d'une condition résolutoire qui impliquait l'obligation pour le concédant de reprendre le stock correspondant (Cass. com. 22-1-1969 : JCP G 1969.II.16066 ; CA Lyon 27-1-1976 : GP 1976.2.som.313 ; cf. CA Paris 15-6-1982 : JCP G 1983.IV.323 ; aussi Cass. com. 28-4-1975 : Bull. civ. IV p. 94 et Cass. com. 26-10-1982 : Bull. civ. IV p. 275, arg. a contrario).

Le contrat peut aussi prévoir que le stock pourra être proposé au nouveau concessionnaire (CA Paris 26-7-1983 : GP 1983.som.339).

Droit à la reprise de la marque Le concessionnaire ne peut plus faire usage de la marque du concédant (Cass. com. 25-11-1986 : BRDA 1/87 p. 13) qui, dès lors, ne détourne pas fautivement le fichier clients de son ancien concessionnaire en se l'attribuant illégalement en copie grâce au système informatique mis en place (Cass. com. 6-5-2008 n° 06-11.968 : GP 2008.som.3458 note de Roquefeuille Bellesort). 21983

Le juge des référés peut faire cesser cet usage (CA Paris 23-9-1992 : RJDA 11/92 n° 1008).

Encore faut-il que le contrat ait effectivement pris fin. Tel n'est pas le cas lorsque le tribunal a ordonné l'exécution en nature du contrat jusqu'à son terme (CA Limoges 29-6-1982 : Lettre distrib. 1982/7-8 p. 1).

Droit d'informer la clientèle du changement de concessionnaire Le concédant peut signaler aux clients du concessionnaire quelques jours avant la date d'expiration du contrat qu'ils devront s'approvisionner après cette date auprès d'un autre concessionnaire, une telle information, nécessaire pour éviter toute interruption dans les ventes, n'interdisant pas aux clients de continuer à s'approvisionner chez l'ancien concessionnaire pour d'autres produits commercialisés par lui (CA Paris 19-3-1974 : GP 1975.2.746). 21986

Obligation de reprise du personnel du concessionnaire Dès l'instant où l'activité concédée constitue du fait de son importance une « entreprise » (ce qui est le cas notamment en matière de concession exclusive), sont applicables les dispositions de l'article L 122-12 (devenu L 1224-1) du Code du travail, en vertu desquelles, s'il survient une modification dans la situation juridique de l'employeur, tous les contrats de travail en cours au jour de la modification subsistent entre le nouvel employeur et le personnel de l'entreprise. Ce personnel est donc transféré soit au concédant s'il reprend lui-même l'activité concédée (Cass. soc. 9-11-1982 : JCP G 1984.II.20134), soit au nouveau concessionnaire (Cass. soc. 19-2-1981 : Bull. civ. V p. 107 ; Cass. soc. 12-2-2003 n° 00-46.187 : RJS 4/03 n° 418). 21989

L'ancien concessionnaire reste l'employeur des salariés si, à l'issue d'un contrat de concession exclusive, la société concédante n'a pas désigné un nouveau concessionnaire (Cass. soc. 28-5-2003 n° 02-41.999 : RJS 8-9/03 n° 984) ou si la concession exclusive n'est pas reprise par un concessionnaire unique, mais est éclatée entre plusieurs entreprises de la région (Cass. soc. 28-5-2003 n° 01-41.263 : RJS 8-9/03 n° 944).

Droit de conclure un nouvel accord de distribution En principe, à l'expiration du contrat, le fournisseur comme le distributeur ont le droit de conclure avec un tiers un nouvel accord de distribution. Ce droit n'existe que si le contrat a effectivement pris fin. Tant que celui-ci est en vigueur, un nouvel accord ne peut pas être conclu (pour un cas où le premier contrat n'était pas encore à son terme, Cass. com. 9-3-1970 : Bull. civ. IV p. 84 ; pour un cas où la résiliation du contrat pour inexécution par une des parties de ses obligations n'était pas prononcée en justice, à défaut de clause résolutoire ayant opéré de plein droit, CA Colmar 16-10-1972 : JCP G 1973.II.14749 note Cabrillac et Seube). 21992

Existence d'une clientèle au profit du concessionnaire À condition de prouver qu'il a réuni une clientèle distincte de celle liée à la marque du concédant, le concessionnaire est titulaire d'un fonds de commerce (n° 2506) et jouit alors des droits attachés à cette qualité, notamment du droit au bail (Cass. civ. 13-2-1980 : Bull. civ. II p. 26). 21995

Il ne résulte pas néanmoins de l'autorisation donnée au concessionnaire par le concédant de vendre ses produits que celui-ci se trouve dépossédé de son lien avec le client utilisateur qui recourt à ses services ; il peut donc utiliser le fichier clients qu'il a constitué à partir des informations communiquées par le concessionnaire (T. com. Paris 4-6-2009 : Rev. jur. com. 2009.278 obs. Lebreton-Derrien).

21998 **Non-concurrence** Une clause de non-concurrence peut être imposée au concessionnaire dans les conditions du droit commun (nos 13661 s.).
La clause doit aussi être conforme aux règles du règlement 2022/720 d'exemption par catégorie des accords verticaux qui énonce les conditions d'exemption de l'obligation de non-concurrence postcontractuelle (MCC nos 46980 s.).

5. FRANCHISÉ

QUALIFICATION

22050 Les franchisés sont des distributeurs qui offrent à la clientèle les produits ou les services d'un fournisseur, ce dernier leur apportant, en outre, dans la généralité des cas, son savoir-faire, son enseigne, sa marque et son assistance commerciale.

22053 **Absence de qualification établie** À notre avis, il n'existe **pas,** bien que la dénomination de « contrat de franchise » soit courante, une qualification juridique ayant érigé le contrat de franchise en **contrat nommé,** en ce sens que ni la loi ni les tribunaux n'ont posé une définition de ce contrat imposant, lorsqu'elle est établie, l'application de règles particulières et interdisant, à défaut, l'application de ces règles (dans le même sens, concl. Jéol sur Cass. ass. plén. 1-12-1995 : RJDA 1/96 n° 7 ; T. com. Marseille 30-6-1999 : Lettre distrib. septembre 1999 p. 3, jugeant que les contrats de franchise ne peuvent avoir une qualification juridique unique car recouvrant des prestations juridiques hétérogènes).

Certes, des décisions de justice ont défini avec précision les éléments constitutifs du contrat de franchise (CA Paris 28-4-1978 : Cah. dr. entr. 1980/5 p. 5 ; CA Colmar 9-6-1982 : D. 1982.553 note Burst ; CA Paris 18-6-1992 : RJDA 2/93 n° 106 ; CA Paris 31-3-1993 : RJDA 7/93 n° 613 et, sur pourvoi, Cass. com. 6-5-1997 n° 93-17.149). Mais elles n'ont pas tiré de leur définition une règle de droit qu'elles n'auraient pu appliquer en s'abstenant de poser ladite définition. En effet :

– la cour d'appel de Paris (28-4-1978) a défini le contrat de franchise pour décider que le contrat litigieux qui lui était soumis était un contrat de travail ; ce faisant, elle a donc appliqué non pas la qualification du contrat de franchise qu'elle définissait mais celle du contrat de travail ; elle pouvait donc arriver à sa décision en se bornant à confronter le contrat litigieux aux critères du contrat de travail ;

– la cour d'appel de Colmar a expressément déterminé la qualification du contrat de franchise pour juger, en définitive, que le contrat litigieux était causé car les redevances du franchisé avaient une contrepartie réelle dans les prestations du franchiseur ; elle pouvait aussi justifier cette solution en traitant ce contrat comme innommé et en constatant qu'il était obligatoire dans tout contrat synallagmatique que les obligations de chaque partie aient une contrepartie dans celles de l'autre (dans le même sens CA Paris 11-6-1992 ; 18-6-1992 ; 31-3-1993).

La même observation peut être faite à propos de l'arrêt de la Cour de justice des Communautés européennes du 28 janvier 1986 (GP 1986.198) qui s'est contentée de juger, en insistant sur le caractère d'espèce de sa décision, que les clauses du contrat de franchise qu'elle avait à apprécier étaient, telles que formulées dans ce contrat, licites au regard des règles communautaires de libre concurrence (TFUE art. 101). Elle n'a donc pas édicté une règle postulant qu'un contrat, dès lors qu'il serait de franchise, serait licite au regard de ces dispositions.

Toutefois, une décision (CA Aix 21-6-2018 n° 16/21090 : D. 2019.794 obs. Ferrier) fait apparaître une raison de qualifier le contrat de franchise pour obtenir la nullité d'un accord qualifié par les parties de « partenariat » pour défaut de transfert du savoir-faire promis ; la nullité de cet accord a été refusée au motif que le mode de fonctionnement du contrat de partenariat est de type horizontal, et non vertical comme en matière de franchise, ce qui différencie les deux notions, et que, contrairement à la franchise, le contrat de partenariat implique une plus grande liberté des contractants. Dans le même sens, requalifiant un contrat dit « licence de marque » en contrat de franchise dès lors qu'il comportait le transfert d'un savoir-faire, CA Grenoble 3-3-2022 n° 19/02810 : D. 2023.713 obs. Ferrier.

22056 **Qualifications multiples** Les contrats qui sont actuellement appelés « de franchise » ne peuvent pas recevoir une qualification juridique unique car ils recouvrent des prestations juridiquement hétérogènes, même si elles sont commercialement complémentaires (en ce sens, T. com. Marseille 30-6-1999 : Lettre distrib. septembre 1999 p. 3). En effet, on ne saurait appliquer aux prestations de fourniture de la marque les règles applicables aux fournitures des produits : les premiers relèvent de la **licence de la marque,** les seconds, de la **vente.** La même observation peut être faite entre ces deux catégories de prestations et celles du **transfert de savoir-faire** qui constituent des prestations de services relevant du contrat d'entreprise, comme relève du même contrat la franchise portant sur une fourniture de services et non sur celle de produits.

Sur une licence de marque comportant une obligation d'assistance du titulaire de la marque non équivalente à l'engagement de transfert d'un savoir-faire particulier de la part d'un franchiseur,

CA Versailles 7-3-2002 : RJDA 7/02 n° 829. Pour un cas où la licence de marque a été qualifiée de contrat de franchise, CA Grenoble 3-3-2022 n° 19/02810 : D. 2023.713 obs. Ferrier.

Par ailleurs, si la fourniture des produits est **généralement** opérée par des **ventes** du franchiseur au franchisé, **rien n'y oblige** juridiquement : les produits peuvent être commercialisés par le franchisé à la clientèle en vertu d'un mandat (cf. T. com. Marseille 30-6-1999 : Lettre distrib. 1999 septembre p. 3 ; nos 21650 s.), d'une commission (cf. CA Pau 29-2-2000 : Lettre distrib. 2000 juin p. 3) ou d'un dépôt-vente (CA Paris 15-9-2000 : RJDA 2/01 n° 148).

Sur l'existence d'un mandat dans une franchise et la compatibilité de l'un et de l'autre, Cass. crim. 8-2-1978 : Bull. crim. p. 120.

Qualification de salarié Le franchisé doit être tenu pour le salarié du franchiseur lorsque les directives de ce dernier sont des instructions qui le placent dans l'état de **subordination** caractéristique du contrat de travail (CA Paris 30-9-2010 n° 09/01738 : PA 2011 n° 40 p. 7 note Tiquant). 22059

N'a pas été traité comme un salarié :

– le franchisé auquel le franchiseur avait donné, en matière de prix et de quotas, des « indications » dépourvues de toute sanction et qui était libre de déterminer la consistance de son approvisionnement (Cass. com. 4-1-1982) ;

– l'agent commercial lié à une agence immobilière membre d'un réseau de franchise dès lors qu'il n'a pas reçu des directives précises relatives aux dossiers, aux horaires de présence, qu'il n'a pas été soumis à des permanences ou tenu de rendre compte de son activité pour justifier du nombre de clients démarchés ou de mandats apportés ou encore qu'il n'a pas été sanctionné pour un manquement à une obligation particulière (Cass. soc. 19-1-2012 n° 10-23.653 : RJDA 6/12 n° 584).

En revanche, est salarié de la société franchisée l'agent auquel elle a confié une action de commercialisation de ses produits dès lors que le contrat lui imposait des obligations et des instructions détaillées qu'il devait appliquer dans ses relations avec ses clients, qu'il n'avait aucune autonomie et qu'en résiliant le contrat de franchise, la société avait fait usage de son pouvoir de sanction (Cass. soc. 18-1-2012 n° 10-16.342 : RJDA 7/12 n° 663).

RÉGIME DU CONTRAT DE FRANCHISE

Puisque le contrat de franchise n'existe pas en tant que qualification juridique autonome (n° 22053), il n'est soumis à aucune règle spécifique. Il obéit au droit commun des contrats (nos 10600 s.) et aux règles propres à chacun des contrats qui sont juxtaposés et coordonnés en son sein (n° 22056). 22065

Le Code européen de déontologie de la franchise lie les adhérents de la Fédération française de franchisage. Il peut être aussi contractuellement adopté et pourrait devenir un usage.

Les parties peuvent aussi se référer à la norme Afnor NF Z 20 000.

Si le contrat de franchise est **international,** les règles applicables sont déterminées comme pour tout contrat international (nos 16600 s.).

CONCLUSION DU CONTRAT DE FRANCHISE

Contenu du contrat de franchise Le contrat de franchise doit remplir les conditions de validité de tout contrat. Notamment, il doit porter sur une **activité licite** ; tel n'est pas le cas d'un contrat de franchise portant sur la mise en œuvre d'une méthode d'amaigrissement dès lors que celui-ci suppose l'exercice de diverses pratiques (diététique, acupuncture et auriculo-thérapie) que la loi prohibe dans le cadre d'une telle activité (Cass. 1e civ. 11-6-1996 n° 94-15.614 D). 22068

Choix du franchisé Le franchiseur est libre de conclure la franchise avec la personne qui présente les caractéristiques qu'il a fixées. Toutefois, ces dernières doivent être objectives et **non discriminatoires** pour ne pas être illicites au regard des règles de libre concurrence relatives à la distribution sélective (nos 21512 s.) ou aux pratiques restrictives de concurrence déloyale entre entreprises, notamment celles interdisant un déséquilibre significatif entre les prestations des parties (CA Paris 5-1-2022 n° 20/00737 ; aussi n° 12563). 22070

Le franchiseur peut aussi choisir un franchisé dit **principal** auquel il accorde, en échange d'une compensation financière directe ou indirecte, le droit d'exploiter une franchise en vue de conclure des accords de franchise avec des tiers, qui sont alors les franchisés du franchisé principal.

À défaut d'une telle faculté reconnue par le franchiseur au franchisé, celui-ci ne peut pas se substituer un tiers dans l'exécution du contrat de franchise soit en transférant son fonds par fusion (Cass. com. 3-6-2008 n° 06-18.007 : RJDA 12/08 n° 1262, Bull. Joly 2008.904 note Saintourens) ou par apport partiel d'actif soumis au régime des scissions (Cass. com. 24-11-2009 n° 08-16.428 : RJDA 4/10 n° 371), soit en le donnant en location-gérance (CA Paris 19-11-2009 n° 06/22121 : RTD com. 2010.274 obs. Saintourens).

22073 **Information du franchisé** Réalisant un investissement important, le candidat franchisé est en droit d'exiger, comme tout négociateur d'un contrat (nos 11834 s.), une information détaillée avant de s'engager. À cette fin, le franchiseur doit lui apporter toutes précisions sur la spécificité de la franchise (qualité des produits ou des services, nature du savoir-faire, conditions du marché, etc.) et sur sa situation (ancienneté, importance du réseau, moyens mis en œuvre pour former le franchisé et transmettre le savoir-faire, situation financière, etc.).

Sur la sanction de cette obligation pour dol du franchiseur, Cass. com. 3-4-2012 n° 11-16.303 : RJDA 10/12 n° 845, ou erreur du franchisé, Cass. com. 12-5-2021 n° 19-17.701 F-D ; CA Paris 12-9-2013 n° 11/19074 : RJDA 2/14 n° 100 ; sur une exonération CA Rennes 3-7-2012 n° 11/02744 : RJDA 3/13 n° 218.

Lorsque le contrat met à la charge du franchisé un engagement d'**exclusivité,** celui-ci doit être informé dans les conditions exposées au n° 21546.

La diffusion d'informations de nature à induire en erreur les candidats à la franchise sur la rentabilité du contrat constitue une **pratique commerciale trompeuse** (MCC nos 66700 s.).

22076 **Détermination du prix** Le prix des **produits vendus** par le franchiseur au franchisé peut ne pas être déterminé ni déterminable dans le contrat d'entrée dans le réseau si celui-ci est un contrat cadre (n° 12428).

22079 **Contrepartie requise du franchiseur** La contrepartie du droit d'entrée et des redevances dues par le franchisé réside dans l'obligation contractée par le franchiseur en termes de formation, de droit d'usage de sa marque et d'accompagnement (Cass. com. 13-4-2023 n° 22-10.386 F-D : RJDA 7/23 n° 367). Le franchiseur doit fournir au franchisé des prestations réelles (nos 12490 s.).

Des tribunaux ont annulé pour défaut de cause (désormais contrepartie) certains contrats de franchise (Cass. com. 9-10-1990 : RJDA 1/91 n° 19 : nullité pour apport d'une marque sans notoriété et caractère distinctif approprié ; Cass. com. 30-1-1996 : RJDA 6/96 n° 775 : nullité pour défaut de transfert d'un savoir-faire original). Des décisions avaient toutefois pour le même défaut prononcé la résolution du contrat (Cass. com. 24-5-1994 : RJDA 11/94 n° 1134 ; CA Aix 29-4-1980 : Bull. Cour d'Aix 1980/2 p. 7 ; sur l'inadéquation de cette sanction, n° 12475). Mais le contrat est valable si le franchiseur a effectivement fourni une marque notoire (CA Paris 16-4-1991 : RJDA 8-9/91 n° 704) et en plus une assistance matérialisée par plusieurs prestations de soutien (CA Versailles 11-5-2006 : JCP E 2006.pan.2550) ; il en est de même s'il a fourni un savoir-faire détaillé dans un manuel opératoire, un fascicule de formation du franchisé et une méthode commerciale originale de plus de cinquante pages (Cass. com. 10-12-2013 n° 12-23.115 : D. 2014.899.som. obs. Ferrier). Un franchisé en matière de courtage en prêts et en assurances de prêts ne peut pas invoquer le défaut de cause du contrat de franchise au motif qu'il n'a pas obtenu son immatriculation auprès de l'Orias, même si celle-ci est indispensable à l'exercice de l'activité prévue au contrat (Cass. com. 13-4-2023 précité).

La fourniture d'une assistance insuffisante engage la responsabilité du franchiseur (Cass. com. 8-7-1997 : RJDA 12/97 n° 1481 ; dans le même sens, CA Paris 12-1-1994 : RJDA 7/94 n° 795 ; CA Aix 30-11-1995 : Bull. Cour d'Aix 1995-2 n° S 25 obs. Laurent ; CA Versailles 14-11-1996 : RJDA 5/97 n° 634) et peut justifier la résiliation du contrat (CA Limoges 5-11-2015 n° 13/01241 : JCP E 2017.1079 § 6 obs. Mainguy). Celle-ci ne peut pas être retenue pour la seule raison que le franchiseur n'a pas exploité au moins deux sites pilotes au début et tout au long de l'existence du réseau, dès lors que le franchiseur offre un savoir-faire éprouvé (CA Paris 28-2-2018 n° 16/17642 : RDC 2019.78 obs. Behar-Touchais).

22082 **Libre concurrence** En contrepartie du savoir-faire qu'il lui apporte, le franchiseur peut imposer, sans enfreindre les règles de libre concurrence, diverses **sujétions** au franchisé : clause d'agrément en cas de cession ; clause imposant un mode d'exploitation déterminé, par exemple, obligation d'utiliser le savoir-faire transmis, obligation d'aménagement du local conformément aux instructions, interdiction de transférer le magasin, clause d'approvisionnement exclusif auprès d'un fournisseur donné (sur cette dernière clause, Cass. com. 20-12-2017 n° 16-20.501 F-D : RJDA 4/18 n° 313).

Le franchiseur peut aussi imposer au franchisé une clause de non-concurrence pourvu que les conditions de validité en soient respectées (nos 13661 s.). Jugé que constitue une clause de non-concurrence celle obligeant le franchisé à ne plus utiliser les couleurs du réseau et à faire repeindre son magasin dans d'autres couleurs après la fin du contrat (CA Paris 1-7-2020 n° 17/21498 : RJDA 11/20 n° 563 : invalidité de la clause non limitée dans le temps).

EXERCICE DE L'ACTIVITÉ DU FRANCHISÉ

22090 **Communication de savoir-faire et d'assistance** Le franchisé doit vendre à la clientèle les produits et les services du franchiseur selon les modalités que le franchiseur a fixées et pour la mise en œuvre desquelles il doit lui transmettre son savoir-faire (pour un exemple de savoir-faire transmis : Cass. com. 8-6-2017 n° 15-22.318 F-D : RJDA 2/18 n° 118 ; pour des exemples de manquement à cette obligation : CA Paris 29-5-1991 : JCP E 1991.pan.817 ; CA Versailles 2-7-1991 : BRDA 21/91 p. 3) ainsi que ses conseils et son assistance (Cass. com. 30-1-1996 : RJDA 6/96 n° 776, sanctionnant la faute du franchiseur commise dans son étude de marché et la conception de la politique commerciale).

Le franchiseur est tenu à une exigence de réussite commerciale pendant toute la durée du contrat, dont il doit s'acquitter par l'actualisation de son savoir-faire, de ses capacités et de sa technique, en vérifiant que leur assimilation se trouve convenablement réalisée par chaque franchisé (CA Douai 6-9-2007 n° 06-1777 : D. 2007.2303.som. obs. Chevrier).

Dans la transmission de savoir-faire et dans l'assistance technique qu'il apporte par là même, le franchiseur est exposé à intervenir dans la gestion du franchisé : il doit alors veiller à ne pas placer le franchisé en situation de dépendance économique au sens de l'article L 420-2 du Code de commerce (MCC n°s 46000 s. ; pour un exemple, Cass. com. 16-12-1997 : RJDA 4/98 n° 521 : annulation du contrat) et à ne pas aller jusqu'à s'immiscer au point de constituer une société de fait avec le franchisé ou de tomber sous le coup des dispositions qui mettent à la charge d'un dirigeant de fait le passif social, si le franchisé est une société (MSC n°s 95500 s. et 91460 s.).

C'est ainsi qu'un franchiseur a été considéré comme le dirigeant de fait de la société franchisée en liquidation des biens car il avait réuni le personnel de la société en l'absence du dirigeant de droit de celle-ci, il avait licencié un membre de ce personnel et augmenté le salaire d'un autre, et il avait proclamé être « le patron de l'affaire » (CA Rouen 23-5-1978 : JCP G 1979.II.19235, cassé par Cass. com. 9-7-1980 : JCP G 1980.IV.361, mais sur un autre point ; aussi Cass. com. 9-11-1993 : RJDA 4/94 n° 455).

En revanche, la qualité de dirigeant de fait n'a pas été attribuée à un franchiseur qui avait recommandé des prix de vente au franchisé, exigé de la société franchisée qu'elle l'informe sur la composition de son capital et sur ses dirigeants, imposé de respecter les normes comptables ou techniques en matière d'aménagement des magasins définies par lui, mais qui ne détenait pas la signature bancaire, n'émettait pas de titres de paiement, n'embauchait pas, ne licenciait pas et n'exerçait pas de contrôle sur la politique du personnel de la société franchisée (CA Orléans 8-3-2001 : RJDA 5/01 n° 589).

Mais, sauf à méconnaître le principe de la liberté du commerce et de l'industrie, et la liberté de gestion propre à tout opérateur économique, il ne saurait être imposé à un franchiseur une obligation d'intangibilité de sa politique commerciale pendant toute la durée des contrats de franchise qu'il aurait signés (CA Paris 2-11-2011 n° 09/03597 : D. 2012.584.som. obs. Ferrier).

Exclusivité Le contrat de franchise peut prévoir une exclusivité de vente et une exclusivité d'approvisionnement pourvu que celles-ci soient conformes aux règles de libre concurrence (n° 22082). La stipulation d'une exclusivité territoriale n'est pas une condition de validité du contrat de franchise (Cass. com. 9-11-1993 : RJDA 4/94 n° 396) ni celle de l'usage exclusif de l'enseigne (CA Paris 12-1-1994 : RJDA 7/94 n° 795). **22093**

La violation de la clause d'exclusivité d'approvisionnement justifie la rupture du contrat s'il est démontré concrètement en quoi l'exclusivité était indispensable pour préserver l'identité et la réputation du réseau de franchise (Cass. com. 10-1-1995 : RJDA 5/95 n° 561).

Lorsque le franchiseur s'est réservé le droit de vendre ses produits dans le secteur géographique pour lequel il a accordé une exclusivité au franchisé, par le canal de magasins non franchisés, il ne peut le faire qu'en recourant à des modalités de commercialisation différentes de celles dont il est contractuellement convenu avec ses franchisés (Cass. com. 3-12-1991 : RJDA 1/92 n° 28).

Le franchiseur qui n'a pas promis l'exclusivité peut mettre en concurrence le franchisé en désignant un autre distributeur sur la même zone de chalandise (Cass. com. 30-5-2018 n° 17-14.303 F-D).

Conditions de vente Le franchisé peut vendre à son compte les produits qu'il a achetés **ferme.** Il est alors libre de fixer le prix de revente, le franchiseur ne pouvant que lui communiquer des prix indicatifs (C. com. art. L 442-5) ou des prix maxima afin d'homogénéiser le réseau (CA Paris 16-6-1993 : D. 1993.IR.214). **22096**

Le franchisé peut faire condamner, en référé, le franchiseur à lui livrer les produits promis (CA Paris 28-2-1992 : RJDA 5/92 n° 534).

Lorsque les marchandises sont fournies au franchisé par des tiers, le franchiseur n'est pas tenu au paiement des factures que ces derniers lui ont adressées et pour lesquelles il n'a pas protesté (Cass. com. 3-7-1990 : Bull. civ. IV n° 201).

Marque et enseigne Le franchisé peut user de la marque et de l'enseigne du franchiseur dans les conditions fixées au contrat. **22099**

La marque étant un élément essentiel du contrat, le contrat ne peut plus être exécuté si elle est cédée par le franchiseur, sans l'accord du franchisé (Cass. com. 31-1-2012 n° 10-27.603 : RJDA 5/12 n° 492).

Communication au franchiseur du fichier clients du franchisé La clause obligeant le franchisé à mettre à disposition du franchiseur l'intégralité de sa base de données **22100**

clients n'est pas illicite au motif qu'elle constituerait une obligation pesant sur le franchisé sans contrepartie due par le franchiseur dès lors que ce dernier s'est engagé à ne pas la diffuser à un autre franchisé et à ne l'utiliser que pour son seul compte ou celui d'une de ses filiales dans l'intérêt du développement du site, vitrine de la marque, et ce avec le plein accord du franchisé (CA Paris 22-5-2019 n° 17/05279).

22102 **Non-concurrence et non-affiliation** Les clauses de non-affiliation ou de non-concurrence postcontractuelles n'ont été tenues pour licites par les tribunaux que dans la mesure où elles sont inhérentes à la franchise, c'est-à-dire indispensables pour assurer la protection du savoir-faire transmis - qui ne doit profiter qu'aux membres du réseau - et laisser au franchiseur le temps de réinstaller un franchisé dans la zone d'exclusivité, et à condition qu'elles restent proportionnées à l'objectif qu'elles poursuivent (Cass. com. 16-9-2014 n° 13-18.710 : RJDA 3/15 n° 230 et Cass. com. 16-2-2022 n° 20-12.885 F-D : RJDA 5/22 n° 264 : clause injustifiée ; CA Paris 16-11-2017 n° 16/16213 : JCP E 2018.1087 note Bories : clause justifiée).

Le franchisé peut aussi s'engager à ne pas concurrencer le franchiseur pendant le cours du contrat (CA Paris 6-3-1987 : GP 1987.som.382).

La faculté d'inclure de telles clauses dans le contrat est confirmée par l'article 1230 du Code civil issu de l'ordonnance 2016-131 du 10 février 2016 qui affirme expressément qu'elles survivent à la résolution du contrat (n° 16100). Mais cette survie est conditionnée au respect des conditions particulières édictées par l'article L 341-2 du Code de commerce (n° 21595), car en tant que règles particulières, elles dérogent à celles de l'article 1230 (C. civ. art. 1105, al. 3).

Sur la validité du pacte de préférence en cas de vente du fonds de commerce de l'affilié, n° 26630.

22105 **Exploitation** Ayant été choisi en considération de sa personne (n° 22070), le **franchisé** doit exploiter **personnellement** ; le contrat peut cependant l'autoriser à céder sa franchise aux conditions fixées, généralement sous réserve d'agrément de son successeur par le franchiseur. En cas de décès du franchisé, ses héritiers peuvent continuer le contrat si celui-ci le prévoit. À défaut, le caractère personnel de l'engagement du franchisé s'y oppose.

Sur le point de savoir si le franchisé a un fonds de commerce, n° 2506.

Quant au **franchiseur,** il est tenu de maintenir les conditions d'exploitation fixées dans le contrat dans un esprit de collaboration avec le franchisé (sur la jurisprudence inédite exigeant cet esprit de collaboration, Marot, PA 2000 n° 174 p. 4) ; cette obligation s'impose au nouveau franchiseur qui prend la place du précédent et qui **ne peut** donc **modifier** les engagements de ce dernier sans l'accord du franchisé (Cass. com. 3-1-1996 : RJDA 4/96 n° 490) ; le franchisé doit aussi autoriser le changement de franchiseur, le contrat de franchise étant conclu intuitu personae, et ce, même en cas de transmission universelle du patrimoine du franchiseur, notamment par fusion ou apport partiel d'actif soumis au régime des scissions (Cass. com. 3-6-2008 n° 06-18.007 et n° 06-13.761 : RJDA 12/08 n° 1262 ; Cass. com. 7-1-2014 n° 10-18.319 : RJDA 3/14 n° 223.som.).

Le franchiseur peut contrôler l'activité du franchisé à condition de ne pas devenir ni coexploitant de ce dernier, sous peine de s'exposer à une extension de procédure collective (n°s 61630 s.), ni son dirigeant de fait s'il est une société (cf. Cass. com. 23-9-2014 n° 12-35.120 : RJDA 1/15 n° 17).

Le franchiseur qui détient une minorité de blocage dans la société franchisée commet un **abus de minorité** si, après rupture des contrats de franchise et d'approvisionnement, il refuse de voter le changement d'objet social, qui impose l'usage de son enseigne, dès lors que ce changement est une opération essentielle pour la société et sa survie et que son refus de vote ne répond qu'à la défense de ses propres intérêts au détriment de l'ensemble des autres associés (CA Caen 20-1-2022 n° 21/01013 : D. 2023.715 obs. Ferrier).

Sur l'irrecevabilité de la constitution de partie civile du franchiseur pour **infraction commise par le franchisé**, Cass. crim. 22-5-2012 n° 11-85.507 : PA 2012 n° 236 p. 17 note M.-E. Boursier.

22108 **Rémunération du franchiseur** Lors de la conclusion de l'accord, le franchisé est généralement tenu de verser un **droit d'entrée** dans le réseau franchisé. Le montant de ce droit varie en fonction de divers éléments, notamment le renom de la marque, l'importance des prestations proposées par le franchiseur (assistance, formation, etc.), la situation ou l'étendue de la zone concédée et les perspectives de rentabilité de l'investissement.

En contrepartie des avantages résultant du contrat (licence de marque, dépenses publicitaires engagées par le franchiseur, etc.), le franchisé est généralement tenu de verser une **redevance** périodique forfaitaire ou évaluée en pourcentage de son chiffre d'affaires. Le plus souvent, la redevance est calculée en pourcentage et varie entre 2 et 5 % du chiffre d'affaires hors taxe. Elle est parfois dégressive. Il arrive que s'y ajoute une redevance publicitaire.

Renouvellement du contrat À défaut de dispositions propres au renouvellement du contrat de franchise, son renouvellement est soumis aux dispositions du droit commun du renouvellement d'un contrat (nos 16190 s.). 22111

Pour un refus de renouvellement non abusif, Cass. com. 7-9-2022 n° 21-17.914 F-D : RJDA 12/22 n° 680.

Rupture du contrat En cas d'inexécution, le contrat de franchise peut être rompu selon les règles de droit commun d'inexécution du contrat (nos 14400 s.). 22114

Ainsi, le contrat est rompu :

– aux **torts du franchisé** pour manquement à ses obligations (CA Paris 13-11-1984 : BRDA 5/85 p. 16 ; CA Colmar 9-6-1982 : D. 1982.553 note Burst ; CA Paris 6-3-1987 : GP 1987.som.382 ; CA Paris 14-2-1991 : RJDA 7/91 n° 584 ; CA Paris 15-5-2019 n° 17/20051 : RJDA 10/19 n° 617) ou pour rupture anticipée (CA Paris 1-7-2020 n° 18/21756 : RJDA 11/20 n° 564) ou, en cas de franchise conclue en considération de la personne du dirigeant de la société franchisée, si ce dernier ouvre par l'intermédiaire d'une société tierce un restaurant sous une enseigne concurrente du franchiseur (Cass. com. 14-11-2018 n° 17-19.851 F-D : RJDA 2/19 n° 81) ; lorsque la rupture est imputable au franchisé, l'acquisition du fonds de commerce de ce dernier par un tiers ne rend pas l'acquéreur complice de la rupture dès lors que l'acquisition est faite sans déloyauté et dans le respect du droit de préemption conféré au franchiseur (Cass. com. 15-5-2007 n° 744 : RJDA 12/07 n° 1222) ;

– aux **torts du franchiseur** qui a mis fin au contrat qui s'était prolongé après son expiration (CA Paris 27-11-1985 : BRDA 5/86 p. 12), qui n'a pas procédé à une publicité suffisante (Cass. com. 12-7-1993 : BRDA 17/93 p. 4), qui a manqué d'informer le franchisé sur sa mise en redressement judiciaire (Cass. com. 7-3-2000 : RJDA 7-8/00 n° 756) ou qui, ayant vendu son entreprise, a cessé de fournir sa prestation de centrale d'achat, sous réserve que cette prestation ait été la cause déterminante de l'adhésion du franchisé au réseau (Cass. com. 20-5-2003 n° 814 : RJDA 8-9/03 n° 827) ou qui a transféré le contrat à une autre société en application d'une clause l'y autorisant mais dans des conditions le modifiant (CA Dijon 8-4-2010 n° 09/00679 : JCP E 2010.1412 note Dissaux) ; mais la rupture aux torts du franchiseur a été refusée au franchisé qui invoquait l'inexécution de ses obligations par le franchiseur, dès lors que celui-ci avait réduit ses prestations en raison de la conjoncture économique et avait indemnisé ses franchisés du préjudice résultant de ses défaillances en diminuant de 50 % la redevance des deux dernières années (CA Paris 16-12-1992 : RJDA 3/93 n° 214) ;

– aux **torts réciproques** des deux parties, lorsque le franchiseur a diffusé son savoir-faire en dehors du réseau alors qu'il en devait l'exclusivité à ses franchisés et que le franchisé a cessé de payer ses redevances (CA Paris 16-6-1993 : D. 1993.IR.214).

La rupture d'un contrat de franchise n'entraîne pas, en dépit de l'interdépendance des contrats, celle du contrat de bail conclu entre le franchiseur et le franchisé dès lors qu'il résulte des circonstances que le bail s'est poursuivi après l'expiration du contrat de franchise (Cass. 3e civ. 30-6-2010 n° 09-13.335 : RJDA 11/10 n° 1066).

Elle ne donne pas lieu au profit du franchisé à indemnisation de sa clientèle pour enrichissement injustifié du franchiseur car les parties sont liées par un contrat (Cass. com. 23-10-2012 nos 11-21.978, 11-25.175, RJDA 6/13 n° 502, 1e espèce). Mais d'anciens franchisés peuvent demander en référé qu'il soit interdit au franchiseur d'utiliser leurs fichiers clients après la rupture du contrat de franchise (Cass. com. 27-9-2023 n° 22-19.436 F-D : RJDA 1/24 n° 17).

CHAPITRE 8

LOCATION DE MEUBLES

EXISTENCE DE RÉGIMES SPÉCIAUX POUR LA LOCATION DE CERTAINS MEUBLES

Il est courant qu'une entreprise se procure par location les divers biens (véhicules routiers, engins de traction ou de manutention, wagons, containers, avions, ordinateurs, fichiers nominatifs, etc.) dont elle a besoin. Ces diverses locations obéissent à des règles communes exposées aux nos 22503 s. et, pour certaines d'entre elles, à des régimes particuliers : location de coffres-forts (nos 22565 s.), de véhicules routiers industriels (nos 25600 s.) et de parts sociales de SARL ou d'actions (MSC nos 20000 s.). 22500

RÈGLES COMMUNES AUX LOCATIONS DE MEUBLES

Qualification La location de meubles est un contrat par lequel une personne, dite loueur, s'engage envers une autre personne, appelée locataire ou preneur, à lui permettre la jouissance d'un meuble donné, temporairement et moyennant un prix (C. civ. art. 1709 et 1713). 22503

Il s'ensuit que n'est pas un contrat de location de meubles :

– le contrat ayant pour objet des biens destinés, par leur nature, à une consommation immédiate, tel le froid industriel (CA Lyon 18-11-1909 : DP 1910.2.319) ;

– le contrat donnant à une partie le droit d'extraire et de disposer des matériaux d'une carrière, dès lors que le preneur conserve la substance même de la chose, ce contrat s'analysant en une vente de meubles par anticipation (Cass. civ. 3-10-1969 : D. 1970.49 ; Cass. 3e civ. 25-10-1983 : Bull. civ. III no 197) ;

– le contrat qui dissimule, aux yeux des juges, une vente (Cass. civ. 22-12-1909 : S. 1910.1.191).

En revanche, constitue une location de meubles :

– la location de machines pour une durée de trois ou quatre ans au gré du preneur qui pouvait en devenir propriétaire après la quatrième année moyennant paiement d'une soulte (Cass. req. 29-1-1902 : DP 1902.1.96) ;

– la convention qui n'octroie pas au preneur la faculté d'acquérir le bien dont la jouissance lui a été concédée, de le sous-louer ou de le céder et qui oblige le preneur à le restituer purement et simplement à l'issue de la période de location, et qui autorise le loueur à en contrôler étroitement l'utilisation (Cass. com. 14-4-1972 : JCP G 1972.II.17269 note Alfandari).

Sur la distinction du louage avec le prêt à usage, no 23500 ; le dépôt, no 21000 ; le crédit-bail de biens d'équipement, nos 41605 s.

Régime Le louage de meubles est expressément admis par le Code civil (art. 1711, al. 2 et 1713) mais ne fait l'objet d'aucune disposition particulière. 22506

Le droit commun des contrats (nos 10600 s.) et les règles du bail d'immeubles comme droit commun du louage de choses lui sont donc applicables, du moins « autant qu'elles sont compatibles avec la nature des choses » (Cass. civ. 16-8-1882 : DP 1883.1.213 ; Cass. civ. 22-7-1968 : D. 1968.622).

Description du meuble loué Le contrat de location doit indiquer les caractéristiques du meuble loué et de ses accessoires (type, moyens de manutention, aménagements spéciaux éventuels, performances, etc.). Il appartient au preneur de bien préciser ses besoins s'il veut être en droit de reprocher par la suite au loueur les insuffisances du bien loué (CA Paris 8-2-1990 : D. 1990.IR.71). 22509

Les parties ont intérêt à prévoir le programme d'entretien et de réparation du meuble loué, lorsque sa nature l'exige, ainsi que les conséquences de l'immobilisation qui peut en résulter : réduction du prix, remplacement dans un délai déterminé, indemnités réparatrices du dommage éventuellement subi par le locataire.

Modalités d'utilisation du meuble loué Les modalités d'utilisation du meuble loué sont librement fixées par les parties. Celles-ci sont, notamment, libres de convenir si le meuble loué sera ou non à la disposition exclusive du locataire. 22512

Le locataire doit jouir de la chose louée raisonnablement et user de la chose conformément à sa destination (C. civ. art. 1728, 1o). Le loueur peut exiger le respect de cette obligation à tout moment au cours de la location (Cass. civ. 17-10-1962 : GP 1963.1.154).

Prix Le montant du loyer est librement débattu. 22515

Lorsque le loyer horaire d'un ordinateur a été fixé par référence au « temps d'utilisation de l'équipement », ce qui compte, c'est « le temps de mise à la disposition (du locataire) d'un ensemble d'appareils et l'installation dans une salle appropriée » et non pas seulement le temps d'utilisation de l'ordinateur (Cass. com. 1-12-1975 n° 74-12.456 : Bull. civ. IV p. 236).

22518 **Écrit** La location d'un meuble peut être verbale ou constatée par écrit (C. civ. art. 1714).

22521 **Assurance** Il est recommandé de prévoir qui doit assurer l'objet loué, le loueur manquant à son devoir de conseil en n'avertissant pas le preneur de son intérêt à assurer la chose louée (n° 22533).

22524 **Délivrance** Le loueur doit remettre au preneur le bien loué (C. civ. art. 1719, 1°). Cette délivrance porte non seulement sur la chose louée elle-même en bon état (art. 1720, al. 1), mais aussi sur les accessoires de celle-ci et sur ce qui en permet l'usage normal (CA Paris 10-12-1976 : GP 1977.2.664). Mais il n'est pas tenu à la remise des accessoires lorsque le preneur, professionnel expérimenté, ne les lui a pas demandés (Cass. com. 17-12-1991 : RJDA 4/92 n° 332 : location d'ordinateurs et de logiciel d'exploitation sans fourniture des logiciels d'application ; aussi, Cass. com. 12-11-1992 : RJDA 2/93 n° 109).

Le contrat doit donc être résolu lorsqu'il manque un accessoire indispensable au matériel loué (CA Paris 10-12-1976 précité).

À l'occasion de cette mise à disposition, les parties ont intérêt à dresser un constat de l'état du bien remis ; à défaut, le locataire est présumé l'avoir reçu en bon état de réparations locatives, sauf la preuve contraire (art. 1731). Ainsi, le locataire qui n'a pas dénoncé les vices apparents est censé les avoir acceptés (CA Lyon 18-5-1978 : DMF 1980.73).

Le loueur peut se rendre coupable de tromperie sur la chose louée s'il a laissé croire au preneur qu'il lui remettait un bien en bon état alors qu'il n'en est rien (CA Colmar 22-5-1987 : GP 1988.570 note Bihl).

La fourniture du bien loué est distincte de la délivrance dudit bien, laquelle est la substance du contrat de louage et a pour objet, non la remise matérielle du bien, mais la mise à disposition du preneur de la chose louée, et le loueur peut donc ne pas se porter garant de la fourniture du matériel ou des retards apportés à celle-ci (CA Paris 12-7-1991 : JCP G 1991.IV.421 : location d'ordinateur dont un logiciel d'exploitation devait être fourni par un tiers).

22527 **Mise à disposition de personnels qualifiés** En raison de la technicité de plus en plus poussée des meubles loués, il est souvent convenu que le loueur doit fournir les services d'un personnel qualifié pour l'utilisation de ceux-ci, tels un mécanicien, un opérateur ou un conducteur. Cette mise à disposition doit être conforme aux règles du détachement de personnel (n°s 13685 s.).

Les **dommages causés au bien loué** ou à un bien employé à la même tâche sont à la charge du locataire lorsqu'ils résultent d'une utilisation de la chose faite sous le contrôle de celui-ci (Cass. com. 29-4-2002 n° 98-17.754 : BTL 2002.358). Inversement, lorsqu'ils surviennent au cours d'une utilisation de la chose par le loueur, ils sont à la charge de celui-ci.

Par exemple, le loueur est responsable :

– de l'accident qui n'a pu survenir qu'à cause de l'accord donné par un mécanicien, spécialiste formé par le loueur (Cass. com. 13-5-1980 : Bull. civ. IV p. 156) ;

– de la chute d'une grue due aux erreurs commises par son personnel dès lors que le locataire devait obligatoirement employer le personnel mis en place et formé par le loueur (Cass. com. 19-12-1983 : GP 1984.pan.131) ;

– de la chute d'une grue imputable à une incapacité technique du personnel loué avec cette dernière, en dépit des termes mêmes du contrat qui précisaient que l'engin était placé sous la direction, le contrôle et la responsabilité du locataire (CA Aix 12-5-1982 : Bull. Cour d'Aix 1982/2 p. 64 ; dans le même sens, Cass. com. 4-2-1997 : DMF 1997.478 obs. Tassel).

La nature de la chose louée implique parfois, même dans le silence du contrat, l'**obligation** de fournir au locataire une assistance technique.

Ainsi, la mise en place d'un matériel informatique implique, de la part du fournisseur, la livraison d'un matériel apte à exécuter les travaux prévus et une assistance technique pendant une période suffisante d'adaptation, sous peine d'engager la responsabilité de celui-ci (CA Paris 12-7-1972 : GP 1972.2.804 note Megret).

22530 **Entretien** Le **loueur** doit entretenir la chose louée en état de servir pour l'usage pour lequel elle est louée (C. civ. art. 1719, 2°), notamment assurer l'entretien de sa structure (Cass. com. 13-6-1995 : BTL 1996.79).

Ainsi le loueur peut-il avoir à mettre à la disposition de son locataire des pneumatiques de rechange et à assurer le choix, le montage, l'entretien, le contrôle et le remplacement de ces derniers (Cass. com. 7-12-1960 : Bull. civ. III p. 366) ou à répondre du mauvais fonctionnement d'un conteneur frigorifique (CA Paris 13-9-1989 : BT 1990.151). Il reste tenu des grosses réparations même lorsque le locataire a pris à sa charge les travaux d'entretien (CA Douai 27-10-1983 : BT 1984.294).

Toutefois, même s'il a promis d'assurer « la mise à jour du matériel (un fauteuil de soins dentaires) pendant la durée du financement étant donné la nouveauté du matériel », il n'est pas tenu pour autant de faire bénéficier le locataire de toutes les innovations concernant ce matériel (CA Paris 16-5-2003 n° 01/10494 : RJDA 11/03 n° 1059).

Le **locataire** doit aussi conserver le meuble loué et prendre les précautions d'usage pour éviter les dommages auxquels celui-ci pourrait se trouver exposé. À ce titre, il est tenu d'user de la chose raisonnablement et suivant la destination qui lui a été donnée par le bail (art. 1728, 1°).

S'est conformé à cette obligation le locataire de wagons-citernes qui a averti le loueur de leur corrosion et a pris soin des éléments fragiles des wagons, l'obligation d'entretien ne portant pas sur la structure des citernes (CA Paris 7-11-1991 : BTL 1991.799).

Devoir de conseil Le loueur est tenu d'un devoir de conseil envers son locataire quant à l'utilisation du matériel loué (pour un devoir satisfait, CA Paris 9-6-2016 n° 14/12411 : BTL 2016.414). 22533

Manque à son devoir de conseil envers son client :

– la société qui loue une photocopieuse qui ne peut suffire aux besoins du locataire alors que la notice publicitaire était rédigée de telle sorte que l'utilisateur pouvait espérer des performances exceptionnelles quant au nombre des copies (CA Versailles 21-10-1987 : D. 1987.IR.254) ;

– la société, professionnel de la location de matériel, qui ne lui permet pas de prendre les dispositions nécessaires à la conservation du matériel, en ne portant pas à sa connaissance les conditions générales du contrat et en particulier le fait que le matériel pris en location n'est pas assuré et qu'il appartient au client de prendre les dispositions nécessaires à ce titre (CA Paris 3-4-2002 n° 01/17273 : RJDA 10/02 n° 978 som.).

Paiement du prix de location À la condition que le bien loué lui ait été délivré (Cass. civ. 20-6-1995 : RJDA 12/95 n° 1361), le locataire est tenu de payer le prix de la location, tel que déterminé au contrat, aux dates convenues (C. civ. art. 1728, 2°). 22536

Le locataire doit notamment régler le prix de location dès l'instant où le loueur l'indemnise des dommages qu'il a subis du fait du mauvais entretien de la chose louée (CA Paris 21-3-1979 : BT 1979.257, en matière de location de véhicules industriels mais transposable à toute location de meubles).

Parfois, le locataire doit verser une somme au loueur, en général sous la forme d'une consignation, à titre d'indemnité représentative de la valeur des objets loués pour prévenir une éventuelle disparition ou détérioration (Cass. civ. 16-5-1956 : JCP G 1956.IV.94). L'exécution normale des obligations du locataire permet à ce dernier de récupérer la somme consignée à l'échéance du contrat (CA Bordeaux 30-4-1951 : RTD com. 1951.596 obs. Houin).

Conformité du meuble loué En principe, le loueur n'est pas tenu à une obligation de résultat, les services obtenus dépendant à la fois des qualités propres du matériel et des conditions dans lesquelles ce matériel a été mis en œuvre avec le concours des deux parties (CA Paris 12-7-1972 : GP 1972.2.804 note Megret). 22539

Toutefois, une obligation de résultat a été mise à la charge du loueur d'une machine à cartes perforées dès lors que le choix des appareils et de la « programmation » lui incombait (T. com. Lyon 1-3-1966 : Journ. agréés 1966.197 obs. Seffert).

Le loueur peut fournir des matériels d'occasion dès lors que ceux-ci sont aptes à assumer les services attendus du locataire (Cass. com. 12-11-1992 : RJDA 2/93 n° 109). Mais il se rend coupable d'un défaut de conformité lorsqu'il affirme ne plus être en mesure de garantir la maintenance du matériel qu'il a livré (CA Versailles 16-1-1998 : DA 1998.665, prononçant la résiliation du contrat, le matériel étant devenu inutilisable du fait du défaut d'entretien).

Devant l'imprécision du contrat, une expertise peut être ordonnée pour déterminer si et dans quelle mesure les résultats escomptés n'ont pas été atteints et, éventuellement, qui est responsable de l'échec (CA Paris 21-6-1971 : JCP G 1972.II.17138 note Megret).

Sur la faculté du locataire de demander la résolution du contrat si le matériel de travail loué ne répond pas aux normes de sécurité, C. trav. art. L 4311-5.

Garantie des vices cachés Le loueur est tenu, en vertu de l'article 1721 du Code civil, d'indemniser le locataire des pertes résultant des vices ou défauts du bien loué (Cass. civ. 27-10-1981 : GP 1982.pan.111 : mauvais fonctionnement d'un appareil de télévision qui, en dépit de plusieurs pannes, n'avait pas été remplacé). 22542

Sa responsabilité contractuelle est, cependant, fortement atténuée lorsqu'il a tout tenté, avec le concours de son personnel, pour remédier aux vices cachés (T. com. Paris 19-4-1971 : GP 1971.2.401).

Encore faut-il que le locataire fasse la preuve du vice caché qu'il invoque (pour des insuffisances de preuve : CA Paris 26-4-1960 : BT 1960.202 ; CA Poitiers 15-4-1970 : BT 1970.199).

Le contrat de location peut néanmoins mettre à la **charge du locataire** les vices cachés (Cass. com. 3-7-1938 : BT 1938.93 ; CA Aix 1-6-1995 : Bull. cour d'Aix 1995-1 n° S-511 obs. Stoffel-Munck).

Tel n'est pas le cas de la clause précisant que le matériel loué est réputé en bon état de marche et d'entretien (CA Rouen 23-5-2002 : RJDA 12/02 n° 1265).

Mais la clause **privant** le locataire de **tout recours** pour défaut rendant l'appareil impropre à son usage n'est pas valable (CA Rouen 15-9-1993 : RJDA 12/93 n° 1021 ; dans le même sens, CA Aix 1-6-1995 précité : inopposabilité de la clause excluant tout remboursement de loyers pour privation de jouissance consécutive aux défauts du bien loué ; CA Paris 10-3-1992 : D. 1992.IR.173 : inopposabilité de la clause exonérant le loueur de toute réparation alors que le locataire est un non-professionnel avec lequel le loueur n'a pas eu de rapports contractuels de même nature).

Cette solution est une application de la neutralisation des clauses limitatives de responsabilité pour atteinte à l'obligation essentielle (n° 12490).

22543 **Évolution du matériel loué** Pour certains biens (matériel informatique, de téléphonie, photocopieurs...), le contrat de location peut prévoir la **faculté pour le preneur d'obtenir du matériel plus récent** ou supplémentaire avant le terme du contrat, **moyennant un réengagement** de sa part **sur une nouvelle période de location**. Une telle clause peut, compte tenu de ses modalités de mise en œuvre, imposer la prolongation infinie des obligations du preneur, sauf pour celui-ci à renoncer à l'adaptation du matériel loué et donc à une caractéristique essentielle du contrat (Cass. com. 28-5-2002 n° 98-22.911 F-D : RJDA 12/02 n° 1264 ; Cass. com. 11-5-2022 n° 19-22.015 F-B : RJDA 11/22 n° 631). Or la location ne peut être consentie que pour un « certain temps » (C. civ. art. 1709) et un contrat ne saurait être perpétuel (art. 1210), le contrat étant alors résiliable comme un contrat à durée indéterminée.

22545 **Fait du meuble loué** Le loueur répond des dommages causés par le fait du meuble loué lorsqu'il a conservé sur lui un pouvoir de direction et de contrôle (n°s 8069 s. ; pour des applications aux locations de véhicules, n° 25675, et à l'affrètement d'un aéronef, Cass. civ. 21-5-1979 n° 77-14.679 : Bull. civ. II n° 149 ; Cass. com. 2-10-2012 n° 11-21.362 : Bull. civ. IV n° 179). La même responsabilité incombe au locataire si c'est lui qui a reçu le pouvoir de direction et de contrôle du meuble.

22548 **Détériorations du meuble loué** Le locataire est présumé responsable en cas de **perte par incendie** du meuble (cf. C. civ. art. 1733 ; Cass. civ. 6-5-1968 : D. 1968.694).

Mais sa responsabilité peut être partagée avec le loueur, l'insouciance de l'un pouvant s'ajouter à l'inattention de l'autre (CA Paris 4-7-1972 : GP 1972.2.som.107).

Le locataire répond des **autres** dégradations et pertes survenues pendant la location sauf s'il prouve que ces dommages sont survenus sans sa faute, ce qui s'établit généralement lors de la restitution de la chose louée (n° 22560). Mais le locataire ne peut être condamné pour ne pas avoir pris les dispositions nécessaires, sans rechercher en quoi, eu égard à la nature du matériel et aux circonstances de sa garde, il était tenu à des précautions particulières (Cass. com. 21-2-1995 : RJDA 7/95 n° 839).

Le locataire ne commet pas de faute en abandonnant l'engin loué lorsqu'il est atteint de défectuosités excluant toute remise en état et le rendant totalement inutilisable (Cass. civ. 4-11-1987 : GP 1988.pan.6).

Il peut accepter de garantir le loueur contre toutes dégradations, même celles dues à un cas de force majeure (CA Aix 6-10-1987 : Bull. Cour d'Aix 1987/2 p. 13), sous réserve du cas où cette exonération du loueur aboutit à le libérer de l'exécution de son obligation essentielle (n° 22542). Réciproquement, le loueur peut renoncer à lui demander compte de toutes dégradations (cf. Cass. 1e civ. 11-4-1995 n° 92-19.091 : BT 1995.356).

22551 **Responsabilité pénale du loueur** L'inattention ou la négligence du loueur dans l'exécution de ses obligations contractuelles peut engager sa responsabilité pénale, même si sa faute est tempérée par celle du locataire (CA Paris 4-7-1972 : GP 1972.2.som.107 : à propos d'une contravention de cinquième classe applicable au loueur pour la location d'une automobile en mauvais état).

22554 **Responsabilité pénale du locataire** Le locataire encourt les sanctions prévues pour l'**abus de confiance** s'il ne restitue pas les objets loués (C. pén. art. 314-1).

Le détournement par le locataire de la chose louée est réalisé, par exemple, lorsque le locataire d'une automobile, au lieu de la restituer à la date convenue, l'abandonne sur la voie publique (Cass. crim. 19-5-1969 : JCP G 1969.II.16104 obs. Lestang).

Mais ne suffit pas à établir le délit le simple retard dans la restitution de la chose louée ; il faut qu'il y ait détournement ou dissipation de cette chose (Cass. crim. 23-3-1971 : JCP G 1971.II.16869 obs. Lestang).

22557 **Cessation du contrat** Le contrat de location s'éteint pour les mêmes causes que le contrat de droit commun (n°s 16000 s.).

Ainsi, le contrat prend fin par : l'arrivée du terme prévu (C. civ. art. 1737) ; la résiliation unilatérale d'une location de durée indéterminée (cf. C. civ. art. 1709 ; CA Paris 23-2-1987 : D. 1987.IR.58) ; la perte de la chose louée et le défaut respectif du loueur et du locataire de remplir leurs engagements (art. 1741), quelle que soit la cause de cette perte, cas fortuit ou faute de l'une des parties (Cass. com. 8-10-1991 : RJDA 12/91 n° 1019). En revanche, la mort de l'une des parties n'entraîne pas systématiquement la fin du contrat sauf clause expresse contraire du contrat (art. 1742).

La partie qui résilie à tort le contrat de location peut être condamnée à payer le dédit prévu par la convention ainsi qu'à des dommages et intérêts (CA Paris 26-6-1976 : BT 1976.379, en matière de location de véhicules industriels mais transposable à toute location de meubles).

Restitution du meuble loué À l'échéance du contrat, la chose louée doit être restituée au loueur, la jouissance n'étant consentie que « pendant un certain temps » (C. civ. art. 1709). 22560

Le preneur répond des dégradations ou des pertes qui sont arrivées pendant sa jouissance, à moins qu'il ne prouve qu'elles ont eu lieu sans sa faute (art. 1732), les juges du fond pouvant retenir sa responsabilité sans avoir à se prononcer sur son absence de faute (Cass. 1e civ. 27-6-1966 : Bull. civ. I n° 383). Cette règle n'est pas d'ordre public et peut être écartée par les parties (CA Rouen 12-2-1992) ; elle n'est plus applicable lorsque la location a cessé (Cass. civ. 20-2-1996 : RJDA 6/96 n° 778, mettant à la charge du loueur les travaux effectués après l'échéance du contrat).

En cas de sous-location, il appartient au sous-locataire de prouver qu'il n'a pas commis de faute (Cass. com. 11-6-1976 : GP 1976.2.som.252).

Le locataire ne peut être condamné pour ne pas avoir pris les dispositions nécessaires, sans rechercher en quoi, eu égard à la nature du matériel et aux circonstances de sa garde, il était tenu à des précautions particulières (Cass. com. 21-2-1995 : RJDA 7/95 n° 839).

La preuve de l'origine des dommages résulte généralement des constats dressés à la remise et à la restitution du bien dès lors qu'ils sont contradictoires (CA Paris 21-12-1983 : BT 1984.516) ; ils font alors foi jusqu'à preuve contraire (T. com. Paris 29-1-1981 : BT 1981.171). À défaut de constat, il est présumé que le meuble a été remis au locataire en bon état (art. 1731).

Le locataire est tenu des réparations faites par le loueur lorsque, d'une part, c'est par son propre fait que le constat n'a pu être dressé lors de la restitution (véhicules ramenés de nuit dans les entrepôts du loueur) et, d'autre part, lorsqu'il n'a pas protesté à la réception des factures de réparation (Cass. com. 31-10-1978 : BT 1979.44).

Si le contrat prévoit qu'un constat peut être fait lors de la restitution, avec convocation du locataire, l'absence de cet état n'interdit pas au loueur d'établir par d'autres moyens la preuve des avaries constatées par lui sur le matériel restitué (CA Rouen 23-5-1990).

Elle est aussi établie à l'encontre du locataire qui est dans l'impossibilité d'imputer les dommages soit au manquement du loueur à son obligation de fournir une jouissance paisible, soit à un vice de la chose (Cass. com. 14-2-1989).

La restitution doit se faire au temps et au lieu convenus par les parties. À défaut de précision dans le contrat, le lieu de restitution se trouve à l'endroit de la mise à disposition (cf. Cass. crim. 26-12-1961 : BT 1962.98). Sauf stipulations contractuelles spécifiques, la restitution doit être conforme aux règles exposées aux n°s 16120 s.

LOCATION DE COFFRE-FORT

Définition Le contrat de location de coffre-fort - ou contrat de coffre-fort - est un contrat aux termes duquel un banquier met à la disposition de son client, moyennant une rétribution, un coffre-fort ou un compartiment afin que ce dernier puisse y placer tous objets et valeurs à sa convenance. 22565

Il est à noter qu'il n'a pas été expressément jugé que ce contrat était un louage de meubles, les décisions présentées comme l'affirmant (Cass. req. 11-2-1946 : D. 1946.365 note Tunc ; T. civ. Laval 21-7-1943 : DC 1944.59 note Tunc ; T. civ. Lyon 12-12-1945 : D. 1946.387) n'ayant pas tranché un conflit de qualification et n'ayant usé de la qualification de louage qu'en termes allusifs. En revanche, il a été formellement jugé qu'il ne l'était pas et qu'il n'était pas non plus un contrat de dépôt (CA Aix 28-6-1989 : Bull. cour d'Aix 1989/2 n° 81 ; aussi Cass. com. 11-10-2005 n° 1245 : RJDA 2/06 n° 183), et que l'article 1722 du Code civil relatif au louage de chose ne lui était pas applicable (Cass. com. 11-10-2005 n° 03-10.975 FS-PB : RJDA 2/06 n° 183).

Le coffre-fort peut faire l'objet d'une location à titre personnel, auquel cas son accès est bloqué automatiquement au décès de son titulaire, ou d'une location jointe entre plusieurs personnes, surtout pratiquée au profit de deux époux.

Dans cette dernière hypothèse, l'accès au coffre n'est possible qu'aux titulaires agissant ensemble. Au décès de l'un, le coffre-fort n'est accessible qu'avec l'accord des cotitulaires survivants et des ayants cause du défunt.

La location peut aussi être stipulée solidaire entre les différents preneurs. Dans ce cas, chacun des titulaires a accès au coffre individuellement même dans l'hypothèse du décès de l'un d'eux.

Obligation du locataire Le locataire est tenu d'user du coffre loué raisonnablement ; en particulier, il doit : 22568

– s'abstenir d'y introduire tout objet exclu par le contrat et, notamment, des substances dangereuses ou nocives ou de dépasser la valeur maximale fixée au contrat, sous peine de ne pas être remboursé de l'excédent en cas de vol des biens déposés (Cass. com. 22-5-1991 : RJDA 8-9/91 n° 687, jugeant que la fixation d'une telle limite ne constitue pas une clause limitative de responsabilité et qu'elle doit donc être appliquée sans rechercher s'il y a faute lourde de la banque) ;

– régler à échéance la rétribution fixée au contrat.

22571 **Obligations de la banque** La banque est tenue des obligations suivantes :

1. Mettre le coffre à la **disposition** de son client en lui remettant les clefs et en lui permettant le libre accès aux jours et heures prévus au contrat ;

2. Contrôler systématiquement l'**identité** ou les **pouvoirs** de toute personne accédant au coffre (Cass. civ. 12-12-1955 : Bull. civ. I p. 351 ; TGI Paris 13-2-1992 : Bull. inf. C. cass. 1992 n° 1402) ;

Commet une faute lourde la banque qui laisse accéder au coffre, même s'il est en possession de la clé remise à son client, le commis de ce client, sur le seul souvenir de ce qu'il avait parfois accompagné les fondés de pouvoir du client, seuls titulaires de l'habilitation appropriée (Cass. civ. 15-11-1988 : D. 1989.349 note Delebecque ; Cass. com. 9-2-2016 n° 14-23.006 : RJDA 10/16 n° 726). Mais la banque ne manque pas à son devoir de contrôle de l'identité si elle laisse accéder au coffre un époux lui présentant une déclaration de perte de la clé et une procuration lui donnant pouvoir d'accéder au coffre qui se sont révélées ultérieurement être des faux (Cass. com. 22-10-1991 : RJDA 1/92 n° 67).

3. Assurer la sécurité du coffre et de son contenu, notamment contre les vols et détériorations (Cass. com. 15-1-1985 : Bull. civ. IV n° 23), quand bien même les objets déposés appartiendraient à des tiers (Cass. 1e civ. 29-3-1989 : Bull. civ. I n° 142). Le montant de l'indemnité peut être conventionnellement limité, sauf faute lourde (Cass. civ. 15-11-1988 précité).

Constitue un cas de **force majeure** une inondation de la salle des coffres due à une rupture de canalisations (T. civ. Avignon 19-2-1953 : Banque 1957.107).

En revanche, la force majeure n'a pas été retenue dans un cas où l'inondation avait été causée par des infiltrations dans la salle des coffres (Cass. req. 11-2-1946 : D. 1946.365 note Tunc ; T. civ. Lyon 12-12-1945 : D. 1946.387) ni en cas de pillage prévisible (Cass. com. 29-10-1952 : D. 1953.53 ; Cass. com. 27-4-1953 : JCP G 1953.II.7676).

Les dépôts et retraits dans les coffres n'étant pas enregistrés par les services de la banque, la **preuve de l'existence et de la valeur** des objets contenus dans le coffre ne peut être rapportée que par des présomptions (CA Aix 16-3-1995 : Bull. cour d'Aix 1995-1 n° S-34 obs. Vincensini ; cf. Cass. com. 15-1-1985 : Bull. civ. IV p. 18 ; CA Paris 12-7-1982 : D. 1983.IR.471) ;

4. Ne **pas divulguer aux tiers** des **renseignements** concernant le coffre loué et son contenu (CA Paris 17-3-1986 : D. 1987.som.304 obs. Vasseur : non-révélation au fils du défunt), même après la résiliation du contrat de garde conclu avec le client (Cass. civ. 2-6-1993 : Bull. civ. I p. 136 : non-révélation aux ayants cause du peintre dont les tableaux avaient été mis au coffre par une personne dont le décès avait entraîné la résiliation) ;

5. Conserver entre ses mains, après la rupture du contrat, le contenu du coffre ; elle est alors responsable des pertes et des dommages causés aux objets dont elle a conservé la garde et qu'elle manipule et transporte à ses risques et périls ; mais il appartient au locataire d'apporter la preuve des objets qu'il a mis dans le coffre (CA Paris 28-4-2011 n° 09/11408 : RD bancaire 2011 n° 6 § 186 obs. Crédot et Samain).

22574 **Droits des créanciers du locataire** Les créanciers du client peuvent procéder à une saisie-vente ou à une saisie-appréhension des biens et valeurs placés dans le coffre dans les conditions fixées aux articles R 224-1 s. du Code des procédures civiles d'exécution.

22577 **Extinction du contrat** Le contrat de location du coffre prend fin avec l'extinction du contrat de compte bancaire, compte tenu du caractère indivisible de ces deux contrats (Cass. com. 21-1-2004 n° 02-16.727 : RD. banc. 2004 § 90 obs. Crédot et Gérard).

CHAPITRE 9

MANDAT

Définition Le mandat est le contrat par lequel une personne, le **mandant, donne** à une autre, le **mandataire,** le pouvoir de faire « quelque chose » pour son compte et en son nom (C. civ. art. 1984, al. 1). Il est appelé « procuration » lorsqu'il a pour objet la conclusion d'un acte juridique. 23000

Régime Le contrat de mandat est régi par les articles 1984 à 2010 du Code civil et par les textes de droit commun relatifs à la représentation introduits dans le Code et applicables, dans la mesure où ils sont compatibles avec les règles particulières propres au mandat (cf. C. civ. art. 1105, al. 2 et 3) et où leur application se rapporte à des contrats de mandat conclus après cette date (nos 10611 s.). 23003

Ce régime est applicable aux contrats de mandat de caractère administratif (CE 24-2-1954 : Lebon 125 ; CE 27-5-1957 : Lebon 351).

Est administratif le mandat confié à une personne privée pour vendre un bien du domaine privé d'une personne publique, car il est un marché de services (T. confl. 14-5-2012 n° 3860, 1e esp. : RJDA 4/13 n° 311).

Lorsque le contrat de mandat constitue un contrat **international,** les parties peuvent choisir la loi applicable au contrat, tant en cas de conflit entre des lois des États membres de l'UE, par application du règlement CE 593/2008 (art. 3 : n° 17103), que lorsque le mandat relève de la convention de La Haye du 14 mars 1978 sur la loi applicable aux contrats d'intermédiaires et à la représentation (art. 5) ou du droit commun des conflits de lois.

À défaut de loi choisie par les parties :

– si le règlement CE 593/2008 ou la convention de La Haye sont applicables, la loi régissant le mandat dans les rapports entre le mandant et le mandataire est celle de l'État où, au moment de la conclusion du contrat, le mandataire a son établissement professionnel ou, sinon, sa résidence habituelle (cf. art. 4, 1-b du règlement ; art. 6 de la convention de La Haye) ; quant aux effets du mandat à l'égard des tiers, le règlement CE 593/2008 (art. 1, 2-g) exclut cette question de son domaine tandis que la convention de La Haye (art. 11) précise que le mandant est engagé à l'égard des tiers selon la loi interne de l'État dans lequel le mandataire avait son établissement professionnel au moment où il a agi ;

– si les textes susvisés ne sont pas applicables, les tribunaux retiennent généralement la loi du lieu d'exécution (cf. CA Paris 21-1-1994 : Rev. crit. 1995.535 note Lagarde), laquelle est aussi applicable en vertu de la loi au mandat de consignataire de navire (Cass. com. 20-6-1989 n° 87-14.907 : Bull. civ. IV n° 194).

Qualification L'application du régime du mandat est souvent contestée car plusieurs contrats peuvent être invoqués pour régir l'action qu'une partie accomplit pour le compte d'une autre. 23006

Ainsi, il importe de distinguer le mandat :

– du contrat d'entreprise, le prestataire de services agissant en son propre nom et pour son compte et exerçant une activité matérielle (n° 19523) ;

– du contrat de travail, qui implique une subordination à l'égard de l'employeur (Mémento Social nos 16360 s.) ;

– du contrat de dépôt, qui a pour objet une prestation matérielle, la garde d'un bien (n° 21000) ;

– du contrat de commission, parce que le commissionnaire traite, certes pour le compte d'autrui, mais en son propre nom et non pas au nom d'autrui (n° 21853) ; sur la liberté de l'intermédiaire de choisir entre les deux contrats, CA Rouen 12-4-2018 n° 16/06191) ;

– du contrat de prête-nom, qui ne comporte pas de représentation révélée au cocontractant (n° 12183).

La caractéristique fondamentale du contrat de mandat est que le **mandataire représente le mandant** : il agit au nom et pour le compte de ce dernier (C. civ. art. 1154, al. 1) ; les actes qu'il accomplit engagent le mandant en le rendant débiteur ou créancier de la personne qui a traité avec le mandataire et sans que celui-ci en soit tenu. **Seuls** les actes qui créent des obligations, à savoir les **actes juridiques** (à l'exclusion des actes matériels), peuvent donc être l'objet d'un mandat.

Ainsi, il a été jugé que l'acte par lequel la victime d'un accident matériel de la circulation donne au garagiste qui a réparé son véhicule pouvoir d'encaisser en son nom l'indemnité d'assurance constitue un mandat et non une cession de créance (Cass. civ. 30-11-1977 : Bull. civ. I p. 357) mais que ne constitue pas un mandat l'accomplissement de démarches qui ne donnent pas lieu à des actes juridiques engageant le donneur d'ordre (Cass. com. 2-3-2010 n° 08-14.250 : RJDA 6/10 n° 616 som.).

Le mandat peut être conclu à titre principal ou en ajout d'un autre contrat.

Ainsi est lié par un mandat :
– l'agence de voyages avec les prestataires de services qu'elle choisit pour assurer sa mission (Cass. civ. 23-2-1983 : JCP G 1983.II.19967 concl. Gulphe) ;
– l'architecte chargé par son client, outre sa mission d'architecte, d'accomplir pour son compte et en son nom certains actes juridiques déterminés, comme la signature d'un marché de travaux non forfaitaire avec un entrepreneur de terrassement (Cass. civ. 8-2-1978 : Bull. civ. III p. 58) ;
– le dépositaire qui, outre la garde matérielle de la chose, est chargé d'en assurer l'administration (Cass. req. 23-12-1931 : DH 1932.68) ou la vente (Cass. com. 13-5-1970 : D. 1970.701 note Guyenot) ;
– le transporteur qui est chargé, outre le déplacement de la marchandise remise, de l'assurer, de la déposer ou d'en recouvrer le prix.

23009 **Points sensibles** Bien que le mandat soit un contrat qui suppose un échange de volontés, toute entreprise doit être avertie que son existence est souvent déduite par les tribunaux des circonstances qui ont fait croire aux tiers à l'**apparence** d'un mandat (nos 23027 s.). Pour éviter de se trouver liée à son insu par un mandat, une entreprise doit donc veiller à ce que cette apparence ne soit pas constituée par ceux qui interviennent plus ou moins directement pour son compte.

Lorsqu'il y a volonté de conclure un mandat exprès, les parties ont intérêt, pour éviter les contestations sur la qualification (no 23006), de mentionner expressément dans l'acte que leur convention a pour objet l'exécution d'une mission de représentation et de préciser aussi les points suivants :
– l'étendue des pouvoirs du mandataire car, à défaut de stipulation expresse, le mandataire ne peut pas accomplir d'actes de disposition ni conclure des baux de longue durée (no 23024) ;
– la durée des pouvoirs du mandataire, étant observé qu'à défaut ce dernier peut être révoqué par le mandant à tout moment (« ad nutum ») et sans indemnité, sauf cas de rupture abusive (no 23080), ou de mandat d'intérêt commun (nos 23083 s.) ;
– la faculté pour le mandataire de se porter contrepartie (no 23035) ou de se substituer un tiers (no 23038) ;
– le remboursement ou non au mandataire de ses pertes d'exploitation (no 23041).

EXISTENCE DU MANDAT

23012 **Échange des consentements** Le mandat peut être exprès, ou résulter d'un **accord tacite** des parties (Cass. com. 12-3-1996 : RJDA 7/96 no 916 ; Cass. com. 30-5-2006 : RD bancaire 2006 no 185 obs. Crédot et Samin).

L'existence d'un mandat tacite complémentaire d'un autre contrat a été admise :
– lorsqu'ont été remises à l'huissier (ou commissaire) de justice, chargé de délivrer une sommation, des pièces nécessaires à l'encaissement, cette remise faisant présumer le mandat d'encaisser (Cass. civ. 30-9-1981 : Bull. civ. II p. 111) ;
– lorsqu'un bailleur laisse son avocat établir par constat d'huissier (ou de commissaire de justice) un changement de destination des lieux loués, envoyer au preneur une copie du constat et l'informer qu'il entend poursuivre au nom du bailleur la résiliation du bail (Cass. civ. 12-5-1993 : D. 1993.411 note Chartier) ;
– lorsqu'un acte notarié prévoit le paiement du capital en l'étude d'un notaire, ce qui implique le mandat pour ce notaire de percevoir les fonds (Cass. civ. 3-11-1947 : JCP G 1947.II.4009) ;
– lorsqu'un transporteur a transmis à son assureur la demande de report de prescription du commissionnaire sans émettre de commentaires ou d'instructions, lui donnant par là mandat pour gérer le litige, si bien que l'accord donné par l'assureur l'a été également par l'assuré (CA Grenoble 7-11-2019 no 16/03881).

L'**exécution** du mandat vaut acceptation de celui-ci par le mandataire (C. civ. art. 1985, al. 2).

23015 **Conditions générales de validité du mandat** Le mandat est soumis aux règles générales de validité des contrats (nos 12000 s.). Toutefois, un **mineur non émancipé** peut être mandataire, le mandant n'ayant toutefois d'action contre lui que d'après les règles générales relatives aux obligations des mineurs (C. civ. art. 1990).

Cette disposition n'est pas, à notre avis, contredite par l'article 1160 nouveau du Code civil qui impose la cessation de plein droit de la représentation pour survenance d'incapacité car cette déchéance des pouvoirs du représentant se borne à interdire la poursuite de la représentation par un représentant devenu incapable et non le choix délibéré d'un mineur incapable. Il a été expressément jugé qu'un incapable majeur pouvait recevoir un mandat (Cass. civ. 5-12-1933 : DH 1934.49 ; rappr. Cass. civ. 4-1-1934 : DH 1934.97).

Le **mandat doit,** à peine de nullité, **porter sur** un **acte licite.** À défaut, le mandant ne peut en exiger l'exécution et le tiers qui a payé le mandataire en connaissance de cause ne peut en réclamer le remboursement (Cass. req. 6-1-1913 : DP 1914.1.13).

Jugé, par exemple, qu'était illicite :
– le mandat post mortem, à le supposer non révoqué par le décès, dans la mesure où il porte atteinte aux règles de la réserve héréditaire (Cass. civ. 28-6-1988 : D. 1989.181 note Najjar : mandat de retirer sur le compte bancaire les fonds disponibles ; cf. TGI Paris 24-11-1989 : Bull. inf. C. cass. 1990 n° 372) ;
– le mandat portant sur la vente de la chose d'autrui (CA Paris 3-11-1989 : BRDA 11/90 p. 10).

Le fait pour un **mandataire** d'agir **pour le compte des deux parties** au contrat est interdit lorsque les parties sont des personnes physiques et sont en opposition d'intérêts (n° 12378).

En tout état de cause, une double représentation est possible si elle est autorisée ou ratifiée par l'acquéreur et le cédant (C. civ. art. 1161, al. 2).

Écrit Le mandat peut en principe être donné sous **n'importe quelle** forme (Cass. 1e civ. 15-3-2005 : Bull. civ. I n° 131 : mandat verbal). Il s'ensuit que, lorsqu'il est écrit, il n'est pas exigé qu'il comporte une date ni une formule manuscrite « bon pour mandat ». Il peut même ne pas préciser le nom du mandataire (« procuration en blanc ») dès lors que l'identité de celui-ci n'est pas requise pour la validité du mandat. La personne qui a reçu le mandat **en blanc** est alors réputée chargée de choisir le mandataire (Cass. civ. 28-2-1989 : Defrénois 1989.624 note Vion). 23018

Le mandat doit être établi sous la forme **authentique** lorsque, en vertu de la loi, l'acte que le mandataire est chargé de passer doit être notarié, comme la constitution d'une hypothèque (C. civ. art. 2409, al. 2 nouv.) ou sa mainlevée, ainsi que la conclusion d'une donation, ou lorsque l'authenticité de l'acte à accomplir a pour fin la protection de la volonté (Cass. civ. 11-2-1997 : RJDA 5/97 n° 641). Le mandat authentique peut être établi sur support électronique lorsqu'une ou toutes les parties ne sont pas présentes (Décret 2020-1422 du 20-11-2020).

Toutefois, le mandat peut être sous signature privée lorsque le caractère authentique de l'acte à accomplir par le mandataire a seulement pour objet l'accomplissement de formalités de publicité (CA Paris 26-5-1964 : JCP G 1964.II.13888 note Bulté) ou a été voulu par les parties en dehors de toute prescription légale (Cass. civ. 5-1-1973 : Bull. civ. I p. 8 : mandat pour proroger un bail ; CA Paris 26-5-1964 : JCP G 1964.II.13888 note Bulté : mandat de vendre un immeuble).

Sur les mentions requises pour le mandat de se porter caution, n° 55275.

Preuve du mandat La preuve de l'existence du mandat dont se réclame une partie qui se présente pour contracter peut être demandée au mandant de celle-ci par le tiers qui s'apprête à contracter ; celui-ci demande au mandant de confirmer que celui qui se présente comme son représentant est habilité à conclure le contrat envisagé ; le tiers doit faire sa demande par écrit ; il doit fixer le délai, qui doit être raisonnable, dans lequel il attend une réponse et préciser qu'à défaut de réponse dans ce délai le représentant sera réputé habilité à conclure l'acte (C. civ. art. 1158). 23021

Sur les conséquences de l'absence d'une demande de confirmation par le mandant, n° 12395.

À défaut de la preuve résultant de la confirmation du mandant, les règles du droit commun de la preuve sont applicables à la preuve du mandat ; ainsi, la preuve d'un mandat verbal ne peut être établie par témoins ou présomption que dans les cas où la preuve écrite n'est pas requise et ce, tant entre les parties qu'à l'égard des tiers ayant traité avec le mandataire prétendu, l'ayant cause ne pouvant avoir plus de droit que son auteur (C. civ. art. 1985, al. 1 ; Cass. 1e civ. 22-5-1959 : Bull. civ. I n° 254 ; Cass. civ. 19-12-1995 n° 94-12.596 : RJDA 6/96 n° 779). La preuve peut donc être faite par tous moyens à l'égard d'un commerçant (Cass. com. 12-3-1996 : RJDA 7/96 n° 916) et par le tiers au contrat de mandat (Cass. 1e civ. 3-6-2015 n° 14-19.825 : RJDA 1/16 n° 50, tenant le banquier dépositaire des fonds pour un tiers au contrat de mandat bien qu'il exécute les ordres du prétendu mandataire). Mais il faut alors que les faits invoqués soient de nature à prouver l'existence d'un pouvoir de contracter (Cass. 3e civ. 18-1-2023 n° 21-23.933 FD : RJDA 6/23 n° 310).

Étendue du mandat Le mandat peut être général ou spécial (C. civ. art. 1987). 23024

Le mandat est **général** lorsqu'il ne délimite pas les pouvoirs du mandataire ; le mandataire ne peut alors accomplir que les actes d'administration (C. civ. art. 1988, al. 1) auxquels il faut joindre les actes conservatoires expressément visés désormais par la loi (C. civ. art. 1155, al. 1).

Le mandat est **spécial** lorsque le mandant fixe les actes que le mandataire peut accomplir. Le mandataire ne peut alors effectuer que ces actes et ceux qui en sont l'accessoire (C. civ. art. 1155, al. 2).

Le mandat de gérer et d'administrer donnant pouvoir, en cas de difficulté, de traiter, transiger et compromettre ne confère pas le pouvoir d'aliéner dès lors que la procuration ne donne pas en termes exprès ce pouvoir (Cass. civ. 17-1-1973 n° 71-13.053 : Bull. civ. I n° 25) et celui donné à un notaire de mettre en vente un immeuble et de trouver acquéreur ne comporte pas l'autorisation d'accepter une offre d'achat ou de conclure la vente (Cass. 3e civ. 17-6-2009 n° 08-13.833 : RJDA 12/09 n° 1061).

Dès lors que l'opération à conclure est formulée en termes exprès, il n'est pas nécessaire de spécifier dans le mandat le ou les actes que le mandataire est habilité à conclure (Cass. civ. 21-11-1995 n° 93-16.646 : Bull. civ. I n° 417 : mandat donnant pouvoir d'emprunter sans préciser les emprunts à effectuer ; Cass. civ. 6-7-2000 n° 98-12.800 : RJDA 1/01 n° 23 : mandat donnant pouvoir de vendre tout ou partie des biens mobiliers et immobiliers du mandant sans spécifier les biens à vendre).

Le mandat n'est pas spécial s'il n'indique aucune opération déterminée et particulière (Cass. civ. 15-2-1853 : DP 1853.1.75).

Le mandat doit être spécial :

1. Dans les cas où la **loi exige** une procuration spéciale pour accomplir un acte juridique déterminé ; tel est le cas du mandat attaché au contrat de promotion immobilière, pour les emprunts et les actes de disposition accomplis par le promoteur, faute de quoi il n'engagerait pas le maître de l'ouvrage (C. civ. art. 1831-2), ou du mandat donné par une personne d'administrer ou de gérer à titre posthume tout ou partie de sa succession pour le compte et dans l'intérêt d'un ou plusieurs héritiers identifiés (C. civ. art. 812-1-1, al. 3) ;

2. Dans les cas où il s'agit d'accomplir des **actes de disposition** (C. civ. art. 1988, al. 2), à savoir des actes qui sont de nature à affecter irrévocablement le patrimoine du mandant, tel le mandat de vendre un bien immobilier (Cass. 3e civ. 12-4-2012 n° 10-28.637 : RJDA 8-9/12 n° 766) ou de consentir un gage (n° 57018) ou un nantissement (n° 57360), ainsi que de conclure des baux de plus de neuf ans (Cass. soc. 29-6-1951 : JCP G 1951.II.6524 note Ourliac et de Juglart ; CA Aix 28-3-1979 : Bull. Cour d'Aix 1979/2 p. 88).

23027 **Mandat apparent** Une personne peut être engagée à l'égard des tiers, alors même qu'elle n'a pas consenti à être représentée par celui qui a traité avec eux, lorsque ces tiers ont légitimement pu croire que celui avec lequel ils contractaient agissait au nom et pour le compte de cette personne (C. civ. art. 1156, al. 1).

L'existence de cette croyance légitime peut résulter notamment du comportement ou des déclarations du prétendu mandant (même article). Le « mandant » doit ne pas être complètement étranger à la formation de l'apparence (Cass. com. 29-6-2022 n° 20-16.035 F-D : RJDA 11/22 n° 632).

Cette règle est applicable dès lors que les faits générateurs de la croyance légitime se sont produits en France, un Français n'étant pas tenu de connaître la loi étrangère, spécialement celle relative à la capacité des personnes (CA Versailles 9-3-1994 : BRDA 13/94 p. 10 ; aussi sentence arbitrale 16-11-1983 : Clunet 1989.1067), et qu'ils ne sont pas postérieurs à l'acte considéré (Cass. civ. 11-1-1995 : RJDA 3/95 n° 280).

Seule la personne représentée est alors tenue d'exécuter les engagements pris envers les tiers par le mandataire apparent, celui-ci n'y étant pas obligé (Cass. com. 21-3-1995 : RJDA 8-9/95 n° 974), et elle ne peut pas opposer à celui qui invoque sa croyance légitime le défaut de pouvoir du mandataire (CA Paris 28-10-2004 : Rev. arb. 2006.188).

23028 La **croyance légitime** ne peut être **invoquée** que dans les **conditions** suivantes :

– il faut que la partie représentée puisse être mandant (Cass. 1e civ. 31-3-2010 n° 09-10.936 : RJDA 7/10 n° 739, excluant qu'un maire engage une commune, dont il n'est pas le mandataire, par un mandat apparent) ;

– le mandat apparent ne peut pas tenir en échec des règles impératives, telles celles relatives au mandat d'agent immobilier (Cass. 1e civ. 5-6-2008 n° 04-16.368 : RJDA 3/09 n° 212), au devoir des notaires de vérifier les pouvoirs de ceux se présentant comme les mandataires des parties, seraient-ils également des notaires (Cass. 1e civ. 20-3-2013 n° 12-11.567 : RJDA 7/13 n° 612) ou à l'obligation d'établir un écrit pour la validité de la vente d'un navire (Cass. com. 12-1-2010 n° 08-17.685 : DMF 2010.214 obs. Delebecque) ;

S'il a été jugé qu'un courtier peut être le mandataire apparent de l'assureur, le mandat apparent pouvant porter sur l'encaissement d'une somme d'argent (Cass. civ. 7-6-1995 : RJDA 11/95 n° 1236), la solution n'est acceptable que là où n'existe pas une disposition soumettant l'encaissement d'une somme d'argent à une règle particulière comme il en est pour l'encaissement du prix de vente d'un bien commun (n° 1330).

– la croyance légitime ne peut pas être invoquée par le tiers qui doit connaître la loi fixant les pouvoirs ou les devoirs de celui qui l'invoque (par exemple, limite légale du pouvoir d'un président-directeur général à donner des garanties à des tiers au nom de la société, MSC n° 40932) ;

– elle ne peut pas l'être non plus par le tiers qui aurait pu avoir connaissance de la véritable situation en prenant des précautions, et ce, d'autant plus que le tiers a la possibilité d'obtenir du représenté confirmation des pouvoirs de celui qui paraît agir pour lui (n° 12375) ;

C'est le cas, par exemple : de l'assureur qui verse une indemnité à un cabinet de contentieux qu'il ne connaissait pas (CA Paris 24-4-1969 : GP 1969.2.48) ; de l'homme averti qui se devait de ne pas traiter à la légère (Cass. civ. 2-11-1955 : Bull. civ. I p. 301 ; Cass. civ. 29-4-1969, 1e et 2e espèces : D. 1970.23 note Calais-Auloy) ; du fournisseur qui aurait dû être alerté par la présentation au nom d'une société cliente d'un bon de commande dans des conditions inhabituelles par rapport à celles pratiquées par cette société au cours des trois dernières années de relations commerciales avec ledit fournisseur (CA Paris 15-10-2003 n° 02/14346 : RJDA 4/04 n° 418).

– la faute du tiers ne peut pas être soulevée pour la première fois devant la Cour de cassation (Cass. ass. plén. 13-12-1962 : D. 1963.277 note Calais-Auloy) ;

– le tiers doit établir qu'existaient au moment de l'acte des circonstances - distinctes des déclarations faites par le prétendu mandataire - l'autorisant à ne pas vérifier les pouvoirs de ce dernier (Cass. com. 23-3-1993 : RJDA 6/93 n° 501) ;

– les juges ne peuvent pas admettre l'existence de cette croyance sans constater ces circonstances (Cass. com. 5-10-1993 : RJDA 2/94 n° 154) ni la rejeter sans les rechercher (Cass. com. 1-7-2003 nos 1070 et 1071 : RJDA 6/04 n° 706).

Mais ils ne peuvent pas rejeter un acte, ici le paiement d'une somme d'argent pour un tiers, sans rechercher si l'encaissement d'une somme d'argent n'a pas été fait par un mandataire apparent (Cass. civ. 7-6-1995 : RJDA 11/95 n° 1236).

Celui qui invoque la croyance légitime doit la prouver (n° 74915) en établissant les faits propres à la justifier. La formule légale de l'article 1156, al. 1 cite, à ce titre, le comportement ou les déclarations du représenté. Mais ces indices ne sont mentionnés qu'à titre d'exemples, l'adverbe notamment qui les introduit excluant de les tenir pour limitatifs. Pour **établir la croyance légitime** du tiers, le juge peut donc continuer à user du faisceau d'indices qu'il avait forgé avant la légalisation de cette règle jurisprudentielle, parmi lesquels on trouve la nature du contrat, le caractère régulier et durable des relations antérieures, les conditions de l'établissement de l'acte en question, l'attitude du mandant et la personnalité du tiers qui a contracté. **23030**

Jugé par exemple que :

– la correspondance adressée sur papier à en-tête d'une société avec références bancaires peut légitimement induire en erreur le destinataire sur la qualité de mandataire de son auteur (Cass. com. 2-10-1979 : GP 1980.pan.44), spécialement si, en cas de commande d'un bien, celle-ci a été pour partie exécutée (Cass. civ. 3-6-1998 : RJDA 10/98 n° 1104) ; mais l'utilisation du papier à en-tête n'est pas probante si elle est contredite par la nature de l'engagement (Cass. civ. 10-5-1978 : Bull. civ. I p. 150 : engagement de caution anormal de la part d'une banque) ou si elle est opposée à une personne qui est tout à fait étrangère à l'engagement litigieux (Cass. civ. 3-6-1998, précité) ;

– la confusion du patrimoine d'une société avec celui d'un dirigeant conduit les tiers à voir en celui-ci un mandataire apparent de cette société (Cass. civ. 26-10-1982 : GP 1983.pan.46) ;

– un prêteur a pu légitimement croire en la qualité de mandataire du gérant d'une société civile qui avait consenti une hypothèque sur les immeubles de la société devant deux notaires (Cass. civ. 6-6-1982 : BRDA 20/82 p. 22) ;

– le débitant de boissons auquel le directeur d'une société d'éditions musicales a remis des disques à distribuer gratuitement à l'issue des exécutions de l'orchestre est fondé à voir en ce directeur un mandataire tenu de régler les consommations des musiciens (Cass. com. 14-10-1975 : GP 1975.2.som.286) ;

– l'existence de commandes d'automobiles, passées antérieurement par la même personne pour une société et facturées sans protestation, justifie que le vendeur ne vérifie pas l'étendue des pouvoirs de cette personne à l'occasion d'une nouvelle commande (Cass. com. 15-3-1984 : JCP E 1984.II.13427) ;

– une banque en n'effectuant aucune recherche complémentaire « non prévue par les usages » peut légitimement croire qu'une entreprise qui lui a remis la copie unique d'un marché public conclu avec d'autres entreprises est titulaire apparent du droit de nantir ce marché (Cass. com. 2-7-1979 : Bull. civ. IV p. 179) ;

– un faisceau de circonstances relatives aux modalités d'exploitation d'une propriété rurale, et notamment l'affirmation expresse dans l'acte des pouvoirs qu'un père avait reçus pour signer à la place de ses enfants, justifiait la qualité de mandataire apparent du père pour consentir un bail à métayage (Cass. civ. 4-5-1982 : Bull. civ. III n° 111) ;

– l'imprudence du mandant qui avait permis à une personne d'accéder à ses magasins et de s'y comporter comme son employé justifiait l'erreur légitime des tiers (CA Paris 29-4-1953 : D. 1954.315), comme l'attitude du mandant qui laisse paraître qu'il tient pour mandataire celui qui se présente comme tel au cocontractant (CA Paris 13-3-2002 n° 00/20343 : PA 2002 n° 209 p. 12 note Bondil) ;

– le tireur d'une traite peut croire que le directeur d'une banque qui donne aval au nom de celle-ci a le pouvoir de le faire (Cass. com. 27-11-1956 : GP 1957.1.212) ;

– il n'est pas d'usage en raison de l'autorité et de l'honorabilité qui s'attachent aux fonctions de notaire de vérifier les pouvoirs d'un tel officier ministériel qui vend un immeuble dépendant d'une succession qu'il a la charge de liquider (Cass. civ. 2-10-1974 : JCP G 1976.II.18247) ou qu'il est naturel de se fier à l'agent immobilier qui présente un acquéreur car on peut s'attendre, lorsque ce dernier prétend agir comme administrateur d'une société, à ce que l'agent ait consulté les statuts pour vérifier les pouvoirs de l'intéressé (CA Rouen 27-2-1997 : RJDA 6/97 n° 771) ;

– la procuration évoquée dans un acte notarié suffit à établir la croyance légitime des pouvoirs du mandataire qui y est visé (Cass. civ. 11-3-1986 : JCP G 1986.IV.145) ;

– l'inobservation des instructions reçues par le mandataire n'empêche pas en soi les tiers de croire à l'existence d'un mandat (Cass. civ. 2-6-1981 : GP 1982.pan.7) ;

– celui qui accepte le prix du contrat conclu par un tiers laisse se créer une apparence de mandat et est tenu, comme le mandant, d'exécuter les engagements contractés par le tiers (Cass. com. 5-12-1989 n° 88-14.193 : Bull. civ. IV n° 309) ;

– un acheteur a pu légitimement croire que le représentant du vendeur avait reçu mandat pour encaisser le prix de la marchandise qu'il était chargé de vendre, lorsqu'il a toujours traité ses achats auprès du vendeur avec cette même personne (Cass. com. 19-10-1993 : RJDA 12/93 n° 1022) et, inversement, qu'un vendeur a pu croire que le salarié d'une société qui lui a commandé des produits acquérait pour le compte de la société dès lors que les bulletins de salaires du salarié portaient la mention d'employé commercial de niveau 4, qu'il disposait du cachet commercial de la société et qu'il avait indiqué le prix de revente de chaque article acheté (Cass. com. 10-1-2012 n° 11-11.322 : RJDA 5/12 n° 495).

Mais le client d'une banque ne peut pas invoquer sa croyance légitime dans les pouvoirs du directeur d'une des agences de la banque lorsque l'opération conclue était irrégulière (Cass. com. 19-7-1983 : Bull. civ. IV p. 194), ni un acheteur prétendre qu'un notaire avait le pouvoir de réaliser une vente alors que le compromis précisait qu'aucun mandataire n'avait été désigné par le vendeur qui, de surcroît, était intervenu directement dans la négociation du prix (Cass. civ. 15-10-1991 : RJDA 11/91 n° 915) ou que le courtier avec lequel il a traité était un mandataire car il n'est pas usuel qu'un courtier soit mandataire (Cass. com. 16-12-1997 : RJDA 4/98 n° 420).

23033 Les tribunaux se montrent généralement **stricts** dans l'appréciation de la croyance légitime :

– lorsqu'il s'agit de reconnaître l'existence d'un mandat **entre époux,** notamment s'il s'agit d'un acte qu'un époux commun en biens ne peut pas accomplir seul (n° 1330) ;

Ainsi :

– le preneur d'un bail rural, consenti par le mari sur le bien propre de sa femme, ne peut pas se prévaloir d'un mandat apparent du mari, dès lors qu'il savait les époux en instance de divorce depuis plusieurs années et qu'il ne pouvait donc légitimement croire que le mari avait pouvoir de conclure cet acte (Cass. civ. 6-7-1976 : D. 1976.som.77) ;

– ni le silence de l'épouse qui pouvait s'expliquer par le souci de ne pas s'opposer à son mari en présence de tiers, ni la profession d'administrateur de biens indiquée comme sienne par le vendeur, ni le concours de deux avocats à la rédaction de la promesse ne dispensaient l'acquéreur d'un immeuble commun vendu par le mari de s'assurer de l'étendue des pouvoirs de son vendeur dont il ne pouvait ignorer qu'il était marié (Cass. civ. 24-3-1981 : JCP G 1982.II.19746 note Le Guidec) ;

– la croyance n'est pas légitime lorsque l'acquéreur de parts sociales verse le prix d'acquisition de celles-ci à l'époux de la venderesse et non au mandataire désigné par celle-ci alors qu'il avait eu connaissance de l'existence et de la qualité de ce mandataire au moment de la « passation » de l'acte de vente (Cass. com. 15-3-1988 : BRDA 8/88 p. 22).

– lorsque des professionnels entendent opposer à un **non-professionnel** un mandat apparent.

Une banque, par exemple, ne peut pas prétendre que le père du propriétaire de valeurs mobilières lui a remis celles-ci en gage en vertu d'un mandat apparent, car, en sa qualité de professionnel en la matière, elle ne pouvait ignorer qu'un mandat spécial est exigé (n° 23024) pour aliéner ou constituer une sûreté (CA Versailles 24-6-1988 : D. 1988.IR.241 : condamnation à restituer les valeurs remises par le père ; rappr. Cass. 1e civ. 19-3-2008 n° 05-18.911 : RJDA 7/08 n° 793).

EXÉCUTION DU MANDAT

23035 **Exécution de sa mission par le mandataire** Le mandataire est tenu d'accomplir le mandat aussi longtemps que ses pouvoirs n'ont pas été révoqués ou qu'il n'a pas notifié au mandant sa renonciation (C. civ. art. 1991, al. 1). Bien que le décès du mandant mette fin au contrat, il est expressément prévu que le mandataire est tenu d'achever la chose commencée, s'il y a péril en la demeure (C. civ. art. 1991, al. 2).

Il est **interdit** aux mandataires chargés de vendre des biens de s'en rendre **adjudicataires,** ni par eux-mêmes ni par personne interposée, à peine de nullité de l'adjudication (C. civ. art. 1596), interdiction applicable, en dépit du terme « adjudicataire », à toutes les ventes (Cass. civ. 19-12-1995 : Bull. civ. I p. 329 : vente judiciaire ; CA Paris 21-1-2010 n° 09/11936 : RJDA 6/10 n° 619 : cession d'actions). La vente est nulle pour la seule raison qu'elle a été passée pendant la durée du mandat (Cass. 1e civ. 12-12-2000 n° 98-20.086 : Bull. civ. I n° 319) ; la nullité est relative (Cass. 1e civ. 29-11-1988 : Bull. civ. I n° 341).

Cette interdiction d'acheter est appliquée très strictement ; elle l'est notamment même si la vente se fait au prix fixé par le mandant (Cass. 1e civ. 27-1-1987 n° 84-16.113 : Bull. civ. I n° 32) ou si le bien n'appartient pas au mandant, ce qui interdit au mandataire d'acquérir le bien saisi dont le créancier saisissant lui a confié la vente (Cass. 1e civ. 19-12-1995 n° 93-10.582 : Bull. civ. I n° 474). Elle l'est également dès lors que le mandat donné à des agents immobiliers a pour objet la vente d'un bien, peu important que le mandat ne précise pas que l'agent est chargé de vendre à un acquéreur et qu'il est seulement d'entremise (Cass. 1e civ. 13-4-1983 n° 81-16.728 : Bull. civ. I n° 119), ou que le mandat d'une durée de trois mois ne soit pas expiré au moment de l'acquisition par le mandataire exclusif (Cass. 1e civ. 2-10-1980 : Bull. civ. I. n° 241) ou encore alors même que le mandat est irrévocable (Cass. 1e civ. 20-10-1980 : Defrénois 1981.1310 obs. Aubert).

Mais l'interdiction ne s'applique que si le mandataire agit à l'insu du mandant (CA Paris 3-12-2015 n° 13/13278) et le mandant peut autoriser le mandataire à se porter contrepartie ou ratifier l'opération (Cass. civ. 28 juin 1934 : GP 1934.2.430, à la condition que sa volonté ne soit pas douteuse (CA Paris 21-1-2010, précité).

Le mandataire qui viole l'interdiction peut aussi être tenu pour coupable de dol (Cass. civ. 22-12-1954 : D. 1955.254), voire d'escroquerie (cf. n° 21865).

Sur la généralisation de l'interdiction faite au mandataire de se porter contrepartie, n° 23015.

Depuis le 1er octobre 2016 (sur cette date, n° 10000), le **mandant peut** accomplir des actes relevant de la mission du mandataire si le mandat ne le lui interdit pas (C. civ. art. 1159, al. 2). Avant cette date, cette solution n'était pas précisée par la loi ; elle dépendait de la commune intention que les parties avaient exprimée explicitement ou implicitement. Il en est encore ainsi pour les mandats conclus avant le 1er octobre 2016, car la loi nouvelle ne peut imposer une solution contraire à la volonté des parties.

Substitution de mandataire Sauf clause contraire ou mandat conclu intuitu personae (CA Versailles 4-9-2003 n° 01-3773 : RJDA 1/04 n° 38 : à propos d'un agent commercial), le mandataire peut, pour exécuter le mandat, se substituer un tiers. Il répond de la gestion de celui qu'il s'est substitué si cette substitution n'a pas été acceptée par le mandant ; il en répond aussi si le mandat a autorisé la substitution mais sans désignation de personne et que le substitué choisi est notoirement incapable ou insolvable (C. civ. art. 1994, al. 1). **23038**

Même lorsque la substitution a été acceptée par le mandant, le mandataire initial reste tenu d'une obligation de surveillance de son substitué pour la bonne exécution du mandat (Cass. civ. 29-5-1980 : Bull. civ. I n° 163).

Dans tous les cas, le **mandant peut agir** directement **contre le substitué** (C. civ. art. 1994, al. 2), sans que son action soit subordonnée à la connaissance, par le mandataire substitué, de l'existence du mandat originaire (Cass. com. 14-10-1997 : RJDA 2/98 n° 169).

Le **substitué peut agir** directement **contre le mandant** pour le remboursement de ses avances et frais ainsi que pour le paiement de sa rémunération même si la substitution n'a pas été autorisée par le mandant (Cass. com. 19-3-1991 : RJDA 7/91 n° 589) ni même connue de lui (CA Nîmes 15-6-2000 : BTL 2001.401). Mais il **ne le peut** qu'autant que l'action du mandataire principal n'est pas elle-même éteinte, notamment parce qu'il a reçu paiement (Cass. com. 3-12-2002 n° 2139 : RJDA 5/03 n° 486 : paiement reçu ; Cass. 1e civ. 30-5-2006 n° 915 : Bull. civ. I n° 271 : avances remboursées ; cf. Cass. 1e civ. 30-5-2005 n° 915 : RJDA 3/07 n° 259 : défaut de recherche de l'extinction de l'action de l'intermédiaire), sauf si sa demande en paiement, présentée au donneur d'ordre avant qu'il ne règle le mandataire principal, peut être considérée comme l'exercice de son action directe (cf. Cass. com. 13-2-2007 n° 05-10.174 : RJDA 7/07 n° 720).

Est donc caduque la jurisprudence antérieure qui reconnaissait au substitué le droit d'obtenir paiement de sa créance alors même que la créance du mandataire principal était éteinte (Cass. com. 5-10-1993 : RJDA 2/94 n° 157).

Remboursements et indemnisation du mandataire Le mandataire a droit au **remboursement intégral** de ses **avances et frais,** même si l'affaire n'a pas réussi et si les dépenses auraient pu être moindres (C. civ. art. 1999). Il y a droit dès lors qu'il a tenu son engagement, c'est-à-dire qu'il a agi pour le mieux (Cass. civ. 23-3-1982 : Bull. civ. I p. 103) mais non si l'avance consentie constituait une faute, comme c'est le cas de l'avance faite par un syndic de copropriété au syndicat des copropriétaires (Cass. 3e civ. 18-11-2009 n° 08-20.595). Le remboursement s'opère en général au moment de la reddition des comptes mais le mandataire peut l'exiger immédiatement, notamment en opposant l'exception d'inexécution et en refusant d'exécuter sa mission si le mandant refuse de lui régler les avances qu'il a faites (Cass. com. 16-6-1981 : JCP G 1981.IV.318). Il a droit aux **intérêts** de ses avances à compter du jour où celles-ci ont été constatées (C. civ. art. 2001), et non du jour de la décision du juge qui en a liquidé le montant (Cass. civ. 13-5-1981 n° 79-17.096 : Bull. civ. I n° 164). **23041**

Le mandant doit aussi indemniser le mandataire des **pertes** que celui-ci a subies à l'occasion de sa gestion (C. civ. art. 2000), à condition que les juges du fond en aient reconnu, par une appréciation souveraine, l'existence (Cass. com. 22-5-2012 n° 11-10.586 : RJDA 7/12 n° 741). Ces pertes recouvrent même les dommages matériels ou corporels d'origine étrangère au contrat mais supportés par le mandataire à l'occasion de sa gestion (Cass. civ. 4-12-2001 : RJDA 4/02 n° 379). Il n'en est autrement que si les parties ont dérogé à cette règle (Cass. 1e civ. 6-12-2007 n° 05-14.419 : RJDA 5/08 n° 516), ce qui ne peut pas se déduire du fait que la rémunération et le remboursement des frais du mandataire sont couverts par une somme forfaitaire (Cass. com. 17-12-1991, 2e espèce : RJDA 3/92 n° 230). Mais le mandant n'est pas tenu de rembourser les pertes de gestion du mandataire lorsqu'elles sont dues à la faute du mandataire (Cass. com. 7-5-2019 n° 17-29.004 F-D : RJDA 8-9/19 n° 557) ou lorsqu'il est précisé que ces pertes elles-mêmes sont couvertes par un forfait, étant observé que ne peuvent pas être couvertes par là les pertes ayant pour origine un fait imputable au mandant (Cass. com. 21-11-2000 : RJDA 3/01 n° 303), ni lorsque les pertes sont dues à la faute du mandataire (Cass. com. 7-5-2019 n° 17-29.004 F-D : RJDA 8-9/19 n° 557).

Le mandant qui a manqué, dans l'exécution du mandat, à ses obligations de loyauté et de bonne foi est tenu d'indemniser le mandataire du **préjudice** qui en est résulté pour lui (CA Versailles 7-7-1999 : RJDA 11/99 n° 1203).

23044 **Rémunération du mandataire** Le mandat est **gratuit** (C. civ. art. 1986 ; Cass. civ. 31-10-1923 : GP 1923.2.760 : mandat de commissionnaire accepté et exécuté par complaisance), sauf stipulation d'un salaire (C. civ. art. 1999, al. 1 ; sur une absence de clause, Cass. 1e civ. 4-5-2012 n° 11-10.943 : RJDA 10/12 n° 851) qui peut être expresse ou tacite (cf. Cass. req. 1-12-1891 : DP 1892.1.209 rapport Babinet note Cohendy ; Cass. req. 1-7-1936 : DH 1936.428).

Les personnes qui s'occupent professionnellement des affaires d'autrui sont réputées détenir un **mandat salarié** (Cass. civ. 19-12-1989 : Bull. civ. I p. 267 ; Cass. com. 22-1-1991 : RJDA 5/91 n° 397), sauf si le mandant prouve que le mandat est gratuit (Cass. civ. 16-6-1998 : RJDA 11/98 n° 1215).

Il va de soi que le mandataire n'a droit à sa rémunération que si l'exécution de sa mission est établie (Cass. civ. 17-1-1973 : D. 1973.IR.53 : preuve par tous moyens) ou si les conditions prévues au contrat sont réalisées (Cass. com. 29-10-1991 : RJDA 1/92 n° 35).

Le mandataire a droit à sa rémunération **même en cas d'échec** de sa mission (C. civ. art. 1999, al. 2), dès lors que celui-ci n'est pas dû à sa faute (Cass. civ. 8-12-1976 : D. 1977.IR.138 ; Cass. 1e civ. 19-1-2022 n° 20-11.985 FD : RJDA 5/22 n° 269) ; en revanche, il perd sa rémunération en cas d'échec dû à sa faute (Cass. com. 10-2-1970 : D. 1970.588 ; Cass. civ. 5-5-1971 : Bull. civ. I p. 122).

Le **montant** de la rémunération est librement fixé par les parties dans le contrat de mandat et peut consister en une somme forfaitaire ou en un pourcentage sur le montant de l'opération réalisée. Si le mandat ne fixe pas la rémunération du mandataire, dans le cas où l'activité de ce dernier peut être qualifiée de prestation de services, le mandataire peut alors fixer lui-même sa rémunération, le mandant pouvant la contester si elle est abusive (n° 12429).

23047 **Reddition de comptes** Le **mandataire** est tenu de rendre compte à son mandant de tout ce qu'il a reçu en sa qualité et dans l'accomplissement de sa mission de représentation, même ce à quoi le mandant n'avait pas droit (C. civ. art. 1993). Il doit ainsi prouver l'utilisation qu'il a faite des fonds reçus ou prélevés (Cass. 1e civ. 12-11-2015 n° 14-28.016 : RJDA 3/16 n° 188) ; il doit également restituer la totalité des sommes qu'il a reçues même si elles étaient indues ou illicites (Cass. com. 14-5-2013 n° 11-20.981 : RJDA 1/14 n° 29) peu important qu'il en ait restitué une partie dès lors que le mandant n'a pas approuvé cette restitution (Cass. civ. 8-7-1975 : D. 1976.315 note Gaury).

Il peut en être **dispensé** par convention spéciale (Cass. civ. 22-12-1851 : DP 1852.1.37) ou tacite (CA Versailles 29-11-1993 : RJDA 2/94 n° 155).

L'absence de dépassement de son mandat par le mandataire ne le dispense pas de rendre compte de sa gestion au mandant (Cass. 1e civ. 16-5-2006 n° 831 : RJDA 11/06 n° 1131).

La reddition de comptes s'opère en général par voie d'**inventaire,** comportant la liste des recettes et des dépenses du mandataire, avec pièces justificatives à l'appui et pas par un arrêté de compte faisant ressortir un solde débiteur (Cass. req. 26-12-1923 : GP 1924.1.515) ; l'arrêté de compte n'est valable que si le décompte des sommes en cause est effectivement fait (Cass. com. 19-10-1993 : RJDA 3/94 n° 286).

Il appartient au mandant de rapporter par tous moyens la preuve que le mandataire a perçu d'autres sommes, non portées à l'inventaire, ou qu'il n'a pas perçu par sa faute des sommes dues au mandant (Cass. civ. 25-11-1873 : S. 1874.1.105), ou qu'il y a porté des dépenses fictives.

La **restitution** au mandant des biens ou des sommes lui revenant à la suite de l'exécution du contrat s'opère en nature. Quand la somme est libellée en monnaie étrangère, le mandataire doit remettre les devises perçues ou la contre-valeur en euros évalués d'après le cours du change au jour de la remise et non pas au jour de l'encaissement (Cass. req. 9-3-1925 : DH 1925.237).

Outre les sommes perçues en vertu de l'exécution de la mission, le mandataire doit l'**intérêt** de celles qu'il a employées à son usage, à compter de la date de cet emploi (C. civ. art. 1996 ; Cass. 1e civ. 14-11-2007 n° 06-19.067 : RJDA 3/08 n° 264), ainsi que celui des sommes dont il reste débiteur, à compter de sa mise en demeure (C. civ. art. 1996), mais celle-ci ne résulte pas de la demande de reddition de comptes que lui a adressée son mandant (Cass. req. 20-4-1863 : DP 1864.1.40).

Le **défaut de restitution** des sommes dues par le mandataire peut être constitutif d'abus de confiance à la condition d'établir le détournement ou la dissipation commis par le mandataire (Cass. crim. 20-1-1939 : DH 1939.151) ; il en est de même d'un emploi des sommes détenues non conforme à la destination prévue par le contrat (CA Rouen 21-9-1989) ou de la rétention d'un écrit (Cass. crim. 11-3-1991 : RJDA 5/91 n° 399).

Si le **mandataire est créancier,** il peut demander paiement au mandant ou, en cas de pluralité de mandants pour une affaire commune, solidairement à chacun d'eux (C. civ. art. 2002 ; Cass. req. 17-6-1890 : DP 1891.1.272). Il ne bénéficie d'**aucun privilège** pour sûreté de ses créances mais il peut, si les conditions en sont remplies (n°s 57809 s.), se prévaloir d'un droit de rétention sur les objets qui lui ont été confiés pour l'exécution de son mandat (Cass. civ. 17-1-1866 : DP 1866.1.77).

EFFETS DU MANDAT

Engagement du mandant En application du principe de la représentation, le mandant est tenu d'**exécuter** les engagements contractés par le mandataire et, d'une façon plus générale, tous les actes juridiques accomplis par celui-ci dans les limites de ses pouvoirs (C. civ. art. 1998 ; Cass. com. 5-12-1989 : BRDA 5/90 p. 12 ; Cass. civ. 26-1-1999 : RJDA 3/99 n° 283 ; Cass. com. 11-1-2000 : RJDA 3/00 n° 263). 23055

Encore faut-il que le tiers qui poursuit le mandant en exécution d'un contrat ait su - ou cru sur la base du mandat apparent - que celui avec qui il a conclu agissait en qualité de mandataire ; si ce dernier n'a pas révélé sa qualité de mandataire, le mandant n'est pas engagé (Cass. civ. 10-10-1978 : GP 1979.pan.3 ; Cass. civ. 17-11-1993 : RJDA 1/94 n° 27).

Ainsi :

– le mandant peut invoquer le **vice du consentement** qui affecte la volonté émise par le mandataire (Cass. com. 2-3-1976 : D. 1976.IR.150) ;

– les actes **constitutifs de vice** du consentement commis par un mandataire sont opposables au mandant (Cass. com. 24-5-1994 : RJDA 11/94 n° 1169 : dol ; Cass. com. 13-6-1995 : RJDA 12/95 n° 1404 : dol ; Cass. 3e civ. 29-4-1998 : RJDA 7/98 n° 825 : dol ; CA Agen 5-3-1997 : JCP G 1997.IV.2419) ;

– le mandant est tenu de toutes les conséquences des actes conclus par le mandataire **avant la prise d'effet de la révocation** du mandat (Cass. com. 12-2-1980 : D. 1981.278 note Aubertin, refusant au mandant de demander la résolution pour défaut de conformité du contrat de vente en raison de l'acceptation sans réserve de la livraison par le mandataire ; Cass. civ. 8-11-1994 : JCP G 1995.IV.79, tenant le mandant pour obligé de respecter le règlement échelonné des honoraires d'un avocat, même pour les diligences postérieures de l'avocat à la date de révocation du mandat).

Absence ou dépassement de mandat Sauf à démontrer qu'il a conclu l'acte litigieux à titre personnel ou que le tiers peut se prévaloir d'un mandat apparent, le mandataire qui agit ès qualités ne peut rien faire au-delà de ce qui est prévu par son mandat (C. civ. art. 1989). Cette règle est réaffirmée depuis le 1er octobre 2016 (sur cette date, n° 10000) comme une règle de droit commun par l'article 1156, al. 1 du Code civil, qui vise aussi le cas où le mandataire n'a pas reçu de mandat. Les deux cas ont en réalité les mêmes conséquences de droit, l'article précité les assimilant. 23058

Lorsque le mandataire dépasse les **limites du mandat,** il devient un tiers par rapport au mandant (Cass. civ. 9-5-1922 : DP 1925.1.168) et celui-ci n'est pas obligé par les actes de dépassement (C. civ. art. 1998, al. 2 ; Cass. civ. 12-4-1976 : JCP G 1976.II.18440).

Le tiers qui **doute** de l'habilitation d'un cocontractant peut, depuis le **1er octobre 2016,** s'assurer de ses pouvoirs en demandant au supposé mandant confirmation des pouvoirs de celui qui se présente comme son mandataire (n° 12375).

Si le contrat de mandat a été conclu **avant le 1er octobre 2016,** seul le mandant peut, sur le fondement de l'article 1984, faire **annuler** l'acte conclu par le mandataire sans pouvoir, car la nullité a été considérée comme relative (Cass. 1e civ. 9-7-2009 n° 08-15.413 : RJDA 12/09 n° 1077 ; Cass. 3e civ. 7-12-2011 n° 10-27.082 : RJDA 3/12 n° 284 ; Cass. 3e civ. 26-1-2017 n° 15-26.814 FS-PB : Bull. civ. III n° 15) ; il peut aussi refuser d'exécuter les engagements pris dans de telles conditions sans avoir à en faire prononcer la nullité (cf. Cass. civ. 2-12-1992 : BRDA 2/93 p. 19) ; si l'acte conclu est authentique, son annulation a pour effet de lui retirer son titre d'acte authentique et exécutoire (Cass. 1e civ. 15-10-2014 n° 13-22.473 : RJDA 2/15 n° 89).

Néanmoins, un tiers avait obtenu la nullité du contrat qu'il avait conclu avec une partie qui avait faussement agi en qualité de mandataire et n'avait pas été en mesure de prouver le consentement du mandant supposé (Cass. civ. 5-3-1941 : S. 1941.1.103).

Mais le mandant peut **ratifier** les actes du mandataire excédant ses pouvoirs (C. civ. art. 1998, al. 2, applicable à tout contrat quelle que soit la date à laquelle il a été conclu, l'art. 1156, al. 3 nouv. ne faisant que le confirmer), cette ratification valant approbation de la gestion du mandataire et couverture de ses fautes le cas échéant (Cass. 3e civ. 12-5-2010 n° 08-20.544 : Bull. civ. III n° 92).

La ratification résulte des faits et circonstances que les juges du fond apprécient souverainement (Cass. civ. 6-2-1996 : RJDA 8-9/96 n° 1041) : elle peut être constituée par une reconnaissance expresse de la validité des actes en question (Cass. ch. mixte 19-11-2010 n° 10-30.215 : RJDA 1/11 n° 31) ou par l'acceptation des sommes reçues sur un compte par le mandataire en exécution du contrat qu'il a conclu (Cass. req. 9-6-1931 : S. 1931.1.312) et écartée par des courriers des mandants au mandataire révélant leurs doutes, voire leur opposition (Cass. civ. 6-2-1996, précité).

Si le contrat de mandat a été conclu **depuis le 1er octobre 2016,** l'acte litigieux est inopposable au mandant qui ne peut plus en demander la nullité. Mais le tiers le peut (C. civ. art. 1156, al. 1 et 2).

23059 **Détournement du mandat** Le fait pour le mandataire de détourner ses pouvoirs au détriment du mandant est formellement sanctionné (C. civ. art. 1157) : le mandant peut invoquer la nullité de l'acte accompli si le tiers avait connaissance du détournement ou ne pouvait l'ignorer. Il suffit donc que le tiers soit de mauvaise foi ; la collusion frauduleuse avec le mandataire n'est pas exigée.

23060 **Responsabilité du mandant** Le mandant est tenu **envers les tiers** avec lesquels le mandataire a traité des fautes commises par ce dernier ; il a été ainsi obligé : de verser au tiers les fonds qu'il avait chargé le mandataire de lui remettre et que celui-ci avait détournés (Cass. com. 11-5-1976 n° 75-10.720 : Bull. civ. IV n° 158) ; de respecter en tant qu'assureur la proposition d'assurance que son agent général avait fait signer malgré l'omission volontaire de celui-ci d'y mentionner un fait de nature à induire l'assureur en erreur sur le risque assuré (Cass. 1e civ. 31-3-1981 n° 79-15.707 : Bull. civ. I n° 108). Toutefois, les manœuvres dolosives commises par le mandataire, dans l'exercice de sa mission, n'engagent pas la responsabilité du mandant, sauf si celui-ci a personnellement commis une faute, ce qu'il incombe à la victime d'établir (Cass. ch. mixte 29-10-2021 n° 19-18.470 BR : D. 2021.2162 note Tisseyre : absence de faute).

Le mandant est également responsable, à l'égard des tiers, en tant que commettant si le mandataire a agi comme son préposé (nos 8135 s. ; Cass. crim. 10-5-1935 : GP 1935.2.178 ; Cass. crim. 26-11-1974 : Bull. crim. n° 349, qui, en matière douanière, retient cette responsabilité même en cas d'abus de fonctions).

23061 **Responsabilité du mandataire** Le mandataire répond à l'égard du mandant ou des tiers des manquements qu'il commet dans l'exercice de sa mission, à condition qu'il en résulte pour eux un préjudice (Cass. com. 30-3-2005 n° 03-17.679 : RJDA 7/05 n° 807 som.).

23064 **1. Envers le mandant,** le mandataire est responsable de ses **manquements** à ses obligations contractuelles (C. civ. art. 1991 et 1992, al. 1). Il est présumé en faute du seul fait de l'inexécution de son mandat (cf. C. civ. art. 1991, al. 1), mais non en cas de mauvaise exécution de ce dernier, la preuve de celle-ci incombant alors au mandant (Cass. civ. 18-1-1989 : D. 1989.302 note Larroumet).

Le mandataire n'est pas fautif de ne pas exécuter un mandat que le mandant ne l'a pas mis en mesure d'exécuter correctement (Cass. 1e civ. 7-2-2006 n° 200 : RTD civ. 2006.341 obs. Gautier, mandant n'ayant pas fourni des données exactes au commissaire-priseur qu'il avait chargé de la vente publique d'un bien). Mais il l'est dès lors qu'il pouvait exécuter le mandat sans le concours du mandant (Cass. com. 21-10-2020 n° 19-15.829 F-D : RJDA 2/21 n° 73).

Ses fautes sont appréciées moins rigoureusement si le mandat est gratuit (C. civ. art. 1992, al. 2), les juges du fond pouvant écarter certaines d'entre elles (Cass. 1e civ. 16-5-2006 n° 836 : RJDA 1/07 n° 41 : exclusion de responsabilité en raison de manquements commis de bonne foi).

En cas de mandat gratuit, le mandataire est tenu pour fautif ou non fautif, selon la nature de la mission qu'il a acceptée et les diligences que, pour être menée à bien, elle impliquait ; par exemple, le mandataire auquel il est confié une somme pour souscrire à l'augmentation de capital d'une société ne commet pas de faute en ne veillant pas à la souscription et en se bornant à déposer cette somme au compte courant de la société, dès lors qu'il n'apparaît pas que ce mandataire ait eu mission de conserver les fonds (Cass. civ. 2-4-1962 : Bull. civ. I p. 168) ; en revanche, le mandataire qui a accepté de faire rénover et surélever une maison est tenu d'exécuter correctement sa mission en réglant notamment les entrepreneurs (Cass. civ. 8-12-1965 : Bull. civ. I p. 525).

Mais la gratuité du mandat est sans incidence sur l'étendue de la réparation lorsque la faute est retenue (Cass. com. 24-3-2015 n° 14-10.255 : RJDA 7/15 n° 492 ; CA Paris 8-11-2006 : JCP G 2007.IV.1058).

Le mandataire incapable ne peut être engagé que dans la limite des obligations pouvant être mises à sa charge (n° 23015).

23067 **2. Envers les tiers contractants,** ceux avec lesquels il traite au nom et pour le compte du mandant, le mandataire est **personnellement** responsable des **délits et quasi-délits civils** commis dans l'exercice de sa mission soit spontanément, soit sur instructions du mandant (Cass. com. 9-3-1977 n° 75-10.447 : Bull. civ. IV n° 79, écartant le moyen soutenant que le mandant était représenté au regard de la faute du mandataire dissimulant la réalité de comptes de travaux ; Cass. civ. 20-4-1977 n° 75-14.232 : Bull. civ. IV n° 181, précisant que le mandataire est tenu délictuellement même si le mandant doit répondre des obligations contractuelles qu'il a contractées).

Le mandataire du vendeur ne commet pas de faute envers l'acquéreur en ne recherchant pas les vices cachés de la chose qu'il est chargé de vendre (Cass. civ. 20-6-1995 : RJDA 3/96 n° 342).

Envers les tiers **non contractants,** à savoir ceux qui sont totalement étrangers au mandat, le mandataire est responsable de ses délits ou quasi-délits, que ces fautes, pouvant consister aussi bien dans une abstention que dans un acte positif, soient détachables des obligations du contrat de mandat (Cass. 1e civ. 11-4-1995 nos 91-21.137 et 92-11.086 : Bull. civ. I no 171) ou non (Cass. civ. 6-1-1999 : DA 1999.204, écartant le moyen soutenant que seule une faute extérieure au mandat permettrait de retenir la responsabilité propre du mandataire). Il n'est pas exonéré de sa responsabilité même s'il a agi sur ordre du mandant dès lors qu'il savait que, ce faisant, il commettait une fraude au droit d'un tiers (CA Rouen 12-9-2019 no 17/04044).

La responsabilité du mandataire ne peut être engagée à l'égard d'une personne autre que le mandant **que sur le fondement extracontractuel** (Cass. com. 9-5-1985 no 83-15.603 : Bull. civ. IV no 143) car dans la limite de sa mission c'est le mandant qui agit et non lui personnellement ; le mandataire ne peut donc pas opposer l'irrégularité viciant le mandat (Cass. 1e civ. 28-10-2010 no 09-70.109 : RJDA 2/11 no 112 : à propos du mandat immobilier soumis à la loi 70-9 du 2-1-1970 mais transposable à tout mandat irrégulier, la spécificité du mandat immobilier étant ici sans incidence).

3. Le mandataire est pénalement responsable des **infractions** qu'il commet en accomplissant sa mission (pour un exemple, Cass. crim. 28-3-1996 : JCP G 1996.IV.1574) ; en effet, la responsabilité pénale est toujours personnelle, le mandant pouvant, le cas échéant, être poursuivi en qualité de coauteur ou de complice. 23070

Responsabilité des tiers à l'égard du mandant Les tiers sont responsables envers le mandant en cas de **collusion frauduleuse** avec le mandataire dès lors que celle-ci cause un dommage au mandant (Cass. civ. 20-2-1979 : D. 1979.IR.320). 23073

Ils sont même tenus de leur **imprudence** pour ne pas avoir veillé à l'exécution correcte de sa mission par le mandataire lorsque les circonstances sont de nature à leur imposer un devoir de surveillance (Cass. com. 18-5-1993 : RJDA 12/93 no 1063).

FIN DU MANDAT

Révocation du mandat ordinaire Sauf stipulation d'irrévocabilité, le **mandant** peut révoquer le mandat **comme bon lui semble** (C. civ. art. 2004), que le mandat soit à durée déterminée ou indéterminée (Cass. 3e civ. 27-4-1988 : Bull. civ. III no 80). La révocation partielle est, comme la révocation totale, laissée à la discrétion du mandant, le mandataire pouvant renoncer au mandat ainsi modifié (Cass. 1e civ. 25-2-2010 no 08-22.066 : RJDA 5/10 no 501). 23080

La révocation n'est soumise à aucune **forme** déterminée. Elle peut être décidée à tout **moment** et sans que des **motifs** aient à être précisés, l'abus dans l'exercice de ce droit de révocation ne pouvant être retenu que si celui qui l'allègue prouve l'intention de nuire de son auteur ou sa légèreté blâmable (Cass. com. 4-10-2023 no 22-15.781 : RJDA 2/24 no 92). Elle peut être expresse ou tacite et résulter soit de la désignation d'un autre mandataire pour la même affaire (C. civ. art. 2006 ; Cass. req. 2-3-1891 : S. 1895.1.493), soit de l'exécution par le mandant lui-même de l'acte envisagé (Cass. civ. 16-6-1970 : D. 1971.261 note Aubert ; Cass. com. 8-12-2015 no 14-20.307 : RJDA 6/16 no 434).

Le mandant ne doit aucune **indemnité** au **mandataire** (CA Paris 1-2-1984 : BRDA 9/84 p. 3), sauf s'il a révoqué ce dernier abusivement (cf. TGI Créteil 10-9-1987 : Bull. inf. C. cass. 1988 no 301), ou s'il a été stipulé que la révocation donnera lieu à indemnisation, celle-ci n'étant pas due cependant en cas de faute du mandataire (Cass. civ. 23-5-1979 : D. 1979.IR.408) et la clause qui en fixe le montant ne constituant pas une pénalité (Cass. civ. 6-3-2001 : RJDA 7/01 no 751).

La révocation prend **effet** du jour de sa signification au mandataire et non du jour où le mandant a exprimé sa volonté de révoquer (Cass. civ. 28-2-1984 : Bull. civ. III p. 39), mais elle demeure inopposable aux tiers qui ont traité dans l'ignorance de cette révocation, sauf le recours du mandant contre son mandataire (C. civ. art. 2005) ; le mandant reste donc tenu des actes passés par le mandataire révoqué (Cass. civ. 13-6-1978 : D. 1979.IR.11) s'il ne prouve pas que le tiers qui a traité avec son mandataire était informé de la révocation du mandat (Cass. com. 17-6-1997 : RJDA 11/97 no 1341).

Lorsque le mandat a été stipulé **irrévocable,** le mandant peut néanmoins le révoquer, sous réserve de sa responsabilité envers le mandataire (Cass. civ. 5-2-2002 : RJDA 7/02 no 760 ; CA Paris 25-3-2008 no 07/01437 : RJDA 10/08 no 984), sauf à démontrer la faute commise par ce dernier (CA Colmar 19-11-2021 no 19/03255).

Révocation du mandat d'intérêt commun Lorsque le mandat a été conclu dans l'intérêt commun du mandant et du mandataire, il ne peut être révoqué que par le consentement mutuel des parties ou pour une cause reconnue en justice ou encore suivant les clauses et conditions spécifiées au contrat (Cass. com. 6-7-1993 : RJDA 10/93 no 789), les parties pouvant prévoir que le mandat est révocable librement (Cass. com. 25-11-2014 no 13-25.266 : RJDA 4/15 no 268). 23083

Cette solution ne s'applique pas lorsque le juge des tutelles révoque le mandat d'intérêt commun donné par un majeur avant son placement sous sauvegarde de justice (Cass. civ. 12-5-1987 : Bull. civ. I p. 116) ni dans le cas où il n'y a pas mandat, faute d'accomplissement d'un acte juridique par le prétendu mandataire au nom et pour le compte du mandant (Cass. com. 8-7-2008 n° 07-12.759 : RJDA 12/08 n° 1255).

Ce mandat obéit aux règles suivantes.

23086 **1.** Le mandat est d'intérêt commun **lorsque les deux parties contribuent,** par leurs activités réciproques et leur collaboration suivie, **à l'obtention** et à l'accroissement **d'un résultat** qui leur est un bien commun, tel l'essor de l'entreprise mandante par création et développement de la clientèle (Cass. com. 24-11-2009 n° 08-19.596 : JCP E 2010.1444 note Grignon), étant précisé que la participation du mandataire aux risques financiers de l'entreprise commune (diffusion d'un journal) n'est pas un élément constitutif du mandat d'intérêt commun (Cass. com. 29-2-2000 : RJDA 4/00 n° 412).

A été considéré comme un mandat d'intérêt commun :

- le mandat qui ne fait courir au mandataire, propriétaire d'un fonds de commerce, aucun risque dans l'exécution dès lors que le mandataire a un intérêt à l'exécution du contrat qui profite à son fonds (Cass. com. 2-3-1993 : RJDA 7/93 n° 614) ;
- le contrat consistant à démarcher des annonceurs pour le compte d'une revue et à prendre les commandes de publicité moyennant une commission pour le démarcheur de 25 à 30 % sur chaque commande, ce qui contribuait à l'essor de l'entreprise bénéficiaire des commandes (CA Orléans 19-2-2004 n° 03-584 : RJDA 7/04 n° 809).

N'a pas été considéré comme un mandat d'intérêt commun le contrat liant une agence de voyages à une compagnie aérienne dont elle vendait les billets dès lors qu'elle vendait aussi les billets d'autres compagnies, de sorte qu'elle n'avait pas un intérêt particulier à l'essor de ladite compagnie (CA Paris 25-10-2018 n° 17/10108 : D. 2019.792 obs. Ferroer).

L'**existence** d'un intérêt commun n'est caractérisée, en soi, ni par la stipulation d'une exclusivité et d'une clause résolutoire du contrat (Cass. com. 26-5-2009 n° 08-13.839 : RJDA 1/10 n° 26) ni par celle d'une rémunération au profit du mandataire (Cass. civ. 13-6-1966 : Bull. civ. I n° 359).

Les juges doivent constater les conditions d'existence du mandat d'intérêt commun et ne peuvent se borner à affirmer purement et simplement son existence (Cass. com. 30-11-1982 : JCP G 1983.IV.55). Ils doivent le faire à la date de conclusion du contrat : si le mandat est d'intérêt commun à cette date, il ne peut cesser de l'être pour la seule raison que l'intérêt de l'une des parties devient moindre (CA Reims 4-2-1987 : Jurisprudence Champagne-Ardenne 1987/7 p. 20).

23089 **2.** Le **mandataire** a droit, lorsque le mandat a été révoqué, à une **indemnisation intégrale** de son préjudice, peu important que le mandant ait agi sans intention malicieuse (Cass. com. 8-10-1969 : D. 1970.143). Il doit prouver l'intérêt qu'il avait à la poursuite du mandat. Le juge évalue son préjudice en tenant spécialement compte du rôle technique et déterminant qu'il jouait dans l'exécution du contrat (Cass. com. 20-1-1971 : Bull. civ. IV p. 19).

23092 **3.** Le **mandant** est **dispensé** de verser une indemnité au mandataire lorsqu'il justifie d'une **cause légitime** de révocation ; il en est ainsi lorsque :

- le mandataire a commis une faute (Cass. civ. 23-5-1979 : Bull. civ. I n° 153 : diligences insuffisantes ; Cass. com. 29-1-1991 : RJDA 3/91 n° 207 : manque de diligence normale ; Cass. com. 1-4-2014 n° 12-28.901 : RJDA 7/14 n° 595 : violation de l'obligation de non-concurrence ; CA Rennes 1-4-1998 : RJDA 11/98 n° 1216 : mandataire devenu véritable concurrent du mandant ; CA Paris 29-2-2008 n° 06/09308 : RJDA 10/08 n° 1016 som. : chiffre d'affaires insuffisant) ;

  Il peut même obtenir alors la mise à la charge du mandataire d'une obligation de non-concurrence limitée dans le temps et dans l'espace (Cass. com. 25-6-1991 : RJDA 8-9/91 n° 708 : mandataire ayant conservé le fichier de la clientèle).
- une cause de révocation est prévue au contrat (Cass. civ. 7-6-1989 : Bull. civ. I p. 153).

  Mais le mandant doit respecter l'obligation de préavis, lorsque celle-ci est prévue par le contrat (CA Paris 11-1-1989 : D. 1989.IR.49).

Le mandant ne peut échapper au paiement d'une indemnité pour le seul motif que le contrat ne prévoit pas une telle indemnisation car on ne peut déduire de ce silence la renonciation du mandataire à son droit à indemnité (cf. Cass. com. 3-6-1997 : RJDA 11/97 n° 1342). En revanche, aucune indemnité n'est due lorsque le mandat prévoit qu'il est révocable ad nutum et peut être résilié par chacune des parties sans motif (Cass. com. 25-11-2014 n° 13-25.266 : RJDA 4/15 n° 268).

Le mandat révoqué sans cause légitime reste révoqué, l'auteur de la révocation étant tenu à indemnisation (Cass. 1e civ. 2-10-2001 : JCP G 2002.II.10094 note Y. Dagorne-Labbé).

23095 **Renonciation du mandataire** Le mandataire peut renoncer à sa mission à condition de **notifier** au mandant sa décision (C. civ. art. 2007, al. 1). Le mandataire peut être condamné à des dommages-intérêts si, ce faisant, il cause un préjudice au mandant, à moins qu'il ne prouve l'impossibilité de poursuivre sa mission sans en éprouver lui-même un préjudice considérable (C. civ. art. 2007, al. 2 ; pour une renonciation abusive, CA Versailles 20-6-1997 : GP 1998.som.538).

Le mandataire désigné par justice doit être expressément autorisé par une décision de cette autorité à renoncer à ses fonctions (Cass. civ. 10-6-1986 : Bull. civ. I p. 162).

Décès des parties Le mandat prend fin par le décès du mandant ou du mandataire (C. civ. art. 2003), même s'il est d'intérêt commun (Cass. com. 20-4-1967 : JCP G 1968.II.15389). **23098**

Le mandat s'éteint par le décès alors même qu'une disposition légale lui aurait imparti un délai maximal de validité (Cass. soc. 28-6-1978 : Bull. civ. V p. 396 : extinction du mandat donné pour encaissement des prestations de sécurité sociale par le décès survenu dans le délai de trois mois au cours duquel le versement de ces prestations doit être demandé).

Sur l'illicéité du mandat post mortem, n° 23015.

Mais les parties peuvent convenir que le mandat continuera après décès (Cass. civ. 28-6-1988 : D. 1989.181 note Najjar). Cette volonté peut être tacite. Elle a été retenue, par exemple, dans un cas où il ressortait de l'objet du mandat et du but dans lequel il avait été donné que le mandant avait souhaité qu'il soit mené jusqu'à achèvement de la mission (CA Paris 12-12-1967 : D. 1968.269 ; dans le même sens, Cass. crim. 12-10-1995 : RJDA 1/96 n° 57).

En tout état de cause, le mandataire doit achever les choses commencées avant le décès du mandant s'il y a « péril en la demeure » (C. civ. art. 1991, al. 2). Tant que le mandataire n'est pas informé du décès, les engagements qu'il prend sont valides et doivent être exécutés à l'égard des tiers de bonne foi (C. civ. art. 2008 et 2009). Le mandataire doit prouver qu'il ignorait la mort du mandant (Cass. soc. 22-6-1978 : Bull. civ. V p. 384).

Les héritiers du mandataire doivent aviser de son décès le mandant et pourvoir, en attendant, à ce que les circonstances exigent pour l'intérêt de celui-ci (C. civ. art. 2010).

Mise en tutelle Lorsque l'une des parties est majeure et vient à être mise en tutelle, le mandat prend fin (C. civ. art. 2003). Cette extinction se produit dans les mêmes conditions que celle consécutive au décès de l'une des parties (n° 23098). **23101**

Durée perpétuelle Comme tout contrat (C. civ. art. 1210), le mandat à durée perpétuelle est prohibé : chaque contractant peut y mettre fin à tout moment, sous réserve de respecter le délai de préavis contractuellement prévu ou, à défaut, un délai raisonnable (C. civ. art. 1211). **23104**

Déconfiture Le mandat prend fin par la déconfiture soit du mandant, soit du mandataire (C. civ. art. 2003). Mais la fin du mandat ne résulte pas de la liquidation judiciaire du mandataire ; le mandat obéit au régime des contrats en cours (nos 62000 s.) lorsqu'il a été conclu et n'a pas été exécuté avant le jugement de liquidation judiciaire (Cass. com. 28-6-2017 n° 15-17.394 : RJDA 11/17 n° 747), solution qui rend caduque celle mettant fin au mandat (Cass. com. 1-12-2009 n° 07-21.441 : RJDA 8-9/10 n° 841). **23107**

CHAPITRE 10

FIDUCIE

SOMMAIRE

A. Conclusion du contrat de fiducie 23215
1. Conditions de fond 23215
2. Formalités 23236
B. Exécution du contrat de fiducie 23245
C. Droits sur le patrimoine fiduciaire 23275
D. Extinction du contrat de fiducie 23297

DÉFINITION

La fiducie « est l'opération par laquelle un ou plusieurs constituants **transfèrent** des biens, des droits ou des sûretés, ou un ensemble de biens, de droits ou de sûretés, présents ou futurs, à un ou plusieurs fiduciaires qui, les tenant séparés de leur patrimoine propre, agissent dans un but déterminé au profit d'un ou plusieurs **bénéficiaires** » (C. civ. art. 2011). 23200

Cette définition correspond à celle classiquement retenue pour l'opération juridique utilisée sous le nom de « trust » dans les pays de common law, notamment au Royaume-Uni et aux États-Unis : le constituant est le « settlor », le fiduciaire est le « trustee » et le bénéficiaire le « beneficiary ».

Bien que les fonctions assumées par le « trust » soient très diversifiées, les éléments caractéristiques susvisés sont fondamentaux du « trust » et permettent ainsi à la fiducie du Code civil de jouer dans la vie des affaires un rôle économique pratiquement comparable à celui du « trust ».

Cette fiducie peut être établie par la loi ou par contrat (art. 2012, al. 1). Seule celle résultant d'un contrat est ci-après envisagée, la fiducie légale n'étant, pour l'heure, qu'une éventualité.

QUALIFICATION

Au sens de l'article 2011 du Code civil, la fiducie requiert trois éléments : un transfert de biens, de droits ou de sûretés, un transfert ayant une finalité déterminée et la création d'un patrimoine d'affectation. 23203

Elle est donc distincte des opérations qui ont pour objet de confier à un tiers l'exécution d'une mission déterminée en faveur d'une ou plusieurs personnes désignées, mais qui ne comportent aucun **transfert de droits,** tels que le mandat, le séquestre ou le contrat d'entreprise, ou qui transfèrent un bien ou une somme d'argent sans obligation d'agir dans un sens défini au profit de bénéficiaires, tels que les prêts à usage ou d'argent.

Elle se différencie, en outre, des affectations de patrimoine qui engendrent la naissance d'une personnalité morale (société, association, groupement d'intérêt économique) : les droits transférés sont isolés dans le **patrimoine du fiduciaire** qui les a reçus, sans naissance d'une personnalité morale individualisée pour ce faire.

La fiducie ne doit pas être davantage confondue avec la **société en participation occulte** dans laquelle le gérant est aux yeux des tiers titulaire des droits qu'il exerce, car ces droits ne sont pas isolés dans son patrimoine, ou avec le portage de droits sociaux, car ces droits sont certes transférés à un tiers dans un but déterminé, mais ils entrent dans le patrimoine du porteur.

Pour éviter le doute sur la qualification de fiducie, les parties qui concluent une fiducie peuvent imposer au juge, par une mention expresse, la qualification de fiducie, à la condition que tout tiers y ayant intérêt ne prouve pas que le transfert des droits est fictif et destiné à créer un patrimoine d'affectation à leur détriment ou à échapper à des dispositions d'ordre public.

APPLICATIONS

Le constituant d'une fiducie peut utiliser la fiducie notamment aux fins soit de faire gérer par un tiers des biens qu'il veut soumettre à un objectif déterminé (« **fiducie-gestion** »), soit de constituer avec certains biens une garantie au profit d'un de ses créanciers (« **fiducie-sûreté** »), soit de transmettre un patrimoine (« **fiducie-transmission** »). 23206

La fiducie-sûreté entraîne la cession de la propriété en garantie du bien au fiduciaire dans les conditions exposées au n° 57520.

Au début de l'année 2020, le registre national des fiducies était constitué de 208 actes relatifs à des fiducies, dont 59 actes enregistrés au cours de l'année 2019 (Rép. Grau : AN 21-4-2020 p. 2907).

En tant qu'instrument de **gestion de biens** (disponibilités financières ou fonds constitués de droits et obligations attachés à une activité déterminée), le constituant doit mettre la fiducie en 23207 balance avec le **mandat de droit commun** ; certes, la fiducie comporte en elle-même ce contrat par la mission qu'elle suppose, mais elle présente sur lui l'avantage incontestable d'engendrer l'affectation des valeurs transmises au paiement des créanciers nés de la mission, permettant ainsi au constituant-mandant de ne pas en répondre personnellement, mais à la condition que ces créanciers acceptent de limiter leur gage au patrimoine fiduciaire ou aux engagements pris par le fiduciaire (nº 23279).

23208 En tant que moyen de garantie, les parties doivent considérer l'avantage que la fiducie présente par rapport aux **sûretés,** notamment l'hypothèque et le gage, quant à leur rang au regard des privilèges généraux et à la portée du pacte commissoire. Elle est certainement plus efficace au regard du risque de mise sous procédure collective du constituant, puisque le bénéficiaire est propriétaire des droits transférés, sous la condition résolutoire de restitution en cas de paiement de la créance par le constituant.

Dans le silence de la loi, en cas de procédure collective ouverte contre le débiteur, il est recommandé aux parties de prévoir si le créancier-bénéficiaire devra déclarer sa créance afin de participer aux distributions et de préciser l'incidence de leur perception sur le sort du bien transféré en garantie. À défaut de précision dans le contrat de fiducie, le créancier-bénéficiaire qui n'aurait pas déclaré sa créance et aurait ainsi manqué de participer aux distributions pourrait être poursuivi par le débiteur-constituant en réparation du préjudice tenant au défaut de remboursement de sa dette à hauteur des distributions perdues.

23209 En tant qu'instrument de **transmission,** comparable notamment à une fusion ou à une acquisition d'actifs industriels ou commerciaux, la fiducie peut servir à réaliser un **transfert** de la propriété ; au regard du constituant, le transfert a lieu dès le jour de la conclusion du contrat de fiducie alors que le bénéficiaire ne pourra recueillir les biens transmis que postérieurement, après notamment qu'auront été données les autorisations que l'opération requiert, telles celles des autorités de concurrence en cas de transferts d'actifs susceptibles d'engendrer une concentration prohibée, ou qu'auront été accomplies les formalités propres à l'opération, par exemple les publications requises à l'intention des tiers en cas de fusion ou de scission de sociétés.

RÉGIME

23210 Le contrat de fiducie obéit aux dispositions des articles 2011 s. du Code civil et aussi, en tant que contrat, aux règles du droit commun des contrats (nºs 10010 s.), plus spécialement à celles du mandat (nºs 23000 s.), la fiducie comportant, par nature, un mandat du constituant au fiduciaire puisque la transmission des droits est toujours assortie d'un objectif à respecter par le fiduciaire.

Ce régime ne concernant que les contrats de fiducie conclus en France, il ne fait pas obstacle à la reconnaissance en France des contrats de fiducie ou de trust conclus à l'étranger qui mettent en jeu les intérêts du commerce international dans la mesure où, comme tout contrat international, ils sont soumis à la loi choisie par les parties et ne heurtent aucune règle de l'ordre public international français (nºs 16680 s.). Dans les rapports du constituant et du fiduciaire ressortissants d'États membres de l'UE différents, les dispositions du règlement CE 593/2008 du 17 juin 2008 (nº 17103) sont applicables pour déterminer la loi applicable au contrat (CJUE 3-10-2019 aff. 272/18).

Seules les dispositions civiles sont ci-après envisagées.

POINTS SENSIBLES

23212 Les parties au contrat de fiducie doivent veiller à :
– ne pas dissimuler sous la fiducie une donation au profit du tiers bénéficiaire (nº 23221) ;
– respecter les mentions obligatoires prescrites à peine de nullité (nº 23236) ;
– définir rigoureusement la nature des biens transférés, l'autonomie patrimoniale ne pouvant être invoquée qu'à leur égard, ainsi que les conditions de poursuites des créanciers issus de l'activité fiduciaire (nºs 23260 s.).

A. Conclusion du contrat de fiducie

1. CONDITIONS DE FOND

CONSENTEMENT

23215 **Manifestation expresse** La fiducie doit être expressément consentie par les parties (C. civ. art. 2012, al. 1). Leur consentement doit être établi par écrit, puisque des indications légalement définies doivent figurer au contrat à peine de nullité (nº 23236) et que celui-ci doit, également à peine de nullité, être enregistré (nº 23239).

BUT

Le contrat de fiducie doit préciser le but dans lequel les biens, droits ou sûretés sont transférés au fiduciaire (C. civ. art. 2011). Les parties seront bien inspirées, lorsque la fiducie est conclue en vue de gérer un investissement, d'éclairer par un **préambule** les tenants et les aboutissants de l'opération, le but assigné à la fiducie conditionnant, en effet, les pouvoirs du fiduciaire et l'obligation à la dette du patrimoine fiduciaire. 23218

Interdiction d'une intention libérale Le contrat de fiducie est nul s'il procède d'une intention libérale au profit du bénéficiaire ; cette **nullité** est d'ordre public (C. civ. art. 2013). Elle est, selon nous, absolue car elle n'est pas seulement destinée à protéger l'intérêt du constituant mais aussi l'intérêt général du crédit et de la fiscalité. 23221

CONSTITUANT DE LA FIDUCIE

Le constituant de la fiducie peut être une **personne physique ou morale** (cf. C. civ. art. 2017, al. 2). 23224

Le constituant doit être résident d'un État de l'UE ou d'un État ou territoire ayant conclu avec la France une convention fiscale en vue d'éliminer les doubles impositions qui contient une clause d'assistance administrative en vue de lutter contre la fraude ou l'évasion fiscale (Loi 2007-211 art. 13).

L'identité du ou des constituants doit être **mentionnée** dans le contrat, à peine de nullité (art. 2018, 3°).

La conclusion du contrat de fiducie par une société relève du pouvoir des seuls **dirigeants sociaux** si, de par son but, l'opération entre dans l'objet social (MSC n°s 13300 s.).

Le constituant personne physique ne peut être ni un mineur (art. 408-1) ni un majeur sous tutelle, le tuteur ne pouvant pas transférer les biens de ce majeur dans un patrimoine fiduciaire (art. 509, 5°). Il peut en revanche être conclu par un majeur en curatelle avec l'assistance du curateur (art. 468, al. 2).

Lorsque le constituant est un époux commun en biens, il doit, pour pouvoir transférer dans le patrimoine fiduciaire des biens communs, obtenir le consentement de son conjoint (art. 1424, al. 2).

Sur la nullité du contrat de fiducie conclu pendant la période suspecte, avant l'ouverture d'une procédure de redressement ou de liquidation judiciaire, n° 63145.

FIDUCIAIRES

Ne peuvent être parties au contrat en qualité de fiduciaires que (C. civ. art. 2015) : 23227

1. Les établissements de crédit effectuant des opérations de banque (nos 40010 s.).

2. Les institutions et services énumérés à l'article L 518-1 du Code monétaire et financier, à savoir : le Trésor public, la Banque de France, La Poste, l'institut d'émission des départements d'outre-mer, l'institut d'émission d'outre-mer et la Caisse des dépôts et consignations.

3. Les entreprises d'investissement mentionnées à l'article L 531-4 du Code monétaire et financier.

4. Les sociétés de gestion de portefeuille.

5. Les entreprises d'assurances régies par l'article L 310-1 du Code des assurances qui sont :

– les entreprises qui, sous forme d'assurance directe, contractent des engagements dont l'exécution dépend de la durée de la vie humaine, s'engagent à verser un capital en cas de mariage ou de naissance d'enfants, ou font appel à l'épargne en vue de la capitalisation et contractent à cet effet des engagements déterminés ;

– les entreprises qui, sous forme d'assurance directe, couvrent les risques de dommages corporels liés aux accidents et à la maladie ;

– les entreprises qui sous forme d'assurance directe couvrent d'autres risques y compris ceux liés à une activité d'assistance ;

– les entreprises agréées à la date du 1er janvier 1993 qui font appel à l'épargne en vue de la capitalisation sans souscrire d'engagements déterminés.

6. Les avocats (sur les modalités, Décret 91-1197 du 27-11-1991).

Sur la soumission des fiduciaires aux dispositions de lutte contre le blanchiment des capitaux et le financement du terrorisme, C. mon. fin. art. L 561-3.

À défaut de désignation du ou des fiduciaires, le contrat est **nul** (C. civ. art. 2018, 4°), à notre avis de nullité absolue pour la raison d'intérêt général signalée au n° 23221.

Le fiduciaire est soumis à la même condition de résidence que le constituant (n° 23224).

BÉNÉFICIAIRES

23230 Le contrat de fiducie doit désigner le ou les bénéficiaires de la mission confiée au fiduciaire ou les règles permettant leur désignation (C. civ. art. 2018, 5°). À défaut, le contrat est nul (art. 2018, al. 1), cette nullité étant absolue, à notre avis, pour les raisons exposées au n° 23221.

Le bénéficiaire peut être une personne physique ou morale.

Le constituant ou le fiduciaire peut être le bénéficiaire ou l'un des bénéficiaires (art. 2016).

La désignation du fiduciaire en qualité de bénéficiaire permet de transférer des biens en **garantie** de créances que celui-ci détient sur le constituant.

Le constituant aura intérêt, dans ce cas, à prévoir des **clauses** mettant à la charge du fiduciaire l'obligation de conservation des biens et en définissant les modalités ainsi que les conditions de retour des biens transférés une fois que la garantie n'aura plus lieu d'être ou que le contrat de fiducie sera éteint de plein droit (n°s 23400 s.).

Le fiduciaire-bénéficiaire devra s'assurer du maintien du transfert des biens tant que la garantie lui sera utile pour garantir sa créance et se prémunir contre l'extinction de plein droit de la fiducie s'il venait à être déclaré en liquidation judiciaire, absorbé ou à disparaître à la suite d'une cession (n°s 23400 s.).

La désignation du bénéficiaire équivalant à une **stipulation pour autrui** (cf. n° 13033), l'intéressé se trouve dans la situation du bénéficiaire d'une telle stipulation (n° 13042).

BIENS TRANSFÉRÉS

23233 Le transfert peut porter sur « des biens, des droits ou des sûretés, ou sur un ensemble de biens, de droits ou de sûretés, présents ou futurs » (C. civ. art. 2011). La fiducie peut donc porter :

– sur des meubles ou des immeubles ;

Lorsque le contrat de fiducie prévoit que le constituant conserve l'usage ou la jouissance d'un **fonds de commerce** ou d'un **immeuble à usage professionnel** transféré dans le patrimoine fiduciaire, la convention conclue à cette fin n'est pas soumise aux dispositions du Code de commerce relatives à la location-gérance et au statut des baux commerciaux, sauf stipulation contraire (art. 2018-1).

– sur des droits de créance ou de propriété incorporelle, tels que les droits sociaux, les droits de propriété intellectuelle, la propriété commerciale ou la propriété des fonds de commerce ;

La **cession de créances** est opposable aux tiers à la date du contrat de fiducie ou de l'avenant qui la constate ; elle ne devient opposable au débiteur de la créance cédée que par la notification qui lui en est faite par le cédant ou le fiduciaire (art. 2018-2). La loi ne visant que la « notification », elle peut être faite par acte ordinaire puisque seule la signification doit être faite par acte d'huissier (CPC art. 651).

– sur des droits réels immobiliers, tels qu'usufruit, bail emphytéotique ou à construction, hypothèque, gage immobilier.

Pris à la lettre, les « droits » ne peuvent pas être des « obligations » ; la cession de **dettes,** en tant que telle, à un fiduciaire n'est donc pas opposable aux créanciers cédés sans leur accord.

Pour s'assurer que le patrimoine fiduciaire transmis conservera sa consistance, il est recommandé de prévoir par une clause le jeu de la **subrogation réelle** pour tout bien ou droit qui viendrait à disparaître et à être remplacé par un autre ou une somme indemnitaire.

2. FORMALITÉS

ÉCRIT

23236 Le contrat de fiducie **détermine** (C. civ. art. 2018) :

1. Les biens, droits ou sûretés transférés ; s'ils sont futurs, ils doivent être déterminables ;

En cas de doute sur la consistance des biens ou droits transférés, le contrat devra être interprété restrictivement ; l'acte de disposition doit, en effet, être spécial (sur l'exigence d'un mandat spécial pour l'accomplissement par un tiers d'un acte de disposition, n° 23024).

2. La durée du transfert, qui ne peut excéder 99 ans à compter de la signature du contrat ;

3. L'identité du ou des constituants ;

4. L'identité du ou des fiduciaires ;

5. L'identité du ou des bénéficiaires ou, à défaut, les règles permettant leur désignation ;

6. La mission du ou des fiduciaires et l'étendue de leurs pouvoirs d'administration et de disposition.

Ces mentions sont prescrites « **à peine de nullité** » (art. 2018, al. 1). À notre avis, cette nullité est absolue, pour la raison exposée au n° 23221.

Si les biens, droits ou sûretés transférés dans le patrimoine fiduciaire dépendent de la communauté existant entre les époux ou d'une indivision, le contrat de fiducie est établi par acte **notarié** à peine de nullité (art. 2012, al. 2). Il en est de même lorsque les biens transférés sont des immeubles, cette forme étant requise pour la publicité foncière (art. 710-1).

ENREGISTREMENT ET PUBLICATION

À peine de **nullité,** les formalités suivantes doivent être accomplies : **23239**

1. Le contrat de fiducie et ses avenants doivent :

– être enregistrés dans le délai d'un mois à compter de leur date au service des impôts du siège du fiduciaire ou au service des impôts des non-résidents si le fiduciaire n'est pas domicilié en France (C. civ. art. 2019, al. 1) ;

– être publiés dans les conditions prévues aux articles 647 et 657 du Code général des impôts, lorsqu'ils portent sur des immeubles ou des droits réels immobiliers (art. 2019, al. 2).

2. La **transmission** des droits résultant du contrat de fiducie et, si le bénéficiaire n'est pas désigné dans le contrat de fiducie, sa désignation ultérieure doivent donner lieu à un acte écrit enregistré dans les mêmes conditions (art. 2019, al. 3).

3. La désignation d'un tiers (n° 23251) et l'information sur l'identité du ou des bénéficiaires effectifs de la fiducie doivent donner lieu à un acte écrit établi par le fiduciaire et enregistré dans les mêmes conditions (art. 2019, al. 4).

Pour les raisons indiquées plus haut (n° 23221), la nullité est, à notre avis, absolue.

REGISTRE NATIONAL DES FIDUCIES

Un registre national des fiducies, prévu par l'article 2020 du Code civil, est constitué selon des modalités précisées par le décret 2010-219 du 2 mars 2010. **23242**

Ce registre, mis en œuvre par le ministre chargé du budget (Direction générale des finances publiques), « a pour finalité de centraliser les informations relatives aux contrats de fiducie nécessaires pour faciliter les contrôles permettant la lutte contre l'évasion fiscale, le blanchiment des capitaux et le financement du terrorisme » (Décret 2010-219 art. 1).

Le décret 2010-219 ne précise pas la sanction du défaut ou de l'irrégularité d'une mention. Si les droits transmis portent sur un immeuble ou des droits immobiliers, celle-ci ne saurait être l'inopposabilité aux tiers du contrat de fiducie omis ou de la mention irrégulière, car la publicité du transfert de ces droits doit être accomplie à peine de nullité dans les conditions fixées au n° 23239.

B. Exécution du contrat de fiducie

OBLIGATIONS DU CONSTITUANT

Le constituant a l'obligation de transférer les biens, droits et sûretés dont il a promis le transfert au fiduciaire en respectant les conditions de leur délivrance fixées par le contrat (n° 23200). **23245**

OBLIGATIONS DU FIDUCIAIRE

Mention de la qualité de fiduciaire Lorsque le fiduciaire agit pour le compte de la fiducie, il doit en faire expressément mention ; de même, lorsque le patrimoine fiduciaire comprend des biens ou des droits dont la mutation est soumise à publicité, celle-ci doit mentionner le nom du fiduciaire ès qualités (C. civ. art. 2021). À notre avis, cette mention n'a qu'une **valeur indicative** mais constitue une présomption utile au fiduciaire pour établir qu'il a agi au nom du patrimoine fiduciaire. **23248**

Pour les fiducies conclues avant le 1er octobre 2016 (sur cette date, n° 10000), la mention ne peut pas valoir présomption irréfragable que le fiduciaire ait agi ou non pour la fiducie, puisque la loi ni ne déduit de cette mention le défaut de validité de l'acte ni ne dénie l'action en justice à son encontre (cf. C. civ. ex-art. 1352, al. 2). Elle ne peut que faire présumer, jusqu'à preuve contraire établie par tous moyens, que le fiduciaire a agi au nom du patrimoine fiduciaire.

Pour les fiducies conclues depuis la date susvisée, le caractère irréfragable dépend de l'appréciation du juge (n° 75809).

En conséquence :

– le fiduciaire ne pourra, à défaut de mention de sa qualité, établir qu'il a agi en qualité de fiduciaire que s'il prouve que les tiers auxquels il oppose sa qualité de fiduciaire savaient qu'il agissait en cette qualité ;

– le fiduciaire ne pourra opposer aux tiers que l'acte dont ils se prévalent n'a pas été accompli pour le compte du patrimoine fiduciaire si les tiers peuvent invoquer leur croyance légitime que le fiduciaire agissait au nom dudit patrimoine ;

– le fiduciaire ne pourra interdire au constituant ou au bénéficiaire qui a accepté la fiducie de prouver que l'acte sans mention de qualité de fiduciaire relève du patrimoine fiduciaire et que l'acte comportant la mention lui est étranger.

23251 **Exécution des obligations prévues par le contrat** Le fiduciaire doit exécuter les obligations que le contrat met à sa charge.

Il est recommandé au constituant de préciser si le fiduciaire pourra se **substituer** un autre fiduciaire dans l'exécution du contrat. À défaut, cette faculté doit, à notre avis, lui être refusée car la fiducie est un acte de confiance par essence même et le choix du fiduciaire est éminemment personnalisé.

Les obligations fiduciaires devront être **réelles** et non de pure forme, par exemple pour masquer une opération illicite ou une libéralité.

En cas de doute sur leur **consistance,** elles devront être déterminées en fonction de ce qu'implique l'objectif recherché à travers la fiducie.

Pour en assurer le respect, le constituant a intérêt à prévoir des **mesures de contrôle** ou des redditions de compte périodiques lui permettant de suivre l'évolution de la réalisation du but de la fiducie ; il peut aussi, comme le stipulant d'une stipulation pour autrui (n° 13045), contraindre le fiduciaire à exécuter le contrat et prévenir une exécution défectueuse en demandant une mesure conservatoire appropriée. Sauf stipulation contraire du contrat de fiducie, le constituant peut, à tout moment, **désigner un tiers** chargé de s'assurer de la préservation de ses intérêts dans le cadre de l'exécution du contrat et qui peut disposer des pouvoirs que la loi accorde au constituant ; lorsque le constituant est une personne physique, il ne peut renoncer à cette faculté ; le constituant doit informer le fiduciaire de la désignation de ce tiers (C. civ. art. 2017).

Selon l'enjeu de l'action fiduciaire, il est recommandé au constituant de chercher à se garantir par une sûreté contre les manquements du fiduciaire.

Le détournement d'un bien ou du patrimoine fiduciaire pourrait constituer un **abus de confiance** (cf. C. pén. art. 314-1).

23254 **Reddition de compte** **1. Reddition de compte au constituant.** Le contrat de fiducie doit définir les conditions dans lesquelles le fiduciaire rend compte de sa mission au constituant (C. civ. art. 2022, al. 1).

Lorsque, pendant l'exécution du contrat, le constituant fait l'objet d'une mesure de tutelle ou de curatelle, le tuteur ou, le cas échéant, le constituant et le curateur peuvent demander au fiduciaire de leur rendre compte de sa mission au moins une fois par an, sans préjudice de la périodicité fixée par le contrat (art. 2022, al. 2).

Il est notamment recommandé, en s'inspirant des règles du mandat de droit commun qui sont, à défaut d'indication contraire, transposables au mandat fiduciaire, de préciser que :

– le fiduciaire devra justifier de l'opportunité des actes qu'il a accomplis sur le patrimoine transféré et de la conformité de ces actes au but du contrat tel qu'il y a été défini ;

– le fiduciaire sera tenu de rendre compte au constituant de tout ce qu'il aura reçu en sa qualité et dans l'accomplissement de sa mission, même de ce à quoi le constituant n'avait pas droit (cf. art. 1993), sauf à prouver que le constituant a approuvé l'utilisation qu'il a faite des sommes reçues (cf. Cass. civ. 8-7-1975 : D. 1976.315 note Gaury) ;

– il sera dressé inventaire, comportant la liste des recettes et des dépenses du fiduciaire, avec pièces justificatives à l'appui et sera refusée la seule présentation du solde d'un arrêté de compte sans que soit dressé l'état des sommes effectivement payées par le fiduciaire (cf. Cass. com. 19-10-1993 : RJDA 3/94 n° 286) ;

– la restitution au constituant des biens ou des sommes lui revenant à la suite de l'exécution du contrat s'opérera en nature ;

– le fiduciaire remettra, si la somme est libellée en monnaie étrangère, les devises perçues ou la contre-valeur en euros évaluée d'après le cours du change au jour de la remise et non pas à celui de l'encaissement ;

– le fiduciaire devra l'intérêt des sommes qu'il a employées à son usage, à compter de la date de cet emploi ainsi que celui des sommes dont il restera débiteur, à compter de sa mise en demeure, celle-ci étant réputée résulter de la demande de reddition de compte que lui aura adressée le constituant dans la forme prévue au contrat.

– **Reddition de compte au bénéficiaire.** Le fiduciaire doit rendre compte de sa mission au bénéficiaire et au tiers désigné en vue de la surveillance de l'exécution du contrat (n° 23251), à leur demande, selon une périodicité fixée par le contrat (art. 2022).

Les modalités de cette reddition de compte peuvent être identiques à celles prévues pour la reddition de compte du fiduciaire au constituant.

23257 **Pouvoirs du fiduciaire** Dans ses rapports avec les tiers, le fiduciaire est réputé disposer **des pouvoirs les plus étendus** sur le patrimoine fiduciaire, à moins qu'il ne soit démontré que les tiers avaient connaissance de la limitation de ses pouvoirs (C. civ. art. 2023).

Néanmoins, le fiduciaire ne peut acheter, par lui-même ou par personne interposée, des biens ou droits composant le patrimoine fiduciaire (art. 1596, al. 6).

Un acte relève donc du patrimoine fiduciaire dès lors :

– qu'il se rapporte à l'objet de la fiducie, comme un acte concerne une société dès lors qu'il entre dans son objet social (sur cette règle transposable par analogie, MSC nos 13300 s.) ;

En application de cette analogie, le fiduciaire peut, par exemple, utiliser les liquidités du patrimoine fiduciaire en bourse (cf. Cass. com. 12-12-2006 : RJDA 4/07 no 358).

– que le tiers qui s'en prévaut n'a pas eu connaissance de la limitation de pouvoir qui, le cas échéant, était imposée par le contrat au fiduciaire.

À notre avis, l'enregistrement du contrat de fiducie (no 23239) ne suffit pas à établir que le tiers a eu cette connaissance, car la formalité d'enregistrement auprès de l'administration fiscale ne constitue pas une formalité de publicité opposable au tiers, l'enregistrement n'emportant l'effet civil de la date certaine qu'en vertu de la disposition spéciale qui le prévoit (art. 1377 ; no 75698). La connaissance par le tiers de la limitation de pouvoir dépendra donc des circonstances de fait susceptibles de l'établir.

L'acte qui ne répond pas aux deux conditions ci-dessus est, à l'égard des tiers, **nul** pour dépassement de pouvoirs, comme c'est le cas de l'acte de tout mandataire qui outrepasse ses pouvoirs (no 23058).

En cas de nomination de **plusieurs fiduciaires,** aucune disposition ne fixant les conditions d'exercice de leur pouvoir, celles-ci peuvent être aménagées librement. À défaut, chaque fiduciaire détient individuellement le pouvoir d'agir séparément au nom du patrimoine fiduciaire, la loi investissant « le fiduciaire » de ce pouvoir sans restriction (art. 2023).

Il est recommandé de prévoir quel sera le sort du contrat de fiducie en cas de disparition de l'un des fiduciaires, la loi prévoyant la cessation du contrat si « le fiduciaire » disparaît (no 23406).

PAIEMENT DES DETTES FIDUCIAIRES

Obligation du fiduciaire Le fiduciaire n'est pas obligé au paiement des dettes nées au titre du patrimoine fiduciaire ; il ne peut, en effet, y être engagé que s'il l'a accepté (C. civ. art. 2025, al. 2). 23260

Sur la preuve que l'acte litigieux aura été accompli à titre fiduciaire, no 23248.

Obligation du constituant Le constituant est obligé au paiement des dettes fiduciaires sur son patrimoine ; il n'en est autrement que si le contrat de fiducie limite son obligation à l'actif fiduciaire (C. civ. art. 2025, al. 2 et 3), sous réserve des actes susceptibles de relever de l'action paulienne (nos 23279 et 23282). 23263

RESPONSABILITÉ DU FIDUCIAIRE

Le fiduciaire est responsable, sur son patrimoine propre, des fautes qu'il commet dans l'exercice de sa mission (C. civ. art. 2026). Sa responsabilité est appréciée comme celle d'un mandataire rémunéré (no 23064), puisque le fiduciaire n'est propriétaire des biens transférés que pour l'exécution de la mission qui lui a été confiée, donc du mandat que comporte le contrat de fiducie. 23267

REMPLACEMENT DU FIDUCIAIRE

En l'absence de stipulations contractuelles prévoyant les conditions de son remplacement, si le fiduciaire manque à ses devoirs ou met en péril les intérêts qui lui sont confiés ou encore s'il fait l'objet d'une procédure de sauvegarde ou de redressement judiciaire, le constituant, le bénéficiaire ou le tiers désigné en vue de la surveillance du fiduciaire (no 23251) peut demander en justice la nomination d'un fiduciaire provisoire ou solliciter le remplacement du fiduciaire (C. civ. art. 2027). 23270

La décision judiciaire faisant droit à la demande emporte de plein droit dessaisissement du fiduciaire originaire et transfert du patrimoine fiduciaire en faveur de son remplaçant (art. 2027).

MODIFICATION DU CONTRAT DE FIDUCIE

Dès lors que le bénéficiaire a accepté la stipulation faite à son profit (no 23288), la modification du contrat de fiducie ne peut intervenir qu'avec l'accord du bénéficiaire ou par décision de justice (C. civ. art. 2028, al. 2). 23271

Elle doit donner lieu à l'établissement d'un avenant qui doit être enregistré (no 23239).

ACTION DE CONCERT

La loi institue une présomption d'action de concert entre le fiduciaire et le bénéficiaire d'un contrat de fiducie, si ce bénéficiaire est le constituant (C. com. art. L 233-10, II-5°). 23273

C. Droits sur le patrimoine fiduciaire

23275 Les éléments d'actif et de passif transférés en vertu du contrat de fiducie forment un **patrimoine d'affectation** ; les opérations affectant ce dernier font l'objet d'une comptabilité autonome chez le fiduciaire (Loi 2007-211 du 19-2-2007 art. 12, al. 1).

DROITS DES CRÉANCIERS

23276 **Créanciers personnels du fiduciaire** Les créanciers personnels du fiduciaire n'ont aucun droit sur le patrimoine fiduciaire. Même l'ouverture d'une procédure de sauvegarde, de redressement judiciaire ou de liquidation judiciaire au profit du fiduciaire n'affecte pas le patrimoine fiduciaire (C. civ. art. 2024).

23279 **Créanciers du patrimoine fiduciaire** Le **patrimoine fiduciaire** ne peut être **saisi** que par les titulaires de créances nées de la conservation ou de la gestion de ce patrimoine (C. civ. art. 2025, al. 1). Ces créanciers ne peuvent saisir que ce patrimoine dès lors qu'ils ont expressément accepté de limiter leur gage à ce dernier (art. 2025, al. 3).

Toutefois, ces créanciers peuvent :

– saisir le **patrimoine** personnel **du fiduciaire** si le contrat de fiducie a mis tout ou partie du passif fiduciaire à la charge du fiduciaire (art. 2025, al. 2) ;

– saisir le patrimoine **du constituant** en cas d'insuffisance du patrimoine fiduciaire s'ils n'ont pas limité leur gage à ce patrimoine (art. 2025, al. 2).

Pour réduire le risque d'une poursuite du patrimoine personnel du constituant, le contrat de fiducie peut **fixer une somme** au-delà de laquelle le fiduciaire ne pourra pas augmenter le passif fiduciaire sans l'accord du constituant. Sur l'utilisation du plafond, à titre d'exemple, dans le régime d'autorisation des garanties données par une société à un tiers autre qu'une société contrôlée au sens de l'article L 233-16, II du Code de commerce (contrôle exclusif), MSC nº 40916.

Après l'exécution du contrat de fiducie au profit du bénéficiaire et le transfert des droits lui revenant, les créanciers du patrimoine fiduciaire impayés ne sauraient agir **contre le bénéficiaire,** car la stipulation faite à son profit le rend seulement créancier ; il ne peut être éventuellement tenu à assumer des obligations que s'il a accepté la stipulation les prévoyant (nºs 13033 s.).

23282 **Créanciers du constituant** Les créanciers du constituant titulaires d'un droit de suite attaché à une sûreté publiée antérieurement au contrat de fiducie et ceux victimes de fraude à leurs droits peuvent saisir le patrimoine fiduciaire (C. civ. art. 2025, al. 1 ; sur l'action paulienne, nºs 54000 s.).

Ces créanciers peuvent aussi demander la nullité du contrat de fiducie conclu pendant la période suspecte précédant l'ouverture d'une procédure de redressement ou de liquidation judiciaire (nºs 63145 et 63150 s.).

23285 **Créanciers du bénéficiaire acceptant** Par l'action oblique (nºs 53900 s.), ces créanciers peuvent exercer les droits nés du contrat appartenant au bénéficiaire que celui-ci négligerait de faire valoir.

DROITS DES BÉNÉFICIAIRES

23288 **Acceptation de la fiducie** Le ou les bénéficiaires désignés peuvent accepter ou refuser les droits que prévoit en leur faveur le contrat de fiducie (C. civ. art. 2028 et 2029, al. 2).

La désignation des bénéficiaires équivalant à une stipulation pour autrui, l'acceptation obéit aux règles d'acceptation de toute stipulation pour autrui et fait naître à leur profit le droit de demander l'exécution de la stipulation (nº 13039).

Tant que les bénéficiaires ne l'ont pas acceptée, le constituant peut révoquer la fiducie (art. 2028, al. 1).

23291 **Transfert du patrimoine fiduciaire** Dès lors qu'ils ont accepté les termes de la stipulation les désignant, les bénéficiaires désignés peuvent recevoir le bénéfice du patrimoine fiduciaire dans les conditions prévues au contrat puisqu'ils sont alors en droit de faire exécuter la stipulation qu'il contient à leur profit (nº 23288).

Il y a lieu, le cas échéant, à accomplissement des formalités de publicité pour rendre opposable aux tiers le passage des biens dont le transfert est soumis à publicité dans le patrimoine du bénéficiaire.

DROITS DU FIDUCIAIRE

Comme un mandataire (nº 23044), le fiduciaire peut agir gratuitement ou se faire rémunérer ; dans ce cas, il a droit à la **rémunération** prévue par le contrat et selon les modalités de règlement qu'il est opportun de préciser. 23294

Bien que les dispositions sur la fiducie ne comportent aucune règle sur le sort des **pertes** subies par le fiduciaire dans l'exécution de sa mission, le fiduciaire peut, à notre avis, invoquer, en tant qu'exécutant d'un mandat, la règle de droit commun du mandat de l'article 2000 du Code civil qui oblige le mandant à indemniser le mandataire des pertes que celui-ci a essuyées à l'occasion de sa gestion, sans imprudence qui lui soit imputable (nº 23041).

À l'expiration du contrat de fiducie, le fiduciaire bénéficie, à notre avis, d'un **droit de rétention** du patrimoine fiduciaire jusqu'à désintéressement de ses créances impayées, celles-ci présentant un lien de connexité avec ce patrimoine (nº 57815).

D. Extinction du contrat de fiducie

CAUSES D'EXTINCTION

Révocation du contrat de fiducie par le constituant Le contrat de fiducie peut être révoqué par le constituant tant qu'il n'a pas été accepté par le bénéficiaire (C. civ. art. 2028, al. 1). 23297

La révocation est alors ad nutum, sous réserve, conformément au droit commun, d'une révocation abusive parce qu'intempestive ou vexatoire (cf. les solutions applicables à la révocation abusive des dirigeants sociaux : MSC nºs 12550 s.).

Après acceptation par le bénéficiaire, il ne peut être révoqué qu'avec son accord ou par décision de justice (art. 2028, al. 2).

La révocation par décision de justice revenant à résoudre un contrat, elle suppose l'application des règles de la résolution judiciaire des contrats pour manquement du fiduciaire à ses obligations (nºs 15600 s.).

Accomplissement du contrat Le contrat de fiducie prend fin par la survenance du terme, par la réalisation du but poursuivi quand celle-ci a lieu avant le terme (C. civ. art. 2029, al. 1). Il prend notamment fin par l'expiration du délai de 99 ans (art. 2018, 2º). 23400

Renonciation des bénéficiaires à la fiducie Si la totalité des bénéficiaires renonce à la fiducie, le contrat prend fin de plein droit, sauf stipulations du contrat prévoyant les conditions dans lesquelles il se poursuit (C. civ. art. 2029, al. 2). 23403

La renonciation la plus sûre sera expresse. Mais, aucune forme n'étant exigée, elle pourra, conformément au droit commun, être tacite pourvu qu'elle soit certaine et non équivoque (nºs 14503 s.).

Disparition du fiduciaire Sauf stipulations du contrat prévoyant les conditions dans lesquelles il se poursuit, le contrat de fiducie prend fin si le fiduciaire fait l'objet d'une liquidation judiciaire ou d'une dissolution, ou disparaît par suite d'une cession ou d'une absorption (C. civ. art. 2029, al. 2). 23406

Il disparaît aussi, sous la même réserve, si le fiduciaire est avocat en cas d'interdiction temporaire, de radiation ou d'omission du tableau (art. 2029, al. 2).

Disparition du constituant Le contrat de fiducie prend fin, lorsqu'il a été conclu par une personne physique, par le décès du constituant (C. civ. art. 2029, al. 1). Le patrimoine fiduciaire fait alors de plein droit retour à la succession (art. 2030, al. 2). 23409

CONSÉQUENCES DE L'EXTINCTION

Existence de bénéficiaires À défaut de dispositions légales sur la liquidation du contrat de fiducie, et par application du principe de la liberté contractuelle sous réserve de respecter l'ordre public (nº 10625), les parties peuvent convenir des conditions de liquidation du contrat pour le cas où celui-ci serait éteint par une cause autre que celle tenant à la réalisation de son objet. Elles peuvent s'inspirer pour ce faire des modalités de liquidation d'un contrat en cas de résiliation de celui-ci (nº 15505). 23412

Absence de bénéficiaires Lorsque le contrat de fiducie prend fin en l'absence de bénéficiaire, les droits, biens ou sûretés présents dans le patrimoine fiduciaire font de plein droit retour au constituant (C. civ. art. 2030). 23415

À défaut de disposition précisant dans quelles conditions le patrimoine fiduciaire fait retour, les biens transférés reviennent au constituant dans l'état où ils se trouvent à la date d'expiration du contrat de fiducie, sauf acte qui aurait été accompli contrairement au pouvoir attribué au fiduciaire (nº 23257) ou frauduleusement (cf. Cass. 1e civ. 6-2-1996 : D. 1997.119 note Tardy, à propos du droit de retour du donateur, mais transposable, autorisant l'exercice de l'action paulienne contre l'aliénation frauduleuse d'un bien donné).

23418 **Publicité** Les formalités de publicité doivent, le cas échéant, être accomplies pour indiquer le retour des biens dont le transfert est soumis à publicité dans le patrimoine du constituant.

CHAPITRE 11

PRÊTS (AUTRES QUE D'ARGENT)

SOMMAIRE

A. Prêt à usage 23500
B. Prêt de consommation 23600

A. Prêt à usage

GÉNÉRALITÉS SUR LE PRÊT À USAGE

Qualification Pour qu'il y ait prêt à usage, au sens du Code civil, les conditions suivantes doivent être satisfaites. 23500

1. Obligation de restituer la chose prêtée elle-même. Cette obligation de restitution est de l'essence du contrat de prêt à usage (C. civ. art. 1875 ; CA Dijon 22-1-1896 : DP 1896.2.325 : absence de prêt, le remettant ayant voulu faire abandon). Celui-ci ne peut donc porter que sur des choses susceptibles d'être utilisées et d'être elles-mêmes l'objet de la restitution : du matériel ou de l'outillage (Cass. com. 27-1-1969 : Bull. civ. IV p. 26 ; Cass. com. 24-11-1980 : JCP G 1981.IV.60 ; CA Aix 16-5-1973 : D. 1974.677 note Bories) ou même un immeuble (cf. C. civ. art. 1878 ; Cass. req. 1-4-1941 : S. 1941.1.112 ; Cass. civ. 29-4-1985 : Bull. civ. I p. 124 ; Cass. 3e civ. 31-5-2011 nº 09-17.008 : RJDA 4/12 nº 396).

Il peut porter sur des choses fongibles, dès lors que celles-ci sont individualisées (Cass. crim. 9-1-1903 : S. 1906.1.430 : titres numérotés avec mention des numéros sur le reçu et à charge de restituer ces titres ; Cass. crim. 11-6-1960 : Bull. crim. p. 638 : lingots d'or). En revanche, il n'y a pas prêt à usage, mais prêt de consommation de valeurs mobilières, si l'emprunteur se reconnaît simplement débiteur du montant de ces valeurs qui avaient été estimées, dès lors que cette estimation n'est pas assortie de la précision que les valeurs mobilières devaient être restituées en nature (Cass. civ. 19-3-1928 : DH 1928.303) ou si l'emprunteur ne s'engage pas à restituer le même nombre de titres de la même espèce que celui qu'il avait reçu (CA Angers 8-11-1960 : JCP G 1961.II.11984 note P.E.).

2. Usage gratuit de la chose prêtée. Le prêt est essentiellement gratuit (C. civ. art. 1876 ; Cass. com. 14-10-1974 : GP 1975.1.129 ; Cass. 3e civ. 14-1-2004 : RJDA 7/04 nº 812 ; CA Dijon 28-6-1974 : JCP G 1975.IV.140 ; CA Bordeaux 13-11-1979 : JCP G 1980.IV.390 ; CA Paris 25-10-1989 : JCP G 1990.IV.135 ; CA Versailles 22-9-1994 : RJDA 5/95 nº 573).

Cette condition distingue notamment le prêt à usage du louage (nº 22503), lequel ne peut exister que si un loyer est demandé au preneur (Cass. com. 2-2-1967 : Bull. civ. III p. 53 ; Cass. 3e civ. 9-3-2010 nº 08-70.311 : RJDA 6/10 nº 599 ; Cass. 3e civ. 17-10-2007 nº 06-18.503 : RJDA 1/08 nº 9), même si son versement n'est pas régulier (Cass. 3e civ. 7-3-2012 nº 11-14.630 : Bull. civ. III nº 40). Il s'ensuit, notamment, que l'emprunteur d'un immeuble à usage commercial ne saurait invoquer les dispositions protégeant le locataire, en particulier le droit au renouvellement (nos 5600 s.), prévues par la législation des baux commerciaux (cf. Cass. soc. 3-7-1953 : Bull. civ. IV p. 379, qui lui refuse l'application des dispositions des baux à loyer).

Mais tout versement d'une somme au prêteur n'est pas nécessairement incompatible avec le prêt à usage (Cass. 3e civ. 31-5-2011 nº 09-17.008 : RJDA 4/12 nº 396 : remboursement de l'eau et de l'électricité fournies par le prêteur ; Cass. 1e civ. 16-5-2018 nº 16-25.561 F-D : RJDA 12/18 nº 907 : versements non périodiques ; CA Rennes 19-12-1972 : D. 1973.650 : somme demandée à la clientèle par une grande surface pour l'usage d'un chariot) ni le fait de procurer un avantage au prêteur (Cass. 3e civ. 24-4-2013 nº 12-12.677 : D. 2013.1880 note Roussel).

Les parties peuvent même prévoir une rémunération, tout en se soumettant aux règles du Code civil (cf. CA Bourges 15-10-2009 nº 09/021370 : JCP G 2010 nº 21-554 p. 1054 obs. Leroy, jugeant que la gratuité du prêt à usage n'est pas présumée).

Pour éviter les contestations ultérieures sur les règles applicables au prêt non rémunéré mais intéressé (cas, par exemple, du prêt lié à une vente, à un contrat de sous-traitance ou à une concession – cf. Cass. 1e civ. 15-1-1976 : JCP G 1977.II.18516 note Goubeaux), les contractants peuvent, à notre avis, écarter les règles du prêt à usage (et préciser notamment celles relatives à la perte, à la réparation et à la résiliation anticipée) qu'aucune raison d'intérêt général ne rend d'ordre public. Les contractants pourraient au contraire déclarer expressément qu'ils soumettent leur accord aux articles 1875 à 1891 du Code civil et qu'ils lient le juge conformément à l'article 12, al. 3 du Code de procédure civile, car on ne voit aucune raison d'ordre public interdisant de traiter la mise à disposition intéressée, qui n'est qu'une opération accessoire, comme un prêt à usage. Un risque de conflit avec l'ordre public n'est pratiquement concevable qu'en cas de prêt à usage d'un immeuble, car la qualification de prêt peut alors constituer, sous réserve de preuve, une fraude aux règles d'ordre public de la législation sur les baux commerciaux.

3. Usage personnel. L'emprunteur doit se servir personnellement de la chose (Cass. civ. 3-11-1988 : Bull. civ. I p. 205).

23503 **Points sensibles** Trois aspects du régime de ce contrat doivent particulièrement retenir l'attention des contractants :
- la réparation des vices cachés connus par le prêteur (nº 23528) ;
- la perte par cas fortuit de la chose prêtée (nº 23534) ;
- la restitution anticipée que peut réclamer le prêteur (nº 23540).

23506 **Régime** Le prêt à usage est régi par les articles 1875 à 1891 du Code civil et par les textes de droit commun, dans la mesure où ils sont compatibles avec les règles particulières propres au prêt (cf. C. civ. art. 1105, al. 2 et 3).

23509 **Prêt par ou à une personne publique** Que la personne morale publique soit prêteuse ou emprunteuse de l'objet prêté, le **contrat** est **de droit privé,** s'il ne contient pas de clauses exorbitantes (CE 2-7-1952 : Lebon 352 : prêt de sacs à l'Office national interprofessionnel des céréales par la société requérante ; CE 27-3-1975 : Lebon 955 : prêt d'objets mobiliers à une organisation de jeunesse ; CA Caen 5-3-1951 : D. 1951.405 : prêt d'un local par une commune à un haras ; CA Paris 5-11-1969 : JCP G 1970.II.16334 note Ruzié : prêt d'un tableau à un musée étranger).

Mais le contrat est **administratif** au cas contraire ou s'il comporte une association du cocontractant privé à l'exécution d'un service public (CE 12-2-1964 : Lebon 97 : prêts de matériel d'hébergement confié à une entreprise pour l'exécution même du service public d'hébergement de la main-d'œuvre non autochtone à laquelle l'État avait dû alors recourir en vue de l'accomplissement de travaux de reconstruction d'une région sinistrée).

CONDITIONS DU PRÊT À USAGE

23515 **Remise de la chose** Le prêt à usage ne se réalise que par la remise de la chose prêtée à l'emprunteur ou à un tiers qui la reçoit pour le compte de ce dernier, l'article 1875 du Code civil le définissant comme un contrat par lequel l'une des parties « livre » une chose à l'autre. Il appartient ainsi à la catégorie des contrats réels formellement reconnue par l'article 1109, al. 3 du Code civil.

S'agissant d'un immeuble, la remise est accomplie, même si l'emprunteur n'est pas immédiatement entré dans les lieux, dès lors que les clefs lui ont été confiées, le pouvoir immédiat d'accéder aux lieux et de les occuper lui ayant été ainsi conféré (CA Rouen 29-6-1988).

Mais la promesse de remettre ultérieurement une chose à titre de prêt oblige son auteur qui s'expose à une condamnation à dommages-intérêts en cas d'inexécution (cf. nº 41010 les solutions relatives au prêt d'argent transposables ici ; contra, CA Colmar 8-5-1845 : DP 1846.2.219, admettant l'exécution forcée de la promesse).

23518 **Capacité** La capacité d'administrer suffit pour convenir d'un prêt à usage, puisque ce prêt ne conduit ni à une aliénation ni à une acquisition de propriété.

23521 **Écrit** Il est conseillé de préciser par écrit les conditions du prêt à usage. L'écrit peut être utile au prêteur pour revendiquer la chose, notamment en cas de procédure collective de l'emprunteur (nº 63010) ; il peut l'être aussi pour l'emprunteur au cas où une rémunération lui serait indûment demandée en contrepartie de sa jouissance (cf. CA Paris 24-12-1912 : D. 1914.5.4).

Le contrat étant unilatéral, la formalité du double n'est pas exigée (Cass. civ. 28-3-1984 : Bull. civ. I p. 99).

Le contrat doit spécifier l'usage pour lequel la chose est prêtée car les obligations et la responsabilité des parties en dépendent (nºs 23525 s.).

USAGE DE LA CHOSE PRÊTÉE

23525 **Modalités** L'emprunteur doit utiliser la chose prêtée conformément aux conditions prévues par la convention ou, à défaut, conformément à sa nature (C. civ. art. 1880). Le prêt devant lui permettre de se servir personnellement de la chose, celui portant sur des terres lui ouvre le droit de faire consommer l'herbe qui y pousse par ses animaux ou de la récolter (Cass. 1e civ. 18-2-2009 nº 08-11.234 : RDC 2009.1138 obs. P. Puig).

La chose peut être prêtée pour un usage autre que celui qui lui est propre (Cass. crim. 11-5-1901 : DP 1902.1.415 : prêt en vue d'une mise en gage).

Il est prudent pour le prêteur de s'assurer que l'emprunteur a les qualités nécessaires pour se servir de la chose prêtée (cf. Cass. civ. 8-4-1970 : Bull. civ. II p. 89).

Il en résulte que l'emprunteur n'est **pas tenu** de réparer les détériorations qui sont les conséquences de l'usage normal du bien prêté (C. civ. art. 1884) ; à cet effet, il lui incombe de prouver qu'il a veillé sur la chose en bon père de famille (Cass. 1e civ. 10-10-1995 no 91-20.920 : Bull. civ. I no 353).

Mais l'emprunteur répond aussi, **à l'égard des tiers,** du dommage causé par le fait de la chose prêtée selon les règles de la responsabilité du fait des choses, lorsque la garde lui en a été transférée.

Sur des cas de transfert de la garde à l'emprunteur : Cass. civ. 13-10-1971 : Bull. civ. II no 276 ; Cass. civ. 16-5-1979 : Bull. civ. II p. 99 ; CA Paris 21-11-1979 : GP 1980.som.383.

Sur des cas d'absence de transfert de la garde à l'emprunteur : Cass. civ. 29-4-1971 : Bull. civ. II no 165 ; Cass. civ. 1-3-1978 : Bull. civ. II no 50.

Garantie des vices cachés Le prêteur est responsable des dommages causés à l'emprunteur par la chose prêtée, lorsque ces dommages sont dus à des défauts qu'il connaissait, mais dont il ne l'a **pas averti** (C. civ. art. 1891). 23528

Il appartient en principe à l'emprunteur de prouver que le prêteur connaissait le vice affectant la chose (Cass. civ. 26-10-1960 : D. 1961.101 ; sur un vice non apparent et inconnu du prêteur, Cass. req. 3-4-1933 : S. 1933.1.334 ; sur un vice connu du prêteur, Cass. crim. 17-9-2002 : JCP G 2002.IV.2887). Mais, dans un cas où le prêteur était le fabricant de la chose prêtée, il a été admis qu'il ne pouvait en ignorer le vice et que, dès lors qu'il n'en avait pas averti l'emprunteur, ce vice constituait la seule cause du dommage (Cass. com. 24-11-1980 : JCP G 1981.IV.60). Toutefois, cette responsabilité disparaît lorsque l'emprunteur a fait de la chose un usage particulier ignoré du prêteur (Cass. com. 27-1-1969 : Bull. civ. IV p. 26 ; CA Aix 3-5-1976 : Bull. Cour d'Aix 1976/2 p. 35). De même, le prêteur n'est pas responsable lorsque les vices sont apparents ou connus de l'emprunteur (Cass. soc. 18-3-1975 : Bull. civ. V p. 133 ; Cass. civ. 26-11-1970 : Bull. civ. II p. 25).

Dès lors que le prêteur **a averti** l'emprunteur, il n'encourt aucune responsabilité, même extracontractuelle (Cass. req. 1-4-1941 : S. 1941.112 ; Cass. civ. 26-10-1960 : D. 1961.10 ; CA Douai 10-12-1963 : GP 1964.1.231).

La responsabilité extracontractuelle du prêteur peut être engagée à l'égard des tiers s'il a commis une faute indépendante de l'exécution du contrat de prêt (Cass. req. 20-5-1930 : DH 1930.378 : mauvais entretien de la voiture prêtée à l'origine de la mort des personnes transportées) ou s'il est tenu comme responsable du fait de la chose (CA Paris 6-1-1898 : DP 1900.2.265 : responsabilité du fait des bâtiments, C. civ. art. 1244 ; ex-art. 1386).

Dépenses afférentes à la chose prêtée Les dépenses faites par l'emprunteur **en vue de l'usage de la chose** restent à sa charge (C. civ. art. 1886 ; Cass. 1e civ. 13-7-2016 no 15-10.474 F-PB : PA 2016 no 229 p. 13 note Morin et Niel). Mais le prêteur doit lui rembourser les dépenses extraordinaires qui ont été nécessaires à la conservation de la chose et tellement urgentes qu'il a dû les faire avant de l'en prévenir (C. civ. art. 1890 ; cf. T. paix Candé 27-11-1945 : D. 1947.386 note Tunc) ; en revanche, le prêteur ne peut demander à l'emprunteur le remboursement des frais qu'il a lui-même engagés en vue de la conservation de la chose (CA Paris 18-11-1980 : JCP G 1981.IV.377). 23531

Pour se prémunir contre les risques que court la chose prêtée, le prêteur a intérêt à obliger l'emprunteur à contracter une assurance couvrant en particulier le vol, l'incendie et les dommages aux tiers.

Perte ou dégradation de la chose prêtée La perte ou la dégradation de la chose prêtée est imputable à l'emprunteur lorsqu'il en est l'utilisateur exclusif ; elle peut aussi l'être, en fonction des circonstances, dans le cas où l'emprunteur a partagé l'usage de la chose avec le prêteur. 23534

1. Usage exclusif par l'emprunteur. L'emprunteur est tenu de veiller raisonnablement à la garde et à la conservation de la chose prêtée (C. civ. art. 1880) et ceux qui ont emprunté ensemble sont solidairement tenus de cette obligation (C. civ. art. 1887).

Un **emprunteur** a été **tenu pour responsable** de la perte de clichés, à lui remis pour illustrer un article, qu'il avait retournés à leurs propriétaires par chemin de fer en un colis non recommandé (T. com. Seine 28-10-1925 : GP 1926.1.343) ainsi que de la détérioration d'une automobile, dès lors que ce dommage était dû à ce qu'il avait violé le Code de la route (Cass. civ. 9-5-1966 : Bull. civ. I p. 210).

Si l'emprunteur dispose de l'objet prêté, en le vendant par exemple, il commet le délit d'**abus de confiance** (C. pén. art. 314-1 ; Cass. crim. 11-6-1960 : Bull. crim. p. 368, transposable).

L'emprunteur est exonéré de toute responsabilité s'il démontre que la perte de la chose résulte d'un cas fortuit (Cass. 1e civ. 4-4-2006 no 05-12.681 ; pour des cas où cette preuve n'a pas été rapportée : Cass. civ. 4-1-1977 : Bull. civ. I p. 3 ; Cass. com. 5-7-1977 : D. 1978.IR.43 ; Cass. 1e civ. 1-3-2005 no 448 : RJDA 6/05 no 692) ou d'une absence de faute de sa part (pour la preuve d'une absence de faute, Cass. civ. 6-5-1997 : RJDA 10/97 no 1198), sans qu'il y ait lieu que soit alors en outre établie l'existence d'un cas fortuit (Cass. civ. 6-2-1996 : RJDA 6/96 no 781).

L'**emprunteur est néanmoins responsable** en cas de perte de la chose, même survenue par cas fortuit :

– s'il a employé la chose à un usage autre que celui prévu ou pour un temps plus long qu'il ne devait (C. civ. art. 1881) ;

– dès lors qu'il aurait pu conserver la chose « en employant la sienne ou si, ne pouvant conserver que l'une des deux choses, il a préféré la sienne » (C. civ. art. 1882) ;

– si la chose a fait l'objet d'une estimation lors de la conclusion du prêt, sauf convention contraire (C. civ. art. 1883) ; cette estimation vaut transfert des risques de la chose à la charge de l'emprunteur et ne constitue pas une clause pénale réductible (CA Paris 24-10-1990 : Cahiers du droit de l'entreprise 3/1992 p. 12).

2. Usage partagé avec le prêteur. Lorsque la chose est utilisée à la fois par le prêteur et l'emprunteur, ce dernier n'est responsable de la perte de la chose que si cette perte lui est imputable (Cass. civ. 5-7-1960 : D.1960.709 ; Cass. civ. 19-3-1975 : D.1975.648 note Ponsard ; Cass. civ. 5-1-1978 : Bull. civ. I p. 9 ; pour une perte non imputable, le prêteur ayant retrouvé l'usage de la plus grande partie du bâtiment prêté : Cass. civ. 29-4-1985 : Bull. civ. I p. 124).

L'emprunteur ne peut pas être présumé responsable du sinistre survenu et n'est pas obligé de prouver qu'il n'a commis aucune faute ou que le sinistre est dû à un cas fortuit (Cass. 1e civ. 20-5-2020 n° 19-10.559 FS-PB : RJDA 8-9/20 n° 425, où le prêteur s'était réservé contractuellement l'usage du bien prêté en commun avec l'emprunteur).

RESTITUTION DE LA CHOSE PRÊTÉE

23540 La chose prêtée doit être restituée par l'emprunteur dans les conditions ci-après.

1. Droit du prêteur à la restitution en nature. Le prêteur est en droit d'exiger la restitution en nature de la chose prêtée, l'article 1875 du Code civil obligeant l'emprunteur à restituer la chose qui lui a été prêtée.

Toutefois, ce droit est **écarté** dans le cas particulier des prêts de cuves à carburant par les compagnies pétrolières à leurs détaillants, car la restitution en nature, en entraînant des travaux coûteux susceptibles de dissuader les pompistes de traiter avec d'autres fournisseurs, heurte l'interdiction des pratiques anticoncurrentielles (Cass. com. 18-2-1992 : RJDA 5/92 n° 474 ; CA Paris 5-5-1988 : GP 1988.578 note Douvreleur et Marchi) ; le fournisseur peut, néanmoins, consentir à l'emprunteur une faculté de rachat des cuves prêtées (CA Paris 5-5-1988 précité) pourvu que cette faculté ne soit pas source de restriction de la concurrence (Cons. conc. 23-10-1990 : BOCC 30-11-1990 p. 420).

Mais il a droit à la restitution en nature en cas de résiliation anticipée du contrat du fait du cocontractant, car c'est le comportement du détaillant qui entraîne la rupture, sans que l'obligation de restitution ait, en elle-même, une influence sur la cessation des relations contractuelles avec le fournisseur (CA Paris 5-5-1988 précité ; CA Paris 25-1-1990 : D.1990.som.374 obs. Ferrier).

En toute hypothèse, le prêteur peut avoir à justifier que la restitution en nature qu'il demande est **proportionnée** à l'intérêt qu'il invoque pour la justifier (n° 74929).

2. Date de la restitution. La restitution a lieu à l'expiration du contrat. Celui-ci prend fin dans les cas suivants.

a. Arrivée du terme ou fin d'usage. Le prêt s'achève en principe au terme convenu par les parties dont il faut, en cas de clause ambiguë, rechercher la commune intention (Cass. civ. 15-10-1985 : JCP G 1986.IV.5). À défaut, il prend fin lorsque la chose a cessé de servir à l'usage pour lequel elle avait été empruntée (C. civ. art. 1888). Mais si la chose est susceptible d'un usage permanent (par exemple, un appartement), sans qu'aucun terme naturel soit prévisible, le prêteur est en droit d'y mettre fin à tout moment, en respectant un délai de préavis raisonnable (Cass. 1e civ. 3-2-2004 n° 178 : RJDA 6/04 n° 702 ; Cass. 3e civ. 19-1-2005 n° 59 : RJDA 4/05 n° 376).

Les parties peuvent prévoir que le contrat sera résilié à tout moment, sur simple décision de l'une d'elles (CA Aix 16-5-1973 : D. 1974.676 note Bories).

En cas de résiliation judiciaire, le prêt à durée déterminée cesse à la date de cette dernière, sans que le prêteur ait à mettre l'emprunteur en demeure (Cass. com. 7-12-1993 : RJDA 5/94 n° 518).

L'emprunteur exploitant un fonds de commerce ne peut pas prétendre conserver les objets mobiliers prêtés en invoquant l'**accession mobilière** (C. civ. art. 565 s.), car cette accession ne concerne pas les meubles incorporels, comme le fonds de commerce (CA Metz 16-5-1991 : JCP G 1992.IV.433).

Le défaut de restitution de la chose à la date prévue peut être sanctionné par une clause pénale (Cass. soc. 3-7-1953 : Bull. civ. IV p. 379).

b. Décès. En cas de décès de l'une ou l'autre des parties, le prêt est transféré à leurs héritiers respectifs ; mais les héritiers de l'emprunteur sont tenus de restituer la chose si le prêt a été fait à l'emprunteur en considération de sa personne (C. civ. art. 1879).

c. Résiliation du prêt à durée indéterminée. Le prêteur peut mettre fin à tout moment, en respectant un préavis raisonnable, au prêt à durée indéterminée (Cass. 1e civ. 3-6-2010 n° 09-14.633 : RJDA 10/10 n° 950). Sur cette résiliation admise en droit commun du contrat, n° 15503.

d. Reprise par le prêteur. S'il survient au prêteur, avant le terme ou avant que le besoin de l'emprunteur ait cessé, « un besoin pressant et imprévu de sa chose », le juge peut obliger l'emprunteur à la lui rendre (C. civ. art. 1889).

3. Lieu de la restitution. La chose prêtée doit être restituée au lieu convenu ou, à défaut, au lieu où l'emprunt a été réalisé (CA Bordeaux 29-4-1897 : DP 1898.2.228).

4. Absence de droit de rétention. L'emprunteur ne peut pas prétendre conserver la chose prêtée pour se payer des sommes qui lui seraient dues par le prêteur (C. civ. art. 1885 ; Cass. civ. 29-1-1877 : DP 1877.1.280).

5. État de la chose restituée. L'emprunteur doit restituer la chose prêtée dans l'état où elle se trouve, compte tenu de l'usage qui en a été fait, sauf faute de l'emprunteur (C. civ. art. 1884 ; Cass. com. 5-7-1977 : D. 1978.IR.43) ou convention contraire des parties (CA Paris 18-11-1980 : JCP G 1981.IV.377).

6. Défaut de restitution. Le juge des référés peut ordonner l'apposition de scellés sur la chose à restituer pour en assurer la conservation, lorsqu'une contestation relative à la restitution oppose les parties (Cass. com. 22-7-1986 n° 85-13.430 : Bull. civ. IV n° 184). Mais il ne peut prendre aucune mesure si la nullité du contrat de prêt est invoquée (Cass. com. 22-7-1986 n° 84-17.646 : Bull. civ. IV n° 183).

B. Prêt de consommation

Le prêt est de consommation lorsque l'emprunteur s'engage à rendre, non pas exactement la chose prêtée, mais une chose d'égales quantité et qualité (C. civ. art. 1892). **23600**

Il en résulte que la chose prêtée devient la propriété de l'emprunteur, mais ce transfert de propriété n'est que la conséquence du prêt et ne constitue pas l'obligation essentielle du contrat ; en effet, ce contrat fait naître seulement une obligation de restitution : il ne peut donc pas être annulé au motif que la propriété de la chose prêtée n'a pas pu être transférée (Cass. com. 24-5-2016 n° 14-25.921 : RJDA 8-9/16 n° 623).

L'application la plus pratique en est le prêt d'argent, dont le régime est exposé aux nos 41005 s. Une autre application est le prêt en cryptomonnaie, notamment en bitcoins (T. com. Nanterre 26-2-2020 n° 2020-002798 : JCP E 2020.1201 note Julienne, qui applique la qualification de prêt de consommation, les bitcoins étant réputés choses fongibles, et en déduit que l'emprunteur a droit aux fruits de la chose, soit ici les nouveaux bitcoins (dits « Bitcoins Cash ») créés à partir des bitcoins prêtés).

Ne seront donc exposées ici que les règles particulières applicables lorsque la chose prêtée n'est pas une somme d'argent, les règles du prêt d'argent étant applicables en tant que de besoin, sauf si elles ont été spécifiquement énoncées pour le prêt d'argent.

Notamment, est un contrat réel le prêt d'une chose autre qu'une somme d'argent car seul le prêt d'une telle somme par un professionnel du crédit est consensuel (n° 41012). Le prêt est donc réel si la chose prêtée n'est pas une somme d'argent, l'argument a contrario ramenant au principe selon lequel le prêt est un contrat réel.

Le prêteur doit prévenir l'emprunteur des **défauts cachés** de la chose qu'il lui remet et réparer le préjudice que ceux-ci ont pu lui causer. Cette obligation s'entend dans les mêmes termes que dans le prêt à usage (C. civ. art. 1898 renvoyant à l'art. 1891 ; n° 23528). **23603**

L'emprunteur doit **restituer** au prêteur une chose « en même quantité et même qualité » que celle qu'il a reçue de lui (C. civ. art. 1902), ce qui exclut que cette obligation se résolve en dommages-intérêts (CA Paris 10-6-2005 n° 04/12304 : RJDA 1/06 n° 39). **23606**

L'emprunteur n'est pas tenu de rendre une chose de même valeur : ainsi, au cas où des titres ont été prêtés à la seule condition de rendre ensuite des titres de même nature et en nombre égal, il est seulement tenu de rendre une quantité égale de ces titres, alors même que leur valeur aurait considérablement baissé et serait tombée à un prix dérisoire (Cass. req. 13-7-1897 : DP 1898.1.353).

L'emprunteur ne peut se soustraire à cette obligation que s'il prouve une impossibilité absolue de l'exécuter : par exemple, un bijoutier n'a pu s'exonérer de son obligation de rendre une certaine quantité d'or en arguant de l'interdiction du commerce de l'or, car, titulaire en raison de sa qualité d'une autorisation d'achat délivrée par la Banque de France, il était en mesure de se procurer la quantité à restituer (CA Paris 17-7-1946 : D. 1948.169 note Weill).

Si l'emprunteur ne restitue pas la chose à la date prévue, il en doit l'intérêt, du jour de la sommation ou de la demande en justice (C. civ. art. 1904).

CHAPITRE 12

TRANSPORT DE MARCHANDISES

SOMMAIRE

SECTION 1
COMMISSION DE TRANSPORT **24003**

SECTION 2
TRANSPORT ROUTIER INTÉRIEUR DE MARCHANDISES **24200**

A. Conclusion du contrat de transport routier **24231**

B. Exécution du contrat de transport routier **24300**

1. Opérations au départ du transport routier **24300**
2. Réalisation du transport routier **24360**
3. Opérations à l'arrivée du transport routier **24375**
4. Expiration du contrat de transport routier **24480**

C. Réparation des dommages aux marchandises transportées par route **24550**

1. Droit à réparation contre le transporteur routier **24550**
2. Dommages-intérêts dus par le transporteur routier **24600**
3. Demande en réparation contre le transporteur routier **24640**
4. Indemnisation par l'assureur **24700**

D. Autres dommages liés au transport routier **24750**

SECTION 3
TRANSPORT ROUTIER CMR **25000**

A. Conclusion du contrat de transport CMR **25025**

B. Exécution du contrat de transport CMR **25050**

C. Réparation des pertes et avaries aux marchandises transportées sous CMR **25150**

D. Réparation en cas de retard de livraison des marchandises transportées sous CMR **25300**

E. Recours entre transporteurs CMR **25350**

SECTION 4
LOCATION DE VÉHICULES ROUTIERS **25600**

SECTION 5
TRANSPORT AÉRIEN DE MARCHANDISES **25800**

SECTION 6
TRANSPORT MARITIME DE MARCHANDISES **26000**

Les **entreprises expéditrices ou destinataires de marchandises,** dès lors qu'elles ne les assument pas elles-mêmes, confient le plus souvent le soin de faire exécuter leurs transports à des commissionnaires de transport qui concluent avec des transporteurs les contrats de transport nécessaires à l'exécution des ordres qu'elles leur donnent. **24000**

C'est pourquoi, nous plaçant exclusivement au point de vue de ces entreprises, nous exposons en premier lieu et principalement le contrat de commission de transport et ensuite plus succinctement les divers contrats de transport, à l'exception des contrats de transport ferroviaire et fluvial d'un emploi plus particularisé.

SECTION 1

COMMISSION DE TRANSPORT

Qualification Il y a contrat de commission de transport lorsqu'un intermédiaire est chargé d'organiser et de faire exécuter, sous sa responsabilité et en son propre nom, un transport selon les modes de son choix (C. transports art. L 1411-1, I-1°). **24003**

La qualité de commissionnaire ne se présumant pas, il appartient au donneur d'ordre de prouver que l'opérateur avait à sa charge l'organisation complète du transport (CA Nouméa 17-1-2012 n° 10/00105 : BTL 2012.521).

La mise en œuvre de cette qualification appelle les observations suivantes.

24004 **1.** L'intermédiaire doit agir en son **propre nom** envers le transporteur qu'il sollicite (Cass. 1e civ. 10-2-1998 n° 96-13.209 : Bull. civ. I n° 59 ; Cass. com. 8-3-2017 n° 15-17.693 F-D : RJDA 5/17 n° 333). Cela est le cas envers le donneur d'ordre, même si les documents de transport qu'il remet au transporteur sont établis au nom du donneur d'ordre dès lors que l'opération qui lui a été confiée présente les caractéristiques ci-après exposées (Cass. com. 27-2-1996 : BTL 1996.217). Il en est de même lorsque le nom de l'intermédiaire ne figure pas sur la lettre de voiture, s'il est établi que c'est lui qui a conclu le contrat de transport, car cela permet d'en déduire qu'il a agi en son nom propre (Cass. com. 9-6-2022 n° 20-12.383 F-D).

24005 **2.** La qualité de commissionnaire de transport doit être recherchée dans la **volonté des parties,** laquelle est manifestée par le fait que le cocontractant de l'expéditeur a organisé le transport de bout en bout à la demande de celui-ci, que d'après la lettre de voiture il a contracté en son nom propre et qu'il en résulte qu'il s'est engagé à accomplir les actes juridiques nécessaires au déplacement de la marchandise, même s'il apparaît sur la lettre de voiture, internationale en l'espèce, en qualité de transporteur (Cass. com. 27-11-2012 n° 11-26.830 : JCP G 2013 n° 25 note Paulin ; contra CA Versailles 3-9-2013 n° 12/01879 : BTL 2013.539, qui refuse, sans autre recherche, la qualité de commissionnaire à celui qui est porté sur la lettre de voiture internationale comme transporteur).

Le professionnel qui intervient dans une opération de transport n'acquiert pas la qualité de commissionnaire du seul fait qu'il s'est substitué un transporteur sans accord de son donneur d'ordre (Cass. com. 13-7-2010 n° 09-15.472 : RJDA 12/10 n° 1153 ; CA Rennes 26-9-2023 n° 21/02301 ; cf. Cass. com. 19-6-2012 n° 11-12.266 : BTL 2012.439) ; le contrat qu'il conclut avec un transporteur pour exécuter le déplacement qui lui a été demandé, à condition qu'il ait la qualité de commissionnaire au sens professionnel de cette activité (n° 24003), est un contrat de sous-traitance du transport.

Se trouve ainsi abandonnée la jurisprudence antérieure selon laquelle le transporteur qui sous-traitait une opération de transport sans interdiction de son donneur d'ordre se muait automatiquement en commissionnaire de transport (Cass. 1e civ. 10-2-1998 n° 96-13.209 : Bull. civ. I n° 59 ; Cass. com. 19-6-2012 n° 11-12.266 : BTL 2012.439).

Mais est commissionnaire celui à qui est sous-déléguée la mission du commissionnaire principal, ce qui résulte du fait qu'il n'a pas effectué le transport, l'ayant confié à un voiturier (CA Douai 11-6-2015 n° 14/02249 : BTL 2015.414).

24006 **3.** La qualification à retenir dépend exclusivement de la **nature** des **prestations** exécutées, quelle que soit celle portée éventuellement sur les courriers échangés (Cass. com. 17-7-1978 : Bull. civ. IV n° 203).

Ainsi, n'emporte pas d'elle-même la qualification de commissionnaire la détention par l'intermédiaire d'une licence de commissionnaire (Cass. com. 2-2-1999 : Bull. civ. IV n° 39), pas plus que son défaut ne l'exclut (Cass. com. 11-5-1976 : BT 1976.317).

La qualification doit être appréciée pour chaque opération distincte (Cass. com. 23-11-2004 n° 03-16.446 F-D).

Une prestation, imposée par l'administration, qui fait l'objet d'une cotation et d'une facturation spécifiques ne relève pas de l'organisation du post-acheminement de la marchandise confiée et ne constitue pas une modalité de son exécution : elle concerne une opération de pure logistique qui n'entre pas dans les prestations de la commission de transport (CA Rouen 17-6-2021 n° 18/04668).

Toutefois, les parties peuvent convenir de fixer les trajets pour lesquels un même prestataire intervient en qualité de commissionnaire et ceux pour lesquels il agit en qualité de transitaire (Cass. com. 28-6-2011 n° 10-18.982 : BTL 2011.443).

24009 **4.** La qualification de **commissionnaire** doit être appliquée lorsque les prestations sont exécutées comme il est dit ci-après.

a. Le donneur d'ordre a chargé un intermédiaire de **faire exécuter un déplacement de bout en bout** (Cass. com. 14-6-2017 n° 15-18.240 F-D : RJDA 10/17 n° 623 ; Cass. com. 14-6-2017 n° 15-27.601 F-D : RJDA 10/17 n° 622 ; CA Caen 16-3-1993 : BTL 1993.604).

Il en est de même du professionnel qui offre au donneur d'ordre la possibilité de recourir à plusieurs transporteurs (CA Grenoble 12-10-2023 n° 22/01402 : BTL 2023.621).

Le commissionnaire conserve sa qualité s'il accomplit lui-même une partie accessoire du déplacement (CA Paris 14-5-1984 : BT 1985.207 ; CA Paris 11-9-2014 n° 12/17638 : BTL 2014.640). Mais n'est pas commissionnaire celui qui exécute lui-même le déplacement car il n'est pas alors un intermédiaire faisant exécuter le transport mais un transporteur ; tel est le cas de celui qui met la marchandise à bord d'un aéronef qu'il a affrété (CA Paris 2-10-1981 : BT 1981.536) ou d'un camion qu'il a loué (CA Paris 5-4-1995 : BTL 1995.811). Il n'y a pas non plus contrat de commission lorsque l'accord des parties ne prévoit pas le déplacement d'une marchandise d'un point à un autre mais seulement un engagement de l'une de fournir à l'autre régulièrement une quantité à expédier, accord appelé **contrat de tonnage,** les contrats d'application de cet accord étant, eux, des contrats de commission (CA Aix 24-4-1996 : BTL 1996.440).

b. L'intermédiaire **choisit les voies et moyens** pour faire exécuter l'ordre reçu (cf. Cass. com. 6-3-2001 n° 98-22.278 : DMF 2001.499 note Ammar), ce qui est le cas lorsque le mode de transport lui est prescrit par l'expéditeur dès lors qu'il conserve la liberté de mettre en œuvre sa prestation (Cass. com. 3-11-2009 n° 08-19.279 : BTL 2009.675 ; CA Rouen 30-01-2014 n° 12/03262 : BTL 2014.115), par exemple si le prix n'a pas été fixé directement par le donneur d'ordre avec le transporteur (CA Paris 5-12-2013 n° 12/22419 : BTL 2014.31), s'il est convenu entre les parties (Cass. com. 19-12-2000 : BTL 2001.36) ou s'il est imposé par la nature des choses (CA Paris 18-9-1991 : BTL 1991.622 ; CA Caen 16-3-1993 précité) ou lorsque le donneur d'ordre lui suggère un autre itinéraire que celui retenu (Cass. com. 6-5-1997 : RJDA 8-9/97 n° 1045). En revanche, le choix des moyens n'existe pas lorsque le donneur d'ordre prescrit d'expédier « en gare de... » (CA Aix 19-6-1980 : BT 1981.103, l'emploi du chemin de fer lui étant alors imposé) ou par voie ferrée (Cass. com. 19-1-1999 : RJDA 3/99 n° 288).

À défaut de libre choix des moyens, l'intermédiaire est généralement un mandataire, professionnellement appelé transitaire (Cass. com. 11-12-1990 : DMF 1991.634 ; CA Paris 11-7-1989 : BT 1990.203 ; CA Versailles 9-12-1993 : BTL 1994.102) ou un prestataire de services, logistiques notamment, lié par un contrat d'entreprise (CA Lyon 7-2-2008 : BTL 2009.512).

La preuve de la liberté de choix est souvent déduite d'une facturation à forfait des prestations de l'intermédiaire (Cass. com. 6-5-1997 n° 94-15.589 : RJDA 8-9/97 n° 1045 ; CA Aix 20-3-1986 : Scapel 1986.39 ; CA Rouen 7-7-1993 : BTL 1993.818).

Régime Le contrat de commission est régi par les articles L 132-3 à L 132-9 du **Code de commerce** (C. transports art. L 1432-7) et les textes de droit commun relatifs à la représentation applicables, dans la mesure où ils sont compatibles avec les règles particulières propres au contrat de commission (cf. C. civ. art. 1105, al. 2 et 3). **24012**

Les dispositions des articles L 132-3 s. du Code de commerce ne sont pas d'ordre public (cf. C. com. art. L 132-5) et sont notamment aménagées en cas de **transport multimodal** (routier et maritime ou aérien en général) afin de soumettre le déplacement à un même régime de bout en bout par le « document Fiata », le document émis dans le cadre des règles uniformes pour un document de transport combiné élaboré par la Chambre de commerce internationale ou le document issu des règles Cnuced/CCI (pour des applications, CA Versailles 25-11-1999 : BTL 2000.362 ; T. com. Créteil 7-5-1991 : BTL 1992.219). Elles sont aussi aménagées par l'adoption, qui est fréquente, des **conditions générales** de la Fédération des entreprises de transport et de logistique de France (TLF). Par ailleurs, les « Fiata Model Rules » proposent des conditions générales utilisables par les commissionnaires dans des États « en transition » (en voie de développement) dans lesquels il n'existe pas encore de législation spécifique de la commission de transport.

À défaut de convention écrite conclue entre un donneur d'ordre et un commissionnaire de transport entretenant des relations commerciales suivies, qui doit comprendre les mentions prescrites par l'article L 1432-2 du Code des transports (cf. art. L 1432-8, L 1432-9 et L 1432-10 ; n° 24227), le **contrat type de commission** (« c.t.c. ») est applicable (C. transports art. L 1432-12 ; art. 1 c.t.c.).

Par transposition de la solution retenue pour l'applicabilité du contrat type transport routier intérieur (Cass. com. 22-1-2008 n° 06-19.440 : RJDA 6/08 n° 649), dont les conditions d'application sont formulées en termes quasi identiques à ceux concernant l'applicabilité du contrat type commission, le contrat type est applicable aux rapports que les parties n'ont pas définis au contrat de commission qui les lie.

Quel que soit le mode de transport utilisé, il régit les relations entre le donneur d'ordre et le commissionnaire ou celles entre le commissionnaire de premier rang et les commissionnaires intermédiaires intervenant successivement, le cas échéant, dans l'organisation du transport ainsi que dans celle des autres prestations ; il règle également les relations des commissionnaires successifs entre eux (art. 1 c.t.c. ; CA Aix 24-6-2021 n° 18/03078).

Au sens du contrat type, est :

– commissionnaire tout prestataire de services qui organise librement et fait exécuter, sous sa responsabilité et en son nom propre, le déplacement des marchandises d'un lieu à un autre selon les modes et les moyens de son choix pour le compte d'un donneur d'ordre (art. 2.2 c.t.c.) ; cette définition concorde avec celle exposée aux nos 24003 s. ;

– donneur d'ordre la partie (le commettant) qui contracte avec le commissionnaire de transport (art. 2.3 c.t.c.).

Comme pour tout **contrat international,** les parties peuvent choisir la loi applicable au contrat de commission s'il est international (Cass. com. 31-1-1995 : BTL 1995.107) ; sur la qualification de contrat international, n° 16500.

À défaut de choix d'une loi applicable, deux cas sont à distinguer :

a. Si le **règlement CE** 593/2008 du 17-6-2008 est **applicable** (n° 17103), la loi applicable au contrat de commission est fonction de l'objet principal du contrat (CJUE 23-10-2014 aff. 305/13 : D. 2015.136 note Delebecque : à propos de la convention de Rome mais transposable, le règlement CE comportant également des dispositions propres au contrat de transport) ; ainsi :

– si cet objet consiste dans le transport proprement dit de la marchandise concernée, la loi applicable est celle applicable au contrat de transport (CJUE 23-10-2014, aff. 305/13 précité ; cette loi étant alors celle déterminée par l'article 5, § 1 et 3 du règlement CE) ; si le contrat peut être rattaché à différents pays, il convient d'effectuer une comparaison effective des liens existant entre lui et chacun de ces pays (Cass. com. 10-2-2015 n° 12-13.052 : RJDA 5/15 n° 330) ;

– si l'objet principal n'est pas le déplacement de la marchandise, la loi applicable est celle régissant le contrat de prestation de services, soit la loi du pays dans lequel le prestataire de services a sa résidence habituelle (Règl. CE 593/2008 du 17-6-2008 art. 4, 1-b ; pour une application de la loi française à deux commissionnaires dont le siège est situé en France, CA Paris 6-6-2019 n° 16/23829).

b. Si le **règlement** de 2008 n'est **pas applicable,** les juges doivent examiner l'ensemble des indices de localisation et prendre en considération, dès lors qu'ils y sont invités, les éléments tirés du lieu d'établissement de l'intermédiaire et du lieu d'exécution de la prestation caractéristique du contrat fournie par celui-ci (Cass. com. 12-10-1999 : RJDA 12/99 n° 1332 ; Cass. com. 9-2-2010 n° 08-70.371 : BTL 2010.130 ; CA Paris 26-1-2000 : GP 2001.som.1034 obs. Vray).

La loi du lieu d'exécution de la prestation caractéristique détermine aussi la loi applicable si l'intermédiaire agit comme transporteur en vertu d'un connaissement multimodal conjuguant plusieurs modes de transport, ce contrat ne pouvant pas alors relever d'une convention propre à un mode de transport déterminé (CA Paris 13-10-1999 : BTL 1999.780 situant la prestation caractéristique au lieu de résidence de l'intermédiaire ayant agi comme transporteur).

Lorsque des donneurs d'ordre français concluent avec un prestataire de services étranger, ils doivent spécialement noter que celui-ci dispose généralement de conditions générales et que son intervention est faite (la commission de transport au sens des articles susvisés n'étant connue que de la législation française) soit en qualité de transporteur (CA Versailles 30-11-1995 : BTL 1996.191 ; CA Mons 14-5-2002 : BTL 2002.526 ; CA Rouen 31-1-2002 : BTL 2002.813), soit en qualité de mandataire (Cass. com. 12-10-1999 : RJDA 12/99 n° 1332 ; CA Paris 13-10-1999 : BTL 1999.780 ; CA Paris 6-6-2007 : BTL 2007.448). Cette dernière qualification a pour effet d'écarter la garantie du fait du transporteur que doit le commissionnaire et qui fait l'originalité du régime français (n°s 24078 s.).

Pour être sûrs que l'intermédiaire aura envers eux la responsabilité d'un transporteur, les donneurs d'ordre français doivent très explicitement lui donner l'**ordre de faire** le transport (cf. CA Paris 26-5-2005 : BTL 2005.419) et non de le faire faire, comme il le faut à l'inverse pour créer la commission au sens français.

Sur la non-application de la CMR à la commission de transport, n° 25009.

24015 **Points sensibles** Outre la nécessité de donner à l'intermédiaire l'ordre très clair de faire exécuter le transport demandé et de lui laisser la liberté de choix des moyens (n° 24009), l'expéditeur doit aussi veiller :

– à porter à la connaissance du commissionnaire la clause de réserve de propriété pour faire échec à son droit de rétention (nos 24056 s.) ;

– aux limitations de responsabilité des conditions générales et, à défaut, à celles du contrat type commission (nos 24075 s.) ;

– au fait que le commissionnaire ne garantit que ce que lui doit le transporteur qu'il a chargé du transport et qu'il lui opposera toutes les exonérations et limitations que ce dernier pourra faire valoir à son endroit (n° 24078) ;

– à l'application de la prescription annale (n° 24093).

CONCLUSION DU CONTRAT DE COMMISSION DE TRANSPORT

24016 **Validité du contrat** Outre les conditions de validité de tout contrat, le contrat de commission ne peut avoir pour objet l'organisation d'un transport de marchandises illicites ou prohibées et, ce, tant en vertu du contrat type (art. 3.2 c.t.c.) que du droit commun au titre de l'illicéité du contenu ou du but du contrat (nos 12510 s. et nos 12546 s.).

Au sens du contrat type commission, par « marchandises », on entend tous les biens meubles qui font l'objet du transport (art. 2.6 c.t.c.).

24018 **Transports visés** Le contrat de commission peut être conclu quel que soit le mode de déplacement de la marchandise, routier (CA Paris 1-7-1981 : BT 1981.499), maritime (CA Aix 18-4-1975 : DMF 1975.533), aérien (CA Paris 17-11-1978 : BT 1979.11), ferroviaire (CA Metz 31-1-1979 : BT 1979.446) ou fluvial (CA Paris 7-3-1974 : BT 1974.480), et que le contrat soit national ou international (CA Aix 18-4-1975 et CA Paris 17-11-1978 précités).

Devoir de conseil du commissionnaire Le commissionnaire de transport a un devoir de conseil à l'égard de ses clients (Cass. com. 18-6-1980 : Bull. civ. IV n° 265 ; art. 5.5 c.t.c.) et du voiturier (CA Metz 17-3-2015 n° 11/02733 : BTL 2015.207), sauf s'ils sont des professionnels avertis (CA Paris 25-10-1989 : BT 1990.208) ou en mesure d'apprécier les risques particuliers de leur envoi (CA Paris 30-1-1992 : BTL 1992.165) ; n'est pas averti un boulanger professionnel dont il n'est pas établi qu'il fait régulièrement usage des contrats de transport pour des colis importants et fragiles contenant du matériel de boulangerie, tel un pétrin (CA Toulouse 9-3-2016 n° 14/04670 : BTL 2016.187). **24024**

Ne respecte pas cette obligation le commissionnaire qui :
– n'attire pas l'attention de son client sur l'intérêt de celui-ci à souscrire une déclaration de valeur (CA Paris 6-1-1982 : BT 1982.84 ; CA Caen 5-11-2013 n° 12/011745 : BTL 2014.17) ; la même faute peut être reprochée à des affréteurs qui n'avertissent pas le donneur d'ordre et le transporteur (CA Limoges 27-4-2023 n° 22/00111) ;
– ne réclame pas à son commettant des précisions alors que les ordres reçus lui paraissent incomplets, incorrects ou ambigus (CA Versailles 2-10-2003 : Transidit 2003 n° 38 § 190).
Le commissionnaire n'est pas tenu d'un devoir de conseil lorsqu'il produit la copie d'un télex expédié au commettant comportant une offre d'assurance (CA Colmar 30-6-1995 : BTL 1995.564 note Tilche) ou lorsque le transport a été fait sous contrat type censé connu de tous (CA Paris 27-10-1999 : BTL 1999.915).

Le manquement à son devoir de conseil est une faute personnelle du commissionnaire, qui le prive du bénéfice des limitations de responsabilité des transporteurs qu'il garantit (CA Toulouse 8-12-1983 : BT 1984.457), car il n'est pas alors recherché en qualité de garant de ces derniers (sur cette qualité, n° 24078).

Cette solution demeure valable si les parties ont écarté la limitation de responsabilité du commissionnaire pour faute personnelle prévue par le contrat type commission (n° 24075), lequel n'est que supplétif de leur volonté.

Assurance Si les parties ne sont pas convenues de clauses contraires, le commissionnaire ne doit conclure une assurance que **sur ordre** écrit, ou donné par tout autre moyen électronique de transmission et de conservation des données, et répété du donneur d'ordre pour chaque envoi, précisant très clairement les risques à couvrir et les valeurs à garantir ; à défaut de spécification précise, seuls les risques dits « ordinaires » sont assurés ; le commissionnaire souscrit une assurance au nom et pour le compte du donneur d'ordre auprès d'une compagnie notoirement solvable au moment de la souscription de la police (art. 7 c.t.c.). **24027**

En l'absence de mandat, on ne saurait lui reprocher d'avoir omis de souscrire une assurance ad valorem (CA Caen 5-11-2013 n° 12/01745 : BTL 2014.17).
Sur l'intérêt du donneur d'ordre à souscrire une assurance pour pallier la limitation de responsabilité des transporteurs substitués, n° 24078.

La conclusion par le commissionnaire du contrat d'assurance des marchandises obéit aux règles du mandat (art. 6.4 c.t.c.).

Dans le cas où les parties en relation commerciale suivie ont conclu une convention écrite sur l'assurance de l'envoi en omettant d'y préciser les envois soumis, chaque envoi est présumé soumis aux instructions initiales (art. 7 c.t.c.).
Au sens du contrat type commission, par « envoi », on entend l'ensemble des marchandises, emballage et support de charge compris, mis effectivement, au même moment, à la disposition du commissionnaire de transport ou de son substitué et dont le déplacement est demandé par un même donneur d'ordre pour un même destinataire d'un lieu de chargement unique à un lieu de déchargement unique (art. 2.4 c.t.c.).

Si le commissionnaire **omet** de souscrire l'**assurance** de la cargaison demandée par le commettant, il est tenu de garantir le dommage comme le serait l'assureur si cette assurance avait été souscrite (CA Paris 6-2-1981 : DMF 1981.598) ; il en est de même s'il souscrit une assurance inadaptée (CA Paris 24-3-1983 : BT 1984.201 ; CA Rouen 27-5-1999 : DMF 2001.10 obs. Pestel-Debord).

Il est aussi tenu de vérifier si le transporteur auquel il a recours est convenablement assuré pour sa responsabilité (CA Bordeaux 13-7-1982 : BT 1983.542).

Lorsque le commissionnaire n'a pas reçu d'ordre formel mais a néanmoins conclu un contrat d'assurance, celui-ci est un accessoire du contrat de commission, qui est notamment soumis au même délai annal de prescription (CA Douai 25-11-2021 n° 19/05976 : BTL 2021 n° 3858 jur. p. 718).

Douane Le commissionnaire, s'il est agréé en douane, peut être chargé, le cas échéant, des formalités de douane. Dans ce cas, les opérations de douane obéissent aux règles du mandat **24028**

et non pas à celles du contrat de commission (art. 6.4 c.t.c. ; CA Versailles 26-10-2017 n° 17/00453). Sur ces règles, n° 26056.

24030 **Informations du commissionnaire par le donneur d'ordre** Si les parties ne sont pas convenues de clauses contraires, le **donneur d'ordre doit,** en vue de la bonne organisation du transport et dans des délais compatibles avec celle-ci, **fournir** au commissionnaire, pour chaque envoi, par écrit ou par tout moyen électronique de transmission et de conservation de données, les informations suivantes, et notamment (art. 3.1 c.t.c.) :

1° la nature et l'objet du transport à organiser ;

2° les modalités particulières d'exécution ;

3° l'adresse, la date et, si nécessaire, l'heure de la mise à disposition de la marchandise et de sa livraison ;

4° le nom de l'expéditeur ainsi que celui du destinataire ;

5° le nombre de colis et/ou le poids brut, les dimensions si nécessaire ;

6° la dangerosité éventuelle des marchandises ;

7° les prestations accessoires demandées ;

8° toute autre instruction spécifique.

Le donneur d'ordre qui demande la fourniture d'un matériel d'un type particulier doit le spécifier et confirmer sa demande au commissionnaire par écrit ou par tout moyen électronique de transmission et de conservation des données (art. 3.3 c.t.c.).

Au sens du contrat type commission, par « colis », on entend un objet ou un ensemble matériel composé de plusieurs objets, quels qu'en soient le poids, les dimensions et le volume, constituant une charge unitaire identifiable lors de la remise au transport (bac, cage, caisse, cantine, carton, conteneur, enveloppe, fardeau, fût, paquet, palette cerclée ou filmée, sac, valise, etc.) (art. 2.1 c.t.c.).

S'il demande des prestations accessoires, il doit adresser au commissionnaire des directives formelles formulées pour chaque envoi par écrit ou par tout autre moyen électronique de transmission et de conservation des données (art. 6.1 c.t.c.).

Au sens du contrat type commission constituent notamment des prestations accessoires la déclaration de valeur, la déclaration d'intérêt spécial à la livraison, la livraison contre remboursement, l'assurance des marchandises et les opérations de douane (art. 2.7 c.t.c.).

Le **commissionnaire** qui reçoit ces informations **doit** les apprécier dans les conditions suivantes :

– quand les informations et/ou instructions du donneur d'ordre apparaissent ambiguës, impropres, incomplètes et/ou sont de nature à compromettre la bonne fin de la mission, le commissionnaire doit demander au donneur d'ordre toute précision complémentaire par écrit ou par tout autre moyen électronique de transmission et de conservation des données (art. 5.4.1 c.t.c.) ;

– si les instructions du donneur d'ordre sont incompatibles avec les réglementations en vigueur et/ou induisent un risque quelconque, le commissionnaire doit refuser de les exécuter sans que sa responsabilité puisse être engagée ; il doit en informer le donneur d'ordre par écrit ou tout autre moyen électronique de transmission et de conservation des données (art. 5.4.2 c.t.c.) ;

– le commissionnaire doit informer le donneur d'ordre des réglementations relatives au transport du ou des États concernés ainsi que des conventions internationales afférentes au transport (art. 5.4.3 c.t.c.).

Sous réserve des obligations du commissionnaire, notamment celles relatives à la vérification des documents remis par le donneur d'ordre (n° 24039) et celles concernant leur répercussion sur les commissionnaires intermédiaires et les substitués (n° 24040), le **donneur d'ordre** supporte les conséquences résultant de déclarations ou de **documents faux,** erronés, incomplets, inadaptés ou remis tardivement au commissionnaire (art. 3.4 c.t.c.).

24031 **Modification du contrat** Si les parties ne sont pas convenues de clauses contraires, toute modification du contrat soit à l'initiative du donneur d'ordre, soit en raison de circonstances extérieures aux parties et à leurs substitués, entraîne un **réajustement** à la hausse ou à la baisse du **prix** initialement convenu ; si les parties ne parviennent pas à s'entendre sur ce réajustement, chacune d'elles peut mettre un terme au contrat dans les conditions définies au n° 24101 (art. 11.1 c.t.c).

24032 **Missions spécifiques hors contrat de commission** Le commissionnaire de transport peut accepter de fournir au donneur d'ordre des prestations indépendantes de celles relevant du contrat de transport, ne s'analysant pas en des prestations accessoires. Tel est le cas lorsqu'une convention spéciale met à sa charge la réalisation et le contrôle qualitatif de la palettisation de marchandises à forte valeur ajoutée (Cass. com. 18-1-2023 n° 20-21.008 F-D : RJDA 10/23 n° 522) ou lui confie des opérations de douane (Cass. com. 30-1-2019 n° 17-28.913 : RJDA 5/19 n° 336). Dans ce cas, le régime de responsabilité spécifique du commissionnaire de transport ne s'applique pas à l'exécution de la mission spécifique.

Le professionnel chargé de cette mission engage sa responsabilité s'il ne signale pas à son cocontractant que les instructions qu'il lui a données à cet effet sont inadaptées (Cass. com. 18-1-2023 précité).

EXÉCUTION DU CONTRAT DE COMMISSION DE TRANSPORT

Emballage et conditionnement Si les parties ne sont pas convenues de clauses contraires et si la nature de la marchandise le nécessite, celle-ci est **conditionnée,** emballée, marquée ou contremarquée **par le donneur d'ordre** de façon à supporter les conditions de transport ainsi que les opérations éventuelles de stockage et de manutention successives, des dispositions spécifiques étant à observer pour l'étiquetage des colis, en présence de marchandises réglementées, de marchandises sensibles et de marchandises dangereuses (art. 4.1 à 4.5 c.t.c.). 24035
En outre, l'envoi ne doit pas constituer une cause de danger pour les personnes et pour les autres marchandises transportées ainsi que pour les véhicules, matériels ou moyens de transport utilisés (art. 4.6 c.t.c.) ; sur la définition de l'envoi, n° 24027, et du colis, n° 24030. Si le commissionnaire de transport est informé par son substitué de l'existence d'un vice apparent sur le conditionnement, l'emballage ou l'étiquetage de la marchandise, il en avise aussitôt le donneur d'ordre, par écrit ou par tout moyen électronique de transmission et de conservation de données, afin d'obtenir des instructions de sa part (art. 4.7 c.t.c.).

Lorsque les opérations d'emballage ont été commandées directement par le client à un spécialiste, celui-ci n'est pas un exécutant dont le commissionnaire aurait à répondre (CA Dijon 21-2-1985 : BT 1985.508), car il ne répond que de ses substitués (n° 24087).

Le **conditionnement** et l'emballage des marchandises incombent au **commissionnaire** si le soin lui en a été laissé (Cass. com. 4-3-2008 n° 06-20.378 : BTL 2008.191 ; CA Dijon 21-2-1985 : BT 1985.508). Dans ce cas, il ne peut invoquer le défaut d'emballage pour s'exonérer des avaries en résultant (CA Paris 17-12-1976 : DMF 1977.362), notamment lorsque le chargeur a attiré son attention sur les précautions à prendre (CA Paris 9-6-1976 : DMF 1976.594).

Le commissionnaire de transport ne peut pas modifier de sa propre initiative le conditionnement de la marchandise qui lui est confiée (Cass. com. 11-3-1975 : Bull. civ. IV n° 78).

Choix du transporteur Le transporteur peut être **imposé** au commissionnaire par son commettant ou par un organisme public bénéficiant d'un monopole (Cass. com. 11-2-2004 n° 303 : RJDA 6/04 n° 705). 24036

Pour être en droit d'en faire le reproche à l'expéditeur qui lui impose un mode de transport, il appartient au commissionnaire de prendre des réserves s'il estime ce choix inadéquat (CA Paris 26-1-1979 : DMF 1979.468 : transport imposé en cale ordinaire malgré la fragilité des marchandises).

En dehors de ces cas, le commissionnaire **choisit librement** le transporteur et conclut le contrat de transport en son propre nom (C. com. art. L 132-1 ; art. 1 c.t.c.). Il doit vérifier que le transporteur choisi est apte à exécuter le déplacement considéré (art. 5.6.1 c.t.c. ; Cass. com. 15-1-1980 : BT 1980.160 : chargement sur un navire inscrit sur une « liste noire » des pays arabes en vue d'un transport à destination du Koweït ; Cass. com. 19-10-1993 n° 91-20.689 : BTL 1993.790 : recours à un voiturier incompétent).

Remise de l'envoi Le donneur d'ordre doit remettre l'envoi et les documents précisant son objet et ses modalités au commissionnaire dans les conditions convenues (sur l'envoi au sens du c.t.c., n° 24027). 24037
Si les parties ne sont pas convenues de clauses contraires, en cas d'**empêchement,** le donneur d'ordre prévient le commissionnaire, avec un préavis suffisant en fonction des usages professionnels et du mode de transport retenu, que la marchandise ne pourra pas lui être remise dans les délais prévus ; à défaut, le commissionnaire a droit à des dommages-intérêts en réparation de son préjudice prouvé, direct et prévisible lors de la conclusion du contrat (art. 9 c.t.c.).

Chargement Selon la convention des parties, le chargement incombe à l'expéditeur, au transporteur ou au commissionnaire lui-même. 24038

Si le chargement est effectué par l'expéditeur sous l'entière responsabilité du commissionnaire, celui-ci répond des avaries consécutives à un défaut d'arrimage (CA Douai 20-1-1983 : BT 1983.181).

À défaut de demande, le commissionnaire n'est pas tenu de contrôler l'arrimage de l'envoi (CA Caen 5-11-2013 n° 12/01745 : BTL 2014.17).

24039 **Vérification des documents de transport** Si les parties ne sont pas convenues de clauses contraires, le commissionnaire doit vérifier que les informations et les pièces nécessaires à l'établissement du document de transport et à l'acheminement de la marchandise lui ont été fournies ou, à défaut, ont été remises au(x) transporteur(s) au plus tard lors de la prise en charge ; il doit établir les documents dont la rédaction lui incombe et s'assurer, dans la mesure de ses possibilités, de l'établissement des documents par ceux qui en ont la charge (art. 5.3 c.t.c.).

24040 **Transfert aux intermédiaires ou substitués des informations reçues du donneur d'ordre** Si les parties ne sont pas convenues de clauses contraires, le commissionnaire doit (art. 5.6.3 et art. 5.6.4 c.t.c.) :

– répercuter aux commissionnaires intermédiaires ou à ses substitués toutes les informations, demandes et instructions du donneur d'ordre ;

– les informer des particularités de la marchandise ou de l'opération ;

– les mettre en mesure d'exécuter le contrat conformément à la mission qui lui a été confiée par son donneur d'ordre ;

– s'assurer que les commissionnaires intermédiaires ou les substitués font suivre le document de transport et les documents annexes tout au long du transport et cela jusqu'à la livraison finale de l'envoi.

24041 **Prise en charge de l'envoi** Le commissionnaire a l'obligation de **vérifier** les **marchandises** qu'il reçoit, le cas échéant, des mains d'un transporteur précédent (cf. Cass. com. 16-2-1976 : Bull. civ. IV n° 51) et au besoin de prendre des **réserves** à son encontre, afin de conserver le recours de son commettant contre le transporteur, notamment s'il figure comme destinataire sur le document de transport (CA Rouen 9-1-1980). À défaut, il est présumé avoir reçu les marchandises en bon état (Cass. com. 8-7-1974 : Bull. civ. IV n° 22).

Au sens du contrat type commission, par « prise en charge », on entend l'acceptation, par le commissionnaire ou par son substitué, de la marchandise (art. 2.8 c.t.c).

Ces réserves ne s'imposent que pour les dommages apparents (CA Paris 7-4-1976 : BT 1976.248 ; CA Dijon 21-2-1985 : BT 1985.508).

Au sens du contrat type commission, par « réserves », on entend le fait d'exprimer de façon expresse, précise, motivée et significative toute contestation relative à l'état et/ou à la quantité de la marchandise au moment de sa prise en charge ou de sa livraison et/ou relative au délai d'acheminement de la marchandise (art. 2.9 c.t.c.).

24044 **Délai d'exécution** Le commissionnaire n'est tenu de respecter un délai de livraison précis que si celui-ci a été stipulé par le commettant lors de la conclusion du contrat (C. com. art. L 132-4 ; CA Paris 14-10-1977 : DMF 1978.266).

À défaut, le commissionnaire est tenu de respecter un délai raisonnable compte tenu des circonstances de fait (CA Paris 24-3-1983 : D. 1983.IR.125 ; CA Paris 8-6-1982 : BT 1982.515).

24046 **Incidents d'exécution postérieurs au chargement** **1. Difficultés d'exécution.** Si les parties ne sont pas convenues de clauses contraires, le commissionnaire doit informer le donneur d'ordre de toutes les difficultés rencontrées dans l'exécution du contrat (art. 5.7.2 c.t.c.). Plus spécialement, si, une fois le chargement opéré, le transport est empêché ou interrompu temporairement ou si l'exécution du transport est ou devient impossible, le commissionnaire doit (art. 9 c.t.c.) :

– demander des instructions au donneur d'ordre, par écrit ou par tous moyens de transmission et de conservation des données ;

– indiquer au donneur d'ordre toutes les conséquences dont il a connaissance ;

– prendre, en l'absence de réponse du donneur d'ordre en temps utile, les mesures qui lui paraissent les meilleures dans l'intérêt de ce dernier pour la conservation de la marchandise ou son acheminement par d'autres voies ou d'autres moyens.

Les frais ainsi engagés sont à répercuter au donneur d'ordre sur présentation des justificatifs ; si l'empêchement est imputable à ce dernier, le commissionnaire a droit au remboursement des dépenses non prévues, sur présentation des justificatifs (art. 9 c.t.c.).

2. Modification du contrat par le donneur d'ordre. Le donneur d'ordre qui modifie le contrat au cours de son exécution supporte, sur présentation des justificatifs, les frais engagés par le commissionnaire (art. 11.2 c.t.c.).

Si une modification à l'initiative du donneur d'ordre affecte la substance du contrat, les parties ont la faculté de renégocier les conditions tarifaires ; si elles ne parviennent pas à s'entendre sur de nouvelles conditions tarifaires, chacune d'elles peut mettre un terme au contrat dans les conditions définies au n° 24101 (art. 11.4 c.t.c.).

3. Modification du contrat par le commissionnaire. Le commissionnaire supporte les frais occasionnés par les modifications des conditions d'exécution du contrat qui résultent de son fait ou de celui de ses substitués (art. 11.2 c.t.c.).

Quand les modifications apportées par le commissionnaire de transport sont justifiées par l'intérêt de la marchandise, le donneur d'ordre rembourse les frais exposés sur présentation des justificatifs (art. 11.3 c.t.c.).

Livraison Si les parties ne sont pas convenues de clauses contraires, par « livraison », on entend la remise physique de la marchandise au destinataire ou à son représentant qui l'accepte (art. 2.5 c.t.c.). Cette remise est soumise aux règles suivantes : **24048**

– elle est effectuée entre les mains de la personne telle que désignée comme **destinataire** par le donneur d'ordre (art. 8.1 c.t.c.) ;

– sur la base des informations qui lui ont été communiquées, le donneur d'ordre peut demander au commissionnaire de prendre toutes dispositions utiles afin de préserver ses droits lors de la livraison de la marchandise (art. 8.2 c.t.c.) ;

– en cas d'**empêchement** à la livraison (absence du destinataire, inaccessibilité du lieu de livraison, refus par le destinataire de prendre livraison, etc.), tous les frais supplémentaires engagés pour le compte de la marchandise restent à la charge du donneur d'ordre, sauf en cas de faute du commissionnaire ou de son substitué (art. 8.3 c.t.c.).

Livraison contre remboursement Cette modalité de la livraison ne peut résulter que d'une instruction précise et expresse du client ; la seule mention « COD » (cash on delivery) sur la facture commerciale ne vaut pas stipulation du contre-remboursement à l'égard du commissionnaire (cf. CA Paris 4-11-1981 : BT 1981.593, qui toutefois l'estime opposable en l'espèce en raison d'opérations antérieures identiques). De même, la demande de livraison contre document doit être précise (CA Paris 16-1-1991 : BTL 1991.174). **24050**

Le commissionnaire est tenu de répercuter cette instruction à ses substitués ou exécutants (CA Paris 4-11-1981 précité ; art. 5.6.3 c.t.c.).

En cas d'inexécution ou de mauvaise exécution, le commissionnaire devient personnellement débiteur du montant du remboursement envers l'expéditeur, sa responsabilité étant identique à celle du transporteur sur ce point (nos 24422 et 25089). Il jouit d'un recours subrogatoire contre l'acheteur dont il a acquitté la dette auprès du vendeur (Cass. com. 5-10-1993 : RJDA 2/94 no 156).

Le donneur d'ordre ne peut poursuivre directement le sous-commissionnaire, même si celui-ci a accepté de faire figurer la clause « paiement contre remboursement » sur le bon de transport, car il n'est pas lié à ce dernier par un contrat de mandat (Cass. com. 7-1-2003 : BTL 2003.47).

Si les parties ne sont pas convenues de clauses contraires, la stipulation d'une livraison contre remboursement ne vaut pas déclaration de valeur et ne modifie donc pas les règles d'indemnisation pour pertes et avaries (art. 6.3 c.t.c.) ; la livraison contre remboursement obéit aux règles du mandat (art. 6.4 c.t.c.).

Montant du prix Si les parties ne sont pas convenues de clauses contraires, le prix des prestations assumées par le commissionnaire est librement fixé sur la base des informations fournies par le donneur d'ordre ; il **comprend** le prix du déplacement, incluant toute éventuelle instruction spécifique, celui des prestations accessoires, le cas échéant, convenues, auxquels s'ajoutent les frais liés à l'établissement et à la gestion administrative et informatique du contrat de transport ainsi que le coût de l'intervention du commissionnaire ; il ne comprend pas les droits, taxes, redevances et impôts dus en application de toute réglementation notamment fiscale ou douanière, tels qu'accises, droits d'entrée, etc. (cf. C. transports art. L 1431-2 ; art. 10.1 c.t.c.). **24051**

Tous les prix sont calculés hors taxe (art. 10.3 c.t.c.).

Sont facturés séparément en sus de la prestation principale qui fait usuellement l'objet d'un forfait (art. 10.1 c.t.c.) :

– les prestations accessoires ;

– les frais supplémentaires de suivi et de gestion des contrats ;

– les droits, taxes, redevances et impôts dus en application de toute réglementation notamment fiscale ou douanière (tels qu'accises, droits d'entrée, etc.) ;

– toute taxe liée au transport et/ou tout droit dont la perception est mise à la charge du transporteur et/ou du commissionnaire.

Le prix peut légitimement comprendre une marge incluse dans le prix du transport payé par le commissionnaire au transporteur sous-traitant ; les dispositions de l'article L 441-3 du Code de commerce, qui ne visent que l'indication du « prix unitaire hors TVA des produits vendus et des services rendus », n'imposent pas au commissionnaire de mentionner cette marge sur la facture qu'il délivre à son donneur d'ordre (Cass. com. 20-9-2017 n° 16-17.152 F-PB : RJDA 1/18 n° 59).

Les parties ont la faculté de renégocier le prix initialement convenu en cas de variations significatives des charges des substitués du commissionnaire qui tiennent à des conditions extérieures à ceux-ci ; les prix initialement convenus sont renégociés à la date anniversaire du contrat (art. 10.2 c.t.c.).

24053 **Paiement du prix** Le donneur d'ordre doit payer le prix convenu. S'il est le vendeur, les conditions de vente mettant le prix du transport à la charge de l'acheteur sont inopposables au commissionnaire (CA Rennes 19-6-1985 : BT 1985.373). Sur l'action directe du transporteur substitué contre le donneur d'ordre, n° 24455.

Le commissionnaire intermédiaire, en cas de sous-traitance du contrat de commission, bénéficie d'une action directe en paiement contre le donneur d'ordre initial, ce dernier ne pouvant lui opposer les paiements déjà effectués auprès du commissionnaire principal (Cass. com. 20-6-1995 : RJDA 1/96 n° 56, sur le fondement de l'art. 1994, al. 2 C. civ. ; CA Paris 6-2-2002 : BTL 2002.109, sur le fondement de l'art. L 132-8 C. com.).

Si les parties ne sont pas convenues de clauses contraires, le règlement du prix dû au commissionnaire obéit aux règles suivantes du contrat type :
– il est **exigible** au **lieu** d'émission de la facture, laquelle doit être réglée dans un **délai** qui ne peut excéder trente jours à compter de la date de son émission (art. 12.1 c.t.c.) ;
– la compensation unilatérale du montant des dommages allégués sur le prix dû au commissionnaire est interdite (art. 12.2 c.t.c.) ;
– tout retard dans le paiement entraîne de plein droit, le jour suivant la date de règlement figurant sur la facture, l'exigibilité d'**intérêts de retard** d'un montant équivalant à cinq fois le taux d'intérêt légal ainsi que d'une **indemnité** forfaitaire **pour frais de recouvrement** d'un montant de 40 € (application de l'article D 441-5 du Code de commerce) et ce, sans préjudice de la réparation éventuelle, dans les conditions du droit commun, de tout autre dommage résultant directement de ce retard (art. 12.3 c.t.c.) ;
– la date d'exigibilité du paiement, le taux d'intérêt des pénalités de retard ainsi que le montant de l'indemnité forfaitaire de compensation des frais de recouvrement doivent obligatoirement figurer sur la facture (art. 12.3 c.t.c.) ;
– lorsque des **délais de paiement** sont consentis, tout paiement partiel est imputé en premier lieu sur la partie non privilégiée des créances ; le non-paiement d'une seule échéance emporte sans formalité déchéance du terme, le solde devenant immédiatement exigible même en cas d'acceptation d'effets (art. 12.4 c.t.c.).

Si le contrat type n'est pas applicable, les délais de paiement sont régis par l'article L 441-11, II-5° du Code de commerce (C. transports art. L 1432-14).

24056 **Privilège** Le commissionnaire a privilège sur la valeur des marchandises faisant l'objet de son obligation (C. com. art. L 132-2).

Peut invoquer le privilège celui qui agit en qualité de commissionnaire (Cass. com. 30-10-2012 n° 11-23.636 F-D ; cf. Cass. com. 2-10-2007 n° 06-16.316 : JCP G 2008 n° 152-23 note Delebecque) ; ne le peut pas : celui qui se prévaut d'une licence de commissionnaire de transport et de deux factures de transport qui ne permettent pas d'établir qu'il a agi en organisateur du transport (CA Montpellier 15-5-1997 : DMF 1997.885 note Tassel) ; le « freight forwarder » qui n'apporte pas la preuve qu'il assumait les obligations d'un commissionnaire de transport au sens de la législation française ou que son mandat de droit anglo-saxon était assorti d'un droit général de rétention (CA Paris 24-2-1994 : BTL 1994.260) ; celui qui a cessé d'agir en qualité de commissionnaire, notamment lorsqu'il a remis la marchandise à son client et l'a reprise à titre de dépositaire dans l'attente d'une revente (Cass. com. 19-12-1995 : BTL 1996.55) ; celui qui ne prouve pas l'existence d'un contrat de commission (CA Poitiers 4-7-2017 n° 16/02471).

Le commissionnaire ne peut pas invoquer le privilège dès lors que l'ayant droit à la marchandise a invoqué un manquement à ses obligations contractuelles (CA Rouen 20-12-2012 n° 12/02420 : BTL 2013.194).

Ce privilège obéit aux règles ci-après.

24059 **1. Créances garanties.** Le privilège garantit toutes les créances de commission que le commissionnaire détient sur son commettant, même celles nées à l'occasion d'opérations antérieures (C. com. art. L 132-2, al. 1). Dans la créance privilégiée du commissionnaire sont compris, avec le principal, les intérêts, commissions et frais accessoires (art. L 132-2, al. 2).

Le privilège ne peut être invoqué par le commissionnaire qu'en garantie des créances qu'il détient sur son débiteur ; ayant été chargé de livrer contre remboursement, il ne peut ainsi ni retenir la marchandise, car celle-ci n'appartient pas au destinataire qui doit le payer mais au donneur d'ordre (Cass. com. 19-12-1995 : RJDA 6/96 n° 785), ni exercer son privilège à raison de créances sur des tiers au contrat de commission (Cass. com. 13-12-1983 n° 78-15.082 : Bull. civ. IV n° 347).

Les créances du commissionnaire sur son commettant doivent être exigibles (Cass. com. 7-1-1992 : RJDA 2/92 n° 150).

2. Assiette. Le privilège s'exerce sur la valeur des marchandises et sur les documents qui s'y rapportent (C. com. art. L 132-2, al. 1) : 24062

– même si les marchandises ne sont plus en sa possession, l'article L 132-2 du Code de commerce ne prescrivant pas cette condition (CA Limoges 3-5-2011 n° 10-409 : BTL 2011.320) ;

– pourvu que le commissionnaire l'invoque de bonne foi ; tel est le cas lorsque les documents remis en vue d'organiser le transport ne lui permettent pas de savoir que son donneur d'ordre n'est pas propriétaire des marchandises transportées (Cass. com. 5-5-2021 n° 19-23.382 F-D : RJDA 8-9/21 n° 565) mais pas lorsqu'il sait que les marchandises qu'il retient appartiennent à un tiers et non à son donneur d'ordre (Cass. com. 5-2-1980 : Bull. civ. IV n° 63) ;

Sa bonne foi s'apprécie au moment de la remise des marchandises entre ses mains (Cass. com. 8-3-2017 n° 15-17.308 F-D : JCP G 2017.511 obs. Delebecque) et elle ne saurait être remise en cause par une modification ultérieure de la situation juridique de la marchandise, ignorée au moment de sa prise en charge (CA Chambéry 29-3-1983 : BT 1984.35 ; CA Paris 27-3-1997 : BTL 1997.293) ou au moment de la remise d'un document représentatif de la marchandise (CA Rouen 4-3-2010 : Transidit 2011 n° 61 § 5).

– sous réserve que les marchandises soient l'objet d'un contrat de transport conclu avant l'ouverture de la procédure collective du débiteur et qu'elles soient retenues pour éteindre des créances exigibles, les marchandises étant censées avoir été remises dès l'établissement du titre de transport formant contrat, ici un connaissement (CA Versailles 30-1-2020 n° 18/08231 ; contra CA Rouen 12-5-2015 n° 14/02876, pour qui le paiement d'une créance antérieure à l'ouverture d'une procédure collective étant interdit, la rétention ne peut pas porter sur des marchandises remises après cette ouverture).

3. Opposabilité. Le privilège est opposable dès que les créances n'ont pas été payées dans les délais convenus sans qu'une mise en demeure soit nécessaire (CA Lyon 3-4-2014 n° 13/02999 : BTL 2014.251) et à tous, notamment : 24065

– **au destinataire,** même s'il justifie être le propriétaire de la marchandise (Cass. com. 19-6-1978 : BT 1978.406) ;

– **au vendeur impayé** qui ne peut se prévaloir de son droit de propriété que si, au moment de la prise en charge de la marchandise, le commissionnaire savait qu'elle n'appartenait pas à son donneur d'ordre, ce qui l'empêche d'exercer son droit de rétention (Cass. com. 3-10-1989 : BT 1989.671 ; Cass. com. 8-3-2017 n° 15-17.308 F-D : JCP G 2017.511 obs. Delebecque) ; s'il savait que la marchandise n'appartenait pas à son donneur d'ordre dès la conclusion du contrat ou aussitôt qu'il l'a su après (CA Lyon 17-9-2019 n° 18/08780), le commissionnaire qui retient néanmoins la marchandise est fautif et doit réparer le préjudice qui peut en résulter pour le vendeur (CA Paris 4-2-2000 : RJDA 9-10/00 n° 894) ;

– aux **créanciers** du commettant du commissionnaire et à ce commettant lui-même (CA Paris 25-6-1991 : BTL 1991.489) ; en cas d'ouverture d'une procédure collective à l'encontre du commettant, le privilège doit être déclaré sous peine d'extinction (n° 62642) et, ainsi, d'impossibilité d'exercice par le commissionnaire de son droit de rétention (Cass. com. 8-6-1999 : RJDA 8-9/99 n° 931) ;

– au **propriétaire** de la marchandise retenue (CA Versailles 6-10-2015 n° 13/07550 : BTL 2015.619).

4. Renonciation. Le commissionnaire a renoncé à exercer son privilège lorsqu'il s'est engagé à expédier la marchandise contre le paiement des seuls frais de l'opération en cours (Cass. com. 6-7-1983 : Bull. civ. IV n° 207). 24068

RESPONSABILITÉ DU COMMISSIONNAIRE DE TRANSPORT

Garantie du transport Le commissionnaire est garant : 24074

– de l'**arrivée** des **marchandises** et effets dans le délai déterminé par la lettre de voiture, hors les cas de la force majeure légalement constatée (C. com. art. L 132-4) ;

– des **avaries** ou **pertes** de marchandises et effets, s'il n'y a stipulation contraire dans la lettre de voiture, ou force majeure (C. com. art. L 132-5 ; sur un cas de force majeure, CA Paris 16-11-2017 n° 16/19549) ;

– des **faits du commissionnaire intermédiaire** auquel il adresse les marchandises (C. com. art. L 132-6).

Cette responsabilité peut être engagée lorsque le dommage garanti est dû soit à une faute personnelle du commissionnaire, soit au fait d'un opérateur qu'il s'est substitué.

Bien que l'article L 132-6 susvisé ne vise que les « faits du commissionnaire intermédiaire », il est appliqué aussi au transporteur choisi par le commissionnaire (n° 24078).

Responsabilité personnelle du commissionnaire La responsabilité du commissionnaire pour son fait personnel est engagée seulement lorsque celui-ci est à l'origine des avaries ou pertes de marchandises (Cass. com. 14-6-2016 n° 14-11.664 F-D : RJDA 11/16 n° 780 ; Cass. com. 29-3-2023 24075 n° 21-10.017 FS-BR : D. 2023.1579 note Siguoirt). Le commissionnaire est tenu d'une **obligation de résultat** en ce qui concerne l'exécution du transport (art. 5.1 c.t.c. ; Cass. com. 11-12-2007 n° 06-18.192 : RJDA 5/08 n° 520).

Le commissionnaire est ainsi responsable :

– des dommages résultant du transport, de son organisation et de l'exécution des prestations accessoires et des instructions spécifiques (art. 13, al. 1 c.t.c.) ; il est notamment responsable du dommage causé au transporteur substitué qu'il n'a pas informé de la nature de la marchandise (CA Rennes 12-3-2019 n° 16/04939) ;

– de tout manquement à l'accomplissement des actes juridiques nécessaires au déplacement d'une marchandise (Cass. com. 11-12-2007 précité ; CA Lyon 24-7-2014 n° 13/04932 : BTL 2014.510) ;

– de la non-transmission des instructions du donneur d'ordre relatives à la température dirigée à observer pendant le transport (CA Versailles 21-5-2013 n° 11/08224 : BTL 2013.367), sans avoir l'obligation de contrôler que le transporteur les respecte effectivement (CA Versailles 1-9-2015 n° 14/04897 : BTL 2015.523) ;

– du défaut de sécurisation du site du voiturier ayant déjà subi plusieurs vols avec effraction (CA Versailles 28-1-2014 n° 11/05547 : BTL 2014.132) ; toutefois, il a aussi été jugé que la protection de l'envoi contre le vol incombe au voiturier (CA Paris 17-5-2018 n° 16/12408) ;

– du défaut de vérification de l'existence et de l'identité d'un transporteur qu'il a choisi via une bourse de fret (CA Paris 31-5-2016 n° 14/13312 : BTL 2016.363, partageant la responsabilité avec le donneur d'ordre qui n'avait pas davantage contrôlé l'identité du chauffeur alors que les données semblaient incorrectes) ;

– du défaut d'information de son commettant sur l'existence de dommages causés aux marchandises lors des opérations de manutention au débarquement (CA Basse-Terre 14-1-2019 n° 18/00392 : DMF 2019.524 obs. Humann) ;

– des dommages subis à l'occasion du transport lorsque les causes du sinistre ne sont pas déterminées (CA Saint-Denis de La Réunion 29-11-2019 n° 16/00995) ;

– de plein droit, de la bonne expédition de la marchandise car il est garant de l'arrivée, des avaries ou des pertes de la marchandise, cette responsabilité ne pouvant être que partielle au cas d'une faute d'emballage de l'expéditeur (CA Lyon 16-1-2020 n° 16/06742).

Le commissionnaire est **exonéré** de responsabilité, en cas de :

– clause le déchargeant des pertes ou avaries (C. com. art. L 132-4 et L 132-5), dans la mesure où une telle clause est valide ; il en est ainsi si le commissionnaire n'a pas commis de faute intentionnelle ou inexcusable (cf. art. 13.2 c.t.c.) ;

– force majeure (C. com. art. L 132-4 et L 132-5 ; CA Versailles 6-4-1995 : RJDA 7/95 n° 818 ; CA Aix 23-4-2015 n° 13/04114 : BTL 2015.303 ; pour un refus, Cass. com. 3-10-1989 : JCP G 1990.II.21423 concl. Jéol) ;

– vice propre de la marchandise (CA Paris 26-10-1973 : BT 1973.527) ;

– dommage dont il n'est pas établi qu'il lui est imputable ; par exemple : s'il n'est pas possible de déterminer que le dommage a eu lieu pendant la seule partie des opérations concernées par le contrat de commission (Cass. com. 16-11-1993 : RJDA 4/94 n° 399) ; si la température dirigée convenue avec le donneur d'ordre n'a pas été respectée en raison d'une indication erronée de la température par les sondes de la remorque frigorifique (Cass. com. 22-11-2011 n° 10-20.599 : BTL 2011.719) ; si le dommage est dû à un empotage défectueux du conteneur par l'expéditeur (CA Paris 31-3-2021 n° 19/10451) ;

– dommage qui ne relève pas de ses obligations, telles celles de s'assurer des moyens d'entreposage du transporteur substitué et de la sécurité des marchandises qu'il lui a confiées pendant l'exécution du contrat de transport, ces obligations incombant au transporteur (CA Paris 3-10-2019 n° 18/23443).

La responsabilité personnelle du commissionnaire peut être garantie par le transporteur substitué (Cass. com. 21-10-2020 n° 18-15.165 F-D).

24076 Conformément au droit commun, et sous réserve de ne pas commettre une faute dolosive ou une faute inexcusable (C. com. art. L 133-8 ; pour une application, CA Paris 15-3-2012 : BTL 2012.215), le commissionnaire peut aussi **limiter** sa **responsabilité** (par exemple à la seule réparation du dommage matériel justifié, CA Paris 21-3-1985 : Scapel 1985.25) ; cette limitation est strictement entendue : une clause prévue pour des marchandises en vrac ne s'applique pas à des marchandises en caisses ou en palettes (CA Paris 17-1-1979) ; celle limitant la responsabilité du « transitaire » ne peut pas être invoquée par celui qui est intervenu en tant que commissionnaire (CA Paris 8-5-1976 : BT 1976.270).

Si les parties ne sont pas convenues de clauses contraires, ce qui est le cas dès lors que la clause convenue ne vise pas exactement le cas prévu, l'indemnité due par le commissionnaire est limitée, strictement, conformément aux dispositions ci-après (art. 13.2 c.t.c.) :

– **pertes et avaries de la marchandise.** La réparation due par le commissionnaire est égale à 20 € par kilogramme de poids brut de marchandise manquante ou avariée sans pouvoir excéder une somme supérieure au produit du poids brut de la marchandise de l'envoi exprimé en tonnes multiplié par 5 000 € (art. 13.2.1 c.t.c. ; sur l'envoi, n° 24027) ;

– **retard.** En cas de préjudice prouvé résultant d'un retard à la livraison, la réparation des dommages est limitée au prix de la prestation de commission de transport, droits, taxes et frais divers exclus (art. 13.2.2 c.t.c. ; sur la livraison, n° 24048) ;

– **déclaration de valeur.** Le donneur d'ordre peut souscrire une déclaration de valeur qui, fixée par lui et acceptée par le commissionnaire, a pour effet de substituer le montant de cette déclaration aux plafonds d'indemnité indiqués ci-dessus ; cette déclaration fait l'objet d'une rémunération supplémentaire (art. 13.3 c.t.c.) ;

– **intérêt spécial à la livraison.** Le donneur d'ordre peut faire une déclaration d'intérêt spécial à la livraison qui, fixée par lui et acceptée par le commissionnaire, a pour effet de substituer le montant de cette déclaration aux plafonds d'indemnité indiqués ci-dessus ; cette déclaration fait l'objet d'une rémunération supplémentaire (art. 13.4 c.t.c.).

Responsabilité du fait des transporteurs choisis Le commissionnaire est **garant** des faits des transporteurs auxquels il adresse les marchandises dès lors que le transporteur ne lui a pas été imposé (Cass. com. 11-2-2004 n° 303 : RJDA 6/04 n° 705 ; art. 5.6.2 c.t.c.). Cette garantie pèse sur le commissionnaire, fût-il un commissionnaire intermédiaire (Cass. com. 1-7-1997 : RJDA 12/97 n° 1491), dans la mesure où est engagée la responsabilité du transporteur, qu'un contrat de commission ait été conclu par écrit (cf. la jurisprudence ci-dessous) ou non (art. 13.1 c.t.c.). **24078**

Cette responsabilité peut être aussi retenue par défaut si les circonstances du dommage sont inconnues (CA Paris 26-10-2021 n° 19/22422).

Ainsi :

1. Le commissionnaire en est tenu si le transporteur est lui-même **responsable** des **pertes,** des **avaries** ou du **retard** en vertu du contrat de transport conclu entre eux. En conséquence :

– il ne peut, pour se libérer, invoquer ni son absence de faute (CA Paris 1-10-1986 : BT 1986.661) ni la faute du transporteur (CA Aix 20-3-1986 : Scapel 1986.39 ; CA Orléans 17-5-2018 n° 17/01015 ; CA Versailles 19-9-2019 n° 17/07523) ;

– il n'est pas tenu des dommages extracontractuels qui ne résultent pas du contrat de transport conclu (CA Paris 13-2-1984 : BT 1985.28) ;

– il répond de la faute du transporteur même s'il a commis aussi une faute personnelle (Cass. com. 12-4-2005 n° 623 : RJDA 8-9/05 n° 977).

Il est tenu de réparer la suite directe de la faute commise par le transporteur, par exemple rembourser au donneur d'ordre les frais anormaux qu'il a dû exposer, à la suite d'un incident de transport, pour assurer la livraison de son client dans le délai convenu (Cass. com. 14-1-1975 : BT 1975.81), mais non d'indemniser le transporteur avec qui il a rompu brutalement dès lors que la faute de celui-ci lui a fait perdre la clientèle du donneur d'ordre (CA Riom 12-2- 2014 n° 13/00036 : BTL 2014.129).

2. Le commissionnaire en est **libéré** dès lors que le transporteur n'est pas lui-même obligé à la réparation (d'où l'intérêt pour le donneur d'ordre de souscrire une assurance pour ce cas).

Il lui appartient, en tant qu'il répond des faits du transporteur, et non à ce dernier, de prouver que le transporteur bénéficie d'une cause d'exonération (Cass. com. 13-12-2016 n° 14-28.332 F-D : DMF 2017.238 obs. Piette).

Il peut ainsi opposer au donneur d'ordre :

– que les dommages sont survenus avant la conclusion du contrat avec le transporteur (Cass. com. 16-3-1981 : BT 1981.316 ; CA Toulouse 20-6-2012 n° 11/02467 : BTL 2012.475) ou après le transport qui en faisait l'objet (CA Paris 9-2-1984 : BT 1985.13) ;

– la forclusion pour déclaration tardive des dommages constatés à la livraison dès lors que l'action contre le transporteur est elle-même éteinte (CA Nancy 19-9-2018 n° 17/01348 ; n° 24436) ;

– les limitations légales de responsabilité dont bénéficie le transporteur (Cass. com. 22-4-1986 : BT 1986.395), excepté s'il a pris l'engagement auprès de son donneur d'ordre de réparer le dommage dans des conditions spécifiques (Cass. com. 8-4-2021 n° 19-24.362 F-D : RJDA 8-9/21 n° 564 ; CA Aix 22-2-1994 : BTL 1994.449), et les limitations conventionnelles, à condition que son donneur d'ordre les ait connues et acceptées (CA Versailles 17-6-2010 n° 09/02301 : BTL 2010.448) ;

Le droit d'invoquer les limitations de responsabilité légales ou conventionnelles, au motif que le commissionnaire ne peut pas être tenu au-delà de ce que doit son substitué, a été, dans un cas où le droit applicable pour déterminer la responsabilité du substitué était le droit émirati, appliqué implicitement comme une règle d'ordre public international français (CA Paris 3-11-2020 n° 19/12214).

– les causes légales d'exonération qui lui sont opposées par le transporteur (Cass. com. 6-2-1973 : BT 1973.132 : force majeure [verglas] ; CA Paris 26-10-1973 : BT 1973.527 : vice propre s'agissant d'un transport de viande congelée ; CA Paris 22-11-1996 : BTL 1996.857 : cause prouvée du dommage survenu en transport maritime) ;

– le nombre de colis qui a été remis au transporteur substitué même s'il a pris en charge un nombre de colis plus élevé (Cass. com. 5-12-2006 n° 1355 : RJDA 6/07 n° 612) ;

– le défaut de réserve par le destinataire lors de la livraison par le transporteur, qui entraîne la présomption d'exécution conforme du transport (CA Versailles 15-4-2021 n° 19/04489) ;

– la prescription acquise au transporteur.

Mais le commissionnaire ne peut pas opposer à son donneur d'ordre :

– les clauses limitatives de sa responsabilité personnelle (CA Versailles 19-9-2002 : BTL 2002.694) ; notamment le transporteur maritime, agissant comme commissionnaire de transport, et dont la responsabilité est recherchée pour le fait du transporteur routier chargé de la livraison terrestre finale, ne peut pas opposer les clauses d'un connaissement à son client, le dommage s'étant produit hors du transport maritime (CA Aix 20-3-1985 : Scapel 1985.41) ;

Le commissionnaire a néanmoins été admis à opposer la clause stipulant que « dans tous les cas où la responsabilité [du commissionnaire] est engagée à quelque titre que ce soit, elle est strictement limitée », une telle clause couvrant le fait de son substitué (CA Rouen 9-6-2016 n° 14/05497).

– le bénéfice de la limitation du montant de l'indemnité dont aurait pu se prévaloir le transporteur dès lors que celui-ci a été condamné à la réparation intégrale du préjudice (Cass. com. 30-3-2010 n° 09-11.916 : BTL 2010.224).

Quand les limites d'indemnisation des substitués ne sont pas connues ou ne résultent pas de dispositions impératives, légales ou réglementaires, elles sont réputées identiques à celles relatives à la responsabilité personnelle du commissionnaire de transport (art. 13.1 c.t.c.).

Sur l'impossibilité d'invoquer le contrat de vente annexe au transport, n° 24559.

3. Le commissionnaire peut, par clause expresse, être **dégagé de la garantie des substitués** (cf. CA Versailles 15-5-2003 : BTL 2003.405 pour qui le commissionnaire ne s'est pas exonéré de cette obligation du seul fait que le contrat conclu avec son donneur d'ordre indique qu'il est responsable de sa faute personnelle).

La décision précitée admet, par prétérition, la faculté pour le commissionnaire d'écarter son obligation de garantir ses substitués en relevant qu'en l'espèce « aucune exclusion, clairement exprimée et non équivoque, n'est mentionnée dans le contrat ».

24084 **Cumul des responsabilités** Si le dommage est imputé à la fois à la faute personnelle du commissionnaire et à celle du transporteur, il appartient au juge de déterminer le **pourcentage** de chaque chef de responsabilité dans la réparation du dommage (CA Rouen 28-9-2020 n° 18/05434 ; rappr. CA Aix 20-9-1985 : BT 1986.305, retenant un partage de responsabilité).

24087 **Responsabilité du fait d'autres intervenants** Dans les mêmes conditions qu'exposées ci-dessus à propos du transporteur (nos 24078 s.), le commissionnaire répond des autres intermédiaires avec lesquels il a traité (Cass. com. 12-2-1991 : BTL 1991.218 ; CA Paris 13-12-2000 : BTL 2001.113 : commissionnaire intermédiaire ; Cass. com. 6-2-1973 : BT 1973.120 : transitaire ; Cass. com. 29-11-1994 : RJDA 3/95 n° 283 : manutentionnaire), même si ceux-ci ont été requis par l'armement (CA Lyon 28-9-2012 n° 10/08665 : BTL 2012.602), à moins qu'ils ne lui aient été imposés par son client (Cass. com. 6-11-1984 : DMF 1985.683).

Le commissionnaire chargé d'un transport maritime jusqu'à la « mise en FOB » de la marchandise en est responsable à l'égard de son commettant jusqu'à son chargement à bord du navire (Cass. com. 7-9-2010 n° 09-16.359 : RJDA 12/10 n° 1154).

Lorsque le commissionnaire a conclu un contrat de manutention en qualité de mandataire substitué de l'expéditeur, la responsabilité de ce manutentionnaire ne peut être recherchée par l'expéditeur que par une action contractuelle (Cass. com. 20-2-1996 : RJDA 5/96 n° 633).

24090 **Actions en réparation du dommage consécutif au transport** Depuis la loi 98-69 du 6 février 1998, l'article L 132-8 du Code de commerce dispose que la lettre de voiture forme un contrat entre l'expéditeur, le destinataire, le commissionnaire et le voiturier. En conséquence, est ratifiée la solution jurisprudentielle antérieure selon laquelle la réparation des dommages nés du transport peut être demandée par **l'expéditeur ou le destinataire** – ou leur mandant (Cass. com. 29-4-1975 n° 74-10.655 : Bull. civ. IV n° 118) – **au commissionnaire** (Cass. com. 4-5-1982 : Bull. civ. IV n° 151) et à son **substitué** (CA Caen 16-3-1993 : BTL 1993.604), même si ces actions sont exercées en même temps contre le voiturier (Cass. com. 6-1-1998 : RJDA 3/98 n° 286 ; CA Aix 10-9-1991 : BTL 1992.463 ; CA Paris 18-1-1995 : D. 1995.IR.111), l'expéditeur ou le destinataire ne pouvant pas agir sur le fondement de l'article 1382 du Code civil (désormais C. civ. art. 1240), dès lors qu'ils ont signé une lettre de voiture (Cass. com. 16-11-1993 : BTL 1993.872).

L'exercice de cette action appelle les précisions suivantes.

1. Action contre le commissionnaire. Le demandeur à l'action contre le commissionnaire doit justifier d'un **préjudice personnel** ; ainsi, ne peut agir contre lui ni l'acheteur d'une marchandise dès lors que le vendeur a été condamné à lui restituer le prix (CA Montpellier 20-5-2014 n° 13/02147 : BTL 2014.364) ni le vendeur FOB qui invoque des avaries survenues en cours de transport maritime s'il ne prouve pas avoir personnellement subi un préjudice puisque la marchandise vendue FOB voyage aux risques et périls du réceptionnaire (CA Aix 30-5-1979 : Scapel 1980.3) ; il peut agir par la voie extracontractuelle s'il n'a pas lui-même conclu avec le commissionnaire (CA Paris 13-11-1991 : BTL 1992.55).

Le commissionnaire étant lié par la lettre de voiture, il répond des dommages dont il peut être responsable dans le délai annal de prescription prévu pour les litiges nés d'un contrat de transport (CA Paris 1-3-2023 n° 21/08058).

Poursuivi en tant que garant du fait des transporteurs substitués, et seulement s'il est poursuivi à ce titre (CA Poitiers 28-9-2021 n° 19/03036), le **commissionnaire** peut opposer au demandeur la **forclusion** de l'article L 133-3 du Code de commerce (n° 24436) dans la mesure où l'action est, de ce fait, éteinte contre le transporteur effectif (Cass. com. 1-12-2009 n° 08-15.015 : RJDA 4/10 n° 361). Il peut alors la lui opposer sans avoir à mettre en cause le transporteur (Cass. com. 11-12-1985 : BT 1986.196).

En revanche, cette forclusion est **inopposable** par le commissionnaire poursuivi pour ses fautes (CA Douai 20-1-1983 : BT 1983.181 ; CA Rouen 29-1-2004 : Transidit 2004 n° 40 § 4 ; CA Paris 20-5-2009 : BTL 2009.403), même si c'est à l'occasion d'un transport qu'il a effectué lui-même comme accessoire au contrat de commission de transport pour une livraison finale de la marchandise (CA Paris 14-5-1984 : BT 1985.207).

2. Action contre le transporteur. Le donneur d'ordre, expéditeur ou destinataire, ne peut agir ni sur la base de l'article 1382 du Code civil (désormais C. civ. art. 1240), dès lors qu'il a signé une lettre de voiture (Cass. com. 16-11-1993 : BTL 1993.872), ni sur la base du contrat de transport lorsqu'il a confié à un commissionnaire la mission de rechercher un transporteur, ici maritime, susceptible de convoyer des marchandises (Cass. com. 30-6-2021 n° 19-23.665 F-B : RJDA 11/21 n° 756).

Le transporteur peut opposer au donneur d'ordre agissant directement contre lui tous les moyens susceptibles de dégager ou limiter sa responsabilité, et même la clause limitative de responsabilité qu'il a stipulée avec le commissionnaire (Cass. com. 29-1-1985 : BT 1985.422).

3. Compétence. Si les parties ne sont pas convenues de clauses contraires, seul le tribunal de commerce de Paris est compétent, même en cas de pluralité de défendeurs ou d'appels en garantie (art. 16 c.t.c.).

La **prescription** des actions de l'expéditeur ou du destinataire en réparation nées de l'exécution d'un transport requis par un commissionnaire est d'un an (C. com. art. L 133-6, al. 2 ; art. 14 c.t.c. ; Cass. com. 24-9-2003 : RJDA 2/04 n° 160, tenant pour sans incidence le fait que le dommage puisse être la conséquence de l'exercice par le commissionnaire de son droit de rétention), formule qui, par sa généralité, couvre aussi bien l'action en responsabilité du commissionnaire en tant que garant du transporteur que celle pour faute personnelle. **24093**

L'exception de fraude ou d'infidélité, qui fait échec à la prescription d'un an du droit des transports (n° 24673), peut toujours être invoquée contre le commissionnaire de transport, peu important qu'elle ne soit pas prévue dans le contrat type (Cass. com. 20-9-2017 n° 16-17.152 F-PB : RJDA 1/18 n° 59).

Cette prescription **s'applique** à toutes les actions nées du contrat de transport, même accessoires à celui-ci : action fondée sur la défectuosité de l'emballage (CA Paris 3-12-1984 : DMF 1986.287), action relative à l'exécution du mandat de contre-remboursement (CA Paris 13-9-1989 : D. 1989.IR.248) ou action en remboursement de frais de stationnement anormaux (CA Aix 16-6-2010 n° 09/11984 : BTL 2010.479 ; CA Douai 10-9-2015 n° 14/03504 : BTL 2015.542).

Elle n'est donc pas applicable aux actions intentées contre le commissionnaire lorsque sa responsabilité est recherchée en sa qualité de commissionnaire agréé en douane (CA Paris 24-9-1981 : BT 1982.198 ; CA Grenoble 11-9-2008 : BTL 2008.604) ou de mandataire chargé de l'assurance de la marchandise (CA Paris 4-7-2007 : BTL 2008.416), ces actions obéissant à la prescription de droit commun.

La prescription d'un an **s'applique aussi** aux actions du commissionnaire intentées **contre l'expéditeur ou le destinataire,** à condition toutefois que ces actions soient fondées sur le contrat de transport ; c'est le cas de la demande du commissionnaire en paiement du prix du transport (CA Paris 20-1-1984 : BT 1984.490) ou des frais d'entreposage annexes au contrat de transport (CA Aix 28-10-1980 : Scapel 1981.44) mais non de son action contre le destinataire fondée sur la remise d'un chèque sans provision (CA Paris 8-2-1979 : BT 1979.210).

Dès lors que ces actions mettent en cause les conditions d'exécution du contrat de transport, leur sont applicables les **règles** gouvernant la prescription des actions **contre le transporteur,** selon le type de transport utilisé.

Recours du commissionnaire contre ses substitués Le commissionnaire peut exercer un recours contre son substitué tant pour la réparation du dommage due à la victime pour exécution défectueuse du transport que pour celle du dommage qui lui a été causé personnellement dans cette exécution. **24099**

Il peut agir contre son substitué même s'il est par ailleurs recherché pour faute personnelle (Cass. com. 14-3-1995 : RJDA 8-9/95 n° 981 ; Cass. com. 6-7-2010 n° 09-67.865 : BTL 2010.465).

1. Recours en cas de poursuite par la victime d'un dommage causé par le transporteur substitué. Dans ce cas, le commissionnaire peut :

a. au moment où il est poursuivi, appeler en garantie (n° 71618) le transporteur substitué, tant routier (CA Paris 12-5-2011 n° 10/18552 : BTL 2011.400) que maritime (CA Aix 19-1-2023 n° 19/15635 : DMF 2023.309 obs. Bon-Garcin) ; il doit exercer cette action, dite récursoire, dans le délai d'un mois à compter du jour où il a été poursuivi (C. com. art. L 133-6, al. 4) ; le cours de ce délai est suspendu pendant le temps d'exécution d'une mesure d'expertise diligentée avant tout procès et à laquelle le commissionnaire a été appelé, aucune disposition n'excluant l'application de l'article 2239 du Code civil qui prévoit cette suspension (CA Paris 11-2-2016 n° 14/14500 : BTL 2016.110) ;

Cette disposition ne concerne ni la prescription de l'action du commissionnaire contre le manutentionnaire maritime qui est celle du droit commun (CA Versailles 14-2-2012 n° 10/09344 : BTL 2012.146), ni l'action subrogatoire, qui est celle qu'exerce le commissionnaire qui a indemnisé son donneur d'ordre (CA Poitiers 3-4-2012 n° 10/01983 : BTL 2012.295).

b. avant d'être poursuivi, et jusqu'au moment où le juge statue (Cass. com. 11-12-2019 n° 18-11.195 F-PB ; CA Paris 23-9-2021 n° 20/03239), agir contre le transporteur substitué en remboursement de ce qu'il a versé à la victime ou de ce qu'il s'est engagé à lui rembourser (Cass. com. 2-2-1993 : RJDA 6/93 n° 502 ; Cass. com. 23-11-2022 n° 20-18.593 F-B : RJDA 2/23 n° 76) ; ce recours contre le transporteur n'est ouvert que pour l'une de ces demandes (Cass. com. 23-11-2022 n° 20-18.593 F-B précité).

Le voiturier qui a effectué le transport reste responsable envers le commissionnaire si, à son tour, il s'est substitué un autre transporteur dès lors que le dommage s'est produit pendant les opérations dont il avait la charge (Cass. com. 13-4-1976 n° 74-12.802 : Bull. civ. IV n° 126) ; il en est de même si le voiturier est un sous-traitant, peu important que le transport lui a été confié en dépit d'une clause interdisant la sous-traitance (CA Aix 5-5-2022 n° 18/17096).

Le commissionnaire n'est pas tenu à cette indemnisation préalable du responsable auquel il impute, par la voie extracontractuelle, le dommage lorsqu'il est mis en cause pour son fait personnel et non en tant que garant du fait de ses substitués, en raison des avaries subies par les marchandises restées sous sa garde (Cass. com. 31-3-1998 n° 96-12.897 : BTL 1999.464).

Cette action a été considérée comme exercée à titre principal et, partant, soumise à la prescription annale (CA Aix 27-2-2006 n° 3/16491 : BT 2006.555 ; CA Paris 16-11-2017 cassé par Cass. com. 11-12-2019 précité) mais vue aussi comme une action récursoire soumise au délai de forclusion de trois mois (CA Rouen 16-11-2017 n° 2000043 : DMF 2022.241 obs. de Sentenac).

Si le transport est soumis à la CMR, le commissionnaire qui met en cause la responsabilité du transporteur doit porter son action devant la juridiction compétente selon le règlement CE 44/2001 (remplacé par le règlement UE 1215/2012 ; n°s 72103 s.), le contrat de commission ne relevant pas de la compétence CMR du lieu de prise en charge (Cass. com. 25-9-2019 n° 18-12.119 F-D) ;

c. se voir opposer par le transporteur substitué, sauf clause limitant sa responsabilité propre, la limitation de responsabilité incluse dans le récépissé de livraison de la marchandise qu'il a remis au transporteur substitué (Cass. com. 6-2-1996 n° 94-13.570 : Bull. civ. IV n° 43) mais il ne peut pas se prévaloir de cette limitation si elle a été inconnue de son commettant (CA Versailles 14-6-2016 n° 14/08472 : BTL 2016.395).

2. Recours du commissionnaire contre son substitué en réparation d'un préjudice personnel. Le commissionnaire peut agir contre son substitué en réparation d'un préjudice personnel que ce dernier lui a causé, dans le délai de la prescription annale, dès lors que son préjudice est en relation directe avec la mauvaise exécution du contrat de transport par le substitué (Cass. com. 22-4-1997 : RJDA 8-9/97 n° 1043).

Bien qu'il soit exposé à une condamnation à des dommages-intérêts en raison de sa responsabilité du fait de ses substitués, le commissionnaire n'est pas un tiers lésé au sens de l'article L 124-3 du Code des assurances ; il n'est donc pas fondé à agir directement à l'encontre de l'assureur garantissant la responsabilité civile du transporteur (CA Versailles 14-11-2019 n° 18/06210).

EXTINCTION DU CONTRAT DE COMMISSION DE TRANSPORT

24101 **Extinction par l'exécution du contrat** Le commissionnaire n'a accompli ses prestations envers le destinataire qu'après lui avoir livré la marchandise ; tel est le cas lorsque, en cas de transbordement nécessaire au cours d'un transport maritime, le donneur d'ordre, qui a choisi le navire, en fait son affaire (Cass. com. 5-7-2005 : RJDA 11/05 n° 1218), mais non lorsque la marchandise est remise au transitaire (CA Paris 28-9-1981 : BT 1981.526), lorsqu'elle est arrivée au lieu convenu (CA Aix-en-Provence 19-6-1996 : BTL 1997.296) ou lorsqu'elle a été débarquée (CA Bordeaux 15-10-2013 n° 10/01224 : DMF 2014.333 obs. Montas).

Si le retard du destinataire à prendre livraison est susceptible de causer un dommage à la marchandise, il appartient au commissionnaire de prendre en temps utile les mesures de protection indispensables et d'adresser au destinataire des réserves sur les conséquences de ce retard ; à défaut, il en sera tenu responsable (CA Paris 5-10-1984 : DMF 1985.557).

Si le contrat type commission est applicable, le commissionnaire doit, dès qu'il en a connaissance, informer le donneur d'ordre qui en a fait la demande de la bonne fin du transport (art. 5.7.1 c.t.c.).

Extinction par l'arrivée du terme du contrat Lorsqu'il est à **durée déterminée,** le contrat de commission de transport expire au terme que les parties ont fixé (n° 16003). 24102

L'application du droit commun se déduit de l'article 15.1 de l'annexe à l'article D 1432-3 du Code des transports qui se borne à dire que le contrat de commission peut être conclu pour une durée déterminée, reconductible ou non.

Extinction par la résiliation unilatérale du contrat Lorsque le **contrat** de commission de transport est **à durée indéterminée,** chaque partie peut y mettre fin contre préavis conformément à la règle de droit commun (nos 15503 s.). 24105

L'application du droit commun se déduit de l'article 15.1 de l'annexe à l'article D 1432-3 du Code des transports qui se borne à dire que le contrat de commission peut être conclu pour une durée indéterminée.

Si une **clause** écrite du contrat de commission de transport prévoit la **possibilité** pour chaque partie ou pour l'une d'elles **de résilier le contrat** pour l'avenir contre préavis et fixe les modalités de ce préavis ainsi que ses effets, elle est applicable, les dispositions du contrat type commission n'étant que supplétives (sur la clause de résiliation, nos 15505 s.). 24110

En l'**absence de clause** écrite organisant la résiliation, le contrat type commission prévoit que chacune des parties au contrat de commission peut y mettre fin par l'envoi d'une lettre recommandée avec avis de réception moyennant un préavis, que le contrat soit à durée déterminée ou indéterminée (art. 15.2 c.t.c.).

Les règles suivantes sont alors applicables :

1. Calcul du préavis. Le calcul se fait comme suit :

a. un mois lorsque la durée de la relation est inférieure ou égale à six mois ;

b. deux mois lorsque la durée de la relation est supérieure à six mois et inférieure ou égale à un an ;

c. trois mois lorsque la durée de la relation est supérieure à un an et inférieure ou égale à trois ans ;

d. quatre mois quand la durée de la relation est supérieure à trois ans, auxquels s'ajoute une semaine, par année complète de relations commerciales, sans pouvoir excéder une durée maximale de six mois.

2. Obligations des parties pendant la période de préavis. Les parties doivent maintenir l'économie du contrat (art. 15.3 c.t.c.).

3. Fin du contrat pour manquements graves ou répétés d'une partie pendant le préavis. La partie victime de ces manquements, à l'issue d'un délai de quinze jours suivant une mise en demeure restée sans effet, adressée par lettre recommandée avec avis de réception, peut mettre fin au contrat, qu'il soit à durée déterminée ou indéterminée, sans préavis ni indemnités, par l'envoi d'une lettre recommandée avec avis de réception de résiliation de celui-ci (art. 15.4 c.t.c.).

SECTION 2 TRANSPORT ROUTIER INTÉRIEUR DE MARCHANDISES

Qualification Dans le silence de la loi, les décisions de justice tiennent pour contrat de transport celui en vertu duquel la marchandise expédiée est prise en charge par l'exécutant du déplacement à condition que celui-ci ait la **maîtrise complète** des opérations nécessaires à l'accomplissement dudit déplacement. 24200

Un transport suppose que le déplacement soit défini par un point de départ ou d'arrivée, une mise à disposition de véhicules pour des rotations n'étant pas en soi caractéristique (Cass. com. 5-6-2012 n° 11-13.817 : BTL 2012.408 ; CA Saint-Denis de La Réunion 7-5-2012 n° 11/00304 : BTL 2012.443). Ainsi, sauf dispositions contraires, les transports terrestres régis par le Code des transports s'entendent des transports qui s'effectuent entre un point d'origine et un point de destination situés sur le territoire national (C. transports art. L 1000-1).

Ne sont des caractéristiques du contrat de transport ni la distance à parcourir ni le moyen utilisé pour ce faire ; en outre, le contrat de transport n'est pas incompatible avec la fourniture par le transporteur de prestations accessoires permettant son exécution, tel le préacheminement vers la zone de stockage du site du transporteur (CA Versailles 14-4-2022 n° 21/03515).

L'application de ce critère conduit aux solutions suivantes.

24203 **a.** Le déplacement d'une marchandise **par un non-professionnel,** comme par exemple le vendeur de la marchandise, donne lieu à un contrat de transport dès lors qu'il n'est pas l'accessoire de l'obligation de délivrance du vendeur (CA Paris 24-11-1970 : BT 1970.394). Ainsi, dans la vente franco-départ ou franco-destination, le vendeur qui accepte de transporter la marchandise pour son client est considéré comme ayant envers ce dernier la qualité de transporteur (Cass. com. 3-4-1968 : BT 1968.215).

De même, le ramassage des animaux chez un négociant en bestiaux, leur transport à la gare, leur embarquement en wagon et leur expédition par chemin de fer, par un courtier pour le commerce du bétail, constituent des actes matériels de transport (Cass. civ. 5-1-1980 : BT 1980.117 ; CA Nîmes 1-7-2021 n° 19/04657 ; contra CA Amiens 22-12-1976 : JCP G 1978.IV.72).

En revanche, le transport effectué à titre bénévole n'est pas un contrat de transport soumis aux dispositions du Code de commerce (Cass. com. 14-12-1993 : RJDA 5/94 n° 520, appliquant les règles du droit commun).

24206 **b.** Le **déplacement** d'une marchandise à l'occasion duquel l'entreprise qui s'en charge fournit **en outre des opérations** de conditionnement, de manutention, d'étiquetage et d'entreposage, dites « de logistique », ne donne pas naissance à un contrat de transport (CA Colmar 19-2-2014 n° 13/00508 : BTL 2014.159), sauf lorsqu'il correspond, dans la commune intention des parties, à la prestation déterminante de leur accord. Il en est ainsi, notamment :

– de **l'entreposage** des marchandises en vue d'un transport (Cass. com. 28-11-2000 : RJDA 3/01 n° 309 ; CA Grenoble 13-9-2012 n° 10/01339 : BTL 2012.652) ; inversement, le contrat est de **dépôt** lorsque l'entreposage est la prestation principale, ce qui se déduit par exemple, de la durée du dépôt (Cass. com. 5-3-1973 : BT 1973.230 : deux ans précédé et suivi d'un camionnage ; CA Versailles 30-10-2018 n° 17/07981 : plus d'un an et lettres de voiture ne mentionnant aucun autre destinataire), de la demande expresse de dépôt de la marchandise faite par l'expéditeur ou le destinataire auprès du transporteur (Cass. com. 4-7-1977 : BT 1977.401 ; rappr. CA Poitiers 13-3-2018 n° 16/04454), des termes du contrat de dépôt qui met à la charge du dépositaire les frais de transport aller et retour de l'objet déposé (Cass. com. 8-7-2014 n° 12-28.764 : RJDA 2/15 n° 94), de la conservation temporaire et de la restitution des palettes au transporteur par le client (CA Paris 1-4-1993 : BTL 1993.510 ; CA Lyon 5-5-2003 : BTL 2003.390) ; mais il y a **deux contrats distincts** de transport et de dépôt lorsque les opérations de déplacement et celles d'entreposage peuvent être nettement dissociées (Cass. com. 20-7-1970 : BT 1970.311 ; Cass. com. 21-2-1995 : D. 1995.IR.104 ; CA Paris 13-11-2013 n° 11/23246 : RJDA 4/14 n° 332) ;

– de la **manutention** de la marchandise lorsqu'il ressort des documents qu'aucune individualisation, indépendante du transport, n'a été faite des frais de main-d'œuvre et des opérations de chargement et de déchargement qui s'y attachent (CA Paris 21-11-1986 : BT 1987.44), lorsqu'un seul document couvre l'ensemble des opérations et qu'un prix global est convenu (CA Paris 23-2-1983 : BT 1983.407) ou lorsque la marchandise a été « mise en place » à la livraison, laquelle marque la fin du contrat de transport (CA Aix-en-Provence 6-6-2013 n° 11/20155 : BTL 2013.445 ; CA Reims 2-9-2014 n° 12/3060 : BTL 2014.556) ; toutefois, une entreprise chargée par son client d'effectuer le déplacement, le conditionnement, le chargement, l'arrimage et le calage de la marchandise dans un fourgon suivant un calendrier précis s'étalant sur quatre jours exécute non pas un contrat de transport mais un louage d'ouvrage (CA Paris 13-3-1986 : BT 1986.423 ; rappr. CA Reims 14-1-2008 : BTL 2008.635 ; CA Paris 29-6-2021 n° 19/16020) ;

– d'une « prestation de plateforme **logistique** » qui porte essentiellement sur des acheminements (Cass. com. 7-9-2010 n° 09-14.936 : BTL 2010.543 ; CA Versailles 3-4-2014 n° 12/05626 : BTL 2014.264).

24209 **c.** Le **retour de la marchandise endommagée** en cours de transport au point de départ, chez le constructeur ou chez le fabricant aux fins de remise en état, puis sa réexpédition au destinataire ne font pas l'objet d'un nouveau contrat de transport différent de celui qui, n'ayant pas été exécuté à défaut de délivrance à destination, restait en cours (CA Lyon 30-5-1974 : BT 1974.299). Il importe peu qu'une seconde lettre de voiture ait été remise pour la seconde expédition (Cass. com. 16-10-1967 : BT 1968.28). Un nouveau contrat de transport pourrait naître si le destinataire retournait la marchandise après avoir accepté la livraison dans un premier temps (cf. CA Orléans 25-9-2003 : BTL 2003.654).

24212 **d.** Le déplacement de la marchandise par un **autre transporteur** que l'entreprise chargée du transport par son donneur d'ordre s'est **substitué** n'empêche pas cette dernière d'être qualifiée de transporteur lorsqu'elle a facturé un « forfait traction », le terme « traction » étant utilisé pour celui de transport (CA Paris 20-10-1981 : BT 1982.38 ; pour d'autres exemples d'assimilation de la traction d'une semi-remorque à un transport : CA Poitiers 15-4-1994 : JCP G 1994.IV.2522 ; CA Montpellier 4-7-2001 : BTL 2001.608). Mais la mise à disposition d'une remorque à tracter relève d'un contrat de droit commun (CA Bordeaux 30-10-2018 n° 17/03164) et il peut exister un contrat de location d'un véhicule tractant une remorque (CA Rennes 10-5-2022 n° 19/03566).

e. Le **remorquage** d'un véhicule est un contrat de transport dès lors qu'il est réalisé par une entreprise qui en fait le métier et qui a conservé la maîtrise complète de l'opération (CA Montpellier 25-6-1998 : BTL 1998.588 ; CA Montpellier 4-2-2014 n° 12/08765 : BTL 2014.116 ; CA Besançon 22-11-2016 n° 15/01725 : BTL 2016.719). **24215**

f. Le **déménagement** est soumis aux dispositions relatives au voiturier dès lors que la prestation objet du contrat de déménagement comprend pour partie une prestation de transport (C. com. art. L 133-9 ; Cass. 1e civ. 12-10-2016 n° 15-21.194 F-D : D.2017.51 note Balat ; CA Versailles 31-10-2013 n° 12/01194 : BTL 2013.671, écartant l'application de la CMR qui exclut le déménagement), quelle que soit la distance (TGI Aix-en-Provence 31-10-2017 : BTL 2017.678). Dans ce cas, l'action en réparation du dommage se prescrit en un an (CA Paris 10-5-2023 n° 22/15621). **24218**

Sur l'action directe du transporteur contre ses donneurs d'ordre, applicable au contrat de déménagement, n° 24455.

Par ailleurs, relèvent du contrat de transport : les opérations de manutention pour le chargement et le déchargement des colis qui sont effectuées en vue d'un déplacement car elles sont l'accessoire du transport proprement dit (Cass. com. 10-3-2004 : RJDA 7/04 n° 813) ; une mise en garde-meubles pour une brève durée (CA Versailles 14-9-2018 n° 16/06426). Néanmoins, ces opérations peuvent être détachées du déplacement et qualifiées, en tant que telles, de contrat d'entreprise (Cass. 1e civ. 4-11-2015 n° 14-19.981 : RJDA 7/16 n° 588, relevant « la manutention, voire le rangement du mobilier »). Dès lors que les parties ont fondé leur action sur le contrat de garde-meubles, les règles du contrat de transport sont inapplicables (CA Rouen 10-10-2019 n° 17/03999).

g. Le déplacement d'une marchandise dans un **véhicule loué avec conducteur** est considéré fait sous l'empire d'un contrat de transport si la conduite des opérations d'acheminement est l'œuvre du loueur de ce véhicule (n° 25600). **24221**

h. La **traction** d'une remorque est un contrat de transport à défaut de démontrer une location avec conducteur (CA Douai 5-10-2023 n° 22/02513 ; dans le même sens, CA Colmar 3-7-2012 n° 11/03364 : BTL 2012.508 ; rappr. CA Versailles 25-9-2018 n° 18/02404). **24222**

i. Le contrat-cadre qui fixe les relations futures des parties n'est pas un contrat de transport lorsqu'il se borne à la **mise à disposition de véhicules** afin d'effectuer des rotations internationales, sans que le point de départ ou d'arrivée ne soit précisé, mais un contrat d'entreprise excluant la prescription annale (CA Colmar 26-2-2014 n° 12/04614 : BTL 2014.160). **24223**

j. Le déplacement est effectué en vertu d'un **contrat de travail** lorsque celui qui l'exécute agit dans un état de subordination juridique par rapport à son donneur d'ordre (Cass. soc. 25-4-2001 : BTL 2001.358 ; Cass. soc. 8-7-2003 n° 1811 : RJDA 1/04 n° 40 ; CA Paris 7-4-1998 : BTL 1998.626 ; CA Montpellier 20-11-2002 : BTL 2003.214 ; pour des exemples de non-subordination, CA Versailles 26-7-2018 n° 18/01107 : BTL 2018.491 ; CA Angers 6-9-2018 n° 17/00327). **24224**

Le sous-traitant – entrepreneur individuel présumé non-salarié – libre d'avoir d'autres clients n'est pas juridiquement subordonné à son donneur d'ordre, même si ce dernier est son client exclusif, car, si l'exclusivité dénote une dépendance économique, elle ne caractérise pas la subordination au donneur d'ordre (CA Lyon 8-4-2022 n° 21/04369).

Sur la qualification de contrat de travail appliquée au déplacement d'un coursier recevant un ordre de déplacement d'une plateforme numérique, Cass. soc. 28-11-2018 n° 17-20.079 FP-PBRI : RJS 2/19 n° 72 ; Cass soc. 13-4-2022 n° 20-14.870 FS-B : RJS 6/22 n° 343.

En présence d'un contrat de travail apparent, il incombe à celui qui affirme son caractère fictif de le prouver (Cass. soc. 11-10-2023 n° 21-25.450 F-D).

Dans les situations ci-dessus évoquées, les **parties** ont intérêt à fixer formellement la qualification de leurs rapports et à **lier expressément le juge** conformément à la faculté que leur accorde l'article 12, al. 3 du Code de procédure civile (nos 10025 s.). Dans tous les cas où leur choix n'a pas été inspiré par une volonté frauduleuse de se soustraire aux règles impératives du contrat de transport ou du contrat de travail mais par le désir de clarifier l'importance qu'elles attribuent aux diverses prestations que comporte leur contrat, elles peuvent très raisonnablement escompter que le juge suivra leur volonté. **24225**

Régime Le contrat de **transport routier intérieur** est soumis aux dispositions du Code des transports (art. L 1432-1 s. et L 3221-1 s.) et aux règles des articles L 133-1 à L 133-9 du Code de commerce (C. transports art. L 1432-1), complétées, le cas échéant, par le droit commun. **24227**

Il s'agit du contrat de transport qui n'est pas soumis à la CMR (nos 25006 s.).

Lorsque les parties n'ont pas conclu un accord écrit ou ont conclu un accord écrit qui n'a pas défini la totalité de leurs prestations, un **contrat type,** variant selon la spécificité des prestations (C. transports art. L 1432-4), régit de plein droit à titre supplétif (Cass. com. 9-12-2020 n° 1920.875 F-PB : RJDA 5/21 n° 307 ; CA Poitiers 28-9-2021 n° 21/00090), totalement ou partiellement les rapports que les parties n'ont pas définis dans leur accord (Cass. com. 22-1-2008 n° 06-19.440 : RJDA 6/08 n° 649). Les contrats types en vigueur sont : le contrat type « général » de transport (C. transports annexe à l'art. D 3222-1) ; le contrat type de transport d'animaux vivants ; le contrat type citernes ; le contrat type de transport de marchandises périssables sous température dirigée ; le contrat type transport de véhicules roulants ; le contrat type transport de masses indivisibles ; le contrat type transport de fonds et de valeurs ; le contrat type sous-traitance. Seules les règles du contrat type général (cité « **c.t.** » dans les références), qui s'appliquent quel que soit le poids transporté dès lors qu'il n'existe pas de contrat type spécifique, sont exposées n°s 24230 s.

Ces règles s'appliquent aux contrats conclus avec des personnes publiques mais qui ne sont pas administratifs au sens précisé aux n°s 10700 s. (CA Rouen 1-12-1983) et aux transports internationaux, sauf disposition contraire et sous réserve des dispositions impératives des conventions internationales applicables aux transports en cause (C. transports art. L 1432-5).

L'accord écrit peut résulter d'un échange de lettres ou de télex (CA Paris 8-2-1991 : BTL 1991.221), de l'apposition sur les conditions générales de l'une des parties de la signature et du cachet commercial du cocontractant (CA Versailles 16-2-1989 : BT 1989.567) ou de la signature du « récépissé de transport » par l'expéditeur et le chauffeur du transporteur (CA Versailles 20-2-2000 : BTL 2000.488). Mais il ne peut être déduit de la production des doubles de trois récépissés, tirés du carnet à souches de l'expéditeur, sans signature ni cachet commercial du transporteur (CA Paris 14-11-1990 : BTL 1991.557).

Sans préjudice des dispositions impératives issues des conventions internationales (notamment de la CMR) et à défaut de convention écrite définissant les rapports entre les parties au contrat sur les matières mentionnées à l'article L 1432-2 exposées ci-dessus, les clauses des contrats types s'appliquent de plein droit aux **contrats de transport international** (C. transports art. L 1432-5).

24230 **Points sensibles** L'expéditeur ne doit pas :

- négliger de faire une déclaration de valeur ou une déclaration d'intérêt spéciale à la livraison, ou, mieux, de conclure un contrat d'assurance de la marchandise s'il veut recevoir une réparation pour pertes, avaries ou retards supérieure au montant limité qui lui sera le plus souvent opposé (n°s 24615 s.) ;
- omettre de dénoncer les pertes et les avaries dans les trois jours de la livraison conformément aux prescriptions légales (n° 24433) et, en cas de besoin, d'agir en justice dans l'année de la livraison (n°s 24658 s.) ;
- se faire le complice de la violation des règles interdisant la surcharge de véhicules, sous peine d'encourir les mêmes sanctions pénales que le transporteur et d'être condamné solidairement avec lui aux réparations civiles de ces infractions (n° 24325) ;
- ignorer que toute clause d'irresponsabilité est nulle (n° 24553).

A. Conclusion du contrat de transport routier

INTERVENANTS AU CONTRAT DE TRANSPORT ROUTIER

24231 **Conclusion par l'intermédiaire de plateformes numériques** Les opérateurs de plateforme d'intermédiation numérique de transport public routier de marchandises et, parmi eux, les opérateurs de service numérique de mise en relation commerciale mettent en relation les demandeurs de prestations de transport et les professionnels offrant des services de transport et peuvent à ce titre faciliter la conclusion du contrat de transport. Leur activité est régie par les dispositions des articles L 3261-1 à L 3264-5 du Code des transports relatifs aux activités de mise en relation par voie électronique dans le secteur du transport public routier de marchandises (C. transports art. L 3251-1).

Ces opérateurs encourent une **responsabilité** de plein droit de la bonne exécution des obligations résultant du contrat de transport dont ils peuvent être exonérés dans les conditions des articles L 3263-5 et L 3263-6 du Code des transports (pour un exemple de condamnation d'un site de mise en relation des acquéreurs et des revendeurs de montres de luxe qui a transgressé l'interdiction de verser le prix au vendeur malgré l'absence de livraison à indemniser la perte financière avec intérêts moratoires : CA Paris 23-11-2023 n° 20/03060 : BTL 2023.714).

24233 **Expéditeur** L'expéditeur est celui dont le consentement échangé avec celui du voiturier a fait naître le contrat de transport (CA Bourges 5-6-2001 : BTL 2002.222). Lorsque le contrat de transport a été conclu par un commissionnaire, le donneur d'ordre de ce dernier a seul la qualité d'expéditeur (Cass. com. 19-5-2015 n° 14-11.065 : RJDA 10/15 n° 656).

Sur les obligations du commissionnaire qui conclut le contrat de transport, C. transports art. R 1432-1 s. ; sur leur sanction pénale, C. transports art. R 1452-3.

Cette qualité ne peut résulter du seul fait que le document de transport mentionne le nom de l'expéditeur si ce document ne comporte ni sa **signature** ni son **cachet** (CA Paris 21-5-1985 : BT 1985.345) et à plus forte raison si sa désignation est abusive (CA Paris 27-111969 : BT 1969.379). Si ledit document ne comporte pas le nom de l'expéditeur, ce dernier n'est pas partie au contrat (CA Douai 21-9-2023 n° 22/00674 : BTL 2023.572).

N'ont pas non plus la qualité d'expéditeur :

– le vendeur qui procède lui-même au chargement du véhicule (CA Aix 25-11-1982 : BT 1983.591) ou chez qui la marchandise est enlevée (CA Paris 27-11-1981 : BT 1982.108 ; CA Aix 25-2-1993 : BTL 1994.88) ;

– l'entreprise dont le rôle s'est borné à donner à son client le nom d'un transporteur ou d'un commissionnaire de transport (CA Paris 18-1-1982 : BT 1982.110) ;

– les entreprises qui invoquent le contrat de transport conclu par un commissionnaire de transport avec lequel elles n'ont aucun lien de droit (CA Paris 27-2-1992 : BTL 1992.381) ou la commune qui agit en réparation sur le terrain extracontractuel contre un transporteur qui a conclu le contrat de transport avec l'entreprise qu'elle avait chargée d'installer une pompe sur un lieu de livraison (CA Lyon 31-1-2008 n° 06/07404 : Bull. inf. C. cass. 2008 n° 1936).

Avant de conclure le contrat, il est **recommandé** à l'expéditeur de veiller en particulier aux points suivants :

– se renseigner lui-même sur l'existence, le cas échéant, d'une **limitation légale** d'indemnisation, le transporteur n'étant pas tenu d'un devoir de conseil à son égard (Cass. com. 12-10-1981 n° 79-16.599 : Bull. civ. IV n° 351 ; CA Riom 14-6-2017 n° 16/00537) ;

– vérifier l'**emballage** car il répond de toutes les conséquences d'une absence, d'une insuffisance ou d'une défectuosité du conditionnement et de l'emballage (Cass. com. 8-10-2003 : BTL 2003.691), peu important l'absence de réserves du transporteur à la prise en charge (CA Poitiers 23-1-2015 n° 13/02827 : BTL 2015.77), et en particulier si le contrat prévoit que le destinataire pourra réexpédier les marchandises sur une autre destination que la destination initiale avec le même emballage ou le même arrimage, au risque d'être tenu pour responsable des avaries survenues au cours de ce transport ultérieur (Cass. com. 3-5-1967 : BT 1967.240 ; contra CA Paris 27-11-1969 : BT 1970.63 ; pour d'autres exemples de défaut d'emballage imputable à l'expéditeur : Cass. com. 13-11-1990 : BTL 1991.240 ; Cass. com. 29-4-2003 n° 657 : RJDA 3/04 n° 305) ;

– s'abstenir de donner, en connaissance de cause, au transporteur ou à tout préposé de celui-ci, des **instructions incompatibles** avec le respect des dispositions relatives aux durées maximales de conduite quotidienne (Règl. CE 561/2006 du 15-3-2006 art. 6), à la durée du travail dans les entreprises de transport routier (C. transports art. D 3312-41 s.) et à la limitation de vitesse des véhicules (C. route art. R 413-2, R 413-3, R 413-4, R 413-8 et R 413-9) ;

– respecter, le cas échéant, les prescriptions sur les matières dangereuses (n° 24248).

Destinataire Le destinataire mentionné sur la lettre de voiture est **partie au contrat,** cette lettre formant un contrat entre l'expéditeur, le voiturier et le destinataire (C. com. art. L 132-8). **24236**

Il s'ensuit que cette partie :

– **a la qualité de destinataire** même en l'absence de livraison effective, dès lors que le contrat de transport ne prend fin que par la livraison effective de la marchandise (CA Versailles 13-3-2014 n° 13/01495 : BTL 2014.683), et ce, dès la conclusion du contrat (CA Paris 3-10-2002 : BTL 2002.793) ; elle l'acquiert ipso facto si le contrat est confié à un commissionnaire, fût-il conclu entre le commissionnaire et le voiturier (CA Aix 9-1-2020 n° 16/00193), ou si elle est désignée comme celle pour le compte de laquelle agit la partie effectivement mentionnée (Cass. com. 26-6-2019 n° 17-26.679 F-D, en déduisant que le destinataire réel avait valablement subrogé dans ses droits l'assureur qui avait pris en charge ses dommages), ou encore si le contrat a été conclu par un autre transporteur que celui qui est poursuivi (Cass. com. 12-11-2020 n° 19-17.335 F-D : RJDA 5/21 n° 308) ;

Le défaut de mention sur la lettre de voiture n'exclut pas la qualité de destinataire de la partie qui l'acquiert en fait, notamment par la réception de la marchandise, même si elle ne l'avait pas commandée (CA Aix 10-9-2009 : BTL 2010.400).

La partie qui n'est pas mentionnée sur la lettre de voiture et qui n'a pas réceptionné la livraison n'est pas destinataire (CA Lyon 26-5-2016 n° 15/01879 : BTL 2016.415).

– **ne peut pas perdre sa qualité de destinataire** par décision unilatérale de l'expéditeur qui désigne un nouveau destinataire, ce qui avait été jugé d'ailleurs avant l'article L 132-8 précité (Cass. civ. 17-12-1945 : GP 1946.1.68 ; cf. CA Reims 28-6-2002 : Transidit 2002 n° 36 § 163, rendu sur le seul fondement de l'art. L 133-1 sans considération de l'art. L 132-8) ;

– **dispose d'une action contractuelle** contre le voiturier présumé responsable des pertes ou avaries des marchandises transportées (n° 24643) ;

– **est liée par les clauses** du contrat de transport, négocié par l'expéditeur, qui lui sont opposables dès la conclusion du contrat auquel elle est réputée avoir adhéré, mais seulement dans la mesure où elles régissent l'opération de transport, ce qui serait par exemple le cas d'une clause limitative de responsabilité (cf. Cass. com. 26-5-1992 : RJDA 10/92 n° 897, arrêt déclarant la clause inopposable mais rendu sous le régime antérieur à l'art. L 132-8) ; en effet, elle ne peut **pas** être tenue des **clauses étrangères** à ce régime, même insérées dans la lettre de voiture, sauf si elle les a acceptées ; il en a été ainsi jugé d'une clause attributive de compétence car elle ne fait pas partie de l'économie du contrat de transport (Cass. com. 4-1-2005 n° 32 : RJDA 4/05 n° 377 ; CA Lyon 19-6-2014 n° 14/01854 : BTL 2014.429) ; il en serait de même, par analogie, d'une clause d'arbitrage ;

– **est soumise au régime du contrat type applicable** au transport en cause à défaut de clause contraire, les **contrats types** lui étant applicables de plein droit (n° 24227) car, publiés par décret, elle est censée les connaître (CA Grenoble 26-6-2002 : BTL 2002.507).

24239 **Transporteur** Le transporteur doit être un transporteur public, c'est-à-dire remplissant les conditions requises pour cette qualité par le Code des transports (C. transports art. L 1422-1 s. : inscription au registre des transporteurs, honorabilité, capacités financière et professionnelle ; art. R 3211-1 s.), ce qui est le cas lorsque le transport n'est pas effectué par l'expéditeur ou le destinataire pour son compte propre (cf. art. L 1000-3).

Le transport est pour compte propre lorsque le propriétaire du véhicule transporte des marchandises dont il est propriétaire (CA Paris 7-5-2001 : BTL 2001.661 ; CA Toulouse 20-2-2003 : BTL 2003.476) ; à défaut, il n'est pas pour compte propre (CA Rouen 22-9-2007 : BTL 2008.335).

Il n'est pas pour compte propre lorsque la prestation porte sur la collecte et l'acheminement des déchets sans valeur ajoutée (CA Pau 4-5-2017 n° 16/00367 : BTL 2017.327).

Doit notamment être assuré par un transporteur public le transport qui :

– est effectué par le tractionnaire d'une semi-remorque (CA Poitiers 15-4-1994 : JCP G 1994.IV.2522) ;

– ne correspond pas à l'exécution d'un contrat de coopération ou de distribution liant les parties qui sont convenues du déplacement (C. transports art. R 3211-2 et arrêté du 21-12-2000 ; Cass. crim. 22-6-2010 n° 10-80.192 : PA 2010 n° 217-218 p. 16 note Lasserre Capdeville : absence de contrat ; CA Paris 26-11-2008 : BTL 2009.287 : absence de coopération à défaut d'apport de valeur ajoutée par le transporteur), à condition notamment d'avoir été autorisé par le préfet (CA Poitiers 28-4-2005 : BTL 2005.575, condamnant le transporteur pour défaut d'autorisation).

Mais au titre de la liberté dite de **« cabotage »,** un transporteur routier de l'UE peut effectuer de façon temporaire (c'est-à-dire occasionnellement et non de façon permanente, cette dernière modalité supposant un établissement) des transports routiers intérieurs dans un État membre autre que celui où il est établi (Règl. CE 1072/2009 du 21-10-2009 ; C. transports art. L 3421-1 s. ; pour une application, CJUE 14-9-2023 aff. 246/22), ce qui n'est pas le cas du transporteur étranger qui effectue en France de façon habituelle, continuelle ou régulière des transports sur le territoire français, qui doit être inscrit au registre français des transporteurs (CA Metz 14-12-2011 n° 11/0766 : BTL 2012.31). Même si le cabotage est régulier, l'exercice de son droit par un transporteur est surveillé par l'autorité administrative qui peut le suspendre pour une durée déterminée (pour un exemple, TA Rennes 2-6-2023 n° 23/02256 : BTL 2023.383).

Si le transporteur est en situation irrégulière au regard des conditions ci-dessus, la **validité du contrat** de transport conclu avec lui n'en est pas affectée (Cass. com. 3-4-2002 : RJDA 8-9/02 n° 886).

Le transporteur encourt une condamnation pour **exercice illégal de l'activité** de transporteur (CA Rouen 23-1-2014 n° 13/00272 : Transidit 2014 n° 68 § 41). Par ailleurs, l'entreprise de transport, qui a confié à un sous-traitant l'exécution d'opérations de cabotage, faite par ce dernier en violation de l'article L 3421-4 du Code des transports, peut être sanctionnée pénalement si elle savait ou aurait dû raisonnablement savoir que l'exécution des transports commandés méconnaissait ce texte (Cass. crim. 5-12-2023 n° 23-80.921 F-D).

L'expéditeur peut s'opposer à un contrôle de la part des autorités administratives, dans ses propres livres, du respect des règles professionnelles par le transporteur (CA Paris 11-7-1968 : BT 1968.395, transposable au régime actuel).

Le transporteur peut **refuser** sa **prestation** s'il s'estime incapable de l'exécuter dans de bonnes conditions (CA Paris 10-2-1984 : BT 1984.558) ou l'accepter sous condition de recevoir les renseignements utiles à son exécution (CA Paris 4-12-1979 : BT 1980.79). Mais, à partir du moment où il a pris la marchandise en charge, l'exécution du contrat est commencée et le transport doit être mené à terme (T. com. Bobigny 19-5-1995 : BTL 1996.135).

Le transporteur choisi par le donneur d'ordre peut, dans les conditions exposées au n° 24005, **sous-traiter** le contrat de transport à un autre transporteur selon le régime de la loi 75-1334 du 31 décembre 1975 relative à la sous-traitance et celui des articles L 2193-1 à L 2193-14 du Code de la commande publique (C. transports art. L 1432-13) ; si les parties n'ont pas réglé leurs rapports, ce contrat est soumis au régime du contrat type de sous-traitance (art. D 3224-3, renvoyant à l'annexe IX de la troisième partie réglementaire du Code).

ÉCHANGE DES CONSENTEMENTS

Les parties ont consenti au contrat de transport dès qu'elles se sont accordées sur le nombre, la nature et la destination de la chose à déplacer ainsi que sur les dates du transport et le montant du prix (Cass. com. 19-11-1996 : BTL 1996.878), aucune forme écrite n'étant requise (CA Aix 25-10-2007 : BTL 2007.700), peu important l'absence de lettre de voiture et le défaut de signature de la confirmation d'affrètement (CA Nîmes 26-10-2017 n° 16/04564, retenant la faute du transporteur qui a refusé la prise en charge de la marchandise au motif qu'elle était trop lourde alors qu'il en connaissait les caractéristiques) ou de contrat cadre établi, l'existence d'un courant d'affaires entre les parties au contrat de transport pouvant par exemple être établie par les échanges de courriels entre les deux entreprises concernées (CA Aix 10-11-2021 n° 18/12832 : le transporteur qui subit l'annulation, par le donneur d'ordre, d'une prestation de transport le jour même de celle-ci peut légitimement prétendre à la totalité du prix du transport initialement convenu). 24242

Si l'ayant droit à la marchandise apporte des modifications importantes à cet accord, le transporteur peut réclamer des dommages-intérêts (CA Aix 25-10-2007 précité).

Le contrat portant sur l'enlèvement de déchets est nul pour vice du consentement lorsque l'expéditeur a dissimulé des déchets dangereux parmi les autres (CA Dijon 6-10-2009 n° 08/02326 : BTL 2010.355).

Le transporteur ne peut pas invoquer un vice du consentement pour ignorance du caractère sensible au vol de la marchandise dès lors qu'il ne pouvait pas ne pas le connaître, le donneur d'ordre lui ayant indiqué sa nature (CA Paris 11-9-2014 n° 12/09960 : BTL 2014.619).

CONTENU DU CONTRAT DE TRANSPORT

Choix du véhicule L'expéditeur peut choisir le véhicule qu'il souhaite, mais il est responsable de son mauvais choix (CA Versailles 29-2-1984 : BT 1984.249 ; T. com. Paris 7-9-1999 : BTL 1999.643). Le transporteur est toutefois redevable d'un devoir de conseil envers un expéditeur qui n'est nullement un professionnel du transport (CA Paris 18-2-1998 : BTL 1998.400). 24245

À défaut de revendication d'un matériel déterminé, le transporteur doit choisir en principe, sous peine d'engager sa responsabilité, un véhicule adéquat pour le transport commandé (art. 5 c.t.).

Tel n'est pas le cas, par exemple, lorsqu'il déplace :
- des ordinateurs sur roulettes non emballés dans un véhicule non muni de fixations (CA Paris 10-2-1984 : BT 1984.558) ;
- des marchandises de grande valeur dans un véhicule simplement bâché (Cass. com. 7-5-1980 : BT 1980.344) ou des tôles non emballées dans un véhicule non bâché (CA Paris 28-5-1980 : BT 1980.330) ;
- des denrées périssables sur une longue distance dans un véhicule non muni d'équipements frigorifiques (Cass. com. 19-4-1982 : BT 1982.331) ;
- des marchandises dans des citernes mal nettoyées (CA Paris 22-2-1980 : BT 1980.239) ;
- des bouteilles de vin du Vaucluse à Munich dans un véhicule non bâché au mois de janvier (CA Nîmes 18-5-1988 : BT 1988.472) ;
- des cuves dont il connaît les caractéristiques dans un véhicule non équipé pour passer sous les lignes électriques (CA Bourges 8-10-2001 : Transidit 2002 n° 33 § 29).

Encore faut-il que l'expéditeur ait fourni les instructions utiles au transporteur (CA Paris 19-7-1982 : BT 1982.488).

Déclarations de l'expéditeur Ces déclarations sont de trois ordres. 24248

1. Déclaration de valeur ou déclaration d'intérêt. L'expéditeur a la **faculté** de souscrire une déclaration de valeur de marchandise à l'effet de se garantir contre les limitations d'indemnité pour pertes ou avaries (art. 22.2 c.t. ; n° 24624) ou une déclaration d'intérêt spécial à la livraison qui a pour effet de substituer le montant de cette déclaration au plafond de l'indemnité due en cas de retard à la livraison (art. 24.3 c.t.). En contrepartie, l'expéditeur doit un complément de rémunération au transporteur (art. 18 c.t.).

Si le contrat type est applicable, le voiturier n'a ni obligation d'information ni devoir de conseil sur les suites d'une absence de déclaration de valeur, le contrat type étant censé connu de tous (CA Grenoble 13-3-2014 n° 11/04002 : BTL 2014.211). Si le contrat type n'est pas applicable, la question ne se pose pas, car il s'en déduit que les parties ont procédé à déclaration puisque le contrat type n'est écarté que si les parties se sont prononcées (n° 24227).

Lorsque les risques du transport sont à la charge du destinataire, l'expéditeur doit souscrire d'office ces déclarations dès lors que le transporteur pourra limiter sa responsabilité à une somme très inférieure à la valeur de la cargaison (CA Paris 10-12-1976 : BT 1977.61 ; aussi CA Paris 28-10-1992 : BTL 1992.726).

Si le contrat de transport a été conclu par le destinataire, les déclarations faites par l'expéditeur ne sont pas opposables au destinataire dès lors qu'elles n'ont pas été reprises sur le bon de livraison (CA Grenoble 13-3-2014 précité : à propos de la déclaration de valeur mais transposable par analogie à la déclaration d'intérêt).

Pour être opposables au voiturier, ces déclarations doivent figurer sur le document de transport qui concrétise l'accord des parties (CA Versailles 27-11-2003 : BTL 2004.31). La déclaration de valeur peut néanmoins être déduite du paiement d'un supplément de prix de transport (CA Dijon 27-9-2005 : BTL 2006.134).

La mention de la valeur de la marchandise figurant sur une lettre d'instructions adressée au commissionnaire de transport n'équivaut pas à une déclaration de valeur (Cass. com. 2-10-2012 nº 11-21.491 : BTL 2012.599).

La valeur déclarée ne doit pas être sous-évaluée, car le transporteur est en droit de limiter sa réparation à la valeur prévue au contrat (CA Paris 13-2-1980 : BT 1980.150).

2. Déclaration relative aux matières dangereuses. L'expéditeur doit remettre au transporteur une déclaration spéciale et une fiche de sécurité (Règl. pour le transport terrestre des matières dangereuses dit « RTMD-R » art. 12 et 24).

L'absence de déclaration constitue une contravention (CA Bordeaux 15-5-1986 : BT 1986.727), engage la responsabilité contractuelle de son auteur lorsqu'elle est la cause du dommage (CA Grenoble 9-6-1982 : BT 1982.490 ; cf. art. 3.5 c.t.) et est sanctionnée par la nullité du contrat de transport (Cass. com. 10-12-1991 : Bull. civ. IV p. 265 ; CA Paris 3-6-2003 : BTL 2003.471).

L'absence à bord du véhicule de la fiche de sécurité entraîne la responsabilité extracontractuelle de l'expéditeur et du transporteur (CA Montpellier 11-5-1981 : BT 1986.som.728).

3. Déclaration relative aux particularités non apparentes de la marchandise. Si l'expéditeur n'est pas tenu de déclarer les particularités visibles de la marchandise (CA Versailles 4-6-2019 nº 18/02692 : déport du centre de gravité du chargement jugé apparent), il est, en revanche, tenu d'informer le voiturier des particularités non apparentes de la marchandise susceptibles d'avoir une incidence sur la bonne exécution du contrat (cf. art. 3.2 c.t.).

Il doit, notamment, signaler :

- la sensibilité particulière d'une marchandise au gel (Cass. com. 23-11-1970 : BT 1971.39) ou à la chaleur (CA Montpellier 25-6-1987 : BT 1987.618) ;
- la hauteur du centre de gravité du chargement (Cass. com. 5-7-1977 : BT 1977.402 ; CA Paris 4-7-1988 : BT 1988.683).

L'expéditeur, notamment averti, doit préciser au transporteur les conditions particulières à la conservation des marchandises, en particulier la température dirigée sous laquelle celles-ci doivent voyager (CA Paris 12-4-2018 nº 16/07706).

24251 **Clauses sur la réparation des dommages** Les parties peuvent insérer au contrat de transport une clause limitative d'indemnité en cas de dommages subis par la marchandise, l'article L 133-1 du Code de commerce n'interdisant que les clauses d'irresponsabilité pour pertes ou avaries (nº 24553). Elles peuvent notamment adopter la limitation de responsabilité prévue par la CMR (Cass. com. 1-7-1997 : BTL 1997.537). Cette clause n'est toutefois opposable à l'expéditeur, conformément au droit commun (nº 15316), qu'à la condition d'avoir été portée à sa connaissance lors de la conclusion du contrat et d'avoir été acceptée par lui.

Il en est ainsi, notamment, lorsque :

- la clause figure sur les factures établies à l'occasion d'opérations de transport antérieures (CA Paris 21-11-1984 : BT 1985.47) ou au verso du récépissé, même si elle est peu lisible et que ledit récépissé n'est pas signé par l'expéditeur, dès lors qu'il existe des relations contractuelles antérieures entre les parties (Cass. com. 6-7-1993 : BTL 1993.625) ;
- la clause est apparente et que le transporteur a attiré l'attention de ses clients sur la possibilité pour eux de faire une déclaration de valeur ou de donner des ordres par écrit en vue de la conclusion d'une assurance (CA Paris 25-10-2000 : BTL 2001.131).

En revanche, est **inopposable** à l'expéditeur :

- la clause figurant sur la photocopie d'une lettre de voiture où la signature de l'expéditeur était apposée hors du cadre réservé à cet effet et ne comportant pas la mention « bon pour accord » (Cass. com. 19-4-1988 : BT 1988.406) ;
- la clause figurant sur une fiche de livraison non remise à l'expéditeur (CA Paris 6-1-1982 : BT 1982.536), non signée par lui (CA Paris 20-1-1987 : BT 1987.281) ou du seul destinataire (CA Paris 5-1-1982 : BT 1982.109), remise après l'enlèvement (CA Paris 4-10-1978 : BT 1978.512 ; dans le même sens, CA Grenoble 23-1-1990 : BT 1990.607), établie hors sa présence (CA Paris 18-1-1983 : BT 1983.168), figurant sur le papier à en-tête du transporteur alors qu'il n'y a eu aucun échange de correspondance entre lui et son client (CA Paris 26-1-1981 : BT 1981.141) ou écrite en caractères non lisibles au dos d'un bulletin de remise de marchandises signé par le préposé du commettant (Cass. com. 14-4-1992 : RJDA 10/92 nº 908).

24252 La clause n'est valable que si le **montant de l'indemnité** n'est pas dérisoire ; ont été jugées dérisoires une indemnité égale à 12 % du préjudice réel (CA Aix 28-11-1990 : BTL 1991.559) et une indemnité limitée à 1 800 F (270 €) par colis ou 1 200 F (180 €) par tonne (CA Reims 27-9-2001 : Transidit 2002 nº 33 § 27). L'indemnité n'est pas dérisoire dès lors que le donneur d'ordre n'a pas usé de la faculté que lui proposait le transporteur de faire assurer les marchandises transportées pour les montants déclarés par lui (CA Besançon 30-1-1998 : BTL 1999.420) ou de souscrire une déclaration de valeur entraînant le paiement d'un supplément de prix (CA Versailles 7-11-2003 : BTL 2004.31).

La clause limitative prévue pour le **retard** est valable même si elle est dérisoire car la condition du caractère non dérisoire de l'indemnité ne concerne pas le retard (CA Lyon 13-9-1996 : BTL 1997.64), l'article L 133-1 du Code de commerce n'interdisant les clauses d'irresponsabilité du transporteur que pour les dommages subis par les marchandises. 24253

Lors de la conclusion du contrat de transport, il est recommandé à l'expéditeur de faire connaître au transporteur les pénalités auxquelles il se trouve exposé en cas de livraison en retard ainsi que les raisons pour lesquelles il attend les marchandises afin que le transporteur soit averti de ses besoins et ne puisse pas se soustraire à la réparation des dommages en invoquant leur imprévisibilité (n° 24609).

Prix Les **parties** sont **libres** de fixer le montant du prix du transport, sous réserve de respecter les dispositions des articles L 3221-2, L 3222-1 et L 3222-2 du Code des transports dont la violation est sanctionnée par les articles L 3242-2 à L 3242-5 du même Code (pour une application, CA Paris 20-6-2000 : BTL 2000.817). 24254

Le contrat type général dicte expressément ce que doit comprendre le prix du transport et les conditions dans lesquelles il est révisé (art. 18 c.t.).

Le poids des supports de charge (palettes, rolls, etc.) inclus dans l'envoi ne donne lieu à aucune déduction sur les frais de transport (art. 6.5 c.t.).

Le transporteur a droit à un **complément de rémunération** lorsque le dépassement des durées de réalisation des opérations de chargement et de déchargement par rapport à celles qui avaient été acceptées par le cocontractant ne lui est pas imputable ; il en est de même pour toute prestation annexe non prévue par le contrat de transport (C. transports art. L 3222-5, al. 3 et 4 ; CA Aix 26-10-1993 : BTL 1994.156).

Si la facture ne suffit pas à prouver la créance du transporteur, cette dernière peut être établie par la production de bons d'enlèvement attestant des remises (CA Paris 26-10-1995 : BTL 1995.836).

Si la **prestation** de transport a été **exécutée avant** que le prix en ait été fixé (pour un exemple, CA Paris, 5e ch. B, 21-1-2000 : BTL 2000.253), s'agissant d'une prestation de services, le transporteur peut le fixer, le donneur d'ordre ayant le droit de le contester s'il l'estime abusif (n° 12429). Les conditions légales susvisées de fixation du prix d'un transport donnent au juge les critères qu'il doit prendre en compte pour apprécier l'existence de l'abus.

Le transporteur ne peut pas **modifier** unilatéralement **le prix** à la hausse sans accord des donneurs d'ordre ; à défaut, il en résulte une violation du contrat, justifiant sa résiliation (CA Paris 9-3-2023 n° 20/07523).

Port payé. Les parties peuvent convenir que l'envoi est en port payé ; le prix du transport doit alors être acquitté par l'expéditeur au départ. En cas de défaillance de l'expéditeur, le transporteur peut réclamer paiement du prix du transport au destinataire (n° 24455). 24257

Port dû. Les parties peuvent prévoir que le prix du transport sera **dû par le destinataire** à l'arrivée des marchandises (n° 24422). 24260

Le destinataire qui prend livraison est tenu au paiement (CA Aix 15-12-1992 : BTL 1993.478).

Le transporteur impayé par le destinataire a néanmoins une action contre l'expéditeur (n° 24455).

Il incombe au transporteur, qui réclame le paiement du prix, d'établir l'exécution de ses prestations en prouvant la livraison ; la production d'un relevé de compte correspondant aux factures échues et impayées ne permet pas de le démontrer (Cass. com. 4-10-2023 n° 21-22.149 F-D : RJDA 1/24 n° 24).

Preuve du contrat À défaut d'écrit, l'ayant droit à la marchandise peut prouver par tous moyens contre le transporteur public commerçant (Cass. civ. 9-10-1990 : BTL 1991.11 ; Cass. com. 14-6-2016 n° 14-20.386 : BTL 2016.428), que celui-ci a pris l'engagement de transporter les marchandises en cause ; le transporteur ne peut en faire autant que contre l'ayant droit commerçant (n° 75603). 24263

Généralement, cette preuve résulte des documents de transport (récépissé, lettre de voiture, feuille de route ; nos 24340 s.) dans la mesure où ils comportent des énonciations propres à établir que les parties sont convenues d'un transport (Cass. com. 10-7-2001 : BTL 2001.544, qui déduit la preuve d'un transport d'un bon d'enlèvement portant la prise en charge d'un nombre déterminé de colis, la présence de clauses limitatives de responsabilité à un certain montant par rapport au poids des marchandises, corroboré par un courrier précisant que la marchandise voyageait en port dû).

La signature d'une lettre de voiture de transport routier intérieur ne suffit pas en soi à établir le contrat de transport (CA Paris 4-3-1977 : BT 1977.272). Réciproquement, l'absence de lettre de voiture n'interdit pas d'établir l'existence d'un contrat de transport, qui peut notamment résulter de l'exécution du déplacement (CA Agen 4-4-2018 n° 16/01288).

24266 **Mentions du contrat** Tout contrat de transport public de marchandises doit préciser : la nature et l'objet du transport ; les modalités d'exécution du service tant en ce qui concerne le transport proprement dit que les conditions d'enlèvement et de livraison des objets transportés ; les obligations respectives de l'expéditeur, du commissionnaire, du transporteur et du destinataire ; le prix du transport ainsi que celui des prestations accessoires prévues (C. transports art. L 1432-2).

Le cas échéant, le donneur d'ordre est tenu, préalablement à la présentation du véhicule au chargement, de transmettre au transporteur par écrit la liste des prestations annexes convenues ; sont annexes les prestations autres que la conduite du véhicule, la préparation de celui-ci aux opérations de chargement et de déchargement et la mise en œuvre des matériels spécialisés attachés aux véhicules (C. transports art. L 3222-4).

ASSURANCE DE LA MARCHANDISE

24269 Il est fréquent que l'ayant droit à la marchandise ne soit pas indemnisé, ou du moins pas totalement, de ses préjudices.

Il peut en être ainsi pour les raisons suivantes :
– exonération de responsabilité du transporteur (nos 24559 s.), même en présence d'une déclaration de valeur (n° 24248) ;
– limitation de l'indemnité due par le transporteur à son montant maximal, inférieur à la valeur du dommage, ce qui est une situation pratiquement courante (n° 24621) ;
– insolvabilité du transporteur qui n'a pas les moyens de verser les dommages et intérêts auxquels il est condamné parce qu'il n'est pas assuré ou l'est insuffisamment (Cass. civ. 9-12-1980 : BT 1981.116) ou parce que l'assureur du transporteur jouit d'une clause d'exclusion de sa garantie (Cass. com. 5-1-1976 : BT 1976.82 ; CA Aix 5-12-1980 : BT 1981.129).

Pour éviter ces risques, l'ayant droit ne peut donc pas compter sur l'assurance de responsabilité du transporteur et doit s'assurer ou demander au transporteur s'il n'a pas souscrit une assurance pour compte, celle-ci valant, à son égard, comme assurance de la marchandise (n° 17515).

Cette assurance est régie par les règles du Code des assurances relatives aux assurances de dommages auxquelles les contractants doivent se référer tant que la police type française d'assurance des marchandises transportées par voie de terre n'aura pas été mise en harmonie avec les nouvelles règles. Dans la mesure où cet imprimé est encore applicable ou est utilisé comme base d'un nouveau contrat d'assurance, le donneur d'ordre doit être particulièrement attentif aux clauses suivantes de la police.

24272 **Risques couverts** Le donneur d'ordre doit opter entre la garantie dite « accidents caractérisés » et la garantie tous risques (art. 2 de la police).

Les risques couverts sont ceux figurant sur la police d'assurance et non sur les documents probatoires de la police (n° 17533).

Il doit tenir compte, à cet effet, des considérations suivantes.

1. La police peut ne couvrir **que** les **« accidents caractérisés »,** c'est-à-dire les dommages (pertes matérielles, pertes de poids ou de quantité subies par les marchandises), résultant du véhicule de transport lui-même ou du heurt ou de la collision de ce véhicule ou de son chargement avec un autre véhicule ou un corps fixe, mobile ou flottant (art. 2-2° de la police).

En cas d'assurance tous risques, sont, en outre, couverts les vols et disparitions de la marchandise (art. 2-1° de la police).

Le donneur d'ordre a le plus grand intérêt à souscrire une garantie contre le vol car la garantie du vol par l'assureur de responsabilité du transporteur est des plus aléatoires compte tenu des conditions mises par la clause dite syndicale à l'obtention de celle-ci (sur l'exclusion de la garantie : Cass. 2e civ. 19-5-2016 n° 15-14.179 : BTL 2016.364 ; Cass. civ. 5-7-1989 : BT 1989.620 ; CA Orléans 17-9-2009 : BTL 2009.613), ce qui l'expose au risque d'insolvabilité du transporteur. Néanmoins, alors même que le donneur d'ordre avait souscrit une assurance de la marchandise, il a été jugé que cette clause lui était opposable car elle figurait en caractères très apparents sur une feuille jointe à la note de couverture signée par lui (CA Colmar 27-2-1996 : BTL 1996.256).

2. Dans tous les cas, la police **ne couvre pas** :

a. Les risques survenus aux marchandises énumérées à l'article 7 de la police, comme par exemple les emballages, les marchandises classées dangereuses ou infectes (CA Aix 8-6-1978 : BT 1978.430), les denrées périssables (CA Montpellier 12-1-1984 : BT 1985.11), les objets de valeur et les animaux vivants, sauf convention contraire ;

Cependant, il appartient à l'assureur garantissant d'une manière générale les marchandises confiées « d'exclure formellement les emballages s'il n'entend pas les couvrir » (T. com. Bordeaux 18-8-1981 : BT 1982.125).

b. Les risques survenus pendant une partie maritime du transport aux marchandises à destination ou en provenance des îles françaises côtières de la métropole à condition que les marchandises soient transportées sans rupture de charge (art. 1, al. 3 de la police) ;

c. Les pertes, manquants de poids ou de quantité et les avaries résultant des risques visés à l'article 5 de la police tels que : vice propre de la marchandise ; absence ou insuffisance de conditionnement (CA Paris 15-11-1978 : BT 1979.199) ou d'emballage (CA Paris 30-1-1979 : BT 1979.172) ; absence ou imperfection des marques ou numéros des colis ; influence de la température ; freinte normale de route ; amendes, confiscations, mises sous séquestre ; obstacles apportés à l'exploitation ou à l'opération commerciale du bénéficiaire (CA Paris 21-11-1970 : BT 1970.387) ; indications ou instructions erronées ou insuffisantes données au transporteur ; intervention de l'assuré, de l'expéditeur ou du destinataire dans les opérations de transport ; frais de magasinage ou de séjour ; retard dans l'expédition ou dans l'arrivée des marchandises, sauf si ce retard est consécutif à l'un des accidents caractérisés.

Le donneur d'ordre peut se couvrir contre les dommages et pertes matérielles résultant du retard occasionné par un conflit du travail ou professionnel en souscrivant la clause additionnelle du 26 décembre 1984.

Le donneur d'ordre sera bien avisé de souscrire une garantie pour « les risques de guerre et assimilés » afin d'être couvert dans les situations résultant de barrages routiers, de grèves de dockers ou de douaniers. Ces événements sont, en effet, exclus de la police sauf convention contraire et prime spéciale (art. 6 de la police) et sont souvent considérés par les tribunaux comme des cas de force majeure qui exonèrent le transporteur (CA Bordeaux 6-3-1978 : BT 1978.276) ; sur les cas de force majeure, n° 24565.

Les actes de terrorisme ou d'attentats ne sont pas exclus lorsqu'ils sont commis sur le territoire français.

Période de garantie Sauf convention contraire, la garantie commence au moment où les marchandises conditionnées quittent le magasin au point de départ du voyage et prend fin au moment où elles entrent dans le magasin du destinataire ou de ses représentants (art. 3-1° de la police). 24275

Renonciation de l'assureur à son recours Le donneur d'ordre peut obtenir de l'assureur sa renonciation à tout recours contre le transporteur (CA Paris 26-6-1981 : BT 1981.395) ; l'assuré reste néanmoins recevable à agir contre le transporteur, cette renonciation relevant du contrat d'assurance auquel le transporteur n'est pas partie (CA Paris 28-3-1984 : BT 1984.261). 24278

B. Exécution du contrat de transport routier

1. OPÉRATIONS AU DÉPART DU TRANSPORT ROUTIER

DÉFAILLANCE DES PARTIES AU DÉPART

Expéditeur En cas de préjudice prouvé résultant d'une non-remise totale ou partielle de l'envoi lors de la mise à disposition du véhicule par le transporteur, l'expéditeur est tenu de verser une indemnité au transporteur qui ne peut excéder le prix du transport (art. 13 c.t. ; CA Colmar 10-5-2021 n° 19/00099). 24300

L'expéditeur est aussi responsable s'il ne s'inquiète pas de vive voix de l'acheminement rapide de colis urgents (T. com. Orléans 20-2-1991 : Rev. jur. com. 1992.som. n° 125 obs. Gallet).

Transporteur Lorsque le transporteur ne se présente pas pour charger, les dispositions suivantes sont applicables en vertu du contrat type (art. 14 c.t.). 24303

1. Si un rendez-vous ou une plage horaire a été fixé :

– le transporteur doit aviser le donneur d'ordre de tout retard dès qu'il en a connaissance ;

– si le retard estimé est égal ou supérieur à deux heures et s'il risque d'entraîner un préjudice au donneur d'ordre, ce dernier peut rechercher immédiatement un autre transporteur.

2. En cas de préjudice prouvé résultant de la défaillance du transporteur au chargement, l'indemnité à verser au donneur d'ordre ne peut excéder le prix du transport convenu.

Si la défaillance du transporteur se produit au cours de l'exécution du contrat (par exemple abandon du véhicule et de son chargement), l'expéditeur a droit au remboursement des frais résultant de la reprise de la marchandise par lui-même ou par un autre transporteur (CA Reims 5-5-1980 : BT 1980.299) ; il en est de même si le transporteur n'exécute en rien le transport promis (CA Paris 15-1-2004 : Transidit 2004 n° 40 § 20).

CHARGEMENT DE LA MARCHANDISE TRANSPORTÉE PAR ROUTE

24310 **Vérifications du véhicule** L'expéditeur doit, en accomplissant des diligences raisonnables, vérifier si le véhicule est adapté à la marchandise (n° 24245), s'il est en bon état et s'il est propre.

Si le véhicule se révèle inadapté en raison des instructions insuffisantes de l'expéditeur, celui-ci doit, en application du contrat type, supporter le surcoût généré par la mise à disposition d'un véhicule inadapté (CA Douai 22-11-2011 n° 10/02212 : BTL 2012.17).

24313 **Opérations de manutention** Les opérations de manutention impliquent des obligations à la charge de l'expéditeur et du transporteur. Ces obligations ont été généralement précisées par les tribunaux et reprises par le contrat type.

24316 **1. Obligations de l'expéditeur.** Pour les envois égaux ou supérieurs à 3 tonnes, à défaut d'accord préalable et écrit entre les parties réglant les opérations de mise à bord du véhicule de la cargaison (pour un exemple, CA Rouen 1-12-2011 n° 11/00357 : Transidit 2012 n° 64 § 40), celles-ci sont à la charge de l'expéditeur, qui est tenu d'effectuer le **chargement** du véhicule, c'est-à-dire le placement et la disposition de la marchandise à l'intérieur, et d'en assurer le **calage** et l'**arrimage,** incluant le sanglage, consistant à fixer la marchandise à l'intérieur du véhicule (art. 7.2.1 c.t. ; Cass. com. 16-1-2015 n° 13-23.342 : BTL 2015.27 ; CA Rouen 1-12-2011 n° 11/00357 : Transidit 2012 n° 64 § 40 ; CA Lyon 6-4-2017 n° 16/06055) ; la faute de l'expéditeur dans l'exécution de ces opérations exonère le transporteur de sa responsabilité pour le dommage en résultant (CA Douai 28-6-2018 n° 15/05155), sauf si le dommage est imputable à sa faute (CA Versailles 2-9-2021 n° 19/08627 : mauvaise qualité des sangles que le transporteur a lui-même fournies).

Le transporteur ou son préposé participant aux opérations de chargement, de calage ou d'arrimage est réputé agir pour le compte de l'expéditeur et sous sa responsabilité (art. 7.2.3 c.t. ; pour un exemple, Cass. com. 1-10-1997 : RJDA 12/97 n° 1490).

Toutefois, le transporteur engage sa responsabilité :

– s'il accepte d'effectuer lui-même l'arrimage de la marchandise (Cass. com. 28-4-1982 : D. 1983.IR.124 obs. Mercadal) ;

– si, interrogé par l'expéditeur sur la qualité de l'arrimage qui s'est révélé par la suite défaillant, il l'a jugé correct (CA Angers 15-12-1992 : BTL 1993.600), ou si l'arrimage présente un défaut apparent (Cass. com. 16-1-2007 : BTL 2007.59), ou encore s'il a pris l'initiative de le modifier (CA Lyon 16-2-2010 : BTL 2010.162).

L'expéditeur doit aussi indiquer au transporteur la spécificité de la marchandise (CA Paris 3-7-2014 n° 12/18941 : BTL 2014.459).

Il est encore tenu de mettre en place les moyens nécessaires en personnel et en matériel pour aider le transporteur à exécuter les opérations de bâchage ou de débâchage du véhicule ou de la marchandise ainsi que le démontage ou montage des ridelles et des ranchers (art. 8 c.t.).

Les opérations de chargement sont en cours et sous la responsabilité de l'expéditeur tant que le transporteur n'a pas pris les marchandises en charge, ce qui est le cas tant que le chargement n'est pas définitivement achevé (CA Aix 18-11-1999 : BTL 2000.31).

24319 **2. Obligations du transporteur.** Le transporteur doit, notamment, selon le contrat type, lors des opérations de manutention :

a. Pour les envois de trois tonnes et plus :

– fournir à son client toutes indications utiles en vue d'une répartition équilibrée de la marchandise propre à assurer la stabilité du véhicule et le respect de la charge maximale par essieu (art. 7.2.1, al. 2 c.t. ; pour un manquement du transporteur : CA Versailles 6-9-2001 : BTL 2001.696) ;

– contrôler que le chargement, l'arrimage et le calage ne compromettent pas la sécurité de la circulation (art. 7.2.1, al. 3 c.t.), par exemple par sa hauteur (CA Paris 28-3-1984 : BT 1984.261) ; si la sécurité de la circulation est compromise, il appartient au transporteur soit de refuser la prise en charge de la marchandise, soit de demander à l'expéditeur de refaire son chargement (art. 7.2.1, al. 3 c.t.) ;

– procéder, avant le départ, à la reconnaissance extérieure du chargement en ce qui concerne la conservation de la marchandise ; si un défaut apparent de chargement se manifeste, le transporteur peut formuler sur le document de transport des réserves motivées (CA Bordeaux 20-10-1971 : BT 1971.483) ou refuser la prise en charge de la marchandise lorsque ses réserves ne sont pas acceptées par son client (art. 7.2.1, al. 4 c.t.) ; le transporteur peut être exonéré des conséquences dommageables d'une défectuosité non apparente du chargement (art. 7.2.1, al. 5 c.t. ; Cass. com. 1-10-1997 : RJDA 12/97 n° 1490) ;

Mais en l'absence de preuve d'une défectuosité non apparente et de réserves visées par le donneur d'ordre, la responsabilité du transporteur a été engagée sans qu'il puisse invoquer le fait d'un tiers, l'arrimage devant supporter « tout coup de frein exceptionnel justifié par les aléas de la circulation » (CA Metz 17-6-2014 n° 09/03575 : BTL 2014.430 ; dans le même sens, CA Colmar 25-1-2017 n° 15/04364 : BTL 2017.92). Elle l'a été aussi à concurrence de 10 % dans le cas d'un dommage dû au défaut d'arrimage d'un lot de parquets acheminés en groupage et calés par lui (CA Paris 6-11-2014 n° 13/04913 : BTL 2014.686).

– s'assurer que toute nouvelle mise à bord ne porte pas atteinte aux marchandises déjà chargées sur le même véhicule (art. 7.2.1, al. 6 c.t.) ;
– procéder aux opérations de bâchage et de débâchage du véhicule ou des marchandises (art. 8 c.t.) ;

Le transporteur est exonéré de la responsabilité résultant de la perte ou de l'avarie de la marchandise due au chargement s'il prouve que le dommage a été provoqué par les opérations de chargement effectuées par l'expéditeur et qu'il a été empêché de procéder aux vérifications d'usage précitées en raison de contraintes imposées sur le site par l'expéditeur (art. 7.2.1, al. 7 c.t.).

b. Pour les envois de moins de trois tonnes : le transporteur effectue sous sa responsabilité les opérations de chargement, d'arrimage et de déchargement de l'envoi à partir de sa prise en charge et jusqu'à sa livraison (art. 7.1 c.t. qui précise les lieux de la prise en charge en fonction de l'activité de l'expéditeur) ;

c. Pour tous envois : le transporteur doit mettre en œuvre les moyens techniques de transfert propres au véhicule (il est responsable des dommages résultant de leur fait) ; fournir, à la demande du donneur d'ordre, des sangles en nombre suffisant, en bon état, conformes aux normes requises et adaptées à la nature et au conditionnement de la marchandise, tels qu'ils lui ont été décrits (art. 7, al. 3 c.t.) ; se conformer au protocole de sécurité applicable sur le site de chargement conformément aux articles R 4515-4 s. du Code du travail ; plus généralement, il est tenu de respecter les règles de sécurité en vigueur dans les lieux où il est amené à intervenir (art. 10, al. 2 c.t.).

Délais Les parties qui rédigent un contrat doivent prévoir dans leur contrat, sous peine de nullité de ce dernier, l'estimation des temps nécessaires à l'exécution des **différentes tâches** et les modalités de calcul, d'une part, de la rémunération des transporteurs lorsque les temps alloués sont dépassés du fait du donneur d'ordre, d'autre part, des pénalités dues par le transporteur lorsque le dépassement est de son fait (C. transports art. L 3222-8). **24322**

Les heures d'arrivée et de départ du véhicule au chargement doivent être portées par le transporteur sur un document de suivi que l'expéditeur doit signer (C. transports art. L 3222-5).

Lorsque les parties n'ont rien prévu quant aux délais de **chargement et de déchargement,** le contrat type fixe en détail ces délais (art. 11 c.t.). Si ces délais sont dépassés pour un fait non imputable au transporteur, il est dû à ce dernier un complément de rémunération pour frais d'immobilisation du véhicule, distinctement facturé conformément à l'article 18 du contrat type (C. transports art. L 3222-5 ; art. 11.3 c.t.). Le transporteur peut refuser le transport si les opérations de chargement n'ont pas débuté au terme des durées décomptées conformément aux articles 11.1 (durées applicables aux envois inférieurs à trois tonnes) et 11.2 (durées applicables aux envois égaux ou supérieurs à trois tonnes) du contrat type (art. 11.3 c.t.).

Surcharge Lorsque le poids total autorisé en charge du véhicule excède 3,5 tonnes, l'**expéditeur** doit veiller particulièrement à ne pas dépasser cette limite qu'il est réputé connaître, un tel véhicule devant indiquer « en évidence, pour un observateur placé à droite », le poids total en charge, le poids à vide, le poids total roulant (C. route art. R 317-11). **24325**

La pesée de l'envoi qui doit être effectuée en une seule fois au lieu du chargement ou du déchargement peut être demandée par toute partie au contrat (art. 12 c.t.).

Le poids total autorisé en charge est défini par les articles R 312-2 à R 312-6 du Code de la route.

En cas de surcharge, l'expéditeur s'expose :
– à être condamné, en cas de fausse déclaration du poids d'un chargement ayant provoqué un dépassement des limites de poids fixées par les articles R 312-2, R 312-4 et R 312-6 du Code de la route, à une peine d'amende de 1 500 € (C. route art. R 121-4 et C. pén. art. 131-13) ;
– au recours du transporteur pour l'obtention d'un supplément de prix (CA Poitiers 24-5-2011 n° 10/00673 : BTL 2011.575) ou des dommages et intérêts lorsque la surcharge provient de fausses déclarations de sa part (Cass. com. 13-6-1989 : BT 1989.549), sauf si le transporteur a pris la route en toute connaissance de cause (CA Paris 31-3-1999 : BTL 1999.397) ;

L'expéditeur qui remet des marchandises pour un poids supérieur au tonnage déclaré s'expose au **redressement du prix** du transport eu égard au poids effectif (CA Paris 18-5-1974 : BT 1974.384). Lorsqu'il trompe volontairement, et de façon réitérée, le transporteur sur le poids, il ne peut obtenir, en raison de son dol, réparation du dommage subi, de ce fait, par la marchandise (CA Nancy 11-9-2002 : BTL 2002.659).

– pour les **surcharges réprimées par la réglementation** des **transports** (Décret 63-528 du 25-5-1963), aux mêmes peines que le transporteur, s'il est complice (Décret précité art. 3).

Tel est le cas de l'expéditeur :

– qui charge lui-même le véhicule au-delà du poids total autorisé en charge (CA Paris 18-5-1974 : BT 1974.384) ;

– qui fait une déclaration inexacte de poids (TGI Besançon 14-2-1973 : BT 1973.242).

L'expéditeur peut aussi être **responsable** pénalement d'homicide ou d'atteinte involontaire à l'intégrité de la personne (C. pén. art. 221-6 et 222-19) et civilement (nº 8040) des dommages que la surcharge qui lui est imputable a pu engendrer.

Les assureurs excluent généralement leur garantie pour toute surcharge supérieure à 15 ou 20 % du poids total autorisé en charge (CA Aix 28-1-1977 : BT 1977.324). À défaut d'une telle clause, ils peuvent obtenir la réduction proportionnelle de leur garantie (nºs 17775 s.) dès l'instant où la surcharge constitue une modification du risque pour changement de la charge utile (Cass. civ. 17-6-1964 : BT 1964.229).

PRISE EN CHARGE DE LA MARCHANDISE TRANSPORTÉE PAR ROUTE

24330 **Vérification des déclarations de l'expéditeur** Le transporteur a le droit de vérifier toutes les déclarations de son client relatives, en particulier :

– au chargement et à l'arrimage (nº 24319) ;

– au poids chargé ; il peut être tenu responsable envers l'expéditeur s'il s'est montré négligent (CA Limoges 28-1-2016 nº 14/01449 : BTL 2016.109) ;

– à la nature et à l'objet de la marchandise ; toutefois, il n'est pas tenu de contrôler la qualité intrinsèque de la marchandise (CA Paris 5-3-1982 : BT 1982.256), ni de renseigner son client sur la qualité de la marchandise lors de sa prise en charge (CA Paris 14-9-1987 : D. 1987.IR.197).

Sauf stipulation contraire, l'obligation de transport d'un véhicule n'étend ni son objet ni son régime aux bagages qui s'y trouvent enfermés (Cass. 1e civ. 25-2-2003 nº 289 : D. 2003.790 note Gridel, RJDA 8-9/03 nº 829).

24333 **Vérification de l'emballage** Le transporteur, ou son préposé, doit vérifier l'état apparent de l'emballage et du conditionnement de la marchandise qui incombent à l'expéditeur (CA Versailles 27-10-1994 : BTL 1995.108).

Relèvent des opérations de conditionnement, par exemple :

– le placement, le calage et la protection suffisante de la marchandise dans un conteneur (Cass.com. 16-11-1983 : BT 1984.385) ou sur des palettes (CA Lyon 20-3-2014 nº 13/02289 : BTL 2014.208) ;

– l'assujettissement de bobines de tôles sur un berceau en bois lui-même fixé au plateau d'un véhicule (CA Paris 22-2-1977 : BT 1977.144) ou le repos d'une lourde machine sur un socle (CA Paris 25-5-1978 : BT 1978.370).

À défaut de prescription impérative sur l'emballage, sauf pour les matières dangereuses, il faut se référer aux usages.

Certaines marchandises peuvent cependant voyager à nu compte tenu de leur nature (cf. art. 6.1 c.t. ; pour un exemple, CA Paris 19-12-1978 : BT 1979.82).

En cas de transport sous température dirigée, le transporteur doit contrôler la circulation normale de l'air afin de permettre une répartition correcte de la température (CA Paris 1-4-1992 : BTL 1992.333).

24336 **Acceptation de la marchandise** La prise en charge de la marchandise par le transporteur est l'acte à la fois matériel et juridique par lequel celui-ci prend possession effective de la marchandise et l'accepte au transport (CA Lyon 5-5-1995 : BTL 1995.451 et, sur pourvoi, Cass. com. 20-1-1998 : RJDA 5/98 nº 593) ; ce n'est pas le cas lorsqu'il a laissé la remorque chez l'expéditeur en vue de son chargement (CA Versailles 17-11-2005 nº 04-5028 : RJDA 6/06 nº 646) ou lorsque, par une clause précise, il a exclu de sa prise en charge des objets déterminés (par exemple, les réponses à appel d'offres), cette clause n'équivalant pas à une clause limitative de responsabilité (CA Paris 17-12-2008 : BTL 2009.44).

Cependant le transporteur est responsable de la perte de la marchandise avant sa prise de possession effective lorsque cette perte est la conséquence du retard apporté par lui à l'enlèvement de la marchandise (CA Paris 5-7-1976 : BT 1976.381) ou d'une faute de sa part (CA Versailles 1-6-2006 : BTL 2006.470). En l'absence de faute de sa part, la marchandise reste sous la garde de l'expéditeur tant qu'il n'en a pas pris possession (Cass. com. 8-2-1994 : RJDA 6/94 nº 651), mais la garde lui est transférée dès que la marchandise est chargée et qu'il l'a acceptée, peu important alors que le véhicule ait stationné dans les locaux de l'expéditeur pendant le week-end (CA Amiens 17-10-2017 nº 15/01748).

S'il a reçu la marchandise, puis refuse d'effectuer le transport, il en est dépositaire et engage sa responsabilité s'il ne la restitue pas telle qu'elle lui a été remise ; tel est le cas s'il la rend en omettant d'y joindre le bordereau d'accompagnement qui contenait les instructions prescrivant la livraison contre remboursement (Cass. com. 9-12-1997 : BTL 1998.64).

Le transporteur qui accepte les marchandises **sans réserves** est censé les avoir reçues telles qu'elles sont décrites par l'expéditeur sur le document de transport. Il est ainsi **présumé** tenir pour **exacts** :

– la **nature** de la marchandise indiquée par l'expéditeur de telle sorte que le transporteur devra payer une indemnité correspondant à la valeur de cette marchandise telle que décrite par son client (CA Paris 19-11-1980 : BT 1980.612 : pierres et boulons remplaçant l'or déclaré ; CA Paris 18-1-1983 : BT 1983.168 : cailloux livrés à la place de disques) ;

Mais il ne résulte pas de cette présomption que la marchandise est aussi conforme à la commande de l'acheteur (CA Paris 5-3-1982 : BT 1982.256).

– le **nombre** de colis déclaré (CA Paris 5-3-1980 : BT 1980.187) ;

Le **colis** ou l'unité de chargement s'entend d'un objet ou d'un ensemble matériel composé de plusieurs objets, quels qu'en soient le poids, les dimensions et le volume, constituant une charge unitaire lors de la remise au transporteur (bac, cage, caisse, cantine, carton, conteneur autre que UTI, enveloppe, fardeau, fût, paquet, palette cerclée ou filmée par le donneur d'ordre, rolls, sac, valise, etc.), même si le contenu en est détaillé dans le document de transport (art. 2.1 c.t.). L'expéditeur a donc intérêt, s'il veut faire prendre en compte le contenu d'un conteneur, à formuler une déclaration de valeur ou à convenir d'une dérogation à la définition ci-dessus (pour une illustration de cette recommandation, CA Paris 12-6-2003 : BTL 2003.608).

– la qualité du **conditionnement** de la cargaison (CA Limoges 3-2-2005 : BTL 2005.145) ;

– le bon état de la marchandise remise sous température dirigée (Cass. com.13-3-2012 n° 11-11.578 F-D ; CA Lyon 6-4-2017 n° 16/02005).

La présomption de bon état et de conformité de l'envoi s'applique aussi aux marchandises voyageant en **conteneur plombé** ; s'il a un doute sur la nature et l'état des marchandises emportées dans le conteneur, le transporteur doit refuser de prendre en charge ou faire toute réserve utile, y compris sur l'impossibilité de vérifier le contenu (CA Rouen 25-10-2001 : Transidit 2002 n° 34 p. 16 § 59).

Lorsque les marchandises lui sont remises sur **palettes** et qu'il s'engage à retourner celles-ci, le transporteur prend en charge les palettes qui sont ainsi l'objet d'un contrat de transport (CA Colmar 15-6-1990 : BTL 1991.576 : application de la prescription de l'art. L 133-6 C. com. ; dans le même sens, CA Versailles 25-1-2001 : BTL 2001.524, écartant le prêt à usage des palettes) ; à défaut d'engagement spécial, le transporteur n'est pas tenu au retour des palettes (CA Poitiers 12-9-1995 : BTL 1996.610 ; CA Rouen 18-2-2003 : Transidit 2003 n° 38 § 178 ; cf. art. 6.6 c.t.) et, s'il a promis le retour « sans délai », mais sans pénalités en cas de dépassement, il n'est pas tenu à un délai particulier (CA Rouen 12-2-2004 : BTL 2004.651 : à propos de conteneurs mais transposable). S'il n'a pas fait de réserves en recevant les bons d'expédition indiquant le poids net de la marchandise, il ne peut réclamer un supplément de prix correspondant au poids des palettes (Cass. com. 14-6-1994 : RJDA 12/94 n° 1285).

DOCUMENTS À ÉTABLIR POUR LE TRANSPORT ROUTIER

Les documents de transport, présentés aux n°s 24343 s., doivent être établis au vu des déclarations de l'expéditeur (n° 24248). Celles-ci doivent être fournies par écrit ou par tout autre procédé permettant d'en conserver la preuve, préalablement à la présentation du véhicule au chargement (C. transports art. L 3222-4). 24340

Lettre de voiture Une lettre de voiture, dont au moins un exemplaire doit se trouver à bord du véhicule, doit être établie, quels que soient le tonnage de l'envoi et la distance. La **forme du document** est libre dès lors qu'y figurent les mentions obligatoires requises. 24343

La lettre de voiture, ou sa version électronique, peut être éditée par des moyens informatiques à bord du véhicule (Arrêté du 9-11-1999 art. 4). Elle doit être présentée à toute réquisition des agents chargés du contrôle sur route et être conservée pendant deux ans par l'entreprise (art. 10).

Si le donneur d'ordre du transport est un commissionnaire, les mentions sont celles prescrites par l'article L 132-9 du Code de commerce. S'il ne l'est pas, ce sont celles exigées par l'arrêté du 9 novembre 1999 (art. 4).

Les deux listes, quoique voisines, ne sont pas exactement concordantes. Néanmoins, en tout état de cause, l'absence ou l'inexactitude des mentions de la lettre de voiture n'entraîne pas sa nullité (CA Besançon 21-11-2017 n° 17/00221).

La lettre de voiture fait foi jusqu'à **preuve** contraire de l'existence et des conditions du contrat de transport, par exemple quant à la température à maintenir durant le voyage même si l'ensemble des informations à fournir au transporteur ne lui a pas été communiqué (CA Lyon 14-11-2013 n° 12/08382 : BTL 2013.718), quant au prix du transport (CA Bastia 14-6-2017 n° 15/00536 : preuve non rapportée) ou quant à la qualité du transporteur (Cass. com. 24-1-2018 n° 16-21.284 F-D).

24346 **En cas d'opérations successives** de chargement/déchargement entre un même expéditeur et un même destinataire pour une même nature de marchandises, l'ensemble des opérations d'une journée peut être regroupé sous une seule lettre de voiture (Arrêté du 9-11-1999 art. 5, I).

La lettre de voiture s'accompagne dans ce cas d'un état récapitulatif par opération qui doit, en cas de contrôle, être présenté au plus tard dans un délai de trois jours francs (art. 5, III).

La même faculté existe pour les transports réalisés pour le compte d'expéditeurs ou de destinataires multiples (messagerie), sous réserve que la lettre de voiture unique soit datée et comporte les coordonnées permettant d'identifier le transporteur et la date de prise en charge de la marchandise (art. 5, II).

Les autres mentions non portées sur la lettre de voiture doivent figurer sur l'état récapitulatif.

24349 **Documents complémentaires** L'expéditeur peut aussi remettre au voiturier des documents complémentaires à l'attention du destinataire (factures, bordereaux de colisage, etc.).

Ces documents sont inopposables au transporteur lorsqu'ils lui sont remis **cachetés** (CA Rouen 29-4-1982 : BT 1982.475 : à propos d'un transport ferroviaire international mais transposable).

En outre, celui-ci n'est pas tenu de vérifier l'exactitude de ces documents ; il est seulement obligé de les remettre au destinataire (T. com. Le Havre 28-8-1987).

Par ailleurs, le transporteur doit, au fur et à mesure de l'exécution du contrat, établir un **document de suivi, dûment signé par le remettant ou son représentant,** conservé dans le véhicule, mentionnant les heures d'arrivée et de départ au lieu de chargement comme au lieu de déchargement, l'heure d'arrivée au lieu de déchargement demandée par le remettant ou son représentant ainsi que les prestations annexes prévues au contrat (C. transports art. L 3222-5).

L'absence à bord du véhicule du document de suivi entraîne l'immobilisation immédiate du véhicule en cas (art. L 3242-1) :

- soit de dépassement de plus de 20 km/h de la vitesse maximale autorisée sur les voies ouvertes à la circulation publique ou de la vitesse maximale autorisée « par construction pour son véhicule » (sic) ;
- soit de dépassement de plus de 20 % de la durée maximale de conduite journalière ;
- soit de réduction à moins de six heures de la durée de repos journalier.

La lettre de voiture vaut document de suivi des opérations de transport tel que préconisé par l'article L 3222-5 du Code des transports, si elle précise les dates et heures d'arrivée et de départ du véhicule aux lieux de chargement et de déchargement (Arrêté du 9-11-1999 art. 11).

2. RÉALISATION DU TRANSPORT ROUTIER

24360 **Délais d'acheminement** Les parties sont libres de fixer par écrit le délai d'acheminement des marchandises ; tel est le cas dès lors que la lettre de voiture, qui constitue le seul document valant contrat entre les parties, comporte l'indication en caractères très apparents de la date précise de livraison, par exemple la mention « livraison le 15/5/1998 matin » (CA Versailles 15-5-2003 : BTL 2003.570) ; le dépassement du délai fixé peut justifier la résiliation unilatérale du contrat par le donneur d'ordre (CA Paris 25-9-1989 : BT 1990.164).

Lorsque le contrat type général est applicable, le délai d'acheminement comprend le délai de transport auquel s'ajoute le délai de livraison à domicile (art. 24.1 c.t.).

Le délai de transport est d'un jour par fraction indivisible de 450 kilomètres (art. 24.1, a) c.t.). Ce délai court à compter de 0 heure du jour suivant l'enlèvement de la marchandise ou sa remise au dépôt du transporteur, les samedis et les jours non ouvrables n'étant pas compris dans le calcul de ce délai (art. 24.1, a) c.t.).

Le délai de livraison à domicile est d'un jour pour les agglomérations de 10 000 habitants et plus, et de deux jours pour toutes les autres localités. Il est ramené à un jour lorsque l'envoi est égal ou supérieur à trois tonnes ; les jours non ouvrables ne sont pas compris dans le calcul du délai de livraison (art. 24.1, b) c.t.).

À défaut de délai convenu, et lorsqu'un contrat type n'est pas applicable, il faut se référer aux usages qui exigent, en règle générale, un délai normal et compatible avec la nature de la marchandise transportée (CA Paris 8-6-1982 : BT 1982.515) et, pour les marchandises périssables, « les meilleurs délais » (CA Paris 17-1-1984 : BT 1984.571).

24363 **Empêchement au transport** Selon le contrat type, dans l'hypothèse d'un empêchement ou d'une interruption temporaire de transport, le transporteur doit demander des instructions à son client (art. 16, al. 1 c.t.). Mais si l'expéditeur ne les fournit pas en temps utile, le transporteur doit prendre toute mesure nécessaire en vue de la conservation de la marchandise (art. 16, al. 2 c.t.) ; sur les frais résultant de l'empêchement, n° 24461.

Itinéraire En principe, l'itinéraire est librement déterminé par le transporteur. Néanmoins, il peut être convenu par les parties, qui sont invitées par le contrat type à tenir compte des contraintes de sécurité, des infrastructures routières, des caractéristiques du véhicule et de la nature des marchandises transportées (art. 2.3 c.t.). 24366

En transport exceptionnel, le transporteur, auquel une autorisation spécifique doit être délivrée, est tenu de reconnaître préalablement au transport les particularités et les difficultés de son itinéraire (Cass. com. 29-1-1985 : BT 1985.345).

Le prestataire chargé du guidage et de la reconnaissance de l'itinéraire est responsable du dommage (CA Amiens 19-1-2023 n° 20/04762).

Modification du contrat avant la livraison Selon le contrat type, l'**expéditeur** peut **modifier** unilatéralement le contrat de transport tant que le destinataire n'a pas fait valoir ses droits (art. 4, al. 1 c.t.), par exemple en mettant le transporteur en demeure de livrer (CA Paris 23-6-1952 : BT 1952.838). Ce n'est qu'à partir de cet acte que le droit de modification du contrat est transmis au destinataire, sans qu'il y ait conclusion d'un nouveau contrat de transport (Cass. com. 22-12-1975 : BT 1976.59). 24369

Toute modification émanant de l'expéditeur doit être donnée ou confirmée immédiatement par écrit ou par tout moyen électronique de transmission ou de conservation des données (art. 4, al. 2 c.t.).

Le **transporteur** peut **refuser** les nouvelles instructions si elles sont de nature à l'empêcher d'honorer des engagements de transport pris antérieurement ; il doit en aviser immédiatement le donneur d'ordre par écrit ou par tout moyen électronique de transmission ou de conservation des données (art. 4, al. 3 c.t.).

Lorsque les instructions entraînent une immobilisation du véhicule et/ou de l'équipage, le transporteur perçoit un complément de rémunération pour frais d'immobilisation facturé séparément, conformément aux dispositions de l'article 18 du contrat type général (art. 4, al. 4 c.t.).

Toute modification au contrat entraîne un **réajustement** du prix initial (art. 4, al. 5 c.t.).

La **preuve** des **modifications** peut résulter d'une comparaison entre le bon de commande écrit et le document de suivi (n° 24349).

Soins à la marchandise en cours de route Le transporteur est tenu d'apporter aux marchandises tous les soins généraux et ordinaires compatibles avec les nécessités du service en vue d'assurer leur transport et leur conservation. 24372

Il est tenu, par exemple :

– de s'assurer du calage de la cargaison après un coup de frein violent (CA Dijon 13-9-1984 : BT 1985.372) ou après la chute d'une partie du chargement (CA Reims 25-1-1972 : BT 1972.159) ;

– de bâcher des tôles voyageant à nu pour les protéger des intempéries pendant une panne du véhicule (CA Paris 28-5-1980 : BT 1980.330 ; rappr. CA Paris 11-10-2001 : BTL 2001.764) ;

– d'adapter sa vitesse à la nature du chargement (CA Versailles 27-10-1994 : BTL 1995.108) ;

– en cas de transbordement dû à une panne du véhicule qu'il a initialement fourni, de choisir le matériel adéquat pour le transfert de l'engin transporté d'un camion à l'autre et de tenir compte de la nature de celui-ci et de la configuration des lieux (CA Paris 2-4-2003 : BTL 2003. 352) ;

– en cas de transport sous température dirigée, de respecter les instructions du donneur d'ordre quant à la température à observer ; à défaut, il répond de la décongélation due à une erreur du chauffeur (CA Montpellier 14-2-2023 n° 21/00823).

3. OPÉRATIONS À L'ARRIVÉE DU TRANSPORT ROUTIER

DÉFAUT DE PRÉSENTATION DE LA MARCHANDISE À LA LIVRAISON

Le défaut de présentation de la marchandise à la livraison peut être dû à la perte totale de celle-ci survenue depuis sa prise en charge (nos 24550 s.). 24375

Sur la présomption de perte prévue par le contrat type général, n° 24394.

PRÉSENTATION D'UNE MARCHANDISE ENDOMMAGÉE

La livraison est défectueuse lorsque la marchandise a été endommagée en cours de transport et a dû être renvoyée au fabricant pour réparation. 24378

Dans un tel cas, il a été jugé que le point de départ de la prescription de l'action en réparation du dommage est au jour où le donneur d'ordre a été en mesure de décider au regard de l'expertise entreprise concernant l'état de la marchandise, en l'espèce une grue, du sort de cette dernière, soit le jour de son retour de réparation (CA Aix 20-1-2022 n° 18/0314).

RETARD DE LIVRAISON DE LA MARCHANDISE

24380 Le destinataire ou l'expéditeur, pour se prévaloir ultérieurement du retard (nos 24585 s.), doit **mettre en demeure** le transporteur de livrer la marchandise. Cette mise en demeure obéit aux règles générales exposées aux nos 14415 s.

Toutefois, la mise en demeure n'est **pas nécessaire** dans les cas suivants :
– en transport de denrées périssables (CA Paris 14-5-1970 : BT 1970.183) ;
– lorsque le transporteur n'a pas averti l'expéditeur de la non-livraison des marchandises au destinataire (cf. CA Lyon 2-3-1983 : BT 1983.295) ;
– lorsque le transport est devenu inutile, par exemple : lorsque des colis de films devaient être livrés à une heure précise en vue d'une représentation en soirée (Cass. com. 2-4-1974 : BT 1974.224) ; lorsque les marchandises sont offertes après la fermeture de la foire où elles devaient être exposées (CA Paris 5-7-1976 : BT 1976.381) ;
– lorsque le retard a causé une perte ou une avarie (Cass. com. 13-7-1953 : BT 1953.740).

PRÉSENTATION DE LA MARCHANDISE TRANSPORTÉE PAR ROUTE

24385 **Destinataire** La marchandise doit être présentée au destinataire mentionné sur le document de transport ou à son représentant (art. 9, al. 1 c.t.). Il en est ainsi alors même que la marchandise a fait l'objet de transports successifs (CA Paris 24-5-1982 : BT 1982.346).

En cas de demande de livraison par un tiers, le transporteur, qui court le risque en fonction des circonstances d'avoir été imprudent en lui remettant les marchandises (pour une absence de responsabilité : Cass. com. 19-10-1982 : BT 1983.12), est en droit d'exiger, pour dégager sa responsabilité :
– que le tiers se présente muni d'une lettre d'avis régulièrement adressée au destinataire et signée par lui (cf. CA Paris 18-12-1931 : BT 1932.94) ;
– que la signature du tiers soit appuyée du cachet commercial du destinataire (Cass. com. 15-5-1984 : BT 1984.526).

24388 **Modalités de présentation** La marchandise doit être présentée au destinataire au lieu désigné sur le document de transport.

Mais la présentation peut aussi avoir lieu en cours de route à l'endroit même où la marchandise a été déchargée lorsque le client décide d'interrompre le transport (CA Riom 2-12-1983 : BT 1984.372).

Le transporteur qui exécute des opérations de manutention supplémentaires, sans l'accord exprès de son client, est réputé les avoir exécutées pour le compte du destinataire et sous la responsabilité de ce dernier (CA Lyon 9-7-1981 : BT 1981.537).

Les heures de présentation de la marchandise et les délais de déchargement sont les mêmes qu'en matière de chargement ainsi que l'obligation de mentionner sur le document de suivi les heures d'arrivée et de départ du véhicule au déchargement, le dépassement de la durée du déchargement par rapport à ce qui avait été accepté donnant lieu à complément de rémunération au profit du transporteur (n° 24322).

24391 **Refus de la marchandise** Le destinataire peut refuser les marchandises qu'il n'a pas commandées, qui ne sont pas conformes à sa commande (CA Paris 28-2-1990 : GP 1994.som.104) ou qui ne sont pas présentées dans la plage horaire prévue pour la livraison et qui ont subi des avaries au déchargement (CA Douai 13-9-2018 n° 17/04407). Le refus emporte défaut de livraison (n° 24410).

Il peut aussi **laisser pour compte** la marchandise au transporteur à condition qu'il existe un manquement du voiturier à ses obligations et que ce manquement, qu'il soit une avance ou un retard, présente une gravité hors du commun rendant les marchandises invendables ou impropres à leur usage ou que le destinataire ne puisse plus en avoir l'utilisation normale (CA Versailles 5-1-1995 : BTL 1995.186 ; CA Toulouse 20-1-2004 : BTL 2006.62).

Dès lors, n'est pas justifié le laissé-pour-compte invoqué à partir de la constatation d'une température légèrement supérieure à celle qui aurait dû exister et sans qu'aucune avarie apparente ne soit établie (CA Versailles 5-1-1995 précité) ni au motif, lors de la seconde présentation de la marchandise – qui avait été refusée une première fois pour présentation à une heure (17 heures) trop tardive pour être déchargée, après que cette marchandise qui avait été volée eut été retrouvée –, qu'elle était passée de mode alors qu'elle était encore commercialisable pour la collection d'été (CA Versailles 30-3-1995 : BTL 1995.834). Mais, s'agissant de denrées périssables transportées en frigo, le laissé-pour-compte a été jugé justifié dès lors que la température requise n'avait pas été observée, la marchandise fût-elle demeurée propre à la consommation ou non (CA Lyon 24-3-2000 : BTL 2000.604).

Lorsque le contrat type général est applicable, il y a laissé-pour-compte si le destinataire a refusé de prendre livraison pour quelque motif que ce soit et si l'envoi est laissé à la disposition du transporteur par le donneur d'ordre, lequel l'analyse en perte totale (art. 2.8 c.t.). L'indemnité pour perte totale est réduite du tiers, en tout état de cause, lorsque le donneur d'ordre impose la destruction de la marchandise laissée pour compte ou en interdit le sauvetage (art. 22.3 c.t. ; CA Versailles 5-2-2009 n° 07/06106 : BTL 2009.319).

Empêchements Selon le **contrat type général,** il y a **empêchement** à la livraison lorsque les marchandises parvenues à destination ne peuvent pas être remises au destinataire, notamment dans les **cas** suivants (art. 17 c.t.) : 24394

– le destinataire est absent ;

– le lieu de livraison est inaccessible ;

– le véhicule du transporteur se trouve immobilisé chez le destinataire pendant une durée supérieure aux durées définies à l'article 11 du contrat type ;

Sans préjudice des dispositions de l'article 11.2.2 du contrat type, est également considérée comme un empêchement à la livraison toute immobilisation du véhicule chez le destinataire supérieure à vingt-quatre heures décomptées à partir de la mise à disposition.

Dans l'impossibilité de livrer la marchandise en raison du confinement, le loueur de véhicules avec conducteur, qui l'a gardée chez lui, n'est pas fondé à réclamer les frais d'immobilisation – non facturés – et à invoquer la méconnaissance de l'économie du contrat durant le préavis de rupture (CA Rennes 21-11-2023 n° 21/07936 : BTL 2023.718).

– le destinataire refuse de prendre livraison.

Dans ces hypothèses, le transporteur doit accomplir les **formalités** suivantes.

1. Lorsqu'il y a **livraison à domicile,** déposer un avis de passage daté qui atteste la présentation de l'envoi, puis le confirmer par écrit ou par tout moyen électronique de transmission ou de conservation des données. L'avis de passage mentionne le lieu où l'envoi peut être retiré dans un délai de trois jours ouvrables, au sens de l'article 2.6, et la possibilité d'une nouvelle présentation à domicile facturée séparément conformément aux dispositions de l'article 18 (art. 17.1 c.t.) ;

2. Lorsque la **livraison** est prévue **dans les locaux du transporteur,** adresser un avis d'arrivée, par écrit ou par tout moyen électronique de transmission ou de conservation de données, au destinataire qui dispose de cinq jours ouvrables suivant l'expédition de l'avis d'arrivée pour prendre livraison de l'envoi (art. 17.2 c.t.) ;

3. À **défaut de livraison suite à ces avis,** constater l'empêchement à la livraison et adresser au donneur d'ordre un avis de souffrance par écrit ou par tout autre moyen électronique de transmission ou de conservation des données dans un délai de cinq jours ouvrables ; en l'absence d'instruction dans les cinq jours suivant cet avis, le transporteur met le donneur d'ordre en demeure, par lettre recommandée avec avis de réception, de reprendre possession de la marchandise ; à défaut de réponse dans un délai maximum de quinze jours ouvrables, le contrat de transport est résilié de plein droit et la marchandise est considérée comme abandonnée par l'expéditeur au transporteur, ce qui confère à ce dernier le droit d'effectuer sur elle tout acte de disposition (vente amiable, destruction, etc.) ; tous les frais résultant de l'empêchement à la livraison sont facturés séparément (art. 17.3 c.t.).

Lorsque le transporteur n'a pas adressé au donneur d'ordre l'avis de souffrance et n'a pas livré la marchandise dans les délais malgré la stipulation d'une date impérative, le donneur d'ordre peut se prévaloir de la présomption de perte prévue par le contrat type général (CA Reims 10-5-2022 n° 21/01007).

Si le **contrat type** n'est **pas applicable,** les objets confiés aux entreprises de transport, soit pour être transportés, soit pour être mis en dépôt dans leurs magasins, qui n'ont pas été réclamés dans le délai de six mois à compter de leur arrivée à destination ou de la date du dépôt sont déclarés aux agents de l'administration des domaines par les entreprises de transport en vue de leur vente aux enchères par l'administration des domaines (C. transports art. L 1441-1 s.). 24396

DÉCHARGEMENT DE LA MARCHANDISE TRANSPORTÉE PAR ROUTE

Modalités Sauf accord contraire (pour des exemples, CA Rouen 12-6-2008 : Transidit 2008 n° 57 § 56 ; CA Paris 29-4-2009 : BTL 2009.404), le déchargement incombe au destinataire pour les envois de 3 tonnes et plus (art. 7.2.2 c.t.), et au transporteur pour les envois de moins de 3 tonnes (art. 7.1 c.t.). 24400

Le grutier qui effectue le déchargement, sans en avoir reçu l'ordre du destinataire, est lié au transporteur par une convention d'assistance conclue tacitement entre eux, mettant ainsi le transporteur dans l'obligation de l'indemniser de l'accident subi par lui (CA Dijon 27-6-1984 : BT 1985.383).

Le destinataire doit libérer le véhicule dans les délais fixés par l'article 11 du contrat type (n° 24322), sous peine de verser au transporteur l'indemnité d'immobilisation du véhicule (Cass. com. 6-10-1992 : Bull. civ. IV p. 215). Les règles exposées au n° 24322 quant aux modalités relatives au respect des délais de chargement sont, vice versa, transposables au respect des délais de déchargement.

Le destinataire doit mettre en place les moyens nécessaires en personnel et en matériel pour aider le transporteur à exécuter les opérations de débâchage du véhicule ou de la marchandise ainsi que le démontage des ridelles et des ranchers ; en ce qui concerne les unités de transport Intermodal dites « open top », le débâchage incombe au destinataire (art. 8 c.t.).

Les prescriptions de sécurité imposées au transporteur lors du déchargement sont identiques à celles qui lui sont imposées au chargement (n° 24319).

24403 **Dommages subis par la marchandise en cours de déchargement** Selon le contrat type, la réparation des dommages subis par la marchandise en cours de déchargement incombe à celui qui doit accomplir le déchargement (art. 7, al. 2 c.t.) : pour les envois de moins de 3 tonnes, tout préposé du destinataire participant aux opérations de déchargement est réputé agir pour le compte du transporteur et sous sa responsabilité (art. 7.1.3 c.t.) ; pour les envois de 3 tonnes et plus, la participation des préposés du transporteur aux opérations de déchargement est réputée faite pour le compte du destinataire et sous sa responsabilité (art. 7.2.3 c.t.).

Lorsque le transporteur s'est engagé à décharger et même à déballer et à mettre en place la cargaison, ces opérations sont accessoires au contrat de transport et sont soumises aux règles de ce contrat (CA Paris 19-2-1992 : BTL 1992.218).

Au-delà de la livraison, le transporteur peut avoir à répondre des dommages causés à la marchandise en qualité de gardien du véhicule (n°s 8060 s. ; cf. CA Douai 14-9-1990 : BTL 1991.309). Mais il est dégagé s'il n'a pas pris part aux opérations de manutention postérieures au déchargement (CA Besançon 26-9-1997 : BTL 1998.535).

Sur la responsabilité du destinataire pour dommage au véhicule du transporteur, n° 24750 ; sur la responsabilité du transporteur pour dommage aux biens du destinataire, n° 24765.

LIVRAISON OU RÉCEPTION DE LA MARCHANDISE TRANSPORTÉE PAR ROUTE

24410 **Définition** La livraison s'entend de la remise physique de la marchandise par le voiturier au destinataire ou à son représentant et de l'acceptation de cette remise par ce dernier (Cass. com. 11-6-2003 n° 969 : RJDA 12/03 n° 1175 ; Cass. com. 30-6-2004 n° 1109 : RJDA 1/05 n° 30 ; dans le même sens, Cass. com. 5-7-1994 : RJDA 1/95 n° 26, précisant que la livraison peut aussi résulter d'une clause du contrat, acceptée par le destinataire, l'obligeant à prendre livraison dans des conditions de temps stipulées par rapport à l'arrivée du navire, et transposable au véhicule et au déchargement des marchandises ; Cass. com. 19-3-1996 : BTL 1996.288). Il s'ensuit que le refus de la marchandise par le destinataire (n° 24391) entraîne défaut de livraison (CA Douai 13-9-2018 n° 17/04407).

Lorsque le contrat type est applicable, un exemplaire de la lettre de voiture doit être remis au destinataire au plus tard au moment de la livraison (art. 3.4 c.t.).

La livraison permet :

- de mettre un terme à la présomption de responsabilité qui pèse sur le transporteur (n° 24550) ;
- de transférer la garde de la marchandise du transporteur au destinataire (CA Amiens 25-6-1976 : BT 1977.171) ;

 La garde de la marchandise est transférée au destinataire avant la livraison, dès les opérations de déchargement lorsque celles-ci lui incombent et que le véhicule du transporteur n'est pas muni d'appareils de levage (Cass. civ. 20-2-1980 : BT 1980.200).

- de servir de point de départ au délai de trois jours pour la notification au transporteur d'une protestation motivée en cas de perte partielle ou d'avarie à la marchandise (n°s 24430 s.) ainsi qu'au délai de prescription (n° 24661).

 La preuve de la livraison incombe au transporteur qui prétend l'avoir effectuée (CA Rouen 14-6-2012 n° 11/04225 : Transidit 2012 n° 64 § 42). Une simple signature, qui plus est non identifiable et non suivie de l'identité de son auteur, ne démontre pas que le transporteur a livré la marchandise au destinataire indiqué par l'expéditeur (CA Rennes 12-2-2019 n° 16/03262).

 Le transporteur est responsable de la mauvaise exécution d'une livraison par son chauffeur auquel il n'a pas donné suffisamment d'instructions (CA Paris 26-2-1987 : BT 1987.359).

24413 **Vérification par le destinataire** Avant de prendre livraison, le destinataire a le droit de vérifier le contenu des colis présentés à lui (CA Paris 27-4-1960 : BT 1960.186), le transporteur ne pouvant pas s'y opposer et exiger, avant la remise de la marchandise, la signature d'un document attestant le bon état extérieur de l'envoi (CA Paris 20-12-1984 : BT 1985.495).

 Cette vérification permet, en effet, au destinataire de déceler les dommages existant à la livraison qui seuls sont couverts par la présomption de responsabilité du transporteur (n° 24550), le destinataire devant établir lui-même les dommages qui se sont révélés après la livraison alors même qu'il aurait envoyé dans les délais légaux une protestation au transporteur (CA Paris 6-1-1982 : BT 1982.536 ; sur les délais, n° 24433).

24416 **Acceptation de la marchandise et décharge du transporteur** La marchandise est considérée comme livrée et acceptée par le destinataire au moment du retrait total et effectif de la marchandise des mains du transporteur accompagné d'une décharge probante

(CA Grenoble 18-11-1982 : BT 1983.67), alors même que le destinataire réexpédierait la marchandise quelques jours après à l'expéditeur (T. com. Paris 25-6-1979 : BT 1979.403).

L'apposition du cachet commercial du destinataire sur le document de transport vaut à lui seul décharge (et absence de réserves), peu important l'absence de signature du bon de livraison (CA Versailles 14-10-2014 n° 13/00760 : BTL 2014.653 ; contra CA Rouen 12-7-2001 : Transidit 2002 n° 34 p.16 § 58 : refus de donner effet à un bon de livraison revêtu du cachet mais non signé). L'absence de ce cachet ne peut pas être palliée par la seule attestation de livraison (CA Aix-en-Provence 4-7-2019 n° 17/21136 : BTL 2019.477, exigeant aussi la signature du destinataire). Même à défaut de cachet commercial du destinataire, fait preuve le bon de livraison portant la signature du mandataire apparent du destinataire (Cass. com. 9-1-1996 : BTL 1996.78 ; CA Paris 28-9-2011 n° 10/00358 : BTL 2011.704).

En revanche, il n'y a pas acceptation par le destinataire :

– lorsque, à l'arrivée, celui-ci invite le transporteur à se rendre en un autre lieu et que ce dernier l'accepte, le contrat de transport se poursuivant de ce fait jusqu'au nouveau lieu de destination (Cass. com. 22-12-1975 : Bull. civ. IV p. 262) ;

– lorsque la marchandise se trouve en attente de dédouanement, soit dans les magasins du destinataire transformés en entrepôts douaniers temporaires (Cass. com. 6-2-1985 : Bull. civ. IV p. 42), soit dans un entrepôt douanier, dans l'attente de leur inspection par un douanier qualifié, l'agent du réceptionnaire ayant apposé sur la marchandise un cachet certifiant seulement l'arrivée et le déchargement du camion (Cass. com. 24-11-1987 : BT 1988.42) ;

– lorsqu'un employé de la société destinataire a enfreint les ordres reçus en prenant livraison d'un colis destiné à une autre société (Cass. com. 11-7-1995 : RJDA 1/96 n° 60).

Lorsqu'un expéditeur souscrit auprès d'une même entreprise un contrat à la fois de gardiennage et de transport de ses marchandises, la décharge donnée au transporteur, à l'arrivée des colis, avant même que le destinataire ne soit complètement éclairé sur l'état du mobilier après ouverture des caisses, ne peut valoir quitus au profit de l'entreprise considérée comme dépositaire (Cass. com. 28-4-1966 : JCP G 1966.II.14794 note Durand).

Est fautif le destinataire qui refuse pour avariée la marchandise, dont une expertise a établi qu'elle ne l'était pas ; il s'ensuit que le commissionnaire qui lui en a remboursé la valeur n'est pas fondé à se retourner contre le voiturier (CA Rennes 2-7-2019 n° 16/07719 : BTL 2019.478).

Réserves du destinataire Sur ces réserves lors de la livraison des marchandises, n° 24443. 24419

Contre-remboursement Le transporteur doit exiger du destinataire la somme que l'expéditeur lui a prescrit de recouvrer dès lors que cette obligation figure expressément sur un document procédant du contrat de transport (Cass. com. 16-11-1993 : BTL 1993.858). 24422

L'engagement du transporteur d'obtenir le recouvrement peut résulter de l'ordre de transport écrit prescrivant la livraison des marchandises contre remboursement que l'expéditeur lui a adressé et qu'il a souscrit en acceptant d'effectuer le transport (CA Paris 9-6-2000 : BTL 2000.802). L'acceptation par le transporteur dépend de l'appréciation souveraine des juges du fond qui peuvent estimer que la mention du contre-remboursement sur un bon d'enlèvement n'emporte pas cette acceptation (Cass. com. 7-1-2003 : BTL 2003.47), mais que vaut acceptation la signature par le chauffeur du transporteur du bon de livraison émis par l'expéditeur portant la mention « contre remboursement, chèque de banque » (Cass. com. 8-7-2003, 2e esp. : BTL 2003.508) ou le fait que le transporteur ait détenu la lettre de voiture comportant la mention du contre-remboursement (CA Paris 17-9-2003 : BTL 2003.655).

Lorsque le contrat type général est applicable, la livraison contre remboursement doit être expressément demandée par le donneur d'ordre (art. 20.1 c.t.).

Selon le contrat type, s'il est applicable, et la jurisprudence, le contre-remboursement **oblige le transporteur** à :

1. Ne livrer la marchandise **que contre paiement** de la somme due par le destinataire (art. 20.2 c.t.). À défaut, il en devient personnellement débiteur envers l'expéditeur sans pouvoir se libérer en se retranchant derrière le refus de payer du destinataire invoquant la mauvaise qualité de la marchandise livrée, celle-ci étant totalement étrangère au rapport de droit existant entre l'expéditeur et le transporteur (CA Paris 9-6-2000 précité) ; il en est autrement s'il prouve que l'expéditeur n'avait aucune chance d'être réglé par le destinataire (Cass. com. 12-10-1999 : RJDA 12/99 n° 1331). L'expéditeur peut aussi agir directement contre le substitué du transporteur (CA Paris 8-5-1981 : BT 1981.380), à la condition que l'obligation d'assumer le contre-remboursement lui soit opposable (CA Paris 15-5-1991 : BTL 1992.9). Le transporteur qui a remboursé à l'expéditeur le prix des marchandises est subrogé dans les droits de celui-ci contre le débiteur du prix (Cass. com. 5-10-1993 : RJDA 2/94 n° 156) ;

2. Encaisser le remboursement soit par un chèque ordinaire, libellé à l'ordre de l'expéditeur ou de toute autre personne désignée par lui, soit en espèces lorsque la législation l'y autorise (art. 20.2 c.t.), soit selon le procédé convenu entre les parties (Cass. com. 14-1-1997 : RJDA 5/97 n° 642 : remise d'une traite acceptée et à retourner à l'expéditeur) ;

Dans les cas où le remboursement peut être effectué en espèces (n° 52206), le transporteur ne peut pas refuser un chèque sans motif valable (art. 20.2 c.t.).

N'équivaut pas au remboursement exigé en espèces ou par chèque tel que spécifié :

– la remise d'une traite (Cass. com. 12-10-1999 précité : traite à vue ; CA Limoges 15-5-2005 : BTL 2005.587 : traite à échéance) ;

– un ordre de virement (Cass. com. 20-1-1987 : BT 1987.156) ;

– un ordre de transfert de fonds à la banque de l'expéditeur (CA Paris 24-6-1970 : BT 1970.238) ;

– la remise d'un chèque ordinaire au lieu et place d'un chèque certifié (CA Paris 16-6-2004 : BTL 2004.556).

Le transporteur doit se renseigner auprès de son client si les instructions de ce dernier ne lui semblent pas explicites (pour un exemple concernant la différence entre chèque bancaire et chèque de banque : CA Paris 18-4-1988 : BT 1988.424 ; aussi CA Versailles 21-1-1988 : BT 1988.635, en transport aérien mais transposable ; sur le chèque de banque, n° 52412).

Le transporteur n'est pas tenu de s'assurer de la provision (Cass. com. 8-12-1969 : Bull. civ. IV p. 342) mais il doit s'assurer que l'accréditif bancaire auquel l'expéditeur a subordonné la livraison est bien ouvert (Cass. com. 24-2-1976 : JCP G 1977.II.18522 note Rodière).

Le transporteur commet une faute en ne livrant pas dans un local commercial mais directement dans le coffre d'une voiture et en acceptant des chèques assortis d'une demande de présentation différée au paiement (Cass. com. 7-7-1992 : RJDA 11/92 n° 1019), en ne vérifiant pas l'identité du destinataire alors que l'adresse figurant sur le chèque ne correspondait pas à celle du destinataire portée sur le récépissé de transport (CA Aix 13-5-1994 : BTL 1994.654), en acceptant un chèque non daté (CA Aix 13-5-1994 : BTL 1994.669) ou en ne retournant pas la traite qui devait lui être remise (Cass. com. 14-1-1997 précité).

Mais le défaut de remboursement ne peut être imputé au transporteur si le destinataire refuse la marchandise (CA Paris 14-5-1997 : BTL 1997.684) ou s'il a pris un chèque tiré non pas sur le compte du destinataire, mais sur celui d'un tiers, même si ce chèque s'est révélé sans provision (CA Versailles 26-11-1998 : RJDA 2/99 n° 167).

Le contre-remboursement constituant une modalité de la livraison, le recours du transporteur ayant remis la marchandise au destinataire sans exiger le prix, relève du contrat de transport et de la prescription annale (n° 24655), étant observé que le contrat type commission soumet aux règles du mandat la stipulation d'une livraison contre remboursement (n° 24050).

L'expéditeur reste tenu du port dû si le destinataire ne s'exécute pas (CA Aix 7-2-1991 : BTL 1992.18).

3. Adresser la somme dans un délai de huit jours ouvrables au donneur d'ordre ou à la personne désignée par lui à cet effet (art. 20.3 c.t.). À défaut, il est responsable des conséquences du retard (CA Bordeaux 17-3-1988 : BT 1988.652, le condamnant au paiement du montant total du chèque à lui remis par le destinataire mis en redressement judiciaire entre-temps ; CA Paris 23-4-1992 : BTL 1992.430, faisant une appréciation du préjudice en fonction des circonstances, notamment de la récupération des marchandises).

Sur le droit du transporteur d'exercer son privilège sur les chèques remis en contre-remboursement, n° 24467.

La stipulation d'une livraison contre-remboursement ne vaut pas déclaration de valeur et ne modifie donc pas les règles d'indemnisation pour pertes et avaries ; elle ne lie le transporteur que si elle figure sur un document procédant du contrat de transport (art. 20.4 c.t.).

La responsabilité du transporteur en cas de manquement à cette obligation est engagée selon les règles du mandat. Néanmoins, la prescription des actions relatives à la livraison contre-remboursement est d'un an à compter de la date de la livraison (art. 20.5 c.t.).

DÉNONCIATION DES PERTES ET AVARIES DE LA MARCHANDISE TRANSPORTÉE

24430 Le destinataire qui ne dénonce pas les pertes et avaries constatées à la marchandise dans les conditions exposées au n° 24433 risque de se voir déclarer forclos lorsqu'il exercera ultérieurement une action contre le transporteur aux fins d'indemnisation de ces pertes et avaries (n° 24436).

Cette dénonciation ne s'impose, en revanche, ni en cas de retard à la livraison (Cass. com. 26-1-1982 : BT 1982.140 ; sur le retard, n° 24585), ni en cas de transports internationaux (C. com. art. L 133-3, al. 3), ni en cas de réserves valables formulées au moment de la livraison (CA Metz 18-2-2021 n° 19/01220).

24433 **Conditions de la dénonciation** Le destinataire, sauf s'il est créancier de prestations de déménagement (n° 24218), doit notifier au transporteur, dans les trois jours suivant la réception des marchandises, une protestation motivée (C. com. art. L 133-3, al. 1), même lorsque celles-ci sont restituées en exécution d'un jugement (CA Paris 20-10-1999 : BTL 1999.896).

Ces dispositions appellent les observations complémentaires suivantes.

1. En principe, la protestation doit **émaner** du destinataire ou de son ayant droit (cf. CA Reims 8-6-1982 : BT 1983.382 : assureur du destinataire non encore subrogé). Mais elle peut aussi être formulée par l'expéditeur (Cass. com. 15-3-1988 : BT 1988.574) ou par le commissionnaire de transport (n° 24041).

L'expéditeur d'origine devient le destinataire tenu d'accomplir la protestation lorsque le transporteur lui retourne la marchandise que le destinataire initialement désigné lui a refusée (CA Paris 20-10-1999 précité).

2. La protestation doit porter sur une **avarie** ou une **perte partielle.** Ainsi, l'article L 133-3 du Code de commerce n'est pas applicable en cas de perte totale due à un vol, y compris lorsque les marchandises ont été partiellement retrouvées, d'autant plus que le commissionnaire, mentionné comme destinataire sur la lettre de voiture, n'a pas réceptionné les marchandises (CA Versailles 3-4-2018 nº 17/00928).

3. La protestation doit être **notifiée** au transporteur s'il est identifiable (Cass. com. 15-3-1988 : BT 1988.574 ; CA Poitiers 13-1-2004 : BTL 2004.87), à celui qu'il a mandaté à cet effet (CA Paris 9-2-2000 : BTL 2000.155) ou au commissionnaire tenu d'agir en toutes circonstances au mieux des intérêts de ses clients (CA Lyon 20-6-2002 : BTL 2002.475). À défaut, la notification doit être faite à la personne dont le nom figure sur le récépissé, même s'il s'agit d'un commissionnaire de transport, celui-ci devant la répercuter auprès du transporteur dans le délai de trois jours suivant la réception de la marchandise (CA Paris 29-10-1980 : BT 1981.51). Mais, en aucun cas, elle ne doit être adressée à l'expéditeur (Cass. com. 3-1-1978 : BT 1978.103 ; CA Aix 25-10-2012 nº 11/10771 : BTL 2012.748).

4. La protestation doit être notifiée par **acte extrajudiciaire** ou par **lettre recommandée,** une lettre simple étant inopérante (CA Versailles 2-7-2013 nº 11/05748 : BTL 2013.508), de même qu'une confirmation de réserves formulée par télex (Cass. com. 30-11-1993 : RJDA 5/94 nº 519). Seule une **demande d'expertise judiciaire** équivaut à la protestation (C. com. art. L 133-3, al. 2 ; sur cette expertise, nº 24446).

5. La protestation doit être **motivée** et, ce, au regard de tous les dommages, même non apparents (Cass. com. 7-11-2006 nº 1213 : RJDA 4/07 nº 350) ; elle doit énoncer les griefs du destinataire (Cass. com. 30-11-1983 : BT 1984.386), ce qui est le cas lorsque la lettre recommandée reprend les caractéristiques de l'envoi et se réfère à une expertise judiciaire précédemment demandée par le transporteur (Cass. com. 24-11-1983 : BT 1984.348, en transport ferroviaire mais transposable) ou lorsqu'est établie une fiche d'incident signée des représentants du transporteur et du donneur d'ordre mentionnant le vol et sa teneur (CA Douai 9-12-2021 nº 21/00025).

En revanche, n'est pas motivée :
- une « fiche litige » sur laquelle est inscrite « cinq téléviseurs abîmés après déballage » (CA Metz 1-10-1980 : BT 1980.585) ;
- la mention, non pas sur la lettre de voiture mais sur le document de reconnaissance des plombs, « conteneur reçu non plombé à la livraison » (CA Rouen 13-1-2005 : BTL 2005.291).

6. La protestation doit être notifiée dans le **délai de trois jours** (jours fériés non compris) à compter de la réception de l'envoi. N'a pas été considérée comme réceptionnée la marchandise arrivée dès lors que le destinataire n'avait pas signé la lettre de voiture actant la bonne réception (CA Aix-en-Provence 14-9-2017 nº 16/14405 : BTL 2017.583 ; CA Riom 25-10-2000 : BTL 2001.243 ; CA Paris 18-11-2021 nº 18/23376). N'a pas été non plus réceptionnée la marchandise qui n'a pas été acceptée par le destinataire (CA Douai 9-12-2021 nº 21/00025 : refus de la livraison).

La lettre recommandée peut être envoyée le jour même de la livraison (CA Poitiers 24-9-1981 : BT 1981.471) ; elle doit, dans tous les cas, être mise à La Poste dans le délai de trois jours ; cette date fait foi quelle que soit la date de réception de la lettre (CA Paris 4-12-1978 : BT 1979.20). Sur la preuve de la date de réception de la notification par lettre recommandée, nº 13627.

Lorsque le contrat de transport est fractionné dans son exécution, le délai légal court à compter de la dernière livraison du solde du lot (CA Bordeaux 1-12-1950 : BT 1950.323).

7. Toutes **clauses contraires** aux règles ci-dessus exposées sont nulles (C. com. art. L 133-3, al. 3), notamment celle allongeant le délai de trois jours (Cass. com. 8-6-2010 nº 09-68.829 : BTL 2010.387).

8. En cas de contrat de **déménagement** soumis au régime du contrat de transport (nº 24218) et conclu **entre un professionnel et un consommateur,** le délai de forclusion est fixé à **dix jours** calendaires à compter de la réception des objets transportés ; les protestations motivées émises par lettre recommandée dans ce délai produisent leurs effets même en l'absence de réserves formulées à la livraison ; les réserves émises par le destinataire à la livraison et non contestées par le transporteur dispensent de la protestation motivée (C. consom. art. L 224-63, al. 1 ; CA Paris 7-4-2016 nº 14/00939 : BTL 2016.269).

Lorsque la procédure à suivre pour émettre des réserves n'a pas été communiquée au consommateur dans les conditions fixées par l'arrêté du 27 avril 2010, le délai de dix jours est porté à trois mois (art. L 224-63, al. 2).

Forclusion Le défaut de notification de la protestation dans les conditions ci-dessus énoncées a pour effet d'éteindre toute action **pour avarie ou perte partielle** contre le transporteur (C. com. art. L 133-3, al. 1). **24436**

Le dépotage d'une citerne étant inhérent au transport, l'action née du mélange des produits est soumise à cette fin de non-recevoir ; en l'absence d'avis de réception de la protestation motivée, l'action contre le citernier est forclose, une enveloppe munie d'un code-barres et des attestations ne suffisant pas à établir son envoi dans les trois jours suivant la réception (CA Amiens 12-10-2023 nº 22/04608 : BTL 2023.635).

24436 (suite) Il éteint l'action, qu'elle émane de l'expéditeur (CA Nancy 2-10-1997 : BTL 1998.338 ; contra CA Orléans 24-4-2017 nº 15/03282, au motif que la forclusion est inopposable à l'expéditeur, la lettre du texte visant le seul réceptionnaire à même d'élever une protestation) ou du commissionnaire de transport (Cass. com. 5-11-1968 : BT 1969.34), et que l'avarie soit apparente ou non (CA Rouen 5-4-1973 : BT 1973.281 ; CA Aix 5-3-2015 nº 14/09420 : BTL 2015.191). Il importe peu qu'une faute inexcusable puisse être invoquée contre le transporteur (CA Nancy 30-10-2013 nº 12/02296 : BTL 2013.700)

Il en résulte que la fin de non-recevoir :

– n'équivaut pas à une présomption de conformité de la livraison (CA Rouen 8-6-1989 : GP 1994.som.105) ;

– n'est pas opposable aux actions pour : perte totale, retard ou avaries consécutives au retard (Cass. com. 26-1-1982 : BT 1982.140 ; CA Douai 8-11-2018 nº 17/04902) ; paiement du prix du transport (CA Aix 21-6-1978 : BT 1978.556) ; dédouanement (CA Nîmes 9-4-1992 : BTL 1993.818) ; vice caché affectant la marchandise (Cass. com. 30-3-1993 : BTL 1993.307) ; refus de prendre livraison (CA Aix 24-11-1994 : BTL 1995.322 ; CA Paris 31-10-2001 : BTL 2002.17) ;

– ne peut être opposée que par le transporteur effectif ou par le transporteur qui a sous-traité (nº 24005) dans la mesure où l'action est éteinte contre le transporteur effectif (Cass. com. 1-12-2009 nº 08-15.015 : RJDA 4/10 nº 361) ; elle ne peut pas l'être par le manutentionnaire (CA Paris 4-1-1977 : BT 1977.50), le dépositaire (CA Paris 4-11-1985 : BT 1986.124), d'office par le juge (CA Paris 5-3-2008 nº 06/10873 : RJDA 8-9/08 nº 912) ou par le vendeur, dans l'hypothèse d'une livraison par ses soins (CA Paris 24-11-1970 : BT 1970.394) ;

– peut être opposée dès lors que la perte n'est pas totale, ce qui est le cas si les juges constatent que la marchandise a été livrée quelle que soit la gravité de l'avarie (Cass. com. 5-5-2015 nº 14-11.148 : RJDA 8-9/15 nº 561).

Sur le droit du commissionnaire de se prévaloir de la forclusion, nº 24090.

Mais le **transporteur** ne peut **pas opposer la forclusion** :

– lorsqu'il a commis une fraude ou une infidélité (T. com. Paris 19-5-1978 : BT 1978.545), ce qui exclut la faute quelle que soit sa gravité ;

– lorsque, par son fait, il a mis le destinataire dans l'impossibilité de formuler ses protestations (CA Besançon 1-6-1995 : BTL 1996.136 ; CA Limoges 30-6-2016 nº 15/00994 : BTL 2016.446) ;

– lorsque, le destinataire ayant émis des réserves au moment même de la livraison, il les a acceptées ; ces réserves doivent être précises (CA Lyon 15-3-2018 nº 16/09479 : BTL 2018.175) et concomitantes de la livraison ; sont donc inopérantes les réserves formulées par télex dès lors qu'à défaut de toute indication horaire il a pu s'écouler plusieurs heures entre la réception de la marchandise et l'expédition du télex daté du même jour (CA Chambéry 19-9-1994 : BTL 1995.91) ;

Vaut **acceptation** des réserves :

– le fait, par le préposé du transporteur, de laisser apposer des réserves sans les contester ni les contredire par une mention contraire (Cass. com. 19-3-1996 : RJDA 7/96 nº 918) ou même par une observation verbale (CA Paris 16-5-1990 : D. 1990.som.270 obs. Rémond-Gouilloux) ;

– le fait pour le transporteur de les confirmer sur le bon de livraison (CA Basse-Terre 11-4-2016 nº 13/01375 : BTL 2016.252) ou de permettre au destinataire d'inscrire qu'une expertise devra avoir lieu, peu important le caractère amiable de la mesure d'instruction dès lors qu'elle a été effectuée à la demande du transporteur (CA Bordeaux 11-9-2012 nº 10/07647 : BTL 2012.570) ;

– le fait de reprendre chez le destinataire des colis par lui refusés (CA Grenoble 24-11-1982 : BT 1983.28).

En revanche, ne vaut **pas acceptation** des réserves :

– le fait de n'avoir pas réclamé le paiement des frais de transport au destinataire (CA Paris 26-1-1971 : BT 1971.57) ;

– l'assistance du chauffeur à un constat d'huissier (commissaire à compter du 1er juillet 2022) de justice (Cass. com. 4-12-1972 : BT 1973.42) ;

– la désignation d'un expert par l'assureur (CA Paris 3-2-1987 : BT 1987.562) ;

– la contestation par le chauffeur des réserves émises par le destinataire, par exemple le refus de constater à la demande du destinataire la mort des animaux transportés (CA Paris 29-11-2018 nº 17/08839) ;

– la mention « reçu 5 palettes » qui ne fait pas apparaître la perte de la marchandise partiellement dérobée (CA Lyon 3-7-2014 nº 13/04229 : BTL 2014.461).

– lorsqu'il a **renoncé** tacitement ou expressément à invoquer la forclusion.

Tel est le cas, en particulier :

– lorsqu'il signale le vol de la marchandise à l'expéditeur après avoir fait une déclaration de vol auprès des services de police (CA Paris 24-5-1982 : BT 1982.346) ou lui adresse un fax reconnaissant l'erreur de son responsable et envisageant la mise en jeu de son assurance de responsabilité de chef d'entreprise (CA Rouen 13-1-2005 : BTL 2005.291) ;

– lorsqu'il ne soulève pas en première instance la fin de non-recevoir, car celle-ci n'est pas d'ordre public (CA Paris 13-1-1995 : BTL 1995.146) ;

– lorsqu'il a accepté, même tacitement, la marchandise sans réserve (CA Rennes 12-11-2019 nº 16/09022).

Mais n'impliquent **pas** une **renonciation** du transporteur :

– une offre d'indemnité émanant de l'assureur du transporteur (Cass. com. 4-12-1972 : BT 1973.42) ;

– le fait de requérir l'intervention d'un commissaire aux avaries des assurances (CA Paris 3-2-1987 : BT 1987.562).

L'**assureur** peut opposer au destinataire qui exerce contre lui l'action directe la forclusion, même si le transporteur a renoncé à se prévaloir de celle-ci (CA Grenoble 8-4-1991 : BTL 1992.163).

CONSTATATION DES PERTES ET AVARIES DE LA MARCHANDISE TRANSPORTÉE

Nécessité Pour qu'il y ait réparation, il faut que soit constatée une perte ou une avarie. **24440**

La perte totale de la marchandise ne se limite pas à la disparition physique de la marchandise, mais se réalise lorsqu'elle n'a pas été présentée au destinataire (CA Pau 6-11-2023 n° 21/02817 : BTL 2023.702, fixant alors le point de départ du délai de prescription au jour où la marchandise aurait dû être livrée).

La vente de la marchandise par le voiturier ne peut pas être assimilée à une perte (Cass. com. 28-10-1947 : BT 1948.73).

Les pertes et avaries sont présumées être survenues en cours de transport lorsque le transporteur a accepté la marchandise sans réserves lors de la prise en charge (CA Grenoble 19-11-1990 : BTL 1991.459), sauf son droit à opposer l'une des causes d'exonération admises par la loi (nos 24559 s.).

Les conteneurs pouvant être ouverts en dégondant les portes ou en dévissant les verrous de fermeture et les « plombs scellés de sécurité » substitués par des plombs de même type et de même numéro de série, leur livraison scellée à destination ne prouve pas nécessairement l'absence de manquants (Cass. com. 31-10-1956 : BT 1956.351 ; Cass. com. 14-4-1992 : RJDA 10/92 n° 908 ; CA Amiens 28-9-1992 : BTL 1994.132), ni que le chargement était incomplet avant le transport maritime (CA Lyon 4-7-2013 n° 12/04222 : BTL 2013.463).

La **protestation motivée** qui permet d'écarter la forclusion (nos 24430 s.) ne dispense pas d'établir la **preuve** du dommage (CA Paris 23-10-1990 : BTL 1991.120) ; celle-ci peut résulter, par exemple, de la production d'un constat d'huissier (ou commissaire) de justice (Cass. com. 20-1-1998 : RJDA 5/98 n° 592).

Lorsque la **marchandise** a été **assurée** par l'ayant droit, celui-ci doit, pour réclamer indemnisation du sinistre, provoquer la constatation du dommage par un commissaire d'avaries, dans le délai de cinq jours suivant la livraison, sous peine d'irrecevabilité de sa demande auprès de l'assureur (art. 18 et 19 de la police type). Cette expertise est opposable à l'assureur (Cass. com. 21-2-1984 : Bull. civ. IV p. 56) mais non aux autres parties (CA Colmar 10-7-1970 : BT 1970.358).

Réserves Les réserves prises par le destinataire à la livraison constituent un moyen de **preuve,** fréquemment utilisé dans la pratique, de l'existence et de l'importance des dommages à la marchandise. La preuve de ces derniers peut être établie par tous moyens contre un commerçant (CA Paris 30-10-1981 : BT 1981.577). **24443**

Même si elles ne sont assujetties à aucune **forme** spéciale (CA Paris 30-10-1981 précité), pour être valables, les réserves doivent être :

– **écrites** et datées sur l'exemplaire du transporteur ;

– **précises** et significatives, comme, par exemple, la mention « réserve sur la qualité » pour caractériser l'état d'une cargaison de légumes livrée en retard (CA Paris 3-6-1980 : BT 1980.368) ;

En revanche, ont été considérées comme trop générales et imprécises :

– les mentions « sous réserves » (CA Paris 12-1-1983 : BT 1983.82), « sous réserve de déballage » (CA Versailles 29-6-1994 : BTL 1994.759), « sous réserve de contrôle » (CA Aix 4-11-1993 : BTL 1994.656), « signes évidents d'avaries » (Cass. com. 24-10-1995 : RJDA 2/96 n° 217 : transport maritime mais transposable) ou « matériel endommagé sous réserves » (CA Paris 9-2-2000 : BTL 2000.155) ;

– la mention « plusieurs palettes de tuyaux abîmées » (CA Paris 27-5-1983 : Scapel 1983.28 : transport maritime mais transposable) ;

– la mention « frottements sur trois canapés et quatre fauteuils » (CA Reims 10-10-1984 : BT 1985.271).

Par ailleurs, le destinataire perd tout recours contre le transporteur lorsqu'il incrimine dans les réserves le mauvais emballage, ces réserves emportant une reconnaissance implicite que les avaries ont pour cause unique un mauvais emballage et non une faute du transporteur (CA Paris 18-5-1983 : BT 1983.433).

– **complètes,** c'est-à-dire qu'elles doivent mentionner tous les dommages (CA Versailles 6-11-2003 n° 01-8304 : RJDA 4/04 n° 422) ; à défaut, le destinataire ne peut obtenir l'indemnisation de l'intégralité des dommages (CA Paris 23-2-1982 : BT 1982.550), à moins que le détail des dommages fourni dans la confirmation des réserves ne concorde avec les constatations générales faites lors de la livraison (CA Paris 4-5-1977 : BT 1977.284).

Les réserves doivent, en outre, porter sur des éléments mentionnés au document de transport. Des réserves pour manquants de vêtements prétendument contenus dans les colis transportés, alors que le récépissé ne fait mention que du poids de l'envoi et du nombre de colis, sont inopérantes (T. com. Paris 7-1-1974 : BT 1974.96).

En **l'absence** de réserves ou à défaut de réserves répondant aux conditions sus-énoncées, et qui n'ont pas été suivies d'une dénonciation dans les conditions exposées n° 24433 (TJ Compiègne 31-5-2021 n° 1120000244 : BTL 2021 n° 3836 jur. p. 3), la marchandise est réputée avoir été livrée dans l'état où elle est décrite dans le document de prise en charge, c'est-à-dire en poids, nombre et quantités indiqués (CA Toulouse 3-5-1984 : BT 1985.195).

Le destinataire peut néanmoins renverser cette présomption en prouvant que les pertes et avaries existaient au moment de la livraison, à l'aide notamment : d'une expertise judiciaire (Cass. com. 12-1-1981 : BT 1981.269) ; d'une expertise officieuse confirmée par des témoignages (CA Paris 29-10-1980 : BT 1981.51), voire par les constatations d'un commissionnaire en douane (CA Nîmes 5-11-1980 : BT 1980.600 ; contra CA Paris 2-12-1981 : BT 1982.73) ; d'échanges téléphoniques avec le transporteur suivis d'un courrier de son avocat dénonçant les avaries (CA Paris 10-3-1994 : DMF 1995.227).

24446 **Expertise judiciaire** La perte ou l'avarie est établie lorsqu'elle a été contradictoirement constatée par une expertise judiciaire (Cass. com. 30-1-1978 : Bull. civ. IV p. 32).

Une expertise amiable demandée par l'assureur du transporteur et la présence aux opérations d'un représentant du destinataire n'équivalent pas à une expertise judiciaire (CA Paris 3-2-1987 : BT 1987.562) ; il en est de même d'un constat d'huissier (commissaire depuis le 1er juillet 2022) de justice (CA Paris 17-12-1970 : BT 1971.50).

L'expertise judiciaire, lorsqu'elle est demandée, doit l'être dans les conditions suivantes (C. com. art. L 133-4).

1. L'expertise ne peut être demandée que **par** l'une des **parties** intéressées à la solution du litige. Le destinataire ne saurait reprocher au transporteur, qui peut s'exonérer en ayant recours à tout autre moyen de preuve (CA Nancy 14-1-2004 : BTL 2004.123), de ne pas avoir pris cette initiative (CA Reims 10-10-1984 : BT 1985.271).

2. L'expertise ne peut pas être demandée avant la livraison (CA Angers 23-1-1974 : BT 1974.94).

3. L'expertise doit être **contradictoire,** c'est-à-dire que le requérant doit convoquer, par lettre recommandée ou télégramme, toutes les parties susceptibles d'être mises en cause (transporteur, expéditeur, destinataire, commissionnaire de transport, emballeur...).

Une expertise officieuse unilatérale ne peut être utilisée par les tribunaux qu'à titre de renseignement (CA Paris 30-9-1981 : BT 1981.514), même si les parties s'y sont fait représenter (CA Paris 12-7-1982 : BT 1982.526).

À défaut de convocation ou lorsque la convocation est tardive (Cass. com. 11-12-1972 : BT 1973.75), l'expertise devient inopposable à la partie non appelée (CA Paris 2-3-1982 : BT 1982.197), même si, par la suite, celle-ci a fait parvenir une note à l'expert (Cass. civ. 29-10-1959 : BT 1960.170). Il en va de même lorsque l'expert procède à des vérifications complémentaires en l'absence des parties intéressées (Cass. com. 23-5-1977 : BT 1977.388).

En revanche, l'expertise est opposable à toutes les parties intéressées, alors même qu'elles n'auraient pas été convoquées, lorsque le juge accorde une **dispense** de convocation motivée par l'urgence (Cass. com. 10-11-1952 : Bull. civ. III p. 266).

4. La requête aux fins de nomination d'experts doit être portée devant le **président du tribunal de commerce** ou, à défaut, devant le tribunal judiciaire (ex-tribunal d'instance) dans le ressort duquel se trouve la marchandise.

5. Le requérant doit **avancer les frais** et honoraires de l'expert qui sont ensuite remboursés par la partie dont la responsabilité est établie (CA Paris 24-1-1984 : BT 1984.503). Les frais d'immobilisation du véhicule pour les besoins de l'expertise doivent aussi être remboursés par celle-ci (CA Douai 20-1-1983 : BT 1983.181).

Les **tribunaux** ne sont **pas tenus** de suivre les conclusions des experts (Cass. civ. 16-7-1914 : DP 1916.1.150) mais ils ne peuvent pas s'en écarter sans motifs valables (Cass. com. 19-6-1956 : Bull. civ. III p. 158).

SAUVEGARDE DES MARCHANDISES LIVRÉES PAR ROUTE ENDOMMAGÉES

24450 Le **destinataire** doit prendre toute mesure nécessaire à la sauvegarde des marchandises livrées endommagées, à moins qu'il ne laisse la marchandise pour compte (n° 24394).

Jugé qu'il était ainsi tenu :
– de fermer un wagon contenant des pêches, au mois de juillet, dans l'attente d'une expertise (Cass. com. 11-12-1972 : BT 1973.75) ;
– de vendre au plus vite la partie de la marchandise non avariée (cf. CA Paris 10-11-1981 : BT 1982.183).

Il en va de même pour l'**expéditeur.** Celui-ci est tenu, par exemple, de faire toutes diligences en vue du rapatriement de son envoi orienté vers une fausse destination, alors que celui-ci pouvait encore être mis en vente avant l'expiration de sa date limite de validité (CA Paris 18-10-1979 : BT 1980.27).

PAIEMENT DU PRIX DU TRANSPORT ROUTIER

24455 **Débiteur du prix** En l'absence de disposition expresse du contrat de transport sur le paiement du port (nos 24257 et 24260) et de précision légale, le donneur d'ordre est tenu du paiement dès lors qu'il figure comme tel sur la lettre de voiture et qu'y figure le transporteur qui l'actionne (Cass. com. 7-11-2001 : BTL 2001.837). Il n'est tenu au paiement du prix que si le transporteur prouve qu'il a fourni les prestations correspondant au prix demandé (Cass. com. 4-10-2023 n° 21-22.149 F-D : RJDA 24/01 n° 24 ; CA Saint-Denis de La Réunion 12-7-2023 n° 21/01405). Il ne peut pas être poursuivi en paiement sur la base des factures que le transporteur lui a adressées, sauf si ces dernières sont corroborées par des lettres de voiture signées portant les numéros des conteneurs concernés et les points de chargement et de déchargement (CA Aix-en-Provence 30-11-2023 n° 23/04980 : BTL 2023.736).

Le débiteur du port ne peut pas être une personne étrangère au contrat (CA Nîmes 22-5-1980 : BT 1981.142), notamment la société mère de la filiale qui a conclu le contrat de transport (CA Reims 30-11-1981 : BT 1982.86), sauf confusion de leurs patrimoines (MSC nos 81280 s.).

Les composantes d'une société holding ayant leur propre personnalité, il n'existe pas entre elles de communauté d'intérêt fondant leur solidarité pour la dette de fret (CA Toulouse 16-10-2012 n° 10/06902 : BTL 2012.716).

Sur la sanction administrative du commissionnaire de transport coupable de retards importants et répétés dans le règlement du prix, C. transports art. R 1452-1.

Peut être aussi tenu comme débiteur du prix le mandataire du donneur d'ordre lorsque sa qualité n'a pas été spécifiée au moment de la conclusion du contrat de transport (cf. CA Paris 23-4-1985 : BT 1985.348) ou la personne désignée comme donneur d'ordre sur la facture du transporteur (CA Paris 15-10-1981 : BT 1981.566).

En tout état de cause, toute clause contraire étant réputée non écrite, le transporteur a une **action directe** en paiement de ses prestations contre l'expéditeur, le destinataire et, le cas échéant, contre le commissionnaire (C. com. art. L 132-8).

Cette action ne peut pas être mise en œuvre à l'encontre du consommateur qui s'est déjà acquitté du paiement de la prestation de déménagement auprès d'une entreprise de déménagement (C. consom. art. L 224-64).

Sur le refus de l'action au transporteur étranger, n° 25086.

L'expéditeur ou le destinataire peut être obligé au paiement même s'il a **déjà réglé le prix** du transport au commissionnaire ou à un premier transporteur, peu important qu'il n'ait pas connu l'existence du transporteur substitué (Cass. com. 26-11-2002 n° 1957 : RJDA 4/03 n° 382). Mais ils ne sont pas tenus solidairement (cf. Cass. com. 12-7-2011 n° 10-18.675 : RJDA 11/11 n° 912, écartant à l'égard du destinataire l'effet interruptif de la prescription résultant de la déclaration de créance du transporteur à la procédure collective de l'expéditeur).

Sur le sort de l'action directe en cas de transport CMR, n° 25086.

Lorsque le voiturier intervient comme un **sous-traitant,** les dispositions de la loi 75-1334 du 31-12-1975 relative à la sous-traitance et celles des articles L 2193-1 à L 2193-14 du Code de la commande publique sont applicables aux opérations de transport, le donneur d'ordre initial étant assimilé au maître d'ouvrage, et celui qui a requis le sous-traitant étant assimilé à l'entrepreneur principal (C. transports art. L 1432-13).

À défaut d'avoir été prévue dans le contrat, la **compensation** unilatérale du montant des dommages allégués avec le prix du transport est interdite par l'article 19.2 du contrat-type général applicable aux transports réalisés par le prestataire (CA Bordeaux 7-11-2023 n° 21/06686 : BTL 2023.685).

Sur la preuve du prix du transport, n° 24343.

Date du paiement Le délai de paiement des sommes dues ne peut pas dépasser trente jours après la date d'émission de la facture (C. com. art. L 441-11, II-5° sur renvoi de C. transports art. L 1432-14), tout retard étant passible des sanctions énoncées au n° 53800. **24458**

Montant du prix Le prix à payer est celui qui a été convenu à la conclusion du contrat, sous réserve de permettre une juste rémunération du transporteur assurant la couverture du coût réel du service rendu (C. transports art. L 1431-1 et L 3221-1 s. ; Cass. com. 13-4-1999 : RJDA 6/99 n° 669 ; sur les dispositions particulières aux contrats entre professionnels de transport, C. transports art. L 3221-3 s.). Toutefois, il peut être adapté dans les cas suivants : **24461**

1. Majoration. Le transporteur peut pratiquer une majoration de ses tarifs à la condition que son client l'ait acceptée, même implicitement, en particulier en ne protestant pas au reçu des factures et en continuant de remettre ses envois au transporteur (Cass. com. 10-3-1976 : BT 1976.219). Il a aussi droit à un complément de rémunération en cas de dépassement qui ne lui est pas imputable des durées de réalisation des opérations de chargement et de déchargement par rapport à celles qui avaient été acceptées ; il en est de même pour toute prestation annexe non prévue au contrat de transport (C. transports art. L 3222-5). Sur la révision du prix du transport en cas de variation du coût du carburant, C. transports art. L 3222-1 et L 3222-2 ;

2. Non-remise du tonnage annoncé. Sur la conséquence de cette défaillance sur le prix, n° 24300 ;

3. Restitution des palettes. Le transporteur n'est pas tenu de rendre les palettes (art. 6.5 c.t.) ; il n'est donc pas responsable de ne pas les avoir restituées ; il ne peut l'être que s'il a conclu avec le donneur d'ordre une convention annexe faisant l'objet d'une rémunération spécifique (CA Nancy 25-11-2020 n° 19/0092).

Selon l'article 6.5 du contrat type général, le transporteur n'est pas tenu de restituer à l'expéditeur les supports de charge (palettes, rolls, etc.), sauf si cette obligation constitue une prestation annexe faisant l'objet d'une rémunération spécifique. Lorsque la gestion du retour des palettes vides n'est pas prévue par le contrat de transport en tant que prestation accessoire, l'absence de restitution desdites palettes n'est pas imputable au voiturier. Sur le respect de l'accord convenu sur le retour des palettes, CA Rennes 20-6-2023 n° 21/03927.

4. Perte totale. Lorsque la marchandise n'a pas été livrée, sauf à rapporter la preuve d'une cause étrangère qui ne lui est pas imputable, le transporteur ne peut exiger ni le prix du transport ni une indemnité pour immobilisation de son véhicule (CA Dijon 4-11-1993 : GP 1995.som.530) ;

5. Dommages. Le transporteur a droit au paiement de l'intégralité du prix du transport dès lors qu'il a réglé l'indemnité compensatrice des avaries (CA Paris 20-1-1981 : BT 1981.220) ou du retard (CA Poitiers 10-6-1976 : BT 1976.307) ;

Dans le même sens, article 18-7 du contrat type et T. com. Nanterre 29-1-2002, BTL 2002.406.

6. Manquant. Le paiement du port doit être réduit en proportion de la marchandise effectivement livrée (CA Nancy 20-2-1981 : BT 1981.330) ;

7. Interruption du transport par suite de force majeure. Lorsque le transport est interrompu définitivement avant son terme par un cas de force majeure, le transporteur a droit au paiement du prix du transport correspondant au trajet parcouru jusqu'au point d'interruption (Cass. com. 20-1-1953 : JCP G 1953.II.7697 note Rodière) ;

8. Modification d'itinéraire. Le prix du transport doit être rajusté (art. 18.3 c.t.).

Mais le prix reçu ou payé sans réserves ne peut être remis en cause, par le transporteur, alors même qu'il se serait trompé dans ses calculs (CA Paris 18-11-1977 : BT 1978.25 : omission d'une formule de révision d'un prix), ni par son client (CA Paris 10-9-1982 : BT 1983.109), sauf mauvaise foi (n° 50302).

Le règlement de la facture du transporteur sans protestation ne prive pas pour autant son auteur de son droit d'action contre le transporteur pour mauvaise exécution du contrat (Cass. civ. 20-5-1974 : JCP G 1974.IV.251).

24464 **Compensation avec le préjudice non reconnu et liquidé** La retenue autoritaire pratiquée par le client de ce qu'il considère comme le montant de son préjudice sur le prix du transport est illégale (n° 74927) et n'emporte pas compensation (Cass. com. 18-3-1970 : BT 1970.227 ; Cass. com. 13-12-2016 n° 15-19.509 FS-PB : RJDA 4/17 n° 246 ; CA Reims 10-10-1984 : BT 1985.271 ; CA Rennes 21-1-1998 : BTL 1998.708), sans préjudice de dommages et intérêts envers le transporteur (CA Reims 5-5-1980 : BT 1980.299).

24467 **Privilège** Le transporteur bénéficie d'un privilège sur la valeur des marchandises faisant l'objet de son obligation et sur les documents qui s'y rapportent pour toutes créances de transport, même nées à l'occasion d'opérations antérieures, dont son donneur d'ordre, l'expéditeur ou le destinataire restent débiteurs envers lui ; mais ce privilège n'existe que dans la mesure où le propriétaire des marchandises sur lesquelles il s'exerce est impliqué dans lesdites opérations (C. com. art. L 133-7, al. 1), à la condition que les juges précisent en quoi il y est impliqué (Cass. com. 27-6-2006 n° 849 : RJDA 1/07 n° 45 ; pour des implications du propriétaire-expéditeur, CA Rouen 14-11-2006 : Transidit 2007 n° 51 § 8 ; CA Lyon 25-10-2012 08804 : BTL 2012.681).

Le privilège peut être exercé sur les chèques remis au transporteur à l'ordre de son débiteur, car il s'exerce sur tout document constitutif de droit au profit du débiteur (CA Paris 10-9-2003 : BTL 2003.688 : chèques remis en contre-remboursement des marchandises livrées).

Un paiement partiel ne fait pas obstacle au privilège (T. com. Lille 25-9-2014 ord. : BTL 2014.672).

Les créances de transport couvertes par le privilège sont les prix de transport proprement dits, les compléments de rémunération dus au titre de prestations annexes et d'immobilisation du véhicule au chargement ou au déchargement, les frais engagés dans l'intérêt de la marchandise, les débours de douane (droits, taxes, frais et amendes) liés à une opération de transport et les intérêts (C. com. art. L 133-7, al. 2 ; pour des applications, CA Montpellier 15-5-2001 : BTL 2001.472 ; CA Dijon 14-6-2018 n° 18/00112 : JCP G 2018 n° 47.1221 § 18 obs. Delebecque). Sont donc exclues du privilège les créances afférentes au stockage de la marchandise à titre principal et aux transports annexes de celle-ci pour lesquels le prestataire du stockage pouvait s'adresser à tout transporteur de son choix (CA Paris 20-6-2013 n° 12/0750 : BTL 2013.509).

Paiement du prix en cas de refus des objets transportés Le transporteur qui détient la marchandise qui a été l'objet d'une expertise judiciaire à la suite du refus des objets transportés, suivi d'un dépôt ou séquestre, est en **droit de présenter une requête** aux fins de vente auprès du président du tribunal de commerce ou du tribunal judiciaire pour se payer des sommes lui restant dues sur le produit de la vente de ces objets (C. com. art. L 133-4, al. 4). 24470

Prescription de l'action en paiement L'action en paiement du prix du transport se prescrit en un an, dans les conditions exposées aux n°s 24655 s. 24473

4. EXPIRATION DU CONTRAT DE TRANSPORT ROUTIER

EXPIRATION POUR EXÉCUTION OU ARRIVÉE DU TERME

Le contrat de transport routier prend fin lorsque les prestations qu'il prévoyait ont été exécutées ou lorsqu'est survenu le terme extinctif prévu au contrat (art. 26 de l'annexe II du contrat type de transport prévoyant que le contrat peut être à durée déterminée). 24480

EXPIRATION PAR LA VOLONTÉ UNILATÉRALE D'UNE PARTIE

Chaque partie au contrat de transport routier peut mettre fin à ce contrat par application des dispositions du contrat type (art. 26 de l'annexe II du contrat type de transport prévoyant que le contrat peut être à durée déterminée). Ces dispositions sont identiques à celles applicables, dans le même cas, au contrat de commission de transport (n° 24102). Elles sont donc transposables. 24483

C. Réparation des dommages aux marchandises transportées par route

1. DROIT À RÉPARATION CONTRE LE TRANSPORTEUR ROUTIER

PERTES OU AVARIES DE LA MARCHANDISE TRANSPORTÉE PAR ROUTE

Détermination La marchandise est considérée comme **perdue** lorsque le transporteur ne peut pas livrer la quantité qu'il a reconnu avoir reçue dans le document de prise en charge. La perte est **totale** seulement si aucune marchandise n'est livrée à destination (cf. CA Paris 24-5-1982 : BT 1982.346). Elle est **partielle,** lorsque la quantité livrée n'est pas égale à celle portée sur le document de prise en charge (Cass. com. 2-5-1972 : BT 1972.240 ; CA Paris 21-10-1981 : BT 1981.564). 24550

La marchandise est **avariée** lorsqu'elle n'est pas livrée dans l'état où elle se trouvait lors de la prise en charge, selon les indications du document de prise en charge (Cass. com. 9-2-2016 n° 14-24.219 FS-PB : RJDA 6/16 n° 438 ; CA Aix 24-1-1985 : DMF 1986.497, en transport maritime mais transposable). C'est notamment le cas lorsque des animaux pris en charge vivants sont livrés morts par le transporteur (Cass. com. 25-11-2020 n° 19-15.903 F-D : RJDA 5/21 n° 309).

Lorsque le contrat type général est applicable, l'ayant droit peut, sans avoir à fournir d'autres preuves, considérer la marchandise comme perdue lorsqu'elle n'a pas été livrée dans les trente jours qui suivent l'expiration du délai convenu ou, à défaut, du délai nécessaire à la réalisation du transport dans les conditions prévues à l'article 24.1 dudit contrat type (art. 21, qui fixe aussi les conditions de l'indemnisation de la perte ; pour une application, CA Rennes 11-1-2005 : BTL 2006.369 ; CA Colmar 19-5-2009 : BTL 2010.91).

Obligations du transporteur Le transporteur doit réparation à l'ayant droit à la livraison de toute perte ou avarie que celui-ci lui a régulièrement dénoncée (n°s 24430 s.) et dont il lui a prouvé l'existence dès lors que le transporteur ne peut pas opposer l'une des causes d'exonération admises par la loi (C. com. art. L 133-1, al. 1 et 2). Mais il incombe au donneur d'ordre d'établir que les dommages constatés ultérieurement à la livraison sont imputables au transporteur (CA Orléans 26-3-2019 n° 17/01327). 24553

Le transporteur est présumé responsable pour tout défaut de présentation d'un conteneur au contrôle vétérinaire (CA Rouen 14-9-2023 n° 22/00380).

Il est présumé responsable même si les documents de transport n'ont pas été établis (T. com. Bordeaux 11-6-1987 : BT 1988.180) ou si la cause du dommage reste indéterminée (CA Rouen 23-4-2015 n° 14/02571 : BTL 2015.302). Il l'est jusqu'à ce que le destinataire ait accepté la livraison (CA Paris 28-3-2012 n° 10/00679 : BTL 2012.523).

Lorsqu'un transporteur confie pour partie sa mission à des sous-traitants, il assume, à l'égard de son donneur d'ordre, l'entière responsabilité du vol de la marchandise confiée, même si le forfait est survenu pendant que la marchandise était sous la garde des sous-traitants ; à charge ensuite pour ces derniers de garantir le transporteur à hauteur de leur implication dans la réalisation du préjudice (CA Aix-en-Provence 8-4-2021 n° 18/09279).

Le transporteur ne peut **pas s'affranchir** de cette obligation de résultat (C. com. art. L 133-1, al. 3) ; doivent ainsi être déclarées nulles toutes clauses d'irresponsabilité telles que : la décharge de responsabilité exigée du destinataire avant toute constatation du dommage (Cass. civ. 28-12-1950 : BT 1951.144) ; l'engagement pris par l'expéditeur d'assumer la responsabilité du transport d'un appareil non arrimé sur le véhicule (Cass. com. 10-6-1969 : BT 1969.267).

Mais les clauses qui limitent le montant des dommages et intérêts à un maximum déterminé sont valables sous conditions (n° 24251).

24556 **Pertes et avaries réparables** Le transporteur n'est tenu, dans les termes ci-dessus indiqués, que pour les pertes et avaries inhérentes à l'exécution du contrat de transport.

Le transporteur n'est donc pas lié lorsqu'il établit que les dommages sont survenus avant le transport (CA Toulouse 8-12-1983 : BT 1984.457), même s'il a pris les marchandises sans réserves, car la présomption de bon état de la marchandise peut être combattue par la preuve contraire (n° 24443 transposable).

Toutefois, le transporteur peut être poursuivi en **responsabilité extracontractuelle** lorsque le dommage ne résulte pas du contrat de transport (cf. CA Paris 4-7-1984 : BT 1985.158). Peut agir par cette voie le propriétaire de la marchandise non partie au contrat de transport s'il établit sa qualité, par exemple en prouvant que la marchandise voyageait à ses risques et périls (CA Versailles 1-9-2015 n° 13/07323 : BTL 2015.507).

24559 **Causes d'exonération** Le transporteur ne peut s'exonérer de sa responsabilité que dans les conditions énoncées aux n°s 24562 s.

Le contrat de vente et le contrat de transport étant indépendants, le transporteur ou son assureur ne peut se prévaloir des effets de la vente quant aux droits et obligations de l'acheteur pour soutenir que celui-ci ou son ayant droit serait dépourvu d'intérêt à agir contre lui à défaut de paiement du prix de la marchandise (Cass. com. 7-4-2004 n° 630 : RJDA 10/04 n° 1080 ; Cass. com. 9-4-2013 n° 12-10.159 : RJDA 11/13 n° 871 ; rappr. Cass. com. 5-10-2010 n° 09-69.925 : RJDA 1/11 n° 5 : à propos d'un transport maritime).

24562 **1. Charge de la preuve.** Le transporteur doit établir que les pertes ou avaries ont pour origine l'une des causes énoncées ci-après.

À cet effet, il doit prouver :
– l'existence du fait constitutif de cette cause, de façon formelle et positive (CA Nîmes 29-10-1980 : BT 1981.256) ; ne constituent pas une preuve formelle : de simples hypothèses, même formulées par un expert (Cass. com. 13-1-1981 : BT 1981.140) ; un rapport de police ne visant que la matérialité des faits (CA Paris 25-1-1982 : BT 1982.123) ; la constatation que l'emballage est en bon état à destination, cela n'excluant pas des dégâts à l'intérieur du conditionnement (CA Aix 9-6-1994 : BTL 1995.234) ;
– que l'une des causes d'exonération invoquées est à l'origine directe de la perte ou de l'avarie (CA Toulouse 7-6-1984 : BT 1985.224) ; il ne peut pas être exonéré lorsque la cause du dommage est inconnue ou douteuse (Cass. com. 22-1-1973 : BT 1973.109) ou lorsqu'elle n'est pas une des causes étrangères ci-après exposées : ainsi, le transporteur ne peut invoquer la faute du voiturier qu'il s'est substitué (CA Paris 2-6-1993 : RJDA 10/93 n° 791).

S'il ne démontre pas la réalité de la cause exonératoire qu'il invoque, il est seul responsable des dommages causés aux objets transportés par un incendie dont l'origine est incertaine (CA Paris 19-9-2019 n° 17/09594).

24565 **2. Force majeure.** Le transporteur est exonéré, quand il peut invoquer les circonstances qui présentent les caractéristiques de la force majeure selon les conditions du droit commun.

a. Faits divers. Constitue un cas de force majeure une interdiction préfectorale de circulation sur le seul itinéraire routier possible, en fonction duquel le prix avait été convenu (Cass. com. 2-2-1999 : BTL 1999.175).

En revanche, ne constituent pas un cas de force majeure :
– la panne du véhicule (Cass. civ. 4-12-1969 : BT 1970.51 ; CA Rennes 19-3-1987 : BT 1988.105), sauf circonstances exceptionnelles (CA Bordeaux 7-11-1983 : BT 1984.419 : éclatement du moteur un dimanche après-midi dans un village) ;
– les interdictions de circuler certains jours ou sur certains itinéraires (T. com. Toulouse 7-2-1980 : BT 1980.319) ;
– la modification de la chaussée non portée à la connaissance du contrôleur du gabarit interrogé sur la hauteur des ponts par le transporteur (T. com. Marseille 23-10-1987 : BT 1988.43 ; dans le même sens pour le heurt d'un pont, CA Paris 15-10-1992 : BTL 1992.724) ;
– l'orage et la foudre annoncés par les services météorologiques alors que les marchandises n'ont pas été mises à l'abri par le transporteur (CA Paris 21-5-1985 : BT 1985.346) ;
– la grève locale du personnel de la SNCF empêchant le transport selon le trajet prévu dès lors qu'il existe une solution de rechange sous la forme d'un acheminement par un autre moyen (Cass. com. 6-5-1997 : RJDA 8-9/97 n° 1044) ; mais une grève du personnel de la SNCF avec occupation des voies ferrées a été considérée comme un cas de force majeure exonérant la SNCF car celle-ci n'était pas en mesure

de réduire par elle-même le trouble à l'ordre public créé par cette situation illégale (Cass. civ. 9-7-1997 : JCP G 1997.IV.1977).

b. Vol de la marchandise avec ou sans le véhicule. Sauf circonstances exceptionnelles, le vol n'est pas un cas de force majeure (CA Paris 12-12-2019 n° 17/12009) ; constituent des cas de force majeure le vol commis en réunion avec violence au moyen d'un stratagème prémédité mettant en œuvre trois véhicules (CA Versailles 23-2-2006 : BTL 2006.184), le vol commis de nuit sur une aire de stationnement en bordure d'une route à grande circulation alors que la nature du chargement n'appelait pas de précautions particulières (Cass. com. 14-2-1995 : RJDA 6/95 n° 686) ou de nuit et à main armée en dépit des précautions prises par le chauffeur (CA Paris 18-10-2007 : BTL 2007.667), voire à une heure de trafic intense (Cass. com. 30-10-2012 n° 11-25.485 : RJDA 3/13 n° 232) ainsi que le vol subi par le voiturier qui, non formé aux mesures de sécurité et équipé d'un GPS en panne, a été pris par surprise par les malfaiteurs de manière violente et n'a pas pu éviter son agression (Cass. com. 30-1-2019 n° 17-16.604 F-D : RJDA 5/19 n° 335).

En revanche, la force majeure n'est pas caractérisée lorsque le vol a été commis :

– pendant une grève du personnel de surveillance (CA Aix 18-11-1977 : BT 1978.41) ;

– de nuit, au bord d'une route nationale, en Italie, avec agression du chauffeur dormant dans sa cabine, portes verrouillées (CA Poitiers 4-11-1987 : BT 1988.426), même si l'agression a été commise par un groupe d'hommes armés, lorsque les circonstances démontrent qu'elle pouvait être évitée (Cass. com. 5-1-1988 : Bull. civ. IV p. 7) ;

– alors que le transporteur n'a pas pris les précautions voulues (CA Versailles 2-9-2010 n° 09/03780 : BTL 2010.593 ; CA Paris 2-11-2011 n° 08/24354 : BTL 2011.687), notamment lorsqu'il a subi un second vol six semaines après le premier dans des circonstances quasiment analogues avec le même personnel non formé aux mesures de sécurité, n'ayant pas de ce fait tiré les conséquences de la première agression (Cass. com. 30-1-2019, précité).

En vertu du renvoi que fait l'article 1782 du Code civil à l'article 1953 du même Code, le transporteur est expressément tenu du vol commis par ses préposés (Cass. com. 31-1-1983 : D. 1984.IR.217 obs. Mercadal).

c. Manifestations. A été jugé justifié le retard à la livraison à la suite de la décision d'un chef de gare de différer la circulation de wagons de vin pour éviter que ces derniers ne se trouvent pris dans une manifestation (Cass. com. 26-2-1980 : BT 1980.261). Les barrages routiers de l'été 1992 ont été aussi reconnus comme constitutifs de force majeure (CA Rennes 10-1-1996 : BTL 1996.95) ainsi que la distribution à tout-venant de la cargaison d'un camion par des manifestants ayant contraint le chauffeur à descendre de son véhicule, le comportement des manifestants n'étant pas prévisible (CA Bordeaux 4-11-2021 n° 18/06222 et, sur pourvoi, Cass. com. 5-7-2023 n° 22-14.476 F-B : RJDA 12/23 n° 653).

3. Incendie. Le transporteur est libéré de la perte ou de l'avarie, à condition que l'incendie ne soit pas dû à son fait ou à sa faute (Cass. com. 1-12-1992 : BTL 1993.51). A été jugé non imputable au transporteur l'incendie déclaré dans un immeuble voisin à ses locaux (Cass. com. 6-12-1965 : BT 1966.27 ; rappr. T. com. Boulogne-sur-Mer 10-2-1998 : BTL 1998.230), sauf lorsque le risque d'incendie lui a été signalé (CA Paris 15-11-1989 : BT 1990.183). **24568**

En revanche, le transporteur répond de l'incendie de son véhicule dû à l'éclatement des pneus, le chauffeur ayant attendu plus de trois heures avant d'alerter les pompiers (CA Rouen 24-6-1993 : BTL 1993.839) ou de l'incendie de son entrepôt lorsqu'il connaissait la présence de liquides inflammables dans un local voisin (CA Lyon 7-7-1983 : BT 1983.589).

4. Vice propre de la marchandise et freinte de route. Le transporteur n'est pas responsable de la perte ou de l'avarie qui résulte du vice propre de la marchandise. **24571**

Le **vice propre** s'entend de toute détérioration inhérente à la marchandise (CA Paris 28-5-1980 : BT 1980.346). Constitue ainsi un vice propre de la marchandise :

– l'insuffisante préréfrigération de denrées périssables (CA Dijon 13-10-1982 : BT 1983.530) ;

– la présence de larves d'insectes dans une cargaison de légumes secs (CA Paris 17-4-1985 : BT 1985.247) ;

– la mauvaise fixation des éléments composant un matériel (CA Paris 23-4-1992 : BTL 1992.415) ;

– l'inaptitude de moteurs de grues à supporter le gel au cours de leur acheminement, l'expéditeur n'ayant pas fourni les informations nécessaires en temps utile (CA Paris 2-10-1992 : BTL 1992.705).

En revanche, n'a pas été considérée comme un tel vice :

– la fragilité de la marchandise (Cass. com. 27-11-1973 : BT 1974.56) ;

– la sensibilité à l'humidité de la marchandise (CA Agen 19-3-1980 : BT 1980.502 ; dans le même sens, CA Paris 30-11-1995 : BTL 1996.336).

La **freinte de route** (diminution du poids ou du volume de la marchandise transportée durant le transport par évaporation, coulage, dessiccation) peut être due à un vice propre lorsqu'elle résulte de la nature même de la marchandise (CA Montpellier 24-6-1968 : BT 1968.253). Mais il n'en est pas ainsi de la casse de route survenue en cours de transport à une marchandise fragile (T. com. Seine 12-3-1931 : BT 1931.105).

Le transporteur ne peut pas invoquer le vice propre pour s'exonérer de la présence de vermine et de moisissures dès lors qu'il a pris des denrées alimentaires sans réserves et que les températures affichées à l'arrivée dépassent largement celles prescrites (CA Rouen 1-3-2012 n° 11/01448 : BTL 2012.201).

24574 **5. Faute de l'expéditeur ou du destinataire.** Les actes ou omissions de l'expéditeur ou du destinataire ou de leur représentant, qui sont la cause de la perte ou de l'avarie, exonèrent le transporteur, même s'ils ne revêtent pas les caractères de la force majeure (Cass. com. 3-1-1979 : BT 1979.121).

Par exemple, constitue une faute de l'expéditeur le fait de communiquer au transporteur de fausses indications sur les dimensions de la marchandise à transporter (T. com. Paris 30-11-1995 : BTL 1996.54) ou de ne pas lui communiquer celles qui conviennent (CA Paris 9-4-1999 : Transidit 2000 n° 26 § 55) ; pour d'autres exemples concernant l'emballage défectueux : n° 24233.

Constitue, par ailleurs, une faute du destinataire le fait de demander une manœuvre dangereuse du véhicule afin de faciliter les opérations de déchargement (CA Paris 25-11-1977 : BT 1978.66) ou après un déchargement partiel sans s'assurer de l'arrimage suffisant de la marchandise restant à bord (CA Béthune 20-11-1957 : BT 1958.47).

Lorsque ces actes ou omissions sont aggravés par une faute du transporteur, il y a lieu à partage de responsabilité (CA Paris 25-9-1978 : BT 1978.516).

24577 **6. Fait d'un tiers.** Le transporteur est exonéré par le fait d'un tiers présentant les caractéristiques de la force majeure (CA Aix 7-3-1986 : Scapel 1986.25) ; tel est le cas de la fausse manœuvre d'un réparateur frigoriste ayant entraîné la congélation de produits frais (CA Paris 31-1-1996 : BTL 1996.111) ou de l'accident de circulation provoqué par un tiers (CA Angers 30-6-2005 : BTL 2005.488).

RETARD DE LIVRAISON DE LA MARCHANDISE TRANSPORTÉE PAR ROUTE

24585 **Existence** Il y a retard lorsque la marchandise n'est pas livrée à la date convenue (pour une absence de précision quant au délai disculpant en partie le transporteur, CA Versailles 18-3-2014 n° 12/07438 : BTL 2014.194) ou dans les délais fixés par le contrat type général lorsqu'il est applicable (art. 24.2 c.t.).

Ne constitue pas un retard mais une inexécution du contrat ou un non-respect de la date d'enlèvement le fait du transporteur qui ne met pas son véhicule à la disposition de l'expéditeur au moment convenu ou qui abandonne le transport en cours de route (CA Reims 5-5-1980 : BT 1980.299).

Un défaut de livraison au-delà d'un seuil de retard déterminé ne devient pas une perte totale et définitive (CA Paris 13-1-1983 : BT 1983.234), sauf si le contrat type général est applicable (n° 24550), si les parties l'ont prévu, ou si les circonstances le justifient (CA Paris 28-10-1993 : BTL 1994.88 : livraison de muguet le 3 mai).

Ce contrat n'est **pas applicable** dès lors que la demande en réparation est fondée sur l'inobservation des temps contractuellement prévus ; l'existence d'un retard suppose alors que le délai invoqué ne soit pas indicatif et que le transporteur soit prévenu de son caractère obligatoire (CA Lyon 20-1-2012 n° 10/07306 : BTL 2012.219).

Le transporteur est **présumé responsable** du retard dès lors qu'il n'a pas livré dans le délai prévu, sauf s'il établit l'existence d'un cas de force majeure (C. com. art. L 133-2 ; pour un exemple, n° 24565 c).

Le transporteur est aussi exonéré du retard lorsque celui-ci est imputable à l'expéditeur :
- qui a reporté, à deux reprises, la date d'enlèvement de la marchandise prévue initialement (CA Paris 23-5-1980 : BT 1980.414) ;
- qui a confié à un réparateur ayant exécuté avec lenteur l'opération de désaccouplement, avant manutention d'une machine d'imprimerie (T. com. Nanterre 3-12-1985 : BT 1986.282).

Il est responsable s'il tarde à informer son client qu'il n'a pas livré dans le délai fixé (CA Paris 3-6-1993 : D. 1994.255 note B. M.).

24588 **Obligation de réparation** Le transporteur n'est tenu de réparer le dommage consécutif au retard qu'autant qu'il a été préalablement mis en demeure de livrer (n° 24380).

Il peut, à notre avis, s'exonérer de la réparation car l'interdiction des clauses élusives ou limitatives de sa responsabilité visée par l'article L 133-1 du Code de commerce ne concerne que celles qui l'exonèrent des pertes et avaries (n° 24553 ; cf. CA Paris 6-3-1991 : BTL 1991.323 ; CA Paris 13-1-1999 : BTL 1999.383).

La demande en réparation doit, outre l'existence du retard (n° 24585), établir :
- qu'elle a été formulée, le cas échéant, dans le délai de dénonciation du retard convenu par les parties sous peine de forclusion (CA Amiens 28-3-2017 n° 15/01304) ;
- que le retard a causé un préjudice (CA Rouen 14-5-1980 : BT 1980.331) ;

Les pénalités de retard dues par l'ayant droit à la marchandise à son acheteur sont exclues du préjudice, le contrat avec celui-ci étant inopposable au transporteur qui est un tiers à son endroit (CA Paris 11-10-2007 : BTL 2007.654).

- que ce préjudice est une suite immédiate et directe du retard (CA Paris 4-2-1986 : BT 1986.396).

Dès lors que ces conditions sont réunies, le transporteur est tenu de réparer quelle que soit l'importance du dommage (Cass. com. 8-11-1966 : BT 1967.14), sauf s'il a stipulé une clause limitant ou excluant sa responsabilité pour retard, cette exclusion n'étant interdite par l'article L 133-1 du

Code de commerce que pour les pertes et les avaries (n° 24553 ; cf. CA Paris 6-3-1991 : BTL 1991.323). Mais il doit une réparation intégrale s'il a manqué à son obligation essentielle de fiabilité et de rapidité (CA Paris 28-4-2000 : RJDA 9-10/00 n° 865) ou si le préjudice résulte d'un retard à l'enlèvement de la marchandise au départ (CA Rouen 10-11-1977 : BT 1978.456, en transport maritime mais transposable).

La créance en réparation est postérieure à l'ouverture du redressement judiciaire du transporteur dès lors que la livraison a eu lieu après (CA Paris 12-11-1993 : BTL 1994.264, transposable aux autres procédures collectives).

2. DOMMAGES-INTÉRÊTS DUS PAR LE TRANSPORTEUR ROUTIER

Le transporteur peut conclure avec son donneur d'ordre un **accord** (dit accord-litige) relatif à l'indemnisation des dommages pouvant survenir à la marchandise transportée. Cet accord porte généralement sur les modalités et délais de constatation des dommages et sur le montant de l'indemnité. **24600**

Il est toutefois inopposable au destinataire s'il n'a pas été conclu ou accepté par lui.

Preuve du préjudice L'ayant droit à la marchandise ne peut obtenir réparation de son préjudice qu'à la condition d'en apporter la preuve. Il n'est pas tenu, en revanche, de justifier du remplacement des biens endommagés ou de leur réparation avant toute indemnisation (Cass. com. 18-6-1962 : BT 1962.299) ni de l'utilisation de l'indemnité à lui verser (Cass. civ. 26-1-1966 : BT 1966.172). **24603**

Nature du préjudice L'ayant droit à la marchandise peut être indemnisé de la perte subie ou du gain manqué. **24606**

Par exemple, il peut obtenir réparation :

– de la perte de production subie par son entreprise pendant le temps de la remise en état du matériel endommagé au cours d'un transport (Cass. com. 21-12-1970 : BT 1971.317) ;

– du gain qu'il a manqué de réaliser (Cass. com. 26-1-1982 : BT 1982.140) ;

– du préjudice commercial lorsque son stand reste vide pendant une foire-exposition par suite d'un retard (CA Paris 15-12-1982 : BT 1983.29) ;

– de la privation de jouissance d'un matériel accidenté en cours de transport (CA Poitiers 5-2-1986 : BT 1987.som.361).

Préjudice prévisible Le préjudice est indemnisable lorsqu'il est prévisible pour le transporteur, sauf dol ou faute inexcusable (C. com. art. L 133-8 ; n° 24624). **24609**

Sont prévisibles pour le transporteur :

– l'impossibilité de vendre des fruits et légumes au marché de nuit résultant du retard du transport (CA Paris 8-1-1971 : BT 1971.73) ;

– les variations des cours des marchandises, en particulier des fruits et légumes (CA Paris 3-2-1973 : BT 1973.100) ;

– les pénalités de retard insérées au contrat de vente conclu entre l'expéditeur et le destinataire (CA Dijon 4-2-1983 : BT 1984.33 ; contra CA Paris 23-6-1983 : BT 1984.293).

Jugé qu'étaient imprévisibles :

– les difficultés financières de l'expéditeur à la suite de l'avarie subie par la machine transportée (CA Paris 5-6-1964 : BT 1964.237) ;

– les conséquences de l'urgence du transport d'un matériel de dépoussiérage alors que cette urgence n'a pas été signalée lors de la conclusion du contrat de transport ni lors de l'accident du véhicule (CA Poitiers 25-6-1968 : BT 1968.240) ;

– les économies que son client escomptait de la machine transportée (Cass. com. 6-1-1970 : Bull. civ. IV p. 5) ;

– l'indivisibilité d'éléments transportés dans des colis différents, de nature à aggraver les conséquences du dommage survenu à un seul de ces colis dans la mesure où elle peut rendre inutilisables et sans valeur des éléments pourtant non directement endommagés, car elle ne peut être opposée au transporteur qu'autant qu'il en a été informé et qu'il a été ainsi en mesure d'en prévoir les conséquences au moment de la conclusion du contrat (CA Paris 19-6-2003 n° 01/11864 : RJDA 12/03 n° 1176).

Excluent la faute inexcusable l'installation de systèmes de fermeture, le verrouillage du portail extérieur, le contrat de surveillance ainsi que les rondes sur le site, peu important un précédent sinistre ayant du reste conduit à renforcer la sécurité ; en outre, la présence, en l'espèce, de colis susceptibles de masquer les détecteurs relevait davantage de la négligence que de la faute délibérée (CA Lyon 19-10-2023 n° 20/03064 : BTL 2023.652).

Préjudice direct Comme en droit commun, le préjudice indemnisable doit être une suite immédiate et directe de l'inexécution du contrat de transport. **24612**

Il en est ainsi, notamment, des frais :

– de location d'un matériel de remplacement pendant la durée des réparations du matériel endommagé (Cass. com. 21-7-1987 : BT 1987.546) ;

– de déplacement d'un technicien aux fins de remise en état du matériel endommagé en cours de transport (CA Paris 28-3-1979 : BT 1979.318) ;
– de remise en état de la chose alors même qu'il en résulterait une amélioration (CA Paris 6-1-1982 : BT 1982.536).
Sont, en revanche, indirectes les avaries subies par les marchandises à l'occasion d'opérations de transbordement en frontière rendues nécessaires par l'utilisation d'un véhicule non conforme aux normes de circulation du pays étranger (CA Paris 18-2-1969 : BT 1969.148).

Le transporteur responsable de l'avarie affectant des denrées périssables qui, pour des raisons phytosanitaires, ont dû être détruites ne peut pas prétendre obtenir une réduction du tiers du montant des dommages-intérêts réparant le préjudice de l'ayant droit à la marchandise (CA Dijon 5-5-2022 n° 20/01213).

24615 **Montant de la réparation** Les dommages sont évalués comme en droit commun (nos 15300 s.) sous réserve des observations suivantes.

24618 **1. Évaluation.** Les marchandises doivent être évaluées sur la base de leur facture de vente (CA Colmar 6-2-1975 : BT 1975.238), abstraction faite des ristournes consenties par l'expéditeur au destinataire (Cass. com. 10-1-1983 : BT 1983.154).

À la suite d'un vol de marchandises consécutif à une faute inexcusable du transporteur, le préjudice direct et certain causé est constitué par le prix de revente des marchandises lorsque le chargeur disposait déjà, au moment du sinistre, d'un potentiel acheteur, à un tarif déterminé (CA Montpellier 16-11-2021 n° 20/05755).

24621 **2. Indemnité plafonnée.** Sous réserve des exceptions visées au n° 24624, la responsabilité du transporteur est limitée :
– soit par la clause limitative prévue au contrat de transport ;
Cette clause est valable si elle a été acceptée par le donneur d'ordre en contrepartie d'un tarif réduit (Cass. com. 19-3-1952 : D. 1952.401) ou lorsque le transporteur a offert au donneur d'ordre la réparation intégrale moyennant la souscription d'une assurance (CA Rouen 25-9-1996 : JCP 1996.IV.664).
– soit par le contrat type qui fixe un plafond au montant de l'indemnité.
Ce plafond est applicable :
– dès lors qu'une clause limitative est inopposable au cocontractant (cf. Cass. com. 9-7-2002 : RJDA 1/03 n° 23 ; Cass. com. 24-3-2004 : BTL 2004.247 ; CA Bordeaux 27-3-2012 n° 11/00731 : BTL 2012.265) ;
– même si un partage de responsabilité entre le transporteur et son cocontractant a été ordonné (Cass. com. 12-4-2005 n° 623 : RJDA 8-9/05 n° 977) ;
– aux opérations faisant partie du contrat de transport routier, tels le chargement et le déchargement (Cass. com. 16-12-2014 n° 13-25.929 : RJDA 10/15 n° 655) ;
– aux seules actions en réparation des pertes, avaries ou retard subis par les marchandises confiées au transporteur (CA Douai 18-11-2021 n° 20/00332) ; elles ne sont donc pas opposables au donneur d'ordre qui souhaite être dédommagé des suites d'une faute contractuelle du transporteur consistant en une mauvaise information sur les possibles pertes ou endommagement de son colis (même arrêt).
Le plafond ne constitue ni une clause abusive ni un déséquilibre significatif dans les droits et obligations des parties (CA Paris 8-9-2016 n° 15/21026 : BTL 2016.527 ; sur le déséquilibre significatif, nos 12560 s.).

L'indemnité **plafonnée du contrat type** est égale :
– s'agissant du retard, au prix du transport (art. 24.3 c.t.) ;
– s'agissant de pertes, avaries et dommages, même résultant du retard (art. 22.1 c.t.) : pour les **envois de trois tonnes ou plus,** à 20 € par kilo de poids brut de marchandises manquantes ou avariées pour chacun des objets compris dans l'envoi, sans pouvoir dépasser, par envoi perdu, incomplet ou avarié, quels qu'en soient le poids, le volume, les dimensions, la nature ou la valeur, une somme supérieure au produit du poids brut de l'envoi exprimé en tonnes multiplié par 3 200 € ; pour les **envois inférieurs à trois tonnes,** à 33 € par kilo de poids brut défini comme ci-dessus, sans pouvoir dépasser 1 000 € par colis perdu, incomplet ou avarié, quels qu'en soient le poids, le volume, les dimensions, la nature ou la valeur.
Le poids des supports de charge (palettes, rolls, etc.) est inclus dans le poids brut déclaré de l'envoi (art. 6.5 c.t.).
L'envoi est défini comme la quantité de marchandises, emballage et support de charge compris, mise effectivement, au même moment, à la disposition d'un transporteur et dont le transport est demandé par un même donneur d'ordre pour un même destinataire d'un lieu de chargement unique à un lieu de déchargement unique et faisant l'objet d'un même contrat de transport (art. 2.6 c.t.) ; ainsi, pour le transport de marchandises chargées au même lieu en vue d'un déchargement en un lieu unique pour le même destinataire, le plafond de l'indemnité doit être calculé sur le poids brut de l'ensemble du chargement et non sur le poids brut de la seule marchandise sinistrée (Cass. com. 5-7-2023 n° 21-21.115 F-B : RJDA 11/23 n° 581).

3. Indemnité supérieure au plafond. Le transporteur doit réparer intégralement sans perte ni profit le préjudice subi par l'ayant droit à la marchandise (Cass. com. 21-10-2020 n° 19-15.119 F-D : DMF 2021.418 obs. Bon-Garcin, incluant le produit de la revente de la marchandise dérobée dès lors que cette revente avait déjà été prévue et formalisée avant le vol) dans les cas suivants. 24624

a. Dol ou faute inexcusable du transporteur. Le transporteur doit réparer intégralement le dommage lorsque celui-ci est dû à son dol ou à sa faute inexcusable, qui seule est équipollente au dol (C. com. art. L 133-8). Cette disposition est applicable à tout contrat de transport conclu après l'entrée en vigueur de cet article le 10 décembre 2009, même si le contrat est passé en application d'un contrat-cadre antérieur (Cass. com. 25-9-2019 n° 18-12.265 F-D : RJDA 12/19 n° 752).

Le transporteur commet un **dol** lorsqu'il viole intentionnellement ses obligations, notamment celle de ne pas sous-traiter, mais une telle violation ne le prive du bénéfice des limitations de responsabilité que si elle est la cause du dommage (Cass. com. 13-9-2017 n° 16-10.596 FS-PBI : RJDA 11/17 n° 716).

Il commet une **faute inexcusable** lorsqu'il accomplit un acte délibéré qui implique la conscience de la probabilité du dommage et son acceptation téméraire sans raison valable (C. com. art. L 133-8) ; la conscience de la probabilité du dommage implique que le transporteur ait été informé du caractère sensible de la marchandise à lui confiée (Cass. com. 25-11-2020 n° 18-26.387 F-D) ; si elle n'est pas établie, la faute n'est pas inexcusable (CA Versailles 21-1-2021 n° 19/02675 : DMF 2021.336 obs. Delebecque).

A commis une faute inexcusable le transporteur :

- dont le préposé a déchargé une caisse par des manipulations inadaptées (CA Paris 15-3-2012 n° 10/01368 : BTL 2012.215) ;
- qui n'a pas surveillé le cheminement des marchandises (CA Amiens 19-9-2013 n° 11/03289 : BTL 2013.606) ;
- qui a déplacé des meubles dans un conteneur non étanche (CA Agen 11-12-2012 n° 12/00386 : Transidit 2014 n° 67 § 10) ;
- qui n'a pas procédé au calage/arrimage d'un envoi de moins de trois tonnes (CA Besançon 17-3-2015 n° 14/00181 : BTL 2015.219) ;
- dont le chauffeur : est resté stationné à deux reprises sur une aire non clôturée ou « gardiennée », les portes de la remorque n'étant ni verrouillées ni plombées (CA Versailles 19-5-2015 n° 14/04111 : BTL 2015.363) ; a laissé la remorque en charge sur la plateforme du commissionnaire, rien ne démontrant que ce soit l'usage ou que les clés aient été remises au chef de quai (CA Paris 19-5-2015 n° 12/19421 : BTL 2015.382) ; a laissé le véhicule en charge de sensibles (dont il connaissait la nature), dans un local non sécurisé, hors champ des caméras de vidéosurveillance, le conteneur étant simplement adossé à des barres métalliques – peu important le comportement du voiturier et les contraintes de la réglementation sociale (CA Versailles 10-11-2015 n° 14/08121 : BTL 2015.686) ;
- qui a stationné pour la nuit une remorque chargée de marchandises sensibles, sans aucun dispositif de fermeture, sur un terrain non surveillé et isolé (Cass. com. 21-11-2018 n° 17-17.468 F-PB : RJDA 2/19 n° 89 ; rappr. Cass. com. 16-1-2019 n° 17-26.299 F-D).

En revanche, n'a pas commis de faute inexcusable le transporteur qui :

- n'a pas réexpédié la marchandise comme prévu en raison d'un désaccord entre professionnels (CA Caen 6-6-2013 n° 12/01007 : BTL 2013.480) ;
- n'a pris aucune initiative pour acheminer à destination le pli remis car il ne résulte pas de ce motif une acceptation téméraire de la probabilité du dommage (Cass. com. 18-11-2014 n° 13-23.194 : RJDA 3/15 n° 183 ; cf. CA Aix 12-9-2012 n° 11/21297 : BTL 2012. 567 ; CA Chambéry 16-9-2014 n° 12/01487 : BTL 2014.575 qui ont écarté la faute inexcusable dès lors que le transporteur avait pris les précautions pour éviter le dommage, et CA Paris 6-11-2014 n° 13/04898 : BTL 2014.684 pour la raison qu'il n'avait pas pu les prendre n'ayant pas connu la nature de la marchandise filmée en noir sur le support, la mention de la raison sociale de l'expéditeur ne prouvant pas son caractère sensible ; rappr. CA Chambéry 6-1-2015 n° 13/01969 : BTL 2015.45) ;
- n'a pas eu connaissance de la nature de la marchandise remise au transport (CA Paris 14-4-2015 n° 14/07802 : BTL 2015.283) ;
- a modifié le nombre de supports pris en charge par rapport à ceux livrés, une telle modification constituant, compte tenu de son caractère apparent, une rectification (CA Poitiers 1-7-2015 n° 14/01119 : BTL 2015.461) ;
- a commis une faute délibérée en ne respectant pas les consignes de calage du matériel transporté, mais qui n'a pas accepté témérairement le risque dès lors que l'expéditeur, qui assistait au chargement, n'a formulé aucune objection (CA Versailles 3-5-2016 n° 14/08484 : RJDA 8-9/16 n° 615).

Toutefois, elle ne saurait être retenue à défaut de lien causal avec le dommage, notamment lorsque les circonstances du vol allégué sont indéterminées, le transporteur ne pouvant fournir le moindre renseignement sur la disparition des marchandises (Cass. com. 4-5-2017 n° 15-22.712 F-D : GP 12-9-2017 jur. p. 28 note Carayol ; CA Paris 14-4-2015 précité), ni pour la seule raison que le transporteur a reconnu sa responsabilité (CA Bastia 23-3-2016 n° 15/00021 : BTL 2016.240).

Toute clause contraire est réputée non écrite (C. com. art. L 133-8).

Seule la faute inexcusable pouvant désormais priver le transporteur du bénéfice de la limitation réglementaire ou contractuelle des indemnités prévues en cas de dommage, il est exclu qu'à défaut d'une telle faute, une faute lourde puisse être retenue pour faire sauter le plafond de l'indemnisation (Cass. com. 4-5-2017 n° 15-20.362 F-D : GP 12-9-2017 jur. p. 28 note Carayol).

b. Déclaration de valeur et déclaration d'intérêt à la livraison. Le transporteur doit une indemnité qui peut, si le dommage le justifie, être égale à la valeur déclarée par l'expéditeur lorsque celui-ci a mentionné une valeur sur le document de transport.

L'indemnité ne peut pas être supérieure, même si la valeur de la marchandise dépasse ledit plafond (CA Paris 10-5-1985 : BT 1985.509), sauf si le transporteur a commis un dol ou une faute inexcusable ; jugé ainsi à propos d'une faute lourde assimilable au dol et qui peut être appliqué à la faute inexcusable, substituée désormais à la faute lourde (Cass. com. 15-12-1992 : RJDA 4/93 n° 317 ; CA Nîmes 16-5-2019 n° 17/04496).

Le donneur d'ordre, en l'espèce un façonnier chargé d'une opération sur de l'or et qui a commandé un transport, qui a minoré la déclaration de valeur doit réparer l'entier dommage subi par le maître d'ouvrage dont l'or remis au transport a été volé (CA Bourges 25-10-2018 n° 17/01145 : BTL 2018.623).

24627 **4. Règlement de l'indemnité.** Selon le contrat type général, la compensation unilatérale du montant des dommages allégués sur le prix du transport est interdite (art. 19.2 c.t. ; pour une application, CA Grenoble 13-4-2023 n° 21/03349).

En cas de perte ou d'avarie partielle ou totale de la marchandise, le transporteur a droit au paiement de sa rémunération, sous réserve qu'il règle l'indemnité correspondante (art. 19.6 c.t.).

3. DEMANDE EN RÉPARATION CONTRE LE TRANSPORTEUR ROUTIER

DEMANDEUR À L'ACTION EN RÉPARATION CONTRE LE TRANSPORTEUR ROUTIER

24640 **Expéditeur** L'expéditeur a le droit d'agir contre le transporteur, quelles que soient les conditions de la vente qu'il a pu conclure avec le destinataire (Cass. ass. plén. 22-12-1989 : BT 1990.27), alors même que la marchandise voyage aux risques de ce dernier (Cass. com. 30-10-2012 n° 11-21.952 : BTL 2012.667), si elle a été réexpédiée au destinataire réel par l'entremise du même transporteur par un tiers auquel ladite marchandise a été livrée par erreur (Cass. com. 7-2-1956 : BT 1956.94) ou si elle a été vendue « franco » au départ (Cass. com. 10-10-1995 : RJDA 1/96 n° 21).

Il peut aussi agir directement contre le transporteur substitué, même si son nom ne figure pas sur le document de transport, du moment que sa qualité d'expéditeur est établie (Cass. com. 17-2-1964 : BT 1965.8 ; dans le même sens, Cass. com. 20-2-1990 : DMF 1991.98 note R. A.).

24643 **Destinataire** Le destinataire dont la qualité est établie (n° 24236) peut agir contre le transporteur en vertu d'une action contractuelle (Cass. com. 4-3-2008 n° 07-11.728 : RJDA 6/08 n° 652), même s'il n'a pas reçu livraison par suite de perte de la marchandise (Cass. com. 1-4-2008 n° 07-11.093 : RJDA 8-9/08 n° 911) ou s'il n'a pas payé le prix de vente de la marchandise (Cass. com. 9-4-2013 n° 12-10.159 : RJDA 11/13 n° 871.som.).

24646 **Autres actions** Sur l'action de l'assureur subrogé contre le transporteur, n°s 17800 s. ; sur l'action en responsabilité extracontractuelle, n° 24556.

FORCLUSION DE L'ACTION EN RÉPARATION CONTRE LE TRANSPORTEUR ROUTIER

24650 Celui qui agit en réparation du dommage contre le transporteur peut se voir opposer, sur le terrain contractuel, une fin de non-recevoir lorsqu'il n'a pas accompli les formalités de dénonciation requises (n° 24436).

PRESCRIPTION ANNALE DES ACTIONS LIÉES AU TRANSPORT ROUTIER

24655 **Actions visées** Sont soumises à la prescription annale toutes les actions auxquelles le contrat de transport peut donner lieu, y compris celles en révision de compte (sur cette révision, n° 16109), qu'elles soient dirigées contre le transporteur, l'expéditeur ou le destinataire (C. com. art. L 133-6, al. 1 et 2 ; pour une application au destinataire demandeur, CA Paris 28-9-2011 n° 10/00358 : BTL 2011.704 ; pour une application au contrat conclu par le mandataire du destinataire, CA Angers 4-6-2019 n° 17/01203).

Ces actions sont les suivantes.

1. Actions pour pertes, avaries ou retard (art. L 133-6, al. 1). Il s'agit des actions fondées sur la perte de la marchandise à laquelle on assimile tous les cas de non-livraison (Cass. com. 7-2-1955 : BT 1955.207), sauf les cas de fraude ou d'infidélité (n° 24673).

Échappeà la prescription annale l'action exercée contre le transporteur par le propriétaire de la marchandise non partie au contrat de transport (CA Reims 8-6-1982 : BT 1983.382).

2. Actions relatives aux frais de transport (art. L 133-6, al. 2). La prescription annale s'applique, par exemple, à l'action :
– exercée contre l'expéditeur en paiement d'insuffisance de taxes pour fausses déclarations de poids (CA Paris 5-3-1942 : BT 1942.20) ;
– de l'expéditeur en remboursement du trop-perçu par le transporteur (Cass. com. 3-5-2011 n° 10-11.983 : RJDA 10/11 n° 772) ;
– en paiement des frais d'entreposage de la marchandise en cours de transport (CA Aix 28-10-1980 : Scapel 1981.44) ou de frais de stationnement de conteneurs mis à disposition (CA Aix 17-4-2014 n° 12/08701 : BTL 2014.279) ou de douane si le transporteur n'est pas chargé du dédouanement par un mandat spécial distinct de son obligation de déplacement (CA Orléans 4-12-2014 n° 14/011929 : BTL 2015.30 ; CA Nancy 24-1-2018 n° 16/01671) ;
– en remboursement des frais d'expertise judiciaire dont le requérant a fait l'avance (T. com. Seine 15-3-1948 : BT 1948.497) ;
– du transporteur visant la compensation effectuée par son donneur d'ordre entre des créances nées à l'occasion de l'exécution de contrats de transport (Cass. com. 8-6-1993 : BTL 1993.475) ;
– directe en paiement du substitué (CA Orléans 23-9-2004 n° 03-200 : RJDA 12/04 n° 1323) et en paiement du sous-traitant (Cass. com. 1-4-2008 n° 07-13.323 : RJDA 8-9/08 n° 910) ;
– en complément de prix réclamé au donneur d'ordre (CA Orléans 22-2-2007 n° 06-1016 : RJDA 8-9/07 n° 835 ; CA Versailles 15-9-2015 n° 14/01825 : BTL 2015.622) ou en remboursement d'un trop-perçu à la suite d'une erreur de facturation (CA Toulouse 22-1-2013 n° 11/02793 : BTL 2013.96) ;
– relative à l'assurance conclue par le commissionnaire de transport (CA Douai 25-11-2021 n° 19/05976 : DMF 2022.130 obs. Raynaud).

3. Actions pour prestations accessoires au transport (art. L 133-6, al. 2). Sont soumises à la prescription annale, par exemple :
– les actions relatives à un contre-remboursement (art. 20.5 c.t. ; Cass. com. 10-10-1995 : BTL 1995.762 ; CA Versailles 16-1-1997 : RJDA 4/97 n° 509) ;
– l'action en réparation des avaries à la marchandise subies en cours d'entreposage, dès lors que celui-ci ne constitue que l'accessoire du transport (Cass. com. 3-1-1978 n° 76-12.641 : Bull. civ. IV n° 6 ; CA Aix 8-11-1995 : BTL 1996.133) ;
– l'action en réparation du préjudice commercial (Cass. com. 22-4-1997 : RJDA 8-9/97 n° 1043) ;
– l'action en restitution de palettes en nature ou en valeur (Cass. com. 7-11-2018 n° 17-26.192 F-D), tant principale que reconventionnelle (CA Aix-en-Provence 14-3-2019 n° 16/17027 ; CA Nîmes 25-4-2019 n° 17/04590) ;
– l'action en réparation du dommage causé par une manutention défectueuse préparatoire au transport (Cass. com. 23-9-2014 n° 13-15.541 : BTL 2014.588).

En revanche, ne sont pas soumises à la prescription annale les actions fondées sur des prestations dont le transport n'est que l'accessoire et, notamment :
– l'action fondée sur le contrat de dépôt que les parties ont substitué au transport après refus du destinataire de prendre livraison (Cass. com. 4-7-1977 : BT 1977.401) ou qu'elles ont conclu temporairement en vue d'une mise en conteneur de la marchandise (CA Paris 25-2-1999 : BTL 1999.421) ;
– les actions relatives à la commission en douane (Cass. com. 30-5-1995 : BTL 1995.435 ; Cass. com. 22-3-2016 n° 14-16.592) ou à des amendes fiscales (CA Paris 6-4-1981 : BT 1981.246) ;
– l'action exercée pour faute commise dans le mandat d'assurer la marchandise (CA Lyon 12-7-1996 : BTL 1997.64) ou de régler le litige né du transport (CA Aix 30-4-2007 n° 05-11075 : DMF 2008.233 obs. C. Humann) ;
– les actions relatives au compte courant existant entre les parties (n° 40542) et les actions extracontractuelles (CA Paris 7-2-1992 : BTL 1992.240) ;
– l'action en réparation d'un préjudice corporel (Cass. com. 20-3-1973 : BT 1973. 204 ; CA Paris 9-6-1993 : BTL 1993.645 ; CA Rouen 3-6-2021 n° 19/04143) ou commercial (Cass. com. 22-4-1997 : RJDA 8-9/97 n° 1043) ;
– l'action en paiement de la garantie de chiffre d'affaires (CA Paris 12-9-2019 n° 17/04515).

4. Demandes reconventionnelles. La demande reconventionnelle du défendeur à l'instance principale constitue une action indépendante de celle-ci, soumise comme telle à la prescription annale (Cass. com. 26-5-1998 : RJDA 11/98 n° 1219 ; CA Colmar 30-8-2004 : BTL 2005.275).

5. Actions en réparation pour rupture fautive du contrat. L'action en réparation pour rupture brutale d'une relation commerciale établie née d'un contrat de transport est soumise à la prescription de droit commun de cinq ans mais celle pour rupture fautive fondée sur l'exécution défectueuse du contrat de transport se prescrit par un an (Cass. com. 18-10-2016 n° 15-13.725 F-D : RJDA 2/17 n° 139).

Application du délai annal de prescription L'ayant droit à la marchandise doit intenter son action dans le délai d'un an sous les conditions suivantes. **24658**

1. Point de départ. L'action doit être intentée dans l'année de la remise ou de l'offre de la marchandise au destinataire ou de la date à laquelle elle aurait dû être livrée en cas de perte totale (C. com. art. L 133-6, al. 3). **24661**

Le délai de prescription commence à courir :
– en cas de **perte partielle,** du jour de l'offre du premier colis au destinataire et non du jour de l'expiration du délai de livraison (T. com. Seine 20-11-1944 : BT 1945.99) ou du jour de la remise des marchandises non perdues, la non-présentation des marchandises perdues ne pouvant pas être

considérée comme une perte totale rendant impossible le départ de la prescription par suite d'une absence de livraison (CA Paris 13-3-2008 : BTL 2008.286) ;

– en cas de **retard,** du jour de la livraison, même si une mise en demeure de livrer a été adressée avant la livraison par le destinataire au transporteur (CA Paris 14-2-1980 : BT 1980.136) ;

– en cas d'**exécution fractionnée** du contrat de transport, du jour de la dernière livraison formant solde du lot (Cass. com. 10-3-1981 : BT 1981.291 ; CA Montpellier 16-1-2007 : BTL 2007.96 ; CA Orléans 8-3-2018 n° 16/03978) et non pas du jour de la conclusion du contrat de transport unique (Cass. com. 8-1-1979 : BT 1979.153) ;

– en cas de **refus** du destinataire **de prendre livraison,** du jour de la restitution des marchandises par celui-ci à l'expéditeur lorsqu'elles lui sont réexpédiées (Cass. com. 19-2-1985 : BT 1985.270 ; CA Paris 25-6-2008 : BTL 2008.540 ; toutefois CA Rouen 8-11-1984 : BT 1985.113 : du jour où l'expéditeur a eu connaissance du refus du destinataire) ; si elles sont volées en cours de réexpédition, du jour où elles auraient dû être restituées (CA Aix 13-5-1994 : BTL 1994.670) ;

– en cas de **perte totale,** obligatoirement du jour où la remise de la marchandise aurait dû être effectuée, les juges devant rechercher ce jour et ne pouvant retenir celui où la marchandise a été offerte au destinataire (Cass. com. 15-6-2011 n° 10-27.890 : DMF 2011.829 obs. Lecaroz et obs. Tassel), ou celui de la survenance du dommage (Cass. com. 19-11-1979 : BT 1980.38 ; CA Aix 12-4-2012 n° 11/11923 : BTL 2012.346) ; à défaut de date de remise convenue, il convient de se référer aux délais d'acheminement des contrats types (CA Versailles 11-6-2013 : BTL 2013.399) ;

– en cas de **prestations annexes** (déchargement, chargement du camion), du jour de l'établissement de la facture correspondant à l'exécution desdites prestations (CA Paris 19-11-2020 n° 18/17113) ;

– en cas de **livraison partielle,** du jour de l'émission d'une nouvelle offre de livraison, sauf dans l'hypothèse où les biens ou marchandises devant faire l'objet de la nouvelle livraison ont déjà été proposés au destinataire qui les a refusés (CA Montpellier 15-12-2021 n° 21/01147) ;

– en cas de **livraison** de marchandises avariées **par le sous-traitant,** à compter de la livraison et non de la facture adressée par le « commissionnaire » à son substitué direct (CA Colmar 4-4-2022 n° 20/03179).

Dans le cas de **transports** faits **pour le compte de l'État,** la prescription ne commence à courir que du jour de la notification de la décision ministérielle emportant liquidation ou ordonnancement définitif (C. com. art. L 133-6, al. 4).

Tant que le transporteur oppose au destinataire son **droit de rétention,** la prescription ne court pas, car, soit il est considéré comme ne lui offrant pas la marchandise (Cass. com. 26-9-2006 n° 1036 : RJDA 3/07 n° 261), soit il ne peut prétendre que la rétention s'assimile à la perte totale (CA Amiens 4-12-2012 n° 10/03356 : BTL 2013.35).

À défaut de preuve de la date de livraison, la prescription n'est pas acquise et ne peut pas être opposée au demandeur par la partie qui l'invoque (CA Montpellier 21-2-2012 n° 10/10068 : BTL 2012.252).

24667 **2. Interruption.** Le cours de la prescription est interrompu par les causes de droit commun d'interruption de la prescription (n°s 71750 s.).

Il en est ainsi, par exemple :

– si le transporteur déduit des frais de transport la valeur des dommages causés à la marchandise (Cass. com. 23-4-1957 : BT 1957.364 ; Cass. com. 6-1-1998 : BTL 1998.39) ;

– si l'assureur de responsabilité du voiturier donne son accord pour le démontage et le remontage d'une machine accidentée (Cass. com. 5-2-1985 : BT 1985.543) ;

– si le transporteur établit sans réserve un avoir en réponse à une demande d'indemnisation de son client (Cass. com. 8-1-2002 n° 99-14.251).

En revanche, la prescription n'est pas interrompue par :

– le règlement par l'assureur du transporteur du dommage subi par le destinataire de la marchandise dès lors que le transporteur n'a pas appuyé la demande du destinataire et que le règlement s'est effectué sans son intervention (CA Aix 20-5-1976 : Bull. Cour d'Aix 1976/2 p. 51) ;

– la participation du transporteur à une expertise amiable (Cass. com. 8-10-1985 : Bull. civ. IV p. 194 ; CA Versailles 9-5-2017 n° 16/00081) ;

– l'envoi, par le propriétaire des marchandises, au transporteur d'une facture du montant du préjudice (Cass. com. 23-2-1988 : BT 1988.334) ;

– la transmission du dossier à l'assureur (CA Dijon 31-1-1995 : BTL 1996.112) ;

– le fait que le transporteur n'a jamais contesté sa responsabilité envers l'expéditeur et qu'il a avisé celui-ci des démarches entreprises auprès des gendarmes et de l'assureur (Cass. civ. 10-5-2000 : RJDA 9-10/00 n° 866) ;

– l'offre du transporteur de payer l'indemnité prévue au contrat type applicable, car cette indemnité est due en toute hypothèse (CA Lyon 15-3-2007 : JCP G 2007.IV.2465 ; CA Poitiers 13-3-2018 n° 16/04454) ;

– la demande d'expertise, prévue par l'article L 133-4 du Code de commerce (n° 24446), formulée par simple requête, laquelle n'équivaut pas à une citation en justice (Cass. com. 5-4-2011 n° 10-15.852 F-PB : RJDA 8-9/11 n° 697) ;

– la compensation irrégulièrement pratiquée (Cass. com. 13-12-2016 n° 15-19.509 FS-PB : RJDA 4/17 n° 246) ;

– la déclaration de créance à la procédure collective du transporteur faite après l'expiration du délai annal (CA Paris 23-2-2017 n° 14/23857 : BTL 2017.160).

Sur d'autres applications de l'interruption de la prescription par reconnaissance du droit du créancier, n° 71765.

Sur les effets de l'interruption de la prescription depuis la réforme de la prescription, n° 71775.

3. Suspension. La prescription peut être suspendue dans les termes du droit commun et notamment à l'égard de celui qui se trouve dans l'impossibilité absolue d'agir (Cass. com. 17-2-1964 : BT 1965.8). 24670

Tel est le cas de l'expéditeur auquel le transporteur a faussement déclaré que les marchandises avaient été livrées au destinataire pour finalement l'aviser, six mois après, que celles-ci avaient été perdues (Cass. com. 3-5-1976 : BT 1976.319).

Mais la prescription n'est point suspendue :

– du fait d'une expertise amiable (Cass. com. 21-3-1984 : BT 1984.503) ;

– du fait qu'un commissaire d'avaries de la compagnie d'assurance du transporteur a tardé à déposer son rapport (CA Paris 16-2-1982 : BT 1982.310).

4. Exclusion du délai d'un an. Le délai d'un an n'est pas applicable dans les cas suivants. 24673

a. Fraude ou infidélité. La prescription annale est écartée pour toutes les actions nées du contrat de transport lorsque le transporteur s'est rendu coupable d'une fraude ou d'une infidélité (cf. C. com. art. L 133-6, al. 1 et 2) ; il en est ainsi de toutes les actions auxquelles ce contrat peut donner lieu, et pas seulement de celles concernant les pertes, avaries et retards (Cass. com. 11-3-2020 n° 18-25.552 F-D : RJDA 6/20 n° 306) ; échappent notamment à la prescription annale les demandes de répétition de l'indu et les demandes reconventionnelles de compensation (Cass. com. 27-9-2017 n° 16-12.942 FS-PBI : BRDA 22/17 inf. 13, jugeant, en outre, que ce texte n'impose pas la preuve de l'impossibilité d'agir dans le délai d'un an suivant la découverte de la fraude), les actions en redressement d'un compte arrêté (n° 16109) ou en remboursement de surfacturations indues (Cass. com. 11-3-2020 précité). La prescription de droit commun est alors applicable, et l'action est recevable même si la preuve de l'impossibilité d'agir dans le délai d'un an suivant la découverte de la fraude n'est pas rapportée par le demandeur (Cass. com. 27-9-2017 précité).

La fraude ou l'infidélité suppose une « volonté malveillante, une déloyauté, une dissimulation du préjudice causé » (Cass. com. 4-11-1968 : BT 1969.64) ; ces notions doivent être interprétées strictement (CA Paris 6-10-2004 : BTL 2004.704).

Constitue une fraude le détournement de la marchandise (Cass. req. 29-4-1947 : GP 1947.2.79 ; Cass. com. 28-2-2018 n° 16-24.210 F-D : RJDA 5/18 n° 420) ou le fait de laisser croire au donneur d'ordre qu'ont été accomplies des diligences pour son indemnisation (CA Versailles 6-1-2015 n° 12/07262 : BTL 2015.43) mais non les discussions engagées un temps entre les parties (CA Reims 10-7-2012 n° 10/01224 : BTL 2012.538).

Quant à l'infidélité, elle est commise par le voiturier qui transporte la marchandise en vrac dans un conteneur métallique au lieu de fournir des cartons ou des couvertures comme il avait été convenu (CA Paris 11-7-1978 : BT 1978.501) ou qui procède, au mépris de ses engagements, à vingt reprises, à la livraison de marchandises sans avoir reçu l'autorisation de son donneur d'ordre (CA Chambéry 6-10-1992 : BTL 1992.689).

Mais la fraude et l'infidélité ne sont pas caractérisées lorsque le transporteur :

– tarde à informer son client de la survenance du sinistre, si ce retard ne lui occasionne pas de préjudice (CA Paris 4-1-1978 : BT 1978.331), ou demande à l'ayant droit de lui faire connaître le montant des dommages estimés et la facture globale de la marchandise transportée afin de communiquer ces renseignements à son assureur (CA Versailles 6-4-1995 : BTL 1995.394 ; CA Versailles 9-6-2005 : BTL 2005.473) ;

– a seulement fait pratiquer une expertise non contradictoire (TGI Lyon 13-12-1999 : BTL 2000.14) ou n'a pas pris de réserves (CA Rouen 25-11-2004 : BTL 2005.30) ;

– a remis un colis à une personne non habilitée à le recevoir (CA Paris 24-4-2003 : Transidit 2003 n° 38 § 196).

b. Renonciation. La prescription, lorsque le transporteur ou l'ayant droit à la marchandise sont en mesure de s'en prévaloir, peut faire l'objet d'une renonciation expresse ou tacite.

Tel est le cas, en particulier, lorsque :

– le donneur d'ordre propose une offre partielle de régler les coûts des différents transports réalisés (CA Paris 12-11-1981 : BT 1982.235) ;

– le transporteur propose un règlement à l'amiable de l'indemnité (CA Paris 10-5-1985 : BT 1985.509) ;

– le donneur d'ordre demande que le prix du transport qui lui est réclamé soit compensé avec l'indemnité pour avaries à laquelle il prétend (CA Paris 6-7-1988 : BT 1989.270 : transport CMR mais transposable).

En revanche, n'équivalent pas à une renonciation :

– le fait pour le transporteur de n'avoir jamais contesté le dommage (Cass. com. 3-5-1995 : BTL 1995.356) ;

– le fait pour le transporteur de ne pas avoir invoqué la prescription en première instance (CA Paris 17-6-1977 : BT 1977.404) ou d'y avoir renoncé dans un courrier mais pour un autre litige en cours (CA Versailles 20-4-1995 : BTL 1995.858).

c. Report de la prescription. Le bénéfice du report de la prescription accordé par l'assureur de la marchandise à un transporteur s'étend au transporteur substitué, sans qu'il soit besoin que le report ait été porté à la connaissance de ce dernier (CA Aix 10-3-1994 : Scapel 1994.140, à propos d'un transporteur maritime mais transposable au transporteur routier substitué).

Mais le report accordé par un commissionnaire à son client est inopposable au transporteur substitué (T. com. Paris 21-6-1993 : BTL 1993.522).

Les deux situations ci-dessus sont différentes : dans la première, le même rapport d'obligation existe entre les deux transporteurs ; dans la seconde, l'obligation liant le commissionnaire et son client est différente de celle liant le commissionnaire et le transporteur avec lequel il a conclu un contrat distinct.

DÉFENDEUR À L'ACTION EN RÉPARATION

24675 L'action en réparation des dommages doit être dirigée contre le transporteur qui a émis le document de transport (nos 24340 s.). Lorsque le contrat de transport fait l'objet d'une exécution fractionnée, l'action doit, en principe, être engagée contre le premier transporteur qui a contracté avec l'expéditeur (Cass. com. 13-4-1976 : BT 1976.257).

En pratique, il est préférable d'actionner tous les participants à la chaîne du transport car en agissant seulement contre l'un d'eux, si celui-ci parvient à s'exonérer de la présomption de responsabilité pesant sur lui, le défendeur ne pourra plus reprendre la procédure contre un autre transporteur intermédiaire, la prescription annale étant généralement acquise à ce dernier.

ACTION RÉCURSOIRE

24677 **1. Qualification.** L'action récursoire est celle que le défendeur forme contre un codéfendeur ou un tiers aux fins d'être **garanti** d'une condamnation susceptible d'être prononcée contre lui au profit du demandeur. N'est pas une action récursoire :

– l'action préventive en constatation négative de responsabilité ou un jugement déclaratoire négatif dans un État membre de l'UE, qui ne se confond pas avec l'action récursoire formée au titre du même dommage qui oppose les mêmes parties dans un autre État membre, car elle n'a pas le même objet et la même cause que l'action récursoire (CJUE 19-12-2013 aff. 452/12 : RJDA 4/14 n° 402) ;

– l'action de l'acheteur de fuel demandant la garantie du vendeur donneur d'ordre mais dirigée contre le transporteur, en raison des dommages occasionnés par lui aux biens de l'acheteur destinataire, qui, fondée sur le contrat de vente, est une action principale devant être intentée dans l'année suivant la livraison (CA Lyon 12-1-2023 n° 22/02733).

2. Délai d'exercice imparti. L'action récursoire contre un transporteur substitué, tant routier (CA Paris 12-5-2011 n° 10/18552 : BTL 2011.400) que maritime CA Aix 19-1-2023 n° 19/15635 : DMF 2023.309 obs. Bon-Garcin), doit être exercée dans le délai d'un mois à compter de la date de l'assignation initiale (C. com. art. L 133-6, al. 4 ; Cass. com. 7-7-1998 : RJDA 11/98 n° 1220).

Si le délai d'un an de la prescription de l'action principale est consommé, l'action récursoire ne peut plus être exercée (CA Rennes 23-6-2023 n° 22/04632).

En **matière maritime,** l'action récursoire peut être exercée même après l'expiration du délai d'un an de prescription de l'action principale, si elle l'est dans le délai déterminé par la loi du tribunal saisi de l'affaire ; toutefois, ce délai ne peut être inférieur à trois mois à partir du jour où la personne qui exerce l'action récursoire a réglé la réclamation ou a elle-même reçu signification de l'assignation (Convention de Bruxelles 25-8-1924 art. 3, § 6 bis).

3. Irrecevabilité. Lors d'une livraison de fioul, le citernier chargé du transport avait fait déborder l'une des cuves du destinataire. Ce débordement avait pollué un terrain mitoyen, causant au tiers propriétaire du terrain un trouble anormal de voisinage ; ce dernier avait alors poursuivi le destinataire en réparation de son préjudice, lequel avait ensuite agi contre le citernier. Ce recours du destinataire ne relève pas de la responsabilité délictuelle mais de la mauvaise exécution du contrat de transport ; de ce fait, il est irrecevable dès lors que la prescription annale était expirée, le destinataire ne pouvant invoquer le délai mensuel propre aux actions récursoires puisque l'action contre le citernier procédait du trouble de voisinage (CA Toulouse 13-11-2017 n° 15/05999).

DEMANDE D'UNE PROVISION CONTRE LE TRANSPORTEUR ROUTIER

24680 Lorsque le dommage est important et que la responsabilité du transporteur n'est pas sérieusement contestable, l'ayant droit à la marchandise peut demander, par voie de référé, l'allocation d'une indemnité provisionnelle (nos 59400 s. ; pour des exemples : CA Paris 5-3-1975 : BT 1975.382 ; T. com. Paris 7-9-1979 : BT 1979.455 ; T. com. Pontoise 1-8-1978 : BT 1978.433).

COMPÉTENCE POUR CONNAÎTRE LES CONTESTATIONS RELATIVES AU TRANSPORT

24683 **Distinction entre livraison et prestation de services** Le contrat de transport comporte à la fois une prestation de services et la livraison d'une chose ; dès lors que la

contestation ne soulève pas un manquement à la livraison de la marchandise, notamment, ni la perte ou une avarie de la marchandise ni un retard dans l'exécution du contrat, et concerne l'une des modalités essentielles de l'**exécution** de la **prestation de services,** la compétence de la juridiction qui doit être saisie est la juridiction du lieu de l'exécution de la prestation de services (CA Paris 1-9-2016 n° 16/03403 : BTL 2016.526 : litige portant sur l'exigibilité, à l'encontre du destinataire, des frais annexes venant en complément du prix payé par l'expéditeur).

4. INDEMNISATION PAR L'ASSUREUR

Pour recevoir l'indemnité, l'ayant droit à la marchandise qui l'a assurée doit justifier de sa qualité au moyen de la production de l'original du certificat d'assurance ou de tout autre moyen (CA Paris 24-4-1981 : DMF 1982.162, en transport maritime mais transposable). L'assuré a seul qualité pour interrompre la prescription à l'égard de l'assureur (CA Reims 8-2-1983 : BT 1983.270). 24700

Il a aussi une action contre l'assureur de la responsabilité du transporteur, sous réserve que les conditions de la mise en jeu de la garantie soient remplies (cf. CA Colmar 30-9-2020 n° 16/03839 : BTL 2020.3802 jurisp. p. 3 : conditions de la police non remplies).

D. Autres dommages liés au transport routier

DOMMAGES CAUSÉS AU VÉHICULE DU TRANSPORTEUR

Dommages causés par les opérations de chargement ou de déchargement La responsabilité des dommages subis par le véhicule du transporteur incombe à celui qui effectue les opérations de chargement ou de déchargement (pour une application au destinataire, Cass. 2e civ. 3-3-2011 n° 10-11.472 F-D ; voir aussi CA Douai 9-4-1998 : BTL 1998.339 ; art. 5, al. 2 c.t. ; CA Bordeaux 8-4-2009 : BTL 2009.321). 24750

L'action en réparation du dommage se prescrit en un an (Cass. com. 26-2-2020 n° 18-11.430 F-D : RJDA 6/20 n° 342).

Sur la détermination de l'auteur du chargement ou du déchargement, nos 24319 et 24400.

Dommages dus au mauvais état des lieux d'enlèvement Ces dommages restent à la charge du transporteur puisqu'il appartient à ce dernier d'apprécier s'il peut s'engager sur ces lieux sans danger (Cass. civ. 17-10-1979 : BT 1980.273), à moins que ces lieux ne présentent un vice caché (CA Rouen 14-3-1973 : BT 1973.257). 24753

Dommages tenant au fait de la marchandise L'expéditeur est responsable des dommages résultant du fait de la marchandise par suite d'un défaut d'emballage ou d'arrimage ou d'un vice propre de celle-ci ; la même responsabilité incombe au commissionnaire de transport, car il agit en son propre nom (Cass. com. 14-1-2004 n° 81 : RJDA 5/04 n° 557). 24756

Il en est ainsi, par exemple :

- de l'inflammation spontanée de la marchandise par suite d'un vice propre (CA Grenoble 9-6-1982 : BT 1982.490 ; CA Riom 1-2-2016 n° 14/02884 : BTL 2016.91 : responsabilité du commissionnaire) ;
- du renversement d'une marchandise corrosive dans le véhicule pour défaut d'emballage (CA Paris 12-12-1983 : BT 1984.460) ;
- du renversement du véhicule par suite du défaut de blocage de la tourelle d'une grue (CA Paris 24-1-1984 : BT 1984.503) ;
- des dégâts causés au véhicule dus à la chute de deux palettes mal arrimées (CA Paris 17-1-2001 : BTL 2001.94).

Il est exonéré s'il a averti le transporteur des qualités que devait offrir le véhicule (T. com. Paris 31-3-1992 : BTL 1992.331), même s'il n'a pas renouvelé son avertissement à l'occasion du transport générateur du dommage (CA Paris 19-5-1994 : BTL 1994.535).

Les dommages subis par le véhicule du fait de la présence même de la marchandise restent à la charge du transporteur en tant que risques d'exploitation (CA Rouen 15-10-1981 : BT 1982.257).

Régime de l'action L'action en réparation exercée par le transporteur est fondée sur le contrat de transport lorsqu'elle est dirigée contre l'expéditeur ou le destinataire (Cass. com. 16-10-1984 n° 82-15.208 : Bull. civ. IV n° 264 ; CA Paris 24-10-2013 n° 11/11242 : BTL 2013.668, écartant l'application de la loi 85-677 du 5-7-1985 sur les accidents de circulation) et, partant, est soumise à la prescription annale (même arrêt). 24759

Il appartient toutefois au transporteur d'établir une faute de l'expéditeur ou du destinataire et sa relation causale avec le dommage (Cass. com. 17-4-1980 : BT 1980.285). La même obligation pèse sur le commissionnaire qui se retourne contre son donneur d'ordre (Cass. com. 4-3-2008 n° 07-13.007 : RJDA 11/08 n° 1208).

DOMMAGES CAUSÉS AUX BIENS D'UNE PARTIE AU TRANSPORT ROUTIER

24765 Le dommage causé aux biens du destinataire à l'occasion de la livraison des marchandises transportées engage la responsabilité contractuelle du transporteur, car il survient dans l'exécution du contrat de transport (Cass. com. 24-9-2003 : RJDA 2/04 n° 157, à propos d'un transport maritime mais transposable et cassant l'arrêt qui avait jugé qu'un tel dommage était indépendant des relations contractuelles ; CA Lyon 3-2-2022 n° 19/01297, à propos d'un transport sous-traité). Mais la responsabilité du destinataire peut aussi être engagée (Cass. com. 24-5-2005 : BTL 2005.402), sauf s'il est prouvé que les opérations de livraison sont restées sous la garde exclusive du transporteur (Cass. 2e civ. 15-3-2007 : BTL 2007.236).

SECTION 3

TRANSPORT ROUTIER CMR

APPLICATION DE LA CMR

25000 La convention de Genève du 19 mai 1956 sur le transport routier de marchandises, dite CMR, s'applique dans les conditions ci-après.

Lorsque la CMR n'est pas applicable ou ne donne pas la règle applicable à la situation en cause, à défaut de choix d'une loi applicable par les parties, le règlement CE 593/2008 du 17 juin 2008, dit « Rome I » (n° 17103), doit être appliqué si le contrat de transport est localisé sur le territoire de l'UE pour des transports transfrontaliers. Dans ce cas, le contrat est régi par la loi du pays dans lequel le transporteur a sa résidence habituelle, pourvu que le lieu de chargement ou le lieu de livraison ou encore la résidence habituelle de l'expéditeur se situe aussi dans ce pays ; si ces conditions ne sont pas satisfaites, il est régi par la loi du pays dans lequel se situe le lieu de livraison convenu par les parties (Règl. art. 5, 1).

25003 **Application d'ordre public** La CMR est un texte d'ordre public qui exclut l'application du droit national sauf sur les points où elle s'y réfère ou sur ceux qu'elle ne règle pas ; le juge doit l'appliquer d'office et les parties ne peuvent y déroger hors les cas qu'elle prévoit (Cass. com. 30-6-2009 n° 08-15.026 : Bull. civ. IV n° 91).

La CMR doit être appliquée dès lors qu'il s'agit de régler les rapports entre des parties à un contrat de transport (Cass. com. 3-11-1992 : RJDA 2/93 n° 111, écartant l'application de l'accord franco-monégasque soumettant les transports entre les deux territoires à la réglementation française).

L'application impérative de la CMR ne peut concerner que les dispositions de cette convention ; pour toutes les questions sur lesquelles la CMR ne se prononce pas, notamment le chargement, l'arrimage, le déchargement, les parties sont libres de choisir les règles applicables et peuvent donc opter pour celles incluses dans les contrats types (n° 24227). À défaut de ce choix, les contrats types ne sont applicables, à notre avis, qu'autant que la loi française est applicable aux opérations en cause.

Hormis le cas exposé au n° 25350, les parties ne peuvent **pas déroger** aux règles de la CMR (art. 41 ; Cass. com. 5-6-1972 : BT 1972.484 : interdiction de modifier le délai de prescription d'un an ; Cass. com. 17-5-1983 : BT 1983.445 : interdiction de limiter l'indemnité de dédommagement à un montant inférieur à celui prévu par la convention).

25006 **Pays expéditeur et destinataire différents** La CMR s'applique à tout transport international routier de marchandises lorsque les deux conditions suivantes sont réunies (art. 1, 1) :

– les lieux de prise en charge et de livraison de la marchandise, mentionnés sur un même contrat, sont situés dans deux États différents ;

– l'un au moins de ces deux pays est un État contractant à la convention.

Ainsi, tout transport à destination ou en partance de la France, y compris Andorre (CA Montpellier 8-1-1987 : BT 1987.589), est soumis à la CMR, que l'État de destination ou d'expédition soit ou non adhérent (Cass. com. 8-1-1974 : BT 1974.91), et même si la marchandise chargée en France n'a pas quitté le territoire français (Cass. com. 18-3-1986 n° 84-12.306 : Bull. civ. IV n° 54 ; dans le même sens, à propos du territoire belge, T. com. Boulogne-sur-Mer 24-11-2017 : BTL 2017.25006).

Le domicile et la nationalité des parties au contrat de transport importent peu (art. 1, 1).

25009 **Exécution d'un transport** La convention s'applique à tout contrat de transport de marchandises réalisé, à titre onéreux (art. 1, 1), au moyen d'automobiles, véhicules articulés, remorques et semi-remorques (art. 1, 2), alors même que le transport serait effectué par des États, des institutions ou des organisations gouvernementales (art. 1, 3).

Relève de cette qualification le contrat conclu avec l'opérateur qui se voit confier une expédition internationale qu'il sous-traite car il n'est pas, de ce fait, commissionnaire mais transporteur, le contrat ayant été conclu en cette qualité et non en celle d'organisateur (CA Nancy 27-4-2021 n° 21/03040).

Il en résulte que la CMR n'est pas applicable dès lors que le contrat en cause n'est pas de transport.

Ainsi, sauf stipulation contraire (n° 25018), ne peuvent l'invoquer :
– le mandataire de l'expéditeur chargé d'accomplir les formalités douanières et de vérifier les conditions mises par l'expéditeur à la livraison (Cass. com. 20-10-1982) ;
– le commissionnaire de transport dans ses rapports avec son client (Cass. com. 11-12-2007 n° 06-18.192 : RJDA 5/08 n° 520) ou avec d'autres commissionnaires de transport intermédiaires (Cass. com. 21-6-1982 : BT 1982.513) ; néanmoins, la CMR s'applique dans les rapports entre le commissionnaire de transport et le transporteur auquel il confie la marchandise (Cass. com. 25-6-1991 : Bull. civ. IV p. 168) ou la partie qui le poursuit en tant que garant du transporteur substitué (CA Colmar 26-1-2000 : BTL 2000.154 ; CA Toulouse 10-1-2002 : BTL 2002.603 ; contra CA Versailles 18-9-2008 n° 07/07097 : RJDA 1/09 n° 24) ;
– le manutentionnaire non partie au contrat de transport (CA Paris 12-6-1970 : BT 1970.228).

Mais elle l'est dès lors que celui à qui elle est opposée a pris contractuellement la qualité de transporteur (CA Douai 6-4-2017 n° 14/07838), ce qui, par exemple, a été déduit de l'interdiction de sous-traiter, de l'absence de facturation détaillée et de l'absence de groupage, peu important l'extrait Kbis qui indiquait une double activité (CA Bordeaux 24-10-2018 n° 16/03756).

Transports de bout en bout La CMR régit, en principe, le transport pour lequel un **contrat de transport unique** a été souscrit, d'un bout à l'autre, ce qui peut se déduire de l'établissement d'une lettre de voiture unique couvrant le déplacement national et celui hors du territoire français (CA Versailles 5-11-2009 n° 08/01796 : RJDA 6/10 n° 622). Peu importe alors que le transport soit interrompu en un lieu du territoire national (Cass. com. 21-11-1995 : RJDA 2/96 n° 216) ou qu'il soit réalisé par des transporteurs successifs (art. 34 ; Cass. com. 11-12-1990 : RJDA 2/91 n° 117) ou encore que l'expéditeur ait modifié en cours de route la destination du transport en ordonnant leur retour (Cass. com. 27-6-2006 n° 850 : D. 2006.som.2031 obs. Chevrier). 25012

En revanche, ne sauraient caractériser l'existence d'un contrat unique l'indication des manquants sur la lettre de voiture ou celle de la provenance de la marchandise sur la fiche de livraison (Cass. com. 12-5-1987 : BT 1987.399).

Par ailleurs, la CMR s'efface au profit du droit national pour la partie intérieure du trajet :
– lorsque le transport consiste en une simple tournée de ramassage préparatoire au transport international (CA Versailles 15-1-1986 : BT 1986.740) ;
– lorsque le transport international s'effectue avec rupture de charge, car il en résulte que les parties n'ont pas entendu soumettre le déplacement à un contrat unique de caractère international (Cass. com. 25-3-1997 : RJDA 7/97 n° 905), sous réserve que les documents du transport intérieur soient correctement établis (CA Versailles 14-9-2004 : BTL 2005.102) ;
– lorsque, à l'arrivée d'un groupage international, le trajet intérieur est poursuivi, à la demande du commissionnaire de transport réceptionnaire, par un second transporteur (CA Paris 27-1-1986 : BT 1986.742 ; rappr. CA Amiens 15-5-2012 n° 11/02752 : BTL 2012.379) ou par le transporteur ayant effectué le parcours principal (CA Paris 19-12-1978 : BT 1979.82).

La CMR s'applique à l'ensemble du **transport combiné** lorsque le véhicule est transporté, **sans rupture de charge,** par mer, voies navigables intérieures, fer, air sur une partie du trajet (art. 2, 1), même à défaut d'accord sur la possibilité d'effectuer une grande partie du trajet par la voie maritime (CA Orléans 20-1-1982 : BT 1982.233).

Cependant, lorsqu'un dommage survient au cours ou à raison du transport non routier, du fait d'un acte ou d'une omission d'un transporteur autre que le voiturier, la responsabilité de ce dernier s'apprécie dans les termes du droit applicable au mode de transport non routier en cause, et non dans les termes de la CMR (art. 2, 1 ; pour des exemples, CA Paris 13-10-1986 : BT 1986.689 ; CA Reims 22-1-2007 : BTL 2007.95).

Le transporteur routier est fautif au regard de l'expéditeur s'il charge en pontée une remorque dont il connaît le contenu fragile et qu'il laisse placée à l'avant du navire dans un endroit extrêmement vulnérable (CA Aix 16-1-1990 : BTL 1991.65).

L'application de la CMR s'impose dès lors que n'est plus en cause la détermination de la responsabilité du transporteur (CA Aix 30-5-1991 : DMF 1992.194 note Bonassies : application du délai de prescription CMR).

Lettre de voiture L'établissement d'une lettre de voiture internationale (n° 25065) n'est pas une condition d'application de la CMR ; l'absence, l'irrégularité ou la perte de celle-ci n'affectent ni l'existence ni la validité du contrat de transport qui reste soumis aux dispositions de la convention (art. 4 ; Cass. com. 17-2-1970 : BT 1970.158 ; Cass. com. 21-11-1995 : RJDA 2/96 n° 216 ; CA Versailles 25-10-2006 : BTL 2006.711). Mais le seul fait de la prise de qualité de transporteur sur la lettre de voiture suffit 25015 à déclencher l'application de la CMR (Cass. com. 17-12-1980 : Bull. civ. IV n° 432 ; CA Lyon 21-9-2012 n° 10/08157 : BTL 2012.618), sous réserve, bien entendu, que les autres conditions de son application soient réunies. Toutefois, même dans ce cas, la CMR n'est pas applicable s'il est établi que les parties n'ont pas entendu s'y soumettre (CA Versailles 17-1-2002 : BTL 2002.199). Inversement, l'application a été écartée pour la simple raison que la partie en cause n'avait pas pris la qualité de transporteur, son nom ne figurant pas sur la lettre de voiture (CA Paris 2-12-2015 : BTL 2015.11), ce qui ne vaut que dans la mesure où la preuve contraire n'est pas rapportée (n° 25040).

25018 **Application conventionnelle** Les parties peuvent convenir d'appliquer la CMR là même où elle n'est pas applicable (Cass. com. 7-12-1983 : Bull. civ. IV p. 298 : application dans les rapports du commissionnaire de transport et de son client ; Cass. com. 1-7-1997 n° 1766 : RJDA 12/97 n° 1489 : application à un transport intérieur des limites de responsabilité et réserve des règles d'ordre public ; CA Versailles 13-11-1985 : BT 1986.42 : application à un transport entre deux États non signataires ; CA Lyon 22-6-2023 n° 19/07187 : application à un transport intérieur de la faute inexcusable du transporteur). La clause le prévoyant peut être tacite ; elle peut par exemple être déduite de l'exécution de quatre opérations après réception du contrat d'affrètement plaçant tous les déplacements sous le régime de la CMR, y compris les dispositions relatives à la prescription (CA Paris 24-5-2016 n° 14/12662 : BTL 2016.379).

La clause ne doit pas être équivoque, comme celle indiquant que les « conditions de la responsabilité du transporteur sont celles prévues par les dispositions légales ou réglementaires applicables aux transports considérés, notamment celles résultant de la convention dite « CMR » (CA Paris 20-11-1997, appliquant au transport intérieur l'art. L 133-6 C. com.).

La clause est interprétée restrictivement ; notamment, celle qui étend, dans les rapports commissionnaire-expéditeur, les règles de la CMR relatives à la responsabilité du transporteur et aux limites de réparation prévues à la convention ne peut pas être appliquée aux règles relatives à la compétence juridictionnelle pour connaître du litige qui concerne ces parties (CA Versailles 18-9-2008 : Transidit 2008 n° 57 § 65).

25021 **Régime de la CMR** Les développements qui vont suivre ne concernent que les règles propres à la CMR. Pour toutes les opérations de transport qui ne sont pas soumises à une disposition spéciale de la CMR et dans la mesure où elles relèvent de la loi française, les développements des nos 24200 à 24759 relatifs au transport routier intérieur sont applicables.

A. Conclusion du contrat de transport CMR

25025 **Choix du transporteur** L'expéditeur doit choisir un transporteur public satisfaisant aux dispositions de l'article L 3411-1 du Code des transports qui lui imposent d'être titulaire d'une licence communautaire, délivrée dans les conditions définies par le règlement CE 1072/2009 du 21 octobre 2009 établissant des règles communes pour l'accès au marché du transport international de marchandises par route.

Le recours à un transporteur public ne s'impose pas pour les transports internationaux visés à l'annexe I de la directive 2006/94/CE du 12 décembre 2006.

25028 **Déclaration de valeur** L'expéditeur qui veut écarter le plafond d'indemnité pour **dommage matériel** (n° 25233) peut souscrire, contre un supplément de prix, une déclaration de valeur qui doit être mentionnée sur la lettre de voiture (art. 6, 2-d et 24 ; Cass. com. 11-1-1995 : BTL 1995.620). Ainsi ne peut être retenue une déclaration de valeur mentionnée sur un document établi unilatéralement par l'expéditeur, sans apposition du cachet du transporteur (CA Paris 15-12-1977 : BT 1978.53). Mais la déclaration de valeur a été admise dès lors que l'ordre de transport comportait le prix de la marchandise, peu important alors que n'ait pas été rapportée la preuve du règlement du supplément de prix correspondant (CA Paris 28-2-2001 : BTL 2001.210).

À défaut de mention expresse sur le document de transport, la déclaration n'est opposable aux tiers qu'à la condition d'être prouvée, par tous moyens, par celui qui en invoque le bénéfice (CA Paris 9-7-1980 : BT 1980.449). Cette preuve n'est pas rapportée lorsque la facture sur laquelle figure ladite déclaration a été établie uniquement pour la douane (CA Paris 9-7-1980 précité).

25031 **Déclaration d'intérêt à la livraison** Pour pouvoir être indemnisé du préjudice, **autre que matériel,** consécutif à une perte ou une avarie, ou pour être indemnisé des conséquences d'un retard pour un montant supérieur au port, l'expéditeur peut fixer sur la lettre de voiture un intérêt spécial à la livraison contre paiement d'un supplément de prix (art. 6, 2-d et 26 ; CA Paris 9-7-1980 : BT 1980.449), sauf preuve contraire du non-paiement (cf. Cass. com. 10-7-1989 : BT 1989.591 : preuve non rapportée).

L'inscription sur la lettre de voiture d'une date impérative de livraison et la mention que « cette date vaut intérêt spécial à la livraison » dans la case « Instructions aux transporteurs » n'ont aucun effet dès lors qu'aucun montant chiffré et aucun supplément de prix n'ont été prévus (CA Montpellier 19-2-1987 : BT 1987.578).

Assurances L'expéditeur peut, le cas échéant, donner toutes instructions au transporteur, par une mention sur la lettre de voiture en ce qui concerne l'assurance de la marchandise (art. 6, 2-e). **25034**

Il est notamment recommandé à l'expéditeur de conclure une assurance marchandise lorsque le transport routier comporte une **phase** de transport **maritime,** ce transporteur pouvant plus facilement s'exonérer (nos 26187 s.) que le transporteur CMR dont on rappelle qu'il ne couvre que ses propres faits au cours de la phase non routière (no 25012).

Sur le régime du contrat d'assurance selon la loi française, nos 24269 s.

Prix Dans le silence de la CMR, pour les transports intracommunautaires, le prix est librement fixé par les parties (Règl. CEE 4058/89 du 21-12-1989) ; pour les transports avec les pays tiers, le prix est aussi libre, aucune disposition nationale ni aucune convention internationale ne réglant cette question. **25037**

Preuve La preuve qu'un contrat international de transport au sens de la CMR a été conclu, ainsi que son contenu, se fait par tous moyens tels que, par exemple, la production d'une lettre d'offre de services au transporteur ou celle du bon de commande et des directives de l'expéditeur (art. 9 ; CA Paris 27-6-1979 : BT 1979.440). La lettre de voiture ne fait foi que jusqu'à preuve contraire des conditions du contrat et de la réception de la marchandise par le transporteur (art. 9 ; Cass. com. 29-10-1991 : RJDA 1/92 no 40 ; sur une preuve contraire, CA Colmar 23-10-1993 : BTL 1993.578 ; sur une absence de preuve contraire, CA Paris 14-2-2008 : BTL 2008.147) ainsi que de sa qualité de transporteur et non de commissionnaire (CA Paris 23-11-1995 : BTL 1996.257) et de l'engagement de l'expéditeur (CA Paris 8-11-1995 : BTL 1996.132). **25040**

B. Exécution du contrat de transport CMR

Présentation de la marchandise au transport Il incombe au donneur d'ordre de présenter les marchandises au transport dans un **conditionnement** adéquat (Cass. com. 7-1-2008 no 06-16.643 : BTL 2008.45). **25050**

Les marchandises **dangereuses** doivent être présentées au transport, conformément aux prescriptions de la directive CE 2008/68 du 24 septembre 2008 qui est complétée par les dispositions de l'Accord européen relatif au transport international de marchandises dangereuses par route (ADR) et de l'arrêté du 29 mai 2009 (dit « arrêté TMD », pris sur le fondement de C. transports art. L 1252-1 et modifié en dernier lieu par l'arrêté du 23-11-2023).

Sur la constatation des infractions à la réglementation des marchandises dangereuses et les sanctions pénales applicables, C. transports art. L 1252-2 à L 1252-8 ; sur les réglementations spécifiques à d'autres produits dangereux (besoins de la défense, animaux vivants, fonds, besoins de l'éducation nationale), C. transports art. L 1252-9 s.

Le transport et la manutention des marchandises dangereuses dans les lieux de chargement, de déchargement et de transbordement (LCDT) situés dans les eaux intérieures sont régis par l'annexe V de l'arrêté TMD du 29 mai 2009 (issue de l'arrêté du 23 novembre 2023), qui crée un règlement (dit « RPF »).

Vérification Avant toute prise en charge de la marchandise, le **transporteur** est **tenu de vérifier** l'exactitude des mentions de la lettre de voiture relatives au nombre de colis, à leurs marques et numéros (art. 8, 1-a). **25053**

Le transporteur est aussi tenu de vérifier l'état apparent de la marchandise et de son emballage avant toute prise en charge (art. 8, 1, b).

En transport sous température dirigée, la vérification de l'état apparent s'entend aussi du contrôle de la température (CA Paris 20-11-1979 : BT 1980.190), sauf si la marchandise présente un bon état apparent de conservation (CA Paris 14-2-1991 : BTL 1991.289).

L'**expéditeur** a toutefois le **droit d'exiger** à ses frais la vérification par le transporteur du contenu des colis, du poids brut ou de la quantité de la marchandise (art. 8, 3).

Chargement La CMR étant muette sur le point de savoir à qui incombent les opérations de chargement, il y a lieu de se référer à la convention des parties qui, s'agissant d'un contrat international, sont **libres de choisir** la loi applicable. **25056**

À défaut, il y a lieu :

– si le transport soulève un conflit entre des lois des États membres de l'Union européenne, d'appliquer les dispositions de l'article 5 du règlement CE 593/2008 (n° 25000) ;

– si le transport soulève un conflit entre des lois qui ne sont pas, ou ne sont pas toutes, celles d'États membres de l'Union européenne, d'appliquer les règles de localisation du contrat de transport exposées aux nos 17100 s.

En application de la loi française, les tribunaux français ont fait peser sur l'expéditeur l'obligation de chargement (CA Montpellier 3-1-2005 : BTL 2005.65 ; CA Lyon 16-3-2012 n° 10/08676 : BTL 2012.250 : application du contrat type en cas d'envoi excédant 3 tonnes), à moins que le voiturier n'ait en main la cargaison, ce qui est le cas lorsqu'il a accepté de procéder au groupage (CA Paris 4-7-2001 : BTL 2001.713).

Mais il appartient au transporteur de contrôler effectivement le chargement réalisé par l'expéditeur (Cass. com. 22-6-1986, 2 arrêts : BT 1986.516 ; Cass. com. 28-3-2000 : BTL 2000.276 ; CA Versailles 27-10-2005 : GP 2006.som.1427).

25059 **Arrimage** Les règles relatives à l'arrimage n'étant pas définies par la CMR, il y a lieu de transposer les règles ci-dessus énoncées relatives au chargement (n° 25056 ; pour une soumission aux règles françaises en application de la convention de Rome du 19-6-1980, devenue règlement CE 593/2008 du 17-6-2008, CA Lyon 3-1-2007 : BTL 2007.591).

Le transporteur CMR, selon la loi française, doit vérifier l'arrimage de la marchandise lorsque celui-ci est effectué par son client ; à défaut, il ne peut s'exonérer en lui imputant le dommage (CA Douai 6-4-2017 n° 14/07838). Il est responsable des vices apparents dont la charge est partagée avec l'expéditeur même s'il n'a pas fait de réserves (Cass. com. 10-10-1989 : BT 1989.673 ; rappr. CA Orléans 22-12-2005 : BTL 2006.15). Il est aussi responsable de l'arrimage qu'il a lui-même effectué même si c'est l'expéditeur qui a procédé au chargement (CA Metz 31-1-2013 n° 09/02739 : Transidit 2014 n° 67 § 22).

25062 **Prise en charge de la marchandise** Le **transporteur** qui n'a pas les moyens raisonnables de vérifier les mentions de la lettre de voiture relatives au nombre, aux marques et aux numéros des colis ou qui constate le mauvais état apparent de la marchandise et de son emballage a la faculté de prendre **toutes réserves** motivées, qui n'engagent l'expéditeur que s'il les a acceptées (art. 8, 2), par une mention expresse à même la lettre de voiture (CA Paris 1-6-2005 : BTL 2005.454).

Le transporteur doit spécifier sur la lettre de voiture qu'il n'a pas eu les moyens raisonnables de vérifier (CA Paris 5-4-1990 : BTL 1991.223) ; à défaut, il est tenu pour responsable des pertes constatées à l'arrivée, même s'il n'est pas établi ni allégué que le plomb apposé sur la remorque a été brisé ou changé entre le chargement et le déchargement de la remorque (CA Grenoble 27-2-2002 : BTL 2002.202). Il ne peut davantage dégager sa responsabilité en mentionnant dans la lettre de voiture que, en cas de transport par remorque plombée, il n'est pas responsable de la quantité et de la qualité de la marchandise car les clauses exonératoires de la responsabilité sont nulles en vertu de la CMR (CA Grenoble 27-2-2002 précité).

Il peut aussi refuser la prise en charge de ladite marchandise lorsqu'il estime qu'elle ne pourra pas supporter le voyage (Cass. com. 15-2-1982 : BT 1982.182).

Le transporteur qui prend en charge les marchandises **sans réserves** est présumé les avoir reçues en bon état apparent et conformes aux énonciations de la lettre de voiture quant au nombre de colis, à leurs marques et à leurs numéros (art. 9, 2 ; Cass. com. 10-7-1990 : BT 1990.697 ; CA Besançon 7-6-2016 n° 14/02511 : BTL 2016.415). Si les vices ne sont pas apparents, l'absence de réserves n'emporte pas renversement de la charge de la preuve (CA Besançon 27-10-1999 précité).

S'il livre à destination une marchandise de moindre qualité ou quantité que celle correspondant aux énonciations de la lettre de voiture, il est tenu de réparer cette perte et/ou cette avarie sauf s'il établit que le dommage préexistait à la prise en charge ou qu'il est imputable à un fait qui l'exonère (Cass. com. 2-2-1982 : BT 1982.152 ; sur ces causes d'exonération, infra nos 25165 s.).

25065 **Établissement de la lettre de voiture** La lettre de voiture doit être établie, en principe par l'expéditeur (CA Grenoble 13-3-1980 : BT 1981.306), en trois **exemplaires** originaux dont l'un est remis à l'expéditeur, l'autre au transporteur, et le troisième accompagne la marchandise pour être remis au destinataire (art. 5, 1).

Elle doit être **signée** du transporteur et de l'expéditeur, leur signature pouvant être remplacée par un cachet (art. 5, 1) ; elle est inopposable à la personne désignée comme expéditeur si elle est établie par le transporteur (CA Paris 11-6-1974 : BT 1974.319).

L'**absence** de lettre de voiture à bord du véhicule, constatée en France, peut entraîner l'immobilisation immédiate de celui-ci dans les cas exposés au n° 24349 (C. transports art. L 3242-1).

Le défaut de lettre de voiture peut être tenu pour une faute dolosive ou lourde de la part du transporteur (cf. CA Paris 9-7-1980 : BT 1980.449).

Les parties sont en principe libres de formuler la lettre de voiture comme elles l'entendent sous réserve d'y porter les **mentions obligatoires** suivantes (art. 6, 1) : 25068

- lieu et date de son établissement ;
- noms et adresses de l'expéditeur, du transporteur et du destinataire ;

  La partie portée sur la lettre de voiture comme transporteur peut prouver qu'elle n'est que le loueur du véhicule et que le véritable transporteur est le locataire de ce véhicule (Cass. com. 1-12-1992 : BTL 1992.790).
- lieu et date de la prise en charge de la marchandise et lieu prévu pour la livraison ;
- dénomination courante de la nature de la marchandise et mode d'emballage ;

  S'agissant de transport de marchandises dangereuses, l'expéditeur doit signaler, par une mention dans la lettre de voiture, la nature exacte du danger et éventuellement les précautions à prendre (art. 22, 1) ; à défaut, le transporteur a la faculté, à tout moment, de détruire, décharger ou rendre inoffensives, sans indemnité, ces marchandises (art. 22, 2 ; CA Bruxelles 25-1-1978 : BT 1978.429).
- nombre de colis, leurs marques particulières et leurs numéros ;
- poids brut ou la quantité autrement exprimée de la marchandise ;
- frais afférents au transport ;
- les instructions requises pour les formalités de douane et autres ;
- l'indication que le transport est soumis à la CMR nonobstant toute clause contraire ; à défaut, le transporteur est responsable de tous frais et dommages subis par l'ayant droit à la marchandise en raison de cette omission.

En cas d'**inexactitude** ou d'insuffisance des mentions portées sur la lettre de voiture, l'expéditeur est responsable de tous frais et dommages pouvant en résulter (art. 7, 1) ; en cas d'omission de l'indication que le transport est soumis à la CMR nonobstant toute clause contraire, le transporteur est responsable de tous frais et dommages que subirait l'ayant droit à la marchandise en raison de cette omission (art. 7, 3).

Sur les mentions facultatives de la lettre de voiture, article 6, 2 CMR.

Dédouanement de la marchandise et autres opérations accessoires 25071

L'**expéditeur** doit joindre à la lettre de voiture tout document nécessaire à l'accomplissement des formalités de douane et fournir tous renseignements utiles au transporteur (art. 11, 1). La liste de ces documents doit figurer sur la lettre de voiture (art. 6, 1-j et 6, 2-g).

Il est responsable envers le transporteur de tous dommages pouvant résulter de l'absence, l'insuffisance ou l'irrégularité de ces documents ou des renseignements fournis (art. 11, 2).

L'expéditeur a été jugé responsable :

- du gel de la marchandise contenue dans un véhicule immobilisé au tunnel du Mont-Blanc en hiver pour absence de document de transit (CA Lyon 7-5-1981 : BT 1981.410) ;
- du retard dû à l'absence de certificat d'origine de la marchandise (CA Paris 2-12-1981 : BT 1982.73) ;
- de l'immobilisation du véhicule pour défaut de documents douaniers (CA Lyon 7-5-1981 : BT 1981.410) ou en raison de documents inexacts (CA Nîmes 16-5-2012 n° 10/05135 : BTL 2012.395).

Le **transporteur** demeure toutefois responsable de la perte ou de l'utilisation inexacte de ces documents (art. 11, 3 ; CA Paris 25-11-2004 : BTL 2005.68) et le commissionnaire de transport est tenu, en cette qualité, de s'assurer au moment du chargement de la marchandise de l'existence et de la régularité des documents nécessaires à l'acheminement de cette marchandise jusqu'à son point de destination (CA Versailles 22-3-2001 : BTL 2001.606).

Dans le cadre d'une vente internationale payable au moyen d'un crédit documentaire contre remise des lettres de voiture par le vendeur à la banque émettrice, le transporteur peut être tenu de présenter lesdites lettres afin de permettre l'exécution du crédit par la banque. Il agit, à ce titre, en tant que mandataire du vendeur et non en tant que transporteur et, partant, n'est responsable que comme mandataire en cas de manquement à cette obligation (Cass. com. 14-5-2008 n° 07-11.158 FS-PB : RJDA 11/08 n° 1119).

Modifications du transport prévu L'expéditeur peut modifier le contrat de transport initial en arrêtant le transport prévu, en modifiant le lieu prévu de livraison ou en modifiant le nom du destinataire (art. 12, 1). 25074

Sauf disposition contraire au profit du destinataire, ce droit appartient à l'expéditeur dès l'établissement de la lettre de voiture jusqu'à la remise au destinataire du deuxième exemplaire de la lettre de voiture ou jusqu'au moment où ledit destinataire fait valoir ses droits après l'arrivée à destination des marchandises (art. 12, 1, 2 et 3).

Le transporteur engage sa responsabilité lorsqu'il exécute un ordre irrégulier (Cass. com. 19-7-1976 : BT 1976.364 ; CA Paris 9-11-2011 n° 10/193070 : BTL 2011.703).

L'exercice du droit de modification est toutefois soumis aux conditions suivantes (art. 12, 5) :

– l'expéditeur ou le destinataire, s'il a été investi du droit de modifier le transport, doit fournir le premier exemplaire de la lettre de voiture contenant les nouvelles instructions ;

– le destinataire qui acquiert le droit à l'arrivée doit présenter le deuxième exemplaire ;

– les instructions ne doivent pas entraver l'exploitation normale du transporteur ni préjudicier aux expéditeurs ou destinataires d'autres envois et leur exécution doit être possible au moment où elles parviennent au transporteur ;

– les instructions ne doivent pas avoir pour effet de diviser l'envoi ;

– le transporteur doit être dédommagé de tous les frais et préjudices qu'entraînent ces nouvelles instructions.

Ces formalités ont été jugées comme exigées à titre de preuve et la modification opposable dès lors que le transporteur en a eu connaissance, alors même qu'elle n'a pas été portée sur la lettre de voiture (CA Douai 18-11-2008 : BTL 2008.735).

25077 **Empêchement au transport** Si, pour un motif quelconque, l'exécution du contrat devient impossible avant l'arrivée de la marchandise au lieu prévu pour la livraison, le transporteur doit demander des instructions à la personne qui a le droit de disposer de la marchandise (soit l'expéditeur ou le destinataire comme il est dit au n° 25074) ; en cas de silence de l'ayant droit, le transporteur prend les mesures qui lui paraissent les meilleures dans l'intérêt de celui-ci (art. 14, 1 et 2).

Le transporteur doit supporter les frais d'achèvement du transport lorsque, à la suite d'un accident de la circulation, il a pris l'initiative de faire procéder au rechargement des marchandises périssables dans un autre semi-remorque frigorifique, mais il ne peut pas lui être reproché d'avoir négligé le conditionnement compte tenu de l'urgence à faire évacuer la chaussée et à sauver ce qui pouvait encore l'être (CA Paris 28-4-1994 : BTL 1994.426).

25080 **Empêchements à la livraison** S'il se produit un empêchement à la livraison ou si le destinataire refuse la marchandise, le transporteur est tenu de demander toutes **instructions** à l'expéditeur (art. 15, 1). À défaut, il peut être responsable du préjudice en résultant pour l'expéditeur (CA Montpellier 8-1-1987 : BT 1987.589 ; CA Colmar 4-10-2004 : BTL 2004.719).

En cas de refus du destinataire de prendre livraison de la marchandise, les instructions de l'expéditeur sont exécutoires de plein droit, sans qu'il ait à produire l'exemplaire n° 1 de la lettre de voiture (art. 15, 1). Néanmoins, le destinataire peut toujours demander la livraison de la marchandise tant que le transporteur n'a pas reçu d'instructions de l'expéditeur (art. 15, 2).

Le transporteur peut **décharger** la marchandise pour le compte de l'ayant droit, le transport étant achevé après ce déchargement (art. 16, 2 ; sur la détermination de l'ayant droit, n° 25074). Dans cette hypothèse, le transporteur assume lui-même la garde de la marchandise ou la confie à un tiers (art. 16, 2). Néanmoins, il a la faculté de faire **procéder à la vente** de la marchandise, selon la loi du lieu de leur situation (art. 16, 5), sans attendre des instructions de l'ayant droit, pour les trois raisons suivantes : nature périssable de la marchandise ; état de la marchandise ; frais de garde disproportionnés par rapport à la valeur de la marchandise (art. 16, 3) ; il peut aussi faire procéder à la vente des marchandises dans les autres cas lorsqu'il ne reçoit pas dans un délai raisonnable d'instructions contraires de l'ayant droit (art. 16, 3 ; CA Paris 22-12-1983 : BT 1984.486). Le produit de la vente est mis à la disposition de l'ayant droit, sous déduction des frais grevant la marchandise (art. 16, 4).

25083 **Déchargement** La CMR ne prévoyant aucune disposition relative au point de savoir à qui incombent les opérations de déchargement, il convient de se référer aux solutions applicables au chargement (n° 25056), les deux situations étant analogues.

L'expéditeur n'est pas responsable de l'immobilisation du véhicule due à la fermeture du chantier du destinataire (Cass. com. 26-2-1991 : Bull. civ. IV p. 60).

25086 **Paiement du prix du transport** À défaut de stipulation de contre-remboursement, le donneur d'ordre est tenu du prix du transport en sa qualité de partie au contrat.

Toutefois, il a été jugé qu'à défaut, dans la mention de la lettre de voiture afférente aux frais de transport, d'indication expresse de l'expéditeur qu'il entendait prendre en charge ces frais, ceux-ci sont à la charge du destinataire (CA Montpellier 27-5-2003 : BTL 2003.438).

Le destinataire l'est aussi dès lors qu'il a accepté le transport (art. 13, 2).

Le transporteur peut ainsi se faire payer le prix du transport par le destinataire sans avoir à invoquer l'action directe de l'article L 132-8 du Code de commerce. Il ne peut pas se prévaloir de ce texte, en tant que tel, car il n'est pas une loi de police s'appliquant à tout transport de marchandises vers la France à partir d'un autre pays d'Europe (Cass. com. 13-7-2010 n° 10-12.354 : RJDA 12/10 n° 1152 ; Cass. com. 18-9-2012 nº 11-20.789 : D. 2012.2930 note Haftel ; CA Orléans 26-3-2014 nº 14/01921 : BTL 2015.237). Il ne peut donc en demander l'application au juge français que si la loi applicable au contrat est la loi française qui, à défaut de choix par les parties de la loi applicable, a pu être déterminée par application de l'article 5 du règlement CE 593-2008 du 17 juin 2008, présenté au nº 17103 (Cass. com. 1-3-2016 nº 14-22.608 : RJDA 8-9/16 nº 616 : application de la loi italienne du lieu de livraison ; CA Versailles 1-4-2014 nº 12/06519 : BTL 2014.250 : application de la loi anglaise du lieu de livraison).

La loi française n'est ainsi applicable que si le transporteur a son siège en France et si la livraison a eu lieu en France (Cass. com. 24-3-2004 nº 580 : RJDA 8-9/04 nº 977 ; CA Paris 13-3-2013 nº 12/01280 : BTL 2013.430 ; CA Angers 8-9-2015 nº 13/01460 : BTL 2015.544). Mis à part cette application de la loi française, le transport reste soumis à la CMR, notamment quant aux règles de compétence (CA Lyon 10-4-2014 nº 13/06354 : BTL 2014.266).

Lorsque le voiturier a conclu le contrat de transport CMR avec un commissionnaire, il peut aussi se prévaloir de l'action directe susvisée contre l'expéditeur et le destinataire dans la mesure où, à défaut de précision des parties à cet égard, le contrat de transport est soumis à la loi française, la France étant le pays d'établissement du commissionnaire de transport et du transporteur affrété et le lieu du chargement ou du déchargement (Cass. com. 9-2-2010 nº 08-70.371 : BTL 2010.130 ; CA Versailles 2-9-2010 nº 09/03999 : BTL 2010.609).

L'action en paiement résultant du contrat de transport est soumise à la prescription prévue par la CMR qui concerne les actions auxquelles peuvent donner lieu les transports qui lui sont soumis (nºs 25211 s.), même l'action directe de l'article L 132-8 du Code de commerce (Cass. com. 24-3-2004 précité ; Cass. com. 6-12-2011 nº 10-23.466 : RJDA 4/12 nº 399 ; CA Besançon 16-1-2013 nº 12/0067 : BTL 2013.83).

Contre-remboursement Les parties au contrat de transport peuvent convenir de conférer mandat au transporteur de ne livrer la marchandise au destinataire que contre remise de documents ou contre remboursement (art. 6, 2). **25089**

Toutefois, cette mention n'est valable qu'à la condition de ne pas être obscure ; est obscure :

– la mention « contre documents pour solde de notre facture » (CA Paris 21-10-1970 : BT 1970.367) ou « paiement contre document » existant sur la facture des marchandises remise au transporteur (CA Paris 19-1-1978 : BT 1978.161) ;

– la mention d'un commissionnaire de transport sur la lettre de voiture comme destinataire pour le compte d'une banque, en l'absence d'avis confirmatif de celle-ci (CA Paris 13-5-1980 : BT 1980.371).

En revanche, la mention « paiement contre documents » portée sur le titre de transport et complétée par une autre mention « original legs docs attached » signifiant que les documents étaient joints à la lettre de transport impliquait mandat de délivrer la marchandise contre paiement du prix (CA Paris 6-11-1985 : BT 1986.94 : transport aérien mais transposable).

Cette stipulation implique la remise des documents exactement prévus (CA Versailles 2-3-2000 : BTL 2000.408 ; Sentence CCI en 1976 nº 2583 : Clunet 1977.950) ; néanmoins la livraison contre remise d'une attestation bancaire de blocage au compte de l'acquéreur des marchandises de la somme correspondante est valable si elle apporte au donneur d'ordre des garanties au moins équivalentes à celles attachées à un reçu bancaire de paiement (Cass. com. 20-12-1982 : D. 1984.IR.91 ; CA Paris 22-4-1977 : D. 1977.531 note Vasseur ; CA Rouen 13-5-1986 : D. 1987.som.219).

Si la marchandise est livrée au destinataire **sans encaissement du remboursement** ou sans remise des documents, le transporteur est considéré comme fautif (Cass. com. 8-1-1985 : DET 1985.305 ; CA Lyon 12-7-1995 : BTL 1996.112) et il ne peut invoquer les limitations de responsabilité pour pertes et avaries (nº 25233) (CA Toulouse 29-3-1994 : BTL 1994.736). Commet ainsi une faute le transporteur qui livre la marchandise non contre un paiement en espèces ou par chèque mais en contrepartie d'un ordre de virement n'offrant pas, par sa nature, les mêmes garanties au créancier (Cass. com. 20-1-1987 : BT 1987.156) ou en contrepartie d'une lettre de change (Cass. com. 8-7-2003 : RJDA 1/04 nº 41).

Si le transporteur est fautif, il doit, lorsque la stipulation exige le « remboursement », indemniser l'expéditeur à concurrence du montant de celui-ci, sauf recours contre le destinataire (art. 21 ; pour des condamnations du transporteur au montant de la facture impayée : CA Paris 23-11-1995 : BTL 1996.257 ; CA Versailles 2-3-2000 précité).

Le transporteur doit cette indemnité, bien qu'elle soit expressément prévue pour le défaut d'« encaissement du remboursement », donc de paiements susceptibles d'encaissements à vue ou en espèces, même lorsque la livraison est prescrite contre remise d'une attestation de paiement irrévocable (Cass. com. 6-6-1995 : BTL 1995.474).

Sur le remboursement, solutions transposables nº 24422.

Livraison À défaut de définition de la livraison dans la CMR, celle-ci doit être qualifiée selon la loi du juge saisi, conformément à la règle selon laquelle, lorsque la qualification soulève un conflit de lois, elle est fixée par application de la loi de ce juge (nº 74606). Selon la loi française, la livraison est accomplie par la prise de possession effective de la marchandise par le destinataire (nº 24410). Au moment de la livraison, le destinataire peut accepter celle-ci avec ou sans réserves. **25092**

La preuve de la livraison se fait par tous moyens (Cass. com. 15-5-1984 : BT 1984.526).

La loi applicable à la livraison est déterminée selon les règles exposées au nº 25000 (pour une application, CA Aix-en-Provence 26-1-2017 nº 14/02304 : BTL 2017.91).

Lorsque la livraison est répartie en plusieurs sites, elle est réputée faite, pour déterminer la compétence du tribunal du lieu de la livraison, au lieu où la plus importante a été réalisée (CA Lyon 18-1-2018 n° 17/06050 : BTL 2018.44).

En toute hypothèse, dès lors que le transporteur a livré la marchandise à une adresse différente de celle convenue avec l'expéditeur, il engage sa responsabilité, peu important l'existence d'une seconde lettre de voiture émanant du commissionnaire (CA Bordeaux 16-3-2022 n° 19/03409).

25095 Lorsque le destinataire accepte la livraison **sans réserves** ou sans constatation contradictoire avec le transporteur, il est présumé avoir reçu la marchandise dans l'état décrit dans la lettre de voiture (art. 30, 1) ; la présomption n'est pas combattue par l'expertise ultérieure réalisée hors la présence du commissionnaire substitué et du transporteur (CA Lyon 15-11-2018 n° 16/04180).

Mais le destinataire peut demander ultérieurement, tant que l'action n'est pas prescrite (CA Paris 26-10-1982 : BT 1982.593), une réparation pour perte ou avarie au transporteur à condition d'en rapporter la preuve. Cette preuve peut résulter, en particulier, d'un « warehouse receipt » (CA Paris 26-10-1982 précité) ou de la prise de réserves par le transporteur intermédiaire à l'égard de son prédécesseur (T. com. Paris 13-3-1972 : BT 1972.230).

25098 Lorsque les pertes ou avaries sont **apparentes,** le destinataire **doit** formuler des **réserves, au plus tard,** au moment de la livraison (art. 30, 1). En pratique, ces réserves accompagnent généralement la décharge donnée au transporteur sur l'exemplaire de la lettre de voiture (Cass. com. 29-4-1975 : BT 1975.298). Elles peuvent figurer sur un bon de livraison même non signé (CA Paris 8-1-1974 : BT 1974.201).

Si les dommages ne sont **pas apparents,** elles doivent être faites dans les sept jours à compter de la livraison, dimanches et jours fériés non compris (art. 30, 1), auprès du transporteur et non pas du commissionnaire (Cass. com. 26-10-1999 : BTL 1999.784). Le transporteur qui estime que ce délai n'a pas été respecté doit établir la date de la livraison (CA Paris 5-4-1995 : BTL 1995.660).

Ne sont pas apparents les dommages signalés par la mention « impossibilité de voir la casse » dans la lettre de voiture (CA Lyon 18-1-2018 n° 16/07966 : présomption de livraison conforme à défaut de réserve dans les sept jours). Il en est de même des dommages que le destinataire n'a pu constater qu'après le déchargement, qui sont automatiquement réputés survenus pendant le transport dès lors que les réserves ont été faites dans le délai de sept jours à compter du lendemain de la livraison (CA Rouen 21-2-1991 : RJDA 5/91 n° 401).

Ces réserves doivent être écrites et indiquer la nature générale du dommage (art. 30, 1). Il est toutefois conseillé au destinataire de fournir des précisions suffisantes sur la nature et l'étendue des dommages sous peine de voir déclarer ses réserves inopérantes (CA Lyon 3-7-1986 : BT 1987.256 ; CA Douai 7-6-1994 : BTL 1994.623 ; CA Paris 10-11-1999 : BTL 1999.823).

En aucun cas, le destinataire ne peut invoquer le seul fait qu'il a émis des réserves au moment de la livraison (T. com. Anvers 30-9-1994 : DET 1995.232).

L'état de la marchandise peut être **constaté contradictoirement** par le destinataire et le transporteur (cf. art. 30, 1).

Constitue un constat contradictoire au sens de la CMR :
– le rapport d'un service sanitaire indiquant que les avaries subies par les viandes avaient fait l'objet d'une réclamation adressée au transporteur par télex et avaient été constatées en présence du chauffeur (CA Paris 24-3-1972 : BT 1972.205) ;
– un certificat d'avarie établi, à l'arrivée des marchandises, par l'expert d'une compagnie d'assurance en présence du chauffeur (CA Paris 28-3-1978 : BT 1978.320).

C. Réparation des pertes et avaries aux marchandises transportées sous CMR

25150 Le transporteur est responsable de la perte ou de l'avarie subie par la marchandise entre le moment de la prise en charge et celui de la livraison de ladite marchandise (art. 17, 1) dans les conditions suivantes.

1. Cette responsabilité joue lorsque les dommages sont causés par les **préposés** ou les **sous-traitants** du transporteur (art. 3 ; CA Paris 4-7-1984 : BT 1985.158 : transporteur substitué pour une partie du trajet).

2. Le transporteur peut invoquer les dispositions qui excluent sa responsabilité ou qui déterminent ou limitent les indemnités dues lorsque, selon la loi applicable, le dommage peut donner lieu à une réclamation **extracontractuelle** ; les personnes dont le transporteur répond peuvent aussi invoquer, si leur responsabilité extracontractuelle est mise en cause, ces dispositions (art. 28). Mais cette disposition est inopposable au tiers étranger au contrat de transport (CA Paris 11-6-1974 : BT 1974.319 : en l'espèce le demandeur à la réparation).

3. Le transporteur a **reconnu sa responsabilité** ; tel est le cas notamment lorsqu'il a envoyé à l'expéditeur des photographies des véhicules endommagés valant constat contradictoire et qu'en outre il a, sans discuter sa responsabilité, abordé la question de la valeur des marchandises en précisant ses limites d'indemnités (CA Paris 26-10-2012 nº 09/0874 : BTL 2012.732).

4. Le régime de responsabilité de la **CMR ne joue pas** en cas d'inexécution du contrat de transport (T. com. Carpentras 19-1-1993 : BTL 1994.636).

Sur l'impossibilité pour le transporteur de s'exonérer de sa responsabilité en invoquant le contrat de vente annexe au transport, nº 24559.

EXISTENCE DE LA PERTE OU DE L'AVARIE

La perte ou l'avarie de la marchandise est établie lorsque le destinataire a pris des réserves sur l'état de la marchandise, dans les conditions exposées au nº 25098, ou qu'un constat contradictoire a été dressé ; à défaut de réserves, elle résulte de ce que la marchandise n'est pas conforme aux énonciations de la lettre de voiture, car elle est alors présumée avoir été reçue dans l'état décrit dans la lettre (art. 30, 1). 25153

La preuve de la perte ou de l'avarie a été déduite d'un constat contradictoire établi moins de deux jours après la livraison (CA Toulouse 12-4-1994 : BTL 1994.714).

Mais la preuve contraire peut être rapportée à l'encontre :

– du constat contradictoire à la double condition que les pertes et avaries ne soient pas apparentes et que le destinataire ait adressé des réserves écrites au transporteur dans les sept jours de la constatation, dimanches et jours fériés non compris (art. 30, 2) ;

– de la présomption de livraison conforme à la lettre de voiture (Cass. com. 22-3-2016 nº 14-12.335).

PRÉSOMPTION DE PERTE DE LA MARCHANDISE

La marchandise doit être considérée comme perdue lorsqu'elle n'a pas été livrée dans les **trente jours** suivant l'expiration du délai convenu ou, à défaut de délai convenu, dans les **soixante jours** suivant la prise en charge de la marchandise par le transporteur (art. 20, 1). 25160

Est une perte la non-livraison au destinataire indiqué par l'expéditeur dès lors que ce manquement est dû à une faute du transporteur qui a seul établi les lettres de voiture dont la mauvaise rédaction était à l'origine de l'erreur de destination (CA Metz 21-2-2013 nº 09/01439 : BTL 2013.179), ou le blocage pendant plus de 8 mois par les douanes pour non-présentation de documents conformes par le transporteur (CA Versailles 18-4-2017 nº 15/08738).

N'est pas une perte mais une avarie la marchandise qui a dû être détruite à l'arrivée pour des raisons de sécurité (CA Dijon 19-1-2012 nº 11/00275 : BTL 2012.126).

L'ayant droit à la marchandise est alors en droit de réclamer, sans formalités, l'indemnité pour perte (art. 20, 1) et de demander, par écrit, à être averti immédiatement dans le cas où ladite marchandise serait **retrouvée** dans l'année suivant le paiement de l'indemnité (art. 20, 2).

À réception de cet avis, il dispose d'un délai de trente jours pour choisir entre :

– la livraison de la marchandise contre paiement des créances résultant de la lettre de voiture et restitution de l'indemnité qu'il a perçue (art. 20, 3) ;

– le délaissement de la marchandise aux mains du transporteur (art. 20, 4).

EXONÉRATION PURE ET SIMPLE DU TRANSPORTEUR CMR

Faute ou ordre de l'ayant droit Le transporteur n'est pas tenu de réparer la perte ou l'avarie de la marchandise si celle-ci est due à une faute ou à un ordre de l'ayant droit à la marchandise (art. 17, 2). 25165

Constituent ainsi une faute de l'expéditeur :

– l'absence de renseignement sur la hauteur inusitée du centre de gravité d'une machine (Cass. com. 5-7-1977 : BT 1977.402) ;

– l'absence d'un document nécessaire au dédouanement (nº 25071) ; mais le transporteur n'est pas exonéré par la faute de l'expéditeur consistant dans le retard de transmission d'un document douanier dès lors qu'il n'a pas pris toutes les mesures nécessaires pour abriter les marchandises pendant la période d'attente (CA Paris 3-11-1977 : BT 1978.14) ;

– le défaut de remise des documents nécessaires à un transport international de marchandises dangereuses (CA Colmar 12-12-1993 : BTL 1995.793) ; mais il n'est pas fautif de ne pas avoir suffisamment explicité sur la lettre de voiture le caractère dangereux des marchandises dès lors que le transporteur a pu en connaître la nature par d'autres moyens (Cass. com. 16-10-1990 : BT 1990.797).

Après avoir reporté la date de livraison, un destinataire a été tenu pour fautif du refus d'abriter pendant la nuit l'ensemble en charge dans ses locaux ; ce refus a exonéré le transporteur du vol de la marchandise qui a suivi car il n'avait pu trouver de parking sécurisé et s'était garé dans un lieu ne présentant pas de risque spécial (CA Versailles 3-9-2013 nº 11/07755 : BTL 2013.526).

25168 **Vice propre de la marchandise** Le transporteur n'est pas responsable de la perte ou de l'avarie qui résulte du vice propre de la marchandise (art. 17, 2). Pour des exemples transposables de vice propre de la marchandise, n° 24571.

25171 **Événements insurmontables** Le transporteur est déchargé de toute responsabilité lorsqu'il établit que la perte ou l'avarie a eu pour cause des circonstances qu'il ne pouvait pas éviter et aux conséquences desquelles il ne pouvait obvier (art. 17, 2), c'est-à-dire a eu pour cause un événement irrésistible, mais pas nécessairement imprévisible (Cass. com. 27-1-1981 : Bull. civ. IV n° 54 ; Cass. com. 31-5-2011 n° 10-15.490 : RJDA 12/11 n° 1030 ; CA Paris 6-5-1998 : BTL 1998.724 ; CA Douai 18-5-2000 : BTL 2000.486 ; CA Paris 14-12-2020 n° 19/04436 ; CA Rennes 10-5-2022 n° 19/01774 ; sur une absence de preuve de l'impossibilité d'éviter le dommage, CA Lyon 24-10-2019 n° 18/02545).

Ne sont pas des événements inévitables : le gel d'oignons en hiver résultant du stationnement imprévu imposé par les douaniers dès lors que le transporteur n'a pas sollicité d'instructions de l'expéditeur et n'a pas pris de dispositions pour protéger la marchandise (CA Amiens 28-10-1992 : BTL 1992.766) ; la destruction de la marchandise par un incendie criminel lorsque le véhicule a été laissé durant toute la fin d'une semaine sans surveillance et sans protection (CA Versailles 7-9-1995 : RJDA 12/95 n° 1364) ou par l'incendie provoqué par l'éclatement d'un pneu (CA Paris 10-3-2000 : BTL 2000.212 ; CA Pau 24-6-2013 n° 12/00864 : BTL 2013.447 : en raison du défaut d'extincteur à bord) ; le vol organisé par le chauffeur du transporteur (CA Versailles 25-6-2013 n° 11/09237 : BTL 2013.444) ou survenu lors d'un stationnement sur une aire non surveillée sans que le transporteur puisse expliquer les circonstances du vol (CA Orléans 17-5-2018 n° 17/01015).

Ont été jugés insurmontables l'accident générateur des avaries provoqué par de violentes rafales de vent constitutives d'un état de catastrophe naturelle (CA Paris 2-10-2014 n° 12/19914 : BTL 2014.603), le vol commis de nuit sur une aire d'autoroute éclairée près d'une station-service et d'un restaurant par des individus armés de battes de base-ball, peu important que le départ en fin de journée ait impliqué un arrêt de nuit s'agissant d'un transport international d'environ 900 km (Cass. com. 30-6-2004 : JCP G 2004.IV.2837 ; toutefois, plus sévère, Cass. com. 14-5-1991 : DET 1992.124), ainsi que le vol commis avec agression, assorti de séquestration, survenu alors que le chauffeur avait été suivi et était descendu de sa cabine sur injonction d'un tiers pour vérifier le chargement (Cass. com. 31-5-2011 n° 10-15.490 précité ; dans le même sens, Cass. com. 14-6-2016 n° 14-11.664 : RJDA 11/16 n° 780). Ce serait ajouter au texte de la CMR que d'imputer au transporteur le vol commis dans de telles conditions au motif que l'insécurité notoire des routes italiennes le rende prévisible (CA Amiens 20-3-2014 n° 11/00342 : BTL 2014.210).

Dans l'impossibilité de prévenir les secours, le chauffeur n'a pas l'obligation de résister au péril de sa vie (CA Paris 20-11-2013 n° 12/12884 : BTL 2013. 717).

Encore faut-il pour qu'il soit exonéré que l'envoi ait disparu dans des conditions non élucidées (CA Colmar 7-11-2012 n° 10/06691 : BTL 2012.711) et que les juges aient recherché si, en tant que professionnel, il pouvait ignorer les risques encourus (Cass. com. 29-2-2000 n° 553 : RJDA 4/00 n° 414).

EXONÉRATION DU TRANSPORTEUR SAUF PREUVE CONTRAIRE DE L'EXPÉDITEUR

25175 **Conditions de l'effet libératoire** Le transporteur bénéficie d'une présomption d'origine du dommage lorsqu'il établit (art. 18, 2) :

- que la marchandise présentait l'une des six causes particulières de perte ou d'avarie énumérées ci-dessous (nos 25178 à 25193) ;
- que le dommage a pu en résulter.

Il appartient au transporteur d'établir que le risque particulier est à l'origine du dommage et non qu'il en est la cause (CA Amiens 6-5-1981 : BT 1982.271), ce qu'il ne fait pas en avançant une simple hypothèse (CA Toulouse 12-4-1994 : BTL 1994.714).

Il ne peut pas invoquer le bénéfice de la présomption d'origine du dommage en cas de dol ou de faute lourde (devenue faute inexcusable) de sa part (art. 29).

L'ayant droit peut établir que le dommage n'a pas eu l'un de ces risques pour cause totale ou partielle (art. 18, 2).

25178 **Emploi de véhicules ouverts et non bâchés** Le transporteur bénéficie de la présomption d'origine du dommage, lorsqu'il établit que le dommage provient de l'utilisation de véhicules non bâchés, cette utilisation ayant été mentionnée dans la lettre de voiture (art. 17, 4-a), et qu'il n'y a pas de perte de colis (art. 18, 3).

25181 **Absence ou défectuosité de l'emballage** Le transporteur bénéficie de la présomption d'origine du dommage pour les marchandises exposées par leur nature à des déchets ou avaries quand elles ne sont pas ou mal emballées (art. 17, 4-b). L'absence d'emballage ne peut ainsi être invoquée pour du matériel de grande dimension et de poids élevé (CA Poitiers 31-3-1971 : BT 1971.168 ; CA Orléans 18-1-1995 : BTL 1995.129) ; mais elle peut l'être pour des fruits et légumes (CA Montpellier 28-2-1985 : BT 1985.600).

Le transporteur, tenu de vérifier seulement l'état apparent de la marchandise et de son emballage (n° 25053), peut invoquer la présomption lorsque le vice d'emballage n'était pas apparent (CA Douai 18-1-2008 : BTL 2008.557 ; CA Paris 21-3-2013 n° 12/10330 : BTL 2013.267).

L'expéditeur est responsable envers le transporteur des dommages aux personnes, au matériel ou à d'autres marchandises, ainsi que des frais, qui auraient pour origine la défectuosité de l'emballage de la marchandise, à moins que, la défectuosité étant apparente ou connue du transporteur au moment de la prise en charge, le transporteur n'ait pas fait de réserves à son sujet (art. 10 ; pour une application, CA Metz 5-12-2013 n° 09/01527 : BTL 2014.15).

Manutention, chargement, arrimage ou déchargement de la marchandise 25184
Lorsque ces opérations sont effectuées par l'expéditeur ou le destinataire ou des personnes agissant pour le compte de ceux-ci (art. 17, 4-c), il suffit au transporteur, pour bénéficier de la présomption, de prouver ce fait (CA Paris 21-3-2013 n° 12/10330 : BTL 2013.267) ; il ne peut pas être tenu de prouver, en outre, qu'une défectuosité du chargement a été la cause effective du dommage (Cass. com. 24-10-1989 : BT 1990.99).

Le fait qu'une machine soit restée immobile sur son plateau ne permet pas d'attribuer les avaries qu'elle a subies en cours de transport à un chargement défectueux de l'expéditeur (CA Paris 29-4-1972 : BT 1972.194).

Le transporteur est toutefois responsable de ne pas avoir contrôlé le chargement et fait des réserves sur les défauts apparents (Cass. com. 1-12-1992 : RJDA 2/93 n° 112). Dans ce cas, il ne peut prouver l'imputabilité du dommage en produisant des attestations de ses salariés (CA Paris 7-7-1994 : BTL 1994.736). En revanche, il est exonéré s'il établit que l'avarie a pu résulter d'un défaut d'arrimage non apparent imputable à l'expéditeur (Cass. com. 31-1-1995 : RJDA 5/95 n° 575 ; CA Chambéry 21-4-2009 : BTL 2009.319), sous réserve que le juge, à qui c'est demandé, recherche si le vice n'était pas apparent pour le transporteur (Cass. com. 1-2-2011 n° 09-16.833).

Le défaut d'emballage ne peut pas être invoqué lorsque le dommage est dû au choc provoqué par un accident (CA Rennes 30-5-2023 n° 21/05587).

Nature de certaines marchandises Le transporteur bénéficie d'une présomption que le dommage a pour origine la nature des marchandises lorsque celles-ci sont exposées, par des causes inhérentes à leur nature, soit à perte totale ou partielle, soit à avarie, notamment par bris, rouille, détérioration interne et spontanée, dessiccation, coulage, déchet normal ou action de la vermine et des rongeurs (art. 17, 4-d). Le transporteur n'a pas à établir que la nature de la marchandise est la cause exclusive de l'avarie mais que, eu égard à son conditionnement, la marchandise était exposée, par sa nature, à l'un des risques prévus (Cass. com. 4-2-1986 : BT 1986.197). 25187
Si le transport est effectué au moyen d'un véhicule isotherme, il ne peut invoquer la nature de la marchandise que s'il prouve que toutes les mesures lui incombant, compte tenu des circonstances, ont été prises en ce qui concerne le choix, l'entretien et l'emploi de ce véhicule et qu'il s'est conformé aux instructions spéciales qui ont pu lui être données (art. 18, 4 ; CA Aix 14-1-1992 : BTL 1992.809, rejetant comme preuve de l'utilisation correcte la production de l'enregistrement des températures en cours de transport).

Insuffisance ou imperfection des marques ou des numéros de colis Lorsque les marchandises ne sont pas parfaitement identifiées par des marques ou des numéros de colis, l'ayant droit à réparation d'un dommage court le risque que le transporteur en soit exonéré (art. 17, 4-e). 25190

Transport d'animaux vivants Le transporteur ne peut bénéficier de la présomption d'origine du dommage liée au transport d'animaux vivants qu'à la double condition d'établir (art. 18, 5) : 25193

– que toutes les mesures lui incombant normalement, eu égard aux circonstances, ont été prises ;
– qu'il s'est conformé aux instructions spéciales qui ont pu lui être données.

CAUSES NON EXONÉRATOIRES POUR LE TRANSPORTEUR CMR

Le transporteur ne pouvant se libérer qu'en établissant l'une des causes exonératoires de la CMR (nos 25175 s.), il ne peut pas invoquer, pour se décharger de sa responsabilité, les défectuosités du véhicule dont il se sert pour effectuer le transport (art. 17, 3 ; Cass. com. 22-2-1994 : BTL 1994.263 ; CA Rennes 6-5-2015 n° 13/04548 : BTL 2015.316), les fautes de la personne dont il aurait loué le véhicule ou des préposés de celle-ci (art. 17, 3) ni les précautions qu'il a prises dans le choix du sous-traitant (CA Bourges 29-10-2015 n° 14/00268 : BTL 2015.687). 25200

Par ailleurs, la clause qui exonère le transporteur de toute responsabilité en cas de perte de métaux précieux est nulle (CA Paris 17-3-1993 : BTL 1993.488 et, sur pourvoi, Cass. com. 14-3-1995 : RJDA 8-9/95 n° 981).

ACTION EN RÉPARATION CONTRE LE TRANSPORTEUR CMR

25205 **Demandeur** Le droit d'action contre le transporteur appartient à chacune des parties au contrat de transport, c'est-à-dire à l'expéditeur et au destinataire lorsqu'il a adhéré au contrat (CA Paris 2-12-1981 : BT 1982.73).

Le destinataire, qui est aussi l'acquéreur des marchandises transportées, a intérêt à agir sans devoir prouver qu'il a payé le prix de ces marchandises (CA Paris 27-9-2018 : BTL 2018.555).

Toutefois, le destinataire réel (Cass. com. 22-2-1994 : BTL 1994.263) ou l'expéditeur réel (Cass. 2e civ. 16-11-2006 : BTL 2006.729), dès lors qu'il est en mesure d'établir sa qualité (CA Poitiers 2-3-2004 : BTL 2004.705 et, sur pourvoi, Cass. 2e civ. 16-11-2006 n° 04-17.301), peut agir contre le transporteur.

L'assureur n'est recevable à agir que s'il est subrogé dans les droits d'un assuré titulaire du droit d'agir comme précisé ci-dessus (cf. CA Paris 7-4-1994 : BTL 1994.410).

25208 **Défendeur** L'action est en principe dirigée contre celui qui a pris la qualité de transporteur dans les documents de transport et qui a effectué le transport. L'action peut aussi être dirigée contre ceux qui se sont présentés aux yeux de l'expéditeur comme transporteurs (CA Paris 17-11-1983 : BT 1984.390).

Lorsqu'un contrat de transport unique sous lettre de voiture internationale couvre la totalité de l'opération, chacun des transporteurs successifs est responsable de l'exécution totale de ce transport (art. 34 ; pour des applications : Cass. com. 2-3-2010 n° 09-10.139 : DET 2010.289 ; CA Nancy 29-11-1994 : BTL 1995.17 ; CA Paris 4-6-2008 : BTL 2008.433 ; CA Paris 21-1-2015 n° 11/16706 : BTL 2015.78).

Le demandeur en réparation peut agir au choix (art. 36) :

– contre le premier transporteur ;

– contre le dernier transporteur ;

– contre le transporteur qui exécutait la partie du trajet au cours de laquelle s'est produit le dommage ; mais il ne peut agir contre le transporteur intermédiaire qui s'est substitué à un confrère (Cass. com. 3-5-1994 : RJDA 8-9/94 n° 925) ;

– conjointement contre plusieurs de ces transporteurs.

Sur le recours du transporteur qui a indemnisé l'ayant droit à réparation, articles 37 à 40.

25211 **Prescription** L'ayant droit à la marchandise doit intenter son action en réparation dans le **délai** de un an, ou de trois ans dans le cas de dol ou de faute équipollente au dol selon la loi de la juridiction saisie (art. 32, 1).

Lorsqu'une juridiction française est saisie, seule la faute inexcusable est équipollente au dol (C. com. art. L 133-8).

Ces délais ne s'appliquent qu'aux **actions** nées de l'exécution du contrat de transport (art. 32, 1).

Tel est le cas de l'action en paiement d'un remboursement (CA Grenoble 3-4-1980 : BT 1981.317), de frais de transport et autres frais accessoires (CA Paris 23-9-1981 : BT 1981.538), de frais d'escorte de gendarmerie (CA Dijon 9-2-2012 n° 11/00596 : BTL 2012.232), des majorations liées au retard de paiement d'un transport international (CA Toulouse 3-10-2012 n° 11/00818 : BTL 2012.620) et de l'action en réparation du dommage consécutif à l'inobservation de la température indiquée pour un transport frigorifique (CA Montpellier 12-6-2018 n° 16/02383).

Tel n'est pas le cas d'une action :

– dérivant d'un contrat de commission de transport (CA Paris 17-6-1977 : BT 1977.404 ; CA Versailles 31-1-2002 : BTL 2002.127) ;

– née d'une opération de déménagement international (CA Colmar 6-10-1977 : BT 1977.572) ;

– relative à un dommage survenu après la rupture de charge (Cass. com. 22-11-1988 : BT 1989.309) ou après le transport en raison de l'indifférence du transporteur face au sort des marchandises détruites (CA Aix 3-11-1994 : BTL 1995.232) ;

– se rapportant à une opération inscrite au compte courant que les parties ont établi entre elles pour leurs opérations de transport (cf. CA Paris 24-2-1993 : BTL 1994.52) ;

– relative à l'accomplissement des formalités en douane nées de l'exécution d'un mandat (Cass. com. 28-5-2002 : RJDA 11/02 n° 1142).

Ils sont aussi applicables aux recours entre transporteurs (art. 39, 4).

Ces délais étant impératifs (cf. art. 41), les parties ne peuvent pas y **déroger** en les écartant ou en les modifiant (Cass. com. 5-6-1972 : BT 1972.484).

25214 **1. Point de départ du délai.** L'action d'une **partie** au contrat **contre une autre** doit être intentée dans l'année ou les trois années à compter (art. 32, 1) :

– du jour où la marchandise a été livrée en cas de perte partielle, avarie ou retard ;

En cas de refus du destinataire et de réexpédition, le délai court du jour où la marchandise a été remise au donneur d'ordre et non de sa présentation au bureau de douane du destinataire (CA Lyon 18-9-2014 n° 13/04369 : BTL 2014.572).

– dans le cas de perte totale, du trentième jour après l'expiration du délai convenu ou, à défaut, à partir du soixantième jour après la prise en charge de la marchandise si aucun délai n'a été convenu (CA Paris 26-3-1997 : BTL 1997.764 ; CA Paris 13-4-2018 n° 16/13299 : BTL 2018.252) ;

– à partir d'un délai de trois mois à compter de la conclusion du contrat de transport dans tous les autres cas.

Fait partie de tous les autres cas l'action en indemnisation des dommages subis par la marchandise non livrée mais non perdue et qui a été sauvée en partie (CA Paris 10-10-2012 n° 11/06530 : BTL 2012.647) ainsi que toute action autre qu'en réparation née du contrat de transport : action en paiement d'un remboursement (CA Grenoble 3-4-1980 : BT 1981.317) ; action en paiement du prix du transport et autres frais accessoires (CA Paris 23-9-1981 : BT 1981.538 ; CA Grenoble 18-9-2014 n° 12/04878 : BTL 2014. 573) ; action en garantie du prix du transport (n° 25086).

Pour les actions **entre transporteurs,** le délai de prescription court soit à partir du jour d'une décision de justice définitive fixant l'indemnité à payer, soit, au cas où il n'y aurait pas eu de telle décision, à partir du jour du paiement effectif (art. 39, 4).

La « décision définitive » a été interprétée comme s'opposant à un « jugement provisoire », sans s'attacher à l'autorité de la chose jugée ; le recours se prescrit donc du jour du prononcé de la décision (CA Versailles 10-5-2012 n° 11/03940 : BTL 2012.378).

Le recours du **commissionnaire contre** le **voiturier** suit le même régime que l'action principale (CA Lyon 18-9-2014 précité).

2. Interruption et suspension. Le cours de la prescription est interrompu selon la loi de la juridiction saisie (art. 32, 3). 25217

Sur l'interruption et la suspension de la prescription si la juridiction saisie est française, n°s 71750 s.

La prescription peut être suspendue selon les causes du droit commun prévues par la loi de la juridiction saisie (art. 32, 3). Elle l'est aussi dans le cas d'une **réclamation écrite** jusqu'au moment où le transporteur la repousse par écrit et restitue les pièces qui y étaient jointes (art. 32, 2 ; pour des exemples, CA Aix 10-2-1988 : BT 1988.347 ; CA Paris 2-4-1991 : BTL 1991.428 ; CA Paris 14-12-2011 n° 09/20212 : BTL 2012.35) ; toutes réclamations ultérieures contre le transporteur ayant le même objet ne produisent aucun effet suspensif (art. 32, 2). La réclamation peut être présentée même si le débiteur est l'objet d'une procédure collective (CA Paris 23-9-1994).

Ne vaut pas réclamation la lettre qui ne contient aucune demande d'indemnisation et qui est adressée à l'assureur et non au transporteur responsable (Cass. com. 12-7-1994 : RJDA 2/95 n° 146 ; CA Lyon 6-2-2014 n° 12/08554 : BTL 2014.127) ou qui mentionne un préjudice, sans autre précision (CA Caen 7-5-2015 n° 13/03601 : BTL 2015.332). Mais vaut réclamation la lettre adressée par l'expert de l'assureur du transporteur, rien n'interdisant de charger un mandataire de répondre (Cass. com. 11-10-2011 n° 10-21.913 : RJDA 1/12 n° 49).

La réclamation n'est pas rejetée, même si elle a été repoussée, dès lors que les pièces n'ont pas été restituées (Cass. com. 11-10-2011 n° 10-21.913 ; CA Bourges 5-7-2012 n° 12/00104 : BTL 2012.555), qu'il s'agisse d'originaux ou de photocopies, et quand bien même la non-restitution n'empêcherait pas le demandeur d'agir en justice dans le délai de la prescription (CA Paris 19-11-1997) ni lorsque le transporteur a accordé en réponse un report de la prescription « sous réserve du droit d'action » (Cass. com. 19-6-2012 n° 11-12.266 : BTL 2012.439).

La réclamation ne profite qu'à celui au nom de qui elle est faite ; adressée au transporteur par le destinataire, elle ne peut pas être invoquée par le commissionnaire qui exerce un recours en garantie contre le transporteur (CA Lyon 16-10-1998 : BTL 1999.783 ; CA Paris 21-12-2006 : BTL 2007.44).

Tribunal compétent En l'**absence de clause attributive** de juridiction, l'action peut être portée par le demandeur devant les juridictions du pays sur le territoire duquel (art. 31, 1) : 25220

– le défendeur a sa résidence habituelle, son siège principal ou la succursale ou l'agence par l'intermédiaire de laquelle le contrat de transport a été conclu, soit, en France, le tribunal que désigne l'article 42 du Code de procédure civile (n° 72020) (CA Aix 2-9-2004 : BTL 2004.614 ; CA Orléans 19-5-2011 n° 10/03012 : BTL 2011.399) ; en vertu de l'article 6, 2 du règlement CE 44/2001 – désormais article 8, 2 du règlement CE 1215/2012 (n° 72178) – et sous réserve que la demande n'ait été formée que pour traduire hors de son tribunal celui qui a été appelé, ce tribunal connaît aussi de l'appel en garantie (ou d'une demande en intervention) d'une partie résidant hors de France (CA Orléans 19-5-2011 précité) ;

– le lieu de prise en charge ou de livraison est situé ; en l'absence d'une règle de droit interne consacrant le critère de désignation du for prévu par l'article 31, 1-b de la CMR, la juridiction saisie, qui ne peut refuser au demandeur le droit qu'il tient de ce texte de saisir une juridiction française, doit se reconnaître compétente dès lors qu'elle a un lien suffisant avec le litige, ce qui est le cas dès lors que le lieu de prise en charge (Cass. com. 11-12-2001 : RJDA 4/02 n° 382 ; CA Bordeaux 20-3-2007 : BTL 2007.289) ou de livraison (Cass. com. 8-1-2008 n° 06-15-999 : RJDA 5/08 n° 521), même partielle (CA Reims 25-3-2014 n° 12/02698 : BTL 2014.231), est situé dans son ressort territorial ; le lieu de livraison ne peut pas être tenu pour être l'adresse du destinataire au motif qu'il est insuffisamment précisé sur les lettres de voiture, sans rechercher s'il existait un critère de rattachement pertinent avec une autre juridiction française (Cass. com. 8-1-2008 n° 06-15.999 précité).

Le demandeur ne peut saisir que les juridictions susvisées (art. 31, 1-b). Mais il le peut en cas de pluralité de défendeurs à l'égard même de ceux qui n'ont pas été parties au contrat de transport litigieux (Cass. com. 11-10-2011 n° 10-25.813 : RJDA 1/12 n° 48).

En transport international soumis à la CMR, les juridictions pénales sont frappées d'une incompétence d'ordre public pour accorder des dommages et intérêts aux victimes de préjudices occasionnés par le transporteur (Cass. crim. 7-4-1987 : Bull. crim. p. 435).

Cette compétence s'applique aux assureurs subrogés dans les droits des ayants droit à la marchandise (CA Paris 13-9-1995 : D. 1995.IR.216) mais non aux rapports commettant-commissionnaire (Cass. com. 18-9-2007 n° 06-13.099 : D. 2007.2468.som. obs. Delpech ; aussi n° 25018).

Il ne peut être exigé de caution de ressortissants de pays contractants, ayant leur domicile ou un établissement dans un de ces pays, pour assurer le paiement des dépens à l'occasion des actions en justice auxquelles donnent lieu les transports soumis à la CMR (art. 31, 5).

En **présence d'une clause attributive** de compétence figurant dans l'ordre de transport donné par un commissionnaire à un transporteur, celle-ci est applicable, l'article 31 susvisé ne s'y opposant pas (CA Douai 10-9-2015 n° 13/05015 : BTL 2015.542).

25221 **Autorité de la décision de la juridiction compétente** Lorsqu'une **instance** a été **engagée** devant la juridiction compétente en application des dispositions exposées au n° 25220, ou lorsqu'un jugement a été prononcé par une telle juridiction, il ne peut être intenté aucune nouvelle action pour la même cause entre les mêmes parties à moins que la décision de la juridiction devant laquelle la première action a été intentée ne soit pas susceptible d'être exécutée dans le pays où la nouvelle action est intentée (art. 31, 2).

Lorsqu'un **jugement** rendu par une juridiction d'un pays contractant est devenu **exécutoire** dans ce pays, il devient également exécutoire dans chacun des autres pays contractants aussitôt après accomplissement des formalités prescrites à cet effet dans le pays intéressé. Ces formalités ne peuvent comporter aucune révision de l'affaire (art. 31, 3).

Cette disposition s'applique aux jugements contradictoires, aux jugements par défaut et aux transactions judiciaires, mais ne s'appliquent ni aux jugements qui ne sont exécutoires que par provision ni aux condamnations en dommages et intérêts qui seraient prononcées en sus des dépens contre un demandeur en raison du rejet total ou partiel de sa demande (art. 31, 4).

Bien que l'article 71 du règlement 44/2001 du 22 décembre 2000 – remplacé par l'article 71 du règlement 1215/2012 du 12 décembre 2012 (n° 72103) – réserve l'application des dispositions prévues par des conventions spéciales liant les États membres, les dispositions ci-dessus sur la litispendance et l'exécution des jugements s'appliquent à condition qu'elles présentent un haut degré de prévisibilité, facilitent une bonne administration de la justice et permettent de réduire au maximum le risque de procédures concurrentes, et qu'elles assurent, dans des conditions au moins aussi favorables que celles prévues par ledit règlement, la libre circulation des décisions en matière civile et commerciale et la confiance réciproque dans la justice au sein de l'Union (CJUE 4-5-2010 aff. 533/08 : Rec. I-04107).

25223 **Arbitrage** Le contrat de transport peut contenir une clause attribuant compétence à un tribunal arbitral à condition que cette clause prévoie que le tribunal arbitral appliquera la CMR (art. 33 ; CA Paris 27-6-1979 : BT 1979.440 ; CA Aix 2-9-2004 : BTL 2004.614 ; CA Toulouse 22-12-2016 n° 16/05881 : BTL 2017.79).

Voir les règles d'arbitrage établies par l'Union internationale des transporteurs routiers.

DOMMAGES ET INTÉRÊTS DUS PAR LE TRANSPORTEUR CMR

25230 **Évaluation du préjudice** Sauf en cas de déclaration d'intérêt à la livraison (n° 25031), le **préjudice matériel seul** (cf. art. 23, 4) doit être indemnisé.

En cas de **perte partielle ou totale,** l'indemnité est calculée d'après la valeur de la marchandise au lieu et à l'époque de la prise en charge (art. 23, 1), ce qui exclut que la valeur retenue soit celle de la facture de l'expéditeur, qui est plus élevée car elle prend en compte les coûts générés par le transport – fret, rémunération des intermédiaires et des assureurs, etc. (Cass. com. 12-3-2013 n° 09-12.854 : RJDA 7/13 n° 614) – ou fonction du prix de revient (CA Aix 19-6-2014 n° 12/20432 : BTL 2014.432).

En cas d'**avarie,** l'indemnité est fonction de la dépréciation de la marchandise, sans toutefois pouvoir dépasser (art. 25) :

– si l'ensemble de l'expédition est déprécié par l'avarie, le montant qu'elle aurait atteint en cas de perte totale ;

– si une partie seule de l'expédition est dépréciée par l'avarie, le montant qu'elle aurait atteint en cas de perte de la partie dépréciée.

Dans les deux cas, la **valeur de la marchandise** est celle constatée au lieu et à l'époque de sa prise en charge (art. 23, 1) et déterminée d'après (art. 23, 2) :

– le cours en bourse ;

– à défaut, le prix courant ;

Ce prix courant s'entend du prix de vente normal pour une clientèle ordinaire, qu'il y ait ou non des relations d'affaires privilégiées entre l'acquéreur et son vendeur (Cass. com. 10-1-1983 : BT 1983.154).

– à défaut, la valeur usuelle des marchandises de mêmes nature et qualité.

La valeur usuelle de la marchandise s'entend de son prix de vente sans qu'il soit tenu compte de son coût de fabrication (Cass. com. 8-2-1982 : BT 1982.152).

Montant des dommages et intérêts Quel que soit le montant des dommages, le transporteur ne doit pas une indemnité supérieure à 8,33 unités de compte par kilogramme du poids brut manquant (art. 23, 3). 25233

L'unité de compte est le droit de tirage spécial du Fonds monétaire international.

Une fois le dommage né, les parties peuvent convenir d'un autre montant de réparation (cf. CA Colmar 10-10-2001 : BTL 2001.803).

Les **intérêts** échus de l'indemnité peuvent produire intérêt (Cass. com. 17-3-1992 : RJDA 6/92 n° 585) à compter de la réclamation adressée par écrit au transporteur ; la réclamation adressée au seul commissionnaire de transport ne saurait servir de point de départ à l'égard du transporteur, les intérêts ne courant dans ce cas envers lui qu'à compter de l'assignation (CA Paris 24-4-1997 : BTL 1997.468).

Les intérêts sont calculés au taux de 5 % l'an (art. 27, 1), ce qui exclut l'application du taux légal français (Cass. com. 17-3-1992 précité ; toutefois Cass. com. 24-10-1995 : BTL 1995.762) et toute incidence de la faute inexcusable sur le taux de 5 % (Cass. com. 19-12-1995 : RJDA 3/96 n° 347 ; CA Versailles 29-2-1996 : BTL 1996.385, rendus à propos de la faute lourde mais transposables).

La limitation de l'indemnité n'est pas applicable dès lors qu'une déclaration de valeur figure sur la lettre de voiture (Cass. com. 11-1-1995 : BTL 1995.620).

Calcul La limitation d'indemnité se calcule, lorsque le dommage est partiel, sur le poids brut manquant ou avarié (art. 23, 3 ; Cass. com. 22-4-1986 : GP 1986.pan.223, cassant une décision qui s'était fondée sur le poids « de l'expédition »). Elle ne s'applique pas isolément sur chacun des objets de l'expédition mais sur le poids global de l'envoi (CA Paris 15-6-1984 : BT 1984.545). 25236

S'agissant d'un groupage, l'indemnité se calcule séparément pour chaque envoi, compte tenu de son propre poids (CA Paris 10-12-1971 : BT 1972.19).

Frais annexes Le transporteur est aussi tenu de rembourser les frais de transport, les droits de douane et autres frais encourus à l'occasion du transport de marchandises en totalité lorsque la perte est totale, au prorata en cas de perte partielle (art. 23, 4), à savoir ceux exposés directement lors du transport (Cass. com. 30-10-2012 n° 11-22.461 : RJDA 2/13 n° 115). 25239

Au titre des autres frais occasionnés par le transport des marchandises ont été retenus :

– les frais de déplacement de techniciens pour la remise en état du matériel endommagé (CA Aix 9-12-1980 : BT 1981.143) ;

– les frais d'expertise (CA Riom 16-10-1981 : BT 1982.11) ;

– les frais consécutifs à un incendie ayant détruit les marchandises liés au levage-entreposage-gardiennage, la valeur résiduelle de la semi-remorque endommagée et le coût de l'intervention du concessionnaire autoroutier (CA Pau 19-9-2014 n° 12/00864 : BTL 2014.606).

Mais n'ont pas été retenus la prime d'assurance de la marchandise (CA Aix 20-3-1985 : Scapel 1985.41), ni les frais bancaires résultant de la prorogation d'une lettre de crédit (Cass. com. 30-10-2012 précité), ni la dette fiscale tenant à la perception des droits d'accise sur certains produits (alcools, cigarettes), car cette dette s'ajoutant au prix de la marchandise constitue un préjudice accessoire à sa perte et non un préjudice distinct tenant à des frais annexes (Cass. com. 5-10-2010 n° 09-10.837 : RJDA 3/11 n° 241, en déduisant que le montant de ces droits est soumis au plafond de réparation ; CA Douai 9-3-2017 n° 15/06707). À notre avis, il en est de même du montant de la TVA dès lors qu'elle n'est pas récupérable par la victime du dommage, car, comme les droits d'accise, elle augmente la valeur de la marchandise pour celui qui la doit (cf. CA Poitiers 23-8-1990 : BT 1990.586, qui a tenu pour frais annexes le montant de la TVA due sur une opération de délaissement de marchandises avariées).

25242 **Réparation intégrale** Le transporteur doit la réparation intégrale des dommages s'il a commis un **dol ou une faute équivalente** au dol d'après la loi de la juridiction saisie (art. 29, 1), ce qui, lorsque la juridiction française est saisie, conduit à assimiler au dol la **faute inexcusable** (C. com. art. L 133-8) et non plus la faute lourde qui n'est pas équipollente au dol, en matière de transport (nº 25211).

Commet une faute inexcusable le chauffeur qui laisse les clés sur le véhicule au cours de sa tournée (T. com. Paris 29-10-2014 : BTL 2014.667) ou qui, malgré de mauvaises conditions climatiques, n'adapte pas sa vitesse et s'assoupit à deux reprises, témoignant ainsi « de sa conscience du risque d'un accident imminent » (CA Amiens 9-11-2017 nº 13/03603). Mais ne caractérise pas une telle faute la perte de conscience du chauffeur qui a tenté de gagner une aire de stationnement proche afin de s'arrêter (CA Paris 30-6-2016 nº 15/00456 : BTL 2016.447) ou la remise à un autre destinataire du pli contenant une réponse à appel d'offres, car la faute inexcusable ne résulte ni du retard ni du défaut de demande d'instruction complémentaire (Cass. com. 9-5-2018 nº 17-13.030 F-PB : RJDA 7/18 nº 571).

Il en va de même si le dol ou la faute inexcusable est le fait de ses préposés ou de toutes autres personnes aux services desquelles il a recours pour exécuter le transport (art. 29, 2).

La réparation intégrale est aussi due par le transporteur qui n'a **pas** établi de **lettre de voiture** (CA Aix 22-3-1990 : BT 1990.796).

Cette réparation inclut le préjudice commercial subi par l'ayant droit aux marchandises transportées, lequel doit être, en cas de vol, fixé en fonction du prix de vente des marchandises dérobées (CA Reims 22-9-2003 : BTL 2003.651).

La recherche d'une faute qualifiée est inutile quand le dommage est inférieur aux plafonds (CA Chambéry 19-2-2013 nº 12/0097 : BTL 2013.194).

D. Réparation en cas de retard de livraison des marchandises transportées sous CMR

25300 Toutes les règles exposées aux nºs 25150 s. sont applicables à l'exception de celles exposées nºs 25303 s. et qui sont spécifiques au retard.

25303 **Existence du retard** L'ayant droit à la marchandise peut demander réparation au transporteur du préjudice que lui cause une livraison en retard de la marchandise – à condition de le prouver (cf. CA Rouen 16-12-2004 : BTL 2005.290) – lorsque ce dernier a pris l'engagement de respecter un délai déterminé (art. 6, 2-f), que ce délai soit ou non mentionné dans la lettre de voiture (CA Aix 20-3-1985 : Scapel 1985.41). Dans ce cas, le transporteur est tenu d'une obligation de résultat (CA Nancy 14-1-2004 : BTL 2004.633).

Toutefois, alors même qu'**aucun délai** de livraison n'aurait été convenu, le retard peut être indemnisable lorsque la durée effective du transport dépasse le temps qu'on est en droit d'exiger de la part de transporteurs diligents (art. 19).

Dans le silence de la CMR, le délai **raisonnable** peut être déterminé à partir des fourchettes instaurées par les contrats types du régime national (T. com. Bobigny 25-2-1994 : BTL 1994.672).

Jugé que n'était pas raisonnable :

– le délai de trois jours pour transporter des fruits à neuf cent cinquante kilomètres (CA Rennes 5-11-1974 : BT 1974.514) ;

– le délai de quinze jours pour un transport routier de France en Syrie (CA Lyon 27-6-1980 : BT 1980.504) ;

– le délai de cinq jours pour un trajet de deux cent cinquante kilomètres (CA Aix 18-1-1994 : BTL 1994.718).

Mais a été jugé raisonnable un délai de sept jours pour un transport Suisse-France de marchandises non périssables (CA Paris 26-10-1993 : BTL 1994.88).

Ne sont pas des dommages consécutifs au retard régi par la CMR ceux survenus par le fait que le transporteur ne s'est pas présenté à temps au lieu de prise en charge des marchandises à transporter ; l'action en réparation de ces dommages n'est pas soumise aux dispositions de la CMR (art. 30, 3 et 23, 5) mais au droit commun (T. com. Nanterre 21-12-2001 : BTL 2002.322).

25306 **Constatation du retard** Si aucune mise en demeure de livrer n'est exigée de la part de l'ayant droit à la marchandise, celui-ci doit néanmoins adresser au transporteur des réserves écrites dans les vingt et un jours à compter du lendemain de la mise à disposition de la marchandise sous peine d'être privé d'indemnité pour retard (art. 30, 3).

Les réserves pour retard formulées par l'expéditeur ou le destinataire dans la lettre de voiture ou par télex satisfont aux exigences de l'article 30, 3 de la CMR (CA Limoges 7-11-1977 : BT 1977.537). Une mention générale des dommages a été jugée suffisante (Oberstee Gerichtshof-Obterreich 19-9-2002 : DET 2004.400).

Obligation de réparer du transporteur Le transporteur est tenu d'indemniser l'ayant droit à la marchandise du préjudice occasionné par le retard à moins qu'il ne prouve que ce retard est imputable à l'une des causes d'exonération prévues par la CMR exposées au n° 25165 (art. 17 ; CA Paris 2-12-1981 : BT 1982.73) ; la clause élusive de responsabilité du transporteur en cas de retard est nulle (Cass. com. 9-5-2018 n° 17-13.030 F-PB : RJDA 7/18 n° 571). 25309

Le détournement d'itinéraire suite à une panne de camions en cours de trajet n'est pas pour le transporteur une cause exonératoire du retard consécutif (CA Rennes 19-3-1987 : BT 1988.105). Mais une faute de l'expéditeur l'est (CA Paris 28-10-1993 : BTL 1994.88).

Dommages et intérêts Le montant des dommages et intérêts ne peut en aucun cas dépasser le prix du transport total (art. 23, 5 ; CA Paris 2-4-1971 : BT 1971.155). 25312

Cette indemnité produit des intérêts au taux de 5 % à compter du jour de la réclamation écrite adressée au transporteur ou, à défaut, du jour de la décision de justice (art. 27).

La CMR étant d'ordre public, a été jugée nulle une clause stipulée entre un expéditeur et un transporteur appliquant automatiquement une pénalité forfaitaire par jour de retard (T. com. Paris 15-6-1978 : BT 1978.420).

E. Recours entre transporteurs CMR

Le transporteur qui a payé une indemnité a le droit d'exercer un recours en principal, intérêts et frais contre les transporteurs qui ont participé à l'exécution du transport dans les conditions de l'article 37 ; si l'un des transporteurs est insolvable, la part lui incombant et qu'il n'a pas payée est répartie entre tous les autres transporteurs proportionnellement à leur rémunération (art. 38). 25350

Les transporteurs sont libres de convenir entre eux de dispositions dérogeant aux articles 37 et 38 (art. 40).

Le transporteur qui veut exercer son recours peut le former devant le tribunal compétent du pays dans lequel l'un des intéressés a sa résidence, son siège ou une succursale ; le recours peut être dirigé dans une seule et même instance contre tous les transporteurs (art. 39, 2).

Sur la prescription des recours entre transporteurs, n°s 25211 s.

SECTION 4 LOCATION DE VÉHICULES ROUTIERS

Qualification La location de véhicules routiers destinés au transport de marchandises est un contrat de **louage de choses** car sa prestation la plus caractéristique est la mise à disposition par le loueur d'un véhicule routier déterminé (cf. art. 1 du contrat type de location d'un véhicule industriel avec conducteur pour le transport routier de marchandises figurant, par renvoi de C. transports art. D 3223-1, à l'annexe VIII de la troisième partie réglementaire du Code) que le locataire peut utiliser à son gré, dans les termes convenus. 25600

Cette qualification n'est appliquée que si elle est établie dans les circonstances de chaque cas. Les tribunaux ont posé, en effet, que tout déplacement de marchandises à titre onéreux doit être **présumé** effectué sous l'empire d'un contrat de transport, le transport public étant le mode normal d'exploitation du véhicule utilitaire et la location, l'exception que doit prouver celui qui l'invoque (Cass. com. 5-2-1985 : BT 1985.543 ; CA Paris 24-9-2008 : BTL 2008.732).

Cette preuve a été admise, par exemple, dans des cas où :

– les documents de l'espèce faisaient ressortir que le fournisseur du véhicule était inscrit au registre des loueurs, qu'il avait envoyé un tarif de location, qu'il avait souscrit une police d'assurance responsabilité civile de loueur et qu'il avait consenti l'utilisation de son véhicule d'une manière durable et exclusive (CA Paris 30-9-1983 : BT 1984.335 ; aussi CA Paris 30-6-1999 : BTL 1999.692) ;

– le prix demandé à l'utilisateur du véhicule est facturé au temps (Cass. com. 7-3-1977 : BT 1977.247) ou au kilométrage (Cass. com. 20-4-2017 n° 15-20.760 F-D : RJDA 7/17 n° 453) ; toutefois, un forfait journalier n'est pas une preuve certaine de la location (CA Paris 20-5-1992 : BTL 1992.805) ;

– les juges relèvent le fait qu'étaient produites des autorisations administratives pour l'activité de loueur, que le véhicule était stationné quotidiennement sur le parking du donneur d'ordre, que les

lettres de voiture étaient établies au nom de ce dernier et que l'emploi du véhicule donnait lieu à une rémunération forfaitaire journalière (CA Lyon 9-1-2003 : BTL 2003.340) ou plus simplement l'existence d'une mise à disposition exclusive du véhicule et le forfait journalier (CA Paris 30-4-2003 : BTL 2003.458) ;
– les rotations, placées par les parties sous la qualification de contrat de sous-traitance, accomplies entre le dépôt du « donneur d'ordre » et celui du destinataire, étaient effectuées selon une organisation du travail qui excluait tout lien de l'exécutant avec le destinataire (CA Paris 28-6-2012 n° 11/01272 : BTL 2012.474) ;
– l'utilisateur du véhicule avait la maîtrise des horaires appliqués aux conducteurs mis à disposition par le loueur, des heures de livraison, du chargement des marchandises et conservait la responsabilité de celles-ci (CA Paris 17-5-2023 n° 20/17817).

Mais le contrat de location ne saurait se déduire de l'absence de lettre de voiture ou du seul fait que le véhicule est peint aux couleurs de la société utilisatrice (T. com. Bordeaux 11-6-1987 : BT 1988.179).

En revanche, la qualification de contrat de transport a été appliquée lorsque le fournisseur du véhicule :
– a figuré sur les documents de transport comme un transporteur (Cass. com. 3-11-2009 : BTL 2009.692) ou a établi un récépissé du transport et non une feuille de location (CA Montpellier 13-1-1975 : BT 1975.272) ;
– a reconnu qu'il était responsable des dommages subis par la marchandise (CA Paris 30-9-1983 : BT 1984.335 ; CA Lyon 28-5-2015 n° 14/02703 : BTL 2015.397, à propos d'un « louageur », terme identifié comme ne correspondant pas à une qualification juridique) ;
– a eu la maîtrise des opérations de déplacement (Cass. com. 20-12-1982 : BT 1983.180 ; CA Paris 25-1-2018 n° 16/01554) ou pouvait travailler pour des tiers y compris un concurrent du prétendu locataire (CA Bourges 24-5-2012 n° 11/00961 : BTL 2012.395) ;
– a pris en charge les formalités de transit ainsi que les opérations de réembarquement et de rapatriement des remorques (Cass. com. 21-6-1988 : BT 1988.455).

Toutefois, aucun des éléments ci-dessus n'est en soi décisif de la qualification du contrat. L'existence d'autres éléments peut conduire à retenir une qualification différente. Ainsi :
– la reconnaissance de sa responsabilité par le fournisseur du véhicule n'exclut pas la location dès lors qu'il est relevé que le matériel est voué exclusivement au service de l'utilisateur, que la rémunération est forfaitaire, que l'utilisateur a la maîtrise des opérations de transport (CA Paris 26-2-2004 : BTL 2004.209) ;
– l'utilisation d'un véhicule portant la dénomination sociale de l'ayant droit à la marchandise, déplaçant la marchandise sous un document portant son nom et pour un prix forfaitaire n'exclut pas le contrat de transport dès lors que le fournisseur du véhicule est inscrit au registre du commerce sous l'activité de transporteur, qu'il est assuré pour cette seule activité, qu'il fait porter cette mention sur ses papiers commerciaux et qu'il ne justifie pas de directives de l'ayant droit à la marchandise lui ayant imposé un comportement déterminé dans la situation qui a conduit au vol de la marchandise (CA Aix 25-3-2004 : BTL 2004.281).

25603 **Régime** La location de véhicule routier destiné au transport de marchandises est soumise aux règles du droit commun des contrats (nos 10611 s.) et du louage de choses (nos 22506 s.).

Seule la location de véhicule routier avec conducteur obéit à des règles supplémentaires qui sont justifiées par la fourniture des services d'un conducteur (C. transports art. L 3223-1). Lorsque le véhicule loué est **industriel,** les relations entre les parties au contrat sont de plein droit régies par les dispositions du **contrat type** de location de véhicule routier industriel avec conducteur figurant en annexe du Code des transports (n° 25600) et cité par la suite « c.t. ».

25606 **Points sensibles** Loueurs et locataires doivent prendre garde, pour éviter d'encourir les obligations et responsabilités plus lourdes du contrat de transport, aux règles suivantes :
– la qualification de contrat de location, même expressément affirmée par eux dans un écrit, ne sera appliquée qu'autant que, surtout en cas de location avec conducteur, dans l'exécution des déplacements, le loueur n'apparaîtra pas comme assurant la maîtrise commerciale des marchandises (n° 25600) ;
– en tout état de cause, ils ont intérêt à rédiger un contrat écrit ; l'application du contrat type de location de véhicules routiers industriels avec conducteur ne se produira en effet de plein droit qu'autant qu'il sera au préalable établi qu'ils ont réellement conclu un contrat de location (n° 25603) ;
– à défaut de conventions contraires, le loueur de véhicules routiers industriels avec conducteur est en charge des prestations de conduite et des responsabilités corrélatives alors que le locataire d'un tel véhicule assume les opérations commerciales liées au déplacement et les responsabilités qui peuvent en résulter (n° 25680).

CONCLUSION DU CONTRAT DE LOCATION DE VÉHICULE ROUTIER

25609 **Spécification du véhicule loué** Le contrat de location doit indiquer les caractéristiques du véhicule loué.

Il est important aussi que le locataire fasse préciser l'aptitude du véhicule à transporter les marchandises qu'il envisage d'y charger, surtout s'il s'agit de matières dangereuses dont le transport est soumis à une **réglementation spéciale ou de marchandises devant être réfrigérées.** L'intérêt de cette mention est de permettre au locataire, le cas échéant, d'invoquer contre le loueur un manque de conseil, voire la nullité du contrat pour erreur sur l'aptitude du véhicule (cf. CA Nancy 26-6-2013 n° 12/00985 : BTL 2013.511, refusant l'erreur).

Lorsque le **contrat type** est applicable, le contrat de location doit préciser les spécifications suivantes : le véhicule doit être en bon ordre de marche, de présentation, d'entretien et de propreté, conforme à la demande du locataire et muni des équipements et des documents prescrits par les différentes réglementations en vigueur (art. 2.2 c.t.) ; sur ces documents, n° 25644.

Opérations de conduite Lorsque le véhicule est loué **sans conducteur,** les opérations de conduite incombent naturellement, même si le contrat ne le précise pas, au locataire. 25612

En cas de location de véhicule routier **avec conducteur,** les parties peuvent choisir de mettre les opérations de conduite à la charge du loueur ou du locataire. En cas de location d'un véhicule **« industriel »,** si les parties n'ont pas précisé par écrit à qui incombent les opérations de conduite, celles-ci incombent au loueur, le locataire s'interdisant de se substituer au conducteur désigné par le loueur pour ces opérations (art. 5.1 c.t.).

Sont des opérations de conduite au sens de l'article 5.2 du contrat type :
- la conduite proprement dite du véhicule ;
- la protection du véhicule contre le vol dans des conditions normales de vigilance ;
- la préparation technique du véhicule ;
- la manipulation et la surveillance des éventuels équipements spéciaux (dispositifs de transport sous température dirigée, flexibles, clapets, compteurs et autres équipements des citernes, hayon élévateur, bras de manutention, etc.) ; le conducteur ne doit cependant pas procéder à la mise en œuvre de ces équipements sans l'autorisation préalable du locataire ou d'un tiers désigné par lui ;
- la vérification, avant le départ, du chargement, du calage et de l'arrimage du point de vue de la sécurité de la circulation.

Cette liste n'a pas été tenue pour limitative ; a ainsi été validée la mise à la charge du loueur du réglage du groupe frigo, sa vérification régulière, la mise en œuvre des équipements spéciaux et leur surveillance (CA Rennes 10-5-2022 n° 19/03566).

Opérations de transport Le locataire peut utiliser le véhicule pour effectuer soit des transports pour son propre compte, soit des transports publics de marchandises (art. 1.3 c.t.). 25615

Que la location soit **avec ou sans conducteur,** la maîtrise des opérations de transport doit être mise à la charge du locataire ; en effet, si cette maîtrise appartenait au loueur, le contrat ne serait plus un contrat de location mais un contrat de transport (n° 25600).

En cas de location de véhicule routier **industriel avec conducteur,** si les parties n'ont rien précisé par écrit, le locataire est **tenu d'assumer,** en vertu du contrat type, toutes les opérations que ce contrat ne considère pas comme étant des opérations de conduite (art. 6.1 et 6.2 c.t.).

À ce titre, le locataire doit notamment (art. 6.2 c.t.) :
- déterminer la nature et la quantité des marchandises transportées dans la limite de la charge utile du véhicule ;
- fixer les itinéraires, les points de chargement et de déchargement et les délais de livraison de ces marchandises ;
- établir les documents d'accompagnement des marchandises ;
- assurer ou faire assurer le chargement, l'arrimage et le déchargement ;
- réaliser les opérations requises par les spécificités des marchandises transportées ;
- respecter toutes les obligations relatives au transport de marchandises qu'il effectue au moyen du véhicule loué ;
- en cas de modification des modalités d'exécution, fournir au conducteur les informations utiles et nécessaires relatives aux marchandises transportées.

Selon le contrat type, il doit aussi **indiquer** au loueur, par écrit ou par tout moyen électronique de transmission et de conservation des données, toutes les informations relatives à la nature et aux spécificités des marchandises transportées, telles que, notamment, les marchandises dangereuses, les marchandises dites sensibles, les marchandises voyageant sous température dirigée ; le cas échéant, à la demande du loueur, le locataire lui transmet la valeur des marchandises transportées (art. 2.4 c.t.) ; pour toutes ces opérations, lorsque le conducteur participe à des opérations de transport, il agit pour le compte et sous la responsabilité du locataire qui doit l'informer de tout ce qui est nécessaire à la bonne exécution de l'opération de transport (art. 6.3 c.t.).

Le locataire qui veut faire effectuer au véhicule un transport intracommunautaire pour compte propre (n° 25025) doit obtenir une autorisation de transport international (Directive 84/647 du 19-12-1984).

25618 **Services du conducteur** Lorsque le véhicule est loué avec conducteur, les parties doivent déterminer par écrit leurs obligations respectives dans les conditions d'emploi du conducteur et dans l'exécution des opérations de transport (C. transports art. L 3223-1, al. 1). À défaut de précision sur ces obligations, le contrat type est applicable de plein droit (art. L 3223-1, al. 2).

En cas de location de véhicule routier **industriel,** si les parties n'ont rien précisé par écrit sur ce point, le contrat type fixe les compétences du conducteur (art. 2.3 c.t.).

25621 **Exclusivité** Lorsque le contrat type est applicable, la mise à disposition du véhicule avec conducteur au profit du locataire doit être exclusive (art. 1.1 c.t.).

25624 **Prix** Le prix de la location est librement débattu entre les parties, sauf si le contrat type est applicable (art. 16 c.t.). Mais le loueur d'un véhicule avec conducteur doit offrir ou pratiquer un prix qui permet de couvrir les charges fixées par la loi (C. transports art. L 3221-1 ; sur les dispositions particulières aux locations entre professionnels de transport, art. L 3221-3 s.), sous peine d'encourir ainsi que son cocontractant une sanction pénale (art. L 3242-2 s.).

Jugé que la garantie de kilométrage minimal ne s'analyse pas en une pénalité : elle ne peut dès lors pas être modérée par le juge (CA Grenoble 22-1-1981 : BT 1981.399 : locataire condamné à payer 80 000 km représentant le kilométrage garanti alors que le véhicule n'en avait parcouru que 52 000 ; pour des exemples de pénalités : CA Lyon 26-9-1984 : BT 1985.382 ; CA Paris 18-1-1985 : BT 1985.507).

25627 **Rédaction d'un écrit** La location d'un véhicule **industriel** avec ou sans conducteur donne lieu, avant la mise à disposition du véhicule, à l'établissement, par l'entreprise de location, d'une feuille de location dont au moins un exemplaire doit être à bord du véhicule ; la copie du contrat de location vaut feuille de location (Arrêté du 9-11-1999 art. 7).

Les renseignements à faire figurer sur la feuille de location sont fixés par l'article 8 de l'arrêté précité.

EXÉCUTION DU CONTRAT DE LOCATION DE VÉHICULE ROUTIER

25635 **Mise à disposition du véhicule loué** Lorsque le contrat de location le prévoit, le loueur doit remettre au locataire le véhicule accompagné d'un conducteur. Sauf clause contraire, le choix de ce conducteur appartient au loueur qui en est responsable. Sur les aptitudes du conducteur lorsque le contrat type est applicable, n° 25618.

Le loueur doit mettre à la disposition du locataire le véhicule prévu au lieu déterminé par le contrat et en bon état (CA Paris 21-3-1979 : BT 1979.257 : à propos d'un wagon mais transposable à un véhicule).

Lorsque le contrat type est applicable, le véhicule doit être mis à disposition du locataire sur un site désigné par lui (art. 2.1 c.t.). Un document écrit et signé des parties doit constater cette mise à disposition dans les conditions requises (art. 2.7 c.t.). Le conducteur doit se conformer au protocole de sécurité applicable sur le site de chargement et/ou de déchargement, le locataire devant fournir, dans la mesure du possible, les informations nécessaires à l'élaboration de ce protocole (art. 2.5 et 2.6 c.t.).

En cas de panne ou d'indisponibilité du véhicule pour quelque cause que ce soit, le loueur, lorsque le contrat type est applicable, avise aussitôt le locataire et prend les mesures nécessaires en vue de procéder, dans les meilleurs délais, soit à la remise en service du véhicule, soit à son remplacement par un véhicule de caractéristiques identiques ; en cas de manquement à ces obligations, le loueur indemnise le locataire de son préjudice direct, prouvé et prévisible (art. 3 c.t.).

25638 **Entretien** Le loueur, comme tout autre loueur de meubles (cf. C. civ. art. 1719, 2°), est tenu de maintenir le véhicule loué en état et de fournir les prestations attendues de lui au contrat.

À défaut de clauses réglant les conditions des réparations du véhicule, jugé, par transposition de l'article 1724 du Code civil relatif au bail d'immeuble, que le locataire ne peut pas réclamer de dommages et intérêts en cas d'immobilisation du véhicule pour cause de réparation dès lors que le loueur a fait procéder rapidement à ces réparations et que l'immobilisation n'a, de ce fait, été que de courte durée (CA Paris 6-12-1977).

Il doit au locataire la réparation des vices cachés (n° 25660).

25641 **Opérations de conduite** Lorsque les opérations de conduite sont mises par le contrat à la charge du loueur, celui-ci est tenu de les exécuter correctement. Il en est de même en vertu du contrat type (art. 5 c.t.).

Le locataire peut être responsable des opérations de conduite s'il en prend en fait la direction en donnant des ordres au conducteur (cf. T. com. Lyon 13-5-2013 : BTL 2013.363).

25644 **Opérations de transport** Que la location soit avec ou sans conducteur, le locataire est tenu d'apporter les soins que suppose le déplacement des marchandises, notamment en ce qui concerne le chargement, le calage et l'arrimage dont il est responsable (Cass. com. 28-6-2017 n° 14-14.228 F-PB : RJDA 11/17 n° 714).

En cas de location sans conducteur, les parties peuvent convenir, par exemple, que le locataire ne pourra confier le véhicule loué qu'aux personnes agréées par le loueur (CA Rouen 4-5-1972 : GP 1973.1.420).

Le loueur doit notamment remettre au conducteur tous les documents exigés par la réglementation pour la régularité du transport des marchandises, notamment : autorisation ou licence de transport, autorisation ou licence de location, copie du contrat de location (C. transports art. R 3411-13).

Si le locataire effectue des transports publics, il doit remettre au conducteur sa licence de transport sous peine de sanction pénale (Cass. crim. 13-3-2012 n° 11-84.108).

La feuille de location doit être à bord du véhicule (Arrêté du 9-11-1999 art. 7).

Paiement du prix de location et autres frais Outre le paiement du montant de la location, le locataire doit aussi effectuer les déclarations et les paiements des droits et taxes concernant la circulation des marchandises : douane, régie, etc. Les formalités relatives à ces opérations sont accomplies par son préposé s'il en a mis un à bord du véhicule ou, à défaut, par le conducteur qui agit alors, à ce titre, comme son préposé. 25647

En revanche, le paiement des **taxes** concernant le véhicule loué incombe au loueur (Cass. com. 22-5-1985 : BT 1986.184 : à propos de la taxe à l'essieu).

S'il n'exécute pas un contrat de transport avec ses propres moyens, le transporteur public routier de marchandises peut assurer son exécution en passant un contrat de location avec un loueur de véhicules industriels avec conducteur ; dans ce cas, le loueur a une **action directe** en paiement de ses prestations à l'encontre de l'expéditeur et du destinataire, lesquels sont garants du paiement du prix de la location dû par le transporteur auquel ils ont confié l'acheminement de leurs marchandises ; toute clause contraire est réputée non écrite (C. transports art. L 3223-2 ; pour un rejet de l'action directe, la preuve de la créance invoquée n'étant pas établie, CA Douai 26-5-2016 n° 15/01178 : BTL 2016.412).

Lorsque le contrat type est applicable (art.17 c.t.) :

– le paiement du **prix** est **exigible au lieu** d'émission de la facture, laquelle doit être réglée dans un délai qui ne peut excéder trente jours à compter de la date de son émission ;

– tout **retard** dans le paiement entraîne de plein droit, le jour suivant la date de règlement figurant sur la facture, l'exigibilité d'intérêts de retard d'un montant équivalent à cinq fois le taux d'intérêt légal ainsi que d'une indemnité forfaitaire pour frais de recouvrement d'un montant de 40 € suivant l'article D 441-5 du Code de commerce, et ce sans préjudice de la réparation éventuelle, dans les conditions du droit commun, de tout autre dommage résultant directement de ce retard ;

– la **date d'exigibilité** du paiement, le taux d'intérêt des pénalités de retard ainsi que le montant de l'indemnité forfaitaire de compensation des frais de recouvrement doivent figurer sur la facture établie par le loueur ;

– lorsque des **délais de paiement** sont consentis, tout paiement partiel est imputé en premier lieu sur la partie non privilégiée des créances ; le non-paiement d'une seule échéance emportera sans formalité d'échéance du terme, le solde devenant immédiatement exigible même en cas d'acceptation d'effets ;

– aucune **compensation** unilatérale ne peut être opérée entre le prix de location et une créance du locataire sur le loueur, quelle qu'en soit la nature.

Cette règle ne saurait cependant faire obstacle à la loi imposant de plein droit la compensation légale dès lors que les conditions en sont réunies (C. civ. art. 1347 s.).

Si le contrat type n'est pas applicable, les délais de paiement sont régis par l'article L 441-11, II-5° du Code de commerce (C. transports art. L 1432-14).

Assurance Lorsque le **loueur** assume lui-même les opérations de conduite, c'est à lui qu'il incombe de veiller aux assurances nécessaires car la réparation des dommages inhérents au risque engendré par le véhicule sera exclusivement à sa charge (n° 25672). 25650

Mais il n'est pas imposé au loueur de conseiller à son client une assurance tous risques au lieu de l'assurance stipulée dans la convention (Cass. civ. 4-11-1970 : D. 1971.186).

Le locataire, s'il assume la conduite du véhicule, a intérêt à veiller à ce que ces assurances aient été effectivement conclues par le loueur et à ce que le contrat de location prévoie leur extension à son profit. À défaut, il a intérêt à souscrire lui-même ces assurances ou les assurances complémentaires éventuellement nécessaires.

Le **locataire,** puisqu'il a toujours la maîtrise des opérations de transport, doit assurer lui-même les marchandises transportées pour les mettre à l'abri des dommages qu'elles peuvent subir du fait du déplacement (nº 25680).

Sur l'assurance des marchandises transportées, nºs 24269 s.

25653 **Respect des réglementations** Le déplacement d'un véhicule chargé d'une cargaison tombe sous le coup de diverses prescriptions légales ou réglementaires au respect desquelles les parties doivent veiller.

1. Code de la route. Lorsque le **contrat type** est **applicable,** c'est le loueur qui répond des conséquences des infractions aux prescriptions du Code de la route, sauf le recours éventuel contre le locataire lorsque ces infractions résultent des instructions données par ce dernier (art. 12 c.t.). Ainsi, l'obligation de présenter le véhicule loué à la visite technique annuelle (Cass. crim. 2-10-1985 : BT 1986.280) et l'obligation de vérifier le caractère non dangereux du chargement du point de vue de la sécurité routière (CA Paris 15-12-1981 : BT 1982.51) incombent au loueur.

Le locataire doit, en revanche, répondre des surcharges qui pourraient exister dans la mesure où elles constituent une infraction au Code de la route (nº 25683).

Si le contrat type n'est **pas applicable,** le respect du Code de la route incombe à la partie qui a en charge les opérations de conduite.

2. Temps de travail, de conduite et de repos. Le contrat de location de véhicule avec conducteur doit être exécuté conformément à ce que les parties auront prévu à ce sujet.

Lorsque le contrat type est applicable, le conducteur demeure, dans tous les cas, le salarié du loueur et ne peut être assimilé à un salarié du locataire (art. 14.1 c.t.) ; le loueur est tenu au respect des dispositions relatives au temps de travail, de conduite et de repos (art. 15 c.t.).

Si le contrat type n'est pas applicable, les obligations des salariés sont celles du droit commun du contrat de travail. Pour les non-salariés, elles sont celles du contrat par lequel leurs services ont été convenus.

Le loueur est responsable du respect de ces prescriptions (Cass. crim. 11-2-1986 : BT 1986.350 : à propos du temps de conduite). Le locataire peut aussi encourir, en tant que donneur d'ordre, les sanctions pénales applicables à l'expéditeur (nº 24233).

Le locataire est responsable des infractions à la réglementation des temps de conduite et de repos lorsqu'il met le conducteur dans l'impossibilité d'observer cette réglementation (C. route art. R 121-5 ; Cass. crim. 15-11-1995 : BTL 1996.177).

3. Réglementation des transports. Selon le contrat type, la location d'un véhicule routier industriel avec conducteur s'effectue conformément aux dispositions du Code des transports ; pour justifier de la régularité de son immatriculation au registre électronique national des entreprises de transport par route, le loueur doit remettre au locataire, préalablement à la conclusion du contrat, selon le cas, une photocopie de sa licence de transport intérieur ou de sa licence communautaire (art. 13 c.t.).

Si le contrat type n'est pas applicable, il appartient au locataire de s'assurer que le loueur remplit les conditions requises pour exercer son activité.

4. Lutte contre le travail dissimulé. Lorsque le contrat type est applicable, le locataire doit se faire remettre par le loueur (art. 14.2 c.t.) :

– une attestation de fourniture de déclarations sociales émanant de l'organisme de protection sociale chargé du recouvrement des cotisations sociales et datant de moins de six mois, ou un des documents prévus aux articles L 8222-1 et D 8222-5 du Code du travail ;

– une attestation sur l'honneur d'employer de façon régulière des salariés eux-mêmes autorisés à exercer une activité professionnelle sur le territoire français.

Si le contrat type n'est pas applicable, il appartient au locataire de s'assurer de ces conditions.

25656 **Restitution du véhicule loué** Lorsque le contrat type est applicable, la restitution doit se faire à l'endroit où le véhicule a été mis à sa disposition (art. 4 c.t.). À défaut de restitution, les transports effectués après l'extinction de la location sont des transports publics (Cass. com. 20-12-1961 : BT 1962.98), qui doivent dès lors être faits en conformité avec la réglementation applicable à ces transports (nº 24239).

Le locataire n'est pas fautif de restituer un véhicule peint autrement qu'au moment de la remise si le loueur ne subit pas de préjudice, ou de restituer le véhicule dans un lieu de son choix en l'absence de preuve rapportée par le loueur quant au lieu de mise à disposition ; mais il est redevable des amendes résultant des infractions au Code de la route commises par ses chauffeurs (CA Nancy 27-6-2018 nº 16/03125).

RÉPARATION DES DOMMAGES PAR LE LOUEUR DU VÉHICULE ROUTIER

Vice caché du véhicule loué Conformément au **droit commun** du louage de meubles (C. civ. art. 1721), le loueur doit garantir le locataire contre les vices cachés du véhicule (Cass. com. 17-12-1996 : BTL 1997.19), que celui-ci soit loué avec ou sans conducteur (CA Amiens 28-11-1974 : BT 1975.23), sauf clause contraire non équivoque (CA Paris 15-11-1989 : BT 1990.296 ; CA Aix 1-6-1995 : Bull. cour d'Aix 1995-1 p. 154 obs. Stoffel-Munck : mais refus du droit au loyer à défaut de fourniture d'un véhicule de remplacement). 25660

Le loueur est tenu à la même garantie lorsque le **contrat type** est applicable (cf. art. 8).

Défaut d'entretien du matériel loué Que le contrat type soit applicable (art. 2.2 c.t.) ou pas, l'obligation d'entretien du véhicule loué incombe au loueur (n° 25638) et, partant, la réparation des dommages dus au défaut d'entretien. 25663

Faute de conduite du conducteur Le dommage consécutif à la faute de conduite du conducteur incombe au locataire ou au loueur en fonction des distinctions exposées au n° 25612. 25666

Si le loueur assume la conduite, que le contrat type soit ou non applicable (art. 7 et 8 c.t.), il répond des fautes de conduite du conducteur.

Constitue une faute le fait d'engager son véhicule sous un pont sans se préoccuper de savoir si la hauteur libre est suffisante pour permettre le passage du chargement (Cass. com. 26-5-2010 n° 09-15.545 : BTL 2010.368 ; CA Montpellier 13-11-2012 n° 11/03884 : BTL 2012.728), même lorsque l'itinéraire a été fixé par le locataire (CA Dijon 23-9-1983 : BT 1984.363), ou le fait de commettre un excès de vitesse (CA Paris 13-1-1994 : BTL 1994.237) ou d'avoir insuffisamment protégé le véhicule contre le vol (T. com. Paris 28-11-2000 : BTL 2001.16).

La faute de conduite peut être invoquée par le locataire, après un accident, même si le conducteur n'a pas été poursuivi pénalement, car le défaut d'action pénale ne prouve pas qu'une faute n'a pas été commise (T. com. Bordeaux 18-8-1981 : BT 1982.125).

Pour un exemple d'une convention écrite ayant pour effet d'écarter le contrat type et mettant à la charge du loueur tous les dommages subis par la marchandise déplacée, y compris vol, perte et mouille, T. com. Bobigny 18-2-1992 : BTL 1992.182, confirmé par CA Paris 5-4-1995 : BTL 1995.811.

La faute de conduite doit être prouvée par le locataire (CA Paris 26-5-1977 : BT 1977.391). La preuve n'est pas rapportée, par exemple, lorsque les circonstances exactes de l'accident sont impossibles à connaître (CA Paris 5-5-1982 : BT 1982.380 ; CA Paris 28-5-1976 : BT 1976.282) ou lorsque le conducteur allègue un affaissement de la suspension de la semi-remorque (CA Paris 5-5-1982 : BT 1982.380).

Mauvais choix du conducteur Le loueur répond aussi des fautes du conducteur qui sont la conséquence d'un mauvais choix de sa part (Cass. com. 17-2-1987 : GP 1988.som.152), tel le fait de jeter à terre les marchandises à destination (CA Bordeaux 12-5-1980 : BT 1980.298) ou d'avoir dérobé la marchandise confiée au transport (CA Paris 8-3-1995 : BTL 1995.339). 25669

Lorsque le contrat type est applicable, le loueur doit choisir un conducteur répondant aux conditions ordinaires d'expérience, de prudence et de tempérance, possédant les aptitudes professionnelles normalement exigibles eu égard à la conduite du véhicule, à la mise en œuvre technique de ses équipements et à la nature des produits transportés et satisfaisant aux exigences légales, réglementaires et à celles issues des conventions collectives (art. 2.3 c.t.).

Fait du véhicule Le loueur répond des dommages causés par le conducteur lorsqu'il a conservé la maîtrise de la conduite du véhicule (n° 25675). 25672

Il répond aussi des « infractions » à la circulation, telles qu'excès de vitesse (CA Paris 8-7-1985 : BT 1985.612), surcharge (cf. CA Paris 23-2-1974 : BT 1974.118) ou défaut d'autorisation de circulation des véhicules à gabarit exceptionnel (CA Colmar 30-5-2000 : BTL 2001.766).

Dommages causés aux tiers Conformément à la responsabilité du fait des choses (n°s 8069 s.), le loueur répond, envers toute victime, des dommages causés aux tiers par le véhicule dont il conserve la garde conformément à l'article 1242, al. 1 du Code civil. 25675

Lorsqu'il est applicable, le contrat type réitère cette règle en précisant que le loueur répond du fait du véhicule qui a causé un dommage au matériel roulant et aux biens du locataire (art. 8 c.t.) et, dans les mêmes conditions, des dommages causés aux tiers, pour une raison quelconque, par son véhicule ou par les marchandises mais seulement dans la mesure où ceux-ci résultent d'une faute de conduite (art. 11.1 et 11.2 c.t.).

Le loueur doit, en outre, garantir et indemniser le locataire de tout recours qui pourrait être exercé contre lui du fait du véhicule dont il a conservé la garde (art. 11.3 c.t.).

Extension conventionnelle Le loueur doit répondre des obligations dont il a accepté par écrit d'assumer la charge, telles celles relatives au chargement et déchargement (CA Paris 20-12-1996 : BTL 1997.243). 25678

RÉPARATION DES DOMMAGES PAR LE LOCATAIRE DU VÉHICULE ROUTIER

25680 **Responsabilité civile** Le locataire répond des dommages, dans les conditions suivantes.

1. Dommages subis par les marchandises transportées et le véhicule loué. Si le contrat type est applicable, le locataire répond des dommages aux marchandises transportées dès lors qu'il ne prouve pas que ces dommages ou pertes proviennent d'un vice caché du véhicule loué, d'une faute dans l'exécution d'une opération de conduite, ou de tout autre manquement du loueur à ses obligations (art. 7 c.t.) ; il répond aussi des dommages au véhicule du loueur si ce dernier établit qu'ils proviennent d'un manquement du locataire aux obligations qui lui incombent en application du contrat type (art. 9 c.t.).

Antérieurement à ces dispositions, le locataire a été tenu des dommages aux marchandises résultant :
– des fautes du conducteur dans l'accomplissement des opérations étrangères à la conduite et relatives aux opérations de transport des marchandises, par exemple : avaries survenues aux marchandises par suite d'un défaut de bâchage (CA Paris 31-3-1977 : BT 1977.237) ; détournements par le conducteur des sommes qu'il avait été chargé d'encaisser (CA Paris 16-10-1965 : BT 1966.11) ou de la cargaison (Cass. com. 26-2-1985 : BT 1985.299) ;
– du mauvais choix du conducteur lorsque c'est lui qui a choisi ce conducteur parmi ceux qui étaient en permanence à sa disposition, pour lui confier une cargaison de grande valeur (CA Paris 23-2-1978 : BT 1978.197) ;
– des manœuvres de déchargement, même si le conducteur se trouvait momentanément au volant (Cass. com. 16-10-1990 : BTL 1991.10) ;
– de sa faute de surveillance du matériel frigorifique alors qu'il est un professionnel du transport frigorifique et que le matériel venait d'être réparé (Cass. com. 12-11-1997 : BTL 1997.818).

Il a été aussi tenu des dommages au véhicule loué causés, notamment, au cours du chargement réalisé par un tiers, dès lors qu'il n'est pas établi que c'est le conducteur, dont la prestation se limitait à la conduite du véhicule, qui avait fait appel à un tiers (Cass. com. 6-7-1971 : BT 1971.499). Lorsque le contrat prévoit que le locataire doit, en cas de disparition du véhicule, une indemnité selon la valeur de la cote Argus, il est tenu de verser au loueur le montant de cette valeur sans pouvoir déduire de cette somme le montant de la TVA (Cass. 1e civ. 16-2-1988 : Bull. civ. I p. 28).

2. Dommages causés aux tiers. Le locataire répond des dommages causés aux tiers lorsqu'ils résultent du fait des choses dont le locataire a la garde au sens de l'article 1242, al. 1 du Code civil (pour un exemple, Cass. civ. 16-10-1990 : BTL 1991.114) ; sur la nécessité de veiller à l'assurance de ces dommages, n° 25650.

25683 **Responsabilité pénale** Le locataire est tenu des infractions pour surcharge qui incombent à celui qui fait circuler le véhicule (C. route art. R 121-4 ; CA Nancy 31-7-1980 : BT 1980.437 ; contra CA Paris 23-2-1974 : BT 1974.118).

Le contrat ne peut donc pas l'exonérer puisqu'il s'agit d'une responsabilité pénale, laquelle est toujours personnelle (n° 74312).

Cependant, lorsqu'il y a eu dépassement de la charge maximale par essieu, spécialement dans le cas d'un ensemble articulé, le loueur doit en être tenu pour responsable dans la mesure où ces problèmes apparaissent davantage de la compétence du conducteur, sauf clause contraire du contrat de location (CA Nancy 28-1-1987 : BT 1988.576).

ACTION EN RÉPARATION DES DOMMAGES

25690 Si le **contrat type** est **applicable,** la prescription est d'un an ; ce délai court, en cas de perte totale, à compter du jour où la marchandise aurait dû être livrée ou offerte et, dans tous les autres cas, à compter du jour où la marchandise a été remise ou offerte au destinataire ou à compter du jour où le dommage a été constaté (art. 19 c.t.).

S'il n'est **pas applicable,** la prescription est celle du droit commun et non celle d'un an de l'article L 133-6 du Code de commerce (Cass. com. 20-4-2017 n° 15-20.760 F-D : RJDA 7/17 n° 453 ; CA Versailles 20-1-2013 n° 12/07630 : BTL 2015.77).

CESSATION DU CONTRAT DE LOCATION DE VÉHICULE ROUTIER

25695 Si le **contrat type** est **applicable,** le contrat de location de véhicule routier prend fin lorsque les prestations qu'il prévoyait sont exécutées ou lorsque survient le terme extinctif prévu au contrat (art. 18 de l'annexe VIII du c.t. de location prévoyant que le contrat peut être à durée déterminée).

Chaque partie peut aussi mettre fin au contrat de location par application des dispositions du contrat type (art. 18 de l'annexe VIII du c.t.). Ces dispositions sont identiques à celles applicables, dans le même cas, au contrat de commission de transport (n° 24102). Elles sont donc transposables.

Si le **contrat type** n'est **pas applicable,** le contrat prend fin selon les règles du droit commun de rupture et d'extinction des contrats.

Ainsi, le contrat prend fin et les loyers cessent d'être dus lorsque le loueur ne peut plus procurer au preneur la jouissance de la chose, en particulier en cas de disparition du véhicule dans des circonstances inconnues (CA Agen 25-11-1987 : BT 1988.620).

La **résolution** du contrat par le locataire est **justifiée,** lorsque le contrat de location n'est pas conforme aux prescriptions réglementaires (T. com. Lyon 30-12-1974 : BT 1975.59) ou quand le loueur manque de façon répétée à ses obligations essentielles, à savoir : absence de remplacement du conducteur défaillant, défaut de livraison de la marchandise et d'apposition du logo du client (CA Versailles 19-3-2013 n° 12/00089 : BTL 2013.210). 25698

La résolution n'est **pas justifiée** lorsque le locataire invoque, sans mise en demeure, l'interruption du service pendant deux jours en raison de la maladie du conducteur (CA Paris 2-3-1990 : BTL 1991.116, allouant 50 000 F, environ 7 200 €, de dommages-intérêts au loueur) ou le fait que le conducteur s'est engagé sous un pont d'une hauteur insuffisante alors que le chargement était trop important par rapport au pont et que la hauteur de celui-ci n'était pas signalée (Cass. com. 22-6-1993 : BTL 1993.580).

La partie qui met fin à tort au contrat de location peut être condamnée à payer le dédit prévu par la convention, outre des dommages et intérêts (CA Paris 26-6-1976 : BT 1976.379).

Sur les effets de la résolution des contrats, n°s 15618 s.

Lorsque le contrat a pris fin, le locataire doit **restituer le véhicule** : 25701

– si le contrat type est applicable, à l'endroit où il a été mis à sa disposition et dans l'état où il l'a reçu, sauf usure normale ; il ne répond que des dommages au véhicule résultant des manquements prouvés dans l'exécution de ses obligations (art. 4 c.t.) ;

– si le contrat type n'est pas applicable, selon les règles de droit commun de la location de meubles (n° 22560).

SECTION 5

TRANSPORT AÉRIEN DE MARCHANDISES

RÉGIME DU CONTRAT DE TRANSPORT AÉRIEN

Le contrat de **transport intérieur** de marchandises par air est régi par les articles L 133-1 à L 133-8 du Code de commerce (C. com. art. L 133-5), sauf en ce qui concerne la responsabilité du transporteur, qui est régie par les dispositions de la convention de Montréal du 28 mai 1999 même si le transport n'est pas international (C. transports art. L 6422-2), et par les articles L 6422-1 à L 6422-4, D 6422-1 et R 6422-2 du Code des transports. S'il a lieu **entre** les territoires de **deux États distincts,** ce qui est le cas d'une écrasante majorité du transport aérien de marchandises, il est soumis à la convention de Montréal du 28 mai 1999, qui a réécrit la convention de Varsovie du 12 octobre 1929 plusieurs fois amendée, et a été publiée en France (Décret 2004-578 du 17-6-2004), où elle est en vigueur depuis le 28 juin 2004. 25800

Les décisions de justice qui ont appliqué les dispositions de la convention de Varsovie ont été conservées dans les développements qui suivent dans la mesure où elles sont compatibles avec les dispositions de la convention de Montréal et doivent être considérées comme transposables sous le régime de cette dernière.

Cette convention s'applique dans les conditions suivantes :

1. À tout **transport international par aéronef** dont les points de départ et de destination, qu'il y ait ou non interruption ou transbordement, se situent (Convention Montréal 28-5-1999 art. 1, 1 et 2) :

Sur la qualification de l'aéronef, article L 6100-1 du Code des transports.

– sur le territoire de deux États contractants ;

– sur le territoire d'un même État contractant à la condition qu'une escale soit prévue sur le territoire d'un autre État, même non contractant ;

Une escale improvisée en territoire étranger ne suffit pas à conférer le caractère international au transport (CA Paris 28-9-1984 : RFDA 1985.336).

2. Au transport aérien correspondant aux conditions susvisées **combiné** avec tout autre moyen de transport ; dans le cas d'un tel transport, les parties peuvent insérer dans le titre de transport aérien des conditions relatives à d'autres modes de transport, à condition que les stipulations de la convention soient respectées en ce qui concerne le transport par air (art. 38 ; pour une application, CA Lyon 27-2-2020 nº 18/01663 : BTL 2020.141) ;

3. Aux **droits et obligations** des parties au contrat de transport aérien, à savoir expéditeur, destinataire et transporteur qualifié de « **transporteur contractuel** », ainsi qu'à ceux nés du rapport de fait lorsque le transport a été effectué par un transporteur aérien qualifié de « **transporteur de fait** ».

La convention de Montréal n'est donc applicable ni dans les rapports du commissionnaire de transport et du commettant (CA Paris 11-9-2002 : BTL 2003.338), ni dans les rapports non liés au contrat de transport, tels ceux naissant de l'appel en garantie du constructeur d'aéronef ou de son sous-traitant (Cass. 1e civ. 14-4-2021 nº 19-22.236 FS-P).

Seul le régime de la convention de Montréal est présenté nºs 25803 s.

TRANSPORT AÉRIEN EFFECTUÉ PAR LE TRANSPORTEUR CONTRACTUEL

25803 **Liberté de contracter** Rien dans la convention de Montréal ne peut empêcher un transporteur de refuser la conclusion d'un contrat de transport, de renoncer aux moyens de défense qui lui sont donnés en vertu de la convention ou d'établir des conditions qui ne sont pas en contradiction avec les dispositions de la convention (art. 27).

25806 **Déclarations de l'expéditeur** L'expéditeur passe l'ordre de transport en établissant le titre appelé « **lettre de transport aérien** » couramment désigné par son sigle « **LTA** » (Convention Montréal 28-5-1999 art. 4, 1). Est expéditeur celui qui est porté sur la LTA (CA Versailles 20-3-2012 nº 11/00058 : BTL 2012.231).

Si, à la demande de l'expéditeur, le transporteur établit la LTA, ce dernier est considéré, jusqu'à preuve du contraire, comme agissant au nom de l'expéditeur (art. 7, 4).

Il peut aussi employer **tout autre moyen** constatant les indications relatives au transport à exécuter ; si de tels autres moyens sont utilisés, le transporteur délivre à l'expéditeur, à la demande de ce dernier, un **récépissé de marchandises** permettant l'identification de l'expédition et l'accès aux indications enregistrées par ces autres moyens (art. 4, 2).

À cette occasion, il a la faculté, s'il souhaite élever le plafond d'indemnité à hauteur d'une valeur stipulée, de faire une déclaration de valeur sur LTA, dite « **déclaration spéciale d'intérêt à la livraison** » (art. 22, 3).

Rien dans la convention ne peut empêcher un transporteur de refuser la conclusion d'un contrat de transport (art. 27).

Lorsqu'il y a **plusieurs colis** :

- le transporteur a le droit de demander à l'expéditeur l'établissement de lettres de transport aérien distinctes ;
- l'expéditeur a le droit de demander au transporteur la remise de récépissés de marchandises distincts, lorsque les autres moyens d'identification du transport sont utilisés.

25809 **Preuve du contrat de transport** La LTA et le récépissé de marchandises font **foi,** jusqu'à preuve du contraire, de la conclusion du contrat, de la réception de la marchandise et des conditions du transport (Convention Montréal 28-5-1999 art. 11, 1).

Les modalités de la preuve du contenu du contrat varient selon les énonciations de la LTA ou du récépissé.

1. Les énonciations relatives au poids, aux dimensions, à l'emballage de la marchandise et au nombre des colis font foi contre le transporteur jusqu'à preuve du contraire (art. 11, 2).

2. Les énonciations relatives à la quantité, au volume et à l'état de la marchandise ne font preuve contre le transporteur qu'autant qu'une vérification en a été faite par lui en présence de l'expéditeur et constatée sur la lettre de transport (art. 11, 2).

3. Les énonciations relatives à l'état apparent de la marchandise sont réputées exactes, le transporteur ayant été à même de les vérifier (art. 11, 2).

En l'**absence de LTA,** le contrat de transport se prouve par tous moyens (CA Paris 20-2-2002 : BTL 2002.339 ; cf. Cass. com. 8-10-1985 : BT 1986.62). L'absence, la perte ou l'irrégularité de la lettre de transport n'affecte pas l'existence ni la validité du contrat de transport, lequel n'en reste pas moins soumis aux règles de la convention de Montréal, sous les réserves indiquées aux nºs 25860 et 25893 (art. 9).

25812 **Prix** Le prix n'est soumis à aucune réglementation.

25815 **Assurances** Le contrat d'assurance des marchandises transportées par air est régi par le Code des assurances (art. L 171-1 à L 172-31 et L 173-17 à L 173-22-1 ; R 171-1 à R 172-6).

Conditions à remplir pour les marchandises dangereuses La présentation des marchandises dangereuses au transport aérien doit être faite selon les prescriptions de l'annexe A, 56e éd. de la résolution IATA 618 et celles précisées par l'arrêté prévu à l'article L 1252-1 du Code des transports, à savoir l'arrêté du 29 mai 2009 relatif aux transports de marchandises dangereuses par voies terrestres (dit « arrêté TMD ») qui fixe les conditions d'emballage, de chargement, de déchargement, de manutention et de garde de ces marchandises, à définir les conditions de visites et d'épreuves des matériels et à dresser la liste des matières exclues du transport. 25818

Vérification de la marchandise À défaut d'indication expresse de la convention de Montréal en ce sens, le transporteur qui prend en charge une marchandise en France est en droit, par application du droit commun français du transport par route de marchandise (nos 24330 s.), de vérifier l'état apparent de la marchandise, son emballage ainsi que le nombre de colis afin de pouvoir établir, en cas de dommage ou de perte, que celui-ci préexistait à la prise en charge de ladite marchandise. 25821

Chargement et arrimage Le chargement incombe au transporteur aérien puisque celui-ci est responsable de la marchandise dès qu'elle est sous son contrôle (no 25857) ; en pratique, il le confie à un manutentionnaire dit « **agent de handling** », par un contrat d'assistance en escale. 25824

Prise en charge de la marchandise Elle a lieu lorsque le transporteur prend possession des marchandises, laquelle est présumée accomplie lorsque la marchandise a été endommagée dans ses locaux après que la LTA a été établie (Cass. com. 28-5-1996 : DET 1997.129). 25827

Elle peut être accomplie par un mandataire du transporteur, notamment par l'agent de handling s'il a, de par sa mission, cette qualité (CA Paris 18-1-1994 : BTL 1994.104).

Modalités de la LTA La LTA est rédigée en **trois exemplaires** originaux (Convention Montréal 28-5-1999 art. 7, 1), dont le premier, remis au transporteur, doit être signé de l'expéditeur, le deuxième, remis au destinataire, doit être signé du transporteur et de l'expéditeur, le troisième doit être signé par le transporteur et remis par lui à l'expéditeur après acceptation de la marchandise (art. 7, 1 et 2) ; la signature du transporteur et celle de l'expéditeur peuvent être imprimées ou remplacées par un timbre (art. 7, 3). 25830

L'émission d'une LTA à l'en-tête d'un organisateur de transport ne suffit pas à conférer à ce dernier la qualité de transporteur aérien dès lors qu'il se borne à faire acheminer par la voie aérienne les marchandises qui lui sont confiées (CA Versailles 6-3-1997 : BTL 1997.668 ; contra CA Paris 17-5-1996 : BTL 1996.400).
Le correspondant de l'organisateur du transport porté sur la LTA comme simple domiciliataire n'est pas lié par la LTA, qui ne peut fonder sa responsabilité pour manquants (CA Paris 26-9-2012 no 10/15964 : BTL 2012.615).

La LTA **doit comporter** les mentions énoncées à l'article 5 de la convention de Montréal.
Sur la valeur probante de ces énonciations, no 25809.

L'**expéditeur** est **responsable** de l'exactitude des indications et déclarations concernant la **marchandise** inscrites par lui ou en son nom dans la LTA, ainsi que de celles fournies et faites par lui ou en son nom au transporteur en vue d'être insérées dans le récépissé de marchandises ou pour insertion dans les données enregistrées par les autres moyens éventuellement utilisés (no 25806) ; ces dispositions s'appliquent aussi au cas où la personne agissant au nom de l'expéditeur est également l'agent du transporteur (art. 10, 1).

L'expéditeur assume la responsabilité de tout dommage subi par le transporteur ou par toute autre personne à l'égard de laquelle la responsabilité du transporteur est engagée, en raison d'**indications** et de déclarations irrégulières, inexactes ou incomplètes fournies et faites par lui ou en son nom (art. 10, 2 ; pour une application en raison d'une fausse adresse ayant entraîné la perte de la marchandise, CA Versailles 4-4-1996 : BTL 1996.560).

Formalités de douane, de police ou d'autres autorités publiques L'**expéditeur** est **tenu** de fournir les renseignements et les documents qui, avant la remise de la marchandise au destinataire, sont nécessaires à l'accomplissement des formalités de douane, de police ou d'autres autorités publiques ; il est responsable envers le transporteur de tous dommages qui pourraient résulter de l'absence, de l'insuffisance ou de l'irrégularité de ces renseignements et pièces, sauf le cas de faute de la part du transporteur ou de ses préposés ou mandataires (Convention Montréal 28-5-1999 art. 16, 1). 25833

Le transporteur n'est pas tenu d'examiner si ces renseignements et documents sont exacts ou suffisants (art. 16, 2).

En outre, l'expéditeur **peut être tenu,** pour accomplir les formalités en cause, d'émettre un document indiquant la nature de la marchandise ; cette disposition ne crée pour le transporteur aucun devoir, aucune obligation ni responsabilité (art. 6).

25836 **Modifications du transport prévu** Sous réserve que l'exercice de ce droit ne porte préjudice ni au transporteur ni aux autres expéditeurs, et avec l'obligation de rembourser les frais qui en résultent, l'expéditeur a le droit de disposer de la marchandise, soit (Convention Montréal 28-5-1999 art. 12, 1) :

– en la retirant à l'aérodrome de départ ou de destination ;
– en l'arrêtant en cours de route lors d'un atterrissage ;
– en la faisant délivrer au lieu de destination ou en cours de route à une personne autre que le destinataire indiqué sur la lettre de transport aérien ;
– en demandant son retour à l'aérodrome de départ.

Commet une faute le transporteur qui livre la marchandise au mépris de l'ordre de blocage que lui a adressé l'expéditeur accompagné de l'exemplaire de la LTA comme l'exige la convention (CA Versailles 17-3-2011 : BTL 2011.238).

Si l'exécution de ces ordres s'avérait impossible, le transporteur est tenu d'en aviser l'expéditeur aussitôt (art. 12, 2).

Si le transporteur se conforme aux ordres de disposition de l'expéditeur, sans exiger la production de l'exemplaire de la LTA ou du récépissé de la marchandise délivré à celui-ci, il est responsable, sauf son recours contre l'expéditeur, du préjudice qui pourra être causé par ce fait à celui qui est régulièrement en possession de la LTA ou du récépissé de la marchandise (art. 12, 3).

Le droit de l'expéditeur cesse au profit du destinataire dès l'arrivée de la marchandise à destination, à moins que le destinataire ne refuse la marchandise ou ne puisse être atteint (art. 12, 4).

25839 **Remise de la marchandise par le transporteur** À destination, le **transporteur** est tenu, sauf stipulation contraire figurant sur la LTA, d'aviser le réceptionnaire dès l'arrivée de la marchandise (art. 13, 2) ; à défaut, il engage sa responsabilité (CA Versailles 4-4-1996 : BTL 1996.560). Il doit aussi s'assurer que le destinataire désigné sur la LTA est personnellement en mesure de recevoir la livraison, car il ne peut s'exonérer de sa responsabilité pour non-livraison à l'ayant droit par la clause de ses conditions générales l'autorisant à livrer, à l'adresse du destinataire, à une autre personne que celle mentionnée sur la lettre (Cass. 1e civ. 17-2-2009 nº 08-14.188 : D. 2009.1308 note Delebecque), une telle livraison constituant une faute inexcusable (CA Montpellier 12-6-2012 nº 11/00521 : BTL 2012.454).

Le **destinataire,** quant à lui, est en droit d'exiger du transporteur qu'il lui remette la lettre de transport aérien et qu'il lui livre la marchandise contre le paiement du montant des créances et contre exécution des conditions de transport (art. 13, 1).

25842 **Déchargement** Le déchargement incombe au transporteur aérien, celui-ci étant responsable de la marchandise tant qu'elle est sous sa garde (nº 25857) ; en pratique, il le confie à un « agent de handling » (nº 25824).

25845 **Remboursement** De nombreux transports aériens sont exécutés contre remboursement ou contre remise de documents. La convention de Montréal ne s'appliquant qu'au transport aérien, ce mandat n'en relève pas ; l'action en responsabilité contre le commissionnaire, si c'est lui qui a été mandaté, se prescrit en un an en vertu de l'article L 133-6 du Code de commerce (CA Paris 21-10-1994 : BTL 1995.20).

Si la LTA exige un paiement préalable à la remise de la marchandise, cette condition n'est pas satisfaite si la délivrance est faite au vu d'une lettre de la banque du destinataire contenant seulement un engagement de celle-ci à virer irrévocablement à l'expéditeur la somme à encaisser dès réception du règlement par le destinataire réel (CA Paris 21-11-1990 : BTL 1991.67).

25848 **Livraison** À défaut de précision contraire dans la convention de Montréal, la livraison doit s'entendre de la prise de possession effective de la marchandise (nº 24410) ; la remise de la LTA équivaut à la remise de la chose (CA Aix 24-2-2000 : BTL 2000.371).

Lorsque le destinataire ne récupère pas la marchandise ou la refuse, le transporteur doit aviser l'expéditeur qui, de son côté, doit se soucier du sort de la marchandise expédiée dès qu'il a pu se rendre compte du défaut de livraison (CA Aix 30-5-1991 : BTL 1992.39 : partage de responsabilité).

Le chargeur peut agir en responsabilité extracontractuelle contre l'agent de handling qui a livré la marchandise contre documents au vu de faux télex, simultanément avec l'action en responsabilité contractuelle dirigée contre le transporteur aérien (CA Paris 15-6-1993 : BTL 1993.893 et, sur pourvoi, Cass. com. 2-4-1996 : Bull. civ. IV n° 114).

L'action en responsabilité contractuelle a été aussi admise au motif que l'agent de handling agissait au nom du commissionnaire et dans le temps du transport, tout en appliquant le régime de droit commun et non celui du transporteur aérien (CA Paris 20-2-2014 n° 12/18588 : BTL 2014.144).

Acceptation sans réserves Si le destinataire n'émet aucune protestation, il est présumé avoir reçu les marchandises en bon état et conformes à la lettre de transport aérien, sauf preuve contraire (Convention Montréal 28-5-1999 art. 31, 1 ; pour un cas dans lequel la preuve contraire a été jugée établie : Cass. com. 30-6-2015 n° 13-28.846). 25851

Ne constitue pas la protestation exigée la production de photos montrant des emballages éventrés et de courriers échangés entre l'expéditeur et le destinataire (CA Versailles 19-2-2013 n° 11/06239 : BTL 2013.180).

Acceptation avec réserves Si le **destinataire** veut **éviter la forclusion** de son action en réparation des dommages intentée contre le transporteur, sauf preuve d'une fraude de ce dernier (Convention Montréal 28-5-1999 art. 31, 4), il doit particulièrement veiller à adresser une protestation motivée audit transporteur (art. 31, 2). 25854

1. En **cas d'avarie,** immédiatement après sa découverte et au plus tard dans un délai de quatorze jours à compter de la réception.

Mais le transporteur peut accepter un report du point de départ du délai au lendemain de la réception (CA Montpellier 20-3-2018 n° 16/00330).

2. Ce délai ne joue ni en cas de **perte partielle,** l'action en responsabilité étant recevable tant qu'elle n'est pas prescrite (Cass. com. 6-10-1992 : RJDA 11/92 n° 1021 ; CA Paris 3-3-2000 : GP 2001.som.1030 note Vray), ni en cas de **perte totale** (CA Paris 30-1-1997 : BTL 1997.488).

Seul le destinataire, et non pas l'agent de l'expéditeur, peut dénoncer l'avarie (Cass. com. 9-5-1995 : RJDA 11/95 n° 1240).

La protestation motivée doit être adressée dans le même délai de quatorze jours lorsque des avaries sont constatées par l'expéditeur en cas de reprise de la marchandise (CA Paris 29-11-1977 : BT 1978.307).

Constitue une avarie et non une perte partielle la mortalité d'une partie des animaux vivants transportés (cf. Cass. com. 9-5-1995 précité). Mais constitue une perte partielle la livraison d'une quantité moindre que celle qui a été prise en charge (CA Paris 13-12-2007 n° 06/00201 : BTL 2008.27) ou la livraison d'une autre marchandise (CA Paris 12-12-2012 n° 10/16272 : BTL 2013.48).

3. En **cas de retard,** au plus tard dans les vingt et un jours à compter du jour où la marchandise aura été mise à sa disposition.

La protestation motivée doit être adressée dans le même délai de vingt et un jours en cas d'avaries pour retard (CA Paris 7-7-1978 : BT 1978.514 ; CA Lyon 17-2-1983 : BT 1983.329).

Le mode de calcul du délai est déterminé par la loi du tribunal saisi (art. 35, 2).

Ces réserves doivent être **écrites** sur la LTA ou tout autre document expédié, au plus tard, dans les délais ci-dessus énoncés (art. 31, 3).

Sont ainsi admises des réserves formulées par télex (CA Paris 6-1-1977 : RFDA 1977.181).

La mention de la LTA ou des conditions générales de transport qui prévoient un délai différent de ceux mentionnés ci-dessus est nulle comme contraire à l'article 29 de la convention (CA Paris 25-2-1998 ; T. com. Lyon 6-3-1978 : BT 1978.250).

Réparation des pertes et avaries Le transporteur est responsable des dommages résultant de la destruction, perte ou avarie par cela seul que le fait qui a causé le dommage s'est produit **pendant** le transport aérien (Convention Montréal 28-5-1999 art. 18, 1). 25857

Le dommage est **considéré comme** s'étant produit pendant le transport aérien, même s'il est terrestre, maritime ou par voie d'eau intérieure, lorsqu'il est effectué dans l'exécution du contrat de transport aérien en vue du chargement, de la livraison ou du transbordement ou lorsqu'un autre mode de transport est substitué au transport aérien par le transporteur aérien, sans le consentement de l'expéditeur (art. 18, 4).

En dehors de ces cas, la période du transport aérien ne couvre aucun transport terrestre, maritime ou par voie d'eau intérieure effectué en dehors d'un aéroport (art. 18, 4 ; CA Versailles 19-9-2019 n° 18/00986).

Le transport aérien comprend la période au cours de laquelle la marchandise est sous **la garde** du transporteur (art. 18, 3), même si elle est dans les mains de l'agent de handling (CA Versailles 1-7-2010 n° 09/04978).

Cette garde commence dès la prise en charge de la cargaison par le transporteur ou son mandataire (éventuellement, l'agent de handling) après l'établissement de la LTA (Cass. com. 17-10-2000 : RJDA 1/01 n° 25 : application aux dommages survenus dans l'enceinte de l'aéroport) ; la garde se perpétue jusqu'au retrait de la marchandise par le destinataire désigné comme tel sur le titre de transport, ou par une personne mandatée par celui-ci quel que soit le lieu où celui-ci intervient (CA Paris 15-11-1990 : BTL 1991.242).

Si le transporteur a usé de la faculté que lui reconnaît la convention de Montréal de faire effectuer tout ou partie du transport convenu par un autre transporteur, dit « **transporteur de fait** » (nº 25900), il est responsable du transport pour la totalité (art. 40).

25860 **Exonération du transporteur** Sauf le cas où il a accepté la marchandise au transport sans LTA (nº 25809), le transporteur ne peut s'exonérer de sa responsabilité que s'il établit (Convention Montréal 28-5-1999 art. 18, 2 et 20) :

1. Une **faute de la victime** ;

L'expéditeur qui a prévu un délai trop bref pour que le transbordement s'effectue en toute sécurité entre deux vols ne commet pas de faute (CA Paris 25-2-1986 : BT 1986.480). Mais s'il n'a pas réclamé une température particulière, il doit conditionner la marchandise de telle sorte qu'eu égard à sa nature et aux conditions normales de transport elle ne subisse pas d'avarie (Cass. com. 25-11-1997 : DET 1998).

2. La **nature ou le vice propre** de la marchandise transportée (pour des applications : Cass. com. 28-11-1997 : BTL 1998.63 ; CA Paris 31-3-1995 : BTL 1995.377) ;

Le transporteur bénéficie d'une présomption d'absence de perte en cas de freinte de route (CA Paris 30-5-1975 : RFDA 1975.395).

3. L'emballage défectueux de la marchandise par une personne autre que le transporteur ou ses préposés ou mandataires ;

4. Un fait de guerre ou un conflit armé ;

5. Un acte de l'autorité publique accompli en relation avec l'entrée, la sortie ou le transit de la marchandise.

Toute clause tendant à exonérer le transporteur de sa responsabilité est nulle, le contrat de transport demeurant valable et régi par la convention (art. 26).

25865 **Action en réparation** L'action en réparation obéit aux règles suivantes.

25866 **Demandeurs** L'action en réparation pour pertes, avaries ou retard peut être intentée par **l'expéditeur** ou par le **destinataire** figurant sur la LTA (Cass. com. 7-6-2005 : BTL 2005.435), ainsi que par toute personne subrogée dans leurs droits sur le fondement de la lettre, mais non pas sur celui seulement d'un way bill, document inopposable au transporteur qui est un tiers à son égard (CA Paris 6-4-2011 : BTL 2011.269 ; CA Paris 18-9-2013 nº 11/19576 : BTL 2013.575).

N'est pas l'expéditeur celui qui n'a pas signé la lettre, peu important que son nom y figure (CA Aix 20-2-1991 : BTL 1991.623), ni le commissionnaire qui apparaît sur la lettre simplement comme « agent de l'expéditeur émetteur » de la lettre, même s'il se prévaut de la qualité de mandataire de l'expéditeur (Cass. com. 1-12-1992 : BTL 1992.812).

Peut aussi agir le **subrogé** dans les droits de l'expéditeur ou du destinataire ; tel est le cas du commissionnaire qui a indemnisé le destinataire et qui lui est subrogé de plein droit (CA Versailles 4-9-2003 nº 01-3056 : RJDA 2/04 nº 158) ; mais il ne l'est pas et il ne peut pas agir contre le transporteur dont il répond s'il ne figure pas sur la LTA en qualité d'expéditeur ou de destinataire de la marchandise, et s'il ne vient pas aux droits de celui qui y figure (CA Chambéry 8-9-2015 nº 14/00893 : BTL 2015.540).

En revanche, **ne peut pas agir** l'expéditeur ou le destinataire **réel** de la marchandise qui ne figure pas sur la LTA (Cass. com. 19-3-1991 : BTL 1991.456) ni leur assureur subrogé (CA Paris 25-2-2000 : BTL 2000.254). Toutefois, cette règle n'est pas applicable lorsque le transporteur est poursuivi pour inexécution des obligations qu'il a contractées en raison d'un événement qui ne s'est pas produit pendant le transport (Cass. com. 13-3-2007 nº 487 : RJDA 12/07 nº 1234 : non-remise au transporteur de tous les colis portés sur la LTA).

De même, celui qui figure en qualité de « **notify** » sur la LTA (en général le destinataire réel) n'a pas qualité pour agir contre le transporteur à défaut de subrogation régulière dans les droits du destinataire mentionné en cette qualité (Cass. com. 14-5-1991 : BTL 1991.456 ; CA Versailles 20-3-1997 : BTL 1997.668), sauf si en raison d'énonciations ambiguës les mentions de la LTA doivent être interprétées (Cass. com. 25-6-1987 : BT 1987.423, ayant admis l'action au motif que le nom de l'entreprise précédé de la mention « notify » figurait à côté du nom du destinataire dans le cadre réservé à ce dernier).

25869 **Défendeurs** **1. Transporteur.** L'action en responsabilité est dirigée contre le transporteur **porté sur la LTA** ou le cas échéant contre le transporteur de fait (nº 25906).

Le transporteur peut renoncer aux moyens de défense qui lui sont donnés par la convention (Convention Montréal 28-5-1999 art. 27).

En cas de recours à des **transporteurs successifs,** chaque transporteur ayant accepté des marchandises est soumis aux règles établies par la convention et est censé être une des parties au contrat de transport, pour autant que ce contrat ait trait à la partie du transport effectuée sous son contrôle (art. 36, 1). Il s'ensuit que (art. 36, 3) :

Au sens de la convention, le transport est unique, même s'il est exécuté par plusieurs transporteurs, lorsqu'il a été envisagé par les parties comme une seule opération, qu'il ait été conclu sous la forme d'un seul contrat ou d'une série de contrats, et il ne perd pas son caractère international par le fait qu'un seul contrat ou une série de contrats doivent être exécutés intégralement dans le territoire d'un même État (art. 1, 3).

- l'expéditeur a un recours contre le premier transporteur ou le transporteur qui a effectué le transport au cours duquel le dommage s'est produit, ceux-ci étant solidairement responsables ;

Est tenu pour premier transporteur celui qui a traité avec l'expéditeur pour la totalité du trajet alors même qu'il ne serait intervenu qu'en deuxième ou troisième position dans la chaîne du transport (CA Paris 20-11-1984 : BT 1985.99).

- le destinataire qui a droit à la délivrance a un recours contre le dernier transporteur ;
- l'un et l'autre peuvent, en outre, agir contre le transporteur ayant effectué le transport au cours duquel la destruction, la perte, l'avarie ou le retard se sont produits ;
- les transporteurs successifs sont solidairement responsables envers l'expéditeur ou le destinataire.

Ces dispositions ne peuvent être invoquées que si les transports successifs sont tous des transports aériens ; en cas de transport terrestre de pré ou post-acheminement, l'expéditeur (ou le destinataire) ne peut s'en prévaloir et ne peut exercer qu'une action extracontractuelle contre le transporteur terrestre s'il n'a aucun lien contractuel avec lui (CA Versailles 4-4-2002 : BTL 2002.287).

2. Préposés et mandataires du transporteur. Lorsqu'une action est intentée contre un préposé ou mandataire du transporteur, celui-ci bénéficie de la limitation de responsabilité applicable au transporteur lui-même, le montant total de la réparation qui peut être obtenu des préposés ou mandataires ne devant pas dépasser cette limitation ; ce droit ne peut être invoqué par le préposé ou le mandataire poursuivi que s'il établit qu'il a agi dans l'exercice de ses fonctions (Convention Montréal 28-5-1999 art. 30, 1 et 2). 25872

Est un préposé l'agent de handling qui a agi dans l'exercice de ses fonctions (Cass. com. 2-4-1996 : D. 1996.IR.128) ou l'aéroport auquel le transporteur a confié la marchandise (CA Versailles 18-10-2001 : BTL 2001.782).

N'est pas un préposé la filiale du transporteur qui intervient sans mandat de celui-ci (CA Paris 16-3-1993 : BTL 1993.436) ni la société qui partage la location d'un local avec le transporteur et qui n'a pas été mandatée par lui (Cass. com. 14-5-1996 : BTL 1996.386).

Prescription Toute action en responsabilité contre le transporteur, même s'il s'agit d'une action en garantie (CA Paris 30-11-1979 : BT 1980.138), doit être intentée, sous peine de déchéance, dans le délai de deux ans, à compter (Convention Montréal 28-5-1999 art. 35, 1) : 25875

- soit de l'arrivée à destination ; cette disposition est entendue comme fixant le point de départ au jour de la livraison effective de la marchandise (Cass. com. 3-6-1997 : RJDA 10/97 n° 1202) ;
- soit du jour où l'aéronef aurait dû arriver ;
- soit de l'arrêt du transport.

Le mode de calcul du délai se détermine selon la loi du tribunal saisi (art. 35, 2 ; sur les règles applicables si le tribunal saisi est français, nos 71745 s.).

Ce délai peut être interrompu ou suspendu selon les causes du droit commun (Cass. civ. 14-1-1977 : BT 1977.95) ; les solutions appliquées aux actions relatives au contrat de transport routier intérieur sont transposables (nos 24667 s.).

Lorsque l'action en responsabilité contre le transporteur aérien a été intentée dans le délai de deux ans, toutes autres actions sont recevables : est ainsi recevable l'action du destinataire, peu important qu'elle ait été diligentée hors délai biennal, dès lors que l'action de ses subrogés a été exercée dans le délai (Cass. com. 8-7-2014 n° 12-29.383 : BTL 2014.476).

En revanche, le délai prévu par la loi du tribunal saisi court pour toutes actions autres qu'en responsabilité intentées contre le transporteur et pour toutes actions intentées contre tout autre que le transporteur (CA Paris 9-5-1980 : BT 1980.383 ; CA Reims 31-1-2005 : BTL 2005.123 ; aussi supra n° 25845).

Le transporteur **peut invoquer** la prescription même s'il a commis une faute inexcusable (CA Paris 12-4-1995 : BTL 1995.572) ou a indiqué que les marchandises sont en entrepôt alors qu'elles ont été dérobées dès lors que cette information n'a pas été faite sciemment dans l'intention de tromper l'expéditeur ou de faire échec à ses droits (CA Paris 24-4-1990 : BTL 1991.379).

Cette prescription ne s'appliquant qu'aux actions nées du contrat de transport, elle ne peut être invoquée pour les actions nées du contrat de handling (CA Versailles 1-7-2010 n° 09-4978).

25878 **Tribunal compétent** Les actions en responsabilité contre le transporteur doivent être portées, au choix du demandeur, dans le territoire de l'un des États contractants (Convention Montréal 28-5-1999 art. 33, 1), devant le tribunal du :

- domicile du transporteur ;
- siège principal de son exploitation ;
- lieu où il possède un établissement par le soin duquel le contrat de transport a été conclu ;

  Encore faut-il que cet établissement ait conclu le contrat de transport, ce qui ne se déduit pas de ce que son représentant a pris en charge la marchandise (Cass. com. 8-11-2011 n° 10-28.069 : RJDA 3/12 n° 288) ; à défaut de mentions probantes dans la LTA, la facturation établie par l'établissement induit qu'il a conclu le contrat (CA Paris 2-6-2015 n° 15/04938 : BTL 2015.379).

  N'est pas un établissement un simple bureau mandataire chargé de délivrer des titres de transport pour le compte du mandant (CA Paris 2-3-1962 : RFDA 1962.117).

- lieu de destination.

  Le lieu de destination doit toutefois être porté sur la LTA (TI Evry-Corbeil 3-10-1975 : RFDA 1976.270).

Cette compétence a un caractère **impératif et direct** s'imposant au juge, qui ne peut pas se reconnaître compétent sur un autre fondement, tel celui de la pluralité de défendeurs lorsque l'un d'eux est domicilié en France (Cass. 1e civ. 11-7-2006 n° 1211 : D. 2006.IR.2055 et, sur renvoi, CA Orléans 14-12-2007 : Rev. crit. 2008.311 note Gaudemet-Tallon), ni s'opposer au choix du demandeur qui est seul titulaire de l'option (Cass. 1e civ. 7-12-2011 n° 10-30.919 : RJDA 4/12 n° 400).

L'arrêt ci-dessus précise qu'une autre juridiction, correspondrait-elle à l'un des termes de l'option, ne saurait être imposée, même par celle qui, saisie initialement, s'est déclarée incompétente et a enjoint au demandeur de saisir le tribunal qu'elle lui a désigné.

Le tribunal compétent désigné par les termes de l'option offerte au demandeur est compétent pour connaître, outre de la demande principale, des demandes **connexes,** aucune disposition expresse de la convention ne lui interdisant de se prononcer sur ces demandes (Cass. civ. 25-11-1997 : GP 1998.295), et des **appels en garantie,** la compétence du tribunal saisi de la demande originaire prévue par l'article 333 du Code de procédure civile n'étant pas applicable dans l'ordre international (CA Riom 13-9-2000 : BTL 2000.700).

Toutefois, ne relève pas de la compétence spéciale de la convention l'appel en garantie du transporteur aérien par le constructeur de l'aéronef poursuivi par les victimes du crash de cet appareil (Cass. 1e civ. 4-3-2015 n° 13-17.392 PB : JCP G 2015 n° 21-601 note Cachard).

Toute clause dérogeant aux règles de compétence fixées par la convention est **nulle** (art. 49).

25881 **Arbitrage** Les parties peuvent décider de soumettre leurs différends à un arbitrage, à la condition que cet arbitrage soit convenu par écrit, s'effectue, au choix du demandeur, dans les lieux de compétence des tribunaux désignés au n° 25878 et fasse application des dispositions de la convention ; toute clause contraire au lieu de l'arbitrage et au droit applicable est nulle (Convention Montréal 28-5-1999 art. 34). Ne constitue pas une clause compromissoire au sens de l'article 1448 du Code de procédure civile la clause par laquelle les parties sont convenues que le litige « pouvait » être soumis à arbitrage, cette formulation n'ouvrant que la faculté d'y recourir (CA Bordeaux 12-10-2016 n° 16/02379 : BTL 2016.610).

25884 **Dommages et intérêts** À défaut d'indication contraire dans la convention de Montréal, le montant de la perte, de l'avarie ou du retard est évalué selon les règles du droit commun de la réparation des dommages contractuels (nos 15300 s.), complétées par les observations suivantes.

25887 **1. Remboursement des frais de transport.** Outre le montant du préjudice allégué, le transporteur doit rembourser les frais de transport encaissés (Cass. com. 8-1-1985 : BT 1985.134).

Conformément à la loi du tribunal saisi, il peut être condamné à des dépens et autres frais de procès exposés par le demandeur, intérêts compris ; toutefois, cette règle ne s'applique pas si le montant de l'indemnité allouée, compte non tenu des frais de procès, ne dépasse pas la somme que le transporteur a offerte par écrit au demandeur, dans un délai de six mois à compter du fait dommageable ou avant l'introduction de l'instance si celle-ci est postérieure à ce délai (Convention Montréal 28-5-1999 art. 22, 6).

25890 **2. Montant et calcul des dommages et intérêts.** Quel que soit le montant du dommage, le transporteur bénéficie d'une limitation du montant de l'indemnité calculée dans les conditions suivantes :

- en cas de **destruction, de perte, d'avarie ou de retard,** l'indemnité est limitée à la somme de 17 droits de tirage spéciaux par kilogramme, sauf les exceptions visées au n° 25893 ; pour un exemple d'application du plafond du montant de l'indemnité, CA Aix 13-3-2014 n° 12/04434 : BTL 2014.212 ;

– en cas de destruction, de perte, d'avarie ou de retard d'**une partie** des marchandises, ou de tout objet qui y est contenu, **seul le poids total** du ou des colis dont il s'agit est pris en considération pour déterminer la limite de responsabilité du transporteur ; toutefois, lorsque ce dommage affecte la valeur d'autres colis couverts par la même LTA ou par le même récépissé ou, en l'absence de ces documents, par les mêmes indications consignées par les autres moyens (n° 25806), le poids total de ces colis doit être pris en considération pour déterminer la limite de responsabilité (art. 22, 4).

Sur la conversion des droits de tirage spéciaux, art. 23, et, sur la révision de la limite de l'indemnité, art. 24.

En aucun cas le transporteur ne pourra être condamné à des **dommages-intérêts punitifs** ou exemplaires ni à autre indemnisation que la réparation (art. 29).

A été exclu de l'indemnisation le préjudice de perte de jouissance (CA Bordeaux 3-11-2008 : BTL 2009.271).

3. Élévation du maximum d'indemnité. La limitation d'indemnité, telle que définie au n° 25890, n'est pas applicable : 25893

– lorsque l'expéditeur a souscrit une **déclaration spéciale d'intérêt à la livraison** ; le transporteur est alors tenu de payer jusqu'à concurrence de la somme déclarée, sauf à prouver que cette somme est supérieure à l'intérêt réel de l'expéditeur à la livraison (Convention Montréal 28-5-1999 art. 22, 3) ; toute autre réparation est alors exclue (CA Fort-de-France 22-11-2016 n° 15/00177 : BTL 2016.723) ;

– lorsqu'il est prouvé que le dommage résulte d'un acte ou d'une omission du transporteur, de ses préposés ou de ses mandataires, fait soit avec l'**intention de provoquer un dommage,** soit témérairement et avec conscience qu'un dommage en résultera probablement, pour autant que, dans le cas d'un acte ou d'une omission de préposés ou de mandataires, la preuve soit également apportée que ceux-ci ont agi dans l'exercice de leurs fonctions (art. 22, 5).

Bien que la convention de Montréal n'use pas de la qualification de « faute inexcusable » et qu'il en a été déduit que cette faute inexcusable n'est pas visée par la convention et que, partant, elle ne peut pas être invoquée pour justifier un dépassement du plafond d'indemnisation (CA Versailles 29-10-2013 n° 12/03790 : BTL 2013.683), on ne saurait, à notre avis, souscrire à une pareille conclusion. Comme il est dit à l'article 22, 5 susvisé, la limitation de responsabilité est supprimée lorsque le dommage est causé « témérairement et avec conscience qu'un dommage en résultera probablement ». Or, cette formule est le critère légal de la faute inexcusable en droit français (C. com. art. L 133-8). Cette disposition étant applicable depuis le 10 décembre 2009, soit postérieurement à la date des faits sur lesquels a statué la cour d'appel de Versailles dans l'arrêt précité, la faute inexcusable est donc censée être concernée par la formule de l'article 22, 5.

Mais le transporteur peut fixer **dans le contrat** des limites de responsabilité plus élevées ou ne fixer aucune limite de responsabilité (art. 25).

Le commissionnaire de transport dont les conditions prévoient une indemnité plus élevée y est aussi tenu (CA Paris 4-6-2015, n° 14/06306 : BTL 2015.396).

Réparation des préjudices pour retard Le transporteur est responsable du dommage résultant du retard dans les conditions exposées aux nos 25865 s. et compte tenu des précisions ci-après. 25896

Le transporteur n'est pas responsable s'il prouve que lui, ses préposés et mandataires ont pris toutes les mesures qui pouvaient raisonnablement s'imposer pour éviter le dommage, ou qu'il leur était impossible de les prendre (Convention Montréal 28-5-1999 art. 19) ou que le dommage est dû au fait de la victime (art. 20).

Le transporteur ne peut pas invoquer une autre cause d'exonération, notamment la force majeure (Cass. 1e civ. 13-3-2013 n° 09-72.962 : RJDA 8-9/13 n° 712 : à propos d'un transport de passagers mais transposable au transport de marchandise par analogie).

Le retard s'entend du **dépassement** des délais convenus entre les parties au contrat de transport ou, à défaut, des **délais « raisonnables »** pour acheminer la marchandise.

Constituent ainsi un retard :

– le fait de ne pas embarquer la marchandise sur le vol convenu alors que la LTA mentionnait le jour et le numéro du vol (CA Paris 7-12-1994 : BTL 1996.23) ;

– un délai de dix-sept jours de Paris à Téhéran (CA Paris 14-11-1974 : BT 1974.504) ;

– un délai de quarante jours de Paris en Iran (CA Paris 17-12-1976 : BT 1977.146) ;

– un délai de soixante-dix jours de Paris à Sydney (CA Paris 13-1-1984 : BT 1984.416) ;

– l'arrivée d'un colis sept jours après la date convenue (CA Lyon 21-3-1997 : BTL 1997.684).

En revanche, l'inexécution d'un vol par une compagnie aérienne n'est pas assimilable à un retard mais à l'inexécution du contrat de transport (CA Paris 4-6-1986) ; toutefois il y a retard lorsque l'expédition n'a pu être réalisée sur le vol prévu mais l'a été sur le vol suivant le lendemain à la même heure (CA Paris 10-12-1993 : D. 1994.225 note B. M.).

Les **avaries** consécutives au retard sont traitées comme le retard lui-même quant aux formalités à accomplir par le destinataire (CA Paris 7-7-1978 : BT 1978.514).

L'ayant droit à la marchandise doit prouver le retard et sa survenance pendant le transport aérien ainsi que le lien de causalité entre le retard et le dommage (CA Paris 2-12-1976 : BT 1977.24).

25899 **Nullité des clauses contraires au régime de responsabilité du transporteur** Toute clause tendant à exonérer le transporteur de sa responsabilité ou à établir une limite inférieure à celle indiquée au n° 25890 est nulle et de nul effet ; mais la nullité de cette clause n'entraîne pas la nullité du contrat, qui reste soumis aux dispositions de la convention (Convention Montréal 28-5-1999 art. 26).

TRANSPORT AÉRIEN EFFECTUÉ PAR LE TRANSPORTEUR DE FAIT

25900 **Recours à un transporteur de fait** Le transporteur qui a conclu le contrat de transport avec l'expéditeur est présumé autorisé, sauf preuve contraire, à faire effectuer tout ou partie du transport convenu par un autre transporteur, le « transporteur de fait », mais qui n'est pas un transporteur successif au sens de la convention (Convention Montréal 28-5-1999 art. 39 et 1, 3).

Ce transporteur est soumis aux règles de la convention, seulement **pour le transport qu'il effectue** (art. 40 ; pour une application des notions de transporteur contractuel et de transporteur de fait, selon la convention de Guadalajara qui est reprise par la convention de Montréal, CA Aix 28-11-2005 : BTL 2006.314).

25903 **Régime des rapports entre les parties au transport nés du recours à un transporteur de fait** Les rapports nés de l'existence d'un transporteur de fait sont réglés par les dispositions qui suivent.

25906 **Assimilation du transporteur contractuel et du transporteur de fait** Les actes et omissions du transporteur de fait ou de ses préposés et mandataires agissant dans l'exercice de leurs fonctions, relatifs au transport effectué par le transporteur de fait, sont réputés être également ceux du transporteur contractuel ; les actes et omissions du transporteur contractuel ou de ses préposés et mandataires agissant dans l'exercice de leurs fonctions, relatifs au transport effectué par le transporteur de fait, sont réputés être également ceux du transporteur de fait ; toutefois, aucun de ces actes ou omissions ne pourra soumettre le transporteur de fait à une responsabilité dépassant les limites de responsabilité (n° 25890), aucun accord spécial aux termes duquel le transporteur contractuel assume des obligations que n'impose pas la convention de Montréal, aucune renonciation à des droits ou moyens de défense prévus par la convention ou aucune déclaration spéciale d'intérêt à la livraison n'ont d'effet à l'égard du transporteur de fait, sauf consentement de ce dernier (Convention Montréal 28-5-1999 art. 41).

25909 **Notification des ordres et protestations** Les instructions ou protestations à notifier au transporteur, en application de la convention de Montréal, ont le même effet, qu'elles soient adressées au transporteur contractuel ou au transporteur de fait ; toutefois, les instructions visées à l'article 12 (n° 25836) n'ont d'effet que si elles sont adressées au transporteur contractuel (Convention Montréal 28-5-1999 art. 42).

25912 **Préposés et mandataires** En ce qui concerne le transport effectué par le transporteur de fait, tout préposé ou mandataire de ce transporteur ou du transporteur contractuel, s'il prouve qu'il a agi dans l'exercice de ses fonctions, peut se prévaloir des conditions et des limites de responsabilité applicables, en vertu de la convention, au transporteur dont il est le préposé ou le mandataire, sauf s'il est prouvé qu'il a agi de telle façon que les limites de responsabilité ne puissent être invoquées conformément à la convention (Convention Montréal 28-5-1999 art. 43).

25915 **Cumul de la réparation** En ce qui concerne le transport effectué par le transporteur de fait, le montant total de la réparation qui peut être obtenu de ce transporteur, du transporteur contractuel et de leurs préposés et mandataires quand ils ont agi dans l'exercice de leurs fonctions ne peut pas dépasser l'indemnité la plus élevée qui peut être mise à la charge, soit du transporteur contractuel, soit du transporteur de fait, en vertu de la convention, sous réserve qu'aucune de ces personnes ne puisse être tenue pour responsable au-delà de la limite applicable à cette personne (Convention Montréal 28-5-1999 art. 44).

25918 **Notification des actions en responsabilité** L'action en responsabilité relative au transport effectué par le transporteur de fait peut être intentée, au choix du demandeur, contre ce transporteur de fait ou le transporteur contractuel ou contre l'un et l'autre, conjointement ou séparément ; si l'action est intentée contre l'un seulement de ces transporteurs, ce dernier aura le droit d'appeler l'autre transporteur en intervention devant le tribunal saisi, les effets de cette intervention ainsi que la procédure qui lui est applicable étant réglés par la loi de ce tribunal (Convention Montréal 28-5-1999 art. 45).

La prescription biennale s'applique à l'action en intervention forcée exercée par le transporteur qui a été assigné contre l'autre en vertu de la disposition ci-dessus (Cass. com. 20-10-2009 n° 09-10.317 : RJDA 3/10 n° 241).

Juridiction annexe L'action en responsabilité contre le transporteur de fait doit être portée, au choix du demandeur, sur le territoire d'un des États parties, soit devant l'un des tribunaux où une action peut être intentée contre le transporteur contractuel, conformément à l'article 33, soit devant le tribunal du domicile du transporteur de fait ou du siège principal de son exploitation (Convention Montréal 28-5-1999 art. 46). 25921

Nullité des dispositions contractuelles Toute clause tendant à exonérer le transporteur contractuel ou le transporteur de fait de leur responsabilité en vertu des dispositions de la convention les concernant ou à établir une limite inférieure à celle qui est fixée par elles est nulle et de nul effet, mais la nullité de cette clause n'entraîne pas la nullité du contrat qui reste soumis aux dispositions de la convention (Convention Montréal 28-5-1999 art. 47). 25924

Rapports entre transporteur contractuel et transporteur de fait Sous réserve des dispositions relatives aux notifications des actions en responsabilité, aucune disposition relative aux rapports nés de l'existence d'un transporteur de fait ne peut être interprétée comme affectant les droits et obligations existant entre les transporteurs, y compris tous droits à un recours ou dédommagement (Convention Montréal 28-5-1999 art. 48). 25927

SECTION 6 TRANSPORT MARITIME DE MARCHANDISES

QUALIFICATION DE CONTRAT DE TRANSPORT MARITIME

Comme tout contrat de transport, le contrat de transport maritime suppose qu'une partie s'engage à déplacer une marchandise en assumant la maîtrise du déplacement ; il est conclu dès la rencontre des volontés des parties (Cass. com. 29-3-2023 n° 19-11.933 F-D, retenant que, dès lors qu'existe un déplacement, les diverses prestations prévues au contrat sont des accessoires ; CA Rouen 18-7-2019 n° 18/05392). 26000

Au sens du Code des transports :

– est considérée comme maritime la navigation de surface ou sous-marine pratiquée en mer, ainsi que celle pratiquée dans les estuaires et cours d'eau en aval du premier obstacle à la navigation des navires (C. transports art. L 5000-1) ;

– sauf dispositions contraires, sont dénommés navires tout engin flottant, construit et équipé pour la navigation maritime de commerce, de pêche ou de plaisance et affecté à celle-ci, ainsi que tout engin flottant construit et équipé pour la navigation maritime, affecté à des services publics à caractère administratif ou industriel et commercial (art. L 5000-2).

RÉGIMES DU CONTRAT DE TRANSPORT MARITIME

Le transport maritime est régi par des conventions internationales et par des lois internes. Mais la plupart des transports maritimes à partir ou à destination de la France étant soumis à la **convention de Bruxelles du 25 août 1924** (appelée en anglais « **Hague's Rules** »), modifiée par les protocoles du 23 février 1968 (dit parfois « Règles de Visby ») et du 21 décembre 1979, seul le régime issu de cette convention est exposé dans la présente section, les dispositions de la législation française n'étant mentionnées que lorsqu'elles s'appliquent subsidiairement. 26001

Néanmoins, les conditions d'application des autres régimes susceptibles de se rencontrer à l'occasion d'un transport maritime sont présentées après celles relatives à la convention de Bruxelles.

Application de la convention de Bruxelles La convention de Bruxelles, très largement ratifiée, doit être appliquée dès lors que les conditions requises sont réunies, les 26003 tribunaux tendant à refuser aux parties, sauf l'exception prévue par la convention (art. 6), le droit de l'écarter (T. com. Paris 14-3-1973 : DMF 1974.161).

Ces conditions sont les suivantes.

1. Émission d'un connaissement. Cette émission doit être faite dans un État contractant (art. 10). Le document peut cependant ne pas être formellement un connaissement (n° 26105) à condition d'en comporter les éléments essentiels (CA Aix 16-3-1982 : DMF 1984.291 ; CA Paris 14-12-2017 n° 16/20934), ce qui est le cas d'un accord de réservation d'un transport – booking confirmation (CA Rouen 29-2-2023 : DMF 2023.323 obs. Piette). Mais un simple reçu des marchandises ne vaut pas connaissement (Cass. com. 26-2-1968 : BT 1968.198).

Un connaissement suffit, celui-ci serait-il émis par le fréteur du navire sur lequel la marchandise a été embarquée en vertu d'un contrat d'affrètement et non pas de transport (art. 1-b et 5 ; Cass. com. 24-5-1967 : BT 1967.322).

2. Déplacement. Il doit s'agir d'un voyage entre :

– deux ports relevant d'États différents pourvu que l'un de ces États ait ratifié la convention, peu important que les parties soient de même nationalité (CA Paris 9-6-1976 : DMF 1977.524) ou qu'une rupture de charge soit intervenue en cours de transport (CA Aix 7-9-2007 : BTL 2007.520) ;

– deux ports d'un même État, si l'armateur est un étranger et que le connaissement a été émis dans un État contractant (Cass. com. 20-12-1982 : DMF 1983.526 : transport d'un port français d'outre-mer à un port français métropolitain sous connaissement émis à Londres, le Royaume-Uni ayant ratifié la convention).

Toutefois, les **protocoles de 1968 et de 1979** sont applicables :

– soit lorsque le connaissement est émis dans un État signataire des protocoles, peu important que le pays de destination ne les ait pas ratifiés (Cass. com. 16-10-2012 n° 11-13.658 FS-PB : RJDA 2/13 n° 117 ; CA Aix 29-10-1980 : DMF 1981.544) ; les protocoles ne sont pas applicables si le connaissement est émis dans un État non signataire (CA Paris 18-10-1995 : BTL 1996.79) ;

– soit lorsque le transport a lieu au départ d'un État signataire du protocole (CA Aix 31-10-1980 : DMF 1982.23) ;

– soit lorsque le connaissement prévoit l'application des dispositions de la convention modifiée ou de toute autre législation les appliquant, quelle que soit la nationalité du navire, du transporteur, du chargeur, du destinataire ou de toute autre personne intéressée (CA Paris 12-1-1984 : DMF 1984.413 : connaissement faisant référence à la loi du siège social du transporteur, en l'occurrence en France qui a ratifié le protocole).

3. Pontée. La cargaison doit être placée en cale et non en pontée (n° 26229) et ne doit pas concerner des animaux vivants (art. 1, c).

4. Clause « Paramount ». Les parties peuvent conventionnellement appliquer la convention même si les conditions n'en sont pas réunies (art. 10, c ; CA Rouen 13-3-2014 n° 13/01943 : DMF.2014.432 obs. Humann). Mais les parties ne peuvent pas alors déroger aux règles de la convention, sanctionnées, lorsqu'elles sont applicables de plein droit, par la nullité (Cass. com. 4-2-1992 : RJDA 5/92 n° 425 ; CA Rouen 8-2-1994 : DMF 1994.568 note Tassel).

5. Affrètement d'espace. Parfois, le chargeur confie sa marchandise à un **non-transporteur** qui se présente comme s'il l'était, d'où son nom de **« non-vessel operating common carrier »** (NVOCC) ; il arrive même qu'un transporteur maritime loue un espace à un autre transporteur maritime qui va réaliser effectivement le transport (CA Aix 12-1-2023 n° 19/14995 : DMF 2023.303 obs. Montas). Ne réalisant pas lui-même le déplacement, le NVOCC intervient comme intermédiaire entre, d'une part, l'expéditeur et, d'autre part, le transporteur effectif. Dans ses relations avec le donneur d'ordre qui lui a confié le transport, soit le chargeur effectif, le NVOCC se présente comme un transporteur et en assume les responsabilités (CA Aix 12-1-2023 précité ; cf. CA Paris 12-5-2022 n° 19/08752) ; il en est de même s'il est qualifié commissionnaire car il répond alors en qualité de substitué (T. com. Le Havre 2-7-1999 : Transidit 30/01 n° 49 ; nos 24003 s. et 24078). Le NVOCC, qui a indemnisé le chargeur effectif peut recourir contre le fréteur qui a manqué à ses obligations telles que stipulées au contrat d'affrètement d'espace (CA Aix 12-1-2023 précité).

26006 **Autres régimes** L'application de la convention de Bruxelles est écartée au profit d'autres règles dans les cas suivants.

1. Règles de Hambourg. La convention des Nations unies sur le transport de marchandises par mer, signée à Hambourg le 31 mars 1978, est connue sous le nom de « Règles de Hambourg ». Ces règles, ratifiées aujourd'hui par 34 États, sont entrées en vigueur le 1er novembre 1992. Elles ne le sont cependant pas en France bien que leur ratification y ait été autorisée (Loi 81-348 du 15-4-1981), car le décret d'application, qui conditionne l'entrée en vigueur des accords internationaux (n° 73519), ne doit être pris qu'après concertation avec les États membres de l'Union européenne.

Elles y sont néanmoins applicables dès lors qu'elles sont en vigueur dans le pays de destination, en présence d'une clause Paramount soumettant le transport litigieux aux règles de La Haye et à la « corresponding legislation of the country of destination » (Cass. com. 7-12-1999 : DMF 2000.609 note Le Louer) ou si le connaissement ne les désigne pas directement mais se réfère à la législation les rendant obligatoires, à condition alors que le contrat de transport soit soumis à cette loi (Cass. com. 1-10-2013 n° 12-21.846 F-D : RJDA 1/14 n° 33).

Mais la convention de Bruxelles doit s'appliquer, à l'exclusion des règles de Hambourg en vigueur dans le port de déchargement, lorsque les parties ont fait choix de ladite convention dans le connaissement et qu'aucune règle impérative ne s'oppose à un tel choix (Cass. com. 28-5-2002 : RJDA 11/02 n° 1144).

2. Loi française. Cette loi (C. transports art. L 5422-1 s.) est applicable :

– aux transports effectués à partir de ports situés dans un État non signataire de la convention de Bruxelles à destination de ports français (Loi 66-420 art. 16, al. 1 non repris dans le Code des transports ; depuis l'Inde : CA Aix 16-5-1975 : DMF 1976.288 ; la Chine : CA Versailles 9-10-2003 : BTL 2004.75 ; la Grèce : CA Aix 13-3-1980 : DMF 1980.656 ; le Maroc : CA Aix 6-1-1994 : BTL 1994.718 ; Taïwan : CA Aix 24-2-1994 : BTL 1994.718 ; la Tunisie : CA Versailles 24-1-2002 : GP 2002.som.1885 ; l'Égypte : CA Aix 2-12-2004 : BTL 2005.216) ;

– aux opérations de transport qui sont hors du champ d'application d'une convention internationale à laquelle la France est partie (Cass. com. 20-6-1995 : RJDA 12/95 n° 1365 : dommage antérieur au chargement) ;

– aux transports effectués à partir d'un port situé dans un pays ayant ratifié les règles de Hambourg à destination d'un port français (CA Rouen 20-2-2003 : Transidit 2003 n° 38 § 15) ;

– aux transports effectués de ports français à ports français, y compris les ports des départements et territoires d'outre-mer, sous réserve de l'exception ci-dessus (n° 26003).

3. Loi du lieu d'exécution du transport. Lorsque ni la convention de Bruxelles, ni les règles de Hambourg, ni la loi française ne sont applicables, la loi qui régit le contrat de transport maritime est la loi du lieu d'exécution du contrat qui se situe au port de livraison prévu au connaissement (CA Paris 30-11-1993 : DMF 1994.554 ; CA Paris 2-12-1998 : DMF 1999.596 note Nicolas).

Avertissement. Les règles exposées aux n°s 26012 s. sont celles de la convention de Bruxelles de 1924 modifiées par les protocoles de 1968 et de 1979, auxquels renvoient les articles cités sans précision. **26009**

CHOIX DU TRANSPORTEUR MARITIME

Le chargeur choisit en principe librement le transporteur, dit armateur (C. transports art. L 5411-1), auquel il veut confier le transport de sa marchandise. **26012**

Toutefois, sur les lignes soumises à un monopole du pavillon, il ne peut confier sa marchandise qu'à un navire battant le pavillon réservé ; sur le monopole du pavillon pour les trafics entre ports de la France métropolitaine, entre ces ports et ceux d'outre-mer et entre ces derniers, articles 257 et 258 du Code des douanes.

Lorsque la liberté de choix du transporteur est entière, le chargeur doit être très attentif à la qualité du transporteur, car certains armements qui proposent des taux de fret défiant toute concurrence sont souvent incapables d'achever les transports promis, ce qui expose le chargeur à assumer tous les frais rendus nécessaires pour faire parvenir la marchandise à la destination prévue. Le choix d'un armateur non établi peut entraîner une surprime pour l'« assurance facultés » (n° 26030).

CONDITIONS SENSIBLES DU TRANSPORT MARITIME

Le **chargeur** doit particulièrement **veiller** à : **26020**

– la **validité** du contrat qu'il conclut ; est nul le contrat qui viole une interdiction d'importer une marchandise sur le territoire de l'État qui l'a édictée, dès lors que cette mesure, tendant à protéger la population du pays contre un risque sanitaire, constitue une loi de police que le juge français a la faculté de faire respecter (CA Poitiers 9-11-2011 n° 10/035500 : DMF 2012.622 note Cachard, écartant la responsabilité du transporteur car le chargeur savait qu'il enfreignait la loi) ;

– prendre connaissance des **conditions particulières** du contrat de transport figurant au verso du connaissement en demandant communication d'un exemplaire du connaissement dès le début des pourparlers : à défaut, il risque de n'en avoir connaissance qu'au moment où il remplira l'imprimé en vue de l'embarquement ; les clauses à surveiller sont celles relatives à l'attribution de compétence ou à l'arbitrage (n°s 26071 s.) et aux pénalités pour retard d'exécution (surestaries) ;

– donner des **instructions** précises au transporteur et/ou au transitaire dès lors que la marchandise expédiée appelle des soins particuliers (notamment de température dirigée) et s'en réserver la preuve ;

– interdire expressément le chargement en **pontée,** pour bénéficier du régime de responsabilité du transporteur prévu par la convention (n° 26229) ;

– éviter les **fausses déclarations** sous peine de redressement du montant du fret, de pénalités et de perte du droit à la réparation des dommages subis par la marchandise faussement déclarée (nº 26184) ;

– **recommander au destinataire** de faire constater contradictoirement, le cas échéant, l'existence de pertes ou avaries au moment de la livraison.

FRET MARITIME

26025 Le prix du transport maritime est librement débattu entre les parties. Toutefois, les compagnies d'armement sont regroupées en associations, dites « conférences maritimes », au sein desquelles elles s'entendent pour proposer à leur clientèle un tarif commun ; ces conventions ne doivent pas constituer des ententes prohibées ou des abus de position dominante (pour un exemple, CJCE 16-3-2000 : DMF 2000.876) ; elles ne bénéficient plus d'exemption depuis le 18 octobre 2008 (Règl. CE 1419/2006 du 25-9-2006).

Le chargeur doit être particulièrement **attentif** aux opérations que couvre le fret, ces opérations étant définies par les « **liner terms** ». Selon l'indication donnée, le fret peut comprendre les opérations de chargement, de déplacement à quai et de déchargement ou seulement certaines d'entre elles.

Les « liner terms » ne servent qu'à déterminer les opérations dont le coût est inclus dans le fret et non le moment de la prise en charge et celui de la livraison des marchandises par le transporteur (qui eux commandent la responsabilité de ce dernier) ni le moment du transfert de la propriété et des risques de la chose vendue et embarquée, lequel est fonction de la loi ou de l'accord des parties (nºs 27050 s.).

ASSURANCE DE LA CARGAISON TRANSPORTÉE PAR VOIE MARITIME

26030 Le transporteur pouvant bénéficier de diverses exonérations de sa responsabilité (nºs 26187 s.), et ne concluant que très exceptionnellement une assurance pour compte (nº 17515) de la marchandise, le chargeur ne doit pas omettre d'assurer les dommages encourus par sa cargaison et susceptibles de rester à sa charge.

Si un commissionnaire ou un transitaire intervient dans le transport, il doit leur donner l'instruction d'assurer la marchandise, car ils n'y sont pas tenus au titre de leur mission (nº 24027 et nº 26053). S'il doit le faire lui-même, il peut s'adresser à un courtier d'assurances, lequel agit comme son mandataire et l'engage par la déclaration d'assurance (Cass. com. 8-6-1999 : RJDA 10/99 nº 1161).

L'assurance couvrant les risques courus par les marchandises transportées par voie maritime est régie par le Code des assurances (art. L 171-1 à L 172-31 et L 173-17 à L 173-22-1 ; R 171-1 à R 172-6) ; la **police française** d'assurance maritime sur facultés (d'où sa désignation courante sous le nom « assurance facultés »), correspondant aux imprimés du 1er juillet 2009 prévoyant la garantie « FAP sauf... » (franc d'avaries particulières) et les garanties « tous risques » doit être mise en harmonie avec les nouvelles dispositions si le contrat d'assurance est conclu après le 1er juillet 2012. Sur le caractère commercial du contrat d'assurance maritime, nº 135.

Est un risque maritime tout risque qui peut se produire au cours de la navigation maritime quelle qu'en soit la cause (Cass. com. 22-11-2023 nº 22-14.253 F-B : DMF 2024.24 obs. Hübner).

26033 **Contentieux significatif** La pratique de l'assurance maritime étant le fait de professionnels avertis des clauses des polices, il nous paraît préférable, plutôt que de leur exposer ces dernières, de les informer des applications significatives que les tribunaux leur réservent, dans la mesure où celles-ci demeurent applicables comme il est dit au numéro précédent.

26036 **Garantie.** L'assuré n'a **plus droit** à la garantie lorsque :

– importateur de marchandises, il a accompli des agissements qualifiés d'illicites par les autorités du pays d'importation (T. com. Paris 29-11-1995 : BTL 1996.440), sauf si la police prévoit la garantie jusqu'à une destination déterminée après sa remise sous palan (Cass. com. 24-3-2004 : DMF 2004.890 note Tassel) ;

– il ne porte pas à la connaissance de l'assureur l'affrètement conclu alors que cet élément est déterminant pour celui-ci (CA Paris 11-2-1993 : BTL 1993.720) ;

– à défaut de constatations contradictoires, il n'avise pas l'assureur, dans les cinq jours impartis, des avaries lui occasionnant un préjudice (CA Angers 19-12-2017 nº 15/02120).

En cas de garantie des dommages dus au retard, il doit prouver que le retard est la cause des dommages invoqués (CA Aix 16-1-2014 nº 2014/4 : DMF 2014.308 obs. Nicolas).

Il doit, en tout état de cause, **réclamer** son indemnisation dans le délai de deux ans (C. ass. art. L 172-31), lequel n'est pas interrompu par les causes d'interruption propres à l'interruption de la prescription des actions relatives aux assurances terrestres (Cass. com. 22-4-1997 : RJDA 8-9/97 nº 1032).

Sinistre. L'assureur doit **indemniser** le sinistre lorsque : 26039
– il a, en connaissance de cause, garanti un connaissement « clean », c'est-à-dire sans réserves (Cass. com. 13-6-1995 : BTL 1995.507) ;
– la marchandise a été l'objet d'une mesure de refoulement par l'administration, peu important qu'après expiration de la garantie intervenue trente jours après le déchargement la décision de refoulement, qui était au départ générale, ait été maintenue à l'égard de l'importateur (CA Paris 26-3-1993 : BTL 1994.472 ; contra CA Rouen 9-9-2004 : Transidit 2004 n° 42 § 116) ;
– la preuve de la perte ou du vol des marchandises est établie par des documents dont il ressort que ces marchandises ont été embarquées et que le transitaire du destinataire a indiqué qu'elles n'avaient pas été mises à disposition au moment où il s'était présenté pour les retirer, ajoutant qu'elles n'avaient pas été débarquées du navire (Cass. com. 15-3-1994 : BTL 1994.262).
Si l'assuré n'a reçu qu'un paiement partiel de l'assureur des marchandises subrogés, il est fondé à réclamer la franchise au transporteur (CA Montpellier 7-3-2023 n° 21/05329).

Action en justice. La clause des polices qui oblige l'assuré à prendre en temps utile toutes mesures nécessaires pour conserver ses droits et recours contre le transporteur lui impose d'**exercer un recours** contre celui-ci pour conserver ses droits au profit des assureurs (Cass. com. 18-10-1995 : BTL 1995.812). 26042

Conservation des marchandises. L'assureur **peut** procéder au **sauvetage** des marchandises garanties, sans pour autant faire acte de propriété ou reconnaître le principe de sa responsabilité (Cass. com. 15-2-1995 : BTL 1995.203). 26045

INTERVENTION DU TRANSITAIRE POUR LE TRANSPORT MARITIME

La **conclusion du contrat** de transport maritime se fait entre le chargeur et le transporteur maritime. Hormis le cas où le chargeur a recours à un commissionnaire, le contrat de transport est conclu le plus souvent par un transitaire qui représente le chargeur et par le consignataire du navire ou l'agent du transporteur qui représente ce dernier. 26050

Le contrat de transport maritime se forme par le simple accord des parties ; aucun écrit n'est exigé comme condition de validité (T. com. Marseille 29-8-1975 : DMF 1976.235).

L'intervention du transitaire se fait sous les règles exposées dans les numéros qui suivent.

Ces règles ne sont applicables que si le transitaire agit comme le mandataire du chargeur et accomplit seulement les prestations de transit (pour un exemple, Cass. com. 13-11-2001 : DMF 2002.242 obs. Achard), notamment s'il encaisse le fret pour le transmettre au transporteur NVOCC (CA Aix 20-6-2012 : DMF 2013.50 obs. Bonnaud). Si le chargeur lui demande de faire effectuer le transport à son initiative, l'intéressé est un commissionnaire de transport soumis aux règles exposées aux nos 24003 s. ; s'il le charge de prendre livraison de la marchandise, de la conserver et de la délivrer au transporteur terrestre, il est un consignataire (CA Versailles 24-11-1995 : BTL 1996.218).

Prestations La mission du transitaire dépendant des instructions du chargeur, celui-ci a intérêt à les formuler avec précision, car le transitaire n'est responsable envers lui que pour les fautes qu'il a commises en les exécutant (n° 26062). 26053

Le transitaire n'étant tenu de le conseiller que pour les opérations de transit proprement dites (Cass. com. 8-12-1969 : BT 1970.42 : absence de faute à ne pas avoir signalé le délai de prescription d'un an de l'action contre le transporteur), c'est-à-dire celles de réception à quai et de réexpédition des marchandises (cf. Cass. com. 24-3-2004 : DMF 2004.913 note Pestel-Debord), le chargeur doit spécialement lui demander par exemple :
– l'assurance des marchandises (Cass. com. 25-6-1973 : BT 1973.364 ; CA Versailles 30-4-1986 : BT 1986.609) ;
– de garantir un mode d'arrimage adapté aux particularités de la marchandise (Cass. com. 16-11-1982 : BT 1983.53) ;
– l'agréage et l'analyse des produits importés qu'il réceptionne (CA Rouen 12-11-1976 : DMF 1977.468) ;
– le pesage des marchandises qu'il réceptionne (T. com. Marseille 30-1-1979 : Scapel 1979.13).
En tout état de cause, le transitaire est tenu de conclure le contrat et de payer le fret sans accord préalable du chargeur (CA Paris 26-9-1979 : BT 1979.50), sauf indication contraire (CA Paris 12-7-1977 : BT 1978.129). Il a droit au remboursement du fret ainsi payé (Cass. com. 20-2-1990 : BT 1990.819).

Le transitaire est aussi chargé du passage en douane, le cas échéant, s'il est agréé comme **commissionnaire en douane.** 26056

Les opérations de douane, objet d'une convention spéciale distincte, ne constituent pas, au sens de l'article 2.7 du contrat type de commission de transport, une prestation accessoire au contrat de commission ; le commissionnaire en douane ainsi désigné est un mandataire (Cass. com. 30-1-2019 n° 17-28.913 F-PB : RJDA 5/19 n° 336).

À ce titre, il est responsable de la marchandise prise en charge en vue de cette opération (Cass. com. 28-2-1989 : BT 1989.254) et de l'erreur de taux commise par la douane (CA Versailles 18-1-1990 : BTL 1991.118) ou par lui-même dès lors qu'il n'a pas recherché des indications auprès de son client pour l'éviter (CA Rouen 14-4-1994 : DMF 1995.322 obs. Y. T. ; CA Rouen 6-1-2010 : BTL 2010.356), sauf le cas où il appartenait à son donneur d'ordre de l'avertir de la particularité de la marchandise (CA Versailles 15-12-2005 : BTL 2006.13 ; CA Rouen 10-5-2007 : BTL 2007.400). Il est aussi tenu de ce qu'il paye en contravention aux instructions reçues de son donneur d'ordre (CA Rouen 15-12-1994 : RJDA 5/95 n° 571).

En tant que professionnel, il est tenu d'un devoir de conseil envers son mandant, quand bien même celui-ci serait également agréé en qualité de commissionnaire en douane et aurait-il manqué à ses propres obligations (Cass. com. 18-12-2012 n° 11-16.223 : RJDA 11/13 n° 895 ; rappr. CA Versailles 5-6-2014 n° 12/07055 : BTL 2014.394).

Il lui est **recommandé** en cas de notification de redressement par la douane de ne pas payer la somme réclamée sans prendre l'accord du donneur d'ordre, sous peine d'être privé du droit de lui demander le remboursement, tant qu'il n'est pas dans l'obligation légale de le faire en vertu d'une décision de justice ou de l'émission d'une contrainte par la douane (CA Basse-Terre 29-1-1996 : BTL 1998.251 ; contra CA Montpellier 6-1-1998 : BTL 1998.251, tenant l'obligation de payer pour incluse dans le mandat et accordant le droit au remboursement quoique l'accord du donneur d'ordre n'ait pas été demandé avant paiement, dès lors qu'il n'a commis aucune faute).

Il a un recours en remboursement des sommes qu'il a versées à l'administration si son mandant a commis une fraude à laquelle il n'était pas intéressé, l'ayant découverte après coup (CA Rouen 4-7-2013 n° 12/04520 : BTL 2013.510).

26059 **Rémunération** Le transitaire a droit au prix librement convenu et au remboursement des frais qu'il a avancés pour le compte de son client (Cass. com. 9-5-1985 : DMF 1985.657 : frais de stationnement de wagons ; Cass. com. 20-6-1995 : BTL 1995.507 : surcharges pour enlèvement tardif ; CA Paris 29-6-1978 : DMF 1979.501 : frais de conclusion de l'assurance).

Il ne jouit pas, n'étant qu'un mandataire, du privilège du commissionnaire (n° 24056). Il ne peut qu'invoquer, le cas échéant, le droit de rétention ou le privilège pour conservation de la chose.

L'action en paiement de ses prestations contre le transporteur qui l'a mandaté n'est pas soumise à la prescription annale mais à celle du droit commun (Cass. com. 31-1-2012 n° 10-24.731 : RJDA 8-9/12 n° 768).

26062 **Responsabilité** Comme tout mandataire, le transitaire n'est responsable que de ses fautes personnelles commises dans l'exercice de la mission qui lui a été confiée (CA Paris 6-6-2001 : BTL 2001.569).

Tel est le cas, par exemple :
- de tout manquement à une instruction précise du client (Cass. com. 4-2-1986 : BT 1986.450 ; CA Paris 24-3-1986 : DMF 1987.23) ou de tout dépassement de la mission qui lui a été confiée (CA Aix 4-11-1975 : BT 1976.60) ;
- des retards d'exécution (CA Paris 9-2-1976 : DMF 1977.173 ; CA Montpellier 21-4-1988 : BT 1989.255) ;
- d'une insuffisance de précautions dès lors qu'il connaît la nature des marchandises par l'étiquetage et les documents en sa possession (Cass. com. 29-2-2000 : DMF 2000.604 note Rémery ; rappr. Cass. com. 17-9-2002 : BTL 2002.623) ;
- des vols dus à une surveillance insuffisante (CA Rouen 5-1-1978 : DMF 1978.596), sans qu'il soit tenu, sauf instruction contraire, d'assurer les marchandises à quai (Cass. com. 25-6-1973 : BT 1973.364) ;
- du défaut de contrôle du poids des marchandises reçues en conteneur (Cass. com. 12-10-1993 : BTL 1993.756) ;
- de la livraison de la marchandise en contrepartie d'une simple copie d'attestation bancaire alors que les instructions portées sur le bordereau de groupage qui lui avait été remis mentionnaient « marchandises à ne délivrer que contre attestation bancaire de paiement irrévocable » (Cass. com. 20-5-1997 : RJDA 10/97 n° 1199) ;
- du défaut de sauvegarde des recours du donneur d'ordre par prise des réserves appropriées (Cass. com. 14-10-1997 : DMF 1997.576 ; CA Saint-Denis de La Réunion 19-9-2011 n° 10/01444 : BTL 2012.83) ;
- de la perte d'un jeu de connaissements (CA Rennes 12-4-2011 : BTL 2011.284).

La faute du transitaire peut être prouvée par tous moyens (sur une absence de preuve, CA Rouen 19-5-1983 : DMF 1983.683).

Le transitaire n'est pas fautif lorsqu'il a pris toutes les mesures utiles pour assurer la conservation de la marchandise qu'il a reçue car il n'est pas tenu de la surveiller matériellement et de façon continue (CA Aix 4-12-1992 : BTL 1993.555).

Il peut se prévaloir des clauses limitatives de responsabilité selon le droit commun (sur une absence de preuve de l'existence de la clause, Cass. com. 29-2-2000 précité).

La clause qui limite sa responsabilité pour les opérations de transport est inapplicable en cas de faute de gardiennage (CA Aix 26-10-1977 : BT 1978.159) et en cas de faute lourde (CA Paris 26-11-2003 : DMF 2006.som.329) ou, par assimilation d'effet, en cas de faute inexcusable.

Le transitaire ne répond pas, comme en droit commun (nos 15080 s.), de la cause étrangère (pour une application au vice propre de la marchandise, CA Rouen 15-2-1974 : DMF 1974.400).

PREUVE DU CONTRAT DE TRANSPORT MARITIME

Le chargeur et le transporteur peuvent prouver par **tous moyens** qu'ils ont conclu un contrat de transport. En pratique, cette preuve est notamment apportée par les **documents** qui attestent que le transporteur a prévu l'embarquement de la marchandise. 26070

Il en est ainsi :

- de la « booking note » ou arrêté de fret, qui constitue une note de réservation d'espace pour une cargaison déterminée (CA Aix 15-3-1974 : DMF 1974.479) ;
- de la note de chargement, qui constitue un document similaire au connaissement (CA Aix-en-Provence 6-10-1989 : DMF 1991.641 note Achard) ;
- du connaissement embarqué qui constate le chargement des marchandises à bord du navire ; mais il n'y a là qu'une présomption (Cass. com. 4-1-1994 : BTL 1994.197), qui cède devant la preuve contraire (CA Paris 22-10-2003 : DMF 2004.601 note Tassel) ;
- du document intitulé « détails de la réservation », qui révèle que le chargeur et le transporteur maritime avaient conclu un accord de réservation pouvant être assimilé à un contrat de transport (Cass. com. 6-1-2021 n° 18-15.228 F-P : RJDA 7/21 n° 510).

L'absence de conclusion d'un contrat de transport ne peut pas être déduite du défaut d'établissement d'un connaissement car ce document n'a qu'un rôle probatoire (CA Aix-en-Provence 4-4-2019 n° 16/15189 : DMF 2019.509 obs. Bonnaud).

ATTRIBUTION DE COMPÉTENCE ET ARBITRAGE

Conformément à la liberté contractuelle, les parties peuvent adopter une clause attributive de compétence territoriale ou d'arbitrage. 26071

L'opposabilité des deux clauses au transporteur ou au chargeur obéit aux mêmes règles car elles se présentent envers chacun d'eux dans les mêmes termes.

Mais l'opposabilité de la clause attributive de compétence au tiers porteur du connaissement ou destinataire réel est soumise à un régime spécifique si le règlement UE sur la compétence (n° 72103) est applicable, comme il est exposé par la suite, tandis que celle de la clause d'arbitrage relève toujours du droit commun car le règlement UE ne lui est pas applicable (n° 72106).

Opposabilité au transporteur L'émetteur du connaissement est lié par la clause figurant sur son propre connaissement (Cass. com. 3-3-1992 : Rev. crit. 1992.560 note Delebecque : à propos d'une clause d'arbitrage incluse dans une charte partie à laquelle le connaissement de l'armateur faisait référence). 26073

Opposabilité au chargeur La clause attributive de compétence ou d'arbitrage figurant au connaissement est **réputée acceptée** par le chargeur dès lors que : 26076

- elle apparaît de façon **claire et lisible** sur le connaissement ;

Tel est le cas de la clause imprimée de façon suffisamment lisible selon les standards retenus en matière de transports internationaux (CA Rennes 23-12-1992 : DMF 1993.298 ; CA Versailles 14-12-1995 : DA 1996 p. 296), ou de la clause qui, bien que rédigée en petits caractères, est néanmoins lisible sans l'aide d'une loupe et se détache de l'ensemble du texte par le titre « juridiction » qui précède, imprimé en caractères gras et de taille supérieure (CA Paris 1-2-1995 : BTL 1995.779 ; rappr. CA Paris 23-5-2007 : BTL 2007.383). En revanche, sont inopposables la clause imprimée au verso du connaissement en caractères minuscules et difficilement déchiffrables à l'œil nu (CA Rennes 26-9-1990 : DMF 1993.309 ; CA Versailles 15-10-1992 : Scapel 1993.106) et la clause imprimée en langue étrangère (CA Aix-en-Provence 4-2-1982 : DMF 1983.531).

- le chargeur a **signé** le connaissement lors de la formation du contrat, ce qui entraîne la présomption qu'il a accepté la clause car celle-ci correspond à un usage du commerce international en matière maritime (Cass. com. 19-11-2013 n° 12-24.668 : RJDA 3/14 n° 295 ; CA Colmar 12-10-2016 n° 15/02356 : DMF 2017.113 obs. Amoussou ; CA Versailles 13-12-2016 n° 16/05098 : DMF 2017.122 obs. Lecat), ou lorsque le transitaire, son mandataire, qui n'a pas besoin d'un pouvoir spécial pour cela, l'a fait (CA Paris 14-6-1991 : DMF 1992.212) ;

L'acceptation doit être certaine ; aussi la clause a-t-elle été écartée lorsque :

- elle figurait au verso de l'imprimé qui n'était signé qu'au recto (Cass. com. 7-7-1992 : DMF 1993.329 note Tassel) ;
- le chargeur n'a pas signé le connaissement (Cass. com. 9-7-1991 : DMF 1992.665 ; CA Rouen 25-9-2008 n° 08-1001 : DMF 2008.1011 obs. Bonassies ; CA Rennes 25-6-2019 n° 16/05568) ou n'est pas partie au contrat de transport, celui-ci ayant été conclu par le commissionnaire (Cass. com. 9-7-2013 n° 12-15.515 : BTL 2013.507) ;
- rien n'établit que la signature du connaissement puisse constituer autre chose qu'un endossement, par hypothèse postérieur à la conclusion du contrat et à l'embarquement des marchandises (Cass. com. 3-1-1989 : DMF 1990.154 note Bonassies) ;

– le chargeur n'en a eu connaissance qu'après la conclusion du contrat, soit parce que le connaissement la contenant lui a été remis après le chargement (CJCE 19-6-1984 : Rec. 2417 ; Cass. com. 9-7-1991 : RJDA 10/91 n° 872), soit parce qu'il l'a endossé (CA Rouen 12-1-1995 : BTL 1995.779).

– des éléments de fait, pris même **hors de toute signature** du connaissement, établissent son acceptation **implicite** ou celle du commissionnaire, quand bien même il ne figurerait pas comme chargeur au connaissement, dans la mesure où il a conclu directement le contrat de transport, devenant ainsi chargeur réel (CA Amiens 18-10-2012 n° 11/03745 : DMF 2013.488 obs. Amoussou), ou dès lors qu'il est le chargeur réel de la marchandise et qu'il a eu entre les mains le document de transport qui contenait la clause (CA Aix-en-Provence 24-10-2019 n° 19/01240).

Le chargeur est ainsi réputé avoir tacitement accepté la clause lorsqu'il a lui-même inscrit sur le connaissement les spécifications concernant la marchandise et que le titre portait au verso son cachet et la signature de son représentant (Cass. com. 7-7-1992 : RJDA 12/92 n° 1183 ; en sens contraire : CA Aix-en-Provence 18-3-1992 : DMF 1993.652 ; BTL 1993.816) ou lorsque cette acceptation résulte de l'usage régissant le domaine du commerce international dans lequel il opère et dont il est censé avoir connaissance (CA Amiens 18-10-2012 précité).

En revanche, la preuve de l'acceptation n'a pas été rapportée :
– par les seules factures délivrées a posteriori (CA Rouen 18-11-1993) ;
– par le seul fait que le chargeur a eu le connaissement entre les mains (Cass. com. 26-5-1992 : RJDA 10/92 n° 967) ;
– par la qualité de professionnel du chargeur : si celle-ci peut faire présumer la connaissance de la clause, elle n'établit pas son acceptation (CA Paris 30-3-1993 : DMF 1993.657), même en cas de relations commerciales suivies avec le transporteur (Cass. com. 22-6-1993 : RJDA 1/94 n° 124).

La convention d'arbitrage convenue sur la base d'une confirmation de réservation est opposable au chargeur, indépendamment du contenu du connaissement (CA Versailles 6-9-2016 n° 15/08095 : BTL 2016.523).

La **clause** est **inopposable** à celui qui n'est pas partie au contrat de transport. Tel est le cas du chargeur qui a confié à un commissionnaire la mission de rechercher un transporteur et qui n'a pas ainsi personnellement contracté avec le transporteur (Cass. com. 30-6-2021 n° 19-23.665 F-B : RJDA 11/21 n° 756).

Mais la clause est opposable au chargeur dès lors qu'il ressortait certainement et sans équivoque des circonstances de l'espèce qu'il l'avait tacitement acceptée ; ainsi, lorsqu'il avait lui-même inscrit sur le connaissement les spécifications concernant la marchandise et que le titre portait au verso son cachet et la signature de son représentant (Cass. com. 7-7-1992 : RJDA 12/92 n° 1183 ; en sens contraire, CA Aix-en-Provence 18-3-1992 : DMF 1993.652, BTL 1993.816) ou lorsque l'acceptation du chargeur résultait de l'usage régissant le domaine du commerce international dans lequel il opérait et dont il était censé avoir connaissance (CA Amiens 18-10-2012 n° 11/03745 : DMF 2013.488 obs. Amoussou).

26079 Opposabilité au tiers porteur du connaissement ou au destinataire réel

Opposabilité de la clause attributive de compétence. La clause attributive de compétence est opposable au tiers porteur du connaissement et au destinataire réel sous les distinctions suivantes.

1. Règlement UE 1215/2012 applicable. La clause produit ses effets :

a. Au regard du tiers porteur, selon que la loi applicable au connaissement prévoit que celui-ci, en acquérant le connaissement, **succède ou non** aux droits du chargeur en vertu du droit national (CJCE 9-11-2000 aff. 387/98 : Rec. I-9337), ce que le juge du fond doit vérifier au préalable (Cass. com. 16-12-2008 n° 08-10.460 : D. 2009.89 obs. Delpech, à propos du destinataire réel mais transposable par analogie au tiers porteur, la même condition étant imposée dans les deux cas).

Selon le droit français, il ne résulte d'aucun texte que le porteur d'un connaissement, en acceptant la livraison de la marchandise, succède aux droits et obligations du chargeur découlant de la clause attributive de juridiction acceptée par celui-ci (Cass. com. 4-3-2003 n° 01-01.043 : Bull. civ. IV n° 33 ; CA Aix 28-12-2011 n° 10/10603 : BTL 2012.127). Sur l'effet donné à une clause sans recherche de la portée de la loi nationale, CA Paris 6-5-2009 : DMF 2009.588 obs. Delebecque.

S'il succède en vertu du droit national applicable, la clause lui est opposable ; il n'y a pas lieu alors de vérifier son consentement au sens où l'exige le règlement UE, pour lui rendre opposable la clause attributive de compétence (CA Rouen 10-9-2009 n° 08/03137 : DMF 2010.35 obs. de Nere ; CA Rouen 31-8-2017 n° 16/04346). S'il ne succède pas, il faut vérifier s'il a consenti à la clause conformément aux conditions requises par le règlement (sur l'acceptation de la clause, n° 72157) ;

b. Au regard du destinataire réel, qui a le droit d'agir s'il subit seul le préjudice (n° 26244), pourvu qu'il prouve sa qualité (Cass. com. 27-9-2017 n° 15-25.927 F-PB : RJDA 1/18 n° 96 : preuve non rapportée) et si selon le droit national applicable, il succède aux droits et obligations du chargeur (Cass. com. 16-12-2008 précité). À défaut, il n'est lié que s'il l'a acceptée dans les conditions fixées par le règlement UE exposées au n° 72157 (pour un exemple d'acceptation entraînant l'opposabilité de la clause à l'assureur subrogé, CA Aix 19-7-2014, n° 12/05792 : BTL 2014.491).

Cette acceptation ne résulte pas de la seule détention du connaissement par le destinataire si celui-ci ne reçoit pas habituellement des marchandises objet d'un transport maritime international susceptible de lui donner connaissance de la pratique répandue dans ce transport de la clause attributive de compétence (CA Aix 22-2-2007 n° 05/04798 : DMF 2008.632.som.).

2. Règlement UE 1215/2012 non applicable. La clause n'est opposable au tiers porteur ou au destinataire réel que si elle a été l'objet d'une acceptation spéciale de la part du destinataire ou que si la compétence internationale qu'elle institue ne s'impose en vertu d'un traité ou du droit de l'UE (Cass. com. 14-12-2022 n° 20-17.768 FS-BR : RJDA 3/23 n° 144 ; Cass. com. 14-6-2023 n° 21-15.445 F-B). L'acceptation ne résulte pas de l'accomplissement du connaissement (Cass. com. 25-6-2002 n° 00-13.230 : DMF 2003.41 obs. Delebecque) ni d'un renvoi à une charte partie type où figure la clause et à laquelle le contrat de transport se contente de faire référence en ces termes : « clause d'arbitrage considérée comme incorporée et comme si elle était expressément écrite » (CA Paris 29-3-1995 : BTL 1995.779, transposable à la clause attributive de juridiction).

Opposabilité de la clause d'arbitrage. La clause d'arbitrage est acceptée par les destinataires, et leurs assureurs subrogés, dès lors qu'ils ont connu la clause dès le déchargement et les expertises contradictoires et qu'il est habituel qu'une clause d'arbitrage international soit insérée dans un contrat de transport maritime international (Cass. com. 22-11-2005 n° 03-10.087 : RJDA 4/06 n° 480). 26082

Mais l'acceptation de la clause a été rejetée dans un cas où la clause figurait dans une charte partie type et où le contrat de transport se contentait de faire référence en ces termes : « clause d'arbitrage considérée comme incorporée et comme si elle était expressément écrite » (CA Paris 29-3-1995 : BTL 1995.779 ; contra CA Paris 25-4-2017 n° 16/13793, jugeant la clause ni nulle ni manifestement inapplicable).

REMISE DE LA MARCHANDISE AU TRANSPORTEUR MARITIME

Présentation La marchandise doit être conditionnée pour, compte tenu de sa nature, supporter les risques inhérents au transport envisagé. Sauf pour les matières dangereuses où existent des prescriptions spéciales, le chargeur doit apprécier l'emballage qui convient à la marchandise ; il peut, en particulier, se fier aux usages du commerce (Cass. com. 15-3-1983 : BT 1984.31). Toutefois, le transporteur doit attirer l'attention du chargeur sur les erreurs qu'il pourrait commettre, dès lors que son activité lui permet de s'en apercevoir (CA Rouen 7-2-1980 : BT 1980.357). Il commet un abus de droit s'il refuse d'embarquer des conteneurs (dont la déformation est susceptible, selon lui, de présenter des risques graves lors des opérations de manutention et de transport), qu'il laisse à terre pendant plus d'un an, alors que le chargeur n'a pas commis de faute d'empotage et qu'il existe une solution de substitution pour l'enlèvement des conteneurs (CA Rouen 12-4-2018 n° 14/02672). 26085

Le chargeur, ou celui qui a agi pour son compte, est tenu, notamment, des avaries ou des pertes dues :

– à un empotage défectueux de la marchandise dans un conteneur (Cass. com. 25-11-2008 n° 07-17.957 : RJDA 5/09 n° 431 : responsabilité du manutentionnaire) ou à l'intérieur d'une remorque (CA Paris 23-11-1983 : BT 1984.86) ;

– à un emballage insuffisant (Cass. com. 9-5-1979 : BT 1980.25 ; CA Paris 13-5-1982 : DMF 1983.173 ; pour des exemples d'emballage suffisant : CA Paris 23-5-1977 : DMF 1978.120 ; CA Rouen 2-12-1982 : BT 1983.210) ;

– à la défaillance du système de refroidissement d'un conteneur frigorifique (CA Aix 4-2-1982 : DMF 1983.531), sauf si le conteneur a été fourni par le transporteur et que, quoique tenu de s'assurer de l'aptitude du conteneur au déplacement envisagé, il n'a pu déceler un vice caché (CA Rouen 19-5-2008 : DMF 2009.245 obs. Humann).

Lorsque le conteneur a été loué, le locataire peut reprocher cette défectuosité au loueur (CA Paris 24-9-1993 : BTL 1993.841) et, plus généralement, agir contre le loueur pour vice caché quand bien même le conteneur aurait été contrôlé antérieurement par un bureau de vérification et nonobstant la clause du contrat de location et l'usage professionnel aux termes desquels le loueur perd la maîtrise de la chose louée une fois celle-ci remise au locataire (CA Versailles 14-5-1986).

Prise en charge La prise en charge (sur la définition transposable, n°s 24330 s.) doit se faire au plus tard à quai puisque le transporteur ne peut pas s'exonérer du chargement (n° 26100) mais il peut anticiper la prise en charge, notamment au domicile du chargeur. 26088

Le transporteur qui prend la marchandise en charge sans réserves est présumé l'avoir prise dans l'état où elle est décrite au connaissement (CA Versailles 22-3-2018 n° 16/09086, transporteur comptable des manquants à l'arrivée). Mais cette présomption peut être renversée par la preuve contraire (Cass. com. 1-3-2016 n° 14-24.912). 26091

Lorsque la marchandise fait l'objet d'un crédit documentaire, le **connaissement** doit être « **net** » (« clean on board ») pour être accepté par le banquier qui consent le crédit. Pour obtenir du transporteur qu'il renonce à contester la présomption de prise en charge conforme au connaissement, le chargeur doit lui remettre une **lettre de garantie** par laquelle il s'engage, pour tout manquant ou toute avarie préexistant à la prise en charge, à lui rembourser l'indemnité qu'il devrait verser à un porteur du connaissement net. L'émission d'un connaissement net n'empêche pas le transporteur de démontrer le vice propre de la marchandise (CA Rouen 2-5-1996).

26094 Si un connaissement net n'est pas demandé, le transporteur peut prendre des **réserves** en refusant de mentionner sur le connaissement « des marques, un nombre, une quantité ou un poids dont il a une raison sérieuse de soupçonner qu'ils ne représentent pas exactement la marchandise actuellement reçue par lui ou qu'il n'a pas eu les moyens raisonnables de vérifier » (art. 3, 3, dernier al. ; pour des applications : Cass. com. 15-6-1954 : DMF 1954.712 ; Cass. com. 22-2-1983 : BT 1983.587 ; CA Rouen 21-3-1985 : BT 1985.285 ; CA Aix 16-9-1993 : BTL 1993.918 note Chao).

Dès lors qu'il n'a pas pris de réserves, le transporteur est lié par les mentions du connaissement, alors même que le défaut affectant les marchandises serait antérieur à leur prise en charge et que le destinataire aurait eu connaissance de cette antériorité des avaries (Cass. com. 4-4-2006 n° 459 : RJDA 12/06 n° 1219).

À la lettre de l'article 3, 3, dernier alinéa de la convention de Bruxelles, le transporteur n'a pas à **motiver** ses réserves en les précisant et en les détaillant. Il doit seulement prouver, le moment venu, qu'il était en droit de les formuler (en ce sens, Cour de cassation de Belgique 11-3-1977 : DET 1978.78). Toutefois, la Cour de cassation, en France, exige que les réserves du transporteur soient motivées (Cass. com. 22-2-1983 : BT 1983.587), comme le requiert la loi française (C. transports art. D 5422-4) pourtant inapplicable en l'occurrence.

Pour des réserves valables : Cass. com. 25-5-1993 : BTL 1993.646 ; CA Paris 19-6-1990 : DMF 1991.376 : clause précisant que le transporteur n'avait pas eu les moyens raisonnables de vérifier des conteneurs remis scellés.

Pour des réserves non valables : CA Rouen 5-6-1964 : BT 1964.285 ; CA Paris 13-5-1982 : DMF 1983.173 ; CA Paris 17-2-1986 : BT 1986.518 ; CA Rouen 29-6-1989 : DMF 1991.638 ; CA Saint-Denis de La Réunion 3-7-1992 : BTL 1994.472 et CA Rouen 8-9-1994 : DMF 1995.883, tenant une clause « Said to contain » relative à des conteneurs scellés pour une clause insuffisamment motivée.

Les réserves valables, répondant aux conditions ci-dessus, imposent au transporteur de prouver le vice allégué de la marchandise et ne s'opposent pas à ce qu'il fasse cette preuve (CA Aix 16-9-1993 : BTL 1993.918 ; contra T. com. Paris 13-2-1974 : DMF 1975.90, jugeant que les réserves renversent la charge de la preuve).

26097 Lorsque le transporteur prend en charge les conteneurs remis **plombés** par le chargeur, il est fréquent qu'une clause du connaissement lui permette de l'ouvrir pour vérifier la véracité des déclarations du chargeur quant à la nature et à la qualité de la marchandise contenue (CA Nouméa 17-7-1979 : BT 1979.494), à moins qu'une autre clause du connaissement ne le lui interdise lorsqu'il a procédé lui-même à l'empotage (Cass. com. 26-2-1985 : BT 1985.386). La présence de scellés intacts à la livraison peut, au regard de la dernière jurisprudence (contra CA Rouen 8-9-1994 : DMF 1995.883) qui se confirme, exonérer le transporteur lorsqu'il résulte des plombs que le dommage n'a pas pu se produire au cours du transport incriminé (Cass. com. 23-9-2014 n° 13-17.607 : BTL 2014.571 : à propos de remorques plombées mais transposable à tout objet plombé qui offre la même garantie ; CA Rouen 29-11-2012 n° 11/05216 : BTL 2013.51 ; CA Versailles 7-10-2014 n° 12/01714 : BTL 2014.635). À défaut de preuve de l'origine du dommage fondée sur les plombs, le transporteur est exonéré s'il est établi qu'il ne peut pas en être tenu pour responsable (CA Aix-en-Provence 14-9-2001 : BTL 2001.730).

26100 **Chargement** Le transporteur est tenu de charger la marchandise, ce dont il ne peut s'exonérer (Cass. com. 19-3-1985 : BT 1985.332 : à propos d'un dommage au déchargement mais transposable, la clause écartée visant également le chargement et le déchargement).

ÉTABLISSEMENT DU CONNAISSEMENT PAR LE TRANSPORTEUR

26105 **Définition** Dans le silence de la convention de Bruxelles, est tenu pour connaissement le **document** par lequel le transporteur maritime qui l'émet **s'engage,** dans les conditions énoncées, **à remettre** au bénéficiaire désigné les **marchandises** qui y sont spécifiées (Cass. com. 21-10-1958 : DMF 1959.86).

Sur certaines lignes maritimes, en particulier les lignes transatlantiques, les marchandises arrivant plus vite à destination que les connaissements transmis par les voies postales, les compagnies maritimes ont créé un document simplifié non négociable, dit « **Sea Waybill** » (ou « lettre de transport maritime »), portant les indications essentielles pour identifier la marchandise embarquée et désignant nommément un destinataire qui pourra, en attestant seulement de son identité, recevoir livraison de la marchandise, même s'il n'est porteur d'aucun autre titre. La remise d'un Sea Waybill constitue une faute délictuelle de la part du remettant dès lors que le détenteur a pu se faire livrer la marchandise sans avoir à régler le solde des factures (Cass. com. 14-6-2023 n° 22-12.885 F-D).

Le connaissement est établi en plusieurs exemplaires originaux, au moins deux.

Le connaissement, généralement à ordre, est un titre négociable dont la valeur juridique résulte des mentions qu'il comporte (n° 12505).

Obligation de délivrance Le transporteur maritime n'est tenu de délivrer un connaissement qu'à la demande du chargeur et seulement après réception et prise en charge de la marchandise (Convention Bruxelles 25-8-1924 art. 3, 3, al. 1). 26108

Le défaut de délivrance du connaissement oblige le transporteur à réparer les préjudices qui en résultent pour le chargeur. Celui-ci peut notamment délaisser dans ses mains les marchandises (CA Aix 31-10-1980 : DMF 1982.23).

Mentions du connaissement Figurent sur le connaissement les mentions suivantes. 26111

1. Spécification de la marchandise par sa marque, son état apparent, le nombre de colis (Convention Bruxelles 25-8-1924 art. 3, 3), dont le chargeur garantit l'exactitude au transporteur (art. 3, 5) ; celui-ci est déchargé de sa responsabilité si la marchandise présentée à l'arrivée ne correspond pas à celle portée sur le connaissement (CA Rouen 7-4-2011 n° 10/01914 : DMF 2011.649 obs. Bonnaud). À l'égard du tiers porteur de bonne foi, les énonciations du connaissement relatives à la quantité et au poids constituent une présomption irréfragable d'exactitude (CA Aix 13-12-2012 n° 10/15095 : BTL 2013.34). 26114

En cas de marchandises logées en conteneur, pour que l'ayant droit bénéficie d'un calcul de la limitation de réparation fondé, non pas sur le seul colis que constitue le conteneur, mais sur le nombre de colis contenus à l'intérieur, il est notamment recommandé au chargeur :

– de ne pas individualiser le seul conteneur par sa marque, ses scellés et son poids (CA Lyon 31-10-1980 : DMF 1981.670) mais d'individualiser les colis à l'intérieur du conteneur par leur nombre, peu important que chacun ne soit pas mentionné au connaissement par un numéro de référence ou un marquage quelconque (CA Amiens 19-11-2001 : DMF 2003.840 obs. Tassel) ; dès lors que des colis sont suffisamment individualisés par le connaissement, ils sont à considérer comme des colis même si le connaissement stipule que chaque conteneur est assimilé à un colis (CA Paris 30-1-1989 : DMF 1991.397) ; toutefois, il a été jugé au sujet d'un conteneur de cartons qu'il n'était pas nécessaire que le nombre de cartons figure au connaissement dès lors que ce nombre était prévu sur les factures et autres documents commerciaux (CA Aix 13-6-1984 : DMF 1986.23) ; de plus, une identification particulière des marchandises dans des cartons identiques n'est pas nécessaire (CA Aix 18-12-1980 : DMF 1981.552) ;

– d'individualiser le nombre de conteneurs et le poids du chargement complet (CA Rouen 2-12-1982 : BT 1983.210) ;

– de dénombrer les colis, ce nombre étant appliqué dès lors qu'il est mentionné sur le connaissement (Cass. com. 24-5-2023 n° 21-19.835 F-B : RJDA 10/23 n° 521 : prise en compte de 387 caisses mentionnées quoique réunies en 10 palettes).

Lorsque les marchandises remises au transporteur sont **dangereuses,** le chargeur doit établir, sous sa signature, une déclaration d'expédition conforme à l'un des modèles qui sont donnés par la division 411 du règlement annexé relatif à la sécurité des navires (Arrêté du 23-11-1987 modifié par deux arrêtés du 28-5-2021). Le défaut de déclaration peut conduire le transporteur à les décharger, les rendre inoffensives ou les détruire (Convention Bruxelles art. 4, 6).

En cas de **fausses déclarations,** le chargeur (ou le destinataire) s'expose à trois **sanctions** :

– redressement du prix du fret lorsque le tarif prévu est inférieur à celui qui aurait dû être appliqué ;

– pénalités comme, par exemple, une majoration forfaitaire supplémentaire de 25 à 50 % du prix du transport ou un double ou triple fret (T. com. Seine 28-12-1951 : DMF 1952.676 ; dans le même sens, CA Rouen 18-6-1987 : DMF 1989.607) ;

– refus d'indemnisation des dommages qui sont la conséquence de ses fausses déclarations (n° 26184).

2. Définition du déplacement. Même si le connaissement est intitulé « transport combiné », il ne peut pas être déduit de la seule mention de l'adresse du destinataire dans la rubrique « consignee » que le transport est de bout en bout (Cass. com. 14-6-2017 n° 15-18.240 F-D : RJDA 10/17 n° 623 ; CA Paris 31-5-1978 : BT 1978.354). 26117

Le transport ne comporte pas une partie terrestre lorsque le connaissement ne mentionne comme destination finale que des noms de ports et non les lieux de prise en charge et de livraison (Cass. com. 4-7-2000 : RJDA 1/01 n° 114), mais il en comporte une lorsque le connaissement mentionne une destination finale à l'intérieur des terres (CA Versailles 16-9-1999 : BTL 1999.763).

3. Indication du navire. Pratiquement, le connaissement précise toujours le navire sur lequel la traversée doit s'effectuer ; l'indication ne vaut que jusqu'à preuve contraire (Cass. com. 20-12-1988 : DMF 1989.699 note Achard). Toutefois, il prévoit généralement que le transporteur pourra procéder à un transbordement dans des conditions définies (pour un exemple, CA Aix 23-11-1984 : DMF 1986.668). 26120

4. Désignation du bénéficiaire. Le connaissement peut désigner comme ayant droit, soit une personne dénommée, soit une personne désignée par une clause à ordre. 26123

S'il ne désigne nommément aucune personne, même s'il contient une clause à ordre, l'ayant droit est son détenteur car il n'est rien d'autre qu'un connaissement au porteur (Cass. com. 10-2-2015 n° 13-27.767 : DMF 2015.530 obs. Follin).

26126 **5. Désignation du transporteur.** Cette qualité est attribuée, à défaut de précision sur l'identité du transporteur, à celui qui est désigné par l'**en-tête du connaissement** (Cass. com. 8-6-1999 : DMF 1999.603 rapport Rémery ; CA Aix 26-10-2006 : BTL 2007.638), même si en réalité le navire est exploité par l'affréteur (CA Paris 23-6-1976 : DMF 1977.87). Il ne peut en être autrement que si l'identité du transporteur a été précisée sur le connaissement (clause dite « identity of carrier » ; Cass. com. 5-11-2003 : DMF 2004.368 obs. Tassel ; CA Montpellier 23-5-2006 : DMF 2006.792 obs. Corbier).

Lorsque le connaissement est **sans en-tête,** la qualité de transporteur résulte de tout indice ou de toute présomption susceptibles de l'établir. Ainsi la qualité de transporteur a été reconnue :

– à l'armateur propriétaire du navire lorsque le capitaine, ès qualités, a signé le connaissement avec l'indication du navire (CA Rennes 27-9-1995 : DMF 1997.49 obs. Tassel ; CA Paris 18-12-2002 : BTL 2003. 322) ou sans cachet du navire avec indication du port d'attache (CA Paris 17-12-1975 : DMF 1976.293 ; contra Cass. com. 10-5-1983 : DMF 1984.269 note Achard) ;

– au fréteur lorsque le connaissement indique le nom du navire affrété au voyage avec la mention qu'il a été signé « pour le capitaine », qui reste le préposé exclusif du fréteur, même pour la gestion commerciale du navire (T. com. Paris 4-8-1975 : DMF 1977.114) ;

– à l'armateur dont le nom a été inscrit sur la ligne « armement » même si le connaissement porte la signature du capitaine et le cachet de l'armateur-propriétaire (CA Rennes 9-1-1990 : DMF 1991.261) ;

– à celui qui a la gestion nautique et commerciale du navire mentionné sur le connaissement avec l'indication de son port d'attache (Cass. com. 3-10-1995 : RJDA 1/96 n° 62) ;

– à l'émetteur du connaissement, la clause « identité du transporteur » insérée par lui au connaissement étant inopposable au chargeur qui, en l'espèce, n'avait pas signé le connaissement (CA Versailles 31-5-2001 : JCP E 2001.pan.1985).

Est aussi le « transporteur » au regard du chargeur l'affréteur d'espace qui conclut avec ce dernier le contrat de transport et assume partant les droits et obligations prévus au contrat de transport conclu entre eux (CA Aix 1-12-2021 n° 2021/338 : DMF 2022.845 obs. Montas).

En tout état de cause, est le transporteur l'armateur réel qui se dissimule sous une société de façade (Cass. com. 28-11-1989 : DMF 1991.291), et ne peut pas être qualifié de transporteur celui qu'aucune mention du connaissement ne désigne (Cass. com. 20-1-2009 n° 07-16.919 : DMF 2009.234 rapport Potocki obs. Bonassies).

26129 **6. Réserves du transporteur.** Voir n° 26094.

26132 **7. Désignation du destinataire.** Pour éviter les retards de livraison après l'arrivée de la marchandise, l'expéditeur prendra soin de mentionner, à la rubrique « **notify** », le nom d'un réceptionnaire, cette mention ne signifiant pas que celui-ci est destinataire mais seulement qu'il doit être averti de l'arrivée des marchandises (Cass. com. 3-12-2013 n° 12-13.459 : DMF 2014.320 obs. Scapel). Mais cette mention n'empêche pas de le traiter comme destinataire, s'il est prouvé qu'il est le destinataire réel (CA Paris 21-5-2015 n° 13/16557 : BTL 2015.400).

26135 **8. Détermination du chargeur.** La signature du chargeur au connaissement n'est pas requise par la convention de Bruxelles (CA Amiens 18-10-2012 n° 11/03745 : DMF 2013.488 obs. Amoussou). Mais sa signature est un indice retenu pour déterminer son acceptation des conditions du connaissement (n° 26076).

26138 **9. Date.** Le connaissement est généralement daté du jour de l'embarquement. Les tribunaux sanctionnent l'antidate par la responsabilité extracontractuelle du transporteur et par la résolution de la vente maritime aux torts exclusifs du vendeur en raison du préjudice qui en résulte pour l'acquéreur (CA Aix 28-4-1976 : BT 1977.27 ; CA Aix 27-9-1985 : DMF 1986.686) ou par l'allocation de dommages-intérêts à l'acquéreur qui a subi une perte de prix entre le jour où les connaissements auraient dû être émis et le jour postérieur où ils lui ont été effectivement présentés (Cass. com. 5-2-2002 : DMF 2002.846 note Tassel, écartant le jour de présentation des marchandises au port de déchargement).

26141 **10. Indication du fret.** Le connaissement indique généralement le montant et le calcul du fret ainsi que son débiteur. Cette mention est opposable au transporteur, même si celui-ci a commis une erreur de tarification (T. com. Marseille 22-4-1975 : BT 1975.324).

26144 **Paiement du fret** Selon la loi française et dans le silence de la convention de Bruxelles sur ce point, le fret est dû par le chargeur (C. transports art. L 5422-1) et non par son mandataire (Cass. com. 3-6-1997 : DMF 1997.1007 note Delebecque). S'il est payable **d'avance** (« freight prepaid »), le règlement doit intervenir avant l'embarquement. Le réceptionnaire de la marchandise ne peut être tenu que des frais de débarquement à l'exclusion de tout fret ou supplément de fret (CA Aix 18-2-1983 : DMF 1984.463).

La mention « fret prépayé », lorsqu'elle est signée du transporteur ou de son représentant, fait foi du paiement effectif du fret et dispense le chargeur d'en rapporter la preuve, sauf au transporteur à établir que cette quittance du fret n'a pas la valeur libératoire qu'implique son libellé (Cass. com. 2-3-1999 : RJDA 4/99 n° 410).

Si le fret est payable **à destination** (« freight to collect »), le réceptionnaire en est également débiteur, s'il accepte la livraison de la marchandise (C. transports art. R 5422-9 ; Cass. com. 3-6-1997 précité). Le chargeur en demeure néanmoins tenu envers le transporteur (CA Paris 9-3-1994 : BTL 1994.640).

Le chargeur peut être tenu d'acquitter, en plus du fret, des **surestaries** lorsqu'il a accepté ces indemnités pour le cas de séjour prolongé du navire à quai (CA Aix 10-3-1981 : DMF 1982.88 ; CA Paris 9-11-1982 : DMF 1983.287).

En cas de livraison en France, le transporteur peut **retenir** la marchandise jusqu'au complet paiement du fret, mais pas à bord de son navire (CA Rouen 10-3-1994 : DMF 1995.232).

L'armateur qui a affrété son navire peut exercer pour le paiement de son loyer le privilège du fréteur à l'égard de tous, notamment de l'affréteur au voyage (CA Douai 27-4-2017 n° 17/00545 : DMF 2017.771 obs. Cachard), sur les marchandises qui se trouvent en France et à terre, qu'elles soient la propriété de l'affréteur, du débiteur du fret ou d'une autre personne, mais, en ce qui concerne cette dernière, seulement dans la mesure où elle est encore redevable de la somme due en exécution du contrat de transport (Cass. com. 3-3-1998 : BTL 1998.304, écartant le privilège opposé par le fréteur aux porteurs des connaissements qui s'étaient eux-mêmes acquittés du prix du transport avant que le fréteur ne demande la consignation des marchandises). Si le contrat d'affrètement est soumis à une loi étrangère, c'est cette loi qui détermine l'existence ou non du privilège du fréteur (Cass. com. 20-5-1997 : DMF 1997.891 rapport Rémery note Rémond-Gouilloux).

Lorsque le contrat de transport a été conclu par un commissionnaire de transport, le transporteur n'a pas d'action contractuelle directe contre le commettant en paiement du fret, sauf si l'intermédiaire est un mandataire (n° 21880). Le paiement fait par le chargeur dans les mains du mandataire du transporteur libère le chargeur (Cass. com. 8-12-1998 : RJDA 2/99 n° 174).

Sur l'application des privilèges maritimes, n° 58254.

DÉCHARGEMENT DE LA MARCHANDISE TRANSPORTÉE PAR VOIE MARITIME

Le transporteur est tenu de remettre la marchandise à quai (cf. Convention Bruxelles 25-8-1924 art. 3, 2). Il ne peut s'exonérer de cette obligation par une clause du connaissement (Cass. com. 19-3-1985 : BT 1985.332). Il peut, en revanche, convenir du moment précis de la fin du transport par une clause « sous palan » (Cass. com. 16-1-1996 : DMF 1996.627 note Delebecque), de « mise sur allèges » (CA Aix 20-7-1992 : DMF 1994.52) ou par remise au terminal conteneur (CA Paris 16-2-1996 : BTL 1996.402). **26150**

Mais ces modalités ne sont opposables au chargeur que s'il les a acceptées (CA Aix 18-7-2013 n° 11/07902 : BTL 2013.525 : à propos de la clause sous palan mais transposable aux autres clauses, celles-ci dérogeant, comme elle, au principe).

À défaut, le déchargement a lieu lorsque la marchandise est à quai et peut être acheminée d'une manière terrestre (CA Aix 24-11-1994 : DMF 1996.53 note Tassel ; dans le même sens, CA Versailles 18-5-1995 : BTL 1995.780).

Livraison de la marchandise Dans le silence de la convention de Bruxelles sur ce sujet, la livraison de la marchandise, selon la loi française, suppose que le transporteur mette la marchandise à la disposition du destinataire qui l'accepte, en étant en mesure d'en contrôler l'état et d'en prendre possession effectivement (Cass. com. 17-11-1992 : RJDA 3/93 n° 218 ; aussi n° 24410) ; tel n'est pas le cas si le destinataire n'est pas averti (Cass. com. 19-6-2012 n° 11-18.490 : RJDA 10/12 n° 852) ou si la marchandise n'a pas été remise physiquement (Cass. com. 29-3-2023 n° 19-11.933 F-D) ou a été remise à une entreprise portuaire qui dispose d'un monopole pour la manutention des marchandises (Cass. com. 24-5-2023 n° 21-15.151 F-B). Sauf convention contraire, le transporteur ne peut délivrer la marchandise que sur présentation de l'original du connaissement, même lorsque celui-ci est à personne dénommée et dépourvu de mention à ordre (Cass. com. 19-6-2007 n° 05-19.646 : RJDA 12/07 n° 1232). **26153**

Le connaissement représentant la marchandise transportée, la production de son original établit à elle seule les droits sur cette marchandise dont se prévaut celui que le titre désigne (Cass. com. 10-7-2012 n° 11-20.166 : RJDA 10/12 n° 853) ; le transporteur qui refuse de livrer sur présentation des originaux peut être condamné sous astreinte à le faire (Cass. com. 25-5-1993 : BTL 1993.672).

Elle doit être faite par le transporteur au profit :

– en cas de **document à personne dénommée** (n° 26105), de la personne dénommée ou de son représentant (dit consignataire de la cargaison, C. transports art. L 5413-3), sur justification de son identité et de son pouvoir ; cette personne dispose d'un droit d'action contrôle transporteur (Cass. com. 21-2-2006 n° 242 : RJDA 7/06 n° 773), la mention de son nom lui conférant, par elle-même, tant la qualité que l'intérêt à agir (CA Paris 14-5-2009 : BTL 2009.401) ;

Ce titre n'est pas négociable (CA Rennes 16-5-2002 : DMF 2002.952 obs. Tassel).

– en cas de **connaissement au porteur,** de toute personne qui a le connaissement entre ses mains (n° 26123) ;

– en cas de **connaissement à ordre,** de la personne désignée par la clause à ordre et, en cas d'endossement, du dernier endossataire (Cass. com. 25-6-1985 : BT 1985.518 ; CA Aix 18-7-2013 n° 11/20749 : DMF 2014.45 obs. Humann) ou, si l'endossement est en blanc, de celui désigné sur le connaissement (CA Rouen 13-6-2019 n° 15/01671 : DMF 2019.983 obs. Bonnaud) ; seule cette personne peut se prévaloir du connaissement (Cass. com. 2-2-1993 : DMF 1993.333) et récuser les exceptions non inhérentes au titre (cf. T. com. Le Havre 6-11-1998 : Transidit 1999 n° 24 § 155).

En livrant à un autre qu'à l'endossataire, le transporteur commet une faute dont il n'est pas exonéré par la lettre de garantie que lui a remise le réceptionnaire de la livraison en échange de celle-ci qui est inopposable au porteur (CA Rouen 4-3-2010 : BTL 2010.384 : condamnation à indemniser le commissionnaire qui n'a pu exercer son droit de rétention).

Si le connaissement émis en blanc est présenté au transporteur sans endossement, il est alors traité comme étant au porteur.

En cas de **non-présentation du connaissement émis,** le transporteur peut refuser de livrer la marchandise jusqu'à présentation du titre (CA Rouen 29-1-1987). Mais il doit le faire dès lors que le connaissement a été remplacé par des bons de livraison (« delivery orders ») à personne dénommée, sous réserve de la justification d'identité (CA Paris 7-2-1984 : DMF 1984.687).

Pour éviter un trop long séjour à quai de la marchandise, le transporteur accepte souvent de livrer la marchandise en l'absence de connaissement, à condition que le réclamant lui remette **une lettre de garantie.** Cette garantie a été reconnue licite (Cass. com. 24-11-1982 : DMF 1983.472). Elle est indépendante du contrat de transport et n'est pas soumise à la prescription annale (Cass. com. 17-6-1997 : DMF 1997.725 rapport Rémery). Sur la lettre de garantie pour obtenir un connaissement « clean », n° 26091.

Le transporteur qui remet la marchandise sans présentation du connaissement (CA Aix 14-1-2010 : BTL 2010.91 ; CA Caen 20-6-2013 n° 12/00750 : BTL 2013.492) ou d'une lettre de garantie (Cass. com. 29-1-1991 : DMF 1991.354 note Achard ; dans le même sens, CA Montpellier 1-6-1995 : DMF 1995.918 note Tassel) engage sa responsabilité. L'action en responsabilité contre le transporteur est une action dérivant du contrat de transport mal exécuté et se prescrit donc par un an (CA Aix 22-11-2005 : BTL 2006.367).

26156 À la livraison, la marchandise est définitivement réputée comporter une **perte ou une avarie** lorsque celle-ci a été **contradictoirement** constatée par le transporteur et le chargeur au moment de sa remise : le chargeur n'a pas alors à formuler des réserves écrites ultérieurement (Convention Bruxelles 25-8-1924 art. 3, 6-al. 3 ; T. com. Paris 28-2-1977 : DMF 1977.480) et l'absence de réserves régulières émises par les autres intervenants à la chaîne de transport (le manutentionnaire portuaire et le transporteur chargé du post-acheminement terrestre) est sans incidence (Cass. com. 6-1-2021 n° 18-22.782 F-D). Toute constatation établie de façon non contradictoire n'a pas force probante (CA Paris 5-11-1993 : BTL 1994.236 ; CA Aix 18-11-1993 : BTL 1994.264). En cas de besoin, l'**expertise judiciaire** de l'article L 133-4 du Code de commerce (n° 24446) peut être demandée (C. com. art. L 133-5 ; CA Aix 23-3-1995 : BTL 1995.473).

Si cette constatation n'a pas été faite, le réceptionnaire doit, dans les trois jours de la délivrance, donner au transporteur, pour les dommages **non apparents,** un **avis écrit** portant indication de la « nature générale » de la perte ou de l'avarie dénoncée (art. 3, 6-al. 2), le cachet de La Poste faisant foi (CA Aix 12-6-2014 n° 12/17554 : BTL 2014.431).

Lorsqu'ils font application de cette disposition, les tribunaux français exigent néanmoins que les réserves soient précises et détaillées (Cass. com. 10-12-1962 : BT 1963.125 ; Cass. com. 24-10-1995 : RJDA 2/96 n° 217 ; CA Paris 14-11-2007 n° 05/21076). Lorsque la livraison a été faite au transitaire quinze jours après le déchargement du conteneur gardé jusque-là sur le terminal par le transporteur, les réserves formulées par télex le jour de la livraison ne sont pas tardives (Cass. com. 18-1-1994 : BTL 1994.235).

À défaut de réserves conformes aux conditions ci-dessus fixées, la marchandise est réputée avoir été livrée dans l'état où elle est décrite au connaissement, c'est-à-dire en poids, nombre et quantité indiqués (art. 3, 6-al. 1), ce qui suffit à écarter la responsabilité de plein droit du transporteur sans avoir à démontrer l'existence d'un cas excepté de responsabilité et d'un lien de causalité entre celui-ci et le dommage (Cass. com. 4-3-2014 n° 13-11.007 : RJDA 6/14 n° 523). Le destinataire peut néanmoins renverser cette présomption en prouvant que des pertes ou des avaries existaient au moment de la livraison (Cass. com. 12-11-1997 : DMF 1998.40 obs. P. B. ; Cass. com. 8-3-2011 n° 09-70.550 : DMF 2011.649 obs. C. Bloch ; CA Rouen 13-12-2001 : DMF 2002.522 obs. Pestel-Debord ; CA Rouen 9-1-2001 : DMF 2001.900 note Tassel ; CA Aix 12-6-2014 précité).

26159 **Refus de prendre livraison** Lorsque la livraison a lieu en France, à défaut d'indication précise dans la convention de Bruxelles, le destinataire a le droit de refuser la livraison et de laisser la marchandise pour compte au transporteur (CA Aix 31-10-1980 : DMF 1982.23 ;

CA Paris 18-3-1983 : BT 1983.421). En cas de laissé-pour-compte d'une marchandise certifiée perdue par le transporteur et ultérieurement retrouvée, le destinataire a droit à une indemnité pour perte totale, la valeur de revente n'ayant pas à être prise en compte dans la fixation des dommages-intérêts (Cass. com. 8-10-1996 : RJDA 1/97 n° 53). Sur le laissé-pour-compte en transport routier intérieur, n° 24391.

RÉPARATION DES DOMMAGES PAR LE TRANSPORTEUR MARITIME

Pratiquement, la réparation des dommages est demandée au transporteur par l'assureur de la marchandise qui, après avoir versé à l'ayant droit à la marchandise l'indemnité d'assurance, se trouve subrogé dans les droits de ce dernier et se retourne contre le transporteur qui a lui-même assuré sa responsabilité (nos 18200 s.). Ainsi le régime de la réparation due par le transporteur reçoit le plus souvent application entre l'assureur de la marchandise du chargeur et l'assureur de la responsabilité du transporteur, le transporteur et le chargeur étant seulement impliqués pour permettre à tous les assureurs de faire valoir efficacement leurs droits. C'est pourquoi nous n'en ferons ci-après qu'un exposé très sommaire. 26175

La convention de Bruxelles ne traitant pas de la responsabilité d'un chargeur pour dommages causés aux marchandises d'autres chargeurs, la loi française (désormais C. transports art. L 5422-10) est applicable (Cass. com. 10-3-2009 n° 07-20.084 : DMF 2009.369 rapport Potocki obs. Delebecque).

Le transporteur est aussi responsable selon le droit commun de ses engagements contractuels dont l'exécution défectueuse, qui n'a entraîné ni perte, ni avarie ou retard, a causé un préjudice au chargeur (CA Paris 4-10-2018 n° 16/11385, défaut de suivi des instructions de chargement).

Perte et avarie des marchandises Le transporteur doit réparer toute perte ou avarie survenue à la marchandise (Convention Bruxelles 25-8-1924 art. 1) : 26178

- en cours de chargement et de déchargement (Cass. com. 27-2-1996 : BTL 1996.217), les conteneurs étant sous sa garde jusqu'à leur déverrouillage (Cass. com. 18-1-2017 nos 14-24.018 et 15-17.130 F-D : JCP E 2017.1479 obs. Siguoirt) ;

  Sont donc exclus les dommages antérieurs à l'embarquement des marchandises (Cass. com. 22-2-2017 n° 15-20.923 F-D : RJDA 7/17 n° 454).

- pendant le déplacement.

  Dès lors que la marchandise n'a pas été livrée à l'ayant droit, le transporteur est responsable, sauf s'il prouve que le dommage est survenu alors que la marchandise n'était pas sous sa garde (Cass. com. 6-6-2018 n° 17-13.854 F-D).

Le régime de la réparation est d'ordre public : toute convention contraire est nulle (art. 3, 8).

Ont été, par exemple, réputées nulles les clauses du connaissement :
- stipulant que la marchandise sera chargée et déchargée aux frais et risques du chargeur ou du réceptionnaire (Cass. com. 19-3-1985 : BT 1985.332) ;
- exonérant le transporteur de toute responsabilité pour les différences de qualité, calibre et conditions des oignons et autres denrées périssables (Cass. com. 7-12-1983 : BT 1984.414) ;
- stipulant que ce document n'a de force probante qu'à condition qu'il soit accompagné d'une note de poids délivrée par un organisme officiel (T. com. Marseille 18-4-1975 : DMF 1975.90).

Toutefois, il n'est **pas interdit** au transporteur d'**aggraver** ses responsabilités, pourvu que cela résulte des clauses insérées au connaissement (art. 5, al. 1 ; cf. CA Rouen 16-5-1969 : DMF 1969.744).

Mais le transporteur bénéficie d'une présomption de livraison conforme (CA Versailles 5-1-2023 n° 20/06581 : DMF 2023.332 obs. Bonneau) et d'une exonération s'il existe une clause cédant le bénéfice de l'assurance au transporteur ou toute clause semblable (art. 3, 8).

Ce régime est applicable à toute action en réparation contre le transporteur, que l'action soit fondée sur la responsabilité contractuelle ou sur une responsabilité extracontractuelle (art. 4 bis).

Les **particularités** de ce régime sont les suivantes. 26181

Fausses déclarations du chargeur. Le transporteur n'encourt aucune responsabilité pour les pertes ou dommages survenus aux marchandises faussement déclarées (art. 4, 5). Les « fausses déclarations » sur la nature et la valeur des marchandises sont opposables à tous (CA Rouen 26-11-1976 : DMF 1977.276 ; CA Aix 20-3-1979 : DMF 1979.725). 26184

Causes d'exonération du transporteur. Le transporteur doit réparer la perte ou l'avarie dès lors qu'il ne peut prouver (Cass. com. 10-7-2001 : BTL 2001.544) que celle-ci est imputable à l'une des **dix-huit** causes exonératoires limitativement énumérées par la convention (Convention Bruxelles 25-8-1924 art. 4, 1, 2 et 4) et qui sont les suivantes. 26187

Ces causes d'exonération peuvent être invoquées même à défaut de réserves lors de la prise en charge (Cass. com. 3-5-2006 : DMF 2007.49 obs. de Néré). Sur l'impossibilité d'invoquer des causes d'exonération dans le contrat de vente annexe au transport, n° 24559.

Étant pratiquement identiques dans la convention de Bruxelles et dans la loi française, les références visées dans les développements qui suivent sont valables au regard de ces deux textes.

Les causes d'exonération énoncées ci-dessous peuvent être restreintes sur le fondement du protocole de signature de la convention de Bruxelles énonçant que les signataires « se réservent expressément le droit de préciser que dans tous les cas d'exonération, le porteur du connaissement peut établir la faute du transporteur », protocole que la France a signé (sur la portée de cette règle et sa généralisation : Cour suprême de Grande-Bretagne 8-12-2018 : DMF 2019.148 obs. Bonassies).

26190 **1. Innavigabilité du navire.** L'armateur n'est pas tenu de réparer la perte ou l'avarie de la marchandise si celle-ci est due à un vice caché du navire. Un vice n'est caché que si le transporteur a raisonnablement agi pour éviter son apparition et s'il a pu raisonnablement l'ignorer (Convention Bruxelles 25-8-1924 art. 4, 1 ; pour des exemples de vices cachés : Cass. com. 27-6-1995 : BTL 1995.779 ; CA Paris 20-6-1980 : DMF 1981.27 ; CA Aix 7-5-1981 : Scapel 1981.41 ; CA Rennes 21-2-1984 : DMF 1984.678 ; CA Rouen 25-4-1985 : DMF 1986.301 ; CA Rouen 7-5-1985 : GP 1986.som.33 ; CA Aix 20-9-1985 : BT 1986.214 ; aussi CA Paris 25-3-1993 : BTL 1993.817, ne visant que l'innavigabilité ; pour des exemples de vices apparents : CA Rouen 5-3-1981 : DMF 1982.156 ; CA Rouen 27-10-1983 : DMF 1984.240 ; T. com. Caen 14-10-1992 : DMF 1993.313).

26193 **2. Acte de navigation ou faute nautique.** Le transporteur est exonéré de la perte ou de l'avarie imputable à tout acte de ses préposés qui a un rapport avec la conduite en mer du navire (Convention Bruxelles 25-8-1924 art. 4, 2-a ; pour un exemple de faute nautique : Cass. com. 30-3-2010 n° 09-11.397 : DMF 2010.414 obs. Corbier).

Le caractère nautique d'une opération n'entraîne pas nécessairement le caractère nautique de la faute commise au cours de cette opération ; l'établissement de la faute nautique suppose que les juges précisent en quoi la faute a intéressé l'équilibre et la sécurité du navire et n'a pas eu d'effet que sur la marchandise transportée (Cass. com. 20-2-2001 : RJDA 6/01 n° 686).

Le transporteur **ne peut se prévaloir** de la faute nautique dès lors que le dommage provient totalement ou partiellement de sa faute dite commerciale (CA Aix 11-2-2010 n° 08/18108 : DMF 2011.141 obs. Tassel et, sur pourvoi, Cass. com. 28-6-2011 n° 10-16.318 : RJDA 12/11 n° 1031 ; sur l'existence d'une faute commerciale, Cass. com. 26-2-1991 : Bull. civ. IV n° 89 ; sur l'absence de faute commerciale, Cass. com. 9-7-2013 n° 12-18.504 : RJDA 11/13 n° 963).

26196 **3. Incendie.** Le transporteur est libéré de la perte ou de l'avarie de la marchandise par l'incendie, à condition que celui-ci ne soit pas dû à son fait ou à sa faute (Convention Bruxelles 25-8-1924 art. 4, 2-b ; pour des exemples : Cass. com. 16-1-2019 n° 17-20.510 F-D ; CA Paris 25-1-1977 : DMF 1977.645 ; CA Paris 9-3-1977 : BT 1977.199 ; T. com. Paris 16-6-1976 : DMF 1977.173).

26199 **4. Fortune de mer.** Le transporteur ne répond pas de la perte ou de l'avarie causée par une fortune de mer, c'est-à-dire un événement de mer (péril, danger ou accident de la mer) ou un acte « de Dieu » (Convention Bruxelles 25-8-1924 art. 4, 2-c et d). Le transporteur peut invoquer ce fait sans avoir à démontrer qu'il a constitué pour lui un cas de force majeure (Cass. com. 1-12-1992 : RJDA 4/93 n° 318 ; pour des exonérations : Cass. com. 25-6-1991 : RJDA 10/91 n° 808 ; CA Rouen 30-5-2013 n° 12/03893 : DMF 2013.899 obs. Raison ; pour des non-exonérations : CA Aix 2-12-1992 : RJDA 3/93 n° 217 ; CA Aix 7-9-1995 : BTL 1996.193). Mais il ne peut en bénéficier si le dommage à la marchandise a pour cause le chargement irrégulier en pontée (CA Rouen 28-10-2015 n° 15/00478 : BTL 2015.685).

26202 **5. Faits d'ennemis publics.** Le transporteur peut invoquer les faits de guerre ou d'ennemis publics (Convention Bruxelles 25-8-1924 art. 4, 2-e et f), sans avoir à établir qu'ils sont des cas de force majeure (Cass. com. 1-12-1992 : RJDA 4/93 n° 318 ; pour des faits non exonératoires : Cass. com. 14-2-1989 : BT 1989.308 ; CA Aix 29-9-1977 : BT 1978.55 ; CA Aix 16-3-1982 : Scapel 1982.28 ; T. com. Paris 21-12-1983 : DMF 1984.686). Le livre de bord tenu par le capitaine fait foi de ces faits jusqu'à preuve contraire (Cass. com. 2-7-1996 : DMF 1996.1145 obs. Delebecque).

26205 **6. Fait du prince.** L'acte souverain de la puissance publique qui conduit le transporteur à une perte ou à une avarie libère ce dernier de sa responsabilité (Convention Bruxelles 25-8-1924 art. 4, 2-g et h). Sont assimilés à ce fait les actes du peuple, les émeutes et les troubles civils, ainsi que les mises en quarantaine et la saisie judiciaire (art. 4, 2-g, h et k ; pour des exonérations : CA Paris 20-3-2002 : DMF 2004.150 obs. Le Louer ; CA Aix 11-3-2004 : BTL 2004.703 ; CA Rouen 21-6-2018 n° 17/00526 : Transidit 2019 n° 74 § 10 ; pour des refus d'exonération : Cass. com. 6-11-1979, deux arrêts : BT 1980.294 et 296 ; CA Lyon 31-10-1980 : BT 1981.12 ; T. com. Marseille 26-5-1995 : BTL 1995.568).

26208 **7. Grève et lock-out.** Le transporteur peut se libérer en prouvant que la perte ou l'avarie est due à la grève, au lock-out ou à des entraves apportées au travail, pour quelque cause que ce soit, partiellement ou complètement (Convention Bruxelles 25-8-1924 art. 4, 2-j). Ces faits n'ont pas à revêtir le caractère de la force majeure (CA Paris 16-6-1976 : BT 1976.429 ; CA Riom 5-5-1978 : Scapel 1978.50).

Ils ne peuvent toutefois pas être invoqués si le transporteur s'est réservé la faculté de livrer dans un autre port que celui paralysé par la grève (Cass. com. 13-12-2016 n° 14-20.804 F-D : DMF 2017.228 obs. Bloch ; CA Aix 15-5-2014 n° 11/21946 : BTL 2014.346).

26211 **8. Sauvetage.** Le transporteur n'est pas responsable des pertes ou avaries qui proviennent d'un sauvetage ou d'une tentative de sauvetage de vies ou de biens en mer (Convention Bruxelles 25-8-1924 art. 4, 2-l).

9. Freinte de route. Le transporteur ne répond pas de la « freinte en volume ou en poids » résultant de la nature de la marchandise (Convention Bruxelles 25-8-1924 art. 4, 2-m ; pour un exemple, CA Paris 5-5-1999 : DMF 2000.345 note Nicolas ; aussi n° 24571). 26214

10. Vice de la marchandise. Le transporteur n'est pas responsable de la perte ou de l'avarie qui résulte du vice propre ou caché de la marchandise (Convention Bruxelles 25-8-1924 art. 4, 2-m et p ; pour des exonérations : Cass. com. 24-2-1981 : DMF 1982.74 ; Cass. com. 20-2-1990 : DMF 1991.575 ; CA Montpellier 28-6-1984 : DMF 1985.625 ; CA Paris 17-4-1985 : DMF 1986.173 ; CA Rouen 8-9-1994 : DMF 1995.883 ; CA Lyon 25-11-1994 : BTL 1995.779 ; pour des rejets de vice propre : CA Aix 28-4-1978 : BT 1978.384 ; CA Rennes 10-6-1992 : DMF 1993.311 ; CA Paris 2-4-1997 : BTL 1997.555). 26217

Le transporteur peut rapporter la preuve du vice propre par tous moyens (CA Montpellier 2-12-1965 : DMF 1966.536). Mais le vice propre ne peut pas être établi à partir de simples hypothèses (CE 14-12-1977 : BT 1978.222 ; CA Paris 16-2-1983 : BT 1983.199). La preuve doit résulter de constatations matérielles effectives (CA Rouen 5-1-1978 : DMF 1978.592). Le transporteur peut rapporter la preuve du vice même s'il n'a pas fait de réserves au moment de la prise en charge (Cass. com. 22-4-1964 : BT 1964.213 ; CA Paris 29-11-1984 : DMF 1985.469) et même si le vice est apparent (Cass. com. 22-2-1983 n° 78-13.153 : Bull. civ. IV n° 71).

Il peut s'exonérer de l'avarie subie par une marchandise en invoquant le vice propre de la marchandise voisine (CA Rouen 17-12-1953 : DMF 1954.398).

11. Faits du chargeur. Le transporteur n'est responsable ni d'un acte ou d'une omission du chargeur, de son agent ou du propriétaire des marchandises (Convention Bruxelles 25-8-1924 art. 4, 2-i ; pour une application, Cass. com. 26-11-1996 : DMF 1997.798 note Achard), ni d'une insuffisance d'emballage ou de marquage (art. 4, 2-n et o ; pour des exonérations du transporteur : Cass. com. 8-6-1993 : BTL 1993.675 ; Cass. com. 16-1-2019 n° 17-17.314 F-D ; Cass. com. 18-1-2023 n° 21-18.501 F-D ; CA Montpellier 25-4-1995 : DMF 1995.638 note Tassel ; pour des non-exonérations : CA Paris 8-4-1993 : BTL 1994.262 ; CA Aix 18-12-1997 : BTL 1999.916 ; CA Aix 22-6-2023 n° 19/18450), l'insuffisance d'emballage n'existant pas dès lors que le conteneur était adapté à la marchandise (CA Paris 27-6-2013 n° 11/04472 : BTL 2013.543). 26220

12. Autres causes. Le transporteur n'est pas responsable dès lors qu'il démontre, outre l'absence de faute de sa part ou de ses préposés, que la cause invoquée est exclusive de la perte ou du dommage (Convention Bruxelles 25-8-1924 art. 4, 2-q ; pour une exonération : CA Paris 29-9-1995 : BTL 1996.79). 26223

Indemnité pour perte ou avarie. La réparation du préjudice né de la perte ou de l'avarie est déterminée dans les conditions suivantes. 26225

Sauf les cas exposés au n° 26227, l'**indemnité** est **plafonnée** quel que soit le montant du dommage : le transporteur ne doit pas une indemnité supérieure à la somme fixée par la convention de Bruxelles (Convention Bruxelles 25-8-1924 art. 4, 5-a), peu important que la responsabilité soit partagée (Cass. com. 8-4-2015 n° 13-28.001 : RJDA 10/15 n° 657). 26226

Cette limitation ne concerne que les dommages aux marchandises (Cass. com. 15-2-1994 : RJDA 7/94 n° 804, écartant les frais de dépotage, de neutralisation et de reconditionnement des produits toxiques dont une partie avait fui ; CA Paris 30-1-2008 : BTL 2008.148, écartant les frais de remorquage, rechargement et transport de remplacement).

Le transporteur **ne peut pas convenir** avec le chargeur d'un plafond inférieur à celui fixé par la convention (art. 4, 5-g).

Cette indemnité est **fixée** par unité de charge qui est soit le colis, soit le kilogramme.

Lorsque les marchandises sont conditionnées en **colis,** le transporteur doit, pour chaque colis, 666,67 unités de compte dites « DTS » (art. 4, 5-a).

L'unité prise en charge par le transporteur est le **colis** lorsque le document de transport, quel qu'il soit (par exemple : un billet de bord mentionnant le nombre de colis contenus dans un « paltainer » : CA Aix 18-2-1977 : BT 1977.469 ; le connaissement : CA Versailles 20-4-2000 : BTL 2000.425), individualise les éléments de la cargaison (sur cette individualisation, n° 26114).

Lorsque les marchandises sont **transportées en vrac,** la limitation de responsabilité est de 2 unités de compte (DTS) **par kilogramme** de poids brut des marchandises perdues ou endommagées (art. 4, 5-a).

La prise en charge porte sur une unité de poids chaque fois que le nombre de colis n'est pas précisé (Cass. com. 28-4-1947 : DH 1948.553 ; CA Aix 6-12-1984 : DMF 1985.737).

Le calcul de l'indemnité est fonction du **poids brut déclaré** dans le document de transport (CA Aix 5-12-1984 : DMF 1986.38) et de **la valeur des marchandises** au lieu et au jour où elles sont déchargées, cette valeur étant déterminée d'après le cours en bourse ou, à défaut, d'après le prix courant sur le marché ou, à défaut de l'un ou de l'autre, d'après la valeur usuelle de la marchandise de même nature et de même qualité (art. 4, 5-b ; Cass. com. 8-1-2008 n° 06-17.623 : DMF 2008.445 obs. Tassel, excluant l'évaluation en fonction du prix d'achat de la marchandise) ; le prix courant sur le marché ne s'entend pas de la valeur de la marchandise au jour du débarquement mais de son prix sur le marché où elle est importée (CA Aix 1-4-2003 : Transidit 2003 n° 36 § 170 ; cf. Cass. com. 28-11-1995 : BTL 1996.338).

À défaut d'application des critères de l'article 4, 5 susvisé, la valeur de la marchandise avariée s'apprécie selon son prix de vente auquel s'ajoute le prix de transport, malgré la clause « fret acquis à tout événement » (CA Montpellier 7-3-2023 n° 21/05329).

La limite **la plus élevée** de l'indemnité calculée par colis ou par unité de mesure est applicable (art. 4, 5-a).

En conséquence, le chargeur n'est pas fondé à reprocher au commissionnaire qui a rédigé le connaissement de ne pas avoir mentionné le nombre de colis dès lors que l'application de la limitation de la réparation en fonction du poids a permis le versement d'une indemnité supérieure à celle qui serait résultée de la prise en compte du nombre de colis (Cass. com. 7-7-1998 : RJDA 11/98 n° 1223).

En cas de partage de responsabilité, le plafond d'indemnité ne joue qu'une fois, la limitation de responsabilité s'appliquant aux montants des indemnités et non au plafond lui-même (CA Aix 14-9-2011 n° 10/01309 : DMF.2012.534 obs. de Sentenac).

26227 L'**indemnité** est **déplafonnée** et le transporteur doit une indemnité supérieure à celle fixée au n° 26226 lorsque :

– il a **accepté** un montant supérieur (Convention Bruxelles 25-8-1924 art. 4, 5-g) ou il a renoncé au plafond limité, ce qui est le cas lorsqu'il a versé un acompte près de quatre fois plus élevé que le montant total de la responsabilité légale (Cass. com. 8-11-1983 : DMF 1985.236) ou encore il s'est engagé par une clause expresse au versement d'une somme supérieure (T. com. Marseille 7-6-1950 : BT 1951.644) ;

– il a **intentionnellement provoqué le dommage,** autrement dit s'est rendu coupable de dol (art. 4, 5-e ; Cass. com. 30-1-1978 : BT 1978.196 ; Cass. com. 7-11-2006 : DMF 2007.35 obs. Tassy et Tassel ; CA Rouen 14-10-1980 : BT 1981.105) ; mais il échappe à cette obligation s'il n'a commis qu'une faute lourde (mêmes arrêts ; Cass. com. 12-2-1991 : Bull. civ. IV p. 51 : chargement en pontée non autorisé) ;

– il a agi témérairement et avec conscience qu'un dommage en résulterait probablement (art. 4, 5-e), commettant ainsi une **faute inexcusable** ;

A commis une telle faute le transporteur qui a adopté une attitude passive lors de la montée à bord d'un navire « roll on roll off » du véhicule à lui confié, ce chargement ayant été effectué de nuit, sans éclairage et dans des circonstances présentant des risques évidents (Cass. com. 27-10-1998 : DMF 1998.1129 rapport Rémery note Bonassies : RJDA 1/99 n° 41), qui a procédé à un arrimage défectueux au regard des conditions de navigation à affronter (CA Rouen 9-9-2004 : DMF 2005.58 obs. Corbier), qui a chargé en pontée des véhicules dont il n'ignorait pas qu'ils n'étaient ni bâchés ni revêtus de paraffine, ce qui exposait nécessairement leurs surfaces métalliques à la corrosion (CA Paris 11-2-2010 n° 06/06537 : DMF 2010.796 obs. de Cet Bertin), qui a laissé des conteneurs contenant des palmiers stationner par une température caniculaire lors du transbordement ce qui a entraîné leur déshydratation (CA Aix 21-2-2013 n° 10/19562 : BTL 2013.177) ou qui s'est désintéressé de la marchandise en connaissance du risque de vente du conteneur la contenant (CA Aix 18-7-2013 n° 11/07902 : BTL 2013.525).

Mais n'a pas commis une telle faute le transporteur qui a accompli toutes les diligences qui lui incombaient (Cass. com. 9-6-1998 : RJDA 11/98 n° 1222), qui s'est borné à placer une semi-remorque en pontée sur un navire roulier équipé pour pratiquer le « transroulage » (CA Aix 14-9-2011 n° 10/01309 : DMF.2012.534 obs. de Sentenac), qui a pourvu le navire d'officiers en nombre suffisant et dotés des compétences adéquates (Cass. com. 22-9-2015 n° 13-25.584 F-D : DMF 2015.1027 obs. Bonassies) ou qui n'a pas respecté l'interdiction de transbordement de la marchandise (CA Versailles 3-10-2019 n° 18/03779).

– le chargeur a fait dans le document de transport une **déclaration de valeur** et le préjudice dépasse le montant plafonné tout en entrant dans la limite de la valeur déclarée (art. 4, 5-a).

26229 **Mise en pontée.** Si le chargement a eu lieu en pontée, la responsabilité du transporteur est encourue dans les conditions suivantes.

Si **l'autorisation** a été donnée **de mise en pontée,** la convention de Bruxelles étant inapplicable au transport ainsi effectué (Convention Bruxelles 25-8-1924 art. 1, c), le transporteur n'est pas responsable, dans les termes de cette convention, de la perte ou de l'avarie qui résulte de ce mode de transport. Il n'en est ainsi que pour le dommage imputable à la mise en pontée et non pour celui provoqué par d'autres causes ou d'autres opérations, comme les opérations de chargement ou de déchargement (CA Aix 27-3-1952 : BT 1952.837).

Le transporteur doit alors réparer la perte ou l'avarie selon la loi applicable au contrat de transport (CA Rouen 14-10-1980 : DMF 1982.236 : application de la loi turque ; CA Aix 2-12-1992 : RJDA 3/93 n° 217 : application de la loi française). La loi française autorise le transporteur à stipuler l'exonération de sa responsabilité (C. transports art. L 5422-16), sauf en cas de dol ou de faute inexcusable de sa part (C. transports art. L 5422-7 ; pour une application, Cass. com. 7-1-1997 : RJDA 4/97 n° 510, écartant aussi la limitation de l'indemnité), et le tient pour responsable si, en dépit de la clause du connaissement autorisant la mise en pontée, il n'a pas averti le chargeur qu'il allait procéder à la mise en pontée (Cass. com. 18-1-1994 : BTL 1994.332).

L'autorisation du chargeur doit être préalable au chargement, le transporteur devant au besoin lui adresser un avis destiné à susciter son accord (Cass. com. 29-4-2002 : RJDA 10/02 n° 1027) ; seul cet avis étant de nature à en informer le chargeur, ne vaut pas autorisation la clause du connaissement attribuant au transporteur la faculté de charger soit en cale, soit en pontée, sans avoir à aviser le chargeur de la décision du capitaine de la mise en pontée (Cass. com. 18-11-2014 n° 13-23.879 : DMF 2015.29 obs. Delebecque ; CA Versailles 18-4-2017 n° 15/05385 : DMF 2017.901 obs. Follin).

Dès lors que le transporteur n'a **pas été autorisé à mettre en pontée,** sa responsabilité est engagée en application des dispositions de la convention de Bruxelles dans la mesure où le dommage en résultant lui est imputable ; sa responsabilité est partagée avec celle du chargeur lorsqu'une part du dommage est imputable à ce dernier (CA Aix 14-9-2011 n° 10/01309 : DMF. 2012.534 obs. de Sentenac) et elle est écartée s'il établit que le fait ou l'omission du chargeur est à l'origine exclusive du dommage (cf. CA Rennes 29-1-2008 n° 06/08269 : DMF 2010.521.som.), ce qui est par exemple le cas si le dommage est dû à une insuffisance d'emballage (cf. Cass. com. 6-3-2019 n° 17-24.851 F-D).

Préjudice consécutif au retard à la livraison Lorsque les marchandises n'ont été ni perdues ni avariées, le chargeur peut demander réparation du préjudice que lui cause une livraison en retard de la cargaison, si le transporteur a pris l'**engagement de respecter un délai déterminé,** ce qui a été tenu pour être le cas lorsque le transporteur avait livré avec un retard de 16 jours alors qu'il avait communiqué des dates de départ et d'arrivée, certes à titre indicatif, mais alors que le connaissement mentionnait que les marchandises étaient des produits frais de crémerie et de charcuterie (CA Versailles 2-4-1998 : BTL 2000.76) mais non lorsque la date d'arrivée des marchandises était indiquée dans la note de chargement, mais non reprise dans les autres documents et que l'attention du transporteur n'avait pas été attirée sur l'urgence et le caractère impératif du délai (CA Paris 28-3-2012 n° 09/22569 : BTL 2012. 536). **26232**

À défaut d'une telle promesse, il en est de même si le transporteur a **commis une faute** (Cass. com. 4-11-1986 : GP 1987.pan.31 ; CA Paris 15-1-1997 : BTL 1997.200 ; pour des absences de retard : Cass. com. 21-2-1995 : BTL 1995.780 ; CA Lyon 30-3-2012 n° 11/00913 : DMF 2013.56 obs. Humann). Le juge apprécie souverainement l'existence de cette faute en tenant compte de la nature de la marchandise, de sa destination et de leur connaissance par les opérateurs de transport (CA Douai 25-3-2021 n° 18/03111).

Mais est responsable d'un défaut d'exécution du transport et non pas d'un retard de livraison le transporteur qui laisse un conteneur formant l'objet du transport au port d'embarquement (Cass. com. 27-5-2003 : DMF 2003.854 obs. Delebecque).

Le transporteur ne peut **pas** se prévaloir de la clause l'**exonérant** de toute responsabilité pour retard en cas de pertes et avaries consécutives au retard car il ne peut échapper à sa responsabilité pour ces dommages (CA Aix 10-1-1992 : BTL 1993.354 ; rappr. Cass. com. 19-3-2002 : DMF 2004.363 obs. Delebecque ; CA Aix 11-2-2010 n° 08/18108 : DMF 2011.141 obs.Tassel).

Le montant de l'indemnité est limité même si le préjudice n'est pas matériel (Cass. com. 29-5-1990 : BT 1990.585 : préjudice commercial consécutif au seul retard).

Le retard dans l'acheminement de marchandises ne peut être considéré comme une faute lourde du transporteur, de sorte que la demande de dommages et intérêts pour préjudice économique est rejetée (CA Aix 19-1-2023 n° 19/15383 : DMF 2023.717 obs. Siguoirt).

Avaries communes Lorsqu'il y a avarie commune, la marchandise volontairement sacrifiée a droit à une réparation, non pas du seul transporteur mais aussi des marchandises sauvées. **26235**

Le régime de ce droit est fixé conventionnellement par les parties en vertu généralement d'une clause du connaissement qui renvoie aux règles d'York et d'Anvers. Ces règles, élaborées par l'International Law Association, constituent un usage conventionnel international et non une convention entre États.

Selon les règles susvisées, il y a avarie commune quand, intentionnellement et raisonnablement, un sacrifice extraordinaire est fait ou une dépense extraordinaire encourue pour le salut commun dans le but de préserver d'un péril les propriétés engagées dans une aventure maritime commune, sans que l'on puisse opposer une faute ayant un lien de causalité avec l'événement (pour des applications, CA Aix 13-3-2002 : Bull. d'Aix 2002-1.115 n° 9 note Cayron ; CA Paris 13-6-2019 n° 17/01597 : DMF 2019.702 obs. Nicolas).

Toute avarie qui a une autre cause que celle-ci-dessus visée est une avarie particulière qui relève du droit commun du contrat de transport ; ce droit reste donc applicable au dommage survenu à la marchandise postérieurement à la déclaration d'avarie commune car il ne résulte pas de cette déclaration la fin du contrat de transport, lequel ne s'achève qu'avec la livraison ; et ce droit peut être apprécié en vertu d'une procédure en responsabilité du transporteur concomitante à celle d'avarie commune, le juge ayant le pouvoir discrétionnaire de décider s'il y a lieu de surseoir à statuer sur la procédure d'avarie particulière dans l'intérêt d'une bonne administration de la justice (Cass. com. 1-12-2009 n°s 08-14.203 et 08-14.585 : DMF 2010.19 rapport Potocki obs. Bernie).

Émettant l'ensemble des connaissements relatifs aux marchandises transportées à bord, l'affréteur à temps d'un navire est le mieux placé pour mettre en œuvre une procédure d'avarie commune en tant qu'exploitant du navire sur une période d'affrètement et en sa qualité d'armateur, quand bien même il ne serait pas propriétaire du navire, et alors qu'il est également le commettant du capitaine du navire seul habilité à décider d'une avarie ; par suite, pour ne pas avoir déclaré le navire en avarie commune, l'affréteur à temps doit être tenu pour responsable des dommages aux marchandises (CA Montpellier 25-4-2023 n° 22/04634 : DMF 2023.880 obs. Raynaud).

26238 **Fonds de limitation de responsabilité** Les créanciers d'indemnité de réparation des dommages subis par leurs marchandises ne peuvent obtenir paiement de cette indemnité contre les personnes mentionnées à l'article L 5121-2, notamment le propriétaire et l'affréteur du navire, qu'à hauteur du fonds que celui-ci a régulièrement constitué (C. transports art. L 5121-3 s. et R 5121-1 s. ; convention de Londres du 19-11-1976 ; la convention de Bruxelles du 10-10-1957 a été dénoncée par la France le 15-7-1987).

26241 **Action en responsabilité contre le transporteur** Le droit d'agir en responsabilité contractuelle contre le transporteur résulte du contrat de transport et non du document qui le constate ; pour apprécier l'ouverture de ce droit, il n'y a lieu de distinguer ni selon que le transport a donné lieu à l'émission d'un connaissement ou d'une lettre de transport maritime, ni selon que le chargeur est identifié ou non sur ces documents (Cass. com. 23-3-2022 n° 19-16.466 FS-BR : RJDA 8-9/22 n° 531).

L'action en responsabilité contractuelle obéit aux règles exposées aux nos 26244 s.

26244 **1. Demandeur.** Même si un **connaissement,** ou un document équivalent, tel la lettre de transport maritime, dite en pratique « waybill » (cf. Cass. com. 23-3-2022 n° 19-16.466 FS-PBR) n'a **pas été émis,** le chargeur et le destinataire, parties au contrat de transport (sur la qualité de partie du destinataire, Cass. com. 18-10-1994 : RJDA 3/95 n° 282), ont le droit d'agir contre le transporteur ; le chargeur et le destinataire réels sont ainsi recevables à agir, à charge pour eux de justifier de leur qualité, lorsqu'ils sont seuls à supporter le préjudice (CA Aix 31-10-1991 : BTL 1992.478).

Si un connaissement ou document équivalent **a été émis,** le droit d'agir appartient en premier lieu aux parties qui y sont dénommées, soit notamment le chargeur et le porteur (n° 26153).

Le droit d'agir est aussi reconnu à des parties intéressées au transport quoique non porteuses du connaissement. Il en est ainsi du chargeur (Cass. ass. plén. 22-12-1989 : JCP G 1990.II.21503 note Delebecque ; toutefois Cass. com. 3-10-2000 : DMF 2000. 1018 obs. Bonassies, recevant l'action du chargeur « qui avait supporté le préjudice » et n'exigeant pas qu'il ait été « seul » à le subir) ; du destinataire réel (Cass. com. 7-7-1992 : RJDA 12/92 n° 1128 ; Cass. com. 14-12-2022 n° 20-17.768 FS-BR : RJDA 3/23 n° 144) ; du commissionnaire qui a un recours contre ses substitués, quand bien même le commettant figurerait comme chargeur au connaissement (Cass. com. 19-12-2000 n° 98-12.726 FS-P : RJDA 3/01 n° 314) ; du propriétaire de la marchandise (CA Rouen 3-4-2008 : DMF 2009.241 obs. C. Humann).

Mais n'a le droit d'agir ni celui qui ne subit pas un préjudice personnel, tel le demandeur qui n'éprouve aucune perte patrimoniale n'étant pas le propriétaire du bien endommagé, ni celui qui est tenu d'en représenter la valeur à un titre quelconque à son propriétaire (CA Paris 20-9-2007, 5e ch. B : BTL 2007.636 ; rappr. CA Rouen 17-9-2009 n° 08/04092 : DMF 2010.507 obs. Turgné).

Lorsque le premier original du connaissement a été accompli, l'autre original est sans valeur et ne peut fonder le droit de son titulaire à agir contre le transporteur (Cass. com. 27-10-1998 : DMF 1999.614 rapport Rémery).

26247 **2. Prescription.** L'action en réparation contre le transporteur doit être intentée dans le délai d'**un an** à compter de la livraison ou du jour où la livraison aurait dû avoir lieu (Convention Bruxelles 25-8-1924 art. 3, 6-al. 4) et, ce, même en cas de livraison irrégulière sur la base de faux connaissements, le dol commis par le transporteur maritime dans l'exécution du contrat de transport maritime ne lui interdisant pas de se prévaloir de la courte prescription d'un an (Cass. com. 11-4-2012 n° 10-27.146 : RJDA 8-9/12 n° 767).

À notre avis, cette solution est fondée sur le respect de l'autorité des traités internationaux (n° 73510), le texte de la convention de Bruxelles ne prévoyant pas de dérogation à l'application de la prescription annale en cas de dol (à l'inverse de la CMR, n° 25211).

À défaut de livraison, en raison de la vente du conteneur abandonné, ce délai ne peut pas courir (CA Aix 18-7-2013 n° 11/07902 : BTL 2013.525).

En cas d'absence de remise de la marchandise pour perte totale, le délai court à compter du jour où le navire a touché le port de destination ou au plus tard de celui de la fin du déchargement (CA Aix 11-3-1992 : BTL 1993.582) et, en cas d'avarie ou de manquant, à compter de l'offre de livraison (T. com. Marseille 17-11-1978 : Scapel 1979.77).

L'offre de livraison implique un avis de mise à disposition adressé au destinataire et ne peut résulter du seul fait que le capitaine a fait procéder au débarquement de la marchandise (Cass. com. 16-1-1973 : BT 1973.144). Lorsque le destinataire a renoncé à prendre livraison, la prescription court du jour où le transporteur a été averti de ce refus (CA Rouen 5-11-1998 : DMF 1999.926 note Achard).

Il n'y a ni remise, ni offre, ni perte lorsque des marchandises débarquées dans un port autre que celui de destination y sont laissées en souffrance (CA Aix 11-6-1980 : BT 1981.14). Dans ce cas, si le transporteur a néanmoins mis la cargaison à la disposition de son ayant droit, la livraison a eu lieu à la date de cette mise à disposition (CA Versailles 23-5-2002 : BTL 2002.565).

La prescription annale s'applique aussi aux actions nées d'**opérations accessoires** au transport, telles que l'action du transporteur contre le chargeur en paiement des frais d'immobilisation de conteneurs mis à sa disposition (Cass. com. 28-6-2016 n° 14-25.493 : RJDA 11/16 n° 781). Mais elle ne s'applique pas aux frais, non inhérents au transport, qui résultent du refus du destinataire de prendre livraison (CA Rouen 11-6-2009 n° 07/03477 : DMF 2010.520.som.).

Le délai d'un an peut être **prorogé** par les parties à condition que l'accord soit postérieur à l'événement qui a donné lieu au droit à réparation (art. 3, 6-al. 4 ; Cass. com. 22-4-1997 : DMF 1997.494).

Les **clauses abréviatrices** de prescription sont **nulles** car elles aboutissent à une limitation de la responsabilité du transporteur contraire à la convention de Bruxelles (CA Paris 14-2-1989 : DMF 1990.598 note Achard ; cf. Cass. com. 3-3-1992 : DMF 1992.569 : à propos d'une clause qui déclarait prescrite toute demande en arbitrage à l'expiration d'un délai de six mois mais cantonnant la nullité à la stipulation de la clause compromissoire relative au délai de saisine de la juridiction arbitrale).

À défaut d'indication dans la convention de Bruxelles, les règles d'**interruption et de suspension** de la prescription dépendent de la loi applicable au contrat. Lorsque celle-ci est la loi française, les règles du droit commun de la prescription doivent jouer et les solutions appliquées aux actions relatives au contrat de transport routier intérieur sont transposables (n°s 24667 s.).

Sur le délai de recevabilité de l'**action récursoire,** n° 24677.

3. Compétence. La convention de Bruxelles du 25 août 1924 ne contient aucune disposition relative à la compétence des juridictions. Celle-ci est généralement fixée par une **clause** attributive de compétence ou une clause d'arbitrage incluse dans le connaissement (sur ces clauses, n°s 26071 s.). **26250**

À défaut, si une juridiction française est saisie du litige qui comporte, par hypothèse (n° 26003), un élément d'extranéité puisque né d'un transport international soumis à la convention de Bruxelles, la compétence est fixée par les règles déterminant la compétence internationale des juridictions françaises (n°s 72240 s.) ou :

– si le défendeur est domicilié sur le territoire d'un État membre de l'UE, par application du règlement CE 1215/2012 (n° 72103) ;

À ce titre les solutions suivantes ont été précisées (Cass. com. 16-3-1999 : RJDA 5/99 n° 630) :

– l'action dirigée contre un transporteur que le destinataire tient pour le transporteur réel, alors que le connaissement émis porte l'en-tête d'un autre transporteur, est une action extracontractuelle ;

– le tribunal du lieu, situé en France, où les avaries ont été constatées lors du « dépotage » des conteneurs ne peut constituer celui où le fait dommageable s'est produit ;

– un défendeur domicilié sur le territoire d'un État membre de l'UE ne peut être attrait dans un autre État membre devant la juridiction saisie d'une demande dirigée à l'encontre d'un défendeur domicilié en dehors de tout État membre au motif que le litige présenterait un caractère indivisible, et pas seulement connexe.

– à défaut et si les parties ne revendiquent l'application d'aucune loi étrangère devant la juridiction française saisie, le droit commun français est applicable par la force des choses (CA Aix 14-12-2004 : DMF 2005.293 obs. de Nere).

Autres actions en responsabilité

N'a d'action **contre le manutentionnaire** que celui qui a requis ses services (C. transports art. L 5422-20) ; lorsque les services du manutentionnaire ont été requis par le transporteur, l'ayant droit dont les marchandises remises au manutentionnaire ont été endommagées dispose d'une action quasi délictuelle contre ce dernier sauf s'il dispose d'un recours contractuel contre le transporteur pour obtenir réparation (Cass. com. 5-7-1994 : RJDA 1/95 n° 26) ; celui qui n'a pas requis les services du manutentionnaire peut donc le poursuivre en responsabilité extracontractuelle s'il ne dispose pas d'une autre action en justice pour être éventuellement indemnisé de son préjudice (CA Rouen 17-6-2004 : DMF 2005.115 obs. Tassel ; CA Paris 1-3-2018 n° 15/24990 : DMF 2018.528 obs. Fedi). **26253**

L'action délictuelle de l'assureur marchandise contre le manutentionnaire portuaire est irrecevable quand il dispose d'un recours contre le commissionnaire ; en revanche, l'acconier (appellation du manutentionnaire dans certains ports) doit garantir ce dernier des suites de la chute de la marchandise à l'embarquement, due au manque de coordination avec le bord et au défaut de calcul de la répartition de la charge sur les écarteurs (CA Bordeaux 7-11-2023 n° 21/06686 : BTL 2023.700).

Celui qui a requis les services du manutentionnaire ne peut agir contre lui que pour pertes et dommages aux marchandises objets du contrat de manutention maritime (Cass. com. 24-5-2023 n° 21-22.184 F-B).

La limitation de responsabilité du manutentionnaire portuaire prévue à l'article L 5422-23 du Code des transports s'applique, non seulement aux dommages causés à la marchandise, mais aussi à ceux consécutifs ou annexes supportés par le transporteur ; par ailleurs, elle ne s'applique qu'aux

26253 (suite) dommages subis par le transporteur, de sorte que le manutentionnaire ne peut pas en réclamer le bénéfice pour les frais destinés à limiter ou réparer son propre préjudice ou celui occasionné à des tiers (Cass. com. 22-11-2023 nº 22-17.843 F-B).

L'ayant droit à la marchandise n'a pas d'action contractuelle **contre le consignataire** du navire dont les services ont été requis par l'armateur (cf. C. transports art. L 5413-1 ; CA Bordeaux 22-10-1992 : BTL 1994.469 ; dans le même sens, CA Aix 6-3-1996 : DMF 1998.47) mais il en a une contre le consignataire qu'il a requis (C. transports art. L 5413-3 ; CA Paris 8-11-2012 nº 10/20153 : BTL 2012.730).

Les ayants droit à la marchandise ont droit, sur le fondement de la responsabilité extracontractuelle, à réparation du préjudice que leur cause la faute d'une **société de classification** qui a délivré à tort le certificat de navigabilité (CA Versailles 9-12-2004 : DMF 2005.313 obs. Delebecque).

L'action en responsabilité du chargeur **contre un Grand port maritime,** pour absence de réquisitions afin de pallier la grève du personnel, échappe à la compétence du juge judiciaire, le libre accès à la zone relevant d'une mission de service public administratif et non d'un litige avec les usagers (CA Aix 8-6-2023 nº 22/16477). Mais le port est responsable de ses fautes devant la juridiction judiciaire (CA Paris 4-4-2023 nº 22/077 : DMF 2023.699 obs. Raynaud).

CHAPITRE 13

VENTE DE MARCHANDISES ET DE MATÉRIELS

SOMMAIRE

A. Généralités sur la vente	**26503**
B. Conclusion du contrat de vente	**26600**
1. Liberté de vendre et d'acheter	**26600**
2. Rencontre des parties à la vente	**26650**
3. Chose vendue	**26700**
4. Prix de la chose vendue	**26750**
5. Clauses particulières du contrat de vente	**26800**
6. Annulation de la vente	**26820**
C. Exécution du contrat de vente	**26900**
1. Livraison de la chose vendue	**26900**
a. Délivrance de la chose vendue	**26900**
b. Réception de la chose vendue par l'acquéreur	**26940**
c. Sanctions des manquements à la livraison	**26980**
2. Transfert de la propriété	**27050**
3. Transfert des risques	**27100**
4. Paiement du prix	**27150**
5. Garantie des vices cachés	**27200**
6. Garantie d'éviction	**27300**

Seules les règles générales de la vente de marchandises ou de matériels entre professionnels et la vente de biens mobiliers sont exposées aux n°s 26503 s. **26500**

Sur les règles propres aux ventes portant sur d'autres biens, voir :

– vente de fonds de commerce : n°s 2700 s. ;

– cession de droits de propriété intellectuelle : brevet d'invention (n° 33200) ; dessin ou modèle (n° 32148) ; marque (n° 33400) ; droits d'auteur (n°s 34760 s.) ;

– cession de droits sociaux : MSC n°s 16000 s. et Mémento F. Lefebvre Cessions de parts sociales et d'actions ;

– vente aux consommateurs : MCC ;

– vente d'immeubles : Mémento F. Lefebvre Vente immobilière.

A. Généralités sur la vente

QUALIFICATION DU CONTRAT DE VENTE

Un contrat de vente suppose le **transfert** de la **propriété** du bien concerné par l'acte **contre** le versement d'un **prix** (C. civ. art. 1582), qui peut être en nature ou en argent (Cass. civ. 18-5-1972 n° 71-11.790 : Bull. civ. I n° 137 ; Cass. civ. 9-12-1986 n° 85-13.373 : Bull. civ. III n° 177 : engagement de l'acheteur d'une partie d'un terrain bâti à construire sur la partie du terrain demeurée la propriété du vendeur), et un engagement de vente et d'achat réciproque entre les deux parties, ce qui n'est pas le cas de la convention entre deux parties par laquelle chacune d'elles s'engage envers un tiers à acquérir la moitié du bien mis en vente par celui-ci (Cass. 3e civ. 26-9-2007 n° 06-16.584 : RJDA 2/08 n° 112). L'une ou l'autre de ces conditions est souvent contestée par les parties, ce qui donne lieu à de nombreux conflits de qualification dont les plus fréquents en pratique sont ci-après examinés. **26503**

Donation Les parties sont souvent tentées de dissimuler sous une vente une donation afin d'échapper aux règles spéciales applicables aux donations. Dans le domaine des ventes de marchandises et matériels ici envisagées, il s'agit essentiellement de la nullité des donations faites depuis la date de cessation des paiements du donateur (n° 63127), de l'inopposabilité aux créanciers du donateur de celles faites en fraude de leurs droits (n° 54015) et de la nullité de toute donation au profit d'une personne physique frappée d'une incapacité de recevoir à titre gratuit, déguisée sous la forme d'une vente (C. civ. art. 911). **26506**

D'autres règles spéciales aux donations sont principalement susceptibles de recevoir application lorsqu'elles portent sur des immeubles, des droits sociaux ou d'autres droits de propriété incorporelle.

Tel est le cas de celles fixant : la révocabilité et l'irrévocabilité des donations entre époux (art. 1096) ; la faculté ouverte aux héritiers réservataires d'obtenir la réduction des donations qui excèdent la quotité disponible (art. 920 s.) ; l'obligation de rapport à la masse partageable des donations reçues par un cohéritier (art. 843 s.) ; l'irrévocabilité des donations, autres que celles entre époux, sauf pour inexécution des charges, ingratitude et survenance d'enfant (art. 953 s.).

Bien que la donation suppose un acte notarié (art. 931), les règles spéciales la concernant s'appliquent à toute vente qui déguise ou réalise indirectement une donation, la qualification de donation déguisée ou indirecte étant susceptible de recevoir application à l'occasion des différentes ventes énumérées au n° 26500.

26509 **1. Donations déguisées.** Lorsque les parties concluent, aux yeux des tiers, une vente alors qu'elles sont convenues en réalité que le **prix** ne serait **pas payé** par l'acheteur, cet acte apparent constitue une vente alors que l'acte secret est une donation soumise aux règles exposées n° 26506.

La vente apparente déguise une donation dans les cas suivants :
– indication d'une fausse origine des fonds versés au titre de la vente (Cass. civ. 26-4-1984 : Bull. civ. I p. 116 ; cf. Cass. civ. 8-11-1988 : Bull. civ. I p. 212) ;
– caractère fictif ou modicité du prix (Cass. req. 14-5-1934 : DH 1934.330 ; Cass. civ. 16-7-1959 : D. 1960.185 note Savatier) ;
– vente faite dans une intention libérale (Cass. civ. 29-5-1980 : D. 1981.273 note Najjar ; Cass. com. 22-2-2000 : RJDA 6/00 n° 651).

En revanche, il n'y a pas déguisement d'une donation sous l'apparence d'une vente lorsque :
– la vente est nulle pour défaut de prix (Cass. req. 23-10-1905 : DP 1906.1.32) ;
– l'acte réel ne peut sans contradiction d'intention être à la fois une vente et une donation (Cass. civ. 28-12-1949 : JCP G 1950.II.5500 obs. Cavarroc) ;
– le bien transféré est la contrepartie de services rendus (CA Orléans 17-1-1977 : D. 1977.IR.279 ; CA Versailles 27-1-1994 : Bull. inf. C. cass. 1994 n° 562) ;
– le bien est apporté à une association en raison de l'avantage moral professionnel reçu par l'apporteur, cet apport permettant à l'association de fonctionner pour atteindre ses buts (Cass. civ. 1-3-1988 : JCP G 1989.II.21373 note Behar-Touchais) ;
– le bénéficiaire du bien le reçoit au titre d'une clause d'accroissement (dite tontine) stipulée à l'acte d'acquisition d'un immeuble, effectuée conjointement et indivisément par deux acquéreurs, selon laquelle le prémourant des acquéreurs sera considéré comme n'ayant jamais eu droit à la propriété de l'immeuble, lequel appartiendra en totalité au survivant comme s'il l'avait toujours possédé ; cette clause présente un caractère aléatoire excluant l'intention libérale (Cass. 1e civ. 14-12-2004 n° 1851 : D. 2005.2263 note Le Gallou) ; toutefois, la qualification de donation est applicable à une clause jugée sans aléa, dès lors que les parts des acquéreurs dans le financement du bien sont loin d'être équivalentes et que la différence d'âge des coacquéreurs et l'état de santé de l'un d'eux laissent présager une disparité dans les chances de vie des deux acquéreurs (Cass. 1e civ. 10-5-2007 n° 05-21.011 : RJDA 10/07 n° 963 ; rappr. CA Montpellier 13-11-2001 : Bull. inf. C. cass. 2002 n° 224) ou si la clause d'accroissement a un caractère frauduleux (CA Paris 10-9-1993 : JCP E 1994.II.584 note Dumortier).

Il appartient à l'héritier qui demande le rapport d'une donation déguisée à la succession de prouver son existence (Cass. 1e civ. 7-10-2015 n° 14-20.696).

L'action tendant à la requalification d'un contrat de cession d'actions en donation déguisée est soumise aux règles communes de la prescription quinquennale de l'article 2224 du Code civil, nonobstant la qualité d'épouse de la demanderesse revendiquant les actions cédées à son époux par un tiers (Cass. com. 1-6-2023 n° 21-15.918 F-D).

26512 **2. Donations indirectes.** La vente est requalifiée en donation indirecte lorsqu'elle emporte transfert de propriété d'un bien sans contrepartie sérieuse, à condition que les juges constatent l'existence d'une **intention libérale** qu'ils peuvent déduire de la sous-évaluation systématique des transactions et du caractère occulte des avantages consentis par l'une des parties au profit de l'autre (Cass. 1e civ. 21-10-2015 n° 14-24.926 F-PB : Bull. civ. I n° 255). Elle peut revêtir les formes les plus diverses et résulter notamment d'une vente à bas prix, d'une stipulation pour autrui, d'un achat avec paiement au nom d'autrui.

La donation a été qualifiée d'indirecte, par exemple, en cas :
– de renonciation d'un chauffeur de taxi à sa licence d'exploitation en obtenant pour l'un de ses enfants l'octroi de sa licence (Cass. civ. 27-12-1963 : JCP G 1964.II.13513) ;
– de renonciation d'un représentant de commerce à son mandat en contrepartie de la désignation par son employeur de l'un de ses enfants pour exploiter la même clientèle (Cass. civ. 19-11-1968 : JCP G 1969.II.14899) ;
– de modicité du prix de vente (Cass. civ. 7-4-1976 : Bull. civ. III p. 114) ;
– de renonciation par un père, dans une intention libérale, à ses droits de souscription à une augmentation de capital au bénéfice de son seul fils associé (et non au profit des enfants de ce dernier

qui étaient aussi associés), qui les a utilisés en achetant les droits sociaux correspondants pour une somme très inférieure à leur valeur (Cass. 1re civ. 2-12-1981 : Bull. civ. I no 363) ;

– de transfert par un père à son fils du droit au bail de l'immeuble dans lequel était exploité le fonds de commerce du père dès lors que, depuis dix ans, le fils a exploité ce fonds à son seul profit avec l'accord de son père, qu'il utilisait les secrets de fabrication, les marques et l'enseigne commerciale, et qu'il était aussi en possession des éléments corporels du fonds dont il pouvait disposer (Cass. civ. 30-11-1982 : D. 1983.85 note Breton) ou transfert du fonds de commerce à une société interposée (Cass. 1re civ. 24-1-2018 no 17-13.017 FS-PB : RJDA 4/18 no 317) ;

– de cosouscription de deux contrats d'assurance-vie par une tante très âgée et l'un de ses neveux dès lors qu'il n'est pas contesté que c'est la tante qui a versé l'intégralité des capitaux à la souscription et qui a assuré les versements ultérieurs (CA Toulouse 11-10-2001 : D. 2002.IR.539, soumettant le produit de ces contrats à rapport à la succession de la tante sur demande de ses autres neveux ; dans le même sens, Cass. 1re civ. 18-7-2000 : Bull. civ. I no 213, excluant les contrats de capitalisation du domaine des articles L 132-12 et L 132-13 du Code des assurances qui sortent de la succession le capital ou la rente stipulés payables lors du décès de l'assuré) ;

– de vente d'un bien immobilier à un prix minoré par rapport à sa valeur vénale par une société commerciale au profit de son dirigeant (Cass. com. 7-5-2019 no 17-15.621 F-D) ;

– d'exécution de l'engagement de caution pris au profit d'un héritier (no 55021) ;

– de transfert de la propriété d'une somme d'argent à un trust (Cass. com. 6-11-2019 no 17-26.985 F-D : RJF 7/20 no 644).

Mais il faut que l'acte invoqué, même s'il atteste l'intention libérale, emporte **transfert** effectif et irrévocable **de la propriété** du bien considéré au moment de la conclusion de l'acte ; tel n'est pas le cas, par exemple, de procès-verbaux de conseil d'administration en l'absence d'un transfert nominatif des actions (CA Paris 31-3-1981 : GP 1981.622 note Viatte), de la participation d'un père aux démarches nécessaires à la construction d'un pavillon à défaut d'actes juridiques impliquant un dessaisissement irrévocable (Cass. civ. 20-11-1984 : JCP G 1986.II.20571 note Dagot), d'un cautionnement (Cass. civ. 16-11-1988 : JCP G 1989.IV.20), de la stipulation émanant du titulaire de comptes d'épargne donnant instruction au teneur de ces comptes de verser à des bénéficiaires désignés, à concurrence d'un certain pourcentage, les sommes dont il serait créditeur à son décès et qui conservait donc la faculté d'en disposer de son vivant (Cass. 1re civ. 17-9-2003 no 1059 : D. 2003.2986 note Nicod).

Il faut aussi que l'**acte** invoqué soit **en apparence une vente.** Il n'en est pas ainsi, par exemple, de l'acte aux termes duquel un époux, séparé de corps, abandonne à sa femme la moitié des biens acquis en communauté, à la condition que sa part de communauté soit directement attribuée à leurs deux filles, à charge par elles d'en laisser l'usufruit à leur mère ; dans un tel cas, l'acte est nul car il réalise une donation directe entre vifs qui doit, à peine de nullité, être passée en la forme authentique (Cass. civ. 10-6-1987 : Bull. civ. I p. 140).

Il faut enfin que l'intention libérale soit constatée et que l'acte n'ait pas un caractère rémunératoire (Cass. civ. 9-11-1993 : JCP G 1994.II.22300 note Philippe).

Sur le cas particulier du **don manuel** : no 30044.

Location La qualification de location est en concurrence avec celle de vente lorsque la contrepartie à procurer au fournisseur du bien est fractionnée en échéances successives ; cette opération est : **26515**

– une **vente à tempérament** en raison du paiement fractionné du prix lorsque les loyers apparaissent excessifs par rapport à l'usage de la chose louée et lorsque la valeur résiduelle est très faible par rapport aux redevances payées (CA Aix 24-4-1982 : Bull. cour d'Aix 1982/1 p. 39 ; CA Paris 27-9-1983 : BRDA 23/83 p. 14 ; aussi Cass. crim. 9-11-1987 : Bull. crim. p. 1036 ; Cass. crim. 9-8-1993 : RJDA 12/93 no 1020) ;

– une **location-vente** lorsque la location précède la vente et que le locataire reste totalement libre de donner ou non son acceptation définitive à la vente (CA Paris 19-1-1966 : JCP G 1966.II.14865 note Guérin ; aussi Cass. com. 7-7-1992 : RJDA 12/92 no 1122) et, notamment, si le locataire, pour devenir acquéreur, est appelé au versement d'un solde afin de parvenir à un prix correspondant à la valeur du bien (Cass. com. 8-10-1979 : JCP G 1979.IV.369) ;

– une **vente des fruits** d'un terrain, lorsque l'ayant droit aux fruits n'a aucune obligation de culture (cf. Cass. civ. 23-4-1970 : Bull. civ. III p. 197) ;

– une **vente de meubles par anticipation** et non pas le bail d'une carrière lorsqu'elle comporte la faculté d'extraire des matières d'une carrière contre paiement d'une indemnité d'occupation établie en fonction du tonnage extrait et d'une redevance d'exploitation également proportionnelle au tonnage (TGI Avesnes-sur-Helpe 8-1-1976 : JCP G 1977.IV.277 ; voir aussi Cass. civ. 13-7-1982 : Bull. civ. I p. 226 ; CA Aix 29-9-1981 : Bull. cour d'Aix 1981/2 p. 42).

Entreprise Lorsque le contrat porte sur un **bien à fabriquer** ou à produire, il correspond à une vente à condition que le travail de mise en forme de la matière ne constitue pas un travail spécifique (no 19514). **26518**

26521 **Échange** Le transfert de la propriété d'un bien est un échange lorsque « les parties se donnent respectivement une chose pour une autre » (C. civ. art. 1702 ; Cass. req. 21-12-1927 : DH 1928.82 : remise d'un fonds de commerce contre la livraison de 110 tonnes de mil). Lorsque la valeur d'une des deux choses échangées est complétée par un prix, dit **soulte,** il s'agit d'un échange si la soulte n'a pas une importance telle par rapport à la valeur de la chose dont elle parfait la valeur qu'elle puisse être considérée comme l'objet principal de l'obligation (Cass. civ. 26-6-1973 : Bull. civ. III p. 317).

L'intérêt de différencier la vente de l'échange est, toutefois, très limité car les règles de la vente sont applicables à l'échange (art. 1703 et 1707), sous réserve des trois exceptions suivantes :
- si l'un des copermutants a déjà reçu le bien qui lui est remis en échange, et s'il prouve ensuite que l'autre contractant n'est pas propriétaire de ce bien, il ne peut pas être forcé à livrer celui qu'il a promis en contre-échange, mais seulement à rendre celui qu'il a reçu (art. 1704) ;
- le copermutant qui est évincé du bien qu'il a reçu en échange a le choix de conclure à des dommages et intérêts ou de récupérer son bien (art. 1705) ;
- la rescision pour lésion est exclue (art. 1706).

Pour qu'il y ait échange, le **consentement** réciproque des coéchangistes doit porter non seulement sur les biens à échanger, mais aussi, lorsque les biens sont de valeur différente, sur le montant de la soulte (Cass. civ. 27-11-1984 : D. 1985.76 ; Cass. civ. 20-6-1989 : Bull. civ. III p. 80).

26524 **Mandat** La fourniture d'une chose n'est pas faite à titre de mandat mais de vente lorsque celui qui la procure promet cette fourniture et non la prestation de ses seules diligences ; ainsi, l'agence de voyages qui accepte une réservation pour un client fait une vente (CA Rouen 4-10-1984, inédit).

26527 **Dépôt-vente** Lorsque des marchandises sont remises par un fournisseur à un revendeur sous l'appellation de **« dépôt-vente »,** il s'agit, selon le cas, d'une vente ou d'un dépôt.

Il s'agit d'une **vente** si les modalités du contrat permettent de conclure que les parties ont transféré la propriété des marchandises dès leur accord et avant leur « dépôt » chez le revendeur. Il en est ainsi : lorsqu'elles sont convenues d'une fourniture à un revendeur jusqu'à ce que celui-ci ait trouvé acquéreur avec clause de reprise des invendus en fin de saison, les livraisons étant payables selon les besoins par traites acceptées avec possibilité de remboursement par chèque contre la reprise des invendus à la date de l'échéance (CA Paris 12-12-1980 : D. 1981.IR.447 obs. Larroumet ; rappr. Cass. crim. 10-12-1969 : GP 1970.1.90) ; lorsqu'une partie livre des marchandises à une autre en vue de la constitution d'un stock à sa disposition dès lors que cette livraison est faite en vertu d'un accord sur la chose et sur le prix, sans possibilité de dédit, la clause de réserve de propriété figurant au contrat ayant seulement différé le transfert de propriété (CA Paris 19-12-1988 : GP 1989.467 ; rappr. Cass. com. 17-2-1981 n° 79-14.298 : Bull. civ. IV n° 86).

Il s'agit d'un **dépôt** :
- en cas de remise d'une chose en vue de sa vente. Jugé ainsi à propos de la remise : de vêtements à un détaillant à charge pour lui de régler le prix de ceux qu'il a vendus et de restituer ceux qu'il n'a pu écouler (Cass. civ. 22-1-1991 : RJDA 5/91 n° 395 : détaillant non fautif pour avoir réexpédié sans les assurer les marchandises non vendues mais qui étaient invendables) ; d'un véhicule à un garagiste (Cass. civ. 29-5-1996 : RJDA 10/96 n° 1183 : garagiste non tenu d'effectuer des vérifications et non-responsabilité pour les dommages survenus à la suite d'un essai) ; de bijoux à un joaillier (Cass. civ. 15-10-1996 : RJDA 2/97 n° 199 : condamnation du joaillier à restituer les objets confiés) ;

Dans ces cas, dès que l'un des biens ou le bien remis est vendu, leur vente est parfaite et doit être réglée (cf. CA Versailles 8-11-1990 : D. 1992.som.193 obs. Tournafond).
- en cas de remise de la chose en vue de son entretien ; tel est le cas de la mise en pension d'un cheval (Cass. 2e civ. 4-2-2010 n° 09-10.248 : Pet. aff. 2011 n° 102 p. 11 note Pignarre : responsabilité de l'hébergeur du cheval pour dommage causé à un tiers par celui-ci) ;
- lorsque les conditions de la vente n'ont pas été précisées, notamment lorsque la vente a été faite avant que le prix ne fût convenu (Cass. 1e civ. 14-1-2016 n° 12-22.971 F-D : PA 2017 n° 140-141 p. 16 note Pignarre).

RÉGIME DE LA VENTE

26535 **Législation française** La vente est spécialement régie par les dispositions des articles 1582 à 1685 du Code civil et par le droit commun du contrat (nos 10600 s.) et, en ce qui concerne le prix de vente, par les dispositions des articles L 410-1 s. du Code de commerce.

26538 **Contrat international** Les contrats de vente internationale sont soumis aux règles spécifiques présentées sous les numéros subséquents.

Si la vente en cause ne relève pas de ces règles, elle est régie par celles du droit commun du contrat international (nos 16500 s.).

1. La **convention de La Haye du 15 juin 1955** sur la **loi applicable** aux ventes à caractère international d'objets mobiliers corporels. Elle s'applique lorsque la vente porte sur des objets mobiliers corporels et lorsque la loi applicable n'a pas été choisie par les parties (art. 2). 26541

La loi applicable est celle du pays où le vendeur a sa résidence habituelle au moment où il reçoit la commande ou celle du pays où l'acheteur a sa résidence si c'est dans ce pays que la commande a été reçue par le vendeur ou son représentant (art. 3 ; Cass. civ. 4-10-1989 : Bull. civ. I p. 202 ; Cass. com. 4-6-1991 : RJDA 8-9/91 n° 701 ; Cass. civ. 11-4-1995 : Bull. civ. I p. 120 ; CA Aix 19-5-1987 : Bull. cour d'Aix 1987/3-4 p. 37 ; CA Paris 21-9-1995 : D. 1996.som.168 obs. Audit ; T. com. Paris 10-12-1976 : Rev. jur. com. 1978.45).

Le juge doit rechercher, au besoin d'office, la loi applicable dès lors qu'il constate que le vendeur a sa résidence à l'étranger (Cass. civ. 18-12-1990 : JCP G 1992.II.21824 note Ammar).

Mais cette loi ne régit pas les conditions relatives à la capacité des parties et à la forme du contrat, les effets de la vente à l'égard de toutes personnes autres que les parties et le transfert de propriété (art. 5).

2. La **convention de La Haye du 1er juillet 1964** portant **loi uniforme** sur la vente internationale des objets mobiliers corporels. Cette convention va disparaître progressivement car tout État partie à cette convention s'engage à la dénoncer dès lors qu'il devient partie à la convention de Vienne (Convention de Vienne art. 99). En l'état, elle reste applicable à défaut (CA Paris CCIP 8-6-2021 n° 19/22499 : CISG-France n° 327 ; toutefois, CA Aix-en-Provence, 5-5-2022 n° 19/12959 : CISG-France n° 338, cités par C. Witz, D. 2022.2196). 26544

3. La **convention des Nations unies du 11 avril 1980** sur **les contrats de vente internationale** de marchandises, dite convention de **Vienne** (souvent citée CVIM et considérée comme le « droit substantiel » de la vente internationale). Elle s'applique aux contrats de vente de marchandises entre des parties ayant leur établissement dans des États différents lorsque ces États sont des États contractants ou lorsque les règles du droit international privé mènent à l'application de la loi d'un État contractant (art. 1.1 ; sur les précisions qui conditionnent l'application des dispositions, art. 1, 3 et 95). 26547

La convention n'écarte pas l'application des dispositions des conventions de La Haye citées ci-avant, ni celles d'un accord international à conclure, concernant les matières qu'elle régit elle-même, ainsi que les matières qu'elle régit mais qu'elle ne tranche pas (CA Paris 6-11-2001 : D. 2002.2795 note Witz), pourvu que les parties au contrat aient leur établissement dans des États parties à ces conventions (cf. art. 90).

Dès lors que les parties n'ont pas entendu exclure l'application de la convention, les questions expressément tranchées par celle-ci sont réglées exclusivement par ses stipulations (Cass. 1e civ. 17-5-2023 n° 22-16.290 : D. 2023. 1009 et 1812 obs. Farnoux).

Toutefois, les parties peuvent exclure l'application de la convention (art. 6), ce qui advient notamment si elles se sont placées sous l'empire du Code civil français devant le juge français alors qu'elles avaient connaissance du caractère international de la vente conclue (Cass. civ. 25-10-2005 : RJDA 8-9/06 n° 895 ; CA Paris 18-5-2021 n° 20/00977 : D. 2022.2196 obs. C. Witz) mais non si elles ont invoqué devant lui à la fois les dispositions du Code civil français et celles de la convention (Cass. com. 3-11-2009 n° 08-12.399) ou si elles se sont référées aux lois françaises sans préciser que le contrat était soumis au droit français (Cass. com. 13-9-2011 n° 09-70.305 : RJDA 1/12 n° 33).

La convention ne régit que la formation du contrat de vente et les droits et obligations entre acquéreurs et vendeurs (art. 4) ; en particulier, sauf les cas où elle en dispose expressément autrement, elle ne concerne pas (art. 4) la validité du contrat ni celle d'aucune de ses clauses non plus que celle des usages (Cass. com. 13-2-2007 n° 05-13.538 : D. 2008.2623 obs. Witz : à propos de la validité d'une clause limitative de garantie), ainsi que les effets que le contrat peut avoir sur la propriété des marchandises.

La convention règle expressément la question de la responsabilité du vendeur pour délivrance non conforme (art. 35 ; sur les exonérations de responsabilité, art. 74 et 79), de sorte que la non-conformité ne relève pas de la garantie des produits défectueux si les parties n'ont pas exclu l'application de la convention (Cass. 1e civ. 17-5-2023 n° 22-16.290 FS-B : RJDA 2/24 n° 88).

4. La **convention** relative à la **prescription** en matière de vente internationale de marchandises conclue à **New York le 13 juin 1974.** La France, pas plus que la plupart des États, n'a ratifié cette convention, qui fixe un délai de quatre ans pour le faire. 26550

Dès lors que cette convention n'a pas été ratifiée par les parties au litige, elle n'est pas applicable, peu important que la convention de Vienne visée au numéro précédent, applicable en l'espèce, l'intègre dans ses dispositions (Cass. com. 21-6-2016 n° 14-25.359 : RJDA 10/16 n° 678 ; CA Paris CCIP 1-6-2021 n° 20/14048 : D. 2022.2202 obs. C. Witz).

5. Le **règlement CE 593/2008 du 17 juin 2008** sur la loi applicable aux obligations contractuelles. En conséquence, les conventions de La Haye du 15 juin 1955 et de Vienne ne sont pas applicables aux contrats de vente conclus exclusivement entre deux États membres de l'UE ou 26553 plusieurs d'entre eux, dans la mesure où elles concernent des matières régies par le règlement (Règl. art. 25, 2). Les conflits de lois nés de ces ventes sont réglés selon les dispositions du règlement exposées au nº 17103.

POINTS SENSIBLES CONCERNANT LA VENTE

26560 Les parties doivent particulièrement veiller :
- au risque de requalification de la vente en donation (nºs 26506 s.) ;
- à la détermination de la chose et du prix (nºs 26700 s. et 26750) ;
- au devoir de conseil du vendeur (nºs 26706 s.) ;
- aux conditions du retirement de la chose vendue par l'acheteur (nº 26940) ;
- aux conditions de la garantie des vices cachés (nºs 27200 s.).

En outre, lorsque la vente donne lieu à une exportation ou à une importation, les parties doivent vérifier si l'une des conventions internationales (nºs 26538 s.) n'est pas, le cas échéant, applicable, dès lors qu'elles n'ont pas fixé elles-mêmes la loi applicable.

B. Conclusion du contrat de vente

1. LIBERTÉ DE VENDRE ET D'ACHETER

26600 **Liberté de principe** La liberté de vendre et d'acheter existe, sauf dans le cas où une disposition expresse ou la convention des parties la supprime ou la limite (C. civ. art. 1594).

Le Conseil constitutionnel a reconnu le principe de la libre disposition de son bien par tout propriétaire dans le cadre des limitations de portée générale qui ont été introduites par la législation pour permettre certaines interventions jugées nécessaires de la puissance publique dans les relations contractuelles entre particuliers (cf. Cons. const. 28-11-1973 : Rec. 45 ; dans le même sens, Cass. 1e civ. 4-1-1995 nº 92-20.013 : Bull. civ. I nº 4 ; Cass. 3e civ. 24-9-2014 nº 13-22.357 : RJDA 12/14 nº 889). Il a aussi précisé que l'interdiction par la loi d'acheter n'est valable que si cette interdiction est limitée dans le temps et dans son étendue (cf. Cons. const. 4-7-1989 : D. 1990.209 note Luchaire), que l'obligation légale de se porter acquéreur est inconstitutionnelle si aucune nécessité publique ne l'exige évidemment et si elle est imposée sans possibilité d'indemnisation (Cons. const. 29-7-1998 : D. 1999.269 note Sabete) et que l'interdiction de vendre touche aux principes fondamentaux des obligations et relève de la compétence législative (cf. Cons. const. 14-10-1960 : D. 1961.109 note Hamon).

Les tribunaux font application du principe général du droit interdisant l'abus du droit (nº 74912) pour contraindre une entreprise en situation de monopole de répondre à toutes les demandes de services qu'elle reçoit sans discrimination CA Versailles 9-6-1988 : D. 1988.IR.215 ; dans le même sens, CA Aix 9-12-2003 nº 965 : Bull. d'Aix 2004-2.83 obs. C. Bloch ; cf. CA Caen 18-4-1978 : Bull. Joly 1978.763 ; contra, CA Paris 18-12-2013 nº 13/01689, ch. 3-1 : Sol. Not. 4/14 inf. 77). Ils jugent, inversement, que n'est pas fautif le refus de rétablir un contrat résilié, quand bien même la clause ayant permis une telle résiliation unilatérale sans mise en demeure serait nulle comme étant abusive car nul ne peut être contraint de contracter (Cass. 1e civ. 15-3-2017 nº 15-28.224 F-D : RDC 2018.209 obs. Huet). Ils ont même affirmé, jadis, que le droit de ne pas aliéner son bien, mis à part le cas spécial de la mitoyenneté (nº 74912), est un droit absolu, non susceptible d'abus (Cass. civ. 26-3-1862 : DP 1862.1.175 ; CA Bordeaux 3-1-1888 : DP 1888.2.320).

La liberté de vendre et d'acheter comporte la liberté de choisir son acheteur ou son vendeur (Cass. com. 5-7-1994 : RJDA 3/95 nº 384 : à propos de la liberté de s'approvisionner), sauf les cas dans lesquels la loi édicte un droit de préemption ou ceux dans lesquels les parties se sont reconnues un droit de préférence (nºs 26630 s.).

Sur la liberté de contracter, nº 11660.

26603 **Choses dans le commerce** La vente peut avoir pour objet des choses qui sont dans le commerce sauf si des considérations d'ordre public ou des lois particulières en prohibent l'aliénation (C. civ. art. 1598).

26606 **Choses d'autrui** La vente de la chose d'autrui est nulle (C. civ. art. 1599 ; CA Paris 16-9-1985 : BRDA 22/85 p. 19 : à propos d'une promesse de cession d'actions), comme l'échange de la chose par un usufruitier sans l'accord des nus-propriétaires (Cass. 3e civ. 23-5-2002 nº 00-17.604 : Bull. civ. III nº 106). Seul l'acheteur peut agir en nullité (Cass. 3e civ. 9-3-2005 nº 03-14.916 FP-PB : RJDA 8-9/05 nº 950) ou l'échangiste (Cass. 3e civ. 23-5-2002 précité) ; mais il ne le peut plus dès lors qu'il a vu disparaître le risque d'éviction (nº 15682). Le véritable propriétaire ne peut agir qu'en revendication (Cass. 3e civ. 24-3-2009 nº 07-21.824 : RJDA 8-9/09 nº 792), mais l'acquéreur peut lui opposer sa possession de bonne foi (art. 2276).

Interdiction d'acheter Il est interdit : 26609

– aux personnes suivantes de se rendre adjudicataires, sous peine de nullité, par elles-mêmes, ou par personnes interposées : tuteurs, des biens de ceux dont ils ont la tutelle ; mandataires, des biens qu'ils sont chargés de vendre ; administrateurs, des biens des communes ou des établissements publics confiés à leurs soins ; officiers publics, des biens nationaux dont les ventes se font par leur ministère ; fiduciaires, des biens ou droits composant le patrimoine fiduciaire (C. civ. art. 1596) ;

L'interdiction est appliquée à toutes les ventes et pas seulement aux ventes aux enchères (CA Paris 12-11-1964 : D. 1965.415).

Sur l'application de l'interdiction aux : commissionnaires, n° 21865 ; mandataires, n° 23035 ; maires quant aux biens communaux alors même que la vente aurait été fixée par délibération du conseil municipal approuvée par l'autorité de tutelle, Rép. Bonnefous : Sén. 21-11-1969 p. 824 ; opérateurs de ventes volontaires de meubles aux enchères publiques, C. com. art. L 321-5. Sur le cas particulier des ventes survenant dans le cadre d'une procédure collective, nos 63670 et 63950.

– sauf autorisation de justice, à peine de nullité, à quiconque exerce une fonction ou occupe un emploi dans un établissement dispensant des soins psychiatriques de se rendre acquéreur d'un bien ou cessionnaire d'un droit appartenant à une personne admise dans l'établissement ; sont réputées personnes interposées le conjoint, les ascendants et les descendants des personnes auxquelles s'appliquent les interdictions précédemment édictées (CSP art. L 3211-5-1). La même interdiction s'applique aux personnes physiques propriétaires, gestionnaires, administrateurs ou employés d'établissements et services sociaux et médico-sociaux ainsi qu'aux bénévoles ou volontaires qui exercent en leur sein (CASF art. L 116-4, II).

A été jugée inconstitutionnelle l'incapacité frappant les auxiliaires de vie qui leur interdisait d'acquérir un bien appartenant à une personne âgée, handicapée ou à mobilité réduite qu'elles assistent à leur domicile (Cons. const. QPC 12-3-2021 n° 2020-888).

Interdiction de vendre Il est notamment interdit de mettre en vente et de vendre des équipements de travail ou de protection ne répondant pas aux règles techniques et aux certifications prévues par le Code du travail (C. trav. art. L 4311-3) et d'offrir à la vente des produits en utilisant, dans des conditions irrégulières, le domaine public de l'État, des collectivités locales et de leurs établissements publics (C. com. art. L 442-11 ; MCC nos 99000 s.). 26612

Ventes réglementées La liberté de vendre et d'acheter est encadrée, notamment pour les opérations suivantes : 26615

– les ventes au consommateur qui sont soumises aux règles particulières du Code de la consommation, protectrices du consommateur, traitées au MCC nos 16000 s. et 30000 s. (sur les ventes à domicile par des vendeurs indépendants, voir les articles L 135-1 s. du Code de commerce) ;

– les ventes de marchandises qui ne peuvent être faites sous la forme de soldes, liquidations, ventes au déballage ou en magasins d'usine sans une déclaration préalable auprès du maire de la commune et les ventes en soldes qui ne peuvent être organisées en dehors des périodes fixées par la loi (MCC nos 85000 s.) ;

– les contrats de vente de produits agricoles, sauf ceux engendrant du chiffre d'affaires annuel inférieur à 10 000 €, qui doivent être conclus par écrit dans les conditions des articles L 631-24 s. du Code rural ;

– la mise en vente de produits pouvant affecter la santé et la sécurité du consommateur qui est étroitement réglementée (MCC nos 82000 s.) ;

– l'exercice des activités ambulantes qui est réglementé (MCC nos 99700 s.) ;

– le démarchage et la vente à distance ou hors établissement qui sont aussi réglementés (MCC nos 30000 s.) ;

– le négoce des déchets qui est soumis à autorisation ou déclaration (C. envir. art. L 541-8) ;

– les ventes de marchandises entre producteurs, grossistes ou importateurs et acheteurs de celles-ci pour une activité professionnelle qui doivent être précédées, si l'acheteur en fait la demande, par la communication des conditions générales de vente du fournisseur (MCC nos 86000 s.) ;

– des contrats d'achat d'électricité qui sont imposés à EDF dans les conditions fixées par l'article L 314-5 du Code de l'énergie (pour une application, Cass. com. 24-6-2014 n° 13-17.843 : Bull. civ. IV n° 109).

Placements en biens divers Toute communication à caractère promotionnel ou de démarchage tendant à proposer à titre habituel à un ou plusieurs clients ou clients potentiels de souscrire des rentes viagères ou d'acquérir des droits sur des biens mobiliers ou immobiliers lorsque les acquéreurs n'en assurent pas eux-mêmes la gestion ou lorsque le contrat leur offre 26618 une faculté de reprise ou d'échange et la revalorisation du capital investi est soumise aux conditions fixées par les articles L 551-1 s. du Code monétaire et financier.

Lorsque le client ou le client potentiel n'a pas reçu le document d'information requis préalablement à la conclusion du contrat ou lorsque les clauses de ce contrat ne sont pas conformes au contenu du document d'information, le juge peut lui accorder des dommages et intérêts ou prononcer la résolution du contrat (C. mon. fin. art. L 551-3, al. 2). Quant aux auteurs de cette omission, ils peuvent être punis d'un emprisonnement de cinq ans et/ou d'une amende de 18 000 € (art. L 573-8).

26621 **Ententes** Les restrictions à la liberté de vendre résultant d'ententes conclues entre entreprises et celles tenant à une attribution d'exclusivité sont interdites ou permises dans les conditions exposées au MCC n°s 41000 s.

26624 **Refus de vente** Le professionnel qui refuse de vendre à un acheteur engage sa responsabilité civile, sous certaines conditions (n° 11660 et MCC n°s 76000 s.).

26627 **Promesse de vente** Les promesses de vente d'objets mobiliers corporels relèvent du droit commun exposé n°s 11908 s.

26630 **Pacte de préférence** Le pacte de préférence est le contrat par lequel une partie s'engage à proposer prioritairement à son bénéficiaire de « traiter » avec lui pour le cas où elle se déciderait de contracter (C. civ. art. 1123, al. 1).

En pratique, le contrat à conclure a été jusqu'à présent un contrat de vente portant sur un immeuble, un fonds de commerce ou des droits sociaux. Il pourrait néanmoins arriver qu'il soit conclu en vue d'une vente d'objets mobiliers corporels, notamment de marchandises ou de matériel. La définition légale permet de couvrir cette hypothèse.

L'article 1123 issu de l'ordonnance 2016-131 du 10 février 2016 confirme le **régime** prétorien existant sur la sanction de la violation du pacte à laquelle il a apporté une nouveauté : un tiers intéressé à « traiter » avec le promettant du pacte peut interroger le bénéficiaire de la préférence sur son intention de faire ou non valoir son droit.

Le pacte de préférence portant sur la vente du fonds de commerce d'un distributeur, partie à un contrat d'affiliation, au profit de la société titulaire de l'enseigne de distribution ne constituait pas une pratique anticoncurrentielle, car le vendeur n'était pas obligé de céder son bien et le bénéficiaire n'était pas obligé de l'acquérir (CA Paris 13-6-2012 n° 10/056397 : RDC 2013.183 obs. Behar-Touchais).

Il laisse ainsi subsister les règles déjà établies, exposées ci-après.

26633 **1. Existence du droit.** Pour que le droit de préférence existe avec certitude, les parties doivent préciser :

– la **chose** sur laquelle peut être exercée la préférence ;

Notamment, doit être précisé s'agissant de la chose à vendre :

– si le droit de préférence qui porte sur un bien déterminé inclus dans un ensemble peut être exercé seulement si ce bien est mis en vente isolément ou aussi si l'ensemble où il est inclus est mis en vente, car la jurisprudence est fonction de l'interprétation de la clause sous le contrôle de la dénaturation (cf. n° 4656 pour le droit portant sur un local commercial loué dans un immeuble ou sur des bâtiments ; Cass. 3e civ. 15-12-1971 n° 70-13.755 : Bull. civ. III n° 635 : non-dénaturation de la clause accordant le droit sur un pré par le refus d'exercice de ce droit au motif que le propriétaire n'avait pas entendu renoncer à vendre l'ensemble du domaine qui formait un ensemble économique) ;

– si le changement de destination du bien entraîne ou non la déchéance du droit : ainsi, le pacte portant sur un terrain désigné comme « labour » ne devient pas caduc du fait qu'un lotissement a été autorisé par un acte administratif dès lors que la convention ne prévoyait pas la caducité de la clause en cas de changement ultérieur de la destination de la parcelle (Cass. civ. 2-7-1974 n° 73-10.380 : Bull. civ. III n° 283 : cassation pour dénaturation).

– la **vente** qui ouvrira le droit à préférence ;

À défaut d'indication contraire, le droit ne peut pas être exercé en cas d'apport en société (Cass. com. 15-12-2009 n° 08-21.037 : RJDA 4/10 n° 377), sauf dissimulation d'une vente sous un apport (T. civ. Périgueux 25-3-1952 : JCP G 1954.II.7899 note D.B.), ni en cas d'échange (Cass. soc. 13-5-1949 : D. 1949.477 note Savatier : relatif au droit de préemption du preneur d'un bail rural mais transposable par analogie), de donation (Cass. civ. 18-10-1983 : GP 1984.pan.80), d'enchères aux termes de laquelle un enchérisseur avait l'obligation de porter les enchères jusqu'à une valeur déterminée, car elle ne constitue pas une offre d'achat (CA Nancy 31-10-1928 : DP 1929.2.166 note Lalou) ou de vente réalisée en vertu d'un droit de préemption, car le droit de préférence ne peut pas tenir en échec un droit de préemption d'ordre public, tel celui du locataire sur l'appartement qu'il occupe en cas de vente de ce dernier (Cass. 1re civ. 24-2-2016 n° 15-14.004 F-D).

Si le droit de préférence est le plus souvent une priorité d'achat d'une chose mise en vente, il peut aussi avoir pour objet, par exemple, une priorité à s'implanter reconnue par un distributeur aux adhérents d'un réseau de distribution en cas d'implantation d'un nouveau point de vente ou d'autorisation donnée à un adhérent d'exploiter un magasin préexistant (Cass. com. 24-6-2020 n° 18-18.692 F-D : RJDA 10/20 n° 484).

– le **délai** dans lequel le bénéficiaire du droit doit l'exercer, en précisant le point de départ ; pour convenir de la clause de délai, les parties ont intérêt à tenir compte des solutions ci-après : à **défaut d'indication sur le délai,** le pacte de préférence implique l'obligation, pour le promettant, de donner préférence au bénéficiaire dès lors qu'il décide de vendre le bien (Cass. 3e civ. 6-12-2018 n° 17-23.321 FS-PBI : RJDA 3/19 n° 175 ; déjà en ce sens, Cass. req. 12-11-1928 : GP 1929.1.193, ce jour marquant notamment, en cas de vente d'immeuble, le point de départ de la prescription de l'action en rescision pour lésion) ; tant que le promettant n'a pas manifesté l'intention de vendre, le pacte est en suspens et ne peut recevoir application ; mais du jour où il a manifesté cette intention, la prescription de droit du bénéficiaire commence à courir dans les conditions du droit commun (nos 71700 s.), sauf le droit du promettant de sommer le bénéficiaire de prendre parti dans un délai déterminé sous peine de résiliation du pacte, par application de la solution valable pour tout engagement à durée indéterminée (n° 15503) ; lorsqu'un **délai a été prévu** dans le pacte et que la vente n'a pas eu lieu dans ce délai, le droit de préférence du bénéficiaire est caduc par disparition d'un élément essentiel à son existence (n° 16000) et le bénéficiaire ne peut pas obtenir son exécution ni une prolongation du délai en invoquant un moratoire légal relatif à certaines obligations car, tant que la vente n'a pas eu lieu, le promettant n'est tenu à aucune obligation (Cass. civ. 17-6-1927 : DH 1927.464) ;

Le bénéficiaire ne pouvant exercer son droit tant que le promettant ne lui a pas notifié sa décision de vendre, son droit perdure, en vertu de la règle de la suspension de la prescription pour impossibilité d'agir (n° 71745), tant qu'il n'a pas eu, ou aurait dû avoir, connaissance de la décision de vendre (cf. Cass. civ. 22-12-1959 : JCP G 1960.II.11494 note P.E. : demande en nullité de la vente non prescrite plus de trente ans après la conclusion du pacte). À compter de cette décision, le droit de préférence se prescrit dans le délai de droit commun de cinq ans, dès lors qu'il n'entre pas dans la catégorie des droits imprescriptibles (n° 71715) et qu'il ne saurait être perpétuel (n° 13503).

– le **contenu de la notification,** ainsi que les modalités de cette dernière, que le promettant doit adresser au bénéficiaire pour lui permettre d'exercer son droit ; ces modalités sont strictement appliquées par les juges : par exemple, le bénéficiaire ne peut pas exiger du promettant l'indication de l'identité des éventuels acquéreurs si le pacte lui fait seulement obligation de lui notifier le prix demandé ou offert, ainsi que les modalités de paiement et toutes autres conditions auxquelles il est disposé à traiter (Cass. civ. 10-7-2002 n° 00-21.165 : RJDA 11/02 n° 1125, en déduisant que le bénéficiaire ayant reçu ces informations ne pouvait pas en tirer le droit, en l'absence de tiers acquéreur, de négocier le prix tout en restant bénéficiaire préférentiel) ;

À défaut de précision, le droit peut être exercé à partir du moment où le vendeur a reçu une offre d'achat, le bénéficiaire pouvant alors exiger que le projet de vente établi au profit du tiers lui soit communiqué (Cass. req. 12-1-1926 : DH 1926.116).

– la désignation du **bénéficiaire.**

Si le pacte a été conclu en considération de la personne du bénéficiaire (sur cette condition, n° 11250), celui-ci ne peut en principe pas le céder à un tiers (Cass. com. 13-2-2007 n° 05-17.296 : RJDA 8-9/07 n° 826). Mais les parties peuvent convenir que le bénéficiaire désigné peut céder son droit, rien ne l'interdisant, sous réserve, pour que la cession soit opposable au cédé, de lui signifier celle-ci (n° 14221).

Le droit est **transmis aux héritiers** tant activement (Cass. soc. 14-1-1955 : Bull. civ. IV p. 31) que passivement (Cass. civ. 6-11-1963 : Bull. civ. I p. 409), sauf intention contraire des parties, même tacite (Cass. civ. 24-2-1987 : Bull. civ. I p. 54, considérant que la clause de préférence qui ne visait que les copartageants sans mentionner leurs héritiers, parties à l'acte, avait exclu ces derniers dès lors qu'une autre clause du même acte se référait à eux expressément).

2. Exercice du droit. Le bénéficiaire du pacte peut l'invoquer dans les **conditions convenues.** **26636**
Dès lors qu'il a manifesté son intention d'acquérir dans les termes de l'accord convenu entre le promettant et le tiers acquéreur, la vente est conclue (Cass. 3e civ. 31-1-2007 n° 05-16.175 : RJDA 6/07 n° 596), peu important que le tiers ait en définitive renoncé à son intention de contracter (Cass. 3e civ. 7-2-2019 n° 18-14.138 D : à propos d'une promesse de bail mais transposable par analogie).

Le bénéficiaire n'a **pas conclu** le contrat s'il n'a pas fait une offre équivalente à celle visée au pacte (CA Rouen 18-10-1990, écartant son offre parce qu'elle ne comportait pas la possibilité d'un contrat de travail qui était prévue par l'offre initiale), ou s'il a refusé l'offre dès lors que la vente faite par le promettant à un tiers l'a été au même prix que celui qui lui avait été proposé (Cass. 3e civ. 29-1-2003 n° 123 : RJDA 4/03 n° 372 ; rappr. Cass. 3e civ. 12-5-2004 : RJDA 10/04 n° 1102).

Le bénéficiaire est libre de ne pas exercer son droit et d'y renoncer. Il y a **renoncé** s'il s'est abstenu de s'en prévaloir alors qu'il a eu connaissance de la vente (Cass. 3e civ. 3-11-2011 n° 10-20.297 : RJDA 2/12 n° 139 ; Cass. 3e civ. 2-2-2022 n° 21-10.527 F-D : RJDA 6/22 n° 326), mais non, à défaut de délai pour l'invoquer, au seul motif qu'il ne s'en est pas prévalu dans un délai normal après la notification qui lui avait été faite de l'intention de vendre (Cass. civ. 3-3-1953 : JCP G 1953.II.7653 note Laurent).

En cas d'exercice du droit de préférence non conforme aux conditions convenues, le tiers évincé n'a pas qualité pour invoquer l'exécution irrégulière et demander que la cession soit ordonnée à son profit ou que le bénéficiaire qui a exercé son droit soit condamné à lui verser des dommages-intérêts ; il peut néanmoins invoquer, sur le fondement de la responsabilité délictuelle, un manquement contractuel lui ayant causé un dommage afin d'obtenir des dommages-intérêts (CA Paris 6-5-2014 n° 14/03884 : RJDA 10/14 n° 773 : à propos d'un droit de préemption mais transposable par analogie).

26639 **3. Opposabilité du droit.** Par principe, le bénéficiaire du droit de préférence ne peut pas faire valoir son droit contre l'acquéreur du bien si le promettant a aliéné celui-ci au mépris du pacte et il ne peut que demander à celui-ci des dommages-intérêts (C. civ. art. 1123, al. 2 ; Cass. 3e civ. 24-3-1999 : RJDA 5/99 n° 536). Il en est de même si le promettant a vidé le droit de son contenu, notamment en affermant le bien qui en faisait l'objet (Cass. 3e civ. 1-4-1992 n° 90-16.985 : D. 1993.165 note Fournier).

Toutefois, si l'acquéreur connaissait le pacte et l'intention du bénéficiaire de s'en prévaloir, ce dernier peut exiger l'annulation du contrat passé avec le tiers acquéreur en méconnaissance de ses droits et obtenir sa substitution à l'acquéreur (art. 1123, al. 2 ; Cass. ch. mixte 26-5-2006 n° 240 : RJDA 8-9/06 n° 883 ; Cass. 3e civ. 3-11-2011 n° 10-20.936 : RJDA 2/12 n° 140).

Les parties au pacte ne sauraient priver le tiers de ce droit, le principe de l'effet relatif du contrat y faisant obstacle, par exemple par une clause de confidentialité (n° 13054).

Le **tiers** qui veut acquérir une chose peut **demander** par écrit **au bénéficiaire** de confirmer, dans un délai qu'il fixe et qui doit être raisonnable, l'existence d'un pacte de préférence et s'il entend s'en prévaloir ; cet écrit doit mentionner qu'à défaut de réponse dans ce délai le bénéficiaire du pacte ne pourra plus solliciter sa substitution au contrat conclu avec le tiers ou la nullité du contrat (art. 1123, al. 3 et 4).

Ce tiers, que l'article 1123 ne définit pas, est naturellement celui qui soupçonne l'existence d'un droit de préférence sur la chose qu'il convoite puisque la question doit être adressée au bénéficiaire. Libre d'exercer cette faculté, il en use comme bon lui semble, notamment au moment qu'il juge opportun.

Si le tiers a interrogé le bénéficiaire, le pacte lui est opposable du jour où celui-ci lui a indiqué qu'il entendait se prévaloir de son droit de préférence. Si le tiers n'a pas eu de réponse du bénéficiaire, il peut conclure le contrat, dans la mesure où il a sollicité le bénéficiaire dans les termes précisés ci-dessus, à compter du jour de l'expiration du délai qu'il a fixé dans sa demande. Au cas où le bénéficiaire lui aurait fait une réponse qui par la suite lui porterait préjudice, ou ne lui aurait pas répondu, le tiers pourra mettre en cause sa responsabilité extracontractuelle dans les conditions du droit commun. Si pour s'exonérer, le bénéficiaire invoque une clause de confidentialité, celle-ci ne saurait en soi le disculper d'un défaut de réponse car le tiers pourrait, à notre avis, en contester la validité (n° 11887) et obtenir réparation, le cas échéant, de son annulation.

Si le tiers n'a pas interrogé le bénéficiaire, sa connaissance s'apprécie au jour où il a conclu l'achat, soit, en cas de promesse valant vente, à la date de la promesse et non à la date de sa réitération par acte authentique (Cass. 3e civ. 25-3-2009 n° 07-22.027 : RJDA 8-9/09 n° 712).

Le juge ne peut pas annuler la vente passée avec un tiers en violation du pacte sans rechercher, au besoin d'office, si le tiers acquéreur avait eu connaissance de l'intention du titulaire du droit de préférence de faire usage de son droit (Cass. 3e civ. 10-2-1999 : RJDA 4/99 n° 392) ni si la preuve de cette connaissance n'est pas rapportée par le bénéficiaire du pacte (Cass. ch. mixte 26-5-2006 précité). Toutefois, la jurisprudence qui a exclu qu'il soit reproché à l'acquéreur qui a acquis en violation du pacte de ne pas avoir pris l'initiative de vérifier les intentions des bénéficiaires (Cass. 3e civ. 29-6-2010 n° 09-68.110 : RDC 2011.30 obs. Savaux ; aussi, Cass. 3e civ. 4-3-2021 n° 19-22.971 FS-P : RJDA 7/21 n° 459) ne peut être reconduite telle quelle ; en effet, si la violation du pacte est postérieure au 1er octobre 2016, date d'entrée en vigueur de l'article 1123, nul n'étant censé ignorer la loi, le tiers qui se propose d'acquérir sait que la loi l'autorise à s'informer de ces intentions ; la victime de la violation en cause est donc fondée à lui reprocher d'avoir commis une imprudence s'il n'a pas usé de cette faculté de s'informer ; encore faut-il, à notre avis, qu'elle prouve l'imprudence en justifiant des raisons que le tiers avait de soupçonner l'existence du pacte ; il ne saurait avoir été imprudent sans qu'existât une raison d'être spécialement prudent.

S'agissant d'une prérogative reconnue par la loi au profit d'un tiers, les parties au pacte ne sauraient par une clause priver un tiers du droit de questionner que lui accorde la loi, ne serait-ce qu'en raison de l'effet relatif du contrat (n° 13054). Quant au tiers qui serait invité à renoncer à son droit, en y consentant, il ne renonce pas à l'exercice d'une action en justice car il se borne à renoncer à questionner une partie privée. De ce point de vue, même si ce droit destiné à le protéger est jugé d'ordre public, il peut y renoncer s'il le fait à un moment où il est acquis qu'il aurait pu le mettre en œuvre (n° 15680).

Le bénéficiaire du pacte peut aussi agir en responsabilité extracontractuelle contre le tiers complice de la violation du contrat si son intervention lui a causé un préjudice spécifique (CA Aix 20-2-1950 : JCP G 1950.II.5501).

4. Droit du tiers évincé Le tiers qui souhaitait acquérir l'objet du pacte ne subit aucun préjudice à faire valoir s'il a été évincé pour un juste motif : soit parce qu'il a violé le pacte en connaissance de cause, soit parce qu'il ne pouvait pas l'ignorer n'ayant pas cherché à vérifier son existence alors qu'il est établi qu'il la soupçonnait. **26640**

Il peut, en revanche, se prévaloir du préjudice de perte de la chance d'avoir conclu l'achat de la chose qu'il convoitait, s'il a été évincé alors qu'il ignorait le pacte et n'avait eu aucune raison d'en soupçonner l'existence. Il le peut aussi, à notre avis, si l'acquisition par le bénéficiaire du pacte n'est pas conforme au pacte qu'il aurait dû respecter, car le contrat lèse ses intérêts en le privant d'une opportunité économique qu'il était en droit de saisir (n° 13054).

Cependant, le tiers ne peut obtenir gain de cause qu'en démontrant que l'exercice du droit de préférence a été irrégulier (n° 26636) ou qu'il a été évincé de façon frauduleuse (Cass. com. 15-3-2017 n° 15-20.440 : JCP E 2018.1131 n° 5 obs. Destours). Le pacte de préférence étant une dérogation à la liberté contractuelle, il doit s'attendre à une interprétation stricte des conditions convenues (cf. Cass. com. 2-2-2016 n° 14-20.747 : RJDA 6/16 n° 446).

Inaliénabilité Outre l'inaliénabilité ordonnée par un plan de sauvegarde, de redressement ou de liquidation judiciaire (n° 63327), un bien ne peut pas être vendu lorsqu'il est frappé d'une clause d'inaliénabilité, pourvu que cette clause réponde aux deux conditions suivantes (Cass. 1e civ. 31-10-2007 n° 05-14.238 : RJDA 4/08 n° 390). **26642**

Indépendamment de la clause d'inaliénabilité, les parties peuvent subordonner la vente à une autorisation de l'une d'entre elles, par exemple en interdisant à un emprunteur de vendre un de ses actifs sans l'accord du prêteur (Cass. com. 1-2-2011 n° 09-16.179 : RJDA 5/11 n° 384, tenant le préjudice du prêteur pour violation de la condition à une perte de chance), sous réserve de l'abus du droit (n° 74912).

Il faut que la restriction soit **justifiée par** un **intérêt sérieux** et légitime qui peut être matériel ou moral (Cass. req. 17-3-1925 : DP 1928.1.176 ; T. civ. Saint-Nazaire 21-10-1957 : D. 1958.som.17), que les juges du fond apprécient souverainement (Cass. civ. 25-6-1980 : Bull. civ. I p. 160).

Il peut s'agir tout autant de l'intérêt du disposant (Cass. req. 17-3-1925 précité ; Cass. civ. 19-10-1965 : D. 1966.245) que de celui d'un tiers (Cass. civ. 16-3-1903 : S. 1905.1.513 note Tissier : bénéficiaire d'une rente viagère dont l'acquéreur doit assurer le paiement en conservant le bien).

Il faut que l'inaliénabilité stipulée soit **temporaire.** La clause d'inaliénabilité perpétuelle est nulle (Cass. civ. 16-2-1953 : D. 1953.282), sauf si elle profite à une fondation présentant un caractère d'utilité générale (Cass. civ. 19-10-1965 précité ; CA Paris 4-10-1971 : D. 1972.402 ; cf. C. civ. art. 900-1, al. 2 et, sur le sens de ce texte, les déclarations du garde des Sceaux au Sénat : JO Déb. Sénat 15-5-1971 p. 390).

L'inaliénabilité est temporaire lorsqu'elle est prévue jusqu'au décès du donateur (Cass. civ. 8-6-1975 : JCP G 1976.II.18240 note Thuillier ; CA Aix 19-4-1978 : Bull. cour d'Aix 1978/2 p. 19). Mais elle est perpétuelle lorsqu'elle doit se prolonger toute la vie du bénéficiaire du bien (Cass. civ. 24-1-1899 : DP 1900.1.533) ou sur la durée de son espérance de vie (CA Paris 22-2-2001 : D. 2001.IR.1146 : bénéficiaire lié par l'inaliénabilité jusqu'à l'âge de 80 ans) ou toute la vie de l'usufruitier (Cass. civ. 16-3-1903 : DP 1905.1.126) ou qu'aucune limite ne lui est fixée (Cass. civ. 16-2-1953 : D. 1953.282) ; ce n'est pas le cas de l'inaliénabilité résultant de la clause de tontine qui prend fin au décès d'un des bénéficiaires de la clause (Cass. civ. 8-1-2002 : JCP 2002.II.10036 note Chartier).

En l'état de la vie des affaires, la clause d'inaliénabilité d'un bien ne porte pratiquement que sur les biens immobiliers objet de donations. Néanmoins, les solutions données à ce sujet sont transposables aux biens meubles qui seraient rendus inaliénables.

Lorsque la clause d'inaliénabilité est valable, il s'ensuit les conséquences suivantes :

1. La **vente** faite en violation de la clause **est nulle** (Cass. req. 16-1-1923 : DP 1923.1.177 note E.R. ; Cass. civ. 13-4-1992 : Bull. civ. I p. 83).

Seule la vente est frappée de nullité, ce qui exclut que l'inaliénabilité fasse obstacle à l'entrée en communauté du bien inaliénable (Cass. 1e civ. 18-3-2015 n° 13-16.567 : PA 2015 n° 89 p. 10 note Mahinga).

La nullité de la vente ne peut être demandée que par celui dans l'intérêt duquel l'inaliénabilité a été stipulée (Cass. req. 27-11-1893 : DP 1894.1.566 : intérêt du tiers ; Cass. req. 16-1-1923 précité : intérêt du donataire ; Cass. civ. 13-4-1992 précité : intérêt du donateur).

Lorsque la stipulation profite au donataire, il a été jugé que le donateur n'avait pas alors intérêt à agir (Cass. req. 23-3-1903 : DP 1903.1.337 note Planiol) et, inversement, qu'il avait un intérêt moral à le faire (Cass. req. 30-10-1911 : DP 1916.1.5).

Lorsque la stipulation profite au donateur et lui garantit le paiement d'une rente viagère, l'action en nullité contre la vente ne peut survivre à l'extinction de l'obligation à caractère viager ; aucun des héritiers du donateur ne peut donc poursuivre l'action en nullité engagée de son vivant par le donateur (Cass. civ. 13-4-1992 précité).

Lorsque la nullité de l'acte de disposition est prononcée, l'acquéreur doit restituer le bien s'il a été complice de la fraude (Cass. req. 30-10-1911 : DP 1916.1.5).

2. L'inaliénabilité stipulée dans l'intérêt du donateur fait **obstacle,** tant qu'elle dure, **à la saisie** du bien donné par tout créancier du donateur ou du donataire (Cass. req. 27-7-1863 : DP 1864.1.494 ; Cass. 1e civ. 15-6-1994 no 92-12.139 : Bull. civ. I no 211) ; la saisie est donc nulle (CA Paris 16-11-1911 : S. 1912.2.275) et la mainlevée doit en être au besoin ordonnée (Cass. 1e civ. 8-2-2000 no 97-20.727 : Bull. civ. I no 43).

3. L'inaliénabilité, pendant qu'elle est en vigueur, fait **obstacle à la conclusion d'une hypothèque** conventionnelle, sauf accord du bénéficiaire de la clause (no 56218). Elle n'interdit pas l'inscription d'une hypothèque judiciaire mais elle ne permet pas la saisie pendant ce temps (Cass. civ. 9-10-1985 : Bull. civ. I no 252).

4. Lorsque l'inaliénabilité frappe un **bien donné ou légué,** les règles spéciales suivantes sont applicables :

– la clause par laquelle le disposant prive le bénéficiaire de sa libéralité s'il met en cause la validité de la clause d'inaliénabilité ou demande l'autorisation d'aliéner est réputée non écrite (C. civ. art. 900-8) ;

– le disposant peut demander la révocation de la donation pour inexécution des charges en cas d'inexécution par le donataire lui-même de la clause d'inaliénabilité (cf. Cass. civ. 25-6-1980 : Bull. civ. I no 200), ce qui ne résulte pas de l'inscription d'hypothèque judiciaire par un créancier du donataire (Cass. civ. 20-12-1976 : Bull. civ. I p. 323) ni de celle d'une hypothèque légale (cf. Cass. civ. 25-6-1980 précité). La révocation de la donation prend alors effet au jour où l'aliénation a été effective et non à compter de l'assignation (CA Versailles 13-1-1988 : D. 1988. IR.42) ;

– le donataire ou le légataire peut demander en justice l'autorisation de disposer du bien si l'intérêt qui avait justifié l'inaliénabilité a disparu ou s'il advient qu'un intérêt plus important l'exige (C. civ. art. 900-1, al. 1). Ce droit est exclusivement attaché à la personne du donataire ; il ne peut pas être exercé par l'action oblique (no 53903) et le liquidateur judiciaire ne peut pas s'en prévaloir : il peut seulement demander au donateur de renoncer à la clause (Cass. 1e civ. 19-12-2018 no 17-17.551 F-D : RJDA 4/19 no 254).

26645 **Déclaration de command** La vente avec déclaration de command ou élection d'ami est un contrat par lequel un acquéreur apparent (le commandé) se réserve la faculté de désigner, dans un certain délai après la conclusion du contrat de vente, le véritable acheteur (le command). Cette faculté doit être expressément stipulée au contrat de vente initial (CA Toulouse 16-5-1840 : DP 1841.2.58).

2. RENCONTRE DES PARTIES À LA VENTE

26650 **Courtage** Le courtier de marchandises (C. com. art. L 131-1) met, contre rémunération, en rapport deux ou plusieurs personnes afin de leur permettre de réaliser l'achat ou la vente (CA Reims 12-6-1985 : GP 1985.764).

Sur la réglementation de l'activité de courtiers de marchandises, articles R 131-5 s. du Code de commerce.

Le courtier n'est **pas un mandataire** (Cass. 1e civ. 18-10-2005 no 1378 : RJDA 2/06 no 130), sauf si l'une des parties l'a chargé de conclure la vente en son nom et pour son compte (CA Reims 12-6-1985 précité) ; tel n'est pas le cas lorsque le donneur d'ordre a simplement demandé la recherche d'un cocontractant (Cass. com. 6-3-2001 : RJDA 6/01 no 710 ; rappr. Cass. 3e civ. 17-6-2009 no 08-13.833 : RJDA 12/09 no 1061).

La convention de courtage peut être verbale et régie par les **usages** propres aux commerces de marchandises et des produits dont la vente est négociée avec le concours du courtier (pour un exemple, CA Versailles 9-12-1993 : RJDA 3/94 no 249).

La loi française a été jugée applicable à un contrat de courtage ayant pour objet la conclusion d'un contrat de vente d'armes de guerre soumis à la loi égyptienne dès lors que les intermédiaires de nationalité chinoise résidaient en France et que le lieu de paiement de la commission était Paris (CA Paris 29-1-1991 : Rev. crit. 1991.731 note Heuzé : courtage reconnu licite).

Sauf engagement précis de sa part, le courtier **ne garantit pas** la bonne exécution du contrat : celui qui prétend que le courtier a garanti cette exécution doit le prouver (CA Reims 12-6-1985 précité).

Toutefois, il peut être tenu responsable d'avoir présenté un acquéreur insolvable au vendeur qui lui a donné un ordre de vente (cf. Cass. com. 8-1-2008 no 05-16.757 : DMF 2008.335 obs. Delebecque) ou d'avoir manqué à son devoir de conseil et d'exacte information sur tous les faits de nature à compromettre le service promis (CA Nancy 31-5-2012 : JCP G 2013 no 1352 note Henry), notamment en ne garantissant pas l'identité de la partie présentée (Cass. com. 8-1-1991 no 88-16.808) ou en incitant son client à constituer des stocks pour des commandes qui n'ont jamais été conclues (Cass. com. 6-10-2015 no 14-14.119 : RJDA 4/16 no 276).

Le contrat de courtage n'est **pas d'intérêt commun** ; il peut donc être révoqué librement, sauf brusquerie abusive (CA Paris 9-5-1990 : GP 1993.som.22).

Enchères Les ventes aux enchères publiques sont régies par les articles L 320-1 s. du Code de commerce et sont soumises aux conditions suivantes. 26653

Constituent des ventes aux enchères publiques les ventes faisant intervenir un tiers, agissant comme mandataire du propriétaire ou de son représentant, pour proposer et adjuger un bien au mieux-disant des enchérisseurs à l'issue d'un procédé de mise en concurrence ouvert au public et transparent ; le mieux-disant des enchérisseurs acquiert le bien adjugé à son profit ; il est tenu d'en payer le prix (art. L 320-2, al. 1).

Sauf dispositions particulières et le cas des ventes effectuées dans le cercle purement privé, ces ventes sont ouvertes à toute personne pouvant enchérir et aucune entrave ne peut être portée à la liberté des enchères (art. L 320-2, al. 2).

Sont soumises à des **dispositions particulières** (art. L 322-1 s.) les ventes : publiques et au détail de marchandises qui ont lieu après décès ou par autorité de justice (art. L 322-1) ou de marchandises après liquidation judiciaire (art. L 322-2) ; publiques et par enchères après cessation de commerce, ou dans les autres cas de nécessité dont l'appréciation est soumise au tribunal de commerce (art. L 322-3) ; en gros d'armes (art. L 322-8) ; en gros de marchandises de toute espèce et de toute provenance après décès ou cessation de commerce, et dans tous les autres cas de nécessité dont l'appréciation est soumise aux tribunaux de commerce (art. L 322-14 ; pour un refus d'autorisation, Cass. com. 30-9-2008 n° 07-16.594 : RJDA 1/09 n° 23, par application de l'art. L 320-2 ancien mais transposable sous le texte précité comparable).

Les ventes **volontaires** aux enchères publiques de **meubles et d'effets mobiliers** corporels sont soumises aux dispositions des articles L 321-1 s. du Code de commerce. Elles peuvent porter, à l'exclusion des armes, sur des biens neufs ou sur des biens d'occasion, qui sont vendus au détail, par lots ou en gros (art. L 321-1).

Est une vente volontaire échappant au monopole des commissaires-priseurs (ou commissaire de justice) la vente d'un bien appartenant à un majeur sous tutelle autorisée par le juge des tutelles, car celui-ci ne l'impose pas et se borne à entériner la décision de vendre prise librement par un propriétaire en autorisant le requérant à effectuer un acte de disposition ; elle est une vente volontaire réalisable par un opérateur de ventes volontaires (Cass. 1e civ. 5-1-2023 n° 21-15.650 FS-B : BPAT 1/03 inf. 15).

Est aussi soumise à ces dispositions la vente aux enchères par voie électronique qui est constituée par le fait de proposer, en agissant comme mandataire du propriétaire, un bien aux enchères publiques à distance par voie électronique pour l'adjuger au mieux-disant des enchérisseurs (art. L 321-3, al. 1 ; CA Paris 8-4-2009 : JCP G 2009 n° 31-35 p. 15 n° 161 obs. Mauger-Vielpeau ; application à celui qui organise une telle vente).

Mais ne constituent pas une vente aux enchères publiques, soumise aux dispositions ci-dessus, les opérations de courtage aux enchères publiques à distance par voie électronique, se caractérisant par l'absence d'adjudication et d'intervention d'un tiers dans la conclusion de la vente d'un bien entre les parties (art. L 321-3, al. 2 ; Cass. 1e civ. 19-2-2013 n° 11-23.287 : RJDA 6/13 n° 500 ; TGI Paris 25-5-2010 : PA 2010 n° 188 p. 3 note Zola).

Des ventes aux enchères de meubles, qui n'ont pas le caractère de ventes publiques aux enchères au sens ci-dessus défini, peuvent aussi être organisées par voie électronique, sous la forme dite « **enchères inversées à distance** », dans les conditions fixées par l'article L 442-8 du Code de commerce.

Sur les opérateurs de ventes volontaires de meubles aux enchères publiques, C. com. art. L 321-4 à L 321-38.

Existence de la vente La vente est parfaite entre les parties, et la propriété est acquise de droit à l'acheteur, dès qu'on est convenu de la chose et du prix, quoique la chose n'ait pas encore été livrée ni le prix payé (C. civ. art. 1583), pourvu que la chose et le prix soient déterminés à ce moment-là. Cette règle demeure applicable depuis le **1er octobre 2016** (sur cette date, n° 10000), ainsi que ses applications jurisprudentielles, puisqu'elle constitue une disposition spéciale dérogeant aux règles générales (C. civ. art. 1105, al. 2 et 3 ; n° 10668). 26659

L'échange des consentements est la condition déterminante à la conclusion de la vente ; il existe dès lors qu'une offre publique est acceptée telle qu'elle a été formulée (Cass. civ. 1-7-1998 : RJDA 11/98 n° 1198) ou qu'il est constaté, les juges ne pouvant alors le reporter au jour de la livraison (Cass. civ. 1-6-1999 n° 97-14.165 : D. 2000.622 note Thioye) ; mais il n'existe pas s'il n'est pas constaté un accord complet sur la chose et le prix (CA Versailles 3-3-2005 n° 03/08008 : RJDA 12/05 n° 1356) ou s'il n'a pas été effectif entre les parties, comme c'est le cas d'une vente autorisée par le juge-commissaire d'une liquidation judiciaire tant que l'acte de vente constatant l'accord les parties n'est pas passé, bien que la vente soit parfaite dès l'autorisation donnée (n° 63977).

Dès lors que ces conditions sont réunies, la vente est aussi parfaite même si le transfert de la propriété de la chose vendue a été réservé (Cass. com.17-10-2018 n° 17-14.986 F-PB : RJDA 12/18 n° 898).

Mais, en dépit de cet accord, la vente ne sera pas parfaite si les parties ont érigé d'autres modalités de la vente en condition déterminante de leur consentement (n° 12400).

3. CHOSE VENDUE

26700 **Spécification d'une chose certaine** La chose vendue doit être déterminée.

Le vendeur doit spécialement prendre soin de préciser la chose vendue car tout pacte obscur ou ambigu s'interprète contre lui (C. civ. art. 1602 ; Cass. civ. 13-4-1999 : RJDA 6/99 n° 654) ; les juges doivent rechercher s'il l'a fait et ne pas se contenter de constater que le bon de commande n'en dit rien (Cass. civ. 13-10-1993 : RJDA 1/94 n° 17).

Il est conseillé aux parties, notamment, de :

– décider si **l'emballage** reste la propriété du vendeur et doit lui être rendu (Cass. civ. 2-3-1954 : D. 1954.275) ou si l'acheteur en devient propriétaire (Cass. com. 14-10-1974 : J. agréés 1975.66) ou encore si le vendeur s'engage à racheter l'emballage à l'acheteur et à quel prix (sur le caractère personnel de cette promesse de rachat, voir CA Paris 20-3-1959 : D. 1959.268) ; à défaut de volonté expresse ou implicite, le sort de l'emballage est fixé par les usages commerciaux ;

– déterminer les **accessoires** qui accompagnent la chose vendue (cf. C. civ. art. 1615) ; sont des accessoires, par exemple, du matériel de sonorisation d'un manège forain (Cass. com. 6-10-1970 : Bull. civ. IV p. 227), la carte grise d'une voiture devenue certificat d'immatriculation (Cass. civ. 22-1-1991 : RJDA 3/91 n° 202), l'estampille officielle garantissant l'origine et la qualité d'une marchandise, lorsqu'elle a été spécialement indiquée au marché (CA Rouen 17-5-1854 : DP 1854.2.214), le certificat de conformité d'une machine imposé par l'article L 233-77 du Code du travail (Cass. com. 5-4-2016 n° 14-25.451 : RJDA 6/16 n° 429), des batteries d'un véhicule électrique (CA Douai 9-7-2020 n° 18/06063) ; mais n'est pas l'accessoire de la vente d'un moulin le droit au contingent (Cass. com. 30-4-1952 : D. 1953.76), n'est pas l'accessoire de la cession du droit d'exploiter le titre d'une publication l'astreinte prononcée avant la cession au profit du cédant interdisant à un tiers de publier une revue concurrente portant un titre similaire (Cass. com. 3-3-2009 n° 08-10.923 : Bull. civ. IV n° 28) ; n'est pas non plus l'accessoire de la vente d'un logiciel standard adapté aux besoins préalablement identifiés l'obligation de son installation sur l'ordinateur et de son paramétrage (Cass. com. 6-1-2021 n° 19-17.413 F-D : RJDA 3/21 n° 156) ;

– préciser l'**état** de la chose vendue ; jugé, par exemple, à propos de la reprise d'une automobile stipulée pour un prix fixé « si en bon état mécaniquement et pas accidentée », que ce prix doit être maintenu si, entre la commande et la livraison, l'automobile n'a subi ni avaries ni accidents (Cass. civ. 2-11-1972 : Bull. civ. I p. 198) ;

– fixer les modalités de **contrôle de la conformité** de la marchandise aux stipulations contractuelles, par exemple des essais de la chose et un délai pour effectuer le contrôle et dénoncer, le cas échéant, le défaut de conformité ;

– prévoir, le cas échéant, l'**adaptation** par le vendeur de la chose aux conditions nouvelles de son utilisation (Cass. com. 20-10-1992 : BRDA 21/92 p. 11, dispensant le vendeur d'un matériel informatique sophistiqué de cette obligation à défaut de stipulation expresse ; CA Versailles 14-5-1992 : RJDA 12/92 n° 1114, imposant la mise à jour d'un logiciel).

26703 **Individualisation d'une chose de genre** Les parties doivent préciser selon quelles modalités la chose sera individualisée lorsqu'elle ne constitue pas un corps certain.

La totalité d'un cheptel bovin est une chose certaine (Cass. civ. 14-11-1979 : D. 1980.IR.264 obs. Ghestin).

L'individualisation peut être faite **en bloc** en visant la chose qui se trouve en un lieu donné ; il faut une évaluation approximative de la quantité et un prix payable comptant en fonction de cette évaluation et non d'un mesurage (Cass. civ. 25-2-1896, 2e esp. : DP 1896.1.151 note L.S.).

La chose est identifiée en bloc dans les cas suivants :

– vente de mille quintaux de liège, à provenir des forêts du vendeur dès avant le pesage (Cass. civ. 25-2-1896 précité) ;

– cession du droit d'exploiter la tourbe dès avant son extraction (Cass. req. 13-6-1925 : S. 1925.1.251) ;

– vente d'un lot, la chose n'étant mesurée que pour le calcul du prix fixé à tant le kilo ou le mètre cube (Cass. civ. 5-2-1964 : Bull. civ. I p. 53 ; Cass. civ. 15-6-1965 : D. 1965.823 : lot de pommes ; Cass. com. 22-10-1968 : Bull. civ. IV p. 257 : lot de bois ; Cass. civ. 1-2-1983 : JCP G 1984.II.20241 note J.H. : « groupe d'animaux ») ;

– vente de l'intégralité d'une collection de figurines en étain pour un prix global et sans inventaire (CA Paris 22-9-1995 : RJDA 2/96 n° 205).

Mais il n'y a pas vente en bloc dès lors que le pesage est effectué pour individualiser la chose :

– vente d'une quantité de marchandises déterminée en poids (Cass. civ. 30-6-1925 : DP 1927.1.29) ;

– vente de bois livrable par navire désigné dont le pesage est nécessaire pour déterminer la quotité de la chose vendue (Cass. civ. 7-7-1913 : S. 1917.1.173 note A.W.) ;

– vente de pailles et de foins, si le vendeur s'est réservé la faculté de conserver une quantité de chaque sorte à prendre dans la masse et aux endroits qu'il lui conviendra de choisir (Cass. req. 14-1-1914 : DP 1916.1.69).

Elle peut aussi être faite par **pesage, comptage ou mesurage** au lieu et au moment déterminés par les parties. Par exemple, dans les contrats d'abonnement d'eau, de gaz, d'électricité, la chose vendue est individualisée - et le prix dû - dès que la consommation est inscrite au compteur (CE 25-6-1948 : D. 1948.437 note Waline).

La qualité de la chose peut être individualisée par référence à un échantillon ou à un catalogue.

Utilisation de la chose Indépendamment du devoir d'information incombant à tout contractant (nos 11834 s.), les tribunaux imposent au vendeur de conseiller l'acheteur sur l'utilisation de la chose vendue ; l'acheteur doit renseigner le vendeur sur les particularités de l'utilisation qu'il envisage de réserver à la chose. 26706

1. Devoir de conseil du vendeur. Le vendeur doit s'informer des besoins de l'acheteur et le renseigner sur les conditions d'utilisation de la chose ainsi que sur les aptitudes de celle-ci (Cass. com. 14-11-1977 n° 75-15.185 : Bull. civ. IV n° 253 ; Cass. 1e civ. 1-12-2011 n° 10-26.687 : RJDA 3/12 n° 271 ; Cass. 1e civ. 11-5-2022 n° 20-22.210 F-B : RJDA 11/22 n° 620). Il est tenu à ce devoir même si l'acheteur est accompagné de l'installateur du bien acheté (Cass. 1e civ. 30-5-2006 n° 902 : RJDA 12/06 n° 1214). 26709

Il doit aussi le renseigner exactement sur les éléments du devis qu'il lui remet, notamment sur le calcul prévisionnel du crédit d'impôt afférent à l'installation demandée ; il engage sa responsabilité si celui-ci, erroné, a été déterminant du consentement de l'acheteur (Cass. 1e civ. 8-3-2012 n° 10-21.239 : RJDA 7/12 n° 656). Il ne saurait s'exonérer en imposant à l'acheteur de s'entourer des conseils d'autres professionnels (Cass. 1e civ. 28-6-2012 n° 11-17.860 : RJDA 11/12 n° 946 som.).

Le vendeur n'est pas **déchargé** de cette obligation dès lors que l'acquéreur, même professionnel, n'a pas les compétences pour se faire une idée des conditions d'utilisation de la chose (Cass. com. 24-3-2009 n° 08-11.723 : RJDA 7/09 n° 618 ; Cass. 1e civ. 20-12-2012 n° 11-27.129 : RJDA 6/13 n° 499 ; Cass. 1e civ. 12-9-2019 n° 18-16.504 F-D : RJDA 11/19 n° 680).

Lorsqu'il vend à un intermédiaire professionnel en sachant que sa prestation n'est qu'une partie d'une commande globale destinée à un utilisateur final non professionnel, il reste tenu de son devoir de conseil à l'égard de ce dernier (CA Aix 14-10-1994 : Bull. cour d'Aix 1994/2 p. 215 obs. Vincensini).

C'est au vendeur d'apporter la **preuve** qu'il s'est acquitté de l'obligation de conseil lui imposant de se renseigner sur les besoins de l'acheteur afin d'être en mesure de l'informer quant à l'adéquation de la chose proposée à l'utilisation qui en est prévue (Cass. 1e civ. 28-10-2010 n° 09-16.913 : RJDA 2/11 n° 124 ; Cass. 1e civ. 12-9-2019 précité).

2. Devoir de précaution de l'acheteur. L'acquéreur doit solliciter l'information de son vendeur et doit notamment préciser l'usage auquel il destine la chose lorsque cet usage n'est pas usuel (Cass. com. 11-1-1994 : RJDA 6/94 n° 637 ; CA Versailles 22-10-2015 n° 13/07210 : RJDA 3/16 n° 181 : besoin de logiciels spécifiques). Il est en droit d'exiger des conseils lorsqu'il s'agit de produits très élaborés (Cass. 1e civ. 2-6-1982 n° 81-13.718 : Bull. civ. I n° 208). 26712

L'acheteur professionnel doit faire apparaître clairement, dans les documents contractuels, les qualités ou spécificités qu'il attend du produit commandé (Cass. com. 14-1-2014 n° 12-26.109 : RJDA 6/14 n° 513 ; Cass. com. 10-1-2018 n° 16-23.790 F-D : RJDA 6/18 n° 493 ; CA Versailles 5-2-1998 : GP 1999.som. 645).

L'acheteur professionnel n'a droit à l'information détenue par le vendeur que dans la mesure où sa compétence ne lui donne pas les moyens d'apprécier la portée exacte des caractéristiques techniques du matériel vendu (Cass. com. 22-3-2017 n° 15-16.315 F-D : RJDA 6/17 n° 399 ; Cass. com. 4-7-2018 n° 17-21.071 F-D : RJDA 11/18 n° 815).

3. Manquements du vendeur et de l'acheteur. Il y a lieu à **partage** de responsabilité entre le fabricant des jetés de lits et le vendeur initial du nouveau tissu dès lors que les juges ont relevé, d'un côté, que celui-ci avait manqué à son obligation en n'informant pas son client des contraintes de son utilisation et, d'un autre côté, que celui-là, en sa qualité de professionnel de la confection, aurait dû tester ce nouveau produit (Cass. com. 8-7-2003 n° 1145 : RJDA 1/04 n° 32). 26713

Lieu de délivrance Les parties sont libres de choisir le lieu qui leur convient. Sur les modalités de fixation de ce lieu et les conséquences qui s'y attachent, n° 26918. 26715

Date du transfert de la propriété et des risques Il est de **principe** que le transfert de la propriété, qui entraîne celui des risques, soit réalisé dès l'instant où le vendeur et l'acheteur sont tombés d'accord sur la chose et sur le prix, peu important alors que la chose n'ait pas été livrée ni le prix payé (cf. C. civ. art. 1196 ; pour un exemple d'absence d'accord sur le prix, Cass. com. 21-2-1995 : RJDA 7/95 n° 832). 26718

Mais les parties sont libres de **déroger** à ce principe. Elles peuvent notamment prévoir que la propriété sera transférée à la date de paiement du prix par une clause de réserve de propriété (C. civ. art. 2367, al. 1 ; Cass. com. 20-11-1979 n° 77-15.978 : Bull. civ. IV n° 300) ou au jour de la délivrance (Cass. 1e civ. 4-7-1995 n° 93-18.662 : RJDA 12/95 n° 1352 ; Cass. 1e civ. 7-7-1993 n° 91-18.592 : Bull. civ. I n° 254, admettant cette date pour la seule raison que la livraison devait avoir lieu après transport) et même choisir une date pour le transfert de propriété et une autre pour le transfert des risques (Cass. civ. 8-6-1904 : DP 1904.1.455 ; CA Versailles 18-5-1995 : RJDA 8-9/95 n° 964).

C'est surtout à l'occasion des **ventes suivies d'un transport maritime,** dites « ventes maritimes », que l'usage de cette faculté a pris naissance et s'est répandu jusqu'à se généraliser à toutes les ventes suivies d'un transport quel qu'en soit le mode. Le Code des transports porte d'ailleurs la trace de cette origine et régit spécialement les ventes maritimes tout en affirmant d'emblée la liberté des parties (cf. C. transports art. L 5424-1).

Ce mouvement a été accompagné de la mise au point de **termes commerciaux,** connus en pratique sous le nom anglais « Incoterms » (International Commercial Terms) et couramment désignés par leurs initiales en trois lettres, par exemple CAF ou FOB. La **Chambre de commerce internationale** (CCI) est à l'origine de cette action, lancée en 1936, qui a abouti à une **codification** des termes employés qui est régulièrement révisée. La dernière version est entrée en vigueur le 1er janvier 2020. Chaque terme définit les droits et devoirs des acheteurs et vendeurs quant à la **répartition des frais et de la charge des risques de l'expédition.**

Bien que, qui dit « Incoterm » pense immédiatement à la codification CCI, cette assimilation est fallacieuse et doit être corrigée par les précisions suivantes :

– l'emploi des Incoterms dépend de la volonté des parties (cf. C. transports art. L 5424-1 s.) ; il ne suffit pas que le terme figure sur les documents de transport : les juges doivent constater la commune intention des parties d'en faire application à leur opération (Cass. com. 19-12-2006 n° 05-10.228 : BTL 2006.31) ;

Si les parties ont expressément précisé la date du transfert de la propriété et des risques, le juge s'en tient à leurs stipulations (CA Paris 14-4-1982 : DMF 1983.33).

– il en est de même de la codification CCI (CA Aix 19-10-1962 : DMF 1963.347 ; T. com. Paris 14-11-1979 : DMF 1980.370) ; celle-ci est une marque déposée et doit être employée sous la forme suivante : « Incoterms® 2020 » ; la formulation de la référence recommandée est, par exemple : « FOB 38 Cours Albert 1er, Paris, France, Incoterms® 2020 » ; à défaut d'une référence explicite, l'Incoterm CCI n'est pas applicable ;

– chaque Incoterm ne propose que les règles fixant les conditions du transport (n° 26918) et la date de transfert des risques (n° 27100) ; il ne se prononce pas sur la date de transfert de la propriété (n° 27074) ;

Il est à noter que si l'emploi des Incoterms commerciaux est généralisé, il est beaucoup plus rare que les parties se réfèrent formellement aux règles proposées par la version CCI de ces termes. Elles peuvent toujours demander l'application du Code civil (CA Paris 7-2-2023 n° 22/00710).

– lorsqu'un terme est utilisé sans soumission aux « Incoterms ® 2020 », sa portée juridique est fixée par le juge qui peut soit la déduire des articles L 5424-1 à L 5424-11 du Code des transports si la vente en cause est soumise au droit français et si le litige porte sur les conditions du transport et/ou le transfert des risques, soit, lorsque ces conditions ne sont pas réunies, la déduire du sens que postule le terme employé ou, le cas échéant, des usages du port en cause, tels ceux du port d'Anvers en cas de vente « FOB Anvers » (CA Versailles 14-3-2002 : DMF 2002.853 obs. Pestel-Debord).

Il est **recommandé** aux parties qui veulent opter pour l'application d'un Incoterm de faire leur choix après consultation des réglementations proposées par les articles susvisés du Code des transports ou par les Incoterms® 2020 ou, à défaut de référence à l'une ou l'autre de ces sources, par les solutions prétoriennes.

26721 **Transport** Lorsque la vente est suivie du transport de la chose vendue, les parties conviennent de ses modalités, soit en les définissant elles-mêmes, soit en choisissant un terme commercial comme il est dit au numéro précédent, sous le bénéfice des compléments suivants :

– le transport est l'accessoire du contrat de vente lorsque la livraison est faite par le vendeur lui-même qui s'est chargé de l'approvisionnement de son client (CA Paris 22-11-2007 : BTL 2008.12, écartant l'application de la prescription annale) ;

– le vendeur est responsable s'il ne conclut pas le contrat comme il a été convenu avec l'acheteur (Sentence CCI n° 5910 en 1988 : Clunet 1988.1216 obs. Derains) ;

– le coût du transport maritime doit être considéré comme il est dit au n° 26025.

26724 **Dédouanement** La charge des opérations de douane doit être aussi fixée lorsque la marchandise est soumise au contrôle douanier.

Les règles « Incoterms® 2020 CCI » (n° 26718) définissent les obligations respectives des parties en matière de dédouanement (A7 et B7).

Sur les obligations du vendeur, expéditeur de la marchandise vendue sous le régime de la CMR, n° 25071.

Assurance Lorsque la chose vendue doit être transportée, celui aux risques duquel elle voyage a intérêt à se préoccuper de son assurance (nos 24269 et 26030). 26727

Les règles « Incoterms® 2020 CCI » (no 26718) définissent les obligations respectives du vendeur et de l'acheteur en matière d'assurance (A5 et B5).

Délais de livraison Compte tenu de l'importance grandissante que revêt la ponctualité des livraisons en raison de la tendance à réduire le plus possible les stocks (gestion dite flux tendus ou stocks zéro), il est recommandé aux parties de fixer les délais de livraison et de préciser, au besoin, qu'elles les considèrent comme de rigueur (no 13506). Il est aussi prudent de prévoir que le vendeur, lorsqu'il attend lui-même la livraison de la chose vendue, pourra répercuter sur l'acheteur les retards qu'il subira et qu'il devra le prévenir. À défaut de stipulation sur les délais, les juges déterminent un délai raisonnable (no 26921). 26730

Perte de la chose vendue Sur ce point, voir no 12490. 26733

4. PRIX DE LA CHOSE VENDUE

Détermination du prix Le prix de la vente doit être déterminé et désigné par les parties (C. civ. art. 1591), ou déterminable (nos 12431 s.). 26750

Modalités de paiement du prix Le prix est payable comptant ou à terme, selon l'accord des parties (nos 50500 s.), par exemple au jour de l'exigibilité porté sur la facture (Cass. com. 14-6-2023 no 21-14.841 F-B : RJDA 10/23 no 557 : jour du point de départ de la prescription de l'action en paiement). 26753

Sur la date d'exigibilité du prix dans les contrats d'abonnement d'eau, de gaz, d'électricité, no 26703 ou en cas de ventes internationales soumises à la convention de Vienne du 11 avril 1980 relative à ces ventes, art. 58 de la convention et Rép. Marsac : AN 1-7-2014 p. 5509 no 22749.

Lorsque l'acquéreur **emprunte** pour payer le prix, ce mobile ne constitue pas en soi la cause (désormais le but ou la raison d'être : no 12546) du prêt et ne suffit pas à dispenser l'acquéreur de ses obligations envers le prêteur au cas où la vente n'aurait pas lieu (Cass. civ. 20-12-1994 : RJDA 2/95 no 105 ; Cass. com. 5-3-1996 : RJDA 5/96 no 599 ; contra Cass. 3e civ. 30-1-2013 no 11-26.074 : RJDA 5/13 no 394). Les parties ont donc intérêt à préciser si le contrat de prêt a pour but de financer un achat déterminé, de telle sorte qu'au cas où la vente serait annulée le prêt le soit ou ne le soit pas par voie de conséquence.

La nullité de la vente ne peut pas entraîner celle du prêt :

– si le contrat de prêt liant l'acheteur à l'établissement de crédit « prévoit que le paiement des traites ne peut être refusé ou différé sous prétexte d'une contestation quelconque entre l'acheteur et le vendeur » et que l'acheteur y a « reconnu être en possession du véhicule par lui donné en gage » à son prêteur (Cass. com. 6-11-1961 : Bull. civ. III p. 345) ;

– si le contrat de prêt ne contient aucune stipulation faisant apparaître une infraction à la réglementation du crédit et que le prêteur est demeuré étranger à l'infraction commise (Cass. com. 13-11-1984 no 83-14.568 : Bull. civ. IV no 309) ;

– si le contrat de prêt entre l'acquéreur de marchandises et la banque impose à l'acquéreur le remboursement du prêt quand bien même les ristournes sur ses achats de marchandises, que le vendeur lui consentait et dont le contrat de prêt autorisait la compensation avec les échéances à rembourser, viendraient à ne plus être dues (CA Paris 3-12-1987, inédit) ;

– même si le contrat de vente est résolu aux torts du vendeur dès lors qu'il n'est pas démontré que le vendeur et le prêteur ont agi de concert (Cass. com. 5-3-1996 précité) ou s'il est annulé pour indétermination du prix (CA Paris 3-12-1987 : BRDA 6/88 p. 23).

La nullité de la vente n'entraîne pas non plus celle du gage garantissant le prêt (Cass. com. 21-3-1972 : JCP 1973.II.17400 note Sayag).

Mais le prêt est annulé en cas de nullité de la vente, lorsque le contrat de vente le prévoit (Cass. 1e civ. 1-7-1997 no 95-15.642 : Bull. civ. I no 224 ; Cass. 1e civ. 10-9-2015 no 14-13.658 : Bull. civ. I no 200 ; CA Paris 3-12-1991 : D. 1992.som.389 obs. Serra) ou lorsque les juges du fond constatent que le prêt est l'accessoire de la vente (Cass. com. 4-12-1978 no 77-11.885 : Bull. civ. IV no 293 ; Cass. 1e civ. 10-9-2015 no 14-17.772 : RJDA 1/16 no 1 ; Cass. 1e civ. 31-1-2018 no 16-19.389 F-D : RDC 2018.201 obs. Pellet).

Corrélativement, l'annulation du prêt ne peut pas provoquer celle de la vente dès lors que le prêt a été consenti à l'acquéreur au vu de fausses déclarations auxquelles le vendeur n'a pris aucune part, le fait que cet acquéreur ait versé la fraction du prix payable comptant sous la forme d'un chèque émis par un agent du prêteur étant indifférent (Cass. com. 6-1-1965 : Bull. civ. III p. 14).

Mais, en tout état de cause, le prêt est annulé lorsqu'il a été conclu pour un but illicite (no 41026), lorsqu'il a été consenti pour un montant supérieur à celui autorisé par la législation des ventes à crédit et que le prêteur connaissait l'existence de l'infraction (Cass. com. 17-10-1977 : Bull. civ. IV p. 198), l'acheteur pouvant agir en nullité bien qu'il ait connu l'irrégularité commise par le vendeur

(Cass. com. 11-5-1976 n° 75-10.011 : Bull. civ. IV n° 162) ; celui-ci doit alors les intérêts de la somme prêtée à compter du jour où il l'a reçue s'il était de mauvaise foi, par exemple s'il s'était fait le complice de l'acheteur pour lui éluder le versement de la partie du prix exigible comptant (Cass. com. 13-11-1984 : GP 1985.pan.112).

5. CLAUSES PARTICULIÈRES DU CONTRAT DE VENTE

26800 **Réserve de propriété** Le vendeur peut retarder le transfert de propriété jusqu'au paiement du prix. Sur le régime de cette clause, nos 57500 s. ; sur son application en cas de procédure collective de l'acheteur, nos 63025 s.

26803 **Agréage** La vente qui porte sur du vin, de l'huile ou autres denrées que l'on est dans l'usage de goûter avant d'en faire l'achat n'existe pas tant que la chose n'a pas été goûtée et agréée par l'acheteur (C. civ. art. 1587) ; seul l'agréage à l'échantillon lors de la conclusion du contrat est nécessaire à la perfection de la vente et non pas le contrôle fait au moment de la réception de la marchandise (CA Montpellier 16-11-2021 n° 19/03422).

L'article 1587 susvisé étant supplétif de la volonté des parties, la vente est subordonnée à la condition d'agréage même si les parties ne l'ont pas stipulée ; leur silence ne vaut pas à lui seul renonciation à l'agréage (Cass. 1e civ. 24-3-1998 : RJDA 6/98 n° 703). L'agréage étant prévu en sa faveur, l'acheteur peut y renoncer (Cass. com. 23-1-1990 n° 87-18.422 D).

Lorsque la chose doit être conforme à des caractéristiques déterminées par la convention des parties et agréée par l'acheteur, le refus d'agrément de ce dernier ne libère pas le vendeur au motif que son obligation de fournir la chose est subordonnée à la condition suspensive de l'agrément par l'acheteur car le refus d'agrément ne peut le dégager de son obligation de livrer une marchandise conforme à la commande (Cass. com. 7-1-1981 : Bull. civ. IV p. 13, cassant l'arrêt qui a rejeté la demande de l'acheteur en dommages-intérêts au motif que la vente était sous la condition suspensive de l'agrément).

Sur la garantie des vices cachés de la chose agréée, n° 27212.

26806 **Essai** Il peut être convenu que la vente ne sera conclue que lorsque l'acheteur aura essayé la chose de façon concluante. Cette stipulation peut être suppléée par l'usage (CA Pau 27-4-1949 : D. 1949.519 : ventes d'aéronefs).

N'est pas une vente à l'essai celle consentie par un fournisseur à un commerçant revendeur, avec clause de reprise des invendus, car l'essai ne s'entend pas des tentatives que le commerçant fait pour écouler la marchandise sur le marché, mais de la vérification que la chose vendue est bien adaptée aux besoins d'un client déterminé (CA Paris 12-12-1980 : D. 1981.IR.447 obs. Larroumet).

Dans ce cas, il est recommandé aux parties de préciser le délai et les conditions de l'essai. À défaut, l'usage (cf. Cass. civ. 8-2-1978 : GP 1978.1.pan.151) ou ce qui paraîtra raisonnable prévaudra.

Est déraisonnable la prolongation de l'essai d'une moissonneuse-batteuse pendant tout le temps de la moisson (plus de quatre mois), l'acheteur n'étant plus en droit de restituer la chose mais devant en payer le prix (Cass. com. 16-6-1987 : BRDA 13/87 p. 14).

Pendant ce temps d'essai, l'acheteur doit la conservation de la chose comme un dépositaire.

L'acheteur peut refuser la chose, mais il ne saurait la refuser de façon abusive (T. com. Paris 27-11-1968 : GP 1969.2.69 note Padis).

Dès lors que l'acheteur s'est engagé à ne refuser la chose, le cas échéant, qu'après essai, la vente est parfaite s'il ne procède pas à l'essai prévu (Cass. com. 22-5-1991 : RJDA 10/91 n° 800) ou s'il ne manifeste pas sa volonté de ne pas conserver le bien (Cass. civ. 13-10-1998 : RJDA 12/98 n° 1346). Il est tenu des risques du voyage de retour si, après l'expiration du délai d'essai, il a conservé la chose sans observations (Cass. civ. 10-1-1928 : DP 1929.1.126).

26809 **Rachat** Les parties peuvent réserver au vendeur la faculté de rachat (ou de réméré) de la chose vendue, moyennant la restitution du prix principal et le remboursement des réparations (C. civ. art. 1659).

Cette stipulation concerne essentiellement les ventes d'immeubles et pratiquement pas les ventes de marchandises.

Mais, à toutes fins utiles, la vente avec rachat obéit aux règles suivantes.

1. Il est licite d'écarter la reprise du bien vendu en nature et de stipuler un prix de rachat supérieur au prix de vente (Cass. civ. 13-11-1970 : Bull. civ. III p. 439), pourvu que ce soit sans équivoque (cf. CA Lyon 23-3-2006 : JCP G 2007.IV.2460).

2. Si la faculté de rachat a été stipulée pour un terme excédant cinq ans, elle est réduite à ce terme (C. civ. art. 1660). Dans le silence des parties, la faculté est réputée prévue pendant cinq ans (CA Douai 20-2-1947 : D. 1948.som.7). Ce délai court contre toute personne, même contre un mineur, sauf son recours contre qui de droit (C. civ. art. 1663). Il ne peut être prolongé par le juge (Cass. civ. 23-12-1845 : DP 1854.1.422).

3. Le rachat, sauf stipulation contraire (Cass. civ. 26-7-1951 : Bull. civ. I p. 188), peut être exercé par les héritiers du vendeur.

4. Le rachat est une condition résolutoire (Cass. 3e civ. 31-1-1984 : Bull. civ. III n° 21), qui n'est pas réalisée tant que le prix n'a pas été remboursé à l'acheteur (Cass. req. 19-10-1904 : DP 1907.1.426 ; CA Montpellier 17-12-1931 : 21GP 1932.1.448).

5. Le vendeur conserve son droit de rachat s'il notifie sa volonté à l'acheteur avant l'expiration du terme prévu (Cass. civ. 15-7-1957 : Bull. civ. I p. 264), mais le perd s'il y renonce, s'il tarde à y donner suite et ne répond pas à la sommation de son acquéreur (Cass. req. 19-10-1904 précité). Celui qui invoque que la faculté de rachat a été exercée doit prouver ce fait (Cass. com. 2-6-1992 : RJDA 11/92 n° 1001).

À défaut d'exercice du rachat dans le délai fixé, le vendeur en est déchu de plein droit (Cass. civ. 13-11-1970 : Bull. civ. III p. 439) et l'acquéreur demeure propriétaire irrévocable (C. civ. art. 1962).

Après le rachat, l'acheteur a droit au remboursement du prix de vente, des frais de la vente, des réparations et des plus-values (C. civ. art. 1673, al. 1 ; Cass. 3e civ. 8-11-2018 n° 14-25.005 PBI : RJDA 2/19 n° 80). Mais le vendeur ne doit pas les intérêts du prêt (cf. CA Agen 28-3-1860 : S. 1860.2.167). En contrepartie, il n'a pas droit aux fruits (CA Angers 11-9-1989, inédit).

Les parties peuvent décider que le vendeur sera déchu de son droit de rachat lorsque son paiement ne sera pas intervenu dans les conditions fixées au contrat, ce qui est le cas lorsque, le remboursement étant prévu au domicile de l'acheteur, le vendeur s'est borné à lui notifier son intention de racheter (Cass. civ. 23-2-1949 : S. 1949.1.164).

Crédit documentaire Les parties peuvent convenir que la vente ne sera conclue qu'après émission du crédit documentaire prévu (Cass. com. 13-2-1990 n° 87-19.937 ; rappr. Cass. com. 20-5-1997 n° 94-14.196). Si un délai a été fixé dans une offre pour l'ouverture d'un crédit documentaire, le contrat de vente ne peut pas se former à défaut de respect de ce délai (Cass. com. 11-2-1980 n° 77-15.277 : Bull. civ. IV n° 71). **26812**

Sur le crédit documentaire, nos 53300 s.

6. ANNULATION DE LA VENTE

L'**effet rétroactif** de l'annulation **de la vente,** qui ne s'applique qu'aux droits et obligations attachés à la chose, ne peut pas avoir pour conséquence de transférer à la charge du vendeur des obligations que l'acquéreur, en sa qualité de bailleur, avait contractées à titre personnel envers son locataire (Cass. 3e civ. 17-11-2021 n° 20-19.720 F-D : RJDA 3/22 n° 133). **26820**

C. Exécution du contrat de vente

1. LIVRAISON DE LA CHOSE VENDUE

a. Délivrance de la chose vendue

Définition La délivrance est le transfert de la chose vendue en la jouissance et la possession de l'acheteur (C. civ. art. 1604). **26900**

La délivrance à un tiers exclut une délivrance conforme (Cass. 1e civ. 12-5-2011 n° 10-18.045 : RJDA 10/11 n° 785).

Elle est accomplie lorsque rien ne s'oppose plus, du fait du vendeur, à ce que l'acheteur dispose de la chose (Cass. 1e civ. 13-7-1982 n° 79-13.276 : Bull. civ. I n° 262).

Ainsi, celui qui a pu exploiter une carrière et qui invoque l'épuisement du gisement ne peut opposer au vendeur le défaut de délivrance de la chose vendue (TGI Avesnes-sur-Helpe 8-1-1976 : JCP G 1977.IV.277), ni celui qui a fait inspecter par son mandataire les marchandises chez le vendeur et les a fait remettre par ce mandataire au transporteur (Cass. com. 17-2-1998 : RJDA 6/98 n° 699), ni l'acquéreur qui nie avoir reçu la marchandise dès lors que le vendeur prouve son envoi par la production du bordereau d'expédition remis par le transporteur, de telle sorte que la preuve de l'exécution du contrat en est rapportée (Cass. 1e civ. 19-11-1991 n° 90-15.731 : RJDA 1/92 n° 22).

L'obligation de délivrance **pèse sur le vendeur** (cf. C. civ. art. 1610 s.) à qui incombe la preuve de son exécution (Cass. 1e civ. 5-11-2009 n° 08-20.705). Elle se transmet à ses héritiers (Cass. 1e civ. 13-2-1967 : Bull. civ. I p. 46).

Le vendeur ne peut s'affranchir de cette obligation par une clause imposant à l'acheteur de lui présenter ses réclamations contre le produit livré, en l'espèce du carburant, au moment même de la livraison de celui-ci, car cette condition rend impossible toute action en réparation du préjudice résultant de l'utilisation, nécessairement postérieure, d'un produit de mauvaise qualité (Cass. com. 4-11-2014 n° 13-13.576 : RJDA 2/15 n° 79).

Qualité Le vendeur n'exécute son obligation de délivrance que s'il délivre exactement la chose convenue au contrat (Cass. civ. 18-7-1995 : RJDA 1/96 n° 30 ; cf. CA Dijon 4-2-1999 : RJDA 8-9/99 n° 923), ce que **26903**

les juges du fond apprécient souverainement (Cass. com. 10-6-1974 n° 73-10.918 : Bull. civ. IV n° 185) ; le vendeur n'a pas rempli cette obligation si, par exemple, tenu de livrer le fichier clientèle, il remet un carnet d'adresses sans consistance (Cass. 3e civ. 26-10-2011 n° 09-10.699 : RJDA 3/12 n° 273). Il a manqué à son obligation même si la chose effectivement livrée n'est pas une source de préjudice actuel pour l'acheteur (Cass. civ. 13-10-1993 : RJDA 1/94 n° 17).

À défaut de spécifications contractuelles, le juge apprécie la qualité à fournir dans les conditions exposées n° 12416.

En cas de vente de **produits complexes,** l'obligation de délivrance n'est pleinement exécutée qu'une fois réalisée la mise au point effective du bien vendu (Cass. com. 26-11-2013 n° 12-25.191 F-D : BRDA 1/14 inf. 10 ; Cass. com. 13-4-2022 n° 20-20.495 F-D : RJDA 8-9/22 n° 457).

26906 **Quantité** La quantité à remettre est celle fixée au contrat ou par le bon de commande (sur un cas de fraude de l'acquéreur quant à la quantité de marchandises enlevées, Cass. crim. 18-7-1974 : GP 1974.2.844). Lorsqu'un poids minimum a été stipulé, la vente peut être résolue si le vendeur livre moins (Cass. req. 18-3-1905 : DP 1905.1.192).

Toutefois, il est d'usage de reconnaître au vendeur une certaine marge de tolérance :

a. Une variation en plus ou en moins de 3 % est en principe acceptable, sauf usage contraire de la profession considérée ou clause spéciale dans les conditions de livraison (sur la freinte de route de la marchandise transportée, n° 24571) ; mais lorsque le poids indiqué dans la facture diffère du poids réel à concurrence de 100 %, il ne s'agit plus d'un manquant considéré comme une différence de quantité d'ordre relatif, mais d'un défaut de livraison sanctionné comme tel (T. arbitral de la Chambre de commerce de la RDA 4-8-1980 : Clunet 1983.425) ;

b. S'il est mentionné « environ », le vendeur n'a pas manqué à son obligation si la quantité livrée diffère de 5 à 10 % (selon l'usage) de la quantité stipulée ; cette tolérance ne permet pas cependant au vendeur de modifier volontairement la quantité de marchandise livrée (T. com. Le Havre 15-7-1925 : GP 1925.2.581) ;

c. S'il a été stipulé « sous réserve des disponibilités » ou « des résultats de la production », le vendeur ne saurait faire dépendre la quantité livrée de son bon vouloir (cf. Cass. req. 20-2-1929 : S. 1929.1.151) ; sur la possibilité de laisser une option à l'acquéreur quant à la quantité, Cass. com. 26 novembre 1974 : Bull. civ. IV p. 251 ;

d. S'il a été mentionné une « clause de réserve de récolte » par laquelle le vendeur prévoit une certaine quantité de marchandises à livrer sous réserve pour le vendeur d'être approvisionné par son fournisseur, le vendeur est néanmoins tenu d'appliquer le quota de livraison retenu par le fournisseur (en l'espèce, 60 % de la commande) pour la répartition entre ses différents acquéreurs (Cour d'arbitrage de Hambourg 18-10-1977 : Yearbook 1979.203).

Commet le **délit de tromperie** l'acheteur auquel le vendeur s'en est remis pour l'informer de la quantité de la marchandise vendue et qui trompe son cocontractant sur cette quantité (Cass. crim. 18-7-1974 n° 74-90.163 : Bull. crim. n° 260 rendu en application de l'art. 1 de la loi du 1-8-1905, transposable sous C. consom. art. L 441-1).

26909 **Accessoires de la chose vendue** Le vendeur a l'obligation de délivrer, le cas échéant, les accessoires de la chose (C. civ. art. 1615). Sur la consistance de ces derniers, n° 26700.

À défaut de remise des accessoires, la résolution de la vente doit être prononcée pour manquement du vendeur à son obligation de délivrance (Cass. civ. 5-10-1994 : D. 1996.som.13 obs. Paisant : non-remise de la carte grise de la moto vendue ; Cass. com. 9-7-2013 n° 12-21.062 : RJDA 10/13 n° 782 : non-remise de l'acte de francisation du navire vendu).

La remise de documents faux relatifs à un véhicule vendu équivaut à une absence de délivrance de la chose vendue (Cass. civ. 29-5-1996 : RJDA 12/96 n° 1453).

Le vendeur n'est pas libéré de cette obligation au motif que des considérations économiques et financières l'auraient conduit à abandonner la fabrication de cet accessoire (CA Versailles 29-2-1996 : JCP E 1996.pan.622). Mais il l'est si le défaut de délivrance de l'accessoire (certificat d'immatriculation) est imputable à l'acheteur qui a refusé de soumettre à un contrôle administratif le véhicule dont il avait pris livraison par anticipation (CA Rouen 30-4-1997 n° 95-3758).

L'acheteur peut aussi demander au juge des référés d'ordonner la délivrance des accessoires administratifs (Cass. com. 19-12-2000 : RJDA 6/01 n° 670).

26912 **Obligations complémentaires d'entretien** Lorsqu'il s'y est engagé, le vendeur doit entretenir la chose après sa livraison (Cass. civ. 21-7-1976 : JCP G 1976.IV.313). À ce titre, il doit aussi signaler à l'acquéreur les réparations dont les visites régulières ont révélé la nécessité (Cass. civ. 21-12-1960 : D. 1961.274 ; CA Aix 9-7-1976 : Bull. cour d'Aix 1976/3 p. 39).

S'il a pris l'engagement d'installer la chose vendue, il y est tenu par une obligation de résultat (Cass. 1e civ. 3-5-2018 n° 17-19.248 F-D : RJDA 10/18 n° 724).

Actes de délivrance La délivrance des **effets mobiliers** est accomplie par la tradition, la remise des clés des bâtiments qui les contiennent ou par le seul consentement des parties, si le transport ne peut pas s'en faire au moment de la vente ou si l'acheteur les avait déjà en son pouvoir à un autre titre (C. civ. art. 1606). **26915**

Constituent ainsi un acte de délivrance la remise à l'acquéreur de moûts de raisin des clés de la cave dans laquelle le vendeur avait individualisé ceux qui étaient l'objet de la vente (Cass. req. 12-5-1926 : S. 1927.1.62), la production par le vendeur d'un bordereau d'expédition des objets commandés (Cass. civ. 19-11-1991 : RJDA 1/92 n° 22) ou la remise d'un bon de livraison selon les usages des marchés (CA Paris 6-3-2002 n° 00-9357 : BRDA 10/02 inf. 15), mais non la mise de la chose vendue en entrepôt de douane (Cass. civ. 25-10-1978 : JCP G 1980.II.19305 note J.H.).

Si la chose vendue a été reprise par le vendeur pour y effectuer des réparations et si cette chose n'a pas été restituée à l'acquéreur, celui-ci peut faire prononcer la résolution de la vente à la charge du vendeur (Cass. req. 6-4-1903 : DP 1904.1.111).

Tant que le matériel vendu n'a pas été délivré, le vendeur est tenu de veiller à sa conservation et répond de sa perte jusqu'à ce moment-là (Cass. civ. 20-12-1982 : D. 1983.IR.477).

Lieu, date et frais de la délivrance La remise de la chose doit se faire au lieu indiqué au contrat (Cass. com. 4-6-1991 : Bull. civ. IV p. 145) ou, le cas échéant, par les usages. En l'absence de précision, ce lieu est celui où se trouve la chose au moment de la conclusion du contrat (C. civ. art. 1609 ; Cass. com. 17-12-1952 : Bull. civ. III p. 310). **26918**

En cas de recours à un transporteur, la délivrance s'effectue au lieu et au moment où le vendeur a remis la marchandise au transporteur qui l'a acceptée sans réserve (Cass. com. 8-10-1996 n° 1410 : RJDA 1/97 n° 28 ; Cass. com. 14-12-2010 n° 09-71.947 : BTL 2011.11). Sauf convention contraire, les frais de transport incombent à l'acheteur, désormais propriétaire (CA Orléans 11-3-2021 n° 19/02160).

La mauvaise exécution ultérieure de l'obligation de livraison n'est pas alors imputable au vendeur qui a été aussi chargeur car, sauf en cas de faute de sa part ou de convention contraire, elle l'est au transporteur à qui incombe l'obligation de livraison (Cass. com. 14-12-2010 précité).

Si le lieu de la délivrance est autre que celui où se trouve la chose, la charge des opérations et frais d'acheminement jusqu'à l'endroit convenu, s'il n'y a eu stipulation contraire, incombe au vendeur (C. civ. art. 1608).

Dans ce dernier cas, le vendeur n'est pas tenu d'un devoir de conseil en ce qui concerne le transport (CA Aix 16-11-1980 : BT 1981.49). Il n'assume pas les risques du transport dans la mesure où il n'est plus le propriétaire de la marchandise (n° 27100).

La charge d'enlèvement, à partir du point convenu ou de celui où est la chose, incombe à l'acquéreur (C. civ. art. 1608).

Lorsque les parties se sont référées à un Incoterm (n° 26718), le lieu et la charge des frais de délivrance sont réglés par le terme choisi.

Selon le terme choisi, les solutions suivantes sont applicables.

1. Ventes CFR et CIF : le vendeur est tenu des opérations d'emballage (Cass. com. 1-12-1992 : RJDA 2/93 n° 105 ; règle Incoterms® 2020 A8) et des frais d'acheminement jusqu'à la mise à bord (CA Rouen 12-7-1977 : DMF 1978.som.180 ; CA Paris 18-11-1983 : Scapel 1984.31), ainsi que du coût du fret (C. transports art. L 5424-9). Le lieu de livraison n'est pas au port d'embarquement mais dans la ville où le connaissement, accompagné des documents de crédit assortissant la vente, doit être remis à l'acquéreur (Cass. com. 1-3-1994 : RJDA 7/94 n° 889).

2. Ventes FOB : le vendeur est tenu des opérations et des frais d'acheminement jusqu'à la mise à bord (Cass. com. 27-1-1958 : DMF 1958.264 ; CA Paris 6-11-1976 : DET 1980.399 ; règle Incoterms® 2010 A2). Il est aussi tenu de livrer la marchandise conditionnée de telle manière qu'elle puisse voyager sans avoir à souffrir des incidents de mer (CA Paris 6-11-1976 précité).

L'acquéreur est responsable envers le vendeur de l'inexécution de l'obligation de délivrance due au fait du capitaine du navire qui a refusé la cargaison au prétexte qu'elle présentait un risque pour la sécurité du navire alors que la marchandise livrée au port d'embarquement par le vendeur était conforme aux prévisions du contrat de vente et qu'il n'était pas établi que son transport mettait en danger le navire (Cass. com. 2-4-1996 : RJDA 8-9/96 n° 1034).

3. Ventes livrables à domicile : les opérations d'acheminement constituent la prolongation de l'obligation de délivrance du vendeur, qui ne devient pas pour autant transporteur (CA Paris 24-11-1970 : BT 1970.394).

4. Ventes franco dépôt : l'acquéreur est tenu des opérations et des frais d'acheminement ; si le vendeur se charge des opérations et des frais d'acheminement, il agit en qualité de transporteur ; s'il ne s'en charge pas et fait appel à un transporteur, il conclut le contrat de transport en tant que mandataire du destinataire (CA Metz 27-2-2001 : BTL 2001.627).

Délais de livraison Le vendeur doit délivrer la chose dans le délai **convenu** par les parties au contrat (C. civ. art. 1610), sous peine de résolution de la vente (Cass. 1re civ. 25-3-2020 n° 18-23.550 F-D : **26921**

RJDA 10/20 n° 480 ; Cass. 1e civ. 21-10-2020 n° 19-15.392 F-D : RJDA 2/21 n° 84) ; il lui appartient de prouver qu'il a respecté ce délai (Cass. com. 15-9-2009 n° 07-21.842 : RJDA 12/09 n° 1063).

La mention en caractères gras d'une date de livraison ferme fait naître une obligation de résultat à la charge du vendeur, qui est responsable du seul fait de son inexécution (CA Paris 15-9-1995 : GP 1996.som.329). À défaut d'indication d'une date ferme, les juges apprécient souverainement la valeur contraignante du délai en tenant compte des usages de la profession (CA Paris 26-12-1918 : DP 1920.2.40 ; CA Aix 6-3-1980 : Bull. cour d'Aix 1980/1 p. 67) ou des objectifs du contrat (cf. Cass. com. 16-1-1973 : JCP G 1973.II.17563 ; CA Paris 22-9-1992 : D. 1992.IR.282).

Engage sa responsabilité l'acheteur qui, sans avoir adressé la mise en demeure prévue par le contrat, « annule » sa commande parce que le vendeur n'avait pas livré à l'échéance (Cass. com. 27-5-1974 : Bull. civ. IV p. 135).

Le délai convenu, à défaut de stipulation contraire, **court du jour** de la formation du contrat de vente. Lorsque la vente est subordonnée à la réalisation d'une condition, il court du jour de cette réalisation (Cass. com. 27-11-1961 : Bull. civ. III p. 380 : à propos d'une licence d'importation ; T. com. Paris 8-11-2012 n° 2011000637 : à propos d'une vente subordonnée à l'ouverture d'un crédit documentaire).

Il peut être prorogé par l'acheteur (Cass. com. 3-12-1952 : Bull. civ. III p. 271).

Dans un cas où, en l'absence de livraison au jour fixé par le contrat de vente conclu avec le fournisseur, l'acheteur, par un accord particulier avec le façonnier, a accordé à celui-ci un nouveau délai, il a été jugé que cet accord n'impliquait pas nécessairement que l'acheteur avait renoncé à se prévaloir du délai plus court et des indemnités de retard convenus avec le fournisseur (Cass. com. 30-11-1971 : Bull. civ. IV n° 289).

À défaut de délai contractuel, le vendeur doit livrer la chose dans un délai raisonnable (Cass. com. 12-11-2008 n° 07-19.676 : RJDA 3/09 n° 201 : délai reconnu raisonnable ; CA Orléans 18-9-1996 : Pet. aff. 1998 n° 89 p. 20 obs. Mozao : délai de 18 mois excessif) et avertir l'acquéreur de tout retard imprévu (T. com. Marseille 20-5-1975 : DMF 1976.311).

En cas de retard fautif du vendeur, l'acheteur peut demander la résolution de la vente ou sa mise en possession si le retard ne vient que du fait du vendeur (C. civ. art. 1610 ; CA Paris 18-5-1990 : D. 1991.som.165 obs. Paisant) ou des dommages-intérêts, qui peuvent être compensés avec le prix d'achat des marchandises restant dû (CA Paris 28-11-1991 : RJDA 2/92 n° 124), ce qui équivaut à une réduction du prix (nos 14910 s.).

Le vendeur condamné pour retard peut se retourner contre ceux à qui ce retard est imputable.

Il peut agir, par exemple, contre le transporteur qui a accepté les délais qu'il lui a indiqués, sans que l'existence d'un lien contractuel entre le transporteur et le vendeur soit nécessaire (CA Rouen 13-6-1985 : DMF 1987.som.246). Mais il n'a pas de recours s'il n'a pas pris soin de faire accepter les délais par ceux qu'il met en cause (Cass. com. 9-12-1986 : BRDA 3/87 p. 14 ; CA Versailles 16-12-1983 : GP 1985.som.122).

À compter du jour où la livraison devait avoir lieu, tous les fruits de la chose appartiennent à l'acquéreur (C. civ. art. 1614, al. 2), sauf convention contraire (Cass. 3e civ. 26-3-2014 n° 13-10.984 : RJDA 7/14 n° 615).

26924 **Dédouanement** L'obligation de procéder au dédouanement de la marchandise dépend des stipulations du contrat ; à défaut de choix d'un Incoterm® CCI, elle incombe au vendeur s'il expédie et à l'acheteur si celui-ci prend livraison dans les locaux du vendeur ou « à l'arrivée » mais sans précision que la vente a été « à quai dédouané » (CA Versailles 16-3-1989 : GP 1989.som.537).

26927 **Refus de livraison pour défaut de paiement du prix** À condition d'offrir une livraison complète (n° 27150), le vendeur n'est pas tenu de livrer la chose si l'acheteur ne lui en paye pas le prix, sauf délai accordé par le vendeur pour ce paiement (C. civ. art. 1612).

Mais le vendeur qui a accordé un délai à l'acquéreur ne peut refuser la délivrance du bien vendu à ce dernier pour simples craintes sur sa solvabilité (Cass. req. 8-8-1870 : DP 1871.1.331). Il le peut, en revanche, si, depuis la vente, l'acheteur est tombé sous le coup d'une procédure collective ou en état de déconfiture, en sorte qu'il se trouve en danger imminent de perdre le prix, à moins que l'acheteur ne lui donne caution de payer au terme (C. civ. art. 1613), mais seulement si le transfert de propriété à l'acheteur est survenu, car alors le contrat de vente n'est plus en cours et sa continuation ne peut plus être imposée (nos 62015 s.).

En cas de livraisons successives, le défaut de paiement d'une livraison autorise le vendeur à refuser les livraisons suivantes (CA Limoges 24-6-1922 : DP 1924.2.8), a fortiori lorsqu'il a été stipulé que le paiement dès réception de la facture serait une condition déterminante des livraisons ultérieures (CA Grenoble 23-1-1961 : D. 1961.300). Il n'y a pas livraisons successives lorsque chaque livraison constitue une vente distincte (Cass. civ. 2-7-1924 : DP 1926.1.95), ce qui est généralement présumé à défaut de stipulations contractuelles (cf. Cass. civ. 2-7-1924 précité).

26930 **Sanction du défaut de délivrance** L'article 1610 du Code civil érigeant la délivrance en obligation fondamentale, la résolution de la vente pour défaut de délivrance peut être demandée dès lors que la chose vendue n'a pas été remise dans les délais (CA Bourges 9-8-2018 n° 17/01277) ; elle peut l'être même par l'acquéreur initial qui a revendu la chose s'il justifie d'un intérêt à agir (Cass. com. 30-6-2015 n° 14-11.60 : RJDA 1/16 n° 17).

Le vendeur qui n'a pas délivré la chose vendue ne peut pas se prévaloir de la clause exclusive de responsabilité (Cass. 3e civ. 19-9-2019 n° 18-18.394 F-D : RJDA 1/20 n° 13).

b. Réception de la chose vendue par l'acquéreur

Retirement des meubles Le vendeur peut se prévaloir de la résolution de plein droit de la vente si les meubles vendus n'ont pas été retirés après l'expiration du terme convenu (C. civ. art. 1657 ; Cass. com. 27-5-1983 n° 81-16.839 : Bull. civ. IV n° 155 ; CA Montpellier 16-11-2021 n° 19/03422). **26940**

L'application de cette règle appelle les observations suivantes.

1. Le **vendeur** doit avoir préalablement **délivré** la chose vendue dans les conditions prévues au contrat ; tel n'est pas le cas si la chose est atteinte d'un défaut couvert par la garantie des vices cachés, dont la révélation autorise l'acheteur à refuser la délivrance (Cass. 1e civ. 25-5-1992 n° 89-21.542 : Bull. civ. I n° 166).

2. Il faut et il suffit que la vente porte sur des **meubles** (Cass. com. 9-3-1949 : JCP G 1949.II.5075 note Becqué : vente de meubles par anticipation ; Cass. com. 21-4-1950 : S. 1951.1.47 : vente de valeurs mobilières ; CA Reims 8-10-1979 : D. 1981.IR.40 : vente de coupes de bois) ; il importe peu que le meuble soit un corps certain ou une chose de genre (Cass. civ. 3-4-1922 : DP 1924.1.12), que la vente soit à terme ou au comptant (CA Bordeaux 12-4-1948 : D. 1948.446) ou qu'elle soit civile ou commerciale (Cass. req. 11-7-1882 : DP 1883.1.304 ; CA Amiens 26-2-1974 : D. 1974.som.128).

3. Le contrat de vente doit fixer un **terme** pour le retirement (Cass. com. 13-5-1975 : Bull. civ. IV p. 111) et en faire une condition déterminante (Cass. com. 13-4-1964 : Bull. civ. III p. 153).

Tel est le cas, par exemple, du contrat qui prévoit :
- « vente courant tel mois, à la faculté de l'acquéreur » par laquelle l'acheteur a un délai de un mois pour retirer la marchandise (Cass. req. 8-3-1909 : S. 1911.1.579) ;
- une clause « livrable à la demande de l'acquéreur » par laquelle l'acheteur dispose d'un délai « raisonnable » pour retirer le bien vendu (CA Rouen 5-4-1905 : GP 1905.1.683).

Dès l'arrivée du terme fixé pour le retirement, la chose passe aux risques de l'acquéreur (Cass. req. 20-10-1926 : DP 1928.1.92) et le vendeur n'est plus obligé de la tenir à la disposition de l'acheteur (Cass. req. 11-7-1882 : DP 1883.1.304).

À défaut d'un terme ou d'usages, le défaut de retirement ne peut pas être sanctionné par la résolution du contrat même si le vendeur a mis l'acheteur en demeure de retirer à une certaine date (Cass. req. 14-4-1886 : S. 1890.1.438).

4. L'acquéreur n'a **pas retiré** la chose vendue tant qu'il n'en a pas pris **possession** (Cass. com. 9-3-1949 : JCP G 1949.II.5075 obs. Becqué). Il doit le faire au **lieu** convenu ; à défaut, celui-ci est souverainement fixé par les juges (Cass. com. 17-11-1966 : Bull. civ. III n° 438 : lieu fixé dans les magasins du vendeur alors que la marchandise devait être expédiée par navire et le prix payé à compter de la mise à quai).

5. Pour que le vendeur puisse se prévaloir de la résolution de plein droit, il faut que le **défaut de retirement** soit **imputable** à un fait, même non fautif, de l'acquéreur (CA Paris 27-11-1926 : DH 1927.89) et non à un cas de force majeure ou à un fait du vendeur (Cass. com. 8-7-1965 : Bull. civ. III n° 435 ; Cass. com. 7-3-1977 n° 75-15.328 : Bull. civ. IV n° 73), à moins que l'impossibilité de livrer ne soit causée par l'inexécution de ses obligations par l'acheteur (Cass. req. 10-7-1918 : GP 1918.1.471).

6. Le **défaut de retirement entraîne** la résolution de plein droit de la vente (Cass. com. 27-5-1983 n° 81-16.839 : Bull. civ. IV n° 155), sans que le vendeur soit tenu de mettre en demeure l'acquéreur de retirer la chose (C. civ. art. 1657).

Le vendeur ne peut invoquer la résolution de la vente qu'autant qu'il n'y a pas expressément renoncé ; ne constituent pas une renonciation manifeste au bénéfice de la résolution de la vente : les actes d'exécution et de livraison partielle du vendeur (Cass. civ. 20-1-1908 : DP 1908.1.125) ; le fait d'agir pour partie en exécution (Cass. com. 21-4-1950 : Bull. civ. III p. 92) ; le fait de tolérer que l'exploitation d'une coupe de bois se poursuive après le terme fixé pour le retirement (Cass. com. 18-3-1952 : Bull. civ. III p. 103).

Le vendeur peut, même si d'autres sanctions ont été appliquées antérieurement, faire constater la résolution de la vente après l'expiration du terme convenu pour le retirement (Cass. com. 9-3-1949 : JCP G 1949.II.5075 note Becqué).

Il est loisible aux parties de fixer un terme pour la résolution de plein droit du contrat de vente (Cass. civ. 3-4-1922 : DP 1924.1.12).

L'**exécution de la vente** peut néanmoins être exigée par le vendeur (Cass. civ. 20-1-1908 : DP 1908.1.125). En revanche, l'acheteur qui n'a pas procédé au retirement ne peut pas l'exiger (Cass. com. 11-1-1950 : Bull. civ. III p. 10 : banque qui a refusé de retirer les titres acquis par elle pendant plus de dix ans après l'arrivée du terme).

En tout état de cause, le vendeur qui a subi un préjudice peut aussi demander des **dommages et intérêts.** Tel n'est pas le cas du vendeur qui, à l'occasion de la revente du bien non retiré, s'est procuré un bénéfice supérieur aux frais et pertes d'intérêts (CA Rouen 17-2-1872 : DP 1873.5.484).

Les dommages et intérêts se calculent au jour de l'expiration du terme convenu pour le retirement (Cass. req. 12-7-1922 : GP 1922.2.476), par différence entre le prix stipulé et celui du cours au jour fixé pour la livraison (Cass. civ. 18-5-1909 : DP 1909.1.526).

26943 **Remise par l'acquéreur des documents requis** Lorsque la vente stipule que la livraison se fera contre remise par l'acheteur de documents déterminés (justificatif de l'ouverture d'un accréditif bancaire, attestation de blocage de fonds, attestation bancaire de paiement, etc.), celui-ci ne peut être livré que s'il remet lesdits documents à celui qui présente la marchandise, c'est-à-dire généralement, dans ce cas-là, le transporteur. En cas de vente assortie d'un crédit documentaire, l'acheteur ne peut se faire délivrer la marchandise par le transporteur que si les documents ont été remis et admis par la banque habilitée à lever le crédit (n°s 53335 s.).

26946 **Paiement du prix contre livraison** Lorsque l'expédition est contre remboursement, l'acheteur ne peut pas obtenir livraison s'il n'a pas payé le prix. Sur les obligations du transporteur : n°s 24422 et 25089.

26949 **Vérification du dédouanement** L'acquéreur français qui reçoit une marchandise provenant de l'étranger doit s'assurer auprès du transporteur que celle-ci a été effectivement dédouanée et, à défaut, procéder au dédouanement pour éviter les sanctions pour importation irrégulière.

26952 **Contrôle de la conformité de la chose vendue** La conformité de la chose délivrée par le vendeur à la commande de l'acheteur est inhérente à l'obligation de délivrance (Cass. 3e civ. 10-10-2012 n° 10-98.309 : RJDA 1/13 n° 25). Elle s'apprécie dans les conditions ci-après.

26955 **1. Établissement du défaut de conformité.** L'acquéreur qui a accepté sans réserves la chose qui lui est remise est tenu pour l'avoir considérée conforme à sa commande quant aux défauts apparents (Cass. com. 3-5-2006 n° 535 : RJDA 10/06 n° 1009 ; Cass. com. 6-1-2021 n° 19-19.571 F-D : RJDA 4/21 n° 221). Mais il peut se prévaloir des défauts non apparents (Cass. com. 12-7-2017 n° 16-11.443 F-D : RJDA 6/17 n° 399), sauf si, en raison de sa profession, il était en mesure de les connaître (Cass. com. 17-2-2021 n° 18-15.012 F-P : RJDA 6/21 n° 377).

Le juge n'est pas tenu de rechercher d'office si des réserves ont été émises à la livraison (Cass. com. 18-5-2016 n° 14-17.909 : RJDA 7/16 n° 520).

La preuve du défaut de conformité incombe à l'acquéreur (Cass. com. 3-12-1980 : Bull. civ. IV n° 409).

La preuve d'un défaut de conformité n'est pas rapportée lorsque :
– l'acquéreur n'a pas imposé dans le bon de commande d'impression de cartons des couleurs déterminées par des normes précises ou des références professionnelles (Cass. com. 29-3-1977 : JCP G 1977.IV.147), n'a pas mentionné le poids dans le bon de commande de toiles de coton (Cass. com. 15-1-1979 : JCP G 1979.IV.102) ou n'a pas exigé des dispositifs spécifiques d'aide à la conduite pour personne handicapée, le véhicule livré étant conforme aux exigences réglementaires (CA Montpellier 20-1-2009 n° 07/06683 : Bull. inf. C. cass. 2010 n° 478) ;
– l'acquéreur d'essences naturelles a transvasé la marchandise dans ses bidons sans attendre les résultats d'analyse ou, au moins, sans avoir procédé à des prélèvements dans les contenants initiaux (TGI Digne 23-1-1980 : GP 1981.som.44) ;
– un délai de 2 ans s'est écoulé depuis la prise de possession du matériel et de son utilisation pendant ce délai et dans des conditions inconnues (CA Montpellier 19-10-2021 n° 19/01876).

À défaut de preuve du défaut de conformité, l'acheteur ne peut pas invoquer le manquement du vendeur à son devoir de conseil se rapportant à la conformité de la chose livrée (Cass. com. 26-3-2013 n° 11-26.971 : D. 2013.pan.2883 obs. Witz).

26958 **2. Détermination du défaut de conformité.** Le défaut de conformité tient à tout défaut de concordance entre la chose livrée et la commande (Cass. 3e civ. 25-4-2007 n° 06-11.482 : RJDA 10/07 n° 949) ou les promesses publicitaires du vendeur (Cass. com. 17-6-1997 : RJDA 11/97 n° 1312), ou l'étiquetage du produit (CA Lyon 7-7-2000 : JCP G 2001.IV.1089) ou les conditions générales de vente du vendeur (Cass. com. 14-10-2008 n° 07-17.977 : RJDA 2/09 n° 86) ou encore les documents techniques décrivant les performances du matériel vendu (Cass. com. 5-10-2010 n° 08-11.630 : RDC 2011 p. 431 note Th. Genicon) ; il importe peu que le produit soit conforme à la norme NF (CA Paris 21-10-2004 n° 02/12001 : RJDA 2/05 n° 96). En dehors de ces références conventionnelles et sauf stipulation contraire, le défaut de conformité s'apprécie en fonction de la destination de la chose (Cass. 1re civ. 2-4-2009 n° 08-10.698 : RJDA 11/09 n° 939) ou au regard des données techniques connues ou prévisibles au jour de la vente et non au regard des normes

ultérieurement mises au point et résultant de l'évolution de la technique (Cass. 1e civ. 7-5-2008 n° 06-20.408 : RJDA 12/08 n° 1243). Le silence du contrat sur les tolérances n'exclut pas celles qui sont conformes aux normes usuelles (Cass. com. 7-2-2012 n° 10-27.716 : RJDA 8-9/12 n° 758).

Constitue, par exemple, un défaut de conformité :
– en cas de vente sur échantillons, la chose qui n'est pas strictement conforme à l'échantillon (Cass. req. 4-12-1933 : DH 1934.101) ;
– l'eau distribuée par une collectivité territoriale qui ne correspond pas à la composition attendue, portant ainsi atteinte aux tuyaux dans lesquels elle circule (Cass. civ. 26-5-1994 : Bull. civ. I n° 190) ;
– la livraison d'un matériel qui n'atteint pas la capacité promise (Cass. civ. 18-7-1995 : RJDA 1/96 n° 30 ; Cass. com. 7-7-1998 : DA 1998.1529) ou qui n'est pas conforme aux normes de sécurité (CA Nancy 27-9-1995 : JCP G 1996.IV.2193) ou qui est inadapté à la destination convenue avec le client (Cass. 1e civ. 30-9-2010 n° 09-11.552 : RJDA 5/11 n° 402) ;
– l'indication, s'agissant d'un véhicule, d'un kilométrage erroné ainsi que la falsification d'un numéro de série contrairement aux spécifications convenues (Cass. 1e civ. 15-3-2005 n° 556 : RJDA 11/05 n° 1202) ;
– la moindre dégradation subie par la chose dès lors que la commande porte sur une chose neuve, laquelle s'entend d'une chose n'ayant subi aucune dégradation (Cass. 1e civ. 3-5-2006 n° 727 : RJDA 11/06 n° 1123).

En matière de vente de denrées périssables, c'est au moment de la livraison que l'acquéreur doit vérifier l'état et la qualité de la marchandise (Cass. com. 10-2-1981 : Bull. civ. IV p. 61). Il doit supporter un partage de responsabilité si, professionnel disposant des moyens de vérification, il a décelé les caries du blé acheté seulement à la troisième livraison (CA Nancy 16-1-1996 : JCP G 1996.IV.2192).

3. Action pour défaut de conformité. Le défaut de conformité peut être invoqué par l'**acheteur** contre son vendeur et se transmet avec la chose livrée (n° 13030). Il s'ensuit notamment : d'une part, que l'action résolutoire portant sur le défaut peut être exercée par le **sous-acquéreur** à la fois contre le vendeur intermédiaire et contre le vendeur originaire, à l'égard duquel le sous-acquéreur dispose d'une action directe contractuelle (Cass. 3e civ. 7-6-2018 n° 17-10.394 FS-PBI : RJDA 10/18 n° 718) ; d'autre part, qu'elle ne peut pas être exercée contre le vendeur originaire, si le sous-acquéreur a déjà intenté contre lui cette action, par le **vendeur intermédiaire** qui ne peut lui demander que de le garantir des condamnations prononcées à son encontre en faveur du sous-acquéreur (Cass. 1e civ. 20-5-2010 n° 09-10.086 : RJDA 8-9/10 n° 839). 26961

Le vendeur originaire ne peut être tenu de restituer davantage qu'il n'a reçu, sauf à devoir des dommages-intérêts en réparation du préjudice causé tant au sous-acquéreur qu'au vendeur intermédiaire (Cass. 1e civ. 20-5-2010 n° 09-10.086 précité), ni être privé du droit d'invoquer des moyens propres à limiter sa garantie (Cass. 1e civ. 6-1-2021 n° 19-18.588 F-P : RJDA 6/21 n° 378). Par ailleurs, il ne répond pas envers le vendeur intermédiaire du défaut de conformité qui lui est reproché par le sous-acquéreur s'il n'a pas été en mesure d'apprécier la commande de ce dernier et s'est borné à livrer le matériel qui lui a été commandé (Cass. com. 5-12-1989 : BRDA 3/90 p. 13).

L'acheteur ne peut **pas agir** s'il a accepté la livraison sans réserves (Cass. com. 1-3-2005 n° 337 : RJDA 6/05 n° 675 ; cf. CA Aix 30-6-1989 : Bull. cour d'Aix 1989/2 p. 12 n° 50, recevant l'action de l'acheteur qui avait émis des protestations quelques mois après la livraison de la marchandise). Mais il le peut, même si le vendeur a été relaxé du chef de tromperies sur les qualités substantielles de la chose vendue, car l'action pour défaut de conformité, faute contractuelle qui procède d'une obligation de résultat, diffère de la faute pénale, hors toute absence de dissimulation fautive du vendeur (Cass. 1e civ. 6-4-2016 n° 15-12.881 : RJDA 7/16 n° 584).

Aucun **délai** n'étant imposé par la loi sous peine de forclusion pour agir en défaut de conformité, le délai pour agir est celui de la prescription de droit commun dont le point de départ, même au regard du sous-acquéreur, est au jour de la livraison initiale (Cass. 3e civ. 7-6-2018 n° 17-10.394 précité).

En cas de doute sur la nature du défaut, non-conformité ou vice caché, l'acheteur a intérêt : d'une part, à agir dans le délai de deux ans à compter de la constatation du défaut afin que son action ne soit pas déclarée irrecevable s'il est jugé que le défaut dénoncé est un vice caché qui doit être invoqué dans ce délai (n° 27228 ; sur une irrecevabilité, Cass. 3e civ. 24-4-2003 n° 515 : RJDA 8-9/03 n° 826 : existence du vice caché excluant toute action fondée sur la non-conformité de la chose vendue) ; d'autre part, à invoquer en justice à la fois le défaut de conformité et le vice caché, afin d'être sûr que les juges examineront sa demande sous ces deux aspects, car, saisis d'une action en garantie des vices cachés dont la preuve n'est pas rapportée, ils ne sont pas tenus de rechercher si le défaut constitue un manquement à l'obligation de délivrance (Cass. ass. plén. 21-12-2007 n° 06-11.343 : JCP G 2008.II.10006 note Weiller) et, saisis d'un défaut de délivrance, ils ne sont pas tenus de vérifier si l'action pour vice caché est fondée (Cass. 1e civ. 28-3-2018 n° 17-10.031 F-D).

Les juges ne peuvent pas affirmer que l'action fondée sur l'obligation de délivrance conforme se confond avec celle fondée sur l'existence d'un vice caché (Cass. 3e civ. 25-1-2012 n° 10-27.357 : RJDA 5/12 n° 483).

Sur le cas particulier de la vente d'équipements de travail ou de protection comportant des risques pour la santé et la sécurité, C. trav. art. L 4311-5.

c. Sanctions des manquements à la livraison

REMPLACEMENT DES CHOSES DE GENRE

26980 **Définition** En vertu d'une solution coutumière, dont la première manifestation pourrait se situer dans un arrêt de 1847 (CA Bordeaux 12-1-1847 : S. 1847.370), l'**acheteur** de choses de genre qui ne correspondent pas aux spécifications contractuelles, ou qui ne sont pas livrées au moment convenu, peut, lui-même et **sans autorisation préalable** de la justice, en acquérir d'autres auprès d'un tiers (il se « remplace », selon le langage courant) et s'en faire rembourser le prix par le vendeur commerçant.

Le remplacement ainsi entendu se distingue du droit pour l'acheteur à exiger du vendeur lui-même le remplacement d'un matériel livré non conforme aux stipulations contractuelles (Cass. com. 16-7-1975 : Bull. civ. IV p. 172).

26983 **Régime** Le remplacement est soumis à un régime prétorien défini par les tribunaux.

Par application de l'article 1222 du Code civil, le créancier peut demander, en cas d'inexécution, à être autorisé à exécuter lui-même l'obligation aux dépens du débiteur. Ce régime ne se confond pas avec la règle coutumière qui autorise spécifiquement l'acheteur de marchandises déterminées auprès d'un commerçant à procéder lui-même à un nouvel achat auprès d'un autre fournisseur. De plus, le caractère spécifique de cette règle commerciale est une dérogation à la règle générale dont l'article 1105, al. 3 du Code civil assure la validité (n° 10668).

26986 **Validité** Le remplacement est possible dès lors qu'il est acquis que le **vendeur commerçant** ne livrera pas la chose vendue.

Cette solution ressort implicitement des décisions suivantes dans lesquelles la validité du remplacement - toujours opéré contre un vendeur commerçant (qualité, qui n'a d'ailleurs jamais été présentée comme une condition, s'induisant des circonstances des espèces) - a été reconnue incidemment ou indirectement (Cass. req. 6-1-1869 : DP 1869.1.207 ; Cass. req. 4-4-1922 : GP 1922.2.112 ; Cass. com. 1-6-1959 : JCP G 1959.II.11206 ; Cass. com. 15-10-1980 : GP 1981.pan.64 ; CA Nancy 12-12-1918 : GP 1918-1919.1.576 ; CA Aix 15-1-1920 : GP 1920.1.177 ; CA Douai 9-10-1923 : GP 1923.2.650 ; T. com. Le Havre 15-7-1925 : GP 1925.2.581).

26989 **Domaine** Le remplacement a été reconnu au profit de l'acheteur de produits divers tels que sarrasin, huile, maïs (Cass. com. 4-3-1980 : Bull. civ. IV p. 85 ; Cass. com. 15-10-1980 : GP 1981.pan.64 ; CA Douai 9-10-1923 : GP 1923.2.650). Mais il a été refusé à l'acheteur d'une « machine bien déterminée et individualisée » (Cass. com. 20-1-1976 n° 74-13.921 : Bull. civ. IV n° 26).

26992 **Mise en œuvre** L'acheteur a le droit « incontestable de se remplacer dans les conditions les plus favorables pour lui » (CA Paris 1-3-1913 : DP 1913.2.372).

1. Mise en demeure du vendeur. Avant de procéder effectivement au remplacement de la marchandise, l'acheteur doit mettre le vendeur en demeure de livrer (cf. Cass. com. 1-6-1959 : JCP G 1959.II.11206 ; CA Aix 15-1-1920 : GP 1920.1.177), à moins que le vendeur ne l'ait avisé de sa défaillance (CA Douai 9-10-1923 : GP 1923.2.650).

2. Faculté pour l'acheteur. L'acheteur peut renoncer au remplacement s'il craint des contestations sur les conditions dans lesquelles il y a procédé (CA Nancy 12-12-1918 : GP 1918-1919.1.576).

3. Conditions du remplacement. La marchandise de remplacement doit être acquise aux conditions du marché, l'acheteur ne pouvant arbitrairement fixer le prix (Cass. com. 4-3-1980 : Bull. civ. IV p. 85), sans être pour autant tenu « d'acheter des marchandises sur la place même où le marché avait été conclu et à l'époque où la marchandise aurait dû être livrée » (CA Paris 1-3-1913 précité). Il peut le faire ultérieurement et à des cours plus élevés (Cass. req. 4-4-1922 : GP 1922.2.112). Il agira prudemment en faisant agréer la quantité, la qualité et le prix de la marchandise par un expert nommé en justice sur requête.

26995 **Remboursement** L'acheteur qui s'est remplacé peut exiger du vendeur le paiement du **supplément de prix** nécessaire à la conclusion du nouveau marché (Cass. req. 6-1-1868 : DP 1869.1.207), à condition de prouver que la livraison faite par le vendeur lui a causé un préjudice pour défaut de conformité aux stipulations du contrat et qu'il a effectué un rachat pour remplacer la marchandise défectueuse (Cass. com. 15-10-1980 : GP 1981.pan.64).

Ce supplément est déterminé par comparaison entre le prix d'achat initial et le prix des marchandises au jour où l'acheteur acquiert la certitude qu'il ne sera pas livré.

Cette certitude résulte notamment :

– du refus déclaré du vendeur de livrer la marchandise si ce n'est à un prix supérieur à celui initialement stipulé (CA Aix 15-1-1920 : GP 1920.1.177) ;

– de l'absence d'exécution du vendeur qui a reçu une sommation de livrer (Cass. req. 31-12-1900 : DP 1901.1.135).

Le supplément de prix comprend éventuellement le bénéfice manqué par l'acheteur qui, s'étant engagé à revendre à un tiers la marchandise non livrée, a dû se remplacer à un cours plus élevé que le prix d'achat initial sans pouvoir lui-même répercuter cette augmentation (Cass. com. 1-6-1959 : JCP G 1959.II.11206 obs. Hémard).

AUTRES SANCTIONS DES MANQUEMENTS À LA LIVRAISON

Condamnation à la mise en conformité Si la chose livrée n'est pas conforme aux stipulations du contrat, l'acheteur peut demander en justice que le vendeur soit condamné à faire disparaître ce défaut de conformité, soit par réparation (Cass. civ. 11-4-1933 : S. 1933.1.263), soit par échange, à condition alors de veiller à la conservation de la chose jusqu'à sa restitution (Cass. civ. 11-4-1995 : BTL 1995.396). Mais les tribunaux ne sauraient, par ce biais, aggraver les obligations légales du vendeur (Cass. civ. 14-3-1948 : D. 1948.346). **27000**

Il peut aussi refuser la livraison (Cass. civ. 4-4-1991 : RJDA 5/91 n° 390 : refus d'une chose neuve présentant des défauts).

La clause interdisant à l'acheteur de refuser la marchandise en toute hypothèse a été jugée nulle (T. com. Le Havre 2-12-1930 : GP 1931.1.332).

Résolution de la vente Comme pour tout manquement contractuel et sous les mêmes règles (nos 15508 s.), l'acheteur, comme le sous-acquéreur (Cass. com. 4-6-1991 : RJDA 11/91 n° 907), peut demander la résolution de la vente pour défaut de conformité, le vendeur étant tenu par une obligation de résultat de délivrer une chose conforme à ce qui avait été convenu dans sa qualité, sa quantité et son identité (Cass. 1e civ. 8-6-2016 n° 15-18.929 F-D : RJDA 3/17 n° 169) ; la résolution est toutefois refusée à l'acheteur si le défaut de conformité invoqué n'a pas été pour lui un élément déterminant (Cass. civ. 20-2-1996 : RJDA 6/96 n° 768). **27003**

Dommages et intérêts L'acheteur peut toujours demander au vendeur des dommages et intérêts si le défaut de livraison ou de conformité lui a causé un préjudice (C. civ. art. 1611), par exemple lorsque la livraison a eu lieu après une baisse des marchandises qui lui a causé, à l'occasion de la revente de celles-ci, une perte (Cass. com. 28-12-1949 : Bull. civ. II p. 1214). Il peut aussi demander une réduction du prix (n° 14910 s.). **27006**

Il pourrait aussi agir contre le fournisseur de son vendeur qui ne lui a pas livré la chose, par exemple en cas de vente d'une automobile contre le concédant du concessionnaire avec lequel il a conclu la vente s'il était en mesure d'établir que le contrat liant son vendeur au fabricant « par sa nature » le lui permet (cf. Cass. com. 21-1-1980 n° 78-12.472 : Bull. civ. IV n° 35).

Le vendeur doit aussi une indemnité à l'acheteur lorsque, condamné à livrer la chose, il ne peut exécuter en nature cette condamnation, la fabrication de la chose ayant cessé (Cass. com. 5-10-1993 : RJDA 2/94 n° 149).

Le vendeur ne peut invoquer ses conditions générales de vente pour opposer à l'acquéreur une garantie limitée au remplacement du produit, car il ne peut se dégager de sa garantie lorsqu'il ne fournit pas un produit conforme (Cass. com. 20-3-2001 : RJDA 10/01 n° 956).

Mais l'acquéreur n'a droit qu'à des dommages et intérêts pour le préjudice qu'il a subi et ne peut pas refuser de payer le prix s'il a réceptionné la chose et l'a utilisée (Cass. com. 17-6-2020 n° 19-10.211 F-D : RJDA 10/20 n° 482).

Condamnation à la livraison Le vendeur peut être condamné à livrer la chose commandée (n° 14900). **27009**

2. TRANSFERT DE LA PROPRIÉTÉ

DATE DU TRANSFERT DE PROPRIÉTÉ

Le transfert de propriété de la chose vendue s'opère selon les règles étudiées au n° 26718, à la condition, en outre, que la chose soit **individualisée** (Cass. civ. 31-10-1928 : S. 1929.1.186 ; CA Paris 28-9-1989 : GP 1990.19 note Bey). **27050**

Toutefois, ce transfert n'est pas opposable aux tiers qui peuvent se prévaloir de la possession de bonne foi d'un meuble corporel (C. civ. art. 2276), voire d'une convention particulière (Cass. civ. 13-12-1965 : Bull. civ. p. 534 : à propos du transfert de propriété d'une automobile ne résultant, à l'égard de l'assureur, que de la remise de la carte grise - devenue certificat d'immatriculation - à l'acquéreur).

Au sens de cette règle, la chose est individualisée, conformément aux distinctions suivantes.

Choses à fabriquer Le transfert de propriété n'a lieu que lorsque la chose est effectivement en mesure d'être livrée (Cass. req. 31-10-1900 : D. 1901.1.65 ; CA Rennes 29-9-1983 : GP 1985.330 note Rusquec ; Cass. civ. 12-7-1976 : Bull. civ. III p. 237), mais se produit dès qu'elle l'est, même si elle n'a pas été livrée (Cass. civ. 1-8-1950 : Bull. civ. I p. 141). **27056**

Sur l'application éventuelle de la clause de réserve de propriété introduite par le fabricant dans ses factures, cf. Cass. com. 27-9-2011 nº 10-14.746 : JCP E 2012.1089 note Billemont.

27059 **Vente de choses de genre** On distingue les ventes suivantes.

1. Ventes en bloc. Le transfert de propriété a lieu au jour de la conclusion du contrat (C. civ. art. 1586 ; Cass. civ. 1-2-1983 : JCP G 1984.II.20241 note J.H.).

2. Ventes au poids, au compte ou à la mesure. Le transfert de propriété n'est réalisé qu'au moment où la chose est individualisée contradictoirement par pesage, comptage ou mesurage (art. 1585 ; Cass. com. 22-11-1988 : GP 1989.pan.32).

Ainsi, le transfert de propriété d'une marchandise vendue au poids, au compte ou à la mesure étant retardé jusqu'à ce que la marchandise ait été mesurée, comptée ou pesée, le vendeur de mille hectolitres de vin n'est pas fautif d'avoir constitué warrant sur la totalité de sa récolte d'une année, y compris sur les mille hectolitres vendus et payés, dès lors qu'il a délivré les vins vendus dans les conditions prévues (Cass. com. 27-5-1986 : Bull. civ. IV p. 91).

L'individualisation doit être faite contradictoirement entre le vendeur et l'acheteur (Cass. civ. 31-12-1894 : DP 1895.1.409). Cependant, le seul fait que l'acheteur reconnaisse que l'individualisation a eu lieu opère translation de propriété sans qu'il soit nécessaire qu'il y ait eu individualisation contradictoire (Cass. req. 19-3-1929 : S. 1929.1.245).

Le transfert est opéré au lieu de cette individualisation (Cass. crim. 24-12-1875 : DP 1876.1.91).

3. Ventes à l'abonnement. Le transfert se fait au moment où la consommation est enregistrée (nº 26703).

27062 **Conventions particulières** Les parties peuvent librement choisir le moment auquel elles placent le transfert de la propriété de la chose vendue (Cass. com. 19-12-2000 : RJDA 5/01 nº 573), à moins qu'une règle d'ordre public ne s'y oppose (par exemple, le respect du droit moral de l'artiste à décider de la divulgation de son œuvre en cas de remise d'une œuvre d'art inachevée : CA Paris 19-3-1947 : D. 1949.20 note Dubois).

Encore faut-il qu'il y ait volonté certaine de modifier la date du transfert : tel n'est pas le cas de la clause selon laquelle l'acheteur doit payer le prix avant d'entrer en possession (Cass. req. 22-7-1872 : DP 1873.1.111).

27065 **Vente sous condition** En cas de vente sous condition suspensive : nº 13455 ; en cas de vente sous condition résolutoire : nº 16045.

27068 **Vente avec réserve de propriété** Le transfert de propriété se produit au jour du paiement (Cass. com. 19-10-1982 nº 81-10.220 : Bull. civ. IV nº 321 ; Cass. com. 11-6-1985 nº 602 P : BRDA 20/85 p. 17 ; TGI Strasbourg 1-12-1983 : GP 1985.som.180 ; CA Rouen 12-3-1992 : JCP G 1993.IV.1990).

La vente est néanmoins conclue et l'acheteur doit l'exécuter : il doit ainsi payer le prix et ne peut imposer au vendeur la reprise des invendus (CA Rouen 12-3-1992 précité).

Sur l'opposabilité de la clause de réserve de propriété à la procédure collective et ses effets, nºs 63025 s.

27071 **Expédition contre remboursement** Il a été jugé que le transfert de propriété se produit au moment de la livraison matérielle au lieu de destination (Cass. crim. 23-11-1916 : D. 1917.1.67 ; Cass. com. 2-11-1948 : BT 1949.243).

27074 **Ventes sous termes commerciaux** Lorsque les parties se réfèrent à un terme commercial, la date du transfert de propriété dépend de la solution donnée par les tribunaux concernant ce terme, ni la loi (C. transports art. L 5424-2 et L 5424-6) ni les Incoterms (nº 26718) ne réglant la question de la date du transfert de propriété (Cass. com. 23-6-1998 nº 96-17.171 : Bull. civ. IV nº 210).

Les solutions jurisprudentielles ont été quasi exclusivement énoncées à propos des ventes maritimes, mais rien n'interdit, avec adaptation en tant que de besoin, de les transposer aux ventes terrestres et aériennes.

1. CIF (avant 2020, **CAF**). Le transfert de propriété intervient au moment de la mise à bord de la marchandise au port d'embarquement (Cass. com. 13-5-1964 : DMF 1964.538 ; CA Aix 24-10-1980 : BT 1981.282 ; CA Rouen 6-5-2003 : DMF 2003.779 obs. Delebecque). Mais la clause portée sur la facture et reproduite sur le connaissement stipulant un paiement contre remise de l'original de ce document a pour effet de suspendre la dépossession du vendeur en faveur de l'acheteur à cette remise (CA Versailles 29-4-2003 : BTL 2003.567).

Cette solution ne s'applique aux choses de genre que si elles sont individualisées au moment de leur embarquement. L'individualisation, dite ici spécialisation, peut se faire par marquage ou numérotage de la marchandise (Cass. com. 7-1-1969 : DMF 1969.279 note P.L.) ou « fictivement » par l'établissement d'un document écrit, certain et probant, dûment daté et signé par le vendeur tel qu'un télex (CA Aix 13-5-1977 : DMF 1979.661).

Cette spécialisation fictive peut même se faire au port de destination, à condition qu'elle soit exprimée dans le contrat de vente (CA Aix 19-10-1962 : DMF 1963.352) et qu'elle intervienne avant l'ouverture des panneaux, afin d'éviter que le vendeur n'affecte un lot de marchandises avariées en cours de transport à un acquéreur de son choix (CA Rouen 25-1-1963 : DMF 1963.731). Une fois réalisée, elle est irrévocable (T. com. Paris 3-3-1977 : DMF 1977.544).

2. FOB. Le transfert de propriété a lieu au moment de la mise à bord de la marchandise au port d'embarquement (Cass. com. 15-5-1972 : DMF 1972.715 ; CA Rouen 6-6-1991 : RJDA 8-9/91 n° 712). La marchandise embarquée doit être spécialisée si le vendeur charge plusieurs lots de la même marchandise pour des acheteurs différents (cf. § 1, par analogie).

3. CFR. Le transfert de propriété se produit au moment de la mise à bord (Cass. com. 5-10-1993 : RJDA 2/94 n° 153 : à propos du terme « C et F » devenu CFR).

4. Vente à l'arrivée. La marchandise doit être individualisée dans les conditions ci-dessus exposées (§ 1) qui sont transposables par analogie.

Si la vente est DAP ou DPU, le transfert de propriété intervient une fois la marchandise déposée au lieu où le vendeur est tenu de la mettre à disposition de l'acheteur (cf. CA Paris 14-4-1982 : DMF 1983.33 : à propos d'une vente Ex Quay devenue DAP ou DPU).

Sur les conséquences des termes commerciaux sur le droit de saisir les marchandises embarquées, n° 59112.

5. Vente franco. Le transfert de propriété se réalise dès l'échange des consentements des parties au contrat de vente (Cass. com. 6-7-1983 : Bull. civ. IV p. 181). Mais la clause « franco domicile entrepôt de l'acquéreur » emporte retardement du transfert de propriété (T. com. Paris 20-9-1982 : BT 1982.515 ; dans le même sens, CA Rouen 9-1-1992, inédit) et donc des risques.

Location-vente Le transfert de propriété ne se réalise qu'à l'expiration de la location et au moment où le contrat de vente est substitué à la location (cf. Cass. req. 27-10-1925 : S. 1927.1.334). **27077**

Vente sur saisie Lorsque la vente (forcée aux enchères ou amiable) des marchandises intervient sur saisie-vente, le transfert de propriété est subordonné au paiement du prix (C. exécution art. L 221-3 et R 221-32). **27080**

CONSÉQUENCES DU TRANSFERT DE PROPRIÉTÉ

Indépendamment de ses conséquences sur le transfert des risques (n° 27100), le transfert de propriété a pour effet de retirer au vendeur tout droit sur la chose vendue, sous réserve du droit de la revendiquer sous conditions en cas de procédure collective de l'acheteur (nos 62965 s.). **27085**

L'acheteur, corrélativement, acquiert la propriété de la chose vendue.

Toute restriction contractuelle à ses droits est strictement entendue : ainsi, une clause restreignant l'usage des disques vendus par un producteur, qui en interdit l'usage public, ne peut avoir pour effet de réserver des droits supplémentaires au profit de ce dernier (CA Paris 2-3-1979 : JCP G 1980.II.19351 note Plaisant).

Mais si le vendeur d'un meuble s'est obligé de livrer à deux personnes successivement, celui qui a pris possession de ce meuble en premier est préféré, même si son titre est postérieur en date, pourvu que sa possession soit de bonne foi (C. civ. art. 1198, al. 1). Cette disposition, issue de l'ordonnance 2016-131 du 10 février 2016 et entrée en vigueur le 1er octobre 2016 ne contredit pas les dispositions de l'ex-article 1141 du Code civil qui prévoyait la même règle pour « la personne mise en possession réelle ». Les décisions rendues sur le fondement de cet article sont donc transposables. En effet, une possession n'est prise en compte que si elle est réelle (n° 30022).

Il reste donc vrai que la détention de la lettre de voiture est insuffisante pour établir cette possession réelle (Cass. com. 23-6-1952 : Bull. civ. III p. 191). En revanche, la détention du connaissement l'est, à notre avis, car, en tant que titre négociable, le connaissement représente la chose qui y est identifiée ; cette identification, expressément jugée quant au connaissement fluvial négociable considéré comme valant titre de propriété au profit de son porteur légitime qui a été admis à repousser une action en revendication (Cass. com. 1-10-1985 : Bull. civ. IV p. 187), est, à notre avis, transposable au connaissement maritime également négociable.

3. TRANSFERT DES RISQUES

Principe Le transfert des risques étant par principe lié à celui de la propriété (n° 26718), les risques qui sont susceptibles d'entraîner la perte ou la détérioration de la chose vendue sont **à la charge** du vendeur ou de l'acheteur selon que l'un ou l'autre en est propriétaire au moment où ils surviennent. **27100**

Le transfert des risques appelle des précisions complémentaires dans les circonstances suivantes :

– dans les ventes en bloc, le transfert des risques a lieu au jour de la conclusion du contrat (C. civ. art. 1586 ; Cass. civ. 8-10-1980 : D. 1981.IR.445 ; CA Rennes 25-6-1969 : GP 1969.2.201) ;

– dans les ventes au poids, au compte et à la mesure, le transfert des risques n'est réalisé qu'au moment où la chose est individualisée contradictoirement par comptage, mesurage ou pesage (art. 1585 ; CA Paris 22-1-1973 : BT 1973.57) ;

– dans les ventes avec réserve de propriété, la chose reste aux risques, notamment ceux du transport, du vendeur tant que, le prix n'ayant pas été payé, la réserve de propriété n'a pas été levée (CA Dijon 27-5-2010 n° 09/01123 : BTL 2010.529 ; sur un exemple de levée de la réserve de propriété par paiement intervenu avant le début du transport, CA Lyon 5-3-2009 : BTL 2009.335), même si la chose a été remise à l'acheteur (Cass. com. 19-10-1982 : Bull. civ. IV p. 270 ; CA Versailles 29-11-1991 : JCP G 1992.IV.817), sauf volonté contraire des parties (CA Rouen 9-1-1992, inédit) ;

– dans les ventes suivies d'un transport, à défaut d'emploi d'un terme commercial (n° 26718) ou d'une convention contraire des parties (Cass. civ. 7-7-1993 n° 91-18.592 : Bull. civ. I n° 254), le transfert des risques a lieu au moment du transfert de propriété dès lors que la preuve que la marchandise a été expédiée a été rapportée, ce qui peut résulter de la production du bordereau d'expédition des objets remis au transporteur (Cass. 1e civ. 19-11-1991 n° 90-15.731 : RJDA 1/92 n° 22) ; néanmoins, pour être libéré des risques, le vendeur doit pourvoir à l'emballage approprié de la marchandise (Cass. com. 11-5-1981 n° 79-15.724 : Bull. civ. IV n° 220), et ce, alors même que la réexpédition est faite aux risques du destinataire (Cass. com. 14-3-1978 n° 76-15.281 : Bull. civ. IV n° 91 : à propos de la réexpédition par un réparateur mais transposable au vendeur) ; la même obligation incombe à l'acquéreur s'il réexpédie la marchandise au vendeur qui a accepté de la reprendre et en est ainsi redevenu propriétaire, mais l'acquéreur n'encourt pas de responsabilité dès lors qu'il l'a remise à un transporteur apte à en assurer le transport (Cass. com. 24-11-1980 : Bull. civ. IV n° 391).

Ces risques sont les **événements** fortuits qui ne sont imputables à aucune des parties à la vente (CA Dijon 28-5-1998 : BTL 1998.616 ; CA Lyon 5-3-2009 précité).

La **preuve** du cas fortuit incombe à celui qui s'en prévaut : par exemple, au vendeur qui avait la garde de la chose jusqu'à la délivrance et qui voulait s'exonérer de son obligation de livrer (Cass. com. 19-3-1963 : D. 1963.345).

27103 **Transfert des risques selon les Incoterms** **1.** Lorsque les parties ont désigné un Incoterm défini par le Code des transports ou la codification CCI, le transfert des risques est régi par le terme choisi (n° 26718).

2. En cas de désignation d'un Incoterm non défini, les solutions suivantes ont été retenues par les tribunaux.

a. Solutions générales :

– le transfert des risques n'a pas lieu si la marchandise qui devait être transportée n'a pas été embarquée (Cass. com. 11-5-2010 n° 08-21.266 : RJDA 10/10 n° 942) ;

– les risques sont à la charge du vendeur dès lors que le contrat de transport conclu par celui-ci avec un commissionnaire de transport comportait l'obligation pour ce dernier de remplacer toute fourniture manquante ou défectueuse (Cass. com. 2-10-1990 n° 88-17.506 : Bull. civ. IV n° 222 : à propos d'une vente CAF, mais transposable à toute autre vente).

b. Solutions propres à un terme déterminé :

– **Vente CIF (ex-CAF).** Les risques passent à l'acquéreur lorsque la chose vendue franchit le bastingage du navire au port d'embarquement (CA Rouen 29-11-1978 : DMF 1979.348 ; CA Paris 22-5-1984 : BRDA 15-16/84 p. 20 ; CA Aix 7-1-1986 : Bull. cour d'Aix 1986/3-4 p. 37).

L'acheteur est tenu de payer au vendeur la totalité du prix de la marchandise tel qu'il a été fixé dans le contrat de vente même si celle-ci a été embarquée à bord d'un navire qui a sombré au cours du transport avec sa cargaison (CA Paris 29-1-1997 : BTL 1997.352).

– **Vente FOB.** La chose vendue passe aux risques de l'acheteur au moment où elle franchit le bastingage au port d'embarquement (Cass. com. 7-9-2010 n° 09-16.359 : RJDA 12/10 n° 1154). Jusque-là, les risques restent à la charge du vendeur (CA Rouen 4-10-2013 n° 12/05697 : BTL 2013.670). Dans le même sens : règle Incoterms® B-2 du terme FOB.

Néanmoins, le vendeur, en sa qualité d'expéditeur, peut agir en indemnisation du fait de la perte de la marchandise dès lors qu'il a qualité à agir, indépendamment de la charge des risques, s'il justifie d'un préjudice résultant de la perte de marchandises au cours du transport (CA Paris 27-5-2021 n° 18/27674 : DMF 2021.745 obs. Piette).

– **Vente CFR.** Le transfert des risques à l'acheteur a lieu lorsque la marchandise franchit le bastingage au port d'embarquement (Cass. com. 5-10-1982 : DMF 1983.345 ; CA Versailles 21-12-1983 : DMF 1984.544 : à propos d'une vente C et F devenue CFR), sauf si la marchandise, quoique embarquée, a été refusée par l'acheteur avant l'embarquement conformément au contrat de vente, refus entraînant la résolution de la vente (Cass. com. 27-2-2007 n° 05-19.492).

– **Ventes DAP et DAT.** Le transfert des risques se produit au moment où le transporteur livre la marchandise vendue au destinataire désigné sur le document de transport ; il se produit au même moment que le transfert de propriété (n° 27074).

Il en est de même de la vente EXW, les risques étant transférés à la sortie d'usine et non sur le site de réception (CA Rennes 4-9-2018 n° 15/09803).

– **Ventes franco.** Les risques sont à la charge de l'acheteur devenu propriétaire de la chose vendue (n° 27074 ; CA Lyon 10-5-1996 : BTL 1997.682), sauf clause contraire les mettant à la charge du vendeur (Cass. com. 23-6-1998 : RJDA 11/98 n° 1202) ou signature par le vendeur de la lettre de voiture avec apposition de son cachet et auteur des opérations de chargement, calage et arrimage du bien vendu, le vendeur assumant la responsabilité de ces opérations et devant répondre, sur le fondement de la responsabilité contractuelle, des conséquences dommageables de leur exécution défectueuse (Cass. com. 5-7-2023 n° 21-21.115 F-B : RJDA 11/23 n° 581 ; vente « départ usine »).

– **Ventes au domicile de l'acquéreur.** Dans un cas où les conditions générales d'une vente prévoyaient que la marchandise en provenance d'Italie devait être livrée au domicile de l'acheteur en France, cette marchandise voyageait aux risques et périls du vendeur ; celui-ci est ainsi mal fondé à réclamer à l'acheteur le paiement du prix de la marchandise, qui avait été volée durant la phase finale du transport, peu important que la marchandise ait été prise en charge à son entrée sur le territoire français par un commissionnaire de transport désigné par l'acheteur (Cass. com. 23-6-1998 n° 96-17.171 : Bull. civ. IV n° 210).

4. PAIEMENT DU PRIX

Échéance et lieu de paiement L'acquéreur doit payer le prix au jour et au lieu prévus par le contrat (C. civ. art. 1650). 27150

Si la vente ne contient aucune stipulation particulière, l'acquéreur doit payer au temps et au lieu de la délivrance (art. 1651 ; Cass. req. 23-6-1941 : DC 1943.23 : à compter du mesurage s'il a lieu ; Cass. com. 25-10-1961 : D. 1962.290 note Bigot ; Cass. com. 17-2-1987 : JCP G 1987.IV.143 : non-report de l'exigibilité du prix à l'issue de l'accomplissement des opérations comptables ; Cass. 1e civ. 26-1-2012 n° 10-27.338 : paiement non exigible avant la livraison, ces deux faits devant être concomitants). La délivrance doit être complète ; ce n'est pas le cas si n'a pas été livré l'un des éléments faisant partie de l'ensemble vendu dont il était indissociable, puisqu'il était nécessaire pour assurer l'une des fonctions principales du système informatique vendu (Cass. civ. 19-11-1996 : RJDA 2/97 n° 193 ; dans le même sens, CA Versailles 11-3-1999 : RJDA 7/99 n° 771).

La délivrance ne vaut pas présomption légale que le prix a été payé (Cass. req. 15-7-1942 : DC 1943.104).

Si le jour de la délivrance n'a pas été fixé, le prix est dû, comme de droit commun (n° 50500), à la date d'exigibilité de l'obligation qui lui a donné naissance, soit en cas d'adjudication de la chose vendue à l'expiration du délai dont disposait l'adjudicataire pour s'acquitter du prix de vente (Cass. 3e civ. 2-3-2022 n° 20-23.602 FS-B : D. 2022.892 note Gérard).

Montant du paiement L'acquéreur doit payer le prix convenu au contrat et les intérêts de ce prix dans trois cas (C. civ. art. 1652) : lorsque le contrat le prévoit ; lorsque la chose vendue et livrée produit des fruits ou autres revenus (pour un exemple, Cass. com. 5-12-2000 : RJDA 3/01 n° 327 : mise à la charge de l'acquéreur de parts sociales du paiement des intérêts sur une période de 29 ans après la délivrance pendant laquelle une contestation était restée pendante) ; lorsqu'il a été sommé de payer, l'intérêt ne courant alors que de la sommation (Cass. 3e civ. 12-1-2005 : D. 2005.IR.318). 27153

Droit de l'acquéreur de suspendre le paiement L'acquéreur peut suspendre le paiement du prix s'il est troublé ou s'il a de justes raisons de le craindre par une action en revendication, jusqu'à ce que le vendeur ait fait cesser le trouble ou lui ait donné caution ; l'acheteur ne perd cette faculté que s'il y a renoncé (C. civ. art. 1653). 27156

Cette règle s'applique à toute action qui peut avoir pour résultat d'évincer l'acheteur, car les termes de l'article 1653 du Code civil sont purement énonciatifs (Cass. 3e civ. 18-1-1983 n° 81-11.197 : Bull. civ. n° 17 ; CA Limoges 15-4-1991 : Bull. inf. C. cass. 1991.1400).

Résolution de la vente pour défaut de paiement du prix Le vendeur peut demander la résolution de la vente si l'acheteur ne paye pas le prix (C. civ. art. 1654). 27159

Cette résolution obéit aux règles générales de la résolution judiciaire, sous réserve des précisions suivantes.

1. Droit de demander la résolution. Le vendeur ou toute personne subrogée dans ses droits a seul le droit de demander la résolution de la vente (Cass. civ. 8-6-1964 : D. 1965.som.6), sauf si l'acheteur est soumis à une procédure collective (nos 62400 s.).

Le fait que le vendeur ait exercé l'action en paiement n'emporte pas sa renonciation à l'action résolutoire (Cass. civ. 27-10-1953 : D. 1954.201 note H.L.).

2. Prononcé de la résolution. La résolution peut être prononcée, quelle que soit la portion du prix qui n'a pas été payée (Cass. civ. 27-2-1961 : D. 1961.som.54).

Elle ne peut être cependant prononcée de plein droit en l'absence d'une clause expresse à cette fin : le contrat peut être valablement exécuté au cours de l'instance en résolution (Cass. civ. 13-2-1963 : D. 1963.316 note Voirin ; contra Cass. com. 23-6-2009 n° 08-16.367 : RJDA 12/09 n° 1094), notamment par des offres faites à la barre constituant une exécution des obligations de l'acheteur (Cass. civ. 19-4-1928 : GP 1928.1.820), pourvu que ce soit avant tout droit acquis à la recevabilité de l'action (Cass. civ. 13-5-1959 : Bull. civ. I p. 203 : recevabilité pour exercice tardif de la récusation des offres réelles, remplacées depuis le 1-10-2016 - sur cette date, n° 10000 - par les mesures exposées au n° 54300).

Lorsqu'une clause du contrat de vente prévoit la résolution de plein droit de la vente, l'acheteur peut néanmoins payer après expiration du délai tant qu'il n'a pas été mis en demeure par une sommation (C. civ. art. 1656 relatif à la vente d'immeuble mais transposable). N'équivaut pas à la sommation requise une assignation à fin de résoudre la vente (Cass. civ. 15-12-1948 : D. 1949.105 note Leman). Mais les parties peuvent déroger à l'obligation de mise en demeure (Cass. civ. 27-1-1960 : Bull. civ. I p. 49).

3. Conséquence de la résolution. Le vendeur peut demander la distraction du bien vendu s'il a été saisi (Cass. civ. 27-5-1884 : DP 1885.1.17 : à propos d'un immeuble mais transposable ; sur la distraction, n° 59749).

27162 **Droit de rétention** Le vendeur au comptant peut retenir la chose jusqu'au paiement (C. civ. art. 1612 ; Cass. com. 31-5-1994 : RJDA 11/94 n° 1197 ; CA Paris 4-4-1960 : D. 1960.410) ainsi que les documents administratifs de mise en circulation d'un véhicule (Cass. com. 31-5-1994 : RJDA 11/94 n° 1197 ; Cass. 1e civ. 24-9-2009 n° 08-10.152 FS-PBI : RJDA 3/10 n° 294). Il ne commet pas de faute s'il a repris le meuble vendu sans intention frauduleuse, se croyant en droit de le faire parce qu'il n'avait pas été payé et après avoir restitué la plus grande partie de l'acompte reçu (Cass. civ. 27-2-1980 : Bull. civ. I p. 57).

27165 **Privilège** Le vendeur impayé bénéficie d'un privilège sur le meuble vendu (C. civ. art. 2332, 3° dans sa rédaction issue de ord. 2021-1192 du 15-9-2021). Ce privilège lui donne le droit d'être préféré à d'autres créanciers de l'acheteur, y compris sur le prix de revente, mais ne lui confère pas un droit de suite sur le meuble (art. 2330).

La faculté pour le vendeur impayé de revendiquer, sous certaines conditions, le bien entre les mains de l'acheteur a été supprimée par l'ordonnance précitée.

5. GARANTIE DES VICES CACHÉS

27200 Le vendeur doit à l'acheteur la garantie que la marchandise ou le matériel vendu est exempt de vices cachés le rendant impropre à l'usage auquel il est destiné (C. civ. art. 1641 à 1649). Dès lors que le défaut qui affecte le bien vendu le rend impropre à son usage normal, l'action en garantie des vices cachés constitue l'unique fondement possible de la demande de l'acquéreur (Cass. 3e civ. 17-11-2021 n° 20-15.567 F-D : RJDA 2/22 n° 72).

La garantie des vices rédhibitoires des animaux domestiques relève des articles L 213-1 s. du Code rural, sauf clause contraire, laquelle peut être implicite et résulter de la destination des animaux vendus et du but que les parties se sont proposé et qui constitue la condition essentielle du contrat (Cass. 1e civ. 1-7-2015 n° 13-25.489 F-PB : Bull. civ. I n° 158 ; dans le même sens, CA Montpellier 26-1-2022 n° 19/02363).

CONDITIONS D'EXISTENCE DE LA GARANTIE

27203 **Vente** La garantie des vices cachés de la chose vendue suppose que celui qui l'invoque ait conclu un contrat de vente (cf. Cass. com. 16-2-1999 : RJDA 4/99 n° 401), et ne soit pas un tiers à ce contrat (Cass. 2e civ. 29-4-2004 n° 643 : GP 2004.2522 note Dagorne-Labbe). Elle ne joue pas si la chose sert à l'exécution d'une prestation de services exécutée en vertu d'un contrat d'entreprise (n° 19640).

Dès qu'il y a vente, la garantie s'applique sans qu'il n'y ait lieu de tenir compte ni de la nature de la chose vendue (par exemple : véhicules d'occasion, Cass. com. 13-1-1981 : GP 1981.pan.160 ; brevets, Cass. civ. 12-4-1956 : Ann. propr. ind. 1957.79 ; parts ou actions de sociétés commerciales, Cass. com. 16-11-2004 : RJDA 5/05 n° 563), ni des négligences de l'acheteur ou du non-paiement du prix par celui-ci (Cass. com. 28-5-1991 : RJDA 8-9/91 n° 698), ni du fait que le vendeur est un non-professionnel qui vend une chose d'occasion (Cass. com. 16-5-1995 : RJDA 12/95 n° 1348), ni des termes commerciaux sous lesquels est faite une vente maritime (Cass. com. 20-6-1995 : DMF 1995.615 rapport Rémery), ni de l'existence d'une clause de réserve de propriété (CA Paris 8-9-1994 : D. 1994.IR.246).

Le vendeur professionnel ne peut pas s'exonérer en arguant qu'il a acquis la chose vendue à l'état neuf du fabricant, les obligations de ce dernier ne pouvant le décharger des siennes propres (CA Rouen 14-4-1987 : GP 1987.som.475).

Les vices cachés ne sont garantis par une assurance-dommages que si la police le prévoit expressément (C. ass. art. L 121-7 ; Cass. 2e civ. 10-9-2015 n° 14-18.297 : Bull. civ. II n° 196).

27206 **Impropriété de la chose** Le vice doit rendre la chose **impropre à l'usage** auquel l'acheteur la destine ou diminuer tellement cet usage qu'il ne l'aurait pas acquise ou en aurait donné un moindre prix s'il l'avait connu (C. civ. art. 1641 ; Cass. 1e civ. 19-3-2009 n° 08-12.657 : RJDA 6/09 n° 530) ;

l'usage de la chose s'apprécie en tenant compte de la nature et de l'état de la chose au moment de son acquisition (cf. Cass. 3e civ. 29-10-2015 no 14-21.116 : RJDA 5/16 no 362 : l'absence de fondation d'une construction légère ne constitue pas un vice caché). C'est à l'acheteur de prouver à quel usage il destinait la chose achetée (Cass. com. 24-4-1980 : D. 1980.IR.567 ; Cass. com. 3-5-1995 : RJDA 11/95 no 1224 : preuve non rapportée).

Il s'agit de l'usage que l'acheteur lui-même doit faire de la chose indépendamment d'une intervention du vendeur (Cass. com. 22-7-1980 : Bull. civ. IV p. 258).

N'affectent pas l'usage de la chose la seule diminution de l'agrément de la chose (CA Nîmes 18-12-1980 : D. 1983.29 note Larroumet), de simples défectuosités du bien qui peuvent être supprimées par une mise au point (CA Paris 8-6-1976 : JCP G 1977.II.18579 obs. Boitard et Dubarry) ou un manque de rentabilité économique (Cass. com. 1-12-1992 : RJDA 2/93 no 99 ; Cass. 3e civ. 21-3-2019 no 18-12.026 D : RJDA 6/19 no 419).

Lorsque le **vendeur connaissait** exactement la destination du bien et que ce bien se révèle inapte à l'usage prévu, il est tenu de l'impropriété de la chose (Cass. com. 8-11-1972 : Bull. civ. IV p. 266 ; Cass. civ. 2-10-1979 : GP 1980.pan.62). En revanche, lorsque l'acheteur n'a pas précisé l'usage qu'il entendait faire du bien, et qu'il a utilisé celui-ci à une fin à laquelle ce bien n'était pas destiné, l'inaptitude du bien ne peut pas être reprochée au vendeur (Cass. civ. 15-12-1965 : Bull. civ. I p. 547 ; Cass. civ. 24-3-1980 : Bull. civ. IV p. 112 ; Cass. com. 29-3-2023 no 21-21.346 F-D : RJDA 7/23 no 366).

À défaut de précision au moment de l'achat **sur la destination** du bien, les juges apprécient l'impropriété de celui-ci par rapport à son usage normal et habituel (Cass. com. 22-10-1968 : Bull. civ. IV p. 254). L'appréciation des juges est souveraine (Cass. civ. 22-1-1997 : RJDA 4/97 no 490).

Par exemple, constituent des vices :

- le défaut d'une machine comptable effectuant parfois des erreurs qui n'étaient dues ni à l'opératrice ni à une mauvaise programmation (Cass. com. 15-12-1977 : GP 1978.1.som.107) ;
- le défaut d'un herbicide nuisant à son bon fonctionnement (CA Paris 13-11-1991 : RJDA 1/92 no 24) ;
- le défaut d'étanchéité d'un enduit de façade, peu important que ce défaut soit le fait d'un vecteur externe à la chose (Cass. civ. 28-6-1995 : RJDA 1/96 no 32) ;
- des fuites de réservoirs de gas-oil et d'huile d'un camion vendu par un garagiste non professionnel (CA Paris 6-10-1995 : RJDA 2/96 no 211).

Mais il n'y a pas vice caché :

- d'un publiphone qui n'a pu être exploité frauduleusement qu'après de longues années de service, ce qui prouvait que l'appareil avait été bien conçu pour résister à la fraude (CA Paris 6-5-1987 : D. 1987.IR.152) ; néanmoins, après découverte de la fraude, le fabricant se doit de ne plus livrer des appareils qui y sont exposés (même arrêt) ;
- dans l'usure d'un bien vendu d'occasion (CA Montpellier 1-7-1999 : BTL 1999.550 ; cf. Cass. com. 22-3-1965 : Bull. civ. III p. 178 ; Cass. civ. 15-12-1982 : Bull. civ. I p. 315) ;
- pour dissimulation du kilométrage réel d'un véhicule dans la mesure où le kilométrage ne rend pas en lui-même le véhicule impropre à sa destination et n'altère pas son usage (CA Montpellier 31-12-2008 no 08/00140 : Bull. inf. C. cass. 2010 no 476).

Lorsque l'origine de l'inaptitude du bien est inconnue, les juges ne peuvent pas en déduire qu'il y a vice caché (Cass. com. 27-11-1984 : GP 1985.pan.80 obs. Dupichot), sauf si le vendeur est un professionnel, car il ne peut alors pas se prévaloir de son ignorance de l'existence du vice (no 27250).

Non-apparence du vice Le vice doit être caché, c'est-à-dire légitimement ignoré de l'acheteur, qui n'a pas pu s'en convaincre lui-même (C. civ. art. 1642). **27209**

L'acheteur ne peut pas prétendre que le vice est caché pour la seule raison que le constructeur a rappelé des véhicules en raison d'un risque de rupture d'une pièce et pour le remplacement gratuit de celle-ci, ces actions étant préventives et ne constituant pas la reconnaissance d'un vice caché par le fabricant (TJ Versailles 4-6-2020 no 15/10221 : RJDA 11/20 no 560).

Les juges ne peuvent pas exiger de l'acheteur qu'il se fasse assister d'un homme de l'art au cas où il ne serait pas apte à juger lui-même de l'état apparent du vice de la chose achetée (Cass. 3e civ. 3-11-2011 no 10-21.052 : Bull. civ. III no 183), ni qu'il fasse procéder à un essai en mer du navire d'occasion qu'il acquiert, en présence d'un technicien (Cass. 1e civ. 26-9-2012 no 11-22.399 F-PBI : Bull. civ. I no 192).

L'ignorance de l'acheteur doit exister au moment de la vente (cf. Cass. com. 16-10-2007 no 06-13.805 : RJDA 1/08 no 23) ou de la prise en charge de la chose vendue (Cass. com. 6-7-1999 : RJDA 11/99 no 1193 et sur renvoi CA Amiens 10-9-2001 : D. 2001.IR.3094).

À titre d'exemples, il a été jugé qu'étaient **cachés** aux yeux de l'acheteur :

- le défaut de conception d'une machine agricole nécessitant l'arrêt fréquent de son fonctionnement pour débloquer le mécanisme (Cass. com. 21-10-1974 : Bull. civ. IV p. 211) et le défaut de conception d'un moteur (Cass. civ. 23-5-1995 : RJDA 10/95 no 1087) ;
- l'usure anormale du véhicule par rapport à son aspect satisfaisant constatée par l'examen d'un expert après démontage complet du moteur (Cass. civ. 11-2-1975 : D. 1975.som.76) ;
- la facilité avec laquelle la goupille de fixation de la masse percutante d'une arme peut disparaître sans que l'utilisateur s'en aperçoive (Cass. civ. 21-4-1980 : JCP G 1980.IV.252) ;

– la destruction d'un tracteur par un incendie, aucun texte n'imposant d'équiper un tracteur d'un extincteur (Cass. civ. 28-3-1995 : RJDA 10/95 n° 1088) ;
– la dissimulation de la date de mise en circulation d'un véhicule (CA Versailles 31-3-1995 : RJDA 7/95 n° 833) ;
– le défaut que l'acheteur a pu constater mais dont il n'a pas pu mesurer l'ampleur et les conséquences (Cass. 3e civ. 14-3-2012 n° 11-10.861 : RJDA 6/12 n° 578 ; Cass. 3e civ. 14-9-2023 n° 22-16.623 F-D : RJDA 1/24 n° 15, à propos d'immeubles mais transposables à tout autre bien) ;
– les défauts affectant deux rotatives qui ne se sont révélés qu'après la mise en production de la nouvelle formule du journal (Cass. com. 19-3-2013 n° 11-26.566 : RJDA 7/13 n° 595).
En revanche, constituent des vices **apparents** :
– la présence de galeries de tarets (mollusques) dans les parties visibles d'un bateau, les parties invisibles ne présentant pas ce défaut (CA Rennes 22-4-1974 : DMF 1976.24) ;
– l'impossibilité, révélée au jour de la réception, de consommer des fruits (Cass. com. 15-2-1982 : Bull. civ. IV p. 49) ;
– les défauts que découvre un technicien en procédant à des vérifications élémentaires (CA Paris 11-12-1975 : JCP G 1977.II.18531 note Malinvaud) ;
– la dissimulation du kilométrage réel d'un véhicule dans la mesure où elle ne rend pas en elle-même le véhicule impropre à sa destination et n'altère pas son usage (CA Montpellier 31-12-2008 : Bull. inf. C. cass. 2010 n° 476).

La connaissance du vice par l'acquéreur n'est pas conditionnée à la connaissance du coût des travaux nécessaires pour y remédier (Cass. 3e civ. 29-6-2022 n° 21-17.502 FS-B).

Mais le caractère caché du vice est **apprécié différemment** selon que l'acheteur est un professionnel ou non.

En revanche, la bonne ou mauvaise foi du vendeur est indifférente quant à l'appréciation du caractère caché du vice (Cass. 3e civ. 12-9-2006 n° 915 : RJDA 1/07 n° 31).

27212 **1.** S'agissant d'un **acheteur non professionnel,** le défaut que présente la chose est réputé caché à son égard s'il a pu légitimement en ignorer l'existence au jour de la vente et à condition qu'il ait au moins porté à l'examen de la chose l'attention qu'aurait montrée une personne normalement soucieuse de ses intérêts, mais dépourvue d'une spécialisation technique poussée (Cass. com. 11-5-1965 : Bull. civ. III p. 279) ; cette condition ne l'oblige pas pour autant à se faire assister par un professionnel (Cass. ass. plén. 27-10-2006 n° 545 : RJDA 6/07 n° 600), ce que les juges ne peuvent pas davantage lui imposer (n° 27209).

En conséquence, ne peuvent **pas** utilement se prévaloir de l'**ignorance** d'un **vice** :

a. L'acquéreur qui n'a effectué **aucune vérification** alors qu'il lui avait été conseillé de prendre l'avis d'un spécialiste (Cass. com. 17-12-1964 : Bull. civ. III p. 506 ; Cass. 3e civ. 26-2-2003 n° 288 : RJDA 6/03 n° 578) ou aucun essai préalable (Cass. com. 17-2-1976 : JCP G 1976.II.18482 obs. Malinvaud), propres en eux-mêmes à lui faire découvrir le vice. Cependant, le vice sera réputé caché, même en l'absence de vérifications, si l'acheteur, compte tenu des circonstances, pouvait avoir confiance dans le produit acheté : ainsi d'un tanin qui, acheté depuis plusieurs années dans le même conditionnement auprès du même fournisseur, et destiné au même usage que les années antérieures, a gâché le vin auquel il était habituellement ajouté (Cass. civ. 23-2-1982 : Bull. civ. I p. 76) ;

b. L'acquéreur qui a **reconnu** l'existence d'un vice, expressément (CA Rouen 24-3-1988 : DMF 1989.328) ou implicitement (Cass. civ. 13-5-1981 : JCP G 1981.IV.270). Mais l'agréage par l'acheteur au lieu de la livraison ne couvre pas des vices qui n'ont pu être décelés que par une expertise spécialisée dont les résultats ont été connus après la livraison (Cass. com. 3-6-1981 : Bull. civ. IV p. 209) ;

c. L'acquéreur à qui l'existence du vice a été **révélée par le vendeur** (Cass. 3e civ. 30-1-2008 n° 07-10.133 : RJDA 7/08 n° 786) ;

d. L'acquéreur qui a eu accès à la chose et qui, par là, aurait pu se rendre compte du vice qu'il invoque (cf. Cass. 3e civ. 28-5-2013 n° 12-20.105 : Solution Notaires 2013 n° 10 § 227).

Le vice caché est **établi** à l'égard du vendeur qui a consenti à la restitution du matériel acheté et à l'octroi d'une indemnité d'un montant égal au prix total, car il n'aurait pas accepté cette solution s'il avait été convaincu que la chose était en parfait état lors de la vente (CA Paris 14-1-1997 : PA 1997 n° 99 p. 17 note Mouloungui), ou s'il a accepté de changer à ses frais la pièce à l'origine de deux pannes du matériel vendu, car, en l'absence d'éléments contraires, l'impossibilité de faire fonctionner ledit appareil montre que ce vice le rendait impropre à l'usage auquel il était destiné (Cass. com. 1-4-1997 : DA 1997.432).

27215 **2.** S'agissant d'un **acheteur professionnel,** le vice affectant la chose est présumé connu dans les termes suivants.

a. L'acheteur qui est un professionnel de la **même spécialité** que le vendeur ne peut pas invoquer l'existence d'un vice caché car, en raison de ses connaissances, il est censé l'avoir découvert (Cass. com. 8-10-1973 : JCP G 1975.II.17927 note Ghestin ; Cass. com. 8-12-1980 : Bull. civ. IV p. 333 ; CA Paris 18-2-1977 : JCP G 1977.II.18675 note Malinvaud ; cf. Cass. civ. 4-3-1986 : BRDA 6/86 p. 22).

Il en est de même si le contrat met à la charge de l'acheteur professionnel, bien que d'une spécialité différente de celle du vendeur, la recherche systématique des défauts éventuels de la marchandise livrée (CA Paris 18-2-1977 : JCP CI 1977.12483).

Cependant, le vice sera toujours réputé caché, même à l'égard de l'acheteur professionnel, si, au jour de la livraison, il n'a pas été en mesure de le déceler (Cass. civ. 23-2-1983 : Bull. civ. I p. 67) ; par exemple, lorsque la destruction de la chose s'est révélée nécessaire pour déceler les défectuosités qui n'apparaissaient pas à sa simple observation (Cass. com. 15-11-1983 : JCP G 1984.IV.31) ou lorsque le vice n'a pu se révéler que plusieurs années après l'achat (Cass. civ. 3-10-1978 : D. 1979.IR.136).

En tout état de cause, le vendeur professionnel ne peut pas être exonéré de la garantie au motif qu'il n'est pas prouvé qu'il connaissait le vice (Cass. com. 27-11-1991 : RJDA 2/92 n° 139) ni au motif que, l'acheteur disposant des mêmes moyens d'investigation que lui, il n'est pas possible d'appliquer à l'un plutôt qu'à l'autre une présomption de connaissance du vice (Cass. com. 21-1-1992, 2e esp. : RJDA 2/92 n° 139).

L'acheteur est **réputé** de la même spécialité que le vendeur lorsqu'il exerce une activité de nature à lui procurer des connaissances professionnelles comparables à celles du vendeur. La profession exercée n'est donc pas en soi déterminante ; il est requis, en outre, que l'acheteur ait été en mesure, par l'exercice de son activité, de se rendre compte du vice en cause. Ainsi : un transporteur usager des véhicules poids lourds peut être réputé connaître le vice (Cass. civ. 18-1-1978 : Bull. civ. I p. 24), comme aussi ne pas le connaître car il n'est pas un professionnel de l'automobile au même titre qu'un garagiste (CA Paris 6-10-1995 : RJDA 2/96 n° 211 ; dans le même sens, Cass. com. 19-6-1984 : BT 1985.289) ; des professionnels de la pierre ne sont pas nécessairement des professionnels de la même spécialité (Cass. com. 19-12-1983 : GP 1984.pan.144) ; la compétence d'un artiste-peintre n'implique pas qu'il soit spécialiste de la composition des produits qu'il achète (Cass. civ. 23-4-1985 : D. 1985.558 note Dion).

Sur l'application du concept de même spécialité à la validité des clauses de non-garantie des vices cachés, n° 27259.

b. L'acheteur professionnel ne peut se prévaloir, à l'égard d'un **vendeur non professionnel ou occasionnel,** d'un vice caché qu'il est censé avoir connu (Cass. com. 26-3-2013 n° 12-10.204 : RJDA 7/13 n° 596).

Antériorité du vice par rapport à la vente Le vice doit être antérieur à la vente, c'est-à-dire à la livraison de la chose vendue à l'acquéreur (Cass. com. 10-12-1973 : D. 1975.122 note Ghestin ; Cass. com. 18-1-1984 : Bull. civ. IV p. 21). Il suffit que le vice n'ait existé qu'en germe avant la transmission de la propriété pour que joue la garantie (Cass. civ. 6-11-1974 : D. 1975.IR.28). **27218**

Le vice intrinsèque à la chose vendue, en l'espèce un véhicule, est antérieur à la vente (Cass. 1e civ. 3-10-2019 n° 18-18.791 F-D : RJDA 12/19 n° 746).

La preuve de l'antériorité du vice doit être apportée par l'acheteur. Cette preuve n'est pas établie :
- lorsqu'il est impossible de situer le lieu et la date du choc ayant provoqué la fissure d'une cuve (Cass. com. 18-1-1984 : Bull. civ. IV p. 21) ;
- lorsque la qualité des marchandises a été mise en cause deux mois après la livraison mais que les conditions de stockage pendant cette période ne sont pas connues (Cass. com. 10-12-1973 : JCP G 1975.II.17950 note Malinvaud) ;
- lorsque les pompes supposées être la cause d'un incendie ont subi de multiples essais tant par le fabricant que par l'acheteur (CA Paris 11-12-1975 : JCP G 1977.II.18531 note Malinvaud).

Cette preuve peut être apportée même si le vice se déclare plusieurs années après la vente (Cass. com. 27-11-1973 : DMF 1974.273 : après sept années d'utilisation d'une chose dont la durée normale de service était de vingt à trente ans), le délai d'exercice de l'action étant décompté du jour où l'acheteur a connu le vice.

Le vendeur ne doit donc aucune garantie des vices dont la cause est postérieure à la vente ; par exemple, défaut résultant d'une utilisation défectueuse de la chose (Cass. civ. 24-1-1968 : JCP G 1968.II.15429), d'un montage maladroit effectué par l'acheteur (Cass. com. 8-5-1961 : Bull. civ. III p. 172) ou de l'usure normale de la chose (Cass. civ. 29-5-1963 : GP 1963.2.363).

ACTION EN GARANTIE DES VICES CACHÉS

Recevabilité de l'action L'action en garantie des vices cachés est celle qui met en cause la livraison d'une **chose non conforme à sa destination.** Il s'ensuit les conséquences ci-après. **27221**

1. Irrecevabilité des actions sanctionnant un défaut autre que celui de la non-conformité à la destination. Sont ainsi écartées :
- l'action pour sanctionner la délivrance d'une chose non conforme à la commande (n° 26961) ;
- l'action en nullité de la vente pour erreur sur les qualités essentielles de la prestation commise au moment de l'achat (Cass. 3e civ. 30-3-2011 n° 10-15.309 : RJDA 10/11 n° 786).

Lorsque l'acheteur a demandé la nullité de la vente pour erreur sur les qualités essentielles de la prestation tout en invoquant, à l'appui de sa demande, des défauts rendant la chose impropre à sa destination, le juge doit rechercher si l'action en annulation ne doit pas être requalifiée en une demande en garantie des vices cachés (Cass. civ. 12-7-2001 : RJDA 1/02 n° 27). Mais si l'acheteur n'a invoqué que la garantie des vices cachés, le juge n'est pas tenu de rechercher un autre fondement juridique éventuel (Cass. ass. plén. 21-12-2007 n° 06-11.343 : JCP G 2008.II.10006 note Weiller : à propos d'un défaut de conformité).

2. Recevabilité de l'action sanctionnant la dissimulation du vice caché. La manœuvre frauduleuse du vendeur ayant eu pour effet de dissimuler à l'acheteur l'existence du vice caché rend recevable l'action en nullité de la vente pour dol du vendeur (Cass. 1e civ. 6-11-2002 n° 1561 : RJDA 3/03 n° 249 ; Cass. 3e civ. 23-9-2020 n° 19-18.104 FS-PBI : RJDA 12/20 n° 637).

3. Recevabilité de l'action en réparation des préjudices consécutifs à l'existence du vice caché. L'action en réparation des préjudices résultant des vices cachés peut être exercée de manière autonome car elle n'est pas subordonnée à l'exercice de l'action en garantie du vice caché (Cass. com. 19-6-2012 n° 11-13.176 FS-PB : RJDA 3/13 n° 214 ; Cass. 3e civ. 24-6-2015 n° 14-15.205 FS-PB : Bull. civ. III n° 66) ni exclusive du principe de la réparation intégrale (Cass. 1e civ. 13-3-2008 n° 06-20.572 : RJDA 6/08 n° 626). Mais, en cas d'action rédhibitoire, le vendeur n'est pas fondé à obtenir une indemnité liée à l'utilisation de la chose vendue ou à l'usure résultant de cette utilisation (Cass. 1e civ. 21-3-2006 n° 584 : RJDA 10/06 n° 1011).

4. Irrecevabilité de l'action en cas de renonciation de l'acheteur. Vaut confirmation d'un contrat de vente et renonciation à invoquer sa nullité son exécution sans réserve par l'acheteur qui ne pouvait pas prétendre ignorer son vice, dès lors qu'il avait été mis en mesure de le connaître (Cass. 1e civ. 9-12-2020 n° 18-25.686 FS-P : RJDA 8-9/21 n° 546).

27225 Option de l'acheteur entre la résolution de la vente et la diminution du prix

Pour mettre en jeu la garantie, l'acquéreur de la chose a le choix entre deux actions (C. civ. art. 1644) :

Ce droit d'option n'appartient qu'à l'acquéreur (Cass. 3e civ. 8-2-2023 n° 22-10.743 FS-B : RJDA 5/23 n° 251). Celui-ci ne peut l'invoquer que :

– pour l'action tendant à la réparation du vice caché et pour celle tendant seulement à la réparation du préjudice éventuellement subi du fait d'un vice caché qui n'est pas subordonnée à l'exercice d'une action rédhibitoire ou estimatoire, de sorte que cette action peut être engagée de manière autonome (Cass. 1e civ. 26-9-2012 n° 11-22.399 F-PBI : RJDA 4/13 n° 306) ;

– s'il n'y a pas renoncé, ce qui est le cas lorsqu'il accepte que le vendeur procède à la remise en état de la chose laquelle entraîne la disparition du vice (Cass. com. 1-2-2011 n° 10-11.269 FS-B : RJDA 5/11 n° 405) mais n'est pas le cas si la remise en l'état est faite par un tiers car celle-ci n'a pas d'incidence sur les rapports contractuels entre l'acquéreur et le vendeur et ne peut donc pas supprimer l'action estimatoire permettant à l'acquéreur d'obtenir la restitution du prix à hauteur du coût des travaux mis à sa charge pour remédier au vice (Cass. 3e civ. 8-2-2023 précité).

– l'**action rédhibitoire** qui aboutit à un remboursement du prix moyennant restitution de la chose ; cette sanction, quoique présentée selon l'usage comme une résolution, déroge à l'article 1229, al. 3 du Code civil qui écarte par principe l'effet d'anéantissement du contrat en cas de résolution (nos 15618 s.), alors que l'article 1644 du Code civil maintient expressément la mise à néant du contrat de vente (Cass. com. 19-5-2021 n° 19-18.230 FD : RJDA 10/21 n° 635) ; aussi, la désignation de « résolution » est à bannir et doit être remplacée par le terme « anéantissement » pour écarter toute méprise ;

L'acheteur peut exercer l'action rédhibitoire même s'il ne peut pas restituer la chose dès lors que la restitution a été rendue impossible par la faute du vendeur (Cass. com. 10-5-2000 : RJDA 9-10/00 n° 853) et même si le vendeur lui a offert de procéder à la remise en état (Cass. civ. 23-5-1995 : RJDA 12/95 n° 1349).

Les juges ne peuvent pas imposer à l'acquéreur qui exerce l'action rédhibitoire le remplacement de la pièce défectueuse même si la réparation présente un caractère mineur (CA Montpellier 16-5-2013 n° 12/00437 : GP 2013.pan. 11 décembre ; contra CA Paris 8-6-1976 : JCP G 1977.II.18579 obs. Boitard et Dubarry se bornant à allouer à l'acquéreur des dommages-intérêts).

Mais l'acheteur ne peut pas obtenir la restitution intégrale du prix qu'il a versé au vendeur si, pendant qu'il était encore propriétaire de la chose, il s'est rendu fautif de négligences qui ont entraîné une dépréciation de la chose, les juges fixant alors souverainement le montant du prix à lui restituer (Cass. 1e civ. 23-10-1974 n° 72-13.060 : Bull. civ. I n° 278).

– l'**action estimatoire** qui conduit à une diminution du prix ; il s'ensuit que la réduction ne peut pas être évaluée au montant du prix de vente (Cass. civ. 19-4-2000 : RJDA 6/00 n° 643).

Le demandeur à l'action en sanction du vice caché jouit d'une **large liberté** dans l'utilisation de cette option ; mais celle-ci n'est possible que si les deux actions coexistent, ce qui n'est plus le cas lorsque l'acheteur a renoncé à l'une d'elles (CA Rouen 13-5-1992).

L'acquéreur peut :

– exercer son choix **sans avoir à le justifier** (Cass. 3e civ. 20-10-2010 n° 09-16.788 : RJDA 2/11 n° 126 ; Cass. com. 15-12-2015 n° 14-24.567 : RJDA 5/16 n° 363) ;

– **imposer son choix au juge** qui, saisi de l'action rédhibitoire, ne peut pas prononcer la réduction du prix (Cass. 3e civ. 16-12-2014 no 13-24.906 : GP 2015.1040.som. note Mayer ; CA Paris 6-10-1995 : RJDA 2/96 no 211) ;

– agir en **résolution à titre principal** et en réduction du prix à titre subsidiaire (Cass. 3e civ. 25-6-2014 no 13-17.254 : JCP G 2014 no 42-1035 note Dubarry) ou substituer une action à l'autre, même en cause d'appel, tant qu'il n'a pas été statué sur sa demande par une décision passée en force de chose jugée ou que le vendeur n'a pas acquiescé (Cass. 2e civ. 11-7-1974 no 73-10.415 : Bull. civ. II no 231 ; Cass. com. 12-10-1999 : RJDA 12/99 no 1312).

Toutefois, l'acheteur ne peut exercer que l'action estimatoire lorsque :

– le vice n'est pas assez grave pour justifier la résolution (Cass. com. 5-1-1961 : Bull. civ. III p. 9 ; Cass. com. 6-3-1990 no 88-14.929 : Bull. civ. IV no 75) ;

– la chose ne peut plus être restituée au vendeur, soit parce que l'acheteur n'en a plus la disposition (Cass. com. 6-7-1999 : RJDA 11/99 no 1190 : rejet, par une décision devenue irrévocable, de l'action en revendication du véhicule loué qu'un crédit-bailleur avait formée contre la liquidation judiciaire du preneur), soit parce que la chose a péri par cas fortuit (cf. C. civ. art. 1647, al. 2 ; Cass. civ. 3-12-1996 : RJDA 2/97 no 191).

Les juges accordent une diminution du prix lorsqu'ils ordonnent le remboursement, selon estimation arbitrée par expert, de 85 % du montant du prix dès lors qu'ils n'ont pas ordonné la restitution de la totalité du prix (Cass. 3e civ. 29-5-2013 no 09-68.651 : RJDA 10/13 no 783). Ils ne peuvent pas accorder une restitution partielle du prix si le vice caché a seulement eu pour conséquence un trouble d'exploitation diminuant temporairement l'usage de la chose (Cass. 3e civ. 25-1-1989 no 87-15.961 : Bull. civ. III no 23 : à propos d'un immeuble mais transposable).

Au lieu de la réduction du prix, l'acheteur peut obtenir le remboursement de la pièce défectueuse (Cass. com. 8-7-2008 no 05-17.913 : RJDA 11/08 no 1105) ou la restitution partielle du prix à hauteur d'un montant qui est fixé au regard, non de la valeur vénale du bien, mais du coût des travaux nécessaires pour pallier le vice (Cass. 3e civ. 4-4-2019 no 15-27.969 F-D : RJDA 7/19 no 490, à propos d'un immeuble mais transposable par analogie à une marchandise).

Délai pour agir en garantie des vices cachés Sauf disposition légale contraire (par exemple, C. transports art. L 5113-5 fixant à un an le délai de dénonciation du vice caché d'un navire ; pour une application, Cass. com. 1-10-2013 nos 12-17.067 et 12-17.250 : DMF 2013.1005 obs. Delebecque), l'action rédhibitoire, comme l'action estimatoire, doit être exercée dans un délai de **deux ans** à compter de la découverte du vice (C. civ. art. 1648, al. 1, applicable aux contrats conclus après le 19-2-2005 en vertu de l'art. 5 de l'ord. 2005-136 du 17-2-2005 ; Cass. 3e civ. 10-10-2007 no 06-17.773 : RJDA 3/08 no 251). **27228**

Échappe donc au délai de deux ans toute action qui n'est pas une action en garantie des vices cachés ; il en est ainsi des actions qui échappaient pour cette raison au bref délai antérieurement exigé, telle l'action tendant à faire sanctionner l'inexécution par le vendeur d'une obligation contractuelle de garantie (Cass. 1e civ. 22-6-2004 no 1048 : RJDA 12/04 no 1310) ou de sécurité (Cass. civ. 11-6-1991 : Bull. civ. I no 201).

Lorsque le contrat est international, le délai d'exercice de l'action est déterminé par la loi applicable au contrat (Cass. civ. 7-6-1977 : GP 1977.2.pan.292).

Cette règle est appliquée dans les conditions suivantes.

1. Le délai de deux ans **court du jour** où l'acheteur a connu le vice et non du jour de la vente (C. civ. art. 1648). **27231**

Il en est ainsi, par transposition des solutions appliquées au point de départ du bref délai qui avait été fixé par les tribunaux à la même date :

a. Du jour du dépôt d'un rapport d'expertise rendu indispensable en raison de la nature ou de l'origine du vice (Cass. com. 27-11-1973 : DMF 1974.276 ; Cass. 1e civ. 11-1-1989 : Bull. civ. I no 12 ; Cass. civ. 19-3-1991 : Bull. civ. I p. 66 ; Cass. 1e civ. 6-12-2023 no 21-16.908 F-D) ; il a cependant été jugé que le délai commençait à courir du jour de la simple découverte du vice, bien qu'une expertise judiciaire ait été ordonnée, lorsque le rapport de l'expert n'amenait rien de nouveau puisque les causes des différents désordres qui s'étaient révélés demeuraient inconnues (cf. CA Poitiers 26-1-1983 : DMF 1983.621) ;

b. Du jour où l'acheteur aurait dû, en raison de sa compétence professionnelle, se convaincre lui-même de l'existence du vice (CA Aix 30-1-1981 : Bull. cour d'Aix 1981/1 p. 37) ;

c. En cas d'action exercée par un vendeur contre son propre vendeur, no 27238.

2. Le délai de deux ans, que nous avons qualifié, dans de précédentes éditions, de « prescription » sur le fondement de la solution antérieure à la réforme de la prescription de 2008 (no 71700), voulant qu'un délai de forclusion ne puisse être ni interrompu ni suspendu, suivi en cela par une décision (Cass. 1e civ. 20-10-2021 no 20-15.070 FD : RJDA 1/22 no 8), a été qualifié de délai de « forclusion » susceptible d'interruption mais non de suspension en vertu des articles 2220 et 2241 du Code civil (Cass. 3e civ. 5-1-2022 no 20-22.670 FS-B : RJDA 3/22 no 137), puis désormais requalifié de délai de prescription et partant susceptible de suspension (Cass. ch. mixte 21-7-2023 no 21-15.809 BR : RJDA 11/23 no 573, D. 2023.1728 note Genicon ; Cass. 1e civ. 6-12-2023 no 21-16.908 F-D). **27234**

Il ne constitue pas, à notre avis, dans le cas où le vendeur est un professionnel, une fin de non-recevoir d'ordre public car le vendeur est présumé connaître les vices de la chose. Donc, celui-ci a intérêt à se prévaloir de la violation du délai, le juge n'étant tenu de relever d'office que les fins de non-recevoir d'ordre public (nº 71922), et de prouver cette violation (Cass. 3e civ. 9-2-2011 nº 10-11.573 : RJDA 6/11 nº 514) ; en revanche, il ne saurait la soulever pour la première fois devant la Cour de cassation (Cass. civ. 5-12-1995 : RJDA 4/96 nº 486), ni l'invoquer devant le juge du fond dès lors qu'il ne s'en est pas prévalu à partir du moment où il aurait pu le faire (CA Rouen 12-2-1998, inédit) ou dès lors qu'il a lui-même reconnu le vice de la marchandise en accordant à son client différents avoirs qui portaient la mention : « indemnisation sur livraisons défectueuses » (CA Dijon 26-9-1996 : JCP G 1997.IV.292).

27237 **3.** En tout état de cause, le délai de prescription de deux ans **ne peut plus être invoqué** après l'expiration du **délai de vingt ans** à compter du jour de la naissance du droit, donc du jour de la conclusion de la vente qui ouvre le droit à la garantie des vices cachés, l'article 2232 du Code civil interdisant que ce délai soit dépassé par l'effet du report du point de départ de la prescription applicable à l'obligation en cause résultant d'une suspension ou d'une interruption de cette prescription (Cass. ch. mixte 21-7-2023 nos 21-17.789, 21-19.936, 20-10.763 BR : RJDA 11/23 nº 574 ; Cass. 3e civ. 8-12-2021 nº 20-21.439 FS-B : RJDA 3/22 nº 138 ; Cass. 1e civ. 6-12-2023 nos 21-21.899 et 22-23.487).

Cette solution résulte du fait que l'action en garantie ne peut être exercée que si le délai de la prescription de droit commun des obligations nées de la vente n'est pas expiré (Cass. com. 27-11-2001 nº 99-13.428 : Bull. civ. IV nº 187 ; Cass. 3e civ. 16-11-2005 nº 04-10.824 : Bull. civ. III nº 222). Or, depuis la réforme du droit de la prescription (nº 71700), le point de départ de la prescription de droit commun (cinq ans ; C. civ. art. 2224 ; C. com. art. L 110-4) tout comme celui de la prescription de l'action en garantie courent du jour où l'acheteur a connu le vice. La Cour de cassation a déduit que cette confusion du point de départ des deux actions annihile toute possibilité d'encadrement de l'action en garantie des vices cachés par la prescription de droit commun de cinq ans, cet encadrement ne pouvant être assuré, comme en principe pour toute action personnelle ou mobilière, que par l'article 2232 du Code civil qui édicte un délai butoir de vingt ans à compter de la naissance du droit. Il est certain que seul l'encadrement par le délai butoir des deux actions « assure » qu'au bout de vingt ans chacune des deux actions ne pourra plus être exercée. Peu importe pour la sécurité juridique qu'une possibilité d'enfermer les deux ans dans les cinq ans se rencontre, puisque les deux délais auront été respectés.

L'extinction de toute action en justice apparaissant comme une règle d'ordre public de l'ordre juridique interne français, le juge doit **rechercher d'office** si elle est respectée dans le litige dont il est saisi (Cass. ch. mixte 21-7-2023 nº 20-10.763 BR précité).

De plus, en cas de recours du constructeur contre son fournisseur, d'une part, et contre le fabricant, d'autre part, depuis l'entrée en vigueur de la réforme de la prescription susvisée, le juge doit aussi rechercher, lorsque le délai antérieur de la prescription de droit commun de dix ans applicable à la prescription dite commerciale (nº 71731) n'est pas expiré à cette date, si l'action en garantie est encadrée par le délai-butoir de vingt ans ; pour déterminer si le délai de dix ans n'est pas expiré, ce délai doit être décompté à compter de chacune des ventes conclues par le constructeur et par le fabricant (Cass. ch. mixte 21-7-2023 nº 20-10.763 précité).

Tant que la prescription n'est pas acquise, l'action est recevable, peu important que l'action du vendeur contre le fabricant soit prescrite (Cass.1e civ. 8-4-2021 nº 20-13.493 FP : RJDA 7/21 nº 462).

27238 **Actions récursoires** L'action récursoire en garantie des vices cachés doit être engagée – par exemple par le vendeur ou l'entrepreneur condamné contre son propre vendeur ou le fabricant – dans le délai de deux ans prévu par l'article 1646 du Code civil, qui court à compter de la date de l'assignation de celui qui entend l'exercer (Cass. 3e civ. 8-2-2023 nº 21-20.271 FS-B : RJDA 4/23 nº 185 ; Cass. 1e civ. 6-12-2023 nº 21-21.899 F-D et 22-23.487 F-D ; Cass. com. 29-6-2022 nº 19-20.647 : RJDA 10/22 nº 553), et dans le délai butoir de 20 ans (C. civ. art. 2232) qui court à compter du jour de la vente conclue par la partie recherchée en garantie (Cass. ch. mixte 21-7-2023 nº 21-19.936 BR : RJDA 11/23 nº 574, 2e esp. ; Cass. 1e civ. 6-12-2023 nº 21-21.899 F-D ; Cass. com. 17-1-2024 nº 21-23.909 F-B).

Pour le cas où la vente a été conclue avant le 19 juin 2008 (entrée en vigueur du délai butoir de l'art. 2232), la Cour de cassation a fixé des règles spécifiques, pour les ventes commerciale ou mixtes, d'une part, et pour les ventes civiles d'autre part (Cass. ch. mixte 21-7-2023 et Cass. com. 17-1-2024 précités).

27243 **Débiteur de la garantie** Le débiteur de la garantie, défendeur à l'action en sanction du vice caché, est fonction du degré de circulation de la chose vendue.

1. Action contre le vendeur direct. Si la chose est restée dans les mains de l'acquéreur qui ne l'a pas revendue, il va de soi que celui-ci peut agir contre son vendeur.

2. Action du sous-acquéreur contre le vendeur originaire. Si la chose a été revendue par l'acquéreur initial, le sous-acquéreur peut agir soit contre ce dernier, ce qui va de soi car il est son vendeur, soit contre le vendeur originaire, notamment le fabricant, en vertu d'une action directe qui est de nature contractuelle (Cass. 1e civ. 21-1-2003 nº 00-19.513 : RJDA 6/03 nº 581 ; Cass. 3e civ. 9-7-2014 nº 13-15.923 : Bull. civ. III nº 105 ; contra CA Aix-en-Provence 2-5-2019 nº 2019/164 : DMF 2019.740 obs. Delebecque) ; cette action étant considérée comme l'accessoire de la chose vendue (n° 13030), il peut l'exercer nonobstant sa connaissance des vices de la chose lors de son acquisition (Cass. com. 8-3-2017 n° 15-21.155 F-D : RJDA 8-9/17 n° 541) et l'exercice de l'action ne peut pas être subordonné à la condition que le vendeur intermédiaire n'ait pas lui-même connu le vice, ce qui ne peut pas être déduit du fait qu'il est un acheteur professionnel, aucune présomption de connaissance ne pesant sur lui à ce titre (Cass. 1e civ. 20-6-1995 n° 1181 : RJDA 12/95 n° 1351).

Le vendeur originaire peut opposer au sous-acquéreur tous les moyens de défense qu'il peut opposer à son propre cocontractant, le vendeur intermédiaire, notamment une clause d'exclusion de garantie (Cass. com. 28-1-2004 n° 177 : RJDA 6/04 n° 667 ; Cass. 1e civ. 3-11-2016 n° 15-18.340 F-D) ou la prescription (n° 27238), l'action récursoire contre le fabricant ne pouvant offrir à l'acquéreur final plus de droits que ceux détenus par le vendeur intermédiaire (Cass. 1e civ. 6-6-2018 n° 17-17.438 FS-PB : RJDA 3/19 n° 177).

3. Action du sous-acquéreur contre le vendeur intermédiaire. Si la chose a été acquise d'un vendeur intermédiaire qui l'a revendue, le sous-acquéreur peut agir contre lui (cf. Cass. com. 5-4-2016 n° 14-15.860 : RJDA 7/16 n° 521).

Le vendeur intermédiaire, qui a été condamné envers le sous-acquéreur, a un recours contre le vendeur originaire qu'il doit exercer dans le délai de deux ans (nos 27228 s.) à compter de la date de l'assignation principale, et non du jour de la connaissance du vice par l'acquéreur, par analogie avec la solution appliquée lorsque l'action en garantie devait être exercée dans un bref délai (Cass. com. 17-2-1987 n° 85-15.162 : Bull. civ. IV n° 47).

Il ne peut pas obtenir du vendeur originaire une réparation intégrale si, par sa faute, il a lui-même concouru au préjudice subi par l'acheteur, par exemple : vendeur d'un navire qui ne s'assure pas d'avoir reçu une fourniture adéquate (CA Rennes 9-7-1975 : DMF 1976.78) ; concessionnaire d'une marque de tracteurs qui aurait pu aisément détecter le défaut (Cass. com. 5-5-1987 : BRDA 14/87 p. 23). Quel que soit le montant de l'indemnisation à laquelle il a droit, le vendeur intermédiaire ne peut pas obtenir plus que ce que le vendeur originaire a reçu (Cass. com. 5-4-2016 précité).

L'acquéreur qui revend le bien après avoir découvert le vice perd tout recours contre le vendeur initial (Cass. civ. 3-7-1985 : Bull. civ. I n° 210 ; Cass. 3e civ. 18-6-2008 n° 06-20.713 : RJDA 11/08 n° 1106).

Par ailleurs, s'il a un intérêt direct et certain à son encontre, l'acquéreur intermédiaire peut demander réparation de son préjudice personnel au vendeur originaire (Cass. civ. 27-6-2001 : RJDA 10/01 n° 958 : acquéreur ayant revendu moins cher le bien acheté ; pour un exemple d'absence de préjudice, Cass. com. 7-1-2003 n° 11 : RJDA 6/03 n° 579). Il peut exercer cette action alors que, dans le même temps, le dernier acquéreur exerce, contre le même vendeur originaire, l'action rédhibitoire (CA Nîmes 18-12-1980 : D. 1983.29 note Larroumet).

RÉPARATIONS DUES PAR LE VENDEUR

Selon le choix qu'il a fait, l'acheteur obtient soit l'**anéantissement** du contrat, soit la **diminution du prix** qu'il a versé au vendeur (n° 27225). 27250

En outre, le vendeur est tenu des réparations qui varient selon qu'il est de bonne ou de mauvaise foi.

Le vendeur de **bonne foi,** ignorant des vices de la chose au jour de la vente, doit rembourser à l'acquéreur soit, s'il rend la chose, le prix et les frais occasionnés par la vente (C. civ. art. 1646 ; pour un exemple, CA Paris 22-2-2002 : RJDA 6/02 n° 621), soit, s'il garde la chose, une partie du prix (Cass. 1e civ. 6-4-2016 n° 15-12.402 : RJDA 2/17 n° 72) ; mais il n'est tenu en aucun cas à l'indemnisation des dommages causés par la chose atteinte du vice (Cass. civ. 10-2-1959 : JCP G 1959.II.11063 note Esmein ; Cass. civ. 4-2-1963 : JCP G 1963.II.13159 note Savatier ; Cass. 1e civ. 6-4-2016 précité).

Les frais occasionnés par la vente s'entendent des dépenses directement liées à la conclusion du contrat (Cass. civ. 16-7-1998 : RJDA 5/99 n° 542, excluant les frais de pension d'une jument engagés après la vente ; dans le même sens, Cass. 1e civ. 21-3-2006 n° 586 : RJDA 10/06 n° 1011).

Le vendeur de **mauvaise foi** est tenu à la réparation intégrale du préjudice généré par le vice (C. civ. art. 1645 ; Cass. 3e civ. 19-11-2008 n° 07-16.746 : RJDA 7/09 n° 623 ; Cass. 3e civ. 30-1-2020 n° 19-10.176 FS-PBI : RJDA 5/20 n° 265 ; Cass. com. 17-1-2024 n° 21-23.909 F-B) et ce, même envers l'acheteur intermédiaire professionnel (Cass. com. 5-4-2016 n° 14-15.860 : RJDA 7/16 n° 521 : obligation de réparer le préjudice commercial résultant de la résolution de la vente). Il peut être alloué à l'acheteur, à titre de dommages-intérêts compensatoires, les intérêts de la créance de restitution du prix de vente depuis la date de paiement de celui-ci (Cass. com. 11-2-1997 : RJDA 6/97 n° 766). Mais la restitution du prix de vente à laquelle un vendeur est condamné à la suite de la réduction du prix ne constitue pas, par elle-même, un préjudice indemnisable ouvrant droit à réparation au profit de l'acquéreur (Cass. 1e civ. 25-11-1997 n° 96-10.207 : Bull. civ. I n° 330 : restitution qui est la conséquence de la seule nécessité, consécutive à l'annulation prononcée, de rétablir le patrimoine des parties à l'acte dans l'état où il se trouvait avant la conclusion de celui-ci ; Cass. 1e civ. 9-11-2004 n° 1610 : RJDA 3/05 n° 244 : sans justification ; Cass. com. 15-5-2007 n° 06-13.361 : RJDA 10/07 n° 930 : contrepartie du versement du prix dans le transfert de propriété ; Cass. 3e civ. 14-12-2017 n° 16-24.170 FS-PBI : RJDA 4/18 n° 309).

Toutefois, le montant des dommages-intérêts accordés à l'acheteur, pour ses préjudices réparables, tient compte des fautes qu'il a lui-même commises postérieurement à sa demande en résolution : ainsi, l'acheteur conservant la garde juridique de la chose viciée pendant toute la procédure doit en assurer la bonne conservation et donc supporter ses détériorations définitives et l'aggravation de son dépérissement (CA Aix 3-2-1981 : Bull. cour d'Aix 1981/1 p. 39).

Est réputé de mauvaise foi :

– tout vendeur qui connaissait les vices de la chose au jour de la vente, ou qui ne pouvait les ignorer, par exemple ceux d'un véhicule qu'il avait utilisé pendant plusieurs années (Cass. civ. 11-2-1975 : Bull. civ. I p. 55 ; dans le même sens, Cass. civ. 16-4-1996 : RJDA 2/97 n° 192) ;

Sur l'absence de mauvaise foi du vendeur d'un fonds de commerce quant au matériel dépendant du fonds vendu, CA Toulouse 27-10-1987 : JCP N 1987.II.220.

– le vendeur qui a reconnu implicitement l'existence d'un vice caché, par exemple en offrant le remplacement des pièces défectueuses (Cass. civ. 5-2-1975 : JCP G 1975.IV.100) ;

– le vendeur **professionnel,** car, en raison de sa profession, il ne peut ignorer les vices dont la chose est atteinte ou est tenu de les connaître (Cass. civ. 30-3-2000 : Bull. civ. II n° 57 ; Cass. civ. 10-7-2001 : RJDA 12/01 n° 1199), ce qui est le cas même s'il a fait livrer directement la chose par son propre fournisseur à l'acheteur (Cass. civ. 8-6-1999 : RJDA 8-9/99 n° 909) ou si l'origine du vice n'est pas déterminée avec certitude (CA Chambéry 28-4-1998 : JCP 1999.IV.2826) ; il en est encore ainsi même si l'acheteur est lui-même un professionnel (CA Paris 11-9-1997 : JCP E 1997.pan.1133), sauf s'il est de la même spécialité que le vendeur qui peut alors lui opposer les clauses limitatives de sa responsabilité (n° 27259 § 6).

Pèse ainsi sur le vendeur professionnel une **présomption irréfragable de connaissance des vices** du bien vendu, fondée sur le postulat que ce dernier connaît ou doit connaître les vices de ce bien et répondant à l'objectif légitime de protection de l'acheteur, qui ne dispose pas des mêmes compétences que le vendeur (Cass. com. 5-7-2023 n° 22-11.621 FS-B : RJDA 12/23 n° 647, déclarant cette présomption non disproportionnée au regard du droit à un procès équitable garanti par l'article 6, 1 de la CESDH).

Ont par exemple été tenus pour des vendeurs professionnels :

– le vendeur « concepteur et fabricant » d'une fourniture unique et originale, même s'il n'a pas été en mesure d'effectuer la mise en route ou d'en contrôler les essais (Cass. com. 25-2-1981 : JCP CI 1981.9696) ;

– le garagiste qui vend une automobile (Cass. civ. 21-11-1972 : JCP G 1974.II.17890 note Ghestin ; Cass. civ. 9-10-1979 : JCP G 1979.IV.373), a fortiori s'il a annoncé par une publicité que les réservoirs du véhicule ont été refaits alors qu'ils présentaient d'importantes fuites (CA Paris 6-10-1995 : RJDA 2/96 n° 211) ;

– une firme spécialisée dans la commercialisation des produits naturels (Cass. civ. 11-3-1980 : JCP G 1980.IV.208) ;

– le fabricant-vendeur de bouteilles de Schweppes (CA Amiens 10-3-1973 : D. 1975.som.108) ;

– le vendeur-assembleur de pièces mécaniques destinées à être intégrées à un navire (Cass. com. 18-10-1982 n° 81-12.870 : Bull. civ. IV n° 318) ;

– le particulier qui se livre de façon habituelle à des opérations d'achat et de revente de véhicules d'occasion dont il tire profit (Cass. 1e civ. 30-9-2008 n° 07-16.876 : RJDA 1/09 n° 22) ;

– l'entrepreneur de terrassement qui a décaissé sur son propre bien une paroi et a créé une falaise, en cas de revente de ce bien (Cass. 3e civ. 24-3-2016 n° 13-20.432 : PA 2016 nos 180-181 p. 17 note Maisonneuve).

Si le contrat de vente est un **contrat de droit français,** le vendeur professionnel ne peut pas s'exonérer de la présomption irréfragable de mauvaise foi qui pèse sur lui (Cass. com. 23-11-1982 n° 81-14.802 : Bull. civ. IV n° 367 ; Cass. com. 1-2-2011 n° 10-30.037).

En tout état de cause, le vendeur professionnel ne peut pas être exonéré de la garantie au motif qu'il n'est pas prouvé qu'il connaissait le vice (Cass. com. 27-11-1991 : RJDA 2/92 n° 139) ni au motif que, l'acheteur disposant des mêmes moyens d'investigation que lui, il n'est pas possible d'appliquer à l'un plutôt qu'à l'autre une présomption de connaissance du vice (Cass. com. 21-1-1992, 2e esp. : RJDA 2/92 n° 139).

Si le contrat de vente est un **contrat international,** il peut s'en exonérer en établissant qu'il ne connaissait pas le vice ; en ratifiant la convention de Vienne du 11 avril 1980, la France a écarté la possibilité de considérer la présomption irréfragable susvisée comme un élément de l'**ordre public international français,** car au sens de cette convention, tout vendeur peut s'exonérer de tout défaut de conformité en prouvant qu'il ne connaissait pas le vice et ne pouvait pas le connaître (Cass. com. 4-11-2014 n° 13-10.776 : RJDA 5/15 n° 337 : connaissance non prouvée). De plus, des juges ont été censurés pour avoir exclu le jeu d'une clause limitative de garantie invoquée par un vendeur professionnel pour s'exonérer d'un vice caché sans rechercher, d'office, si la loi étrangère applicable à la vente interdisait ou non une telle clause (Cass. civ. 4-10-1989 : Rev. crit. 1990.316 note Lagarde), ce qui exclut que ces juges aient été tenus d'appliquer d'office à cette vente la présomption irréfragable de connaissance du vice caché par le vendeur professionnel.

27253 **Clauses extensives de garantie** Le vendeur peut accorder une garantie supérieure à celle qui lui incombe en vertu de la loi et promettre, par exemple :

– le bon fonctionnement, pendant un délai déterminé, de l'appareil vendu ;

Ainsi le fournisseur d'un matériel informatique est responsable des perturbations de fonctionnement de l'entreprise acheteuse dès lors que, tenu à une obligation de garantie de six mois à compter de la mise en route effective, il n'a pas effectué les remises en état indispensables (CA Versailles 17-3-1988 : D. 1988.IR.117). Mais il n'est pas responsable de l'indisponibilité de l'installation, bloquée à la suite d'une erreur de manipulation de l'utilisateur, qui ne l'a pas avisé de l'incident, et alors qu'ensuite il a remis le système en fonctionnement en un quart d'heure (même arrêt).

– une certaine performance de l'appareil (ce qui garantit contre les défectuosités, car si les performances ne sont pas atteintes, c'est certainement parce qu'il y a un vice) ;

– le remplacement de l'appareil, le cas échéant ;

En contrepartie, il se réserve souvent la possibilité de vérifier l'usage qui a été fait de la chose et impose à l'acquéreur certaines obligations telles que, par exemple, des révisions périodiques dont le non-respect exclurait le jeu de la garantie.

– la rentabilité de l'appareil ;

– la durée d'existence profitable et utile et les frais d'entretien.

L'acheteur qui bénéficie d'une extension conventionnelle de garantie peut exiger la résolution du contrat, dès lors que le vendeur ne respecte pas scrupuleusement ses engagements, par exemple pour un retard de treize jours dans une livraison que le vendeur s'était engagé à effectuer à une date précise (TI Paris 9-3-1977 : GP 1977.2.som.398 ; aussi Cass. com. 7-7-1987 : BRDA 18/87 p. 22).

L'action qui tend à faire apprécier l'exécution de la garantie conventionnelle est soumise à la prescription de droit commun (Cass. com. 16-6-2009 nº 07-19.155 : RJDA 1/10 nº 19).

Une fois le délai conventionnel expiré, la garantie légale subsiste au profit de l'acheteur si les conditions (nºs 27203 s.) en sont toujours réunies (CA Poitiers 22-11-1961 : D. 1962.som.18).

Clauses limitatives ou exclusives de garantie Sous réserve que la stipulation soit valable (nº 27259), le vendeur peut limiter ou exclure sa responsabilité en stipulant : **27256**

1. Soit qu'il ne sera tenu d'**aucun vice** de la chose ni des conséquences que celui-ci a pu entraîner ;

Par exemple, sont exclusives de toute garantie les clauses stipulant que le fabricant limite ses obligations « à la fourniture des pièces livrées après un simple contrôle apparent » (Cass. com. 28-1-1974 : JCP G 1974.II.17852 note H.T.).

En revanche, n'est pas considérée comme exclusive de la responsabilité du vendeur la clause stipulant que le vendeur vend la chose « dans l'état où elle se trouve » (Cass. civ. 25-6-1968 : Bull. civ. I p. 138 ; Cass. com. 9-12-1975 : D. 1976.som.28).

2. Soit qu'il ne répondra des vices que dans certaines conditions pécuniaires (par exemple, en s'engageant au remplacement de la totalité de la marchandise défectueuse ou seulement des pièces qui rendent la chose impropre à l'usage auquel elle était destinée) ;

3. Soit qu'il ne sera pas tenu des vices qu'il n'a pas connus (C. civ. art. 1643) ;

4. Soit qu'il ne pourra être recherché que dans un délai limité, généralement fort bref, par exemple immédiatement après la découverte du vice ou à partir de la réception de la chose.

Le dépassement du délai dû à une résistance fautive du fournisseur ne prive pas l'acquéreur du droit d'agir en garantie (Cass. civ. 5-7-1973 : D. 1974.som.4).

Les clauses limitatives ou exclusives de la garantie du vendeur (quelle que soit leur formulation) ne sont, bien entendu, opposables à l'acheteur que s'il les a acceptées (sur cette acceptation, nº 15316, solutions transposables).

Les clauses limitatives s'interprètent restrictivement (CA Paris 6-5-1987 : D. 1987.IR.152, écartant une clause limitative de l'obligation d'un fabricant de publiphone eu égard à une utilisation frauduleuse nouvellement apparue).

Les clauses limitatives ou exclusives de garantie ne sont **valables** qu'aux conditions suivantes. **27259**

1. La clause ne doit pas faire obstacle à l'application d'une **règle d'ordre public de direction** ; ainsi, le vendeur d'un site industriel, tenu en tant que dernier exploitant à la dépollution du site, ne peut opposer à l'acquéreur qui invoque l'exécution de son obligation la clause de non-recours figurant au contrat de vente, car l'obligation de dépollution n'a pas seulement pour objet la protection de l'acquéreur mais un intérêt collectif touchant à la protection générale de l'environnement (Cass. 3e civ. 2-12-2009 nº 08-16.563 : RJDA 7/10 nº 746).

Le vendeur, dernier exploitant du site pollué, ici un garage, précédemment exploité par son père, ne peut pas ignorer les vices affectant les locaux et notamment, en l'espèce, l'existence des cuves enterrées qui se sont avérées fuyardes, et invoquer la clause le dispensant de garantir les vices cachés dès lors que cette circonstance n'a été révélée à l'acquéreur qu'après la vente (Cass. 3e civ. 29-6-2017 nº 16-18.087 FS-PBRI : RJDA 12/17 nº 798).

27259 (suite) **2.** Ces clauses ne sont efficaces que pour les **vices** cachés qu'elles visent ; pour les autres, le vendeur doit la garantie légale (cf. Cass. 3e civ. 10-5-2011 : RJDA 11/11 n° 896.som.). Mais une exclusion générale de garantie pour tous les vices dont la chose peut être atteinte est valable (Cass. civ. 12-11-1975 n° 74-13.775 : Bull. civ. III n° 330).

3. La vente ne doit **pas** être **aléatoire.**

Ne pourra notamment donner lieu à garantie l'utilisation de la chose par l'acheteur « à ses risques et périls » ; ce sera le cas lorsque la chose est affectée par l'acheteur, en toute connaissance de cause, à un usage nouveau auquel elle n'était pas initialement destinée (produit conçu pour le traitement des parties aériennes des végétaux utilisé par l'acheteur, bien qu'en étant informé, au traitement des semences : Cass. com. 9-1-1978 : Bull. civ. IV p. 13) ou à un usage déconseillé avec insistance par le fabricant (Cass. com. 19-5-1980 : GP 1980.pan.582).

4. La vente ne doit **pas** être une **vente professionnelle.**

Elle est traitée comme telle même en présence d'un **vendeur occasionnel**, dès lors qu'il est de mauvaise foi et qu'il connaît, au moment de la conclusion du contrat, les vices dont la chose est atteinte (Cass. 3e civ. 14-4-2010 n° 09-14.455 : RJDA 10/10 n° 937), et a fortiori s'il a commis un dol en dissimulant le vice qu'il connaissait tant à l'acquéreur qu'à l'expert qu'il a sollicité pour constater l'absence de vice (Cass. 3e civ. 13-1-2010 n° 08-21.677 : RJDA 7/10 n° 703), ou encore s'il peut être considéré comme un professionnel au regard de la chose vendue (CA Paris 20-12-1982 : BRDA 3/83 p. 14 : vente de son bateau personnel par le président d'une société ayant pour activité la distribution de bateaux en France et qui est lui-même fabricant de bateaux de plaisance ; Cass. 3e civ. 19-10-2023 n° 22-15.536 FS-B : RJDA 2/24 n° 86 : vendeur qui a réalisé lui-même des travaux sur l'immeuble avant de le vendre).

Si le **vendeur** est de **bonne foi,** l'acquéreur ne peut pas échapper à l'application de la clause en invoquant la responsabilité contractuelle de droit commun (Cass. 3e civ. 12-9-2012 n° 11-21.007 : RJDA 3/13 n° 213).

Les juges ne peuvent pas appliquer la clause sans rechercher si le vendeur avait ou non connaissance du vice (Cass. 3e civ. 4-4-2019 n° 16-22.528 F-D : RJDA 7/19 n° 492).

5. La clause ne peut **pas** être stipulée par un **vendeur professionnel,** celui-ci étant présumé de mauvaise foi (n° 27250).

Par exemple, sont inopposables à l'acheteur les clauses limitatives ou exclusives de responsabilité stipulées par le fabricant de pièces de fonderie (Cass. com. 29-1-1974 : GP 1974.1.som.107), les aciéries auxquelles un constructeur de navires a commandé un étambot en acier moulé (Cass. com. 27-4-1972 : DMF 1972.653), le vendeur grossiste de tables de marbre (Cass. com. 17-12-1973 : JCP G 1975.II.17912), le vendeur constructeur d'automobiles pour la revente d'un véhicule d'occasion (Cass. com. 15-12-1975 : JCP G 1976.IV.53), un entrepreneur de chauffage pour ses fournitures (Cass. com. 7-12-1976 : D. 1977.IR.128).

6. Les clauses sont **opposables** à l'acheteur professionnel de la **même spécialité** que le vendeur, les juges ne pouvant écarter les clauses dès lors qu'ils constatent l'identité de spécialité (Cass. com. 3-2-1998 : RJDA 6/98 n° 700). Elles sont aussi opposables au sous-acquéreur dès lors que le fabricant et le vendeur intermédiaire ont la même spécialité professionnelle et que le vice est aisément détectable (Cass. 1re civ. 27-11-2019 n° 18-18.402 F-D : RJDA 4/20 n° 206).

Ont été reconnus, au regard de la validité des clauses restrictives de garantie, comme de la même spécialité :

– le vendeur de matériel électronique et son acheteur qui a une branche d'activité « commandes numériques » (CA Paris 23-3-1982 : BRDA 10/82 p. 22) ;

– le fabricant de cuves maritimes et l'acheteur constructeur de navires-citernes (Cass. com. 3-12-1985 : Bull. civ. IV p. 244) ;

– le transporteur vendeur d'un véhicule d'occasion et le transporteur acquéreur (CA Amiens 14-10-2010 n° 08/05405 : BTL 2010.676).

Mais n'ont pas été reconnus de la même spécialité :

– un acheteur, entrepreneur de terrassement, de matériel de chantier et le vendeur du matériel car cet acheteur n'est pas un mécanicien professionnel (Cass. com. 6-11-1978 : D. 1979.IR.72) ;

– un fabricant de machines destinées à assurer le remplissage et le bouchage de bouteilles et une société d'ingénierie chargée de réaliser et de mettre en service une unité de production de jus de fruits (Cass. com. 28-4-1980 : Bull. civ. IV p. 133) ;

– le fabricant d'un matériau nouveau destiné à la couverture de sièges et un fabricant de sièges qui avait acheté ce matériau pour revêtir ses produits (Cass. com. 4-11-1980 : JCP G 1981.IV.33) ;

– des chantiers de construction maritime et le spécialiste mondial de la construction de propulseurs à pales verticales (CA Paris 15-1-1980 : DMF 1981.280) ;

– le vendeur de carburant depuis plusieurs années et le vendeur des cuves qui lui a signalé l'âge de ces dernières, car déceler lors de la livraison les risques des détériorations des cuves dues à l'âge n'est pas déceler les vices cachés de la chose vendue (Cass. com. 22-6-1993 : RJDA 1/94 n° 18) ;

– un fabricant de transformateurs électriques et le fabricant de régleurs car ce fabricant a une compétence spécifique (Cass. civ. 20-2-1996 : RJDA 8-9/96 n° 1031) ;
– un vendeur de produits informatiques et un grossiste, peu important que la vente ait eu un rapport direct avec l'activité exercée par l'acheteur (Cass. com. 15-5-2001 : RJDA 10/01 n° 957).

L'acheteur professionnel de la même spécialité que son vendeur pourra néanmoins exiger de celui-ci la garantie dès lors que, techniquement, il ne pouvait déceler, « selon une diligence raisonnable » (Cass. 3e civ. 28-2-2012 n° 11-10.705 F-D : RJDA 3/13 n° 212), les défauts de la chose au moment de la vente (cf. Cass. 1e civ. 27-11-2019 n° 18-18.402 F-D : RJDA 4/20 n° 206) ou que le vendeur a été de mauvaise foi.

Tel était le cas :
– des vices de construction se manifestant plusieurs années après la vente et alors que l'acheteur n'aurait pu s'en convaincre qu'après un examen d'une particulière minutie (Cass. civ. 30-10-1978 : GP 1979.pan.4) ;
– d'un vice qui ne pouvait être décelé que par une analyse dans un laboratoire spécialisé (Cass. com. 30-11-1982 : Bull. civ. IV p. 326) ;
– d'un vice que le vendeur a laissé sciemment ignorer à son cocontractant (CA Lyon 27-10-1988 : D. 1988.IR.288) ou qu'il lui a dissimulé (CA Dijon 18-2-1992 : JCP G 1993.IV.135) ou dont il aurait dû l'avertir (Cass. civ. 4-3-1986 : BRDA 11/86 p. 14).

Mais le vendeur peut se prévaloir de sa limitation de responsabilité dès lors que l'acquéreur, tout en dénonçant les insuffisances de la chose, a préféré la garder plutôt que de demander la résolution de la vente, car il peut en être déduit que le vendeur n'a pas commis de faute lourde (Cass. com. 17-12-1996 : RJDA 4/97 n° 491).

6. GARANTIE D'ÉVICTION

Quoique lors de la vente il n'ait été fait aucune stipulation sur la garantie, le vendeur est obligé **27300**
de droit à garantir l'acquéreur de l'éviction qu'il souffre dans la totalité ou partie de l'**objet vendu,** ou des charges prétendues sur cet objet, et non déclarées lors de la vente (C. civ. art. 1626), et il ne peut pas s'en exonérer (art. 1628).

Compte tenu du sens générique de la formule « objet vendu », **tout vendeur** d'un meuble ou d'un immeuble, quel qu'il soit, y est tenu.

Y est notamment tenu le vendeur de droits incorporels, tels des droits sociaux (MSC nos 17300 s.) ou des droits de propriété incorporels (n° 33400).

Les dispositions du Code civil qui ne concernent pratiquement que les immeubles sont donc transposables en tant que de raison et de besoin aux ventes de marchandises et de matériel. Pour une application à ces ventes : CA Paris 16-5-1990 : D. 1990.IR.150 : recevabilité de l'action en garantie d'éviction exercée par l'acheteur d'une automobile volée ; sur le droit de l'acheteur qui craint l'éviction de suspendre le paiement du prix, n° 27156 ; Cass. com. 8-4-2021 n° 19-25.305 FD, refusant à une société mère la garantie d'éviction due par le vendeur pour le trouble qu'elle avait subi du fait des poursuites en contrefaçon pour usage d'emballages contrefaisants engagées contre sa filiale américaine à laquelle elle avait fourni ces emballages qu'elle avait achetés, au motif qu'elle n'avait pas subi personnellement l'éviction puisque les poursuites n'avaient pas été dirigées contre elle.

PARTIE 3

Biens de l'entreprise

CHAPITRE 1

PROPRIÉTÉ

SOMMAIRE

A. Régime général de la propriété	30000	C. Usufruit	30500
B. Indivision	30100	1. Constitution de l'usufruit	30503
1. Indivision légale	30103	2. Droits de l'usufruitier	30550
2. Indivision conventionnelle	30200	3. Obligations de l'usufruitier	30600
3. Partage de l'indivision	30300	4. Droits et obligations du nu-propriétaire	30650
		5. Extinction de l'usufruit	30700

A. Régime général de la propriété

LOI APPLICABLE AUX BIENS

Biens situés en France La propriété de tout bien situé sur le territoire français, même possédé par un étranger, est déterminée par la loi française (pour les immeubles : C. civ. art. 3, al. 2 ; pour les meubles : Cass. req. 24-5-1933 : DH 1933.378 ; Cass. 1e civ. 9-12-1974 n° 73-10.795 : JDI 1975.534 note Ponsard ; Cass. 1e civ. 3-2-2010 n° 08-19.293 : RJDA 5/10 n° 589). 30000

Biens situés à l'étranger La propriété d'un immeuble qui n'est pas situé en France est déterminée par la loi du lieu où ce bien est localisé (Cass. 1e civ. 25-5-2016 n° 15-16.935 FS-PB : Bull. civ. I n° 115). 30005

PROPRIÉTÉ DES IMMEUBLES

Le propriétaire d'un immeuble est généralement celui au nom de qui cet immeuble est inscrit au fichier immobilier tenu au service chargé de la publicité foncière. 30013

Il est aussi possible de tenir pour propriétaire et, en conséquence, de conclure valablement avec lui des actes de disposition (vente ou hypothèque, par exemple), celui qu'une « **erreur commune** et invincible » répute propriétaire, dit « propriétaire apparent ».

Un bien appartient à celui dont le titre établit la propriété, sans égard à son financement (Cass. 1e civ. 28-3-2006 n° 641 : Bull. civ. I n° 185 ; Cass. 1e civ. 1-7-2009 n° 08-11.861 F-D, en déduisant que, s'il a été acquis par deux acheteurs, il doit être partagé par moitié entre eux).

Toutefois, la preuve du droit de propriété résultant de l'inscription au fichier immobilier ou de l'apparence peut être **combattue** soit par des présomptions de propriété, soit par l'usucapion.

La preuve incombe à celui qui se prétend propriétaire (Cass. civ. 3-6-1981 : D. 1982.IR.183 obs. Robert).

L'action en revendication de la propriété d'un immeuble ne peut être tranchée que par le juge judiciaire (C. org. jud. art. R 211-3-26, 5° ; n° 72006).

Présomption de propriété La propriété est reconnue à celui qui présente « les présomptions de propriété les meilleures et les plus caractérisées » (Cass. civ. 3-6-1981 : D. 1982.IR.183 obs. Robert), dont la force probante est appréciée selon les distinctions suivantes. 30016

La présomption de la propriété du dessous (autrement dit, du sous-sol) au profit du propriétaire du sol n'est susceptible d'être combattue que par la preuve contraire résultant d'un titre, quel qu'en soit le titulaire, ou de la prescription acquisitive (Cass. 3e civ. 26-5-1992 n° 172 : Bull. civ. III n° 172 ; Cass. 3e civ. 13-5-2015 n° 13-27.342 FS-PB : Bull. civ. III n° 44).

1. En l'**absence de titres,** la préférence est donnée à la **possession** la mieux caractérisée ; ainsi, l'occupant des lieux est préféré au non-occupant (Cass. civ. 22-6-1972 : Bull. civ. III p. 214 ; Cass. civ. 25-3-1992 : Bull. civ. III p. 61), le possesseur le plus ancien au possesseur le plus récent (Cass. civ. 17-12-1980 : GP 1981.pan.143) ; à défaut de possession, la preuve peut être tirée des présomptions de fait telles que celles provenant du cadastre ou du paiement de l'impôt foncier (Cass. req. 29-3-1933 : GP 1933.2.15 ; CA Colmar 5-3-1990 : Bull. inf. C. cass. 1990 n° 1019), voire d'attestations (Cass. 3e civ. 17-4-1991 n° 89-15.898).

Les mentions du cadastre, aussi anciennes soient-elles, ne valent pas titre de propriété (CE 4-5-2023 n° 462404).

2. En **présence de titres,** ceux-ci font preuve s'il n'est pas justifié d'un droit de propriété préférable à celui résultant de ces titres (Cass. 3e civ. 27-6-2001 : Bull. civ. III n° 86) ; ce droit s'induit généralement d'une **possession** exempte de vices ; celle-ci est notamment préférée à des titres faisant état d'origines de propriété imprécises (Cass. civ. 24-10-1979 : GP 1980.pan.47) ou à des titres émanant d'auteurs différents (Cass. civ. 28-6-1977 : Bull. civ. III p. 220). Mais les titres antérieurs à la possession supplantent cette dernière lorsque les faits de possession sont simplement invoqués à titre de présomption de propriété et non comme ayant pu conduire à la prescription acquisitive (Cass. civ. 28-11-1978 : GP 1979.som.122).

À défaut de possession, si les titres en conflit émanent d'un **même auteur,** le droit de propriété appartient à celui qui a le premier publié le transfert de propriété au service chargé de la publicité foncière (Cass. 3e civ. 4-10-1972 no 71-12.183 : Bull. civ. III no 495) ou à celui qui est désigné comme tel par le titre le plus ancien qui est commun aux parties, les titres postérieurs n'ayant pu modifier unilatéralement l'attribution du droit de propriété fixée précédemment (Cass. civ. 10-5-1983 : GP 1983.pan.271).

Lorsque les titres émanent d'**auteurs différents,** le juge les apprécie en fonction des circonstances de fait : par exemple, tantôt les titres prévalent sur les mentions du cadastre (Cass. civ. 28-10-1987 : D. 1989.som.31 obs. Robert), tantôt les mentions du cadastre l'emportent sur les titres (Cass. req. 29-3-1933 : GP 1933.2.15).

Tout acte qui tend à constater l'existence d'un droit de propriété peut être invoqué comme **titre** ; ainsi :
– un procès-verbal de bornage signé par les deux propriétaires (Cass. civ. 26-6-1985 : JCP G 1985.IV.310 ; CA Fort-de-France 28-4-1995 : Bull. inf. C. cass. 1995 no 1188) ou par l'un des propriétaires coïndivis pour moitié et usufruitier pour le tout, en cette qualité, vaut bornage amiable en l'absence d'opposition des autres nus-propriétaires (Cass. 3e civ. 31-10-2012 no 11-24.602 : Bull. civ. III no 157) ; mais ce procès-verbal n'implique pas en soi l'accord des signataires sur la propriété des fonds en cause (Cass. 3e civ. 27-11-2002 : Bull. civ. III no 242), même si les bornes sont posées (Cass. 3e civ. 5-1-1978 no 76-12.611 : Bull. civ. III no 13), et il ne constitue pas un acte translatif de propriété faisant obstacle à l'action en revendication (Cass. 3e civ. 10-11-2009 no 08-19.756 : Bull. civ. III no 249 ; Cass. 3e civ. 23-5-2013 no 12-13.898 : Bull. civ. III no 63 ; Cass. 3e civ. 10-6-2015 no 14-14.311 : JCP N 2015.1196 note Grimonprez) ; le droit de propriété ne peut pas être davantage établi par l'action en bornage qui a seulement pour effet de fixer les limites des fonds contigus sans en attribuer la propriété (Cass. 3e civ. 10-7-2013 nos 12-19.416 et 12-19.610 : Bull. civ. III no 97) et qui n'interrompt donc pas la prescription acquisitive (Cass. 3e civ. 13-3-2002 : Bull. civ. III no 67), ni par un jugement qui a statué exclusivement sur la fixation de la ligne divisoire entre deux fonds et qui n'a pas tranché la question de la propriété d'une parcelle (Cass. civ. 28-10-1992 no 90-18.573 : Bull. civ. III no 282) ;
– un acte authentique établissant le droit de propriété (Cass. crim. 26-3-1985 : Bull. crim. p. 330) ;
– des actes de partage qui, bien que non publiés, sont opposables aux tiers (Cass. 3e civ. 23-4-1981 no 79-14.044 : Bull. civ. III no 80) ou qui, quoique établis sous signature privée, mais non contestés, peuvent l'emporter sur un titre authentique plus récent (Cass. 3e civ. 28-3-1973 no 71-14.704 : Bull. civ. III no 243) ; mais si le revendiquant est un héritier omis, ses cohéritiers qui ont participé à un partage amiable ne peuvent pas lui opposer ce dernier (Cass. civ. 1-4-1981 : JCP G 1982.II.19897 note Tomasin), qui est nul (no 30396) ;
– des titres translatifs ou déclaratifs de propriété, à titre de présomption à l'égard des tiers, sans que ceux-ci puissent opposer que l'acte n'a qu'un effet relatif, car la preuve de la propriété est étrangère à la question de l'opposabilité des actes aux tiers (Cass. 3e civ. 2-7-1997 no 95-20.190 : Bull. civ. III no 161 ; Cass. civ. 4-7-2001 D).

30019 **Prescription acquisitive ou usucapion** Celui qui revendique la propriété d'un immeuble, et lui seul (Cass. 3e civ. 5-11-2015 no 14-20.845), peut en devenir propriétaire s'il l'a détenu, sans titre et même de mauvaise foi, en vertu d'une **possession** exempte de vices pendant trente ans ; la durée de la possession est ramenée à dix ans si l'intéressé jouissait d'un juste titre et était de bonne foi (C. civ. art. 2258 s.). L'usucapion rétroagit à la date où la possession a commencé à courir (Cass. civ. 10-7-1996 : RJDA 10/96 no 1242 ; Cass. 3e civ. 6-7-2022 no 20-23.132 F-D).

Il importe peu soit que le possesseur ait ou non acquis ses droits du même auteur que le revendiquant (Cass. civ. 6-11-1975 : JCP G 1977.II.18609 obs. Dagot ; TGI Créteil 2-12-1981 : D. 1982.IR.301 obs. Robert) ou qu'il ait été indivisaire du bien (Cass. 3e civ. 3-10-2012 no 11-16.405 : JCP N 2013.1099 note Levacher), soit que le revendiquant jouisse d'un titre, car il est toujours possible de prescrire contre un titre (Cass. civ. 4-12-1991 : RJDA 2/92 no 183).

La possession a dû s'exercer sur le bien lui-même à propos duquel l'usucapion est invoquée (Cass. civ. 27-11-1996 : RJDA 1/97 no 104) et par des actes matériels ; elle ne peut pas être déduite d'actes juridiques tels qu'un procès-verbal de bornage et un acte notarié, dit de « notoriété », constatant l'usucapion (Cass. 3e civ. 4-5-2011 no 09-10.831).

L'usucapion, en l'espèce de douze ans, est compatible avec le protocole no 1 de la convention européenne des droits de l'Homme (CEDH 30-8-2007 : AJDA 2007.1928 obs. Flauss).

Le bien usucapé peut être une partie privative d'une copropriété qui devient une partie commune acquise par le syndicat des copropriétaires, les actes de possession résultant de l'usage de la partie litigieuse par l'ensemble des copropriétaires pendant trente ans (Cass. 3e civ. 8-10-2015 no 14-16.071 : JCP G 2015 no 52-1423 note Chardeaux).

Celui qui revendique la propriété peut être une personne publique (Cass. 3e civ. 4-1-2023 no 21-18.993 FS-B).

Si les conditions exposées aux numéros suivants sont remplies, l'usucapion peut être invoquée contre un titre (Cass. 3e civ. 17-12-2020 n° 18-24.434 FP-PBI) ; ainsi peut être invoquée l'acquisition d'un droit de jouissance sur des parties communes d'une copropriété ayant pour objet l'apposition d'enseignes sur ces parties (Cass. 3e civ. 22-10-2020 n° 19-21.732 F-D).

L'action en revendication doit être dirigée contre celui qui détient le bien (Cass. 3e civ. 6-7-2022 n° 20-23.132 F-D).

1. Caractéristiques de la possession. Pour entraîner l'acquisition de la propriété, la possession ne doit pas être contraire à l'**ordre public** (Cass. 3e civ. 21-9-2022 n° 21-17.409 FS-B : BRDA 21/22 inf. 19 : le non-respect de règles d'urbanisme applicables à des travaux de construction ne fait pas obstacle, en l'absence d'actes de possession illicites pour être contraires à l'ordre public ou aux bonnes mœurs, à ce que le possesseur du terrain d'assiette en acquiert la propriété par prescription) ; elle doit être (C. civ. art. 2261) : 30022

a. Continue et réelle : c'est le cas lorsque la possession « a été exercée dans toutes les occasions, comme dans tous les moments où elle devait l'être, d'après la nature de la chose possédée, sans intervalles anormaux assez prolongés pour constituer des lacunes » (Cass. 1e civ. 3-5-1960 : Bull. civ. I n° 230) et qu'elle s'est manifestée par des actes matériels traduisant une possession réelle (Cass. 3e civ. 11-6-1992 : Bull. civ. III p. 122) ; tel est le cas lorsque l'immeuble litigieux est porté au compte des occupants, qui paient l'impôt foncier et dont des témoins attestent qu'ils les ont toujours connus comme occupants (Cass. 3e civ. 14-1-2015 n° 13-22.256 : Bull. civ. III n° 4). La possession ne doit pas être interrompue plus d'une année soit par le propriétaire, soit même par un tiers (C. civ. art. 2271) ; celui qui prétend à l'usucapion doit prouver que cette interruption ne s'est pas produite (CA Grenoble 22-1-1992, 2e espèce : D. 1993.som.302 obs. Robert) ;

Une fois valablement commencée, la possession peut être continuée par la seule intention sans accomplissement d'aucun acte matériel de possession (Cass. 3e civ. 20-2-2013 n° 11-25.398 : D. 2013.1531 note Tadros).

b. Paisible : le possesseur ne doit pas s'être rendu maître de l'immeuble par des actes de violence (C. civ. art. 2263, al. 1 ; Cass. civ. 15-2-1977 : GP 1977.1.pan.173). Il peut toutefois se prévaloir d'une possession paisible dès que ses actes de violence ont cessé (C. civ. art. 2263, al. 2) ;

Il n'y a pas violence dans le fait de réagir contre les voies de fait des tiers (Cass. civ. 15-2-1968 : D. 1968.453).

c. Publique : le possesseur doit faire ouvertement des actes montrant qu'il se conduit en propriétaire de l'immeuble : par exemple, entreposer ses marchandises ou du matériel sur un terrain et y construire un hangar (cf. Cass. civ. 26-6-1974 : Quot. jur. 14-1-1975) ;

d. Non équivoque : le possesseur doit être considéré par les tiers comme le propriétaire de l'immeuble et non, par exemple, comme un copropriétaire indivis (Cass. civ. 17-4-1985 : JCP G 1985.II.20464 concl. Gulphe) ;

Sa possession n'est équivoque que si les actes ne révèlent pas l'intention de se conduire en propriétaire (Cass. civ. 3-10-1969 : Bull. civ. III p. 460). C'est notamment le cas de celui qui est entré en possession d'un terrain en vertu d'une autorisation subordonnée à la création d'un lotissement en raison du caractère provisoire de cette autorisation (Cass. 3e civ. 5-6-2013 n° 11-22.958).

e. Accomplie à titre de propriétaire : le possesseur doit se comporter à l'égard de l'immeuble comme s'il en avait la maîtrise absolue, ce qui est notamment le cas lorsqu'il assure seul l'exploitation de l'immeuble (Cass. 3e civ. 28-1-1987 : Bull. civ. III p. 7). Le possesseur est présumé posséder à titre de propriétaire sauf s'il est prouvé qu'il a commencé à posséder pour un autre (C. civ. art. 2256).

Le vendeur qui occupe l'immeuble après l'avoir vendu est réputé posséder pour l'acquéreur (Cass. civ. 16-11-1976 : GP 1977.1.som.23).

Ne possède pas pour lui-même celui qui détient l'immeuble comme locataire, usufruitier, dépositaire ou emprunteur à usage ou celui qui n'utilise l'immeuble que par simple tolérance (C. civ. art. 2262 et 2266 ; Cass. 3e civ. 17-10-2007 n° 06-17.220 : JCP G 2008.II.10011 note Maréchal) ; les héritiers de celui qui a possédé pour autrui succèdent au vice affectant la possession et ne possèdent donc pas pour eux-mêmes, sauf à prouver un changement de titre (C. civ. art. 2267 ; sur des absences de changement de titre : Cass. civ. 2-5-1979 n° 78-10.121 : Bull. civ. III n° 97 ; Cass. 3e civ. 23-4-2013 n° 12-14.348 : RTD civ. 2013.644 obs. Dross).

Ne possède pas non plus pour lui-même celui qui n'a pas de titre, par exemple parce qu'il invoque un acte de partage qui ne lui a attribué aucun droit sur l'immeuble dont il se prétend possesseur à titre de propriétaire (Cass. 3e civ. 2-12-1975 : Bull. civ. III p. 270) ni celui qui n'a pas la capacité de jouissance ; tel est le cas d'une société fictive qui ne peut se prévaloir de la personnalité morale (CA Paris 23-12-1975 : GP 1976.1.361). Les fondateurs d'une telle société ne sont pas davantage possesseurs, faute d'avoir possédé ouvertement pour eux-mêmes (CA Paris 23-12-1975, précité ; aussi Cass. civ. 26-10-1977 : GP 1978.1.som.20).

Mais **possèdent pour eux-mêmes** :

– ceux qui possèdent pour autrui si le titre de leur possession se trouve interverti, soit par une cause venant d'un tiers, soit par la contradiction qu'ils ont opposée au droit du propriétaire

(C. civ. art. 2268) et non s'ils ont changé eux-mêmes la cause et le principe de leur possession (C. civ. art. 2270) ;

A continué à prescrire pour autrui en qualité de locataire celui qui est resté dans les lieux après l'expiration du bail sans qu'aucun loyer ne lui ait été réclamé ni aucun congé délivré (Cass. civ. 19-12-1990 : Bull. civ. III p. 153).

– le nu-propriétaire qui possède par l'intermédiaire de l'usufruitier et peut prescrire à partir des actes de possession exercés par ce dernier sans en avoir lui-même accompli (Cass. 3e civ. 21-3-1984 no 83-10.473 : JCP G 1986.II.20640 obs. de la Marnierre) ;

– le propriétaire indivis s'il justifie d'actes de possession incompatibles avec sa qualité d'indivisaire, la preuve de tels actes étant souverainement appréciée par les juges du fond (Cass. 1e civ. 16-5-2000 : JCP.2000.IV.2172).

30025 **2. Immeuble dans le commerce.** La possession ne peut engendrer la qualité de propriétaire que si elle porte sur un immeuble dans le commerce (C. civ. art. 2260) : tel n'est pas le cas, notamment, des immeubles faisant partie du domaine public qui sont inaliénables (CGPPP art. L 3111-1 ; Cons. const. 26-10-2018 no 2018-743 QPC).

30028 **3. Durée de la possession.** La propriété est acquise lorsque la possession a duré **trente ans,** sauf l'exception ci-après exposée où cette durée est réduite à dix ans. Même si un titre de propriété est opposé à la partie se prévalant de l'usucapion, les juges ne peuvent pas écarter l'usucapion sans rechercher si celle-ci n'était pas acquise en vertu de la prescription trentenaire (Cass. 3e civ. 11-4-2019 no 17-17.766 F-D).

Les modalités de calcul du délai ainsi que les causes d'interruption et de suspension du délai sont soumises aux mêmes règles que celles applicables au délai de la prescription extinctive (nos 71745 s.), compte tenu des précisions suivantes.

a. Interruption du délai. L'assignation en justice, telle une assignation en référé (Cass. 3e civ. 29-6-2023 no 21-25.390 FS-B), vaut interruption si elle contient expressément ou implicitement la demande tendant à la reconnaissance d'un droit de propriété, ce qui est le cas de la reconnaissance sans réserve des droits de propriété d'un autre (Cass. 1e civ. 21-11-1978 : Bull. civ. I p. 275) mais non d'une action en bornage (no 30016). L'assignation en référé-expertise, qui tend à faire établir avant tout procès la preuve d'un empiétement, vaut également interruption (Cass. 3e civ. 29-6-2023 no 21-25.390 FS-B).

b. Suspension du délai. Profite d'une suspension le véritable propriétaire qui a été empêché d'agir tant que le titre de propriété qui lui est opposé n'a pas été annulé, par exemple celui de l'expropriant (Cass. civ. 18-10-1977 : Bull. civ. III p. 261), celui de l'adjudicataire (Cass. 3e civ. 13-2-1979 : Bull. civ. III p. 28) ou celui du majeur qui est dans une situation indivisible avec un mineur, ce qui n'est pas le cas entre cohéritiers indivis d'un immeuble (cf. Cass. 3e civ. 20-11-1974 : Bull. civ. III p. 327).

c. Le possesseur actuel peut **joindre à sa possession** celle de son auteur, de quelque manière qu'il lui ait succédé, soit à titre universel ou particulier, soit à titre lucratif ou onéreux (C. civ. art. 2265). L'usufruit étant un démembrement du droit de propriété, l'usufruitier peut joindre à sa possession celle à titre de propriétaire de son auteur (Cass. 1e civ. 13-2-1963 : Bull. civ. I no 103) ; mais un acquéreur ne peut pas invoquer la possession accomplie par le vendeur si le bien revendiqué était resté en dehors de la vente (Cass. 3e civ. 17-4-1996 : RJDA 7/96 no 960).

La durée de la possession est abrégée à **dix ans** lorsque le possesseur a acquis l'immeuble « par un juste titre et de bonne foi » (C. civ. art. 2272, al. 2). La possession abrégée protège celui qui défend son droit contre l'absence de propriété de celui dont il tient ce droit, ce que le juge doit constater, au besoin d'office, pour déclarer la prescription acquise (Cass. 3e civ. 19-12-2001 no 00-10.702 : Bull. civ. III no 159). Elle ne protège pas celui qui a acquis du véritable propriétaire (Cass. 3e civ. 27-5-1998 no 96-17.801 : Bull. civ. III no 113), tel celui qui a pris possession d'un bien parce qu'il se trouvait dans la succession de son auteur qui en était le véritable propriétaire (Cass. 1e civ. 7-10-2015 no 14-16.946 : D. 2016.242 note Zinty).

a. Le **juste titre** est l'acte qui n'émane pas du véritable propriétaire (Cass. civ. 13-12-2000 : D. 2001.2154 note Lipinski) et qui, considéré en soi, serait de nature à transférer la propriété à la partie qui invoque la prescription (Cass. civ. 13-1-1999 : Bull. civ. III no 13) ; ainsi est un juste titre : l'acte d'échange dont la régularité n'est pas contestée et qui est relatif au terrain à propos duquel est invoquée l'usucapion abrégée (Cass. 3e civ. 4-7-1973 : Bull. civ. III p. 340), le titre d'acquisition auprès du vendeur d'un immeuble qui a été l'objet d'une ordonnance d'expropriation deux ans avant l'acquisition (CA Paris 16-3-1976 : J. not. 1977.983), l'acte de vente aux enchères publiques d'un immeuble délaissé, même si le cahier des charges prévoyait une clause de non-garantie d'éviction au profit du vendeur qui en l'occurrence était l'État (CA Aix 25-11-1981 : Bull. Cour d'Aix 1981/3 p. 11).

En revanche, n'est pas un juste titre :

– un acte de vente dont il ressort que la parcelle litigieuse n'a pas été comprise dans la vente, même si le notaire y a fait allusion à la suite d'une erreur du cadastre (Cass. civ. 21-10-1975 : GP 1976.1.som.23) ;

– l'acte frappé d'une nullité absolue (C. civ. art. 2273 ; cf. Cass. 3e civ. 3-11-1977 : Bull. civ. III no 366, tenant pour juste titre un acte entaché d'une nullité relative) ;

– l'acte qui n'a pas acquis date certaine (cf. Cass. civ. 16-1-1969 : D. 1969.453) ;
– l'acte de partage (n° 30380).

b. La **bonne foi** consiste dans la croyance que l'acquisition, telle qu'elle était faite, devait emporter le transfert de la propriété (Cass. 3e civ. 15-6-2005 n° 725 : RJDA 11/05 n° 1302). Il suffit que cette croyance ait existé au moment de l'acquisition (C. civ. art. 2275 ; Cass. civ. 15-3-1978 : Bull. civ. III p. 96). Elle est toujours présumée (C. civ. art. 2274). La présomption est renversée lorsque l'acquéreur ne conteste pas avoir eu connaissance de l'utilisation sans entrave du bien litigieux (Cass. 3e civ. 25-3-2021 n° 20-14.646 F-D).

Un nouveau délai de dix ans court après interruption (C. civ. art. 2259 et, sur renvoi, art. 2231). L'interruption de la prescription n'a pas pour effet de substituer une prescription de trente ans (CA Paris 27-4-1989 : D. 1990.som.85 obs. Robert).

Le délai ne court pas tant que le juste titre n'a pas acquis date certaine (Cass. civ. 14-6-1961 : GP 1961.2.266) ni tant que la possession n'a pas commencé (Cass. civ. 28-11-1962 : GP 1963.1.192).

La propriété est acquise dès que le dernier jour du terme est accompli et elle est opposable à tous sans que l'acquisition par prescription ait été publiée au fichier immobilier (Cass. civ. 13-11-1984 : D. 1985.345 note Aubert).

PROPRIÉTÉ DES MEUBLES CORPORELS

Droit de propriété du possesseur à l'égard des tiers Sauf si le meuble possédé a été perdu ou volé (n° 30038), en application de la règle « **En fait de meubles, la possession vaut titre** », le possesseur d'un meuble peut opposer son droit de propriété sur ce meuble (C. civ. art. 2276) au propriétaire qui en a perdu la possession et le revendique dans ses mains (cf. Cass. 1e civ. 20-2-1996 n° 93-18.799 : Bull. civ. I n° 96). Il importe peu qu'il l'ait reçu d'un non-propriétaire (Cass. civ. 13-2-1980 : D. 1980.IR.438 note Bénabent ; voir aussi Cass. civ. 1-3-1988 : Bull. civ. I p. 39). **30035**

Les biens mobiliers situés en France sont soumis à cette règle, la loi française étant seule applicable aux droits réels dont ces biens sont l'objet (n° 30000).

Les biens mobiliers du **domaine public** n'y sont en revanche pas soumis. En effet, l'ingérence que constituent l'inaliénabilité de tels biens et l'imprescriptibilité de l'action en revendication est prévue à l'article L 3111-1 du Code général de la propriété des personnes publiques, de sorte qu'aucun droit de propriété sur ces biens ne peut être valablement constitué au profit de tiers et que ces biens ne peuvent pas faire l'objet d'une prescription acquisitive, même au profit de possesseurs de bonne foi ; cette ingérence poursuit un but légitime relevant de l'intérêt général, de telle sorte que la condamnation du possesseur à restituer le bien litigieux ne saurait être disproportionnée (Cass. 1e civ. 13-2-2019 n° 18-13.748 FS-PBI : RJDA 5/19 n° 386).

Pour se prévaloir de son droit de propriété, le possesseur doit invoquer une possession conforme aux conditions suivantes.

Ces conditions ne sont pas requises si la possession a duré trente ans (Cass. 1e civ. 19-3-2009 n° 07-12.290 : RJDA 7/09 n° 688).

1. La possession doit porter sur des **meubles corporels,** c'est-à-dire susceptibles d'appropriation physique. Tel est le cas de toutes les choses palpables. Sont assimilés aux meubles corporels les titres au porteur (Cass. civ. 24-6-1891 : DP 1899.1.185 ; CA Reims 21-5-1987 : Jurisprudence Champagne-Ardenne 1987-88/8 p. 49).

Ne peuvent pas être l'objet de possession corporelle :
– les meubles corporels faisant partie d'une universalité (CA Paris 17-4-1956 : D. 1956.530 ; TGI Paris 29-6-1988 : JCP G 1989.II.21195 note Agostini) ;
– les objets mobiliers classés (C. patrimoine art. L 622-21) ;
– les archives publiques (C. patrimoine art. L 212-1) ;
– les meubles corporels immatriculés (Cass. civ. 18-1-1870 : D. 1870.1.127 ; n° 30050), à l'exception des automobiles (n° 30044 : possibilité de don manuel) ;
– les meubles incorporels, telle la licence d'exploitation d'un débit de boissons (Cass. com. 7-3-2006 n° 04-13.569 : RJDA 8-9/06 n° 969).

2. La **possession** doit être exercée avec la volonté de se comporter **comme propriétaire** (Cass. 2e civ. 5-4-1960 : Bull. civ. II n° 252), ce qui est présumé (C. civ. art. 2256).

3. La **possession** doit être **effective,** c'est-à-dire matériellement manifestée (Cass. civ. 16-12-1921 : DP 1922.1.28). C'est le cas lorsqu'une coupe de bois a été marquée (CA Amiens 24-10-1922 : GP 1922.2.677), lorsqu'une chose est l'objet d'un warrant qui la représente (Cass. civ. 23-4-1918 : DP 1919.1.33), mais non lorsqu'elle est l'objet d'un récépissé ou d'une lettre de voiture (Cass. com. 23-6-1952 : Bull. civ. III p. 191) qui atteste une prise en charge et non une mise en possession.

4. La **possession** doit être **exempte de vices,** notamment elle ne doit être ni clandestine (Cass. 1e civ. 8-3-2005 : JCP G 2005.IV.1877), ni équivoque (Cass. civ. 30-1-1957 : Bull. civ. I p. 41 : cas de cohabitation ; Cass. 1e civ. 30-10-2008 n° 07-19.633 : RJDA 8-9/09 n° 723 : détention d'un véhicule sans disposer de la carte grise ; TGI Paris 19-12-1984 : D. 1985.IR.313

note Colombet : manuscrits d'un écrivain détenus par le secrétaire de celui-ci), ni obtenue par un acte de violence, fût-il accompli par des policiers (Cass. civ. 6-2-1996 : Bull. civ. I p. 39).

La possession de titres au porteur n'est pas viciée lorsque ces titres, non susceptibles d'un usage commun, sont détenus dans un coffre loué sans dissimulation (Cass. civ. 11-6-1991 : Bull. civ. I p. 130).

5. La **possession** doit être **actuelle** : celui qui l'a perdue ne peut plus invoquer l'article 2276 du Code civil (Cass. civ. 5-10-1972 : Bull. civ. I p. 172).

6. L'**entrée en possession,** et pas simplement l'échange des consentements, a dû se faire **de bonne foi** (Cass. civ. 27-11-2001 : D. 2002.671 note Gridel) ; le possesseur a dû prendre possession de la chose en croyant qu'il en devenait propriétaire, notamment qu'il l'acquérait du vrai propriétaire. La bonne foi est présumée (C. civ. art. 2274 ; Cass. civ. 27-10-1975 : GP 1975.2.som.272). La preuve contraire est possible par tous moyens.

Le possesseur n'est pas entré en possession de bonne foi lorsque, par exemple :

– le meuble litigieux a été acquis par le prétendu possesseur dans des conditions suspectes qui étaient de nature à éveiller ses soupçons sur la légitimité des droits du vendeur (Cass. civ. 29-1-1962 : JCP G 1962.IV.38 ; voir aussi Cass. com. 21-1-1959 : Bull. civ. III p. 36 ; Cass. civ. 16-6-1971 : Bull. civ. I p. 168 ; Cass. civ. 27-11-1973 : Bull. civ. I p. 286 ; CA Paris 22-3-1983 : GP 1983.som.207 ; pour des circonstances non suspectes, CA Paris 13-7-1984 : D. 1985.IR.396 obs. Robert) ;

– l'acquéreur a su au moment de l'achat que son vendeur n'était pas propriétaire du meuble vendu, par exemple parce que le bien lui avait été transmis avec une clause de réserve de propriété (CA Rennes 13-11-1991 : RJDA 5/92 n° 518) ou parce que le bien constituait un meuble par anticipation (en l'espèce des arbres sur pied), l'acquéreur étant alors en mesure de vérifier la qualité du vendeur par consultation des titres de la propriété immobilière dont ces meubles font partie jusqu'au moment de leur vente (Cass. 3e civ. 4-7-1968 : Bull. civ. III n° 321).

Il suffit que la bonne foi existe **au moment** de l'**entrée en possession** (Cass. com. 7-1-1953 : Bull. civ. III p. 8) ; peu importe, par exemple, que le possesseur soit nommé, après sa prise de possession, séquestre du meuble et n'en devienne ainsi qu'un détenteur (Cass. civ. 4-1-1972 : Bull. civ. I p. 4) ou que le statut du meuble soit modifié (n° 24062). Mais le possesseur est considéré de mauvaise foi si son comportement ultérieur démontre son comportement malveillant (CA Nancy 3-2-1994 : JCP G 1994.IV.2633).

7. Face au possesseur du meuble, le **véritable propriétaire** peut le **revendiquer** indéfiniment car le droit de propriété est imprescriptible (n° 30065). Pour établir son droit, il doit prouver le titre précaire en vertu duquel le possesseur détient le meuble ou le vice affectant sa possession ; à défaut d'une telle preuve, le possesseur a titre pour conserver les meubles dont il a la possession (Cass. 1e civ. 24-10-2012 n° 11-16.431 : Bull. civ. I n° 214).

Le possesseur évincé peut demander réparation :

– à son vendeur si celui-ci a vendu dans des conditions constituant une faute au sens de l'ex-article 1382 du Code civil – devenu l'article 1240 (Cass. civ. 18-6-1956 : Bull. civ. I p. 197) ;

– au revendiquant qui a agi à tort, notamment s'il a provoqué une saisie-revendication ayant rendu le bien indisponible, car le possesseur en est devenu propriétaire instantanément à compter de son entrée en jouissance (CA Montpellier 23-1-1997 : JCP G 1997.II.22958 note Eid).

30038 **Perte ou vol d'un meuble** Le propriétaire d'un meuble perdu ou volé peut le **revendiquer** contre celui dans les mains duquel il le trouve **pendant trois ans** à compter du jour de la perte ou du vol (C. civ. art. 2276, al. 2).

Pour réussir, il doit :

– invoquer une perte ou un vol ; il n'y a pas vol en cas d'acquittement du possesseur (CA Paris 19-1-1933 : GP 1933.1.685) ou lorsque le meuble a été repris sans intention frauduleuse par l'ancien propriétaire qui avait pu se croire en droit de le reprendre faute de paiement du prix de vente, après avoir restitué la plus grande partie de l'acompte perçu (Cass. civ. 27-2-1980 : Bull. civ. I p. 57) ; seul le vol étant visé par la loi, le propriétaire ne peut invoquer une escroquerie (Cass. civ. 19-6-1928 : DH 1928.448) ni un abus de confiance (Cass. civ. 9-1-1996 : RJDA 6/96 n° 765) ;

– faire la preuve de son droit de propriété, cette preuve devant résulter d'une possession exempte de vices (Cass. civ. 1-6-1977 : Bull. civ. I p. 206 ; cf. Cass. com. 16-12-2014 n° 13-24.943 : RJDA 11/15 n° 791).

En cas de succès de sa revendication, il doit indemniser le possesseur des dépenses nécessaires ou utiles (CA Poitiers 25-1-1938 : DH 1938.190).

Dès lors que l'action en revendication est dirigée contre un possesseur de **mauvaise foi,** elle échappe à l'article 2276 du Code civil qui ne concerne que le possesseur de bonne foi ; en conséquence, la revendication n'est pas limitée aux corps certains et peut porter sur des choses fongibles (Cass. civ. 7-2-1989 : Bull. civ. I n° 57, en l'espèce de la luzerne) et son exercice n'est pas enfermé dans le délai de trois ans.

N'est pas de bonne foi celui qui achète un véhicule à un inconnu, sans vérifier l'authenticité des documents qui lui ont été remis ni même exiger du vendeur qu'il justifie de son identité afin de la comparer avec celle figurant sur les documents (CA Paris 22-3-1983 : GP 1983.som.207 ; voir aussi Cass. civ. 7-2-1910 : DP 1910.1.201).

En revanche, est de bonne foi le garagiste qui, ayant appris que le véhicule qu'il avait vendu à l'un de ses clients et qu'il avait lui-même acheté à un autre garagiste était un véhicule volé, en a averti aussitôt l'acheteur et la police (CA Aix 25-3-1981 : Bull. Cour d'Aix 1981/1 p. 34).

Le délai de trois ans est un délai préfix (Cass. crim. 30-10-1969 : JCP G 1970.II.16333 obs. Goubeaux ; CA Bordeaux 22-1-1974 : D. 1974.542 note Rodière ; CA Paris 24-3-1999 : RJDA 6/99 n° 748).

Mais le possesseur a droit au remboursement par le propriétaire du prix qu'il a payé pour acquérir le meuble, s'il l'a acheté dans une foire ou un marché, dans une vente publique ou chez un marchand (C. civ. art. 2277, al. 1).

Le possesseur n'a droit au remboursement que s'il :

– est le premier acquéreur du meuble et non s'il le possède comme créancier-gagiste ou s'il est sous-acquéreur (CA Paris 27-1-1981 : D. 1981.IR.510 note Robert) ;

– a exigé le remboursement avant de restituer le meuble (Cass. civ. 22-2-1956 : D. 1956.286 ; CA Toulouse 23-11-2006 : JCP G 2007.IV.1751) ; il n'a pas perdu la possession si le bien a été appréhendé par l'autorité de justice ou de police (Cass. 1e civ. 16-5-2006 n° 846 : Bull. civ. I n° 242) ;

– a acquis le meuble dans un lieu où se font la négociation et le commerce régulier de choses semblables (Cass. civ. 22-11-1988 : Bull. civ. I p. 224 ; CA Paris 8-11-1946 : JCP G 1946.II.3358 ; CA Paris 7-2-1950 : D. 1951.456 note Lalou ; pour des cas où cette condition a fait défaut : Cass. crim. 31-3-1978 : GP 1979.13 ; CA Aix 26-6-1995 : Bull. d'Aix 1995-1 p. 179 obs. Agostinelli ; CA Paris 24-4-1998 : D. 1998.som.347 obs. Robert ; CA Lyon 8-11-2001 : JCP G 2003.IV.1203) ou dans une vente publique faite par l'administration (Cass. civ. 23-10-1957 : D. 1957.745).

Le revendiquant qui a dû rembourser le possesseur ne peut pas agir en remboursement contre le marchand qui a vendu la chose, sauf faute de ce dernier (Cass. civ. 11-2-1931 : DP 1931.1.129 note Savatier). Il en est de même du possesseur évincé dès lors qu'il a obtenu remboursement du revendiquant (Cass. civ. 26-11-1956 : GP 1957.1.170).

Droit du possesseur d'un meuble fondé sur un contrat Le possesseur d'un meuble qui le détient en vertu d'un contrat le liant au revendiquant peut lui opposer sa possession si celui-ci ne prouve pas que cette possession est précaire car justifiée par un contrat aux termes duquel il a conservé la propriété du meuble, tel qu'un contrat de dépôt, de mandat, de prêt ou de location (Cass. civ. 8-12-1987 n° 86-12.124 : Bull. civ. I n° 338 : à propos d'une location). À défaut d'une telle preuve, le possesseur peut le conserver, sans avoir à établir l'existence de l'acte translatif qu'il invoque comme cause de sa possession (Cass. civ. 20-10-1982 n° 81-13. 482 : Bull. civ. I n° 298). 30041

Les deux décisions susvisées ont été rendues sur la base de l'ancien article 2279 du Code civil repris par l'article 2276.

Mais le détenteur doit invoquer une possession légalement protégée, soit notamment exempte de vice ; le revendiquant peut donc l'évincer si sa possession est précaire (Cass. civ. 21-1-1978 : GP 1978.2.som.337), équivoque (Cass. civ. 14-3-1955 : Bull. civ. I p. 101), clandestine (Cass. civ. 17-11-1959 : JCP G 1959.IV.162), d'origine frauduleuse (CA Orléans 17-3-1965 : JCP G 1965.II.14186) ou illégale en raison de la spoliation dont le bien en cause a été l'objet dès lors que la nullité de la confiscation a été irrévocablement constatée et la restitution du bien confisqué ordonnée, peu important la bonne foi du détenteur du bien (Cass. 1e civ. QPC 11-9-2019 n° 18-25.695 FS-PBI).

Don manuel d'un meuble corporel La remise de la main à la main d'un meuble corporel est une donation valable, dite « don manuel », dès lors que le remettant était animé d'une intention libérale et que la possession invoquée est conforme aux exigences de l'article 2276 du Code civil. 30044

L'application de cette règle appelle les observations suivantes.

1. L'existence de l'**intention libérale** doit être constatée par les juges (Cass. com. 11-2-1992 : Bull. civ. IV p. 50).

S'agissant d'un fait, sa preuve est libre (Cass. 1e civ. 11-7-1984 n° 83-12.312 : Bull. civ. I n° 231) ; ainsi le bénéficiaire d'une procuration sur un compte n'est pas tenu d'établir celle-ci par un écrit si le titulaire du compte était animé d'une intention libérale en la lui donnant (Cass. 1e civ. 14-5-1996 n° 94-10.162 : Bull. civ. I n° 203).

2. Pour qu'il y ait don manuel, le bien doit faire l'objet d'une **tradition réelle** (Cass. 1e civ. 10-10-2012 n° 10-28.363 : D. 2012.2449 ; rappr. Cass. civ. 11-7-1960 : D. 1960.702 note Voirin), si bien que la promesse de don manuel n'engage pas le promettant (Cass. req. 23-6-1947 : D. 1947.463).

Le don manuel ne peut porter que sur des biens susceptibles de remise matérielle, par exemple une chose corporelle ou assimilée, tels une automobile (Cass. civ. 15-10-1963 : Bull. civ. I p. 370), des titres au porteur, même dématérialisés, qui sont transmis par virement de compte à compte (Cass. com. 19-5-1998 : D. 1998.551 note Martin, RJDA 8-9/98 n° 991) ou un connaissement à personne dénommée dès lors que l'émetteur n'en est plus en possession (CA Paris 14-5-2009 : BTL 2009.401), mais non une créance (CA Riom 1-2-1973 : D. 1973.som.159) ou un droit incorporel, comme celui de propriété intellectuelle (Cass. civ. 26-2-1919 : DP 1923.1.215 : validité d'un don manuel portant sur un manuscrit mais non sur le droit de le reproduire).

La remise d'une somme d'argent est réputée faite matériellement en cas de remise (Cass. 1e civ. 14-11-2007 n° 06-19.067 : RJDA 3/08 n° 264) ou d'endossement d'un chèque (Cass. civ. 24-5-1976 : Bull. civ. I n° 188 ; CA Orléans 8-11-1978 : D. 1979.IR.255) mais à la condition qu'il y ait provision égale à son montant et volonté du tireur de s'en dessaisir de manière irrévocable au profit du bénéficiaire (Cass. 1e civ. 4-7-2018 n° 17-16.515 FS-PB ; rappr. Cass. 1e civ. 5-2-2002 : Bull. civ. I n° 39), en cas de virement bancaire (Cass. civ. 30-3-1999 : JCP G 2000.II.10274 note Cagnou ; Cass. com. 24-10-2000 : JCP N 2002.1198 note Martin) ou d'ouverture d'un plan d'épargne-logement au profit d'un bénéficiaire déterminé (Cass. 1e civ. 6-1-2010 n° 08-12.684 : RD bancaire 2010 n° 82 obs. Crédot et Samin, refusant au souscripteur le droit de récupérer la somme déposée).

Aucune autre forme que la tradition n'est requise ; l'**acceptation du don** manuel qui échappe à tout formalisme peut être simplement tacite.

3. La **remise,** en vertu de la règle « donner et retenir ne vaut », doit être :

– **irrévocable** de la part du remettant (Cass. 1e civ. 11-7-1960 : D. 1960.702 note Voirin ; Cass. 1e civ. 10-10-2012 n° 10-28.363 F-PBI) ; tel n'est pas le cas si le remettant se réserve l'administration et la libre disposition du meuble prétendument donné (Cass. civ. 30-1-1967 : Bull. civ. I p. 29), s'il dispose d'une procuration lui permettant de le récupérer (Cass. 1e civ. 14-12-2004 : D. 2005.IR.112) ou s'il a simplement donné mandat de gérer des actions à celui qui invoque leur remise (Cass. com. 23-3-2010 n° 09-65.820) ;

– faite **par le donateur ou son mandataire,** ce qui n'est pas le cas d'une remise faite par le légataire universel du défunt (Cass. req. 23-6-1947 : D. 1947.463) ni de la remise de fonds faite par une personne qui se prévaut d'une procuration en vertu de laquelle elle aurait été autorisée à disposer des fonds déposés en banque (Cass. civ. 4-2-1964 : Bull. civ. I p. 47) ;

– faite **du vivant** du donateur (Cass. 1e civ. 3-4-2002 n° 99-20.527 : RJDA 1/03 n° 20) ; ainsi, la remise d'une procuration sur des livrets de caisse d'épargne avant le décès de leur titulaire vaut don manuel des retraits de fonds postérieurs au décès (Cass. civ. 14-5-1996 : Bull. civ. I p. 142) ; mais ne vaut pas don manuel le dépôt d'un chèque dans un coffre dont il n'est pas établi que le bénéficiaire y ait eu l'accès avant le décès (Cass. civ. 3-4-2002, précité ; rappr. Cass. civ. 8-3-1978 : Bull. civ. I p. 80 ; Cass. civ. 6-3-1996 : RJDA 7/96 n° 914).

4. La remise peut être accompagnée d'un **pacte** précisant sa portée (Cass. civ. 13-3-1973 : Bull. civ. I p. 88 et CA Paris 22-3-1989 : D. 1989.IR.131 : dispense de rapport à la succession ; Cass. civ. 20-6-1961 : Bull. civ. I p. 259 : libéralité assortie de charges ; Cass. civ. 25-2-1997 : Bull. civ. I n° 70 : limitation du don manuel à l'usufruit d'un bien).

5. Celui qui se prétend bénéficiaire du don manuel et qui en est en possession n'a pas à faire la **preuve** de ce don, car il bénéficie de la présomption qui s'attache à la possession (n° 30035) ; il appartient à celui qui conteste son droit de prouver l'absence de don, soit pour vice de la possession invoquée (Cass. civ. 30-3-1999 n° 97-11.948 : Bull. civ. I n° 112 ; CA Paris 26-10-1999 : D. 2000.776 ; CA Limoges 13-11-2001 : JCP G 2002.IV.1939), soit pour absence d'intention libérale (sur la preuve de celle-ci, ci-dessus § 1).

6. Le bien objet d'un don manuel à un **époux commun** en biens est réputé directement transmis au donataire, bien qu'il entre par ailleurs en communauté ; en conséquence, le donataire doit payer les droits de mutation selon sa qualité (Cass. com. 30-6-1987 : BRDA 14/87 p. 20, appliquant le taux des donations entre personnes non parentes, notamment au mari en cas de don manuel fait par le père d'une femme mariée commune en biens conjointement aux deux époux, ce don revenant pour moitié au mari).

PROPRIÉTÉ DES MEUBLES CORPORELS IMMATRICULÉS

30050 La propriété de ces meubles dépend des distinctions suivantes.

1. Les **navires francisés,** c'est-à-dire inscrits auprès de l'administration des douanes (C. transports art. L 5112-1 et C. douanes art. 227), dont l'acte de francisation indique le nom de son propriétaire sont la propriété de ceux au nom de qui ils sont inscrits, selon une affirmation coutumière (Rodière et du Pontavice, Droit maritime, Précis Dalloz 1991 n° 39 ; Delebecque Répertoire Dalloz Droit commercial v° Navire).

À défaut, à notre connaissance, de disposition légale et de décision de justice précisant que cette indication vaut titre de propriété, il existe un doute sur ce point. R. Rodière et E. du Pontavice précités considèrent que cette mention dit à l'égard de tous qui est le propriétaire du navire, tandis que Ph. Delebecque précité ne lui accorde qu'une valeur informative. À notre avis, la mention ne peut valoir titre de propriété dès lors qu'une disposition légale ne l'affirme pas alors que c'est le cas pour l'aéronef. De surcroît, il a été jugé que la propriété d'un navire peut s'acquérir par la prescription acquisitive (Cass. civ. 18-1-1870 : DP 1870.1.127).

En tout état de cause, les actes relatifs à la propriété du navire, tels les actes de cession du navire ou des quirats, ne sont opposables aux tiers que du jour de leur inscription sur l'acte de francisation (Cass. com. 19-5-2021 n° 19-20.155 F-B : DMF 2021.515 obs. Delebecque).

2. Les **aéronefs** appartiennent à celui ou ceux au nom de qui ils sont inscrits sur le registre français d'immatriculation, cette inscription valant titre de propriété (C. transports art. L 6121-1). La cession de propriété est constatée par écrit et ne produit d'effet à l'égard des tiers que par son inscription audit registre (art. L 6121-2) ; il s'ensuit qu'à l'égard de l'acquéreur la cession produit transfert de propriété conformément au droit commun de la vente selon lequel le transfert de propriété résulte entre les parties de l'échange des consentements (CA Pau 27-4-1949 : D.1949.519, en déduisant le transfert des risques à l'acheteur).

La propriété d'un aéronef est régie par la loi de l'État où il est immatriculé (Cass. civ. 11-10-1988 : Rev. crit. 1991.86 note Rémond-Gouilloud).

Le décret 2018-882 du 11 octobre 2018 relatif à l'enregistrement des aéronefs civils circulant sans personne à bord fixe les modalités de l'enregistrement des drones, qui incombe aux propriétaires de ces drones ou à leurs représentants légaux ; l'enregistrement s'effectue par voie électronique et donne lieu à une inscription sur le registre mis en place par le ministre chargé de l'aviation civile.

3. Les **bateaux de rivière** sont réputés être la propriété de ceux au nom desquels ils sont immatriculés sur un registre ad hoc tenu dans les bureaux dépendant du ministre des transports (C. transports art. L 4111-1 à L 4111-8 et art. R 4111-1 à R 4111-9).

Les bateaux de plaisance sont, pour l'application de cette règle, assimilés aux bateaux de rivière (Cass. com. 20-11-1951 : Bull. civ. III p. 248).

PROPRIÉTÉS INCORPORELLES

Des règles particulières déterminent la propriété des droits incorporels en fonction de leur objet ; tel est le cas notamment pour le fonds de commerce, les brevets, les dessins, les modèles, les marques, les droits d'auteur, les créances professionnelles, les effets de commerce, les titres financiers (pour ces derniers, C. mon. fin. art. L 211-4). **30053**

POUVOIRS DU PROPRIÉTAIRE

Droits Le propriétaire use, jouit et dispose de sa chose comme il le veut, à condition de ne pas en faire « un usage prohibé par les lois et par les règlements » (C. civ. art. 544). **30055**

Il peut notamment protéger l'**image** de sa chose si son utilisation par un tiers lui cause un trouble anormal (Cass. ass. plén. 7-5-2004 n° 516 : RJDA 7/04 n° 911) ; tel est le cas de la prise de vue aérienne par drone d'une propriété privée sans l'accord des propriétaires, qui constitue à l'évidence une atteinte à leur vie privée et ce même si elle n'en montre pas ses occupants (CA Paris 15-5-2019 n° 18/26775). Seul le propriétaire peut agir (CA Paris 22-12-2000 : LP 2001.I.37), en dénonçant, au besoin en référé, le trouble manifestement illicite résultant de l'utilisation de l'image de son bien (Cass. civ. 25-1-2000 : JCP G 2001.II.10554 note Tenenbaum).

Mais le propriétaire ne peut exploiter l'image de son bien sans l'accord de celui qui jouit d'un droit d'auteur sur ce bien (CA Paris 14-10-1998 : GP. 2000.som.697 ; CA Paris 11-1-2006 : RTD com. 2006.363 n° 1 obs. Pollaud-Dulian ; aussi n° 34662), nonobstant toute clause contraire du contrat le liant, le cas échéant, à ce dernier (CA Versailles 15-11-2001 : GP 2002.I.37).

Les personnes publiques n'ont pas de droit exclusif à l'image des biens leur appartenant car l'image n'est pas au nombre des biens et droits mentionnés à l'article L 1 du Code général de la propriété des personnes publiques ; il en résulte que l'image d'un bien du domaine public ne saurait constituer une dépendance de ce domaine ni par elle-même ni en qualité d'accessoire indissociable de ce bien au sens des dispositions de l'article L 2111-2 dudit Code (CE 13-4-2018 n° 397047 : RJDA 8-9/18 n° 687). Est toutefois expressément autorisée l'utilisation à des fins commerciales de l'image des immeubles qui constituent les domaines nationaux (C. patrimoine art. L 621-42).

Le propriétaire peut aussi défendre sa chose en demandant la cessation de **toute atteinte illégale** dont elle est l'objet, telle une occupation sans droit ni titre de son bien (Cass. 3e civ. 20-1-2010 n° 08-16.088 : RJDA 4/10 n° 451) ou contre toute mesure de l'administration constituant une **voie de fait** ou une **emprise irrégulière.**

Il peut dénoncer cette mesure devant le juge administratif pour demander la cessation de l'atteinte à son droit, ou exclusivement devant le juge judiciaire, mais seulement dans la mesure où l'administration soit a procédé à l'exécution forcée, dans des conditions irrégulières, d'une décision, même régulière, portant atteinte à la liberté individuelle ou aboutissant à l'extinction d'un droit de propriété, soit a pris une décision qui a les mêmes effets d'atteinte à la liberté individuelle ou d'extinction d'un droit de propriété et qui est manifestement insusceptible d'être rattachée à un pouvoir appartenant à l'autorité administrative (T. confl. 23-5-2005 n° 3452 ; T. confl. 17-6-2013 n° 3911 : JCP G 2013 n° 41-1057 note Biagini-Girard ; Cass. 1e civ. 14-11-2012 n° 11-24.234 F-D : RJDA 4/13 n° 372 ; Cass. 1e civ. 13-5-2014 n° 12-28.248 : Bull. civ. I n° 87 ; Cass. 1e civ. 9-12-2015 n° 14-24.880). Le juge administratif est aussi compétent pour connaître de conclusions tendant à la réparation des conséquences dommageables de cette décision administrative, hormis le cas où elle aurait pour effet l'extinction du droit de propriété (Cass. 3e civ. 15-12-2016 n° 15-20.953 F-PB).

Dans le cas d'une emprise irrégulière, par exemple en présence de la décision d'une commune imposant aux propriétaires d'un terrain la poursuite d'une mise à disposition de celui-ci au-delà de la durée de quatre ans prévue dans la convention, le juge administratif, compétent pour statuer sur le recours en annulation d'une telle décision et, le cas échéant, pour adresser des injonctions à l'administration, l'est également pour connaître des conclusions tendant à la réparation des conséquences dommageables de cette décision administrative, hormis le cas où elle aurait pour effet l'extinction du droit de propriété (T. confl. 9-12-2013 n° 3931 : RJDA 12/14 n° 953 som.). En l'absence de dépossession définitive, une emprise irrégulière n'a pas pour effet l'extinction du droit de propriété, de sorte que le juge judiciaire est incompétent (Cass. 3e civ. 18-1-2018 n° 16-21.993 FS-PB).

Il peut encore défendre l'intégrité de sa chose en demandant au juge judiciaire d'enjoindre à une collectivité publique d'avoir à effectuer des travaux sur son domaine privé afin de mettre fin aux dommages subis par sa propriété, quoique privée (Cass. 2e civ. 29-4-1998 n° 96-17.286 : RJDA 8-9/98 n° 1067).
Seule la loi peut porter atteinte aux prérogatives du propriétaire sans son accord (Constitution art. 34), le régime de la propriété étant exclu du droit de l'UE (TFUE art. 345).

Le Conseil constitutionnel a notamment décidé que devaient être fixées par une loi et non par un texte réglementaire :
– les dispositions qui interdisent à une personne physique ou morale de posséder ou d'exploiter plus d'un débit de boissons (27-2-1967 : Rec. 26) ;
– une disposition qui prive certaines personnes de l'exercice d'un droit que celles-ci tiennent de leur qualité de propriétaires, comme, par exemple, l'interdiction d'exploiter des carrières souterraines dans un département (26-1-1967 : Rec. 25) ;
– les dispositions restreignant l'utilisation de certains biens, telles que celles soumettant des terrains à une occupation temporaire (29-2-1972 : Rec. 27) ;
– les dispositions déterminant des zones protégées dites « périmètres sensibles » (20-2-1973 : Rec. 29) ;
– les dispositions relatives aux modalités d'expropriation (9-2-1965 : Rec. 73 ; 9-11-1977 : Rec. 70 ; 27-2-1969 : Rec. 23), aux modalités de déclaration d'utilité publique (23-2-1970 : Rec. 35).

Mais le législateur ne peut **pas** restreindre le droit de propriété **au-delà** de ce qu'exige l'intérêt général (Cons. const. 8-1-1991 : AJDA 1991.382 note Wachsmann), ni, même pour mettre en œuvre un objectif de valeur constitutionnelle (tel celui de permettre à toute personne de disposer d'un logement décent), apporter au droit de propriété des limitations d'une gravité telle que le sens et la portée de ce droit en soient dénaturés (Cons. const. 29-7-1998 : D. 1999.269 note Sabete). Les tribunaux ne sauraient davantage reconnaître au Trésor public le droit d'imposer à l'acquéreur d'un bien le paiement de la taxe foncière due par le vendeur (Cons. const. 13-5-2022 n° 2022-992 QPC : RJF 7/22 n° 669).
Le législateur doit aussi se conformer à la protection du droit de propriété établie par la convention européenne des droits de l'Homme (art. 6 et protocole n° 1 art. 1).

Sur la protection du droit de propriété en tant que liberté fondamentale, n° 72549.

30058 **Abus du droit de propriété** En dépit de son caractère absolu, le droit de propriété, comme pratiquement tous les autres droits patrimoniaux (n° 74912), ne doit pas être exercé abusivement. L'abus est constitué lorsque le propriétaire exerce son droit dans une **intention malicieuse** et que l'usage qu'il en fait ne se justifie par aucune utilité appréciable pour lui et porte préjudice à autrui (Cass. civ. 22-1-1974 : GP 1974.1.som.88 ; Cass. 3e civ. 3-3-2010 n° 08-19.108 : Bull. civ. III n° 53).

Il se distingue ainsi du trouble du voisinage qui donne droit à réparation dès que la gêne est supérieure aux inconvénients normaux de voisinage.
Jugé, à titre d'**exemples,** qu'abuse de son droit le propriétaire :
– qui édifie un mur mitoyen tendant à gêner la vue et l'accès des voisins (Cass. civ. 3-10-1972 : Bull. civ. III p. 422 ; Cass. civ. 17-1-1973 : Bull. civ. III p. 43 ; pour un mur dont l'édification est « raisonnable », Cass. civ. 4-3-1980 : GP 1980.pan.356) ;
– qui construit un immeuble de vingt et un étages sur un terrain en « usant de son droit dérogatoire aux règles de l'urbanisme » et qui donc restreint le droit de construire de ses voisins dont la propriété a subi une diminution de valeur (Cass. civ. 19-2-1971 : Bull. civ. III p. 94) ;
– qui s'oppose systématiquement à des travaux de sécurité sur son terrain, pour empêcher ses voisins de construire (Cass. civ. 20-3-1978 : Bull. civ. III p. 101 ; TGI Paris 6-2-1976 : D. 1976.459 note Liet-Veaux) ;
– qui creuse le terre-plein jouxtant une station-service, rendant ainsi inutilisables les canalisations d'alimentation de cette station dont il ne pouvait ignorer l'existence (Cass. civ. 17-6-1980 : GP 1980.pan.562) ;
– qui pompe les eaux de son terrain jusqu'à épuisement sans en retirer aucune utilité pour lui-même mais en nuisant ainsi à ses voisins (Cass. req. 10-6-1902 : DP 1902.1.454) ;
– qui plante des arbres pour empêcher l'usage sur la parcelle voisine d'une piste d'atterrissage (CA Pau 30-9-1986 : D. 1989.som.32 obs. Robert).
Mais la défense du droit de propriété contre un empiétement ne peut dégénérer en abus (Cass. civ. 7-11-1990 : Bull. civ. III p. 129).

PERTE DU DROIT DE PROPRIÉTÉ

30065 **Non-usage** Le droit de propriété étant imprescriptible (C. civ. art. 2227), il ne se perd pas par le non-usage, même perpétuel, qu'il porte sur les immeubles (Cass. civ. 19-2-1985 : Bull. civ. III p. 27) ou sur les meubles (Cass. civ. 2-6-1993 : D. 1993.som.306 obs. Robert) ; il en résulte que l'action en revendication n'est pas susceptible de prescription extinctive (Cass. civ. 5-6-2002 : JCP G 2002.II.10190 note du Rusquec). Mais elle se heurte à l'exception d'usucapion immobilière (CA Limoges 9-2-2005 : JCP G 2006.IV.1993), même si celui qui l'invoque n'a pas occupé la parcelle ainsi acquise pendant trente-cinq ans (Cass. 3e civ. 9-7-2003 : JCP G 2004.I.125 obs. Périnet-Marquet), et à l'irrecevabilité lorsque, portant sur un meuble perdu ou volé, elle n'a pas été exercée contre le possesseur de bonne foi dans le délai de trois ans (T. civ. Seine 1-6-1949 : D. 1949.350 note Ripert ; n° 30038).

Les biens sur lesquels un droit de propriété individuelle ne peut pas être prouvé appartiennent à la commune sur le territoire de laquelle ils sont situés dans les conditions précisées par l'article 713 du Code civil.

Il n'en est ainsi que si le délaissement par leur propriétaire a été volontaire et cette volonté constatée (Cass. civ. 10-11-1987 : JCP G 1988.IV.23). Les biens mobiliers involontairement perdus ou délaissés sur la voie publique qui constituent des épaves demeurent la propriété de ceux qui les y ont laissés (Cass. crim. 31-5-1978 : GP 1979.som.150, considérant comme un vol l'appropriation de rouleaux de fil de cuivre délaissés par les PTT par celui qui ne pouvait ignorer qu'ils avaient été abandonnés).

Expropriation L'État ou les collectivités locales peuvent évincer le propriétaire en invoquant une **cause d'utilité publique** et moyennant une juste et préalable indemnité (C. civ. art. 545 ; MUC nos 34800 s.). **30068**

Nationalisation L'État peut nationaliser les biens lorsqu'il y a nécessité publique – ce qu'apprécie le législateur sauf erreur manifeste contrôlée par le Conseil constitutionnel – et sous la condition d'une juste et équitable indemnité (Cons. const. 21-12-1981 et 16-1-1982 : Rec. 18). **30071**

Mais la nationalisation ne saurait avoir une étendue telle qu'elle vide de son contenu le droit de propriété et le droit d'entreprendre (Cons. const. 21-12-1981 et 16-1-1982, précités).

Pour les nationalisations décidées par un **État étranger,** les tribunaux français se refusent à leur faire produire **effet en France si** la décision de nationalisation n'a pas prévu le principe d'une **indemnité équitable** (Cass. civ. 23-4-1969 : D. 1969.361 ; Cass. civ. 5-5-1971 : Clunet 1971.112 obs. Kahn ; Cass. civ. 1-7-1981 : Clunet 1982.148 note Bourrel ; pour un refus d'effet d'une nationalisation au motif que, quinze ans après la décision de nationalisation avec indemnité, aucune mesure efficace d'indemnisation n'avait été prise, CA Aix 18-10-1978 : Bull. Cour d'Aix 1978/4 p. 2) ou si elle entraîne une spoliation (Cass. civ. 15-11-1983 : Rev. crit. 1985.100 note Batiffol).

Lorsque l'État français règle, par un traité avec l'État étranger qui a décidé une nationalisation, les conséquences de celle-ci sur les ressortissants français qui l'ont subie, sa responsabilité peut être mise en cause selon les règles applicables à la responsabilité du fait des lois (n° 74350).

Cession des participations de l'État dans les sociétés Les conditions dans lesquelles l'État peut céder ses participations dans une société sont fixées par les articles 22 et 23 de l'ordonnance 2014-948 du 20 août 2014 relative à la gouvernance et aux opérations sur le capital des sociétés à participation publique. **30074**

La transformation d'un établissement public en société anonyme ne constitue pas une privatisation, dès lors que le capital reste majoritairement public (Cons. const. 3-2-2010 DC : PA 2011 n° 8 p. 5).

Sur la base des textes antérieurs à l'ordonnance susvisée, le Conseil constitutionnel a précisé certaines conditions à respecter lors des opérations de privatisation, qui demeurent valables car non affectées par l'ordonnance :

– en cas d'abus ou de détournement d'une procédure de privatisation, il appartiendrait aux juridictions compétentes de paralyser et, le cas échéant, de réprimer de tels actes (Cons. const. 26-6-1986 : AJDA 1986.575 note Rivero) ;

– lorsque l'État cède une participation majoritaire dans une société par voie réglementaire, l'autorité administrative doit veiller, sous contrôle du juge, à excepter de ces opérations les services publics dont l'existence et le fonctionnement seraient exigés par la Constitution (Cons. const. 9-4-1996 : D. 1998.som.130 obs. Gaïa).

Usage abusif d'une prérogative contractuelle Porte une atteinte au droit de propriété, droit constitutionnellement protégé, le défaut de renouvellement d'un bail commercial intervenu dans les circonstances suivantes : à la suite d'un partage par moitié d'un immeuble, la première moitié des locaux avait fait l'objet d'un bail commercial et le propriétaire de la seconde moitié, qui avait accepté que le locataire empiète sur ses locaux, avait renoncé à sa part de loyer jusqu'à la conclusion d'un nouveau bail ; les locaux loués ayant été vendus, le locataire et le nouveau bailleur s'étaient accordés pour laisser le bail se prolonger sans le renouveler, cette abstention privant le propriétaire de la seconde moitié des locaux de la possibilité de les récupérer, sans la moindre contrepartie (Cass. 1e civ. 16-10-2013 n° 12-24.757 : RTD civ. 2014.141 obs. Dross, censurant les juges qui n'avaient pas recherché, comme ils y étaient invités, si l'abstention du locataire et du nouveau bailleur à solliciter le renouvellement du bail ne tendait pas à éviter une séparation effective des locaux et ne constituait pas un abus de droit destiné à priver perpétuellement les propriétaires de l'autre moitié de leur droit de propriété). **30077**

PERTE DE LA JOUISSANCE D'UN BIEN

30080 **Indemnisation en cas de restitution d'un bien du domaine public** L'obligation faite au détenteur de bonne foi d'un bien faisant partie du domaine public de le restituer peut, dans certaines circonstances, entraîner une indemnisation du détenteur ; celle-ci doit être cependant inférieure à la valeur vénale du bien (CE 22-7-2022 n° 458590).

B. Indivision

QUALIFICATION DE L'INDIVISION

30100 Il y a indivision lorsque plusieurs personnes, dites « indivisaires », possèdent sur un même bien des **droits de même nature,** soit de propriété, soit de nue-propriété, ou d'usufruit, mais chacune pour une part qui ne peut pas être matériellement isolée.

Il résulte de cette définition qu'il existe une indivision entre le titulaire d'un droit en pleine propriété portant sur une quote-part de l'universalité des biens provenant d'une communauté entre époux et le nu-propriétaire du surplus (Cass. 1e civ. 12-1-2011 n° 09-17.298 F-PBI).

En revanche, il n'existe pas d'indivision entre un nu-propriétaire et un usufruitier car ceux-ci sont titulaires de droits de nature différente, même s'ils s'exercent sur un même bien (Cass. 1e civ. 25-11-1986 n° 85-10.548 : Bull. civ. I n° 282 ; Cass. 1e civ. 12-2-2020 n° 18-22.537 F-D), entre l'héritier réservataire et le légataire universel, dès lors que les legs sont réductibles en valeur et non en nature (Cass. 1e civ. 11-5-2016 n° 14-16.967 : Bull. civ. I n° 105) ou entre les deux acquéreurs d'un bien lorsque l'achat est assorti d'une clause « tontinière » selon laquelle le survivant est réputé rétroactivement avoir toujours été seul propriétaire depuis la date de l'achat, sauf en ce qui concerne le droit de jouissance qui est indivis jusqu'au décès de l'un des acheteurs (Cass. civ. 9-2-1994 : D. 1994.417 rapport Thierry : organisation par le juge de la jouissance divise en nature d'un appartement entre époux en procédure de divorce) ; en conséquence, celui qui a joui seul du bien, ici un immeuble, doit une indemnité d'occupation à son coacquéreur (Cass. 1e civ. 9-11-2011 n° 10-21.710 : RJDA 3/12 n° 277).

Lorsque l'indivision est d'origine conventionnelle, la **quote-part** de chaque **indivisaire** dans l'indivision est celle fixée dans l'acte d'acquisition, sans égard à la part du financement de l'acquisition assumée par chaque indivisaire (Cass. 1e civ. 10-1-2018 n° 16-25.190 F-PB : RJDA 5/18 n° 473 et Cass. 1e civ. 4-3-2015 n° 14-11.278 F-D : acquisition par moitié ; Cass. 1e civ. 13-2-2019 n° 17-26.712 F-D : acquisition à hauteur de 70 % pour l'un et de 30 % pour l'autre et censure de l'arrêt qui a fixé la part de chacun en fonction de sa part de financement, soit respectivement 82 % et 18 %).

Il y a indivision lorsque les droits concurrents et identiques qui existent sur le même bien sont appelés « **copropriété** » dès lors que la loi, ou un contrat dans les limites de l'ordre public, n'a pas fixé un statut spécifique à ces droits (cf. Cass. com. 19-12-2018 n° 17-20.122 F-PB, à propos de la copropriété d'un navire).

L'indivision n'a **pas la personnalité morale** et ce, bien que l'article 815-3 du Code civil permette d'accomplir certains actes à la majorité (Cass. 2e civ. 9-6-2011 n° 10-19.241 : D. 2011.2188 note Julienne).

En conséquence :

– un indivisaire peut, individuellement, demander réparation du préjudice qu'il a subi du fait de la dépréciation d'un bien indivis, laquelle ne constitue pas un préjudice collectif (Cass. crim. 16-5-1979 n° 78-91.174 : Bull. crim. n° 176) ou se prévaloir du droit de chasse dont était titulaire son auteur (Cass. 3e civ. 3-10-2007 n° 06-16.716 : Bull. civ. III n° 165) ;

– l'indivision n'a pas la capacité d'ester en justice, l'introduction d'une action en son nom constituant une irrégularité de fond au sens de l'article 117 du Code de procédure civile (Cass. 2e civ. 9-6-2011, précité), dont peuvent se prévaloir les défendeurs à l'action, même tiers par rapport à l'indivision (Cass. civ. 19-6-2002 : JCP G 2002.IV.2398).

L'indivision comprend les biens qui y figuraient à l'origine et tous ceux qui, par l'effet d'une **subrogation réelle,** ont remplacé l'un ou l'autre de ces biens (cf. Cass. civ. 9-1-1979 : Bull. civ. I p. 10). Toutefois, cette subrogation n'a d'effet à l'égard des tiers que s'il a été précisé dans l'acte que le nouveau bien a été acquis en emploi ou remploi des sommes provenant de la cession d'un bien indivis auquel il se substitue (Cass. civ. 4-1-1980 : D. 1980.425 note Breton).

1. INDIVISION LÉGALE

30103 **Cas d'indivision légale** L'indivision existe entre ceux qui deviennent coïndivisaires par l'effet de la loi, tels que les héritiers au décès de leur auteur, les époux après la dissolution de la communauté par divorce ou séparation, les partenaires d'un pacte civil de solidarité qui ont opté en sa faveur (n° 1386) ou les acquéreurs en commun d'un même bien dès lors qu'ils n'ont pas conclu une convention d'indivision.

Régime Le régime de l'indivision légale est fixé par les articles 815 s. du Code civil. **30106**
Ces règles s'appliquent aux indivisions en pleine propriété et en usufruit en tant qu'elles sont compatibles avec les règles de l'usufruit (C. civ. art. 815-18, al. 1). Mais elles ne s'appliquent pas aux biens relevant d'une communauté entre époux (Cass. 1e civ. 9-11-1993 : Bull. civ. I n° 314) ni aux indivisions forcées perpétuelles qui portent sur des biens constituant une dépendance accessoire indispensable à l'utilisation d'un bien principal (Cass. 1e civ. 28-2-2006 n° 427 : JCP G 2006 I 178 n° 7 obs. Périnet-Marquet).

GESTION DE L'INDIVISION

Actes conservatoires Chaque indivisaire peut faire seul tout acte nécessaire à la conservation des biens indivis même s'il ne présente pas un caractère d'urgence (C. civ. art. 815-2, al. 1), c'est-à-dire consistant en une mesure nécessaire pour soustraire le bien indivis à un péril imminent menaçant la conservation matérielle ou juridique de ce bien sans compromettre sérieusement les droits des indivisaires (Cass. civ. 25-1-1983 : Bull. civ. III p. 18 ; Cass. 1e civ. 25-11-2003 n° 1538 : RJDA 7/04 n° 912). **30109**

Par **exemple,** un indivisaire peut initier une action tendant à faire reconnaître à l'indivision un droit d'exploitation de carrières (Cass. civ. 3-7-1984 : Bull. civ. I n° 216), une action en nullité d'une vente d'un bien indivis (Cass. civ. 21-5-1990 : Bull. civ. I. p. 86), une action en revendication d'une servitude (Cass. civ. 4-12-1991 : Bull. civ. III p. 179) ou d'un bien soustrait à l'indivision (Cass. 1e civ. 5-11-2008 n° 07-15.374 ; Cass. 3e civ. 24-10-2019 n° 18-20.068 F-PBI), une action en paiement d'une indemnité d'occupation (Cass. 1e civ. 16-9-2014 n° 13-20.079 : RJDA 2/15 n° 149) ou d'une indemnité de résiliation (Cass. 1e civ. 10-9-2015 n° 14-24.690 : RJDA 12/15 n° 876), une action en liquidation d'astreinte (Cass. 1e civ. 23-9-2015 n° 14-19.098 : Bull. civ. I n° 219 ; Cass. 3e civ. 28-5-2020 n° 19-14.156 FS-PBI : RJDA 11/20 n° 604), un commandement de payer visant la clause de résiliation de plein de droit d'un bail (Cass. 3e civ. 4-2-2014 n° 12-13.653 : RJDA 5/14 n° 409 ; Cass. 1e civ. 9-7-2014 n° 13-21.463 : RJDA 11/14 n° 827), une action tendant à l'expulsion d'un immeuble des occupants sans droit ni titre et au paiement d'une indemnité d'occupation sans avoir à justifier d'un péril imminent (Cass. 1e civ. 4-7-2012 n° 10-21.967 : RJDA 11/12 n° 1013), une mise en demeure pour suspendre la prescription d'une créance de l'indivision (Cass. 1e civ. 24-10-2019 n° 18-22.549 D).

L'indivisaire peut valablement utiliser les fonds indivis dont il a la libre disposition pour accomplir des actes conservatoires ; il est réputé à l'égard de celui à qui il les verse en avoir la libre disposition (C. civ. art. 815-2, al. 2). S'il ne dispose pas de fonds, il peut obliger ses coïndivisaires à faire avec lui les dépenses nécessaires (art. 815-2, al. 3 ; CA Paris 16-3-1978 : D. 1979.IR.43 obs. Breton).

Même lorsque les biens indivis sont grevés d'un usufruit, un indivisaire peut, dans les mêmes conditions que ci-dessus, se substituer à l'usufruitier pour effectuer les réparations incombant à celui-ci (art. 815-2, al. 4).

Mesures urgentes Chaque indivisaire peut demander au président du tribunal judiciaire de prescrire toutes les mesures urgentes que requiert l'intérêt commun de l'indivision (C. civ. art. 815-6, al. 1). **30112**

Quoique saisi par voie de référé, le président ne statue pas ici comme juge des référés ; il n'est donc pas soumis aux conditions du référé et peut prendre des mesures au fond (Cass. civ. 9-2-1988 : Bull. civ. I p. 18 ; Cass. 1e civ. 3-2-2004 : Bull. civ. I n° 32 ; Cass. 1e civ. 20-5-2009 n° 07-21.679 : RJDA 10/09 n° 907). Sur la procédure accélérée au fond, qui a remplacé la procédure « comme en référé », n° 72503.

Si les conditions sont réunies, le président du tribunal peut notamment :

– autoriser un indivisaire à percevoir des débiteurs de l'indivision ou des dépositaires des fonds indivis (par exemple, pour une indivision successorale, de la banque dans laquelle le défunt avait un compte) une provision destinée à faire face aux besoins urgents de l'indivision (C. civ. art. 815-6, al. 2) ;

Le fait pour le conjoint survivant ou un héritier de solliciter cette mesure n'implique pas en soi acceptation tacite de la succession (C. civ. art. 815-6, al. 2).

– nommer un séquestre ou désigner un indivisaire comme administrateur des biens indivis en l'obligeant, s'il y a lieu, à donner caution (C. civ. art. 815-6, al. 3) ; un tiers peut être nommé administrateur (CA Reims 4-1-1978 : D. 1979.IR.44 obs. Breton) ;

Sauf décision contraire du président du tribunal, l'administrateur dispose des mêmes pouvoirs et est soumis aux mêmes obligations que le gérant dans l'indivision conventionnelle visé n° 30231 (art. 815-6, al. 3). Cette disposition n'interdit pas au président du tribunal de grande instance (devenu le tribunal judiciaire) d'autoriser l'administrateur à accomplir un acte de disposition sur un bien indivis, si l'urgence et l'intérêt commun des indivisaires le requièrent (Cass. 1e civ. 10-6-2015 n° 14-18.944 F-PB : Bull. civ. I n° 140).

– interdire le déplacement des meubles corporels indivis ; toutefois, il peut attribuer l'usage personnel de tel ou tel meuble à un indivisaire, au besoin en l'obligeant à fournir caution (C. civ. art. 815-7 ; pour un exemple, CA Reims 4-1-1978, précité) ;

– autoriser un indivisaire à conclure seul l'acte de vente d'un immeuble (Cass. 1e civ. 4-12-2013 no 12-20.158 : Bull. civ. I no 236).

L'autorisation ne saurait donc être refusée au motif qu'un tel acte ne peut pas constituer une mesure urgente (CA Versailles 10-3-1982 : D. 1983.IR.347 obs. Martin ; TGI Nanterre 26-3-1981 : GP 1981.som.308).

Le président peut autoriser la licitation de véhicules faisant partie de la masse successorale pour pouvoir payer les droits de succession, cette décision ne constituant pas un partage car le prix de vente se substitue au bien vendu dans l'indivision (Cass. 1e civ. 2-12-2015 no 15-10.978 F-PB : Bull. civ. I no 308, écartant l'application de l'art. 1377 CPC qui ne permet de recourir à la licitation d'un bien indivis que si ce dernier n'est pas aisément partageable).

Les juges du fond apprécient souverainement l'intérêt commun et les mesures à prendre (Cass. civ. 8-1-1991 : Bull. civ. I p. 7). Ainsi, dans un cas où un immeuble appartenait à quatre indivisaires et où trois d'entre eux en étaient locataires, la recherche d'une meilleure rentabilité de l'immeuble indivis a été jugée de l'intérêt commun, même s'il existait en la personne des locataires un intérêt divergent (Cass. civ. 13-11-1984 : D. 1985.104 note Breton).

30115 **Actes d'administration** Le ou les indivisaires titulaires d'au moins deux tiers des droits indivis peuvent, à cette **majorité** (C. civ. art. 815-3, al. 1, 2, 4 et 5) :

– effectuer les actes d'administration relatifs aux biens indivis ;

– vendre les meubles indivis pour payer les dettes et charges de l'indivision ;

– conclure et renouveler les baux autres que ceux portant sur un immeuble à usage agricole, commercial, industriel ou artisanal.

Dès lors que le bail d'un bien indivis a été conclu pour un tel usage, les décisions ci-après doivent être prises (sous peine d'inopposabilité à l'indivisaire qui n'a pas consenti) à l'unanimité des indivisaires, les solutions antérieures à l'introduction de la règle de la majorité demeurant valables à leur égard :

– la conclusion d'un bail (Cass. 1e civ. 1-2-2017 no 15-22.412 F-D : JCP E 2017.1320 no 12 obs. Panepinto) ;

– le renouvellement d'un bail par tacite reconduction (Cass. civ. 19-10-1976 : D. 1977.525 note Savatier) ;

– le refus de renouvellement d'un bail (Cass. civ. 18-4-1985 : Bull. civ. III p. 51) et la signification du congé (Cass. civ. 8-4-1999 : RJDA 7/99 no 768) ;

– la demande de renouvellement d'un bail (Cass. civ. 17-7-1991 : RJDA 11/91 no 959) et celle en fixation du loyer du bail renouvelé (Cass. 3e civ. 24-1-2019 no 17-27.106 F-D, admettant que l'irrégularité tenant au défaut d'unanimité soit régularisée avant qu'il soit statué) ;

– l'action en suppression d'ouvrages édifiés par le locataire (Cass. civ. 13-2-1991 : Bull. civ. III no 56).

En revanche, contrairement à la solution antérieure (Cass. civ. 30-10-1991 : Bull. civ. III p. 152 ; Cass. civ. 23-3-1994 : Bull. civ. III p. 39), peut être prise à la majorité la décision qui ressortit à l'exploitation normale des biens indivis, telle l'action en résiliation du bail (Cass. 3e civ. 29-6-2011 no 09-70.894 : RJDA 12/11 no 1003 : à propos d'un bail rural) ; il doit en être de même, à notre avis, de l'action en suppression d'ouvrages édifiés par le locataire, à l'inverse également de ce qui avait été jugé (Cass. civ. 13-2-1991 no 89-14.958 : Bull. civ. III no 56 : à propos d'un bail commercial) car ne sont alors en cause ni la conclusion ni le renouvellement du bail et l'action tend seulement au respect de la chose louée.

Dans tous les cas, lorsque le bien est loué à un locataire qui en est devenu, par héritage, copropriétaire indivis avec d'autres héritiers, son consentement n'est pas requis car son droit au bail s'est éteint par confusion au moment où il est devenu copropriétaire (Cass. 3e civ. 24-6-2009 no 08-16.728 : Bull. civ. III no 157 : à propos d'un bail rural).

Le ou les auteurs de ces actes sont tenus d'en informer les autres indivisaires ; à défaut, les décisions prises sont inopposables à ces derniers (C. civ. art. 815-3, al. 6).

Le consentement de tous les indivisaires est requis pour effectuer tout acte qui ne ressortit pas à l'exploitation normale des biens indivis (no 30124).

30118 **Mandat d'administrer l'indivision** Le ou les indivisaires titulaires d'au moins deux tiers des droits indivis peuvent, à cette majorité, donner mandat général d'administration à l'un ou plusieurs d'entre eux ou à un tiers (C. civ. art. 815-3, al. 3).

Le mandat **général** ne peut porter que sur les actes d'**exploitation normale** des biens indivis, tout dépassement exigeant l'unanimité des indivisaires (no 30115).

Ce mandat peut résulter **tacitement** de la prise en main par un indivisaire de la gestion des biens indivis, au su des autres – condition indispensable (Cass. 1e civ. 12-6-2013 no 12-17.419 : RJDA 11/13 no 956) – et sans opposition de leur part ; mais ce mandat tacite ne couvre que les actes d'administration, à l'exclusion de la conclusion et du renouvellement des baux (C. civ. art. 815-3, al. 8 ; pour des exemples, Cass. com. 14-2-1984 : GP 1984.pan.254 ; Cass. civ. 10-10-1995 : RJDA 3/96 no 404).

30121 **Sanctions de la violation des règles de gestion de l'indivision** Les actes d'administration passés par un indivisaire en violation des conditions exposées nos 30109 à 30118 sont inopposables à ses coïndivisaires qui peuvent le faire constater sans attendre le partage (Cass. civ. 12-1-1978 : Bull. civ. III p. 28) et sans avoir le consentement de l'auteur de l'acte ou une autorisation de justice y suppléant (Cass. civ. 15-6-1994 : RJDA 10/94 n° 1065). Mais l'acte doit être exécuté à l'égard de l'indivision si l'inopposabilité le permet ; par exemple, si le bail consenti par le défunt à l'un de ses fils est inopposable aux cohéritiers en ce que les biens sur lesquels il porte doivent être évalués libres de toute occupation, l'héritier titulaire du bail n'est pas redevable à l'égard de l'indivision successorale d'une indemnité d'occupation mais des loyers prévus par le bail (Cass. civ. 14-6-1988 n° 85-17.706 : Bull. civ. I n° 194).

Le coïndivisaire qui a conclu seul un acte alors que le consentement de tous les indivisaires était requis ne peut pas se prévaloir de cette irrégularité (cf. Cass. civ. 30-4-1969 : Bull. civ. III p. 266) ni celui qui a accepté sa succession (n°s 50055 s.).

Toutefois, si le bien sur lequel porte l'acte est mis à l'issue du partage dans le lot de l'indivisaire qui a conclu seul l'acte, cet acte se trouve alors rétroactivement consolidé (Cass. civ. 27-10-1992 : Bull. civ. I p. 173 : à propos d'un bail et sans qu'il soit nécessaire de démontrer que les coïndivisaires l'avaient tacitement accepté avant le partage ; sur les effets du partage, n° 30380).

Néanmoins un indivisaire peut conclure un acte qui requiert un consentement unanime sans l'accord de ses coïndivisaires et sans être titulaire d'un mandat exprès l'y autorisant, dès lors qu'il établit que le coïndivisaire auquel il l'oppose en a eu connaissance et y a tacitement consenti sans équivoque ; ainsi est opposable à un coïndivisaire le bail d'habitation qu'il n'a pas signé dès lors qu'il a participé aux préliminaires et à la visite des lieux sans opposition et qu'il ne pouvait ignorer qu'il y avait un locataire dans l'immeuble (Cass. civ. 12-12-1961 : Bull. civ. III n° 602) ou qu'il a laissé pendant vingt ans et en connaissance de cause son coïndivisaire se comporter comme propriétaire apparent à l'égard des locataires (Cass. civ. 16-1-1970 n° 68-10.620 : Bull. civ. III n° 44).

Actes étrangers à l'exploitation normale des biens indivis Tout acte qui ne ressortit pas à l'exploitation normale des biens indivis, et notamment un acte de disposition, ne peut être accompli sur un bien indivis sans le **consentement unanime** des indivisaires, sous réserve de la vente des meubles indivis pour payer les dettes et charges de l'indivision (C. civ. art. 815-3, al. 7) ou de la vente autorisée par justice (n° 30127). 30124

Sont des actes requérant l'accord unanime : l'exercice de l'action en résolution d'une vente (CA Paris 2-10-1997 : D. 1997.IR.230) ; la délivrance d'un congé relatif au bail commercial d'un immeuble indivis (Cass. 3e civ. 23-9-2021 n° 19-25.410 FS-D : RJDA 4/22 n° 190).

Sur l'unanimité requise pour séparer un meuble par destination de l'immeuble auquel il est rattaché, n° 56292.

Mais un indivisaire ou un tiers peut être mandaté par tous les coïndivisaires à l'effet de conclure un tel acte ; le **mandat** doit alors être spécial (n° 23024).

Il en résulte les **conséquences** suivantes.

a. L'indivisaire **vendeur** est engagé envers l'acquéreur pour la portion indivise qui lui appartient, soit par le mandat de vendre qu'il a donné (Cass. civ. 16-6-1987 n° 84-17.840 : Bull. civ. I n° 197), soit par la promesse de vente qu'il a souscrite (Cass. civ. 21-6-1995 : RJDA 3/96 n° 403 ; Cass. 3e civ. 12-5-2010 n° 08-17.186 : RJDA 10/10 n° 1012).

b. L'acheteur d'un bien indivis, vendu sans le consentement de tous les indivisaires, peut obtenir la réalisation de la vente car une telle vente n'est pas nulle, mais seulement inopposable à ceux qui n'y ont pas consenti, son efficacité étant subordonnée au résultat du partage (Cass. 1e civ. 3-2-2016 n° 14-26.060).

c. Les **indivisaires autres que le vendeur** peuvent demander que la vente leur soit déclarée inopposable dans la mesure où elle porte sur leur quote-part (Cass. 1e civ. 5-4-2005 n° 665 : Bull. civ. I n° 169 : à propos d'un apport en société) ou que la cession de la quote-part indivise du vendeur soit annulée pour avoir été opérée sans que leur droit de préemption (n° 30173) ait été respecté (CA Paris 24-3-1989 : D. 1989.IR.132).

La demande d'un indivisaire en déclaration d'inopposabilité est recevable pendant le cours de l'indivision et ne peut pas être écartée jusqu'au partage et à la constitution des lots, car l'efficacité de la vente est subordonnée au résultat du partage (Cass. civ. 15-6-1994 : Bull. civ. I n° 212).

Autorisation judiciaire Lorsque l'unanimité des coïndivisaires est requise (n°s 30115 s.), il est possible de suppléer l'absence ou le refus de consentement des indivisaires dans les conditions suivantes. 30127

1. Si l'un des indivisaires se trouve hors d'état de manifester sa volonté, un autre peut se faire **habiliter** par justice **à le représenter** soit d'une manière générale, soit seulement pour certains actes particuliers ; le juge fixe les conditions et l'étendue de la représentation qu'il autorise (C. civ. art. 815-4, al. 1).

2. En cas de refus par un indivisaire de donner son consentement, un coïndivisaire peut demander en justice l'**autorisation de passer seul** cet acte (art. 815-5, al. 1). Cette disposition appelle les remarques suivantes.

a. La **juridiction compétente** pour accorder l'autorisation, à défaut de désignation par la loi, est déterminée selon le droit commun (Cass. 1e civ. 15-2-2012 no 10-21.457 : RJDA 8-9/12 no 812 : compétence de droit commun du juge des référés pour autoriser la réitération d'une promesse de vente ; CA Paris 2-10-1997 : D. 1997.IR.230 : compétence du TGI, devenu le tribunal judiciaire, pour autoriser une action en résolution d'une vente).

L'autorisation d'agir ne peut pas résulter d'une ordonnance sur requête (Cass. 3e civ. 28-11-2012 no 11-19.585 : RJDA 6/13 no 559).

b. Le juge saisi n'est pas tenu d'accorder l'autorisation sollicitée ; il dispose à cet égard d'un **pouvoir souverain** d'appréciation (Cass. civ. 10-5-1983 : Bull. civ. III p. 89).

c. L'indivisaire ne peut pas être autorisé à passer un **acte** qu'il a déjà **accompli** antérieurement **au mépris de la loi** (TGI Dieppe 14-2-1979 : D. 1980.IR.361 obs. Breton ; voir aussi Cass. civ. 14-2-1984 : JCP G 1985.II.20381 obs. de la Marnierre).

d. L'autorisation ne peut être accordée que si le refus « met en **péril l'intérêt commun** » des indivisaires (C. civ. art. 815-5, al. 1).

Il a été jugé que l'intérêt commun n'était pas mis en péril par les refus opposés aux actes suivants :

– promesse de vente d'un terrain non constructible sous la condition suspensive d'une modification du plan d'occupation des sols qui aurait pour effet de classer le terrain en zone constructible, dès lors que cette promesse ne profitait qu'au bénéficiaire et que le fait de ne pas la conclure conservait au profit des indivisaires la possibilité de profiter pleinement de l'éventuelle valorisation ultérieure de leur terrain, pour le cas où le plan d'occupation des sols serait modifié (CA Paris 25-1-1983 : GP 1983.190) ;

– résolution de la vente d'un domaine agricole pour défaut de paiement du prix à l'échéance convenue, car elle aurait eu pour effet de contraindre les indivisaires à effectuer des remboursements importants qui pourraient s'avérer contraires à l'intérêt de l'indivision (Cass. civ. 10-5-1983 : Bull. civ. III p. 89).

Mais l'intérêt commun est mis en péril par le refus :

– d'un indivisaire de consentir à la vente du bien indivis pour permettre le paiement de la dette personnelle d'un autre indivisaire, dès lors que cette vente procure un prix supérieur à celui qui serait obtenu à la suite de la licitation (vente aux enchères sur saisie immobilière) de ce bien demandée par la banque créancière de l'indivisaire poursuivi (Cass. 1e civ. 6-11-1990 no 89-13.220 : Bull. civ. I no 236) ;

– d'un cohéritier de consentir à l'aliénation des biens indivis dont le produit devait permettre le paiement des droits de succession, chacun étant tenu solidairement du paiement de ces droits (Cass. civ. 14-2-1984 : JCP G 1985.II.20381 obs. de la Marnierre) ;

– d'un héritier de vendre des parts d'une SARL, laquelle se trouve acculée à réduire sa production, à licencier une partie du personnel et à perdre une partie de sa valeur avec sa clientèle (CA Lyon 23-5-1990 : GP 1991.125 note Piedelièvre).

3. Lorsque le bien indivis est l'objet d'un **usufruit,** le juge ne peut pas, à la demande du nu-propriétaire, autoriser la vente de la pleine propriété contre la volonté de l'usufruitier (C. civ. art. 815-5, al. 2 ; Cass. 1e civ. 13-6-2019 no 18-17.347 F-PB : RJDA 12/19 no 791), peu important que l'usufruitier n'occupe pas l'immeuble grevé (Cass. 1e civ. 17-1-2006 no 75 : Bull. civ. I no 23).

4. Sauf en cas de démembrement de la propriété du bien ou si l'un des indivisaires se trouve absent ou hors d'état de manifester sa volonté, l'aliénation d'un bien indivis peut être autorisée par le tribunal judiciaire (ex-TGI), à la **demande** de l'un ou des **indivisaires** titulaires d'au moins deux tiers des droits indivis (voir C. civ. art. 815-5-1 ; Cass. 1e civ. 15-1-2014 no 12-28.378 : RJDA 5/14 no 488 ; Cass. 1e civ. 20-11-2019 no 18-23.762 F-PBI : validation du dépassement du délai d'un mois prévu par l'article 815-5-1 al. 3 qui n'est assorti d'aucune sanction).

5. L'acte passé dans les conditions fixées par l'autorisation de justice est **opposable** à l'indivisaire dont le consentement fait défaut (C. civ. art. 815-5, al. 3).

30130 **Gestion d'affaires** Les **actes** faits par un seul indivisaire en dehors de ses pouvoirs (nos 30109 s.) sont opposables à ses coïndivisaires conformément aux règles de la gestion d'affaires lorsqu'ils sont **utiles** à l'indivision (C. civ. art. 815-4, al. 2).

Ainsi, le contrat conclu entre un indivisaire et des entrepreneurs pour l'édification de constructions sur un terrain est opposable aux autres indivisaires car ceux-ci tirent profit des constructions incorporées au sol (Cass. req. 20-12-1910 : DP 1911.1.377 note Planiol).

DROITS ET OBLIGATIONS DE CHAQUE INDIVISAIRE

30133 **Droit de revendiquer sa part devant le juge pénal** En cas de **confiscation,** au titre de peine complémentaire d'une infraction pénale, d'un bien appartenant en indivision à la personne condamnée et à une personne de bonne foi, la confiscation ne peut porter que sur la part indivise de la personne condamnée, les droits de la personne de bonne foi devant lui être restitués, y compris lorsque le bien constitue le produit direct ou indirect de l'infraction (Cass. crim. 30-3-2022 n° 21-82.217 F-B).

La solution est différente si le bien est commun à des époux mariés sous le régime de la communauté légale réduite aux acquêts et si l'époux non condamné pénalement est de bonne foi : la confiscation ne peut qu'emporter la dévolution du bien pour le tout à l'État, sans qu'il puisse demeurer grevé des droits de l'époux de bonne foi, la confiscation faisant naître un droit à récompense pour la communauté lors de la dissolution de celle-ci (Cass. crim. 30-3-2022, précité).

Droit d'usage et de jouissance Chaque indivisaire peut user et jouir des biens indivis dans les conditions suivantes (C. civ. art. 815-9). 30135

1. L'indivisaire n'est pas tenu de demander le **consentement des autres indivisaires** avant d'user du bien indivis car son droit indivis est un droit de propriété, lequel lui confère le droit d'user de la chose ; il ne saurait donc être expulsé du bien qu'il occupe pour la raison qu'il n'y a pas été autorisé préalablement par ses coïndivisaires (Cass. 1e civ. 25-11-2009 n° 08-15.090 : RTD civ. 2010.356 obs. Revet).

2. L'**usage** doit être **conforme à** la **destination** du bien. Cette destination résulte de la nature du bien et de l'usage auquel il est affecté.

Par exemple, le propriétaire indivis avec son voisin d'une bande de terrain séparant leurs deux immeubles peut utiliser ce terrain pour l'écoulement des eaux pluviales provenant du toit de sa maison (Cass. civ. 9-1-1985 : JCP G 1985.IV.112). En revanche, un coïndivisaire dénature la destination de la cour commune d'un immeuble en autorisant les allées et venues incessantes de véhicules automobiles, transformant ainsi une propriété privée en « place publique » (Cass. civ. 11-7-1977 : GP 1977.2.pan.366).

3. L'**usage** doit être **compatible avec** les **droits** des autres indivisaires et avec l'effet des actes régulièrement passés au cours de l'indivision.

4. À défaut d'accord entre les indivisaires sur l'usage du bien, le président du tribunal judiciaire (ex-TGI) peut régler le différend, mais uniquement à titre provisoire (C. civ. art. 815-9, al. 1 ; pour un exemple, CA Paris 11-8-1986 : D. 1986.IR.474).

Le président statue en la forme des référés (devenue la procédure accélérée au fond ; n° 72503), et peut prendre des mesures au fond, les conditions du référé des articles 808 et 809 (devenus art. 834 et 835) du Code de procédure civile n'étant pas applicables (Cass. 1e civ. 20-5-2009 n° 07-21.679 : RJDA 10/09 n° 907 ; Cass. 2e civ. 20-4-2017 n° 16-16.457 F-PB : RJDA 12/17 n° 842) ; il a la compétence la plus étendue pour régler à titre provisoire les modalités de jouissance des biens indivis, dès lors du moins que la contestation de l'existence même du droit opposé aux autres indivisaires ne relève pas de la compétence exclusive d'une autre juridiction ou formation saisie au fond (Cass. 1e civ. 24-10-2012 n° 11-17.094 : D. 2012.2601).

En tout état de cause, tout indivisaire peut obtenir en justice réparation du préjudice que lui aurait causé un autre indivisaire en ne respectant pas les conditions requises pour exercer son droit de jouissance, et ce, sans attendre le partage (Cass. civ. 15-4-1980 n° 78-15.245 : Bull. civ. I n° 109 ; Cass. 1e civ. 12-5-2010 n° 09-65.362 : RJDA 8-9/10 n° 891).

5. L'indivisaire qui use ou jouit privativement du bien indivis est redevable, sauf convention contraire, d'une **indemnité** (C. civ. art. 815-9, al. 2).

Celle-ci a pour objet de réparer le préjudice causé à l'indivision, lequel tient généralement à la perte des revenus du bien ; compensant cette perte, l'indemnité **constitue** elle-même un revenu de l'indivision : elle doit donc être **versée à** la masse commune (C. civ. art. 815-10, al. 1 ; Cass. civ. 14-11-1984 n° 83-14.866 : Bull. civ. I n° 305 ; Cass. 1e civ. 23-11-2011 n° 10-18.315 : GP 2012.som.932 note Casey ; Cass. 1e civ. 15-3-2023 n° 21-15.183 F-D).

Pour que l'indemnité soit due, il n'est exigé ni que l'usage fait du bien indivis prive l'indivision de revenus (Cass. 1e civ. 12-5-2010 n° 09-65.362, précité : droit à indemnité pour empiètement sur la chose indivise d'une construction édifiée par un indivisaire propriétaire individuel d'une parcelle voisine ; Cass. 1e civ. 24-9-2014 n° 13-21.005 : Bull. civ. I n° 152 : prise en compte de la valeur locative de la totalité du bien occupé, même celle d'une parcelle difficilement louable selon les juges du fond) ni qu'il porte sur la totalité du bien donné en jouissance (Cass. 1e civ. 12-6-2018 n° 17-17.243 D). Mais elle peut être refusée si l'usage privatif ne porte pas atteinte aux droits égaux et concurrents du coïndivisaire (Cass. 1e civ. 5-11-2014 n° 13-11.304 : Bull. civ. I n° 184) ou si l'indivisaire use du bien indivis en tant que locataire de sorte qu'il ne porte pas atteinte aux droits égaux et concurrents des coïndivisaires (Cass. 1e civ. 18-3-2020 n° 19-11.206 F-PB : RJDA 8-9/20 n° 462). L'indemnité n'est pas due non plus par l'indivisaire occupant en cas d'indivision portant sur la nue-propriété du bien, la jouissance du bien étant attribuée à l'usufruitier (Cass. 1e civ. 1-6-2023 n° 21-14.924 FB).

L'indemnité cesse d'être due au jour où l'indivision prend fin, ce qui est notamment le cas lorsqu'un coïndivisaire se substitue à l'adjudicataire du bien indivis en vertu d'une clause du cahier des charges (Cass. 1e civ. 11-4-2018 n° 17-17.495 F-PB : RJDA 7/18 n° 612 ; sur le droit d'un indivisaire de se substituer, n° 30176).

L'indemnité ne peut pas **couvrir plus de cinq ans** d'usage du bien indivis (C. civ. art. 815-10 ; Cass. 1e civ. 15-5-2008 n° 06-20.822 : Bull. civ. I n° 132) ; si elle est réclamée après cinq ans, la demande est recevable mais l'indemnité est limitée aux cinq années qui la précèdent (Cass. 1e civ. 17-11-2021 n° 20-14.914 F-D) ;

lorsqu'elle est allouée par un titre exécutoire, l'action est prescrite au terme d'un délai de dix ans (n° 71740).

Le débiteur de l'indemnité ne peut pas la compenser avec les charges et remboursements qu'il a payés pour le compte de l'indivision ; il peut seulement les faire inscrire par le notaire liquidateur au passif de l'indivision (CA Paris 19-9-1991 : D. 1991.IR.233).

La prescription de l'indemnité de jouissance privative est interrompue par la décision qui désigne un notaire liquidateur ; en effet, une telle décision ne fait pas cesser l'interruption car elle ne dessaisit pas le tribunal (Cass. 1e civ. 25-9-2013 n° 12-24.996). La prescription est également interrompue par le dire adressé à l'expert, désigné par le juge saisi d'une action en partage, dès lors qu'il fait état de réclamations concernant les fruits et les revenus (Cass. 1e civ. 20-11-2013 n° 12-23.752 : Bull. civ. I n° 224), par la demande en fixation d'une indemnité d'occupation dans un procès-verbal de difficultés, cette interruption perdurant et aucun nouveau délai quinquennal ne commençant à courir tant que l'instance en partage se poursuit (Cass. 1e civ. 7-2-2018 n° 16-28.686 F-PB) ou par la demande d'expertise de la valeur vénale et locative du bien indivis (Cass. 1e civ. 18-3-2020 n° 18-21.659 D).

À défaut d'accord entre les indivisaires sur le **montant de l'indemnité,** l'évaluation se fait judiciairement. Les juges peuvent prendre en compte tous les éléments utiles pour fixer équitablement ce montant, telles les caractéristiques du bien, notamment la valeur locative du bien (Cass. 1e civ. 24-9-2014 n° 13-21.005), sans être liés pour autant par cette valeur (Cass. civ. 13-12-1994 n° 92-20.780 : Bull. civ. I n° 369) ; mais ils ne peuvent pas prendre en compte l'enrichissement procuré à l'indivision par les dépenses effectuées par l'indivisaire pour l'amélioration du bien indivis, cet enrichissement étant compensé par l'indemnité spécifique aux améliorations (n° 30147) (Cass. civ. 14-1-1997 : RJDA 5/97 n° 719), ni inclure dans l'indemnité les intérêts moratoires de la somme qu'un indivisaire a utilisée, en remploi de la vente d'un immeuble, pour acquérir le bien indivis dont un autre indivisaire avait joui privativement à compter du jour de son emploi jusqu'au jour du partage du bien (Cass. civ. 27-2-1990 n° 87-12.726), ni la cumuler avec l'attribution d'une indemnité complémentaire destinée à compenser les fruits et revenus que les coïndivisaires n'ont pas perçus du fait de l'occupation privative par l'un d'eux (Cass. 1e civ. 3-10-2006 n° 1408 : RJDA 3/07 n° 300). L'indemnité porte intérêt à compter de la décision qui la détermine (Cass. civ. 13-12-1994, précité).

30138 **Droit aux bénéfices** Les bénéfices, les fruits et les revenus tombent dans la **masse indivise** et y demeurent tant qu'ils ne sont pas partagés définitivement ou provisoirement ou ne sont pas l'objet d'un accord entre indivisaires réglant leur sort (C. civ. art. 815-10, al. 2 et 4) ; ces produits reviennent à l'indivision jusqu'à la date de jouissance divise et non jusqu'à la date du partage effectif (Cass. 1e civ.16-12-2020 n° 19-17.456 D).

Les droits de chaque indivisaire dans les bénéfices sont déterminés par référence à l'acte de notoriété ou à l'intitulé d'inventaire établi par le notaire ou, en cas de contestation, par le président du tribunal judiciaire (ex-TGI) ; dans ce dernier cas, la répartition n'a qu'un caractère provisionnel et sera reprise en compte lors de la liquidation définitive des droits de chacun (art. 815-11, al. 2 et 3). Toutefois, l'indivisaire peut établir que ces droits sont différents s'il peut produire un titre, autre que l'acte notarié ou l'intitulé d'inventaire établissant leur contenu (art. 815-11, al. 2).

En cas de contestation, le président du tribunal judiciaire statue selon la procédure accélérée au fond – ex-procédure en la forme des référés (n° 72503) ; il peut ordonner une répartition provisionnelle des bénéfices sous réserve d'un compte à établir lors de la liquidation définitive (art. 815-11, al. 3 ; Cass. 1e civ. 16-3-1999 n° 97-11.972 : Bull. civ. I n° 99) ; les conditions du référé de droit commun ne sont pas applicables et il peut prendre des mesures au fond (Cass. 1e civ. 20-5-2009 n° 07-21.679 : RJDA 10/09 n° 907).

Toutefois, tout **indivisaire** peut demander **sa part annuelle** dans les bénéfices, déduction faite des dépenses entraînées par les actes auxquels il a consenti ou qui lui sont opposables (C. civ. art. 815-11, al. 1), à condition que ceux-ci soient déterminés par l'établissement préalable d'un compte annuel de gestion portant sur l'ensemble des biens dépendant de l'indivision (Cass. civ. 27-10-1993 : Defrénois 1994.433 obs. Aynès) et que les déductions opérées correspondent à des dépenses entraînées par les actes opposables à l'indivisaire demandant sa part (Cass. 1e civ. 25-10-2005 n° 1412 : Bull. civ. I n° 389).

En cas de jugement accordant l'attribution préférentielle des biens indivis (nos 30328 s.), le bénéficiaire n'acquiert pas les fruits à compter de la date de ce jugement mais seulement à compter du partage car il ne devient propriétaire qu'à ce moment-là (Cass. civ. 11-1-1977 : Bull. civ. I p. 16).

Si un indivisaire a **perçu des fruits et revenus** revenant à l'indivision, ceux-ci ne peuvent **plus** lui être réclamés **cinq ans** après la date à laquelle ils l'ont été ou auraient pu l'être (C. civ. art. 815-10, al. 3). En cas d'indivision consécutive au divorce, cette date est celle du jour où le jugement de divorce est passé en force de chose jugée et la demande formée dans les cinq ans qui lui font suite interrompt la prescription (Cass. 1e civ. 23-5-2012 n° 11-12.813 : D. 2012.1403) ; celle-ci est aussi interrompue par le procès-verbal de difficultés établi par le notaire chargé de la liquidation et du partage dès lors qu'il fait état de réclamations sur les fruits et les revenus (Cass. 1e civ. 10-5-2007 n° 05-19.789 : Bull. civ. I n° 176).

L'indivisaire qui gère un ou plusieurs biens indivis doit verser dans la masse commune les produits nets de sa gestion ; mais il a droit à la **rémunération** de son activité, dans les conditions fixées à l'amiable ou, à défaut, par décision de justice (C. civ. art. 815-12).

Cette rémunération est fonction de l'activité qu'il a effectivement fournie (Cass. civ. 20-11-1984 : D. 1985.557 note Breton). Elle n'est pas limitée par les résultats de sa gestion, sauf à tenir compte de sa responsabilité éventuelle pour ses actes de gestion (Cass. civ. 28-2-1984 : D. 1984.549 note Breton ; Cass. 1e civ. 25-10-2005 n° 02-13.787 : Bull. civ. I n° 386). Elle ne peut pas comprendre la plus-value donnée au fonds qui profite à l'indivision (Cass. civ. 29-5-1996 : RJDA 11/96 n° 1389).

Participation au déficit et aux charges de l'indivision En cas de déficit de l'indivision constaté à la date du partage et résultant de la différence entre le total des dépenses justifiées des coïndivisaires et le total des fruits et revenus versés à l'indivision, les pertes doivent être **supportées par chaque indivisaire** proportionnellement à ses droits (C. civ. art. 815-10, al. 4). 30141

Par suite, le déficit ne peut pas être valablement réparti entre les coïndivisaires en proportion de leurs dépenses respectives (Cass. civ. 25-11-1980 : Bull. civ. I p. 242).

Les charges afférentes à un bien indivis soumis à licitation avant partage doivent être supportées, jusqu'à la date de la licitation, par les coïndivisaires proportionnellement à leurs droits (Cass. civ. 24-5-1989 : Bull. civ. I p. 143).

Droit d'obtenir une avance en capital Un indivisaire peut demander au président du tribunal judiciaire (ex-TGI) d'ordonner que lui soit versée une avance en capital à valoir sur ses droits dans le partage (C. civ. art. 815-11, al. 4 ; pour une application, Cass. 1e civ. 24-5-2018 n° 17-17.846 F-PB). 30144

L'avance ne peut être consentie que s'il est constaté (Cass. civ. 5-2-1980 : D. 1981.IR.29 obs. Breton) :

– d'une part, qu'il existe des **fonds disponibles** ;

Constituent des fonds disponibles les valeurs qui peuvent être immédiatement utilisées, c'est-à-dire non seulement le numéraire, mais aussi les valeurs susceptibles d'être transformées très rapidement en argent liquide (CA Paris 22-4-1983 : JCP N 1984.II. 31), comme, par exemple, les valeurs mobilières cotées en bourse.

Il ne doit pas être tenu compte de l'existence de revenus propres appartenant aux indivisaires autres que le demandeur (CA Reims 4-1-1978 : D. 1979.IR.44 obs. Breton).

– d'autre part, que l'indivisaire aurait **droit** à une somme d'argent au moins égale au montant de l'avance qu'il demande.

L'indivisaire ne peut pas pallier l'absence de l'une ou l'autre de ces conditions en fondant sa demande sur l'article 809 (al. 2) du Code de procédure civile (devenu art. 835) qui permet au président d'accorder une provision dans les cas où l'existence de l'obligation n'est pas sérieusement contestable (cf. CA Reims 11-10-1979 : D. 1981.IR.29).

L'octroi d'une avance peut être **renouvelé** dans la limite des droits de l'indivisaire qui en a fait la demande (Cass. civ. 8-7-1981 : Bull. civ. I p. 209).

Ne constituant pas un partage partiel, l'allocation d'avances à l'indivisaire sur ses droits dans le partage à venir ne peut pas être **réévaluée** au jour du partage, sauf convention contraire (Cass. civ. 1-3-1988 : D. 1988.408 note Morin). Le bénéficiaire doit les intérêts de la somme avancée du jour où elle est devenue exigible (C. civ. art. 866).

Entretien et améliorations L'indivisaire qui a payé de ses deniers personnels des dépenses incombant à l'indivision a en principe droit au **remboursement** intégral des sommes qu'il a engagées pour la **conservation du bien** indivis, même si la valeur du bien ne s'en est pas trouvée augmentée (C. civ. art. 815-13, al. 1). Cette créance, immédiatement exigible, se prescrit selon les règles de droit commun de l'article 2224 du Code civil (n° 71725 ; Cass. 1e civ. 14-4-2021 n° 19-21.313 FS-P : D. 2021.1059 note F. Rouvière). Le coïndivisaire créancier peut saisir certains biens indivis, sans être tenu d'attendre l'issue des opérations de partage (Cass. civ. 20-2-2001 : Bull. civ. I n° 41). 30147

Constituent une dépense nécessaire à la conservation du bien indivis le remboursement d'un emprunt ayant permis l'acquisition de l'immeuble indivis (Cass. 1e civ. 26-1-2022 n° 20-17.898 F-B ; RJDA 4/22 n° 232) — même si ce remboursement a eu lieu par anticipation (Cass. 1e civ. avis 5-7-2023 n 23-70.007 FS-PB) —, les cotisations d'assurance habitation (Cass. 1e civ. 20-10-2021 n° 20-11.921 FS-B : RJDA 1/22 n° 45), ainsi que le paiement des impôts fonciers (Cass. 1e civ. 13-1-2016 n° 14-24.767 : RJDA 4/16 n° 333) ou de la taxe d'habitation (Cass. 1e civ. 5-12-2018 n° 17-31.189 F-PB).

La créance de l'indivisaire n'est pas une créance de l'indivision à l'encontre d'un coïndivisaire (Cass. 1e civ. 5-1-2023 n° 21-15.931 FD).

Lorsque les dépenses de l'indivisaire ont seulement **amélioré** le bien indivis, le montant du remboursement est déterminé en équité, eu égard à la dépense faite ou à l'importance de la

plus-value prise par le bien au jour du partage ou de l'aliénation du bien (C. civ. art. 815-13, al. 1 ; Cass. 1e civ. 24-9-2014 n° 13-18.197 : Bull. civ. I n° 151 : indemnisation supérieure à la dépense, mais inférieure au profit subsistant), les juges devant se livrer à cette comparaison (Cass. civ. 4-3-1986 n° 84-15.071 : JCP G 1986.II.20701 obs. Simler) ; l'indivisaire n'a pas droit au remboursement dès lors qu'il ne fournit pas d'éléments permettant d'apprécier, selon l'équité, l'augmentation de la valeur du bien résultant des travaux invoqués (Cass. 1e civ. 26-6-2019 n° 18-17.038 F-D). Mais il y a droit même si, occupant puis attributaire du bien, il a exposé des dépenses dans son intérêt personnel, dès lors qu'il y a amélioration (Cass. civ. 18-12-1990 : JCP G 1992.II.21847 note Salvage ; dans le même sens, Cass. civ. 29-11-1994 : D. 1995.IR.18 ; en sens contraire, Cass. 1e civ. 26-6-2019, précité : refus d'indemnisation de l'indivisaire qui a réalisé les améliorations avec le souhait d'obtenir l'attribution du bien indivis lors du partage et dans son intérêt propre).

Lorsque la plus-value ne peut pas être aisément calculée, les juges peuvent valablement ne retenir que la dépense faite. Par exemple, les avances faites par un indivisaire pour rembourser un emprunt immobilier lui ont été restituées à la valeur nominale indexée sur l'indice du coût de la construction (Cass. 1e civ. 18-10-1983 n° 82-14.798 : Bull. civ. I n° 236 ; voir aussi Cass. civ. 7-6-1988 : D. 1989.141 note Breton).

L'équité ne peut être prise en compte que pour modérer, le cas échéant, le montant de l'indemnité résultant de l'évaluation du profit subsistant (Cass. civ. 12-1-1994, 2e espèce : D. 1994.311 note Cabrillac).

Mais la plus-value procurée par l'industrie d'un indivisaire n'ouvre droit à ce dernier qu'à la rémunération de son activité (Cass. civ. 29-5-1996 : RJDA 11/96 n° 1389).

30150 **Détériorations** L'indivisaire répond des dégradations et détériorations qui, par son fait ou par sa faute, ont diminué la valeur des biens indivis (C. civ. art. 815-13, al. 2). Il ne peut être poursuivi à cet effet après la signature du partage de l'indivision (Cass. 1e civ. 10-5-2006 : Bull. civ. I n° 234).

La réparation est due à l'indivision dont elle accroît l'actif net à partager, même s'il n'y a qu'un coïndivisaire (Cass. 1e civ. 19-12-2012 n° 11-26.054 : Defresnois 2014 p. 124). Lorsque le dommage peut être réparé en nature, l'indivisaire qui l'a causé doit supporter le coût des réparations et les rembourser aux autres copropriétaires s'ils en ont fait l'avance (CA Versailles 18-3-1985 : D. 1986.IR.20).

30151 **Subrogation réelle, emploi et remploi** Sont de plein droit indivis, par l'effet d'une subrogation réelle, les créances et les indemnités qui remplacent des biens indivis, ainsi que les biens acquis, avec le consentement de l'ensemble des indivisaires, en emploi ou remploi des biens indivis (C. civ. art. 815-10, al. 1). Doit être inclus dans la masse indivise le montant de l'indemnité d'assurance et non la valeur vénale du bien qu'elle a remplacé (Cass. 1e civ. 19-3-2014 n° 13-12.578 : Bull. civ. I n° 49).

Est aussi indivise, par accession, la construction élevée sur une parcelle indivise quoique financée par un seul indivisaire, sauf à celui-ci à faire valoir l'existence d'une créance à ce titre au cours des opérations de liquidation (Cass. 1e civ. 28-9-2011 n° 10-23.530 : GP 2011.som.3499 note Casey).

30153 **Comptes de l'indivision** Quiconque perçoit des revenus ou expose des frais pour le compte de l'indivision doit en tenir un état à la disposition des indivisaires (C. civ. art. 815-8).

Doivent être inscrites au passif du compte de l'indivision les créances d'un indivisaire au titre des dépenses qu'il a exposées pour l'indivision (Cass. 1e civ. 29-5-2013 n° 12-13.638 : RTD civ. 2013.647 obs. W. Dross ; CA Paris 14-11-1991 : D. 1992.IR.63).

Un indivisaire n'a pas renoncé à faire valoir sa créance contre son coïndivisaire parce qu'il a accepté par une clause du contrat de vente de biens indivis que, d'un commun accord irrévocable et de manière forfaitaire, après paiement des créanciers, le solde du prix de vente serait réparti entre eux à concurrence de moitié chacun (Cass. 3e civ. 8-4-2014 n° 13-14.244).

En cas d'**indivision successorale,** lorsqu'un héritier est débiteur envers ses copartageants, la créance de ces derniers, sauf si elle est relative à un bien indivis, n'est pas exigible avant la clôture des opérations de partage ; toutefois, l'héritier peut décider à tout moment de s'en acquitter volontairement (C. civ. art. 865).

30156 **Détournement de biens indivis** Le coïndivisaire détenteur de biens meubles indivis qui se les approprie ou en dispose à l'insu des autres coïndivisaires commet un **vol** au préjudice de ces derniers (Cass. crim. 12-5-2015 n° 13-87.668).

DROITS DES CRÉANCIERS

30160 **Créanciers de l'indivision** Les créanciers qui auraient pu agir sur les biens indivis avant qu'il n'y ait eu indivision – notamment, les créanciers du défunt ou de la communauté conjugale – et ceux dont la créance résulte de la conservation ou de la gestion des biens indivis doivent être **payés** par prélèvement sur l'actif indivis **avant le partage** ; ils peuvent, en outre, saisir et faire vendre les biens indivis (C. civ. art. 815-17, al. 1), même si un indivisaire est sous procédure collective au moment où un créancier demande le paiement (Cass. 2e civ. 16-5-2013 n° 12-16.216 : RJDA 11/13 n° 926 ; Cass. 2e civ. 20-10-2022 n° 21-10.150 FD), sans avoir à déclarer sa créance (Cass. com. 2-6-2015 n° 12-29.405 : RJDA 10/15 n° 680) ou saisir le juge-commissaire pour réaliser un immeuble hypothécaire (Cass. 1e civ. 24-5-2018 n° 16-26.378 : RJDA 8-9/18 n° 663).

Dès la dissolution de la communauté, les créanciers d'époux communs en biens peuvent agir en paiement en se prévalant des règles que leur confère le régime matrimonial (Cass. 1e civ. 1-3-1988 n° 86-13.342).

Ce prélèvement avant le partage est possible, en cas d'indivision successorale, aucun texte n'organisant une procédure d'ordre ou de contribution entre les créanciers d'une succession, sans que le créancier saisissant soit tenu d'appeler en cause les autres créanciers de la succession, et l'existence d'une créance privilégiée ne suffit pas à elle seule à faire obstacle à la saisie-attribution et à la priver de son effet d'attribution immédiate des sommes disponibles (TGI Paris 31-5-1999 : GP 2000.som.877) ; il l'est aussi lorsque les coïndivisaires ont été mis en liquidation judiciaire après la naissance de la créance sur l'indivision, si le juge-commissaire a autorisé la vente des biens indivis avec répartition du prix entre les coïndivisaires et si le créancier de l'indivision ne s'y est pas opposé (Cass. com. 20-9-2005 n° 03-20.998 : D. 2006.pan.82 obs. Le Corre).

Même si elle a été publiée à la publicité foncière, la clause d'inaliénabilité d'un bien indivis compris dans un plan de continuation est inopposable au créancier poursuivant la vente de ce bien car cette inaliénabilité n'emporte pas envers le créancier d'une indivision l'insaisissabilité (n° 26642) (Cass. com. 7-2-2012 n° 11-12.787 : RJDA 5/12 n° 540).

Les **coïndivisaires** ne sont **pas tenus,** de plein droit, **solidairement des dettes** de l'indivision ni en leur qualité d'indivisaire ni en raison du fait que l'un d'eux a agi comme mandataire des autres ou que chacun d'eux aurait tiré personnellement profit du mandat (Cass. 1e civ. 29-11-2005 n° 1625 : RJDA 5/06 n° 572).

L'**action** introduite par un créancier de l'indivision **contre un seul indivisaire** est recevable, la décision rendue sur celle-ci étant inopposable aux autres indivisaires à défaut de mise en cause de ceux-ci (Cass. 1e civ. 18-12-2013 n° 12-27.059 : RJDA 3/14 n° 281).

Créanciers personnels des indivisaires Les créanciers personnels des indivisaires ne peuvent **ni saisir** la **part** indivise **de leurs débiteurs** dans les biens indivis, qu'il s'agisse de meubles ou d'immeubles (C. civ. art. 815-17, al. 2 ; Cass. civ. 1-12-1999 : Bull. civ. I n° 331 ; Cass. civ. 4-10-2001 : RD bancaire 2002.85 n° 72 obs. Delleci) ni prendre aucune mesure ayant pour effet de rendre cette part indisponible (Cass. civ. 15-7-1999 : Bull. civ. I n° 243 : refus d'une consignation). La seule mesure coercitive qui est offerte à ces créanciers est de demander au président du tribunal d'interdire le déplacement des meubles corporels (C. civ. art. 815-7). **30163**

Toutefois, dès lors que le bien indivis est vendu, la part qui, sur le prix total, revient à un indivisaire est saisissable car il a désormais un droit propre sur cette part (Cass. 1e civ. 15-5-2019 n° 18-12.779 FS-PB).

Ces créanciers peuvent néanmoins **provoquer le partage** des biens indivis au nom de leurs débiteurs ou intervenir dans le partage provoqué par eux (C. civ. art. 815-17, al. 3). Cette possibilité leur est toujours ouverte, à moins qu'il n'ait été sursis au partage, notamment par convention (Cass. civ. 8-3-1983 : D. 1983.613 note Breton), et pourvu que la carence de leur débiteur soit de nature à compromettre leurs droits (Cass. 1e civ. 11-3-2003 n° 381 : RJDA 8-9/03 n° 895). Mais ils ne sont pas tenus de préciser les diligences entreprises en vue de parvenir à un partage amiable comme l'exige d'un indivisaire l'article 1360 du Code de procédure civile, dont les dispositions ne sont pas applicables à l'action oblique en partage (Cass. 1e civ. 25-9-2013 n° 12-21.272 : Bull. civ. I n° 183 ; Cass. 1e civ. 13-1-2016 n° 14-29.534), ni de provoquer le partage lorsqu'ils ont tous les coïndivisaires comme codébiteurs solidaires (Cass. 1e civ. 6-11-2001 : Bull. civ. I n° 271).

Le créancier ne peut pas obtenir la vente d'immeubles indivis dès lors qu'ils sont partageables en nature, alors même qu'il serait aussi créancier de l'indivision, s'il a choisi de demander le partage plutôt que d'agir en réalisation des biens de l'indivision (supra n° 30160), les juges ne pouvant pas d'eux-mêmes modifier l'objet de sa demande (Cass. 1e civ. 3-12-1996 : Bull. civ. I p. 301).

Les dispositions protectrices du logement familial (C. civ. art. 215, al. 3) ne peuvent pas être opposées au créancier demandeur, hors cas de fraude (Cass. 1e civ. 16-12-2020 n° 19-15.969 F-B).

Mais les autres indivisaires peuvent éviter le partage en **désintéressant le créancier** et en se faisant ensuite rembourser par prélèvement sur les biens indivis (C. civ. art. 815-17, al. 3). Il doit être sursis au partage tant que la somme à verser au créancier n'est pas arrêtée, notamment tant qu'elle n'a pas été définitivement admise au passif du coïndivisaire débiteur en liquidation judiciaire (Cass. 1e civ. 22-6-1999 : RJDA 8-9/99 n° 1029 ; Cass. 1e civ. 27-5-2010 n° 09-11.460 : Bull. civ. I n° 123). Mais le coïndivisaire doit acquitter le montant de la créance tel qu'il résulte des titres produits par le créancier : il ne peut contester ce montant (CA Versailles 11-7-1994 : RJDA 12/94 n° 1362).

ACTIONS EN JUSTICE PAR OU CONTRE LES INDIVISAIRES

30164 **Action exercée par les indivisaires** Doit être exercée à la majorité des deux tiers au moins des droits indivis l'action en bornage, acte d'administration (Cass. 1e civ. 12-2-2020 n° 18-14.672 D).

30166 **Action exercée contre les indivisaires** L'action en dépose d'une clôture et en démolition d'une véranda introduite contre un seul indivisaire est recevable ; mais la décision rendue sur cette action est inopposable aux autres indivisaires à défaut de mise en cause de ceux-ci (Cass. 1e civ. 12-6-2013 n° 11-23.137 : RJDA 10/13 n° 865).

CESSION ET ADJUDICATION DE DROITS INDIVIS

30170 Chaque indivisaire est **libre de céder** à un autre indivisaire ou à un tiers tout ou partie de ses droits dans les biens indivis ou dans un ou plusieurs de ces biens (C. civ. art. 815-14), sur sa seule décision car il ne s'agit pas d'un acte relatif aux biens indivis (Cass. 1e civ. 4-10-2005 n° 1305 : Bull. civ. I n° 359).

Tout indivisaire peut librement disposer au profit d'un cohéritier de sa quote-part sur un ou plusieurs biens indivis (Cass. 1e civ. 16-4-1991 n° 89-17.930 : Bull. civ. I n° 137).

Sur la sanction de la lésion d'une cession de droits indivis, n° 30393.

Le cessionnaire devient alors **titulaire** de **tous** les **droits et obligations** du cédant : il peut notamment user des biens indivis, demander une avance en capital, s'opposer à une demande en attribution préférentielle (Cass. civ. 9-1-1980 : D. 1980.293 note Breton).

Pour que les cessionnaires deviennent indivisaires, il faut que la cession porte effectivement sur des droits indivis et non sur une partie des biens composant l'indivision (Cass. 1e civ. 17-10-1973 : Bull. civ. I p. 241).

Mais les autres indivisaires ont alors un **droit de préemption et de substitution.**

30173 **Droit de préemption en cas de cession de droits indivis** Lorsqu'un indivisaire envisage de **céder** ses **droits** indivis **à un tiers,** il est tenu d'en informer ses coïndivisaires ; tout indivisaire peut alors se substituer à l'acquéreur aux prix et conditions proposés (C. civ. art. 815-14, al. 1 et 2 pour les indivisions en pleine propriété ; art. 815-18, al. 1 pour les indivisions en usufruit). Mais les indivisaires peuvent valablement renoncer, même par avance, à ce droit de préemption (Cass. 1e civ. 30-5-1960 : Bull. civ. I p. 243 : à propos du retrait successoral que remplace le droit de préemption ; CA Paris 21-12-2006 : GP 2007.som.2735).

Le droit de préemption des indivisaires s'exerce dans les conditions suivantes.

1. Cessions visées. Le droit de préemption peut porter sur la cession de tout droit indivis, que l'indivision soit ou non d'origine successorale (Cass. civ. 23-4-1985 : D. 1985.437 note Breton), et non sur la cession des biens indivis eux-mêmes (Cass. 1e civ. 30-6-1992 : Bull. civ. I p. 139). Mais seules les **cessions à titre onéreux** doivent être soumises à ce droit. Par suite, **sont exclues** les donations (Cass. 1e civ. 11-12-1984 : Bull. civ. I p. 282) et les opérations dont la contrepartie n'est pas un prix, comme l'apport en société, les coïndivisaires preempteurs ne pouvant pas fournir l'attribution de droits sociaux (CA Paris 11-9-1997 : Defrénois 1998.119 note Malaurie) ou l'échange, les coïndivisaires ne pouvant remettre le bien convoité.

2. Cessionnaire. Le droit de préemption ne peut être exercé par les indivisaires qu'en cas de **cession à une personne étrangère à l'indivision,** tout indivisaire pouvant librement disposer au profit d'un coïndivisaire de sa quote-part sur un ou plusieurs biens indivis (Cass. 1e civ. 16-4-1991 n° 89-17.930 : Bull. civ. I n° 137). En conséquence, lorsque l'indivision porte sur la nue-propriété ou sur l'usufruit d'un bien, la cession de droits indivis à l'usufruitier dans le premier cas ou au nu-propriétaire dans le second doit être soumise au droit de préemption (Cass. civ. 17-5-1983 : D. 1984.83 note Morin : solution implicite).

3. Notification du projet de cession. L'indivisaire qui entend céder ses droits indivis à une personne étrangère à l'indivision est tenu de notifier à ses coïndivisaires, par **acte extrajudiciaire** qui ne peut être suppléé par une communication sous une autre forme (Cass. 1e civ. 5-3-2002 : Bull. civ. I n° 77), les éléments suivants (C. civ. art. 815-14, al. 1) :

– les nom, domicile et profession de l'éventuel acquéreur ; cette condition n'est pas remplie lorsque la notification prévoit que les acquéreurs se réservent la faculté de se substituer toute personne physique ou morale (Cass. 1e civ. 28-1-2009 n° 07-18.120 : RJDA 6/09 n° 585) ;

– le prix et les conditions de la cession projetée.

La notification doit être aussi faite à tout nu-propriétaire et tout usufruitier (C. civ. art. 815-18, al. 2).

La **notification ne vaut pas offre de vente** ; aussi le cédant peut-il renoncer à son projet de vente malgré la manifestation de volonté d'un de ses coïndivisaires d'exercer le droit de préemption (Cass. 1e civ. 9-2-2011 n° 10-10.759 : RJDA 5/11 n° 476).

4. Exercice du droit de préemption. Les coïndivisaires disposent d'un **délai d'un mois** à compter de la notification pour faire connaître au cédant, par acte extrajudiciaire, qu'ils exercent leur droit de préemption aux prix et conditions indiqués (C. civ. art. 815-14, al. 2). À peine de

nullité, la déclaration de préemption doit être conforme au projet de cession notifié ; tel n'est pas le cas lorsqu'elle subordonne la préemption à l'obtention d'un prêt, condition non prévue dans le projet initial (Cass. 1e civ. 18-1-2012 no 10-28.311 : RJDA 5/12 no 539).

Le droit de préemption peut aussi être exercé par la voie de l'action oblique par le créancier d'un coïndivisaire qui néglige de le faire (Cass. civ. 9-10-1991 : RJDA 1/92 no 82).

Les indivisaires qui ont manifesté leur intention d'acquérir les droits indivis doivent réaliser l'**achat dans un délai de deux mois** à compter de la date d'envoi de leur réponse à l'indivisaire cédant, à peine de nullité de plein droit de la préemption et éventuellement de dommages et intérêts au cédant, si, passé ce délai, une mise en demeure est restée sans effet (C. civ. art. 815-14, al. 3). Seul le cédant peut invoquer la violation de ce délai (Cass. 1e civ. 12-12-2007 no 06-19.531 : RJDA 4/08 no 465, refusant l'action en nullité de la cession au cessionnaire).

Les indivisaires qui se sont déclarés acquéreurs sont tenus de respecter les obligations prévues par le projet de vente, par exemple les conditions suspensives (Cass. 1e civ. 1-6-1983 : Bull. civ. I p. 145) et, le cas échéant, de verser la commission promise à l'agent immobilier qui est intervenu, sans qu'il y ait lieu de distinguer selon que la commission résulte d'un mandat consenti par le cédant ou par l'acquéreur (Cass. civ. 26-3-1996 : RJDA 10/96 no 1255) ; par ailleurs, si des délais de paiement ont été accordés par le cédant et sauf convention contraire des parties, les sommes restant dues peuvent être révisées, dans la même proportion, lorsque, par suite de circonstances économiques, la valeur des biens diminue ou augmente de plus du quart (C. civ. art. 815-14, al. 5).

Si **plusieurs indivisaires** exercent leur droit de préemption, ils sont réputés, sauf convention contraire, acquérir la part mise en vente en proportion de leurs droits respectifs dans l'indivision (C. civ. art. 815-14, al. 4).

Un usufruitier ne peut acquérir une part en nue-propriété que si aucun nu-propriétaire ne s'en porte acquéreur et un nu-propriétaire ne peut acquérir une part en usufruit que si aucun usufruitier ne s'en porte acquéreur (art. 815-18, al. 2).

Droit de substitution en cas d'adjudication de droits indivis En cas de vente par adjudication de tout ou partie des droits indivis d'un indivisaire, ou dans un ou plusieurs de ces biens, l'avocat ou le notaire instrumentaire doit en informer les autres indivisaires un mois avant la date prévue pour la vente (C. civ. art. 815-15, al. 1). Cette notification doit aussi être adressée à tout nu-propriétaire et à tout usufruitier (art. 815-18, al. 2). 30176

Ce droit ne peut pas être exercé en cas d'adjudication des biens indivis eux-mêmes (Cass. 1e civ. 30-6-1992 no 90-19.052 : Bull. civ. I no 208).

À défaut de précision sur la forme de cette notification, celle-ci doit être faite, à notre avis, par acte extrajudiciaire car elle intervient dans une licitation.

Chaque indivisaire peut se substituer à l'adjudicataire dans un délai d'un mois à compter de l'adjudication, par déclaration au greffe ou auprès du notaire chargé de l'opération (art. 815-15, al. 1). La substitution d'un indivisaire entraîne transfert de propriété à son profit et cessation de l'indivision à compter du jour de l'adjudication (Cass. 1e civ. 11-4-2018 no 17-17.495 F-PB : RJDA 7/18 no 612).

Il a été jugé qu'un coïndivisaire ne pouvait pas se substituer à l'adjudicataire lui-même indivisaire en présence d'une clause du cahier des charges prévoyant la possibilité de « se substituer à l'acquéreur dans les biens indivis » (Cass. 3e civ. 17-11-2010 no 09-68.013 : RJDA 5/11 no 477).

Le cahier des conditions de vente établi en vue de la vente doit faire mention des droits de substitution (art. 815-15, al. 2).

Sanctions Toute cession ou adjudication réalisée en méconnaissance des règles visées aux nos 30173 et 30176 est **nulle** (C. civ. art. 815-16 ; CA Besançon 24-4-1986 : GP 1986.som.363). 30179

L'action en nullité ne peut être exercée que par les indivisaires ou par leurs héritiers (C. civ. art. 815-16). Elle se prescrit par cinq ans (art. 815-16 ; cf. Cass. 1e civ. 18-10-2005 no 02-14.219 : Bull. civ. I no 364). Elle court à compter du jour où le coïndivisaire du cédant, demandeur de l'annulation, a eu connaissance de la vente, cette connaissance étant réputée acquise dès la publication de l'acte de cession (Cass. 1e civ. 5-3-2014 no 12-28.348 : RJDA 6/14 no 576).

DURÉE DE L'INDIVISION

Il ne peut être mis fin à l'indivision que par un partage, la jouissance divise d'un bien n'impliquant pas qu'il a été mis fin à l'indivision (Cass. 3e civ. 3-11-2005 no 1159 : D. 2005.IR.2900 ; voir toutefois, sur un cas de caducité de l'indivision, CA Paris 7-11-1994 : Bull. Joly 1995.254 note Couret). 30185

Les actes de possession accomplis par un indivisaire étant, en principe, équivoques à l'égard des coïndivisaires, un propriétaire indivis ne peut prescrire à l'encontre des coïndivisaires qu'en démontrant l'intention de se comporter en propriétaire exclusif du bien indivis par l'accomplissement d'actes incompatibles avec sa seule qualité d'indivisaire (Cass. 3e civ. 9-11-2022 n° 21-16.449 FD : appréciation souveraine des juges du fond estimant que la conclusion de baux ou l'exploitation commerciale des terres ne suffisaient pas à caractériser le comportement d'un propriétaire exclusif).

2. INDIVISION CONVENTIONNELLE

30200 **Validité de la convention d'indivision** Une convention d'indivision peut être conclue (C. civ. art. 815-1) :

– entre coïndivisaires s'ils y consentent tous (art. 1873-2, al. 1) ;

– sur des biens grevés d'usufruit entre (art. 1873-16) : nus-propriétaires ou entre usufruitiers ; nus-propriétaires et usufruitiers ; ceux qui sont en indivision pour la jouissance et le nu-propriétaire de tous les biens ; l'usufruitier universel et les nus-propriétaires en indivision ;

Elle peut être convenue entre époux divorcés et être homologuée dans un divorce sur requête conjointe (CA Nîmes 9-3-1983 : GP 1983.2.410 note Brazier).

– entre les partenaires d'un pacte civil de solidarité (n° 1386).

Toutefois, cette convention est exclue dans les cas où la loi a organisé un régime spécifique et exclusif de copropriété, notamment pour les brevets d'invention (n° 31403) ou pour les immeubles bâtis dont la propriété est répartie, entre plusieurs personnes, par lots (Loi 65-557 du 10-7-1965 art. 1, al. 1).

30203 **Motifs pouvant inspirer le choix d'une convention d'indivision** Les intérêts que l'indivision peut présenter sont divers :

– elle permet d'échapper aux contraintes souvent lourdes qu'entraînent la création, le fonctionnement et la dissolution d'un groupement doté de la personnalité morale (société ou groupement d'intérêt économique) ;

– elle est soumise au régime d'imposition fiscale des sociétés de personnes ; chaque coïndivisaire étant considéré comme un exploitant, il est imposable pour la part correspondant à ses droits dans les résultats de l'indivision ;

– elle entraîne pour les coïndivisaires application du régime de protection sociale des non-salariés.

30206 **Régime** Les règles applicables à la convention d'indivision sont fixées par les articles 1873-1 s. du Code civil.

CONCLUSION DE LA CONVENTION D'INDIVISION

30209 **Capacité et pouvoir** Les indivisaires qui souhaitent conclure une convention d'indivision doivent avoir la **capacité ou le pouvoir de disposer** des biens indivis (C. civ. art. 1873-4, al. 1). Le représentant légal d'un mineur peut la conclure au nom de celui-ci, mais le mineur devenu majeur peut y mettre fin, quelle qu'en soit la durée, dans l'année qui suit sa majorité (art. 1873-4, al. 2).

30212 **Nécessité d'un écrit** La convention d'indivision doit obligatoirement être établie par écrit, **à peine de nullité** ; l'écrit doit être authentique si l'indivision porte sur des immeubles (C. civ. art. 1873-2, al. 2 et art. 710-1).

L'**écrit doit comporter,** également à peine de nullité (art. 1873-2, al. 2) :

– la désignation des biens indivis ; celle-ci doit être précise car seuls les biens désignés sont soumis à la convention ;

– l'indication des quotes-parts appartenant à chaque indivisaire.

L'existence d'une convention ne saurait résulter de la simple présomption de propriété indivise prévue par une clause du contrat de mariage de séparation de biens, visant l'acquisition d'un immeuble au nom des deux époux (Cass. civ. 28-2-1984 n° 83-10.403 : Bull. civ. I n° 76).

30215 **Formalités de publicité** Les **créances** mises en indivision doivent être signifiées au débiteur ou acceptées par lui dans un acte authentique tandis que les **immeubles** doivent faire l'objet des formalités de publicité foncière (C. civ. art. 1873-2, al. 2).

Le défaut de publicité foncière n'est pas sanctionné par la nullité de l'acte (Cass. 1e civ. 10-7-2013 n° 12-12.115 : RJDA 11/13 n° 954).

En cas de convention d'indivision entre les partenaires d'un **pacte civil de solidarité,** la convention d'indivision doit, à peine d'inopposabilité, à l'occasion de chaque acte d'acquisition d'un bien soumis à publicité foncière, être publiée à la publicité foncière et établie par acte authentique à cet effet (C. civ. art. 515-5-3, al. 2 et art. 710-1).

DURÉE DE LA CONVENTION D'INDIVISION

Durée déterminée La convention à durée déterminée ne peut **pas excéder cinq ans** (C. civ. art. 1873-3, al. 1). 30218

Les parties peuvent néanmoins à l'échéance du terme convenir expressément de renouveler la convention (art. précité).

Un indivisaire peut, avant même que la convention soit parvenue à son terme, demander que les opérations de partage soient ouvertes à partir du jour où la convention sera venue à expiration (Cass. 1e civ. 31-5-1983 : Bull. civ. I no 164).

Elles peuvent aussi prévoir que la convention se renouvellera par **tacite reconduction** soit pour une nouvelle durée déterminée au plus égale à cinq ans, soit pour une durée indéterminée (C. civ. art. 1873-3, al. 3). À défaut d'une telle reconduction, la convention cesse alors au terme convenu et l'indivision est automatiquement régie par les règles de l'indivision légale exposées aux nos 30103 à 30185 (art. précité).

Même lorsque la convention a été conclue pour une durée déterminée, le **partage** peut être **provoqué,** avant le terme convenu, par l'un des indivisaires à condition que sa demande soit assortie de justes motifs (art. 1873-3, al. 1).

Durée indéterminée Lorsque la convention a été conclue pour une durée indéterminée, le **partage** peut être **provoqué à tout moment** par un indivisaire pourvu que ce ne soit pas de mauvaise foi ou à contretemps (C. civ. art. 1873-3, al. 2). 30221

Tel pourrait être le cas de l'indivisaire qui déciderait la rupture de l'indivision d'une façon brutale et au terme d'une série de faits révélant sa volonté de dépouiller son coïndivisaire de sa part de clientèle commune née de l'exploitation du fonds de commerce indivis (Cass. 1e civ. 27-4-1977 : Bull. civ. I no 194).

La convention est réputée à durée indéterminée dès lors qu'un tiers entre dans l'indivision (no 30270) ainsi qu'un héritier ou un légataire (no 30273).

GÉRANT DES BIENS INDIVIS

Nomination Les indivisaires peuvent nommer un ou plusieurs gérants, choisis parmi eux ou en dehors d'eux, et fixer comme ils l'entendent, mais à l'unanimité, les modalités de leur désignation (C. civ. art. 1873-5, al. 1). Le gérant peut être une personne physique ou une personne morale, la loi ne formulant aucune exigence. 30225

Révocation Les conditions de la révocation du gérant peuvent être, à l'unanimité, librement aménagées dans la convention (C. civ. art. 1873-5, al. 1). Lorsque celle-ci ne contient aucune disposition à ce sujet, les conditions de la révocation sont les suivantes. 30228

1. Si le **gérant** est un **tiers,** il peut être révoqué par une décision prise à la **majorité** des indivisaires en nombre et en parts (C. civ. art. 1873-5, al. 3).

2. Si le **gérant** est un **indivisaire,** il ne peut être révoqué qu'à l'unanimité des autres indivisaires (C. civ. art. 1873-5, al. 2). Si l'indivision conventionnelle ne comporte que deux membres, dont le gérant, le coïndivisaire de ce gérant a le pouvoir de le révoquer (Cass. civ. 13-1-1993 : RJDA 11/93 no 946). Cette révocation a pour effet de transformer la durée de la convention qui, si elle était déterminée, devient indéterminée (art. 1873-5, al. 4). Si les indivisaires entendent poursuivre l'indivision, après la révocation du gérant et malgré leur mésentente, il peut être nommé un administrateur provisoire pour assurer la gestion de l'indivision (Cass. civ. 13-1-1993, précité).

Lorsque le gérant, qu'il soit ou non indivisaire, met en péril les intérêts de l'indivision par ses **fautes** de gestion, sa révocation peut être demandée en justice par tout indivisaire (art. 1873-5, al. 3).

Pouvoirs « Le gérant représente les indivisaires, dans la mesure de ses pouvoirs, soit pour les actes de la vie civile, soit en justice » (C. civ. art. 1873-6, al. 1). Il a le pouvoir d'administrer seul les biens indivis (art. 1873-6, al. 2 et, sur renvoi, art. 1421, al. 1). 30231

Il est tenu d'indiquer, lorsqu'il agit en justice, à titre purement énonciatif, le nom de tous les indivisaires dans le premier acte de procédure (art. 1873-6, al. 1).

Toutefois, de nombreuses **limitations** sont apportées à ses pouvoirs.

1. Il ne peut **pas aliéner ou grever de droits réels** ni percevoir les capitaux provenant de l'aliénation (C. civ. art. 1424 sur renvoi de l'art. 1873-6, al. 2) :

– des immeubles, fonds de commerce et exploitations dépendant de l'indivision ;

– des droits sociaux non négociables (parts de sociétés civiles ou de sociétés à responsabilité limitée notamment) ;

– des meubles corporels dont l'aliénation est soumise à publicité.

2. Il ne peut **pas donner à bail** un **fonds rural** ou un **immeuble** à usage **commercial,** industriel ou artisanal faisant partie de l'indivision (C. civ. art. 1425 sur renvoi de l'art. 1873-6, al. 2). En outre, les baux qu'il consent sur les immeubles à usage d'habitation ou à usage professionnel ne sont obligatoires à l'égard des indivisaires en cas de cessation de l'indivision que pour le temps qui reste à courir de la période de neuf ans en cours (C. civ. art. 595 sur renvoi des art. 1425 et 1873-6, al. 2).

Lorsqu'il existe un incapable parmi les indivisaires, les baux consentis par le gérant ne confèrent aux preneurs ni droit au renouvellement ni droit au maintien dans les lieux (art. 456, al. 3 sur renvoi de l'art. 1873-7, al. 2).

3. Il ne peut disposer des **biens meubles corporels** dont l'aliénation n'est pas soumise à publicité que pour les besoins d'une **exploitation normale** des biens indivis ou s'ils sont difficiles à conserver ou sujets à dépérissement (C. civ. art. 1873-6, al. 2).

4. Il ne peut **pas disposer à titre gratuit** des biens faisant partie de l'indivision ni les affecter à la garantie de la dette d'un tiers (C. civ. art. 1873-6, renvoyant à l'art. 1422).

5. Lorsque la convention a été conclue entre les nus-propriétaires, les engagements du gérant envers des tiers qui porteraient préjudice aux usufruitiers sont inopposables à ces derniers (cf. C. civ. art. 1873-17).

Il résulte de ces interdictions et limitations que le gérant a pour mission d'assurer la **gestion courante** des biens indivis.

Sur des exemples d'actes de gestion courante visés par l'article L 622-3, al. 2 du Code de commerce, n° 61825.

Les indivisaires ne peuvent **pas** conférer au gérant des **pouvoirs plus étendus** que ceux prévus par la loi. Toute clause de la convention d'indivision qui le ferait serait réputée non écrite (art. 1873-6, al. 2). Mais rien ne leur interdit de les limiter.

En cas de **pluralité de gérants,** la convention d'indivision peut répartir entre eux les pouvoirs d'administration de l'indivision ; à défaut de stipulations spéciales, les gérants détiennent séparément les pouvoirs énoncés ci-dessus, sauf le droit pour chaque gérant de s'opposer à toute opération projetée par un autre gérant avant qu'elle ne soit conclue (art. 1873-9).

30234 **Rémunération** Sauf accord contraire, le gérant a droit à une rémunération pour l'exercice de son activité. Les conditions de cette rémunération sont fixées par les indivisaires, à l'exclusion de l'intéressé : à défaut, elles sont fixées, à titre provisionnel, par le président du tribunal judiciaire (ex-TGI) (C. civ. art. 1873-10, al. 1).

30237 **Obligations et responsabilité** Le gérant doit, une fois par an, rendre compte de sa gestion aux indivisaires ; à cette occasion, il indique par écrit les bénéfices réalisés et les pertes encourues ou prévisibles (C. civ. art. 1873-11, al. 1). Le gérant répond, comme un mandataire, des fautes qu'il commet dans sa gestion (art. 1873-10, al. 2 ; n°s 23061 s.).

DROITS ET OBLIGATIONS DES INDIVISAIRES

30245 **Décisions collectives** Les décisions qui excèdent les pouvoirs du gérant doivent être prises par les indivisaires (C. civ. art. 1873-8, al. 1).

La loi ne réglant pas les modalités de la prise de ces décisions, les indivisaires peuvent donc librement les aménager dans leur convention (sauf dans les cas où l'unanimité est requise).

1. Modes de consultation. La convention peut prévoir que les décisions qui sont de la compétence des indivisaires doivent être prises en assemblées ou bien que les indivisaires peuvent être consultés par correspondance.

Les dispositions relatives aux assemblées d'associés d'une société civile (MCI n°s 8500 s.) ou d'une société par actions simplifiée (MSC n°s 60500 s.) peuvent servir de modèle.

En tout état de cause, chaque indivisaire peut exiger la communication de tous les **documents** relatifs à la gestion (C. civ. art. 1873-11, al. 1).

2. Majorité. En principe, les indivisaires prennent leurs décisions à l'**unanimité** ; à défaut, le gérant peut se faire autoriser par justice, dans les cas signalés aux n°s 30112 et 30127 (C. civ. art. 1873-8, al. 1).

Toutefois, la convention peut prévoir que certaines catégories de décisions pourront être prises autrement qu'à l'unanimité, autrement dit à la **majorité** (art. 1873-8, al. 3), sauf :

- s'il existe parmi les indivisaires un incapable mineur ou majeur, les règles de protection de ces incapables devant alors être appliquées (art. 1873-8, al. 2) ;
- pour décider de vendre un immeuble indivis, l'unanimité étant requise, sauf autorisation judiciaire dans les cas signalés au n° 30127 (art. 1873-8, al. 3).

3. Usufruitiers. Lorsque la convention est passée entre les usufruitiers et les nus-propriétaires et qu'elle prévoit une majorité en nombre et en parts pour certaines décisions, le droit de vote afférent aux parts est, sauf convention contraire des parties, divisé par moitié entre l'usufruitier et le nu-propriétaire (C. civ. art. 1873-18, al. 1). L'aliénation en pleine propriété d'un bien indivis ne peut être faite qu'avec l'accord de l'usufruitier, sauf si elle est provoquée par les créanciers (art. 1873-18, al. 3).

Droit de jouissance À défaut d'accord particulier, les indivisaires peuvent jouir des biens indivis dans les mêmes conditions que s'il n'y avait pas de convention : ce sont donc les dispositions du régime légal qui s'appliquent (C. civ. art. 1873-11, al. 2 ; nos 30135 s.). 30248

Répartition des résultats Lorsqu'il n'existe aucune clause de la convention au sujet de la répartition des bénéfices et des pertes, celle-ci s'effectue selon les règles du régime légal (C. civ. art. 1873-11, al. 2 ; n° 30138). 30251

Conservation, améliorations et détériorations des biens indivis Chaque indivisaire doit participer aux dépenses de conservation des biens indivis (C. civ. art. 1873-11, al. 2). Lorsque la convention est conclue entre nus-propriétaires et usufruitiers, toute dépense qui excède les obligations auxquelles sont légalement tenus les usufruitiers (nos 30600 s.) ne peut être mise à la charge de ces derniers qu'avec leur consentement (art. 1873-18, al. 2). 30254

La loi ne prévoyant rien au sujet des droits et des obligations des indivisaires en cas d'amélioration ou de détérioration des biens indivis, la convention peut les déterminer ; à défaut, le régime de l'indivision légale (nos 30147 s.) est applicable, à notre avis, en tant que droit commun de l'indivision.

DROIT DES CRÉANCIERS

Créanciers de l'indivision Les créanciers d'une indivision conventionnelle ont les mêmes droits que les créanciers de l'indivision légale (C. civ. art. 1873-15, al. 1 ; n° 30160). 30260

Créanciers personnels des indivisaires Les créanciers personnels des indivisaires peuvent (C. civ. art. 1873-15, al. 2) : 30263

– soit provoquer le partage mais seulement dans les cas où leur débiteur pourrait lui-même le provoquer, c'est-à-dire seulement si la demande concerne une convention relative à l'exercice des droits indivis telle que réglementée par les articles 1873-2 et 1873-3 du Code civil (cf. Cass. 1e civ. 28-2-1984 n° 83-10.403 : Bull. civ. I n° 76 : absence d'une telle convention) ;

– soit, dans les autres cas, poursuivre la saisie et la vente de la quote-part de leur débiteur dans l'indivision.

TRANSMISSION DES DROITS INDIVIS

Cession entre vifs En cas de cession d'une part indivise, les coïndivisaires du cédant bénéficient des **droits de préemption et de substitution** comme il est exposé aux nos 30173 s. (C. civ. art. 1873-12, al. 1). 30270

Si ces droits de préemption ou de substitution ne sont pas exercés et si, de ce fait, un **tiers** entre dans l'**indivision,** celle-ci est alors **réputée conclue pour une durée indéterminée** (art. 1873-12, al. 2) et chaque indivisaire peut alors demander le partage à tout moment.

À notre avis, les indivisaires peuvent écarter cette conséquence et préciser que l'indivision se poursuivra avec le tiers jusqu'au terme convenu, le droit de rompre étant édicté dans leur intérêt et une telle renonciation n'augmentant pas leur engagement car elle n'entraîne pas une durée perpétuelle qui serait contraire à l'ordre public (n° 13503).

Mutation par décès Les indivisaires peuvent convenir qu'au décès de l'un d'eux **chacun des survivants pourra acquérir** la quote-part du défunt **ou** encore que le conjoint survivant ou tout autre **héritier** désigné pourra **se la faire attribuer,** à charge d'en tenir compte à la succession d'après sa valeur au jour où cette faculté sera exercée (C. civ. art. 1873-13, al. 1). 30273

Même en l'absence d'un tel accord, les indivisaires souhaitant demeurer en indivision peuvent demander que la part qui lui revient soit attribuée à celui qui a sollicité le partage (Cass. 1e civ. 3-12-2014 n° 13-27.627 : Bull. civ. I n° 203).

Si **plusieurs indivisaires** ou plusieurs héritiers exercent simultanément leur faculté d'acquisition ou d'attribution, ils sont **réputés,** sauf convention contraire, acquérir ensemble la part du défunt en proportion de leurs droits respectifs dans l'indivision (s'il s'agit d'achat) ou dans la succession (s'il s'agit d'attribution) (art. 1873-13, al. 2).

Néanmoins, l'attribution préférentielle peut être imposée par l'indivisaire qui en remplit les conditions (art. 1873-13, al. 3 ; nos 30328 s.).

L'exercice de cette faculté d'acquisition ou d'attribution s'effectue dans les conditions suivantes (C. civ. art. 1873-14, al. 1) :

– le ou les bénéficiaires doivent être **mis en demeure** de prendre parti dans le délai d'un mois à compter de cette interpellation ; mais cette mise en demeure ne peut elle-même avoir lieu avant l'expiration du délai prévu en matière successorale pour délibérer sur l'acceptation ou non, simple ou limitée à l'actif net, de la succession et pour faire inventaire (sur le délai d'option de l'héritier, n° 50053 ; sur celui pour faire inventaire, n° 50064) ;

– dans le mois qui suit cette mise en demeure, le ou les bénéficiaires doivent **notifier aux indivisaires** survivants et aux héritiers du prédécédé leur décision d'acheter ou de se faire attribuer la quote-part indivise du défunt ; passé ce délai, la faculté d'acquisition ou d'attribution devient caduque.

Lorsqu'il n'a pas été prévu de faculté d'acquisition ou d'attribution, ou que celle-ci est caduque, la quote-part du défunt échoit à ses héritiers ou légataires ; la convention d'indivision est alors réputée conclue pour une **durée indéterminée** à compter de l'ouverture de la succession (C. civ. art. 1873-14, al. 2).

3. PARTAGE DE L'INDIVISION

DROIT DE DEMANDER LE PARTAGE

30300 **Titulaires du droit** Chaque indivisaire ou ses successeurs universels peuvent demander le partage des biens indivis (C. civ. art. 815 et 816 s.), pourvu qu'il y ait une indivision à partager (Cass. 1e civ. 17-10-1973 n° 72-10.948 : Bull. civ. I n° 271). Est une demande en partage celle qui tend à la liquidation de l'indivision successorale ou à l'allotissement d'un héritier, ce qui n'est pas le cas de la demande d'un héritier contre un autre tendant à voir fixer sa créance à l'égard de la succession (Cass. 1e civ. 16-12-2020 n° 19-16.295 F-P).

Des époux séparés de biens peuvent demander le partage de leurs biens indivis avant la dissolution du mariage (Cass. 1e civ. 14-11-2000 : D. 2001.1755 note Lipinski). Mais les époux communs en biens ne sont pas des coïndivisaires et le partage de la communauté ne peut pas être demandé en vertu de l'article 815 (Cass. com. 19-2-2013 n° 11-23.033 : Rev. proc. coll. 2013 n° 3 § 96 note Lisanti).

Tout indivisaire peut aussi demander le partage même si le plan de redressement arrêté en faveur d'un coïndivisaire a déclaré l'immeuble indivis temporairement inaliénable (Cass. com. 10-2-2015 n° 13-24.659 : RJDA 6/15 n° 443).

Sur le droit des créanciers personnels d'un indivisaire, nos 30163 et 30263.

Lorsque l'indivision porte sur l'usufruit de la totalité de la succession et sur la nue-propriété d'un ou de plusieurs biens, la licitation de la pleine propriété de ces biens ne peut pas être ordonnée sans que les juges répondent aux conclusions qui soutiennent que la licitation est impossible (Cass. 1e civ. 18-5-1978 : Bull. civ. I p. 160).

La demande en partage est irrecevable lorsqu'il existe entre les coïndivisaires une convention d'indivision qui n'est pas arrivée à son terme, sauf s'il existe de justes motifs de provoquer le partage (n° 30218) ou une indivision forcée, par exemple celle d'une cour commune indispensable à l'usage commun de deux ou plusieurs immeubles appartenant à des propriétaires différents (cf. Cass. 3e civ. 27-10-2010 n° 09-13.600 : Bull. civ. III n° 194).

Sur la possibilité pour les indivisaires d'écarter la demande en partage introduite par le créancier personnel de l'un d'eux, n° 30163.

30303 **Caractères du droit** Le droit de demander le partage est **absolu** comme en témoignent les solutions ci-après.

Ainsi :

– le partage peut être demandé même quand l'un des indivisaires a joui séparément de tout ou partie des biens indivis, s'il n'y a pas eu d'acte de partage ou une possession suffisante pour acquérir la prescription (C. civ. art. 816) ;

– le tribunal saisi d'une demande en partage ne peut refuser d'y faire droit sous aucun prétexte, par exemple le caractère minime des biens à partager (Cass. civ. 30-5-1877 : DP 1878.1.109) ou le fait que les biens à partager ne seront disponibles qu'au décès de l'usufruitier (Cass. 1e civ. 6-1-1969 : Bull. civ. I p. 5) ;

– est nulle toute clause interdisant de demander le partage ou laissant à l'appréciation discrétionnaire d'un indivisaire le droit de choisir la date du partage (CA Paris 12-1-1987 : D. 1987.IR.37 ; CA Nancy 12-3-1846 : DP 1846.2.120) ;

– le droit de demander le partage ne peut pas s'éteindre par la prescription (Cass. req. 13-12-1937 : S. 1938.1.84 ; Cass. 1e civ. 12-12-2007 n° 06-20.830 : Bull. civ. I n° 387) ;

– l'exercice de ce droit ne peut pas constituer un abus (Cass. req. 7-3-1933 : DH 1933.218 ; CA Nancy 16-11-1961 : JCP G 1964.II.13477 note Voirin) ;
– une clause testamentaire ne peut pas imposer le maintien dans l'indivision pour une durée illimitée (Cass. req. 25-11-1940 : DH 1940.209 : aussi longtemps que les indivisaires ne seraient pas d'accord pour une licitation).

Mais le droit de demander le partage peut être retardé par une convention d'indivision (nos 30218 et 30221) ou judiciairement pour une durée déterminée (nos 30313 s.).

Capacité et pouvoir Il y a lieu de distinguer les cas suivants. 30306

1. Mineurs. Lorsqu'un coïndivisaire est mineur sous tutelle, l'action en partage et la défense à cette action obéissent aux règles exposées nos 1040 s. et, s'il est soumis à l'administration légale, aux règles exposées aux nos 1031 s. Le mineur émancipé peut demander seul le partage puisqu'il est capable d'accomplir les actes de la vie civile (no 1006).

2. Majeurs protégés. La capacité d'un majeur protégé dépend de la mesure prise à son égard, sauvegarde, curatelle ou tutelle ; dans chacun de ces cas, sa capacité à agir en partage est susceptible d'être affectée selon les distinctions qui sont exposées aux nos 1121 s.

3. Indivisaire soumis à une procédure collective. Lorsqu'il fait l'objet d'une procédure de **sauvegarde ou de redressement** judiciaire, le débiteur doit obtenir l'autorisation du juge-commissaire pour demander le partage ou participer à la conclusion de la convention de partage (cf. C. com. art. L 622-3, L 622-7, L 631-14).

Si l'indivision porte sur des biens extérieurs à son activité professionnelle, le débiteur doit être autorisé dès lors que tous ses biens ont été soumis à l'assistance de l'administrateur (en ce sens, T. com. Antibes 19-12-1986 : D. 1987.372 note Derrida, transposable).

En cas de **liquidation judiciaire** (nos 63935 s.), le liquidateur, qui exerce les droits et actions du débiteur dessaisi, peut demander le partage sur le fondement de l'article 815 du Code civil (Cass. com. 1-10-2013 no 12-20.567 : RJDA 4/14 no 365), sans avoir à justifier d'une créance (Cass. 1e civ. 29-6-2011 no 10-25.098 : RJDA 11/11 no 972) ni à obtenir l'autorisation du juge-commissaire (CA Versailles 24-3-2005 no 04-6491 : JCP E 2005.1494).

4. Époux communs en biens. Un époux n'a pas le pouvoir de signer seul un compromis tendant au partage de biens communs et la demande en partage d'un bien indivis entre la communauté et un tiers nécessite le consentement des deux époux en vertu de l'article 1424 du Code civil (Cass. 1e civ. 8-2-2000 : Bull. civ. I no 37).

AJOURNEMENT DU PARTAGE DE L'INDIVISION

Sursis au partage des biens indivis Tout indivisaire peut demander au tribunal de 30313
surseoir au partage pour deux ans au plus si la réalisation immédiate de celui-ci risque de porter **atteinte à la valeur** des biens indivis ou si l'un des indivisaires **ne peut reprendre l'entreprise** agricole, commerciale, industrielle, artisanale ou libérale dépendant de la succession qu'à l'expiration du délai de deux ans ; ce sursis peut s'appliquer à l'ensemble des biens indivis ou à certains d'entre eux et, s'il y a lieu, aux droits sociaux (C. civ. art. 820).

Il appartient au juge d'apprécier **souverainement** s'il y a lieu ou non de prolonger le maintien dans l'indivision (Cass. 1e civ. 8-1-1985 : Bull. civ. I p. 13).

Le sursis au partage a été accordé dans un cas où la propriété ne pouvait pas être commodément partagée tant d'un point de vue matériel, le partage entraînant des travaux importants et la création de servitudes, que d'un point de vue économique, puisqu'il conduisait à une perte d'environ 20 % du prix de la propriété (CA Paris 11-1-2012 no 08/03036 : RJDA 5/12 no 541).

En revanche, le sursis au partage ne peut pas être justifié :
– par l'éventualité d'une plus-value sur un immeuble en raison de travaux d'aménagement du quartier (TGI Toulon 1-12-1980 : JCP G 1981.IV.386) ;
– par la conjoncture économique, alors que l'état de dégradation de l'immeuble justifiait une vente rapide (CA Paris 20-7-1981 : Juris-Data no 025687) ;
– si l'obtention d'un sursis est déjà acquise en fait par l'indivisaire qui le demande, en faisant appel et en faisant traîner la procédure (Cass. civ. 8-1-1985, précité) ;
– si le partage résulte d'une décision de justice irrévocable (Cass. 1e civ. 3-10-2019 no 18-21.200 FS-PBI).

Pendant le temps du sursis, le droit de demander une attribution préférentielle des biens indivis est écarté (C. civ. art. 832-1, al. 1).

Attribution de sa part à un indivisaire Lorsqu'un indivisaire demande le partage, 30316
les autres, à la demande de l'un ou de plusieurs d'entre eux, peuvent, s'ils souhaitent le maintien de l'indivision, faire échec au partage en demandant au tribunal d'attribuer à leur coïndivisaire

sa part dans les biens indivis. Cette attribution, dite « éliminatoire », s'effectue dans les conditions suivantes (C. civ. art. 824).

a. Elle ne peut être demandée que s'il y a eu **préalablement** une **demande en partage** global (Cass. 1e civ. 15-5-2008 no 07-13.179 : Bull. civ. I no 133) mais elle est irrecevable lorsqu'un jugement a ordonné le partage (Cass. civ. 15-5-1979 : D. 1980.255 note Breton) et lorsque l'indivision ne comprend que deux indivisaires, car elle implique un maintien partiel de l'indivision (Cass. 1e civ. 1-10-1996 no 94-19.097 : Bull. civ. I no 333, approuvant la mise en licitation du bien indivis).

b. La demande d'attribution ne peut être satisfaite si un coïndivisaire est en droit de demander l'attribution préférentielle (nos 30328 s.).

c. Le tribunal apprécie souverainement en fonction des intérêts en présence s'il y a lieu d'accorder ou de refuser l'attribution.

L'attribution éliminatoire n'est pas subordonnée à la justification par les indivisaires souhaitant le maintien de l'indivision d'un intérêt à demeurer entre eux dans l'indivision (Cass. 1e civ. 19-3-2008 no 06-17.805 : RJDA 7/08 no 866).

Les juges ont refusé à bon droit l'attribution dans un cas où le domaine indivis n'était pas partageable en nature et où l'attribution en argent était impossible sans vendre une partie de la propriété (Cass. 1e civ. 2-10-1979 : Bull. civ. I p. 185).

d. S'il n'existe pas dans l'indivision une somme suffisante pour désintéresser le demandeur, les coïndivisaires qui ont demandé l'attribution éliminatoire doivent verser le **complément** ; les indivisaires qui ne se sont pas joints à cette demande peuvent, s'ils le désirent, contribuer à ce versement ; la part de chaque indivisaire dans l'indivision est augmentée en proportion de son versement.

30319 **Maintien de l'indivision successorale** À défaut d'accord amiable, le maintien de l'indivision peut être demandé dans les conditions suivantes.

1. La demande peut porter sur :

– l'indivision de toute entreprise agricole, commerciale, industrielle, artisanale ou libérale dont l'exploitation était assurée par le défunt ou par son conjoint ou, s'il y a lieu, sur les droits sociaux relatifs à une telle entreprise ; le maintien dans l'indivision demeure possible même si l'entreprise comprend des éléments dont l'héritier ou le conjoint était déjà propriétaire ou copropriétaire avant l'ouverture de la succession (C. civ. art. 821, al. 1, 2 et 4) ;

– la propriété du local d'habitation ou à usage professionnel qui, à l'époque du décès, était effectivement utilisé pour cette habitation ou à cet usage par le défunt ou son conjoint ainsi que les objets mobiliers garnissant le local d'habitation ou servant à l'exercice de la profession (art. 821-1).

2. La demande peut **émaner** (C. civ. art. 822) :

– si le défunt laisse un ou plusieurs descendants mineurs, soit du conjoint survivant, soit de tout héritier, soit du représentant légal des mineurs ;

– à défaut de descendants mineurs, seulement du conjoint survivant et à la condition qu'il ait été, avant le décès, ou soit devenu, du fait du décès, copropriétaire de l'entreprise ou des locaux d'habitation ou à usage professionnel ; s'il s'agit d'un local d'habitation, le conjoint doit avoir résidé dans les lieux à l'époque du décès.

3. Le **tribunal** statue en fonction des intérêts en présence et des moyens d'existence que la famille peut tirer des biens indivis (C. civ. art. 821, al. 3).

4. Le maintien dans l'indivision ne peut pas être prescrit pour une **durée** supérieure à cinq ans ; il peut être renouvelé, dans le cas où le défunt a laissé un ou plusieurs descendants mineurs, jusqu'à la majorité du plus jeune des descendants et, dans le cas où il n'en a pas laissé, jusqu'au décès du conjoint survivant (C. civ. art. 823 ; Cass. 1e civ. 12-7-2017 no 16-20.915 F-PB, cassation pour un maintien à vie).

5. La demande de maintien dans l'indivision, en présence d'une demande concurrente d'attribution préférentielle, doit être examinée après celle-ci, laquelle doit être appréciée indépendamment de la demande de maintien de l'indivision (Cass. 1e civ. 22-5-2007 no 04-20.205 : RJDA 1/08 no 94).

ATTRIBUTION PRÉFÉRENTIELLE DES BIENS INDIVIS

30328 **Indivisions soumises à l'attribution préférentielle** Les biens sur lesquels l'attribution préférentielle peut être demandée doivent être indivis en vertu d'une succession (C. civ. art. 831 et 833), d'une dissolution de communauté conjugale par séparation ou divorce (art. 1476), d'une mise en commun par des époux séparés de biens si le mariage est dissous par décès (art. 1542 ; cf. Cass. 1e civ. 26-6-1979 : Bull. civ. I p. 156) ou d'un pacte civil de solidarité en cas de dissolution de celui-ci (art. 515-6).

En sont exclus les biens indivis en vertu d'une donation faite par le défunt aux coïndivisaires (Cass. 1e civ. 9-3-1965 : Bull. civ. I p. 131) ou d'une donation (Cass. civ. 13-1-1969 : JCP G 1969.II.15889 obs. Dagot) et ceux qui résultent d'un achat en commun fait pas des époux et qui n'ont pas un caractère familial (cf. Cass. 1e civ. 26-9-2012 no 11-16.246 : RJDA 2/13 no 173). Toutefois, l'attribution préférentielle peut être demandée lorsque l'indivision est d'origine à la fois successorale et conventionnelle (Cass. civ. 17-10-1984 : D. 1985.138 note Breton ; Cass. civ. 9-10-1990 : JCP G 1991.II.21641 note Simler, l'admettant au profit d'un conjoint séparé de biens qui avait demandé à bénéficier du logement familial acquis indivisément par les époux pendant le mariage ; contra Cass. 1e civ. 26-9-2012 no 11-12.838 : RJDA 6/13 no 560 et CA Limoges 9-10-1995 : Bull. inf. C. cass. 1996 no 197, excluant l'attribution en cas d'indivision née conventionnellement d'une acquisition en commun).

Les règles relatives à l'attribution préférentielle sont, en raison de leur destination économique et sociale, des lois de police, de sorte qu'ont vocation à s'appliquer celles que fixe la loi du lieu de situation de l'immeuble (Cass. 1e civ. 10-10-2012 no 11-18.345 : RJDA 3/13 no 282).

Biens susceptibles d'attribution préférentielle Indépendamment des exploitations agricoles, une demande d'attribution préférentielle peut porter sur une entreprise, un local servant à l'exercice d'une profession ou des parts sociales ou actions. 30331

1. Entreprise. L'activité de l'entreprise peut être commerciale, industrielle, artisanale ou libérale (C. civ. art. 831, al. 1).

Il appartient aux juges de déterminer si les biens qui font l'objet d'une demande d'attribution préférentielle constituent une entreprise (Cass. civ. 20-11-1984 : D. 1985.166 note A.B.). Tel n'est pas le cas lorsque l'exploitation qui faisait l'objet du fonds de commerce a cessé, le local où elle était exercée n'ayant servi, par la suite, qu'épisodiquement à une autre activité (Cass. 1e civ. 16-6-1993 : Bull. civ. I p. 151).

Généralement, la demande d'attribution porte sur un fonds de commerce. Mais l'entreprise peut englober d'autres biens, notamment l'immeuble dans lequel le fonds est exploité (Cass. 1e civ. 6-2-2008 no 06-19.089 : RJDA 7/08 no 865 ; cf. CA Pau 3-7-1963 : JCP G 1963.II.13427 obs. Voirin).

La demande d'attribution peut porter sur toute l'entreprise, une partie ou une quote-part indivise de celle-ci, même formée pour une part de biens dont le demandeur était déjà propriétaire ou copropriétaire avant le décès (C. civ. art. 831, al. 1).

2. Local à usage professionnel. Un indivisaire peut demander l'attribution de la propriété ou du droit au bail du local à usage professionnel qui sert effectivement à l'exercice de sa profession ainsi que des objets mobiliers utiles à cette profession qui garnissent ce local (C. civ. art. 831-2, 2o).

C'est à l'époque où les juges statuent que le local doit servir à l'exercice de la profession de l'indivisaire (Cass. civ. 24-11-1969 : D. 1970.382 note Breton) et non lors de l'ouverture de la succession ou lors de la demande d'attribution.

Bénéficiaires de l'attribution préférentielle L'attribution préférentielle profite au conjoint ou à tout héritier appelé à succéder en vertu de la loi, ainsi qu'à l'héritier ayant vocation universelle ou à titre universel à la succession en vertu d'un testament ou d'une institution contractuelle (C. civ. art. 833), sous les conditions suivantes. 30334

1. Qualité de conjoint ou d'héritier. Bien que l'article 831, al. 1 du Code civil ne vise que le conjoint survivant, l'attribution préférentielle peut aussi être demandée par le conjoint même si la cause de la dissolution de la communauté est autre que le décès (divorce, séparation ou changement de régime matrimonial) (cf. C. civ. art. 833, al. 1 et 1476). 30337

Lorsque l'héritier a obtenu l'attribution préférentielle, ce droit est dans son patrimoine et, en cas de décès, se trouve transmis à ses propres héritiers selon le droit commun de la transmission successorale (Cass. civ. 10-3-1969 : D. 1969.305 note Breton).

L'héritier de l'héritier peut aussi demander l'attribution préférentielle même si son auteur est décédé sans avoir fait cette demande pourvu que lui-même et son auteur remplissent, chacun en ce qui le concerne, les conditions requises, exposées dans le présent numéro, pour bénéficier de cette attribution (Cass. civ. 10-6-1987 : D. 1987.537 note Breton). S'il n'a pas demandé l'attribution préférentielle au moment où il était seul en droit de le faire, il ne peut prétendre opposer ce droit à ceux qui se trouvent ultérieurement en position d'obtenir l'attribution préférentielle (Cass. civ. 7-7-1971 : D. 1971.650 note Breton).

Le droit de demander l'attribution préférentielle n'appartient pas au **cessionnaire** ni au **donataire** de droits indivis ayant appartenu au conjoint ou à l'héritier car ils n'acquièrent pas les qualités de ces derniers (Cass. civ. 9-1-1980 : D. 1980.293 note Breton).

De même, les **créanciers** du conjoint survivant ou de l'héritier ne peuvent pas demander l'attribution préférentielle par la voie de l'action oblique (cf. T. civ. Périgueux 25-4-1950 : D. 1950.624, relevant le caractère personnel de la demande d'attribution).

2. Copropriétaire du bien indivis. Le conjoint comme l'héritier doivent être copropriétaires, que ce soit en pleine propriété ou en nue-propriété, du bien dont ils demandent l'attribution 30340 préférentielle (C. civ. art. 833, al. 1 ; Cass. civ. 15-6-1949 : D. 1949.496). Cette qualité ne doit pas nécessairement être préexistante au décès ; elle peut résulter de la vocation héréditaire, autrement dit être la conséquence même de l'ouverture de la succession (Cass. civ. 20-11-1950 : D. 1951.95).

Celui qui ne justifie que d'un droit en usufruit ne peut pas demander l'attribution préférentielle (Cass. civ. 21-1-1969 : D. 1969.179).

30343 **3. Participation effective à l'exploitation de l'entreprise.** Le conjoint ou l'héritier doit avoir participé effectivement à l'exploitation de l'entreprise ; dans le cas de l'héritier, la condition de participation peut avoir été remplie par son conjoint ou ses descendants (C. civ. art. 831, al. 1). Cette condition a été précisée par plusieurs décisions de justice relatives à l'attribution préférentielle des exploitations agricoles qui sont transposables à l'attribution préférentielle de l'entreprise commerciale, industrielle, artisanale ou libérale.

Il y a donc lieu de retenir que :

– la participation a pu se situer aussi bien lors de l'ouverture de la succession qu'avant ou après elle (Cass. 1e civ. 18-6-1970 : Bull. civ. I p. 175 ; Cass. 1e civ. 20-3-1978 : Bull. civ. I p. 95 ; Cass. 1e civ. 9-1-1980 : Bull. civ. I p. 18) ;

– la participation existe même si le demandeur a exercé par ailleurs une autre activité, pourvu que celle-ci soit demeurée accessoire (Cass. 1e civ. 30-5-1961 : Bull. civ. I p. 220 ; pour un exemple de participation insuffisante en raison de l'exercice à titre principal d'une autre activité : Cass. civ. 22-12-1959 : D. 1960.416) ;

– la participation peut revêtir la forme d'un travail manuel (cf. CA Montpellier 16-12-1940 : JCP G 1941.II.1599) ou d'une direction intellectuelle de l'exploitation (TGI Lille 8-10-1964 : GP 1965.1.83) ou des deux à la fois (Cass. 1e civ. 16-6-1970 : Bull. civ. I p. 64) ;

– la participation entachée de fautes de gestion (Cass. 1e civ. 6-5-1964 : Bull. civ. I p. 186) ou qui fait douter de l'aptitude du demandeur à gérer les biens dont il demande l'attribution (Cass. 1e civ. 23-4-1985 : Bull. civ. I p. 116) fait obstacle à l'attribution préférentielle ; l'aptitude du postulant à gérer peut être prise en compte non seulement quand il y a lieu de départager plusieurs candidatures concurrentes (C. civ. art. 832, al. 11) mais aussi quand il faut apprécier l'opportunité d'attribuer une entreprise à un indivisaire (cf. Cass. 1e civ. 8-12-1971 : Bull. civ. I p. 267 et Cass. civ. 18-3-1981 : GP 1981.pan.279).

30349 **Demande de l'attribution préférentielle** L'attribution préférentielle peut être demandée individuellement ou conjointement par plusieurs successibles afin de conserver ensemble le bien indivis (C. civ. art. 832-3, al. 1).

Il s'ensuit que la demande est irrecevable lorsque les intéressés sont convenus que le partage aurait lieu en nature (Cass. civ. 19-3-1973 n° 72-10.976 : D. 1973.573 note Breton).

La demande peut être présentée tant que le partage n'a pas été ordonné (Cass. 1e civ. 9-1-2008 n° 06-20.167 : Bull. civ. I n° 8), par exemple à l'occasion d'une demande en partage formée par un créancier d'un indivisaire (Cass. civ. 8-3-1983 : D. 1983.613 note Breton) ou à l'occasion d'un partage provisionnel (Cass. civ. 5-11-1952 : D. 1953.35).

En outre, l'indivisaire qui a demandé la licitation des biens peut, même en cours d'instance, demander l'attribution préférentielle de ces biens (Cass. 1e civ. 10-3-1971 : Bull. civ. I p. 66), tant que la licitation n'a pas été ordonnée (Cass. civ. 19-11-1968 : D. 1969.57).

30352 **Décision du tribunal** À défaut d'accord amiable (n° 30349), le tribunal décide en fonction des intérêts en présence (C. civ. art. 832-3, al. 2). Les juges du fond jouissent d'un pouvoir souverain (Cass. com. 23-6-2010 n° 09-13.250 : RJDA 4/11 n° 362) ; ils peuvent refuser l'attribution préférentielle même si un héritier seulement la demande (Cass. 1e civ. 6-4-1994 : Bull. civ. I p. 107).

Par exemple, l'attribution préférentielle peut être refusée :

– dans le cas où le partage en nature paraît répondre mieux aux intérêts des divers héritiers (Cass. civ. 3-6-1966, 1e espèce : D. 1966.593 ; Cass. 1e civ. 2-6-1970 : Bull. civ. I p. 153) ;

– si elle doit avoir pour effet de permettre au mari de recueillir après divorce la majeure partie de l'actif (Cass. 1e civ. 10-7-1973 : Bull. civ. I p. 212) ;

– en cas de divorce prononcé aux torts du mari demandeur, pour protéger les intérêts de l'épouse qui aurait pu, elle aussi, demander l'attribution préférentielle du fonds de commerce indivis (CA Paris 22-5-1964 : GP 1964.2.251) ;

– en raison de l'âge trop élevé du demandeur (78 ans) et du fait que son fils finirait par prendre possession du fonds dont l'attribution était demandée (Cass. 1e civ. 27-10-1971 : Bull. civ. I p. 234) ;

– lorsque le demandeur ne dispose pas de ressources nécessaires pour verser à son coïndivisaire la valeur de sa part indivise dans les biens (Cass. 1e civ. 17-3-1987 : Bull. civ. I p. 75 ; Cass. civ. 21-6-1988 : D. 1989.365 note Breton).

Si plusieurs indivisaires demandent chacun pour leur propre compte l'attribution préférentielle, le tribunal doit choisir le bénéficiaire en fonction de l'aptitude des différents postulants à gérer l'entreprise et à s'y maintenir, et en particulier de la durée de la participation personnelle à l'activité de cette entreprise (C. civ. art. 832-3, al. 3).

Pour des applications à propos : d'un fonds de commerce de pharmacie demandé par le mari et la femme, tous deux pharmaciens, Cass. civ. 3 janvier 1967 : D. 1967.367 ; d'un fonds de commerce demandé par le père et certains de ses enfants, CA Poitiers 8 juin 1965 : D. 1966.som.30.

L'appréciation doit porter sur l'aptitude de celui qui postule effectivement et non pas sur celle des ayants droit déjà décédés à la succession desquels il vient (cf. Cass. civ. 7-7-1971 : D. 1971.650 note Breton) ni sur celle de ses descendants (Cass. 1e civ. 2-5-2001 n° 98-19.639 : Bull. civ. I n° 117).

S'ils estiment qu'aucun demandeur ne mérite l'attribution préférentielle, les juges peuvent rejeter toutes les demandes (Cass. civ. 22-4-1981 : GP 1981.pan.316).

Effets de l'attribution préférentielle Le bénéficiaire de l'attribution préférentielle ne devient **propriétaire** exclusif du bien attribué qu'au jour du partage définitif (C. civ. art. 834, al. 1). 30355

Jusqu'à cette date, il ne peut renoncer à l'attribution que si la valeur du bien, telle que déterminée au jour de cette attribution, a augmenté de plus du quart au jour du partage indépendamment de son fait personnel (C. civ. art. 834, al. 2). Même si la condition de cette augmentation n'est pas remplie, le bénéficiaire désigné par le jugement qui a accueilli sa demande d'attribution préférentielle peut renoncer tant que ledit jugement, frappé d'un appel général, n'a pas acquis la force de chose jugée (Cass. 1e civ. 29-5-2019 n° 18-18.823 FS-PB). La renonciation est admise alors même que le droit à l'attribution préférentielle a été consacré par une décision de justice revêtue de l'autorité de la chose jugée dès lors qu'elle est intervenue avant que le partage ne soit définitif (Cass. 1e civ. 23-10-2013 n° 12-18.170 : RJDA 2/14 n° 182, transposable au cas où une variation de plus du quart serait réalisée par application de l'art. 834 précité).

Il s'ensuit que jusqu'à la date du partage, les **règles de l'indivision légale** (nos 30100 s.) – ou, éventuellement, conventionnelle – s'appliquent à la gestion des biens concernés. Le bénéficiaire de l'attribution ne peut donc pas percevoir les fruits de ces biens, ceux-ci appartenant à l'indivision (CA Agen 11-7-1950 : D. 1951.12 note Savatier) ; il doit, le cas échéant, verser à l'indivision une indemnité d'occupation (Cass. 1e civ. 23-11-1982 : Bull. civ. I p. 288) ; il ne peut pas donner seul congé au gérant libre du fonds qui lui a été attribué mais qui est encore indivis (Cass. 1e civ. 20-12-1976 : Bull. civ. I p. 327) ; il a droit à indemnisation des frais de conservation et de gestion des biens attribués qu'il a exposés (Cass. 1e civ. 20-3-1990 : Bull. civ. I n° 66).

La **valeur** des biens faisant l'objet de l'attribution préférentielle est **estimée** à la date de la jouissance divise telle qu'elle est fixée dans l'acte de partage (C. civ. art. 832-4, al. 1). Par suite, les plus-values acquises par ces biens pendant l'indivision profitent à chaque indivisaire et pas seulement à celui qui s'est vu attribuer lesdits biens (Cass. 1e civ. 16-3-1982 : Bull. civ. I p. 95).

Les juges peuvent déterminer à l'avance la valeur des biens qu'il s'agit d'évaluer en utilisant des éléments qui les concernent spécialement ; c'est ainsi qu'ils peuvent utiliser, pour fixer la valeur d'une villa, l'indice du coût de la construction (Cass. 1e civ. 8-12-1981 : Bull. civ. I n° 358).

Le bénéficiaire de l'attribution doit une **soulte** à ses coïndivisaires si les biens ont une valeur supérieure à celle lui revenant dans l'indivision ; sauf accord contraire, il doit payer cette soulte comptant (C. civ. art. 832-4, al. 2). Mais la compensation peut être faite en nature si la masse partageable le permet (Cass. 1e civ. 5-5-1981 : Bull. civ. I p. 124).

En cas de vente de la totalité des biens attribués, la fraction de la soulte y afférente devient immédiatement exigible ; en cas de ventes partielles, le produit de ces ventes est versé aux copartageants et imputé sur la fraction de la soulte encore due (C. civ. art. 832-4, al. 3).

Le bénéficiaire est comptable de ses fautes entre la décision d'attribution et le partage (Cass. 1e civ. 4-4-1991 : Bull. civ. I n° 118).

Le défaut de paiement de la soulte n'entraîne pas déchéance du bénéfice de l'attribution préférentielle (Cass. civ. 28-10-1975 : JCP G 1976.II.18403 note Dagot ; Cass. 1e civ. 7-2-2018 n° 16-26.892 PB : Bull. civ. I n° 23).

Le créancier de la soulte bénéficie d'une hypothèque légale sur les immeubles qui faisaient partie de l'indivision (n° 30386). Sur son droit aux intérêts moratoires, n° 53812.

Les juges du fond apprécient souverainement s'ils doivent accorder ou refuser à un copartageant une avance sur la soulte qui sera due par le bénéficiaire de l'attribution préférentielle (Cass. 1e civ. 3-3-1976 : Bull. civ. I p. 76).

PARTAGE AMIABLE DE L'INDIVISION

Le partage est l'acte par lequel les indivisaires conviennent de partager les biens indivis et fixent tous les éléments du partage, à savoir la constitution et l'attribution des lots, l'estimation des valeurs et le règlement des soultes (CA Grenoble 21-4-1998 : JCP G 1998.IV.3543 : à propos d'un partage partiel mais transposable à tout partage). 30360

Il ne doit pas subsister de biens indivis après partage (Cass. 1e civ. 2-9-2020 n° 19-12.853 F-D, censurant le motif invoquant la difficulté de diviser une parcelle).

Le partage amiable est un contrat qui, sous réserve des règles particulières exposées ci-après, obéit au droit commun des contrats. Il s'ensuit, notamment, qu'il requiert l'accord unanime des indivisaires et qu'un copartageant ne peut pas, par sa seule volonté, s'en dégager (cf. Cass. 1e civ. 26-6-1985 : Bull. civ. I p. 184).

30363 **Conditions du partage amiable** Le partage amiable est possible si tous les indivisaires sont présents et capables (C. civ. art. 835, al. 1), cette règle étant applicable à un partage établi à l'étranger dès lors qu'il porte sur un immeuble situé en France (Cass. 1e civ. 19-11-2008 no 05-16.203 : Rev. crit. 2009.295 note B.A.).

Sur la capacité des copartageants, no 30306 ; sur le cas où un indivisaire est absent ou hors d'état de manifester sa volonté, art. 836 et 116 du Code civil ; sur le cas où un indivisaire est défaillant, art. 837 du même Code.

Le mineur peut, une fois devenu majeur, ratifier l'acte de partage qui avait été conclu en son nom, par exemple en exécutant le partage (Cass. civ. 11-1-1984 : D. 1984.IR.248).

30366 **Biens à partager** Les coïndivisaires peuvent convenir de procéder au partage des bien indivis.

Pour déterminer l'actif net de la masse à partager, les dépenses dont il est tenu compte aux indivisaires en application de l'article 815-13 du Code civil, qui constituaient des créances sur l'indivision, doivent être inscrites pour leur totalité au passif de celle-ci et venir en déduction de son actif brut (Cass. 1e civ. 22-11-2023 no 21-25.251 F-B).

Lorsque **plusieurs indivisions** existent exclusivement entre les mêmes personnes, qu'elles portent sur les mêmes biens ou des biens différents, un partage amiable unique peut intervenir (C. civ. art. 840-1 ; Cass. 1e civ. 4-5-2017 no 16-20.025 F-PB, partage de quatre indivisions entre les mêmes personnes).

Le partage amiable peut être partiel ou total (C. civ. art. 868).

Il est **partiel** lorsqu'il laisse subsister l'indivision à l'égard de certains biens ou de certaines personnes (C. civ. art. 838), par exemple, lorsqu'il porte sur la seule jouissance des biens indivis (Cass. civ. 11-12-1973 : JCP G 1974.II.17826 obs. Dagot).

Il est **définitif** s'il porte sur tous les biens indivis qui ont une valeur patrimoniale, comme, par exemple : l'émolument versé en contrepartie de la présentation d'un successeur à sa clientèle par un praticien libéral (cf. Cass. civ. 4-7-1963 : D. 1964.50), le droit d'exploiter exclusivement les produits d'une œuvre littéraire ou artistique (Cass. com. 25-2-1959 : D. 1959.193) ou l'avantage pécuniaire résultant, pour l'exploitant d'un taxi, de la cession de l'autorisation de stationner (cf. Cass. civ. 27-12-1963 : JCP G 1964.II.13513 obs. R.L.).

Sur le sort des fruits acquis pendant l'indivision, no 30138.

30369 **Acte de partage** Comme tout contrat consensuel, l'acte de partage ne requiert pas de **forme** particulière (C. civ. art. 835, al. 1).

Toute convention ayant pour objet ou pour résultat de mettre fin à une indivision constitue donc un partage (Cass. 1e civ. 15-11-1961 : Bull. civ. I p. 421 ; Cass. 1e civ. 19-1-1970 : Bull. civ. I p. 18 ; Cass. 1e civ. 4-5-1976 : Bull. civ. I p. 124).

Le projet de partage accepté tacitement peut être tenu pour un partage définitif (Cass. civ. 13-10-1993 : Bull. civ. I p. 196).

Il peut donc être sous **signature privée** (CA Paris 1-6-2011 no 10/10411 : RJDA 8-9/11 no 746). Toutefois, les parties doivent établir le partage par acte **notarié** lorsque l'indivision porte sur des biens soumis à publicité foncière (C. civ. art. 835, al. 2) ; mais le défaut d'authenticité de l'acte n'affecte pas sa validité, l'authenticité ayant pour but d'assurer l'effectivité de la publicité obligatoire (Cass. 1e civ. 24-10-2012 no 11-19.855 : RJDA 2/13 no 172).

La **preuve** du partage se fait conformément au droit commun. Ainsi, lorsque les biens à partager ont une valeur supérieure à 1 500 € (no 75606), elle doit être apportée par écrit ou par commencement de preuve par écrit (Cass. civ. 29-4-1968 : JCP G 1968.II.15667 obs. M.D.).

L'acte de partage qui constate une transaction convenue entre les partageants peut acquérir force exécutoire par homologation accordée par le tribunal judiciaire (ex-TGI), seul compétent à cet effet (Cass. 2e civ. 5-9-2019 no 18-16.969 D).

30372 **Modalités d'allotissement** Les biens sont estimés à leur valeur à la date de la jouissance divise telle qu'elle est fixée par l'acte de partage, en tenant compte, s'il y a lieu, des charges les grevant ; cette date est la plus proche possible du partage (C. civ. art. 829, al. 1 et 2). Les parties sont libres de convenir d'une évaluation des biens ou de certains d'entre eux à une date différente (Cass. ass. plén. 22-4-2005 no 526 : RJDA 1/06 no 76). À défaut de choix des parties, le juge peut fixer cette date à une date plus ancienne si cette mesure apparaît plus favorable à la réalisation de l'égalité entre les copartageants (Cass. 1e civ. 15-1-2020 no 18-17.324 D).

Si la consistance de la masse partageable ne permet pas de former des lots d'égale valeur, leur inégalité se compense par une **soulte** (C. civ. art. 826, al. 3).

Le paiement de la soulte ne peut pas être demandé si elle a été déclarée payée hors la vue du notaire dans l'acte notarié de partage car cette mention fait corps avec le jugement homologuant la convention et ne peut être attaquée que par les voies de recours prévues à l'encontre des décisions de justice (Cass. civ. 19-2-1986 n° 82-16.601 : Defrénois 1987.48 note Théry).

La part de chaque copartageant dépend des droits de chacun dans la masse indivise. À défaut d'indication contraire, chacun a droit à une part virile, c'est-à-dire égale. Il en est ainsi, par exemple, de deux acquéreurs qui ont déclaré dans l'acte d'achat que chacun serait propriétaire par moitié, peu important que l'un ait contribué plus que l'autre (CA Metz 26-6-2014 n° 14/00328 : JCP N 2014.823).

EFFETS DU PARTAGE DE L'INDIVISION

Effet déclaratif du partage

30380 Chaque indivisaire devient **personnellement propriétaire des biens** mis dans son lot, non au jour du partage, mais depuis le jour où l'indivision a commencé (C. civ. art. 883, al. 1 ; Cass. 3e civ. 13-7-2023 n° 22-17.146 FS-B : RJDA 11/23 n° 621), c'est-à-dire dès le jour du décès de l'auteur commun en cas d'indivision successorale (Cass. 1e civ. 14-1-1981 n° 79-15.038 : Bull. civ. I n° 17), dès le jour du divorce ou de la séparation des époux en cas d'indivision communautaire, dès le jour de l'achat des biens en cas d'acquisition commune, etc.

L'attributaire d'un immeuble peut opposer son droit aux tiers, les actes déclaratifs n'ayant pas à faire l'objet d'une publicité foncière (cf. Décret 55-22 du 4-1-1955 art. 28 et 30 ; Cass. 1e civ. 12-4-2011 n° 11-13.456 : Bull. civ. I n° 91 : opposabilité aux tiers du partage d'une indivision postcommunautaire à compter de la publicité du jugement de divorce).

Cet effet rétroactif du partage n'a cependant pas pour conséquence d'anéantir tous les actes conclus pendant l'indivision.

1. Caractère de l'effet déclaratif. L'effet déclaratif du partage n'est **pas d'ordre public.** Les indivisaires peuvent donc y renoncer (Cass. civ. 26-2-1975 : D. 1977.93 note Guimbellot).

2. Partages visés. L'effet déclaratif s'applique à tout acte qui met fin à l'indivision totalement ou partiellement, à l'égard de certains biens ou de certains héritiers seulement (C. civ. art. 883, al. 1 et 2). Cet effet déclaratif ne s'applique qu'aux actes ou droits existants et valablement constitués ; il ne permet pas de faire revivre l'acceptation conditionnée, laquelle était caduque faute de réalisation de la condition (Cass. 3e civ. 13-7-2023 n° 22-17.146 précité). Ont un effet déclaratif le partage en nature ou avec soulte, la licitation, le partage partiel ou encore la cession de droits (Cass. 1e civ. 12-12-2006 n° 1760 : Bull. civ. I n° 547).

3. Absence d'effet translatif du partage. Le partage, contrairement à la vente, n'opère pas transfert de propriété.

Il s'ensuit, notamment, que le partage :
- ne peut pas être résolu pour inexécution des obligations qui en résultent (Cass. civ. 26-2-1975, précité) ;
- ne permet pas l'exercice du droit de préemption (Cass. civ. 14-2-1973 : Bull. civ. III p. 94) ;
- ne peut pas servir de juste titre pour l'acquisition par prescription de dix ans (Cass. 3e civ. 11-2-2015 n° 13-24.770 : Bull. civ. III n° 17).

4. Sort des actes conclus et faits survenus pendant l'indivision. Les actes valablement accomplis par un seul indivisaire en vertu d'un mandat (nos 30115 s.) ou d'une autorisation judiciaire (n° 30127) conservent leurs effets, quel que soit l'attributaire des biens qui en ont fait l'objet (C. civ. art. 883, al. 3).

En revanche, l'efficacité des actes de disposition conclus par un indivisaire en violation des pouvoirs qu'il détient dépend du résultat du partage ; ainsi, lorsque le bien sur lequel porte l'acte est mis dans le lot de l'indivisaire, l'acte est rétroactivement consolidé ; dans le cas contraire, l'acte est anéanti.

Tel est le cas des actes suivants : donation (Cass. civ. 4-7-1984 : D. 1985.214 note A.B.) ; hypothèque (n° 56215) ; bail (Cass. civ. 28-5-1970 : Bull. civ. III p. 268) ; vente (n° 30124).

Les dommages causés par le fait d'un bien indivis pendant le cours de l'indivision ouvrent au tiers victime le droit d'agir contre les indivisaires et pas seulement contre l'indivisaire attributaire du bien à l'origine du dommage (Cass. 1e civ. 31-10-2007 n° 06-16.228 : RJDA 6/08 n° 732 : effondrement du mur d'une parcelle indivise sur une parcelle voisine).

5. Intérêts des créances. Les créances qu'un copartageant a sur l'indivision ne portent intérêt de droit que du jour où leur solde est effectivement déterminé et seulement pour le solde actif figurant au compte ; les intérêts de ce solde courent de la date de la jouissance divise fixée à l'acte de partage et, à défaut d'acte de partage régulier, à compter de l'homologation de l'état liquidatif dressé par le notaire liquidateur (CA Paris 3-10-1991 : D. 1991.IR.256).

6. Fruits des biens indivis. Les fruits et revenus produits par les biens indivis avant le partage accroissent à l'indivision et ne sont pas acquis aux copartageants attributaires des biens qui les ont produits, lesquels ne peuvent donc pas prétendre les avoir reçus du jour où l'indivision a commencé (Cass. 1e civ. 10-5-2007 no 05-12.031 : Bull. civ. I no 179).

30383 **Garantie du partage** Les copartageants se doivent réciproquement garantie des droits attribués à chacun en cas de troubles ou d'évictions qui procèdent d'une cause antérieure au partage et en cas d'insolvabilité du copartageant débiteur d'une dette mise dans son lot, révélée avant le partage (C. civ. art. 884, al. 1).

Par suite, un copartageant ne peut pas demander garantie :
- du trouble de jouissance que lui cause un bail consenti sur son bien dès lors que le bail avait acquis date certaine avant le partage (Cass. soc. 18-7-1957 : Bull. civ. IV p. 610) ;
- de l'insolvabilité du débiteur de la créance qui lui a été attribuée dans le partage dès lors que ce débiteur avait réglé les échéances de cette créance jusqu'au partage et avait cessé ses règlements après (Cass. civ. 23-3-1983 : Bull. civ. p. 91).

Toutefois, quoique le fait ayant fait perdre sa valeur au bien attribué à un copartageant, ici un fonds de commerce, soit postérieur au partage, l'attributaire a eu droit à réparation pour la perte de la clientèle de ce fonds provoquée par l'installation en face par l'autre copartageant d'un fonds de même nature, car la liberté du commerce n'autorise pas un copartageant à vider de sa clientèle le fonds de commerce attribué à l'autre et ce, en l'absence même d'une clause de non-concurrence dans l'acte de partage (Cass. com. 8-12-1966 : Bull. civ. III no 476, visant les art. 1134 et 1147 du C. civ.).

Il ne faut pas non plus qu'il y ait éviction par la faute du copartageant évincé (C. civ. art. 884, al. 2).

La **garantie** peut être **écartée** par une clause particulière et expresse (art. 884, al. 2). Elle peut aussi être **étendue** et, par exemple, couvrir pendant deux années l'insolvabilité des débiteurs des créances mises dans le lot des copartageants (CA Grenoble 16-12-1843 : DP 1845.2.93).

L'obligation de garantie donne lieu seulement au paiement d'une **indemnité,** évaluée au jour de l'éviction, auquel chaque copartageant est personnellement tenu en proportion de sa part (C. civ. art. 885, al. 1). Si l'un d'entre eux est insolvable, la part dont il est tenu doit être également répartie entre le garanti et tous les copartageants solvables (art. 885, al. 2).

L'indemnité doit être calculée d'après le préjudice réel et tenir compte de tous les éléments qui peuvent modifier celui-ci, même après l'éviction (Cass. 1e civ. 18-1-1983 : Bull. civ. I p. 22). Par exemple, le préjudice est égal à la valeur du bien évalué à la date de l'éviction lorsque le bien a été enlevé au copartageant (Cass. civ. 9-6-1970 : D. 1970.545 note Breton).

L'**action en garantie** se prescrit par deux ans à compter de l'éviction ou de la découverte du trouble (C. civ. art. 886).

30386 **Hypothèque du copartageant** Tout copartageant bénéficie d'une hypothèque légale **sur les immeubles** qui faisaient partie de l'indivision le garantissant du paiement des sommes dont les autres copartageants pourraient être débiteurs à son égard (C. civ. art. 2402, 4o).

CONTESTATIONS DU PARTAGE DE L'INDIVISION

30390 **Opposition des créanciers en cas de risque de fraude** Les créanciers d'un copartageant peuvent éviter que le partage ne soit fait en fraude de leurs droits en s'opposant à ce qu'il y soit procédé hors de leur présence (C. civ. art. 882).

Le créancier d'un copartageant ne peut pas exercer l'action paulienne pour empêcher l'action en partage (Cass. 1e civ. 17-10-2012 no 11-10.786 : RJDA 2/13 no 160).

L'exercice de ce **droit d'opposition** obéit aux règles suivantes :
- l'opposition est possible contre les partages de succession (C. civ. art. 882), de communauté conjugale (art. 1476) et de biens indivis entre époux séparés de biens (art. 1542) ; sur les partages de sociétés, MSC nos 87600 s. ;
- le droit de faire opposition appartient aux créanciers des copartageants et à ceux qui y ont un intérêt légitime (par exemple, créanciers du créancier personnel d'un copartageant : Cass. civ. 7-12-1964 : Bull. civ. I p. 423) ; il faut que les créanciers soient titulaires d'une créance certaine (T. civ. Rouen 16-2-1926 : DH 1926.200) ;
- l'opposition peut être faite sous **n'importe quelle forme,** l'article 882 n'imposant aucune condition : par exemple, une assignation en partage (Cass. 1e civ. 10-4-1973 : Bull. civ. I p. 123), voire une convention passée avec l'un des coïndivisaires (Cass. req. 4-2-1889 : DP 1889.1.313 rapport Lepelletier) ;
- l'opposition est possible tant que le partage n'est pas consommé (C. civ. art. 882), c'est-à-dire tant que les lots n'ont pas été attribués à chaque indivisaire (Cass. req. 3-2-1879 : DP 1879.1.227) ;
- l'opposition doit être formée par chaque créancier qui veut s'opposer au partage (Cass. civ. 6-7-1858 : DP 1858.1.414) ;
- l'opposition interdit à l'héritier de disposer, au préjudice des opposants, de tout ou partie des biens indivis, tant que le partage n'est pas définitivement arrêté avec eux (Cass. civ. 10-4-1973 : Bull. civ. I no 137).

L'opposition régulièrement accomplie donne au créancier opposant le **droit de suivre** les opérations de partage et d'y faire valoir ses droits à ses frais (C. civ. art. 882 ; Cass. civ. 26-4-1932 : DH 1932.315). Si le créancier invité à suivre les opérations s'abstient de le faire, il perd le droit de critiquer le partage (Cass. 1e civ. 11-1-1955 : Bull. civ. I p. 20).

Le créancier ne peut que veiller à éviter une fraude à ses droits. Il ne peut pas imposer le partage qui lui est le plus favorable (CA Nancy 19-6-1893 : DP 1894.2.572), un partage judiciaire (Cass. req. 10-1-1887 : DP 1889.1.75), la consistance des lots respectifs (CA Paris 25-2-1957 : D. 1957.som.70), ni empêcher le rapport d'un bien à la succession (Cass. civ. 16-5-1972 : Bull. civ. I p. 115) ou la désignation d'un administrateur provisoire (TGI Seine 10-11-1959 : D. 1960.som.26).

Si le partage est réalisé par les coïndivisaires **au mépris de l'opposition** régulière d'un créancier, celui-ci peut attaquer le partage (C. civ. art. 882 ; Cass. 1e civ. 2-2-1977 : Bull. civ. I p. 54) ; mais il doit prouver qu'il a subi un préjudice du fait du partage (Cass. req. 4-2-1889 : DP 1889.1.313). Le créancier peut obtenir la reconstitution de la masse partageable et une nouvelle division de celle-ci (Cass. 1e civ. 27-10-1959 : Bull. civ. I p. 366).

Une fois le **partage fait,** le créancier opposant n'a aucun privilège ou droit de préférence sur les biens mis au lot de son débiteur (Cass. 1e civ. 16-5-1972 : Bull. civ. I p. 115).

S'ils n'ont **pas fait opposition,** les créanciers ne peuvent pas attaquer le partage consommé (C. civ. art. 882), celui-ci aurait-il été fait en fraude de leurs droits (Cass. civ. 27-12-1926 : S. 1927.1.111 ; CA Grenoble 27-11-1975 : D. 1976.474 note Honorat), ni demander réparation du préjudice qu'ils auraient subi du fait de la faute commise par leur débiteur en procédant à un partage préjudiciable à leurs intérêts (Cass. civ. 29-11-1887 : DP 1888.1.437).

L'interdiction d'attaquer le partage consommé ne concerne que les créanciers d'un copartageant et non ceux d'un débiteur qui donne ses biens par donation-partage (Cass. 1e civ. 13-6-2006 n° 1006 : RJDA 10/06 n° 1086, censurant l'arrêt qui avait appliqué l'interdiction pour défaut d'opposition au partage).

Mais ils peuvent critiquer le partage lorsqu'il est fictif ou simulé, par voie de l'action en déclaration de simulation (CA Paris 21-3-1984 : D. 1986.131 note Potiron ; cf. Cass. civ. 5-11-1991 : Bull. civ. I p. 198 : fictivité ou dissimulation non établie) ; ils peuvent aussi, par la voie de l'action paulienne, critiquer le partage lorsque, par suite d'un concert frauduleux des copartageants, ils ont été mis dans l'impossibilité de faire opposition au partage (Cass. 1e civ. 25-1-1965 n° 63-10.849 : Bull. civ. I n° 74 ; Cass. 1e civ. 3-12-1985 n° 84-11.556 : Bull. civ. I n° 334).

Complément de la part d'un copartageant pour lésion Lorsqu'un copartageant établit, à son préjudice, une **lésion de plus du quart,** le complément de sa part lui est fourni, au choix du défendeur, soit en numéraire, soit en nature (C. civ. art. 889, al. 1, supprimant la nullité du partage pour lésion). 30393

L'action en complément de part est admise contre tout acte, quelle que soit sa dénomination, dont l'objet est de faire cesser l'indivision entre copartageants (C. civ. art. 890, al. 1).

Sur des exemples d'actes mis en cause pour lésion et transposables à l'action en complément de part, Cass. civ. 9-3-1966 : D. 1966.573 rapport Frank : acte attribuant des biens successoraux à certains héritiers ; Cass. 1e civ. 21-11-1967 : Bull. civ. I n° 341 : transaction ; Cass. 1e civ. 6-7-1982 n° 81-13.444 : Bull. civ. I n° 250 : transaction ; Cass. civ. 25-5-1983 n° 81-13.214 : Bull. civ. III n° 120 : extinction de la dette d'un indivisaire envers son coïndivisaire par abandon de sa part dans l'indivision ; Cass. 1e civ. 13-4-1988 n° 86-17.736 : Bull. civ. I n° 99 : cession non aléatoire de droits indivis ; Cass. 1e civ. 14-11-2006 n° 05-11.465 : JCP G 2007.II.10065 note Mahinga : transaction ; Cass. 1e civ. 17-12-2008 n° 07-15.459 : Bull. civ. I n° 291 : transaction.

Toutefois, cette action n'est **pas admise** contre :

– les cessions de droits indivis faites sans fraude à un indivisaire par ses coïndivisaires ou par l'un d'eux, lorsque la cession comporte un aléa défini dans l'acte et expressément accepté par le cessionnaire (C. civ. art. 891 ; pour un exemple d'aléa, CA Reims 8-1-1987 : Jurisprudence Champagne-Ardenne 1987/1 p. 44 : refus par le cédant de préciser la consistance des droits cédés) ;

– la donation-partage cumulative, qui réalise par un même acte un partage amiable des biens de la succession ouverte et une donation-partage des biens du parent survivant à la condition que tous les enfants majeurs et capables acceptent ce partage (Cass. 1e civ. 22-11-2005 n° 1558 : Bull. civ. I n° 437) ;

– une transaction intervenue à la suite du partage ou de l'acte qui en tient lieu sur les difficultés que présentait ce partage ou cet acte (C. civ. art. 890, al. 2 ; pour des exemples : Cass. 1e civ. 3-4-1963 : Bull. civ. I p. 175 ; Cass. civ. 4-2-1976 : JCP G 1976.IV.108).

La simple **omission d'un bien indivis** donne lieu à un partage complémentaire portant sur ce bien (C. civ. art. 892).

La lésion est établie d'après la valeur des **biens estimés** à l'époque du partage (art. 889, al. 1).

La date généralement retenue est celle de la jouissance divise (Cass. civ. 1-12-1965 : D. 1966.59 note A.B. ; Cass. civ. 16-2-1971 et 28-4-1971 : D. 1972.495 note Morin). Lorsque le juge des tutelles doit donner son autorisation, c'est à la date de l'acte entraînant cette jouissance qu'il faut se placer (Cass. civ. 21-7-1987 : GP 1988.854).

Pour déterminer la lésion, il faut reconstituer la masse à partager dans tous ses éléments actif et passif (Cass. civ. 28-1-1929 : DH 1929.179), car la lésion peut être due à une erreur dans l'établissement de l'actif partageable ou à une mauvaise évaluation de certains biens (Cass. 1e civ. 18-12-1990 : Bull. civ. I p. 211).

Doivent être notamment pris en compte :
- les prélèvements faits par un héritier (Cass. req. 18-4-1899 : DP 1899.1.521 note Colin) ;
- les dettes successorales (Cass. civ. 25-11-1908 : DP 1910.1.85) ;
- les perspectives d'urbanisation dont bénéficient déjà certains immeubles (Cass. civ. 19-4-1977 : GP 1978.1.14 note Plancqueel) ;
- les améliorations apportées aux biens indivis par l'un des indivisaires (Cass. 1e civ. 5-3-1991 : Bull. civ. I p. 55) ;
- le solde d'un prêt bancaire que l'un des copartageants s'était engagé à rembourser (Cass. 1e civ. 18-3-2015 n° 14-10.730 : Bull. civ. I n° 59).

La lésion doit être **calculée** sur la valeur de la part qui, dans un partage égal, aurait été attribuée à celui qui prétend avoir été désavantagé, ce qui implique que le juge précise la valeur des biens dont le copartageant qui invoque la lésion a été alloti et la valeur de la part qui aurait dû lui revenir dans l'actif (Cass. 1e civ. 26-9-2012 n° 11-22.565 : JCP N 2013.1122 note Massip).

La **preuve de la lésion** se fait par tout moyen ; le juge peut notamment recourir à une expertise (Cass. 1e civ. 19-10-1960 : Bull. civ. I p. 366).

Le complément de part est **dû dès** que la lésion est établie ; il n'est pas nécessaire qu'elle soit le résultat d'une fraude (Cass. req. 25-6-1935 : DH 1935.474, à propos de la nullité mais transposable par analogie).

La victime de la lésion peut **renoncer** à se prévaloir de la lésion seulement après le partage, par exemple en prenant possession de son lot et en versant volontairement une soulte (Cass. civ. 23-6-1958 : Bull. civ. I p. 268), mais non en approuvant le partage et en faisant abandon des voies judiciaires en connaissance de l'étendue de ses droits successoraux (Cass. 1e civ. 12-1-1994 : Bull. civ. I p. 15). Les parties au partage ne peuvent pas davantage **déroger** aux règles de la rescision pour lésion (Cass. 1e civ. 8-6-2004 n° 01-16.230 : Bull. civ. I n° 164).

L'action peut être exercée par un créancier agissant par la voie de l'action oblique (Cass. 1e civ. 22-1-1980 : Bull. civ. I p. 26, à propos de l'action en nullité mais transposable par analogie à l'action en complément de part).

L'**action** en complément de part **se prescrit** par deux ans à compter du partage (C. civ. art. 889, al. 2).

30396 **Nullité du partage** Le partage peut être annulé lorsqu'il est entaché d'une irrégularité qui met en cause sa validité. C'est le cas notamment lorsque :

- un indivisaire a été omis (C. civ. art. 887-1, al. 1 ; Cass. req. 21-3-1922 : DP 1923.1.60) ;

  Toutefois, l'héritier omis peut demander de recevoir sa part, soit en nature, soit en valeur, sans annulation du partage ; pour déterminer cette part, les biens et droits sur lesquels a porté le partage déjà réalisé sont réévalués de la même manière que s'il s'agissait d'un nouveau partage (art. 887-1, al. 2 et 3).

- un testament a été découvert après le partage (Cass. 1e civ. 3-2-2010 n° 09-10.857 : JCP G 2010 n° 18-497 note Ghestin) ;
- le juge a ordonné un partage partiel sans que tous les indivisaires y consentent (Cass. 1e civ. 26-1-2022 n° 20-16.989 F-D) ;
- le consentement d'un indivisaire a été vicié par violence ou dol (C. civ. art. 887, al. 1 ; pour une application, Cass. civ. 10-12-1957 : Bull. civ. I p. 387 ; sur un défaut de violence, Cass. civ. 17-6-1981 : D. 1982.IR.238 obs. Martin) ;
- une erreur a été commise sur l'existence et la quotité des droits des copartageants ou sur la propriété des biens compris dans la masse partageable (C. civ. art. 887, al. 2) ; la nullité pour erreur, strictement interprétée, est rejetée lorsqu'elle est négligeable (Cass. civ. 6-1-1987 : D. 1987.377 note Breton), lorsque le partage partiel a omis de la masse partageable l'indemnité de réduction de donations excédant la réserve héréditaire (Cass. 1e civ. 19-3-2014 n° 13-10.033 : Bull. civ. I n° 50) ou lorsque le copartageant qui l'invoque la déduit du seul constat d'une différence entre la valeur du lot qui lui a été attribué et celle des biens partagés (Cass. 1e civ. 17-10-2018 n° 17-26.945 F-PB : RJDA 12/18 n° 954).

  La victime du dol, de l'erreur ou de la violence ne peut plus agir en nullité si elle a aliéné son lot en tout ou partie après la découverte du dol ou de l'erreur ou à la cessation de la violence (art. 888).

  S'il apparaît que les conséquences de la violence, du dol ou de l'erreur peuvent être réparées autrement que par l'annulation du partage, le tribunal peut, à la demande de l'une des parties, ordonner un partage complémentaire ou rectificatif (art. 887, al. 3).

Dans le cas où un indivisaire a été omis, la nullité est absolue (Cass. req. 21-3-1922 : DP 1923.1.60) ; elle est relative dans tous les autres cas et peut donc être confirmée (Cass. civ. 11-1-1984 : D. 1984.IR.248 : incapacité).

C. Usufruit

Qualification de l'usufruit L'usufruit est le droit de **jouir des choses,** dont un autre est propriétaire, comme le propriétaire lui-même, à la condition d'en **conserver la substance** (C. civ. art. 578). L'usufruit est un droit **temporaire** (n° 30700). **30500**

Ne constitue donc pas un usufruit :
– un droit d'affichage consenti à titre perpétuel (Cass. civ. 18-1-1984 : D. 1985.504 note Zénati) ;
– l'affectation de terrains à usage de jardin pour l'agrément des acquéreurs de lots dans un lotissement, cette affectation devant se prolonger aussi longtemps que durerait l'association syndicale des propriétaires (Cass. civ. 9-7-1980 : Bull. civ. III p. 100 : qualification de servitude).

N'étant pas propriétaire, l'usufruitier ne peut pas se prévaloir des prérogatives d'un propriétaire ; ainsi n'est pas un associé l'usufruitier de droits sociaux, seul le nu-propriétaire étant associé (Cass. com. avis 1-12-2021 n° 20-15.164 FS-D : RJDA 2/22 n° 79 ; Cass. 3e civ. 16-2-2022 n° 20-15.164 FS-B : RJDA 5/22 n° 273 ; Cass. com. 30-11-2022 n° 20-18.884 FSB : RJF 2/23 n° 160) ; l'usufruitier ne peut donc pas invoquer la garantie décennale, seul le propriétaire ayant qualité pour agir (Cass. 3e civ. 16-11-2022 n° 21-23.505 FS-B).

Points sensibles et régime Pour éviter des contestations de la part du nu-propriétaire, **l'usufruitier doit veiller** : **30501**
– à obtenir son autorisation pour consentir un bail commercial ou rural (n° 30568) ;
– à ne pas abuser de son droit de jouissance (n° 30700) ;
– à ne pas aliéner les biens dont il jouit sauf cas particuliers (nos 30559 et 30562).

Les règles générales de l'usufruit (C. civ. art. 578 s.) sont applicables à toutes sortes de biens (art. 581).

1. CONSTITUTION DE L'USUFRUIT

La plupart des usufruits naissent de la loi (C. civ. art. 579), notamment à la suite du décès d'un propriétaire. **30503**

Mais l'usufruit peut aussi être établi par la « volonté de l'homme » (art. 579). Il en est ainsi, notamment, en cas de **donation-partage ou** de **testament,** comportant transfert de la nue-propriété de certains biens avec réserve d'usufruit au profit du donateur ou du testateur, ou en cas d'achat d'un bien par deux acquéreurs prenant chacun une part en nue-propriété et une part en usufruit.

Lorsque l'usufruit porte sur un **immeuble,** l'acte constitutif est créateur d'un droit réel et doit être publié pour être opposable aux tiers (CA Paris 24-9-1984 : D. 1984.IR.466).

Lorsqu'un contrat transfère l'usufruit d'une **créance,** il est prudent de procéder aux formalités de la cession de créance afin d'opposer l'usufruit aux tiers et au débiteur (nos 14215 s.).

Lorsqu'un bien est donné en jouissance par une personne publique (une commune notamment) à des personnes privées comme moyen de réaliser une œuvre d'intérêt public, cette concession de la jouissance n'est pas considérée comme constitutive d'un usufruit (Cass. req. 24-7-1882 : S. 1885.1.373 ; Cass. req. 7-5-1930 : S. 1930.1.263).

2. DROITS DE L'USUFRUITIER

DROIT D'USAGE

L'usufruitier peut faire du bien dont il a la jouissance le **même usage qu'un propriétaire** (C. civ. art. 578). **30550**

Le droit d'usage peut cependant être **limité** par l'acte constitutif.

Celui-ci peut subordonner le droit de jouissance à des conditions déterminées (TGI Avesnes 26-2-1964 : JCP G 1964.II.13904 note Désiry), à condition de respecter le droit de l'usufruitier à jouir de la chose (cf. Cass. 1e civ. 24-1-1979 n° 77-11.809 : Bull. civ. I n° 35 : impossibilité de limiter l'usufruit à la perception des revenus).

L'usufruitier peut être investi de droits plus étendus que ceux prévus par la loi, à la condition toutefois que la substance du bien soit conservée ; par exemple, il peut être prévu que l'usufruitier d'une propriété aura le droit de faire toutes les démolitions, les changements et les modifications qu'il lui plaira, cette extension de ses droits ayant pour but la conservation d'un héritage de famille (Cass. req. 1-4-1895 : DP 1895.1.335).

À défaut de stipulations particulières dans cet acte, l'usufruitier peut s'opposer à toute limitation que le nu-propriétaire prétendrait lui imposer (Cass. req. 24-7-1882 : S. 1885.1.373 : impossibilité de limiter le droit de jouissance d'un immeuble à un usage déterminé ; Cass. 1e civ. 24-1-1979, précité : impossibilité de lui retirer le droit d'user lui-même de la chose ; Cass. 1e civ. 6-3-2019 nos 18-11.640 et 18-11.936 F-PB : D. 2019.1265 note Julienne : impossibilité de lui imposer des mesures conservatoires sur ses biens pour s'opposer à un usage non déraisonnable) ; même les tribunaux ne peuvent pas restreindre son droit de jouissance (Cass. 1e civ. 24-1-1979, précité). Mais l'usufruitier peut accepter de restreindre son droit de jouissance (CA Paris 10-6-1987 : D. 1987.IR.170 : accord entre nu-propriétaire et usufruitier d'un portefeuille de valeurs mobilières de répartir le portefeuille entre diverses catégories déterminées de titres, retirant à l'usufruitier le droit de gérer seul le portefeuille).

Lorsque le droit d'usufruit n'a fait l'objet d'aucune modification, le droit d'usage de l'usufruitier est fixé par la loi et diffère selon la nature des actes accomplis par l'usufruitier comme il est exposé ci-après.

30553 **Actes conservatoires** L'usufruitier peut accomplir tous les actes nécessaires à la conservation de son droit et du bien grevé, peu important qu'il n'ait qu'un droit d'usufruit indivis (CA Riom 28-5-1946 : D. 1947.206 note H.L.).

Il peut, par exemple, revendiquer la propriété du terrain usurpé (Cass. civ. 5-3-1850 : DP 1850.1.78), agir en bornage (CA Paris 13-10-1986 : D. 1988, som.13 obs. Robert) ou agir en responsabilité contre les tiers qui troublent sa jouissance (cf. CA Montpellier 16-7-1953 : GP 1953.2.317) ou qui causent un dommage aux biens grevés (Cass. civ. 3-2-1993, inédit). Il doit même interrompre la prescription d'une créance (Cass. req. 21-5-1930 : DP 1932.1.111) et dénoncer au nu-propriétaire tout acte d'usurpation ou d'empiétement que les tiers pourraient commettre sur le bien dont il a la jouissance, sous peine de répondre de tout le dommage qui peut en résulter pour le propriétaire, comme il le serait de dégradations commises par lui-même (C. civ. art. 614).

Il dispose aussi d'une action, dite confessoire, pour exiger que lui soient remis les biens objet de son usufruit, même si ces biens sont dans les mains du nu-propriétaire (Cass. civ. 8-5-1973 : JCP G 1973.II.17566 obs. Goubeaux).

Mais l'usufruitier ne peut pas agir contre les actes antérieurs à l'ouverture de son droit qui auraient diminué l'assiette de ce dernier, par exemple en résolution de la vente consentie par son auteur peu avant sa mort ; il doit prendre les choses dans l'état où elles sont (Cass. civ. 26-11-1962 : D. 1963.60).

Il est notamment tenu de respecter les baux conclus avant son entrée en jouissance, à condition que ces baux aient acquis date certaine (cf. C. civ. art. 1743) ou, si leur durée excède douze ans, qu'ils aient été publiés (Décret 55-22 du 4-1-1955 art. 28, 1°-b).

30556 **Améliorations** L'usufruitier peut faire seul des améliorations à condition de ne pas porter atteinte à la substance du bien (cf. C. civ. art. 578).

Les constructions nouvelles constituent des améliorations (Cass. req. 4-11-1885 : DP 1886.1.361), sauf lorsqu'elles ont eu pour résultat de créer une chose distincte du fonds sur lequel elles ont été élevées (CA Paris 4-3-1966 : GP 1966.2.6 note Cabanac, refusant d'assimiler à une construction nouvelle profitant au nu-propriétaire l'acquisition par l'usufruitier d'une chambre de bonne, celle-ci constituant un bien totalement indépendant de l'objet de l'usufruit, qui n'a pas été acquis grâce au revenu de celui-ci, mais qui provient d'un capital propre à l'usufruitier).

L'usufruitier n'a droit à aucune indemnité pour ces améliorations (n° 30703).

30559 **Biens se détériorant à l'usage** L'usufruitier peut user des biens qui, sans se consommer de suite, se détériorent par l'usage, comme le linge et les meubles meublants (C. civ. art. 589).

Il n'est **pas tenu,** à la fin de l'usufruit, **d'indemniser le nu-propriétaire** de cette détérioration, sauf si celle-ci est due à sa faute (art. 589).

Les parties peuvent cependant convenir que l'usufruitier pourra vendre ces biens et devra restituer au nu-propriétaire une valeur déterminée, conformément au régime du quasi-usufruit (n° 30562).

30562 **Biens consomptibles** Lorsque l'usufruit porte sur des biens dont il est impossible de faire usage sans les consommer, il devient un « **quasi-usufruit** » qui confère à l'usufruitier le droit de disposer du bien (C. civ. art. 587). Ce même droit existe lorsque les choses, non fongibles par nature, ont été rendues telles par la convention des parties (Cass. req. 30-3-1926 : DH 1926.217).

C'est ainsi que l'usufruitier peut **disposer** :

– des marchandises ou des matières premières ;
– de l'argent trouvé liquide à la naissance de l'usufruit (Cass. 1e civ. 7-6-1988 : Bull. civ. I p. 126).

Mais il ne peut pas disposer des titres au porteur, qui ne sont pas consomptibles au premier usage (Cass. 1e civ. 4-4-1991 : Bull. civ. I p. 86).

L'usufruit portant initialement sur un bien non consomptible ne devient pas un quasi-usufruit sur le prix de vente lorsque ce bien fait l'objet d'une **vente simultanée** par le nu-propriétaire et l'usufruitier, celui-ci n'ayant pas droit à l'attribution de la totalité du prix de vente (Cass. civ. 20-10-1987 n° 86-13.197 : D. 1988.85 note Morin) ; le prix doit être réparti entre le nu-propriétaire et l'usufruitier en fonction de la valeur comparative de leurs droits (Cass. civ. 25-2-1997 : RJDA 8-9/97 n° 1099). Le nu-propriétaire est fondé à appréhender le prix de vente déduction faite de la valeur de l'usufruit revenant à l'usufruitier ; son propre créancier peut exercer ce droit par l'action oblique (CA Angers 3-2-1997 : Bull. inf. C. cass. 1997 n° 1001).

Sur un refus de vendre du nu-propriétaire jugé abusif, CA Paris 18-12-2013 n° 13/01689 : Sol. Not. 4/14 inf. 77.

Mais l'usufruitier doit **restituer,** à la **fin de l'usufruit,** soit les choses qu'il a vendues en même quantité ou qualité, soit leur valeur estimée au jour de la restitution (C. civ. art. 587). La restitution doit être faite au nu-propriétaire (Cass. 1e civ. 4-11-2020 n° 19-14.421 F-PB).

Créances Lorsque l'usufruit porte sur des créances, l'usufruitier a non seulement le droit de percevoir les intérêts mais encore celui de se faire verser à l'échéance le capital par le débiteur (Cass. req. 21-5-1930 : DP 1932.1.111) et, à défaut, de se prévaloir des sanctions prévues en cas de non-paiement (Cass. civ. 4-10-1989 : JCP G 1990.II.21519 note Pillebout : clause résolutoire). **30565**

Les intérêts reviennent à l'usufruitier du jour de l'ouverture de l'usufruit pour autant que la créance a été productive d'intérêts à compter de cette date ; à défaut, il n'a droit aux intérêts que du jour de la demande de paiement de la créance (Cass. 1e civ. 19-2-1980 : Bull. civ. I p. 52).

Après encaissement de la créance, l'usufruitier peut utiliser librement les sommes ainsi encaissées, l'usufruit devenant un quasi-usufruit.

Le nu-propriétaire peut, toutefois, obtenir en justice des mesures conservatoires (emploi déterminé ou caution) s'il court le risque de ne pas être remboursé à l'expiration de l'usufruit (Cass. req. 27-3-1946 : D. 1946.240).

Il doit rembourser la créance au nu-propriétaire à l'expiration de l'usufruit ; sauf convention contraire, le remboursement se fait à la valeur nominale de la créance. Le nu-propriétaire n'a droit qu'au remboursement ; il ne peut pas prétendre à la restitution du bien acheté à l'aide de la créance (T. civ. Laval 12-11-1925 : GP 1926.1.270).

Mise en location Lorsque l'usufruit porte sur un **fonds de commerce,** l'usufruitier peut, sans le concours du nu-propriétaire, mettre le fonds en location-gérance (Cass. civ. 25-11-1986 : D. 1987.141 note Morin). **30568**

Lorsqu'il porte sur un **immeuble,** l'usufruitier peut donner à bail tout ou partie de cet immeuble à un tiers (C. civ. art. 595, al. 1) dans les conditions suivantes.

Il doit alors veiller à respecter l'obligation mise à sa charge de conserver la substance de l'immeuble ; ainsi il ne peut pas changer la destination de celui-ci et consentir un bail commercial sur un immeuble affecté à un autre usage (Cass. civ. 4-6-1975 : Bull. civ. III p. 150). Toutefois, les tribunaux peuvent l'autoriser à procéder aux transformations nécessaires à la poursuite de l'exploitation qui serait sans elles compromise (CA Grenoble 15-2-1961 : D. 1961.674, l'autorisant à louer un bâtiment agricole en vue de l'exploitation d'un fonds de commerce, en raison de la transformation de la zone, à l'origine rurale, en zone urbaine).

1. Consentement du nu-propriétaire. Il est exigé si le **bail** porte sur un local à usage **commercial,** industriel ou artisanal (C. civ. art. 595, al. 4), même si le bail est de courte durée et déroge au statut des baux commerciaux (Cass. civ. 5-4-1995 : RJDA 6/95 n° 687). Il est requis tant pour la conclusion du bail que pour son renouvellement (Cass. civ. 24-3-1999 : RJDA 5/99 n° 525), ainsi que pour consentir une modification du bail (Cass. 3e civ. 14-3-2019 n° 17-27.560 F-D, où l'usufruitier avait consenti seul une réduction du loyer).

L'accord du nu-propriétaire est nécessaire seulement s'il s'agit d'un bail ; tel n'est pas le cas, par exemple, d'une autorisation donnée par l'usufruitier au locataire de créer un second magasin dès lors que la destination de l'immeuble a été respectée (Cass. civ. 17-3-1981 : GP 1981.pan.272 note A.P.) ou d'une convention d'occupation précaire (cf. Cass. civ. 4-7-1978 : Bull. civ. III p. 212), sauf si celle-ci n'a d'autre objet que de faire échec aux droits du nu-propriétaire (Cass. civ. 4-7-1978 : Bull. civ. III p. 212).

Le consentement du nu-propriétaire n'étant requis que pour « donner à bail », l'usufruitier peut seul donner congé avec refus de renouvellement (Cass. 3e civ. 29-1-1974 n° 72-13.968 : Bull. civ. III n° 48 : à propos d'un bail rural mais transposable, le consentement du nu-propriétaire étant également exigé) ou refuser le renouvellement demandé par le locataire (Cass. 3e civ. 9-12-2009 n° 08-20.512 : RJDA 3/10 n° 222). Mais la demande de renouvellement d'un bail commercial qui n'est adressée qu'à l'usufruitier du bien loué est nulle (Cass. 3e civ. 19-10-2017 n° 16-19.843 F-D : RJDA 2/18 n° 106). L'usufruitier qui a refusé à tort le renouvellement d'un bail commercial est seul tenu du paiement de l'indemnité d'éviction même si le congé a été délivré conjointement avec le nu-propriétaire (Cass. 3e civ. 19-12-2019 n° 18-26.162 FS-PBI : RJDA 3/20 n° 186).

Si le nu-propriétaire ne donne pas son consentement, l'usufruitier peut être autorisé en justice à conclure seul le bail (C. civ. art. 595, al. 4 ; Cass. 3e civ. 2-2-2005 n° 137 : RJDA 3/06 n° 350) ; le juge n'a pas à se prononcer sur l'identité du preneur et les conditions du bail (Cass. civ. 29-11-1995 : Bull. civ. III p. 164).

Le nu-propriétaire dont le consentement n'a pas été demandé peut agir en **nullité du bail** du jour où il en a eu connaissance, sans attendre la fin de l'usufruit (Cass. civ. 16-12-1987 : Bull. civ. III p. 124 ; Cass. 3e civ. 23-9-2021 n° 20-15.897 D : RTD civ. 2021.927 obs. Dross ; pour un exemple de non-connaissance, Cass. civ. 10-10-2001 : RJDA 1/02 n° 117). En cas de succès de cette action, le preneur doit quitter les lieux sans pouvoir terminer la période pour laquelle le bail a été conclu (Cass. civ. 17-7-1986 : GP 1986.792 note Chaline et Lepetit).

Le nu-propriétaire peut aussi renoncer à agir en nullité et confirmer le bail (CA Bourges 30-5-1979 : GP 1979.617 note Lachaud : à propos d'un bail rural mais transposable).

L'indemnité d'occupation due par le locataire qui se maintient indûment dans les lieux après l'annulation du bail doit être versée à l'usufruitier qui a été privé de la jouissance de son bien (Cass. civ. 5-3-1986 : Bull. civ. III p. 18).

Mais le bail ne peut pas être annulé si le locataire a légitimement pu croire qu'il contractait avec le véritable propriétaire (Cass. civ. 21-1-1981 : D. 1983.36 note Diener ; Cass. civ. 4-5-1982 : Bull. civ. III p. 78), à la condition que les juges caractérisent la qualité de **propriétaire apparent** de l'usufruitier, ce qui ne résulte pas de la constatation selon laquelle le locataire ne disposait d'aucun indice sur la situation véritable et payait les loyers à l'usufruitier (Cass. civ. 18-1-1995 : Bull. civ. III p. 14) ni de ce que le preneur connaissait l'existence du nu-propriétaire, l'usufruitier ayant seul l'obligation de s'assurer du concours du nu-propriétaire pour consentir le bail (Cass. 3e civ. 16-4-2008 n° 07-12.381 : RJDA 7/08 n° 867).

Mais le nu-propriétaire peut obtenir la nullité du bail car le locataire qui a traité avec l'usufruitier doit vérifier l'étendue des pouvoirs du signataire dès lors qu'il sait qu'il n'est pas le seul propriétaire (Cass. 3e civ. 5-4-1995 : RJDA 6/95 n° 687).

30569 **2. Dispense du consentement du nu-propriétaire.** L'usufruitier peut consentir seul un **bail** à usage **d'habitation ou** à usage **professionnel,** mais seulement pour une durée qui n'excède pas neuf ans (C. civ. art. 595, al. 2). À l'expiration de l'usufruit, ce bail est opposable au nu-propriétaire pour la durée restant à courir de la période de neuf ans en cours (art. précité) ; il lui est inopposable au-delà des neuf ans, même s'il vient à succéder à l'usufruitier (Cass. req. 13-4-1897 : DP 1898.1.76 ; TGI Avesnes-sur-Helpe 12-12-1974 : Rev. loyers 1975.357).

3. Rapports de l'usufruitier et du locataire. L'usufruitier exerce les droits du bailleur à l'égard du locataire ; il encaisse les loyers ; il a seul le pouvoir de donner congé (Cass. civ. 8-5-1979 : GP 1979.som.392), de fixer le montant du loyer du bail renouvelé (TGI Saintes 10-5-1994 : JCP G 1994.IV.2524), de demander la révision du prix (Cass. com. 9-6-1958 : Bull. civ. III p. 192) et, par analogie avec les solutions appliquées au bail rural, de résoudre le bail (Cass. civ. 4-5-1976 : Bull. civ. III p. 145), d'exercer le droit de reprise (Cass. civ. 16-3-1988 : Bull. civ. III p. 34), d'autoriser des travaux (Cass. civ. 20-5-1992 : Bull. civ. III p. 99).

Mais l'usufruitier qui a consenti un bail commercial conjointement avec le nu-propriétaire ne peut autoriser seul ni le changement d'activité convenue ni la déspécialisation du bail (TGI Laval 16-10-1989 : Bull. inf. C. cass. 1991.346).

Il doit, par ailleurs, assumer toutes les obligations nées de sa qualité de bailleur, même si celles-ci sont normalement à la charge du nu-propriétaire (cas notamment des grosses réparations, Cass. civ. 7-12-1961 : Bull. civ. II p. 593 ; Cass. 3e civ. 28-6-2006 n° 801 : RJDA 11/06 n° 1183 ; mais non de l'obligation de reconstruire l'immeuble tombé de vétusté car il s'agit d'une perte par cas fortuit qui exonère le bailleur en vertu de l'art. 1722 du C. civ., CA Dijon 24-1-1991 : GP 1994.som.236).

4. Rapports du nu-propriétaire et du locataire. À l'expiration de l'usufruit, le nu-propriétaire est lié par le bail régulièrement conclu jusqu'au terme fixé dans le contrat. Il est alors tenu envers le locataire dans les mêmes conditions que s'il avait lui-même conclu le bail ; le locataire peut ainsi lui demander le renouvellement du bail (cf. Cass. soc. 21-1-1939 : DH 1939.182).

DROIT AUX FRUITS

30575 L'usufruitier a droit aux fruits des biens sur lesquels porte son usufruit (C. civ. art. 582).

Par « fruit », il faut entendre ce que la chose fournit périodiquement sans perdre de sa substance (cf. CA Paris 10-10-1959 : GP 1959.2.264 et, sur pourvoi, Cass. civ. 3-12-1963 : JCP G 1964.II.13487 note R.L.).

Mais les produits des mines et carrières profitent à l'usufruitier (C. civ. art. 598).

Il en jouit à compter du jour de la constitution de l'usufruit (C. civ. art. 604).

En cas de legs d'usufruit portant sur un ou plusieurs biens déterminés, ce jour est celui de la délivrance ou de la demande de délivrance du legs (C. civ. art. 1014), sauf si le testateur a reconnu au légataire le droit aux fruits dès le jour du décès (art. 1015). Lorsque l'usufruit légué porte sur tous les biens du défunt, l'entrée en jouissance est en principe fixée au jour du décès (cf. art. 1005). Il en est de même lorsque l'usufruitier est héritier même s'il est par ailleurs légataire (cf. Cass. civ. 24-11-1969 : D. 1970.164 note Dedieu).

Les produits de la terre (fruits naturels et industriels) s'acquièrent par la perception qu'en fait l'usufruitier (C. civ. art. 585).

Les fruits civils s'acquièrent, en revanche, jour par jour et appartiennent à l'usufruitier à proportion de la durée de son usufruit (art. 586).

Les fruits civils sont ceux qui se renouvellent périodiquement tels que les loyers, les intérêts des créances, les arrérages des rentes (art. 584). Mais les dividendes versés aux associés ne sont pas des fruits civils (MSC n° 76452).

L'usufruitier a droit aux fruits civils même si ces derniers ont été payés d'avance (Cass. civ. 20-7-1897 : S. 1898.1.78, pour des loyers).

Sur les droits de l'usufruitier quant aux créances faisant partie de son usufruit, n° 30565.

CESSION DE L'USUFRUIT

L'usufruitier peut céder son droit d'usufruit à titre gratuit ou à titre onéreux (C. civ. art. 595, al. 1). **30580**
Il peut également l'apporter à une société (MSC n° 2035).

Une clause d'inaliénabilité peut le lui interdire, mais elle doit être temporaire et justifiée (n° 26642). Tel n'est pas le cas de la clause interdisant à l'usufruitier de céder son droit sa vie durant (Cass. civ. 16-3-1903 : DP 1905.1.126).

Mais le cessionnaire ne saurait être assimilé à l'usufruitier ; l'usufruit ne disparaît donc pas par consolidation s'il vient à acheter la nue-propriété des biens grevés et il reste tenu des obligations que l'usufruitier lui a cédées dont il doit répondre notamment envers le preneur si le bail conclu par l'usufruitier sans l'accord du nu-propriétaire est susceptible de nullité (Cass. civ. 26-1-1972 : JCP G 1972.II.17104 note Goubeaux). Si le cessionnaire décède le premier, ses héritiers recueillent l'usufruit jusqu'à la mort du cédant.

Jusqu'au décès de l'usufruitier, le cessionnaire doit assumer les obligations nées des actes (notamment baux) conclus par l'usufruitier avant la cession (Cass. civ. 26-1-1972, précité).

Sur la vente simultanée de l'usufruit et de la nue-propriété, n° 30650.

3. OBLIGATIONS DE L'USUFRUITIER

INVENTAIRE

L'usufruitier doit, au moment de son entrée en jouissance, faire dresser un inventaire des meubles et un état des immeubles sujets à l'usufruit (C. civ. art. 600). **30600**

Cette obligation de faire dresser un inventaire appelle les remarques suivantes.

1. Elle incombe à l'usufruitier, mais il peut en être **dispensé** par l'acte constitutif d'usufruit ou par tout autre acte constatant la consistance des biens grevés (cf. Cass. civ. 23-7-1957 : Bull. civ. I p. 280).

Dans ce cas, en effet, un état estimatif des biens donnés doit être annexé à l'acte de donation (C. civ. art. 948).

2. L'inventaire doit être dressé au **moment** de l'entrée en jouissance de l'usufruitier. Si celui-ci n'y procède pas spontanément, le nu-propriétaire peut l'y contraindre (cf. Cass. civ. 11-2-1959 : Bull. civ. I p. 74), même après l'entrée en jouissance (Cass. civ. 19-8-1872 : DP 1872.1.397).

3. Les **frais** d'inventaire incombent à l'usufruitier puisque c'est lui qui est tenu à l'inventaire. Lorsqu'il y a eu dispense d'inventaire, le nu-propriétaire peut néanmoins demander qu'il y soit procédé, les frais étant répartis en fonction de l'utilité que présente pour chacun cet inventaire (Cass. civ. 4-1-1957 : Bull. civ. I p. 1).

4. Le **défaut d'établissement** d'un inventaire n'entraîne pas déchéance du droit d'usufruit mais autorise le nu-propriétaire à prouver par tous moyens la consistance des biens soumis à usufruit (Cass. req. 17-7-1861 : DP 1861.1.480 ; CA Paris 15-9-1993 : D. 1994.som.162 obs. Robert).

GARANTIE

Obligation de fournir caution L'usufruitier doit donner caution au nu-propriétaire de jouir des biens concernés raisonnablement (C. civ. art. 601), c'est-à-dire lui garantir le paiement des indemnités dont il pourrait être tenu à son endroit pour faute de jouissance ainsi que les remboursements de toutes les sommes dont il lui devrait la restitution. La caution doit alors remplir les conditions de l'article 2295 du Code civil. **30605**

Il en est, toutefois, dispensé en cas de vente ou donation du bien grevé sous réserve d'usufruit ou lorsque l'acte constitutif de l'usufruit l'a prévu (art. 601).

La dispense peut être tacite (Cass. civ. 4-12-1958 : Bull. civ. I p. 443). Le juge doit vérifier, si la demande lui est présentée, l'existence ou non de la dispense (Cass. 1e civ. 29-9-2021 n° 20-19.243 F-D).

Mais cette dispense n'emporte pas d'elle-même celle de placer les capitaux, appelée « dispense d'emploi », laquelle doit être expresse (Cass. 1e civ. 22-6-1964 : Bull. civ. I p. 256).

Autres garanties L'usufruitier peut fournir une **hypothèque** (Cass. req. 16-6-1903 : S. 1904.1.198). **30608**

Le nu-propriétaire peut aussi exiger que les **meubles** qui dépérissent par l'usage soient **vendus,** le prix devant en être placé et les intérêts versés à l'usufruitier (C. civ. art. 603).

À **défaut de sûretés,** il y a lieu (C. civ. art. 602) :

– de donner les immeubles à bail ou de les mettre sous séquestre ;

– de placer les sommes liquides ;
– de vendre les denrées et de placer le prix en provenant.

Les intérêts des sommes placées et les loyers reviennent à l'usufruitier (art. 602, al. 4).

30611 **Époque des garanties** L'usufruitier doit fournir sa garantie au moment de son entrée en jouissance et le nu-propriétaire peut retenir le bien grevé jusqu'à ce qu'il y ait procédé (Cass. req. 22-1-1878 : DP 1878.1.316). Toutefois, le retard à donner garantie ne prive pas l'usufruitier des fruits auxquels il peut avoir droit à compter de l'ouverture de l'usufruit (C. civ. art. 604).

Dérivant de la loi, le droit du nu-propriétaire à exiger la garantie est imprescriptible (CA Rennes 6-12-1900 : DP 1903.2.151).

RÉPARATIONS D'ENTRETIEN

30615 L'usufruitier est seulement tenu aux réparations d'entretien des biens dont il a la jouissance (C. civ. art. 605). À défaut d'exécution spontanée, le nu-propriétaire peut l'y contraindre pour les travaux **nécessaires à la conservation du bien** (Cass. civ. 21-3-1962, précité) ; mais l'usufruitier ne peut être obligé aux travaux dont la nécessité est apparue avant la naissance de son usufruit (CA Paris 4-3-1994 : D. 1994.IR.134).

Les réparations d'entretien effectuées par le nu-propriétaire qui a en fait la jouissance des biens grevés ne peuvent pas être mises à la charge de l'usufruitier dès lors qu'elles n'ont plus pour lui d'effet utile et qu'elles ne l'enrichissent pas au détriment du nu-propriétaire (Cass. req. 27-4-1909 : DP 1912.1.245).

L'acte constitutif d'usufruit peut néanmoins dispenser l'usufruitier des réparations d'entretien (Cass. civ. 17-10-1984 : GP 1985.pan.96).

Les réparations d'entretien sont toutes celles que la loi n'a pas qualifiées de **grosses réparations** (C. civ. art. 606, al. 3).

La qualification des réparations est laissée à l'appréciation des tribunaux (Cass. civ. 7-12-1961 : Bull. civ. II p. 593 ; Cass. 3e civ. 2-5-2012 no 11-16.266 F-D : RJDA 10/12 no 828) ; ils considèrent en principe que sont des grosses réparations celles qui intéressent l'immeuble dans sa structure et sa solidité générale, tandis que les réparations d'entretien sont celles qui sont utiles au maintien permanent de l'immeuble en bon état (Cass. 3e civ. 13-7-2005 no 870 FS-PB : RJDA 12/05 no 1323), ce qui exclut la solution antérieure de la troisième chambre civile de la Cour de cassation selon laquelle la liste de l'article 606, al. 1 et 2 du Code civil est limitative (Cass. 3e civ. 25-10-1983 : Bull. civ. III no 194 ; Cass. 3e civ. 27-10-2002 : RJDA 2/03 no 112) mais n'empêche pas la chambre commerciale de la même Cour de maintenir le caractère limitatif de la liste (Cass. com. 12-6-2012 no 11-11.424 F-PB : RJDA 3/13 no 274).

Constituent des réparations d'entretien les travaux de ravalement (Cass. civ. 21-3-1962 : JCP 1963.II.13272 note H.G.) ou le remplacement de la climatisation d'un immeuble (Cass. 3e civ. 10-2-1999 : JCP N 1999.501), le remplacement des planchers (Cass. civ. 19-6-1979 : JCP G 1979.IV.286), tandis que les travaux qui nécessitent une dépense exceptionnelle sont des grosses réparations : par exemple, renouvellement des zingueries (Cass. civ. 2-2-1955 : Bull. civ. I p. 52), réfection des souches de cheminées (Cass. civ. 15-3-1961 : Bull. civ. I no 166), terrassement, charpente et couverture, installation d'une fosse septique et d'une alimentation d'eau (CA Aix 4-3-1982 : Bull. Cour d'Aix 1982/1 p. 32), réfection d'une verrière constituant la façade d'un immeuble (Cass. civ. 13-3-1979 no 77-13.905).

Sur d'autres exemples de grosses réparations, l'article 606, al. 1 et 2 du Code civil étant également applicable dans les rapports bailleur-locataire, no 4626.

L'usufruitier est tenu aux grosses réparations lorsque celles-ci ont été occasionnées par un défaut d'entretien depuis l'ouverture de l'usufruit (C. civ. art. 605 ; Cass. civ. 12-3-1970 : Bull. civ. III p. 151 ; voir aussi Cass. civ. 2-2-1955 : Bull. civ. I p. 52).

CHARGES USUFRUCTUAIRES

30620 **Charges annuelles** L'usufruitier est tenu, pendant le temps de sa jouissance, de toutes les charges annuelles qui portent sur les biens grevés et qui sont la contrepartie des fruits (C. civ. art. 608). Il s'agit, pour l'essentiel, des impôts et taxes de toutes sortes (cf. Cass. com. 25-1-1965 : Bull. civ. III p. 56) ou des droits de garde du portefeuille de valeurs mobilières (CA Paris 10-6-1987 : D. 1987.IR.170).

Mais l'acte constitutif de l'usufruit peut rendre le nu-propriétaire débiteur de ces charges (Cass. com. 7-11-1956 : Bull. civ. III p. 242).

30623 **Charges extraordinaires** L'usufruitier n'est pas tenu de payer les charges qui, contrairement aux précédentes (no 30620), n'ont pas un caractère répétitif : il en doit seulement les intérêts au nu-propriétaire ; s'il les a payées spontanément, il a droit à leur remboursement à la fin de l'usufruit (C. civ. art. 609).

Par exemple, est une charge extraordinaire la fraction des annuités de remboursement d'un emprunt correspondant à l'amortissement du capital (Cass. civ. 20-7-1897 : DP 1899.1.17 note Lanzac de Laborie).

Il en est de même des droits successoraux, y compris le montant des pénalités de retard : le nu-propriétaire doit rembourser ces sommes à l'usufruitier qui a été tenu, en vertu de la solidarité existant entre cohéritiers, de les payer à l'administration fiscale et ne peut exiger que ce remboursement soit reporté à la fin de l'usufruit ou que celui-ci soit diminué à due concurrence (CA Paris 28-11-1990 : D. 1990.IR.299). Mais il a le droit d'obtenir des dommages-intérêts de la part de l'usufruitier si celui-ci a commis dans la déclaration des biens successoraux une faute qui lui a causé un préjudice (même arrêt).

Dettes héréditaires Lorsque l'usufruit a été constitué par testament ou succession et qu'il est universel ou à titre universel, l'usufruitier peut être poursuivi par les créanciers héréditaires pour le paiement des seuls intérêts de leurs créances (Cass. civ. 11-2-1981 : JCP G 1981.II.19693 obs. Rémy) ; il n'est pas personnellement tenu de payer en capital une dette de la succession (Cass. 1e civ. 16-6-1993 : Bull. civ. I n° 223), celle-ci fût-elle indivisible (Cass. 1e civ. 9-12-2003 : RJDA 5/04 n° 624). 30626

L'usufruitier universel ou à titre universel doit supporter les intérêts des dettes héréditaires proportionnellement à la valeur des biens soumis à usufruit (C. civ. art. 612) :

– soit en avançant la somme nécessaire au paiement de la dette exigible, le capital lui étant restitué à la fin de l'usufruit sans intérêts ;

– soit, si le nu-propriétaire paye cette somme, en lui tenant compte des intérêts pendant la durée de l'usufruit ;

– soit, si le nu-propriétaire n'a pas voulu payer cette somme, en subissant la vente jusqu'à due concurrence d'une portion des biens soumis à l'usufruit ; le nu-propriétaire ne peut choisir seul les biens à vendre ; en cas de désaccord avec l'usufruitier sur ce choix, les tribunaux déterminent les biens qui seront vendus (CA Paris 26-3-1979 : J. not. 1980.13) ; mais l'usufruitier n'est tenu à la vente que dans la mesure où les biens mis en vente ne dépassent pas le montant en intérêts des dettes successorales (Cass. 1e civ. 6-3-2001 : Bull. civ. I n° 64).

Charges de procès L'usufruitier doit supporter les frais des procès qui concernent la jouissance des biens ainsi que les condamnations auxquelles ces procès pourraient donner lieu (C. civ. art. 613). 30629

4. DROITS ET OBLIGATIONS DU NU-PROPRIÉTAIRE

DROITS DU NU-PROPRIÉTAIRE

À condition de respecter le droit d'usufruit, le **nu-propriétaire** peut user de son droit de propriété dans les conditions ci-après. 30650

1. Il peut **vendre la nue-propriété,** sans l'accord de l'usufruitier, qui continue alors à jouir de son usufruit sur le bien s'il n'y a pas expressément renoncé (C. civ. art. 621, al. 2), la vente lui étant inopposable (Cass. civ. 28-3-1990 : Bull. civ. III p. 50). La même solution doit être appliquée lorsque des droits sociaux disparaissent par suite de dissolution de la société, l'usufruit étant alors appelé à porter sur le produit de la liquidation (Cass. civ. 8-3-1988 : Rev. soc. 1988.409 note Viandier).

Sous la même réserve d'inopposabilité à l'usufruitier, le nu-propriétaire peut : donner en gage le bien grevé (Cass. com. 18-2-2004 n° 354 : RJDA 8-9/04 n° 1048) ou le léguer (Cass. 1e civ. 12-5-2010 n° 09-11.133 : Bull. civ. I n° 111) ; se retirer d'une société civile, sauf le droit de l'usufruitier de démontrer que l'exercice de ce droit lui fait directement griefs, ce qui n'était pas le cas en l'espèce (TGI Paris 8-1-2014 n° 12/17590 : RJDA 1/15 n° 31 som.).

Il peut même **vendre la nue-propriété en se réservant l'usufruit sur le bien vendu,** sauf à ce que la jouissance du second usufruit ne commence qu'à l'époque où celle du premier aura pris fin (Cass. civ. 25-10-1978 : D. 1979.56), comme il peut, sous la même condition, céder l'usufruit de son bien alors qu'il n'en a pas la jouissance au moment de la cession, un usufruit existant au profit d'un tiers (Cass. com. 30-5-1995 : Bull. civ. IV n° 161).

Il peut encore consentir sur son bien une **promesse de vente** qui emporte, sauf stipulation d'une réserve d'usufruit, nécessairement la cession de la pleine propriété de ce bien en cas d'extinction de l'usufruit (Cass. 3e civ. 28-1-2009 n° 08-12.649 : RJDA 8-9/09 n° 724).

Le nu-propriétaire ne peut toutefois disposer de la propriété que dans la mesure de son propre droit : notamment, les droits qu'il aura consentis seront anéantis s'il vient à perdre, par exemple à la suite d'un retour conventionnel, la propriété des biens qu'il a grevés (CA Douai 6-2-1980 : JCP G 1981.II.19648 obs. Thuillier).

En cas de vente simultanée du bien grevé d'un usufruit actuel et d'un usufruit éventuel, ce dernier n'est pas éteint car les vendeurs (nu-propriétaire et usufruitier actuel) ne peuvent pas transférer plus de droits qu'ils n'en ont ; toutefois, l'usufruit éventuel ne leur est opposable que s'il a été régulièrement publié, ce qui se fait par une annotation sur la fiche du bien grevé au fichier immobilier (cf. Décret du 14-10-1955 art. 5, 4°). La vente simultanée de la nue-propriété et de l'usufruit au même acquéreur constitue la vente du bien sur lequel portaient ces deux droits (Cass. 3e civ. 15-12-2016 n° 15-27.518 FS-PB).

L'**acquéreur** de la nue-propriété devient possesseur du bien à compter du jour de la vente en exerçant cette possession par l'intermédiaire de l'usufruitier (Cass. civ. 3-6-1997 : RJDA 1/98 n° 126, lui imposant le paiement des impôts échus après la vente dès lors que celle-ci les mettait à sa charge à compter de sa prise de possession).

2. Si le **bien grevé** est **indivis,** le nu-propriétaire peut en demander le partage ; pour ce faire, il est fondé à demander à l'usufruitier d'un portefeuille de valeurs mobilières de lui en indiquer la consistance et la valeur, éléments nécessaires pour partager la nue-propriété de ce bien (Cass. civ. 12-11-1998 : D. 1999.167 note Aynès ; Cass. 1e civ. 3-12-2003 n° 00-17.870 : D. 2003. 2495 note Fiorina). Mais il ne peut pas obtenir du juge d'autoriser sa vente en pleine propriété si l'usufruitier s'y oppose (n° 30127).

3. Il est en droit de **s'opposer à la vente** du bien grevé, même sur ordre du juge de l'exécution en vertu d'un titre exécutoire délivré contre l'usufruitier (Cass. 3e civ. 18-11-2009 n° 08-19.875 : RJDA 4/10 n° 455).

4. Il devient propriétaire des **constructions** édifiées sur le terrain en usufruit à l'extinction de l'usufruit, l'accession n'opérant pas immédiatement au profit du nu-propriétaire du sol (Cass. 3e civ. 19-9-2012 n° 11-15.460 : D. 2012.2871 note Tadros). Tant que l'usufruit existe, il ne peut donc pas exercer l'action en responsabilité décennale que la loi attache à la propriété de l'ouvrage (Cass. 3e civ. 13-4-2023 n° 22-10.487 FS-B : RJDA 7/23 n° 405).

OBLIGATIONS DU NU-PROPRIÉTAIRE

30655 **Interdiction de nuire** Le nu-propriétaire doit s'abstenir de tout fait susceptible de nuire aux droits de l'usufruitier (C. civ. art. 599, al. 1).

Par exemple, il ne peut défricher une lande et priver l'usufruitier de toute possibilité d'en tirer des revenus de chasse (Cass. civ. 28-11-1972 : Bull. civ. I p. 233) ni délivrer congé à un locataire (n° 5315).

30658 **Grosses réparations** Le nu-propriétaire a la charge des grosses réparations (C. civ. art. 605), sauf le cas où l'usufruitier en est tenu (n° 30615).

Mais l'**usufruitier** ne peut **pas contraindre** le nu-propriétaire à effectuer ces réparations car la nature de charge réelle de l'usufruit ne lui impose aucune obligation positive (Cass. civ. 10-12-1900 : DP 1901.1.201 ; Cass. 1e civ. 28-10-2009 n° 07-12.488 : RJDA 1/10 n° 93) ni le faire condamner à une indemnité de jouissance pour défaut d'exécution de ces réparations (Cass. 1e civ. 18-12-2013 n° 12-18.537 : RJDA 3/14 n° 282), sauf si celui-ci s'est contractuellement engagé sans équivoque à le faire (Cass. 1e civ. 23-1-2007 n° 06-16.062 : RJDA 8-9/07 n° 914). Si l'usufruitier les exécute spontanément, le nu-propriétaire lui doit compte de l'enrichissement qu'il en retire, mais seulement à la fin de l'usufruit (Cass. civ. 17-7-1911 : DP 1911.1.457 ; CA Rouen 31-10-1973 : GP 1974.1.som.115).

En tout état de cause, le nu-propriétaire n'est **pas tenu de rebâtir** l'immeuble qui a péri par vétusté ou par cas fortuit (C. civ. art. 607) et ce, même s'il a pris conventionnellement à sa charge les dépenses d'entretien (Cass. civ. 23-10-1979 : Bull. civ. III p. 145).

Un immeuble peut être considéré comme détruit dès lors que sa remise en état serait hors de proportion avec sa valeur (Cass. civ. 23-10-1979, précité) ou lorsqu'il est devenu inapte à sa destination et que cet état ne peut être imputé à un défaut d'entretien (CA Dijon 24-1-1991 : GP 1994.som.236).

5. EXTINCTION DE L'USUFRUIT

30700 **Causes** L'usufruit s'éteint pour les causes suivantes.

1. Mort de l'usufruitier. Tout usufruit dont une personne physique est titulaire, quelle que soit la durée pour laquelle il a été institué, s'éteint de plein droit par la mort de l'usufruitier (C. civ. art. 617, al. 2 ; Cass. ch. réunies 16-6-1933 : DH 1933.393 ; Cass. 3e civ. 6-7-2017 n° 15-22.482 FS-PBI : RJDA 1/18 n° 5, irrecevabilité de l'héritier de l'usufruitier à agir en nullité du bail consenti par le nu-propriétaire sans l'accord de l'usufruitier) ; toutefois, l'usufruit peut être reporté sur une autre personne si une clause de réversibilité de l'acte constitutif de l'usufruit l'a prévu (Cass. 1e civ. 6-11-2002 n° 1596 : RJDA 10/03 n° 1028, analysant la clause de réversibilité comme une donation à terme de biens présents et non comme une donation sous condition suspensive du décès du donateur et de la survivance du bénéficiaire, l'usufruit éteint au décès étant intransmissible et le droit du bénéficiaire lui étant définitivement acquis au jour de l'acte) ou il peut être donné par l'usufruitier, étant relevé qu'il s'éteint à la mort du donateur et non de celle du donataire (Cass. 1e civ. 5-1-2023 n° 21-13-966 FS-B).

Est viager l'usufruit acquis par une société pour la durée de survivance d'une personne physique (Cass. 3e civ. 26-9-2018 n° 16-26.503 FS-PB : RJF 1/19 n° 98).

2. Existence d'un terme. L'usufruit cesse à la date d'expiration qui a été fixée dans l'acte constitutif (C. civ. art. 617, al. 3).

L'usufruit accordé jusqu'à ce qu'un tiers ait atteint un âge déterminé dure jusqu'à cette époque, encore que le tiers soit mort avant (art. 620).

Lorsqu'il profite à une **personne morale,** sa durée ne peut pas excéder trente ans (C. civ. art. 619 ; Cass. 3e civ. 7-3-2007 no 227 : RJDA 7/07 no 793, censurant l'arrêt qui avait admis que la durée de trente ans n'était pas d'ordre public ; Cass. 3e civ. 28-1-2015 no 14-10.013 : RJDA 4/15 no 318) ; mais le propriétaire pouvant consentir, sous réserve des règles d'ordre public, un droit réel conférant le bénéfice d'une jouissance spéciale de son bien, la durée de cette jouissance peut être supérieure à trente ans (Cass. 3e civ. 31-10-2012 no 11-16.304 : RJDA 2/13 no 170).

3. Perte du bien. La perte totale des biens grevés entraîne la fin de l'usufruit (C. civ. art. 617, al. 6). Si seule une partie des biens est détruite, l'usufruit se conserve sur ce qui reste (art. 623). En outre, en cas de destruction d'un bâtiment, les droits de l'usufruitier continuent à s'exercer sur le sol et les matériaux sauf si le domaine dont le bâtiment faisait partie n'était pas grevé d'usufruit (art. 624).

L'usufruitier doit indemniser le nu-propriétaire du préjudice résultant de la perte du bien grevé, sauf s'il justifie, comme tout débiteur de corps certain, que la chose a péri par cas fortuit (Cass. civ. 26-6-1991 : Bull. civ. III p. 115).

L'indemnité d'assurance due à la suite de l'incendie d'un bien grevé d'usufruit, assuré par celui-ci, doit être versée à l'usufruitier, à charge pour lui d'en restituer l'équivalent au terme de l'usufruit (TGI Paris 27-1-1973 : J. not. 1973.1021) ; mais si l'assurance souscrite par l'usufruitier comporte une garantie contre le recours des tiers, elle doit être, dès lors que l'usufruitier est responsable envers le nu-propriétaire, versée à ce dernier qui est un tiers par rapport à l'usufruitier, et son assureur est subrogé dans ce droit (Cass. civ. 10-7-1995 : Bull. civ. I no 319).

4. Consolidation de l'usufruit. L'usufruit cesse lorsque l'usufruitier acquiert la nue-propriété des biens grevés ou lorsque le nu-propriétaire devient lui-même usufruitier (C. civ. art. 617, al. 4).

Sur l'absence de consolidation au profit du cessionnaire qui achète la nue-propriété, no 30580.

5. Renonciation de l'usufruitier. L'usufruit s'achève si l'usufruitier y renonce (Cass. civ. 7-2-1979 : D. 1979.IR.396). La renonciation n'est soumise par la loi à aucune formalité spéciale, dès lors que la volonté de renoncer est certaine et non équivoque (Cass. com. 1-7-2008 no 07-17.786 : RJDA 11/08 no 1196).

Les créanciers de l'usufruitier peuvent faire annuler la renonciation qu'il aurait faite à leur préjudice (C. civ. art. 622).

6. Conversion de l'usufruit. L'usufruit est rétroactivement anéanti lorsqu'il est converti en rente viagère (Cass. civ. 2-10-1979 : D. 1980.IR.208) ou lorsqu'il est converti en capital par l'usufruitier (cf. Cass. 1e civ. 19-9-2018 no 17-17.604 : PA 2018 no 239 p. 6 note Niel, qui, à défaut de conversion, maintient l'usufruit).

7. Non-usage. L'usufruit s'éteint par le non-usage pendant trente ans (C. civ. art. 617, al. 5 ; Cass. 3e civ. 27-4-2017 no 15-23.468 F-D).

8. Abus de jouissance. L'usufruitier peut être déchu, en tout ou en partie, de son usufruit s'il abuse de sa jouissance, c'est-à-dire lorsqu'il commet des dégradations sur les biens grevés ou les laisse dépérir faute d'entretien (C. civ. art. 618, al. 1).

Toutefois, le dépérissement de la chose n'est pas abusif lorsqu'il est justifié par des circonstances qui ne sont pas imputables à l'usufruitier (Cass. com. 28-1-1980 : JCP G 1980.II.19416 note Atias ; CA Pau 28-2-1979 : D. 1980.IR.84).

En cas d'abus de jouissance, les juges peuvent, selon les circonstances, prononcer l'extinction absolue de l'usufruit ou n'autoriser le nu-propriétaire à reprendre les biens grevés que sous la charge de payer à l'usufruitier ou à ses ayants cause une somme déterminée, jusqu'à l'instant où l'usufruit aurait dû cesser (C. civ. art. 618, al. 3).

Les créanciers de l'usufruitier peuvent intervenir à l'action en abus de jouissance pour la conservation de leurs droits ; ils peuvent offrir la réparation des dégradations commises et des garanties pour l'avenir (art. 618, al. 2).

Plutôt que de demander que l'usufruitier soit déchu de son droit, le nu-propriétaire peut, dès que les conditions en sont réunies, mettre en cause la responsabilité de l'usufruitier pour obtenir réparation du dommage causé aux biens grevés par un abus de jouissance de ce dernier (Cass. civ. 10-7-1963 : JCP G 1964.II.13592 obs. H.B.).

Liquidation des comptes L'usufruitier est tenu de restituer le capital des créances qu'il a encaissé (no 30565) et les sommes provenant des biens qu'il a régulièrement vendus (nos 30559 s.). **30703**

Le nu-propriétaire a droit à indemnisation pour non-représentation des titres au porteur, car ces titres ne sont pas consomptibles par le premier usage (Cass. com. 12-7-1993 : RJDA 3/94 no 329).

30703 (suite) L'usufruitier ne peut réclamer aucune indemnité pour les améliorations qu'il prétendrait avoir faites, encore que la valeur des biens grevés en fût augmentée (C. civ. art. 599, al. 2), et même si les améliorations consistent en des constructions nouvelles (Cass. req. 4-11-1885 : DP 1886.1.361 rapport Alméras-Latour, jugeant que l'usufruitier ne peut invoquer l'art. 555 du C. civ., lequel est exclu par la règle spéciale de l'art. 599).

En revanche, un tiers peut réclamer au nu-propriétaire le remboursement des travaux d'amélioration qu'il a effectués (Cass. civ. 7-2-1984 : D. 1984.IR.236).

Mais l'usufruitier peut, en cours d'usufruit, disposer des améliorations qu'il a faites puisqu'il est tenu seulement de restituer les biens dans l'état où il les a trouvés (Cass. civ. 11-10-1968 : Bull. civ. III p. 289).

Le nu-propriétaire doit indemniser l'usufruitier des grosses réparations (n° 30658).

CHAPITRE 2

PROPRIÉTÉS INTELLECTUELLES

SOMMAIRE

SECTION 1
DIFFÉRENTS DROITS DE PROPRIÉTÉ INTELLECTUELLE 30950

SECTION 2
RÈGLES COMMUNES AUX PROPRIÉTÉS INTELLECTUELLES 30953

SECTION 3
PROPRIÉTÉ INDUSTRIELLE 31000

I. Brevets d'invention 31000
A. Inventions brevetables 31025
B. Procédure de délivrance du brevet 31200
C. Droits du breveté 31597
D. Contentieux 31700
II. Dessins et modèles 32000
A. Protection par la propriété littéraire et artistique 32003
B. Protection spécifique des dessins et modèles 32090
III. Marques de produits ou de services 32400
A. Choix de la marque 32410
B. Dépôt et enregistrement de la marque 32500
C. Déchéances de la marque 32550
D. Protection de la marque 32575
E. Contentieux des marques 32700
IV. Règles communes aux droits de propriété industrielle 32750
V. Licences, cessions et autres accords portant sur les droits de propriété industrielle 32800
A. Licence de brevet 32800
B. Cession et mise en gage de brevet 33200
C. Licence de marque 33300
D. Cession de marque 33400
E. Nantissement de la marque 33500
F. Accord de coexistence de marques 33550
G. Actes d'exploitation des dessins et modèles 33600
H. Communication de savoir-faire 33700

SECTION 4
PROPRIÉTÉ LITTÉRAIRE ET ARTISTIQUE : DROITS D'AUTEUR ET DROITS VOISINS 34500

I. Droits d'auteur : régime général 34500
A. Œuvres génératrices de droits d'auteur 34510
B. Qualité d'auteur 34603
C. Bénéficiaires de la qualité d'auteur et de la jouissance des droits 34624
D. Droits de l'auteur 34645
II. Droits d'auteur : régimes spéciaux 35000
A. Commande d'une œuvre pour la publicité 35000
B. Logiciels ou programmes d'ordinateurs 35005
III. Droits voisins du droit d'auteur 35048
A. Dispositions communes aux droits voisins 35049
B. Statut de l'artiste-interprète 35058
C. Droits des producteurs 35067
D. Droits des entreprises de communication 35070
IV. Contentieux 35100

SECTION 1

DIFFÉRENTS DROITS DE PROPRIÉTÉ INTELLECTUELLE

30950 La propriété intellectuelle recouvre, selon la législation édictée par le Code de la propriété intellectuelle, la législation des droits sur les œuvres relevant de la propriété **littéraire et artistique,** dite aussi « législation des droits d'auteur », et les droits sur les brevets, les dessins et les modèles ainsi que les marques visés sous le nom de **propriété industrielle.**

Cette législation accorde des droits à des auteurs, des inventeurs, des créateurs entendus comme des personnes physiques. Elle est désormais confrontée à l'épineuse question, qui commence à émerger au contentieux, de savoir si ces droits peuvent aussi être alloués à la production des robots, fruit du développement de l'**intelligence artificielle.** Sur cette question, voir l'article de F. Pollaud-Dulian, « L'humanisme de la propriété intellectuelle au défi des objets produits par intelligence artificielle » (D. 2022. 2051), concluant que les concepts fondamentaux de la propriété intellectuelle, qui ne reconnaissent comme inventeurs ou comme créateurs que des personnes physiques, tiennent toujours bon.

Les droits accordés aux termes de ladite législation bénéficient aux œuvres exploitées sur le territoire de l'État qui les reconnaît. Depuis le début des années 2020, ils couvrent aussi des œuvres exploitées sur des territoires virtuels, dits « **métavers** ».

SECTION 2

RÈGLES COMMUNES AUX PROPRIÉTÉS INTELLECTUELLES

EXISTENCE D'UN CORPS COMMUN

30953 Quoique régies par des règles spécifiques qui sont l'objet des développements des sections qui suivent, les propriétés intellectuelles définies au n° 30950 sont aussi soumises à des règles communes qui les surplombent et constituent un tronc commun.

TRAITÉS INTERNATIONAUX

30956 Les dispositions législatives et réglementaires françaises relatives aux propriétés intellectuelles doivent être conformes à celles des accords internationaux auxquels la France est partie. Tel est le cas :

– de **l'Accord sur les aspects des droits de propriété intellectuelle qui touchent au commerce** (Adpic) reproduit à l'annexe 1 de l'accord instituant l'Organisation mondiale du commerce (OMC) du 15 avril 1994 (Adpic art. 27 s.). Dans la mesure du possible, les dispositions relatives aux propriétés intellectuelles du droit de l'UE (règlement ou directive) doivent être interprétées conformément à cet accord sur les Adpic dès lors qu'il a tranché sur une question traitée par ces dispositions (CJCE 11-9-2007 aff. 431/05 : JCP G 2008.I.158 n° 2 obs. Caron) ;

L'Accord commercial anti-contrefaçon, plus connu sous l'acronyme Acta (pour Anti-Counterfeiting Trade Agreement), signé le 2 octobre 2010, est une proposition de traité international multilatéral destiné à mettre en place un socle standardisé de « meilleures pratiques » pour lutter contre la contrefaçon des droits de propriété intellectuelle, dans la ligne de l'annexe Adpic du traité sur l'OMC du 15 avril 1994. Cet accord a été rejeté par le Parlement européen le 4 juillet 2012 et n'est pas entré en vigueur sur le territoire de l'UE.

– de **l'accord de commerce et de coopération entre l'UE et la Communauté européenne de l'énergie atomique, d'une part, et le Royaume-Uni de Grande-Bretagne et d'Irlande du Nord,** d'autre part (accord UE/RU), conclu le 24 décembre 2020, entré en vigueur le 1er janvier 2021, qui comprend un titre V consacré à la propriété intellectuelle.

DROIT DE L'UE

Directive 2004/48/CE La directive 2004/48/CE du Parlement européen et du Conseil du 29 avril 2004 relative au respect des droits de propriété intellectuelle concerne les mesures, procédures et réparations nécessaires pour assurer le respect des droits de propriété intellectuelle. **30959**

Ces dispositions concernent les preuves, le droit d'information, les mesures provisoires et conservatoires, les mesures résultant d'un jugement quant au fond, les dommages-intérêts et les frais de justice, les mesures de publicité.

La directive précise expressément qu'au regard des fins qui sont les siennes l'expression « droits de propriété intellectuelle » inclut les droits de propriété industrielle (art. 1).

La protection de la propriété intellectuelle justifie, notamment, que les législations des États membres prévoient une obligation de communication de **données à caractère personnel** de la part des fournisseurs d'accès pour permettre d'identifier des abonnés utilisant l'échange de pair à pair puisque la directive sur la protection des données à caractère personnel prévoit que cette protection peut-être soumise à des limites dont la propriété intellectuelle peut faire partie ; de plus, les États membres se doivent de concilier le droit à la protection de la propriété avec les principes fondamentaux protégés par l'ordre juridique communautaire (devenu de l'UE) et les autres principes généraux du droit communautaire, tels que le principe de proportionnalité (CJCE 29-1-2008 aff. 275/06 : RTD com. 2008.302 obs. Pollaud-Dulian ; sur le droit d'obtenir des informations à caractère personnel pour protéger les droits d'un auteur, CJUE 17-6-2021 aff. 597/19 précité).

Office de l'Union européenne pour la propriété intellectuelle L'Office de l'UE pour la propriété intellectuelle, le plus souvent cité « EUIPO » (European Union Intellectual Property Office), nommé jusqu'en mars 2016 « Office de l'harmonisation dans le marché intérieur » (OHMI), est une agence de l'UE chargée de gérer les systèmes d'enregistrement des marques et des dessins ou modèles, en vigueur dans les États membres. **30960**

Les décisions prononcées par cet office sont susceptibles de recours devant le TUE et de pourvoi devant la CJUE à la condition que les pourvois formés contre les décisions du Tribunal portant sur une décision d'une chambre de recours indépendante de l'EUIPO soient admis au préalable par la Cour (Statut de la CJUE, art. 58 bis al. 1 : pour une application, CJUE 18-3-2021 aff. 667/20 P).

ORGANISATION MONDIALE DE LA PROPRIÉTÉ INTELLECTUELLE (OMPI)

L'Ompi, appelée également le Wipo (World Intellectual Property Organization), est une institution spécialisée des Nations unies. Sa mission officielle est de stimuler la créativité et le développement économique en promouvant un système international de propriété intellectuelle, notamment en favorisant la coopération entre les États. Son siège est situé à Genève en Suisse. L'Ompi comporte 191 États membres dont un État observateur (Palestine) et administre 26 traités internationaux. Son site internet est : www.wipo.int. **30964**

PLATEFORMES « MÉTAVERS »

Il existe aujourd'hui des nouveaux mondes virtuels, dits « métavers » dans lesquels sont notamment exploitées des marques et des œuvres d'auteurs couvertes dans le monde réel par la protection du droit de la propriété intellectuelle. Ces biens sont représentés par des jetons, dits NFT (Non Fungible Token), liés au nom d'un propriétaire et certifiés via la technologie blockchain. **30967**

En l'état, selon des informations circulant sur internet, l'essentiel de l'activité se concentre sur le marketing afin de générer des ventes dans le monde réel. Par exemple, des musiciens donnent des concerts sur des scènes virtuelles pour promouvoir leurs albums, tout comme des marques de vêtements participent à des défilés de mode virtuels afin de susciter l'intérêt pour leurs dernières créations. Certaines de ces opérations marketing permettent également aux entreprises de gagner de l'argent. L'enseigne américaine de vêtements Gap a commencé à vendre des sweats à capuche numériques, sous la forme de NFT.

En l'état, aucun conflit né de ce mode d'exploitation n'a été tranché par une juridiction. Néanmoins, des germes de conflits se font jour notamment en matière de marques (n° 32402) et de droits d'auteur (n° 34760).

Cette nouvelle exploitation des marques virtuellement utilisées est de nature à être arguée de contrefaçon des marques réelles, et il pourra être soulevé qu'une marque déposée en classe 18 par exemple ne sera pas contrefaite par un NFT relevant de la classe 9.

Selon un auteur (M.-H. Fabiani, « NFT, métavers et « méta propriété intellectuelle » », GP 2022.13), pour le moment, les NFT contrefaisants ne concernent que les marques bénéficiant d'une importante notoriété et qui revêtent, pour la plupart, la qualification juridique de « marques notoires ». Or, une marque notoirement connue peut être invoquée pour contester son usage pour des produits et services dans lesquels elle n'est pas déposée, ce qui permet, en tout état de cause, à un titulaire d'une marque déposée en classe 18 de contester son usage pour la classe 9 (NFT).

SECTION 3

PROPRIÉTÉ INDUSTRIELLE

I. BREVETS D'INVENTION

DÉFINITION

31000 Le brevet est un titre délivré par un organisme public spécialisé conférant à son titulaire le droit exclusif d'exploiter une invention pendant vingt ans.

RÉGIME

31003 **Législation nationale et européenne sur les brevets** Les brevets d'invention sont régis par les dispositions du Code de la propriété intellectuelle (art. L 611-1 s. et R 611-1 s.), ci-après « CPI ».

Sur les dispositions relatives à la propriété intellectuelle, n°s 30950 s., et à l'Adpic, n° 30956.

Sur l'application de la loi française à une obligation non contractuelle résultant d'une atteinte à un brevet d'invention, règlement CE 864/2007 du 11 juillet 2007 relatif à la loi applicable aux obligations non contractuelles (art. 8).

Le **brevet européen,** délivré par l'Office européen des brevets (OEB), qui a un effet **unitaire** assurant une protection uniforme et produisant des effets identiques dans tous les États membres participants, a été créé par les règlements 1257/2012 et 1260/2012 du 17 décembre 2012. Le premier fixe le statut du brevet européen et le second énonce les modalités applicables en matière de traduction des brevets européens. Ils sont entrés en vigueur le 20 janvier 2013. L'application de ces règlements est effective depuis le 1er juin 2023, date d'entrée en activité de la juridiction unifiée du brevet (JUB) instituée par l'Accord relatif à une juridiction unifiée du brevet conclu le 19 février 2013, assorti de deux annexes dont la première fixe les statuts de ladite juridiction. La JUB a compétence pour statuer sur la validité et la contrefaçon des brevets européens au sens de la convention de Munich (n° 31015) et des brevets européens unitaires ; ses décisions sont exécutoires directement dans tous les États membres ayant ratifié l'accord sur la JUB. L'objectif qui lui est assigné par l'accord est « d'accroître la sécurité juridique par la création d'une juridiction unifiée du brevet pour le contentieux lié à la contrefaçon et à la validité du brevet ».

Le brevet unitaire européen n'a pas vocation à remplacer le brevet européen en vigueur actuellement (n° 31015).

31006 **Conventions internationales** La réglementation internationale résulte des cinq conventions suivantes.

31009 **1. Convention d'Union de Paris.** Trois principes gouvernent cette convention signée le 20 mars 1883, remplacée par l'acte signé à Stockholm le 14 juillet 1967 et publié par le décret 75-762 du 6 août 1975.

a. Droit de priorité à l'obtention d'un brevet. Le ressortissant d'un pays de l'Union jouit, dans les douze mois qui suivent le dépôt de la première demande de brevet, d'un droit de priorité pour déposer une demande dans les autres États signataires (art. 4 de la convention) ; sur le droit, en cas de méconnaissance du délai susvisé, d'obtenir la restauration du droit de priorité : CPI art. L 612-16-1. Le cessionnaire d'une demande de brevet ne jouit pas, sauf stipulation expresse du contrat, du bénéfice de ce droit de priorité (Cass. com. 18-6-1996 : RJDA 12/96 n° 1563, précisant que la mention visant « tous les droits attachés [au brevet] sans aucune réserve ni exception » ne vaut pas cession du droit de priorité). Sur la non-exigence d'un écrit pour constater la cession de la priorité, n° 33200.

Un droit de priorité est aussi reconnu au premier dépôt effectué dans un État qui ne fait pas partie de l'Union de Paris ou de l'Organisation mondiale du commerce, avec les mêmes effets que ceux du droit de priorité résultant de la convention de Paris, dans la mesure où cet État accorde, sur la base d'un premier dépôt d'une demande de brevet français ou d'une demande internationale ou de brevet européen désignant la France, un droit de priorité équivalent (CPI art. L 611-12).

b. Indépendance des brevets. Les titres obtenus dans chacun des pays de l'Union en vertu du droit de priorité sont indépendants les uns des autres (art. 4 bis de la convention). La validité et la durée de chacun des brevets sont soumises aux règles en vigueur dans chacun des États recevant la demande de brevet. Les causes de nullité et de déchéance susceptibles d'être invoquées dans un pays ne peuvent pas l'être dans les autres.

c. Égalité de traitement des ressortissants unionistes. Les ressortissants d'un État de l'Union jouissent, dans tous les autres États signataires, des mêmes droits que les nationaux (art. 2 de la convention). Par ailleurs, les Français peuvent revendiquer l'application à leur profit, en France, des dispositions de la convention qui sont plus favorables que la loi française pour protéger leurs droits (CPI art. L 614-31).

2. Traité de coopération en matière de brevet (PCT). Le traité, signé à Washington le 19 juin 1970 et publié en France par le décret 78-550 du 21 avril 1978, autorise le dépôt d'une **demande internationale unique** indiquant les pays concernés auprès de l'organisme national compétent (l'Inpi pour la France). Une **recherche internationale** de l'état de la technique est alors effectuée par des organismes nationaux spécialisés ou par des administrations internationales désignées par l'assemblée PCT. Mais chaque État est libre de suivre ou non les conclusions de l'avis de brevetabilité et le brevet délivré demeure un brevet national. Les règles d'application de cette convention sont fixées par les articles L 614-17 s. du CPI. **31012**

3. Convention de Munich. La convention de Munich sur la délivrance de **brevets européens,** signée le 5 octobre 1973 et publiée en France par le décret 77-1151 du 27 septembre 1977, est un arrangement particulier de la convention d'Union de Paris. Les modalités d'application de la convention sont fixées par les articles L 614-1 s. du CPI. **31015**

Ces articles ont été modifiés par l'ordonnance 2018-341 du 9 mai 2018 relative au brevet européen à effet unitaire et à la juridiction unifiée du brevet ; cette ordonnance est entrée en vigueur à la même date que celle de l'entrée en vigueur de l'accord relatif à une juridiction unifiée du brevet, signé à Bruxelles le 19 février 2013 (Ord. 2018-341 art. 23, I), complétée par le décret 2018-429 du 31 mai 2018 sur le paiement des redevances de maintien en vigueur d'un brevet européen en cas de rejet de l'effet unitaire ; la loi 2014-199 du 24 février 2014 a autorisé la ratification par la France dudit accord, dont la date d'entrée en vigueur, subordonnée à la ratification par les États concernés, est intervenue le 1er juin 2023.

La convention de Munich se caractérise par les apports suivants.

a. Organisation administrative unique. L'**Office européen des brevets** (OEB), dont le siège est à Munich, est un organisme autonome qui décide, après examen, de la suite à donner aux demandes de brevets européens. Ses décisions sont susceptibles de recours devant les chambres de recours et la Grande Chambre de recours de l'OEB.

b. Procédure unique de délivrance du brevet européen. Toute personne physique ou morale peut déposer une demande de brevet européen auprès de l'OEB ou de l'organisme national compétent qui la transmet à l'OEB (art. 60 de la convention).

En France, les demandes de brevets européens sont déposées à l'Inpi, soit à Paris, soit dans l'un des centres régionaux désignés à cet effet ; la demande est obligatoirement déposée à Paris « lorsque le déposant a son domicile ou son siège en France et qu'il ne revendique pas la priorité d'un dépôt antérieur en France » (CPI art. L 614-2).

L'OEB procède à un examen approfondi de la demande qui, pour être régulière, doit satisfaire aux conditions exigées par la convention concernant l'auteur du dépôt (art. 58 à 62 de la convention), les conditions de brevetabilité (art. 52 à 57) et la forme de la demande (art. 78).

Les conditions de brevetabilité exigées par la convention sont semblables à celles de la loi française, nos 31025 s.

La publication de la décision de délivrance au Bulletin européen des brevets rend effective la protection de l'invention. Toutefois, la protection n'est définitive que si, dans les neuf mois qui la suivent, les tiers, quels que soient leur nationalité ou leurs liens avec le breveté, n'ont pas demandé la révocation du brevet (art. 99 de la convention).

La procédure d'opposition ne peut être engagée que pour les motifs suivants : l'objet du brevet n'est pas brevetable aux termes des articles 52 à 57 de la convention ; l'invention n'est pas exposée de façon suffisamment claire et complète pour qu'un homme de métier puisse l'exécuter ; l'objet du brevet s'étend au-delà du contenu de la demande telle qu'elle a été déposée ou, si le brevet est délivré sur la base d'une demande divisionnaire, du contenu de la demande initiale (art. 100 de la convention).

c. Double régime juridique du brevet européen. Le brevet européen n'est pas un titre unique. Dès sa publication, il éclate en autant de brevets nationaux que le déposant en a demandé et se substitue à eux ; il a les mêmes effets et est soumis au même régime qu'un **brevet national** délivré dans cet État (art. 64, 1 de la convention), mais seulement dans la mesure des revendications qu'il reprend ; en conséquence, la partie du brevet français qui n'est pas reprise subsiste et peut, notamment, fonder une action en contrefaçon (Cass. com. 17-10-1995 : RJDA 2/96 no 290).

Dans la mesure où un brevet français couvre une invention pour laquelle un brevet européen a été délivré au même inventeur ou à son ayant cause avec la même date de dépôt ou de priorité, le brevet français cesse de produire ses effets selon les dispositions de l'article L 614-13 du CPI. Le tribunal judiciaire de Paris est seul compétent pour constater que le brevet français cesse de produire ses effets (CPI art. L 615-17, al. 3 et C. org. jud. art. D 211-6).

Toutefois, les règles de la convention sont seules applicables en ce qui concerne la durée de validité du brevet (vingt ans au moins ; art. 63), les conditions de brevetabilité (art. 52 à 57), l'étendue de la protection (art. 69) et les causes de nullité (art. 138).

Le brevet déposé dans un pays pour lequel le brevet européen n'a pas été demandé est totalement indépendant de celui-ci (TGI Paris 23-9-1992 : PIBD 1993.535.III p. 8).

31021 **4. Traité de l'Organisation mondiale de la propriété intellectuelle.** Ce traité, signé à Genève le 14 septembre 2000 et publié en France par le décret 2010-10 du 6 janvier 2010, est entré en vigueur le 5 janvier 2010. Il uniformise notamment le régime des demandes de brevet, de validité du brevet et des revendications.

A. Inventions brevetables

1. CONDITIONS DE BREVETABILITÉ

31025 La brevetabilité d'une invention suppose la réunion de trois conditions :
- l'invention doit présenter un caractère de nouveauté ;
- elle doit résulter d'une activité inventive ;
- elle doit être susceptible d'application industrielle.

Une quatrième condition apparaît progressivement, celle de la qualité de personne physique du demandeur de brevet ; elle a notamment été exigée par refus de reconnaître la qualité d'inventeur à un système d'intelligence artificielle par les offices de brevet anglais, européen et américain ; en revanche, elle a été admise par l'office de brevet sud-africain.

CARACTÈRE DE NOUVEAUTÉ

31028 L'invention est considérée comme nouvelle si elle n'est pas comprise dans l'état de la technique (CPI art. L 611-11, al. 1). La nouveauté d'une invention ne peut être ruinée que par une antériorité de toutes pièces qui implique une identité d'éléments, de forme, d'agencement, de fonctionnement et de résultat technique (Cass. com. 17-5-2023 n° 19-25.509 F-D).

31031 **État de la technique** L'état de la technique est constitué par « tout ce qui a été rendu accessible au public avant la date de dépôt de la demande de brevet par une description écrite ou orale, un usage ou tout autre moyen » (CPI art. L 611-11, al. 2).

Cette disposition appelle les observations suivantes.

31034 **1.** Le caractère de nouveauté est écarté lorsque l'objet de l'invention a été avec certitude rendu **accessible au public** avant le dépôt du brevet, le public s'entendant de toute personne non tenue au secret, de telle sorte que les caractéristiques de l'invention apparaissent de façon suffisamment claire pour que l'homme de métier comprenne l'invention et puisse, grâce aux informations communiquées, en appréhender le processus de création (CA Paris 17-9-1997 : RDPI 1997 n° 80 p. 23 ; CA Paris 1-10-1997 : RDPI 1997 n° 81 p. 24 ; CA Paris 21-5-2003 n° 01-18827 : Propr. intell. 2003.410 obs. Galloux).

En revanche, l'invention n'a pas été divulguée lorsque l'antériorité invoquée ne révèle pas la possibilité d'appliquer le dispositif qu'elle décrit à l'objet pour lequel le brevet en cause est demandé (raquette de tennis), mais concerne un domaine totalement différent (celui de la construction automobile) (CA Paris 19-10-1994 : GP.1995.som.487) ni lorsque ont été produits des éléments techniques contenus dans des documents communiqués en vue de la conclusion de marchés publics (CA Paris 8-3-1994 : RDPI 1994 n° 56 p. 47).

Le brevet étant un titre présumé valide, le doute sur la teneur de la divulgation et sur la date de celle-ci profite au breveté (CA Paris 28-5-1999 : Dossiers Brevets 1999.II.1).

Il n'y a pas communication au public si les bénéficiaires de la communication sont tenus par une clause de confidentialité (cf. Cass. com. 19-5-1987 : Dossiers Brevets 1987.IV.3).

L'obligation de confidentialité étant d'interprétation stricte, elle ne saurait résulter implicitement de l'existence de relations commerciales et, même si un écrit n'est pas nécessaire pour parvenir à un accord de confidentialité, la preuve d'entretiens ou de contacts verbaux doit être rapportée ; la mention de propriété, assortie de formules d'usage, apposée sur les documents transmis ne constitue pas une clause de confidentialité (Cass. com. 17-3-2015 n° 13-15.862).

31037 **2. L'état de la technique** est constitué par tout ce qui a été rendu accessible au public avant la date de dépôt de la demande de brevet par une description écrite ou orale, un usage ou tout autre moyen (CPI art. L 611-11, al. 2), permettant d'en connaître avec certitude les éléments et de la reproduire (CA Paris 22-3-1982 : GP 1983.som.275).

Fait aussi partie de l'état de la technique le contenu des demandes de brevet français, ainsi que de celles de brevet européen ou international désignant la France, qui ont été déposées avant la demande de brevet en cause et n'ont été publiées qu'à cette date ou à une date postérieure (CPI art. L 611-11, al. 3).

Un dessin, pris indépendamment de toute description, peut constituer une antériorité s'il est suffisamment clair pour montrer la forme et la fonction des moyens qu'il représente (CA Paris 19-4-1984 : Ann. propr. ind. 1985.140).

L'état de la technique ne constitue une antériorité que s'il présente tous les moyens caractéristiques de l'invention revendiquée réunis dans la même forme, le même agencement et le même fonctionnement – « antériorité de toutes pièces » (Cass. com. 8-6-1982 n° 80-16.457 : Bull. civ. IV n° 222 ; Cass. com. 12-3-1996 n° 94-15.283 : DA 1996.619 ; CA Paris 19-11-1982 : GP 1983.som.276 ; CA Paris 12-1-2005 : GP 2006.som.519) sans laisser subsister de doutes (CA Paris 24-3-1983 : D. 1984.IR.212).

3. La **divulgation** de l'invention n'est **pas prise en considération** dans les deux cas suivants (CPI art. L 611-13) : 31040

a. Si elle a lieu dans les six mois précédant la date du dépôt de la demande de brevet ;

Lorsqu'un brevet a été déposé à l'étranger avec demande de priorité en France, c'est à la date d'acquisition de la priorité qu'il faut se placer pour apprécier si la divulgation a eu lieu (CA Paris 16-1-1992 : D. 1993.som.375 obs. Mousseron et Schmidt, ces derniers estimant que la demande visée par la loi est la demande française).

b. Si elle résulte de la publication, après la date de ce dépôt, d'une demande de brevet antérieure ;

et si, dans l'un ou l'autre des deux cas précédents, elle résulte directement ou indirectement :

– d'un abus évident à l'égard de l'inventeur ou de son prédécesseur en droit ;

– du fait que l'invention ait été présentée par eux dans une exposition officielle ou officiellement reconnue au sens de la convention révisée concernant les expositions internationales signée à Paris le 22 novembre 1928 ; toutefois, dans ce dernier cas, l'exposition de l'invention doit avoir été déclarée lors du dépôt et une justification produite dans les délais et conditions fixés par voie réglementaire.

ACTIVITÉ INVENTIVE

Une invention est considérée comme impliquant une activité inventive si, pour un homme de métier, elle ne résulte pas d'une manière évidente de l'état de la technique (CPI art. L 611-14). 31050

Si l'état de la technique comprend des documents relatifs à des demandes de brevets (supra n° 31037), ces documents ne sont pas pris en considération pour l'appréciation de l'activité inventive (CPI art. L 611-14).

C'est la partie qui invoque le défaut d'activité inventive qui doit prouver qu'il était évident pour l'homme de métier de réaliser l'invention prétendue (CA Paris 27-3-1996 : GP 1996.som.490) et les juges ne peuvent pas reconnaître l'existence d'une invention sans avoir recherché si celle-ci ne résultait pas d'une manière évidente de l'état de la technique (Cass. com. 8-6-1982 n° 80-16.457 : Bull. civ. IV n° 222) et doivent motiver leur décision retenant un défaut d'activité inventive (Cass. com. 19-4-2005 n° 628 : RTD com. 2006.350 n° 10 obs. Galloux qui date l'arrêt du 20-5-2005).

Il n'y a pas activité inventive lorsque l'homme du métier peut, dans le cadre d'une simple mesure d'exécution, réaliser la solution technique revendiquée (Cass. com. 8-12-2015 n° 14-16.836 F-D). En l'absence d'activité inventive, le brevet est nul (Cass. com. 4-10-2016 n° 15-12.294 F-D ; CA Paris 24-3-1983 : D. 1984.IR.212).

Référence à l'homme de métier L'homme de métier est celui qui possède les connaissances normales de la technique en cause et qui est capable, à l'aide de ses seules connaissances professionnelles, de concevoir la solution du problème que propose de résoudre l'invention (Cass. com. 17-10-1995 : Bull. civ. IV p. 216). Cet homme doit être un homme « du » métier, c'est-à-dire un spécialiste de la technologie en cause, ce que les juges doivent préciser (Cass. com. 20-11-2012 n° 11-18.440), et il doit pouvoir être considéré comme ayant des connaissances dans les domaines voisins (Cass. com. 23-6-2015 n° 13-25.082). 31053

Indices d'activité inventive Constitue un indice d'activité inventive le fait de : 31056

– utiliser un procédé ne résultant pas de manière évidente de l'état de la technique et dont la mise en œuvre avait été présentée comme risquée (CA Paris 25-3-1993 : GP 1994.som.44 ; dans le même sens, Cass. com. 12-12-1995 : JCP E 1996.II.844 note Mousseron et Hagel ; CA Paris 21-11-1991 : RDPI 1992 n° 40 p. 62) ;

– résoudre un problème distinct notamment en ayant dû vaincre un préjugé (CA Paris 9-3-1993 : RDPI 1993 n° 47 p. 40) ;

– perfectionner une technique déjà existante (CA Paris 19-12-1979 : Ann. propr. ind. 1982.60 ; CA Lyon 15-2-1990 : Dossiers Brevets 1990.IV.10 ; TGI Lyon 26-3-1992 : RDPI 1992 n° 40 p. 56) ;

– combiner d'une manière nouvelle des éléments connus (Cass. com. 15-2-1983 : Bull. civ. IV p. 49 ; CA Paris 12-1-1982 : GP 1983.som.112 ; CA Douai 19-3-1990 : Dossiers Brevets 1990.IV.1) ;

– utiliser un moyen de telle sorte qu'il exerce une fonction qu'il n'exerçait pas auparavant et qui n'était connue que dans un secteur technique lointain que l'homme du métier de l'invention brevetée ne pouvait transférer par de simples opérations d'exécutant (CA Paris 13-3-1996 : RDPI 1996 n° 65 p. 41).

La gestation de l'invention est aussi un élément d'appréciation de l'activité inventive. Celle-ci peut donc être déduite du temps écoulé entre l'apparition des moyens et leur combinaison (CA Paris 29-3-1984 : Ann. propr. ind. 1984.14). Toutefois, la prise en considération de cet indice ne saurait être automatique (TGI Paris 7-11-1984 : D. 1986.IR.136).

APPLICATION INDUSTRIELLE

31060 Une invention est considérée comme susceptible d'application industrielle si son objet peut être fabriqué ou utilisé dans quelque genre d'industrie que ce soit, y compris l'agriculture (CPI art. L 611-15).

Le résultat industriel que doit procurer une invention est essentiellement constitué par l'**effet technique** que produit un moyen déterminé dans la fonction qui lui est assignée (Cass. com., 7-7-2015 n° 14-12.733 ; CA Paris 21-3-2001 : GP 2002.1484 note Schmitt), ce qui n'est pas le cas d'une méthode de courtage en ligne permettant de mettre en relation vendeurs et acheteurs d'un produit offert à la vente sur un site (CA Rennes 7-10-2003 : JCP E 2004.562 note Caron). Il n'est pas exigé que le résultat apporte un progrès ou constitue une utilité (CA Paris 9-6-1977 : Ann. propr. ind. 1978.275). Il est donc indifférent, dans l'appréciation de cette condition de brevetabilité, que les industriels considèrent l'invention sans intérêt du point de vue commercial et sans utilité dans l'exploitation (CA Paris 23-3-1977 : Ann. propr. ind. 1978.81).

2. CATÉGORIES D'INVENTIONS BREVETABLES

DIFFÉRENTES CATÉGORIES D'INVENTIONS BREVETABLES

31100 Dès lors qu'elle n'est pas exclue par la loi (n° 31103), l'invention peut être brevetée dans tous les domaines technologiques (CPI art. L 611-10, 1), notamment les catégories suivantes.

1. Produits. Le produit est un corps certain, déterminé, constituant un objet matériel ayant une forme, des caractères spéciaux qui le distinguent de tout autre objet. Mais il doit résulter de l'intervention de la main de l'homme ; la découverte d'un produit naturel n'est donc pas protégeable.

2. Moyens. Les agents, organes ou procédés qui mènent à l'obtention, soit d'un résultat, soit d'un produit, constituent un moyen. Le moyen peut être général ou particulier. Particulier, il se présente sous une forme de réalisation bien définie ; général, il constitue l'abstraction du moyen particulier.

3. Application nouvelle de moyens connus. L'application nouvelle de moyens connus constitue une invention brevetable puisqu'il s'agit, tout en utilisant des moyens faisant partie de l'état de la technique, d'en tirer un résultat différent de celui qu'ils avaient produit jusque-là. Tel est le cas d'un produit connu pour ses propriétés antibiotiques qui est utilisé pour la première fois comme stimulateur de la croissance des animaux (CA Paris 20-1-1977 : D. 1978.IR.146).

4. Combinaison nouvelle de moyens connus. La combinaison nouvelle de moyens connus résulte de la réunion ou de l'association de moyens de telle sorte qu'ils concourent à l'obtention d'un résultat d'ensemble, distinct de la simple addition de moyens juxtaposés (pour des exemples, Cass. com. 21-6-1988 : Bull. civ. IV p. 143 ; CA Paris 9-3-1993 : RDPI 1993 n° 47 p. 40). Les juges du fond apprécient souverainement son existence (Cass. com. 9-5-1990 : Bull. civ. IV p. 90). Lorsque plusieurs revendications portent sur les moyens qui coopèrent entre eux en vue d'un résultat commun d'ensemble, indépendant des résultats individuels, il y a lieu pour l'appréciation de la nouveauté et de l'activité inventive de les prendre en combinaison (CA Paris 20-10-1992 : GP 1993.som.351).

La combinaison se distingue de la **« juxtaposition »** qui n'est pas brevetable ; il y a juxtaposition lorsque « l'invention » est le simple résultat de l'addition de moyens connus ne coopérant pas à l'obtention d'un résultat d'ensemble (CA Paris 16-2-1982 : GP 1983.som.275), chacun d'eux pouvant être supprimé sans que le résultat des autres s'en trouve affecté (CA Paris 1-12-1993 : D. 1996.som.17 obs. Mousseron et Schmidt).

5. Inventions de médicaments. Les produits, notamment les substances ou compositions, utilisés pour la mise en œuvre d'une méthode de traitement thérapeutique ou chirurgical du corps humain ou animal ou d'une méthode de diagnostic sont brevetables (CPI art. L 611-16).

6. Inventions nucléaires. Les inventions nucléaires sont brevetables. Toutefois, elles sont soumises à un régime spécial de licence d'office pour insuffisance d'exploitation (art. 17 du traité Euratom).

7. Inventions biologiques. Sont brevetables les inventions portant sur un produit constitué en totalité ou en partie de matière biologique, ou sur un procédé permettant de produire, de traiter ou d'utiliser de la matière biologique (CPI art. L 611-10, 4).

8. Inventions par ordinateur. Le pourvoi en cassation visant à décrire l'absence de caractère technique d'une invention mise en œuvre par ordinateur a été rejeté comme ne pouvant pas entraîner la cassation de l'arrêt attaqué (Cass. com. 11-1-2023 n° 20-10.935 F).

EXCLUSIONS

Certaines inventions ne sont pas brevetables en raison, soit de leur objet, soit de leur domaine, soit de la protection dont elles bénéficient par ailleurs. 31103

Ce sont (CPI art. L 611-10, 2, L 611-16 à L 611-19) :

– les découvertes ainsi que les théories scientifiques et les méthodes mathématiques ;

– les créations esthétiques ;

– les plans, principes et méthodes dans l'exercice d'activités intellectuelles, en matière de jeu ou dans le domaine économique, ainsi que les programmes d'ordinateurs ;

– les présentations d'informations ; les premières décisions concernant ces présentations ont rejeté leur brevetabilité (Cass. com. 13-2-1973, n° 71-13.756 : JCP 1974. II. 626, obs. Pérot-Morel ; Cass. com. 22-5-1979 n° 77-13.387 ; CA Paris 4-11-1959 : Annales 1959, 302) ; mais, depuis, l'OEB (OEB 15-3-2000, T.1194/9) a défini la présentation d'information comme « un objet véhiculant simplement un contenu cognitif ou esthétique destiné directement à un être humain » ; il en a été déduit que la présentation qui use de moyens techniques, notamment le recours à un ordinateur pour les communiquer, constitue une invention brevetable (Cass. com. 11-1-2023 n° 20-10.935 F : D. 2023.468 chr. Pollaud-Dulian) ;

– les méthodes de traitement chirurgical ou thérapeutique du corps humain ou animal ainsi que les méthodes de diagnostic appliquées au corps humain ou animal ;

– les inventions dont la publication ou la mise en œuvre sont contraires à l'ordre public ou aux bonnes mœurs, la mise en œuvre d'une telle invention ne pouvant être considérée comme telle du seul fait qu'elle est interdite par une disposition légale ou réglementaire ;

– le corps humain, aux différents stades de sa constitution et de son développement, ainsi que la simple découverte d'un de ses éléments, y compris la séquence totale ou partielle d'un gène ;

– les races animales, les variétés végétales, les procédés essentiellement biologiques, les produits obtenus par ces procédés, les procédés d'obtention de végétaux ou d'animaux et les procédés de modification de l'identité génétique des animaux de nature à provoquer chez eux des souffrances.

Sont l'objet d'une protection spéciale, sous la forme d'un titre appelé « certificat d'obtention végétale » (CPI art. L 623-4, I), les obtentions végétales. Elles sont aussi l'objet d'une protection communautaire par le règlement CE 2100/94 du 27 juillet 1994.

B. Procédure de délivrance du brevet

Seule la procédure de demande de brevet national auprès de l'Inpi est exposée ci-après. Toutefois, une demande de brevet international ou européen (nos 31006 s.) peut y être substituée, ce qui facilite l'extension ultérieure de la protection du brevet à d'autres pays. 31200

1. DÉPÔT DE LA DEMANDE DE BREVET

Le demandeur doit déposer un dossier comportant (CPI art. R 612-3) : 31203

– une requête en délivrance de brevet d'invention ;

– une description de l'invention, accompagnée le cas échéant de dessins ;

– une ou plusieurs revendications ;

– un abrégé du contenu technique de l'invention ;

– le cas échéant, une copie des dépôts antérieurs dont des éléments sont repris dans les conditions prévues à l'article L 612-3 ; les éléments repris y sont mis en évidence.

DESCRIPTION

L'invention doit, sous peine de nullité de la demande, être exposée de façon suffisamment claire et complète pour que l'homme de métier puisse l'exécuter (CPI art. L 612-5, al. 1 et L 613-25, b ; Cass. com. 13-11-2013 n° 12-14.803 : JCP E 2014.1613 n° 14 ; sur la notion d'homme de métier, n° 31053). Si l'on peut exiger de cet homme l'accomplissement de quelques essais, ceux-ci doivent demeurer dans les limites du raisonnable et n'exiger aucune part inventive (CA Paris 29-11-1995 : RDPI 1996 n° 63 p. 51). 31206

La description de l'invention doit comporter les éléments suivants (CPI art. R 612-12) :
– l'indication du domaine technique auquel se rapporte l'invention ;
– l'indication de l'état de la technique antérieure connu du demandeur et pouvant être utile pour l'intelligence de l'invention et l'établissement du rapport de recherche ; les documents servant à refléter l'état de la technique doivent être cités ;
– un exposé de l'invention telle que caractérisée dans les revendications permettant la compréhension du problème technique ainsi que la solution qui lui est apportée ; sont indiqués, le cas échéant, les avantages de l'invention par rapport à l'état de la technique antérieure ; la description est nulle si elle dépasse la consistance de la revendication (Cass. com. 3-5-1995 : Dossiers Brevets 1995.II.2) ;
– une brève description des dessins s'il en existe ;
– un exposé détaillé d'au moins un mode de réalisation de l'invention ; l'exposé est en principe assorti d'exemples et de références s'il en existe ;
– l'indication de la manière dont l'invention est susceptible d'application industrielle, si cette application ne résulte pas à l'évidence de la description ou de la nature de l'invention.

La description de l'invention est insuffisante, et le brevet est donc nul, si cette description ne comporte aucune indication technique propre à permettre à l'homme du métier de réaliser l'invention (Cass. com. 4-10-2016 n° 15-12.294 F-D). Mais il n'est pas nécessaire que la description précise les résultats que l'invention permet d'obtenir (Cass. com. 16-6-1992 : RJDA 2/93 n° 177).

Dans le cas d'inventions portant sur des micro-organismes auxquels le public n'a pas accès, la culture doit, pour que la description soit considérée comme « suffisante », être déposée auprès d'un organisme habilité (CPI art. L 612-5, al. 2 et R 612-15).

La description ne peut **pas** être **modifiée après** le **dépôt** de la demande, sauf pour rectification d'une erreur matérielle évidente, telle que des fautes d'expression ou de transcription (CPI art. R 612-36).

L'omission de trois corps chimiques ne constitue pas une erreur matérielle susceptible d'être rectifiée (CA Paris 22-2-1980 : Ann. propr. ind. 1981.314).

REVENDICATION

31209 La revendication est une **définition** de la protection demandée ; elle doit être claire et concise, et se fonder sur la description (CPI art. L 612-6).

L'étendue de la protection conférée par le brevet est déterminée par la teneur des revendications ; la description sert à l'interprétation des revendications (CPI art. L 613-2, al. 1).

La revendication doit comprendre (art. R 612-17) :
– un **préambule** mentionnant la désignation de l'objet de l'invention et les caractéristiques techniques qui sont nécessaires à la définition des éléments revendiqués mais qui, combinées entre elles, font partie de l'état de la technique ;
– une **« partie caractérisante »** précédée d'une expression du type « caractérisé par », exposant les caractéristiques techniques qui, en liaison avec les caractéristiques mentionnées dans le préambule, sont celles pour lesquelles la protection est recherchée.

Les caractéristiques techniques doivent être clairement exposées dans la revendication. La simple référence à la description ou aux dessins est insuffisante, sauf absolue nécessité (art. R 612-16).

L'état de la technique est apprécié en fonction du préambule et de la partie caractérisante (Cass. com. 4-11-1987 : Bull. civ. IV p. 163).

Les revendications **dépendantes** sont valables dès lors que la revendication à laquelle elles se rattachent est reconnue comme telle (Cass. com. 8-4-2008 n°s 05-17.570 et 05-19.280 : Propr. intell. 2008.473 obs. Warusfel). Mais si cette revendication est annulée, il faut examiner si elles remplissent les conditions de leur propre validité, indépendamment de ce qui a été jugé sur la revendication annulée (Cass. com. 6-5-2008 n° 07-13.889 : Propr. intell. 2008.473 obs. Warusfel).

Le demandeur peut déposer de **nouvelles revendications** à partir de la date de dépôt de la demande et jusqu'au début de la recherche documentaire préalable au rapport de recherche (CPI art. L 612-13, al. 1). Le demandeur d'un certificat d'utilité peut aussi déposer de nouvelles revendications jusqu'au jour de la délivrance de ce titre (CPI art. L 612-13, al. 2).

DESSINS

31212 Les dessins représentent l'**objet de l'invention** et en illustrent les moyens constitutifs. Le cas échéant, ils peuvent être versés au dossier de la demande de brevet (CPI art. R 612-3). Ils servent à l'interprétation des revendications (CPI art. L 613-2, al. 1).

ABRÉGÉ

31215 L'abrégé est un bref résumé des caractéristiques constitutives de l'invention. Sa fonction est strictement documentaire. En conséquence, l'abrégé n'est pas pris en considération pour apprécier l'étendue de la protection demandée ; mis si nécessaire en forme par l'Inpi, il est publié avec la demande de brevet au Bulletin officiel de la propriété industrielle (CPI art. R 612-20).

LIEU ET DATE DU DÉPÔT DE LA DEMANDE

La demande de brevet est déposée au siège de l'Inpi ou y est envoyée par pli postal ou par tout mode de télétransmission dans les conditions définies par décision de son directeur général ; le directeur général de l'Institut peut exiger un dépôt sous forme électronique lorsqu'une telle modalité est de nature à faciliter l'examen et la publication de la demande de brevet (CPI art. R 612-1, al. 1 et 2). 31218

Aucune disposition légale ou réglementaire n'impose qu'une invention faite en France soit déposée en France, le ministre de la défense n'ayant expressément un droit de regard que sur les demandes de brevet déposées à l'Inpi (nº 31250 ; en faveur de l'obligation de dépôt en France, Martin : RDPI 1997 nº 76 p. 19).

En cas d'envoi d'une demande de brevet par La Poste, l'emploi de la lettre recommandée n'est pas obligatoire ; dès lors, l'auteur de la demande peut prouver par tous moyens que celle-ci a été envoyée dans les délais que lui avait prescrits l'Inpi pour obtenir des précisions (Cass. com. 12-12-1989 nº 88-12.645 : Bull. civ. IV nº 310).

La **date du dépôt** de la demande est celle de la réception de la demande au siège de l'institut (CPI art. R 612-1, al. 1) ; ce délai écoulé, la demande non régularisée est déclarée irrecevable, le déposant pouvant former un recours en restauration de ses droits (CPI art. L 612-16).

La date de dépôt d'une demande régularisée est, même après recours en restauration, celle à laquelle la demande a été complétée (CA Paris 12-12-2001 : D. 2002.som.960).

AUTEUR DU DÉPÔT

Le dépôt de la demande de brevet peut être fait par le demandeur personnellement ou par un mandataire ; celui-ci doit en principe avoir la qualité de conseil en propriété industrielle ou d'avocat (CPI art. R 612-2, al. 1). 31221

Sur les mentions de la requête en délivrance du brevet, voir l'article R 612-10 du CPI.

Toutefois, la désignation d'un mandataire est obligatoire (CPI art. R 612-2, al. 2) :

- pour les personnes physiques ou morales n'ayant ni domicile ni établissement sur le territoire national ;
- en cas de pluralité de demandeurs.

DEMANDES SUCCESSIVES

Lorsqu'une première demande a été déposée, si elle est suivie dans le délai de douze mois au plus d'une seconde demande, le demandeur peut requérir que cette dernière bénéficie de la date de dépôt de la première pour les éléments communs aux deux demandes (CPI art. L 612-3, al. 1). 31224

Cette requête n'est pas recevable lorsque (CPI art. L 612-3, al. 2) :

- le bénéfice du droit de priorité attaché à un précédent dépôt étranger a déjà été requis pour l'une ou l'autre des deux demandes ;
- la première demande bénéficie déjà de plusieurs dates de dépôt dont l'une antérieure de plus de douze mois.

La délivrance du brevet bénéficiant d'une date de dépôt antérieure emporte cessation des effets attachés au premier dépôt pour les éléments communs (CPI art. L 612-3, al. 3).

CONFIDENTIALITÉ DES DEMANDES DE BREVETS EN COURS D'INSTRUCTION

Les inventions faisant l'objet de demandes de brevet ne peuvent être divulguées et exploitées librement aussi longtemps qu'une **autorisation** n'a été accordée à cet effet ; pendant cette période, les demandes de brevet ne peuvent être rendues publiques ; aucune copie conforme de la demande de brevet ne peut être délivrée, sauf autorisation, et les procédures relatives au rapport de recherche, à la transformation de la demande de brevet en demande de certificat d'utilité et à la publication des demandes par l'Inpi ne peuvent être engagées (CPI art. L 612-9, al. 1 et 2). 31225

Tant que l'autorisation n'a pas été accordée, les interdictions susvisées peuvent être prorogées, sur réquisition du ministre chargé de la défense, pour une durée d'un an renouvelable ; les interdictions prorogées peuvent être levées à tout moment sous la même condition (CPI art. L 612-10, al. 1). Le demandeur de la délivrance du brevet a droit à une indemnité sous les conditions prévues par l'article L 612-10 du CPI.

L'autorisation peut être accordée à tout moment ; elle est acquise de plein droit au terme d'un délai de cinq mois à compter du jour du dépôt de la demande de brevet (CPI art. L 612-9, al. 3).

Les autorisations visées ci-dessus sont accordées par le directeur de l'Inpi sur avis du ministre chargé de la défense (CPI art. L 612-9, al. 4).

Leur violation est punie d'une amende de 4 500 euros ; si elle a porté préjudice à la défense nationale, une peine d'emprisonnement de un à cinq ans peut, en outre, être prononcée (CPI art. L 615-13).

PUBLICATION

31227 L'Inpi assure la publication, par mention au Bulletin officiel de la propriété industrielle, du dossier de toute demande d'un brevet ou d'un certificat d'utilité au terme d'un délai de dix-huit mois à compter de sa date de dépôt ou à compter de la date de priorité si une priorité a été revendiquée, ou, sur simple requête du demandeur, avant l'expiration de ce délai (CPI art. L 612-21, 1°).

La publication ne divulgue au public que les caractéristiques techniques et les informations relatives à l'invention qu'elle contient ; elle n'a donc pas pour effet de rendre caduc un accord de confidentialité et de libérer le débiteur de son obligation de confidentialité à l'égard des éléments protégés par l'accord, non divulgués par cette publication (Cass. com. 17-5-2023 n° 19-25.007 F-B : D. 2023.1880 note Mendoza-Caminade).

2. EXAMEN DE LA DEMANDE

INTERVENTION DU MINISTÈRE DE LA DÉFENSE NATIONALE

31250 Le ministre de la défense est habilité à prendre connaissance auprès de l'Inpi, à titre strictement confidentiel, de toutes les demandes de brevets, qu'elles intéressent ou non la défense nationale (CPI art. L 612-8 s.).

EXAMEN PAR L'INPI

31260 **Rejet total de la demande par l'Inpi** Depuis le 22 mai 2020, l'Inpi prononce l'irrecevabilité de la demande de brevet notamment lorsque :

– la demande n'est pas présentée dans les formes et conditions fixées par la loi et les décrets (CPI art. L 612-12, 1°) ;

– la demande n'est pas divisée (CPI art. L 612-12, 2° et R 612-48) ;

Toute demande dont les mentions ne forment pas qu'un seul concept inventif général doit être divisée dans le délai prescrit ; les demandes divisionnaires bénéficient de la date de dépôt et, le cas échéant, de la date de priorité de la demande initiale (CPI art. L 612-4, al. 2). Par exemple, doit être divisée une demande de brevet revendiquant, d'une part, l'application d'une classe de composés à la fabrication de cosmétiques et, d'autre part, un composé particulier de la classe à titre de produit industriel nouveau (CA Paris 22-2-1977 : Ann. propr. ind. 1978.177).

– la demande porte, en tout ou partie, sur une demande divisionnaire dont l'objet s'étend au-delà de la description contenue dans la demande initiale (CPI art. L 612-12, 3°) ;

– la demande a pour objet une invention non brevetable en application des articles L 611-16 à L 611-19 exposés au n° 31103, ou l'objet de la demande ne peut être considéré comme une invention au sens de l'article L 611-10, 2 exposé au n° 31103 (CPI art. L 612-12, 4° et 5°) ;

Jusqu'au 21 mai 2020, pour être rejetée, la demande devait avoir pour objet une invention manifestement non brevetable et/ou un objet qui ne pouvait manifestement pas être considéré comme une invention (CPI ex-art. L 612-12, 4° et 5°).

– la description et les revendications sont insuffisantes et ne permettent pas l'établissement d'un rapport de recherche sur les éléments de l'état de la technique (n° 31037) pouvant être pris en considération pour apprécier la brevetabilité de l'invention (CPI art. L 612-12, 6° ; CA Lyon 2-7-1998 : RDPI 2000 n° 114 p. 28, annulant un brevet dont la description ne mentionnait pas un élément revendiqué) ;

– la demande a un objet qui ne répond pas aux conditions de brevetabilité exposées aux nos 31025 s. (CPI art. L 612-12, 7°) ;

Jusqu'au 21 mai 2020, la demande était rejetée quand elle n'avait pas été modifiée après une mise en demeure alors que l'absence de nouveauté résultait manifestement du rapport de recherche (CPI ex-art. L 612-12, 7°).

– les revendications ne se fondent pas sur la description (CPI art. L 612-12, 8°) ;

– le demandeur n'a pas, s'il y avait lieu, présenté d'observations ni déposé de nouvelles revendications au cours de la procédure d'établissement du rapport de recherche (CPI art. L 612-12, 9°) (nos 31275 s.).

Les autres causes d'irrecevabilité sont le défaut des compléments requis et le non-paiement des taxes exigibles (CPI art. R 612-45).

31265 **Rejet partiel de la demande par l'Inpi** Si les motifs de rejet n'affectent qu'en partie la demande de brevet, seules les revendications correspondantes sont rejetées (CPI art. L 612-12, al. 11).

En cas de non-conformité partielle de la demande aux dispositions relatives à la protection du corps humain, à l'identité biologique des animaux et à la présentation de la demande de brevet (CPI art. L 611-17, L 611-18, L 611-19, I-4°, L 612-1), l'Inpi procède d'office à la suppression des parties de la description et des dessins qui ne sont pas conformes (CPI art. L 612-12, al. 12).

Établissement du rapport de recherche **Définition.** Le rapport de recherche est un acte, joint à la demande de brevet, qui expose l'état de la technique par rapport à l'invention revendiquée (CPI art. L 612-14). Il est soumis aux règles exposées ci-après. 31275

Procédure d'émission. Le rapport de recherche est établi au vu d'un projet de rapport, des observations éventuelles du demandeur et des tiers ; il tient compte des revendications déposées en dernier lieu. 31278

1. Le **projet de rapport** est dressé par l'Inpi sur la base des recherches documentaires entreprises pour son compte par la division de recherche de l'Office européen des brevets. Il cite les documents qui peuvent être pris en considération pour apprécier la nouveauté de l'invention et l'activité inventive (CPI art. R 612-57).

2. Le projet de rapport est **immédiatement notifié** au demandeur, qui dispose alors d'un délai de trois mois, renouvelable une fois, à compter de la date de sa réception pour déposer par écrit de **nouvelles revendications** ou présenter des **observations** (CPI art. R 612-58 et R 612-59).

3. En cas de **dépôt de nouvelles revendications,** les changements apportés aux revendications sont signalés (CPI art. R 612-60).

Sur requête, le demandeur peut, dans ce cas, être autorisé à éliminer de la description et des dessins les éléments qui ne seraient plus en concordance avec les nouvelles revendications. Cette requête est recevable jusqu'à la date du paiement de la redevance de délivrance et d'impression du fascicule.

Si l'objet des nouvelles revendications n'est pas couvert par les revendications sur la base desquelles la recherche a été effectuée, notification est faite au demandeur d'avoir à acquitter la **redevance** prescrite pour l'établissement d'un rapport de recherche préliminaire complémentaire ; à défaut de paiement dans le délai imparti, le dépôt des nouvelles revendications est déclaré irrecevable et le brevet est délivré avec les revendications sur la base desquelles la recherche a été effectuée (CPI art. R 612-61).

3. DÉLIVRANCE DU TITRE

TITRE DE PROPRIÉTÉ INDUSTRIELLE

Brevet ou certificat d'utilité L'inventeur peut demander la délivrance (CPI art. L 611-2,1° et 2°) : 31350

– soit d'un **brevet** qui est délivré pour une durée de **vingt ans** à compter du jour du dépôt de la demande ;

– soit, depuis le 11 janvier 2020, d'un **certificat d'utilité** qui est délivré pour une durée de **dix ans** à compter du jour du dépôt de la demande.

Sur la comparaison des deux titres, voir Communiqué Inpi du 12-4-2022 présentant le certificat d'utilité comme étant plus approprié aux inventions qui ont une durée d'exploitation plus courte.

Depuis le 11 janvier 2020, l'inventeur peut demander la transformation de sa demande de brevet en certificat d'utilité et inversement (CPI art. L 612-5).
Depuis le 1er juillet 2020, il peut aussi faire une **demande provisoire** de brevet (CPI art. R 612-3-1 et R 612-3-2).

Certificat complémentaire de protection Le propriétaire d'un brevet ayant pour objet un **médicament** ou un autre produit utilisé pour la réalisation d'une spécialité pharmaceutique faisant l'objet d'une autorisation de mise sur le marché (AMM) peut obtenir, pour la partie du brevet correspondant à cette autorisation, un certificat complémentaire de protection (CPI art. L 611-3) ; ce certificat confère à son titulaire un monopole d'exploitation pendant sept ans à compter du terme légal du brevet et dix-sept ans à compter de la délivrance de l'AMM (CPI art. L 611-2, 3°). 31353

L'Inpi assure la publication de toute demande d'un certificat complémentaire de protection (CPI art. L 612-21, 2°).

Les conditions d'obtention du certificat complémentaire de protection sont fixées par les articles R 617-1 à R 617-2-2 du Code de la propriété intellectuelle.

PROCÉDURE DE DÉLIVRANCE

Décision du directeur de l'Inpi Le brevet est délivré au nom du demandeur sur décision du directeur de l'Inpi après paiement par le demandeur, dans le délai qui lui est imparti, de la redevance de délivrance et d'impression du fascicule du brevet ; notification de cette décision est faite au demandeur, accompagnée d'un exemplaire certifié conforme du brevet (CPI art. R 612-70 et R 612-71, al. 1). 31360

Sur la portée du silence gardé par l'Inpi, décret 2015-511 du 7 mai 2015 (RTD com.2015.503 obs. Galloux) et décret 2015-1436 du 6 novembre 2015 (BRDA 22/15 inf. 18).

En cas de cession de la demande, le brevet est délivré au nom du dernier cessionnaire inscrit au registre national des brevets jusqu'au paiement de la redevance de délivrance et d'impression du fascicule (CPI art. R 612-71, al. 2).

Le directeur de l'Inpi peut rétracter sa décision ; la nouvelle décision est opposable aux tiers, sauf si elle porte atteinte à leurs droits acquis (CA Paris 20-10-1992 : RDPI 1995 n° 59 p. 33).

31363 **Contenu du brevet** Le brevet comprend la **description,** s'il y a lieu les dessins, les revendications et le rapport de recherche (CPI art. L 612-17, al. 2).

Le rapport de recherche inséré dans le brevet comporte, le cas échéant, l'indication que les revendications ont été modifiées (CPI art. R 612-71, al. 3).

Il contient en outre les éléments relatifs à la demande de brevet (date de dépôt et de publication), à la décision de délivrance (date de la décision et publication) ainsi que, le cas échéant, les mentions concernant les priorités revendiquées, le fait qu'il résulte d'une division ou qu'au moment du dépôt la description ou les revendications étaient rédigées en langue étrangère (CPI art. R 612-71, al. 4).

31366 **Notification et publication** La décision de délivrance du directeur de l'Inpi est publiée par l'Inpi (CPI art. L 612-21) au registre national des brevets (art. R 613-53), avec mention au Bulletin officiel de la propriété industrielle (art. R 612-74) ; elle est, en outre, notifiée au demandeur (art. R 612-71).

Les dossiers de demande de brevet sont conservés à l'Inpi dix ans après l'extinction des droits attachés au brevet (CPI art. R 612-75).

La décision de rétractation doit aussi être publiée (CA Paris 20-10-1992 : RDPI 1995 n° 59 p. 33).

4. TITULAIRE DU BREVET

INVENTEUR

31400 Le **droit au brevet appartient** à l'**inventeur** ou à son ayant cause (CPI art. L 611-6, al. 1). L'inventeur est celui qui conçoit et réalise des moyens propres à procurer un résultat.

N'est pas un inventeur celui qui détermine un résultat à obtenir en laissant à un autre le soin de trouver les moyens propres à le réaliser (CA Paris 10-7-1954 : Ann. propr. ind. 1954.161) ou l'industriel qui, commandant l'exécution d'une machine, impose une série d'obligations et de servitudes (CA Paris 29-6-1964 : Ann. propr. ind. 1965.164), la partie à un accord-cadre de coopération destiné à améliorer une technique de forage (TGI Paris 28 mars 2007 : D. 2008.748 n° 3 obs. Raynard) ou les salariés qui ont exécuté des instructions (CA Douai 21-2-2007 : D. 2008.748 n° 3 obs. Raynard).

À l'égard de l'Inpi qui procède à la délivrance du brevet, celui qui dépose la demande est réputé avoir la qualité d'inventeur et donc avoir droit au titre de propriété industrielle (CPI art. L 611-6, al. 3). En cas de soustraction frauduleuse de son invention, il appartient alors à l'inventeur d'exercer une action en revendication afin que le brevet lui soit délivré (n° 31435).

L'inventeur ne peut être privé du droit au brevet que pour les exceptions limitativement prévues par la loi (Cass. com. 25-4-2006 n° 04-19.482 : RJDA 10/06 n° 1085). Il peut notamment attribuer ce droit par contrat à son ayant cause (nos 19030 et 32848).

Le propriétaire du brevet peut à tout moment, soit **renoncer** à la totalité du brevet ou à une ou plusieurs revendications, soit **limiter** la portée du brevet en modifiant une ou plusieurs revendications dans les conditions fixées par les articles L 613-24 et R 613-45 et suivants du CPI.

PLURALITÉ D'INVENTEURS

31403 Lorsque plusieurs personnes réalisent une invention **indépendamment** l'une de l'autre, le droit au titre de propriété appartient au **premier déposant,** qui bénéficie donc de la protection attachée au titre (CPI art. L 611-6, al. 2).

Lorsque plusieurs personnes ont participé **ensemble** à la réalisation de l'invention et qu'elles ont déposé une demande de brevet commune, elles en sont **copropriétaires.**

Chaque copropriétaire peut (CPI art. L 613-29) :

– **exploiter** l'**invention à son profit,** sauf à indemniser équitablement les autres copropriétaires ; l'indemnité est fixée indépendamment du caractère frauduleux du dépôt de la demande de brevet par le coïnventeur qui en a pris l'initiative (Cass. com. 12-7-2011 n° 10-16.911 : RJDA 11/11 n° 970) ;

– **agir en contrefaçon** à son seul profit, sauf à notifier l'introduction de l'action aux autres copropriétaires ;

– **concéder** à un tiers une **licence** d'exploitation non exclusive (n° 32830) ;

– **céder** sa quote-part ; le projet de cession doit être notifié aux copropriétaires qui ont trois mois pour exercer un droit de préemption.

Les copropriétaires peuvent établir un **règlement de copropriété** dérogeant à ces dispositions et organiser différemment les droits de chacun sur le brevet (CPI art. L 613-32).

INVENTEURS ÉTRANGERS

Les ressortissants d'un des pays signataires de la convention d'Union de Paris jouissent des mêmes droits que les nationaux (art. 2, al. 1 de la convention). Y sont assimilés les ressortissants des pays non signataires qui ont leur domicile ou leur établissement industriel ou commercial effectif et sérieux sur le territoire de l'un des États de l'Union (art. 3 de la convention). 31410

Sous réserve des dispositions des conventions internationales auxquelles la France est partie, les étrangers domiciliés ou établis en dehors du territoire où les dispositions du titre premier du CPI sont applicables bénéficient de la protection de la loi sur les brevets d'invention si les Français jouissent de la réciprocité de protection dans les pays dont ces étrangers sont ressortissants (CPI art. L 611-1, al. 3).

INVENTEURS SALARIÉS

Les salariés bénéficient, sous certaines conditions et sauf stipulation contractuelle plus favorable, d'un statut particulier. Les conventions collectives ne peuvent pas restreindre les droits que le salarié tient de la loi, qui est d'ordre public, par exemple subordonner son droit à rémunération au dépôt ou à la délivrance d'un brevet (Cass. com. 12-2-2013 n° 12-12.898 : RJDA 3/14 n° 276). 31415

Les salariés liés par des contrats de travail de droit français dont l'invention est protégée par un brevet étranger relèvent du statut ci-dessus visé (Décisions de la Cnis des 10-2 et 3-4-1981 : Dossiers Brevets 1981.III.5).

Les agents de l'État, des collectivités publiques et des établissements publics sont soumis au même régime que les salariés (CPI art. L 611-7, 5°) selon des modalités fixées aux articles R 611-11 s. du CPI.

Le stagiaire d'un établissement public n'est ni un agent ni un salarié de cet établissement et son invention ne peut pas être attribuée à cet établissement (Cass. com. 25-4-2006 n° 516 : RJDA 10/06 n° 1085 ; CE 22-2-2010 n° 320319 : JCP E 2010.2044 n° 4 obs. Caron ; contra sur renvoi après cassation, CA Paris 12-9-2007 : D. 2008.748 n° 2, a obs. Raynard).

Ce régime s'applique alors à toute invention brevetable, quelles que soient les extensions à l'étranger du brevet français initial (TGI Paris 15-12-1999 : D. 2002.som.1190 obs. Galloux ; pour un refus d'application à une invention non brevetable, Cass. com. 14-1-1992 : Dossiers Brevets 1992.II.3).

Le dépôt d'une demande de brevet fait présumer, jusqu'à preuve contraire, du caractère brevetable de l'invention (TGI Strasbourg 2-10-1985 : D. 1987.som.130).

Détermination de la qualité de salarié

Pour bénéficier du régime des inventions de salarié, l'invention doit avoir été réalisée à l'occasion de l'**exécution** d'un **contrat** de travail (CPI art. L 611-7, 1°). 31418

En cas de **mise à disposition temporaire** d'un salarié par son employeur auprès d'un tiers, l'employeur, qui conserve cette qualité au regard du droit du travail, doit faire son affaire personnelle des conséquences de l'invention de ce salarié réalisée au cours de la mise à disposition dès lors que, « à la différence d'un transfert, la nouvelle affectation ou le détachement d'un préposé ne se traduisent pas par la rupture du contrat de travail initial » (TGI Paris 12-6-1984 : Dossiers Brevets 1985 II.3).

Les « salariés temporaires » peuvent, à notre avis, bien qu'ils soient liés par leur contrat de travail à l'entreprise de travail temporaire avec laquelle ils l'ont conclu, être tenus, pour l'application du régime des inventions de salariés, comme étant des salariés de l'entreprise utilisatrice, dès lors qu'ils y ont réalisé une invention correspondant aux critères des inventions de salariés, les raisons de fond qui justifient cette qualification étant les mêmes à leur égard qu'envers les salariés formels de cette entreprise.

Les **dirigeants de sociétés** ne peuvent bénéficier du statut des inventions de salariés que s'ils cumulent leurs fonctions de dirigeants avec un contrat de travail. À défaut, l'invention réalisée par le président-directeur général d'une société anonyme lui appartient et la société ne peut pas demander qu'elle lui soit attribuée (Cass. com. 21-6-1988 : Bull. civ. IV p. 147).

Classement des inventions de salariés

Les droits respectifs du salarié et de l'employeur sont déterminés en fonction du classement de l'invention dans l'une des **catégories** suivantes (CPI art. L 611-7). 31421

1. « **Invention de mission** ». L'invention est réalisée dans l'exécution, soit d'un contrat de travail comportant une mission inventive qui correspond aux fonctions effectives du salarié, soit d'études et de recherches qui lui sont explicitement confiées (CPI art. L 611-7, 1°). Il en est de même si l'activité de recherche est l'accessoire d'une autre activité, par exemple celle consécutive à une tâche d'amélioration de la production confiée au personnel de fabrication (TGI Strasbourg 2-10-1985 : D. 1987.som.130).

2. « **Inventions hors mission attribuables** ». Ces inventions, tout en ne relevant pas d'une mission spécifique prévue par le contrat de travail ou une convention particulière, se rattachent à l'exploitation de l'entreprise de l'employeur en raison des fonctions, du domaine d'activité ou des moyens techniques (CPI art. L 611-7, 2°).

3. « **Inventions hors mission non attribuables** ». Il s'agit de toutes les inventions qui ne relèvent pas de l'une des deux catégories citées ci-dessus.

31424 **Procédure de classement** Le salarié doit informer son employeur immédiatement et par écrit du fait qu'il a réalisé une invention ; en cas de pluralité d'inventeurs, une déclaration conjointe peut être faite par tous les inventeurs ou par certains d'entre eux seulement (CPI art. R 611-1).

Cette obligation incombe au salarié pour toutes les catégories d'inventions qu'il peut réaliser et qui sont énoncées au n° 31421 ; le salarié qui n'a pas procédé à la déclaration requise ne peut pas invoquer le fait que son employeur a néanmoins eu connaissance de la demande de brevet qu'il a déposée, sans que, pour autant, l'employeur puisse du seul fait du défaut de déclaration revendiquer le brevet litigieux ; il doit pour acquérir ce dernier prouver qu'il correspond à une invention de mission ou à une invention hors mission attribuable à l'employeur (CA Paris 12-3-1997 : RJDA 3/98 n° 360 ; contra, Cass. com. 18-12-2007 n° 05-15.768 : D. 2008.1386 note Boizard : à propos d'une invention dans une petite structure de quatre à cinq salariés).

La **notification** peut être faite :

1. Par déclaration du salarié. Elle doit contenir les informations relatives à l'objet de l'invention ainsi que les applications envisagées, les circonstances de sa réalisation (instructions, directives données par l'employeur, collaborations obtenues, etc.) et le classement de l'invention tel qu'il apparaît au salarié (CPI art. R 611-2). Si la déclaration est incomplète, l'employeur peut demander au salarié des renseignements complémentaires (CPI art. R 611-5). Lorsque le classement implique l'ouverture au profit de l'employeur du droit d'attribution (n° 31427), la déclaration doit être accompagnée d'une description de l'invention avec indication des problèmes que s'est posés le salarié, des solutions qu'il leur a apportées et d'au moins un exemple de réalisation accompagné le cas échéant de dessins (CPI art. R 611-3). La déclaration doit être faite par lettre recommandée avec accusé de réception (CPI art. R 611-9, al. 1) ;

2. Par la transmission par l'Inpi. La déclaration du salarié peut résulter de la transmission par l'Institut à l'employeur du second exemplaire de la déclaration d'invention adressée par le salarié aux fins de conservation (CPI art. R 611-9, al. 2), déclaration que le salarié a dû adresser à l'Inpi en double exemplaire sur une formule prévue à cet effet, dans une enveloppe double spéciale, par remise directe contre récépissé ou par envoi recommandé avec demande d'avis de réception (Arrêté du 29-8-1985).

L'employeur dispose d'un **délai de deux mois** à compter de la date de réception de la déclaration d'invention (ou de l'exemplaire transmis par l'Inpi) (CPI art. R 611-5 et R 611-6, al. 1) pour :

– demander au salarié de compléter sa déclaration si certaines informations obligatoires font défaut ; si la demande est justifiée, le délai de deux mois court à partir de la date à laquelle la déclaration a été complétée,

– donner son accord au classement de l'invention résultant de la déclaration du salarié,

– en cas de défaut d'indication de classement, faire part au salarié par une communication motivée du classement qu'il retient.

Les modalités de la déclaration susvisée sont facultatives lorsque le salarié doit informer son employeur qu'il est l'auteur d'une invention de mission (CPI art. R 611-9, al. 3).

L'employeur qui ne prend pas parti dans le délai imparti est présumé avoir accepté le classement résultant de la déclaration du salarié (CPI art. R 611-6, al. 3).

Lorsque l'employeur rejette le classement retenu par le salarié et à défaut d'accord amiable, l'une ou l'autre des parties peut saisir la commission de conciliation ou le tribunal de grande instance (n° 31430).

31427 **Droits du salarié et de l'employeur** Les droits du salarié qui participe aux activités de recherche de son employeur sont réglés dans les conditions ci-après (Cass. soc. 21-9-2011 n° 09-69.927).

Le salarié ne peut faire valoir ses droits qu'à l'encontre de son employeur, celui-ci ferait-il partie d'un groupe (Cass. com. 9-12-2014 n° 13-16.559, irrecevabilité de la demande contre la société mère).

1. Les **« inventions de mission » restent la propriété de l'employeur.** Si l'employeur considère que l'invention faite par le salarié est de mission (n° 31421), il doit l'informer qu'il a procédé au dépôt d'une demande de titre de propriété industrielle et de la délivrance, le cas échéant, de ce titre (CPI art. L 611-7, 1°-al. 1).

Aucune disposition n'empêche celui-ci de céder ce droit à un tiers ; ayant cause du cédant, le cessionnaire qui dépose le brevet peut opposer au salarié inventeur, qui demande le transfert du brevet à son profit, la nature d'invention de mission de l'invention protégée par le brevet, sur laquelle le salarié n'a jamais détenu de droit à un titre de propriété industrielle (Cass. com. 5-1-2022 n° 19-22.030 FS-B).

En contrepartie, le salarié bénéficie d'une **rémunération supplémentaire** déterminée selon les conditions fixées dans les conventions collectives, les accords d'entreprise et les contrats de travail individuels. À défaut, cette rémunération est souverainement fixée par le juge (Cass. com.

18-12-2007 n° 05-15.768 : D. 2008.1386 note Boizard). Elle ne peut pas être fixée discrétionnairement par l'employeur (CA Paris 12-3-1987 : Dossiers Brevets 1987.IV.7) ni être exclue par une convention collective pour les inventions ne présentant pas pour l'entreprise un intérêt exceptionnel dont l'importance serait sans commune mesure avec le salaire de l'inventeur (Cass. com. 22-2-2005 n° 03-11.027 : RJDA 6/05 n° 765).

Si l'employeur n'est pas soumis à une convention collective de branche, tout litige relatif à la rémunération supplémentaire est soumis à la commission de conciliation ou au tribunal judiciaire (CPI art. L 611-7, 1°-al. 2).

2. Les **« inventions hors mission attribuables » appartiennent au salarié,** mais l'**employeur** a le **droit de se faire attribuer la propriété** ou la jouissance de tout ou partie des droits attachés au brevet (CPI art. L 611-7, 2°-al. 1).

L'employeur dispose d'un délai de **quatre mois** pour revendiquer son droit d'attribution et préciser au salarié l'étendue des droits qu'il entend se réserver. Ce délai court à compter de la date de réception, par l'employeur, de la déclaration de l'invention ou de la date à laquelle la déclaration initiale a été complétée en cas de demande de renseignements reconnue justifiée ; ce délai peut être prolongé d'un commun accord après réception de la déclaration (CPI art. R 611-7, al. 1 et 2).

L'employeur doit préciser par écrit au salarié la nature et l'étendue des droits qu'il entend se réserver (CPI art. R 611-7, al. 3). Cette communication peut résulter du dépôt en son nom d'un brevet (TGI Paris 31-10-1991 : PIBD 1992.III.102), de l'assistance du conseil de l'entreprise au dépôt du brevet (TGI Paris 10-12-1985 : D. 1987.som.130) ou du simple retour au salarié d'une déclaration d'invention avec instruction de déposer un brevet (Décision Cnis du 28-4-1981 : D. 1982.IR.232).

En cas d'attribution de l'invention à l'employeur, le salarié doit obtenir un **juste prix,** et ce, aussi en cas de substitution d'un brevet délivré par l'Office européen des brevets à un brevet issu de l'Inpi (Cass. com. 15-9 2015 n° 14-14.587) ; à défaut d'accord entre les parties, le prix est fixé par la commission de conciliation ou par le tribunal judiciaire (n° 31430) ; il est alors calculé en tenant compte de tous les éléments fournis par le salarié et l'employeur, en fonction des apports initiaux de chacun et de l'utilité industrielle et commerciale de l'invention (CPI art. L 611-7, 2°-al. 2). Ces éléments sont appréciés au jour de l'attribution de l'invention, ce qui n'interdit pas de tenir compte d'un procédé mis en œuvre ultérieurement dès lors qu'il a été imaginé avant l'attribution (CA Paris 23-10-1996 : Dossiers Brevets 1997.I.3), mais non des éléments postérieurs à cette date susceptibles de confirmer l'appréciation des perspectives de développement de l'invention (Cass. com. 9-7-2013 n° 12-22.157 : RJDA 12/13 n° 1058).

Des juges ont retenu la formule de calcul proposée en conciliation par la Cnis, à savoir le chiffre d'affaires réalisé grâce à l'exploitation de l'invention multiplié par un pourcentage tenant compte de la part contributive du salarié et du taux usuel des redevances pratiqué dans le secteur en cause (TGI Paris 25-2-1986 : Dossiers Brevets 1986.IV.3 ; pour un autre exemple, TGI Paris 28-3-2008 : D. 2009.456).

3. Les **« inventions hors mission non attribuables »** appartiennent au salarié sans attribution possible à l'employeur (CPI art. L 611-7, 2°-al. 1 ; CA Paris 11-9-1996 : Dossiers Brevets 1996.III.2).

Sur les modalités de dévolution des droits de propriété intellectuelle sur les actifs obtenus par des inventeurs non-salariés ni agents publics accueillis par une personne morale réalisant de la recherche, CPI art. L 611-7-1 et R 611-1 à R 611-10, R 611-21 et R 611-22.

Contentieux Les litiges nés entre employeurs et salariés à l'occasion de l'attribution des droits résultant d'une invention de salarié peuvent faire l'objet, soit d'une décision de la commission paritaire de conciliation (CPI art. R 615-12 à R 615-31), soit d'une action en justice devant le tribunal judiciaire (CPI art. L 615-21 et L 615-17). **31430**

Il en est de même pour les inventions des personnes visées à l'article L 611-7-1 du CPI (n° 31415).

1. Commission nationale des inventions de salariés. La Commission nationale des inventions de salariés (Cnis) est saisie à la demande de l'employeur ou du salarié. Cette saisine suspend tous les délais de prescription (CPI art. R 615-26 devenu R 615-29).

Le **recours** devant la Cnis est **facultatif** et ne constitue pas un préalable à l'action en justice. Les parties peuvent donc porter leur litige directement devant les tribunaux. Cependant, lorsque la commission est saisie, le tribunal doit surseoir à statuer jusqu'à l'expiration du délai de six mois imparti à la Cnis pour émettre une proposition de conciliation (CPI art. R 615-27 devenu R 615-30).

Au jour fixé, la commission entend les parties et tente de parvenir à un accord dont le contenu est mentionné dans un procès-verbal. À défaut de conciliation totale ou en cas de non-comparution de l'une des parties, la Cnis établit une proposition de conciliation (CPI art. R 615-20 devenu R 615-23).

Cette proposition vaut accord entre les parties si, dans le mois de sa notification, aucune partie n'a saisi le tribunal judiciaire compétent ; cet accord est rendu exécutoire par ordonnance sur requête du président du tribunal judiciaire saisi par la partie la plus diligente (CPI art. L 615-21, al. 2) ; le tribunal compétent est celui dans le ressort duquel la proposition de conciliation a été formulée (CPI art. R 615-29 devenu R 615-32).

La Cnis est compétente pour statuer sur « toute contestation portant sur l'application de l'article L 611-17 » du Code de la propriété intellectuelle (CPI art. L 615-21, al. 1).

En revanche, la Cnis s'est déclarée incompétente pour constater que le licenciement d'un salarié avait trouvé sa cause dans le dépôt de sa demande de brevet (Décision du 10-2-1981 : Dossiers Brevets 1981.III.5). Il a par ailleurs été jugé que la commission n'était pas compétente pour se prononcer sur des inventions non brevetables qui n'avaient pas été « réalisées » au sens de l'article R 611-2, al. 2 du CPI (TGI Strasbourg 2-10-1985 : Dossiers Brevets 1985.V.3).

2. Tribunal judiciaire. Seuls peuvent être saisis les tribunaux judiciaires spécialisés en matière de brevets, dont la liste a été fixée par décret (CPI art. L 615-17, al. 1 ; sur ces tribunaux et la faculté de recourir à l'arbitrage, n° 31700). Il en est ainsi dès lors que le litige est né, même pour partie, de la loi sur les brevets (Cass. soc. 18-2-1988 : GP 1988.som.101). Les juridictions administratives sont incompétentes (CE 1-12-1993 : RDPI 1994 n° 56 p. 41), ainsi que le conseil de prud'hommes (CA Versailles 6-10-1989 : D. 1990.som.151 obs. Mousseron et Schmidt).

Lorsque la commission est intervenue préalablement à l'action engagée devant le tribunal judiciaire, seule sa proposition de conciliation, sur laquelle aucun accord n'a pu intervenir, est portée à la connaissance du tribunal (CPI art. R 615-28 devenu R 615-31). Le tribunal n'a pas à examiner la régularité de la procédure mise en œuvre par la Cnis car il n'est pas le juge d'appel de la commission de conciliation (TGI Strasbourg 2-10-1985 précité).

REVENDICATION DU TITRE DE PROPRIÉTÉ INDUSTRIELLE

31435 **Action en revendication** Un brevet peut être revendiqué lorsqu'il a été demandé (CPI art. L 611-8) :

– soit pour une invention soustraite à l'inventeur ; cette condition suppose une soustraction frauduleuse (Cass. com. 19-5-1982 : Bull. civ. IV p. 166), peu important que l'appropriation frauduleuse n'ait été que partielle (CA Paris 15-5-1996 : D. 1996.IR.165) ; la preuve de la fraude incombe au revendiquant (TGI Paris 8-1-1992 : PIBD 1992.521.III.244 ; pour un exemple de preuve rapportée : CA Paris 17-5-1995 : D. 1996.som.289 obs. Mousseron et Schmidt) ;

– soit en violation d'une obligation légale ; tel est le cas du dépôt par un salarié d'un brevet sur une invention au mépris du droit légal de son employeur (TGI Paris 25-6-1970 : D. 1970.som.190) ;

– soit en violation d'une obligation conventionnelle ; il en est ainsi en cas de non-respect d'une clause attribuant le droit au brevet à l'un des contractants (CA Paris 10-9-2004 : D. 2004.2576.som.) ou d'un contrat de licence par lequel le donneur de licence n'a pas entendu se départir de l'intégralité de ses droits sur le brevet (CA Paris 29-3-1996 : RDPI 1996 n° 69 p. 62) ; pour une preuve non rapportée de la violation d'une obligation contractuelle, TGI Paris 1er avril 1992 : PIBD 1992.530.III.513.

L'action en revendication **se prescrit par cinq ans** à compter de la publication de la délivrance du brevet (ou du certificat d'utilité) ; si la mauvaise foi du propriétaire du titre au moment de la délivrance ou de l'acquisition peut être prouvée, ce délai court à partir de l'expiration du titre (CPI art. L 611-8, al. 2 et 3).

En cas de substitution d'un brevet européen qui désigne la France, au brevet français, la prescription de trois ans commence à courir du jour de la publication du brevet européen (Cass. com. 7-1-2014 n° 12-28.883 : Bull. civ. IV n° 3).

31438 **Effets de la revendication** À partir de l'introduction de l'action en revendication, le titulaire de la demande de brevet ou du brevet ne peut plus retirer sa demande ou renoncer au brevet, sauf consentement écrit de celui qui a intenté l'action (CPI art. R 611-20).

En conséquence, tant que le tribunal n'a pas statué, le titulaire du brevet doit veiller à ce que les annuités soient régulièrement versées, s'il veut, en cas d'échec de la revendication, continuer à jouir de son droit de propriété.

La procédure de délivrance du brevet peut être **suspendue** à la requête de la personne qui a introduit l'action en revendication et sur justificatif ; la suspension de la procédure prend effet du jour où la justification est apportée, mais elle n'empêche pas la publication au Bulletin officiel de la propriété industrielle de la mention que la demande de brevet est rendue publique ; elle n'est reprise qu'après décision du tribunal passée en force de chose jugée ou consentement écrit du demandeur à l'action ; le consentement ainsi donné est irrévocable (CPI art. R 611-19).

Si l'action en revendication aboutit, le breveté spolié est restauré dans tous ses droits (Cass. com. 5-1-1973 : Ann. propr. ind. 1973.245 : résiliation de la licence consentie par l'usurpateur ; Cass. com. 4-12-2007 n° 07-16.118 : D. 2009.456 : restitution des fruits à compter de la demande en revendication).

5. NULLITÉ DU BREVET

Causes de nullité Le brevet est nul pour : **31450**

– défaut de brevetabilité (CPI art. L 613-25, a ; pour des exemples, CA Paris 28-3-1985 : Ann. propr. ind. 1986.81 ; CA Paris 14-6-1984 : GP TA 1986 V° Brevets n° 36 ; sur les conditions de brevetabilité, nos 31025 s.) ;

– insuffisance de la description (CPI art. L 613-25, b ; n° 31206) ;

– dépassement du contenu de la demande telle qu'elle a été déposée ou dépassement, en cas de demande divisionnaire, du contenu de la demande initiale (CPI art. L 613-25, c ; pour une annulation, CA Paris 26-6-2002 : GP 2003.som.1131 ; pour un refus d'annulation, CA Paris 27-3-2002 : GP 2003.som.1131) ;

– accroissement en réalité de l'étendue de la protection en résultant après une mesure qui tendait à sa limitation ou, pour les brevets d'invention dont la mention de délivrance a été publiée au Bulletin officiel de la propriété industrielle depuis le 1er avril **2020,** après opposition (CPI art. L 613-25, d).

Ce cas de nullité ne peut être connu que par le juge de la nullité, le respect de cette compétence étant sanctionné par une fin de non-recevoir, ce qui rend irrecevable le moyen qui l'invoque en défense à une action en revendication (Cass. com. 30-5-2012 n° 11-21.157 : RJDA 8-9/12 n° 811).

Ces causes de nullité sont limitatives : une société ne peut pas invoquer l'irrégularité résultant de la procédure de délivrance du titre pour échapper à l'action en contrefaçon dirigée à son encontre (Cass. com. 2-6-1992 : RJDA 7/92 n° 775) ; en revanche, le titulaire du brevet délivré par erreur peut l'opposer, l'erreur de l'administration ne pouvant pas lui être imputée (TGI Paris 18-12-1996 : GP 1997.som.225). En conséquence, l'exception de nullité ne peut pas être soulevée à l'encontre d'un grief autre que celui correspondant à l'une des causes de nullité susvisées.

Action en nullité Toute personne justifiant d'un intérêt suffisant peut engager une action en nullité. Tel est le cas du licencié, du cessionnaire du brevet (CA Toulouse 16-6-1976 : Ann. propr. ind. 1976.219) ou d'un copropriétaire (CA Paris 6-5-1983 : GP 1984.som.15). **31453**

La nullité peut aussi être invoquée par voie d'exception par le défendeur à l'action en contrefaçon, mais seulement en ce qui concerne les revendications arguées de contrefaçon (TGI Rennes 8-1-1996 : RDPI 1996 n° 63 p. 65).

Un syndicat professionnel a le droit d'agir en nullité d'un brevet s'il défend l'intérêt collectif de la profession représentée (CA Paris 9-5-1979 : Ann. propr. ind. 1981.319), mais non lorsque l'action ne tend qu'à défendre les intérêts des membres concurrents du breveté (CA Lyon 2-5-1978 : Dossiers Brevets 1978.V.3).

Le ministère public peut agir d'office en nullité d'un brevet (CPI art. L 613-26).

Le juge saisi d'une demande d'annulation d'un brevet français n'a pas à surseoir à statuer lorsque l'invention qu'il couvre est aussi l'objet d'un brevet européen frappé d'une procédure d'opposition (cf. CA Paris 16-2-1994 : RDPI 1994 n° 55 p. 39, accordant le sursis parce que l'autre partie ne s'y opposait pas). Les juges du fond ont un pouvoir discrétionnaire pour apprécier l'opportunité de surseoir à statuer (Cass. com. 9-2-1970 : Clunet 1971.108 note Mousseron et Huet).

L'action en nullité n'est soumise à aucune prescription (CPI art. L 615-8-1).

Sur le tribunal compétent, n° 31700.

Effets de la nullité Lorsque les motifs de nullité n'affectent le brevet qu'**en partie,** la nullité n'est prononcée que pour les revendications correspondantes (CPI art. L 614-12, al. 2), l'annulation de la revendication principale pour défaut d'activité inventive n'entraînant pas automatiquement celle des revendications qui en dépendent (Cass. com. 20-5-2014 n° 13-10.061 : JCP E 2014.1613 n° 19). **31456**

La décision d'annulation est **opposable à tous,** sous réserve de la tierce opposition (CPI art. L 613-27, al. 1), et elle entraîne la disparition rétroactive du brevet ainsi que celle de tous les effets que celui-ci a pu engendrer (Cass. com. 12-6-2007 n° 05-14548 : Bull civ. IV n° 158). La disparition rétroactive du brevet ne se produit toutefois que le jour où la décision d'annulation est passée en force de chose jugée (Cass. com. 6-12-2017 n° 15-19.726 FS-PBRI).

Mais, il n'y a pas lieu à restitution des sommes payées par un contrefacteur en exécution de sa condamnation du chef de contrefaçon par une décision irrévocable (Cass. ass. plén. 17-2-2012 n° 10-24.282 : RJDA 5/12 n° 538).

En revanche, dans les procédures en contrefaçon pendantes, il y a lieu de surseoir à statuer dans l'attente d'une décision à venir sur la validité du brevet (TGI Paris 20-3-1987 : PIBD 1987.III.311).

La transaction conclue entre les parties sur la nullité n'a d'effet qu'entre elles : les revendications annulées ne peuvent donc pas être opposées à des tiers à la transaction (TGI Paris 29-5-1991 : RDPI 1991 n° 37 p. 27).

6. OPPOSITION AU BREVET

31459 **Droit d'opposition** Tout brevet délivré comme il est dit aux nos 31360 s. peut être l'objet, dans le délai de neuf mois suivant la publication au Bulletin officiel de la propriété industrielle de la mention de la délivrance du brevet contesté, d'une opposition par toute personne ou son mandataire, physique ou morale, à l'exception de son titulaire, auprès du directeur général de l'Inpi (CPI art. L 613-23 et R 613-44).

31462 **Motifs d'opposition** L'opposition, à tout ou partie du brevet, ne peut être fondée que sur un ou plusieurs des motifs suivants (CPI art. L 613-23-2) :
– l'objet du brevet n'est pas brevetable aux termes des articles L 611-10, L 611-11 et L 611-13 à L 611-19 ;
– le brevet n'expose pas l'invention de façon suffisamment claire et complète pour qu'un homme du métier puisse l'exécuter ;
– l'objet du brevet s'étend au-delà du contenu de la demande telle qu'elle a été déposée ou, lorsque le brevet a été délivré sur la base d'une demande divisionnaire, l'objet s'étend au-delà du contenu de la demande initiale telle qu'elle a été déposée.

31465 **Procédure d'opposition** La procédure d'opposition se déroule dans les conditions suivantes.

1. Objet de la contestation. Le litige porte sur le brevet contesté ou sur les **modifications** que le titulaire est autorisé à lui apporter en cours de procédure à savoir :
– les revendications, dans les conditions définies à l'article L 613-23-3, I ;
– la description et, le cas échéant, les dessins, dans les conditions définies à l'article L 613-23-3, II.

2. Formulation de l'opposition. La demande d'opposition est présentée par écrit selon les conditions et modalités précisées par décision du directeur général de l'Inpi et doit comporter les mentions requises par l'article R 613-44-1 du CPI.

3. Irrecevabilité de l'opposition. Outre l'irrecevabilité de l'opposition formée par le titulaire du brevet contesté est irrecevable toute opposition présentée par une personne qui ne remplit pas les conditions de l'article R 613-44 du CPI ou qui ne comprend pas les mentions requises par l'article R 613-44-1 du CPI.

Lorsqu'une opposition est fondée sur plusieurs motifs, elle n'est recevable que si la déclaration l'accompagnant comporte au moins un motif indiquant les faits invoqués et les pièces produites à l'appui de ce motif ; l'opposition est réputée non fondée pour les motifs qui ne satisfont pas à cette condition (CPI art. R 613-44-2, al. 3).

En cas d'irrecevabilité relevée d'office, le directeur général de l'Inpi notifie les irrégularités à l'opposant ; un délai est alors imparti à ce dernier pour contester cette irrecevabilité ou, dans le cas où pouvoir a été donné à un mandataire, pour régulariser sa demande ; à défaut d'observations fondées ou de régularisation, l'opposition est déclarée irrecevable ; la décision d'irrecevabilité est inscrite au registre national des brevets (CPI art. R 613-44-2, al. 4 et 5).

4. Instruction de la contestation. L'opposition donne lieu à une instruction contradictoire régie par les dispositions des articles R 613-44-4 à R 613-44-6 (CPI art. L 613-23-2, al. 1), qui peut être suspendue dans les conditions des articles R 613-44-10 et R 613-44-11.

5. Clôture de la procédure d'opposition. La procédure d'opposition est clôturée (CPI art. R 613-44-12, al. 1 à 5) :
– lorsque tous les opposants ont retiré leur opposition ;
– si le brevet est déclaré nul par une décision de justice passée en force de chose jugée ;
– si le titulaire du brevet renonce aux revendications visées par l'opposition ;
– lorsque les effets du brevet contre lequel l'opposition a été formée ont cessé, sauf si l'opposant justifie d'un intérêt légitime à l'obtention d'une décision d'opposition.

La décision de clôture est notifiée sans délai aux parties par l'Inpi (CPI art. R 613-44-12, al. 6).

La clôture de la procédure d'opposition est inscrite au registre national des brevets (CPI art. R 613-44-12, al. 7).

6. Frais. Chacune des parties à la procédure d'opposition supporte les frais qu'elle a exposés, à moins que le directeur général de l'Inpi ne décide d'une répartition différente de ces frais, dans la mesure où l'équité l'exige, et dans la limite d'un barème fixé par arrêté du ministre chargé de la propriété industrielle (CPI art. L 613-23-5).

Décision relative à l'opposition Au terme de la procédure d'instruction notifiée aux parties conformément aux dispositions de l'article R 613-44-8 du CPI, le directeur général de l'Inpi statue sur l'opposition ; sa décision, prise dans les termes prescrits par l'article R 613-44-7 du CPI, a les effets d'un jugement valant titre exécutoire (CPI art. L 613-23-2, al. 2). **31468**

Si la décision du directeur général d'Inpi **fait droit** à l'opposition, le brevet peut être :

- révoqué en tout ou partie ;

La décision de révocation a un effet absolu ; lorsqu'une décision statuant sur l'opposition révoque partiellement le brevet, elle renvoie devant l'Inpi le titulaire afin que ce dernier demande la modification du brevet pour se conformer à cette décision ; cette demande n'est toutefois recevable que si la décision statuant sur l'opposition n'est plus susceptible de recours ; le directeur général de l'Inpi a le pouvoir de rejeter cette demande de modification du brevet pour défaut de conformité à la décision de révocation partielle (CPI art. L 613-23-6, al. 2 et 3).

- maintenu sous une forme modifiée compte tenu des modifications apportées par le titulaire en cours de procédure ; un nouveau fascicule du brevet est alors publié par l'Inpi (CPI art. R 613-44-9).

Si l'opposition est **rejetée,** le brevet est maintenu tel que délivré (CPI art. L 613-23-4, al. 4).

L'opposition est réputée rejetée si le directeur général de l'Inpi n'a pas statué dans le délai de quatre mois qui court à compter de la date de fin de la phase d'instruction (CPI art. L 613-23-2, al. 3 et R 613-44-8, al. 1).

Les effets des décisions statuant sur l'opposition **rétroagissent** à la date de dépôt de la demande de brevet (CPI art. L 613-23-6, al. 1).

C. Droits du breveté

PROTECTION DES DROITS D'EXPLOITATION PAR LE DROIT DE L'UE

Voir n° 30959. **31597**

MONOPOLE D'EXPLOITATION

Contenu Le brevet (ou le certificat d'utilité) confère à son titulaire, à compter du dépôt de la demande (CPI art. L 613-1), le **droit exclusif d'exploiter** l'invention pendant la durée indiquée au n° 31350. **31600**

Toutefois, les faits antérieurs à la date à laquelle la demande de brevet a été rendue publique en vertu de l'article L 612-21du CPI ou à celle de la notification à tout tiers d'une copie certifiée de cette demande ne sont pas considérés comme ayant porté atteinte aux droits attachés au brevet (CPI art. L 615-4, al. 1 ; sur l'absence de preuve de la notification qui suppose celle d'une copie certifiée par application de l'art. R 615-2 CPI ; CA Paris 25-4-2001 : GP 2002.som.777).

Néanmoins, entre cette date et celle de la délivrance du brevet (CPI art. L 615-4, al. 2) :

- le brevet n'est opposable que dans la mesure où les revendications n'ont pas été étendues après la première de ces dates ;
- lorsque le brevet concerne l'utilisation d'un micro-organisme, il n'est opposable qu'à compter du jour où le micro-organisme est mis à la disposition du public.

Le tribunal saisi d'une action en contrefaçon sur le fondement d'une demande de brevet sursoit à statuer jusqu'à la délivrance du brevet (CPI art. L 615-4, al. 5).

Quiconque se prévaut indûment de la qualité de propriétaire d'un brevet ou d'une demande de brevet est puni d'une amende de 7 500 € (CPI art. L 615-12).

Il résulte du monopole d'exploitation qui lui est réservé que le breveté a le **droit d'interdire** à défaut de son consentement (CPI art. L 613-3) :

- la fabrication, l'offre, la mise dans le commerce, l'utilisation, l'importation, l'exportation, le transbordement, ou la détention aux fins précitées du produit objet du brevet ;
- l'utilisation d'un procédé objet du brevet ou, lorsque le tiers sait ou lorsque les circonstances rendent évident que l'utilisation du procédé est interdite sans le consentement du propriétaire du brevet, l'offre de son utilisation sur le territoire français ;
- l'offre, la mise dans le commerce, l'utilisation, l'importation, l'exportation, le transbordement ou la détention aux fins précitées du produit obtenu directement par le procédé objet du brevet.

Le breveté a également le **droit d'interdire,** à défaut de son consentement, la livraison ou l'offre de livraison, sur le territoire français, des moyens de mise en œuvre d'un élément essentiel de l'invention à une personne autre que celle habilitée à exploiter l'invention brevetée lorsque le tiers sait ou lorsque les circonstances rendent évident que ces moyens sont aptes et destinés à cette mise en œuvre ; cette interdiction ne joue plus lorsque ceux-ci se trouvent couramment dans le commerce, sauf si le tiers incite la personne à qui il livre à commettre les actes susvisés (CPI art. L 613-4 ; cf. Cass. com. 28-4-2004 n° 702 : RJDA 10/04 n° 1172).

Le breveté jouit aussi d'un **droit moral** protégeant sa qualité d'inventeur ; a porté atteinte à ce droit celui qui s'était présenté dans des slogans publicitaires constitutifs de concurrence déloyale comme le titulaire de l'invention qui y était visée (TGI Paris 1-9-1999 : RDPI 1999 n° 105 p. 39 : condamnation à 50 000 F de dommages-intérêts envers le véritable inventeur).

Le brevet **expiré** ne peut plus servir de fondement à une mesure de protection, telle l'interdiction à un concurrent de poursuivre des actes de concurrence déloyale sous astreinte (Cass. com. 17-3-2015 n° 13-15.862).

Sur les dispositions du droit de l'UE protectrices des droits de propriété intellectuelle, n° 30959.

31603 **Épuisement des droits du breveté** Le monopole du titulaire du brevet sur l'invention s'éteint dès la première commercialisation, en France ou sur le territoire d'un État partie à l'Espace économique européen, du produit (ou du procédé) objet du brevet, par le propriétaire du titre ou avec son consentement exprès, ce dernier ne pouvant revendiquer aucun droit à l'occasion des actes accomplis postérieurement sur ce produit (CPI art. L 613-6).

Mais il conserve son droit de brevet lui-même, qui demeure opposable à tout opérateur procédant, sans autorisation de sa part, à la mise sur le marché de produits utilisant son invention, tel que le licencié pour l'Allemagne qui commercialise en France des produits tirés de l'invention (Cass. com. 25-4-2006 n° 490 : JCP E 2006.pan.2588).

Ne constitue **pas une mise sur le marché** : la vente du produit breveté par une société mère à sa filiale (TGI Paris 9-11-1993 : D. 1996.som.19 obs. Mousseron et Schmidt) ; la mise en vente en Turquie quoique le pays ait passé avec les États de la Communauté européenne (devenue UE) un accord douanier préférentiel (TGI Paris 9-11-1993 précité, confirmé par CA Paris 29-5-1998 : GP 1998.som.13 octobre) ou aux États-Unis (CA Paris 17-1-1996 : Dossiers Brevets 1996.IV.2).

En revanche, **a constitué la mise dans le commerce** la mise en circulation du produit dans un État membre (en l'espèce l'Irlande) où ce produit n'était pas brevetable au moment de son introduction (CJCE 5-12-1996 : Rec. I-6285).

Le défaut de clause de non-exportation ne signifie pas que le breveté donne son accord aux marchés parallèles (TGI Paris 9-11-1993 précité).

31606 **Possession personnelle antérieure** Toute personne qui, de bonne foi, à la date de dépôt ou de priorité du brevet, est en possession de l'invention a le **droit de l'exploiter à titre personnel** malgré l'existence du brevet ; ce droit ne peut être transmis qu'avec le fonds de commerce, l'entreprise ou la partie de l'entreprise à laquelle il est attaché (CPI art. L 613-7).

La **preuve** de la possession antérieure incombe à celui qui invoque cette possession ; il peut l'établir par tous moyens (TGI Paris 4-9-2001 : RDPI 2002 n° 131 p. 58) mais doit le faire sur tous les éléments du brevet tels qu'ils ont été revendiqués (CA Paris 14-1-2004 : RDPI 2004 n° 156 p. 13 ; sur un défaut de preuve, Cass. com. 25-4-2006 n° 490 : JCP E 2006.pan.2588 ; CA Paris 20-6-2001 : GP 2002.som.776). Cette preuve peut être préconstituée par l'emploi du procédé de **« l'enveloppe Soleau »** (nom de son instigateur) : l'inventeur transmet la description et les caractéristiques de l'invention en double exemplaire à l'Inpi, qui conserve l'un des exemplaires dans ses archives pendant une durée de cinq ans, renouvelable une fois, l'autre étant retourné au déposant ; en cas de besoin et notamment de contestation sur l'antériorité, l'exemplaire de l'Inpi peut être communiqué aux tribunaux (Arrêté du 9-5-1986). Mais l'enveloppe Soleau ne fait pas la preuve de la validité du titre (cf. CA Aix 20-6-2019 n° 17/00667 : D.IP/IT 2019.412).

Il est possible de procéder à un dépôt électronique de l'enveloppe Soleau sur le site de l'Inpi via le service « e-soleau ».

31609 **Autres limites** Les droits conférés au breveté ne s'étendent pas (CPI art. L 613-5) :

- aux actes accomplis dans un cadre privé et à des fins non commerciales ;
- aux actes accomplis à titre expérimental, à condition que ces actes aient pour objet de vérifier l'intérêt technique de l'invention, mais non de rechercher l'avenir commercial du produit en étudiant l'intérêt de la clientèle pour ce dernier (CA Lyon 5-3-1992 : Dossiers Brevets 1992.I.6) ;
- à la préparation de médicaments faits extemporanément et par unité dans les pharmacies, sur ordonnance médicale, ni aux actes concernant les médicaments ainsi préparés ;
- aux études et essais requis en vue de l'obtention d'une autorisation de mise sur le marché pour un médicament, ainsi qu'aux actes nécessaires à leur réalisation et à l'obtention de l'autorisation ;
- aux actes nécessaires à l'obtention du visa de publicité mentionné à l'article L 5122-9 du Code de la santé publique ;
- aux objets destinés à être lancés dans l'espace extra-atmosphérique introduits sur le territoire français.

Retenue en douane En dehors des cas prévus par la réglementation de l'UE, l'administration des douanes peut, sur demande écrite du propriétaire d'un brevet ou d'un certificat complémentaire de protection rattaché à un brevet ou d'une personne habilitée à exploiter l'invention brevetée ou objet du certificat complémentaire d'exploitation, assortie des justifications de son droit, retenir dans le cadre de ses contrôles les marchandises que celui-ci prétend constituer une contrefaçon (CPI art. L 614-32 s.). 31612

CONTREFAÇON

Celui qui fabrique, utilise, commercialise, importe ou détient aux fins d'utilisation un produit ou un procédé breveté sans le consentement du titulaire du brevet commet un acte de contrefaçon et engage sa responsabilité civile (CPI art. L 615-1, al. 1 et 2). 31615

Sur l'action des douanes pour lutter contre la contrefaçon, voir règlement UE 608/2013 du 12 juin 2013, applicable à compter du 1er janvier 2014, et règlement CE 1891/2004 du 21 octobre 2004.

Éléments de la contrefaçon Pour qu'il y ait contrefaçon, il faut que : 31618

– l'invention revendiquée soit protégée par un **brevet** dont la **validité** ne peut pas être contestée pour les causes de nullité exposées au n° 31450 et soit commercialisée en France ;

– l'objet incriminé **reproduise** les éléments caractéristiques de l'invention revendiquée (Cass. com. 6-11-1984 : Bull. civ. IV p. 237 ; CA Paris 4-3-1986 : Ann. propr. ind. 1986.53 ; CA Paris 30-1-1984 : Ann. propr. ind. 1984.5) ou une caractéristique protégée par le brevet (Cass. com. 28-4-1987 : D. 1988.som.351 obs. Mousseron et Schmidt), peu important le procédé utilisé pour obtenir cette reproduction (CA Paris 4-11-1992 : GP 1993.som.351) et la qualité de la reproduction (CA Paris 17-12-1992 : PIBD 1993.III.285) ;

Tel n'est pas le cas lorsque l'élément imité a une fonction différente de celui faisant l'objet du brevet (CA Paris 9-11-1987 : PIBD 1988.III.33). En revanche, des différences mineures dans le conditionnement ou les couleurs ne sont pas de nature à faire écarter la contrefaçon (CA Paris 10-12-1987 : PIBD 1988.III. 209).

Une contrefaçon partielle n'est concevable que pour la reproduction d'un élément essentiel d'une revendication complexe et divisible, et non pas pour celle d'un élément séparé d'une combinaison de moyens qui ne doit pas être divisée (CA Paris 15-1-1997 : RDPI 1997 n° 72 p. 59).

– l'objet incriminé produise le **même effet technique** que celui produit par le moyen revendiqué ; c'est la contrefaçon dite « par équivalence » (pour un exemple dans lequel l'équivalence n'a pas été retenue : Cass. com. 8-6-2017 n° 15-24.372 F-D) ;

– le produit contrefaisant soit **commercialisé** (CA Paris 3-7-2002 : GP 2003.som.1132 : excluant l'existence d'une présentation du produit à titre expérimental) et sur le marché français (TGI Paris 19-9-1997, 2e esp. : D 1999.som.125 obs. Mousseron) ;

– s'agissant de l'offre, de la mise dans le commerce, de l'utilisation, de la détention en vue de l'utilisation ou la mise dans le commerce du produit contrefaisant, ces actes aient été accomplis en **connaissance de cause** par leur auteur dès lors que celui-ci n'est pas leur fabricant (CPI art. L 615-1, al. 3).

Le **fabricant** est contrefacteur dès lors qu'il a commis un acte portant atteinte aux droits du breveté (cf. CPI art. L 615-1) ; ce peut être le cas du sous-traitant (TGI Paris 24-4-1986 : D. 1988.som.349 obs. Mousseron et Schmidt), qui, sauf clause contraire, n'a pas de recours contre son donneur d'ordre (même jugement). Celui-ci n'est pas engagé par les actes du sous-traitant, sauf preuve d'une fourniture de moyens (TGI Paris 26-9-1986 : D. 1988.som.349 obs. Mousseron et Schmidt).

La **preuve** de la contrefaçon peut être faite par tous moyens (CPI art. L 615-5, al. 1). Si le brevet a pour objet un procédé d'obtention d'un produit, le tribunal peut ordonner à la partie poursuivie en contrefaçon de prouver que le procédé utilisé pour obtenir un produit identique est différent du procédé breveté (CPI art. L 615-5-1).

Sur le droit d'obtenir du tribunal la condamnation, sous astreinte, à la production de tous documents ou informations utiles à l'établissement de la contrefaçon : CPI art. L 615-2 ; sur le texte de contenu identique et sur ses applications en matière de marques, n° 32632.

Préconstitution de la preuve de la contrefaçon ou saisie-contrefaçon 31621

Toute personne ayant qualité pour agir en contrefaçon (n° 31630) est en droit de faire procéder en tout lieu et par tous huissiers (ou commissaires de justice), le cas échéant assistés d'experts désignés par le demandeur, en vertu d'une ordonnance rendue sur requête par le président du tribunal judiciaire, soit à la **description** détaillée, avec ou sans prélèvement d'échantillons, soit à la **saisie réelle** (CPI art. L 615-5, al. 2 et 3 et R 615-2) :

– des **produits ou procédés** prétendus contrefaisants ainsi que de tout document s'y rapportant ; l'ordonnance peut autoriser la saisie réelle de tout document se rapportant aux produits ou procédés prétendus contrefaisants en l'absence de ces derniers (CPI art. L 615-5, al. 2) ;

– des **matériels et instruments** utilisés pour fabriquer ou distribuer les produits ou pour mettre en œuvre les procédés prétendus contrefaisants (CPI art. L 615-5, al. 3).

La juridiction ne peut pas rejeter la demande qui lui est présentée dans les formes et avec les justifications prévues par la loi (cf. Cass. com. 29-6-1999 : RJDA 10/99 n° 1146) ; elle ne peut pas non plus exiger un commencement de preuve de la contrefaçon (CA Paris 26-5-2017 nos 15/10201 et 15/10204 : RTD com. 2017.611 obs. Galloux).

Toutefois, des demandes répétées peuvent constituer un abus ouvrant droit à réparation (CA Paris 13-3-1996 : RDPI 1996 n° 65 p. 30, solution transposable, l'abus du droit étant une règle de droit commun et d'ordre public).

Le tribunal peut subordonner l'exécution des mesures qu'il ordonne à la constitution par le demandeur de **garanties** destinées à assurer l'indemnisation éventuelle du défendeur si l'action en contrefaçon est ultérieurement jugée non fondée ou la saisie annulée (CPI art. L 615-5, al. 4).

Afin d'assurer la protection du secret des affaires, le juge saisi d'une demande de saisie-contrefaçon ne peut que recourir, au besoin d'office, à la procédure spéciale de placement sous séquestre provisoire prévue aux articles R 615-2, dernier alinéa du CPI et R 153-1 du Code de commerce (Cass. com. 1-2-2023 n° 21-22.225 FS-BR : RJDA 5/23 n° 285).

Si la saisie-contrefaçon n'a pas été ordonnée, le tribunal peut ordonner, d'office ou à la demande de toute personne ayant qualité pour agir en contrefaçon, toutes les **mesures d'instruction** légalement admissibles (CPI art. L 615-5-1-1).

31624 Aucune des dispositions ci-dessus les contredisant, les solutions relatives à l'intervention de l'huissier affirmées antérieurement à leur entrée en vigueur demeurent valables ; ainsi, l'**huissier** (ou le commissaire de justice) peut transcrire les constatations faites par l'expert qui l'a assisté à condition de les identifier comme telles par rapport aux siennes propres et qu'il en ait contrôlé l'exactitude (CA Paris 13-9-2000 : JCP E 2000.pan.1688), mais il ne peut pas, sous peine de nullité du procès-verbal de saisie, se faire assister par une personne dont l'ordonnance excluait l'assistance (CA Paris 1-3-1996 : RDPI 1996 n° 65 p. 25).

Les énonciations des procès-verbaux qui sont présentées par les huissiers (ou les commissaires de justice) comme résultant de leurs déductions, et qui ne se rapportent pas exactement à la situation qui était en cause au moment de la saisie, excèdent les compétences de ces huissiers (ou commissaires de justice) (CA Paris 24-9-1991 : RDPI 1992 n° 44 p. 63, solution transposable).

31627 Le requérant de la saisie doit **se pourvoir au fond,** par la voie civile ou pénale, dans le délai de vingt jours ouvrables ou de trente et un jours civils si ce délai est plus long, à compter du jour où est intervenue la saisie ou la description ; à défaut, l'intégralité de la saisie, y compris la description, est annulée à la demande du saisi, sans que celui-ci ait à justifier sa demande et sans préjudice des dommages-intérêts qui peuvent lui être réclamés (CPI art. L 615-5, al. 5 et R 615-3).

En cas d'annulation de la saisie, les constats et descriptions faits par l'huissier (ou le commissaire de justice) perdent leur valeur probante (Cass. com. 1-7-2003 n° 1111 : Bull. civ. IV n° 112, solution transposable).

31628 **Détermination de l'origine des actes argués de contrefaçon** Si la demande lui en est faite, la juridiction saisie au fond ou en référé d'une procédure civile prévue par les dispositions relatives au brevet peut ordonner, au besoin sous astreinte, afin de déterminer l'origine et les réseaux de distribution des produits ou procédés argués de contrefaçon qui portent atteinte aux droits du demandeur, la production de tous documents ou informations détenus par le défendeur, ou par toute personne qui a été trouvée en possession de produits argués de contrefaçon ou mettant en œuvre des procédés argués de contrefaçon ou qui fournit des services utilisés dans de prétendues activités de contrefaçon ou a été signalée comme intervenant dans la production, la fabrication ou la distribution de ces produits, la mise en œuvre de ces procédés ou la fourniture de ces services ; cette production peut être ordonnée s'il n'existe pas d'empêchement légitime (CPI art. L 615-5-2, al. 1 et 2).

31630 **Action en contrefaçon** L'action en contrefaçon peut être **introduite par** :

– le **propriétaire** du brevet (CPI art. L 615-2, al. 1) ; ainsi, lorsqu'une invention a été brevetée au nom du président-directeur général d'une société qui l'exploite, seul celui-ci peut intenter l'action en contrefaçon à l'exclusion de la société qui n'a pas qualité pour agir (CA Nancy 3-1-1985 : Ann. propr. ind. 1985.69) ;

Le cessionnaire peut agir, en sa qualité de propriétaire, à compter du jour de la publication de la cession au registre national des brevets (Cass. com. 14-6-2005 : Propr. intell. 2006.205 obs. Warusfel).

Au regard des actes de contrefaçon antérieurs à cette publication, il peut agir si le contrat de cession lui a attribué ce droit ; mais ce droit, sauf clause expresse, n'est pas transmis au sous-acquéreur du brevet (Cass. com. 4-1-1994 : D. 1996.som.18 obs. Mousseron et Schmidt).

– chaque **copropriétaire** à son seul profit ; celui qui intente l'action doit notifier l'assignation aux autres copropriétaires ; s'il ne justifie pas de cette notification, le tribunal doit surseoir à statuer (CPI art. L 613-29, al. 1-b) ;

– le **licencié** bénéficiant d'un droit **exclusif** d'exploitation dans les conditions exposées au n° 32965 ;

– le **titulaire** d'une **licence obligatoire** ou d'une **licence d'office** si, après mise en demeure du propriétaire du brevet, celui-ci n'a pas exercé l'action en contrefaçon (CPI art. L 615-2, al. 4). Sur ces licences, nos 32803 s.

L'action doit être portée exclusivement devant le **tribunal** judiciaire de Paris (n° 31700), sauf le cas où le contrefacteur présumé est domicilié dans un autre État membre de l'UE, l'action pouvant alors être portée, au choix du plaignant, devant la juridiction du domicile de ce dernier (nos 72133 et 72145).

Lorsque la validité du brevet est contestée par le défendeur poursuivi, le juge **sursoit** à statuer (CA Paris 24-5-1994 : GP 1995.som.80). Il en est généralement de même lorsque la demande de brevet européen est frappée d'opposition (CA Colmar 13-1-1989 : D. 1990.som.153 obs. Mousseron et Schmidt ; TGI Paris 6-7-1994 : RDPI 1995 n° 59 p. 26 ; contra TGI Paris 28-4-1993 : RDPI 1993 n° 47 p. 39).

L'action en contrefaçon **se prescrit** par cinq ans à compter du jour où le titulaire d'un droit a connu ou aurait dû connaître le dernier fait lui permettant de l'exercer (CPI art. L 615-8 ; sur l'application dans le temps de cette disposition, TJ Paris 6-5-2021 n° 20/07066 : RTD com. 2021.795 obs. Passa).

Sanctions Le contrefacteur doit **réparer le préjudice** subi par le breveté. Pour fixer les dommages-intérêts, la juridiction prend en considération distinctement (CPI art. L 615-7, al. 1 à 4) : **31633**

– les conséquences économiques négatives de la contrefaçon, dont le manque à gagner et la perte subis par la partie lésée ;

– le préjudice moral causé à cette dernière ;

– les bénéfices réalisés par le contrefacteur, y compris les économies d'investissements intellectuels, matériels et promotionnels que celui-ci a retirées de la contrefaçon.

Le breveté peut obtenir réparation même s'il ne se livre pas personnellement à l'exploitation de son brevet (Cass. com. 23-1-2019 n° 16-28.322 F-D : RTD com. 2019.88 obs. Galloux).

Pour apprécier l'entier préjudice, il convient de prendre en compte distinctement les éléments énoncés à l'article L 615-7, al. 1 à 4, sans en faire le cumul.

Toutefois, la juridiction peut, à titre d'alternative et sur demande de la partie lésée, allouer à titre de dommages-intérêts une somme forfaitaire ; cette somme est supérieure au montant des redevances ou droits qui auraient été dus si le contrefacteur avait demandé l'autorisation d'utiliser le droit auquel il a porté atteinte ; elle n'est pas exclusive de l'indemnisation du préjudice moral causé à la partie lésée (CPI art. L 615-7, al. 2).

Antérieurement à ces dispositions en vigueur depuis le 13 mars 2014 (Loi 2014-315 du 11-3-2014 art. 2), le préjudice économique était en principe fixé par application à la masse contrefaisante d'un taux de redevance indemnitaire, lequel pouvait être sensiblement supérieur à celui d'une redevance contractuelle (Cass. com. 1-3-1994 : RJDA 7/94 n° 880 ; Cass. com. 19-2-1991 : Dossiers Brevets 1991.IV.8). Sur la détermination de la masse contrefaisante, CA Paris 30-1-1998 : GP 1998.som.489 ; sur celle du taux de redevance indemnitaire, CA Paris 12-11-1991 : D. 1993.som.377 obs. Mousseron et Schmidt.

La réparation pouvait être aussi égale au bénéfice perdu lorsque le marché du produit contrefaisant était étroit (Cass. com. 27-1-1998 : RDPI 1998 n° 87 p. 22 ; voir aussi Sentence CCI n° 10988 en 2003 : JDI 2006.1408 note Derains).

En outre, la juridiction peut ordonner, à la demande de la partie lésée, que les **produits** reconnus comme contrefaisants et les matériaux et instruments ayant principalement servi à leur création ou fabrication soient rappelés des circuits commerciaux, écartés définitivement de ces circuits, **détruits** ou confisqués au profit de la partie lésée (CPI art. L 615-7-1, al. 1).

La juridiction peut aussi ordonner toute mesure appropriée de **publicité du jugement,** notamment son affichage ou sa publication intégrale ou par extraits dans les journaux ou sur les services de communication au public en ligne qu'elle désigne, selon les modalités qu'elle précise (CPI art. L 615-7-1, al. 2).

Les mesures susvisées sont ordonnées aux frais du contrefacteur (CPI art. L 615-7-1, al. 3).

Le contrefacteur est aussi passible d'une condamnation **pénale** conformément aux articles L 615-14 à L 615-14-3 du CPI.

Sur l'illicéité de la **vente des objets contrefaits,** n° 12540.

Interdiction provisoire de la contrefaçon Toute personne ayant qualité pour agir en contrefaçon peut saisir en référé la juridiction civile compétente afin de voir ordonner, au besoin sous astreinte, à l'encontre du prétendu contrefacteur ou des intermédiaires dont il utilise les services, toute mesure destinée à **prévenir une atteinte** imminente aux droits conférés par le titre ou à empêcher la poursuite d'actes argués de contrefaçon ; la juridiction **31636**

civile compétente peut également ordonner toutes mesures urgentes sur requête lorsque les circonstances exigent que ces mesures ne soient pas prises contradictoirement, notamment lorsque tout retard serait de nature à causer un préjudice irréparable au demandeur ; saisie en référé ou sur requête, la juridiction ne peut ordonner les mesures demandées que si les éléments de preuve, raisonnablement accessibles au demandeur, rendent vraisemblable qu'il est porté atteinte à ses droits ou qu'une telle atteinte est imminente (CPI art. L 615-3, al. 1 ; sur un refus de dispense du contradictoire, Cass. com. 16-9-2014 n° 13-10.189 : RJDA 1/15 n° 55).

En outre, la juridiction saisie peut :

– **interdire la poursuite** des actes argués de **contrefaçon,** la subordonner à la constitution de garanties destinées à assurer l'indemnisation éventuelle du demandeur ou ordonner la saisie ou la remise entre les mains d'un tiers des produits soupçonnés de porter atteinte aux droits conférés par le titre, pour empêcher leur introduction ou leur circulation dans les circuits commerciaux ; si le demandeur justifie de circonstances de nature à compromettre le recouvrement des dommages-intérêts, la juridiction peut ordonner la saisie conservatoire des biens mobiliers et immobiliers du prétendu contrefacteur, y compris le blocage de ses comptes bancaires et autres avoirs, conformément au droit commun ; pour déterminer les biens susceptibles de faire l'objet de la saisie, elle peut ordonner la communication des documents bancaires, financiers, comptables ou commerciaux ou l'accès aux informations pertinentes (CPI art. L 615-3, al. 2) ;

– **accorder** au demandeur une **provision** lorsque l'existence de son préjudice n'est pas sérieusement contestable (CPI art. L 615-3, al. 3) ;

– en référé ou sur requête, **subordonner** l'exécution des mesures qu'elle ordonne à la constitution par le demandeur de **garanties** destinées à assurer l'indemnisation éventuelle du défendeur si l'action en contrefaçon est ultérieurement jugée non fondée ou les mesures annulées (CPI art. L 615-3, al. 4).

Lorsque les mesures prises pour faire cesser une atteinte aux droits sont ordonnées avant l'engagement d'une action au fond, le demandeur doit, dans un délai de vingt jours ouvrables ou de trente et un jours civils si ce délai est plus long, à compter de la date de l'ordonnance, soit se pourvoir par la voie civile ou pénale, soit déposer une plainte auprès du procureur de la République ; à défaut, sur demande du défendeur et sans que celui-ci ait à motiver sa demande, les mesures ordonnées sont annulées, sans préjudice des dommages-intérêts qui peuvent être réclamés (CPI art. L 615-3, al. 5 et R 615-1 appelé à devenir R 615-3).

Le tribunal est saisi seulement le jour où l'assignation a été remise au secrétariat-greffe (Cass. com. 14-6-2000 : D. 2002.som.1192 obs. Galloux, solution transposable, les nouvelles dispositions exigeant seulement le respect d'un délai sans autre précision).

31639 **Déclaration de non-contrefaçon par le breveté** Toute personne qui justifie d'une exploitation industrielle sur le territoire d'un État membre de l'UE ou de préparatifs effectifs et sérieux à cet effet peut inviter le titulaire d'un brevet à prendre parti sur l'opposabilité de son titre à l'égard de cette exploitation dont la description lui est communiquée (CPI art. L 615-9, al. 1 ; pour un rejet de la demande, CA Lyon 4-7-1996 : Dossiers Brevets 1996.II.6).

Si ladite personne conteste la réponse qui lui est faite ou si le breveté n'a pas pris parti dans un délai de trois mois, elle peut assigner ce dernier devant le tribunal pour faire juger que le brevet ne fait pas obstacle à l'exploitation en cause ; ce jugement n'empêche pas l'exercice d'une action en nullité du brevet et d'une action ultérieure en contrefaçon dans le cas où l'exploitation n'est pas réalisée dans les conditions spécifiées dans la description visée ci-dessus (CPI art. L 615-9, al. 2 ; pour un exemple de déclaration de non-contrefaçon, le titulaire du brevet opposable n'ayant pas pris parti dans le délai de trois mois : TGI Paris 28-6-2000 : RDPI 2002 n° 134 p. 9).

CONCURRENCE DÉLOYALE

31645 Dès lors que les conditions en sont réunies et que les faits invoqués sont distincts de ceux de contrefaçon, le breveté peut aussi agir en concurrence déloyale.

Toutefois, il ne peut pas agir s'il n'exploite pas lui-même le produit couvert par son brevet (CA Paris 20-10-1992 : RDPI 1995 n° 59 p. 33).

Sur d'autres applications de la même règle de principe susceptibles de servir dans le domaine des brevets, n°s 32181, 32650 et 34739.

PERTE DES DROITS ATTACHÉS AU BREVET

31648 **Méconnaissance d'un délai** Le déposant qui n'a pas respecté les délais à l'égard de l'Inpi (par exemple, n°s 31278 et 31360) peut demander à être restauré dans ses droits s'il justifie d'une excuse légitime et si l'empêchement a pour conséquence directe le rejet de la demande de brevet ou d'une requête, ou la perte de tout autre droit (CPI art. L 612-16, al. 1).

La notification de la décision de l'Inpi constatant la déchéance d'un brevet met fin à l'excuse légitime, qu'elle soit faite au breveté ou à son mandataire, en application de l'article R 618-1 du CPI (Cass. com. 17-5-2023 n° 22-10.744 F-B).

L'excuse légitime est appréciée dans les mêmes conditions que celles exposées ci-dessous pour le recours en restauration pour non-paiement des annuités (sur la faute d'un mandataire, Cass. com. 18-2-1986 : Bull. civ. IV p. 16 et, sur renvoi, CA Paris 26-11-1986 : D. 1987.IR.18).

Le recours doit être formé dans les deux mois qui suivent la cessation de l'empêchement et au plus tard un an après l'expiration du délai non observé (CPI art. L 612-16, al. 2).

Les dispositions de l'article L 612-16 ne sont applicables ni aux délais prévus à l'article L 612-16-1, alinéas 2 et 3, ni aux délais de présentation et de correction d'une déclaration de priorité prescrits par voie réglementaire, ni au délai de priorité institué par l'article 4 de la convention de Paris pour la protection de la propriété industrielle, ni au délai prévu à l'article L 613-23 pour former une opposition ou aux délais impartis dans le cadre de la phase d'instruction mentionnée à l'article L 613-23-2, alinéa 1 du CPI.

Le point de départ du délai d'un an imparti, à peine d'irrecevabilité, pour introduire un recours en restauration des droits à présenter une requête en poursuite de la procédure, commence à courir à l'expiration du délai de deux mois prévu par l'article R 612-52 du CPI (Cass. com. 1-12-2021 n° 20-10.875 F-B).

Défaut de paiement de la redevance annuelle Toute demande de brevet ou tout brevet donne lieu au paiement de redevances annuelles qui doivent être acquittées au plus tard le dernier jour du mois de la date anniversaire du dépôt de la demande (CPI art. L 612-19, al. 1 et R 613-46). 31650

1. À défaut de paiement à l'échéance normale, l'Inpi envoie, en principe, un **avertissement** au propriétaire de la demande ou du brevet l'informant du risque de déchéance de ses droits qu'il encourt (CPI art. R 613-48, al. 1). Toutefois, il est recommandé aux intéressés d'être particulièrement attentifs à la date d'échéance : en effet, l'**absence d'avertissement** n'engage pas la responsabilité de l'Inpi et ne constitue **pas une cause de restauration des droits** du propriétaire du brevet (CPI art. R 613-48, al. 2 ; CA Paris 28-9-1994 : RJDA 1/95 n° 86).

Lorsque le paiement de la taxe annuelle n'est pas effectué à la date d'échéance, le titulaire du titre dispose d'un délai de grâce de **six mois** à partir du jour de l'échéance de la taxe annuelle pour s'en acquitter ; ce retard entraîne le paiement d'une **surtaxe** dans le même délai (CPI art. L 612-19, al. 2 ; sur la date d'échéance et le calcul du délai, voir art. R 613-46 et R 613-47, I-al. 1).

Sont considérés comme valables les paiements effectués après la date d'échéance correspondant à des demandes de brevet résultant, soit d'une division, soit de la transformation d'une demande de certificat d'addition dès lors qu'ils ont lieu au plus tard le dernier jour du quatrième mois suivant le dépôt de la demande divisionnaire ou de la requête en transformation ; le paiement s'effectue au taux en vigueur au jour du paiement, sauf si un avertissement indiquant un taux précédent a déjà été adressé (CPI art. R 613-47, I-al. 2 et II-al. 1). Dès lors que le déposant peut procéder au dépôt de demandes divisionnaires de sa demande de brevet d'origine, ainsi qu'au dépôt d'une ou plusieurs demandes divisionnaires sur la base d'une demande elle-même divisionnaire, la date limite pour déposer une seconde demande divisionnaire à partir d'une première demande divisionnaire correspond à la date de paiement de la redevance de délivrance et d'impression du fascicule du brevet issu de cette première demande divisionnaire (Cass. com. 30-8-2023 n° 20-15.480 FS-B).

2. Effet du défaut de paiement. Le défaut de paiement de la taxe annuelle entraîne la déchéance des droits du propriétaire de la demande de brevet ou du brevet à la date de l'échéance de la taxe annuelle non acquittée (CPI art. L 613-22, al. 1).

La déchéance est constatée par une décision du directeur de l'Inpi ou à la requête du breveté ou d'un tiers. Pour être effective, elle doit être publiée et notifiée au breveté selon les modalités fixées par les articles R 618-1 et R 618-2 du CPI.

3. Restauration du breveté dans ses droits. Le breveté est restauré dans ses droits s'il a justifié d'une **excuse légitime** pour le non-paiement de la taxe annuelle et si l'inobservation de ce délai a pour conséquence directe le rejet de la demande de brevet, la déchéance de la demande de brevet ou du brevet ou la perte de tout autre droit (CPI art. L 612-16, al. 1 et 3). Le recours doit être présenté au directeur de l'Inpi dans un délai de deux mois à compter de la cessation de l'empêchement, l'acte non accompli doit l'être dans ce délai (CPI art. L 612-16, al. 2) ; ce délai de deux mois est préfix (CA Paris 15-1-2014 n° 13/15934). Le recours n'est recevable que dans un délai d'un an à compter de l'expiration du délai non observé (CPI art. L 612-16, al. 2).

Ont été retenues comme excuses légitimes :
– l'erreur commise par le mandataire qui a payé avec un jour de retard (CA Paris 11-1-1981 : Ann. propr. ind. 1981.244) ou par le salarié sur les numéros de code informatique (CA Rennes 21-2-1992 : JCP G 1993.IV.45) ;
– la faute du mandataire qui n'a pas informé le breveté des dates d'échéance (Cass. com. 19-2-1985 : D. 1986.IR.133 obs. Mousseron et Schmidt ; CA Paris 9-11-1981 : Ann. propr. ind. 1981.243) ;
– la carence du titulaire d'une licence d'exploitation qui s'était engagé à maintenir le titre en vigueur (CA Paris 30-5-1980 : Ann. propr. ind. 1981.242) ;
– l'impécuniosité du propriétaire du brevet résultant de la faute d'un tiers, peu important que cette faute ait été commise longtemps avant l'expiration du délai de grâce (Cass. com. 20-7-1981 : Bull. civ. IV p. 256).
Mais le breveté n'a pas d'excuse si le défaut de paiement provient de la mauvaise organisation de ses services, la maladie de l'employé chargé de surveiller le règlement des annuités important peu (Cass. com. 25-10-1976 : Bull. civ. IV p. 225).

Sur les modalités de la restauration, article R 613-52 du Code de la propriété intellectuelle.

31653 **Défaut d'exploitation de l'invention** Le titulaire du brevet doit exploiter effectivement son invention sous peine de se voir imposer une **licence obligatoire** (n° 32803).

RÉDUCTION DES REDEVANCES

31659 Le montant des redevances perçues à l'occasion du dépôt, de l'examen et de la délivrance du brevet ainsi que de son maintien en vigueur peut être réduit dans les conditions suivantes (CPI art. L 612-20 et R 613-63 ; décret 2008-402 du 24-4-2008 ; arrêté du 24-4-2008) :
– a droit à la réduction le demandeur qui appartient à l'une des catégories suivantes : personne physique ; petite ou moyenne entreprise ; organisme à but non lucratif du secteur de l'enseignement ou de la recherche ;
– le bénéfice de la réduction est acquis sur simple déclaration.
Toute fausse déclaration est constatée, à tout moment et à l'issue d'une procédure contradictoire, par une décision du directeur général de l'Inpi prise dans les conditions prévues à l'article L 411-4 du CPI ; cette décision est assortie d'une amende administrative dont le montant ne peut excéder dix fois le montant des redevances qui étaient dues et dont le produit est versé à l'Inpi.

D. Contentieux

31700 Les actions civiles et les demandes relatives aux brevets d'invention, y compris dans le cas des inventions de salariés ou lorsqu'elles portent également sur une question connexe de concurrence déloyale, sont exclusivement portées devant le **tribunal judiciaire de Paris** (CPI art. L 615-17, al. 1 et C. org. jud. art. D 211-6). Sur d'autres applications de la même compétence susceptibles de servir dans le domaine des brevets, n°s 32184, 32700 et 35100.
Les recours formés contre les actes administratifs du ministre chargé de la propriété industrielle relèvent de la juridiction administrative (CPI art. L 615-17, al. 1) mais non les actions en contrefaçon imputable à une personne morale publique (T. confl. 2-5-2011 n° 3770 : RJDA 2/12 n° 217 : à propos d'un modèle mais transposable par analogie des textes applicables).

Cette attribution de compétence appelle les observations complémentaires suivantes.

1. Actions relatives aux brevets. Ces actions sont celles qui mettent en cause au fond la législation sur les brevets (Cass. com. 16-2-2016 n° 14-25.340 FS-PB : RJDA 12/16 n° 922).
Ainsi, le tribunal judiciaire est compétent pour connaître d'une action en contrefaçon d'un brevet, de sorte que la juridiction administrative saisie d'une demande d'annulation d'un contrat administratif pour ce vice ayant entaché la passation du marché doit surseoir à statuer dans l'attente de la décision judiciaire (T. confl. 9-12-2019 n° 4169).

Sur la mise en œuvre de cette règle pour les litiges nés des licences de brevet, n° 33050.

2. Arbitrage. La compétence reconnue au tribunal judiciaire n'interdit pas le recours à l'arbitrage dans les conditions prévues aux articles 2059 et 2060 du Code civil, exposées au n° 70788 (CPI art. L 615-17, al. 2).

3. Décisions du directeur général de l'Inpi. Le directeur général a le pouvoir de « **prendre** » des décisions dont le contenu et le régime sont exposés n° 32753.

II. DESSINS ET MODÈLES

DOUBLE PROTECTION

Le créateur d'un dessin ou d'un modèle peut obtenir le droit exclusif de l'exploiter commercialement, soit en remplissant les conditions de la propriété littéraire et artistique, soit en se conformant aux conditions spécifiques de la propriété industrielle. **32000**

A. Protection par la propriété littéraire et artistique

En vertu de la règle dite « de l'unité de l'art », le créateur d'un dessin ou d'un modèle peut **32003** invoquer la protection des droits d'auteur (nos 34500 s.), à la seule condition d'en remplir les conditions (nos 34510 s.), notamment celle relative à l'**originalité** de son œuvre (CPI art. L 513-2 ; Cass. com. 21-10-2008 n° 07-11.546 : Propr. intell. 2009.387 obs. de Candé ; CA Paris 16-1-2002 : JCP E 2002.1043 § 6, interprétant la directive 98/71 en ce sens ; CA Paris 4-4-2008 : JCP E 2008.2248 note Greffe, précisant que si l'appréciation de la nouveauté d'une création et celle de son originalité procèdent de deux démarches distinctes, il demeure que, pour prétendre à l'originalité, une œuvre doit se différencier de celles qui préexistent dans le même champ intellectuel et que c'est l'existence de cette différence qui rendra compte des choix non contingents et personnels effectués par l'auteur et qui permettra d'apprécier si l'œuvre, considérée dans son ensemble, constitue ou non une création propre à celui-ci, éligible à la protection du droit d'auteur). Le droit de l'UE consacre également le principe du cumul de la protection spécifique des dessins ou modèles déposés et de la protection des droits d'auteur (Cass. crim. 27-6-2018 n° 16-86.478 F-D).

La règle de l'unité de l'art est aussi appliquée en droit de l'UE (CJUE 11-6-2020 aff. 833/18 : RJDA 11/20 n° 603), au titre du droit des dessins et modèles communautaires non enregistrés : la personne morale qui commercialise sous son nom un tel dessin ou modèle peut prétendre en être titulaire (CA Paris 2-11-2022, n° 20/18672 : D. 2023.1381 obs. Galloux et Kamina).

Le créateur peut **choisir** l'une ou l'autre de ces deux modalités de protection légale ou s'en prévaloir cumulativement (CA Paris 4-5-2018 : PIBD 2018, III, 485 ; cf. Cass. com. 3-12-1979 : Bull. civ. IV p. 252), le juge ne pouvant protéger le modèle en vertu de sa nouveauté reconnue sans rechercher, si cela lui a été demandé, si le modèle ne peut pas bénéficier aussi de la protection due à l'originalité de l'œuvre (Cass. com. 3-5-2000 : D 2001.277 note Greffe) ; mais le juge n'est pas tenu de procéder de lui-même à cette recherche (Cass. crim. 27-6-2018 précité).

Ce cumul n'est possible que si coexistent la nouveauté requise pour les dessins et modèles (nos 32100 s.) et l'originalité requise pour les œuvres de l'esprit (nos 34510 s.). Cette situation est fréquente car la création d'un dessin ou d'un modèle présente généralement ces deux caractères (voir toutefois, pour un modèle nouveau mais non original, Cass. com. 23-3-1965 : RIDA 1965.219, et, pour un modèle original pas nouveau, Cass. civ. 11-2-1997 : RJDA 6/97 n° 853).

L'**avantage** notable du régime du **droit d'auteur** sur celui propre aux dessins et modèles est que la protection du premier dure toute la vie du créateur et se prolonge pendant soixante-dix ans après sa mort (n° 34703), alors que celle du second est limitée à vingt-cinq ans à partir de la date du dépôt.

Le caractère d'**originalité** requis par les dispositions sur le droit d'auteur est reconnu dès lors que le modèle porte l'empreinte de la personnalité de son créateur. Le seul fait d'absence d'antériorités opérantes n'oblige pas le juge à accorder la protection des droits d'auteur (CA Paris 30-6-1994 : GP 1995.som.92 ; CA Paris 17-1-1997 : GP. 1997.som.236). Néanmoins, il arrive que les juges en tiennent compte (CA Paris 31-12-2012 n° 10/21777 : Pet. aff. 2014 n° 35 p. 6 note Vinet).

Les **juges du fond** doivent rechercher et préciser l'existence ou non de l'originalité ; ils ne sauraient, par exemple, affirmer simplement que des éléments connus et d'une banalité certaine d'un modèle de robe peuvent être agencés en une combinaison constituant une œuvre originale (Cass. com. 11-3-1986 : GP 1986.pan.123) ou que le modèle ne présente aucune originalité alors même qu'ils auraient relevé que la démarche de son auteur était utilitaire et fonctionnelle (Cass. 1e civ. 14-2-2008 n° 07-12.176 : RJDA 5/08 n° 583).
Ont été reconnus originaux un modèle de panier à salade (Cass. crim. 2-5-1961 : D. 1962.163 note Greffe), un modèle d'abri pour chariots de grande surface (Cass. com. 4-1-1979 : Bull. civ. IV p. 3), un dessin de tee-shirt (CA Paris 26-2-1992 : D. 1993.som.299 obs. Burst), un modèle de sac (CA Paris 19-1-1993 : GP 1994.som.53), des dessins d'animaux que le peintre a personnalisés par le choix de l'attitude des animaux, leurs coloris ainsi que la représentation de leur morphologie (CA Paris 30-6-2000 : JCP G 2000.II.10441 note A.C.), un modèle de présentoir à parures de lit (CA Douai 29-9-2022 n° 21/02435 : originalité fortement motivée).
Mais l'originalité a été **refusée** à un modèle de chaussures dont l'auteur s'est borné à façonner l'avant et l'arrière de la semelle pour lui donner un aspect un peu carré et à réduire légèrement la découpe au niveau du talon, le renom du fabricant ne pouvant suffire à lui donner un titre à la protection (CA Paris 27-9-1993 : D. 1994.som.77 obs. Izorche).

Sur la contrefaçon d'un dessin ou d'un modèle protégé par le droit d'auteur, nos 34720 s. Sur la protection des droits d'exploitation par le droit de l'UE, directive 2004/48 (n° 30959).

B. Protection spécifique des dessins et modèles

RÉGIME

32090 Le créateur d'un dessin ou d'un modèle peut obtenir le droit exclusif d'exploiter commercialement son dessin ou son modèle dans les conditions fixées par les articles L 511-1 s. du CPI résultant de la transposition par l'ordonnance 2001-670 du 25 juillet 2001 des dispositions de la directive 98/71/CE du 13 octobre 1998 et par les articles R 511-1 s. du CPI.

Le créateur peut aussi obtenir la protection de son dessin ou modèle, depuis le 6 mars 2002, par le régime du dessin et modèle communautaire, devenu de l'UE (Règl. CE 6/02 du 12-12-2001 et Règl. CE d'application du 21-10-2002).

Sur le respect de l'Adpic, n° 30956.

À défaut de précision contraire, les nouvelles dispositions relatives aux dessins et modèles déposés sont entrées en vigueur le 30 juillet 2001 et ne sont applicables qu'aux dessins et modèles dont le droit à la protection est né après cette date, car la validité du droit attaché à un dépôt de dessin ou de modèle s'apprécie à la date à laquelle est né ce droit (Cass. com. 4-7-2006 n° 886 : Bull. civ. IV n° 160).

Sur les dispositions relatives à la propriété intellectuelle, nos 30950 s., et à l'Adpic, n° 30956.

Sur l'application de la loi française, en cas de conflits entre lois des États membres de l'UE, à une obligation non contractuelle résultant d'une atteinte à un dessin ou modèle, article 8 du règlement CE 864/2007 du 11 juillet 2007 relatif à la loi applicable aux obligations non contractuelles.

DESSINS ET MODÈLES PROTÉGÉS

32100 Peuvent être protégés :

1. À titre de dessin ou modèle, l'**apparence d'un produit,** ou d'une partie de produit, caractérisée en particulier par ses lignes, ses contours, ses couleurs, sa forme, sa texture ou ses matériaux ; ces caractéristiques peuvent être celles du produit lui-même ou de son ornementation (CPI art. L 511-1, al. 1) ;

Est regardé comme un produit tout objet industriel ou artisanal, notamment les pièces conçues pour être assemblées en un produit complexe, les emballages, les présentations, les symboles graphiques et les caractères typographiques, à l'exclusion toutefois des programmes d'ordinateur (CPI art. L 511-1, al. 2).

2. Seul le dessin ou modèle qui est **nouveau** (CPI art. L 511-2) ;

Un dessin ou un modèle est regardé comme nouveau si, à la date de dépôt de la demande d'enregistrement ou à la date de priorité revendiquée, aucun dessin ou modèle identique n'a été divulgué (CPI art. L 511-3 ; Cass. com. 19-1-2016 n° 14-21.364 F-D ; sur la preuve de la divulgation, TUE 18-5-2022 aff. 256/21), ce qui suppose :

a. que le dessin ou le modèle **diffère d'un précédent** par des détails non insignifiants (CPI art. L 511-3 ; CA Douai 11-3-2004 n° 01-1308 : D. 2005.pan.1716 obs. Galloux) ou que ne puisse lui être opposée une antériorité de toute pièce (CA Paris 20-6-2007 n° 04-97768 : Propr. intell. 2007.468 obs. de Candé) ; cette condition est suffisante et s'apprécie indépendamment de l'originalité du dessin ou du modèle, laquelle n'est requise que pour bénéficier de la protection du droit d'auteur (cf. Cass. com. 17-3-2015 n° 13-27.225 : RTD com. 2015.273 obs. Pollaud-Dulian) ;

b. que le dessin ou le modèle n'ait pas été rendu accessible au public par une publication, un stage ou tout autre moyen (CPI art. L 511-6, al. 1), par exemple un faisceau de moyens (TUE 27-2-2020 aff. 159/19).

Plus précisément, le dessin ou le modèle **n'a pas été divulgué** :

– lorsqu'il n'a pas pu être raisonnablement connu, selon la pratique courante des affaires dans le secteur intéressé, par des professionnels agissant dans la Communauté (désormais Union) européenne, avant la date du dépôt de la demande d'enregistrement ou avant la date de priorité revendiquée (CPI art. L 511-6, al. 1 ; CA Versailles 15-12-2022 n° 21/00881 : Propr. intell. 2023 n° 87, p. 80, obs. de Candé : divulgation par un partenaire commercial du déposant ; CA Paris 14-9-2022, n° 19/07484 : PIBD 1191. III. 8 : divulgation du modèle dans le catalogue d'un fournisseur du déposant, en l'espèce établi en Chine) ;

– du seul fait qu'il a été divulgué à un tiers sous condition, explicite ou implicite, de secret (CPI art. L 511-6, al. 2) ;

– lorsque la divulgation a eu lieu dans les douze mois précédant la date du dépôt de la demande ou la date de priorité revendiquée (CPI art. L 511-6, al. 3 s.) :

• si le dessin ou modèle a été divulgué par le créateur ou son ayant cause, ou par un tiers à partir d'informations fournies ou d'actes accomplis par le créateur ou son ayant cause (pour une application, Cass. com. 9-3-2010 n° 08-17.167 : RJDA 6/10 n° 690 ; CJUE 13-2-2014 aff. 479-12),

• ou si le dessin ou modèle a été divulgué à la suite d'un comportement abusif à l'encontre du créateur ou de son ayant cause.

Il est à noter que le délai de douze mois n'est pas applicable lorsque la divulgation est intervenue avant le 1er octobre 2001 (CPI art. L 511-6, al. 6).
Certaines industries peuvent faire constater leur priorité d'emploi d'un dessin ou modèle (CPI art. L 514-2).

3. Seul le dessin nouveau qui présente aussi un **caractère propre** (CPI art. L 511-2).
Un dessin ou un modèle a un caractère propre lorsque l'impression visuelle d'ensemble qu'il suscite chez l'observateur averti diffère de celle produite par tout dessin ou modèle divulgué avant la date de dépôt de la demande d'enregistrement ou avant la date de priorité revendiquée (CPI art. L 511-4, al. 1 ; CJUE 19-6-2014 aff. 345-13). Sur les conditions d'appréciation du caractère propre, TUE 18-7-2017 aff. 57/16.

Le dessin ou modèle d'une pièce d'un **produit complexe,** c'est-à-dire un produit composé de pièces multiples qui peuvent être remplacées, n'est regardé comme nouveau seulement dans la mesure où (CPI art. L 511-5) :

– la pièce, une fois incorporée dans le produit complexe, reste visible lors d'une utilisation normale de ce produit par l'utilisateur final, à l'exception de l'entretien, du service ou de la réparation (sur la condition de visibilité, CJUE 16-2-2023 aff. 472/21 ; sur un refus d'appliquer la condition de visibilité à un consommable, TUE 22-3-2023 aff. 617/21) ;

– les caractéristiques visibles de la pièce remplissent en tant que telles les conditions de nouveauté et de caractère propre.
Sur la protection d'une pièce d'un produit complexe, Cass. crim. 9-9-2003 : Bull. crim. no 154 ; CJUE 16-2-2023 aff. 472/21.

DESSINS ET MODÈLES NON PROTÉGÉS

La protection est écartée : 32105

a. lorsque les dessins ou les modèles sont contraires à l'ordre public ou aux bonnes mœurs (CPI art. L 511-7) ;

b. en cas d'apparence d'un produit (CPI art. L 511-8, 1o et 2o) :

– dont les caractéristiques sont exclusivement imposées par la fonction technique du produit ;
Sur la prise en compte de modèles alternatifs pour apprécier si la forme du dessin ou du modèle est dictée par cette condition, CJUE 2-3-2023 aff. 684/21 : D. 2023.1379 obs. Galloux et Kamina.

– dont la forme et la dimension exactes doivent être nécessairement reproduites pour qu'il puisse être mécaniquement associé à un autre produit par une mise en contact, un raccordement, un placement à l'intérieur ou à l'extérieur dans des conditions permettant à chacun de ces produits de remplir sa fonction.
Toutefois, un dessin ou un modèle qui a pour objet de permettre des assemblages ou connexions multiples à des produits qui sont interchangeables au sein d'un ensemble conçu de façon modulaire peut être protégé (CPI art. L 511-8, al. 4).

ENREGISTREMENT DES DESSINS ET MODÈLES

La protection d'un dessin ou d'un modèle est subordonnée à l'enregistrement, sur le registre national des dessins et modèles (CPI art. R 512-13), du dessin ou du modèle (CPI art. L 511-9, al. 1), dans les conditions ci-après exposées. 32110
Ces conditions sont complétées par les dispositions des articles R 512-1 s. du Code de la propriété intellectuelle.

Le dépôt d'une « enveloppe Soleau » (no 31606) ne peut pas remplacer l'enregistrement du modèle, car il établit seulement l'antériorité de celui-ci ; le déposant ne peut donc obtenir la protection de son œuvre que s'il en établit l'originalité (CA Papeete 27-9-2012 : JCP G 2012 no 1426).

Dépôt de la demande La demande d'enregistrement doit, à peine de nullité, être faite (CPI art. L 512-1) : 32113

– lorsque le déposant a son domicile ou son siège social à Paris ou hors de France, à l'Inpi ;

– lorsque le déposant a son domicile ou son siège social en France en dehors de Paris, à son choix, à l'Inpi ou au greffe du tribunal de commerce ou, en l'absence de tribunal de commerce, au greffe de la juridiction statuant en matière commerciale.
Lorsque la demande d'enregistrement est déposée au greffe d'un tribunal, celui-ci la transmet à l'Inpi (CPI art. L 512-1, al. 3).
Les modèles des demandes sont disponibles gratuitement à l'Inpi (Arrêté du 18-2-2002).

Un dépôt peut aussi être fait au Bureau international de Genève, institué par l'arrangement de La Haye du 6 novembre 1925 ; sa publication au Bulletin international de l'Office mondial de la propriété intellectuelle est, à elle seule, suffisante à réaliser la publicité requise et à conférer au déposant les mêmes droits que ceux résultant du dépôt français (art. 7-1-a de l'arrangement ; Cass. com. 17-7-2001 n° 98-19.799 : RDPI 2002 n° 139 p. 33 ; CA Paris 23-1-1995 : GP 1995.som.494), mais à la condition que la France soit visée dans le dépôt (Cass. com. 15-3-2011 n° 10-30.419 : RJDA 10/11 n° 859).

32116 **Contenu de la demande** La demande d'enregistrement comporte, à peine d'irrecevabilité, l'identification du déposant et une reproduction des dessins ou modèles dont la protection est demandée (CPI art. L 512-2, al. 2). La reproduction tient à la représentation de l'objet ou à sa photographie (CA Paris 12-9-2008 : Propr. intell. 2009.387 obs. de Candé).

32119 **Rejet de la demande** La demande d'enregistrement est rejetée si (CPI art. L 512-2, al. 3) :
- elle n'est pas présentée dans les conditions et formes prescrites ;
- sa publication est de nature à porter atteinte à l'ordre public ou aux bonnes mœurs.

Le rejet ne peut être prononcé sans que le déposant ait été préalablement invité, selon le cas, soit à régulariser la demande, soit à présenter ses observations (CPI art. L 512-2, al. 6).

Sur la portée du silence gardé par l'Inpi, n° 31360.

32122 **Dépôt simplifié** Pour les dessins ou modèles relevant d'industries qui renouvellent fréquemment la forme et le décor de leurs produits, le dépôt peut être effectué sous une forme simplifiée ; la déchéance des droits issus d'un tel dépôt est prononcée lorsque celui-ci n'a pas été, au plus tard six mois avant la date prévue pour sa publication, rendu conforme aux prescriptions réglementaires (CPI art. L 512-2, al. 7 et R 512-4).

32125 **Relevé des déchéances** Le déposant ou titulaire d'un dépôt qui n'a pas respecté les délais prescrits peut, s'il justifie d'une excuse légitime, être relevé des déchéances qu'il a pu encourir (CPI art. L 512-3).

32128 **Nullité de l'enregistrement** L'enregistrement du dessin ou du modèle est déclaré nul par décision de justice (CPI art. L 512-4, al. 1), dans les conditions suivantes.

1. Causes de nullité. La nullité peut être prononcée (CPI art. L 512-4, al. 2 à 6) :

- si l'enregistrement n'est pas conforme aux dispositions des articles L 511-1 à L 511-8 du Code de la propriété intellectuelle (nos 32100 s.) ;
- si son titulaire ne pouvait bénéficier de la protection reconnue au créateur du dessin ou du modèle (n° 32135) ;
- si le dessin ou le modèle méconnaît des droits attachés à un dessin ou modèle antérieur qui a fait l'objet d'une divulgation au public après la date de présentation de la demande d'enregistrement ou, si une priorité est revendiquée, après la date de priorité, et qui est protégé depuis une date antérieure par l'enregistrement d'un dessin ou modèle communautaire, d'un dessin ou modèle français ou international désignant la France, ou par une demande d'enregistrement de tels dessins ou modèles ;
- si l'enregistrement porte atteinte au droit d'auteur d'un tiers (application à un coauteur : Cass. com. 28-9-2010 n° 09-69.656 : Bull. civ. IV n° 143 ; CA Rennes 26-1-2010 : JCP G 2010 n° 44-1073 p. 2044 obs. Boizard) ;
- s'il est fait usage dans le dessin ou modèle déposé d'un signe distinctif antérieur protégé, sans l'autorisation de son titulaire.

La nullité pour fraude du second dépôt d'un même modèle communautaire a été refusée au motif que les causes de nullité d'un tel dépôt sont énumérées exhaustivement et que la fraude n'y est pas mentionnée (CA Paris 28-1-2022 n° 20/04831, solution intrigante car la fraude fait exception à toutes les règles, n° 74903).

2. Droit d'agir en nullité. Les motifs de nullité ci-dessus ne peuvent être invoqués que par la personne investie du droit qu'elle oppose (CPI art. L 512-4, al. 7).

Le ministère public peut engager d'office une action en nullité d'un dessin ou modèle, quelles que soient les causes de nullité (CPI art. L 512-4, al. 8).

3. Nullité partielle. Si les motifs de nullité n'affectent le dessin ou le modèle qu'en partie, l'enregistrement peut être maintenu sous une forme modifiée à condition que, sous cette forme, le dessin ou le modèle réponde aux critères d'octroi de la protection et que son identité soit conservée (CPI art. L 512-5).

4. Opposabilité de l'annulation. La décision judiciaire prononçant la nullité totale ou partielle d'un dessin ou modèle a un effet absolu. Elle est inscrite au registre national mentionné à l'article L 513-3 (CPI art. L 512-6).

5. Prescription de l'action en nullité. L'action en nullité d'un dessin ou d'un modèle n'est soumise à aucune prescription (CPI art. L 521-3-2).

BÉNÉFICIAIRES DE LA PROTECTION

Créateur ou ayants droit La propriété d'un dessin ou d'un modèle appartient à celui qui l'a créé ou à ses ayants droit ; l'auteur de la demande d'enregistrement est, sauf preuve contraire, regardé comme le bénéficiaire de la protection (CPI art. L 511-9). Cette propriété est acquise à compter de la première divulgation au public au sein de l'UE et bénéficie à la personne qui a fait la divulgation (CJUE 13-2-2014 aff. 479/12). 32135

En raison de l'identité des dispositions anciennes et nouvelles, les solutions antérieures relatives à la preuve de la qualité de créateur sont transposables : ainsi, il n'appartient pas au déposant d'apporter la preuve qu'il a créé le modèle (Cass. com. 15-3-1994 : RJDA 7/94 n° 879 ; CA Paris 7-3-1997 : GP 1997.som.255) ; cette preuve incombe à celui qui conteste la présomption légale (CA Paris 19-5-1995 : GP 1996.som.166 ; pour un exemple de preuve contraire non rapportée, CA Paris 19-6-1996 : RDPI 1996 n° 69 p. 29).

Nationalité du créateur Le droit de propriété est accordé aux créateurs étrangers (CPI art. L 511-11) : 32138

– qui sont établis ou domiciliés sur le territoire d'un État membre de la Communauté européenne ou d'un État partie à l'accord sur l'Espace économique européen ;

– qui sont ressortissants de pays qui accordent la réciprocité de la protection aux dessins et modèles français.

DROIT DU BÉNÉFICIAIRE DE LA PROTECTION

Le bénéficiaire de la protection peut s'opposer à toute reproduction du dessin ou du modèle déposé dans les conditions suivantes. 32145

Sur la protection des droits d'exploitation par le droit de l'UE, directive 2004/48 (n° 30959) ; sur une application du droit de priorité de la Convention d'Union de Paris, TUE 14-4-2021 aff. 579/19.

Droit de propriété Le bénéficiaire de la protection jouit d'un droit de propriété sur le dessin ou le modèle qu'il peut céder ou concéder (CPI art. L 513-2). 32148

Si un dessin ou modèle a été déposé en fraude des droits d'un tiers ou en violation d'une obligation légale ou conventionnelle, la personne qui estime avoir un droit sur le dessin ou modèle peut en revendiquer en justice la propriété (CPI art. L 511-10, al. 1). L'action en revendication de propriété se prescrit par cinq ans à compter de la publication de l'enregistrement du dessin ou modèle ou, en cas de mauvaise foi au moment de la publication de l'enregistrement ou de l'acquisition du dessin ou modèle, à compter de l'expiration de la période de protection (CPI art. L 511-10, al. 2). Sur les dispositions identiques en matière de brevet, n°s 31435 s.

Le propriétaire du dessin ou du modèle peut :

– s'il n'y a pas consenti, faire interdire la fabrication, l'offre, la mise sur le marché, l'importation, l'exportation, l'utilisation ou la détention, à ces fins, d'un produit incorporant le dessin ou modèle (CPI art. L 513-4) ;

– exercer son droit à l'égard de tout dessin ou modèle qui ne produit pas sur l'observateur averti une impression visuelle d'ensemble différente (CPI art. L 513-5) ;

A été jugé observateur averti :

– pour du mobilier de jardin, le consommateur moyen ou le professionnel qui achète et vend des produits incorporant le modèle (CA Paris 27-1-2015 n° 13/15460 : JCP E 2015.1603 n° 6 obs. note Binctin) ;

– pour un appareil informatique, un consommateur final du produit doté d'une vigilance particulière du fait de sa connaissance des produits du secteur, qui a conscience du degré de liberté dont dispose le créateur dans l'élaboration du modèle (CA Paris 27-3-2015 n° 12/03021 : JCPE 2015.1603 n° 6 obs. note Binctin).

L'établissement de l'impression visuelle d'ensemble implique que le juge ne se contente pas de constater que les tiges de verres à vin litigieux produisaient la même impression visuelle mais doit rechercher si l'impression visuelle d'ensemble produite par les verres à vin litigieux était identique ou différente de celle produite par le verre à vin dont le modèle était protégé (Cass. com. 23-6-2021 n° 19-18.111 FS-B : RJDA 11/21 n° 744).

– le céder ou concéder un droit d'exploitation (CPI art. L 513-2).

Il ne peut pas, en revanche, élargir la protection du modèle, récipient contenant des aliments, au contenu du modèle au motif que ce contenu est visible à travers le couvercle transparent du récipient (TUE 12-3-2020 aff. 353/19).

Limites au droit de propriété Le droit de propriété sur le dessin ou le modèle enregistré ne s'exerce pas dans les cas suivants. 32151

1. Exploitation non lucrative. Peuvent être valablement accomplis par des tiers les actes (CPI art. L 513-6) :

– à finalité non commerciale ;

– à finalité expérimentale ;

– de reproduction à des fins d'illustration ou d'enseignement, si ces actes mentionnent l'enregistrement et le nom du titulaire des droits, sont conformes à des pratiques commerciales loyales et ne portent pas préjudice à l'exploitation normale du dessin ou modèle ;
– à compter du 1er janvier 2023, visant à rendre leur apparence initiale à un véhicule à moteur ou à une remorque, au sens de l'article L 110-1 du Code de la route, et qui portent sur des pièces relatives au vitrage ou sont réalisés par l'équipementier ayant fabriqué la pièce d'origine.

Sur le régime applicable aux pièces détachées : jugé que des jantes de voitures automobiles destinées au « tuning » ne sont pas des pièces détachées destinées à la réparation du véhicule mais des produits indépendants (CA Paris 16-11-2022 n° 21/02753 : D. 2023.1384 obs. Galloux et Kamina, excluant l'application de l'article 110 du Règlement 6/2002). Ce régime a été introduit par la loi n° 2021-1104 du 22 août 2021 aux articles L 122-5, 12° et L 513-6 du CPI.

2. Utilisation sur un navire ou un aéronef. Le propriétaire d'un dessin ou d'un modèle ne peut pas faire valoir son droit (CPI art. L 513-7) :
– sur des équipements installés à bord de navires ou d'aéronefs immatriculés dans un autre pays lorsqu'ils pénètrent temporairement sur le territoire français ;
– lors de l'importation en France de pièces détachées et d'accessoires pour la réparation de ces navires ou aéronefs, ou à l'occasion de cette réparation.

3. Épuisement des droits. Dès lors que le créateur d'un dessin ou d'un modèle a mis sur le marché des produits conformes à ce dessin ou modèle, ou a accepté cette commercialisation, dans la Communauté européenne (devenue UE) ou dans l'Espace économique européen, il ne peut plus exercer ses prérogatives sur ces produits (CPI art. L 513-8 ; sur les applications susceptibles de transposition, en raison de l'identité de la règle, faites en matière de brevets, n° 31603, et en matière de marques, n° 32512).

32154 **Durée de la protection** Le dépôt ouvre au déposant une protection d'une durée de cinq ans à compter de sa date ; cette durée peut être prorogée par périodes de cinq ans jusqu'à un maximum de vingt-cinq ans (CPI art. L 513-1, al. 1).

Le dépôt n'entraîne pas l'ouverture de la durée de protection si le déposant en a demandé l'ajournement à trois ans (CPI art. R 512-10, al. 1).

Les dessins ou modèles déposés avant le 1er octobre 2001 restent protégés, sans prorogation possible, pour une période de vingt-cinq ans à compter de leur date de dépôt ; les dessins ou modèles dont la protection a été prorogée, avant le 1er octobre 2001, pour une nouvelle période de vingt-cinq ans restent protégés jusqu'à l'expiration de cette période (CPI art. L 513-1, al. 2).

À compter du 1er janvier 2023, la durée maximale de vingt-cinq ans prévue au premier alinéa de l'article L 513-1 du CPI est ramenée à dix ans pour les pièces mentionnées au 4° de l'article L 513-6 du CPI pour lesquelles le même 4° ne prévoit pas d'exception à l'exercice des droits conférés par l'enregistrement d'un dessin ou modèle (CPI art. L 513-1 ; n° 32151).

32157 **Publication** Le dépôt reconnu conforme est publié au Bulletin officiel de la propriété industrielle, sauf si le déposant a demandé lors du dépôt l'ajournement de cette publication à trois ans ; l'ajournement ne peut porter que sur l'ensemble du dépôt ; la publication n'intervient qu'au terme du délai de trois ans (CPI art. R 512-10, al. 1).

Tout acte modifiant ou transmettant les droits attachés à un dessin ou modèle déposé n'est opposable aux tiers que s'il a été inscrit dans le registre national des dessins et modèles (CPI art. L 513-3).

32160 **Préconstitution de la preuve de la contrefaçon ou saisie-contrefaçon** Aux fins de se ménager la preuve de la contrefaçon suspectée, toute personne ayant qualité pour agir en contrefaçon peut faire procéder par tous huissiers (ou commissaires de justice), assistés d'experts désignés par elle, soit à la description détaillée, avec ou sans prélèvement d'échantillons, soit à la saisie réelle des objets ou instruments incriminés, en vertu d'une ordonnance rendue sur requête par la juridiction civile compétente (CPI art. L 521-4, al. 2 et R 521-2).

La juridiction peut subordonner l'exécution des mesures qu'elle ordonne à la constitution par le demandeur de garanties destinées à assurer l'indemnisation éventuelle du défendeur si l'action en contrefaçon est ultérieurement jugée non fondée ou la saisie annulée (CPI art. L 521-4, al. 4).

À défaut pour le demandeur de s'être pourvu au fond, par la voie civile ou pénale, dans un délai de vingt jours ouvrables ou de trente et un jours civils si le délai est plus long, à compter du jour où est intervenue la saisie ou la description, l'intégralité de la saisie, y compris la description, est annulée à la demande du saisi, sans que celui-ci ait à motiver sa demande et sans préjudice des dommages et intérêts qui peuvent être réclamés (CPI art. L 521-4, al. 5 et R 521-4). Cette règle n'empêche pas l'exercice de l'action en contrefaçon, l'annulation de la saisie n'ayant pour conséquence que d'interdire à la partie qui s'en prévaut de verser aux débats les objets et documents saisis (CA Versailles 3-12-1996 : GP 1997.som.237 ; CA Paris 10-12-1997 : RPDI 1998 n° 86 p. 53, solutions transposables, l'annulation ne frappant que les moyens probatoires de la contrefaçon).

La saisie ayant un but probatoire, une seconde saisie portant sur la totalité d'un stock est abusive, dès lors qu'une première saisie avait procuré des renseignements comptables et qu'un exemplaire de l'article avait été prélevé (CA Paris 28-3-1995 : GP 1995.som.495, solution transposable car conforme à la finalité des nouveaux textes).

Mesures préventives contre la réalisation du dommage résultant de produits contrefaisants Les mesures préventives contre la réalisation du dommage résultant de produits contrefaisants prévues pour les dessins et les modèles prescrites par l'article L 521-6 du CPI sont identiques à celles prescrites pour les brevets d'invention (n° 31636). 32161

Retenue en douane En dehors des cas prévus par la réglementation communautaire (devenue de l'UE) en vigueur, l'administration des douanes peut, sur demande écrite du propriétaire d'un dessin ou d'un modèle déposé ou du bénéficiaire d'un droit exclusif d'exploitation, assortie des justifications de son droit, retenir dans le cadre de ses contrôles les marchandises que celui-ci prétend constituer une contrefaçon dans les conditions prescrites par les articles L 521-14 s. du CPI. 32163

Contrefaçon Toute atteinte portée aux droits du propriétaire d'un dessin ou d'un modèle, tels qu'ils sont définis aux nos 32148 et 32151, constitue une contrefaçon engageant la responsabilité civile de son auteur (CPI art. L 521-1, al. 1). 32166

La contrefaçon suppose seulement l'existence d'une impression d'ensemble identique sans qu'il soit nécessaire d'établir l'existence d'un risque de confusion dans l'esprit du consommateur (Cass. com. 26-3-2008 n° 06-22.013 : RJDA 6/08 n° 730 ; adde Propr. intell. 2009.396 obs. de Candé). Elle s'apprécie au regard des seules reproductions fournies dans l'acte de dépôt (Cass. com. 1-12-2021 n° 19-14.490 F-D : D. IP/IT 2022.387 obs. Kahn).

Toute atteinte portée sciemment aux droits susvisés est punie dans les conditions fixées par les articles L 521-10 à L 521-13 du CPI. Les officiers de police judiciaire peuvent procéder, dès la constatation des infractions, à la saisie des produits fabriqués, importés, détenus, mis en vente, livrés ou fournis illicitement et des matériels ou instruments spécialement installés en vue de tels agissements (CPI art. L 521-9).

Les faits postérieurs au dépôt, mais antérieurs à la publication de l'enregistrement du dessin ou du modèle, ne peuvent pas être considérés comme ayant porté atteinte aux droits qui y sont attachés ; toutefois, lorsqu'une copie de la demande d'enregistrement a été notifiée à une personne, la responsabilité de celle-ci peut être recherchée pour des faits postérieurs à cette notification même s'ils sont antérieurs à la publication de l'enregistrement (CPI art. L 521-1, al. 2 et 3).

La contrefaçon n'existe pas lorsque les produits contrefaisants sont en transit sur le territoire français, soit à destination d'un autre État membre (CJCE 26-9-2000 : D. 2000.AJ.440 ; Cass. crim. 3-9-2002 n° 4629 : RJDA 1/03 n° 85), soit à destination d'un État tiers (CJCE 23-10-2003 : JCP G 2005.I.101 n° 10 obs. Caron).

Sur l'action des douanes pour lutter contre la contrefaçon : règlement UE 608/2013 du 12 juin 2013 applicable à compter du 1er janvier 2014 et règlement CE 1891/2004 du 21 octobre 2004.

L'**action en contrefaçon** peut être exercée par le **propriétaire** du dessin ou du modèle (CPI art. L 521-2, al. 1), pourvu qu'il figure comme tel sur le registre national des dessins et modèles, ce qui n'est pas le cas du cessionnaire qui ne peut pas opposer son droit à défaut d'avoir fait publier la cession audit registre (CA Paris 28-2-1996 : RDPI 1996 n° 65 p. 63). 32169

Cette disposition n'empêche pas que l'**exploitant** du modèle, en l'absence de revendication, soit présumé titulaire des droits (Cass. civ. 4-5-1994 : RJDA 11/94 n° 1235 et Cass. crim. 24-2-2004 : Propr. intell. 2004.933 obs. de Candé : à propos de la protection par les droits d'auteur, mais transposable ; CA Paris 2-11-2022, n° 20/18672 : D. 2023.1384 obs. Galloux et Kamina). La preuve de l'exploitation doit être rapportée, ce que les juges tendent à admettre difficilement (CA Paris 17-12-2008 et CA Paris 4-3-2009 : Propr. intell. 2009.930 obs. de Candé).

L'exploitant d'une œuvre collective peut aussi être présumé titulaire des droits d'auteur sur cette œuvre (CA Paris 21-1-2009 : Propr. intell. 2009.391 obs. de Candé).

Le **licencié exclusif** peut aussi, sauf stipulation contraire du contrat de licence, exercer l'action en contrefaçon si, après mise en demeure, le propriétaire du dessin ou du modèle n'exerce pas cette action (CPI art. L 521-2, al. 2).

Toute partie à un contrat de licence non inscrit sur le registre national ou international des dessins et modèles est recevable à intervenir dans l'instance en contrefaçon engagée par une autre partie afin d'obtenir la réparation du préjudice qui lui est propre (CPI art. L 513-3, al. 3).

Demeurent valables les décisions rendues avant l'entrée en vigueur des dispositions susvisées qui ont déclaré irrecevables à agir des demandeurs écartés par ces dispositions, à savoir : l'agent exclusif de vente (CA Paris 13-7-1982 : D. 1985.IR.11) ; le titulaire du récépissé de la demande de dépôt et non du certificat d'identité original du modèle déposé (CA Paris 4-6-1987 : D. 1988.som.397 obs. Burst) ; le divulgateur de dessins (Cass. com. 4-4-1995 : RJDA 12/95 n° 1463).

L'action civile en contrefaçon se **prescrit** par cinq ans à compter du jour où le titulaire d'un droit a connu ou aurait dû connaître le dernier fait lui permettant de l'exercer (CPI art. L 521-3).

L'action en contrefaçon doit être portée exclusivement **devant le tribunal** judiciaire désigné comme il est dit au n° 32184, le tribunal compétent étant celui dans le ressort duquel les faits contrefaisants se sont produits (n° 72026), sauf le cas où le contrefacteur présumé est domicilié dans un autre État membre de l'UE, l'action pouvant alors être portée, au choix du plaignant, devant la juridiction du domicile de ce dernier (n° 72133).

32172 La **preuve** de la contrefaçon se fait par tous moyens (CPI art. L 521-4, al. 1).

Sur les modalités d'établissement de la preuve de la contrefaçon, CPI art. L 521-4, al. 2 s., L 521-4-1, L 521-5 ; pour une application de ce dernier article, Cass. com. 8-10-2013 n° 12-23.349 : RJDA 3/14 n° 277.

32175 La contrefaçon donne lieu à réparation du préjudice subi par l'auteur, les **dommages-intérêts** étant fixés selon les mêmes dispositions que celles applicables à la contrefaçon de brevets (CPI art. L 521-7, 1°, 2° et 3°).

32178 En cas de condamnation civile pour contrefaçon, la juridiction saisie peut aussi ordonner, à la demande de la partie lésée, que les **produits** reconnus comme produits contrefaisants, les matériaux et instruments ayant principalement servi à leur création ou fabrication soient **éliminés** par retrait des circuits commerciaux, mise à l'écart définitive de ces circuits, destruction ou confiscation au profit de la partie lésée (CPI art. L 521-8, al. 1).

La juridiction peut aussi ordonner toute mesure appropriée de **publicité du jugement,** notamment son affichage ou sa publication intégrale ou par extraits dans les journaux ou sur les services de communication au public en ligne qu'elle désigne, selon les modalités qu'elle précise (CPI art. L 521-8, al. 2).

Les mesures susvisées sont ordonnées aux frais du contrefacteur (CPI art. L 521-8, al. 3).

Lorsque le modèle n'a **pas** été **enregistré** comme il est dit aux n°s 32110 s., mais qu'il est original, il peut être protégé par l'action en contrefaçon de droits d'auteur (n°s 34720 s.) ; il en est de même s'il a été l'objet d'un dépôt secret (cf. Cass. com. 24-1-1995 : RJDA 5/95 n° 664). Le cessionnaire des droits d'auteur sur le modèle peut opposer ces droits aux tiers contrefacteurs même si la cession n'a pas été établie par écrit et que la rémunération du créateur n'a pas été précisée, car ces exigences de la loi sur les droits d'auteur (n° 34781) ont seulement pour objet de protéger le créateur cédant (Cass. crim. 31-1-1996 : DA 1996.526).

Sur l'illicéité de la vente des objets contrefaits, n° 12540.

32181 **Concurrence déloyale** La forme qui ne peut pas être protégée par la contrefaçon parce qu'elle ne constitue pas un modèle peut l'être par l'action en concurrence déloyale (CA Paris 22-10-1987 : D. 1987.IR.230). Cette action est aussi recevable dès lors qu'elle est fondée sur des faits distincts de la contrefaçon, ce qui n'est pas le cas d'une reproduction du modèle (Cass. com. 6-9-2011 n° 10-18.299 : RJDA 11/11 n° 971 ; Cass. com. 12-4-2016 n° 13-23.416 : RJDA 8-9/16 n° 653 ; toutefois, Cass. com. 4-7-1995 : RJDA 1/96 n° 165, déduisant de la servilité de la copie la volonté de créer une confusion dans l'esprit de la clientèle). Elle ne peut pas être déclarée irrecevable pour défaut d'originalité du modèle litigieux car cette qualité n'est pas une condition de sa mise en œuvre (Cass. com. 12-6-2007 n° 05-17.349 : RJDA 4/08 n° 466).

32184 **Contentieux** Les **tribunaux** judiciaires sont exclusivement **compétents** pour connaître des actions civiles et des demandes relatives aux dessins et modèles, y compris lorsqu'elles portent sur une question connexe de concurrence déloyale (CPI art. L 521-3-1, al. 1 ; sur la liste des tribunaux judiciaires appelés à connaître de ces actions, C. org. jud. art. D 211-6-1 renvoyant au tableau VI annexé audit Code). Ces juridictions sont aussi compétentes pour statuer sur les litiges relatifs au dessin ou modèle de l'UE (CJUE 21-11-2019 aff. 678/18 : à propos de mesures provisoires et conservatoires).

La juridiction judiciaire est compétente pour connaître de l'action de l'artiste propriétaire d'une œuvre qui impute à une personne publique des dégradations causées à cette œuvre, telle celle en réparation des dégradations causées à des photographies mises à la disposition d'un département pour une exposition (T. confl. 3-9-2015 n° 4023).

La prorogation légale de compétence ne trouve application qu'à l'égard d'une question connexe de concurrence déloyale ; elle ne peut ainsi être étendue à des demandes fondées sur la rupture brutale d'une relation commerciale établie et un abus de dépendance économique (Cass. com. 6-9-2016 n° 15-16.108 P : RJDA 11/16 n° 828). Sur une absence de connexité entre l'action en contrefaçon et l'action en concurrence déloyale, CA Paris 10-10-2007 : Propr. intell. 2008.261 obs. Passa.

Sur d'autres applications de la même compétence susceptibles de servir dans le domaine des dessins et modèles, n°s 31700, 32700 et 35100.

Cette compétence ne fait pas obstacle au recours à l'**arbitrage,** dans les conditions prévues aux articles 2059 et 2060 du Code civil (CPI art. L 521-3-1, al. 2).

Sur les autres règles applicables au contentieux des dessins et modèles, transposables par analogie des textes, n° 31700.

Dessins ou modèles communautaires Les règles relatives aux dessins et modèles communautaires, devenus de l'UE, sont régies par le règlement 6/2002 du 12 décembre 2001 et les articles L 522-1 et L 522-2 du CPI. 32187

III. MARQUES DE PRODUITS OU DE SERVICES

CATÉGORIES DE MARQUES

Marque individuelle, marque de garantie et marque collective La marque **individuelle** est celle qui permet à une personne physique ou morale de distinguer ses produits ou services de ceux d'autres personnes physiques ou morales (CPI art. L 711-1). 32400

La marque de « **garantie** » est celle ainsi désignée lors de son dépôt et propre à distinguer les produits ou les services pour lesquels la matière, le mode de fabrication ou de prestation, la qualité, la précision ou d'autres caractéristiques sont garantis (CPI art. L 715-1).

La marque **collective** est celle ainsi désignée lors de son dépôt et propre à distinguer les produits ou les services des personnes autorisées à l'utiliser en vertu de son règlement d'usage (CPI art. L 715-6) ; par exemple sont des marques collectives les marques « Unis-France », « NF » et « Qualité France ».

Marque nationale et marque de l'UE Toute personne physique ou morale qui veut singulariser ses produits ou ses services peut créer une marque française pour ses propres besoins. 32401

Elle peut aussi créer une marque européenne soumise à un régime uniforme dans tous les États membres qui, instituée sous le nom de « marque communautaire », est depuis le 23 mars 2016 **« marque de l'UE »** (Régl. UE 2015/2424 du 16-12-2015).

La marque communautaire, en vigueur depuis le 15 mars 1994, a été créée par le règlement CE 40/94 du 20 décembre 1993, modifiée par le règlement CE 207/2009 du 26 février 2009. Ce règlement a été abrogé par le règlement UE 2017/1001 du 14 juin 2017, applicable depuis le 1er octobre 2017.

La marque de l'UE peut être transformée en marque nationale (Régl. 2017/1001 art. 139 s. ; CPI art. R 717-9 et R 717-10).

Les modalités de transformation de la marque de l'UE en marque nationale sont fixées par les articles R 717-9 et R 717-10 du CPI.

L'emploi par la suite du mot « marque » sans autre précision se rapporte à une marque déposée en France. La marque européenne est toujours citée « marque de l'UE ».

Le tribunal judiciaire de Paris est compétent pour connaître de toutes les actions et demandes en matière de marque de l'UE (CPI art. R 717-11).

Marque réelle et marque virtuelle L'exploitation des marques virtuellement utilisées est de nature à être arguée de contrefaçon des marques réelles, et il pourra être soulevé qu'une marque déposée en classe 18, par exemple, ne sera pas contrefaite par un NFT relevant de la classe 9. 32402

En l'état, aucune juridiction n'a statué sur ce point.

Selon un auteur (M.-H. Fabiani, « NFT, métavers et « méta propriété intellectuelle » », GP 2022.13), pour le moment, les NFT contrefaisants ne concernent que les marques bénéficiant d'une importante notoriété et qui revêtent, pour la plupart, la qualification juridique de « marques notoires ». Or, une marque notoirement connue peut être invoquée pour contester son usage pour des produits et services dans lesquels elle n'est pas déposée, ce qui permet, en tout état de cause, à un titulaire d'une marque déposée en classe 18 de contester son usage pour la classe 9 (NFT).

Régime **Depuis** l'entrée en vigueur de l'ordonnance 2019-1169 du 13 novembre 2019 (ratifiée par loi 2020-1508 du 3-12-2020 art. 41, I) résultant de la transposition de la directive 2015/2436 du 16 décembre 2015 et du décret 2019-1316 du 9 décembre 2019, soit respectivement le 11 décembre 2019 ou le 1er avril 2020, les dispositions relatives aux marques ont été **largement modifiées.** Dans les développements qui suivent, les solutions qui **demeurent valables** sont applicables depuis le 28 décembre 1991 et tirées de la directive CEE 89/104 du 21 décembre 1988, qui a été remplacée par la directive 2008/95 du 22 octobre 2008. 32403

Les dispositions de ces textes, applicables aux marques déposées en France, sont incluses dans les articles L 711-1 s. et R 711-1 s. du CPI.

Sur les dispositions relatives à la propriété intellectuelle, nos 30950 s., et à l'Adpic, no 30956.

Sur l'application de la loi française à une obligation non contractuelle résultant d'une atteinte à une marque, règlement CE 864/2007 du 11 juillet 2007 relatif à la loi applicable aux obligations non contractuelles (art. 8).

En outre, ces marques sont soumises aux dispositions relatives à la propriété intellectuelle (nos 30950 s.), à l'accord Adpic (no 30956) et aux dispositions des **conventions internationales** relatives à l'unification du régime des marques, qui sont les suivantes :

– la **convention** de Paris du 20 mars 1883 pour la protection de la propriété industrielle, dite « convention d'Union » ou « d'**Union de Paris** » ; cette convention reconnaît aux ressortissants de chacun des pays de l'Union les mêmes droits sur les marques qu'ils créent dans un pays de l'Union que ceux accordés aux nationaux de ces États par leurs lois internes et un droit de priorité pendant lequel le titulaire peut déposer une demande dans tout État membre sans se voir opposer d'autres droits nés pendant ce délai si la première demande a été régulièrement déposée ; les titres obtenus en vertu de ce droit de priorité sont indépendants les uns des autres ;

– l'**arrangement de Madrid** du 14 avril 1891, modifié par le protocole de Madrid du 27 juin 1989 applicable en France depuis le 7 novembre 1997 (Loi 97-741 du 2-7-1997), concernant l'enregistrement international des marques ; cet arrangement crée entre les pays adhérents le **dépôt** international des **marques,** qui a lieu auprès de l'Ompi et qui a pour effet de rendre la marque, après contrôle de la validité par chaque État au regard de sa loi, valable dans tous les pays désignés ;

– l'**arrangement de Nice** du 15 juin 1957 concernant la **classification** internationale des **produits** et services en matière de marque ; cet arrangement a institué entre les pays qui l'ont adopté une nomenclature des produits et des services, qui définit les différentes classes dans lesquelles une marque peut être déposée.

Les dispositions des arrangements s'ajoutent à celles de la convention et, en cas d'incertitude, sont interprétées conformément à ces dernières car elles ne peuvent être contraires à la convention (art. 19 de la convention).

– le **traité sur le droit des marques de Genève** du 27 octobre 1994 (Décret 2006-1521 du 4-12-2006) concernant l'uniformisation et la rationalisation des procédures nationales et régionales d'enregistrement des marques.

A. Choix de la marque

32410 **Recherche d'antériorité** Afin d'éviter tout risque d'atteinte à une marque déjà déposée par un tiers, il est conseillé de procéder à une recherche d'antériorité en consultant directement le registre des marques (no 32750).

1. SIGNES POUVANT CONSTITUER UNE MARQUE

32411 **Conditions** **Depuis** le 11 décembre 2019, peut constituer une marque tout signe qui peut être représenté dans le registre national des marques de manière à permettre à toute personne de **déterminer précisément et clairement l'objet de la protection conférée** à son titulaire (CPI art. L 711-1).

Cette représentation doit être « claire, précise, distincte, facilement accessible, intelligible, durable et objective » (CPI art. R 711-1).

Il s'ensuit que les signes antérieurs que la loi tenaient pour utilisables demeurent valables sous réserve de répondre aux conditions ci-dessus. Ces signes restent mentionnés dans les développements qui suivent puisqu'ils ne sont pas condamnés en soi par les nouvelles dispositions.

Peuvent constituer des **marques de l'UE** tous les signes, notamment les mots, y compris les noms de personnes, ou les dessins, les lettres, les chiffres, les couleurs, la forme d'un produit ou du conditionnement d'un produit, ou les sons, à condition que ces signes soient propres :

a) à distinguer les produits ou les services d'une entreprise de ceux d'autres entreprises ; et

b) à être représentés dans le registre des marques de l'Union européenne (ci-après dénommé « registre ») d'une manière qui permette aux autorités compétentes et au public de déterminer précisément et clairement l'objet bénéficiant de la protection conférée à leurs titulaires (Règl. 2017/1001 art. 4).

Il est à noter que les critères requis d'une marque protégée ne visent plus expressément, comme le faisait expressément l'article 2 de la directive 89/104, la condition de **représentation graphique.** Il s'ensuit qu'une marque peut désormais être déposée sous la forme d'un fichier numérique. Ainsi a été déposée à titre de marque une vidéo de 22 secondes (« Super Simon ») combinant des sons et des images (marque multimédia) qui a été considérée comme susceptible de remplir la fonction essentielle d'une marque (EUIPO BoA 7-3-2023 : D. IP/IT 2023.362 obs. Maréchal Pollaud-Dulian).

La demande d'enregistrement d'une marque représentée seulement par une couleur ou une combinaison de couleurs doit comporter un code d'identification internationalement reconnu de cette couleur (Arrêté du 31-1-1992 art. 2, d, toujours en vigueur).

Signes nominaux Il est possible d'utiliser à titre de marque les dénominations sous toutes les formes telles que : mots, assemblages de mots, noms patronymiques et géographiques, pseudonymes, lettres, chiffres, sigles (cf. CPI ex- art. L 711-1, al. 2-a ; par exemple, CA Paris 28-2-1991 : RDPI 1993 nº 46 p. 56, admettant « Chanel nº 5 ») ainsi qu'un prénom (CA Aix 7-10-1970 : GP TT 1971-1973 Vº Marques nº 30, « Marie-France » ; CA Grenoble 19-2-2001 : GP 2002.som.1628, « Lola ») ou le titre d'une œuvre de l'esprit (CA Versailles 11-1-2001 : RJDA 10/01 nº 1047). **32413**

L'emploi des termes étrangers est possible (nº 32466). Toutefois, les personnes morales publiques et les personnes morales privées, dans l'exécution de la mission de service public dont elles sont chargées, ne peuvent pas constituer une marque avec une expression ou un terme étranger dès lors qu'il existe une expression ou un terme français de même sens approuvés dans les conditions prévues par les dispositions réglementaires relatives à l'enrichissement de la langue française ; cette interdiction n'est pas applicable aux marques utilisées pour la première fois avant l'entrée en vigueur de la loi 94-665 du 4 août 1994 (art. 14).

Signes figuratifs Toute représentation figurative peut servir de marque. **32416**

Ainsi peut servir de marque (cf. CPI ex- art. L 711-1, al. 2-c) :

– l'emblème (croix, étoile, coquille, etc.), mais seule la reproduction de l'emblème telle qu'elle figure dans l'acte de dépôt est protégée et non un genre figuratif (pour un bâtiment, Cass. com. 29-2-1972 : D. 1972.397 ; pour un attelage hippomobile, Cass. com. 12-10-1983 : GP 1984.pan.106) ;

– la vignette ou l'étiquette ;

– les paysages ou sites ;

– les portraits, photographies et images diverses, à condition d'obtenir l'accord de l'auteur, du modèle ou du propriétaire ;

– les armoiries, sous réserve de l'accord de leur titulaire ;

– les dessins, empreintes, cachets, reliefs, logos ; par exemple, un dessin constitué de huit cercles blancs posés en rond sur un fond de couleur (CA Paris 18-2-1975 : Ann. propr. ind. 1975.274) ou deux « c » entrecroisés (CA Paris 23-3-1980 : Ann. propr. ind. 1980.59) ;

– les marques à trois dimensions, qui comprennent les emballages et conditionnements, ainsi que les formes du produit (pour une boîte cylindrique, Cass. com. 8-12-1992 : RJDA 3/93 nº 274 ; pour des flacons de verre en forme de cigare, CA Paris 14-2-2003 : GP 2004.som.651) ou qui caractérisent un service (cf. Cass. com. 11-1-2000 : RTD com. 2000.358 nº 1 obs. Azéma et Galloux, admettant la possibilité de protéger la forme du bâtiment dans lequel est proposé le service désigné par la marque) ;

– les lisières ou lisérés ;

– le signe constitué exclusivement par la forme d'un produit, à condition que cette forme ne soit pas imposée par la fonction du produit, la perception de la forme du produit par le public ciblé ne constituant qu'un seul des éléments d'appréciation (CJUE 18-9-2014 aff. 205/13 ; CJUE 10-11-2016 aff. 30/15) ; toutefois, par exemple, n'est pas susceptible de constituer une marque l'objet d'une demande d'enregistrement qui porte sur toutes les formes imaginables d'un réceptacle ou compartiment de collecte transparent faisant partie de la surface externe d'un aspirateur (CJCE 25-1-2007 aff. 321/03 : Propr. intell. 2007.237 obs. Bonet) ;

– les couleurs ; bien que la loi vise les combinaisons et les dispositions de couleurs, une couleur plate peut constituer une marque dès lors qu'il s'agit d'une nuance bien déterminée (CE 22-2-1974 : GP 1974.2.787 : « rouge Congo » pour des produits pétroliers ; Cass. com. 30-1-2001 : RJDA 6/01 nº 735 : « rose pantone 212 » pour des produits laitiers ; mais non « rose fuchsia « pour les mêmes produits, Cass. com. 10-7-2007 nº 06-15.593 : RJDA 11/07 nº 1164) ; mais ce n'est pas le cas des noms génériques de couleur (CE 22-2-1974 : GP 1974.2.788 : appellations « Blanche », « Jaune », « Verte », etc., pour des chevilles de différents calibres).

Il a été précisé (CJCE 6-5-2003 aff. 104/01 : RJDA 10/03 nº 1026) qu'une couleur en elle-même, sans délimitation dans l'espace, est susceptible de présenter, pour certains produits et services, un caractère distinctif, à condition, notamment, qu'elle puisse faire l'objet d'une représentation graphique qui soit claire, précise, complète par elle-même, facilement accessible, intelligible, durable et objective ; cette dernière condition ne peut être satisfaite par la simple reproduction sur papier de la couleur en question, mais peut l'être par la désignation de cette couleur par un code d'identification internationalement reconnu. Par exemple, une semelle de chaussure de couleur rouge ne peut pas faire l'objet d'une représentation graphique ; de surcroît, elle est dépourvue de caractère distinctif (Cass. com. 30-5-2012 nº 11-20.724 : RJDA 11/12 nº 1005).

La protection d'une combinaison de couleurs est strictement limitée à celle déposée et ne peut s'étendre à toute autre utilisation des deux couleurs ou d'autres nuances de ces mêmes couleurs (CA Versailles 26-9-1991 : RJDA 12/91 n° 1098).

Au signe figuratif est associée la dénomination correspondante (CA Paris 26-5-1983 : PIBD 1983.III.246 ; CA Grenoble 6-4-1992 : PIBD 1992.III.397). Mais le signe figuratif correspondant à une dénomination déjà déposée pour les mêmes produits ou services ne peut pas être déposé ou utilisé (CA Grenoble 6-4-1992 précité ; TGI Paris 21-12-1988 : PIBD 1989.III.271).

32419 **Signes sonores** Une marque peut aussi protéger des signes sonores tels que sons ou phrases musicales dès lors qu'ils sont susceptibles d'une représentation au sens du critère posé au n° 32411.

Selon l'Inpi, une marque sonore peut être représentée par un fichier audio reproduisant le son ou par une représentation fiable du son en notation musicale (Décision du directeur général de l'Inpi 2019-157 du 11-12-2019).

32420 **Signes olfactifs** Un signe qui n'est pas en lui-même susceptible d'être perçu visuellement peut constituer une marque s'il répond au critère posé au n° 32411. Mais cette représentation est difficile à réaliser techniquement. Aussi bien, selon l'Inpi, les signes olfactifs et gustatifs ne peuvent-ils pratiquement pas être représentés graphiquement car il est impossible pour ces signes de trouver une technique permettant au public d'appréhender leur objet et son étendue. Sur la protection des odeurs par le droit d'auteur, n° 34571.

32422 **Combinaison de signes** La combinaison des signes présentés n°s 32413 s. reste valable dès lors qu'elle est conforme aux conditions posées au n° 32411. Ces combinaisons constituent des marques dites « **complexes** ». Tel est le cas, par exemple, d'une marque constituée par un signe nominal associé à deux signes figuratifs (Cass. com. 28-11-1995 : RJDA 3/96 n° 440). Cette marque est protégée comme un tout indivisible (pour une absence d'indivisibilité, Cass. com. 12-3-2002 n° 99-11.781 : RJDA 8-9/02 n° 953, 2e esp.). Mais l'un de ses éléments constitutifs est protégeable isolément dès lors qu'il est séparable de l'ensemble et peut avoir une valeur distinctive du produit ou service concerné pour le consommateur (pour un exemple, Cass. com. 27-2-2001 : RJDA 6/01 n° 736).

2. SIGNES NE POUVANT ÊTRE ADOPTÉS COMME MARQUES

32430 Ne peut pas être enregistré comme marque un signe qui **porte atteinte à un droit antérieur.** C'est pourquoi tout dépôt d'une marque peut utilement être précédé d'une **recherche d'antériorité** destinée à déterminer si le signe retenu est libre ou si au contraire il est déjà la propriété d'un tiers.

SIGNE PORTANT ATTEINTE À UNE MARQUE ANTÉRIEURE

32432 **Définition de l'atteinte** Ne peut être valablement enregistrée et, si elle est enregistrée, est susceptible d'être déclarée nulle une marque portant atteinte à des droits antérieurs ayant effet en France, notamment une marque antérieure :

a) Lorsqu'elle est **identique** à la marque antérieure et que les produits ou les services qu'elle désigne sont identiques à ceux pour lesquels la marque antérieure est protégée ;

b) Lorsqu'elle est **identique ou similaire** à la marque antérieure et que les produits ou les services qu'elle désigne sont identiques ou similaires à ceux pour lesquels la marque antérieure est protégée, s'il existe, dans l'esprit du public, un **risque de confusion** incluant le risque d'association avec la marque antérieure (CPI art. L 711-3, I-1°), en application de la règle dite « de la spécialité de la marque ». Sur la désignation des produits et services, n° 32500.

L'application de ces dispositions appelle les observations suivantes :

Pour **apprécier** la **similitude ou la similarité des marques,** la classification internationale des marques selon l'arrangement de Nice (n° 32403) n'a pas de valeur déterminante (CPI art. R 712-3-1). Cette classification n'a qu'une portée purement administrative (Cass. crim. 2-2-1994 : RJDA 7/94 n° 878 ; Cass. com. 3-10-1995 : RJDA 12/95 n° 1459).

Jugé, par **exemple,** qu'étaient similaires :

– les bateaux et les planches à voile, celles-ci étant destinées à se déplacer sur l'eau en utilisant la force du vent (CA Paris 17-5-1988 : D. 1988.IR.174) ;

– les appareils électriques d'eau chaude et les cuisinières et fours électriques qui sont destinés à des usages domestiques voisins (CA Paris 29-10-1981 : GP 1982.som.93) ;

– une activité d'aide aux entreprises par des conseils en système de gestion et une activité de fourniture d'informations et de conseils aux entreprises (CA Paris 14-3-1984 : D. 1985.IR.84) ;

– les vêtements commercialisés sous une marque réputée et des tissus d'ameublement (Cass. com. 7-4-1992 : Bull. civ. IV p. 107) ainsi que les vêtements pour très jeunes enfants et les biberons ou tétines

(CA Paris 16-1-1995 : GP 1995.som.507), les vêtements et les produits de parfumerie (CA Paris 6-9-2000 : GP 2001.som.1336), les vêtements et les articles de bonneterie (CA Paris 3-5-1984 : D.1985.IR.84 obs. Burst), les vêtements et les chaussures (CA Paris 24-9-1987 : D.1989.som.132 obs. Burst) ;
– la restauration en tant que service et la préparation alimentaire commercialisée sous forme de produits (Cass. com. 6-4-1993 : RJDA 5/93 n° 459) ;
– un magazine télévisuel et un magazine papier (CA Versailles 26-4-2006 : LP 2006.I.139).
En revanche, n'ont pas été considérés comme similaires :
– des lubrifiants et des pesticides (CA Paris 9-7-1976 : PIBD 1977.III.160) ;
– les matériels et systèmes pour la télématique, l'informatique et les télécommunications, d'une part, et les périodiques et livres traitant de ces matériels et systèmes, d'autre part (CA Paris 11-5-1988 : D. 1988.IR.175) ;
– des cartes postales ordinaires et l'activité de services dans le domaine de la publicité et de la documentation d'entreprise (Cass. com. 29-3-1994 : RJDA 5/94 n° 606) ;
– un service d'assistance automobile et la fabrication et la vente d'automobiles (CA Paris 8-3-1996 : D. 1996.IR.109) ;
– le caviar, d'une part, et le thé et les assaisonnements, d'autre part (CA Paris 12-3-1999 : RJDA 7/99 n° 857) ;
– les sacs, mallettes, porte-monnaie, laisses, porte-clés, etc., et les cuirs et imitations du cuir, articles en ces matières non compris dans d'autres classes (CA Paris 4-3-2009 : Propr. intell. 2009.427 obs. Sabatier).

Pour apprécier le **risque de confusion,** il faut déterminer si une impression globale similaire existe entre les deux signes même si le signe contesté est composé du nom patronymique du titulaire de la marque, lequel étant en l'espèce inséparable du prénom auquel il est juxtaposé (TUE 19-4-2023 aff. 749/21 : à propos d'une marque de l'UE mais transposable à une marque nationale).

Les caractéristiques de l'atteinte à la marque antérieure ci-dessus exposées sont appliquées telles quelles à la marque que l'on peut dire de « droit commun » ; elles sont, en revanche, appréciées différemment si la marque est notoire ou de renommée (nos 32445 et 32448).

Antériorité de la marque Est considérée comme une **marque antérieure** (CPI art. L 711-3, II) : **32433**
– une marque française enregistrée, une marque de l'UE ou une marque ayant fait l'objet d'un enregistrement international ayant effet en France ;
– une demande d'enregistrement d'une marque, sous réserve de son enregistrement ultérieur ;
– une marque notoirement connue au sens de l'article 6 bis de la convention de Paris pour la protection de la propriété industrielle.

L'**antériorité** d'une marque enregistrée s'**apprécie** au regard de la date de la demande d'enregistrement, compte tenu, le cas échéant, du droit de priorité invoqué ou de l'ancienneté valablement revendiquée par une marque de l'UE tel que ce droit est défini à l'article L 717-6 du CPI.

Est un signe extérieur appartenant à l'État français le mot « France » car l'appellation « France » constitue pour l'État français un élément d'identité assimilable au nom patronymique d'une personne physique ; ce terme désigne le territoire national dans son identité économique, géographique, historique, politique et culturelle, laquelle a notamment vocation à promouvoir l'ensemble des produits et services visés aux dépôts des marques considérées. Le suffixe « .com », correspondant à une extension internet de nom de domaine, n'est pas de nature à modifier la perception du signe (CA Paris 22-9-2017 n° 15/24810 : BRDA 23/17 inf. 17 : à propos de la nullité de la marque « France.com » déposée par une société de droit américain).

Marque antérieure notoire Au titre de l'indisponibilité d'une marque antérieure ne peut être valablement enregistrée et, si elle est enregistrée, est susceptible d'être déclarée **nulle** une marque portant atteinte à des droits antérieurs ayant effet en France, notamment à ceux attachés à une marque **notoirement connue** au sens de l'article 6 bis de la convention de Paris pour la protection de la propriété industrielle (CPI art. L 711-3 I-a et b et II-3°). En vertu de ce texte, tout pays adhérent à la convention est engagé à refuser ou à invalider l'enregistrement de la marque et à interdire l'usage d'une marque qui constitue la reproduction, l'imitation ou la traduction, susceptibles de créer une confusion, d'une marque que l'autorité compétente du pays de l'enregistrement ou de l'usage estimera y être notoirement connue comme étant déjà la marque d'une personne admise à bénéficier de la convention et utilisée pour des produits identiques ou similaires ; il en sera de même lorsque la partie essentielle de la marque constitue la reproduction d'une telle marque notoirement connue ou une imitation susceptible de créer une confusion avec celle-ci. **32445**

Au sens susvisé, une **marque** est **notoire** lorsqu'elle est connue d'une large fraction du public (pour une application de cette notion, Cass. com. 30-5-1995 précité), sans pour autant être d'une exceptionnelle célébrité (CA Paris 15-12-1992 : RJDA 3/93 n° 272), la connaissance de la marque ne devant pas être appréciée nécessairement par rapport au seul public spécialement concerné par le produit couvert (Cass. com. 7-6-2006 n° 741 : RJDA 11/06 n° 1180 : à propos de produits horlogers s'adressant à tous les consommateurs ; TGI Paris 2-3-2010 n° 07-17165 : D. 2010.2496 note Vivant, prenant pour public de préférence celui de la spécialité de la marque). La notoriété peut résulter notamment de l'ancienneté, de la diffusion et de la qualité des produits couverts par la marque ainsi que de la publicité qui en a été faite (CA Paris 19-10-1970 : Ann. propr. ind. 1971.1 note Dusolier ; CA Paris 8-10-1979 : JCP G 1980.IV.400 ; CA Paris 30-4-1986 : D. 1987.som.60 obs. Burst). Elle s'apprécie à la date du fait portant atteinte à la marque (CA Paris 21-5-1999 : GP 2000.som.832). Une marque peut être notoire même si elle n'est pas distinctive (CA Paris 14-10-2014 n° 13/10534 : BRDA 21/14 inf. 23).

L'atteinte à la marque notoire, qui ne constitue pas une contrefaçon mais engage la responsabilité civile de son auteur, est constituée par l'usage dans la vie des affaires, pour des produits ou des services, non autorisé par le titulaire de la marque notoire (CPI L 713-5) :

1° d'un signe identique à la marque et utilisé pour des produits ou des services identiques à ceux pour lesquels la marque est notoirement connue ;

2° d'un signe identique ou similaire à la marque et utilisé pour des produits ou des services identiques ou similaires à ceux pour lesquels la marque est notoirement connue, s'il existe, dans l'esprit du public, un risque de confusion incluant le risque d'association du signe avec la marque ;

3° d'un signe identique ou similaire à la marque et utilisé pour des produits ou des services identiques, similaires ou non similaires à ceux pour lesquels la marque est notoirement connue, si cet usage du signe, sans juste motif, tire indûment profit du caractère distinctif ou de la notoriété de la marque, ou leur porte préjudice.

Par exemple, il a été jugé, dans des cas où l'existence d'un risque de confusion devait être démontrée, qu'il y avait risque de confusion entre :
– l'hôtellerie et la vente d'immeuble par appartements (TGI Grasse 9-5-1975 : D. 1975.som.116) ;
– la formation, le louage de personnel, les conseils en organisation et gestion des entreprises et l'aide aux entreprises dans la conduite de leurs affaires, l'entreprise à façon de travaux statistiques et comptables, l'éducation et les consultations professionnelles (CA Paris 10-3-1981 : GP 1982.som.93) ;
– les vêtements et les parfums qui peuvent être attribués par la clientèle à une même origine en raison de l'usage qui veut que les couturiers commercialisent également des parfums (TGI Paris 12-1-1982 : GP TT 1982-1985 V° Marques n° 75) ;
– les lotions, parfums et les garnitures de toilette car, dans le commerce de haut luxe, ces produits sont souvent offerts ensemble (CA Paris 9-5-1983 : GP 1985.som.258) ;
– la marque « Poilâne » et les marques « Julien Poilâne » ou « Max Poilâne », l'adjonction d'un prénom ne pouvant suffire à exclure tout risque de confusion (Cass. com. 17-3-2021 n° 18-26.388 F-D : RJDA 7/21 n° 530).

Mais la tolérance de l'usage (n° 32480) pouvant être opposée à tout titulaire d'une antériorité et non pas seulement aux titulaires d'une marque ou d'un signe exploité dans la même spécialité, elle peut l'être à l'encontre de l'action en responsabilité pour atteinte aux marques notoirement connues (Cass. com. 6-1-2015 n° 13-21.940 : RTD com. 2015.270 obs. Azéma).

MARQUE ANTÉRIEURE JOUISSANT D'UNE RENOMMÉE

32448 Depuis le 11 décembre 2019 ne peut être enregistrée une marque portant atteinte à une marque antérieure enregistrée ou à une demande de marque sous réserve de son enregistrement ultérieur, qui jouit d'une renommée **en France ou, dans le cas d'une marque de l'UE,** d'une renommée dans l'Union, lorsque (CPI art. L 711-3, I, 2°) :

– la marque postérieure est identique ou similaire à la marque antérieure, que les produits ou les services qu'elle désigne soient ou non identiques ou similaires à ceux pour lesquels la marque antérieure est enregistrée ou demandée ;

– l'usage de cette marque postérieure sans juste motif tirerait indûment profit du caractère distinctif ou de la renommée de la marque antérieure, ou qu'il leur porterait préjudice.

Avant le 11 décembre 2019, la loi prévoyait seulement que la reproduction ou l'imitation d'une marque jouissant d'une renommée pour des produits ou des services non similaires à ceux désignés dans l'enregistrement engageait la responsabilité civile de son auteur si elle était de nature à porter préjudice au propriétaire de la marque ou si cette reproduction ou imitation constituait une exploitation injustifiée de cette dernière (CPI ex-art. L 713-5 ; pour des exemples, Cass. com. 20-10-1998 : RDPI 1999 n° 98 p. 22 ; CA Versailles 19-6-2003 : JCP E 2003.pan.1691 ; sur une absence d'atteinte à la marque renommée par l'usage d'un nom patronymique identique, Cass. com. 22-6-2022 n° 20-19.025 F-D : RJDA 10/22 n° 591). Néanmoins, il en avait été déduit que, non prévue, la nullité n'était pas pour autant interdite (CA Paris 31-10-1997, 4e ch. B : RDPI 1998 n° 84 p. 35 et Finance, RDPI 2000 n° 115 p. 36).

La marque de renommée est une marque présentant un **degré suffisant de connaissance** de la part du public qui doit être apprécié au regard du public concerné par la marque en tenant compte de tous les éléments pertinents, notamment la part de marché détenue par cette marque, l'intensité, l'étendue géographique et la durée de son usage ainsi que l'importance des investissements réalisés pour la promouvoir (CJCE 14-9-1999 : RJDA 11/99 n° 1266 ; CA Paris 25-2-2000 : RJDA 11/00 n° 1057, s'appuyant sur la connaissance du public) ; une marque communautaire, désormais de l'UE, peut être tenue pour renommée à l'égard d'une marque proposée à l'enregistrement dans le pays où elle correspond à ces critères (CJUE 3-9-2015 aff. 125/14 : BRDA 17/15 inf. 15).

La reconnaissance de l'atteinte à la marque de renommée de l'UE est subordonnée aux conditions cumulatives suivantes (TUE 22-3-2007 aff. 215/03) : la marque dont on invoque la renommée doit être enregistrée ; la marque de renommée et la marque contestée doivent être identiques ou similaires ; l'usage de cette dernière doit conduire au risque qu'un profit puisse être indûment tiré du caractère distinctif ou de la renommée de la marque antérieure, ou qu'un préjudice puisse leur être porté (TUE 7-6-2023 aff. 339/22).

L'interdiction d'enregistrement n'est pas subordonnée à la constatation d'un **degré de similitude** tel entre cette marque et un signe voisin qu'il existe, dans l'esprit du public concerné, un risque de confusion entre ceux-ci ; il suffit que le degré de similitude entre la marque renommée et ce signe ait pour effet que le public concerné établisse un lien entre la marque et le signe (CJCE 23-10-2003 aff. 408/01 : RJDA 3/04 n° 374 ; pour des applications de cette solution, Cass. com. 12-4-2016 n° 14-29.414 FS-PB : RJDA 7/16 n° 571 ; CA Paris 30-6-2004 ; TGI Paris 5-11-2004 : Propr. intell. 2005.361 n° 4 obs. Passa).

Le lien entre la marque renommée et la marque postérieure qui la concurrence existe lorsque celle-ci évoque la marque antérieure renommée dans l'esprit du consommateur moyen, normalement informé et raisonnablement attentif et avisé (CJCE 27-11-2008 aff. 252/07 : RJDA 4/09 n° 390 ; Cass. com. 1-3-2011 n° 10-14.967 : RJDA 10/11 n° 852). Il a été jugé qu'il n'y avait pas atteinte à la marque renommée dans le cas de l'enregistrement d'un nom de domaine qui se réfère à une marque par le bureau qui y procède car, ce faisant, celui-ci ne participe pas activement au choix de ce nom, ne l'exploite pas commercialement et ne tire pas profit de son caractère distinctif ou de sa renommée (CA Paris 19-10-2012 n° 09/20514 : D. 2012.2511.som. obs. Manara).

L'exploitation d'un signe similaire peut néanmoins être justifiée lorsque le signe a été utilisé antérieurement au dépôt de la marque renommée et que l'usage est réalisé de bonne foi (Cass. com. 7-6-2016 n° 14-16.885 F-D : D. 2017.318 n° 23 obs. Zolynski).

SIGNE DÉSIGNANT UNE ENTREPRISE

Ne peut pas être enregistré un signe susceptible de créer un **risque de confusion** dans l'esprit du public avec une dénomination ou une raison sociale ainsi qu'avec un nom commercial, une enseigne ou un nom de domaine dont la portée n'est pas seulement locale (CPI art. L 711-3, I-3° et 4° ; TGI Le Mans 29-6-1999 : LP 2000.I.25 à propos d'un nom de domaine). **32451**

Le signe n'est pas disponible :

– s'il reprend la dénomination d'une société mais seulement dans la mesure où les activités visées au dépôt sont effectivement exercées par la société et non pour celles simplement énumérées dans ses statuts (Cass. com. 10-7-2012 n° 08-12.010 : RJDA 12/12 n° 1111 ; CJUE 5-4-2017 aff. 598/14 : RJDA 7/17 n° 514) ; il s'ensuit qu'une société ne saurait désormais, comme il avait été jugé (Cass. com. 19-1-1988 n° 86-15.112 : Bull. IV n° 41), opposer sa dénomination dès son immatriculation tant qu'elle n'a pas fait un usage public de celle-ci ;

– s'il correspond à une enseigne suffisamment distinctive et non générique ni nécessaire (CA Paris 20-12-1989 : D. 1993.som.115 obs. Burst) et connue sur l'ensemble du territoire national dès lors que son dépôt peut entraîner un risque de confusion (CA Paris 28-2-1997 : GP 1997.som.250) ;

– s'il est un nom commercial, dès le premier usage public, même si cet usage a été accompli sur autorisation du titulaire du nom (Cass. com. 12-7-2011 n° 09-70.956 : RJDA 11/11 n° 969) ;

– dès lors qu'il a été utilisé de très longue date, en l'espèce depuis le XVIe siècle, pour désigner un restaurant à Paris (La Tour d'Argent) de renommée internationale, puis déposé comme marque avec déclaration d'usage antérieur seulement en 1963, quoiqu'il fût utilisé par un autre restaurateur hors de Paris avant ce dépôt, car il était devenu un signe distinctif créé par l'usage (Cass. com. 21-3-2000 : RJDA 6/00 n° 728) ; il en est de même du signe utilisé par deux sociétés depuis des années lorsque ce signe a été déposé comme marque par une tierce société, peu important que le déposant ait, avant même ces sociétés, fait usage de ce signe à titre d'enseigne ou de nom commercial, cette circonstance ne lui conférant, en soi, aucune priorité quant au dépôt en tant que marque (Cass. com. 20-2-2007 n° 05-16.963 : RJDA 8-9/07 n° 907) ;

– même si le déposant a agi avec intention frauduleuse (Cass. com. 1-3-1994 : RJDA 7/94 n° 874) ou sans (Cass. com. 28-4-1982 n° 80-17.135 : Bull. civ. IV n° 146), ou sans connaissance de l'usage du signe (Cass. com. 4-11-1987 n° 86-11.428 : Bull. civ. IV n° 224) ;

– s'il est connu de l'ensemble du territoire, ce qui n'est pas le cas d'un signe dont l'audience est limitée à un territoire déterminé (Cass. com. 7-12-1995 : RJDA 6/95 n° 782) ou à des régions distinctes ne permettant pas d'interférence entre les concurrents (Cass. com. 12-10-1993 n° 91-15.665) ;

– si le dépôt est susceptible de créer un risque de confusion ; tel est le cas du signe qui, dans le domaine de l'informatique, couvre des prestations intellectuelles de services car il recoupe les activités de celui qui, sous le même nom, fabrique des matériels (CA Paris 6-2-1992 : RJDA 5/92 n° 525) ; mais tel n'est pas le cas du signe utilisé pour désigner des produits non concurrents (Cass. com. 27-5-1986 : D. 1986.526 note Durrande ; Cass. com. 23-3-1993 : RJDA 1/94 n° 120 ; Cass. com. 16-5-1995 : RJDA 11/95 n° 1305).

Le risque de confusion doit s'apprécier en prenant en compte les produits ou services désignés dans l'enregistrement de la marque, et non ceux pour lesquels elle a été déposée (Cass. com. 14-4-2021 n° 18-21.695 F-D : RJDA 8-9/21 n° 611).

Le risque de confusion n'existe pas si le même signe est utilisé par deux entreprises unies par un lien économique ; ce lien ne doit pas nécessairement être caractérisé dans un sens déterminé, allant de l'entreprise ayant des droits antérieurs vers le titulaire de la marque contestée, ce qui aurait permis en l'espèce d'écarter ce lien, et donc de rendre possible la reconnaissance d'un risque de confusion (CJUE 23-4-2020 aff. 736/18 : RJDA 12/20 n° 668).

SIGNE AFFECTANT LA PERSONNALITÉ OU LA RENOMMÉE D'UN TIERS

32454 Ne peut pas être enregistrée la marque qui porte atteinte :

a. à la personnalité d'un tiers, notamment à son nom patronymique, à son pseudonyme ou à son image (CPI art. L 711-3, I-8°) ;

Il en est ainsi, notamment, lorsque la marque :

– use du nom d'un tiers qui est notoire (Cass. com. 2-5-1984 : Bull. civ. IV p. 122 ; Cass. com. 5-11-1985 : Bull. civ. IV p. 219 ; TGI Paris 29-6-1988 : GP 1989.som.300), sauf si la marque est employée en dehors du domaine de notoriété du nom (Cass. com. 9-2-1993 : RJDA 6/93 n° 582) ; lorsque le nom notoire constitue la partie attractive de la marque, même un homonyme ne peut pas déposer une marque composée de son nom et de son prénom (Cass. com. 9-11-1987 : Bull. civ. IV p. 175, interdisant à Michel Leclerc d'utiliser son nom alors qu'existe une marque « Édouard Leclerc » ; rappr. Cass. com. 27-6-2000 : RJDA 12/00 n° 1185 ; pour une réglementation de l'usage du prénom « Éliane » par le titulaire de l'homonyme « Soleil » au regard de la marque « Madame Soleil », CA Paris 10-11-1992 : D. 1995.som.213 obs. Izorche) ; mais le dépôt d'un patronyme est valable si son titulaire en a autorisé l'usage « à des fins commerciales ou industrielles [...], sans autres limites que celles prévues par les lois en vigueur » (CA Rennes 23-3-2010 n° 09-1645 : RJDA 10/10 n° 954) ;

– est susceptible d'entraîner une confusion avec la devise d'une famille (CA Paris 7-2-1989 : D. 1989.IR.99).

Pour un exemple d'un droit acquis sur le nom justifiant la nullité de la marque usurpatrice, Cass. 1re civ. 25-11-2015 n° 14-25.216 : Bull. civ. I n° 288.

Le tiers ne peut pas s'opposer à l'utilisation de son nom à titre de marque s'il a cédé le droit à la propriété de son nom dans un secteur d'activité déterminé (CA Paris 17-5-2016 n° 2015/04820 : RDC 2017.317 obs. Passa, tenant pour secteur visé celui défini comme objet social statutaire de la société cessionnaire).

b. au nom, à l'image ou à la renommée d'une collectivité territoriale ou un établissement public de coopération intercommunale (CPI art. L 711-3, I-9° ; pour des exemples, Cass. com. 23-6-2009 n° 07-19.542 : Bull. civ. IV n° 87 ; CA Paris 12-12-2007 : JCP G 2008.IV.1227).

c. au nom d'une entité publique s'il existe un risque de confusion dans l'esprit du public (CPI art. L 711-3, I-10°).

Tel est le cas de la marque enregistrée « france.com » : en effet, l'appellation « France » constitue pour l'État français un élément d'identité, en ce que ce terme désigne le territoire national dans son identité économique, géographique, historique, politique et culturelle, pour laquelle il est en droit de revendiquer un droit antérieur au sens de l'article L 711-4 du CPI, dans sa rédaction antérieure à la loi n° 2014-344 du 17 mars 2014, l'ajout du suffixe « .com », correspondant à une extension internet de nom de domaine, n'étant pas de nature à modifier la perception du signe ; en conséquence, le public identifiera les produits et services désignés à l'enregistrement des marques comme émanant de l'État français ou à tout le moins d'un service officiel bénéficiant de sa caution ; il s'en déduit qu'il existe un risque de confusion, lequel, dans les marques complexes litigieuses, est renforcé par la représentation stylisée des frontières géographiques de la France (Cass. com. 20-4-2022 n° 17-28.116 F-B : D. IP/IT 2022.509 obs. Benassar et Goutorbe).

SIGNE AFFECTANT UN AUTRE DROIT DE PROPRIÉTÉ INTELLECTUELLE

32457 Ne peut pas être enregistrée la marque portant atteinte :

– à une indication géographique enregistrée mentionnée à l'article L 722-1 du CPI ou à une demande d'indication géographique (CPI art. L 711-3, I-5°). Par exemple, « La Roche aux Moines » ne peut pas être librement choisi pour désigner des vins, même avec l'adjonction du mot « château » (Cass. com. 24-3-1992 : RJDA 7/92 n° 773), de même que « Cuba » pour désigner des cigares (CA Paris 10-10-1991 : Bull. inf. C. cass. 1992.1018) ou « Champagne » pour désigner un parfum (CA Paris 12-9-2001 : D. 2002.1894 note Olszak) ou de la pâtisserie (TGI Grasse 18-9-1998 : RDPI 1999 n° 97 p. 28) ;

À propos d'une dénomination géographique objet d'une marque déposée, il a été jugé que l'emploi de la dénomination « Les deux-Alpes », retenue pour désigner une nouvelle commune, ne portait pas atteinte à ladite marque tant que l'expression ne serait pas utilisée pour singulariser des produits ou des services identiques ou similaires (CAA Lyon 18-11-2019 n° 17LYO2936).

Sur la réglementation UE relative aux indications géographiques : en matière agricole, règlement CEE 2081/92 du 14 juillet 1992 relatif à la protection des indications géographiques et des appellations d'origine des produits agricoles et des denrées alimentaires ; pour les produits artisanaux et industriels : règlement 2023/2411 du 18 octobre 2023.

– aux droits d'auteur (CPI art. L 711-3, I-6° ; CA Paris 5-11-2003 n° 02-10377 : RTD com. 2004.89) ;

Mais un signe protégé par un droit d'auteur peut être protégé à titre de marque (Cass. com. 4-7-2006 n° 875 : RJDA 3/07 n° 297).

– aux droits résultant d'un dessin ou d'un modèle protégé (CPI art. L 711-3, I-7°).

Il ne résulte d'aucun usage que la cession des droits de reproduction d'une œuvre, en l'espèce un dessin, implique à elle seule, et sauf clause contraire expresse, cession du droit de déposer ce dessin en tant que marque (Cass. com. 16-2-2010 n° 09-12.262 : RJDA 7/10 n° 789).

3. CONDITIONS GÉNÉRALES DE VALIDITÉ DE LA MARQUE

Signes distinctifs Pour constituer une marque valable, le signe qui la caractérise doit être distinctif (CPI art. L 711-2, 2°). 32460

L'obligation de choisir un signe distinctif a pour but, d'une part, la protection des consommateurs qui ne doivent pas être trompés sur les qualités réelles du produit ou du service désigné par la marque et, d'autre part, la protection des autres entreprises dans la mesure où le dépôt d'un signe ne doit pas permettre au déposant d'acquérir un terme désignant habituellement un produit ou un service et d'empêcher les autres entreprises d'utiliser ce mot pour présenter et diffuser leurs propres produits ou services (CA Paris 21-5-1979 : Ann. propr. ind. 1979.172 ; T. adm. Paris 18-11-1975 : JCP G 1976.II.18374 obs. Chavanne).

1. Qualification du signe distinctif. Le caractère distinctif du signe s'apprécie dans les conditions suivantes. 32463

a. Le caractère distinctif d'un signe s'apprécie **par rapport au produit** ou au service qu'il est appelé à désigner, tel que visé dans l'enregistrement de la marque (Cass. com. 31-1-2018 n° 15-20.796 F-D : RJDA 6/18 n° 538) ; lorsque plusieurs produits ou services sont visés dans le dépôt, l'appréciation doit être faite au regard de chacun des produits ou services visés (Cass. com. 7-6-2011 n° 10-19.742 : RJDA 10/11 n° 858 ; Cass. com. 15-3-2017 n° 16-10.241 F-D : RJDA 7/17 n° 511), le signe déposé pouvant être distinctif au regard de certains produits ou services et non distinctif au regard d'autres produits ou services (Cass. com. 23-6-2009 n° 08-15.407 : Propr. intell. 2009.424 obs. Sabatier).

Par exemple, jugé qu'est valable : le signe « + » figurant dans la marque complexe « Canal + » pour désigner des produits de télévision (CA Paris 17-12-1992 : RJDA 3/93 n° 273), un dessin représentant un visage souriant stylisé pour désigner des machines et appareils électriques ou électroniques ainsi que des services de publicité (CA Paris 31-5-1994 : RJDA 12/94 n° 1389), la désignation « golf and green » pour désigner des vêtements indépendamment de l'élément figuratif (CA Paris 21-2-1996 : RDPI 1996 n° 65 p. 50).

Mais n'est pas valable « Gala des Medias » pour désigner des services d'éducation, de divertissement et des activités sportives et culturelles (CA Paris 1-3-1996 : RDPI 1996 n° 65 p. 53) ou « Biennale du Cirque » pour les mêmes services (CA Paris 1-3-1996 : RDPI n° 65 p. 53) ; ne sont pas non plus valables « VITA-MIN MULTIPLE SPORT » (TUE 7-9-2022 aff. 9/22) pour des produits alimentaires ou « Amsterdam Poppers » (TUE 6-4-2022 aff. 680/21), l'élément « Poppers » décrivant directement les produits désignés dans la demande d'enregistrement et l'élément « Amsterdam » étant compris comme l'origine géographique des produits.

Lorsque le **signe est nominal,** autrement dit que la marque est « verbale », il importe peu que : les termes utilisés soient généraux et abstraits, sans rapport avec le produit ou le service désigné, pourvu qu'ils identifient le produit ou le service en l'attribuant sans erreur au titulaire de la marque (Cass. com. 1-2-1994 : RJDA 6/94 n° 731) ; le signe soit dépourvu d'originalité, il suffit qu'il soit arbitraire (CA Paris 19-10-2001 : RDPI 2002 n° 135 p. 43 ; CA Paris 12-5-2015 : LP 2015.393) ; le signe soit présenté dans une typographie particulière (TUE 23-3-2022 aff. 146/21).

Lorsque le **signe est figuratif,** par exemple dans le cas d'un signe désignant un service qui est composé de motifs de couleur et qui est destiné à être apposé exclusivement et systématiquement d'une manière déterminée sur une grande partie des biens utilisés pour la fourniture de ce service, il doit être apprécié en tenant compte de la perception qu'a le public pertinent de l'apposition de ce signe sur ces biens, sans qu'il y ait lieu d'examiner si ce signe diverge de manière significative de la norme ou des habitudes du secteur économique concerné (CJUE 8-10-2020 aff. 456/19 ; sur un autre exemple d'appréciation d'ensemble d'une marque semi-figurative, CA Aix 9-12-2021 n° 20/03556 : D. IP/IT 2022.5).

Lorsque le **signe est sonore,** il doit posséder une certaine prégnance permettant au consommateur visé de le percevoir et de le considérer en tant que marque, et non pas en tant qu'élément de nature fonctionnelle ou en tant qu'indicateur sans caractéristique intrinsèque

32463 (suite) propre ; ne répond pas à cette condition le signe sonore composé du son qui se produit à l'ouverture d'une canette, suivi d'un silence puis d'un pétillement, déposé pour désigner des boissons (TUE 7-7-2021 aff. 668/19 D. IP/IT 2022.40 obs. Groffe-Charrier, statuant sur la portée de l'article 3.1, sous b), de la directive 2008/95/CE).

Lorsque le **signe est un motif** (sujet d'une peinture), « la complexité du motif peut constituer un élément pertinent, dès lors qu'elle empêche de retenir des détails particuliers du motif et d'être facilement et immédiatement mémorisé par le public pertinent en tant que signe distinctif » (TUE 12-1-2022 aff. 259/21).

b. Le caractère distinctif d'un signe **s'apprécie à la date** de son appropriation en tant que marque, c'est-à-dire au moment du **dépôt** (Cass. com. 23-6-2009 n° 08-16.729 : Propr. intell. 2009.420 obs. Sabatier ; CA Paris 5-6-1996 : GP 1996.som.516). Si le signe était distinctif, la marque demeure valable même si le terme est devenu courant, ce qui est le cas par exemple de « Kir » (Cass. com. 27-10-1992 : RJDA 1/93 n° 75), « Bagagerie » (CA Paris 24-11-1976 : Ann. propr. ind. 1977.212), « Cellophane » (CA Nancy 12-6-1963 : JCP G 1964.II.13658 obs. Plaisant) ou « top 50 » (Cass. com. 26-3-2002 : RJDA 8-9/02 n° 954).

c. Le caractère distinctif d'un signe peut résulter de la durée et de l'importance de **l'usage** qui peuvent apporter à la marque le surcroît de distinctivité qui, à l'origine, lui faisait seulement défaut (CPI art. L 711-2, al. 13 ; Cass. com. 21-3-2000 : RJDA 6/00 n° 728 ; Cass. com. 14-5-2013 n° 12-15.534 : RJDA 10/13 n° 852 ; Cass. com. 7-7-2021 n° 19-16.028 F-D : RJDA 11/21 n° 741 ; CA Lyon 20-12-2012 n° 11/04122), même en tant que partie d'une marque enregistrée ou en combinaison avec celle-ci (CJCE 7-7-2005 aff. C-353/03 : JCP E 2005.pan.1220). Le caractère distinctif peut également être acquis par l'usage après le dépôt de la marque (Cass. com. 6-12-2016 n° 15-19.048 F-D : D. 2017. 318 n° 8 obs. Zolynski).

La preuve de l'acquisition du caractère distinctif par l'usage d'une marque de l'UE suppose que les pièces fournies soient appréciées globalement et démontrent un usage de la marque permettant que le public pertinent identifie l'origine commerciale des produits désignés, dans l'ensemble des États membres (TUE 19-10-2022 aff. 275/21).

Ne peut devenir distinctif par l'usage un terme générique, tel le terme « loto », existant depuis des siècles, nécessaire pour désigner, soit les jeux en cause soit les loteries (Cass. com. 28-4-2004 n° 662 : RJDA 10/04 n° 1170).

Mais les signes constitués **exclusivement par la forme** ou une autre caractéristique du produit imposée par la nature même de ce produit, nécessaire à l'obtention d'un résultat technique, ou conférant à ce produit sa valeur substantielle, ne peuvent pas devenir distinctifs par l'usage (cf. CPI art. L 711-2, al. 13 ; Cass. com. 21-3-2000 : RJDA 6/00 n° 728 ; Cass. com. 11-3-2008 n° 06-11.493 : RJDA 7/08 n° 861 ; Cass. com. 14-5-2013 n° 12-15.534 : RJDA 10/13 n° 852). Il en est ainsi même s'il existe d'autres formes permettant d'obtenir le même résultat technique (CJCE 18-6-2002 aff. 299/99 : RJDA 2/03 n° 202) ou si le produit présente une forme dont les caractéristiques essentielles sont fonctionnelles, mais pas uniquement attribuables au résultat technique du produit (TGI Paris 13-6-2003 : Propr. intell. 2003.438 obs. Buffet-Delmas).

Il est indispensable que l'usage qui est fait de la marque lui ait conféré un caractère distinctif par rapport aux produits d'autres entreprises ; l'usage fréquent d'un signe consistant dans la forme donnée à des produits particuliers qu'une entreprise est la seule à offrir sur le marché peut suffire à conférer à ce signe un caractère distinctif à condition qu'une proportion substantielle des milieux intéressés associe cette forme avec cette entreprise, à l'exclusion de toute autre, ou croie que les produits ayant cette forme proviennent de cette dernière (CJCE 18-6-2002 précité).

d. Le caractère distinctif d'un signe **existe dès** lors qu'il permet d'identifier un produit et qu'il est utilisé pour cet objectif (cf. Cass. com. 31-3-2015 n° 13-21.300 : RJDA 8-9/15 n° 609) ; s'agissant d'une marque verbale, ce caractère dépend du terme clé employé et non des aspects graphiques ou stylistiques particuliers que cette marque pourrait éventuellement revêtir (Cass. com. 5-7-2017 n° 14-26.307 F-D : RJDA 1/18 n° 82) et, si ce terme clé correspond à la dénomination du titulaire de la marque, du point de savoir si l'usage intensif qui en est fait peut permettre au consommateur d'identifier la marque et son titulaire (Cass. com. 8-6-2017 n° 15-22.792 D). Par ailleurs, le fait qu'une marque bénéficie d'une large exposition médiatique dans le monde entier ne prouve pas que le public reconnaisse l'origine des produits en cause par le signe demandé ; il ne suffit pas qu'un signe ait été vu par de nombreuses personnes ; il est nécessaire que ces dernières soient capables d'attribuer à ce signe une fonction distinctive, ce qui doit être prouvé (TUE 4-7-2017 aff. 81/16).

Les juges doivent motiver avec rigueur en quoi un signe est ou non distinctif (Cass. com. 19-12-2000 : RJDA 3/01 n° 379 ; Cass. com. 20-2-2007 n° 05-15.911 : RJDA 8-9/07 n° 908).

Au regard de la marque de l'UE, l'usage d'un nom de grande renommée, en l'espèce « Messi », nom du célèbre joueur de football, pour individualiser des articles de sport établit le caractère distinctif au regard du public pertinent et écarte le risque de confusion avec le nom « MASSI » (CJUE 17-9-2020 aff. 449/18 et 474/18).

e. Si le signe est singulier, il importe peu qu'il soit **faiblement distinctif,** car la notion de marque faible et son prétendu corollaire, la protection faible, ne sont pas consacrés par le droit français (CA Paris 10-4-1996 : GP 1996.som.520) ni par le droit de l'UE, selon lequel le caractère distinctif faible d'une marque n'exclut pas l'existence d'un risque de confusion et qui exige d'examiner, pour déterminer l'existence d'un tel risque, si le degré faible de la similitude des marques en conflit est compensé par le degré plus élevé de similitude, voire l'identité, des produits désignés par ces marques (CJUE 5-3-2020 aff. 766/18).

Toutefois, le caractère faiblement distinctif du signe peut justifier que son utilisation dans un contexte différent de celui de la marque déposée n'entraîne pas une confusion avec cette dernière (CA Paris 24-9-2008 : GP 2009.som.29 mars).

Mais l'utilisation de la contraction « Immo » pour désigner des services en relation avec l'immobilier ne peut pas justifier le caractère distinctif d'une marque au motif qu'il est faiblement distinctif car, pour apprécier le critère tiré de la distinctivité d'une marque, il est indifférent qu'il existe ou non des synonymes permettant de désigner les mêmes caractéristiques des produits mentionnés dans la demande d'enregistrement (CJUE 12-2-2004 aff. 363/99) ; la nullité ou le refus d'enregistrement d'une marque en raison de son absence de caractère distinctif n'est donc pas subordonné à la condition que les signes ou indications qui la composent soient le mode exclusif de désignation des caractéristiques des produits pour lesquels la marque est enregistrée (Cass. com. 14-4-2021 n° 18-21.695 F-D : RJDA 8-9/21 n° 611).

f. Au regard d'une **marque nationale,** le caractère distinctif s'apprécie **par rapport à la France** et est indifférente l'adoption de cette dénomination pour désigner depuis longtemps des produits identiques dans de nombreux autres pays étrangers (TGI Paris 14-5-2003 : D. 2003.som. 2821 obs. Le Stanc).

g. Lorsque la marque est complexe, si aucun des éléments la composant n'est distinctif, elle n'est pas elle-même distinctive, sauf si des indices concrets, tels que la manière dont les différents éléments sont combinés, indiquent que la marque complexe, considérée dans son ensemble, représente davantage que la somme des éléments dont elle est composée (TUE 21-9-2022 aff. 700/21).

2. Exclusion des signes nominaux nécessaires ou génériques. Ces signes sont composés exclusivement d'éléments ou d'indications devenus usuels dans le **langage courant** ou dans les habitudes loyales et constantes du commerce (CPI art. L 711-2, 4°), ne serait-ce que sur une partie du territoire (Cass. com. 17-1-1989 : Bull. civ. IV p. 16). **32466**

La preuve de l'usage usuel « ne saurait se limiter à des cas isolés ou à des exemples sporadiques (…) mais doit établir notamment l'existence d'habitudes « constantes » du commerce connues d'une partie significative du public pertinent dans une partie substantielle du territoire pertinent » (TUE 17-3-2021 aff. 878/19 : à propos d'une marque de l'UE mais transposable par analogie).

Tel est le cas, par exemple, de « Vins de France » pour des vins (CA Paris 13-4-1927 : Ann. propr. ind. 1927.283), de « Brillat-Savarin » pour des fromages (CA Paris 18-6-1985 : JCP G 1987.II.20901 note Saint-Cène et Casalonga), de « Corporate » pour la publicité destinée à projeter une bonne image de marque d'une entreprise (CA Versailles 22-11-1990 : LP 1990.III.105), de « Crash » pour un logiciel se rapportant aux calculs applicables à l'écrasement d'un véhicule automobile que les professionnels nomment communément par ce terme (Cass. com. 7-12-1993 : Bull. civ. IV p. 334), de « Nuit des entreprises » pour des services de divertissements (CA Paris 18-5-1994 : RJDA 12/94 n° 1388), de « Voyager magazine » pour un titre de périodique dans le domaine du voyage et du tourisme (Cass. com. 12-12-1995 : RJDA 3/96 n° 439).

Ne sont pas génériques les termes « Pages Jaunes » pour désigner des annuaires professionnels (Cass. com. 4-10-1994 : RDPI 1994 n° 56 p. 67), « Mas » pour désigner des productions fermières (Cass. com. 24-5-1994 : RJDA 11/94 n° 1234), « Le Cordon Bleu » pour désigner une école de cuisine et des produits alimentaires (CA Paris 28-9-1993 : RJDA 3/94 n° 353), « Abracadabra » pour désigner des spectacles relatifs à la magie (CA Paris 30-4-1998 : D. 1998.IR.202), « Thé de Pâques » pour désigner du thé (CA Versailles 2-12-1999 : GP 2000.som.2387 note Lamoureux), « Thermocatalyseur » pour désigner des appareils de chauffage par catalyse (CA Paris 25-3-2003 : GP 2004.som.646).

Lorsque le signe est composé d'un ou plusieurs **termes étrangers** qui seraient génériques dans leur traduction, il n'est pas protégeable dès lors qu'il peut être compris d'une grande partie du public français (cas, par exemple, de « Baby slips » pour de la lingerie pour enfants, CA Paris 23-2-1981 : Ann. propr. ind. 1981.31 ou de « Chisel », mot d'origine anglaise utilisé par les fournisseurs de matériel agricole et les périodiques spécialisés en agriculture pour désigner un certain type de matériel agricole, TGI Versailles 3-5-1972 : Ann. propr. ind. 1972.160).

Le fait que le mot étranger soit l'objet d'une mesure d'enrichissement de la langue française est sans incidence sur le droit à la marque (CE 27-9-1993 : Lebon 253).

Jugé que ne sont pas compris par la majorité des Français :

– « Autospray » pour désigner des peintures et des vernis (CA Paris 28-3-1978 : Ann. propr. ind. 1979.137) ;
– « Work wear » pour désigner des vêtements (CA Paris 16-10-1980 : Ann. propr. ind. 1981.17) ;

– « Soft » pour désigner des produits alimentaires (CA Paris 23-10-1980 : Ann. propr. ind. 1981.18) ;
– « Ray Ban » pour des produits d'optique et des articles de lunetterie (CA Lyon 16-10-1980 : Ann. propr. ind. 1981.60) ;
– « Golden Syrup » pour un sirop de mélasse (CA Paris 2-5-1983 : D. 1985.IR.81 obs. Burst) ;
– « The Best of Kuoni » (CA Paris 29-6-1988 : GP 1989.som.107).
Dès lors qu'il n'est pas compris en France, un terme banal à l'étranger y est distinctif (CA Paris 27-3-1996 : GP 1996.som.519).

Mais des **termes génériques combinés entre eux** peuvent former un signe suffisamment singulier pour être valable.

Jugé qu'il en était ainsi de :
– « Société Lyonnaise de dépôt et de crédit industriel » ou « Crédit industriel de l'Ouest » pour désigner les services rendus par un établissement bancaire (CE 30-10-1970 : JCP G 1971.II.16630 et CE 24-2-1971 : JCP G 1972.II.17093 obs. Chavanne) ;
– « Royal beef » pour des aliments destinés au bétail (Cass. com. 20-1-1975 : Bull. civ. IV p. 15) ;
– « Copycolor » pour la reproduction de documents en couleurs (CA Lyon 7-10-1982 : GP TT 1983-1985 V° Marques n° 35) ;
– « Camping-gaz » pour des réchauds, des articles d'éclairage et de cuisson (CA Paris 23-6-1981 : D. 1982.434 note Reboul) ;
– « Brut de pêche » pour la composition d'un vin mousseux à l'arôme de pêche (CA Aix 18-12-1991 : RJDA 6/92 n° 656).
Ont été au contraire considérés comme génériques : « Alfasac » pour des sacs en alfa (CA Paris 8-1-1979 : Ann. propr. ind. 1979.169), « Revue du droit public et de science économique » pour une revue traitant de ces sujets (CA Paris 27-4-1979 : Ann. propr. ind. 1979.161) ou « Super Levure » pour désigner des levures alimentaires (CE 7-4-1976 : Ann. propr. ind. 1976.140).

Lorsque la **reproduction** d'une marque dans un **dictionnaire,** une encyclopédie ou un ouvrage de référence similaire, sous forme imprimée ou électronique, donne l'impression qu'elle constitue le terme générique désignant les produits ou les services pour lesquels elle est enregistrée et que le titulaire de la marque en fait la demande, l'éditeur indique sans délai, et au plus tard lors de l'édition suivante si l'ouvrage est imprimé, qu'il s'agit d'une marque enregistrée (CPI art. L 713-3-4).

32469 **3. Exclusion des signes nominaux descriptifs.** Sont descriptifs les signes qui indiquent une **caractéristique** du produit ou du service, notamment l'espèce, la qualité, la quantité, la destination, la valeur, la provenance géographique, l'époque de la production du bien ou de la prestation de service (CPI art. L 711-2, 3°). À défaut d'indication précise sur le sens du mot, il faut entendre par « caractéristique », conformément au sens commun, l'élément déterminant du signe qui lui confère son caractère distinctif.

Jugé par exemple que sont descriptifs :
– « Tamisée » pour de la farine (CA Paris 28-6-1979 : JCP G 1980.II.19428) ;
– « Balis » pour des grillages, plastiques ou treillis car on y reconnaît le terme « balise » que le public considère comme recouvrant ces objets (Cass. com. 21-6-1994 : RJDA 12/94 n° 1390) ;
– les préfixes « Mega » et « Super » appliqués à des magazines et des jeux vidéo (CA Paris 12-3-1999 : GP 2000.som. 830) ;
– « Ultradoux » pour un shampooing (CA Versailles 15-2-2001 : Bull. inf. C. cass. 2001 n° 1024) ;
– « Silhouette » pour désigner des produits diététiques (Cass. com. 12-7-2005 n° 1072 : RJDA 11/05 n° 1290) ;
– « Giant » pour des aliments, notamment de fast-food, car signifie géant et décrit une caractéristique de ces produits fréquemment mise en avant, leur quantité (Cass. com. 27-1-2021 n° 18-20.702 F-D : RJDA 7/21 n° 529) ;
– « Emmentaler », signe que le public pertinent allemand comprend immédiatement comme désignant un type de fromage (TUE 24-5-2023 aff. 2/21 : refus de la qualification de marque de l'UE).
Mais ne sont pas descriptifs :
– « Fine des prés » pour un fromage à pâte molle contenant seulement 20 % de matière grasse (Cass. com. 1-3-1988 : D. 1989.som.131 obs. Burst) ;
– « Alcootest » pour des éthylotests (CA Paris 8-12-1988 : JCP G 1989.II.21332 note Chavanne) ;
– « Zeste » pour des boissons même à base d'extraits d'écorce d'agrumes, pris isolément, sans autre précision et sans ajout (Cass. com. 4-12-1990 : RJDA 2/91 n° 178) ;
– « Orient-Express » pour des produits et services de transport, d'hôtellerie, de restauration et de tourisme (Cass. com. 4-7-1995 : RJDA 12/95 n° 1458) ;
– « Super Tigre » pour des cordes de tennis et des vêtements de sport (CA Paris 19-5-1999 : GP 2000.som.829) ;
– « MADEleinoise », pour de la bière, dès lors que ce nom n'est pas identifié par le public comme visant la commune de la « Madeleine » en tant que lieu de production de bière, et que la bière est réalisée dans une autre commune (CA Douai 22-9-2022 n° 21/02992).

Mais une marque figurative qui utilise des signes nominatifs descriptifs est acceptée à l'enregistrement par les offices de la propriété intellectuelle du Réseau européen des marques lorsque l'élément figuratif confère un caractère suffisamment distinctif à la marque (cf. « Pratique commune marques figuratives » accessible sur le site de l'Inpi en suivant le lien : www.inpi.fr/sites/default/files/pratique_commune_marques_figuratives_0.pdf).

4. Exclusion des signes identifiés uniquement par la forme du produit désigné. Les signes constitués exclusivement par la forme ou une caractéristique du produit imposée par la nature même de ce produit, nécessaire à l'obtention d'un résultat technique ou conférant à ce produit une valeur substantielle, ne peuvent être valablement enregistrés (CPI art. L 711-2, 5°; Cass. com. 19-11-1991 : RDPI 1992 n° 40 p. 74 ; CA Versailles 14-1-1999 : GP 2000.som.833 ; pour l'exemple d'une forme non descriptive, Cass. com. 3-1-1996 : RDPI 1996 n° 64 p. 29). En revanche, peut être enregistré le signe constitué uniquement par la forme du produit, sans aucune addition arbitraire telle qu'une décoration sans but fonctionnel, dès lors que les caractéristiques fonctionnelles essentielles de cette forme ne sont pas attribuables uniquement au résultat technique (CJCE 18-6-2002 aff. 299/99 : RJDA 2/03 n° 202). 32472

Un signe figuratif est dépourvu de caractère distinctif s'il est usuel, c'est-à-dire d'un usage courant, général et prolongé de la part d'autres fabricants à la date de son dépôt (CA Paris 23-10-1996 : GP 1997.som.248) ou s'il n'est pas de nature à permettre une identification de l'origine des produits (CA Paris 21-5-2010 n° 08/20959 : GP 2010.som.3.107 note L. Marino : marque représentant la photographie de Che Guevara pour désigner l'organisation d'expositions, des produits de l'imprimerie et des articles vestimentaires).

Il en est de même d'une forme fonctionnelle permettant d'obtenir un résultat industriel (CA Paris 4-7-1989 : PIBD 1990.II.76.471).

Sur les conditions d'appréciation du caractère fonctionnel du signe déposé, n° 32463, c.

Une forme non protégeable en tant que modèle peut constituer une marque pour les produits désignés dès lors qu'elle est distinctive à leur égard (CA Paris 20-10-1995 : GP 1996.som.167).

SIGNES ILLICITES

Ne sont pas licites et ne peuvent pas être appropriés : 32475

1. Les signes qui sont **de nature à tromper** le public, notamment sur la nature, la qualité ou la provenance géographique du produit ou du service (CPI art. L 711-2, 8°). Les juges ne peuvent rejeter une marque qu'après avoir recherché si elle est de nature à induire en erreur le consommateur (Cass. com. 17-12-2003 : RJDA 5/04 n° 642), mais en se fondant sur les seules caractéristiques de la marque, peu important que les conditions d'exploitation écartent tout risque de confusion (Cass. com. 15-3-2017 n° 15-19.513 F-D : RJDA 7/17 n° 512). Ils ne peuvent, en outre, se fonder que sur les seules dispositions spécifiques aux marques, à l'exclusion de celles du Code de la consommation relatives à l'étiquetage des produits, car celui-ci a pour objet de fournir au consommateur des informations sur les caractéristiques du produit concerné tandis que la marque a pour fonction de garantir au consommateur l'identité d'origine du produit désigné par la marque, en lui permettant de distinguer sans confusion possible ce produit de ceux qui ont une autre provenance (Cass. com. 21-1-2014 n° 12-24.959 : RJDA 5/14 n° 485).

La tromperie peut porter :

a. Sur la **composition** du produit (par exemple, « Sirop Évian », pour une boisson qui ne contient pas d'eau minérale, Cass. com. 17-1-1984 : Bull. civ. IV p. 15, ou « Cobra » pour des bracelets-montres qui ne sont pas fabriqués avec de la peau de cobra, T. adm. Paris 30-3-1977 : Ann. propr. ind. 1978.16) ;

b. Sur **l'identification** du produit ; jugé que tel est le cas de « Carrefour Produits libres » qui laisse croire que ne sont commercialisées que des productions ne relevant pas d'une réglementation quelconque (CA Paris 3-5-1978 : GP 1979.som.61), des signes incitant le public à croire que les produits ont une vertu thérapeutique, tel « fleur de santé » (CA Paris 26-10-1988 : GP 1989.130 concl. Delafaye), ou ceux, tel « Confiture Maison – Comme à la Maison », évoquant une production artisanale alors qu'elle est industrielle (CA Paris 11-10-1990 : RDPI 1990 n° 32 p. 46), ceux ayant une connotation officielle, tels « euro », « eurolivret » et « eurocontrat », qui laissent entendre qu'un organisme officiel européen garantit la qualité des produits (CA Paris 8-4-1993 : RJDA 8-9/93 n° 754 ; dans le même sens, CA Paris 25-10-1994 : D. 1995.IR.24) ou ceux qui font croire à une provenance déterminée, comme l'emploi dans une marque figurative du nom patronymique « Rothschild » pour désigner des vins (CA Paris 18-1-1994 : RJDA 7/94 n° 876) ; mais jugé que n'est pas un signe déceptif le signe formé par les lettres P et J entrelacées et stylisées dans la forme d'un coq avec l'utilisation des trois couleurs nationales (CA Paris 4-1-1980 : GP 1980.som.601) ni une marque qui correspond au nom du créateur et premier fabricant des produits la portant, notamment quand la clientèle attachée à ladite marque a été cédée avec l'entreprise fabriquant les produits qui en sont revêtus (CJCE 30-3-2006 aff. 259/04 : RJDA 3/07 n° 295) ;

c. Sur l'**origine géographique** du produit, ce qui est le cas des noms géographiques qui évoquent une qualité particulière comme « Pilsen » pour une bière (Cass. com. 6-12-1982 : Bull. civ. IV p. 332), « Brésil » pour du café (CA Paris 16-6-1988 : D. 1989.282 note Gusnão) ou « Glen Jerkys » pour désigner un spiritueux à base de whisky fabriqué en France laissant croire qu'il s'agit d'un véritable whisky d'origine écossaise (CA Dijon 12-1-1995 : JCP G 1995.IV.1503 ; sur l'existence d'une « utilisation commerciale indirecte » d'une indication géographique enregistrée pour caractériser un whisky, CJUE 7-6-2018 aff. 44/17).

32475 (suite) Mais un nom géographique peut être valablement choisi comme marque, par exemple s'il est celui de l'endroit où est située une exploitation agricole qui couvre la plus grande partie des lieux désignés par ce nom (cf. CA Bordeaux 19-10-1988 : GP 1989.785 note Agostini ; rappr. CA Bordeaux 5-7-2001 : D.2001.3266 note Agostini) ou si son utilisation n'est pas susceptible de tromper le consommateur (Cass. com. 24-10-2000 : RJDA 2/01 n° 243).

Une indication géographique peut protéger des produits industriels et artisanaux, autres qu'agricoles, forestiers, alimentaires ou de la mer, qui sont originaires de cette indication et qui possèdent une qualité déterminée, une réputation ou d'autres caractéristiques qui peuvent être attribuées essentiellement à cette origine géographique ; les conditions de production ou de transformation de ce produit, telles que la découpe, l'extraction ou la fabrication, respectent un cahier des charges homologué par décision prise par le directeur de l'Inpi (CPI art. L 721-2). Il résulte de la lecture combinée de cet article et de l'article L 721-7, 4° que, pour être protégé par une indication géographique, un produit doit être caractérisé par un savoir-faire traditionnel ou une réputation qui peuvent être attribués essentiellement à cette zone géographique, ces caractéristiques étant alternatives et non cumulatives (Cass. com. 27-9-2023 n° 21-25.334 F-B).

Les marques trompeuses sont dites **« déceptives ».** Le vice de déceptivité ne peut pas disparaître du fait d'un usage ancien car il rend impossible l'acquisition d'un caractère distinctif (Cass. com. 13-10-2009 n° 08-12.270 : RJDA 2/10 n° 183 ; CA Paris 7-7-1982 : Ann. prop. ind. 1982.118). Le signe déceptif peut néanmoins donner lieu à revendication dans l'hypothèse où le transfert de sa propriété ferait disparaître son caractère déceptif (Cass. com. 4-11-2020 n° 18-18.455) ;

2. Les dessins, coordonnées, références ou autres signes distinctifs relatifs à un **service public,** qui ne peuvent pas être utilisés, sans l'autorisation préalable du service concerné, dans les publicités et documents et pratiques commerciales relatives aux prestations de dépannage, réparation et entretien dans le secteur du bâtiment et de l'équipement de la maison, les prestations concernées étant énumérées par arrêté du ministre chargé de la consommation (CPI art. L 731-2 et L 731-1 et arrêté du 17-11-2014 relatif aux prestations de dépannage, de réparation et d'entretien dans le secteur du bâtiment et de l'équipement de la maison) ;

3. Les signes **exclus par l'article 6 ter** de la convention de Paris (n° 32403) à défaut d'autorisation des autorités compétentes (CPI art. L 711-2, 6° ; pour une application, CA Paris 11-2-1998 : RDPI n° 90 p. 16, validant une marque reproduisant, avec autorisation des pouvoirs publics français, les couleurs du drapeau français) ;

4. Les signes **contraires à l'ordre public,** ou dont l'usage est légalement interdit (CPI art. L 711-2, 7°), atteinte qui s'apprécie au jour du dépôt de la marque (TGI Nanterre 22-1-2009 : Propr. intell. 2009.190 n° 3 obs. Sabatier) ; cette marque doit être annulée et ne peut pas être revendiquée (Cass. com. 16-12-2014 n° 12-29.157 : RJDA 4/15 n° 316).

Ont été jugés contraires à l'ordre public le signe « Cannabia » pour désigner des boissons, cette dénomination étant visuellement et phonétiquement très proche du terme « cannabis », lui-même étroitement lié dans l'esprit du consommateur d'attention moyenne à l'idée de drogue (CA Paris 18-10-2000 : RJDA 4/01 n° 519 ; dans le même sens, TUE 12-5-2021 aff. 178/20 : D. IP/IT 2021.651 obs. Bourdeau et Martin pour la marque « BavariaWeed », le mot « weed » dans sa signification argotique en anglais renvoyant à une substance psychoactive dont l'usage demeure prohibé dans plusieurs États membres de l'UE), ainsi que l'adoption et l'usage du titre appartenant à une profession réglementée par l'autorité publique, sans en être titulaire (Cass. com. 16-4-2013 n° 12-17.633 : RJDA 10/13 n° 848), et la désignation « Palais de l'Élysée » en raison du risque de confusion avec la résidence du Président de la République (CA Aix 3-7-2014 : Pet. aff. 2014 n° 248 p. 16 note Mouron).

A été jugée contraire aux bonnes mœurs l'exploitation de l'image d'un mannequin au-delà du délai de deux ans admis par les usages de la profession (CA Versailles 17-3-1994 : RJDA 7/94 n° 872 : à propos d'un emblème, mais susceptible d'être transposé à un signe valant marque), et, au regard du règlement de la marque de l'UE 207/2009 (art. 7, 1-f), le signe « Fack Ju Göhte » que le public germanophone de l'UE peut assimiler à l'expression anglaise « Fuck you » assortie du patronyme Goethe, qui est intrinsèquement vulgaire (CJUE 27-2-2020 aff. 240/18 : RJDA 1/21 n° 57, précisant aussi que « la liberté d'expression, consacrée à l'article 11 de la Charte des droits fondamentaux de l'Union européenne, doit (...) être prise en compte lors de l'application de ce refus »).

5. Un signe exclu de l'enregistrement en vertu de la législation nationale, du droit de l'UE ou d'accords internationaux auxquels la France ou l'Union sont parties, qui prévoient la protection des **appellations d'origine** et des **indications géographiques,** des **mentions traditionnelles pour les vins** et des **spécialités traditionnelles garanties** (CPI art. L 711-2, 9° ; sur une application pour violation d'une appellation d'origine, TUE 6-10-2021 aff. 417/20).

6. Une marque consistant en la dénomination d'une **variété végétale** antérieure, enregistrée conformément au livre VI du Code de la propriété intellectuelle, au droit de l'UE ou aux accords internationaux auxquels la France ou l'UE sont parties, qui prévoient la protection des obtentions végétales, ou la reproduisant dans ses éléments essentiels, et qui porte sur des variétés végétales de la même espèce ou d'une espèce étroitement liée (CPI art. L 711-2, 10°).

7. Une marque dont le dépôt a été effectué de **mauvaise foi** par le demandeur (CPI art. L 711-2, 11°).

4. ANNULATION DE LA MARQUE

La marque qui ne répond pas, au jour de son dépôt (CA Paris 15-4-1992 : GP 1993.som.16), aux caractéristiques exposées nos 32411 s. et à la condition du dépôt de bonne foi (no 32500), peut être annulée (CPI art. L 711-2, L 711-3 et L 714-3). 32480

Tout intéressé peut exercer l'action en nullité devant les tribunaux judiciaires lorsque la marque comporte un signe interdit ou illicite (CPI art. L 716-2, I). En revanche, **seul le titulaire d'un droit antérieur** peut demander la nullité d'une marque postérieure à laquelle il oppose son droit antérieur (CPI art. L 716-2, II), s'il a un intérêt à agir ; tel est le cas si sa demande tend à lever une entrave à l'utilisation du signe pour les besoins de son activité économique ou lorsque, poursuivi en contrefaçon d'une marque, il agit en annulation de celle-ci (Cass. com. 7-12-2022 no 20-21.102 : conditions non réalisées en l'espèce).

Ces conditions ne sont pas requises si l'action en nullité est exercée devant l'Inpi sur le fondement des articles L. 711-2, L. 715-4 et L. 715-9 du CPI (cf. CPI, art. L. 716-2), si une demande de déchéance formulée à titre principal est portée devant l'Inpi (CA Paris 28-10-2022, no 21/14713) ou si la demande en nullité concerne une marque de l'UE et est fondée sur un motif absolu de refus de l'enregistrement (CJUE 25-2-2010 aff. 408/08 pt 40).

Mais son action n'est pas recevable contre une marque déposée de bonne foi et dont il a **toléré l'usage pendant cinq ans** (CPI art. L 716-2-8 ; pour un dépôt de mauvaise foi, TGI Libourne 25-11-1999 : D.2000.849 note Kendérian).

La mise en œuvre de cette disposition est ainsi précisée :

– le point de départ du délai de cinq ans est celui du jour de la connaissance par le titulaire du droit antérieur de l'usage de la marque enregistrée, lequel a pu être ignoré dès lors qu'il avait un caractère limité (vente ambulante sur le territoire national) (CA Versailles 3-3-2005 : JCP E 2005.pan.1736), et cet usage ne résulte pas du seul enregistrement de la marque postérieure (Cass. com. 6-4-2022 no 17-28.116 F-B) ;

– le délai de cinq ans est interrompu par l'introduction d'un recours administratif ou juridictionnel dans les cinq ans (CJUE 22-9-2011 aff. 482/09 pt 49) mais ni lorsque le titulaire de la marque antérieure a adressé à l'utilisateur de la marque postérieure une mise en demeure avertissant de son opposition à cet usage, sans pour autant faire le nécessaire afin d'obtenir une solution juridiquement contraignante, ni par l'acte introductif d'instance, quoique déposé avant la date d'expiration du délai, ne remplissant pas, en raison d'un manque de diligence de la partie requérante, les exigences du droit national applicable aux fins de signification et n'ayant été régularisé qu'après cette date pour des motifs imputables à la partie requérante (CJUE 19-5-2022 aff. 466/20). Sur une décision rejetant la lettre recommandée, Cass. com. 8-3-2005 no 356 : RJDA 6/05 no 763 ;

– la forclusion de cinq ans est opposable au titulaire de droit antérieur qui agit en contrefaçon, même s'il n'a pas demandé au préalable la nullité de la marque contrefaisante (Cass. com. 16-2-2010 no 09-12.262 FS-PB : RJDA 7/10 no 789) ;

– lorsque le titulaire de marque antérieure est forclos, il ne peut ni demander la nullité de la marque postérieure, et la cessation de l'usage de celle-ci, ni formuler des demandes annexes ou connexes, telles que des demandes visant à l'octroi de dommages-intérêts, à la fourniture de renseignements ou à la destruction de produits (CJUE 19-5-2022, précité).

Sous réserves de l'irrecevabilité de l'action en nullité pour tolérance d'usage et de l'action en nullité introduite par le titulaire d'une marque notoirement connue au sens de l'article 6 bis de la convention de Paris pour la protection de la propriété industrielle dont il est expressément disposé qu'elle se prescrit par cinq ans, sauf dépôt de mauvaise foi (CPI art. L 716-2-7 ; CA Paris 29-1-2003 : GP 2004.som.651, rejetant l'action pour défaut de preuve de la notoriété de la marque invoquée), l'action en nullité d'une marque n'est soumise à **aucun délai de prescription** (CPI art. L 716-2-6).

La décision d'annulation a un **effet absolu** (CPI art. L 716-2-2), même lorsque la demande a été formée par voie d'exception en défense à une action en contrefaçon (Cass. com. 13-10-2021 no 18-11.805) ; elle doit être publiée au registre national des marques, mais il n'y a pas lieu d'ordonner la radiation du dépôt puisque l'annulation lui fait perdre tout effet, rendant inutile le prononcé d'une radiation (Cass. com. 7-3-1995 : RJDA 6/95 no 783).

B. Dépôt et enregistrement de la marque

DÉPÔT DE LA MARQUE

Droit de déposer La **marque** peut être **déposée par** le demandeur personnellement ou par un mandataire domicilié ou établi en France, dans un État membre de l'UE ou dans un État partie à l'accord sur l'Espace économique européen, ayant la qualité de conseiller en propriété industrielle (CPI art. R 712-2, al. 1 et 2 ; sur le cas d'une pluralité de déposants, CPI art. R 712-2, al. 4). Les déposants 32500 domiciliés à l'étranger, en dehors de l'UE ou d'un État partie à l'accord sur l'Espace économique européen, doivent constituer un mandataire ayant la qualité de conseiller en propriété industrielle (CPI art. R 712-2, al. 3).

La marque peut également être déposée par celui à qui l'usage du signe a été concédé, avec l'accord du concédant (CA Dijon 8-4-1987 : GP 1989.som.201).

Sur les conditions à remplir par le mandat confié à un mandataire qui n'a pas la qualité de conseil en propriété industrielle ou d'avocat (CPI art. R 712-2, al. 5).

La marque ne peut pas valablement être enregistrée si elle est déposée par l'agent ou le représentant de celui qui est titulaire de la marque protégée dans un État partie à l'Union de Paris (n° 32403) si cet agent ou représentant a agi en son propre nom et sans l'autorisation du titulaire, à moins que cet agent ou ce représentant ne justifie sa démarche (CPI art. L 711-3, dern. al.).

Le déposant peut être relevé des déchéances encourues pour inobservation des délais prescrits s'il justifie d'un **empêchement** qui n'est imputable ni à sa volonté, ni à sa faute, ni à sa négligence (CPI art. L 712-10 et R 712-12).

Le dépôt de **mauvaise foi** d'un signe peut entraîner l'annulation de la marque (CPI art. L 711-2, 11° ; pour une application, Cass. com. 1-6-2022 n° 19-17.778 ; sur l'application de la même règle au dépôt d'une marque de l'UE, TUE 28-10-2020 aff. 273/19 : RTD com. 2021.337 obs. Passa : dépôt pour renforcer la protection d'une autre marque ; TUE 21-4-2021 aff. 663/19 : RTD com. 2021.339 obs. Passa : dépôt réitéré dans le but d'échapper à l'obligation de preuve d'usage dans une procédure d'opposition ou en annulation ; TUE 7-9-2022 aff. 627/21 : dépôts successifs dans le seul but d'obtenir, pour son titulaire, une position de blocage sur le marché) ; mais pour un dépôt sans mauvaise foi, la marque invoquée à l'encontre du dépôt n'ayant été ni enregistrée, ni protégée, ni utilisée depuis plus de soixante-quinze ans et ne possédant pas au moment du dépôt de « renommée résiduelle » auprès d'une partie significative du public pertinent, TUE 6-7-2022 aff. 250/21.

Le dépôt est fait de mauvaise foi pas uniquement parce que le déposant connaissait la marque antérieure mais aussi parce qu'il était animé d'une intention déloyale (TUE 7-6-2023 aff. 339/22 : déloyauté non prouvée).

La nullité du **dépôt frauduleux** d'une marque française sur le fondement du principe « fraus omnia corrumpit », n'est pas contraire aux directives 89/104 et 2008/95, même si la décision est antérieure à ces dernières (Cass. com. 17-3-2020 n° 18-19.774 : RJDA 11/21 n° 742).

32501 **Formulation de la demande de dépôt** L'acte de dépôt à l'Inpi **énumère** les produits ou les services que la marque a pour objet d'identifier ainsi que les classes correspondantes (CPI art. R 712-3, 1°-c). Pour satisfaire à cette condition, ces produits ou services doivent être identifiés avec suffisamment de clarté et de précision pour permettre aux autorités compétentes et aux opérateurs économiques, sur cette seule base, de déterminer l'étendue de la protection conférée par la marque.

Les produits et les services sont **classés** conformément au système établi par l'arrangement de Nice concernant la classification internationale des produits et des services aux fins de l'enregistrement des marques du 15 juin 1957. L'utilisation de termes généraux, y compris les indications générales figurant dans les intitulés de classe de la classification de Nice, est interprétée comme incluant tous les produits ou les services relevant clairement du sens littéral de l'indication ou du terme (CPI art. R 712-3-1). Pour plus de détails, décision 2019-157 du directeur général de l'Inpi du 11 décembre 2019, et sur un exemple d'interprétation de la classification de Nice au sujet d'une marque de l'UE, CJUE 16-9-2020 aff. 121/19.

Dans un pays où l'**arrangement de Madrid** (n° 32403) est applicable – ce qui est le cas de la France – cette identification peut être faite en utilisant les **indications générales des intitulés de classes** de la classification visée à l'article 1er de cet arrangement, pour autant que ces indications sont suffisamment claires et précises ; le déposant qui y a recours doit préciser si sa demande vise l'ensemble des produits ou des services répertoriés dans la liste alphabétique de cette classe ou seulement certains de ces produits ou services ; au cas où la demande porterait uniquement sur certains desdits produits ou services, le déposant est obligé de préciser quels produits ou services relevant de ladite classe sont visés (CJUE 19-6-2012 n° 307/10 : RJDA 11/12 n° 1006).

La **brève description** qui accompagne la présentation d'une marque est facultative ; elle ne fixe donc pas la portée de la marque (CA Paris 23-10-1996 : GP 1997.som.248).

En application de ces prescriptions, il a été jugé qu'une simple référence à la tête de chapitre d'une classe ne suffit pas (Cass. com. 23-4-1985 : D. 1986.IR.87 obs. Burst), sauf si la ou les catégories de produits ou de services figurant dans l'intitulé ont un contenu précis et déterminé, quelle que soit leur généralité (CA Paris 16-2-1995 : GP 1995.som.504). Il est toutefois possible d'employer une expression qui désigne les produits ou les services de manière certaine (Cass. com. 13-10-1992 : RJDA 2/93 n° 175).

Tout produit ou service désigné dans l'acte de dépôt est couvert par la marque, peu important que celle-ci ne soit pas en fait utilisée pour un produit ou un service visé (Cass. com. 6-5-1991 : RJDA 8-9/91 n° 770).

Jusqu'au début des préparatifs techniques relatifs à l'enregistrement, le déposant peut modifier ou retirer sa demande dans les conditions des articles R 712-20 et R 712-21 du CPI.

Lieu de dépôt de la demande et date du dépôt La **demande** d'enregistrement est **déposée** au **siège de l'Inpi** ou y est envoyée par pli postal ou par tout mode de télétransmission dans les conditions définies par décision de son directeur général ; le directeur général de l'Inpi peut imposer un dépôt sous forme électronique lorsque cette modalité est de nature à faciliter l'examen et la publication de la demande ; la **date** de dépôt est celle de la réception de la demande au siège de l'Institut (CPI art. R 712-1, al. 1 et 2). **32502**

RECEVABILITÉ DE LA DEMANDE

La régularité de la marque présentée au dépôt peut être l'objet d'appréciations selon les modalités suivantes. **32503**

1. Observations. Pendant le délai de deux mois suivant la publication de la demande d'enregistrement, toute personne peut formuler des observations auprès du directeur de l'Inpi (CPI art. L 712-3 et R 712-9).

2. Droit d'information des collectivités locales sur les demandes d'enregistrement. Toute collectivité territoriale ou tout établissement public de coopération intercommunale peut demander à l'Inpi d'être alerté en cas de dépôt d'une demande d'enregistrement d'une marque contenant sa dénomination, dans des conditions fixées par décret ; il en est de même pour les conseils régionaux, la collectivité territoriale de Corse et les conseils départementaux lorsque le dépôt contient un nom de pays se situant sur leur territoire géographique (CPI art. L 712-2-1). Sur la protection d'une collectivité territoriale, CA Paris 26-6-2018 n° 17/06317 : RTD com. 2018.922.

3. Opposition. Pendant le délai susvisé, opposition à la demande d'enregistrement peut être faite auprès du directeur général de l'Inpi en **cas** d'**atteinte à l'un des droits antérieurs** visés aux n°s 32432 s. en application de l'article L 712-4 du CPI.

Une opposition peut aussi être formée en cas d'**atteinte à une marque protégée dans un État partie à la convention de Paris** (n° 32403) dont l'enregistrement a été demandé par l'agent ou le représentant du titulaire d'une marque protégée dans un État partie à ladite convention, en son propre nom et sans l'autorisation du titulaire, à moins que cet agent ou ce représentant ne justifie sa démarche (CPI art. L 711-3, III sur renvoi de l'art. L 712-4, al. 9).

L'opposition est réputée rejetée si le directeur général de l'Inpi n'a pas statué dans le **délai** de trois mois, qui court à compter de la date de fin de cette phase d'instruction (CPI art. L 712-5, al. 2 et R 712-16-2). Toutefois, ce délai est suspendu dans les conditions fixées par l'article R 712-17 du CPI.

Le déposant peut demander l'**enregistrement** de la marque **nonobstant l'opposition** s'il justifie que cet enregistrement est indispensable à la protection de la marque à l'étranger ; si l'opposition est ultérieurement reconnue fondée, la décision d'enregistrement est rapportée en tout ou en partie (CPI art. L 712-8).

Sur les formes de l'opposition et la procédure à suivre à son sujet, voir les articles R 712-13 s. du CPI, lesquels excluent l'application du Code de procédure civile (Cass. com. 21-10-2014 n° 13-15.489 : RJDA 1/15 n° 54).

4. Contrôle par le directeur général de l'Inpi.

a. Droit de contrôle. Tout dépôt d'une marque individuelle donne lieu à vérification par l'Inpi (CPI art. R 712-10) :

– que la demande d'enregistrement et les pièces qui y sont annexées sont conformes aux prescriptions de la législation et de la réglementation en vigueur ;

– que la marque remplit les conditions exposées aux n°s 32430 à 32480 pour être valablement enregistrée en application des articles L 711-1 et L 711-2, 1° à 10° (pour une application, Cass. com. 10-6-1997 : RJDA 11/97 n° 1426) ;

Seules ces conditions sont à considérer par l'Inpi ; en conséquence, dès lors que la loi du 10 janvier 1991 (relative à la lutte contre le tabagisme) interdisant toute propagande ou publicité, directe ou indirecte, en faveur du tabac n'édicte pas d'interdiction spécifique quant aux choix des signes à déposer en dehors des prescriptions des articles susvisés, elle n'affecte pas dans son existence le droit de propriété d'une marque régulièrement déposée ; elle n'est susceptible de l'affecter que dans son exercice, éventualité que l'Inpi n'a pas à prendre en considération (Cass. crim. 7-1-2014 n° 13-80.073 : LP 2014.138, rejetant toute condamnation de l'Inpi pour enregistrement d'une marque de tabac).

– en cas de demande d'enregistrement de marques de garantie et de marques collectives, que ces marques sont conformes aux dispositions respectives des articles L 715-4 et L 715-9 du CPI.

b. Décision du directeur général de l'Inpi. Lorsque la demande n'a été **ni rejetée ni retirée** (sur le retrait, nº 32501), la marque est enregistrée au registre national des marques et publiée au Bulletin officiel de la propriété industrielle (CPI art. R 712-23 et R 714-2).

Si les **conditions** requises pour la validité de la marque ne sont **pas remplies,** le dépôt est **rejeté** (CPI art. L 712-7). La notification motivée en est faite au déposant, et un délai lui est imparti pour régulariser le dépôt ou contester les objections de l'Institut (CPI art. R 712-11). La décision de rejet peut faire l'objet d'un recours devant les cours d'appel désignées à cet effet (CPI art. L 712-14 et, sur renvoi, art. L 411-4 et R 411-19). Sur le recours contre les décisions du directeur général de l'Inpi, nº 32753.

EFFETS DE L'ENREGISTREMENT DE LA MARQUE

32506 **Appropriation de la marque par le déposant** À condition qu'il n'y ait pas renoncé dans les conditions des articles L 714-2 et R 714-1 du CPI, l'enregistrement confère au déposant un droit de **propriété** sur la marque, à compter de la date de dépôt de la demande pour une période de **dix ans indéfiniment renouvelable** (CPI art. L 712-1 ; sur la date du dépôt, nº 32502).

Le déposant **étranger** qui n'est ni établi ni domicilié en France bénéficie du même droit de propriété que le titulaire d'une marque enregistrée en France, sous réserve des conventions internationales auxquelles la France est partie, à condition qu'il justifie qu'il a régulièrement déposé la marque ou obtenu son enregistrement dans le pays de son domicile ou de son établissement, et que ce pays accorde la réciprocité de la protection aux marques françaises (CPI art. L 712-11).

Le **droit de priorité** prévu par la convention de Paris (nº 32403) est étendu à toute marque préalablement déposée dans un pays étranger ; sous réserve des conventions internationales auxquelles la France est partie, le droit de priorité est subordonné à la reconnaissance par ledit pays du même droit lors du dépôt des marques françaises (CPI art. L 712-12).

L'enregistrement ne produit ses effets qu'à compter de cette date (pour une application au droit d'agir en saisie-contrefaçon, Cass. com. 8-12-1992 : RJDA 3/93 nº 274). La nouvelle période de dix ans court à compter de l'expiration de la précédente (CPI art. L 712-9, al. 3).

Sur les cas d'utilisation licite par les tiers d'une marque déposée, nº 32620.

32509 Le **renouvellement** ne doit comporter ni modification du signe ni extension de la liste des produits ou services ; toute modification du signe ou extension de la liste des produits ou services désignés doit faire l'objet d'un nouveau dépôt (CPI art. L 712-9, al. 1 et 4). Le renouvellement n'est pas soumis au contrôle de régularité exposé au nº 32503 ni à la procédure d'opposition (CPI art. L 712-9, al. 2). Il est opéré et publié selon les modalités et dans les délais fixés par les articles R 712-24 à R 712-24-2 du CPI. Sur la possibilité de relever le demandeur pour inobservation des délais impartis, voir les articles L 712-10 et R 712-12 du CPI.

Le titulaire de la marque est informé par l'Inpi de l'expiration de l'enregistrement, sans que l'Institut puisse être tenu responsable de l'absence de cette information (CPI art. L 712-9, al. 1).

Le renouvellement ne peut être effectué que par celui qui est encore inscrit au registre national des marques même si, à la date du renouvellement, il a cédé sa marque (CA Orléans 19-4-2007 nº 06-1656 : RJDA 3/08 nº 337).

32512 **Épuisement du droit sur la marque** Le droit de propriété sur la marque conféré par le dépôt (nº 32506) ne permet **pas** à son titulaire d'**interdire l'usage** de celle-ci pour des produits qui ont été mis dans le commerce dans l'UE ou l'Espace économique européen sous cette marque par le titulaire ou avec son consentement (CPI art. L 713-4, al. 1 ; Règl. UE 2017/1001 art 15, sur la marque de l'UE ; sur la définition de la mise dans le commerce, CJCE 30-11-2004 aff. 16/03).

Cette mise sur le marché entraîne l'**épuisement** des droits du propriétaire de la marque. La preuve de l'épuisement du droit de marque incombe à celui qui l'allègue (Cass. com. 29-1-2002 : RJDA 6/02 nº 705), qui doit seulement apporter la preuve de l'épuisement, sans avoir à révéler la source de son approvisionnement (Cass. com. 10-11-2015 nº 14-11.479 : RJDA 2/16 nº 158). Il ne peut échapper à cette preuve qu'en démontrant l'existence d'un risque réel de cloisonnement des marchés nationaux (Cass. com. 8-11-2016 nº 15-12.229 F-D : RJDA 2/17 nº 130 ; Cass. com. 3-5-2018 nº 16-21.072 F-D : RTD com. 2018.923 obs. Azéma).

Si le produit marqué, non auparavant commercialisé dans l'Union, est vendu par un opérateur économique au moyen d'une place de marché en ligne et sans le consentement du titulaire de la marque à un consommateur situé sur le territoire couvert par cette marque, ledit titulaire peut s'opposer à cette vente ; il peut aussi s'opposer à l'offre de vente ou de publicité relative à ce produit, les juridictions des États membres devant alors apprécier au cas par cas s'il existe des indices pertinents pour conclure qu'une offre de vente ou une publicité affichée sur une place de marché en ligne accessible sur le territoire susvisé est destinée à des consommateurs situés sur celui-ci (CJUE 12-7-2011 aff. 324/09 : RJDA 3/12 nº 348). Le produit considéré n'est pas mis sur le marché lorsque le titulaire de la marque l'a fourni aux distributeurs agréés en vue de démonstration ou de dons, en petites quantités, aux consommateurs (même arrêt). Il en est de même en cas de distribution d'échantillons gratuits, même revêtus de la marque (Cass. com. 6-12-2023 nº 20-18.653 F-B : RJDA 3/24 nº 192).

Cet épuisement ne se produit pas lorsque le propriétaire de la marque a un **motif légitime** pour s'opposer à la commercialisation pratiquée par le détenteur des produits marqués (n° 32649) ou lorsqu'il a consenti la licence de sa marque déposée en France dans un pays hors de l'UE et que les produits marqués ont été importés en France sans son autorisation (Cass. com. 2-12-1997 : RJDA 4/98 n° 533).

Constitue une contrefaçon le fait de mettre pour la première fois dans le commerce, sous une marque et sans l'autorisation du titulaire de celle-ci, des produits qui ont été régulièrement revêtus de cette marque au stade de la fabrication (Cass. com. 29-1-1999 : RJDA 3/99 n° 353).

L'**étranger** qui n'est ni établi ni domicilié en France bénéficie du même droit de propriété que le titulaire d'une marque enregistrée en France, sous réserve des conventions internationales auxquelles la France est partie, à condition qu'il justifie qu'il a régulièrement déposé la marque ou obtenu son enregistrement dans le pays de son domicile ou de son établissement et que ce pays accorde la réciprocité de la protection aux marques françaises (CPI art. L 712-11). 32515

Le **droit de priorité** prévu par la convention de Paris (n° 32403) est étendu à toute marque préalablement déposée dans un pays étranger ; sous réserve des conventions internationales auxquelles la France est partie, le droit de priorité est subordonné à la reconnaissance par ledit pays du même droit lors du dépôt des marques françaises (CPI art. L 712-12).

Revendication de la propriété de la marque Si un enregistrement a été demandé soit en **fraude** des **droits** d'un **tiers,** soit en violation d'une obligation légale ou conventionnelle, la personne qui estime avoir un droit sur la marque peut revendiquer sa propriété en justice (CPI art. L 712-6, al. 1 ; pour des exemples, Cass. com. 13-2-1996 : RJDA 6/96 n° 850 ; Cass. com. 19-10-1999 : RJDA 11/99 n° 1265 ; Cass. com. 2-2-2016 n° 14-21.338 : RJDA 5/16 n° 402 ; CA Paris 15-12-1993 : RJDA 3/94 n° 352 ; CA Paris 27-1-2021 n° 18/15742 : RJDA 6/21 n° 433). La nullité de la marque s'impose dès lors que la fraude existe (CA Paris 30-3-2018 n° 17/07421). 32518

Le dépôt est frauduleux lorsqu'il est effectué dans l'intention de priver autrui d'un signe nécessaire à son activité (Cass. com. 25-4-2006 n° 514 : RJDA 8-9/06 n° 967 : pour un exemple de connaissance par le déposant de la nécessité pour la victime du dépôt de disposer de la marque pour ses activités ultérieures) ou pour permettre au déposant de se défendre à une action en contrefaçon engagée contre lui en déposant le même signe dans une classe différente (Cass. com. 8-2-2017 n° 14-28.232 FS-PBI : RJDA 5/17 n° 378). Les juges ne peuvent pas écarter le caractère frauduleux du dépôt en se fondant sur l'absence de droit du revendiquant sur le signe litigieux sans rechercher si le dépôt n'avait pas pour objet l'appropriation du signe (Cass. com. 11-1-2017 n° 15-15.750 F-PB : RJDA 4/17 n° 294). Le dépôt n'est pas frauduleux si le déposant ne pouvait pas savoir au moment du dépôt que le signe, utilisé au moment de son dépôt à titre informatif, serait deux ans plus tard déposé comme marque pour désigner un produit identique au sien (Cass. com. 2-11-2011 n° 10-26.201 : RJDA 2/12 n° 216).

À moins que le déposant ne soit de mauvaise foi, l'action en revendication se prescrit par cinq ans à compter de la publication de la demande d'enregistrement (CPI art. L 712-6, al. 2 ; sur l'absence de mauvaise foi : Cass. com. 14-12-2010 n° 09-16.755 : RJDA 4/11 n° 356 ; CA Paris 24-1-2003 : GP 2004.som.653 ; CA Paris 28-3-2007 n° 06-00668 : Propr. intell. 2008.147 obs. Buffet Delmas). Si le dépôt a été fait de mauvaise foi, c'est-à-dire avec l'intention de priver autrui d'un signe nécessaire à son activité, l'auteur de ce dépôt ne peut pas invoquer l'exception de prescription (CA Paris 22-9-2017 n° 16/11450 ; CA Paris 5-5-2004 : GP 2005.som.612).

L'action en revendication n'exclut pas que l'annulation de la marque soit demandée en cas de fraude car un intérêt, indépendant de l'appartenance de la marque, existe au prononcé de l'annulation, le dépôt frauduleux du signe incriminé condamnant son usage (TGI Paris 23-11-2010 : RTD com. 2011.327 obs. Azéma).

Si l'agent ou le représentant titulaire d'une **marque** protégée dans un État partie à la convention de Paris pour la protection industrielle a **enregistré** cette marque en France **sans l'autorisation** du titulaire, ce dernier peut s'opposer à l'usage de la marque par l'agent ou le représentant ou demander la cession de la marque à son profit sauf si l'agent ou le représentant justifie sa démarche. À moins que l'agent ou le représentant ne soit de mauvaise foi, l'action du titulaire se prescrit par cinq ans à compter de la publication de la demande d'enregistrement (CPI art. L 712-6-1).

C. Déchéances de la marque

DÉFAUT D'EXPLOITATION

Délai de cinq ans Afin de supprimer du registre national des marques celles qui ne servent pas et de faciliter le choix de noms distinctifs nouveaux, la marque est déchue s'il n'en a **pas** été fait un **usage** sérieux pendant une période ininterrompue de cinq ans, sans justes motifs (CPI art. L 714-5, al. 1). 32550

Le **délai** de cinq ans **commence à courir** au plus tôt à la date de l'enregistrement de la marque suivant les modalités précisées par un décret en Conseil d'État (CPI art. L 714-5, al. 1).

Au regard de la marque de l'UE, c'est à la date d'introduction de la demande en déchéance que doit être apprécié si la période ininterrompue de cinq ans est arrivée à son terme (CJUE 17-12-2020 aff. 607/19 : RJDA 7/21 n° 531).

Le renouvellement du dépôt ne fait pas courir un nouveau délai de cinq ans (CA Paris 26-2-1997 : GP 1997.som.253).

32553 **Auteur de l'exploitation** La marque est généralement exploitée par son titulaire. Mais l'exploitation peut être le fait d'un **tiers,** par exemple un licencié ou même toute personne **agissant avec l'accord du titulaire** de la marque (CPI art. L 714-5, al. 2-1°; CA Paris 27-9-1976 : Ann. propr. ind. 1976.249 ; CA Versailles 27-5-1987 : GP 1987.som.478, estimant que la société qui exploite une marque dispose nécessairement de l'accord exprès du propriétaire de la marque dès lors que ce dernier est le président-directeur général de cette société ; CA Paris 18-2-2005 : GP 2006.som.553, admettant un accord implicite ; CA Paris 15 juin 2001 : D. 2003.som.130 obs. Durrande, pour une absence d'accord implicite).

32556 **Défaut d'exploitation** L'**usage** de la marque doit être **sérieux** (CPI art. L 714-5, al. 1).

L'usage sérieux suppose que la marque soit utilisée :

– de façon effective, ce qui est le cas du fait d'avoir confié à deux sociétés la réalisation d'une gamme de produits et de valisettes de présentation dont un certain nombre avait été mis à la disposition du public, d'avoir pressenti d'autres fournisseurs et d'avoir fait paraître plusieurs articles dans la presse, ce dont il résultait que le titulaire de la marque avait fait fabriquer des produits portant la marque litigieuse en nombre important en vue de les commercialiser (Cass. com. 21-6-1994 : RJDA 11/94 n° 1232) et ce qui est également le cas de la seule et simple mention, sur des factures comportant une adresse en France, des noms de produits relevant d'une ligne de produits dite « Femme » (CA Paris 22-11-2000 : GP 2001.som.1342) ;

– pour les produits ou services désignés dans le dépôt (Cass. com. 8-7-1997 : RJDA 11/97 n° 1428 ; dans le même sens à propos d'une marque de l'UE, TUE 6-7-2022 aff. 478/21, analysant méthodiquement le sens à donner à la désignation des produits ou services visés au dépôt pour conclure à l'absence d'usage sérieux pour la majorité d'entre eux) ;

– pour singulariser ces produits ou services sur le marché considéré en fonction de leur nature (Cass. com. 21-10-2008 n° 07-16.749 : RJDA 2/09 n° 146), notamment en cherchant à y conquérir des parts de marché (CA Paris 28-1-2009 : GP 2009.som.1449) ;

– de manière distincte, ce qui est le cas lorsqu'elle apparaît clairement sous une marque dominante ; ainsi l'usage du signe « GABRIELLE » en association avec la marque ombrelle « Chanel », écrite sur une ligne différente en caractères distincts, permettait de conserver les droits sur la marque « GABRIELLE » attaquée (CA Aix 18-11-2021 : D. IP/IT 2022.332 obs. Hegedüs) ;

– sous la forme, si la marque est complexe, du signe remplissant sa fonction d'identification d'origine (CJUE 18-4-2013 aff. C-12/12 : GP 2013.som.2415 note Marino).

En revanche, a été rejeté l'usage non destiné à créer ou à conserver un débouché pour les produits ou services désignés au dépôt, à caractère symbolique ayant pour seul objet le maintien des droits conférés par la marque (CJCE 11-3-2003 aff. 40/01 : RJDA 6/03 n° 661 ; dans le même sens, Cass. com. 8-7-1997 : RJDA 11/97 n° 1428 ; Cass. com. 30-11-2004 n° 1711 : RJDA 4/05 n° 471, rejetant une simple mention de la marque sur les documents publicitaires ; CJCE 15-1-2009 aff. C-495/07 : RJDA 4/09 n° 391, rejetant l'apposition de la marque sur des objets offerts gratuitement) ou l'usage à titre d'enseigne ou de dénomination sociale (CA Paris 6-7-2022 n° 20/13811).

De même, a été rejeté l'usage par un autre que le propriétaire de la marque pour des produits ne correspondant pas exactement à ceux visés dans le dépôt (Cass. com. 11-1-2017 n° 15-17.332 FS-PB : RJDA 4/17 n° 295).

Est notamment **assimilé** à un usage sérieux de la marque l'usage fait par le titulaire de celle-ci ou avec son consentement sous une forme modifiée n'en altérant pas le caractère distinctif, que la marque soit ou non enregistrée au nom du titulaire sous la forme utilisée, ainsi que l'apposition de la marque, par le titulaire de celle-ci ou avec son consentement, sur des produits ou leur conditionnement exclusivement en vue de l'exportation (CPI art. L 714-5, al. 2-3° et 4° ; CJUE 25-10-2012 aff. 553/11 : JCP G 2013 n° 39-1001 § 13 obs. Caron ; Cass. com. 3-6-2014 n° 13-17.769 : RJDA 12/14 n° 944 ; pour des exemples d'une utilisation sauvegardant le caractère distinctif de la marque : Cass. com. 27-5-1997 : RJDA 11/97 n° 1427 ; CA Paris 6-7-1993 : RDPI 1994 n° 55 p. 54 ; CA Douai 13-6-1994 : RDPI 1995 n° 61 p. 55 ; TUE 10-11-2021 aff. 353/20). Mais il n'est pas possible d'invoquer l'exploitation d'un signe pour justifier de l'exploitation d'un signe voisin (CJCE 13-9-2007 aff. 234/06 : Rec. I-7367 ; contra Cass. com. 14-3-2006 n° 369 : RJDA 7/06 n° 840) ni l'exploitation du signe pour certains des produits désignés dans le dépôt pour justifier de son exploitation au regard de tout autre produit désigné dans le dépôt, même similaire, non effectivement exploité sous le signe (Cass. com. 21-1-2004 n° 172 : RJDA 6/04 n° 762).

N'est pas assimilé à un usage sérieux l'emploi de la marque à titre d'**enseigne** (CA Paris 6-9-2000 : RDPI 2001 n° 119 p. 33) ou de nom commercial (Cass. com. 21-1-1997 : RDPI 1997 n° 72 p. 64 ; contra CA Toulouse 27-1-1992 : RDPI 1993 n° 46 p. 50).

L'usage qui répond aux caractéristiques susvisées n'est susceptible d'écarter la déchéance de la marque qu'aux conditions suivantes :

– l'**usage,** sans être nécessairement continu et régulier (Avis C. cass. 2-5-1994 : RJDA 7/94 n° 877), ne doit **pas** être **accidentel** car il n'y a pas alors intégration dans le circuit commercial ; il en est ainsi en cas d'une seule importation de quelques produits marqués (CA Paris 2-7-1975 : Ann. propr. ind. 1976.57), d'exposition du produit revêtu de la marque lors d'un salon professionnel (TGI Paris 10-1-1978 : GP TT 1977-1979 V° Marques n° 94) ou d'achat du produit marqué chez un détaillant (CA Paris 23-1-1976 : Ann. propr. ind. 1978.57) ;

– l'usage doit avoir lieu sur le **territoire français** (TGI Marseille 8-6-1985 : D. 1987.IR.58 obs. Burst) ; il peut résulter d'actes illicites, susceptibles d'être sanctionnés par l'action en contrefaçon (CA Paris 22-3-1994 : D. 1994.IR.115) ;

Le lieu de la fourniture des services ne se confond pas nécessairement avec le lieu d'usage de la marque (TUE 13-7-2022 aff. 768/20).

– l'usage ne doit pas, s'il est **commencé ou repris après** la période de cinq ans caractérisant le défaut d'exploitation, avoir été entrepris dans les **trois mois** précédant la demande de déchéance et après que le propriétaire a eu connaissance de l'éventualité de cette demande (CPI art. L 714-5, al. 4) ; ce délai court à compter de la demande de déchéance (Cass. com. 31-1-2018 n° 16-10.761) ;

– l'usage doit être **prouvé par le propriétaire** de la marque contestée ; cette preuve peut être apportée par tous moyens (CPI art. L 714-5, al. 5 ; pour des exemples, CA Paris 3-11-1993 : GP 1993.533 ; Cass. com. 19-10-2022 n° 20-12.574 F-D) ;

– en cas de **dépôt de plusieurs marques déclinant le même signe,** par le même déposant, celui-ci doit rapporter la preuve de l'usage sérieux qu'il a fait de chacune d'elles, car il y a lieu de considérer qu'il a entendu les distinguer (Cass. com. 16-2-2010 n° 08-21.079 : D. 2012.1368.som. obs. Durrande).

Mais l'usage est sérieux lorsque la même dénomination est utilisée pour rassembler sous ce seul nom un panel de produits portant eux-mêmes des marques distinctes (Cass. com. 20-9-2016 n° 14-28.356 F-D : RJDA 2/17 n° 129).

– l'usage du signe en cause doit être **caractérisé par le juge** ; ainsi, les juges du fond ne peuvent pas se limiter à établir l'usage d'une mention, en l'espèce « comptoir de l'apéritif », sur des produits sur lesquels figure un autre signe verbal, sans caractériser l'exploitation du signe « comptoir de l'apéritif » à titre de marque auprès des consommateurs finaux (Cass. com. 16-11-2022 n° 21-18.986) ;

– le signe doit être **utilisé d'une manière qui attire particulièrement l'attention du consommateur**, de sorte qu'à défaut il n'a pas été utilisé en tant que marque, c'est-à-dire conformément à sa fonction essentielle, qui est de donner une indication de l'origine commerciale des produits concernés (TUE 8-6-2022 aff. 26/21 à 28/21).

Demande de déchéance Toute personne intéressée peut demander la déchéance de la marque en justice (CPI art. L 716-3, al. 1), pourvu qu'elle y ait intérêt. 32559

Y a intérêt celui dont la demande tend à lever une entrave à l'utilisation du signe dans le cadre de son activité économique (Cass. com. 14-1-2003 n° 94 : D. 2003. som.2693 obs. Durrande ; Cass. com. 18-5-2010 n° 09-65.072 : RJDA 8-9/10 n° 888 ; CA Paris 12-3-1992 : GP 1993.som.355 ; pour un refus, CA Paris 7-1-1993 : GP 1993.som.353).

N'y a pas intérêt celui qui agit contre une marque qui ne présente aucun point de similitude avec sa marque antérieure et qui ne prétend pas que cette marque porte atteinte à ses droits (CA Paris 12-12-2012 n° 11/10084).

Si la demande ne porte que sur une partie des produits ou services visés dans l'enregistrement, la déchéance ne s'étend qu'aux produits ou services concernés (CPI art. L 714-5, al. 3).

Justes motifs Le défaut d'exploitation n'entraîne pas la déchéance de la marque si le propriétaire de celle-ci peut le justifier par de justes motifs (CPI art. L 714-5, al. 1). 32562

Les solutions rendues sous l'empire de la loi du 31 décembre 1964 qui requérait une « excuse légitime » sont, à notre avis, transposables à la nouvelle disposition visant les « justes motifs », ceux-ci ne pouvant impliquer des exigences plus fortes que celle-là (en ce sens, voir en matière de révocation du gérant de SARL les exigences plus rigoureuses attachées à la cause légitime qu'aux justes motifs, MSC n° 31157).

Il avait été jugé que constituaient une excuse légitime :

– l'existence d'une loi interdisant l'exploitation du produit marqué (CA Toulouse 23-6-1975 : GP 1975.2.792 note Calvo et Morelle) ;

– l'existence d'une contrefaçon et le risque de confusion qui pouvait naître de la coexistence de deux spécialités pharmaceutiques portant le même nom (CA Paris 29-6-1972 : Ann. propr. ind. 1972.168) ;

– l'interdiction d'exploiter la marque résultant d'un engagement de licence à l'égard de celui qui a introduit l'action en déchéance (CA Paris 31-1-1979 : Ann. propr. ind. 1980.63) ;

N'a en revanche pas été tenu pour un juste motif l'ouverture d'une procédure collective (CA Paris 9-4-2021 n° 19/17373).

Mais le titulaire de la marque ne peut pas se prévaloir d'un empêchement lorsqu'il n'a jamais manifesté son intention de faire usage de sa marque (CA Riom 6-5-1974 : GP 1975.1.45 note Pochon ; CA Paris 30-1-2002 : Propr. intell. 2003.215 obs. Buffet Delmas).

32565 **Effets de la déchéance** La décision de justice prononçant la déchéance des droits du titulaire sur la marque doit être inscrite au registre national des marques ; la déchéance est alors opposable à tous (CPI art. L 714-7, al. 1 et 2).

La déchéance prend effet à la date de la demande ou, sur requête d'une partie, à la date à laquelle est survenu un motif de déchéance ; elle a un effet absolu (CPI L 716-3, dern. al.).

La notoriété d'une marque ne lui permettant pas de bénéficier d'une protection s'étendant à tous les produits et services, la déchéance partielle d'une **marque notoire** peut être prononcée pour les produits et services des classes pour lesquelles la marque n'a pas été utilisée (Cass. com. 7-3-1995 : RJDA 7/95 n° 913).

Le titulaire de la marque ne peut donc pas invoquer la contrefaçon de la marque déchue (CA Paris 6-7-2022 n° 20/13811) mais il conserve le droit de réclamer l'indemnisation du préjudice subi en raison de l'usage, par un tiers, antérieurement à la date d'effet de la déchéance, du signe similaire pour des produits ou des services identiques ou similaires prêtant à confusion avec sa marque (CJUE 26-3-2020 aff. 622/18 ; Cass. com. 4-11-2020 n° 16-28.281 FS-PB).

PERTE DU CARACTÈRE PROTÉGEABLE

32570 Le titulaire d'une marque est déchu de ses droits lorsque la marque est devenue, de son fait (CPI art. L 714-6) :

a. la **désignation usuelle** dans le commerce du produit ou du service ; tel n'est pas le cas du propriétaire qui s'est toujours opposé à l'usage généralisé de sa marque (CA Paris 24-10-1994 n° 94/16405 : GP 1995.som.50) ni de celui, bien qu'il ne justifie que d'une seule action en contrefaçon, dont la marque, « Perfecto », s'est vulgarisée dans le public au point de désigner dans le langage courant un blouson en cuir pour motard, car il ne faut pas confondre notoriété de la marque et dégénérescence du signe (CA Paris 14-11-1995 : RDPI 1996 n° 63 p. 42) ;

Pour considérer que la marque est devenue usuelle, il doit être pris en compte la perception des utilisateurs finaux et celle de l'ensemble des professionnels qui interviennent dans la commercialisation (TUE 8-11-2018 aff. 718/16 ; cf. TUE 6-7-2022 aff. 246/20).

b. propre à **induire en erreur,** notamment sur la nature, la qualité ou la provenance géographique du produit ou du service ; tel est le cas d'une marque patronymique liée à la personnalité de son titulaire qui est devenue déceptive du fait d'un changement dans les conditions de l'exploitation de la marque qui ne présente plus pour le consommateur la garantie du lien entre la marque et son propriétaire, celui-ci ayant été licencié par la société exploitant ladite marque (CA Paris 15-12-2004 n° 04-20120 : D. 2005.772 obs. Allaeys).

D. Protection de la marque

32575 La marque est protégée contre toute atteinte portée au droit du propriétaire, selon les distinctions ci-après.

1. INTERDICTION DE LA CONTREFAÇON

RÉGIME DE LA CONTREFAÇON

32600 La contrefaçon est, **au plan civil,** l'atteinte aux droits attachés à la marque tenant à la violation des interdictions prévues aux articles L 713-2 à L 713-3-3 et à l'article L 713-4, al. 2 du CPI, dont le contenu est exposé nos 32620 s.

La contrefaçon, **au plan pénal,** est l'atteinte aux mêmes droits constituée par la violation des articles L 716-9 à L 716-11 du CPI, dont le contenu est exposé au n° 32640.

La contrefaçon des marques étant largement pratiquée, la législation arrête les caractéristiques de la marque protégée, facilite sa preuve, organise sa prévention, détermine l'usage répréhensible dont elle est l'objet et les sanctions civiles et pénales encourues par leurs auteurs, dans les conditions ci-après successivement présentées.

MARQUE PROTÉGÉE CONTRE LA CONTREFAÇON

32603 La marque qui peut être protégée contre la contrefaçon est seulement celle qui remplit les conditions de validité qui sont exposées aux nos 32430 à 32480.

Cette marque est protégée de la contrefaçon :

– telle qu'elle a été **déposée** et non telle qu'elle est utilisée par son titulaire (CA Paris 16-2-1995 : GP 1995.som.504 ; CA Paris 20-2-2002 : LP 2002.I.137 : CA Paris 7-9-2005 : LP 2005.I.160) ;

– **indépendamment** de l'appréciation de la nécessité de tenir le signe qui la caractérise disponible au motif qu'il serait descriptif ou nécessaire (nos 32466 s.), en l'espèce trois bandes verticales parallèles de largeur égale, car cette appréciation n'est pas en cause lors de l'appréciation de l'étendue du droit exclusif du titulaire d'une marque qui dénonce sa contrefaçon (CJCE 10-4-2008 aff. 102/07) ;

– contre les faits et actes d'exploitation de la marque qui sont situés sur le **territoire français** ; tel n'est pas le cas lorsque la marque, ici la dénomination « Crunch », est seulement mentionnée dans un site internet accessible en France, exclusivement rédigé en anglais et ouvert dans un pays tiers par une société de nationalité étrangère (TGI Paris 28-3-2003 : JCP E 2003.1554 note Singh) ;

À notre avis, une action en contrefaçon engagée par le titulaire d'une marque renommée contre une utilisation virtuelle de cette marque sur une plateforme internet métavers (n° 30967) est recevable dès lors que cette utilisation est accessible en France, par transposition de la solution relative à la compétence des juridictions françaises contre les diffusions via internet (n° 72133).

– contre les **faits qui sont postérieurs** à la date du dépôt de la demande la concernant ; elle n'est pas protégée contre les faits antérieurs à cette date sous réserve de la possible protection de ceux qui sont postérieurs à la notification faite au présumé contrefacteur d'une copie de la demande d'enregistrement de la marque pour lesquels le tribunal qui en est saisi doit surseoir à statuer jusqu'à la publication de l'enregistrement (CPI art. L 716-4-1) ;

– contre les **faits commis avant la perte du droit de propriété** de la marque, alors même que l'ancien propriétaire a renoncé tacitement à la protection de la marque en ne procédant pas à son renouvellement, pourvu, bien entendu, que l'action en contrefaçon ne soit pas prescrite (Cass. com. 2-6-1992 : RJDA 7/92 n° 774).

– même si la marque n'est **pas exploitée,** son titulaire pouvant, pendant la période de cinq ans (n° 32550), en cas de risque de confusion, interdire aux tiers de faire usage, dans la vie des affaires, d'un signe identique ou similaire à sa marque pour tous les produits et les services identiques ou similaires à ceux pour lesquels cette marque a été enregistrée, sans devoir démontrer un usage sérieux de ladite marque pour ces produits ou ces services (CJUE 21-12-2016 aff. 654/15 : JCP G 2017 n° 10-253 note Passa) ;

– en tant que **marque complexe** formant un tout indivisible distinctif, par rapport à un de ses composants argué de contrefaçon (Cass. com. 2-12-1974 : Ann. prop. ind. 1975.88 : marque « EAU DE ROCHE » par rapport à la marque « ROCHE »).

Réciproquement, la marque ne formant pas un tout indivisible n'est pas distinctive et peut être arguée de contrefaçon de la marque formée de l'un de ses composants (CA Paris 3-11-1994 : GP 1995.som.507 : marque reproduisant à l'identique l'écusson qui figure dans une autre marque surmonté du nom « CARVEN », le fait d'avoir disposé sous l'écusson deux cannes de golf entrecroisées étant une adjonction insuffisante à former un tout indivisible).

PRÉCONSTITUTION DE LA PREUVE DE LA CONTREFAÇON : SAISIE-CONTREFAÇON

Toute personne ayant qualité pour agir en contrefaçon est en droit de faire procéder en tout lieu 32606
et par tous huissiers (ou commissaires de justice), le cas échéant assistés d'experts désignés par le demandeur, en vertu d'une ordonnance rendue sur requête par le président de la juridiction civile compétente au fond, soit à la **description détaillée,** avec ou sans prélèvement d'échantillons, soit à la **saisie réelle des produits ou services** prétendus contrefaisants ainsi que de tout document s'y rapportant (CPI art. L 716-4-7, al. 2 et R 722-2).

La saisie-contrefaçon peut être menée en cours d'instance aux fins de rechercher des éléments concernant la preuve de l'étendue de la contrefaçon et du préjudice (CA Paris 29-6-2021 n° 20/15507).

Le réquerant doit faire preuve de loyauté dans l'exposé des faits au soutien de sa requête en saisie-contrefaçon afin de permettre au juge d'autoriser une mesure proportionnée (Cass. com. 6-12-2023 n° 22-11.071 FS-B : RJDA 3/24 n° 193).

Pour un exemple de saisie abusive, CA Paris 19-6-1990 : RDPI 1990 n° 32 p. 49.

La juridiction peut ordonner, aux mêmes fins probatoires, la description détaillée ou la saisie réelle des **matériels et instruments utilisés pour** fabriquer ou distribuer les produits ou fournir les services prétendus contrefaisants (CPI art. L 716-4-7, al. 3).

Elle peut subordonner l'exécution des mesures qu'elle ordonne à la constitution par le demandeur de **garanties** destinées à assurer l'indemnisation éventuelle du défendeur si l'action en contrefaçon est ultérieurement jugée non fondée ou la saisie annulée (CPI art. L 716-4-7, al. 4).

Le demandeur de la saisie doit se pourvoir au fond, par la voie civile ou pénale, sous peine de **nullité** de l'intégralité de la saisie, y compris la description, à la demande du saisi, sans que celui-ci ait à motiver sa demande et sans préjudice des dommages-intérêts qui peuvent être réclamés (CPI art. L 716-4-7, al. 5). Le délai pour se pourvoir au fond est de vingt jours ouvrables ou de trente et un jours civils si ce délai est plus long, à compter du jour où est intervenue la saisie ou la description (CPI art. R 716-18).

Les actes de contrefaçon peuvent aussi être constatés par les agents de la concurrence, de la consommation et de la répression des fraudes (C. consom. art. L 511-13, 3°).

PRÉVENTION DE LA CONTREFAÇON

32609 **Retenue en douane** En dehors des cas prévus par la réglementation communautaire en vigueur, devenue de l'UE, le titulaire d'une marque enregistrée ou le bénéficiaire d'un droit exclusif d'exploitation peut demander, par un écrit assorti des justifications de son droit, à l'administration des douanes de retenir, dans le cadre de ses contrôles, les marchandises dont il prétend qu'elles constituent une contrefaçon de sa marque (CPI art. L 716-8 s. ; sur des applications de cette législation : Cass. com. 7-3-2018 n° 16-24.851 F-PB : RJDA 6/18 n° 539 ; Cass. com. 18-12-2019 n° 18-10.272 FS-PB).

Les modalités de la retenue en douane sont fixées par l'article R 335-10 du CPI sur renvoi de l'article R 716-20 du CPI et par l'arrêté du 29 juin 2015.

Sur l'action des douanes pour lutter contre la contrefaçon, règlement UE 608/2013 du 12 juin 2013 applicable depuis le 1er janvier 2014.

32612 **Mesures préventives contre une atteinte imminente** Toute personne ayant qualité pour agir en contrefaçon peut saisir en référé la juridiction civile compétente afin de voir ordonner, au besoin sous astreinte, à l'encontre du prétendu contrefacteur ou des intermédiaires dont il utilise les services, **toute mesure destinée à prévenir une atteinte imminente** aux droits conférés par le titre ou à empêcher la poursuite d'actes argués de contrefaçon ; la juridiction civile compétente peut également ordonner toutes mesures urgentes sur requête lorsque les circonstances exigent que ces mesures ne soient pas prises contradictoirement, notamment lorsque tout retard serait de nature à causer un préjudice irréparable au demandeur ; saisie en référé ou sur requête, la juridiction ne peut ordonner les mesures demandées que si les éléments de preuve, raisonnablement accessibles au demandeur, rendent vraisemblable qu'il est porté atteinte à ses droits ou qu'une telle atteinte est imminente (CPI art. L 716-4-6, al. 1 ; Cass. com. 6-5-2014 n° 13-11.976 : RJDA 11/14 n° 873 : mesure valablement ordonnée sur requête, l'urgence ayant été relevée par les juges du fond). Sur la juridiction civile compétente, n° 32700.

L'interdiction d'user de la marque peut être faite au tiers titulaire d'une marque postérieure, sans qu'il soit nécessaire que la nullité de cette dernière marque soit déclarée au préalable (CJUE 10-3-2015 aff. 491/14).

Il est aussi possible d'obtenir le blocage d'un site internet sur le fondement de la loi 2004-575 (n° 20050) (TJ Paris 8-1-2020 n° 18/58624 : D. IP/IT 2020.259 obs. Maréchal Pollaud-Dulian).

32614 **Interdiction provisoire de la poursuite des faits argués de contrefaçon** La juridiction peut aussi **interdire la poursuite** des actes argués de contrefaçon, la subordonner à la constitution de garanties destinées à assurer l'indemnisation éventuelle du demandeur ou ordonner la saisie ou la remise entre les mains d'un tiers des produits soupçonnés de porter atteinte aux droits conférés par le titre pour empêcher leur introduction ou leur circulation dans les circuits commerciaux ; si le demandeur justifie de circonstances de nature à compromettre le recouvrement des dommages-intérêts, la juridiction peut ordonner la saisie conservatoire des biens mobiliers et immobiliers du prétendu contrefacteur, y compris le blocage de ses comptes bancaires et autres avoirs, conformément au droit commun ; pour déterminer les biens susceptibles de faire l'objet de la saisie, elle peut ordonner la communication des documents bancaires, financiers, comptables ou commerciaux, ou l'accès aux informations pertinentes (CPI art. L 716-4-6, al. 2).

Sous l'empire du texte antérieur prévoyant aussi une faculté d'imposer une interdiction des actes incriminés, les solutions suivantes ont été appliquées : pour des refus d'interdiction, Cass. com. 26-1-1999 : RJDA 3/99 n° 354 ; CA Paris 14-2-1996 : RDPI 1996 n° 65 p. 49 ; pour l'exequatur d'une décision étrangère ayant prononcé l'interdiction, CA Versailles 25-1-1989 : Dossiers Brevets 1996.I.2 ; pour une application de l'interdiction à l'utilisation d'une marque comme nom de domaine sur le réseau internet, TGI Bordeaux réf. 22-7-1996 : GP 1997.245 note Rojinsky et, dans le même sens, TGI Paris 4-8-1997 : JCP E 1997.pan.1022 ; TGI Draguignan 21-8-1997 : LP 1997.I.133 ; TGI Nanterre réf. 16-9-1999 : D 1999 AJ 81 ; pour une interdiction d'usage même au-delà du secteur d'activité où la marque était protégée, Cass. com. 30-6-1998 : RJDA 11/98 n° 1307 et voir aussi TGI Paris 22-2-1999 : RJDA 5/99 n° 547, mais contra Commission de gestion internet 5-10-2000 : D 2001.376 note Manara, faisant une stricte application de la spécialité de la marque.

L'ordonnance qui accueille la demande prescrit des mesures provisoires pour le cours de l'instance et des mesures conservatoires, et elle est en conséquence exécutoire de droit à titre provisoire (Cass. com. 8-4-2008 n° 06-22.152 : Bull. civ. IV n° 81).

Allocation d'une indemnité provisionnelle La juridiction compétente peut encore accorder au demandeur une **provision** lorsque l'existence de son préjudice n'est pas sérieusement contestable (CPI art. L 716-4-6, al. 3). 32616

Garantie Saisie en référé ou sur requête, la juridiction peut subordonner l'exécution des mesures qu'elle ordonne à la constitution par le demandeur de **garanties** destinées à assurer l'indemnisation éventuelle du défendeur si l'action en contrefaçon est ultérieurement jugée non fondée ou les mesures annulées (CPI art. L 716-4-6, al. 4). 32618

Engagement d'une action au fond Lorsque les mesures prises pour faire cesser une atteinte aux droits sont ordonnées avant l'engagement d'une action **au fond,** le demandeur doit se pourvoir, soit par la voie civile ou pénale, soit déposer une plainte auprès du procureur de la République, dans un délai de vingt jours ouvrables ou de trente et un jours civils si ce délai est plus long, à compter de la date de l'ordonnance (CPI art. L 716-4-6, al. 5 et R 716-15) ; à défaut, sur demande du défendeur et sans que celui-ci ait à motiver sa demande, les mesures ordonnées sont annulées, sans préjudice des dommages-intérêts qui peuvent être réclamés (CPI art. L 716-4-6, al. 5). 32619

La seule indication de la date de la mise en délibéré de l'ordonnance, dans les conclusions des intimés devant la cour, ne prouve pas qu'ils avaient été effectivement informés par le président, le jour de la clôture des débats, de la date à laquelle l'ordonnance serait rendue (Cass. com. 18-5-2010 n° 09-12.927 : RJDA 8-9/10 n° 889).

Sur la date où le tribunal est réputé saisi au fond, n° 31636, solution transposable en raison de l'identité des textes.

USAGE RÉPRÉHENSIBLE DE LA MARQUE

Existence de l'usage d'une marque **1.** L'usage doit être fait **à titre de marque dans la vie des affaires.** 32620

L'usage, dont il avait été jugé qu'il résultait du seul dépôt d'un signe déjà enregistré (Cass. com. 21-6-1994 : RJDA 11/94 n° 1232), suppose désormais des actes d'exploitation des produits marqués et portant atteinte, ou susceptibles de porter atteinte, à la fonction essentielle de la marque, qui est de garantir aux consommateurs la provenance du produit ou du service (CJUE 3-3-2016 aff. 179/15 ; Cass. com. 13-10-2021 n° 19-20.504 FS-B : RJDA 8-9/22 n° 525 ; Cass. com. 13-10-2021 n° 19-20.959 FS-D : D. IP/IT 2022.148 obs. Hegedüs).

C'est le cas lorsque les produits sur lesquels est, sans le consentement de son titulaire, apposée une marque :

– sont formellement désignés, les termes qui suivent cette désignation n'étant que purement descriptifs (Cass. com. 7-5-2019 n° 17-19.232 D : RTD com. 2019.889 obs. Passa) ;

– manifestement non destinés à l'usage privé, ont été expédiés depuis un pays tiers à un correspondant n'exerçant pas une activité commerciale à titre professionnel, mais qui les a réceptionnés, puis les a mis en libre pratique dans un État membre de l'UE et les a conservés (CJUE 30-4-2020 aff. 772/18).

En revanche, ce n'est **pas** le cas de l'emploi :

– du nom d'un club de football pour des paris en ligne (CA Paris 11-12-2009 : JCP E 2010.1404 note Fontaine) ;

– du nom d'une marque à titre de mots-clés par un moteur de recherche (CJUE 23-3-2010 aff. 236/08 : RJDA 7/10 n° 788 ; Cass. com. 25-9-2012 n° 11-18.110 : RJDA 4/13 n° 367 ; Cass. com. 20-1-2015 n° 11-28.567 FS-PB : RJDA 10/15 n° 715), à moins qu'il n'existe un risque de confusion (Cass. com. 29-9-2015 n° 14-14.572 FS-PB) ou une atteinte aux fonctions de la marque (CA Versailles 28-2-2017 n° 16/01251 : D. 2017.2396 obs. Larrieu) ;

– d'une marque dans un message publicitaire, sauf si cet usage est susceptible de porter atteinte à l'une des fonctions de la marque (CJUE 22-9-2011 aff. 323/09 : JCP E 2012.1058 note Bourgeois) ;

– de signes identiques ou similaires à des marques dans les offres de vente sur le site de l'exploitant d'une place de marché en ligne (CJUE 12-7-2011 aff. 324/09 : JCP E 2012.1058 note Bourgeois) ;

– de la marque dont le signe est noyé dans une suite de mots et n'a jamais été apposé sur les produits (Cass. com. 7-5-2019 n° 17-13.602 D : RJDA 4/20 n° 247) ;

– de produits marqués, leur entreposage et leur transport par une entreprise, dès lors qu'ils sont vendus par des tiers, car l'usage de la marque doit avoir pour finalité, comme c'est le cas du vendeur, d'offrir les produits à la vente ou de les mettre dans le commerce (CJUE 2-4-2020 aff. 567/18 : RTD eur. 2021.1000 obs. Treppoz : au sujet d'une marque de l'UE, mais transposable, la finalité de la marque étant identique en législation française).

En outre, les actes d'exploitation doivent tendre à l'obtention d'un **avantage** direct ou indirect de nature économique (Cass. com. 10-5-2011 n° 10-18.173 : RJDA 8-9/11 n° 742) et être accomplis sur le territoire français (CA Paris 27-9-2006 n° 04-20185 : JCP G 2007.II.10089 note Chabert).

Il a été jugé que l'usage n'existait donc pas lorsque les produits contrefaisants destinés à un État membre de l'UE étaient en transit sur le territoire français (Cass. com. 31-3-2004 nº 622 : RJDA 8-9/04 nº 1061), peu important que la marchandise destinée à un tel État provienne d'un État associé ou d'un État tiers ou encore qu'elle ait été fabriquée dans le pays d'origine, légalement ou en violation d'un droit de marque du titulaire en vigueur dans ledit pays (CJCE 9-11-2006 aff. 281/05 : JCP E 2006.pan.2708 ; Cass. com. 10-7-2007 nº 05-18.571 : RJDA 1/08 nº 90) ; il a également été jugé que des marchandises litigieuses provenant d'un État tiers à l'UE ne sauraient être qualifiées de « marchandises de contrefaçon » en raison du seul fait qu'elles sont introduites sur le territoire douanier de l'UE sous un régime suspensif à moins de prouver que ces marchandises sont destinées à une mise en vente dans l'UE (CJUE 1-12-2011 aff. 446/09 et 495/09). Cependant, en vertu du nouvel article L 713-3-2 du CPI, est désormais interdite l'introduction sur le territoire national, dans la vie des affaires, de produits, sans qu'ils y soient mis en libre pratique, lorsque ces produits, conditionnement inclus, proviennent de pays tiers et sont, sans autorisation du titulaire, revêtus d'un signe identique à la marque enregistrée pour ces produits ou d'un signe qui ne peut en être distingué dans ses aspects essentiels.

À notre avis, pour qu'une marque soit utilisée « dans la vie des affaires », elle doit l'être pour gagner des parts de marché ; il appartiendra donc aux tribunaux de définir ce qu'est l'introduction sur le territoire national « dans la vie des affaires » au sens de ce nouvel article L 713-3-2. Cette interdiction est assortie d'une réserve si le déclarant ou le détenteur des produits apporte la preuve que le titulaire de la marque enregistrée n'a pas le droit d'interdire la mise sur le marché des produits dans le pays de destination finale (CPI art. L 716-4-4).

2. L'usage doit être fait dans la vie des affaires, contrairement aux **usages loyaux du commerce.**

Sont loyaux les usages de la marque :

– comme nom de famille ou comme adresse si le tiers est une personne physique (CPI art. L 713-6, I-1°) dès lors que cette marque est constituée du nom patronymique du gérant d'une société qui l'a utilisée de bonne foi en mettant son nom en exergue dans la dénomination de la société à laquelle il s'identifiait (Cass. com. 21-6-2011 nº 10-23.262 : RJDA 10/11 nº 804 ; rappr. Cass. com. 7-9-2022 nº 21-12.602 F-B) ou correspond à un usage antérieur répandu (CA Paris 13-3-2009 : Propr. intell. 2009.298 obs. Sabatier), voire de portée locale (Cass. com. 31-1-2012 nº 11-14.317 : Propr. ind. 2012 nº 32 note Tréfigny-Goy ; CA Lyon 8-12-2011 nº 10/02910 : PIBD 2012 nº 958 III p. 210) ;

– comme nom commercial, enseigne ou nom de domaine, de portée locale, lorsque cet usage est antérieur à la date de la demande d'enregistrement de la marque et s'exerce dans les limites du territoire où ils sont reconnus (CPI art. L 713-6, II) ;

– comme des signes ou des indications qui sont dépourvus de caractère distinctif ou qui se rapportent à l'espèce, à la qualité, à la quantité, à la destination, à la valeur, à la provenance géographique, à l'époque de la production du produit ou de la prestation du service, ou à d'autres caractéristiques de ceux-ci (CPI art. L 713-6, I-2°) ;

– pour désigner ou mentionner des produits ou des services comme étant ceux du titulaire de cette marque, en particulier lorsque cet usage est nécessaire pour indiquer la destination d'un produit ou d'un service, notamment en tant qu'accessoire ou pièce détachée (CPI art. L 713-6, I-3° ; sur la référence nécessaire à une marque de rasoir s'agissant d'une lame – détachable du rasoir, vendue séparément et exclusivement adaptable sur ces rasoirs – qui en constitue alors une pièce détachée indispensable à l'utilisation d'un appareil, Cass. com. 3-7-2001 : RJDA 12/01 nº 1276 ; sur l'usage nécessaire pour le fabricant d'attaches pour vigne d'utiliser le lieur de la marque la plus répandue pour démontrer qu'elles pouvaient être coupées par un lieur électrique, Cass. com. 10-2-2015 nº 13-28.263 : RJDA 8-9/15 nº 608) ;

– pour référencer un produit (ou un service) par le système publicitaire de Google Adwords, si cet usage ne tend pas à faire croire à l'internaute moyen que l'utilisateur vend des produits de cette marque (CA Versailles 28-2-2017 : JCP E 2018.1050 nº 6 ; sur la provocation de cette croyance, TGI Lyon 17-1-2017 : D. IP/IT 2017.176 obs. Basire).

Mais l'usage est fautif s'il tend non pas à identifier une société ou à signaler un fonds de commerce, mais à distinguer des produits et services commercialisés par l'usurpateur de la marque (CJCE 11-9-2007 aff. 17/06 : RJDA 12/07 nº 1294).

3. L'usage est imputable à celui-là même qui le pratique mais aussi à celui qui crée l'apparence qu'il le pratique.

A été tenu pour faire usage d'une marque sans l'accord de son titulaire pour des produits identiques à ceux pour lesquels celle-ci est enregistrée, l'exploitant d'un site internet de vente en ligne intégrant une place de marché en ligne, sur laquelle il offre des produits qu'il commercialise lui-même, mais dont les annonces ne sont pas clairement distinctes de celles présentées sur cette même place par des vendeurs tiers faisant usage, dans leurs annonces, de la marque susvisée (CJUE 22-1-2022 aff. 148/21 et 184/21 : D. 2023.328 note Maréchal Pollaud-Dulian).

32623 **Illicéité de l'usage** L'usage de la marque est illicite lorsqu'il :

– porte atteinte à la **fonction essentielle** de la marque, qui est de garantir aux consommateurs la provenance du produit (CJUE 12-11-2002 aff. 206/01 : Rec. I-10299 ; TGI Paris 28-11-2011 nº 11/59368 : D. 2011.2993.som. obs. Agostini) ;

– est fait **sans l'autorisation** du titulaire de la marque, qui est le seul à pouvoir la donner (TGI Paris 30-3-1989 : RDPI 1989 n° 26 p. 83).

Le titulaire de la marque peut en autoriser l'usage tacitement ; il en est ainsi lorsqu'un distributeur utilise la marque d'un fabricant dans un catalogue publicitaire car la campagne publicitaire, organisée dans des conditions normales, était destinée à vendre des produits authentiques et régulièrement acquis auprès du fabricant (Cass. com. 27-10-1992 : RJDA 1/93 n° 77).

Il a été admis à révoquer son autorisation dans un cas où il avait, dans le cadre d'une exploitation partagée avec un tiers, consenti à ce dernier l'usage de signes identiques à ses marques (CJUE 19-9-2013 aff. 661/11 : GP 2014.som.5 mars note Marino).

Celui qui a toléré en connaissance de cause pendant cinq ans l'usage de la marque ne peut plus agir en contrefaçon pour usage de la marque (Cass. com. 16-2-2010 n° 09-12.262 : RJDA 7/10 n° 789).

La **contrefaçon existe** même si le contrefacteur bénéficie, en vertu d'un contrat de concession, du droit d'utiliser la marque contrefaite, ce contrat ne pouvant pas faire échec aux droits des tiers (Cass. com. 16-6-1992 : RDPI 1993 n° 46 p. 52). Il en est de même si le contrefacteur invoque une recherche d'antériorité ou même une tolérance, ou encore des marques similaires appartenant à des tiers (TGI Nanterre 23-6-1992 : RDPI 1993 n° 47 p. 48).

Usages constitutifs de contrefaçon 32626

La contrefaçon a été **jusqu'à** la réforme de la législation des marques de 2019 (n° 32403) interdite pour des usages de **reproduction** de la marque (CPI ex-art. L 713-2), souvent appliquée sous l'usage par imitation. Désormais, le terme de « reproduction » n'est pas repris dans les nouveaux articles caractérisant les usages contrefaisants mais reste sous-jacent aux nouvelles dispositions qui caractérisent les usages contrefaisants qui lui correspondaient. De plus, des usages contrefaisants **nouveaux** ont été introduits dans la législation.

1. Usages d'une marque identique ou similaire pour des produits identiques ou similaires. 32627

Est **contrefaisant** pour l'usage dans la vie des affaires :

– le signe **identique** pour désigner des produits ou des services **identiques** à ceux pour lesquels la marque est enregistrée (CPI art. L 713-2, 1°) ;

Il peut arriver qu'une marque réellement déposée pour protéger par exemple un sac à mains en classe 18 soit reproduite virtuellement et soit l'objet d'un NFT (n° 30967) relevant de la classe 9, ce qui permettrait de soutenir que les produits ne sont pas identiques. En l'état, aucune juridiction n'a statué sur ce point.

– le signe **identique ou similaire** pour des produits ou des services **identiques ou similaires** à ceux pour lesquels la marque est enregistrée, s'il existe, dans l'esprit du public, un **risque de confusion** incluant le risque d'association du signe avec la marque (CPI art. L 713-2, 2°) ;

Les conditions d'application de ces interdictions fixées par les tribunaux sous les vocables de « reproduction » ou d'« imitation » avec lesquelles ces interdictions concordent restent donc valables. Elles peuvent ainsi servir à l'application des nouveaux textes. C'est notamment le cas :

a. des décisions qui ont précisé que la **ressemblance** entre les marques ou les éléments des marques en présence s'apprécie globalement, ce qui implique une certaine interdépendance entre les facteurs pris en compte, et notamment la similitude des marques et celle des produits ou services couverts ; un signe est identique à la marque lorsqu'il reproduit, sans modification ni ajout, tous les éléments constituant la marque ou lorsque, considéré dans son ensemble, il recèle des différences si insignifiantes qu'elles peuvent passer inaperçues aux yeux d'un consommateur moyen (CJCE 20-3-2003, aff. C-291/00 ; Cass. com. 26-11-2003 n° 1651 : RJDA 4/04 n° 487) et un faible degré de similitude entre les marques peut être compensé par un degré élevé de similitude entre les produits ou services couverts, et inversement (Cass. com. 1-6-2010 n° 09-15.568 : RJDA 8-9/10 n° 887, cassant la décision qui n'avait pas recherché l'éventualité d'une telle compensation) ;

b. des décisions qui ont précisé que l'appréciation du **risque de confusion** s'opère par référence à l'enregistrement, sans tenir compte d'autres critères tels que les conditions d'exploitation de la marque ou l'activité de son titulaire (Cass. com. 5-4-2018 n° 16-19.655 ; dans le même sens, Cass. com. 27-3-2019 n° 17-31.605 F-D : RJDA 7/19 n° 532 ; Cass. com. 28-6-2023 n° 22-10.759 F-D), et globalement en fonction de l'impression d'ensemble que produit la marque concurrente par rapport à la marque contrefaite, au regard de leurs éléments distinctifs et dominants, et en se plaçant au moment où s'opère le choix entre les différents produits mis sur le marché et vis-à-vis du consommateur moyen normalement informé et raisonnablement attentif et avisé (Cass. com. 3-3-2021 n° 18-22.804 F-D), en tenant compte de tous les facteurs pertinents de l'espèce, notamment : de la notoriété de la marque (Cass. com. 15-3-2017 n° 15-24.106 D) mais pas nécessairement (Cass. com. 21-6-2016 n° 14-25.344 FS-PB : RJDA 10/16 n° 742 ; Cass. com. 22-3-2023 n° 21-23.367 F-D : D. IP/IT 2023.329) ; du consommateur d'attention moyenne n'ayant pas simultanément sous les yeux les signes en cause (CA Paris 2-10-1996 : GP 1997.som.247) ; de la complémentarité des produits, qui peut conduire le public à leur attribuer une origine commune (Cass. com. 27-3-2019 n° 17-28.213 D) ; de l'interdépendance des facteurs en cause : un faible degré de similitude entre les produits et services désignés pouvant être compensé par un degré élevé de similitude entre les marques (Cass. com. 24-5-2016 n° 14-17.533 : RJDA 10/16 n° 743) ; d'un élément, tel un mot, compte tenu du caractère arbitraire et distinctif que les juges lui reconnaissent, pouvant constituer un élément dominant dans l'impression d'ensemble produite sur le consommateur d'attention moyenne (Cass. com. 10-4-2019 n° 18-10.075 D), ou telle la différence de couleur d'un mot dont les juges auraient dû rechercher si elle n'était pas insignifiante aux yeux d'un consommateur moyen des produits concernés (Cass. com. 2-2-2010 n° 09-11.686 : RJDA 5/10 n° 567) ; du faible caractère distinctif de la marque antérieure (TUE 11-11-2020 aff.25/20 : à propos d'une marque de l'UE) ; de la similitude phonétique entre les marques en conflit, car, lorsque les produits concernés sont « consommés sur commande orale dans des bars, restaurants ou discothèques, la seule similitude phonétique des marques en cause suffit pour créer un risque de confusion » (TUE 20-1-2021 aff. 829/19 et 830/19). La contrefaçon existe dès lors que la confusion est établie même si le signe sert à désigner un modèle (Cass. com. 23-1-2019 n° 17-18.693 F-D : RJDA 11/19 n° 719). Sur l'appréciation du risque de confusion avec une marque collective, CJUE 5-3-2020 aff. 766/18.

32628 **2. Usages portant atteinte à une marque renommée.**

La marque **identique ou similaire** à la marque jouissant d'une **renommée** pour des produits ou des services **identiques, similaires ou non similaires** à ceux pour lesquels la marque est enregistrée est une contrefaçon de la marque renommée si cet usage, sans juste motif, tire indûment profit du caractère distinctif ou de la renommée de la marque, ou leur porte préjudice (CPI art. L 713-3).

Les différences entre les marques TOUR DE FRANCE et TOUR DE FRANCE À LA RAME excluent que le public visé soit conduit à établir un lien entre la première, renommée uniquement pour l'organisation d'épreuves cyclistes, et la seconde (CA Paris 5-7-2023 n° 21/11290).

32629 **3. Autres usages constitutifs de la contrefaçon de toute marque** (CPI art. L 713-3-1).

Les autres usages constitutifs de la contrefaçon de toute marque sont, même s'ils sont accompagnés de mots tels que « formule, façon, système, imitation, genre, méthode » :

- l'apposition du signe sur les produits ou sur leur conditionnement ;
- l'offre des produits, leur mise sur le marché ou leur détention à ces fins sous le signe, ou l'offre ou la fourniture des services sous le signe ;
- l'importation ou l'exportation des produits sous le signe ;
- l'usage du signe comme nom commercial ou dénomination sociale ou comme partie d'un nom commercial ou d'une dénomination sociale ;

Pour que l'usage d'une dénomination sociale, qui n'a pas pour finalité en soi de distinguer des produits et services mais d'identifier une société, soit susceptible de porter atteinte aux fonctions d'une marque antérieure identique, il convient pour son détenteur de démontrer que l'activité réelle exercée sous cette dénomination sociale consiste, précisément, en la fourniture de services ou en la commercialisation de produits identiques ou similaires à ceux visés à l'enregistrement de la marque antérieure (CA Paris 16-11-2021 n° 18/14437 : RTD com. 2022.251 obs. Passa).

- l'usage du signe dans les papiers d'affaires et la publicité ;
- l'usage du signe dans des publicités comparatives en violation des dispositions des articles L 122-1 à L 122-7 du Code de la consommation ;
- la suppression ou modification d'une marque régulièrement apposée.

Il a été aussi jugé que la contrefaçon peut résulter de l'utilisation d'un signe par un tiers dans le code-source de son site internet, même s'il n'est pas visible aux yeux du public, qui peut être interdite par le titulaire de la marque, dès lors qu'elle propose comme résultat à la recherche d'un internaute une alternative par rapport aux produits ou services du titulaire de la marque et qu'il ne permet pas ou permet seulement difficilement à l'internaute moyen de savoir si les produits ou les services visés par le référencement naturel proviennent du titulaire de la marque ou d'une entreprise économiquement liée à celui-ci ou, au contraire, d'un tiers (Cass. com. 18-10-2023 n° 20-20.055 FS-B).

ACTION EN CONTREFAÇON

32632 L'exercice de l'action en contrefaçon obéit aux règles suivantes.

1. Titulaire du droit d'agir. Peut agir en contrefaçon (CPI art. L 716-4-2) :

- le titulaire de la marque, à condition de l'être au moment où il agit (Cass. com. 24-9-2013 n° 12-22.966 : RJDA 2/14 n° 180) ;

La personne morale en formation qui a déposé une marque alors qu'elle n'était pas encore immatriculée peut néanmoins agir en contrefaçon pour des faits commis après le dépôt et avant son immatriculation, car l'antériorité de la marque est de ce fait établie (Cass. com. 7-3-1995 : RJDA 6/95 n° 781). Il a été jugé que pouvait agir en contrefaçon un copropriétaire avec l'assentiment de tous les autres copropriétaires (CA Orléans 21-6-2007 n° 05-03489 : RJDA 6/08 n° 728).

– le licencié exclusif peut agir en contrefaçon si, après mise en demeure, le titulaire n'exerce pas ce droit dans un délai raisonnable ; le licencié, même non exclusif, peut agir avec le consentement du titulaire de la marque, sauf stipulation contraire du contrat (CPI art. L 716-4-2). **32632** (suite)

Sur la base de ces dispositions, il a été jugé que le licencié peut désormais agir dans l'instance en contrefaçon engagée par le titulaire de la marque afin d'obtenir la réparation du préjudice qui lui est propre, même si la licence n'est pas inscrite au registre des marques (CA Paris 17-12-2021 n° 20/17286 : D. IP/IT 2022.456 obs. Le Goffic) alors qu'il avait été jugé antérieurement comme une règle générale que le licencié ne pouvait pas agir en contrefaçon si la licence n'était pas inscrite (CA Lyon 16-5-1974 : GP 1975.2.438 ; CA Paris 17-6-1994 : LP 1994.I.138).

Un licencié exclusif a été reconnu recevable à agir alors même qu'il n'avait pas mis sans succès en demeure le titulaire de la marque d'agir, pas plus qu'il n'avait justifié d'une autorisation écrite préalable, dès lors qu'il ressortait des termes du contrat de licence que le titulaire lui avait accordé les plus larges prérogatives pour agir à l'encontre des tiers contrefacteurs (CA Paris 22-4-2022 n° 21/19812).

Par ailleurs, toute partie à un contrat de licence est recevable à **intervenir** dans l'instance en contrefaçon engagée par une autre partie afin d'obtenir la réparation du préjudice qui lui est propre (pour la recevabilité d'une action en concurrence déloyale intentée par le licencié de la marque : CA Paris 16-5-2001 : GP 2002.som.875).

2. Tribunal compétent. L'action en contrefaçon de **toute marque** ne peut être portée **en France** que devant un des tribunaux judiciaires spécialisés désignés pour en connaître (n° 32700).

Parmi ces tribunaux, le tribunal effectivement compétent est celui dans le ressort duquel soit le fait de contrefaçon a été commis, soit celui où les offres de contrefaçon émises sur internet ont été reçues (n° 72026).

Si le fait de contrefaçon porte atteinte à une **marque de l'UE** est compétent soit le tribunal de l'État membre du lieu de domicile du défendeur (Règl. 2017/1001 art. 125 § 1), soit celui du lieu de commission ou de menace de commission des actes de contrefaçon (Règl. 2017/1001 art. 125 § 5).

Sur la base du texte comparable relatif à la marque communautaire, depuis devenue de l'UE, il a été jugé que peut être saisi le tribunal sur le territoire duquel se trouvent des consommateurs ou des professionnels visés par les publicités ou les offres à la vente faites par le tiers contrefacteur, nonobstant le fait que ce tiers a pris les décisions et les mesures en vue de cet affichage électronique dans un autre État membre (CJUE 5-9-2019 aff. 172/18) ou nonobstant le fait qu'il ne mentionne pas de manière explicite et univoque cet État membre parmi les territoires vers lesquels une livraison des produits est possible, lorsqu'il a fait usage de la marque en procédant à un référencement payant sur le site internet d'un moteur de recherche qui utilise un nom de domaine national de premier niveau de cet État membre (CJUE 27-4-2023 aff. 104/22 D. 2023.2228 note Jalicot : en application de l'art. 125 § 5 susvisé).

3. Prescription. L'action en contrefaçon se prescrit par cinq ans à compter du jour où le titulaire d'un droit a connu ou aurait dû connaître le dernier fait lui permettant de l'exercer (CPI art. L 716-4-2 ; cf. TGI Paris 28-6-2000 : LP 2001.I.58).

4. Faits justificatifs. La contrefaçon existe indépendamment de la bonne foi (Cass. com. 29-11-1994 : RJDA 3/95 n° 370) et de l'authenticité du produit (CA Paris 5-6-1996 : RJDA 1/97 n° 142). La contrefaçon n'existe pas s'il a été fait un usage honnête d'un signe indispensable à la désignation du produit vendu (cf. Cass. com. 5-7-2017 n° 15-28.114 FS-PBI : RJDA 11/17 n° 767).

Est irrecevable l'action en contrefaçon introduite par le titulaire d'une marque antérieure à l'encontre d'une marque postérieure :

– lorsque, sur requête du titulaire de la marque postérieure, le demandeur à l'action en contrefaçon sur le fondement d'une marque antérieure ne rapporte pas les preuves exigées, selon les cas, par les articles L 716-2-3 ou L 716-2-4 (CPI art. L 716-4-5, 2°) ;

– lorsque le titulaire de la marque antérieure a toléré pendant une période de cinq années consécutives l'usage de la marque postérieure en connaissance de cet usage et pour les produits ou les services pour lesquels l'usage a été toléré, à moins que son dépôt n'ait été effectué de mauvaise foi (CPI art. L 716-4-5, 1°) ;

L'irrecevabilité suppose que le titulaire de la première marque ait, en connaissance de cause, toléré l'usage de la marque seconde ; il ne suffit pas de constater qu'il n'a pas exercé l'action en contrefaçon de sa marque à la suite du dépôt de la marque seconde (Cass. com. 28-3-2006 n° 431 : RJDA 11/06 n° 1181).

Le délai de cinq ans est un délai de prescription auquel seules les causes d'interruption de l'article 2244 du Code civil (devenu art. 2240 s.) (n° 71753 s.) sont applicables (Cass. com. 25-2-2003 n° 01-02.641 : RJDA 7/03 n° 788).

5. Preuve. La preuve de la contrefaçon se fait par tous moyens (CPI art. L 716-4-7).

Si la demande lui en est faite, la juridiction saisie, au fond ou en référé d'une procédure civile en contrefaçon, peut ordonner, au besoin sous astreinte, afin de déterminer l'origine et les réseaux de distribution des produits argués de contrefaçon qui portent atteinte aux droits du demandeur, la **production** de tous **documents ou informations** détenus par le défendeur ou par toute personne qui a été trouvée en possession de produits argués de contrefaçon ou qui fournit des services utilisés dans de prétendues activités de contrefaçon, ou encore qui a été signalée comme intervenant dans la production, la fabrication ou la distribution de ces produits ou la fourniture de ces services ; cette production peut être ordonnée s'il n'existe pas d'empêchement légitime (CPI art. L 716-4-9). La mesure peut être ordonnée par le juge de la mise en état avant même que les faits contrefaisants soient établis (Cass. com. 13-12-2011 n° 10-28.088 : RJDA 4/12 n° 442 ; CA Reims 5-5-2009 n° 08-151911 : D. 2009.2470.som. note Huet). La décision qui a accordé la mesure demandée, mais qui a refusé à la partie demanderesse de la modifier, n'empêche pas que cette partie engage une nouvelle procédure autonome pour obtenir les informations recherchées (CJUE 18-7-2017 aff. 427/15 : RTD com. 2017.96 obs. Pollaud-Dulian).

Il n'est donc pas nécessaire pour agir en contrefaçon d'introduire au préalable une procédure de saisie-contrefaçon (CA Aix 16-2-1988 : Bull. C. d'Aix 1988/1 p. 79).

6. Détermination des produits contrefaisants. S'agissant d'une condamnation pour contrefaçon d'une marque de l'UE, le dispositif de la décision faisant droit à l'action en contrefaçon est valablement rédigé dans des termes qui, en raison de leur caractère général, laissent à l'autorité compétente pour l'exécution forcée de cette décision le soin de déterminer à quels produits ladite décision s'applique ; mais il faut alors que, dans le cadre de la procédure d'exécution forcée, il soit permis à la partie défenderesse de contester la détermination des produits visés par cette procédure et qu'une juridiction puisse examiner et décider, dans le respect des dispositions de la directive 2004/48, quels produits ont été effectivement mis sur le marché dans l'Espace économique européen par le titulaire de la marque ou avec son consentement (CJUE 17-11-2022 aff. 175/21).

DOMMAGES-INTÉRÊTS

32635 **Évaluation du préjudice** Le titulaire de la marque lésé par la contrefaçon a droit à des dommages-intérêts, que la juridiction doit fixer en prenant en considération distinctement les éléments ci-après (CPI art. L 716-4-10) :

– les conséquences économiques négatives de la contrefaçon, dont le manque à gagner et la perte subis par la partie lésée ;

– le préjudice moral causé à cette dernière ;

– et les bénéfices réalisés par le contrefacteur, y compris les économies d'investissements intellectuels, matériels et promotionnels que celui-ci a retirées de la contrefaçon.

Ces dispositions sont les seules applicables pour fixer les dommages-intérêts dus à la partie civile (Cass. crim. 26-6-2019 n° 17-87.485 FS-PBI : RJDA 11/19 n° 720, qui précise aussi que la dépréciation et la banalisation de la marque constituent des préjudices résultant de l'atteinte portée à sa renommée et à son caractère distinctif qui ne peuvent être indemnisés deux fois).

Toutefois, la juridiction peut, à titre d'alternative et sur demande de la partie lésée, allouer à titre de dommages-intérêts une somme forfaitaire ; cette somme est supérieure au montant des redevances ou droits qui auraient été dus si le contrefacteur avait demandé l'autorisation d'utiliser le droit auquel il a porté atteinte ; elle n'est pas exclusive de l'indemnisation du préjudice moral causé à la partie lésée (CPI art L 716-4-10, dern. al.). Les juges du fond doivent apprécier ce qui aurait été dû si l'autorisation avait été demandée (Cass. com. 7-5-2019 n° 17-23.785 D : RTD com. 2019.891 obs. Passa).

Antérieurement à ces dispositions, ont été réparés :

a. La **privation de bénéfice** sur les ventes manquées du fait de la contrefaçon (Cass. com. 14-2-1984 : D. 1985.IR.86 note Burst) ; mais la perte n'est pas nécessairement égale au montant du chiffre d'affaires réalisé par le contrefacteur (CA Paris 4-12-1978 : Ann. propr. ind. 1980.123) ;

b. L'**atteinte** portée **au pouvoir distinctif de la marque** (Cass. com. 23-3-1999 : RJDA 6/99 n° 736), surtout quand les articles contrefaisants sont de qualité médiocre (CA Paris 3-11-1981 : GP 1982.som.93) ou quand la marque est notoirement connue et a une valeur patrimoniale élevée (CA Paris 9-11-1983 : D. 1985.IR.86 obs. Burst) ; cette atteinte peut être constituée du seul fait de la contrefaçon même s'il n'est pas résulté de celle-ci une baisse du chiffre d'affaires de l'exploitant de la marque contrefaite (Cass. com. 8-1-1991 : RDPI 1991 n° 33 p. 35). Le propriétaire de plusieurs marques a le droit de les invoquer toutes, dans la mesure où elles comportent l'élément distinctif contrefait, et d'obtenir réparation pour l'atteinte portée à chacune d'elles, car chaque marque invoquée représente un signe et un titre de propriété distincts ayant, chacun, droit à réparation en cas d'atteinte (CA Paris 6-3-1996 : GP 1996.som.518) ;

c. Les **frais** engagés **pour** poursuivre les contrefacteurs et **mettre fin à la contrefaçon** (CA Paris 12-2-1982 : GP 1983.som.310) **et** les dépenses exposées **pour** la **promotion** de la **marque** qui ont plus profité au contrefacteur qu'au propriétaire de la marque (CA Paris 3-11-1981 : GP 1982.som.93 ; dans le même sens, Cass. com. 16-6-1992 : RJDA 10/92 n° 965).

A été aussi prononcée la radiation de la marque lorsque la contrefaçon a été réalisée par dépôt d'une marque imitant frauduleusement une marque déjà enregistrée (Cass. com. 28-6-1971 : Bull. civ. IV p. 169 ; CA Paris 2-7-1975 : Ann. propr. ind. 1976.57 ; contra CA Paris 15-5-1996 : GP 1996.som.521, écartant la radiation, mais prononçant la nullité de la marque).

Mise hors commerce des produits contrefaisants et des accessoires de création En cas de condamnation civile pour contrefaçon, à la demande de la partie lésée, la juridiction peut ordonner que les produits reconnus comme **produits contrefaisants** et les matériaux et instruments ayant principalement servi à leur création ou fabrication soient rappelés des circuits commerciaux, écartés définitivement de ces circuits, **détruits** ou confisqués au profit de la partie lésée ; la juridiction peut aussi ordonner toute mesure appropriée de **publicité du jugement,** notamment son affichage ou sa publication intégrale ou par extraits dans les journaux ou sur les services de communication au public en ligne qu'elle désigne, selon les modalités qu'elle précise ; ces mesures sont ordonnées aux frais du contrefacteur (CPI art. L 716-4-11). 32639

La destruction peut viser des marchandises qui ont été fabriquées et sur lesquelles une marque de l'UE a été apposée licitement, mais qui ont été mises sur le marché de l'Espace économique européen (EEE) sans le consentement du titulaire (CJUE 13-10-2022 aff. 355/21).

Sur l'illicéité de la vente des objets contrefaits, n° 12540.

SANCTIONS PÉNALES DE LA CONTREFAÇON

Actes réprimés **1. Faits visés par l'article L 716-9 CPI.** Est puni de quatre ans d'emprisonnement et de 400 000 € d'amende le fait pour toute personne, en vue de vendre, fournir, offrir à la vente ou louer des marchandises présentées sous une marque contrefaisante : a) d'importer, d'exporter, de réexporter ou de transborder des marchandises présentées sous une marque contrefaisante ; b) de produire industriellement des marchandises présentées sous une marque contrefaisante ; c) de donner des instructions ou des ordres pour la commission des actes visés aux a et b. 32640

Lorsque ces délits ont été commis en bande organisée ou sur un réseau de communication au public en ligne ou lorsque les faits portent sur des marchandises dangereuses pour la santé, la sécurité de l'Homme ou l'animal, les peines sont portées à sept ans d'emprisonnement et à 750 000 € d'amende.

2. Faits visés par l'article L 716-10 CPI. Est puni de trois ans d'emprisonnement et de 300 000 € d'amende le fait pour toute personne : a) de détenir sans motif légitime, d'importer ou d'exporter des marchandises présentées sous une marque contrefaisante ; b) d'offrir à la vente ou de vendre des marchandises présentées sous une marque contrefaisante ; c) de reproduire, d'imiter, d'utiliser, d'apposer, de supprimer, de modifier une marque, une marque collective ou une marque de garantie en violation des droits conférés par son enregistrement et des interdictions qui découlent de celui-ci. L'infraction, prévue dans les conditions prévues au présent c, n'est pas constituée lorsqu'un logiciel d'aide à la prescription permet, si le prescripteur le décide, de prescrire en dénomination commune internationale, selon les règles de bonne pratique prévues à l'article L 161-38 du Code de la sécurité sociale ; d) de sciemment livrer un produit ou fournir un service autre que celui qui lui est demandé sous une marque enregistrée. L'infraction, dans les conditions prévues au d, n'est pas constituée en cas d'exercice par un pharmacien de la faculté de substitution prévue à l'article L 5125-23 du Code de la santé publique. Lorsque les délits prévus aux « a » à « d » ont été commis en bande organisée ou sur un réseau de communication au public en ligne ou lorsque les faits portent sur des marchandises dangereuses pour la santé ou la sécurité de l'Homme ou l'animal, les peines sont portées à sept ans d'emprisonnement et à 750 000 € d'amende.

3. Faits visés par l'article L 716-11 CPI. Est puni de trois ans d'emprisonnement et de 300 000 € d'amende quiconque : a) aura sciemment fait un usage quelconque d'une marque collective ou d'une marque de garantie enregistrée dans des conditions autres que celles prescrites au règlement accompagnant le dépôt ; b) aura sciemment vendu ou mis en vente un produit revêtu d'une marque collective ou d'une marque de garantie irrégulièrement employée. Ces dispositions sont applicables aux marques syndicales prévues par le chapitre IV du titre III du livre Ier de la deuxième partie du Code du travail.

Peines complémentaires Outre les sanctions prévues aux articles L 716-9 et L 716-10 du Code de la propriété intellectuelle, le tribunal peut ordonner la **fermeture** totale ou partielle, définitive ou temporaire, pour une durée au plus de cinq ans, de l'établissement ayant servi à commettre l'infraction (CPI art. L 716-11-1, al. 1). 32641

La fermeture temporaire ne peut entraîner ni rupture, ni suspension du contrat de travail, ni aucun préjudice pécuniaire à l'encontre des salariés concernés. Lorsque la fermeture définitive entraîne le licenciement du personnel, elle donne lieu, en dehors de l'indemnité de préavis et de l'indemnité de licenciement, aux dommages et intérêts prévus aux articles L 1235-2 à L 1235-5 et L 1235-11 à L 1235-13 du Code du travail en cas de rupture de contrat de travail. Le non-paiement de ces indemnités est puni de six mois d'emprisonnement et de 3 750 € d'amende (CPI art. L 716-11-1, al. 2).

32642 **Personnes morales** Les personnes morales déclarées responsables pénalement, dans les conditions prévues par l'article 121-2 du Code pénal, des infractions définies aux articles L 716-9 à L 716-11 du Code de la propriété intellectuelle (nº 32640) encourent, outre l'amende suivant les modalités prévues par l'article 131-38 du Code pénal, les peines prévues par l'article 131-39 du même Code (CPI art. L 716-11-2).

32643 **Récidive** En cas de récidive des infractions définies aux articles L 716-9 à L 716-11 (nº 32640), ou si le délinquant est ou a été lié par convention avec la partie lésée, les peines encourues sont portées au double ; les coupables peuvent, en outre, être privés, pendant un temps qui n'excédera pas cinq ans, du droit d'élection et d'éligibilité pour les tribunaux de commerce, les chambres de commerce et d'industrie territoriales et les chambres de métiers ainsi que pour les conseils de prud'hommes (CPI art. L 716-12, al. 1 et 2).

32644 **Retrait** Les personnes physiques coupables de l'un des délits prévus aux articles L 716-9 et L 716-10 (nº 32640) peuvent être condamnées, à leurs frais, à retirer des circuits commerciaux les objets jugés contrefaisants et toute chose qui a servi ou était destinée à commettre l'infraction. La juridiction peut ordonner la destruction aux frais du condamné ou la remise à la partie lésée des objets et choses retirés des circuits commerciaux ou confisqués, sans préjudice de tous dommages et intérêts. Elle peut également ordonner, aux frais du condamné, l'affichage du jugement ou la diffusion du jugement prononçant la condamnation, dans les conditions prévues à l'article 131-35 du Code pénal (CPI art. L 716-13).

32646 La preuve de la contrefaçon est libre (Cass. crim. 6-12-1993 : RJDA 3/94 nº 355). La présomption de mauvaise foi tombe si la preuve de la bonne foi est rapportée (Cass. crim. 12-2-1969 : Bull. crim. p. 177, rendu sous l'empire de l'ancien Code pénal, mais transposable car la contrefaçon supposait également l'existence d'une intention criminelle).

2. AUTRES INTERDICTIONS

INTERDICTION D'UTILISER UN SIGNE JUGÉ CONTREFAISANT

32648 En cas de condamnation pour contrefaçon, le signe caractérisant les marques contrefaisantes ne peut pas être employé à titre de dénomination sociale ou nom de domaine pour désigner une entreprise ou son point d'achat, offrant à la vente des produits ou services pour lesquels les marques reprenant ce signe ont été jugées contrefaisantes (Cass. com. 14-11-2006 nº 1234 : RJDA 3/07 nº 296, retenant cet usage interdit pour liquider l'astreinte prévue par la condamnation ; CA Paris 13-3-2009 : Propr. intell. 2009.298 obs. Sabatier : absence d'atteinte aux droits du propriétaire en raison d'un usage répandu de la dénomination contestée par des tiers).

INTERDICTIONS PAR LE TITULAIRE DE LA MARQUE DE LA COMMERCIALISATION DES PRODUITS PROTÉGÉS

32649 Par exception à la règle d'épuisement de la marque (nº 32512), le titulaire de la marque peut interdire les actes de commercialisation des produits marqués pour **motifs légitimes,** tenant notamment à la modification ou à l'altération, ultérieurement intervenue, de l'état des produits (CPI art. L 713-4, al. 2 ; sur la détermination des motifs légitimes, CJCE 22-12-2008 aff. 276/05 : Rec. I-10479).

Constitue un motif légitime pour interdire la commercialisation :

– la confusion sur l'identité du fabricant pouvant résulter du fait que sur le territoire du pays où est mis en vente le produit fabriqué se trouve aussi mis en vente le même produit fabriqué dans un autre pays par un producteur qui a été autorisé par cession à utiliser la même marque (CJCE 22-6-1994 : Rec. I.2836 ; Cass. com. 20-2-2007 nº 05-11.088 : RJDA 8-9/07 nº 909) ;

– le reconditionnement ou le réétiquetage susceptible d'affecter l'état originaire du produit, sauf si l'importateur parallèle prouve que les conditions légitimant la modification de l'emballage ou de l'étiquetage sont réunies (CJCE 26-4-2007 aff. C-348/04 : Propr. intell. 2008.138 obs. Bonet ; CJUE 10-11-2016 aff. 297/15) ;

– la vente par adjudication de parfums et cosmétiques de luxe, dont la vente hors réseau était interdite au distributeur sélectif, dans un contexte et des conditions d'exposition à la vente de ces produits qui affectaient négativement la valeur de la marque en ternissant l'allure et l'image de prestige desdits produits (Cass. com. 24-5-2011 nº 10-18.474 : RJDA 10/11 nº 853) ou le retrait de l'emballage de ces produits lorsqu'il a pour conséquence, soit que des informations essentielles, telles que celles relatives à l'identification du fabricant ou du responsable de leur mise sur le marché, font défaut, soit, en l'absence de ce défaut, de porter atteinte à l'image desdits produits (CJUE 12-7-2011 aff. 324/09 : JCP E 2011.pan.1564 ; dans le même sens, Cass. com. 6-12-2023 nº 20-18.653 F-B : RJDA 3/24 nº 192).

Il peut aussi s'opposer à la mise sous le régime de suspension des droits d'accise des marchandises revêtues de sa marque demandée par le tiers qui les a, sans son consentement, fait introduire dans l'Espace économique européen et fait mettre en libre pratique (CJUE 16-7-2015 aff. 379/14).

INTERDICTION DE LA CONCURRENCE DÉLOYALE

L'imitation d'une marque, source de contrefaçon, peut être poursuivie indépendamment de cette dernière pour fait de concurrence déloyale (Cass. com. 23-11-1993 : RJDA 5/94 n° 614), dès lors que l'utilisation de la marque est de nature à créer une confusion dans l'esprit du public (Cass. com. 7-9-2022 n° 21-14.495 F-D : D. 2023.2212 obs. Picod, signe « PAO » rappelant la marque « PANO »). **32650**

L'action en contrefaçon concernant l'atteinte à un droit privatif et l'action en concurrence déloyale exigeant une faute, ces deux actions procèdent en effet de causes différentes et ne tendent pas aux mêmes fins (Cass. com. 22-9-1983 : Bull. civ. IV p. 205 ; sur la concurrence déloyale, MCC n°s 12000 s.).

L'action en concurrence déloyale ne peut être admise concurremment avec l'action en contrefaçon que si aux faits de contrefaçon viennent s'ajouter d'autres faits distincts.

Encore faut-il que les faits invoqués constituent une faute, qui peut être non intentionnelle (Cass. 1e civ. 14-11-2013 n° 12-20.687 : RJDA 2/14 n° 183), génératrice de concurrence déloyale, ce qui n'est pas le cas de la simple utilisation d'un signe (Cass. com. 25-6-2013 n° 12-20.970) ni du seul dépôt (Cass. com. 13-11-2013 n° 12-26.439).

Par exemple, il y a concurrence déloyale distincte :

– lorsque, outre la reproduction de la marque, il y a reproduction quasi identique des emballages servant à conditionner le produit marqué (CA Paris 28-4-1982 : GP 1983.som.128 ; CA Paris 20-12-2000 : GP.2001.som.1340) ;

– lorsqu'un concurrent imite non seulement la marque, mais aussi les tarifs et les étiquettes du propriétaire de la marque (CA Paris 6-5-1981 : GP 1981.som.245) ;

– lorsqu'un vendeur compare non seulement les marques dans des tableaux de concordance, mais aussi les prix et la qualité des parfums (Cass. com. 27-1-1981 : Bull. civ. IV p. 41) ;

– lorsque, outre l'apposition sur des bouteilles de vin d'une marque contrefaite, il y a vente de ces bouteilles en vue de leur commercialisation à l'étranger (Cass. com. 18-10-1994 : Bull. civ. IV p. 239) ;

– lorsque les produits contrefaisants sont vendus sous une étiquette précisant qu'ils ont été contrôlés par le titulaire de la marque (Cass. com. 22-10-2002 : Propr. intell. 2003.445 obs. Passa) ;

– lorsque l'utilisation de la marque est de nature à porter atteinte à son image en l'avilissant (Cass. com. 14-1-2003 : Propr. intell. 2003.445 obs. Passa) ou en créant une confusion dans l'esprit du public (Cass. com. 15-6-2010 n° 08-18.279 : RJDA 4/11 n° 363).

En revanche, un acte de concurrence déloyale ne résulte pas de la commercialisation du produit contrefaisant à un prix inférieur à celui du produit couvert par la marque (Cass. com. 23-1-2007 n° 03-13.338 : Propr. intell. 2007.357 obs. Passa) ni nécessairement de la contrefaçon elle-même parce qu'elle entraîne un risque de confusion, car ce risque qui résulte fatalement de la contrefaçon est pris en compte à ce titre (Cass. com. 30-5-2007 n° 06-13.880 : RJDA 12/07 n° 1295). De même, et en rupture avec les solutions antérieures (Cass. com. 30-1-2001 : RJDA 6/01 n° 735 ; CA Versailles 5-4-2001 n° 98-3465 : Propr. intell. 2002 n° 4 p. 81 obs. Passa), le parasitisme est la conséquence nécessaire des actes de contrefaçon eux-mêmes (Cass. com. 9-6-2009 n° 07-21.367 : Propr. intell. 2009.439 obs. Passa ; Cass. com. 19-1-2010 n° 08-15.338 : RJDA 4/10 n° 446).

Mais l'action en concurrence déloyale est recevable sur la base des mêmes faits dès lors que l'action en contrefaçon ne peut pas être accueillie pour défaut de droit privatif (Cass. com. 12-6-2012 n° 11-21.723), par exemple parce que la marque est nulle pour défaut de signe distinctif (Cass. com. 25-1-1977 : Ann. propr. ind. 1977.63 obs. Mathély ; Cass. com. 6-11-1984 : Bull. civ. IV p. 240) ou parce qu'elle n'a pas été publiée (CA Versailles 8-9-1988 : GP 1989.150).

Celui qui n'a pas qualité pour agir en contrefaçon (cf. n° 32632) ne peut demander, au titre de la concurrence déloyale, la nullité de la marque qu'à titre d'exception (CA Paris 30-9-1986 : D. 1989.som.134 obs. Burst ; rappr. TGI Strasbourg 24-6-1991 : JCP E 1993.I.292 n° 53 obs. Burst et Mousseron, ouvrant au licencié le droit d'agir à condition que le contrat de licence ait été publié au registre national des marques).

Le tribunal judiciaire est **compétent** pour connaître de la concurrence déloyale connexe à une question relative à la marque (CPI art. L 716-3) ; ainsi, le tribunal de commerce n'est pas compétent pour connaître d'une action en concurrence déloyale tendant à la réparation d'un préjudice ayant sa cause dans une imitation servile d'une marque (Cass. com. 6-3-1978 : Bull. civ. IV p. 68) ou dans une utilisation illicite de la marque (Cass. com. 14-6-2000 et Cass. com. 16-5-2000 : RJDA 12/00 n° 1187) ou qui est connexe à des actes argués de contrefaçon (Cass. com. 20-10-2012 n° 11-23.216).

Sur d'autres applications de la même règle de principe susceptibles de servir dans le domaine des marques, n°s 32181 et 34739.

INTERDICTION DE DÉNIGREMENT

La citation d'une marque aux fins d'information du public, notamment par les journalistes et les associations de consommateurs, n'est pas une atteinte aux droits du propriétaire lorsque l'information a pour objet de comparer des produits ou des services marqués, ou de fournir des **32655** renseignements à propos de ces derniers, ou encore de dénoncer publiquement des activités illicites imputées à la marque (TGI Paris 15-5-1998 : LP 1998.I.106). La référence à la marque doit être proportionnée au but que poursuit l'auteur de la référence (Cass. 2e civ. 19-10-2006 n° 1601 : RJDA 2/07 n° 221).

L'usage du signe à titre de métaphore n'est pas fautif a fortiori puisqu'il ne tend pas à désigner des produits ou des services (Cass. com. 1-3-2017 n° 15-13.071 FS-PBI : RJDA 7/17 n° 513 ; CA Paris 18-5-2018 n° 17/16354 : D. IP/IT 2018.506 note Le Goffic).

Mais celui-ci engage sa responsabilité lorsque la présentation qu'il fait de la marque cause un préjudice à son titulaire (pour des exemples : Cass. com. 14-1-2003 : LP 2003.I.103 ; CA Paris 29-3-1989 : D. 1989.IR.123 ; Cass. com. 24-11-2009 n° 08-15.002 : D. 2009.2926.som. obs. Manara ; CA Paris 14-1-2005 : GP 2006.som.524 ; CA Paris 17-11-2006 : GP 2007.438 ; CA Paris 21-10-2014 : LP 2014.652).

E. Contentieux des marques

DÉCISIONS DES JURIDICTIONS

32700 Sous réserve de la compétence de l'Inpi déterminée au n° 32703, les tribunaux judiciaires sont exclusivement compétents pour connaître des actions civiles et des demandes relatives aux marques, y compris lorsqu'elles portent également sur une question connexe de concurrence déloyale (CPI art. L 716-5, II-al. 1 et 2 ; sur la liste des tribunaux judiciaires appelés à connaître de ces actions, art. R 716-21 et C. org. jud. art. D 211-6-1).

Sur d'autres applications de la même compétence susceptibles de servir dans le domaine des marques, nos 31700, 32184 et 35100.

Cette attribution de compétence concerne exclusivement des actions civiles (Cass. crim. 19-6-2013 n° 12-84.533 : JCP E 2014.1035 n° 1 obs. Caron) et qui mettent en cause l'existence de la marque : ainsi, le tribunal judiciaire est compétent pour apprécier si l'État porte atteinte à la marque « Minitel » (T. confl. 27-6-1988 : Lebon 490) et le tribunal administratif est incompétent pour connaître de l'action en annulation d'un dépôt (CA Paris 7-4-1994 : GP 1995.som.84).

Le juge des référés n'est pas compétent pour se prononcer sur une demande d'interdiction de l'usage d'une marque et pour accorder une provision s'il existe une contestation sérieuse sur le point de savoir si la marque présente un caractère distinctif ; l'absence de certitude sur l'existence de ce caractère ne permet pas, par ailleurs, de tenir pour établi le caractère manifestement illicite du trouble subi (CA Versailles 15-2-1988 : GP 1988.som.374).

En revanche, ne relèvent pas de cette compétence les actions qui ne mettent en cause que les règles relatives aux contrats, telles la responsabilité contractuelle (CA Paris 9-1-1991 : D. 1991.IR.61) ou l'action tendant à faire sanctionner l'irrégularité affectant un apport partiel d'actif comprenant la cession de marques et le transfert de propriété en résultant, dès lors que le litige ne porte pas sur la validité de la ou des marques concernées (Cass. com. 13-12-1994 : RJDA 3/95 n° 371).

Les juges ne peuvent pas accueillir une exception d'incompétence au profit d'un tribunal de grande instance (devenu tribunal judiciaire), sans rechercher si les prétentions du demandeur portaient sur l'application de dispositions relevant du droit des marques ou du droit d'auteur (Cass. com. 23-11-2010 n° 09-70.859 : RJDA 6/11 n° 586).

Les juridictions françaises compétentes pour connaître des litiges sur les **marques de l'UE** sont le tribunal judiciaire et la cour d'appel de Paris (JOUE 2020/C 327/06 : listes des tribunaux des marques de l'UE et des tribunaux des dessins ou modèles communautaires).

DÉCISIONS DE L'INPI

32703 **1. Décisions juridictionnelles.** L'Inpi est exclusivement compétent pour connaître des demandes ci-après sur lesquelles **« statue »** le directeur général, à savoir sur (CPI art. L 716-5, I et R 716-7) :

– les demandes en **nullité** exclusivement fondées sur un ou plusieurs des motifs énumérés à l'article L 711-2, aux 1° à 5°, 9° et 10° du I de l'article L 711-3, au III du même article ainsi qu'aux articles L 715-4 et L 715-9 ;

– les demandes en **déchéance** fondées sur les articles L 714-5, L 714-6, L 715-5 et L 715-10.

Prise dans son acception juridique, la formule « statue » signifie que l'Inpi tranche au fond le litige qu'impliquent ces demandes, ce qui confère à la décision son caractère juridictionnel.

Les décisions prises, sans soumission à l'autorité de tutelle, sur ces demandes sont susceptibles de recours, qui sont suspensifs (CPI art. L 411-4, al. 3 et 2). Les recours sont jugés par les cours d'appel dans les conditions exposées au n° 32753.

Mais ces demandes **échappent** à la compétence de l'Inpi (CPI art. L 716-5, II-al. 2) :

– lorsqu'elles sont formées à titre principal ou reconventionnel par les parties de façon connexe à toute autre demande relevant de la compétence du tribunal et notamment à l'occasion d'une action introduite sur le fondement des articles L 716-4, L 716-4-6, L 716-4-7 et L 716-4-9 du CPI ou à l'occasion d'une action en concurrence déloyale ;

– lorsqu'elles sont formées alors que, soit des mesures probatoires, soit des mesures provisoires ou conservatoires ordonnées afin de faire cesser une atteinte à un droit de marque, sont en cours d'exécution avant l'engagement d'une action au fond.

2. Compétence en matière de marque de l'UE. Les juridictions françaises compétentes pour connaître des litiges sur les marques de l'UE sont le tribunal judiciaire et la cour d'appel de Paris (JOUE 2020/C 327/06 : listes des tribunaux des marques de l'UE et des tribunaux des dessins ou modèles communautaires conformément à l'article 123, paragraphe 3 du règlement UE 2017/1001 du Parlement européen et du Conseil sur la marque de l'Union européenne et à l'article 80, paragraphe 4 du règlement CE 6/2002 du Conseil sur les dessins ou modèles communautaires).

3. Décisions administratives. Le directeur général de l'Inpi **prend** les décisions consécutives aux formalités de délivrance des titres de propriété industrielle comme il est exposé au n° 32753.

Compétence internationale Les tribunaux français sont compétents pour connaître des litiges ayant un lien avec l'étranger et se rapportant à des marques dans les conditions exposées n°s 72145 et 72280. **32706**

DEMANDE D'ARBITRAGE

Les parties peuvent recourir à l'arbitrage dans les conditions fixées aux articles 2059 et 2060 du Code civil (CPI art. L 716-6) ; notamment, le litige ne doit pas mettre en cause une matière intéressant l'ordre public, ce qui est le cas, par exemple, lorsque la demande formée par le propriétaire d'une marque tend à l'inscription sur le registre des marques de son droit de propriété, l'enregistrement des marques étant opposable aux tiers (CA Versailles 9-1-1992 : RJDA 4/92 n° 408). **32709**

IV. RÈGLES COMMUNES AUX DROITS DE PROPRIÉTÉ INDUSTRIELLE

INSTITUT NATIONAL DE LA PROPRIÉTÉ INDUSTRIELLE

L'Institut national de la propriété industrielle, cité « Inpi », est un établissement public doté de la personnalité civile et de l'autonomie financière, placé auprès du ministre chargé de la propriété industrielle, **régi** par les dispositions des articles L 411-1 à L 411-5 et R 411-1 à R 411-43 du CPI. **32750**

Ses **attributions** sont précisées à l'article R 411-1 du CPI aux termes duquel il enregistre les titres de propriété industrielle délivrés sur le registre national de chacun de ces titres : brevet, dessin et modèles, marques. Ses actes sont publiés au Bulletin officiel de la propriété industrielle (CPI art. R 411-1-1) et sont consultables par le public (CPI art. R 411-1-2).

Le **siège** de l'Inpi est 15 rue des Minimes, 92677 Courbevoie. L'action de l'institut est relayée dans ses centres régionaux et par son site internet : www.inpi.fr.

CONSEILLER EN PROPRIÉTÉ INDUSTRIELLE

Le conseil en propriété industrielle a pour profession d'offrir, à titre habituel et rémunéré, ses services au public pour conseiller, assister ou représenter les tiers en vue de l'obtention, du maintien, de l'exploitation ou de la défense des droits de propriété industrielle, droits annexes et droits portant sur toutes questions connexes (CPI art. L 422-1). L'exercice de cette profession est réglementé par les dispositions des articles L 422-1 s. et R 422-1 s. du CPI. **32751**

DÉCISIONS ADMINISTRATIVES DU DIRECTEUR GÉNÉRAL DE L'INPI

En dehors de la compétence attribuée au directeur général de l'Inpi pour connaître des demandes en nullité et déchéance de la marque (n° 32703), qui, à notre avis, est une compétence juridictionnelle puisque la décision tranche un litige sur le droit de propriété de la marque (n° 32503), le directeur général de l'Inpi prend des décisions qui sont, partant, administratives et soumises au régime ci-après. **32753**

1. Compétence. Le directeur général de l'Inpi prend les décisions relatives à la délivrance, au rejet ou au maintien des titres de propriété industrielle, ainsi qu'à l'occasion de l'homologation du rejet ou de la modification du cahier des charges des indications géographiques définies à l'article L 721-2 ou du retrait de cette homologation (CPI art. L 411-4, al. 1).

2. Procédure. Il exerce ses compétences en indépendance par rapport à l'autorité de tutelle (CPI art. L 411-4, al. 3).

3. Recours. Les recours contre les décisions visées en 1 sont directement (sur la validité de la suppression du double degré de juridiction, nº 72409) portées devant la **cour d'appel du lieu** où demeure la personne qui forme le recours ; le **siège et le ressort** des cours d'appel ayant compétence pour connaître de ces recours sont fixés par le tableau XVI annexé à l'article D 311-8 du Code de l'organisation judiciaire (pour une application, CA Paris, 4ᵉ ch. B, 14-2-2003 : GP 2004.som.655) ; la cour d'appel statue selon les modalités fixées par les articles R 411-19 s. du CPI.

Cette compétence s'étend aux actions relatives aux conséquences dommageables des fautes que le directeur de l'Inpi aurait pu commettre à l'occasion de l'exercice de ses attributions, sans qu'il y ait lieu de distinguer selon que l'action en responsabilité est engagée par l'auteur du recours en annulation, accessoirement à ce recours, ou par un tiers, indépendamment de toute contestation de la décision faisant grief (Cass. com. 11-3-2014 nº 12-28.036 : RJDA 6/14 nº 572. som. ; Cass. 1ʳᵉ civ. 3-11-2016 nº 15-24.189 F-PBI).

Lorsque le recourant demeure à l'étranger, la cour d'appel de Paris est compétente (pour une application, CA Paris 19-9-2012 nº 10/22040 : RJDA 12/12 nº 1114 qui fonde la solution sur CPI art L 411-4).

Le **délai** de recours est d'un mois à compter de la notification de la décision en cause (CPI art. R 411-21).

Le **pourvoi** en cassation contre les décisions des cours d'appel statuant sur ces recours est ouvert aux parties et au directeur général (CPI art. L 411-4, al. 4 et R 411-19-1).

COMPÉTENCE DES JURIDICTIONS FRANÇAISES

32754 **Compétence dans les rapports internes à l'UE** Les tribunaux français sont compétents pour connaître des litiges ayant un lien avec l'étranger et se rapportant à des brevets, des dessins, des modèles et des marques dans les conditions exposées nºˢ 72145 et 72280.

Ils peuvent, même lorsqu'un contentieux en nullité d'un titre de propriété industrielle est pendant devant une juridiction d'un État membre de l'UE, ordonner des mesures provisoires (cf. CJUE 12-7-2012 aff. 616/10 : JCP E 2013.1074 nº 6 obs. Caron : au sujet d'un brevet mais transposable aux dessins, modèles et marques, car fondé sur des règles non spécifiques à ces titres).

32755 **Compétence dans les rapports tiers à l'UE** Les tribunaux français sont compétents pour connaître des actions en nullité d'un brevet ou d'une marque déposé à l'Inpi (cf. Cass. civ. 21-1-1936 : S. 1937.1.81 note Niboyet ; CA Paris 17-12-1969 : Clunet 1971.99 note Françon ; CA Paris 28-4-1976 : D. 1977.511 note Mousseron, décisions transposables par analogie aux dessins et modèles).

SAISIES DES DROITS DE PROPRIÉTÉ INDUSTRIELLE

32757 **Saisies-ventes des brevets** Le créancier muni d'un titre exécutoire constatant une créance liquide et exigible peut procéder à la saisie-vente d'un brevet appartenant à son débiteur et faire vendre le brevet (CPI art. L 613-21 ; C. exécution art. L 111-1, al. 1).

La saisie est effectuée par acte extrajudiciaire signifié au propriétaire du brevet, à l'Inpi ainsi qu'aux personnes possédant des droits sur le brevet ; elle rend inopposable au créancier saisissant toute modification ultérieure des droits attachés au brevet (CPI art. L 613-21, al. 1).

À peine de nullité de la saisie, le créancier saisissant doit, dans le délai de quinze jours à compter de la date de la signification de la saisie, se pourvoir devant le tribunal, en validité de la saisie et aux fins de mise en vente du brevet (CPI art. L 613-21, al. 2 et R 613-51 ; pour une application, TGI Paris 23-3-1994 : PIBD 1994.III.369).

Pour un exemple de saisie d'un brevet, TGI Paris 23-3-1994 : PIBD 1994.III.369.

32759 **Autres saisies** Dans la mesure où une disposition spéciale de la législation sur les droits de propriété industrielle ne règle pas le régime des saisies de ces droits, il peut être fait application, en l'absence de texte de portée générale applicable à la saisie d'un droit incorporel, de la procédure prévue pour les opérations de saisie des parts sociales et des valeurs mobilières, sous réserve des adaptations nécessaires contrôlées par le juge de l'exécution (Avis C. cass. 8-2-1999 : RJDA 4/99 nº 468 ; dans le même sens : CA Paris 8-3-2001 : Bull. inf. C. cass. 2002 nº 347 ; CA Paris 1-4-2005 nº 05-4343 : RJDA 11/05 nº 1280 ; TGI Paris 1-12-1995 : RDPI 1996 nº 64 p. 27).

En matière de saisie des droits de propriété incorporelle, jusqu'à l'entrée en vigueur d'une nouvelle loi ou, au plus tard, au 1ᵉʳ décembre 2024, le débiteur est recevable à contester le montant de la mise à prix pour l'adjudication des droits incorporels saisis devant le juge de l'exécution dans les conditions prévues par le premier alinéa de l'article L 213-6 du Code de l'organisation judiciaire (Cons. const. 17-11-2023 nº 2023-1068 QPC).

V. LICENCES, CESSIONS ET AUTRES ACCORDS PORTANT SUR LES DROITS DE PROPRIÉTÉ INDUSTRIELLE

A. Licence de brevet

Qualification La licence de brevet est un contrat par lequel le **titulaire d'un brevet** concède à une personne, en tout ou en partie, la jouissance de son **droit d'exploitation** moyennant le paiement d'une redevance. 32800

N'est donc **pas une licence de brevet** :

– le contrat par lequel le breveté charge une personne de **s'occuper de la gestion** et de la mise en exploitation du brevet, contrat qui est un mandat d'intérêt commun (CA Aix 13-2-1980 : Bull. Cour d'Aix 1980/1 p. 66) ;

– le contrat par lequel le breveté s'engage, en contrepartie d'un intéressement sur l'exploitation du brevet d'un autre titulaire, à ne pas opposer à celui-ci son propre brevet et à ne pas entraver l'exploitation, sans prendre aucun engagement positif d'exploitation (Cass. com. 5-1-1983 : JCP G 1984.II.20182 note Vivant).

Elle est assimilable à un contrat de location (CA Paris 21-10-1999 : D. 2002.som.1195 obs. Schmidt-Szalewski).

Licence obligatoire Lorsque le brevet est insuffisamment exploité, toute personne de droit public ou privé peut obtenir du tribunal une licence obligatoire d'un brevet, dans les conditions prévues aux articles L 613-11 s. et R 613-4 du CPI. 32803

L'existence d'une **licence conventionnelle** ne fait pas obstacle à l'octroi d'une licence obligatoire dès lors que la première licence n'a pas été suivie d'une exploitation effective (cf. TGI Paris 6-6-1973 : D. 1974.179).

Il y a **impossibilité** d'obtenir du propriétaire du brevet une licence d'exploitation lorsque celui-ci pose comme condition le règlement d'un litige en contrefaçon pendant avec le requérant, mais avec des exigences telles que celui-ci soit contraint de renoncer à l'action en contrefaçon (TGI Toulouse 15-10-1979 : JCP G 1980.II.19330).

Le requérant peut apporter la **preuve de sa capacité** d'exploiter l'invention par expertise (TGI Toulouse 15-10-1979 précité).

Le breveté ne jouit **pas** d'une **excuse légitime** lorsqu'il invoque, pour justifier son défaut d'exploitation du brevet, la prétendue supériorité de la technique qu'il a mise en œuvre depuis le dépôt du brevet, car son propre avis n'a pas valeur absolue et il ne peut l'imposer à ses concurrents et à la collectivité ; en outre, il ne peut pas se faire juge de « l'intérêt des utilisateurs potentiels » (CA Lyon 11-9-1997 : Dossiers Brevets 1997.III.6, accordant la licence obligatoire).

L'obtention de la licence obligatoire étant justifiée par la nécessité de satisfaire aux besoins du marché français, son bénéfice doit être limité aux seuls territoires couverts par le brevet français (cf. TGI Rennes 16-11-1970 : JCP G 1971.II.16852).

La licence obligatoire ne prend **effet** qu'à compter du jugement qui l'accorde et ne rétroagit pas à la date de la demande ; en conséquence, son bénéficiaire est tenu de réparer le préjudice résultant éventuellement de la reproduction du brevet avant le jugement (CA Paris 30-10-1996 : PIBD 1997.626.III.79).

La licence obligatoire n'est pas exclusive et elle ne peut être transmise qu'avec le fonds de commerce, l'entreprise ou la partie de l'entreprise à laquelle elle est attachée (CPI art. L 613-13).

Une licence obligatoire peut aussi être octroyée, en application du règlement CE 816/2006 du 17 mai 2006, pour des brevets visant la fabrication de produits pharmaceutiques destinés à l'exportation vers des pays connaissant des problèmes de santé publique (sur la mise en œuvre, CPI art. L 613-17-1 et L 613-17-2).

Licence de dépendance Lorsque le titulaire d'un brevet ne peut l'exploiter sans porter atteinte à un brevet antérieur dont un tiers est titulaire, le tribunal peut lui accorder une licence d'exploitation du brevet antérieur dans la mesure nécessaire à l'exploitation du brevet dont il est titulaire dans les conditions précisées par l'article L 613-15 du CPI. 32806

Le bénéficiaire n'a qu'**une seule obligation** à l'égard du possesseur antérieur : le laisser exploiter et ne pas agir en contrefaçon contre lui et ses successeurs dans son entreprise (Cass. com. 18-12-1973 : GP 1974.1.som.28).

Licences d'office Des licences d'office peuvent être accordées : dans l'intérêt de la santé publique (CPI art. L 613-16 s. et R 613-10 s.) ; dans l'intérêt du développement économique (art. L 613-18 et R 613-26 s.) ; pour les besoins de la défense nationale (art. L 613-19 et R 613-34 s.). Ces licences sont non exclusives et ne peuvent être transmises qu'avec le fonds de commerce, l'entreprise ou la partie de l'entreprise à laquelle elles sont attachées (art. L 613-13). 32812

32815 **Régime** La licence de brevet obéit aux règles de **droit commun** des contrats (nos 10600 s.) **sous réserve de quelques dispositions** du Code de la propriété intellectuelle, qui sont signalées dans les développements qui suivent.

Dans les **contrats internationaux,** la loi applicable au contrat de licence est déterminée conformément au droit commun du conflit de lois (nos 16600 s.).

À défaut de choix par les parties, la loi du lieu de l'établissement du concédant a été retenue (Cass. civ. 29-4-1970 : Clunet 1970.936 note Françon ; CA Paris 21-7-1950 : JCP G 1950.II.5925 note Delaume ; CA Amiens 9-4-1968 : Rev. crit. 1970.448 note Batiffol).

Sur la loi applicable en vertu du règlement CE 593/2008 du 17 juin 2008 relatif à la loi applicable aux obligations contractuelles pour les conflits de lois entre États membres de l'UE, n° 17103.

1. CONCLUSION DE LA LICENCE DE BREVET

VALIDITÉ DU BREVET

32818 Sauf si la validité du brevet a été envisagée comme un aléa (Cass. com. 11-3-1986 : Bull. civ. IV p. 37), l'annulation du brevet ou sa déchéance entraîne l'**anéantissement** du **contrat de licence.**

Cette solution était, jusqu'au 1er octobre 2016 (sur cette date, n° 10000), fondée sur la nullité du contrat de licence pour défaut de cause et d'objet (Cass. com. 8-7-1970 : Bull. civ. IV p. 204 ; Cass. com. 28-1-2003 n° 192 : RJDA 6/03 n° 662 ; Cass. req. 25-5-1868 : Ann. propr. ind. 1869.393). Elle reste valable. Certes, depuis le 1er octobre 2016 les notions d'objet et de cause du contrat ont été supprimées. Mais elles se retrouvent, selon nous, sous la condition de « contenu licite et certain » (nos 12400 s.).

Le contrat de licence d'un brevet français est anéanti dès lors que le contrat de licence du brevet européen, avec lequel il a des parties communes, ayant la même date de priorité, couvrant la même invention et appartenant au même inventeur est nul car ces deux brevets ne peuvent pas, pour les parties qui leur sont communes, faire l'objet indépendamment l'un de l'autre d'une concession de droits d'exploitation (Cass. com. 16-12-2014 n° 13-23.986).

Si le licencié a, malgré l'anéantissement du contrat, tiré avantage du brevet, le breveté **conserve** les redevances dans la **mesure du profit** retiré par le licencié (Cass. civ. 5-4-1960 : D. 1960.717 note Holleaux ; rappr. Cass. com. 28-1-2003 précité).

Le breveté peut **garantir** le licencié contre l'éviction par un tiers même s'il a stipulé une clause excluant toute garantie en cas d'éviction du fait d'un tiers, dès lors que, ayant agi en fraude des droits de son copropriétaire, l'éviction trouve son origine dans son propre fait (CA Paris 9-9-2009 : JCP E 2010.1405 note Schaffner).

INVENTION INEXPLOITABLE

32825 Si l'invention protégée par le brevet est inexploitable, le contrat de licence peut être **annulé,** car l'objet (désormais, à notre avis, l'obligation essentielle : voir nos 12400 s.) du contrat est impossible à réaliser (nos 12487 s. ; CA Paris 16-3-1963 : Ann. propr. ind. 1963.385). Toutefois, le **licencié** n'est **pas** fondé à se **plaindre** s'il a procédé à des études et à des essais qu'il a considérés comme satisfaisants (CA Paris 16-3-1963 précité).

Sur la résolution du contrat, n° 32953.

L'impossibilité d'exploiter le brevet peut être **technique** (Cass. civ. 24-6-1975 : GP 1975.2.pan.223 : défaut de conception). Elle existe lorsque la description du brevet ne permet pas à un homme du métier du secteur industriel considéré de réaliser l'objet de l'invention à l'aide de ses seules connaissances professionnelles et par le jeu de simples opérations d'exécution (Cass. com. 8-7-1981 : Bull. civ. IV n° 310) ; une **simple nécessité** de mise au point de l'invention par le licencié n'entraîne **aucune responsabilité** pour le titulaire du brevet si cette mise au point n'excède pas celle que pourrait faire tout homme de l'art (CA Paris 5-11-1955 : Ann. propr. ind. 1957.427 ; CA Paris 2-6-1988 : D. 1988.IR.202).

L'impossibilité peut être simplement **commerciale** car une invention qui n'est réalisable qu'en laboratoire ou à des prix qui interdisent l'accès du marché est inexploitable (TGI Paris 1-3-1989 : Dossiers Brevets 1990.II.8 ; Sentence CCI n° 1784 en 1973 : Yearbook 1977.150).

Il appartient au licencié de prouver l'impossibilité d'exploiter ; pour établir l'impossibilité technique, il doit prouver que l'invention n'aboutit à aucun résultat industriel (CA Lyon 11-2-1952 : Ann. propr. ind. 1952.95 ; CA Paris 2-6-1988 précité ; sur la recherche de cette preuve alors même qu'une clause prévoyait que le cessionnaire pourrait cesser d'exploiter s'il n'y avait plus intérêt, n° 33200).

Le breveté n'a pas à démontrer le caractère techniquement et commercialement exploitable de l'invention (CA Paris 30-1-1991 : RDPI 1991 n° 38 p. 32).

PERSONNE COMPÉTENTE POUR CONSENTIR LA LICENCE

Brevet en copropriété Lorsque le brevet est en copropriété, il faut suivre les prescriptions du **règlement de copropriété,** s'il en existe un. En l'**absence de clause** particulière à cet égard, un copropriétaire ne peut accorder une licence d'exploitation exclusive à un tiers **qu'avec l'accord de tous** les autres copropriétaires ou sur autorisation de justice ; il peut, en revanche, concéder une licence non exclusive, sauf à indemniser équitablement les autres copropriétaires qui n'exploitent pas personnellement l'invention ou qui n'ont pas concédé de licence (voir CPI art. L 613-29, c et d). Il peut aussi exploiter le brevet à son profit (CA Paris 15-5-1996 : D. 1996.IR.165). 32830

Le copropriétaire qui a accordé une licence exclusive sans l'accord de l'un des copropriétaires est contrefacteur à l'égard de ce dernier et le contrat pris dans son ensemble lui est inopposable (Cass. com. 15-3-2011 n° 09-71.934 : Bull. civ. IV n° 42).

Lorsque le brevet est indivis, la licence du brevet, qui est une location de meuble, peut être concédée par le ou les indivisaires titulaires d'au moins deux tiers des droits indivis requis pour conclure et renouveler les baux autres que ceux portant sur un immeuble à usage agricole, commercial, industriel ou artisanal (n° 30115). S'il existe une convention d'indivision (nos 30200 s.), la concession de la licence dépend de ses clauses.

Brevet objet d'un usufruit L'usufruitier **peut,** à notre avis, accorder une licence de brevet **sans** avoir à solliciter l'**autorisation** du nu-propriétaire, car il ne fait par là qu'un acte d'administration qui n'altère pas la substance de la chose (C. civ. art. 578) et ne conclut pas un bail commercial soumis aux règles particulières relatives aux baux consentis par l'usufruitier (n° 30568). 32833

Brevet revendiqué Si l'action en revendication d'un brevet donné en licence réussit, la licence consentie par l'usurpateur est nulle (CA Paris 24-4-1968 : Ann. propr. ind. 1968.76 ; cf. Cass. com. 7-2-1995 : Dossiers Brevets 1995.I.4). La preuve de l'usurpation se fait par tout moyen (CA Paris 20-12-1955 : JCP G 1956.II.9485 note Plaisant). 32836

LIBRE CONCURRENCE

La licence de brevet ne doit pas constituer une atteinte à la libre concurrence (MCC nos 41000 s.). 32840

DÉTERMINATION DU BREVET CONCÉDÉ

Identification du brevet Lorsque le brevet est déposé, il est identifié par son numéro, sa date de dépôt et le titre de l'invention. S'il est simplement demandé et non encore délivré, il faut faire figurer dans le contrat le numéro d'enregistrement provisoire de la demande au lieu et place de celui de la demande définitive du brevet. 32845

La licence peut porter aussi sur l'invention elle-même, avant toute demande de brevet. Elle doit être identifiée avec soin pour écarter toute équivoque et il convient de préciser que le concédant ou le concessionnaire fera son affaire du dépôt ultérieur d'un brevet, la licence devant s'étendre automatiquement à ce dernier. Il faut aussi préciser dans quel pays le brevet devra être pris (cf. Cass. com. 26-1-1955 : Bull. civ. III p. 32) et déterminer les conséquences du refus du brevet soit dans certains pays, soit dans tous.

Clause sur les perfectionnements Il est opportun de fixer dans le contrat le sort des améliorations susceptibles d'être apportées aux brevets, tant par le licencié que par le breveté, pendant la durée de la licence. 32848

1. Perfectionnements visés. Il peut s'agir des perfectionnements brevetés, de ceux constatés par un certificat d'utilité ou même des perfectionnements non brevetables.

Il convient aussi de prendre parti sur les perfectionnements brevetés par un tiers sur lesquels le breveté est en droit d'obtenir une licence de dépendance (n° 32806). Pour couper court à toute incertitude sur les droits du licencié au regard de cette licence, il est **préférable** de prévoir l'obligation pour le **breveté de demander** ladite licence et d'**en concéder** le bénéfice au licencié ; le titulaire du brevet de perfectionnement ne peut s'y opposer puisque la licence n'est pas exclusive.

Il faut, enfin, déterminer la **nature des améliorations** qui seront communicables. Les tribunaux, en cas de difficulté, recherchent l'intention des parties : pour une interprétation large, Cass. com. 31 mars 1965 : Bull. civ. III p. 217 ; pour une interprétation stricte, Cass. com. 20 décembre 1976 : Bull. civ. IV p. 272.

Lorsque le contrat vise **toutes les améliorations** ou tous les développements de l'invention brevetée, l'obligation pour le breveté de communiquer au licencié les perfectionnements du brevet doit s'**interpréter largement** (TGI Lyon 8-3-1973 : JCP G 1973.IV.345 ; dans le même sens à propos d'une clause imposant au licencié de transférer l'amélioration ou la modification concernant l'exploitation de l'invention ou des procédés de fabrication de celle-ci, CA Paris 7-11-1991 : RDPI 1991 n° 38 p. 30).

2. Communication des perfectionnements. Les modalités d'exécution de l'obligation de communication doivent préciser d'abord les **délais.**

Il faut ensuite indiquer, selon les cas, si chaque partie sera libre de **demander un brevet,** au nom de qui la demande sera faite, qui supportera les frais et dans quel délai le demandeur du brevet informera l'autre partie de sa démarche. Si le licencié usurpe les brevets de l'inventeur, il y a lieu de les restituer à ce dernier (T. civ. Seine 28-2-1958 : GP 1958.1.336).

Il est souvent reconnu au licencié le droit d'exploiter le brevet dans un **délai** fixé à l'avance et dans des conditions à débattre et, en cas de refus de sa part, celui d'obtenir du breveté communication des propositions financières plus intéressantes reçues de tiers afin de lui donner une seconde chance.

3. Droits sur les perfectionnements. Breveté et licencié s'accordent généralement le droit d'exploiter les perfectionnements mis au point par l'autre. Ce droit est parfois accordé aux sous-licenciés, sous réserve qu'ils se soient engagés à faire profiter le breveté et le licencié principal de leurs propres perfectionnements pendant la durée de leur contrat. Mais il est licite d'attribuer les perfectionnements au breveté (TGI Paris 20-3-1996 : Dossiers Brevets 1997.II.7, tenant pour justifiée la résiliation de la licence par le breveté en raison du dépôt d'une demande de brevet par le licencié sur un perfectionnement).

Il est recommandé de prévoir les incidences de la licence des perfectionnements sur les redevances du contrat de licence du brevet.

ÉTENDUE DU DROIT D'EXPLOITATION

32855 **Licence simple ou exclusive** Dans la licence **simple,** le breveté conserve le droit d'exploiter lui-même ou de concéder d'autres licences à d'autres personnes.

Le licencié agira prudemment en essayant d'obtenir du breveté le droit de résilier unilatéralement le contrat, afin de se réserver la possibilité de se dégager d'une exploitation qui ne serait pas ou ne serait plus rentable du fait de la concurrence de trop nombreux licenciés.

Dans la licence **exclusive,** le droit d'exploitation du brevet est réservé au licencié dans un secteur déterminé. Pour plus de détails sur la clause d'exclusivité, n°s 21545 s.

Le licencié subira toutefois, le cas échéant, la licence de dépendance (n° 32806) sur le perfectionnement et sur ce qui, dans le premier brevet, est nécessaire à l'exploitation du perfectionnement. Pour se prémunir contre ce risque, le licencié n'a guère que la possibilité d'obtenir du breveté, dans le contrat, une promesse d'indemnisation et, le cas échéant, le droit de résilier le contrat.

Le **breveté** conserve, sauf clause contraire, le **droit d'exploiter** sur le territoire concédé les brevets dont il a concédé la licence (Cass. com. 26-2-2002 n° 493 : RJDA 8-9/02 n° 955).

32858 **Sous-licence** En principe, le licencié ne peut pas concéder, à son tour, un droit d'exploitation du brevet à des tiers, car il est choisi en fonction de ses qualités personnelles et, a fortiori, si le contrat le lui interdit (T. civ. Seine 23-6-1933 : Ann. propr. ind. 1934-39).

Mais la licence peut accorder ce droit au licencié librement ou en le subordonnant à des obligations particulières : agrément des sous-licenciés par le titulaire du brevet, communication du contrat au breveté, versement à celui-ci d'une partie des redevances dues par le sous-licencié, droit de vérifier la comptabilité du sous-licencié, etc.

Une clause peut aussi permettre la sous-traitance. Le droit de concéder des sous-licences emporte celui de sous-traiter (Cass. com. 28-10-1975 : Bull. civ. IV p. 19).

32861 **Contenu du droit concédé** Le contrat de licence peut :

1. porter sur le **brevet lui-même et ses perfectionnements.** À défaut de clause incluant les perfectionnements (n° 32848), le licencié a droit à ceux « axés sur le brevet... et qui le complètent » (TGI Avesnes-sur-Helpe 2-2-1961 : D. 1961.652 note Vasseur ; dans le même sens, CA Bordeaux 3-7-1975 : RTD com. 1975.827). Réciproquement, le licencié doit être tenu d'exploiter ces perfectionnements ;

2. porter **sur la vente et la fabrication** du ou des produits brevetés (cas le plus fréquent), ou **seulement** sur la fabrication ou sur la vente ;

3. ouvrir **seulement droit à l'usage** soit des machines livrées par le breveté, soit d'un procédé à mettre en œuvre avec les appareils et le matériel livrés par le breveté ;

4. autoriser toutes les applications possibles de l'invention ou seulement certaines d'entre elles ;

5. limiter les ventes du produit à un certain quantum.

TERRITOIRE D'EXPLOITATION

32870 En principe, la licence est concédée pour le territoire **couvert par le brevet.** Pour écarter toute incertitude, il est recommandé d'indiquer que la licence s'étend à tous les pays couverts par le brevet au jour de la conclusion du contrat.

Le territoire d'exploitation peut être **élargi** ou **restreint** (Cass. com. 25-4-1968 : D. 1968.som.103 ; CA Paris 12-10-1965 : Ann. propr. ind. 1966.32).

Jugé qu'en concédant une licence territorialement limitée le breveté a manifesté clairement sa volonté de conserver son entière liberté de disposer de tous ses droits sur toute l'étendue des territoires exclus (Cass. com. 25-4-1968 : D. 1968.som.103).

Si le licencié exploite en dehors des territoires autorisés, il commet un acte de contrefaçon ; à l'opposé, il peut agir en **concurrence déloyale** contre le tiers qui vend des objets sur son territoire au mépris de l'exclusivité qui lui a été reconnue (nº 21551) ; mais il ne peut agir contre le tiers qui importe le produit à partir d'un État membre de la Communauté (devenue UE ; voir toutefois au nº 33321 une atténuation de ce droit à propos d'une licence de marque).

REDEVANCE

Nécessité de la redevance Il est indispensable qu'un prix déterminé ou déterminable soit mis à la charge du licencié en contrepartie du droit d'exploitation concédé par le breveté (Cass. com. 22-2-1967 : Bull. civ. III p. 83). 32875

La redevance est due même si l'utilisation par le licencié de la technologie brevetée n'est pas effective, même si le brevet est susceptible d'être annulé ; elle est simplement le prix à payer pour exploiter commercialement la technologie brevetée avec l'assurance que le concédant n'intentera pas une action en contrefaçon à l'encontre du licencié (CJUE 7-7-2016 aff. 567/14 : D. 2017.88 note Mendoza-Caminade).

Exigibilité de la redevance Sauf clause contraire, la redevance est due à partir de la date d'entrée en application du contrat de licence et jusqu'à celle de son expiration. 32878

Après expiration du contrat et des brevets afférents, le licencié qui continue d'exploiter l'invention ne doit plus rien au breveté, qui ne peut prétendre agir en enrichissement injustifié contre lui (CA Paris 4-1-1950 : JCP G 1951.II.6218 note Plaisant), les brevets étant tombés dans le domaine public.

Les parties peuvent convenir des solutions suivantes :

1. Les redevances peuvent être rendues exigibles seulement à compter du jour où le licencié est en mesure d'exploiter (cf. Cass. com. 15-7-1969 : Bull. civ. IV p. 253 : exigibilité à partir de la troisième année) ;

2. Le licencié peut être tenu de verser les redevances pendant une période déterminée même après l'expiration de son droit de jouissance sur le brevet ; les parties peuvent ainsi échelonner sur cinquante ans la rémunération au lieu de la concentrer sur la seule période de validité du brevet, et ce, dans leur intérêt respectif (CA Paris 22-5-1990 : D. 1993.som.378 obs. Mousseron et Schmidt).

Il a été déduit d'une clause prévoyant que les « redevances étaient dues pendant toute la durée de l'exploitation de machines brevetées » qu'elle sous-entendait qu'il s'agissait d'une exploitation en vertu d'un brevet valable, non expiré, et qu'elle ne visait donc pas à imposer le paiement des redevances après la fin du brevet mais, tout au contraire, à faire cesser ce paiement si l'exploitation n'était pas poursuivie jusqu'à l'expiration de la durée légale du brevet (CA Paris 29-1-1963 : Ann. propr. ind. 1963.361).

En cas de **cession du droit aux redevances,** celle-ci n'est opposable au licencié que si elle lui a été signifiée ; à défaut de cette signification et d'acceptation, la connaissance de fait de la cession par le licencié serait-elle acquise, le cessionnaire ne peut réclamer le paiement au licencié qu'à compter de l'assignation valant juridiquement signification de ladite cession et ne peut obtenir paiement des redevances dues par le licencié avant la date de la signification (CA Douai 24-2-1992 : RDPI 1992 nº 43 p. 25, cette solution rendue sous l'empire du régime antérieur à la réforme du droit des contrats du 10 février 2016 est à notre avis transposable au régime actuel).

Taux des redevances Les redevances peuvent consister en une somme **forfaitaire** payable, selon le cas, en une seule fois ou périodiquement, au mois ou à l'année, ou en un **intéressement** aux bénéfices du licencié. 32881

Le plus souvent, les redevances sont **proportionnelles au chiffre d'affaires** ou au nombre des produits fabriqués sous licence. En ce cas, il convient de déterminer avec précision l'**assiette** de la redevance (par exemple, en cas de redevance calculée sur le chiffre d'affaires : un prix de vente, hors taxe, départ usine, frais d'emballage exclus) et les modalités du contrôle par le breveté des sommes retenues par le licencié pour la fixation du montant de ses redevances (par exemple, tenue de registres spéciaux de fabrication et de vente avec indication des noms des clients).

Il est possible de **combiner** un **forfait** et une **rémunération proportionnelle** avec des variantes diverses, par exemple en prévoyant que la redevance proportionnelle ne commencera qu'à partir du moment où le montant cumulé des ventes aura atteint un chiffre déterminé.

32884 **Redevance minimale** Il peut arriver que le licencié s'engage à verser une redevance minimale au breveté.

Le minimum peut être **calculé** de deux façons : il peut consister soit en une quantité déterminée d'objets ou d'appareils à fabriquer dans une période donnée, soit en un certain chiffre d'affaires ou en une somme forfaitaire de redevances au cours de la même période. La période la plus couramment retenue est de douze mois.

Le minimum peut être **progressif** ou **dégressif** selon qu'on s'attend à une augmentation ou à une régression des résultats au fur et à mesure de l'exploitation. Il est aussi possible de tenir compte des fluctuations des résultats en prévoyant un **report des minima** d'une année sur l'autre.

Dans les contrats de licence **exclusive,** on réserve parfois au licencié la faculté de se dégager de l'obligation de payer une redevance minimale, mais en perdant alors le bénéfice de l'exclusivité ; dans ce cas, le breveté ne peut pas exiger le paiement de la redevance minimale (Cass. com. 1-2-1994 : RJDA 6/94 n° 620) ni demander la résiliation de la licence, la perte de l'exclusivité étant la seule sanction applicable au licencié (CA Paris 4-2-1958 : Ann. propr. ind. 1959.224).

La clause de redevance minimale ne doit pas être confondue avec la clause dite de **« quota »** imposant au licencié un volume minimum de vente. En présence de cette dernière clause, il convient de **préciser** si le défaut d'exécution du « quota » entraînera seulement l'obligation pour le licencié de verser la redevance correspondant à ce quota ou s'il sera sanctionné par d'autres mesures telles que, par exemple, la déchéance de l'exclusivité ou même la résiliation du contrat (Cass. com. 8-12-1970 : Bull. civ. IV p. 298).

Il a été jugé par exemple que :

– à défaut de précision suffisante, le non-respect par le licencié de la clause de rendement minimal, tel que la construction d'un nombre minimum de maisons par an, ne donne pas droit pour le breveté à la différence entre la redevance calculée sur le rendement minimal et celle qu'il avait perçue, la clause relative au rendement minimal et celle relative à la redevance sur les maisons construites étant indépendantes et recouvrant un domaine d'application propre ; il appartenait au breveté d'exiger du licencié le respect de ses obligations de production minimale et, à défaut, de résilier le contrat (CA Reims 5-1-1976 : D. 1976.IR.278) ;

– lorsqu'une clause stipule une redevance sur le prix du matériel construit et qu'une autre garantit au concédant une redevance à partir de la troisième année, les juges peuvent en déduire que le paiement de la redevance n'était pas subordonné à la construction du matériel (Cass. com. 15-7-1969 : Bull. civ. IV p. 253) ;

– lorsqu'une clause impose un quota et qu'une autre prévoit la résiliation de plein droit de la licence si l'une ou l'autre des parties manque à l'une quelconque de ses obligations, la seule sanction prévue pour le non-respect de ce quota est la résiliation du contrat et non le paiement des redevances correspondant au minimum (TGI Paris 28-2-1996 : Dossiers Brevets 1996.II.8).

32887 **Versement de garantie** Le breveté exige parfois un versement de garantie qui est tantôt récupérable sur les redevances, tantôt acquis définitivement en tout état de cause.

32890 **Révision de la redevance** Les parties peuvent convenir que le montant des redevances sera révisé (sur les clauses de révision, n°s 50390 s.).

32893 **Clause du licencié le plus favorisé** Le breveté peut promettre au premier licencié de lui appliquer un taux de redevance plus favorable que celui qu'il consentira, le cas échéant, à des licenciés ultérieurs.

SECRET

32900 Les contrats de licence prévoient généralement que le licencié devra garder secrètes les informations qui lui sont communiquées au titre du contrat. Sur l'obligation de secret, n° 13640.

Certaines entreprises renversent le problème en concluant des accords de **non-secret** aux termes desquels les négociateurs s'engagent à n'échanger que des informations non confidentielles et, lorsqu'une information secrète doit être donnée, à convenir d'un accord ponctuel.

NON-CONCURRENCE

32905 Il est fréquent d'interdire au licencié de concurrencer les produits du breveté (sur la clause de non-concurrence, n°s 13655 s.). À **défaut** d'une telle stipulation, il a été jugé que le licencié peut **entreprendre** la fabrication d'un appareil analogue mais différent dès lors qu'il n'abandonne pas la fabrication de l'objet sous licence dont le chiffre d'affaires réalisé par la vente diminue (CA Paris 8-4-1964 : JCP G 1964.II.13876 note Plaisant).

ÉCRIT

Nécessité d'un écrit Le contrat de licence de brevet doit être rédigé par écrit, à peine de nullité (CPI art. L 613-8, al. 5). **32910**

Inscription à l'Inpi Pour être opposable aux tiers, le contrat de licence doit être inscrit sur le **registre national des brevets** (CPI art. L 613-9, al. 1). **32913**

Sur la nécessité pour le licencié d'avoir publié le contrat pour agir en contrefaçon, n° 32965.

Le contrat principal non publié est inopposable au sous-licencié (CA Paris 27-5-1987 : D. 1988.som.349 obs. Mousseron et Schmidt).

Pour décider de l'inscription demandée, le directeur général de l'Inpi n'a à tenir compte que des éléments intrinsèques aux documents fournis (CA Paris 21-5-1976 : D. 1976.524 : à propos d'une cession de brevet, mais transposable).

Avant son inscription, la licence est opposable aux tiers qui ont acquis des droits après la date de cet acte, mais qui avaient connaissance de celui-ci lors de l'acquisition de ces droits (CPI art. L 613-9, al. 2 ; CA Douai 26-9-1994 : RDPI n° 56 p. 41).

2. EXÉCUTION DE LA LICENCE DE BREVET

OBLIGATION DU BREVETÉ

Délivrance du brevet Le breveté doit remettre au licencié une copie du fascicule contenant le texte du brevet accompagnée des plans et croquis ainsi que de tous les renseignements de fabrication. **32950**

Garantie Le titulaire du brevet doit garantir au licencié la **validité** du brevet et la **pleine jouissance** des droits que lui confère la licence, sauf si la licence est aléatoire (n° 32818). **32953**

Il lui doit aussi la garantie que l'invention est exploitable ; à défaut, la licence peut être résolue (Cass. com. 11-7-1988 : Bull. civ. IV p. 162).

Mais le breveté peut refuser de garantir la valeur technique et commerciale du brevet (CA Paris 9-6-1977 : JCP G 1980.II.19430). Il ne peut en être tenu qu'en vertu d'un engagement exprès (CA Paris 27-5-1993 : D. 1996.som.20 obs. Mousseron). Le risque commercial ainsi que la mise au point industrielle incombent au licencié (CA Lyon 22-10-1981 : Bull. inf. C. cass. 1982 n° 228).

Méconnaît cette obligation le breveté qui, ayant consenti une licence **exclusive** pour un territoire déterminé, ne protège pas son licencié contre les exportations vers ce territoire d'articles fabriqués à partir du même brevet par des licenciés d'autres pays (Cass. com. 8-12-1970 : Bull. civ. IV p. 299).

Cette solution ne vaut que pour les exportations en dehors de l'UE en raison de l'épuisement du brevet dans les échanges entre États membres de l'Union (n° 31603).

Il en est de même du breveté qui démarche la clientèle du licencié (CA Paris 26-10-1987 : D. 1988.som.348 obs. Mousseron et Schmidt).

Mais le breveté **ne manque pas à sa garantie** de jouissance lorsque ne sont proférées par un tiers que de **simples menaces** d'action en justice contre le licencié, ou lorsqu'une simple mise en demeure de ne pas utiliser le brevet est émise par un concurrent, alors qu'aucune action en contrefaçon n'a été engagée, ni même son fondement assuré (CA Aix 27-9-2005 : Prop. intell. 2006.352 obs. Warusfel).

Le régime de la garantie des vices cachés de la vente a été appliqué à la licence de brevet bien que celle-ci soit une location (TGI Paris 15-10-1993 : D. 1994.554 note Piotrant).

Assistance technique Le breveté promet souvent son assistance technique au licencié pour pallier son défaut d'expérience. **32956**

Le licencié doit au besoin **réclamer** cette assistance car, à défaut, il ne peut se plaindre du mauvais fonctionnement du procédé licencié (TGI Lyon 15-11-1973 : JCP G 1974.IV.291, estimant qu'en tant que spécialiste il se devait de réclamer des informations).

À **défaut de stipulations contractuelles,** le breveté n'a **pas** l'obligation de donner au licencié son assistance technique (TGI Paris 20-3-1976 : JCP G 1978.IV.68). Toutefois, tout contrat devant être **exécuté loyalement** (n° 13603), il peut être tenu de fournir au licencié, selon les circonstances, les éléments qui conditionnent l'exécution de son obligation de délivrance du brevet.

Ainsi, un breveté a satisfait à cette obligation en remettant un prototype de l'appareil breveté en état de fonctionnement, ainsi que les plans et dessins (Cass. com. 12-2-1969 : Quot. jur. 27-5-1969 p. 10).

Mais le breveté n'est **pas** tenu de fournir un **« homme de l'art »** si le brevet peut être exploité sans qu'il soit nécessaire de faire appel à quelqu'un de particulièrement qualifié (CA Paris 12-5-1970 : Bull. Inpi 1970.III.227).

32959 **Marque** Les produits fabriqués sous licence peuvent, le cas échéant, être vendus sous une marque déterminée. Dans ce cas, il convient de déterminer le droit du licencié d'user de la marque (sur ces modalités, nos 33318 s.).

32962 **Maintien en vigueur du brevet** Le titulaire du brevet doit veiller à ce que les annuités (n° 31650) soient régulièrement versées à l'Inpi (cf. Cass. com. 22-2-1960 : Bull. civ. III p. 465 ; Cass. com. 16-2-1972 : GP 1972.2.546). Il lui est déconseillé de les mettre à la charge du licencié, car, en cas de défaillance de celui-ci, il perdra son brevet et ne pourra obtenir du licencié fautif que des dommages-intérêts.

Le **défaut de paiement** des annuités entraîne la **déchéance** du brevet et, de ce fait, la **résiliation du contrat** de licence aux torts du breveté (Cass. com. 6-11-1957 : Bull. civ. III p. 257 ; Cass. com. 22-2-1960 : Bull. civ. III p. 65).

32965 **Action en contrefaçon** En principe, c'est au **breveté** qu'il appartient d'agir en contrefaçon, le **licencié** pouvant **intervenir** dans l'action afin d'obtenir réparation du préjudice qui lui est propre (CPI art. L 615-2, al. 5).

Le licencié ne peut pas agir en contrefaçon par la voie de l'action oblique (Cass. com. 9-7-1958 : JCP G 1959.II.10918).

Par ailleurs, une société mère, qui fait exploiter son brevet par une filiale qu'elle contrôle complètement, peut agir en contrefaçon pour sa filiale (CA Paris 2-3-1971 : D. 1972.45).

Si le breveté n'agit pas, le licencié peut exercer contre lui un **recours en garantie** afin d'obtenir des dommages-intérêts et, éventuellement, la résiliation du contrat de licence.

Mais le licencié peut exercer **lui-même** l'action en contrefaçon, pourvu (CPI art. L 615-2, al. 2 ; CA Paris 14-5-1976 : D. 1977.438) : qu'il soit titulaire d'une licence exclusive, qu'aucune clause du contrat de licence ne lui interdise une telle action, qu'il ait préalablement mis le propriétaire du brevet en demeure de poursuivre et que celui-ci s'y soit refusé (CPI art. L 615-2, al. 2).

Le licencié ne peut toutefois agir contre le contrefacteur que du jour où il a fait publier la licence au registre national des brevets, même si à la date de l'assignation cette publication n'avait pas été effectuée (Cass. com. 26-4-1994 : Bull. civ. IV p. 121).
Le breveté peut intervenir à l'action exercée par le licencié (CPI art. L 615-2, al. 3).

Tout licencié, même non inscrit sur le registre national des brevets (CPI art. L 613-9, al. 3), est recevable à intervenir dans l'instance en contrefaçon engagée par le breveté, afin d'obtenir la réparation du préjudice qui lui est propre (CPI art. L 615-2, al. 5).

En tout état de cause, le licencié, exclusif ou non, peut intenter une action en concurrence déloyale contre le tiers contrefacteur (Cass. com. 24-10-1956 : Bull. civ. III p. 218).

OBLIGATION DU LICENCIÉ

32975 **Exploitation du brevet** Dès lors que l'invention est exploitable (n° 32825), le licencié est tenu d'exploiter le brevet ainsi que les perfectionnements communiqués.

Il peut être prévu à ce sujet :
- que le licencié doit informer le breveté du début des fabrications ;
- qu'il ne doit pas modifier le mode de fabrication sans l'accord écrit du breveté ;
- qu'il doit fabriquer lui-même (sur la sous-licence et la sous-traitance, n° 32858).

En l'absence de mesures particulières dans le contrat, il a été jugé qu'une exploitation réduite à 10 % au bout de huit ans n'était pas critiquable si elle résultait d'événements indépendants de la volonté du licencié, notamment de la présence sur le marché de nouveaux produits répondant mieux aux besoins de la clientèle (CA Paris 8-4-1964 : JCP G 1964.II.13876 note Plaisant) ; mais, inversement, un licencié a été tenu responsable de la mévente du produit licencié liée à des insuffisances techniques et au prix de vente élevé du produit par rapport à des produits similaires sinon équivalents, commercialisés par le licencié lui-même ou par la concurrence, ce qui relevait d'un manque de perspicacité de sa part (CA Paris 8-3-2000 : RDPI 2000 n° 114 p. 13).

32978 **Approvisionnements** Le breveté peut imposer au licencié de s'approvisionner auprès de lui en matériel et fournitures qu'il est en mesure de lui livrer, sous réserve de respecter les conditions d'exclusivité d'achat (nos 21560 s.).

32981 **Contrôle de qualité du produit** Selon leurs objectifs, les parties peuvent convenir de certaines **normes** de qualité ; le contrat peut aussi imposer au licencié de conserver un stock minimal, de mettre en place un service après-vente et de participer à des campagnes publicitaires.

Dans la plupart des contrats, le breveté se réserve un **droit de contrôle** sur l'exploitation, qu'il s'agisse de la fabrication ou de la commercialisation, notamment la possibilité de se rendre librement dans les ateliers du licencié afin de vérifier le respect des conditions d'exploitation fixées au contrat.

Versement des redevances Le licencié doit aussi verser les redevances prévues au contrat (nos 32875 s.). 32984

Respect des conditions d'exploitation Le licencié doit s'en tenir **strictement** aux limites fixées dans le contrat de licence pour l'exploitation du brevet (nos 32861 s.). Le **dépassement** de ces limites peut constituer une contrefaçon (par exemple : en cas de dépassement de la durée d'exploitation, Cass. civ. 29-1-1907 : Ann. propr. ind. 1907.173 ; CA Paris 10-11-1959 : Ann. propr. ind. 1960.58 ; en cas de transfert à un tiers de l'exclusivité de la fabrication, Cass. com. 18-11-1980 : Bull. civ. IV p. 307 ; en cas de fabrication avec des éléments acquis auprès de tiers sans l'autorisation du breveté, Cass. com. 10-10-2000 : RDPI n° 117 p. 33). 32987

Par ailleurs, le licencié commet aussi un acte de contrefaçon en exploitant un brevet en violation des droits du propriétaire, dès lors qu'il a été informé de l'existence d'un copropriétaire dont les droits étaient méconnus (CA Paris 9-9-2009 : JCP E 2010.1405 note Schaffner).

Le **défaut d'exploitation** expose le licencié à la résiliation du contrat à ses torts, sans préjudice de dommages-intérêts au profit du breveté, dès lors qu'il ne démontre pas l'existence de difficultés insurmontables dans la mise au point de la fabrication (Cass. com. 22-10-2002 : RDPI 2003 n° 148 p. 9 ; TGI Paris 23-4-1997 : RDPI 1997 n° 77 p. 14).

Sur les quotas, n° 32884.

3. CESSATION DE LA LICENCE DE BREVET

Causes d'extinction Le contrat prend fin pour les causes générales d'extinction des contrats (nos 16000 s.). Les parties peuvent notamment déterminer les conditions de résiliation unilatérale par l'une et/ou l'autre des parties : par exemple, par le breveté si le licencié n'atteint pas un chiffre d'affaires minimum dans tout ou partie du ou des territoires concédés ; par le licencié, à des dates déterminées, moyennant une somme forfaitaire (Cass. com. 16-5-1961 : Bull. civ. III p. 184). 33000

La résiliation de la licence d'un brevet en copropriété suppose l'unanimité des copropriétaires (CA Paris 1-3-1996 : RDPI 1996 n° 65 p. 25).

Sur l'exclusion de la résiliation de la licence exclusive en cas de renonciation du licencié à l'obligation de redevance minimale en contrepartie de la perte de son exclusivité, n° 32884.

Lorsque **aucun terme** n'a été stipulé, la durée peut être fixée par référence aux **usages** (TGI Paris 27-3-1969 : D. 1970.som.3) ; à défaut, la licence peut être réputée consentie pour la durée de validité du brevet sur lequel elle porte et, éventuellement, des brevets de perfectionnement (CA Paris 1-3-1963 : Ann. propr. ind. 1963.28).

Toutefois, une licence n'a pas été tenue pour éteinte en dépit de l'expiration du brevet dès lors qu'elle portait aussi sur un savoir-faire non breveté indispensable à l'exploitation de ce brevet et qu'en échelonnant sur cinquante ans les redevances les parties avaient entendu écarter cette cause d'extinction (CA Paris 22-5-1990 : Dossiers Brevets 1990.III.8).

Conséquences de l'extinction À compter de l'extinction du contrat, chaque partie cesse d'être tenue d'exécuter ses obligations. En particulier, l'obligation d'assistance technique du breveté disparaissant, le licencié doit lui restituer les dessins, plans, modèles et autres documents relatifs à l'exploitation de l'invention. Corrélativement, le licencié doit, sous peine de contrefaçon, cesser immédiatement d'exploiter l'invention et de verser les redevances (Cass. com. 6-11-1957 : Bull. civ. III p. 297), sauf l'exception signalée au n° 33000. 33003

La plupart des contrats de licence règlent les conditions dans lesquelles seront restitués les moyens mis en œuvre pour l'exécution du contrat (n° 16103) et spécialement celles sous lesquelles seront écoulées les marchandises en **stock** au moment de la cessation du contrat : par exemple, droit pour le licencié de procéder à la vente du stock avec ou sans délai, rachat par le breveté, droit pour le breveté d'opter entre le rachat par lui ou la vente par le licencié, etc.

4. CONTENTIEUX DU CONTRAT DE LICENCE

Les litiges nés des contrats de licence de brevet relèvent des règles de compétence de droit commun des juridictions (Cass. com. 7-6-2011 n° 10-19.030 : GP 2011.som.26 octobre note L. Marino : clause de secret, même à l'égard de l'État sous-licencié ; T. confl. 6-6-1989 : D. 1990.som.151 obs. Mousseron et Schmidt). Il n'en est différemment que lorsque la solution du litige suppose l'application des règles relatives au titre du brevet. 33050

Tel est le cas pour :
– le litige qui implique d'apprécier l'existence ou non de perfectionnements (Cass. com. 18-11-1975 : JCP G 1977.II.18547) ;
– la demande en annulation ou en résolution d'une convention de licence exclusive dès lors qu'il est soutenu que le brevet objet de la concession n'est pas susceptible d'une exploitation industrielle (CA Amiens 4-9-1975 : JCP G 1976.IV.87) ;
– la demande tendant à faire délimiter l'étendue des droits nés du brevet (T. com. Paris 24-2-1982 : JCP G 1982.II.19890 note Vivant).

B. Cession et mise en gage de brevet

33200 **Cession** La cession de brevet obéit aux règles de droit commun des contrats (nos 10600 s.) et du contrat de vente (nos 26503 s.). Seules quelques règles particulières sont, en plus, à observer, notamment :

– la cession de brevet doit être conclue par **écrit,** à peine de nullité (CPI art. L 613-8, al. 5) ;

La cession de la priorité revendiquée d'un dépôt de brevet antérieur dans un autre pays de l'Union de Paris (no 31009) n'a pas à être établie par écrit ; elle est opposable aux tiers du seul fait de la mention de la priorité portée sur le brevet, les formalités concernant les revendications du droit de priorité étant contrôlées par l'Inpi (TGI Paris 6-3-1991 : Dossiers Brevets 1992.I.1).

– la cession doit être **inscrite** au registre national des brevets à l'Inpi selon les règles exposées no 32913 à propos du contrat de licence ; à défaut, elle est inopposable aux tiers (CA Paris 31-10-1991 : RDPI 1992 no 40 p. 68 ; dans le même sens pour défaut d'inscription par l'Office européen des brevets de la cession au registre européen des brevets, CA Paris 21-9-2022 no 20/14418), sauf à celui qui la connaissait (no 32913) ;

– la cession de brevet n'implique pas nécessairement que le cédant doit communiquer le savoir-faire (TGI Paris 27-11-1986 : D. 1988.som.354 obs. Mousseron et Schmidt) ;

– le cédant garantit la validité juridique du brevet, autrement dit l'éviction (Cass. com. 3-5-1978 : D. 1979.247 note Burst), mais non le rendement ou la valeur de l'invention (CA Paris 18-5-1989 : RDPI 1989 no 26 p. 72), sauf clause contraire (cf. Cass. com. 12-12-1984 : JCP E 1985.14139).

La garantie d'éviction n'est due que si l'acte en vertu duquel elle est demandée est une cession ; n'y est pas tenue la partie qui reconnaît à un inventeur un droit de copropriété car il s'agit là d'un acte récognitif et non d'une cession, même si cet acte précise que la cession est consentie pour « un franc symbolique » ; n'y est pas non plus tenu, cette mention figurant pour les besoins de l'enregistrement fiscal (TGI Paris 13-7-1989 : Dossiers Brevets 1990.III.5), l'acquéreur qui connaissait le risque d'une éviction, par exemple en mettant en vente les produits qu'il savait contrefaisants d'un modèle (Cass. 1e civ. 13-3-2008 no 06-20.152 : RJDA 6/08 no 624, refusant de déduire cette connaissance de la seule qualité de professionnel de l'acheteur).

Le cessionnaire peut demander la nullité de la cession pour défaut de validité du brevet dès lors qu'il ne ressort pas du contrat de cession qu'il est aléatoire (Cass. com. 3-5-1978 : D. 1979.247 note Burst).

Dans un cas où la cession prévoyait que, si le cessionnaire, qui s'était engagé à exploiter les brevets cédés, n'avait plus d'intérêt à le faire, le cédant reprendrait les brevets, les juges ont pu estimer que la preuve de cette perte d'intérêt n'était pas laissée à la seule appréciation du cessionnaire et ordonner une mesure d'instruction tendant à vérifier la « rentabilité » de l'exploitation (Cass. com. 1-2-1977 : GP 1977.190).

33203 **Mise en gage** La possibilité de donner en gage un brevet est implicitement admise par les dispositions qui exigent la publication des constitutions de gage (CPI art. L 613-9 et R 613-55) et règlent les conséquences sur le gage de la renonciation au brevet (CPI art. R 613-45). À défaut d'autres dispositions spécifiques, il y a lieu d'appliquer les règles de droit commun du nantissement des biens incorporels (nos 57360 s.).

C. Licence de marque

33300 **Définition** La licence de marque est un contrat par lequel le propriétaire d'une marque en concède le droit de **jouissance,** total ou partiel, à une autre personne (cf. CPI art. L 714-1, al. 4).

Elle n'est pas une cession dissimulant une cession de clientèle passible des droits d'enregistrement, du seul fait qu'elle est consentie sans limite de durée alors que le concédant conserve la propriété de son fonds de commerce, subordonne l'autorisation d'exploitation à des conditions précises et se réserve la faculté de résilier le contrat en cas d'inobservation de ces conditions (Cass. com. 12-1-1993 : Bull. civ. IV p. 4).

La licence de marque peut comporter – sans être pour autant une franchise – des prestations d'assistance de la part du titulaire de la marque et imposer certaines modalités pratiques d'exploitation afin de parvenir à un usage uniforme de la marque par tous les licenciés et à une image identique de celle-ci auprès de la clientèle (CA Versailles 7-3-2002 : RJDA 7/02 no 829).

Mais n'est pas une licence de marque l'acte par lequel le titulaire de la marque concernée a autorisé une personne à enregistrer, en son nom propre mais pour le compte de ce titulaire, un nom de domaine identique ou similaire à ladite marque, sans pour autant que cette personne soit autorisée à utiliser commercialement celle-ci en conformité avec ses fonctions propres (CJUE 17-7-2012 aff. 376/11 : JCP E 2012.1664 note Mendoza-Caminade).

La licence de marque présente donc la même caractéristique essentielle que la licence de brevet, à savoir la concession du droit d'exploiter un monopole. Il en résulte une étroite parenté entre les deux contrats, qui les rapproche, tant dans leur économie générale que dans leur contenu. Aussi les développements qui suivent emprunteront-ils largement à ceux déjà exposés pour la licence de brevet et, pour éviter trop de répétitions, seront-ils limités à une **présentation des règles essentielles** de la licence de marque en invitant le lecteur à se reporter pour plus de détails à celles de la licence de brevet (nos 32818 s.) et au-delà au droit commun du contrat.

Sur l'annulation d'une licence de marque pour dol du concédant, T. com. Marseille 22-1-2001 : RJDA 4/02 n° 446.

Validité de la marque Le contrat de licence est **nul** en cas de dol du concédant (T. com. Marseille 22-1-2001 : RJDA 4/02 n° 446). 33303

Il est aussi nul si le concédant n'est pas le propriétaire de la marque concédée (Cass. com. 3-3-1987 : D. 1987.515 note Gautier), a été déchu de ses droits sur la marque (Cass. com. 24-10-1984 : Bull. civ. IV p. 230), si la marque a été annulée (Cass. com. 1-6-1999 : RJDA 8-9/99 n° 1027) ou si la marque n'a pas été renouvelée alors qu'elle était venue à échéance avant la conclusion du contrat (CA Versailles 7-3-2002 : RJDA 7/02 n° 829).

Ces décisions **antérieures** au 1er octobre 2016 (sur cette date, n° 10000) sont aussi valables pour les contrats conclus à compter de cette date, tout contrat dont la prestation constitutive de l'obligation essentielle est impossible privant le contrat de contenu certain (n° 12490).

Seul le propriétaire de la marque peut en consentir licence.

Une société licenciée qui passe sous le contrôle de la société qui lui a concédé la licence ne devient pas pour autant propriétaire de la marque ; il suffit que la société mère lui retire l'usage de ses marques pour que la filiale n'ait plus de droit à exploiter celles-ci (Cass. com. 8-6-1970 : RTD com. 1971.87).

Toutefois, une licence non exclusive peut résulter d'un règlement d'usage (CPI art. L 714-1, al. 3).

Lorsqu'une marque nationale ou de l'UE est détenue en copropriété, le droit national est applicable pour déterminer si l'octroi ou la résiliation de la licence d'utilisation de la marque requiert une décision adoptée à l'unanimité des cotitulaires ou à la majorité de ceux-ci (CJUE 27-4-2023 aff. 686/21).

Écrit Le contrat de licence de marque doit être établi par écrit pour que le bénéficiaire soit autorisé à se prévaloir du transfert de la marque (Cass. civ. 10-3-1993 : JCP E 1994.II p. 140 note Pillebout : à propos d'une cession de marque, mais transposable). 33309

Si le titulaire de la marque exige du licencié un engagement d'exclusivité, les règles exposées au n° 21546 sont applicables (sur l'annulation d'un contrat de licence de marque pour vice du consentement né du défaut d'information, CA Paris 5-12-1996 : DA 1997.380).

Inscription à l'Inpi Pour être opposable aux tiers, la licence doit être **inscrite** sur le registre national des marques tenu par l'Inpi dans les conditions de l'article L 714-7, al. 1 et 2 du Code de la propriété intellectuelle (CPI art. R 714-4 ; voir aussi n° 33400, § 2 transposable), sous réserve du cas où le tiers connaissait la licence, par transposition de la solution applicable en matière de brevet énoncée n° 32913 en raison de l'analogie des situations. 33312

Sur la possibilité d'agir en contrefaçon du licencié dont la licence n'est pas inscrite, n° 32632.

En revanche, cette formalité n'est **pas exigée** dans les rapports **entre les parties,** le licencié pouvant toujours se prévaloir du contrat de licence à l'égard de son concédant, même en l'absence d'inscription à l'Inpi (Cass. com. 4-11-2014 n° 13-21.933 : RJDA 4/15 n° 261 ; CA Paris 8-2-1973 : RTD com. 1973.543).

Identification de la marque Le contrat doit désigner la marque concédée : indication de son intitulé, des produits couverts, de la date, du lieu et du numéro du dépôt, et éventuellement des renouvellements de ce dépôt ainsi que, le cas échéant, les mentions du dépôt international. 33318

En vertu du principe de la spécialité de la marque, la licence ne peut être concédée que pour les produits énumérés dans l'acte de dépôt et non pour des produits similaires (Cass. com. 24-10-1984 n° 83-13.307 : Bull. civ. IV n° 284).

33321 **Étendue du droit d'exploitation** Les licences de marques peuvent être exclusives ou non, cessibles ou non, sous-licenciées ou sous-traitées ou non, selon les clauses du contrat (sur ces clauses, nos 32855 s.).

L'interdiction d'accorder des sous-licences n'exclut pas, à notre avis, que la marque soit utilisée même si les produits sont fabriqués par un sous-traitant : dès l'instant que les normes de qualité éventuellement imposées par le contrat de licence sont respectées, peu importe l'origine de la fabrication des produits. Il ne saurait en être autrement qu'en présence d'une clause expresse du contrat interdisant la sous-traitance au licencié.

L'action directe du locataire-gérant d'un fonds de commerce contre le propriétaire d'une marque qui en avait consenti l'exclusivité d'exploitation au propriétaire du fonds a été déclarée recevable, dès lors qu'il avait été constaté que le propriétaire de la marque avait donné au moins son accord tacite à cette location (Cass. com. 4-7-1973 : GP 1973.som.211).

Le droit concédé est celui d'user de la marque dans les conditions définies au contrat. La marque formant un tout indivisible, les parties ne peuvent pas scinder le droit concédé : celui-ci porte sur l'usage plein et entier de la marque ou n'existe pas.

Cependant, il est possible d'apporter un certain nombre de **restrictions** aux droits du licencié, par exemple sur les produits, la nature ou la durée de l'exploitation, ou sur l'étendue du territoire concédé (cf. CPI art. L 714-1, al. 5). Ces restrictions ne doivent pas porter atteinte aux règles de libre concurrence. Toutefois, il a été jugé que l'interdiction de s'opposer aux importations parallèles ne peut aller jusqu'à ce que le licencié installé dans un autre État membre de la Communauté européenne (devenue UE) organise avec un tiers une concurrence active en instituant au détriment du licencié exclusif, sur le territoire de celui-ci, un réseau de distribution parallèle (CA Paris 24-3-1994 : D. 1994.IR.120).

En l'absence de stipulation expresse, le concédant d'une licence exclusive n'a pas le droit d'exploiter cette dernière pour son compte dans le territoire concédé, car il doit au licencié une jouissance paisible (Cass. com. 10-1-1995 : RJDA 4/95 n° 519).

33324 **Redevance** Le régime des redevances dans la licence de marque peut être conçu et aménagé de façon identique à celui exposé à propos des brevets d'invention (nos 32875 s.).

La redevance n'est due que pour les actes d'exploitation de la marque accomplis sur le territoire où elle a été enregistrée, car ce n'est qu'en ce pays que la marque génère une protection (Cass. com. 9-6-2009 n° 08-13.916 : Propr. intell. 2009.429 obs. Sabatier).

33327 **Délivrance de la marque** Le titulaire de la marque doit **remettre** au licencié tous les **documents** lui permettant d'user régulièrement de la marque, notamment la copie des mentions du dépôt afin d'apprécier avec exactitude le domaine de la marque, et lui assurer une jouissance paisible (Cass. com. 17-1-2018 n° 15-25.894 D : RDC 2018.255 obs. Passa).

33330 **Maintien en vigueur de la marque** Sauf clause contraire du contrat, c'est au titulaire de la marque qu'il appartient, par exemple en cas de licence plus longue que la durée de validité du dépôt en cours, d'accomplir les **formalités de renouvellement** du dépôt et d'acquitter les frais et taxes correspondants (nos 32506 s.). Le défaut de renouvellement peut justifier la résolution du contrat de licence (CA Paris 7-1-1993 : GP 1994.som.46).

33333 **Cession de la marque** Sauf clause contraire, le concédant peut librement céder sa marque à un tiers ou l'apporter en société.

33336 **Contrefaçon** En cas de **contrefaçon par un tiers,** le titulaire de la marque peut agir en contrefaçon ainsi que le licencié dans les conditions fixées au n° 32632.

S'il ne dispose pas de l'action en contrefaçon, le licencié peut intenter une action en **concurrence déloyale** pour obtenir la réparation du préjudice qu'il a personnellement subi du fait de la contrefaçon (CA Paris 21-3-1953 : Ann. propr. ind. 1953.7), si les faits invoqués à l'appui de la concurrence déloyale sont distincts des faits de contrefaçon (n° 32650).

En cas de **contrefaçon par le licencié,** l'action peut être dirigée contre lui ; si le licencié est condamné à verser des dommages-intérêts au tiers poursuivant, il peut se retourner en **garantie** contre le titulaire de la marque si celle-ci n'est pas valable.

33339 **Exploitation de la marque** Le licencié doit exploiter la marque qui lui a été concédée dans les conditions fixées au contrat (pour des exemples d'exploitation satisfaisante, CA Paris 28-4-2000 : RJDA 12/00 n° 1186 ; TGI Paris 14-12-1988 : GP 1990.som.57 ; pour une résiliation en raison d'une exploitation non conforme au contrat, Cass. com. 29-10-2003 : RDPI 2004 n° 158 p. 27).

Pour surveiller l'exécution des conditions d'exploitation, le titulaire de la marque se réserve généralement un **droit de contrôle** qui peut être aménagé dans les mêmes termes que le droit de contrôle du breveté dans les contrats de licence de brevet (n° 32981).

Versement des redevances Le licencié doit verser les redevances prévues au contrat dans les conditions arrêtées d'un commun accord entre les parties. 33342

Il ne saurait prétendre à un dédommagement au motif que le titulaire de la marque lui a présenté celle-ci de façon flatteuse et trompeuse ayant favorisé l'établissement d'un budget prévisionnel erroné : il appartient à un commerçant avisé de vérifier la notoriété et la réputation de la marque, le donneur de licence n'étant pas tenu à cet égard à une obligation de conseil (TGI Paris 23-1-1991 : RDPI 1991 n° 33 p. 36).

Sur toutes ces questions, nos 32875 s. transposables.

Révélation des atteintes à la marque Très souvent, les contrats de licence de marque imposent au licencié de signaler au titulaire de la marque les contrefaçons dont celle-ci est l'objet et, parfois, l'obligent à participer aux frais de poursuites. 33345

Non-concurrence Il peut être conventionnellement interdit au licencié de vendre des produits concurrents de ceux faisant l'objet de la marque concédée. Sur la clause de non-concurrence : nos 13655 s. 33348

Cessation du contrat Le terme du contrat de licence est librement choisi par les parties ; il peut correspondre à la durée d'un dépôt (dix ans), lui être inférieur ou supérieur (le dépôt pouvant être indéfiniment renouvelé). Lorsque aucun terme n'a été stipulé, la licence peut, par analogie avec le régime des brevets (n° 33000), être réputée consentie pour la durée de validité du dépôt en cours ou pour une durée indéterminée. 33351

L'extinction de la licence de marque produit les mêmes effets que celle de la licence de brevet (n° 33003).

Le licencié qui continue à user de la marque sans autorisation après expiration du contrat de licence commet une contrefaçon (CA Versailles 7-7-1986 : GP 1990.488).

Contentieux Voir nos 32700 s. 33354

D. Cession de marque

En dehors des règles de droit commun des contrats qui lui sont applicables, la cession de marque appelle les quelques observations complémentaires ci-après. 33400

Sont ainsi applicables à la cession de marque les règles de l'indivision lorsque la marque est indivise et la règle de détermination du prix appliquée à la vente (CA Versailles 1-6-1995 : RJDA 12/95 n° 1461).

Sur la non-requalification d'une licence sans limite de durée, en cession dissimulant une cession de clientèle, voir n° 33300.

Sur le transfert légal de la marque résultant de la transmission totale de l'entreprise, CPI art. L 714-1, al. 2.

1. Validité. La cession ne doit pas avoir été conclue **abusivement,** dans la seule intention d'entraîner, par le jeu de l'antériorité dont bénéficiait la marque ainsi acquise et exploitée, la perte d'une entreprise concurrente qui mettait en vente ses produits sous la même marque déposée postérieurement (Cass. com. 21-2-1978 n° 76-13.425 : Bull. civ. IV n° 72 ; cf. CA Toulouse 31-3-1983 et CA Paris 3-5-1984 : D. 1985.IR.82 obs. Burst ; CA Paris 29-11-1994 : GP 1996.47 note Haas ; CA Paris 18-10-1989 : RDPI 1989 n° 26 p. 93 ; CA Versailles 11-5-2000 : JCP E 2000.pan.1213).

2. Formalités. La cession doit être conclue par **écrit** sous peine de nullité (CPI art. L 714-1, al 4 ; Cass. com. 7-4-1992 : RJDA 10/92 n° 964).

Elle doit être **inscrite** au registre national des marques pour être opposable aux tiers sur le territoire français dans les conditions de l'article L 714-7, al. 1 et 2 du CPI (Cass. com. 29-6-1999 : RJDA 11/99 n° 1268). Il en est de même de la transmission universelle de la marque par succession (CA Paris 12-1-2001 : GP.2001.som.1341) ou par fusion (CA Paris 13-10-2004 n° 04-7508 : RJDA 3/05 n° 266).

À défaut, le **renouvellement** par le cessionnaire est inopposable aux tiers (Cass. com. 24-6-1986 : D. 1989.som.131 obs. Burst) : seul le cédant peut éviter la déchéance de la marque en procédant au renouvellement de celle-ci (TGI Perpignan 4-2-1988 : D. 1989.som.131 obs. Burst).

Entre les parties, la cession prend effet au jour de sa conclusion (CA Paris 19-6-1984 : D. 1985.IR.86 obs. Burst).

Si la marque est inscrite au registre international des marques, sa cession n'est opposable aux tiers, dans tous les pays désignés par l'enregistrement, que si elle est inscrite sur ce registre et non simplement publiée au Bulletin des marques internationales (CA Paris 17-5-1994 : RDPI 1994 n° 55 p. 49).

3. Effet. Le cessionnaire acquiert les droits dont le cédant disposait sur la marque (Cass. com. 11-7-1988, inédit) ; il ne peut donc prétendre que le délai de cinq ans faisant encourir la **déchéance** pour inexploitation court seulement à compter de la cession (TGI Paris 10-2-1973 : Ann. propr. ind. 1973.337).

Celui qui a cédé à titre de marque l'appellation constituant sa dénomination sociale pour couvrir des produits de qualité ordinaire s'est privé du droit qu'il pouvait faire valoir sur celle-ci, en tant que titulaire d'une marque de haute couture comportant la même dénomination, au titre des atteintes qu'il subirait dans les domaines pour lesquels a eu lieu la cession (CA Paris 10-10-1991 : RJDA 12/91 n° 1099).

Si la marque vendue n'existait pas, faute de dépôt, l'acquéreur peut demander au cédant l'exécution de son obligation de délivrance par équivalent puisque cette marque ne pourra jamais être délivrée (Cass. com. 15-6-1999 : RJDA 10/99 n° 1066).

Il peut aussi exiger du cédant la garantie d'éviction, celui-ci ne pouvant prétendre l'évincer en agissant en déchéance de la marque (Cass. com. 31-1-2006 n° 151 : RJDA 5/06 n° 595).

La personne physique qui a cédé à une personne morale son nom patronymique, qui en a ainsi fait un signe distinctif détaché de sa personnalité, ne peut utiliser ce nom pour des activités concurrentes de celles de la société mais elle le peut pour des activités non concurrentes (TGI Paris 7-9-2005 : D. 2005.2680. som. obs. Allaeys, annulant néanmoins la cession car incluse dans un ensemble contractuel affectant les droits de la personnalité et portant atteinte à la liberté individuelle et à celle du commerce).

E. Nantissement de la marque

33500 Les droits attachés à une marque peuvent être l'objet de droits réels ; ils peuvent notamment être nantis, à la condition d'être constaté par écrit, à peine de nullité (CPI art. L 714-1, al. 3 et 7).

Pour être opposable aux tiers, le nantissement doit être inscrit sur le registre national des marques dans les conditions de l'article L 714-7, al. 1 et 2.

Il n'est pas soumis aux dispositions relatives au nantissement du fonds de commerce car la marque n'est qu'un élément du fonds et non le fonds lui-même (TGI Paris 27-4-1994 : RDPI 1995 n° 59 p. 44).

À défaut d'autres dispositions spécifiques, les règles de droit commun du gage des biens incorporels sont applicables (n°s 57360 s.).

F. Accord de coexistence de marques

ACCORD TRANSACTIONNEL

33550 Un accord tendant à faire coexister deux marques peut constituer une transaction revêtue de l'autorité de la chose jugée ; il s'ensuit que la partie à cet accord qui a reconnu le droit de propriété de son cocontractant sur la marque litigieuse **ne peut donc poursuivre ce dernier en déchéance** de sa marque pour défaut d'exploitation ; mais elle peut faire enregistrer le signe comme nom de domaine, dès lors que l'accord ne se prononce pas sur ce point (TGI Paris 16-12-2011 n° 11/10887 : JCP E 2013.1074 n° 12 obs. Caron).

Le non-respect des engagements contractuels est susceptible, même s'il est sans gravité, de créer un risque de confusion dans l'esprit du public constitutif de contrefaçon par imitation et de concurrence déloyale avec la dénomination sociale, le nom commercial et le nom de domaine de l'autre partie à l'accord, risque que le juge doit rechercher (Cass. com. 10-2-2015 n° 13-24.979 : Bull. civ. IV n° 27), risque de confusion qui a été retenu par la juridiction de renvoi (CA Paris 27-5-2016 n° 2015/03893 : RDC 2017.315 obs. Passa).

Inversement, la transaction qui constatait un accord pour qu'une société prenne une nouvelle appellation pour sa dénomination sociale et ses noms de domaine afin d'éviter tout risque de confusion avec la marque, la dénomination sociale et le nom de domaine d'une autre société, et qui ne contenait aucune disposition excluant l'utilisation de la nouvelle appellation à titre de marque, ne **s'oppose pas, en l'absence de tout risque de confusion, au dépôt** de cette appellation à titre de marque, l'exclusion de ce dépôt n'apparaissant pas comme une suite nécessaire de ce qui y était exprimé dans la transaction à propos des signes existants (Cass. com. 20-9-2016 n° 15-11.119 F-D : RDC 2017.315 obs. Passa).

A commis un acte de **contrefaçon** la partie à un accord de coexistence qui a méconnu les termes exprès de celui-ci ; tel est le cas de la société autorisée à exploiter la marque sous la condition expresse, exempte de toute ambiguïté, de respecter le graphisme de la marque telle que celle-ci a été déposée, cet accord de coexistence devant recevoir une interprétation restrictive afin d'éviter tout risque de confusion entre les marques (Cass. com. 31-3-2009 n° 07-17.665 : JCP E 2009.2143 obs. C. Caron).

G. Actes d'exploitation des dessins et modèles

Les dessins et modèles peuvent être l'objet de licence et de cession (CPI art. L 513-2), mais aussi de mise en gage puisque la publicité de ces actes au registre national des dessins et modèles est rendue obligatoire (CPI art. R 512-15 ; CA Versailles 16-10-2001 : JCP E 2002.pan.344) et qu'à défaut de cette inscription lesdits actes sont inopposables aux tiers (CA Paris 28-3-2001 : RDPI 2001 n° 127 p. 11). 33600

Il a été reconnu au licencié d'un dessin ou d'un modèle communautaire le droit d'agir en contrefaçon même si sa licence n'était pas inscrite au registre des dessins ou modèles communautaires au motif que l'inopposabilité aux tiers, prévue par l'article 3, paragraphe 2, première phrase du règlement instituant ce modèle (n° 32187), visant à protéger celui qui a ou est susceptible d'avoir des droits sur un dessin ou sur un modèle communautaire en tant qu'objet de propriété, il en résulte qu'elle ne s'applique pas dans le cas où le titulaire de la licence fait grief à un tiers d'avoir, en contrefaisant le dessin ou modèle, violé les droits conférés par le dessin ou modèle communautaire enregistré (CJUE 22-6-2016 aff. 419/15 : GP 2016 som. n° 37 p. 25 note Marino) ; cette solution pourrait conduire à la transposition de la solution aux dessins et modèles nationaux.

À défaut d'autres dispositions, ces actes obéissent aux règles du droit commun (CA Paris 27-3-2002 : Propr. intell. 2003.400 n° 6 obs. de Candé : annulation de la licence en raison de la nullité du modèle (n° 12490) ; TGI Paris 14-5-2009 : Propr. intell. 2009.391 obs. de Candé : preuve de la cession des droits non rapportée pour défaut de production par la partie qui invoquait cette cession de l'original de l'acte requis par l'art. 1325 du Code civil) ; pour les licences et les cessions, les solutions qui ne sont pas particulières aux licences et cessions de brevet ou de marque peuvent être transposées (nos 32800 s.) ; pour la mise en gage, les règles du droit commun du gage des biens incorporels sont applicables (nos 57360 s.).

Lorsque le dessin ou le modèle est protégé par le droit d'auteur, les règles spécifiques à la cession de ce droit (nos 34760 s.), qui ne concernent que les contrats de représentation, d'édition et de production audiovisuelle, ne lui sont pas applicables (CA Paris 16-2-2005 : D. 2005.2523 obs. Allaeys).

L'acheteur a droit à la garantie d'éviction, due par le cédant de tout droit de propriété incorporelle ; il n'en est privé que s'il connaissait le risque d'une éviction, par exemple en mettant en vente les produits qu'il savait contrefaisants d'un modèle (Cass. 1e civ. 13-3-2008 n° 06-20.152 : RJDA 6/08 n° 624, refusant de déduire cette connaissance de la seule qualité de professionnel de l'acheteur).

H. Communication de savoir-faire

Définition Le contrat de communication de savoir-faire ou « know-how » est un contrat aux termes duquel le détenteur d'un procédé non breveté transmet ses connaissances ou son savoir-faire à une autre personne en vue de l'aider à la fabrication d'un produit ou à l'exécution d'une prestation de services déterminée. 33700

Le savoir-faire est constitué par des informations techniques, identifiées de toutes manières appropriées et qui permettent à celui qui le reçoit de faire un produit ou d'offrir un service qu'il n'aurait pu, sans cette aide, obtenir avec la même qualité nécessaire à sa réussite commerciale (Cass. com. 13-7-1966 : Bull. civ. III n° 358). Ce savoir-faire peut exister au titre de la production agricole et être cédé, y compris en l'absence de création d'un fonds agricole (Cass. 3e civ. 6-10-2016 n° 11-21.700 FS-PB).

La longévité et le succès de la commercialisation d'un produit ne suffisent pas à eux seuls à caractériser un savoir-faire ou des efforts humains et financiers (Cass. com. 5-7-2016 n° 14-10.108).

Régime En l'absence de disposition spécifique à la communication du savoir-faire, les règles du droit commun des contrats sont applicables. 33703

Conditions de validité Le savoir-faire communiqué doit exister réellement ; s'il est impossible d'atteindre le résultat promis grâce au procédé industriel communiqué, le contrat est nul faute de contenu certain (nos 12401 s.) ou pour impossibilité de la prestation constitutive de l'obligation essentielle (n° 12490). 33706

Il faut que le transfert des connaissances procure à son bénéficiaire un avantage appréciable, peu important que le procédé soit connu des tiers ou non (Cass. com. 13-7-1966 : JCP G 1967.II.15131 note Durand) sous peine de défaut de contrepartie (n° 12496).

Le contrat de communication de savoir-faire ne doit pas, par ailleurs, porter atteinte aux **règles protectrices de la concurrence** édictées tant par la législation française que communautaire (sur l'interdiction de cloisonnement des marchés : MCC n° 44930).

Forme du contrat Le contrat de communication de savoir-faire n'est soumis à **aucune forme** particulière. Il est rendu opposable aux tiers dans les conditions prévues pour les cessions d'un droit (n° 14286 ; cf. Cass. civ. 16-3-1994 : RJDA 2/95 n° 124). 33709

Nature des connaissances transmises Les parties doivent définir avec précision la nature du procédé transmis : connaissances en cause, modalités de leur communication. 33712

Toute l'économie du contrat en dépend : le titulaire du savoir-faire n'est tenu de transférer que les connaissances visées, tandis que le bénéficiaire ne doit les redevances que pour les produits fabriqués à partir de ces connaissances. Dès lors, toute fourniture de connaissances en dehors du domaine fixé peut justifier une nouvelle demande de redevances et, inversement, tout produit fabriqué sans recours au savoir-faire délimité dans le contrat ne supporte pas de redevance.

La détermination du procédé de fabrication conduit aussi à fixer le sort des **perfectionnements** éventuels, lequel peut être réglé comme en matière de licence de brevet (n° 32848).

33715 **Étendue du droit d'usage par le bénéficiaire** Le droit d'usage du savoir-faire peut être exclusif ou non, comporter ou non le droit d'être concédé, être ou non limité territorialement. Les règles exposées à propos de la licence de brevet (nos 32855 s.) peuvent être ici transposées.

33718 **Modalités de la transmission** Le contrat doit préciser les conditions dans lesquelles s'effectue la transmission au bénéficiaire des connaissances du concédant.

1. Documents. Le titulaire du savoir-faire doit s'engager à transmettre au bénéficiaire tous les papiers, diagrammes, plans, dessins, manuels, etc., nécessaires à la mise en œuvre du procédé de fabrication. En cas de demandes supplémentaires de documents, une rémunération spéciale peut être prévue.

2. Matériel. Le titulaire du savoir-faire peut aussi s'engager à fournir le matériel servant à la fabrication. Parfois, il promet seulement d'assister le bénéficiaire dans l'achat de ce matériel.

3. Personnel. Le titulaire du savoir-faire s'engage souvent à former le personnel du bénéficiaire, voire à mettre à sa disposition un nombre déterminé de ses propres salariés afin de l'assister dans l'assimilation de ses techniques. Dans ce cas, il est généralement prévu que le personnel prêté ne prend aucune responsabilité dans le montage ou le fonctionnement de l'installation et qu'aucune autorité n'est exercée par ce personnel sur celui du licencié. Sur la mise à disposition de personnel, nos 13685 s.

33721 **Garanties des connaissances** Le détenteur des connaissances n'est **pas** tenu à une obligation de **« résultat »,** sauf engagement exprès de sa part ; dans ce dernier cas, il y a lieu de prévoir : les moyens de contrôle des fabrications par le fournisseur ; les procédés de constatation des résultats atteints ; les sanctions des insuffisances des performances.

33724 **Obligation de délivrance** Le fournisseur doit livrer le savoir-faire ou ses éléments essentiels (pour un exemple de manquement à cette obligation sanctionné par des dommages-intérêts, T. com. Paris 5-6-1984 : D.1985.IR.44 obs. J.H.).

33727 **Durée** Il est recommandé aux parties de fixer un terme, quitte à prévoir une clause de reconduction. Il convient aussi d'harmoniser cette durée avec celle des contrats dont la communication de savoir-faire est, le cas échéant, l'accessoire.

33730 **Paiement des redevances** Le bénéficiaire du savoir-faire doit verser une rémunération qui peut revêtir les formes les plus diverses, comparables à celles qui se rencontrent dans la licence de brevet (nos 32875 s.).

33733 **Conservation du secret** Le bénéficiaire du savoir-faire est tenu de ne pas divulguer les informations qui lui ont été communiquées par le « concédant », il en est de même de ses salariés (pour un exemple de détournement par un ancien salarié, CA Paris 27-9-2000 : RDPI 2000 n° 116 p. 2, évaluant le savoir-faire détourné à 25 % des biens incorporels de la société détentrice, soit 75 millions de francs).

Mais les anciens salariés peuvent utiliser dans une autre entreprise le savoir-faire non protégeable acquis dans la première (CA Paris 17-10-1974 : GP 1975.1.130).

Sur la sanction de la révélation du savoir-faire par l'action en concurrence déloyale, MCC nos 12650 s. ; sur l'obligation de secret en général, nos 13640 s. ; sur la protection du savoir-faire et du secret des affaires, n° 13652.

33736 **Cessation du contrat** Deux particularités sont à signaler :

– le brevet acquis par un tiers postérieurement à la conclusion du contrat de savoir-faire prive le preneur du droit d'exploiter ce savoir-faire, car ses fabrications constituent alors des contrefaçons, sauf si le brevet porte sur une invention qui a été avec certitude rendue accessible au public avant la demande de brevet, n° 31034 ;

– la plupart des contrats imposent l'obligation pour le bénéficiaire du savoir-faire de ne pas divulguer le procédé pendant une durée déterminée après l'expiration de la concession.

33739 **Contentieux** Les litiges nés d'un contrat de transfert de savoir-faire relèvent de la compétence de droit commun, à défaut de disposition attribuant compétence à une juridiction déterminée.

SECTION 4

PROPRIÉTÉ LITTÉRAIRE ET ARTISTIQUE : DROITS D'AUTEUR ET DROITS VOISINS

I. DROITS D'AUTEUR : RÉGIME GÉNÉRAL

GÉNÉRALITÉS

Définition **La personne** physique qui a **créé** une œuvre de l'esprit jouit sur cette œuvre, du seul fait de sa création, d'un droit de propriété incorporelle exclusif et opposable à tous ; ce droit comporte un droit moral et un droit patrimonial (CPI art. L 111-1, al. 1 et 2). 34500

Les **auxiliaires de la création** (artistes-interprètes, producteurs de phonogrammes et vidéogrammes, entreprises de communication audiovisuelle), dont l'intervention est requise par les auteurs ou leurs ayants droit pour assurer la communication de leurs œuvres au public, jouissent aussi de droits sur leur activité, dénommés **droits voisins** du droit d'auteur (CPI art. L 211-1 s.).

Régime Le régime des droits d'auteur et des droits voisins est fixé dans le **Code de la propriété intellectuelle** (livres premier et deuxième) ci-après « CPI ». 34503

Ce régime, issu de la loi 57-298 du 11 mars 1957, a été modifié par la transposition de la directive européenne 2001/29 du 22 mai 2001 sur l'harmonisation de certains aspects du droit d'auteur et des droits voisins dans la société de l'information, réalisée par la loi 2006-961 du 1er août 2006 relative au droit d'auteur et aux droits voisins dans la société de l'information, entrée en vigueur le 4 août 2006. Le Conseil constitutionnel a assorti cette loi de réserves (Cons. const. 27-7-2006 n° 540 DC).

La directive 2001/29 a été modifiée par la directive UE 2019/790 du 17 avril 2019 sur le droit d'auteur et les droits voisins dans le marché unique numérique, transposée partiellement par l'ordonnance 2021-580 du 12 mai 2021. Cette ordonnance a été complétée par l'adoption :

– de l'ordonnance 2021-798 du 23 juin 2021 portant transposition de la directive UE 2019/789 du Parlement européen et du Conseil du 17 avril 2019 établissant des règles sur l'exercice du droit d'auteur et des droits voisins applicables à certaines transmissions en ligne d'organismes de radiodiffusion et retransmissions de programmes de télévision et de radio ;

– de l'ordonnance 2021-1518 du 24 novembre 2021 complétant la transposition de la directive UE 2019/790 du Parlement européen et du Conseil du 17 avril 2019 sur le droit d'auteur et les droits voisins dans le marché unique numérique ;

– du décret 2022-928 du 23 juin 2022 portant modification du CPI.

Sur la loi applicable à une obligation non contractuelle résultant d'une atteinte à un droit d'auteur invoquée entre ressortissants de l'UE, règlement CE 864/2007 du 11 juillet 2007 relatif à la loi applicable aux obligations non contractuelles (art. 8).

Sur les dispositions générales relatives à la propriété intellectuelle, nos 30950 s. et à l'Adpic, n° 30956.

Lorsque les œuvres créées ne sont pas exclusivement françaises (lesquelles sont pratiquement celles créées et exploitées en France par des auteurs français), ou lorsque les œuvres françaises sont exploitées à l'étranger, elles sont soumises aux règles particulières des **conventions internationales** de Berne pour la protection des œuvres littéraires et artistiques du 9 septembre 1886, modifiée le 28 septembre 1979, et de Genève sur le droit d'auteur du 6 septembre 1952. Sur la protection internationale des droits voisins des droits d'auteur, n° 35049.

Il existe d'autres conventions que la France n'a pas, pour l'instant, ratifiées : convention de Genève de 1971 sur la protection des producteurs de phonogrammes ; convention de Bruxelles de 1974 relative à la distribution des signaux porteurs de programmes transmis par satellites ; convention de Madrid de 1979, tendant à éviter la double imposition des redevances de droit d'auteur.

La convention de Berne de 1886 s'applique dans les pays qui l'ont ratifiée, même si ces pays ont aussi ratifié la convention de Genève (Convention de Genève art. 17).

A. Œuvres génératrices de droits d'auteur

CRITÈRES DE QUALIFICATION

34510 L'œuvre de l'esprit, pour engendrer des droits d'auteur, doit être l'expression **originale** d'une pensée, d'une impression ou d'un sentiment (cf. CPI art. L 112-1 et L 112-2) et refléter la personnalité de son auteur (Cass. com. 6-9-2016 n° 14-15.286 F-D : RTD com. 2016.735 obs. Pollaud-Dulian ; CJUE 11-6-2020 aff. 833/18 : RJDA 11/20 n° 603.som. : définition plus explicite et concordante).

34513 **Expression** L'œuvre de l'esprit qui ouvre droit à la protection des droits d'auteur (CPI art. L 112-1) n'existe matériellement que si elle se manifeste par la création d'**une forme** choisie par l'auteur, de ce qu'il entend traduire concrètement en vue de sa communication à autrui.

La liste des œuvres protégées de l'article L 112-2, introduite par l'adverbe « notamment », est indicative (Cass. com. 4-7-2006 n° 03-13.728 : Bull. civ. n° 165 ; CA Paris 3-7-1975 : D. 1976.som.19 ; CA Paris 21-11-1994 : RIDA 1995.381 et 243).

Tel n'est pas le cas des **idées** ou des concepts qui demeurent « de libre parcours » tant qu'ils n'ont pas été exprimés sous une forme originale (Cass. 1e civ. 17-6-2003 n° 795 : RJDA 12/03 n° 1262).

Sur le refus de protéger l'idée d'une émission télévisée, CA Paris 12-2-1990 : D. 1990.IR.78, d'une méthode d'évaluation, CA Paris 14-10-1993 : RJDA 3/94 n° 357, d'une publicité, Cass. crim. 15-10-1969 : D. 1970.15 et Cass. civ. 21-5-1963 : JCP G 1963.II.13254 bis ou d'une saveur d'un produit alimentaire (CJUE 13-11-2018 aff. 310/17 : D. 2018.2464 note Pollaud-Dulian).

Mais l'utilisation de l'idée d'un autre peut constituer une faute génératrice de responsabilité (CE 5-2-1997 : RJDA 11/97 n° 1432 : responsabilité de l'administration).

La loi protège l'expression quelles qu'en soient les **modalités** ; importent peu (CPI art. L 112-1) :

a. Le genre de l'œuvre : littéraire, musical ou artistique ;

b. La forme : orale, écrite ou plastique ;

c. Le mérite ; la protection légale est indépendante de toute appréciation d'ordre esthétique ou moral, nécessairement subjective et aléatoire, de la part du juge (Cass. civ. 5-5-1998 : RJDA 8-9/98 n° 1061, s'appuyant sur cette règle pour accorder la protection légale aux copies des œuvres d'arts plastiques) ;

d. La destination ; il peut s'agir d'une œuvre d'art pur, d'art appliqué, à but esthétique ou utilitaire (sur des montages audiovisuels réalisés pour le compte d'un constructeur d'automobiles et destinés à illustrer les brochures éditées par le service après-vente à l'usage des réparateurs : Cass. civ. 15-4-1982 : D. 1983.IR.93 obs. Colombet).

Néanmoins, la forme utilisée pour l'expression de l'œuvre doit engendrer une création d'objets déterminés, individualisés et parfaitement identifiables, et non **pas un genre** ou une famille de formes qui ne présentent entre elles des caractères communs que parce qu'elles correspondent toutes à un style ou un procédé résultant d'une idée, comme celle d'envelopper des objets qui n'ont pas besoin de tels soins (TGI Paris 26-5-1987 précité : D. 1988.som.201 obs. Colombet, refusant le droit d'un artiste, qui a eu l'idée d'un genre d'emballage pour un objet, à l'accaparement de l'enveloppement de tous les autres, spécialement de tous ceux qui ont une frondaison en boule et sont alignés dans un jardin public ou un square, ainsi que des ponts ressemblant au Pont-Neuf à Paris).

Importe peu aussi l'objet auquel une forme d'expression est appliquée ; par exemple, la représentation des organes humains, qui appartiennent au patrimoine commun, est une œuvre de l'esprit dès lors qu'elle revêt une forme la distinguant de toute autre expression (CA Paris 30-9-1998 : GP 2000.som.899) ; il peut en être de même des dénominations sociales et des logos commerciaux (Cass. com. 4-7-2006 n° 875 : RJDA 3/07 n° 297).

La protection est accordée **indépendamment** de l'accomplissement de **formalités** ; l'auteur jouit des droits attachés à cette qualité du seul fait de la création de l'œuvre (CPI art. L 111-1, al. 1).

La loi française se distingue des législations étrangères qui subordonnent l'octroi du droit d'auteur au dépôt de l'œuvre et à son enregistrement auprès d'un organisme officiel, système dit du « copyright ».

34516 **Originalité** La forme par laquelle l'auteur s'est exprimé doit nécessairement être originale, c'est-à-dire porter l'empreinte de la personnalité de l'auteur (Cass. crim. 5-10-2010 nos 09-85.695 et 09-85.710 : RTD com. 2011.100 obs. Pollaud-Dulian). Ce peut être le cas même si des contraintes ont été imposées à l'auteur dans la réalisation de son travail (CA Versailles 18-11-1999 : LP 2000. III.51). L'originalité se distingue du savoir-faire, ou encore du procédé de fabrication, quand bien même il aurait été inventé par celui qui s'en prévaut (CA Rennes 7-9-2021 n° 18/08384 : RTD com. 2021.803 obs. F. Pollaud-Dulian).

Selon la jurisprudence de l'UE, « pour qu'une création intellectuelle puisse être considérée comme étant propre à son auteur, elle doit refléter la personnalité de celui-ci, ce qui est le cas si l'auteur a pu exprimer ses capacités créatives lors de la réalisation de l'œuvre en effectuant des choix libres et créatifs » (CJUE 29-7-2019 aff. 469/17 : D. IP/IT 2019.464 obs. Maximin).

L'originalité de la combinaison des différents éléments, même banals, doit être appréciée dans son ensemble (Cass. 1e civ. 10-4-2019 n° 18-13.612 F-D, à propos de pochettes de disques).

34516 (suite)

Jugé par exemple que tel est le cas :

– de l'armoire vide-poches en bois, présentant l'aspect d'une veste suspendue à un cintre, cette forme reflétant la personnalité de son auteur (CA Paris 25-10-1984 : D. 1987.IR.39 obs. Burst) ;

– du cours d'un professeur (TGI Paris 11-12-1985 : GP 1987.som.33 ; TGI Paris 20-11-1991 : LP 1992.33) ;

– d'un guide local qui regroupe des renseignements administratifs qui sont dans le domaine public, dès lors que l'auteur a réalisé un travail personnel en classant ces informations en diverses rubriques (CA Paris 6-5-1987 : D. 1988.som.202 obs. Colombet ; voir aussi CA Paris 5-4-1994 : D. 1994.IR.141 ; CA Paris 13-9-1995 : DA 1995.92) ;

– d'une étiquette d'une bouteille de vin, illustrée par un pressoir avec trois figurines, même si elle est destinée à un usage utilitaire, lorsque le dessin est nouveau et pas banal (CA Paris 13-5-1987 : D. 1988.som.203 obs. Colombet) ;

– d'une affiche en raison de la répartition générale de ses volumes, du choix de ses couleurs et de l'attitude de ses personnages d'où se dégage une impression de sensualité portant l'empreinte personnelle de son auteur (CA Paris 22-3-1988 : D. 1988.IR.119) ;

– de la relation d'entretiens avec des personnalités politiques à partir des notes prises par l'auteur, mises en forme et assorties en marge de commentaires personnels (CA Paris 24-10-1988 : D. 1988.IR.285) ;

– d'un dictionnaire français-anglais et anglais-français d'informatique établi à partir de sources documentaires multiples impliquant des choix et des opérations intellectuelles (CA Paris 21-3-1989 : D. 1989.IR.124 ; dans le même sens, CA Paris 12-12-1994 : GP 1995.som.517) ;

– d'une carte géographique de la France reposant sur des choix personnels sur les localités, curiosités et symboles, la sélection des routes et le tracé des forêts (CA Paris 7-1-1991 : JCP G 1991.IV.180 ; CA Paris 4-6-1992 : RJDA 11/92 n° 1086) ;

– d'une carte des vins comportant des jugements de sélection des millésimes (CA Paris 26-3-1991 : D. 1992.462 note Tricoire) ;

– de la mise en page des programmes de l'Opéra de Paris, effectuée à partir des textes et des illustrations fournis par celui-ci, dès lors qu'il n'est pas établi que celui qui l'a réalisée l'a fait en se conformant aux directives de l'Opéra (CA Paris 30-10-1996 : RJDA 3/97 n° 440) ;

– de la présentation d'une collection d'œuvres d'art (CA Paris 2-10-1997 : D. 1998. 312 note Edelman) ;

– de la décoration florale d'un pont, en raison du choix de la nature, des teintes et de la disposition des végétaux utilisés (Cass. civ. 6-2-2001 : LP 2001.III.78) ;

– de l'œuvre, dite conceptuelle, qui ne consiste pas en une simple reproduction du terme « Paradis », mais en l'apposition de ce mot en lettres dorées avec effet de patine et dans un graphisme particulier, sur une porte vétuste, à la serrure en forme de croix, encastrée dans un mur décrépi dont la peinture s'écaille, car cette combinaison implique des choix esthétiques traduisant la personnalité de l'auteur (Cass. 1e civ. 13-11-2008 n° 06-19.021 : RJDA 5/09 n° 483)

– de la fresque ornant un mur de la maison où vit la famille de l'auteur et qui représente la vision qu'il a de celle-ci même si cette œuvre est inspirée d'œuvres d'autres peintres, car elle est une représentation personnalisée de cette famille qui n'appartient qu'à son auteur (CA Bordeaux 7-11-2022 n° 19/06752) ;

– des photographies présentant une crème de beauté uniquement au travers d'une petite partie de son pot avec un effet de gros plan, le packaging étant à peine apparent et la marque absente, le cadrage serré opéré, l'angle de vue et l'éclairage très spécifiques choisis permettant de caractériser un effort créatif avec la volonté marquée de l'auteur de présenter le produit comme un bijou précieux entrevu dans son écrin sombre (CA Paris 23-11-2021, n° 19/21998 : Dalloz IP/IT 2022. 4 obs. Paudrat).

En revanche ne présentent pas une originalité :

– les catalogues d'un éditeur qui, comparés à ceux d'autres éditeurs, présentent des ressemblances avec ces derniers, même disposition verticale des objets et même emplacement des photographies par rapport au texte (CA Versailles 11-2-1987 : D. 1988.som.201 obs. Colombet) ; mais des catalogues peuvent être originaux (CA Paris 26-6-2013 : RTD com. 2013.699 obs. Pollaud-Dulian) ;

– les cahiers dits de vacances dans la mesure où, compte tenu de l'existence d'instructions ministérielles qui fixent en détail le programme des différents enseignements qui sont abordés dans ces cahiers, il existe une identité de but qui rend inévitable la similitude entre ouvrages du même genre (CA Paris 9-11-1988 : D. 1988.IR.294 ; dans le même sens, TGI Paris 24-11-1988 : GP 1989.som.304) ;

– un travail de compilation d'informations (Cass. civ. 2-5-1989 : JCP G 1990.II.21392 note Lucas) ;

– les efforts de recherche de mots et d'expressions qui font partie du domaine public et qui sont réunis dans un dictionnaire, l'auteur d'un tel ouvrage ne disposant essentiellement de droits que sur les textes explicatifs et les définitions qui y sont introduits (TGI Paris 16-1-1991 : GP 1991.540 note Frémond) ; mais il a été aussi jugé que les définitions incluses dans un dictionnaire technique de la bourse et des marchés ne comportent pas d'originalité car ce dictionnaire exclut toute idée d'arbitrage ou de libre choix de la part de celui qui les y a introduites (CA Paris 26-9-2001 : Pet. aff. 2002 n° 168 p. 12 note Alleaume) ;

– les éléments puisés dans le domaine public (CA Paris 14-1-1992 : GP 1992.570 concl. Delafaye note Berhault ; CA Paris 14-10-1993 : RJDA 3/94 n° 357) ;

– la formule « Bureaux riches pour budgets rigoureux » car ces mots sont tirés du langage courant et leur juxtaposition n'apporte aucune particularité (CA Versailles 17-5-1994 : RJDA 10/94 n° 1084) ;

– les formats d'émissions de télévision, du moins en eux-mêmes (CA Paris 1-6-2018 n° 17/00610 : RTD com. 2018.673 obs. Pollaud-Dulian) ;

L'originalité d'une pluralité d'œuvres s'apprécie individuellement et non collectivement, en les regroupant au besoin en fonction de leurs caractéristiques communes (Cass. 1e civ. 21-10-2020 n° 19-16.193 F-D ; sur une analyse globale, TJ Marseille 17-6-2021 n° 19/03947 : D. actu. 1-7-2021).

La **charge de la preuve** de l'originalité de l'œuvre incombe à celui qui revendique la qualité d'auteur (Cass. 1e civ. 22-6-2017 n° 14-20.310 FS-PB : RJDA 10/17 n° 675).

Les juges du fond apprécient **souverainement** l'originalité (Cass. ass. plén. 7-3-1986 : JCP G 1986.II.20631 note Mousseron, Teyssier et Vivant ; Cass. 1e civ. 26-9-2019 nos 17-19.997 et 17-21.233 D) ; ils doivent la caractériser pour reconnaître un droit d'auteur (Cass. civ. 30-6-1998 : RJDA 11/98 n° 1309 ; Cass. crim. 7-10-1998 : RJDA 5/99 n° 616) ou pour l'écarter (Cass. 1e civ. 12-5-2011 n° 10-17.852 : RJDA 8-9/11 n° 743) ; à cet effet, ils doivent notamment établir en quoi l'œuvre porte l'empreinte de la personnalité de son auteur (Cass. 1e civ. 2-2-2022 n° 18-22.011 F-D).

Ils doivent justifier l'originalité de chaque objet pour lequel elle est invoquée (Cass. 1e civ. 24-4-2013 n° 10-16.063 : RTD com. 2013.699 obs. Pollaud-Dulian : à propos de 43 photographies) ; ils peuvent la déduire de la combinaison des caractéristiques de l'objet en cause (Cass. 1e civ. 10-9-2013 n° 12-21.095 : RTD com. 2013.703 obs. Pollaud-Dulian).

Mais ils n'ont, à cet effet, qu'à caractériser l'originalité et n'ont pas à tenir compte notamment de l'existence d'une antériorité qui n'est pas une condition de la protection (Cass. civ. 11-2-1997 : RJDA 6/97 n° 853 ; Cass. 1e civ. 7-11-2006 n° 05-16.843 : Propr. intell. 2007.77 obs. Bruguière). De même l'appartenance de l'œuvre à un style connu n'exclut pas son originalité, laquelle peut résulter de la combinaison d'éléments couramment employés (Cass. 1e civ. 22-1-2009 n° 07-20.334 : RTD com. 2009.302 obs. Pollaud-Dulian).

La juridiction administrative est compétente pour apprécier l'existence ou non d'une œuvre de l'esprit lorsque sont en cause des personnes publiques agissant en fonction de leur mission de service public et/ou de leurs prérogatives de puissance publique (CE 10-7-1996 : RJDA 3/97 n° 439 : à propos de la base des données publiques du répertoire « Sirène »).

APPLICATIONS

34520 **Œuvres écrites** Constituent de telles œuvres :

1. Les **textes originaux** de tout écrit, littéraire, artistique ou scientifique (cf. CPI art. L 112-2, 1°).

En sont **exclus** :

a. Les **actes officiels,** c'est-à-dire lois, décrets, règlements, décisions de justice, car leur reproduction est souhaitable étant donné que « nul n'est censé ignorer la loi ».

Les sujets d'épreuve proposés aux candidats aux concours de l'internat en médecine sont des documents officiels (CA Paris 13-6-1991 : D. 1991.IR.206).

b. Les **informations de presse** en raison de leur manque d'originalité formelle (CA Paris 14-10-1993 : RJDA 3/94 n° 357). Seule l'exploitation déloyale de ces informations, acquises parfois à grands frais, peut être sanctionnée au titre du parasitisme (Cass. 1e civ. 22-10-2009 n° 08-19.499 : RTD com. 2010.107 obs. Pollaud-Dulian).

Mais les **articles de presse** sont protégeables (CA Paris 9-5-1989 : D. 1990.som.60) ainsi que la « une » d'un journal (CA Paris 25-10-1990 : D. 1991.IR.18).

34526 **2.** Les **titres,** qui sont protégés comme l'œuvre elle-même, dès lors qu'ils présentent un caractère original (CPI art. L 112-4), même si le contenu de l'œuvre n'est pas reproduit (CA Paris 23-3-2007 : LP 2007.I.62).

Tel est **le cas,** par exemple, des titres « Le Chardon » (CA Paris 29-5-1989 : D. 1990.som.50 obs. Colombet), « Aujourd'hui Madame » (CA Paris 13-2-1991 : LP 1991.I.139 : à propos d'une émission télévisée), « Charlie Hebdo » pour un journal sarcastique (CA Paris 25-10-1995 : LP 1995.III.149), « Vol de Nuit » associé dans l'esprit du public à l'œuvre de Saint-Exupéry (TGI Nanterre 29-4-1998 : RDPI 1999 n° 97 p. 27) ou « L'environnement Magazine » associé à un élément figuratif (CA Paris 7-10-2011 : LP 2012.608), **mais non** du titre « Du rififi dans les labours » (CA Paris 3-2-1988 : GP 1988.334 note J.P.), ni de l'appellation « médiateur » bien que celle-ci serve à désigner la personnalité dite « le médiateur » (Loi 73-6 du 3-1-1973) qui assume la fonction officielle d'intercesseur entre les administrations de l'État et les usagers (CA Paris 1-7-1985 : GP 1986.29 note Marchi), ni du titre « À ma mère » (CA Paris 11-7-1988 : D. 1988.IR.242).

L'utilisation d'un titre, même si celui-ci n'est **plus protégé** par les droits d'auteur, pour individualiser une œuvre du même genre est interdite si elle est de nature à provoquer une **confusion** (CPI art. L 112-4, al. 2). Cette interdiction est aussi appliquée au titre qui ne présente pas d'originalité, les juges devant rechercher si son utilisation n'est pas de nature à provoquer une confusion (Cass. civ. 14-5-1991 : Bull. civ. I p. 103 ; CA Paris 10-3-1999 : RJDA 6/99 n° 738).

Il y a identité de genre entre un roman et son adaptation cinématographique, si les images, les dialogues et les scènes du film illustrent le même thème, la même pensée, la même intrigue (CA Paris 14-4-1960 : D. 1960.535 note Desbois). Mais une pièce de théâtre adaptée ensuite au cinéma ne peut être utilisée pour un spectacle de cabaret (CA Paris 1-3-1984 : D. 1986.IR.184 obs. Colombet).

Mais la mention d'un titre dans un **index** en vue d'identifier les œuvres répertoriées ne porte pas atteinte au droit exclusif d'exploitation du titre par l'auteur (Cass. ass. plén. 30-10-1987 : D. 1988.21 concl. Cabannes).

3. Les **œuvres dérivées,** tirées de l'œuvre originale et qui sont protégées sans préjudice des droits de l'auteur de l'œuvre originale. Ce sont (CPI art. L 112-3) : 34529

a. Les adaptations. Elles consistent dans la mise en œuvre, par la composition et l'expression, d'éléments puisés dans une œuvre originale (roman, récit historique, par exemple) et sont des œuvres protégées en elles-mêmes (pour une adaptation, CA Paris 14-1-1992 : RD propr. intel. 1992.89 ; pour une absence d'adaptation : Cass. civ. 4-2-1992 : RJDA 5/92 n° 527 ; CA Paris 30-1-1981 : D. 1982.IR.41 obs. Colombet) ;

b. Les traductions. Leur originalité tient à l'expression utilisée pour rendre au mieux l'ouvrage écrit dans une langue différente. Le traducteur peut interdire une nouvelle adaptation de sa traduction dans une autre langue, sans son accord (CA Paris 10-5-1995 : GP 1996.som.178) ;

c. Les anthologies ou recueils d'œuvres diverses. À leur égard, l'originalité tient à la composition de l'ouvrage, plus précisément au choix exercé parmi les auteurs, parmi les œuvres et enfin parmi les passages de celles retenues ainsi qu'à l'ordre de présentation des textes reproduits et à la méthode suivie ;

d. Les recueils de données diverses, tels que les bases de données. On entend par « base de données » un recueil d'œuvres, de données ou d'autres éléments indépendants disposés de manière systématique ou méthodique, et individuellement accessibles par des moyens électroniques ou par tout autre moyen (CPI art. L 112-3, al. 2 issu de la directive 96/9/CE du 11-3-1996 concernant la protection juridique des bases de données).

Sur l'existence d'une base de données, CA Versailles 20-5-2010 n° 08-9666 : RJDA 12/10 n° 1194 ; sur l'absence d'une base de données, CA Paris 30-6-2022 n° 19/20271 : RTD com 2022.532 obs. Pollaud-Dulian.

Le producteur d'une base de données, entendu comme la personne qui prend l'initiative et le risque des investissements correspondants, bénéficie d'une protection du contenu de la base lorsque la constitution, la vérification ou la présentation de celui-ci atteste un investissement financier, matériel ou humain substantiel (CPI art. L 341-1, al. 1). Il peut invoquer ce droit pendant la durée fixée à l'article L 342-5, mais plus après la première vente d'une copie matérielle de la base dans un État membre de l'Union européenne ou dans un État de l'Espace économique européen (art. L 342-4).

Sur le droit à cette protection des personnes physiques et morales ressortissant de l'UE, art. L 341-2 du CPI.

Cette protection est indépendante et s'exerce sans préjudice de celles résultant du droit d'auteur ou d'un autre droit sur la base de données ou un de ses éléments constitutifs (CPI art. L 341-1, al. 2). Elle donne au producteur le droit d'interdire l'extraction et la réutilisation des éléments contenus dans la base (CPI art. L 342-1 et L 342-2), sous réserve des limites apportées à ce droit lorsque la base a été mise à la disposition du public par le titulaire des droits (CPI art. L 342-3). Pour en assurer l'efficacité, celui-ci peut recourir aux mesures techniques visées au n° 34730 (CPI art. L 342-3-1 et L 342-3-2) et mettre en œuvre les moyens de preuve prévus par l'article L 343-1 ainsi que saisir la justice aux fins de lui faire ordonner les mesures propres à protéger ses droits, telles que définies par les articles L 343-2 et L 343-3.

Œuvres orales Sont rangés dans les œuvres protégées (CPI art. L 112-2, 2°) : 34532

- les conférences ;
- les allocutions ;
- les sermons ;
- les plaidoiries des avocats.

Œuvres musicales Il s'agit des œuvres dramatiques ou dramatico-musicales et des compositions musicales avec ou sans paroles (CPI art. L 112-2, 3° et 5°), ainsi que des œuvres voisines, telles que chorégraphies, numéros de tours de cirque et pantomimes dont la mise en œuvre est fixée par écrit ou autrement (CPI art. L 112-2, 4° ; TGI Paris 20-12-1996 : JCP E 1998. chr.1251 n° 2 : numéro de prestidigitation). 34535

Parmi les œuvres musicales protégées, il faut noter :

1. Les originaux. Ils constituent des œuvres protégées dans chacun des éléments dont se compose une œuvre musicale : mélodie, harmonie et rythme ; 34538

S'agissant de la mélodie, c'est-à-dire le canevas à partir duquel l'œuvre est composée, tout emprunt, même limité à quelques mesures, constitue une contrefaçon (CE 5-5-1939 : D. 1939.3.63 note P.L.J. ; T. civ. Seine 31-10-1950 : D. 1950.763).

34541 **2. Les œuvres dérivées.** Ces œuvres sont protégées sans préjudice des droits de l'auteur de l'œuvre originale ; elles peuvent revêtir les formes suivantes (CPI art. L 112-3) :

a. Arrangements. Ils consistent en une sorte de traduction musicale par l'adaptation à un autre instrument ou à une autre orchestration sans changer les éléments protégés de l'œuvre originaire ; ils doivent être marqués par la personnalité de leur auteur et traduire un effort créateur (TGI Paris 19-1-1972 : RIDA 1972.171) ;

b. Transformations. Elles résultent de l'adjonction d'éléments mélodiques ou de la modification de l'harmonie et du rythme, par exemple la transformation d'une rhapsodie en valse (CA Paris 30-4-1970 : RIDA 1970.146). Elles supposent un effet caricatural excluant toute confusion avec l'œuvre originaire (TGI Paris 9-1-1970 : JCP G 1971.II.16645 note Françon) ;

c. Emprunts au folklore. Ils ne sont pas mentionnés par la loi car, s'agissant de chansons populaires, ils appartiennent au domaine public de telle sorte que leur reproduction servile ne confère pas de droit privatif ni à l'exécutant ni à l'éditeur. En revanche, tout auteur peut y puiser son inspiration et faire œuvre originale, et partant protégée, s'il y apporte son empreinte personnelle (Cass. civ. 23-10-1962 : Bull. civ. I p. 377 ; Cass. civ. 1-7-1970 : Bull. civ. I p. 185).

34544 **Œuvres artistiques** Les différentes formes de l'expression artistique peuvent être protégées comme des œuvres de l'esprit originales. Il en est ainsi notamment des œuvres suivantes (CPI art. L 112-2, 6e s.).

34550 **1.** Les œuvres **audiovisuelles,** consistant dans des séquences animées d'images, sonorisées ou non, notamment les œuvres cinématographiques (pour un exemple, CA Paris 12-12-1995 : D. 1997.237 note Edelman).

34553 **2.** Les œuvres de **dessin,** de peinture, de sculpture, de gravure, de lithographie ainsi que les œuvres graphiques, typographiques et des arts appliqués.

Cette énumération est purement indicative. Sont aussi des œuvres d'art :
- la mise en scène de théâtre (CA Paris 8-7-1971 : RIDA 1973.134) et celle d'un spectacle son et lumière (CA Bourges 1-6-1965 : D. 1966.44 note Delpech) ;
- des maquettes d'une sculpture monumentale (Cass. civ. 8-1-1980 : D. 1980.83 note Edelman et, sur renvoi, CA Versailles 8-7-1981 : D. 1982.IR.45 obs. Colombet) ;
- la première page d'un journal réalisée par l'imprimeur, le journal n'étant que le support de la réalisation (Cass. civ. 4-3-1986 : Bull. civ. I p. 51) ou une « page annonce » (CA Paris 17-10-1991 : RJDA 1/92 n° 117.som.) ou la couverture d'une publication (CA Paris 21-2-2007 : Propr. intell. 2007.310 obs. Bruguière) ;
- une étiquette (CA Paris 13-5-1987 : D. 1988.som.203 obs. Colombet) ;
- une affiche (CA Paris 22-3-1988 : D. 1988.IR.119) ;
- la copie d'une œuvre plastique exécutée de la main même de l'auteur et portant l'empreinte de sa personnalité (Cass. civ. 9-11-1993 : RJDA 2/94 n° 235 ; aussi Cass. civ. 15-7-1993 : RJDA 11/93 n° 983) ;
- les dessins et modèles (n° 32003) ; ceux-ci bénéficient aussi d'une protection spécifique (n°s 32090 s.).

Mais n'est pas une œuvre d'art une plaque de zinc, simple moyen technique utilisé pour permettre la production de lithographies (Cass. 1e civ.1-12-2011 n° 09-15.819 : Pet. aff. 2012 n° 113 p. 14 note Fruteau, écartant le droit d'auteur de l'artiste sur la plaque et reconnaissant la propriété du possesseur).

Les **copies** de tableaux et de dessins sont aussi protégées mais à condition de ne pas préjudicier aux droits de l'auteur de l'œuvre originale sous peine de contrefaçon (T. civ. Saumur 29-1-1902 et CA Angers 19-1-1904 : DP 1904.2.137 note Claro).

Il en est de même de la mise en valeur d'une œuvre d'art existante sous une **présentation nouvelle** : par exemple, de la mise en relief de la pureté des lignes d'un pont au moyen d'une toile ou de cordages (CA Paris 13-3-1987 : D. 1987.som.150 obs. Colombet).

34556 **3.** Les **œuvres photographiques** et celles réalisées à l'aide de techniques analogues à la photographie.

Toutes les photographies sont protégeables, et pas seulement celles à caractère artistique ou documentaire, pourvu que la condition d'originalité (n° 34516) soit remplie. Ainsi la photographie du photographe dit de « plateau », chargé de fournir des « repères lors du montage du film », est originale si ce photographe a choisi la pose du personnage et a fait des choix esthétiques et artistiques indépendants du réalisateur du film (CA Paris 20-2-2008 : Propr. intell. 2008.319 obs. Lucas) tandis qu'elle ne l'est pas s'il n'a eu « le choix ni du lieu, ni du moment où la photo a été prise, ni de l'élaboration du cadre ou de la composition, ni de la position des personnages, ni des éclairages qui sont réalisés, de sorte que ce n'est pas à ce technicien qu'est revenu le choix artistique » (Cass. civ. 1-3-1988 : Bull. civ. I p. 40 ; CA Paris 15-10-2003 : Propr. intell. 2004.539 obs. Lucas) ou si la prise de vue, en l'espèce aérienne d'un littoral marin, était conditionnée par des contraintes techniques (CA Paris 2-11-2022 n° 20/10036).

34559 **4.** Les **illustrations,** les cartes géographiques, les plans, les croquis et les ouvrages plastiques relatifs à la géographie, à la topographie, à l'architecture et aux sciences, peu important qu'il s'agisse de la reproduction d'œuvres situées dans un lieu public (CA Paris 23-10-1990 : JCP G 1991.II.21682 note Lucas : à propos de cartes postales représentant « La Géode ») ou d'un bien relevant du domaine privé d'une personne (nº 30055). Encore faut-il que l'auteur révèle dans l'œuvre créée sa personnalité et que la forme esthétique conférée au résultat soit séparable de la fonctionnalité ou de l'utilité de l'objet réalisé (CA Paris 11-10-2000 : GP 2001.som.1380 : forme liée à la fonctionnalité).

5. Les **œuvres architecturales.** 34562

6. Les **créations** des **industries saisonnières** de l'habillement et de la parure. Sont réputées telles les industries qui, en raison des exigences de la mode, renouvellent fréquemment la forme de leurs produits et notamment la couture, la fourrure, la lingerie, la broderie, la mode, la chaussure, la ganterie, la maroquinerie, la fabrique de tissus de haute nouveauté ou spéciaux à la haute couture, les produits des paruriers et des bottiers et les fabriques de tissus d'ameublement (CPI art. L 112-2, 14°; CA Versailles 19-3-1998 : GP 1999.som.561, précisant que, le dépôt du modèle ne conditionnant pas la protection, seule la date de sa création doit être prise en compte pour l'accorder sur la base du droit d'auteur). 34565

7. Les **œuvres radiophoniques** (cf. CPI art. L 113-8), les œuvres de **publicité** (cf. CPI art. L 132-31) et les **collections.** 34568

Collections Sans jouir d'un droit d'auteur, le collectionneur d'objets mobiliers, s'il ne peut imposer à ceux qui ont acquis sa collection de la présenter sous le nom de **« musée »,** peut, si sa création constitue une expression de sa personnalité, jouir d'un droit voisin du droit d'auteur et exiger que ladite collection soit désignée avec une appellation reprenant son nom et ne soit pas modifiée dans sa composition sans son agrément (CA Paris 25-5-1988 : D. 1988.542 note Edelman). 34569

Œuvres sensorielles La fragrance d'un parfum, qui procède d'un simple savoir-faire, ne constitue pas, au sens des articles L 112-1 et L 112-2 du CPI, la création d'une forme d'expression pouvant bénéficier de la protection des œuvres de l'esprit par le droit d'auteur (Cass. 1e civ. 13-6-2006 nº 1006 : RJDA 10/06 nº 1086 ; Cass. com. 10-12-2013 nº 11-19.872 : Pet. aff. 2014 nº 38 p. 7 note Tellier-Cayrol ; CA Lyon 10-5-2012 nº 09/04564 : RTD com. 2012.763 obs. Pollaud-Dulian). 34571

En revanche, la sonorité d'une cloche ou d'un orgue peut être reconnue comme originale (CAA Lyon 5-4-2012 nº 10LYO2298 et CE 14-6-1999 nº 181023).

Mais l'originalité a été refusée à un carillon intégrant sept cloches préexistantes au motif que la personnalité de l'auteur s'exprime dans la facture de chaque cloche et non dans l'ensemble des cloches, chacune conservant une identité harmonique qui lui est propre et qui constitue en soi une entité indépendante (CA Aix 29-11-2018 nº 16/1204 : D. IP/IT 2019.244 note Enser).

Œuvres multimédias L'œuvre multimédia, non identifiée par la loi, est une œuvre complexe composée, sur un même support numérique, de textes, d'images fixes et/ou animées, avec ou sans musique, dont l'utilisation est régie par un logiciel permettant l'interactivité. 34574

L'application principale est constituée par les **jeux vidéo** à propos desquels il a été précisé qu'ils sont des œuvres complexes qui ne peuvent pas être réduites à leur seule dimension logicielle, quelle que soit l'importance de celle-ci, de sorte que chacune de leurs composantes est soumise au régime qui lui est applicable en fonction de sa nature (Cass. 1e civ. 25-6-2009 nº 07-20.387 : RJDA 10/09 nº 905).

Ainsi :

- les compositions musicales incorporées dans le jeu émanant d'auteurs adhérents de la Sacem sont soumises au droit de reproduction mécanique et l'éditeur du jeu doit s'acquitter des redevances correspondantes (Cass. 1e civ. 25-6-2009 nº 07-20.387 : RJDA 10/09 nº 905) ;
- ces jeux ne sont pas des œuvres audiovisuelles (Cass. 1e civ. 28-1-2003 : D. 2003.1688 note F. Sardain) ;
- celui auquel on a donné carte blanche pour réaliser l'œuvre peut être qualifié de coauteur (CA Paris 2-4-2004 : Propr. intell. 2004.706 nº 2 obs. critiques Lucas ; rappr. CA Paris 20-9-2007 : Propr. intell. 2008.207 obs. Lucas).

Logiciels Les logiciels sont expressément reconnus œuvres de l'esprit (CPI art. L 112-2, 13°) et sont dotés d'un régime particulier (nos 35005 s.). 34577

B. Qualité d'auteur

CRÉATEUR DE L'ŒUVRE

Qualification La qualité d'auteur appartient au créateur de l'œuvre, du seul fait de sa création (CPI art. L 111-1, al. 1), c'est-à-dire à celui qui exécute personnellement l'œuvre ou l'objet (Cass. 1e civ. 15-11-2005 nº 1520 : D. 2006.1116 note Tricoire) ou l'a fait exécuter par autrui sous sa direction (Cass. 1e civ. 11-5-2017 nº 16-13.427 D : JCP E 2018.1406 nº 2 obs. Potron). Elle résulte exclusivement de la loi et ne peut pas être déduite d'une transaction (Cass. 1e civ. 16-11-2004 : Bull. civ. I nº 275) ; elle est fonction de la 34603 loi française car, d'une part, la convention de Berne ne traite pas cette question (TGI Rennes 22-6-1992, CA Rennes 17-1-1996 et Cass. com. 7-4-1998 : Rev. crit. 1999.76 note Bergé) et, d'autre part, la loi française a été déclarée impérative pour la détermination, en France, du titulaire du droit moral, quel que soit l'État sur le territoire duquel l'œuvre a été divulguée pour la première fois (Cass. civ. 28-5-1991 : RJDA 8-9/91 n° 772 ; CA Versailles 19-12-1994 : D. 1995.IR.65).

Seul le créateur peut donc être auteur et seule une personne physique peut l'être, à l'exclusion des personnes morales qui ne peuvent être que détentrices de droits soit parce qu'elles ont pris l'initiative de créer une œuvre collective, soit parce qu'un auteur leur a cédé ses droits (CA Paris 26-2-2021 n° 19/15130, admettant que la cession peut résulter d'un pacte d'actionnaires). L'**acquéreur** des droits ne peut être auteur puisque, le droit étant né chez le créateur, il ne peut être titulaire que de droits transférés, lesquels ne peuvent être d'ailleurs que patrimoniaux (en ce sens, CPI art. L 113-9 visant les droits « dévolus » à l'employeur sur les logiciels créés par ses salariés, n° 35017). Ne peut l'être non plus le **restaurateur** d'une œuvre car, même s'il a effectué un travail de recherche et d'analyse pour reconstituer cette œuvre, il s'est appliqué à reconstituer le plus fidèlement possible l'œuvre d'origine, la rémunération sous forme de droits d'auteur étant insuffisante à lui conférer la qualité d'auteur (CA Paris 5-10-1994 : D. 1996.53 note Edelman), sauf apport créatif de sa part (CA Paris 11-2-2004 : D. 2004.1301 note Choisy).

Mais **tout créateur est auteur** ; ce peut être l'éditeur qui fait œuvre créatrice à l'occasion de l'exercice de sa profession, notamment lorsqu'il réalise la mise en page et la présentation générale d'une publication en lui donnant une physionomie spécifique (CA Paris 6-7-1995 : JCP G 1995.IV.2700) ou un salarié pour peu qu'il ait fait œuvre créatrice en conservant sa liberté ce qui n'était pas le cas en l'espèce où le salarié était rattaché à une « directrice du style » (CA Paris 5-3-2021 n° 19/17254 : D. 2021.1449 obs. Kamina).

Le créateur bénéficie des droits d'auteur sans qu'il y ait lieu de distinguer suivant qu'il a créé l'œuvre de sa propre initiative ou à l'occasion de la conclusion d'un contrat de louage d'ouvrage ou de service (CPI art. L 111-1, al. 3 ; Cass. 1e civ. 16-11-2016 n° 15-22.723 F-D) ; sous réserve du cas du journaliste professionnel (n° 34760), le salarié conserve ses droits, à défaut de clause contraire, sur les reproductions futures décidées par son employeur, dès lors qu'il n'a reçu que sa rémunération de salarié pour la première publication (Cass. 1e civ. 12-4-2005 n° 705 : RJDA 10/05 n° 1164). Toutefois, la règle est inversée pour les logiciels (n° 35017).

Le même droit est reconnu à l'auteur de l'œuvre de l'esprit lorsqu'il est un agent de l'État, d'une collectivité territoriale, d'un établissement public à caractère administratif, d'une autorité administrative indépendante dotée de la personnalité morale ou de la Banque de France (CPI art. L 111-1, al. 3). Sur ce droit, articles L 111-1, al. 4, L 121-7-1, L 131-3-1, 2 et 3 CPI et 50 de la loi 2006-961 ; sur une application de cette disposition, CE 15-10-2014 n° 353168 : JCP E 2015.1389 n° 3 obs. Adjalle-Dadji.

L'attribution de la qualité d'auteur appelle les précisions ci-après.

34606 **Œuvre créée** Une œuvre est créée, indépendamment de toute divulgation publique, dès que l'auteur a réalisé sa conception, même inachevée (CPI art. L 111-2).

De ce seul fait, l'auteur peut invoquer son droit moral (Cass. 1e civ. 8-1-1980 : D. 1980.83 note Edelman). Mais le droit d'exploiter l'œuvre suppose sa divulgation (n° 34700).

Sauf preuve contraire, l'œuvre est **présumée** créée par celui **sous le nom** de qui elle a été divulguée (CPI art. L 113-1 ; CA Paris 4-3-2009 n° 07-12226 : RTD com. 2009.299 obs. Pollaud-Dulian). La preuve contraire peut être rapportée par **tous moyens,** puisqu'il s'agit de prouver un fait, celui de la création (Cass. 1e civ. 24-11-1993 : Bull. civ. I n° 34 ; Cass. 1e civ. 28-10-2003 n° 1321 : JCP G 2004.II.10053 note Eyraud ; CA Paris 26-2-2021 n° 19/15130). La partie qui se prévaut de la présomption ne doit pas se contenter de procéder à une approche générale, sans fournir aucune explication précise et sans identifier les caractéristiques des œuvres éligibles au droit d'auteur (cf. Cass. 1e civ. 30-11-2016 n° 15-17.301 FS-D : Pet. aff. 2017 n° 184-185 p. 9 note Daverat).

Il ne peut pas être opposé à l'auteur qui revendique sa qualité d'auteur d'une œuvre que celle-ci est présumée appartenir à celui qui se prévaut d'une exploitation paisible et non équivoque, cette présomption n'étant opposable qu'à celui qui agit en contrefaçon (Cass. 1e civ. 25-3-2020 n° 18-24.931 F-D ; n° 34738).

Dans le cas d'**œuvres pseudonymes ou anonymes,** ce sont les créateurs de ces œuvres qui ont la qualité d'auteur (CPI art. L 113-6, al. 1).

Ces créateurs sont représentés pour l'exercice de leurs droits par l'éditeur ou le publicateur originaire, tant qu'ils n'ont pas fait connaître leur identité civile et justifié de leur qualité ; toutefois, il en est ainsi pour les auteurs d'œuvres pseudonymes qu'autant qu'il existe un doute sur leur identité civile (CPI art. L 113-6, al. 2 et 4). Cette révélation peut être faite par testament ; toutefois, sont maintenus les droits qui ont pu être acquis par des tiers antérieurement à celui-ci (CPI art. L 113-6, al. 3). Les clauses d'un contrat d'édition prévoyant une publication anonyme ou sous un pseudonyme peuvent être révoquées par l'auteur qui, en les acceptant, n'a pas renoncé à son droit inaliénable de paternité sur ses écrits (CA Paris 18-12-1990 : D. 1993.442 note Edelman).

L'auteur est **libre de concevoir** son œuvre comme il l'entend dans la mesure de la liberté d'expression que reconnaît la convention européenne des droits de l'Homme (n° 34738).

ŒUVRE DE COLLABORATION

Ont la qualité de coauteurs les personnes physiques qui ont **concouru** à la réalisation d'une même œuvre, dite de collaboration (CPI art. L 113-2). 34609

La qualité de coauteur suppose un apport personnel à la création intellectuelle et dans un but commun de réaliser une œuvre déterminée (CA Paris 24-10-1988 : D. 1988.IR.285 ; voir aussi CA Paris 14-3-1994 : RJDA 10/94 n° 1085). Il appartient à celui qui l'invoque de l'établir (Cass. civ. 13-4-1992 : RJDA 7/92 n° 776). Par exemple, a la qualité de coauteur l'intervieweur ayant le choix des questions, même si l'interviewé s'est expressément réservé de donner un ton personnel à l'expression de sa pensée (CA Paris 10-10-2008 : Prop. intell. 2009.162 obs. Lucas).

Celui qui n'a rédigé qu'un seul chapitre d'un guide en est le coauteur fondé à faire valoir ses droits sur l'ensemble de l'ouvrage et à reprocher à l'autre auteur d'avoir publié sans son autorisation une édition du guide amputée de sa contribution (Cass. civ. 2-4-1996 : RJDA 7/96 n° 987). Le coauteur qui agit en justice pour la défense de ses droits patrimoniaux n'est recevable dans son action que s'il met en cause ses coauteurs (Cass. 1e civ. 5-12-1995 : Bull. civ. I p. 314). Mais le coauteur peut agir seul pour faire respecter son droit moral (CA Aix 8-12-2022 n° 19/11225 : D. 2023.360 obs. Groffe-Charrier).

Les coauteurs doivent **exercer leurs droits** d'un commun accord ; le désaccord est réglé par le tribunal (CPI art. L 113-3, al. 2 et 3) ; le contrat de cession des droits sur l'œuvre lie indivisiblement les coauteurs, le contrat ne pouvant pas être résilié à l'égard de l'un et pas à l'égard d'un autre (Cass. 1e civ. 14-10-2015 n° 14-19.214 : JCP E 2015.1096 obs. Guillemain).

Le tribunal peut intervenir même si le désaccord n'est pas dû au comportement notoirement abusif de certains coauteurs (Cass. civ. 24-11-1993 : RJDA 2/94 n° 237).

Toutefois, lorsque la participation de chacun des coauteurs relève de **genres différents,** chacun des coauteurs peut, sauf convention contraire, **exploiter séparément** sa contribution personnelle, sans toutefois porter préjudice à l'exploitation de l'œuvre commune (CPI art. L 113-3, al. 4 ; sur un cas d'indivisibilité des contributions, Cass. 1e civ. 21-3-2018 n° 17-14.728 FS-PB : D. IP/IT 2018.496 note Petelin et, sur renvoi, CA Versailles 19-11-2019 n° 18/08181 : D. IP/IT 2019.650) ; tel est le cas de l'auteur d'une musique écrite pour un film, lui-même adapté d'un roman, qui peut exploiter son œuvre, les auteurs de l'œuvre originaire ne pouvant ni lui reprocher des titres nécessairement en relation avec elle ni, à l'occasion de cette exploitation séparée, exiger de lui une rémunération (Cass. 1e civ. 14-1-2003 n° 7 : RJDA 12/03 n° 1265). Le coauteur qui invoque l'existence d'un préjudice doit en rapporter la preuve (TGI Paris 21-6-1989 : GP 1990.som.118).

Œuvre composite L'œuvre composite suppose la création d'une **œuvre nouvelle** à laquelle est **incorporée une œuvre préexistante** sans la collaboration de l'auteur de cette dernière (CPI art. L 113-2, al. 2). 34612

Est, par exemple, une œuvre composite le **catalogue publicitaire** dans lequel ont été insérées par l'éditeur les photographies d'un auteur qui sont restées clairement identifiables, matériellement et intellectuellement (CA Versailles 28-4-1988 : D. 1988.IR.165) ou la **pièce de théâtre,** déjà reprise de la pièce originale par un auteur différent de cette dernière, qui est à son tour reprise par un nouvel auteur (CA Paris 11-5-2022 n° 19/20486 : D. IP/IT 2022.567 obs. Léger) ; pour d'autres exemples : Cass. civ. 26-1-1994 : RJDA 7/94 n° 881 ; Cass. civ. 24-10-1995 : Bull. civ. I p. 261.

Elle est la **propriété** de l'auteur qui l'a réalisée, sous réserve des droits de l'auteur de l'œuvre préexistante (CPI art. L 113-4). Elle constitue une contrefaçon de cette dernière si elle est divulguée sans l'autorisation de son auteur (CA Paris 11-5-2022 précité).

Œuvre collective Elle est, sauf preuve contraire, la **propriété** de la personne physique ou morale sous le nom de laquelle elle est divulguée, qui se trouve investie des droits de l'auteur (CPI art. L 113-5) mais non de la qualité d'auteur (Cass. 1e civ. 15-1-2015 n° 13-23.566 : RJDA 10/15 n° 718 ; Cass. 1e civ. 22-6-2017 n° 16-16.799 F-D : RTD com. 2017.889 obs. Pollaud-Dulian) ; il s'ensuit que le propriétaire de l'œuvre ne jouit pas du droit moral (nos 34653 s.). Ces droits peuvent revenir à une personne publique (Avis CE 21-12-1972, cité au Juris-Classeur Propriété littéraire Fasc. 306 n° 12). 34615

La preuve contraire peut résulter de ce qu'une personne peut faire individualiser sa part contributive ; il en est ainsi par exemple :

– de l'universitaire hispanisant dont la contribution individuelle à un dictionnaire franco-espagnol était discernable (CA Paris 27-2-1985 : D. 1986.IR.181 obs. Colombet) ;

– de la dessinatrice, chargée de la création de dessins en vue de l'élaboration d'une collection de tapis, qui a exécuté son rôle, bien déterminé, en pleine liberté, sans qu'aucune directive lui soit donnée, et avec une rémunération forfaitaire (CA Paris 25-9-1987 : D. 1988.som.205 obs. Colombet) ;

– du photographe dont les photographies reproduites sur un catalogue ont pu être identifiées et reconnues comme son œuvre (CA Versailles 20-5-1988 : D. 1989.som.44 obs. Colombet).

Sur la difficulté pour un salarié d'individualiser le rôle créateur qu'il prétend avoir eu dans la création de l'œuvre, CA Paris 14-9-2012 n° 10/01568 : RTD com.2012.764 obs. Pollaud-Dulian.

Elle est créée à l'**initiative** d'une personne physique ou morale qui l'édite, la publie et la divulgue sous sa direction et sous son nom, et la **contribution** personnelle des divers auteurs participant à son élaboration **se fond dans l'ensemble** en vue duquel elle est conçue, sans qu'il soit possible d'attribuer à chacun d'eux un droit distinct sur l'ensemble réalisé (CPI art. L 113-2, al. 3 ; Cass. civ. 24-3-1993 : RJDA 6/93 n° 584 ; Cass. civ. 2-12-1997 : GP 1998.som.693 ; CA Rennes 7-9-2004 n° 03-5019 : Bull. inf. C. cass. 2005 n° 190).

Tel peut être le cas d'un dictionnaire (Cass. 1e civ. 3-4-2002 : RJDA 5/03 n° 552), de l'ensemble de traductions effectuées pour l'éditeur des mémoires d'une personnalité étrangère (CA Paris 18-7-1985 : D. 1986.IR.182 obs. Colombet), d'un journal (CA Paris 25-10-1990 : D. 1992.som.14 obs. Colombet), d'une affiche faite à partir de plusieurs contributions (Cass. civ. 8-12-1993 : RJDA 4/94 n° 469) ou du répertoire « Sirène » créé et exploité par l'Insee (CE 10-7-1996 : RJDA 3/97 n° 439) ou de l'œuvre pour laquelle l'employeur avait le pouvoir d'initiative sur la création et en contrôlait le processus jusqu'au produit fini en fournissant à l'équipe des directives et des instructions esthétiques afin d'harmoniser les différentes contributions (Cass. 1e civ. 19-12-2013 n° 12-26.409 : RJDA 10/14 n° 806).

Mais n'a pas pris l'initiative de la création de l'œuvre la société qui a sous-traité la conception de l'architecture intérieure et du mobilier d'un restaurant à un architecte et qui a laissé celui-ci exécuter les travaux en toute indépendance (CA Paris 25-2-1988 : D. 1989.som.43 obs. Colombet ; voir également CA Paris 21-9-2022 n° 20/13834 : D. IP/IT 2023.358 obs. Mouron).

Une société n'établit pas qu'elle a pris l'initiative de l'œuvre lorsqu'elle se borne à invoquer l'existence en son sein d'un département « création » (CA Paris 5-4-1990 et 26-4-1990 : D. 1992.som.311 obs. Burst).

34618 **Œuvre audiovisuelle** La qualité d'auteur d'une œuvre audiovisuelle (n° 34550) appartient à la ou aux personnes physiques qui réalisent la création intellectuelle de cette œuvre (CPI art. L 113-7, al. 1).

Il s'ensuit que l'œuvre audiovisuelle (n° 34550) est une œuvre de collaboration et ne peut pas être une œuvre collective car, dans cette dernière, ceux qui contribuent à la réalisation ne sont pas des auteurs (Cass. civ. 26-1-1994 : RJDA 7/94 n° 881 ; CA Paris 16-5-1994 : RJDA 12/94 n° 1393).

Sont présumés, **sauf preuve contraire,** coauteurs d'une œuvre audiovisuelle réalisée en collaboration (CPI art. L 113-7, al. 2) :
- l'auteur du scénario ;
- l'auteur de l'adaptation ;
- l'auteur du texte parlé, ce que n'est pas celui qui a écrit les intertitres d'un film parlant (Cass. 1e civ. 20-12-2012 n° 11-26.151 : JCP E 2014.1107 n° 1 obs. Bougerol) ;
- l'auteur des compositions musicales avec ou sans paroles réalisées pour l'œuvre ;
- le réalisateur.

Mais n'a pas cette qualité le réalisateur qui ne fournit, au travers d'une équipe de tournage, qu'une banale prestation de services techniques : conduite de deux ou trois caméras pour procéder aux enchaînements entre le texte et le tableau de découpage auxquels il avait procédé et au cadrage duquel participaient le directeur de la photographie et deux cadreurs (CA Paris 4-3-1987 : D. 1988.som.204 obs. Colombet). En revanche, a cette qualité celui qui a assumé la direction de l'enregistrement (CA Paris 20-3-2002 : Propr. intell. 2002 n° 4 p. 51 obs. Sirinelli ; CA Paris 29-9-2006 : Propr. intell. 2006.83 1.4 obs. Lucas).

Lorsque l'œuvre audiovisuelle est **tirée** d'une œuvre ou d'un scénario préexistant encore protégé, les auteurs de l'œuvre originale sont assimilés aux auteurs de l'œuvre nouvelle (CPI art. L 113-7, al. 3 ; CA Paris 18-12-2002 : RD propr. intell. 2004 n° 155 p. 9). Le fait d'accepter l'utilisation de leur œuvre ne vaut pas renonciation de ces auteurs à leurs droits d'auteur tant moraux que patrimoniaux sur l'œuvre première, qu'ils peuvent exploiter librement (CA Paris 25-1-1995 : D. 1995.IR.55).

Les auteurs ne peuvent **exercer** leurs droits sur l'œuvre qu'à partir du moment où elle est achevée (CPI art. L 121-5, al. 5 ; Cass. 1e civ. 24-9-2009 n° 07-17.107 : D. 2009.2425.som. : refus de l'exercice du droit de divulgation sur une œuvre arrêtée au montage).

L'œuvre audiovisuelle est **réputée achevée** lorsque la version définitive a été établie d'un commun accord entre, d'une part, le réalisateur ou, éventuellement, les coauteurs et, d'autre part, le producteur (CPI art. L 121-5, al. 1 ; sur le refus de reconnaître à l'auteur le droit d'imposer son accord sur le fondement de la notion « de coauteur à apport décisif » : CA Paris 9-9-2005 : RTD com. 2005.723 n° 3 obs. Pollaud-Dulian).

Si l'un des auteurs refuse d'achever sa contribution à l'œuvre audiovisuelle ou se trouve dans l'impossibilité d'achever cette contribution par suite de force majeure, il ne pourra s'opposer à l'utilisation en vue de l'achèvement de l'œuvre de la partie de cette contribution déjà réalisée (CPI art. L 121-6).

Sur la production et l'exploitation de l'œuvre audiovisuelle, nos 34855 s.

Œuvre radiophonique Ont la qualité d'auteur d'une œuvre radiophonique la ou les personnes physiques qui assurent la création intellectuelle de l'œuvre (CPI art. L 113-8, al. 1). Lorsque l'œuvre radiophonique est tirée d'une œuvre ou d'un scénario encore protégés, les auteurs de l'œuvre originale sont assimilés aux auteurs de l'œuvre nouvelle (CPI art. L 113-8, al. 2). 34621

Pour le cas où l'un des auteurs refuserait ou serait empêché d'achever sa contribution, les règles ci-dessus exposées (n° 34618) pour l'œuvre audiovisuelle sont applicables (CPI art. L 113-8, al. 2).

Œuvres orphelines L'œuvre orpheline est une œuvre protégée et divulguée, dont le titulaire des droits ne peut pas être identifié ou retrouvé, malgré des recherches diligentes, avérées et sérieuses ; lorsqu'une œuvre a plus d'un titulaire de droits et que l'un de ces titulaires a été identifié et retrouvé, elle n'est pas considérée comme orpheline (CPI art. L 113-10). Sur le régime applicable à ces œuvres, CPI art. L 135-1 s. et R 135-1 s. 34622

C. Bénéficiaires de la qualité d'auteur et de la jouissance des droits

DROIT À LA QUALITÉ D'AUTEUR

Créateur en France Tout créateur d'une œuvre en France y acquiert la qualité d'auteur (cf. CPI art. L 111-2 et L 111-4). Il en est ainsi tant de l'auteur de nationalité française que de l'auteur d'une autre nationalité (cf. CPI art. L 111-2 et L 111-4), de l'apatride ou du réfugié (Décret 74-842 du 4-10-1974). 34624

La qualité d'auteur acquise en France est reconnue à l'étranger dans les conditions suivantes.

1. États membres de l'UE. Le régime des droits d'auteur de chaque État membre de l'UE est soumis aux prescriptions de la directive 2001/129 (n° 34503) ; tout auteur peut saisir au besoin la CJUE pour faire respecter cette condition.

Le régime des Unions de Berne et de Genève n'est pas applicable entre États membres de l'UE ; ainsi a-t-il été jugé que, par application de l'article 234 du traité de Rome (devenu 351 TFUE), selon lequel l'application des conventions internationales conclues avec des pays tiers avant l'entrée en vigueur du traité est écartée dans les rapports entre les États membres, la convention de Berne (art. 9.2) ne saurait recevoir application en Irlande (CJCE 6-4-1995, aff. C-241 et C-242/91).

2. États non membres de l'UE. La reconnaissance de la qualité d'auteur est fonction de la distinction suivante :

– dans les pays appartenant à l'**Union de Berne ou à l'Union de Genève,** elle existe, pour les œuvres publiées ou non publiées, selon ce que les lois nationales accordent actuellement ou accorderont par la suite aux nationaux ainsi que selon ce que les dispositions de ces Unions prévoient (art. 2, al. 1 ; art. 3 et 5, 1) ;

Sur les Unions de Berne et de Genève, n° 34503.

– dans les pays **hors des Unions susvisées,** elle est déterminée par la loi du pays dans lequel la question se pose (Cass. civ. 22-12-1959 : D. 1960.93 note Holleaux).

DROIT À LA JOUISSANCE DES DROITS

Ressortissants étrangers tiers à l'UE Le ressortissant étranger, non ressortissant de l'un des pays de l'UE, jouit en France des droits d'auteur reconnus par la législation française par le jeu du principe de l'assimilation aux nationaux, dès lors qu'il est ressortissant de l'un des pays des **Unions** de **Berne** ou de **Genève** (art. 5 et 2 de chaque convention). 34627

La détermination du titulaire initial des droits d'auteur sur une œuvre de l'esprit est soumise à la règle de conflit de lois édictée par l'article 5-2 de la convention de Berne, qui désigne la loi du pays où la protection est réclamée (Cass. 1e civ. 10-4-2013 n° 11-12.508 : JCP G 2013 n° 701 note Treppoz).

L'assimilation de l'auteur étranger aux nationaux s'applique aussi au ressortissant d'un État partie à l'Adpic (n° 30956), dans les conditions fixées à l'article 3 de l'Adpic.

Lorsque les conventions d'Union précitées ne sont pas applicables et lorsque l'œuvre a été créée dans un État étranger, la loi de ce pays, qui détermine la qualité de l'auteur de l'œuvre, peut être invoquée, en France, par celui qui a cette qualité (ou le cessionnaire) pour y faire protéger, selon la loi française, ses droits sur cette œuvre (Cass. civ. 22-12-1959 : D. 1960.93 note Holleaux). Mais la protection de la loi française doit être refusée aux œuvres divulguées pour la première fois sur le territoire de cet État dans le cas où, après consultation du ministre des affaires étrangères, il est constaté que ledit État n'assure pas aux œuvres divulguées pour la première fois en France, sous quelque forme que ce soit, une protection suffisante et efficace ; mais aucune atteinte ne peut être portée au droit moral de l'auteur étranger (CPI art. L 111-4, al. 1 et 2 ; CA Versailles 19-12-1994 : D. 1995.IR.65, excluant la protection du droit moral de la réserve de réciprocité ; sur la protection absolue du droit moral, n° 34650).

34630 **Ressortissants d'un État membre de l'UE** Tout auteur ayant cette qualité dans un État membre de l'UE bénéficie, sur le territoire d'un autre État membre, de la protection réservée aux auteurs de cet État membre, même si la législation de cet État les en exclue (CJCE 20-10-1993 : D. 1995.133 note Edelman). Chaque État membre doit assurer une parfaite égalité de traitement entre ses ressortissants et les ressortissants d'autres États membres se trouvant dans une situation régie par le droit communautaire, devenu de l'UE (CJCE 6-6-2002 : Rev. crit. 2002.771 note Bergé : même durée de protection). Il doit ainsi accorder à un modèle la protection appliquée sur son territoire, notamment celle de l'unité de l'art reconnue (n° 32003) en France, qui entraîne l'application du régime du droit d'auteur, en dépit de la disposition de la convention de Berne (Convention art. 2, 7), laquelle prévoit l'application de la seule protection spéciale du modèle dans le pays où elle est réclamée (CJCE 30-6-2005 aff. 28-04 : Rec. I-5781 ; rappr. Cass. com. 7-10-2014 n° 12-16.844 : D. 2014.2046.som.).

D. Droits de l'auteur

DROIT AU MONOPOLE DE L'ŒUVRE

34645 Sur l'œuvre répondant aux conditions requises pour obtenir sa protection (nos 34510 s.), l'auteur jouit d'un droit de **propriété exclusif et opposable à tous** (CPI art. L 111-1, al. 1), lequel lui donne la possibilité d'imposer le respect de son œuvre (droit moral) et de se faire verser une rémunération pour l'utilisation de celle-ci (droit patrimonial ou droit d'exploitation).

1. DROIT MORAL

DÉTERMINATION DU DROIT MORAL

34650 L'auteur jouit du droit au respect de son nom, de sa qualité et de son œuvre, ce droit étant attaché à sa personne (CPI art. L 121-1, al. 1 et 2).

Lorsque plusieurs personnes physiques ont participé à la création de l'œuvre, l'exercice du droit moral appelle les observations suivantes.

a. Si l'œuvre est de **collaboration,** chacun des coauteurs est investi du droit de protester seul contre une atteinte au droit au respect de son nom mais à la condition que sa contribution puisse être individualisée ; dans ce cas, il ne peut défendre seul son droit moral que pour ce qui concerne sa propre contribution (CA Paris 13-11-1996 : D. 1997.som.95 obs. Colombet). Si sa contribution ne peut pas être individualisée, le coauteur doit, à peine d'irrecevabilité, mettre en cause les autres auteurs de l'œuvre ou de la partie de l'œuvre à laquelle il a contribué (Cass. 1e civ. 21-3-2018 n° 17-14.728 FS-PB).

b. Si l'œuvre est **audiovisuelle,** toute modification par addition, suppression ou changement d'un élément quelconque exige l'accord des réalisateurs, des coauteurs (le cas échéant) et du producteur (CPI art. L 121-5, al. 3). Tout transfert de l'œuvre audiovisuelle sur un autre type de support en vue d'un autre mode d'exploitation doit être précédé de la consultation du réalisateur (CPI art. L 121-5, al. 4). Mais l'exercice du droit moral suppose que l'œuvre soit achevée (n° 34618).

c. En cas d'œuvre **composite,** l'auteur qui a consenti à l'utilisation de son œuvre pour la création d'une autre peut protester contre une adaptation dénaturante (TGI Seine 15-4-1964 : GP 1964.2.23 concl. Gulphe : protestation de la part de l'ayant droit).

d. En cas d'œuvre **collective,** la personne physique ou morale à l'initiative de cette œuvre est investie des droits de l'auteur et, notamment, des prérogatives du droit moral (Cass. 1e civ. 22-3-2012 n° 11-10.132 : RJDA 10/12 n° 906) ; celui qui a participé à l'œuvre peut agir individuellement pour faire mentionner son nom (TGI Senlis 3-6-2003 : GP 2004.1140) ; mais le responsable de la publication est en droit d'apporter aux contributions des différents auteurs les modifications que justifie la nécessaire harmonisation de l'œuvre dans sa totalité (Cass. civ. 16-12-1986 : D. 1988.173 note Edelman ; CA Paris 6-11-1986 : D. 1988.som.205 obs. Colombet, l'initiateur de l'œuvre s'étant d'ailleurs réservé un droit d'amendement).

Ce droit, dit droit moral, est d'ordre public international français et appartient à toute personne qui, au regard de la loi française, a la qualité d'auteur, quel que soit l'État sur le territoire duquel cette œuvre a été divulguée pour la première fois (Cass. civ. 28-5-1991 n° 89-19.725 : RJDA 8-9/91 n° 772 ; CA Versailles 19-12-1994 : D. 1995.IR.65).

Le droit moral de l'auteur sur son œuvre est **perpétuel, inaliénable** et **imprescriptible** (CPI art. L 121-1, al. 3) et l'auteur ne saurait y renoncer, notamment en abandonnant au cessionnaire de son œuvre, de façon préalable et générale, l'appréciation exclusive des utilisation, diffusion, adaptation, retrait, adjonction et changement auxquels il plairait à ce dernier de procéder (Cass. 1e civ. 2-4-2009 n° 08-10.194 : RJDA 11/09 n° 1015) ou en acceptant une clause d'attribution de compétence à un tribunal étranger (CA Paris 15-10-2021 n° 21/6637 : RTD com 2021.628).

L'auteur peut néanmoins convenir avec le cessionnaire de son droit d'exploitation que celui-ci pourra pour des utilisations ciblées de l'œuvre occulter le nom de l'auteur, dès lors que ce dernier conserve le droit de le réimposer quand il le désire (Cass. 1e civ. 13-2-2007 n° 05-12.016 : Propr. intell. 2007.207 n° 2 obs. Bruguière). Le cessionnaire n'est pas alors tenu de demander, avant toute modification, l'autorisation de l'auteur, celui-ci conservant, en dépit de son engagement contractuel, la faculté de faire cesser l'utilisation qui se révélerait abusive ou d'obtenir réparation à ce titre (CA Paris 15-12-2005 n° 03-03275 : D. 2005.2886 note Edelman).

L'auteur peut mentionner par un écrit qu'une photographie est libre de droits, ce qui n'affranchit pas l'utilisateur de respecter le droit moral de l'auteur de l'œuvre (CA Rennes 17-1-2023 n° 20/05121).

Il n'y a pas atteinte au droit moral de l'auteur lorsque, sur sa sommation, son œuvre a été produite en justice (CA Montpellier 8-6-1998 : JCP E 2001.77 n° 2 obs. Grégoire ; aussi CPI art. L 331-4).

Il **ne préexiste pas,** toutefois, à la création de l'œuvre. L'auteur peut donc, sous réserve de son droit de repentir ou de retrait (n° 34665), consentir, au préalable, à limiter sa liberté de création et s'engager en particulier à obéir aux **impératifs d'une commande** faite à des fins publicitaires ou à rechercher, dans ce domaine ou dans un autre, l'accord de son cocontractant (Cass. civ. 7-4-1987 : D. 1988.97 note Edelman) et il ne peut pas reprocher un refus de divulgation à celui qui a accepté de diffuser l'œuvre, peu important ses motifs, l'inexploitation d'une œuvre ne relevant pas de la protection du droit moral de l'auteur (CA Paris 28-5-2003 : GP 2003.som.3984).

À la mort de l'auteur, le droit moral est **transmis aux héritiers,** sauf si son exercice a été conféré à un tiers par testament (CPI art. L 121-1, al. 4 et 5) selon les formes requises pour l'établissement des testaments (Cass. 1e civ. 28-5-2015 n° 14-14.506 : Bull. civ. I n° 123) ; le légataire universel est investi de ce droit même en présence d'héritiers réservataires (Cass. civ. 17-12-1996 : JCP G 1997.II.22888 note Beignier).

Par « **héritiers** », il faut entendre non seulement les successeurs immédiats mais aussi les successeurs de ces derniers, une telle transmission se renouvelant indéfiniment, puisque le droit moral de l'auteur est perpétuel, inaliénable et imprescriptible (CA Paris 17-12-1986 : JCP G 1987.II.20899 note Edelman). L'ordre dans lequel les héritiers peuvent exercer le droit moral est déterminé selon les règles ordinaires de la dévolution successorale, l'ordre établi pour la divulgation des œuvres posthumes (n° 34694) n'étant pas ici applicable (Cass. civ. 11-1-1989 : D. 1989.308 note Edelman).

Est un « **légataire universel** » le légataire de la quotité disponible, qui peut recevoir l'universalité héréditaire et, en particulier, devenir titulaire du droit moral de l'auteur (Cass. 1e civ. 28-10-2015 n° 12-12.263 : JCP E 2017.1138 n° 2 obs. Delayen).

Si le droit moral est transmis à un **époux,** ce droit lui reste propre sous tous les régimes matrimoniaux, à peine de nullité de toutes clauses contraires portées au contrat de mariage (CPI art. L 121-9 ; Cass. 1e civ. 3-12-2002 n° 1637 : JCP G 2004.II.10037 obs. Durrande, précisant que cette disposition ne s'applique pas aux œuvres créées par l'auteur avant son entrée en vigueur, soit le 11 mars 1958).

Les successeurs ou l'exécuteur testamentaire de l'auteur ne peuvent pas **exercer** leur **droit moral** en commettant un abus notoire dans l'usage ou le non-usage des droits d'exploitation, sous peine de s'exposer à une action devant le tribunal judiciaire aux fins de faire ordonner toute mesure appropriée (CPI art. L 122-9 ; sur une absence d'abus, CA Paris 11-1-2013 n° 11/19183 : RTD com. 2013.280 obs. Pollaud-Dulian).

Les héritiers de l'auteur peuvent révoquer la donation des œuvres qui en sont l'objet pour inexécution des charges prescrites par l'auteur ; la révocation peut être aussi exercée par l'usufruitier des seuls droits d'exploitation des œuvres mises aux enchères, bien qu'il ne soit pas titulaire du droit moral, car le défaut de droit moral ne lui interdit pas d'agir en restitution de droits corporels (Cass. 1e civ. 16-1-2019 n° 18-10.603 FS-PB : BPAT 2/19 inf. 59).

DROIT AU NOM

Hors le cas de l'œuvre anonyme (n° 34606), le nom de l'auteur (ou son pseudonyme, CA Paris 15-9-1999 : LP 1999.III.178) doit être indiqué dans les conditions suivantes : 34653

– la chaîne de télévision qui diffuse un documentaire doit faire figurer dans le générique le nom de l'auteur du film dont ce documentaire est tiré afin que le public n'ignore pas que l'auteur a réalisé une œuvre beaucoup plus longue (Cass. civ. 17-1-1995 : RJDA 5/95 n° 665) ;

– l'éditeur d'un journal doit mentionner le nom de l'auteur d'une photographie (CA Paris 25-5-1993 : LP 1993.I.129) ;

– l'éditeur **de livres** doit mentionner le nom, le prénom de l'auteur, voire ses titres, grades, et distinctions si celui-ci l'exige, non seulement sur la couverture ou la jaquette mais encore dans les documents publicitaires (cf. T. com. Seine 2-4-1951 : D. 1951.343, antérieur à la loi de 1957 mais transposable ; aussi CA Versailles 28-4-1988 : D. 1988.IR.165) ; cette obligation est méconnue lorsque le nom de l'auteur est difficilement lisible sur l'œuvre reproduite (CA Paris 15-11-1985 : D. 1987.som.41 obs. Burst) ou lorsqu'il n'est pas reproduit sur la réédition contrairement aux engagements souscrits précédemment (CA Paris 27-9-1996 : D. 1997.som.94 obs. Colombet) ;

– la société qui vend des produits de parfumerie doit faire figurer sur les emballages les noms des personnes qui ont participé à la réalisation du dessin (CA Paris 31-10-2000 : RJDA 3/01 n° 382) et celle qui vend des robes doit mentionner dans ses offres le nom de sa salariée qui est créatrice du modèle (CA Paris 26-2-2021 n° 19/15130) ;

– la reproduction de photographies dans un catalogue sans indication du nom de leur auteur (CA Paris 4-9-1998 : JCP E 1998.pan.1526) ou dans la notice de présentation d'un CD-Rom sans individualisation des clichés que l'auteur a réalisés (TGI Paris 29-4-1998 : LP 1998.I.101) méconnaît le droit de l'auteur à l'indication de son nom.

L'**auteur** a droit au respect de son nom dans la mesure où il est attaché à l'œuvre de l'esprit qui porte l'empreinte de sa personnalité : il ne peut prétendre, sur le fondement de son droit moral, à la protection de son nom patronymique en tant que tel, fût-il utilisé pour l'exercice de son activité artistique, ce nom, quelle que soit sa renommée prétendue, ne constituant pas, en lui-même, une œuvre de l'esprit (Cass. 1e civ. 10-4-2013 n° 12-14.525 : Bull. civ. I n° 72).

L'auteur dont le nom a été omis peut s'adresser à la **justice** soit pour contraindre l'éditeur à le mentionner, soit pour obtenir une indemnisation (CA Paris 27-2-1985 : D. 1986.IR.181 obs. Colombet).

Le fait de reproduire totalement ou partiellement l'œuvre d'autrui en s'en appropriant la paternité, dénoncé par l'auteur comme constituant une contrefaçon, porte nécessairement atteinte à son droit moral (Cass. 1e civ. 3-4-2007 n° 06-13.342 : Bull. civ. I n° 152). Toutefois, l'auteur qui pendant dix ans n'a pas dénoncé cette usurpation alors qu'il savait que ses œuvres étaient l'objet d'une exploitation commerciale a été tenu pour avoir renoncé à invoquer son droit moral (CA Rennes 18-9-2018 n° 16/06196 : D. IP/IT 2018.685 obs. Enser ; dans le même sens, TGI Strasbourg, 1e ch. civ., 1-7-2003 : GP 2004.som.1390) ; en effet, il est toujours possible de renoncer à un ordre public de protection lorsque la partie concernée a acquis le droit d'agir en nullité (n° 15680).

L'auteur peut aussi s'opposer à ce que son nom figure sur une œuvre qui lui est attribuée à tort (CA Paris 28-2-2007 : RTD com. 2007.352 obs. Pollaud-Dulian) ou à ce qu'un tiers présente ses propres œuvres en usurpant son nom (CA Paris 16-2-2005 : D. 2005.2523.som. obs. Allaeys).

Les **ressortissants** de l'UE ont droit à la protection en France de leur pseudonyme en raison de l'interdiction de toute discrimination fondée sur la nationalité, bien qu'il soit interdit aux étrangers d'utiliser un pseudonyme (TGI Paris 16-11-1994 : Clunet 1995.945 note Chanteloup, écartant au profit de ces ressortissants l'art. 10 de la loi du 10-2-1942 qui interdit l'usage en France de pseudonyme aux personnes de nationalité étrangère, sauf dérogation dans un intérêt artistique, littéraire ou scientifique).

DROIT AU RESPECT DE L'ŒUVRE

34656 L'auteur, maître de la divulgation de son œuvre (n° 34694), peut imposer le respect de celle-ci telle qu'il l'a livrée au public.

34659 **Atteintes illicites** Tout acte, accompli sans l'autorisation de l'auteur, qui porte atteinte à son œuvre, quelle qu'en soit l'importance, constitue une violation de son droit moral.

L'atteinte à l'œuvre peut résulter :

– de **modifications** de l'œuvre, celle-ci devant être respectée dans son intégrité et ses détails (CA Paris 26-6-1985 : D. 1986.IR.184 obs. Colombet), seul l'auteur pouvant apporter à son œuvre, s'il l'estime utile, une modification (Cass. civ. 4-4-1991 : RJDA 5/91 n° 450) ; ainsi ont porté atteinte à l'œuvre : l'adjonction d'une préface (TGI Paris 25-11-1987 : D. 1989.som.46 obs. Colombet) ; sa colorisation (CA Versailles 19-12-1994 : D. 1995.IR.65) ; des coupures (CA Paris 24-3-1999 : RJDA 7/99 n° 859) ; son prolongement par addition de développements (CA Paris 31-3-2004 : D. 2004.2028 note Edelman) ; son adaptation à des fins publicitaires (Cass. 1e civ. 5-12-2006 : JCP E 2007.pan. 1115 ; CA Paris 25-6-1996 : RJDA 12/96 n° 1565) ; la mise en scène d'un opéra substituant à une scène de suicide individuel une scène de suicide collectif (CA Paris 13-10-2015 n° 14/08900 : D. 2015.2548 note Dubarry : à propos de la mise en scène du Dialogue des Carmélites) ; un arrangement musical particulier, transformant l'œuvre première et la banalisant (CA Paris 3-12-2021 n° 20/04760) ;

– du **retard** à présenter celle-ci : jugé qu'un employeur du titulaire d'un droit d'auteur sur des fourrures porte préjudice à l'auteur en présentant ces modèles avec retard, alors que les courants et tendances de la mode avaient déjà été révélés par la présentation des collections des maisons concurrentes (CA Paris 13-2-1985 : D. 1987.som.41 obs. Burst) ;

– d'une **présentation désavantageuse,** telle que : apposition du logo d'une chaîne de télévision masquant une partie des images (CA Paris 25-10-1989 : D. 1990.som.54 obs. Colombet) ; reproduction, sans autorisation de l'auteur, d'une œuvre savante au milieu de nombreux encarts publicitaires dans une publication distribuée gratuitement dans les boîtes à lettres et dont les visées commerciales apparaissaient plus importantes que la promotion du sujet traité (CA Caen 6-5-1997 : JCP G 1998.IV.2928) ;

– d'une **présentation erronée,** telle que celle annonçant sur une chaîne de télévision comme une œuvre de « parti pris » un film consistant en un montage d'images et de sons pris sur le vif sans l'apport d'aucun commentaire (CA Paris 14-12-1987 : D. 1988.som.228 obs. Hassler) ;

– du **détournement de l'œuvre** originelle musicale en l'incorporant, partiellement, à un ouvrage biographique (CA Versailles 19-11-2019 n° 18/08181 : D. IP/IT 2019.650) ;

– de la **destruction,** par l'épouse de l'auteur, de la fresque ornant un mur de la maison, lieu de leur domicile (CA Bordeaux 7-11-2022 n° 19/06752 : octroi de 500 € à l'auteur pour atteinte à son droit moral tenant à son défaut d'accord à la destruction de l'œuvre).

Mais **ne dénature pas** l'œuvre la publication d'un **index,** au motif que les extraits des articles qui y sont mentionnés auraient été mutilés et altérés alors que, par nature, il ne comportait aucune erreur dans les citations (Cass. ass. plén. 30-10-1987 : D. 1988.21 concl. Cabannes ; aussi, tenant pour négligeables des erreurs de détail, CA Lyon 12-6-1989 : D. 1989.IR.234), l'adjonction de décors et de costumes inspirés sans mutilation par ceux réalisés par un peintre pour une mise en scène (Cass. civ. 5-3-1968 : D. 1968.382) ou une « inclusion fortuite » telle qu'une représentation accessoire et involontaire par rapport au sujet traité ou représenté (Cass. 1e civ. 12-7-2012 n° 11-15.165 : Bull. civ. I n° 162, refusant de traiter d'accessoire la réduction d'une photo sous forme de vignette).

En cas d'**adaptation d'un livre à l'écran,** les tribunaux tendent à reconnaître à l'adaptateur une certaine liberté, compte tenu de l'impossibilité pour lui de s'en tenir à la lettre de l'ouvrage porté à l'écran (Cass. civ. 12-6-2001 : RJDA 12/01 n° 1277 ; CA Paris 13-5-1964 : JCP G 1964.II.13932 note Lyon-Caen).

Sur la dénaturation de l'œuvre d'un architecte, Cass. civ. 1-12-1987 : Bull. civ. I p. 229 ; sur l'absence de dénaturation, CE 6-5-1988 : D. 1989.som.111 obs. Moderne et Bon ; Cass. civ. 7-1-1992 : RJDA 2/92 n° 210 ; TGI Paris 29-3-1989 : GP 1990.140 note Huet.

Opposabilité du droit au respect de l'œuvre L'auteur peut imposer le respect de son œuvre même **après sa cession** (Cass. civ. 6-7-1965 : GP 1965.2.126 ; Cass. civ. 8-1-1980 : D. 1980.89 note Edelman et, sur renvoi, CA Versailles 8-7-1981 : D. 1982.IR.45 obs. Colombet). **34662**

Il peut l'imposer aussi au **propriétaire de l'objet** matériel mais l'auteur et ses ayants droit ne peuvent pas exiger du propriétaire la mise à disposition de l'objet pour exercer leur droit (CPI art. L 111-3, al. 2).

Lorsque le propriétaire d'une œuvre artistique a installé celle-ci dans un lieu public, il est seulement tenu d'effectuer les travaux d'entretien normaux de nature à éviter ou retarder sa dégradation ; il n'est pas tenu de réparer les désordres qui ne sont pas de son fait, l'auteur devant se préoccuper des contraintes techniques qu'impose à son œuvre la structure de l'ensemble dont elle est une composante et dont il a la possibilité d'obtenir une connaissance précise (Cass. civ. 3-12-1991 : RJDA 1/92 n° 118).

En toute hypothèse, l'auteur ne saurait se prévaloir de son droit au respect de l'œuvre pour exiger que l'œuvre soit entretenue par lui-même, ou sous son nécessaire contrôle (CA Paris 4-3-2022 n° 20/13051 : D. IP/IT 2022.507 obs. Mouron).

Atteintes licites Selon la Cour de justice des Communautés européennes (devenue de l'UE), les auteurs ne peuvent s'opposer aux dénaturations de l'œuvre **que si** elles sont préjudiciables à **leur honneur et à leur réputation** (CJCE 20-10-1993 : D. 1995.133 note Edelman). **34663**

En tout état de cause, le droit au respect de l'œuvre ne peut conduire au maintien d'une œuvre qui enfreint l'**ordre public** : aussi ce droit ne peut-il faire échec à l'exécution des mesures prévues par la loi en vue de mettre fin aux conséquences des infractions pénales constatées à la législation sur la protection des sites et au Code de l'urbanisme (Cass. crim. 3-6-1986 : D.1987.301 note Edelman). Il ne peut davantage servir à la défense de la réputation de l'auteur et de l'œuvre (Cass. civ. 10-3-1993 : D. 1994.78 note Françon).

MESURES PROTECTRICES DU DROIT MORAL

Droit de repentir ou de retrait L'auteur **qui a cédé** son œuvre, sauf s'il s'agit d'un logiciel (n° 35029), peut, même après sa divulgation, exercer un droit de repentir ou de retrait en refusant de livrer l'œuvre cédée ou en la reprenant des mains du cessionnaire, à charge pour lui d'indemniser préalablement le cessionnaire du préjudice que ce repentir ou ce retrait peut lui causer (CPI art. L 121-4 ; CA Bordeaux 24-5-1984 : D. 1986.IR.181 obs. Colombet). Mais ses héritiers ne jouissent pas de ce droit strictement personnel au créateur (CA Paris 17-12-1986 : JCP G 1987.II.20899 note Edelman). **34665**

L'auteur ne peut pas exercer son droit de repentir au motif que la rémunération que lui verse le cessionnaire est insuffisante (Cass. civ. 14-5-1991 : Bull. civ. I p. 103). Mais il peut le faire lorsque les tableaux dont il avait autorisé la vente sont l'objet d'une saisie (TGI Quimper 2-5-1995 : Bull. inf. C. cass. 1995 n° 1316).

Lorsque l'auteur, après l'exercice de son droit, décide de **publier à nouveau** son œuvre, il est tenu d'offrir par **priorité** ses droits d'exploitation au cessionnaire initial et aux conditions originairement déterminées (CPI art. L 121-4).

Droit d'agir en contrefaçon L'auteur peut faire **protéger** son droit moral par une **saisie-contrefaçon** ordonnée par le président du tribunal de grande instance (devenu le président du tribunal judiciaire) (CA Paris 4-4-1960 : D. 1960.535 note Desbois ; CA Paris 25-4-1989 : D. 1990.som.60 obs. Colombet ; sur la saisie-contrefaçon, n° 34726) ou par une poursuite du chef du **délit de contrefaçon** en cas d'atteinte au droit de divulgation et au droit au respect du nom (CA Paris 25-1-1968 : RIDA 1968.174 ; CA Paris 23-11-1982 : D. 1983.IR.512 obs. Colombet). Les juges ne peuvent pas écarter la contrefaçon des **34668**

reproductions d'œuvres inachevées sans rechercher si ces reproductions portent ou non atteinte au droit moral de l'auteur (Cass. crim. 25-10-2016 n° 15-84.620 F-D). En revanche, ils peuvent l'écarter si les conditions de l'exception de courte citation sont réunies (n° 34715), cette exception, quoique visée sous le titre « Droits patrimoniaux » ayant une portée générale (CA Versailles 19-11-2019 n° 18/08181).

Souvent, les attributs pécuniaires et extrapatrimoniaux se trouvent lésés en même temps, ce qui explique que l'auteur ait rarement l'occasion d'invoquer isolément la protection de son droit moral ; pour des exemples, Cass. 1e civ. 3-4-2007 n° 06-13.342 : Bull. civ. I n° 152 : auteur ayant cédé ses droits patrimoniaux ; CA Paris 17-2-1988 : D. 1989.som.51 obs. Colombet : reproduction d'une œuvre que l'auteur estimait inachevée ; CA Angers 10-9-2001 : JCP G 2002.IV.2846 : apposition de son nom par le réalisateur de la reproduction de l'œuvre d'un auteur, sur cette reproduction.

L'action en contrefaçon, bien qu'elle tende à la protection du droit moral lui-même imprescriptible, est soumise à la prescription de droit commun (CA Paris 16-5-2008 n° 06-4646 : RTD com. 2008.553 obs. critiques Pollaud-Dulian).

34672 **Injonction de respecter le droit moral** Il peut aussi être enjoint au rédacteur d'un catalogue raisonné, présenté comme répertoriant l'œuvre complète d'un peintre, d'insérer aux futures éditions du cataloque une peinture, dont il contestait l'authenticité, mais déclarée authentique par une expertise judiciaire ; une telle mesure répond à l'impératif d'objectivité et à la liberté d'expression nécessaire et proportionnée à cet impératif légitimement poursuivi, étant observé que cette injonction ne porte pas atteinte au droit moral de l'auteur du catalogue (cf. Cass. 1e civ. 13-3-2008 n° 07-13.024 : D. 2008.1797 note Bruguière).

Par ailleurs, l'impératif de liberté d'expression s'impose aussi à l'auteur qui ne saurait créer une œuvre portant atteinte aux intérêts d'autrui ; aussi pourrait-il lui être imposé de modifier son œuvre si l'atteinte alléguée s'avérait d'une gravité telle qu'elle serait intolérable et insusceptible d'être convenablement réparée par l'allocation ultérieure de dommages-intérêts (TGI Paris 17-12-1987 : D. 1988.som.229 obs. Hassler, refusant en l'espèce d'ordonner la modification de l'œuvre en dépit de la notoriété du nom du plaignant).

2. DROITS D'EXPLOITATION PÉCUNIAIRE DE L'ŒUVRE

a. Droit patrimonial de l'auteur

DROIT DE PROPRIÉTÉ DE L'ŒUVRE

34685 La propriété de l'auteur, tant que l'œuvre est dans son patrimoine, porte sur la **création** qu'elle incarne et sur l'**objet matériel** qui lui sert de support.

Mais les deux droits sont **dissociables** : la propriété de la création est indépendante de la propriété de l'objet matériel (CPI art. L 111-3 al. 1).

La propriété de l'objet matériel est déterminée selon les règles de la propriété des biens corporels (CA Paris 16-5-2017 n° 16/04393 : JCP E 2018.1406 n° 4 obs. Petelin) ; elle peut être l'objet d'une clause de réserve de propriété (Cass. com. 19-11-2003 n° 1580 : RJDA 4/04 n° 449) ou acquise par la possession de bonne foi (CA Aix 4-9-2003 : Bull d'Aix 2004-1.99 note Maetz), à condition qu'il y ait possession et non pas détention en tant que dépositaire (T. corr. Paris 10-12-2015 ; sur l'usucapion, n° 30019).

Comme sur tout objet matériel, un tiers peut exercer son droit de rétention sur le support matériel de l'œuvre, par exemple les cartons d'une tapisserie exécutée par un lissier (Cass. civ. 4-6-1971 : D. 1971.489 concl. Lindon).

Il s'ensuit que **l'auteur de la création** :

– peut **revendiquer** sa **qualité** de créateur à l'égard du propriétaire du support (CA Paris 28-5-2003 : Prop. intell. 2003.378 obs. Lucas) ;

– qui **a cédé des droits de reproduction** de l'œuvre n'a pas, pour autant, sauf convention contraire, cédé la propriété du support matériel de cette œuvre (Cass. 1e civ. 22-1-2020 n° 17-23.127 D ; CA Paris 18-10-1988 : D. 1988.IR.265 ; CA Versailles 24-1-2002 : LP 2002.I.55) ;

– qui a **perdu la propriété matérielle du support** n'a pas pour autant perdu ses droits d'auteur par prescription ni extinctive ni acquisitive, ces droits étant exclus du régime de ces prescriptions (CA Paris 17-9-2008 n° 07-12747 : GP 2009.som.2173 note Renault et Guinnot-Deléry) ;

– ne peut **exiger** du propriétaire de l'objet matériel la **mise à sa disposition de l'objet,** pour l'exercice de son droit de divulgation, qu'en demandant au tribunal judiciaire de constater que le refus de remise par le propriétaire est un **abus notoire** de sa part et de prendre en conséquence les mesures appropriées pour lui permettre la divulgation (CPI art. L 111-3, al. 2) ; sur une absence d'abus, Cass. 1e civ. 22-1-2020 n° 17-23.127.

Inversement, **le propriétaire du support** :

– ne peut **pas exploiter l'œuvre** sans l'accord de l'auteur de la création ou de ses ayants droit (TGI Paris 5-9-2001 : LP 2001.I.119 ; TGI Paris 26-9-2007 n° 06-17460 : Propr. intell. 2008.106 obs. Bruguière), l'auteur lui aurait-il remis l'œuvre qu'il lui a commandée (Cass. civ. 24-10-2000 : RJDA 4/01 n° 523) ;

– ou un tiers ne peuvent pas **opposer** à l'auteur l'épuisement de son droit au motif qu'il a mis en ligne des fichiers musicaux MIDI, car cette mise en ligne ne peut pas être confondue avec la mise sur le marché du support physique de l'œuvre ; elle n'épuise pas, par conséquent, les droits de l'auteur sur l'œuvre en vertu de la règle de l'épuisement (TGI Paris, 3e ch. 23-5-2001 : GP 2002.som.1661 note Noguier).

CONDITION PRÉALABLE À L'EXPLOITATION DE L'ŒUVRE

Divulgation de l'œuvre Le droit d'exploitation de l'œuvre suppose que se manifeste envers elle une demande d'acquisition ou de représentation (offre de spectacles), ce qui implique que l'œuvre soit mise à la disposition du public (Cass. 1e civ. 14-6-2000 n° 97-21.603 : JCP E 2001.1381 chr. n° 4 obs. Grégoire ; CA Paris 14-3-1991 : JCP G 1992.II.21780 note Ginsburg ; cf. CA Paris 28-5-2003 : GP 2003.som.3984). **34690**

L'article 5, paragraphe 3, sous d) de la directive 2001/29 doit être interprété en ce sens qu'une œuvre a déjà été mise licitement à la disposition du public lorsque celle-ci, telle qu'elle se présente de manière concrète, a préalablement été rendue accessible au public avec l'autorisation du titulaire du droit ou en vertu d'une licence non volontaire, ou encore en vertu d'une autorisation légale (CJUE 29-07-2019 aff. 516/17 : JCP G 2019 n° 40-992 note Bruguière).

L'œuvre est mise à la disposition du public par sa divulgation.

Décision de divulgation La décision de divulguer **appartient** à l'auteur ; elle peut aussi émaner de celui qu'il a investi de ce droit. **34694**

La divulgation suppose la communication de l'œuvre au public avec le **consentement de l'auteur.** Il en est ainsi dès lors que l'œuvre peut être tenue pour achevée et accessible au public, notamment lorsqu'elle a été communiquée par l'éditeur à de nombreux journalistes et a été annoncée dans de nombreux journaux et sur le site de l'éditeur (CA Paris 14-11-2008 n° 07-21475 : Propr. intell. 2009.164 obs. Bruguière) ; mais tel n'est pas le cas si l'œuvre, une lithographie, n'est qu'une ébauche (CA Paris 17-2-1988 : D. 1989.som.51 obs. Colombet), si elle a été rendue publique sans l'accord de l'auteur (TGI Paris 11-12-1985 : GP 1987.som.33 : cours sténographié et reproduit par des étudiants sans le concours du professeur) ou si elle est accessoire au sujet traité ou représenté, en ce qu'elle n'est pas alors identifiée dans ses caractéristiques (Cass. 1e civ. 15-3-2005 n° 03-14.820 : Bull. civ. I n° 134 ; CA Paris 12-9-2008 : RJDA 4/09 n° 393, Propr. intell. 2009.53 obs. critiques Lucas, qui considère la solution comme contraire à la directive de 2001 citée n° 34503, et approbatrices Bruguière). Toutefois, l'œuvre inachevée peut être tenue pour divulguée lorsque l'auteur a donné son consentement, par exemple s'il a fixé par l'intermédiaire de son représentant habituel les modalités de rédaction du catalogue de vente, opération qui a été suivie de la mise en vente de l'œuvre aux enchères (CA Paris 22-5-2005 n° 10/15508 : Pet. aff. 2015 n° 109 p. 18 note Nevejeans).

Dans le cas de l'œuvre d'un peintre, il a été admis que le consentement de ce dernier à la divulgation de son œuvre pouvait résulter, sauf preuve contraire à rapporter par l'artiste lui-même, de l'apposition de son monogramme sur ses tableaux (TGI Paris 2-5-1990 : D. 1992.som.14 obs. Colombet).

La décision est **discrétionnaire** (Cass. civ. 5-6-1984 : Bull. civ. I p. 157). Toutefois, les juges peuvent interdire une divulgation qui heurterait un intérêt d'**ordre public,** par exemple l'intimité de la vie privée d'une personne mise en cause par l'auteur (cf. TGI Paris 26-10-1992 : LP 1993.I.46, refusant l'interdiction pour un dommage seulement éventuel).

Après le **décès** de l'auteur qui n'a pas consenti de son vivant à la divulgation, le droit de divulguer est exercé (CPI art. L 121-2, al. 2) :

a. par le ou les exécuteurs testamentaires leur vie durant ; leur décision est libre sous réserve qu'elle serve l'œuvre et soit en accord avec la volonté de l'auteur telle que révélée et exprimée de son vivant (CA Paris 13-3-2009 n° 07-07875 : JCP G 2009.II.10093 note Pollaud-Dulian) ;

L'exécuteur testamentaire ne dispose que d'un droit viager qu'il ne peut pas transmettre à autrui à son décès (CA Paris 11-10-2013 : JCP E 2014.1444 n° 1 obs. Delayen).

b. à leur défaut ou après leur décès et, sauf volonté contraire de l'auteur, selon l'ordre suivant :

- par les descendants ;
- par le conjoint, non séparé de corps ou non remarié ;
- par les héritiers autres que les descendants qui recueillent tout ou partie de la succession ;
- par les légataires universels ou donataires de l'universalité des biens à venir.

En cas d'**abus notoire** dans l'usage ou le non-usage du droit de divulgation par les représentants de l'auteur décédé ou en cas de conflit entre eux, le tribunal judiciaire (ex-tribunal de grande instance) peut prendre toute mesure appropriée (CPI art. L 121-3 ; Cass. 1e civ. 24-10-2000 : RJDA 4/01 n° 524 : refus de divulgation notoirement abusif ; CA Aix 31-10-2019 n° 17/05953 : irrecevabilité de la demande).

Le tribunal a le même pouvoir s'il n'y a pas d'ayant droit connu ou en cas de vacance ou déshérence (CPI art. L 121-3, al. 1).

Le droit de divulgation est épuisé par le premier usage qui en a été fait par l'auteur, qui ne peut plus prétendre subordonner d'autres publications à son autorisation (CA Paris 12-12-2001 : JCP E 2002.1806 note Laporte-Legeais ; TGI Paris 19-5-2009 : Propr. intell. 2009.371 obs. Lucas).

34697 **Modes de divulgation** L'auteur détermine le procédé de divulgation de son œuvre et fixe les conditions de celle-ci (CPI art. L 121-2, al. 1) selon les distinctions suivantes.

1. Sous l'empire de la **loi française,** pour la divulgation de son œuvre, l'auteur a le choix entre la représentation et la reproduction (CPI art. L 122-1).

a. La **représentation** consiste dans la communication de l'œuvre au public par un procédé quelconque, notamment par (CPI art. L 122-2) :
- la récitation publique ;
- l'exécution lyrique ;
- la représentation dramatique ;
- la présentation publique ;
- la projection publique ;
- la transmission dans un lieu public de l'œuvre télédiffusée ;
- la télédiffusion ; la télédiffusion s'entend de la diffusion par tout procédé de télécommunication de sons, d'images, de documents, de données et messages de toute nature.

Est assimilée à une représentation l'émission d'une œuvre vers un satellite (CPI art. L 122-2-1 et L 122-2-2).

b. La **reproduction** consiste dans la fixation matérielle de l'œuvre par tous procédés qui permettent de la communiquer au public d'une manière indirecte (CPI art. L 122-3, al. 1).

Pour les **œuvres littéraires,** par exemple, cette communication se fait par la voie de l'édition (n° 34825).

En **matière graphique et plastique,** la reproduction peut s'effectuer notamment par imprimerie, dessin, gravure, photographie, moulage et tout procédé des arts graphiques et plastiques, enregistrement mécanique, cinématographique ou magnétique (CPI art. L 122-3, al. 2).

Pour les **œuvres d'architecture,** elle consiste également dans l'exécution répétée d'un plan ou projet type (CPI art. L 122-3, al. 3).

2. Sous l'empire de la **convention de Berne,** la divulgation résulte de la **publication** (art. 3).

3. Sous l'empire de la **convention de Genève,** la divulgation résulte de la publication qui suppose la **reproduction** sous une forme matérielle et la mise à la disposition du public des exemplaires de l'œuvre permettant de la lire ou d'en prendre connaissance visuellement (art. 6).

PROTECTION DES DROITS D'EXPLOITATION PAR LE DROIT DE L'UE

34698 Voir n° 30959.

TITULAIRES DU DROIT D'EXPLOITATION

34700 **Auteur et ses ayants droit** De son vivant, l'auteur qui a divulgué son œuvre en France a le **droit exclusif de l'exploiter** sous quelque forme que ce soit et d'en tirer un profit pécuniaire (CPI art. L 123-1, al. 1). L'auteur jouit ainsi du droit exclusif d'autoriser ou d'interdire toute communication au public de ses œuvres, par fil ou sans fil, y compris la mise à la disposition du public de ses œuvres de manière que chacun puisse y avoir accès de l'endroit et au moment qu'il choisit individuellement (Directive 2001/29/CE art. 3).

Un tiers ne peut pas s'opposer à la représentation de l'œuvre, notamment d'un film, au motif que celle-ci porte atteinte à sa vie privée (Cass. civ. 13-4-1988 n° 86-10.407 : Bull. civ. I n° 95).

Les redevances perçues par l'auteur pour l'exploitation de son œuvre ont un caractère alimentaire et sont insaisissables (CPI art. L 333-2).

Le droit d'exploitation des **œuvres posthumes** appartient aux ayants droit de l'auteur si l'œuvre est divulguée dans l'année civile du décès de l'auteur ou dans les soixante-dix années (s'il s'agit de compositions musicales avec ou sans paroles) qui suivent (CPI art. L 123-4, al. 2). Lorsque la divulgation a eu lieu à l'expiration de cette période, il appartient aux propriétaires, par succession ou à d'autres titres, de l'œuvre, qui effectuent ou font effectuer la publication (CPI art. L 123-4, al. 3 ; Cass. civ. 9-11-1993 : RJDA 2/94 n° 236, attribuant le droit au propriétaire du support matériel de l'œuvre à l'exclusion des détenteurs de copies établies et remises sans intention de transmettre le droit).

ACTES D'EXPLOITATION

L'**auteur** peut accomplir lui-même, en son nom, les actes d'exploitation. 34701

Il peut aussi s'en affranchir en confiant à un **organisme de gestion collective** des droits d'auteur et des droits des artistes-interprètes et des producteurs de phonogrammes et de vidéogrammes le soin de percevoir les droits lui revenant, dont le régime est fixé par les articles L 321-1 à L 324-8-6 et R 321-1 s. du CPI (CPI art. L 321-1, I-al. 1).

Les sociétés de perception et de répartition des droits d'auteur et des droits voisins appartiennent à la catégorie des organismes de gestion collective.

DURÉE DES DROITS D'EXPLOITATION

Période de protection Le droit d'exploiter son œuvre appartient à l'auteur pendant toute **sa vie** (CPI art. L 123-1, al. 1). 34703

Le régime de la durée des droits d'auteur est placé sous les dispositions de la directive 93/98/CEE du Conseil du 29 octobre 1993 relative à l'harmonisation de la durée de protection du droit d'auteur et de certains droits voisins qui a été « codifiée » à droit constant, au sens de consolidation des modifications substantielles qu'elle a subies, par la directive 2006/116 du 12 décembre 2006. Cette dernière est entrée en vigueur le 1er juillet 1995.

Au décès de l'auteur, ce droit persiste au profit de ses **héritiers** pendant l'année civile en cours et les **soixante-dix années** qui suivent (CPI art. L 123-1, al. 2). Le conjoint survivant non séparé de corps bénéficie pendant le même temps d'un droit d'usufruit du droit d'exploitation, sous réserve des droits des héritiers réservataires (CPI art. L 123-6) ; le conjoint survivant ne peut pas vendre sans l'accord des héritiers réservataires du défunt, nus-propriétaires, les tirages en bronze posthumes numérotés car ils ne sont pas une reproduction de l'œuvre mais l'œuvre elle-même émanant de la main de l'artiste et portant l'empreinte de la personnalité de l'auteur (Cass. 1e civ. 22-5-2019 no 17-28.314 FS-PBI : BPAT 4/19 inf. 154) ; une telle vente constitue un abus du droit d'usufruit sanctionné par la déchéance de ce droit sur les objets vendus (CA Paris 30-6-2021 no 19/14469).

Toutefois, le délai prévu par l'article L 123-1 précité est aménagé, pour certaines œuvres, selon les distinctions suivantes :

– pour les **œuvres audiovisuelles,** l'année prise en considération est celle du décès du dernier des collaborateurs suivants : l'auteur du scénario, l'auteur du texte parlé, l'auteur des compositions musicales avec ou sans paroles spécialement réalisées pour l'œuvre et le réalisateur principal (CPI art. L 123-2, al. 2) ;

– pour les **œuvres pseudonymes, anonymes ou collectives,** la période de protection de soixante-dix ans court à compter du 1er janvier de l'année suivant celle où l'œuvre a été publiée, sous réserve des précisions suivantes (CPI art. L 123-3) : en cas de publication échelonnée, le délai court à compter du 1er janvier de l'année qui suit la date de publication de chaque élément ; lorsque les auteurs se sont fait connaître, le régime de droit commun est applicable ; les œuvres pseudonymes, anonymes ou collectives publiées plus de soixante-dix ans après leur création tombent dans le domaine public et perdent donc tout droit à protection ; toutefois, en cas de divulgation après cette période, le propriétaire de l'œuvre – par voie successorale ou autre – qui la publie (ou la fait publier) jouit d'un droit exclusif pendant vingt-cinq ans à compter du 1er janvier de l'année suivant celle de la publication ;

– pour les **œuvres posthumes,** la durée est de soixante-dix années à compter du 1er janvier de l'année qui suit le décès de l'auteur ; si la divulgation a eu lieu après l'expiration de cette période, elle est de vingt-cinq ans à compter du 1er janvier de l'année suivant celle de la publication (CPI art. L 123-4, al. 1).

À l'expiration des durées ci-dessus mentionnées, l'œuvre tombe dans le domaine public.

Mise en œuvre des durées de protection Les règles suivantes doivent être observées : 34704

1. Les règles actuelles fixant la durée de protection des droits d'auteur sont applicables **depuis** le 1er juillet 1995 (no 34703). Elles s'appliquent à toute œuvre qui est protégée sur le territoire de l'un des États membres, peu important qu'elle ne l'ait jamais été sur celui de l'État membre dans lequel la protection est réclamée (CJCE 20-1-2009 aff. 240/07 : Propr. intell. 2009.181 obs. Benabou).

Toutefois, afin d'éviter l'application rétroactive des dispositions pénales à l'encontre d'exploitations entreprises légalement avant cette date, seules les infractions commises après le 28 mars 1997 (date de publication de la loi 97-283 du 27 mars 1997 ayant fixé de nouvelles durées) peuvent être poursuivies pénalement (Loi 97-283 art. 16-I ; pour des applications, CA Paris 22-5-2002 et CA Paris 30-9-2002 ; Propr. intell. 2003 no 6 p. 48 § 3-3 obs. Lucas).

En outre, l'application des règles en vigueur ne doit pas avoir pour effet d'abréger la durée de protection des droits d'auteur et des droits voisins qui ont commencé à courir avant le 1er juillet 1995 (Loi 97-283 art. 16, II).

2. La durée de protection de l'œuvre ne s'applique pas à des **droits d'auteur** qui étaient initialement protégés par une législation nationale, mais qui se sont **éteints** avant le 1er juillet 1995 (CJUE 12-10-2016 aff. 169/15).

3. Conformément à l'article 10-2 de la directive 93/98, une **œuvre tombée dans le domaine public** en France au 1er juillet 1995, mais encore protégée dans au moins un autre État membre de l'UE, bénéficie d'une période de protection de soixante-dix ans, qui court à compter du 1er janvier de l'année qui suit le décès de l'auteur (Loi 97-283 art. 16-III ; pour une application, CA Paris 25-9-2002 : Propr. intell. 2003 n° 6 p. 48 § 3-2 obs. Lucas).

Mais les titulaires des droits sur l'œuvre ne peuvent s'opposer aux actes d'exploitation licitement accomplis avant l'entrée en vigueur de la loi 97-283, ni à ceux accomplis pendant un an à compter de la même date si l'exploitation de l'œuvre a été licitement engagée avant ladite date (Loi 97-283 art. 16-III ; pour une application, CA Paris 30-9-2002 : RDPI 2003 n° 150 p. 35).

4. Les **droits acquis** par les tiers au 1er juillet 1995 sont protégés, les États membres étant habilités à prendre les dispositions nécessaires à cet effet (Directive 2006/116 art. 10-3).

5. Lorsque le **pays d'origine de l'œuvre est un pays tiers à l'UE** et que l'auteur n'est pas ressortissant d'un État membre, la durée de la protection est celle accordée par la législation du pays d'origine de l'œuvre, sans que celle-ci puisse être supérieure à soixante-dix ans (CPI art. L 123-12). Mais si l'auteur ressortissant d'un pays tiers bénéficie de la protection prévue par les règles nationales d'un État membre, il a droit à la durée de protection fixée par la directive communautaire (CJCE 20-1-2009 aff. 240/07 précité).

DROIT DE SUITE

34706 La législation française du droit de suite, en l'état actuel, est issue de la directive CE 2001/84 du 27 septembre 2001 relative au droit de suite au profit de l'auteur d'une œuvre d'art originale qui a été transposée par la loi 2006-961 du 1er août 2006.

Les **auteurs d'œuvres** originales **graphiques et plastiques** ressortissants d'un État membre de l'UE ou d'un État partie à l'accord sur l'Espace économique européen **bénéficient** d'un droit de suite, qui est un droit inaliénable de participation au produit de toute vente d'une œuvre après la première cession opérée par l'auteur ou par ses ayants droit, lorsque intervient en tant que vendeur, acheteur ou intermédiaire un professionnel du marché de l'art ; par dérogation, ce droit ne s'applique pas lorsque le vendeur a acquis l'œuvre directement de l'auteur moins de trois ans avant cette vente et que le prix de vente ne dépasse pas 10 000 € (CPI art. L 122-8, al. 1).

Les auteurs non ressortissants d'un État membre de l'UE ou d'un État partie à l'accord sur l'Espace économique européen et leurs ayants droit sont admis au bénéfice du droit de suite si la législation de l'État dont ils sont ressortissants admet la protection du droit de suite des auteurs des États membres et de leurs ayants droit (CPI art. L 122-8, al. 5).

L'application de cette disposition appelle les précisions suivantes.

1. Bénéficient aussi du droit de suite les **héritiers** de l'auteur et, pour l'usufruit, son **conjoint** (n° 34703), pendant l'année civile en cours et les soixante-dix années suivantes (CPI art. L 123-7, I-al. 1). Il profite également aux héritiers subséquents (Cass. civ. 11-1-1989 : JCP G 1989.II.21378 note Lucas). Sous réserve des droits des descendants et du conjoint survivant non divorcé, l'auteur peut transmettre le droit de suite par legs (CPI art. L 123-7, I-al. 2). En l'absence d'héritier et de legs du droit de suite, ce dernier revient au légataire universel ou, à défaut, au détenteur du droit moral (CPI art. L 123-7, I-al. 3). En l'absence d'ayant droit connu, ou en cas de vacance ou de déshérence, le tribunal judiciaire peut confier le bénéfice du droit de suite à un organisme de gestion collective agréé par arrêté du ministre chargé de la culture (CPI art. L 123-7, II). Ces dispositions s'appliquent aux successions ouvertes à compter du 8 juillet 2016 ; elles sont également applicables aux successions ouvertes avant cette date, y compris celles qui auraient été réglées à cette date, lorsqu'il n'existe aucun héritier régulièrement investi du droit de suite en application des règles de transmission en vigueur au jour du décès (Loi 2016-925 du 7-7-2016 art. 31, II).

2. On entend par « œuvres originales » au sens du droit de suite les œuvres créées par l'artiste lui-même et les exemplaires exécutés en quantité limitée par l'artiste lui-même ou sous sa responsabilité (CPI art. L 122-8, al. 2).

Constitue ainsi un exemplaire original d'une œuvre d'art graphique ou plastique l'objet qui peut être considéré comme émanant de la main de l'artiste ou qui a été réalisé selon ses instructions et sous son contrôle, de telle sorte que dans son exécution même le support matériel de l'œuvre porte la marque de la personnalité de son créateur et qu'il se distingue par là d'une simple reproduction (Cass. civ. 13-10-1993 : RJDA 1/94 n° 118, transposable sous la nouvelle disposition). Il en a été jugé de même pour des épreuves coulées après le décès d'un sculpteur mais à partir du modèle réalisé de son vivant, à la condition qu'elles soient strictement identiques à ce modèle (Cass. civ. 5-11-1991 : RJDA 12/91 n° 1100).

3. La charge définitive du droit de suite incombe exclusivement au vendeur (Cass. ass. plén. 9-11-2018 n° 17-16.335 PBRI : RJDA 2/19 n° 145 ; toutefois, CJUE 26-2-2015 aff. 41/14 : JCP G 2015 n° 18-544 note Boiron, ayant jugé que la charge définitive de ce droit peut tout aussi bien être supportée par le vendeur que par l'acheteur). La **responsabilité du paiement** du droit de suite incombe au professionnel intervenant dans la vente et, si la cession s'opère entre deux professionnels, au vendeur (CPI art. L 122-8, al. 3 ; Cass. 1e civ. 3-6-2015 n° 13-12.675 : RJDA 12/15 n° 874).

4. Les conditions de mise en œuvre du droit de suite sont fixées par les articles R 122-2 s. du CPI.

En cas de violation des dispositions relatives au droit de suite, l'acquéreur et les officiers ministériels peuvent être condamnés solidairement, au profit des bénéficiaires de ce droit, à des dommages-intérêts (CPI art. L 334-1).

PROTECTIONS SPÉCIALES DE CERTAINES ŒUVRES

Les œuvres indisponibles sont l'objet d'une protection spéciale afin de faciliter néanmoins leur connaissance, selon la distinction suivante : 34707

1. Livres indisponibles. Au sens de l'article L 134-1 du CPI, les livres indisponibles peuvent être l'objet d'une exploitation numérique dans les conditions fixées par les articles L 134-1 à L 134-9, dispositions jugés conformes à la Constitution (Cons. const. 28-2-2014 n° 2013-370 QPC : JCP E 2014.1444 n° 4 obs. Guillemain), et les articles R 134-1 s. du CPI.

Toutefois, une réglementation nationale ne peut confier à une société agréée de perception et de répartition de droits d'auteurs l'exercice du droit d'autoriser la reproduction et la communication au public, sous une forme numérique, de livres dits « indisponibles » tout en permettant aux auteurs ou ayants droit de ces livres de s'opposer ou de mettre fin à cet exercice dans les conditions que cette réglementation définit (CJUE 16-11-2016 aff. 301/15 : RJDA 3/17 n° 213).

2. Autres œuvres indisponibles. Les œuvres indisponibles au sens de l'article L 138-1 du CPI sont protégées dans les conditions fixées par les articles L 122-5-5, R 122-31 et R 122-32 du CPI et mises à la disposition du public par un organisme de gestion collective dans les conditions fixées par les articles L 138-2 s. et R 138-1 du CPI.

3. Œuvres relevant des arts visuels dans le cadre d'activité de recherche et d'enseignement supérieur. Ces œuvres sont protégées dans les conditions fixées par l'article L 139-1 du CPI.

b. Restrictions au droit patrimonial de l'auteur

EXCEPTIONS AU DROIT D'EXPLOITATION

Conditions de mise en œuvre Les autorisations d'usage gratuit de l'œuvre protégée sont seulement celles énumérées ci-après aux nos 34709 à 34716 (cf. Cass. 1e civ. 22-1-2009 n° 07-21.063 : Prop. intell. 2009.167 obs. Lucas, interdisant au juge d'ajouter une autorisation non prévue). 34708

Les restrictions ci-dessus établies par la directive 2001/29 ne constituent pas pour autant en toutes circonstances des mesures qui se suffisent à elles-mêmes. Par exemple, si la liberté d'information et la liberté de la presse, consacrées à l'article 11 de la charte des droits fondamentaux de l'UE, ne sont pas susceptibles de justifier une dérogation aux droits exclusifs de reproduction et de communication au public de l'auteur, elles doivent néanmoins être, au titre de la balance que doit faire le juge national entre les droits exclusifs de l'auteur et les droits des utilisateurs des exceptions, interprétées de telle sorte que, tout en respectant leur libellé et en préservant leur effet utile, la solution retenue soit pleinement conforme aux droits fondamentaux garantis par la charte des droits fondamentaux de l'UE (CJUE 29-7-2019 aff. 516/17 : JCP G 2019 n° 40-992 note Bruguière).

Elles ne doivent pas porter **atteinte à l'exploitation normale** de l'œuvre ni causer un préjudice injustifié aux intérêts légitimes de l'auteur (CPI art. L 122-5, avant-dernier al.).

Ces conditions forment avec celle exigeant que les exceptions correspondent à des cas spéciaux la règle dite du « test des trois étapes ».

Quant à l'œuvre sur laquelle l'auteur a épuisé ses droits d'exploitation, il ne saurait davantage lui être porté atteinte pour exploitation anormale car, selon le droit commun, tout dommage est réparable.

Cercle de famille L'auteur dont l'œuvre a été divulguée ne peut pas interdire les **représentations privées et gratuites** effectuées exclusivement dans un cercle de famille (CPI art. L 122-5, 1°). Le cercle comprend, outre les parents et alliés, les familiers de la maison (CA Grenoble 26-2-1968 : RIDA 1968.164). 34709

Ne sont pas des représentations privées :

– la télédiffusion dans une chambre d'hôtel (CJCE 7-12-2006 aff. 306/05 : D 2007.91.som. obs. Daleau ; CJUE 27-2-2014 aff. 351/12 : JCP E 2015.1151 n° 9 obs. Chérigny ; Cass. civ. 6-4-1994 : RJDA 7/94 n° 882 ; Cass. 1e civ. 14-1-2010 n° 08-16.022 : RJDA 4/10 n° 438). Faite sans autorisation, elle expose l'hôtelier à sept ans d'emprisonnement et à 750 000 € d'amende (CPI art. L 335-4, al. 1) ;

– les reproductions sur internet, car les tiers connectés à ce réseau constituent un public (TGI Paris 14-8-1996 : D. 1996.490 note Gautier), sauf s'il s'agit d'un réseau interne dont la structure et les protocoles techniques ressemblent à ceux du World Wide Web mais qui est destiné à un usage privé, réservé à des chercheurs et qui bénéficie d'un système de protection le rendant en principe inaccessible à des tiers (TGI Paris 10-6-1997 : DA 1997.1156) ;
– les représentations exécutées publiquement à l'occasion d'une soirée organisées par une société de haute couture pour fêter l'anniversaire de sa création où avaient été conviées des personnalités connues (CA Paris 8-2-2012 n° 10/13303 : JCP E 2012.1461 n° 5 obs. Ahiaku).

Sur la rémunération des ayants droit de l'œuvre reproduite dans le cercle de famille, n° 34712.

34712 **Copie privée** L'**auteur** ne peut **pas interdire** les copies ou reproductions réalisées à partir d'une source licite et strictement réservées à l'usage privé du copiste et non destinées à une utilisation collective (CPI art. L 122-5, 2°). La licéité de la copie privée peut être invoquée que comme une exception à l'interdiction de reproduction de l'œuvre sans le consentement de l'auteur, notamment pour s'opposer à une action en contrefaçon, mais ne peut être invoquée au soutien d'une action formée au principal, telle celle tendant à faire lever les mesures techniques de protection installées sur un DVD pour en empêcher la reproduction illicite et juger que l'acquéreur du DVD devait être averti de cet obstacle (Cass. 1e civ. 19-6-2008 n° 07-14.277 : D. 2008.1824.som. obs. Daleau).

Ne constituent pas des copies privées ou un usage privé :
– les photocopies faites par le client lui-même sur du matériel mis à sa disposition par un loueur dans les locaux de son entreprise (Cass. civ. 7-3-1984 : JCP G 1985.II.20351 note Plaisant, tenant ce loueur pour contrefacteur) ;
– les copies à usage collectif, même à des fins pédagogiques ou scientifiques (TGI Paris 28-1-1974 : D. 1974.337 note Desbois ; TGI Aix 20-5-1996 : LP 1996.I.84) ;
– la diffusion d'un document par une société à ses actionnaires (CA Paris 1-10-1990 : D. 1991.som.96 obs. Colombet).

Mais l'auteur peut interdire les copies des **œuvres d'art** destinées à être utilisées pour des fins identiques à celles pour lesquelles l'œuvre originale a été créée (CPI art. L 122-5, 2°), les copies de **logiciels** autres que la copie de sauvegarde et les copies et reproduction d'une **base de données** électroniques (CPI art. L 122-5, 2°), à l'exception en ce qui concerne cette dernière des actes nécessaires à la consultation du contenu de la base pour les besoins et dans les limites d'utilisation prévues aux stipulations contractuelles (CPI art. L 122-5, 5°).

Lorsque l'œuvre est reproduite **par reprographie à fin d'usage collectif non commercial** (exemple, reproduction pour travaux dirigés d'étudiants), cette reproduction est permise, dans les conditions suivantes (CPI art. L 122-10) :
– la publication de l'œuvre emporte cession du droit de reproduction par reprographie à une société de gestion collective agréée ;

Cette cession n'autorise pas l'organisme de gestion collective des droits d'auteur à utiliser l'œuvre à des fins commerciales (Cass. 1e civ. 11-12-2013 n° 11-22.031 : RJDA 3/14 n° 279).

– les sociétés agréées peuvent seules conclure toute convention avec les utilisateurs aux fins de gestion du droit ainsi cédé, sous réserve, pour les stipulations autorisant les copies aux fins de vente, de location, de publicité ou de promotion, de l'accord de l'auteur ou de ses ayants droit ; ont été jugées copies aux fins de vente les copies réalisées à des fins commerciales, notamment celles dont le prix de vente unitaire (13,87 € en l'espèce) induit une vente commerciale (TGI Paris 9-7-2010 n° 09-2145 : GP 2010.som.3109 note L. Marino confirmé en appel, CA Paris 27-5-2011 : LP 2011 Flash p. 460 et, sur pourvoi, Cass. 1e civ. 11-12-2013 n° 11-22.031 : RJDA 3/14 n° 279) ;
– à défaut de désignation par l'auteur ou son ayant droit à la date de la publication de l'œuvre, une des sociétés agréées est réputée cessionnaire de ce droit ;
– la reprographie s'entend de la reproduction sous forme de copie sur papier ou support assimilé par une technique photographique ou d'effet équivalent permettant une lecture directe ; tout support, même numérique, peut être utilisé (CA Paris 22-4-2005 : GP 2006.som.580) ;
– l'auteur et ses ayants droit peuvent réaliser des copies aux fins de vente, de location, de publicité ou de promotion ;
– nonobstant toute stipulation contraire, la cession concerne toutes les œuvres protégées quelle que soit la date de leur publication.

Sur les conditions d'agrément des organismes de gestion collective : CPI art. L 122-12 et R 322-1 s.

Tant pour les reproductions dans le cercle de famille (n° 34709) que par copie privée, les auteurs et les artistes-interprètes des œuvres fixées sur phonogrammes ou vidéogrammes, ainsi que les producteurs de ces phonogrammes ou vidéogrammes, ont droit à une **rémunération,** dite « pour copie privée », au titre de la reproduction desdites œuvres, réalisée à partir d'une source licite ; y ont également droit les auteurs et les éditeurs des œuvres fixées sur un tout autre support, au titre de leur reproduction réalisée à partir d'une source licite (CPI art. L 311-1 à L 311-8 ; directive 2001/29 art. 5, 2, sous b). Cette rémunération consiste en une **compensation équitable** (Directive 2001/29/CE art. 5, 2, sous b), dont les types de support assujettis, les taux de rémunération et les modalités de versement sont déterminés par la commission administrative instituée par l'article L 311-5 du CPI. La légalité des décisions de cette commission est appréciée par la juridiction administrative ; mais leur annulation ne peut pas priver les ayants droit du droit à la compensation équitable que le juge judiciaire est alors compétent à fixer (Cass. 1e civ. 17-3-2016 n° 15-10.895 ; CA Paris 21-4-2016 n° 13/09471 : RTD com. 2017.353 obs. Pollaud-Dulian).

Le défaut de paiement aux ayants droit susvisés de la rémunération est pénalement sanctionné (CPI art. L 335-4, al. 3 ; Cass. crim. 18-12-2001 : RJDA 10/02 n° 1098).

Reproductions subordonnées à l'indication de la source Ne peuvent pas être interdites par l'auteur, dont l'œuvre a été divulguée, sous réserve que soient indiqués clairement le nom de celui-ci et la source (CPI art. L 122-5, 3°), même s'il s'agit d'une œuvre non écrite (CA Paris 10-9-1996 : RDPI 1996 n° 68 p. 63) : **34715**

a) Les analyses et courtes citations justifiées par le caractère critique, polémique, pédagogique, scientifique ou d'information de l'œuvre à laquelle elles sont incorporées.

Une courte citation exclut la reproduction intégrale de l'œuvre présentée (Cass. ass. plén. 5-11-1993 : RJDA 1/94 n° 117 : reproduction dans un catalogue ; Cass. civ. 4-7-1995 : RJDA 1/96 n° 146 : reproduction télévisée). Ainsi, est une courte citation la communication au public dans un bulletin d'informations régional de brefs extraits d'une compétition sportive qui ne porte pas atteinte au droit d'exclusivité du diffuseur et se justifie par le droit du public à l'information (Cass. civ. 6-2-1996 : RJDA 8-9/96 n° 1130). Elle s'apprécie tant par rapport à l'œuvre citée que par rapport à l'œuvre citante (CA Paris 22-9-1988 : D. 1988 IR p. 258 ; TGI Seine 17-6-1964 : RTD com. 1964 p. 783 obs. Desbois). Par ailleurs, la citation illustrant un propos n'a pas le caractère critique requis (CA Paris 7-6-2000 : D. 2001 somm.2555 obs. Sirinelli).

Revêtent le caractère d'une œuvre d'information les résumés signalétiques d'études répertoriés dans un index, dès lors qu'ils sont cités à l'appui de la « section analytique » de la publication par le jeu de renvois figurant dans cette section (Cass. ass. plén. 30-10-1987 : JCP G 1988.II.20932 concl. Nicot note Huet).

Il incombe à celui qui conteste que les caractéristiques de la courte citation n'ont pas été respectées d'apporter la preuve de ce défaut (CA Versailles 19-11-2019 n° 18/08181 : preuve non rapportée).

b) Les revues de presse.

Tel n'est pas le cas d'une publication d'extraits d'articles sans aucun souci de les comparer (TI Paris 10-3-1993 : LP 1993.III p. 33).

c) La diffusion, même intégrale, par la voie de presse ou de télédiffusion, à titre d'information d'actualité, des discours destinés au public prononcés dans les assemblées politiques, administratives, judiciaires ou académiques, ainsi que dans les réunions publiques d'ordre politique et les cérémonies officielles.

L'auteur du discours politique conserve ses droits sur son œuvre, le droit de la reproduire étant limité à la diffusion par voie de presse et de radiodiffusion à titre d'information ou d'actualité (TGI Paris réf. 28-5-1986 : GP 1988.som.359).

d) Les reproductions, intégrales ou partielles d'œuvres d'art graphiques ou plastiques destinées à figurer dans le catalogue d'une vente judiciaire effectuée en France pour les exemplaires mis à la disposition du public avant la vente dans le seul but de décrire les œuvres d'art mises en vente.

Cette exception est compatible avec le droit communautaire (CA Paris 20-10-2004 : GP 2006.som.582) et ne bénéficie pas aux ventes volontaires (TGI Paris 24-6-2010 n° 09-252 : GP 2010.som.3108 note L. Marino)

e) La représentation ou la reproduction d'extraits d'œuvres, sous réserve des œuvres conçues à des fins pédagogiques et des partitions de musique, à des fins exclusives d'illustration dans le cadre de la recherche, dès lors que cette représentation ou cette reproduction est destinée, notamment au moyen d'un espace numérique de travail, à un public composé majoritairement de chercheurs directement concernés par l'activité de recherche nécessitant cette représentation ou cette reproduction, qu'elle ne fait l'objet d'aucune publication ou diffusion à un tiers au public ainsi constitué, que l'utilisation de cette représentation ou cette reproduction ne donne lieu à aucune exploitation commerciale et qu'elle est compensée par une rémunération négociée sur une base forfaitaire sans préjudice de la cession du droit de reproduction par reprographie mentionnée à l'article L 122-10 du CPI.

En outre, requièrent l'indication claire du nom de l'auteur la **reproduction** ou la représentation, intégrale ou partielle, d'une œuvre d'art graphique, plastique ou architecturale, par voie de **presse** écrite, audiovisuelle ou en ligne, dans un but exclusif d'information immédiate et en relation directe avec cette dernière étant précisé que n'est ici exigée que l'indication claire du nom de l'auteur et non celle de la source (CPI art. L 122-5, 9° ; Cass. 1e civ. 10-9-2014 n° 13-14.532 : Pet. aff. 2014 n° 110 p. 9 note Morelli ; CA Paris 12-10-2007 : RTD com. 2008.79 obs. critiques Pollaud-Dulian ; contra TGI Paris 22-10-2008 n° 07-3117 : GP 2009.som.2177).

Cette disposition ne s'applique pas aux œuvres, notamment photographiques ou d'illustration, qui visent elles-mêmes à rendre compte de l'information. Les reproductions ou représentations qui, notamment par leur nombre ou leur format, ne seraient pas en stricte proportion avec le but exclusif d'information immédiate poursuivi ou qui ne seraient pas en relation directe avec cette dernière donnent lieu à rémunération des auteurs sur la base des accords ou tarifs en vigueur dans les secteurs professionnels concernés. Ce droit des auteurs à rémunération ne constitue pas une ingérence dans le droit fondamental à la liberté d'expression (CEDH 10-1-2013 n° 36769/08 : RTD com. 2013.274 obs. Pollaud-Dulian).

34716 **Reproductions libres** Lorsque l'œuvre a été divulguée, l'auteur ne peut interdire (CPI art. L 122-5, 4° à 12°, sauf 9°) :

– la **parodie,** ainsi que le pastiche et la caricature, compte tenu des lois du genre ; la parodie reproduit partiellement l'œuvre en lui adjoignant des éléments propres, excluant tout risque de confusion avec l'œuvre première et toute intention de lui nuire (Cass. 1e civ. 22-5-2019 n° 18-12.718 FS-PB ; CA Paris 18-2-2011 n° 09-19272 : RJDA 5/11 n° 475 ; TJ Rennes 10-5-2021 n° 17/04478 : D. IP/IT 2021.563 obs. Mouron) ; l'œuvre parodiée et la parodie peuvent relever de genres différents, par exemple bande dessinée et roman (CA Paris 18-2-2011 n° 09-19272 précité) ;

L'imitateur peut reproduire la musique originale de l'œuvre et en travestir seulement les paroles – réalisant ainsi le travestissement de l'œuvre, prise dans son ensemble, empêchant toute confusion avec l'œuvre originale – et se moquer, même avec insolence, des travers de celui qui est imité, sauf bien entendu s'il en résultait pour l'auteur une diffamation (Cass. civ. 12-1-1988 : Bull. civ. I p. 4 ; pour un autre exemple, CA Paris 11-5-1993 : GP 1994.130).

Il a été jugé que l'exception de parodie procède de la liberté d'expression, qui a valeur constitutionnelle (CA Paris 18-2-2011 n° 09-19272 précité). Mais cette liberté est limitée par la sanction de la contrefaçon de l'œuvre originale lorsqu'elle est proportionnée (CA Paris 23-2-2021 n° 19/09059 : D. 2021.1453 obs Galloux).

– les actes nécessaires à l'accès au contenu d'une **base de données** électronique pour les besoins et dans les limites de l'utilisation prévue par contrat ;

– la **reproduction provisoire** présentant un caractère transitoire ou accessoire, lorsqu'elle est une partie intégrante et essentielle d'un procédé technique et qu'elle a pour unique objet de permettre l'utilisation licite de l'œuvre ou sa transmission entre tiers par la voie d'un réseau faisant appel à un intermédiaire ; toutefois, cette reproduction provisoire ne doit pas avoir de valeur économique propre ;

Cette exception n'a pas été appliquée à la pratique du « magnétoscope numérique on line » par laquelle une entreprise met à la disposition de la personne qui souhaite utiliser ce service la possibilité de lui demander l'enregistrement de copies de programmes à venir, dont elle peut ensuite disposer librement (TGI Paris 6-8-2008 n° 08-56275 : Propr. intell. 2008.427 obs. Bruguière ; TGI Paris 25-11-2008 : RTD com. 2009.312 obs. Pollaud-Dulian).

– dans les conditions des articles L 122-5-1 et L 122-5-2, la **reproduction** et la représentation, à des fins non lucratives (sur la détermination des fins non lucratives, CPI art. L 122-5-1, al. 1), par des personnes morales et par les établissements ouverts au public, tels que bibliothèques, archives, centres de documentation et espaces culturels multimédia, **en vue d'une consultation** strictement personnelle de l'œuvre par des personnes atteintes d'une ou de plusieurs déficiences des fonctions motrices, physiques, sensorielles, mentales, cognitives ou psychiques et empêchées, du fait de ces déficiences, d'accéder à l'œuvre dans la forme sous laquelle l'auteur la rend disponible au public ; ces personnes empêchées peuvent également, en vue d'une consultation strictement personnelle de l'œuvre, réaliser, par elles-mêmes ou par l'intermédiaire d'une personne physique agissant en leur nom, des actes de reproduction et de représentation ;

– la reproduction d'une œuvre et sa représentation effectuées à des fins de **conservation** ou destinées à préserver les conditions de sa consultation à des fins de recherche ou d'études privées par des particuliers, dans les locaux de l'établissement et sur des terminaux dédiés par des bibliothèques accessibles au public, par des musées ou par des services d'archives, sous réserve que ceux-ci ne recherchent aucun avantage économique ou commercial ;

– les **reproductions** et représentations d'œuvres architecturales et de sculptures, placées **en permanence sur la voie publique,** réalisées par des personnes physiques, à l'exclusion de tout usage à caractère commercial ;

– la représentation ou la **reproduction** d'extraits d'œuvres à des fins exclusives **d'illustration dans le cadre de l'enseignement** et de la formation professionnelle, dans les conditions prévues aux articles L 122-5-4, R 122-29 et R 122-30 du CPI ;

– la représentation et la reproduction d'une **œuvre indisponible** visées au n° 34707.

En outre, l'auteur ne peut pas s'opposer aux actes nécessaires : à l'**accomplissement d'une procédure parlementaire** de contrôle, juridictionnelle ou administrative prévue par la loi, ou entrepris à des fins de sécurité publique (CPI art. L 331-4 ; rappr. CJUE 1-12-2011 aff. 145/10 : D. 2012.471 note Martial-Braz) ; **à la reproduction, à l'utilisation et à la commercialisation des pièces** destinées à rendre leur apparence initiale à un véhicule à moteur ou à une remorque, au sens de l'article L 110-1 du Code de la route (CPI art. L 122-5, 12° tel qu'issu de l'article 32 de la loi 2021-1104 du 22-8-2022, en vigueur à compter du 1-1-2023) ; **aux copies ou reproductions numériques d'œuvres auxquelles il a été accédé de manière licite** en vue de fouilles de textes et de données menées à bien aux seules fins de la recherche scientifique par les organismes de recherche, les bibliothèques accessibles au public, les musées, les services d'archives ou les institutions dépositaires du patrimoine cinématographique, audiovisuel ou sonore, ou pour leur compte et à leur demande par d'autres personnes, y compris dans le cadre d'un partenariat sans but lucratif avec des acteurs privés (CPI art. L 122-5-3, II) et, sans préjudice des dispositions précédentes, aux copies ou reproductions numériques d'œuvres auxquelles il a été accédé de manière licite qui peuvent être réalisées en vue de fouilles de textes et de données menées à bien par toute personne, quelle que soit la finalité de la fouille, sauf si l'auteur s'y est opposé de manière appropriée, notamment par des procédés lisibles par machine pour les contenus mis à la disposition du public en ligne (CPI art. L 122-5-3, III).

Sur la définition de la fouille, art. L 122-5-3, I du CPI ; sur la mise en œuvre du droit de fouille, CPI art. R 122-23 à R 122-28.

ÉPUISEMENT DU DROIT D'EXPLOITATION

En vertu de la règle dite de l'**épuisement des droits,** dès lors que la première vente d'un ou des exemplaires matériels d'une œuvre a été autorisée par l'auteur ou ses ayants droit sur le territoire d'un État membre de l'UE ou d'un autre État partie à l'accord sur l'Espace économique européen, la vente des exemplaires de cette œuvre ne peut plus être interdite dans les États membres de la Communauté et de l'Espace économique européen (CPI art. L 122-3-1). **34717**

Il n'en est ainsi qu'en cas de transfert de la propriété des droits (CJCE 17-4-2008 aff. 456/06 : JCP G 2008.I n° 4 obs. Caron).

L'épuisement des droits ne concerne pas une mise sur le marché par le titulaire ou avec son consentement de l'œuvre originale ou de copies hors de l'UE (CJCE 12-9-2006 aff. 479/04 : D. 2006.som.2398).

La mise à disposition d'un jeu vidéo dématérialisé échappe à la règle de l'épuisement (CA Paris 21-10-2022 n° 20/15768).

c. Protection des droits d'exploitation par la sanction de la contrefaçon

GÉNÉRALITÉS

La contrefaçon est l'atteinte, dans les conditions définies par la loi, portée au droit d'exploitation de l'auteur non seulement des **œuvres** littéraires et artistiques telles que définies aux n°s 34510 à 34577, mais aussi des **dessins et modèles** originaux bénéficiant de la règle de l'unité de l'art (n° 32003). Les développements qui suivent concernent donc, sauf indication contraire le cas échéant, tant ceux-ci que celles-là. **34720**

La protection des droits d'auteur contre les pratiques illicites est assumée, depuis le 1er janvier 2022, par l'Autorité de régulation de la communication audiovisuelle et numérique (ARCOM) résultant de la fusion du Conseil supérieur de l'audiovisuel (CSA) et de la Haute Autorité pour la diffusion des œuvres et la protection des droits sur internet (Hadopi) (Loi 2021-1382 25-10-2021).

En cas de contrefaçon établie, l'auteur a droit à des réparations civiles tandis que le contrefacteur peut, en outre, encourir des sanctions pénales.

CONSTATATION DE LA CONTREFAÇON

Constats La preuve de la matérialité de toute infraction aux dispositions relatives aux droits d'auteur du Code de la propriété intellectuelle peut résulter (CPI art. L 331-2) : **34723**

- des procès-verbaux des officiers ou agents de police judiciaire ;
- des constatations d'agents assermentés agréés (conformément à l'art. R 331-1 du CPI) désignés selon les cas par le Centre national de la cinématographie, par les organismes de défense professionnelle d'auteurs et par les organismes de gestion collective des droits.

Saisie-contrefaçon L'auteur, ses ayants droit ou ses ayants cause ainsi que les titulaires de droits voisins sont en droit de faire procéder par tous huissiers (ou commissaires de justice), le cas échéant assistés par des experts désignés par le demandeur, sur ordonnance rendue **34726**

sur requête par la **juridiction civile** compétente, soit à la description détaillée, avec ou sans prélèvement d'échantillons, soit à la saisie réelle des œuvres prétendument contrefaisantes ainsi que de tout document s'y rapportant (CPI art. L 332-1, al. 1 et 12).

À cet effet, la juridiction compétente (nº 35100) peut plus spécialement **ordonner** (CPI art. L 332-1, al. 1 à 7) :

– la description détaillée ou la saisie réelle des **matériels et instruments** utilisés pour produire ou distribuer illicitement les œuvres ;

– la **saisie des exemplaires** constituant une reproduction illicite d'une œuvre de l'esprit protégée de tout exemplaire, produit, appareil, dispositif, composant ou moyen portant atteinte aux mesures techniques et aux informations mentionnées nº 34730 ;

– **la saisie,** quels que soient le jour et l'heure, **des exemplaires** constituant une reproduction illicite de l'œuvre, **déjà fabriqués ou en cours de fabrication,** ou des exemplaires, produits, appareils, dispositifs, composants ou moyens, fabriqués ou en cours de fabrication, portant atteinte aux mesures techniques et aux informations mentionnées nº 34730, des recettes réalisées, ainsi que des exemplaires illicitement utilisés ;

– la **saisie des recettes** provenant de toute reproduction, représentation ou diffusion, par quelque moyen que ce soit, d'une œuvre de l'esprit, effectuée en violation des droits de l'auteur ou provenant d'une atteinte aux mesures techniques et aux informations sous forme électronique ;

– la **saisie réelle** des œuvres illicites ou produits soupçonnés de porter atteinte à un droit d'auteur, ou leur remise entre les mains d'un tiers afin d'empêcher leur introduction ou leur circulation dans les circuits commerciaux.

Elle peut **aussi** ordonner (CPI art. L 332-1, al. 8 à 10) :

– la **suspension ou la prorogation** des représentations ou des exécutions publiques en cours ou déjà annoncées ;

– la **suspension** de toute fabrication en cours tendant à la reproduction illicite d'une œuvre ou à la réalisation d'une atteinte aux mesures techniques et aux informations mentionnées nº 34730.

Elle peut **subordonner** l'exécution des mesures qu'elle ordonne à la constitution par le demandeur **de garanties** destinées à assurer l'indemnisation éventuelle du défendeur si l'action en contrefaçon est ultérieurement jugée non fondée ou la saisie annulée (CPI art. L 332-1, al. 11).

34727 La **mainlevée** de la saisie, le cantonnement de ses effets ou l'autorisation de la reprise de la fabrication peuvent être demandés au président du tribunal judiciaire, dans le délai de vingt jours ouvrables ou de trente et un jours civils si ce délai est plus long, à compter du jour où est intervenue la saisie ou la description (CPI art. R 332-2), à la demande du saisi ou du tiers saisi (CPI art. L 332-2, al. 1), sans qu'il soit nécessaire de notifier cette saisie aux intéressés, cette notification n'étant pas une cause prévue par la loi de mise en échec de la forclusion (Cass. civ. 21-5-1990 : Bull. civ. I nº 116 transposable sous les textes actuels ; contra : CA Colmar 9-6-1998 : RDPI 2000 nº 109 p. 7 note Dechristé, jugeant la solution contraire au droit à un procès équitable et faisant courir le délai du jour de la signification de l'ordonnance).

34728 La saisie-contrefaçon peut être annulée :

– si elle a été obtenue sur requête, pour défaut de motivation de cette dernière (CPP art. 494 ; sur l'exemple d'une motivation suffisante, CA Douai 29-9-2022 nº 21/02435) ;

– si le saisissant, dans le même délai que celui prévu au numéro ci-dessus, soit ne s'est pas pourvu au fond, par la voie civile ou pénale, soit n'a pas déposé une plainte devant le procureur de la République, à la demande du saisi ou du tiers saisi, sans que celui-ci ait à motiver sa demande et sans préjudice des dommages et intérêts qui peuvent être réclamés (CPI art. L 332-3).

La juridiction du fond, qui a été saisie dans le délai imparti, est exclusivement compétente pour juger de la validité de la requête au vu de laquelle a été autorisée la saisie (Cass. 1e civ. 6-5-2010 nº 08-15.897 : JCP E 2010.1740 note Hugon).

Le moyen de nullité d'une saisie-contrefaçon, laquelle est un acte probatoire antérieur à la procédure de contrefaçon qui n'est introduite que par la demande en contrefaçon, ne constitue pas une exception de procédure au sens de l'article 73 du Code de procédure civile, mais une défense au fond, et n'a donc pas, à peine d'irrecevabilité, à être soulevée in limine litis et à être présentée au juge de la mise en état (CA Douai 29-9-2022 nº 21/02435).

34729 **Retenue en douane** Le titulaire d'un droit d'auteur peut demander, par écrit, à l'administration des douanes de retenir dans le cadre de ses contrôles les marchandises qu'il prétend constituer une contrefaçon de son droit (CPI art. L 335-10).

Sur l'action des douanes pour lutter contre la contrefaçon, règlement UE 608/2013 du 12 juin 2013 applicable depuis le 1er janvier 2014 et règlement CE 1352/2013 du 4 décembre 2013.

PRÉVENTION DE LA CONTREFAÇON

34730 **Mesures techniques de protection** Pour empêcher ou limiter les utilisations non autorisées par les titulaires d'un droit d'auteur ou d'un droit voisin du droit d'auteur d'une œuvre, autre qu'un logiciel, d'une interprétation, d'un phonogramme, d'un vidéogramme, d'un programme ou d'une publication de presse, les mesures techniques efficaces mises en œuvre par les producteurs ainsi que les informations communiquées sous forme informatique sont protégées dans les conditions prévues aux articles L 331-5 à L 331-11 du Code de la propriété intellectuelle.

Ces mesures, qui ne doivent pas entraîner dans l'utilisation d'une œuvre des limitations dépassant leur objet, sont placées sous la surveillance de la Haute Autorité pour la diffusion des œuvres et la protection des droits sur internet, dite **« Hadopi », devenue « ARCOM »** (CPI art. L 331-12 à L 331-36 et R 331-2 à R 331-95).

Sur les sanctions pénales des atteintes aux mesures techniques de protection, CPI art. L 335-3-1, R 335-3 et R 335-4.

34731 **Actions contre les logiciels de téléchargement illicite des œuvres protégées** Pour enrayer le piratage des œuvres de l'esprit, notamment musicales, par la voie du téléchargement gratuit de ces œuvres (acte dit « peer to peer » ou « pair à pair »), les actions suivantes sont prévues :

a) lorsqu'un logiciel est principalement utilisé pour la mise à disposition illicite d'œuvres ou d'objets protégés par un droit de propriété littéraire et artistique, le président du tribunal judiciaire, statuant en référé, peut ordonner sous astreinte toutes mesures nécessaires à la protection de ce droit et conformes à l'état de l'art ; les mesures ainsi ordonnées ne peuvent avoir pour effet de dénaturer les caractéristiques essentielles ou la destination initiale du logiciel (CPI art. L 336-1, al. 1 et 2) ;

b) la saisie-contrefaçon des logiciels (n° 35041) peut être diligentée contre le logiciel susvisé (CPI art. L 336-1, al. 3) ;

c) le président du tribunal judiciaire statuant selon la procédure accélérée au fond, en présence d'une atteinte à un droit d'auteur ou à un droit voisin occasionnée par le contenu d'un service de communication au public en ligne, peut ordonner à la demande des titulaires de droits sur les œuvres et objets protégés, de leurs ayants droit, des organismes de gestion collective des droits ou des organismes de défense professionnelle, toutes mesures propres à prévenir ou à faire cesser une telle atteinte à un droit d'auteur ou un droit voisin, à l'encontre de toute personne susceptible de contribuer à y remédier ; la demande peut également être effectuée par le Centre national du cinéma et de l'image animée (CPI art. L 336-2 ; CJUE 26-4-2017 aff. 527/15 : possibilité d'interdire la vente d'un lecteur multimédia permettant de regarder gratuitement, sur un écran de télévision, des films disponibles sur internet sans autorisation de l'auteur ; pour une autre application, TGI Paris 4-12-2014 GP 2015.1020.som.note Marino).

Un lien hypertexte renvoyant vers une œuvre protégée constitue un acte de communication au public nécessitant l'autorisation de l'auteur de l'œuvre lorsqu'il est fourni dans un but lucratif (CJUE 8-9-2016 aff. 160/15 : RJDA 3/17 n° 214.som.), lequel peut résulter des recettes publicitaires générées par le site qui offre le lien (CJUE 14-6-2017 aff. 610/15 : RJDA 1/18 n° 85). Sur une condamnation pour contrefaçon, CA Paris 7-6-2017 n° 15/06948 : D. 2017.2395 obs. Larrieu.

34733 **Sanctions pénales** Sur la répression, par une contravention de la quatrième classe, des atteintes aux mesures techniques de protection, articles R 335-3 et R 335-4 du CPI.

RÉPARATIONS CIVILES DE LA CONTREFAÇON

34735 **Actes illicites** Est illicite, **à défaut d'autorisation** de l'auteur, de ses ayants droit ou de ses ayants cause (CPI art. L 122-4) :

– toute représentation ou reproduction intégrale ou partielle ;

Est tenue pour un acte illicite l'utilisation de l'œuvre par la voie d'internet sous la forme de partage de fichiers (CJUE 18-10-2018 aff. 149/17 : D. IP/IT 2019.40 obs. Bensamoun) et la diffusion d'une œuvre musicale dans un moyen de transport, ici un avion, mais non l'installation, à bord d'un moyen de transport, d'un équipement de sonorisation, et, le cas échéant, d'un logiciel permettant la diffusion de musique d'ambiance, une législation nationale ne pouvant pas établir une présomption simple de communication d'œuvres musicales au public fondée sur la présence de systèmes de sonorisation dans des moyens de transport (CJUE 20-4-2023 aff. 775/21).

La numérisation d'une œuvre, qui n'emporte pas communication au public, est distincte de son exploitation (cf. TGI Paris 13-3-2015 : JCP E 2016.1078 n° 6 obs. Pasco).

A été tenu pour inconstitutionnel l'établissement par la loi d'une présomption de culpabilité à l'encontre du titulaire de l'accès à internet, pouvant conduire à prononcer contre lui des sanctions privatives ou restrictives de droit, pour un acte de contrefaçon commis à partir de l'adresse internet de l'abonné (Cons. const. 10-6-2009 n° 2009-580 DC : Pet. aff. 2010 n° 97 p. 18).

– la traduction, l'adaptation ou la transformation, l'arrangement ou la reproduction par un art ou un procédé quelconque.

Étant de principe que la contrefaçon s'apprécie par les ressemblances, les juges doivent rechercher s'il existe des ressemblances (Cass. civ. 4-2-1992 : RJDA 5/92 n° 527), en se fondant sur les caractéristiques originales essentielles de l'œuvre litigieuse (CA Paris 8-10-2010 n° 09/15338 : RTD com. 2011. obs. F. Pollaud-Dulian), sans tenir compte des éléments qui relèvent par leur nature du domaine public ou de la reprise d'une idée (CA Paris 17-11-2015 : LP 2015.637) ; ils ne peuvent pas se borner à relever des différences : ils doivent aussi évaluer la portée des ressemblances (Cass. 1e civ. 30-9-2015 n° 14-19.105 ; Cass. 1e civ. 6-1-2021 n° 19-20.758 : D. 2021.1452 obs. Galloux). Peu importe, dès lors qu'elles se ressemblent, que les deux œuvres n'aient pas exactement le même objet (Cass. civ. 15-6-1994 : RJDA 10/94 n° 1086), qu'elles soient réalisées dans un genre différent (CA Paris 6-3-2002 : GP 2003.som.1279) ou qu'elles présentent de légères différences dans la forme et soient coulées dans une matière différente (CA Paris 8-10-2010 n° 09-15338 précité, précisant en outre que l'impression produite sur le consommateur est une notion étrangère au droit d'auteur).

La contrefaçon peut être écartée par celui qui est poursuivi s'il démontre que les similitudes procèdent d'une rencontre fortuite ou de réminiscences, notamment d'une source d'inspiration commune (Cass. 1e civ. 16-5-2006 n° 827 : D. 2006.1532.som. obs. Daleau ; sur la preuve d'une rencontre fortuite, Cass. 1e civ. 5-10-2022 n° 20-23.629 F-D).

Sur l'épuisement des droits faisant obstacle à la contrefaçon, n° 34717.

34738 **Action en contrefaçon** La contrefaçon peut être poursuivie dans les conditions suivantes.

L'action en contrefaçon est soumise aux règles du pays sur le territoire duquel se sont produits les agissements délictueux (Cass. com. 8-11-2017 n° 16-10.850 : faits de contrefaçon non réalisés en France).

La nullité de l'assignation, fût-elle une assignation en contrefaçon, est une exception de procédure qui est survenue et révélée nécessairement antérieurement à la saisine du juge de la mise en état et relève de la compétence exclusive de ce dernier (CA Douai 29-9-2022 n° 21/02435).

1. Droit d'agir. L'action en contrefaçon peut être exercée par celui qui est investi des droits d'auteur (cf. Cass. 1e civ. 22-1-2009 n° 07-21.498 : RJDA 5/09 n° 484 : irrecevabilité à agir du titulaire à titre personnel d'une autorisation de reproduction). Tel est le cas :

– de l'**auteur,** qui peut agir même s'il a apporté ses droits à une société de perception et de répartition, cet apport ne valant pas cession de ces droits (Cass. civ. 24-2-1998 : RJDA 7/98 n° 921) et même s'il a toléré un temps les actes de contrefaçon (CA Paris 19-6-2020 n° 18/00305 : D. 2021.1454 obs. Galloux) ;

Toutefois, en cas de cession de la totalité de ses droits, sans se réserver la possibilité de poursuivre les tiers contrefacteurs en raison des atteintes qui y seraient éventuellement portées, l'auteur est irrecevable à agir en contrefaçon, peu important que ses droits aient été cédés en contrepartie d'une rémunération proportionnelle ; il ne peut se prévaloir, pour justifier son action, de la garantie qu'il doit au cessionnaire pour demander la réparation du préjudice patrimonial qui lui est personnel (Cass. 1e civ. 3-4-2007 n° 06-13.342 : Bull. civ. I n° 152). Néanmoins, il conserve son droit d'agir en justice afin de défendre son droit moral, à condition de démontrer une atteinte à ce droit différente des faits de contrefaçon qu'il reproche à un tiers, telle qu'une atteinte à son nom mais qui n'existe pas en l'espèce dès lors que l'auteur ne rapporte pas la preuve d'une utilisation anormale de son nom et que les exemplaires litigieux ont été retirés de la vente (CA Rennes 14-2-2006 : JCP G 2006.IV.2491 ; sur la sanction de la violation du droit moral, n° 34668).

Le coauteur qui agit en contrefaçon de l'œuvre de collaboration en elle-même, sur le terrain pécuniaire, doit attraire le coauteur en la cause (CA Paris 5-3-2004 : Propr. intell. 2004.909 n° 2-1 obs. Lucas) ; il en est de même si un coauteur agit pour la défense de son droit moral, lorsque sa contribution n'est pas individualisable (Cass. 1e civ. 21-3-2018 n° 17-14.728 : contribution non individualisable ; CA Paris 28-1-2022 n° 20/09968 : D. IP/IT 2022. 381 obs. Guillemain : contribution non individualisable ; voir cependant CA Aix 8-12-2022 n° 19/11225 : D. IP/IT 2023.354 obs. Petelin, qui retient qu'un seul auteur peut agir, et ce quand bien même les autres auteurs sont défaillants ou ont expressément renoncé à leur droit). Mais n'y est pas tenu l'auteur de l'œuvre première qui agit exclusivement contre l'exploitant de l'œuvre de collaboration (Cass. 1e civ. 11-12-2013 n° 12-25.974 : Bull. civ. I n° 241).

– du **cessionnaire** (CA Paris 16-11-1992 : GP 1993.som.357 ; cf. Cass. com. 11-2-1997 : Pet. aff. 1998 n° 28 p. 22), notamment le producteur d'une œuvre audiovisuelle (cf. Cass. 1e civ. 3-4-2001 : RJDA 10/01 n° 1050) ; mais il ne peut agir que dans la limite du droit cédé (Cass. civ. 29-4-1970 : Clunet 1970.936 note A. Françon), ce qui peut être établi par un acte confirmatif de la cession sans production du contrat lui-même (Cass. com. 27-5-2021 n° 18-25.902 F-D) ;

Ne peut agir la société qui n'a obtenu à titre personnel qu'une simple autorisation de reproduire le tableau d'un peintre (Cass. 1e civ. 22-1-2009 n° 07-21.498 précité) ni le cessionnaire d'un modèle déposé qui ne peut pas opposer son droit à défaut d'avoir fait publier la cession au registre national des dessins et modèles (CA Paris 28-2-1996 : RDPI 1996 n° 65 p. 63).

– de la **personne physique ou morale exploitant** l'œuvre sous son nom, qu'elle soit ou non collective, qui bénéficie, en l'absence de revendication de l'auteur, d'une présomption de titularité des droits d'exploitation à l'égard des tiers poursuivis en contrefaçon (Cass. 1e civ. 27-06-2000 n° 98-13.089 : JCP E 2001.843 n° 2 obs. Vivant : personne morale ; Cass. com. 20-6-2006 n° 820 : RJDA 11/06 n° 1182 : personne morale ; Cass. 1e civ. 4-5-2012 n° 11-13.116 : Bull. civ. I n° 98 : personne physique), à condition de prouver l'existence d'actes d'exploitation publique, paisible et non équivoque (Cass. 1e civ. 14-11-2012 n° 11-15.656 : D. 2013.402 note Azzi), les juges devant rechercher d'office si tel est le cas (Cass. 1e civ. 10-4-2013 n° 12-12.886 : RJDA 10/13 n° 850). Il appartient au défendeur poursuivi d'établir la preuve contraire (pour un exemple, CA Paris 22-1-2007 : JCP E 2008.1144 n° 2 obs. Ahiaku), ce qui ne résulte pas du seul fait que la qualité d'auteur est revendiquée par un tiers, les juges devant vérifier l'exactitude de cette prétention (Cass. 1e civ. 15-11-2010 n° 09-66.160 : RJDA 4/11 n° 360). **34738** (suite)

La présomption peut être invoquée par la société française qui exploite en France l'œuvre d'une société étrangère (Cass. 1e civ. 9-1-1996 n° 93-21.519 : Bull. civ. I n° 28).

– des **organismes de défense professionnelle** (CPI art. L 331-1, al. 2), dont les sociétés de perception et de répartition des droits, telles que la Sacem qui a statutairement mission d'exercer tous les droits relatifs aux droits d'auteur, tant ceux de ses adhérents (Cass. civ. 1-3-1988 n° 85-18.813 : JCP G 1988.II.21120 note Françon), tant qu'ils ne se sont pas retirés (CA Paris 25-9-2009 n° 08-4612 : RTD com. 2010.126 obs. Pollaud-Dulian), que ceux des non-adhérents qui lui ont donné mandat, mêmes étrangers (Cass. civ. 22-3-1988 n° 86-11.874 : Bull. civ. I n° 89, la règle « nul en France ne plaide par procureur » étant écartée du fait du mandat légal que lui confère l'article L 331-1, al. 2 du CPI) ;

– des **organismes de gestion collective** des droits qui ont qualité pour ester en justice pour la défense des droits dont elles ont statutairement la charge (CPI art. L 321-2, al. 1) ; l'auteur qui a fait apport de ses droits à la Sacem ne peut plus, aux termes de ses statuts, agir personnellement, sauf carence de cette société (Cass. 1e civ. 13-11-2014 n° 13-22.401 : D. 2015.410 note Etienney-de Sainte Marie ; Cass. 1e civ. 1-3-2017 n° 12-25.755 F-D) ; toutefois, quels que soient ses statuts, une société de perception et de répartition des droits ne peut être admise à ester en justice pour défendre les droits individuels d'un auteur qu'à la condition qu'elle ait reçu de celui-ci pouvoir d'exercer une telle action (Cass. 1e civ. 19-2-2013 n° 11-21.310 : D. 2013.809 note Querzola : à propos d'un artiste-interprète mais transposable à l'auteur en raison de l'identité de texte ; Cass. 1e civ. 11-3-2020 n° 19-11.532 FS-PB : absence de pouvoir) ;

– du **licencié exclusif,** valablement investi conformément aux dispositions applicables aux droits voisins des droits d'auteur, **des droits d'exploitation de phonogrammes ou de vidéogrammes,** sauf stipulation contraire du contrat de licence, l'exercice de l'action étant notifié au producteur (CPI art. L 331-1, al. 3 ; CA Paris 23-6-1995 : GP 1996.som.177) ;

– du **Centre national du cinéma et de l'image animée** qui peut porter plainte et se constituer partie civile devant le juge d'instruction à raison des faits constitutifs du délit de contrefaçon, défini au n° 34748 (3e tiret), d'œuvres audiovisuelles qui emportent pour lui un préjudice quant aux ressources qui lui sont affectées pour l'accomplissement de ses missions (CPI art. L 331-3, al. 1) ; il peut également exercer les droits reconnus à la partie civile en ce qui concerne le délit de contrefaçon d'œuvres audiovisuelles et le délit prévu à l'article L 335-4 s'agissant des droits des artistes-interprètes d'œuvres audiovisuelles et des producteurs de vidéogrammes, lorsque l'action publique a été mise en mouvement par le ministère public ou la partie lésée (CPI art. L 331-3, al. 2).

2. Défendeur. L'action doit être dirigée contre le présumé contrefacteur.

La recevabilité de l'action en contrefaçon dirigée à l'encontre d'une œuvre de collaboration, laquelle est la propriété commune des coauteurs, est subordonnée à la mise en cause de l'ensemble de ceux-ci, dès lors que leur contribution ne peut être séparée, quelle que soit la nature des droits d'auteur invoqués par le demandeur à l'action (Cass. 1e civ. 30-9-2015 n° 14-11.944 : Bull. civ. I n° 226 ; CA Paris 16-11-2022 n° 22/02862).

3. Compétence. L'action doit être portée exclusivement devant le tribunal judiciaire désigné comme il est dit au n° 35100, le tribunal compétent étant celui dans le ressort duquel les faits de contrefaçon se sont produits comme il est dit n° 72026, sauf le cas où le contrefacteur présumé est domicilié dans un autre État membre de l'UE, l'action pouvant alors être portée, au choix du plaignant, devant la juridiction du domicile de ce dernier (n° 72133).

4. Imputation de la contrefaçon. Le contrefacteur est responsable de la contrefaçon, indépendamment de toute faute ou mauvaise foi (Cass. 1e civ. 3-12-2002 : RJDA 5/03 n° 554), et il ne peut s'exonérer en prouvant sa bonne foi (Cass. civ. 3-4-2001 : Bull. civ. I n° 95 : à propos d'un dessin).

Est contrefacteur toute personne qui a pris une part à la reproduction de l'œuvre (Cass. com. 27-2-1996 : RJDA 5/96 n° 717 : centrale de référencement ; TGI Paris 19-1-2000 : LP 2000.I.56 : éditeur).

La contrefaçon n'est pas imputable à l'auteur poursuivi, qui peut invoquer le droit de l'Homme à la liberté d'expression (notamment CEDH art. 10), qui lui est reconnu dans la création de son œuvre (Cass. 1e civ. 22-1-2014 n° 12-35.264 : Bull. civ. I n° 10). Encore faut-il que la liberté d'expression soit en cause (Cass. 1e civ. 2-10-2007 n° 05-14.928 : RTD com. 2008.78 n° 4 obs. F. Pollaud-Dulian).

La nécessité de protéger le droit d'auteur peut justifier une restriction à la liberté d'expression (CEDH 13-3-2013 : RTD com 2021.818 obs. Pollaud-Dulian). Mais les juges ne peuvent faire primer cette protection sans expliquer de façon concrète en quoi la recherche d'un juste équilibre entre les droits en présence commande cette solution (Cass. 1e civ. 15-5-2015 nº 13-27.391 : D. 2015. note Bensamoun et Sirinelli et, sur renvoi, CA Versailles 16-3-2018 nº 15/06029 : RTD com. 2018.345 obs. Pollaud-Dulian, jugeant que l'interdiction de représenter ou reproduire une œuvre sans le consentement de l'auteur est proportionnée au but poursuivi ; voir aussi CJUE 3-9-2014 aff. 201/13 : D. 2014.2097 note B. Galopin). Les juges tendent à faire prévaloir la protection du droit d'auteur (CEDH 19-2-2013 nº 40397/12 : Bull. civ. I nº 147 ; CA Versailles 20-12-2001, 1e ch. : Propr. intell. 2002 nº 4 p. 55 obs. A. Lucas : atteinte à la liberté d'expression non disproportionnée ; CA Paris 17-6-2011 nº 10/18873 : JCP E 2013.1060 nº 4 obs. T. Bobek : dévoiement de l'œuvre ; CA Paris 18-9-2013, ch. 5-1 : LP 2014.74.som. : défaut d'indication de l'œuvre reproduite).

5. Preuve. Sous réserve des éléments de preuve apportés par les constats et la saisie-contrefaçon (34723 s.), la preuve de la contrefaçon, portant sur des faits, se fait par **tous moyens.**

À cet effet, peut être ordonnée par la juridiction saisie, au fond ou en référé, d'une procédure civile en contrefaçon, au besoin sous astreinte, la **production,** si la demande lui en est faite, afin de déterminer l'origine et les réseaux de distribution des marchandises et services qui portent prétendument atteinte aux droits du demandeur, de tous **documents ou informations** détenus par le défendeur ou par toute personne qui a été trouvée en possession de produits contrefaisants ou qui fournit des services utilisés dans des activités de contrefaçon ou encore qui a été signalée comme intervenant dans la production, la fabrication ou la distribution de ces produits ou la fourniture de ces services ; la production de documents ou d'informations peut être ordonnée s'il n'existe pas d'empêchement légitime (CPI art. L 331-1-2 ; pour des applications en matière de marque sur la base d'un texte identique, nº 32632).

Il incombe au demandeur d'**identifier, dans ses écritures, les caractéristiques** de l'œuvre qui portent, selon lui, l'empreinte de la personnalité de son auteur et, partant, d'établir que l'œuvre remplit les conditions requises pour être investie de la protection légale (Cass. 1e civ. 8-11-2017 nº 16-18.017 F-D).

La preuve de l'absence de contrefaçon peut être apportée par celui qui la conteste s'il démontre, en établissant qu'il n'a pu accéder à l'œuvre, que les **similitudes** existant entre les deux œuvres procèdent d'une **rencontre fortuite** ou de réminiscences issues d'une source d'inspiration commune (Cass. 1e civ. 2-10-2013 nº 12-25.941 : RJDA 2/14 nº 181).

Le juge jouit d'un **pouvoir souverain d'appréciation** de la valeur et de la portée de l'ensemble des éléments de fait et de preuve qui lui sont soumis (Cass. 1e civ. 8-2-2023 nº 21-24.980 F-D) ; en vertu de ce pouvoir, il a pu par exemple décider que la partie reprise des éléments composant une autre œuvre ne constituait pas un « gimmick » (procédé astucieux, destiné à provoquer un effet marquant en musique, publicité...), n'était pas un élément déterminant qui permettait de caractériser la personnalité de l'auteur et ne participait pas de l'originalité de l'œuvre première prise dans son ensemble (Cass. 1e civ. 8-2-2023 précité).

6. Prescription. L'action en contrefaçon est soumise à la prescription du droit commun (cf. Cass. 1e civ. 3-7-2013 nº 10-27.043 : application de cette prescription aux actions en paiement des créances nées des atteintes portées tant au droit moral imprescriptible qu'au droit patrimonial). Le point de départ de la prescription de l'action est le jour où a été admis le caractère contrefaisant d'une œuvre, même si la contrefaçon s'inscrivait dans la durée (Cass. 1e civ. 15-11-2023 nº 22-23.266 F-B ; CA Douai 22-9-2022 nº 21/06332).

7. Compatibilité avec l'action en concurrence déloyale. Voir nº 34739.

8. Appel. Le tribunal judiciaire statue à charge d'appel dans les matières pour lesquelles compétence n'est pas attribuée expressément à une autre juridiction en raison de la nature de la demande (C. org. jud. art. R 211-3). En dépit de la réserve de l'application de l'article R 211-3-24 par l'article R 211-3 précité, il a été jugé que l'action en contrefaçon de droit d'auteur est toujours susceptible d'appel car la protection d'une œuvre sans formalité, résultant du seul fait de la création d'une forme originale, a un caractère indéterminé, de sorte que son montant est par nature indéterminé (CA Paris 7-5-2014 nº 12/09471).

34739 **Action en concurrence déloyale connexe à la contrefaçon** L'action en concurrence déloyale peut être jugée **conjointement** à l'action en contrefaçon dès lors qu'elle lui est connexe (CPI art. L 331-1).

Elle n'est **recevable** que si les faits argués de concurrence déloyale sont **distincts des faits de contrefaçon** (Cass. 1e civ. 4-7-2019 nº 16-13.092 FS-PBI) et elle ne peut aboutir à une condamnation pour concurrence déloyale que si ces faits d'exploitation de l'œuvre sur le marché créent un risque de confusion dans l'esprit de la clientèle (Cass. com. 1-7-2008 nº 07-14.741 : RJDA 12/08 nº 1325). Le titulaire des droits peut se prévaloir de ces faits consignés dans le procès-verbal de saisie-contrefaçon, celui-ci aurait-il été annulé (CA Paris 23-5-1995 : GP 1996.som.177).

Les mêmes faits que ceux qui ont été précédemment qualifiés de contrefaçon à l'égard du titulaire des droits peuvent être invoqués par le licencié comme constitutifs de concurrence déloyale pour risque de confusion ou parasitisme s'il prouve que ces faits, eu égard aux circonstances, lui ont causé un préjudice (cf. Cass. com. 2-12-2008 n° 08-11.699 : Propr. intell. 2009.439 obs. Passa).

L'action en concurrence déloyale est **irrecevable** si les faits invoqués pour la fonder sont une implication nécessaire des faits de contrefaçon, ce qui peut être le cas notamment du parasitisme (Cass. com. 1-7-2008 n° 07-14.741 : RJDA 12/08 n° 1325, renversant la tendance antérieure ; Cass. 1e civ. 19-10-2004 n° 1424 : Pet. aff. 2005 n° 173 p. 10 note Poumarède) ou de la vente à un moindre prix d'un sac de qualité médiocre reproduisant servilement le modèle protégé par le droit d'auteur et commercialisé par le titulaire de ce droit (Cass. com. 2-12-2008 n° 07-19.436). Elle est aussi irrecevable si elle est exercée indépendamment de l'action en contrefaçon, en soi et a priori, car elle ne peut pas servir à obtenir une protection plus large que celle que procurerait l'action en contrefaçon (TGI Paris 1-6-2004 : JCP G 2005.1863 n° 10 obs. Ratovo).

Mais la concurrence avec l'action en contrefaçon n'existant pas si le demandeur a été débouté au titre de sa demande en contrefaçon, l'action en concurrence déloyale est recevable (CA Douai 29-9-2022 n° 21/02435).

Sur d'autres applications des règles de sanction de la concurrence déloyale susceptibles de servir dans le domaine des droits d'auteur, nos 32181 et 32650.

Mesures réparatrices La contrefaçon donne lieu à réparation du préjudice subi par l'auteur, les **dommages-intérêts** étant fixés en fonction des éléments ci-après pris en considération distinctement (CPI art. L 331-1-3, al. 1 à 4) : 34741

– les conséquences économiques négatives de l'atteinte aux droits, dont le manque à gagner et la perte subis par la partie lésée ;

Ces conséquences sont à considérer, non pour établir le préjudice, mais pour l'évaluer (T. corr. Paris 2-4-2015 : Legalis 2-7-2015).

– le préjudice moral causé à cette dernière ;

– les bénéfices réalisés par l'auteur de l'atteinte aux droits, y compris les économies d'investissements intellectuels, matériels et promotionnels que celui-ci a retirées de l'atteinte aux droits.

Pour une appréciation de ces éléments avant la modification ayant introduit la prise en compte des économies susvisées, CA Bordeaux 12-11-2012 n° 11/06712 : RTD com. 2013.293 obs. F. Pollaud-Dulian.

Il ne ressort pas de ces éléments objectifs qu'ils autoriseraient la condamnation à des dommages-intérêts punitifs (TGI Paris 8-6-2010 : RTD com. 2011. obs. F. Pollaud-Dulian).

Toutefois, la juridiction peut, à titre d'alternative et sur demande de la partie lésée, allouer à titre de dommages et intérêts une somme forfaitaire ; cette somme est supérieure au montant des redevances ou droits qui auraient été dus si l'auteur de l'atteinte avait demandé l'autorisation d'utiliser le droit auquel il a porté atteinte ; elle n'est pas exclusive de l'indemnisation du préjudice moral causé à la partie lésée (CPI art. L 331-1-3, al. 5). À ce titre, l'auteur peut demander, sans avoir à démontrer le préjudice effectif, le paiement d'une somme correspondant au double d'une redevance de licence qui aurait été due au titre d'une autorisation d'utilisation du bien intellectuel concerné (CJUE 25-1-2017 aff. 367/15 : JCP E 2017.1457 n° 10 obs. Binctin).

La cour d'appel qui, d'une part, ne s'est pas expliquée sur les critères qu'elle devait prendre en considération au titre de l'article L 331-1-3, al. 1 du CPI et qui n'était pas saisie par la partie lésée d'une demande d'indemnisation forfaitaire prévue au second alinéa du même article et qui, d'autre part, n'a pas évalué la réparation de l'atteinte aux droits moraux dont bénéficie l'auteur de toute œuvre de l'esprit du fait de sa contrefaçon, n'a pas justifié sa décision (Cass. crim. 27-2-2018 n° 16-86.881 F-PB).

Si le demandeur justifie de circonstances de nature à compromettre le recouvrement des dommages et intérêts, la juridiction peut ordonner la saisie conservatoire des biens mobiliers et immobiliers du prétendu auteur de l'atteinte aux droits, notamment le blocage de ses comptes bancaires et autres avoirs, conformément au droit commun ; pour déterminer les biens susceptibles de faire l'objet de la saisie, elle peut ordonner la communication des documents bancaires, financiers, comptables ou commerciaux ou l'accès aux informations pertinentes (CPI art. L 331-1-1).

En outre, la juridiction **peut aussi ordonner,** à la demande de la partie lésée :

– que les objets réalisés ou fabriqués portant atteinte aux droits d'auteur ou droits voisins, les supports utilisés pour recueillir les données extraites illégalement de la base de données et les matériaux ou instruments ayant principalement servi à leur réalisation ou fabrication soient **rappelés des circuits commerciaux,** écartés définitivement de ces circuits, détruits ou confisqués au profit de la partie lésée (CPI art. L 331-1-4, al. 1) ;

L'apposition de la mention « REPRODUCTION » au dos de l'œuvre litigieuse, de manière visible à l'œil nu et indélébile, suffit à garantir une éviction de ce tableau des circuits commerciaux (Cass. 1e civ. 24-11-2021 n° 19-19.942 FS-B).

– toute mesure appropriée de **publicité** du jugement, notamment son affichage ou sa publication intégrale ou par extraits dans les journaux ou sur les services de communication au public en ligne qu'elle désigne, selon les modalités qu'elle précise (CPI art. L 331-1-4, al. 2) ;

Les mesures susvisées sont ordonnées aux frais de l'auteur de l'atteinte aux droits (CPI art. L 331-1-4, al. 3).

Par exemple, à propos d'une contrefaçon réalisée via internet, le serveur contrefacteur a été condamné, sous astreinte, à signaler à la première page de son site la possibilité de consulter un autre site qui informera l'internaute des conditions de protection du droit d'auteur sur internet (TGI Paris 14-8-1996, 2e esp. : D. 1996.490 note Gautier).

– la confiscation de tout ou partie des recettes procurées par la contrefaçon, l'atteinte à un droit voisin du droit d'auteur ou aux droits du producteur de bases de données, qui seront remises à la partie lésée ou à ses ayants droit (CPI art. L 331-1-4, al. 4).

RÉPRESSION DE LA CONTREFAÇON

34745 **Poursuite en contrefaçon** L'**action** publique en contrefaçon peut être **exercée par** la partie lésée en se constituant partie civile (nos 8181 s.). La personne morale exploitante bénéficie de la même présomption de titularité qu'en matière civile (Cass. crim. 24-2-2004 n° 1392 : Bull. crim. n° 49 ; n° 34738).

L'existence de l'**élément intentionnel** du délit résulte de la matérialité de l'infraction, sauf preuve par le prévenu de sa bonne foi (Cass. crim. 13-12-1995 : RJDA 5/96 n° 718, cassant un arrêt pour motivation insuffisante de la relaxe du prévenu).

Le prévenu de contrefaçon d'un dessin ou modèle non déposé ne peut pas se prévaloir du défaut de dépôt dès lors qu'il est poursuivi sur le fondement des infractions aux droits d'auteur, le dépôt n'étant pas une formalité nécessaire à la protection du dessin ou modèle comme œuvre de l'esprit (Cass. crim. 31-1-1996 : Bull. crim. p. 136).

La reproduction d'un objet déposé comme modèle peut être sanctionnée soit comme contrefaçon de dessins et modèles, soit comme contrefaçon d'une œuvre de l'esprit, les juges du fond devant examiner les faits poursuivis sous toutes les qualifications possibles dès lors que le prévenu a été mis en mesure de s'expliquer sur la qualification envisagée (Cass. 1e civ. 23-1-2001 n° 00-80.562 : Bull. civ I n° 18).

Les officiers de police judiciaire compétents peuvent procéder, dès la constatation des infractions énumérées au n° 34748, à la **saisie** des phonogrammes et vidéogrammes reproduits illicitement, des exemplaires et objets fabriqués ou importés illicitement, de tout exemplaire, produit, appareil, dispositif, composant ou moyen portant atteinte aux mesures techniques et aux informations sous forme électronique (n° 34730) ainsi qu'à la saisie des matériels spécialement installés en vue de tels agissements (CPI art. L 335-1).

34748 **Faits incriminés** Constituent un délit de contrefaçon :

– toute édition d'écrits, de composition musicale, de dessin, de peinture ou de toute autre production, imprimée ou gravée en entier ou en partie, au mépris des lois et règlements relatifs à la propriété des auteurs (CPI art. L 335-2, al. 1) ;

– l'exportation, l'importation, le transbordement ou la détention des ouvrages contrefaits (CPI art. L 335-2, al. 3).

– toute reproduction ou diffusion, par quelque moyen que ce soit, d'une œuvre de l'esprit en violation des droits de l'auteur, tels qu'ils sont définis et réglementés par la loi ainsi que toute captation totale ou partielle d'une œuvre cinématographique ou audiovisuelle en salle de spectacle cinématographique (CPI art. L 335-3, al. 1 et 3).

34751 **Sanctions** Les faits de contrefaçon, ci-dessus visés, commis en France sont punis d'un emprisonnement de trois ans et d'une amende de 300 000 € (sept ans d'emprisonnement et 750 000 € d'amende si les faits ont été commis en bande organisée) (CPI art. L 335-2, al. 2).

La juridiction répressive compétente pour connaître du délit est, en application de l'article 5, 2 de la convention de Berne, la loi du lieu où la protection est demandée, laquelle désigne la loi de l'État sur le territoire duquel se sont produits les agissements délictueux et non celle du pays où le dommage a été subi (Cass. crim. 29-11-2011 n° 09-88.250 : JCP G 2012 n° 9-248 p. 422 note Dreyer).

En outre, les personnes physiques coupables peuvent être condamnées, à leurs frais, à retirer des circuits commerciaux les objets jugés contrefaisants et toute chose qui a servi ou était destinée à commettre l'infraction (CPI art. L 335-6, al. 1) et celles qui exploitent un service de communication au public en ligne à la peine complémentaire de suspension de l'accès à un service de communication au public en ligne pour une durée maximale d'un an, assortie de l'interdiction de souscrire pendant la même période un autre contrat portant sur un service de même nature auprès de tout opérateur (CPI art. L 335-7 ; sur le prononcé de la peine complémentaire, L 335-7-1).

La juridiction peut aussi (CPI art. L 335-6, al. 2, 3 et 4) :

– prononcer la **confiscation** de tout ou partie des recettes procurées par l'infraction ainsi que celle de tous les phonogrammes, vidéogrammes, objets et exemplaires contrefaisants ou reproduits illicitement ainsi que du matériel spécialement installé en vue de la réalisation du délit ;

– ordonner, aux frais du condamné, la destruction ou la remise à la partie lésée des objets et choses retirés des circuits commerciaux ou confisqués, sans préjudice de tous dommages et intérêts ;

– ordonner, aux frais du condamné, l'**affichage** du jugement ou la diffusion du jugement prononçant la condamnation, intégrale ou par extraits, dans les journaux qu'il désigne, sans que les frais de cette publication puissent excéder le montant maximal de l'amende encourue ; l'affichage et la diffusion peuvent être ordonnés cumulativement (C. pén. art. 131-35).

Les **personnes morales** coupables de contrefaçon sont punies dans les termes de l'article L 335-8 du Code de la propriété intellectuelle.

3. ACTES D'EXPLOITATION DES DROITS D'AUTEUR

Aux termes du **droit de l'UE,** l'auteur a le droit exclusif d'autoriser ou d'interdire **toute forme de distribution au public,** par la vente ou autrement, de l'original de son œuvre ou d'une copie de celle-ci (Directive 2001/29 art. 4, § 1). **34760**

Au sens de l'article 3, 1 de la directive 2001/29, est une communication au public la fourniture au public par téléchargement d'un livre électronique (CJUE 19-12-2019 aff. 263/18 : D. 2020.471 note Pollaud-Dulian) ou le fait d'incorporer, par la technique de la transclusion, dans une page internet d'un tiers des œuvres protégées par le droit d'auteur et mises à la disposition du public en libre accès avec l'autorisation du titulaire du droit d'auteur sur un autre site internet lorsque cette incorporation contourne des mesures de protection contre la transclusion adoptées ou imposées par ce titulaire (CJUE 9-3-2021 aff. 392/19). Mais ne constitue pas une communication au public, au sens l'article 3, paragraphe 1 de la directive 2001/29 et de l'article 8, paragraphe 2 de la directive 2006/115/CE du 12 décembre 2006 relative au droit de location et de prêt et à certains droits voisins du droit d'auteur dans le domaine de la propriété intellectuelle, la location de véhicules automobiles équipés de postes de radio (CJUE 2-4-2020 aff. 753/18).

Ne constitue pas non plus une communication au public au sens de l'article 3, 1 de la directive 2001/29 la transmission par voie électronique à une juridiction, à titre d'élément de preuve dans le cadre d'une procédure judiciaire entre particuliers, d'une œuvre protégée (CJUE 28-10-2020 aff. 637/19) ou la fourniture, par un opérateur de retransmission d'émissions de télévision en ligne, à son client commercial, du matériel ainsi que des logiciels nécessaires, y compris d'une assistance technique, qui permettent à ce client de donner accès en différé à ses propres clients à des émissions de télévision en ligne, et ce quand bien même il a connaissance du fait que son service peut être utilisé pour accéder à des contenus d'émissions protégés sans le consentement de leurs auteurs (CJUE 13-7-2023 aff. 426/21 : D. 2023.2152 obs. Mendoza-Caminade).

L'auteur peut à ce titre s'opposer à une offre de vente ou à une publicité ciblée concernant l'original ou une copie de son œuvre, même s'il n'est pas établi que cette publicité a donné lieu à l'acquisition de l'objet protégé par un acheteur de l'UE, pour autant qu'elle incite les consommateurs de l'État membre dans lequel l'œuvre est protégée à en faire l'acquisition (CJUE 13-5-2015 aff. 516/13 : RJDA 10/15 n° 719).

Aux termes des **dispositions françaises,** l'auteur peut **céder** par convention ses droits de reproduction ou de représentation, à titre gratuit ou onéreux (CPI art. L 122-7) ou seulement la jouissance de ces droits par la voie d'un contrat de licence (Cass. civ. 21-11-1995 : JCP G 1996.IV.77 ; CE 10-7-1996 : RJDA 3/97 n° 439 ; CA Paris 21-10-2022 n° 20/15768) ; celui qui exploite l'œuvre sous son nom est, à l'égard de tout autre que l'auteur, présumé investi sur elle des droits cédés (Cass. 1e civ. 14-6-2005 : LP 2005.I.122).

L'auteur ne peut céder, bien entendu, que les droits dont il a la libre disposition, ce qui est le cas de celui qui collabore à un titre de presse sans acquérir la qualité de journaliste professionnel (sur cette qualification, C. travail art. L 7111-3 s.) et de celui qui a seul le droit de réunir ses articles et ses discours en recueil et de les publier ou d'en autoriser la publication sous cette forme ; l'auteur conserve, sauf stipulation contraire, le droit de faire reproduire ses œuvres et de les exploiter, sous quelque forme que ce soit, pourvu que cette reproduction ou cette exploitation ne soit pas de nature à faire concurrence à ce titre de presse (CPI art. L 121-8). L'éditeur de la publication ne peut pas faire reproduire ces œuvres sans son autorisation (CA Paris 27-5-1992 : LP 1993.III p. 79).

Mais l'auteur d'un ouvrage, dont il est prévu qu'il doit être illustré, ne peut pas céder l'exclusivité de toutes les éditions des illustrations dont il n'est pas l'auteur, sans aviser le cessionnaire de l'identité du photographe ayant réalisé les clichés (CA Versailles 10-6-1993 : D. 1993.IR.244).

L'auteur ne s'est pas engagé à céder lorsqu'il a simplement accepté une commande dont la non-exécution ultérieure peut donner lieu à réparation (Cass. civ. 24-2-1987 : D.1988.97 note Edelman).

Les **conventions de cession** des droits qui revêtent la forme de contrats de représentation, d'édition et de production audiovisuelle sont soumises à des règles communes et à des règles propres à chacun d'eux (CPI art. L 131-2).

Ne constitue pas une convention de cession la simple remise par un dessinateur de dessins au directeur d'une publication pour examen, sans qu'aucun contrat n'ait été établi (CA Paris 20-3-1991 : D. 1991.IR.108), ni l'apport des droits à une société de perception et de répartition des droits (n° 34738), ni la création de l'œuvre par un salarié qui, sauf convention expresse conclue dans les conditions fixées au n° 34775, n'est pas transmise à son employeur sur le fondement du contrat de travail (Cass. 1e civ. 16-3-2004 : Bull. civ. I n° 89).

En revanche, une convention spéciale de cession n'est pas nécessaire pour la transmission, sauf convention contraire, des droits de l'auteur : d'une œuvre audiovisuelle au producteur de l'œuvre (n° 34855) ; d'un logiciel à son employeur (n° 35017) ; des contributions, de manière permanente ou occasionnelle, à l'élaboration d'un titre de presse, qu'elles soient ou non publiées, au profit de l'employeur exploitant de titre auquel il est lié par convention en tant que journaliste professionnel ou assimilé au sens des articles L 7111-3 s. du Code du travail (CPI art. L 132-36 ; sur la qualification du titre de presse et la rémunération du journaliste, CPI art. L 132-35 et L 132-37 à L 132-45).

La cession est **limitée** au droit cédé tel qu'il est déterminé par le contrat d'exploitation ; ainsi, le droit d'user d'une œuvre pour en faire une œuvre composite est strictement limité à la destination que l'auteur de l'œuvre première a fixée en accordant son autorisation de reproduction (Cass. 1e civ. 16-5-2012 n° 11-11.810 : RTD com. 2012.763 obs. Pollaud-Dulian).

Avec le développement des plateformes internet métavers (n° 30967), l'utilisation d'une œuvre artistique ou littéraire ou bien d'un dessin ou modèle sur une telle plateforme pourrait être contestée au motif qu'elle n'a pas été prévue dans le contrat de cession des droits sur cette œuvre ou sur ce dessin ou modèle.

34761 Ne sont étudiés ci-après que les **principaux actes d'exploitation des droits d'auteur.** Ainsi ne sont notamment pas présentés : le prêt en bibliothèque, l'exploitation numérique des livres indisponibles, l'utilisation des œuvres orphelines ou encore la recherche et le référencement des œuvres plastiques, graphiques ou photographiques (CPI art. L 133-1 à L 136-4).

RÈGLES COMMUNES

34763 Les contrats d'exploitation des droits d'auteur obéissent au droit commun des contrats (nos 10600 s.), dans la mesure où celui-ci n'est pas contredit par les règles spéciales relatives à la cession de droit d'auteur dont le caractère d'ordre public de protection des intérêts des auteurs ressort des applications faites par les tribunaux, telles qu'elles sont rapportées ci-après.

Ces règles sont néanmoins subordonnées aux règles d'ordre public de direction servant un intérêt général. Il a été ainsi jugé que la prohibition des ententes illicites et de l'abus de position dominante devait être respectée par les contrats de cession des droits, car l'exercice d'un droit exclusif par son titulaire (donc celui d'un auteur sur son œuvre) peut donner lieu à un comportement abusif (cf. Cass. com. 26-11-2003 n° 1656 : Pet. aff. 2004 n° 132 p. 3 concl. Lafortune, RJDA 7/04 n° 907) et que le refus par le titulaire des droits de consentir une licence pourrait constituer un abus de position dominante si ce droit est indispensable au demandeur de la licence pour offrir des produits ou des services nouveaux pour lesquels existe une demande potentielle de la part des consommateurs, si le refus n'est pas justifié par des considérations objectives et s'il est de nature à exclure toute concurrence sur un marché dérivé (CJCE 29-4-2004 aff. 418/01 : RJDA 8-9/04 n° 1053).

La cession des droits qui serait incluse dans un contrat d'adhésion (nos 11185 s.) pourrait aussi être soumise au contrôle du déséquilibre significatif (nos 12560 s.) au détriment de l'auteur dans le cas où les clauses, autres que celles relatives au prix de cession, ne seraient pas susceptibles de rescision pour lésion (n° 34787).

34766 **Étendue des droits cédés** Les contrats de représentation, d'édition et de production audiovisuelle doivent définir avec rigueur les droits cédés pour les raisons suivantes.

34769 **a.** La **cession** du droit de **représentation** n'emporte **pas** celle du droit de **reproduction** et réciproquement (CPI art. L 122-7, al. 2 et 3) ;

Cette disposition est interprétée de façon très restrictive : ainsi la cession du droit de reproduction d'un sigle « pour la publicité sous toutes ses formes » n'autorise pas l'usage de celui-ci à la télévision, cette forme de diffusion correspondant à l'exercice du droit de représentation (Cass. civ. 18-12-1979 : JCP G 1980.II.19307 concl. Gulphe).

b. La **cession totale** de l'un de ces deux droits est limitée aux modes d'exploitation prévus au contrat (CPI art. L 122-7, al. 4) ; 34772

Le cessionnaire des droits d'exploitation d'une œuvre dérivée a, en vertu de cette cession, le droit de déposer le titre de l'œuvre originale comme marque, afin de s'assurer la jouissance paisible des droits qui lui sont cédés (TGI Nanterre 28-6-1995 : RDPI 1995 nº 62 p. 52).

c. La **transmission** des droits de l'auteur est subordonnée aux conditions suivantes (CPI art. L 131-3, al. 1) : 34775

Ces conditions s'appliquent aux contrats visés au nº 34766.

– chacun des droits cédés doit faire l'objet d'une **mention** dans l'acte de cession (sur l'absence d'effet de la remise du support matériel de l'œuvre, nº 34685) ;

– le domaine d'exploitation des droits cédés doit être **délimité** quant à son étendue et à sa destination, quant au lieu et quant à la durée.

Jugé que :

– la clause, selon laquelle les droits d'exploitation cinématographique et télévisuelle d'un dessin animé sont cédés pour une durée de quinze ans à compter du premier passage en public de ce dessin animé dans chaque pays où celui-ci serait diffusé, est nulle comme revêtant un caractère potestatif car il suffirait au cessionnaire d'assurer une nouvelle diffusion tous les quinze ans dans un pays différent pour prolonger indéfiniment les effets d'une cession consentie contre une rémunération forfaitaire (CA Paris 11-1-1989 : D. 1989.som.298 obs. Hassler) ;

– la clause « tous droits compris » dont la portée est générale et illimitée est inopérante en ce qu'elle permettrait au cessionnaire d'acquérir l'intégralité des droits d'exploitation des créations publicitaires réalisées par une agence (Cass. civ. 9-10-1991 : RJDA 12/91 nº 1101) ;

– les droits cédés sont indéterminés, le contrat ne contenant aucune clause quant à la durée et à l'étendue des droits cédés (Cass. 1e civ. 23-1-2001 nº 98-19.990 : RJDA 10/01 nº 1048) ;

– la cession prévue par un contrat, qui précisait qu'il serait complété par un « contrat particulier » fixant l'étendue et la durée de la cession des droits ainsi que la rémunération de l'auteur, est conclue en vertu d'un contrat cadre dont la validité ne doit pas être appréciée en elle-même, mais au vu du projet du contrat d'exécution (Cass. 1e civ. 25-1-2001 : JCP E 2002.chr.223 nº 4 obs. Ratovo) ;

– l'expression « aussi souvent qu'elle l'estime utile » ne vaut pas indication de la durée d'utilisation consentie de l'œuvre, car elle se rapporte à une fréquence et ne permet pas de déterminer le temps pendant lequel les droits sont cédés (CA Paris 15-12-2006 nº 05-18122 : Propr. intell. 2007.214 nº 6.1 obs. Lucas).

La cession est **nulle** dès lors que l'acte ne délimite ni l'étendue ni la durée des droits cédés, peu important sa nature gratuite ou onéreuse (Cass. civ. 23-1-2001 : RJDA 10/01 nº 1048) ; cette nullité est relative (Cass. 1e civ. 11-2-1997 : Bull. civ. I nº 54). Seul celui qui a la qualité d'auteur peut s'en prévaloir (cf. CA Paris 18-11-2009 : LP 2010 nº 273 p. 66, refusant cette possibilité au cessionnaire des droits).

L'auteur peut céder la **totalité** ou une partie de ses droits sur son œuvre (CPI art. L 131-4, al. 1). Mais il ne peut pas céder la totalité de ses œuvres futures (CPI art. L 131-1). 34778

N'emporte pas une cession globale interdite le contrat conclu entre un annonceur et une agence de publicité qui prévoit la cession automatique des droits de propriété littéraire et artistique au fur et à mesure de l'exploitation ou du règlement éventuel des travaux accomplis et celle du transfert, en cas de résiliation du contrat, des seuls « engagements en cours » à une agence de publicité successeur de la première (Cass. civ. 4-2-1986 nº 83-13.114 : Bull. civ. I nº 12).

Nécessité d'un écrit Les contrats de représentation, d'édition et de production audiovisuelle **doivent être constatés** par écrit ainsi que les autorisations gratuites d'exécution, et plus généralement les contrats par lesquels sont transmis des droits d'auteur (CPI art. L 131-2, al. 1 et 2) ; cette exigence d'un écrit est à fin probatoire de l'existence et du contenu du contrat mais n'en conditionne pas la validité (CA Lyon 4-1-2022 nº 19/05278 : D. IP/IT 2022.383 obs. Bensimon). La preuve du contrat ne peut être faite contre l'auteur que par la production d'un écrit (Cass. 1e civ. 13-11-2014 nº 13-22.401), peu important que l'éditeur de l'œuvre en soit aussi le coauteur (Cass. civ. 20-11-1979 : Bull. civ. I p. 235). Il n'est pas possible de suppléer le défaut d'écrit en invoquant un usage de l'œuvre (CA Paris 24-10-1994 : RDPI 1995 nº 59 p. 47 ; CA Paris 19-12-1997 : DA 1998.341 ; TGI 21-6-2013 : Pet. aff. 2013 nº 255 p. 13). 34781

N'apporte pas la preuve d'une cession une lettre qui ne contient qu'une offre de service globale d'agent de publicité et subsidiairement d'agent de gestion de budget publicitaire, sans référence particulière à une utilisation prolongée des documents publicitaires litigieux (CA Paris 2-5-1975 : JCP G 1979.II.19110 note Luduc), ni l'attestation émanant de la personne créatrice de l'œuvre, seulement accompagnée d'une photographie non du dessin créé mais d'un échantillon de tissu (CA Paris 20-12-1989 : D. 1991.som.91 obs. Colombet).

Mais constitue un écrit valant preuve de la cession :

– la facture établie par la personne qui a livré les objets facturés car elle a par là donné son consentement écrit à la reproduction des dessins qu'elle a exécutés à la demande d'une entreprise

pendant quinze ans, sans contestation, dessins dont elle savait dès l'origine que, destinés à l'instruction des techniciens de cette entreprise, ils ne lui étaient commandés que pour être reproduits (Cass. civ. 27-5-1986 : Bull. civ. I p. 143) ;
– l'acte notarié liquidatif de la communauté ayant existé entre l'auteur de dessins et modèles et son conjoint, dès lors que cet acte stipule que le fonds de commerce est attribué à l'épouse avec la précision qu'il inclut les « dessins, modèles et gabarits » (Cass. com. 6-12-1984 : D. 1987.som.39 obs. Burst).

Un auteur en pourparlers sur la cession de son œuvre (un logiciel) a été tenu pour avoir tacitement consenti à l'usage de l'œuvre, sans pour autant qu'il en résulte une cession de l'œuvre, et a obtenu des dommages-intérêts pour rupture abusive des pourparlers (CA Paris 11-5-2012 n° 11/012407 : JCP E 2014.1107 n° 2 obs. Guillemain ; sur la rupture abusive, n° 11901).

Le contrat doit être, comme la donation (n° 26506), **notarié** s'il contient de la part de l'auteur une libéralité, par exemple une renonciation de l'auteur à ses droits sur un film, sans contrepartie financière et avec une intention libérale, au profit d'une société productrice (CA Versailles 20-1-1987 : D. 1988.som.207 obs. Colombet).

Si le contrat a un **autre contenu** (ex-objet : nos 12400 s.) dont l'obligation essentielle, à notre sens, conditionne la qualification et la validité, il peut être prouvé dans les conditions de droit commun requises pour la preuve par écrit (CPI art. L 131-2, al. 2 ; nos 75600 s.).

Il en est ainsi des actes suivants, qui ne correspondent ni à une reproduction ni à une représentation consentie par l'auteur : cession de modèles (Cass. 1e civ. 21-11-2006 : D. 2007.316.som. obs. Alleys) ; transaction (CA Paris 1-3-1988 : D.1988.IR.111) ; cession des produits pécuniaires résultant de l'exploitation consentie des droits (Cass. civ. 18-10-1989 : D. 1990.505 note Gautier) ; sous-cession des droits conclue par les cessionnaires des droits avec leurs clients (Cass. civ. 13-10-1993 : RJDA 1/94 n° 119 ; CA Paris 17-4-1996 X170496-1001 : D. 1996.IR.168).

34784 **Rémunération de l'auteur** Sauf si la cession est gratuite (CPI art. L 122-7, al. 1), qu'elle soit totale ou partielle, l'auteur doit recevoir une **participation proportionnelle** aux recettes provenant de la vente ou de l'exploitation (CPI art. L 131-4, al. 1), cette disposition étant d'ordre public (CPI art. L 131-5-3). Mais la directive UE 2019/790 du 17 avril 2019 prescrivant que la rémunération doit être « appropriée et proportionnelle », il faut désormais entendre que la rémunération doit être « proportionnée », et non pas comme devant être proportionnelle en toute circonstance car la rémunération forfaitaire reste possible dans les cas où elle est permise (voir plus bas).

Le calcul de la rémunération proportionnelle doit être fait sur le prix de vente au public, abstraction faite des remises qui sont consenties aux vendeurs (CA Paris 7-7-1992 : RJDA 1/93 n° 78), des frais d'exploitation (Cass. civ. 7-6-1995 : RJDA 1/96 n° 148) ainsi que des taxes (Cass. civ. 16-7-1998 : RJDA 12/98 n° 1434 : à propos de la rémunération de l'auteur d'une œuvre audiovisuelle mais transposable, cette rémunération devant être aussi proportionnelle).

La rémunération n'est pas proportionnelle lorsqu'elle est calculée sur un pourcentage du prix convenu avec le distributeur (Cass. civ. 26-1-1994 : RJDA 10/94 n° 1088) ou correspondant à un pourcentage des sommes revenant à l'éditeur après déduction des sommes versées à un intermédiaire (Cass. civ. 15-10-1996 : RJDA 2/97 n° 291).

Le droit à une rémunération proportionnelle ne s'applique pas à l'initiateur d'une œuvre collective, la personne physique ou morale qui en a pris l'initiative étant investie, dès l'origine, des droits d'exploitation (Cass. 1e civ. 21-11-2006 n° 1642 : D. 2007.26.som. obs. Daleau).

Seul l'auteur peut agir en **nullité** pour violation de cette règle, la nullité étant relative (Cass. 1e civ. 13-2-2007 n° 192 : RJDA 5/07 n° 572).

Toutefois, l'auteur peut être rémunéré par un **forfait** dans les conditions suivantes.

1. Difficultés ou intérêts réduits à mettre en œuvre la rémunération proportionnelle.

À ce titre, le forfait est autorisé dans les cas suivants (CPI art. L 131-4, al. 2) :

a. La base de calcul de la participation proportionnelle ne peut être pratiquement déterminée ;
b. Les moyens de contrôler l'application de la participation font défaut ;
c. Les frais des opérations de calcul et de contrôle seraient hors de proportion avec les résultats à atteindre ;
d. La nature ou les conditions de l'exploitation rendent impossible l'application de la règle de la rémunération proportionnelle :
– soit que la contribution de l'auteur ne constitue pas l'un des éléments essentiels de la création intellectuelle de l'œuvre,
– soit que l'utilisation de l'œuvre ne présente qu'un caractère accessoire par rapport à l'objet exploité ;
e. Cession des droits portant sur un logiciel ;
f. Dans les autres cas prévus au CPI.

2. Conversion de contrats en cours. À la demande de l'auteur, les parties peuvent convertir les droits provenant de contrats en vigueur en annuités forfaitaires pour des durées à déterminer entre elles (CPI art. L 131-4, al. 3 ; CA Paris 25-10-1994 : D. 1995.IR.24, refusant aux cessionnaires le droit de demander la nullité d'un forfait qu'ils trouvaient trop onéreux, l'interdiction du forfait n'étant destinée qu'à protéger l'auteur).

3. Première édition de librairie. La rémunération de l'auteur peut être forfaitaire pour la première édition de librairie de son œuvre, avec son accord formellement exprimé, dans les cas suivants (CPI art. L 132-6, al. 1) :
- ouvrages scientifiques ou techniques ;
- anthologies et encyclopédies ; préfaces, annotations, introductions, présentations ;
- illustrations d'un ouvrage ;
- éditions de luxe à tirage limité ;
- livres de prières ;
- traductions, à la demande du traducteur ;
- éditions populaires à bon marché ;
- albums bon marché pour enfants.

4. Cession avec un étranger. La rémunération peut aussi être forfaitaire lorsque les cessions de droits sont faites à ou par une personne ou une entreprise établie à l'étranger (CPI art. L 132-6, al. 11).

La stipulation d'un forfait dans un contrat de cession des droits de l'auteur soumis à une loi étrangère n'est pas contraire à la conception française de l'ordre public international (CA Paris 1-2-1989 : RIDA 1990.227).

5. Œuvre de l'esprit publiée dans les journaux périodiques. La rémunération de l'auteur, lié à l'entreprise d'information par un contrat de louage d'ouvrage ou de services, peut être fixée forfaitairement pour les œuvres de l'esprit publiées dans les journaux et recueils périodiques de tout ordre et par les agences de presse (CPI art. L 132-6, dern. al.).

Par exemple, la rémunération forfaitaire d'un photographe peut consister soit pour le tout en un salaire, soit, en sus du salaire, en une indemnité, qui peut elle-même notamment correspondre à titre particulier à l'abandon du droit de répétition (Cass. civ. 27-5-1986 : Bull. civ. I p. 141). Mais le photographe non salarié qui n'a reçu qu'un forfait ne peut pas obtenir de rémunération supplémentaire, même si ses photographies sont réutilisées dans une nouvelle édition et après que son contrat de travail a pris fin, l'employeur pouvant choisir le moment où les clichés qu'il lui a fait prendre, en exécution de ce contrat et pour se constituer un fonds d'archives photographiques, doivent être publiés et, le cas échéant, publiés à nouveau ou cédés à un tiers (Cass. civ. 27-5-1986 n° 83-17.318 : Bull. civ. I n° 142).

Rescision pour lésion Lorsque le prix de la cession fait subir à l'auteur un préjudice de plus des sept douzièmes dû à une lésion ou à une prévision insuffisante des produits de l'œuvre, l'auteur peut provoquer la révision des conditions de prix du contrat (CPI art. L 131-5, I-al. 1). Cette demande ne peut être formée que dans le cas où l'œuvre a été cédée moyennant une rémunération forfaitaire (CPI art. L 131-5, I-al. 2). La lésion est appréciée en considération de l'ensemble de l'exploitation par le cessionnaire des œuvres de l'auteur qui se prétend lésé (CPI art. L 131-5, I-al. 3). 34787

L'auteur a droit à une rémunération **supplémentaire** lorsque la rémunération proportionnelle initialement prévue dans le contrat d'exploitation se révèle exagérément faible par rapport à l'ensemble des revenus ultérieurement tirés de l'exploitation par le cessionnaire ; afin d'évaluer la situation de l'auteur, il peut être tenu compte de sa contribution (CPI art. L 131-5, II).

Les dispositions des deux alinéas ci-dessus sont **applicables** en l'absence de disposition particulière prévoyant un mécanisme comparable dans le contrat d'exploitation ou dans un accord professionnel applicable dans le secteur d'activité (CPI art. L 131-5, III-al. 1) mais non aux auteurs de logiciels (CPI art. L 131-5, IV).

La demande de révision est faite par l'auteur ou toute personne spécialement mandatée par lui à cet effet (CPI art. L 131-5, III-al. 2).

Simple révision de la rémunération, le rajustement du prix n'éteint pas le contrat et, partant, le transfert des droits cédés ; ainsi, l'employeur d'un journaliste salarié, reporter-photographe, qui, par avenant à son contrat de travail, a conclu avec lui une cession de ses droits d'auteur, peut exploiter l'œuvre, même après la rupture du contrat de travail (Cass. soc. 12-7-2007 n° 06-40.344 : JCP G 2009.I.3 obs. Caron).

Reddition des comptes La loi crée une obligation générale de reddition des comptes, déjà prévue notamment pour les contrats d'édition et de production audiovisuelle. L'entrée en vigueur de cette obligation est différée au 7 juin 2022 et elle sera applicable aux contrats en cours à cette date (Ord. 2021-580 du 12-5-2021, art. 13). 34788

À compter de cette date, le cessionnaire des droits d'exploitation de l'auteur devra adresser à ce dernier ou mettre à sa disposition par un procédé de communication électronique, au moins une fois par an, des informations sur les revenus générés par l'exploitation de l'œuvre pour chaque mode d'exploitation (CPI art. L 131-5-1). Cette disposition est d'ordre public (CPI art. L 131-5-3).

34789 **Information due au cédant d'un droit de représentation d'une œuvre exploitée sur un SMAD** Le contrat général de représentation avec un service de médias audiovisuels à la demande (SMAD) au sens de l'article 2 de la loi 86-1067 du 30 septembre 1986 prévoit la transmission d'une information sur le nombre d'actes de téléchargement, de consultation, d'écoute ou de visualisation des œuvres, selon une périodicité adaptée à la répartition des droits (CPI art. L 132-18, al. 3).

34790 **Exploitation nouvelle** La clause d'une cession qui tend à conférer le droit d'exploiter l'œuvre sous une forme non prévisible ou non prévue à la date du contrat doit être expresse et stipuler une participation corrélative au profit d'exploitation (CPI art. L 131-6).

34793 **Cession partielle** Le bénéficiaire est substitué à l'auteur dans l'exercice des droits cédés, dans les conditions, les limites et pour la durée prévues au contrat, et à charge de rendre compte (CPI art. L 131-7).

34796 **Privilège** L'auteur bénéficie, pour les sommes qui lui sont dues au titre des trois dernières années de la cession, du privilège prévu aux articles 2331, 4° et 2375 du Code civil (CPI art. L 131-8). En bénéficient également ses ayants cause (Cass. 1e civ. 28-5-1991 n° 89-19.015 : Bull. civ. I n° 171 : Sacem ; Cass. 1e civ.11-4-1995 n° 93-11.931 : Bull. civ. I n° 166 : distributeurs de films agissant en qualité de commissionnaires des producteurs, pour le recouvrement des créances de ces derniers, qui bénéficient du privilège).

Ce privilège garantit **toutes les redevances** d'origine contractuelle (Cass. civ. 28-5-1991 : Bull. civ. I p. 113) mais non les dommages-intérêts destinés à réparer le préjudice causé à l'auteur par les actes de contrefaçon (Cass. civ. 24-3-1993 : RJDA 6/93 n° 586).

34799 **Droit de résiliation de l'auteur** L'auteur ayant transmis à titre exclusif tout ou partie de ses droits peut désormais résilier **de plein droit** la transmission en l'absence de toute exploitation de son œuvre ; les modalités d'exercice de ce droit, et notamment le délai à compter duquel l'auteur peut l'exercer, doivent être définies par voie d'accord professionnel ; à défaut d'accord le 13 mai 2022, les modalités d'exercice du droit de résiliation seront fixées par décret et tout accord peut être étendu à l'ensemble des intéressés par arrêté du ministre chargé de la culture (CPI art. L 131-5-2, I, II et III).

Lorsqu'une œuvre comporte les contributions de plusieurs auteurs, ceux-ci exercent ce droit de résiliation d'un commun accord (CPI art. L 131-5-2, IV).

Ces dispositions ne sont applicables ni aux auteurs de logiciels ni aux auteurs d'une œuvre audiovisuelle (CPI art. L 131-5-2, V).

Elles sont d'ordre public (CPI art. L 131-5-3).

RÈGLES PROPRES AU CONTRAT DE REPRÉSENTATION

34800 **Définition** Le contrat de représentation est celui par lequel l'auteur d'une œuvre de l'esprit et ses ayants droit autorisent une personne physique ou morale à représenter ladite œuvre à des conditions qu'ils déterminent (CPI art. L 132-18, al. 1). Sur les formes de représentation, n° 34697.

La représentation d'une œuvre en présence d'un public n'est pas une communication au public au sens de l'article 3 de la directive 2001/29, laquelle n'existe qu'au regard du public non présent au lieu d'origine de la communication (CJUE 24-11-2011 aff. 283/10 : RTD com. 2012.114 obs. Pollaud-Dulian).

Sur le contrat général de représentation, n° 34821.

34803 **Durée** Le contrat de représentation doit être d'une durée **limitée** ou doit prévoir un nombre déterminé de communications au public (CPI art. L 132-19, al. 1) ; sur la limitation de la durée, n° 34775.

34806 **Exclusivité** L'exclusivité peut être accordée à l'**entrepreneur de spectacles** à la condition d'être **expresse** (CPI art. L 132-19, al. 2). Un auteur dramatique ne peut consentir une exclusivité excédant **cinq années** ; cette exclusivité devient caduque de plein droit lorsque les représentations ont été interrompues deux années consécutives (CPI art. L 132-19, al. 3).

34809 **Cession** L'entrepreneur de spectacles ne peut transférer le bénéfice de son contrat sans l'assentiment formel et écrit de l'auteur ou de son représentant (CPI art. L 132-19, al. 4).

34812 **Télédiffusion** L'auteur d'une œuvre doit autoriser la télédiffusion de son œuvre.

Cette autorisation **comprend** :

– le droit d'émission vers un satellite permettant la réception de l'œuvre par l'intermédiaire d'organismes tiers, si les auteurs ou leurs ayants droit ont contractuellement autorisé ces organismes tiers à communiquer l'œuvre au public ; dans ce cas, l'organisme d'émission est exonéré du paiement de toute rémunération (CPI art. L 132-20, 3°) ;

– la distribution à des fins non commerciales de cette télédiffusion sur les réseaux internes aux immeubles ou ensembles d'immeubles collectifs à usage d'habitation installés par leurs propriétaires ou copropriétaires, ou par les mandataires de ces derniers, à seule fin de permettre le raccordement de chaque logement de ces mêmes immeubles ou ensembles d'immeubles collectifs à usage d'habitation à des dispositifs collectifs de réception des télédiffusions par voie hertzienne normalement reçues dans la zone (art. L 132-20, 4°).

La même disposition est applicable à l'autorisation de diffuser par voie hertzienne la prestation d'un artiste-interprète, un phonogramme, un vidéogramme ou les programmes d'une entreprise de communication audiovisuelle (CPI art. L 216-2).

Sauf stipulation contraire, l'autorisation **ne comprend pas** :

– la retransmission de cette télédiffusion, quelle que soit la manière dont le prestataire du service de retransmission obtient cette œuvre et quelle que soit la technologie qu'il utilise, à moins qu'elle ne soit faite en simultané et intégralement par l'organisme bénéficiaire de cette autorisation et sans extension de la zone géographique contractuellement prévue (CPI art. L 132-20, 1°) ;

– l'émission vers un satellite permettant la réception de cette œuvre par l'intermédiaire d'organismes tiers (CPI art. L 132-20, 3°) ;

– la télédiffusion de cette œuvre dans un lieu accessible au public (CPI art. L 132-20, 2°).

Lorsque la distribution par câble porte sur la prestation d'un artiste-interprète, un phonogramme ou un vidéogramme, elle est autorisée dans les conditions fixées aux articles L 217-2 s. du CPI.

La télédiffusion par satellite bénéficie des droits d'auteur et des droits voisins dans les conditions fixées par les articles L 122-2-1, L 122-2-2 et L 217-1 du CPI ; en bénéficie aussi la représentation d'une œuvre incorporée dans un programme de radiodiffusion (CPI art. L 122-2-3).

Suivi de l'exécution du contrat L'entrepreneur de spectacles est tenu de déclarer à l'auteur ou à ses représentants le programme exact des représentations ou exécutions publiques, de lui fournir un état justifié de ses recettes et d'acquitter les redevances ; les communes et les sociétés d'éducation populaire ont droit à une réduction de ces redevances (CPI art. L 132-21). **34815**

Respect de l'œuvre L'entrepreneur de spectacles doit assurer la représentation ou l'exécution publique dans des conditions propres à garantir le respect des droits intellectuels et moraux de l'auteur (CPI art. L 132-22). **34818**

Contrat général de représentation Est dit contrat général de représentation le contrat par lequel un organisme professionnel d'auteurs confère à un entrepreneur de spectacles ou à tout autre utilisateur la faculté de représenter, pendant la durée du contrat, les œuvres actuelles ou futures, constituant le répertoire dudit organisme aux conditions déterminées par l'auteur ou ses ayants droit (CPI art. L 132-18, al. 1). Les œuvres futures peuvent être cédées dans leur globalité (CPI art. L 132-18, al. 1 et 2). **34821**

C'est la formule la plus courante en pratique pour exploiter le droit de représentation. Les auteurs dans l'impossibilité matérielle d'assurer eux-mêmes le contrôle de l'exécution des contrats passés avec un entrepreneur de spectacles en confient le plus souvent l'exercice à une société d'auteurs.

Le contrat général de représentation **en matière musicale** est essentiellement passé par la Sacem (Société des auteurs, compositeurs et éditeurs de musique), qui perçoit une **redevance** au titre du droit de représentation rémunérant les auteurs et, tant en son nom que pour celui de la SDRM (Société pour l'administration du droit de reproduction mécanique), un **droit complémentaire** de reproduction mécanique rémunérant les fabricants de phonogrammes.

Ces droits de reproduction sont dus en cas d'utilisation d'un phonogramme dans une discothèque, dès lors que la Sacem a seulement autorisé l'utilisation privée des disques à l'exclusion de toute diffusion publique (Cass. civ. 19-4-1988 : Bull. civ. I p. 76). Chaque utilisation d'un disque justifie la perception d'une redevance (CJCE 6-10-1982 : Rec. 881).

Dans les États membres de l'UE, les perceptions des sociétés d'auteurs sont soumises aux dispositions du traité sur le fonctionnement de l'UE relatives à la libre circulation des services et sur la libre concurrence (CJCE 6-10-1982 : Rec. 3381).

Toutefois, les sociétés d'auteurs peuvent jouir d'un monopole sur un territoire donné à condition de ne pas abuser d'une position dominante (CJUE 27-2-2014 aff. 351/12 : JCP E 2015.1151 n° 9 obs. Chérigny).

Eu égard à la libre concurrence, la Sacem :

– ne commet **pas un abus de position dominante** du seul fait qu'elle perçoit, en raison de l'exécution publique de supports de son, une redevance dite droit complémentaire de reproduction mécanique qui s'ajoute dans l'État membre où ces supports de son ont été régulièrement mis sur le marché

(CJCE 9-4-1987 précité) ni en calculant, lorsque la loi autorise la rémunération forfaitaire de l'auteur, la redevance indépendamment de l'utilisation effective du répertoire, voire en dehors de toute utilisation et sur le montant de prestations étrangères à la diffusion des œuvres du répertoire considéré (Cass. civ. 10-3-1987 n° 85-15.353 : Bull. civ. I n° 89 ; Cass. civ. 22-3-1988 : JCP G 1988.II.21120 note Françon) ;

– **commet un abus de position dominante** dès lors qu'elle applique aux discothèques des redevances sensiblement plus élevées que celles pratiquées dans les autres États membres et qu'elle n'est pas en mesure de justifier une telle différence en se fondant sur des différences objectives et pertinentes entre la gestion des droits d'auteur en France et celle de ces droits dans les autres États membres (CJCE 13-7-1989 : Rec. 2811 ; pour des exemples de non-administration de la preuve d'un abus de la part de la Sacem : Cass. civ. 29-1-1991, deux arrêts : Bull. civ. I p. 37 et 38) ; est aussi susceptible de constituer un abus de position dominante la différence de calcul des redevances entre les sociétés privées et les chaînes publiques de diffusion d'œuvres musicales dès lors que la société d'auteurs applique à l'égard de ces sociétés des conditions inégales à des prestations équivalentes et qu'elle leur inflige de ce fait un désavantage dans la concurrence, à moins qu'une telle pratique ne puisse être objectivement justifiée (CJCE 11-12-2008 aff. 52/07 : RTD com. 2009.309 obs. Pollaud-Dulian) ;

– **ne peut** se livrer avec les autres sociétés de gestion des droits d'auteur des États membres à des **pratiques concertées** ayant pour objet ou pour effet de permettre à chaque société de refuser l'accès direct à son répertoire aux utilisateurs établis dans un autre État membre (CJCE 13-7-1989 précité ; sur l'absence de pratiques concertées, Cass. civ. 14-5-1992 : Bull. civ. I p. 91).

Sur l'obligation d'information du cédant du droit de représentation d'une œuvre exploitée sur un SMAD, n° 34789.

34823 **Représentation par les fournisseurs de services de partage de contenus en ligne** Le fournisseur de services de partage de contenus en ligne, dont la définition est donnée par l'article L 137-1 du CPI, qui donne accès à des œuvres protégées par le droit d'auteur téléversées par ses utilisateurs, réalise un acte de représentation de ces œuvres pour lequel il doit obtenir l'autorisation des titulaires de droits, sans préjudice des autorisations qu'il doit obtenir au titre du droit de reproduction pour les reproductions desdites œuvres qu'il effectue (CPI art. L 137-2, I). Cette prestation obéit aux dispositions des articles L 137-2, II à L 137-4 inclus et R 137-1 du CPI.

Cette législation résulte de l'ordonnance du 12 mai 2021 portant transposition du 6 de l'article 2 et des articles 17 à 23 de la directive 2019/790, l'ordonnance ayant été annulée en tant qu'elle ne prévoit pas que les auteurs cédant leurs droits exclusifs pour l'exploitation de leurs œuvres ont le droit de percevoir une rémunération appropriée (CE 15-11-2022 n° 454477).

RÈGLES GÉNÉRALES PROPRES AU CONTRAT D'ÉDITION

34825 **Définition** Le contrat d'édition est le contrat par lequel l'auteur d'une œuvre de l'esprit ou ses ayants droit cèdent, sous des conditions déterminées, à un éditeur le droit de fabriquer ou de faire fabriquer en nombre des exemplaires de l'œuvre ou de la réaliser ou faire réaliser sous une forme numérique, à charge pour lui d'en assurer la publication et la diffusion (CPI art. L 132-1).

Ne constitue pas un contrat d'édition, au sens de la définition ci-dessus, le contrat à compte d'auteur (CPI art. L 132-2), ni le contrat de compte à demi (CPI art. L 132-3), ni le contrat de commande d'illustrations destinées à éclairer, de manière accessoire, des œuvres déjà écrites, œuvres ne pouvant par ailleurs être qualifiées d'œuvres de collaboration (Cass. 1e civ. 2-7-2014 n° 13-24.359 : JCP E 2015.1389 n° 4. obs. Guillemain).

34826 **Loi applicable** En l'absence de dispositions expresses de la loi du 11 mars 1957 (reprise au CPI) prévoyant son application immédiate et à défaut de circonstances imposant une application immédiate de la loi nouvelle (n° 10617), les contrats d'édition demeurent soumis à la loi en vigueur lors de leur conclusion (Cass. civ. 4-12-2001 : RJDA 6/02 n° 719).

34828 **Conclusion du contrat** Le contrat d'édition doit indiquer le **nombre minimum d'exemplaires** constituant le premier tirage ; toutefois, cette obligation ne s'applique pas au contrat prévoyant un minimum de droit d'auteur garanti par l'éditeur (CPI art. L 132-10), ce qui n'est pas le cas lorsque des avances sont consenties à l'auteur (CA Paris 30-11-2007 : Propr. intell. 2008.225 obs. Lucas). À défaut d'indication de tirage minimum et de minimum garanti, le contrat est **nul** (CA Paris 28-3-2008 n° 06-15233 : RTD com. 2008.313 obs. Pollaud-Dulian).

Le contrat est nul en cas d'**erreur** sur les qualités essentielles de la prestation due (nos 12203 s.).

Il l'est aussi lorsque l'éditeur se présente comme une entité **dépourvue de personnalité morale** (groupe de sociétés) – même si celle-ci pouvait avoir une certaine autonomie bancaire – et donc incapable de contracter valablement (TGI Paris 7-3-1986 : D. 1988.som.208 obs. Colombet) ou lorsque l'éditeur se réserve, par une clause, de décider discrétionnairement si l'œuvre mérite d'être publiée (CA Paris 25-4-1989 : D. 1990.som.58 obs. Colombet). Sur cette condition dite « potestative », n° 13426.

Remise de l'œuvre L'auteur doit remettre à l'éditeur l'objet de l'édition dans le délai fixé au contrat en une forme qui permette la fabrication ou la réalisation de l'œuvre sous une forme numérique (CPI art. L 132-9, al. 1 et 2). 34831

Sauf convention contraire ou impossibilités d'ordre technique, l'objet de l'édition fournie par l'auteur reste la propriété de celui-ci ; l'éditeur en est responsable pendant le délai d'un an après l'achèvement de la fabrication ou de la réalisation sous une forme numérique (CPI L 132-9, al. 3).

À défaut, le contrat peut être **résilié** pour retard (CA Paris 25-2-1987 : D. 1988.som.208 obs. Colombet) ; la clause prévoyant la perte de tout droit à indemnité s'applique alors (Cass. civ. 20-6-1995 : LP 1995.I.76).

L'éditeur n'est pas fautif s'il ne proteste pas immédiatement contre une remise tardive, dès lors qu'il a légitimement pu croire que le retard serait ultérieurement rattrapé ; mais il est responsable d'avoir aggravé son préjudice en continuant, sans même protester, à verser les indemnités mensuelles prévues au contrat après la date à laquelle l'auteur devait remettre son premier manuscrit (CA Paris 25-2-1987 précité).

Sur la réduction d'une clause pénale pour retard de l'auteur, CA Lyon 12-10-1989 : D. 1989.IR.294.

Fabrication L'éditeur doit procéder à la fabrication ou à la réalisation sous une forme numérique selon les conditions, dans la forme et suivant les modes d'expression prévus au contrat (CPI art. L 132-11, al. 1 ; pour une fabrication conforme au contrat, Cass. 1e civ. 13-6-2006 n° 1012 : D. 2006.1819.som. obs. Daleau). Il doit obtenir le bon à tirer de l'auteur au préalable dès lors que le contrat d'édition l'exige (CA Paris 27-10-1995 : D. 1995.IR.260). 34834

Il est en principe tenu de corriger les fautes d'orthographe et doit avertir l'auteur, surtout amateur, et même dans un contrat à compte d'auteur, des corrections à effectuer pour éviter un échec certain (CA Paris 4-2-1988 : D. 1988.IR.62).

Il doit, sauf convention contraire, faire figurer sur chacun des exemplaires ou sur l'œuvre réalisée sous une forme numérique le nom, le pseudonyme ou la marque de l'auteur et réaliser l'édition dans un délai fixé par les usages de la profession (CPI art. L 132-11, al. 3 et 4 ; CA Versailles 20-5-1999 : LP 2000.I.24 : validité de la résiliation unilatérale du contrat, par l'auteur, pour non-publication dans le délai convenu).

Sur cette résiliation devenue « résolution unilatérale », nos 15512 s.

Exploitation L'éditeur est tenu d'assurer à l'œuvre une exploitation permanente et suivie et une diffusion commerciale, conformément aux usages de la profession (CPI art. L 132-12), et de **rendre compte** à l'auteur des ventes et des stocks (CPI art. L 132-13 et L 132-14). 34837

L'éditeur n'est **pas** tenu d'une obligation de **résultat,** mais il est **fautif** s'il n'a pas accompli les diligences requises pour faire vivre l'œuvre tant que celle-ci peut être exploitée (CA Paris 13-3-2002 : D. 2002.2054.som. ; CA Paris 22-6-2005 : GP 2006.som.580) et il doit **prouver** ces diligences (CA Paris 28-10-1992 : D. 1994.som.93 obs. Colombet : preuve établie de l'absence des éditions graphique et phonographique d'une œuvre musicale ; Cass. 1e civ. 12-9-2018 n° 17-19.490 FS-PB : D. IP/IT 2019 obs. Querzola et CA Paris 22-2-2012 : LP 2012 n° 292 p.136 : preuve rapportée des diligences).

À défaut, l'auteur peut refuser de lui payer les exemplaires invendus après six mois de commercialisation, comme le lui imposait le contrat, en lui opposant l'exception d'inexécution (Cass. civ. 21-11-1995 : RJDA 5/96 n° 719) ou obtenir la résiliation judiciaire du contrat aux torts de l'éditeur en cas de manquements d'une gravité suffisante, tels que son manque de réactivité dans les actions de promotion du livre, et, surtout, la désorganisation de son réseau de distribution au cours de la période suivant immédiatement la publication d'une œuvre, cruciale pour ses chances de succès (CA Rennes 16-9-2022 n° 19/03935).

L'exploitation ne doit pas engendrer un **abus de position dominante** (CJCE 6-4-1995 : Rec. I-173).

L'éditeur apprécie l'opportunité de **rééditer** l'œuvre en fonction des résultats, mais il agit de mauvaise foi s'il relâche progressivement les efforts de promotion de l'œuvre pour favoriser le lancement d'un nouvel ouvrage pour lequel les droits d'auteur lui incombant sont moins élevés (CA Paris 26-6-1991 : GP 1992.566 note Frémond). Il doit, s'il décide de rééditer, obtenir l'accord de l'auteur à qui il appartient d'apprécier s'il y a lieu à mise à jour de l'ouvrage (CA Paris 25-10-1991 : RJDA 2/92 n° 212).

Garantie des droits cédés L'**auteur** doit garantir à l'éditeur l'exercice **paisible** et, sauf convention contraire, exclusif du droit cédé (CPI art. L 132-8, al. 1). Il est tenu de faire respecter ce droit et de le défendre contre toutes atteintes qui lui seraient portées (CPI art. L 132-8, al. 2). L'auteur ne peut pas, par exemple, sur un ouvrage de 230 pages confié à un éditeur, reprendre 135 pages de récits déjà publiés dans un autre livre destiné au public sur lequel un autre éditeur a des droits (TGI Paris 16-6-1995 : GP 1996.som.50). 34840

Le cessionnaire des droits d'exploitation peut demander au cédant de le garantir contre **l'éviction,** notamment, du trouble qu'il subit du fait de la revendication de l'auteur (Cass. civ. 7-4-1998 : Bull. civ. I n° 145) ; mais il ne subit pas de trouble si le tiers prétendument titulaire de droits concurrents n'a pas engagé d'action en justice pour faire valoir ses droits et qu'il n'a pas exploité lesdits droits (CA Paris 10-7-1991 : D. 1992.som.72 obs. Hassler).

Le **légataire universel** est tenu d'exécuter l'engagement souscrit par son auteur et qu'il avait contresigné, notamment celui de l'auteur d'authentifier par sa signature les épreuves de gravures qui lui seraient envoyées, après approbation finale de sa part des bons à tirer (Cass. civ. 26-1-1994 : Bull. civ. I p. 25).

34843 **Fin du contrat** Le contrat d'édition prend fin pour les causes de droit commun (nos 15650 s.), et notamment en cas de **faute de l'auteur,** par exemple pour retard (n° 34831), **ou de l'éditeur,** par exemple pour défaut d'exploitation (n° 34837) ou pour prélèvement de frais injustifiés d'assistance technique à des filiales étrangères, alors que les sommes correspondant à ces frais auraient dû être incluses dans l'assiette de rémunération des auteurs (Cass. civ. 11-1-2000 : Bull. civ. I n° 6).

En cas de résiliation aux torts partagés, l'auteur conserve le bénéfice de l'avance qu'il a reçue à la conclusion du contrat, dite échéance « signature », mais non celui de l'échéance « remise et acceptation » (CA Paris 11-5-2022 n° 20/11386).

Ces causes sont, toutefois, soumises aux règles particulières suivantes.

1. Arrivée du terme. Le contrat s'éteint sans qu'il soit besoin de mise en demeure (CPI art. L 132-11, al. 5 ; sur le droit de l'éditeur d'écouler les stocks, CPI art. L 132-11, al. 6).

Le terme est souvent déterminé par référence à la durée légale de la protection littéraire et artistique sans autre précision.

Pour les contrats conclus avant le 1er juillet 1995 qui se réfèrent à cette durée, laquelle à l'époque était de cinquante ans alors qu'elle a été portée désormais à soixante-dix ans (n° 34703), la loi 97-283 du 27 mars 1997 (art. 16-IV) a institué la procédure suivante : sous peine de nullité de la cession, l'auteur ne peut pas céder à un autre éditeur les droits correspondant à cette prolongation sans en avoir au préalable proposé l'acquisition, aux mêmes conditions, à l'éditeur cessionnaire au 1er juillet 1995 ; cette proposition doit être faite par écrit ; elle est réputée avoir été refusée si l'éditeur ne fait pas connaître sa décision dans un délai de deux mois.

2. Procédure collective de l'éditeur. La procédure de sauvegarde ou de redressement judiciaire de l'éditeur n'entraîne pas la résolution du contrat, lequel doit être exécuté dès lors que l'activité de l'éditeur est poursuivie ; lorsque son entreprise est cédée, l'**acquéreur** doit assumer les obligations de l'éditeur cédant (CPI art. L 132-15, al. 1, 2 et 3).

Lorsque l'activité de l'éditeur, mis en redressement judiciaire, a cessé depuis plus de trois mois ou lorsque la liquidation judiciaire est prononcée, l'**auteur peut demander la** rupture du contrat (CPI art. L 132-15, al. 4), même en référé sans condition particulière (TGI Paris réf. 4-1-1995 : GP 1995.som.383).

Il peut, à notre avis, user de cette faculté, en dépit du droit de l'administrateur d'imposer la continuation du contrat (nos 62000 s.) car le législateur, à la suite de la réforme des procédures collectives de 2005 (n° 61000), a maintenu cette faculté à l'article L 132-15, al. 4 susvisé alors qu'il a modifié l'alinéa 1 pour préciser la conséquence de la procédure de sauvegarde.

En cas de liquidation judiciaire, le liquidateur ne peut procéder à la vente en solde des exemplaires fabriqués qu'après avoir averti l'auteur de son intention par lettre recommandée avec demande d'accusé de réception (CPI art. L 132-15, al. 5). L'auteur possède, sur tout ou partie de ces exemplaires, un droit de préemption ; à défaut d'accord sur le prix de rachat, celui-ci est fixé à dire d'expert (CPI art. L 132-15, al. 6).

3. Destruction d'exemplaires. Le contrat d'édition prend fin lorsque l'éditeur procède à la destruction totale des exemplaires (CPI art. L 132-17, 1°). Mais l'éditeur peut être alors condamné à réparer le préjudice moral et matériel que cette destruction est susceptible de causer à l'auteur (CA Paris 6-4-1987 : D. 1987.IR.121).

4. Non-publication de l'œuvre. La résiliation du contrat d'édition a lieu de plein droit lorsque, sur mise en demeure de l'auteur lui impartissant un délai convenable, l'éditeur n'a pas procédé à la publication de l'œuvre ou, en cas d'épuisement, à sa réédition ; l'édition est considérée comme épuisée si deux demandes de livraison d'exemplaires adressées à l'éditeur ne sont pas satisfaites dans les trois mois (CPI art. L 132-17, 2°).

5. Mort de l'auteur. Si l'œuvre est inachevée à la mort de l'auteur, le contrat est résolu en ce qui concerne la partie de l'œuvre non terminée, sauf accord entre l'éditeur et les ayants droit de l'auteur (CPI art. L 132-17, al. 4).

34846 **Cession du contrat** L'**éditeur** ne peut pas transmettre, à titre gratuit ou onéreux, ou par voie d'apport en société, le bénéfice du contrat d'édition à des tiers, **indépendamment de son fonds de commerce,** sans avoir préalablement obtenu l'**autorisation de l'auteur** (CPI art. L 132-16, al. 1). La preuve de cette autorisation lui incombe et non à l'ayant droit de l'auteur (CA Paris 27-11-1991 : D. 1992.IR.63). À défaut, la cession est nulle, de nullité relative (Cass. 1e civ. 30-1-2007 n° 134 : RJDA 5/07 n° 573).

Lorsque le fonds de commerce d'édition était exploité en société ou dépendait d'une indivision, l'attribution du fonds à l'un des ex-associés ou à l'un des coïndivisaires, en conséquence de la liquidation ou du partage, n'est en aucun cas considérée comme une cession (CPI art. L 132-16, al. 3). Le transfert du contrat à une « société du groupe » exige, en revanche, le consentement de l'auteur (cf. TGI Paris 7-3-1986 : D. 1988.som.208 obs. Colombet).

En cas d'**aliénation du fonds de commerce,** de nature à compromettre gravement les intérêts matériels ou moraux de l'auteur, celui-ci est fondé à obtenir réparation même par voie de résiliation de contrat (CPI art. L 132-16, al. 2 ; pour un refus de résiliation, CA Paris 17-5-1989 : D. 1989.IR.183 ; pour le prononcé d'une résiliation, CA Paris 21-2-2007 n° 06-4068 : Propr. intell. 2007.325 obs. Bruguière).

Pacte de préférence L'auteur peut accorder un droit de préférence à un éditeur pour 34849
l'édition de ses œuvres futures de genres nettement déterminés (CPI art. L 132-4, al. 1 ; CA Paris 12-6-2009 n° 07-20454 : JCP E 2011.1230 n° 4 obs. Guillemain : nullité du pacte sans limitation de genre et du contrat d'édition subséquent).

Le genre de l'ouvrage à écrire n'est pas nettement déterminé par le seul titre et par les activités de l'auteur, qui pourrait aussi bien écrire un roman qu'une autobiographie (TGI Paris 7-3-1986 : D. 1988.som.208 obs. Colombet), mais il l'est en cas de référence à des œuvres « de variétés (chansons et/ou musique) », la musique de variété correspondant à un genre musical précis (CA Paris 6-9-1999 : D. 1999.AJ.35, précisant que le pacte de préférence s'interprète restrictivement et en faveur de l'auteur).

Le pacte de préférence ne peut porter pour chaque genre que sur **cinq ouvrages nouveaux** à compter du jour de la signature du contrat d'édition conclu pour la première œuvre ou que sur la production de l'auteur réalisée dans un délai de cinq années à compter du même jour (CPI art. L 132-4, al. 2). L'éditeur ne peut pas recourir à des pactes de préférence répétitifs pour tourner cette limite (CA Paris 13-2-1991 : D. 1991.IR.84).

L'éditeur qui veut exercer son droit de préférence doit **avertir** l'auteur par **écrit** dans les trois mois à dater de la remise par l'auteur de chaque manuscrit définitif (CPI art. L 132-4, al. 3).

L'auteur reprend de plein droit sa liberté en cas de **deux refus successifs** d'ouvrages nouveaux présentés par lui dans le genre déterminé au contrat, à charge pour lui de rembourser les avances reçues, le cas échéant (CPI art. L 132-4, al. 4).

L'auteur ne peut arguer d'un refus lorsqu'il a adressé à l'éditeur un manuscrit qu'il savait insusceptible d'être publié (CA Paris 22-1-1992 : RJDA 6/92 n° 659.som.).

Règles particulières au contrat d'édition d'un livre Lorsque le contrat d'édition 34850
a pour objet l'édition d'un livre à la fois sous une forme **imprimée** et sous une forme **numérique,** les conditions relatives à la **cession** des droits d'exploitation sous une forme numérique sont déterminées dans une partie distincte du contrat, à peine de nullité de la cession de ces droits (CPI art. L 132-17-1). Le régime de ce contrat, entré en vigueur le 1er décembre 2014, est fixé par les articles L 132-17-1 s. du CPI.

L'éditeur est tenu d'assurer une **exploitation** permanente et suivie du livre, sous peine d'une résiliation de plein droit dans les conditions fixées par l'article L 132-17-2.

Il doit **rendre compte** à l'auteur pour chaque livre du calcul de sa rémunération de façon explicite et transparente en lui communiquant par un procédé de communication électronique un état des comptes dont les mentions sont précisées par l'article L 132-17-3.

Il est aussi tenu de **payer les droits** au plus tard six mois après l'arrêté des comptes, sauf convention contraire précisée par l'accord rendu obligatoire mentionné à l'article L 132-17-8 ; si l'éditeur n'a pas satisfait à son obligation de paiement des droits dans ce délai, l'auteur dispose d'un délai de douze mois pour mettre en demeure l'éditeur d'y procéder ; lorsque cette mise en demeure n'est pas suivie d'effet dans un délai de trois mois, le contrat est résilié de plein droit (CPI art. L 132-17-3-1).

Le contrat **prend fin** à l'initiative de l'auteur ou de l'éditeur, si, pendant deux années consécutives au-delà d'un délai de quatre ans après la publication de l'œuvre, les états de comptes ne font apparaître de droits versés, ou crédités en compensation d'un à-valoir, au titre d'aucune des opérations énumérées à l'article L 132-17-4.

Lorsque le livre est édité sous une forme **numérique,** son édition est réalisée dans les conditions fixées par l'accord rendu obligatoire mentionné à l'article L 132-17-8, le contrat étant résilié de plein droit lorsque l'éditeur n'a pas procédé à cette réalisation (art. L 132-17-5). Le contrat garantit à l'auteur une rémunération juste et équitable sur l'ensemble des recettes provenant de la commercialisation et de la diffusion d'un livre édité sous une forme numérique (art. L 132-17-6 qui fixe les modalités de cette rémunération) ; il doit comporter une clause de réexamen des conditions économiques de la cession des droits d'exploitation (CPI art. L 132-17-7).

RÈGLES PROPRES AU CONTRAT DE PRODUCTION AUDIOVISUELLE

34855 **Cession de plein droit au producteur des droits de l'auteur de l'œuvre du fait du contrat de production** Le producteur de l'œuvre audiovisuelle (n° 34550) est la personne physique ou morale qui prend l'initiative et la responsabilité de la réalisation de l'œuvre (CPI art. L 132-23).

Est ainsi producteur celui qui a chargé un prestataire, en tant que producteur exécutif, de la fabrication d'émissions présentant des caractéristiques précisément définies, moyennant une rémunération fixe, car il en résulte qu'il participait au risque de la création de l'œuvre (Cass. com. 14-11-2012 n° 12-21.276).

Le contrat qui lie le producteur aux auteurs d'une œuvre audiovisuelle emporte cession **au profit du producteur** des droits exclusifs d'exploitation de l'œuvre audiovisuelle, sauf clause contraire et sous réserve des droits reconnus aux auteurs par les articles visés à l'article L 132-24 du CPI (CPI art. L 132-24, al. 1), cette cession intervenant de plein droit (Cass. soc. 3-3-2004 n° 01-46.619 : D. 2004.2494 note de Piotraut et Dechistré).

La clause selon laquelle l'œuvre ne sera cédée au producteur que si elle est réalisée n'est pas « potestative » de la part du producteur car la réalisation suppose de nombreux concours qui ne dépendent pas de la seule volonté du producteur (CA Versailles 27-1-1988 : D. 1988.som.223 obs. Hassler).

La cession par l'auteur d'une œuvre, qui doit être éditée, des droits relatifs à son adaptation audiovisuelle doit faire l'objet d'un contrat écrit sur un document distinct du contrat relatif à l'édition proprement dite de l'œuvre imprimée (CPI art. L 131-3, al. 3).

Cette cession est très large puisqu'elle ne se limite pas à la projection en salle mais s'étend à **toutes les formes** d'exploitation possibles : télévision, disques, cassettes, albums, etc. (cf. Cass. civ. 29-6-1982 : D. 1983.33 note Edelman). Elle ne couvre **pas** cependant :

– les droits des auteurs de compositions musicales avec ou sans paroles, ces auteurs demeurant libres de les exploiter sur le territoire français, nonobstant la loi choisie par les parties applicable au contrat de cession de l'œuvre ; l'auteur peut saisir les tribunaux français de tout litige relatif à l'application de cette disposition, quel que soit le lieu où son cessionnaire ou lui-même sont établis et nonobstant toute clause attributive de juridiction contraire (CPI art. L 132-24, al. 1, 2 et 3) ;

L'auteur peut alors se prévaloir des dispositions relatives à la rémunération (CPI art. L 131-4), à la rescision pour lésion (CPI art. L 131-5) et à la reddition des comptes (CPI art. L 132-28), quelle que soit la loi choisie par les parties.

– les droits graphiques et théâtraux de l'œuvre (art. L 132-24, al. 2) ;

– la faculté, sauf convention contraire, pour chacun des coauteurs de disposer de sa contribution personnelle en vue de son exploitation dans un genre différent (art. L 132-29).

Le contrat de production doit prévoir la liste des éléments ayant servi à la réalisation de l'œuvre qui sont conservés ainsi que les modalités de cette conservation (CPI art. L 132-24, al. 3).

La durée de la cession est celle des droits eux-mêmes (Cass. civ. 5-11-1991 : Bull. civ. I p. 191).

Sur le sort de l'œuvre audiovisuelle en cas de redressement ou de liquidation judiciaire du producteur, article L 132-30 du CPI, dont les dispositions sont largement comparables à celles exposées n° 34843.

L'auteur qui a conclu avec le producteur un contrat pour la réalisation d'une œuvre audiovisuelle déterminée peut accorder dans ce contrat un **pacte de préférence** au profit du producteur, considéré comme un éditeur au sens du droit de préférence (n° 34849), pour ses œuvres à venir, rien dans la disposition sur ce droit ne l'excluant des œuvres audiovisuelles (CA Paris 28-11-1985 : D. 1986.IR.188 obs. Colombet). Ce droit ne peut pas être mis en œuvre si le genre de l'œuvre n'est pas déterminé (CA Paris 6-2-2013 : LP 2013.299 note Colombet et Colombier).

34856 **Cession de l'œuvre par le producteur** Le producteur peut, à son tour, céder les droits qu'il a acquis. Comme tout cédant d'un droit de propriété, il est tenu de garantir le cessionnaire contre l'éviction (Cass. 1e civ. 7-4-1998 n° 96-13.292 : Bull. civ. I n° 145). Mais le cédant, en sa seule qualité de cédant des droits d'exploitation que lui ont cédés les auteurs sur l'œuvre, ici un film, ne peut être tenu pour responsable, au titre de l'atteinte à leur droit moral, de la manière dont le sous-cessionnaire a utilisé ou incorporé dans un documentaire qu'il a produit des extraits ou fragments correspondant au film dont les droits ont été cédés (Cass. 1e civ. 4-11-2011 n° 10-13.410 : RJDA 3/12 n° 350).

La résiliation des contrats de cession n'a pas pour effet d'anéantir les contrats d'exploitation consentis à un tiers avant la résiliation, ce qui exclut que leur exploitation constitue une contrefaçon (Cass. 1e civ. 29-5-2013 n° 12-14.041 : RJDA 10/13 n° 851).

34858 **Rémunération** Les auteurs ont droit à une rémunération qui est due pour chaque mode d'exploitation et qui leur est versée par le producteur (CPI art. L 132-25, al. 1).

Les **modalités** de détermination et de versement de la rémunération proportionnelle par mode d'exploitation ainsi que, le cas échéant, les conditions dans lesquelles des auteurs peuvent bénéficier d'une rémunération complémentaire après amortissement du coût de l'œuvre sont fixées par des accords conclus entre les organismes professionnels représentant les auteurs et les producteurs (CPI art. L 132-25-2).

Les accords traitant des pratiques contractuelles ou des usages professionnels entre auteurs et producteurs, conclus entre les organismes professionnels représentant les auteurs et les producteurs, peuvent être étendus à l'ensemble des intéressés par arrêté du ministre chargé de la culture (CPI art. L 132-25-1).

Cette rémunération peut être **forfaitaire** dans les cas cités au n° 34784 ; en dehors de ces cas et lorsque le public paie un prix pour recevoir communication d'une œuvre déterminée et individualisable, elle est **proportionnelle** à ce prix, compte tenu des tarifs dégressifs éventuels accordés par le distributeur à l'exploitant (CPI art. L 132-25, al. 2).

Cette rémunération doit être calculée sur le prix de vente au public, hors taxe (Cass. civ. 16-7-1998 : RJDA 12/98 n° 1434).

Sur l'extension à l'ensemble des intéressés des accords collectifs entre organismes professionnels, article L 132-25-1 CPI.

Le producteur est tenu de **rendre compte,** au moins une fois par an, à l'auteur et aux coauteurs, des recettes d'exploitation selon chaque mode d'exploitation ; si les auteurs le lui demandent, il doit leur fournir toute justification propre à établir l'exactitude des comptes, notamment la copie des contrats par lesquels il cède à des tiers tout ou partie des droits dont il dispose ; toute cession d'un contrat de production audiovisuelle ne peut intervenir qu'après une information préalable des coauteurs par le cédant dans un délai minimal d'un mois avant la date effective de la cession, cette obligation d'information doit être mentionnée dans tout contrat de production audiovisuelle (CPI art. L 132-28).

Le contrat autorisant la communication au public d'une œuvre sur un service de médias audiovisuels à la demande au sens de l'article 2 de la loi 86-1067 du 30 septembre 1986 prévoit la transmission au cédant d'une information sur le nombre d'actes de téléchargement, de consultation ou de visualisation de cette œuvre selon une périodicité adaptée à la diffusion de l'œuvre et au minimum une fois par an (CPI art. L 132-28-1).

L'auteur ne dispose d'une action directe en paiement de la rémunération proportionnelle à l'encontre de l'exploitant cessionnaire des droits qu'autant que l'action du producteur contre l'exploitant n'est pas elle-même éteinte (Cass. 1e civ. 29-5-2013 n° 12-14.041 : Bull. civ. I n° 112, l'exploitant ne pouvant opposer à l'auteur les manquements du producteur à ses obligations envers lui).

Obligations du producteur Le producteur est tenu de rechercher une exploitation suivie de l'œuvre audiovisuelle, conforme aux usages de la profession, définis par voie d'accord professionnel, et de veiller à ce que la **matrice** ne soit **pas détruite** (CPI art. L 132-27 et L 121-5, al. 2). 34861

Il n'est **pas** obligé de réparer le préjudice du réalisateur tenant à la **perte de notoriété** du fait de l'inexploitation de son œuvre (Cass. civ. 10-5-1995 : D. 1996.114 note Edelman).

Toute **modification de la matrice** par addition, suppression ou changement d'un élément quelconque exige l'accord du réalisateur – ou éventuellement des coauteurs – et du producteur (CPI art. L 121-5, al. 3).

Tout transfert de l'œuvre audiovisuelle sur un autre type de support en vue d'un autre mode d'exploitation doit être précédé de la consultation du réalisateur (CPI art. L 121-5, al. 4).

De nouvelles règles en matière de transparence des comptes de production ont été insérées dans le Code du cinéma et de l'image animée : art. L 213-24 et L 251-1.

La **résolution** du contrat peut être prononcée aux torts du producteur qui n'a pas exécuté le contrat dans les conditions prévues, notamment en diffusant une version non conforme à l'œuvre de l'auteur (TGI Paris, 1e ch. 1e sect., 12-1-2000 : LP I.40). Un auteur a obtenu des dommages-intérêts pour défaut d'exécution du contrat d'exploitation par le producteur ou son cessionnaire, en considérant que le contrat de production audiovisuelle est un **contrat d'intérêt commun** (CA Paris 11-1-2007 : JCP E 2008.1144 n° 6 obs. Bougerol et Petelin Ben Mansour).

Obligations de l'auteur L'auteur doit garantir au producteur l'exercice paisible des droits cédés (CPI art. L 132-26). 34864

Le redressement et la liquidation judiciaires du producteur entraînent les mêmes conséquences que celles de l'éditeur exposées au n° 34843 (CPI art. L 132-30).

Inscription sur les registres du cinéma et de l'audiovisuel Il est tenu à Paris, au Centre national du cinéma et de l'image animée, le registre public du cinéma et de l'audiovisuel et un registre des options, ensemble dénommé « registres du cinéma et de 34867 l'audiovisuel », en vue d'assurer la **publicité des actes,** conventions et jugements intervenus à l'occasion de la production, de la distribution, de la représentation et de l'exploitation en France des œuvres cinématographiques et audiovisuelles (Loi 85-660 du 3-7-1985 art. 54 et C. cinéma art. L 121-1, al. 1).

Le **dépôt du titre** obligatoire pour les œuvres cinématographiques destinées à la représentation publique en France, prévu à l'article L 122-1, alinéa 1 du Code du cinéma, est facultatif pour les œuvres audiovisuelles.

Le **juge ne peut refuser effet** aux mentions du registre en exigeant du tiers professionnel qu'il fasse les recherches nécessaires à sa bonne information ; il doit rechercher si la consultation du registre ne constitue pas une vérification suffisante de nature à justifier la croyance des tiers quant à la validité des droits cédés, tels qu'ils apparaissent au registre (Cass. civ. 18-11-1997 : Bull. civ. I n° 316). Il a satisfait à ce devoir et tenu valablement les mentions pour opposables au tiers lorsqu'il a relevé que le tiers avait négligé de demander la version intégrale du registre et s'était contenté d'extraits (Cass. 1e civ. 12-5-2004 : Bull. civ. I n° 130).

Sauf stipulation expresse des parties en limitant l'assiette, l'inscription au registre public du cinéma et de l'audiovisuel **d'une délégation ou cession** de recettes d'œuvres cinématographiques (et audiovisuelles) est nécessaire et suffisante pour assurer l'opposabilité aux tiers du droit d'exploitation du cessionnaire (Cass. com. 23-10-2012 n° 11-23.599).

II. DROITS D'AUTEUR : RÉGIMES SPÉCIAUX

A. Commande d'une œuvre pour la publicité

CONTRAT DE COMMANDE

35000 **Qualification** N'est un contrat de commande au sens de l'article L 132-31 du CPI que le contrat qui a pour objet la réalisation d'une œuvre **pour la publicité** ; n'est pas un tel contrat celui qui emporte commande :

– de pictogrammes, destinés à être apposés sur des produits comme signes distinctifs (CA Versailles 20-11-1997 : JCP E 1998.pan.830) ;

Le pictogramme est un dessin schématique normalisé destiné à donner, notamment dans les lieux publics, certaines indications simples, telles direction de sortie, interdiction de fumer, emplacement des toilettes.

– d'une œuvre destinée à constituer un élément d'identification d'une entreprise et de ses produits (CA Paris 7-7-1995 : D. 1995.IR.221) ;

– de photographies d'articles de mode destinées à illustrer, les unes, un numéro du journal interne de l'entreprise productrice, les autres, des fiches de vente à l'usage de ses représentants commerciaux, dès lors que ces supports ne s'adressaient pas au public mais au cercle restreint des salariés, n'étaient accompagnées ni de messages de réclame ou de promotion, ni d'adresse, ni de listes de points de vente, et que les fiches illustrées par elles comportaient seulement un échantillon de tissu, le nom de la société et les caractéristiques techniques du produit (Cass. 1e civ. 25-2-2003 : Bull. civ. I n° 54).

DILIGENCES DUES PAR L'AGENCE DE PUBLICITÉ À L'ANNONCEUR ET À L'AUTEUR

35001 **1. Envers l'annonceur,** un publiciste, professionnel de la création de logos, qui s'est manifestement inspiré d'un logo connu et qui n'ignorait pas que ce logo pouvait être protégé, doit conseiller à son client de s'en assurer par le biais d'une recherche d'antériorité (CA Fort-de-France 3-12-1993 : Bull. inf. C. Cass. 1994 n° 68).

2. Envers l'auteur, l'agence de publicité qui, mieux que le photographe, est à même de connaître les besoins de l'annonceur doit rédiger un contrat conforme aux prescriptions légales et le proposer à la signature de l'auteur photographe professionnel (CA Paris 28-6-1993 : GP 1993.som.518 note Felzenzwalbe).

RESPONSABILITÉ DE L'AGENCE DE PUBLICITÉ POUR LA RÉALISATION D'UNE ŒUVRE CONTREFAISANTE

35002 La contrefaçon a été **imputée à l'agence** de publicité qui a utilisé :

– une photographie originale en vue de réaliser une image de synthèse dès lors que cette agence a proposé à l'annonceur une série de photographies provenant d'une banque d'images, parmi lesquelles ce dernier a choisi la photographie litigieuse, à partir de laquelle a été réalisée l'image de synthèse et qu'il n'est pas précisé en quoi l'annonceur avait participé à la reproduction illicite de la photographie, alors que l'agence a inclus dans la facture payée par l'annonceur la réalisation d'une image de synthèse « plus frais techniques tous droits » (Cass. com. 7-3-2000 : D. 2000.AJ.190 obs. Poisson) ;

– des photographies sans s'être assurée que le catalogue qu'elle réalisait pour son client pouvait être diffusé sans risque de porter atteinte aux droits des tiers, le fait que les photographies reproduites dans le catalogue aient été utilisées dans les précédents catalogues de son client, réalisés par une autre agence, ne la dispensant pas de vérifier la portée et la durée de la cession consentie par l'auteur de ses œuvres (CA Paris 6-12-2000 : RJDA 10/01 n° 1049).

L'annonceur peut aussi être tenu pour coupable de la contrefaçon s'il est prouvé qu'il y a effectivement participé (CA Paris 22-5-2002 n° 00/9325 : RJDA 3/03 n° 337) ou s'il a utilisé après la cessation des relations contractuelles le slogan publicitaire original portant l'empreinte de son créateur, sans justifier d'une cession des droits d'auteur à son profit ou de l'accord du créateur (CA Paris 7-7-1995 : D. 1995.IR.221).

L'agence de publicité qui a diffusé un dessin protégé est responsable en tant que professionnel averti et doit **garantir** l'annonceur de l'ensemble des condamnations mises à sa charge (TGI Paris 7-12-1994 : GP 1995.som.611).

CESSION PAR L'AUTEUR DE L'ŒUVRE DE COMMANDE AU PRODUCTEUR, EN FAIT À L'AGENCE DE PUBLICITÉ, DE SES DROITS SUR L'ŒUVRE

Cession de plein droit La conclusion du contrat de commande entraîne, **sauf clause contraire,** la cession à l'agence de publicité des droits d'exploitation de l'œuvre commandée (CPI art. L 132-31, al. 1). 35003

La cession existe dès lors que les conditions prescrites par la loi ont été satisfaites (CA Rouen 9-1-1997 : GP 1998.som.691) ; inversement, elle n'existe pas en l'absence d'une convention entre les parties précisant la rémunération distincte due pour chaque mode d'exploitation de l'œuvre, en fonction notamment de la zone géographique, de la durée de l'exploitation, de l'importance du tirage et de la nature du support (CA Paris 28-2-1996 : RDPI 1996 n° 65 p. 66).

Les droits d'exploitation qui lui sont transférés **ne comportent** ni le transfert de la propriété de l'objet matériel sur lequel portent ces droits, en l'espèce des clichés photographiques (Cass. civ. 14-5-1996 : RJDA 10/96 n° 1279, reprochant aux juges du fond de ne pas avoir recherché si la propriété des clichés n'avait pas été transférée dès lors que les bons de commande ne précisaient pas l'obligation de les restituer ; rappr. CA Paris 28-2-2017 n° 15/20021 : RTD com. 2017.368 obs. Pollaud-Dulian), ni le transfert des droits de propriété intellectuelle à l'aide desquels l'œuvre commandée a été réalisée (CA Caen 4-4-2017 n° 13/00574 : RTD com. 2017.367 obs. Pollaud-Dulian).

Les **annonceurs,** ses clients, qui sont des tiers au contrat de commande, ne sont en droit d'utiliser l'œuvre commandée que s'il ressort, selon le droit commun, de leurs relations contractuelles que l'agence leur a cédé les droits d'exploitation de l'œuvre réalisée (Cass. 1re civ. 8-12-2009 n° 08-18.360 : Bull. civ. I n° 239).

RÉMUNÉRATION DE L'AUTEUR DE L'ŒUVRE DE COMMANDE

Le contrat de commande doit préciser la **rémunération** distincte pour chaque mode d'exploitation de l'œuvre, en fonction notamment de la zone géographique, de la durée de l'exploitation, de l'importance du tirage et de la nature du support. 35004

La rémunération de cette cession est fixée en fonction des éléments de base précisés par un accord conclu entre les organisations représentatives d'auteurs et les organisations représentatives des producteurs en publicité ; cet accord a une durée de un à cinq ans ; ses stipulations peuvent être rendues obligatoires pour l'ensemble des intéressés par décret (CPI art. L 132-31, al. 2, 3 et 4).

Lorsque toute rémunération proportionnelle est impossible, la rémunération de l'auteur ne peut être que forfaitaire (Cass. civ. 20-3-2001 : RJDA 10/01 n° 1051).

B. Logiciels ou programmes d'ordinateurs

QUALIFICATION

Les logiciels, y compris le matériel de conception préparatoire, sont considérés comme étant une œuvre au sens des droits d'auteur et leur création et leur utilisation sont donc soumises aux dispositions du Code de la propriété intellectuelle (art. L 112-2, 13° ; Directive 2009/24/CE du 23-4-2009 art. 1). 35005

En conséquence, n'est pas brevetable un déguisement en « programmes produits » (TGI Paris 18-6-2015 n° 14/0573 : D. 2015.2216. som. obs. Le Stanc).

À défaut de définition donnée par la loi, le logiciel qui y est visé doit être entendu, conformément au sens technique courant, comme l'**ensemble des programmes,** des procédés et des règles, et éventuellement de la documentation relative au fonctionnement d'un ensemble de traitement de données (JO Déb. Sénat 24-1-1985).

RÉGIME

35006 Le régime applicable aux logiciels est tiré de la directive 2009/24/CE du 23 avril 2009 concernant la protection juridique des programmes d'ordinateur, qui codifie et remanie la directive 91/250 du 14 mai 1991 portant le même titre.

AUTEUR DU LOGICIEL

35008 Un logiciel original est créé lorsqu'il comporte un **apport intellectuel** de la part de son créateur (Cass. ass. plén. 7-3-1986 : JCP G 1986.II.20631 note Mousseron, Teyssier et Vivant ; Cass. civ. 16-4-1991 : JCP G 1991.II.21770 note Groze ; Cass. crim. 12-10-1994 : GP 1995.som.27 ; CA Grenoble 19-9-1989 : D. 1991.som.93 obs. Colombet ; toutefois, CA Paris 28-6-2019 n° 17/01776, exigeant la marque de la personnalité de l'auteur). Il ne l'est pas, en revanche, s'il reproduit la documentation et le programme d'un autre logiciel (TGI Paris 8-4-1987 : GP 1988.som.289) ou s'il n'est qu'une succession d'opérations et ne traduit qu'un énoncé logique de fonctionnalité dénué de toutes les spécifications fonctionnelles du produit recherché, n'allant pas au-delà de la simple mise en œuvre d'une simple logique automatique et contraignante (CA Versailles 7-10-1993 : Bull. inf. C. cass. 1994.228 ; CA Paris 23-1-1995 : Dossiers Brevets 1995.III.1).

Il appartient à celui qui prétend avoir créé un logiciel d'identifier les caractéristiques de l'œuvre dont il sollicite la protection (Cass. 1re civ. 15-1-2015 n° 13-22.798 : D. 2015.1662 obs. Galloux et Lapousterle ; CA Versailles 13-10-2022 n° 21/07289 ; TJ Paris 15-4-2022 n° 19/08079 : RTD com. 2022.519 obs. Pollaud-Dulian).

ATTRIBUTAIRE DES DROITS

35014 **Créateur du logiciel** Celui qui a pris **seul l'initiative** de créer un logiciel et de le réaliser en est l'auteur conformément aux critères attributifs de cette qualité (nos 34603 s.). Tel est le cas de celui qui a créé un logiciel avant son embauche dans une entreprise, la version développée ensuite dans l'exercice de ses fonctions n'étant qu'une version procédant du logiciel originel (CA Paris 6-10-1995 : GP 1996.som.157) et de celui qui a fait développer un logiciel sous sa direction et sous son nom (CA Colmar 3-10-1995 : GP 1996.som.330 obs. Tellier-Loniewski).

Si le logiciel est le fruit de la collaboration de plusieurs personnes ayant apporté une contribution d'auteur à la création du logiciel, ces personnes ont alors contribué à une œuvre collective (Cass. civ. 13-1-1998 : JCP E 1999.908 n° 2 obs. Vivant et Le Stanc).

35017 **Employeur du créateur** Dès lors que des salariés ne se sont **pas** expressément réservé par une **stipulation particulière** leurs droits d'auteur, les droits patrimoniaux portant sur le logiciel créé par eux **dans** l'exercice de leurs fonctions ou d'après les instructions de leur employeur sont **dévolus** à ce dernier, qui est seul habilité à les exercer (CPI art. L 113-9, al. 1) ; le salarié ne peut dès lors prétendre à des redevances pour l'utilisation de son œuvre (CA Lyon 26-9-1997 : JCP E 1999.909 n° 3 obs. Vivant et Le Stanc).

Celui qui a contribué à l'élaboration d'un logiciel a droit à la rémunération stipulée à son profit en contrepartie de sa prestation, peu important que cette contribution ne relève pas de la protection des droits d'auteur (Cass. com. 23-10-1990 : RJDA 2/91 n° 85).

Les mêmes droits sont reconnus **à l'État,** aux collectivités publiques et aux établissements publics à caractère administratif pour les logiciels créés dans l'exercice de leurs fonctions par leurs agents (CPI art. L 113-9, al. 3 ; Décret 96-858 du 2-10-1996 ; pour un exemple, CE 22-5-2013 n° 345867 : Pet. aff. 2013 n° 255 p. 15).

Bien que la loi ne les cite pas expressément, les établissements publics à caractère industriel et commercial (Épic, n° 560) doivent être considérés comme bénéficiaires des droits d'auteur sur les logiciels créés par leurs salariés, car les contrats d'emploi de ces derniers sont de droit privé et relèvent de l'alinéa 1 de l'article L 113-9 du CPI.

Toutes **contestations** sur les droits d'un employeur sur le logiciel créé par ses salariés sont soumises au **tribunal judiciaire** du siège social de cet employeur (CPI art. L 113-9, al. 2). Il en est ainsi même si la contestation oppose les employés à l'État, à une collectivité publique ou à un établissement public à caractère administratif (CPI art. L 113-9, al. 3).

Sur l'attribution des droits sur les logiciels créés par des personnes qui ne relèvent pas de l'article L 113-9 du CPI et qui sont accueillies dans le cadre d'une convention par une personne morale de droit privé ou de droit public réalisant de la recherche, CPI art. L 113-9-1, al. 1 et 2.

Donneur d'ordre d'une commande En cas d'œuvre de commande, à l'initiative d'un client, le droit d'auteur ne peut appartenir à celui-ci que **si** le contrat lui attribue les droits sur le logiciel (cf. CPI art. L 113-9, al. 1 ; CA Paris 19-11-1987 : JCP G 1988.IV.261 : droits reconnus au donneur d'ordre ; CA Paris 13-12-2006 nº 05-21466 : GP 2007.som.2758 note Arrigo : droits refusés à défaut d'autorisation expresse). **35020**

Créateur étranger Sauf convention internationale réglant l'attribution des droits (sur la convention de Berne, nº 34627), les étrangers **jouissent** en France des droits reconnus par la loi française sur les logiciels sous la **condition** que la **loi** de l'État dont ils sont les nationaux, ou sur le territoire duquel ils ont leur domicile, leur siège social ou un établissement effectif, accorde sa **protection** au logiciel créé par les nationaux **français** et par les personnes ayant en France leur domicile ou un établissement effectif (CPI art. L 111-5). **35023**

Preneur d'un logiciel par crédit-bail L'acquisition des droits d'exploitation d'un logiciel par le preneur du logiciel en crédit-bail est admise selon certaines cours d'appel mais refusée par d'autres (CA Paris 13-1-1987 : JCP E 1988.I.15093 nº 7 ; CA Paris 19-10-1995 : GP 1996.som.420 note E. Boulanger ; contra CA Aix 12-9-1986, GP 1989.2.341). **35024**

DROITS DE L'AUTEUR

Droit moral Sauf stipulation contraire plus favorable à l'auteur d'un logiciel, celui-ci ne peut pas (CPI art. L 121-7) : **35029**

– s'opposer à la modification du logiciel par le cessionnaire des droits mentionnés au 2º de l'article L 122-6 du CPI (nº 35032), lorsqu'elle n'est préjudiciable ni à son honneur ni à sa réputation ;

– exercer son droit de repentir ou de retrait.

Droits patrimoniaux Sous réserve des droits de l'utilisateur d'un logiciel (nº 35035), l'auteur a le droit d'effectuer et d'autoriser (CPI art. L 122-6) : **35032**

– la **reproduction** permanente ou provisoire d'un logiciel en tout ou partie par tout moyen et sous toute forme ; dans la mesure où le chargement, l'affichage, l'exécution, la transmission ou le stockage de ce logiciel nécessitent une reproduction, ces actes ne sont possibles qu'avec l'autorisation de l'auteur ;

– la **traduction,** l'adaptation, l'arrangement ou toute autre modification du logiciel et la reproduction du programme en résultant ;

– la **mise sur le marché** à titre onéreux ou gratuit, y compris la location, du ou des exemplaires du logiciel par tout procédé ; toutefois, la première vente d'un logiciel dans le territoire d'un État membre de l'UE ou d'un État partie à l'accord sur l'Espace économique européen par l'auteur ou avec son consentement **épuise** le droit de mise sur le marché de cet exemplaire dans tous les États membres à l'exception du droit d'autoriser la location ultérieure d'un exemplaire (pour des applications de l'épuisement, T. com. Créteil 12-11-1996 : Pet. aff. 1997 nº 11 p. 28 ; TPICE 16-12-1999 aff. 198/98 : JCP G 2000.II.10370).

Les actes de reproduction et de traduction ne sont pas soumis à l'autorisation de l'auteur lorsqu'ils sont nécessaires pour permettre l'utilisation du logiciel, conformément à sa destination, par la personne ayant le droit de l'utiliser, y compris pour corriger des erreurs, dans les conditions prescrites par l'article L 122-6 nouveau.

L'auteur peut recevoir une **rémunération** forfaitaire (CPI art. L 131-4, 5º).

Sur la durée de jouissance des droits patrimoniaux, nº 34703 ; sur l'épuisement des droits d'auteur, nº 34717.

EXPLOITATION DU LOGICIEL

Modes d'exploitation Le titulaire du logiciel peut concéder les droits d'exploitation du logiciel en concluant des licences qui peuvent revêtir les formes suivantes : **35033**

– licences **courantes,** qui sont notamment les programmes standard ou de série (progiciels) relativement peu onéreux, comme les licences Microsoft ou Lotus (CPI art. L 122-6) ;

– licences en appui d'un contrat de **partenariat** de haute technologie, souvent assorti d'un prêt consenti par le titulaire du logiciel à l'utilisateur pour lui faciliter les investissements nécessaires ;

– **abonnement** d'utilisation à distance du logiciel qui est installé par le titulaire du logiciel sur ses propres serveurs.

Le licencié d'un logiciel a droit à la mise à disposition de ce dernier par transfert d'une copie par téléchargement dont l'utilisation permanente contre rémunération implique qu'il en devient propriétaire, la licence équivalant ainsi à une vente de la copie du logiciel ; si la licence a été conclue avec clause de réserve de propriété au profit du titulaire du logiciel, celui-ci, pour défaut de paiement de la redevance, peut revendiquer la copie ou les sommes que des sous-licenciés ont pu verser au licencié dans les mains d'un affactureur, lequel n'a pas pu acquérir en qualité de subrogé plus de droit que ceux de ses subrogeants (CA Versailles 23-6-2022 n° 20/05907 : RTD com 2022.529 obs. Pollaud-Dulian).

35035 **Droits propres de l'utilisateur** La personne qui a acquis le droit d'utiliser le logiciel peut, sans l'autorisation de l'auteur, accomplir les quatre opérations suivantes (CPI art. L 122-6-1 al. 1 et L 122-6).

1. La **reproduction,** la **traduction** ou **l'adaptation** d'un logiciel, lorsque ces opérations sont nécessaires pour en permettre l'utilisation conformément à sa destination, y compris pour corriger des erreurs. Toutefois, l'auteur peut se réserver par contrat le droit de corriger les erreurs et de déterminer les modalités d'exécution des actes de reproduction, traduction ou adaptation ;

2. La réalisation d'une **copie de sauvegarde** lorsque celle-ci est nécessaire pour préserver l'utilisation du logiciel ; il s'ensuit que la copie privée (n° 34712) doit être considérée comme interdite ;

En vertu d'un usage constant, l'utilisateur d'un logiciel doit en effectuer la sauvegarde ; même si les clauses d'une police d'assurance n'ont pas envisagé celle-ci, l'assureur, peu important l'absence d'aléa du fait de cette sauvegarde, peut refuser l'indemnisation de la perte du logiciel (CA Toulouse 26-6-1996 : Bull. inf. C. cass. 1996 n° 1094).

L'utilisation détournée d'un logiciel par reproduction de copies peut donner lieu à une condamnation pour concurrence déloyale (Cass. com. 22-5-1991 : RJDA 8-9/91 n° 773).

La reproduction de la copie de sauvegarde, c'est-à-dire la reproduction du logiciel sur un support physique qui n'est pas celui d'origine, sans l'autorisation du titulaire des droits est une contrefaçon du logiciel (CJUE 12-10-2016 aff. 166/15 : D. 207.2399 obs. Le Stancvo).

3. L'observation, l'**étude** ou la mise à l'épreuve du **fonctionnement** ou de la sécurité du logiciel afin de déterminer les idées et principes qui sont à la base de n'importe lequel de ses éléments, à l'occasion de toute opération de chargement, d'affichage, d'exécution, de transmission ou de stockage (CJUE 2-5-2012 aff. 406/10 : GP 2012.2242 note Marino) ;

4. La **décompilation** du logiciel. Cette opération consiste, à partir du langage employé par la machine pour exécuter le programme (« code objet »), à retrouver le langage de programmation employé par l'auteur au moment de l'élaboration du logiciel (« code source ») afin de le rendre compatible avec d'autres logiciels.

Cette opération, qui peut être la source de piratage, est néanmoins nécessaire pour permettre l'adaptation des logiciels d'application aux logiciels d'exploitation vendus avec le matériel informatique (interopérabilité), c'est-à-dire pour rendre les logiciels compatibles avec les logiciels standard du matériel d'utilisation (sur l'abus de position dominante pour refus de permettre l'interopérabilité, TPICE 17-9-2007 aff. 201/04 : RJDA 11/07 n° 1154 ; sur la condamnation sous astreinte de l'auteur du logiciel à communiquer à l'utilisateur le code source, CA Douai 7-4-2022 n° 20/01452 : RTD com 2022.525 obs. Pollaud-Dulian).

Toutefois, la **décompilation** du logiciel n'est autorisée que si **trois conditions** sont remplies :

– elle est réalisée par la personne ayant le droit d'utiliser un exemplaire du logiciel ou pour son compte par une personne habilitée à cette fin ;

– les personnes susnommées n'ont pas eu accès facilement et rapidement aux informations nécessaires à l'interopérabilité ;

– la décompilation est limitée aux parties du logiciel d'origine nécessaires à l'interopérabilité.

L'**utilisation** des **informations obtenues par** la **décompilation** du logiciel est réglementée :

– elles ne doivent pas être utilisées à d'autres fins que la réalisation de l'interopérabilité du logiciel créé de façon indépendante ;

– elles ne doivent pas être communiquées à des tiers, sauf si cela est nécessaire à l'interopérabilité du logiciel ;

– elles ne doivent pas être utilisées pour la mise au point, la production ou la commercialisation d'un logiciel dont l'expression est substantiellement similaire ou pour tout autre acte portant atteinte aux droits d'auteur.

Toute stipulation contractuelle qui ferait échec aux droits propres de l'utilisateur d'accomplir les actes exposés ci-dessus aux § 2, 3 et 4 est **nulle.**

CONTREFAÇON DU LOGICIEL

35038 **Sanction de la contrefaçon** Constitue un acte de contrefaçon la violation de l'un des droits de l'auteur d'un logiciel tel que défini précédemment (nos 35029 s. ; CPI art. L 335-3, al. 2, renvoyant à CPI art. L 122-6 ; pour des exemples, Cass. crim. 12-10-1994 : GP 1995.som.27 ; CA Versailles 7-10-1999 : RJDA 1/00 n° 107 ;

CA Paris 15-11-2002 : RDPI 2003 n° 145 p. 23) ainsi que la violation d'une clause d'un contrat de licence d'un logiciel, portant sur des droits de propriété intellectuelle du titulaire des droits d'auteur de ce programme, indépendamment du régime de responsabilité applicable selon le droit national (CJUE 18-12-2019 aff. 666/18 : RTD eur. 2021.996 obs. Treppoz) ; en conséquence, l'action en contrefaçon ne saurait être irrecevable au motif que si le fait générateur d'une atteinte à un droit de propriété intellectuelle résulte d'un manquement contractuel, seule une action en responsabilité contractuelle serait recevable (Cass.1e civ. 5-10-2022 n° 21-15.386 FS-B : RJDA 2/23 n° 117).

Cette contrefaçon n'est toutefois punissable que dans la mesure où les logiciels reproduits constituent une œuvre originale (Cass. crim. 27-5-2008 n° 07-87.253 : JCP E 2009.1918 n° 3 obs. Lallement) et seulement lorsque sont mis en cause les droits attachés à ces logiciels, l'action en contrefaçon étant irrecevable lorsque l'objet du litige tient à la réparation de manquements aux obligations résultant du contrat de licence libre GNU GPL V (TGI Paris 21-6-2019 n° 12/04940).

Les règles de la contrefaçon exposées aux nos 34720 s. sont applicables lorsqu'une disposition spécifique aux logiciels ne les exclut pas (sur une condamnation, TJ Marseille 23-9-2021 n° 16/03736 : D. actu. 27-10-2021).

Toute publicité ou notice d'utilisation de ces moyens doit **mentionner** en caractères apparents que leur utilisation illicite est passible des sanctions prévues en cas de contrefaçon ; l'omission de cette mention est punie d'une amende de 450 € au plus (CPI art. L 122-6-2 et R 335-2).

Est **puni** de trois ans d'emprisonnement et de 300 000 € d'amende le fait d'éditer, de mettre à la disposition du public ou de communiquer au public, sciemment et sous quelque forme que ce soit, un logiciel manifestement destiné à la mise à disposition du public non autorisée d'œuvres ou d'objets protégés (CPI art. L 335-2-1, 1° ; Cass. crim. 25-9-2012 n° 11-84.224 : D. 2012.3005 note E. Dreyer ; CA Paris 22-3-2011 : RTD com. 2011.354 obs. Pollaud-Dulian).

Preuve de la contrefaçon La contrefaçon de logiciels peut être **prouvée** par tout moyen (CPI art. L 332-4, al. 1). Elle peut notamment l'être par des captures d'écran de sites internet, lesquelles ne sont pas dépourvues par nature de force probante (Cass. com. 7-7-2021 n° 20-22.048 F-B : RJDA 12/21 n° 801). **35041**

Toute personne ayant qualité pour agir en contrefaçon est en droit de faire procéder en tout lieu et par tous huissiers (ou commissaires de justice), le cas échéant assistés d'experts désignés par le demandeur, en vertu d'une ordonnance rendue sur requête par le président du tribunal judiciaire compétent, soit à la description détaillée, avec ou sans prélèvement d'échantillons, soit à la **saisie** réelle du logiciel prétendument contrefaisant ainsi que de tout document s'y rapportant ; la saisie-description peut se concrétiser par une copie des logiciels prétendument contrefaisants (CPI art. L 332-4, al. 2).

La juridiction peut ordonner, aux mêmes fins probatoires, la description détaillée ou la saisie réelle des matériels et instruments utilisés pour produire ou distribuer un logiciel prétendument contrefaisant, ainsi que de tout document s'y rapportant (CPI art. L 332-4, al. 3). L'ordonnance peut aussi autoriser la saisie réelle de tout document se rapportant aux logiciels et à ces matériels et instruments en l'absence de ces derniers (CPI art. L 332-4, al. 4).

L'exécution des mesures ordonnées peut être subordonnée à la constitution par le demandeur de garanties destinées à assurer l'indemnisation éventuelle du défendeur si l'action en contrefaçon est ultérieurement jugée non fondée ou la saisie annulée (CPI art. L 332-4, al. 5).

La demande de mainlevée d'une saisie-contrefaçon ne tendant ni à la rétractation ni à l'annulation de l'autorisation de pratiquer une saisie-contrefaçon, mais à la cessation pour l'avenir des effets de la saisie effectuée en vertu de cette autorisation, le juge saisi d'une telle demande doit en apprécier les mérites en tenant compte de tous les éléments produits devant lui par les parties, y compris ceux qui ont été recueillis au cours des opérations de saisie-contrefaçon (Cass. com. 7-7-2021 n° 20-22.048 précité).

À défaut pour le demandeur, dans le délai de vingt jours ouvrables ou de trente et un jours civils si ce délai est plus long, à compter de la date de l'ordonnance, soit de s'être pourvu au fond, par la voie civile ou pénale, soit d'avoir déposé une plainte devant le procureur de la République, l'intégralité de la saisie, y compris la description, est annulée à la demande du saisi ou du tiers saisi, sans que celui-ci ait à motiver sa demande et sans préjudice des dommages et intérêts qui peuvent être réclamés (CPI art. L 332-4, al. 6 et R 332-4 qui vise, à notre avis, par erreur l'alinéa 3 de l'article L 332-4 au lieu de l'alinéa 6).

L'assignation au fond doit être non seulement délivrée mais aussi remise au greffe dans le délai imparti ; à défaut, la saisie-contrefaçon est nulle, peu important qu'une autre assignation ait été délivrée « aux fins et sur les suites » de la première devenue caduque (Cass. 1e civ. 26-5-2011 n° 10-14.495 : RJDA 2/12 n° 219).

Le délai n'est pas applicable à la saisie qui tend à protéger non pas le logiciel lui-même, mais un écrit publié dans un ouvrage (Cass. 1e civ. 20-1-2004 : RJDA 5/04 n° 644 : application du délai d'un mois relatif à la saisie de droits d'auteur).

NANTISSEMENT DU DROIT D'EXPLOITATION DES LOGICIELS

35044 Si le logiciel est nanti avec l'ensemble du fonds de commerce, les règles du nantissement du fonds sont applicables (nos 3400 s.).

Lorsque le logiciel est nanti seul, le contrat de nantissement est soumis aux quatre conditions suivantes (CPI art. L 132-34) :

– le contrat de nantissement doit, à peine de nullité, être constaté par écrit ;

– le nantissement doit être inscrit, à peine d'inopposabilité, sur un registre spécial tenu par l'Institut national de la propriété intellectuelle ; l'inscription doit indiquer précisément l'assiette de la sûreté et notamment les codes source et les documents de fonctionnement ;

– le rang des inscriptions est déterminé par l'ordre dans lequel elles sont requises ;

– les inscriptions de nantissement sont, sauf renouvellement préalable, périmées à l'expiration d'une durée de cinq ans.

Les modalités d'application de cette inscription sont fixées par les articles R 132-8 s. du CPI.

35047 **Fraude informatique** Toute atteinte aux systèmes de traitement automatisé de données est pénalement sanctionnée (voir C. pén. art. 323-1 s.).

III. DROITS VOISINS DU DROIT D'AUTEUR

QUALIFICATION DE DROIT VOISIN

35048 Sont des droits voisins des droits d'auteur les droits des : artistes-interprètes, producteurs de phonogrammes et de vidéogrammes, entreprises de communication audiovisuelle, télédiffuseurs par satellite et transmetteurs par câble, éditeurs de presse et agences de presse (CPI art. L 212-1 à L 218-5).

Ces droits sont soumis à des dispositions particulières lorsqu'ils sont exploités par des fournisseurs de services de partage de contenus en ligne (CPI art. L 219-1 à L 219-4).

A. Dispositions communes aux droits voisins

SOURCES

35049 **Dispositions générales du CPI** Les droits voisins sont soumis à des dispositions générales communes fixées par les articles L 211-1 à L 211-8 du CPI.

35050 **Convention de Rome** La convention internationale de Rome du 26 octobre 1961 couvre partiellement les droits voisins ; elle concerne seulement la protection des artistes-interprètes ou exécutants, des producteurs de phonogrammes et des organismes de radiodiffusion.

35051 **Loi applicable** Si le régime de protection des droits voisins n'est pas réglé par les dispositions du CPI ou de la convention de Rome, la loi applicable au cas litigieux est la loi du lieu où la protection est demandée (Cass. 1e civ. 18-2-2015 no 11-11.054).

CONTENU DES DISPOSITIONS COMMUNES DU CPI

35052 **Consentement du titulaire d'un droit voisin à l'exploitation partagée en ligne de son droit** En donnant accès à des objets protégés par un droit voisin téléversés par ses utilisateurs, le fournisseur d'un service de partage de contenus en ligne réalise un acte d'exploitation qui relève du droit de communication au public ou du droit de télédiffusion des titulaires de droits voisins mentionnés au titre unique du livre II du CPI et cités au no 35048. Il doit obtenir l'autorisation pour cet acte d'exploitation de ces titulaires, sans préjudice des autorisations qu'il doit obtenir au titre du droit de reproduction pour les reproductions desdits objets protégés qu'il effectue (CPI art. L 219-2, I). Cette exploitation obéit aux dispositions des articles L 219-1 à L 219-4 inclus du CPI.

35053 **Protection des droits voisins** Quiconque justifie d'un intérêt peut saisir l'autorité judiciaire pour protéger un droit voisin ; le ministre chargé de la culture le peut aussi, notamment s'il n'y a pas d'ayant droit connu ou en cas de vacance ou de déshérence (CPI art. L 211-2).

Suprématie des droits d'auteur Les droits voisins ne peuvent **pas** porter **atteinte** aux droits d'auteur et aucune disposition les concernant ne doit être interprétée de manière à limiter l'exercice du droit d'auteur par ses titulaires (CPI art. L 211-1). Ils ne peuvent pas non plus être opposés à l'exercice de ses droits par l'auteur (CA Versailles 13-2-1992 : D. 1993.402 note Edelman). 35054

Reproduction libre des droits voisins Les bénéficiaires des droits voisins ne peuvent **pas interdire** les actes ci-après, sous réserve qu'ils ne portent pas atteinte à l'exploitation normale de l'interprétation, du phonogramme, du vidéogramme, du programme ou de la publication de presse ni ne causent un préjudice injustifié aux intérêts légitimes de l'artiste-interprète, du producteur, de l'entreprise de communication audiovisuelle, de l'éditeur de presse ou de l'agence de presse (CPI art. L 211-3, avant-dern. al.) : 35055

Ainsi, ils ne peuvent pas interdire (CPI art L 211-3, 1° à 9°, à l'exclusion du 3°) :

– les représentations privées et gratuites effectuées exclusivement dans un cercle de famille ;

– les reproductions réalisées à partir d'une source licite strictement réservées à l'usage privé de la personne qui les réalise et non destinées à une utilisation collective ;

– la parodie, le pastiche et la caricature, compte tenu des lois du genre ;

– la reproduction provisoire présentant un caractère transitoire ou accessoire, lorsqu'elle est une partie intégrante et essentielle d'un procédé technique et qu'elle a pour unique objet de permettre l'utilisation licite de l'objet protégé par un droit voisin ou sa transmission entre tiers par la voie d'un réseau faisant appel à un intermédiaire ; toutefois, cette reproduction provisoire ne doit pas avoir de valeur économique propre ;

– la reproduction et la communication au public d'une interprétation, d'un phonogramme, d'un vidéogramme, d'un programme ou d'une publication de presse ;

– les actes de reproduction et de représentation d'une interprétation, d'un phonogramme, d'un vidéogramme, d'un programme ou d'une publication de presse réalisés à des fins de conservation ou destinés à préserver les conditions de sa consultation à des fins de recherche ou d'études privées par des particuliers, sur place, effectués par des bibliothèques accessibles au public, par des musées ou par des services d'archives, sous réserve que ceux-ci ne recherchent aucun avantage économique ou commercial ;

– les copies ou reproductions numériques d'une interprétation, d'un phonogramme, d'un vidéogramme, d'un programme ou d'une publication de presse en vue de la fouille de textes et de données réalisée dans les conditions prévues à l'article L 122-5-3 du CPI, cette exception s'exerçant dans les conditions définies aux articles R 122-23 à R 122-28 (CPI art. R 211-2).

– la reproduction et la communication au public d'une interprétation, d'un phonogramme, d'un vidéogramme ou d'un programme ou d'une publication de presse dans les conditions définies au 13° de l'article L 122-5 du CPI, cette exception s'exerçant dans les conditions définies aux articles R 122-31 et R 122-32 (CPI art. R 211-3).

Sous réserve d'éléments suffisants d'**indication de la source** (CPI art. L 211-3, 3°) les bénéficiaires de droits voisins ne peuvent pas non plus interdire :

a) les analyses et courtes citations justifiées par le caractère critique, polémique, pédagogique, scientifique ou d'information de l'œuvre à laquelle elles sont incorporées ;

b) les revues de presse ;

c) la diffusion, même intégrale, à titre d'information d'actualité, des discours destinés au public dans les assemblées politiques, administratives, judiciaires ou académiques, ainsi que dans les réunions publiques d'ordre politique et les cérémonies officielles ;

d) la communication au public ou la reproduction d'extraits d'objets protégés par un droit voisin, sous réserve des objets conçus à des fins pédagogiques, à des fins exclusives d'illustration dans le cadre de la recherche, à l'exclusion de toute activité ludique ou récréative, dès lors que le public auquel cette communication ou cette reproduction est destinée est composé majoritairement de chercheurs directement concernés, que l'utilisation de cette communication ou cette reproduction ne donne lieu à aucune exploitation commerciale et qu'elle est compensée par une rémunération négociée sur une base forfaitaire ;

e) la communication au public ou la reproduction d'extraits d'objets protégés par un droit voisin, à des fins exclusives d'illustration dans le cadre de l'enseignement et de la formation professionnelle dans les conditions prévues à l'article L 122-5-4 du CPI. Pour l'application de cette disposition, l'auteur s'entend du bénéficiaire des droits voisins, les œuvres s'entendent des objets protégés par un droit voisin et la représentation s'entend de la communication au public (CPI art. L 211-3, 3°-e).

Protection des droits voisins dans l'UE Les artistes-interprètes d'un État membre de l'UE bénéficient, sur le territoire d'un autre État membre, de la protection réservée aux auteurs de cet État membre (CJCE 20-10-1993 : Rec. I-5145 : transposables aux autres droits voisins). 35056

Mais les titulaires des droits voisins ne peuvent pas s'opposer à la revente sur le territoire de l'UE ou celui de l'Espace économique européen d'une fixation protégée par l'un de ces droits dès lors que la première vente de cette fixation a été réalisée sur ces territoires (CPI art. L 211-6 ; aussi n° 34717 transposable).

35057 **Répression de la contrefaçon des droits voisins** La contrefaçon des droits voisins est réprimée dans les conditions de l'article L 335-4 du CPI (pour une application, Cass. crim. 13-12-1990 : Bull. crim. p. 1077).

B. Statut de l'artiste-interprète

1. QUALITÉ D'ARTISTE-INTERPRÈTE

35058 L'artiste-interprète **bénéficiaire** des droits voisins est la personne qui représente, chante, récite, déclame, joue ou exécute de toute autre manière une œuvre littéraire ou artistique, un numéro de variétés, de cirque ou de marionnettes (CPI art. L 212-1), à la seule condition que celle-ci présente un caractère personnel (Cass. 1e civ. 24-4-2013 n° 11-20.900 : Bull. civ. I n° 86).

Est un artiste-interprète :

– et n'a pas la qualité d'auteur, le chef d'orchestre dont l'interprétation d'un opéra a été utilisée pour un film (TGI Paris 10-1-1990 : D. 1991.som.99 obs. Colombet) ;

– celui qui participe à un film publicitaire car il ne se limite pas à prêter son image comme un mannequin mais se livre par la voix ou le geste à un jeu de scène impliquant une interprétation personnelle et relevant de l'activité du spectacle (Cass. soc. 10-2-1998 : RJS 3/98 n° 381).

N'est pas un artiste-interprète l'artiste de complément (CPI art. L 212-1). Celui-ci n'exécute pas une interprétation ; ainsi lorsqu'il n'a aucun rôle à jouer ni aucun texte à dire, et qu'il ne lui est demandé que d'être lui-même (Cass. 1e civ. 24-4-2013 n° 11-19.091 : Bull. civ. I n° 83) ou lorsque sa personnalité ne transparaît pas et qu'il peut être aisément remplacé (Cass. 1e civ. 24-4-2013 n° 11-20.900 : Bull. civ. I n° 86 ; CA Paris 4-7-2008 n° 06/21406 : RTD com. 2008.745 obs. Pollaud-Dulian).

L'artiste-interprète **jouit** du droit voisin, même si l'œuvre qu'il interprète n'est pas originale (CA Nancy 8-9-2005 : Propr. intell. 2007.329 obs. Lucas). Au titre de ce droit, il dispose d'un droit moral et d'un droit patrimonial.

2. DROITS DE L'ARTISTE-INTERPRÈTE

a. Droit moral

35059 Le droit moral confère à l'artiste-interprète le droit au respect de son nom, de sa qualité et de son interprétation ; ce droit, inaliénable et imprescriptible, est attaché à sa personne ; il est transmissible aux héritiers seulement « pour la protection de l'interprétation et de la mémoire du défunt » (CPI art. L 212-2).

Ces prérogatives sont limitatives : ni l'artiste-interprète ni ses héritiers ne jouissent d'un droit de divulgation sur les interprétations réalisées (Cass. 1e civ. 27-11-2008 n° 07-12.109 : RJDA 5/09 n° 485).

b. Droit d'exploitation de l'interprétation

DROIT D'AUTORISER L'EXPLOITATION

35060 L'exploitation de l'enregistrement de l'artiste-interprète est subordonnée à son **autorisation écrite** de la fixation de la prestation, de sa reproduction et de sa communication au public ainsi que de toute utilisation séparée du son et de l'image de la prestation lorsque celle-ci est fixée à la fois par le son et par l'image (CPI art. L 212-3, I-al. 1 ; pour un défaut d'autorisation, CA Paris 16-6-1993 : D. 1994.218 note Edelman). La fixation de la prestation est constituée par la première incorporation de la prestation de l'artiste dans un support, ce qui est le cas de la simple captation du son (Cass. 1e civ. 12-9-2018 n° 17-19.490 FS-PB : D. IP/IT 2019.43 obs. Querzola).

Mais les artistes-interprètes ne peuvent pas :

– interdire la reproduction et la communication publique de leur prestation si elle est accessoire à un événement constituant le sujet principal d'une œuvre ou d'un document audiovisuel (CPI art. L 212-3-5 ; CA Paris 13-5-1998 : DA 1998.1135) ;

– interdire les actes énumérés à l'article L 211-3 du CPI ;

– refuser de céder les droits d'exploitation sur des rediffusions auxquelles s'engagent ensemble les sociétés qui les détiennent ; ce refus n'est pas assimilable à une cessation concertée du travail de la part des artistes-interprètes mais constitue une entente prohibée (CA Paris 6-3-1991 : D. 1992.10).

La cession par l'artiste-interprète de ses droits sur sa prestation peut être totale ou partielle (CPI art. L 212-3, II-al. 1).

L'artiste-interprète jouit du droit sur la prestation qu'il a autorisée, même si l'œuvre qu'il interprète n'est **pas originale** (CA Nancy 8-9-2005 : Propr. intell. 2007.329 obs. Lucas).

Emporte d'elle-même l'autorisation de l'artiste-interprète de fixer, reproduire et communiquer sa prestation la **signature** d'un contrat entre l'artiste et un producteur d'**œuvres audiovisuelles** (CPI art. L 212-4 ; pour une application, Cass. ass. plén. 16-2-2018 n° 16-14.292 : RJDA 7/18 n° 610). À défaut de l'établissement d'un tel contrat, le producteur ne peut se prévaloir de la présomption de cession des droits appartenant à l'artiste (CA Paris 3-11-2004 : RTD com. 2005.89 n° 8 obs. Pollaud-Dulian).

Le contrat n'emporte autorisation que si l'artiste-interprète est partie ou représenté à ce contrat (Cass. civ. 16-7-1992 : D. 1993.220 note Daverat).

Le contrat doit mentionner la faculté pour le producteur de recourir aux mesures techniques de protection et d'information sous forme électronique dans les mêmes conditions que pour les contrats conclus par les auteurs (CPI art. L 212-3-6).

Sur la rémunération de l'artiste-interprète pour les vidéogrammes, CPI art. L 212-4 s. ; et pour les phonogrammes, CPI art. L 212-10 s.

Il a été reconnu aux artistes-interprètes, selon des accords souscrits, le droit de recevoir la rémunération de leurs prestations cédées, par les producteurs de leurs œuvres audiovisuelles, aux câblo-distributeurs pour diffusion de ces prestations dans l'UE (CA Paris 31-3-1998 : GP 1998.som.568).

Sur la sanction pénale de la contrefaçon, n° 35057.

LIMITES AU DROIT D'EXPLOITATION

Lorsqu'un **phonogramme** a été **publié à des fins de commerce** (sur l'existence d'une telle publication, Cass. 1e civ. 11-12-2019 n° 18-21.211 FS-PBI : RJDA 10/20 n° 539), l'artiste-interprète ne peut pas s'opposer (CPI art. L 214-1) : **35061**

La qualification de phonogrammes publiés à des fins de commerce est indépendante de l'existence ou non d'un support tangible ; les autorisations données par les artistes-interprètes sous la forme de « phonogrammes publiés à des fins de commerce » incluent donc la mise à disposition du public par voie de téléchargement payant (Cass. 1e civ. 11-9-2013 n° 12-17.794 : JCP G 2013 n° 1071 note Binctin).

1. à sa **communication directe** dans un lieu public, dès lors qu'il n'est pas utilisé dans un spectacle ;

2. à sa **radiodiffusion et à sa câblo-distribution** simultanée et intégrale, ainsi qu'à sa reproduction strictement réservée à ces fins, effectuée par ou pour le compte d'entreprises de communication audiovisuelle en vue de sonoriser leurs programmes propres diffusés sur leur antenne ainsi que sur celles des entreprises de communication audiovisuelle qui acquittent la rémunération équitable.

Dans tous les autres cas, il incombe aux producteurs desdits programmes de se conformer au droit exclusif des artistes-interprètes (n° 35060) (CPI art. L 214-1, al. 4).

L'autorisation de radiodiffusion d'une œuvre ne couvre pas son utilisation dans un message publicitaire (CA Versailles 28-9-2000 : RJDA 3/01 n° 384).

Ces utilisations des phonogrammes publiés à des fins de commerce, quel que soit le lieu de fixation de ces phonogrammes, ouvrent droit à **rémunération** au profit des artistes-interprètes (CPI art. L 214-1, al. 5).

Cette rémunération est due par les utilisateurs, notamment par la société qui diffuse dans ses points de vente des phonogrammes « libres de droits » dès lors que les conditions d'application de la licence légale sont réunies, les parties ne pouvant pas se soustraire à ce système (Cass. 1e civ. 11-12-2019 précité). Elle est assise sur les recettes de l'exploitation ou, à défaut, évaluée forfaitairement dans les cas prévus par l'article L 131-4 du CPI (n° 34784) (CPI art. L 214-1, al. 6 et 7).

Elle est répartie par moitié entre artistes-interprètes et producteurs (CPI art. L 214-1, al. 8).

À défaut d'accord individuel, le montant de cette rémunération est établi par des accords collectifs conclus entre les artistes-interprètes et les producteurs de phonogrammes conformément aux dispositions des articles L 212-9, L 214-3 et L 214-4 du CPI.

La rémunération est perçue par des organismes de gestion collective des droits agréés (CPI art. L 214-5, L 311-6, L 321-1 s. et R 321-1 s.). L'agrément est valable cinq ans (CPI art. L 311-6). Ce système de rémunération est d'ordre public, de sorte qu'un système parallèle de gestion individuelle est illicite (CA Paris 6-4-2018 n° 17/01312 : D. IP/IT 2018.632 obs. P. Tafforeau).

3. à sa **communication au public par un service de radio,** au sens de l'article 2 de la loi 86-1067 du 30 septembre 1986 relative à la liberté de communication, à l'exclusion des services de radio dont le programme principal est dédié majoritairement à un artiste-interprète, à un même auteur, à un même compositeur ou est issu d'un même phonogramme (CPI art. L 214-1, al. 9).

Dans tous les autres cas, il incombe aux services de communication au public de se conformer au droit exclusif des titulaires de droits voisins dans les conditions prévues aux articles L 212-3, L 213-1 et L 213-2 du CPI ; il en va ainsi des services ayant mis en place des fonctionnalités permettant à un utilisateur d'influencer le contenu du programme ou la séquence de sa communication

(CPI art. L 214-1, al. 10). L'artiste-interprète ne peut s'opposer à la radiodiffusion par satellite d'un phonogramme publié à des fins de commerce qu'à la condition que les signaux provenant du satellite soient destinés à être captés directement et individuellement par le public ou une catégorie de public (Cass. 1e civ. 14-12-2016 nº 15-21.396 FS-PBI : RTD com. 2017.98 obs. Pollaud-Dulian).

DROIT DE RÉSILIER L'AUTORISATION D'EXPLOITATION D'UN PHONOGRAMME

35062 **Au-delà des 50 premières années du délai de 70 ans** visé au nº 35066, l'artiste-interprète peut **notifier** son intention de résilier l'autorisation, visée au nº 35060, donnée à un producteur de phonogrammes lorsque celui-ci n'offre pas à la vente des exemplaires du phonogramme en quantité suffisante ou ne le met pas à la disposition du public de manière que chacun puisse y avoir accès de sa propre initiative (CPI art. L 212-3-1, I).

Si, au cours des douze mois suivant la notification susvisée, le producteur de phonogrammes n'offre pas à la vente des exemplaires du phonogramme en quantité suffisante et ne le met pas à la disposition du public de manière que chacun puisse y avoir accès de sa propre initiative, l'artiste-interprète peut exercer son droit de résiliation de l'autorisation ; il ne peut renoncer à ce droit (CPI art. L 212-3-1, II).

Lorsqu'un phonogramme contient la fixation des prestations de plusieurs artistes-interprètes, ceux-ci exercent le droit de résiliation d'un commun accord ; en cas de désaccord, il appartient à la juridiction civile de statuer (CPI art. L 212-3-2).

Les modalités d'exercice du droit de résiliation sont définies par l'article R 212-8 du Code de la propriété intellectuelle.

RÉMUNÉRATION DE LA CESSION DU DROIT D'EXPLOITER L'INTERPRÉTATION

35063 L'artiste-interprète, qui a cédé ses droits d'exploitation à un producteur, a droit à une **redevance,** appelée par la pratique « rémunération secondaire ». Cette rémunération est régie par les dispositions des articles L 7121-2 à L 7121-4, L 7121-6, L 7121-7 et L 7121-8 du Code du travail, sous réserve des dispositions de l'article L 212-6 du CPI (CPI art. L 212-3, I-al. 2). La cession par l'artiste-interprète de ses droits sur sa prestation doit comporter au profit de l'artiste-interprète une rémunération **appropriée et proportionnelle** à la valeur économique réelle ou potentielle des droits cédés, compte tenu de la contribution de l'artiste-interprète à l'ensemble de l'œuvre et compte tenu de toutes les autres circonstances de l'espèce, telles que les pratiques de marché ou l'exploitation réelle de la prestation (CPI art. L 212-3, II-al. 1 ; sur l'interprétation de la formule « appropriée et proportionnelle », nº 34784).

Des conventions et accords collectifs pourront déterminer les conditions de mise en œuvre de ces dispositions (CPI art. L 212-3, II-al. 9).

La rémunération de l'artiste-interprète peut être évaluée forfaitairement dans les mêmes termes que celle de l'auteur (CPI art. L 212-3, II-al. 2 ; nº 34784).

L'artiste-interprète dispose, pour préserver sa redevance, des mêmes droits que ceux qui sont reconnus à l'auteur en matière : de reddition des comptes (CPI art. L 212-3-1 entrant en vigueur le 7 juin 2022 et applicable aux contrats en cours à cette date ; nº 34788) ; d'adaptation de la rémunération (CPI art. L 212-3-2 ; nº 34787) ; de droit de résiliation (CPI art. L 212-3-3 ; nº 34799).

Dans le cas où l'interprétation de l'artiste-interprète donne lieu à une **copie privée** (nº 34712), l'artiste-interprète a droit à une rémunération prévue et fixée dans les conditions des articles L 311-1 s. du CPI pour la copie privée des phonogrammes et vidéogrammes fixés pour la première fois dans un État membre de l'UE, sous réserve des conventions internationales applicables (CPI art. L 311-2).

RÈGLES PARTICULIÈRES À LA RÉMUNÉRATION DE L'EXPLOITATION D'UN PHONOGRAMME

35064 L'artiste-interprète de phonogrammes a droit, de la part du producteur de l'interprétation, à une rémunération **fixée** dans les conditions ci-après.

1. Rémunération annuelle supplémentaire. Si l'autorisation prévoit une **rémunération forfaitaire,** le producteur de phonogrammes verse à l'artiste-interprète, en contrepartie de l'exploitation du phonogramme contenant la fixation autorisée, une **rémunération annuelle supplémentaire** pour chaque année complète au-delà des cinquante premières années du délai de soixante-dix ans visé au nº 35066 ; l'artiste-interprète ne peut renoncer à ce droit (CPI art. L 212-3-7, I-al. 1). Toutefois, le producteur de phonogrammes qui occupe moins de dix personnes et dont le chiffre d'affaires annuel ou le total du bilan annuel n'excède pas deux millions d'euros n'est pas tenu, pour l'exercice en question, au versement de cette rémunération dans l'hypothèse où les frais des opérations de calcul et de contrôle seraient hors de proportion avec le montant de la rémunération à verser (CPI art. L 212-3-7, I-al. 2).

Le **montant global** de la rémunération annuelle supplémentaire est fixé à 20 % de l'ensemble des recettes perçues par le producteur de phonogrammes au cours de l'année précédant celle du paiement de ladite rémunération annuelle pour la reproduction, la mise à la disposition du public par la vente ou l'échange, ou la mise à disposition du phonogramme de manière que chacun puisse y avoir accès de sa propre initiative, à l'exclusion des rémunérations prévues pour les phonogrammes publiés à fins de commerce (n° 35061) et pour copie privée (n° 34712) (CPI art. L 212-3-7, II).

Le producteur de phonogrammes fournit, à la demande de l'artiste-interprète ou d'un organisme de gestion collective régi par le titre II du livre III du CPI et agréé à cet effet par le ministre de la culture chargé de percevoir la rémunération annuelle supplémentaire de l'artiste-interprète, un état des recettes provenant de l'exploitation du phonogramme selon chaque mode d'exploitation mentionné ci-dessus ; il fournit, dans les mêmes conditions, toute justification propre à établir l'exactitude des comptes (CPI art. L 212-3-7, III).

Sur les modalités de délivrance de l'agrément des organismes de gestion collective des droits, CPI art. L 212-3-7, IV-al. 2 s.

2. Garantie minimale. La mise à disposition d'un phonogramme de manière que chacun puisse y avoir accès de sa propre initiative, dans le cadre des diffusions en flux, fait l'objet d'une garantie de rémunération minimale dans les conditions fixées par l'article L 212-14 du CPI.

c. Rémunération de l'exécution de la prestation fournie par l'artiste-interprète

L'artiste-interprète peut aussi être rémunéré, qu'il perçoive ou pas des droits d'exploitation **35065**
(n° 35063), pour l'exécution de sa prestation sur le fondement de la conclusion d'un **contrat de travail** avec un producteur de phonogrammes ou de vidéogrammes, sous réserve, il va de soi, que ce contrat réponde à la caractéristique du contrat de travail, à savoir la subordination de l'artiste-interprète au producteur (C. trav. art. L 7121-2, L 7121-3 et L 7121-4 ; T. confl. 17-6-2013 n° 3910 ; TGI Paris 4-10-1988 : D. 1990.54 note Edelman). Est ainsi un salarié l'artiste-interprète qui est physiquement nécessairement présent lors de son entrée au studio et lors de l'achèvement de l'enregistrement d'un album (Cass. soc. 8-7-2015 n° 13-25.681 PB).

La rémunération de cette prestation est un **salaire** (Cass. soc. 8-7-2015 précité). Son montant dépendant de l'importance de la création artistique dans l'œuvre interprétée, il ne saurait être prétendu qu'il existe un usage le fixant à 50 % des recettes d'exploitation (CA Paris 18-1-2018 n° 14/02884 : RTD com. 2018.115 obs. Pollaud-Dulian).

Comme tout salarié, l'artiste-interprète a droit à une **indemnité de rupture abusive** de son contrat de travail. Dans le cas où l'artiste-interprète a, parallèlement à son salaire, perçu des **redevances** sur l'exploitation de son interprétation, celles-ci ne sont pas des salaires et ne peuvent **pas être prises en compte** dans le calcul des dommages-intérêts auxquels a droit l'artiste-interprète pour rupture abusive par le producteur du contrat de travail (Cass. soc. 1-7-2009 n° 07-45.681).

Sur les droits de l'artiste-interprète salarié, Cass. 1e civ. 15-3-2017 n° 14-29.179 P : Bull. civ. I n° 65.

d. Durée des droits patrimoniaux de l'artiste-interprète

Les artistes-interprètes jouissent des droits d'exploitation de leurs œuvres pendant cinquante **35066**
ans à compter du 1er janvier de l'année civile suivant celle de l'interprétation (CPI art. L 211-4, I-al. 1). Toutefois, si, durant cette période, une **fixation de l'interprétation dans un vidéogramme ou un phonogramme** fait l'objet d'une mise à la disposition du public, par des exemplaires matériels, ou d'une communication au public, les droits patrimoniaux de l'artiste-interprète expirent (CPI art. L 211-4, I-al. 2, 3 et 4) :

– pour une interprétation fixée dans un vidéogramme, cinquante ans après le 1er janvier de l'année civile suivant le premier de ces faits ;

– pour une interprétation fixée dans un phonogramme, soixante-dix ans après le 1er janvier de l'année civile qui suit le premier de ces faits.

C. Droits des producteurs

DROITS DES PRODUCTEURS DE PHONOGRAMMES

Le producteur de phonogrammes est la personne physique ou morale qui a l'initiative et la **35067**
responsabilité de la **première fixation** d'une séquence de sons ; son autorisation est requise avant toute reproduction, mise à la disposition du public par la vente, l'échange ou le louage, ou communication au public de son phonogramme (CPI art. L 213-1) ; si le phonogramme a été

publié à des fins commerciales, le producteur est soumis aux limitations visées au n° 35061 (CPI art. L 214-1), aucune autre limitation ne pouvant être ajoutée par une législation nationale (CJUE 29-7-2019 aff 476/17 : D. 2019.1742 note Querzola).

Le producteur jouit des **mêmes droits pécuniaires** que l'artiste-interprète sur les phonogrammes (n° 35061) ; il peut notamment interdire la mise en vente de l'œuvre qu'il cède à titre promotionnel (CA Paris 29-6-2007 : RTD com. 2008.91 n° 11 obs. Pollaud-Dulian).

Il perd ces droits en cas de résolution du contrat de commercialisation de l'enregistrement de l'artiste-interprète car la résolution a pour effet d'entraîner la perte par le producteur du bénéfice de la cession des droits qu'il tenait de ce contrat ; en conséquence, les juges peuvent décider de lui interdire l'exploitation des enregistrements réalisés et, pour assurer l'exécution de leur décision, ordonner la remise des supports à l'artiste (Cass. soc. 21-6-2004 n° 1647 : D. 2005.1164 note Edelman).

Le contrat conclu par le producteur d'un phonogramme avec un **éditeur de services de communication au public** par voie électronique mettant à disposition des œuvres musicales fixe les conditions de l'exploitation des phonogrammes de manière objective et équitable ; ces conditions ne peuvent comporter de clauses discriminatoires non justifiées par des contreparties réelles (CPI art. L 213-2).

Il ne jouit **pas du droit moral** (CA Paris 5-10-2007 : RTD com. 2008.89 n° 10 obs. Pollaud-Dulian).

Le droit des producteurs de phonogrammes a une durée de cinquante années à compter du 1er janvier de l'année civile suivant celle de la première fixation d'une séquence de son (CPI art. L 211-4, II-al. 1). Toutefois, si, durant cette période, un phonogramme fait l'objet d'une **mise à la disposition du public** par des exemplaires matériels ou d'une communication au public, les droits patrimoniaux du producteur de phonogrammes expirent soixante-dix ans après le 1er janvier de l'année civile suivant la mise à la disposition du public de ce phonogramme ou, à défaut, sa première communication au public (CPI art. L 211-4, II-al. 2).

Néanmoins, l'artiste-interprète peut exercer le droit de résiliation mentionné n° 35063 (CPI art. L 211-4, II-al. 2).

DROITS DES PRODUCTEURS DE VIDÉOGRAMMES

35068 Le producteur de vidéogrammes est la personne, physique ou morale, qui a l'initiative et la responsabilité de la première fixation d'une séquence d'images sonorisée ou non (CPI art. L 215-1, al. 1).

Ce droit lui est propre et distinct de celui des auteurs (CA Versailles 18-10-2022 n° 21/05044) et de celui du producteur de l'œuvre (Cass. 1e civ. 16-6-2021 n° 19-21.663 FS-B).

Son autorisation est requise avant toute reproduction, mise à la disposition du public par la vente, l'échange ou le louage, ou communication au public de son vidéogramme (CPI art. L 215-1, al. 2 ; Cass. com. 16-6-2021 n° 19-21.663 : application à des épreuves de tournage non montées ou rushes).

Les utilisations que le producteur de phonogrammes doit subir (n° 35061) ne lui sont pas opposables, faute de disposition le prévoyant.

S'il cède ses droits sur un vidéogramme, il doit céder en même temps ceux des artistes-interprètes dont il disposerait sur l'œuvre fixée sur ce vidéogramme (CPI art. L 215-1, al. 3).

Le droit des producteurs de vidéogrammes a une durée de cinquante années à compter du 1er janvier de l'année civile suivant celle de la première fixation d'une séquence d'images, sonorisées ou non (CPI art. L 211-4, III-al. 1). Toutefois, si, durant cette période, un vidéogramme fait l'objet d'une **mise à la disposition du public** par des exemplaires matériels ou d'une communication au public, les droits patrimoniaux du producteur de vidéogrammes expirent cinquante ans après le 1er janvier de l'année civile suivant le premier de ces faits (CPI art. L 211-4, III-al. 2).

D. Droits des entreprises de communication

DROITS DES ENTREPRISES DE COMMUNICATION AUDIOVISUELLE

35070 Les entreprises de communication audiovisuelle sont les organismes qui exploitent un service de communication audiovisuelle au sens de la loi 86-1067 du 30 septembre 1986 relative à la liberté de communication, quel que soit le régime applicable à ce service (CPI art. L 216-1, al. 2).

Sont soumises à leur autorisation la reproduction de leur programme, ainsi que leur mise à la disposition du public par vente, louage ou échange, leur radiodiffusion ou télédiffusion, leur mise à disposition du public en ligne et leur communication au public dans un lieu accessible à celui-ci moyennant paiement d'un droit d'entrée (CPI art. L 216-1, al. 1).

Les entreprises susvisées ont un droit d'exploitation d'une durée de cinquante années à compter du 1er janvier de l'année civile suivant celle de la première communication au public des programmes audiovisuels (CPI art. L 211-4, IV).

DROITS DES ORGANISMES DE RADIODIFFUSION

L'activité des organismes de radiodiffusion par satellite et à la retransmission par câble est régie par la directive 93/83/CEE du Conseil, du 27 septembre 1993, relative à la coordination de certaines règles du droit d'auteur et des droits voisins du droit d'auteur applicables à la radiodiffusion par satellite et à la retransmission par câble, transposée par les articles L 217-1 s. du CPI. 35071

Ces organismes n'ont aucun droit exclusif d'autoriser ou d'interdire la retransmission par câble. Ne constitue pas une telle retransmission, la distribution simultanée, inchangée et intégrale d'émissions de télévision ou de radio diffusées par satellite et destinées à être captées par le public, lorsqu'elle est effectuée par une personne autre qu'un distributeur par câble tel qu'un hôtel (CJUE 8-9-2022 aff. 716/20).

DROITS DES ÉDITEURS DE PRESSE ET DES AGENCES DE PRESSE

Depuis le 24 octobre 2019 (Loi 2019-775 du 24-7-2019 art. 14), transposant la directive UE « Droit d'auteur » 2019/790 du 17 avril 2019, les éditeurs de presse et agences de presse jouissent d'un droit voisin dont le **régime** résulte des articles L 218-1 à 5 du CPI. Ce droit leur permet d'autoriser la reproduction et la communication au public des publications de presse éditées sous une forme numérique (CPI art. L 218-2), les droits d'auteur relatifs à ces publications appartenant aux journalistes. Il peut être invoqué pendant deux ans à compter du 1er janvier de l'année civile suivant celle de la première publication (CPI art. L 211-4). 35073

Ce droit est opposable aux utilisateurs de ces publications sous une forme numérique par un service de communication au public en ligne, tels que Google News ou Facebook. Ainsi Google a été sanctionné pour non-respect des injonctions qui devaient le conduire à négocier de bonne foi avec les éditeurs de presse et les agences la rémunération de leurs droits voisins (Autorité de la concurrence 12-7-2021 n° 21-D-17).

Les éditeurs de presse et les agences de presse ne peuvent pas interdire, outre les limitations applicables à tous les droits voisins énoncées au n° 35055, (CPI art. L 211-3-1) :

– les actes d'hyperlien ;

– l'utilisation de mots isolés ou de très courts extraits d'une publication de presse. Cette exception ne peut affecter l'efficacité des droits ouverts à l'article L 218-2. Cette efficacité est notamment affectée lorsque l'utilisation de très courts extraits se substitue à la publication de presse elle-même ou dispense le lecteur de s'y référer.

Le droit d'exploitation des éditeurs de presse et des agences de presse est d'une durée de deux ans à compter du 1er janvier de l'année civile suivant celle de la première publication d'une publication de presse (CPI art. L 211-4, V).

Sur l'abus de position dominante de Google qui a usé de sa position commerciale pour obtenir des éditeurs de presse des licences gratuites, Aut. conc. 9-4-2020 n° 20-MC-01 : D. IP/IT 2020. 560 obs. Dormont.

FOURNISSEURS DE SERVICES DE PARTAGE DE CONTENUS EN LIGNE

Des dispositions particulières sont applicables aux exploitants d'une plateforme de partage de vidéos ou d'une plateforme d'hébergement et de partage de fichiers (Directive 2019/790 art. 17 ; sur la compatibilité des dispositions du § 4, sous b), et sous c), in fine de cet article avec la Charte des droits fondamentaux de l'UE, CJUE 26-4-2022 aff. 401/19 : D. IP/IT 2022.448 obs. Sirinelli). 35076

IV. CONTENTIEUX

Compétence Les **tribunaux judiciaires** (ex-TGI) sont exclusivement compétents pour connaître des actions civiles et des demandes relatives à la propriété littéraire et artistique, y compris lorsqu'elles portent sur une question connexe de concurrence déloyale (CPI art. L 331-1, al. 1 ; sur la liste des tribunaux judiciaires appelés à connaître de ces actions, C. org. jud. art. D 211-6-1 nouveau renvoyant au tableau VI annexé audit Code). 35100

Cette compétence vaut pour l'**action en responsabilité** contractuelle de droit commun lorsque la détermination des obligations de chacune des parties contractantes et de leurs éventuels manquements impose à la juridiction saisie de statuer sur des questions mettant en cause les règles spécifiques du droit de la propriété littéraire et artistique (Cass. 1e civ. 28-6-2018 n° 17-28.924 PB : RJDA 1/19 n° 54 ; Cass. 1e civ. 30-6-2021 n° 20-11.866 F-B).

Mais la compétence exclusive ne peut pas être écartée dès lors qu'est revendiquée la qualité d'auteur prévue à l'article L 113-1 du Code de la propriété intellectuelle, sans qu'il soit recherché par les juges du fond si les conditions d'application de ce texte sont remplies (Cass. 1e civ. 4-7-2019 n° 18-21.554 D).

Sur d'autres applications de la même compétence susceptibles de servir dans le domaine des droits d'auteur, nos 31700, 32184 et 32700.

35102 **Médiateur de la musique** Sans préjudice du droit des parties de saisir le juge, le médiateur de la musique est chargé d'une mission de conciliation pour tout litige relatif à l'interprétation ou à l'exécution des engagements contractuels passés entre artistes-interprètes, producteurs de phonogrammes et éditeurs de services de communication au public en ligne mettant à disposition des œuvres musicales (CPI art. L 214-6, I-al. 1 à 5). Outre les parties aux contrats, le médiateur de la musique peut être saisi par leurs mandataires ou par toute organisation professionnelle ou syndicale intéressée, ainsi que par le ministre chargé de la culture (CPI art. L 214-6, I-al. 6). Pour exercer sa mission, il invite les parties à lui fournir toutes les informations qu'il estime nécessaires, sans que puisse lui être opposé le secret des affaires, et il peut entendre toute personne dont l'audition lui paraît utile (CPI art. L 214-6, I-al. 7).

Il favorise ou suscite toute solution de conciliation aux litiges qui lui sont soumis. Lorsqu'il constate un accord entre les parties, il rédige un procès-verbal de conciliation précisant les mesures à prendre pour le mettre en œuvre. À défaut d'accord entre les parties, le médiateur peut émettre une recommandation proposant des mesures tendant à mettre fin au litige. Il peut rendre publique la décision de conciliation ou la recommandation, sous réserve des informations couvertes par le secret des affaires (CPI art. L 214-6, I-al. 10).

Le médiateur de la musique exerce sa mission dans le respect des compétences de l'Autorité de la concurrence qu'il peut saisir lorsque les faits relevés apparaissent constitutifs de pratiques anticoncurrentielles (CPI art. L 214-6, I-al. 8).

Il doit se déclarer incompétent lorsque le litige dont il est saisi relève d'une autre instance de conciliation si elle lui en fait la demande (CPI art. L 214-6, I-al. 9).

Un décret doit préciser les conditions d'application de ces nouvelles dispositions (CPI art. L 214-6, II).

35103 **Arbitrage** La compétence exclusive attribuée au tribunal judiciaire ne fait pas obstacle à l'arbitrage, dans les conditions prévues aux articles 2059 et 2060 du Code civil (CPI art. L 331-1, al. 4).

35106 **Action en justice** L'action en contrefaçon est recevable de la part du titulaire des droits ou du présumé titulaire.

En l'absence de toute revendication émanant de la personne physique ou morale qui a pris l'initiative et la responsabilité de la première fixation d'une séquence de sons, ou de ses ayants droit, l'exploitation publique, paisible et non équivoque, d'un enregistrement par une personne physique ou morale sous son nom est de nature à faire présumer à l'égard des tiers recherchés pour contrefaçon que celle-ci est titulaire sur l'enregistrement des droits prévus à l'article susvisé (Cass. 1e civ. 14-11-2012 n° 11-15.656 : D. 2013.402 note Azzi).

PARTIE 4

Financement de l'entreprise

CHAPITRE 1

ÉTABLISSEMENTS DE CRÉDIT

SOMMAIRE

A. Monopole bancaire 40010
B. Contrat de banque 40100

A. Monopole bancaire

Activités réservées Il est interdit à toute personne autre qu'un établissement de crédit ou une société de financement d'effectuer des **opérations de banque** à titre habituel et à toute personne autre qu'un établissement de crédit de recevoir du public des fonds à vue ou à moins de deux ans de terme (C. mon. fin. art. L 511-5). 40010

Toute personne, agissant soit pour son compte, soit pour le compte d'une personne morale, qui méconnaîtrait ces interdictions s'exposerait à un emprisonnement de trois ans et à une amende de 375 000 €, ainsi qu'éventuellement aux peines complémentaires comme la publicité de la condamnation (C. mon. fin. art. L 571-3) et à l'annulation de l'opération (Cass. com. 19-11-1991 n° 90-10.270 P : RJDA 12/91 n° 1053 : recevabilité des emprunteurs à agir en nullité).

L'exercice illégal de la profession de banquier n'entraîne pas l'annulation de l'opération de crédit irrégulière (Cass. com. 15-6-2022 n° 20-22.160 F-B : RJDA 10/22 n° 578), ce qui avait été déjà jugé pour l'irrégularité tenant au défaut d'agrément d'un établissement de crédit étranger (Cass. ass. plén. 4-3-2005 n° 524 : RJDA 6/05 n° 743), quelle que soit la nationalité de la banque (Cass. com. 3-7-2007 n° 06-17.963 : RJDA 11/07 n° 1138). L'absence de nullité est également la solution retenue en cas d'exercice illégal de l'activité d'intermédiaire en opération de banque (n° 41002). Les parties qui en subissent un préjudice peuvent exercer une action en responsabilité contre le responsable de l'irrégularité (Cass. 1e civ. 30-3-1994 n° 92-16.797 : Bull. civ. I n° 125).

L'exercice des opérations de banque est habituel dès lors qu'il est répété ; le fait qu'une personne ait consenti plusieurs prêts successifs à un même emprunteur n'est pas en soi suffisant pour constituer l'habitude (Cass. crim. 2-5-1994 n° 03-11.725 : RJDA 10/94 n° 1046 ; Cass. com. 3-12-2002 n° 2045 : RJDA 5/03 n° 532) ni le fait qu'une personne ait procédé à des opérations successives de retrait suivies de remise de fonds à une seule personne, réalisées à la suite d'une remise unique de fonds remboursables par ce tiers (Cass. crim. 9-9-2020 n° 19-80.090). Les juges ne peuvent écarter l'existence d'une atteinte au monopole bancaire sans rechercher si les opérations contestées étaient habituelles ou non (Cass. com. 27-2-2001 : RJDA 6/01 n° 717).

Ces opérations sont les suivantes.

1. Réception de fonds provenant du public. Les fonds reçus du public, fonds remboursables, sont les « fonds qu'une personne recueille d'un tiers, notamment sous forme de dépôts, avec le droit d'en disposer pour son propre compte, mais à charge pour elle de les restituer » (C. mon. fin. art. L 312-2). 40013

Sont censés ne pas provenir du public (art. L 312-2) :

a. Les fonds reçus ou laissés en compte par les associés en nom ou les commanditaires d'une société de *personnes*, les *associés ou actionnaires* détenant au moins 5 % du capital social, les administrateurs, les membres du directoire et du conseil de surveillance ou les gérants.

b. Les fonds provenant de prêts participatifs.

c. Les fonds qu'une entreprise reçoit de ses salariés sous réserve que leur montant n'excède pas 10 % de ses capitaux propres, étant entendu que, pour l'appréciation de ce seuil, les fonds reçus des salariés de l'entreprise en vertu de dispositions législatives particulières (fonds d'épargne salariale, intéressement et participation, notamment) ne sont pas pris en compte.

2. Opérations de crédit. Les opérations de crédit visées par la loi sont définies comme englobant « tout acte par lequel une personne agissant à titre onéreux met ou promet de mettre des fonds à la disposition d'une autre personne, ou prend, dans l'intérêt de celle-ci, un engagement par signature tel qu'un aval, un cautionnement ou une garantie » ; sont assimilés 40016 aux opérations de crédit le crédit-bail et, de manière générale, toute opération de location assortie d'une option d'achat (C. mon. fin. art. L 313-1).

Ainsi effectue des opérations de crédit la société qui procède habituellement à des achats avec paiement comptant de créances non échues (Cass. crim. 20-2-1984 : D. 1985.IR.327 ; CE 8-7-1987 : GP 1988.som.231) et la société de bourse qui finance à découvert pendant plus de trois mois les reports décidés par son client d'opérations à règlement différé sans couverture suffisante (Cass. com. 26-6-2012 n° 11-11.450 : RJDA 12/12 n° 1084).

40019 **3. Octroi et gestion de moyens de paiement.** Sont considérés comme moyens de paiement « tous les instruments qui, quel que soit le support ou le procédé technique utilisé, permettent à toute personne de transférer des fonds » (C. mon. fin. art. L 311-3, al. 1), exception faite des cartes délivrées pour l'achat d'un bien ou d'un service déterminé auprès de l'émetteur (n° 40022). Est ainsi interdite la pratique habituelle de versements d'espèces contre la remise de chèques (Cass. crim. 17-10-2007 n° 07-81.038 : RJDA 3/08 n° 315).

40022 **Dérogations** Le monopole bancaire est écarté dans les cas suivants :

1. Organismes et entreprises exclus. Ne sont pas soumis à l'interdiction d'effectuer des **opérations de banque à titre habituel,** indépendamment des organismes visés par l'article L 518-1 du Code monétaire et financier (Trésor public, Banque de France, La Poste, Caisse des dépôts et consignations, Institut d'émission des départements d'outre-mer et Institut d'émission d'outre-mer), notamment les (C. mon. fin. art. L 511-6, al. 1) :

– entreprises régies par le Code des assurances (en pratique, essentiellement les sociétés d'assurances, de capitalisation et d'épargne), sociétés de réassurance et institutions de prévoyance régies par le titre III du livre IX du Code de la sécurité sociale ;

L'activité bancaire des compagnies d'assurance doit être limitée par rapport à l'ensemble des activités de l'entreprise (C. ass. art. L 322-2-2) ; la méconnaissance de cette condition n'entraîne pas la nullité des contrats conclus en matière bancaire (Cass. com. 7-4-2009 n° 07-18.907 : RJDA 8-9/09 n° 725).

– entreprises d'investissement ;
– fonds de retraite professionnelle, mutuelles ou unions ;
– établissements de monnaie électronique ;
– établissements de paiement ;
– organisme agréé mentionné au deuxième alinéa de l'article L 313-1 du Code de la construction et de l'habitation pour les opérations prévues par ce même Code ;
– OPCVM et certains fonds d'investissement alternatifs (par exemple : organismes de financement et de placement collectif immobilier, fonds de capital-investissement).

Les bureaux du Trésor public ne peuvent plus tenir de compte au nom des particuliers depuis le 1er janvier 2002 (Arrêté du 2-2-2001).

2. Opérations de crédit « à caractère social ». L'**interdiction** d'effectuer des opérations de crédit ne s'applique pas (C. mon. fin. art. L 511-6, al. 2 à 10 modifié par ord. 2023-1142 du 6-12-2023) aux :

– organismes sans but lucratif (associations régies par la loi de 1901 en particulier) qui, dans le cadre de leur mission et pour des motifs d'ordre social, accordent sur leurs ressources propres des prêts à des conditions préférentielles à certains de leurs ressortissants ;

– associations régies par la loi de 1901 déclarées depuis trois ans au moins et associations et fondations reconnues d'utilité publique, qui octroient sur leurs ressources disponibles à long terme des prêts à moins de deux ans à taux zéro aux membres de l'union d'associations ou de la fédération d'associations dont les associations ou fondations prêteuses sont membres ;

– organismes qui, pour des opérations définies à l'article L 411-1 du Code de la construction et de l'habitation, et exclusivement à titre accessoire à leur activité de constructeur ou de prestataire de services, consentent aux personnes physiques accédant à la propriété le paiement différé du prix des logements acquis ou souscrits par elles ;

– entreprises qui consentent à leurs salariés des avances sur salaires ou des prêts de caractère exceptionnel pour des motifs d'ordre social ;

– sociétés commerciales dont les comptes du dernier exercice clos ont fait l'objet d'une certification par un commissaire aux comptes ou qui ont désigné volontairement un commissaire aux comptes ;

– entités et institutions régies par un droit étranger, cessionnaires de créances non échues dans les conditions définies au 4 de l'article L 511-6, al. 2 ;

– associations sans but lucratif et aux fondations reconnues d'utilité publique qui consentent des prêts pour la création et le développement d'entreprises dont l'effectif salarié n'excède pas le nombre de trois (C. mon. fin. art. R 518-61) ou pour la réalisation de projets d'insertion par des personnes physiques ;

– personnes morales pour les prêts participatifs ou les garanties qu'elles sont habilitées à consentir ;

– personnes physiques ou morales qui octroient des prêts à des fins de financement participatif en ayant recours au service d'un prestataire de services de financement participatif et dans la limite d'un prêt par projet ;

– organismes et sociétés qui constituent un groupe d'organismes de logement social mentionné à l'article L 423-1-1 du Code de la construction et de l'habitation pour les opérations de crédit auxquelles ils procèdent entre eux ;

– sociétés de tiers-financement définies à l'article L 381-2 du Code de la construction et de l'habitation dont l'actionnariat est majoritairement formé par des collectivités territoriales ou qui sont rattachées à une collectivité territoriale de tutelle.

3. Opérations bancaires que toutes les entreprises sont autorisées à effectuer. Toutes les entreprises, quelle que soit leur nature, peuvent effectuer les opérations limitativement énumérées ci-après (C. mon. fin. art. L 511-7, I) :

a. Crédit interentreprises : octroi à leurs cocontractants de délais ou avances de paiement dans le cadre de l'activité professionnelle.

Cette exception ne couvre pas l'octroi d'un **prêt même accessoire** à des opérations étroitement liées à l'activité de l'entreprise et constituant le complément indissociable d'un contrat commercial, un prêt n'étant ni l'octroi de délais ni des avances de paiement (Cass. com. 15-6-2022 n° 20-22.160 F-B : RJDA 10/22 n° 578 ; en sens contraire : CA Paris 22-5-2003 n° 01-16037 : RJDA 5/04 n° 604 ; CA Colmar 29-6-2005 : RD bancaire 2006 n° 52 obs. Crédot et Samin ; CA Montpellier 7-5-2013 n° 12/01373 : RD bancaire 2014 n° 3 § 89 obs. Crédot et Samin) ; aussi à propos du ducroire n°s 58227 s.

Elle peut aussi couvrir, selon les travaux préparatoires de l'article L 511-7, le financement par une entreprise des achats ou des ventes de ses associés ou adhérents lorsque cette entreprise a pour objet exclusif la réalisation de ces achats ou de ces ventes, cas par exemple des groupements ou coopératives d'achat (Rapports AN n° 1846 p. 49 et Sén. n° 123 p. 3 ; Rapport du comité de la réglementation bancaire pour 1987 p. 47).

De plus, les organismes et sociétés qui constituent un groupe d'organismes de logement social mentionné à l'article L 423-1-1 du Code de la construction et de l'habitation peuvent procéder à des opérations de trésorerie entre eux dans les conditions prévues à l'article L 423-15 du même Code (C. mon. fin. art. L 511-7, I bis).

b. Location-accession : conclusion de contrats de location de logements assortis d'une option d'achat.

c. Convention d'omnium : opérations de trésorerie avec des sociétés ayant avec l'entreprise, directement ou indirectement, des liens de capital conférant à l'une des entreprises liées un pouvoir de contrôle effectif sur les autres. Ces opérations sont fréquentes en pratique dans les groupes de sociétés.

d. Emission de titres financiers : émission des titres financiers et des bons de caisse mentionnés au chapitre III du titre II du livre II si l'émetteur n'effectue pas, à titre de profession habituelle, d'opération de crédit mentionnée à l'article L 313-1 du Code monétaire et financier.

e. Opérations sur instruments de paiement : émissions d'instruments de paiement délivrés pour l'achat auprès de l'entreprise ou auprès d'entreprises liées avec elle par un accord de franchise commerciale d'un bien ou d'un service déterminé. Pour que la dérogation puisse jouer, il faut que ce soit l'entreprise elle-même qui fournisse le bien ou la prestation de services (cas, par exemple, des cartes d'achat émises par les commerçants). Les cartes émises pour le compte de tiers n'en bénéficient pas (cf. Rapport AN n° 1846 p. 49 et JO Déb. AN 8-12-1983 p. 6154).

f. Garantie en espèces : remise des espèces en garantie dans les termes prévus par l'article L 211-38 du Code monétaire et financier.

B. Contrat de banque

Qualification du contrat de banque Selon la nature des prestations qu'elle assume envers son client, la banque est liée à celui-ci par un contrat soit de **dépôt** (gestion d'un compte de dépôt), soit de **mandat ou d'entreprise** (gestion de portefeuille ou prestations de services diverses), qui est concrétisé par l'ouverture d'un compte. 40100

La **gestion d'un compte de dépôt** est régie par les dispositions des articles L 312-1-1 et L 312-1-6 du Code monétaire et financier. Les documents relatifs à cette gestion peuvent être établis sur support papier ou sur un autre support durable ; sur les obligations du professionnel qui souhaite substituer au support papier utilisé avant le 1er avril 2018 un autre support durable, article 30 de l'ordonnance 2017-1433 du 4 octobre 2017 relative à la dématérialisation des relations contractuelles dans le secteur financier.

Sur les infractions aux relations des établissements de crédit avec leurs clients : article L 351-1 du Code monétaire et financier.

Sur le caractère d'actes de commerce des opérations de banque : n° 129.

Il n'y a donc lieu, ici, que de signaler les applications du régime de ce contrat à l'objet spécifique des relations bancaires.

Lorsque ces relations comportent des interférences avec l'étranger qui rendent le contrat **international,** les parties peuvent choisir le droit applicable à leurs rapports (nos 16600 s.). À défaut, les tribunaux tendent à appliquer la loi du lieu du siège de la banque (CA Paris 26-10-1933 : Rev. crit. 1934.465 ; CA Paris 29-3-1938 : Clunet 1938.1017 obs. Tager ; toutefois Cass. civ. 29-10-1974 : Bull. civ. I p. 246, admettant l'éviction de la loi de la banque car inappropriée au contrat). Sur la loi applicable aux contrats régis par le règlement CE relatif aux conflits de lois en matière contractuelle, n° 17103.

Sur les droits de l'héritier sur le compte du défunt, C. mon. fin. art. L 312-1-4.

INFORMATION GÉNÉRALE

40103 Le banquier est tenu de mettre à disposition de sa clientèle et du public les conditions générales de banque qu'il pratique pour les opérations qu'il effectue (C. mon. fin. art. R 312-1, al. 1 ; arrêté du 5-9-2018). Il est également tenu d'assurer l'accessibilité aux personnes handicapées des opérations et services qu'il fournit à sa clientèle (C. mon. fin. art. L 311-14 ; C. consom. art. L 412-13 ; arrêté du 9-10-2023).

Le banquier doit aussi au client titulaire du compte avec lequel il conclut, en exécution du contrat de banque, une opération déterminée une information sur celle-ci, un devoir de mise en garde et un devoir de conseil comme exposé aux nos 40111 s.

EXÉCUTION DU CONTRAT DE BANQUE

40110 **Non-ingérence** Le banquier ne doit pas s'immiscer dans les affaires de son client et n'a pas notamment à exercer un contrôle permanent sur les opérations que le client conclut avec lui (Cass. com. 5-6-2007 n° 06-12.632 : RJDA 11/07 n° 1151 ; Cass. com. 27-11-2012 n° 11-19.311 : RJDA 4/13 n° 357), même pour l'empêcher d'accomplir un acte illicite (Cass. com. 14-10-2008 n° 07-16.522 : RJDA 2/09 n° 131 ; Cass. com. 11-5-2010 n° 09-66.611 : RJDA 10/10 n° 993) ou pour surveiller la nature des dettes qu'il contracte, notamment celles de jeu (Cass. 1e civ. 26-11-2014 n° 13-16.378 : GP 2015.som.9 avril note Houtcieff ; CA Paris 14-1-2011 n° 09-5636 : RD bancaire 2011 n° 4 § 121 obs. Crédot et Samin).

Le contrôle de l'emploi des fonds prêtés en vue d'une construction, au fur et à mesure de l'exécution des travaux, ne confère pas au banquier un pouvoir de direction sur l'activité de son client (Cass. com. 30-10-2007 n° 06-12.677 : RJDA 2/08 n° 182).

40111 **Devoir d'information de la banque** Le banquier, comme toute partie à un contrat, doit informer son client de ce qu'il sait et qui est susceptible d'amener le client à ne pas s'engager, dans les conditions qui sont exposées aux nos 11834 s. (C. civ. art. 1112-1, al. 1, 2 et 3).

Toutefois, la banque qui conclut pour son client des opérations sur titres n'est pas tenue de lui signaler – qu'il soit ou non averti – la mise en règlement judiciaire de la société émettrice, celle-ci serait-elle aussi la cliente de la banque (Cass. com. 9-1-1990 n° 88-17.291 : D. 1990.173 note Brill), ce qui ne dispense pas la banque de fournir une information dédiée sur le sort de titres d'un émetteur placé en liquidation, logés dans un PEA en cas de demande de transfert par exemple.

Ces règles étant d'ordre public (C. civ. art. 1112-1, al. 5), elles priment les solutions prétoriennes (n° 10617) retenues par les tribunaux qui, avant le 1er octobre 2016, avaient imposé aux banques le devoir d'informer leurs cocontractants sur la nature et les conditions de l'acte en cause (Cass. 1e civ. 16-4-2015 n° 14-16.536 : GP 2015.som.9 juillet note Lasserre Capdeville : obligation d'information sur l'accroissement éventuel de l'effort financier encouru à l'occasion d'une opération de défiscalisation).

Bien que cette information porte sur le risque de l'opération qui en principe crée à la charge de la banque un devoir de mise en garde, l'arrêt du 16 avril 2015, précité, vise formellement une obligation d'information, qu'il impose sans distinguer selon que le client est averti ou non (dans le même sens, Cass. com. 18-5-2016 n° 14-15.988 : RJDA 11/16 n° 773).

Les solutions alors posées demeurent néanmoins applicables dans la mesure où elles sont conformes aux dispositions de l'article 1112-1 précité.

40113 **Devoir de mise en garde contre le risque de l'opération envisagée** L'obligation de mise en garde étant à notre sens distincte de l'obligation d'information précontractuelle (n° 11837) et aucune disposition nouvelle ne mettant en cause la solution dégagée par la jurisprudence sur cette obligation, le banquier doit, avant comme après le 1er octobre 2016, éclairer son client sur les choix qui s'offrent à lui (Cass. 1e civ. 12-7-2005 n° 1263,

3e espèce : RJDA 3/06 n° 319). Il est tenu à ce devoir notamment lorsqu'il conclut avec son client l'une des prestations suivantes :

1. Offre de produits financiers. L'établissement qui fait l'offre doit mettre son client en garde contre les conséquences, même fiscales, de son investissement (Cass. com. 12-1-2010 n° 08-19.416 : RJDA 4/10 n° 387). Il doit aussi lui remettre des documents publicitaires au contenu exact, clair et non trompeur (C. mon. fin. art. L 533-12) ; ainsi, la publicité délivrée par la banque qui propose à son client de souscrire des parts de fonds commun de placement doit être cohérente avec l'investissement proposé et mentionner le cas échéant les caractéristiques les moins favorables et les risques inhérents aux options qui peuvent être le corollaire des avantages énoncés (Cass. com. 24-6-2008 n° 06-21.798 : RJDA 11/08 n° 1135).

L'action en responsabilité du prestataire de services d'investissements fondée sur le seul manquement à l'obligation d'évaluer la situation financière du client, son expérience en matière d'investissement et ses objectifs, qui ne peut, en lui-même, causer un préjudice, ne peut se prescrire à compter de la réalisation d'un dommage ; par suite la prescription commence à courir du jour de la conclusion du contrat (Cass. com. 3-5-2018 n° 16-16.809 FP-PBI : RJDA 8-9/18 n° 650 ; PA 2018 n° 184/185 p. 18 note Vasquez).

2. Opérations de bourse. Le prestataire de services d'investissement (expression désignant les opérateurs sur titres) qui tient seulement le compte-titres de son client n'est pas tenu, en l'absence d'opérations spéculatives et sauf convention contraire, de mettre en garde son client contre les risques de pertes inhérents à l'évolution du cours des titres financiers objets des ordres de vente dont ce dernier prend l'initiative (Cass. com.12-6-2012 n° 11-12.513 : RJDA 10/12 n° 864) ; il n'est pas tenu à cette obligation si son client est un **opérateur averti** des risques encourus dans les opérations spéculatives (Cass. com. 21-2-1995 n° 410 : RJDA 6/95 n° 722 ; Cass. 1e civ. 13-10-1998 : RJDA 2/99 n° 184).

3. Octroi de crédits. Voir n° 41019.

Devoir de conseil En dehors de la demande du client ou de sa recommandation spontanée, la banque n'est **pas tenue** de donner à son client des conseils sur la meilleure façon pour lui d'**utiliser les fonds qu'il y a déposés** ; notamment elle n'est pas tenue de proposer à son client d'investir les fonds conservés sur l'un de ses comptes (Cass. com. 8-4-2015 n° 14-10.058 : RJDA 7/15 n° 502). Elle n'est pas non plus tenue lorsqu'elle consent un **crédit,** sauf disposition légale ou contractuelle contraire, à une obligation de conseil à l'égard de son client, en particulier sur l'opportunité de l'opération financée (Cass. com. 1-3-2016 n° 14-22.582 : RJDA 7/16 n° 562 ; CA Versailles 2-7-2019 n° 17/03309 : RJDA 11/19 n° 705) ou sur l'adéquation de l'opération à l'attente fiscale du client (Cass. com. 18-5-2016 n° 14-15.988 : RJDA 11/16 n° 773) ou encore sur l'opportunité de souscrire une assurance-emprunteur facultative (Cass. com. 9-2-2016 n° 14-23.210 : RJDA 11/16 n° 760 ; Cass. com. 19-1-2022 n° 19-24.564 F-D). 40114

La banque qui fournit une prestation de **services d'investissement** n'est pas, en cette seule qualité, tenue d'une obligation de conseil à l'égard de son client mais elle l'est lorsque, à la demande de celui-ci ou spontanément, elle lui **recommande** un service ou un produit et lui prodigue ainsi un conseil ; elle doit alors le faire **avec pertinence,** prudence et loyauté, en s'enquérant de ses connaissances, de son expérience en matière d'investissement, ainsi que de sa situation financière et de ses objectifs, afin que l'instrument financier conseillé soit adapté (Cass. com. 20-6-2018 n° 17-11.473 F-PB : RJDA 12/18 n° 918 : conseil inadapté à l'opération de swap conclue ; rappr. Cass. com. 13-1-2015 n° 13-25.856 : RJDA 4/15 n° 301).

Il a déjà été jugé que lorsqu'elle a conclu avec son client un mandat de gestion de placements boursiers, elle doit conseiller à son client un placement adapté à ses objectifs (Cass. com. 14-1-2014 n° 12-23.923 : RJDA 4/14 n° 345, qui vise aussi le devoir d'information sur le risque encouru) ; elle est responsable si elle l'incite à investir la majeure partie de son capital dans des valeurs soumises aux aléas du marché boursier alors qu'elle sait que son client ne peut se permettre de prendre un risque de perte en capital (Cass. com. 8-4-2008 n° 07-13.013 : RJDA 1/09 n° 36) ou si elle s'est engagée par contrat à le conseiller (Cass. com. 22-3-2011 n° 10-13.727 : RJDA 8-9/11 n° 710, la preuve de l'exécution de cette obligation incombant à la banque).

Le **préjudice** né d'un manquement au devoir de conseil du client consiste dans la perte de la chance de réaliser un gain ou d'échapper à une perte, le caractère certain du préjudice allégué par le client ne se déduisant pas de ce manquement (cf. Cass. com. 14-1-2014 n° 12-23.923 précité, à propos d'une opération boursière mais transposable par analogie).

Sur le devoir d'information, voir n° 40111 ; sur celui de mise en garde, voir n° 40113.

Devoir de surveillance La banque doit vérifier la régularité apparente des **moyens de paiement** que son client remet à l'encaissement et celle des ordres de paiement qu'il lui adresse (CA Nancy 4-7-2013 n° 11/01103 : RJDA 12/13 n° 1044). Elle doit montrer une vigilance particulière lorsque les mouvements du compte sont de nature suspecte, sous peine à défaut d'être condamnée à 40116 réparer les conséquences (Cass. com. 22-11-2011 n° 10-30.101 : RJDA 2/12 n° 190 ; Cass. com. 5-4-2023 n° 21-22.300 F-D : RJDA 10/23 n° 536). Sur un exemple de diligences suffisantes, Cass. com. 21-9-2022 n° 21-12.335 F-B : RJDA 12/22 n° 709. Lorsque la banque est dépositaire de fonds appartenant à un mineur, déposés par l'administrateur sous contrôle judiciaire du mineur, elle n'est pas garante de leur emploi par l'administrateur, lequel peut recevoir les capitaux échus au mineur et les retirer du compte de dépôt sur lequel il les a versés (Cass. 1e civ. 11-10-2017 n° 15-24.946 FS-PBI : RJDA 7/18 n° 597, transposable sous le régime actuel de l'administration légale qui donne plus de pouvoir à ou aux administrateurs légaux ; voir nos 1031 s.). Sur les obligations du payeur envers le prestataire des services de paiement, voir nos 50794 et 50800.

Cette obligation concerne aussi **tout acte autre** que celui tenant à l'usage d'un moyen de paiement accompli par le client en rapport avec la banque, par exemple une procuration donnée par le titulaire d'un compte (CA Versailles 25-3-1988 : GP 1988.som.371 : responsabilité de la banque qui n'a pas vérifié la concordance de la signature avec le spécimen donné à l'ouverture du compte), un retrait d'espèces ou un accès au coffre (Cass. com. 27-1-2015 n° 13-20.088 : RJDA 12/15 n° 854, exonérant la banque).

Il doit surveiller spécialement toute opération qui se présente dans des **conditions inhabituelles de complexité** et ne paraît pas avoir de justification économique ou d'objet licite (C. mon. fin. art. L 561-10-2 ; cf. Cass. com. 22-11-2011, précité), sans préjudice des sanctions pénales qui lui sont applicables s'il s'est rendu coupable de **blanchiment** des capitaux en apportant son concours à une opération de placement, de dissimulation ou de conversion du produit direct ou indirect d'un crime ou d'un délit (C. pén. art. 324-1, al. 2). Il doit au besoin **clôturer** le compte d'un client qui l'utilise pour réaliser des opérations dont l'**illégalité** est évidente (CA Paris 30-6-1977 : D. 1978.325 note Vasseur).

Il est encore tenu de veiller à ce que les crédits qu'il consent ne contribuent **pas** à créer une **solvabilité artificielle** de son client au détriment des tiers (cf. Cass. com. 4-5-1993 : RJDA 11/93 n° 926 ; Cass. com. 18-5-1993 : RJDA 11/93 n° 927 ; Cass. com. 20-11-2001 : RJDA 3/02 n° 267 ; CA Paris 9-11-1995 : RJDA 5/96 n° 655).

40119 **Services bancaires de base** La banque doit fournir aux personnes physiques n'agissant pas pour des besoins professionnels les services bancaires de base qui sont les suivants (C. mon. fin. art. L 312-1, II, D 312-5 et D 312-5-1) : ouverture, tenue, clôture du compte ; un changement d'adresse par an ; délivrance à la demande de relevés d'identité bancaire ; domiciliation de virements bancaires ; envoi mensuel d'un relevé des opérations ; opérations de caisse ; encaissement des chèques et des virements bancaires ; paiements par prélèvements Sepa, titre interbancaire de paiement Sepa ou par virement bancaire Sepa, ce dernier pouvant être réalisé aux guichets ou à distance ; moyens de consultation à distance du solde du compte et dépôts et retraits d'espèces au guichet ou aux distributeurs automatiques de l'organisme teneur de compte ; carte de paiement permettant notamment le paiement d'opérations sur Internet et le retrait d'espèces dans l'Union européenne.

Une banque a pu refuser à son client, objet d'une vérification fiscale, même contre rémunération, de lui fournir des justificatifs de l'origine des chèques qu'il avait remis à l'encaissement dès lors que le travail demandé dépasse le service courant (Cass. com. 24-2-1987 : D. 1987.som.288 obs. Vasseur).

Sur la fourniture de ces services au titulaire du compte ayant eu droit à l'ouverture d'un compte (n° 40133), voir la décision de sanction de l'Autorité de contrôle prudentiel et de résolution du 3-7-2013 n° 2012-09 (GP 2013.som.3797 note Houin-Bressand).

Sur les services dus aux personnes physiques n'agissant pas pour des besoins professionnels qui se trouvent en situation de fragilité : C. mon. fin. art. L 312-1-3, al. 2 et 3 et R 312-4-3.

40122 **Devoirs du client** Conformément aux règles générales de bonne conduite contractuelle (nos 13603 s.), le client doit renseigner le banquier avec exactitude sur sa **situation financière** ; il est fautif s'il lui fait croire à la prospérité de son entreprise pour l'amener à continuer à lui faire crédit (Cass. crim. 31-10-1981 : D. 1982.IR.125 obs. Vasseur) ou s'il se prévaut d'un reçu qu'il sait erroné afin d'obtenir une restitution à laquelle il n'a pas droit (CA Paris 18-5-1981 : D. 1982.IR.125 obs. Vasseur).

Le client qui veut contester une opération réalisée pour son compte par le banquier doit **protester dès** lors qu'il est informé de cette opération (Cass. com. 9-12-1986 : JCP G 1988.II.20918 note Croze : rejet d'une protestation formulée plus d'un mois après la réception d'un avis d'opéré).

40125 **Secret bancaire** **Toute personne qui,** à un titre quelconque, participe à la direction ou à la gestion d'un établissement de crédit, d'une société de financement ou d'un organisme mentionné au n° 40022 § 2 ou qui est employée par ces derniers est tenue au secret professionnel dans les conditions de l'article 226-13 du Code pénal (C. mon. fin. art. L 511-33 et L 571-4, al. 3).

Toutefois, le banquier est **délié** du secret :

– lorsqu'il est appelé à **témoigner devant** une autorité agissant dans le cadre d'une procédure pénale (C. mon. fin. art. L 511-33, I, al. 2) ou devant une juridiction civile : en matière de divorce pour la liquidation du régime matrimonial (C. civ. art. 259-3), en matière de surendettement (C. consom. art. L 712-6), en matière de saisie-attribution du compte du client (n° 59815), en matière de procédure collective (n° 61782) ; en

dehors de ces cas, le secret est opposable au juge civil, par exemple lorsque la communication porte sur des informations figurant au verso des chèques (Cass. com. 21-9-2010 n° 09-68.994 : RJDA 1/11 n° 71) ;
– lorsqu'il est **sollicité** par le fisc (Mémento Fiscal n°s 78040 s.), par les douanes (cf. C. douanes art. 64 A et 65, 1°-J), par l'Autorité des marchés financiers (C. mon. fin. art. L 621-9-3) ou par l'Autorité de contrôle prudentiel et de résolution (C. mon. fin. art. L 511-33, I-al. 2) ;
– au regard des **agences de notation** pour les besoins de la notation des produits financiers ou des personnes avec lesquelles il négocie, conclut ou exécute les opérations énumérées à l'article L 511-33, I-al. 3 du Code monétaire et financier ;
– au cas par cas, lorsque le client y a **renoncé** (C. mon. fin. art. L 511-33, I-al. 12) ;
– lorsqu'il est en présence de sommes qu'il sait ou soupçonne provenir du **trafic** de stupéfiants ou de l'activité d'organisations criminelles, sommes qu'il doit déclarer au Tracfin, service institué pour suivre lesdites activités (C. mon. fin. art. L 561-1 s.) ;
– lorsqu'il n'est pas sollicité en tant que tiers confident mais en tant que partie au **procès intenté contre lui** par les bénéficiaires du secret bancaire invoqué (Cass. com. 19-6-1990 n° 88-19.618 : Bull. civ. IV n° 179 ; Cass. com. 24-5-2018 n° 17-27.969 F-D : RJDA 10/18 n° 757) ou par les tireurs qui lui reprochent, en tant que tiré et présentateur des chèques litigieux, le défaut de vérification des endossements frauduleux opérés par leur comptable (Cass. com. 11-10-2011 n° 10-10.490 : RJDA 1/12 n° 81) ou qui invoquent leur droit à la preuve pour leur permettre de rechercher son éventuelle responsabilité (Cass. com. 15-5-2019 n° 18-10.491 F-PB : RJDA 8-9/19 n° 585) ;
– lorsque la production litigieuse peut être indispensable à l'exercice par la banque de son droit à la preuve et qu'elle est proportionnée aux intérêts antinomiques en présence (Cass. com. 4-7-2018 n° 17-10.158 F-D : JCP E 2018.1507 note Lasserre Capdeville).

En revanche, le banquier sollicité de faire une révélation **peut opposer** le secret dès lors que l'information demandée **implique un tiers,** notamment les bénéficiaires du chèque car ils ont droit au secret ; ainsi, le secret est opposable :
– au juge qui ordonne la communication du verso d'un chèque où figurait la domiciliation bancaire et le numéro du compte du bénéficiaire, que ce soit à la demande des héritiers du tireur (Cass. com. 13-6-1995 : RJDA 12/95 n° 1393 ; CA Orléans 17-1-2007 : JCP E 2007.pan.2380) ou du tireur lui-même (Cass. com. 28-2-2006 n° 265 : RJDA 7/06 n° 815) ;
– au demandeur de la communication de l'identité de la personne qui a eu le pouvoir de faire fonctionner le compte du titulaire, même après le décès de celui-ci (Cass. com. 25-2-2003 n° 361 : RJDA 7/03 n° 756), ou de la date de remboursement de bons anonymes dont la connaissance appartient au seul porteur (Cass. com. 30-5-2007 n° 06-11.036 : RJDA 10/07 n° 1004).

Le secret ne préserve que les **informations** qui ont un **caractère confidentiel,** telles que le contenu du bilan ou le mouvement du compte (CA Paris 17-10-1931 : GP 1932.1.19), une liste de personnes supposées présenter un risque quant à l'octroi d'un éventuel crédit (CA Rennes 13-1-1992 : JCP E 1993.II.432 note Gavalda), la domiciliation bancaire du bénéficiaire du chèque (Cass. com. 13-6-1995, précité) ou les informations couvertes par le secret de l'instruction (Cass. com. 10-12-2003 n° 1812 : RJDA 4/04 n° 461 : banque tenue de ne pas révéler au client titulaire du compte le blocage de celui-ci par commission rogatoire du juge d'instruction).

N'ont pas, en revanche, ce caractère les renseignements simplement commerciaux d'ordre général et économique sur la solvabilité d'un client (Cass. com. 18-9-2007 n° 06-10.663 : RJDA 1/08 n° 80 ; CA Paris 6-2-1975 : D. 1975.318 note Vezian) ou la liste de tous les clients de la banque (CA Paris 23-2-1996 : JCP E 1997. I. 635 obs. Gavalda et Stoufflet) ; sur la responsabilité des banques au titre des informations délivrées, n° 11650.

Le secret ne cesse pas avec le **décès** du bénéficiaire et s'étend à ceux qui ont eu le pouvoir de faire fonctionner ce compte (Cass. com. 25-2-2003 n° 00-21.184 : Bull. civ. IV n° 26).

OUVERTURE ET FONCTIONNEMENT D'UN COMPTE BANCAIRE

La principale application du contrat de banque est l'ouverture d'un compte et le fonctionnement de ce compte. **40130**

Le compte bancaire le plus répandu est le **compte de dépôt** qui sert à enregistrer les remises et les retraits du client auprès de la banque : notamment dépôts et retraits de fonds, remises de chèques à l'encaissement, virements de fonds ou de titres, souscriptions, échanges et remboursements de titres, ordres de bourse.

Ces comptes deviennent des comptes courants lorsque la banque consent un crédit à son titulaire (n° 40522).

Les opérations des entreprises sont généralement passées en **compte courant,** par lequel la banque leur consent des ouvertures de crédit.

Ouverture du compte Toute personne physique ou morale domiciliée en France et toute personne physique résidant légalement sur le territoire d'un autre État membre de l'UE n'agissant pas pour des besoins professionnels ainsi que toute personne physique de nationalité **40133**

française résidant hors de France a droit à l'ouverture d'un compte de dépôt dans l'établissement de crédit de son choix, sur présentation d'une déclaration sur l'honneur attestant qu'elle ne dispose d'aucun compte (C. mon. fin. art. L 312-1, I et R 312-6 s. ; arrêté du 31-7-2015).

Si l'établissement refuse l'ouverture du compte de dépôt, il fournit au demandeur, gratuitement sur support papier, et sur un autre support durable lorsque celui-ci en fait la demande, les motifs de ce refus en mentionnant, le cas échéant, la procédure prévue ci-dessous (C. mon. fin. art. L 312-1, II-al. 5).

Le demandeur victime du refus peut saisir la Banque de France afin qu'elle lui désigne un établissement de crédit situé à proximité de son domicile ou d'un autre lieu de son choix, en prenant en considération les parts de marché de chaque établissement concerné, dans un délai d'un jour ouvré à compter de la réception des pièces requises (C. mon. fin. art. L 312-1, III ; arrêté du 31-7-2015). Sur les conséquences de ce refus, C. mon. fin. art. L 312-1, III.

La **banque** qui ouvre un compte est tenue des obligations suivantes :

1. La banque doit établir avec les personnes physiques agissant pour des besoins professionnels une convention écrite dont les principales stipulations, notamment les modalités d'accès à la médiation, doivent être précisées par un arrêté du ministre chargé de l'économie (C. mon. fin. art. L 312-1-6).

2. La banque doit **informer,** sur support papier ou sur un autre support durable, le client sur les conditions générales d'utilisation du compte, le prix des différents services auxquels celui-ci donne accès et les engagements réciproques de l'établissement et du client (C. mon. fin. art. R 312-1, al. 2). L'omission d'informer le client lorsque la banque ouvre un compte sur le prix de ses différents services ne prive pas la banque du droit de percevoir le prix des prestations et les frais y afférents dès lors qu'elle a, a posteriori, recueilli l'accord du client sur son droit à leur perception et sur leur montant, même si la convention de compte prévoit des moyens spécifiques d'information (Cass. com. 11-12-2019 n° 18-15.369 FS-PB : RJDA 3/20 n° 166).

3. La banque doit **agir** en toute circonstance **de façon prudente** : notamment, elle doit éviter d'ouvrir un compte à un postulant qui manifeste une « hâte suspecte » (CA Metz 18-5-1977, précité) et vérifier que le postulant présente une assise financière suffisante pour le fonctionnement d'un compte (Cass. com. 8-10-1985 : Bull. civ. IV p. 191). Sur la responsabilité de la banque pour remise inconsidérée de carnets de chèques : n° 52248.

4. Lorsque le postulant est un commerçant, la banque doit lui demander un extrait de son **inscription au registre du commerce** (CA Grenoble 20-2-1967 : D. 1967.som.120).

5. La convention d'ouverture de compte ne comportant pas un engagement unilatéral de payer une somme d'argent, elle n'a **pas** à être constatée dans les termes de l'**article 1376** du Code civil (sur ce texte, n° 75689) (CA Rouen 1-12-1987).

6. Lorsqu'une personne se présente comme le **mandataire** du postulant, la banque doit vérifier que la procuration émane bien du titulaire du compte et doit recueillir sa signature (Cass. civ. 1-10-1975 : Bull. civ. II p. 189), mais aucune règle générale n'impose que cet acte soit établi en présence d'un agent de l'établissement (Cass. com. 28-4-2004 : RJDA 10/04 n° 1151).

7. Le compte ouvert auprès d'une banque française, en **devises étrangères,** au nom d'un étranger non résident en France, est censé être ouvert en France et non auprès du correspondant étranger de la banque française dans le pays de l'intéressé (CA Paris 26-11-1995 : D. 1987.som.290 obs. Vasseur).

Sur les comptes ouverts à un mineur non émancipé, n° 1016, et à un époux, n° 1321.

40136 **Pluralité de comptes ouverts au même titulaire** Chaque compte ouvert au nom d'une même personne est, sauf convention contraire, réputé être, dans l'intention des parties, indépendant des autres (Cass. req. 14-3-1932 : GP 1932.2.93 ; Cass. req. 5-7-1937 : S. 1937.1.363 ; Cass. com. 18-5-1954 : Bull. civ. III p. 137).

Il s'ensuit que :

– le calcul des intérêts ou agios s'opère en fonction de la position de chacun des comptes (CA Paris 3-12-1963 : JCP G 1964.II.13714 note Gavalda) ;

– la banque n'a pas à transférer les sommes d'un compte créditeur sur le compte débiteur ni pour éviter que celui-ci n'engendre des intérêts (CA Paris 24-7-1981 : D. 1982.IR.336 obs. Vasseur), ni pour compenser le solde débiteur d'un compte (Cass. com. 5-12-2000 : RJDA 3/01 n° 354) ;

– c'est le solde du compte sur lequel le chèque est tiré qu'il faut prendre en considération pour apprécier la provision et non la situation d'ensemble du client (Cass. req. 14-3-1932, précité ; CA Paris 26-7-1938 : GP 1938.2.556 ; CA Rouen 15-5-1979 : D. 1980.IR.125 obs. Vasseur).

Il convient aussi d'admettre que si une saisie-attribution est pratiquée sur un compte créditeur, ni le banquier ni le client ne peuvent se prévaloir de l'existence d'un autre compte en position débitrice.

Il **en est autrement** si les parties sont convenues d'affecter le solde créditeur d'un compte en gage à la garantie d'un autre compte, de compenser ou de fusionner le solde des différents comptes (n° 40611).

Les comptes dits **« à rubriques »,** dont une même personne est titulaire mais pour le compte d'autres personnes, fonctionnent en réalité **au nom de personnes distinctes** du titulaire, lequel agit comme le mandataire de ces personnes et n'est donc pas l'ayant droit des sommes qui y sont déposées (Cass. com. 14-5-1991 : D. 1992.13 note Martin ; Cass. com. 25-2-1992 : RJDA 5/92 n° 491 ; CA Paris 6-10-1995 : D. 1995.IR.268) ou, par conséquent, des intérêts éventuellement produits.

Comptes collectifs ou indivis Plusieurs personnes peuvent être cotitulaires d'un compte unique. Conformément au droit commun de l'indivision, ces comptes ne peuvent fonctionner que sous la **signature de tous** les titulaires (CA Paris 7-7-1981 : D. 1982.IR.335 obs. Vasseur, jugeant que le retrait effectué par un seul titulaire est susceptible d'engager la responsabilité de la banque). Mais, généralement, un des cotitulaires peut agir parce que les autres lui ont remis un **mandat.** 40139

Comptes joints Les comptes sont joints lorsqu'ils appartiennent à plusieurs titulaires qui sont convenus de les rendre communs ; la convention de compte joint ne se présume pas (Cass. civ. 16-6-1992 : Bull. civ. I p. 122 ; Cass. com. 8-3-2017 n° 15-15.350 F-D : RJDA 6/17 n° 424), sauf la présomption établie par l'article 753 du Code général des impôts lorsque le compte existe entre l'héritier et son auteur (pour un exemple, Cass. com. 2-6-1992 : RJDA 11/92 n° 1039) ; cette présomption s'applique aussi au compte joint ouvert au nom d'époux mariés sous le régime de la séparation de biens (Rép. Bas : AN 9-8-1982 p. 3306). 40142

Les **sommes** déposées sur le compte appartiennent aux titulaires du compte ; celui d'entre eux qui prélève en son nom personnel, au moyen d'un chèque, une somme détenue sur le compte ne peut prétendre avoir la possession personnelle de cette somme (Cass. civ. 18-12-1985 : Bull. civ. I p. 322).

La convention de compte joint implique que **chaque cotitulaire** est autorisé à faire fonctionner le compte sous sa seule signature ; en conséquence, le décès de l'un des cotitulaires, en l'absence de toute dénonciation de la convention et, partant, de toute modification des pouvoirs du titulaire survivant, ne prive pas le survivant de la faculté de disposer des fonds déposés sur le compte, sauf opposition établie (Cass. 1re civ. 9-12-2003 n° 00-22.718).

Le cotitulaire du compte ne peut être tenu solidairement au paiement des chèques tirés par l'autre que s'il est prévu une stipulation conventionnelle expresse en ce sens car, en sa qualité de cotitulaire du compte, il n'est pas obligé en vertu du chèque (Cass. com. 8-3-1988 : Bull. civ. IV p. 71) ; mais il est tenu à subir le paiement du chèque auquel le tireur a fait une opposition irrégulière, car il n'est pas, par là, condamné à payer le montant du chèque parce qu'il serait resté impayé faute de provision et qu'il serait tenu solidairement à réparer une telle défaillance, mais parce que la provision, incluse dans le solde du compte, a été bloquée par l'effet de l'opposition irrégulière et que, faute de paiement au bénéficiaire à qui elle avait été transmise, elle lui bénéficierait indûment (Cass. com. 10-1-1995 : RJDA 5/95 n° 612).

Par ailleurs, la banque peut réclamer à l'un quelconque des cotitulaires le paiement de l'intégralité du solde débiteur du compte dès lors que les cotitulaires sont liés par une clause de solidarité passive, sans avoir à établir que le codébiteur poursuivi a personnellement consenti à l'opération débitrice si l'autre titulaire n'a émis aucune contestation contre cette opération (Cass. com. 18-3-2008 n° 06-19.574 : RJDA 7/08 n° 838 ; CA Paris 5-4-2007 : JCP E 2007.2377 n° 26 obs. Salgueiro), ou parce que, à défaut même d'une telle clause, en cas de saisie-attribution du compte pour des sommes réclamées à un seul des cotitulaires, l'effet attributif de la saisie s'étend à la totalité du solde créditeur dans les conditions exposées au n° 59815).

La banque n'est tenue d'envoyer des **relevés** d'opérations à chacun des cotitulaires qu'autant que cela lui a été demandé (Cass. com. 8-10-2002 n° 1582 : RJDA 2/03 n° 175). Elle doit, néanmoins, aviser chacun des titulaires du compte joint de la clôture de celui-ci, notamment les héritiers du cotitulaire décédé de la clôture décidée par le survivant (Cass. com. 9-11-1993 : RJDA 5/94 n° 548).

Le compte joint est toujours **révocable** : il cesse d'être joint par la seule manifestation de volonté de l'un des titulaires indépendamment des dispositions internes prises par la banque pour informer les autres titulaires (Cass. civ. 19-7-1988 : Bull. civ. I p. 171 ; Cass. com. 30-1-1990 : D. 1990.513 note Martin). La banque doit, sauf convention contraire, avertir l'autre titulaire du compte du désengagement du cotitulaire du compte (Cass. com. 4-5-1999 : RJDA 7/99 n° 821).

La **liquidation** du solde d'un compte joint, qui est indivis entre les cotitulaires, doit se faire par moitié, sauf stipulation de parts inégales entre les cotitulaires (Cass. civ. 9-1-1996 : RJDA 8-9/96 n° 1076) ou preuve par l'un des titulaires de sa propriété personnelle sur les sommes pour renverser la présomption d'indivision (Cass. 1re civ. 2-4-2008 n° 07-13.509 : Bull. civ. I n° 102).

En cas de **saisie** d'un compte joint, il appartient au saisissant de prouver que les sommes saisies proviennent des revenus et biens propres de l'époux débiteur (Cass. 1re civ. 15-6-2017 n° 16-20.739 F-D ;

CA Bordeaux 5-4-2018 n° 16/00759 : GP 2018 n° 21 p. 74 som. note Salati) et la même preuve incombe au cotitulaire du compte qui demande la mainlevée de la saisie (CA Metz 9-8-2019 n° 18/02940).

40145 **Fonctionnement du compte** Le compte bancaire fonctionne selon les règles particulières suivantes :

40148 **1. Exécution des opérations.** La banque doit exécuter les ordres reçus du titulaire du compte ; notamment, elle doit :

- se conformer aux autorisations de prélèvement, lesquelles sont valables même si elles n'ont pas été établies par écrit (Cass. com. 1-4-1997 : RJDA 8-9/97 n° 1059) ;
- exécuter les ordres de bourse et être en mesure de prouver qu'elle les a reçus et qu'elle s'est conformée aux instructions du client (CA Paris 10-7-1992 : JCP E 1992.pan.1185 ; pour des exécutions fautives : Cass. com. 8-11-1994 : RJDA 3/95 n° 305 ; Cass. civ. 19-3-1996 : RJDA 8-9/96 n° 1058) ;
- exécuter les ordres téléphoniques lorsque le client les lui a confirmés par écrit ; la banque a valablement exécuté ces ordres sur un autre compte que celui visé dans la demande dès lors que le client a reçu pendant deux ans, pour ce second compte, des relevés mensuels sans élever aucune objection (T. com. Paris 19-6-1991 : RJDA 12/91 n° 1051) ;
- établir correctement les bordereaux de cession de créances afin de permettre l'individualisation de ces dernières et porter au compte toutes les sommes reçues (Cass. com. 30-1-1996 : RJDA 7/96 n° 942).

40151 **2. Relevé de compte.** La convention de compte doit prévoir de rendre compte périodiquement de toutes les opérations en crédit et en débit qui ont affecté le compte de dépôt ; sauf si la convention en dispose autrement, toutes les opérations en crédit ou en débit d'un compte de dépôt doivent être portées à la connaissance du client à intervalles réguliers n'excédant pas un mois (C. mon. fin. art. D 312-5).

L'envoi et la réception des relevés de compte constituent de simples faits pouvant être prouvés par tout moyen, ce que fait la banque qui produit en copie l'ensemble des relevés bancaires du compte litigieux ; dès lors, un professionnel normalement diligent ne peut avoir négligé, durant sept années consécutives, de suivre le relevé des écritures portées sur son compte et devait, en cas d'absence de réception de ses relevés périodiques ou en cas de retard, en aviser la banque (Cass. com. 13-11-2012 n° 11-25.596 : RJDA 5/13 n° 442).

Même le client non professionnel doit protester rapidement (cf. CA Colmar 30-4-1997 : Bull. inf. C. cass. 1997 n° 1397).

En cas de silence du client à la réception des relevés de compte, les juges doivent rechercher si celui-ci emporte approbation des écritures portées sur le relevé, notamment celle relative au montant du solde débiteur (Cass. com. 10-5-1994 : RJDA 10/94 n° 1047) ou au taux de l'intérêt conventionnel s'ils y sont invités (Cass. com. 10-1-2018 n° 16-14.465 F-D). L'approbation interdit toute réclamation du client, dès lors que celui-ci a été averti que, passé le délai pour contester, le compte serait considéré comme « reconnu conforme » (Cass. com. 14-4-1975 n° 74-10.009 : D. 1975.596 note Stoufflet ; CA Paris 10-3-1986 : Banque 1986.505 obs. Rives-Lange), mais non si la convention de compte prévoit que le défaut de protestation à la réception des relevés, dans un délai d'un mois, emporterait seulement présomption de l'accord du titulaire du compte sur leur contenu (Cass. com. 3-11-2004 n° 1559 : RJDA 3/05 n° 311, admettant que le client fasse la preuve contraire du contenu des relevés pendant la durée de la prescription).

40154 **3. Rémunération.** Les banques perçoivent des **intérêts** sur les soldes provisoires débiteurs selon les règles applicables aux comptes courants.

Ces règles sont transposables au compte de dépôt par analogie de situation, et à supposer que, comme il a été dit (n° 40130), le compte de dépôt ne soit pas devenu un compte courant.

Mais les intérêts des comptes de dépôt ne peuvent produire intérêts qu'à compter d'une année, la dérogation à la prohibition de l'anatocisme étant limitée aux seuls comptes courants (Cass. civ. 4-12-1990 : JCP E 1992.II.288 note Bellois-Caux ; sur la dérogation, n° 40584).

Les banques peuvent verser des intérêts sur les sommes déposées (Loi 2007-1774 du 17-12-2007 art. 7 abrogeant l'article L 312-3 du C. mon. fin qui l'interdisait par principe).

Les banques perçoivent aussi des **commissions** destinées à rémunérer les différents services qu'elles rendent à leurs clients.

Tout projet de modification du tarif des produits ou services convenu dans la convention de gestion de compte doit, à compter de l'application de cette convention (n° 40100), être communiqué sur support papier ou sur un autre support durable au client deux mois avant la date d'application envisagée ; l'absence de contestation par le client dans les deux mois suivant cette communication vaut acceptation du nouveau tarif (C. mon. fin. art. L 312-1-1, IV).

La demande de restitution d'intérêts, de frais et de commissions indûment prélevés sur un compte par un établissement bancaire, qu'elle soit présentée par voie d'action ou de défense au fond, est soumise à la prescription quinquennale (Cass. com. 30-1-2019 nº 17-20.496 F-D).

4. Utilisation des fonds. En l'absence de dispositions légales ou de stipulations conventionnelles le lui imposant, la banque n'est pas tenue de surveiller l'utilisation des fonds prêtés par l'emprunteur conformément à leur destination, sa seule obligation étant de délivrer l'intégralité du crédit promis (Cass. com. 23-1-2007 nº 05-18.368 : RJDA 12/07 nº 1272 ; Cass. com. 8-9-2021 nº 19-22.318 F-D : D. 2021.2120 note J.-B. Barbiéri). 40157

La clause par laquelle l'emprunteur autorise la banque à affecter directement le prêt à l'objet qui lui est donné, ne créant qu'une simple faculté, n'oblige pas la banque à respecter la destination du prêt (Cass. 1e civ. 25-2-2010 nº 08-19.848 : RJDA 6/10 nº 671 som.) ; il en est de même de la clause qui lui reconnaît le droit d'exercer tous contrôles utiles sur l'emploi des fonds prêtés (Cass. com. 1-10-2013 nº 12-25.741 : RJDA 2/14 nº 154).

La banque n'est pas non plus responsable si, au moment où il remet des chèques, le titulaire du compte n'indique pas leur affectation et transmet ses instructions à la banque ultérieurement (Cass. com. 14-11-1995 : RJDA 3/96 nº 366).

5. Propriété des fonds. Le titulaire du compte **possède** les sommes qui figurent dans le compte (CA Montpellier 8-12-2009 : JCP G 2010 nº 14-372 p. 698). Les fonds retirés par un mandataire sont présumés retirés pour le compte du titulaire du compte (Cass. civ. 3-3-1987 : Bull. civ. I p. 61), sauf si celui-ci et la banque prouvent que le mandataire en a fait un usage personnel, auquel cas il est tenu à payer solidairement le solde débiteur et à garantir le titulaire du compte (cf. Cass. civ. 6-3-1996 : RJDA 8-9/96 nº 1075). Un banquier dont la responsabilité est mise en cause au titre d'un manquement à son devoir de surveillance peut aussi obtenir la condamnation du mandataire à la garantir du montant des sommes transférées (Cass. com. 5-4-2023 nº 21-22.300 F-D : RJDA 10/23 nº 536). 40160

Le bénéficiaire de remises doit restituer les sommes indûment créditées par la banque, sans que celle-ci ait à prouver son erreur (nº 54202). Mais la banque ne peut pas procéder à la contre-passation de l'écriture ou d'un virement qu'elle a porté au crédit du compte du client, sans solliciter son autorisation (Cass. com. 24-11-2021 nº 20-10.044 : RJDA 4/22 nº 214).

Clôture du compte Comme tout contrat, le compte ouvert est clôturé à la **date convenue** par les parties ; si la durée du compte est indéterminée, chacune d'elles peut mettre unilatéralement fin au compte avec un délai de préavis permettant au titulaire du compte de prendre toutes dispositions utiles, peu important l'ancienneté des relations des parties (Cass. com. 23-9-2014 nº 13-19.683 : RJDA 1/15 nº 37). 40163

En cas d'exercice du droit au compte, celui-ci ne peut prendre fin par **résiliation unilatérale** émanant de l'établissement de crédit que sous les conditions définies par l'article L 312-1, IV (pour une application, Cass. com. 30-6-2021 nº 19-14.313 FS-B : RJDA 2/22 nº 104).

Sur les conditions de clôture du compte sur le fondement de la prescription en raison de l'absence de mouvement sur le compte pendant une certaine période : ci-dessous « Restitution des dépôts ».

La clôture du compte produit les conséquences suivantes :

1. Sort des commissions et intérêts. Dès la clôture du compte, les commissions de fonctionnement que prélevait le banquier ne sont plus dues (CA Nîmes 20-12-1972 : D. 1973.466 note Gavalda ; CA Paris 7-7-1972 : Banque 1972.1045 obs. Martin).

Sur les intérêts du solde des comptes courants, nº 40599.

2. Arrêté de compte. Voir nº 40596 concernant l'arrêté du compte courant, les solutions, qui n'ont rien de spécifique au compte courant, étant transposables à l'arrêté d'un compte de dépôt.

3. Restitution des dépôts. Le banquier est tenu de restituer les sommes portées au crédit du compte, l'ayant droit à ces sommes, qui sont des choses de genre, n'ayant qu'une créance en restitution car le dépositaire en est devenu propriétaire (Cass. civ. 7-2-1984 : D. 1984.638 note Larroumet).

Le titulaire du compte étant présumé l'ayant droit aux sommes déposées sauf preuve contraire (Cass. com. 4-3-1997 : RJDA 8-9/97 nº 1069), la restitution n'est due qu'au titulaire réel des sommes figurant au compte, en dépit de l'intitulé de celui-ci au nom d'une autre personne (Cass. com. 22-11-1994 : RJDA 3/95 nº 303) ou de la gestion du compte, en fait, par une autre personne (Cass. com. 30-10-2007 nº 06-10.726 : RJDA 5/08 nº 562). Le banquier doit restituer les fonds au véritable ayant droit au cas où il les a remis au présentateur d'un faux accréditif (CA Toulouse 11-9-1989 : D. 1991.som.32 obs. Vasseur). En cas de contestation sur la qualité du bénéficiaire de la restitution, il appartient au banquier de prouver qu'il a reçu du déposant l'ordre d'effectuer le paiement contesté (Cass. com. 31-10-2006 nº 05-11.250).

En tant que dépositaire, le banquier est tenu de restituer dans les mêmes conditions les instruments financiers déposés dans ses mains.

40163 (suite) Le banquier peut donc invoquer la compensation avec une dette de son client (Cass. com. 4-3-1997, précité).

4. Compte inactif. Le banquier est tenu de recenser tous les ans les comptes inactifs ouverts dans ses livres (C. mon. fin. art. L 312-19), avant transfert des sommes à la Caisse des dépôts et consignations dans un délai de trois ans (décès du titulaire du compte) ou dix ans (autres cas : absence de toute opération ou de manifestation du titulaire, de son représentant ou d'une personne habilitée).

Un compte est qualifié d'inactif à l'issue d'une période de douze mois lorsque son titulaire est décédé ou qu'aucune opération démontrant l'usage effectif du compte n'a été identifiée et que le titulaire du compte, son mandataire ou une personne habilitée ne s'est pas manifestée, sous quelque forme que ce soit (C. mon. fin. art. L 312-19, I-1° et 2°). L'inscription d'intérêts et/ou de frais et commissions de toute nature, le versement de produits ou le remboursement de titres de capital ou de créance ne sont pas des opérations permettant de qualifier un compte d'actif. Pour certains comptes (comptes-titres, livrets, compte à terme, épargne salariale), le délai d'inactivité est porté à cinq ans.

En application du principe de sécurité juridique innervant dans l'ensemble des articles de la convention européenne de sauvegarde des droits de l'Homme, les États ont l'obligation positive de protéger le citoyen et de prévoir ainsi l'obligation des banques, compte tenu des conséquences fâcheuses que peut avoir la prescription, de tenir informé le titulaire d'un compte inactif de l'approche de la fin du délai de prescription ; n'exiger aucune information de ce type risque de rompre le juste équilibre entre les exigences de l'intérêt général de la communauté et les impératifs de la sauvegarde des droits fondamentaux de l'individu (CEDH 29-1-2013 n° 66610/09 : RD bancaire 2013 n° 3 § 79 obs. Crédot et Samin).

Le banquier doit reverser à l'État les **soldes créditeurs** des comptes qui n'ont **pas été réclamés** pendant trente ans (CGPPP art. L 1126-1, 3°), ce délai courant du jour de la clôture du compte (Cass. com. 10-12-2003 n° 1781 : RJDA 5/04 n° 605).

En cas d'indisponibilité des fonds constatée par l'Autorité de contrôle prudentiel et de résolution (APCR), le déposant a **droit à une indemnisation** conformément aux dispositions des articles L 312-4 s. du Code monétaire et financier relatives au fonds de garantie des déposants et des investisseurs (sur l'incidence du redressement ou de la liquidation judiciaire d'un établissement de crédit, C. mon. fin. art. L 613-24 s. et R 613-19 s. ; sur un refus d'indemnisation, TA Paris 25-3-2014 n° 1206289 : RD bancaire 2014 obs. Crédot et Samin). Les banques doivent désormais informer leurs clients de l'existence et des modalités de cette garantie avant l'entrée en relation contractuelle et après la conclusion du contrat (C. mon. fin. art. L 312-16 et arrêté du 27-10-2015).

Les investisseurs doivent également adhérer à un mécanisme de garantie des titres qui a pour objet de les indemniser en cas d'indisponibilité de leurs instruments financiers déposés ainsi que de leurs dépôts en espèces lorsqu'ils sont liés à un service d'investissement, à la compensation ou à la conservation d'instruments financiers et qu'ils n'entrent pas dans le champ d'application de l'article L 312-4 susvisé (C. mon. fin. art. L 322-1).

En cas de détournement des fonds par le banquier, le dommage se produit au lieu de l'appropriation indue des fonds par le banquier, suite à des retraits, des prélèvements et des virements (Cass. 1e civ. 19-11-2014 n° 13-16.689 : RJDA 5/15 n° 402).

CHAPITRE 2 COMPTES

SOMMAIRE

A. Compte courant 40500
B. Compte ordinaire 40650

A. Compte courant

GÉNÉRALITÉS

Définition Le compte courant est le compte qui fonctionne **en vertu** d'un **accord** – donc un contrat – conclu entre deux parties appelées à devenir alternativement créancière et débitrice l'une de l'autre, aux termes duquel : 40500

– **toute créance inscrite** au compte **sera réputée payée** par cette inscription, seul le solde du compte au moment convenu pour l'arrêter devant donner lieu à un règlement par la partie débitrice ;

– **chaque créance inscrite** au compte est **censée être garantie** par les créances à venir qui doivent être inscrites au compte et qui viendront équilibrer la balance du compte tôt ou tard.

Les parties à un compte courant sont généralement dénommées « les correspondants du compte ».

Points sensibles Pour bénéficier des avantages du compte courant, les parties doivent prendre les précautions suivantes : 40503

– elles doivent aussi clairement que possible faire état de leur **intention d'ouvrir un compte** courant et, par conséquent, établir à cet effet un écrit (nos 40510 s.) ;

– elles doivent aussi **définir rigoureusement les créances qu'elles entendent inscrire** au compte courant, car celui-ci ne fonctionnera qu'à propos de l'objet qu'elles lui auront assigné (nos 40530 s.) ;

– elles doivent se souvenir, une fois le compte courant établi, que toute créance inscrite est réputée payée et que par là même le **régime qui lui était applicable jusqu'à son inscription disparaît,** ce qui entraîne en particulier extinction des sûretés qui étaient attachées à la créance inscrite et changement de la prescription qui la concernait, le règlement du solde du compte étant soumis à la prescription de droit commun, alors que la prescription de la créance inscrite pouvait être d'une durée particulière (no 40542) ;

– elles doivent prendre parti **par écrit sur un taux d'intérêt conventionnel, avec mention du taux effectif global,** pour les intérêts produits par le solde du compte, sous peine d'application du taux légal, et spécialement retenir que cet écrit doit spécifier expressément le taux applicable pendant le fonctionnement du compte et le taux applicable après la clôture du compte au solde de ce compte (nos 40581 et 40599).

Régime **Aucune disposition légale** ne fixe le régime du compte courant. Celui-ci a été entièrement élaboré par les tribunaux. 40506

Lorsqu'il est ouvert auprès d'une banque, le compte courant obéit aussi aux règles générales du compte bancaire (nos 40130 s.) dans la mesure où celles-ci sont compatibles avec les règles spécifiques ci-après exposées.

EXISTENCE DU COMPTE COURANT

Toute personne peut ouvrir avec une autre un compte courant si se trouvent constatées : 40510

– leur volonté commune de porter en compte courant des créances déterminées ;

– l'inscription effective en compte des créances convenues ou, selon la terminologie en usage, l'exécution de remises au compte ;

– la réciprocité de ces remises.

Parties au compte courant **Rien ne s'oppose** à ce qu'un compte courant fonctionne **entre deux** personnes **non commerçantes** ou entre un commerçant et un non-commerçant, 40513 dès lors que les intéressés veulent se lier par un compte courant (pour l'exemple d'un compte civil, Cass. com. 2-3-1976 : Bull. civ. IV p. 69 ; pour des exemples de compte courant entre un non-commerçant et sa banque, Cass. req. 1-2-1928 : DH 1928.151 ; Cass. com. 30-5-1985 : Bull. civ. IV p. 144 ; CA Paris 9-11-1949 : D. 1950.113 ; CA Nouméa 24-12-1987 : JCP G 1988.II.21080 note Vivier : à propos d'un avocat).

Si la destination professionnelle d'un crédit doit résulter d'une stipulation expresse, les dispositions régissant le crédit à la consommation ne sont pas applicables à la convention de compte courant à vocation professionnelle, même si ce dernier fonctionne à découvert (Cass. 1e civ. 14-10-2015 n° 14-21.894 F-PB : RJDA 12/15 n° 859).

40516 **Commune intention des parties** Le compte courant ne peut exister que si chacune des parties l'a accepté (Cass. com. 23-10-1974 : JCP G 1974.II.17761 note Stoufflet ; Cass. com. 13-5-1980 : Bull. civ. IV p. 159 ; Cass. com. 6-2-1985 : BT 1985.193 ; Cass. com. 13-12-1994 : RJDA 4/95 n° 459). La volonté des parties, si les termes de l'ouverture du compte ne sont pas suffisamment précis, doit être **recherchée par le juge** à travers le fonctionnement effectif du compte (Cass. com. 12-3-1996 : RJDA 6/96 n° 808 ; pour une application, Cass. com. 6-12-2011 n° 10-24.852 : RJDA 3/12 n° 326).

Cette intention peut être établie **tacitement** à partir des éléments de fonctionnement du compte (Cass. com. 23-10-1973 : D. 1974.IR.3 ; CA Paris 26-5-1959 : GP 1959.2.122), notamment de ceux qui traduisent le désir de tenir pour payée toute créance inscrite au compte et de n'ouvrir une action en paiement que pour le solde (Cass. com. 26-11-1974 : Bull. civ. IV p. 250 ; Cass. com. 22-11-1982 : BT 1982.81 ; CA Paris 27-5-1988 : BT 1989.68).

Jugé qu'il n'existait pas de compte courant :

– lorsque les parties avaient prévu un règlement de chaque fourniture par chèque ou lettre de change, ce qui impliquait le désir d'obtenir un paiement séparé et distinct, donc exclusif de toute idée de compte courant (Cass. com. 13-1-1970 : Bull. civ. IV p. 16 ; CA Grenoble 22-9-2004 : BTL 2004.689, relevant en outre qu'une partie avait transféré ses créances à un affactureur) ;

– lorsque chaque opération a fait l'objet d'une facture distincte l'individualisant nettement (CA Toulouse 18-3-1975 : BT 1975.370 ; rappr. Cass. 1e civ. 15-3-2005 n° 566 : Bull. civ. I n° 137) ;

– lorsque le compte n'est qu'une « présentation comptable dans laquelle un commissionnaire de transport fait apparaître à son débit le relevé des factures de son transporteur habituel et à son crédit les avoirs sur ce dernier ou les factures dont celui-ci serait censé être débiteur », sans qu'il y ait intention de remises réciproques, les créances et dettes de chacun ayant conservé leur individualité propre (CA Paris 4-2-1977 : BT 1977.210 ; contra, Paris 19-4-1984 : BT 1985.148) ;

– lorsque les opérations entre les parties, enregistrées dans les journaux auxiliaires, ont été ventilées sur un livre, même s'il y a report du solde en fin d'exercice ; en effet, chaque opération conservait son individualité, les dettes étant exigibles à leur propre date d'échéance ; il s'agissait donc d'un compte client pour l'une des parties et d'un compte fournisseur pour l'autre (CA Paris 31-5-1979 : BT 1979.378) ;

– lorsque les parties ont conclu une convention qui fixe seulement, après relevé de compte énumérant avec précision chacune des factures non réglées par l'une d'elles à l'autre, les modalités d'un paiement échelonné pouvant éventuellement s'effectuer par compensation mais excluant formellement « toute novation », la partie créancière conservant, selon la volonté des parties, « l'intégralité de ses droits tant pour le passé que pour l'avenir » (CA Paris 7-11-1986 : BT 1987.255) ;

– lorsqu'une partie récapitule ses factures dans un relevé de compte sans établir une balance avec celles de son cocontractant pour dégager un solde (CA Paris 25-4-1990 : BT 1991.99) ;

– lorsqu'un état mensuel des créances et des dettes réciproques donne lieu à un solde immédiatement clôturé pour faire place à un nouvel état le mois suivant, car le fonctionnement du compte courant implique une fusion d'une certaine durée de l'ensemble des articles du crédit et du débit (CA Paris 19-2-1991 : RJDA 5/91 n° 420).

Par ailleurs, on ne saurait considérer comme preuve de l'existence d'un compte courant le seul fait que, dans sa comptabilité, l'une des parties a inscrit au débit les sommes que l'autre est censée lui devoir (CA Paris 16-5-1980 : BT 1980.475) ni le fait qu'une épouse a été partie à une ouverture de crédit avec son conjoint réalisée à travers le compte courant établi au seul nom du mari, ce qui exclut la poursuite du paiement du solde contre cette épouse (Cass. com. 16-5-1995 : RJDA 11/95 n° 1253 ; Cass. com. 4-7-1995 : RJDA 12/95 n° 1399).

Le compte courant n'existe, en tout état de cause, que pour les créances que les parties ont entendu y inscrire (Cass. req. 2-3-1938 : GP 1938.1.795 ; Cass. com. 10-1-1966 : Bull. civ. III p. 12).

40519 **Existence de remises** Pour qu'il y ait compte courant, **il faut que les parties** effectuent des remises, c'est-à-dire **inscrivent effectivement** les créances résultant des opérations qu'elles font entre elles dans le compte (Cass. com. 23-10-1973 : Bull. civ. IV p. 261), sous les conditions suivantes.

1. La créance doit être inscrite **au disponible du compte,** c'est-à-dire avec l'intention de lui faire produire tous les effets attendus du compte.

2. La créance inscrite doit **correspondre à une somme d'argent** et être une créance **en pleine propriété** (Cass. com. 20-4-1948 : D. 1948.375).

Il s'ensuit :
– qu'un effet de commerce remis à titre de garantie ou pour recouvrement à un banquier ne peut être inscrit au disponible du compte (Cass. com. 17-11-1981 : Bull. civ. IV p. 314) ; mais un effet remis à l'escompte peut être inscrit au compte puisqu'il est transmis à titre de propriété (nos 41212 et 41218 s.) ;
– qu'un compte courant ne peut exister entre le consignataire d'un navire et l'affréteur à temps de ce navire car le consignataire, agissant comme le mandataire de cet affréteur, n'est pas créancier du fret qu'il réclame au chargeur pour le compte de ce dernier (CA Rouen 5-9-1985 : Recueil du Havre 1985 p. 77).

3. La créance ne peut être inscrite que si elle est **certaine, liquide et exigible.**
Tant que la créance ne répond pas à ces conditions, elle est inscrite en **différé** du compte, c'est-à-dire en attente jusqu'à ce que les conditions pour qu'elle puisse être définitivement inscrite au compte en disponible soient réunies ; à défaut, elle ne sera pas retenue au moment de la clôture du compte (n° 40593).

Ce n'est pas le cas de la créance qu'une banque prétend détenir sur le titulaire d'un compte courant au titre d'un engagement de caution qu'elle a souscrit au profit de ce dernier dès lors que l'exécution du cautionnement est seulement éventuelle (Cass. com. 6-2-1996, 1e esp.), sauf s'il y a eu exécution partielle et que l'obligation d'autres paiements est certaine (Cass. com. 6-2-1996, 2e esp. : RJDA 7/96 n° 943), ni des créances incertaines pouvant résulter au profit d'une banque des contre-passations des effets qu'elle a escomptés, celles-ci n'étant qu'éventuelles (Cass. com. 7-4-1998 : RJDA 8-9/98 n° 1028).

Réciprocité et alternance des remises Il n'y a pas compte courant si une même partie ne peut jamais devenir débitrice ou créancière de l'autre (Cass. com. 17-12-1991 : RJDA 1/92 n° 60 ; Cass. com. 9-10-2001 : RJDA 2/02 n° 188 ; CA Versailles 1-10-1993 : RJDA 3/94 n° 307). **40522**

Il y a compte courant dès lors :
– qu'une entreprise chargée de la distribution de marchandises porte au débit de son commettant ses frais d'intervention et au crédit de ce dernier les sommes qu'elle est amenée occasionnellement à encaisser des destinataires à titre de frais de transport déjà payés par le commettant (CA Toulouse 18-10-1973 : BT 1974.127) ;
– qu'un compte bancaire a enregistré au crédit des remises d'effets de commerce et au débit des agios et commissions à l'exclusion de toute autre écriture (Cass. com. 23-10-1973 : JCP G 1974.II.17761 note Stoufflet ; dans le même sens : Cass. com. 9-4-2002, 2 arrêts : RJDA 8-9/02 n° 922 et n° 923).
Un compte courant conserve sa qualité si, pendant un ou plusieurs exercices, une partie a toujours été remettant sans qu'il n'y ait eu aucune remise de l'autre partie, la **seule possibilité de remises réciproques suffisant** : ainsi, un compte courant peut exister entre deux parties, même lorsqu'il est alimenté exclusivement par des avances d'une partie, dès lors qu'il n'est point établi que l'autre partie n'avait pas eu, dès l'ouverture du compte, la possibilité d'effectuer des remises (Cass. com. 10-6-1949 : JCP G 1949.II.5106 note Cabrillac) ; en revanche, il n'y a pas compte courant, en dépit de l'appellation utilisée par les intéressés, lorsqu'un compte reçoit inscription des avances consenties par un associé à la société, car il n'est pas envisagé dans l'intention commune que la société soit appelée à y faire des remises et devienne à son tour créancière de l'associé (CA Rouen 5-6-1986).

Le compte courant **disparaît** si la réciprocité des remises vient à faire défaut en cours de fonctionnement (Cass. com. 16-2-1965 : Bull. civ. III p. 107 : cessation des remises due à la révocation du découvert consenti par une banque).
Mais un compte de **dépôt** auprès d'une banque (n° 40130) devient un compte courant dès lors que la banque accepte de façon habituelle des découverts et un solde débiteur (CA Versailles 13-5-1988 : GP 1989.som.29).

FONCTIONNEMENT DU COMPTE COURANT

Inscription des créances convenues Dès lors que les parties sont convenues d'établir entre elles un compte courant, **toutes les créances qu'elles y ont affectées** doivent y être inscrites (cf. Cass. com. 10-6-1975 : Bull. civ. IV p. 134, imposant aux juges de rechercher, à propos d'une créance donnée, si elle ne s'inscrit pas dans un ensemble d'opérations devant être portées dans un compte), à condition que ces créances soient nées avant la clôture du compte (Cass. com. 30-11-1970 : Bull. civ. IV p. 282). **40530**

Ainsi, lorsque les parties ont eu l'intention d'inclure dans un compte toutes les créances nées de leurs conventions, les sommes dues au titre d'une pénalité y sont incorporées dès leur naissance (Cass. req. 29-7-1929 : S. 1930.1.214).

Mais, bien entendu, les créances que les parties **conviendraient d'exclure** pour leur donner une affectation spéciale ne doivent pas être portées au compte ; leur **inscription en compte,** le cas échéant, n'entraîne donc **pas** leur **entrée en compte** ; tel est le cas de l'inscription en compte de la somme correspondant à un prêt autonome par rapport au compte consenti par une banque au titulaire du compte, qui laisse ainsi subsister l'engagement de la caution du prêt (Cass. com. 12-5-1987 n° 85-13.338 : Bull. civ. IV n° 112 ; Cass. com. 4-5-1993 : RJDA 11/93 n° 925 ; Cass. com. 21-10-1997 :

RJDA 2/98 n° 201 ; Cass. com. 13-5-2003 n° 774 : RJDA 12/03 n° 1224), sous réserve du cas où la créance de prêt a été novée par la souscription de billets à ordre dont le montant a été inscrit au compte (Cass. com. 19-3-1980 n° 78-14.000 : Bull. civ. IV n° 135 ; toutefois, CA Poitiers 16-4-1986 : D. 1987.som.289 obs. Vasseur, exigeant pour l'entrée en compte des billets que ceux-ci aient été inscrits au débit du compte).

Une modification des créances à inscrire doit être acceptée par les deux parties (CA Rouen 7-3-1991, refusant à une partie la possibilité d'imposer unilatéralement à l'autre l'affectation spéciale d'une remise).

Le titulaire d'une **créance assortie d'une sûreté** peut aussi refuser de l'inscrire au compte, sauf convention contraire, pour sauvegarder sa garantie (Cass. com. 23-4-2013 n° 11-26.047 : GP 2013.som. 8 novembre note Houin-Bressand).

40533 L'**entrée en compte** d'une créance qui doit y être inscrite se fait de **plein droit** au jour de sa remise. Celle-ci n'est **pas** constituée seulement par l'écriture matérielle en compte ; l'inscription – bien qu'elle soit l'expression courante, et utilisée par la suite, pour désigner la remise – n'est qu'une régularisation comptable d'une entrée en compte qui peut être antérieure et se situer au jour où la créance remise se trouve certaine, liquide et exigible (Cass. req. 29-7-1929 : S. 1930.1.214 ; Cass. com. 13-12-1948 : Bull. civ. II p. 1075 ; Cass. com. 10-5-1989 : Bull. civ. IV p. 97 ; Cass. com. 16-10-2007 n° 06-14.574 : RJDA 1/08 n° 66).

Ainsi :

– la remise à une banque, le 6 novembre, d'un chèque postal tiré à son ordre prend effet à cette date, la propriété de la provision étant transmise, dès ce jour, à la banque, bien que celle-ci n'ait porté l'écriture au crédit du compte courant du remettant que le 13 novembre, et ce, postérieurement au jugement prononçant le règlement judiciaire dudit remettant, survenu entre le 6 et le 13 novembre (CA Paris 7-11-1977 : D.1978.IR.416 obs. Vasseur) ; de même, le virement reçu par une banque le 6 avril est entré en compte ce jour-là bien que l'inscription en compte ait été faite le 9 avril (Cass. com. 22-10-1996 n° 93-15.787 : Bull. civ. IV n° 249) ;

– aussi n° 40542.

40536 L'**entrée** en compte est **irrévocable** : la créance se fond dans le compte dont les opérations forment un tout indivisible qu'il n'est pas permis de décomposer et de scinder (cf. CA Montpellier 11-2-1964 : JCP G 1964.II.13649 note Rives-Lange).

Toutefois, le banquier escompteur d'une lettre de change peut contre-passer la lettre impayée à l'échéance (n° 41221).

40539 **Fusion des créances en un solde** L'inscription d'une créance au compte vaut, de ce seul fait, **paiement** de cette dernière (Cass. com. 7-6-1994 : RJDA 11/94 n° 1178 ; CA Paris 16-1-2020 : RJDA 6/20 n° 318) ; il importe peu que la créance soit inscrite au débit et que le compte comporte des inscriptions au crédit (Cass. com. 13-12-2005 n° 04-15.255 : RD bancaire 2006 n° 184 obs. Crédot et Samin ; rappr. Cass. com. 30-9-2008 n° 07-13.298 : JCP E 2009.1538 n° 16 obs. Causse). Le paiement est définitif du jour où la créance passe du différé du compte au disponible du compte (n° 40519).

En raison de l'indivisibilité du compte, il ne peut pas être procédé à l'imputation d'un paiement sur une des créances entrées dans le compte, sauf accord des parties sur une affectation spéciale de la remise (Cass. com. 27-3-2001 : JCP E 2001.1330 n° 8 chr. J. Stoufflet ; CA Agen 20-8-2003 n° 02-20 : Bull. inf. C. cass. 2005 n° 1763) et à condition que cette affectation soit demandée avant l'entrée en compte de la créance considérée (Cass. com. 3-7-2012 n° 11-19.476 : RJDA 11/12 n° 990).

Il s'ensuit que la créance est éteinte sauf dans quelques cas exceptionnels où elle demeure individualisée.

40542 **Conséquences de l'extinction de la créance** La créance est éteinte avec les conséquences suivantes.

1. Les **sûretés** dont elle était assortie **disparaissent** (Cass. civ. 25-4-1910 : DP 1912.1.364 ; Cass. com. 10-6-1949 : JCP G 1949.II.5106 note Cabrillac ; CA Besançon 31-1-1980 : D. 1981.IR.17 obs. Vasseur).

Encore faut-il que l'écriture passée en compte courant ait effectivement porté sur la créance garantie, ce qui n'est pas le cas lorsque a été « inscrit le montant des warrants » assortissant ladite créance car cette inscription ne constatait pas la créance de la banque, qui donc n'était pas entrée en compte et demeurait garantie (Cass. com. 12-1-1988 n° 86-14.886 : D. 1989.90 note Aubertin).

Sur la survivance du cautionnement d'un prêt autonome par rapport au compte courant, n° 40530.

Disparaît aussi le **titre exécutoire** attaché à la créance née d'un acte notarié de prêt (Cass. 2e civ. 13-11-2014 n° 13-25.193 : RJDA 5/15 n° 380, refusant au prêteur la possibilité d'inscrire une hypothèque provisoire en garantie de ce qui lui est dû sans autorisation du juge).

2. La **prescription** qui concernait la créance ne lui est plus applicable ni quant à son point de départ ni quant à sa durée (Cass. civ. 10-1-1872 : D. 1872.1.102 ; CA Toulouse 18-10-1973 : BT 1974.127) ; la prescription ne concerne plus alors que le solde du compte (Cass. com. 22-12-1981 : Bull. civ. IV p. 363).

Au moment où il sera établi, le solde du compte sera soumis à prescription, laquelle sera celle du droit commun, soit cinq ans (n° 71725).

3. Le **tribunal compétent** pour connaître des contestations relatives au compte courant est celui qui est compétent pour connaître du contrat de compte courant et non celui qui aurait eu compétence pour connaître de la créance passée en compte courant (Cass. req. 1-3-1887 : D. 1887.1.161).

4. La créance inscrite en compte ne peut **pas être saisie** (Cass. civ. 23-1-1922 : D. 1925.1.72), la saisie ne portant que sur le solde disponible (n° 59815).

Son paiement ne peut pas non plus être réclamé par le créancier ; en effet l'inscription d'une créance de prêt au débit du compte d'une somme correspondant au montant d'un chèque de banque tiré par la banque et remis à son client vaut paiement si l'acte de prêt le prévoit ; par suite, le prêteur ne peut pas en exiger le paiement et doit déclarer sa créance pour le solde disponible (Cass. com. 13-9-2016 n° 15-12.936 F-D : RJDA 2/17 n° 108).

5. Les intérêts que la créance produisait éventuellement avant son entrée en compte cessent de courir ; mais de nouveaux intérêts, attachés à l'entrée en compte, commencent à courir à compter de cette date (n° 40575).

6. Les créances inscrites ne peuvent **pas** être **extraites** du compte, sauf à démontrer que la créance revendiquée a conservé son individualité (Cass. com. 17-10-1995 : RJDA 1/96 n° 119) ou l'accord des deux correspondants pour décider cette extraction (Cass. com. 27-2-1961 : Bull. civ. III p. 94).

7. Les créances inscrites au disponible du compte au jour du **redressement judiciaire** - ou, par analogie, de toute autre procédure collective - de l'une des parties sont éteintes par compensation légale de plein droit avant le jugement d'ouverture (Cass. com. 5-12-1995 : RJDA 3/96 n° 368 ; CA Paris 20-6-2003 n° 02-13707 : RJDA 2/04 n° 215).

Dès lors que la convention de compte courant antérieure au jugement d'ouverture n'est pas suspecte, les dettes d'une partie doivent être inscrites au compte, même si cette inscription est postérieure au jugement, car elle est l'exécution d'une convention de compensation in futurum licite (CA Rouen 24-4-1948 : JCP G 1948.II.4464 note Larguier : inscription modificative du montant de travaux antérieurs au jugement non inscrits à leur véritable prix).

Individualisation de la créance En dépit de son inscription au compte, la **créance** est individualisée dans les cas suivants. 40566

1. Si, après inscription, en vertu d'une mesure exceptionnelle, le **montant** de la créance **se trouve diminué,** le débiteur peut obtenir diminution du montant de la somme inscrite au compte en proportion (Cass. civ. 19-11-1929 : D. 1930.1.97 note Hamel : abaissement des taux d'intérêt en faveur des victimes de circonstances de guerre).

2. Si la créance **vient à disparaître** (par remise de dette, voire résolution ou annulation, Cass. civ. 19-11-1929, précité) ou si l'inscription au compte est injustifiée (Cass. com. 4-11-1958 : Bull. civ. III p. 316 ; Cass. com. 28-10-1986 : D. 1987.som.299 obs. Vasseur), l'inscription au compte se trouve alors sans cause, désormais sans contrepartie (n°s 12496 s.), et doit faire l'objet d'une contre-passation ; il en est de même si ont été passés en compte un trop-perçu (Cass. com. 12-7-1961 : Bull. civ. III p. 282), un enrichissement sans cause, désormais dit « injustifié » n°s 10315 s. (Cass. com. 4-7-1961 : JCP G 1962.II.12646 note Rives-Lange), une créance illicite (Cass. crim. 4-6-1935 : DP 1936.1.55 note Hamel) ou des intérêts conventionnels non justifiés (Cass. com. 8-3-2005 n° 365 : RJDA 8-9/05 n° 1026).

3. S'il y a lieu de **faire état,** notamment à l'égard des tiers, de la position du compte à un moment donné et d'analyser chaque opération pour déterminer si la dépense constituait une dette personnelle au titulaire du compte ou une dette de la communauté ou de l'indivision postcommunautaire à laquelle était partie le titulaire du compte (Cass. civ. 25-6-1985 : D. 1986.IR.81).

DROITS DES PARTIES SUR LE SOLDE PROVISOIRE DU COMPTE COURANT

Le **solde** du compte peut être provisoirement arrêté, **à n'importe quel moment,** en cours de fonctionnement. 40570

Il est traité comme une créance dans les conditions suivantes.

1. Si le compte courant est un compte bancaire, le **client** créditeur du solde provisoire a provision et **peut tirer un chèque** jusqu'à concurrence du montant du solde créditeur (n° 52295).

2. L'**action paulienne** peut être exercée par le correspondant créditeur du solde provisoire contre un acte fait par le correspondant débiteur de ce solde provisoire, car le demandeur jouit sur la base dudit solde d'un principe de créance (Cass. civ. 17-1-1984 : D. 1984.437 note Malaurie).

3. Les **créanciers** du correspondant qui bénéficient d'un solde provisoire créditeur peuvent se faire saisir-attribuer le solde, dans la mesure où il est disponible, c'est-à-dire s'il n'est pas par ailleurs affecté à la garantie d'autres créances (Cass. com. 13-11-1973 : Bull. civ. IV p. 290 : à propos de la saisie-arrêt mais transposable à la saisie-attribution).

4. Le **correspondant créancier** du solde provisoire ne peut **pas,** tant que le compte est resté ouvert, exercer contre l'autre partie une **action en paiement** (Cass. com. 25-11-1974 : Bull. civ. IV p. 247) ni exiger la **compensation** avec les autres créances de sens inverse laissées par la convention en dehors du compte courant (Cass. civ. 16-1-1940 : DC 1942.93 note Hamel). Partant, le créancier (notamment le banquier qui jouit d'une caution garantissant ce solde) ne peut pas poursuivre sa caution (n° 40608). Toutefois, les parties peuvent convenir du contraire (Cass. com. 24-2-1975 : Bull. civ. IV p. 44 ; Cass. civ. 27-6-1984 : Bull. civ. I p. 179 ; CA Rennes 24-11-1995 : JCP G 1996.IV.1902).

5. En cas d'ouverture d'une **procédure collective** à l'encontre du titulaire d'un compte bancaire, le solde débiteur provisoire peut être arrêté mais il n'est pas exigible si le compte a continué à fonctionner après le jugement d'ouverture et donc n'a pas été clôturé définitivement (Cass. com. 3-1-1995 : RJDA 4/95 n° 490 : à propos d'un redressement judiciaire mais transposable désormais à toute procédure collective, les contrats pouvant être continués en cas de sauvegarde et de liquidation judiciaire - n°s 62000 s. ; dans le même sens, CA Riom 15-1-2020 n° 18/00281).

INTÉRÊTS DES CRÉANCES INSCRITES AU COMPTE COURANT

40575 **Cours des intérêts de plein droit** Le solde d'un compte courant est productif d'intérêts de plein droit du jour où il a été arrêté, **même si aucune convention** n'est intervenue à ce sujet, la convention expresse d'intérêt résultant du seul fait que le compte du client présente les caractères d'un compte courant (Cass. com. 15-7-1986 n° 84-16 376 : Bull. civ. IV n° 160) ; cette production d'intérêts se rencontre notamment dans le cas où une banque a consenti une autorisation de découvert à un client (n°s 41400 s.), laquelle est, de surcroît, présumée consentie à titre onéreux (Cass. com. 10-10-2000 : RJDA 1/01 n° 65), mais cette présomption doit être écartée lorsqu'il est établi que les parties n'ont pas entendu stipuler d'intérêts (CA Rouen 4-3-1992).

40578 La date, dite « **date de valeur** », à partir de laquelle les intérêts des sommes inscrites au crédit ou au débit du compte commencent à courir, ne peut être **différée ou avancée** par rapport à la date d'entrée au compte de la créance qui entraîne de droit le paiement par compensation, sauf s'il s'agit de remise de chèques en vue de leur encaissement (Cass. com. 6-4-1993 : RJDA 7/93 n° 635 ; Cass. com. 15-10-1996, 2e espèce : RJDA 1/97 n° 80) ou de la remise d'un effet de commerce à l'encaissement (Cass. com. 17-10-1995 : RTD com. 1996.96 obs. Cabrillac, RJDA 1/96 n° 83). Dans ces cas, les juges n'ont pas à rechercher d'office si l'usage de l'informatique permettait une réduction du temps nécessaire pour procéder aux différentes opérations (CA Paris 5-7-1996 : RJDA 1/97 n° 79).

Il appartient à la banque de **justifier,** opération par opération, que les dates de valeur appliquées pour le calcul des intérêts débiteurs d'un compte courant procèdent d'une raison déterminée (Cass. com. 1-2-2000 : RJDA 5/00 n° 582). Les dates de valeur appliquées peuvent être **contestées** même si elles figuraient sur des relevés de compte qui n'ont pas fait l'objet de protestations par le titulaire de celui-ci à leur réception (Cass. com. 31-5-2011 n° 10-18.599 : RJDA 8-9/11 n° 727), sauf stipulation expresse emportant renonciation de sa part à soutenir une telle contestation (Cass. com. 27-3-2001 : RJDA 8-9/01 n° 895).

L'action en restitution des intérêts perçus indûment par application de dates de valeur dépourvues de contrepartie peut être engagée dans un délai de cinq ans à partir de leur perception, peu important l'absence de demande en nullité de la stipulation d'intérêts conventionnels (Cass. com. 16-3-2010 n° 09-11.236 : RJDA 6/10 n° 670).

La fixation d'une date de valeur n'a **pas** un caractère « **potestatif** » car elle est une simple modalité de fonctionnement du compte (CA Paris 7-12-1994 : RJDA 4/95 n° 462).

40581 Le **taux** des intérêts doit être fixé dans un **écrit** (C. civ. art. 1907, al. 2) ; cette disposition est générale et s'applique aux intérêts afférents au solde débiteur d'un compte courant ; à défaut d'écrit fixant le taux de l'intérêt conventionnel, le taux légal est seul applicable (Cass. civ. 9-2-1988 n° 86-11.557 : JCP G 1988.II.21026 note Gavalda et Stoufflet ; Cass. com. 12-4-1988 n° 87-11.199 : D. 1988.309 concl. Jéol).

La condition de conclure par écrit la stipulation d'intérêts est déterminée par la **loi choisie par les parties** pour régir la convention d'ouverture de crédit (Cass. civ. 16-2-1994 : RJDA 7/94 n° 835).

La stipulation écrite doit contenir la **mention du taux effectif global (TEG).**

La clause de variation des intérêts en fonction du taux de base bancaire est valable (Cass. com. 9-7-1996 : RJDA 12/96 n° 1495 ; contra, CA Paris 13-4-1998 : RJDA 7/99 n° 822). Le caractère automatique de cette variation ne dispense pas la banque de faire figurer le taux effectif appliqué sur les relevés reçus par l'emprunteur (Cass. 1e civ. 19-10-2004 n° 1411 : RJDA 2/05 n° 187). Mais la banque est dispensée d'informer l'emprunteur de la modification du TEG résultant de la variation qui est fonction de l'évolution d'un indice objectif (Cass. 1e civ. 20-12-2007 n° 06-14.690 : RJDA 5/08 n° 566).

Sur le taux d'intérêt usuraire, n°s 41034 et 41411.

Cette règle est en pratique appliquée aux comptes courants à travers lesquels les banques consentent à leurs clients des ouvertures de crédit (nos 41400 s.) ; elle s'applique dans les conditions suivantes :

– elle **oblige** à faire figurer le TEG sur la convention d'ouverture de compte ou de crédit et sur les relevés périodiques de compte (Cass. com. 5-10-2004 n° 1470 : RJDA 2/05 n° 185) ;

La mention sur les relevés périodiques de compte du TEG régulièrement calculé pour la période écoulée vaut information de ce taux pour l'avenir à titre indicatif; et, suppléant l'irrégularité du taux figurant dans le contrat initial, emporte obligation, pour le titulaire du compte, de payer les intérêts au taux conventionnel à compter de la réception sans protestation ni réserve de cette information, même si le taux effectif global constaté a posteriori, peu important qu'il soit fixe ou variable, est différent de celui qui a été ainsi communiqué (Cass. com. 10-3-2015 n° 14-11.616 : RJDA 6/15 n° 454).

Dès lors que le titulaire du compte n'apporte pas des éléments contraires, les juges peuvent souverainement présumer que les copies informatiques des relevés de compte fournis par la banque ont été envoyés à ce dernier, qu'il a reçu les relevés et que ces copies faisaient ressortir l'indication régulière du TEG (Cass. com. 3-7-2012 n° 11-19.565 : RJDA 1/13 n° 62).

– **en l'absence de fixation préalable,** par écrit, **du taux** de l'intérêt conventionnel, si les relevés portent l'indication du TEG appliqué - et pas seulement la mention indicative de ce taux -, le taux mentionné par eux peut être retenu pour les intérêts échus postérieurement à leur réception (Cass. com. 18-3-2014 n° 13-13.618 : RJDA 7/14 n° 661), dès lors que le titulaire du compte ne démontre pas que les modalités de calcul de ce taux et ses bases de référence auraient été modifiées postérieurement sans qu'il soit préalablement informé (Cass. com. 8-11-2005 n° 1365 : RJDA 3/06 n° 317) ; le taux conventionnel ne peut pas être appliqué même s'il est prétendu que le débiteur a reconnu sa dette dans des écritures de première instance, car on ne peut déduire de cet aveu extrajudiciaire qu'il a eu connaissance de l'étendue de ses obligations (Cass. com. 13-2-1996 n° 94-12.273 : RJDA 5/96 n° 653) ;

– le défaut d'indication écrite du TEG **ne peut être suppléé** par le fait que le débiteur en avait eu connaissance en raison de ses fonctions d'administrateur de la banque prêteuse (Cass. com. 13-6-1995 : RJDA 12/95 n° 1397) ni par l'indication des éléments composant le taux (Cass. com. 17-10-1995 : RJDA 1/96 n° 84) ;

– à défaut d'écrit et d'indication du TEG ou en cas de mention erronée de ce taux, seul l'**emprunteur** peut se prévaloir de cette irrégularité et demander la déchéance du droit aux intérêts, dans les conditions exposées au n° 41034 qui sont transposables ; toutefois, la prescription court à compter de la réception de chacun des écrits indiquant ou devant indiquer le TEG appliqué (Cass. com. 10-6-2008 n° 06-19.452, 1re, 2e et 3e esp. : RJDA 4/09 n° 380).

La restitution des intérêts ne peut donc porter que sur ceux payés au cours des cinq ans qui ont précédé l'introduction de l'action en déchéance (Cass. com. 9-2-2010 n° 06-19.851 : RJDA 5/10 n° 547).

Ces solutions sont à notre avis transposables sur le fondement de l'article 2224 du Code civil.

Capitalisation des intérêts Les intérêts des sommes inscrites en compte courant sont capitalisés de plein droit à chaque arrêté périodique par fusion dans le solde résultant dudit arrêté : il s'ensuit que la période de capitalisation peut être inférieure à un an contrairement à la règle de l'article 1343-2 du Code civil (ex-art. 1154) (Cass. com. 22-5-1991 : RJDA 7/91 n° 624) et que la demande judiciaire de capitalisation n'est pas nécessaire (Cass. com. 22-5-2001 : RJDA 10/01 n° 1014). **40584**

Il en est ainsi, à notre avis, **même si les parties ne sont pas toutes deux commerçantes,** cette conséquence ne tenant qu'au mécanisme du compte courant. Certes, la règle est le plus souvent appliquée à des comptes courants fonctionnant entre commerçants (Cass. req. 14-11-1864 : D. 1865.1.55 ; Cass. req. 9-7-1872 : D. 1872.1.393 ; Cass. civ. 8-3-1897 : D. 1897.1.321 ; Cass. com. 22-5-2001 n° 998 : RJDA 10/01 n° 1014). En revanche, il est au moins un arrêt qui a jugé, sur un moyen « tiré de la violation des ex-articles 1153 et 1154 (devenus 1231-6 et 1343-2) du Code civil », en termes explicites : « que ni le texte ni l'esprit de la loi n'interdisent l'établissement d'un compte courant entre non-négociants ou entre un commerçant et un non-commerçant ; que cette convention, étant par elle-même licite, doit être régie par les règles ordinaires du compte courant, quelle que soit la qualité des personnes entre lesquelles elle est intervenue, notamment pour ce qui concerne la capitalisation des intérêts à des époques fixes » (Cass. req. 7-2-1881 : DP 1881.1.425), étant observé toutefois qu'en l'espèce la capitalisation portait sur une année. Plusieurs autres arrêts ont fait application de la même dérogation à l'ex-article 1154 (devenu 1343-2) du Code civil en s'appuyant sur l'existence pure et simple d'un compte courant, sans attacher aucune importance à la qualité de commerçant ou non des parties (Cass. civ. 13-2-1883 : D. 1884.1.31, dont une partie au moins [notaire] est civile ; Cass. civ. 3-2-1937 : D. 1937.1.177 ; CA Nouméa 24-12-1987 : JCP G 1988.II.21080 note Vivier : à propos du compte courant d'un avocat).

Mais il est **indispensable que les parties aient stipulé ou accepté tacitement** une périodicité de capitalisation pour des intérêts dus pour moins d'une année (Cass. req. 14-6-1870, Cass. civ. 9-7-1872, Cass. req. 7-2-1881, Cass. req. 13-2-1883, précités) ou puissent invoquer un usage commercial fixant une périodicité déterminée, par exemple de trois ou six mois pour les comptes courants bancaires (Cass. req. 12-3-1851, Cass. req. 14-11-1864, Cass. civ. 8-3-1897, précités).

CLÔTURE DU COMPTE COURANT

40590 **Cas de clôture du compte** Étant un contrat, le compte est clôturé pour **toute cause d'extinction des contrats** (nos 16000 s.), notamment par :

– la **volonté tacite** des parties qui ont cessé d'y faire intentionnellement des remises (CA Versailles 24-11-1989 : JCP G 1990.II.21498 note Estoup) ;

– la **résiliation unilatérale** quand il est à durée indéterminée, à condition que la résiliation ne soit pas brutale (Cass. com. 26-1-2010 n° 09-65.086 : RJDA 5/10 n° 470 : résiliation non brutale).

La volonté de résiliation tacite résulte, par exemple, sans équivoque de la mise en demeure adressée par la banque à son client d'avoir à régler le solde débiteur, car en matière de compte courant, le solde débiteur ne devient exigible qu'à la clôture du compte (CA Versailles 25-6-1987 : GP 1988.som.205).

Toutefois, elle ne résulte pas de la simple cessation d'activité d'une entreprise et de sa radiation au registre du commerce, le titulaire du compte devant notifier à la banque la résiliation du compte (CA Paris 13-7-1982 : GP 1982.som.371), ni de la seule constatation que le dernier mouvement opéré dans le compte remonte à une date déterminée (Cass. com. 23-3-1993 : RJDA 7/93 n° 637).

Le compte dont une société est titulaire est nécessairement clôturé à la **dissolution** de cette société, sauf prorogation de son fonctionnement pour les besoins de sa liquidation (Cass. com. 15-11-1994 : RJDA 3/95 n° 307).

Le compte n'est pas clôturé par l'ouverture d'une **procédure collective** (n° 62005).

40593 **Créances à prendre en compte** Seules les créances certaines, liquides et exigibles au jour de la clôture du compte doivent être retenues comme entrées dans le compte (n° 40519).

40596 **Arrêté du compte** Le compte est arrêté quand il a été clôturé définitivement, que les parties ont eu connaissance de son contenu et qu'elles ont manifesté une **approbation commune** sur l'ensemble du compte d'une façon définitive et inconditionnelle (Cass. civ. 21-5-1959 : D. 1959.526 ; Cass. civ. 17-7-1984 : Bull. civ. I p. 199).

Le solde débiteur du compte notifié au client ne peut être tenu pour accepté par lui au motif qu'il n'a élevé ni protestation ni réserve à la réception des relevés de compte (Cass. com. 10-12-1996, 2e espèce : RJDA 4/97 n° 531).

Les juges ne peuvent pas retenir que la banque est créancière des sommes inscrites sur les relevés de compte sans constater que la société titulaire du compte avait reçu les relevés sans protester (Cass. com. 27-6-1995 : RJDA 12/95 n° 1396).

L'arrêté définitif détermine le solde définitif qui sera débiteur ou créditeur et exigible immédiatement. Le compte courant arrêté, comme tout autre compte (n° 16109), peut être seulement redressé pour erreur, inexactitude ou omission (Cass. civ. 4-1-1978 : Bull. civ. III p. 5 ; pour un refus de redressement, CA Dijon 11-2-1993 : JCP G 1993.IV.1585).

40599 **Intérêts produits par le solde du compte arrêté** **À défaut d'accord écrit** entre les parties précisant qu'après la clôture du compte **le taux d'intérêt** fixé auparavant serait appliqué, les intérêts du solde doivent être calculés, depuis le 10 septembre 1985, date d'entrée en vigueur du décret 85-944 du 4 septembre 1985 qui a introduit cette condition, au **taux légal** (Cass. civ. 9-2-1988 : JCP G 1988.II.21026 obs. Gavalda et Stoufflet ; Cass. com. 10-10-2000 n° 97-20.269 : RJDA 1/01 n° 65).

Lorsque les parties se sont mises d'accord sur un arrêté de compte, comprenant le décompte des intérêts, cet accord ne peut pas être remis en cause pour défaut d'écrit sur les taux d'intérêt pratiqués (Cass. com. 26-11-1996 : RJDA 3/97 n° 381).

Après clôture du compte, la **capitalisation** des intérêts ne peut avoir lieu **que** pour une **année entière** ; mais, pour qu'elle s'accomplisse, un arrêté de compte annuel n'est pas nécessaire (Cass. com. 13-11-1961 : Bull. civ. III p. 356).

La partie débitrice du solde du compte qui a payé des intérêts qui n'étaient pas stipulés ne peut ni les répéter ni les imputer sur le capital (C. civ. art. 1906), si ce paiement a été volontaire (Cass. com. 23-10-1990 : D. 1991.73 note Gavalda) ou fait sur la base d'une information suffisante pour susciter sa contestation éventuelle (Cass. com. 18-6-1996 n° 94-20413 : Bull. IV n° 183).

GARANTIES DU SOLDE DÉFINITIF DU COMPTE COURANT

40605 **Hypothèque ou nantissement** Le solde créditeur d'un compte courant peut être garanti par une hypothèque ou un nantissement sous réserve de la régularisation des opérations en cours. Si le débiteur est sous procédure collective, la garantie porte sur le solde du compte à la date du jugement d'ouverture, selon les modalités prévues par les procédures civiles d'exécution (Cass. com. 15-6-2022 n° 20-16.445 : RJDA 11/22 n° 648).

Sur le sort de cette sûreté constituée pendant la période suspecte du redressement judiciaire, nos 63138 s.

Cautionnement Le solde du compte courant, en particulier bancaire, peut être garanti par un cautionnement et il n'est pas nécessaire que le créancier notifie à la caution les obligations ultérieurement contractées par le débiteur principal (Cass. civ. 20-12-1994 : RJDA 5/95 n° 620). **40608**

Les parties doivent clairement manifester leur intention de cautionner le compte. Un cautionnement exprimé en termes généraux, sans aucune précision ni sur la nature des dettes ni sur leur montant et sans même la référence au compte bancaire dont le solde est réclamé, ne constitue pas un engagement valable (Cass. civ. 19-4-1983 : Bull. civ. I p. 106). Mais le montant garanti peut être indéterminé si la caution a pu se rendre compte de la portée de ses engagements (Cass. civ. 18-6-1985 : Bull. civ. I p. 169 ; Cass. com. 19-11-1985 : Bull. civ. IV p. 233 ; Cass. civ. 9-4-1991 : BRDA 10/91 p. 20).

La caution doit être attentive à la formulation de l'étendue de son engagement pour éviter d'avoir à soulever des contestations ; jugé par exemple que le cautionnement donné à une banque, en des termes très généraux, pour les engagements d'un commerçant garantissait un nouveau compte courant ouvert par le même commerçant après un changement total d'activité et apurement du compte relatif à son précédent commerce (Cass. com. 8-3-1971 : D. 1972.262 note Clairouin-Touchard).

La caution garantissant le fonctionnement d'un compte n'est pas déliée au motif que le débiteur garanti a ouvert un nouveau compte s'il n'est pas établi en quoi cette ouverture était anormale (Cass. com. 28-6-1994 : RJDA 1/95 n° 58).

Le créancier bénéficiaire du cautionnement ne peut demander paiement à la caution que si le compte **a été clôturé** et le solde définitif établi (Cass. com. 19-3-1996 : RJDA 7/96 n° 958 ; sur la non-exigibilité du solde provisoire, sauf convention contraire, n° 40570) ; les intérêts moratoires sur ce solde ne sont dus que si la caution a été mise en demeure de le régler (Cass. com. 16-4-1996 : RJDA 8-9/96 n° 1092). En cas de liquidation judiciaire d'une partie au compte, celui-ci est immédiatement clôturé et le créancier peut aussitôt demander paiement du solde à la caution (Cass. com. 13-12-2016 n° 14-16.037 F-PB : RJDA 3/17 n° 197).

Toute somme inscrite au compte à la suite d'une remise effectuée par la caution, sauf accord du créancier, ne vient pas en déduction de l'obligation résultant du cautionnement dès lors que la créance garantie n'est devenue exigible qu'au jour de la clôture du compte intervenue postérieurement à cette remise (Cass. civ. 23-11-1999 : RJDA 2/00 n° 212).

Les parties sont libres de fixer le moment où elles entendent clôturer le compte ; le moment choisi est opposable à la caution, même en cas d'ouverture d'une procédure collective du débiteur principal (Cass. com. 24-6-1975 n° 74-11.058 : Bull. civ. IV n° 178).

Le montant du solde garanti est celui **existant au jour de l'extinction du cautionnement** après liquidation des opérations en cours (Cass. com. 6-11-1990 : RJDA 1/91 n° 48) ; ce jour est soit celui dont les parties sont convenues, soit celui de la révocation par la caution de son engagement, soit celui du terme fixé dans l'acte de cautionnement ; la caution est tenue de toutes les dettes du débiteur principal antérieures au jour de la clôture du compte (Cass. com. 9-6-1992 : RJDA 11/92 n° 1054), peu important, sauf convention contraire, que le créancier ait introduit son action après ladite date (Cass. civ. 28-10-1997 : RJDA 2/98 n° 215).

Lorsque la caution a révoqué son engagement après l'inscription d'une créance ayant entraîné un solde positif, elle est tenue de garantir le solde négatif réapparu à la suite de l'annulation de la créance (Cass. com. 14-4-1992 : RJDA 10/92 n° 944).

La liquidation des opérations en cours obéit aux règles suivantes :

– toute remise au crédit du compte se rapportant à une opération en cours, c'est-à-dire figurant au différé du compte au jour de la clôture du compte, fût-elle postérieure à la date d'expiration du cautionnement, s'impute sur le montant de l'engagement de la caution (Cass. com. 12-5-1998 : RJDA 10/98 n° 1158 ; CA Aix 21-4-2016 n° 14/00055 : JCP G 2016 n° 46-1224 § 4 obs. Simler) ;

En cas de cautionnement d'un compte courant consenti pour une durée limitée, le juge doit rechercher, en cas de demande, si des remises postérieures à l'expiration de l'engagement de la caution peuvent venir en déduction du montant dû par la caution (Cass. com. 22-2-2017 n° 14-28.302 F-D : RJDA 6/17 n° 430).

La caution n'est pas tenue de garantir les avances nouvelles qui ont pu être consenties au débiteur principal, après cette date (Cass. com. 30-3-1993 : Bull. civ. IV n° 125) ; sont réputées nouvelles les avances consenties après l'extinction de l'engagement tandis que toutes les écritures postérieures au crédit sont réputées des paiements de la dette garantie (Cass. com. 15-3-1977 n° 75-12.844 : Bull. civ. IV n° 84).

– les parties peuvent écarter la prise en compte d'une telle remise, cette stipulation ne contrevenant à aucune règle d'ordre public (Cass. com. 9-6-1992 : RJDA 11/92 n° 1054 ; Cass. com. 18-2-2003 n° 298 : RJDA 10/03 n° 1013) ;

– les effets escomptés, revenus impayés et contre-passés sont à ajouter au solde débiteur (Cass. com. 4-6-1996 : RJDA 11/96 n° 1375).

40611 **Convention d'unité de compte ou de compensation** Lorsque **plusieurs comptes** courants existent entre les mêmes parties, en pratique cas d'une banque qui a ouvert plusieurs comptes à un même client, il peut être convenu, par une convention dite d'**unité de compte,** que ces comptes formeront un compte unique, permettant à la banque de fusionner, à toute époque, les soldes des différents comptes afin de les compenser et d'en faire ressortir un solde unique. Le titulaire du compte n'a alors droit qu'à ce solde ; il émet donc un chèque sans provision si ledit solde est débiteur alors même que le solde isolé du compte sur lequel le chèque a été tiré serait créditeur (CA Paris 24-3-1988 : D. 1988.556 note Martin). Par ailleurs, la fusion des comptes opérée par la banque en cas de dépassement du découvert consenti par elle sur l'un d'eux est possible, à la condition de ne pas constituer une résiliation abusive de l'ouverture de crédit (CA Aix 6-10-1982 : D. 1983.231 note Delebecque : fusion abusive ; CA Paris 1-7-1993 : JCP G 1994.IV.222 : fusion non abusive) ou de ne pas être invoquée de mauvaise foi (Cass. com. 8-3-2005 n° 404 : RJDA 7/05 n° 870).

La convention d'unité de compte peut aussi exister entre des comptes dont les titulaires sont différents (pour un exemple, entre celui d'une société et celui de son président, Cass. com. 7-7-1969 : Bull. civ. IV n° 263). Toutefois, elle n'existe pas entre le compte d'une personne et ceux qu'elle a ouverts en tant que mandataire de ses clients (Cass. com. 10-2-1998 : RJDA 6/98 n° 784 ; Cass. com. 23-6-2004 n° 1038 : RJDA 1/05 n° 68 ; aussi n° 40136).

Elle est exclue entre un compte-titres et un compte courant (Cass. com. 16-12-2014 n° 13-17.046 : RJDA 4/15 n° 300).

En cas d'ouverture d'un nouveau compte, il est recommandé aux parties de préciser si la fusion des comptes s'applique à lui (cf. Cass. com. 7-7-1969, précité, et Cass. com. 23-3-1999 : RJDA 5/99 n° 589 rejetant la fusion).

Les parties peuvent aussi convenir, par une convention dite « de **compensation** », reconnue par le Code civil (C. civ. art. 1348-2), que seulement les soldes des différents comptes, qui resteront indépendants les uns des autres, seront compensés. Dans ce cas, le titulaire du compte a la jouissance de chacun des comptes tant que les soldes n'ont pas été établis ; mais ces soldes pouvant être provisoirement établis à tout moment, il ne peut pratiquement pas disposer d'un solde créditeur si le ou les soldes débiteurs l'absorbent, car, par l'effet de la convention de compensation préexistante, la compensation s'opérera immédiatement et de plein droit excluant l'apparition, ne serait-ce qu'un instant de raison, du solde créditeur ; en conséquence, comme dans la convention d'unité de compte, le chèque émis sur le compte dont le solde est créditeur se trouve néanmoins sans provision, puisque n'étant payable que sur le solde et aucun article du compte ne pouvant en principe être extrait ou individualisé (n° 40566), ce chèque apparaîtra tiré, aussitôt les comptes faits, sur un compte débiteur (cf. CA Paris 28-3-1989 : D. 1989.IR.129).

La convention de compensation peut aussi avoir pour objet de compenser le solde du compte avec une créance extérieure (Cass. civ. 13-7-1942 : JCP G 1943.II.2157 note Houin, avec les sommes dues par une banque à l'entrepreneur titulaire du compte pour ses travaux).

B. Compte ordinaire

40650 On entend ici par « compte ordinaire » tout compte qui sert à régler les créances réciproques des parties **sans** être un compte courant, c'est-à-dire un compte voulu et conçu par les parties comme entraînant **paiement** des créances inscrites et **fusion** des **créances inscrites** entre elles pour ne reporter l'exigibilité que des sommes formant le solde de ces inscriptions (supra n° 40516).

40653 **Existence d'un compte ordinaire** Le compte ordinaire se rencontre **lorsque la loi** fait naître des rapports entre les parties qui entraînent pour elles des créances réciproques. Tel est le cas des récompenses entre époux communs en biens, des créances entre coïndivisaires, entre tuteur et pupille, entre cohéritiers, etc.

Il peut aussi avoir pour objet les créances et les dettes qui naissent d'un **contrat** (par exemple, Cass. civ. 8-7-1890 : DP 1890.1.353 ; Cass. civ. 6-3-1892 : DP 1892.1.232).

Le compte est, dans ce cas, difficile à distinguer du compte courant puisque le seul élément qui permet de l'en différencier réside dans l'intention des parties de faire en sorte que le compte soit ou non courant. Les décisions précitées se bornent à faire état d'un compte, sans aucune allusion ni précision quant au caractère courant ou non des comptes litigieux. En revanche, dans une autre espèce, un compte relatif aussi à l'exécution d'un contrat est présenté, sans précision, comme courant (Cass. req. 29-7-1929 : S. 1930.1.214). Les parties à un contrat ont donc **avantage à préciser** formellement, si elles le souhaitent, que le compte relatif à l'exécution de leur contrat est courant. La seule raison de les y pousser, le régime du compte ordinaire et du compte courant étant pratiquement identique (n°s 40659 s.), nous paraît être que le régime du compte courant est plus sûrement établi que celui du compte ordinaire. Il est rappelé à cet effet que même des non-commerçants peuvent être liés par un compte courant (n° 40513).

En tout état de cause, le compte en banque, de dépôt ou compte-chèques, n'est pas un compte ordinaire au sens entendu ici, car le déposant est le seul à être créancier, dans la mesure, il est vrai, où la banque ne lui consent pas d'avances et ne devient pas son créancier (n° 40522). Il n'est qu'un compte d'enregistrement comptable des opérations effectuées par le déposant ; sur ce compte : n° 40130.

Régime Les règles applicables au compte ordinaire ont été définies par les tribunaux, la loi n'y consacrant aucune disposition. **40656**

Elles sont calquées sur celles du compte courant et sont pratiquement identiques en ce qui concerne le règlement des créances inscrites au compte.

Inscription en compte Les créances qui se rapportent à l'objet du compte doivent être passées en compte. **40659**

Lorsque le compte est relatif à l'exécution d'un contrat, toutes les créances et les dettes qui y ont trait doivent y être portées, sans qu'il y ait lieu de distinguer entre les créances qui naissent de l'exécution même des obligations contractuelles et celles (pénalités notamment) qui résultent de leur violation (Cass. civ. 8-7-1890 : DP 1890.1.353 ; Cass. civ. 16-3-1892 : DP 1892.1.232).

Peu importe que les créances soient à terme (Cass. civ. 28-2-1866 : S. 1866.1.185 : créances entre indivisaires) ou qu'elles ne soient pas liquides (Cass. civ. 8-7-1890 : DP 1890.1.353).

Paiement des créances inscrites Les créances qui sont passées au compte sont **payées et** sont **fusionnées** les unes avec les autres pour former un solde (Cass. civ. 2-7-1890 : DP 1891.1.377 ; Cass. civ. 1-4-1935 : GP 1935.1.807 ; Cass. civ. 14-3-1984 : Bull. civ. I p. 80). **40662**

En conséquence :

- la créance inscrite **perd les sûretés** qui la garantissaient (Cass. civ. 12-6-1936 : DH 1936.411) ;
- la **prescription** ne concerne que le solde du compte et commence à courir du jour où celui-ci est arrêté (Cass. req. 12-3-1878 : DP 1878.1.273 ; Cass. req. 11-3-1896 : DP 1897.1.405) ;
- en cas de **procédure collective** ouverte à l'encontre de l'une des parties, les créances, dès lors qu'elles sont nées avant l'ouverture de la procédure, doivent être inscrites au compte pour y être fusionnées et compensées dans le solde, seul ce dernier fixant le droit des parties (Cass. civ. 3-3-1891 : DP 1891.1.249 et Cass. civ. 16-3-1892 : DP 1892.1.232, transposables sous le régime actuel des procédures collectives car fondés sur la spécificité du compte) ;
- en cas d'**acceptation d'une succession** sous bénéfice d'inventaire (désormais à concurrence de l'actif net, n°s 50061 s.), les créances nées au moment de la clôture du compte du défunt doivent figurer dans le compte même si elles ne sont devenues liquides et exigibles que depuis l'acceptation sous bénéfice d'inventaire (Cass. civ. 8-7-1890 : DP 1890.1.353) ;
- le **trop-perçu** peut être restitué au moment de l'établissement définitif de la créance, même si le versement provisionnel a été fait au profit d'un débiteur sous procédure collective (Cass. req. 7-2-1928 : DP 1928.1.71, transposable sous le régime actuel des procédures collectives car fondé sur la spécificité du compte).

CHAPITRE 3

OPÉRATIONS DE CRÉDIT

SOMMAIRE

A. Contrat de prêt d'argent	**41005**
1. Prêt de droit commun	**41005**
a. Conclusion du contrat de prêt	**41010**
b. Exécution du contrat de prêt	**41100**
2. Prêts spécifiques	**41121**
B. Opérations de mobilisation des créances commerciales	**41200**
1. Escompte des effets de commerce	**41200**
2. Cession des créances par bordereau dit « Dailly »	**41250**
C. Ouverture de crédit	**41400**
D. Autres procédés de financement	**41503**
E. Crédit-bail	**41600**
F. Financement par les personnes publiques	**41700**

QUALIFICATION DE L'OPÉRATION DE CRÉDIT

Au sens de la réglementation bancaire, constitue une opération de crédit tout acte par lequel **41000**
une personne agissant à titre onéreux met ou promet de **mettre des fonds à la disposition** d'une autre personne ou prend, dans l'intérêt de celle-ci, un **engagement par signature** tel qu'un aval, un cautionnement, ou une garantie ; sont assimilés à des opérations de crédit le crédit-bail et, de manière générale, toute opération de location assortie d'une option d'achat (C. mon. fin. art. L 313-1) ; c'est le cas par exemple de l'acquisition d'un téléphone mobile liée à la souscription d'un forfait téléphonique car le remboursement du crédit s'opère chaque mois avec le paiement de l'abonnement dont le montant est majoré, le transfert immédiat de la propriété du bien financé à l'emprunteur n'étant pas incompatible avec l'opération de crédit (Cass. com. 7-3-2018 nº 16-16.645 FS-PB : RJDA 7/18 nº 598).

Cette décision, rendue au regard de l'article L 311-1 du Code de la consommation, peut être, à notre avis, transposée au besoin en dehors du champ d'application de ce texte dès lors que l'opération conclue avec une partie qui ne serait pas « consommateur » (nº 11200) présenterait les mêmes caractéristiques.

Pour d'autres applications de la qualification de crédit, nº 55403.

OBTENTION DES CRÉDITS

L'obtention d'un crédit, qui dépend de la volonté du prêteur, notamment d'une banque, peut **41002**
être **facilitée par** des professionnels, dits « intermédiaires en opérations de banque et en services de paiement ». Leur statut et leur activité sont régis par le Code monétaire et financier (C. mon. fin. art. L 519-1 s.).

Le seul fait qu'un contrat portant sur la recherche d'un financement ait été conclu en méconnaissance des dispositions susvisée n'est pas de nature à en entraîner l'annulation (Cass. com. 25-1-2023 nº 21-14.164 FB : RJDA 5/23 nº 272).

A. Contrat de prêt d'argent

1. PRÊT DE DROIT COMMUN

QUALIFICATION DU PRÊT

Il y a prêt d'argent lorsqu'une somme d'argent est transférée à une personne, à **charge** pour **41005**
elle de la **restituer** à une date convenue (cf. CA Paris 13-10-1986 : D. 1987.618 note Moury, qui se fonde sur l'engagement de remboursement pour qualifier de prêt une reconnaissance de dette ; aussi Cass. civ. 19-4-1988 : BRDA 11/88 p. 15, qui se fonde sur l'engagement de remboursement et la prise en charge du risque de change par l'emprunteur pour qualifier l'acte de prêt).

Ces éléments sont notamment à rechercher en pratique lorsqu'une partie qui a remis à une autre une somme d'argent ou qui l'a reçue prétend, ce qui arrive couramment, que cette remise a été faite à titre

d'**apport en société.** Les juges considèrent que la remise litigieuse a entraîné un contrat de prêt et non un contrat de société dès lors que le contrat prévoyait :
– l'engagement du réceptionnaire des fonds à les rembourser à des échéances fixes et déterminées (Cass. crim. 3-5-1966 : Bull. crim. p. 299 ; Cass. com. 15-3-1971 : Bull. civ. IV n° 80) ;
– la constitution par ce réceptionnaire de sûretés au profit du remettant pour garantir à ce dernier le remboursement prévu (Cass. com. 15-3-1971 précité) ;
– la rémunération du remettant par un intérêt fixe calculé sur le montant des fonds remis, bien qu'elle soit due en totalité ou en partie, sur les bénéfices susceptibles de résulter de l'opération financée à l'aide desdits fonds, s'il n'y a par ailleurs aucune participation active du remettant à l'exécution de l'opération (Cass. com. 15-3-1971 précité ; aussi Cass. civ. 26-1-1988 : BRDA 8/88 p. 16) ou aux pertes (Cass. req. 8-1-1872 : DP 1872.1.194 ; aussi CA Paris 17-6-1901, sous Cass. req. 3-3-1903 : DP 1904.1.257 note Thaller) ;
– seulement au profit du remettant de la somme un droit à des versements de la part de son débiteur calculés sur le chiffre d'affaires et à un droit de contrôle de ce chiffre, ce qui ne constituait ni un droit aux bénéfices ni un droit de participer à la gestion (CA Paris 3-11-1981).

En revanche, ne constitue pas un prêt le contrat par lequel une personne remet des fonds pour l'achat d'un tableau, en participation avec une autre, en vue de réaliser un bénéfice sur la revente (Cass. civ. 27-2-1973 : Bull. civ. I p. 69).

Sur la forme particulière de prêt constituée par les avances de sommes d'argent en compte courant par un associé, MSC nos 1935 s.

Il en est de même lorsque la chose remise n'est pas une somme d'argent si le prêteur a accepté que la chose lui soit remise en nature.

Notamment, est un prêt d'argent la remise à l'emprunteur de titres de rente destinés à lui permettre de se procurer des fonds, alors même que le prêteur avait accepté qu'à l'échéance la valeur de ces titres lui soit restituée en argent ou en titres (Cass. civ. 19-3-1928 : DH 1928.303).

RÉGIME

41007 **Contrat de prêt de droit français** Le contrat de prêt d'argent obéit aux règles générales des contrats et aux règles particulières des articles 1892 à 1914 du Code civil. En outre, le prêt qui n'est pas consenti par un établissement de crédit ne doit pas porter atteinte au monopole bancaire (nos 40010 s.).

Il est dérogé aux dispositions du Code civil pour le prêt auquel les règles spéciales du **contrat administratif** sont applicables ; il a été ainsi jugé que le contrat de prêt n'est pas un marché public, qu'il n'est donc pas administratif en tant que tel et qu'il ne peut l'être que s'il participe à l'exécution du service public ou comporte des clauses exorbitantes du droit commun (CAA Lyon 25-9-2012 n° 12/00455 : RD bancaire 2013 n° 1 § 6 obs. Martin) ; est administratif celui consenti à une société par une personne publique qui s'est réservée le droit d'invoquer l'exigibilité immédiate du prêt sans qu'elle ait à remplir de formalité judiciaire en cas d'arrêt d'activité, de dissolution ou de redressement judiciaire de la société et l'obligation faite à celle-ci de lui communiquer régulièrement sa documentation comptable (CE 29-9-2004 : RJDA 3/05 n° 249).

Il est aussi dérogé aux dispositions du Code civil si le prêt n'est pas destiné à l'exercice d'une profession et concerne un **consommateur,** ce qui n'est pas le cas de celui qui est destiné à financer l'acquisition d'un bien à usage de résidence locative, l'emprunteur s'étant inscrit au registre du commerce et des sociétés en qualité de loueur meublé professionnel (Cass. 1e civ. 6-12-2017 n° 16-10.341 F-D : RJDA 4/18 n° 369 : prêt soumis à la prescription de droit commun).

41008 **Contrat de prêt international** Lorsque le contrat de prêt est international - à condition, bien entendu, que les législations dont l'ordre public est susceptible d'être appliqué au contrat concerné (sur cette règle, nos 16600 s.) ne s'y opposent pas - les parties peuvent désigner la **loi applicable** si le contrat crée un conflit entre les lois des États membres de l'UE (n° 17103) ou entre la loi française et celle d'un État tiers à l'UE (Cass. req. 24-5-1933 : Rev. crit. 1934.142 note Niboyet).

À défaut d'une indication sûre de leur part, le conflit de lois des États membres de l'UE est réglé comme il est exposé au n° 17103 et celui entre la loi française et celle d'un État tiers à l'UE en tenant compte des divers indices de localisation du contrat ou de la prestation caractéristique du contrat.
Jugé, par exemple :
– que la loi équatorienne est applicable à un prêt qui a été sollicité et agréé en Équateur, dont les fonds ont été remis en France, mais en vue d'une utilisation en Équateur (Cass. req. 19-2-1890 : Clunet 1890.495) ;
– que la loi française est applicable à un contrat prévoyant le paiement des intérêts et le remboursement du capital en France et en monnaie française (CA Paris 16-4-1926 : D. 1926.2.105 note Savatier) ;
– que la loi française est applicable à un contrat rédigé en France par une société française pour les besoins de son exploitation en France, avec la garantie du gouvernement français (CA Paris 16-5-1951 : JCP G 1952.II.6887 note Ithier) ;
– que la loi algérienne est applicable au prêt consenti par une agence de banque située en Algérie, alors que le siège de la société emprunteuse se trouvait aussi sur le territoire algérien (T. com. Aix-en-Provence 8-3-1965 : D. 1965.593 note Ghanassia) ;

– que la loi du contrat de vente pour lequel un prêt a été consenti est applicable à ce prêt qui n'en est que l'accessoire (Cour d'arbitrage de Bulgarie 1-10-1980 : Clunet 1985.695) ;
– que la loi française est applicable à un prêt réalisé par virement bancaire car le paiement emportant dessaisissement irrévocable de l'émetteur au profit du bénéficiaire est intervenu dans une banque française, cette remise de fonds non contestée constituant la caractéristique essentielle du contrat de prêt (CA Lyon 2-5-2002 n° 02-753 : Bull. inf. C. cass. 2003 n° 60).

POINTS SENSIBLES

Les parties à un contrat de prêt d'argent doivent spécialement veiller : **41009**
– à respecter les dispositions qui régissent le paiement des intérêts (n°s 41033 s.) ;
– à formuler clairement les échéances (n° 41039) ;
– à fixer le montant du capital à rembourser (n°s 41115 et 41118).

a. Conclusion du contrat de prêt

FORMATION DU CONTRAT DE PRÊT

Prêt consenti par un non-professionnel du crédit Lorsqu'il n'est pas consenti par un professionnel du crédit, le prêt est un contrat réel et il n'est conclu qu'au moment où la somme prêtée a été effectivement remise à l'emprunteur (Cass. 1re civ. 25-6-2009 n° 08-11.931 : RJDA 12/09 n° 1112 ; Cass. 1re civ. 9-2-2012 n° 10-27.785 : RJDA 5/12 n° 525) ; en cas de versements échelonnés de la somme prêtée, il n'est donc formé qu'à concurrence des sommes effectivement remises. **41010**

La remise est réputée faite dès lors que la somme est à la disposition de l'emprunteur, par exemple à la suite d'une inscription en compte courant (n° 40533), sous réserve, bien entendu, que celle-ci ne recouvre pas une opération fictive (Cass. req. 29-11-1887 : DP 1889.1.159), ou en cas de dépôt dans les mains du notaire rédacteur du contrat agissant comme mandataire de l'emprunteur (Cass. req. 5-12-1906 : DP 1908.1.545 note Poncet).

Tant que la somme prêtée n'a pas été remise à l'emprunteur, les parties ne sont liées que par une **promesse de prêt.** En cas d'inexécution fautive de cette promesse, la victime ne peut obtenir que des dommages-intérêts (Cass. 1e civ. 20-7-1981 n° 80-12.529 : Bull. civ. I n° 267). Sur la justification de cette solution, n° 11953.

La somme prêtée doit être remise à l'emprunteur dans la **monnaie** prévue par le contrat : elle peut consister en une devise (CA Douai 3-3-1983 : JCP G 1983 Actualités Cahier n° 41). À défaut d'indication dans le contrat, la somme prêtée doit être remise dans la monnaie du lieu du versement (sur l'obligation d'utiliser la monnaie du lieu du paiement, n° 50520).

La remise doit intervenir à la **date** convenue.

Prêt consenti par un professionnel du crédit Lorsqu'il est consenti par un professionnel du crédit, le contrat de prêt n'est pas un contrat réel au sens de l'article 1109 du Code civil (n° 11180) et il est formé au terme de l'**échange des consentements** (Cass. 1e civ. 27-11-2001 : RJDA 4/02 n° 419 ; Cass. 1e civ. 19-6-2008 n° 06-19.753 : RJDA 5/09 n° 464). **41012**

Les établissements de crédit et les sociétés de financement doivent fournir aux **entreprises** qui sollicitent un prêt ou bénéficient d'un prêt leur **notation** et une explication sur les éléments ayant conduit aux décisions de notation les concernant, lorsqu'elles en font la demande ; ces explications ou éléments ne peuvent pas être demandés par un tiers ni lui être communiqués (C. mon. fin. art. L 313-12-1). Cette notation doit être distinguée de la cotation Banque de France d'une entreprise, qui évalue la capacité de l'entreprise à faire face à ses engagements financiers sur trois ans et ne dépend pas d'un établissement prêteur. La cotation BDF peut assurer un accès facilité au crédit, ou au contraire dissuader un prêteur dès lors que sont pris en compte les éventuels incidents de paiement déclarés par d'autres établissements (FAQ Minefi Prêt garanti par l'État du 25-1-2023).

DEVOIR D'INFORMATION DU PRÊTEUR PROFESSIONNEL

Comme pour toute opération à laquelle une banque est partie, celle qui consent un prêt doit informer l'emprunteur sur les caractéristiques du prêt qu'il offre de lui consentir afin de lui permettre de s'engager en toute connaissance de cause (Cass. com. 15-2-2023 n° 21-10.950 FB : RJDA 6/23 n° 334). Si le prêt présente des spécificités, la banque doit, en outre, une information correspondante à ces dernières. Notamment, la banque qui consent : **41018**

– un **prêt immobilier à taux variable,** libellé et remboursable en devises étrangères, doit avertir l'emprunteur des risques liés à la variation, à la fois, du taux d'intérêt et du taux de change (Cass. 1e civ. 11-12-2019 n° 18-21.373 F-D : RJDA 4/20 n° 234 ; dans le même sens à propos d'un prêt libellé en devise et remboursable en euros, Cass. 1e civ. 20-4-2022 n° 19-11.599 FS-P : RJDA 8-9/22 n° 505) ;
– un prêt à un **entrepreneur personne physique** pour les besoins de son activité professionnelle et qui a l'intention de demander une sûreté réelle sur un bien non nécessaire à

l'exploitation ou une sûreté personnelle consentie par une personne physique doit l'informer par écrit de la possibilité qui lui est offerte de proposer une garantie sur les biens nécessaires à l'exploitation ou de solliciter une garantie auprès d'un autre établissement de crédit, d'une société de financement ou d'une entreprise d'assurance habilitée à pratiquer les opérations de caution, et doit lui indiquer le montant de la garantie qu'elle souhaite obtenir ; à défaut, elle ne peut pas, dans ses relations avec cet entrepreneur, se prévaloir des garanties qu'il aurait prises (C. mon. fin. art. L 313-21) ;

– un prêt dont le remboursement est garanti par un **organisme public** (tel Oseo devenu Bpifrance) en cas de défaillance de l'emprunteur doit informer ce dernier sur l'effet de cette garantie sur sa propre obligation de remboursement, notamment sur le fait qu'il n'en est pas libéré (Cass. com. 3-12-2013 n° 12-23.976 : RJDA 4/14 n° 374 ; sur l'erreur commise par la caution, Cass. com. 22-9-2015 n° 14-17.671 : RJDA 2/16 n° 146) ;

– un prêt **à paliers d'échéances** dont la première période conduit à couvrir en partie le remboursement du montant mensuel des intérêts échus et, par là même, en reporter le paiement et cumuler ces sommes au capital restant dû, doit informer l'emprunteur non averti du risque lié à un amortissement négatif sur cette période initiale (Cass. 1e civ. 25-5-2022 n° 21-10.635 F-B : RJDA 8-9/22 n° 504 ; Cass. 1e civ. 28-6-2023 n° 21-24.720 FS-B : RJDA 1/24 n° 49) ;

– un prêt remboursable par anticipation doit signaler à l'emprunteur les modalités de ce remboursement (Cass. com. 15-2-2023 précité).

Le préjudice résultant du défaut d'information consiste en la perte de la chance d'avoir évité de contracter (n° 11870).

Sur les règles spéciales au cautionnement consenti par un entrepreneur individuel, nos 55074 et 55421.

41019 Devoir de mise en garde du prêteur professionnel et des intermédiaires

1. Existence. Le devoir de mise en garde **s'impose à la banque** qui doit vérifier si l'engagement de l'emprunteur est adapté à ses **capacités financières** ou s'il n'existe pas un risque d'endettement excessif résultant de l'inadaptation du prêt aux capacités financières de celui-ci. Ce devoir s'impose au bénéfice de l'emprunteur (Cass. 1e civ. 19-11-2009 n° 08-13.601 : RJDA 10/10 n° 995, 1e esp.) et de la caution non avertie (Cass. com. 15-11-2017 n° 16-16.790 FS-PBI : RJDA 3/18 n° 270 ; Cass. com. 12-6-2019 n° 18-11.067 F-D), que le prêt soit remboursable par échéances ou en une seule fois à la fin (prêt in fine) (Cass. com. 8-11-2023 n° 22-13.750 F-B : RJDA 2/24 n° 125).

Mais cette obligation ne s'impose pas à une société de caution professionnelle garantissant la banque prêteuse dès lors qu'elle s'est valablement fondée sur les informations que celle-ci lui a communiquées (Cass. com. 5-4-2023 n° 21-21.184 F-B : RJDA 10/23 n° 540).

Cette obligation **s'apprécie** en fonction des biens et revenus de l'emprunteur (Cass. com. 9-11-2022 n° 21-16.030 F-D : RJDA 3/23 n° 104), en ce compris le bien financé retenu pour sa valeur nette (dette d'emprunt déduite) (Cass. 1e civ. 9-11-2022 n° 21-16.846 FS-B : RJDA 3/23 n° 160), au moment où le crédit est consenti et non en fonction d'une situation révélée postérieurement (Cass. com. 31-1-2012 n° 10-26.740 : RJDA 7/12 n° 706). En cas de prêt consenti à des coemprunteurs, en fonction des ressources cumulées de ces derniers (Cass. 1e civ. 10-9-2015 n° 14-18.851 : RJDA 12/15 n° 856 ; Cass. com. 4-5-2017 n° 16-12.316 : RJDA 7/17 n° 492 ; Cass. 1e civ. 29-6-2022 n° 21-11.690 F-B : RJDA 10/22 n° 580), sans avoir à avertir un coemprunteur individuellement (Cass. 1e civ. 17-6-2015 n° 14-20.583 : RJDA 1/16 n° 51).

La banque est obligée à cette vérification même si l'emprunteur est assisté lors de l'octroi du crédit par une personne avertie, peu important que celle-ci soit tiers ou partie à l'opération (Cass. 1e civ. 30-4-2009 n° 07-18.334 : RJDA 10/09 n° 882), ou même si le prêt est modique et contracté pour l'entretien du ménage (Cass. 1e civ. 25-6-2009 n° 08-12.100 : JCP E 2009.2020 obs. Dumoulin). Mais elle ne l'est pas par principe à l'égard d'un emprunteur interdit bancaire, cette mesure ne suffisant pas à établir le caractère obéré de sa situation (Cass. com. 3-7-2012 n° 11-18.945 : RJDA 2/13 n° 151) ni à l'égard d'un emprunteur qui lui a affirmé par une mention manuscrite « n'avoir aucun autre crédit en cours à titre personnel ou professionnel » et ne l'a pas ainsi « mis(e) en mesure de constater l'existence d'un risque né de l'octroi du crédit » (Cass. com. 23-9-2014 n° 13-20.874 : RJDA 12/14 n° 931) ou qui lui a soumis des faux documents sur sa solvabilité (CA Paris 26-11-2015 n° 14/12489 : JCP E 2015.955, prononçant la résolution du crédit). Le prêteur est également dispensé de cette obligation en cas de regroupement de crédits anciens, ne créant pas de risque d'endettement nouveau (Cass. 1e civ. 23-11-2022 n° 21-15.435 FS-B : RJDA 4/23 n° 217).

Cette obligation s'impose à la banque si l'emprunteur n'est pas **averti** et même s'il est averti lorsqu'elle détient des informations qu'il n'a pas (Cass. com. 27-1-2015 n° 13-16.971 : RJDA 7/15 n° 518).

La qualité d'emprunteur averti d'une **personne morale** s'apprécie en la personne de son représentant légal au moment de l'engagement litigieux et non en celle de ses associés (Cass. com. 11-4-2018 nos 15-27.798, 15-27.133, 15-27.840, 15-29.442 P-B : RJDA 6/18 n° 524), même si ceux-ci sont tenus solidairement des dettes sociales (Cass. 3e civ. 19-9-2019 n° 18-15.398 FS-PBI : RJDA 1/20 n° 41). Il appartient aux juges de relever les compétences de l'emprunteur, son expérience et son aptitude à apprécier les risques de l'opération en cause (Cass. com. 30-11-2022 n° 21-18.171 F-D : RJDA 6/23 n° 335 ; Cass. com. 4-1-2023 n° 15-20.117 F-B : RJDA 7/23 n° 397).

L'obligation de mise en garde s'impose aussi à **l'intermédiaire** financier qui a participé à la négociation du prêt et doit vérifier la réalité et la valeur des garanties offertes par l'emprunteur (Cass. 1e civ. 31-1-1984 : Bull. civ. I p. 35) ou à celui qui a accompagné l'emprunteur dans la recherche et la négociation du prêt, sans l'avertir d'un risque d'amortissement négatif (Cass. 1e civ. 25-5-2022 n° 21-10.635 FB : RJDA 8-9/22 n° 504).

Il en est de même du notaire qui prend part aux actes de prêt pour les authentifier (cf. Cass. 1e civ. 10-6-1997 n° 95-14.767 : Bull. civ. I n° 197) ; il doit aussi avertir l'emprunteur sur les risques qu'il prend (cf. Cass. civ. 11-12-1990 n° 88-14.821 : Bull. civ. I n° 320, estimant le notaire non fautif, dès lors que l'organisme prêteur avait donné son accord au prêt et versé les fonds au créancier), peu important la compétence professionnelle de l'emprunteur (Cass. 1e civ. 12-7-2005 : RJDA 2/06 n° 100).

Sur la réglementation du **démarchage** bancaire et financier, MCC nos 32300 s.

2. Preuve. Le **manquement de la banque** est **établi** si la banque ne prouve pas qu'elle s'est acquittée de ce devoir, l'emprunteur n'étant pas tenu de prouver le contraire (Cass. com. 11-12-2007 n° 03-20.747 : RJDA 4/08 n° 447). Il en est ainsi lorsque les juges du fond relèvent qu'il existait une incertitude sur la décision prise par les emprunteurs et que le risque d'endettement excessif s'était réalisé au bout de trois ans (Cass. 1e civ. 7-6-2023 n° 22-15.552 F-B : RJDA 10/23 n° 538). Mais à l'égard de la caution tenue d'établir l'inadaptation du prêt aux capacités financières de l'emprunteur, le manquement ne l'est pas pour la seule circonstance que la banque a octroyé le prêt sans disposer d'éléments comptables sur l'activité prévisionnelle de l'emprunteur (Cass. com. 9-3-2022 n° 20-16.277 F-B : RJDA 8-9/22 n° 502).

3. Réparations. La banque dont le manquement est établi - qui n'a pas pour autant commis un dol à l'égard de l'emprunteur (Cass. com. 9-2-2016 n° 14-23.210 : RJDA 11/16 n° 760) - doit seulement **réparer la perte de chance** par l'emprunteur de ne pas avoir contracté un prêt dispendieux (Cass. com. 20-10-2009 n° 08-20.274 : RJDA 1/10 n° 68) ; si le manquement peut avoir entraîné la défaillance des emprunteurs dans le remboursement du prêt, le préjudice qui en résulte ne doit pas être réparé en imposant au prêteur, par le refus de la déchéance du terme, la poursuite d'un prêt dont les échéances ne sont plus réglées par les emprunteurs (Cass. com. 3-11-2015 n° 14-18.375 : RJDA 3/16 n° 218). Il le peut par l'allocation de dommages-intérêts dont le montant ne saurait être égal à celui de l'aggravation du passif résultant de l'octroi des prêts en cause (Cass. com. 9-11-2022 n° 21-16.030 F-D : RJDA 2/23 n° 104).

L'action en réparation se prescrit par cinq ans à compter de la date d'exigibilité des sommes au paiement desquelles il n'est pas en mesure de faire face (Cass. com. 5-4-2023 n° 21-19.550 F-D : RJDA 10/23 n° 537), soit le jour du premier incident de paiement, permettant à l'emprunteur d'appréhender l'existence et les conséquences éventuelles d'un tel manquement (Cass. 1e civ. 5-1-2022 n° 20-18.893 FS-B : RJDA 5/22 n° 306, 2e esp.). Mais ce point de départ est reculé au jour où le défaut de remboursement du **prêt consenti in fine** est survenu, soit au terme du prêt, si la perte de la chance invoquée tient au manque d'information de la banque au jour de la souscription du contrat d'assurance-vie garantissant le défaut de remboursement du prêt in fine, le dommage n'ayant pu se réaliser qu'à cette date (Cass. com. 6-3-2019 n° 17-22.668 FS-PB : RJDA 12/19 n° 779 ; dans le même sens, Cass. com. 22-1-2020 n° 17-20.819 F-D : RJDA 4/20 n° 233).

4. Dispense. Dès lors que le **juge** constate que les **capacités financières** d'un emprunteur sont **adaptées** au montant de son prêt :

– il doit **dispenser** la banque de son devoir de mise en garde, que l'emprunteur ne soit pas averti (Cass. com. 18-1-2017 n° 15-17.125 : RJDA 4/17 n° 271) ou le soit (cf. Cass. com. 23-9-2014 n° 13-22.475 : RJDA 1/15 n° 38), peu important alors l'existence de risques affectant l'opération (Cass. com. 23-9-2014 précité ; Cass. com. 20-4-2017 n° 15-16.316 : RJDA 7/17 n° 491) ;

– il n'est pas tenu de **rechercher** si le débiteur était un emprunteur averti ou non (Cass. 1e civ. 19-11-2009 n° 07-21.382 : RJDA 10/10 n° 995, 2e espèce) ;

Il en est également dispensé à l'égard de la caution, même si elle n'est pas avertie (Cass. com. 13-1-2015 n° 13-24.875 : GP 2015.1094.som. note Albiges).

– il ne peut **reprocher** à la banque un manquement à son devoir de mise en garde que si l'emprunteur l'a mise en mesure de constater l'existence d'un risque d'endettement né de l'octroi de la somme prêtée (Cass. 1e civ. 18-2-2009 n° 08-11.221 : RJDA 5/09 n° 467) ; tel n'est pas le cas s'il a dissimulé à la banque sa situation réelle (Cass. 1e civ. 30-10-2007 n° 06-17.003 : RJDA 5/08 n° 565) ou s'il lui a fourni des informations erronées sur la composition de son patrimoine immobilier (Cass. 1e civ. 25-6-2009 n° 08-16.434 : RJDA 4/10 n° 422 ; CA Pau 5-2-2013 n° 11/04749 : Pet. aff. 2013 n° 122 p. 8 note Lasserre-Capdeville).

Sur le devoir de conseil de la banque, n° 40114.

Devoir d'information et de conseil en matière d'assurance emprunteur 41020

Le devoir d'information du prêteur bénéficie à tous les emprunteurs et s'impose indépendamment du fait de la perspective d'un risque dont la couverture apparaît opportune lors de la souscription du prêt (Cass. 1e civ. 30-9-2015 n° 14-18.854 : Bull. civ. I n° 227, rendue à propos d'un crédit immobilier à une SCI). Mais, le prêteur qui n'exige une garantie d'assurance de groupe pour garantir les risques d'invalidité-décès que sur la tête de l'un des deux emprunteurs, en l'espèce des époux dont seule l'épouse est assurée, n'est pas tenu de conseiller à l'autre emprunteur, son mari, de s'assurer personnellement (Cass. 1e civ. 30-1-2001 nº 98-12.045 : D. 2001.IR.827 : rejet de la demande de l'épouse, à qui l'assureur a refusé l'indemnité d'assurance pour décès de son mari, mettant en cause la responsabilité du prêteur pour manquement à son devoir de conseil).

Un emprunteur peut refuser la souscription d'une assurance emprunteur facultative dès lors que son refus est donné par écrit et dans des termes qui prouvent qu'il est conscient des conséquences de son refus (Cass. 1e civ. 11-1-2023 nº 21-21.000 F-D).

Sur l'obligation d'information relative à une assurance emprunteur en matière de crédit aux consommateurs, voir le MCC nº 20000 (crédit à la consommation) et MCC nº 23380 s. (crédit immobilier).

CONDITIONS DE VALIDITÉ DU PRÊT

41021 **Objet du prêt** Le contrat de prêt a pour obligation essentielle, qui le caractérise, l'obligation de rembourser la somme prêtée ; aussi, les conditions de remboursement d'un prêt ne revêtent-elles pas un caractère accessoire mais définissent l'essence même du rapport contractuel, de sorte que la clause de monnaie de compte, dont toutes les autres ne sont que la déclinaison ou la conséquence, fixe une prestation essentielle caractérisant le contrat (Cass. 1e civ. 24-10-2019 nº 18-12.255 F-PBI : RJDA 3/20 nº 180).

41024 **Cause du prêt ou contrepartie de l'engagement de l'emprunteur** **Existence d'une cause ou d'une contrepartie.** Selon que le prêt a été conclu **avant ou après** le 1er octobre 2016 (sur cette date, nº 10000), l'engagement de l'emprunteur doit avoir eu, au moment où il a été pris, une cause (C. civ. ex-art. 1131) ou une contrepartie réelle (C. civ. art. 1169). L'absence de cause ayant été déduite par les tribunaux du défaut de contrepartie, les solutions relatives à l'absence de cause du prêt sont transposables au défaut de contrepartie (nºs 12496 s.).

Ainsi le **prêt** consenti par un professionnel du crédit n'étant **pas un contrat réel,** c'est dans l'obligation souscrite par le prêteur que l'obligation de l'emprunteur trouve sa cause ou sa contrepartie, dont l'existence, comme l'exactitude, doit être appréciée au moment de la conclusion du contrat ; le prêt ne peut donc être annulé au motif que l'emprunteur a précisé sa destination après sa conclusion (Cass. 1e civ. 19-6-2008 nº 06-19.753 : RJDA 5/09 nº 464), dès lors que l'emprunteur en a tiré profit (Cass. 1e civ. 5-7-2006 : RJDA 1/07 nº 86) et les juges du fond ne peuvent pas fonder la cause ou la contrepartie du prêt dans la remise des fonds (Cass. com. 7-4-2009 nº 08-12.192 : D. 2009.2080 note Ghestin). En cas de nullité d'un tel prêt, l'obligation de restitution de la somme prêtée trouve sa cause dans la remise des fonds (Cass. 1e civ. 29-6-2022 nº 21-15.082 F-B : D. 2022.1584 note François).

Lorsque le contrat de prêt est un **contrat réel,** la preuve du défaut de cause ou de la contrepartie, c'est-à-dire celle du défaut de versement de la somme litigieuse, incombe à celui qui l'invoque (Cass. 1e civ. 19-6-2008 nº 06-19.056 : RJDA 5/09 nº 465).

Lorsque le signataire d'une remise de dettes conteste la cause ou la contrepartie de celle-ci et prétend que les sommes qui y sont mentionnées ne lui ont pas été remises, il lui incombe d'apporter la preuve de ses allégations car la convention est valable bien que la cause ou la contrepartie n'en soit pas exprimée (Cass. 1e civ. 14-1-2010 nº 08-18.581 : RJDA 4/10 nº 420). S'il apporte la preuve de la non-remise des fonds, l'absence de cause ou de contrepartie de la remise de dettes qui se référait à un prêt est établie (Cass. 1e civ. 12-1-2012 nº 10-16.413 : JCP G 2012 nº 18-561 p. 923 obs. Ghestin).

41026 **Cause licite du prêt.** Les prêts souscrits **avant** le 1er octobre 2016 (sur cette date, nº 10000) doivent avoir, à peine de nullité, une cause licite (C. civ. ex-art. 1108, al. 5). Est notamment valable le prêt consenti par des établissements de crédit non agréés à cet effet (nº 40010).

La cause est **illicite** quand elle est prohibée par la loi ou quand elle est contraire aux bonnes mœurs ou à l'ordre public (C. civ. ex-art. 1133) ; tel est le cas si le prêt est conclu pour favoriser une opération prohibée par la loi, par exemple pour contourner des sanctions financières impératives (Cass. 1e civ. 26-9-2012 nº 11-12.941 : RJDA 5/13 nº 445), frauder le fisc (Cass. civ. 4-7-1955 : D. 1956.19 note Malaurie : contre-lettre dissimulant une partie du prix de vente alors qu'aucune remise matérielle de fonds n'avait eu lieu) ou la législation sur le financement des achats (nº 26753), ou s'il puise sa source dans une infraction pénale, notamment s'il est analysé en détournement d'actif (CA Paris 24-9-1999 : JCP E 1999.pan.1706) ou de fonds publics (cf. Cass. 1e civ. 14-11-2013 nº 09-12.324 : RJDA 3/14 nº 197).

Comme tout contrat, le prêt, s'il a été conclu **après** le 1er octobre 2016, ne doit déroger à l'ordre public ni par ses stipulations ni par son but (C. civ. art. 1162 ; nºs 12520 s. et 12546 s.). Cette disposition reprenant le rôle joué par la cause licite, les décisions rendues sur le fondement de la cause illicite sont totalement transposables.

L'annulation du prêt pour cause illicite ne dispense pas, comme il est de règle (nº 15718), de la **restitution** de la somme prêtée (Cass. com. 21-7-1975 nº 74-11.574 : D. 1976.582 note Agostini et Diener, subordonnant la restitution de la chose au vendeur au remboursement par lui du prêt au prêteur).

Tant qu'elle n'a pas eu lieu, l'obligation de restitution inhérente au prêt demeure et reste garantie par la solidarité qui avait été stipulée entre les débiteurs (Cass. com. 3-10-2006 nº 04-14.611 : RJDA 2/07 nº 193), ainsi que par toute autre garantie en considération de laquelle le prêt a été consenti (Cass. 1e civ. 1-7-1997 nº 95-15.642 : RJDA 12/97 nº 1511 : cautionnement ; Cass. 1e civ. 29-10-2002 nº 99-20.450 : RJDA 3/03 nº 298 : désignation du créancier comme bénéficiaire d'une assurance-vie ; Cass. 3e civ. 5-11-2008 nº 07-17.357 : RJDA 4/09 nº 381 : hypothèque ; Cass. 3e civ. 12-9-2019 nº 18-17.598 F-D : privilège du prêteur de deniers). Ces solutions sont toujours valables, sur le fondement de l'article 1352-9 du Code civil qui prévoit expressément le report des sûretés (nº 16147).

Capacité des parties Le prêteur et l'emprunteur doivent avoir la capacité **de disposer** puisque le prêt d'argent emporte transfert de la propriété de la somme remise et obligation de restitution. La banque prêteuse doit s'assurer de la capacité de l'emprunteur (Cass. 1e civ. 5-4-2018 nº 17-16.937 F-D : RJDA 7/18 nº 563 ; CA Versailles 29-4-1988 : D. 1989.251 note J.M.). **41030**

Au regard du régime des incapacités, un prêt d'argent est en principe un acte de disposition, sauf si le tuteur (d'un mineur ou d'un majeur) considère que l'opération en cause a de faibles conséquences sur le contenu ou la valeur du patrimoine de la personne protégée, ses prérogatives ou son mode de vie (Décret 2008-1484 art. 1er et annexe 2). Un emprunt urgent et nécessaire peut être considéré comme un acte d'administration (Cass. req. 26-10-1910 : S. 1912.1.337 note Loubers).

STIPULATION D'INTÉRÊTS

Stipulation exclusivement au profit du prêteur Bien que le Code civil ne mette formellement à la **charge de l'emprunteur** que la restitution des fonds prêtés (C. civ. art. 1902), les intérêts stipulés sont à la charge exclusive de l'emprunteur ; dès lors que les parties n'ont pas entendu déroger expressément aux règles du Code, le prêteur ne peut pas être tenu, même temporairement, en raison d'un taux d'intérêt négatif, au paiement d'une quelconque rémunération à l'emprunteur (Cass. 1e civ. 25-3-2020 nº 18-23.803 FS-PB : RJDA 8-9/20 nº 448). **41032**

Stipulation écrite La production d'intérêts doit être prévue par écrit (C. civ. art. 1907, al. 2). **41033**

La clause d'un contrat de prêt prévoyant le paiement d'intérêts à un certain taux jusqu'à l'échéance fixée pour le remboursement suffit pour que les intérêts continuent à courir après ladite échéance, si le débiteur ne se libère pas à cette époque (Cass. com. 18-1-2017 nº 15-14.665 : RJDA 4/17 nº 272).

Le défaut de mention dans une offre de crédit du taux et de la durée de la période est sanctionné par la déchéance, totale ou partielle, du droit aux intérêts conventionnels, à condition que l'écart entre le TEG et le taux réel soit supérieur à la décimale (Cass. 1e civ. 5-2-2020 nº 19-11.939 FS-PBI : RJDA 6/20 nº 327), peu important que le taux soit déterminé ou déterminable (Cass. 1e civ. 26-5-1982 nº 81-11.715 : Bull. civ. I nº 197 ; Cass. 1e civ. 26-11-1991 : Bull. civ. I nº 335). Il en est de même si l'écrit comporte une mention manuscrite exprimant seulement la connaissance que le souscripteur avait de la nature et de l'étendue de son obligation sans référence à un taux d'intérêt (Cass. 1e civ. 26-11-1991 nº 90-17.169 : Bull. civ. I nº 335, en déduisant que le prêt avait été consenti à titre gratuit et que les intérêts au taux légal ne couraient qu'à partir de la mise en demeure).

La nécessité de stipuler les intérêts par écrit est déterminée par la **loi choisie par les parties** pour régir le contrat de prêt (nº 40581 à propos d'une convention d'ouverture de crédit mais transposable par analogie).

Taux de l'intérêt conventionnel Les parties peuvent **choisir** le taux de l'intérêt, qui peut être fixe ou variable en fonction du profit réalisé avec la somme prêtée (CA Paris 11-3-1967 : D. 1967.474) ou d'une indexation du taux choisi (Cass. com. 4-11-2021 nº 20-11.099 FS-B : RJDA 3/22 nº 175, validant une indexation prévue qu'à la hausse). La clause de variation des intérêts à partir du taux de base bancaire est licite (nº 40581, à propos des intérêts produits par une ouverture de crédit en compte courant mais transposable par analogie à tout prêt). **41034**

Si le taux d'intérêt est **variable**, le prêteur n'est pas tenu d'informer l'emprunteur de la modification du TEG résultant de la révision à condition que la révision du taux d'intérêt originel soit fonction de l'évolution d'un indice objectif (Cass. 1e civ. 20-12-2007 nº 06-14.690 : RJDA 5/08 nº 566), ce que n'est pas l'indice se référant à l'évolution du taux de base décidé par l'établissement de crédit prêteur (Cass. 1e civ. 1-7-2015 nº 14-23.483 : RJDA 11/15 nº 775).

Les prêts accordés à « une personne physique agissant pour ses besoins professionnels ou à une personne morale se livrant à une activité industrielle, commerciale, artisanale, agricole ou professionnelle non commerciale » échappent à la réglementation prohibant l'**usure** (C. consom. art. L 314-9 ; C. mon. fin. art. L 313-5, dern. al. ; sur des activités professionnelles non commerciales : Cass. 1e civ. 25-11-2015 nº 14-23.224 : RJDA 3/16 nº 219 ; Cass. 1e civ. 8-9-2021 nº 20-18.642 FS-D : RJDA 1/22 nº 36), sauf si le prêt est accordé sous forme de découvert en compte (C. mon. fin. art. L 313-5-1) ; les perceptions excessives peuvent seulement être imputées de plein droit sur les intérêts normaux et subsidiairement sur le capital de la créance et, si la créance est éteinte en capital et intérêts, les sommes indûment perçues doivent être restituées avec intérêts légaux du jour où elles auront été payées (C. mon. fin. art. L 313-5-2, al. 1 et 2 ; Cass. crim. 3-11-2005 n° 6013 : RJDA 4/06 n° 454). L'action en restitution se prescrit par cinq ans (Cass. com. 11-10-2011 n° 10-17.522) et la banque est susceptible d'engager sa responsabilité (cf. Cass. com. 8-1-2013 n° 11-15.476).

Dans tous les cas, les clauses d'astreinte ou les pénalités calculées sur la base d'un taux d'intérêt appliqué au capital restant dû ne relèvent pas de la prohibition de l'usure, car elles ne constituent pas la rémunération du capital mais sont une contrainte à l'exécution ou une évaluation forfaitaire du préjudice subi par le créancier du fait de l'inexécution des obligations du débiteur (Cass. 1e civ. 22-5-1967 : Bull. civ. I n° 176 : astreinte ; Cass. 1e civ. 1-2-1978 : Bull. civ. I n° 44 : pénalité).

Le montant des intérêts dus au taux conventionnel d'un **prêt** consenti **à un professionnel** peut, si les parties en sont ainsi convenues, être calculé sur une autre base que l'année civile (Cass. com. 4-7-2018 n° 17-10.349 F-PB : RJDA 12/18 n° 934 ; CA Colmar 30-9-2020 n° 18/01488) ; si les intérêts ont été calculés sur la base de l'année civile (365 ou 366 jours), ce calcul ne saurait être sanctionné, même si une clause du contrat indique un calcul sur la base d'une année bancaire de 360 jours (soit 12 mois de 30 jours), dite « année lombarde » (CA Colmar 23-5-2018 n° 16/04231 : JCP E 2018.1433 note Lasserre Capdeville).

Il est recommandé aux parties de préciser dans le contrat le point de départ du cours des intérêts. Si le contrat de prêt ne précise pas ce point, il appartient au juge de rechercher la commune intention des parties et d'indiquer sur quels éléments il fonde sa décision (Cass. com. 12-10-1993 : RJDA 1/94 n° 68).

Le taux conventionnel calculé sur la base d'une année autre que l'année civile dans une offre de prêt acceptée, comme dans un contrat de prêt, est sanctionné par la **déchéance,** totale ou partielle, du droit du prêteur aux intérêts, dans la proportion fixée par le juge, et non par la nullité de la stipulation d'intérêt (Cass. 1e civ. 12-11-2020 n° 19-15.248 F-D : RJDA 2/21 n° 111 ; sur cette déchéance, n° 41036).

41035 **Taux effectif global (TEG)** **1. Mention du TEG dans le contrat de prêt.** Le TEG doit être mentionné dans l'écrit constatant le contrat de prêt (C. consom. art. L 314-5, sur renvoi de C. mon. fin. art. L 313-4)

Les parties à un prêt qui n'entre pas dans le champ d'application de dispositions relatives au TEG, ce qui est le cas d'un accord relatif au paiement d'une dette, peuvent convenir de l'y soumettre (Cass. 1e civ. 11-12-2019 n° 18-14.191 D).

Il en est ainsi même si l'acte de prêt est **notarié** et a une **finalité** professionnelle (Cass. 1e civ. 30-10-2008 n° 05-10.193 : RJDA 5/09 n° 468) ; il doit être précisé à nouveau par écrit si le taux d'intérêt initialement prévu est augmenté par un acte postérieur accordant une prorogation du délai de remboursement (Cass. com. 15-10-1996 : Bull. civ. IV p. 202) mais non dans un avenant d'étalement des échéances sans modification du taux (Cass. com. 31-5-2011 n° 10-15.854 : RJDA 8-9/11 n° 731).

Toutefois, sous réserve des décisions de justice passées en force de chose jugée, est validée la stipulation d'intérêts prévue par tout écrit constatant un contrat de prêt ou un avenant conclu antérieurement au 31 juillet 2014 **entre un établissement de crédit et une personne morale de droit public,** en tant que la validité de cette stipulation serait contestée par le moyen tiré soit du défaut de mention du TEG, soit de la mention erronée d'un TEG, d'un taux de période ou d'une durée de période (Loi 2014-844 du 29-7-2014 art. 1 et 2). Cette disposition ne peut pas être remise en cause du chef de la convention européenne des droits de l'Homme par une telle personne morale, par exemple une commune, car elle n'est pas assimilée à une organisation non gouvernementale au sens de l'article 34 de la convention dans la mesure où, s'agissant d'une personne morale de droit public, elle exerce une partie de la puissance publique (Cass. com. 28-3-2018 n° 16-26.210 FS-PBI : Bull. civ. IV n° 35, rejetant le pourvoi contre l'arrêt qui avait refusé d'annuler le prêt litigieux et de reconnaître la responsabilité de la banque pour manquement à son devoir de mise en garde).

Aucune formule n'est imposée par la loi quant à la mention du TEG qui peut figurer au verso et se réduire aux initiales « TEG », dès lors que la promesse d'intérêt est sans équivoque (Cass. civ. 24-6-1981, 2e esp. : JCP G 1982.II.19713 obs. Vasseur ; sur une promesse équivoque, Cass. civ. 26-11-1991 : BRDA 24/91 p. 18).

Mais le **défaut de mention** ne peut être **suppléé** ni par la production d'un commencement de preuve par écrit et par le versement effectif d'intérêts pendant un certain temps (Cass. civ. 24-6-1981, 3e esp. : JCP G 1982.II.19713 obs. Vasseur) ni par la preuve que l'emprunteur a reçu les fonds (Cass. civ. 14-2-1995 : JCP G 1995.II.22402 note Chartier).

2. Calcul du TEG. Le TEG est calculé **sur la base** des éléments fixés à l'article L 314-1 du Code de la consommation, sous réserve des modalités particulières relatives aux prêts finançant les opérations immobilières visées à l'article L 313-1 du Code de la consommation.

Le montant annuel du TEG doit être calculé sur une **année civile** de 365 (ou 366) jours, même si le prêt est conclu entre professionnels, quoique ceux-ci puissent convenir de calculer le montant des intérêts sur 360 jours (n° 41034) ; il appartient à l'emprunteur qui invoque l'irrégularité du TEG mentionné dans l'acte de prêt, en ce qu'il aurait été calculé sur la base d'une année de 360 et non de 365 jours, de le démontrer (Cass. com. 4-7-2018 n° 17-10.349 F-PB précité, décision renversant Cass. 1e civ. 6-9-2017 n° 16-19.063 : RJDA 4/18 n° 350, qui avait admis un calcul sur 360 jours entre professionnels).

Sanction de l'irrégularité de la stipulation d'intérêt. Depuis le 19 juillet 2019, lorsque la stipulation d'intérêts fait défaut ou ne fait pas état du TEG ou que celle-ci est erronée, le **prêteur** peut être **déchu du droit aux intérêts** dans la proportion fixée par le juge, au regard notamment du préjudice pour l'emprunteur (C. mon. fin. art. L 313-4 et, sur renvoi, C. consom. art. L 314-1 à L 314-5, L 341-48-1 et L 341-49). Bien qu'elle ait précisé que cette sanction ne s'applique qu'aux contrats conclus depuis le 19 juillet 2019 (Cass. 1e civ. avis 10-6-2020 no 15004 PBRI : RJDA 10/20 no 523), la Cour de cassation, qui auparavant jugeait que la sanction était la nullité de la stipulation d'intérêts, à laquelle était substitué le taux de l'intérêt légal, a opéré un revirement de jurisprudence et appliqué la déchéance du droit aux intérêts à des prêts conclus **avant** cette date (Cass. 1e civ. 10-6-2020 no 18-24.287 FS-PBRI : RJDA 10/20 no 524 ; Cass. 1e civ. 6-1-2021 no 18-25.865 F-P : RJDA 8-9/21 no 595 ; Cass. com. 24-3-2021 no 1914.307 FS-P : RJDA 7/21 no 506). 41036

L'action en déchéance ne peut aboutir que si l'irrégularité de la stipulation d'intérêts a causé un **préjudice** au demandeur, en pratique l'emprunteur, notamment un surcoût à son détriment (Cass. 1e civ. 27-11-2019 no 18-19.097 F-PBI : RJDA 2/20 no 101 ; Cass. com. 15-2-2023 no 21-10.950 F-B : RJDA 6/23 no 334 ; rappr. Cass. 1e civ. 4-7-2019 no 17-27.621 FS-PB : RJDA 12/19 no 780).

Aux termes de l'article L 341-48-1, al. 2, le prononcé de la déchéance a les **conséquences** suivantes :
- l'emprunteur n'est tenu qu'au seul remboursement du capital suivant l'échéancier prévu et, le cas échéant, au paiement des intérêts dont le prêteur n'a pas été déchu ;
- les sommes perçues au titre des intérêts conventionnels sont productives d'intérêts au taux de l'intérêt légal à compter du jour de leur versement et sont restituées par le prêteur ou imputées sur le capital restant dû.

Le taux légal applicable est celui fixé par la loi en vigueur au moment où il est acquis ; il doit subir les modifications successives que la loi lui apporte (Cass. civ. 21-1-1992, 2e et 3e esp. : RJDA 4/92 no 371).

L'action en déchéance des intérêts du prêt **se prescrit** dans le délai de droit commun de cinq ans ; dans le cas où un tiers a révélé à l'emprunteur la mention d'un taux effectif global erroné, ce délai a commencé à courir le jour de cette révélation, même si le tiers a été mandaté par l'emprunteur, dès lors que cette erreur n'était pas décelable par un profane (Cass. 1e civ. 16-6-2021 no 19-20.940 F-D : RJDA 10/21 no 685). Mais le délai **court** du jour de l'acceptation de l'offre calculant le taux de l'intérêt conventionnel sur 360 jours (Cass. 1e civ. 5-1-2022 no 20-16.350 F-B : RJDA 4/22 no 216) ; en revanche, s'agissant du manquement au devoir de mise en garde, le délai court, s'il est un acteur averti de la vie des affaires, du jour de la conclusion du prêt (Cass. 1e civ. 5-1-2022 no 19-24.436 FS-B) et, s'il est un emprunteur non averti, seulement du jour du premier incident de paiement lui permettant d'appréhender l'existence et les conséquences éventuelles d'un tel manquement (Cass. 1e civ. 5-1-2022 no 20-18.893 FS-B, 2e esp. : RJDA 5/22 no 306).

Paiement des intérêts Est licite la clause du contrat de prêt prévoyant le paiement **d'avance** des intérêts ; si le prêt est un contrat réel (no 41010), il a été jugé que ce paiement ne heurte pas le caractère **réel** d'un tel contrat laissant supposer la tradition de l'objet du prêt, laquelle n'implique nullement une opération matérielle et ressort de l'acte lui-même concrétisant la volonté des parties (CA Riom 17-2-1994 : JCP G 1995.IV.97). Cette solution va à l'encontre de l'exigence de tradition matérielle qui ressort des décisions de justice qui a refusé de tenir pour remise l'acte lui-même qui reculait la remise (no 41012). Elle peut, en revanche, être admise, à notre avis, lorsque le contrat de prêt n'est **pas réel** car il est alors conclu dès l'échange des consentements (no 41012) et qu'aucune disposition ne restreint la liberté contractuelle des parties dans les contrats de prêts professionnels. 41037

Les parties peuvent convenir que les **intérêts arriérés** produiront eux-mêmes intérêt, et ce avant même qu'ils ne soient venus à échéance (Cass. civ. 19-10-1938 : DH 1938.561). La stipulation relative à la **capitalisation** des intérêts n'a pas à être établie par écrit avec mention du taux effectif global, car cette clause est un accord de volonté distinct de celui relatif à la fixation du taux d'intérêt (CA Limoges 19-9-1994 : Bull. inf. C. cass. 1995 no 597).

Pour plus de détails sur la capitalisation des intérêts, no 53824.

MODALITÉS DE L'OBLIGATION DE REMBOURSEMENT DE LA SOMME PRÊTÉE

Fixation des échéances de remboursement Les **parties** peuvent **fixer** les échéances de remboursement du capital avancé (C. civ. art. 1899). Elles peuvent, notamment : 41039

- ne prévoir **aucune durée,** le juge pouvant alors accorder à l'emprunteur un délai suivant les circonstances (C. civ. art. 1900) ; il en résulte que la clause selon laquelle les prêts ont été consentis sans condition de durée, sans obligation de se libérer par acomptes et sans intérêts ne vaut pas dispense de rembourser les sommes prêtées, car il appartient, le cas échéant, au juge d'accorder des délais de paiement à l'emprunteur (Cass. civ. 29-6-1982 no 81-13.725 : Bull. civ. I no 246) ;

– **réserver au prêteur** la faculté de fixer la date d'échéance ; cette faculté portant seulement sur le terme de l'obligation n'est pas une condition « potestative » (Cass. com. 7-2-1955 : GP 1955.1.254 ; Cass. civ. 9-7-1984 : Bull. civ. III p. 105) ; dans ce cas, le juge peut condamner l'emprunteur, qui ne sollicite pas de délai, à payer dès que le prêteur le lui demande (Cass. civ. 9-7-1984 précité) ;

– fixer indirectement l'échéance en prévoyant que l'**emprunteur** paiera **quand il le pourra** ou quand il en aura les moyens, le juge fixant alors, au besoin, la date de remboursement (C. civ. art. 1901 ; n° 41106), ce qui peut être également exprimé par une clause de retour à meilleure fortune (Cass. civ. 20-11-1990 n° 89-13.899 : Bull. civ. I n° 255) ; sur la mise en œuvre de cette règle, n° 41106 ;

– prévoir, au profit du prêteur, des causes d'**exigibilité anticipée** du remboursement, notamment en cas de non-respect d'une échéance ou de manquement à une autre obligation mise à la charge de l'emprunteur (pour un exemple, Cass. civ. 14-1-1971 : Bull. civ. III p. 19) ; cette clause peut, en cas de prêt accordé par un consortium bancaire, jouer au profit de chaque banque prêteuse dès qu'une défaillance s'est produite seulement à l'égard de l'une d'elles (clause de défaut croisé) ;

– autoriser l'emprunteur à **rembourser par anticipation,** en totalité ou partiellement, à la date ou aux dates convenues ; il est généralement prévu qu'il doit faire connaître son intention en respectant un préavis et qu'il doit alors une indemnité au prêteur en cas de survenance d'événements déterminés, tels que notamment la conclusion par l'emprunteur d'un autre prêt avec un autre prêteur ; le banquier doit dans tous les cas informer l'emprunteur sur les modalités d'un tel remboursement (Cass. com. 15-2-2023 n° 21-10-950 F-B : RJDA 6/23 n° 334) ;

Cette clause, dite « de **fidélité** », parfois imposée par les banques, qui veulent se réserver l'exclusivité de la clientèle de l'emprunteur, est licite même si le montant de l'indemnité n'est pas préalablement déterminable (Cass. civ. 14-6-2000 : RJDA 4/01 n° 410 ; Cass. com. 17-7-2001 : RJDA 1/02 n° 116).

Elle ne constitue pas en soi une pénalité (Cass. civ. 24-11-1993 : RJDA 2/94 n° 140). Toutefois, elle l'est dès lors qu'elle apparaît comme étant la sanction de l'inexécution de ses obligations par l'emprunteur ; il en est ainsi lorsqu'elle est stipulée aussi pour le cas où le remboursement anticipé serait involontaire de sa part, celui-ci ne pouvant correspondre qu'à une exigibilité anticipée résultant de la déchéance du terme encourue par l'emprunteur (CA Paris 19-12-1991 : RJDA 6/92 n° 557).

Il est recommandé aux parties d'être très précises sur le droit du prêteur à obtenir les intérêts sur la partie du capital remboursé par anticipation ; une clause doit les prévoir (Cass. 1e civ. 24-4-2013 n° 12-19.070 : JCP E 2013.1662 n° 30 note Mathey) et en termes choisis pour éviter des difficultés d'interprétation (pour des exemples : Cass. civ. 7-2-1995 : D. 1996.66 note Mirbeau-Gauvin ; Cass. com. 2-7-2013 n° 12-15.628 : JCP E 2013.1662 n° 31 note Mathey).

– prévoir une clause de **subordination** interdisant au prêteur de réclamer le remboursement tant que les autres créanciers de l'emprunteur n'auront pas été désintéressés (n° 58221) ;

Dans les contrats **internationaux** consentis par les banques, les parties prévoient des modalités de remboursement plus élaborées, telles que notamment l'une des formules suivantes :

– prêt roll-over : l'avance est octroyée pour une période de six mois, et renouvelée à l'échéance ; le taux d'intérêt est adapté à chaque échéance ;

– prêt revolving qui permet à l'emprunteur, qui aurait remboursé de façon anticipée une partie du capital, de réemprunter celle-ci ;

– prêt multidevise qui permet à l'emprunteur de substituer à la monnaie d'origine une autre monnaie, de son choix, à certaines dates, pendant le prêt.

– sanctionner par la **déchéance du terme** le défaut de paiement des mensualités et permettre, en termes exprès et non équivoques, au prêteur de s'en prévaloir sans mise en demeure préalable (Cass. 1e civ. 3-6-2015 n° 14-15.655 : RJDA 8-9/15 n° 596).

41042 **Montant de la somme à rembourser** Les parties peuvent prévoir une **indexation** des sommes à rembourser dans les conditions exposées aux nos 50350 s.

41048 **Arrêté de compte** Dans les contrats de prêts consentis par les banques, il est couramment prévu que les comptes d'intérêts sont définitifs entre les parties, sauf erreur manifeste. Sur la licéité de cette clause, n° 16109.

41051 **Renonciation au remboursement** Le prêteur peut s'interdire de réclamer le remboursement de la somme prêtée : le prêt prend alors le nom de constitution de **rente** (C. civ. art. 1909). Selon le choix des parties, les intérêts peuvent être dus pour une durée perpétuelle ou viagère (C. civ. art. 1910).

Si la rente est perpétuelle, l'emprunteur peut toujours la racheter dans les conditions des articles 1911 et 1912 du Code civil.

Lorsque la rente est viagère, elle est soumise aux règles des articles 1968 à 1983 du Code civil.

MODALITÉS DIVERSES

Destination de la somme prêtée La somme prêtée peut être affectée à un usage déterminé (« **crédit affecté** »), le prêteur et l'emprunteur pouvant alors être tenus responsables d'une utilisation méconnaissant l'affectation (Cass. 1e civ. 20-5-2020 n° 18-23.529 F-PB). 41054

Fiscalité Il est habituel que les banques prêteuses mettent à la charge de l'emprunteur tout impôt présent ou futur auquel le prêt peut donner lieu (droits d'enregistrement, impôt sur le revenu des capitaux mobiliers, taxes, charges fiscales ou parafiscales et toutes retenues de quelque nature que ce soit). Cette stipulation est licite mais, si elle constitue un complément d'intérêts, elle doit être prise en compte dans la mention écrite du taux effectif global (n° 41033). 41057

En conséquence, l'emprunteur s'engage à effectuer toutes les formalités relatives à l'impôt et à rembourser au prêteur les sommes qu'il lui doit nettes de tout impôt. À défaut, le prêteur se réserve le droit de majorer les montants qui lui sont dus des sommes qu'il aura payées au titre de l'impôt.

Copie exécutoire Les prêts garantis par un privilège spécial immobilier, dont la majorité a été transformée en hypothèque légale spéciale depuis le 1er janvier 2022 (n° 57603), ou par une hypothèque immobilière peuvent donner lieu à l'établissement d'une copie exécutoire à ordre conformément à la loi 76-519 du 15 juin 1976. 41060

PREUVE DU CONTRAT DE PRÊT

Le contrat de prêt se prouve conformément aux règles de droit commun (nos 75500 s.), sous réserve des observations suivantes. 41063

1. Le prêt doit être prouvé par **écrit** lorsque celui-ci est requis, sous réserve des dérogations admises (nos 75600 s.).

Ainsi, en cas d'impossibilité morale de se procurer un écrit, ce qui est le cas, par exemple, entre parents et enfant lorsqu'ils entretiennent des rapports de confiance à l'époque de la remise des fonds, la preuve que la remise a été faite à titre de prêt peut être établie par tous moyens (CA Toulouse 16-10-2002 : JCP G 2003.IV.2653).

2. Il n'a pas à être établi en autant d'**exemplaires** que de parties, car il n'est pas synallagmatique (Cass. 1e civ. 28-3-1984 n° 82-15.538 : Bull. civ. I n° 120 ; CA Paris 7-3-1989 : JCP G 1989.II.21318 note Petit), sauf, à notre avis, s'il est consenti par un professionnel car le prêt ne naît plus de la remise de la somme prêtée mais de l'échange des consentements (n° 41012), ce qui implique que le prêteur s'est alors engagé à remettre la somme promise et que l'emprunteur s'est obligé à le rembourser.

3. L'**emprunteur** doit, si le prêteur est un non-professionnel du crédit, **écrire par lui-même** le montant de la somme qu'il s'engage à rembourser en toutes lettres et en chiffres car il prend alors un engagement unilatéral de payer une somme d'argent (C. civ. art. 1376 ; ex-art. 1326 ; cf. T. civ. Saumur 6-5-1959 : JCP G 1959.II.11273 note T. P. ; sur cette formalité, n° 75689). S'il a signé une reconnaissance de dette sans y porter la mention manuscrite de la somme empruntée, ce document ne vaut que comme commencement de preuve par écrit qui peut être complété par le double de cet acte resté en sa possession, car il ne peut ainsi s'être trompé sur le montant de sa dette (Cass. civ. 3-4-1973 n° 72-10.117 : Bull. civ. I n° 126).

Mais la mention écrite de sa main n'est pas requise pour donner force probante à la lettre par laquelle une personne reconnaît qu'elle a souscrit un prêt pour le compte d'une société l'engageant personnellement car elle n'a pas alors pris l'engagement de payer la somme prêtée mais a seulement confirmé l'existence du prêt (Cass. civ. 2-6-1965 : Bull. civ. I n° 366).

Si le prêt est conclu avec un professionnel du crédit, cette formalité n'est pas requise dans la mesure où le contrat de prêt est, à notre avis, synallagmatique.

4. La preuve de la **remise de fonds** à une personne **ne suffit pas** à justifier l'obligation pour celle-ci de restituer la somme qu'elle a reçue (Cass. civ. 5-4-1993 : RJDA 6/93 n° 591 ; Cass. 1e civ. 8-4-2010 n° 09-10.977 : RJDA 7/10 n° 777 ; Cass. 1e civ. 18-3-2020 n° 19-11.475 F-D) ; sur l'absence de preuve résultant de la remise ou de l'encaissement d'un chèque, n° 52516.

Ne prouvent pas un prêt, par ailleurs, les reçus qui ne contiennent aucune mention de la nature de l'obligation, aucune date de remboursement et ne mentionnent aucun intérêt (CA Caen 15-2-1965 : D. 1966.som.38).

5. Un acte de prêt frappé d'une **nullité d'ordre public** ne peut valoir comme commencement de preuve par écrit (Cass. com. 23-6-1952 : S. 1953.121 note Perrot).

b. Exécution du contrat de prêt

DROIT DE DISPOSER DE LA SOMME PRÊTÉE

41100 Dès le moment où il a reçu la somme prêtée, l'emprunteur en acquiert la jouissance dans les conditions fixées au contrat de prêt et supporte donc les risques de la perte de cette somme (Cass. req. 5-12-1906 : DP 1908.1.545 note Poncet ; CA Paris 18-2-1927 : DP 1928.2.49 note Savatier).

PAIEMENTS DES INTÉRÊTS

41103 L'emprunteur doit payer les intérêts dans les conditions prévues par le contrat (n° 41037). La mise en demeure de l'emprunteur par le prêteur ne commande pas le droit du prêteur à obtenir le paiement des intérêts conventionnels (Cass. civ. 24-6-1997 n° 95-11.380 : DA 1997.1076).

Lorsque le contrat de prêt prévoit pour les intérêts « un an de franchise totale », il faut entendre, conformément aux usages bancaires, que la franchise n'emporte pas abandon des intérêts dus pendant la période considérée mais seulement suspension, pendant cette période, du remboursement du capital, les intérêts étant reportés sur les échéances à venir (CA Paris 2-12-1985 : GP 1986.1.214 note Piedelièvre).

La **quittance du capital** donnée sans réserve des intérêts en fait **présumer le paiement** et en libère l'emprunteur (C. civ. art. 1908). Mais cette quittance qui n'a trait qu'à la preuve du paiement des intérêts n'établit pas que le prêteur a renoncé, par là même, à demander des intérêts (Cass. civ. 30-1-1980 n° 78-13.212 : Bull. civ. I n° 40).

L'emprunteur qui a payé des intérêts qui n'étaient pas stipulés ne peut **ni les répéter ni les imputer** sur le capital (C. civ. art. 1906). Mais il peut répéter les intérêts perçus en vertu d'une stipulation non conforme aux exigences légales (n°s 41032 s.).

Sur le droit au paiement des intérêts en cas d'ouverture d'une procédure collective à l'encontre de l'emprunteur n°s 62490 s.

REMBOURSEMENT DE LA SOMME PRÊTÉE

41106 **Obligation de remboursement** L'emprunteur doit rembourser la somme prêtée au prêteur ou au tiers qu'il lui a désigné (Cass. 1e civ. 22-6-2004 n° 01-14.165 : JCP E 2004.18210 note S. Piedelièvre) ; si le prêt a été consenti par un prêteur professionnel du crédit, il en est tenu dès lors qu'il a été partie au contrat de prêt, alors même qu'il n'a pas reçu les fonds prêtés ou n'en a pas bénéficié (Cass. 1e civ. 27-11-2001 : RJDA 4/02 n° 419), sous réserve que le prêteur prouve l'exécution préalable de son obligation de remise des fonds dans les conditions prévues au contrat (Cass. com. 1-10-2013 n° 12-25.392 : RJDA 2/14 n° 149).

En cas de prêt à des coemprunteurs, celui qui a remboursé le prêt a un recours contre son coemprunteur fondé sur la subrogation légale prévue par l'article 1346 du Code civil (n° 53031) et non sur l'existence, entre les coobligés, d'un lien contractuel supposant une cause ; le coemprunteur ne peut donc pas refuser sa contribution au motif que le prêt n'a profité qu'à l'auteur du paiement (Cass. 1e civ. 1-7-2010 n° 09-12.849 : Bull. civ. I n° 153).

Le remboursement doit être fait à la **date** et selon les **modalités convenues** avec le prêteur (n° 41039).

Si, après l'échéance, le prêteur ne reçoit plus les intérêts et laisse passer une longue période sans demander le remboursement, il ne peut être considéré comme ayant prorogé le terme du prêt que si un acte de sa part peut être constaté dans ce sens (Cass. 1e civ. 4-2-1986 : Bull. civ. I p. 10 : inaction pendant onze ans).

À défaut du terme fixé pour ce remboursement **ou** s'il a été stipulé que l'emprunteur rembourserait **quand il le pourrait,** le juge doit fixer la date (Cass. com. 26-1-2010 n° 08-12.591 : RJDA 4/10 n° 424). Il choisit cette date librement selon, notamment, la commune intention des parties et les circonstances de l'engagement (Cass. 1e civ. 26-2-2020 n° 18-24.693 F-D : RJDA 5/20 n° 296) : ainsi, il peut la situer plus d'un an après la demande qui lui a été présentée car, ce faisant, il n'exerce pas son pouvoir d'accorder un délai de grâce (Cass. civ. 12-10-1977 : Bull. civ. I p. 286) ; il peut aussi la placer avant le prononcé de sa décision, pourvu que ce soit après la demande en justice (Cass. civ. 19-1-1983 : D. 1983.IR.160) ou dès le jour de sa décision (Cass. civ. 9-7-1984 : Bull. civ. III p. 105) ou encore accorder un délai raisonnable à l'emprunteur (CA Paris 22-5-1984 : BRDA 13/84 p. 12 ; cf. CA Bordeaux 6-1-1869 : S. 1869.2.136, qui subordonne la possibilité de fixer des délais de paiement à la constatation de la possibilité de payer).

Le juge ne peut pas fixer la date de remboursement lorsque le prêteur s'en est entièrement rapporté à la loyauté de l'emprunteur quant à l'appréciation de ses possibilités de remboursement (CA Bordeaux 31-5-1848 : DP 1848.2.180).

Le juge qui fixe la date de remboursement peut, si le contrat n'a **pas stipulé d'intérêts,** dispenser le débiteur d'en verser jusqu'au mois qu'il fixe (Cass. civ. 12-10-1977 précité).

Celui qui rembourse seul le montant d'un prêt conclu conjointement a droit de réclamer à l'autre emprunteur négligent le paiement des intérêts de la somme correspondant à la part de ce dernier dans le prêt à compter de la date du remboursement (Cass. com. 9-4-1991 n° 616 : RJDA 7/91 n° 592).

Exigibilité du remboursement Le remboursement de la somme prêtée doit intervenir **au terme fixé** (n° 41039 et 50500), sauf extinction du terme avant la date d'échéance prévue au prêt (n° 13518 s.), extinction qui est écartée en cas de procédure de sauvegarde ou de redressement judiciaire (n° 62500). **41109**

Si l'emprunteur n'honore pas l'échéance, alors que de par sa situation financière il l'aurait pu, il doit réparer le préjudice certain que ce retard cause au prêteur (T. civ. Chambéry 14-6-1951 : GP 1951.2.159 ; aussi Cass. com. 13-10-1969 : Bull. civ. IV p. 275).

Le remboursement peut intervenir **avant** le terme en cas de clause d'exigibilité anticipée au profit du prêteur ou de remboursement anticipé au profit de l'emprunteur (n° 41039) ou en cas de renonciation au terme par l'emprunteur si celui-ci a été stipulé exclusivement en sa faveur (n° 13521).

Remboursement des membres d'un pool bancaire Lorsque le prêt a été consenti par deux ou plusieurs banques qui se sont associées, le plus souvent à l'insu du client, au profit et au risque d'une même opération, ces banques sont liées par un **pool** ou un **consortium** bancaire qui peut quant à sa forme être un accord de concertation entre banques, une sous-participation sur un crédit déjà octroyé ou sur un crédit à mettre en place ou encore un syndicat de banques (CA Versailles 18-9-1997 : DA 1998.69). Généralement, une de ces banques est désignée comme interlocuteur de l'emprunteur sous l'appellation de « chef de file ». **41112**

Les droits et obligations des banques dépendent, dans chaque cas de figure, des conditions fixées par l'accord de pool car les appellations susvisées ne correspondent pas à des catégories juridiques rigoureusement déterminées quant à leurs critères d'identification et à leurs effets (sur la notion de qualification : n° 74603).

L'identification d'un « pool » bancaire a été liée à l'existence de clauses révélant un engagement commun et unique des banques participantes ; la qualification de « pool », recherchée par le liquidateur de la liquidation judiciaire de l'emprunteur aux fins de faire condamner les banques à verser des dommages-intérêts à la procédure, a été écartée en raison des différences entre les prêts consentis par chacune des banques, telles que montant prêté, taux d'intérêt variable pour une banque, taux fixe pour les autres, du rôle limité dévolu au chef de file et de l'absence d'une garantie commune à toutes les banques, l'affectation hypothécaire de l'immeuble apporté en garantie ne spécifiant pas en l'espèce qu'elle était destinée à la garantie d'un prêt global mais de prêts différents (CA Dijon 11-8-2016 n° 14/00484 : GP 2016.som. n° 33 p. 48 note Arsac). Les banques pourraient éviter d'être surprises par la qualification retenue par les juges en liant le juge sur la qualification leur convenant (n° 10025 s.).

Si **chacune des banques s'est engagée envers l'emprunteur,** elle peut agir contre ce dernier pour lui demander le remboursement de sa part dans le prêt consenti (Cass. 2e civ. 24-6-2004 n° 02-18.078 : RD bancaire 2004 p. 419 n° 261 obs. S. Piedelièvre : droit déduit de la désignation individuelle de chaque banque en qualité de créancière ; CA Paris 2-10-2001 : RJDA 1/02 n° 85 : droit déduit des bordereaux de cession Dailly établis par le chef de file d'un pool bancaire précisant qu'il emportait cession aux banques participantes au pool des créances à compter de la date apposée par le chef de file), voire se faire directement rembourser par l'emprunteur (CA Paris 21-11-1990 : D. 1991.IR.21), mais l'une d'elles ne peut pas agir en justice pour réclamer le remboursement revenant à une autre (CA Versailles 6-6-1996 : RJDA 1/97 n° 146). Chacune peut aussi, le cas échéant, faire valoir les garanties qui ont été prises en son nom. Il n'y a solidarité entre ces banques que si elles ont pris des engagements ensemble envers le client et non si leur consortium a seulement eu pour objet de coordonner leur politique de crédit à l'égard d'un client commun (CA Paris 13-6-1985 : D. 1987.som.290 obs. Vasseur, jugeant que le report d'échéance consenti par une des banques n'engageait qu'elle).

Le chef de file n'est pas alors garant envers chacune du remboursement du crédit par l'emprunteur (TGI Paris 5-12-1984, 2e esp. : D. 1985.som.331 obs. Vasseur).

Si le contrat de prêt n'a été **conclu qu'entre l'emprunteur et le chef de file,** seul celui-ci est partie au contrat de prêt et peut agir contre l'emprunteur en remboursement du prêt (cf. Cass. com. 17-6-1986 : D. 1987.som.290 obs. Vasseur, refusant ce droit à la banque participante) et peut invoquer les sûretés (Cass. com. 17-6-1986 : D. 1987.som.290). Il lui appartient alors de décider au mieux des intérêts du consortium de réaliser ou non les sûretés (CA Paris 5-5-1987 : D. 1989.323 obs. M. Vasseur).

Le chef de file, sauf disposition conventionnelle contraire, ne peut pas, sans excéder ses pouvoirs, consentir un **abandon de créances** engageant les membres du pool sans leur accord, sauf à établir le caractère abusif de leur refus d'y consentir (Cass. com. 27-3-2001 : RJDA 8-9/01 n° 891).

La banque participante peut éviter de se voir reprocher un abus si elle a déterminé avec netteté les pouvoirs du chef de file, car il lui est alors possible d'opposer de manière discrétionnaire son refus de participer à toute initiative qu'elle estime contraire à ses intérêts, dès lors que celle-ci se situe hors des délégations consenties (Cass. com. 27-3-2001 : RJDA 8-9/01 n° 892).

Les **modifications de la garantie** de remboursement du prêt acceptées par le chef de file sont opposables à la banque qui a continué ses relations avec le chef de file, notamment en vue de la perception des commissions lui revenant (Cass. com. 26-3-1996 : RJDA 7/96 n° 954).

41115 **Monnaie du remboursement** Le remboursement doit se faire dans la **monnaie** prévue au contrat (Cass. com. 18-4-1989 : BRDA 17/89 p. 14). Si celle-ci n'a pas cours légal au lieu où le versement doit être fait, l'emprunteur doit rembourser au prêteur la contre-valeur du capital à restituer dans la monnaie de ce lieu, estimée au jour du paiement effectif (Cass. com. 3-4-1984 : Bull. civ. IV p. 108).

Le fait que l'emprunteur, poursuivi par le prêteur au remboursement de la contre-valeur en francs français du capital emprunté énoncé en dollars, n'ait pas contesté sa dette n'a pas eu pour effet d'entraîner un contrat judiciaire entre lui et le prêteur fixant la somme à rembourser au montant visé dans l'assignation à défaut de jugement constatant ce montant ; celui-ci a donc pu être arrêté à la contre-valeur au jour du paiement (Cass. com. 3-4-1984 précité).

La somme prêtée doit être remboursée **en euros** ou en une autre devise si l'obligation de paiement résulte d'un contrat international ou d'un jugement étranger (C. civ. art. 1343-3 ; n° 50520).

Lorsque le prêteur est une banque et que le prêt comporte une clause dite de monnaie de compte, prévoyant des échéances exigibles libellées en devise étrangère avant leur conversion en euros pour paiement, celle-ci doit décrire et expliquer le mécanisme contractuel et le risque de change consécutif afin de permettre à un emprunteur de mesurer les conséquences négatives sur ses obligations financières pendant toute la durée du crédit en raison des variations que la devise peut subir (Cass. 1e civ. 20-4-2022 nos 19-11.599 FS-B, 19-11.600 FS-B : RJDA 8-9/22 n° 505 ; Cass. 1e civ. 30-3-2022 n° 19-17.996 FS-B : RJDA 7/22 n° 429).

Si le remboursement est fait sous la forme d'une **dation en paiement,** par exemple par remise de titres d'une société, il faut que ces titres aient une valeur égale au montant de la somme à rembourser (cf. T. corr. Paris 16-5-1974 : GP 1974.2.886).

41118 **Défaut de remboursement** À défaut de remboursement, l'emprunteur peut obtenir du prêteur, notamment une banque, un prêt dit « de restructuration », qui entraîne un rééchelonnement ou un réaménagement de la dette (cf. Cass. 1e civ. 31-3-2011 n° 09-70.247 : RJDA 6/11 n° 571). Si un tel prêt n'est pas conclu, l'emprunteur peut être poursuivi en paiement comme tout débiteur.

Si le prêteur a cédé, par bordereau, sa créance à un fonds commun de titrisation, il lui appartient d'agir en recouvrement contre l'emprunteur. Toutefois, à tout moment, tout ou partie du recouvrement de ces créances peut être assuré directement par la société de gestion en tant que représentant légal du fond. Une autre entité peut aussi être désignée. Cette possibilité suppose que le débiteur soit informé de cette modification par tout moyen, y compris un acte judiciaire ou extrajudiciaire (C. mon. fin. art. L 214-172 ; n° 41503).

Si une clause du contrat de prêt prévoit le paiement d'**intérêts** à un certain taux jusqu'à l'échéance fixée pour le remboursement, cette clause suffit pour que les intérêts prévus au contrat **continuent à courir après** ladite échéance, si le débiteur ne se libère pas à cette époque (Cass. com. 18-1-2017 n° 15-14.665 F-PB : RJDA 4/17 n° 272, validant le prélèvement par la banque des intérêts sur le compte de l'emprunteur ; cf. Cass. civ. 29-1-1906 : DP 1906.1.120, dispensant le prêteur d'une mise en demeure pour déclencher le cours des intérêts mais substituant les intérêts moratoires au taux des intérêts conventionnels). Si le contrat de prêt ne prévoit pas d'intérêts contractuels pour défaut de remboursement, le prêteur a droit à des intérêts moratoires à compter de sa demande et non pas du jour où le prêt aurait dû être remboursé, peu important qu'il ait lui-même emprunté la somme prêtée et que, ne l'ayant pas restituée en temps voulu, il ait dû payer à ses prêteurs un taux onéreux d'intérêts (Cass. civ. 29-1-1906 précité).

L'action en remboursement se **prescrit** en cinq ans par application du délai de droit commun ; lorsqu'un prêt a été consenti sans qu'ait été fixé un terme, le **point de départ** du délai se situe à la date d'exigibilité de l'obligation qui lui a donné naissance, laquelle doit être recherchée, en l'absence de terme exprès, suivant la commune intention des parties et les circonstances de l'engagement (Cass. 1e civ. 26-2-2020 n° 18-24.693 F-D : RJDA 5/20 n° 296).

Sur la prescription des dettes échelonnées, n° 50500.

Sur le remboursement des prêts qui ont donné lieu à l'établissement d'une copie exécutoire à ordre : loi 76-519 du 15-6-1976 (art. 7 s.) ; sur la survivance des garanties du prêt jusqu'au complet remboursement, n° 41026.

2. PRÊTS SPÉCIFIQUES

PRÊT PARTICIPATIF DE DERNIER RANG

Octroi Les entreprises agricoles, artisanales, industrielles ou commerciales peuvent obtenir de l'État, des établissements de crédit, des sociétés de financement, des autres sociétés commerciales, des fonds d'investissements alternatifs habilités à consentir des prêts aux entreprises non financières, des sociétés et mutuelles d'assurances et des institutions relevant du titre II et du titre III du livre IX du Code de la sécurité sociale des prêts participatifs régis par les articles L 313-13 s. du Code monétaire et financier. 41121

Les juges apprécient souverainement la qualification de prêt participatif, laquelle peut être déduite de l'intention commune des parties, ce qui est le cas dès lors que le prêt litigieux était à long terme, comportait un différé d'amortissement de trois ans et un taux d'intérêt très faible permettant la souscription d'un prêt complémentaire, qu'il était destiné à la création d'une entreprise et qu'il suppléait à l'absence de fonds propres, permettant ainsi le lancement et l'exercice de l'activité créée par l'emprunteur ; ce prêt souscrit par des époux non commerçants en vue de la création de la société qu'ils envisageaient n'a pu être consenti qu'à la société, seule tenue dès lors à son remboursement (Cass. com. 7-4-2009 n° 08-11.360 : RJDA 11/09 n° 995, relevant aussi que la qualification de prêt participatif est compatible avec la prise d'une garantie sur un tiers, en l'espèce un nantissement sur les parts sociales d'un associé de la société emprunteuse).

Sur la clause de subordination de droit commun, n° 58221.

Remboursement Les prêts participatifs sont des créances de dernier rang. En cas d'ouverture d'une procédure collective contre l'emprunteur, leur remboursement est soumis aux règles suivantes. 41122

En cas de **redressement judiciaire par continuation** de l'entreprise débitrice, le remboursement des prêts participatifs et le paiement des rémunérations prévues sont suspendus pendant toute la durée de l'exécution du plan de redressement (C. mon. fin. art. L 313-16).

En cas de **liquidation amiable, de liquidation judiciaire ou de redressement judiciaire par cession de l'entreprise débitrice,** les prêts participatifs ne sont remboursés qu'après désintéressement complet de tous les autres créanciers privilégiés ou chirographaires ; pour les répartitions à intervenir, les titulaires de ces prêts, sauf stipulations contractuelles contraires approuvées par tous ces titulaires, sont placés sur le même rang (C. mon. fin. art. L 313-15). Les prêteurs ne peuvent pas être admis au passif ; il convient seulement de retenir leur existence pour un éventuel remboursement après l'apurement du passif (T. com. Paris 10-4-1986 : Rev. jur. com. 1987.85 note Gallet).

Toutefois, en cas de prêt par l'**État,** le remboursement devient exigible si le contenu ou l'échéancier des engagements ne sont pas respectés (C. mon. fin. art. L 313-18).

Cautionnement Un prêt participatif peut être cautionné à condition que la caution ait spécialement consenti à garantir un prêt participatif (Cass. com. 20-5-1997 : RJDA 11/97 n° 1378), ce qui n'est pas le cas de cautionnements stipulés sans limitation quant à la nature et au montant des engagements du débiteur (Cass. com. 9-6-1992 : RJDA 11/92 n° 1055). 41123

La caution solidaire est tenue au paiement des sommes dues au titre des prêts participatifs et quel que soit l'ordre dans lequel ce règlement doit s'effectuer, sans qu'elle puisse opposer que ce règlement ne peut lui être réclamé, à l'heure actuelle, qu'à condition de ne pas excéder ce qui est dû par le débiteur principal (CA Paris 22-1-1986 : GP 1986.323).

La garantie du prêt consentie par la Sofaris (Société française d'assurance du capital-risque des petites et moyennes entreprises, devenue Bpifrance financement) est opposable au prêteur qui est censé avoir accepté cette convention en consentant le prêt et, partant, de limiter ses garanties aux sûretés limitativement prévues par elle parmi lesquelles ne figure pas le cautionnement du dirigeant de l'entreprise emprunteuse (Cass. com. 27-10-1998 : RJDA 12/98 n° 1401).

Rémunération *À condition* de ne pas être usuraire (n° 41033), l'intérêt fixe du prêt participatif peut être majoré dans les conditions qui sont déterminées par le contrat, notamment par le jeu d'une clause de **participation au bénéfice** net de l'emprunteur ou au bénéfice réalisé par l'emprunteur lors de l'utilisation des biens dont l'acquisition a été financée totalement ou partiellement par ce prêt ou à la plus-value réalisée lors de leur cession ou sous forme de rétrocession de la marge réalisée (C. mon. fin. art. L 313-17, al. 1). Cette majoration est de droit si le prêt est accordé par l'État (C. mon. fin. art. L 313-19, al. 1). 41124

Fonds propres de l'emprunteur Les prêts participatifs sont, au regard de l'appréciation de la situation financière des entreprises bénéficiaires, assimilés à des **fonds propres** (C. mon. fin. art. L 313-14, al. 2). 41127

PRÊT CONSENTI PAR UNE SOCIÉTÉ COMMERCIALE À UN PARTENAIRE

41130 Les **sociétés commerciales** dont les comptes du dernier exercice clos ont fait l'objet d'une certification par un commissaire aux comptes ou qui ont désigné volontairement un commissaire aux comptes peuvent consentir, à titre accessoire à leur activité principale, des prêts à moins de trois ans à des micro-entreprises, des petites et moyennes entreprises ou à des entreprises de taille intermédiaire avec lesquelles elles entretiennent des liens économiques le justifiant (C. mon. fin. art. L 511-6, 3 bis-al. 1 modifié par ord. 2023-1142 du 6-12-2023).

Les conditions et les limites dans lesquelles ces sociétés peuvent octroyer ces prêts sont fixées aux articles R 511-2-1-1 s. du Code monétaire et financier.

Le prêteur ne peut imposer à un partenaire commercial des **délais de paiement** ne respectant pas les **plafonds** légaux définis aux articles L 441-10 à L 441-13 du Code de commerce (C. mon. fin. art. L 511-6, 3 bis-al. 1).

Les prêts ainsi accordés sont **formalisés** dans un contrat de prêt, soumis au régime des conventions réglementées pour la société prêteuse (C. com. art. L 225-38 à L 225-40 pour les SA ; art. L 223-19 et L 223-20 pour les SARL) ; le montant des prêts consentis doit être communiqué dans le rapport de gestion et fait l'objet d'une attestation du commissaire aux comptes portant sur le montant initial et le capital restant dû des prêts ainsi que sur le respect des dispositions qui les régissent (C. mon. fin. art. L 511-6, 3 bis-al. 3 et R 511-2-1-3).

À notre avis, il s'induit de l'exigence d'une formalisation du prêt dans un contrat que cette condition est requise pour la validité du prêt.

Nonobstant toute disposition ou stipulation contraire, les **créances** détenues par le prêteur ne peuvent pas, à peine de nullité, être **acquises** par un organisme de titrisation ou un fonds professionnel spécialisé, ou encore faire l'objet de contrats constituant des instruments financiers à terme ou transférant des risques d'assurance à ces mêmes organismes ou fonds (C. mon. fin. art. L 511-6, 3 bis-al. 4).

B. Opérations de mobilisation des créances commerciales

1. ESCOMPTE DES EFFETS DE COMMERCE

41200 **Définition** L'escompte est l'opération par laquelle une banque accepte de verser à un client qui lui transmet un titre, en pratique une lettre de change ou un billet à ordre, voire un chèque (n° 52206), dans lequel le ou les signataires sont engagés à payer au bénéficiaire du titre, à l'échéance, le montant de ce titre, sous déduction d'une somme représentant la rémunération du service rendu et le montant des intérêts à courir jusqu'à l'échéance. La perception d'une somme forfaitaire sensiblement inférieure au montant de l'effet au lieu de la perception d'agios proportionnels n'est pas exclusive de l'escompte (Cass. com. 1-10-1996 : RJDA 1/97 n° 88).

Le plus souvent, le client est le tireur d'une lettre de change qui a une créance sur le tiré. Mais il arrive aussi que le client soit le tiré de la lettre ; cet escompte est dit « indirect ».

41203 **Titres escomptables** Les lettres de change, les billets à ordre et les chèques sont susceptibles d'escompte.

Mais, aucune disposition ne prescrivant les conditions de l'escompte, une banque peut escompter tout titre de créance dès lors qu'il lui paraît offrir des chances suffisantes de remboursement des sommes avancées (en ce sens, Cabrillac et Rives-Lange critiquant CA Lyon 9-3-1976, pour qui seuls les effets de commerce sont escomptables, RTD com. 1977.136).

Notamment les traites non acceptées, dites pro forma, peuvent être escomptées (Cass. com. 14-12-1970 : D. 1972.1 note Bouloc ; CA Rouen 26-1-1988), ainsi que les chèques (Cass. com. 11-3-1970 : JCP G 1970.II.16490 note Rives-Lange).

41206 **Engagement du banquier** Le banquier est obligé d'escompter les titres dont son client lui demande l'escompte lorsqu'il lui a ouvert un **crédit d'escompte,** dès lors que les conditions fixées pour l'exécution de ce crédit (montant, nature des titres remis, etc.) sont remplies (CA Paris 29-9-1983 : D. 1984.IR.265 obs. Vasseur).

Il ne peut alors refuser d'escompter que si la situation financière du client est telle qu'il engagerait sa responsabilité en favorisant son crédit (CA Aix 30-9-1975 : D. 1976.som.2 ; CA Nîmes 26-10-1977 : D. 1978.IR.418 ; rappr. CA Aix 8-12-1983 : Bull. Cour d'Aix 1983/3 p. 60) ou si le client lui refuse les renseignements qu'il a demandés sur le tiers tiré (Cass. com. 30-11-1999 : RJDA 1/00 n° 82). En tout cas, le banquier n'est pas tenu de consentir de nouvelles avances (CA Nîmes 26-10-1977 précité).

Si le banquier n'a pas promis un crédit d'escompte, il est en **droit de refuser** les effets qui lui sont présentés puisqu'il peut, depuis 2006, refuser un crédit, quelle qu'en soit la forme, et ce discrétionnairement ; ce refus ne peut pas engager sa responsabilité comme il avait été jugé antérieurement (Cass. com. 22-4-1980 : Bull. civ. IV p. 127 ; CA Grenoble 7-7-1976 : D. 1976.489 note F.D. ; CA Toulouse 6-2-1980 : D. 1981.IR.18 obs. Vasseur).

Preuve de l'opération d'escompte L'escompte est réputé accepté et accompli par le banquier, lorsque la traite litigieuse a fait l'objet d'un bordereau d'escompte le jour même où elle a été remise, que son montant a été porté au crédit du compte du remettant et que cette opération figure sur le relevé du compte bancaire de l'intéressé avec la mention « escompte », celui-ci n'ayant élevé aucune contestation contre ce relevé alors qu'il en a eu connaissance avant l'échéance de la traite (CA Rouen 21-4-1988). **41209**

Transfert du titre escompté Le titre soumis à l'escompte est transféré avec ses accessoires, le cas échéant ; n'est pas un accessoire le contrat d'assurance-crédit que le remettant a conclu pour se garantir contre l'insolvabilité de ses clients (Cass. com. 25-2-1992 : RJDA 6/92 n° 622). **41210**

Mise à disposition des fonds au compte du client Le montant des effets escomptés doit être porté par la banque au crédit du compte de son client dès que ceux-ci ont été acceptés et transférés (Cass. com. 30-1-1979 : D. 1980.IR.15 obs. Vasseur ; Cass. com. 6-11-1984 : Bull. civ. IV p. 241). **41212**

Le banquier ne saurait, après avoir accepté les effets, retarder discrétionnairement l'inscription au crédit du compte du client du montant des effets au-delà du temps nécessaire à leur prise en valeur ; le contrat d'escompte comporte pour lui une obligation instantanée, laquelle a pour garantie le droit de contre-passer le montant des effets impayés à l'échéance (CA Paris 29-9-1983 : D. 1984.IR.265 obs. Vasseur).

Rémunération du banquier L'escompte donne lieu au paiement de différentes commissions et d'un intérêt. Le total de toutes ces sommes, qui sont déduites du montant nominal de l'effet au moment où le banquier remet les fonds, ne doit pas atteindre le taux usuraire (sur l'usure, n° 41033). **41215**

Paiement des effets escomptés À l'échéance, le banquier escompteur doit recevoir le montant des effets (Cass. com. 9-10-1984 : D. 1985.329 note Vasseur). **41218**

Sur le conflit avec l'action directe du sous-traitant, n° 20418.

À défaut, il doit, dans les quatre jours du retour des effets, donner avis du défaut de paiement au remettant (C. com. art. L 511-42 ; CA Paris 11-2-1977 : D. 1977.IR.427).

Droit de contre-passer Le banquier qui n'a pas reçu paiement est en droit de contre-passer les effets, c'est-à-dire de se rembourser en se créditant d'office de leur montant dans le compte courant du client (Cass. com. 11-3-1970 : JCP G 1970.II.16490 note Rives-Lange). **41221**

La contre-passation ne peut résulter que d'une écriture de la banque portant le montant de l'effet escompté au débit du compte du client ; dès lors, ne vaut pas contre-passation et ne prive pas la banque des recours cambiaires : l'inscription par la banque dans un compte spécial destiné à la centralisation des impayés (Cass. com. 19-10-1999 : RJDA 12/99 n° 1378 ; Cass. com. 18-9-2012 n° 10-18.547 : JCP E 2012.1646 n° 15 obs. Stoufflet) ou des créances douteuses résultant des écritures opérées automatiquement par ordinateur (Cass. com. 19-12-2000 : RJDA 5/01 n° 629) ; l'indication de « compensation » sur des documents autres que des relevés de compte (Cass. com. 4-5-1999 : RJDA 6/99 n° 716) ; l'inscription du montant des intérêts depuis l'échéance au débit du compte et non celle du montant de la lettre (Cass. com. 12-1-1999 : RJDA 2/99 n° 217).

Le banquier peut procéder à la **contre-passation jusqu'à** l'expiration de la prescription cambiaire d'un an (CA Aix 20-1-1982 : Bull. Cour d'Aix 1982/1 p. 74 ; CA Aix 22-10-1982 : Rev. jur. com. 1983.341 note Delebecque, précisant que l'exercice de l'action cambiaire ne constitue en rien une option irrévocable interdisant la contre-passation). Dans cette limite et celle du délai d'un mois fixé en matière de saisie de comptes bancaires, il peut le faire **après saisie** opérée sur le compte du remettant (n° 59815).

En tout état de cause, la **contre-passation** ne prend **effet qu'à compter** de son inscription en compte et ne peut pas être datée du jour où la banque a clairement manifesté sa décision de contre-passer l'effet (Cass. com. 21-6-1994 : RJDA 12/94 n° 1340). La contre-passation **postérieure** au jugement d'ouverture d'une **procédure collective** ne peut valoir paiement puisque celui des dettes antérieures est interdit (nos 61870 s.), le banquier conservant alors le droit de réclamer le paiement de l'effet ainsi contre-passé à ses signataires (Cass. com. 5-5-1998 : RJDA 10/98 n° 1150, à propos d'une lettre de change ; Cass. com. 17-3-1998 : RJDA 8-9/98 n° 1035, à propos d'un chèque ; Cass. com. 11-6-2014 n° 13-18.064 : RJDA 2/15 n° 136 : à propos d'un billet à ordre). Sur la preuve de la contre-passation, n° 41224.

Malgré une contre-passation tardive, la banque ne commet pas de faute si, au moment où elle restitue les effets impayés à son client, celui-ci peut encore exercer les recours cambiaires utiles et ne subit donc aucun préjudice du fait du retard (Cass. com. 14-1-1997 : RJDA 5/97 n° 671). Elle est, en revanche, fautive si son retard a empêché son client d'exercer utilement les recours cambiaires (Cass. com. 2-7-1979 : D. 1980.IR.199 obs. Vasseur : préjudice résidant dans la seule perte, par le remettant, d'une chance d'obtenir le paiement de sa créance ; CA Basse-Terre 25-2-1980 : JCP G 1981.IV.227 : préjudice tenant à l'impossibilité d'agir en raison de la survenance de la liquidation des biens du tiré huit jours après la contre-passation et égal au montant des sommes contre-passées, augmenté des intérêts à dater de la contre-passation).

La contre-passation n'est qu'une **faculté** ; le banquier peut s'engager à ne pas contre-passer les effets sur le compte du tireur, ce qui résulte notamment de son engagement à « faire le forfait de la signature du tiré » ; il renonce alors seulement à réclamer le montant des traites en cas de défaillance du tiré dans leur paiement et conserve ses droits en cas de défaut de fourniture de la provision par le tireur, si sa défaillance est établie (Cass. com. 8-7-1997 : RJDA 12/97 n° 1517) ; dans ce cas, la banque conserve les garanties qui assortissaient les créances cambiaires (Cass. com. 9-7-1985 : D.1986.IR.316 obs. Vasseur).

Mais une fois qu'il a contre-passé, le banquier ne peut **plus revenir** sur sa décision (CA Montpellier 11-2-1964 : JCP G 1964.II.13649 note Rives-Lange), sauf à prouver que cette écriture est le résultat d'une erreur (CA Versailles 1-7-1994 : D. 1994.IR.211 ; CA Paris 25-3-2003 n° 01-2222 : RJDA 10/03 n° 991).

41224 **Effets de la contre-passation** Lorsque le banquier choisit de contre-passer l'effet impayé, il s'ensuit des conséquences différentes selon les circonstances dans lesquelles la contre-passation a été opérée ; il y a lieu ainsi de distinguer les hypothèses suivantes.

1. Contre-passation en cours de fonctionnement du compte courant. Le banquier est réputé payé par cette contre-passation, car toute inscription au compte courant d'un client in bonis équivaut à un paiement (Cass. com. 4-6-1985 : Bull. civ. IV p. 149) dans la mesure où le paiement n'est pas interdit comme en cas d'ouverture d'une procédure collective (n° 41221).

La preuve de la contre-passation est établie lorsque le remettant n'a élevé aucune protestation à réception des extraits de compte mentionnant l'écriture de contre-passation (Cass. com. 14-1-1997 : RJDA 5/97 n° 671).

Il **perd** alors tous ses **droits** sur le titre contre-passé et doit le restituer à son client remettant (Cass. com. 25-1-1955 : JCP G 1955.II.8547 bis note Cabrillac ; Cass. com. 4-6-1985 précité). Il ne peut plus poursuivre le tiré (cf. Cass. com. 1-10-1996 : RJDA 1/97 n° 87) et notamment se prévaloir à son encontre de l'inopposabilité des exceptions que celui-ci peut soulever contre le tireur, car il agit alors comme mandataire du tireur, l'endossement à son profit valant simple mandat de recouvrement (CA Toulouse 3-11-1986 : GP 1988.som.369).

L'accord conclu, postérieurement à la contre-passation, entre le banquier et le remettant prévoyant que le banquier conserve, malgré la contre-passation, la propriété des effets, et donc la faculté de poursuivre le tiré, constitue au regard de l'acte ostensible qu'est la lettre de change une contre-lettre inopposable au tiré, tiers étranger à cet accord ; par suite le banquier ne peut agir contre le tiré qu'en qualité de mandataire du tireur, mais à condition que cette qualité soit mentionnée sur le titre, comme il est exigé (n° 51146) en matière d'endossement de procuration (CA Lyon 30-1-1956 : JCP G 1956.II.9291 ; CA Paris 27-3-1992 : Banque 1992.841 obs. Rives-Lange, qui admet l'annulation du paiement résultant de la contre-passation en relevant que le banquier qui n'a pas bénéficié d'un second endossement « ni même obtenu de sa cliente de poursuivre le recouvrement de l'effet » a perdu la propriété de celui-ci).

2. Contre-passation après la clôture du compte. Le banquier qui contre-passe les effets impayés après la clôture du compte en conserve la propriété et peut exercer, pour ce qui lui reste dû (totalité ou partie), les **recours cambiaires** contre les signataires (Cass. com. 8-7-1982 : D. 1984.256 note Zénati ; Cass. com. 10-1-1983 : Bull. civ. IV p. 4).

C'est alors à la banque d'établir que cette contre-passation a eu lieu après la clôture du compte (Cass. com. 15-2-2011 n° 10-30.102 : RJDA 5/11 n° 448 : recours exercé contre l'avaliste).

Si ces poursuites procurent au banquier **le paiement total ou partiel de l'effet,** le sort des sommes qu'il a ainsi obtenues est réglé dans les conditions suivantes : si, au moment où il a reçu ces sommes, son client est in bonis, le banquier doit porter les sommes encaissées au crédit de son compte ; s'il ne l'est pas, il peut déclarer sa créance telle qu'elle existe au jour de l'ouverture de la procédure, peu important qu'entre ce moment et celui de la déclaration le tiré l'ait payé (Cass. com. 8-6-2010 n° 09-14.624 : RJDA 12/10 n° 1174) ; mais il doit en déduire ce qu'il a, le cas échéant, reçu en paiement avant le jugement d'ouverture.

41227 **Effets de l'absence de contre-passation** Lorsqu'elle n'a pas contre-passé les effets escomptés et qu'elle a **conservé** ses actions cambiaires (n° 41224), la banque peut demander le paiement au tiré conformément aux règles d'exercice de ces recours et, en cas de non-paiement, aux autres signataires le cas échéant (n°s 51250 s.), compte tenu cependant des particularités propres au paiement des traites non acceptées (n° 51300).

Le banquier escompteur ne peut **pas** se retourner contre le **tireur** lorsqu'il a donné son aval au tiré, car s'il poursuivait le tireur, ce dernier pourrait lui opposer son aval. Il en est de même lorsque le banquier a accepté à l'égard du tireur de « faire le forfait de la signature du tiré », cet engagement valant renonciation de sa part à exercer un recours contre le tireur.

2. CESSION DES CRÉANCES PAR BORDEREAU DIT « DAILLY »

Définition Le bordereau dit « Dailly », créé par la loi 81-1 du 2 janvier 1981, constate une ou plusieurs créances qu'une entreprise détient sur ses propres débiteurs et qu'elle déclare **céder ou donner en nantissement** à une banque qui, en contrepartie de cette cession, lui verse - comme dans l'escompte des traites, nº 41200 - le montant des sommes cédées, sous déduction de la rémunération du service rendu et des intérêts à courir jusqu'à la date d'échéance des créances transmises. **41250**

Ce procédé, appelé cession de créances professionnelles ou par bordereau Dailly, est régi par les articles L 313-23 s. et R 313-15 s. du Code monétaire et financier.

La cession de créances professionnelles n'est pas assimilable à une remise d'« effets de commerce » à l'escompte (Cass. com. 15-12-1992 : RJDA 4/93 nº 337).

La cession des créances résulte de la seule remise du bordereau (C. mon. fin. L 313-23, al. 1).

Il s'en déduit qu'est inopérante la remise d'un bordereau dont la date ne correspond pas à celle de la remise (Cass. 1e civ. 8-7-2010 nº 09-66.989 : RD bancaire 2010 nº 205 obs. Crédot et Salmain).

Sur le droit commun de la cession de créance, applicable au besoin, nos 14200 s.

Créances transférables Le transfert par bordereau est utilisable pour (C. mon. fin. art. L 313-23, al. 1) : **41253**

– toute créance qu'une **personne morale** de droit privé ou de droit public détient sur une autre personne morale de droit privé ou de droit public, sans égard au caractère professionnel ou non des créances (Cass. com. 3-1-1996 : RJDA 4/96 nº 527) ni au changement de leur fondement juridique (CE 7-4-2004 nº 239000 : RJDA 10/04 nº 1114 : droit du cessionnaire à se prévaloir des créances en dépit de la nullité du contrat à l'origine de ces dernières) ;

La créance peut donc consister dans l'aide publique qu'une entreprise a obtenue d'une personne morale publique (CE 7-8-2008 nº 285979 : JCP E 2008.pan.2223, réservant la possibilité pour la collectivité publique de soulever l'exception de non-respect des conditions d'attribution) ou dans le remboursement d'un crédit de TVA (CE 24-9-2003 : RJF 12/03 nº 1368 ; CE 22-7-2022 nº 451251).

– toute créance qu'une **personne physique** dans l'exercice de son activité professionnelle détient sur une autre personne physique dans l'exercice également, par celle-ci, de son activité professionnelle.

Une banque est libre d'accepter ou de refuser la cession, comme elle est libre d'escompter ou non une traite (nº 41206). Toutefois, la banque qui s'est réservé la faculté de rejeter tout ou partie des créances qui lui sont proposées ne peut pas pour autant résilier unilatéralement la convention elle-même de prise à l'escompte des bordereaux de remise des créances détenues par son client (Cass. com. 8-12-1987 : Bull. civ. IV p. 198).

« Toute **créance** » pouvant être transférée, peuvent être l'objet d'un bordereau les créances à terme (C. mon. fin. art. L 313-23, al. 2) ou futures, c'est-à-dire d'un montant et d'une exigibilité non encore déterminés (C. mon. fin. art. L 313-23, al. 2 ; CA Versailles 13-5-1993 : RJDA 11/93 nº 935 : cession d'une situation de travaux non encore arrêtée) ainsi que celles déjà échues qui peuvent même être données en garantie d'un délai de paiement consenti par le créancier (Cass. com. 8-1-2001 : RJDA 4/91 nº 325) ou celles garantissant un crédit qui a été mobilisé par l'émission de billets à ordre, car il n'y avait là ni opération de cavalerie ni anomalie (CA Paris 28-2-1990 : D. 1990.som.228 obs. Vasseur).

Établissement d'un bordereau Les **énonciations** suivantes doivent figurer sur le bordereau (C. mon. fin. art. L 313-23, al. 3 et 4) : **41256**

1. La dénomination, selon le cas, « acte de cession de créances professionnelles » ou « acte de nantissement de créances professionnelles » ;

2. La mention que l'acte est soumis aux dispositions des articles L 313-23 à L 313-34 du Code monétaire et financier ;

3. Le nom ou la dénomination sociale de l'établissement de crédit bénéficiaire ; le bordereau peut aussi être stipulé à l'ordre de l'établissement de crédit (C. mon. fin. art. L 313-25, al. 1 ; sur une désignation non valable, Cass. com. 23-10-2001 : RJDA 3/02 nº 299) ;

4. L'identification des créances concernées par l'une ou l'autre des mentions suivantes :

a. En cas de transfert des créances par bordereau, par la désignation ou l'individualisation des créances cédées ou données en nantissement ou des éléments susceptibles d'effectuer cette désignation ou cette individualisation, notamment par l'indication du débiteur, du lieu de paiement, du montant des créances ou de leur évaluation et, s'il y a lieu, de leur échéance ;

Les créances cédées étaient individualisées lorsque le bordereau portait les numéros des factures émises au nom et à l'adresse du débiteur, leurs montants et les dates d'échéance des effets correspondants (CA Rouen 6-3-1986 : D. 1988.som.279 obs. Vasseur ; dans le même sens, CA Paris 17-11-1992 : BRDA 2/93 p. 17), mais non lorsqu'il visait les factures globalement (CA Versailles 2-6-1988 : D. 1989.som.185 obs. Vasseur) ou la totalité d'un compte client (Cass. com. 13-11-2003 n° 1503 : RD bancaire 2004 p. 250 n° 165 obs. Cerles) ou ne permettait pas de différencier les créances cédées de créances déjà cédées ou inexistantes (Cass. com. 13-10-1992 : RJDA 2/93 n° 145) ou encore ne permettait pas d'identifier les créances cédées en raison de mentions erronées et insuffisantes (Cass. com. 21-6-1994 : RJDA 12/94 n° 1335).

b. En cas de transfert des créances par un procédé informatique permettant de les identifier, par l'indication du moyen par lequel ces créances sont transmises, leur nombre et leur montant global.

S'il y a contestation sur l'existence ou le transfert d'une des créances visées au bordereau, l'établissement de crédit pourra prouver, par tous moyens, que la créance objet de la contestation est comprise dans le montant global porté sur le bordereau (C. mon. fin. art. L 313-25, al. 5).

Le bordereau doit, **en outre** :

– être signé par le cédant ; cette signature peut être apposée soit à la main soit par tout procédé non manuscrit (C. mon. fin. art. L 313-25, al. 1) ou par un préposé muni d'une délégation de pouvoir (CA Paris 12-9-2000 : RJDA 1/01 n° 76) ;

– porter la date, qu'il incombe à l'établissement de crédit d'apposer (C. mon. fin. art. L 313-25, al. 2). Il ne peut pas être suppléé à cette omission par d'autres moyens, telle la notification des actes de cession au débiteur (Cass. com. 15-3-2023 n° 21-24.490 F-B : RJDA 6/23 n° 337).

En cas de contestation de la date, l'établissement de crédit (ou la société de financement) établit, par tous moyens, l'exactitude de celle-ci (C. mon. fin. art. L 313-27, al. 4 ; pour des exemples de preuve apportée, CA Paris 16-11-1988 : D. 1990.som.227 obs. Vasseur ; CA Paris 30-3-1989 : D. 1989.IR.142 ; sur une absence de preuve : CA Orléans 15-3-2007 n° 06-1632 : RJDA 8-9/07 n° 884). En cas de pluralité de dates, il y a lieu de donner effet à celle dont l'établissement de crédit démontre qu'elle correspond au jour où il a accepté la cession (Cass. com. 7-12-1993 : RJDA 5/94 n° 553).

Le bordereau dans lequel **une des mentions exigées fait défaut** ne vaut pas comme acte de cession par bordereau (C. mon. fin. art. L 313-23, al. 6) et est ainsi privé de tout effet ; le cessionnaire ne peut donc pas demander paiement au débiteur dans les formes prévues pour les cessions résultant de bordereaux réguliers (Cass. com. 8-11-1994 : RJDA 3/95 n° 320 et Cass. com. 11-7-2000 : RJDA 12/00 n° 1156 : défaut de la mention « acte de cession de créances professionnelles » ; Cass. com. 21-3-1995 : RJDA 8-9/95 n° 1013 : défaut d'indication du moyen utilisé pour la transmission informatique ; Cass. com. 15-3-2023 précité : défaut de date), même si le débiteur cédé a accepté la cession dans les formes requises (n° 41286).

Mais le défaut de pouvoir du signataire du bordereau est sanctionné par une inopposabilité qui ne peut être invoquée que par le cédant lui-même et non par le débiteur cédé (Cass. com. 21-9-2010 n° 09-11.707 : RJDA 1/11 n° 75).

La **preuve** de l'existence des créances individualisées au bordereau incombe, sauf acceptation par le prétendu débiteur cédé, à celui qui invoque contre lui la créance ; si seul le montant de la créance est contesté, c'est au débiteur d'apporter la preuve de l'exécution incomplète ou défectueuse de la contrepartie contractuelle prévue (Cass. com. 27-3-2001 : RJDA 8-9/01 n° 899).

41259 **Remise de bordereau** La cession ou le nantissement des créances visées dans le bordereau résulte de la simple remise matérielle du bordereau par le client à l'établissement de crédit (C. mon. fin. art. L 313-23, al. 1).

La remise, à l'appui des bordereaux, de factures fictives constitue un faux en écritures de commerce (C. pén. art. 441-4 ; Cass. crim. 30-3-1992 : RJDA 11/92 n° 1047 : application de l'art. 147 ancien du C. pén. transposable sous le texte actuel).

41262 **Acquisition de la propriété des créances** L'établissement de crédit acquiert la propriété des créances visées au bordereau, même lorsque la cession est effectuée à titre de garantie et sans stipulation d'un prix (C. mon. fin. art. L 313-24, al. 1).

Le cessionnaire acquiert la créance, transmise ou nantie :

– pour le montant cédé ; il en est ainsi même si ce montant excède celui de la créance garantie, le cédant ne retrouvant ses droits à agir en paiement qu'après le remboursement intégral de la dette garantie ou la renonciation du cessionnaire à tout ou partie de la créance cédée (Cass. com. 18-11-2014 n° 13-13.336 : RJDA 4/15 n° 303) ;

Si le montant de la créance donnée en garantie a été réduit après la notification reçue par le débiteur cédé, le cessionnaire ne peut pas exiger de lui le paiement du montant notifié car la cession de créance effectuée à titre de garantie prend fin sans formalité particulière pour les sommes excédant la créance qui reste due au cessionnaire par le cédant (Cass. com. 9-2-2010 n° 09-10.119 : RJDA 10/10 n° 997).

Le cessionnaire peut agir en responsabilité extracontractuelle contre celui qu'il tient pour responsable de cette réduction de nature à le priver d'une partie de son droit à paiement (cf. Cass. com. 3-11-2010 n° 09-69.870 : RJDA 3/11 n° 263 : action contre l'entrepreneur principal signataire avec le maître d'ouvrage de l'avenant ayant réduit la créance cédée par le sous-traitant).

– même en cas d'ouverture d'une procédure collective à l'encontre du cédant, dès lors que cette ouverture est postérieure à la date portée sur le bordereau (Cass. com. 22-11-2005 n° 1485 : RJDA 3/06 n° 325) ; cet effet se produit même au regard des créances, s'agissant de loyers, nées d'un bail conclu après l'ouverture de la procédure dans la mesure où le bordereau précise que sont cédées l'intégralité des créances présentes et futures (CA Versailles 28-2-2013 n° 12/06573 : D. 2013.829.som. obs. Dammann).

Lorsque la cession est consentie à titre de garantie, les règlements effectués avant l'ouverture de la procédure collective du cédant par le débiteur cédé entre les mains du cessionnaire restent acquis à ce dernier tant que les créances garanties par cette cession ne sont pas payées, l'excédent éventuel n'étant restitué qu'après ce paiement (Cass. com. 30-6-2015 n° 14-13.784 : RJDA 12/15 n° 860).

Mais le cessionnaire n'acquiert pas pour autant, au cas où la créance cédée serait insuffisante à le désintéresser complètement de sa créance, un privilège sur un élément du patrimoine de son débiteur (Cass. com. 20-2-2007 n° 353 : RJDA 5/07 n° 542).

Droit du cessionnaire d'opposer la cession « La cession ou le nantissement prend effet entre les parties et devient opposable aux tiers **à la date portée sur le bordereau** lors de sa remise, quelle que soit la date de naissance, d'échéance ou d'exigibilité des créances, sans qu'il soit besoin d'autres formalités, et ce quelles que soient la loi applicable aux créances et la loi du pays de résidence des débiteurs » (C. mon. fin. art. L 313-27, al. 1). **41265**

Il s'ensuit que le **cessionnaire,** à la condition que le bordereau soit régulier (n° 41256), **prime,** à compter de cette date :

– le droit du créancier saisissant dès lors que la signification de la saisie-attribution est postérieure, même si cette formalité a été effectuée avant la notification de la cession au débiteur cédé (C. mon. fin. art. L 313-27, al. 1 ; Cass. com. 26-11-2003 n° 1659 : RJDA 4/04 n° 467) ;

– le droit de la société d'affacturage dont la subrogation est postérieure (Cass. com. 19-5-1992 : RJDA 8-9/92 n° 855), la connaissance par le cessionnaire de l'existence d'une convention générale d'affacturage, comportant une clause d'exclusivité et conclue entre le cédant et un facteur, ne pouvant justifier, en l'absence de fraude, que soit reprochée au cessionnaire l'acquisition des créances relevant de cette convention (Cass. com. 3-1-1996 : RJDA 4/96 n° 529) ; si le facteur a néanmoins été payé par le débiteur cédé, il doit restituer les sommes perçues au cessionnaire (Cass. com. 19-5-1992 : RJDA 8-9/92 n° 855) ; mais le cessionnaire ne prime pas le facteur qui a bénéficié d'une subrogation antérieure (cf. Cass. com. 3-1-1996 précité) ;

– le tiers porteur de lettres de change-relevé en vertu de conventions conclues avec le tireur après la cession (Cass. com. 30-6-1998 : RJDA 11/98 n° 1287) ;

– le vendeur avec réserve de propriété qui lui a cédé sa créance (n° 63050) ;

– les créanciers du cédant ; le débiteur cédé, dès qu'il a reçu notification de la cession de créance, ne se libère valablement qu'auprès de la banque cessionnaire et il engage sa responsabilité envers celle-ci s'il paie directement les créanciers du cédant, peu important si ces derniers le menacent de retenir la chose (CA Paris 5-7-2018 n° 15/18975 : inopposabilité au cessionnaire du paiement par le donneur d'ordre d'un transport, débiteur du frêt, des sous-traitants du transporteur qui avait cédé ses créances sur le donneur d'ordre).

Le cessionnaire peut aussi invoquer son droit sans que les conditions mises dans le contrat générateur de la créance puissent lui être opposées, dès lors que la cession est conforme aux dispositions légales qui la régissent (Cass. com. 11-10-2017 n° 15-18.372 P : RJDA 3/18 n° 273).

Toutefois, le **cessionnaire** ne peut **pas opposer** la cession transmise en propriété ou en garantie :

– à la supposer établie, s'il ne produit **pas le bordereau,** même si l'empêchement à le faire qu'il invoque tient à une impossibilité matérielle (Cass. com. 25-2-2003 n° 359 : RJDA 7/03 n° 765 : inopposabilité au débiteur cédé) ;

– s'il produit un **bordereau irrégulier** ; dans ce cas, la cession relève du **droit commun** des cessions de créance ou de droit ; l'opposabilité de la cession de la créance ou du nantissement aux tiers ou au débiteur cédé suppose, dans le cas où le bordereau a été établi **avant** le 1er octobre 2016 (sur cette date, n° 10000), l'application des formalités prévues par l'article 1690 du Code civil (Ord. 2016-131 du 10-2-2016 art. 9, al. 2), comme cela avait été jugé (cf. CA Rouen 6-3-1986 : D. 1988.som.279 obs. Vasseur) ; mais la cession de la créance résultant d'un bordereau irrégulier établi

depuis le 1er octobre 2016 est opposable aux tiers ou au débiteur dans les conditions exposées aux nos 14218 et 14221, tandis que le nantissement, qui n'est pas la cession d'une créance mais d'un droit, dépend toujours de l'accomplissement des formalités de l'article 1690 (nos 14280 s.) ;

– si, avant d'en avoir reçu paiement du débiteur cédé, il a éteint les créances cédées en les inscrivant dans le **compte courant** le liant au cédant, car elles ont perdu de ce fait leur individualité (Cass. com. 30-1-2001 : RJDA 5/01 n° 627 ; Cass. com. 4-7-2006 n° 885 : RJDA 1/07 n° 91).

Même si les conditions susvisées sont remplies, il **ne peut** opposer la cession :

– au **sous-traitant** du marché que lui a cédé l'entrepreneur principal sans l'avoir fait agréer par le maître d'ouvrage qui exerce l'action directe en paiement contre ce dernier (n° 20418) ;

– au **banquier du cédant** (banquier réceptionnaire) qui a reçu paiement de la part du débiteur cédé, car celui-ci recevant les fonds au nom et pour le compte de son client n'en est que le mandataire, seul le cédant étant obligé s'il a reçu ce à quoi il n'avait pas droit ; c'est donc à ce dernier que la **restitution** de la somme versée à tort sur son compte doit être réclamée soit par le cessionnaire qui l'attend (Cass. com. 19-12-2000 : RJDA 3/01 n° 361), sauf à établir que le banquier a accepté le mandat de lui restituer les fonds (pour une absence d'un tel mandat, Cass. com. 23-4-2003 n° 644 : RJDA 10/03 n° 1005), soit par le débiteur cédé qui prétend avoir payé deux fois la créance cédée (Cass. com. 3-11-2009 n° 08-10.692 : RJDA 2/10 n° 172) ; sauf fraude alléguée ou constatée, il n'appartient qu'au seul banquier cessionnaire de prendre les dispositions nécessaires pour assurer le recouvrement des créances cédées (Cass. com. 23-4-2003 n° 644 : RJDA 10/03 n° 1005) ;

– au **cédant** si le débiteur cédé a payé au cédant ses créances avant leur cession puisque ces créances n'ont pu être cédées car éteintes par le paiement (Cass. com. 20-2-1996 n° 372 : DA 1996.455).

41268 **Interdiction de modification** À compter de la date portée sur le bordereau, le **remettant** ne peut, sans l'accord de l'établissement de crédit (ou de la société de financement), modifier l'étendue des droits attachés aux créances visées (C. mon. fin. art. L 313-27, al. 2).

La créance n'est pas modifiée lorsque son montant a changé par rapport à celui indiqué sur le bordereau, dès lors que la minoration en cause résulte de causes qui existaient déjà à la date du bordereau (CA Versailles 10-11-1987 : BRDA 9/88 p. 13) ou de la correction d'une erreur de facturation (CA Paris 29-3-1994 : RJDA 10/94 n° 1055). Mais elle l'est lorsque le cédant a établi un avoir annulant la créance cédée (Cass. com. 8-11-1994 : RJDA 3/95 n° 321 ; Cass. com. 23-5-2000 : RJDA 11/00 n° 1034).

Mais le **débiteur cédé,** qui n'a pas accepté la cession, peut invoquer à l'égard du cessionnaire les modifications survenues dans ses rapports juridiques avec le cédant (CA Paris 14-2-1989 : D. 1990.som.229 obs. Vasseur).

41271 **Transfert des accessoires de la créance** Sauf convention contraire, la remise du bordereau entraîne de **plein droit** le transfert des sûretés, des garanties et des accessoires attachés à chaque créance, y compris les sûretés hypothécaires, et son opposabilité aux tiers sans qu'il soit besoin d'autre formalité (C. mon. fin. art. L 313-27, al. 3 ; Cass. com. 16-10-2007 n° 06-13.122 : JCP E 2007.pan.2500).

41274 **Notification au débiteur cédé de la défense de payer le cédant** Le cessionnaire peut, à tout moment, interdire au débiteur de la créance cédée ou nantie de payer entre les mains du signataire du bordereau (C. mon. fin. art. L 313-28). S'agissant d'une faculté, il ne commet pas de faute s'il ne le fait pas (Cass. com. 26-5-2004 n° 825 : RJDA 11/04 n° 1258 ; Cass. com. 27-9-2016 n° 14-18.282 F-D : RTD civ. 2016.904 obs. Crocq).

La cession ne pouvant être opposée aux tiers qu'à compter de la date portée sur le bordereau, elle ne peut pas avoir été acceptée par le débiteur cédé si elle lui a été notifiée avant cette date (Cass. com. 8-2-2000 n° 97-17.627 : RJDA 4/00 n° 469 ; Cass. com. 3-11-2015 n° 14-14.373 : RJDA 2/16 n° 141).

41277 **Formes de la notification.** La notification au débiteur cédé peut être faite par tout **moyen** (Cass. com. 21-9-2010 n° 09-11.707 : RJDA 1/11 n° 75 ; CA Paris 15-12-1994 : RJDA 4/95 n° 471). Elle doit comporter les **mentions** prescrites à l'article R 313-15 du Code monétaire et financier et doit être dans une langue comprise du destinataire (T. com. Paris 15-9-1993 : RJDA 1/94 n° 69). Le cessionnaire doit prouver l'existence de ces mentions (CA Versailles 31-10-1996 : RJDA 4/97 n° 538).

En cas de notification au titre d'un **marché public** ou d'une commande publique hors marché, la notification doit être faite entre les mains du comptable assignataire désigné dans les documents contractuels et elle doit comporter les mentions prescrites à l'article R 313-17 du Code monétaire et financier ; il n'y a pas notification en cas d'information du maire de la commune débitrice (CAA Paris 23-5-1995 : JCP E 1996.II.787 note Eckert) ou d'une autorité administrative (CAA Paris 12-11-1993 : JCP E 1994.pan.134). Par ailleurs, la notification au comptable assignataire n'est pas requise dans le cas où le débiteur cédé n'est pas la personne publique mais l'entrepreneur principal (Cass. 3e civ. 8-12-2021 n° 20-16.152 FS-B).

En cas de litige, le cessionnaire qui a notifié doit prouver la connaissance par le débiteur de la notification selon les règles de **preuve** applicables au débiteur de la créance cédée ou nantie (C. mon. fin. art. R 313-18).

Prise d'effet de la notification. La notification prend effet dès lors que le débiteur a **signé** l'accusé de réception de la lettre la contenant et qu'il n'en conteste pas le contenu (CA Paris 15-9-1992 : Rev. jur. com. 1994.248). 41280

Conséquences de la notification pour le débiteur. Le débiteur est seulement obligé de se **libérer de sa dette dans les mains** du cessionnaire (C. mon. fin. art. L 313-28). Il est tenu à cette obligation alors même que la cession n'a pas été notifiée au domicile qu'il a élu dans le contrat générateur de la créance s'il a eu connaissance de la cession et ne pouvait pas se méprendre sur les conséquences de celle-ci (Cass. com. 11-10-2017 n° 15-18.372 P : RJDA 3/18 n° 273). 41281

En conséquence :

a. Le débiteur n'est **pas tenu,** sauf comportement frauduleux de sa part envers le cessionnaire, **d'informer** ce dernier sur l'existence et la valeur des créances cédées (Cass. com. 9-2-1999 : RJDA 3/99 n° 324) et même de la saisie des créances cédées (CA Paris 9-3-1988 : D. 1989.som.187 obs. Vasseur) ; il est dispensé de cette information alors même que l'acte de notification lui a demandé d'aviser le cessionnaire d'éventuelles contestations (Cass. com. 29-5-2001 : RJDA 11/01 n° 1134). Mais le débiteur engage sa responsabilité envers le cessionnaire, s'il a pris l'initiative de lui faire savoir qu'il se considère comme débiteur du cédant en ne faisant aucune réserve sur l'évolution de sa dette en dépit de sa connaissance du paiement déjà survenu de l'une d'elles (Cass. com. 2-12-1997 : RJDA 4/98 n° 499) ou s'il a été de mauvaise foi en l'induisant en erreur (Cass. com. 28-4-2004 n° 669 : RJDA 10/04 n° 1159) ;

b. Le débiteur **peut opposer** au cessionnaire :

– la **compensation légale** si les créances invoquées sont devenues certaines, liquides et exigibles avant la notification (Cass. com. 18-11-1994 : RJDA 3/98 n° 333) ; si elles ne le sont devenues qu'après, il peut invoquer la **compensation** s'il établit que ses créances et ses dettes sont **connexes** (Cass. com. 28-1-2003 n° 171 : RJDA 8-9/03 n° 873 ; sur cette connexité, n° 52936) ; lorsqu'il est en mesure de le faire, il peut opposer la compensation même s'il n'a pas émis de réserve au moment de la notification (Cass. com. 3-11-1992 : RJDA 2/93 n° 146) ;

Si le cédant est soumis à une procédure collective, le débiteur doit avoir déclaré sa créance, sous peine, à défaut, de devoir en régler le montant au cessionnaire sans pouvoir lui opposer la compensation, car il n'a pas envers celui-ci plus de droit qu'il n'en a à l'égard du cédant (Cass. com. 28-5-1996 : RJDA 11/96 n° 1396).

Le débiteur cédé peut aussi opposer la compensation légale au cessionnaire lorsque :

– il a tiré des lettres sur le cédant, pour essayer de se faire régler ses propres créances, et les a remises à l'escompte, dès lors qu'il ressort de l'espèce qu'il n'est pas possible de soutenir que, de ce fait seul, le débiteur cédé ait voulu renoncer au bénéfice de la compensation légale (Cass. com. 21-3-1995 : RJDA 8-9/95 n° 1020) ;

– une lettre de change a été tirée sur lui par le cédant pour le recouvrement de la créance cédée s'il n'a pas accepté l'effet, indépendamment de toute considération du terme indiqué sur l'effet ; s'il l'a accepté, il ne peut opposer la compensation légale entre lui et le porteur qu'à compter de l'échéance mentionnée sur le titre, ou de l'accord par lequel ils ont tous deux renoncé à ce terme (Cass. com. 6-10-1998 : RJDA 12/98 n° 1412).

– la **lettre de change** tirée sur lui par le cédant et qu'il a acceptée si son acceptation est antérieure à la notification (Cass. com. 6-4-1999 : RJDA 6/99 n° 717 ; cf. Cass. com. 7-3-1995 : RJDA 8-9/95 n° 1014), ainsi que la lettre qui lui est présentée par un tiers porteur de bonne foi, peu important que la créance en cause ait, antérieurement à l'émission de l'effet, été l'objet d'une cession au profit d'une autre banque (Cass. com. 19-12-2000 : RJDA 3/01 n° 364) car le porteur de bonne foi, tel le banquier escompteur, n'est pas tenu de s'assurer que la créance résultant du rapport fondamental n'a pas été transférée à un tiers (Cass. com. 29-6-1999 : RJDA 10/99 n° 1122) ;

Mais il ne peut lui opposer la lettre qui lui est présentée par le tireur ou un porteur assimilé à lui car il doit alors, sous peine de s'exposer à payer deux fois, avertir ce dernier de la notification qu'il a reçue de la cession (Cass. com. 5-11-2002 n° 93-15.617 : RJDA 3/03 n° 308).

– l'**exception d'inexécution** apparue après la notification de la cession non acceptée (Cass. com. 9-11-1993 : RJDA 4/94 n° 430 ; Cass. com. 8-2-1994 : RJDA 6/94 n° 685), et ce en dépit de l'autorité de la chose jugée de la décision d'admission de la créance du cessionnaire au passif du cédant (Cass. com. 1-4-2008 n° 06-21.458 : RJDA 7/08 n° 830) ou convenue à l'amiable entre le cédé et le cédant, dès lors que cet accord n'a pas été conclu en fraude des droits du cessionnaire (Cass. com. 7-2-1995 : RJDA 6/95 n° 750 ; Cass. com. 30-5-1995 : RJDA 11/95 n° 1259) ;

– la clause de **substitution** même postérieure à la cession, dès lors que cette clause était antérieure (CA Paris 26-1-1996 : DA 1996.352) ;
– la **contestation** sur le montant de la somme réclamée dans une situation de travaux (CA Versailles 13-5-1993 : RJDA 11/93 n° 935).

41282 **Conséquences de la notification pour le cessionnaire.** Le débiteur qui a reçu notification doit payer le cessionnaire même si, l'acte de notification portant en tête la mention « notification et demande d'acceptation », il n'a pas accepté la cession (Cass. com. 17-12-2013 n° 12-26.706).

Lorsqu'une même dette a donné lieu à plusieurs cessions de créances et à des banques différentes, le débiteur qui n'a reçu qu'une seule notification de cession se libère valablement entre les mains du cessionnaire le plus diligent, sans avoir à rechercher si un autre établissement de crédit n'a pas bénéficié d'une cession de créance antérieure ; en revanche, si, avant de payer la dette, il a reçu, pour celle-ci, notification de deux cessionnaires distincts, il ne s'acquitte valablement qu'entre les mains de celui dont le titre est le plus ancien (Cass. com. 12-1-1999 : RJDA 2/99 n° 216). Sur le droit au paiement des banques membres d'un pool bancaire, n° 41112.

Le cessionnaire peut utiliser contre le débiteur les moyens de droit dont il dispose (CA Paris 10-10-1991 : D. 1992.IR.49).

41283 **Défaut de notification.** Le débiteur cédé se libère valablement **dans les mains du créancier cédant** s'il n'a pas reçu de notification (Cass. com. 4-4-1995 : RJDA 10/95 n° 1131) ou si la notification ne comporte pas les mentions requises (Cass. com. 7-1-1997 : RJDA 4/97 n° 538).

En conséquence, le cessionnaire ne peut pas lui reprocher d'avoir adressé son paiement à un autre banquier du cédant (T. com. Dax 12-6-1984 : D. 1986 chr. 74), sa demande en paiement est irrecevable (CA Riom 27-9-1994 : JCP G 1995.IV.94, appliquant la solution à une créance publique) et il ne peut pas réclamer au cédant la répétition de la créance cédée sur le seul fondement du paiement de l'indu (Cass. com. 6-2-2007 n° 04-12.016 : GP 2007.som.1321 note R. Bonhomme) ou par la voie de la revendication, mais il peut déclarer sa créance ou agir en paiement de celle-ci si elle est née régulièrement après l'ouverture de la procédure collective pour les besoins de la procédure ou en contrepartie d'une prestation fournie au débiteur (Cass. com. 19-5-2015 n° 13-25.312 : GP 2015.som.19 juillet note Bonhomme).

La caution qui garantit la créance cédée ne peut pas non plus contester le paiement fait au cédant, car la notification étant facultative l'abstention du cessionnaire ne peut pas être constitutive d'une faute à son égard (Cass. com. 11-12-2001 : RJDA 4/02 n° 437).

Le défaut de notification vaut **mandat du cessionnaire au cédant d'encaisser pour lui la créance** ; si une procédure collective est déjà ouverte à l'encontre du cédant au jour du paiement, le cessionnaire bénéficie d'une créance de restitution née au jour de l'encaissement par le cédant et qui est donc une créance postérieure à l'ouverture de la procédure (Cass. com. 4-1-2005 : RTD com. 2005.391 n° 2 obs. Cabrillac). Par ailleurs, l'absence de notification ne fait pas obstacle à la recevabilité de l'action en paiement d'une créance sur le Trésor public, introduite par le cessionnaire devant le juge administratif (CE 22-7-2022 n° 451251 : RJDA 12/22 n° 713).

41286 **Engagement du débiteur cédé au paiement direct du cessionnaire** À la demande du cessionnaire, le débiteur des créances visées au bordereau peut s'engager à le payer directement ; cet engagement est constaté, à peine de nullité, par un écrit intitulé : « Acte d'**acceptation** de la cession ou du nantissement d'une créance professionnelle » (C. mon. fin. art. L 313-29, al. 1).

Le débiteur ne peut pas accepter la cession avant qu'elle ne soit intervenue (Cass. com. 3-11-2015 n° 14-14.373 : RJDA 2/16 n° 141). Le cessionnaire ne peut donc pas, avant la date du bordereau, notifier la cession et utilement inviter, en cette qualité, le débiteur à l'accepter (Cass. com. 8-2-2000 n° 97-17.627 : RJDA 4/00 n° 469).

Tout acte d'acceptation qui n'est pas exactement rédigé dans ces termes est **nul** (Cass. com. 29-10-2003 n° 1444 : RJDA 3/04 n° 360). Toutefois, est valable la formule qui indique l'acceptation seulement de la « cession » dès lors qu'elle correspond à la nature de l'opération en cause, qui n'est pas un nantissement (Cass. com. 22-2-1994 : RJDA 7/94 n° 824).

Le bénéficiaire du bordereau qui adresse un acte d'acceptation n'est pas tenu, en vertu de l'article R 313-15 du Code monétaire et financier, de rappeler que l'acceptation entraîne l'inopposabilité des exceptions par le débiteur cédé au cessionnaire (CA Paris 13-11-1990 : D. 1991.594 note Martin).

En cas de cession par bordereau d'une créance afférente à un marché public, l'acceptation doit être souscrite, non pas par le comptable public, mais par le représentant qualifié de l'administration contractante (CAA Bordeaux 28-12-1995 : RJDA 8-9/96 n° 1080).

S'il a accepté la cession - sauf s'il l'a acceptée sous condition (Cass. com. 2-6-1992 : RJDA 7/92 n° 731 ; cf. Cass. com. 3-12-1991 : RJDA 3/92 n° 268) -, le débiteur cédé ne peut pas opposer au cessionnaire les exceptions inhérentes à la dette (n° 50009) qu'il pourrait invoquer contre le signataire du bordereau, à moins que le cessionnaire, en acquérant ou en recevant la créance, n'ait agi sciemment au détriment du débiteur (C. mon. fin. art. L 313-29, al. 2) : opposabilité pour mauvaise foi (Cass. com. 27-2-2001 : RJDA 7/01 n° 803) : inopposabilité pour absence de mauvaise foi (cf. Cass. com. 18-1-1994 : RJDA 6/94 n° 686) ou pour défaut d'invocation de la mauvaise foi (Cass. com. 14-12-1999 : RJDA 2/00 n° 203). Il en est ainsi alors même que la cession lui a été notifiée irrégulièrement car la notification se borne à obliger le cédant à payer le cessionnaire, obligation distincte de celle de payer la créance (CE 25-6-2003 n° 240679 : RJDA 12/03 n° 1235). En revanche, le cédé peut opposer au cessionnaire les exceptions personnelles (n° 50012), qui sont propres à leurs rapports réciproques (Cass. com. 22-2-1994 : RJDA 7/94 n° 824 ; Cass. com. 14-12-1999 précité).

Le débiteur cédé ne peut pas se prévaloir des exceptions qui sont propres aux relations entre le cédant et le cessionnaire (Cass. com. 19-5-1992 : RJDA 8-9/92 n° 802).

L'acceptation de la cession d'une créance éventuelle, telle qu'une promesse de subvention, qui ne s'est pas réalisée ne transforme pas celle-ci en un droit acquis au profit du cessionnaire, celui-ci ne pouvant exiger le paiement que d'une créance exigible (TA Strasbourg 28-9-1993 : RJDA 3/94 n° 318).

Si le débiteur n'a **pas accepté** la cession, ou si le bordereau de cession est irrégulier (Cass. com. 16-10-2007 n° 06-14.675 : RJDA 1/08 n° 77), il peut **opposer** au cessionnaire les exceptions qu'il pouvait opposer au cédant (CE 28-6-2010 n° 316819, 2e esp. : RJDA 11/10 n° 1068.som. ; sur ces exceptions n° 41281) même après la notification (n° 41274), sauf s'il y a renoncé en payant le cédant sans les invoquer (CA Paris 23-2-2000 : D. 2000.AJ.178. obs. Faddoul).

Mais il peut demander le paiement sur le fondement de l'article 1103 du Code civil (ex-art. 1134) si le débiteur s'est obligé par écrit dans un acte d'acceptation de la cession notifiée (CA Metz 8-2-2006 : JCP G 2006.IV.3073).

Garantie du signataire Sauf convention contraire, le signataire du bordereau, donc le cédant, est garant solidaire du paiement des créances cédées ou données en nantissement (C. mon. fin. art. L 313-24, al. 2). Si le cessionnaire a notifié la cession, il peut agir contre lui sans avoir à prouver qu'il l'a mis préalablement en demeure (Cass. com. 26-9-2006 : RJDA 1/07 n° 90) ni qu'il n'a pas recouvré les créances cédées (Cass. com. 4-12-2001 : RJDA 4/02 n° 425) ; mais il doit, sauf si le cédant l'en a dispensé (Cass. com. 5-6-2012 n° 11-18.210 : RJDA 8-9/12 n° 795), au moins faire une démarche amiable auprès du cédé, tant du moins qu'il n'aura pas été expressément libéré de cette obligation (cf. Cass. com. 18-9-2007 n° 06-13.736 : RJDA 1/08 n° 79 ; Cass. com. 18-1-2017 n° 15-12.951 FS-PB : RJDA 4/17 n° 275), sans être tenu pour autant de justifier préalablement des exceptions qui lui ont été opposées lorsqu'il a présenté au paiement les créances cédées (Cass. com. 7-4-2009 n° 08-12.008 : RJDA 10/09 n° 884). Si le cessionnaire n'a pas notifié la cession, il n'est pas tenu à cette démarche amiable (Cass. com. 22-3-2016 précité). 41289

Le cessionnaire n'est pas privé de la garantie du cédant aux motifs que : la notification de la cession n'a pas été faite dans les « formes convenables » (Cass. com. 17-12-1996 : RJDA 4/97 n° 550) ; la créance cédée n'a pas été déclarée au passif du débiteur cédé (Cass. com. 20-10-2009 n° 08-18.233 : RJDA 7/10 n° 780) ; la date portée sur le bordereau de cession est contestée par le cédant et sa caution (Cass. com. 3-7-2012 n° 11-19.796 : RJDA 12/12 n° 1102).

Le cédant reste tenu de cette garantie, même lorsque la créance cédée a été éteinte par compensation avec une dette du débiteur cédé envers lui, dès lors que le débiteur n'a pas accepté la cession (Cass. com. 26-4-1994 : RJDA 8-9/94 n° 952) ; il en est de même lorsque, après la date de création du bordereau, la créance cédée a été annulée, car le bordereau a pris effet et fait naître l'obligation de garantie (Cass. com. 1-2-2011 n° 09-73.000 : RJDA 5/11 n° 457).

Son obligation n'est pas, en l'absence de collusion frauduleuse, de nature extracontractuelle ; elle a pour objet les mêmes prestations que celles dont est tenu le débiteur cédé ; les cautions du cédant garantissant ses dettes contractuelles sont aussi tenues de ces mêmes obligations (Cass. com. 22-1-2002 : RJDA 5/02 n° 545 ; rappr. Cass. com. 22-3-2016 n° 14-24.755 : GP 2016.som.7 juin 2016 note Moreil).

C. Ouverture de crédit

QUALIFICATION DE L'OUVERTURE DE CRÉDIT

L'ouverture de crédit - aussi dénommée « concours » ou « découvert en compte courant » (C. mon. fin. art. L 313-12) - est la convention par laquelle un banquier s'engage à mettre à la disposition d'un de ses clients, à la seule demande de ce dernier et pour un temps déterminé ou indéterminé, un crédit d'un montant convenu, appelé « ligne de crédit ». L'ouverture de crédit n'est qu'une **promesse de prêt,** qui donne naissance à un prêt, à concurrence des fonds utilisés par le client (Cass. com. 21-1-2004 n° 171 : RJDA 6/04 n° 744). 41400

Il s'ensuit que, tant que les fonds n'ont pas été versés au client, ils restent dans le patrimoine de la banque et ne sont pas saisissables par les créanciers du bénéficiaire de l'ouverture de crédit (Cass. 2e civ. 18-11-2004 n° 1805 : RJDA 11/05 n° 1277 ; CA Paris 16-11-1983 : D. 1985.IR.339 obs. Vasseur ; TGI Caen 21-6-1994 : GP 1994.som.604 ; en sens inverse, CA Montpellier 13-2-1995 : RD bancaire 1995.105 obs. Crédot et Gérard) ni par le créancier d'un créancier par la voie oblique car le découvert se trouve exclusivement attaché à la personne du client, qui dispose en la matière d'une faculté discrétionnaire d'utilisation (TGI Blois 27-5-1994 : GP 1994.som.604). Après cette remise, l'ouverture de crédit correspond à un prêt et, sauf dispositions contraires, les règles de ce dernier lui sont transposables.

Il n'y a pas promesse de prêt mais engagement ferme de la banque lorsque celle-ci s'est engagée par une **lettre de crédit,** car elle prend alors, en principe, un engagement autonome de payer lui interdisant de soulever les exceptions qu'elle pourrait opposer au bénéficiaire pour refuser de payer celle-ci (CA Paris 27-10-1981 : JCP G 1981.II.19702 note Bouloy). Sur l'assimilation de l'octroi d'un crédit documentaire à un « concours », CA Lyon 13-1-2005 : JCP E 2005.1675 n° 35 obs. Stoufflet et sur l'utilisation des lettres de crédit à l'occasion d'un crédit documentaire, nos 53303 et 53336.

Ce contrat est conclu **intuitu personae** car le crédit n'est ouvert qu'en fonction de la personnalité du client (Cass. com. 15-3-2011 n° 10-11.650 : JCP E 2011.1882 n° 11 obs. Mathey) ; si celui-ci est un emprunteur non averti, la banque doit le mettre en garde sur les risques de l'endettement nés du découvert par rapport à ses ressources (n° 41019). La banque n'est jamais obligée de consentir un crédit.

EXISTENCE D'UNE OUVERTURE DE CRÉDIT

41403 La conclusion du contrat d'ouverture de crédit est **souvent douteuse** et donne lieu à de nombreuses contestations entre les banques et leurs clients. Ce risque est naturellement évité si l'ouverture de crédit est constatée par **écrit.** C'est pourquoi on ne saurait trop recommander au client de rechercher un tel engagement et d'y faire figurer, en particulier, le montant et la durée de l'ouverture de crédit ainsi que, en cas de durée indéterminée, le délai de préavis que le banquier devra observer s'il rompt unilatéralement le contrat (n° 41418).

À défaut d'écrit, toute avance consentie par un banquier à son client ne peut pas en pratique être automatiquement tenue pour une ouverture de crédit. Tel est le cas, notamment, de celle qui est occasionnelle et ponctuelle, qui se présente comme un dépannage circonstanciel et exceptionnel et que la pratique appelle pour cette raison **facilité de caisse** (pour des exemples, Cass. com. 4-3-1997 : RJDA 6/97 n° 795 ; Cass. com. 13-3-2001 : RJDA 10/01 n° 1015), laquelle peut être renouvelée sans accord exprès préalable (Cass. com. 22-5-2012 n° 11-14.981 : RJDA 8-9/12 n° 791), ou de celle qui correspond à un prêt de restructuration, consistant en une consolidation de l'encours du compte afin de sauvegarder l'activité de son titulaire (Cass. com. 9-2-2010 n° 08-21.725 : RD bancaire 2010 n° 88 obs. Legeais). Il appartient à l'emprunteur d'apporter la preuve de l'accord de transformation d'une facilité de caisse occasionnelle en ouverture de crédit à durée indéterminée (Cass. com. 20-9-2023 n° 21-22.295 F-D : RJDA 1/24 n° 47).

L'existence d'un engagement ferme du banquier au titre d'une ouverture de crédit peut se déduire des éléments suivants.

41406 **1. Durée, fréquence et importance des crédits consentis.** Les tribunaux reconnaissent généralement l'existence d'une ouverture de crédit lorsque le banquier a consenti à son client des avances souvent renouvelées, pendant un temps assez long et d'un montant conséquent (cf. CA Versailles 9-5-1984 : Rev. jur. com. 1986.227 note de Fontbressin).

Tel est le cas, par exemple :

– lorsqu'une banque a initialement consenti des facilités de caisse à un client pour une durée de deux mois, puis a prolongé son crédit pendant plusieurs autres mois, eu égard au montant élevé des agios qu'elle prélevait (Cass. com. 8-5-1978 : Bull. civ. IV p. 108) ;

– lorsqu'une banque a accordé pendant plusieurs mois un découvert supérieur à celui de sa garantie (CA Aix 19-4-1984 : Bull. Cour d'Aix 1984/1 p. 156) ;

– lorsque la banque a régulièrement consenti un découvert de 2 000 000 F (207 700 € environ), peu important que la limite du découvert ait été contractuellement fixée, avec le client, à l'origine, à 750 000 F (115 400 € environ) (Cass. com. 29-6-1993 : RJDA 1/94 n° 63).

En revanche, on ne saurait déduire l'ouverture de crédit de l'escompte de billets à ordre émis à court terme si la banque ne s'est pas engagée à renouveler l'opération (Cass. com. 14-10-2014 n° 13-13.622 : RJDA 3/15 n° 209) ou d'avances de très courte durée se caractérisant par le fait qu'une nouvelle avance n'est accordée qu'après remboursement de la première et alors que le compte n'est que rarement débiteur et pour un temps très court, le débit étant généralement soldé le jour suivant par la remise concomitante d'un chèque (CA Colmar 18-11-1983 : D. 1984.IR.266 obs. Vasseur ; dans le même sens, Cass. com. 30-6-1992 : RJDA 12/92 n° 1159 ; Cass. com. 27-1-2015 n° 13-26.475 : RJDA 5/15 n° 374).

Les tribunaux déduisent parfois l'existence de l'ouverture de crédit seulement du **montant des avances** et s'appuient, par exemple, sur :

– le paiement immédiat et systématique de chèques remis à l'encaissement (T. com. Paris 12-12-1977 : D. 1978.575 note Vasseur) ;

– le paiement de nombreux chèques et d'effets domiciliés de montants importants (T. com. Charleville-Mézières 16-2-1980 : Rev. jur. com. 1980.284) ;

– l'importance des soldes débiteurs (CA Aix 27-9-1984 : Bull. Cour d'Aix 1985/1 p. 74 ; T. com. Paris 19-5-1980 : D. 1981.IR.21) ;

– la continuité du fonctionnement en ligne débitrice du compte (Cass. com. 23-10-2001 : RJDA 3/02 n° 292).

2. Prise de garantie par le banquier. Les sûretés prises par le banquier pour se prémunir contre le remboursement des sommes avancées par son client sont aussi souvent retenues par les tribunaux comme caractéristique de l'existence de l'ouverture de crédit. Il en est ainsi, par exemple, lorsque ces avances sont cautionnées par l'épouse du dirigeant de l'entreprise (CA Rennes 4-5-1976 : D. 1977.IR.189 obs. Cabrillac et Rives-Lange) ou sont garanties par l'affectation en nantissement du fonds de commerce du client (CA Poitiers 14-6-1979 : D. 1981.IR.19 obs. Vasseur) ou de ses valeurs mobilières (CA Aix 13-6-1979 : D. 1981.IR.342 obs. Vasseur). **41409**

Toutefois, les constitutions de sûretés ne sont pas parfois jugées à elles seules suffisantes pour établir un engagement ferme de la banque à consentir une ouverture de crédit (CA Colmar 18-11-1983 : D. 1984.IR.266 obs. Vasseur ; CA Versailles 24-6-1987 : GP 1987.som.476).

INTÉRÊT USURAIRE

Pour les découverts en compte courant, constitue un prêt usuraire à une personne physique agissant pour ses besoins professionnels ou à une personne morale se livrant à une activité industrielle, commerciale, artisanale, agricole ou professionnelle non commerciale tout prêt conventionnel consenti à un taux effectif global qui excède, au moment où il est accordé, de plus du tiers, le taux effectif moyen pratiqué au cours du trimestre précédent par les établissements de crédit ou les sociétés de financement pour les opérations de même nature comportant des risques analogues (C. mon. fin. art. L 313-5-1 ; Arrêté du 24-8-2006 fixant les catégories de prêts servant de base à l'application du régime de l'usure). **41411**

Les seuils de l'usure sont en principe fixés par trimestre ; à titre dérogatoire, ils ont été déterminés mensuellement entre le 1er février 2023 et le 31 janvier 2024 (Arrêté du 26-1-2023).

EXÉCUTION DE L'ENGAGEMENT DE LA BANQUE

Lorsque l'engagement de la banque est certain (nos 41403 s.), le client a droit à l'**exécution** de la promesse ou, à défaut, à réparation du préjudice qui résulte du manquement de la banque. **41412**
Mais la banque peut opposer au bénéficiaire du crédit les exceptions dont elle peut se prévaloir à son encontre pour refuser le paiement.

Par exemple, la banque peut refuser d'exécuter son engagement en invoquant :
– les restrictions de crédit imposées aux banques par la politique gouvernementale d'encadrement du crédit (CA Aix 26-5-1976 : D. 1977.IR.451 obs. Vasseur) ;
– les difficultés rencontrées par l'entreprise du bénéficiaire rendant inéluctable l'arrêt de l'exploitation de cette dernière (Cass. com. 6-3-1978 : D. 1979.IR.362 obs. Vasseur).

Lorsqu'aucun écrit n'a précisé le **montant** du crédit, celui-ci est généralement fixé à la somme correspondant au plus fort crédit consenti antérieurement (Cass. com. 6-11-1984 : D. 1985.IR.340 obs. Vasseur) mais les juges, qui ont un pouvoir souverain d'appréciation des faits et de l'évolution du compte (Cass. com. 23-4-2013 n° 12-17.522 : RJDA 8-9/13 n° 745), ne sont pas tenus d'adopter cette méthode (Cass. com. 16-1-1990 n° 88-14.883 : Bull. civ. IV n° 12) et le plus fort crédit peut n'être qu'un dépassement occasionnel (Cass. com. 17-7-2001 : RJDA 1/02 n° 78).

EXTINCTION DE L'OUVERTURE DE CRÉDIT

Arrivée du terme Si l'ouverture de crédit est à **durée déterminée,** elle prend fin à la date convenue par les parties. Le crédit peut être reconduit par tacite reconduction : il s'ensuit une extinction du cautionnement de l'ouverture de crédit (Cass. com. 11-2-1997 : RJDA 6/97 n° 814) ; dans le cas d'un crédit renouvelable chaque année par tacite reconduction octroyé à des époux coemprunteurs, l'obligation d'obtenir le consentement de l'un des époux aux reconductions n'est pas requise chaque année (Cass. 1e civ. 19-9-2007 n° 06-15.419 : RJDA 2/08 n° 179). **41415**

Rupture par le banquier La banque peut rompre l'ouverture de crédit sous réserve de délivrer un préavis au client et de ne pas commettre un abus de droit. Pour permettre au client d'en juger, elle doit lui fournir, dans le respect des dispositions légales applicables, sur sa **41417**

demande, les raisons de la réduction ou de l'interruption du crédit, lesquelles ne pourront être demandées par un tiers ni lui être communiquées (C. mon. fin. art. L 313-12, al. 1). Le client peut l'interroger sur les raisons de sa décision avant comme après l'expiration du délai de préavis (Cass. com. 30-11-2022 nº 21-17.703 F-B : RJDA 2/23 nº 103).

La banque peut rompre le crédit même si elle n'a pas vérifié que le déposant était le bénéficiaire des chèques dont elle a refusé le paiement (Cass. com. 11-9-2019 nº 17-26.594 FS-PB : RJDA 1/20 nº 37).

41418 **1. Préavis.** La banque ne peut résilier l'ouverture de crédit consentie pour une **durée indéterminée** que pour un motif convenu ou si elle notifie sa décision par écrit et si elle lui fait produire effet seulement « à l'expiration du délai de préavis fixé lors de l'octroi du concours » ; ce délai ne peut, sous peine de la nullité de la rupture du concours, être inférieur à soixante jours (C. mon. fin. art. L 313-12, al. 1) ; la banque ne commet pas de faute dès lors qu'elle a respecté le délai, peu important qu'elle ait privé l'emprunteur de toute autre possibilité de financement (Cass. com. 14-1-2014 nº 12-29.682 : RJDA 4/14 nº 371). Elle ne peut être tenue pour responsable des préjudices financiers éventuellement subis par d'autres créanciers du fait du maintien de son engagement durant ce délai (C. mon. fin. art. L 313-12, al. 1).

La banque n'est pas tenue à préavis lorsque la réduction du montant du découvert ne résulte pas de sa décision unilatérale mais d'un accord avec le bénéficiaire du crédit (Cass. com. 14-1-1992 : RJDA 4/92 nº 370, solution transposable sous les nouvelles dispositions) ni lorsqu'elle a accepté des dépassements exceptionnels du plafond de découvert convenu (Cass. com. 31-5-2011 nº 10-15.180 : RJDA 8-9/11 nº 728).

Le préavis est une condition nécessaire et suffisante ; il produit effet quel que soit le montant du crédit accordé (Cass. com. 25-1-2005 nº 03-11.473 : GP 2005. doctr. 1033 obs. Routier).

La notification par une banque de la résiliation d'un concours à durée indéterminée à l'expiration d'un délai de préavis ne le transforme pas en concours à durée déterminée (Cass. com. 20-9-2023 nº 22-15.878 F-B : RJDA 1/24 nº 48).

41419 **2. Dispense de préavis.** Que la durée de l'ouverture de crédit soit déterminée ou indéterminée, le banquier peut y mettre fin sans préavis si le bénéficiaire a un **comportement gravement répréhensible ou** si sa **situation** financière est irrémédiablement **compromise** (C. mon. fin. art. L 313-12, al. 2) ; sauf stipulation contraire, la loi ne dispense la banque de préavis que dans ces cas (Cass. com. 24-3-2015 nº 13-16.076 : RJDA 7/15 nº 517). Elle n'en reste pas moins tenue de notifier préalablement par écrit sa décision (Cass. com. 18-3-2014 nº 12-29.583 : RJDA 11/14 nº 859).

La rupture est intervenue sans préavis lorsque la banque a résilié la convention de compte courant elle-même et n'a accordé le délai de soixante jours que pour le remboursement du solde de ce compte, ce dont il résultait que le concours octroyé était interrompu avec effet immédiat (Cass. com. 14-6-2016 nº 14-17.121 : RJDA 10/16 nº 722).

La situation financière du bénéficiaire doit **s'apprécier lors de la rupture du crédit** par la banque, ce qui interdit au juge de prendre en compte le fait que le bénéficiaire a obtenu ultérieurement un plan de continuation reportant l'exigibilité des créances (Cass. com. 19-10-1999 : RJDA 1/00 nº 78).

Pour des exemples de comportement gravement répréhensible : existence : Cass. com. 5-11-2002 nº 1766 et Cass. com. 26-11-2002 nº 1964 : RJDA 4/03 nº 422 ; Cass. com. 7-2-2012 nº 10-28.815 : RJDA 6/12 nº 612 ; Cass. com. 15-3-2023 nº 21-18.068 : RJDA 8-9/23 nº 452. La banque peut se fonder sur les éléments relatifs à la relation qu'elle entretient avec le client, sans nécessairement que ceux-ci soient en rapport avec l'exécution du concours précisément rompu (Cass. com. 30-11-2022 nº 21-13.893 F-D : RJDA 3/23 nº 159).

Pour des exemples de situation irrémédiablement compromise : existence : Cass. com. 3-12-1991 : RJDA 2/92 nº 176 ; Cass. com. 21-11-2006 nº 1262 : GP 2007.som.1343 note R. Routier ; absence : Cass. com. 2-11-1994 : RJDA 3/95 nº 311 ; Cass. com. 17-7-2001 : RJDA 1/02 nº 79 ; CA Paris 25-10-2002 nº 99-875 : RJDA 4/03 nº 419.

41421 **3. Rupture fautive.** La rupture du crédit par la banque en l'absence de comportement gravement répréhensible du bénéficiaire ou de situation irrémédiablement compromise est fautive dans les trois cas suivants :

Le juge des référés est compétent pour faire cesser le trouble manifestement illicite qui en résulte (Cass. com. 7-4-1998 : RJDA 8-9/98 nº 1031).

Le régime de cette rupture est spécifique aux concours bancaires et dérogatoire au régime de la rupture brutale de la relation commerciale (nºs 15455 s.) qui ne peut donc recevoir ici application (T. com. 24-1-2013 nºs 2010-060778 et 2010-055661 : JCP E 2013.1662 nº 24 obs. Routier).

a. Lorsque la banque a agi avec **brutalité,** c'est-à-dire a refusé au client les paiements que jusque-là elle acceptait, sans l'avoir préalablement averti de cette intention par écrit (Cass. com. 22-5-2002 nº 978 : RJDA 11/02 nº 1178) et clairement ; par exemple, si, connaissant les problèmes financiers de son client, elle lui supprime brusquement tout crédit alors que celui-ci n'est pas en cessation des paiements, que le découvert maximum autorisé n'a pas été atteint, et ce, à une époque qui ne pouvait être très éloignée de la signature des marchés attendus par l'entreprise (Cass. com. 22-4-1980 : GP 1980.pan.422), qu'il était dans la période d'exécution du plan de redressement auquel la banque avait donné son accord (T. com. Auch 18-3-1987 et CA Agen 2-4-1987 : Rev. jur. com. 1989.79 note Gallet), que des projets de restructuration subsistaient après la survenance de la cessation des paiements (Cass. com. 4-12-1990 : RJDA 2/91 n° 134) ou encore que la banque a laissé croire à une acceptation tacite de la prolongation du crédit au-delà d'un protocole d'accord qu'elle avait précédemment accepté (CA Versailles 9-2-2023 n° 21/02924 : RJDA 6/23 n° 333).

Dès lors que la banque accorde un délai suffisamment long, la rupture n'est pas fautive (Cass. com. 27-10-1998 : RJDA 12/98 n° 1399).

La banque n'a pas commis de rupture brutale lorsqu'elle a :

– adressé des mises en garde au client et qu'elle ne l'a pas pris au dépourvu (Cass. civ. 14-5-1991 : RJDA 10/91 n° 826), ce qui n'est pas le cas si ces mises en garde se réfèrent, sans précision, à la nécessité d'un redressement et d'un non-renouvellement d'incidents semblables à ceux qu'elle lui reprochait, à l'exclusion de toutes exigences et délais manifestant une décision arrêtée, serait-elle conditionnelle (Cass. com. 2-11-1994 : RJDA 3/95 n° 311) ;

– observé un délai de préavis (Cass. com. 2-11-1994 : RJDA 3/95 n° 335) ;

– proposé des arrangements en accordant chaque fois des délais (Cass. com. 30-5-1995 : RJDA 10/95 n° 1123) ;

– demandé le retour à la stricte application du contrat après avoir toléré des facilités dès lors que celles-ci n'ont pas constitué une novation de l'accord (CA Paris 13-7-1988 : Rev. jur. com. 1989.90 obs. Lyonnet ; dans le même sens, Cass. com. 7-6-1994 : RJDA 1/95 n° 49) ;

– réclamé le remboursement d'un crédit qu'elle a consenti pour une opération ponctuelle, tel un achat de titres en bourse, qui doit, sauf report, être dénouée ou couverte dans le mois, et qu'elle a vendu les titres, sa réclamation étant restée vaine (Cass. com. 12-12-1995 : RJDA 4/96 n° 524) ;

– décidé de ne plus délivrer des carnets de chèques car un compte peut fonctionner par d'autres moyens, tels que virements, effets de commerce, prélèvements, chèques certifiés, la banque ayant d'ailleurs maintenu pendant près de deux ans le découvert existant au jour de sa décision et le compte ayant fonctionné pendant cette période (Cass. com. 6-5-1997 : RJDA 8-9/97 n° 1061).

Toutefois, le seul fait d'avoir adressé à son client l'interdiction d'émettre des chèques (prévue à l'art. L 131-73 du C. mon. fin.) ne constitue pas un préavis suffisant de révocation de l'ouverture de crédit (Cass. com. 13-1-1987 : Bull. civ. IV p. 5).

b. Lorsque la banque a créé à son client des **difficultés** de financement **injustifiées.**

Pour se déterminer valablement, la banque doit se livrer, au besoin, à une enquête sur la solvabilité du client (T. com. Paris 6-10-1982 : Rev. jur. com. 1983.68).

Tel est le cas, si le banquier :

– prive son client de toute autre possibilité de financement (Cass. com. 29-6-1983 : GP 1983.pan.299 obs. Piedelièvre) ;

– ne peut ignorer qu'il expose son client à de graves difficultés (CA Grenoble 20-3-1974 : GP 1974.2.som.208 ; T. com. Versailles 25-6-1975 : JCP G 1976.II.18210) ;

c. Lorsque la banque n'a pas répondu à la demande d'explication de son client sur la rupture, sous réserve de l'évaluation du préjudice subi par l'entreprise de ce fait (Cass. com. 30-11-2022 n° 21-17.703 F-B : RJDA 2/23 n° 103).

4. Conséquences de la rupture. Lorsque la banque a révoqué l'ouverture de crédit, même avec raison, elle est tenue d'acquitter les **chèques** tirés avant la révocation et présentés au paiement après, lorsque le montant de ces chèques reste dans les limites du découvert autorisé (Cass. com. 30-5-2000 : RJDA 9-10/00 n° 907), le tireur devant le prouver (Cass. com. 31-10-2006 n° 1147 : RJDA 3/07 n° 279). Mais elle pourra demander au client le remboursement de ces chèques (CA Toulouse 10-5-1984 : Banque 1984.967 obs. Rives-Lange). **41427**

En revanche, la banque peut refuser de payer les **traites** tirées sur le client et domiciliées à son guichet, car la domiciliation d'une traite ne confère aucun droit au porteur sur les fonds figurant au compte.

Les **porteurs** d'un chèque émis par le client peuvent mettre en cause **la responsabilité extracontractuelle de la banque,** si la rupture brutale leur a causé un préjudice (Cass. com. 26-4-1984 : Bull. civ. IV n° 133 ; Cass. com. 15-7-1992 n° 90-18.685 ; sur l'évaluation du préjudice, CA Paris 30-10-1992 : RJDA 3/93 n° 238). Il en est de même pour le bénéficiaire d'un ordre de virement (cf. Cass. com. 19-10-1999 : RJDA 12/99 n° 1373.som.) ou pour le cocontractant du client à qui la banque a laissé croire que l'ouverture de crédit accordée à celui-ci n'était pas soumise à un terme proche ou que le terme serait nécessairement reconduit (cf. Cass. com. 23-3-1999 : RJDA 7/99 n° 824).

L'action en responsabilité pour rupture abusive du crédit **se prescrit** à compter de la date de la dénonciation du découvert ; celle exercée par la caution sur le même fondement, quant à elle, se prescrit à compter du jour où la caution a su, par la mise en demeure qui lui était adressée, que les obligations résultant de son engagement allaient être mises à exécution du fait de la défaillance du débiteur principal (Cass. com. 9-7-2019 n° 17-28.792 F-D : RJDA 12/19 n° 775) ; l'action en responsabilité pour rupture abusive ayant entraîné une **insuffisance d'actif** du client de la banque mis sous procédure collective se prescrit au plus tard à compter du jour du jugement de liquidation judiciaire de l'intéressé, même si, à cette date, l'insuffisance d'actif n'était pas chiffrable, et non à compter du jour de la décision de justice qui a reconnu définitivement le caractère abusif de la rupture (Cass. com. 9-5-2007 n° 06-10.185 : RJDA 11/07 n° 1178).

41430 **Continuation de l'ouverture de crédit en cas de sauvegarde ou de redressement judiciaire** Lorsque le client bénéficiaire de l'ouverture de crédit est mis sous une procédure collective, la banque peut être tenue de poursuivre la fourniture de ses avances dans les conditions qui sont exposées aux nos 62000 s.

D. Autres procédés de financement

41503 **Titrisation des créances** La titrisation consiste en l'acquisition de créances par un fonds commun de titrisation (FCT) ou une société de titrisation qui financent cette acquisition en émettant des **titres de créances négociables.** Ceux-ci sont des titres financiers émis au gré de l'émetteur, négociables sur une plateforme de négociation ou de gré à gré, qui représentent chacun un droit de créance (C. mon. fin. art. L 213-1).

Le FCT constitue une copropriété sans personnalité morale, gérée par une société de gestion (C. mon. fin. art. L 214-180 s.) laquelle, en tant que représentant légal du FCT, a la qualité légale pour assurer, y compris par la voie d'une action en justice, tout ou partie du recouvrement des créances transférées audit fonds (Cass. com. 9-9-2020 n° 19-10.651 FS-PB ; Cass. com. 9-9-2020 n° 19-10.652 F-PB). L'information du débiteur peut résulter de l'assignation délivrée aux fins de recouvrement (Cass. com. 15-6-2022 n° 20-17.154 F-B). La cession de créance transfère au cessionnaire le titre exécutoire obtenu par le cédant à l'encontre de la caution (Cass. com. 24-5-2018 n° 17-13.962 FD : RJDA 10/18 n° 764).

41506 **Opérations sur titres financiers** Les titres financiers peuvent être offerts au public dans les conditions fixées par les articles L 411-1 s. du Code monétaire et financier.

E. Crédit-bail

RÉGIME

41600 Le Code monétaire et financier (art. L 313-7) distingue deux formes de crédit-bail en fonction de la nature du bien sur lequel porte cet acte : le crédit-bail mobilier de biens d'équipement (nos 41605 s.), avec des règles spécifiques au crédit-bail de fonds de commerce (n° 3300), et le crédit-bail immobilier dont le régime diffère du crédit-bail mobilier par quelques dispositions spécifiques (nos 41655 s.).

Sur le crédit-bail de parts sociales ou actions, MSC nos 20000 s.

Lorsque le crédit-bailleur et le crédit-preneur d'un bien d'équipement, d'un matériel ou d'un outillage ont leur établissement dans des États différents, la convention d'Ottawa sur le crédit-bail international du 28 mai 1988, publiée par le décret 95-879 du 28 juillet 1995 et en vigueur, en France, depuis le 1er mai 1995, fixe le régime applicable.

CRÉDIT-BAIL MOBILIER DE BIENS D'ÉQUIPEMENT

41605 **Qualification** Constitue un contrat de crédit-bail, au sens des articles L 313-7 s. du Code monétaire et financier, l'opération de location de biens d'équipement ou de matériels d'outillage achetés en vue de leur location par des entreprises qui en demeurent propriétaires, lorsque ces opérations, quelle que soit leur qualification, donnent au locataire la **possibilité d'acquérir** tout ou partie des biens loués, moyennant un prix convenu tenant compte, au moins pour partie, des versements effectués à titre de loyers (C. mon. fin. art. L 313-7, 1).

Le contrat qui ne comporte pas de promesse unilatérale de vente de la part du bailleur n'est pas un contrat de crédit-bail (Cass. com. 15-6-1999 : RJDA 10/99 n° 1118 ; Cass. com. 7-4-2010 n° 09-10.129 : RJDA 7/10 n° 778) ; c'est aussi le cas si l'option d'achat a été consentie par avenant après la cession du matériel et le contrat de location (Cass. com. 28-6-2005 n° 942 : RJDA 12/05 n° 1378). Il y a location pure et simple si le locataire n'a pas la faculté de devenir acquéreur du seul fait de la levée de l'option (Cass. com. 14-4-1972 : JCP G 1972.II.17269 note Alfandari ; Cass. com. 30-5-1989 : Bull. civ. IV p. 110 ; Cass. com. 30-11-1999 : RJDA 2/00 n° 202).

Le contrat peut prévoir, sans dénaturer l'opération, que l'option sera susceptible d'être exercée par le preneur dès la première année et, ensuite, à d'autres époques, avant la fin du bail (Cass. com. 8-12-1987 : JCP G 1988.II.21065 note Bey).

Il y a contrat de crédit-bail, et non location, lorsque :

– le matériel a été spécialement acheté en vue de la location, que le montant du loyer et la durée du contrat ont été fixés pour permettre d'amortir intégralement le prix et de couvrir les frais de gestion et que le locataire doit payer les loyers quoi qu'il advienne au matériel (CA Aix 11-6-1992 : RJDA 4/93 n° 334) ;

– le locataire a une option d'achat avec pour seule condition de faire connaître au bailleur sa décision un mois avant l'expiration du contrat, car cette clause n'étant pas soumise à l'agrément du bailleur constitue une promesse unilatérale de vente (Cass. com. 4-6-1996 : DA 1996.1165) ;

– même en l'absence d'une clause expresse d'option d'achat par le locataire du bien à sa valeur résiduelle, cette valeur apparaît au contrat et elle tient compte du montant des loyers eu égard au prix du bien en cause, car cette indication, qui n'aurait aucune raison d'être dans un contrat de location, traduit la promesse unilatérale de vente du bailleur (CA Poitiers 24-2-1993 : JCP G 1993.IV.1459).

Mais il n'y a pas crédit-bail si le bien objet du contrat est destiné à la vente et non à la location (CA Nîmes 27-2-1992 : Bull. inf. C. cass. 1992 n° 1730) ou si le bien loué est destiné à un usage non professionnel (Cass. com. 13-9-2016 n° 14-29.853 F-D : GP 2017.som.10-1-2017 p. 73 note Le Corre-Broly).

Conditions de validité Le contrat de crédit-bail doit respecter les conditions suivantes. **41608**

1. Il doit porter sur des **biens** d'équipement ou des matériels d'outillage (C. mon. fin. art. L 313-7, 1), donc des biens qui sont destinés à un **usage professionnel** ; ainsi, une voiture de tourisme destinée à être utilisée pour le fonctionnement d'une société peut faire l'objet d'un crédit-bail (Cass. civ. 15-12-1975 : D. 1976.407 note Lucas de Leyssac), mais il ne peut résulter de la qualité d'artisan de l'acheteur d'un véhicule de tourisme que celui-ci est utilisé à titre professionnel (Cass. com. 11-2-2014 n° 12-27.813 F-D : RJDA 5/14 n° 470).

2. Les biens qui font l'objet du crédit-bail doivent être **achetés par l'entreprise qui les loue** (C. mon. fin. art. L 313-7, 1).

Il suffit qu'il y ait achat. Il importe peu notamment que le bien ait été acheté par son utilisateur, puis revendu à l'établissement qui le lui a remis en location avec faculté d'achat (CA Rennes 30-11-1976 : D. 1978.302 note Parléani) ou que l'achat ait été conclu quelques jours avant la conclusion du crédit-bail par le crédit-preneur lui-même, dès lors que celui-ci a agi en qualité de mandataire du crédit-bailleur (cf. Cass. com. 14-1-1992 : RJDA 4/92 n° 372) ; toutefois, si l'existence d'un mandat n'a pas été envisagée, l'achat du bien doit précéder sa location (CA Montpellier 6-10-1988 : Bull. C. cass. 1989 n° 291).

Cette condition **exclut** donc qu'un fabricant conclue des contrats de crédit-bail portant sur ses propres fabrications (Cass. com. 13-4-1976 : D. 1976.694 note Lucas de Leyssac) ou que celui qui n'est pas propriétaire d'un objet le donne en crédit-bail, car il n'a pas pu transmettre la jouissance au preneur (Cass. com. 10-1-1995 : RJDA 5/95 n° 609) ou encore qu'un bien loué soit remis en crédit-bail par son locataire (Cass. com. 14-5-1985 : D. 1986.IR.324 obs. Vasseur, contrat n'entraînant qu'une sous-location).

Mais le bien qui fait l'objet du crédit-bail peut être ensuite **sous-loué** par le crédit-preneur (opération dite de crédit-bail adossé) (CA Versailles 14-4-1988 : GP 1988.som.462).

3. Les entreprises **crédit-bailleresses** doivent être **agréées.** Lorsqu'elles ne collectent pas du public des fonds remboursables (n° 40013), les entreprises qui gèrent à titre de profession habituelle des sociétés créées en vue de la réalisation même non habituelle d'opérations de crédit-bail doivent être agréées en qualité de société de financement (C. mon. fin. art. L 515-2).

La méconnaissance de cette règle est sanctionnée pénalement et par des mesures disciplinaires (C. mon. fin. art. L 571-3 ; Cass. com. 19-11-1991 : RJDA 12/91 n° 1053 rapport Leclercq ; Cass. com. 27-2-1996 : DA 1996.552) ; cependant, elle n'entraîne pas, à elle seule, l'annulation des contrats de crédit-bail conclus puisque n'est pas nulle, de ce seul fait, l'opération de crédit consentie en France, sans y être agréée, par une banque installée dans un État de l'UE (n° 40010).

4. Le prix que le locataire doit verser s'il décide d'**acquérir** le bien doit être un **prix résiduel** déterminé en fonction des versements effectués à titre de loyers (C. mon. fin. art. L 313-7, 1).

5. Le contrat de crédit-bail n'est **pas** soumis à la règle imposant une **stipulation écrite** des intérêts (n° 41033) car il ne constitue pas une opération de crédit en tant que telle (CA Aix 7-6-1989 : Bull. Cour d'Aix 1989/2 p. 24 n° 59) ni à la prohibition de l'usure (CA Toulouse 8-5-1970 : JCP G 1970.II.14481 note EMB ; CA Rouen 3-7-1970 : D. 1971.405 note Dessens), le montant et la périodicité des loyers étant librement fixés.

6. Le **dol** du fournisseur lorsque ce dernier a été chargé par le crédit-bailleur d'intervenir en tant qu'intermédiaire en négociation du crédit-bail entraîne la nullité du contrat (Cass. com. 24-5-1994 : RJDA 11/94 n° 1169 ; cf. Cass. com. 4-7-1995 : RJDA 1/96 n° 5 ; Cass. com. 27-9-2017 n° 16-15.542 FD : RJDA 1/18 n° 55, jugeant simplement opposable au crédit-bailleur les manœuvres du fournisseur).

7. Le crédit-preneur professionnel averti ne peut exiger un **devoir de mise en garde du crédit-bailleur** dont il n'établit pas qu'il dispose de renseignements sur sa situation financière que lui-même ignorait (Cass. com. 12-12-2006 n° 1430 : RJDA 4/07 n° 388). En revanche, **depuis** le 1er octobre 2016 (sur cette date, n° 10000), le crédit-bailleur, comme toute partie à un contrat, doit informer le preneur de ce qu'il sait et qui est susceptible de conduire le preneur à ne pas s'engager (nos 11834 s.).

41615 **Obligation de délivrance** L'obligation de délivrance n'incombe pas, en soi, au **crédit-bailleur** ; les juges doivent rechercher dans les termes du contrat si la délivrance n'échoit pas au **fournisseur** et si l'obligation du crédit-bailleur n'est pas limitée au paiement du prix au seul vu du bon de livraison signé par le crédit-preneur (Cass. 1e civ. 14-2-1998 : RJDA 6/98 n° 788 ; toutefois, Cass. com. 10-1-2012 n° 10-23.891 : RJDA 6/12 n° 613, selon qui le contrat de crédit-bail met l'obligation de délivrance à la charge du seul fournisseur). En général, le contrat de crédit-bail prévoit que le crédit-bailleur donne **mandat** au crédit-preneur **de retirer** le matériel loué, au moment et au lieu que celui-ci indiquera au fournisseur.

Le crédit-preneur qui signe un certificat de réception qui ne correspond pas à la réalité commet une faute, notamment lorsque l'appareil n'a pas été livré. Cette faute, malgré la bonne foi de son auteur, l'oblige à réparer le dommage causé à la société de crédit-bail qui, au vu de ce certificat, a versé le prix du matériel au fournisseur, lequel a été déclaré, peu après, en liquidation des biens (Cass. civ. 5-11-1980 : GP 1981.pan.86) ; elle peut même entraîner sa condamnation pour escroquerie (CA Nancy 26-9-1989 : GP 1989.som.792 note Bey) et lui interdire de demander la résolution du contrat de crédit-bail pour défaut de livraison (Cass. civ. 2-11-1994 : RJDA 3/95 n° 313).

Mais il peut invoquer contre le crédit-bailleur qui lui réclame des loyers le défaut de livraison alors même qu'il a manqué à ses obligations de mandataire en se laissant déposséder du matériel, car ce manquement engage seulement sa responsabilité et ne le prive pas du droit d'opposer au crédit-bailleur l'exception d'inexécution (Cass. com. 13-12-1994 : RJDA 4/95 n° 465.som. ; contra CA Aix 13-6-1991 : Bull. inf. C. cass. 1991 n° 1688).

Le **fournisseur** qui a vendu au crédit-bailleur n'est lié à celui-ci que par le contrat de vente qu'ils ont conclu et reste étranger au contrat de crédit-bail qu'il ne peut pas invoquer à son profit (Cass. com. 12-11-1991 : RJDA 1/92 n° 65 : impossibilité d'invoquer les conditions particulières de retrait du bien fixées au crédit-preneur). Il y demeure étranger lorsque le crédit-preneur a reçu du crédit-bailleur mandat d'acheter le bien, peu important alors qu'il n'ait pas pris possession du matériel et n'ait pas retourné au crédit-bailleur le procès-verbal de réception (CA Versailles 6-5-1997 : DA 1997.1117).

Il s'ensuit que crédit-bailleur et crédit-preneur ne sont pas tenus solidairement envers le fournisseur du paiement du prix du bien fourni au motif qu'ils auraient contracté ensemble une même obligation commerciale (n° 50145).

41618 **Droit de jouissance du locataire** En vertu du bail que comporte le contrat de crédit-bail :

– le crédit-bailleur doit procurer au crédit-preneur la jouissance du bien loué (Cass. civ. 16-10-1990 : Bull. civ. I p. 154) ;

– le crédit-preneur est responsable de la perte ou de la détérioration du bien (Cass. civ. 30-6-1992 : Bull. civ. I p. 138) ; contre ce risque, le contrat l'oblige valablement à s'assurer et à prévoir une délégation de l'indemnité d'assurance au crédit-bailleur (Cass. com. 21-4-1980 : JCP 1980.I.8874).

Sur le mode de calcul de l'indemnité due par le crédit-preneur pour perte ou détérioration, Cass. com. 9-1-1980 : Bull. civ. IV p. 199.

Lorsque le crédit-preneur est en droit de réclamer réparation à un tiers responsable, les dommages-intérêts qui lui sont dus comprennent l'indemnité de résiliation au profit du crédit-bailleur prévue par le contrat pour le cas de perte du bien loué (CA Dijon 6-7-1993 : Bull. inf. C. cass. 1994 n° 234).

41621 **Obligation de garantie** Le crédit-bailleur, en tant que bailleur, doit au crédit-preneur, qui est son locataire au cours du contrat, la garantie des **vices cachés** du bien loué imposée au bailleur par l'article 1721 du Code civil.

Cette obligation n'existe pas si le crédit-preneur a librement choisi le bien crédit-baillé (CA Aix 12-9-1986 : GP 1987.341).

Mais la plupart des contrats de crédit-bail écartent le recours du crédit-preneur contre le crédit-bailleur lui-même et lui transfèrent le droit, dont jouit ce dernier en tant qu'acheteur, d'agir contre le vendeur.

Le crédit-preneur ne s'est pas porté garant, envers le crédit-bailleur, des vices cachés au motif qu'il a souscrit une « obligation de résultat » en tant que mandataire du crédit-bailleur dans le choix du matériel objet du contrat (Cass. com. 27-6-1995 : RJDA 12/95 n° 1403).

La décharge du crédit-bailleur envers le crédit-preneur est valable aux conditions suivantes (Cass. com. 30-10-1973 n° 72-11.231 : Bull. civ. IV n° 303 ; Cass. com. 7-5-1974 n° 73-10.310 : Bull. civ. IV n° 147) :

– les caractéristiques du bien loué doivent avoir été librement déterminées par le locataire, dans l'ignorance du crédit-bailleur ;

– le crédit-bailleur doit avoir transmis au crédit-preneur le droit d'exercer les actions en garantie contre le vendeur.

Jugé, en conséquence :
– que le crédit-preneur, après livraison de la chose, ne peut exercer contre le crédit-bailleur aucune action pour non-délivrance en bon état ou pour défaut de jouissance paisible résultant des réparations devenues nécessaires (Cass. com. 25-1-1977 : Bull. civ. IV p. 21) ;
– que le crédit-preneur peut directement agir en résolution du contrat de vente contre le vendeur, dès lors que celui-ci a eu connaissance du mandat d'exercer les actions en garantie donné au preneur (Cass. com. 3-1-1972 : Bull. civ. IV n° 1 ; Cass. com. 2-2-1981 : GP 1981.pan.198 : indication du mandat sur le bon de commande).

Elle n'a pour effet que de transférer au crédit-preneur l'action en garantie du crédit-bailleur ; en conséquence, celui-ci conserve sa qualité d'acheteur et peut se prévaloir contre le vendeur de la garantie, le contrat de crédit-bail lui étant étranger (Cass. com. 7-6-1994 : RJDA 11/94 n° 1168).

Publicité du crédit-bail L'opération de crédit-bail doit faire l'objet d'une mesure de publicité (C. mon. fin. art. L 313-10 et R 313-3 s.), dans les conditions suivantes. 41624

1. Les opérations soumises à publicité sont les **opérations** qualifiées de crédit-bail au n° 41605 (C. mon. fin art. R 313-3) ; ainsi, l'opération qui consiste à louer sans avoir préalablement acheté le bien échappe à cette mesure (Cass. com. 21-5-1979 : D. 1980.611 note Lucas de Leyssac) ; la sous-location du bien loué par crédit-bail n'a pas non plus à être publiée (CA Versailles 14-4-1988 : GP 1988.som.462).

Mais toutes les opérations de crédit-bail au sens de la loi susvisée doivent faire l'objet de publicité, leur caractère occasionnel n'étant d'aucune influence sur cette obligation (Cass. com. 15-12-1975 : D. 1976.407 note Lucas de Leyssac ; CA Rouen 12-1-1995 : RJDA 10/95 n° 1126).

2. L'opération de crédit-bail doit être inscrite sur le **registre des sûretés mobilières** et autres opérations connexes (C. com. art. R 521-1 s. ; C. mon. fin. art. R 313-4 et R 313-5). Les différents bordereaux (inscription initiale ou modificative, renouvellement, radiation) doivent comporter différentes mentions fixées par arrêté (Arrêté du 23-10-2023). Cette formalité doit être accomplie par le crédit-bailleur auprès du greffier du tribunal de commerce, de celui du tribunal judiciaire statuant commercialement ou du tribunal mixte de commerce dans le ressort duquel le crédit-preneur est immatriculé à titre principal au RCS.

Les **erreurs** incluses dans la publicité du contrat de crédit-bail ne font pas obstacle à l'action en revendication du crédit-bailleur, dès lors qu'elles n'empêchent pas l'identification du preneur (Cass. com. 16-5-1995 : RJDA 11/95 n° 1254). Sur l'absence de responsabilité du greffier, TGI Paris 14-10-1992 : GP 1993.160.

3. À défaut de publicité régulière au registre des sûretés mobilières, le droit de propriété du crédit-bailleur est inopposable aux tiers (C. com. art. R 313-10) ; ainsi, à défaut de renouvellement de la publicité, il n'est pas opposable à la liquidation judiciaire du crédit-preneur du seul fait de la publication du jugement arrêtant le plan de redressement de celui-ci (Cass. com. 14-12-2022 n° 21-16.048 F-B : RJDA 1/23 n° 6).

4. Le locataire doit faire **mention** de l'opération dans les **écritures comptables** de son entreprise. Cette mesure est obligatoire tout au long de la période de location (C. mon. fin. art. R 313-14).

Sort du crédit-bail en cas de résolution de la vente Le contrat de crédit-bail, qui est un accessoire du contrat de vente (Cass. ch. mixte 13-4-2018 n° 16-21.345 PBRI : RJDA 8-9/18 n° 633), peut être remis en cause à la suite de la demande de résolution du contrat de vente par le crédit-preneur dans les conditions ci-après exposées. 41627

Action contre le vendeur en résolution de la vente. Le **crédit-preneur** peut agir en résolution de la vente lorsqu'il a reçu **mandat** du crédit-bailleur pour exercer les recours contre le vendeur, notamment agir en résolution pour défaut de livraison, bien qu'il ait signé un procès-verbal de livraison, dès lors qu'il est établi qu'il n'a pas commis une fraude aux droits du bailleur pouvant entraîner la déchéance du mandat donné (Cass. com. 8-12-1992 : RJDA 2/93 n° 139). Mais, sauf stipulation contraire, il ne peut pas agir en résolution après la résiliation du crédit-bail, celle-ci mettant fin au mandat (Cass. com. 11-7-2006 n° 956 : RJDA 4/07 n° 389 ; Cass. 1e civ. 8-10-2009 n° 08-14.470 : RJDA 1/10 n° 69). 41630

À défaut de mandat, si le crédit-bailleur lui a délégué tous ses droits et actions contre le vendeur, il peut demander la résolution de la vente, son assignation délivrée contre ce dernier, dès lors qu'elle vise cette délégation, opérant signification de la créance de garantie et rendant son action recevable (Cass. com. 4-6-1996 : RJDA 10/96 n° 1223).

Mais s'il n'a reçu **aucune habilitation** du crédit-bailleur pour agir en ses lieu et place contre le vendeur, il est un tiers au contrat de vente et il n'y a donc pas lieu de rechercher si une erreur a pu le déterminer à acheter (CA Rennes 20-12-2001 : JCP 2002.IV.2784).

41633 **Effets de la résolution de la vente.** À la suite d'un revirement de jurisprudence, la résolution du contrat de vente entraîne désormais la **caducité du contrat de crédit-bail** (Cass. ch. mixte 13-4-2018 n° 16-21.345 PBRI : RJDA 8-9/18 n° 633) et non plus sa résiliation (Cass. ch. mixte 23-11-1990, trois arrêts : RJDA 2/91 n° 138).

L'exclusion de la résolution emportant condamnation de l'effacement rétroactif du contrat de crédit-bail, le crédit-preneur ne peut plus, à notre avis, demander la nullité du contrat qui implique cette rétroactivité ; il ne saurait davantage invoquer la caducité là où il ne pouvait pas obtenir d'être désengagé du crédit-bail, notamment :

– si, devant faire son affaire personnelle avec le vendeur des conditions de délivrance du bien loué, ainsi que de ses insuffisances éventuelles, il n'a pas agi en résolution de la vente contre le vendeur (Cass. com. 16-7-1991 : RJDA 11/91 n° 940) ;

– s'il a restitué au vendeur, en fraude des droits du bailleur, le matériel loué et si le vendeur, mis en liquidation des biens, n'en avait pas remboursé le prix ; il était alors resté engagé par le contrat de crédit-bail malgré la révocation de la vente (Cass. com. 19-11-1991 : RJDA 2/92 n° 177).

La caducité du crédit-bail intervenant au lieu et place de la résolution précédemment admise, il s'ensuit, que :

– la caducité est **acquise** à la condition que la vente ait été au préalable résolue puisqu'elle en est la résultante (cf. Cass. ch. mixte 13-4-2018 précité) ;

Mais la résolution obtenue par le crédit-preneur, sans mandat du crédit-bailleur, est inopposable à ce dernier dès lors qu'aucun vice ou trouble de jouissance affectant l'utilisation de ce bien n'est invoqué (Cass. com. 19-5-1992 : RJDA 8-9/92 n° 854).

– la caducité du crédit-bail **se produit à** la date d'effet de la résolution de la vente (Cass. ch. mixte 13-4-2018 précité), soit au jour où cette résolution est constatée ou prononcée ;

Auparavant, la résolution du crédit-bail qui résultait de la résolution de la vente prenait effet au jour de la demande judiciaire en résolution de la vente et non à la date à laquelle le défaut de la chose vendue et louée a été constaté (Cass. com. 16-1-2001 : RJDA 5/01 n° 628).

Désormais, le crédit-preneur est ainsi libéré du paiement des loyers à compter de la date de la résolution et non plus du jour de cette demande (Cass. com. 12-12-1995 : RJDA 3/96 n° 371).

– la caducité n'ayant **d'effet que pour l'avenir,** les loyers payés par le crédit-preneur au crédit-bailleur ne sont pas restituables ;

Cette solution est de surcroît conforme à celle applicable à la résolution qui, depuis le 1er octobre 2016 (sur cette date, n° 10000) aux termes de l'article 1229, al. 3 du Code civil (1e phrase), n'entraîne restitution que si les prestations échangées n'ont eu aucune utilité. Ce n'est donc que dans le cas où le contrat de vente n'aurait procuré aucune utilité que la caducité du contrat de crédit-bail qui en est l'accessoire donnerait lieu à restitution au crédit-preneur des loyers perçus par le crédit-bailleur. Il était d'ailleurs jugé avant la date précitée que la restitution au crédit-preneur des loyers payés avant la résolution de la vente avait lieu seulement s'il était prouvé que le paiement n'avait pas eu sa contrepartie dans l'exécution de ses propres obligations par le crédit-bailleur (Cass. com. 3-1-1971 : JCP G 1973.II.17300 note Leloup ; Cass. com. 6-4-1993 : RJDA 11/93 n° 928).

– la caducité étant distincte de la résiliation, les **clauses** prévues dans le contrat de crédit-bail pour le cas de résiliation du contrat consécutive à la résolution de la vente ne sont plus applicables (Cass. ch. mixte 13-4-2018 précité), notamment les clauses de garantie et de renonciation à recours (Cass. 2e civ. 2-7-2020 n° 17-12.611 F-PBI : RJDA 12/20 n° 639).

Sont donc caduques les solutions ci-après qui permettaient au crédit-bailleur d'invoquer :

– la clause du crédit-bail lui garantissant le paiement par le crédit-preneur des sommes mises à la charge du vendeur (Cass. ch. mixte 3-3-1989 : JCP G 1989.II.21365 note Bey) ; ainsi, lorsque la vente avait été annulée pour dol commis par le vendeur et que le crédit-preneur avait assumé toutes ses obligations contractuelles, le crédit-bailleur pouvait demander à ce dernier l'exécution de la clause qui stipulait son engagement solidaire avec le vendeur au remboursement du prix d'achat du bien loué « dans tous les cas d'annulation judiciaire de la vente » (Cass. com. 27-6-1995 : RJDA 12/95 n° 1406) ;

– l'application de la clause prévoyant qu'il « pourra réclamer au locataire le montant du prix d'achat du matériel majoré des intérêts légaux calculés du jour de la vente à la date de restitution, ainsi que de la perte financière subie par [lui] » (Cass. com. 18-10-1994 : RJDA 1/95 n° 51) ; il pouvait invoquer ce droit au remboursement en présence d'une clause qui le lui ouvrait en cas de « non-réalisation de l'opération de crédit-bail » (Cass. com. 4-1-1994 : RJDA 6/94 n° 684) ;

– le paiement de tous les loyers prévus, en vertu d'une clause du contrat de crédit-bail, jusqu'à la fin de la période irrévocable de location, sous déduction des sommes qu'il pourrait recevoir du vendeur en restitution du prix au titre de la résolution et d'un escompte de 1 % pour toute anticipation de paiement par rapport au terme initialement prévu (Cass. com. 21-2-1995 : RJDA 7/95 n° 869), sous la réserve d'une modération en cas d'excès, car la clause qui imposait ces loyers était une pénalité (Cass. com. 30-11-2010 n° 09-15.980 : RJDA 2/11 n° 107 ; Cass. com. 14-12-2010 n° 09-15.992).

41636 **Paiement des loyers** Le crédit-preneur doit payer les loyers tant que **dure** le contrat de crédit-bail ; s'il restitue le bien au vendeur, sans résolution du contrat de vente, la vente liant ce dernier au crédit-bailleur subsiste et le crédit-bail conserve sa force obligatoire jusqu'à sa résiliation par le crédit-bailleur (Cass. com. 22-5-2001 : RJDA 11/01 n° 1142) ; en revanche, si le crédit-preneur demande la résolution de la vente, il est dispensé du paiement des loyers comme il est exposé au n° 41633.

En cas de location de deux appareils et de stipulation d'un loyer unique pour une durée unique, le loyer entier reste dû même si l'un des appareils est volé et, à défaut de paiement, le contrat est résilié (CA Aix 1-3-1994 : JCP G 1994.IV.1856).

S'il ne paye pas les loyers, le contrat de crédit-bail peut être résilié et il est tenu de payer, outre, les loyers échus, les pénalités prévues par le contrat dont le montant n'est pas manifestement excessif (Cass. com. 2-10-1979 n° 77-15.793 : Bull. civ. IV n° 242). La valeur des biens repris par le crédit-bailleur est celle fixée par les stipulations contractuelles, en l'espèce celle du prix dégagé par leur revente (Cass. com. 26-4-1994 : RJDA 8-9/94 n° 950).

Cession du contrat Le crédit-preneur, qui n'est pas propriétaire du bien, ne peut pas l'aliéner. Il peut seulement céder le contrat de crédit-bail ; mais la plupart du temps, les contrats de crédit-bail limitent expressément cette faculté soit en lui interdisant la cession ou la sous-location, soit en soumettant ces actes à autorisation. 41639

En revanche, le crédit-bailleur peut aliéner la chose, car il en est propriétaire, et l'acquéreur du bien est tenu des mêmes obligations que lui-même qui en reste le garant (C. mon. fin. art. L 313-8).

Opposabilité aux tiers du contrat de crédit-bail publié Le crédit-bailleur peut opposer aux tiers ses droits sur les biens crédit-baillés dont il a conservé la propriété aux créanciers et ayants cause à titre onéreux de son client si les formalités de publicité requises (n° 41624) ont été accomplies (C. mon. fin. art. R 313-10 ; Cass. com. 6-12-2011 n° 10-25.893 : RJDA 3/12 n° 329). 41642

La publicité requise n'a pas été accomplie dès lors que le crédit-bailleur ne produit pas l'extrait du registre des publicités délivré par le greffe du tribunal de commerce, même s'il produit le bordereau d'inscription remis par le greffe (Cass. com. 27-2-1990 n° 88-15.951 : GP 1990.547 note Cordier).

À défaut de publicité, le crédit-bailleur peut néanmoins leur opposer ses droits s'il prouve que les intéressés en avaient connaissance (art. R 313-10 précité ; sur une preuve non établie, Cass. com. 8-12-1987 n° 85-16.970 : JCP G 1988.II.21065 note Bey).

En cas de redressement judiciaire du preneur - ou par analogie de mise sous sauvegarde - il ne peut faire prévaloir son droit que s'il établit que chacun des créanciers en a eu connaissance avant l'ouverture de cette procédure (Cass. com. 16-3-1993 : RJDA 1/94 n° 91 ; Cass. com. 29-4-1997 : RJDA 8-9/97 n° 1066) ; en tout état de cause, il ne peut pas faire valoir son droit si la publicité a été accomplie après l'ouverture de la procédure collective (Cass. com. 11-5-1999 : RJDA 7/99 n° 812). Il ne le peut pas non plus si, après l'arrêt d'un plan de cession, il signe un nouveau contrat de crédit-bail avec le repreneur et si ce contrat n'est pas publié (Cass. com. 18-1-2017 n° 15-14.916 F-D : RJDA 4/17 n° 273).

Même si le contrat a été publié, le crédit-bailleur ne peut **pas opposer** son droit de propriété aux sous-acquéreurs de bonne foi qui invoquent l'article 2279 (devenu 2276) du Code civil (Cass. com. 14-10-1997 : RJDA 2/98 n° 206) ni à l'administration pour échapper aux sanctions relatives au défaut d'accomplissement des formalités administratives requises pour une utilisation régulière du bien loué, dès lors que ces formalités incombent au propriétaire de ce bien (cf. TGI Paris 6-11-1968 : JCP G 1969.II.15826 : condamnation pour défaut de licence de location du véhicule loué).

En revanche, il peut demander **paiement des loyers** en souffrance au crédit-preneur qui ne peut pas pour s'y soustraire invoquer le défaut de publicité du crédit-bail, car il s'agit d'une formalité destinée à la protection des tiers (Cass. com. 16-5-1995 : RJDA 11/95 n° 1255).

Le défaut de publicité du crédit-bail ne peut pas être opposé au crédit-bailleur qui revendique son bien **dans les mains du sous-locataire** du crédit-preneur, même sous procédure collective, car il n'a pas été conclu de contrat de crédit-bail entre lui et le sous-locataire (Cass. com. 11-5-1982 n° 80-13.025 : Bull. civ. IV n° 170).

Extinction du crédit-bail mobilier Le contrat de crédit-bail prend fin en cas de résolution de la vente (nos 41627 s.) ou pour les causes d'extinction du droit commun (nos 16000 s.). 41650

En cas de résiliation du contrat de crédit-bail, il a été jugé :

– que le contrat est résilié aux torts du crédit-bailleur qui a commis une faute en acceptant, en connaissance de cause, de surévaluer le prix du matériel loué fourni par son intermédiaire habituel pour récupérer des prestations de services promises par ce dernier (Cass. com. 13-6-1995 : RJDA 12/95 n° 1405) ;

– que le fournisseur du matériel doit supporter une partie de l'indemnité de résiliation du contrat de crédit-bail, dès lors que son manquement à l'obligation d'information a entraîné la résolution du contrat de vente, laquelle a eu des incidences sur la résiliation du crédit-bail (Cass. com. 13-6-1995 : RJDA 12/95 n° 1347).

Si le crédit-preneur **n'achète pas** le bien loué, il doit le restituer, selon les règles applicables à tout locataire de meubles (n° 22560).

À défaut de restitution du bien livré, il commet le délit d'abus de confiance (Cass. crim. 12-11-1979 : D. 1980.IR.202) et celui d'escroquerie si le procès-verbal de livraison du bien prétendument livré a été signé par le crédit-preneur pour amener le crédit-bailleur à payer, au vu de cette pièce, le prix d'une chose inexistante (CA Nancy 26-9-1989 : GP 1989.som.520).

Le crédit-bailleur, qui a obtenu un prêt pour financer le bien loué et qui bénéficie de la part du prêteur d'une clause de non-recours, peut lui opposer pour échapper à son action en restitution cette clause s'il établit qu'il a fait les diligences qui étaient en son pouvoir pour obtenir du crédit-preneur la restitution (cf. Cass. com. 22-3-2016 n° 14-25.361).

Lorsque le crédit-preneur décide d'acquérir le bien, il doit payer le **prix convenu au moment de la conclusion** du contrat de crédit-bail, compte tenu des loyers versés.

La **vente** du bien faisant l'objet du crédit-bail par le crédit-bailleur n'entraîne pas la caducité du crédit-bail : la clause d'indemnité contractuelle stipulée dans ce contrat demeure donc applicable et le crédit-bailleur peut déclarer au passif une créance à ce titre (Cass. com. 26-6-2019 n° 18-16.248 F-D : RJDA 10/19 n° 645).

CRÉDIT-BAIL IMMOBILIER

41655 **Qualification** Le crédit-bail immobilier est l'opération par laquelle une entreprise donne en location des immeubles à usage professionnel, achetés par elle ou construits pour son compte, lorsque cette opération, quelle que soit sa qualification, permet au locataire de devenir propriétaire de tout ou partie du bien loué au plus tard à l'expiration du bail (C. mon. fin. art. L 313-7, 2) :

– soit par cession en exécution d'une promesse unilatérale de vente ;

– soit par acquisition directe ou indirecte des droits de propriété du terrain sur lequel ont été édifiés le ou les immeubles loués ;

– soit par transfert de plein droit de la propriété des constructions édifiées sur le terrain appartenant audit locataire.

L'immeuble acheté en crédit-bail peut être sous-loué et la faculté de rachat transférée à un tiers substitué, qui peut être le sous-locataire de l'immeuble (Cass. 3e civ. 19-10-2011 n° 10-13.651 : RJDA 2/12 n° 197).

41658 **Conditions de validité** Le contrat de crédit-bail doit **prévoir, à peine de nullité,** les **conditions** dans lesquelles il pourra être **résilié,** le cas échéant, à la demande du preneur (C. mon. fin. art. L 313-9, al. 2). Si le contrat contient une clause résolutoire de plein droit, celle-ci doit produire effet, aucun texte n'autorisant la suspension des effets de cette clause qui produit ses effets à la date de sa mise en œuvre (Cass. com. 8-4-2015 n° 14-11.129 : RJDA 11/15 n° 764).

Mais les conditions de résiliation prévues dans le contrat ne sauraient aboutir à mettre à la charge du preneur une indemnité égale au cumul des loyers révisés restant à courir jusqu'au terme du bail, car une telle stipulation tend à l'exécution de toutes les clauses du contrat, traité comme s'il n'était pas résolu, dans le seul intérêt du crédit-bailleur (Cass. civ. 27-4-1988 : JCP G 1989.II.21171 note Bey).

N'équivaut pas à l'exécution de toutes les clauses du contrat l'indemnité de résiliation égale à la totalité des loyers restant dus jusqu'à l'expiration contractuelle du crédit-bail mais limitée au montant cumulé de cinq années entières de loyers (Cass. civ. 19-4-2000 : RJDA 6/00 n° 711) ni celle égale aux charges contractuelles dues jusqu'à la relocation ou la vente de l'immeuble, dès lors que le preneur peut proposer un repreneur au bailleur qui ne pourrait le repousser que pour des motifs légitimes (Cass. civ. 5-5-1999 : Bull. civ. III n° 107).

Pour apprécier ce que coûte l'exécution du contrat, seuls les loyers et charges à courir sont à prendre en compte, sans déduire ce que le crédit-preneur aura à payer au titre de la valeur résiduelle finale s'il lève l'option (Cass. civ. 29-9-1999 : RJDA 12/99 n° 1376) ; les loyers doivent être pris pour leur montant nominal sauf si le contrat prévoit la prise en compte de la valeur actualisée (Cass. 3e civ. 30-6-2004 n° 806 : RJDA 12/04 n° 1369).

L'indemnité de résiliation anticipée du fait du preneur est due, même lorsque le crédit-bailleur n'a pas exécuté son obligation légale d'information, cette indemnité n'étant pas une pénalité (Cass. com. 11-4-2018 n° 16-24.143 F-PB : RJDA 7/18 n° 602, obligeant la caution du crédit-preneur au paiement).

Cette nullité est une **nullité relative** destinée à protéger les droits du crédit-preneur (Cass. civ. 15-5-1996 : RJDA 8-9/96 n° 1077). Elle doit être appliquée d'office même si aucune des parties n'a demandé l'application de la clause illicite (Cass. civ. 13-7-1999 : RJDA 10/99 n° 1119).

L'action en résiliation n'est **pas soumise à la publicité** foncière (Cass. civ. 27-5-1998 : RJDA 7/98 n° 905).

41661 **Règles applicables à la location** Le crédit-bail immobilier est un contrat de **location** (Cass. civ. 14-2-1979 : GP 1979.403) qui n'entraîne pas bail commercial de l'immeuble (Cass. civ. 7-5-1997 : RJDA 1/98 n° 97), même s'il porte sur un local commercial soumis au statut (cf. Cass. com. 18-11-2014 n° 13-23.997 : RJDA 2/15 n° 122).

Les règles du droit commun du bail incompatibles avec le crédit-bail doivent être écartées : ainsi, le privilège du bailleur n'existe pas au profit du crédit-bailleur (Cass. com. 9-4-1991 : RJDA 5/91 n° 422).
En cas de redressement judiciaire du preneur, les règles applicables à la résiliation du bail commercial (n°s 62170 s.) sont inapplicables (CA Versailles 19-3-1992 : D. 1992.som.259 obs. Derrida, transposable par analogie à la mise sous sauvegarde ou à la liquidation judiciaire).
Mais le bail conclu par le crédit-preneur avec un locataire est un contrat distinct du contrat de crédit-bail et obéit aux règles du bail commercial lorsque les conditions de ce bail sont réunies (Cass. 3e civ. 10-12-2002 n° 1867 : RJDA 3/03 n° 234).

À **l'expiration de la location,** si le locataire se maintient dans les lieux, le bailleur a droit à une indemnité pour laquelle il peut demander une provision en référé (Cass. com. 19-1-1988 : Bull. civ. IV p. 32, jugeant même que le syndic qui a résilié le contrat ne peut s'y opposer au motif qu'il n'a pas été mis en demeure, car il n'ignorait pas qu'il devait quitter les lieux à la suite de la résiliation).

En **cas d'annulation du contrat,** il a droit à une indemnité d'occupation (C. civ. art. 1352-3 : n° 16134 ; auparavant Cass. 3e civ. 8-7-2015 n° 14-11.582 : RJDA 10/15 n° 699).

Règles applicables à la promesse de vente Bien qu'il soit assorti d'une promesse de vente, le contrat de crédit-bail n'a **pas** à être **enregistré,** comme cela est prescrit pour les promesses unilatérales de vente d'immeuble (C. civ. art. 1589-2). **41664**

Le crédit-preneur ne devient propriétaire de l'immeuble que par la **levée de l'option** ; l'acquisition ne peut pas résulter de ce qu'il a consenti lui-même un bail sur le bien, antérieurement à la levée de l'option d'achat (cf. Cass. 1e civ. 9-1-2019 n° 17-31.609 FS-PB).

Publicité Lorsque les **contrats** de crédit-bail ont une **durée supérieure à douze ans,** une publicité doit être effectuée par le crédit-bailleur au registre de la publicité foncière (C. mon. fin. art. L 313-10 et R 313-12). Ce n'est qu'une fois cette mesure de publicité accomplie que l'entreprise de crédit-bail pourra opposer son droit de propriété aux tiers selon les règles de la publicité foncière (C. mon. fin. art. R 313-13) ; ne sont pas, en tant que tels, des tiers, les créanciers du crédit-preneur, représentés par le liquidateur judiciaire (Cass. com. 15-5-2001 : RJDA 10/01 n° 1025). **41667**

Les **promesses** de vente et de baux d'une durée supérieure à douze ans sont soumises à une publicité facultative (art. L 313-10 et R 313-12 précités).
Toutefois, pour être opposable aux tiers, la résiliation d'un contrat de crédit-bail n'est pas soumise à publicité préalable, celle-ci n'étant exigée que pour les baux d'une durée supérieure à douze années (CA Rennes 10-7-1986 : JCP G 1987.II.20784 note Bey).
Le défaut de publicité ne peut pas être invoqué à l'encontre d'un contrat entre le crédit-preneur et le sous-locataire de celui-ci, qui ne constitue pas un crédit-bail (Cass. com. 11-5-1982 : D. 1983.271 note Witz).

F. Financement par les personnes publiques

Les personnes publiques peuvent financer des entreprises privées en leur accordant : **41700**

1. Des prêts ;
Ces prêts sont en principe de droit privé (CE 13-6-1979 : D. 1979.IR.386 obs. Delvolvé). Mais ils sont des contrats administratifs dès lors qu'ils renferment des clauses exorbitantes (Cass. civ. 6-12-1954 : GP 1955.1.86 ; CA Paris 8-3-1949 : GP 1949.1.184) ou ont pour objet l'exécution même du service public (CE 18-6-1976 : Lebon 320 ; CE 6-10-1976 : Lebon 806). Jugé que ne présente ni l'une ni l'autre de ces caractéristiques le contrat de prêt conclu par l'Office national de la navigation avec une société et destiné au financement de l'installation d'une base nautique car il s'agit là d'une facilité bancaire qui entre dans la mission de l'Office (CAA Bordeaux 4-5-1993 : GP 1994.pan.114).

2. Leur cautionnement ;
C'est le cas notamment du cautionnement donné par la société Sofaris, ultérieurement dénommée société Oséo garantie et actuellement Bpifrance financement.
Sur le caractère administratif ou privé du cautionnement, n° 55036.

3. Des avances remboursables pour un motif d'intérêt général ;
Sauf le cas où les conventions relatives à ces avances contiendraient des clauses exorbitantes, elles sont de droit privé (CE 29-6-1951 : Lebon 383).

4. Des subventions, qui sont des contributions facultatives de toute nature, attribuées par une autorité administrative ou par un organisme chargé de la gestion d'un service public industriel et commercial, justifiées par un intérêt général ; elles sont attribuées à un organisme de droit privé qui définit et met en œuvre l'action subventionnée, sans que celle-ci puisse être une prestation individualisée répondant aux besoins de l'autorité accordant la subvention (Loi 2000-321 du 12-4-2000 art. 9-1).

Les subventions sont, le plus souvent, accordées par des actes administratifs unilatéraux susceptibles de recours pour excès de pouvoir (CE 30-3-1979 : Lebon 141 ; CE 18-2-1981 : D. 1982.IR.34 obs. Toulemonde ; CE 18-10-1981 : Lebon 372).

Mais il arrive qu'elles soient négociées par contrats, qui sont de droit privé s'ils ne contiennent pas de clauses exorbitantes ou s'ils ne sont pas relatifs à l'exécution du service public (CE 18-10-1935 : Lebon 951 ; CA Paris 10-7-1986 : D. 1987.IR.286 obs. Vasseur) et qui relèvent de la compétence du tribunal de grande instance (devenu le tribunal judiciaire) pour en connaître dès lors qu'en concluant le contrat, l'autorité publique n'a pas cherché à réaliser un acte de spéculation (CA Paris 10-7-1986 précité) ; ils sont administratifs dans le cas contraire (CE 29-6-1966 : Lebon 423).

41703 Les personnes publiques ne peuvent conclure les conventions de financement ci-dessus signalées que dans la mesure où elles en ont le **pouvoir.** Tel est le cas de l'État lorsqu'il agit dans l'intérêt général (CA Paris 10-7-1986 : D. 1987.IR.286 obs. Vasseur). Les départements, les communes et les régions ne peuvent le faire que dans la limite des pouvoirs qui leur sont conférés par la loi (CGCT art. L 2251-1 s., L 3231-1 s. et L 4253-1 s.).

PARTIE 5

Créances et dettes de l'entreprise

CHAPITRE 1 PAIEMENT

SOMMAIRE

SECTION 1
CONDITIONS GÉNÉRALES DU PAIEMENT 50000

I. Parties au paiement 50000
A. Créancier du paiement 50000
B. Débiteur du paiement 50050
C. Pluralité de créanciers ou de débiteurs 50100
II. Montant du paiement 50290
A. Obligation d'exécuter la prestation due 50290
B. Indexation du prix convenu 50350
III. Règlement d'une somme d'argent 50490

SECTION 2
PROCÉDÉS DE PAIEMENT 50780

I. Services de paiement 50780
II. Choix du procédé de paiement 50788
III. Divers modes de paiement 50790
IV. Virement bancaire 50803
V. Lettre de change 50900
A. Création de la lettre de change 50912
B. Provision de la lettre de change 51000
C. Acceptation 51050
D. Endossement des lettres de change 51100
E. Aval 51200
F. Paiement des lettres de change 51250
G. Formalités en cas de défaut de paiement 51400
H. Recours pour défaut de paiement 51450
I. Prescription cambiaire 51500
J. Perte et vol de la lettre de change 51550
K. Faux et altérations de la lettre de change 51600
L. Effets de complaisance 51650
M. Lettres de change émises ou endossées à l'étranger 51700
VI. Billet à ordre 51800
A. Création du billet à ordre 51806
B. Endossement du billet à ordre 51850
C. Aval du billet à ordre 51900
D. Paiement du billet à ordre 51950
E. Contentieux 52050
F. Billet ou titre au porteur 52100
G. Bons de caisse 52150
VII. Chèque 52200
A. Émission du chèque 52209
B. Transmission du chèque 52350
C. Paiement du chèque 52400
D. Défaut de paiement du chèque 52550
E. Cas particuliers 52750
VIII. Compensation 52900
IX. Subrogation 53000
A. Conditions de la subrogation 53006
B. Effets de la subrogation 53045
X. Affacturage 53200
XI. Crédit documentaire 53300
XII. Délégation 53400
XIII. Dation en paiement 53500

SECTION 3
INCIDENTS DE PAIEMENT 53800

I. Paiement en retard 53800
II. Action oblique 53900
III. Action paulienne 54000
IV. Action directe en paiement 54030
V. État de déconfiture 54100
VI. Paiement indu 54200
VII. Paiement imposé par le débiteur au créancier 54300

QUALIFICATION DU PAIEMENT

Exécution volontaire de la prestation due Si l'article 1342, al. 3 du Code civil énonce que le paiement éteint l'obligation, il précise en outre, dans son alinéa 1, que le paiement est l'**exécution volontaire de la prestation due.** 49990

Il résulte de cette affirmation que, tant que ce qui est dû n'est pas accompli, le paiement n'est pas fait et la dette n'est pas éteinte. Le paiement n'est pas fait :
– en cas de paiement par subrogation, qui désintéresse le créancier subrogeant en laissant subsister la dette envers le subrogé, comme le précise l'article 1342, al. 3 (sur une application, n° 53231) ;
– en cas d'erreur de calcul de la part du créancier, dès lors que celle-ci fait profiter le débiteur d'une réduction de sa dette sur laquelle il ne pouvait pas compter au jour de la conclusion du contrat (n° 50302) ;
– en cas de clôture d'une procédure de liquidation judiciaire pour insuffisance d'actif, le débiteur étant seulement à l'abri de la reprise des poursuites individuelles des créanciers (nos 64180 s.), et en cas de clôture d'une procédure de rétablissement personnel avec « effacement » de la dette du bénéficiaire pour insuffisance d'actif (Cass. 2e civ. 27-2-2014 n° 13-10.891 : RJDA 5/14 n° 479) ;
– en cas d'effacement de la dette à la suite d'une procédure de surendettement (Cass. 3e civ. 10-1-2019 n° 17-21.774 F-PB : D. 2019.411 note François : en l'espèce la dette était locative et le bail a été résilié pour défaut de paiement de loyers).

La prestation due, qui pour le débiteur est une dette et pour le créancier une créance, s'entend d'une prestation en nature consistant en une obligation de transférer un droit, une prestation de service (n° 13203) ou une somme d'argent.

La somme d'argent due est entendue généralement comme désignant une créance qui n'est due que lorsqu'elle est certaine, liquide et exigible, c'est-à-dire :
– que son existence est incontestable et actuelle ;
– qu'elle est exprimée en argent ;
– que la date à laquelle elle doit être acquittée est survenue.

Dans la **vie courante,** qui entend paiement entend non pas la prestation due mais la somme d'argent due, autrement dit la créance monétaire due, laquelle doit être certaine. Une créance qui n'est pas encore certaine ne peut pas donner lieu à paiement ; elle peut néanmoins, si elle **existe en son principe,** ouvrir droit à une voie d'exécution provisoire, telles une saisie conservatoire ou l'inscription d'une hypothèque provisoire (nos 59109 et 59215).

49993 **Régime du paiement** Le paiement est considéré comme un fait (sous-entendu juridique, n° 10340) par les juges (Cass. 1e civ. 6-7-2004 n° 01-14.618 : Bull. civ. I n° 202, retenant que « la preuve du paiement, qui est un fait, peut être rapportée par tous moyens »), ce que l'article 1342-8 confirme en disposant que « le paiement se prouve par tout moyen » ; il est donc soumis aux dispositions applicables au jour où il est accompli.

SECTION 1

CONDITIONS GÉNÉRALES DU PAIEMENT

I. PARTIES AU PAIEMENT

A. Créancier du paiement

IDENTIFICATION DU CRÉANCIER DU PAIEMENT

50000 Le paiement doit être fait au **créancier** (C. civ. art. 1342-2, al. 1).

Lorsque la créance est née d'un contrat international, la qualité de créancier est déterminée par la loi de la source de la créance (Cass. com. 13-9-2011 n° 10-25.533 : RJDA 11/11 n° 943).

Le créancier doit être **capable** de recevoir le paiement ; s'il ne l'est pas, le débiteur doit repayer, sauf à prouver que le paiement a tourné au profit du créancier (C. civ. art. 1342-2, al. 3).

En cas de décès du créancier, le paiement doit être fait à **ses héritiers** ou légataires universels investis de la saisine de l'universalité de la succession (Cass. 1e civ. 31-1-1989 n° 87-11.829 : JCP G 1990.II.21419 note Salvage) ; mais chaque héritier ou légataire universel n'a droit qu'à la part qui lui revient (C. civ. art. 1320 ; Cass. 1e civ. 20-3-1984 : Bull. civ. I p. 90).

Devient aussi créancier par transmission universelle le créancier unique de la société dissoute qui recueille son patrimoine (Cass. com. 11-3-2020 n° 18-20.064 F-D : RJDA 7/20 n° 373 : transmission d'un contrat, en l'espèce conclu intuitu personae, peu important que la créance ne soit ni liquide ni exigible).

Sur la preuve de la qualité d'héritier par le certificat successoral européen, Règlement UE 650/2012 du 4-7-2012 art. 62 s.

Le paiement peut aussi être fait à la **personne désignée** par le créancier pour le recevoir (C. civ. art. 1342-2, al. 1), notamment le délégataire ou l'affactureur.

Cette personne peut être aussi le rédacteur de l'acte désigné dans le contrat ou désigné par l'usage qui s'est établi entre les parties (Cass. 3e civ. 14-4-2016 n° 15-11.343 : JCP N 2016.1253) ; le débiteur qui a payé dans ces conditions n'a pas à vérifier l'exécution du mandat par le mandataire, qui dans l'espèce précitée n'avait pas procédé à l'encaissement des chèques qui lui avaient été adressés.

Le paiement fait à une personne qui n'a pas qualité pour le recevoir est néanmoins valable si le créancier le ratifie ou s'il lui a profité (C. civ. art. 1342-2, al. 2 ; Cass. com. 12-7-1993 : RJDA 2/94 n° 194 ; Cass. com. 13-4-2010 n° 09-65.589 : RTD civ. 2010.326 obs. Fages).

Le paiement peut être fait de bonne foi au **créancier apparent** (C. civ. art. 1342-3 ; pour des exemples de mauvaise foi, Cass. com. 14-9-2022 n° 20-20.895 F-D : RJDA 1/23 n° 49).

Avant ce texte, il a été jugé dans le même sens que le paiement n'était libératoire qu'autant que son auteur avait pu légitimement se tromper (Cass. 1e civ. 20-2-1989 n° 87-19.045 : Bull. civ. I n° 134) et qu'il était libératoire s'il avait été fait de bonne foi à un créancier apparent (Cass. civ. 9-7-1851 : DP 1851.1.311 ; CA Colmar 18-1-1850 : DP 1851.2.161 ; CA Paris 20-5-2021 n° 18/20040).

Mais le paiement même fait au créancier n'est pas valable si ce dernier a usé de **moyens illégaux pour se faire payer.** Se rendent par exemple coupables de vol le vendeur impayé qui va chez l'acquéreur reprendre l'objet vendu (Cass. crim. 12-10-1976 : Bull. crim. p. 744 ; Cass. crim. 21-11-1979 : D. 1980.IR.444) et le créancier qui soustrait des sommes d'argent à son débiteur en vue de « se récupérer » (Cass. crim. 12-8-1847 : D. 1847.4.510) ou qui s'empare d'objets appartenant à celui-ci pour se procurer un gage (Cass. crim. 7-10-1959 : Bull. crim. p. 812). Par ailleurs, commet le délit d'escroquerie le créancier qui s'assure un paiement par la fraude (Cass. crim. 2-8-1866 : D. 1866.1.456), celui qui se fait restituer par son vendeur, grâce à l'intervention d'un faux policier, la partie du prix payée par lui au-delà du prix taxé (Cass. crim. 15-12-1943 : D. 1945.131 note Donnedieu de Vabres).

ÉTABLISSEMENT DE LA CRÉANCE

Le créancier qui poursuit une personne en paiement doit établir, selon les règles générales de la **preuve,** qu'il a une créance à faire valoir contre elle. 50003

ABSENCE DE DROIT AU PAIEMENT OU « EXCEPTION » AU PAIEMENT

Le créancier qui se prévaut d'une dette déterminée à l'égard de la personne qu'il poursuit n'a pas de droit à lui réclamer le paiement si celle-ci peut lui opposer une « exception », **raison de ne pas payer, inhérente à la dette ou personnelle.** 50006

La question de savoir si un débiteur peut soulever une exception se pose, dans diverses situations, telles que celles créées par la substitution de débiteur, la cession de contrat, de créance et de dette, la subrogation, la délégation, la solidarité et le cautionnement. Quel que soit le cas envisagé, il est donc nécessaire de savoir quelles exceptions la loi met à la disposition du débiteur. Les textes anciens et nouveaux (pour le cautionnement, Ord. 2021-1192 du 15-9-2021) ne proposant que des exemples ou des solutions ponctuelles pour ces situations, la présentation d'un bilan jurisprudentiel peut servir la sécurité juridique, comme le pense le rapport au Président de la République sur l'ordonnance 2016-131 du 10 février 2016 portant réforme du droit des contrats, qui évoque l'intérêt d'une systématisation des exceptions pour favoriser cette sécurité.

Exceptions inhérentes à la dette L'exception est inhérente à la dette lorsqu'elle tient à une cause d'extinction de la dette ; c'est notamment le cas si : 50009

– la dette est **nulle** (Cass. req. 5-11-1889 : S. 1891.1.407) ;

– une décision **passée en force de chose jugée** a éteint la créance, notamment en cas de refus d'admission au passif du débiteur poursuivi (Cass. com. 19-10-1993 n° 91-11.952 : RJDA 2/94 n° 210 ; Cass. com. 18-11-2014 nos 13-19.311 et 13-23.976), et ce, même si le débiteur poursuivi a été condamné au paiement de la dette par un jugement passé en force de chose jugé avant la décision de rejet de la créance (Cass. 1e civ. 26-10-2004 n° 02-19.771 : RJDA 7/05 n° 888) ;

Mais le débiteur doit subir la décision passée en force de chose jugée qui a reconnu l'existence de la dette au regard du créancier initial (Cass. 1e civ. 12-3-1974 n° 72-14.466 : Bull. civ. I n° 83).

– le débiteur peut se prévaloir de l'**exception d'inexécution** qui justifie la suspension du paiement (Cass. com. 12-1-2010 n° 08-22.000 : Bull. civ. IV n° 2 : non-exécution par le bailleur cédant de son obligation d'entretien) ;

– la dette est **prescrite** (Cass. req. 2-8-1904 : S. 1905.1.185 note Bernard ; Cass. com. 14-12-1965 : Bull. civ. III p. 587 ; Cass. 1e civ. 20-4-2022 n° 20-22.866 FS-B : RJDA 7/22 n° 432, rendu à propos de la prescription biennale du Code de la consommation) ;

– elle a été **compensée** avec une créance à due concurrence (cf. Cass. com. 14-1-1997 n° 95-10.188 : RJDA 5/97 n° 683) ou s'il est invoqué qu'elle doit être compensée avec une créance à laquelle elle est connexe (Cass. com. 4-6-1996 n° 94-16.306 : RJDA 11/96 n° 1312 ; cf. Cass. com. 13-10-1998 n° 96-12.371 : DMF 1998.1111 rapport Rémery) ;

– le débiteur demande au juge de réduire le montant d'une clause pénale (CA Lyon 14-9-2004 n° 02/04534 : Bull. inf. C. cass. 2005 n° 432) ;

– le paiement de la dette n'est pas demandé en cas de **pluralité de créanciers** dans les conditions de poursuite convenues entre eux et prévoyant que toute poursuite serait subordonnée à une décision majoritaire, cet engagement contractuel constituant un fait dont la caution en tant que tiers peut se prévaloir (Cass. com. 11-10-2016 n° 15-20.014) ;

– se produit une **confusion** (C. civ. art. 1349 s. ; n° 16060) ;

– la dette réclamée est née d'un contrat qui est **interdépendant** d'un autre dans lequel le débiteur peut trouver une exception à opposer au créancier poursuivant (n°s 10103 s.).

N'est en revanche pas une exception inhérente à l'égard de la caution :

– la rupture abusive par la banque du crédit garanti qui a entraîné le défaut de paiement du crédit (Cass. com. 22-9-2009 n° 08-10.389 : RD bancaire 2009 n° 6 § 192 obs. Cerles) ;

– la nationalisation des biens du débiteur même contraire à l'ordre public français (Cass. civ. 13-12-1972 n° 71-12.551 : Bull. civ. I n° 287) ;

– la nomination d'un administrateur provisoire (Cass. soc. 12-10-1961 n° 60-11.031 : Bull. civ. IV n° 851) ;

– la fin de non-recevoir du non-respect de la clause de conciliation préalable et obligatoire insérée dans une garantie de passif (Cass. com. 6-7-2022 n° 20-20.085 F-B : RJDA 11/22 n° 658).

50012 **Exceptions personnelles au débiteur poursuivi** Le débiteur poursuivi **peut opposer** au créancier qui lui réclame paiement les exceptions qu'il a personnellement envers lui. Il en est ainsi :

– si le créancier lui a consenti un terme, une remise de dette ou une remise de solidarité (C. civ. art. 1315) ;

– de la suspension des poursuites dont il peut se prévaloir s'il est placé sous procédure collective (Cass. com. 14-11-1984 n° 83-15.143 : Bull. civ. IV n° 311) ;

– de la division de la dette qui peut être soulevée en tant qu'héritier (C. civ. art. 1309 ; Cass. 1e civ. 21-2-1968 : Bull. civ. I n° 77 ; Cass. 1e civ. 10-5-1988 n° 86-15.278 : Bull. civ. I n° 140) ; c'est le cas même si l'acte signé par le débiteur décédé stipulait qu'« au cas de décès des [débiteurs] ou de l'un d'eux, il y aura solidarité et indivisibilité entre leurs héritiers (...) ou entre le survivant et les héritiers (...) du prédécédé pour le paiement [du prix] » (Cass. 1e civ. 21-2-1968 précité ; CA Rouen 23-3-1994) ; la division de la dette n'est écartée qu'en cas de renonciation de l'héritier à la division (cf. Cass. civ. 5-7-1989 n° 87-11.269 : Bull. civ. I n° 281) ;

– de l'impossibilité qu'il a de transférer les sommes dues à l'étranger en vertu d'une interdiction de sa législation nationale (CA Paris 22-5-1986 : D. 1987.som.295 obs. Vasseur) ;

– de la nullité relative tirée du défaut de pouvoir du représentant de la personne morale emprunteuse (Cass. com. 12-10-2022 F-D : RJDA 2/23 n° 108) ;

– du défaut d'information de l'entrepreneur de la possibilité de proposer une garantie prévue par l'article L 313-21 du Code monétaire et financier (Cass. com. 3-6-2009 n° 08-13.613 FS-PB : RJDA 11/09 n° 1010 ; Cass. com. 16-11-2010 n° 09-67.585 : JCP E 2011.1251 n° 3 obs. Simler).

Ne sont en revanche **pas** des exceptions personnelles au débiteur poursuivi qu'il peut **opposer** au créancier :

– l'annulation de la procédure engagée en même temps contre son codébiteur (Cass. civ. 12-5-1993 : D. 1994.som.20 obs. Delebecque) ;

– le non-recouvrement par le créancier du droit de poursuivre le codébiteur qui a bénéficié d'un jugement de clôture de la liquidation judiciaire pour insuffisance d'actif (n° 64180 ; Cass. com. 24-3-2004 n° 01-17.288 F-D : RJDA 8-9/04 n° 1024 ; Cass. com. 2-2-2022 n° 20-18.791 F-B : RJDA 5/22 n° 293) ;

– le moyen fondé sur le vice du consentement dont aurait été victime le créancier originaire, tel que le dol qu'aurait commis un locataire envers le bailleur qui avait subrogé dans tous ses droits et actions l'acquéreur de l'immeuble loué (Cass. 3e civ. 18-10-2005 n° 04-16.832 : RJDA 4/06 n° 371 ; voir aussi Cass. ch. mixte 8-6-2007 n° 03-15.602 : RJDA 3/08 n° 327, interdisant à la caution de se prévaloir du dol affectant le consentement du débiteur principal) ou dont aurait été victime un codébiteur solidaire, par exemple l'insanité d'esprit de l'auteur d'un acte qui est destiné à protéger la personne qui en est affectée (Cass. 1e civ. 21-11-2018 n° 18-10.756 F-D) ;

– le contrat d'assurance décès souscrit par un codébiteur (Cass. 1e civ. 5-6-2019 n° 17-27.066 FS-PB : RJDA 11/19 n° 709) ;

– les exceptions personnelles à la caution, tels la disproportion de l'engagement souscrit par cette dernière (n° 55100), le non-respect par le créancier de son obligation de mettre en garde la caution (n° 55109), le fait que cette dernière n'ait pas bénéficié de l'information légale due par le créancier (nos 55400 s.) ou qu'elle ait perdu du fait du créancier des droits dont elle aurait pu disposer (nos 55800 s.).

Cas particulier des clauses attributives de compétence ou de conciliation 50015
La Cour de cassation est partagée sur la nature de l'exception résultant d'une clause de compétence ou de conciliation préalable. Deux chambres civiles les considèrent comme étant des exceptions inhérentes à la dette, sans justification particulière, leur caractère accessoire à la dette résultant de leur présence dans le contrat qui leur a donné une naissance commune (Cass. 1e civ. 25-11-1986 no 84-17.745 : Bull. civ. I no 277 : clause attributive de compétence ; Cass. 3e civ. 28-4-2011 no 10-30.721 : RDC 2012.882 obs. Peltier : clause de conciliation préalable).

La chambre commerciale rejette cette qualification estimant qu'il résulte des articles 2313 du Code civil et 122 du Code de procédure civile que la fin de non-recevoir tirée du défaut de mise en œuvre d'une clause de conciliation préalable insérée dans un contrat de prêt ne concerne que les modalités d'exercice de l'action du créancier contre le débiteur principal et non la dette de remboursement elle-même, dont la caution est également tenue, de sorte qu'elle ne constitue pas une exception inhérente à la dette que la caution peut opposer au créancier (Cass. com. 13-10-2015 no 14-19.734 : RJDA 12/15 no 865 ; Cass. com. 9-5-2018 no 16-20.212 F-D : RJDA 8-9/18 no 679 ; Cass. com. 19-6-2019 no 17-28.804 F-D : RJDA 10/19 no 663).

À notre avis, la solution des chambres civiles est conforme aux dernières conditions prévues à l'ouverture du procès civil qui tendent à réduire le contentieux et à contraindre les parties, avant de s'y lancer, à tenter de l'éviter (CPC art. 56 et 750-1).

Reste que cette distinction a perdu de son intérêt pour les cautionnements conclus depuis le 1er janvier 2022, la caution étant désormais autorisée à opposer au créancier les exceptions purement personnelles au débiteur (C. civ. art. 2298, al. 1) ; mais elle ne peut pas si le cautionnement a été souscrit avant cette date (ex-art. 2313, al. 2).

Cas particulier de la clause d'arbitrage La clause d'arbitrage est jugée opposable au **subrogé** (Cass. com. 4-7-2018 no 17-13.067 F-D : BRDA 17/18 inf. 10 ; CA Orléans 16-6-1983 : JCP G 1984.II.20130) pour autant que la subrogation se rapporte au contrat contenant effectivement la clause (CA Paris 16-5-1984 : Rev. arb. 1985.457 ; sur une application même si la clause était stipulée par référence, CA Paris 10-5-2016 no 15/21115 : GP 2016.som.no 26 p. 21 note Bensaude). 50018

Elle l'est aussi au **cessionnaire** d'une créance résultant d'un contrat, la clause étant transmise avec la créance, telle que cette créance existe dans les rapports entre le cédant et le débiteur cédé (Cass. 1e civ. 5-1-1999 : RJDA 3/99 no 361 ; Cass. 2e civ. 20-12-2001 no 1895 : RJDA 3/04 no 297) ; la transmission lie le cessionnaire indépendamment de la validité de la cession de la créance transmise, sauf si la clause a été conçue en considération de la personnalité du cédant de la créance (Cass. 1e civ. 28-5-2002 : RJDA 10/02 no 1101). Sur la transmission au destinataire d'un transport maritime, no 26082.

Cas particulier des cessions de créances par bordereau Dailly Les exceptions que le débiteur cédé peut invoquer à l'encontre du cessionnaire sont distinctes selon qu'il a ou non reçu notification de payer le cessionnaire (no 41281) ou qu'il s'est engagé à le payer (no 41286). 50021

B. Débiteur du paiement

IDENTIFICATION DU DÉBITEUR DE LA DETTE

Aucune disposition du Code civil ne précise qui doit payer et aucune condition n'est requise de la part de celui qui doit payer ; ce dernier peut donc payer dès lors qu'il n'est pas frappé par une incapacité. Pour le surplus, il convient de s'en remettre aux solutions jurisprudentielles en cours. 50050

Le paiement doit être accompli par le débiteur de la dette, soit la **partie** qui a contracté la dette (Cass. com. 1-2-2011 no 09-72.309 : RJDA 12/11 no 1056, condamnant un expéditeur au paiement de la dette contractée envers un transporteur alors qu'il avait payé les transports effectués par les sous-traitants de ce dernier) et **toute personne** qui s'est comportée, au vu et au su des créanciers de cette partie, comme étant aussi obligée à la dette, sans l'avoir formellement contractée. Il en est ainsi dès lors que cette personne et le débiteur contractuel ont exercé le commerce en commun (no 253), lorsque, s'agissant de sociétés, celles-ci ont créé entre elles une communauté d'intérêts ou confondu leurs patrimoines (MSC nos 81100 s. et 81280 s.) ou lorsque les circonstances dans lesquelles la prestation due a été convenue permettent d'identifier le débiteur (CA Paris 15-9-2015 no 14/20957 : RJDA 1/16 no 36 som.).

Est aussi le débiteur de la dette celui qui l'a reconnue et celui qui a été condamné au titre de sa responsabilité extracontractuelle au paiement d'une indemnité.

CODÉBITEURS OU COOBLIGÉS

50051 Sont tenus de payer la dette au créancier qui la réclame tous ceux qui en sont codébiteurs, pour l'avoir contractée ensemble. En sont aussi tenus ceux qui se sont portés garants du débiteur principal, tels les cautions et divers garants (souscripteur d'un engagement autonome, porte-fort d'exécution, souscripteur d'une lettre d'intention, ducroire) ou ceux que la loi oblige (cédant du contrat, d'une créance ou d'une dette, subrogeant, délégataire).

Le terme très général de « garant » n'équivaut pas, en soi, « à celui de caution solidaire ou de codébiteur » (cf. Cass. 1e civ. 8-11-1978 nº 77-12.762 : Bull. civ. I nº 341).

Mais ces codébiteurs ou coobligés échappent à l'obligation de payer s'ils peuvent opposer au créancier qui les poursuit une exception (nºs 50006 s.).

HÉRITIERS DU DÉBITEUR

50052 Les héritiers du débiteur sont tenus du paiement des dettes trouvées dans la masse successorale envers les créanciers du défunt (sur l'existence d'une dette successorale, Cass. 3e civ. 30-1-2019 nº 18-10.941 FS-PBI), selon les distinctions exposées nºs 50053 s.

Les dettes de l'héritier, exigibles ou non, envers le défunt deviennent des dettes envers l'indivision consécutive à l'ouverture de la succession, donc envers ses copartageants ; elles donnent lieu à rapport et s'éteignent par confusion, à due concurrence, avec les biens indivis allotis à l'héritier débiteur (C. civ. art. 864 s.) ; mais il n'y a pas lieu à rapport des sommes dues par un héritier à ses deux parents qui restent exigibles à l'égard de l'épouse survivante au décès du père (Cass. 1e civ. 29-2-2012 nº 10-20.999 : Bull. civ. I nº 44, rendu sous le texte antérieur aux dispositions actuelles mais transposable par analogie) ni des créances de l'héritier sur la succession. Les créances de l'héritier sur la succession sont exigibles selon les règles de droit commun et sont notamment soumises à la prescription de droit commun (Cass. 1e civ. 28-3-2018 nº 17-14.104 F-PB).

Sur la possibilité pour les héritiers de prélever certaines sommes sur le compte du défunt ou de clôturer ce compte, C. mon. fin. art. L 312-1-4.

50053 **Option des héritiers** À compter de l'ouverture de la succession, les héritiers disposent d'un **délai** de quatre mois pour décider d'accepter purement et simplement ou à concurrence de l'actif net la succession de leur auteur ou d'y renoncer (C. civ. art. 768, al. 1 et 771, al. 1) ; à l'expiration du délai de quatre mois, ils peuvent être sommés, par acte extrajudiciaire, de prendre parti à l'initiative, notamment, d'un créancier de la succession (art. 771, al. 2).

Dans les deux mois qui suivent la sommation, l'héritier doit prendre parti ou solliciter un délai supplémentaire auprès du juge lorsqu'il n'a pas été en mesure de clôturer l'inventaire commencé ou lorsqu'il justifie d'autres motifs sérieux et légitimes, ce délai étant suspendu à compter de la demande de prorogation jusqu'à la décision du juge saisi ; à défaut d'avoir pris parti à l'expiration du délai de deux mois ou du délai supplémentaire accordé, l'héritier est réputé acceptant pur et simple (art. 772).

À défaut de sommation, l'héritier conserve la faculté d'opter, s'il n'a pas fait par ailleurs acte d'héritier et s'il n'est pas tenu pour héritier acceptant en vertu d'un des actes visés au nº 50058.

Sur les modalités de l'exercice de l'option successorale, CPC art. 1334 s.

L'**option** conditionnelle ou à terme est nulle (C. civ. art. 768, al. 2). Elle est indivisible (art. 769, al. 1). Une fois exercée, elle a un effet rétroactif au jour de l'ouverture de la succession (art. 776). Elle peut être annulée pour erreur, dol ou violence pendant cinq ans à compter du jour où l'erreur ou le dol a été découvert ou du jour où la violence a cessé (art. 777).

La faculté d'option se prescrit par dix ans à compter de l'ouverture de la succession (art. 780, al. 1) ; sur la conséquence du dépassement du délai, nº 50076.

Si la succession a été ouverte avant le 1er janvier 2007, la faculté d'option se prescrit par trente ans (Cass. 1e civ. 12-2-2020 nº 19-11.668 F-D).

50055 **Acceptation pure et simple de la succession** L'héritier, dès lors qu'il est établi qu'il a accepté purement et simplement la succession, est **tenu** indéfiniment des **dettes** et charges qui en dépendent (C. civ. art. 785, al. 1) ; il en est de même des successeurs saisis de l'universalité de la succession (Cass. civ. 16-7-1997 : Bull. civ. I nº 169, y ajoutant les dettes nées de la conservation des biens successoraux).

Ils doivent non seulement le paiement des sommes liquides mais aussi l'exécution de toutes les obligations incombant au défunt. Ainsi, les coïndivisaires qui ont accepté la succession de l'un d'entre eux prédécédé sont obligés par le bail consenti par le défunt sans leur accord (sur cet accord, nº 30115) et ne peuvent plus invoquer ce motif pour se soustraire à l'exécution du bail contesté (Cass. civ. 2-6-1987 : JCP G 1988.II.21068 note Salvage). Mais ils peuvent opposer aux créanciers les effets d'un plan de redressement (Cass. com. 4-1-2000 nº 96-12.981 : Bull. civ. IV nº 4).

Il peut être procédé au recouvrement de l'amende pénale et des frais de justice contre les héritiers ainsi qu'à l'exécution de la confiscation (C. pén. art. 133-1, al. 1).

Mais ils n'y sont obligés que dans la mesure de leur part dans la succession (C. civ. art. 873 et 1320, al. 3 ; Cass. civ. 10-5-1988 n° 86-15.278 : Bull. civ. I n° 140) et non dans la dette litigieuse (Cass. 1e civ. 14-3-2018 n° 17-14.583 FS-PB).

Sur le paiement par prélèvement sur l'actif successoral, n° 30160 ; sur la division de la dette entre héritiers, n° 50012.

Par ailleurs, l'héritier peut demander à être **déchargé** en tout ou en partie de son obligation à **une dette successorale** qu'il avait des motifs d'ignorer au moment de l'acceptation, lorsque l'acquittement de cette dette aurait pour effet d'obérer gravement son patrimoine personnel ; il doit introduire l'action dans les cinq mois du jour où il a eu connaissance de l'existence et de l'importance de la dette (C. civ. art. 786, al. 2 et 3 ; Cass. 1e civ. 4-1-2017 n° 16-12.293 F-PBI : PA 2017 n° 47 p. 7 note Leyrat : censure de la décharge pour un motif impropre à la justifier et tiré du défaut d'information de l'acceptant sur l'existence d'une dette déterminante de son consentement).

Les **titres exécutoires** contre le défunt le sont aussi contre l'héritier huit jours après que la signification lui en a été faite (art. 877).

Cette signification est obligatoire alors même que le successeur aurait eu connaissance par un autre moyen du titre exécutoire (Cass. civ. 15-1-1974 : D. 1974.307). Lorsqu'il existe plusieurs successeurs, le titre exécutoire doit être signifié à chacun d'eux, même s'ils sont tenus solidairement et indivisiblement (CA Rouen 28-6-1948 : S. 1949.2.33 ; CA Reims 20-1-1988 : Jurisprudence Champagne Ardenne 1987/88 n° 622) ; la signification faite aux héritiers d'un époux en vue de la saisie d'un immeuble commun doit être renouvelée aux héritiers de l'autre époux, après le décès de ce dernier (Cass. civ. 18-3-1987 : Bull. civ. II p. 39).

À défaut de signification dans les huit jours, l'héritier peut renoncer à la succession et le créancier, en conséquence, ne peut pas poursuivre l'exécution sur les droits et biens personnels de l'intéressé de titres exécutoires prononçant condamnation exclusivement à l'égard de son auteur (Cass. 1e civ. 1-2-2012 n° 10-25.578 : PA 2012 n° 199 p. 6 note Autem).

Formalités d'acceptation L'**acceptation** peut être **expresse** ; ainsi, quand le successible prend le titre ou la qualité d'héritier acceptant dans un acte authentique ou sous signature privée. **50058**

L'acceptation peut aussi être **tacite** ; ainsi quand le successible saisi fait un acte qui suppose nécessairement son intention d'accepter et qu'il n'aurait le droit de faire qu'en qualité d'héritier acceptant (C. civ. art. 782).

Sont **réputées emporter acceptation pure et simple de la succession** (C. civ. art. 783) :

– toute cession, à titre gratuit ou onéreux, faite par un héritier de tout ou partie de ses droits dans la succession ;

– la renonciation, même gratuite, que fait un héritier au profit d'un ou de plusieurs de ses cohéritiers ou héritiers de rang subséquent ;

– la renonciation qu'il fait, même au profit de tous ses cohéritiers ou héritiers de rang subséquent indistinctement, à titre onéreux.

Emporte aussi acceptation pure et simple le défaut de dépôt de l'inventaire requis en cas d'acceptation à concurrence de l'actif net (n° 50064).

N'emportent pas acceptation pure et simple de la succession :

a. Les actes conservatoires ou de surveillance et les actes d'administration provisoire si le successible n'y a pas pris le titre ou la qualité d'héritier ; tout autre acte que requiert l'intérêt de la succession et que le successible veut accomplir sans en prendre le titre doit être autorisé par le juge (C. civ. art. 784, al. 1 et 2) ; sont réputés :

– actes conservatoires : le paiement des frais funéraires et de dernière maladie, des impôts dus par le défunt, des loyers et autres dettes successorales dont le règlement est urgent ; le recouvrement des fruits et revenus des biens successoraux ou la vente des biens périssables, à charge de justifier que les fonds ont été employés à éteindre les dettes susvisées ou ont été déposés chez un notaire ou consignés ; l'acte destiné à éviter l'aggravation du passif successoral ; les actes liés à la rupture du contrat de travail du salarié du particulier employeur décédé, le paiement des salaires et indemnités dus au salarié ainsi que la remise des documents de fin de contrat (art. 784, al. 3),

– actes d'administration provisoire : les opérations courantes nécessaires à la continuation à court terme de l'activité de l'entreprise dépendant de la succession (art. 784, al. 8) ;

b. Le renouvellement, en tant que bailleur ou preneur à bail, des baux qui, à défaut, donneraient lieu au paiement d'une indemnité, ainsi que la mise en œuvre de décisions d'administration ou de disposition engagées par le défunt et nécessaires au bon fonctionnement de l'entreprise (art. 784, al. 9).

Sur l'**acceptation des légataires,** il a été jugé :

– que le legs de l'usufruit d'un immeuble n'a pas pour effet de conférer à la personne qui en bénéficie la qualité d'héritier (Cass. civ. 21-7-1980 : Defrénois 1981.120),

– que la demande d'envoi en possession par des légataires universels et l'accomplissement par eux d'actes impliquant la prise de qualité d'héritiers vaut acceptation tacite de la succession (Cass. com. 2-12-1986 : Bull. civ. IV p. 200).

Toute acceptation est irrévocable (Cass. civ. 7-6-1988 : Bull. civ. I p. 127), sauf cause d'annulation visée au n° 50053.

Par ailleurs, les **créanciers personnels** de l'héritier peuvent, si l'héritier s'abstient d'accepter une succession ou y renonce au préjudice de leurs droits, être **autorisés en justice à accepter** la succession du chef de leur débiteur, en son lieu et place ; l'acceptation n'a lieu qu'en faveur de ces créanciers et jusqu'à concurrence de leurs créances ; elle ne produit pas d'autre effet à l'égard de l'héritier (C. civ. art. 779). Cette autorisation ne peut être accordée que si le créancier établit l'insolvabilité, au moins apparente, de l'héritier à la date de la renonciation (Cass. 1e civ. 19-12-2012 n° 11-25.578 : Bull. civ. I n° 271).

Les créanciers personnels de l'héritier peuvent alors poursuivre le recouvrement de leurs créances sur ces biens, mais seulement à l'issue du délai prévu à l'article 792 du Code civil (n° 50070) et après le désintéressement intégral des créanciers successoraux et des légataires (C. civ. art. 798, al. 2).

Si des cohéritiers du renonçant ont accepté la succession, la part de ce dernier accroît à ses cohéritiers, qui sont alors tenus de payer les dettes successorales au prorata de leur part héréditaire (Cass. 1e civ. 14-11-2006 : Bull. civ. I n° 492).

50061 **Acceptation de la succession à concurrence de l'actif net** Un héritier peut déclarer qu'il n'entend prendre cette qualité qu'à concurrence de l'actif net (C. civ. art. 787), selon les règles exposées nos 50064 s.

Dès lors qu'un héritier a usé de cette option, ces règles s'appliquent à tous les héritiers jusqu'au jour du partage, même si un ou plusieurs autres ont accepté purement et simplement la succession ; dans ce cas, les créanciers peuvent provoquer le partage s'ils justifient de difficultés dans le recouvrement de la part de leur créance incombant aux héritiers acceptant à concurrence de l'actif net (art. 792-2).

Il ne peut plus, par la suite, renoncer à l'hérédité, même s'il n'a pas été dressé inventaire (cf. Cass. 1e civ. 11-2-2015 n° 14-14.419).

50064 **1. Conditions requises.** L'héritier doit :

a. Faire une déclaration au greffe du tribunal judiciaire du lieu d'ouverture de la succession ou devant notaire ; la déclaration est enregistrée et fait l'objet d'une publicité nationale, qui peut être faite par voie électronique (C. civ. art. 788) ;

b. Joindre à cette déclaration ou déposer au greffe un inventaire de la succession comportant une estimation, article par article, des éléments de l'actif et du passif, établi par un commissaire-priseur judiciaire (ou commissaire de justice), un huissier (ou commissaire) de justice ou un notaire (art. 789).

L'inventaire doit être déposé au tribunal dans le délai de deux mois à compter de la déclaration ; l'héritier peut solliciter du juge un délai supplémentaire s'il justifie de motifs sérieux et légitimes qui retardent le dépôt de l'inventaire ; en ce cas, le délai de deux mois est suspendu à compter de la demande de prorogation (art. 790, al. 1 et 2).

Le dépôt de l'inventaire est soumis à la même publicité que la déclaration ; les créanciers successoraux et légataires de sommes d'argent peuvent, sur justification de leur titre, consulter l'inventaire et en obtenir copie ; ils peuvent aussi demander à être avisés de toute nouvelle publicité (art. 790, al. 3 et 5).

Faute d'avoir déposé l'inventaire dans le délai prévu, l'héritier est réputé acceptant pur et simple (art. 790, al. 4).

Il ressort de cette formulation que l'acceptation opère de plein droit (ce qui était déjà jugé sous le régime antérieur à L. 2006-728 du 23-6-2006, Cass. civ. 29-6-1994 : Bull. civ. I p. 169) et qu'un dépôt ultérieur de l'inventaire ne saurait la remettre en cause (ce qui était admis antérieurement, cf. C. civ. art. 800 ancien).

50067 **2. Administration de la succession.** L'héritier est tenu d'administrer la succession ; il tient le compte de son administration, des créances qu'il paie et des actes qui engagent les biens recueillis ou qui affectent leur valeur (C. civ. art. 800, al. 1), sous réserve de son droit de demander en justice, en toute circonstance, que lui soit substitué un mandataire successoral à charge d'administrer et de liquider la succession (art. 814-1).

Dans le délai ouvert aux créanciers successoraux pour déclarer leurs créances (n° 50070), l'héritier peut déclarer qu'il conserve en nature un ou plusieurs biens de la succession ; en ce cas, il doit la valeur du bien fixée dans l'inventaire ; il peut aussi vendre les biens qu'il n'entend pas conserver et il doit alors le prix de leur aliénation (art. 793). Tout créancier successoral peut contester la valeur du bien dans les conditions de l'article 794 du Code civil. La déclaration de conserver un bien n'est pas opposable aux créanciers tant qu'elle n'a pas été publiée ; le défaut de déclaration de l'aliénation d'un bien dans le délai prévu à l'article précité engage l'héritier sur ses biens personnels à hauteur du prix de l'aliénation (art. 795).

Il doit présenter **le compte à tout créancier successoral** qui en fait la demande et répondre dans un délai de deux mois à la sommation, signifiée par acte extrajudiciaire, de lui révéler où se trouvent les biens et droits recueillis dans la succession qu'il n'a pas aliénés ou conservés dans les conditions prévues à l'article 794 du Code civil ; à défaut, il peut être contraint sur ses biens personnels (art. 800, al. 3).

Il répond de ses fautes graves (art. 800, al. 2).

S'il a **omis, sciemment et de mauvaise foi,** de comprendre dans l'inventaire des éléments de l'actif ou du passif de la succession ou s'il n'a pas affecté au paiement des créanciers de la succession la valeur des biens conservés ou le prix des biens aliénés, il est déchu de l'acceptation à concurrence de l'actif net et il est réputé acceptant pur et simple à compter de l'ouverture de la succession (C. civ. art. 800, al. 4).

Sous l'empire de l'ancien article 801 pratiquement comparable, il a été jugé que l'héritier n'avait pas perdu le « bénéfice d'inventaire » en cas de :

– partage amiable de biens indivis entre la succession et des tiers (Cass. civ. 12-2-1900 : DP 1902.1.177 note de Loynes) ;

– concession, assortie d'une sûreté, d'un terme à un débiteur héréditaire (Cass. civ. 28-10-1908 : DP 1909.1.169 note Capitant) ;

– omission par une épouse de comprendre dans l'inventaire un fonds de commerce déficitaire au seul motif qu'à la suite du décès de son mari l'entreprise n'avait plus de valeur (Cass. civ. 8-7-1986 : Bull. civ. I p. 199).

La déchéance avait été aussi écartée dans le cas où l'héritier était resté simplement inactif (CA Paris 14-11-1990 : D. 1991.IR.27).

3. Situation de l'héritier. Ses biens personnels ne sont pas confondus avec ceux de la succession et il conserve contre celle-ci tous les droits qu'il avait antérieurement sur les biens du défunt (C. civ. art. 791, 1° et 2°). 50068

Comme il a déjà été jugé, il n'est donc pas obligé de garantir envers l'acheteur la vente d'un immeuble faite par le défunt et il peut attaquer pour lésion l'acte par lequel il avait lui-même cédé au défunt ses droits indivis dans cet immeuble (Cass. civ. 12-1-1988 n° 86-12.218 : Bull. civ. I n° 7) ; aucune compensation n'est possible entre ses créances personnelles et les dettes de la succession (Cass. civ. 2-5-2001 n° 98-22.637 : Bull. civ. I n° 116).

La prescription de ses créances sur le défunt est suspendue (C. civ. art. 2237).

Si l'héritier a payé de ses deniers les dettes de la succession, il est **subrogé** de plein droit dans les droits des créanciers désintéressés (art. 1346).

Les créanciers personnels de l'héritier ne peuvent poursuivre le recouvrement de leurs créances sur les biens recueillis de la succession qu'à l'issue du délai de déclaration ouvert aux créanciers successoraux (n° 50070) et après le désintéressement intégral de ces derniers et des légataires (art. 798, al. 2).

4. Poursuite des créanciers successoraux. Les créanciers successoraux doivent **déclarer** leurs **créances** en notifiant leur titre au domicile élu de la succession ; les créances dont le montant n'est pas définitivement fixé sont déclarées à titre provisionnel sur la base d'une évaluation (C. civ. art. 792, al. 1). 50070

Les créances payées n'ont pas à être déclarées ; ainsi les paiements effectués en vertu d'un jugement exécutoire par provision éteignent les créances correspondantes (Cass. 1e civ. 12-10-2022 n° 20-21.016 FS-B : D. 2022.2203 chr. Bouathong).

Faute de déclaration dans le délai de quinze mois à compter de la publicité signalée au n° 50064, les **créances non assorties de sûretés sur les biens de la succession sont éteintes** à l'égard de celle-ci ; cette extinction bénéficie aussi aux cautions et coobligés, ainsi qu'aux personnes ayant consenti une garantie autonome portant sur la créance ainsi éteinte (C. civ. art. 792, al. 2 ; Cass. 1e civ. 16-1-2019 n° 18-11.916 F-PB).

La déclaration est irrecevable si elle est adressée directement à l'héritier et non au domicile élu (Cass. 1e civ. 8-3-2017 n° 16-14.360 FS-PB). Elle ne peut pas être suppléée par le fait que le créancier disposant d'un titre exécutoire par provision, l'actif successoral était amputé de la créance correspondante, ce motif étant inopérant au regard de l'obligation faite au créancier de déclarer sa créance dans le délai qui s'impose à lui (Cass. 1e civ. 22-3-2017 n° 15-25.545 F-PB : Bull. civ. I n° 70).

À compter de la publication de la déclaration et pendant le délai de quinze mois susvisé, la déclaration **arrête ou interdit** toute voie d'exécution et toute nouvelle inscription de sûreté de la part des créanciers successoraux, portant tant sur les meubles que sur les immeubles ; toutefois, pour la mise en œuvre des règles sur l'acceptation à concurrence de l'actif net et sous réserve de l'accomplissement de la signification aux héritiers du titre exécutoire contre le défunt (n° 50055), les créanciers saisissants sont considérés comme titulaires de sûretés sur les biens et droits antérieurement saisis (art. 792-1).

Sans préjudice des droits des créanciers munis de sûretés, les créanciers de la succession ne peuvent poursuivre le recouvrement que sur les biens recueillis de la succession qui n'ont été ni conservés en nature par l'héritier ni aliénés (n° 50067) (art. 798, al. 1).

Les créanciers doivent diriger leurs actions contre l'héritier (CA Versailles 30-6-1988 : GP 1989.som.33).

50071 **5. Paiement des créanciers successoraux.** Les créanciers qui ont préservé leurs créances ne peuvent obtenir paiement que **jusqu'à concurrence** de la valeur des biens que l'héritier a recueillis (C. civ. art. 791, 3°).

L'héritier doit payer les créanciers dans les **deux mois** suivant soit la déclaration de conserver le bien, soit le jour où le produit de l'aliénation est disponible ; lorsqu'il ne peut s'en dessaisir au profit des créanciers dans ce délai, notamment en raison d'une contestation portant sur l'ordre ou la nature de la créance, il consigne les sommes disponibles tant que la contestation subsiste (art. 797).

L'héritier règle le passif successoral ainsi ; il **paye** (art. 796) :

- les créanciers inscrits selon le rang de la sûreté assortissant la créance ;
- les autres créanciers qui ont déclaré leurs créances et qui sont désintéressés dans l'ordre des déclarations ;
- les légataires de sommes d'argent après les créanciers.

50073 **6. Perte de la limitation au montant de l'actif net.** Tant que le délai de **dix ans** à compter de l'ouverture de la succession n'est pas expiré (n° 50053), l'héritier peut révoquer son acceptation à concurrence de l'actif net en acceptant purement et simplement ; cette acceptation rétroagit à l'ouverture de la succession (C. civ. art. 801, al. 1).

Malgré la déchéance (n° 50067) ou la révocation de l'acceptation à concurrence de l'actif net, les créanciers successoraux conservent l'exclusivité des poursuites sur les biens de la succession qui n'ont été ni conservés ni aliénés dans les conditions de l'article 793 du Code civil (art. 802).

50076 **Renonciation à la succession** Les héritiers échappent à toute obligation aux dettes successorales s'ils ont renoncé à la succession (C. civ. art. 806) ; ils sont censés alors n'avoir jamais été héritiers (art. 805, al. 1).

L'héritier qui a accepté jusqu'à concurrence de l'actif net ne peut pas renoncer (art. 801, al. 2).

Tout héritier qui n'a pas pris parti sur la succession dans le délai de dix ans à compter de son ouverture (n° 50053) est réputé renonçant (art. 780, al. 2). Celui qui se prévaut alors de la qualité d'héritier doit justifier que lui-même ou celui ou ceux dont il tient cette qualité ont accepté cette succession avant l'expiration du délai (art. 781). Tel ne serait pas le cas s'il invoquait une acceptation résultant d'un acte dépourvu de date certaine et antérieure à une renonciation ayant date certaine, cette acceptation n'étant pas opposable à la partie qui aurait intérêt à se prévaloir de la renonciation (Cass. civ. 14-11-1972 : D. 1973.109 note Breton).

Tant que le délai de dix ans n'est pas acquis contre lui, l'héritier peut révoquer sa renonciation en acceptant la succession purement et simplement, si elle n'a pas été déjà acceptée par un autre héritier ou si l'État n'a pas déjà été envoyé en possession ; cette acceptation rétroagit au jour de l'ouverture de la succession, sans toutefois remettre en cause les droits qui peuvent être acquis à des tiers sur les biens de la succession par prescription ou par actes valablement faits avec le curateur de la succession vacante (art. 807).

Sur la faculté des créanciers personnels de l'héritier d'accepter la succession et sur la recevabilité de l'action paulienne contre la renonciation, n°s 50058 et 54006.

La renonciation **ne se présume pas** (art. 804, al. 1).

Ainsi, le fait pour l'héritier réservataire de renoncer au profit de l'épouse de son père à exercer l'action en réduction des libéralités ne constitue pas une renonciation (Cass. 1e civ. 19-11-1985 n° 84-14.638 : Bull. civ. I n° 311).

Les juges ne peuvent pas relever d'office la renonciation (Cass. civ. 17-3-1987 : Bull. civ. I p. 74 ; Cass. civ. 19-11-1985 : D. 1987.som.124 obs. Martin).

Elle ne produit **aucun effet si** elle est consentie par contrat à propos d'une succession non ouverte (interdiction des pactes sur succession future ; art. 722).

Pour être **opposable aux tiers,** elle doit être faite au tribunal dans le ressort duquel la succession est ouverte ou devant notaire, lequel, dans le mois suivant la renonciation qu'il a reçue, doit en adresser copie au tribunal dans le ressort duquel la succession s'est ouverte (art. 804, al. 2 et 3).

L'indivision successorale créée à la suite d'une renonciation frauduleuse est inopposable au liquidateur judiciaire d'une procédure collective (Cass. 1e civ. 22-1-2020 n° 19-12.492 F-D).

L'héritier qui a renoncé à la succession, même après l'avoir acceptée, est censé n'avoir jamais hérité, de sorte qu'il ne peut pas être tenu au paiement des dettes de la succession (Cass. 1e civ. 19-9-2018 n° 17-24.632 F-D).

Droit de préférence des créanciers du défunt Outre leur droit de sommer l'héritier de prendre parti sur la succession (n° 50053), pour préserver leurs droits, les créanciers du défunt peuvent demander à être préférés sur l'actif successoral à tout créancier personnel de l'héritier ; réciproquement, les créanciers personnels de l'héritier peuvent demander à être préférés à tout créancier du défunt sur les biens de l'héritier non recueillis au titre de la succession (C. civ. art. 878, al. 1 et 2). **50079**

Ce droit **se prescrit,** relativement aux meubles, par deux ans à compter de l'ouverture de la succession ; à l'égard des immeubles, l'action peut être exercée tant qu'ils demeurent entre les mains de l'héritier (art. 881).

Le droit de demander la séparation des patrimoines s'étend à tous les biens composant la succession et notamment à la part de l'actif de la communauté devant advenir à la succession du défunt (Cass. civ. 29-1-1900 : DP 1900.1.269, transposable à la demande de préférence).

Le droit de préférence **peut s'exercer par tout acte** par lequel un créancier manifeste au créancier concurrent son intention d'être préféré sur un bien déterminé (C. civ. art. 879). Il ne peut pas être exercé lorsque le créancier demandeur y a renoncé (art. 880).

Les créanciers du défunt et les créanciers personnels de l'héritier qui ont demandé à être préférés jouissent sur les immeubles de la succession de l'**hypothèque légale spéciale** prévue au 5° de l'article 2402 du Code civil, sujette à inscription conformément à l'article 2418 du Code civil (C. civ. art. 878, al. 3). Cette inscription a pour effet, pour la part correspondant au chiffre inscrit, de placer les immeubles qui en sont l'objet hors des atteintes des créanciers de l'héritier qui doivent rester étrangers à la répartition à faire entre les créanciers héréditaires, même non inscrits, proportionnellement à leurs créances, du prix des biens séparés du patrimoine de l'héritier ; les créanciers non inscrits peuvent même opposer leur droit aux créanciers de l'héritier qui ont fait inscrire leurs hypothèques sur les immeubles de la succession (Cass. civ. 15-7-1891 : DP 1893.1.465 transposable au droit de préférence qui confère le même privilège que la séparation des patrimoines antérieure).

Sur le droit des créanciers du défunt en cas d'indivision, n°s 30160 s.

PAIEMENT PAR AUTRUI

Paiement non dû par autrui Le paiement d'une dette peut aussi être fait **par un non-débiteur,** sauf refus légitime du créancier (C. civ. art. 1342-1). Dans ce cas, on dit qu'il y a « paiement par un tiers ». **50085**

Seules les règles suivantes s'appliquent :

1. Le paiement est **valable** quelles que soient les **raisons** pour lesquelles le tiers y procède, qu'il y ait ou non intérêt ;

A été jugé valable par exemple :

– le paiement fait par le créancier lui-même pour sauver son hypothèque (Cass. 1e civ. 17-12-1996 n° 94-17.120 : Bull. civ. I n° 459) ;

– le paiement par subventions versées par la Polynésie française en vue du financement de navires de pêche des loyers afférents à la location de ces navires, les actes de financement et ceux de location ayant été jugés indivisibles entre eux (cf. Cass. com. 20-11-2012 n° 11-23.277 : DMF 2013.166 obs. Delebecque) ;

– dans le cas d'un prêt bancaire consenti aux époux fondateurs d'une société et repris par celle-ci après immatriculation, le règlement des échéances par prélèvement sur le compte des époux car, compte tenu des circonstances suivantes, ces paiements avaient été effectués en toute connaissance de cause par les intéressés au nom et pour le compte de la société : les époux n'avaient pas contesté ces prélèvements pendant cinq ans et ils avaient tenté d'obtenir des déductions fiscales à ce titre ; ils n'en avaient demandé l'arrêt qu'après le refus de l'administration fiscale (Cass. com. 21-1-2003 n° 99-13.474 : RJDA 6/03 n° 633, rejetant l'action en répétition de l'indu engagée par ces époux contre la banque).

2. Le paiement étant valable, le débiteur est **libéré** (Cass. 3e civ. 7-12-1982 n° 81-11.201 : Bull. civ. III n° 243) ; le tiers n'a un recours contre lui que s'il prouve que la cause dont procédait son paiement impliquait pour le débiteur l'obligation de remboursement (Cass. 1e civ. 9-2-2012 n° 10-28.475 : Bull. civ. I n° 25).

Le paiement fait par le tiers ne libère pas le débiteur lorsque le tiers a payé la dette de ce dernier avec les fonds que lui a préalablement fournis le créancier lui-même, quels qu'aient été les moyens employés à cette fin (Cass. com. 14-11-1975 : D. 1976.IR.26).

3. Le paiement ne produit son effet libératoire du débiteur que si le créancier n'a pas un **motif légitime de le refuser.**

Ont été jugés légitimes : le refus par un vendeur du paiement effectué par un tiers d'une rente viagère, alors que le débiteur était devenu insolvable, car ce paiement le privait de la faculté de demander la résolution de la vente (Cass. civ. 24-6-1913 : DP 1917.1.38) ; le refus du bailleur d'une exploitation agricole de recevoir, après la cession du bail par le locataire à son fils, le paiement par l'ancien locataire des loyers échus après la cession au motif que ce paiement était susceptible de « constituer un commencement de preuve de prétentions abusives » (Cass. 3e civ. 23-2-1972 no 70-13.549 : Bull. civ. III no 126).

50088 **Paiement dû pour autrui** Le paiement dû pour autrui est dit **« recours ou action récursoire ».**

Ces deux expressions sont couramment employées par les tribunaux qui les tiennent pour synonymes. Ainsi, la Cour de cassation (Cass. 1e civ. 5-1-2022 no 20-17.325 FS-B : RJDA 5/22 no 306), sous le visa de l'ex-article 2310 (devenu art. 2312 : no 55000) qui ouvre un « recours »au cofidéjusseur qui a payé la dette cautionnée contre ses cofidéjusseurs, reconnaît à ce cofidéjusseur le droit d'exercer son « action récursoire ».

Disposent du droit d'agir contre le débiteur principal les garants, notamment les cautions et ceux que la loi obligent à indemniser la victime du dommage que le responsable a causé.

Sur l'absence de confusion lorsque la même personne doit une même dette au titre de deux qualités différentes, no 16060.

C. Pluralité de créanciers ou de débiteurs

1. OBLIGATIONS DIVISIBLES

50100 **Qualification** L'obligation est soumise au régime en vigueur au jour de sa naissance, soit, si elle naît d'un contrat, au régime applicable au jour de la conclusion du contrat (no 10614).

Si elle est **née avant** le 1er octobre 2016 (sur cette date, no 10000), l'obligation est divisible lorsqu'elle existe entre plusieurs créanciers ou débiteurs, dans la mesure où elle peut être, soit matériellement, soit intellectuellement, livrée ou exécutée en parties séparées (C. civ. ex-art. 1217) entre les différents créanciers ou débiteurs ainsi qu'entre leurs héritiers (ex-art. 1220). Chaque créancier ne peut alors réclamer que sa part dans la créance (Cass. 1e civ. 11-10-1988 no 86-11.860 : Bull. civ. I no 285), et chaque débiteur n'est tenu que de sa part dans la dette (Cass. 1e civ. 13-12-1988 no 87-10.269 : Bull. civ. I no 362 ; Cass. 1e civ. 16-7-1992 no 90-17.972 : Bull. civ. I no 236 ; Cass. 1e civ. 1-7-2003 no 01-00.563 : Bull. civ. I no 154). Celui des débiteurs qui a payé la totalité de la dette n'a pas objectivement payé l'indu mais peut demander ce qu'il a payé au-delà de sa part à ses codébiteurs (Cass. com. 5-5-2004 no 02-18.066 : Bull. civ. IV no 85).

Si l'obligation ne lie qu'un créancier et un débiteur, elle doit être exécutée entre eux comme si elle était indivisible (C. civ. ex-art. 1220).

Si elle est **née depuis le** 1er octobre 2016, elle est divisible du seul fait qu'elle lie plusieurs créanciers ou plusieurs débiteurs, la loi la réputant divisée de **plein droit** entre eux et leurs successeurs (C. civ. art. 1309, al. 1), notamment leurs héritiers (no 50055). En outre, le Code civil dit désormais expressément, ce qu'il ne disait formellement que pour les héritiers (C. civ. ex-art. 1220) mais que les décisions ci-dessus avaient généralisé, que : « chacun des créanciers n'a droit qu'à sa part de la créance commune ; chacun des débiteurs n'est tenu que de sa part de la dette commune » (C. civ. art. 1309, al. 2).

50105 **Obligation conjointe** Depuis la réforme issue de l'ordonnance 2016-131 du 10 février 2016, le Code civil ne fait plus aucune allusion à l'obligation « conjointe », subrepticement évoquée dans la rédaction de 1804 (cf. C. civ. ex-art. 1222). Ce vocable était cependant utilisé en pratique. Son usage étant susceptible de perdurer, il convient de retenir qu'il signifie que l'obligation a été stipulée envers plusieurs créanciers ou souscrite par plusieurs débiteurs et qu'elle est **divisible** entre chacun d'eux, à défaut d'indivisibilité ou de solidarité.

2. OBLIGATIONS À PRESTATION INDIVISIBLE

50120 **Existence Depuis** le 1er octobre 2016, les obligations dites jusque-là indivisibles sont devenues des obligations à prestation indivisible (C. civ. art. 1320) mais elles restent les mêmes. En effet, elles sont celles qui ne peuvent pas être divisées par nature ou par contrat (art. 1320), ce qui recouvre les qualifications antérieures des ex-articles 1217 et 1218 du Code civil qui déduisaient déjà l'indivisibilité de la nature des choses ou du contrat.

Étaient indivisibles :

1. Les obligations qui avaient pour **objet** une prestation qui ne pouvait pas être divisée par nature, ce qui recouvrait toute impossibilité de division qu'elle fût matérielle ou intellectuelle (C. civ. ex-art. 1217) ;

Par exemple, ont été jugées indivisibles l'obligation solidaire de preneurs solidaires d'un local de le restituer en fin de bail dès lors que l'un d'eux en est dispensé par une disposition légale (Cass. soc. 10-2-1950 : GP 1950.1.223 rapport Codron), les obligations relatives à un ensemble routier constitué d'un tracteur et d'une semi-remorque vendus ensemble (Cass. 1e civ. 6-2-1996 : RJDA 6/96 n° 769) ou celles issues de deux conventions qui avaient le même objet économique (Cass. com. 12-5-1998 : RJDA 8-9/98 n° 933).

Par ailleurs, l'indivisibilité ne s'attachait de plein droit ni à la qualité d'indivisaire, ni à la circonstance que l'un des codébiteurs avait agi comme mandataire de l'autre (Cass. 1e civ. 13-5-1981 : Bull. civ. I p. 132), ni à la qualité d'époux commun en biens (n° 50145 à propos de la solidarité, transposable par analogie).

2. Les obligations, quoique la chose ou le fait qui en étaient l'objet fût divisible par sa nature, si le rapport sous lequel elles étaient considérées ne les rendait pas susceptibles d'exécution partielle (C. civ. ex-art. 1218) ;

3. Les obligations **stipulées** indivisibles par les parties soit expressément (Cass. com. 17-7-1978 : GP 1978.2.pan.452), soit tacitement (Cass. civ. 13-1-1987 : D. 1987.IR.19).

Le caractère indivisible de plusieurs obligations était généralement déduit du fait qu'elles figuraient toutes dans un **acte unique.** Par exemple, ont été jugées indivisibles :

– les engagements de garantie de passif souscrits dans le même acte par les trois cédants des parts d'une société dont ils étaient les seuls associés (CA Paris 28-10-1985 : BRDA 24/85 p. 19) ;

– la cession d'une propriété horticole et du matériel attaché à l'exploitation et la cession du fonds de commerce de produits d'horticulture consenties dans un même acte pour un prix global (Cass. civ. 16-4-1986 : Bull. civ. III p. 35) ;

– les commandes passées distinctement en deux fois mais en réponse à une offre globale à un prix maximal déterminé (Cass. com. 18-6-1991 : RJDA 11/91 n° 878) ;

– l'obligation contractée par un professionnel de fournir à une société « clés en main » un système informatique complet comprenant le matériel, des progiciels et un logiciel spécifique, peu important que l'implantation du système dût être réalisée en trois phases, l'objet du contrat étant unique dans l'intention des parties (CA Paris 20-2-1998 : RJDA 8-9/98 n° 945, prononçant la résolution du contrat seul, le matériel ayant été livré et, sur pourvoi, Cass. com. 17-7-2001 n° 98-15.548). Pour d'autres exemples d'indivisibilité conventionnelle, n° 11928.

En revanche, les engagements de deux fournisseurs n'étaient pas indivisibles lorsque leurs prestations et les prix de ces dernières avaient été répartis dans des conventions distinctes (Cass. com. 8-1-1991 : RJDA 5/91 n° 373).

Pluralité de créanciers Chacun des créanciers d'une obligation à prestation indivisible, ou chacun de ses successeurs, peut en exiger et en recevoir le paiement intégral, sauf à rendre compte aux autres ; mais il ne peut seul disposer de la créance ni recevoir le prix au lieu de la chose (C. civ. art. 1320, al. 1 et 3). **50123**

Ces solutions sont les mêmes pour les obligations indivisibles nées avant le 1er octobre 2016 (sur cette date, n° 10000) en raison de l'identité des textes anciens (C. civ. art. ex-1222 et 1224) ou des solutions jurisprudentielles : sur le droit de chaque créancier au paiement intégral (Cass. civ. 30-1-1878 : DP 1880.1.300 ; CA Rennes 29-5-1963 : GP 1963.2.415) ; sur l'interdiction pour chaque créancier d'accomplir un acte séparé pour sa part dans la créance, par exemple, de demander la révision du prix d'un fermage, avant l'expiration d'un bail indivisible, seulement pour les parcelles qui lui appartiennent en propre (Cass. 3e civ. 19-10-1983 : Bull. civ. III p. 147), ou la nullité de la vente de la seule parcelle qu'il a vendue indivisiblement avec les propriétaires de deux autres parcelles (Cass. 3e civ. 21-2-1978 n° 76-11.621 : Defrénois 1979.216 note Frank).

En dépit du silence du Code en 1804, chaque créancier devait rendre compte aux autres de ce qu'il avait reçu selon la part de chacun dans la créance car l'indivisibilité, telle qu'elle est entendue ici, ne concernait que les rapports des créanciers avec le débiteur et non leurs rapports mutuels (cf. C. civ. ex-art. 1213 qui traduisait cette réalité en affirmant que la solidarité envers le créancier se divise de plein droit entre les débiteurs, qui n'en sont tenus entre eux que chacun pour sa part et portion).

Pluralité de débiteurs Chacun des débiteurs d'une obligation à prestation indivisible, ou chacun de ses successeurs, en est tenu **pour le tout** ; mais il a des recours en contribution contre les autres (C. civ. art. 1320, al. 2 et 3 ; ex-art. 1222 et 1223). **50126**

Les conséquences qui ont été tirées par les tribunaux de l'obligation au tout du débiteur sont donc toujours valables.

1. Situation du débiteur poursuivi. Le débiteur poursuivi n'est obligé que s'il s'est valablement engagé ; tel n'est pas le cas, par exemple, d'une épouse qui n'a pas donné son consentement à la promesse de cession de parts contractée par son mari et stipulée indivisible (T. com. Paris 1-12-1987 : BRDA 5/88 p. 9).

2. Actes profitant aux codébiteurs indivisibles. L'assignation adressée à l'un des débiteurs interrompt la prescription à l'égard des autres (TGI Paris 9-11-1977 : D. 1978.IR.149 obs. Mousseron et Le Stanc ; cf. Cass. civ. 29-10-1940 : D. analytique 1941.22).

Mais la mise en demeure d'un des codébiteurs n'est pas opposable aux autres (CA Versailles 17-11-1988 : GP 1989.som.409).

Le jugement rendu en faveur de l'un des codébiteurs indivisibles peut bénéficier à tous les débiteurs conjoints, mais il ne peut emporter autorité de la chose jugée à leur égard alors surtout qu'il s'agit d'une décision obtenue contre l'un d'eux par le créancier commun (Cass. civ. 20-12-1927 : DH 1928.66 : recevabilité de la tierce opposition que peut former chaque débiteur contre le jugement ; CA Paris 2-11-1938 : GP 1939.1.263 : jugement libérant pour force majeure l'un des artistes d'un trio qui devait exécuter un même numéro et libérant les deux autres). Sur la solution inverse entre codébiteurs solidaires ou coobligés, n° 50178.

3. Inexécution. Lorsque l'obligation n'a pas été exécutée par l'un des débiteurs, le ou les créanciers ne peuvent pas demander la résiliation du contrat à l'égard d'un seul (Cass. 1e civ. 11-9-2013 n° 12-13.879 : RTD civ. 2013.841 obs. Fages et Barbier).

Toutefois, si l'inexécution est sanctionnée par des dommages-intérêts, elle perd son caractère indivisible et chaque débiteur ne peut être poursuivi que pour sa part (Cass. civ. 14-3-1933 : DH 1933.234).

4. Recours. Il convient aussi d'étendre au régime ancien le droit du débiteur qui a acquitté le tout au remboursement par chacun des codébiteurs de leur propre part et portion dans la dette, que lui reconnaît aujourd'hui expressément l'article 1320 du Code civil, car l'obligation à la dette ne préjuge pas de la contribution à la dette.

3. OBLIGATIONS SOLIDAIRES

DÉFINITION DE LA SOLIDARITÉ

50140 Une obligation est solidaire lorsqu'elle lie plusieurs parties entre elles, celles-ci étant soit créancières, soit débitrices, et chacune en bénéficiant ou en la devant pour le tout. Entre créanciers, la solidarité est dite « active » ; entre débiteurs, elle est dite « passive ».

Aucune restriction légale n'étant apportée à la nature des obligations auxquelles peut être ajoutée la solidarité, toute obligation peut en être assortie.

Le Code civil dès 1804 a fixé le régime de chacune de ces formes de solidarité qui est **pratiquement repris** dans les textes en vigueur **depuis** le 1er octobre 2016. Les particularités nouvelles sont signalées, le cas échéant, nos 50141 s., principalement consacrés à la solidarité passive bien plus pratiquée que la solidarité active.

a. Solidarité entre créanciers

50141 La solidarité est dite active lorsque chacun des créanciers de l'obligation peut exiger et recevoir du débiteur le **paiement de toute la créance** ; le paiement à l'un des créanciers, qui en doit compte aux autres, libère le débiteur à l'égard de tous (C. civ. art. 1311, al. 1).

Chaque créancier peut donc déclarer la créance en totalité au passif de la procédure collective du débiteur (Cass. com. 20-3-2001 n° 98-13.961 : RJDA 7/01 n° 804).

Réciproquement, le débiteur peut payer l'un ou l'autre des créanciers solidaires tant qu'il n'est pas poursuivi par l'un d'eux (C. civ. art. 1311, al. 2).

La solidarité active ne peut être invoquée que si elle a été **expressément stipulée** car la solidarité ne se présume pas et les juges exigent en pratique que soit affirmé que chaque créancier peut réclamer le tout au débiteur (en matière civile : C. civ. art. 1310 ; en matière commerciale : Cass. civ. 23-12-1964 : JCP G 1965.II.14259 obs. Patarin ; Cass. com. 14-3-2000 : RJDA 6/00 n° 717 ; Cass. 1e civ. 27-4-2004 n° 616 : RJDA 4/05 n° 448 ; Cass. com. 26-9-2018 n° 16-28.133 F-PB : D. 2018.2404 note Pellier).

Tout acte qui **interrompt** la prescription à l'égard de l'un des créanciers profite aux autres (C. civ. art. 1312).

Par application du principe de relativité des contrats qui est resté la règle (n° 13000), la solidarité active demeure **inopposable aux tiers** ; un créancier solidaire ne peut pas exercer une action en responsabilité au nom des créanciers solidaires à l'encontre d'un tiers par la faute duquel la totalité de la créance est devenue irrécouvrable (Cass. 1e civ. 27-6-2006 n° 04-12.249 : Bull. civ. I n° 333).

La solidarité active est surtout utilisée pour les comptes joints (n° 40142).

Sur l'effet du serment déféré au débiteur par un créancier solidaire, C. civ. art. 1385-4, al. 2.

b. Solidarité entre débiteurs

CAS DE SOLIDARITÉ

50145 **Codébiteurs d'une même dette commerciale** Lorsque deux ou plusieurs personnes ont contracté ensemble une **même dette** qui est **commerciale** à l'égard de chacune d'elles, elles sont solidairement tenues du paiement de cette dette, alors même que la solidarité entre elles n'aurait pas été expressément stipulée.

Cette solution, admise par les tribunaux comme une règle coutumière (Cass. req. 13-1-1926 : DH 1926.67), n'est démentie par aucune des dispositions issues de la réforme des obligations du 10 février 2016. Elle demeure donc applicable comme elle l'a été depuis la promulgation du Code civil (sur la permanence des règles coutumières, n° 10606). **50145** (suite)

En conséquence, il y a solidarité dans les **cas** suivants.

1. Lorsque les parties ne l'ont pas écartée, ce qui est le cas lorsque chacune précise qu'elle s'engage personnellement pour une portion déterminée de la dette (CA Paris 29-10-1999 : Bull. Joly 2000.298 note Le Cannu).

2. Lorsque des **commerçants se sont engagés ensemble** ; par exemple, celui qui, sur son propre papier commercial, a confirmé et transmis à un fournisseur l'ordre de commande émis par un autre en rappelant que le paiement serait effectué par ses soins, est solidairement débiteur avec ce dernier, même s'il n'a pas reçu livraison de la commande (Cass. com. 21-4-1980 : Bull. civ. IV n° 158).

La qualité de commerçant n'est **pas en soi suffisante** pour entraîner la solidarité (Cass. com. 30-10-2007 n° 06-18.239 : RJDA 6/08 n° 604).

3. Lorsque des commerçants donnent l'**apparence** d'être **débiteurs** d'une même **dette.** Tel est le cas notamment :

– de ceux qui accomplissent en commun une tâche commerciale et qui, même s'ils ont spécifié qu'ils n'entendaient pas être solidaires, sont néanmoins tenus pour tels si les tiers ont cru qu'ils avaient souscrit l'engagement en commun ;

Ainsi, sont tenus solidairement :

– ceux qui ont traité avec leurs créanciers sous les apparences d'un groupement d'intérêt économique (CA Paris 28-4-1983 : BRDA 13/83 p. 12) ;

– ceux qui font travailler un salarié, alors que celui-ci n'était lié par contrat qu'à l'un d'entre eux, pour le paiement des sommes qui lui sont dues (CA Paris 25-6-1979 : JCP G 1979.IV.348) ;

– ceux qui ont pris la qualité d'associé au vu et au su des tiers (C. civ. art. 1872-1, al. 2 ; MSC n°s 94520 s. et 95530) ;

– les époux ou les concubins qui exercent un commerce en commun (Cass. com. 7-1-1980 : D. 1980.IR.344 ; Cass. com. 5-7-1982 : GP 1983.pan.59 ; Cass. com. 27-3-1984 : D. 1984.IR.465) ; mais la solidarité entre époux ne peut pas être déduite du seul fait qu'ils sont mariés sous le régime de la communauté (Cass. civ. 28-4-1986 : GP 1986.pan.175).

– de ceux dont les engagements respectifs, bien que distincts, concourent à l'**extinction d'une même obligation commerciale** : par exemple, l'acheteur d'appareils et le propriétaire d'un hôtel à l'équipement duquel ces appareils étaient destinés (Cass. com. 6-5-1963 : Bull. civ. III p. 184), ou le tiré d'une lettre de change et l'avaliste de cette dernière (Cass. com. 28-4-1966 : Bull. civ. III p. 187) ;

Mais n'est pas une même obligation commerciale entre le crédit-bailleur du financement d'un navire et le crédit-preneur la dette née des fournitures faites pour l'exploitation de celui-ci, laquelle ne constitue pas une opération commerciale qui leur soit commune (Cass. com. 5-6-2012 n° 09-14.501 : RJDA 10/12 n° 850).

– de ceux qui, sans exercer une activité commerciale commune, ont néanmoins laissé croire à leurs créanciers qu'ils s'engageaient ensemble.

Jugé par exemple que des sociétés qui ont fait appel à un créancier pour obtenir les sommes nécessaires à la préparation d'un programme de construction sont solidairement débitrices du paiement de ces versements qui ont été effectués dans leur intérêt (Cass. com. 1-7-1974 : Bull. civ. IV p. 171).

En revanche, ne sont pas tenues solidairement :

– deux sociétés, du paiement des marchandises achetées par l'une d'elles, dès lors qu'une seule a contracté avec le vendeur et que l'autre n'a été amenée à entrer en rapports directs avec ce dernier qu'à la suite d'un projet de fusion des deux sociétés qui n'a pas, en définitive, abouti (Cass. com. 12-1-1976 : Bull. civ. IV p. 16) ;

– les adhérents d'un groupement d'achat à l'égard des fournisseurs de ce groupement, dès lors qu'un fournisseur n'a pu se méprendre sur ce point, ses contrats avec les adhérents étant distincts, ses livraisons, directes et les paiements, séparés (CA Versailles 14-4-1988 : D. 1988.IR.144).

Sur la solidarité entre sociétés qui ont créé aux yeux des tiers une communauté d'intérêts ou une confusion de leurs patrimoines : MSC n°s 81100 s. et 81280 s.

4. Lorsque des **non-commerçants** contractent des obligations commerciales en accomplissant des actes de commerce (Cass. com. 2-5-1967 : Bull. civ. III n° 175 : déduisant des circonstances de l'espèce une obligation contractuelle solidaire, entre le vendeur d'un fonds de commerce et l'agent d'affaires intervenu dans la vente, en restitution du prix de vente à l'acquéreur ; Cass. com. 11-3-2003 n° 457 : RJDA 6/03 n° 599 : acquéreur du contrôle d'une société commerciale ; Cass. com. 27-9-2005 : RTD civ. 2006.15 obs. Mestre et Fages : coemprunteurs ; Cass. com. 28-11-2006 n° 1299 : RJDA 5/07 n° 489 : cédants du contrôle d'une société commerciale).

50148 **Codébiteurs d'une même dette civile** Une obligation civile contractée par plusieurs personnes n'est solidaire que si la solidarité est expressément stipulée, car elle ne se présume pas (C. civ. art. 1310).

Par exemple, la solidarité ne peut pas être déduite :
– de la qualité d'époux (Cass. civ. 23-11-1988 : JCP G 1989.IV.30 ; CA Paris 7-6-1988 : D. 1988.IR.228) ou de concubin (Cass. 1e civ. 7-11-2012 n° 11-25.430 : Bull. civ. I n° 236) ;
– de la qualité de coïndivisaires (Cass. 1e civ. 29-11-2005 n° 03-11.385 : RJDA 5/06 n° 572) ;
– de la qualité de mandataire (Cass. civ. 20-1-1993 : RJDA 3/93 n° 240) ;
– de la qualité de colocataires (Cass. 3e civ. 30-10-2013 nos 12-21.034 et 12-21.973 : RJDA 2/14 n° 86) ;
– de la clause par laquelle des époux se sont engagés envers l'acheteur d'un bien propre du mari « à toutes les garanties ordinaires et de droit, les plus étendues en pareilles matières » (Cass. civ. 12-5-1959 : Bull. civ. I p. 201) ;
– d'une clause selon laquelle une personne déclarait « se porter garant » d'une autre personne car le terme très général de « garant » n'équivaut pas « à celui de caution solidaire, sinon de codébiteur » et ne vaut pas clause de stipulation de solidarité (Cass. civ. 8-11-1978 n° 77-12.762 : Bull. civ. I n° 341) ;
– de la clause de solidarité d'un règlement de copropriété, si cette clause n'a pas été portée à la connaissance de l'acquéreur d'un lot à qui elle est opposée, par exemple par le titre d'adjudication ou le cahier des charges (CA Paris 13-7-1979 : D. 1980.112 note Giverdon) ;
– de l'obligation de rembourser une somme d'argent fixée globalement, sans que soit stipulé le versement de la moitié à la charge de l'un ou de l'autre des codébiteurs (Cass. civ. 11-1-1984 : Bull. civ. I p. 11) ; la solidarité ne peut pas être déduite de ce qu'une obligation serait indivisible au motif qu'elle aurait été fixée globalement sans qu'il soit stipulé le versement de la moitié à la charge de l'un ou l'autre des codébiteurs, car l'indivisibilité ne s'attache pas de plein droit à cette circonstance (Cass. 1e civ. 11-1-1984 n° 82-16.198 : Bull. civ. I n° 12) ;
– de la qualité de cotitulaire d'un compte (Cass. com. 8-3-1988 : BRDA 7/88 p. 13) ;
– de l'apparence dès lors que celui qui l'invoque n'a pu se méprendre sur l'engagement séparé de ses débiteurs (CA Versailles 14-4-1988 : D. 1988.IR.144).

Mais lorsque des parties se sont engagées solidairement, elles sont solidaires même si un avenant au contrat contenant la clause de solidarité comporte une décomposition très sommaire des travaux, en mentionnant en face de chaque grande masse l'une ou l'autre de ces parties (CE 27-9-1985 : JCP G 1986.II.20618 note Bloch). Elles le sont aussi lorsque les obligations sont stipulées « conjointes et solidaires » (Cass. soc. 13-12-1951 : D. 1952.435).

Toutefois, la stipulation de solidarité peut résulter du **titre constitutif** de l'obligation si elle en ressort clairement et nécessairement, alors même que l'obligation n'a pas été qualifiée de solidaire (Cass. 3e civ. 26-1-2005 n° 93 : Bull. civ. III n° 14).

Ainsi, les deux frères qui avaient acquis des droits indivis sur des actions d'une société anonyme pour un prix fixé globalement étaient codébiteurs solidaires puisque le versement de la moitié du prix à la charge de chacun d'eux n'avait pas été prévu (Cass. civ. 3-12-1974 n° 73-14.188 : Bull. civ. I p. 276), de même que les parties à un contrat de rénovation immobilière dès lors que le contrat les liant au maître d'ouvrage ne distinguait pas selon les tâches de chacun, qu'aucune répartition des honoraires n'était stipulée et qu'aucun aménagement des responsabilités respectives n'avait été prévu (Cass. 3e civ. 11-7-2012 nos 10-28.535, 10-28.616 et 11-10.995 : Bull. civ. III n° 106).

50151 **Solidarité légale** Diverses dispositions prévoient la solidarité des codébiteurs, par exemple : des époux pour le paiement des dettes contractées par l'un d'eux pour l'entretien du ménage ou l'éducation des enfants (C. civ. art. 1414) ; des associés d'une société en nom collectif pour le paiement des dettes sociales (C. com. art. L 221-1, al. 1) ; des comandants à l'égard du mandataire (C. civ. art. 2002) ; des loueurs et du locataire-gérant d'un fonds de commerce (C. com. art. L 144-7) ; des personnes liées par un pacte civil de solidarité pour les besoins de la vie courante, sauf les dépenses manifestement excessives (C. civ. art. 515-4, al. 2).

PAIEMENT DE LA DETTE SOLIDAIRE

50160 **Droit du créancier au paiement** Le créancier peut demander à l'un quelconque de ses codébiteurs le paiement de l'intégralité de sa créance (C. civ. art. 1313, al. 1). En conséquence :

a. Il est libre de choisir le débiteur qu'il entend poursuivre (C. civ. art. 1313, al. 2). Ce débiteur ne peut pas exiger que le créancier :
– poursuive au préalable les autres débiteurs (Cass. soc. 29-10-1957 : Bull. civ. IV p. 733),
– mette en cause ses codébiteurs (Cass. com. 18-3-1980 : Bull. civ. IV p. 100),
– poursuive, le cas échéant, le codébiteur qui aurait hypothéqué un immeuble en garantie de la créance solidaire (Cass. req. 20-7-1897 : DP 1898.1.357) ou celui sur qui, en vertu d'une convention particulière le liant à ses coobligés, doit peser, au stade de la contribution (n° 50185), l'intégralité de la dette (Cass. com. 7-6-2006 n° 734 : RJDA 11/06 n° 1160) ;

b. Il peut se retourner contre un autre codébiteur s'il n'a pas été payé par le premier débiteur poursuivi (C. civ. art. 1313, al. 2), notamment après la clôture de la liquidation judiciaire de ce dernier alors même qu'il n'a pas déclaré sa créance au passif de la procédure et qu'il a attendu seize ans avant d'agir (Cass. com. 16-9-2008 nº 07-15.646 : GP 2008.som.4194 obs. Le Corre).

Paiement par le débiteur poursuivi Le débiteur poursuivi peut : 50163

1. Accepter de payer, tout en appelant, avant de le faire, en garantie les autres débiteurs (Cass. 1e civ. 6-10-1998 : RJDA 1/99 nº 91) afin que le tribunal condamne chacun d'eux, dans la même instance, à lui rembourser la part dont ils sont tenus à titre définitif ;

2. Opposer au créancier les **exceptions** inhérentes à la dette ou qui lui sont personnelles (C. civ. art. 1315 ; sur ces exceptions, nºs 50006 s.).

Toutefois, le débiteur ne peut pas se prévaloir de la **compensation** intervenue, **depuis** le 1er octobre 2016 (sur la date de la compensation, nº 52900), entre le créancier et l'un de ces coobligés que dans la mesure de la part divise de ce dernier dans le total de la dette (C. civ. art. 1347-6, al. 2).

Effet libératoire du paiement par le débiteur poursuivi Le paiement effectué par un seul codébiteur solidaire libère les autres envers le créancier (C. civ. art. 1313, al. 1 ; Cass. req. 5-4-1897 : S. 1898.1.505), à condition qu'il s'agisse d'un paiement effectif et non de simples offres (Cass. civ. 13-1-1983 : GP 1983.pan.144). 50166

Destruction de la chose due En cas de perte de la chose due (qui peut résulter de la destruction de la chose), en l'absence d'une disposition légale, le sort de l'obligation est réglé selon les conditions exposées nº 14468. 50169

EFFETS DES ACTES ACCOMPLIS PAR UN DES CODÉBITEURS OU ENVERS L'UN D'EUX

Principe de représentation mutuelle des codébiteurs Aucune disposition légale ne contredit la solution prétorienne appliquée de longue date selon laquelle : « **chacun** des codébiteurs doit être considéré comme le contradicteur légitime du créancier et **le représentant** nécessaire de ses coobligés » (Cass. civ. 6-1-1919 : DP 1923.1.112 ; Cass. req. 2-3-1942 : DA 1942.99 ; CA Angers 15-10-1958 : JCP G 1959.II.11315 obs. Boyer). Ce principe et les applications qui en ont été déduites, connues sous l'expression d'« effets secondaires » de la solidarité, sont donc toujours valables. 50175
Il s'ensuit que cette représentation mutuelle est **écartée** :

– lorsqu'elle a pour effet d'**aggraver** la situation des débiteurs représentés en mettant à leur charge de nouvelles obligations (Cass. civ. 16-12-1891 : DP 1892.1.177 note Cohendy ; Cass. civ. 11-2-1947 : JCP G 1948.II.4127 obs. J.L. ; Cass. civ. 14-4-1982 : JCP G 1982.IV.218) ;

– lorsque le **créancier poursuit individuellement tous les débiteurs** car chaque coobligé doit alors assumer « la gestion de ses intérêts propres » (cf. Cass. civ. 28-2-1938 : DC 1942.99 note Holleaux ; Cass. civ. 20-10-1982 : GP 1983.pan.83) ; ainsi, en cas de jugement rendu en faveur du créancier, chaque codébiteur doit exercer les voies de recours (Cass. civ. 1-5-1901 : DP 1901.1.443 note Henrys) et le codébiteur qui a omis d'exercer un recours ne peut pas se prévaloir de la décision rendue en appel au profit de ses coobligés (cf. Cass. civ. 16-3-1971 : Bull. civ. I p. 73, selon lequel un codébiteur solidaire qui a payé seul l'intégralité de la dette ne peut pas obtenir de ses coobligés le remboursement de leur part dès lors que ceux-ci avaient obtenu en appel la réformation du jugement les condamnant) ;

– lorsque la mesure en cause, telle la demande en déchéance de l'établissement de crédit de son droit au paiement des intérêts de sa créance pour défaut d'information des cautions, doit être demandée personnellement (nº 55415).

Toutefois, il est admis qu'un débiteur qui n'a pas exercé de recours dans les délais peut se joindre à celui formé en temps utile par un de ses coobligés (Cass. civ. 10-11-1941 : DC 1942.99 note Holleaux).

Effets secondaires de la solidarité Les effets de la solidarité attachés à l'idée de représentation mutuelle des codébiteurs les uns par les autres sont les suivants. 50178

1. Mise en demeure. La mise en demeure adressée à l'un des codébiteurs seulement produit effet à l'égard des autres ; la solution est expressément affirmée pour le cours des intérêts (infra § 4) et s'impose pour les risques de la chose, les débiteurs ne pouvant pas s'exonérer de l'impossibilité d'exécuter l'obligation après avoir été mis en demeure de s'exécuter (C. civ. art. 1351).

2. Interruption de la prescription. L'acte interruptif de la prescription à l'égard de l'un des codébiteurs interrompt la prescription à l'égard des autres et même contre leurs héritiers (C. civ. art. 1312 et 2245, al. 1).

En revanche, l'interpellation faite à l'un des héritiers d'un débiteur solidaire ou la reconnaissance de la dette par cet héritier n'interrompt pas le délai de prescription à l'égard des autres cohéritiers, même

50178 (suite) en cas de créance hypothécaire, si l'obligation est divisible ; cette interpellation ou cette reconnaissance n'interrompt le délai de prescription, à l'égard des autres codébiteurs, que pour la part dont cet héritier est tenu (art. 2245, al. 2).

En cas de décès d'un débiteur, pour interrompre la prescription pour le tout à l'égard des autres codébiteurs, il faut l'interpellation faite à tous les héritiers du débiteur décédé ou la reconnaissance de tous ces héritiers (art. 2245, al. 3).

Toutefois, l'interruption de la prescription à l'égard de tous les débiteurs et de leurs héritiers ne fait pas obstacle à ce que le créancier invoque qu'il a été dans l'impossibilité d'agir contre le débiteur qu'il poursuit, serait-ce un héritier, l'impossibilité d'agir s'appréciant au regard du lien que fait naître la solidarité entre le créancier et chaque codébiteur solidaire (Cass. com. 23-1-2019 n° 17-18.219 FS-PBI : RJDA 4/19 n° 289).

L'effet interruptif se produit, que la solidarité soit conventionnelle ou légale (Cass. 3e civ. 13-1-2010 n° 08-19.075 : Bull. civ. III n° 7).

La suspension de la prescription à l'égard de l'un des débiteurs solidaires a effet à l'égard des autres (Cass. 1e civ. 23-1-2019 n° 17-18.219 précité).

3. Confusion. Lorsque la confusion n'a lieu qu'à l'égard d'un codébiteur, la dette n'est éteinte à l'égard des autres que pour sa part (C. civ. art. 1349-1).

4. Intérêts moratoires. La demande d'intérêts moratoires adressée à l'un des codébiteurs fait courir les intérêts à l'égard de tous (C. civ. art. 1314).

5. Serment. Au cas où le créancier demanderait au codébiteur qu'il poursuit de prêter serment, le serment de celui-ci vaut preuve non seulement à son profit mais également au profit de ses codébiteurs, lorsque ce serment est déféré sur la dette et non sur le seul fait de la solidarité (C. civ. art. 1385-4, al. 4 et 6).

6. Transaction. La transaction faite par le débiteur poursuivi avec le créancier peut être invoquée par les autres codébiteurs (Cass. civ. 27-10-1969 : GP 1970.1.25 ; Cass. com. 28-3-2006 n° 445 : RJDA 6/06 n° 694).

7. Novation. La novation intervenue entre le créancier et l'un des débiteurs solidaires a pour effet de libérer les codébiteurs (C. civ. art. 1335). Si le créancier demande le report des sûretés d'origine sur la nouvelle obligation (n° 14121), ce report – qui fait exception au principe d'extinction de tous les accessoires de l'obligation ancienne – n'a d'effet qu'à l'égard de celui ou de ceux des codébiteurs qui l'ont accepté (art. 1334). Cette solution rejoint celle qui est applicable aux novations antérieures au 1er octobre 2016 (sur cette date, n° 10000) en vertu de l'ex-article 1280 qui faisait porter le report sur les seuls biens du codébiteur acceptant.

Pour ces novations, la libération des autres codébiteurs solidaires ne se produit pas si ces derniers ont refusé au créancier qui les a sollicités de s'engager au regard de la dette issue de la novation : ils demeurent alors tenus de l'ancienne créance (C. civ. ex-art. 1281, al. 3).

8. Compétence. Le codébiteur, même non commerçant, de dettes commerciales doit être attrait devant le tribunal de commerce (n° 72003).

9. Autorité de la chose jugée. Le jugement rendu entre le **créancier et le codébiteur** ou la caution solidaire poursuivi a l'autorité de la chose jugée à l'égard de tous les autres (Cass. civ. 20-1-1993 : RJDA 3/93 n° 241 ; Cass. 3e civ. 2-3-2005 n° 293 : RJDA 8-9/05 n° 1033). Il en est de même de la décision statuant sur l'admission de la créance au passif de la procédure collective d'un débiteur (n° 62900).

Tel n'est toutefois pas le cas :

– s'il y a eu collusion frauduleuse entre le débiteur poursuivi et le créancier (cf. Cass. civ. 28-12-1881 : DP 1882.1.377) ;

– si un codébiteur non poursuivi peut opposer au créancier une exception personnelle (Cass. civ. 28-12-1881 précité ; Cass. com. 18-11-2014 n° 13-23.976 : Bull. civ. IV n° 167).

Si un codébiteur solidaire néglige de former appel du jugement l'ayant condamné en première instance ou de se joindre au recours recevable formé par l'autre codébiteur, ce jugement a force de chose jugée à son égard même s'il est réformé sur l'appel de l'autre codébiteur (Cass. com. 1-3-2023 n° 21-14.787 FS-B : RJDA 6/23 n° 317).

Sur la solution contraire pour une obligation à prestations indivisibles, n° 50126.

10. Notifications. La notification d'un acte à l'un des codébiteurs solidaires est opposable aux autres ; ainsi un congé notifié à l'un des preneurs « conjoints et solidaires » d'un bail rural est opposable aux autres preneurs bien que l'article L 411-47 du Code rural exige que la notification du congé soit faite au preneur (Cass. civ. 20-7-1989 : Bull. civ. III p. 94).

11. Remise de dette. Avant le 1er octobre 2016, il y a remise de dette profitant à tous les codébiteurs lorsque le titre original sous signature privée, ou la grosse du titre, a été remis à l'un des codébiteurs solidaires (C. civ. ex-art. 1284) et lorsque le créancier a consenti une décharge conventionnelle à l'un d'eux, à moins qu'il n'ait expressément réservé ses droits contre les codébiteurs ; dans ce dernier cas, il ne peut plus réclamer le paiement de la dette que déduction faite de la part de celui auquel il a fait la remise (ex-art. 1285).

Ces dispositions n'ayant pas été reprises par les nouveaux textes, il y a lieu, depuis le 1er octobre 2016, d'apprécier l'existence de la remise de dette, qui est désormais qualifiée de contrat (nº 50538), comme il en est de l'existence de tout contrat. La remise de dette n'existe donc qu'en cas d'accord convenu, formellement ou tacitement aucune forme n'étant exigée, entre le créancier et l'un ou plusieurs des codébiteurs solidaires, et elle ne produit que les effets convenus dans leur accord. Les autres codébiteurs ne sont donc libérés que si cet effet ressort explicitement ou implicitement du contrat de remise de dette. À défaut de précision dans le contrat de remise de dette, la solution de l'article 1328-1, al. 2 du Code civil qui règle les effets de la décharge d'un codébiteur solidaire en cas de cession de dette (nº 14315) peut, à notre avis, être transposée car elle révèle la volonté de la loi lorsque la solidarité initialement prévue est mise en cause à la faveur d'une nouvelle circonstance.

Sur l'effet distinct de la remise de solidarité, nº 50198.

12. Déchéance du terme. La déchéance du terme encourue par un débiteur est inopposable à ses coobligés, même solidaires (C. civ. art. 1305-5).

La déchéance du terme convenue pour prononcé de la liquidation judiciaire de l'un des débiteurs n'a d'effet qu'à l'égard de celui-ci et ne peut pas être étendue au codébiteur solidaire, à défaut de clause contraire (Cass. 2e civ. 19-2-2015 nº 14-11.985 : RJDA 11/15 nº 768).

13. Inexécution par l'un des codébiteurs solidaires. Lorsque l'inexécution de l'obligation solidaire est imputable à l'un ou plusieurs des codébiteurs solidaires, tous sont tenus aux conséquences envers le créancier (C. civ. art. 1319).

La charge définitive de ces conséquences incombe néanmoins à ceux à qui l'inexécution est imputable (art. 1319).

Sur la résolution du contrat inexécuté applicable à un codébiteur et pas à un autre, nº 15618.

14. Voies de recours. Lorsque le créancier ne poursuit qu'un codébiteur, les autres débiteurs ne peuvent **pas** former **tierce opposition** (Cass. civ. 1-12-1885 : S. 1886.1.55 ; CA Angers 15-10-1958 : JCP G 1959.II.11315 note Boyer).

Chaque codébiteur peut faire **appel** d'un jugement rendu à l'égard du seul codébiteur poursuivi ; l'appel formé par l'un conserve le droit d'appel des autres, sauf à ces derniers à se joindre à l'instance (Cass. 2e civ. 20-1-2005 nº 03-13.607 : Bull. civ. II nº 16) ; le débiteur qui a négligé de faire appel dans les délais légaux peut se joindre au recours formé par un ou plusieurs de ses coobligés et éviter ainsi la forclusion (Cass. req. 10-11-1890 : DP 1892.1.8). L'arrêt d'appel est opposable, comme le jugement (supra § 9), à chaque codébiteur, même à ceux qui n'ont pas participé à l'instance, sauf l'exception transposable ci-dessous signalée à propos du pourvoi en cassation.

Le **pourvoi en cassation** obéit aux mêmes règles que l'appel : notamment possibilité pour le codébiteur qui forme un pourvoi tardif de joindre son recours à celui régulièrement exercé (Cass. com. 11-12-1957 : Bull. civ. III p. 296) et opposabilité de la cassation à chaque codébiteur (Cass. civ. 4-6-1883 : DP 1883.1.385).

Il n'en est pas ainsi, toutefois, lorsque l'un de ces codébiteurs a formé lui-même un pourvoi en cassation – sans se joindre à celui de ses coobligés – et que ce pourvoi a été rejeté (Cass. civ. 5-6-1985 : D. 1986.361 note Aubert).

RECOURS DU DÉBITEUR QUI A PAYÉ

Absence de recours contre les codébiteurs

Absence de recours contre les codébiteurs Le débiteur qui a payé n'a pas de recours contre ses codébiteurs s'il est prouvé, par celui qui le prétend, que l'affaire pour laquelle la dette a été contractée concernait exclusivement celui qui l'a payée (C. civ. art. 1318 ; Cass. civ. 20-10-1890 : DP 1891.1.475). **50185**

Dans ce cas, le codébiteur concerné doit supporter l'**intégralité de la dette.**

Si l'**obligation** à éteindre est née d'un contrat conclu **avant** le 1er octobre 2016 (sur cette date, nº 10000) et a été éteinte par un paiement **antérieur** à cette date, les codébiteurs sont considérés comme ses cautions et sont libérés de leur cautionnement par extinction de la dette garantie (C. civ. ex-art. 1216 ; CA Paris 12-1-1994 : JCP G 1994.IV.1143).

La solution est **identique,** à notre avis, si l'obligation est née **avant** le 1er octobre 2016 et si le paiement a été effectué **après** cette date, car, ce paiement ayant pour effet d'éteindre l'obligation, il n'a de valeur juridique que par rapport à elle et, partant, obéit au même régime.

Si l'obligation est née **après** le 1er octobre 2016, le paiement destiné à l'éteindre ne pouvant alors être intervenu qu'après cette date, le codébiteur est seul tenu de la dette à l'égard des autres ; s'il l'a payée, il ne dispose d'aucun recours contre ses codébiteurs ; si ceux-ci l'ont payée, ils disposent d'un recours contre lui (C. civ. art. 1318).

50188 **Action en remboursement contre les codébiteurs** Une fois que le créancier a reçu du débiteur poursuivi le paiement intégral de sa créance, la dette se divise **entre tous les codébiteurs,** chacun n'étant tenu que pour sa part (C. civ. art. 1317, al. 1).

Le débiteur qui a payé plus que sa part dispose ainsi d'un **recours** contre ses codébiteurs à proportion de leur propre part (C. civ. art. 1317, al. 2 ; Cass. civ. 9-5-1956 : JCP G 1956.II.9384), même contre celui que le créancier a renoncé à poursuivre (nº 50198). Il doit donc **diviser son recours** et ne demander à chacun que la part dont il est tenu (cf. Cass. civ. 12-11-1987 : Bull. civ. I p. 209).

Le codébiteur qui a payé l'intégralité de la dette en application d'une décision définitive peut introduire une nouvelle action en justice en vue de faire déterminer l'étendue de son recours contre ses coobligés (Cass. com. 6-3-1962 : Bull. civ. III p. 115) ; il ne peut pas être débouté au motif qu'il ne fait état d'aucun accord sur le taux de participation du colocataire aux loyers (Cass. 3ᵉ civ. 24-6-1998 : RJDA 8-9/98 nº 951).

Le recours peut être une action en répétition de l'indu (CA Paris 13-7-1990 : D. 1990.IR.237).

À défaut de précision dans la loi, s'il n'est pas démontré que les codébiteurs ont des intérêts inégaux, la dette est répartie **en** autant de **parts égales** qu'il y a de débiteurs (CA Versailles 2-7-1999 : GP 2001.som.622). Si les codébiteurs ont des intérêts inégaux, le recours ne doit demander à chacun que le paiement de sa part car une répartition inégale n'est pas contraire à l'ex-article 1213 du Code civil (désormais art. 1317) (TGI Paris ord. jex 3-4-2018 nº 17/83717 : JCP G 2018.24-687 § 10 obs. Morel-Maroger).

Si l'un des codébiteurs est **insolvable,** sa part contributive se répartit entre les autres codébiteurs (C civ. art. 1317, al. 3) ; le juge fixe souverainement le montant de la contribution de chacun (Cass. civ. 18-3-1987 : Bull. civ. III p. 34, par exemple 40 % pour l'un et 30 % pour chacun des deux autres ; aussi CE 18-4-1984 : GP 1985.som.51).

EXTINCTION DE LA SOLIDARITÉ

50195 **Décès de l'un des codébiteurs** En cas de décès de l'un des codébiteurs, la dette se divise entre ses héritiers (nº 50100). Mais les autres codébiteurs solidaires demeurent solidaires envers le créancier (Cass. civ. 10-5-1988 : Bull. civ. I p. 97).

50198 **Remise de solidarité** Le créancier qui reçoit paiement de l'un des débiteurs solidaires et lui consent une remise de solidarité conserve sa créance contre les autres, déduction faite de la part du débiteur qu'il a déchargé (C. civ. art. 1316).

À notre avis, même si le texte ne le dit pas, le créancier peut consentir cette remise en dehors d'un paiement, chacun étant libre de renoncer à son droit (nº 14503).

Comme toute renonciation, la remise doit être sans équivoque et prouvée (nº 14503).

Il est à noter que pourrait être invoquée la solution, déjà jugée, compatible avec le droit commun de la renonciation à un droit, selon laquelle le créancier qui poursuit le débiteur pour sa part renonce, en ce qui le concerne, au bénéfice de la solidarité, et que de simples réserves formulées en termes généraux dans l'assignation n'entraînent pas conservation de la solidarité (Cass. 2ᵉ civ. 23-5-1973 nº 72-11.123 : Bull. civ. II nº 176).

Dans le silence des textes, le codébiteur bénéficiaire de la remise de solidarité est tenu de **contribuer à la dette** car il n'a pas bénéficié d'une remise de dette, mais seulement d'échapper au risque d'être poursuivi pour le tout (Cass. 1ʳᵉ civ. 30-1-2001 nº 98-17.834 : Bull. I nº 18, visant aussi l'obligation in solidum).

En conséquence, l'assureur du coobligé est tenu de prendre en charge la part contributive incombant à son assuré dans l'indemnisation du dommage (Cass. 1ʳᵉ civ. 30-1-2001 nº 98-17.834 : Bull. I nº 18).

4. OBLIGATIONS IN SOLIDUM

50220 Dans des cas où ni la loi ni le contrat n'ont prévu la solidarité, les tribunaux ont admis l'existence d'une obligation dite « in solidum » permettant à la victime d'un dommage de demander paiement de la **totalité** de la dette à **chacun des débiteurs.**

Mais les débiteurs d'une somme d'argent ne peuvent pas être condamnés in solidum, l'obligation au remboursement d'une somme d'argent n'étant pas par elle-même indivisible (Cass. 1ʳᵉ civ. 9-3-2004 nº 01-18.026 : RJDA 8-9/04 nº 1033).

50223 **Applications** Sont tenus d'une obligation in solidum :

1. Ceux dont la **faute commune** a causé un même dommage (Cass. civ. 7-3-1969 : Bull. civ. III p. 158 ; Cass. soc. 12-5-1982 : Bull. civ. V p. 223).

Par exemple, les occupants d'un terrain qui ont omis de le garder envers le propriétaire de celui-ci (Cass. civ. 30-5-1969 : Bull. civ. III p. 340) ou une société et son fondateur, ancien gérant d'une autre société, envers cette dernière dont ils ont débauché des salariés et détourné la clientèle (Cass. com. 7-5-1980 : Bull. civ. IV p. 143).

Chacun est alors tenu au tout sans qu'il y ait lieu de tenir compte du partage de responsabilités entre les coauteurs, lequel n'affecte que les rapports réciproques de ces derniers, mais non le caractère et l'étendue de leur obligation à l'égard de la victime du dommage (Cass. 3e civ. 19-1-2022 n° 20-15.376 FS-BR). Lorsque l'entier dommage est dû à la faute d'un seul intervenant, celui-ci doit l'entière réparation, la clause prévoyant qu'il ne pourra être tenu responsable ni solidairement ni in solidum des fautes commises par d'autres intervenants à l'opération ne concernant que les rapports réciproques des coauteurs (Cass. 3e civ. 19-1-2022 précité). Mais il est possible contractuellement de prévoir qu'une partie ne répondra que de ses propres fautes (Cass. 3e civ. 19-3-2020 n° 18-25.585 FS-PBI : limitation de la responsabilité d'un architecte à ses fautes personnelles) ; **50223** (suite)

2. Chacun des responsables d'un même **dommage** (Cass. 2e civ. 28-6-2007 n° 06-15.744 : RJDA 11/07 n° 1170 ; Cass. 1e civ. 19-11-2009 n° 08-15.937 : RJDA 4/10 n° 328) ;

Tel est le cas du maître d'ouvrage qui a conçu l'implantation d'un ensemble immobilier nécessitant des travaux de terrassement considérables sur un terrain argileux et de l'entrepreneur qui a accepté de réaliser ces travaux en sachant qu'ils entraîneraient des désordres graves dans les immeubles voisins (Cass. civ. 13-11-1967 : D. 1968.97 note Lambert-Faivre), ainsi que des sous-traitants de premier et de second rang qui ont contribué au même dommage (Cass. 3e civ. 31-10-2001 : Bull. civ. III n° 115).

3. Il n'y a **pas lieu à condamnation au tout** si la part du dommage incombant à chaque coauteur peut être isolée et évaluée, ce qui a été jugé être le cas du dommage causé par un accident de chasse (Cass. civ. 19-4-1956 : JCP G 1956.II.9381 note Esmein), du dommage causé à l'occasion des travaux de restauration d'une ferme assumés par un entrepreneur et un architecte dès lors que les dettes n'étaient pas identiques et qu'il était impossible pour le maître d'ouvrage d'obtenir entière satisfaction de la part de l'un quelconque des obligés (Cass. 3e civ. 17-3-2004 n° 02-17.681 : Bull. civ. I n° 57) et du dommage causé par des coresponsables dont l'un répond du dommage et l'autre d'une perte de chance (cf. Cass. 1e civ. 8-2-2017 n° 15-21.528 F-PB : JCP G 2017 n° 18-495 note Bascoulergue) ;

4. L'**auteur** du dommage **et le civilement responsable** de ce dommage par l'effet de la loi (cas notamment de l'employeur pour les fautes commises par ses préposés, n° 8156) ;

5. Les **cocontractants** pour les dommages qu'ils ont occasionnés lors de l'exécution du contrat (Cass. civ. 14-5-1959 : D. 1959.som.105 : refus des covendeurs d'un immeuble de quitter les lieux ; Cass. civ. 22-5-1973 : Bull. civ. III p. 260 : même refus de la part des copreneurs d'un bail résilié ; Cass. civ. 28-3-1995 : RJDA 8-9/95 n° 935 : mauvaise exécution d'un contrat de gestion boursière par une société de gestion et son représentant).

L'obligation in solidum peut aussi peser sur des contractants liés au créancier par des **contrats distincts** ;

Ainsi peuvent être tenus in solidum :

– l'architecte et l'entrepreneur pour les dommages causés au maître d'ouvrage par l'exécution défectueuse de leurs contrats respectifs, l'un par défaut de surveillance, l'autre en employant du mortier de mauvaise qualité (Cass. civ. 14-10-1958 : Bull. civ. I p. 342) ;

– le salarié qui, chargé de la comptabilité interne d'une société, a procédé à des falsifications et le cabinet comptable de la société qui a été négligent dans l'exécution de sa mission (Cass. com. 19-4-2005 n° 02-16.676 : RJDA 8-9/05 n° 936).

Toutefois, l'existence d'une indivisibilité entre plusieurs conventions n'implique pas, d'elle-même, que les contractants tenus par des conventions distinctes quant aux prestations à fournir et à leur prix sont obligés in solidum : ils ne le sont qu'autant que l'obligation de chacun est identique à celles des autres et que sa pleine exécution peut être indifféremment réclamée par le créancier à l'un ou à l'autre (Cass. com. 8-1-1991 : RJDA 5/91 n° 373).

6. L'**auteur** d'une **faute contractuelle** et l'auteur d'une **faute délictuelle** qui ont causé un même dommage ;

Jugé que sont responsables in solidum :

– le débiteur responsable de l'obligation contractuelle méconnue et le tiers complice de cette inexécution (n° 15035) ;

– l'acheteur d'un tracteur à crédit et le vendeur pour le non-remboursement des sommes prêtées, ce dernier y ayant contribué en établissant délibérément des factures et des certificats mensongers destinés à la constitution du dossier de crédit (Cass. civ. 5-2-1975 : Bull. civ. I p. 50) ;

– l'architecte qui, n'ayant pas vérifié si un dispositif de traitement des eaux avait été prévu, est responsable contractuellement envers le maître d'ouvrage, et le sous-traitant qui, ayant exécuté les travaux sans émettre de réserves sur l'absence d'une telle installation, a commis une faute délictuelle, chacune de ces fautes ayant concouru à la réalisation de l'entier dommage (Cass. civ. 25-3-1980 : Bull. civ. III p. 48) ;

– le cédant des parts d'une société qui, violant son engagement contractuel de non-concurrence, a détourné la clientèle de la société et le tiers qui a activement et consciemment participé à ce détournement (Cass. com. 4-12-2007 n° 04-17.449 : RJDA 3/08 n° 281).

7. L'**assureur de responsabilité civile** et l'**assuré** pour les dommages délictuels causés par celui-ci (Cass. civ. 17-11-1965 : Bull. civ. II p. 634 ; Cass. 1e civ. 14-11-1995 no 92-18.200 : Bull. civ. I no 406).

Toutefois, la victime ne peut pas demander à l'assureur une indemnisation supérieure à celle prévue par la police d'assurance (CA Paris 24-1-1984 : BT 1984.503).

50226 **Paiement de la dette** Chaque codébiteur tenu in solidum doit payer la **totalité** de la dette sans qu'il y ait lieu de tenir compte du partage de responsabilité auquel il est procédé entre les codébiteurs et qui n'affecte pas l'étendue de leurs obligations envers la partie lésée (Cass. 1e civ. 19-11-2009 no 08-15.937 : RJDA 4/10 no 328 ; Cass. 1e civ. 30-9-2015 no 14-10.870 : RDC 2016.21 obs. Deshayes).

Le créancier peut donc **choisir** parmi eux celui dont il veut obtenir une réparation intégrale (Cass. civ. 24-1-1978 : GP 1978.2.474 note Plancqueel) et pratiquer contre lui, par exemple, une saisie-attribution (Cass. 2e civ. 7-9-2017 no 16-11.683 F-D).

Le codébiteur poursuivi ne peut **pas lui opposer,** pour refuser de payer intégralement la dette :

– **l'impossibilité de faire contribuer** ultérieurement à la dette son codébiteur en invoquant par exemple le fait que celui-ci a été mis en liquidation des biens (Cass. civ. 31-5-1978 : Bull. civ. III p. 175) ou qu'il est inconnu (Cass. civ. 15-12-1966 : GP 1967.1.216 note Blavoët) ;

– les **clauses limitatives de responsabilité** stipulées au profit de son coobligé mais insérées dans un contrat auquel il est étranger ;

Ainsi, un architecte condamné in solidum avec l'entrepreneur et le promoteur ne peut pas réclamer le bénéfice d'une clause pénale figurant dans un contrat conclu entre l'entrepreneur et le maître de l'ouvrage (Cass. civ. 13-11-1974 : Bull. civ. III p. 319).

– la **transaction** intervenue entre le créancier et un des codébiteurs (Cass. 3e civ. 31-10-2001 no 00-13.763 : Bull. civ. III no 115) ;

– **l'infirmation** du jugement rendu sur le seul appel de l'autre débiteur condamné dès lors que les condamnations prononcées ne sont pas indivisibles, l'un des codébiteurs condamnés n'étant pas tenu à la dette à titre personnel mais seulement dans la mesure de son assuré (Cass. 2e civ. 7-1-2016 no 14-13.721).

En revanche, le codébiteur poursuivi peut opposer au créancier la **compensation** de ce que ce dernier doit à son codébiteur (Cass. com. 19-7-1982 : Bull. civ. IV p. 240) ainsi que la clause excluant qu'il soit tenu comme un codébiteur des condamnations prononcées contre les autres responsables in solidum, dès lors qu'une clause du contrat le liant au créancier a prévu qu'il ne serait pas solidaire, cette exclusion recouvrant la responsabilité in solidum (Cass. 3e civ. 14-2-2019 no 17-26.403 FS-PBI ; contra Cass. 3e civ. 18-6-1980 : Bull. civ. III no 121).

50229 **Recours en justice** En principe, les effets « secondaires » de la solidarité (nos 50178 s.) ne se produisent pas en cas de condamnation in solidum (Cass. civ. 30-5-1969 : Bull. civ. III p. 340). Toutefois :

– la **cassation d'un arrêt** prononcée sur le pourvoi d'un seul des débiteurs tenus in solidum profite à tous les codébiteurs condamnés (Cass. civ. 10-3-1981 : D. 1981.429 note Boré) ;

– le **montant de la réparation** fixé par une sentence arbitrale rendue en amiable composition à l'encontre de la partie poursuivie a été jugé opposable à des parties qui ont concouru à la réalisation du dommage quoique non attraites dans la procédure au motif qu'une telle sentence est opposable aux tiers (Cass. com. 2-12-2008 nos 07-17.539, 07-19.201 : Rev. arb. 2009.327 note critique Mayer).

Sur le droit des tiers de former une tierce opposition, no 71621.

50232 **Répartition du montant de la dette** Le montant de la dette se répartit entre les codébiteurs tenus in solidum dans les termes suivants :

– s'il a été prévu dans un contrat impliquant plusieurs intervenants qu'une partie ne répondra que de ses propres fautes, cette clause est valable et doit être appliquée, ce qui est notamment le cas dans les contrats de construction immobilière au profit de l'architecte (Cass. 3e civ. 19-3-2013 no 11-25.266 : RDI 2013.316 obs. Boubli ; Cass. 3e civ. 19-3-2020 no 18-25.585 FS-PBI) ;

– si la clause susvisée n'a pas été prévue, la dette doit être répartie par les tribunaux en fonction de la gravité de la faute respective de chaque débiteur souverainement appréciée par les juges du fond (Cass. 3e civ. 21-1-1971 no 69-13.345 : Bull. civ. III no 43 ; Cass. 2e civ. 13-1-2011 no 09-71.196 : RTD civ. 2011.359 obs. Jourdain ; Cass. crim. 19-3-2014 no 12-87.416 : RJDA 7/14 no 670 ; Cass. 2e civ. 21-6-2018 no 17-18.408 : AJDI 2018.627) ; lorsque l'entier dommage est dû à la faute d'un seul intervenant, celui-ci doit l'entière réparation, la clause prévoyant qu'il ne pourra être tenu responsable ni solidairement ni in solidum des fautes commises par d'autres intervenants à l'opération étant hors de cause (Cass. 3e civ. 19-1-2022 no 20-15.376 FS-BR) ;

– si la part de responsabilité de chacun des auteurs du dommage ne peut pas être déterminée (Cass. civ. 11-2-1981 : D. 1982.255 note Agostini) – et seulement si c'est le cas (Cass. 1e civ. 10-10-2019 no 18-20.429 F-PB :

RJDA 12/19 n° 783) – ou est engagée sans faute de leur part (Cass. 3e civ. 20-12-2006 n° 05-10.855 : RJDA 8-9/07 n° 916), la répartition de la dette s'effectue par parts égales ;

– si le recours contre un autre coauteur est formé par un coauteur qui a commis un dol contre ce coobligé, le juge peut écarter ce recours en dépit de la faute professionnelle commise par ce dernier (Cass. civ. 16-1-2001 : RJDA 8-9/01 n° 844 ; Cass. 3e civ. 11-7-2019 n° 18-18.843 F-D : RJDA 11/19 n° 673), ou lui permettre de recourir contre ce coresponsable dans une proportion qui relève de son pouvoir souverain d'appréciation (Cass. civ. 14-10-1997 n° 95-19.083 : Bull. civ. I p. 186) ;

– si le recours est formé par un intervenant (ou son assureur subrogé) qui a été tenu responsable en tant que gardien de la chose à l'origine du dommage (nos 8060 s.), ce dernier peut recourir pour le tout contre un coauteur fautif (Cass. 2e civ. 13-9-2018 n° 17-20.099 F-PB : JCP E 2018.1624 note Moracchini-Zeidenberg).

En conséquence, le codébiteur qui a payé une **part supérieure** à celle dont il est tenu à titre définitif dispose d'un **recours subrogatoire** contre ses coobligés, quelle que soit la nature juridique de la responsabilité de chacun d'entre eux (Cass. civ. 5-12-1972 : Bull. civ. III p. 481). Il peut exercer ce recours même s'il a déjà présenté sa demande devant la juridiction qui a statué sur l'action intentée par la victime contre les coauteurs car la décision rendue sur cette action n'a pas l'autorité de la chose jugée sur le recours, les deux demandes étant distinctes tant par leur cause que par les parties en présence (Cass. com. 21-2-1995 : RJDA 7/95 n° 817 ; Cass. 2e civ. 11-4-2013 n° 11-24.428 : Bull. civ. II n° 82). Il ne peut demander à chacun, même s'il agit par subrogation, que sa part et portion de la dette (Cass. 2e civ. 1-3-2001 n° 99-11.974 : Bull. civ. II n° 31).

Ainsi, le débiteur, condamné avec deux autres débiteurs, et qui avait payé au lieu et place de l'un d'eux mais n'avait pas établi l'insolvabilité de celui-ci, ne pouvait rien réclamer, du chef de ce premier débiteur, à l'assureur du second (Cass. civ. 12-11-1987 : Bull. civ. I p. 209).

Le **décès** de l'un des codébiteurs tenu in solidum, comme celui d'un codébiteur solidaire, qui laisse plusieurs héritiers, n'efface pas le caractère in solidum de la dette au regard des débiteurs originaires ; il en modifie seulement les effets pour les héritiers, tenus dans la proportion de leurs parts héréditaires (Cass. 2e civ. 20-5-2020 n° 19-10.247 F-PBI).

Le codébiteur qui a payé dispose aussi, indépendamment du recours subrogatoire, d'une **action personnelle** contre le codébiteur, qui subsiste même si la victime a renoncé à ses droits contre ce dernier (Cass. 1re civ. 7-6-1977 : D. 1978.289 note Larroumet).

Sur l'obligation de contribuer du coauteur qui bénéficie seulement de la remise de solidarité ou de l'obligation in solidum, n° 50198.

Il ne peut agir que contre celui qui est tenu au paiement envers la victime (Cass. com. 11-2-1992 : RJDA 6/92 n° 665 : irrecevabilité de l'action contre le coauteur envers qui l'action est éteinte). Sa créance indemnitaire contre un coresponsable condamné existe le jour de l'assignation de ce dernier en réparation du dommage et non le jour de la décision le condamnant (Cass. com. 13-10-2015 n° 14-10.664 : RJDA 1/16 n° 44).

II. MONTANT DU PAIEMENT

A. Obligation d'exécuter la prestation due

IDENTIFICATION DE LA PRESTATION DUE

Les dispositions du Code civil, qui précisent que « le paiement est l'exécution volontaire de la prestation due » (C. civ. art. 1342), mettent en relief que la notion de paiement ne se limite pas juridiquement au **versement d'une somme d'argent,** comme il est compris dans le langage courant. En effet, il est l'exécution d'une prestation en nature ou en argent, qualifiée par les textes d'obligation de somme d'argent. **50290**

Il reste de règle que le paiement doit **correspondre à ce qui est dû** : l'article 1342-4, al. 2 du Code civil le sous-entend clairement en disposant que le **créancier** peut **accepter autre chose** que ce qui lui est dû. Il en est ainsi notamment s'il a accepté la prestation reçue et sollicité une réduction proportionnelle du prix à la qualité de la prestation (nos 14910 s.). **50292**

Mais le créancier peut refuser un **paiement partiel** même si la prestation est divisible (C. civ. art. 1342-4, al. 1).

En conséquence :

– les intérêts moratoires sont dus sur la totalité de la dette si l'offre faite par le débiteur n'est pas jugée satisfactoire par le créancier (Cass. 3e civ. 13-6-1972 n° 71-11.627 : Bull. civ. III n° 390) ;

– le créancier peut poursuivre la saisie-exécution (aujourd'hui saisie-vente) qu'il a entreprise lorsqu'il a pris acte des propositions du débit sans s'engager à renoncer aux poursuites (Cass. 2e civ. 15-11-1995 : GP 29-4-1997 note Talon) ;
– le débiteur ne peut pas imposer au créancier l'imputation de son paiement partiel sur la dette de son choix (n° 50532 ; Cass. 1e civ. 27-11-2019 n° 18-21.570 FS-PBI : RJDA 3/20 n° 170).

En cas de **versement d'une somme supérieure** au montant convenu, l'excédent peut être restitué dans la mesure où il constitue un paiement indu (nos 54200 s.).

50293 Les **frais de paiement** sont à la charge du débiteur (C. civ. art. 1342-7).

EXÉCUTION D'UNE PRESTATION EN NATURE

50295 La prestation due en nature est la prestation soit de délivrance, soit de service, soit d'abstention, comme il est exposé aux nos 13200 s. Chacune d'elle doit recevoir une **exécution conforme** à son objet. En raison de la liberté contractuelle dont jouissent les parties pour convenir du contenu des prestations échangées, celles-ci sont susceptibles de variations qui les rendent irréductibles les unes aux autres.

Le Code civil dans sa rédaction de 1804 ne réglait pas les conditions de l'exécution d'une prestation en nature. Seule l'obligation de délivrer un corps certain était régie au titre de la délivrance de la chose vendue (nos 26900 s.). Depuis le 1er octobre 2016 (sur cette date, n° 10000), le Code consacre une **disposition de droit commun** à la **remise d'un corps certain** : le débiteur en est libéré s'il remet le bien convenu au créancier en l'état, sauf à prouver, en cas de détérioration, que celle-ci n'est pas due à son fait ou à celui de personnes dont il doit répondre (C. civ. art. 1342-5). Il n'en résulte pas cependant de modification des solutions rendues sur la délivrance de la chose vendue, qui imposent la remise de cette chose telle que prévue au contrat de vente (n° 26903). Quant à l'imputation de la détérioration au débiteur de la délivrance, sauf à prouver qu'elle n'est pas due à sa faute, elle n'apporte pas de nouveauté par rapport au droit commun, car l'absence de faute ne peut se prouver que par la force majeure, laquelle était hier source d'exonération comme elle l'est aujourd'hui (nos 15076 s.).

EXÉCUTION D'UNE PRESTATION EN ARGENT

50300 **Identification de la prestation en argent** La prestation est en argent lorsqu'elle a pour objet le **versement d'une somme d'argent.** Celle-ci peut être une somme définie, généralement le prix (contrepartie du bien ou du service fourni) ou une **valeur à fournir** (aussi appelée dette de valeur).

La prestation due en argent constitue une créance liquide lorsqu'elle est évaluée en argent ou lorsque le titre contient tous les éléments permettant son évaluation (C. exécution art. L 111-6 ; Cass. 2e civ. 19-11-2008 n° 07-18.987 : RJDA 8-9/09 n° 776 ; Cass. 2e civ. 22-9-2016 n° 15-17.041 : Bull. civ. II n° 214).

50302 **Prix dû** Le débiteur d'une obligation de somme d'argent se libère par le versement de son **montant nominal** (C. civ. art. 1343, al. 1), sauf clause d'indexation (nos 50350 s.).

Sur la charge des frais du paiement, n° 50293.

La **preuve** de ce montant peut être faite par tous moyens : par exemple, prix indiqué sur le bon de commande si celui-ci n'est pas assorti de réserves (CA Versailles 20-10-1981 : GP 1982.som.401).

Le contrat qui énonce un prix chiffré fait preuve de son montant ; la règle a été, par exemple, appliquée à un concédant hollandais, qui avait établi des factures en francs français pour des livraisons à son concessionnaire français et qui a été réputé avoir pris le risque d'une perte de change lui interdisant de demander réparation du préjudice qu'il avait subi à la suite de la dévaluation du franc (CA Paris 4-7-1985 : BRDA 21/85 p. 12).

En cas **d'erreur de calcul** au détriment du créancier, les juges ne peuvent pas rejeter sa demande en paiement du montant corrigé au motif que le débiteur n'a pas commis de faute et ils doivent se prononcer sur l'existence de la dette (Cass. 1e civ. 18-11-1986 n° 84-16.372 : Bull. civ. I n° 265 ; contra CA Paris 18-2-1993, cité JCP G 1993.I.3725).

Les juges doivent par exemple recalculer une clause d'indexation mal calculée et l'appliquer à compter de la naissance de la créance sans que puisse être opposée sa prescription car si celle-ci interdit de réclamer la créance, quel qu'en soit le montant au-delà du délai légal, elle ne modifie pas les termes du contrat qui est la loi des parties et notamment les effets d'une clause d'indexation mal calculée qui doit être recalculée à compter du jour où elle a pris naissance (cf. Cass. 3e civ. 12-5-2016 n° 15-16.285 : RJDA 8-9/16 n° 607). Néanmoins, si le prix de la prestation contractuelle due (par exemple le coût d'un voyage aérien) a été payé d'avance et que le créancier demande le complément de prix après l'exécution de la prestation contractuelle, le débiteur n'est tenu de payer ce complément que s'il a fait le paiement initial de mauvaise foi, c'est-à-dire en sachant qu'il ne payait pas la prestation qu'il allait recevoir à son vrai prix (Cass. 1e civ. 2-6-1987 n° 85-14.461 : Bull. civ. I n° 182 ; pour un autre exemple d'erreur de calcul par le créancier, CA Aix 24-11-1976 : Bull. Cour d'Aix 1976/4 p. 22).

Sur la possibilité de compenser, n° 52912.

Si l'erreur a été commise au détriment du débiteur qui a payé plus qu'il ne devait, par symétrie avec la situation du débiteur qui a payé moins, il y a lieu d'accepter la demande du débiteur car la somme due doit être celle qui a été convenue entre les parties au contrat. En revanche, si le débiteur a payé d'avance le prix de la prestation qu'il a reçue du créancier et qu'il demande à ce dernier la restitution de l'excédent après l'exécution de la prestation, le créancier n'en est tenu que si le débiteur établit que cet excédent a été conservé par lui de mauvaise foi, c'est-à-dire en sachant qu'il ne correspondait pas au prix réel de la prestation qu'il a fournie.

Prix HT ou TTC. Lorsqu'un document contractuel indique un prix sans préciser s'il comprend ou non le montant de la TVA, ce prix doit s'entendre hors taxe **entre commerçants ou professionnels** car il est d'usage constant entre eux que les prix s'entendent hors taxe, sauf convention contraire (Cass. com. 9-1-2001 : RJDA 5/01 n° 556 ; Cass. com. 21-3-2018 n° 16-17.492 F-D : RJDA 7/18 n° 554). **50304**

Si la créance cédée par l'emprunteur à son prêteur correspondant au prix de vente de biens immobiliers est affectée au remboursement du prêt, la TVA n'étant pas un élément du prix, le cessionnaire n'acquiert ce prix que déduction faite de la TVA y afférente, laquelle reste due par le vendeur-cédant ; en conséquence, si un avis de saisie administrative à tiers détenteur a été émis avant le versement du prix au cessionnaire, le vendeur-cédant ou son mandataire est fondé à retenir le montant visé dans l'avis et à le verser au Trésor (Cass. com. 4-7-1995 : RJF 12/95 n° 1437).

Toutefois, les parties peuvent, dans leurs rapports, mettre la TVA à la charge de l'acquéreur ou du cessionnaire de la créance ; mais cette clause ne peut pas être opposée à l'administration fiscale qui peut poursuivre le responsable légal (CE 15-11-1985 : RJF 1/86 n° 35).

Pour éviter les difficultés d'interprétation de leur intention, il est recommandé aux parties de préciser dans leurs rapports réciproques clairement qui est en charge de la TVA (pour un exemple de telles difficultés : Cass. com. 17-10-1977 : GP 1978.1.pan.34, jugeant que la clause prévoyant que les commissions sont dues à un concessionnaire sur le chiffre d'affaires « hors taxe » n'interdit pas que ce concessionnaire réclame le paiement de la TVA sur les commissions calculées sur ce chiffre d'affaires « hors taxe »).

Dès lors que l'**une des parties** n'est **pas commerçante ou professionnelle,** et à défaut d'usage, le prix doit être considéré comme comprenant la TVA (cf. Cass. com. 8-10-1991 : RJF 12/91 n° 1516).

Si le contrat entre une **personne publique** et un commerçant ou professionnel est **administratif,** le prix, stipulé sans mention de la taxe, est réputé en principe comprendre la taxe, sauf clause contraire (CE 29-6-2021 n° 442506). La TVA grevant des travaux de réfection d'un immeuble peut être incluse dans le montant de l'indemnité due par les constructeurs à la collectivité territoriale, maître d'ouvrage, même si ce dernier bénéficie d'un régime fiscal lui permettant normalement de déduire tout ou partie de cette taxe de celle qu'il a perçue à raison de ses propres opérations (CE 19-12-2022 n° 462156).

Prix forfaitaire. Si le prix est à forfait, il est égal à la somme indiquée, à l'exclusion de tout **supplément.** **50305**

Ainsi :

– le prix ne peut pas être modifié si une hausse est survenue entre la date de l'accord et l'exécution du contrat (Cass. com. 5-7-1982 : DMF 1983.92) ;

– le commettant d'un commissionnaire de transport ne peut pas prétendre obtenir une minoration du forfait au motif que le commissionnaire a obtenu du fret pour le trajet de retour (CA Aix 21-12-1984 : DMF 1985.620).

Mais le prix peut être révisé si les bases de calcul indiquées par le demandeur du forfait n'ont pas été respectées par lui dans l'exécution du contrat (CA Versailles 6-4-1995) et, aussi, lorsque les circonstances ont bouleversé l'économie générale du contrat à forfait (n° 19555).

Intérêts. Lorsque l'obligation de somme d'argent porte **intérêt,** le débiteur se libère en versant le principal et les intérêts (C. civ. art. 1343-1). Sur l'imputation d'un paiement partiel, n° 50532 ; sur les conditions d'existence de l'obligation aux intérêts, n°s 41033 s. **50306**

Modification du montant de la dette par les parties. Le montant du paiement peut, toutefois, être différent de celui initialement prévu lorsque les parties ont accepté un **nouveau montant.** **50308**

Sur l'existence ou l'absence d'un nouveau prix contractuel, ont été rendues les décisions suivantes :

– le fait par un professionnel de réclamer une rétribution moindre que celle qui a été contractuellement fixée s'analyse en la manifestation de sa part de la volonté de remise partielle de dettes, laquelle remise, en raison de son caractère conventionnel, ne devient parfaite que par l'acceptation du débiteur bénéficiaire et, à défaut de celle-ci, demeure en l'état d'une simple offre rétractable (CA Colmar 27-3-1980 : JCP G 1981.IV.390) ;

– il n'y a pas accord sur une ristourne réduisant le montant du prix lorsque le créancier avait consenti une remise de 2 % en fin d'exercice, car celle-ci constituait en réalité une prime allouée pour manifester au débiteur sa satisfaction pour les relations commerciales de l'année écoulée ; le créancier était donc libre de ne pas renouveler ce geste (CA Paris 11-7-1977 : GP 1977.2.613) ;

– une majoration des factures d'une location de véhicules ne peut être appliquée au locataire que pour les locations postérieures à la date à laquelle celui-ci en a eu connaissance (CA Paris 9-6-1978 : BT 1978.407).

En cas d'**exécution imparfaite** d'un contrat par l'une des parties, l'autre peut demander une **réduction proportionnelle** du prix (nos 14910 s.).

Le prix a été aussi indirectement modifié lorsque le créancier a reconnu au profit du débiteur un **avoir,** celui-ci constituant une créance exigible à l'occasion d'une opération ultérieure, sauf convention contraire (Cass. com. 17-7-2001 : RJDA 1/02 n° 88 : rejetant la compensation entre des créances exigibles et des avoirs). Si les parties sont convenues que l'avoir sur invendus d'une année donne exclusivement lieu à une réduction sur une facture de l'année suivante, l'avoir est perdu si la relation commerciale prend fin avant qu'une telle facture ne soit émise (Cass. com. 31-3-2021 n° 19-11.985 F-D : RJDA 7/21 n° 511).

50310 **Prestation en valeur (ou dette de valeur)** La dette de valeur est exécutée par le versement de la somme d'argent résultant de sa liquidation (C. civ. art. 1343, al. 3). La dette de valeur est ainsi entendue comme une **dette** qui n'est **pas chiffrée** mais qui peut l'être à la suite d'un calcul qui va la rendre liquide. C'est le cas lorsqu'un prix chiffré est indexé, lorsqu'il est déterminable en fonction de critères convenus (nos 12440 s.) ou lorsque le juge liquide une astreinte. La dette de valeur est donc la somme due en vertu des paramètres retenus pour établir son montant.

Ces éléments doivent être clairement fixés. Par exemple, stipuler un loyer de 20 000 F (environ 3 000 €) payable par trimestre d'avance oblige à interprétation pour savoir si les 20 000 F sont dus à l'année, par semestre, par trimestre ou par mois ; en l'espèce, compte tenu de la comparaison du prix des loyers, les 20 000 F ont été réputés payables par mois (CA Aix 18-4-1978 : Bull. Cour d'Aix 1978/2 p. 60).

B. Indexation du prix convenu

EXISTENCE DE L'INDEXATION

50350 Le montant nominal du prix peut **varier** par le jeu de l'indexation (C. civ. art. 1343, al. 2). Admise initialement par les tribunaux dans les règlements internationaux en 1927 (nos 50380 s.) puis par la loi dans les règlements nationaux en 1958 (nos 50390 s.), l'indexation fait fluctuer automatiquement le prix convenu au contrat en fonction de l'évolution, en hausse ou en baisse, d'un indice choisi par les parties.

Il en est ainsi de toute clause, souvent dite « clause d'échelle mobile », qui provoque une variation du prix initial comme celle prévoyant le remboursement de la contre-valeur en francs français de la somme nominale exprimée dans un acte de prêt en francs suisses (Cass. 1e civ. 13-5-1985 : Bull. civ. I p. 133) ou celle n'indiquant pas les modalités de combinaison des trois indices choisis, cette insuffisance n'entraînant qu'une difficulté d'exécution (Cass. civ. 16-7-1974 : D. 1974.681 note Malaurie).

L'indexation doit être **expressément prévue** par les parties (Cass. 3e civ. 6-7-2017 n° 16-16.426 F-PB : RJDA 11/17 n° 699 ; CA Rouen 29-11-1968 : D. 1969.146 : refus d'appliquer une indexation tacite).

Les arbitres exigent généralement l'existence de cette stipulation dans les contrats internationaux (Sentence CCI n° 2520 en 1975 : Clunet 1976.992 obs. Derains ; Sentence CCI n° 2291 en 1975 : Clunet 1976.989 obs. Derains), sans exclure la possibilité d'une adoption tacite (Sentence du 2-7-1956 : Clunet 1959.1074, ayant admis l'existence implicite d'une garantie contre la dévaluation dans un contrat conclu entre un État et une entreprise étrangère).

POINTS SENSIBLES

50355 La conclusion d'une clause d'indexation mérite toujours d'être prise en considération dès lors que le prix fixé doit s'appliquer à des prestations échelonnées sur une longue durée, car l'instabilité monétaire est un risque toujours à redouter.

Le choix des indices retenus exige une attention particulière lorsque l'indexation concerne un prix dont le règlement ne concerne aucun mouvement de valeur hors du territoire national (nos 50390 s.) par opposition à la totale liberté des parties dans le cas contraire (nos 50380 s.).

CLAUSES DE GARANTIE DE VALEUR

50360 **Clauses de garantie fondées sur l'or** Sur la base de l'or, il existe deux clauses :

– la **clause « or »,** qui prévoit que le paiement sera fait par une remise d'or en nature ;

– la **clause « valeur or »,** qui prévoit que le débiteur devra, dans une monnaie légale définie, verser une somme qui dépendra de la valeur, au jour de l'échéance, de cette monnaie par rapport à l'or (pour un exemple, Sentence du 13-3-1974 du Tribunal arbitral près la Chambre du commerce extérieur de RDA : Clunet 1980.700).

En cas de clause valeur or, il est **recommandé** de préciser que sera pris en compte le cours du marché libre de l'or, pour éviter toute tentative par une partie d'invoquer le cours officiel de l'or d'un pays donné.

Clauses de garantie fondées sur une ou plusieurs monnaies étrangères Il s'agit des clauses suivantes. 50363

1. Clauses de garantie de change. Ces clauses peuvent revêtir différents aspects.

a. Clause « monnaie étrangère ». Cette clause prévoit que le débiteur devra une somme qui dépendra de la valeur, au jour de l'échéance, d'une monnaie donnée par rapport à une monnaie étrangère déterminée.

b. Clause dite **de « change contractuel ».** Elle consiste à fixer un taux de change pour la monnaie de compte retenue, ce taux devant être appliqué au calcul du prix quelles que soient les variations intervenues en plus ou en moins dans le cours de la devise choisie par rapport aux monnaies des contractants.

c. Garantie de change. Cette garantie comporte une garantie de change sur rapatriement qui couvre la perte subie par l'exportateur en cas de baisse du cours de la devise dans laquelle est libellé le contrat d'exportation (pour un exemple, T. com. Lille 23-3-2011 : RD bancaire 2011 n° 4 § 120 obs. Crédot et Samain).

Elle peut prendre la forme d'une **couverture de change à terme** : en souscrivant avec sa banque un contrat d'achat à terme de devises étrangères, un importateur ayant acheté des marchandises payables à crédit dans ces devises peut fixer dès la signature du contrat le cours des devises qu'il aura à transférer à l'échéance ; inversement, un exportateur sachant qu'il recevra au terme d'un certain délai des devises en paiement de ses exportations peut en assurer le cours à l'avance en vendant à terme ces devises à sa banque. Dans les deux cas, le cours est fixé dès la conclusion du contrat de change à terme, la livraison des devises n'intervenant qu'à l'échéance du contrat. Le souscripteur d'un tel contrat est déchargé du risque de change, la banque endossant ce risque.

2. Clauses d'option de change ou de change multiple. Elles consistent à libeller le prix des prestations en différentes monnaies sur la base des parités en vigueur au jour du contrat et à offrir au créancier la possibilité de choisir, au jour de l'échéance, la monnaie de compte parmi un certain nombre de monnaies indiquées.

3. Clauses d'unité de compte. Ces clauses fixent le prix du contrat dans une unité monétaire qui est le produit de **plusieurs monnaies** dont chacune est prise en compte dans une **proportion** variable. Tel est le cas, notamment, des droits de tirage spéciaux (**DTS,** unité créée par le Fonds monétaire international et calculée à partir de quatre monnaies).

Clauses de garantie fondées sur la valeur de certaines marchandises Ces clauses prévoient que la somme due à l'échéance représentera la valeur d'une certaine quantité d'une marchandise déterminée ou variera suivant la valeur de certaines marchandises. 50366

Clauses de garantie fondées sur certains indices de prix Ces clauses font dépendre la somme due à l'échéance de l'évolution d'indices économiques, tels que l'indice des prix de produits déterminés, du coût de la construction, du niveau des salaires, etc. 50369

RÉGIME DE L'INDEXATION

La clause d'indexation doit être, comme tout accord (nos 10625 s.), conforme à l'ordre public, lequel, selon les règles françaises exposées nos 50380 s., varie selon que le règlement d'une créance est international ou national. 50375

L'article 1343-3 du Code civil concerne seulement la devise dans laquelle le prix dû est payé en France, qui est dite « monnaie de paiement ». Il ne concerne pas la clause d'indexation qui détermine le montant du prix dû et qu'il est convenu d'appeler clause de « monnaie de compte ».

RÈGLEMENT INTERNATIONAL

Qualification Pour qu'il y ait règlement international, il faut que le contrat « produise, comme un mouvement de flux et de reflux au-dessus des frontières, des **conséquences réciproques** dans un pays ou dans un autre » (concl. Matter sous Cass. civ. 17-5-1927 : DP 1928.1.25 note Capitant ; dans le même sens, Cass. com. 4-11-1958 : JCP G 1959.I.10986 ; pour des exemples, Cass. civ. 17-11-1931 : DH 1932.3 ; Cass. req. 17-11-1943 : JCP G 1944.II.2670 note J.-P. L. ; Cass. civ. 21-6-1950 : D. 1951.749 note Hamel ; Cass. civ. 27-4-1964 : Bull. civ. III p. 178). 50380

Est assimilé à un tel règlement le **paiement** dû en vertu d'un contrat en soi exclusivement français mais qui est l'**accessoire** du contrat qui a donné lieu au mouvement de flux et de reflux par-dessus les frontières.

Ont été considérés comme relevant de contrats internationaux :
– des paiements du prix de vente des fournitures livrées par un importateur français à une autre entreprise française (CA Paris 11-4-1972 : Clunet 1974.620 note Audit ; CA Versailles 18-2-1988 : BRDA 11/88 p. 15 ; dans le même sens, Cass. civ. 2-7-1935 : DH 1935.457) ;
– des paiements incombant aux acquéreurs d'un immeuble construit en France par une société de construction française en vertu de leur engagement de rembourser au lieu et place de cette société, à l'aide de versements faits au siège de cette dernière, les échéances du prêt contracté par ladite société auprès d'une banque allemande, le rapport de droit ainsi créé avec cette banque subsistant par l'effet d'une délégation imparfaite (Cass. civ. 15-6-1983 : JCP G 1984.II.20123 note Lévy) ;
– des paiements dus en vertu de contrats de prêts conclus entre une société de développement régional et des entreprises françaises dès lors que ces prêts ont été financés par un emprunt obligataire libellé en unité de compte européenne et assorti d'une option de change, cet emprunt ayant donné lieu à de multiples transferts de fonds entre pays et à des opérations de change, ce qui suffit à conférer aux prêts susvisés le caractère de contrat international (CA Dijon 27-4-1983 : D. 1984.IR.308 obs. Vasseur) ; il a été aussi précisé par cette décision que les jeux d'écriture entre les banques, la société de développement régional et les sociétés françaises emprunteuses auprès de la société de développement régional suffisent, par eux-mêmes, à réaliser des transferts de valeurs.

À défaut de dispositions fixant le **régime d'indexation des paiements en euros** consécutifs à des échanges avec des pays tiers à la **zone euro** (« Euroland »), il y a lieu, à notre avis, de maintenir la liberté d'indexation de ces paiements internationaux, au sens de mouvements de flux et de reflux à travers les frontières de la zone euro et celles de pays tiers à cette zone, notamment celles des pays qui pratiquent des paiements en dollars.

En effet, la valeur de l'euro varie régulièrement par rapport au dollar. L'intérêt de se prémunir de variations excessives entre ces deux monnaies demeure donc le même que lorsque le cours du dollar variait par rapport aux monnaies nationales remplacées par l'euro. La nécessité de se préserver contre de telles variations peut donc apparaître du jour au lendemain.

50383 **Détermination de la monnaie de compte** En cas de difficulté pour la détermination de la monnaie de compte (par exemple, lorsqu'un même terme est susceptible de désigner plusieurs monnaies ou lorsqu'une monnaie est substituée à une autre), il faut retenir la **monnaie** du **pays dont** la **loi** est **applicable au contrat.**

Jugé ainsi :
– à propos d'un contrat contenant le terme « franc » sans autre précision, qu'il faut présumer, s'agissant de choisir entre le franc français et le franc suisse, la référence au franc suisse par suite du rattachement du contrat à la loi suisse (Cass. civ. 18-12-1951 : D. 1952.357 note Lerebours-Pigeonnière) ;
– à propos d'un contrat libellé en francs, qu'il y avait lieu, à la suite de la création, postérieure au contrat, de l'unité monétaire algérienne (le dinar), de substituer au franc le dinar, le contrat étant soumis à la loi algérienne (Cass. civ. 15-2-1972 : Bull. civ. I p. 44) ;
– le franc est la monnaie de compte d'un prêt, dont le montant a été versé en dollars, dès lors que le contrat stipulait qu'il portait sur l'équivalent en dollars d'une somme exprimée en francs, le dollar constituant seulement la monnaie de paiement (Cass. com. 12-11-1996 : RJDA 2/97 n° 233).

50386 **Libre utilisation des clauses de garantie de valeur** Lorsque le règlement est international, les parties sont libres de choisir la monnaie du contrat. Elles peuvent calculer la valeur des prestations contractuelles en utilisant n'importe quelle clause du maintien de la valeur (sur ces clauses, n°s 50360 s.).

Ainsi jugé :
– pour une clause « or » ou « valeur or » : Cass. civ. 21 juin 1950 : D. 1951.749 note Hamel ; Cass. com. 4-11-1958 : D. 1959.361 note Malaurie ;
– pour une clause « devises étrangères » : Cass. civ. 4-2-1969 : GP 1969.1.232 ; Cass. com. 8-2-1972 : JCP G 1973.II.17386 note Kahn ; Cass. civ. 16-7-1987 : Bull. civ. I p. 167.

Selon l'ordre public international français, le libre choix de la clause de garantie de valeur dans les règlements internationaux ne peut **pas** être **limité par** les dispositions d'une **loi étrangère** (Cass. civ. 21-6-1950 : D. 1951.749 note Hamel), ni par la loi française choisie par les parties pour régir le contrat : en dépit de cette référence, il leur est possible d'adopter un indice qui serait interdit pour un règlement interne (CA Paris 15-9-1987 : BRDA 22/87 p. 20).

RÈGLEMENT NATIONAL

50390 Si le règlement du prix n'est pas un règlement international au sens indiqué au n° 50380, il est soumis au régime d'indexation des créances contractuelles fixé par les articles L 112-2 s. du Code monétaire et financier qui n'a pas été remis en cause par le législateur à la suite du remplacement du franc par l'euro depuis le 1er janvier 2002 et a même été implicitement confirmé (cf. C. mon. fin. art. L 112-3 qui a introduit des dérogations à l'interdiction de l'indexation sur le niveau général des prix). À défaut de dispositions communes fixant un régime d'indexation propre à l'euro et valable pour tous les pays de la zone euro, il y a donc lieu de considérer que ce régime, conçu pour la défense du franc et la stabilité des prix français, n'est pas jugé incompatible avec la substitution de l'euro au franc et qu'il continue à régir les indexations qui échappent aux règles propres aux règlements internationaux exposées n° 50380.

Dans les cas où l'indexation est permise, elle est soumise aux règles présentées n°s 50393 s.

Choix des indices Les **prêts** accordés aux personnes morales ou aux personnes physiques pour les besoins de leur activité professionnelle peuvent être indexés sur le niveau général des prix (C. mon. fin. art. L 112-3, 8°). **50393**

En dehors de ce cas, l'indexation des obligations contractuelles obéit aux règles suivantes.

1. L'indexation ne peut **pas** être fondée sur le salaire minimum de croissance ou sur le niveau général des salaires (C. mon. fin. art. L 112-2 ; Cass. com. 3-11-1988 : D. 1989.93 note Malaurie) ou des prix (CA Aix 12-7-1978 : Bull. Cour d'Aix 1978/3 p. 67). Mais les juges doivent établir clairement que les parties ont eu l'intention de se référer à un tel indice (cf. Cass. com. 7-1-1975 : JCP G 1975.II.18167 note Ghestin).

2. L'indexation **doit** être fondée sur les prix de biens, produits ou services ayant une **relation directe** avec l'objet de la convention (lire aujourd'hui, avec l'obligation essentielle : n°s 12400 s.) ou l'activité de l'une des parties (art. L 112-2).

Étant posé que les dispositions susvisées doivent être interprétées restrictivement comme dérogatoires à la liberté des conventions (Cass. civ. 15-2-1972 : JCP G 1972.II.17094 note Lévy) et que l'objet de la convention doit s'entendre dans son acception la plus large (Cass. civ. 9-1-1974 : JCP G 1974.II.17806 note Lévy), les parties jouissent d'une grande liberté pour choisir l'indice, comme en témoignent les solutions suivantes qui valident :

– un indice qui n'est même pas en relation directe avec l'activité principale d'une partie (Cass. civ. 15-2-1972 précité) ;

– un prêt consenti à un restaurateur indexé sur le prix de la bouteille d'eau minérale d'une certaine marque, même si le prêt a été consenti pour les besoins personnels de l'intéressé et non pour son activité professionnelle (Cass. com. 31-1-1984 : BRDA 11/84 p. 6) ou un prêt libellé en francs suisses et remboursable en euros indexé sur le taux de change consenti par une banque (Cass. 1e civ. 29-3-2017 n° 16-13.050 FS-PBRI : RJDA 12/17 n° 835) ;

– le prix des actions d'une société sur le prix du blé qui est en relation directe avec l'activité de triperie de cette société, de même que la référence au tarif des transports marchandises SNCF et au tarif électricité car ladite société use des transports ferroviaires pour l'acheminement de ses bêtes et du courant électrique pour le fonctionnement des chambres froides (CA Aix 24-3-1977 : Bull. Cour d'Aix 1977/2 p. 18) ;

– un indice en relation avec l'activité d'une des parties au moment de la conclusion d'un contrat même si cette partie vient par la suite à changer d'activité (Cass. civ. 18-6-1980 : Bull. civ. I p. 156 ; Cass. civ. 6-6-1984 : Bull. civ. I p. 159) ;

– un prix de cession d'actions sur la valeur du point de retraite des cadres fixé par la caisse de prévoyance dont le cédant touchait une retraite (Cass. civ. 6-10-1982 : Bull. civ. I p. 237) ;

– une indexation même si elle n'a pour objet que de protéger des prêteurs contre les aléas d'une dévaluation monétaire (Cass. civ. 29-3-1960 : Bull. civ. I p. 149).

Toutefois, l'indexation sur une monnaie étrangère n'est licite que si l'un des contractants est banquier ou financier (Cass. civ. 12-1-1988 : D. 1989.80 note Malaurie ; Cass. com. 22-5-2001 : RJDA 11/01 n° 1145). Est illicite, dès lors que la dette est née d'un contrat interne, la clause qui prévoit le paiement en monnaie étrangère, car un tel paiement équivaut à une indexation sans rapport avec l'objet du contrat, le juge devant réputer cette clause non écrite et d'office constater qu'elle contrevient aux dispositions d'ordre public relatives à l'indexation des prix (Cass. 3e civ. 2-10-2007 n° 06-14.725 : RJDA 12/07 n° 1277) ; il en est de même de l'acte qui a prévu le remboursement en francs français d'un prêt libellé en francs suisses, ce qui est revenu à déguiser l'indexation du montant du prêt sur la valeur du franc suisse (Cass. 1e civ. 9-4-2015 n° 13-24.183 F-D : RJDA 2/16 n° 143).

3. Dans toute convention relative à un **immeuble bâti,** est réputée en relation directe avec l'objet de cette convention l'indexation sur la variation de l'indice national du coût de la construction publié par l'Insee ou, pour des activités commerciales définies par le décret 2008-1139 du 4 novembre 2008, sur la variation de l'indice trimestriel des loyers commerciaux publié par l'Insee ou, pour les autres activités et pour celles exercées par les professions libérales, sur la variation de l'indice trimestriel des loyers des activités tertiaires publié par l'Insee (art. L 112-2, al. 1).

L'indice du coût de la construction pouvant être retenu par les parties est celui publié par l'Insee, ce qui exclut tout autre indice du coût de la construction, notamment celui établi par la section centrale des architectes (Cass. civ. 7-3-1973 : D. 1973.519).

Sous cette réserve, l'indice du coût de la construction est valable pour l'indexation tendant à permettre à l'emprunteur de construire ou d'acheter un immeuble (Cass. civ. 9-1-1974 : JCP G 1974.II.17806 note Lévy) ou pour l'indexation du prix de cession des parts d'une société dont l'actif est essentiellement constitué par un immeuble (Cass. civ. 16-7-1974 : D. 1974.681 note Malaurie).

Mais la simple affirmation d'un contrat de prêt selon laquelle l'emprunt devait servir à des travaux immobiliers ne suffit pas pour justifier l'indexation des sommes prêtées sur le coût de la construction (Cass. civ. 18-2-1976 : JCP G 1976.II.18465 note Lévy ; contra Cass. civ. 5-10-1994 : RJDA 4/95 n° 474, admettant l'effet rétroactif d'une affirmation des parties intervenue huit ans après la conclusion du contrat et la substitution de l'indice). De même, cet indice n'est pas valable dans un contrat de location-gérance d'un fonds de commerce car ce contrat est relatif à un bien meuble incorporel et non à un immeuble bâti (Cass. com. 16-2-1993 : RJDA 6/93 n° 499), à moins qu'il ne prévoie, à titre accessoire, la mise à disposition du locataire d'un immeuble bâti et la prise en charge de travaux par le bailleur (Cass. com. 8-12-2015 n° 14-24.818 F-D : RJDA 3/16 n° 222).

50395 **Période d'indexation** Les parties ne peuvent pas faire rétroagir l'indexation à une date antérieure à la conclusion du contrat (Cass. civ. 13-5-1987 : Bull. civ. III p. 58).

Sur la période d'indexation des baux avec clause d'échelle mobile, n° 4709.

50396 **Mise en œuvre de la clause d'indexation** Dans un contrat **antérieur** au 1er octobre 2016 (sur cette date, n° 10000), lorsque, par suite d'une circonstance imprévue, l'**indice choisi** par les parties **n'existe plus** au moment où l'indexation doit être calculée, un nouvel indice ne peut lui être substitué que si cette substitution est conforme à l'intention des parties (Cass. com. 30-6-1980 n° 79-10.632 : Bull. civ. IV n° 281 ; Cass. com. 16-11-2004 n° 1617 : RJDA 6/05 n° 754 ; Cass. 3e civ. 12-1-2005 n° 13 : RJDA 5/05 n° 616 ; dans le même sens, Sentence CCI n° 3938 en 1982 : Clunet 1984.926 obs. Derains).

Cette intention est respectée lorsque les juges :

- en présence d'une clause se référant à l'indice d'un salaire relatif à une qualification professionnelle inexistante, substituent à ce salaire celui de l'ouvrier qualifié de la catégorie la plus élevée (Cass. 3e civ. 15-2-1972 : JCP 1972.II.17094 note J.-Ph. Lévy) ;
- mettent en accord la formule de fluctuation du prix prévue par la clause de révision avec la nouvelle réglementation qui lui est applicable, sans lui substituer une formule de révision différente (Cass. civ. 19-4-1977 n° 75-10.181 : Bull. civ. III n° 166) ;
- calculent les variations fondées sur le prix d'un article disparu grâce à la pérennité d'un article similaire vendu dans le fonds de commerce, objet lui-même de la vente entre les parties et par la clause d'échelle mobile (CA Aix 3-5-1978 : Bull. Cour d'Aix 1978/2 p. 7) ;
- se fondent sur un coefficient publié par l'Insee permettant de raccorder le nouvel indice à l'ancien, ce dernier n'ayant pas cessé d'être publié au sens de la clause par laquelle les parties prévoyaient un arbitrage dans le cas où l'indice choisi cesserait d'être publié (Cass. civ. 18-5-1976 : Bull. civ. I p. 139) ;
- font procéder à une évaluation par expertise (Cass. civ. 22-5-1967 : JCP G 1967.II.15214 note Lévy) ;
- substituent, dans un contrat d'exploitation d'une carrière, à l'indice de variation du montant de la redevance sur le prix du mètre cube de gravillons qui avait cessé d'être déterminable, l'indice le plus significatif et le plus utilisé dans les contrats de foretage (Cass. 3e civ. 12-1-2005 n° 03-17.260 : RJDA 5/05 n° 616).

En revanche, dans les contrats conclus **depuis** le 1er octobre 2016, lorsque l'indice choisi n'existe pas ou a cessé d'exister ou d'être accessible, celui-ci est remplacé par l'indice qui s'en rapproche le plus (C. civ. art. 1167). La substitution intervient sans égard à la volonté des parties, sauf si elles ont rejeté sans équivoque la substitution et prévu la solution palliative.

Dans tout contrat, lorsqu'un **indice comporte le prix de certains articles,** il faut en déduire le montant de la **TVA** puisque celle-ci n'est pas un élément du prix, entre commerçants (n° 50304 ; contra T. com. Lille 17-9-1968 : GP 1968.2.295 et TGI Laon 9-11-1971 : GP 1972.2.489, tenant, du moins entre commerçants, la TVA comme partie intégrante du prix car constituant un des aléas qui peut faire varier le prix).

50399 **Renonciation à l'indexation** Le créancier du prix ne peut plus demander l'application de la clause s'il y a renoncé de façon certaine.

Tel n'est pas le cas :

- du créancier qui avait produit et avait été admis au passif du règlement judiciaire de son débiteur pour la somme stipulée en capital sans se prévaloir de la clause d'indexation (Cass. com. 26-1-1981 : JCP G 1981.IV.124) ;
- du bailleur qui a reçu sans réserves le prix du loyer pendant cinq ans avant de demander l'application de l'indexation conventionnelle (Cass. soc. 15-11-1962 : Bull. civ. IV p. 680 ; dans le même sens, Cass. civ. 26-2-1986 : GP 1986.pan.100 : après plus d'une année ; CA Paris 19-4-1974 : GP 1975.1.2 : après quelques mois ; contra CA Colmar 9-11-1978 : Rev. loyers 1979.20 : demande d'indexation après deux années et demie ; rapp. CA Paris 18-11-1977 : BT 1978.25 : demande d'indexation après plus de deux ans, bien que le débiteur ait reçu mandat d'établir les factures) ;
- du vendeur d'un fonds de commerce qui accepte le paiement sans la majoration résultant de l'indexation (Cass. com. 22-5-1984 : Bull. civ. IV p. 149).

50402 **Sanction des clauses irrégulières** Les clauses d'indexation illicites sont nulles. Elles constituent une violation de l'ordre public économique (par le germe inflationniste qu'elles peuvent comporter), laquelle est sanctionnée par la **nullité** de l'acte contrevenant

(C. civ. art. 6, 1102, al. 2 et 1162). Leur annulation obéit, dans le silence de la loi à ce sujet, aux solutions qui ont été fixées par les tribunaux.

Ainsi, le juge peut **relever d'office** cette nullité (Cass. 3e civ. 2-10-2007 n° 06-14.725 : RJDA 12/07 n° 1277).

Les juges ne peuvent pas se substituer aux parties pour remplacer une indexation illicite par un indice conforme à la loi (Cass. civ. 14-10-1975 : Bull. civ. III p. 219 ; CA Paris 10-10-1972 : D. 1973.485 note Lobin ; contra Cass. 1re civ. 9-11-1981 n° 80-11.060 : Bull. civ. I p. 281, déduisant cette possible substitution de la volonté des parties ; CA Paris 19-4-1974 : GP 1975.1.2, remplaçant un indice prohibé ; CA Lyon 9-7-1990 n° 2869-89 : D. 1991 p. 47 note Ph. Malaurie, se fondant sur la nécessité de préserver l'économie du contrat). Mais ils peuvent ne pas annuler une clause d'indexation qui se réfère à trois indices, dès lors que l'un de ces trois indices est valable (Cass. civ. 16-7-1974 : D. 1974.681 note Malaurie).

La nullité de la clause d'indexation n'entraîne l'**annulation** de la **convention** tout entière que si elle peut être considérée comme une cause déterminante de la convention.

Le caractère essentiel ou accessoire de la clause d'indexation est apprécié souverainement par les tribunaux (caractère déterminant : Cass. civ. 24-6-1971 : Bull. civ. III p. 288 ; TGI Soissons 5-1-1966 : D. 1967.704 ; caractère accessoire : Cass. civ. 22-10-1970 : JCP G 1971.II.16636 bis note Lévy, supprimant non seulement la clause mais aussi le délai de paiement dont bénéficiait l'acheteur, au motif que la clause et le délai étaient unis par un lien inséparable).

Mais les juges ne peuvent pas ne pas annuler le contrat, même si les parties ont déclaré la clause déterminante, au motif que la clause ne peut être tenue pour telle dès lors que son inefficacité ne détruit pas l'équilibre du contrat (Cass. civ. 5-2-1971 : Bull. civ. III p. 61). Ils doivent néanmoins l'annuler lorsque la clause affirmée déterminante est illicite et que cette stipulation a pour objet de réaliser une fraude à la loi en liant la validité du contrat au maintien d'une clause illicite (Cass. civ. 6-6-1972 : D. 1973.151 note Malaurie).

La **nullité** de la clause d'indexation a été jugée **absolue,** sans possibilité de confirmation (Cass. com. 3-11-1988 : D. 1989.93 note Malaurie et, sur renvoi, CA Lyon 9-7-1990 n° 2869-89 : D. 1991 p. 47 note Ph. Malaurie ; Cass. soc. 5-10-2017 n° 15-20.390 FS-PB : Bull. civ. V n° 175).

La nullité absolue est justifiée, à notre avis. En effet, l'indexation étant susceptible d'entraîner une hausse automatique des prix, est un élément de la politique monétaire qui intéresse, par le risque d'inflation qu'elle peut provoquer, l'intérêt général attaché à la bonne tenue de l'économie.

III. RÈGLEMENT D'UNE SOMME D'ARGENT

FORMULATION DE LA SOMME D'ARGENT

Sur la question de la formulation de la somme d'argent soumise à paiement, n° 50928 pour la lettre de change, n° 52212 pour le chèque, n° 55255 pour le cautionnement et n° 75689 pour l'engagement unilatéral de payer une somme d'argent. **50490**

DATE D'EXIGIBILITÉ DU PAIEMENT

Jour d'exigibilité de la dette La somme d'argent due doit être payée dès qu'elle est exigible (C. civ. art. 1342, al. 2) et seulement lorsqu'elle est exigible (cf. Cass. com. 20-10-2021 n° 20-13.661 F-B : RJDA 3/22 n° 163, censurant l'arrêt jugeant que le décès de l'emprunteur entraîne l'exigibilité du capital restant dû). **50500**

La renonciation du créancier à recouvrer le paiement qui est exigible constitue une libéralité si cette abstention est motivée par une intention libérale (Cass. 1re civ. 21-9-2022 n° 20-22.139 FS-B).

Lorsque la dette est d'origine contractuelle et correspond au prix d'une prestation, les parties sont **libres de convenir** de la date d'exigibilité de la dette par la fixation d'un terme suspensif (n° 13403), sous réserve des dispositions qui prévoient des délais déterminés de paiement, telle celle de l'article 1653 du Code civil, qui permet à l'acheteur de suspendre le paiement et celle de respecter les plafonds prévus par la réglementation des délais de paiement interentreprises (C. com. art. L 441-10 s. ; voir MCC nos 28230 s.).

Lorsque les parties se sont réservées dans un contrat de vente la faculté de choisir à un moment déterminé si le prix serait payable en totalité ou en partie comptant, le juge ne peut pas se substituer à elles pour exercer ce choix en leur nom et, à défaut de choix par les parties, la vente ne peut être alors tenue pour parfaite (Cass. com. 7-6-1971 : Bull. civ. IV n° 161). Si les parties sont convenues d'un paiement comptant d'une fraction du prix dû, le bénéficiaire qui a encaissé un chèque correspondant à la totalité du prix que lui a adressé le prêteur de l'acquéreur sans que cette condition soit respectée en doit le remboursement (Cass. com. 15-7-1986 n° 85-13.463 : Bull. civ. IV n° 162).

Il est ainsi **courant** que le prix d'un faible montant soit stipulé **payable intégralement à la livraison,** autrement dit « comptant », ce qui est le cas même si les parties sont convenues d'un versement immédiat et du versement du solde en trois termes (CA Rennes 8-9-1994 : JCP G 1996.IV.213, écartant la qualification de vente à crédit et de vente dont le paiement est échelonné). Le vendeur peut alors refuser la livraison tant qu'il n'a pas encaissé le chèque remis (CA Paris 4-4-1960 : D. 1960.410).

Un paiement par lettre de change, à échéance si brève soit-elle, n'est pas un paiement comptant car un certain délai s'écoule nécessairement entre la remise de la lettre et son encaissement (Cass. com. 15-11-1977 : Bull. civ. IV p. 225 ; CA Versailles 1-10-1986 : GP 1987.som.303 ; aussi Cass. com. 26-2-1969 : Bull. civ. IV p. 76).

Mais, pour un grand nombre de transactions, le prix est en général exigible **au terme fixé,** qui peut comporter des échéances échelonnées.

À l'égard d'une dette payable par termes successifs, la prescription se divise comme la dette elle-même et court à l'égard de chacune de ses fractions à compter de son échéance, de sorte que, si l'action en paiement des mensualités impayées se prescrit à compter de leurs dates d'échéance successives, l'action en paiement du capital restant dû se prescrit à compter de la déchéance du terme, qui emporte son exigibilité, y compris en cas de décès de l'emprunteur (Cass. com. 20-10-2021 n° 20-13.661 F-B : RJDA 3/22 n° 163, censurant l'arrêt jugeant que le décès de l'emprunteur entraîne l'exigibilité du capital restant dû ; Cass. com. 19-1-2022 n° 20-14.522 F-D : RJDA 7/22 n° 431, censurant l'arrêt qui a fixé le début de la prescription à la date de la déchéance du terme).

Sauf clause contraire ou l'organisant (par exemple en matière de prêt, n° 41039), le paiement peut être **anticipé** à condition d'éteindre l'**intégralité** de la dette (n° 50292).

Lorsque le créancier a accepté un acompte, il doit le restituer si le contrat qui l'a prévu est résolu (CA Colmar 2-7-1971 : D. 1973.IR.206), s'il est annulé (Cass. 1e civ. 27-6-1978 n° 76-10.145 : Bull. civ. I n° 241) ou caduc avant d'avoir été exécuté, par exemple pour dédit (n° 11968) ou défaillance de la condition (n° 13460) ; celui qui a reçu l'acompte ne peut prétendre le conserver de plein droit à titre de dommages-intérêts (Cass. civ. 23-3-1966 : D. 1966.397).

Le paiement est aussi anticipé en cas de **déchéance du terme** fixé (n° 54103).

50506 **Délais de grâce** Le débiteur peut **demander au juge** des délais pour s'acquitter des sommes qu'il doit (C. civ. art. 1343-5). Le délai de grâce affecte donc l'exigibilité de la créance ; il en résulte que l'existence de la créance n'est pas mise en cause tant qu'elle n'est pas contestée.

L'octroi de délai sur le fondement de ce texte est **exclu** :

– lorsque la dette est constatée par une lettre de change ou un billet à ordre (C. com. art. L 511-81, al. 2 et L 512-3) ;

– lorsque la dette est fiscale (TGI Créteil 4-11-1993 : GP 1994.som.354 : matière ne relevant pas de la compétence judiciaire) ou consiste en cotisations de sécurité sociale (Cass. soc. 10-10-1996 n° 94-20.887 : RJS 11/96 n° 1206) ;

– lorsque le créancier gagiste fait procéder à la vente publique des objets donnés en gage (Cass. com. 10-12-1979 : Bull. civ. IV p. 259) ;

– lorsque la créance a été l'objet d'une saisie-attribution en raison de l'effet attributif immédiat de la saisie (Cass. 2e civ. 4-10-2001 n° 00-11.609, 2e esp. : RJDA 2/02 n° 198 ; CA Saint-Denis de la Réunion 14-3-2008 : JCP G 2008.IV.2581) ; mais l'octroi de délai est possible en cas de saisie-vente (Cass. soc. 4-10-2001 n° 00-12.917 : RJDA 2/02 n° 198) ;

– lorsque la juridiction pénale statue sur la réparation du dommage causé par l'infraction (Cass. crim. 17-1-1991 : Bull. crim. p. 82) ;

– lorsque le délai contractuel prévu est de rigueur (n° 13506).

La loi disposant que « le juge » peut octroyer des délais, elle accorde, sauf dans le cas où la loi désigne le juge compétent, à **tout juge** le pouvoir d'accorder des délais de grâce.

Pour octroyer un délai, le juge doit **tenir compte** de la situation du débiteur et des besoins du créancier (C. civ. art. 1343-5, al. 1).

Il détient un pouvoir discrétionnaire et n'a pas à motiver spécialement sa décision (Cass. 1e civ. 24-10-2006 n° 05-16.517 : RJDA 3/07 n° 288 : à propos d'un refus de délai).

Le délai de grâce ne peut être accordé que par la décision dont il est destiné à différer l'exécution (CPC art. 510, al. 1). En cas d'urgence, le juge des référés peut accorder le sursis (CPC art. 510, al. 2) ; le juge de l'exécution est compétent si un commandement ou un acte de saisie a été signifié, sauf s'il s'agit d'une saisie-attribution (Cass. 2e civ. 4-10-2001 précité).

Le juge fixe la **durée** du délai en fonction des circonstances, mais il ne peut aller au-delà de deux ans (C. civ. art. 1343-5, al. 1).

Il ne saurait accorder successivement plusieurs délais inférieurs à deux ans (cf. Cass. civ. 6-7-1959 : D. 1959.393, qui l'a jugé avant que le maximum autorisé soit porté d'un an à deux ans).

La décision qui accorde le délai de grâce **suspend** les procédures d'exécution qui auraient été engagées par le créancier ; les majorations d'intérêts ou les pénalités encourues à raison du retard cessent d'être dues pendant le délai fixé par le juge (C. civ. art. 1343-5, al. 4). Mais la compensation reste possible (art. 1347-3), ainsi que la capitalisation des intérêts dont le cours n'est pas pour autant interrompu (Cass. com. 19-6-2001 n° 98-11.941 : RJDA 12/01 n° 1256).

Par ailleurs, le **juge peut** :

– par décision spéciale et motivée, prescrire que les sommes correspondant aux échéances reportées porteront **intérêts à un taux réduit** qui ne peut pas être inférieur au taux légal ou que les paiements s'imputeront d'abord sur le capital (C. civ. art. 1343-5, al. 2) ; cette faculté ne joue que si le juge a au préalable accordé des délais de paiement et en a fixé la durée (Cass. 1e civ. 19-9-2007

n° 06-10.629 : Bull. civ. I n° 289) ; il faut un report des échéances des sommes dues et non pas un simple échelonnement du paiement des sommes venues à échéance (CA Rouen 15-6-1994) ;
– subordonner les mesures qu'il prend en faveur du débiteur à l'**accomplissement** par celui-ci d'actes propres à faciliter ou à garantir le paiement de la dette (C. civ. art. 1343-5, al. 3).

Toute clause qui déroge aux règles ci-dessus exposées est réputée non écrite (C. civ. art. 1343-5, al. 5).

Le délai de grâce **court** du jour du jugement lorsque celui-ci est contradictoire et du jour de la notification du jugement dans les autres cas (CPC art. 511 ; pour une application du cours du délai à compter du jugement contradictoire, et sans notification de celui-ci, Cass. 3e civ. 3-12-2003 n° 1354 : RJDA 3/04 n° 276) ; il expire le dernier jour à 24 heures, sauf prorogation au premier jour ouvrable suivant si le dernier jour est un samedi, un dimanche ou un jour férié chômé (Cass. civ. 17-7-1996 : RJDA 11/96 n° 1301).

DATE D'EXÉCUTION DU PAIEMENT

Le paiement n'est pas exécuté tant que le créancier n'a pas reçu le montant intégral de sa créance (C. civ. art. 1342-4, al. 1) de manière effective à la date d'exigibilité de la somme attendue (cf. Cass. civ. 3-2-1988 : GP 1988.pan.91, considérant qu'une partie qui n'a pas reçu les sommes, lesquelles ont été versées dans les mains d'un notaire, demeure créancière). 50509

Sur le paiement en retard, n° 53800.

Le jour auquel le **paiement** est **réputé fait** dépend du mode de paiement utilisé. En dehors du cas du virement (n° 50809) et du cas du chèque (n° 52513) et en l'absence de clause contraire convenue par les parties, le règlement est réputé réalisé à la date à laquelle les fonds sont mis, par le débiteur, à la disposition du bénéficiaire ou de son subrogé (C. com. art. L 441-9, I-al. 5), soit le jour où le débiteur consent à l'exécution de l'opération, peu important la date de réception des fonds (C. mon. fin. art. L 133-6 ; Cass. com. 30-6-2021 n° 20-18.759 FS-PBR : RJDA 12/21 n° 788).

Après l'échéance, le paiement est toujours recevable, même en cours d'instance en recouvrement, aucune disposition de s'y opposant.

LIEU DU PAIEMENT

Le paiement doit être fait, à défaut d'une autre désignation par la loi, le contrat ou le juge : 50510
– pour les obligations de sommes d'argent, au domicile du créancier (C. civ. art. 1343-4), le paiement étant alors dit « portable » ;

Pour une exception légale, n° 27150.

– pour les autres obligations, au domicile du débiteur (art. 1342-6), le paiement étant alors dit « quérable ».

Sur le paiement au domicile du débiteur, il avait été jugé antérieurement les solutions suivantes qui, à notre avis, sont transposables car elles sont compatibles avec l'article 1342-6 :
– le débiteur n'avait pas renoncé à payer en son domicile du seul fait qu'il avait gardé le silence à la réception de la facture reçue dans laquelle le créancier désignait un autre lieu de paiement (Cass. com. 27-2-1996 : RJDA 6/96 n° 743) ni du seul fait d'avoir effectué trois premiers paiements au domicile du créancier, sur la sollicitation de ce dernier (Cass. com. 5-10-2004 n° 1471 : RJDA 3/05 n° 349) ;
– l'élection de domicile n'équivalait pas automatiquement à fixation du lieu du paiement au domicile choisi (Cass. civ. 19-10-1983 : GP 1984.pan.107) ; tout dépendait des stipulations des parties : par exemple, élire domicile « au domicile du bailleur pour l'exécution du présent contrat » emportait fixation du lieu du paiement à ce domicile (Cass. civ. 14-12-1977 : JCP G 1978.IV.49) comme le fait que les locataires avaient toujours adressé les paiements en ce lieu, la mention portée par eux au dos des chèques ou des mandats réservant leurs droits ne leur permettant pas de dénoncer unilatéralement l'accord des parties sur le lieu du paiement (Cass. civ. 23-3-1977 : D. 1977.IR.281) ;
– le débiteur ne pouvait pas, pour justifier son défaut de paiement, soutenir que le paiement étant quérable, il n'était pas tenu de payer en l'absence de réclamation du créancier (Cass. 3e civ. 24-11-2004 n° 03-15.807 : RJDA 2/05 n° 104) ;
– le paiement devait être fait au domicile du créancier en cas de condamnation par le juge à payer dans un délai déterminé (Cass. req. 3-1-1927 : DH 1927.33 ; aussi Cass. com. 22-5-1984 n° 82-15.783 : Bull. civ. n° 173 jugeant que l'octroi de délai de paiement à des échéances déterminées dans un pacte concordataire mettant fin à un règlement judiciaire rendait de plein droit portable le paiement des dividendes prévus par le pacte).

Il est particulièrement recommandé aux parties à un **contrat international** de préciser expressément le lieu de paiement car la dette est, sauf clause contraire, payable dans la monnaie du lieu de paiement (n° 50520), ce qui met les risques de change à la charge du débiteur (pour un exemple, Sentence CCI n° 1704 en 1977 : Clunet 1978.977) ; de plus, la dette est quérable ou portable selon les lois applicables. 50511

Il est fréquent dans ces contrats de prévoir, lorsque des crédits ont été consentis, que les paiements auront lieu auprès d'une banque, dite « trustee », qui se charge de recueillir les sommes revenant aux fournisseurs des crédits.

On ne saurait déduire de ce que le paiement était prévu en francs français « transférables » que la dette était portable (Sentence CCI n° 1704 en 1977 précitée).

FACTURATION

50515 Tout achat d'un produit ou toute prestation de services pour une activité professionnelle **doit donner lieu à une facture** (C. com. art. L 441-9, I-al. 1). Une facture conforme aux spécifications de la loi française doit être établie pour les opérations d'importation (Cass. crim. 18-6-1998 : RJDA 11/98 n° 1285). Le vendeur, ou le prestataire de services, est tenu de délivrer la facture **dès** la **réalisation** de la **vente** ou de la prestation de service ; l'acheteur doit la réclamer ; la facture doit être rédigée en double exemplaire ; le vendeur et l'acheteur doivent en conserver chacun un exemplaire (C. com. art. L 441-9, I-al. 3 ; pour une application du texte aux avocats, Cass. 2e civ. 3-5-2018 n° 17-13.167 F-PB).

Sur la nécessité de déterminer qui est exactement vendeur (ou prestataire de services) lorsque les prestations émanent d'une société membre d'un groupe : Cass. crim. 14-4-1986 : Bull. crim. p. 324.

La facture doit être rédigée **en français** (Loi 94-665 du 4-8-1994 art. 2, al. 1) et doit comporter les **mentions** prescrites par l'article L 441-9, I-al. 4 à 6 du Code de commerce, sous peine de l'amende administrative prévue au même article en point II.

Une facture peut être libellée, à notre avis, **en une devise étrangère,** même entre entreprises françaises pour des fournitures en France, sous réserve que cette stipulation ne constitue pas une indexation illicite (n° 50393). Certes, la loi impose l'indication du prix sur la facture et le paiement en euros fait sur le territoire français (n° 50520) mais n'exige pas que ce prix soit libellé en euros (cf. C. com. art. L 441-3 ; CA Paris 3-6-1994 : RJDA 11/94 n° 1153, qui a admis que le capital d'une société soit exprimé en écus, dès lors que dans les comptes la contre-valeur en francs français de ce capital était indiquée, bien que l'article L 123-22 du Code de commerce applicable disposât que les documents comptables étaient établis en francs et en langue française). Par ailleurs, lorsque les parties en conviennent ainsi, le paiement en monnaie étrangère est, à notre avis, licite, même s'il a lieu sur le territoire français (n° 50520).

Toute infraction aux dispositions qui précèdent est punie d'une **amende** de 75 000 € pour une personne physique et 375 000 € pour une personne morale (C. com. art. L 441-6, al. 1), le vendeur et l'acheteur étant indistinctement tenus de leur respect (Cass. crim. 20-6-1994 : RJDA 10/94 n° 1056).

Les fausses factures peuvent entraîner application des sanctions de la banqueroute (Cass. crim. 16-12-1985 : BRDA 7/86 p. 10 ; Cass. crim. 6-12-1993 n° 93-81.475 : RJDA 2/94 n° 226) ou de faux, escroquerie et recel (T. corr. Paris 5-7-1985 : GP 1985.774 note Marchi).

MONNAIE OU DEVISE DE PAIEMENT

50520 **Monnaie à utiliser** Le paiement, en France, a lieu en euros (C. civ. art. 1343-3, al. 1). Par « France », à défaut de disposition définissant la portée juridique de ce terme, il faut entendre certainement l'Hexagone et les départements ou régions d'outre-mer qui sont des territoires français.

Cette disposition entérine les solutions jurisprudentielles qui retenaient auparavant que la monnaie de paiement dépendait de la loi du lieu du paiement (Cour permanente de justice internationale 12-7-1929 : DP 1930.2.45 ; Cass. req. 17-2-1937 : DH 1937.234 ; Cass. civ. 7-10-1997 : RJDA 2/98 n° 210 ; CA Bordeaux 8-3-1990 : D. 1990.550 note Malaurie ; CA Versailles 6-3-2003 n° 00/07267 : Bull. inf. C. cass. 2003 n° 1420).

Le paiement doit être fait en euros au lieu et place du franc français ayant cours légal au jour de l'espèce, quoique la somme due en remboursement d'un prêt soit exprimée en francs suisses dès lors que le contrat n'oblige pas le débiteur à payer en devises étrangères, mais seulement en francs français selon le cours des devises, peu important que le contrat ne soit pas international (Cass. civ. 10-5-1966 : D. 1966.497 note Malaurie).

Le contrat interne, en l'espèce un prêt, est nul s'il stipule un paiement en une devise autre que l'euro (Cass. 1re civ. 11-7-2018 n° 17-19.874 F-D : RJDA 1/19 n° 37).

Néanmoins, un paiement en France peut être fait :

1. en **monnaie électronique** (C. mon. fin. art. L 315-1 s.), dite aussi monnaie crypto-actifs ; notamment la « monnaie électronique » en usage croissant sur Internet, dite « bitcoins », a été reconnue au sein de l'UE comme moyen de paiement, non légal, mais accepté par les parties en tant que moyen de paiement alternatif (CJUE 22-10-2015 aff. 264/14 : RTD com. 2016.830 obs. Legeais) ; elle a été aussi reconnue en France (CA Paris 26-9-2013 n° 12/00161, jugeant qu'un prestataire qui reçoit des fonds d'acheteurs de bitcoins pour les remettre aux vendeurs au prix de la valeur qu'ils leur donnent exerce une prestation de paiement pour le compte de tiers) ; sur la nécessité pour opérer sur les crypto-actifs de disposer de l'agrément de prestataires de services financiers, Position 2014-P-01 de l'ACPR : GP 2015 1er mai ;

2. en **monnaie locale** (C. mon. fin. art. L 311-5) ; mais il a été interdit à une commune de payer dans la monnaie locale « eusko », les règles de compétence en matière de comptabilité publique s'y opposant car l'association chargée de la conversion dans cette monnaie locale n'est pas habilitée à régler certaines dépenses publiques (CAA Bordeaux 4-5-2018 n° 18BX01306) ;

3. en **une autre monnaie** si l'obligation ainsi libellée procède d'un instrument financier à terme ou d'une opération de change au comptant (C. mon. fin. art. L 112-5-1) ;

4. en **une autre devise** si l'obligation ainsi libellée procède d'une opération à caractère international ou d'un jugement étranger ; les parties peuvent convenir que le paiement aura lieu en devise s'il intervient entre professionnels, lorsque l'usage d'une monnaie étrangère est communément admis pour l'opération concernée (C. civ. art. 1343-3, al. 2).

La première phrase de l'article 1343-3, al. 2 précité permet incontestablement aux parties de choisir la monnaie de paiement lorsque ce dernier entraîne un transfert de fonds par-delà les frontières du payeur. La seconde phrase de cet alinéa le permet aussi pour une opération non internationale de la part des professionnels qui suivent un usage, comme il ressort de la volonté du législateur exprimée sans équivoque au cours des débats au Sénat (Séance du 1-2-2018 p. 839, www.senat.fr/seances/s2018 02/s20180201/s20180201002.html).

En dépit de ces dispositions, il est recommandé aux parties de libeller le paiement en euros si elles veulent réduire le risque de tomber sous le coup d'une poursuite par un procureur des États-Unis pour usage du dollar. Avant d'user du dollar, elles doivent aussi tenir compte du règlement UE 2271/96 du 22 novembre 1996 (modifié par règl. UE 2018-110 du 3-8-2018 ; Cass. 2e civ. 16-5- 2019 n° 18-12.006 F-D), dit « loi de blocage », qui oblige les contractants de l'UE à informer la Commission dès lors qu'ils sont affectés par l'une des mesures extraterritoriales des États-Unis visées et à ne pas se conformer à celles-ci. Cette interdiction de respecter la législation américaine valant également à l'égard des décisions de justice ou des sentences arbitrales fondées sur ces mesures extraterritoriales, il s'ensuit qu'aucune décision (administrative, judiciaire ou arbitrale) prise par une autorité d'un pays tiers ne devrait être reconnue ou exécutée dans l'ordre juridique de l'UE, sauf si la Commission de l'UE a autorisé à titre exceptionnel l'opération.

L'opération a un caractère international dès lors que le paiement est dû en exécution d'un contrat international.

Cette disposition rend caduque la jurisprudence qui fondait la même solution non pas sur le contrat international mais sur l'existence d'un règlement international qui impliquait un mouvement de flux et de reflux des sommes payées par-delà les frontières des pays intéressés par le paiement (sur cette notion, n° 51050 ; pour des applications, Cass. req. 2-8-1926 : Clunet 1927.103 ; CA Bordeaux 8-3-1990 : D. 1990.550 et T. com. Paris 2-11-1998 : GP 1999.528 ; TGI Nanterre 11-3-2003 : Rev. arb. 2004.103).

Les parties ont alors intérêt à clairement fixer la monnaie de paiement qu'elles choisissent si elles veulent éviter l'interprétation de leur volonté par le juge (pour un exemple d'interprétation, Cass. 3e civ. 22-4-1976 n° 75-11.496 : Bull. civ. III n° 163 : déduisant de la conclusion en Suisse d'un contrat de location de pâturages situés en France que les parties, résidents suisses, avaient choisi la monnaie du territoire où le contrat avait été conclu).

Sur l'exception du paiement de la somme mentionnée dans une lettre de change en monnaie n'ayant pas cours légal au lieu du paiement, n° 50928.

Conversion de la monnaie de compte ou de paiement en monnaie du lieu du règlement Les parties **peuvent prévoir,** pour le cas où une conversion de monnaie serait nécessaire, le **taux** de conversion des monnaies en cause **ou,** à défaut, la **date** à laquelle se fera la conversion, le cours du change à cette date étant alors applicable. Par exemple, elles peuvent retenir le jour de l'échéance, celui de la mise en demeure ou celui du paiement effectif, voire, comme cela se pratique parfois dans les contrats internationaux, permettre au créancier de choisir, au moment du paiement effectif, entre le jour de l'échéance et le jour du paiement. La stipulation doit être précise. **50523**

Jugé par exemple que l'intermédiaire qui avait négocié un contrat de construction de logements en Libye fixant un taux de change, et qui devait recevoir une rémunération calculée en francs français sur les sommes encaissées par l'entrepreneur, n'était pas soumis pour ce calcul au taux fixe prévu par ledit contrat, l'entrepreneur n'apportant pas la preuve qu'un taux fixe avait été aussi contractuellement prévu pour cette rémunération (Cass. com. 24-6-1986 : BRDA 15-16/86 p. 22).

Si les parties n'ont **rien stipulé,** la **date** à retenir est celle du **jour du paiement,** sauf si le retard apporté au remboursement de sommes indûment perçues est imputable à la partie obligée, les juges pouvant alors choisir le jour où cette partie avait indûment perçu la somme litigieuse (Cass. 1e civ. 20-5-2009 n° 07-21.847 : Bull. civ. I n° 101).

Si le retard est imputable au débiteur, le jour de la conversion peut être fixé par le **juge** au jour où le débiteur du remboursement de sommes indûment perçues avait indûment perçu les sommes litigieuses (Cass. 1e civ. 20-5-2009 précité). Dans le même cas, le **créancier** peut choisir la date de conversion et retenir soit le jour où il a mis le débiteur en demeure (Cass. 2e civ. 29-5-1991 : RJDA 8-9/91 n° 685), soit le jour de l'échéance, soit le jour du jugement, car le retard ne doit pas lui préjudicier (CA Paris 23-2-1996 : GP 1997.som.149).

50526 **Condamnation judiciaire** Les tribunaux du lieu du paiement, tenus de statuer dans la monnaie y ayant cours (n° 50520), prononcent la condamnation dans la monnaie demandée mais en prévoyant que le paiement sera de la contre-valeur en francs français (par exemple, Cass. crim. 23-2-1988 : GP 1988.799 note Doucet ; dans le même sens, Cass. civ. 11-10-1989 : Rev. arb. 1990.901 obs. Moreau ; CA Paris 15-10-1984 : BRDA 23/84 p. 13).

Sur les condamnations à dommages-intérêts, n° 15330.

IMPUTATION DES PAIEMENTS

50530 Sauf dans certains cas particuliers (notamment, en cas de paiement des créances dans le cadre de la procédure collective ou dans le cas envisagé par l'article 2303, al. 2 du Code civil), lorsque le débiteur est tenu envers le créancier de plusieurs dettes, les versements partiels qu'il effectue éteignent les dettes dans l'**ordre de priorité fixé par les parties** ou, à défaut, dans l'ordre fixé par les dispositions de l'article 1342-10 du Code civil. Le **régime légal** de l'imputation est **supplétif** et les parties sont libres de choisir elles-mêmes l'ordre d'imputation des paiements partiels (Cass. com. 21-11-1984 : BRDA 5/85 p. 17 ; Cass. 1e civ. 29-10-2002 n° 00-11.958 : Bull. civ. I n° 252).

50531 **Imputation conventionnelle** Le juge ne peut pas appliquer les règles légales d'imputation des paiements aux paiements partiels faits par le débiteur sans rechercher si les parties ne les ont pas écartées expressément ou tacitement (Cass. com. 25-1-2000 : RJDA 4/00 n° 482). Si telle est leur intention, elles doivent être précises dans l'expression de leur commune intention, car les juges interprètent leur clause strictement.

Il a été notamment admis que les parties peuvent convenir, par exemple, d'imputer le paiement sur une dette non échue par préférence à une dette échue et de laisser ainsi survivre une dette échue garantie par une hypothèque (CA Grenoble 25-6-1892 : DP 1893.2.425).

Si le juge doit donner effet à la volonté des parties, encore faut-il que celle-ci soit exprimée clairement et sans équivoque. Ce n'est pas toujours le cas. Le contentieux de l'imputation révèle le contraire, le juge devant souvent interpréter des formules incertaines.

Jugé par exemple :

– dans un cas où un acte de cession de parts prévoyait que le passif qui viendrait à se révéler après la cession serait déduit du prix de vente et où ce prix devait être payé en plusieurs fractions dont le montant était indexé, que le passif couvert par la garantie devait s'imputer sur le prix avant toute indexation (Cass. com. 28-6-1983 : BRDA 21/83 p. 8) ;

– en présence d'une clause de nantissement d'un bon de caisse prévoyant qu'une banque encaisserait les produits du bon et les imputerait, « s'il y a lieu », sur sa créance, que cette imputation n'était possible que si cette créance était exigible lors de l'échéance du bon (Cass. com. 15-10-1991 : RJDA 12/91 n° 1054) ;

– que les parties n'étaient pas convenues d'un ordre d'imputation de sommes litigieuses dès lors que les clauses du contrat de nomination d'un agent d'assurance auquel la compagnie avait consenti un prêt prévoyaient, à la fin du contrat, l'imputation sur l'indemnité pouvant lui revenir à ce moment-là du solde du prêt restant dû le cas échéant et celle du solde global des comptes de gestion (Cass. 1e civ. 21-5-1996 : RJDA 12/96 n° 1509, faisant application de l'ex-art. 1256, devenu art. 1342-10, al. 2) ;

– dans un cas où le remboursement d'un prêt bancaire consenti à une société était garanti par deux cautionnements, chacune des cautions ayant garanti solidairement la moitié du prêt, que la moitié des sommes déjà remboursées par le débiteur garanti ne pouvait pas être déduite du montant de l'engagement de l'une des cautions, dès lors qu'aux termes du contrat les paiements faits par le débiteur s'imputaient prioritairement sur la dette non cautionnée et que les cautionnements, souscrits séparément, par actes distincts sans référence l'un à l'autre, s'additionnaient mais ne se confondaient pas, de sorte que la part de la dette sur laquelle ne portait pas l'engagement de la caution poursuivie en paiement était, à son égard, une dette non cautionnée (Cass. com. 27-3-2012 n° 11-13.960 : RJDA 7/12 n° 711).

50532 **Imputation légale** La loi laisse au débiteur la priorité de choisir l'imputation qui lui convient, l'ordre qu'elle établit ne devant être appliqué que s'il n'a pas fait son choix.

1. Le **débiteur** a le droit d'**indiquer,** lorsqu'il paye, quelle dette il entend acquitter (C. civ. art. 1342-10, al. 1). Il en est ainsi lorsqu'il a spécifié en payant la dette qu'il entendait éteindre, cette indication suffisant (Cass. 1e civ. 4-11-1968 : Bull. civ. I n° 261), ou lorsque son comportement non équivoque permet d'identifier la dette qu'il a voulu éteindre (Cass. com. 9-10-2019 n° 18-15.793 F-D). Son choix est opposable à la caution hypothécaire, que celle-ci en ait été informée ou non (Cass. 1e civ. 24-10-2019 n° 18-15.852 F-PBI : RJDA 3/20 n° 171).

La volonté du débiteur n'est pas discrétionnaire, plusieurs dispositions rédigées en forme impérative devant être considérées comme **d'ordre public,** tant par leur formulation que par le bien-fondé de l'intérêt protégé. Ainsi, le débiteur doit :

– ne **pas avoir accepté** l'imputation faite par le créancier sur la quittance qu'il lui a remise ;

Cette solution, non expressément prévue par l'article 1342-10, est applicable, à notre avis, le débiteur exerçant de la sorte la faculté de choix que l'article 1342-10, al. 1, lui a reconnue. L'intérêt du débiteur est protégé conformément au vœu de la loi qui lui accorde la priorité de choix, laquelle interdit seulement que le créancier lui impose son choix (CA Nancy 3-11-2008 : JCP G 2009.IV.1118) ou mette une condition à la validité de son choix (Cass. 1e civ. 4-11-1968 précité, créancier gagiste voulant subordonner l'imputation à la demande de la mainlevée du gage).

– verser une somme **au moins égale** au montant de la dette sur laquelle le débiteur désire l'imputer si le créancier lui refuse un paiement partiel car il ne peut lui imposer un tel paiement (C. civ. art. 1342-4 ; Cass. 1e civ. 27-11- 2019 n° 18-21.570 F-PBI : RJDA 3/20 n° 170) ;

Mais dans un cas où un créancier était titulaire de plusieurs créances envers le même débiteur dont une était cautionnée et où la caution avait invoqué la compensation entre sa dette et une créance du débiteur envers le créancier, ce dernier ne peut pas refuser cette demande aboutissant à un paiement partiel s'il n'établit pas que les sommes lui restant dues constituaient avec la créance du débiteur une seule dette cautionnée (Cass. com. 4-10-2005 n° 1177 : RJDA 1/06 n° 66).

– imputer son versement sur les **dettes échues,** car il doit respecter le terme, sauf si celui-ci a été stipulé en sa faveur (n° 13521) ;

– si la dette produit intérêts, imputer son paiement **d'abord sur les intérêts** (C. civ. art. 1343-1, al. 1) ; il ne peut en être autrement qu'avec l'accord du créancier quoique la nouvelle disposition, contrairement à la précédente (ex-art. 1254), ne l'affirme pas, car la règle ne tend qu'à la protection des intérêts du créancier (Cass. com. 20-10-1992 n° 90-13.072 : Bull. civ. IV n° 319 ; Cass. 1e civ. 10-7-1995 n° 92-13.982 : RJDA 3/96 n° 378 ; CE 16-4-2008 n° 306180 : JCP E 2008.2030 note Zarka) ;

Il en est ainsi que le paiement soit effectué par le débiteur lui-même ou par un tiers (Cass. com. 5-7-1988 : Bull. civ. IV p. 160 : paiement par leurs signataires d'effets de commerce remis à l'escompte à une banque par le titulaire du compte qui invoquait l'imputation).

Mais il faut qu'il s'agisse de l'intérêt d'un capital, ce qui n'est pas le cas d'une pénalité prévue par un prêt sanctionnant le défaut de remboursement (Cass. com. 10-7-1962 : Bull. civ. III n° 354), et que la somme à imputer corresponde à un paiement, ce qui n'est pas le cas de la somme correspondant à une déchéance du droit aux intérêts, cette somme devant dès lors être imputée sur le capital restant dû (Cass. 1e civ. 18-2-2009 n° 08-12.584 : RJDA 7/09 n° 668).

– ne pas choisir telle dette dans le **but unique de nuire** à un autre créancier (Cass. req. 8-6-1901 : DP 1907.1.473 ; Cass. civ. 14-11-1922 : DP 1925.1.145 note Josserand).

2. À défaut d'imputation par le débiteur, ou de celle acceptée par lui, celle-ci ne peut être faite que sur les **dettes échues** et parmi celles-ci dans les termes suivants (C. civ. art. 1342-10, al. 2) :

L'acceptation de prélèvements bancaires n'implique pas en elle-même, à défaut de stipulation contractuelle expresse, que les débiteurs aient entendu renoncer aux dispositions de l'ex-article 1256 (désormais art. 1342-10, al. 2) du Code civil (Cass. 3e civ. 10-3-2004 n° 03-10.807 : RJDA 6/04 n° 746).

– sur celle que le débiteur a au moment du paiement **le plus d'intérêt** à acquitter, peu important les dates d'échéance des dettes (Cass. civ. 20-4-1967 : D. 1967.549) et que les créances en concours soient des créances hypothécaires, la priorité donnée au créancier le premier inscrit par l'ex-article 2425 (désormais art. 2425) du Code civil ne permettant pas à celui-ci qui détient plusieurs créances de priver le débiteur de choisir la dette qu'il a le plus d'intérêt à acquitter (Cass. com. 12-6-2014 n° 13-18.595 : RJDA 12/14 n° 937) ;

Les juges du fond apprécient souverainement cet intérêt (Cass. 1e civ. 15-11-2005 n° 02-21.236 : Bull. civ. I n° 416). Par exemple :

– pour éviter le jeu éventuel de la clause résolutoire d'un bail pour défaut de paiement, des locataires avaient intérêt à ce que le montant total des deux chèques qu'ils avaient remis avant même le commandement de payer fût imputé sur les termes de loyers visés dans celui-ci et non sur les dettes plus anciennes (cf. Cass. civ. 5-1-1977 : GP 1977.2.596) ou sur les loyers du mois correspondant par préférence aux loyers antérieurs impayés (Cass. civ. 20-4-1967 : D. 1967.549) ;

– le débiteur peut avoir intérêt à imputer le paiement sur une dette garantie par une sûreté (Cass. com. 4-11-1986 : Bull. civ. IV p. 174) ou sur la dette dont le délai de prescription est le plus long et qui génère des intérêts à taux élevé (CA Paris 24-1-1997 : BTL 1997.729).

– sur **la plus ancienne,** si les dettes présentes sont à égalité d'intérêt (Cass. 3e civ. 10-3-2004 n° 03-10.807 précité) ; par exemple, la dette relative au prix du transport est plus ancienne que la dette résultant des immobilisations des camions (CA Lyon 9-5-2019 n° 17/05837) ;

– **proportionnellement,** si elles sont égales à tous points de vue.

Les différentes livraisons successives, de mois en mois, en application d'une vente de marchandises, sujettes à des fluctuations de cours, ne peuvent pas, suivant les usages du commerce, être tenues pour des obligations d'une égale nature et être soumises à la règle de l'article ex-1256 du Code civil (désormais art. 1342-10, al. 2) (Cass. req. 5-8-1929 : S. 1930.1.212).

L'imputation légale a pour **effet** d'éteindre la dette et les **sûretés** qui lui étaient accessoires ; une imputation postérieure au paiement ne peut pas faire revivre des sûretés éteintes par suite de l'imputation légale (Cass. civ. 11-5-1977 : Bull. civ. I p. 177). **50533**

Mais les sûretés demeurent tant que la dette n'est pas entièrement éteinte, même si la sûreté ne porte que sur une partie de la dette, les paiements partiels faits par le débiteur s'imputant d'abord, sauf convention contraire, sur la portion de la dette non garantie (Cass. com. 3-10-2000 nº 97-14.973 : RJDA 1/01 nº 83). Mais lorsque la sûreté a été réalisée, par exemple un gage qui garantit partiellement une dette, le versement résultant de sa réalisation s'impute sur le montant pour lequel la sûreté a été consentie (Cass. ass. plén. 6-11-2009 nº 08-17.095 : RJDA 8-9/10 nº 877). Par ailleurs, depuis le 1er janvier 2022, dans les rapports entre le **créancier professionnel** et la **caution personne physique,** les paiements effectués par le débiteur entre le premier incident de paiement non régularisé et la date à laquelle la caution en a été informée sont imputés prioritairement sur le principal de la dette (C. civ. 2303, al. 2 ; voir nº 55421).

PREUVE DU PAIEMENT

50535 La preuve du paiement peut être rapportée par tous moyens (C. civ. art. 1342-8 ; auparavant Cass. 1e civ. 6-7-2004 nº 01-14.618 : Bull. civ. I nº 202 ; Cass. 2e civ. 9-12-2021 nº 20-15.571 F-D), même à l'encontre d'une reconnaissance de dette (Cass. 1e civ. 30-4-2009 nº 08-13.705 : D. 2009.2722.som. obs. Delebecque ; Cass. 1e civ. 16-9-2010 nº 09-13.947 : RJDA 3/11 nº 264).

Le plus souvent, cette preuve est établie par un écrit, appelé **quittance** ou reçu, ce document devant être rédigé en français (Loi 94-665 du 4-8-1994 art. 2, al. 1).

À l'égard d'une partie non commerçante, il ne peut pas être prouvé contre cet écrit par présomptions, sauf commencement de preuve par écrit ou impossibilité de se procurer un écrit (Cass. 1e civ. 4-11-2011 nº 10-27.035 : D. 2012.63 note François ; Cass. 3e civ. 5-3-2020 nº 19-12.994 F-D : absence de preuve contraire) ; sous ces conditions, il peut être prouvé contre la quittance délivrée par un notaire d'une somme payée hors de sa comptabilité (Cass. 3e civ. 27-2-2008 nº 07-10.222 : RJDA 7/08 nº 846).

La mention « sous toutes réserves » portée sur la quittance ne dispense pas celui qui la conteste de faire la preuve de son inexactitude (Cass. soc. 28-4-1976 : Bull. civ. V p. 201), mais celle « pour règlement définitif et sans réserve » ne permet plus de remettre ce règlement en cause (Cass. civ. 6-5-1980 : BT 1980.357).

Vaut **présomption** simple de libération du débiteur (C. civ. art. 1378-2) :

- la mention d'un paiement ou d'une autre cause de libération portée par le créancier sur un titre original qui est toujours resté en sa possession ;
- la mention portée sur le double d'un titre ou d'une quittance, pourvu que ce double soit entre les mains du débiteur.

L'ex-article 1332 prévoyait une règle similaire mais précisait que la mention faisait « foi » de la libération du débiteur, y compris lorsque, portée sur le titre lui-même, elle n'avait été ni signée ni datée par le créancier. Cette solution reste valable car ce serait ajouter à la disposition nouvelle que d'exiger ces formalités qu'elle ne prévoit pas.

REMISE DE DETTE

50538 **Qualification** La remise de dettes est formellement qualifiée de « **contrat** » et définie comme l'acte qui libère le débiteur de son obligation (C. civ. art. 1350). Ne sont pas précisés les différents moyens de remettre la dette (remise du titre de créance ou de la chose donnée en gage ou en nantissement). La preuve de la remise de dette se fait conformément aux règles exposées nº 50541.

50541 **Existence** En toute circonstance, comme tout acte juridique, le débiteur ne peut invoquer la remise de dette que s'il la prouve.

Quel que soit le procédé utilisé, vaut remise de dette l'acte dont il ressortira qu'il emporte, dans la commune intention des parties, libération du débiteur. Aucun moyen de remettre la dette n'est donc privilégié. Partant, il incombe au débiteur d'établir que l'acte qu'il invoque vaut remise de dette consentie par le créancier.

Sur des exemples de remise de dette en fonction de la commune intention des parties, nº 50308.

50544 **Extinction de la dette** La remise de dette a pour effet d'éteindre la dette de celui qui en bénéficie (C. civ. art. 1350).

Dans le silence de la loi, elle entraîne, à notre avis, l'extinction des sûretés qui sont attachées à la dette, par application du principe général du droit qui veut que l'accessoire suive le principal.

50547 **Remise consentie à un débiteur.** La remise de dette faite **par le créancier** profite selon le cas :

- au débiteur à qui elle est consentie (C. civ. art. 1350) ;

Le juge judiciaire peut accorder une remise de dette à un assuré social après une décision de refus d'une commission de recours amiable d'un organisme de sécurité sociale (Cass. 2e civ. 28-5-2020 nº 18-26.512 FS-PBRI).

– à son codébiteur solidaire, à concurrence de sa part (C. civ. art. 1350-1, al. 1) ;
– à la caution, même solidaire, du débiteur bénéficiaire (C. civ. art. 1350-2, al. 1 ; Cass. com. 14-1-2004 nº 01-15.770 : RJDA 5/04 nº 579 ; CA Paris 18-3-1975 : GP 1975.2.667).

En cas de remise faite **par l'un des créanciers** solidaires à un des codébiteurs solidaires, seul celui-ci est libéré pour la part de ce créancier (C. civ. art. 1350-1, al. 2).

Remise consentie à une caution. La remise consentie par le créancier à l'une des cautions solidaires ne libère pas le débiteur principal (C. civ. art. 1350-2, al. 2). **50550**

Elle libère en revanche les autres cautions à concurrence de la part de la caution bénéficiaire (art. 1350-2, al. 2).

EFFET DU PAIEMENT

Le paiement qui correspond à la prestation due, fait par le débiteur, le libère de sa dette (C. civ. art. 1342, al. 3). Il n'est pas libéré de sa dette si celle-ci ne peut plus être poursuivie (nº 49990). **50553**

Sur la libération du débiteur en cas de paiement par un tiers, par un codébiteur d'une dette indivisible ou par un codébiteur solidaire, nºs 50085, 50126 et 50166.

ACTION EN PAIEMENT

Droit d'agir du créancier Le droit du créancier à l'exécution de l'obligation est expressément reconnu avec cette précision que le créancier peut contraindre le débiteur dans les conditions prévues par la loi (C. civ. art. 1341). **50556**

Compétence La juridiction compétente pour connaître de l'**action en paiement,** si le règlement de l'UE sur la compétence (nºs 72103 s.) n'est pas applicable, est celle du domicile du débiteur car, au sens de l'article 46, al. 2 du Code de procédure civile retenu par les juges (nºs 72023), le paiement **du prix** n'est ni la livraison d'une chose ni l'exécution d'une prestation de services (Cass. civ. 16-3-1999 : RJDA 5/99 nº 624) ; il en résulte que l'action en paiement ne peut être portée que devant le tribunal du défendeur, cette compétence étant applicable à l'ordre international (Cass. 1e civ. 14-3-2006 nº 05-13.820 : Bull. civ. I nº 149). **50559**

Si le règlement UE est applicable, la juridiction compétente est celle compétente en matière contractuelle car relève de cette matière le litige relatif à des obligations comportant le versement d'une somme d'argent (CJCE 22-3-1983 : Clunet 1983.834 obs. Huet).

Prescription Sur le point de départ de la prescription de dettes échelonnées, nº 71745. **50562**

RELATIONS FINANCIÈRES AVEC L'ÉTRANGER

Les relations financières entre la France et l'étranger sont libres sous réserve des dispositions fixant les modalités d'exercice de cette liberté (C. mon. fin. art. L 151-1 s. et R 151-1 s.). **50570**

Sur le refus des arbitres de qualifier ces règles par principe de lois de police, Sentence CCI nº ICCC-FA-2020-230 en 2012 : JDI 2020.1477 obs. Barbier et Fessas.

En l'état de ces dispositions :

1. Les porteurs **transportant de l'argent liquide,** au sens du règlement (UE) 2018/1672 du Parlement européen et du Conseil du 23 octobre 2018, d'un montant égal ou supérieur à 10 000 €, vers un État membre de l'UE ou en provenance d'un tel État doivent en faire la déclaration auprès de l'administration des douanes ; est considérée comme porteur toute personne physique qui, pour elle-même ou pour le compte d'un tiers, transporte de l'argent liquide sur elle, dans ses bagages ou dans ses moyens de transport (C. mon. fin. art. L 152-1).

2. Les opérateurs de jeux ou de paris doivent enregistrer les opérations d'échange de tous modes de paiement, plaques, jetons, tickets dont le montant excède un certain seuil ; les modalités d'application de cet article sont fixées par l'article R 561-22-2 du même Code (C. mon. fin. art. L 561-13).

3. Les **investissements étrangers** dans une activité en France doivent être préalablement déclarés au ministre de l'économie, si cette activité participe, même à titre occasionnel, à l'exercice de l'autorité publique, est de nature à porter atteinte à l'ordre public, la sécurité ou aux intérêts de la défense nationale ou relève d'une activité de recherche, de production ou de commercialisation d'armes, munitions, poudres et substances explosives (C. mon. fin. art. L 151-3).

La sentence arbitrale qui consacre la violation des règles relatives aux investissements étrangers qui tendent à assurer, dans l'intérêt de la collectivité, l'équilibre des relations économiques et financières avec l'étranger par la maîtrise des mouvements de capitaux à travers les frontières, est nulle comme contraire à l'ordre public international français (CA Paris 5-4-1990 : Rev. arb. 1992.110 note Synvet).

Sur le fondement du règlement UE 2019/452 du 19 mars 2019, il est possible de procéder au filtrage des investissements directs étrangers dans l'Union ; le filtrage est une procédure permettant d'évaluer, d'examiner, d'autoriser, de soumettre à conditions, d'interdire ou d'annuler les investissements directs étrangers (RTD eur. 2019.750 obs. Hervé).

Sur le régime français de contrôle des investissements étrangers en France, art. R 151-1 s. du Code monétaire et financier.

SECTION 2

PROCÉDÉS DE PAIEMENT

I. SERVICES DE PAIEMENT

50780 **Régime des services de paiement au sein de l'UE** La directive 2007/64/CE du 13 novembre 2007 concernant les services de paiement dans le marché intérieur, puis la directive UE 2015/2366 du 25 novembre 2015 qui la remplace, ont été transposées en droit français dans le Code monétaire et financier. Ces directives ont eu pour objectif de fixer un cadre juridique commun permettant l'instauration d'un marché unique des services de paiement dans l'Espace économique européen (EEE).

Seuls les prestataires de services de paiement visés à l'article L 521-1 du Code monétaire et financier, dont au premier rang les établissements de crédit et les établissements de paiement qui ont obtenu un agrément délivré par l'Autorité de contrôle prudentiel et de résolution, sont autorisés à fournir et à exécuter les services de paiement énumérés à l'article L 314-1, II du même Code, tels que les services permettant le versement et le retrait d'espèces sur un compte de paiement et les opérations de gestion d'un tel compte (C. mon. fin. art. L 521-2).

Ils sont tenus de respecter les règles fixées par les articles L 133-1 s. du Code monétaire et financier dès lors qu'ils sont situés, l'un sur le territoire français, l'autre sur le territoire français ou dans un autre État membre de l'Union européenne ou dans un autre État partie à l'accord sur l'EEE, et que l'opération est réalisée en euros ou dans la devise d'un État membre de l'Union européenne qui n'appartient pas à la zone euro ou d'un autre État partie à l'accord sur l'EEE (C. mon. fin. art. L 133-1).

Est une opération de paiement une action consistant à verser, transférer ou retirer des fonds, indépendamment de toute obligation sous-jacente entre le payeur et le bénéficiaire, initiée par le payeur, pour son compte ou par le bénéficiaire (C. mon. fin. art. L 133-3, al. 1).

50786 **Espace unique de paiement en euros (« Sepa »)** Les paiements en euros sont soumis au régime unique de paiement institué par le règlement UE 260/2012 du 14 mars 2012 dit « Sepa » (« Single Euro Payments Area »).

50787 **Règlement de l'UE pour le développement des crypto-actifs** Le règlement UE 2023/1114 du 31 mai 2023 sur les marchés de crypto-actifs fixe un cadre commun au niveau de l'Union européenne pour établir des règles particulières aux crypto-actifs et encourager l'innovation en matière de finance numérique.

II. CHOIX DU PROCÉDÉ DE PAIEMENT

50788 **Liberté contractuelle** Sauf convention ou disposition légale (nos 50803 et 52206) contraire, tout procédé de paiement peut être librement utilisé par le débiteur, qui peut s'acquitter de sa dette soit en numéraire, soit en nature.

Le paiement en numéraire est imposé pour le paiement des primes d'assurance (nos 17650 s.). Le paiement en nature est admis dans les conditions de la dation en paiement (nos 53500 s.).

Le paiement **en numéraire** peut être fait par usage des procédés proposés par les prestataires de services de paiement, étant observé que l'acceptation d'une lettre de change ne constitue pas un paiement (Cass. com. 16-6-1981 : Bull. civ. IV p. 218).

Si le **choix** d'un procédé a été convenu, tel le paiement par prélèvement, il doit être clairement stipulé, car le point de savoir si le paiement a été fait ou non dépend du respect du mode de paiement prescrit par le contrat.

Un prélèvement peut être initié par le bénéficiaire, qui donne un ordre de paiement au prestataire de services de paiement du payeur, fondé sur le consentement que lui a donné ce dernier (cf. C. mon. fin. art. L 133-3, II-c) ; sauf anomalie apparente, le prestataire de services de paiement n'est pas tenu de s'assurer de l'existence du mandat de prélèvement donné par le payeur au bénéficiaire, préalablement à l'exécution de l'ordre de prélèvement donné par celui-ci (Cass. com. 24-5-2018 n° 17-11.710 F-PB : RJDA 10/18 n° 758).

Sur la remise d'argent liquide par un commerçant aux clients payant par carte bancaire pour un montant supérieur au bien ou à la prestation achetée, C. mon. fin. art. L 112-14 et Décret 2018-1224 du 24-12-2018.

Toutefois, le bénéficiaire d'un paiement, qui a accepté les virements ou prélèvements, ne peut pas soumettre cette acceptation à la condition que le payeur ait son domicile dans un État membre de l'UE déterminé (CJUE 5-9-2019 aff. 28/18).

III. DIVERS MODES DE PAIEMENT

PAIEMENT EN ESPÈCES

Retrait d'espèces En application des articles L 133-1, I, L 133-3 et L 314-1 du Code monétaire et financier, le retrait d'espèces sur un compte de paiement, y compris au guichet d'une agence bancaire, constitue une opération de paiement. 50790

Validité Lorsque le paiement en espèces est **licite** (cas où le paiement par chèque n'est pas obligatoire : n° 52206), le créancier doit accepter le règlement en billets de banque ou pièces (C. pén. art. R 642-3 ; Cass. crim. 3-10-2007 n° 07-80.045 : RJDA 2/08 n° 187). Il peut seulement limiter le nombre des pièces métalliques (Règl. CE 974/98 du 3-5-1998 art. 11 : 50 pièces par paiement), car celles-ci ne constituent qu'une monnaie d'appoint et le débiteur doit faire l'appoint (Cass. crim. 14-12-2005 n° 6946 : RJDA 6/06 n° 695). 50792

Sur les règles particulières relatives à la remise d'argent liquide par un commerçant aux clients payant par carte bancaire pour un montant supérieur au bien ou à la prestation achetée, C. mon. fin. art. L 112-14 et Décret 2018-1224 du 24-12-2018.

Obligation du payeur Le retrait d'espèces équivalant à un paiement (n° 50790), l'utilisateur qui n'a pas été autorisé à retirer ou qui a mal exécuté l'opération de retrait doit le **signaler** à son prestataire de services de paiement, sans tarder et au plus tard dans les treize mois de la date de débit, sous peine de forclusion (C. mon. fin. art. L 133-24 ; Cass. com. 24-1-2018 n° 16-26.188 F-PB : RJDA 4/18 n° 355). 50794

PAIEMENT PAR PRÉLÈVEMENT

Qualification La convention de prélèvement a été analysée en une autorisation générale donnée par le débiteur au créancier de recouvrer par prélèvement automatique sur le compte du débiteur et en un mandat donné par le débiteur à son banquier de débiter le compte ouvert en ses livres du montant de l'avis de prélèvement pour le virer sur le compte du créancier, correspondant pratiquement à une modalité particulière de l'ordre de virement (CA Colmar 9-10-1991 : Rev. jur. com. 1992.72 note Grua). 50798

Validité La validité d'une autorisation de prélèvement sur un compte bancaire n'est pas subordonnée à son établissement par écrit (Cass. com. 1-4-1997 : DA 1997.575). 50799

Sauf anomalie apparente, le prestataire de services de paiement n'est pas tenu de s'assurer de l'existence du mandat de prélèvement donné par le payeur au bénéficiaire, préalablement à l'exécution de l'ordre de prélèvement donné par celui-ci (Cass. com. 24-5-2018 n° 17-11.710 F-PB : RJDA 10/18 n° 758).

Obligation du titulaire du compte prélevé Le titulaire d'un compte bancaire qui paie ses factures par prélèvement commet une faute le privant de toute réparation s'il **communique des données confidentielles** en réponse à un courriel de rappel présentant des irrégularités permettant de douter de sa provenance (Cass. com. 6-6-2018 n° 16-29.065 F-D : RJDA 10/18 n° 766). 50800

PAIEMENT PAR CARTE BANCAIRE

Opérateur non bancaire Une entreprise peut fournir des services de paiement fondés sur des moyens de paiement qui ne sont acceptés, pour l'acquisition de biens ou de services, que dans les locaux de cette entreprise ou, dans le cadre d'un accord commercial avec elle, dans un réseau limité de personnes acceptant ces moyens de paiement ou pour un éventail limité de 50801 biens ou de services (C. mon. fin. art. L 521-3, I). La société autorisée à émettre des cartes de paiement à titre dérogatoire n'appartient pas pour autant à la catégorie des prestataires de services de paiement et, n'encourant pas la responsabilité d'un tel prestataire, elle ne peut pas être condamnée à supporter la perte de la carte émise que met à la charge du prestataire de paiement l'article L 133-19, I-al. 1 du Code monétaire et financier (Cass. com. 30-6-2021 n° 19-21.418 F-B : RJDA 10/21 n° 688).

IV. VIREMENT BANCAIRE

50803 **Définition** Le paiement par virement consiste à débiter un compte bancaire d'une certaine somme pour créditer de la même somme un autre compte. Il est admis ou est obligatoire dans les cas visés n° 52206.

50806 **Ordre de virement** Le virement suppose un **ordre de la part** de celui qui veut payer (cf. C. mon. fin. art. L 133-6).

Lorsqu'un client donne à une banque un ordre de virement régulier lors de sa rédaction mais dont le numéro Iban du compte destinataire est modifié ultérieurement par un tiers, l'opération doit être considérée comme non autorisée par le client et la banque doit lui en rembourser le montant (Cass. com. 1-6-2023 n° 21-19.289 F-B : RJDA 11/23 n° 609).

Cet ordre peut être donné en ligne, par lettre missive ou à l'aide d'un imprimé spécial.

Aucune disposition n'impose qu'un ordre de virement, même émanant d'un non-commerçant, soit établi par écrit (Cass. com. 19-6-2007 n° 06-11.070 : RJDA 11/07 n° 1139) ; cet ordre peut notamment résulter du fait que la partie à qui il est opposé l'a connu par un extrait de compte reçu après son exécution (Cass. com. 12-7-2016 n° 14-28.247 : RJDA 12/16 n° 895 ; cf. Cass. com. 13-5-1997 : RJDA 10/97 n° 1228).

Mais l'ordre doit être certain : il ne suffit pas, par exemple, que le virement ait été envisagé dans une convention entre créancier et débiteur si la banque ne reçoit pas d'instruction à exécuter (Cass. com. 20-2-1990 : D. 1991.som.34 obs. Vasseur).

L'ordre, qui s'analyse juridiquement comme un mandat, peut être révoqué pour l'avenir (cf. Cass. com. 27-3-2012 n° 11-11.275 : RJDA 6/12 n° 614 : au sujet d'un mandat de paiement par carte bancaire analogue à l'ordre de virement).

L'ordre de virement peut être donné par un **mandataire** ; le banquier, bien qu'il ait traité avec ce dernier, est réputé ne pas être partie au contrat de mandat et peut donc en rapporter la preuve par tous moyens (n° 23021). Il est établi que l'ordre de virement a été donné par le titulaire du compte débité du montant du virement, dès lors que celui-ci a gardé le silence après la réception du relevé mentionnant le virement (Cass. com. 26-1-1999 : Droit et Patrimoine 1999 n° 285 p. 3). En cas de contestation, il appartient au banquier, dépositaire des fonds que lui a confiés son client et qui, à ce titre, a l'obligation de ne les restituer qu'à celui qui les lui a confiés ou conformément aux indications de paiement de ce dernier, de prouver qu'il a reçu du déposant l'ordre d'effectuer le virement contesté (Cass. com. 9-2-2010 n° 09-12.853 F-D : RJDA 10/10 n° 994). Dès la date à laquelle l'ordre de virement est établi, le bénéficiaire dispose des fonds (cf. Cass. crim. 22-3-2022 n° 21-82.604 F-B).

Le **banquier** doit **exécuter l'ordre** dès lors que le compte du donneur d'ordre est approvisionné ou s'il a expressément exclu par un engagement personnel au regard de la banque bénéficiaire tout risque d'indisponibilité des fonds (Cass. com. 15-11-1994 : RJDA 3/95 n° 304). En conséquence :

– il est responsable du retard anormal de l'opération s'il en résulte un préjudice pour les parties (CA Paris 5-10-1999 : RJDA 1/00 n° 77 ; pour une absence de retard, Cass. com. 2-7-1996 : RJDA 12/96 n° 1493 ; pour un retard, CA Toulouse 25-9-2013 n° 11/05515 : GP 2015.som.1er mai note Lasserre Capdeville) ;

Ce risque existe particulièrement en présence de virements à l'étranger pour le cas où une dévaluation de la monnaie transférée interviendrait entre l'émission de l'ordre et sa réalisation (à propos du préjudice résultant de ce que le transfert des fonds, demandé par le titulaire d'un compte, ayant été opéré plusieurs jours après l'émission de l'ordre, la contre-valeur en monnaie étrangère a été diminuée par suite d'une dévaluation du franc intervenue entre-temps, Cass. com. 6-1-1955 : Bull. civ. III p. 2 et CA Paris 10-11-1962 : JCP G 1963.II.13016).

– il ne peut pas lui être reproché par le titulaire du compte d'avoir payé en l'absence d'anomalies apparentes de l'ordre de virement (Cass. com. 11-5-2010 n° 09-66.552 F-D : RJDA 10/10 n° 993 ; rappr. Cass. com. 22-7-1986 : D. 1987.som.299 obs. Vasseur).

Mais le banquier n'est pas tenu d'exécuter l'ordre, serait-ce en vue de la restitution de fonds indûment perçus par le titulaire du **compte,** si le compte n'est **pas approvisionné** à la date de cet ordre (Cass. com. 19-12-2000 : RJDA 3/01 n° 352). S'il exécute ponctuellement un tel ordre, il est réputé avoir consenti à son auteur une facilité de caisse, sur la demande implicite de celui-ci (Cass. com. 28-2-2006 n° 293 : RJDA 6/06 n° 688). La banque qui a accordé l'autorisation de découvert ne rompt pas abusivement le concours accordé dès lors que l'ordre de virement dépasse le montant du découvert consenti et reconnu par son bénéficiaire (Cass. com. 11-7-2006 n° 1015 : RJDA 12/06 n° 1256).

Ne fait pas, par lui-même, la preuve du paiement lui incombant le donneur d'ordre qui produit le relevé de son compte bancaire reproduisant le libellé du virement contesté qu'il a lui-même établi (Cass. com. 19-2-2013 nº 11-28.206 : D. 2013.som.2810 obs. Delebecque).

Sur l'ordre de virement frauduleux, nº 50812.

Droit du bénéficiaire de l'ordre de virement Le bénéficiaire d'un virement acquiert le **droit définitif sur les fonds** dès que l'ordre est devenu irrévocable selon les modalités prévues par l'article L 133-8 du Code monétaire et financier ; mais son **droit de créance sur son propre banquier,** chargé d'un mandat général d'encaissement, n'existe qu'à compter de la réception effective de ces fonds par ce dernier, qui les détient alors, pour le compte de son client, en sa qualité de dépositaire (Cass. com. 18-9-2007 nº 06-14.161 : Bull. civ. IV nº 194 ; voir aussi Cass. com. 30-6-2021 nº 20-18.759 FS-BR : RJDA 12/21 nº 788). **50809**

La banque ne peut pas appliquer une date de valeur au virement et créditer le compte du bénéficiaire un jour après (Cass. com. 27-6-1995 : RJDA 12/95 nº 1398) ni, à l'inverse, opérer la compensation du débit du compte avec le montant du virement avant d'avoir reçu les fonds, même si elle a été avertie de celui-ci avant cette réception (Cass. com. 18-9-2007 nº 06-14.161 : RJDA 12/07 nº 1270).

Les contestations des paiements faits par virement peuvent être portées par le créancier devant la juridiction du lieu où les paiements doivent être faits, ce qui exclut la compétence de la juridiction du lieu du domicile du débiteur, auteur des ordres de virement (Cass. com. 16-2-1967 : Bull. civ. III nº 79).

Sur le retard de paiement, nº 53800.

Diligences dues par la banque du donneur de l'ordre de virement La banque chargée du virement doit veiller à la **bonne exécution** de ce dernier. Elle doit, en particulier, identifier suffisamment le bénéficiaire (Cass. com. 7-6-1983 : D. 1984.IR.90 obs. Vasseur), agir avec célérité (CA Paris 5-10-1999 : RJDA 1/00 nº 77) et spécialement exécuter le virement à la date demandée par le donneur d'ordre (Cass. com. 18-9-2012 nº 11-10.209 : JCP E 2012.634 ; TI Clermont-Ferrand 8-3-1994 : D. 1994.som.332 obs. Vasseur). **50812**

Un ordre de paiement exécuté conformément à l'identifiant unique fourni par l'utilisateur du service de paiement est réputé dûment exécuté pour ce qui concerne le bénéficiaire désigné par l'identifiant unique ; si l'identifiant unique fourni par l'utilisateur du service de paiement est inexact, le prestataire de services de paiement n'est pas responsable de la mauvaise exécution ou de la non-exécution de l'opération de paiement (C. mon. fin. art. L 133-21).

Néanmoins, la banque est responsable en cas de réaction trop tardive à la demande de retour des fonds et pour procéder à la transmission rapide des informations utiles à la banque du payeur pour récupérer les fonds (CA Agen 5-7-2023 nº 22/00694 : Pet.. aff. 2023 nº 12 p. 55).

En cas de **faux ordre** de virement, si l'établissement de ce faux ordre a été rendu possible à la suite d'une faute du titulaire du compte ou de l'un de ses préposés (sur une faute, Cass. com. 31-1-2017 nº 15-17.498 : JCP E 2017.1246 nº 29 obs. Causse), la banque n'est tenue envers lui que si elle a elle-même commis une faute, par exemple en ne décelant pas une signature apparemment différente de celle du titulaire du compte, et ce, seulement pour la part de responsabilité en découlant (Cass. com. 10-10-2000 : RJDA 1/01 nº 66).

A été aussi jugée responsable la banque :

– qui, ayant pris conscience d'une anomalie, exécute néanmoins le virement pour diminuer le débit du compte du bénéficiaire (CA Aix 29-10-1991 : RJDA 12/91 nº 1060) ou qui exécute un virement international dont le montant excessif aurait dû l'alerter (Cass. com. 27-2-1996 : RJDA 5/96 nº 651) ou qui n'exerce pas une vigilance suffisante (T. com. 9-3-2015 nº 2014/017591 : GP 2015.19 août.som.) ;

– qui, bien qu'avisée du décès du mandant, exécute l'ordre de virement émis par le mandataire non averti de ce décès avant le transfert des fonds (CA Paris 11-4-1991 : D. 1992.som.27 obs. Vasseur) ;

– qui s'est substitué une autre banque dès lors que celle-ci a commis une faute (CA Paris 22-9-1988 : D. 1991.som.30 obs. Vasseur) ;

– qui a manqué à son devoir de mise en garde de son client avant d'exécuter un ordre de virement inhabituel de sa part par son montant, son époque et son destinataire à l'étranger (CA Pau 28-8-2007 : JCP G 2007.IV.3190) ;

– qui exécute le virement au profit d'un destinataire n'ayant pas le pouvoir de le recevoir (CA Paris 18-12-2014 nº 12/19837 : RD bancaire 2015 nº 4 § 112 obs. Crédot et Samin) ; en revanche la banque n'a pas à vérifier les références bancaires du bénéficiaire (CA Pau 5-11-2020 nº 20/3049).

Le **banquier du bénéficiaire** du virement peut mettre en cause la responsabilité extracontractuelle de la banque du donneur d'ordre, lorsque la faute de cette dernière lui a causé un préjudice (Cass. com. 21-3-1995 : RD bancaire 1995 p. 102). Dès lors que la banque a crédité le compte de son client, sauf convention contraire, elle ne peut pas contre-passer l'opération sur le compte de celui-ci sans son autorisation, quand bien même il aurait lui-même restitué le montant du virement au prestataire de services de paiement du payeur (Cass. com. 24-11-2021 nº 20-10.044 F-D).

50815 **Recours du banquier** Le banquier peut répéter, contre celui qui n'y avait pas droit, ce qu'il a **payé indûment** par erreur en exécutant deux fois le même ordre de virement (Cass. com. 24-9-2003 nº 1343 : RJDA 2/04 nº 138 ; rappr. CA Paris 17-12-1962 : Banque 1963.864 ; CA Versailles 5-11-1986 : Rev. jur. com. 1987.251 note de Fontbressin). Mais il ne peut répéter le virement qu'il a exécuté par erreur deux fois dès lors que le bénéficiaire, même après le second virement, était toujours créancier du donneur d'ordre (Cass. com. 12-1-1988 : Bull. civ. IV nº 22).

Il ne peut pas **appeler en garantie** la banque du bénéficiaire du virement qui a crédité des fonds reçus sur le compte de ce dernier ouvert dans ses livres (Cass. com. 22-1-2020 nº 18-23.439 F-D).

V. LETTRE DE CHANGE

50900 **Définition et qualifications** La lettre de change ou traite est un écrit par lequel une personne, le tireur, donne **mandat** à une autre personne, le tiré, **de payer** une somme d'argent déterminée à l'ordre d'une troisième personne, le bénéficiaire ou preneur.

La lettre de change est un **titre négociable** et aussi un **effet de commerce.**

Cette seconde expression tire son origine du fait que la lettre de change a été employée exclusivement à l'origine pour le règlement des créances commerciales.

Elle a aussi une signification juridique, quoique limitée. En l'absence de définition légale, les tribunaux fixent le sens de l'expression en fonction de la règle qui la vise (notamment nº 41250). Seuls la lettre de change et le billet à ordre peuvent être considérés comme effets de commerce en toute circonstance (cf. le titre du titre I du livre V du Code de commerce qui se réfère aux effets de commerce).

50903 **Utilisation** La lettre de change – initialement instrument d'échange des monnaies, d'où son nom – est devenue un titre utilisé par les entreprises (commerciales ou civiles) créancières à court terme de leurs clients pour obtenir un crédit bancaire par le moyen de l'escompte. Mais son emploi a décliné avec l'introduction des cessions de créances par bordereau Dailly.

50906 **Régime** La lettre de change est soumise aux dispositions des **articles L 511-1 à L 511-81 du Code de commerce,** qui reproduisent, à quelques exceptions près autorisées par la convention de Genève du 7 juin 1930, la « loi uniforme sur les lettres de change et les billets à ordre » annexée à cette convention.

Ces règles peuvent être considérées comme le **droit commun** du régime des **titres négociables** vers lequel il est permis de se tourner chaque fois qu'un titre négociable n'a pas un statut spécialement défini.

Elles comportent, en effet, les solutions les plus élaborées qu'offre notre législation sur les titres négociables et rien n'interdit, dans le silence de la loi, de les **transposer,** lorsqu'elles s'avèrent adaptées pour fixer le sort de ces titres.

Les règles qui constituent le régime spécifique de la lettre de change sont souvent évoquées dans la terminologie des initiés sous le nom de « **droit cambiaire** » (ou « droit du change »). Ce droit est entendu, dans cette expression, comme dérogatoire au droit commun.

50909 **Points sensibles** Les signataires et le bénéficiaire d'une lettre de change doivent veiller à porter sur la lettre, très exactement, les mentions requises par la loi, d'où le nom de « titre **formaliste** » qui lui est donné. À défaut, le titre créé ne **vaut pas** comme lettre de change (nº 50953) ; il ne procure pas alors au bénéficiaire le **droit de se faire payer** en tout état de cause (inopposabilité des exceptions : nºs 51250 s.) en utilisant des **moyens** coercitifs de **paiement** plus **expéditifs** (protêt et injonction de payer).

A. Création de la lettre de change

ÉCRIT

50912 La lettre de change doit être établie par écrit car la loi prescrit l'indication de plusieurs mentions (C. com. art. L 511-1). L'Afnor a établi une norme d'uniformisation : NF K 11- 030 « Banque – lettre de change », rendue obligatoire par un arrêté du 5 novembre 1998.

La lettre de change peut aussi être établie par procédé informatique, en vertu d'un accord interbancaire. Elle est alors dénommée **lettre de change-relevé (LCR)** qui est la transposition informatique des données portées sur le titre sur support papier.

Elle ne doit pas être confondue avec la LCR sur support magnétique qui ne repose pas sur un titre papier comportant les mentions requises pour valoir lettre de change car elle n'est qu'un effet informatique, remis par télétransmission, et non un effet papier dont il existerait des exemplaires originaux et copies ; elle constitue un simple procédé de recouvrement de créance dont la preuve de l'exécution relève du droit commun (Cass. com. 2-6-2015 n° 14-13.775 : RJDA 8-9/15 n° 599).

Langue La dénomination de lettre de change doit être exprimée dans la langue utilisée pour la rédaction du titre (C. com. art. L 511-1, I-1°). 50915

Pluralité d'exemplaires et copies La lettre de change peut être créée en plusieurs exemplaires, conformément aux règles des articles L 511-72 et L 511-74 du Code de commerce. Elle peut aussi faire l'objet de copies, selon les articles L 511-75 et L 511-76 du même Code. 50918

Toutefois, l'exercice des **recours** ouverts au porteur contre les signataires de la lettre n'est possible que sur la présentation de l'**original** de l'effet, ces recours étant fondés sur la détention du titre envisagé, indépendamment du rapport préexistant qui a engendré sa création (CA Paris 31-5-1983 : D. 1984.IR.72 obs. Cabrillac).

MENTIONS OBLIGATOIRES DE LA LETTRE DE CHANGE

Dénomination de la lettre de change Le titre doit porter la mention « lettre de change » (C. com. art. L 511-1, I-1°). 50925

Toutefois, un titre dénommé **« traite »** a été tenu pour une lettre de change (CA Montpellier 24-11-1953 : Banque 1956.520 note Marin).

Mandat pur et simple de payer une somme déterminée La lettre de change doit contenir un mandat (demande ou ordre) **inconditionnel** de payer adressé par le tireur au tiré (C. com. art. L 511-1, I-2°). Toutefois, la traite émise en exécution d'un **crédit documentaire** n'est payable que si le porteur présente les documents requis par la convention de crédit (n° 53327). 50928

L'ordre de payer doit porter sur une **somme d'argent déterminée.** Cette règle appelle les observations suivantes.

1. La somme doit être mentionnée **en lettres et en chiffres.** Le tireur doit prendre soin d'éviter des espaces libres devant les chiffres, sous peine de responsabilité en cas de modification de la somme à payer ayant causé un préjudice au banquier escompteur (cf. la solution rendue en matière de billet à ordre, mais transposable : n° 51812).

En cas de différence entre la somme en lettres et celle en chiffres, la lettre de change vaut pour la somme écrite en toutes lettres ; si le montant est écrit plusieurs fois soit en toutes lettres, soit en chiffres, elle ne vaut, en cas de différence, que pour la moindre somme (art. L 511-4).

2. La **stipulation** par le tireur que la somme sera productive d'**intérêts** est réputée **non écrite,** sauf si la lettre est à vue ou à un certain délai de vue (art. L 511-3, al. 1 et 2) ; dans ces lettres, le tireur qui prévoit des intérêts doit inclure ces derniers, dès l'émission de la lettre, dans le montant de celle-ci (Cass. com. 12-7-1971 : Bull. civ. IV p. 190).

Les intérêts courent à partir de la date de la lettre si une autre date n'est pas indiquée (art. L 511-3, al. 3).

3. Par une clause de paiement effectif en monnaie étrangère, le tireur peut stipuler que la lettre sera payable en une **monnaie** indiquée, même si celle-ci n'a pas cours au lieu du paiement (art. L 511-29, al. 3). Les juges doivent rechercher, à défaut de référence à l'article L 511-29 du Code de commerce, si l'indication du montant en monnaie étrangère vaut ou non stipulation de paiement dans cette monnaie ; ils ne peuvent, sans y procéder, condamner le débiteur de l'effet à payer la contre-valeur en francs (désormais en euros) français (Cass. com. 21-4-1992 : RJDA 10/92 n° 939).

Il peut aussi stipuler, au cas où la monnaie étrangère du lieu du paiement serait convertie, que la somme à payer sera calculée d'après un cours déterminé dans la lettre (art. L 511-29, al. 2).

Nom de celui qui doit payer La lettre de change doit indiquer le nom du **tiré** (C. com. art. L 511-1, I-3°) ou, s'il est un entrepreneur individuel, son nom commercial (CA Amiens 15-10-1993 : JCP G 1994.II.22258). 50931

Si le tiré est une personne fictive, le tireur est passible d'escroquerie, dite à la « carambouille » ou « tirage en l'air » (cf. T. civ. Seine 2-12-1968 : RTD com. 1969.808 n° 3).

À défaut de nom indiqué, la désignation d'une personne ne peut même pas résulter de son acceptation (Cass. com. 24-2-1965 : GP 1965.1.336).

La personne désignée en tant que tiré est généralement débiteur du tireur. Peu importe qu'elle soit son agent, son préposé ou son mandataire (Cass. req. 21-5-1884 : D. 1884.1.291).

Toutefois, le tireur peut se désigner lui-même comme tiré (art. L 511-2, al. 2).

50934 **Indication de l'échéance** La lettre doit porter sa date d'échéance (C. com. art. L 511-1, I-4°), qui ne peut être, à peine de nullité, que l'une des suivantes (art. L 511-22).

1. Lettre à vue. La lettre est payable à **compter de sa présentation,** pendant un délai d'un an à compter de sa date, sous réserve des deux modifications suivantes (art. L 511-23) :

– le tireur peut **abréger** ce délai ou en stipuler un **plus long** : ces délais peuvent toutefois être abrégés par les endosseurs ;

– le tireur peut prescrire qu'une lettre de change à vue ne doit **pas** être **présentée** au paiement **avant** une date indiquée ; dans ce cas, le délai de présentation part de ce terme.

2. Lettre à un certain délai de vue. L'**échéance** est fixée à un **nombre précis** de jours, de semaines ou de mois après la date de l'acceptation de la lettre par le tiré ou du protêt pour défaut d'acceptation ; en l'absence de protêt, l'acceptation non datée est réputée donnée, à l'égard de l'accepteur, le dernier jour de délai prévu pour la présentation à l'acceptation (art. L 511-24, al. 1 et 2).

Sur la computation des délais, voir les différentes hypothèses envisagées par l'article L 511-24, al. 3 à 7 du Code de commerce.

3. Lettre à un certain délai de date. L'échéance est fixée à un certain délai **à compter** de la date de la **création** de la lettre ; l'expression habituelle est : « à x jours, semaines, mois de date... » ou encore « à trois mois », « dans le délai de trois mois » ; ce délai se compte selon les règles fixées par les articles L 511-24 (al. 3 à 7) et L 511-25 (al. 2 et 3) du Code de commerce.

4. Lettre à jour fixe. L'échéance est fixée à un jour précisé, par exemple 31 décembre 2023 (sur la détermination de ce jour, art. L 511-25, al. 1).

50937 **Indication du lieu de paiement** Le lieu du paiement doit être indiqué par le **tireur** (C. com. art. L 511-1, I-5°), qui peut le fixer soit au domicile d'un tiers, soit dans la localité où le tiré a son domicile, soit dans une autre localité.

Si la lettre est payable au **domicile du tiré,** celui-ci peut, dans l'acceptation, indiquer une adresse du même lieu où le paiement doit être effectué (art. L 511-18, al. 2).

Quand le tireur a indiqué dans la lettre de change un **lieu** de paiement **autre** que celui du **domicile du tiré,** sans désigner un tiers chez qui le paiement doit être effectué, le tiré peut l'indiquer **lors de l'acceptation** ; à défaut de cette indication, l'accepteur est réputé s'être obligé à payer lui-même au lieu du paiement (art. L 511-18, al. 1).

50940 **Nom de celui auquel ou à l'ordre duquel le paiement peut être fait** La lettre de change doit mentionner le nom du bénéficiaire ou preneur (C. com. art. L 511-1, I-6°).

1. Bénéficiaire. Le **tireur peut** désigner une personne de **son choix** ; en fait, il indique son créancier. Mais le tireur peut se désigner **lui-même** comme bénéficiaire (Cass. com. 3-4-2002 : RJDA 8-9/02 n° 930). Cette pratique est répandue dans les grandes sociétés qui, pour éviter des falsifications, impriment à l'avance des lettres à leur nom. Elle se rencontre aussi lorsque le tireur a un doute sur l'acceptation du tiré ; il ne porte le nom du véritable bénéficiaire qu'après la signature par le tiré.

2. Modalités de désignation. Le bénéficiaire est désigné par son **nom.** Les **initiales** suffisent lorsqu'elles permettent d'identifier le bénéficiaire sans ambiguïté (Cass. com. 12-11-1992 : RJDA 2/93 n° 147, relevant qu'au surplus le tiré ne pouvait ignorer l'identité du bénéficiaire au moment où il avait accepté la lettre). La **griffe** apposée de façon mécanographique, comportant le cachet de la banque, le nom de l'agence et la date d'entrée de l'effet, située auprès de la clause à ordre, est aussi une désignation valable (CA Paris 26-10-1971 : Banque 1972.194 note Marin).

Le titre qui porte simplement le nom du bénéficiaire, sans par ailleurs la mention « lettre de change » ou « à ordre », est un titre de créance du droit commun (cf. C. com. art. L 511-8, al. 1 et 2).

3. Époque de la désignation. Le nom du bénéficiaire peut être indiqué après la création de la lettre, mais au plus tard avant la présentation de la lettre au paiement (Cass. com. 16-6-2009 n° 08-14.589 : RJDA 11/09 n° 1001).

L'absence de bénéficiaire désigné ne signifie **pas, par elle-même,** que le **tireur** est le bénéficiaire (Cass. com. 6-7-1965 : D. 1966.24) ; mais elle peut être suppléée par le nom du tireur endosseur (Cass. com. 9-11-1970 : Bull. civ. IV p. 260).

Le **tireur** peut **endosser** la lettre avant la désignation du bénéficiaire ; si aucun nom de bénéficiaire n'est porté ultérieurement, c'est l'endossataire qui est bénéficiaire (Cass. com. 5-2-1973 : Bull. civ. IV p. 51 ; Cass. com. 9-4-1996 : RJDA 11/96 n° 1371).

Il ne résulte pas du seul fait que le tiré a accepté une lettre sans nom de bénéficiaire qu'il n'entendait pas s'engager selon la loi du change (Cass. com. 12-10-1993 : RJDA 2/94 n° 191). S'il refuse cet engagement, il doit inscrire sur le titre une mention de nature à faire apparaître que celui-ci n'était pas destiné à être complété et mis en circulation ; **à défaut,** il est engagé à l'égard du bénéficiaire et ne peut alors se soustraire au paiement que s'il établit que le titre portait une mention interdisant qu'il soit complété et mis en circulation ou que le **bénéficiaire savait** qu'en lui remettant la lettre le tireur agissait contrairement à la volonté du tiré accepteur (Cass. com. 25-5-1988 : Bull. civ. IV p. 117) ou qu'il ne pouvait ignorer que la lettre incomplète n'avait pas valeur de lettre de change (Cass. com. 25-5-1988 : Bull. civ. IV p. 118).

Date et lieu de création de la lettre de change La lettre doit indiquer le lieu où elle est créée et être datée du **jour** de son **émission** (C. com. art. L 511-1, I-7°). Ce jour est celui où le tireur appose sa signature sur le titre (Cass. com. 7-10-1987 : Bull. civ. IV p. 160). **50943**

La **date portée** sur la lettre fait foi à l'égard des tiers. Il appartient à celui qui la conteste de rapporter la preuve que, au moment de sa création, le titre litigieux ne contenait pas l'indication de sa date (T. com. Seine 17-6-1949 : GP 1949.2.422).

La mention contradictoire de deux dates de création distinctes équivaut à une absence de date, sanctionnée par la nullité de l'effet ainsi que, par voie de conséquence, de l'aval donné sur ce titre irrégulier (Cass. com. 3-10-2018 n° 17-20.525 F-D : à propos d'un billet à ordre mais transposable par analogie).

Signature du tireur La lettre doit être signée par le tireur (C. com. art. L 511-1, I-8°) selon les règles suivantes. **50946**

1. Modalités de la signature. La signature du tireur peut être apposée à la main ou par tout procédé non manuscrit, notamment une **griffe** (art. L 511-1, I-8°).

En cas de doute sur la qualité en laquelle la signature figure sur la lettre, la présence de la signature au recto sert d'indice pour tenir son auteur comme le tireur (Cass. com. 3-3-1975 : Bull. civ. IV p. 64) ; mais l'absence de signature au recto n'empêche pas de considérer comme tireur celui qui a signé au verso comme premier endosseur (Cass. req. 19-7-1939 : S. 1939.1.289 note Rousseau).

Le tireur d'une lettre de change-relevé est valablement identifié par le code en chiffres non manuscrit figurant sur le document qui vaut comme signature cambiaire (CA Paris 11-1-1995 : D. 1996.som.36 obs. Cabrillac).

La signature du tireur ne doit pas être apposée sur des éléments ajoutés à l'effet et amovibles, car la lettre est alors nulle pour absence de la signature du tireur (Cass. com. 29-11-1994 : RJDA 3/95 n° 326).

2. Validité de la signature. Pour que le tireur soit engagé par sa signature, les conditions suivantes doivent être remplies :

a. Le tireur n'est pas obligé si sa signature a été **usurpée** ou falsifiée (cf. CA Lyon 20-2-1954 : JCP G 1954.IV.82) ;

b. Le tireur doit être **capable** d'accomplir un **acte de commerce isolé,** tout signataire d'une lettre de change accomplissant un acte de commerce (art. L 110-1, 10°).

La lettre de change souscrite par un mineur non commerçant est nulle à son égard, sauf l'obligation du mineur de restituer ce qui a tourné à son profit (art. L 511-5, al. 1). Il en est de même, par analogie, des majeurs incapables d'être commerçants. Sur l'incapacité d'être commerçant, n°s 403 s.

Le mineur qui feint à dessein sa majorité ne peut invoquer la nullité de son engagement (cf. à propos d'un aval, Cass. com. 28-10-1969 : Bull. civ. IV p. 299).

Les autres signataires restent tenus (art. L 511-5, al. 2) ainsi que ceux qui auraient apposé leur signature sur la lettre comme représentant du mineur pour lequel ils n'avaient pas le pouvoir d'agir (art. L 511-5, al. 3).

3. Pouvoir de signer. Trois hypothèses doivent être distinguées.

a. Tirage par mandataire. Le tireur peut charger une autre personne de signer les traites émises en son nom et pour son compte (cf. C. com. art. L 511-5, al. 3).

En cas d'absence ou de dépassement de pouvoir, le mandataire est personnellement obligé au paiement de la lettre ; s'il paie la lettre, il a alors les mêmes droits qu'aurait eus la personne prétendue représentée (art. L 511-5, al. 3 ; Cass. com. 19-3-1958 : Bull. civ. III p. 106) ;

b. Tirage par le représentant légal d'une société. Pour engager la société, le représentant légal doit faire **apparaître** sur le titre qu'il agit **ès qualités** (Cass. com. 21-11-1967 : Bull. civ. III p. 356). La société est engagée par la signature de son mandataire apparent, sauf à elle d'établir être étrangère dans la formation de cette apparence de mandat (Cass. com. 9-3-1999 : RJDA 4/99 n° 464) ;

Le banquier, porteur de bonne foi d'un effet signé au nom d'une société, n'est tenu de vérifier ni la signature apposée sur l'effet ni l'étendue des pouvoirs du signataire (Cass. com. 9-3-1999 précité).

c. Tirage pour compte. Le tireur qui signe la lettre agit en réalité pour le compte d'autrui (art. L 511-2, al. 3).

Celui pour le compte duquel la lettre est créée s'appelle le donneur d'ordre et celui qui tire la lettre s'appelle le tireur pour compte.

Le tirage pour compte n'a pas besoin d'être **établi** par le **texte de la lettre** de change, le tireur pour compte pouvant le prouver à l'égard du donneur d'ordre par tous moyens (Cass. com. 19-2-1968 : Bull. civ. IV p. 63).

SANCTION DES OMISSIONS ET DES INEXACTITUDES

50950 **Omission de l'échéance, du lieu de paiement et du lieu de création** La lettre de change sur laquelle n'est pas indiqué :

– l'échéance, est considérée comme payable à vue (C. com. art. L 511-1, III) ;

– le lieu de paiement, est réputée payable au lieu désigné à côté du nom du tiré (art. L 511-1, IV) ;

– le lieu de sa création, est considérée comme souscrite dans le lieu désigné à côté du nom du tireur (art. L 511-1, V) ; toutefois, l'indication de ce lieu peut figurer au verso de la lettre, aucun texte n'exigeant que le lieu désigné à côté du nom du tireur figure au recto (Cass. com. 26-5-2010 n° 09-14.561 : RJDA 10/10 n° 998).

50953 **Omission d'une mention autre que les trois précédentes** Lorsque l'omission d'une mention est constatée, ce titre ne vaut pas comme lettre de change (C. com. art. L 511-1, II).

50956 **1. Existence de l'omission.** L'omission existe :

– au moment de l'acceptation, si le titre a été accepté (Cass. com. 25-5-1988 : JCP G 1989.II.21345 note Putman), sauf si la lettre a été tirée pour compte (Cass. com. 28-5-1968 : D. 1968.753 ; pour des cas où le tirage pour compte n'a pas été établi : Cass. com. 23-11-1970 : D. 1971.396 ; Cass. com. 11-7-1988 : Bull. civ. IV p. 164 ; pour des cas où le tirage pour compte n'a pas été invoqué : Cass. com. 29-6-1983 : Bull. civ. IV p. 172 ; Cass. com. 13-3-1985 n° 84-10.324 : Bull. civ. IV n° 97) ;

– au moment de la présentation au paiement, si le titre est présenté sans avoir été accepté (cf. Cass. com. 6-7-1965 : D. 1966.24 ; Cass. com. 25-5-1988 : JCP G 1989.II.21345).

50959 **2. Valeur du titre.** Les effets juridiques du titre sont fonction des omissions constatées :

a. Si le titre est **dépourvu de la signature du tireur,** le juge apprécie, en fonction des autres mentions existantes, quelle valeur il peut lui accorder ; notamment, le document peut : prouver la dette du tiré à l'égard du tireur si, étant demeuré entre les mains du tireur, le tiré ne conteste pas l'avoir accepté (Cass. com. 10-2-1971 : Bull. civ. IV p. 41) ; devenir un **billet à ordre** si le tireur le signe au profit d'une personne déterminée (Cass. com. 23-1-2007 n° 05-14.036 : RJDA 5/07 n° 547 : endossement par la personne tenue pour tireur), un engagement au porteur à défaut de désignation de bénéficiaire (Cass. com. 13-10-1975 : Bull. civ. IV p. 190) ou encore un cautionnement solidaire (CA Paris 10-1-1967 : D. 1967.272).

L'article L 511-1, I-8° du Code de commerce exigeant seulement la signature du tireur, la lettre est valable si fait défaut le nom de celui-ci (Cass. com. 12-10-1993 : RJDA 2/94 n° 191).

b. Si le titre ne porte **pas** la mention **« lettre de change »,** il constitue un **engagement du tireur** à l'égard du bénéficiaire de lui payer une somme déterminée ; après l'acceptation, le **tiré** sera aussi obligé de payer ladite somme ; cette signature entraîne reconnaissance de dette de sa part (Cass. com. 10-2-1971 : Bull. civ. IV p. 41).

c. À défaut de **mandat de payer,** le titre peut valoir comme **billet à ordre,** le tireur devenant le souscripteur et étant obligé au paiement (Cass. com. 18-3-1959 : Bull. civ. III p. 148).

d. À défaut de **nom du tiré,** le titre n'est qu'une **promesse de payer du tireur** au profit du bénéficiaire.

e. À défaut du **nom du bénéficiaire,** le titre, s'il est **signé** du **tiré,** vaut **reconnaissance de dette** de ce dernier au profit du tireur dans les termes du droit commun (Cass. com. 1-3-1994 : RJDA 7/94 n° 826, appliquant la prescription de droit commun), voire au profit de tout tiers ultérieurement désigné par lui, s'il est établi à son ordre, sans pour autant emporter délégation de créance au profit du tiers porteur, faute de sa désignation lors de l'engagement du débiteur, lequel peut ensuite lui opposer les exceptions résultant de ses rapports avec le tireur (Cass. com. 24-3-1998 : RJDA 8-9/98 n° 1036).

Le titre signé par un donneur d'aval peut valoir de la part de celui-ci cautionnement si la preuve de cet engagement est rapportée selon le droit commun (Cass. com. 12-3-2013 n° 11-19.121 : GP 2013.som.2361 note Rouaud).

f. À défaut de **date,** le titre est frappé de nullité absolue même si les parties sont d'accord pour situer la création à une date déterminée (Cass. com. 16-7-1973 : Bull. civ. IV p. 220 ; CA Paris 20-11-1990 : D. 1991.IR.26). Mais il vaut comme **reconnaissance de dette du tiré** qui l'a accepté (Cass. com. 2-11-1994 : RJDA 12/94 n° 1339). La date illisible équivaut à l'absence de date (Cass. com. 29-3-1994 : D. 1994.som.183 obs. Cabrillac).

50962 **Régularisation des omissions** Lorsqu'elle est possible, la régularisation a les effets suivants.

1. À l'égard des porteurs de la lettre étrangers à la régularisation. La lettre est **valable** à l'égard de tout porteur qui a **ignoré** son irrégularité initiale et qui l'a reçue sans omission

(Cass. civ. 10-7-1939 : JCP G 1941.II.1617 note Demontès ; Cass. com. 10-10-1989 : Bull. civ. IV p. 167 ; CA Versailles 15-6-2000 : D. 2000.388). En revanche, les tiers qui acquièrent une lettre incomplète, sans qu'un accord de régularisation ne soit prévu, ne peuvent pas prétendre que ce titre est une lettre de change (CA Paris 21-5-1957 : GP 1957.2.189).

2. À l'égard des auteurs de la régularisation. Entre ceux (par exemple, tireur-tiré ; tireur-bénéficiaire ; endosseur-endossataire) qui sont convenus de régulariser, la lettre est **valable si** elle est complétée conformément à leur accord (Cass. com. 9-3-1971 : JCP G 1971.II.16900 note Groslière). La régularisation faite par le porteur à l'insu du tiré n'est pas valable (Cass. com. 25-5-1988 : JCP G 1989.II.21345 note Putman).

Inexactitude des mentions L'inexactitude d'une mention n'entraîne **pas** la **nullité** de la lettre lorsqu'elle n'est pas destinée à dissimuler l'absence d'une condition essentielle (Cass. com. 9-5-1962 : Bull. civ. III p. 203 : supposition de date). Toutefois, la **situation réelle** est opposable à tous ceux qui en ont eu connaissance (cf. CA Paris 12-5-1958 : D. 1958.641 note Goré). La **preuve** de l'inexactitude incombe à celui qui invoque la supposition (T. com. Seine 2-7-1968 : J. agréés 1968.250). Elle peut être rapportée par tous moyens (Cass. civ. 7-3-1849 : S. 1849.1.397) ; ainsi, les juges peuvent souverainement apprécier que la date d'émission portée sur la traite, 8 janvier 1966, est entachée d'une erreur de millésime lorsque la date d'échéance est fin avril 1965 (Cass. com. 25-10-1972 : Bull. civ. IV p. 249). 50965

Ceux qui se sont rendus **coupables** d'inexactitude peuvent être le cas échéant condamnés pour délit d'**escroquerie** (C. pén. art. 313-1 ; TGI Seine 25-3-1966 : RTD com. 1966.972) ou de faux (C. pén. art. 441-1 ; CA Paris 18-4-1970 : JCP G 1971.II.16601).

MENTIONS FACULTATIVES DE LA LETTRE DE CHANGE

Mention de la valeur fournie Cette mention indique quelle est la **nature de la créance** du bénéficiaire sur le tireur qui justifie la création de la lettre à son profit. Il peut y avoir, selon les cas, valeur fournie en marchandises, en service, en espèces, en compte. La **mention** de la valeur fournie entraîne les conséquences suivantes : 50970

1. Elle n'interdit pas l'emploi de la traite au règlement d'une autre créance (Cass. com. 5-11-1971 : Bull. civ. IV p. 248) ;

2. L'insertion d'une fausse mention de valeur fournie peut exposer aux sanctions pénales du faux (C. pén. art. 441-1 ; CA Paris 18-4-1970 : D. 1970.595).

Clause de domiciliation C'est la clause par laquelle le tireur, ou éventuellement le tiré, indique le **lieu de paiement** de la traite (n° 50937). 50973

Toute personne capable de payer peut être domiciliataire (Cass. com. 29-6-1965 : D. 1965.823). Si le porteur se trouve être le domiciliataire et si le tiré ne lui remet pas les fonds à l'échéance, ce dernier doit être condamné au paiement des frais de l'instance engagée par le porteur si la traite n'a été payée que lors de la première audience (Cass. civ. 21-10-1942 : GP 1943.1.15).

Clause suivant avis ou sans avis La clause « suivant avis » mise par le tireur **signifie au tiré** qu'il ne doit ni accepter ni payer la lettre de change avant d'avoir reçu de lui un avis séparé indiquant les caractéristiques essentielles de l'effet (date, montant, échéance, etc.). La clause sans avis autorise l'acceptation ou le paiement alors même que le tiré n'aurait pas été informé de l'émission. 50976

Clause sans garantie ou à forfait Le **tireur** peut, par la stipulation « sans garantie » ou « à forfait », **s'exonérer** de la garantie d'acceptation ; mais il ne peut s'exonérer de la garantie du paiement (C. com. art. L 511-6, al. 2). 50979

L'endosseur peut, par la même formule, s'exonérer des garanties de l'acceptation et du paiement ; il s'exonère aussi s'il interdit un nouvel endossement (art. L 511-10, al. 2).

Stipulation d'intérêts La lettre peut porter intérêts suivant les mentions qui ont été précisées au n° 50928. 50982

Autres clauses facultatives Sur les clauses relatives à l'acceptation, n° 51053 ; sur la clause de retour sans frais, n° 51406. 50985

INTERDICTIONS DIVERSES

Dans le souci de **protéger certains débiteurs** réputés en position de faiblesse à l'égard de leur créancier, la loi interdit la création d'une lettre de change, par avance, entre bailleur et locataire d'un local d'habitation (Loi 89-462 du 6-7-1989 art. 4, c) et entre constructeur de maison individuelle et maître d'ouvrage (CCH art. L 231-4, II et L 232-2), ainsi qu'entre vendeur à crédit de marchandises ou d'immeubles et emprunteur non professionnel (C. consom. art. L 314-21). 50990

B. Provision de la lettre de change

51000 **Définition** La provision de la lettre de change est la **créance,** au moins égale au montant de la lettre, du tireur sur le tiré au jour de l'échéance de la lettre (C. com. art. L 511-7, al. 2). Cette créance doit être une **somme d'argent** (CA Nancy 19-12-1985 : GP 1986.som.136).

51003 **Objet de la provision** Toute **créance** du tireur sur le tiré peut constituer la provision, notamment une ouverture de crédit (Cass. com. 12-11-1973 : GP 1973.2.som.283), la fourniture d'une caution (Cass. com. 22-2-1971 : Bull. civ. IV p. 50) ou l'engagement pris dans un acte de partage (Cass. com. 27-10-1969 : Bull. civ. IV p. 292).

Mais il faut que le **tireur soit créancier** du tiré ; ainsi, les créances d'un exportateur sur ses acquéreurs étrangers ne peuvent pas constituer la provision des lettres de change tirées par lui sur sa banque (Cass. com. 23-2-1983 : Bull. civ. IV p. 68, refusant à la banque, qui était en même temps bénéficiaire, le droit de revendiquer la propriété de cette provision).

La provision comprend la créance et ses **accessoires,** notamment les sûretés (CA Douai 14-11-1901 : D. 1903.2.158) et les clauses convenues entre les parties pour en garantir le paiement (Cass. com. 11-7-1988 : GP. 1988.672 : clause de réserve de propriété ; CA Aix 24-4-1981 : D. 1982.425 note Stoufflet : affectation spéciale des créances mobilisées par des lettres de change au profit du banquier escompteur).

L'hypothèque est aussi transmise à condition d'être mentionnée sur chaque lettre (cf. Décret 55-1350 du 14-10-1955 art. 60). En revanche, un contrat d'assurance-crédit n'est pas un accessoire (Cass. com. 25-2-1992 : RJDA 6/92 n° 622).

51006 **Date d'existence de la provision** La provision existe dès que les conditions d'existence de la créance sont remplies (cf. Cass. com. 13-5-1968 : Bull. civ. IV p. 134). Il n'y a pas lieu, par exemple, d'exiger que la description des marchandises portée sur la traite soit conforme à la réalité (CA Orléans 13-4-1967 : D. 1967.499) ou de rechercher la provenance des marchandises mais seulement si le tiré est redevable du montant des lettres envers le tireur (Cass. com. 25-5-1961 : GP 1961.2.277).

La provision doit exister **au jour de l'échéance** (C. com. art. L 511-7, al. 2 ; Cass. civ. 23-9-1940 : DH 1940.157). Mais il suffit pour cela que la créance existe en son principe, peu important qu'elle ne soit pas liquide et exigible (Cass. com. 4-6-1991 : RJDA 8-9/91 n° 731 ; Cass. com. 27-10-1992 : RJDA 2/93 n° 149).

La lettre est **sans provision** si la créance existait au jour de son émission mais a **disparu** au jour de son échéance (Cass. req. 24-1-1912 : D. 1912.1.520 ; Cass. com. 24-3-1969 : Bull. civ. IV p. 109).

51009 **Montant de la provision** La provision doit être au moins **égale** au montant de la traite (C. com. art. L 511-7, al. 2). Cependant, les tribunaux font produire effet à une provision partielle ; ils accordent au porteur, à due concurrence de la provision, les droits qu'il a (n°s 51250 s.) lorsque la provision est totale (Cass. civ. 18-1-1937 : DH 1937.145 ; Cass. civ. 23-9-1940 : DH 1940.157 ; CA Montpellier 21-3-1951 : Banque 1951.304 note Marin).

51012 **Personnes tenues de fournir la provision** C'est au **tireur** qu'il incombe de fournir la provision ; en cas de **tirage pour compte,** la provision doit être donnée par le donneur d'ordre, pour le compte duquel le tireur crée la traite (C. com. art. L 511-7, al. 1).

51015 **Preuve de la provision** Il appartient à celui qui invoque le bénéfice de la provision d'en rapporter la preuve (cf. C. com. art. L 511-7, al. 6 et L 511-49, II).

L'existence de la provision est **présumée** en cas d'acceptation de la lettre par le tiré (art. L 511-7, al. 4). La force de cette présomption est la suivante :

– la présomption joue au **profit des endosseurs** (art. L 511-7, al. 5) ; cependant, la **preuve contraire** est possible (Cass. com. 12-7-1971 : GP 1971.2.759 note G.H.) ;

– la présomption joue aussi dans les **rapports du tireur et du tiré,** le tiré pouvant faire la **preuve contraire** s'il invoque le défaut de provision (Cass. com. 4-6-1991 : Bull. civ. IV p. 147).

C. Acceptation

DÉFINITION

51050 L'acceptation est la **signature** de la lettre **par le tiré** entraînant **engagement de sa part à payer le porteur à l'échéance** (C. com. art. L 511-15 à L 511-20). Tant qu'il n'a pas donné son acceptation, le tiré n'est pas obligé en vertu de la lettre de change.

PRÉSENTATION DE LA LETTRE DE CHANGE À L'ACCEPTATION

Présentateurs et date de présentation Le **porteur ou** même un simple **détenteur** a la faculté de présenter la lettre à l'acceptation jusqu'à l'échéance (C. com. art. L 511-15, al. 1) ou, si le tireur y a fixé un terme pour la présentation, jusqu'à cette date (art. L 511-15, al. 4), pourvu que la lettre n'ait pas été déclarée non acceptable (art. L 511-15, al. 3). 51053

La clause non acceptable n'est pas valable sur une lettre de change payable chez un tiers ou dans une localité autre que celle du domicile du tiré ou sur une lettre tirée à un certain délai de vue (art. L 511-15, al. 3).

À défaut de terme stipulé, le **porteur est obligé de présenter** :

– une lettre à un **certain délai de vue** (art. L 511-15, al. 3) dans le délai d'un an à compter de sa date (art. L 511-15, al. 6) ; le tireur peut néanmoins abréger le délai d'un an ou en stipuler un plus long (art. L 511-15, al. 7) tandis que les endosseurs peuvent seulement l'abréger (art. L 511-15, al. 8) ;

– une lettre portant la mention **« contre acceptation »** ; la clause peut être apposée par le tireur, avec ou sans fixation de délai (art. L 511-15, al. 2) ; elle peut l'être aussi par un endosseur, avec ou sans fixation de délai, à moins que la lettre n'ait été déclarée non acceptable par le tireur (art. L 511-15, al. 5).

Lieu de la présentation La lettre doit être présentée au **domicile du tiré** (C. com. art. L 511-15, al. 1). **Même** la lettre qui comporte une **domiciliation** doit être présentée chez le tiré et non chez le domiciliataire car celui-ci n'est mandaté **que pour le paiement** et non pour prendre l'engagement de payer. 51056

Le tiré a le droit de demander qu'une **seconde présentation** lui soit faite le lendemain de la première ; les intéressés ne sont admis à prétendre qu'il n'a pas été fait droit à cette demande que si celle-ci est mentionnée dans le protêt (art. L 511-16).

Formes de la présentation La lettre peut être présentée à l'acceptation **par correspondance** (CA Orléans 7-3-1972 : JCP G 1973.IV.108). Il n'est pas d'usage bancaire d'expédier les lettres de change sous forme recommandée ; si La Poste **perd** le pli, l'expéditeur n'est pas responsable (Cass. com. 4-3-1968 : JCP G 1969.II.15777 note Gavalda). 51059

Le porteur n'est **pas** obligé de se dessaisir entre les mains du tiré de la lettre qu'il lui présente (C. com. art. L 511-16, al. 2).

Lorsque le **tireur** a demandé la **restitution** de la lettre, le tiré est responsable s'il ne renvoie pas dans un délai normal la traite qui lui a été adressée par La Poste (Cass. com. 12-2-1974 : JCP G 1975.II.17961 note Cabrillac ; Cass. com. 12-5-1976 : Bull. civ. IV p. 140). Toutefois, le **présentateur** doit supporter une part de **responsabilité** s'il n'a adressé au tiré une lettre de rappel que deux mois après l'envoi de la demande d'acceptation (CA Amiens 5-1-1976 : RTD com. 1976.156).

Même lorsque la lettre présentée n'est **pas provisionnée,** le **tiré** agira prudemment en **retournant,** sans retard, la lettre au présentateur avec l'indication du motif de son refus d'acceptation : le renvoi de la lettre au tireur et non au présentateur peut constituer une faute (CA Orléans 7-3-1972 : JCP G 1973.IV.108 ; contra T. com. Valenciennes 30-3-1971 : JCP G 1972.II.17114 note Gavalda ; rapp. CA Paris 19-4-1972 : Banque 1973.293, qui écarte la responsabilité du tiré lorsqu'il attend d'être informé par le tireur qu'il n'y aura pas livraison pour retourner la lettre au présentateur).

Choix du tiré Le tiré est, en principe, **libre** d'accepter ou de refuser (CA Douai 17-2-1938 : S. 1938.2.196). 51062

Toutefois, le tiré est **obligé** d'accepter lorsque la lettre est créée en vue d'un règlement d'une fourniture de marchandises réalisée entre commerçants et que le tireur a livré les marchandises promises ; cette acceptation doit être donnée dès l'expiration d'un délai conforme aux usages normaux du commerce en matière de reconnaissance de marchandises (C. com. art. L 511-15, al. 9). S'il refuse d'accepter dans ce cas, le tiré perd de plein droit le bénéfice du terme (art. L 511-15, al. 10).

Il a même été jugé, lorsqu'une banque faisait habituellement accepter par le tiré les lettres que le tireur lui remettait à l'escompte, que les paiements effectués à autrui par ce tiré, qui avait refusé l'acceptation sur des effets dont la provision était incontestable, étaient inopposables à la banque (T. com. Paris 12-11-1968 : J. agréés 1969.128).

Par ailleurs, le **tiré** qui a **promis** de faire **« bon accueil »** aux traites émises sur lui par le tireur peut être condamné à des dommages-intérêts si son refus d'acceptation cause un dommage au tireur bénéficiaire de ladite promesse (T. com. Seine 11-12-1951 : GP 1952.1.198).

Le tireur et les endosseurs sont, sauf clause contraire (n° 50979), garants de l'acceptation (art. L 511-6 et L 511-10).

ACCEPTATION DE LA LETTRE DE CHANGE PAR LE TIRÉ

51070 **Validité de l'acceptation** Pour être valable, l'acceptation du tiré doit satisfaire aux conditions ci-après.

1. L'acceptation **ne doit pas** être donnée par **erreur, dol** ou sous l'empire de la **violence.** Par exemple, a été annulée pour dol l'acceptation du tiré consentie après une intervention des employés du porteur (un banquier) pour le persuader que le tireur serait en mesure d'honorer la traite à l'échéance, alors qu'il était à la veille d'une déclaration de cessation des paiements (CA Paris 24-5-1966 : D. 1966.705).

2. Le tiré doit être **capable** notamment de faire un acte de commerce isolé, la signature du tiré constituant un tel acte (C. com. art. L 110-1, 10° ; CA Paris 5-12-1912 : DP 1913.5.9). La capacité pour accepter une lettre de change étant la même que celle exigée pour le tirage de la lettre, l'incapacité doit entraîner la nullité de la lettre dans les mêmes termes (n° 50946).

3. L'acceptation **ne peut émaner** que de la personne dont la signature figure dans le cadre réservé à la désignation du tiré sur le titre mais non de celle dont la signature est à côté (Cass. com. 24-2-1965 : GP 1965.1.336).

L'acceptation par une personne autre que le tiré est dite acceptation par intervention (cf. art. L 511-65 à L 511-71).

4. L'acceptation émanant d'une personne qui a **imité** la signature du tiré n'engage pas ce tiré (Cass. com. 3-4-1990 : Bull. civ. IV p. 73) ; celui-ci peut demander la restitution de ce qu'il a payé (CA Aix 4-2-1982 : Bull. Cour d'Aix 1982/1 p. 76). Toutefois, si l'usurpation est due à une **faute du tiré,** celui-ci peut être tenu pour responsable à l'égard du porteur (Cass. com. 25-11-1965 : Bull. civ. III p. 530 ; CA Grenoble 28-5-1963 : JCP G 1964.II.13503).

5. L'acceptation engage le tiré lorsqu'elle est donnée par son **mandataire.** Les juges s'appuient souvent sur l'**apparence** pour retenir la qualité de mandataire du signataire (Cass. civ. 8-11-1957 : Bull. civ. II p. 442 ; Cass. com. 19-11-1968 : Bull. civ. IV p. 295 ; Cass. com. 14-3-1984 : Bull. civ. IV p. 87 ; CA Paris 13-2-1976 : GP 1976.2.507).

En présence d'un acte passé par une personne en son nom personnel et au nom d'une société constituée, il ne résulte pas automatiquement que la signature par cette même personne, en tant que tiré, des traites correspondant à cet acte a été aussi donnée à titre personnel et pas seulement en qualité de gérant de la société (Cass. com. 11-10-1971 : Bull. civ. IV p. 216).

En revanche, le signataire est engagé **personnellement** s'il a **excédé** ses pouvoirs ou a agi **sans pouvoir** (art. L 511-5, al. 3). Il lui incombe d'établir l'existence et le contenu de son mandat (Cass. com. 30-6-1992 : RJDA 11/92 n° 1051 ; dans le même sens, Cass. com. 18-1-1994 : RJDA 6/94 n° 689).

6. L'acceptation **sans cause** (aujourd'hui sans contrepartie, n°s 12496 s.) est **nulle** à l'égard de celui qui l'a abusivement obtenue (CA Paris 24-5-1966 : D. 1966.705). L'acceptation est valablement causée par le désir du tiré de cautionner le tireur (Cass. req. 9-3-1936 : GP 1936.1.688).

7. L'acceptation peut être **restreinte** à une partie de la somme (art. L 511-17, al. 3).

8. L'acceptation doit être **pure et simple** (C. com. art. L 511-17, al. 3). Toute **modification** des mentions de la lettre, autre que celle du montant de la somme (art. précité), équivaut à un refus d'acceptation (Cass. com. 18-1-1955 : D. 1955.188 note Goré ; Cass. com. 14-10-1959 : Banque 1960.48 ; CA Paris 28-10-1999 : D. 2000.AJ.54) ; mais l'accepteur reste tenu dans les termes de son acceptation (art. L 511-17, al. 4). Le porteur n'est pas tenu d'informer le tireur dans les formes et délais de l'article L 511-42 du Code de commerce de cette acceptation conditionnelle ni d'exercer un recours immédiat contre ce dernier à peine de déchéance : ainsi, le porteur peut agir contre le tireur (n° 51450), même s'il ne lui a pas révélé le recul de l'échéance par le tiré (Cass. com. 18-1-1955 précité). Les mentions relatives à l'acceptation apposées à l'insu du tiré sont des faux en écriture de commerce (T. corr. Paris 2-4-1969 : JCP G 1969.II.15892).

51073 **Formes de l'acceptation** L'acceptation doit être écrite **sur** la **lettre** de change (C. com. art. L 511-17, al. 1) ; elle peut l'être sur la lettre de change relevée sur support papier (Cass. com. 30-6-1998 : RJDA 11/98 n° 1287). En conséquence, une acceptation par acte séparé ne peut entraîner qu'un engagement de payer dans les termes du droit commun (Cass. com. 22-2-1954 : D. 1954.311).

L'acceptation est exprimée par le mot « accepté » ou tout autre mot équivalent (art. L 511-17, al. 1). Elle peut être écrite dans une langue différente de celle des mentions de la lettre (T. com. Lyon 9-2-1970 : Banque 1970.816 note Marin).

L'acceptation est signée du tiré (art. L 511-17, al. 1). La signature doit être manuscrite, la loi ne prévoyant pas l'usage d'une griffe. La **simple signature** du tiré apposée au **recto** de la lettre vaut acceptation (art. L 511-17, al. 1 ; Cass. com. 3-5-2006 n° 700 : RJDA 11/06 n° 1166).

L'acceptation doit être datée seulement quand la lettre est payable à un certain délai de vue ou lorsqu'elle doit être présentée à l'acceptation dans un délai déterminé en vertu d'une stipulation spéciale : elle doit l'être alors du jour où elle est donnée, à moins que le porteur n'exige qu'elle soit datée du jour de la présentation ; à défaut de date, le porteur, pour conserver ses recours contre les endosseurs et contre le tireur, fait constater cette omission par un protêt dressé en temps utile (art. L 511-17, al. 2).

L'acceptation est **irrévocable** lorsque le tiré s'est régulièrement dessaisi du titre accepté (Cass. com. 2-7-1969 : JCP G 1970.II.16427 note Langlois). Sur le biffage de l'acceptation, art. L 511-20.

Effets de l'acceptation Le tiré est tenu de **payer** la traite acceptée à l'égard de tout **porteur légitime et de bonne foi** (C. com. art. L 511-12), comme codébiteur solidaire et non comme caution du tireur (Cass. civ. 28-12-1927 : D. 1929.1.13 note Chéron). Le porteur détient ainsi un droit au paiement (droit cambiaire, n°s 51250 s.) de son propre chef, indépendant du droit à la provision qu'il possède du chef du tireur (Cass. com. 24-5-1994 : RJDA 11/94 n° 1175) et qu'il pourra faire valoir par une action de droit commun (n°s 51283 et 51300). 51076

Il incombe au tiré qui oppose au tireur le défaut de provision d'en apporter la preuve (Cass. com. 4-5-1999 : RJDA 7/99 n° 834).

Le tiré doit être poursuivi devant le tribunal de commerce même si sa dette est civile (CA Orléans 17-12-1964 : D. 1965.330).

Le tiré est lié par les mentions qu'il a acceptées ; ainsi, il est mal venu à prétendre irrégulière l'assignation délivrée à l'adresse où il s'est domicilié lui-même (CA Paris 17-12-1993 : D. 1994.som.183 obs. Cabrillac) mais il peut récuser la prorogation d'échéance qu'il n'a pas acceptée, celle-ci ne pouvant lui être opposée au motif qu'elle doit être présumée lui être profitable (Cass. com. 23-3-1993 : RJDA 7/93 n° 641). Il peut aussi opposer son acceptation au facteur subrogé (n° 53225) ou au cessionnaire Dailly (n° 41281), dès lors qu'il a eu connaissance de l'affacturage après son acceptation ou que la notification de la cession est postérieure à son acceptation, afin de refuser le paiement demandé par le bénéficiaire de l'affacturage ou de la cession.

REFUS D'ACCEPTATION DE LA LETTRE DE CHANGE PAR LE TIRÉ

Renvoi de la lettre Le tiré qui n'a pas accepté la lettre doit la renvoyer à son présentateur (généralement le banquier escompteur). Il peut engager sa responsabilité si le retour tardif a causé un dommage au porteur (cf. Cass. com. 7-10-1987 : Bull. civ. IV p. 160) ou s'il renvoie l'effet, même non accepté, au tireur sans informer le porteur et le prive ainsi d'une chance de se faire payer (Cass. com. 13-10-1992 : RJDA 12/92 n° 1162). 51080

Formalités En cas de refus d'acceptation, le porteur qui veut se ménager la possibilité de recourir contre les autres signataires doit faire dresser un **protêt** (n°s 51400 s.) pour refus d'acceptation (C. com. art. L 511-39, al. 1), sauf clause de dispense du protêt (sur cette clause, n° 51406). 51083

Ce protêt doit être fait dans les délais fixés pour la présentation à l'acceptation ; si, en cas de demande par le tiré d'une seconde présentation, la première présentation a eu lieu le dernier jour du délai, le protêt peut encore être dressé le lendemain (art. L 511-39, al. 2).

Le porteur doit donner avis du défaut d'acceptation à son endosseur dans les quatre jours ouvrables qui suivent le jour du protêt ou celui de la présentation en cas de clause de dispense de protêt (art. L 511-42, al. 1).

Effets Le refus d'acceptation totale ou partielle par le tiré ouvre au porteur, même avant l'échéance, un recours contre n'importe quel signataire de la lettre : tireur, endosseur, avaliste (C. com. art. L 511-38 ; sur ce recours : n°s 51450 s.). 51086

Le porteur d'une lettre non acceptée devient néanmoins propriétaire de la provision à son échéance et peut en demander le paiement dans les conditions exposées au n° 51300.

La créance du tireur sur le tiré est immédiatement exigible (art. L 511-15, al. 10) mais l'échéance de la lettre, quant à elle, ne change pas au regard du porteur (Cass. com. 1-2-1977 : Bull. civ. IV p. 32).

D. Endossement des lettres de change

Définition L'endossement est l'indication, au dos de la lettre, d'en payer le montant à l'ordre d'une personne désignée, suivie de la signature du stipulant. Le bénéficiaire de l'endossement est l'endossataire, le stipulant, l'endosseur. 51100

Interdiction L'endossement ne peut pas être employé lorsque le tireur a inséré dans la lettre les mots « non à ordre » ou une expression équivalente : ce titre (dit à personne dénommée) n'est alors transmissible que dans la forme et avec les effets d'une cession ordinaire de créance (C. com. art. L 511-8, al. 2 ; Cass. req. 7-11-1905 : D. 1906.1.413). 51103

L'endossement réalisé au mépris de l'interdiction ne peut pas être validé au motif qu'en acceptant la traite le tiré a nécessairement donné son accord à l'endossement ultérieur (Cass. com. 9-4-2013 n° 12-14.133 : RJDA 8-9/13 n° 747 et, sur renvoi, CA Paris 2-12-2014 n° 13/12924 : RJDA 7/15 n° 523.som.).

En revanche, l'endossement reste utilisable lorsque l'endosseur interdit un nouvel endossement ; dans ce cas, cet endosseur n'est pas tenu à la garantie envers les personnes auxquelles la lettre est ultérieurement endossée (art. L 511-10, al. 2).

1. ENDOSSEMENT TRANSLATIF

51106 **Qualification** L'endossement translatif ou à titre de propriété est celui par lequel la propriété de la lettre est transmise à l'endossataire.

L'endossement, sans autre précision, est translatif et un signataire antérieur peut se prévaloir de la situation apparente (Cass. com. 24-9-2002 n° 1488 : RJDA 1/03 n° 63). Toutefois, dans leurs rapports personnels, endosseur et endossataire peuvent faire la preuve par tous moyens que l'endossement est d'une autre nature : à titre de procuration ou de gage (Cass. com. 3-5-1971 : Bull. civ. IV p. 115).

L'endossement est aussi réputé nécessairement translatif lorsque la traite, remise pour encaissement à une banque, est inscrite par celle-ci au compte courant du client remettant qui ne proteste pas ; en effet, l'inscription en compte courant ne peut porter que sur une somme dont le banquier est débiteur envers son client (Cass. com. 2-11-1953 : D. 1954.657 note Savatier ; Cass. com. 23-2-1976 : J. agréés 1976.410).

Mais ne peut pas être translatif l'endossement d'une lettre de change portant la mention « valeur en recouvrement », cette lettre ne pouvant faire l'objet que d'un endossement à titre de procuration, même si le tireur a coché la mention « à l'escompte » sur le bordereau de remise et que le relevé des opérations porte des agios d'escompte (Cass. com. 30-1-1996 : RJDA 4/96 n° 535).

51109 **Endosseur** L'endosseur doit avoir la capacité de faire un acte de commerce, puisque la signature d'une lettre de change est un acte de commerce (C. com. art. L 110-1, 10°).

Il est à noter que l'endosseur peut abréger le délai de l'échéance (art. L 511-23, al. 1).

Il doit apposer sa signature soit à la main, soit par griffe (art. L 511-8, al. 7).

51112 **Endossataire** L'endossataire **peut être** une personne du choix de l'endosseur et même le tiré, accepteur ou non, le tireur ou tout autre obligé (C. com. art. L 511-8, al. 3).

La désignation de l'endossataire est définitive lorsque le titre lui est remis et qu'il l'accepte. Jusque-là, l'endosseur peut se rétracter par biffage de l'endossement (art. L 511-11, al. 1). Le biffage doit prendre la forme d'une radiation de l'endossement sur le titre (Cass. com. 5-3-1956 : JCP G 1956.II.9369 note Roblot).

En principe, l'endossement désigne le bénéficiaire par son nom ou tout moyen permettant de l'individualiser : cet endossement est dit nominatif. Mais il peut être aussi en blanc, c'est-à-dire ne pas préciser le nom du bénéficiaire (C. com. art. L 511-8, al. 8). Le banquier qui détient un effet endossé en blanc est le porteur légitime de cet effet (Cass. com. 1-10-1996 : RJDA 1/97 n° 87 ; CA Paris 27-5-1983 : D. 1984.IR.72).

L'endossement au porteur vaut comme un endossement en blanc (art. L 511-8, al. 6).

51115 **Formes** L'endossement doit être **inscrit sur la lettre** ou sur une feuille qui lui est attachée (C. com. art. L 511-8, al. 7). Des relevés de compte ne peuvent pas suppléer le défaut de cette inscription (Cass. com. 4-1-1994 : RJDA 6/94 n° 691).

Il consiste dans la mention de payer à l'ordre de telle personne dénommée. Il figure généralement au dos de la lettre ; il doit l'être, pour être valable, lorsqu'il est en blanc (art. L 511-8, al. 8) ou, à notre avis, lorsqu'il résulte, comme il est admis (CA Versailles 19-2-1993 : D. 1993.IR.110), d'une simple signature du tireur au verso de la lettre car seule la présence au dos de cette signature peut caractériser l'endossement.

L'endossement peut être accompagné de différentes **mentions facultatives.** La mention la plus fréquente est celle de sa date. Celle-ci doit être exacte : il est défendu d'antidater les endossements à peine de faux (art. L 511-14, al. 3).

L'endossement peut être accompagné de l'indication de la **valeur fournie** (nature de la créance de l'endossataire sur l'endosseur), d'une clause sans garantie (n° 50979), d'une clause interdisant un nouvel endossement (n° 51103), d'une clause de retour sans frais (n° 51406).

L'endossement **partiel** est nul (art. L 511-8, al. 5) ; l'endossement n'est partiel que si, par la formule d'endos, l'endosseur a manifesté son intention de porter atteinte à l'indivisibilité de la créance cambiaire ; lorsque l'endossement est assorti de la mention « en paiement de telle traite d'un montant de... » inférieur à la traite endossée, cette simple indication dans la formule d'endos de la valeur fournie par l'endossataire d'un montant inférieur à celui de la traite litigieuse n'implique pas, par elle-même, de la part de l'endosseur, la volonté de conférer au bénéficiaire de l'endossement le droit de n'opérer que pour partie le recouvrement de la lettre de change (Cass. com. 5-3-1956 : JCP G 1956.II.9369 note Roblot).

Date de l'endossement La mention de la date de l'endossement n'est pas obligatoire. 51118
Lorsque l'endossement n'est pas daté, il faut distinguer :

– s'il n'y a pas eu protêt, l'endossement est censé avoir été fait avant l'expiration du délai fixé pour dresser le protêt (C. com. art. L 511-14, al. 2 ; CA Paris 19-5-1959 : GP 1959.2.248). Mais la preuve contraire est possible (art. L 511-14, al. 2 ; T. com. Seine 19-3-1959 : GP 1959.2.36) ;

– si un protêt a été dressé, le protêt reproduisant toutes les mentions de la lettre de change, tout endossement qui n'y est pas mentionné est présumé postérieur jusqu'à inscription de faux (n° 51423).

Endossement postérieur à l'échéance Il faut distinguer (C. com. art. L 511-14, al. 1) : 51121

– l'endossement postérieur à l'échéance mais antérieur au protêt qui produit les mêmes effets qu'un endossement antérieur ;

– l'endossement postérieur au protêt faute de paiement ou fait après l'expiration du délai pour dresser protêt qui ne produit que les effets d'une cession de créance ; un tel endossement transmet au bénéficiaire les droits qu'avait le cédant sans qu'il soit besoin de procéder à la formalité de l'article 1690 du Code civil, mais toutes les exceptions attachées à la créance lui sont opposables (Cass. com. 13-10-1970 : Bull. civ. IV p. 232 ; CA Paris 22-6-1966 : D. 1967.95). L'endossataire ne peut écarter les exceptions en invoquant son ignorance du protêt (CA Poitiers 11-12-1963 : JCP G 1964.II.13610 note Lescot).

Acquisition de la qualité de porteur légitime Le détenteur d'une lettre de change 51124
en est le porteur légitime s'il justifie qu'il est devenu endossataire par une suite ininterrompue d'endossements, même si le dernier endossement est en blanc (C. com. art. L 511-11, al. 1).

La production d'un historique de compte peut faire la preuve de l'avance de fonds mais ne confère pas au banquier qui y procède la qualité de porteur légitime (CA Agen 27-5-2013 n° 12/00481 : GP 2013.som. 8 novembre note Rouaud).

Peu importe alors que la lettre ait été perdue ou volée, sauf si le porteur l'a acquise de mauvaise foi ou si, en l'acquérant, il a commis une faute lourde (art. L 511-11, al. 2). En conséquence, on ne peut plus le contraindre à se dessaisir de l'effet sans rechercher l'existence de sa mauvaise foi ou de sa faute lourde, au seul motif que la lettre est sans effet parce que l'endossement est l'œuvre d'une personne qui a usurpé la signature du tireur (Cass. com. 21-12-1959 : D. 1960.262).

La **chaîne des endossements** est **ininterrompue** lorsque le premier endosseur est le bénéfi- 51127
ciaire et que chaque endossement suivant émane de la personne désignée comme endossataire par l'endossement qui précède immédiatement. Quand un endossement en blanc est suivi d'un autre endossement, le signataire de celui-ci est réputé avoir acquis la lettre par l'endossement en blanc (C. com. art. L 511-11, al. 1). Le détenteur d'une lettre « au porteur » est réputé la tenir de l'endossement en blanc puisque l'endossement au porteur vaut comme endossement en blanc (art. L 511-8, al. 6). Les endossements biffés sont réputés non écrits (art. L 511-11, al. 1) ; ils ne constituent pas une interruption de la chaîne des endos (CA Paris 19-5-1959 : GP 1959.2.248).

Ne tient pas son droit d'une suite ininterrompue d'endos :

– le porteur d'une lettre de change où ne figure pas l'endossement du bénéficiaire (Cass. com. 9-6-1970 : Bull. civ. IV p. 169) ;

– le détenteur d'une lettre endossée à son profit par un tiers auquel cet effet a été simplement remis sans endossement par le tireur, lequel avait préalablement endossé au profit d'un autre bénéficiaire par une mention biffée (Cass. com. 9-12-1968 : Bull. civ. IV p. 313) ;

– le bénéficiaire d'un endos signé par l'épouse du preneur de la lettre lorsque le nom de celui-ci est précédé de la lettre « M » et que dans la chaîne des endossements ne figure pas l'endossement du mari au profit de la femme, car le signe « M » est réputé vouloir dire « Monsieur » (CA Colmar 10-12-1971 : RTD com. 1973.603, en matière de chèque mais transposable) ;

– le détenteur d'une lettre dès lors qu'il n'y est pas mentionné nommément comme endossataire ou sans qu'existe un endossement en blanc (Cass. com. 10-1-1984 : Bull. civ. IV p. 8 ; Cass. com. 24-11-1992, 1e esp. : RJDA 2/93 n° 148) ;

– le détenteur d'une lettre qui avait été endossée en blanc par un autre porteur que lui-même dès lors qu'il a récupéré cette lettre après protêt et sans qu'elle ne fût à ce moment endossée à son profit, car le protêt interrompt la suite des endossements (Cass. req. 28-3-1944 : S. 1945.1.17 note Lescot).

Mais celui qui est désigné sur la lettre comme bénéficiaire en devient porteur légitime à la suite de l'émission et de la remise de la lettre par le tireur, sans que celui-ci ait en outre à l'endosser (Cass. com. 24-11-1992, 2e esp. : RJDA 2/93 no 148).

La succession des signatures n'est pas suffisante pour établir la chaîne des endossements. Il faut encore que l'endossataire signe en tant qu'endosseur avec la même qualité.

La chaîne des endossements est interrompue lorsqu'une société tire une traite à l'ordre personnel de son mandataire et que celui-ci endosse la lettre à l'ordre d'un tiers en signant à titre de représentant légal de la société (Cass. com. 9-6-1970 : Bull. civ. IV p. 169).

L'existence de la valeur fournie à l'endosseur par l'endossataire n'est pas une condition de la qualité de porteur légitime (cf. Cass. com. 20-6-1972 : Bull. civ. IV p. 194).

51130 **Droit de réendosser** L'endossataire peut devenir à son tour endosseur pourvu qu'il satisfasse aux conditions requises pour cette qualité (no 51109).

Si l'endossement est en blanc, le porteur a le choix entre (C. com. art. L 511-9, II) :

- remplir le blanc soit de son nom, soit du nom d'une autre personne ;
- endosser la lettre de nouveau en blanc ou à une autre personne ;
- remettre la lettre à un tiers, sans remplir le blanc et sans l'endosser.

51133 **Transmission de la créance et de ses garanties** L'endossement transmet tous les droits résultant de la lettre de change (C. com. art. L 511-9, I), au jour même de l'endossement (Cass. com. 13-12-1948 : GP TQ 1946-1950 Vo Effets de commerce no 11).

51136 **Obligation de garantie de l'endosseur** L'endosseur est, sauf clause contraire (no 50979), garant de l'acceptation et du paiement (C. com. art. L 511-10, al. 1). Il doit donc payer la lettre si le tiré est défaillant, car le tiré est considéré comme le principal débiteur, à la demande de tout porteur qui a acquis la lettre après qu'il l'a signée, même si ce porteur est le banquier qui a porté la lettre dans le compte courant existant entre lui et son endosseur immédiat, la contre-passation n'étant pour le banquier qu'une faculté (Cass. civ. 24-1-1906 : D. 1906.1.353 note Lacour).

L'endosseur ne doit pas garantie à ceux qui ont signé la lettre comme ses codébiteurs (T. com. Lyon 16-11-1959 : Banque 1960.254 note Marin).

L'endosseur ne peut opposer au porteur de bonne foi que les exceptions apparentes sur la lettre ou relatives à la créance qui les lie éventuellement (nos 51250 s.).

2. ENDOSSEMENT DE PROCURATION

51140 **Définition** L'endossement de procuration est celui par lequel le porteur confie le soin d'encaisser la lettre pour son compte à un mandataire, qui est le plus souvent un banquier.

51143 **Endosseur** Les règles qui concernent l'endosseur à titre translatif (no 51109) sont applicables sous réserve de la possibilité d'être endosseur à titre de procuration sans avoir la capacité commerciale, car l'endosseur ne s'engage alors pas à payer la lettre.

51146 **Formes** Pour que l'endossement soit à titre de procuration, il faut porter sur la lettre l'une des mentions suivantes : « valeur en recouvrement », « pour encaissement », « par procuration » ou toute autre mention indiquant un simple mandat. À défaut d'indication spéciale, l'endossement est réputé translatif (no 51106).

51149 **Effets entre endosseur et endossataire** L'endossataire, en fait le banquier, doit présenter la lettre à l'encaissement et remettre les fonds à son mandant ou à celui qu'il lui a désigné : la banque qui, ayant reçu du remettant le mandat d'affecter le montant de la lettre au profit d'un tiers, utilise celui-ci à apurer le compte débiteur de son client, viole le mandat irrévocable qu'elle a reçu et engage sa responsabilité envers le tiers à qui elle doit reverser les fonds qu'elle s'est appropriés (CA Paris 13-1-1984 : D. 1984.IR.306).

S'il n'a pas obtenu paiement ou s'il n'a obtenu qu'un paiement partiel, le banquier doit restituer les effets impayés et n'a droit qu'aux frais afférents aux traites encaissées (Cass. req. 6-12-1921 : D. 1922.1.56). Selon l'usage, cette restitution est effectuée par La Poste par pli non recommandé (cf. Cass. com. 4-3-1968 : JCP G 1969.II.15777 note Gavalda). Dès lors que la restitution n'a pas eu lieu, le banquier a manqué à son obligation de restitution (Cass. com. 7-3-2000 : RJDA 6/00 no 713). Si, ayant omis de présenter la lettre à l'échéance, il a aussitôt averti de son omission et, avant son encaissement, consenti un crédit au remettant en la portant au crédit de son compte, il peut en contre-passer le montant dès lors que celui-ci ne peut être recouvré sur le tiré (Cass. com. 22-5-2001 no 98-21.107).

Le client qui veut être immédiatement renseigné sur les suites de la présentation peut demander au banquier un « avis de sort » par téléphone, télégramme ou courriel.

Le banquier qui n'a pas reçu paiement doit faire dresser protêt (nos 51400 s.) pour permettre à l'endosseur de conserver ses recours contre les autres signataires.

Le banquier est responsable du préjudice subi par le client du fait d'un retard dans la présentation, le protêt ou l'avis de non-encaissement.

Par exemple, une banque est responsable lorsqu'elle a présenté une traite à l'encaissement avec un retard de six mois en raison d'une grève, alors que le recouvrement aurait pu être réalisé par une autre voie que celle choisie par la banque (CA Douai 6-5-1976 : GP 1977.1.17) ou si elle a renvoyé les traites remises par le client trois mois après le défaut d'encaissement (Cass. com. 17-1-1984 : GP 1984.pan.130).

Mais elle n'est pas responsable si la lettre a été remise dans des conditions anormales (par exemple, à une date très voisine de l'échéance), lorsque l'encaissement présente des difficultés particulières (Cass. civ. 26-12-1893 : D. 1894.1.102 ; Cass. civ. 4-1-1910 : S. 1911.1.521 note Boucard) ou lorsque, s'agissant d'une lettre de change-relevé, le non-paiement de cette lettre est imputable au tireur qui ne l'avait remise à sa banque pour encaissement que trois jours avant l'échéance, alors que le délai contractuel de remise des LCR était de dix jours au moins avant l'échéance (CA Rouen 12-2-1998 : RJDA 8-9/98 no 1037).

Il peut s'exonérer de cette responsabilité, sauf faute lourde de sa part (no 15322).

L'endossataire ne peut transférer la lettre à titre de propriété : il ne peut faire qu'un endossement à titre de procuration (C. com. art. L 511-13, al. 1).

Effets à l'égard des autres signataires L'endossataire peut exercer tous les droits dérivant de la lettre de change (C. com. art. L 511-13, al. 1). Comme il agit pour le compte de l'endosseur, le tiré peut lui opposer toutes les exceptions qu'il a contre celui-ci (Cass. com. 24-9-2002 no 1469 : RJDA 1/03 no 62) mais non celles qu'il a contre lui (Cass. civ. 12-1-1869 : D. 1872.1.125 ; CA Paris 25-2-1893 : D. 1893.2.317). **51152**

Extinction La procuration d'encaissement d'une lettre de change prend fin si elle est révoquée avant l'exécution (CA Paris 18-12-1850 : D. 1854.5.284). **51155**

La procuration ne prend pas fin par le décès du mandant ou la survenance de son incapacité (C. com. art. L 511-13, al. 3). Mais, à défaut de stipulation contraire, elle prend fin en cas de mort ou d'incapacité de l'endossataire (C. civ. art. 2003).

Sur la revendication des traites remises en recouvrement en cas de procédure collective de l'endossataire : no 63012.

3. ENDOSSEMENT PIGNORATIF

Définition L'endossement pignoratif est celui par lequel le porteur d'une lettre de change remet celle-ci en **gage** à son créancier (C. com. art. L 511-13, al. 4). **51160**

Forme Il y a endossement pignoratif lorsque la formule d'endos porte la mention « valeur en garantie » ou « valeur en gage », ou toute autre mention impliquant un nantissement (C. com. art. L 511-13, al. 4). **51163**

Cette forme de mise en gage est valable, que la créance garantie soit civile ou commerciale, sans signification au tiré (Cass. com. 26-1-1971 : Bull. civ. IV p. 25). Le gage des traites peut être constaté par tous moyens, même à l'égard des tiers (Cass. com. 20-6-1972 : Bull. civ. IV p. 200 ; CA Chambéry 6-6-1966 : JCP G 1967.II.15174 note Lescot).

Entre banquiers, le gage des lettres de change est réalisé par un procédé spécial appelé **« aval en pension ».** La lettre est endossée en blanc au prêteur, sans aucune mention de gage, mais en précisant la nature exacte des relations de l'endosseur et de l'endossataire par un échange de correspondance.

Celui qui reçoit un effet en aval en pension et qui y figure comme bénéficiaire peut se prévaloir de la règle de l'inopposabilité des exceptions à l'égard du tiré accepteur qui ne peut pas notamment lui opposer le défaut de provision, sauf à prouver que le bénéficiaire a agi de mauvaise foi (Cass. com. 31-5-1976 : Bull. civ. IV p. 155).

Droits de l'endossataire sur le titre L'endossataire peut exercer les prérogatives « dérivant de la lettre de change » (C. com. art. L 511-13, al. 4). Il a, à l'égard des signataires de la lettre, les mêmes droits qu'un porteur légitime et de bonne foi (nos 51250 s.) : on ne peut lui opposer les exceptions opposables à son endosseur (Cass. com. 29-11-1982 : Bull. civ. IV p. 314). **51166**

Toutefois, l'endossataire ne peut faire sur le titre qu'un endossement à titre de procuration (art. L 511-13, al. 4), sauf à l'égard de son endosseur à titre pignoratif au profit duquel il peut faire un réendossement translatif (Cass. com. 21-4-1975 : Bull. civ. IV p. 91).

51169 **Réalisation du gage** Si l'échéance de la créance garantie coïncide avec celle de la traite, le créancier gagiste encaisse cette dernière et se paye.

Si la créance n'est pas encore exigible lorsque la lettre le devient, le créancier encaisse la traite et en conserve le montant jusqu'à l'échéance de la dette garantie ; il se paiera à cette date si le débiteur ne s'est pas acquitté.

Si la créance garantie est exigible avant la lettre de change et que le débiteur ne l'a pas réglée, le créancier porteur de la lettre conserve celle-ci jusqu'à l'échéance et se paye à ce moment-là.

Le créancier gagiste n'est nullement astreint, pour recouvrer la lettre, à solliciter l'autorisation de justice exigée par l'article 2078 du Code civil (devenu art. 2347) ou à observer les formalités prévues par l'article L 521-3 du Code de commerce (devenu C. civ. art. 2346) (CA Chambéry 6-6-1966 : JCP G 1967.II.15174 note Lescot).

E. Aval

51200 **Qualification** L'aval est l'engagement pris par une personne de payer une lettre de change à l'échéance, dans les mêmes conditions qu'un autre souscripteur qui a précédemment apposé sa signature sur le titre. L'engagement pris dans un acte de souscrire, sur des lettres de change tirées par un fournisseur sur une cliente, des avals constitue une **promesse** d'aval qui ouvre à son bénéficiaire, à défaut d'aval, le droit d'obtenir condamnation du promettant au paiement du montant de la lettre de change avec intérêts à compter de l'assignation (Cass. com. 8-7-2003 n° 1240 : RJDA 1/04 n° 94).

51203 **Donneur d'aval ou avaliste** L'aval peut être donné par un tiers ou même par un signataire de la lettre (C. com. art. L 511-21, al. 2). Il suffit que le donneur d'aval ait la **capacité** de faire un acte de commerce isolé ; peu importe qu'il ne soit pas commerçant et qu'il ait ou non un intérêt patrimonial à l'opération commerciale à l'occasion de laquelle l'effet a été remis (Cass. com. 1-10-1996 : RJDA 1/97 n° 89).

Quand le donneur d'aval est en même temps **représentant d'une société,** d'une association ou d'un groupement d'intérêt économique, ce représentant, en l'absence de tout élément accompagnant sa signature, est seul engagé comme avaliste, sans qu'il y ait lieu de rechercher s'il a agi en qualité de mandataire (Cass. com. 6-10-1998 : RJDA 12/98 n° 1409 ; CA Rennes 22-6-2006 : JCP G 2006.IV.3467 ; aussi Cass. com. 15-2-2023 n° 21-22.990 F-D : RJDA 5/23 n° 273 à propos du billet à ordre mais transposable). Si un gérant a doublement signé sous les mentions « signature du souscripteur » et « bon pour aval », sans autre élément l'accompagnant, le gérant est tenu tant en qualité de représentant de la société, souscripteur du billet, qu'en qualité de donneur d'aval à titre personnel (Cass. com. 14-10-2014 n° 13-17.638 : RJDA 1/15 n° 44, à propos de billets à ordre mais transposable, car soumis au même régime que la traite ; rappr. CA Montpellier 15-9-2015 n° 14/02622 : GP 2015.pan.16 déc.). Mais s'il a porté la mention « bon pour aval ès qualités de gérant » de la société, il n'est pas engagé personnellement comme avaliste (Cass. com. 9-2-2016 n° 14-10.846 : RJDA 6/16 n° 474).

Lorsqu'il garantit le paiement d'un titre dont la régularité n'est pas discutée, l'**aval** constitue un engagement cambiaire gouverné par les règles propres du droit du change, et non un **cautionnement** ; l'avaliste ne peut donc pas rechercher la responsabilité de la banque pour manquement au devoir de mise en garde ou d'information ni pour disproportion entre ses facultés contributives et le montant de la somme avalisée (Cass. com. 30-10-2012 n° 11-23.519 : RJDA 2/13 n° 156 ; Cass. 1e civ. 19-12-2013 n° 12-25.888 : RJDA 3/14 n° 268 ; Cass. com. 20-4-2017 n° 15-14.812 F-PB : RJDA 7/17 n° 494 ; CA Nancy 26-5-2013 n° 12/00481 : GP 2013.som.3805 note Rouaud ; aussi Cass. com. 5-4-2023 n° 21-17.319 F-B : RJDA 7/23 n° 400 à propos du billet à ordre mais, à notre avis, transposable). Sur l'aval garantissant un titre nul, n° 51216.

Le donneur d'aval n'est obligé que dans les limites de son engagement, lesquelles sont opposables au bénéficiaire dès lors que les juges ont souverainement apprécié qu'il les avait connues et acceptées (Cass. com. 24-3-2021 n° 19-18.614 F-P : RJDA 8-9/21 n° 599 : à propos de l'aval de billets à ordre, mais transposable ; voir n° 51900).

51206 **Époque de constitution de l'aval** En principe, l'aval est fourni entre l'émission et l'échéance de la lettre. Mais l'aval peut être fourni avant l'émission de la lettre par un acte séparé, pourvu que les traites à avaliser soient suffisamment identifiées pour permettre à l'avaliste d'apprécier la portée de son engagement (Cass. com. 16-3-1970 : Bull. civ. IV p. 93).

L'aval peut aussi être donné après l'échéance et avant le protêt (CA Paris 3-11-1960 : GP 1961.1.16 : pour un aval par acte séparé). Par analogie avec les règles de l'endossement (n° 51121), l'aval donné après le protêt faute de paiement, ou après l'expiration du délai fixé pour dresser le protêt, ne saurait produire d'autres effets que ceux d'un cautionnement ordinaire.

Objet de l'aval C'est en principe la **créance** constatée dans la lettre de change qui est garantie par l'aval. L'avaliste peut restreindre son engagement à une partie de la créance (C. com. art. L 511-21, al. 1). L'aval portant la mention « bon pour aval au profit du bénéficiaire » profite à tous les porteurs successifs de l'effet à moins qu'une mention supplémentaire ne limite la garantie au seul porteur actuel (T. com. Paris 14-6-1995 : Rev. jur. com. 1995 n° 1440) ; cette limitation peut être faite aussi sur un aval par acte séparé (Cass. req. 6-2-1905 : D. 1909.1.383). 51209

Rien n'interdit d'avaliser un **autre aval** (CA Paris 11-10-1967 : D. 1968.som.65). Mais l'aval ne se conçoit pas en faveur du tiré qui a refusé d'accepter puisque celui-ci n'est pas obligé par la lettre (Cass. com. 9-7-1957 : Bull. civ. III p. 223).

L'aval doit être donné pour une **durée** déterminée ou déterminable, ce qui n'est pas le cas lorsque l'aval est stipulé valable aussi longtemps que le tiré resterait concessionnaire d'une grande marque d'automobiles (CA Rouen 21-9-1973 : D. 1974.246 note Roblot).

Aval donné sur la lettre de change L'aval est exprimé par les mots « **bon pour aval** » ou toute autre formule équivalente et signé par l'avaliste (C. com. art. L 511-21, al. 4). Ainsi, vaut comme formule d'aval la mention « pour cautionnement » (CA Poitiers 16-12-1847 : D. 1848.2.108). Mais l'aval résulte aussi de la **seule signature** du donneur d'aval apposée au **recto** de la lettre, sauf quand il s'agit de la signature du tiré ou de celle du tireur (art. L 511-21, al. 5 ; CA Colmar 7-7-1967 : JCP G 1968.II.15444 note Lescot). La signature ne peut pas résulter d'un numéro dans le texte d'un télex, même s'il s'agit d'une « clé informatique » (Cass. com. 26-11-1996 : RJDA 1/97 n° 90). 51212

Lorsque sur le titre un dirigeant de société a apposé deux fois sa signature, chacune a un effet propre, l'une valant engagement de la société et l'autre aval par le dirigeant de cet engagement (Cass. com. 22-3-2016 n° 14-13.244 : GP 2016.som.21 juin p. 27 note Dumont-Lefranc). Mais il ne ressort pas de la mention « bon pour aval, le PDG », suivie de sa signature, que le PDG s'est engagé personnellement (Cass. com. 17-2-2021 n° 19-15.246 F-D : RJDA 7/21 n° 509).

Il n'est **pas nécessaire** que la **formule** d'aval soit **écrite** par l'avaliste lui-même et peu importe la place des mots « bon pour aval » (CA Versailles 19-11-1992 : D. 1993.IR.24). La formule peut être écrite dans une langue différente de celle des mentions inscrites lors de l'émission (T. com. Lyon 9-2-1970 : Banque 1970.816 note Marin).

Il n'est pas exigé **non plus** que soient précisés le montant de la somme garantie et la date de l'aval qui est présumée être celle de l'effet (CA Orléans 7-4-1954 : GP 1954.2.102 ; CA Douai 31-7-1913 : D. 1914.2.1 note Percerou), ni que l'indication du bénéficiaire de l'aval soit suivie d'une seconde signature de l'avaliste (Cass. com. 5-5-1987 : Bull. civ. IV p. 84).

L'aval peut mentionner **pour** le compte de **qui** il est donné (Cass. com. 2-2-1981 n° 79-15.144 : GP 1981.423 : « bon pour aval du tiré »). 51215

S'il est **sans indication** du nom du signataire garanti, il est réputé donné pour le **tireur** (C. com. art. L 511-21, al. 6 ; Cass. com. 11-2-1986 : Bull. civ. IV p. 7).

Cette présomption ne peut **pas** être combattue par la **preuve contraire** (Cass. ch. réunies 8-3-1960 : JCP G 1960.II.11616 note Roblot), notamment par une prestation de serment (Cass. com. 30-6-1998 : RJDA 11/98 n° 1286) ni par une renonciation implicite du tiré à son application déduite du fait qu'il avait fait savoir par écrit à l'avaliste qu'il ne s'opposait plus au paiement des traites dont les échéances avaient été prorogées dans l'attente de la solution du différend l'opposant au tireur (Cass. com. 12-10-2000 : RJDA 1/01 n° 80, censurant l'arrêt qui avait déduit de l'attitude du tiré que l'aval avait été donné en sa faveur).

Ainsi, le président de la société tirée qui a signé une première fois, ès qualités, pour accepter la lettre et une seconde sous la mention « bon pour aval à titre personnel » sans indication du bénéficiaire doit être tenu pour avoir avalisé le tireur (CA Lyon 22-12-1971 : Banque 1973.720 note Marin).

Mais cette présomption comporte deux limites.

a. Elle ne joue que pour l'aval donné sur une lettre de change :

– si l'aval est donné par **acte séparé,** le bénéficiaire de la garantie peut être déterminé, en matière commerciale, par tous moyens (Cass. com. 14-2-1961 et 14-3-1961 : Bull. civ. III p. 79 et 120) ; notamment si l'aval est porté sur les traites sans indication du bénéficiaire, mais que cette indication figure expressément sur l'acte d'aval séparé et précise que c'est le tiré qui en est bénéficiaire, l'avaliste garantit alors le tiré (CA Colmar 7-7-1967 : JCP G 1968.II.15444 note Lescot) ;

Le tireur ne peut pas invoquer la présomption pour se prévaloir d'une promesse d'aval qui ne désigne pas le signataire garanti (Cass. com. 9-4-1996 : RJDA 8-9/96 n° 1081).

– si l'aval est donné sur un titre qui ne comporte pas les mentions requises pour valoir comme lettre de change, le bénéficiaire de l'aval doit être déterminé par des éléments extrinsèques au titre ; ainsi, l'aval a été réputé donné pour garantir la société, figurant comme tiré sur des traites incomplètes, compte tenu de ce que l'aval avait été donné par le gérant de cette société et des indications tirées de certaines télécopies, lettres et déclarations (CA Paris 5-7-2001 : D. 2001.2672.som.).

b. Le porteur d'une lettre sur laquelle figure un aval sans nom du signataire garanti est admis à invoquer un **cautionnement ordinaire** donné pour garantir le tiré, pourvu qu'il en démontre l'existence par des éléments extérieurs au titre (Cass. com. 1-12-1970 : D. 1971.som.119), comme, par exemple : la réponse de l'avaliste sur sommation interpellative (Cass. com. 17-6-1974 : Bull. civ. IV p. 155) ; l'existence de deux versements d'acompte effectués par le donneur d'aval au profit du tiré (CA Rouen 23-3-1973 : D. 1973.som.108) ; la qualité de président-directeur général de la société, sur laquelle la traite avait été tirée, du donneur d'aval (Cass. com. 24-6-1997 : RJDA 12/97 n° 1518 ; contra Cass. com. 8-12-1992 : RJDA 3/93 n° 242).

Cette preuve n'est pas rapportée lorsque les pièces versées aux débats ne font que constater la matérialité de l'acceptation et de l'aval donné sans indication du débiteur garanti et n'apportent aucune précision nouvelle sur la portée des engagements pris (Cass. com. 23-6-1970 : Bull. civ. IV p. 188).

Pour faire la preuve de ce cautionnement, les tribunaux peuvent ordonner une enquête (CA Chambéry 8-5-1972 : J. agréés 1973.12).

51216 L'aval d'une **lettre de change irrégulière** donné par une personne physique au profit d'un créancier professionnel avant le 1er janvier 2022 est nul s'il ne comporte pas les mentions manuscrites prescrites par le Code de la consommation pour le cautionnement (Cass. com. 27-9-2016 n° 14-22.013 FS-PB : RJDA 12/16 n° 897 ; Cass. com. 29-11-2017 n° 16-13.597 : RJDA 2/18 n° 168 ; Cass. com. 5-4-2023 n° 21-19.160 F-B : RJDA 7/23 n° 399). Sur la mention exigée pour les cautionnements conclus après le 1er janvier 2022 par une personne physique, que le créancier soit professionnel ou non, nos 55255 s.

Si le cautionnement n'est pas soumis à l'obligation de faire figurer les mentions précitées (notamment les cautionnements souscrits par une personne morale), l'aval donné sur un titre nul peut valoir comme cautionnement, si les juges constatent que l'avaliste en apposant sa signature sur la lettre de change a eu la volonté de s'engager comme caution (Cass. com. 24-4-1990 n° 88-15.114 : Bull. civ. IV n° 119). Cela a été admis : pour des traites, non signées par le tireur, mais avalisées et assorties d'une convention dans laquelle le tiré reconnaissait sa dette et promettait l'aval (Cass. com. 7-1-1970 : Bull. civ. IV n° 8) ; pour une traite tirée sur une société, non signée par le tireur, mais avalisée par le gérant (cf. Cass. com. 17-10-1995 : RJDA 1/96 n° 95).

Mais un titre nul pour défaut de signature du tireur, quoique avalisé par le gérant de la société tirée, ne peut pas valoir promesse de porte-fort (Cass. com. 8-9-2015 n° 14-14.208 : RJDA 12/15 n° 862), la raison étant, à notre avis, que le porte-fort n'est pas obligé au paiement de la dette mais seulement à l'indemnisation du préjudice, sauf s'il a promis de garantir l'exécution alors que le cautionnement est, en soi, la garantie de payer la dette.

51218 **Aval par acte séparé** L'aval peut être donné, en dehors de la lettre, par acte séparé indiquant le lieu où il a été donné (C. com. art. L 511-21, al. 3 ; sur la nullité pour défaut d'indication du lieu, Cass. com. 21-1-1969 : Bull. civ. IV n° 21 ; Cass. com. 11-1-1972 : GP 1972.1.433 ; CA Paris 28-4-1987 : D. 1987.IR.131). Il doit aussi, à peine de nullité, mentionner le montant et l'échéance des effets avalisés (Cass. com. 2-2-1960 : Bull. civ. III p. 39 ; Cass. com. 28-10-1968 : Bull. civ. IV p. 261 ; CA Rouen 21-9-1973 : D. 1974.246 note Roblot).

La promesse d'aval par acte séparé constitue une caution et non un aval (Cass. com. 7-1-1970 : Bull. civ. IV p. 7).

À défaut d'indication, le nom du bénéficiaire d'un aval par acte séparé peut être établi par tous moyens (n° 51215).

Lorsque l'aval par acte séparé est donné par un non-commerçant, il n'est pas exigé que l'avaliste ait écrit de sa main la somme garantie en toutes lettres et en chiffres, conformément à l'ex-article 1326 (désormais art. 1376) du Code civil (T. com. Paris 26-9-1972 : J. agréés 1973.245 note Saint-Cène).

L'aval annulé peut valoir comme cautionnement, les juges ayant le droit de rechercher s'il a cette valeur (CA Paris 11-10-1967 : D. 1968.som.66), ce qui n'est pas le cas d'un aval portant seulement la mention « en qualité de donneur d'aval conformément à la loi » (Cass. com. 23-3-1982 : Bull. civ. IV p. 105) ni de l'aval qui ne portait pas la mention manuscrite requise pour la validité d'un cautionnement (Cass. com. 21-1-1969 précité).

L'aval par acte séparé est sans valeur dès lors qu'il s'applique à une lettre de change irrégulière en la forme (T. com. Paris 6-7-1978, cité par Cass. com. 23-3-1982 : Bull. civ. IV p. 105).

De même, il cesse de produire effet si le renouvellement de la lettre de change a pour résultat de créer, matériellement, un effet distinct et nouveau : pour que l'avaliste demeure tenu, il faut, dans ce cas, un renouvellement des avals qui ont pu être accordés, l'avaliste devant pouvoir s'assurer de la destruction de l'effet ancien (CA Paris 11-10-1967 précité).

51221 **Paiement par l'avaliste** Le donneur d'aval est tenu, en principe, de la même manière que celui dont il s'est porté garant (C. com. art. L 511-21, al. 7) dès lors que la personne garantie n'a pas payé à l'échéance (CA Rouen 15-12-1972 : D. 1973.som.83) ; aucun délai de grâce ne peut lui être consenti (CA Toulouse 28-1-1975 : JCP G 1975.II.18160 note Guyon).

En cas de pluralité d'avals, chacun peut être contraint de payer pour le tout (CA Paris 11-10-1967 : Banque 1968.297 note Marin). 51221 (suite)

Cet engagement se mesure en tenant compte des précisions suivantes.

1. L'avaliste est tenu à l'égard de tout porteur de bonne foi, sous trois réserves :

a. Il n'est pas engagé à l'égard du signataire avalisé si ce dernier devient porteur (CA Aix 10-10-1955 : D. 1955.669 : à propos d'un tireur devenu porteur) ;

b. En cas d'aval par acte séparé, il n'est tenu, en principe, qu'envers la personne à qui il a promis sa garantie : sa signature ne figurant pas sur un titre appelé à circuler, il n'est pas obligé de plein droit à l'égard des porteurs successifs (Cass. req. 6-2-1905 : D. 1909.1.383) ;

c. Il peut refuser de payer le porteur qui n'a pas respecté une condition de l'aval, par exemple qui a négligé de faire inscrire des nantissements comme il s'y était engagé (Cass. com. 12-3-1969 : Bull. civ. IV p. 92).

2. Le donneur d'aval est tenu de payer même si l'avalisé n'a pas été préalablement poursuivi (Cass. civ. 25-5-1938 : DH 1938.385).

3. Le donneur d'aval est tenu alors même que l'obligation qu'il a garantie serait nulle pour toute autre cause qu'un vice de forme (C. com. art. L 511-21, al. 8) ; il est notamment obligé alors même que le tiré avalisé n'a pas accepté la lettre dès l'instant où il est sûr que celui-ci a effectivement reçu provision (TGI Strasbourg 3-10-1973 : D. 1975.718 note Tendler).

4. Le donneur d'aval peut se prévaloir des exceptions inhérentes à la dette dont jouirait l'avalisé, à l'égard du porteur qui le poursuit.

Notamment :

- il peut refuser de payer le tireur porteur, par exemple si celui-ci s'est rendu coupable d'une **fraude** en émettant la lettre (Cass. com. 28-11-1972 : GP 1973.1.212 ; Cass. com. 26-11-1971 : Bull. civ. IV p. 28) ;
- il peut se prévaloir de la **prescription** dont profite l'avalisé (Cass. req. 2-8-1904 : S. 1905.1.185 note Bernard) ; la durée de la prescription est la même à son égard qu'à l'égard de l'avalisé (T. com. Seine 6-1-1949 : JCP G 1949.II.4946 note Roblot) ; l'acte qui interrompt la prescription à l'égard de l'avalisé l'interrompt également à l'égard de l'avaliste (Cass. com. 31-5-1976 : Bull. civ. IV p. 156) ; de même que l'avalisé, le donneur d'aval peut être contraint, lorsqu'il invoque la prescription, d'affirmer sous serment qu'il n'est plus redevable (Cass. com. 8-3-1971 : Bull. civ. IV p. 64) ;
- il peut se prévaloir, si l'avalisé est un endosseur, de la non-notification par le porteur du défaut de paiement ; mais il n'a pas ce droit s'il est l'avaliste du tiré (Cass. com. 4-11-1970 : D. 1971.189 ; CA Montpellier 1-2-1954 : JCP G 1955.II.8469 note Roblot) ;
- il peut se prévaloir du défaut de déclaration de sa créance par le porteur en cas de redressement judiciaire du tiré (CA Versailles 14-12-1989 : GP 1990.715, transposable aux autres procédures collectives).

Mais il ne peut invoquer les exceptions personnelles à l'avalisé ; ainsi, il est tenu de payer alors même que l'avalisé bénéficie de délais de paiement en vertu d'un concordat (Cass. com. 14-2-1972 : GP 1972.2.639).

5. En cas d'aval par acte séparé, l'avaliste est obligé comme s'il était engagé par la lettre de change ; ainsi, la procédure d'injonction de payer lui est applicable (Cass. com. 8-5-1967 : Banque 1968.383 note Marin) ; tout délai de grâce lui est refusé (cf. CA Rouen 21-9-1973 : D. 1974.246 note Roblot).

6. L'avaliste peut refuser, conformément à l'article 2314 du Code civil, de payer, s'il établit qu'il n'a pu être subrogé dans les droits du porteur pour l'exercice de son recours contre l'avalisé en raison d'une faute du porteur (Cass. req. 19-12-1927 : S. 1928.1.145 note Lescot ; Cass. com. 28-10-1952 : JCP G 1953.II.7588 note Lescot ; Cass. com. 8-5-1967 : Bull. civ. III p. 179).

7. L'avaliste est libéré à due concurrence de la remise de dette partielle consentie par le tireur au tiré à la suite d'une transaction (Cass. com. 9-11-1970 : D. 1971.som.46).

8. L'avaliste doit la somme due par l'avalisé dans la mesure du montant qu'il a garanti (CA Toulouse 28-1-1975 : JCP G 1975.II.18160 note Guyon, mettant à sa charge la clause pénale applicable à l'avalisé).

9. L'avaliste est, en vertu de l'article L 511-45, I-2° du Code de commerce, personnellement débiteur de plein droit, à partir de l'échéance de la lettre, des intérêts moratoires au taux légal de la somme garantie, ce qui, notamment, lui interdit d'invoquer l'arrêt du cours des intérêts dont profite l'avalisé mis en redressement judiciaire (Cass. com. 25-6-1996 : RJDA 12/96 n° 1508, transposable aux autres procédures collectives, la même disposition étant applicable). Sur le montant des intérêts que peut devoir l'avaliste, n° 51465.

10. L'avaliste, tenu de la même manière que celui qu'il garantit, peut se voir opposer la présomption de provision qui s'attache à l'acceptation ; pour combattre cette présomption, il lui incombe, comme au tiré accepteur, d'établir le défaut de provision (Cass. com. 1-4-2014 n° 13-16.902 : RJDA 6/14 n° 561).

11. L'avaliste ne peut invoquer ni la responsabilité de la banque pour manquement au devoir de mise en garde ni la disproportion de son engagement, dont les cautions peuvent se prévaloir, l'aval étant un engagement cambiaire autonome (Cass. com. 28-6-2016 n° 14-23.836 F-D : RJDA 2/17 n° 112).

51224 **Recours de l'avaliste** Lorsqu'il a payé le montant de la traite, l'avaliste peut réclamer la somme intégrale qu'il a payée, les intérêts au taux légal de cette somme à partir du jour où il l'a versée et les frais qu'il a faits (C. com. art. L 511-46). Il peut exercer ce droit :

1. Contre le **garanti** (art. L 511-21, al. 9). Mais l'avaliste perd le droit d'exercer son recours lorsqu'il paie en connaissant les exceptions non personnelles que le débiteur garanti était en mesure de faire valoir contre le porteur (Cass. req. 10-5-1927 : S. 1928.1.145 note Lescot). Il est recommandé à l'avaliste de notifier son paiement au débiteur garanti, car celui-ci pourrait, à défaut d'avis et dans le cas où il aurait par ignorance payé une seconde fois le porteur, prétendre repousser son recours, comme il le peut envers la caution (n° 55500) ;

2. Contre **ceux qui sont tenus envers le garanti** en vertu de la lettre de change (art. L 511-21, al. 9). S'il a payé pour un endosseur, il peut agir contre le tiré accepteur, le tireur ou un endosseur précédent. S'il a payé pour le tireur, il peut agir contre le tiré accepteur (Cass. com. 26-5-1961 : GP 1961.2.235 ; Cass. com. 19-3-1962 : Banque 1962.630 note Marin). Lorsque l'avaliste est de bonne foi, le tiré accepteur ne peut pas lui opposer le défaut de provision qu'il aurait pu exciper contre le tireur (Cass. com. 23-11-1959 : Bull. civ. III p. 342 ; contra CA Rouen 12-5-1955 : GP 1955.2.115) ;

3. Contre les **autres avalistes.** Lorsque plusieurs personnes ont donné aval, celui qui a payé a, conformément à l'article 2310 du Code civil (n° 55550), un recours contre les autres avalistes, chacun pour sa part et portion (CA Besançon 13-2-1974 : D. 1975.230 note Grionnet).

Si l'un des avalistes est insolvable, la perte qu'occasionne son insolvabilité se répartit par contribution entre tous les autres avalistes solvables et celui qui a fait le paiement (CA Besançon 13-2-1974 précité).

La solution est identique lorsqu'une personne a avalisé un premier avaliste (CA Paris 11-10-1967 : D. 1968.som.65).

F. Paiement des lettres de change

1. DROIT DU PORTEUR AU PAIEMENT DE LA LETTRE ACCEPTÉE

PRINCIPE

51250 Le porteur légitime (n° 51124) et de bonne foi a le droit d'obtenir paiement du tiré, du tireur et, le cas échéant, de tout endosseur ou de l'avaliste. Le signataire poursuivi ne peut prétendre se soustraire au paiement en invoquant une cause de dispense fondée sur ses rapports personnels avec le tireur ou avec les porteurs antérieurs (C. com. art. L 511-12). Cette règle fondamentale est appelée « **inopposabilité des exceptions** ».

Les exceptions sont, en revanche, opposables au porteur de mauvaise foi, tant pour s'opposer à une action en paiement de sa part que pour obtenir de lui restitution d'un paiement antérieur (Cass. com. 18-10-1994 : RJDA 2/95 n° 186).

APPLICATION

51255 **Porteur de bonne foi** Le porteur est de bonne foi lorsque, en acquérant la lettre, il n'a pas agi sciemment au détriment du débiteur (C. com. art. L 511-12). Il est donc de **mauvaise foi** lorsqu'il reçoit la lettre en tant que bénéficiaire ou endossataire, en sachant que la remise de la lettre empêchera un signataire poursuivi de se prévaloir d'un moyen de défense issu de ses relations avec la personne qui lui transmet la lettre (Cass. com. 16-6-1956 : JCP G 1956.II.9600 note Roblot ; CA Rouen 9-2-1984 : GP 1985.som.178).

C'est **au moment** de l'acquisition du titre par le porteur que se fait l'appréciation de son comportement, soit en cas de remise à l'escompte, à la date de l'escompte (Cass. com. 16-1-1996 : RJDA 4/96 n° 536) ou à la date du dernier escompte en cas d'escomptes successifs du même titre (CA Paris 15-2-1989 : D. 1989.IR.89) mais non au moment de l'acceptation par le tiré (Cass. com. 30-5-1983 : D. 1984.IR.71 obs. Cabrillac ; Cass. com. 25-6-1985 : Bull. civ. IV p. 163) ni au moment de la passation des écritures ultérieures d'escompte au profit de l'endossataire (Cass. com. 31-1-1984 : Bull. civ. IV p. 38).

51258 La mauvaise foi du porteur ne se présume pas : le banquier n'est pas nécessairement de mauvaise foi (Cass. com. 1-3-2016 n° 14-25.025 : GP 7-6-2016 jur. p. 65 note Moreil). Il incombe au tiré de **prouver** celle-ci (Cass. com. 13-1-1982 : Bull. civ. IV p. 10), par tous moyens (Cass. req. 19-10-1938 : GP 1938.2.897). Les juges peuvent ordonner une expertise (Cass. com. 28-4-1966 : Bull. civ. III p. 189). La preuve de la mauvaise foi du porteur peut être recherchée dans des circonstances antérieures et postérieures à l'acquisition de la lettre de change.

La détermination de la bonne foi ou de la mauvaise foi du porteur dépend très largement des circonstances de fait propres à chaque espèce. La question ne se pose pratiquement qu'à propos du **banquier escompteur** de la traite. Il ressort des nombreuses décisions qui ont statué sur le comportement de ce porteur que le critère de sa mauvaise foi repose sur les éléments suivants (pour une affirmation de l'ensemble de ces éléments, Cass. com. 16-1-1996 : RJDA 4/96 n° 536) :

– connaissance du porteur que la provision ne sera pas fournie à l'échéance par le tireur, autrement dit que celui-ci ne voudra pas ou ne pourra pas exécuter son engagement, ou que la situation du tireur est d'ores et déjà irrémédiablement compromise ;

– connaissance par le porteur de l'intention du tiré d'invoquer l'exception dont il peut se prévaloir au jour de la demande en paiement.

La preuve de ces différentes connaissances est difficile à établir. Il est à noter que, pour y parvenir, divers indices sont retenus par les tribunaux, en général tirés du contexte financier, notamment :

– volonté de réduire par l'escompte le découvert du client qui remet l'effet au banquier ;

– rejet de la mobilisation par la Banque de France ;

– connaissance par le banquier escompteur de la situation désespérée du remettant ;

– participation du banquier escompteur à l'entreprise du remettant.

Voici quelques **exemples** d'application de la bonne ou de la mauvaise foi du porteur. 51261

1. Bonne foi du porteur. Un banquier escompteur a été reconnu de bonne foi dans les cas suivants :

– lorsqu'il a accepté des effets, même dans le but d'atténuer un découvert important du tireur et à la veille de la cessation des paiements de ce dernier, connue de lui, dès lors que le tiré n'a pas établi que le banquier savait que le tireur n'avait pas expédié ou n'expédierait pas la marchandise qu'il devait livrer en contrepartie ; il importe peu que les mentions relatives à la marchandise soient fausses, le banquier n'ayant pas à se livrer à des vérifications sur ce point (CA Orléans 13-4-1967 : D. 1967.499 ; aussi Cass. com. 29-6-1964 : JCP G 1964.II.13949 note Gavalda ; Cass. com. 13-1-1987 : Bull. civ. IV p. 7 ; CA Poitiers 2-5-1966 : D. 1967.154) ;

– même s'il connaissait la cessation des paiements ou les difficultés du tireur si cette connaissance n'était pas autrement étayée (Cass. com. 2-6-1970 : Bull. civ. IV p. 162 ; Cass. com. 30-6-1970 : Bull. civ. IV p. 196 ; Cass. com. 19-11-1973 : Bull. civ. IV p. 295 ; Cass. com. 13-1-1987 : Bull. civ. IV p. 7 ; Cass. com. 2-11-2016 n° 15-12.399 F-PB : RJDA 2/17 n° 111 ; CA Reims 17-10-1977 : Banque 1978.386) ;

– lorsqu'il a reçu une traite en sachant que le compte courant du tireur présentait un solde débiteur, le banquier pouvant accorder ou refuser des facilités de caisse indépendamment de l'escompte de traites acceptées, sans que l'on puisse tirer de ces opérations d'usage courant que la banque aurait volontairement retiré des facilités de caisse dans le seul but d'exercer ses recours cambiaires à l'encontre des tirés plus solvables pour nuire à ceux-ci (Cass. com. 7-12-1993 : RJDA 5/94 n° 557 ; Cass. com. 20-5-2003 n° 824 : RJDA 12/03 n° 1237) ;

– lorsqu'il a été informé, avant la remise de l'effet à l'escompte, que le tireur et le tiré étaient convenus que la traite ne serait pas payée à défaut d'achèvement des travaux, car il ne résultait pas du seul fait de cette information qu'il savait, à la date de l'escompte, que la provision ne serait pas constituée à l'échéance (Cass. com. 18-5-1993 : RJDA 12/93 n° 1066) ;

– lorsqu'il a accepté des effets alors que la situation du tireur qui les lui présentait n'était pas irrémédiablement compromise à la date de l'escompte (Cass. com. 19-2-2013 n° 12-12.839 : GP 2013.som.1163 note Houin-Bressand).

A été aussi reconnu de bonne foi l'avocat porteur d'une lettre de change tirée en violation de l'article 11-6 (désormais art. 11.5) du règlement intérieur national des barreaux autorisant l'avocat à ne se prévaloir que d'une lettre de change tirée et acceptée par son client (Cass. com. 6-12-2011 n° 10-30.896 : D. 2012.536 note Capdeville).

2. Mauvaise foi du porteur. Le banquier escompteur a été reconnu de mauvaise foi dans les cas suivants :

– lorsqu'il a suivi l'exécution de la liquidation amiable d'une société de fait et qu'il n'a pu de ce fait ignorer le protêt dressé pour un autre effet créé dans les mêmes conditions, antérieurement à l'endossement à son ordre de l'effet litigieux (Cass. com. 21-2-1967 : Bull. civ. III p. 79) ;

– lorsqu'il savait que le contrat pour le paiement duquel la traite avait été émise était nul pour cause (désormais but, n° 12546) illicite (T. com. Béziers 1-3-1937 : DH 1937.263) ou qu'il donnait lieu à un litige sérieux (CA Paris 15-2-1989 : D. 1989.IR.89) ;

– lorsqu'il connaissait, au moment de l'escompte, l'absence de provision et savait pertinemment que le tireur se trouverait dans l'impossibilité de fournir la provision à l'échéance (Cass. com. 14-6-1972 : Bull. civ. IV p. 185 ; aussi Cass. com. 31-3-1992 : RJDA 7/92 n° 735) ; a fortiori s'il connaissait la situation désespérée du tireur (Cass. com. 10-6-1997 : RJDA 11/97 n° 1372) ;

– lorsqu'il savait au moment où il a pris une lettre à l'escompte que l'acte l'ayant justifiée dépassait l'objet social (Cass. com. 25-6-1985 : GP 1985.pan.284) ;

– lorsqu'il avait dans la société tireur des effets des intérêts considérables tant comme associé que comme créancier, que l'un de ses représentants siégeait au conseil d'administration et qu'il n'ignorait pas, du fait que la fabrication était pratiquement inexistante, que les traites avaient été émises non pour le règlement des marchandises fournies mais seulement pour faciliter la trésorerie de l'entreprise (Cass. com. 6-11-1957 : Bull. civ. III p. 257) ;

– lorsqu'il ne pouvait ignorer, quand il en est devenu porteur, que l'échéance des traites remontait à près de douze ans auparavant et que celles-ci n'avaient pas même été protestées à cette date et que par suite, s'il n'y avait pas eu collusion entre lui et le tireur, il aurait dû non seulement s'inquiéter auprès de celui-ci des raisons de son inaction prolongée, mais aussi, ce qu'il n'a pas fait, entrer en rapport préalable avec le tiré (Cass. req. 29-4-1947 : S. 1948.1.113, autorisant le tiré à lui opposer la compensation qu'il pouvait invoquer contre le tireur) ;

– lorsqu'il a escompté des effets qu'il savait fictifs et créés uniquement pour aider la trésorerie du tireur, société mère du tiré (Cass. com. 21-6-1977 : D. 1978.113 note Lucas de Leyssac) ;

– lorsque, seul banquier du tireur, il connaissait, dès avant 1956, de par le nombre et l'importance des effets impayés ou devant le devenir, la situation très difficile ou désespérée de ce tireur dont la cessation des paiements fut ensuite fixée au 15 février 1956, qu'il savait que leur défaut de paiement avait pour cause l'absence de réception de la provision par le débiteur et que, depuis le milieu de l'année 1955, le tireur se procurait du crédit en faisant escompter même s'il n'était pas en mesure de livrer avant l'échéance, et que, malgré cette situation, il a continué à escompter à plus de trois mois les effets de son client, alors que la Banque de France a d'abord refusé de les escompter, puis à partir de mars 1956, a refusé les effets émis par ce tireur et qu'il a su, à partir de juillet 1956, que le tireur auquel n'étaient plus fournies les matières nécessaires à ses fabrications ne pouvait plus exécuter les commandes nouvelles (Cass. com. 2-2-1976 : JCP G 1977.II.18714 note Gavalda).

La mauvaise foi n'est pas établie aux seuls motifs que la banque connaissait, au moment de l'escompte, la situation difficile du tireur en raison d'incidents de paiement apparus peu avant sur un compte et que son état de cessation des paiements, lors de sa mise en redressement judiciaire ultérieure, a été fixé à une date antérieure à l'escompte (Cass. com. 28-11-1995 : RJDA 2/96 n° 249, transposable aux autres procédures collectives).

Les manœuvres du préposé d'une banque ayant permis l'escompte de traites ne peuvent être imputées à la banque elle-même que s'il est établi que ledit préposé avait le pouvoir d'engager la banque et que celle-ci avait eu connaissance de ces agissements (Cass. com. 15-7-1975 : Bull. civ. IV p. 169).

51264 **Exceptions inopposables** Il s'agit de tout moyen tenant à la nullité ou à l'extinction de l'obligation incombant au signataire poursuivi et pour le paiement de laquelle il a souscrit la lettre de change.

Ce moyen est inopposable à deux conditions.

1. Le **porteur** qui réclame le paiement n'a **pas reçu** la **lettre** du signataire qu'il poursuit car il n'est pas alors, indépendamment de la lettre, le créancier de celui-ci.

L'inopposabilité n'est justifiée qu'au regard des exceptions que le porteur n'a pas connues ou n'a pas pu connaître (cf. Cass. civ. 31-10-1906 : S. 1908.1.305 et Cass. civ. 1-7-1931 : S. 1932.1.64, qui écartent contre le porteur les exceptions qui auraient pu être invoquées par le tiré contre des porteurs antérieurs ou contre le bénéficiaire).

Tel n'est pas le cas des exceptions tenant à la créance liant le tireur et le tiré. Ainsi :

– le tiré peut opposer au tireur devenu porteur : le défaut de provision (Cass. civ. 2-12-1974 : Bull. civ. IV p. 256) ; l'illicéité de la créance (Cass. civ. 25-6-1985 : D. 1986.212 note Agostini) ; la notification de la cession de la créance par bordereau Dailly (Cass. com. 21-3-1995 : RJDA 8-9/95 n° 1015) ; la fraude commise par le tireur (Cass. com. 19-6-1973 : Bull. civ. IV p. 194) ; toutefois, le tiré accepteur poursuivi par le tireur ne peut pas obtenir un délai de paiement pour faire établir par expertise le montant de dommages-intérêts que reconventionnellement il réclame au tireur (Cass. com. 14-6-1971 : JCP G 1973.II.17310 note Groslière) ;

– les juges sont même tenus de rechercher si le tireur n'a pas tiré la lettre pour échapper à une règle d'ordre public invalidant sa créance sur le tiré (Cass. com. 26-7-1948 : JCP G 1948.II.4536) ;

– tout en exerçant l'action cambiaire, le tireur peut invoquer contre le tiré les dispositions contractuelles régissant leurs relations, par exemple une clause attributive de compétence territoriale (Cass. com. 5-3-1991 : RJDA 7/91 n° 660).

Le porteur peut ainsi repousser par exemple :

– le paiement partiel fait par le tiré au tireur (T. com. Seine 27-2-1920 : GP 1920.1.651) ;

– les droits que le tiré pouvait faire valoir contre les porteurs antérieurs ou même contre le premier bénéficiaire (Cass. civ. 31-10-1906 et Cass. civ. 1-7-1931 précités) ;

– le défaut de provision dès lors que le porteur, par ailleurs « facteur » des créances du tireur, a été subrogé dans les droits de ce dernier (Cass. com. 5-11-1974 : Bull. civ. IV p. 227) ; toutefois, le facteur ne peut devenir le tiers porteur d'une lettre de change qu'il a tirée en qualité de mandataire de son client si, au moment de ce tirage, il est déjà subrogé dans la créance dudit client, car la qualité de subrogé est incompatible avec celle de mandataire de ce dernier pour la mobilisation d'une créance déjà transmise (Cass. com. 6-4-1993 : RJDA 5/93 n° 422) ;

– la clause de réserve de propriété du vendeur initial lorsque la marchandise vendue par lui a été revendue par son acheteur soumis à une procédure collective et que le sous-acquéreur a réglé le prix de son propre achat par une traite qu'il a acceptée avant l'ouverture de la procédure (CA Versailles 8-6-1989 : D. 1989.IR.226) ;

– la nullité de la vente faite par le tireur au tiré (CA Besançon 16-12-1935 : GP 1936.1.396 ; T. com. Seine 26-1-1956 : JCP G 1956.II.9502 note Roblot ; aussi pour la nullité pour erreur sur la cause, désormais erreur sur un motif déterminant, nº 12213, Cass. com. 22-7-1969 : JCP G 1970.II.16427 note Langlois), même si la cause invoquée est la violation d'une règle d'ordre public (Cass. civ. 1-7-1931 : D. 1932.1.12 ; Cass. com. 31-1-1978 : GP 1978.1.198 ; T. com. Seine 26-1-1956 : JCP G 1956.II.9502 note Roblot) ;

– la novation du contrat liant le tireur au tiré et justifiant la traite (Cass. com. 1-2-1977 : Bull. civ. IV p. 32) ;

– les fausses indications sur la marchandise vendue par le tireur au tiré (CA Orléans 13-4-1967 : D. 1967.499).

2. L'**exception** soulevée par le signataire n'est **pas apparente** à la lecture du titre, car le porteur n'a pas pu alors la connaître (CA Grenoble 28-5-1963 : D. 1964.132 ; T. com. Seine 4-6-1935 : GP 1935.2.346).

Exceptions opposables Toutes les exceptions **apparentes** sur le titre sont opposables au porteur, notamment toutes celles qui tiennent à un vice de forme (Cass. com. 7-2-1983 : D. 1983.IR.247 : lettre ni datée ni signée par le tireur ; CA Colmar 2-4-1968 : JCP G 1969.II.15958 : omission d'une formalité spécialement exigée en Algérie par la réglementation alors applicable) mais aussi celles visées au nº 51264 dès lors qu'elles sont apparentes (pour un exemple, Cass. req. 10-8-1874. S. 1875.1.12 ; cf. CA Paris 11-7-1904 : D. 1905.2.301 ; T. com. Paris 12-12-1990 : RJDA 4/91 nº 321). **51267**

L'**incapacité** du signataire est aussi opposable au tiers porteur (nºs 50946 et 51070), ainsi que l'usurpation de signature (nº 51600) et la fraude (cf. Cass. com. 17-10-1995 : RJDA 1/96 nº 90).

2. DROIT DU PORTEUR D'UNE LETTRE ACCEPTÉE AU PAIEMENT DE LA PROVISION

Acquisition de la propriété de la provision Le porteur de la lettre de change est propriétaire de la provision (C. com. art. L 511-7, al. 3 ; sur la provision : nºs 51000 s.). **51280**

Ce droit est toutefois subordonné à un certain nombre de conditions :

1. Le titre remis au porteur doit constituer une lettre de change véritable et régulière (Cass. civ. 27-11-1865 : D. 1866.1.56) ;

2. La provision doit avoir été constituée régulièrement par le tireur et exister entre les mains du tiré (Cass. civ. 31-12-1894, deux arrêts : D. 1895.1.409 note Thaller) ;

Tel n'est pas le cas, par exemple, lorsqu'un vendeur a émis et fait escompter par un banquier des traites sur son acheteur, en recouvrement d'une marchandise qui était encore en sa possession et s'y trouvait toujours lors de sa déclaration en liquidation des biens (cf. Cass. civ. 31-12-1894 précité) ou lorsque la fourniture de la provision, consistant en des livraisons successives, est réalisée, quoique les traites aient déjà été émises, au cours de la période suspecte (Cass. req. 23-6-1941 : DA 1941.310, solution transposable sous le régime actuel des procédures collectives).

3. La propriété de la provision existante est acquise au porteur à la date de la remise du titre (Cass. com. 20-3-1962 : JCP G 1962.II.12747 note Rives-Lange ; Cass. com. 1-6-1965 : Banque 1965.820) ; en conséquence, la propriété de la provision d'un effet transmis à un banquier pour escompte peut lui être transférée avant l'inscription en compte du montant de l'effet (Cass. com. 20-3-1962 précité) ;

La preuve de la remise se fait par tous moyens (CA Paris 26-4-1965 : JCP G 1966.II.14529 note Gavalda).

4. Le transfert de la provision au porteur n'a pas dû être écarté par une convention contraire des parties, ce qui ne résulte pas du seul fait de l'émission d'une traite avec la clause non acceptable (Cass. com. 14-12-1970 : D. 1972.1 note Bouloc).

Conséquences du droit de propriété du porteur sur la provision Tout porteur d'une lettre de change peut, conformément au droit commun, demander au tiré accepteur le paiement de la créance que le tireur a sur lui. **51283**

Cette action est dite action de provision, tandis que celle que le porteur exerce en se prévalant de la lettre, c'est-à-dire en invoquant le seul fait que le tiré (ou tel endosseur) l'a signée, est dite action de change.

L'action de provision est utile au porteur lorsqu'il ne peut pas exercer l'action de change, notamment parce que celle-ci est prescrite (nºs 51500 s.).

Le porteur a alors seulement les droits d'un cessionnaire de créance (nºs 14224 s.), tout se passant entre lui et le tiré comme si la lettre n'avait été que le moyen pour le tireur de lui céder sa créance.

3. DROIT DU PORTEUR AU PAIEMENT DE LA LETTRE NON ACCEPTÉE

51300 Lorsque la lettre n'est pas acceptée par le tiré, le porteur est devenu, par sa désignation comme bénéficiaire ou endossataire, le propriétaire de la provision (C. com. art. L 511-7, al. 3) et, partant, le créancier du tiré **au jour de l'échéance** de la créance même si celle-ci n'est pas liquide et exigible dès lors qu'elle existe dans son principe (Cass. com. 20-3-1984 : GP 1985.91).

Il s'ensuit qu'il a les **mêmes droits,** mais pas plus, **que** s'il était le **cessionnaire** de la créance du tireur sur le tiré, la lettre ayant servi à réaliser la cession. Ainsi :

– le tiré peut lui opposer les exceptions dont il dispose à l'encontre du tireur (Cass. civ. 23-9-1940 : GP 1940.2.75 : terme ; Cass. com. 28-6-1983 : Bull. civ. IV p. 165 : paiement antérieur fait au tireur ; cf. Cass. com. 22-2-1994 : RJDA 7/94 n° 856 : compensation) ;

– **jusqu'à l'échéance,** le tireur peut réclamer sa créance au tiré (Cass. com. 19-11-1973 : Bull. civ. IV p. 296 ; Cass. com. 29-1-1974 : Bull. civ. IV p. 29) et le tiré peut le payer (Cass. com. 1-2-1977 : Banque 1977.1127 note Martin ; Cass. com. 10-1-1989 : Bull. civ. IV p. 7) ;

Mais le porteur peut lui interdire expressément de payer (Cass. com. 24-4-1972 : D. 1972.686 note Roblot). Cette interdiction est caduque si le porteur ne rapporte pas la preuve de l'existence de la provision à la date de l'échéance (Cass. com. 3-5-1995 : RJDA 10/95 n° 1132).

La défense de payer ne ressort pas de la présentation de la traite à l'acceptation ni d'une demande de paiement avant l'échéance (Cass. com. 24-4-1972 précité). Il est donc préférable de formuler par lettre recommandée AR, pour avoir une preuve, une défense formelle de payer.

– **après l'échéance,** le tiré ne peut plus se libérer valablement qu'entre les mains du porteur, s'il a connaissance de l'existence de l'effet ; tout paiement fait à un autre n'est pas opposable au porteur (Cass. civ. 18-1-1937 : DH 1937.145 ; CA Poitiers 3-2-1969 : RTD com. 1969.1052 ; T. com. Seine 7-2-1967 : J. agréés 1967.519) ; les **créanciers du tireur** ne peuvent pas saisir la créance du tireur sur le tiré (n° 51340).

Le porteur peut **poursuivre le tireur** s'il est convenu avec lui (ce qui peut être fait en cas d'escompte par une banque) qu'il deviendra propriétaire de la provision dès la création de la lettre ; le tireur ne peut alors lui opposer l'extinction de sa créance (Cass. com. 15-12-1986 : Bull. civ. IV p. 206 : inopposabilité de la cession de sa créance).

4. PRÉSENTATION DE LA LETTRE AU PAIEMENT

51320 **Obligation de présentation** Le porteur de la lettre doit la présenter au paiement (C. com. art. L 511-26, al. 1) ou donner mandat à cet effet (Cass. req. 15-7-1875 : D. 1877.1.323).

Le protêt, faute d'acceptation, dispense de la présentation au paiement (art. L 511-39, al. 4).

51323 **Délais de présentation** La lettre payable à vue peut être présentée au paiement dès son émission mais dans le délai d'un an à partir de sa date ou dans le délai fixé par le porteur ou les endosseurs (n° 50934).

Le porteur qui présente la lettre dans le délai d'un an n'encourt aucune responsabilité quand bien même il présenterait le titre à une époque où le tiré serait devenu insolvable (CA Montpellier 17-2-1949 : JCP G 1949.II.4805 note Cabrillac).

La lettre payable à jour fixe ou à un certain délai de vue doit être présentée au paiement soit le jour où elle est payable, soit l'un des deux jours ouvrables qui suivent (C. com. art. L 511-26, al. 1).

La sanction de la présentation de la lettre hors du délai fixé est la déchéance du porteur négligent (n° 51453).

Le **délai** de présentation peut être **allongé** dans les conditions suivantes :

1. Pour jours fériés (art. L 511-79 et L 511-80) ;

Les jours fériés légaux sont le dimanche, le 1er janvier, le lundi de Pâques, le 1er mai, le 8 mai, l'Ascension, le lundi de Pentecôte, le 14 juillet, l'Assomption, la Toussaint, le 11 novembre et le jour de Noël (C. trav. art. L 3133-1).

2. Pour force majeure. Quand la présentation de la lettre est empêchée par un obstacle insurmontable, les délais sont prorogés (C. com. art. L 511-50) ;

3. Pour prorogation conventionnelle. Le porteur et le tiré peuvent convenir de reculer l'échéance. La prorogation résulte d'une mention sur le texte ou de l'établissement d'un nouvel effet.

Mais il doit s'agir d'un véritable accord de prorogation, tel n'est pas le cas d'une rectification matérielle de l'échéance (CA Paris 10-10-1956 : GP 1956.2.412).

La prorogation ne peut être opposée au tiré que s'il l'a acceptée et non au motif qu'elle doit être présumée lui profiter (Cass. com. 23-3-1993 : RJDA 7/93 n° 641). Il peut donc, si la prorogation a eu lieu à son insu, la refuser (Cass. com. 11-1-1972 : Bull. civ. IV p. 17 ; Cass. com. 12-11-1973 : Bull. civ. IV p. 286). De même, la prorogation ne peut être imposée au tireur et aux endossataires antérieurs (Cass. com. 18-1-1955 : D. 1955.188 note Goré) ;

4. Pour sursis à statuer sur la demande en paiement. Lorsque le tiré a introduit une action pénale, par exemple pour escroquerie ou faux, les tribunaux peuvent ordonner le sursis à statuer sur l'action en paiement dirigée contre lui jusqu'à la décision pénale, à la condition que le porteur ait été mis en cause dans l'instance pénale (pour une plainte pour escroquerie visant le banquier porteur auquel il était reproché d'avoir prêté son assistance au tireur qui avait frauduleusement obtenu l'acceptation : Cass. com. 13-3-1972 : Bull. civ. IV p. 83) ;

Sur l'obligation de prononcer le sursis, n° 74318.

5. Pour délais de grâce. Aucun jour de grâce, ni légal ni judiciaire, n'est admis (art. L 511-81, al. 2 ; Cass. com. 24-6-1969 : Bull. civ. IV p. 228 : à propos de billets à ordre mais transposable).

Mais il peut en être autrement dans **deux cas** : lorsqu'un recours est ouvert contre les garants avant l'échéance (art. L 511-81, al. 2 renvoyant à l'art. L 511-38) ou lorsqu'un obstacle insurmontable a empêché la présentation de la lettre ou la confection du protêt (art. L 511-81 renvoyant à l'art. L 511-50).

Sur le non-paiement d'une lettre de change-relevé dû exclusivement au retard pris par le tireur pour remettre cette lettre à sa banque, CA Rouen 12-2-1998 : RJDA 8-9/98 n° 1037.

Lieu de présentation La présentation est faite au lieu indiqué sur le titre et, en l'absence d'indication spéciale, au domicile du tiré (C. com. art. L 511-1, IV). **51326**

Si la **lettre** est **domiciliée** (n° 50973), la présentation a lieu chez le domiciliataire (Cass. com. 29-6-1965 : D. 1965.823). Les banquiers domiciliataires des effets de commerce doivent informer leurs clients tirés sur les formalités nécessaires au paiement des effets domiciliés (Cass. com. 9-4-1973 : JCP G 1973.II.17555, 1e esp., note Gavalda).

Défaut de présentation Le défaut de présentation entraîne la déchéance du porteur (n° 51453). **51329**

Le porteur peut encourir une responsabilité civile en raison de la faute qu'il a commise (CA Besançon 7-3-1932 : S. 1932.2.127).

À défaut de présentation de la lettre au jour de son échéance ou l'un des deux jours ouvrables qui suivent, tout débiteur a la faculté d'en remettre le montant en dépôt à la Caisse des dépôts et consignations, aux frais, risques et périls du porteur (C. com. art. L 511-30).

5. LIBÉRATION DU TIRÉ

Interdiction des oppositions Il n'est pas permis de faire opposition au paiement de la lettre, sauf perte, sauvegarde ou redressement ou liquidation judiciaire du porteur (C. com. art. L 511-31). Le vol est assimilé à la perte (cf. CA Paris 22-5-1970 : GP 1970.2.311 : en matière de chèque mais transposable ; aussi Cass. com. 8-6-1993 : RJDA 1/94 n° 75 : à propos de l'art. L 511-34 C. com.). **51340**

Pour éviter toute contestation, il est recommandé de faire procéder à l'opposition par un huissier (ou commissaire) de justice, bien que la loi n'exige aucune formalité.

En conséquence, en dehors des deux cas susvisés :

1. Les **créanciers du tireur** ou d'un endosseur ne peuvent **pas** pratiquer une **saisie-arrêt** (saisie-attribution) du montant de la lettre entre les mains du tiré (Cass. com. 15-6-1993 : Bull. civ. IV p. 174 : à propos d'un billet à ordre mais transposable). Ils ne peuvent pas non plus saisir la créance que le tireur avait sur le tiré, c'est-à-dire la provision, dès lors que le tiré a accepté ou, s'il n'a pas accepté, seulement à compter de la date de l'échéance (Cass. com. 3-6-2003 n° 928 : RJDA 1/04 n° 93 ; n° 51300), car dans les deux cas il y a transfert de la provision au porteur (CA Montpellier 21-3-1951 : Banque 1951.304 note Marin : pour une traite acceptée ; Cass. com. 7-2-1983 : D. 1983.IR.246 : pour une traite non acceptée) ;

2. Un signataire quelconque ne peut pas faire opposition pour empêcher le paiement sous prétexte qu'il n'était pas réellement débiteur de celui au profit duquel il a souscrit le titre (Cass. com. 22-1-1969 : Banque 1971.805 ; TGI Saint-Étienne 1-3-1968 : Banque 1968.891).

Il ne pourrait en être autrement que si la contestation portait sur la régularité de la détention matérielle de la traite (CA Reims 23-12-1976 : JCP G 1977.IV.242).

Toutefois, lorsque le tiré accepteur parvient à démontrer que la provision n'est pas conforme (par exemple, non-conformité des marchandises livrées), il peut obtenir en justice la mise sous séquestre des lettres si celles-ci se trouvent encore entre les mains du tireur (CA Paris 17-2-1934 : GP 1934.1.900). Si la lettre se trouve entre les mains d'un tiers porteur, la mise sous séquestre ne peut être ordonnée que s'il est démontré qu'en prenant la lettre le porteur a agi sciemment au détriment du débiteur (Cass. com. 23-1-1963 : Bull. civ. III p. 47).

51343 **Diligences dues par le tiré** Avant de payer, le tiré est obligé de vérifier la régularité de la suite des endossements, mais non la signature des endosseurs (C. com. art. L 511-28, al. 3). En cas de lacune dans la suite des endossements, le tiré doit refuser le paiement (Cass. req. 28-3-1944 : S. 1945.1.17 note Lescot).

Le tiré doit respecter les oppositions régulières (n° 51340).

51346 **Formes du paiement** Le paiement peut être fait par un chèque ordinaire ou postal ou par virement sur la Banque de France (C. com. art. L 511-40).

Le tiré peut se libérer auprès de la Caisse des dépôts et consignations en cas de défaut de présentation (n° 51329).

Le paiement peut aussi être fait par intervention (art. L 511-67 s.).

Lorsque, le tiré n'ayant pas payé à l'échéance, le porteur, en accord avec le tireur, crée une seconde lettre de change en renouvellement de la première et obtient du tiré une nouvelle acceptation, la seconde traite n'a pour effet que de proroger l'échéance de la première (CA Besançon 20-1-1863 : D. 1863.2.83), à moins que les parties n'aient incontestablement eu l'intention de nover (T. com. Seine 5-11-1935 : GP 1936.1.27).

51349 **Monnaie de paiement** Si des indications ont été données sur la monnaie de paiement, il y a lieu de les observer (n° 50928).

À défaut de précision, le débiteur peut, à son choix, soit payer dans la monnaie indiquée sur le titre, soit remettre au porteur une somme équivalente dans la monnaie du lieu de paiement (cf. CA Bordeaux 24-2-1941 : GP 1941.1.361).

Lorsqu'une lettre est stipulée payable en une monnaie n'ayant pas cours au lieu du paiement, le montant peut en être payé dans la monnaie du pays, d'après sa valeur au jour de l'échéance ; si le débiteur est en retard, le porteur peut, à son choix, demander que le montant de la lettre soit payé dans la monnaie du pays du lieu de paiement d'après le cours soit du jour de l'échéance, soit du jour du paiement (C. com. art. L 511-29, al. 1).

La valeur d'une monnaie étrangère est déterminée d'après les usages du lieu du paiement (art. L 511-29, al. 2). Si le montant de la lettre est indiqué dans une monnaie ayant la même dénomination, mais une valeur différente dans le pays d'émission et dans celui du paiement, on est présumé s'être référé à la monnaie du lieu du paiement (art. L 511-29, al. 4 ; CA Paris 27-5-1983 : D. 1984.IR.70 obs. Cabrillac : lettres tirées sur une banque de Genève et domiciliées à Genève, valablement payées en francs suisses à défaut de preuve d'une indication contraire).

51352 **Paiement partiel** Le porteur ne peut pas refuser un paiement partiel (C. com. art. L 511-27, al. 2). En cas de paiement partiel, le tiré peut exiger que mention de ce paiement soit faite sur la lettre et que quittance lui en soit donnée (art. L 511-27, al. 3). Quant au porteur, il est tenu de faire protester la lettre de change pour le surplus (art. L 511-27, al. 5).

51355 **Paiement avant l'échéance** Le porteur d'une lettre de change ne peut être contraint d'en recevoir le paiement avant l'échéance (C. com. art. L 511-28, al. 1). Il n'est tenu d'accepter le paiement que quand la lettre comporte une clause « faculté d'escompte » au profit du tiré ; cette clause permet le paiement par anticipation moyennant une réduction correspondant au temps à courir jusqu'à l'échéance.

En dehors du cas de la clause de faculté d'escompte, le tiré qui paie avant l'échéance le fait à ses risques et périls (art. L 511-28, al. 2 ; CA Paris 28-2-1969 : Banque 1970.924).

51358 **Paiements particuliers** Sur le paiement en cas de sous-traitance, n° 20418 ; sur le paiement d'une lettre non acceptée par le tiré, n° 51300 ; sur le paiement par inscription en compte courant et contre-passation, n° 41218 s. ; sur le paiement pendant la période suspecte du redressement ou de la liquidation judiciaire, n° 63122.

51361 **Preuve du paiement** Le tiré qui paie la lettre de change peut exiger qu'elle lui soit remise acquittée par le porteur (C. com. art. L 511-27, al. 1). Il y a lieu d'en déduire, si le porteur refuse de remettre au tiré, contre paiement, la lettre acquittée, que le tiré peut refuser à son tour le paiement et offrir les fonds, lors du protêt, à l'officier ministériel chargé d'instrumenter.

Le porteur qui refuse de restituer la lettre au tiré après avoir reçu paiement s'expose aux pénalités de l'abus de confiance (Cass. crim. 21-3-1973 : GP 1973.2.488 : rendu à propos d'un billet à ordre et d'un paiement anticipé mais transposable).

Le tiré doit éviter de recevoir une lettre sans acquit car il n'est libéré que s'il est établi que cette lettre lui a été remise volontairement (Cass. com. 6-5-1991 : RJDA 6/91 n° 462 : précisant que la remise de la lettre le libère de façon péremptoire). Mais il n'est exposé à en payer une seconde fois le montant à un porteur de bonne foi que si, postérieurement à sa signature, le titre ne subit pas d'altération (Cass. com. 12-11-1973 : Bull. civ. IV p. 286).

Paiement par domiciliation Le domiciliataire, généralement un banquier, paie la lettre, même acceptée, en vertu du mandat que lui a donné le tiré par la clause de domiciliation (n° 50973). Ce mandat peut être donné à l'occasion de chaque lettre de change domiciliée, sur instruction reçue du tiré (Cass. com. 30-11-1999 : RJDA 1/00 n° 83, précisant qu'en cas de paiement à défaut d'instruction, le domiciliataire doit restituer le montant de l'effet au tiré). A fortiori, le domiciliataire ne saurait donc payer s'il a reçu l'ordre de ne pas payer (Cass. com. 25-1-1955 : Bull. civ. III p. 3 ; CA Paris 7-4-1973 : JCP G 1973.II.17555, 2e esp., note Gavalda). 51364

Lorsque le domiciliataire a reçu mandat général et permanent du tiré de payer tous effets de commerce (acceptés) à leurs échéances, sauf avis contraire de sa part après qu'il a été informé, par voie postale, de la demande de paiement de ces effets par un « relevé », il paye valablement en exécution de ce mandat sans que le tiré puisse lui reprocher d'avoir payé des traites portant de fausses signatures d'acceptation (Cass. com. 9-2-1999 : RJDA 4/99 n° 466 ; contra CA Lyon 19-2-1974 : RTD com. 1974.129 obs. Cabrillac et Rives Lange : à propos d'un mandat général et permanent de payer tous effets acceptés, sans autre précision).

Le domiciliataire doit payer la lettre dès lors que la situation du compte le permet et il ne peut invoquer la nullité de l'effet pour omission d'une de ses mentions qu'autant que le tiré lui-même pourrait soutenir n'être pas engagé par un titre incomplet et l'aurait, par son mandat, chargé de soulever pour son compte une telle exception (Cass. com. 23-11-1999 : D. 2000.AJ.3 obs. Lienhard).

Le domiciliataire n'a pas payé la lettre lorsqu'il a seulement débité le compte du tiré ; il peut donc contre-passer ce débit sans commettre par là une faute au préjudice du tireur (Cass. com. 21-5-1996 : RJDA 10/96 n° 1227 ; Cass. com. 12-3-2002 : RJDA 7/02 n° 804 : à propos d'une lettre de change-relevé).

La domiciliation n'est pas opposable à l'avaliste qui ne l'a pas acceptée (CA Paris 4-2-1964 : JCP G 1964.II.13906 note Lescot).

Libération Le tiré (ou tout autre) qui paye à l'échéance est valablement libéré, à moins qu'il n'y ait de sa part une fraude ou une faute lourde (C. com. art. L 511-28, al. 3). 51367

G. Formalités en cas de défaut de paiement

OBLIGATION DE DRESSER PROTÊT

Principe Le refus de paiement doit être constaté par un acte authentique, appelé protêt faute de paiement (C. com. art. L 511-39, al. 1), ainsi que le refus d'acceptation (n° 51083). 51400

Le protêt doit être établi même en cas de cessation des paiements du tiré, accepteur ou non, ou en cas de saisie de ses biens demeurée infructueuse (art. L 511-39, al. 5). Il doit l'être aussi lorsque le tiré refuse spécialement d'acquitter les frais qui sont à sa charge, notamment le coût de la sommation de payer (Cass. civ. 21-8-1860 : D. 1860.1.430 ; CA Caen 7-12-1903 : D. 1904.2.344).

Le porteur qui n'a pas fait dresser protêt faute d'acceptation peut faire dresser protêt faute de paiement (T. com. Lyon 14-10-1971 : J. agréés 1971.286 note Seffert).

Exceptions La formalité du protêt est écartée dans trois cas : 51403

1. Lorsqu'un protêt faute d'acceptation a été dressé (C. com. art. L 511-39, al. 4) ;

2. En cas de redressement ou liquidation judiciaire du tiré, accepteur ou non, ainsi qu'en cas de redressement ou liquidation judiciaire du tireur d'une lettre non acceptable, la production du jugement déclaratif suffisant à ouvrir le recours au porteur (art. L 511-39, al. 6) ;

3. Si la présentation de la lettre ou la confection du protêt est empêchée par un obstacle de force majeure pendant plus de trente jours au-delà de l'échéance (art. L 511-50, al. 4 ; pour une application, à la suite de l'invasion de l'Alsace, CA Paris 6-11-1941 : GP 1942.1.170).

Clause de retour sans frais La clause « retour sans frais », « sans protêt » ou toute autre clause équivalente dispense le porteur de faire dresser protêt faute de paiement (ou d'acceptation) (C. com. art. L 511-43, al. 1 ; Cass. com. 11-6-1951 : Bull. civ. III p. 143). Le défaut de paiement est alors constaté par le présentateur qui le mentionne sur le titre avec la date de présentation. 51406

La clause peut être insérée par le tireur, un endosseur ou un avaliste, elle doit être inscrite sur le titre et signée (art. L 511-43, al. 1).

La clause n'a pas d'effet au regard des autres mentions de la lettre de change : montant de la lettre, intérêts, remboursement des avis et d'autres frais (CA Agen 14-10-1966 : GP 1967.1.63).

Toutefois, la clause ne dispense pas le porteur de la présentation de la lettre de change dans les délais prescrits ni des avis à donner (art. L 511-43, al. 2). La preuve de l'inobservation des délais incombe à celui qui s'en prévaut contre le porteur (C. com. art. L 511-43, al. 3 ; Cass. com. 4-6-1955 : Bull. civ. III p. 161).

Les signataires à l'égard desquels la clause produit effet varient suivant la personne qui a porté la clause.

1. Si la clause émane du tireur, **tous** les **signataires** peuvent s'en prévaloir ; si le porteur fait néanmoins dresser protêt, il doit en supporter les frais (art. L 511-43, al. 4) et le tiré accepteur peut se prévaloir de la clause pour lui demander des dommages-intérêts si ce protêt lui cause un préjudice (CA Poitiers 6-2-1951 : Banque 1952.100 obs. Marin ; CA Lyon 18-11-1959 : Banque 1962.270 obs. Marin).

Le tiré ne peut pas naturellement se prévaloir d'une clause qu'il aurait inscrite lui-même (CA Paris 8-6-1961 : JCP G 1962.II.12657 note Lescot).

2. Si la clause émane d'un **endosseur** ou de l'**avaliste,** eux seuls peuvent l'invoquer ; le porteur doit faire dresser protêt à l'égard des autres signataires ; s'il le fait, les frais du protêt peuvent être recouvrés contre « tous les signataires », y compris contre celui qui a inscrit la clause (art. L 511-43, al. 4).

Si le porteur fait dresser protêt en dépit de la dispense, il ne commet pas une faute et ne peut être condamné à dommages-intérêts envers le tiré que si celui-ci prouve qu'il a agi dans l'intention de lui nuire (CA Paris 8-6-1961 : JCP G 1962.II.12657 note Lescot).

DÉLAI POUR FAIRE DRESSER PROTÊT

51410 **Durée du délai** Pour les lettres payables à vue ou à un certain délai de vue ou de date, le protêt doit être fait « l'un des deux jours ouvrables où la lettre est payable » (C. com. art. L 511-39, al. 3).

Pour les lettres payables à vue, le protêt doit être établi « dans les conditions indiquées (...) pour dresser le protêt faute d'acceptation » (art. L 511-39, al. 3), c'est-à-dire dans le délai fixé pour la présentation à l'acceptation (nº 51053).

51413 **Clause portant dispense de délai** Cette clause supprime ou prolonge le délai. Elle exonère le porteur de toute responsabilité pour protêt tardif. Elle est fréquente dans les conditions générales des banques relatives à l'escompte des traites.

51416 **Prorogation du délai** Le délai pour dresser protêt est allongé dans les cas suivants :

1. Lorsque l'échéance tombe un jour férié ou un jour assimilé à un jour férié, l'allongement du délai de paiement (nº 51323) vaut pour le délai de protêt (C. com. art. L 511-79) ;

2. En cas de force majeure, le délai est allongé du temps que dure l'empêchement ; si l'obstacle dure moins de trente jours, le porteur reste tenu de faire établir un protêt, mais il est autorisé à l'établir « sans retard » après la disparition de l'événement (art. L 511-50, al. 3).

MODALITÉS DU PROTÊT

51420 **Formes du protêt** Le protêt faute d'acceptation ou de paiement est fait par un notaire ou un huissier (ou commissaire) de justice selon les règles des articles L 511-52 à L 511-55 du Code de commerce. Le protêt n'est valable que s'il comporte la transcription littérale de la lettre de change, et donc le nom du porteur, aucun acte de celui-ci ne pouvant suppléer l'acte de protêt (C. com. art. L 511-53 et L 511-54) ; à défaut, il ne peut pas être complété ou régularisé par des éléments extrinsèques, ce qui exclut qu'il le soit par référence à des pièces de procédure distinctes de l'acte de protêt (Cass. com. 2-3-2010 nº 09-10.723 : RJDA 5/10 nº 555).

51423 **Valeur du protêt** Le protêt faute d'acceptation ou faute de paiement fait foi, jusqu'à inscription de faux, de la présentation de la lettre et du défaut d'acceptation ou de paiement (CA Paris 12-12-1906 : D. 1907.2.15).

En cas de contestation sur la validité d'un protêt, les tribunaux ne peuvent pas ordonner la mise sous séquestre de la lettre si le détenteur en est le porteur légitime (cf. Cass. com. 20-6-1977 : GP 1977.2.pan.329).

NOTIFICATION DU REFUS DE PAIEMENT

51430 **Obligation de donner avis** Cette obligation incombe :

– au porteur qui doit donner avis du défaut de paiement à son endosseur dans les quatre jours ouvrables qui suivent le jour du protêt ou celui de la présentation en cas de clause de retour sans frais (C. com. art. L 511-42, al. 1) ; la règle s'applique aux lettres de change-relevés à moins d'une pratique ou d'une convention contraire convenue ou connue (Cass. com. 24-1-1995 : RJDA 5/95 nº 613) ;

– aux notaires et huissiers (ou commissaires) de justice qui sont tenus, à peine de dommages-intérêts, lorsque l'effet indique les nom et domicile du tiré de la lettre de change, de prévenir

celui-ci dans les quarante-huit heures qui suivent l'enregistrement, par La Poste et par lettre recommandée, des motifs du refus de payer (C. com. art. L 511-42, al. 2) ;
- à chaque endosseur qui doit, dans les deux jours ouvrables qui suivent le jour où il a reçu l'avis, faire connaître à son endosseur l'avis qu'il a reçu en indiquant les noms et les adresses de ceux qui ont donné les avis précédents, et ainsi de suite, en remontant jusqu'au tireur (C. com. art. L 511-42, al. 3) ; les délais courent, dans chaque cas, de l'avis précédent (art. L 511-42, al. 4) ; dans le cas où un endosseur n'a pas indiqué son adresse ou l'a indiquée d'une façon illisible, il suffit que l'avis soit donné à l'endosseur qui précède (art. L 511-42, al. 6).

L'avis doit aussi être donné dans le même délai à l'avaliste d'un signataire auquel l'avis est donné (art. L 511-42, al. 5) ; mais il n'y a pas lieu d'aviser l'avaliste du tiré (Cass. com. 4-11-1970 : D. 1971.189).

Celui qui a donné avis doit prouver qu'il l'a fait dans le délai imparti (C. com. art. L 511-42, al. 8) ; ce délai est considéré comme observé si une lettre missive donnant l'avis a été mise à La Poste dans ledit délai (art. L 511-42, al. 9).

Forme L'avis peut être donné sous une forme quelconque, même par un simple renvoi de la lettre de change (C. com. art. L 511-42, al. 7). **51433**

Sanctions Celui qui ne donne pas l'avis dans le délai indiqué n° 51430 n'encourt pas de déchéance ; il est responsable, s'il y a lieu, du préjudice causé par sa négligence, sans que les dommages-intérêts puissent dépasser le montant de la lettre de change (C. com. art. L 511-42, dern. al. ; pour des exemples d'attribution de dommages-intérêts : CA Paris 21-1-1964 : D. 1964.som.42 ; CA Douai 7-10-1967 : Banque 1968.140 obs. Marin ; T. com. Grenoble 26-1-1968 : GP 1968.1.116 ; pour un cas de refus de dommages-intérêts : CA Montpellier 15-11-1950 : RTD com. 1951.323 obs. Becqué : le tiré était déjà insolvable au jour de l'échéance et la notification adressée au tireur dans les délais légaux n'aurait pas permis à celui-ci de récupérer les sommes qu'il avait été contraint de payer). **51436**

H. Recours pour défaut de paiement

OUVERTURE DES RECOURS POUR DÉFAUT DE PAIEMENT

Porteur diligent Les recours contre les signataires de la lettre en paiement de celle-ci, après refus d'acceptation ou de paiement du tiré, sont ouverts au porteur (C. com. art. L 511-38), qui est libre de choisir le signataire contre lequel il veut agir (Cass. com. 5-10-2004 n° 1437 : BRDA 21/04 inf. 16). **51450**

Pour bénéficier de ces recours, le porteur doit avoir respecté les délais fixés (art. L 511-49, I ; Cass. com. 29-6-1965 : D. 1965.823) :
- pour la présentation d'une lettre de change à vue ou à un certain délai de vue (n° 51323) ;
- pour la confection du protêt faute d'acceptation ou de paiement (nos 51083 et 51410) ;
- pour la présentation au paiement en cas de clause de retour sans frais (n° 51406) ;
- pour la présentation à l'acceptation (n° 51053).

Le porteur conserve aussi ses recours en cas de redressement ou liquidation judiciaire du tiré accepteur ou non, ainsi qu'en cas de redressement ou liquidation judiciaire du tireur d'une lettre non acceptable (art. L 511-39, dern. al.).

Le même droit de recours appartient à tout signataire de la lettre de change qui a remboursé celle-ci (art. L 511-44, al. 3).

Porteur négligent Le porteur qui n'a pas présenté la lettre au paiement dans les délais requis (n° 51323) perd tout recours contre les endosseurs, contre le tireur et les avalistes (C. com. art. L 511-49, I ; Cass. com. 29-6-1965 : D. 1965.823). **51453**

Les causes de déchéance sont exclusivement celles fixées par la loi. Le fait pour le porteur d'omettre de conserver des sûretés attachées à la créance ou de renoncer à les maintenir pour obtenir des règlements partiels et la promesse d'un règlement intégral ne le prive pas de ses recours ; le tireur ne peut lui demander, par une action distincte, que réparation du préjudice que lui aurait causé la mainlevée des saisies avant le règlement total de l'effet (Cass. com. 4-5-1976 : GP 1976.2.som.217). Toutefois, le porteur perd son recours s'il accorde au tiré un report d'échéance sans en référer au tireur (Cass. com. 20-11-1990 : RJDA 2/91 n° 144).

Toutefois, le porteur **conserve son droit** de recours :

1. Contre le tiré accepteur, dans tous les cas (art. L 511-49, I ; Cass. req. 22-3-1937 : DH 1937.269) ; il en est ainsi même si le porteur n'a pas fait dresser protêt au lieu de la domiciliation (Cass. com. 16-12-1975 : Bull. civ. IV p. 253) ; toutefois, le tiré accepteur peut obtenir des dommages-intérêts si la négligence du porteur lui a causé un dommage (CA Besançon 7-3-1932 : GP 1932.2.69) ;

2. Contre le tireur, si celui-ci ne peut pas justifier qu'il a fourni provision à l'échéance (art. L 511-49, II ; CA Paris 10-11-1932 : S. 1933.2.84), que le tiré ait accepté ou non (T. civ. Metz 19-10-1949 :

D. 1950.som.10). Par ailleurs, même à l'égard du porteur négligent, le tireur ne peut pas disposer, après l'échéance, de la provision, car le porteur en est devenu propriétaire ; le tireur reste débiteur du porteur en vertu du transfert de la créance (Cass. civ. 18-1-1937 : DH 1937.145) ;

3. Contre le tireur, en cas de défaut de présentation à l'acceptation dans les délais, s'il résulte des termes de la stipulation de présentation par le tireur que celui-ci n'a entendu s'exonérer que de la garantie de l'acceptation (art. L 511-49, III).

Le porteur est valablement payé si la personne poursuivie ne lui a pas opposé la déchéance dont elle pouvait se prévaloir ou si elle y a renoncé sans équivoque (Cass. req. 8-1-1878 : D. 1878.1.160 ; T. com. Seine 23-6-1954 : GP 1954.2.94).

L'exercice des recours ouverts au porteur contre les signataires de la lettre implique la présentation de l'original de la lettre auquel ne peut suppléer aucune autre pièce, parce que ces recours sont fondés sur la détention du titre envisagé indépendamment du rapport préexistant qui a engendré sa création (CA Paris 31-5-1983 : D. 1984.IR.72 obs. Cabrillac).

51456 **Époque du recours** Le porteur peut exercer ses recours contre les endosseurs, le tireur et les autres obligés (C. com. art. L 511-38, I) :

a. À l'échéance, si le paiement n'a pas eu lieu ;

b. Même **avant** l'échéance, dans trois cas :

– s'il y a eu refus total ou partiel d'acceptation,

– en cas de sauvegarde, redressement ou liquidation judiciaires du tiré, accepteur ou non, de sa cessation des paiements même non constatée par un jugement, ou de saisie de ses biens demeurée infructueuse,

– en cas de sauvegarde, redressement ou liquidation judiciaires du tireur d'une lettre non acceptable.

OBLIGÉS PAR LES RECOURS POUR DÉFAUT DE PAIEMENT

51460 Tous ceux qui ont signé une lettre de change, tireur, tiré accepteur, endosseur, avaliste, sont tenus solidairement de payer le porteur qui les poursuit (C. com. art. L 511-44, al. 1).

Le porteur a le droit d'agir contre les signataires individuellement ou collectivement, sans être astreint à observer l'ordre dans lequel ils se sont obligés (art. L 511-44, al. 2 ; CA Paris 4-7-2013 n° 12/00039 : GP 2013.som.3803 note Rouaud).

L'action intentée contre un des signataires n'empêche pas d'agir contre les autres, même postérieurs à celui qui a été d'abord poursuivi (art. L 511-44, al. 4).

MONTANT DU RECOURS POUR DÉFAUT DE PAIEMENT

51465 Le porteur peut réclamer à celui contre lequel il exerce son recours les sommes suivantes (C. com. art. L 511-45, I) :

a. Le montant de la lettre de change non acceptée ou non payée avec les intérêts s'il en a été stipulé (sur la stipulation d'intérêts, n° 50928) ;

b. Les intérêts au taux légal à partir de l'échéance quelles que soient les modalités de fixation de l'échéance de la traite, à vue, à un certain délai de vue ou à date fixe (Cass. com. 30-6-2009 n° 08-15.165 : RJDA 11/09 n° 1002) et à compter du jour de la présentation au paiement si celle-ci a été tardive (Cass. com. 4-3-1980 : Bull. civ. IV p. 87). Le porteur peut demander la capitalisation des intérêts déjà courus qui excèdent une année à la date de la demande (CA Aix 17-12-1970 : Banque 1971.1040 obs. Martin ; sur l'escompte pour recours avant l'échéance : art. L 511-45, II) ;

c. Les frais du protêt, ceux des avis donnés ainsi que les autres frais.

Ces frais peuvent comprendre les dépens d'un procès infructueux engagé précédemment contre un autre signataire (Cass. civ. 5-8-1889 : D. 1890.1.228, antérieur à l'art. L 511-45 mais compatible avec ses dispositions).

Ces dispositions sont d'ordre public (CA Paris 28-6-1985 : D. 1985.IR.419 obs. Cabrillac).

MODES DE RECOUVREMENT DE LA DETTE

51470 **Paiement amiable** Tout signataire, qui paye à la suite ou en vue d'un recours contre lui, peut exiger la remise de la lettre avec le protêt et un compte acquitté (C. com. art. L 511-47, al. 1).

Tout endosseur qui a remboursé la lettre peut biffer son endossement et ceux des endosseurs subséquents (art. L 511-47, al. 2).

En cas d'acceptation partielle, celui qui rembourse la somme pour laquelle la lettre n'a pas été acceptée peut exiger que ce remboursement soit mentionné sur la lettre et qu'il lui soit donné quittance ; le porteur doit en outre lui remettre une copie certifiée conforme de la lettre et le protêt pour permettre l'exercice des recours ultérieurs (art. L 511-48).

Procédure d'injonction de payer Sur cette procédure, nos 59500 s. 51473

Saisie conservatoire Le porteur d'une lettre protestée peut se faire autoriser par le juge à saisir à titre conservatoire les effets mobiliers des garants (C. com. art. L 511-51). L'autorisation du juge n'est pas nécessaire si la lettre est acceptée (C. exécution art. L 511-2). 51476

Sous le régime antérieur à la réforme des voies d'exécution, il a été jugé que le porteur n'avait pas à fournir caution ni à prouver l'urgence (CA Douai 4-3-1953 : GP 1953.1.294).

ACTIONS RÉCURSOIRES DE CEUX QUI ONT PAYÉ

Tout signataire qui a payé possède un recours contre tous les endosseurs antérieurs, le tireur et le tiré accepteur et, le cas échéant, les avalistes (C. com. art. L 511-44, al. 3). 51480

Celui qui a remboursé la lettre peut réclamer à ses garants la somme intégrale qu'il a payée, les intérêts de cette somme, calculés au taux légal, à partir du jour où il l'a remboursée et les frais qu'il a faits (art. L 511-46).

I. Prescription cambiaire

Domaine de la prescription cambiaire Les actions résultant de la lettre de change (actions cambiaires) sont les actions exercées par tout porteur d'une lettre de change valable contre un signataire : le tiré accepteur, le tireur, un endosseur, un avaliste, un accepteur par intervention, ou par celui qui a payé contre l'un de ces signataires (cf. Cass. com. 26-11-2003 n° 1612 : RJDA 4/04 n° 505). 51500

Délais de prescription cambiaire Les délais varient selon la nature des actions. 51503

1. Actions contre l'accepteur. Toutes les actions contre l'accepteur se prescrivent par trois ans à compter de la date de l'échéance (C. com. art. L 511-78, al. 1).

2. Actions du porteur contre le tireur et les endosseurs. Ces actions se prescrivent par un an à partir de la date du protêt dressé en temps utile ou de celle de l'échéance, en cas de clause de retour sans frais (art. L 511-78, al. 2).

3. Actions des endosseurs les uns contre les autres et contre le tireur. Ces actions se prescrivent par six mois à partir du jour où l'endosseur a remboursé la lettre ou du jour où il a été lui-même actionné (art. L 511-78, al. 3).

4. Actions exercées contre l'avaliste. Le donneur d'aval étant obligé à l'égard du porteur de la même manière que celui dont il s'est porté garant (art. L 511-21, al. 7), le porteur peut agir pendant trois ans contre l'avaliste du tiré accepteur (T. com. Seine 6-1-1949 : JCP G 1949.II.4946 note Roblot) et pendant un an seulement contre l'avaliste du tireur ou d'un endosseur.

En l'absence de dispositions spéciales, les règles applicables au **calcul** des délais sont celles du droit commun de la prescription (n° 71745).

Interruption de la prescription cambiaire À défaut de dispositions spécifiques à l'interruption des actions cambiaires, celle-ci est soumise aux règles de droit commun du Code civil (nos 71750 s.). 51506

Par exemple, le fait qu'une personne change de domicile n'empêche pas la prescription de courir, même si le porteur a éprouvé, de ce fait, des difficultés à poursuivre (Cass. com. 21-6-1976 : Bull. civ. IV p. 181). Une sommation interpellative de payer n'est pas un acte de procédure susceptible d'interrompre la prescription (Cass. com. 17-7-1972 : GP 1973.1.35). Mais la déclaration de sa créance par le porteur à la procédure collective du tiré accepteur est un acte interruptif (C. com. art. L 622-25-1 ; cf. Cass. com. 25-1-2023 n° 21-16.275 F-B : RJDA 5/23 n° 268 à propos d'un billet à ordre).

La prescription cambiaire est notamment interrompue par la reconnaissance du signataire poursuivi affirmant qu'il n'a pas payé (Cass. com. 27-6-1995 : RJDA 12/95 n° 1416).

Tel est le cas par exemple :

– du tiré poursuivi qui fait valoir que la banque a laissé prescrire les effets à l'égard des tirés et qui reconnaît nécessairement par là même que ces effets n'ont été payés ni par lui ni pour lui (Cass. com. 24-11-1970 : Bull. civ. IV p. 277) ;

– du tiré qui sollicite une expertise à l'effet d'établir les éléments constitutifs de la créance (Cass. com. 23-6-1970 : Bull. civ. IV p. 188) ;

– de l'allégation d'une novation par le signataire poursuivi, ce qui implique reconnaissance de ce qu'il n'y a pas eu de paiement effectif (Cass. req. 7-3-1866 : S. 1866.1.288), de même que de celle d'une remise de dettes (Cass. req. 31-10-1894 : S. 1895.1.29) ;

– de l'avaliste d'une lettre de change qui prétend que la signature n'émane pas de lui, contestant ainsi la naissance même d'aucune dette à sa charge et, par là même, l'absence de tout paiement fait par lui au porteur (Cass. civ. 10-3-1937 : GP 1937.1.710).
Mais il n'y a pas aveu si le signataire déclare « ne plus rien devoir » et que « les traites auraient dû être annulées » (T. com. Altkirch 27-11-1968 : RTD com. 1969.777 obs. Cabrillac et Rives-Lange).

51509 À défaut de précision, après interruption, un **nouveau délai,** identique au premier, recommence à courir comme en droit commun (C. civ. art. 2231 ; CA Chambéry 6-9-1995 : Bull. inf. C. cass. 1996 n° 123). Toutefois, il en est autrement (C. com. art. L 511-78, al. 4) :
– si le signataire poursuivi a été condamné en justice ; le délai est alors de cinq ans (n° 71725) ;
– s'il a reconnu la dette par un acte séparé, le délai étant aussi de cinq ans (n° 71725).
Cet acte doit être distinct de la lettre de change, mais peu importe sa forme, pourvu qu'il soit clair (CA Colmar 29-4-1839 : S. 1839.2.492). Il doit être souscrit au même titre que la lettre : ce n'est pas le cas, par exemple, lorsqu'une lettre tirée sur une société et acceptée par son président-directeur général (PDG) ès qualités a été, après prescription, confirmée par le PDG mais agissant à titre personnel (Cass. com. 10-7-1968 : Bull. civ. IV p. 210).
L'acte produit l'effet interruptif lorsqu'il constitue « un titre complet qui se suffit à lui-même sans qu'il soit besoin de le rapprocher » de la lettre de change, de sorte que le débiteur peut être considéré comme tenu exclusivement aux termes de ce titre (Cass. civ. 30-11-1897 : D. 1898.1.189). Il n'en est pas ainsi lorsque le signataire poursuivi, par lettre postérieure à l'échéance de la traite, a donné son accord pour se libérer alors que cette lettre ne prévoyait aucune transformation de la dette (Cass. com. 10-6-1986 : GP 1986.pan.252), ni lorsque ce signataire a remis la traite à son créancier dès lors que cette remise est un artifice frauduleux (Cass. crim. 19-10-1977 : Bull. crim. p. 783), ni lorsque l'un des coobligés a bénéficié d'un concordat (Cass. req. 7-3-1866 : S. 1866.1.288).
Bien entendu, la reconnaissance suppose l'existence d'une dette préexistante : l'acte de reconnaissance n'a pas d'effet interruptif s'il est antérieur à la dette (CA Colmar 18-3-1937 : GP 1937.2.81).

Le nouveau délai ne court que contre celui à l'égard duquel l'acte interruptif a été fait (C. com. art. L 511-78, al. 5) et son avaliste (art. L 511-21, al. 7).

51512 **Suspension de la prescription cambiaire** Comme pour l'interruption, en l'absence de dispositions spéciales, les règles du droit commun sont applicables à la suspension de la prescription (nos 71780 s.).

51515 **Effets de la prescription** La prescription éteint le droit du porteur à demander le paiement de la lettre, mais non la dette préexistante (Cass. com. 4-10-1965 : Bull. civ. III p. 427 ; CA Paris 12-10-1968 : GP 1969.1.26), dont le paiement peut être demandé selon le délai de la prescription de droit commun (n° 71725).

Cependant, même après l'expiration du délai, les signataires peuvent être requis par le demandeur du paiement d'affirmer, sous serment, qu'ils ne sont plus redevables, et leur conjoint survivant, leurs héritiers ou ayants cause, qu'ils estiment de bonne foi qu'il n'est plus rien dû (C. com. art. L 511-78, al. 6). Le serment décisoire peut être aussi déféré au donneur d'aval (Cass. com. 8-3-1971 : Bull. civ. IV p. 64).

Les tribunaux admettent que le débiteur est tenu de payer s'il avoue qu'il est encore redevable de sa dette. L'aveu peut être implicite : par exemple, avoue sa dette celui qui, avant d'invoquer la prescription, reconnaît ne pas l'avoir payée (CA Lyon 14-10-1965 et CA Paris 26-10-1967 : Banque 1968.718 note Marin).

J. Perte et vol de la lettre de change

51550 **Opposition au paiement de la lettre de change** Il ne peut être fait opposition au paiement de la lettre qu'en cas de perte ou d'ouverture d'une procédure collective (C. com. art. L 511-31). Le vol est assimilé à la perte (n° 51340).

Face à l'auteur de l'opposition, le porteur actuel du titre n'est tenu, quelle que soit la cause de la dépossession, de se dessaisir de la lettre que s'il l'a acquise de mauvaise foi ou si, en l'acquérant, il a commis une faute lourde (art. L 511-11, al. 2).

51553 **Droit au paiement de la lettre de change** La victime a droit au paiement dans les cas suivants.

1. Cas où il subsiste un exemplaire ; il faut distinguer :

– si l'exemplaire perdu (ou volé) n'était pas accepté, le paiement peut être exigé sur présentation d'un autre exemplaire (C. com. art. L 511-32) ;

Le tireur ne peut pas se prévaloir de la perte du titre par une banque qui présente un duplicata, puisqu'il conserve, par le bénéfice de la subrogation dans les droits et actions du tiers porteur, le droit d'agir contre le tiré (Cass. com. 11-7-1984 : D. 1985.IR.32 obs. Cabrillac).

– si l'exemplaire perdu (ou volé) était accepté, le paiement ne peut être exigé sur présentation d'un autre exemplaire que par ordonnance du juge et en donnant caution (art. L 511-33).

2. Cas où il ne subsiste aucun exemplaire. La victime de la perte (ou du vol), que la lettre soit acceptée ou non, peut dans ce cas obtenir son paiement par ordonnance du juge, en justifiant de sa propriété par ses livres et en donnant caution (art. L 511-34 ; pour des applications : Cass. com. 9-2-1953 : Bull. civ. III p. 42 ; Cass. com. 16-6-2021 n° 19-20.175 F-B).

Ces conditions ne s'appliquent pas lorsque la demande ne tend pas au paiement de la lettre égarée mais du solde de la facture qui en constituait la provision et que le tireur avait pris l'engagement de ne pas présenter l'effet si celui-ci était retrouvé (Cass. com. 13-3-1957 : GP 1957.2.93).

3. Refus de paiement. En cas de refus de paiement, dans les deux hypothèses ci-dessus (sauf si, dans la première hypothèse, la lettre n'est pas acceptée), le propriétaire de la lettre perdue ou volée conserve ses droits par l'établissement d'un protêt ; ce protêt doit être fait le lendemain de l'échéance de la lettre ; les avis de protêt doivent être donnés dans les délais prescrits par l'article L 511-42 du Code de commerce (art. L 511-35 ; pour un exemple de la perte des recours cambiaires pour défaut de protêt, CA Paris 13-7-1990 : D. 1990.IR.228).

Établissement d'un duplicata Le propriétaire de la lettre perdue (ou volée) doit, pour s'en procurer une seconde, s'adresser à son endosseur immédiatement, lequel est tenu de lui prêter son nom et ses soins pour agir envers son propre endosseur et ainsi en remontant d'endosseur en endosseur jusqu'au tireur de la lettre ; le propriétaire de la lettre qui présente cette demande en supporte les frais (C. com. art. L 511-36). Un duplicata est seulement une copie de la lettre de change originale et non pas une lettre de change reconstituée et portant une date de création postérieure à celle de la lettre de change originale (CA Paris 13-7-1990 : D. 1990.IR.228). 51556

Une personne ne peut prétendre justifier de la qualité de porteur de l'effet par la production d'une photocopie de celui-ci ou d'une attestation de sa banque faisant état de la contre-passation de la traite à son compte, car les recours cambiaires supposent la détention d'une traite (CA Paris 31-5-1983 : D. 1984.IR.72 obs. Cabrillac, refusant au porteur le paiement).

L'existence et le montant d'une traite égarée, remplacée par un duplicata, de même que la prise à l'escompte de celle-ci par un banquier tiers porteur, sont établis par la production des bordereaux et de l'extrait du compte du tireur remettant, de la facture émanant de ce dernier et mentionnant le paiement par traite et de l'avis de rejet du duplicata par la banque domiciliataire pour le motif, indiqué sur instruction de son client, du prétendu paiement antérieur de l'effet (CA Paris 3-2-1983 : D. 1983.IR.247 obs. Cabrillac).

Engagement de la caution L'engagement de la caution, dans les deux cas où il est requis (n° 51553), est éteint après trois ans si, pendant ce temps, il n'y a eu ni demandes ni poursuites en justice (C. com. art. L 511-37). 51559

Responsabilité pour perte Celui qui est responsable de la perte peut être condamné à des dommages-intérêts envers la victime qui subit un préjudice de ce fait. Le tiré n'est pas responsable s'il a envoyé la traite par une lettre simple (Cass. com. 20-12-1954 : D. 1955.83). 51562

K. Faux et altérations de la lettre de change

Fausses signatures Si la lettre de change porte des signatures fausses, la personne au nom de laquelle elle a été signée n'est pas engagée (C. com. art. L 511-5, al. 2 ; n°s 50946 et 51070) ; mais les autres signataires restent obligés (art. L 511-5, al. 2), qu'ils soient antérieurs ou postérieurs à la fausse signature (Cass. com. 21-12-1959 : D. 1960.262). 51600

Altérations de la lettre de change L'altération consiste dans une modification apportée aux mentions d'une lettre de change régulièrement émise, en dehors de l'accord des parties. Dans ce cas, les signataires postérieurs à cette altération sont tenus dans les termes du texte altéré ; les signataires antérieurs le sont dans les termes du texte originaire (C. com. art. L 511-77). Par exemple, lorsque la date de l'échéance a été modifiée, les signataires antérieurs à la modification ne sont tenus que dans la limite de l'échéance primitive (Cass. com. 17-7-1972 : GP 1973.1.35 ; Cass. com. 12-10-1993 : RJDA 2/94 n° 191 ; CA Versailles 8-9-1988 : D. 1989.som.89 obs. Cabrillac). 51603

L'exception de signature antérieure est opposable même au porteur de bonne foi qui, en acquérant la lettre, a ignoré l'altération (Cass. com. 12-11-1973 : Bull. civ. IV p. 286).

L. Effets de complaisance

51650 **Définition** L'effet de complaisance, lettre de change ou billet à ordre, est un effet qui tend à procurer à l'un des signataires la somme dont il porte mention mais avec l'intention que le débiteur tiré ou le souscripteur n'aura pas à décaisser effectivement ce montant à l'échéance (Cass. com. 25-10-1976 : GP 1976.2.som.301).

Généralement, l'effet est présenté à l'escompte d'un banquier, celui qui a reçu le montant de la traite s'engageant à la payer personnellement à l'échéance.

Pour savoir si une personne a signé sans avoir la volonté ou la possibilité d'honorer sa signature, les tribunaux apprécient différents indices tels que : disproportion entre le montant de l'effet et l'importance de l'entreprise de celui qui a reçu le montant de l'effet ; rapports de parenté entre les parties ou d'affiliation s'il s'agit de traites entre personnes morales ; activités entièrement différentes ne justifiant pas des relations d'affaires suivies ; effets portant toujours le même nom, mais sur lesquels les intéressés figurent alternativement en qualité de tireur et de tiré.

N'est pas suspecte la lettre émise par une société pour donner l'ordre à une autre société de payer le montant d'une provision, qui correspondait au montant d'une créance qu'elle détenait sur cette dernière (Cass. com. 29-11-2017 n° 16-11.446 F-D : RJDA 3/18 n° 274, ce qui exclut que cette lettre de change avait été émise uniquement dans le but de garantir le tireur contre les risques de défaut de paiement du tiré).

51653 **Droit du porteur** Le porteur de bonne foi peut obtenir de n'importe quel signataire de la lettre le paiement (Cass. req. 10-1-1938 : S. 1938.1.92).

Mais le paiement est refusé au porteur de mauvaise foi, c'est-à-dire celui qui a eu ou qui aurait dû avoir connaissance du vice de complaisance (Cass. com. 17-2-1959 : Bull. civ. III p. 77 ; Cass. com. 11-3-1959 : Bull. civ. III p. 122 ; Cass. com. 28-10-1964 : Bull. civ. III p. 405 ; CA Bordeaux 25-7-1935 : GP 1935.2.490).

La mauvaise foi résulte notamment du fait que, bien que mis en garde par un tiers contre les manœuvres frauduleuses du tireur, au sujet desquelles toutes précisions lui étaient données, le banquier a continué à accepter le papier du tireur sans exercer sur lui un contrôle sérieux et, notamment, sans s'être renseigné auprès des tirés (CA Bordeaux 25-7-1935 précité).

51656 **Situation des endosseurs** L'endosseur de bonne foi qui a été contraint de payer le porteur de bonne foi dispose d'un recours contre les précédents signataires.

Le donneur d'aval qui a dû payer jouit aussi du même recours.

51659 **Situation du tiré complaisant** Le tiré complaisant n'est pas tenu tant qu'il n'a pas accepté l'effet. En revanche, lorsqu'il l'a accepté, il est tenu à l'égard de tout porteur de bonne foi.

Le tiré complice n'est pas tenu de payer s'il est établi que la lettre de change a été novée, notamment lorsque le tireur a souscrit un billet à ordre à l'égard de la banque qui était bénéficiaire de la traite et que le tiré est demeuré étranger à l'opération (Cass. com. 29-11-1967 : Bull. civ. III p. 371).

Le complaisant n'a aucun recours, même contre le bénéficiaire, pour récupérer le montant de l'effet qu'il a dû acquitter (Cass. req. 8-6-1891 : D. 1892.1.336 ; CA Lyon 6-6-1906 : S. 1906.2.264 ; contra CA Nancy 14-3-1952 : JCP G 1952.II.7233 note Toujas). Sa responsabilité peut être engagée pour maintien artificiel du crédit du bénéficiaire (nos 62670 s.).

51662 **Situation du bénéficiaire** L'existence d'effets de complaisance au profit d'un débiteur peut être une cause de la cessation des paiements de ce débiteur.

Le bénéficiaire de ces effets peut être condamné, au titre de l'utilisation de moyens ruineux, pour banqueroute ou à la faillite personnelle (nos 64500 s. et 64580 s.), ainsi que pour escroquerie (Cass. crim. 22-4-1958 : JCP G 1958.II.10620 ; Cass. crim. 23-11-1961 : D. 1962.170) ou pour exercice illégal de l'activité de banquier et, si des opérations de trésorerie ont existé entre deux sociétés n'ayant pas de lien de capital, pour atteinte au monopole bancaire (Cass. crim. 18-7-2017 n° 16-83.346).

Le banquier qui a escompté des effets de complaisance en connaissance de cause ne peut pas déclarer sa créance à la procédure collective du tiré complaisant (n° 62555) et peut voir sa responsabilité engagée pour aggravation du passif de ce tiré, cet escompte pouvant être considéré comme frauduleux (nos 62675 s.).

51665 **Délit de faux** Le tireur et le tiré d'une lettre de change de complaisance sont coupables de faux au sens de l'article 441-1 du Code pénal car une lettre de change acceptée par le tiré constitue un titre et l'inexistence, lors de son émission, d'une créance du tireur sur le tiré s'analyse en une altération frauduleuse de la vérité caractérisant un faux intellectuel de nature à causer un préjudice (Cass. crim. 28-1-2014 n° 13-80.087 : GP 2014.som.2320 note Morel-Maroger).

M. Lettres de change émises ou endossées à l'étranger

Régime Lorsqu'une lettre de change a été signée ailleurs qu'en France, les règles qui déterminent son efficacité sont fixées par la **convention** de Genève du 7 juin 1930 destinée à régler certains **conflits de lois,** là où cette convention est applicable et dans la mesure où elle a pris parti. À défaut, les tribunaux ont précisé les solutions. 51700

Capacité La capacité de s'obliger par lettre de change dépend de la loi nationale du souscripteur (CA Paris 21-5-1885 : Clunet 1885.541). 51703

Sous le régime de la convention de Genève, c'est également la loi nationale qui est compétente, sous réserve de deux exceptions (art. 2, al. 1 et 2) :

– si la loi nationale déclare compétente la loi d'un autre pays, cette dernière est appliquée ;

– l'étranger, incapable d'après sa loi nationale, peut néanmoins valablement s'engager s'il est capable d'après la loi du lieu où sa signature a été donnée.

Consentement La régularité du consentement donné par le signataire d'une lettre de change s'apprécie généralement en fonction de la loi du lieu de souscription (CA Paris 10-12-1910 : Clunet 1912.536 ; CA Paris 25-6-1931 : Clunet 1932.993). 51706

Mentions Sous le régime de la convention de Genève, ce sont celles de la loi du lieu de souscription, sauf deux exceptions (art. 3) : 51709

– si un engagement est irrégulier parce qu'il n'a pas été souscrit dans la forme prescrite au lieu où il a été donné, chacun des engagements ultérieurs reste valable toutes les fois que l'engagement irrégulier aux termes de la loi locale eût été régulier aux termes de la loi de l'engagement ultérieur ;

– chaque État signataire peut admettre que, si un engagement est pris dans un autre État par un de ses ressortissants, conformément à sa propre loi mais en violation de la loi locale, cet engagement est valable à l'égard de ses autres ressortissants.

Si un lieu est indiqué sur la lettre, il peut être présumé que ce lieu est celui de l'émission mais la preuve contraire peut être rapportée par les moyens autorisés par la loi du juge saisi (CA Colmar 11-3-1933 : Rev. crit. 1934.138 note Niboyet).

Acceptation La loi applicable dépend des distinctions suivantes. 51712

1. Présentation à l'acceptation. Par application du droit commun, soumettant les procédures au lieu où elles sont diligentées, il est recommandé de suivre la loi du lieu où la présentation doit avoir lieu.

2. Modalités de l'acceptation. Elles sont soumises à la loi du lieu de l'acceptation, qu'on peut considérer que les parties choisissent en fixant ce lieu.

3. Acceptation partielle. Sous le régime de la convention de Genève (art. 7), la loi du pays où la lettre est payable règle la question de savoir si l'acceptation peut être restreinte à une partie de la somme.

Endossement Le régime de l'endossement est déterminé par la loi du lieu où l'endossement a été donné (convention de Genève art. 4, al. 2). 51715

Aval Il est recommandé de tenir compte de la loi du lieu de signature pour déterminer le régime de l'aval, car les chances d'obtenir le paiement par l'avaliste sont ainsi les meilleures. 51718

Provision La loi du lieu de la création du titre détermine si le porteur d'une lettre de change acquiert la créance qui a donné lieu à l'émission du titre (convention de Genève art. 6). 51721

Paiement La loi du lieu du paiement est compétente pour déterminer l'influence des jours fériés (CA Bruxelles 12-4-1881 : Clunet 1881.479) ou les usages applicables au calcul de l'échéance (CA Douai 15-3-1897 : Clunet 1898.1072). 51724

Selon la convention de Genève, le contenu de l'engagement du tiré accepteur est déterminé par la loi du lieu du paiement (art. 4, al. 1). Il en est de même des modalités du paiement (art. 7) et de l'opposition au paiement en cas de perte ou de vol (art. 9).

Recours faute de paiement Les formes du protêt et de la notification sont soumises à la loi locale (convention de Genève art. 8). 51727

51730 **Prescription** Sous la convention de Genève, les délais de l'exercice des recours dépendent de la loi du lieu de création (art. 5 ; CA Colmar 2-4-1968 : JCP G 1969.II.15958 note Wiederkehr). Mais les règles d'interruption et de suspension sont celles du lieu où les actions sont portées devant les tribunaux, quel que soit le lieu de création du titre (CA Colmar 2-4-1968 précité).

VI. BILLET À ORDRE

51800 **Définition** Le billet à ordre est un écrit par lequel une personne, dite « souscripteur », **s'engage à payer,** à une échéance fixée, une somme d'argent déterminée à une autre personne, appelée bénéficiaire, ou à son ordre.

C'est donc une promesse de paiement constatée dans un titre négociable dit effet de commerce (sur cette qualification, n° 50900).

51803 **Régime** Les règles applicables au billet à ordre figurent aux articles L 512-1 s. du Code de commerce. L'article L 512-3 prescrit l'application de la plupart des **règles de la lettre de change** au billet à ordre, en tant qu'elles ne sont pas incompatibles avec la nature du titre.

Les dispositions de la convention de Genève du 7 juin 1930 sur les conflits de lois sont également applicables aux billets à ordre (nos 51700 s.).

A. Création du billet à ordre

51806 **Acte sous signature privée ou authentique** Le billet à ordre doit être établi par écrit. Dans la quasi-totalité des cas, cet écrit est un acte sous signature privée.

Les billets émis en francs français ou en devises doivent être conformes à la norme Afnor homologuée NF K 11-080 ; toute autre formule est interdite (Arrêté du 5-11-1998).

51809 **Copies et exemplaires** Il est **possible** d'établir des **copies** d'un billet à ordre dans les mêmes conditions que celles d'une lettre de change (C. com. art. L 511-75 et L 511-76 sur renvoi de l'art. L 512-3).

En revanche, un billet à ordre **ne doit pas** être reproduit en plusieurs exemplaires, car les articles L 511-72 à L 511-74 du Code de commerce sur la pluralité d'exemplaires des lettres de change ne lui sont pas applicables (cf. art. L 512-3).

51812 **Mentions obligatoires** Le billet à ordre doit comporter les indications suivantes (C. com. art. L 512-1, I).

1. Clause à ordre ou dénomination du titre. La clause à ordre doit être insérée **dans le texte** même et exprimée dans la langue employée pour la rédaction du titre. Toutefois, si la dénomination de billet à ordre figure sur le titre, la clause à ordre n'est **pas nécessaire** car la transmission par endossement est de l'essence du billet à ordre.

En revanche, la présence d'une **clause à ordre** dans un titre n'en fait **pas** nécessairement **un billet à ordre** au sens des articles L 512-1 s. du Code de commerce. Pour qu'il y ait billet à ordre conformément à ces textes, il faut que toutes les mentions caractéristiques de ce billet requises par eux figurent sur le billet considéré (art. L 512-2). À défaut, le billet n'est qu'un titre transmissible par endossement (n° 51818).

2. Promesse pure et simple de payer une somme déterminée. Le billet à ordre doit contenir un engagement de payer et non une simple invitation à payer (n° 51824). Cet engagement ne doit pas être conditionnel (CA Riom 1-7-1846 : D. 1847.2.47) et doit porter sur une somme d'argent déterminée. Il a été jugé que le souscripteur doit mentionner en lettres et en chiffres en prenant soin d'éviter des espaces libres devant les chiffres, sous peine d'engager sa responsabilité si le billet est, de ce fait, falsifié (T. com. Paris 20-3-1973 : J. agréés 1973.235 note Saint-Cène). Mais il a été aussi retenu qu'il n'est pas requis que la somme apparaisse en chiffres et en lettres pour constituer un billet à ordre régulier ; le billet à ordre ne mentionnant que la somme en chiffres doit donc être payé (CA Montpellier 28-2-2023 n° 21/02535 : GP 2023 n° 41 p. 31).

Pour fixer le montant de cette somme, il y a lieu, le cas échéant, de respecter les règles concernant la lettre de change (art. L 512-3 renvoyant aux art. L 511-3 et L 511-4) :

– sur le sort des intérêts (n° 50928) ;

– sur le règlement du conflit entre les énonciations de la somme en chiffres et de la somme en lettres (n° 50928).

3. Indications de l'échéance. L'échéance peut être à vue, à un certain délai de vue, à jour fixe (art. L 511-22 s. sur renvoi de l'art. L 512-3 ; n° 50934).

4. Indication du lieu où le paiement doit s'effectuer. Le souscripteur peut librement choisir ce lieu. Il peut domicilier le paiement chez un tiers, notamment un banquier (art. L 511-2 sur renvoi de l'art. L 512-3) ; mais si le souscripteur a désigné un lieu de paiement autre que son domicile sans indiquer un tiers chez qui le paiement doit être effectué, il est « réputé s'être obligé à payer lui-même au lieu du paiement » (art. L 511-18 sur renvoi de l'art. L 512-3).

5. Nom du bénéficiaire. Il n'est pas nécessaire d'indiquer le domicile ni l'adresse du bénéficiaire, puisque l'article L 512-1, I du Code de commerce n'exige que le nom. Si le nom du bénéficiaire est omis ou si le souscripteur promet d'effectuer le paiement au porteur du billet quel qu'il soit, le titre vaut comme titre au porteur (Cass. com. 24-11-1992 : RJDA 2/93 n° 150 ; n° 52100) ou comme billet à ordre dès lors qu'il est endossé au profit d'un tiers, même s'il y a identité de nom entre le souscripteur et le bénéficiaire (Cass. com. 13-9-2011 n° 10-19.963 : Bull. civ. IV n° 129).

L'aval donné sur un tel billet vaut comme cautionnement et s'il est donné à une banque, créancier professionnel, il doit comporter les formules visées aux n°s 55255 s. (Cass. com. 5-6-2012 n° 11-19.627 : RJDA 10/12 n° 893).

6. Indication de la date et du lieu où le billet est souscrit. Sur ces mentions, n° 50943.

7. Signature du souscripteur. Cette signature doit être **manuscrite** ; elle ne peut pas être donnée par griffe, aucune disposition n'autorisant ce procédé. Le billet est valable même si elle est portée dans la case « Aval » (Cass. com. 18-10-1994 : RJDA 12/94 n° 1341).

L'engagement manuscrit (n° 75689) n'est pas exigé par les textes du Code de commerce qui fixent le régime du billet à ordre, sans distinguer selon que le billet est civil ou commercial (Cass. com. 10-1-1972 : Bull. civ. IV p. 10 : à propos de la formalité du « Bon pour » mais transposable). Toutefois, cette mention peut s'avérer utile lorsque le porteur envisage d'exercer l'action de droit commun née de la créance ; elle permet en effet de faire la preuve de l'existence de cette créance si celle-ci est subordonnée à un engagement manuscrit (Cass. com. 10-1-1972 précité).

Le billet peut être souscrit par **plusieurs** personnes, qui sont alors obligées **solidairement,** même s'il constate une créance **civile** (Cass. req. 19-5-1884 : D. 1884.1.286).

Il peut aussi être signé par **mandataire** ; le signataire qui agit sans pouvoir ou en excédant ses pouvoirs est personnellement obligé (art. L 511-5, al. 3 sur renvoi de l'art. L 512-3).

Tel est le cas du signataire qui agit au nom d'une société si la société est inexistante ou nulle dès l'instant où il connaissait ce vice et qu'il savait agir sans pouvoir réel (CA Orléans 6-3-1963 : JCP G 1964.II.13618 note Gavalda). Sur la signature du billet au nom d'une société, n° 50946, solution transposable.

Omission de l'échéance et du lieu de création Le billet à ordre dont l'échéance n'est pas indiquée est considéré comme payable à vue (C. com. art. L 512-1, II). Celui qui n'indique pas le lieu de sa création est considéré comme souscrit dans le lieu désigné à côté du nom du souscripteur (art. L 512-1, IV). À défaut d'indication spéciale, le lieu de création du titre est réputé être le lieu du paiement et, en même temps, le lieu du domicile du souscripteur (art. L 512-1, III). **51815**

Omission d'une mention autre que les deux précédentes En dehors des deux hypothèses signalées n° 51815, le titre dans lequel l'une des mentions obligatoires visées n° 51812 fait défaut « ne vaut pas comme billet à ordre » (C. com. art. L 512-2). La **valeur d'un tel titre** est alors fonction des omissions constatées. **51818**

1. Le titre qui n'indique **pas la date** de souscription du billet à ordre ne vaut pas comme billet à ordre, malgré la présence des autres mentions ; il n'engage dès lors pas les personnes qui ont pris la qualité d'avalistes (Cass. com. 3-4-1984 : D. 1984.IR.402).

2. Le billet qui est dépourvu de la **signature** du souscripteur ou de l'indication du **montant** de la dette ne produit aucun effet en tant que billet à ordre ; son détenteur ne peut en aucun cas obtenir le paiement selon les règles applicables au paiement de ce billet (n°s 51950 s.) (CA Paris 7-1-1987 : D. 1988.som.50 obs. Cabrillac : défaut de signature).

3. Si le billet constate une **promesse de paiement** sans être cependant en tout point conforme à l'article L 512-1, I du Code de commerce, notamment si la clause à ordre et la dénomination de billet à ordre manquent l'une et l'autre, il fait alors preuve de l'engagement souscrit par le signataire conformément au droit commun des obligations (CA Nancy 9-3-1872 : DP 1873.5.186). Il est soumis, dans ce cas, aux règles ordinaires des promesses de payer, civiles ou commerciales, selon la nature de l'obligation, et échappe aux règles propres au billet à ordre (compétence, garantie de paiement, transmission, protêt, prescription, inopposabilité des exceptions, etc.).

4. Si le billet comporte à la fois la constatation d'une **promesse de payer et une clause à ordre,** mais pas toutes les autres mentions requises par l'article L 512-1, I du Code de commerce, il n'est pas alors un billet à ordre.

Ce titre, qu'on appelle simplement **« titre à ordre »,** n'obéit pas aux règles du billet à ordre ici exposées ; il doit être traité, sauf l'exception signalée ci-après, comme un titre de droit commun constatant une créance ; notamment :

– s'il constate une créance civile, il doit être signé par son souscripteur et mentionner, écrite de sa main, la somme en toutes lettres et en chiffres (n° 75689) ;

– le défaut de paiement ne peut pas être constaté par protêt.

Cependant, le titre étant à ordre, il s'ensuit que, comme le billet à ordre, il est transmissible par endossement, la créance constatée serait-elle civile (Cass. req. 15-3-1892 : DP 1893.1.309 ; Cass. req. 23-7-1941 : DA 1941.356), et son souscripteur ne peut pas opposer les exceptions tenant à la créance transmise au porteur de bonne foi (Cass. civ. 1-7-1931 : DH.1931.459 ; Cass. req. 27-5-1913 : D. 1913.1.529 note Lacour ; Cass. civ. 25-3-1931 : DH.1931.283 ; Cass. com. 17-7-1984 : D. 1985.IR.29 note Cabrillac).

51821 **Altération des mentions obligatoires** En cas d'altération du texte du billet à ordre, les signataires postérieurs à cette altération sont tenus dans les termes du texte altéré ; les signataires antérieurs le sont dans les termes du texte originaire (C. com. art. L 512-3 et, sur renvoi, art. L 511-77 ; pour un exemple, CA Paris 25-5-1990 : D. 1990.IR.157).

51824 **Mentions obligatoires sur une formule de lettre de change** Il peut arriver que des mentions caractéristiques du billet à ordre soient portées sur un imprimé de lettre de change. Ce titre est un billet à ordre, dès l'instant où il porte l'engagement direct de payer du signataire du document même si, par ailleurs, des mentions de la lettre de change cohabitent avec cet engagement.

Ainsi, est un billet à ordre un titre rédigé sur une formule de lettre de change et :

– revêtu seulement de la griffe du tireur et non de sa signature, dès lors qu'il a reçu la signature du tiré accepteur (CA Orléans 6-3-1963 : JCP G 1964.II.13618 note Gavalda) ;

– contenant un engagement formel de payer, une clause à ordre, l'indication de l'échéance, du lieu de paiement, le nom du bénéficiaire, l'indication de la date et du lieu de souscription et la signature du souscripteur qui avait émis le titre ; peu importe que ce titre comporte l'acceptation de l'épouse du souscripteur, la signature du bénéficiaire, l'indication dans la case « Tiré » des initiales de la société dont cette femme était gérante, ou encore le maintien des mots « Lettre de change » de l'imprimé primitif (Cass. com. 18-3-1959 : Bull. civ. III p. 136) ;

– mentionnant un engagement direct du souscripteur (CA Montpellier 28-11-1927 : GP 1928.1.168).

51827 **Mentions facultatives** On rencontre généralement sur les billets à ordre les clauses suivantes :

1. La clause de **valeur fournie,** c'est-à-dire l'indication de la prestation déjà effectuée ou à effectuer par le bénéficiaire en échange de la promesse souscrite en sa faveur ;

2. La clause de **domiciliation** qui indique à qui le porteur doit s'adresser pour obtenir paiement (n° 51812) ;

3. La clause de **dispense de protêt** faute de paiement ;

4. La clause sans garantie insérée par un endosseur, mais non par le souscripteur qui est tenu comme un tiré accepteur, ou encore la clause interdisant un nouvel endossement.

Sont **incompatibles** avec le billet à ordre en raison de sa nature : la clause « non à ordre », la clause « non acceptable », la clause « suivant avis » ou « sans avis » (celui qui doit payer, étant le souscripteur, n'a pas à être averti).

51830 **Capacité** En l'absence de règles spéciales, le souscripteur du billet à ordre doit avoir, conformément au droit commun, la capacité de contracter l'engagement qui sert de cause à la création du titre et celle de payer. On exigera ainsi la capacité civile ou commerciale du signataire, selon que le billet constatera une créance civile ou commerciale.

Toutefois, comme pour la lettre de change, les billets à ordre commerciaux souscrits par des mineurs non commerçants sont nuls comme le sont les lettres de change (C. com. art. L 512-3 renvoyant à l'art. L 511-5 ; n° 50946).

51833 **Provision** Le billet à ordre ne comporte pas de provision, c'est-à-dire que la créance qu'il constate n'est pas censée faire corps avec le titre (Cass. civ. 15-12-1947 : JCP G 1948.II.4130 note Roblot ; contra Cass. req. 24-1-1912 : D. 1912.1.520 note Chéron), car le billet à ordre émane, à la différence de la lettre de change, d'une seule personne qui joue le rôle à la fois de tireur et de tiré (CA Aix 2-3-1984 : Bull. Cour d'Aix 1984/1 p. 54). Il s'ensuit notamment que le porteur négligent (celui qui n'a pas fait valoir ses recours dans les délais prescrits : n° 51995) est, dans tous les cas, déchu de ses recours à l'égard des endosseurs, même à l'égard du premier endosseur (Cass. com. 15-12-1947 précité).

Interdictions diverses Pour protéger certains débiteurs réputés en position de faiblesse par rapport à leur créancier, la loi leur interdit la souscription de billets à ordre dans les cas qui sont cités n° 50990. 51836

Le débiteur ne peut payer par billet à ordre que dans la mesure où ce mode de règlement a été expressément convenu et mentionné sur la facture, toute clause contraire étant réputée non écrite (C. com. art. L 512-8) ; cette restriction s'applique au cas de la lettre de change qui n'a pas été signée par le tireur et qui peut dès lors être tenue pour un billet à ordre (Cass. com. 6-12-2011 n° 10-23.463 : GP 2012.som.387 note Houin-Bressand ; sur la dégénérescence de la lettre de change, n° 50959).

Toutefois, le billet émis en violation de cette disposition est valable à l'égard du porteur de bonne foi qui a droit à en obtenir paiement par le souscripteur (Cass. com. 12-2-1991 : RJDA 6/91 n° 510).

Même dans ce cas, si le billet n'est pas parvenu au créancier dans les trente jours qui suivent l'envoi de la facture, le créancier peut émettre une lettre de change que le débiteur est tenu d'accepter dans les conditions exposées au n° 51062 (art. L 512-8). Ce texte vise à éviter que les entreprises qui règlent leurs fournisseurs par billets à ordre ne leur fassent parvenir ceux-ci tardivement, parfois même trop tard, pour être présentés à l'escompte.

B. Endossement du billet à ordre

Endossement translatif Le billet à ordre est transmis par endossement, selon les règles valables pour la lettre de change (C. com. art. L 512-3 et, sur renvoi, art. L 511-8 à L 511-14). À partir de ces règles, les tribunaux ont apporté les précisions suivantes : 51850

– l'endossement qui ne contient pas la mention « valeur en recouvrement » ou « pour encaissement par procuration » ou toute autre mention impliquant un simple mandat d'encaisser est présumé avoir été fait à titre translatif (TGI Seine 6-5-1963 : GP 1964.1.132) ;

Si l'endossement translatif permet aux tiers de se prévaloir du transfert du billet, l'endossataire est tenu envers le remettant selon ce qui a été convenu entre eux : s'ils sont convenus que ce billet garantit l'exécution d'une obligation, il répond à son égard des conséquences de la transmission de l'effet à un tiers avant l'échéance et, s'il n'a pas été payé par le remettant, il ne peut présenter l'effet au paiement pour son propre compte (Cass. com. 14-3-1989 : Bull. civ. IV p. 55).

– l'endossement d'un billet à ordre, comme sa souscription, n'emporte pas, en principe, novation ; en particulier, l'endossement confère aux porteurs successifs les garanties attachées à la créance (pour le privilège du vendeur de meubles : Cass. civ. 13-6-1853 : D. 1853.1.183 ; CA Metz 26-1-1854 : D. 1854.2.259 ; pour le privilège du vendeur de fonds de commerce : Cass. civ. 11-12-1940 : DC 1943.49 note Trasbot ; Cass. civ. 19-2-1946 : D. 1946.184) ;

– l'endossement n'entraîne pas transfert de propriété de la provision, celle-ci n'existant pas (n° 51833).

Endossement à titre de gage Le billet à ordre peut être mis en gage par un endossement dit pignoratif, comme la lettre de change (nos 51160 s.). 51853

C. Aval du billet à ordre

Régime Le paiement du billet à ordre est garanti essentiellement par l'aval qui est soumis au même régime que l'aval de la lettre de change (C. com. art. L 512-4 et, sur renvoi, art. L 511-21 ; nos 51200 s.). Quelques précisions particulières sont cependant à noter. 51900

Aval par acte séparé L'aval d'un billet à ordre peut être donné par acte séparé (cf. Cass. com. 12-7-1971 : Bull. civ. IV p. 188). Toutefois, tout engagement séparé de payer des billets à ordre n'est pas un aval séparé ; tel est le cas de la promesse faite par lettre de payer des effets en cas de retard de huit jours (Cass. com. 8-10-1974 : D. 1974.IR.243). 51903

Capacité de l'avaliste Selon que le billet à ordre est civil ou commercial, l'avaliste doit jouir de la capacité civile ou commerciale. 51906

Détermination de l'avaliste Celui qui donne un aval sans préciser qu'il agit au nom d'une société s'engage personnellement (Cass. com. 28-6-1983 n° 83-13.006 : Bull. civ. IV n° 190 ; Cass. com. 15-2-2023 n° 21-22.990 F-D : RJDA 5/23 n° 273). La même personne ne pouvant être, en la même qualité, à la fois souscripteur d'un billet à ordre et donneur d'aval, a été aussi tenu pour donneur d'aval le mandataire du représentant légal d'une société ayant souscrit un billet à ordre et également signé sur cet effet une mention d'aval, faute d'établir avoir souscrit l'aval en tant que mandataire de la société (Cass. com. 23-3-1999 : RJDA 6/99 n° 718). 51909

51912 **Défaut d'indication du bénéficiaire** L'aval est réputé donné pour le souscripteur, lorsque le bénéficiaire n'est pas expressément désigné (C. com. art. L 512-4 ; Cass. com. 10-10-1962 : GP 1963.1.29).

51915 **Avis à l'avaliste à défaut de paiement** Le porteur d'un billet à ordre doit informer l'avaliste du défaut de paiement à l'échéance lorsqu'il est tenu de donner le même avis au signataire bénéficiaire de l'aval (C. com. art. L 511-42, al. 5 sur renvoi de l'art. L 512-3). Mais il n'a pas à donner avis du non-paiement d'un billet à ordre à l'avaliste du souscripteur qui, débiteur principal, a refusé d'en payer le montant à l'échéance (Cass. com. 26-10-1952 : JCP G 1953.II.7588 note Lescot ; dans le même sens, Cass. com. 1-6-1999 : RJDA 8-9/99 n° 994).

51918 **Paiement par l'avaliste** Tenu de la même manière que celui qu'il garantit, le donneur d'aval ne peut refuser de payer le bénéficiaire du billet au motif qu'il a été négligent en attendant que le débiteur principal soit en liquidation des biens pour demander le règlement de sa créance (Cass. com. 24-4-1972 : Bull. civ. IV p. 119 ; CA Paris 25-10-1996 : DA 1997.52). Mais il peut opposer à ce bénéficiaire, demeuré porteur de l'effet, les exceptions inhérentes à l'obligation du souscripteur, notamment celles tirées de l'absence de cause (désormais de contrepartie, nos 12496 s.) du billet (Cass. com. 29-1-1975 : D. 1975.IR.79) ou de l'extinction de la créance (Cass. com. 25-10-1994 : RJDA 3/95 n° 330).

Sur le droit de l'avaliste d'invoquer la suspension des poursuites concernant le débiteur garanti qui est en procédure collective, nos 62460 s.

Les billets réclamés doivent être présentés au donneur d'aval (Cass. com. 24-1-1989 : Bull. civ. IV p. 19).

L'aval étant un engagement cambiaire gouverné par les règles propres du droit du change, l'avaliste d'un billet à ordre ne peut pas rechercher la responsabilité de la banque bénéficiaire du billet sur le fondement de l'article 1112-1 du Code civil pour ne pas l'avoir suffisamment informé quant à la portée de son aval (Cass. com. 5-4-2023 n° 21-17.319 F-B : RJDA 7/23 n° 400).

51921 **Décharge de l'avaliste** L'avaliste est libéré lorsque, conformément à l'article 2314 du Code civil, il ne peut plus être subrogé dans les droits et sûretés du créancier, par le fait de ce dernier. Ainsi, le donneur d'aval d'un billet, souscrit en remboursement d'un prêt consenti pour l'achat d'un véhicule automobile, se trouve déchargé, dès lors que l'emprunteur a omis de conserver son droit de gage – qui était une condition déterminante de son aval – et l'a privé de la subrogation (Cass. com. 31-1-1967 : Bull. civ. III n° 54).

D. Paiement du billet à ordre

DROIT AU PAIEMENT DU BILLET À ORDRE

51950 **Porteur légitime** Le droit de demander le paiement appartient au porteur légitime, c'est-à-dire à celui qui est titulaire du billet en vertu d'une suite ininterrompue d'endos. Les juges doivent vérifier la chaîne des endos lorsque des circonstances prêtent à confusion (pour un exemple, Cass. com. 15-3-1976 : D. 1976.som.53). Toutefois, dès lors que le bénéficiaire d'un billet à ordre en est le porteur légitime, il n'est pas possible d'ordonner en référé la mise sous séquestre du titre, au motif qu'un litige existerait entre le souscripteur et le bénéficiaire (CA Paris 28-10-1972 : J. agréés 1974.73 note Saint-Cène).

51953 **Porteur de bonne foi** Le porteur légitime peut obtenir le paiement du billet sans que le souscripteur puisse lui opposer les exceptions fondées sur leurs rapports personnels, sauf s'il a acquis le titre de mauvaise foi (C. com. art. L 511-12 sur renvoi de l'art. L 512-3). Il est de mauvaise foi, comme le porteur d'une lettre de change, lorsqu'il a reçu le billet en ayant conscience qu'en l'acceptant il interdisait au signataire poursuivi la possibilité de faire valoir des exceptions que celui-ci aurait eues contre l'endosseur qui lui transmettait le billet (sur cette notion, nos 51250 s.).

Par exemple :

– le « tiré accepteur » (sic) d'un billet à ordre souscrit en paiement de l'achat d'un fonds de commerce peut opposer au porteur de cet effet l'exception d'un nantissement sur ce fonds, dès lors que le porteur n'ignorait pas ce fait au moment où le billet a été endossé à son profit et qu'il connaissait l'engagement que le vendeur avait pris dans l'acte de vente de rapporter mainlevée dans le mois de toute opposition qui pourrait être faite (Cass. com. 8-12-1968 : Bull. civ. IV p. 315) ;

– lorsqu'un billet à ordre a été émis en violation d'une disposition sanctionnée par une nullité absolue et a fait l'objet d'endossements successifs, la nullité absolue du contrat, fondée sur les rapports personnels du souscripteur avec le bénéficiaire, même d'ordre public, n'est pas opposable aux tiers porteurs de bonne foi s'il n'est pas établi qu'en acquérant le billet le porteur actuel a agi sciemment au détriment du débiteur (Cass. com. 31-1-1978 : GP 1978.pan.18 : à propos de la violation de l'ex-art. 1321-1, désormais art. 1202 C. civ.).

Toutefois, la fraude a été jugée opposable à tout porteur (cf. à propos d'une fraude en matière d'assurance constatée dans une police à ordre, Cass. civ. 31-7-1893 : D. 1895.1.137 note Levillain).

Mais le souscripteur peut opposer les exceptions personnelles au porteur (n° 51960).

SIGNATAIRES TENUS AU PAIEMENT DU BILLET À ORDRE

Souscripteur L'obligation du souscripteur dépend de la **personne du porteur** : 51960

– si le porteur n'est **pas le bénéficiaire,** le souscripteur doit payer le billet dès l'instant où celui-ci est régulier ; il ne peut opposer au porteur les exceptions personnelles nées de la créance primitive dont il dispose contre le bénéficiaire (Cass. com. 16-3-1976 : JCP G 1976.IV.163) ;

– si le porteur est **le bénéficiaire,** le souscripteur peut lui opposer toutes les exceptions qui tiennent à la créance pour le paiement de laquelle le billet a été émis. Notamment, il peut lui opposer l'extinction de la dette (Cass. com. 20-10-1966 : Bull. civ. III p. 345 ; Cass. com. 25-10-1976 : Bull. civ. IV p. 225), l'absence de cause (désormais de contrepartie, n°s 12496 s.) (Cass. com. 29-1-1975 : D. 1975.IR.79 : à propos de l'avaliste mais transposable), ou la nullité de la créance (Cass. com. 15-10-1970 : Bull. civ. IV p. 205 : violation de l'ex-art. 1321-1, désormais art. 1202 C. civ.).

En contrepartie, le souscripteur est tenu de payer le billet dès l'instant où la créance primitive est incontestable (Cass. com. 12-7-1967 : Bull. civ. III p. 280) ou qu'elle est affectée de modalités résultant de conventions ou procédures qui lui sont restées étrangères (Cass. com. 10-7-1972 : Bull. civ. IV p. 213).

Endosseurs L'endosseur ne peut opposer au porteur que les exceptions personnelles à celui-ci, conformément à la règle de l'inopposabilité des exceptions (n° 51264). 51963

Avaliste Voir n° 51918. 51966

ÉCHÉANCE DU BILLET À ORDRE

Date de l'échéance Le billet est payable au **jour indiqué.** Ce jour, au besoin, est déterminé comme en matière de lettre de change (C. com. art. L 512-3 ; n° 50934). 51970

Un banquier, chargé d'encaisser un billet à ordre-relevé et d'exécuter son mandat avec diligence, ne peut pas opposer au porteur du billet qui le lui a remis à l'encaissement les délais de remise et de recouvrement liés à l'utilisation des billets à ordre-relevés et engage sa responsabilité si ces délais causent un préjudice au remettant (CA Paris 19-3-1987 : D. 1988.som.49 obs. Cabrillac ; T. com. Nanterre 27-9-1983 : D. 1984.som.305 obs. Vasseur).

Toutefois :

– si le billet ne mentionne pas d'échéance, il est considéré comme payable à vue (C. com. art. L 512-1, II) ;

– si le billet est payable à un certain délai de vue, il doit être présenté au visa du souscripteur dans le délai d'un an qui peut être soit abrégé, soit allongé par le souscripteur, soit abrégé par les endosseurs ; le délai de vue court de la date du visa du souscripteur sur le billet ; le refus du souscripteur de donner visa daté est constaté par un protêt dont la date sert de point de départ au délai de vue (art. L 512-7).

Moratoire Sauf loi spéciale accordant un moratoire, le signataire d'un billet à ordre ne peut obtenir aucun délai de grâce (Cass. com. 27-1-1955 : Bull. civ. III p. 43), à moins qu'il soit poursuivi en sa qualité de débiteur conformément au droit commun et non en vertu de l'action née du billet (Cass. com. 24-6-1969 : D. 1970.124). Sur cette action, n° 51998. 51973

Paiement anticipé Le **porteur** ne peut **pas** réclamer le paiement avant l'échéance. Il peut **toutefois** l'exiger du souscripteur – mais jamais d'un endosseur – si l'obligation qui a donné lieu à la création du billet est immédiatement exigible dans certaines circonstances ; par exemple, en cas de clause de déchéance du terme contenu dans le contrat de prêt les liant pour non-paiement d'une échéance mensuelle (cf. Cass. com. 24-6-1969 : Bull. civ. IV p. 228). 51976

Le **souscripteur peut** néanmoins **payer** les billets **par anticipation.** Dans ce cas, le créancier est tenu de lui restituer les billets ; s'il refuse, il commet le délit d'abus de confiance (Cass. crim. 21-3-1973 : Bull. crim. p. 340).

Redressement ou liquidation judiciaire Le paiement d'un billet à ordre par un signataire en redressement ou liquidation judiciaire pendant la période suspecte de ce dernier est valable, sauf le droit de l'administrateur, du liquidateur ou du mandataire judiciaire d'en demander le rapport au bénéficiaire (n° 63122). 51979

LIEU DE PAIEMENT DU BILLET À ORDRE

51985 Le paiement doit être fait au lieu indiqué sur le billet. À défaut d'indication spéciale, c'est au lieu de création du titre, qui est réputé être le lieu du domicile du souscripteur (C. com. art. L 512-1, III).

En cas de **domiciliation,** c'est chez le domiciliataire que le paiement doit être demandé. Toutefois, la domiciliation cesse de produire effet si l'on peut considérer que le débiteur, par exemple en supprimant son compte dans la banque des domiciliataires, y a renoncé (CA Amiens 6-5-1975 : JCP G 1976.IV.64). Un billet à ordre-relevé ne peut être payé par la banque domiciliataire que si le souscripteur lui a donné des instructions à cette fin en lui faisant retour du « bon à payer » (Cass. com. 24-1-1989 : Bull. civ. IV p. 20).

Si le porteur n'a pas présenté le billet dans le délai légal, le paiement peut être fait à la **Caisse des dépôts** et consignations (art. L 512-3 et, sur renvoi, art. L 511-30).

OPPOSITION AU PAIEMENT DU BILLET À ORDRE

51990 Il n'est possible de faire opposition au paiement du billet à ordre qu'en cas de **perte** du billet ou d'**ouverture d'une procédure collective** contre le porteur (C. com. art. L 512-3 et, sur renvoi, art. L 511-31 ; Cass. com. 15-6-1993 : Bull. civ. IV p. 174, interdisant la saisie-arrêt – désormais saisie-attribution – par le créancier du bénéficiaire du billet dès lors qu'aucune des deux causes d'opposition précitées n'était constatée). Le vol, par analogie avec la lettre de change, est assimilé à la perte (n° 51340).

En cas de perte du billet, le paiement ne peut être exigé que sur ordonnance du juge, en fournissant caution (T. com. Dijon 31-1-1938 : GP 1938.1.717).

Jugé que la production en justice des photocopies de billets à ordre perdus suffit à apporter la preuve de la dette de l'émetteur et de l'avaliste de ces billets (CA Paris 12-7-1991 : JCP G 1991.IV.403).

Le souscripteur d'un billet à ordre peut opposer au bénéficiaire demeuré porteur son droit à faire la preuve qu'il l'a déjà payé (Cass. com. 25-10-1976 : Bull. civ. IV p. 225).

DÉFAUT DE PAIEMENT DU BILLET À ORDRE

51995 **Recours contre les autres signataires** Les règles exposées à propos du recours exercé par le porteur d'une lettre de change contre les différents signataires de cette lettre, après un défaut de paiement demandé au tiré, sont transposables au billet à ordre (C. com. art. L 512-3 ; n°s 51450 s.).

En cas de redressement ou de liquidation judiciaire du souscripteur d'un billet à ordre, le tiers porteur peut exercer ses recours cambiaires contre les garants avant l'échéance du billet, en se bornant à produire le jugement d'ouverture (art. L 511-39, al. 6 sur renvoi de l'art. L 512-3 ; Cass. com. 16-5-1984 : Bull. civ. IV p. 139), ou en faisant dresser protêt, la connaissance du jugement déclaratif par le porteur ne pouvant suffire (cf. CA Poitiers 15-12-1982 : D. 1984.IR.71 note Cabrillac).

51998 **Action fondée sur la créance préexistante au billet** Le **porteur** du billet, s'il est créancier du signataire poursuivi (cas du bénéficiaire à l'égard du souscripteur, d'un endossataire à l'égard de son endosseur), **peut agir** contre ce dernier, indépendamment des droits au paiement que lui confère le billet, conformément au droit commun, la création du billet n'entraînant pas novation. Ses droits **contre le débiteur** sont alors fonction de sa **créance.** Il s'ensuit que :

– le créancier conserve les droits attachés à sa créance (Cass. com. 24-6-1969 : Bull. civ. IV p. 228) et **peut réclamer** le paiement de sa créance civile pendant trente ans (désormais cinq ans : n° 71725) (Cass. com. 10-1-1972 : Bull. civ. IV p. 10) ;

– le débiteur conserve les moyens de défense habituels ; ainsi, il peut bénéficier d'un **délai de grâce** (Cass. com. 24-6-1969 : D. 1970.124).

52001 **Saisie conservatoire** La saisie conservatoire pratiquée pour le recouvrement d'un billet à ordre obéit aux conditions de droit commun de la saisie conservatoire (Cass. civ. 15-12-1975 : Bull. civ. II p. 280).

PRESCRIPTION CAMBIAIRE

52005 Les actions en paiement d'un billet à ordre et les recours se prescrivent **comme ceux d'une lettre de change** (C. com. art. L 511-78 sur renvoi de l'art. L 512-3 ; n°s 51500 s.).

Le texte ne faisant aucune distinction en fonction de la nature civile ou commerciale du billet, la prescription est donc la même pour tous les billets.

Le paiement des intérêts par un des souscripteurs interrompt la prescription à l'égard de tous, car les souscripteurs sont des codébiteurs solidaires du bénéficiaire (Cass. req. 19-5-1884 : DP 1884.1.286).

Sur la prescription de l'action fondée sur la **créance** primitive, n° 51998.

ABUS DE CONFIANCE
Le détenteur des billets qui a reçu paiement avec mandat tacite de détruire ces derniers et qui ne le fait pas se rend coupable d'abus de confiance (Cass. crim. 21-3-1973 : GP 1973.2.488). 52010

E. Contentieux

Compétence du tribunal judiciaire Si le défendeur a demandé au tribunal de commerce le renvoi au tribunal judiciaire, ce dernier est compétent lorsque le billet à ordre ne porte **aucune signature** émanant d'un **commerçant** et qu'il ne se rapporte pas à des actes de commerce (C. com. art. L 721-4, al. 2). 52050

Compétence du tribunal de commerce Le tribunal de commerce est compétent lorsque le billet à ordre porte en même temps des **signatures** de **commerçants et** de **non-commerçants** (C. com. art. L 721-4, al. 1). 52053

Les tribunaux en ont déduit que le tribunal de commerce est **compétent** :

– dès qu'un signataire est **obligé commercialement** alors même qu'il ne serait pas commerçant ; jugé que la signature des billets à ordre pour le règlement d'un prêt consenti à un commerçant pour l'achat d'un fonds de commerce entraîne la compétence du tribunal de commerce, sans qu'il soit nécessaire de rechercher à quelle date le commerçant intéressé a effectivement commencé à exploiter son fonds de commerce et sollicité son inscription au registre du commerce (CA Paris 18-5-1957 : JCP G 1957.IV.146) ;

– pour l'aval, chaque fois qu'il est donné en **garantie** d'une **signature commerciale** (Cass. civ. 21-4-1869 : D. 1869.1.407 ; CA Douai 31-7-1913 : D. 1914.2.1 note Percerou) ;

– à l'égard d'un signataire **non commerçant,** même lorsqu'il est poursuivi seul, dès l'instant qu'**une signature commerciale** figure **sur le billet** (Cass. civ. 20-12-1847 : D. 1848.1.25 ; CA Paris 22-12-1891 : D. 1892.2.184 ; toutefois CA Aix 5-4-1873 : D. 1874.2.79, exigeant, à tort, la mise en cause des commerçants, celle-ci n'étant pas requise par l'art. L 721-4 C. com.).

Il en est ainsi **même** lorsque les signataires commerçants ne peuvent plus être poursuivis : par exemple, lorsque le négociant bénéficiaire d'un billet exerce un recours contre le souscripteur non commerçant après avoir remboursé le porteur (CA Pau 16-2-1874 : D. 1875.2.98) ou après avoir retiré ou récupéré pour faute de paiement le billet (Cass. req. 2-3-1925 : S. 1925.1.203).

Injonction de payer Sur l'utilisation de cette procédure, nos 59500 s. 52056

F. Billet ou titre au porteur

Le billet au porteur est un titre par lequel un débiteur s'engage, par sa signature, **à payer** une somme déterminée, à une date fixée, à la personne, quelle qu'elle soit, qui en sera porteur. 52100

Ainsi, un titre dit « certificat de retrait » n'est qu'un titre constatant un dépôt dès lors qu'il ne contient pas d'engagement de payer (Cass. com. 5-5-1987 : Bull. civ. IV p. 81) ; en conséquence la banque n'est pas tenue d'exiger la présentation de ce certificat pour payer les valeurs déposées (en l'espèce des bons de caisse) au titulaire du compte où figurent ces valeurs (Cass. com. 18-12-1990 : RJDA 3/91 n° 232). Réciproquement, la production de reçus de dépôt n'établit pas que celui qui les présente est créancier du montant des bons portés sur ces reçus (Cass. com. 2-10-2001 : RJDA 2/02 n° 191).

La mention « au porteur » n'est pas indispensable : il suffit que le libellé, par l'absence d'indication du nom des parties, l'indique suffisamment (Cass. civ. 20-1-1971 : Bull. civ. I p. 21) ou qu'il porte simplement « Bon pour... € » (T. civ. Céret 9-6-1903 : DP 1904.2.153).

Les billets au porteur à vue, laissant croire qu'ils ont la même valeur qu'un billet de banque, sont interdits car ils équivalent à une création de monnaie, laquelle est un attribut de la souveraineté de l'État.

Pour en obtenir le paiement, la partie doit **présenter le titre** qu'elle invoque : ainsi, celle qui affirme être la bénéficiaire d'un contrat de capitalisation souscrit au porteur doit être en mesure de fournir l'original du titre le représentant, ou, à défaut, doit engager la procédure d'opposition prévue à l'article L 160-1 du Code des assurances (Cass. 2e civ. 8-2-2014 n° 13-14.823 F-P : Bull. civ. IV n° 34).

À défaut de disposition le prévoyant, les textes sur le billet à ordre (C. com. art. L 511-1 s.) ne lui sont pas applicables ; en conséquence, les personnes qui l'ont garanti, même si le billet porte « bon pour aval », ne sont pas tenues comme des avalistes d'un billet à ordre et peuvent invoquer le bénéfice de division (CA Rouen 14-6-1963 : D. 1963.636).

Néanmoins, étant lié par une promesse abstraite de payer détachée de sa cause (désormais de son but, n° 12546), le signataire ne peut **pas opposer** au porteur de bonne foi les **exceptions** qu'il pourrait faire valoir pour refuser le paiement, sauf les exceptions personnelles ou résultant de la teneur de l'acte (Cass. com. 17-7-1984 : GP 1984.pan.277 note Dupichot ; Cass. com. 24-11-1992 : RJDA 2/93 n° 150).

Cette règle joue, que la créance dont le paiement est promis soit civile ou commerciale (Cass. civ. 9-11-1896 : S. 1897.1.161 note Tissier) et même si le porteur du bon qui en demande le remboursement à l'émetteur refuse de préciser les bénéficiaires de l'opération (Cass. com. 21-1-2004 n° 170 : RJDA 7/04 n° 836). Mais les organismes, institutions et services régis par le titre premier du livre V du Code monétaire et financier, qui détiennent ou reçoivent des fonds remboursables du public, sont tenus d'appliquer les mesures d'interdiction prises au titre de la lutte contre le blanchiment des capitaux (C. mon. fin. art. L 563-1).

La prescription de l'action en paiement est interrompue par la reconnaissance de sa dette par le débiteur du billet (Cass. com. 24-5-1994 : RJDA 11/94 n° 1172).

Le billet au porteur se transmet par tradition (Cass. civ. 31-10-1906 : D. 1908.1.497 ; Cass. com. 15-1-2002 : RJDA 5/02 n° 546) ; le porteur qui l'a reçu de bonne foi en est donc le titulaire à l'égard de tous, aucune exception extérieure au billet ne pouvant lui être opposée (Cass. com. 30-11-2004 n° 1713 : RJDA 8-9/05 n° 1046).

G. Bons de caisse

52150 Les bons de caisse, qui ne sont pas des instruments financiers (C. mon. fin. art. L 211-1, IV), sont régis par les dispositions des articles L 223-1 s. du Code monétaire et financier (art. L 223-1, al. 1) qui les soumettent aux règles présentées n°s 52153 s.

52153 **Qualification** Les bons de caisse sont des titres nominatifs et non négociables comportant engagement par un commerçant de payer à échéance déterminée, délivrés en contrepartie d'un prêt : les conditions de leur émission et de leur mise en vente ou en circulation, par voie d'offre au public autre que celle s'adressant exclusivement à des investisseurs qualifiés mentionnés au 1° de l'article L 411-2 du Code monétaire et financier ou que celle portant sur un prêt supérieur ou égal à 100 000 €, sont régies par les dispositions des articles L 223-1 s. du même Code (C. mon. fin. art. L 223-1, al. 1 et D 223-1-1).

Ils ne peuvent, dans une même émission, conférer des droits de créance identiques pour une même valeur nominale (art. L 223-1, al. 2).

52156 **Émission** Seuls peuvent émettre des bons de caisse (C. mon. fin. art. L 223-2, 1° et 2°) :

- les établissements de crédit ;
- les personnes physiques et sociétés qui exercent en qualité de commerçant et ont établi le bilan de leur premier exercice commercial.

Les bons sont inscrits au nom de leur propriétaire dans un registre tenu par l'émetteur (art. L 223-4, al. 1), qui doit remettre au propriétaire du bon de caisse un certificat d'inscription dans le registre et, lorsqu'il est au nombre des personnes mentionnées au 2° de l'article L 223-2, doit mettre à sa disposition ses derniers comptes annuels, dont il atteste la sincérité ; un décret précise, pour chaque catégorie d'émetteur de bons de caisse, les mentions figurant sur le certificat d'inscription (art. L 223-4, al. 2). L'émetteur ne peut pas se prévaloir des dispositions de l'article L 232-25 du Code de commerce qui réserve à certaines sociétés la faculté de ne pas rendre public leur compte (art. L 223-4, al. 3).

Les bons de caisse sont souscrits directement auprès de ces personnes (art. L 223-2, al. 4).

Toute émission de bons de caisse est interdite aux sociétés de financement (art. L 223-2, al. 5).

52159 **Durée** Les bons de caisse ne peuvent être souscrits à plus de sept années d'échéance (C. mon. fin. art. L 223-3).

52162 **Cession** La cession de bons de caisse s'effectue selon les règles de la cession de créance (C. mon. fin. art. L 223-5 et, sur renvoi, C. civ. art. 1321 s.).

VII. CHÈQUE

52200 **Définition** Le **chèque** est l'écrit par lequel le tireur donne au tiré, qui doit être une banque ou une entreprise assimilée, **l'ordre de payer** à vue une somme déterminée au bénéficiaire ou à son ordre (cf. C. mon. fin. art. L 131-2). Tel est le cas du chèque dit « postal » qui adresse l'ordre de payer à la Banque postale par le titulaire d'un compte ouvert dans ses livres et qui n'est plus soumis à un régime spécifique (Loi 2005-516 du 20-5-2005 art. 16, IV-8-a) mais au droit commun du chèque.

Mais tel n'est pas le cas d'un chèque-cadeau, qui n'est pas un instrument de transfert de fonds mais un bon d'achat (CA Versailles 10-6-1999 : RJDA 12/99 n° 1371).

Le chèque est **un titre négociable** (n° 12505) mais non un effet de commerce (n° 50900).

Régime Le chèque est régi par les articles L 131-1 s. et R 131-1 s. du Code monétaire et financier. **52203**

Utilisation Le chèque est essentiellement utilisé comme **instrument de paiement.** **52206**

Si les parties sont convenues que le **paiement** se ferait par chèque, le créancier est tenu d'accepter le titre (TGI Paris 22-11-1961 : GP 1962.1.140).

Si les parties n'ont rien prévu, le créancier peut refuser ce mode de paiement dans la mesure où il n'est pas obligatoire (Cass. com. 19-7-1954 : D. 1954.629) ou s'il n'est pas tenu de l'accepter. Toutefois, il est tenu de l'accepter s'il est adhérent d'un centre de gestion agréé (CGI art. 1649 quater E bis) ou si le paiement en cause doit être effectué **par chèque barré, par virement** ou carte bancaires mais **seulement** s'il a lieu en France, quelle que soit la loi applicable au contrat pour l'exécution duquel il intervient et quels que soient la nationalité ou le lieu de la résidence habituelle du débiteur ou du créancier ou, s'agissant de sociétés, l'État dans lequel elles ont leur siège (CE 10-5-2012 n° 337573 : PA 2012 n° 179-180 p. 19 note Lasserre Capdeville).

a. En application de l'article L 112-6, I-al. 1 du Code monétaire et financier, lorsque le débiteur **a** son **domicile fiscal sur le territoire de la République française** ou agit pour les besoins d'une **activité professionnelle,** le paiement ne peut pas être supérieur à 1 000 € s'il est effectué en espèces et à 3 000 € s'il est effectué au moyen de monnaie électronique (C. mon. fin. art. D 112-3, I-1°) ; lorsque le débiteur **n'a pas** son domicile fiscal sur le territoire de la République française, n'agit pas pour les besoins d'une activité professionnelle et paie une dette au profit d'une personne qui n'est pas mentionnée à l'article L 561-2 du Code monétaire et financier, le paiement ne peut pas être supérieur à 10 000 € s'il est effectué en espèces ou au moyen de monnaie électronique (C. mon. fin. art. D 112-3, I-2°) ; lorsque le débiteur n'a pas son domicile fiscal sur le territoire de la République française, n'agit pas pour les besoins d'une activité professionnelle et paie une dette au profit d'une personne **mentionnée à** l'article L 561-2, le paiement ne peut pas être supérieur à 15 000 € s'il est effectué en espèces ou au moyen de monnaie électronique (C. mon. fin. art. D 112-3, I-3°) ;

b. Doit être effectué par chèque barré ou par virement à un compte bancaire ou postal ou à un compte tenu par un établissement de paiement ou un établissement de monnaie électronique qui fournit des services de paiement le paiement de traitements et **salaires** au-delà de 1 500 € mensuels (C. mon. fin. art. L 112-6, I-al. 2 ; C. trav. art. L 3241-1 ; Décret 85-1073 du 7-10-1985) ;

c. Lorsqu'un professionnel achète des métaux à un particulier ou à un autre professionnel, le paiement est effectué par chèque barré ou par virement à un compte ouvert au nom du vendeur ; le non-respect de cette obligation est puni par une contravention de cinquième classe (C. mon. fin. art. L 112-6, I-al. 3) ;

d. Doivent être payées par virement les dépenses des services concédés qui excèdent 450 € (C. mon. fin. art. L 112-6, II) ;

e. Ne sont **pas soumis** aux obligations visées aux a à d (C. mon. fin. art. L 112-6, III) :
- les paiements réalisés par des personnes qui sont incapables de s'obliger par chèques ou par un autre moyen de paiement, ainsi que par celles qui n'ont pas de compte de dépôt,
- les paiements effectués entre personnes physiques n'agissant pas pour des besoins professionnels ;
- le paiement des dépenses de l'État et des autres personnes publiques,
- les paiements réalisés en monnaie électronique dans le cadre du règlement des paiements au titre du règlement UE 2022/858 du Parlement européen et du Conseil du 30 mai 2022 sur un régime pilote pour les infrastructures de marché reposant sur la technologie des registres distribués ;

f. Doivent obligatoirement être payés par virement les paiements supérieurs à 3 000 € effectués ou reçus par un notaire pour le compte des parties à un acte authentique et donnant lieu à publicité foncière (C. mon. fin. art. L 112-6-1 et R 112-5). Sur les paiements effectués par les administrateurs judiciaires et les mandataires judiciaires au profit des institutions mentionnées à l'article L 3253-14 du Code du travail en application des articles L 3253-15, L 3253-16 et L 3253-18-1 du même Code, C. mon. fin. art. L 112-6-2 ;

g. Le débiteur ou le mandataire de justice qui paie en violation des dispositions ci-dessus (sous réserve de la sanction visée en c) est passible d'une amende dont le montant est fixé compte tenu de la gravité des manquements et ne peut excéder 5 % des sommes payées, le créancier étant solidairement responsable avec le débiteur du paiement de cette amende ; cette infraction est constatée par des agents désignés par arrêté du ministre chargé du budget (C. mon. fin. art. L 112-7). L'infraction est consommée dès lors que le paiement requis par chèque n'est pas fait par chèque (Cass. com. 24-1-1977 : Bull. civ. IV n° 18) ;

h. Doivent être réglées par chèque ou virement sur un établissement de crédit, sur un établissement de paiement ou sur un établissement de monnaie électronique dans le cadre de la fourniture de services de paiement les livraisons de céréales faites par les producteurs aux coopératives (C. mon. fin. art. L 112-8).

Le chèque peut aussi servir à **obtenir un crédit** lorsqu'il est endossé par son bénéficiaire au profit d'un banquier qui l'escompte, c'est-à-dire qui en verse le montant au bénéficiaire avant l'encaissement (Cass. com. 15-6-1976 : Bull. civ. IV p. 175 ; cf. Cass. crim. 9-10-1974 : Bull. crim. p. 731, condamnant pour escroquerie ceux qui obtiennent l'escompte de chèques sans provision).

A. Émission du chèque

MENTIONS OBLIGATOIRES DU CHÈQUE

52209 **Dénomination** Le mot **« chèque »** doit être mentionné sur le titre et exprimé dans la langue employée pour la rédaction de ce titre (C. mon. fin. art. L 131-2, 1).

Toutefois, l'absence du mot « chèque » n'empêche pas l'application des sanctions pénales relatives aux infractions à la législation du chèque (cf. Cass. crim. 9-10-1940 : JCP G 1941.II.1647 note Bastian).

52212 **Ordre de paiement à vue d'une somme déterminée** Le chèque doit comporter un ordre pur et simple de payer une somme donnée (C. mon. fin. art. L 131-2, 2).

La somme est habituellement portée **en lettres et en chiffres** ; mais rien n'interdit de la porter seulement en lettres ou seulement en chiffres, aucune disposition n'imposant une forme déterminée (Rép. Rodet : AN 24-11-1986 p. 4380).

En cas de divergence entre les deux mentions, c'est la somme portée en lettres qui prévaut (art. L 131-10, al. 1), sauf s'il est établi que le débiteur de la somme a entendu payer le montant en chiffres, même supérieur au montant en lettres (Cass. com. 17-5-2017 n° 15-25.050 F-D : RJDA 11/17 n° 754).

La circonstance que la somme en lettres soit supérieure à celle libellée en chiffres ne révèle pas nécessairement une intention frauduleuse de la part du tireur ; le créancier qui, de son seul fait, a empêché le règlement d'un chèque ainsi rédigé dans le délai prévu ne saurait donc imputer ce non-règlement au tireur pour solliciter le bénéfice de la clause résolutoire inscrite dans le contrat (CA Paris 13-2-1985 : D. 1985.IR.417 obs. Cabrillac).

Lorsque la somme est **écrite plusieurs fois,** soit en toutes lettres, soit en chiffres, le chèque ne vaut, en cas de différence, que pour la moindre somme (art. L 131-10, al. 2).

52215 **Nom de celui qui doit payer** Ce nom est celui du **tiré** (C. mon. fin. art. L 131-2, 3).

52218 **Lieu de paiement** Le chèque doit porter l'indication du lieu où il est payable (C. mon. fin. art. L 131-2, 4).

À défaut d'indication spéciale, le lieu indiqué à côté du nom du tiré est réputé être le lieu du paiement ; si plusieurs lieux sont indiqués à côté du nom du tiré, le chèque est payable au premier lieu indiqué ; à défaut de ces indications ou de toute autre indication, le chèque est payable au lieu où le tiré a son établissement principal (art. L 131-3, al. 2 et 3).

Sur le paiement au lieu de domiciliation du chèque : art. L 131-9.

52221 **Date de création** Le chèque doit porter mention de sa date (C. mon. fin. art. L 131-2, 5). Pour valoir comme chèque, il doit comporter le jour, le mois et l'année où il est rédigé (Cass. com. 24-6-1997 : RJDA 12/97 n° 1516).

Les parties peuvent convenir de ne pas dater le chèque et de laisser à l'une d'elles le soin d'y procéder, cet accord correspondant à l'objectif du chèque de garantie (Cass. com. 22-9-2015 n° 14-17.901 : RJDA 12/15 n° 861).

52224 **Lieu de création** Le chèque doit contenir l'indication du lieu où il est **créé** (C. mon. fin. art. L 131-2, 5). À défaut, il est considéré comme souscrit dans le **lieu** désigné **à côté** du **nom du tireur** (art. L 131-3, al. 4). La mention du lieu du paiement figurant à la hauteur de la signature du tireur ne vaut pas comme indication du lieu de création, dès lors qu'une telle mention se trouve séparée du nom et de la signature du tireur par un encadrement qui interdit toute idée de rapprochement ou de rattachement à la personnalité du tireur (CA Paris 5-7-1952 : JCP G 1952.II.7139 note Cabrillac).

L'indication de l'adresse du tiré ne peut suppléer le défaut de mention du lieu de création (CA Versailles 13-10-1989 : D. 1990.som.120 obs. Cabrillac).

52227 **Signature du tireur** Celui qui émet le chèque, le tireur, doit le signer (C. mon. fin. art. L 131-2, 6). La signature du tireur doit être **manuscrite,** à moins d'un accord, fût-il tacite, conclu entre la banque et le titulaire du compte (Cass. com. 24-10-2000 : RJDA 2/01 n° 219).

Sanctions Dès lors qu'il porte les **mentions obligatoires** visées nos 52209 s., le document litigieux vaut comme chèque, même s'il n'est pas entièrement rédigé de la main de l'émetteur (no 52254). 52230

Sauf l'**omission** du lieu du paiement qui peut être suppléée (no 52218), le document qui ne porte pas l'une des mentions obligatoires ne vaut pas comme chèque (C. mon. fin. art. L 131-3).

Tel est le cas du chèque non signé (Cass. com. 12-7-2011 no 10-15.833 : RJDA 11/11 no 956).

Le document signé peut valoir comme titre de créance si manque le nom du tiré (Cass. 1e civ. 31-1-1984 no 82-15.904 : Bull. civ. I no 41) ou comme écrit rendant vraisemblable l'existence de la créance invoquée par le bénéficiaire contre le tireur si manque la date de création (Cass. civ. 10-3-1992 : RJDA 6/92 no 620).

L'inexactitude de la date n'entraîne pas la nullité du chèque ; par suite, seule la date énoncée par le chèque doit être prise en considération pour déterminer les délais de présentation du chèque au paiement (CA Rouen 24-5-1962 : D. 1963.som.70) ; le tireur est tenu de payer le chèque postdaté dès sa présentation (C. mon. fin. art. L 131-31, al. 2).

L'omission d'une **mention non obligatoire** n'entraîne pas la nullité du chèque (Cass. com. 30-5-1962 : Bull. civ. III p. 237 : à propos de l'omission sur les formules de chèques du nom du tireur).

Le tireur qui émet un chèque ne portant pas l'indication du lieu de l'émission ou sans date, celui qui revêt un chèque d'une fausse date ou celui qui tire un chèque sur une personne autre qu'un banquier est passible d'une amende maximale de 6 % de la somme pour laquelle le chèque est tiré, sans que cette amende puisse être inférieure à 0,75 € (art. L 131-69).

MENTIONS INTERDITES DU CHÈQUE

Il est interdit de faire figurer sur un chèque les mentions suivantes : 52235

- les conditions mises à l'encaissement (cf. C. mon. fin. art. L 131-2, 2 et L 131-18) ; si de telles conditions sont stipulées, elles n'empêchent pas l'encaissement du chèque, mais le bénéficiaire qui avait accepté les conditions et qui l'a encaissé sans les respecter peut être condamné à restituer le montant du chèque (Cass. com. 20-11-2001 : RJDA 4/02 no 429) ; une clause attributive de compétence figurant dans une lettre comportant la transmission d'un chèque sous condition n'est pas une condition interdite (Cass. com. 12-6-1979 : Bull. civ. IV p. 160) ;
- l'acceptation du tiré (art. L 131-5, al. 1) ;
- la stipulation d'intérêts (art. L 131-8) ;
- la clause exonérant le tireur de sa garantie (art. L 131-13) ;
- la date d'échéance (cf. art. L 131-31) ; en conséquence est nulle la clause d'avis de tirage interdisant au tiré de payer tant qu'il n'a pas reçu un avis.

Si l'une de ces mentions est portée sur le chèque, elle est réputée **non écrite** (art. L 131-5, L 131-8, L 131-13, L 131-18 et L 131-31).

MENTIONS FACULTATIVES DU CHÈQUE

Diverses mentions peuvent être portées sur un chèque : elles sont signalées dans les développements qui suivent à l'occasion des opérations susceptibles d'en faire l'objet. 52240

RÉDACTION DU CHÈQUE

Carnet de chèques L'usage s'est établi de rédiger les chèques sur des **formules** numérotées détachées d'un carnet à souches. La loi n'impose pas le recours à un **imprimé normalisé** à peine de nullité ; néanmoins, la norme K 11-111 doit être employée par les banques, à peine d'amende, pour tout chèque émis et payable en France en euros (Arrêté du 5-11-1998). 52245

Le chèque peut aussi être détaché d'un carnet à souches utilisé par le tiré ; il suffit que le tiré inscrive le nom du tireur au moment de la rédaction. Les chèques émis dans ces conditions sont appelés **« chèques omnibus »** ; ils servent d'instruments de retrait à ceux qui, pour diverses raisons, ne sont pas en possession d'un carnet.

Les carnets de chèques, lorsque le banquier accepte d'en délivrer (no 52248), doivent être fournis **gratuitement** aux titulaires de comptes par les banques (C. mon. fin. art. L 131-71, al. 2). Sur la délivrance de formules barrées, article L 131-71, al. 3 du Code monétaire et financier.

Chaque formule doit porter le nom de la personne à laquelle le carnet est délivré, cette obligation étant sanctionnée par une **amende** de 7,5 € par contravention – c'est-à-dire par formule délivrée – (art. L 131-70, al. 1), mais **non** par la **nullité** du chèque (Cass. com. 30-5-1962 : Bull. civ. IV p. 237), ainsi que le numéro de téléphone de la succursale ou agence bancaire auprès de laquelle le chèque est payable et l'adresse du titulaire du compte (art. L 131-71, al. 4 et 5).

Les banques ne peuvent **pas refuser** de payer un chèque non établi sur une formule délivrée par elles dès l'instant qu'y figurent les mentions nécessaires à la validité du chèque en tant qu'instrument de paiement (nos 52209 s.) (CA Paris 2-10-1986 : BRDA 21/86 p. 13).

La banque est responsable des conséquences de l'**envoi** d'un chéquier par La Poste (Cass. com. 28-2-1989 n° 87-17.374 : Bull. civ. IV n° 70).

52248 **Délivrance des carnets de chèques** Tout banquier peut, par décision motivée, **refuser** la délivrance d'un carnet de chèques à un client ou lui enjoindre de restituer les formules remises antérieurement (C. mon. fin. art. L 131-71, al. 1).

Il ne peut toutefois refuser de délivrer des formules permettant le retrait ou la certification (même article). La restitution doit être demandée lors de la clôture du compte (même article).

Les banques sont, en effet, responsables de délivrer inconsidérément des carnets de chèques envers les porteurs des chèques, victimes d'un défaut de provision (Cass. com. 17-1-1968 : JCP G 1969.II.15839 note Stoufflet : remise de plusieurs carnets à un client dont le solde était insignifiant et les opérations rares ; Cass. com. 31-5-1988 : Bull. civ. IV p. 120 : remises de carnets à une personne dont la banque savait qu'elle ne disposait d'aucune trésorerie).

La responsabilité du banquier est aussi engagée en cas de délivrance du carnet à une personne autre que le titulaire du compte ou à son mandataire (TGI Nîmes 20-3-1973 : JCP G 1973.IV.194).

Un banquier ne doit pas délivrer des formules de chèques de paiement au titulaire d'un compte ou à son mandataire à compter d'un incident de paiement relevé au nom du titulaire du compte pour **défaut de provision suffisante** tant que l'intéressé n'a pas recouvré la faculté d'émettre des chèques conformément aux conditions exposées au n° 52649 (art. L 131-72, al. 1).

Sur l'application de l'interdiction de délivrer des formules de chèques en cas de compte collectif, art. L 131-80.

52251 **Chèque « de casino »** Un chèque dit « de casino » est un chèque rédigé sur un papier quelconque ou sur une formule imprimée par un tiers, généralement par les maisons de jeu. Si les mentions obligatoires y figurent, il est **régulier** en la forme (CA Aix 14-11-1958 : GP 1959.1.154) ; à défaut, il peut valoir titre de créance du porteur contre le signataire (Cass. 1e civ. 31-1-1984 n° 82-15.904 : Bull. civ. I n° 41). Sur le point de savoir s'ils doivent être payés, n° 52513.

52254 **Écriture du chèque** Les mentions non imprimées sur les formules de chèque ou les chèques établis sur du papier quelconque peuvent être **dactylographiées ou manuscrites.**

Sauf la **signature,** les mentions peuvent ne pas être écrites par le tireur lui-même (Cass. crim. 11-1-1966 n° 64-91.477 : Bull. crim. n° 7 ; CA Paris 31-8-2000 : D. 2000.AJ.424.som. ; rappr. CA Paris 18-1-2002 : Bull. inf. C. cass. 2002 n° 644). Par suite, est valable le chèque remis en blanc par le tireur au bénéficiaire qui n'y a apposé une date que trois mois après, le tireur ne s'exonérant pas de son obligation de payer en prouvant que la dette, que ce chèque était destiné à éteindre, s'est trouvée avoir été déjà payée par un autre moyen (CA Rouen 24-5-1962 : D. 1963.som.70) et un tireur peut se borner à signer un chèque et laisser au bénéficiaire ou à un mandataire le soin de le compléter, conformément à ses instructions ; la violation des instructions du tireur peut constituer le délit d'**abus de confiance** (C. pén. art. 314-1).

Sur la possibilité d'établir plusieurs exemplaires, C. mon. fin. art. L 131-56 et L 131-57.

TIREUR DU CHÈQUE

52260 **Interdiction d'émettre des chèques** Une personne sous le coup d'une mesure d'interdiction bancaire (nos 52640 s.) ou judiciaire (n° 52663) ne doit pas émettre de chèque. La violation de l'interdiction entraîne des **sanctions pénales** (n° 52652). Le chèque reste néanmoins valable et le **tiré doit le payer** dans la mesure de la provision et parfois même à défaut de provision (nos 52460 s.).

Sur le pouvoir d'émettre des chèques, si l'intéressé est l'objet d'une mesure de protection (nos 1130 s.), par la personne chargée de cette mesure : C. civ. art. 427, al. 7 ou si l'intéressé est placé sous une procédure collective, par l'administrateur (n° 61840) ou par le liquidateur (n° 63532).

52263 **Incapables majeurs** La capacité requise pour émettre un chèque est celle pour accomplir le paiement, c'est-à-dire un acte d'administration.

Tant qu'un majeur n'est pas l'objet d'une mesure de protection limitant sa capacité, aucune opposition au paiement d'un chèque émis par lui ne peut être faite (Cass. com. 21-11-1972 : D. 1973.265 note Vasseur), en dehors des cas exposés au n° 52495. Mais un chèque peut être annulé pour insanité mentale du tireur (CA Dijon 31-3-1998 : DA 1998.1745).

Si la créance payée est commerciale, l'émission du chèque est un acte de commerce (le chèque, à la différence de la lettre de change, n'étant pas acte de commerce entre toutes personnes, cf. C. com. art. L 110-1, 10°) qui suppose la capacité commerciale (n° 403).

52269 **Mandataire** Le chèque peut être tiré par un mandataire du tireur (C. mon. fin. art. L 131-7).

La procuration sur un compte bancaire autorisant le mandataire à tirer des chèques n'entraîne pas la renonciation du mandant à la propriété des fonds retirés à l'aide de celle-ci, car elle n'entraîne pas tradition ; il appartient en conséquence au mandataire qui a obtenu, dans ces conditions, les sommes provenant du compte, et qui prétend les avoir acquises à titre de don manuel, d'établir l'intention libérale du mandant (Cass. 1e civ. 3-5-2006 n° 759 : RJDA 10/06 n° 1064).

Le mandataire qui agit **sans pouvoir** ou en excédant ses pouvoirs est personnellement obligé au paiement de ce chèque (art. L 131-12).

En cas de **révocation** du mandat, le banquier qui honore le chèque ne peut agir en répétition de l'indu que s'il a légitimement ignoré la révocation (CA Lyon 24-2-1965 : D. 1965.som.102).

TIRÉ DU CHÈQUE

Le tiré est la personne à laquelle est donné l'ordre de payer le chèque. Sont seuls susceptibles d'être tirés (C. mon. fin. art. L 131-4, al. 1) : les établissements de crédit, les prestataires de services d'investissement autre qu'une société de gestion de portefeuille, le Trésor public, la Caisse des dépôts et consignations, la Banque de France, ayant au moment de la création du titre des fonds à la disposition du tireur et conformément à une convention expresse ou tacite d'après laquelle le tireur a le droit de disposer de ces fonds par chèque. 52275

Les titres tirés et payables en France sous forme de chèques sur toute autre personne que celles-ci ne sont pas valables comme chèques (art. L 131-4, al. 4).

BÉNÉFICIAIRE DU CHÈQUE

Désignation Le bénéficiaire peut être la personne dénommée sur le chèque (avec ou sans clause à ordre ou avec clause non à ordre) ou un porteur, lorsque le chèque est au porteur ou au profit d'une personne dénommée avec la mention « Au porteur » ou encore lorsqu'il est sans indication de bénéficiaire (C. mon. fin. art. L 131-6 ; sur l'application de chèque au porteur au chèque sans nom de bénéficiaire, Cass. com. 12-11-1996 : RJDA 2/97 n° 240). La remise d'un chèque à l'ordre d'une personne dénommée établit nécessairement que celle-ci est le destinataire du transfert des fonds que le chèque permet de réaliser (Cass. com. 12-7-2005 n° 1158 : RJDA 11/05 n° 1272). 52280

Ne constituant pas une mention obligatoire (cf. art. L 131-2 et L 131-6), la désignation du bénéficiaire **peut être** faite par son nom, par l'indication de sa fonction publique ou privée, par la mention « moi-même » (art. L 131-7), par l'enseigne commerciale de l'exploitation (CA Paris 14-6-1983 : D. 1984.IR.69 note Cabrillac) ou par l'indication, à côté du nom commercial de la banque à l'ordre de laquelle le chèque est tiré, du numéro du compte de l'intéressé ouvert dans les livres de cette banque (Cass. com. 5-11-2002 n° 1815 : RJDA 3/03 n° 307, la banque bénéficiaire ne commettant pas de faute en portant ce chèque au compte du client indiqué par le numéro du compte).

Le tireur peut aussi désigner plusieurs bénéficiaires alternatifs ou cumulatifs (Rép. Kiffer : AN 28-9-1992 p. 4528) ; la juxtaposition du nom de **deux bénéficiaires** sur un chèque ne constitue pas, en elle-même, une anomalie apparente et, lors de la remise d'un chèque portant une telle mention par l'un des deux bénéficiaires pour encaissement à son seul profit, la banque tirée, qui verse la provision entre les mains de la banque présentatrice à charge pour celle-ci d'en créditer le montant sur le compte du ou des bénéficiaires du chèque, n'est tenue ni de vérifier auprès du tireur, en l'absence d'anomalie apparente, matérielle ou intellectuelle, la sincérité de la mention ni de s'assurer du consentement de l'autre bénéficiaire (Cass. com. 27-11-2019 n° 18-11.439 FS-PB : RJDA 3/20 n° 169).

Le défaut de mention du bénéficiaire ne retire pas au chèque sa qualité de chèque ; ce chèque vaut comme chèque au porteur et peut être transmis sans endossement (Cass. com. 12-11-1996 n° 94-18.145) et peut être présenté au paiement par le porteur de bonne foi, même, s'il a complété l'ordre à son nom (Cass. crim. 20-4-2017 n° 16-80.227). Il perd sa qualité de chèque s'il est prouvé qu'il a été falsifié (CA Pau 19-10-2021 n° 21/3785 : preuve non rapportée).

Incapables L'encaissement d'un chèque par un incapable est ou non valable selon que l'intéressé peut ou non recevoir paiement (sur la capacité, nos 1000 s.). 52283

Bénéficiaire en procédure collective Le débiteur sous sauvegarde ou en redressement judiciaire peut ou non toucher le chèque selon qu'il est ou non dessaisi par le tribunal au profit d'un administrateur (nos 61815 s. et 61835 s.). En cas de liquidation judiciaire, seul le liquidateur le peut (n° 63532). 52286

Aval Un chèque peut être avalisé (C. mon. fin. art. L 131-28, les règles de l'aval des lettres de change étant transposables : nos 51200 s.). Mais cette faculté est inusitée. 52289

PROVISION DU CHÈQUE

Existence La provision est la **somme** égale au montant du chèque dont le tireur doit disposer **chez le tiré** (C. mon. fin. art. L 131-4, al. 1 et 2). Un chèque n'est pas nul par le fait que son 52295 bénéficiaire serait informé de l'absence ou de l'insuffisance de la provision lors de l'émission (Cass. com. 12-1-1993 : RJDA 5/93 n° 424).

Le banquier qui indique une provision inférieure à la provision existante et disponible est passible d'une amende de 12 000 € (art. L 163-10).

Pour qu'il y ait provision, il faut que la créance du tireur sur le banquier soit **certaine, liquide** et **exigible.**

Tel n'est pas le cas, par exemple, lorsque le tireur a remis à la banque des lingots d'or (Cass. crim. 18-7-1973 : Bull. crim. p. 819) ; il en est de même pour un dépôt de valeurs mobilières tant que ces valeurs n'ont pas été vendues (CA Paris 21-11-1936 : GP 1937.1.188) ; mais il a été jugé que la provision existait dès la vente, avant même que l'inscription correspondante soit portée au compte du tireur (T. civ. Toulon 12-11-1946 : JCP G 1947.IV.190).

La disponibilité de la provision soulève souvent des difficultés. C'est le cas notamment dans les hypothèses suivantes.

1. Compte courant. Le solde créditeur d'un compte courant en cours de fonctionnement constitue une provision valable (CA Paris 25-10-1967 : Banque 1968.545 note Marin). Si le solde apparaît négatif par suite d'erreurs dans la tenue du compte, le client est fondé à considérer son compte comme approvisionné (T. com. Lyon 16-8-1957 : Banque 1958.107 ; T. corr. Abbeville 28-11-1973 : RTD com. 1974.133 obs. Cabrillac et Rives-Lange).

Sauf convention de fusion ou de compensation des différents comptes courants tenus au nom d'un même titulaire, la provision n'existe que si le chèque est tiré sur un compte dont le solde est créditeur (n° 40611).

2. Ouverture de crédit. La provision existe si, au jour de la présentation du chèque, le montant disponible en permet le règlement (Cass. com. 12-5-2004 : JCP E 2004.pan.890) ; sur l'absence de découvert autorisé entraînant un défaut de provision, Cass. com. 2-3-2022 n° 20-20.181 FS-D.

3. Remise d'effets de commerce. La remise à l'escompte acceptée par le banquier fait naître la provision (n° 41212) ; en revanche, en cas de remise à l'encaissement, la provision n'existe que du jour où l'encaissement est effectif (Cass. com. 15-1-1968 : D. 1968.474 ; Cass. com. 4-3-1986 : D. 1987.25 note Cabrillac).

Jugé, toutefois, que la remise d'un chèque vaut aussi provision, même avant l'encaissement, dès lors que la banque n'a pas clairement indiqué qu'elle ne créditerait le chèque qu'après encaissement (CA Paris 18-10-1989 : RD bancaire 1990 n° 17 p. 41 obs. Crédot et Gérard).

52298 **Preuve de la provision** En cas de dénégation, le **tireur** est tenu de prouver que le tiré avait provision au moment de la création du titre ; s'il ne parvient pas à faire cette preuve, il est tenu de **garantir** le paiement, même si le protêt a été dressé au-delà du délai légal (C. mon. fin. art. L 131-4, al. 3).

52301 **Interdiction de retrait et blocage de la provision** Le tireur ne peut **pas,** sous peine de sanctions pénales (n°s 52663 s.), retirer ou bloquer la provision en faisant **opposition** au paiement, sauf dans les cas autorisés par la loi (n° 52495).

Cette interdiction joue même après expiration des délais légaux de présentation (Cass. crim. 19-3-1953 : Bull. crim. p. 165), donc jusqu'au paiement ou à l'accomplissement de la prescription.

52304 **Transfert de la propriété de la provision** Dès l'émission du chèque, la provision constituée est transférée au porteur (Cass. com. 16-6-1992 : RJDA 11/92 n° 1049). Rien n'interdit cependant à l'émetteur du chèque de convenir avec le bénéficiaire que la transmission de la provision sera, dans leurs rapports, soumise à une condition, par exemple sera limitée au montant d'un préjudice à déterminer (Cass. req. 29-7-1941 : GP 1941.2.318), sous réserve bien entendu que cette condition ait été effectivement convenue (Cass. com. 6-6-1989 : Bull. civ. IV p. 120).

Si la provision est constituée après l'émission, le porteur n'en devient pas propriétaire (CA Nîmes 23-4-1975 : D. 1976.49 note Derrida).

REMISE DU CHÈQUE

52310 Le chèque est émis au moment où le tireur s'en dessaisit au profit du bénéficiaire (Cass. com. 18-6-1996 : RJDA 12/96 n° 1505). Ce dessaisissement **a lieu,** notamment :

– au moment de la **mise à La Poste** et non au moment de la réception du chèque par son bénéficiaire ; les juges du fond apprécient souverainement l'exactitude des dates portées sur le chèque et la lettre d'envoi (Cass. com. 7-6-1994 : RJDA 11/94 n° 1174) ;

L'envoi par le tireur au bénéficiaire par courrier simple d'un chèque dûment rempli du nom du bénéficiaire n'est pas fautif, peu important le montant de ce chèque (en l'espèce 150 000 €), dès lors qu'aucun texte ou usage ne fixe un seuil au-delà duquel un chèque doit être envoyé par lettre recommandée et qu'entre commerçants l'usage est l'envoi par pli non recommandé (Cass. com.

10-12-2003 n° 1813 : RJDA 4/04 n° 469, rejetant le recours contre le tireur des banques qui ont dû payer une seconde fois le chèque détourné et falsifié). Si le chèque mis à la Poste n'a pas été payé au bénéficiaire désigné mais à un homonyme, l'envoi n'a pas, en lui-même, libéré le tireur de la dette que le chèque avait pour objet de régler et le tireur peut être condamné à verser la somme restant due (Cass. com. 3-4-1990 : Bull. IV n° 105).

– au moment de la **présentation** du chèque à l'encaissement, en l'absence de tout autre élément, la date d'émission d'un chèque étant un fait qui peut être établi par tout moyen et ne pouvant être présumée celle de sa date de création (Cass. com. 31-1-2006 n° 145 : RJDA 5/06 n° 573), même si le chèque n'a pas été matériellement remis à son bénéficiaire qui a été crédité directement par la banque du tireur (Cass. com. 18-6-1996 précité) ;

– au moment de la remise d'un chèque **de banque** au bénéficiaire même si la fiche de remise de chèque ne comporte pas la signature du bénéficiaire et si ce dernier a attendu neuf mois pour demander des explications sur un relevé de compte mentionnant la contre-passation de ce chèque (Cass. com. 18-6-1996 : RJDA 12/96 n° 1505).

Il appartient au porteur du chèque de prouver la date à laquelle le chèque lui a été remis (TGI 12-3-1991 : Banque 1991.870 obs. Rives-Lange).

En l'absence de dessaisissement, le chèque n'a pas été émis et il n'y a donc pas lieu au blocage de la provision pendant le délai de présentation (Cass. com. 18-10-1994 : RJDA 2/95 n° 185).

Un chèque qui satisfait aux conditions d'émission **vaut comme chèque** et sa provision est transférée, pour autant qu'elle existe au jour de l'émission, dès que le tireur s'en est dessaisi au profit du bénéficiaire, toute mention contraire étant réputée non écrite (Cass. com. 12-1-2010 n° 08-20.241 : RJDA 5/10 n° 553). Il s'ensuit qu'il produit les effets d'un chèque même s'il a été **postdaté** (Cass. com. 12-1-2010 précité), si son encaissement **différé** a été sollicité par l'émetteur et n'a pas été refusé par le bénéficiaire lors de sa remise (Cass. com. 3-6-2003 n° 930 : RJDA 12/03 n° 1166, interdisant au porteur qui ne l'a pas présenté au paiement de prétendre qu'il n'a pas reçu paiement au jour de la remise, car ce chèque était payable à vue, sauf preuve par le porteur qu'il n'aurait pas été payé en toute hypothèse) ou s'il n'est pas destiné à effectuer un paiement mais sert à **garantir** (chèque dit de garantie), dans l'attente de sa réalisation, l'exécution d'une obligation contractée par le tireur envers le bénéficiaire.

En conséquence :

– le bénéficiaire n'a pas à prouver sa créance pour en obtenir le paiement au motif qu'au moment où il a reçu le chèque il savait que celui-ci était sans provision car un chèque n'est pas nul par le fait que son bénéficiaire serait informé de l'absence ou de l'insuffisance de la provision lors de l'émission (Cass. com. 12-1-1993 : RJDA 5/93 n° 424) ;

– la remise du chèque à l'encaissement ne constitue pas une utilisation frauduleuse justifiant l'opposition du tireur (Cass. com. 24-9-2003 n° 1365 : RJDA 2/04 n° 214) ; aussi la prescription de la demande en paiement du chèque continue-t-elle à courir en dépit de cette opposition et le bénéficiaire doit-il avoir remis le chèque à l'encaissement avant l'accomplissement de la prescription (CA Paris 12-3-1993 : D. 1993.som.316 obs. Cabrillac) ;

– le bénéficiaire peut se servir de ce chèque comme commencement de preuve par écrit pour établir la dette du tireur à son égard (CA Paris 12-3-1993 précité) ;

– le bénéficiaire peut encaisser le chèque, sauf à restituer l'indu, le cas échéant (Cass. com. 21-6-2005 : RJDA 11/05 n° 1273 ; Cass. com. 6-1-2011 n° 09-71.400 : RJDA 5/11 n° 459).

B. Transmission du chèque

ENDOSSEMENT TRANSLATIF ET PIGNORATIF DU CHÈQUE

Chèques endossables Tout chèque stipulé payable au profit d'une **personne dénommée** est susceptible d'endossement, qu'il comporte ou non une clause à ordre (C. mon. fin. art. L 131-16, al. 1). **52350**

Le chèque à personne dénommée portant la mention **« non à ordre »** ou une formule équivalente n'est transmissible que dans la forme et avec les effets d'une cession de créance (art. L 131-16, al. 2).

Lorsqu'un endosseur interdit un nouvel endossement, le chèque reste endossable mais l'endosseur qui a stipulé la clause n'est pas tenu à la garantie envers les personnes auxquelles le chèque est ultérieurement endossé (art. L 131-21, al. 2).

Un chèque **au porteur** peut être l'objet d'un endossement ; dans ce cas, l'endosseur est tenu de garantir ceux qui peuvent exercer des recours ; mais le chèque ne devient pas un chèque à ordre (art. L 131-23).

Un chèque **acquitté** ne peut être endossé : le tiré engage sa responsabilité en payant l'endossataire (CA Rouen 27-8-1954 : Banque 1955.658).

52353 **Endossataire** Le chèque peut être endossé **au profit** d'un tiers et même au profit du tireur ou de tout autre signataire antérieur (C. mon. fin. art. L 131-17). Sur la valeur de quittance de l'endossement au profit du tiré, n° 52480.

L'endossataire doit avoir la capacité de recevoir paiement.

52356 **Endosseur** Tout **porteur** peut endosser le chèque (C. mon. fin. art. L 131-17). Toutefois, l'endossement par le **tiré** est nul (art. L 131-18, al. 3). Sur la possibilité d'interdire un nouvel endossement, n° 52350.

L'endosseur peut écarter sa garantie (art. L 131-21, al. 1).

L'endosseur doit avoir la capacité de faire un paiement.

52359 **Mention d'endos** L'endossement doit être inscrit sur le chèque ou sur une feuille qui lui est attachée (allonge) (C. mon. fin. art. L 131-19, al. 1).

La formule d'endossement est libre : par exemple, « payez à l'ordre de X ». Elle doit être suivie de la signature de l'endosseur qui peut être donnée par griffe (art. L 131-19, al. 1).

L'endossement peut ne pas désigner le bénéficiaire ou consister simplement dans la signature de l'endosseur, endossement dit **en blanc** ; dans ce dernier cas, l'endossement, pour être valable, doit être inscrit au dos du chèque ou sur l'allonge (art. L 131-19, al. 2). Le porteur d'un chèque endossé en blanc peut : remplir le blanc soit de son nom, soit du nom d'une autre personne ; endosser le chèque de nouveau en blanc ou à une autre personne ; remettre le chèque à un tiers sans remplir le blanc et sans l'endosser (art. L 131-20, al. 2).

L'endossement doit être **pur et simple** : toute condition ou réserve qui l'accompagnerait serait réputée non écrite (art. L 131-18, al. 1).

L'endossement **partiel** est nul (art. L 131-18, al. 2).

52362 **Délai** L'endossement doit être effectué **avant** le protêt ou l'expiration du délai de présentation ; à défaut, il ne produit les effets que d'une cession ordinaire (C. mon. fin. art. L 131-27, al. 1) ; l'endossataire ne devient pas alors porteur et ne peut demander la mainlevée de l'opposition pratiquée (Cass. com. 17-10-1995 : RJDA 1/96 n° 94).

Sauf preuve contraire, l'endossement **sans date** est présumé avoir été fait avant le protêt ou avant l'expiration du délai de présentation (art. L 131-27, al. 2).

Il est interdit d'**antidater** les endossements à peine de faux (art. L 131-27, al. 3).

52365 **Effet** L'endossement est **translatif** lorsqu'il transmet tous les droits résultant du chèque et notamment la propriété de la provision (C. mon. fin. art. L 131-20, al. 1).

> À défaut d'une mention explicite contraire, l'endossement d'un chèque est présumé transférer la propriété de la provision et le tireur ou un tiers sont irrecevables à rapporter la preuve contraire ; les juges ne peuvent pas écarter l'endossement translatif sans rechercher si la signature du représentant de la société bénéficiaire était apposée au verso du chèque et si elle était assortie d'une mention explicite d'endossement donné à titre de procuration (Cass. com. 22-6-1964 : Bull. civ. III n° 322). Ils retiennent à bon droit que l'endossement est translatif lorsque la banque a porté le chèque endossé par le bénéficiaire, sans aucune mention impliquant un mandat, au crédit du compte courant de l'intéressé, tout en assortissant cette inscription de la mention « sauf bonne fin », car celle-ci n'est que le rappel de l'usage en vertu duquel les banques se réservent la faculté de contre-passer les chèques impayés (Cass. com. 22-6-1964 : Bull. civ. III n° 322).

Le transfert de la provision à l'endossataire ne peut pas être conventionnellement écarté par le tireur et le bénéficiaire (Cass. crim. 10-2-1972 : GP 1972.1.399).

L'endossement est **pignoratif** lorsqu'il est limité à la mise en gage du chèque ; bien que la loi ne le prévoie pas, à la différence de ce qu'elle fait pour la lettre de change (n°s 51160 s.), il est valable (cf. Cass. com. 10-7-1989 n° 87-15.603 : Bull. civ. IV n° 217).

ENDOSSEMENT DE PROCURATION DU CHÈQUE

52370 L'endossement de procuration est celui par lequel le porteur du chèque donne mandat à une personne de le **présenter à l'encaissement.** Cet endossement est possible pour tous les chèques à ordre, au porteur et même non endossables.

L'endossement de procuration résulte de la mention « valeur en recouvrement », « pour encaissement », « par procuration » ou toute autre mention impliquant un simple mandat d'encaisser (C. mon. fin. art. L 131-26, al. 1).

Si l'endossement a été effectué **en blanc,** la preuve du mandat d'encaissement demeure possible entre endosseur et endossataire (Cass. com. 22-6-1964 précité). En revanche, à l'égard des tiers, la stipulation formelle d'un mandat est indispensable (Cass. com. 5-12-1955 : JCP G 1956.II.9134 note Cabrillac).

Le mandat renfermé dans un endossement de procuration ne prend pas fin par le **décès** du mandant ou la survenance de son incapacité (art. L 131-26, al. 3).

L'endossataire d'un chèque aux fins d'encaissement ne peut à son tour endosser le chèque qu'aux mêmes fins (art. L 131-26, al. 1).

TRADITION DU CHÈQUE

Le chèque au porteur (n°s 52280 et 52359) est transmis par une simple remise de la **main à la main,** même s'il porte la mention, qui figure toujours, « non endossable sauf au profit d'une banque » (Cass. com. 12-11-1996 : RJDA 2/97 n° 240). 52375

C. Paiement du chèque

DROIT DU PORTEUR AU PAIEMENT DU CHÈQUE

Principe Le porteur ou le bénéficiaire est, à partir de l'émission du chèque (n° 52310), le créancier du tiré et a droit au paiement de la somme qui figure sur le chèque dans les conditions suivantes. 52400

1. Ni le **décès** du tireur ni son **incapacité** survenant après l'émission n'empêchent le porteur de toucher le chèque (C. mon. fin. art. L 131-36).

2. L'ouverture d'une **procédure collective** à l'encontre du tireur ou d'un endosseur ne fait pas obstacle au paiement du chèque émis ou endossé avant le jugement d'ouverture si la provision existait à la date de ce jugement (Cass. com. 12-1-2010 n° 08-20.241 : RJDA 5/10 n° 553), sauf l'action en rapport du chèque émis pendant la période suspecte (n° 63122 ; pour un exemple, CA Paris 16-10-1958 : D. 1959.82).

3. La **saisie-attribution** formée par les créanciers du bénéficiaire est inopposable au porteur qui établit judiciairement que l'endossement à son profit est antérieur à la saisie (Cass. com. 15-2-1994 : RJDA 6/94 n° 688 : à propos d'une saisie-arrêt mais transposable).

4. Lorsque le bénéficiaire du chèque l'a **endossé,** il n'a plus droit au paiement du chèque (Cass. crim. 22-4-1975 : Bull. crim. p. 284).

5. Le banquier tiré doit payer les **chèques** qui lui sont présentés, jusqu'à épuisement de la provision, dans l'**ordre** chronologique de leur présentation, sans établir un ordre quelconque entre les chèques, lettres de change ou billets ; le porteur d'un chèque peut lui réclamer la provision même si son montant est inférieur à celui du chèque (CA Paris 10-1-1997 : D. 1997.IR.43).

6. Le banquier ne peut refuser de payer un chèque au motif que les **sommes disponibles** sont affectées à un usage déterminé (Cass. com. 25-3-1991 : JCP E 1991.I.65 n° 19).

7. Le titulaire du compte peut opposer au bénéficiaire du chèque l'exception tirée de l'absence de cause (désormais de contrepartie, n°s 12496 s.) du **rapport fondamental** (Cass. com. 7-1-1997 : RJDA 4/97 n° 541 ; CA Paris 12-3-2003 : RTD com. 2003.547 n° 2 obs. Cabrillac) ou sa méconnaissance des obligations contractuelles qui étaient la contrepartie du paiement (n° 50500).

8. La **convention** entre le tireur du chèque et son bénéficiaire **retardant la présentation** du chèque est nulle et n'empêche pas le porteur de présenter le chèque à tout moment (CA Colmar 29-6-2005 : JCP G 2005.IV.3768).

Porteur légitime Le porteur ne peut faire valoir son droit que s'il est porteur légitime, c'est-à-dire porteur d'un chèque **endossable** et présentant une **suite ininterrompue** d'endossements (C. mon. fin. art. L 131-22 ; pour un exemple d'interruption, CA Colmar 10-12-1971 : RTD com. 1973.603 obs. Cabrillac et Rives-Lange). 52403

Un endossement en blanc ne constitue pas une interruption de la chaîne (Cass. civ. 24-5-1976 : JCP G 1978.II.18806 note Gavalda). Quand un endossement en blanc est suivi d'un autre endossement, le signataire de celui-ci est réputé avoir acquis le chèque par l'endossement en blanc (art. L 131-22). De même, les endossements biffés n'interrompent pas la chaîne des endossements : ils sont réputés non écrits (art. L 131-22).

N'est **pas porteur légitime** d'un chèque celui qui n'en a pas la détention au moment où il prétend au paiement du chèque, pour la raison soit que le chèque ne lui a pas été remis (Cass. com. 17-3-1965 : Bull. civ. III p. 173), soit que le chèque fait l'objet, au moment du litige, d'une mesure de séquestre à l'étranger (TGI Seine 8-1-1966 : D. 1966.som.78), ainsi que celui qui se prévaut d'un endossement postérieur à l'expiration du délai de présentation (sur ce délai, n° 52448), cet endossement ne valant que comme cession de créance (Cass. com. 17-10-1995 : RJDA 1/96 n° 94).

Porteur de bonne foi : inopposabilité des exceptions Le signataire d'un chèque, poursuivi par le porteur de bonne foi, ne peut pas opposer à ce dernier les exceptions 52406 fondées sur ses rapports personnels avec le tireur ou avec les porteurs antérieurs (C. mon. fin. art. L 131-25 ; CA Lyon 7-2-1949 : GP TQ 1946-1950 V° Chèque n° 9 ; CA Yaoundé 19-6-1957 : GP 1957.2.257).

Sur cette même règle en matière de lettre de change, n° 51250.

52409 **Porteur d'un chèque visé** Le chèque ne peut pas être accepté, la mention d'acceptation étant réputée non écrite ; mais le tiré peut le viser, ce visa ayant pour effet de **constater** l'existence de la provision à la date à laquelle il est donné (C. mon. fin. art. L 131-5, al. 2). Il n'a donc **pas** pour effet d'obliger le banquier à **immobiliser** la provision au profit du porteur. Celui-ci reste donc exposé au risque de ne pas recevoir le paiement au moment où il le demandera.

52412 **Porteur d'un chèque certifié** La certification est l'acte par lequel le tiré atteste qu'il y a provision ; il est tenu de la donner dès lors qu'elle lui est demandée par le tireur ou le porteur ; la certification entraîne, jusqu'à l'expiration du délai de présentation (sur ce délai, n° 52448), **blocage de la provision** au profit du porteur sous la responsabilité du tiré (C. mon. fin. art. L 131-14 ; CA Paris 23-9-1992 : JCP E 1992.pan.1289 : condamnation de la banque qui n'a pas respecté le blocage de la provision).

La banque n'est pas responsable du défaut de blocage de la provision au-delà du délai de présentation, soit huit jours, notamment si le chèque lui a été présenté près d'une année après la date de certification (Cass. com. 11-7-2000 n° 96-21.031 : Bull. civ. IV n° 140).

Les chèques certifiés peuvent être remplacés par des **chèques de banque,** c'est-à-dire des chèques à ordre tirés entre les différents établissements d'une même banque (art. L 131-14, al. 1 et L 131-7, al. 3).

N'est pas un chèque de banque le chèque tiré sur une banque par un tiers (Cass. com. 4-7-1995 : RJDA 12/95 n° 1415). Mais en est un le chèque tiré par une banque, qui n'a qu'un seul établissement, sur elle-même (Cass. com. 26-1-1999 : RJDA 3/99 n° 326).

La garantie de la provision résultant d'un chèque de banque n'est souscrite qu'au profit de son bénéficiaire dénommé et ne donne aucun droit sur cette provision au donneur d'ordre qui est tenu de la fournir à la banque émettrice (Cass. com. 19-9-2006 n° 992 : RJDA 1/07 n° 92).

REMISE DU CHÈQUE À UNE BANQUE À FIN D'ENCAISSEMENT

52420 La banque à laquelle un chèque est remis à l'encaissement et qui ne procède pas à son inscription en compte immédiatement a l'obligation d'en prévenir son client, faute de quoi elle engage sa responsabilité, sauf stipulations contractuelles contraires ou circonstances particulières (Cass. com. 19-6-2012 n° 11-17.061 : RJDA 3/13 n° 254 ; CA Paris 5-1-1999 : D. 1999.IR.43). Cette remise peut être faite par dépôt dans la boîte aux lettres disposée à cet effet par la banque, qui doit alors mettre en place un dispositif propre à éviter les vols dans cette boîte (CA Versailles 24-2-1994 : RJDA 10/94 n° 1057).

52423 **Contrôle de l'apparence du chèque** Le banquier encaisseur doit s'assurer de la **régularité apparente** du chèque. Sous peine d'engager sa responsabilité, il doit effectuer cette surveillance par priorité sur celle du banquier tiré car il est le premier à vérifier la régularité des chèques (CA Paris 14-4-1995 : D. 1996.som.35 obs. Cabrillac), sans que cette obligation dispense le banquier tiré de la sienne (Cass. com. 23-2-1999 : RD bancaire 1999 n° 73 p. 96 obs. Crédot et Gérard) ; il doit notamment :

1. Vérifier si la **chaîne** des endossements est apparemment régulière (Cass. com. 7-1-1977, deux arrêts : Bull. civ. IV p. 1 et 2, la double signature de l'endosseur-endossataire ne constituant pas une anomalie suffisante ; Cass. com. 16-3-2010 n° 09-12.970 : GP 2010.som.2299 note Rouaud, l'endossement par le tireur et non par le bénéficiaire constituant une anomalie apparente) ;

2. Vérifier la **signature** du remettant (Cass. com. 26-3-1973 : Bull. civ. IV p. 115) et celle de l'endosseur qui a endossé au profit du remettant (Cass. com. 26-1-2010 n° 09-11.210 : RJDA 5/10 n° 554), mais il n'a pas à vérifier celle des porteurs intermédiaires qu'il ne peut pas connaître (Cass. com. 25-10-1961 : Banque 1962.44) ;

3. Contrôler la correspondance entre le nom du bénéficiaire et celui du titulaire du compte et la concordance de la signature de l'endossataire avec les spécimens de signature qu'il a recueillis auprès du titulaire du compte (Cass. com. 17-5-2017 n° 15-24.277 F-D : RJDA 11/17 n° 753 : responsabilité de la banque présentatrice qui accepte d'encaisser sur le compte de son client des chèques barrés libellés au profit d'un tiers et ne vérifie pas leur endos) ;

4. S'assurer que le chèque ne présente **pas d'anomalies.** Tel est le cas, par exemple :

– d'un endossement au profit d'un particulier émanant en apparence de l'Urssaf, car inhabituel (CA Paris 7-2-1966 : J. agréés 1966.170),

– d'un endossement établi à l'ordre d'une personne morale par un représentant visiblement non qualifié (CA Douai 27-7-1933 : S. 1934.2.127),

– d'un endossement irrégulier au profit du banquier lui-même (Cass. com. 11-10-1983 : D. 1984.IR.306),

– d'un chèque tiré sur une banque imaginaire (TGI Paris 18-11-1967 : JCP G 1968.II.15438 note Gavalda) ;

5. S'abstenir de donner au remettant des **assurances sur la provision** du chèque (CA Paris 15-3-1975 : D. 1975.som.113).

Présentation du chèque Le banquier encaisseur doit présenter le chèque au tiré désigné, au lieu désigné (n° 52451) et dans le **délai légal** de présentation (n° 52448), sauf si le chèque lui a été remis à une date qui ne lui permet pas de le respecter (cf. CA Paris 8-6-1935 : GP 1935.2.543, jugeant suffisante pour ce faire la remise trois jours avant l'expiration du délai). Il appartient donc au porteur d'y veiller s'il ne veut pas, le cas échéant, perdre ses recours contre les autres signataires en cas de défaut de paiement (n° 52600). **52426**

Le banquier engage sa **responsabilité** dans la mesure où sa présentation tardive porte préjudice au remettant (Cass. com. 18-10-1971 : JCP G 1972.II.17053 note Vézian), notamment s'il a laissé dépérir les recours cambiaires (cf. CA Paris 12-7-1991 : D. 1991.IR.235). Il doit agir dans un bref délai qui est laissé à l'appréciation des tribunaux (Cass. com. 20-7-1954 : Bull. civ. III p. 278, qui a admis qu'un délai de dix jours n'était pas excessif pour un chèque payable « hors place » ; dans le même sens, Cass. com. 23-5-1955 : Bull. civ. III p. 148).

Passation en compte La banque, qui reçoit à fin d'encaissement un chèque au nom du **bénéficiaire** titulaire d'un compte dans ses livres, le porte généralement, en vertu de ses conditions générales, immédiatement au crédit du compte de celui-ci, sous réserve d'encaissement. **52429**

S'agissant d'un chèque libellé en devises, la banque commet une faute en créditant immédiatement le chèque sans informer au préalable son client du risque de change qu'il subirait nécessairement si son compte était immédiatement crédité (Cass. com. 23-1-2007 n° 05-18.557 : RJDA 5/07 n° 546).

Seul le compte du bénéficiaire doit être crédité (Cass. com. 25-3-2003 n° 531 : RJDA 11/03 n° 1108).

Il s'ensuit que :

– si deux entreprises ont un compte en commun auprès d'une même banque, celle-ci commet une faute engageant sa responsabilité si elle encaisse un chèque libellé à l'ordre de ces deux entreprises sur le compte d'une seule d'entre elles, sans l'accord de l'autre (Cass. com. 3-1-1996 : RJDA 4/96 n° 533) ;

– si la juxtaposition du nom de deux bénéficiaires sur un chèque ne constitue pas, en elle-même, une anomalie apparente, la banque présentatrice est cependant tenue, lors de la remise d'un chèque portant une telle mention par l'un des deux bénéficiaires pour encaissement à son seul profit, de s'assurer du consentement de l'autre, sauf circonstances particulières lui permettant de tenir un tel consentement pour acquis (Cass. com. 27-11-2019 n° 18-11.439 FS-PB : RJDA 3/20 n° 169, censurant une cour d'appel pour ne pas avoir recherché si l'existence d'un mandat entre les deux bénéficiaires constituait ces circonstances particulières) ;

– si le chèque porte mention de sa transmissibilité au seul profit d'une banque, d'une caisse d'épargne ou d'un établissement assimilé, il ne peut être encaissé par cet établissement qu'en vue de la remise de son montant au bénéficiaire du chèque, sauf le cas où cet établissement l'a reçu en paiement d'une somme due à lui-même, de sorte que ni le bénéficiaire du chèque ni son mandataire ne peuvent ordonner que son montant en soit remis à un tiers (Cass. 1e civ. 18-9-2002 : RJDA 1/03 n° 59) ;

– la banque est responsable dès lors que le chèque a été encaissé sur un compte autre que celui du bénéficiaire et ne portait pas la signature de ce dernier (Cass. com. 17-9-2013 n° 12-18.202 : RJDA 12/13 n° 1046) ;

– la banque ne commet pas de faute en créditant sur le compte personnel du mandataire les chèques libellés à l'ordre de « Maître X » car l'exercice par celui-ci à titre individuel de la profession de mandataire judiciaire n'a pas pour effet de créer une entité juridique distincte de sa personne (Cass. com. 13-2-2019 n° 18-11.156 F-D : RJDA 6/19 n° 457) ; mais la banque est néanmoins fautive si elle porte au compte personnel d'un mandataire de justice des chèques émis par des tiers à l'ordre de Maître X, en sa qualité d'administrateur judiciaire, les opérations d'encaissement que son client lui demandait d'effectuer étant affectées d'une anomalie apparente, aisément décelable par un banquier normalement diligent (Cass. com. 25-9-2019 n° 18-15.965 F-D : RJDA 1/20 n° 36). Sur la personnification de l'entreprise par l'entrepreneur individuel, n° 2140.

Si la banque a **crédité** le **compte d'un tiers,** sa responsabilité est engagée à l'égard du bénéficiaire dans la mesure où l'erreur, avant d'être réparée, lui a causé un préjudice (Cass. com. 14-12-1970 : Bull. civ. IV p. 304). Le tiers est tenu de restituer ce paiement à la banque, car il a reçu une avance sur encaissement et non un paiement pour le compte du débiteur (Cass. com. 26-4-1994 : RJDA 8-9/94 n° 912). Mais la banque commet un abus de droit si elle contre-passe le montant crédité à tort de façon brutale et alors que le titulaire du compte ainsi crédité ne présente pas de risque d'insolvabilité (Cass. com. 27-3-2001 : RJDA 7/01 n° 754). Néanmoins, le titulaire du compte est aussi responsable si l'anormalité de l'opération n'a pu lui échapper (CA Paris 5-3-2003 n° 01/12222 : RJDA 10/03 n° 990) ou s'il s'est montré imprudent en acceptant ce chèque contre remise d'espèces correspondantes au tireur (CA Douai 22-5-2014 n° 13/05887 : GP 2015.som.1er mai note Kleiner).

Toutefois, le banquier doit veiller à informer le client non averti du risque de contre-passation du chèque s'il est sans provision au jour de l'encaissement (CA Douai 22-5-2014 précité).

Si la banque a crédité le **compte du bénéficiaire** d'un chèque qui a été rejeté pour **défaut de provision,** le banquier peut procéder à une contre-passation de l'avance qu'il a consentie en attente de l'encaissement, ne commettant ainsi aucune faute (Cass. com. 3-11-2010 n° 09-16.326 : GP 2011.som.463 note Rouaud), même si l'avance a été consentie en vertu d'un chèque de banque falsifié dont il n'a pas vérifié auprès de la banque émettrice la régularité avant de le créditer (Cass. com. 14-2-2006 nº 223 : RJDA 5/06 nº 574) ou en vertu d'une facilité de caisse convenue (Cass. com. 8-3-2011 nº 10-13.501 : GP 2011.som.1753 note Rouaud) ou d'un chèque émis à l'ordre de la banque qui a ensuite crédité son client, véritable bénéficiaire (Cass. com. 13-11-2012 nº 02-10.220 : RJDA 5/13 nº 450) ; il peut aussi agir en répétition de l'indu (Cass. com. 21-5-1996 : RJDA 10/96 nº 1161).

Si la banque a tardé à faire dresser protêt et à aviser le client de l'incident, elle engage sa responsabilité, mais le client n'est recevable à mettre en œuvre une telle responsabilité que par une demande principale ou reconventionnelle en dommages-intérêts, à charge pour lui d'établir le lien de causalité entre la faute reprochée et le préjudice prétendu, et il ne peut l'invoquer, en défense, pour prétendre la banque déchue de son droit au remboursement de l'avance consentie, « sous réserve d'encaissement », sur le montant de l'effet (Cass. com. 30-1-1996 : RJDA 4/96 nº 534).

Le banquier peut aussi procéder à la **contre-passation** d'un chèque rejeté pour irrégularité de ses mentions sans engager sa responsabilité s'il l'a fait dans un délai raisonnable (Cass. com. 13-5-2014 nº 13-15.881 : GP 2014.som.20 juillet note Houin-Bressand).

Le banquier ne peut **pas obtenir le remboursement** du chèque s'il l'a payé en entendant consentir un crédit au tireur, ce qui est le cas lorsque, gérant le compte du bénéficiaire et celui du tireur, il débite le compte du tireur du montant du chèque tout en créditant à la même date celui du bénéficiaire, si le compte du tireur devient alors débiteur (Cass. com. 13-3-1985 : D. 1985.som.417 obs. Cabrillac). Mais il peut demander le remboursement dès lors qu'il n'a pas commis de faute en procédant à la contre-passation des chèques impayés après avoir rappelé à son client les stipulations de la convention de compte qui lui faisaient obligation d'attendre l'encaissement définitif des chèques avant d'utiliser les fonds inscrits au crédit de son compte (Cass. com. 22-1-2020 nº 18-12.237 F-D).

52432 **Exceptions** Les signataires du chèque ne peuvent opposer au porteur du chèque chargé de l'encaissement que les exceptions qui seraient opposables à l'endosseur (C. mon. fin. art. L 131-26, al. 2).

52435 **Obligation en cas de défaut de paiement** Le banquier doit faire dresser **protêt** et adresser l'**avis** légal de non-paiement **au tireur** (nºˢ 52550 s.). À défaut, il est responsable du préjudice subi par le tireur qui n'a droit qu'à des dommages-intérêts (Cass. com. 17-2-2015 nº 13-28.495 : RJDA 5/15 nº 376). Il n'est cependant pas responsable lorsque, en raison du défaut de provision, le tireur, seul garant du chèque, serait resté tenu malgré l'observation des formalités (Cass. com. 23-5-1955 : Bull. civ. III p. 148).

Le banquier doit aussi **prévenir** le **remettant** du défaut de paiement sous peine d'engager, si les conditions de droit commun en sont réunies, sa responsabilité (Cass. com. 14-12-1954 : Bull. civ. III p. 297 ; Cass. com. 22-2-1967 : Bull. civ. III p. 82). Il y est tenu même lorsqu'il bénéficie d'une clause d'irresponsabilité pour présentation ou avis tardifs, car il ne s'exonère par là que du défaut d'accomplissement des formalités relatives aux recours nés du chèque et non de son obligation de mandataire d'avertir le remettant du non-paiement (TGI Paris 26-4-1968 : RTD com. 1969.133 obs. Cabrillac et Rives-Lange).

L'information du remettant, dite « avis de sort », peut être donnée par renvoi du chèque au remettant sous pli ordinaire (Cass. com. 4-3-1968 : JCP G 1969.II.15777 note Gavalda : à propos d'une lettre de change mais transposable).
Le banquier doit l'expédier dans un bref délai que les tribunaux apprécient. A été jugé :
- anormal un délai de deux mois après la remise (Cass. com. 14-12-1954 : Bull. civ. III p. 297) ;
- normal un délai de dix jours pour un chèque payable dans une localité déplacée (Cass. com. 20-7-1954 : Bull. civ. III p. 211 ; CA Rouen 18-10-1951 : GP 1951.2.397).

La banque qui s'est réservé la possibilité d'informer le remettant du non-paiement des chèques dans un délai de trente jours à compter de la remise, sauf cas exceptionnel dont elle pourrait justifier, ne peut être dégagée de sa responsabilité pour information postérieure au délai de trente jours sans que soit établie l'existence d'un cas exceptionnel (Cass. com. 21-1-1997 : RJDA 5/97 nº 679).

Lorsque le chèque a été présenté à une **chambre de compensation,** cette présentation n'ayant aucun caractère libératoire, le banquier tiré peut en refuser le paiement pour défaut de provision et le restituer à condition que cette restitution soit effectuée sans retard à une séance postérieure déterminée par la chambre de compensation (pour un exemple de restitution tardive, CA Montpellier 11-2-1998 : RJDA 6/99 nº 714).

52438 **Clauses relatives à la responsabilité du banquier encaisseur** Les banquiers prévoient souvent dans leurs conditions de recouvrement des clauses qui les **dispensent** de **présentation** et de **protêt** à bonne date ou qui excluent leur responsabilité pour retard dans la présentation, l'établissement du protêt et l'envoi d'avis. Ces clauses sont généralement insérées sur les bordereaux de remise et ne sont opposables qu'aux signataires (Cass. civ. 27-1-1941, 2ᵉ esp. : DC 1943.70 ; cf. CA Rouen 18-10-1951 : GP 1951.2.397). Elles produisent effet selon le droit commun (nºˢ 15310 s.).

PRÉSENTATION DU CHÈQUE AU PAIEMENT PAR LE PORTEUR

Présentateur Le chèque est présenté au paiement soit par le **porteur** si le chèque est au porteur ou est endossé en blanc, soit par le dernier **endossataire** si le chèque est à ordre, soit par l'endossataire aux fins d'encaissement, que le chèque soit à ordre ou au porteur. 52445

Le présentateur doit justifier de son **identité** devant le tiré au moyen d'un document officiel portant sa photographie (C. mon. fin. art. L 131-15).

Il doit avoir le **pouvoir** d'encaisser le chèque lorsqu'il se présente au nom d'une autre personne, en particulier d'une personne morale (Cass. req. 15-12-1936 : DH 1937.66). Le tiré qui paie un chèque à un porteur autre que le bénéficiaire et qui ne justifie pas d'un pouvoir est responsable de cette faute à l'égard du bénéficiaire (Cass. com. 11-6-1965 : Bull. civ. III p. 327 ; CA Douai 27-7-1933 : S. 1934.2.127 ; CA Lyon 24-2-1965 : GP 1965.2.52).

Délai de présentation Payable à vue (C. mon. fin. art. L 131-31, al. 1), le chèque peut être présenté au paiement **dès le jour** de son émission ; la présentation dès la remise ou avant une certaine date n'est obligatoire que s'il en a été ainsi convenu entre les parties (Cass. com. 15-1-1958 : JCP G 1958.II.10462 bis note Cabrillac). Si le chèque a été postdaté, il est néanmoins payable dès le jour de sa présentation (art. L 131-31, al. 2). 52448

En dehors de ces cas, le chèque doit être présenté dans les conditions suivantes.

1. Durée du délai. Le chèque émis et payable en France doit être présenté au paiement dans le délai de **huit jours** ; le chèque émis hors de France métropolitaine et payable dans la France métropolitaine doit être présenté dans un délai soit de vingt jours, soit de soixante-dix jours, selon que le lieu d'émission se trouve situé en Europe ou hors d'Europe ; à cet égard, les chèques émis dans un pays riverain de la Méditerranée sont considérés comme émis en Europe (art. L 131-32, al. 1, 2 et 3).

Le chèque peut être présenté le dernier jour (Cass. com. 15-1-1958 précité).

2. Calcul du délai. Le délai commence à **courir** le lendemain du jour porté sur le chèque comme date d'émission et non pas du jour de la date réelle de l'émission (c'est-à-dire de la remise du chèque : n° 52310) (CA Rouen 24-5-1962 : D. 1963.som.70).

Le régime du délai est le suivant :
- lorsqu'un chèque payable en France est émis dans un pays où est en usage un calendrier autre que le calendrier grégorien, le jour de l'émission sera ramené au jour correspondant du calendrier grégorien (art. L 131-33) ;
- aucun jour de grâce, ni légal ni judiciaire, n'est admis (art. L 131-66) ;
- le délai peut être prorogé en cas de force majeure (art. L 131-55).

En dépit de la présentation du chèque **hors du délai** sus-indiqué, le tiré **doit le payer** (art. L 131-35, al. 1 ; CA Bordeaux 2-3-1944 : S. 1945.2.12). La présentation tardive entraîne seulement pour le porteur la perte des recours contre les signataires antérieurs du chèque (art. L 131-47) ; mais le recours subsiste contre le tireur qui ne prouve pas qu'il a fait provision lors de l'émission du chèque (art. L 131-4, al. 3), et ce, jusqu'à l'expiration du délai de prescription (Cass. com. 7-1-1997 : RJDA 4/97 n° 540).

Le porteur ne commet pas de faute à l'égard du tireur pour avoir différé la présentation, dès lors qu'aucune circonstance particulière ne l'alertait sur l'urgence de la remise à l'encaissement (Cass. com. 19-6-2001 : RJDA 12/01 n° 1251).

Lieu de présentation Le chèque doit être présenté au paiement au lieu **indiqué** sur le titre (n° 52218). 52451

Toutefois, la plupart des banques autorisent leurs clients à présenter leurs chèques de retrait dans les différentes agences de la banque (chèques dits de dépannage).

VÉRIFICATION DE LA RÉGULARITÉ DU CHÈQUE PAR LE TIRÉ

Obligation de vérification Sans préjudice du contrôle de la régularité apparente faite par le banquier encaisseur (n° 52423), le tiré doit s'assurer de la régularité apparente du chèque ; il doit spécialement vérifier la suite ininterrompue des endossements, mais non la signature des endosseurs s'il paie un chèque endossable (C. mon. fin. art. L 131-38, al. 2) et veiller à détecter les falsifications apparentes (n° 52755). 52455

En s'abstenant de procéder à cette vérification, il prend un risque dont il doit assumer les conséquences (Cass. com. 7-7-2009 : Bull. civ. IV n° 93).

En payant un chèque irrégulier pour défaut de la double signature exigée, une banque engage sa responsabilité extracontractuelle envers le porteur d'un autre chèque ultérieurement rejeté pour défaut de provision, car la somme utilisée pour payer le chèque irrégulier était équivalente à celle qui était nécessaire au paiement du second chèque ; en conséquence, la banque a dû verser au porteur de ce chèque une somme égale au montant dudit chèque (Cass. com. 4-6-1991 : RJDA 7/91 n° 628).

En cas de paiement d'un chèque non endossable à un autre qu'à son bénéficiaire, la banque manque à son obligation de restituer au déposant la somme que celui-ci lui a remise en dépôt sans qu'il ait à démontrer l'existence d'un préjudice (Cass. com. 16-6-2009 n° 08-12.654 : RD bancaire 2009 n° 6 § 179 note Crédot et Salmin).

La banque qui suspecte son client de se livrer à des chèques de complaisance peut les rejeter sans lui accorder de délai (Cass. com. 8-3-2005 n° 377 : RJDA 6/05 n° 757).

Mais le banquier n'est pas tenu à l'égard du porteur, en l'absence de dispositions le lui imposant, de vérifier la **situation du compte du tireur** ni d'informer le porteur de l'état de ce compte (CA Paris 5-7-1952 : JCP G 1952.II.7139 note Cabrillac) ; sa responsabilité ne peut être engagée que si son attitude a pu laisser croire au porteur que la provision a été vérifiée (Cass. com. 15-1-1975 : Bull. civ. IV p. 11). La banque n'est pas davantage tenue de vérifier la signature de l'endossement et sa conformité (Cass. com. 17-9-2013 n° 12-18.202 : RJDA 12/13 n° 1046).

Sur les obligations particulières des banques au titre de la lutte contre le blanchiment d'argent, C. mon. fin. art. L 561-1 s.

OBLIGATION DU TIRÉ DE PAYER

52460 **Obligation de payer dans la limite de la provision** Le paiement doit être fait dès la **présentation** du chèque (C. mon. fin. art. L 131-31, al. 1). À défaut, le banquier qui a provision (n° 52295) – ou dont les préposés ont assuré le tireur par téléphone que la provision existait (Cass. com. 21-5-1996 : RJDA 10/96 n° 1225) – et qui n'a pas reçu d'opposition (nos 52495 s.) est tenu responsable du dommage résultant pour le tireur tant de l'inexécution de son ordre que de l'atteinte portée à son crédit (art. L 131-70, al. 2).

Sauf si le titulaire du compte le lui a demandé, la banque n'est pas tenue de reconstituer par priorité la provision correspondant au chèque (Cass. com. 5-2-2020 n° 18-18.261 F-PB : RJDA 5/20 n° 289).

52463 **Obligation de payer les chèques dans la limite de 15 €** Le tiré doit payer, nonobstant l'absence ou l'insuffisance de la provision, tout chèque établi sur une formule délivrée par lui d'un montant égal ou inférieur à 15 €, sauf (C. mon. fin. art. L 131-82, al. 1 et 2) :

– si le chèque est présenté un mois après sa date d'émission, sans pour autant qu'il soit prescrit ;

– lorsque le refus de payer est justifié par une autre cause que le défaut de provision, par exemple, l'indisponibilité de la provision (sur cette dernière n° 52412).

Cette règle est d'ordre public (art. L 131-82, al. 3).

52466 **Obligation de payer les chèques émis sur des formules délivrées indûment** Le tiré doit payer, **nonobstant l'absence,** l'insuffisance ou l'indisponibilité **de** la **provision** (C. mon. fin. art. L 131-81, I) :

– tout chèque émis au moyen d'une formule dont il n'a pas obtenu la restitution, sauf s'il prouve qu'il a mis en œuvre les diligences prévues par l'article L 131-73 du Code monétaire et financier ;

– tout chèque émis au moyen d'une formule qu'il n'aurait pas dû délivrer (n° 52248) ou au moyen d'une formule qu'il a délivrée à un nouveau client alors que celui-ci faisait l'objet d'une interdiction judiciaire ou bancaire de chèque et dont le nom figurait pour ces motifs sur le fichier de la Banque de France.

Il est alors subrogé dans les droits du porteur à concurrence de la somme dont il a fait l'avance, sauf lorsqu'il a payé un chèque émis sur une formule délivrée indûment (art. L 131-83, al. 1).

Si le tiré **refuse de payer** alors qu'il se trouve dans une hypothèse où il y est tenu, il est obligé solidairement avec le tireur pour le montant du chèque et des dommages-intérêts qui pourraient être accordés au porteur ; il doit aussi être en mesure de justifier qu'il a satisfait aux prescriptions légales et réglementaires relatives à l'ouverture du compte et à la délivrance des formules de chèques ainsi qu'aux obligations légales et réglementaires résultant des incidents de paiement, notamment en ce qui concerne l'injonction d'avoir à restituer les formules de chèques (art. L 131-81, II).

52469 **Prescription** À compter de l'expiration du délai de présentation (n° 52448), l'action en paiement du porteur contre le tiré se prescrit par un an (C. mon. fin. art. L 131-59, al. 2). Sur l'application de cette prescription en cas de chèque sans provision lors de son émission, n° 52626.

MODES DE PAIEMENT DU CHÈQUE

52475 Le chèque peut être payé en numéraire, par remise d'un autre chèque (Cass. com. 30-5-1962 : Bull. civ. III p. 237), par inscription du montant du chèque au crédit du compte du porteur, par virement à un compte du porteur dans une banque.

Sur le paiement d'un chèque payable en une monnaie n'ayant pas cours en France, C. mon. fin. art. L 131-39.

ACQUIT DU CHÈQUE

Le tiré peut exiger du porteur qu'il lui donne acquit du chèque (C. mon. fin. art. L 131-37, al. 1). **52480**

Le banquier peut demander l'acquit au présentateur d'un chèque **au porteur** ; si celui-ci refuse, le tiré peut ne pas payer (Rép. Ribière : AN 24-2-1968 p. 537).

L'acquit **résulte** :

– soit de l'endossement du chèque au profit du tiré qui vaut quittance, sauf si le tiré a plusieurs établissements et que le chèque est endossé au profit d'un autre établissement que celui sur lequel il est tiré (art. L 131-18, al. 5 ; pour un exemple du jeu de cette exception, T. civ. Villefranche-sur-Saône 1-12-1949 : GP 1950.1.89) ;

– soit de l'apposition d'une formule établissant l'acquit ; l'expression « pour acquit » est la plus fréquente ; elle peut être apposée au moyen d'un cachet ou d'une autre main que celle du porteur, à condition néanmoins que celui-ci appose sa signature ; souvent, en pratique, la formule d'acquit et sa date sont apposées par le caissier de la banque, le porteur se bornant à signer (Cass. com. 30-4-1963 : Banque 1963.782).

L'acquit ne vaut toutefois que comme commencement de **preuve** par écrit (Cass. com. 30-4-1963 précité).

En cas de présentation à une caisse de compensation, le chèque ne peut être considéré comme payé que si le virement en a été effectivement opéré au compte du bénéficiaire (Cass. com. 23-5-1967 : Bull. civ. III p. 195).

PAIEMENT PARTIEL DU CHÈQUE

Le porteur ne peut **pas refuser** un paiement partiel (C. mon. fin. art. L 131-37, al. 2). Il a le droit d'exiger le paiement jusqu'à concurrence de la provision (art. L 131-37, al. 3 ; Cass. com. 8-1-1991 : RJDA 4/91 n° 320 ; CA Paris 10-1-1997 : D. 1997.IR.43). À défaut d'une telle demande, le banquier n'est pas tenu de procéder au paiement partiel (Cass. com. 8-3-2005 n° 377 : RJDA 6/05 n° 757). **52485**

Le paiement partiel **libère** à due concurrence le tireur et les endosseurs (art. L 131-37, al. 6 ; Cass. civ. 26-1-1977 : Bull. civ. I p. 41). Le porteur est tenu de faire protester le chèque pour le surplus (art. L 131-37, al. 7).

PAIEMENT D'UN CHÈQUE BARRÉ

Le chèque barré est le chèque au **recto** duquel figurent **deux barres** parallèles (C. mon. fin. art. L 131-44, al. 2), avec ou sans indication du nom d'un banquier entre les barres (art. L 131-44, al. 3). Ce chèque ne peut être payé par le tiré qu'à un autre banquier, à un établissement de monnaie électronique, à un établissement de paiement, à un chef de centre de chèques postaux ou à un client du tiré (art. L 131-45, al. 1). **52490**

La banque ne commet pas de faute en ouvrant un compte au remettant d'un chèque barré qu'il avait détourné dès lors qu'elle a contrôlé son identité et son domicile et que les circonstances ne lui permettaient pas de suspecter une fraude (Cass. com. 25-4-1967 : JCP G 1967.II.15306 note Gavalda). Mais une personne peut avoir cette qualité sans être titulaire d'un compte uniquement parce qu'elle a été en rapport avec le banquier pour des opérations traitées par caisse qui ont permis à celui-ci de connaître le porteur du chèque barré (T. com. Seine 3-11-1954 : Banque 1954.794 note Marin).

Les chèques à porter en compte émis à l'étranger et payables en France sont traités comme chèques barrés (art. L 131-46).

Le tiré qui paie un chèque barré à une personne autre que celle qui y a droit est responsable du préjudice subi par le porteur jusqu'à concurrence du montant du chèque (art. L 131-45, al. 6).

Pour plus de détails sur le chèque barré et ses modalités de paiement, art. L 131-44 et L 131-45.

OPPOSITION AU PAIEMENT DU CHÈQUE

Opposition du tireur

Le tireur ne peut valablement faire opposition que dans les **cas** suivants (C. mon. fin. art. L 131-35, al. 2) : **52495**

– perte du chèque, vol ou utilisation frauduleuse ;

Constituent une utilisation frauduleuse la falsification du chèque (CA Paris 27-4-2007 n° 05/18883 : BRDA 14/07 inf. 19 ; TGI Paris réf. 28-12-1992 : D. 1993.som.315 obs. Cabrillac) ou les manœuvres, objet d'une instruction pénale, ayant conduit à l'obtention et à l'utilisation du chèque contrairement à la destination convenue entre le tireur et le bénéficiaire (cf. Cass. com. 24-10-2000 : RJDA 1/01 n° 77). Mais la remise d'un chèque de garantie à l'encaissement ne constitue pas une utilisation frauduleuse (n° 52310). L'extorsion de chèques sous la contrainte est assimilée au vol (CA Versailles 19-6-1991 : D. 1991.IR.209 ; CA Paris 6-5-1994 : D. 1994.IR.144). L'opposant doit prouver le vol (Cass. com. 9-7-2019 n° 17-28.949 F-D : RJDA 12/19 n° 784). La perte du chèque ne peut être invoquée par le tireur qu'autant qu'elle n'est pas volontaire (Cass. com. 9-2-1981 n° 79-15.168 : Bull. civ. IV n° 68 ; rappr. Cass. com. 27-9-2011 n° 10-21.812 : RJDA 12/11 n° 1072) et qu'elle est certaine, ce qui n'est pas le cas lorsqu'il l'a remis lui-même au bénéficiaire, peu important les conditions dans lesquelles, ensuite, le porteur final a pu entrer en possession de ce titre (Cass. com. 18-2-2004 n° 352 : RJDA 7/04 n° 888).

– mise sous sauvegarde, en redressement ou en liquidation judiciaire du porteur ; cette opposition ne peut plus être admise s'il est établi que le chèque en cause a été remis à son liquidateur judiciaire (Cass. com. 8-7-2008 n° 07-16.936 : RJDA 11/08 n° 1175).

En dehors de ces cas, toute opposition est irrégulière : par exemple, une opposition fondée sur des manœuvres dolosives dont le tireur aurait été victime (Cass. crim. 6-5-1949 : Banque 1949.162 ; CA Paris 22-5-1970 : GP 1970.2.310), sur l'état mental du tireur (Cass. com. 21-11-1972 : D. 1973.265 note Vasseur), sur un vol imaginaire (Cass. crim. 4-1-1996 : RJDA 5/96 n° 668), sur le redressement judiciaire du tireur (Cass. com. 12-3-1996 : DA 1996.680) ou sur la dissolution de la société porteuse survenue en dehors d'une procédure collective (CA Besançon 24-6-2009 n° 09-134 : RJDA 6/10 n° 627).

Le banquier doit **informer,** par écrit, les titulaires de compte des sanctions encourues en cas d'opposition fondée sur des causes autres que celles énoncées ci-dessus (C. mon. fin. art. L 131-35, al. 3) et de la raison pour laquelle cette opposition ne peut être admise (art. R 131-51). À défaut d'avoir rempli cette formalité, le tiré qui refuse de payer un chèque pour opposition du tireur est passible d'une amende de 6 000 € (art. L 163-1).

L'opposition peut être faite de **n'importe quelle façon,** mais elle doit être immédiatement confirmée par écrit, quel que soit le support de cet écrit (art. L 131-35, al. 2), dont le contenu doit permettre à la banque d'identifier le chèque en cause (CA Paris 28-9-2004 n° 03/18808 : RJDA 3/05 n° 320).

La banque présentatrice n'a pas à vérifier la régularité de l'opposition (Cass. com. 4-7-2018 n° 17-13.579 F-D : RJDA 11/18 n° 864).

Le **banquier** ne doit pas **passer outre** à l'opposition fondée sur l'une des causes précitées, quels que soient les motifs sur lesquels l'opposition est fondée (Cass. com. 8-10-2002 n° 1584 : RJDA 2/03 n° 183), l'opposition étant valide dès que le juge a constaté que l'une de ces causes était réelle (Cass. com. 16-6-2015 n° 14-13.493 : RJDA 10/15 n° 703) ; mais il doit payer si l'opposition est fondée sur une autre cause que celles-ci, même s'il n'a pas à vérifier la réalité de cette cause (Cass. com. 17-2-2015 n° 13-22.520 : RJDA 7/15 n° 522). L'opposition produit effet à l'instant même où elle est faite auprès du guichet mentionné sur les formules dérobées ; dès lors, la banque tirée est fautive même si le chèque est payé par d'autres guichets (Cass. com. 20-6-1977 : RTD com. 1977.338 obs. Cabrillac et Rives-Lange).

Le tireur qui a fait une opposition irrégulière est assimilé à un tireur n'ayant pas fait provision ou ayant retiré la provision avant paiement, ce qui l'expose à un recours spécial (n° 52626).

Si, malgré l'avertissement du banquier, l'**opposition** est invoquée **pour d'autres causes,** le juge des référés, même dans le cas où une instance au principal a été engagée, doit, sur la demande du porteur, ordonner la **mainlevée** de l'opposition (C. mon. fin. art. L 131-35, al. 4 ; Cass. com. 21-6-1994 : RJDA 12/94 n° 1338) ; il le doit même si la présentation du chèque au paiement est tardive dès lors que l'opposition est antérieure à l'expiration du délai légal de présentation, la demande de mainlevée n'étant recevable que si la provision a été disponible pendant ce délai (T. civ. Metz 10-12-1947 : JCP G 1948.II.4514) ; sur le délai, n° 52448.

La demande de mainlevée, même au principal, ne peut être accueillie quand l'opposition est formée pour l'une des causes précitées ; ce chèque ainsi frappé d'une opposition régulière n'ayant pas la valeur d'un titre de paiement, le paiement de son montant n'est pas dû si les prestations promises par le bénéficiaire en vertu de sa relation contractuelle avec le tireur n'ont pas été exécutées (Cass. com. 12-10-1993 : RJDA 2/94 n° 189).

L'action en mainlevée peut être exercée tant que l'opposition garde effet, jusqu'à la prescription de l'action contre le tiré (Cass. com. 27-11-2012 n° 11-19.864 : RJDA 4/13 n° 359).

Le juge ne peut pas toutefois ordonner autre chose que la mainlevée, notamment la mise sous séquestre du chèque (Cass. com. 13-11-1990 : Bull. civ. IV n° 274). Mais il peut, parallèlement à la mainlevée, accorder une provision au porteur au cas où le chèque ne serait pas provisionné lors de sa nouvelle présentation (Cass. com. 26-3-1996 : RJDA 7/96 n° 951).

La banque tirée a l'obligation de maintenir la provision au plus tard, soit jusqu'à l'expiration du délai de prescription du chèque, dans l'hypothèse où la mainlevée de l'opposition n'a pas été ordonnée avant cette date, soit jusqu'à la signification d'une décision exécutoire ordonnant la mainlevée de l'opposition, si une telle décision intervient avant l'expiration du délai de prescription du chèque (Cass. com. 21-11-2018 n° 17-24.014 F-PB : RJDA 3/19 n° 219).

52498 **Opposition du porteur** Le porteur ne peut pas faire opposition, même en cas de redressement judiciaire du tireur (Cass. com. 12-3-1996 : DA 1996.680).

52501 **Opposition des créanciers** Les créanciers du **tireur** ne peuvent **pas** faire opposition comme le peut le tireur car cette faculté d'opposition ne concerne que le tireur ; mais ils peuvent pratiquer une saisie-arrêt (désormais saisie-attribution) car ils font alors valoir leur droit propre de créancier du tireur (TGI Seine 3-1-1966 : JCP G 1966.II.14891 ; cf. Cass. civ. 10-1-1944 : S. 1944.1.57).

Les banques peuvent tenir compte des oppositions formées par l'**administrateur ou le liquidateur judiciaire** du porteur pour leur permettre d'examiner la validité du chèque et de revendiquer, éventuellement, la provision au profit du débiteur ; mais commet une faute grave celle à qui le chèque a été présenté, même après l'ouverture de la procédure collective du tireur, et qui refuse le paiement au porteur (cf. CA Paris 16-10-1958 : D. 1959.82).

Sanctions pénales Toute personne qui, avec l'intention de porter atteinte aux droits d'autrui, fait opposition est passible d'un emprisonnement de cinq ans et d'une amende de 375 000 € (C. mon. fin. art. L 163-2, al. 1). 52504

EFFETS DE LA REMISE D'UN CHÈQUE SUR LA CRÉANCE

Le **tiré** qui a payé un chèque sans opposition est présumé valablement libéré (C. mon. fin. art. L 131-38, al. 1). 52510

Mais le **tireur** qui a remis un chèque en paiement d'une créance n'est libéré que dans les conditions exposées n°s 52513 s.

Absence de paiement et de novation de la créance La remise du chèque vaut paiement, à la date de la remise, et extinction de la créance, si le chèque est présenté à l'encaissement, sans retard (cf. Cass. com. 27-2-1968 : Bull. civ. IV p. 71) et s'il a été payé, les juges ne pouvant pas tenir le chèque pour payé à la remise sans préciser la date de celle-ci (Cass. soc. 4-7-1983 n° 82-10.655 : Bull. civ. V n° 386) ou non payé par la remise sans rechercher si le chèque a été présenté à l'encaissement (Cass. 3e civ. 16-9-2009 n° 08-14.724 : RJDA 12/09 n° 1043). Toutefois, le chèque remis en paiement de la prime d'assurance est réalisé du seul fait de cette remise (n° 17665). 52513

La remise n'entraîne pas novation et la créance originaire **subsiste,** avec toutes les garanties qui y sont attachées, jusqu'à ce que le chèque soit **payé** (C. mon. fin. art. L 131-67).

La règle joue dans les conditions suivantes.

1. La **créance** demeure pour tout défaut d'encaissement, qu'il provienne d'un cas de force majeure (CA Paris 19-1-1948 : JCP G 1948.II.4195 note Cabrillac) ou d'une cause imputable au débiteur (Cass. com. 3-3-1975 : Bull. civ. IV p. 53). Même après la date d'expiration des recours qui lui appartenaient en qualité de porteur du chèque (n°s 52600 s.), le créancier conserve le droit de poursuivre (tant que sa créance n'est pas prescrite, ci-dessous § 7) l'exécution de la créance primitive par l'action dite de provision quand l'impossibilité du paiement du chèque a eu pour cause directe, non une faute commise par lui, mais une faute imputable au débiteur endosseur du titre ; il en est ainsi lorsque le porteur du chèque a négligé de le faire protester, mais que l'impossibilité de paiement résulte du manque de provision à l'échéance et non du défaut de protêt (Cass. req. 30-11-1938 : GP 1939.1.147).

2. Tant qu'il n'a pas encaissé le chèque, le **vendeur** peut refuser la livraison (CA Paris 4-4-1960 : D. 1960.410) ou demander la résolution de la vente (Cass. 3e civ. 1-7-2009 n° 07-19.446 : RJDA 12/09 n° 1114).

3. Si le chèque a été envoyé par **lettre simple** à un bénéficiaire qui prétend ne pas l'avoir reçu et qui poursuit de son montant le tireur, il appartient alors à celui qui se prétend libéré de justifier de l'encaissement (Cass. com. 5-11-2013 n° 12-14.510 : RJDA 2/14 n° 159).

4. Une personne qui reçoit **mandat** d'encaisser le prix est responsable si elle ne s'assure pas que le chèque qui lui est remis est provisionné (Cass. com. 10-6-1963 : GP 1963.2.344). Mais le transporteur qui livre la marchandise contre remise d'un chèque sans provision n'en est pas responsable (n° 24422).

5. Le paiement de la créance est fait au **lieu** où le chèque est encaissé par le bénéficiaire (Cass. civ. 17-12-1924 : DP 1925.1.71) ; il s'ensuit que le tribunal de ce lieu est compétent pour connaître de l'action en paiement de la créance (Cass. com. 28-4-1964 : Bull. civ. III n° 219) ; si la créance est civile, le tribunal de commerce n'est pas compétent (T. com. Villefranche-sur-Saône 26-1-1949 : D. 1949.som.44).

6. Lorsqu'une **dette de jeu** (ou de pari) est payée par chèque remis à un casino, il est possible d'opposer au porteur l'exception de jeu de l'article 1965 du Code civil aux termes duquel la loi n'accorde aucune action pour obtenir l'exécution d'une dette de jeu ou pour le paiement d'un pari dès lors qu'il apparaît que ce chèque n'a pas été l'instrument d'un paiement au comptant mais a constitué une reconnaissance de dette correspondant à un crédit consenti par le casino pour alimenter le jeu (Cass. civ. 22-11-1988 : Bull. civ. I p. 223 ; Cass. civ. 19-5-1992 : RJDA 10/92 n° 934 ; Cass. civ. 11-5-1999 : RJDA 6/99 n° 708 ; Cass. 1e civ. 8-4-2021 n° 19-20.644 F-P). Il en est de même en cas de paiement du casino par une carte de crédit (Cass. civ. 3-12-1996 : RJDA 2/97 n° 166) ou pour des chèques émis dans un cercle de jeu en contrepartie de jetons car, selon la réglementation applicable dans ce cas, ces chèques ne peuvent avoir pour contrepartie que des billets de banque ou du numéraire (Cass. crim. 15-11-1993 : RJDA 1/94 n° 72).

7. La créance se **prescrit** dans le délai qui lui est applicable selon sa nature (Cass. com. 8-1-1958 : Bull. civ. III p. 140 ; CA Paris 16-7-1952 : JCP G 1952.II.7325 note Motulsky).

Preuve de la créance La remise d'un chèque ne vaut comme preuve écrite de la créance qu'il constate que s'il est conforme aux exigences de la preuve par écrit, notamment s'il comporte, lorsqu'elle est exigée (n° 75689), la mention manuscrite de la somme à payer (Cass. com. 30-11-1966 : GP 1967.1.105, à propos d'un chèque postal mais transposable). Le seul fait de la remise d'un chèque ne 52516 prouve pas que le remettant a consenti un prêt au bénéficiaire (Cass. civ. 20-1-1970 : Bull. civ. I p. 23) ou qu'il a, par là, éteint une dette déterminée dont il était tenu envers le bénéficiaire qui la lui réclame (Cass. civ. 19-6-2002 n° 1086 : RJDA 12/02 n° 1348), pas plus que l'endossement d'un chèque, qui démontre seulement la réalité de la remise des fonds (Cass. civ. 3-6-1998 : D. 1999.453 note Ravigneaux).

Ainsi, l'existence de la créance doit être prouvée par des moyens complétant la vraisemblance en cas de remise d'un chèque mentionnant les sommes dues en chiffres et en lettres et dont les signatures ne sont pas contestées (Cass. com. 5-2-1991 : RJDA 4/91 n° 358), d'un chèque non daté (Cass. civ. 10-3-1992 : RJDA 6/92 n° 620) ou d'un chèque périmé (CA Rouen 7-11-1990).

Le chèque ne vaut comme **commencement de preuve** par écrit de la créance invoquée, lorsqu'il est opposé au tireur par le bénéficiaire (Cass. com. 16-12-2014 n° 13-20.895 : RJDA 3/15 n° 215) et lorsqu'il est opposé par le tireur (ou ses ayants droit) au bénéficiaire qu'autant qu'il a été endossé par lui (Cass. civ. 10-5-1995 : RJDA 3/96 n° 447).

D. Défaut de paiement du chèque

1. FORMALITÉS CONSÉCUTIVES AU NON-PAIEMENT DU CHÈQUE

PROTÊT

52550 **Obligation d'établir protêt** Le **porteur** doit faire établir un protêt – sauf clause de retour sans frais (n° 52553) – pour constater officiellement le non-paiement du chèque et pour se réserver le droit d'exercer ultérieurement les recours (n°s 52600 s.).

Le protêt doit être dressé même si le compte est frappé d'**opposition** et si le chèque est sans provision (Cass. com. 8-3-1954 : GP 1954.1.289).

Nul acte de la part du porteur du chèque ne peut suppléer l'acte de protêt, sauf l'acte dressé en cas de perte ou de vol du chèque (C. mon. fin. art. L 131-63 et L 131-40).

52553 **Clause de retour sans frais** La clause de « retour sans frais » ou toute autre formule équivalente **dispense** le porteur, pour exercer ses recours, de faire établir un protêt ; mais la clause ne dispense pas le porteur de la présentation du chèque dans le délai prescrit ni des avis à donner (n°s 52559 s.) ; la preuve de l'inobservation du délai incombe à celui qui s'en prévaut contre le porteur (C. mon. fin. art. L 131-50, al. 1 et 2).

Sur les conditions d'opposabilité de la clause, art. L 131-50, al. 3.

52556 **Formes du protêt** Le protêt doit être fait par **un notaire** ou un **huissier** (ou commissaire) de justice selon les dispositions des articles L 131-61, L 131-62 et L 131-64 du Code monétaire et financier.

52559 **Délai** Le protêt doit être fait **avant expiration** du délai de présentation ; si la présentation a lieu le dernier jour du délai, le protêt peut être établi le premier jour ouvrable suivant (C. mon. fin. art. L 131-48). Sur le délai de présentation, n° 52448.

AVIS DU DÉFAUT DE PAIEMENT

52565 Le **porteur** doit donner avis du défaut de paiement à son endosseur et au tireur dans les **quatre jours** ouvrables qui suivent le jour du protêt et, en cas de clause de retour sans frais, le jour de la présentation (C. mon. fin. art. L 131-49, al. 1).

Sur l'obligation d'avis des notaires, huissiers (ou commissaires) de justice, endosseurs, art. L 131-49, al. 3 à 8.

ATTESTATION DE NON-PAIEMENT

52570 À défaut de paiement du chèque ou de constitution de la provision dans le délai de trente jours à compter de la première présentation, le banquier adresse au porteur qui le lui demande un certificat de non-paiement ; passé ce délai et après une nouvelle présentation, il doit adresser de lui-même ce certificat (C. mon. fin. art. L 131-73, al. 3).

Lors de la seconde présentation, et si la provision existe, le banquier n'est tenu de payer que le montant du chèque et non les intérêts de retard et les frais de recouvrement (Cass. com. 21-10-1997 : RJDA 2/98 n° 208).

Tout versement effectué par le tireur sur le compte duquel a été émis le chèque impayé est affecté en priorité à la constitution d'une provision pour le paiement intégral de celui-ci (art. L 131-74).

La signification de ce certificat au tireur, ou en cas de décès de celui-ci à son ayant droit, à son héritier notamment (Cass. com. 3-7-2012 n° 11-14.227 : RJDA 12/12 n° 1103), par ministère d'huissier (ou commissaire) de justice vaut **commandement de payer** (art. L 131-73, al. 4). S'il n'a pas reçu justification du paiement dans les quinze jours, l'huissier (ou commissaire) de justice délivre un **titre exécutoire** (art. L 131-73, al. 5). Le tireur peut faire opposition à ce titre tant pour la nullité du chèque que pour l'exception de jeu, même après l'expiration de ce délai (cf. CA Paris 17-5-1990 : D. 1990.IR.174).

Sur l'obligation du tiré de dénoncer le certificat de non-paiement au greffier du tribunal de commerce lorsque le titulaire du compte est soumis à immatriculation au registre du commerce ou au registre national des entreprises en tant qu'entreprise du secteur des métiers et de l'artisanat, art. R 131-49.

INFORMATIONS SUR LES INCIDENTS DE PAIEMENT

La Banque de France doit informer les établissements et les personnes sur lesquels peuvent être tirés des chèques, les organismes mentionnés au 5 de l'article L 511-6, les établissements de monnaie électronique, les établissements de paiement ainsi que, sur sa demande, le procureur de la République, des incidents de paiement de chèque, des interdictions prononcées en application de l'article L 163-6 et des levées d'interdiction d'émettre des chèques (C. mon. fin. art. L 131-85, al. 1). **52574**

Sur les interdictions de l'article L 163-6 susvisé d'émettre des chèques, n°s 52663 et 52761.

FRAIS

Les frais de toute nature occasionnés par le rejet d'un chèque sans provision sont à la charge du tireur mais ils ne peuvent pas excéder 30 € pour un chèque inférieur ou égal à 50 € et 50 € pour un chèque d'un montant supérieur à 50 € (C. mon. fin. art. L 131-73, al. 6 et D 131-25, al. 3). **52575**

RESTITUTION DU CHÈQUE

La banque qui a rejeté le chèque remis par le bénéficiaire doit le lui restituer et il lui incombe de prouver qu'elle y a procédé (Cass. com. 26-1-2010 n° 09-12.335 : RJDA 7/10 n° 781). Elle n'y est pas tenue dans un délai déterminé ; si elle le fait tardivement, le porteur ne peut pas s'en plaindre s'il n'avait aucune chance en représentant le chèque d'en obtenir le paiement (Cass. com. 9-4-2013 n° 12-14.955 : GP 2013.som.2357 note Roussille). **52578**

2. RECOURS POUR DÉFAUT DE PAIEMENT

CONDITIONS D'EXERCICE DES RECOURS

Le **porteur** d'un chèque **ne peut** exercer les recours contre les autres signataires, en cas de non-paiement ou de paiement partiel, que s'il a (C. mon. fin. art. L 131-47) : **52600**

– présenté le chèque dans les délais légaux (n° 52448) ;

– sauf dispense, fait dresser protêt dans le délai requis (Cass. com. 8-3-1954 : GP 1954.1.289 ; CA Limoges 17-2-1958 : JCP G 1958.II.10547 note Cabrillac).

Mais le porteur non payé n'a pas à prouver qu'il possède une créance personnelle contre le tireur ou l'endosseur qui lui a remis le chèque : la qualité de porteur légitime suffit à lui donner le droit de recourir contre les signataires (cf. Cass. civ. 28-7-1915 : D. 1921.1.12).

Le porteur qui ne se conforme pas à ces exigences est dit **« porteur négligent »**. Il **peut** néanmoins exercer son recours contre le **tireur** lorsque la provision n'existait pas au moment de l'émission (art. L 131-4, al. 3). Il perd son recours contre le tireur si la provision périt après l'expiration du délai de présentation pour un fait indépendant du tireur, notamment la défaillance du tiré (cf. CA Aix 19-2-1930 : GP 1930.1.795). Le tireur ne peut s'exonérer de sa garantie par une clause (art. L 131-13).

Le porteur non payé peut agir contre tous les **signataires** d'un chèque qui sont **garants** solidairement du paiement de ce chèque à son égard (art. L 131-51, al. 1), à savoir le tireur, le ou les endosseurs, le ou les avalistes.

Le porteur a le droit d'agir contre eux, individuellement ou collectivement, sans être astreint à observer l'ordre dans lequel ils se sont obligés (art. L 131-51, al. 2) ; l'action introduite contre l'un des signataires n'empêche pas le porteur d'agir contre les autres, même postérieurs à celui qui a d'abord été poursuivi (art. L 131-51, al. 4).

Les signataires sont **obligés** dès l'instant où leur engagement personnel est valable ; peu importe que le chèque comporte des signatures de personnes incapables de s'obliger par chèque, des signatures fausses ou des signatures de personnes imaginaires ou des signatures qui, pour toute autre raison, ne sauraient obliger les personnes qui ont signé le chèque (art. L 131-11).

Sur les cas dans lesquels les endosseurs sont garants, n°s 52350 et 52356.

Sur la possibilité des porteurs de mettre en cause la responsabilité des banques qui ont inconsidérément délivré des carnets de chèques, n° 52248.

MONTANT DES RECOURS

52605 Le **porteur** peut **réclamer** à celui contre lequel il exerce son recours (n° 52600) le montant du chèque non payé, les intérêts à partir du jour de la présentation dus au taux légal pour les chèques émis et payables en France, les frais de protêt, ceux des avis donnés, ainsi que les autres frais (C. mon. fin. art. L 131-52).

EXERCICE DES RECOURS

52610 Le banquier qui a crédité le compte du remettant peut exercer son recours contre ce dernier par le jeu d'une **contre-passation** (n° 52370).

Le **porteur** d'un chèque protesté peut, à notre avis sans l'autorisation du juge, saisir **conservatoirement** les effets mobiliers des endosseurs (C. exécution art. L 511-2 abrogeant implicitement l'art. L 131-68 C. mon. fin.). Mais il ne peut pas avoir recours à la procédure d'injonction de payer (cf. CPC art. 1405, qui l'admet seulement pour la lettre de change et le billet à ordre).

DROIT DU GARANT QUI A PAYÉ LE CHÈQUE

52615 Tout signataire du chèque qui a payé son montant est en droit d'exiger la **remise** du chèque avec le protêt et un compte acquitté et tout endosseur qui a remboursé le chèque peut **biffer** son endossement et ceux des endosseurs subséquents (C. mon. fin. art. L 131-54).

Le signataire peut agir en **remboursement** contre tous les signataires qui le précèdent (art. L 131-51, al. 3), comme le porteur (n° 52600), pour lui demander paiement (art. L 131-53) : de la somme intégrale qu'il a payée ; des intérêts de ladite somme, à partir du jour où il l'a déboursée, calculés au taux légal pour les chèques émis en France ; des frais qu'il a exposés.

PRESCRIPTION DES RECOURS

52620 **Actions prescrites** Les actions, dites cambiaires, qui ont pour objet de procurer au porteur le **paiement** du chèque – et qui sont différentes de l'action en paiement de la créance que le chèque non payé avait pour objet d'éteindre (n° 52513) – sont soumises à une prescription spéciale, dite aussi cambiaire, dans les termes suivants (C. mon. fin. art. L 131-59, al. 1 et 2) :

– l'action du **porteur** contre les endosseurs, le tireur et les avalistes se prescrit par six mois à partir de l'expiration du délai de présentation (sur ce délai, n° 52448) ;

– l'action d'un **signataire** qui a payé contre les autres se prescrit par six mois à partir du jour où le signataire a remboursé le chèque ou du jour où il a été lui-même actionné.

52623 **Interruption de la prescription** La prescription est interrompue par l'**action en justice** et ne recommence à courir que du jour de la dernière poursuite judiciaire (C. mon. fin. art. L 131-60, al. 1).

La prescription est aussi écartée en cas de condamnation ou d'**aveu** du débiteur par acte séparé (art. L 131-60, al. 1), celle du droit commun se substituant alors à elle (cf. Cass. com. 18-5-1966 : Bull. civ. III p. 234 ; Cass. com. 14-3-1972 n° 71-10.341 : Bull. civ. IV n° 87).

Les débiteurs sont par ailleurs tenus, s'ils en sont requis, d'affirmer sous serment qu'ils ne sont plus redevables, et leurs veuves, héritiers ou ayants cause qu'ils estiment de bonne foi qu'il n'est plus rien dû (art. L 131-60, al. 3).

L'interruption de la prescription n'a d'effet que contre celui à l'égard duquel l'acte interruptif a été fait (art. L 131-60, al. 2).

52626 **Actions non soumises à la prescription cambiaire** Échappe à la prescription spéciale visée au n° 52620 l'action du porteur (C. mon. fin. art. L 131-59, al. 3) :

1. Contre le **tireur** qui n'a pas fait provision ou qui ayant fait opposition irrégulière (n° 52495) lui est assimilé (Cass. com. 30-5-1995 : RJDA 11/95 n° 1260 ; Cass. com. 27-9-2011 n° 10-21.812 : RJDA 12/11 n° 1072) ; ce recours demeure fondé sur le droit du chèque, ce qui permet notamment au porteur de pratiquer, sans autorisation préalable du juge (n° 59115), une saisie conservatoire pour défaut de paiement du chèque (Cass. com. 23-10-2001 : RJDA 3/02 n° 304) ; mais il doit, dans le silence de la loi être soumis au délai de prescription de droit commun (cf. Cass. com. 27-9-2011 précité dont il ressort que cette action n'était pas prescrite près de quatre ans après la présentation du chèque à l'encaissement) ;

Ce recours spécifique suppose que le défaut de provision soit constaté dans le délai d'un an à compter de l'expiration du délai de présentation (Cass. com. 3-5-2016 n° 14-23.950 : RJDA 11/16 n° 813).

2. Contre les **signataires** qui se seraient enrichis injustement ; il en est ainsi, par exemple, lorsqu'un endosseur a transmis un chèque qu'il savait postdaté ou un chèque dont il pouvait soupçonner qu'il était sans provision (Cass. com. 4-7-1961 : JCP G 1962.II.12646 note Cabrillac ; CA Montpellier 5-2-1970 : JCP G 1970.II.16442 note Rives-Lange). En revanche, ne s'est pas enrichi injustement l'endosseur d'un chèque sans provision qui a touché de la banque endossataire le montant de ce chèque, lequel représente des fournitures faites au tireur (T. civ. Villefranche-sur-Saône 1-12-1949 : GP 1950.1.89) ;

À défaut de précision de la loi, il y a lieu de soumettre ce recours au délai de prescription de droit commun.

3. Contre le **débiteur de la créance** que le chèque avait pour objet de payer (pour une application à l'encontre du tireur, Cass. com. 12-7-1993 : RJDA 2/94 n° 190), car en acquérant la propriété de la provision le porteur est devenu cessionnaire de cette créance dans les termes du droit commun ; en conséquence, cette action est soumise à la prescription de droit commun de ladite créance.
Le porteur peut aussi agir contre le tireur **débiteur de la créance** que le chèque avait pour objet de payer, peu important qu'il ait laissé se perdre les recours cambiaires, cette perte n'ayant d'effet qu'envers le bénéficiaire du chèque (Cass. com. 12-7-1993 : RJDA 2/94 n° 190) ; en effet, en acquérant la propriété de la provision, le porteur est devenu cessionnaire de cette créance dans les termes du droit commun ; en conséquence, cette action est soumise à la prescription de droit commun de ladite créance.

3. INTERDICTION BANCAIRE DE CHÈQUE

Injonction du banquier Le banquier peut, après avoir informé par tout moyen approprié mis à disposition par lui le titulaire du compte des conséquences du défaut de provision, refuser le paiement d'un chèque pour défaut de provision suffisante ; il doit alors ordonner au titulaire du compte de (C. mon. fin. art. L 131-73, al. 1) : **52640**

– **restituer** à tous les banquiers dont il est le client les formules en sa possession et en celle de ses mandataires ;
– **ne plus émettre** des chèques autres que ceux permettant exclusivement le retrait de fonds par le tireur auprès du tiré ou ceux qui sont certifiés.

Cette injonction obéit aux règles suivantes.

1. Le préjudice résultant du défaut de délivrance de l'information au titulaire du compte, qui ne se confond pas avec le rejet fautif du chèque, consiste, pour ce dernier, en la perte de la chance d'approvisionner celui-ci pour couvrir les chèques émis et échapper aux conséquences qui résultent du refus de paiement du chèque (Cass. com. 14-6-2016 n° 14-19.742 : RJDA 10/16 n° 727).

2. Le banquier doit informer les mandataires du titulaire du compte (art. L 131-73, al. 1).

3. Il faut que le refus de paiement soit fondé sur une **provision insuffisante** au moment du paiement ; ce n'est pas le cas, par exemple, si le défaut de provision supposé est imputable à la banque (CA Paris 3-5-1984 : D. 1985.IR.29 ; dans le même sens, Cass. com. 13-6-1995 : RJDA 12/95 n° 1394).

4. Le banquier est tenu, à notre avis, d'adresser l'injonction à son client même lorsqu'il est **obligé de payer le chèque,** soit inférieur à 15 €, soit émis sur des formules délivrées à tort (nos 52463 s.), car le chèque est alors payé en vertu d'une obligation légale mais non parce que les conditions requises pour son paiement étaient réunies ; le défaut de provision que le législateur pourchasse existe néanmoins et les mesures qui le sanctionnent sont justifiées.

5. L'interdiction a, à défaut de régularisation (n° 52649), une **durée** de cinq ans à compter de l'injonction (art. L 131-78).

6. Sur la levée de l'interdiction qui a été appliquée avant une **procédure collective** ou une procédure de conciliation, nos 61165, 63332 et 64122.

7. Sur les **frais** perçus par le banquier, n° 52575.

La **banque** qui **refuse de payer** un chèque **sans avoir averti le titulaire du compte** des conséquences du défaut de provision doit lui verser des dommages-intérêts réparant la perte de chance de couvrir les chèques émis et d'échapper ainsi aux conséquences qui résultent du refus de paiement du chèque (Cass. com. 14-6-2016 n° 14-19.742 : RJDA 10/16 n° 727). **52642**

Personnes visées par l'injonction L'interdiction frappe le titulaire du compte (C. mon. fin. art. L 131-73, al. 1). **52643**

En cas de compte collectif avec ou sans solidarité, elle s'applique aux titulaires de ce compte dans les mêmes termes que l'interdiction de délivrance des formules de chèques (art. L 131-80 ; n° 52248).

Envoi de la lettre d'injonction L'injonction doit être formulée par lettre **recommandée** AR (C. mon. fin. art. R 131-15, al. 1). **52646**

Faculté de régularisation Le **destinataire** de l'injonction peut **échapper à l'interdiction** en régularisant la situation dans les conditions suivantes (C. mon. fin. art. L 131-73, al. 2). **52649**

1. Il doit **payer** le chèque entre les mains du **bénéficiaire** ; il doit alors justifier du règlement par la remise de ce chèque au tiré (art. R 131-20). Le tireur n'est censé opter pour cette régularisation que s'il a demandé au tiré, en procédant à un versement au crédit de son compte, de bloquer la provision (Cass. com. 22-2-2005 n° 280 : RJDA 6/05 n° 756).

Dans le cas où le chèque rejeté a été payé lors d'une nouvelle présentation, le tireur en fait part au tiré (art. R 131-21).

Le titulaire du compte recouvre la liberté d'émettre des chèques dès le paiement du chèque impayé même si son compte présente encore un découvert après ce règlement (CA Versailles 17-6-1994 : BRDA 19/94 p. 7). Le banquier ne peut donc plus alors délivrer un certificat de non-paiement du chèque (dans le même sens, Rép. Bariani : AN 1-8-1994 p. 3396).

2. À défaut de paiement du chèque, il peut constituer une **provision bloquée** affectée au paiement effectif du chèque (art. R 131-22, al. 1).

La provision redevient disponible à l'issue d'un délai d'un an, si elle n'a pas été utilisée par l'effet d'une nouvelle présentation du chèque impayé, ou immédiatement lorsque le titulaire du compte justifie du règlement par la remise du chèque au tiré (art. R 131-22, al. 2).

52652 **Violation de l'interdiction d'émettre des chèques** Sont passibles d'un emprisonnement de cinq ans et/ou d'une amende de 375 000 € :

– ceux qui émettent des chèques au mépris de l'injonction bancaire d'émission (C. mon. fin. art. L 163-2, al. 3 ; pour un exemple de complicité du banquier, Cass. crim. 9-10-1989 : D. 1990.som.120 obs. Cabrillac), sous réserve que l'émission du chèque soit postérieure à la réception de l'injonction (TGI Nanterre 12-10-1983 : D. 1985.IR.418 obs. Cabrillac) ;

L'émission de chèques en violation d'une interdiction bancaire suppose la mauvaise foi : le défaut de retrait de La Poste par le tireur de la lettre recommandée lui notifiant cette interdiction ne suffit pas à caractériser la mauvaise foi de celui-ci (T. corr. Bordeaux 13-10-1982 : D. 1985.IR.30).

Le porteur du chèque peut se constituer partie civile (Cass. crim. 29-11-1993 : RJDA 1/94 n° 71, déduisant ce droit de l'art. L 163-9).

– les mandataires qui, en connaissance de cause, émettent des chèques dont l'émission est interdite à leurs mandants (art. L 163-2, al. 4) ;

– ceux qui émettent des chèques au mépris de l'interdiction judiciaire d'émission (n° 52663) ainsi que leurs mandataires (art. L 163-7).

Une banque ne commet pas de négligence en accordant un prêt destiné à l'exercice d'une nouvelle activité professionnelle à la personne frappée de l'interdiction bancaire car elle n'a pas l'obligation de se renseigner sur une éventuelle interdiction de l'emprunteur (Cass. com. 15-6-1993 : RJDA 1/94 n° 25).

52655 **Voies de recours** Les contestations relatives à l'interdiction d'émettre des chèques sont déférées à la juridiction civile (C. mon. fin. art. L 131-79, al. 1). L'action en justice devant la juridiction civile n'a pas d'effet suspensif ; toutefois, la juridiction saisie peut, même en référé, ordonner la suspension de l'interdiction d'émettre des chèques en cas de contestation sérieuse (art. L 131-79, al. 2 ; pour un exemple : T. com. Paris 26-11-1993 : GP 1994.som.96).

Sur la réparation des dommages résultant d'une interdiction injustifiée, CA Paris 5-12-2013 n° 12/21028 : RJDA 4/14 n° 378.

4. RETRAIT OU BLOCAGE DE LA PROVISION

SANCTIONS PÉNALES

52663 Est puni d'un emprisonnement de cinq ans et d'une amende de 375 000 € le fait pour toute personne d'effectuer après l'émission d'un chèque, dans l'intention de porter atteinte aux droits d'autrui, le retrait de tout ou partie de la provision, par transfert, virement ou quelque moyen que ce soit, ou de faire dans les mêmes conditions défense au tiré de payer (C. mon. fin. art. L 163-2, al. 1).

Le tribunal peut ajouter aux peines précitées une **interdiction d'émettre des chèques** autres que ceux qui permettent exclusivement le retrait de fonds par le tireur auprès du tiré ou ceux qui sont certifiés ; l'interdiction peut avoir une durée d'un à cinq ans et être déclarée exécutoire par provision (art. L 163-6, al. 2).

L'interdiction peut aussi être prévue à titre de peine complémentaire d'une contravention de cinquième classe, d'un crime ou d'un délit (C. pén. art. 131-17 et 131-19).

Sur la sanction de la violation de l'interdiction judiciaire, n° 52652.

L'application des sanctions appelle les observations suivantes :

– le retrait doit **émaner du tireur** ou de son mandataire ; il n'est pas punissable s'il émane d'un tiers sans mandat (Cass. crim. 12-2-1975 : Bull. crim. p. 128) ;

– le tireur doit avoir eu l'intention de porter atteinte aux droits d'autrui et pas seulement avoir eu connaissance de l'absence de provision (C. mon. fin. art. L 163-2, al. 1 ; Cass. crim. 5-10-1983 : D. 1984.461 note Bouloc ; Cass. crim. 2-5-1984 : D. 1985.IR.29 obs. Cabrillac ; Cass. crim. 18-12-2019 n° 18-85.535 FS-PBI : RJDA 4/20 n° 237).

N'a pas eu cette intention le tireur qui a confié en dépôt à un huissier (ou commissaire) de justice un chèque que ce dernier ne devait remettre à son bénéficiaire qu'après apurement d'un contentieux entre eux, et qui a fait opposition au paiement lorsqu'il a su que l'huissier (ou commissaire) de justice avait donné l'effet à son adversaire en violation de ses instructions (CA Douai 16-5-1991 : Bull. inf. C. cass. 1991.1680).

INDEMNISATION DE LA VICTIME

Action civile Le porteur peut demander à la fois le **remboursement** du montant du chèque et, le cas échéant, des **dommages-intérêts** (C. mon. fin. art. L 163-9, al. 1). **52680**

Le porteur peut présenter cette demande s'il a laissé passer les délais de présentation et même de prescription du chèque (CA Montpellier 28-6-1949 : D. 1949.491 ; CA Pau 13-3-1951 : D. 1951.371). Le banquier qui a payé par erreur le chèque sans provision le peut aussi (CA Paris 21-5-1971 : Banque 1972.408 note Martin). En revanche, le bénéficiaire qui a reçu le chèque sans provision en connaissance de cause ne peut pas agir (Cass. crim. 27-3-1968 : D. 1968.523 note Vouin). La solution joue à l'encontre d'une personne morale dont le représentant a pris le chèque en connaissance de cause (Cass. crim. 10-1-1974 : Bull. crim. p. 38).

L'action en remboursement ne peut être exercée **que contre le tireur** et dans la mesure où il est personnellement tenu à la dette que la remise du chèque avait pour objet d'éteindre ; il s'ensuit que le remboursement ne peut pas être demandé au tireur dont la dette n'est pas prouvée (Cass. crim. 6-4-1992 : RJDA 10/92 n° 938) ou qui a agi en qualité de représentant légal d'une société (Cass. crim. 7-10-1991 : RJDA 12/91 n° 1056 ; Cass. crim. 22-9-2015 n° 14-83.787 ; Cass. crim. 18-12-2019 n° 18-85.535 FS-PBI : RJDA 4/20 n° 237), sauf si le dirigeant social a cherché à éteindre une dette qui lui était propre (Cass. crim. 18-10-1972 : GP 1973.1.75).

Le tribunal ne peut condamner au **remboursement** du chèque **que si la dette existe** effectivement (Cass. crim. 16-11-1976 : D. 1976.IR.339).

Les dommages-intérêts **moratoires** courent à compter non de la décision mais de la date à laquelle le paiement a été refusé (Cass. crim. 5-12-1968 : Bull. crim. p. 797).

Remarque. Les décisions de justice citées dans les développements ci-dessus qui ont été rendues à propos du délit d'émission de chèque sans provision sont transposables à tous les délits fondés sur une absence de provision.

Remboursement d'office Si le bénéficiaire – mais non l'endossataire – ne s'est pas constitué partie civile et qu'il ne résulte pas des éléments de la procédure qu'il a reçu paiement, le tribunal répressif peut condamner d'office le tireur à lui payer (C. mon. fin. art. L 163-9, al. 2) : les frais d'exécution de la décision ; une somme égale au montant du chèque, majorée, le cas échéant, des intérêts à partir du jour de la présentation ; les frais résultant du défaut de paiement. **52683**

5. ACCEPTATION OU ENDOSSEMENT D'UN CHÈQUE SANS PROVISION

Sont passibles des sanctions énoncées n° 52663 ceux qui, en connaissance de cause, acceptent de recevoir ou endossent un chèque dont la provision a été retirée ou bloquée (C. mon. fin. art. L 163-2, al. 2). **52700**

L'acceptation est répréhensible lorsqu'il s'agit d'une remise ou d'un endossement à titre de propriété ; le simple fait de recevoir matériellement un chèque ne constitue pas l'acceptation : il faut en plus que celui qui l'a reçu en soit le bénéficiaire ou l'endosseur, ce qui n'est pas le cas du préposé (Cass. crim. 13-3-1973 : Bull. crim. p. 288).

L'acceptation peut être donnée par un représentant (Cass. crim. 13-3-1973 précité) ou résulter de ce que le bénéficiaire du chèque l'a reçu par l'intermédiaire de ses préposés en connaissance de l'absence de provision et l'a présenté ensuite à l'encaissement (Cass. crim. 23-3-1965 : Bull. crim. p. 185).

La personne qui s'entremet dans la transmission matérielle mais qui n'est ni l'endosseur ni le bénéficiaire ne peut être poursuivie comme auteur principal, mais seulement et éventuellement comme complice (Cass. crim. 10-6-1958 : Bull. crim. p. 792 ; Cass. crim. 12-12-1972 : GP 1973.1.296).

Sur l'indemnisation de la victime, n° 52680.

E. Cas particuliers

PERTE OU VOL DU CHÈQUE

Le tireur d'un chèque perdu ou volé peut se protéger immédiatement en adressant au tiré une opposition à paiement (n° 52495). Souvent, le tiré paye le porteur dépossédé moyennant un engagement de garantie renforcé éventuellement d'une sûreté. Les lourdes formalités consécutives à la perte ou au vol (C. mon. fin. art. L 131-40 s.) sont peu usitées en pratique. **52750**

Les commerçants et prestataires de services peuvent, grâce au **Fichier national** des chèques irréguliers (FNCI) créé par la Banque de France, contrôler si les chèques reçus en paiement ont fait l'objet ou non d'une déclaration de vol ou de perte auprès des forces de l'ordre ou des établissements teneurs de compte.

Le banquier qui a payé un chèque sans opposition est présumé valablement libéré (art. L 131-38, al. 1). Sa responsabilité serait toutefois engagée s'il n'avait pas procédé aux vérifications auxquelles il est tenu (nº 52455) et qui auraient été de nature à lui révéler la perte ou le vol du chèque.

Ainsi, le banquier n'est **pas responsable** :

– si le chèque, revêtant une apparence régulière, est présenté dans des conditions non suspectes (par exemple, CA Montpellier 3-7-1953 : GP 1953.2.305 ; CA Paris 10-11-1964 : Banque 1965.740) ;

– si le client s'est montré négligent ou imprudent par manque de précaution ayant permis la soustraction (T. com. Seine 20-11-1957 : GP 1958.1.99), par défaut d'avis de vol ou avis tardif au tiré (T. civ. Seine 10-11-1953 : Banque 1954.41), par défaut de surveillance d'un mandataire (Cass. com. 5-1-1957 : JCP G 1957.II.9769 ; Cass. com. 9-1-1977 : Bull. civ. IV p. 3) ou d'un préposé (CA Alger 4-4-1952 : Banque 1953.244 ; TGI Thionville 13-7-1960 : Banque 1960.56 ; contra T. com. Seine 7-10-1965 : J. agréés 1966.106) ;

– lorsque les altérations ou les falsifications ne peuvent pas être décelées lors de la vérification du chèque, d'apparence normale, et que les chèques, très nombreux, lui ont été présentés régulièrement par le même employé qui jouissait de la confiance de ses employeurs (CA Paris 10-1-1964 : Banque 1965.740).

Lorsque le banquier et le client ont commis des fautes, les tribunaux prononcent un partage de responsabilité en fonction de l'importance respective des faits de chacun (CA Paris 15-6-1959 : JCP G 1960.II.11394).

Les **clauses,** souvent insérées dans le reçu du carnet de chèques ou sur le carnet de chèques lui-même, par lesquelles les banques s'**exonèrent** de toute responsabilité pour les paiements de chèques perdus ou volés, lorsque la perte ou le vol ne leur aura pas été signalé immédiatement, sont valables sauf dol ou faute lourde du banquier (CA Paris 15-6-1959 : JCP G 1960.II.11394) et s'il est établi, conformément au droit commun (nº 15316), qu'elles ont été expressément connues et acceptées du titulaire du compte.

Le porteur qui n'a pu recevoir paiement en raison de l'opposition du tireur peut agir en responsabilité contre ce dernier s'il établit que le défaut de paiement est dû à sa faute (T. com. Seine 19-12-1963 : GP 1964.1.245).

CHÈQUES FAUX OU FALSIFIÉS

52755 **Droits du porteur** Un chèque est faux parce qu'il a été émis avec une signature qui n'est pas celle du donneur d'ordre ; il est falsifié si, valablement émis à l'origine, il a été ultérieurement altéré ou modifié.

Le chèque est aussi falsifié s'il a été détourné de l'usage pour lequel le tireur l'avait confié au bénéficiaire ; celui-ci ne peut en obtenir le paiement, le tireur pouvant lui opposer la faute qu'il a commise en remplissant le chèque sans respecter ses instructions (Cass. com. 8-1-2013 nº 11-24.762 : GP 2013.som.956 note Lasserre Capdeville).

Il incombe à l'émetteur d'un chèque d'établir que celui-ci a été falsifié et à la banque tirée, dont la responsabilité est recherchée pour avoir manqué à son obligation de vigilance et qui ne peut pas représenter l'original de ce chèque, de prouver que celui-ci n'était pas affecté d'une anomalie apparente, à moins que le chèque n'ait été restitué au tireur (Cass. com. 9-11-2022 nº 20-20.031 FS-B : RJDA 2/23 nº 106, preuve non rapportée par la banque que le chèque ne présentait pas d'anomalie apparente).

Le **banquier** est responsable d'un **manque de vigilance** et tenu de restituer au client les fonds que celui-ci lui a confiés même s'il n'a commis aucune faute dès lors qu'il s'est défait de ces derniers sur présentation d'un faux ordre de paiement et que le déposant n'a pas de son côté commis de faute (Cass. com. 31-5-2005 nº 802 : RJDA 10/05 nº 1144 ; Cass. com. 25-10-2017 nº 16-10.168 F-D : RJDA 4/18 nº 352). Il ne peut en être dispensé que s'il établit que la faute commise par le titulaire du compte constitue la cause exclusive du paiement non justifié des chèques faux (cf. Cass. com. 22-5-2013 nº 12-15.672 : GP 2013.som.2357 note Houin-Bressand ; Cass. com. 2-11-2016 nº 15-12.324 F-D).

Le banquier n'est **responsable** envers son client, si l'établissement du faux ordre de paiement a été rendu possible à la suite d'une faute de ce dernier, ou de l'un de ses préposés qui a agi dans le cadre de ses fonctions (Cass. com. 21-9-2022 nº 20-23.214 F-D : RJDA 1/23 nº 50), que s'il a lui-même commis une négligence, et ce, seulement pour la part de responsabilité en découlant (Cass. com. 31-5-2005 précité), à condition que le titulaire du compte prouve l'apparence de la falsification (cf. CA Versailles 17-12-1999 : RTD com. 2000.417 nº 2 obs. Cabrillac, refusant de déduire cette preuve de la condamnation pénale de l'usurpateur pour délit de contrefaçon) ; dans ce cas, lorsqu'il n'existe **pas de provision** préalable suffisante, le banquier, en passant au débit du compte ce chèque, consent une facilité de caisse à son client sur sa demande implicite (Cass. com. 30-3-2010 nº 09-65.919 : RJDA 6/10 nº 674).

Le banquier a commis une négligence :

– lorsque le chèque porte une surcharge ou une altération apparente (CA Paris 27-5-2014 n° 13/07072 : GP 2015.som.1er mai note Lasserre Capdeville ; CA Paris 26-6-2014 n° 13/09667) ;

– lorsque la chaîne des endossements présente une interruption ou une irrégularité apparente (CA Lyon 27-10-1976 : JCP G 1977.IV.254) ;

– lorsqu'il a remis un carnet de chèques à un tiers non habilité à le recevoir (CA Nîmes 20-3-1973 : JCP G 1973.IV.194 note J.A.) ;

– lorsqu'il paie un chèque dont une société est bénéficiaire sans constater une mention, manuscrite ou par griffe, établissant que la signature d'endos est donnée au nom de cette société, car il « ne pouvait pas penser que l'endos constitué par la seule signature X, sans comporter aucune mention de la société bénéficiaire, avait été fait pour le compte de celle-ci » (Cass. com. 15-6-1976 : Bull. civ. IV p. 176 ; CA Lyon 27-10-1976 : JCP G 1977.IV.254) ; il en est de même lorsqu'il paie des chèques « vraisemblablement » à l'ordre d'une personne morale (CA Versailles 12-2-1988 : D. 1988.IR.90) ou lorsque des falsifications grossières et très apparentes ont affecté le nom du bénéficiaire (CA Versailles 24-2-1994 : RJDA 10/94 n° 1057) ;

– lorsqu'il ne s'assure pas de la concordance entre le numéro de compte des clients et le numéro magnétique permettant le traitement informatique porté sur les bordereaux de remise de chèques (Cass. com. 7-12-1993 : RJDA 5/94 n° 547) ;

– lorsqu'il ne décèle pas une signature apparemment différente de celle du titulaire du compte (Cass. com. 9-7-1996 : RJDA 12/96 n° 1492 ; rappr. CA Toulouse 13-6-2002 : JCP G 2003.IV.1705) ; mais le banquier n'est tenu que d'une vérification rapide et non d'une expertise en graphologie (Cass. com. 10-7-1957 : GP 1957.2.272).

Le banquier n'a pas commis une négligence s'il a payé :

– un chèque sans respecter l'ordre des numéros de série (cf. CA Paris 18-2-1935 : GP 1935.1.754), sans vérifier l'adéquation entre le lieu de présentation du chèque et celui du domicile du bénéficiaire (Cass. com. 15-10-1996 : RJDA 1/97 n° 86) ou sans surveiller l'origine et l'importance des fonds versés sur le compte du bénéficiaire (Cass. com. 15-6-1993 : RJDA 1/94 n° 73) ;

– des chèques dont il n'était pas démontré que la signature était différente de celle des personnes habilitées (Cass. com. 27-2-1996 : RJDA 5/96 n° 666) ;

– des chèques dont la falsification de la signature n'était pas aisément décelable par un employé de banque normalement avisé (Cass. com. 5-11-2002 n° 1810 : RJDA 3/03 n° 306) ;

– des chèques à un présentateur qui lui a soumis de fausses procurations dès lors que les chèques, payables à vue, n'étaient pas des chèques barrés seulement encaissables par une banque, qu'ils portaient la signature des personnes habilitées à les établir et qu'ils ne présentaient aucune trace de falsification et donc aucune irrégularité formelle (Cass. com. 3-11-2015 n° 13-28.771 : RJDA 2/16 n° 144).

La responsabilité du banquier est **partagée** avec celle du **tireur** en cas de fautes respectives (Cass. com. 28-11-1995 : RJDA 2/96 n° 247 : tireur ayant laissé l'accès de ses chéquiers à une personne sortant de prison et n'ayant pas réagi après avoir eu connaissance des faits du voleur, et banque n'ayant pas relevé que la signature était très différente de celle du titulaire du compte ; Cass. com. 22-3-2005 n° 480 : RJDA 7/05 n° 882 : manque de surveillance par le tireur de son comptable) et **écartée** en cas de faute de ce dernier ayant été la cause exclusive du dommage (Cass. com. 18-9-2012 n° 11-21.898 : RJDA 2/13 n° 184 ; CA Paris 7-1-1992 : D. 1992.395 note Martin).

Le tireur n'encourt aucune responsabilité lorsqu'il a déposé son chéquier dans un meuble non fermé à clé, situé dans un local professionnel (un cabinet d'architecte), dès lors que les formules n'en étaient pas présignées (Cass. com. 4-11-1976 : D. 1977.IR.45 ; rappr. Cass. com. 23-10-2001 : RJDA 3/02 n° 303).

Le banquier **est exonéré** s'il a stipulé une clause d'irresponsabilité comme il est dit au n° 52750.

Le banquier qui a découvert que les chèques remis à l'encaissement étaient falsifiés doit **avertir** les banques tirées (Cass. com. 15-11-1994 : RJDA 3/95 n° 324).

Obligation des signataires Malgré l'existence de fausses signatures sur un chèque, les obligations des autres signataires restent **valables** (C. mon. fin. art. L 131-11). **52758**

En cas d'altération du texte du chèque, les signataires postérieurs à cette altération sont tenus dans les termes du texte altéré ; les signataires antérieurs le sont dans les termes du texte originaire (art. L 131-58).

Délits de contrefaçon et falsification Sont passibles d'un emprisonnement de cinq ans et d'une amende de 375 000 € (C. mon. fin. art. L 163-3) : **52761**

– ceux qui contrefont ou falsifient un chèque ou autre instrument de paiement mentionné à l'article L 133-4 du même Code ; le seul fait de la falsification ou de la contrefaçon suffit à créer l'infraction, le préjudice n'étant pas un élément constitutif de celle-ci (Cass. crim. 8-1-2003 n° 95 : D. 2003.2037 note Djoudi) ;

– ceux qui, en connaissance de cause, font usage ou tentent de faire usage d'un chèque d'un autre instrument de paiement mentionné à l'article L 133-4 du même Code contrefait ou falsifié ;

– ceux qui, en connaissance de cause, acceptent de recevoir un paiement au moyen d'un chèque ou d'un autre instrument de paiement mentionné à l'article L 133-4 du même Code contrefait ou falsifié.

Le tribunal peut aussi prononcer, pour une durée de cinq ans au plus, l'interdiction des droits civiques, civils et de famille prévue à l'article 131-26 du Code pénal et prononcer l'interdiction judiciaire d'émission de chèque (art. L 163-6 ; n° 52663).

En outre, les chèques ou autres instruments de paiement mentionnés à l'article L 133-4 du même Code contrefaits ou falsifiés sont confisqués et détruits, ainsi que les matières, machines, appareils ou instruments qui ont servi ou étaient destinés à servir à la fabrication des chèques, sauf lorsque ces éléments ont été utilisés à l'insu du propriétaire (art. L 163-5).

CHÈQUES DE VOYAGE

52765 Le chèque de voyage ou traveller's chèque est un titre par lequel un organisme émetteur s'engage à payer au bénéficiaire désigné une somme indiquée, dans l'un quelconque de ses guichets ou auprès de ses correspondants. Toutefois, cet organisme n'est pas engagé dès lors que les chèques lui ont été frauduleusement soustraits avant leur émission et leur mise en circulation à son initiative ou à celle d'un mandataire (Cass. com. 6-4-1999 : RJDA 6/99 n° 715).

Dans le silence de la loi, la forme et les modalités d'emploi de ce chèque sont fixées par l'organisme émetteur, que le client accepte telles quelles.

Quoiqu'ils en aient l'apparence, les chèques de voyage ne répondent pas à la qualification juridique de chèque et expriment non pas un mandat de payer mais l'engagement de payer contracté par le banquier émetteur (Cass. crim. 16-3-1965 : JCP G 1965.IV.57). Néanmoins, le banquier auquel ces chèques sont présentés doit vérifier l'identité du porteur, la chaîne des endossements et effectuer un examen de nature à déceler les anomalies apparentes avant de les prendre à l'encaissement (CA Douai 28-3-2013 n° 12/05250 : PA 2013 n° 127 p. 15 note Lasserre Capdeville). Les peines prévues pour le délit de falsification de chèques leur sont applicables (Cass. crim. 29-3-1955 : Banque 1956.41 ; Cass. crim. 20-1-1960 : D. 1961.56 ; contra CA Amiens 9-1-1956 : JCP G 1956.II.9187 note Cabrillac).

Ces chèques de voyage ne sont pas, par ailleurs, traités comme des billets de banque (Cass. crim. 16-1-1963 : D. 1963.517 ; CA Paris 27-11-1991 : D. 1993.70 note Martin).

RÈGLES APPLICABLES AUX CHÈQUES ÉMIS DE PAYS À PAYS

52770 Il s'agit de chèques servant à effectuer les règlements des créances de pays à pays. Le chèque peut ainsi être tiré en France et circuler à l'étranger ou être tiré à l'étranger et circuler en France ou encore être tiré à l'étranger sur la France ou de France sur l'étranger.

52773 **Régime** Les règles exposées n°s 52776 s. sont celles contenues dans la **convention de Genève du 19 mars 1931** sur les conflits de lois en matière de chèque. Cette convention s'applique aux conflits de lois survenant entre la loi française et la loi d'un pays non adhérent (CA Paris 28-3-1952 : GP 1952.1.423). Mais elle ne s'applique que pour la solution des conflits qu'elle énumère en matière cambiaire et n'a pas pour effet de désigner la loi compétente en matière de responsabilité bancaire (Cass. 1e civ. 23-1-2007 n° 03-13.422 : D. 2007.1244 note Bouche ; Cass. com. 4-11-2014 n° 12-27.072 : RJDA 5/15 n° 377).

Ainsi, l'action en responsabilité extracontractuelle engagée par le bénéficiaire d'un chèque contre le banquier tiré est soumise à loi de l'État sur le territoire duquel le fait dommageable s'est produit, soit en l'espèce le non-paiement du chèque par la banque tirée ; cette banque étant localisée au Brésil, c'est la loi brésilienne qui doit s'appliquer, laquelle présente le lien le plus étroit avec le fait dommageable (CA Paris 17-2-2017 : RD bancaire 2018 n° 1 § 1 obs. Samin et Storck).

52776 **Capacité** La capacité d'une personne pour s'engager par chèque est déterminée par sa **loi nationale** ; si cette loi nationale déclare compétente la loi d'un autre pays, cette dernière est appliquée (Convention de Genève du 19-3-1931 art. 2, al. 1).

La personne qui serait incapable selon la loi ci-dessus désignée est **néanmoins valablement tenue** si la signature a été donnée sur le territoire d'un pays d'après la législation duquel la personne y aurait été capable (art. 2, al. 2), sauf si un État a écarté cette solution en ce qui concerne ses ressortissants (art. 2, al. 3).

Les règles valent pour tous les signataires d'un chèque : tireur, endosseur, avaliste. Elles s'appliquent également aux personnes morales, la convention visant sans autre précision « une personne ».

52779 **Qualité de tiré** La loi du pays où le chèque est payable détermine les personnes sur lesquelles un chèque peut être tiré (Convention de Genève du 19-3-1931 art. 3, al. 1).

52782 **Forme** La forme des engagements pris en matière de chèque est réglée par la **loi du pays** sur le territoire duquel ces **engagements** ont été **souscrits.** Toutefois, l'observation des formes prescrites par la loi du lieu de paiement suffit (Convention de Genève du 19-3-1931 art. 4, al. 1).

Par ailleurs, si un chèque, émis sans respecter les formes du lieu où l'engagement est souscrit, est suivi d'un engagement ultérieur pris sur le même chèque dans un autre pays selon les formes de ce pays, ce second engagement est valable si le premier est également valable selon la loi du pays du second engagement (art. 4, al. 2).

La France n'a pas usé de la faculté prévue par l'article 4, al. 3 permettant de tenir pour valable l'engagement pris par un Français à l'étranger envers un autre Français, si cet engagement a été pris dans les formes de la loi française.

Les sanctions à appliquer aux engagements irréguliers sont déterminées par la loi applicable à ces engagements.

Postdate Les effets de la postdate sont réglés par la **loi du lieu du paiement** (Convention de Genève du 19-3-1931 art. 7-1°). **52785**

Effets de l'engagement La loi du pays sur le territoire duquel les obligations résultant du chèque ont été souscrites règle les effets de ces obligations (Convention de Genève du 19-3-1931 art. 5). **52788**

Recours et paiement Les **délais** d'exercice de l'action en recours sont déterminés par la loi du lieu de la création du chèque (Convention de Genève du 19-3-1931 art. 6). Le **tribunal** territorialement **compétent** est celui du lieu où se trouve la banque qui doit régler le chèque ; dès lors que le lieu mentionné pour le paiement du chèque est Paris, les juridictions françaises sont compétentes pour connaître du différend opposant le tireur et le bénéficiaire (CA Paris 5-12-1997 : GP 1998.710 note Chatenet). **52791**

Sur l'application de la loi du lieu du paiement, art. 7.

Protêt La forme et les délais du protêt, ainsi que la forme des autres actes nécessaires à l'exercice ou à la conservation des droits en matière de chèque, sont réglés par la **loi du pays sur le territoire duquel** doit être dressé le **protêt** ou passé l'acte en question (Convention de Genève du 19-3-1931 art. 8). **52794**

VIII. COMPENSATION

DÉFINITION

La compensation est l'extinction de la plus faible des créances ou dettes réciproques existant entre deux personnes distinctes qui sont devenues créancières ou débitrices l'une envers l'autre (C. civ. art. 1347). **52900**

La compensation peut se produire soit par l'effet de la loi, soit d'une convention, soit d'une décision de justice.

RÉGIME

Les règles applicables à la compensation sont celles **en vigueur le jour où** se produit l'effet extinctif de la dette la plus faible. Pour déterminer la date de l'extinction de la dette, dans le silence des textes, hormis pour les dettes connexes, il convient de se référer aux critères arrêtés par les tribunaux en fonction de la compensation en cause. **52901**

La compensation intervient :

– si elle est légale, à l'instant où les conditions en sont réunies (n° 52924) ;

– si elle est conventionnelle, au jour de la conclusion de la convention ou à la date convenue par les parties dans la convention (n° 52933) ;

– si elle est judiciaire, au jour du jugement qui la prononce (n° 52937) ;

– si elle est due à la connexité, au jour de l'exigibilité de la première créance (n° 52936).

En dépit de la diversité des sources de la compensation, dont le régime propre à chacune est exposé nos 52903 s., il existe des règles communes, qui sont rassemblées sous le titre de « règles générales » dans le Code civil.

Lorsque les créances à compenser obéissent à des lois de pays différents, la compensation n'opère que si les deux lois considérées la permettent (CA Paris 29-3-1938 : Clunet 1938.1017 note Tager ; dans le même sens, CJCE 10-7-2003 aff. 87/01 : Rec. I-7617).

COMPENSATION LÉGALE

Pour que la compensation légale puisse jouer, les **quatre conditions** exposées nos 52906 s. doivent être réunies, sans préjudice des règles communes. **52903**

52906 **Réciprocité des créances** Les créances doivent être réciproques entre les deux parties en présence (C. civ. art. 1347, al. 1), chacune d'elles devant être à la fois créancière et débitrice de l'autre.

La compensation légale n'est pas possible :

– entre les sommes dues à une société A par une société B, et celles dues par la société A à une société C, dès lors que la société A n'a pas de créance établie envers la société C (Cass. 1e civ. 13-11-1979 : Bull. civ. I n° 275) ;

– entre la créance que le débiteur a sur la personne désignée par le créancier pour recevoir le paiement qui lui est dû par ce débiteur et la créance dudit créancier sur ce même débiteur (Cass. com. 28-2-1968 : Bull. civ. IV p. 74) ;

– avec la créance qu'une personne invoque contre son débiteur dès lors que cette personne est créancière de ce dernier avec une autre personne, la compensation étant écartée même pour la quotité de la créance lui revenant (Cass. civ. 17-3-1987 : BRDA 9/87 p. 15) ;

– entre la créance du cessionnaire d'actifs d'une société en redressement judiciaire sur cette même société et la dette de celui-ci au titre du prix de cession due au commissaire à l'exécution du plan car celui-ci ne représente pas le débiteur (Cass. com. 23-11-2004 n° 1707 : RJDA 4/05 n° 449, transposable à la cession de l'entreprise dans la liquidation judiciaire) ;

– entre la créance d'un époux, marié sous le régime de la communauté universelle, sur un tiers et la dette de son conjoint envers ce tiers (Cass. 1e civ. 25-11-2015 n° 14-14.003 FS-PBI : Bull. civ. I n° 291).

Mais l'interposition de l'indivision entre deux héritiers respectivement créancier et débiteur l'un de l'autre au titre de la succession n'empêche pas la compensation de jouer, l'indivision n'ayant pas de personnalité indépendante de celle des héritiers (Cass. civ. 10-12-1968 : D. 1969.165 ; Cass. civ. 17-12-1991 : Bull. civ. I p. 232).

De même, lorsque la réciprocité fait défaut entre la créance d'une personne sur un débiteur et la dette de cette personne envers une autre qui est sa créancière, la compensation peut jouer s'il est établi que le débiteur et le créancier de cette personne ont confondu leur patrimoine (Cass. com. 5-2-2013 n° 12-12.808 : RJDA 4/13 n° 360).

Sur la compensation des créances et des dettes entre des sociétés différentes d'un même groupe envers un même créancier, MSC n° 81110.

52909 **Fongibilité des créances** Les créances doivent consister l'une et l'autre en une somme d'argent ou en des choses fongibles de la même espèce (C. civ. art. 1347-1).

Les sommes d'argent sont fongibles même si elles sont libellées en différentes devises (C. civ. art. 1347-1, al. 2).

Il n'y a pas fongibilité des créances lorsque l'une d'elles a pour objet une somme d'argent et l'autre la remise d'obligations émises par une société (CA Douai 9-6-1950 : D. 1950.som.53) ou des bons anonymes (Cass. 1e civ. 24-2-1993 n° 89-20.865 : Bull. civ. I n° 82 : à propos d'une compensation judiciaire) ou de marchandises (CA Reims 25-3-1987 : GP 1987.669 note B.G.) ou la restitution d'une chose prêtée à usage (Cass. civ. 10-6-1987 : Bull. civ. I p. 139) ; il en est également ainsi entre le solde d'un compte courant et la contre-valeur des titres figurant dans un compte-titres, même en présence d'une clause de fusion des comptes (Cass. com. 16-12-2014 n° 13-17.046 : RJDA 4/15 n° 300) ou lorsqu'une des parties oppose à la dette qui lui est réclamée par l'autre le droit réel dont elle dispose sur des biens que l'autre doit lui transmettre à l'occasion du règlement d'une succession (Cass. civ. 11-1-1937 : DH 1937.101 ; Cass. civ. 14-12-1983 : D. 1984.310 note Breton).

Deux dettes non fongibles peuvent être compensées si les parties sont convenues de les rendre fongibles, notamment par une évaluation en argent (cf. Cass. civ. 10-6-1987 précité). Mais il est interdit au juge de procéder d'office à l'évaluation en argent du bien non fongible (Cass. civ. 24-2-1993 précité).

52912 **Liquidité et certitude des créances** Les créances doivent être certaines et liquides (C. civ. art. 1347-1).

En conséquence, il ne peut pas y avoir compensation dans les cas suivants :

– si l'une des parties invoque une simple possibilité de créance (Cass. civ. 16-3-1970 : Bull. civ. II p. 81 ; Cass. com. 21-1-1992 : RJDA 4/92 n° 377 ; Cass. com. 4-7-2006 n° 05-11.688 : RJDA 1/07 n° 91 ; aussi n° 24464) ;

– si la quotité de l'une des dettes ne peut être fixée qu'après un règlement de compte (Cass. req. 25-7-1892 : DP 1892.1.488) ou après une expertise, celle-ci devant être entérinée par une décision de justice (Cass. req. 5-3-1940 : DH 1940.130 ; Cass. com. 19-5-2015 n° 13-24.741) ;

– si le demandeur n'a pas chiffré les incidences financières de l'inexécution partielle d'un contrat par son adversaire ou s'il a chiffré le montant des pénalités de retard, dont cet adversaire serait contractuellement redevable, mais n'en a réclamé ni la liquidation ni le paiement (Cass. civ. 9-6-1977 : Bull. civ. II p. 106) ;

– si la créance invoquée par une partie est litigieuse (Cass. com. 24-3-2015 n° 13-23.791 : RJDA 6/15 n° 455 ; Cass. com. 6-1-2021 n° 18-15.228 F-P : RJDA 7/21 n° 510, s'agissant d'une créance indemnitaire contestée).

Mais une simple erreur de facturation ne retire pas à la créance son caractère certain (CA Grenoble 6-2-1970 : D. 1970.som.209).

Exigibilité des créances Les créances doivent être exigibles (C. civ. art. 1347-1). Est une créance exigible la créance dont le paiement a été ordonné par un jugement assorti de l'exécution provisoire (Cass. 2e civ. 13-10-2016 no 15-23.437 F-PB). 52915

Mais ne sont pas des créances exigibles :

– une créance de dommages-intérêts allouée par un tribunal dont la décision est frappée d'appel en raison de l'effet suspensif de l'appel, tant que l'arrêt confirmatif n'est pas prononcé (CA Dijon 21-4-1910 : DP 1913.2.76) ;

– des créances réciproques, certaines et liquides existant entre un débiteur et un créancier, dès lors que le débiteur ne peut en exiger paiement qu'après que son débiteur se sera lui-même libéré envers un autre créancier disposant d'un privilège (CA Douai 26-9-1975 : GP 1976.1.91) ;

– une créance prescrite (CA Amiens 17-10-2017 no 16/00802) ou à terme (cf. Cass. com. 11-10-2005 no 03-21.197 : RJDA 2/06 no 184) ; toutefois, le délai de grâce (no 50506) ne fait pas obstacle à la compensation (C. civ. art. 1347-3).

Effets Si les quatre conditions énumérées aux nos 52906 à 52915 sont remplies, la **compensation** opère à condition d'être invoquée (C. civ. art. 1347, al. 2 ; Cass. req. 11-5-1880 : DP 1880.1.470). 52924

La compensation peut être invoquée même hors délai de prescription (Cass. com. 30-3-2005 no 04-10.407 : RJDA 8-9/05 no 1034 ; Cass. com. 9-10-2019 no 18-15.793 F-D), contrairement à ce qui avait été jugé antérieurement (Cass. com. 6-2-1996 : RJDA 5/96 no 725) ; n'étant pas d'ordre public, elle ne peut pas l'être pour la première fois devant la Cour de cassation (Cass. 1e civ. 6-5-1969 : Bull. civ. I no 166, 1e esp.), mais peut l'être en cause d'appel (Cass. soc. 24-6-1976 : Bull civ. V no 396). Elle peut aussi être soulevée par voie d'exception, ce moyen n'étant pas atteint par la prescription (Cass. civ. 9-5-1994 no 92-15.241 : à propos de la prescription des actions dérivant du contrat d'assurance mais transposable). Le juge ne peut pas rejeter l'exception en se fondant sur le seul fait que les conditions de la compensation légale ne sont pas remplies ; il doit rechercher si les créances invoquées sont connexes ou non et si, en conséquence, il n'est pas tenu de reconnaître leur compensation (Cass. com. 4-10-1994 : RJDA 2/95 no 183).

Lorsqu'elle a été invoquée, la compensation se produit **de plein droit** à l'instant où les deux créances se trouvent coexister à la fois (Cass. 2e civ. 31-5-2018 no 17-19.340 F-PB), soit au jour où la deuxième créance vient à échéance (Cass. com. 17-5-1994 no 91-20.083 : RJDA 11/94 no 1179) ou au jour où un jugement en a ordonné l'exécution provisoire, l'arrêt de celle-ci ne la remettant pas en cause (Cass. 2e civ. 13-10-2016 no 15-23.437 F-PB : Bull. civ. II no 225), sans que soit nécessaire l'acceptation des parties (Cass. civ. 29-11-1939 : JCP G 1940.II.1456) ; si la deuxième créance résulte d'un jugement, cette date est celle du jugement qui la fixe dès lors que la créance n'est affectée ni d'un terme ni d'une condition (Cass. com. 17-5-1994 no 91-20.083 : RJDA 11/94 no 1179).

Ne pas invoquer la compensation légale de ses dettes peut constituer un acte anormal de gestion au regard des exigences fiscales, l'administration devant apporter la preuve qu'une telle omission ne répond pas à l'intérêt de l'entreprise et ne relève pas de la gestion commerciale normale de cette dernière (CE 22-2-2017 no 387661 : JCP E 2017.192).

COMPENSATION CONVENTIONNELLE

Cette compensation, qui résulte de la liberté contractuelle, est reconnue par l'article 1348-2 du Code civil ; il dépend donc des parties créancière et débitrice l'une de l'autre d'en convenir (Cass. com.12-11-1996 no 94-17.032 : Bull. civ. IV no 263). 52933

Sous réserve des dispositions légales limitant la liberté des parties, notamment en cas d'ouverture d'une procédure collective à l'encontre de l'une d'elles, la compensation constitue un mode normal de paiement qui n'est pas en soi contestable (Cass. 1e civ. 24-10-2019 no 18-20.586 F-D).

Les parties peuvent le faire pour des **créances** qui ne sont **ni liquides ni exigibles,** les règles de la compensation légale ne lui étant pas applicables (Cass. soc. 18-12-1967 : Bull. civ. IV p. 683) et selon la précision apportée par l'article susvisé, même pour des **créances futures.** Il peut être ainsi convenu :

– dans le contrat d'association conclu entre un médecin et la clinique où il exerce sa profession, que celle-ci prélèvera une fraction des honoraires du médecin en compensation des diverses prestations qu'elle a pu lui fournir (Cass. ass. plén. 28-5-1976 : JCP G 1977.II.18535 note Savatier) ;

– dans l'acte constitutif d'un « gage de numéraire », que le gagiste est dispensé, en cas de non-paiement de la somme garantie, de son obligation de restituer les fonds remis en gage (Cass. com. 3-6-1997 : RJDA 11/97 no 1373 : constatant le jeu de la compensation conventionnelle avant l'ouverture de la procédure collective du débiteur) ;

Cette attribution conventionnelle du gage, qui pourrait être un pacte commissoire, est désormais licite (no 57055).

– que des soldes de comptes courants se compenseront (no 40611).

Mais la compensation ne peut pas se produire si l'existence de deux créances entre les mêmes parties n'est pas constatée ; deux créances n'existent pas entre l'adhérent à un contrat d'affacturage et une autre partie qui ont conclu une convention de compensation, dès l'instant où la créance de l'adhérent a été payée par le facteur, ce paiement entraînant, par subrogation, transfert de la propriété de la créance payée au profit de ce dernier et partant extinction de la créance de l'adhérent (Cass. com. 23-6-1992 : RJDA 11/92 n° 1052).

La compensation prend effet à la date convenue dans l'accord des parties et, pour les créances futures, à la date de leur coexistence (C. civ. art. 1348-2 ; par exemple, Cass. com. 3-6-1997 n° 95-13.365 : RJDA 11/97 n° 1373 : à la date d'exigibilité de la créance qui pouvait être compensée avec une somme remise au créancier en garantie).

COMPENSATION PRONONCÉE EN JUSTICE

52936 **Compensation des dettes connexes** **Depuis longtemps** (Cass. civ. 13-7-1942 : JCP 1943 II 2157 note Houin), les tribunaux, sans base légale dans le Code civil dans sa rédaction antérieure au 1er octobre 2016, admettent la compensation des dettes qui ne peuvent pas bénéficier de la compensation légale à défaut d'en remplir les conditions (nos 52900 s.), mais qui sont certaines (cf. Cass. 3e civ. 18-7-2001 : RJDA 12/01 n° 1193) et **connexes.** L'article 1348-1 du Code civil valide désormais formellement cette compensation dans les conditions que l'on trouve dans la jurisprudence passée.

La connexité est généralement déduite de l'existence de dettes réciproques dérivant d'un **même contrat** mais elle peut aussi exister entre des créances et dettes nées de ventes et achats conclus en exécution d'une convention ayant défini entre les parties le cadre du développement de leurs relations d'affaires, ou de plusieurs conventions constituant les éléments d'**un ensemble contractuel** unique servant de cadre général à ces relations (Cass. com. 9-5-1995 n° 93-11.724 : Bull. civ. IV n° 130), le juge ne pouvant pas l'écarter (Cass. com. 9-11-1982 n° 81-14.034 : Bull. civ. IV n° 343 ; Cass. 3e civ. 7-1-2021 n° 19-20.898 F-D). La question de savoir si des dettes sont connexes est généralement posée au juge lorsqu'une des parties est soumise à une procédure collective, la compensation entre dettes antérieures ne pouvant jouer que si elle sont connexes ; l'application de cette règle fournit les plus nombreux exemples de connexité (n° 61886 s.).

Les dettes fiscales qui n'ont pas la même origine ne sont pas connexes car chaque imposition a pour origine un fait qui lui est propre, fixé par la loi qui définit son régime ; il s'ensuit que la loi ne prévoyant pas la compensation entre dettes au titre de la taxe sur la valeur ajoutée et de la taxe sur les céréales, il n'existe pas entre elles de lien de connexité bien que ces dettes se rattachaient à l'ensemble de l'activité du contribuable (Cass. com. 26-10-1993 n° 92-11.396 : Bull. civ. IV n° 355).

Dès lors que les dettes sont connexes, leur compensation peut être **immédiatement prononcée** ; le juge n'est pas tenu de vérifier la liquidité et l'exigibilité de ces dettes (Cass. com. 12-11-1996 n° 94-17.032 : Bull. civ. IV n° 263) et il ne peut pas écarter la compensation au motif que les dettes ne sont ni liquides ni exigibles (C. civ. art. 1348-1, al. 1 ; Cass. civ. 18-1-1967 : D. 1967.358 note Mazeaud ; Cass. civ. 30-3-1989 : Bull. civ. III n° 77 ; Cass. 3e civ. 6-5-2003 n° 550 : RJDA 3/04 n° 304) ; il doit constater la connexité et le principe de la compensation, qui constitue, pour les parties, une garantie, puis ordonner toutes mesures pour parvenir à l'apurement des comptes (Cass. civ. 18-1-1967 précité).

Mais il ne peut pas suspendre le paiement d'une dette certaine, liquide et exigible pour la compenser avec une autre, même connexe, qui n'est qu'éventuelle et pour l'établissement de laquelle il ordonne une expertise (Cass. civ. 6-12-1979 n° 78-13.689 : Bull. civ. I n° 309). Inversement, il n'est pas tenu, dès lors qu'aucun lien de connexité n'est établi, de constater le principe de la compensation et d'ordonner les mesures propres à parvenir à l'apurement des comptes (Cass. 1e civ. 25-10-1978 n° 77-12.294 : Bull. civ. I n° 322).

Pour être prononcée, la compensation pour connexité doit être **invoquée** par celui qui veut s'en prévaloir et prouvée par lui (CA Aix 19-10-1989 : Bull. cour d'Aix 1989/3-4 n° 89). Elle est opposable au tiers (C. civ. art. 1348-1, al. 3 ; Cass. 2e civ. 12-10-2000 n° 98-21.085 : Bull. civ. II n° 138).

Elle prend **effet** au jour de l'exigibilité de la première créance (C. civ. art. 1348-1, al. 2), qu'elle soit constatée ou ordonnée par le juge quand il arrête le montant de ces créances ou, ultérieurement, lorsqu'il répare une omission de statuer sur ce point (Cass. com. 23-9-2014 n° 13-20.399 : RJDA 1/15 n° 45).

52937 **Compensation des dettes ni liquides ni exigibles** Sur le fondement de l'article 70 du Code de procédure civile, qui déclare recevable la **demande reconventionnelle** en compensation présentée au juge, même si cette demande est sans lien avec les prétentions originaires, les tribunaux, suivis désormais par l'article 1348 du Code civil, ont admis la compensation, d'où son nom de compensation judiciaire, lorsque les conditions de la compensation légale ne sont pas réunies (Cass. 3e civ. 25-10-1976 n° 75-11.606 : Bull. civ. III n° 367). Ils ne peuvent pas la refuser ni au motif que la demande formée en appel ne se rattache pas à la demande originaire (Cass. com. 6-1-1981 n° 79-11.803 : Bull. civ. II n° 4 ; Cass. 3e civ. 21-10-1992 : Bull. civ. III n° 278 ; Cass. 2e civ. 4-12-2014 n° 13-25.931 : Bull. civ. II n° 242) ni au motif que l'une des sommes à compenser provient de l'occupation illicite d'un immeuble (Cass. 1e civ. 11-5-2022 n° 21-16.600 FS-B : RJDA 8-9/22 n° 508) ; mais ils ne sont pas tenus de la constater si aucun lien de connexité n'est établi (Cass. 2e civ. 17-3-1969 : Bull. civ. II n° 112).

La demande reconventionnelle en compensation est soumise à **prescription** (Cass. com. 26-5-1998 : RJDA 11/98 n° 1219).

Cette compensation prend **effet** à la date de la décision, sauf précision contraire (C. civ. art. 1348 ; Cass. 3e civ. 25-10-1976 n° 75-11.606 : Bull. civ. III n° 367, retenant que, s'il est vrai qu'une demande de compensation judiciaire peut être admise quand bien même l'une des créances ne remplirait pas les qualités requises, c'est à la condition que le juge puisse conférer à cette créance, par sa décision, le caractère de certitude, liquidité ou exigibilité qui lui manque pour permettre à la compensation de jouer).

RÈGLES COMMUNES À TOUTE COMPENSATION

Exclusion de la compensation Toute compensation qui porte sur des créances insaisissables, en restitution d'un dépôt, d'un prêt à usage ou dont le propriétaire a été injustement privé n'est valable que si le créancier y consent (C. civ. art. 1347-2). 52942

Le créancier d'aliments a été admis à demander que les sommes qui lui sont dues se compensent avec ce qu'il doit à son débiteur (Cass. 1e civ. 7-10-2015 n° 14-19.906 F-PB : Bull. civ. I n° 234).

En raison des principes de la comptabilité publique, la compensation n'est pas non plus possible entre la dette du débiteur d'une **collectivité publique** et la créance qu'il détient sur cette collectivité (Cass. 1e civ. 10-12-2014 n° 13-25.114 : Bull. civ. I n° 207).

La compensation est aussi exclue entre la dette de **comblement du passif social** incombant au dirigeant fautif et la créance de ce dernier sur la société, la somme due par le dirigeant entrant dans le patrimoine du débiteur (C. com. art. L 651-2 ; Cass. com. 8-3-2017 n° 15-24.891 F-D : RJDA 7/17 n° 488).

Opposabilité de la compensation La compensation est **opposable** au créancier si (C. civ. art. 1347-6) : elle est soulevée par la caution d'une dette qui a été compensée entre le créancier et le débiteur principal ; elle est invoquée par un codébiteur solidaire, celui-ci pouvant se prévaloir de la compensation de ce que le créancier doit à l'un de ses coobligés pour faire déduire la part divise de celui-ci du total de la dette (n° 50163). 52945

Il n'est pas repris dans ce texte que le débiteur principal ne peut pas opposer au créancier ce que la caution lui doit (C. civ. ex-art. 1294, al. 2). Cette solution continue à s'imposer néanmoins, car dans ce cas manque la réciprocité des dettes entre les mêmes personnes : ce que le créancier doit à la caution n'est pas dû au débiteur principal et, si on permettait au débiteur de déduire ce que le créancier doit à la caution, le débiteur ne paierait alors pas ce qu'il doit lui-même au créancier.

La compensation est **inopposable** :

– par le débiteur, qui aurait pu l'invoquer envers le cédant, dès lors qu'il a pris acte sans réserve de la cession de la créance au cessionnaire (C. civ. art. 1347-5) ;

– par le débiteur qui a obtenu un délai de grâce pour le paiement de la dette invoquée (C. civ. art. 1347-3) ;

– par quiconque aux droits acquis par des tiers (C. civ. art. 1347-7) ;

Compte tenu de la généralité des termes employés, les solutions qui étaient admises avant le 1er octobre 2016, demeurent applicables, notamment :

– le débiteur qui, devenu créancier depuis la saisie faite par un tiers entre ses mains, ne peut, au préjudice du saisissant, opposer la compensation (C. civ. ex-art. 1298 ; Cass. com. 20-2-2001 : RJDA 6/01 n° 720), sauf cas de connexité (Cass. civ. 12-10-2000 n° 98-21.085 : Bull. civ. II n° 138 ; n° 52936) ;

– le cessionnaire d'une créance par bordereau Dailly peut exercer son recours contre le cédant, même lorsque la créance cédée a été éteinte par compensation avec une dette du débiteur cédé envers lui (Cass. com. 26-4-1994 : RJDA 8-9/94 n° 952) ;

– celui qui a payé une dette qui était, de droit, éteinte par la compensation, ne peut plus, en exerçant la créance dont il n'a point opposé la compensation, se prévaloir, au préjudice des tiers, des privilèges ou hypothèques qui y étaient attachés, à moins qu'il n'ait eu une juste cause d'ignorer la créance (C. civ. ex-art. 1299).

Par exception, la compensation pour dettes connexes est opposable aux tiers (n° 52936).

– par le tiré au porteur d'une lettre de change acceptée ou d'un billet à ordre (n° 51264) ; la compensation est néanmoins opposable au tiers porteur d'une traite par le tiré qui ne l'a pas acceptée dès lors que le porteur ne lui a pas fait défense de la payer (n° 51300).

Imputation des paiements en cas de pluralité de dettes En cas de pluralité de dettes susceptibles d'être compensées, la compensation est pratiquée selon les règles d'imputation des paiements (C. civ. art. 1347-4). 52948

Effet de la compensation Toute compensation a pour effet d'éteindre la plus faible des deux dettes (C. civ. art. 1347, al. 2). 52951

À la date de la compensation, la prescription de l'excédent de la dette la plus élevée se trouve interrompue (Cass. com. 30-3-2005 n° 04-10.407 : RJDA 8-9/05 n° 1034, arrêt rendu pour la compensation légale mais transposable à toute compensation car le fait d'invoquer la compensation marque la volonté d'obtenir paiement, ce qui interrompt la prescription).

IX. SUBROGATION

53000 **Définition** Le Code civil ne définit pas la subrogation. Par extrapolation des dispositions légales, il y a subrogation (dite personnelle par rapport à la subrogation réelle par substitution d'un bien à un autre dans une universalité de biens ; pour des exemples, n° 56298) lorsqu'une **personne** (dite subrogé ou solvens), ayant un intérêt légitime, **paie** le créancier d'une somme d'argent **au lieu et place** du **débiteur** et devient alors **titulaire** de tous les **droits et actions** dont ce créancier (dit subrogeant) disposait sur le débiteur.

Ce paiement ne doit pas être confondu avec celui fait par un tiers, qui peut être non intéressé (n° 50085).

Si le paiement est fait à la suite d'un accord entre l'auteur du paiement et son bénéficiaire la subrogation est dite « conventionnelle » car elle résulte d'un contrat. Si le paiement est fait à l'initiative de celui qui décide de payer, elle est dite « légale » car elle intervient par l'effet de loi qui la déduit du seul fait du paiement.

53003 **Régime** La subrogation obéit aux dispositions des articles 1346 s. du Code civil, qu'elle résulte d'un contrat (n° 10617) ou d'un paiement (n° 49993).

Si la subrogation comporte un élément d'extranéité et génère un **conflit de lois,** la désignation de la loi applicable dans cette hypothèse est déterminée, au regard des dispositions du Code civil tant anciennes que nouvelles, selon les règles ci-dessous.

En cas de conflits entre lois d'États membres de l'UE :

a. si l'obligation objet de la subrogation est **contractuelle,** le règlement CE 593/2008 du 17-6-2008 sur la loi applicable aux obligations contractuelles dispose que :

– en cas de subrogation conventionnelle, les rapports entre le subrogeant et le subrogé se rapportant à une créance détenue envers un tiers (« le débiteur ») sont régies par la loi qui, en vertu du règlement, s'applique au contrat qui les lie, et les rapports entre subrogé et débiteur, les conditions d'opposabilité de la subrogation au débiteur et le caractère libératoire de la prestation faite par le débiteur le sont par la loi qui régit la créance objet de la subrogation (art. 14, 1 et 2) ;

– en cas de subrogation légale, le droit du tiers à exercer les droits détenus par le créancier contre le débiteur, selon la loi régissant leurs relations, est déterminé par la loi applicable à l'obligation du tiers à désintéresser le créancier (art. 15) ; pour des applications sous l'empire de la convention de Rome (Cass. 1e civ. 11-3-2009 n° 07-21.639 : Rev. crit. 2009.518 note Boscovic : loi française ; CA Rouen 26-5-2008 : Transidit 2008 n° 57 § 55 : loi anglaise).

b. si l'obligation est **extracontractuelle,** le règlement CE 864/2007 du 11-7-2007 sur la loi applicable aux obligations non contractuelles dispose que la loi applicable à cette obligation détermine si et dans quelle mesure le subrogé peut exercer les droits détenus par le créancier contre le débiteur selon la loi régissant leurs relations (art. 19) ; les juges français déterminent la loi applicable à cette obligation selon la loi du lieu où le fait générateur s'est produit (Cass. 1e civ. 24-6-2015 n° 13-21.468).

En cas de conflits **entre la loi française et la loi d'un pays tiers à l'UE,** la loi applicable est, à notre avis, la loi du lieu du paiement subrogatoire car c'est le paiement qui provoque la subrogation.

A. Conditions de la subrogation

CONDITIONS COMMUNES AUX SUBROGATIONS LÉGALE ET CONVENTIONNELLE

53006 **Nécessité d'un paiement** Que la subrogation dans les droits du créancier désintéressé soit conventionnelle ou légale, elle ne peut intervenir qu'au profit d'une tierce personne qui le paye (C. civ. art. 1346 et 1346-1 ; Cass. com. 21-5-1948 : S. 1948.1.172 : subrogation légale ; Cass. com. 14-6-1994 : RJDA 12/94 n° 1289 : subrogation conventionnelle). Le paiement effectué par un tiers est la seule condition requise (CE 10-2-2017 n° 397630 : RJDA 5/17 n° 327). Cette condition n'est pas remplie lorsque le créancier, vendeur d'un bien financé à crédit, reçoit des mains du prêteur les fonds empruntés par l'acheteur, ce dernier devenant, dès ce versement, propriétaire du matériel vendu, en dépit de l'existence d'une quittance subrogative du créancier reconnaissant qu'il a reçu paiement du prêteur (Cass. com. 14-6-2023 n° 21-24.815 F-B : RJDA 11/23 n° 610).

Les juges qui admettent la subrogation doivent constater que ce paiement a eu lieu (Cass. com. 21-5-1948 précité), sauf si l'existence de la subrogation invoquée n'est pas contestée devant eux (Cass. civ. 25-2-1913 : DP 1913.1.473). Mais ils ne peuvent pas se contenter de cette seule constatation ; ils doivent aussi relever la réunion des autres conditions de la subrogation, légale ou conventionnelle (Cass. 1e civ. 25-3-2003 : Defrénois 2003.857 obs. Aubert).

L'auteur du paiement ne peut **pas** être le **débiteur** lui-même, car, payant sa propre dette, il éteint la créance, ce qui exclut toute transmission d'un droit de créance comme le suppose la subrogation (Cass. com. 4-11-1968 : Bull. civ. IV p. 273 ; Cass. civ. 18-3-1971 : Bull. civ. I p. 78).

Il importe peu que le solvens effectue le paiement au moyen de **deniers propres ou empruntés** (Cass. civ. 26-4-1899 : DP 1899.1.377). Mais il faut qu'il fasse lui-même le paiement ou qu'il donne mandat de le faire de sa part : n'est donc pas subrogé le prêteur de deniers qui ne verse pas lui-même la somme au créancier et ne donne pas mandat (Cass. civ. 13-6-1914 : D. 1916.1.41 note Planiol ; cf. Cass. req. 3-2-1936 : S. 1936.1.128 ; Cass. civ. 27-2-1939 : DP 1940.1.24).

La **preuve** du paiement subrogatoire peut être faite, comme pour tout paiement (n° 50535), par tous moyens (CA Rouen 30-10-1997 : DMF 1998.466 note Tantin : à propos de la subrogation de l'assureur mais transposable).

CONDITIONS DE LA SUBROGATION CONVENTIONNELLE

Subrogation consentie par le créancier Il y a subrogation conventionnelle lorsque celle-ci est consentie par le créancier qui, « recevant son paiement d'une tierce personne, la subroge dans ses droits contre le débiteur » (C. civ. art. 1346-1). **53015**

Cette subrogation est soumise aux règles suivantes.

1. Il faut que le **créancier accepte** de subroger celui qui le paie.

Cet accord est indispensable, alors même que, vu le grand nombre de créances, il est difficile à réaliser (Cass. civ. 5-6-1896 : DP 1896.1.468, sol. impl.).

Cet accord se réalise sans l'intervention du débiteur, qui n'a ni à consentir ni à concourir à l'acte de subrogation (Cass. civ. 23-10-1984 : Bull. civ. I p. 234).

L'accord, souvent dit « quittance subrogative ou subrogatoire », doit être **exprès** (C. civ. art. 1346-1, al. 2) sans qu'il soit cependant nécessaire d'employer une forme solennelle, de faire signer la quittance par le subrogé, celle qui est déterminante étant celle du subrogeant qui acquitte (Cass. req. 17-4-1896 : DP 1897.1.40), ou d'y énumérer les droits et actions transmis par le subrogeant (Cass. civ. 25-2-1913 : DP 1913.1.473).

La subrogation ne saurait être déduite du fait que la dette du débiteur ne figurait plus dans les biens et actifs du créancier qui s'en était désintéressé et de la signature d'une reconnaissance de dette par le débiteur à la personne qui avait réglé le créancier (Cass. 1e civ. 18-10-2005 n° 04-12.513 : RJDA 2/06 n° 185).

La subrogation expresse doit recevoir effet même si le subrogeant a souscrit des billets à ordre en vue de garantir le subrogé contre les risques de la subrogation (Cass. com. 6-11-1990 : RJDA 2/91 n° 142) ou même si les parties se sont trompées sur la cause (désormais le but : n° 12546) de la subrogation, la soumettant aux conditions d'une police d'assurance qu'elles croyaient applicable (CA Versailles 26-6-2003 : BTL 2003.509).

2. La subrogation doit être **consentie** par le créancier.

C'est le cas lorsqu'elle est consentie **en même temps** que le paiement (C. civ. art. 1346-1, al. 3), ce qui doit être constaté par les juges du fond (Cass. com. 14-12-1965 : GP 1966.1.278) dont l'appréciation est souveraine (Cass. 1e civ. 12-7-2006 n° 1290 : RJDA 1/07 n° 65). En pratique, la constatation résulte de la délivrance au payeur d'une quittance subrogative par le créancier.

C'est aussi le cas si le subrogeant a manifesté **expressément, fût-ce dans un document antérieur,** sa volonté de subroger son cocontractant dans ses créances à l'instant même du paiement (C. civ. art. 1346-1, al. 3 ; Cass. com. 18-12-1978 : Bull. civ. IV p. 259 ; Cass. 2e civ. 3-6-2010 n° 09-16.029 ; Cass. 1e civ. 28-5-2002 n° 786 : RJDA 11/02 n° 1182). Elle ne résulte pas cependant de l'établissement de la quittance subrogative antérieure au paiement (Cass. 1e civ. 11-6-2008 n° 06-20.104 : Bull. civ. I n° 171).

3. La subrogation ne produit **effet** que si elle est concomitante au **paiement** (C. civ. art. 1346-1, al. 3) ou si, consentie antérieurement, celui-ci intervient avant que le juge statue (Cass. 2e civ. 27-5-2021 n° 19-24.508 FS-P). Elle ne peut **pas** être consentie **postérieurement** au paiement (Cass. 1e civ. 28-5-2008 n° 07-13.437 : Bull. civ. I n° 160).

Toutefois, la régularisation pourrait heurter la volonté des parties lorsqu'elles sont convenues que le paiement doit intervenir à une date déterminée (cf. CA Versailles 2-9-2010 n° 09/03829 : BTL 2010.610, qui a jugé, avant l'arrêt du 27-5-2021 précité, que dans ce cas la concomitance fait défaut).

Le paiement peut intervenir avant que la subrogation ne soit consentie lorsqu'il est établi qu'il était provisoire et conditionnel et que son caractère définitif était subordonné à l'octroi de la quittance subrogative (CA Pau 7-12-1891 : DP 1893.2.91).

Elle est valable et parfaite du seul fait du paiement (Cass. civ. 19-12-1989 : Bull. civ. I p. 268) ou, s'agissant de la subrogation de l'assureur dans les droits de l'assuré, de la production par l'assureur, en sus de la police d'assurance, de la quittance subrogative, sans qu'il soit nécessaire d'apporter la preuve du règlement effectué (CA Paris 8-4-2021 n° 17/13959).

4. La subrogation bénéficie à celui qui acquitte une **dette personnelle,** s'il a par son paiement, et du fait de la subrogation convenue, libéré envers leur créancier commun celui sur qui doit peser la charge définitive de la dette (Cass. civ. 24-10-2000 : RJDA 4/01 n° 499).

5. La subrogation n'opère **que pour le montant** de la créance visée dans la quittance subrogative (CA Paris 15-5-2014 n° 12/11684 : BTL 2014.413).

53018 **Subrogation consentie par le débiteur-emprunteur** La subrogation peut être consentie par le débiteur lorsque celui-ci emprunte une somme à l'effet de payer sa dette et subroge le prêteur dans les droits du créancier qu'il désintéresse avec les fonds empruntés (C. civ. art. 1346-2).

Cette opération s'effectue sans l'accord du créancier, étant précisé que cette dispense ne joue qu'à la condition que la dette soit échue ou que le terme soit en faveur du débiteur (C. civ. art. 1346-2, al. 2).

La subrogation consentie par le débiteur au prêteur suppose :

– que l'acte par lequel le débiteur emprunte soit notarié et mentionne que la somme empruntée est destinée au paiement du créancier à désintéresser ;

La procuration donnée par le débiteur pour consentir cette subrogation peut être constatée par acte sous signature privée (Cass. civ. 5-8-1891 : DP 1892.1.217).

La subrogation produit ses effets en dépit :

– de l'existence d'une cause d'annulation de l'emprunt, car, à défaut, il en résulterait un enrichissement sans cause (désormais enrichissement injustifié) au profit des emprunteurs, qui, ayant avec cet emprunt désintéressé leurs créanciers hypothécaires, retrouveraient leur immeuble libre d'hypothèque sans avoir rien payé de leurs propres deniers (Cass. req. 25-11-1940 : JCP G 1941.II.1618 note Becqué) ;

– de la stipulation d'une indemnité de remboursement anticipé de l'emprunt, dès lors que les conditions d'application de l'article 1250, 2° du Code civil (désormais C. civ. art. 1346-2) sont réunies (Cass. 1re civ. 27-9-2005 n° 02-13.935 : RJDA 2/06 n° 178).

– que la quittance constatant le paiement du créancier par le débiteur soit aussi notariée et mentionne que le paiement a été fait au moyen des deniers fournis à cet effet par le nouveau créancier ; la quittance doit, en outre, indiquer l'origine des fonds.

Cette double déclaration suffit (Cass. 1re civ. 26-5-1999 : RJDA 8-9/99 n° 996).

Si le créancier refuse de délivrer la quittance ou de recevoir le paiement, le débiteur peut lui faire des offres réelles (remplacées depuis le 1-10-2016 par la procédure exposée au n° 54300) et consigner les fonds : le reçu délivré par la Caisse des dépôts et consignations, mentionnant l'origine des deniers, permet le jeu de la subrogation (Cass. req. 12-3-1889 : DP 1890.1.207).

CONDITIONS DE LA SUBROGATION LÉGALE

53025 **Paiement par celui qui a un intérêt légitime à éteindre la dette d'autrui**

Il n'existe qu'un seul cas de subrogation légale définie par l'article 1346 du Code civil qui dispose que la subrogation profite à celui qui, ayant un intérêt légitime, paye une dette qui par là libère, envers le créancier, celui sur qui pèse la charge définitive de la dette.

La subrogation légale opère sous les seules conditions exposées nos 53031 s.

53031 La subrogation opère par le seul effet de la loi (C. civ. art. 1346) :

– si un paiement a été fait par quiconque ayant un **intérêt légitime** à l'effectuer, ce qui implique que l'obligation éteinte soit licite ; elle doit être aussi certaine et liquide (Cass. 1re civ. 12-7-2006 n° 1290 : RJDA 1/07 n° 65), cette solution jurisprudentielle s'imposant car, à défaut, le paiement n'aurait pas eu lieu, alors qu'il ne peut éteindre qu'une dette exigible et dont le montant nominal est versé (C. civ. art. 1342, al. 2 et 1343, al. 1) ;

Mais il n'est plus requis que celui qui paye acquitte par là même une dette personnelle, comme les tribunaux l'avaient antérieurement exigé et avaient eu souvent à l'apprécier (pour un exemple, Cass. com. 24-6-2003 n° 1042 : RJDA 12/03 n° 1239).

L'intérêt légitime de l'auteur du paiement pourrait être, par exemple, dans le paiement effectué, à titre de geste commercial, par un assureur au profit de son assuré qui contractuellement n'aurait pas droit à indemnisation selon la solution antérieure à la réforme du droit des contrats (cf. Cass. 1re civ. 14-12-2016 n° 15-23.663 F-D : PA 2017 n° 246 p. 23 obs. Andreu).

– si ce paiement **éteint la dette** de celui sur qui doit peser la charge définitive de tout ou partie de celle-ci.

Cette condition peut être éclairée par la jurisprudence passée qui a eu l'occasion de la préciser.

Ainsi :

– les notaires qui ont indemnisé le créancier du vendeur d'un fonds de commerce qu'ils n'avaient pas averti à temps de l'irrégularité de son opposition, ce qui l'avait empêché d'être payé par l'acquéreur, sont subrogés contre le vendeur pour obtenir le remboursement du règlement de cette créance à laquelle ils n'étaient pas tenus (Cass. 1re civ. 8-7-1994 n° 90-14.591 : RJDA 12/94 n° 1343) ;

– des locataires qui ont payé des travaux de mise en conformité des locaux prescrits par l'administration, même si à la date de cette prescription ils avaient cédé leur bail, sont subrogés contre le bailleur pour obtenir remboursement de leur paiement (Cass. 3e civ. 20-3-1996 no 94-11.937 : RJDA 6/96 no 815) ;
– la banque, qui a crédité le compte de son client du montant de deux chèques, puis les a perdus avant leur présentation en chambre de compensation, peut exercer à l'encontre du tireur l'action en recouvrement de sa créance à l'égard de laquelle elle a été légalement subrogée après en avoir payé le montant (Cass. com. 15-4-2008 no 06-13.346 : RJDA 8-9/08 no 945).

Il importait peu que celui qui a payé n'ait pas été judiciairement condamné à le faire dès lors qu'il avait intérêt à s'acquitter des conséquences de sa responsabilité (Cass. 2e civ. 13-12-2001 no 99-18.327 : Bull. civ. II no 196) ou que la charge définitive de la dette n'avait pas encore été judiciairement déterminée (Cass. com. 24-6-2003 no 1042 : RJDA 12/03 no 1239).

B. Effets de la subrogation

EFFETS DE LA SUBROGATION À L'ÉGARD DU DÉBITEUR

Le débiteur peut invoquer la subrogation dès qu'il en a connaissance mais elle ne peut lui être opposée que si elle lui a été notifiée ou s'il en a pris acte (C. civ. art. 1346-5, al. 1). **53045**

La notification peut être réalisée par le mandataire indiquant agir au nom et pour le compte du créancier, même si la quittance subrogatoire et le mandat ne sont pas joints ; il suffit que l'acte de notification contienne les mentions nécessaires à l'information du débiteur cédé (Cass. com. 17-5-2023 no 21-22.364 F-D : RJDA 8-9 no 456).

EFFETS DE LA SUBROGATION À L'ÉGARD DU SUBROGÉ

Acquisition des droits nés de la subrogation Le subrogé peut se prévaloir contre le débiteur des **droits, actions et sûretés** dont jouissait envers celui-ci le subrogeant. Il s'ensuit que : **53050**

– ces droits lui sont acquis de plein droit et que les juges ne peuvent pas s'opposer à leur transmission sous prétexte que celui qui veut en bénéficier n'aurait aucun intérêt à la demander (Cass. 1e civ. 7-12-1983 : Bull. civ. I p. 228) ;

– le subrogé peut invoquer les avantages et les accessoires de la créance (C. civ. art. 1346-4, al. 1), notamment la réserve de propriété assortissant la créance du prix de vente (no 63050) ;

– le subrogé, sous-acquéreur du bien revendu, qui a désintéressé le vendeur originaire non payé par l'acquéreur, peut exercer l'action résolutoire de ce vendeur contre ledit acquéreur pour défaut de paiement du prix de la première vente et retirer ainsi à ce dernier la possibilité d'agir contre lui en nullité de la revente pour cause d'incapacité (Cass. req. 17-7-1861 : DP 1861.1.480) ;

– le subrogé peut agir contre tous ceux contre lesquels le créancier désintéressé avait une action : s'il n'a pas obtenu satisfaction de l'un d'entre eux, il peut se retourner contre un autre (Cass. 1e civ. 6-7-1988 : Bull. civ. I p. 161), et ce, même si ce dernier était tenu envers le créancier à un autre titre que lui-même (Cass. civ. 3-12-1985 : JCP G 1986.IV.65) ; sur l'exercice de l'action paulienne, no 54018 ;

– le subrogé, en cas de simulation, peut exiger paiement du débiteur désigné par l'acte apparent dès lors que son subrogeant s'est prévalu de celui-ci (Cass. 1e civ. 31-1-1989 : Bull. civ. I p. 34).

La subrogation conventionnelle ne peut nuire au créancier n'ayant été payé qu'en partie ; celui-ci peut, en ce cas, exercer ses droits contre le débiteur pour ce qui lui reste dû, par préférence à celui dont il n'a reçu qu'un paiement partiel (CA Montpellier 7-3-2023 no 21/05329 : DMF 2023.785).

Exclusion des droits extérieurs à la subrogation Le subrogé ne peut se prévaloir que des droits qui résultent de la subrogation ; en conséquence : **53053**

– il n'a **pas plus de droits** que le subrogeant à la date de la subrogation (Cass. 3e civ. 7-7-2010 no 09-13.159 : RJDA 11/10 no 1062) ;

Ainsi, le subrogé dans les droits du locataire d'un matériel pris en crédit-bail ne peut pas invoquer un droit dont le bénéfice n'a été reconnu qu'au crédit-bailleur (Cass. com. 25-4-1983 : GP 1983.pan.263 : engagement du vendeur à l'égard du crédit-bailleur de reprendre le matériel en cas de résiliation du crédit-bail).

L'étendue des droits du subrogé s'évalue au jour où la subrogation se produit, par exemple, celui d'une caution au jour de l'exigibilité de l'obligation de la caution, soit le jour de la défaillance du débiteur principal (Cass. civ. 24-2-1987 : Bull. civ. I p. 46).

Le subrogé ne dispose que des actions bénéficiant au subrogeant, de sorte que l'action subrogative du subrogé, en l'espèce une caution, contre le débiteur est soumise à la même prescription que celle applicable à l'action du créancier contre le débiteur, laquelle ne commence à courir que du jour où le créancier a connu ou aurait dû connaître les faits lui permettant de l'exercer (Cass. com. 5-5-2021 no 19-14.486 F-P : RJDA 1/22 no 38).

– il ne peut **pas** invoquer les droits du subrogeant si celui-ci les a **déjà** lui-même **exercés** (CE 9-5-1984 : D. 1986.IR.26 obs. Moderne et Bon) et le subrogeant ne peut pas, sauf convention expresse l'y autorisant, agir en justice contre le débiteur dans l'intérêt du subrogé (Cass. com. 1-12-2009 nos 08-14.203 et 08-20.656 : RJDA 3/10 no 285) ;

– lorsqu'il n'a **payé qu'en partie** le créancier, il ne peut exercer ses droits pour ce qui lui reste dû qu'après celui-ci (C. civ. art. 1346-3 ; Cass. 1e civ. 27-2-2007 no 04-12.414 : Bull. civ. I no 88), mais seulement dans la mesure où l'un et l'autre se trouvent en concours dans des actions exercées contre le débiteur (Cass. 3e civ. 11-3-2009 no 08-10.733 : Bull. civ. III no 63) ;

Il est déduit de cette règle que la subrogation est à la mesure du paiement et que, en conséquence, le subrogé ne peut obtenir plus que ce qu'il a payé (Cass. 1e civ. 21-2-2006 no 342 : D. 2006.1873 note Gallmeister ; Cass. com. 13-10-2015 nos 13-26.272 F-D et 13-26.935 F-D).

– il ne peut invoquer les **droits personnels du subrogeant** (C. civ. art. 1346-4), tels le droit du mineur à invoquer la suspension de la prescription (Cass. civ. 25-11-1992 : Bull. civ. II p. 137 ; Cass. 2e civ. 4-7-2007 no 06-15.644 : Bull. civ. II no 197), la qualité pour demander l'ouverture d'une procédure collective (Cass. com. 12-11-1985 : Bull. civ. IV no 269), le droit d'agir en nullité pour dol du contrat, ce droit étant réservé à celui dont le consentement a été vicié (Cass. 3e civ. 18-10-2005 no 1117 : RJDA 4/06 no 371), le droit du transporteur à demander le paiement du fret directement à l'expéditeur ou au destinataire (Cass. com. 13-11-2007 no 06-18.978 : RJDA 3/08 no 269) ou les prérogatives de puissance publique du subrogeant (CA Versailles 28-6-2001 : GP 2002.som.279).

53059 **Intérêts dus par le débiteur au subrogé** Le paiement fait par le subrogé conventionnel emporte **intérêt au taux légal** sur la somme qu'il a versée. Cet intérêt court à compter de la date de la mise en demeure du débiteur (C. civ. art. 1346-4, al. 2 ; déjà en ce sens, Cass. 1e civ. 7-5-2002 no 99-13.458 FS-PBRI : RJDA 7/02 no 731 et Cass. 1e civ. 27-5-2003 : Bull. civ. I no 125, subordonnant le point de départ des intérêts légaux à la mise en demeure du débiteur).

Toutefois, si le subrogé est investi du titre exécutoire le reconnaissant créancier du débiteur, comme c'est le cas du Fonds de garantie des victimes des actes de terrorisme et d'autres infractions (FGT), il a droit aux intérêts courus de plein droit à compter du paiement subrogatoire (Cass. 2e civ. 29-8-2019 no 17-31.014 FS-PBI : RJDA 1/20 no 2).

Le subrogé ne peut donc prétendre, en outre de ce qu'il a payé (capital et intérêts dus au subrogeant), aux **intérêts conventionnels** produits par la dette qu'il a acquittée (Cass. 1e civ. 15-2-2005 no 370 : RJDA 7/05 no 884 ; toutefois, Cass. com. 15-6-1993 : Bull. civ. IV no 256, qui admet, sur le fondement de la convention conclue entre le subrogeant et le subrogé, que celui-ci conserve, au titre de sa rémunération, une somme supérieure à celle qu'il a payée au subrogeant).

Le subrogé et le débiteur peuvent **convenir du taux** de l'intérêt (C. civ. art. 1346-4, al. 2).

53062 **Exceptions opposables par le débiteur au subrogé** Les exceptions inhérentes à la dette ou personnelles au débiteur envers le subrogé (nos 50006 s.) sont expressément déclarées opposables à ce dernier par l'article 1346-5, al. 3 du Code civil.

Le débiteur peut opposer au subrogé, alors même que celui-ci n'est pas dans la cause, quitte à ce qu'il l'appelle s'il l'estime utile (Cass. 1e civ. 18-10-2005 no 1364 : RJDA 2/06 no 196) :

– la prescription de sa dette (Cass. com. 14-12-1965 : Bull. civ. III p. 587) ; pour éviter la prescription, le subrogé peut cependant agir, avant le paiement requis pour la subrogation, dès lors qu'il s'est d'ores et déjà engagé à payer les créanciers (no 53006) ou se prévaloir de l'interruption dont bénéficie le subrogeant (Cass. 2e civ. 12-2-2009 no 07-20.626 : BTL 2009.143) ;

– la compensation qui s'est produite avant la subrogation (cf. Cass. com. 14-1-1997 : RJDA 5/97 no 683), mais aussi celle qui concerne une créance postérieure dès lors que cette dernière est connexe à celle que le créancier subrogeant avait contre lui (Cass. com. 4-6-1996 : RJDA 11/96 no 1312 ; Cass. com. 13-10-1998 : DMF 1998.1111 rapport Rémery) ;

– la clause de conciliation ou d'attribution de compétence (no 50015) ainsi que la clause d'arbitrage (no 50018) ;

– le privilège de juridiction (no 72255).

EFFETS DE LA SUBROGATION À L'ÉGARD DU SUBROGEANT

53065 La subrogation ne libère le subrogeant ni de ses obligations, ni de ses manquements à ces dernières, dont il était tenu envers le débiteur (no 4436).

Le subrogeant peut agir contre le débiteur mais pas contre le subrogé dans la mesure où ce dernier a été désintéressé de ses droits contre le débiteur (Cass. com. 9-2-2022 no 20-16.471 FS-B ; CA Versailles 30-1-2020 no 18/08618).

EFFETS DE LA SUBROGATION À L'ÉGARD DES TIERS

La subrogation n'étant pas une cession de droit (n° 14280), elle est effective et opposable aux tiers dès le paiement (C. civ. art. 1346-5, al. 2 ; Cass. 1e civ. 5-4-1978 n° 76-15.480 : Bull. civ. I n° 144, à propos de la subrogation de l'assureur). 53068

Sur les conditions d'opposabilité propres à la subrogation à l'hypothèque, n° 56606.

X. AFFACTURAGE

Définition L'affacturage ou « factoring » est la convention aux termes de laquelle un organisme spécialisé, le facteur, gère, contre rémunération, les « comptes clients » d'entreprises en acquérant leurs créances par subrogation, en assurant le recouvrement de ces dernières pour son propre compte et en supportant les pertes éventuelles relatives aux débiteurs insolvables (cf. Arrêté du 29-11-1973 relatif à la terminologie économique ; CE 18-3-1981 : Lebon 146). 53200

Régime Aucun texte légal ne régissant le contrat d'affacturage, celui-ci obéit aux règles des contrats, notamment à celles de la subrogation (nos 53000 s.). 53203

Si le vendeur, l'acheteur et le facteur ont leur établissement dans des États différents, le contrat d'affacturage est soumis, dans la mesure où les conditions de son application sont remplies, aux dispositions de la convention d'Ottawa du 28 mai 1988 sur l'affacturage, entrée en vigueur en France le 1er mai 1995 (Décret 95-846 du 18-7-1995 ; pour une application : CA Grenoble 13-9-1995 : JCP E 1996.I.525). Si la convention n'est pas applicable, il a été jugé que les rapports entre le facteur et le débiteur sont régis par la loi du lieu qui admet la subrogation et l'impose au débiteur (T. com. Paris 15-1-1975 : Rev. jur. com. 1975.304 note Desdevises ; sur la loi applicable à la subrogation, n° 53003).

CONDITIONS

Qualité du facteur Toute entreprise qui s'adonne à titre professionnel à l'affacturage réalise une opération de crédit au sens de l'article L 313-1 du Code monétaire et financier, puisqu'elle met des fonds à la disposition d'une autre personne ou prend dans l'intérêt de celle-ci un engagement par signature tel qu'une garantie. Elle doit donc être agréée en qualité de société de financement (C. mon. fin. art. L 515-2) ; à défaut, le contrat qu'elle conclut avec l'adhérent n'est pas nul pour autant puisque n'est pas nulle, de ce seul fait, l'opération de crédit consentie en France, sans y être agréée, par une banque installée dans un État de l'UE (n° 40010). 53206

Créances admises Toutes les créances sont susceptibles d'affacturage et l'adhérent a pour obligation de transmettre au facteur les factures qui font l'objet du contrat d'affacturage. 53209

Approbation des créances transmises Le facteur n'est engagé à l'égard de l'adhérent à régler les factures que celui-ci lui **transmet avec subrogation** qu'à condition de les avoir approuvées. 53212

Les factures sont transmises par l'adhérent au facteur, regroupées sur un bordereau dénommé « quittance subrogative » (n° 53015), attestant le transfert des créances visées et la subrogation du facteur.

Cette approbation peut être donnée **facture par facture ou,** ce qui est plus fréquent, **à concurrence** d'un encours hebdomadaire ou mensuel de facturation.

L'approbation **prive** le facteur de **tout recours** contre son adhérent. Le facteur assume alors le risque de non-paiement à l'échéance de la créance par le client.

Le facteur peut **refuser** d'approuver certaines créances soit parce que le débiteur est jugé insuffisamment sûr, soit parce que l'encours fixé est atteint ; dans ce cas, l'adhérent conserve le risque du crédit consenti.

Mais le facteur ne peut pas se réserver le droit de rétracter son approbation sur les créances antérieurement approuvées dont les factures correspondantes n'auront pas fait l'objet d'une quittance subrogative avant la rétractation, car cette condition revient à fixer rétroactivement le point de départ du retrait : elle est nulle à l'égard de l'adhérent, le facteur ayant alors éliminé le risque d'insolvabilité susceptible d'être attaché aux créances approuvées et, par là, rendu le contrat d'affacturage partiellement sans cause (désormais sans but, n° 12546) (CA Paris 20-2-1996 : RJDA 8-9/96 n° 1084).

Eu égard aux factures non approuvées conformément aux conditions établies au contrat d'affacturage, le facteur peut accepter de se charger, comme **simple mandataire,** du recouvrement des créances non approuvées. Il n'offre pas alors sa garantie et ne devient pas propriétaire des créances au terme d'un paiement par subrogation (pour un exemple d'un affacturage distinguant les créances approuvées et les créances non approuvées, CA Paris 25-2-2000 : RJDA 9-10/00 n° 909). S'il révoque le mandat qu'il a accepté, il appartient à l'adhérent, ou à sa caution, à qui le facteur réclame le règlement du solde débiteur de son compte, de prouver que cette créance a été éteinte, totalement ou partiellement (Cass. com. 30-11-1993 : RJDA 5/94 n° 610).

PAIEMENT DE L'ADHÉRENT PAR LE FACTEUR

53220 Le règlement des créances soumises au contrat d'affacturage se fait dans les conditions suivantes.

1. Le paiement par le facteur résulte de l'**inscription** au crédit du compte courant de l'adhérent du montant de la créance.

2. Le facteur qui a payé est **subrogé** dans les droits de l'adhérent mais seulement pour les créances nées au moment de la subrogation. Sur l'opposabilité de son droit aux créanciers de l'adhérent soumis à une procédure collective, n° 53231.

Le transfert des créances au facteur peut aussi résulter d'une cession à celui-ci des créances de l'adhérent sur ses débiteurs par bordereau Dailly, si le contrat le prévoit, ce que les juges doivent vérifier (Cass. com. 20-1-2021 n° 19-10.493 F-D : RJDA 5/21 n° 338).

3. Le facteur peut **révoquer** son paiement si celui-ci a porté sur une créance qui n'était pas visée au contrat d'affacturage (CA Versailles 25-3-1987 : D. 1987.IR.117).

L'adhérent qui subroge le facteur dans une créance inexistante se rend coupable du délit d'escroquerie (Cass. crim. 3-6-1985 : Bull. crim. p. 538, créances transmises comme résultant d'une livraison qui n'avait pas eu lieu).

4. La **commission** que perçoit le facteur pour ses services ne constitue pas l'intérêt d'un prêt et n'a donc pas à être fixée par écrit (CA Versailles 16-11-1990 : RJDA 1/91 n° 43). Elle peut être forfaitaire (CA Paris 13-10-1994 : D. 1995.264 note Dagorne-Labbé). Mais constituent des **prêts les avances** sur règlement des factures remises, les prélèvements que l'affacturé, en vertu de son contrat, peut effectuer sur le disponible de son compte courant par anticipation de l'échéance moyenne des règlements de ses acheteurs ; la commission spéciale de financement perçue par l'affactureur en contrepartie de ces avances et prélèvements est soumise au régime des **intérêts** (Cass. 1e civ. 30-5-2006 n° 907 : RJDA 3/07 n° 280) ; sur ce régime, n°s 40581 et 41033 s.

5. En cas d'existence d'un **fonds garantissant les impayés** subis par le facteur et constitué par retenue sur les sommes revenant à l'adhérent, le facteur est en faute si, dès la résiliation du contrat d'affacturage, il n'impute pas sur ce fonds les sommes dues par l'adhérent et attend, pour ce faire, la clôture définitive du compte de l'intéressé, maintenant ainsi artificiellement en position débitrice le solde du compte sur lequel il a prélevé des intérêts (Cass. com. 17-10-1995 : RJDA 2/96 n° 251). Les sommes inscrites au fonds de garantie correspondant à un droit de créance de l'adhérent sur le facteur sont susceptibles d'être **saisies** en dépit de leur indisponibilité conventionnelle, sous la seule réserve du dénouement des opérations en cours (Cass. com. 28-11-2006 n° 05-12.147 : RJDA 7/07 n° 772).

6. Le facteur n'est pas tenu à un devoir de mise en garde envers l'adhérent, le contrat d'affacturage n'entraînant pas un risque d'endettement de ce dernier (Cass. com. 23-9-2020 n° 18-21.356 F-D : RJDA 2/21 n° 116).

PAIEMENT DU FACTEUR PAR LE DÉBITEUR

53225 **Obligation pour le débiteur de payer le facteur** La **subrogation** du facteur dans les droits de l'adhérent est opposable de **plein droit** au débiteur à la date du paiement subrogatoire, en dehors de toute acceptation et de toute notification (Cass. com. 3-4-1990 : Bull. civ. IV p. 77 ; CA Paris 4-2-1992 : BRDA 12/92 p. 22). La subrogation est opposable à un débiteur français même si elle porte sur la créance d'un créancier étranger transmise à l'étranger à un facteur lui aussi étranger (Cass. com. 9-5-1977 : JCP G 1977.II.18744 ; sur le droit applicable à un contrat international d'affacturage, n° 53203).

Cependant, la **notification** est nécessaire pour interdire au débiteur de payer entre les mains d'une autre personne que le facteur.

Bien que la **forme** de la notification soit libre, il est recommandé d'user de la formule expresse suivante : « règlement à ordre (de la société d'affacturage) à lui adresser directement », à apposer sur ses factures par l'adhérent à son débiteur (pour un exemple, CA Paris 25-6-1968 : JCP G 1968.II.15637 note Gavalda). En effet, le paiement direct fait par le débiteur à l'adhérent (créancier d'origine) est opposable au facteur s'il a été effectué avant que le débiteur ait eu connaissance de l'affacturage ou s'il a été fait en exécution d'une lettre de change acceptée par lui avant qu'il ait eu connaissance de l'affacturage (cf. Cass. com. 26-4-2000 : RJDA 7-8/00 n° 798). Le débiteur est censé avoir connu le contrat si celui-ci lui était signalé par les cachets apposés sur les factures et les courriers de rappel (Cass. com. 15-10-1996 : RJDA 1/97 n° 91 ; dans le même sens, Cass. civ. 1-4-1997 : RJDA 8-9/97 n° 1075).

Lorsque la créance est une créance professionnelle dont le recouvrement a été confié par le créancier à une société d'affacturage, et qu'elle est cédée à cette société par « bordereau Dailly », ladite société, qui est tenue de notifier cette cession au débiteur cédé (nos 41274 s.), doit faire figurer sur la facture afférente à la créance qui lui a été cédée, les **mentions prescrites** par l'article R 313-16 du Code monétaire et financier.

Après notification, un paiement à l'adhérent par le débiteur n'est pas libératoire, et ce dernier est condamné à payer une seconde fois au profit du facteur la même somme, augmentée des intérêts au taux légal à compter de la mise en demeure (CA Paris 10-2-1994 : D. 1994.IR.99 ; T. com. Salon de Provence 22-9-1995 : BTL 1996.321). N'est pas davantage libératoire du débiteur le paiement fait par lui, postérieurement à la subrogation dont il a été averti, au cessionnaire de la même créance transmise par bordereau Dailly, dès lors que cette cession lui a été notifiée après la subrogation (CA Paris 25-9-1989 : D. 1990.som.234 obs. Vasseur, refusant au débiteur le bénéfice du paiement de bonne foi par application de l'ex-article 1240 devenu art. 1342-3).

Le débiteur qui règle directement à l'adhérent les factures qu'il lui avaient été adressées sans mention de l'affacturage, ignorant la double facturation pratiquée par ce dernier, ne se rend pas complice de ces agissements frauduleux (CA Paris 1-3-2023 n° 21/08058).

Sur l'obligation du débiteur en cas de contre-passation par le facteur après clôture du compte courant du débiteur, n° 53235.

Le débiteur ne peut **pas refuser** le paiement des factures qu'il doit au facteur en invoquant les sommes dues par ce dernier à l'adhérent au titre de « retenue de garantie », cette retenue constituant une obligation subsidiaire de garantie contre le défaut de recouvrement de la créance cédée auprès du client et ne pouvant avoir pour effet d'éteindre l'obligation principale (Cass. com. 10-10-2000 : RJDA 1/01 n° 82).

Exceptions opposables par le débiteur au facteur Conformément au régime des exceptions opposables en matière de subrogation (n° 53062), le facteur est exposé à se voir opposer les exceptions que le débiteur pouvait invoquer contre son **créancier initial,** à savoir l'adhérent (CA Paris 21 et 23-1-1970 : JCP G 1971.II.16837 note Gavalda ; CA Grenoble 6-9-2018 n° 13/01144). 53228

Il ne peut rejeter ces exceptions que s'il est porteur de bonne foi d'une traite ou d'un billet à ordre signé par ledit débiteur (Cass. com. 5-11-1974 : Bull. civ. IV p. 227).

Mais le débiteur ne peut opposer que des exceptions **antérieures** à la subrogation (Cass. com. 18-2-1997 : RJDA 6/97 n° 810 ; CA Reims 17-10-2017 n° 16/01363), même s'il n'a pas été informé du transfert des créances au facteur (Cass. com. 3-4-1990 : Bull. civ. IV p. 77).

Lorsque le débiteur est redevable de prestations que lui a fournies une entreprise de travail temporaire, il peut exiger du facteur qu'il lui produise la justification du règlement par ladite entreprise des salaires et des cotisations de sécurité sociale ou la fourniture d'une caution bancaire (cf. C. trav. art. L 1251-49), dès l'instant où il pouvait se prévaloir de cette condition avant la subrogation au facteur (Cass. com. 22-4-1986 : BRDA 10/86 p. 21).

Le débiteur, qui est aussi l'acheteur par rapport à l'adhérent, a le droit d'agir en **résolution** de sa vente contre le facteur auquel il peut opposer les exceptions dont il dispose envers le subrogeant ; il n'est pas contraint de demander la résolution uniquement à son vendeur cocontractant (cf. Cass. com. 9-5-1977 : JCP G 1977.II.18744 note A.S.).

Les actes accomplis régulièrement et de bonne foi par les **tiers** avant d'avoir connaissance de la subrogation sont valables (T. com. Paris 21-9-1990 : Banque 1990.1210 obs. Rives-Lange ; T. com. Paris 13-6-1996 : Banque 1996.92 obs. Guillot).

Droits des créanciers de l'adhérent Au regard des autres créanciers de l'adhérent, les droits du facteur dépendent des distinctions suivantes. 53231

1. Procédures collectives ouvertes contre l'adhérent. Les créanciers de l'adhérent peuvent repousser la subrogation du facteur sur les créances payées par lui avant l'ouverture de la procédure collective, mais correspondant à des livraisons effectuées après, sa créance ne prenant naissance qu'au moment de l'exécution des commandes (cf. Cass. com. 21-11-1972 : D. 1974.213 note Rodière, à propos du règlement judiciaire mais transposable ; T. com. Paris 3-11-1992 : JCP G 1993.IV.490).

La remise de quittances subrogatives par l'adhérent en redressement ou liquidation judiciaire ne constitue pas une opération de paiement tombant sous le coup de la nullité des paiements accomplis pendant la période suspecte car elles ne constituent pas un paiement (Cass. com. 17-6-1980 : Bull. civ. IV p. 210 : à propos de la liquidation des biens mais transposable).

2. Sous-traitance. Le facteur acquéreur de la créance d'un entrepreneur principal sur le maître d'ouvrage, née d'un contrat dont une partie a été sous-traitée, peut se voir opposer l'**action directe** du sous-traitant (n° 20418), sauf si le maître d'ouvrage s'est engagé à le payer et s'est exposé ainsi à un double paiement (Cass. com. 7-6-1994 : RJDA 11/94 n° 1140).

3. Réserve de propriété. Le facteur peut se prévaloir de la clause de réserve de propriété dont son adhérent, le vendeur, bénéficie (n° 63050).

4. Saisie-attribution par un créancier de l'adhérent. Le paiement subrogatoire effectué avant la saisie-attribution neutralise l'effet de cette dernière, la créance saisie étant alors sortie du patrimoine de l'adhérent (Cass. 1e civ. 25-1-2005 n° 162 : Bull. civ. I n° 50).

Sur la saisie des sommes retenues par le facteur sur les paiements revenant à l'adhérent pour couvrir le risque d'impayés, n° 53220, 5°.

RECOURS DU FACTEUR CONTRE L'ADHÉRENT

53235 Le contrat d'affacturage prévoit, généralement, que le facteur aura un recours contre l'adhérent :

– en cas de transmission d'une créance nulle ou ne correspondant pas à une livraison correcte ;

– en cas de paiement d'une créance fondée sur un but illicite (n° 12546) ou entachée d'une erreur sur les motifs déterminants de l'engagement contractuel (n° 12213).

Le facteur peut se rembourser par une contre-passation du crédit dans le compte courant (CA Paris 14-4-1982 : GP 1982.som.293 ; CA Paris 12-9-1989 : D. 1989.IR.249), laquelle, équivalant à un paiement, lui fait perdre le bénéfice de la subrogation (Cass. com. 7-6-1994 : RJDA 11/94 n° 1178). Mais ne valent paiement ni la contre-passation postérieure à la clôture du compte, le facteur conservant donc la possibilité de recouvrer contre le débiteur le montant d'une facture contre-passée dans ces conditions (Cass. com. 5-11-1991 : RJDA 1/92 n° 62), ni celle faite après l'ouverture d'une procédure collective et dont il n'est pas soutenu que le montant des sommes contrepassées a été absorbé par le solde créditeur du compte, de sorte que l'affactureur n'a pas perdu la propriété des créances correspondantes et est seul en droit d'en poursuivre le recouvrement, tout en les déclarant à la procédure collective (Cass. com. 29-4-2014 n° 13-13.630 : RJDA 10/14 n° 794).

XI. CRÉDIT DOCUMENTAIRE

53300 **Définition** Le crédit documentaire est le règlement du prix d'un contrat par une banque qui verse au créancier par un moyen de paiement convenu le montant de ce prix, dès lors que lui sont remis en contrepartie les documents prévus.

Il n'y a pas crédit documentaire lorsque la banque de l'acheteur a pris seulement l'engagement de bloquer les sommes correspondant au prix à payer et ne peut se dessaisir de ces sommes que sur l'ordre de son client ; le vendeur impayé ne peut alors reprocher à la banque de ne pas avoir prévu la réalisation d'un crédit documentaire qu'il n'a pas cru lui-même utile de mettre en place (CA Toulouse 5-6-1990 : D. 1991.som.226 obs. Vasseur).

À l'origine, le crédit documentaire a été exclusivement utilisé pour régler le prix d'exportation ou d'importation par la voie maritime. Il est aujourd'hui employé pour des exportations et des importations réalisées par les autres modes de transport (route – pour un exemple, Cass. com. 30-6-1998 : RJDA 11/98 n° 1283 – et air notamment) ; il l'est aussi, indépendamment de tout transport, pour le règlement du prix d'un contrat quelconque à propos duquel la banque accepte, sur présentation d'un document établissant la non-exécution, de verser le prix convenu pour cette hypothèse : cette opération est plus connue sous le nom de « lettres de crédit stand-by » (« stand-by letters of credit »).

Ces lettres sont surtout employées par des banques américaines et anglaises. Elles tendent plus à garantir l'exécution du contrat que le règlement de son prix. Néanmoins, elles sont placées sous le régime du crédit documentaire.

Toutefois, le crédit documentaire est souvent considéré comme trop formaliste et trop coûteux, au point que 80 % des exportations seraient effectuées sans y avoir recours. Pour pallier ces inconvénients, la Chambre de commerce internationale a adopté un régime de paiement du prix des exportations allégé sous le nom de « Uniform Rules for Bank Payment Obligations » (ICC publication 2013 n° 750 ; JCP G 2014.39-977 § 6 obs. Bordeaux).

53303 **Points sensibles** Le **bénéficiaire** d'un règlement par crédit documentaire doit prendre quatre précautions majeures :

1. S'assurer de l'**identité** de son cocontractant et des banques impliquées dans l'exécution du crédit. La pratique de ces dernières années a révélé, en effet, de nombreuses fraudes consistant, par exemple, à émettre un crédit payable par lettre de crédit ou traite alors qu'aucun contrat de vente n'a été conclu entre ceux qui se présentent comme acheteur et vendeur, à faire promettre le paiement du crédit par une banque inexistante ou à créer de faux documents, notamment connaissements, pour faire croire à l'existence d'une expédition des produits vendus qui, en réalité, n'a pas eu lieu (nos 53344 s.) ;

Il est possible de réduire le risque de telles fraudes en s'informant sur la qualité de ses partenaires auprès du Bureau maritime international, installé à Londres par la Chambre de commerce internationale (Maritime House n° 1 Linton Road, Barting Essex, I G11 8HG, United Kingdom).

2. Choisir, après s'être pleinement informé, les **conditions du crédit** ; veiller en particulier à n'accepter que les documents qui pourront être effectivement fournis ;

3. Rédiger les documents requis conformément aux instructions figurant sur le crédit ; les banques exercent un contrôle vétilleux sur cette conformité ; la moindre discordance peut provoquer un refus de paiement ou un paiement avec réserves ;

4. Conserver la maîtrise des documents pour être en mesure de les produire le moment venu.

Le **débiteur** du crédit documentaire doit veiller surtout à la définition rigoureuse des documents requis – qui sont réputés établir la livraison contractuelle – car sa banque paiera dès que les documents conformes lui seront présentés et il ne pourra paralyser ce paiement qu'en prouvant qu'il est la victime d'une fraude.

Régime

Le crédit documentaire obéit aux règles que les parties acceptent de lui donner. En pratique, celles-ci se réfèrent aux **« Règles et usances uniformes »** (RUU) mises au point et proposées par la Chambre de commerce internationale. La dernière version est entrée en vigueur le 1er juillet 2007, sous le nom de « RUU 600 ». 53306

La loi française ne contient aucune disposition sur le crédit documentaire et il en est ainsi pratiquement dans la plupart des pays du monde.

Les RUU sont applicables dans la mesure où le texte du crédit documentaire indique expressément qu'il est assujetti à ces règles (RUU 600 art. 1). L'adhésion des parties est indispensable, car les RUU n'ont aucune valeur législative (Cass. com. 14-10-1981 : D. 1982.301 obs. Vasseur ; T. com. Paris 8-3-1976 : Rev. jur. com. 1977.72).

À défaut, la loi applicable au crédit documentaire est déterminée comme celle du contrat international (nos 16600 s. ; par exemple, CA Versailles 24-5-1991 : JCP G 1992.II.21932 note de Bottini et Caprioli, appliquant la loi française au triple titre de la loi du siège de la banque émettrice du crédit, de la loi du lieu de la conclusion du contrat et de la loi du lieu de la prestation caractéristique, à savoir celle du lieu de présentation des documents). Cette loi pourra servir à combler les éventuelles défaillances des RUU (cf. CA Versailles 24-5-1991 précité).

En tout état de cause, le crédit documentaire, soumis ou non aux RUU, doit être compatible avec l'ordre public international du juge saisi (n° 16650).

CONDITIONS DU CRÉDIT DOCUMENTAIRE

Les parties au crédit documentaire doivent s'accorder sur les conditions de ce dernier. 53309

Ainsi, le bénéficiaire du crédit ne peut prétendre engager la responsabilité d'une banque chargée par lui d'encaisser le montant du crédit dès lors qu'il s'était réservé d'entrer lui-même en relation avec le tiers devant payer (Cass. com. 24-3-1980 : GP 1980.pan.317).

Les principales conditions sur lesquelles les parties doivent s'entendre sont celles énoncées nos 53312 s.

Bénéficiaire

La convention de crédit doit désigner la personne qui recevra le paiement de la banque. 53312

Elle peut reconnaître la possibilité au bénéficiaire de reporter le crédit au profit d'un tiers : **crédit** dit **transférable** ; mais la possibilité de le transférer existe à défaut même de cette mention (RUU 600 art. 39).

Le bénéficiaire du crédit peut aussi en faire profiter un tiers par le procédé dit du **crédit** « back to back » ou **« adossé »** : il offre le crédit documentaire émis en sa faveur en garantie à sa banque qui ouvre un crédit documentaire d'un montant équivalent au tiers (généralement le fournisseur du bénéficiaire) qu'il entend régler par un crédit documentaire ; sur le devoir de conseil de la banque qui a connaissance de cet « adossement », CA Paris 13-11-1987 : D. 1989.som.195 obs. Vasseur.

Objet du crédit

Les parties doivent spécifier les éléments du crédit, notamment : 53315

1. Le **montant** du crédit, avec indication de la monnaie dans laquelle il est stipulé ; les utilisateurs réguliers du crédit documentaire peuvent obtenir des « crédits revolving » dont le montant est renouvelé automatiquement soit au terme d'une certaine durée, soit après utilisation d'une certaine valeur ;

2. L'**opération financée** ;

Le crédit convenu pour une opération déterminée ne peut pas être utilisé pour financer une autre opération sans accord nouveau entre le donneur d'ordre et la banque pour affecter les crédits documentaires à une autre commande (Cass. com. 5-5-2015 n° 13-20.502 : RJDA 10/15 n° 701).

Cette mention n'a pas pour effet, en particulier, de subordonner le paiement prévu par le crédit documentaire à une correcte exécution de la prestation ainsi réglée (nos 53344 s.).

3. Le **lieu de présentation** et la **période de validité** du crédit (RUU 600 art. 6 s.) ; ceux-ci doivent être soigneusement délimités par sa date d'entrée en vigueur et par sa date d'expiration. La date d'extrême validité du crédit ne peut pas être modifiée par le juge (CA Grenoble 21-10-1992 : D. 1994.som.21 obs. Vasseur) ;

Les dates doivent être fixées en tenant compte des possibilités d'exécution du contrat. Pour la plus grande sécurité, il est préférable de les aligner sur les délais d'exécution des prestations financées par le crédit et même de subordonner l'exécution du contrat à l'existence du crédit. À défaut, le fournisseur peut se trouver dans l'obligation d'exécuter le contrat alors que le crédit sur lequel il compte pour être payé n'est pas en place (par exemple, Sentence CCI n° 1675 en 1969 : Clunet 1974.895 obs. Derains : obligation du vendeur d'expédier la marchandise, sans ouverture du crédit, le délai maximum pour l'embarquement prévu au contrat n'étant pas dépassé).

L'acheteur doit répondre du préjudice causé au vendeur en raison du retard pris, par sa faute, dans l'ouverture du crédit (Sentence CCI n° 3226 en 1979 : Clunet 1980.959 ; Sentence CCI n° 4338 en 1984, Clunet 1985.982).

La banque du bénéficiaire doit, en avertissant celui-ci de l'ouverture du crédit, attirer, le cas échéant, son attention sur la brièveté de la durée du crédit (CA Bourges 1-3-1988 : D. 1989.som.195 obs. Vasseur).

4. La **possibilité** ou non d'utiliser le crédit proportionnellement à l'exécution du contrat, par exemple pour des **livraisons partielles.** Si les livraisons partielles sont exclues, il est préférable de les interdire expressément dans les conditions du crédit.

Il n'est pas incompatible avec le crédit documentaire que le règlement de la banque soit effectué en deux versements successifs, le premier équivalant alors à un paiement partiel du prix des marchandises (CA Paris 1-12-1986 : D. 1988.111 note Vasseur).

53318 **Engagements des banques** Le crédit documentaire implique généralement l'intervention de plusieurs banques : une banque qui ouvre le crédit, dite banque émettrice ; une banque qui notifie cette ouverture au bénéficiaire, dite banque notificatrice ; une banque qui confirme qu'elle paiera le crédit dans les mêmes termes que la banque émettrice, dite banque confirmatrice.

L'intervention de la banque confirmatrice renforce, bien entendu, la sécurité du paiement. Elle ne se justifie, toutefois, qu'en cas de doute sur la solvabilité de la banque émettrice et pour éviter les transferts de fonds lorsque des difficultés sont à craindre à ce sujet, car la banque confirmatrice peut être une banque du pays du bénéficiaire du crédit.

Le crédit doit préciser l'engagement de chacune de ces banques.

1. Banque émettrice. Le crédit est ouvert par la banque émettrice qui accepte de payer son montant contre remise des documents convenus. Il est **irrévocable** même s'il ne comporte aucune indication à cet effet (RUU 600 art. 3, al. 3). Lorsque le donneur d'ordre et le bénéficiaire sont convenus du caractère irrévocable du crédit, le donneur d'ordre ne peut, sans violer la loi des parties, se prévaloir, pour faire obstacle à l'exécution de l'engagement pris sur ses instructions par la banque, d'une créance sur le bénéficiaire, fût-elle étrangère à l'exécution du contrat de base (Cass. com. 18-10-1988 : Bull. civ. IV n° 278).

2. Banque notificatrice. La banque émettrice étant généralement une banque du pays du débiteur, les parties désignent habituellement une banque du pays du bénéficiaire du crédit, dite notificatrice, pour avertir ce dernier de l'ouverture du crédit (RUU 600 art. 2). Cette banque n'est tenue que dans la mesure du mandat qu'elle a reçu de la banque émettrice. Ainsi, chargée :

– de notifier au bénéficiaire l'accréditif et de lui en verser le montant, elle est tenue, avant de payer, de vérifier si les documents présentés sont conformes à ceux énumérés (Cass. com. 5-11-1991 : RJDA 6/92 n° 618 ; sur un défaut de vérification, CA Paris 15-1-2016 n° 14/17486 : BTL 2016.63 ; RUU 600 art. 5) ;

– d'être en possession et de tenir à la disposition du bénéficiaire divers documents justifiant de la vente passée entre les parties concernées ; elle n'est assujettie qu'à la notification de ce crédit ; elle n'est pas tenue notamment d'avertir le bénéficiaire de la décision qu'elle prend sur le contrôle des documents (cf. Cass. com. 12-3-2002 : RJDA 7/02 n° 802, rendu sous l'empire de l'art. 14 RUU 600 mais transposable sous l'art. 9 RUU 600).

La banque notificatrice devient cependant, à son tour, banque émettrice lorsqu'elle accepte d'ouvrir au bénéficiaire un crédit subsidiaire ; à la condition de le stipuler, elle peut obtenir du bénéficiaire qu'il la délègue dans ses droits envers la banque émettrice du crédit principal, mais elle n'obtiendra de celle-ci le paiement que si elle prouve que la délégation a été acceptée par ladite banque (cf. T. com. Paris réf. 6-10-1987 : D. 1988.som.181 obs. Vasseur).

La banque notificatrice qui n'exécute pas la notification pour laquelle elle a été sollicitée engage sa responsabilité extracontractuelle ou de mandataire substitué à l'égard du donneur d'ordre (T. com. Nancy 8-1-1988 : D. 1988.IR.181 obs. Vasseur).

3. Banque confirmatrice. Le bénéficiaire du crédit peut faire confirmer par une autre banque, en principe de son pays ou ayant une notoriété internationale, l'exécution du crédit dans les mêmes termes que la banque émettrice. Cette banque prend un engagement propre qu'elle est tenue d'exécuter sans pouvoir prétendre exiger, à l'occasion d'une poursuite dont elle est l'objet, la mise en cause de la banque émettrice (T. com. Paris 3-9-1990 : D. 1991.som.223 obs. Vasseur).

Responsabilité des banques Si les banques doivent procéder à un examen sérieux des documents présentés afin de s'assurer de leur conformité avec les conditions du crédit (n° 53336), en revanche, elles n'assument aucune responsabilité (RUU 600 art. 34) : 53321

– quant à la forme, la suffisance, l'exactitude, l'authenticité, la falsification, la portée et le contenu de ces documents ;

– quant aux conditions générales ou particulières stipulées dans les documents ou surajoutées ;

– quant à la désignation, la quantité, le poids, la qualité, l'état, l'emballage, la livraison, la valeur ou l'existence des marchandises, des services ou autres prestations représentés par les documents ;

– quant à la bonne foi, la solvabilité, la prestation ou la réputation des expéditeurs, transporteurs, transitaires, destinataires ou assureurs des marchandises ou de toute autre personne.

En outre, elles sont exonérées de toute responsabilité :

– en cas de retards, pertes, erreurs de traduction ou d'interprétation des documents (RUU 600 art. 35) ;

– pour les conséquences pouvant résulter de l'interruption de leurs activités dès lors que cette interruption provient d'un cas de force majeure (RUU 600 art. 36) ;

– pour le non-suivi, par une autre banque, de leurs instructions (RUU 600 art. 37, b).

Il en résulte que le donneur d'ordre doit être déclaré seul responsable et indemniser les banques de toutes conséquences pouvant résulter des circonstances susvisées (RUU 600 art. 37, d).

Mais les banques sont responsables si elles n'exécutent pas les instructions reçues (CA Paris 6-7-1990 : D. 1991.som.225 obs. Vasseur), donnent des instructions qui ne sont pas la conséquence nécessaire des conditions posées par la banque émettrice (Cass. com. 15-7-1992 : RJDA 10/92 n° 937) ou, s'agissant des banques émettrices, si elles ne notifient pas immédiatement aux banques remettantes qu'elles refusent les documents et si elles ne les leur retournent pas ou ne les tiennent pas à leur disposition (CA Versailles 25-3-1999 : BTL.1999.567 ; pour un accomplissement de ces diligences, CA Aix 3-9-2015 n° 14/14751 : BTL 2015.525). Leur responsabilité peut être, selon les circonstances, engagée indépendamment de celle du donneur d'ordre, chacun ayant pu commettre des manquements propres à l'origine de préjudices distincts (cf. Cass. com. 18-12-2001 : RJDA 4/02 n° 428).

Date du paiement La date la plus courante est celle du jour de la **remise des documents** aux caisses de la banque émettrice ou de la banque notificatrice. 53324

En cas de paiement en retard par la banque émettrice, les intérêts sont dus par celle-ci, à la banque notificatrice qui a payé, au taux du Libor (London Inter Bank Offered Rate), taux couramment utilisé par les banques dans leurs relations internationales, complété le cas échéant par une indemnisation du préjudice réel en cas de résistance abusive de la banque débitrice (CA Paris 8-7-1986 : Clunet 1988.1026 note Ancel ; CA Paris 21-9-1989 : Clunet 1990.116 note Ancel).

Sur les conditions de la capitalisation des intérêts produits sur le fondement d'un contrat international, n° 53824.

Mais d'autres possibilités s'offrent aux parties, selon leur besoin.

1. Paiement d'avance. Le bénéficiaire peut obtenir paiement avant la date de remise des documents selon l'une des deux formules suivantes :

– paiement « **Red clause** » : le bénéficiaire reçoit des avances qui s'imputeront sur le montant du crédit au jour de la remise des documents ;

– paiement par **négociation** : dès l'ouverture du crédit et avant la remise des documents, le bénéficiaire escompte le montant du crédit en présentant une traite qu'il a tirée sur une banque désignée.

Cette traite doit être payée même si les documents du crédit sont faux, car elle constitue un engagement distinct, sauf si le porteur est de mauvaise foi ou en cas de fraude (CA Aix 28-1-1988 : D. 1989.som.197 obs. Vasseur).

Le paiement anticipé est inopposable à la banque émettrice qui en est étrangère (CA Paris 3-2-1992 : D. 1994.som.23 obs. Vasseur).

2. Paiement postérieur. Le débiteur du crédit peut obtenir de ne payer le crédit qu'après la date de remise des documents. Deux formules sont alors utilisables :

a. Paiement par **négociation** : au jour de la remise des documents, le montant du crédit n'est pas versé ; il est seulement émis une traite au profit du bénéficiaire, payable à une date convenue ; pour sa sécurité, le bénéficiaire doit faire tirer cette traite sur la banque émettrice ou, le cas échéant, sur la banque confirmatrice ;

Il convient alors de prévoir qui supportera les frais d'escompte de cette traite. À défaut de précision, ces frais seront à la charge du bénéficiaire du crédit.

b. Paiement **différé** : le crédit est stipulé payable à une date déterminée, par exemple, trente à soixante jours, parfois plus, après que la banque a accepté les documents mais sans que ce délai de paiement donne lieu à l'émission d'une traite.

Cette pratique est destinée à éviter l'émission de traites dans les pays où celle-ci est frappée de droits ou de taxes élevés. Mais elle fait courir au bénéficiaire le risque d'une opposition au paiement de la part du débiteur pour défaut d'exécution du contrat (nos 53344 s.).

53327 **Documents** Les parties doivent mentionner les documents qui seront à présenter à la banque en contrepartie du paiement ou de l'acceptation d'une traite (cf. RUU 600 art. 14 ; Cass. com. 6-2-2007 no 149 : RJDA 5/07 no 541). Seuls les documents prévus conditionnent le crédit (no 53335). En général, les parties conviennent des documents suivants :

– facture commerciale signée ou non (RUU 600 art. 18) ;

– titre de transport (RUU 600 art. 19 à 27) ;

Pour éviter que le destinataire ne puisse prendre livraison des marchandises expédiées et ne se soucie plus de leur paiement, il convient de rédiger ces documents au profit de la banque émettrice. Celle-ci est alors partie au connaissement dont les clauses lui sont opposables, notamment celle attributive de compétence, par exemple à la juridiction du lieu du siège social du transporteur maritime (Cass. com. 12-3-2013 no 10-24.465 : D. 2013.1603 note Paulin).

Les transporteurs et les intermédiaires du transport (transitaires, commissionnaires) sont responsables des fautes qu'ils commettent dans l'exécution du crédit ; par exemple, en cas : d'émission des documents avant la réception des marchandises (CA Versailles 6-11-1985) ou de connaissements, distincts des originaux remis à la banque, ayant permis au destinataire de retirer la marchandise des mains du transporteur (Cass. com. 17-2-2009 no 07-21.996 : DMF 2010.490 obs. Godin), de rédaction défectueuse (Cass. com. 31-1-1983 : BT 1984.141, les rectifications postérieures restant sans effet), de non-réclamation des documents requis (CA Rouen 18-3-1982 : DMF 1983.412), d'impossibilité d'honorer le connaissement (CA Aix 6-7-1987 : BT 1988.274).

– certificat d'origine ;

– documents d'assurance (RUU 600 art. 28), ceux-ci étant interprétés strictement (CA Paris 4-3-1986 : Rev. jur. com. 1988.7 note de Fontbressin).

D'autres documents peuvent être exigés selon la convention des parties : par exemple, facture consulaire, facture douanière, certificat d'analyse, note de poids, note de colisages, certificat d'inspection émis par un tiers neutre, etc.

53330 **Prise en charge du coût du crédit** Il est courant dans le commerce international que les deux partenaires supportent chacun les coûts du crédit exposés dans son propre pays : l'acheteur, l'émission du crédit ; le vendeur, la confirmation.

PAIEMENT DU CRÉDIT DOCUMENTAIRE

53335 **Présentation des documents** Le bénéficiaire du crédit ne peut obtenir le paiement prévu que s'il présente à la banque chargée de le payer les documents énumérés dans les conditions du crédit (cf. RUU 600 art. 5 et 14).

Il supporte donc les risques de perte ou de vol.

Cette présentation doit être faite dans les **délais** prévus par le crédit ; à défaut, la banque est en droit de refuser le paiement (cf. RUU 600 art. 29).

53336 **Contrôle par la banque des documents présentés** La banque doit, avant de payer, vérifier la **conformité formelle** des documents qui lui sont présentés avec les conditions convenues dans le crédit (RUU 600 art. 14 ; Cass. com. 13-7-1954 : D. 1954.630 ; CA Paris 1-12-1986 : D. 1988.111 note Vasseur).

La portée de cette obligation a été ainsi précisée :

– la banque doit se préoccuper uniquement de la conformité matérielle des documents présentés avec ceux qui ont été spécifiés ainsi que de leur régularité extérieure (T. com. Seine 6-2-1950 : GP 1950.1.206 ; cf. Cass. com. 28-3-2006 no 444 : RJDA 10/06 no 1065) ; elle doit se contenter d'une apparence de conformité (CA Paris 23-9-1988 : DMF 1990.474) ;

– la banque n'est tenue d'aucune autre diligence (Cass. com. 5-11-1991 : RJDA 6/92 no 618) ; notamment elle n'a pas : à vérifier la valeur probante des documents, pour déterminer la nature, l'origine, la qualité ou le conditionnement des marchandises (T. com. Seine 16-4-1953 : GP 1953.2.121), la concordance entre les termes des documents et la nature et la consistance des marchandises livrées (TGI Strasbourg 4-12-1963 : D. 1964.som.71) ou les signatures des documents (Cass. com. 6-5-1969 : JCP G 1970.II.16216 note Stoufflet) ; à se livrer à une interprétation d'une clause du crédit (CA Paris 13-2-1990 : D. 1991.som.221 obs. Vasseur) ;

– la banque n'a pas à examiner d'autres documents que ceux qui sont prévus (RUU 600 art. 145, g ; CA Paris 31-5-1966 : GP 1966.2.38) ni à exiger la production des documents non prévus, comme, par exemple, un certificat sanitaire, non prévu pour l'importation en France alors même qu'un arrêté serait survenu depuis l'ouverture du crédit pour l'imposer (T. com. Paris 18-1-1985 : D. 1986.IR.213).

La banque est **en droit de refuser** de payer dès lors que les documents ne sont pas conformes, par exemple si le document de transport porte une référence inexacte du produit, la lettre « G » remplaçant le chiffre « 6 » parmi douze signes alphanumériques (Cass. com. 12-3-2013 n° 11-22.314 : JCP G 2013.975 § 5 obs. Bourdeaux). Il a cependant été jugé que la banque ne peut refuser de payer que si la régularité présente un caractère nettement litigieux (CA Paris 31-5-1938 : GP 1938.2.124).

Un document d'assurance « tout risque » doit être tenu pour régulier alors même qu'il stipule une exclusion, puisque les RUU (art. 28, h) le décident expressément (CA Paris 4-3-1986 : D. 1987.som.215 obs. Vasseur), de même qu'un billet à ordre requis pour la délivrance du crédit documentaire qui comporte, par rapport à la lettre de crédit, des divergences mineures et purement formelles (interversion entre deux mots dans la dénomination du souscripteur et abréviations, exemptes de toute confusion, de deux expressions) (Cass. com. 5-12-2000 : RJDA 3/01 n° 363).

Ceux qui remettent à la banque des **documents faux** sont responsables envers elle (T. com. Paris 2-12-1991 : D. 1994.som.21 obs. Vasseur).

Délai d'examen des documents La banque doit procéder à la vérification des documents dans un délai ne dépassant pas cinq jours ouvrés suivant le jour de remise des documents (RUU 600 art. 14, b). Pendant ce délai, elle peut consulter le donneur d'ordre (RUU 600 art. 14, c). **53338**

Si elle **refuse** les documents, elle doit notifier immédiatement sa décision au présentateur, en indiquant expressément les irrégularités par elle retenues au soutien de ce refus, sous peine d'être privée du droit de se prévaloir des irrégularités des documents (RUU 600 art. 14, c s. ; CA Versailles 25-3-1999 : JCP E 1999.pan.1125).

Levée des documents Seul le **donneur d'ordre** peut autoriser la banque à payer lorsque des irrégularités sont contestées par elle (Cass. com. 7-1-2004 n° 35 : RJDA 5/04 n° 613 ; toutefois, Cass. com. 3-3-2004 n° 454 : RJDA 7/04 n° 887, validant la régularisation faite dans le délai de la garantie et sans fraude par le bénéficiaire sans l'accord du donneur d'ordre) ; tel est le cas lorsqu'il accepte et lève les documents sans réserve (CA Paris 13-5-1993 : D. 1994.som.28 obs. Vasseur) ; il perd alors tout droit de contester le paiement fait par la banque (CA Paris 23-4-1992 : D. 1994.som.27 obs. M. Vasseur). Mais la banque n'est pas liée par l'autorisation du donneur d'ordre si elle s'est bornée à lui demander son avis et a gardé sa liberté de décision (Cass. com. 20-6-2006 n° 819 : RJDA 12/06 n° 1261). **53341**

Le retrait pur et simple des documents par le **bénéficiaire** vaut, de sa part, levée implicite des réserves qu'il avait émises et autorise la banque à régler le donneur d'ordre (CA Versailles 8-7-1987 : D. 1988.som.183 obs. Vasseur).

Obligation de payer de la banque L'obligation de verser le montant du crédit documentaire incombe à la banque émettrice et, s'il y a lieu, à la banque confirmatrice. **53344**

L'une et l'autre sont tenues de payer **dès** lors qu'elles ont constaté que les **documents** sont **conformes** ; elles ne peuvent pas refuser de payer pour un motif quelconque tiré de l'inexécution ou de la mauvaise exécution du contrat financé par le crédit : toutes les exceptions nées de l'exécution du contrat sont inopposables au bénéficiaire du crédit (RUU 600 art. 4, a ; Cass. com. 14-3-1984, 2 arrêts : D. 1985.IR.245 obs. Vasseur ; Cass. com. 24-11-1987 : D. 1988.265 note Vasseur ; Cass. com. 18-12-2001 : RJDA 4/02 n° 428 ; Cass. com. 3-3-2004 n° 454 : RJDA 7/04 n° 887 ; CA Paris 14 et 15-3-1984 : D. 1985.IR.245 obs. Vasseur ; toutefois, CA Versailles 28-4-2020 n° 18/07372, admettant l'extinction de la dette par compensation survenue entre vendeur et acheteur) ou à son cessionnaire (CA Paris 13-1-1987 : D. 1988.som.182 obs. Vasseur) ; le donneur d'ordre ne peut davantage invoquer ses relations avec la banque émettrice ou le bénéficiaire (RUU 600 art. 4, a).

Les décisions précitées reconnaissent au crédit documentaire un caractère autonome par rapport au contrat qui justifie sa mise en place. Elles sont une application de la règle qui permet aux cocontractants de rendre leurs engagements contractuels abstraits (n° 12505).

Le **donneur d'ordre** ne peut **pas** prétendre les en empêcher, pour les mêmes motifs, en pratiquant une **saisie-attribution** entre leurs mains (Cass. com. 14-10-1981 : JCP G 1982.II.19815 note Gavalda et Stoufflet et Cass. com. 18-10-1988 : Bull. civ. IV p. 190, relatifs à des saisies-arrêts mais transposables ; TGI Lyon 22-6-1993 : Bull. inf. C. cass. 1994 n° 220).

En revanche, un créancier du bénéficiaire peut saisir le montant du crédit, le bénéficiaire disposant d'une créance conditionnelle sur la banque émettrice ou confirmatrice (Cass. com. 5-7-1983 : D. 1984.IR.267 obs. Vasseur). Il se prévaut ainsi d'un droit propre et étranger au crédit documentaire ; il ne met donc pas en cause le caractère autonome de ce crédit.

Il ne saurait, par ailleurs, trouver dans le fait que le paiement du **crédit** est **différé** une raison d'écarter l'inopposabilité des exceptions, bien que la cour de Paris (30-4-1985 : D. 1986.195 note Vasseur) ait expressément affirmé que, dans ce cas, la banque devait contrôler, avant de payer, la correcte exécution du contrat.

Cette affirmation est contraire, en effet, au caractère autonome du crédit documentaire (Vasseur, D. 1987.chr.59). Par ailleurs, elle ne peut être considérée comme un argument décisif aux yeux de la cour elle-même, puisque celle-ci a aussi invoqué, pour justifier le refus de paiement du crédit par la banque, la fraude, laquelle – comme l'a relevé la Cour de cassation à la suite du pourvoi contre l'arrêt précité (Cass. com. 7-4-1987 : D. 1987.399 note Vasseur) – était à elle seule un motif suffisant pour dispenser du paiement (voir ci-après).

53347 La **banque** émettrice ou confirmatrice peut refuser de payer le crédit seulement si l'engagement de payer a été obtenu à la suite d'une **manœuvre frauduleuse** à la condition que celle-ci ait porté sur la mise en place ou l'exécution du crédit documentaire et non pas sur l'exécution de la vente (Cass. com. 29-4-1997 : RJDA 8-9/97 n° 1065). En présence d'une fraude manifeste du bénéficiaire, le juge des référés peut interdire le paiement d'un crédit documentaire : tel est le cas lorsqu'il y a surfacturations, que des discordances apparaissent dans les références des marchandises et que quatre factures sont émises au lieu d'une seule, éléments témoignant non d'une erreur mais d'une intention délibérée (Cass. com. 19-11-2013 n° 11-25.131 : RJDA 3/14 n° 267). Un doute sur l'authenticité des documents ne suffit pas (CA Versailles 24-5-1991 : JCP G 1992.II.21932 note de Bottini et Caprioli).

Jugé qu'il y a fraude :

– lorsque les documents mentionnent faussement la livraison d'une quantité de marchandises supérieure à celle réellement expédiée (Cass. com. 7-4-1987 : D. 1987.399 note Vasseur) ;

– lorsque les marchandises livrées sont si peu conformes aux marchandises commandées et facturées que les documents les concernant ont été saisis par les agents des douanes (CA Aix 8-1-1982 : Bull. Cour d'Aix 1982/1 p. 78) ;

– lorsqu'un document requis était un faux (CA Versailles 19-12-2002 n° 00/05523 : RJDA 4/03 n° 428 ; Sentence CCI n° 3031 en 1977 : Clunet 1978.999 obs. Derains).

Mais n'est pas une fraude le fait que la marchandise livrée en quantité égale à celle prévue par les documents s'avérerait avariée à l'arrivée ou même ne serait pas conforme aux spécifications du marché (Cass. com. 18-10-1981 : D. 1982.301 note Vasseur).

La fraude du donneur d'ordre n'est pas opposable au bénéficiaire qui n'y a pas participé (CA Paris 27-2-1992 : D. 1994.som.27 obs. Vasseur). La banque qui refuse de payer le crédit est responsable du préjudice causé au bénéficiaire par le retard qu'elle a mis à l'avertir de son refus (Cass. com. 29-11-1994 : RJDA 3/95 n° 318).

Le **donneur d'ordre** peut aussi s'opposer au paiement à la condition d'établir une fraude portant sur la mise en place ou l'exécution du crédit (Cass. com. 16-12-2008 n° 07-18.729 : D.2009.161 obs. Delpech) ; dans ce cas, il peut notamment pratiquer une saisie conservatoire si les conditions (n° 59109) en sont réunies.

Lorsque la saisie est levée, la banque doit payer immédiatement : elle commet une faute en attendant deux jours (CA Paris 25-6-1986 : D. 1987.som.218 obs. Vasseur).

53350 Les exceptions qui ne sont pas fondées sur le contrat financé par le crédit documentaire et qui sont inhérentes aux relations du bénéficiaire et de la banque émettrice ou confirmatrice peuvent être soulevées par cette dernière, car les **exceptions personnelles** au créancier titulaire d'une créance autonome lui sont toujours opposables (n° 51264).

La banque confirmatrice peut opposer l'exception de compensation légale à raison d'une créance détenue à l'égard du bénéficiaire, car elle honore alors son obligation de payer (Cass. com. 15-3-2023 n° 20-23.552 FS-B : RJDA 7/23 n° 398).

Par ailleurs, **toute obligation extérieure** au crédit documentaire obéit aux règles du droit commun : par exemple, le banquier qui paye par anticipation, contrairement aux instructions portées sur le document, un crédit documentaire n'agit pas en exécution de ce crédit, mais en vertu d'un engagement distinct qu'il a accepté de prendre envers son client (CA Paris 28-5-1985 : D. 1986.195 note Vasseur, qui en déduit, le crédit en cause ayant été obtenu sur des documents frauduleux, que le banquier ne pouvait pas invoquer cette fraude et devait supporter les conséquences de son acceptation de payer par anticipation) ; le bénéficiaire qui n'a pas reçu le montant du crédit par suite du redressement judiciaire de la banque émettrice, alors même que le compte de l'acheteur a été débité, peut réclamer au donneur d'ordre le paiement du prix en vertu du contrat de vente les liant car l'ouverture du crédit documentaire n'emporte pas novation de ce contrat (CA Paris 9-9-1994 : D. 1995.IR.13 ; T. com. Paris 19-6-1991 : D. 1994.som.23 obs. Vasseur ; dans le même sens, CA Paris 13-9-1990 : D. 1991.som.223 obs. Vasseur).

53353 **Paiement sous réserve** Lorsque les documents présentés ne sont pas conformes à ceux requis, il arrive que la banque émettrice ou confirmatrice accepte, néanmoins, de payer le montant du crédit, mais elle assortit alors son paiement de réserves.

Si la banque n'est pas remboursée par le donneur d'ordre – généralement l'acheteur –, elle peut exercer un recours en répétition du montant du crédit versé contre le bénéficiaire. En pratique, l'intéressé ayant un compte dans ses livres, elle contre-passera au débit de son compte le montant du crédit dont elle l'a précédemment crédité (Cass. com. 23-2-1976 : JCP G 1977.II.18536 note Stoufflet).

Remise à l'encaissement Lorsque la banque notificatrice ne veut pas prendre le risque de payer, elle communique les documents qui lui ont été remis à la banque émettrice ou confirmatrice, voire au donneur d'ordre en leur demandant de décider s'il y a lieu de payer. 53356

Les banques n'ont pas l'obligation d'avertir le bénéficiaire de cette transmission alors même qu'informé il aurait pu réaliser, en temps utile, la mise en conformité des documents (CA Paris 6-1-1982 : D. 1982.IR.407 obs. Vasseur).

Garantie du crédit documentaire En cas de paiement par négociation ou de paiement différé, la banque accepte de remettre au donneur d'ordre (acheteur) les documents donnant droit à la marchandise alors que le paiement interviendra plus tard à l'échéance indiquée. La banque perd ainsi la sûreté de se payer sur les marchandises que la possession des documents lui procurait. Pour pallier ce risque, elle exige, parfois, que le donneur d'ordre auquel elle a consenti le crédit et la facilité de paiement lui cède une ou plusieurs créances que celui-ci détient sur ses propres débiteurs, ou sur l'acheteur lui-même, par bordereau de transfert Dailly. 53359

Recours La banque qui a payé peut exercer un recours **contre le donneur d'ordre,** s'il a agi de façon à lui causer un préjudice, par exemple s'il a pris possession de la marchandise sans détenir les documents la représentant (cf. Cass. com. 5-7-1983, 1e esp. : D. 1984.181 note Vasseur). 53362

En revanche, le donneur d'ordre **n'est lié contractuellement** qu'à la banque émettrice et n'a aucun lien de droit avec la banque confirmatrice pour mettre en cause la responsabilité de cette dernière, celle-ci n'étant que la délégataire de la banque émettrice (CA Paris 18-11-1983 : D. 1984.IR.267 obs. Vasseur).

Il pourrait cependant, sous réserve d'en remplir les conditions (n°s 53900 s.), exercer l'action oblique contre cette dernière (cf. CA Paris 18-11-1983 précité). Sur la possibilité pour l'acheteur de mettre en jeu la responsabilité extracontractuelle de la banque notificatrice, n° 53318.

La **banque qui a endossé le connaissement** – qui constituait pour elle pratiquement un gage sur les marchandises puisqu'elle était seule à pouvoir en demander livraison – à l'ordre du donneur d'ordre pour lui permettre d'obtenir cette livraison a perdu ce faisant son gage et ne peut plus agir contre la caution de ce donneur d'ordre ; celle-ci doit être, en effet, déchargée conformément à l'article 2314 du Code civil (n°s 55800 s.) puisqu'elle ne peut plus être subrogée dans les droits et privilèges de la banque et récupérer, après paiement du montant de la somme garantie, les marchandises (CA Metz 8-4-1987 : D. 1988.som.184 obs. Vasseur).

XII. DÉLÉGATION

RÈGLES GÉNÉRALES

Qualification La délégation est l'opération par laquelle une personne, le délégant, obtient d'une autre, le délégué, qu'elle s'oblige envers une troisième, le délégataire, qui l'accepte comme débiteur (C. civ. art. 1336, al. 1) ; elle est qualifiée d'« opération ». 53400

Elle est néanmoins un acte qui repose sur un échange de consentement puisque chacune des trois parties qu'elle implique doit accepter l'opération : le débiteur originaire de la dette doit vouloir que son débiteur le supplée, et celui-ci doit aussi vouloir devenir le débiteur du créancier qui doit l'accepter.

Ainsi, ne constituent pas une délégation :

– la simple indication faite par le débiteur d'une personne désignée pour payer à sa place comme la simple indication faite par le créancier d'une personne désignée pour recevoir le paiement pour lui (C. civ. art. 1340) ;

– en dépit de la terminologie employée dans l'acte, un simple paiement pour compte, ne créant aucun lien contractuel entre le délégataire et le délégué autre que l'engagement de ce dernier de payer, aux conditions contractuellement prévues, les sommes dues au délégataire, car la délégation est vidée de sa substance par les conditions contractuelles (Cass. com. 23-6-2021 n° 19-22.972 F-D : RJDA 2/22 n° 108) ;

– le paiement opéré en vertu d'une action directe, car ce paiement ne résulte pas d'un accord entre le délégant et le délégataire (CA Paris 18-12-1990 : D. 1991.IR.48).

Mais il y a délégation dès lors qu'une personne s'oblige spontanément envers une autre au lieu et place du débiteur originaire (cf. Cass. com. 11-4-2012 n° 11-13.068).

53401 **Applications** La délégation est employée dans la vie des affaires comme un moyen de règlement d'une créance mais surtout comme moyen de donner une **garantie** de paiement au délégataire.

Par exemple :

– le vendeur d'un immeuble obtient délégation des loyers de cet immeuble en paiement du prix de vente (CA Nancy 8-6-1977 : D. 1978.IR.77) ;

– un imprimeur reçoit d'un éditeur, en règlement de ses factures, délégation du produit des ventes effectuées par un distributeur (Cass. com. 24-6-1986 : Bull. civ. IV n° 141) ;

– la banque notificatrice d'un crédit documentaire, qui accepte de consentir au bénéficiaire de ce crédit une avance complémentaire, obtient de celui-ci qu'il l'autorise à se faire payer directement par la banque émettrice (T. com. Paris réf. 6-10-1987 : D. 1988.som.181 obs. Vasseur) ;

– un débiteur convient avec son créancier qu'il fera verser sur le compte bancaire de ce dernier les virements que lui adressent ses clients (CA Paris 25-5-1984 : Rev. jur. com. 1986.138 note Gross) ou obtient que la créance qu'il a sur un débiteur soit versée dans les mains de son créancier (CA Lyon 20-4-1982 et 20-2-1982 : D. 1983.586).

Sur la délégation en cas de sous-traitance, n° 20366.

53402 **Régime** Supposant l'échange de trois consentements, la délégation existe au moment où le dernier consentement est exprimé. Elle est donc soumise aux dispositions des articles 1336 à1340 du Code civil.

VALIDITÉ DE LA DÉLÉGATION

53403 La délégation n'est valable que **si elle est consentie** par les intéressés. La jurisprudence qui vérifiait l'existence du consentement reste donc applicable. Ainsi :

– le consentement du délégué doit être constaté (Cass. 1e civ. 7-4-1998 : RJDA 8-9/98 n° 1040), l'accord pouvant être tacite (Cass. com. 3-4-2001 : RJDA 8-9/01 n° 902 ; Cass. com. 3-4-2012 n° 10-24.641 : RJDA 8-9/12 n° 796.som.) ; tel est le cas lorsque le délégué a apposé sa signature sur l'acte qui a organisé la délégation (Cass. com. 28-4-1987 n° 85-17.093 : Bull. civ. IV n° 103) mais pas lorsque les juges du fond relèvent simplement que le délégué a accepté de créer dans ses comptes un fonds de réserve destiné au paiement du créancier du débiteur (Cass. com. 12-11-2008 n° 07-17.899 : RD bancaire 2009 § 48 obs. F.-J. Crédot et T. Samin) ;

Le délégué ne peut opposer au délégataire qu'il ne s'est engagé qu'en croyant qu'il était débiteur du délégant qu'autant que les parties ont intégré à l'acte cette obligation ou que le délégataire a eu connaissance de ce que le délégué s'était engagé par erreur (CA Versailles 4-5-1995 : JCP E 1996.pan.70).

– le consentement du délégataire peut être déduit de ce qu'il a accepté les paiements faits par le nouveau débiteur (Cass. 3e civ. 29-5-1967 : Bull. civ. III n° 212).

La validité de la délégation n'est pas soumise à une autre condition, même si elle est :

– subordonnée à ce que le délégant ait une créance sur le délégué (pour un exemple, Cass. com. 9-5-1990 n° 88-17.565 : D. 1991.488 note Dagorne-Labbé) ; en effet, si l'article 1336 n'exige pas que le délégué soit débiteur du délégant, aucune raison d'intérêt général ou privé évidente ne s'y oppose, et ce, d'autant plus que l'article 1339 envisage cette hypothèse et qu'il a été jugé qu'il importe peu qu'il ait été ou non débiteur du délégant (Cass. com. 21-6-1994 : RJDA 1/95 n° 57) ;

– prévue pour le paiement d'une créance conditionnelle qui, au moment où elle est convenue, n'est ni liquide ni exigible, dès lors que la créance aura ces qualités au jour de la réalisation de la condition (Cass. civ. 9-12-1981 : D. 1982.445 note Mestre, la condition étant qu'une société, distincte du délégant et du délégué, ait réalisé des bénéfices) ;

– utilisée pour l'exécution d'une créance en nature, telle la livraison d'un avion (Cass. 1e civ. 26-1-1960 : Bull. civ. I p. 44) ou de vin (Cass. 1e civ. 2-7-1958 : Bull. civ. I p. 285).

EFFETS DE LA DÉLÉGATION

53406 **Prise d'effet de la délégation** La délégation prend effet dès qu'elle est consentie par le délégué sur la demande du délégant et acceptée par le délégataire ; la preuve doit être rapportée, selon les règles du droit commun de la preuve, civile ou commerciale selon le cas (CA Paris 26-6-1990 : JCP E 1990.I.20439).

Elle échappe aux règles relatives à la cession de créance (Cass. req. 19-12-1923 : S. 1924.1.111 ; Cass. com. 29-4-2002 : RJDA 8-9/02 n° 931).

53409 **Obligation du délégué** Du jour où la délégation est établie, le délégué doit **payer le délégataire.** Sauf convention contraire convenue entre le délégant et le délégataire, aucune exception ne peut faire obstacle à ce droit (C. civ. art. 1336, al. 2).

Le délégué peut refuser de payer au délégataire des factures non vérifiées par un tiers si la convention de délégation exige cette vérification préalable en prévoyant que le délégué se reconnaît directement tenu envers le délégataire du paiement des sommes dues par le délégant au délégataire mais à concurrence de la créance en cours du délégant vis-à-vis du délégué « (état d'acompte dûment visé par la maîtrise d'œuvre) » (Cass. com. 24-5-2023 n° 22-10.110 F-D : RJDA 8-9/23 n° 539).

Comme le jugeaient les tribunaux avant la réforme du droit des contrats, le délégué a pris, en acceptant la délégation à l'égard du délégataire, un engagement personnel de le payer, excluant l'opposabilité de toute exception qui ne lui est pas personnelle.

Dès lors, l'ordre de payer le délégataire que reçoit le délégué n'est que l'exécution de son engagement (Cass. 3e civ. 19-12-2012 n° 11-25.622 : RJDA 4/13 n° 320).

Ainsi, il ne peut être opposé au délégataire la compensation que le délégué aurait pu invoquer contre le délégant (Cass. com. 25-2-1992 : JCP G 1992.II.21922 note Billau), ni la fraude qu'aurait commise le délégant (Cass. com. 22-4-1997 : RJDA 8-9/97 n° 1076), ni l'extinction de la créance du délégataire contre le délégant (Cass. com. 7-12-2004 n° 1780 : RJDA 4/05 n° 450 ; contra Cass. 1e civ. 17-3-1992 : RJDA 5/92 n° 489), ni la saisie-attribution résultant d'un avis à tiers détenteur émis avant le paiement du délégataire par un créancier du délégant, qui, ayant cause universel du débiteur, n'a droit qu'à ce qui est dans le patrimoine de ce dernier (n° 13022), et ne peut recevoir paiement dès lors que la délégation a pris effet avant la notification de l'avis (Cass. com. 16-12-2020 n° 18-24.564 F-D).

Toutefois, le délégué qui s'est engagé à payer au délégataire la somme qu'il devrait au délégant dans la limite d'un montant déterminé peut opposer au délégataire la déduction d'une somme correspondant à une indemnité pour exécution défectueuse des travaux dus, cette déduction ne constituant pas une exception inopposable mais une opération de détermination de la dette du délégué envers le délégant (Cass. com. 11-4-2012 n° 11-13.068 : PA 2012 n° 193 p. 10 note Andrieu et Julienne). Sur la nature des exceptions, nos 50006 s.

Défaut de paiement du délégué Le délégataire qui n'a pas reçu du délégué le paiement dispose ou non d'un recours contre le délégant, si celui-ci est son débiteur (hypothèse la plus courante), selon qu'il l'a ou non déchargé dans les conditions suivantes. 53412

1. Décharge du délégant. Dans ce cas, connu sous le nom de « délégation parfaite », le délégataire n'a pas de recours contre le délégant si cette décharge résulte **expressément** de l'acte (C. civ. art. 1337, al. 1).

Il a été jugé que la preuve que l'acte emporte décharge peut être établie par tous moyens (Cass. civ. 2-7-1958 : Bull. civ. I p. 285, rendu sous l'empire de l'ex-art. 1275 du Code civil mais transposable).

Ainsi a été reconnue comme une délégation parfaite la stipulation d'un contrat de sous-traitance dégageant l'entrepreneur principal de toute obligation de paiement envers le sous-traitant à concurrence des sommes dont le paiement direct par le maître de l'ouvrage était prévu (Cass. 3e civ. 28-4-1987 n° 92-10.689 : Bull. civ. III n° 169 : rejet de la demande en paiement dirigée par le sous-traitant contre l'entrepreneur principal).

Mais les tribunaux n'ont pas admis que cette preuve pouvait résulter, par exemple :

– de la remise d'un chèque par le délégué ou de la mainlevée du gage, constitué sur une automobile en garantie d'un prêt, requise par le créancier prêteur sur la demande expresse de l'acheteur en vue de la revente dudit véhicule (CA Lyon 20-4-1982 et 25-2-1982 : D. 1983.586) ;

– de la transmission d'un bordereau récapitulatif des commandes et des règlements par le délégué au délégataire (CA Paris 25-5-1984 : BRDA 15-16/84 p. 22) ;

– du seul fait qu'un créancier a accepté d'être payé par un tiers (Cass. com. 22-6-1983 : Bull. civ. IV p. 159) ;

– d'une lettre modifiant les rapports contractuels des parties (Cass. com. 7-4-1987 n° 85-15.622 : Bull. civ. IV n° 93).

2. Absence de décharge du délégant. Le délégataire conserve alors, la délégation étant « imparfaite », un recours contre le délégant (C. civ. art. 1338 ; Cass. 1e civ. 13-11-1997 : Bull. civ. I n° 307 ; Cass. com. 12-2-2002 : RJDA 6/02 n° 685).

3. Engagement personnel du délégant envers le délégataire. Le délégant demeure tenu s'il s'est expressément engagé à garantir la solvabilité future du délégué ou si ce dernier se trouve soumis à une procédure d'apurement de ses dettes lors de la délégation (C. civ. art. 1337, al. 2).

Sort de la créance du délégant sur le délégué Lorsque le délégant est créancier du délégué, sa créance : 53415

– est éteinte à due concurrence par le paiement fait par le délégué au délégataire ou par l'effet de la décharge que le délégataire a consentie au délégant (C. civ. art. 1339, al. 1 et 4) ;

– subsiste dans son patrimoine tant que le délégué ne l'a pas payée et à due concurrence mais elle y est indisponible.

Le délégant ne peut pas en obtenir paiement, sauf pour la part qui excéderait l'engagement du délégué ou s'il exécute son obligation envers le délégataire (C. civ. art. 1339, al. 2) et elle ne peut être cédée ou saisie que sous les mêmes conditions (C. civ. art. 1339, al. 3).

Ces solutions étaient déjà appliquées (Cass. com. 14-2-2006 n° 221 : RJDA 7/06 n° 825 ; Cass. com. 24-4-2007 n° 06-10.944 : RJDA 10/07 n° 1007 : exclusion des créanciers du délégant de liquidation judiciaire de celui-ci).

53418 **Droits et obligations du délégataire** La délégation n'entraîne **pas transmission** au délégataire des sûretés constituées par le débiteur délégué au profit du créancier délégant et le délégataire ne peut, en conséquence, se prévaloir de l'inscription d'hypothèque garantissant la créance déléguée (CA Paris 20-2-2001 : JCP 2001.I.356 n° 13 obs. Simler et Delebecque).

Le délégataire doit agir **de bonne foi pour obtenir paiement** de la part du délégué : bien que le délégant demeure tenu de la dette, en l'espèce le remboursement d'un prêt, le délégataire ne peut prononcer la déchéance du terme du prêt en raison d'une interruption du paiement des échéances et faire délivrer au délégant un commandement de payer le solde dû au titre du prêt, car la subrogation dont il bénéficie entraîne pour contrepartie l'obligation, à l'égard du délégant, d'exercer à l'encontre du délégué, en l'espèce le locataire du délégant dont les loyers avaient été délégués, des droits et obligations que le délégant ne peut plus exercer lui-même et d'informer ce dernier de la défaillance du locataire afin qu'il puisse prendre toutes mesures utiles pour procéder au paiement des échéances ; faute de l'avoir fait, le délégataire a manqué à son obligation de bonne foi et il y a donc lieu d'annuler le commandement de payer irrégulier délivré par le délégataire au délégant (CA Paris 18-1-2000 : GP.2001.som.239).

Le paiement fait par le délégué ou par le délégant **éteint** la créance du délégataire à due concurrence (C. civ. art. 1338).

XIII. DATION EN PAIEMENT

QUALIFICATION DE DATION EN PAIEMENT

53500 Le créancier peut accepter de recevoir en paiement autre chose que ce qui lui est dû (C. civ. art. 1342-4, al. 2). Ce paiement est dit « dation en paiement ».

Constitue une dation en paiement l'acte par lequel :

– un promoteur constructeur, ayant déjà vendu pour un prix payé comptant un appartement dans un immeuble qui n'a finalement pas été construit, a vendu au même acquéreur un appartement dans un autre immeuble en cours de construction avec affectation à cet achat du prix, identique, déjà versé par l'acquéreur et transfert de propriété à compter du jour de l'acte (Cass. ass. plén. 22-4-1974 n° 71-13.450 : D. 1974.613 note Derrida) ;

– un débiteur solde sa dette en vendant à son créancier pour un montant égal à celle-ci divers matériels ; en dehors de tout litige et en l'absence de concessions réciproques des parties, cette convention ne constitue pas une transaction (CA Rouen 9-1-1992 : RJDA 6/92 n° 624) ;

– un débiteur reconnaît « la pleine et entière et irrévocable propriété » d'une maison en contrepartie d'avances faites par son créancier, peu important que la qualification de l'opération n'ait pas été mentionnée dans l'acte lui-même, dès lors qu'il est incontestable que la cession du bien immobilier a été consentie en vue d'éteindre la créance (CA Versailles 8-10-1998 : D. 1999.IR.6).

Sur des échanges commerciaux donnant lieu à des dations en paiement, n° 18605.
Sur des actes ne valant pas dation en paiement, n° 55709.

Mise à part la validation formelle de la dation en paiement, l'article 1342-4 ne contient aucune règle sur cette modalité de paiement. Les compléments jurisprudentiels permettent de pallier ce silence des textes.

PAIEMENT

53505 La dation en paiement est considérée par le Code civil comme un paiement (C. civ. art. 1342-4, al. 2 placé dans les règles du paiement en général). La remise de la chose a les **mêmes effets** que le paiement par une **somme d'argent** (Cass. com. 14-1-1970 : Bull. civ. IV p. 20 ; cf. C. civ. art. 2315).

On ne saurait donc soutenir que la dation en paiement entraîne **novation** par changement d'objet. Les parties n'ont pas, en effet, l'intention d'éteindre la dette d'argent par la création d'une obligation de payer en nature, mais seulement d'éteindre la dette d'argent par changement du mode d'extinction : extinction par remise d'une chose au lieu d'une extinction par remise d'une somme d'argent.

En conséquence, les **règles du paiement** lui sont applicables dans les termes suivants.

1. La **remise** peut être faite **par un tiers** car il n'est pas requis que le remettant soit le créancier du bénéficiaire de la remise (Cass. civ. 5-4-1968 : Bull. civ. III p. 127).

2. La chose dont la remise est promise peut être une **chose future,** car la dation en paiement, comme le paiement, peut être à terme (Cass. civ. 12-1-1988 : Bull. civ. III p. 3).

3. L'obligation de remise est **personnelle** au remettant (Cass. civ. 9-1-1991 : JCP G 1992.II.21846 note Steinmetz, refusant d'y voir une obligation réelle attachée à l'immeuble promis et obligeant l'adjudicataire qui s'en est porté acquéreur) et constitue une obligation **de faire** (Cass. 3e civ. 21-6-2006 : RJDA 1/07 n° 94, écartant l'obligation de livraison du bien immobilier lui-même sur lequel portaient les droits cédés).

4. La **valeur** de la chose promise s'apprécie au jour du paiement (Cass. 3e civ. 18-2-1976 : GP 1976.1.pan.140) ; elle est acceptée dès lors que la chose offerte a été acceptée sans réserve (CA Paris 7-11-2006 nº 04/24731 : RJDA 3/07 nº 287) ; elle ne vaut paiement que si elle permet d'éteindre la créance (Cass. com. 28-11-1972 : Bull. civ. IV p. 289).

5. La remise de la chose peut être acceptée **tacitement** (Cass. civ. 21-11-1995 : Contrats, conc., consom. 1996 nº 18 obs. Leveneur).

6. La dation en paiement peut être annulée par l'**action paulienne** (CA Paris 23-7-1937 : DP 1939.2.81 note Radouant).

7. La remise peut être tenue pour un mode de paiement **non communément admis** lorsqu'elle est faite à un débiteur en redressement ou liquidation judiciaire (nº 63134).

8. La **caution** est libérée par la dation en paiement acceptée par le créancier garanti (nº 55709).

9. La remise présente un **lien de connexité** avec la dette ; l'aveu de l'existence de la dette et de la remise d'une chose en paiement de celle-ci est donc indivisible (Cass. com. 14-1-1970 : Bull. civ. IV p. 20).

TRANSFERT DE PROPRIÉTÉ DE LA CHOSE REMISE EN DATION

La dation en paiement a aussi les effets d'une vente dans la mesure où la propriété de la chose convenue est transférée au créancier. **53510**

Il s'ensuit les solutions suivantes.

1. Si la dation en paiement est prévue dans le contrat conclu, la valeur de la chose remise doit être **déterminée** ou déterminable (nº 12425).

2. Le remettant de la chose **doit la fournir** ; il n'a pas, par exemple, rempli cette obligation si, le prix devant être payé au vendeur par des appartements, il a été impossible de les construire (Cass. civ. 3-2-1982 : D. 1982.IR.228) ; mais il n'est pas, pour autant, tenu de l'obligation de **délivrance** qui incombe au vendeur (Cass. civ. 19-7-1983 : Bull. civ. III p. 128, qui a précisé, sans plus, alors que le pourvoi l'invitait à juger que « la qualification de dation en paiement n'est pas exclusive de la qualification de vente et d'échange » qu'était inapplicable à la convention litigieuse l'article 1619 du Code civil).

3. Lorsque la chose remise est un immeuble, la rescision pour **lésion** de plus des sept douzièmes en cas de vente d'immeuble est applicable non pas parce qu'il y a vente, mais parce que, pour savoir si la dette payée est éteinte, il faut que la valeur de la chose donnée y corresponde (Cass. civ. 4-7-1968 : Bull. III nº 324, qui a précisé que « la dation en paiement suivait les règles de la vente quant à la rescision pour lésion », sans dire que la dation était une vente ; CA Versailles 26-3-1997 : RJDA 7/97 nº 946, rejetant la lésion, la chose ayant une valeur réelle).

4. Le **transfert de propriété** de la chose remise résulte, à défaut d'indication contraire, du seul échange des consentements (Cass. civ. 27-1-1993 : RJDA 4/93 nº 309) ; toutefois, il ne s'opère au profit du bénéficiaire, s'agissant d'une chose future, que lorsque la chose est effectivement en mesure d'être livrée par celui qui doit la donner et reçue par celui à qui elle est promise (Cass. 3e civ. 22-9-2010 nº 09-15.781 : RJDA 2/11 nº 179).

5. Le **droit de préemption** du fermier peut être exercé sur la chose remise car la « dation en paiement (est) assimilable à une aliénation à titre onéreux visée par l'article 790 du Code rural (devenu art. L 412-1) » (Cass. civ. 4-4-1968 : Bull. civ. III p. 118) ; cette solution, en raison de l'analogie des situations, peut être transposée à tout autre droit de préemption.

6. La remise de la chose doit être **résolue** dès lors que la chose remise ne correspond pas à ce qui a été convenu avec la partie qui a accepté cette chose en contrepartie de l'extinction partielle de sa créance sur le remettant (CA Paris 28-11-2003 nº 02/14674 : RJDA 6/04 nº 745).

SECTION 3 INCIDENTS DE PAIEMENT

I. PAIEMENT EN RETARD

QUALIFICATION DU PAIEMENT EN RETARD

Le paiement est en retard, sauf convention contraire (Cass. com. 21-7-1975 nº 74-11.605 : Bull. civ. IV nº 211) **53800**
ou délai de grâce (nº 50506), de plein droit dès lors que les factures n'ont pas été réglées à l'échéance, nonobstant les erreurs de facturation commises par le créancier (CA Caen 14-10-2021

n° 20/00254) et pas avant (cf. Cass. com. 9-9-2020 n° 18-21.256 F-D : RJDA 11/20 n° 593). Ainsi, en cas de virement bancaire, le créancier doit disposer de la somme due par inscription du montant à son compte le jour de l'échéance au plus tard (CJUE 3-4-2008 aff. 306/06 : RJDA 7/08 n° 857).

PÉNALITÉS DE RETARD DUES AU TITRE DES TRANSACTIONS INTERENTREPRISES

53801 Au sens de la **législation française,** tout débiteur d'une dette née de toutes les activités de production, de distribution et de services, y compris celles qui sont le fait de personnes publiques, notamment au titre de conventions de délégation de service public (C. com. art. L 410-1), qui paie après l'expiration des délais de paiement fixés par l'article L 441-10, I du Code de commerce, encourt une condamnation au paiement d'une pénalité dont le montant est fixé en fonction d'un **taux d'intérêt** qui doit être précisé dans la convention de règlement établie entre les parties ainsi qu'au paiement d'une **indemnité forfaitaire** pour frais de recouvrement ; à défaut d'une telle précision, le taux de l'intérêt est fixé dans les conditions énoncées à l'article L 441-10, II du Code de commerce. Quant au montant de l'indemnité forfaitaire, il est fixé à 40 euros (C. com. art. D 441-5).

Au regard de cette disposition, un avocat est un prestataire de services (Cass. 2e civ. 3-5-2018 n° 17-11.926 P) et une société civile immobilière peut être demanderesse de prestations de services pour son activité professionnelle (Cass. com. 21-10-2020 n° 18-25.749 F-PB : RJDA 12/20 n° 664).

Ces pénalités, qui ne concernent que les personnes susvisées (Cass. 1e civ. 5-2-2020 n° 18-18.854 F-PBI : RJDA 4/20 n° 236), sont dues de plein droit, sans rappel et sans avoir à être indiquées dans les conditions générales des contrats (Cass. com. 22-11-2017 n° 16-19.739 F-D : RJDA 2/18 n° 186). Les parties n'ont aucune possibilité d'y déroger conventionnellement et elles sont applicables indépendamment du caractère intentionnel ou involontaire des manquements relevés et de l'organisation interne de l'entreprise concernée (CAA Paris 14-10-2021 n° 20PA01925).

Elles peuvent être **cumulées** avec les dommages-intérêts compensatoires (n° 53835).

Selon la Commission d'examen des pratiques commerciales (CEPC), il n'y a pas lieu d'appliquer cette réglementation à une vente internationale de marchandises qui relève de la convention de Vienne (n° 26547), sous réserve d'un abus (CEPC Avis 24-6-2016 n° 16-12 ; CEPC Avis 18-3-2021 n° 21-3 ; CEPC Avis 9-7-2021 n° 21-9).

Les sanctions infligées par la DGCCRF (Direction générale de la concurrence, de la consommation et de la répression des fraudes) sont publiées sur son site Internet : www.economie.gouv.fr/dgccrf/sanctions-delais-paiement.

La législation française doit être en conformité avec la **directive** 2011/7/UE du 16 février 2011 concernant la lutte contre le retard de paiement dans les transactions commerciales.

RÉPARATION DU RETARD : INTÉRÊTS MORATOIRES

53803 **Droit aux intérêts moratoires** Le paiement en retard ouvre le droit de percevoir des intérêts sur la somme due, dits « intérêts moratoires » (C. civ art. 1231-6, al. 1). Ces intérêts sont dus sans que le créancier soit tenu de justifier d'aucune perte (C. civ. art. 1231-6, al. 2). À défaut de stipulation d'intérêts de retard figurant dans le titre de créance, le créancier n'a droit qu'à ces intérêts (Cass. com. 8-12-2021 n° 20-10.810 F-D : RJDA 4/22 n° 235). Sur l'exemple d'une obligation légale de payer comptant qui ne fait pas courir de droit les intérêts moratoires, n° 53812.

Comme les tribunaux l'avaient admis dans le silence du Code civil (Cass. com. 14-1-1975 : Bull. civ. IV p. 9), les intérêts moratoires peuvent être ceux **prévus au contrat** si celui-ci contient, comme il arrive souvent, une stipulation les prévoyant et en fixant les conditions (C. civ. art. 1343-1, al. 2). Ces intérêts sont des intérêts moratoires conventionnels, même si leur taux est le taux légal, qui courent sans mise en demeure dès lors que les parties ont elles-mêmes fixé leur point de départ (Cass. com. 5-6-2012 n° 11-20.360 : RJDA 8-9/12 n° 751 ; aussi Cass. civ. 2-3-1898 : DP 1898.I.463). Les juges doivent appliquer la stipulation des parties qui est conforme aux dispositions de l'article 1343-1, al. 2 du Code civil et qui est claire (Cass. com. 5-7-1977 : Bull. civ. IV n° 193 ; CA Paris 16-4-2015 n° 13/24388 : BTL 2015.331) et ils doivent appliquer le taux de l'intérêt tel qu'il est fixé, sans pouvoir exiger qu'il soit rappelé dans la demande de paiement du principal (Cass. civ. 16-12-1987 : Bull. civ. III n° 208), sans pouvoir le modérer (CA Rouen 8-1-1992). Si les intérêts contractuels ont été fixés jusqu'à l'échéance de la créance, entre cette date et la démarche faite pour réclamer le paiement, seuls des intérêts de retard au taux légal peuvent être demandés (Cass. com. 13-2-1996 : RJDA 5/96 n° 665).

Il est recommandé aux parties de préciser lorsque des intérêts sont prévus au contrat s'ils indemnisent ou non le retard : jugé, par exemple, que la convention prévoyant une soulte productive d'intérêts à 6 % et payable en plusieurs annuités devait être entendue comme stipulant que ces intérêts étaient dus même après l'échéance de la dette en capital jusqu'à complet paiement et réparaient ainsi le retard, sans possibilité de cumul avec les intérêts légaux moratoires (Cass. civ. 25-11-1975 : JCP G 1976.II.18328). Ces derniers ne peuvent se cumuler avec les intérêts conventionnels, car l'intérêt est légal ou conventionnel (C. civ. art. 1907, al. 1 ; Cass. 1e civ. 15-3-2005 : JCP G 2005.IV.1964).

En cas de contrat international, il leur est aussi recommandé de se renseigner sur la loi du pays où le paiement des intérêts pourrait être demandé, car certaines législations, notamment d'inspiration coranique, peuvent interdire ce paiement ou le subordonner à des conditions particulières.

Le débiteur est **exonéré** des intérêts moratoires lorsqu'il prouve que son retard provient d'une cause étrangère qui ne lui est pas imputable (CA Toulouse 12-12-1984 : Bull. inf. C. cass. 1985 n° 409).

Point de départ des intérêts moratoires À défaut de stipulations contractuelles fixant le point de départ des intérêts moratoires, trois situations doivent être distinguées. **53806**

1. Lorsque la créance est une **indemnité** qui résulte d'une condamnation en justice, quelle que soit la cause (contractuelle ou extracontractuelle : Cass. com. 8-11-1988 : Bull. civ. IV p. 203) de cette condamnation, les intérêts de la créance courent de **plein droit,** même en l'absence de demande de la part du bénéficiaire ou de disposition spéciale du jugement l'ordonnant (C. civ. art. 1231-7, al. 1). **53809**

Au sens de cette règle, l'indemnité est celle que fixe le juge, notamment celle qui résulte d'une condamnation au paiement d'une provision (Cass. civ. 19-10-2000 : Bull. civ. II n° 143) ou des frais de procédure non compris dans les dépens (Cass. 3e civ. 31-10-2007 n° 06-19.128 : Bull. civ. III n° 189 : CPC art. 700).

Elle n'est pas celle qui est déjà liquide au jour de la demande en condamnation au versement de cette somme, comme c'est le cas : de la créance d'un assureur de dommage (Cass. civ. 21-6-1989 : Bull. civ. I p. 166), serait-elle invoquée par subrogation (Cass. com. 5-12-2006 n° 1374 : RJDA 4/07 n° 329) ; de l'indemnité de réparation conventionnellement fixée par une transaction (Cass. civ. 22-11-1989 : GP 1990.som.12) ; de l'indemnité contractuelle de non-concurrence fixée par une convention collective de travail (Cass. soc. 19-7-1988 : JCP G 1988.IV.348) ; de l'indemnité due en vertu d'une clause pénale même en cas de modération par le juge (Cass. com. 27-3-1990 : Bull. civ. IV p. 60) ; de la créance de loyers impayés même si le juge en réduit le montant à titre de dommages-intérêts (Cass. com. 16-7-1991 : RJDA 11/91 n° 896) ; de la créance en restitution du prix consécutive à la résolution d'un contrat de vente (Cass. 3e civ. 26-5-2010 n° 09-12.720 : RJDA 11/10 n° 1034).

Sauf disposition contraire de la loi, les intérêts courent à compter du **prononcé du jugement,** à moins que le juge n'en ait décidé autrement (C. civ. art. 1231-7, al. 1).

Accordés pour une période antérieure à la date de la décision qui fixe l'indemnité, ils ont nécessairement un caractère moratoire (Cass. 1e civ. 28-4-1998 n° 96-14.762 : Bull. civ. I n° 152, excluant leur prise en compte de la garantie due par l'assureur qui ne peut devoir plus que ce que prévoit le contrat).

Lorsque les juges ont indexé la somme attribuée au bénéficiaire de l'indemnité jusqu'au jour du paiement, le point de savoir si la condamnation du débiteur porte intérêts au taux légal à compter du jugement divise les chambres civiles de la Cour de cassation (Cass. 3e civ. 8-2-1995 n° 92-19.639 : Bull. civ. III n° 39, le refusant car y voyant une double réparation ; Cass.1e civ. 16-5-1995 n° 92-15.376 : Bull. civ. I n° 207, l'acceptant au contraire en considérant que l'indexation compense la dépréciation monétaire et les intérêts moratoires seulement le retard dans le paiement).

En tout état de cause, il résulte du principe de la réparation intégrale qu'une créance indemnitaire ne peut pas produire intérêts avant la naissance du préjudice qu'elle a pour objet de réparer (Cass. com. 7-7-2020 n° 18-20.934 F-D : RJDA 10/20 n° 541).

En cas d'**appel contre le jugement** ayant alloué l'indemnité, les intérêts courent (C. civ. art. 1231-7, al. 2), à compter :

– en cas de confirmation pure et simple du jugement frappé d'appel, du jugement de première instance (Cass. crim. 3-11-1987 : Bull. crim. p. 1005) ;

– à défaut d'une telle confirmation du jugement de première instance, de la décision d'appel (Cass. com. 21-11-1989 : Bull. civ. IV p. 198) ;

– de la date fixée par le juge qui peut toujours déroger aux règles ci-dessus, et qui dispose pour en décider d'un pouvoir discrétionnaire (Cass. ass. plén. 3-7-1992 : JCP G 1992.II.21898 concl. Dontenwille note Perdriau).

2. Lorsque la créance non payée à l'échéance est une **somme d'argent,** déjà née et déterminée, le retard donne lieu à intérêt du jour de la mise en demeure (C. civ. art. 1231-6, al. 1) ; les juges ne peuvent alors pas fixer pour point de départ le jour du prononcé de la condamnation au paiement (Cass. 1e civ. 29-11-2005 n° 1626 : RJDA 4/06 n° 379), même s'ils évaluent la créance à une somme différente de celle qui était réclamée (Cass. civ. 5-1-1978 n° 76-14.012 : GP 1978.1.som.70 ; Cass. civ. 30-6-1993 : Bull. civ. n° 235). **53812**

Au sens de cette règle, est déterminée dans son montant la somme liquide réclamée au juge, celui-ci n'ayant qu'à la constater (Cass. 1e civ. 14-10-2010 n° 09-12.921 : RJDA 3/11 n° 212). Ce n'est pas le cas de la somme que peut devoir l'appelé en garantie dont la dette doit être fixée par le juge (CA Montpellier 7-1-2016 n° 15/4307 : GP 2016.som. 24 mai).

Il a été jugé qu'équivalait à une sommation de payer, et donc mise en demeure (n° 14419), emportant point de départ du cours des intérêts :

– une assignation en paiement (Cass. 1e civ. 4-6-2009 n° 08-12.658 : Bull. civ. I n° 117) ou en restitution du prix après résolution ou annulation d'une vente (Cass. 3e civ. 30-9-2009 n° 08-18.600 : RJDA 12/09 n° 1067), même en

l'absence d'un chef spécial des conclusions réclamant les intérêts (Cass. soc. 5-3-1986 : Bull. civ. V n° 66 ; Cass. civ. 21-6-1988 : Bull. civ. I p. 139) ;
– une demande reconventionnelle en paiement (Cass. civ. 30-11-1977 : Bull. civ. I p. 357) ;
– l'assignation portée devant un juge incompétent (Cass. civ. 9-5-1928 : DP 1929.1.125 ; rappr. en matière de référé provision, Cass. civ. 10-1-1984 : Bull. civ. I p. 5), même si l'instance se termine par un désistement (Cass. civ. 7-2-1933 : DH 1933.194) ;
– la demande formée en vertu de l'action oblique par le créancier au nom de son débiteur (Cass. civ. 9-12-1970 : JCP G 1971.II.16920) ;
– la notification d'une décision de justice condamnant au paiement d'une somme (Cass. 2e civ. 15-12-2005 n° 1957 : Bull. civ. II n° 326).

En revanche, si l'instance introduite par une première assignation est périmée et qu'une nouvelle instance est introduite, eût-elle été précédée d'une mise en demeure, les intérêts ne courent qu'après la péremption de la première instance à compter d'une nouvelle sommation (Cass. com. 25-2-2004 : RJDA 7/04 n° 790). Pour un refus d'appliquer la date de l'assignation à un créancier qui, après le dépôt du rapport d'expert, avait attendu près de quatre ans pour signifier les conclusions de reprise d'instance, Cass. civ. 14-11-1978 n° 77-12.943 : Bull. civ. I n° 345 ; mais en faveur de la date d'assignation et écartant celle de la signification des conclusions du rapport d'expert survenue deux ans après l'assignation : Cass. 1e civ. 4-6-2009 n° 08-12.658 : Bull. civ. I n° 117.

Toutefois, le point de départ du cours des intérêts est **autrement fixé** dans les cas suivants : si le débiteur démontre qu'une faute du créancier l'a empêché de s'acquitter de sa dette (cf. Cass. com. 19-10-1993 : RJDA 2/94 n° 142 : le point de départ pourrait être alors le jour de la condamnation) ou que la dette n'était pas exigible au moment de la sommation (Cass. com. 18-3-1975 : GP 1975.1.som.147) ou qu'il s'agit d'un cas où la loi fait courir les intérêts de plein droit à compter d'un moment déterminé différent du jour de la mise en demeure ; c'est le cas pour les intérêts dus sur le montant d'une lettre de change, celle-ci étant soumise au régime du droit cambiaire (n° 51221), dérogatoire au droit commun (cf. C. civ. art. 1105).

Toutefois, toute somme due de plein droit en vertu d'une disposition légale n'emporte pas nécessairement intérêt du jour où elle est exigible à défaut de disposition dérogeant à l'exigence de la mise en demeure ; ainsi, les intérêts moratoires pour retard de paiement de la soulte due en vertu d'un partage amiable ne courent que du jour où son bénéficiaire a adressé une sommation de payer au copartageant qui la doit, bien que la soulte soit, selon l'article 832-4 du Code civil, payable comptant (Cass. 1e civ. 17-6-2009 n° 08-10.142 : Bull. civ. I n° 135).

Sur une dispense de sommation, n° 41036.

53815 **3.** Lorsqu'une somme doit être restituée par suite **d'un paiement indu,** (nos 54200 s.) les intérêts courent, à l'égard de celui qui doit restituer :
– s'il a reçu la somme de **bonne foi,** du jour de la demande de restitution (C. civ. art. 1352-7), à condition, comme il avait été jugé, que le montant de la somme puisse être déterminé par l'application de dispositions légales ou réglementaires ou par convention (Cass. ass. plén. 2-4-1993 : RJDA 7/93 n° 642 ; Cass. com. 19-3-1996 : RJDA 7/96 n° 890) ;
– s'il l'a reçu de **mauvaise foi,** du jour du paiement (C. civ. art. 1352-7 ; Cass. civ. 26-4-1988 : Bull. civ. I p. 80 : héritiers ayant utilisé exclusivement à leur profit des biens successoraux ; CA Paris 21-2-1985 : BT 1985.483 : décompte des intérêts à partir de chaque perception injustifiée des droits de douane, l'administration des douanes étant de mauvaise foi ; CA Paris 11-5-1988 : D. 1988.IR.183 : connaissance par le réceptionnaire du paiement de son caractère indu ou simplement contestable) ou du jour où il a cessé de posséder de bonne foi (Cass. 1e civ. 22-3-2005 : Bull. civ. I n° 152).

La partie qui doit restituer ce qu'elle a reçu à ses risques et périls en vertu d'une **décision de justice exécutoire** à titre provisoire ultérieurement infirmée pour réparer le dommage résultant de l'exécution poursuivie (Cass. ass. plén. 24-2-2006 n° 05-12.679 : D. 2006. 1085 note Perrot ; contra CE 2-6-2017 n° 397571), n'est tenue que des intérêts moratoires au taux légal (Cass. civ. 9-11-1983 : D.1985.318 note Bolard) et qu'à compter de la notification, valant mise en demeure, de la décision ouvrant droit à restitution (Cass. ass. plén. 3-3-1995 : RJDA 5/95 n° 544 ; CE 8-6-2011 n° 344394 : RJDA 7/12 n° 642.som. ; Cass. com. 10-12-2013 n° 11-24.591 : RJDA 4/14 n° 390).

Si la décision de justice émane d'une juridiction étrangère qui a reçu l'exequatur, elle produit ses effets sur le territoire français selon la loi du for ; les intérêts moratoires ne commencent à courir qu'à compter de la décision d'exequatur et non à compter de la date du jugement étranger (Cass. 1e civ. 6-3-2007 n° 04-17.127 : Rev. crit. 2007.784 note Libchaber ; Cass. 1e civ. 19-11-2015 n° 14-25.162 : Bull. civ. I n° 287).

53818 **Interruption du cours des intérêts moratoires** Le cours des intérêts est interrompu dans les conditions exposées n° 54300. Le prononcé du jugement ouvrant la procédure de sauvegarde ou de redressement judiciaire interrompt également le cours des intérêts, sauf pour ceux des prêts de moins d'un an ou de contrats assortis d'un paiement différé d'un an ou plus (nos 62490 s.).

Montant des intérêts moratoires Les intérêts moratoires sont calculés selon le taux fixé par la **convention** ; le juge doit appliquer le taux de l'intérêt ainsi fixé, sans pouvoir exiger qu'il soit rappelé dans la demande de paiement du principal (Cass. civ. 16-12-1987 : Bull. civ. III n° 208) et sans pouvoir le modérer (CA Rouen 8-1-1992). Si les intérêts contractuels ont été fixés jusqu'à l'échéance de la créance, entre cette date et la démarche faite pour réclamer le paiement, seuls des intérêts de retard au taux légal peuvent être demandés (Cass. com. 13-2-1996 : RJDA 5/96 n° 665). 53821

Au regard des créances nées des **contrats internationaux,** il est recommandé aux parties de fixer le taux des intérêts, car, à défaut, les arbitres se reconnaissent une grande liberté pour le déterminer (Sentence CCI n° 6219 en 1990 : Clunet 1990.1047 obs. Derains, estimant que l'arbitre n'est pas tenu de se référer au taux légal d'un système juridique national, qu'il s'agisse de celui de la loi contractuelle ou de celui du lieu de l'arbitrage ; Sentence CCI n° 5730 en 1988 : Rev. arb. 1992.125, retenant, par application des usages du commerce international, le taux usuel pour la monnaie considérée ; Sentence CCI n° 5904 en 1989 : Clunet 1989.1107 obs. Alvarez, jugeant « logique » d'appliquer le droit du pays dans la monnaie duquel la créance est libellée ; rappr. Sentence CCI n° 6653 en 1993 : Clunet 1993.1040 obs. Arnaldez) et les tribunaux français les autorisent à déterminer le taux de manière discrétionnaire dans la seule limite du respect de l'ordre public international (CA Paris 13-6-1996 : Rev. arb. 1997.25), sous-entendu « français » (sur cet ordre public, n°s 16653 s. et plus spécialement en cas de taux usuraire, n° 41035).

À défaut, c'est le taux de l'**intérêt légal** qui est applicable (C. civ. art. 1231-6, al. 1 ; Cass. 2e civ. 31-5-2001 : RJDA 11/01 n° 1089).

Le taux légal est fixé, en toute matière, semestriellement par arrêté du ministre de l'économie ; il comprend un taux applicable lorsque le créancier est une personne physique n'agissant pas pour des besoins professionnels et un taux applicable dans tous les autres cas (C. mon. fin. art. L 313-2 et art. D 313-1-A) ; par exemple, le taux de l'intérêt légal applicable au prix d'une vente de droits sociaux n'est pas le taux professionnel (Cass. com. 9-3-2022 n° 20-11.845 F-B : RJDA 7/22 n° 430).

En cas de condamnation pécuniaire par décision de justice, il est majoré de cinq points à l'expiration d'un délai de deux mois à compter du jour où la décision de justice est devenue exécutoire, fût-ce par provision, ainsi qu'en cas de jugement d'adjudication sur saisie immobilière, quatre mois après son prononcé (C. mon. fin. art. L 313-3, al. 1) ; cette majoration suppose une condamnation à paiement et ne peut résulter du titre exécutoire établi par l'huissier (ou commissaire) de justice à la suite de la notification, restée sans effet, d'un certificat de non-paiement d'un chèque car il n'est pas une décision de justice (Cass. 2e civ. 7-1-2016 n° 14-26.449). Toutefois, le juge de l'exécution peut, à la demande du débiteur ou du créancier, et en considération de la situation du débiteur, exonérer celui-ci de cette majoration ou en réduire le montant (C. mon. fin. art. L 313-3, al. 2 ; pour un exemple, CA Dijon 3-9-2002 : JCP E 2003.pan.324) ; il le peut même pour les intérêts échus avant sa décision car l'article L 313-3, al. 2 précité ne distingue pas selon que les intérêts sont dus pour la période antérieure ou postérieure à la décision du juge de l'exécution (Cass. 2e civ. 6-6-2013 n° 12-20.129 : Bull. civ. II n° 112), ce qui condamne la décision qui avait jugé que les intérêts échus ne pouvaient pas alors être remis en cause (CA Paris 18-10-2001 : Bull. inf. C. cass. 2002 n° 169).

Le point de départ du taux majoré se place à l'expiration du délai de deux mois couru du jour de la signification de la décision définitive (Cass. civ. 4-4-2002 : D. 2002.1484 note Lienhard).

La majoration n'a pas lieu d'être appliquée aux compléments de loyers échus après fixation par le juge du loyer du bail renouvelé, car le jugement qui arrête ce loyer ne prononce aucune condamnation (Cass. civ. 18-3-1992 : RJDA 6/92 n° 562), ni au taux d'intérêt contractuel résultant de stipulations expresses (CE 23-5-2012 n° 346352 : RJDA 5/13 n° 406). Mais elle s'applique à la condamnation assortie de l'exécution provisoire prononcée par le tribunal, dans la mesure où elle est confirmée par la cour d'appel (Cass. civ. 18-12-1990 : Bull. civ. I p. 209) ainsi qu'à la créance de restitution des sommes versées en exécution d'un arrêt ayant condamné à leur paiement après cassation (Cass. 2e civ. 20-1-2011 n° 10-11.904 : JCP G 2011 n° 14-377 p. 640 note Barbiéri).

Le calcul se fait sur le montant de la somme due ; celle-ci est prise pour sa **valeur nominale** ou sa valeur **indexée** si les parties l'ont prévu ; à défaut d'une stipulation, les juges ne peuvent pas la réactualiser (Cass. 1e civ. 11-1-1989 : Bull. civ. I n° 8).

Capitalisation des intérêts moratoires Les intérêts moratoires peuvent aussi être calculés sur les intérêts eux-mêmes. Mais la capitalisation des intérêts ou « anatocisme » n'est permise que dans la limite de l'article 1343-2. 53824

Cette disposition d'ordre public (Cass. civ. 19-10-1938 : DH 1938.561 ; Cass. soc. 15-7-1943 : JCP G 1943.II.2443) s'applique de manière générale aux intérêts moratoires, légaux ou conventionnels (Cass. 2e civ. 22-5-2014 n° 13-14.698 : Bull. civ. II n° 115 : intérêts doubles de l'art. L 211-13 C. ass.). Est un intérêt moratoire la pénalité de retard prévue par l'article L 441-6 du Code de commerce, devenu article L 441-10 (Cass. com. 10-11-2015 n° 14-15.968 : RJDA 2/16 n° 153 ; n° 53800).

Si la créance provient d'un contrat international, faute de stipulation contractuelle et d'usage international, la possibilité et les conditions de l'anatocisme doivent être appréciées selon le droit du juge saisi (CA Paris 21-9-1989 : Clunet 1990.116 note Ancel ; pour une capitalisation fondée sur les usages, Sentence CCI n° 5514 en 1990 : Clunet 1992.1022 obs. Derains).

La capitalisation des intérêts doit répondre aux **conditions** suivantes.

1. Elle doit être demandée en justice ou être prévue par une convention spéciale dite **« convention d'anatocisme ».**

Une simple sommation ne saurait suffire (Cass. civ. 21-7-1936 : DH 1936.442 ; CA Paris 24-7-1930 : DH 1931.som.23). Le juge des référés est incompétent pour la prononcer (Cass. civ. 4-3-1987 : Bull. civ. III p. 25) ainsi que le juge de l'exécution (CA Paris 12-11-1998 : GP 2000.867.som.).

Si les juges rejettent la demande de capitalisation des intérêts, leur décision doit être motivée (Cass. civ. 7-1-1965 : Bull. civ. III p. 19), par exemple, par la résistance injustifiée du créancier à la fixation de la somme due (Cass. com. 20-10-1992 : Bull. civ. IV p. 227) mais non au seul motif que la demande est inopportune (Cass. com. 29-6-1995 : Bull. civ. IV p. 165) ou que des délais de grâce ont été accordés au débiteur (Cass. com. 19-6-2001 : RJDA 12/01 n° 1256) ou que la compensation avait déjà joué sans constater que, avant qu'elle n'intervienne, les conditions requises pour la capitalisation n'étaient pas réunies (Cass. 1e civ. 6-6-2001 : Bull. civ. I n° 157).

En cas de **demande en justice,** la capitalisation ne peut produire effet qu'à compter de la date de cette demande, et non à compter de la date de la demande en paiement (Cass. civ. 19-12-2000 n° 98-14.487 : Bull. civ. I n° 330), ou de la date du jugement antérieur ayant accordé l'indemnité productrice des intérêts à capitaliser (Cass. civ. 3-7-1991 : Bull. civ. II p. 110).

2. À l'exception des intérêts produits par les sommes inscrites en compte courant (n° 40584), la demande en justice ou la convention doit porter sur les intérêts dus au moins **pour une année entière** (C. civ. art. 1343-2), peu important que : le paiement ne soit pas exigible à cette date (Cass. civ. 21-5-1997 : RJDA 10/97 n° 1168) ; les intérêts d'une année pleine ne soient pas entièrement échus, la capitalisation ne prenant cependant effet qu'au terme de la période annuelle (Cass. 3e civ. 8-3-1995 : RJDA 6/95 n° 684 ; CE 25-5-2007 n° 28427 : RJDA 4/08 n° 374), sans qu'il soit nécessaire de faire une nouvelle demande à l'expiration de chaque période annuelle (Cass. com. 29-4-1997 : RJDA 8-9/97 n° 1009 ; CE 4-5-2007 n° 264009 : RJDA 4/08 n° 374) ; les sommes dues ne soient pas encore liquidées (Cass. civ. 21-1-1976 : D. 1976.369 note Gaury) ; le quantum du capital ne soit pas encore déterminé (Cass. civ. 11-10-1851 : DP 1851.1.317) ; la convention prévoie que les termes à échoir d'un capital seraient productifs d'intérêts à partir de leur échéance pourvu qu'il s'agisse d'intérêts dus, au moment de l'échéance, au moins pour une année entière (Cass. civ. 15-7-1913 : DP 1917.1.50).

Cette condition était, toutefois, **écartée** pour les intérêts des revenus échus, notamment les arrérages de rentes viagères et les **loyers,** par l'ex-article 1155, al. 1 du Code civil qui pouvaient être capitalisés alors qu'ils n'étaient pas dus pour une année entière (Cass. civ. 14-1-1920 : DP 1924.1.34 ; CA Paris 1-3-1990 : JCP G 1990.II.21559 note Petit, limitant à trois mois les durées successives ouvrant droit à la capitalisation ; CA Paris 8-4-1993 : D. 1993.IR.156 ; contra CA Douai 1-10-1992 : GP 1993.som.588 ; contra CA Paris 6-4-1979 : D. 1979.IR.506 : intérêts sur loyers).

La même règle valait pour la restitution des fruits et les intérêts payés par un tiers aux créanciers en acquit du débiteur (C. civ. ex-art. 1155, al. 2 ; CA Paris 1-3-1990 précité).

Même si l'ex-article 1155 a été **abrogé** et non repris dans l'unique article 1343-2 concernant la capitalisation des intérêts **depuis** le 1er octobre 2016 (sur cette date n° 10000), la solution qui en avait été déduite demeure valable, à notre avis ; en effet, les intérêts des revenus qu'il visait, arrérages de rentes viagères et loyers, ne sont pas le produit d'une somme d'argent, comme c'est le cas des intérêts des capitaux, qui sont seuls concernés par l'article 1343-2, celui-ci fixant une règle expressément placée sous l'intitulé « Dispositions particulières aux obligations de sommes d'argent ». La raison de ce traitement particulier des sommes d'argent tend à la protection d'un débiteur aux abois prêt à accepter toutes les conditions, aussi ruineuses soient-elles pour lui, pourvu qu'il obtienne le prêt qu'il convoite. Ce risque ne se retrouve pas dans le cas des arrérages des rentes et des loyers.

3. Les **juges** ne peuvent pas refuser la capitalisation des intérêts dès lors que les deux conditions ci-dessus sont remplies (Cass. 1e civ. 6-10-2011 n° 10-23.742 : RJDA 12/11 n° 997).

4. Aucune disposition n'impose de calculer les intérêts capitalisés selon le **taux** légal : il peut être fait application du taux conventionnel (Cass. civ. 14-5-1991 : RJDA 10/91 n° 826).

5. Les intérêts capitalisés constituent non plus des intérêts mais un **nouveau capital** qui s'ajoute au premier (Cass. com. 20-1-1998 : RJDA 5/98 n° 667 ; Cass. 1e civ. 31-3-2016 n° 14-20.193) ; sur l'absence de conséquence de cette qualification au regard de la prescription, n° 53827.

53827 **Prescription des intérêts moratoires** Les intérêts moratoires se prescrivent dans le délai de droit commun de cinq ans (n° 71725).

INTÉRÊTS COMPENSATOIRES

53835 **Indemnité supplémentaire** Une indemnité peut être allouée au créancier par le juge en raison du préjudice, indépendant du retard dans le paiement de la dette, occasionné par la mauvaise foi de son débiteur (C. civ. art. 1231-6, al. 3).

Son attribution est donc subordonnée à la réunion de **deux conditions.**

1. Il faut que le **débiteur** ait retardé le paiement avec **mauvaise foi,** ce qui est notamment le cas :

– alors qu'il était en mesure de régler (Cass. civ. 4-2-1969 : D. 1969.601 ; Sentence de la Chambre arbitrale maritime de Paris 11-2-1981 : DMF 1981.som.703), qu'il avait auparavant explicitement reconnu l'existence de sa dette (Cass. com. 9-5-1995 : RJDA 11/95 n° 1199) ou qu'il avait fait preuve d'une mauvaise volonté manifeste (CE 17-11-2008 n° 294215) ;

– alors qu'il connaissait la situation exacte de son créancier (Cass. civ. 13-4-1983 : JCP G 1983.IV.193) ;

Jugé par exemple qu'est de mauvaise foi le capitaine d'un navire qui après l'arrivée du navire contrarie le déroulement d'une expertise de la marchandise avariée alors qu'il ne pouvait ignorer que l'état défectueux des conduits d'évacuation des sanitaires attenant aux cales avait provoqué l'avarie (CA Rennes 3-2-1975 : DMF 1975.342).

La mauvaise foi du débiteur doit être caractérisée par les juges du fond, la Cour de cassation contrôlant leur motivation (Cass. com. 3-5-2011 n° 10-11.983 : RJDA 10/11 n° 772).

– alors qu'il a retardé le paiement de plusieurs factures relatives au prix du transport en entretenant une confusion entre son affaire personnelle exercée sous son ancienne enseigne et la SARL créée depuis (CA Nîmes 13-5-2015 n° 14/00247 : BTL 2015.395, cumulant les dommages-intérêts pour mauvaise foi avec l'indemnité pour retard de paiement de l'ex-art. L 441-6, I-al. 12 du Code de commerce, devenu art. L 441-10, II).

2. Il faut que le retard de paiement ait entraîné un **dommage distinct** du **préjudice indemnisé par** les **intérêts moratoires.** **53840**

Ce préjudice peut résulter notamment :

– de l'obligation de contracter un emprunt à un taux plus onéreux, faute d'avoir disposé de fonds nécessaires au moment voulu (Cass. civ. 7-5-1924 : D. 1926.1.128 ; Cass. civ. 16-3-1977 : Bull. civ. I p. 139) ;

– de l'obligation d'effectuer des frais et démarches supplémentaires (Cass. civ. 9-12-1970 : JCP G 1971.II.16920) ;

– de la dépréciation monétaire occasionnant une perte du pouvoir d'achat (Cass. civ. 6-11-1963 : Bull. civ. I p. 407 ; CA Amiens 9-11-1948 : GP 1948.2.250) ;

– de la privation de fonds de roulement importants (Cass. civ. 6-11-1963 : Bull. civ. I p. 407).

Il doit être caractérisé par les juges du fond qui ne peuvent pas se borner à affirmer son existence (Cass. com. 8-12-2021 n° 20-10.810 F-D).

Mais il n'est pas contraire à l'**ordre public international français** d'accorder des dommages-intérêts non compensatoires, sauf si le montant alloué est disproportionné au regard du préjudice et des manquements aux obligations contractuelles du débiteur (CA Paris 30-6-2015 n° 14/1233 : GP 2015.som.4 décembre note Bensaude : absence de caractère compensatoire car l'indemnité a été calculée en fonction de la différence entre le prix stipulé et le cours du marché à la date où l'acheteur aurait dû prendre livraison de la marchandise).

II. ACTION OBLIQUE

Définition L'action oblique permet à un créancier d'exercer au lieu et place de son débiteur, qui néglige de le faire, les droits, autres que personnels, que celui-ci détient sur ses propres débiteurs. L'article 1341-1 du Code civil valide la jurisprudence qui n'a reconnu ce droit au créancier qu'en cas de carence du débiteur. **53900**

L'action oblique est une action de fond et non de procédure ; elle est régie, si elle met en œuvre une responsabilité extracontractuelle, par la loi du lieu du dommage (CA Aix 30-3-1979 : Rev. crit. 1980.717 note Légier) ; sur la détermination de cette loi, n° 8003.

Droit du débiteur soumis à l'action oblique Le créancier ne peut se prévaloir, en agissant par l'action oblique, que des droits et actions à caractère patrimonial qui appartiennent à son débiteur (C. civ. art. 1341-1). **53903**

Par exemple, les créanciers d'un copartageant n'ont pas plus de droit que ce dernier (Cass. civ. 14-12-1983 : D. 1984.IR.478 obs. Martin) ; la caution d'un commissionnaire en douane ne peut pas agir contre le propriétaire des marchandises dédouanées avec lequel ce commissionnaire n'a aucun lien de droit (Cass. com. 18-1-1982 : Bull. civ. IV p. 12) ; le créancier de deux codébiteurs conjoints ne peut pas réclamer à l'un d'eux la somme que l'autre lui doit par l'action oblique car celui qui est ainsi poursuivi n'a pas de créance sur l'autre codébiteur conjoint (Cass. civ. 2-12-1975 : Bull. civ. III p. 267).

Il n'est pas nécessaire cependant que le demandeur et le défendeur à l'action oblique soient respectivement créancier et débiteur de la même obligation (Cass. civ. 6-1-1981 : GP 1981.pan.178).

Mais, parmi les droits dont le débiteur est titulaire, ceux qui ont un **caractère personnel** ne peuvent pas être exercés par l'action oblique (C. civ. art. 1341-1).

Mis à part les droits extrapatrimoniaux (tels que les droits de la personnalité comme le droit à l'honneur, à l'image, à la dignité...) dont le caractère personnel est évident, il a été jugé qu'il en était ainsi :

– du droit du mari de demander à son ex-femme une rémunération pour sa gestion des biens propres de cette dernière (Cass. civ. 8-6-1963 : Bull. civ. I p. 252) ;

– du droit de demander la dissolution d'une société en vertu de la clause statutaire ouvrant ce droit aux associés (CA Rouen 14-4-2004 n° 02-372 : RJDA 1/05 n° 39, 2e esp.) ;

– du droit d'un héritier de demander qu'un bien successoral déterminé soit placé dans son lot (T. civ. Périgueux 25-4-1950 : GP 1950.2.112) ou une attribution préférentielle (n° 30337) ;

– du droit d'un époux qui a consenti une donation à son conjoint d'en demander la révocation (Cass. civ. 19-4-1988 : Bull. civ. I p. 69) ;

– du droit de demander la nullité d'un changement de régime matrimonial (CA Amiens 9-2-1988) ;

– du droit du donataire ou du légataire de demander la levée judiciaire de l'inaliénabilité conventionnelle frappant les biens donnés ou légués en raison de l'intérêt supérieur du donataire à celui du donateur (C. civ. art. 900-1 ; Cass. 1e civ. 8-3-2005 : RJDA 10/05 n° 1146), ce qui exclut l'action du mandataire judiciaire (Cass. 1e civ. 3-4-2002 n° 581 : RJDA 10/02 n° 996) ou du liquidateur (Cass. com. 9-11-2004 n° 1609 : RJDA 3/05 n° 304) ; la faculté de faire lever l'inaliénabilité n'est pas ouverte contre les donations faites à des personnes morales ou en vue de leur constitution (C. civ. art. 900-1, al. 2 ; Cass. 1e civ. 23-1-2008 n° 06-16.120 : RJDA 7/08 n° 782).

En dehors de cette restriction, **tous les autres droits** du débiteur sont susceptibles de relever de l'action oblique. Tel est le cas notamment des droits suivants.

1. Droits de créance de sommes d'argent. Le créancier peut exercer par l'action oblique la saisie-attribution de ces sommes (n° 59803).

2. Droits que le débiteur tire **d'un contrat.** Les créanciers peuvent « exercer tous les droits et actions de leur débiteur, sans distinguer selon l'origine de l'obligation » (Cass. 3e civ. 4-12-1984 n° 82-17.005 : Bull. civ. III n° 203).

Ainsi :

– une société en nom collectif peut demander le partage des parts sociales détenues par des indivisaires (TGI Pontoise 6-6-1972 : Rev. soc. 1973.497 note Sarradin) ;

– le sous-acquéreur d'un immeuble peut contraindre le vendeur originaire à conclure un acte notarié pour les besoins de la publicité foncière (CA Aix 16-3-1982 : Bull. Cour d'Aix 1982/1 p. 42) ;

– un syndicat de copropriétaires peut agir contre le locataire d'un copropriétaire qui cause aux autres propriétaires un préjudice en contrevenant aux obligations de son bail dès lors que le règlement de copropriété déclare chaque copropriétaire responsable des agissements répréhensibles de ses locataires et que le bailleur n'avait pas fait cesser ces derniers (Cass. civ. 20-12-1994 : RJDA 3/95 n° 258) ;

– un créancier bénéficiaire d'un cautionnement donné par un époux a pu agir en rescision du partage de la communauté ayant existé entre les époux pour lésion de plus du quart et obtenir l'annulation de ce partage qui constituait une donation déguisée (CA Rouen 31-10-2000 : RJDA 2/01 n° 223).

3. Droits héréditaires du débiteur. Le créancier d'un héritier peut par exemple demander la réduction des libéralités entamant la réserve de cet héritier (Cass. civ. 20-10-1982 : D. 1983.120 note Rémy), la rescision du partage pour lésion (n° 30393), la liquidation des parts sociales laissées par le défunt sur lesquelles les héritiers n'ont jamais pris parti (TGI Pontoise 6-6-1972 : Rev. soc. 1973.497 note Sarradin) ou le partage d'une société (CA Lyon 3-12-1980 : D. 1981.IR.349 obs. Vasseur) ou d'une indivision (n° 30163).

4. Droits de propriété du débiteur. Le créancier peut notamment invoquer la possession de bonne foi du débiteur sur un meuble (n° 30035) afin de faire obstacle à une saisie (Cass. civ. 14-12-1971 : JCP G 1972.II.17102 note Goubeaux) ou la propriété de biens mobiliers du débiteur pour en assurer la conservation en pratiquant sur eux une saisie conservatoire que le débiteur a négligé de diligenter (CA Paris 31-5-1990 : D. 1990.IR.173).

L'action oblique n'étant qu'une conséquence du gage général des créanciers sur les biens de leurs débiteurs, un créancier ne peut pas se substituer à son débiteur pour exercer des droits qui relèvent de son pouvoir de gestion et d'administration, par exemple pour décider de l'affectation des sommes recouvrées à son lieu et place (cf. Cass. civ. 18-1-1977 n° 75-13.533 : Bull. civ. I n° 29), sauf si celui-ci a perdu ces pouvoirs, notamment sur des biens frappés de saisie : ainsi, le créancier du bailleur peut demander la révision triennale du loyer d'un immeuble loué et qui fait l'objet d'une saisie (CA Aix 20-3-1986 : RTD civ. 1987.321 obs. Mestre).

53906 **Conditions d'exercice** Le créancier, qui réclame une somme d'argent, peut agir par l'action oblique s'il se prévaut d'une **créance** certaine, liquide et exigible (Cass. 1e civ. 21-10-1958 : Bull. civ. I n° 439 ; cf. Cass. civ. 4-1-1983 : GP 1983.pan.121) et non prescrite (cf. Cass. crim. 15-4-1991 : RJDA 7/91 n° 601 ; Cass. com. 16-11-2022 n° 21-17.338 F-B : RJDA 2/23 n° 65).

N'a pas une créance certaine, liquide et exigible l'associé pour agir contre les débiteurs de la société, car il ne détient qu'une créance (en remboursement de ses apports) à terme jusqu'au partage et sous condition du paiement intégral du passif (Cass. 1e civ. 2-10-2002 n° 1418 : RJDA 12/02 n° 1280).

Il doit aussi avoir un **intérêt à agir** sérieux et légitime (Cass. 1e civ. 2-12-1992 : RJDA 5/93 n° 427). C'est le cas du créancier qui ne peut obtenir paiement de son débiteur qu'en demandant en son nom la liquidation des droits de ce dernier dans l'indivision existant avec son épouse à la suite de la dissolution de leur mariage (Cass. 1e civ. 2-12-1992 : RJDA 5/93 n° 427). Mais ce n'est pas le cas du créancier personnel d'un indivisaire qui veut intervenir au partage de son débiteur lorsque celui-ci est redevable envers l'indivision d'une somme supérieure au montant des droits qu'il tient de celle-ci, de sorte qu'aucune attribution ne peut lui être faite (Cass. 1e civ. 1-4-2015 n° 14-11.554 : RJDA 1/16 n° 66).

Lorsque le créancier est recevable à agir, il ne peut obtenir le paiement de son dû que si les juges constatent que ses droits sont **compromis** par la **carence** du débiteur à recouvrer les siens (Cass. 3e civ. 12-7-2018 n° 17-20.680 FS-D : RJDA 12/18 n° 940 : censure des juges qui ne se sont pas fondés sur la carence du débiteur ; Cass. com. 21-9-2022 n° 20-17.089 F-B : RJDA 12/22 n° 714 : défaut de preuve par le créancier d'atteinte à ses droits). Cette carence **résulte** du fait que le débiteur ne justifie d'aucune diligence dans la réclamation de son dû (Cass. civ. 28-5-2002 : RJDA 12/02 n° 1313 ; pour un exemple de diligences du débiteur, Cass. 1e civ. 5-4-2005 n° 02-21.011 : RJDA 10/05 n° 1086 ; pour un exemple de carence du débiteur, Cass. 1e civ. 21-11-2018 n° 17-26.745 F-S : RJDA 2/19 n° 147).

Dans la mesure où il remplit ces conditions, le créancier peut exercer l'action oblique **sans aucune formalité** préalable.

Celle-ci n'est pas irrecevable au motif qu'il disposait d'une autre action (Cass. civ. 30-5-1877 : DP 1878.1.109) ou qu'il aurait dû, avant d'agir contre le garant du débiteur, faire exécuter contre ce dernier la condamnation qui l'avait frappé et que le garant avait été condamné à garantir (Cass. civ. 14-6-1984 : Bull. civ. I p. 166).

Il n'a pas à mettre **en cause le débiteur** sauf s'il réclame, en outre, le paiement de ce qui lui est dû sur les sommes réintégrées, par le jeu de l'action oblique, dans le patrimoine du débiteur (Cass. com. 15-10-1991 : JCP G 1992.II.21905 note Bolard ; Cass. 1e civ. 4-10-2017 n° 12-29.390 D : PA 2018 n° 98 p. 20 note Masson ; CA Paris 28-3-2002 n° 02-363 : Bull. inf. C. cass. 2003 n° 111) ou s'il demande, sur ce fondement, en référé le versement d'une provision (Cass. com. 21-1-2004 n° 133 : RJDA 6/04 n° 749).

Effets de l'action oblique Le créancier peut seulement demander l'exécution des **droits** de son **débiteur.** Toutes les **exceptions opposables** au débiteur par la personne poursuivie lui seront donc également opposables (Cass. civ. 7-5-1980 : GP 1980.pan.416 : exception de compensation ; Cass. com. 20-4-1982 : Bull. civ. IV p. 116 : suspension des poursuites en cas de procédure collective ; Cass. civ. 9-10-1991 : RJDA 1/92 n° 71 : exception de renonciation ; cf. Cass. civ. 18-1-1977 : Bull. civ. I p. 21 : nécessité de respecter l'affectation spéciale de la créance). 53909

Les sommes obtenues sur l'initiative du créancier entrent **dans le patrimoine du débiteur** et non du créancier, celui-ci agissant pour le compte du débiteur dont il exerce l'action.

Les **intérêts** de la créance du créancier courent contre le débiteur principal du jour où le créancier a agi par l'action oblique (Cass. civ. 9-12-1970 : JCP G 1971.II.16920).

III. ACTION PAULIENNE

Définition L'article 1341-2 du Code civil sanctionne les actes faits par le débiteur en fraude des droits du créancier. L'action paulienne reste donc le moyen pour un créancier d'obtenir que l'acte frauduleux par lequel son débiteur a tenté de sortir un bien de son patrimoine lui soit déclaré inopposable. Le créancier peut aussi rétablir la situation réelle en exerçant l'action en déclaration de simulation (n° 12189). 54000

Lorsque la créance protégée et les actes prétendus frauduleux relèvent de deux lois différentes, l'action paulienne exercée devant les tribunaux français n'est recevable que si les deux lois en cause l'admettent (CA Rouen 6-10-1986 : créance protégée soumise à la loi française, actes attaqués soumis à la loi danoise qui, n'admettant l'action paulienne qu'en présence d'une fraude caractérisée, a conduit, en l'espèce, au rejet de cette action pour fraude non prouvée).

Sur la protection particulière : des créanciers des époux, nos 1366 et 1375 ; des créanciers personnels d'un indivisaire, n° 30163 ; des créanciers des copartageants, n° 30390.

La victime d'une fraude paulienne peut aussi agir non pas en inopposabilité de l'acte frauduleux, mais exclusivement en paiement de dommages-intérêts contre l'auteur de la fraude ou ses complices, la fraude paulienne étant nécessairement constitutive d'une faute du débiteur ainsi que du tiers complice qui participe à la fraude (Cass. com. 12-10-2022 n° 20-18.855 F-D : RJDA 1/23 n° 51).

Nature de l'acte attaqué Sous réserve du cas où l'acte a été homologué (n° 15673), tout acte juridique de **caractère patrimonial** peut être attaqué par l'action paulienne ; tel est le cas, par exemple, d'une donation avec clause de retour faite par le bénéficiaire d'une donation du même bien assortie elle aussi d'une clause de retour, cette donation étant entrée dans le patrimoine du bénéficiaire (Cass. civ. 6-2-1996 : RJDA 6/96 n° 777) ou d'un apport en société (MSC nos 2315 s.). 54003

Il en est de même des actes pour lesquels la loi a organisé une procédure spéciale d'opposition des créanciers.

Tel est le cas, par exemple :
– de la vente du fonds de commerce, les créanciers disposant d'un délai de dix jours pour faire opposition au prix de la vente (Cass. com. 12-1-1988 : BRDA 4/88 p. 23) ;
– du jugement d'homologation d'un changement de régime matrimonial contre lequel la loi permet aux créanciers des époux d'agir par la tierce opposition (n° 1366) ;
– du partage consommé d'une société (Cass. com. 11-2-1986 : Bull. civ. Joly 1986.518) ou d'une indivision, bien que la loi ouvre aux créanciers des coïndivisaires un droit d'opposition, dès lors qu'il a été simulé ou réalisé de façon hâtive (Cass. civ. 16-6-1981 : JCP G 1981.IV.313 ; CA Nancy 16-2-1987 : JCP G 1988.IV.147 ; CA Versailles 18-4-1988 : D. 1988.IR.161 ; pour des rejets de l'action, la fraude n'étant pas prouvée : Cass. civ. 22-10-1985 : JCP G 1986.IV.9 ; CA Rouen 27-4-1982 : GP 1982.som.386) ;
– d'une opération de scission entre deux sociétés de l'UE (CJUE 30-1-2020 aff. 394/18 : RTD civ. 2020.385 obs. Barbier).

Mais un jugement conclu en fraude des droits d'un créancier ne peut être attaqué pour fraude paulienne (Cass. 1e civ. 26-1-2012 n° 10-24.697 : Bull. civ. I n° 12).

Il importe peu que l'acte ait été approuvé par le créancier dès lors qu'il est partie d'un montage frauduleux (cf. Cass. com. 23-3-2010 n° 08-21.233 : RTD civ. 2010.326 obs. Fages).

L'autorisation donnée par le juge des tutelles au tuteur de placer les capitaux d'un majeur incapable dans une assurance-vie ne vaut pas, en soi, exclusion de la fraude (cf. Cass. 1e civ. 7-2-2018 n° 17-10.818 P : réintégration à l'actif de la succession des primes d'assurance-vie versées par l'incapable et manifestement excessives au regard de ses facultés par application de l'art. L 132-13 C. ass.).

Conclu par le débiteur **depuis** le 1er octobre 2016, l'acte sous condition suspensive pendante est aussi expressément susceptible d'être attaqué par le créancier s'il est frauduleux (C. civ. art. 1304-5).

À notre avis, l'action paulienne est recevable même si l'acte a été conclu avant cette date, car la solution jurisprudentielle contraire (Cass. 1e civ. 18-12-1957 : Bull. civ. I n° 499) résultait de l'interprétation par les tribunaux de l'ex-article 1167 et non d'une disposition légale dudit article ; en outre, la fraude fait exception à toutes les règles (n° 74903).

54006 **Appauvrissement** L'acte attaqué doit avoir entraîné un appauvrissement du débiteur.

Tel est le cas, par exemple :
– de la cession d'un bien, quoique consenti à un prix normal, dès lors qu'elle a pour effet de faire échapper ce bien aux poursuites du créancier en le remplaçant par un autre facile à dissimuler (Cass. com. 23-5-2000 : RJDA 11/00 n° 1038 ; Cass. 3e civ. 9-2-2010 n° 09-10.639 : RJDA 7/10 n° 782) ;
– de la renonciation du débiteur à une succession qui fait perdre au créancier le bénéfice d'un usufruit, si faible que soit sa valeur, ainsi qu'au droit de demander la réduction du legs portant atteinte à la réserve du débiteur (Cass. civ. 7-11-1984 : JCP G 1985.IV.19) ;
– de la réduction par le débiteur de la valeur de biens hypothéqués au point de rendre la sûreté illusoire en concluant un bail rural d'une durée de douze années, inhabituellement longue, au moment où le débiteur allait être poursuivi par le créancier (Cass. civ. 18-7-1995 : D. 1996.391 note Agostini).

L'action paulienne ne peut donc pas être exercée contre un **paiement,** par exemple le remboursement du compte courant d'un associé (Cass. com. 15-5-2019 n° 18-10.403 F-D), sauf concert frauduleux entre les parties dans le but de causer un préjudice illégitime aux autres créanciers, car il y a alors abus du droit de payer (Cass. civ. 7-7-1896 : DP 1896.1.519). Tel n'est pas le cas de paiements effectués par une entreprise à l'occasion d'une procédure de conciliation quelques jours avant sa mise en redressement judiciaire (Cass. com. 1-4-2008 n° 07-11.911 : RJDA 7/08 n° 847).

Elle ne peut pas l'être non plus contre un acte qui n'a pas abouti à faire entrer un bien dans le patrimoine du débiteur, celui-ci ne pouvant **pas être appauvri** par la perte de droits qu'il ne détient pas (Cass. com. 20-11-2012 n° 11-20.256 : RJDA 2/13 n° 159 : promesse d'achat devenue caduque) ni contre les engagements par lesquels le débiteur contracte de nouvelles obligations, celles-ci alourdissant certes son passif, mais ne diminuant pas son actif.

54009 **Insolvabilité du débiteur** L'action paulienne n'est recevable que si le créancier démontre – car, à défaut, il n'a pas d'intérêt à agir – qu'au jour de sa demande le débiteur ne dispose plus de biens suffisants pour le désintéresser (Cass. 1e civ. 10-4-2013 n° 12-11.788 : RJDA 11/13 n° 937 : preuve non établie ; Cass. 3e civ. 26-11-2020 n° 19-23.243 F-D : cassation pour non-application de la règle), sauf la faculté pour le débiteur de prouver qu'il dispose de biens de valeur suffisante pour répondre de son engagement (Cass. 1e civ. 30-4-2014 n° 13-17.058 : RJDA 12/14 n° 938 : preuve non établie).

Toutefois, même si le débiteur n'est pas insolvable, l'action paulienne est recevable dès lors que l'acte frauduleux a eu pour effet de **diminuer l'efficacité** de l'exercice des droits dont le créancier s'était réservé l'avantage sur le bien objet de la fraude ; il en est ainsi notamment en cas de diminution de la valeur de l'immeuble sur lequel le créancier dispose d'une hypothèque (Cass. 1e civ. 15-10-1980 n° 79-12.489 : Bull. civ. I n° 257 : conclusion d'un bail rural sur l'immeuble ; Cass. 3e civ. 22-1-1997 :

RJDA 4/97 n° 545 : apport en société de l'immeuble avec offre de purge à un prix considérablement sous-évalué ; Cass. com. 23-5-2000 : RJDA 11/00 n° 1038 : vente d'un bateau, la somme d'argent encaissée étant plus facile à dissimuler) ou lorsque l'acte attaqué rend **impossible l'exercice** du droit dont le créancier est titulaire (Cass. 1e civ. 8-10-2008 n° 07-14.262 : RJDA 1/09 n° 55 : apport en société de l'immeuble hypothéqué rendant impossible l'exercice du droit de suite du créancier hypothécaire ; Cass. 3e civ. 6-10-2004 n° 963 : RJDA 2/05 n° 194 : donation par le débiteur du bien sur lequel il avait consenti une promesse de vente acceptée par le bénéficiaire en attente de la réitération).

Créance détenue par le créancier Il suffit que la créance invoquée par le créancier soit certaine **en son principe** (Cass. 1e civ. 15-1-2015 n° 13-21.174 : RJDA 11/15 n° 779), même si elle n'est pas encore liquide (Cass. 1e civ. 8-10-2008 n° 07-14.262 : RJDA 1/09 n° 55). **54012**

La créance fiscale est acquise en son principe à la date du fait générateur de l'impôt et non à la date de la liquidation de celui-ci (Cass. 1e civ. 17-6-2009 n° 08-16.360 : RJDA 10/09 n° 889), celle du créancier à l'égard de la caution dès le jour de son engagement de caution (Cass. civ. 2-7-2002 n° 1087 : RJDA 1/03 n° 64), celle du créancier de sommes qui lui ont été accordées par des décisions judiciaires étrangères passées en force de chose jugée, dès le jour de ces décisions, même si, à cette date, cette créance n'est pas encore entièrement liquide parce que l'exequatur des décisions fondant la demande ayant été sollicité ultérieurement les intérêts légaux qui pouvaient être dus n'avaient pas été calculés (Cass. 3e civ. 25-2-2009 n° 07-18.625 : RJDA 10/09 n° 888) et celle du créancier d'une condamnation pénale à la date du fait générateur de l'infraction et non à celle de la décision de condamnation (CA Paris 23-5-2012 n° 11/07767 : RJDA 10/12 n° 895).

S'agissant de cautions dont le cautionnement avait été annulé pour disproportion manifeste, le juge doit, en cas de demande du créancier poursuivant, rechercher si, en l'absence des actes que celui-ci arguait de fraude paulienne, le patrimoine des cautions ne leur aurait pas permis de faire face à leur obligation au moment où elles avaient été appelées et si, par conséquent, le créancier ne pouvait pas, en dépit de la disproportion de leurs engagements au moment de leur souscription, invoquer un principe certain de créance contre eux au moment de l'exécution du cautionnement (Cass. com. 24-3-2021 n° 19-20.033 FS-P : RJDA 7/21 n° 512).

Mais ne dispose pas d'une créance certaine en son principe le légataire particulier qui ne dispose d'aucun droit sur la chose léguée avant le décès du testateur (Cass. 1e civ. 22-6-2016 n° 15-21.484).

Cette créance doit être **antérieure** à l'acte frauduleux (Cass. civ. 27-1-1987 : JCP G 1987.IV.109), ce qui implique seulement qu'elle doit exister avant cet acte et non que le débiteur doit avoir eu connaissance des poursuites exercées par le créancier avant ledit acte (Cass. civ. 29-5-1985 : Bull. civ. I n° 163).

La preuve de l'antériorité se fait par tout moyen (Cass. civ. 11-10-1978 : GP 1979.som.1).

Toutefois, les créances **postérieures** à l'acte frauduleux peuvent être invoquées si le débiteur a accompli cet acte dans l'intention de nuire à ses créanciers futurs (Cass. 1e civ. 14-1-2003 n° 42 : RJDA 6/03 n° 635).

Fraude Il suffit pour que l'action paulienne soit justifiée que le débiteur en accomplissant l'acte attaqué ait eu **conscience** du **préjudice** qu'il causait au créancier (Cass. civ. 13-1-1993 : RJDA 11/93 n° 937). **54015**

Lorsque cet acte est une **donation,** le créancier n'a pas à prouver la complicité du donataire (Cass. 1e civ. 15-5-2015 n° 14-16.652 : RJDA 8-9/15 n° 601 ; CA Versailles 26-3-1987 : BRDA 22/87 p. 19 ; CA Paris 23-5-2012 n° 11-07.767 : RJDA 10/12 n° 895).

Lorsque l'acte est à **titre onéreux,** le créancier doit prouver le concert frauduleux **entre le débiteur et l'acquéreur** (Cass. com. 9-1-2001 : RJDA 5/01 n° 635) et, le cas échéant, avec celui qui lui a prêté des deniers (Cass. civ. 9-3-1994 : RJDA 7/94 n° 832). Il suffit, pour que l'acquéreur soit complice de la fraude, qu'il sache que cet acte accroît l'insolvabilité du débiteur (Cass. civ. 19-4-1967 : Bull. civ. I n° 134 ; Cass. civ. 27-6-1972 : Bull. civ. III n° 305).

Si l'action est exercée contre un **sous-acquéreur,** le créancier doit établir que celui-ci a été complice de la fraude (CA Limoges 16-5-1939 : DC 1941.139). Le créancier hypothécaire de l'acquéreur doit être regardé comme un sous-acquéreur des biens hypothéqués (Cass. civ. 25-1-1983 : Bull. civ. III n° 25).

L'existence de la fraude est établie par **tout moyen** (pour un exemple de fraude établie, Cass. civ. 4-6-1996 : RJDA 1/97 n° 93). Elle s'apprécie à la **date** à laquelle le débiteur se dépouille de certains éléments de son patrimoine (Cass. civ. 17-12-1996 : RJDA 7/97 n° 926).

Action La **recevabilité** de l'action paulienne doit être **appréciée** à la date de l'introduction de la demande (Cass. 1e civ. 13-6-2018 n° 17-18.667 F-D : RJDA 10/18 n° 767). **54018**

L'action est **recevable** de la part du seul créancier des parties à l'acte d'aliénation (Cass. 1e civ. 17-10-2012 n° 11-10.786 : RJDA 2/13 n° 160). Ce créancier, ou son subrogé (Cass. civ. 10-5-1984 n° 82-15.306 : Bull. civ. I n° 155 ; Cass. 1e civ. 11-5-2017 n° 16-15.430 F-D), est recevable sans qu'il soit exigé qu'il ait pris des mesures conservatoires sur les biens de son débiteur, notamment des sûretés antérieurement à l'acte d'appauvrissement du débiteur (Cass. com. 6-4-1999 : RJDA 7/99 n° 838), ni, lorsque l'action est relative à un immeuble, qu'il ait publié à la publicité foncière l'acte introductif d'instance (Cass. 3e civ. 1-3-2006 n° 260 : RJDA 11/06 n° 1184).

Mais il ne peut pas invoquer l'action paulienne une fois que le bien qui a fait l'objet d'un acte prétendu frauduleux a été adjugé à un tiers à la suite d'une saisie qu'il a fait pratiquer, empêchant ainsi lui-même le retour des biens dans le patrimoine du débiteur (Cass. civ. 10-5-1984 : GP 1984.pan.273). En revanche, il le peut contre le bail conclu entre une adjudication et avant une nouvelle adjudication sur procédure de folle enchère, si la procédure de saisie a été abolie à la suite du prononcé de la caducité du commandement aux fins de saisie immobilière ; ce bail peut constituer un acte d'appauvrissement de nature à priver d'efficacité l'inscription hypothécaire conventionnelle du créancier sur l'immeuble (Cass. 3e civ. 31-3-2016 n° 14-25.604 FS-PB : RJDA 8-9/16 n° 644).

Il importe peu, par ailleurs, que l'article 1341-2 ne réserve plus la fraude au partage successoral ou de communauté, comme le faisait l'ex-article 1167, cette fraude étant régie par des dispositions expresses et spécifiques, n° 30390.

À défaut de disposition spéciale, l'action paulienne se prescrit selon le droit commun de la **prescription** (cf. Cass. 3e civ. 12-11-2020 n° 19-17.156 FS-PBI, faisant courir le délai de cinq ans du jour où le demandeur a eu connaissance de l'acte prétendu frauduleux conformément à l'article 2224 C. civ.). Cette solution confirme la jurisprudence **antérieure** au 1er octobre 2016 (sur cette date, n° 10000) qui avait soumis la prescription au délai de droit commun de trente ans (Cass. com. 14-5-1996 : RJDA 10/96 n° 1231).

Sur la faculté de remplacer l'action paulienne par l'action en déclaration de simulation : nos 12186 s.

54021 **Effets** L'action paulienne entraîne, en principe, l'**inopposabilité** de l'acte frauduleux au créancier demandeur dans la limite de sa créance (Cass. 1e civ. 30-5-2006 n° 900 : RJDA 1/07 n° 96, censurant l'arrêt qui avait ordonné la réintégration du bien dans le patrimoine du débiteur) et à condition que l'inopposabilité invoquée par lui ait été prononcée à l'égard d'une fraude imputée au débiteur pris dans la même qualité que celle qui a justifié son prononcé (Cass. 1e civ. 4-11-2010 n° 08-17.898 : RJDA 2/11 n° 181 : refus opposé au créancier, qui avait obtenu l'inopposabilité de la donation d'immeuble consentie par le débiteur pris en sa qualité de caution, de saisir l'immeuble pour une créance sur le débiteur pris en tant qu'obligé aux dettes sociales de la société civile dont il était associé). L'inopposabilité étant limitée à la mesure de l'intérêt du créancier, **l'acte subsiste** au profit du cocontractant pour tout ce qui excède cet intérêt (Cass. 1e civ. 3-12-1985 n° 84-11.556 : Bull. civ. I n° 334).

Cette solution n'est pas remise en cause par le refus de casser l'arrêt d'appel qui avait prononcé la nullité de l'acte frauduleux car la censure était fondée sur le défaut de justification par le demandeur au pourvoi de son intérêt à contester cet arrêt (Cass. 1e civ. 28-2-1978 n° 76-12.128 : Bull. civ. I n° 77).

L'inopposabilité des droits consentis par le débiteur sur le bien litigieux autorise néanmoins le créancier poursuivant, par décision de justice et dans les limites de sa créance, à échapper aux effets de l'aliénation opérée en fraude de ses droits et à **saisir** entre les mains de l'acquéreur le bien et à le faire vendre libre de tout droit (Cass. 1e civ. 9-4-2014 n° 12-23.022 : RJDA 8-9/14 n° 723) ou, lorsque le bien est passé **dans les mains d'un sous-acquéreur,** à obtenir en réparation de son préjudice le versement par les donataires qui ont participé à la fraude d'une **indemnité** équivalente à l'engagement de caution que le donateur lui avait accordé (Cass. 1e civ. 15-1-2015 n° 13-21.174 : RJDA 11/15 n° 779).

Le créancier ne peut pratiquer cette saisie que s'il a dirigé l'action paulienne contre le détenteur ; à défaut, dans un cas où le bien avait été donné puis vendu en fraude de ses droits, il a pu obtenir des donataires qu'ils lui restituent la part du prix de vente qui était censée leur être revenue (CA Paris 27-1-2010 n° 08/07648 : RJDA 4/10 n° 429).

Par ailleurs, en raison de son caractère personnel, l'action paulienne ne peut atteindre **que l'auteur** et les complices de la fraude (Cass. civ. 9-3-1994 : RJDA 7/94 n° 832).

En cas d'action paulienne contre une libéralité consentie par son débiteur, le créancier, s'il n'invoque pas la fraude du donataire, ne peut réclamer, à défaut du bien donné, que le montant de l'enrichissement de ce dernier ; mais s'il établit la complicité du donataire résultant de la fraude que commet celui-ci en cédant à son tour le bien pour le faire échapper définitivement aux poursuites, il peut alors faire condamner le donataire à lui rembourser la valeur actuelle des biens donnés (Cass. civ. 19-4-1967 : Bull. civ. I n° 134).

Si le bien donné est un bien commun, la donation est inopposable au créancier dans son intégralité (Cass. 1e civ. 6-2-2008 n° 06-20.993 : RJDA 6/08 n° 709).

IV. ACTION DIRECTE EN PAIEMENT

54030 Le créancier peut directement agir contre un débiteur de son débiteur (C. civ. art 1341-3).

Cette disposition ne fait que tirer la conséquence des diverses dispositions existantes accordant une telle action au créancier : action du bailleur contre le sous-locataire (C. civ. art. 1753 ; n° 4973) ;

action du mandant contre le mandataire substitué (C. civ. art. 1994, al. 4 ; n° 23038) ; action du voiturier contre l'expéditeur et le destinataire (C. com. art. L 132-8 ; n° 24455) ; action du loueur de véhicule (C. transports. art. L 3223-2 ; n° 25647) ; action de la victime contre l'assureur (C. ass. art. L 124-3 ; n°s 18245 s.) ; action du sous-traitant contre le maître d'ouvrage (Loi 75-1334 du 31-12-1975. art. 12 ; n°s 20403 s.). Elle laisse donc **subsister le régime** propre à chacune de ces actions, qui est exposé dans les numéros auxquels renvoient les références précitées.

Ces actions ont un effet commun : le créancier en les exerçant rend la somme indisponible à son profit comme s'il l'avait saisie ; la portée de ce droit a été précisé par les juridictions à propos de l'action directe de la victime d'un dommage contre l'assureur de responsabilité qui ont reconnu au profit du titulaire de l'action un droit propre pouvant être exercé contre le débiteur sous procédure collective (n° 18257) ; cette règle a été aussi appliquée à l'action directe du sous-traitant (n° 20418). Le créancier ne peut plus exercer ce droit si une saisie-arrêt, désormais « saisie-attribution », a été faite avant qu'il n'intente l'action directe (Cass. civ. 18-9-1940 : DH 1940.190).

Elle a néanmoins une **portée juridique nouvelle** : elle réserve à la loi la faculté de créer les actions directes car elle se réfère aux « cas déterminés par la loi ».

Seule la loi peut, en effet, déroger au principe de l'effet relatif du contrat en vertu duquel le contrat ne crée d'obligations qu'entre les parties qui l'ont conclu (n° 13000).

Les tribunaux ne sauraient donc créer une action directe ni les parties conventionnellement ; celles-ci peuvent pallier cette règle en recourant à une délégation (n° 54300) ou en invoquant leur droit d'agir contre les débiteurs du vendeur dans la mesure où les prestations dues par ces derniers sont accessoires à la chose vendue et transmises avec la chose (n°s 13030 et 27243).

V. ÉTAT DE DÉCONFITURE

Reconnaissance de l'état de déconfiture L'application de **plusieurs textes du Code civil** est fonction de l'existence de l'état de déconfiture du débiteur (C. civ. art. 1613 ; art. 1913 ; art. 2003, al. 4). **54100**

La déconfiture a été définie par les tribunaux, dans le silence du Code civil, comme l'état du débiteur qui est dans l'**impossibilité de désintéresser** l'ensemble de ses créanciers et qui a épuisé tous ses moyens de crédit (Cass. com. 12-7-1971 : D. 1971.som.221).

Par exemple, le débiteur dont les saisies-arrêts (devenues saisies-attributions) se sont révélées infructueuses et qui a organisé sa propre insolvabilité doit être déclaré en état de déconfiture (Cass. civ. 10-2-1976 : JCP G 1976.IV.116) ; il en est de même du débiteur ayant déjà vendu tous ses immeubles, dont le prix a été absorbé par ses créanciers, et qui ne peut honorer la première échéance du prix d'un bail que l'acquéreur des immeubles lui a consenti (CA Orléans 30-4-1846 : DP 1846.2.135).

Mais la déconfiture ne résulte pas du décès du débiteur suivi de l'acceptation de sa succession sous bénéfice d'inventaire (Cass. civ. 30-3-1892 : DP 1892.1.281 note Planiol). Elle n'a pas lieu non plus lorsque les droits du créancier sont suffisamment garantis par une hypothèque judiciaire (Cass. civ. 19-4-1977 : Bull. civ. III p. 129).

En l'état de la législation actuelle, la situation de déconfiture **ne pourrait exister aujourd'hui** qu'au cas où le débiteur s'abandonnerait aux poursuites de ses créanciers et négligerait de demander la mise en œuvre du traitement du surendettement (C. consom. art. L 711-1 s.) ainsi que dans le cas où il serait déchu du bénéfice de ce traitement (art. L 712-3).

Effets de l'état de déconfiture Lorsque l'état de déconfiture est constaté, le créancier peut : **54103**

1. Invoquer la **déchéance du terme.**

Bien que l'article 1188 du Code civil (devenu C. civ. art. 1305-4) ne cite pas la déconfiture, les tribunaux font jouer la déchéance du terme lorsque le débiteur est dans cette situation (Cass. civ. 30-3-1892 : DP 1892.1.281 note Planiol ; Cass. civ. 12-12-1899 : DP 1900.1.112). Mais cette déchéance ne saurait jouer contre le débiteur principal lorsque la déconfiture atteint la caution et non pas lui-même (CA Paris 23-2-1940 : GP 1940.1.351).

La déchéance du terme ne se produit pas de plein droit ; elle doit être précédée d'une **mise en demeure** restée sans effet, précisant le délai dont dispose le débiteur pour y faire obstacle, quelle que soit la nature de la défaillance en cause (Cass. 1e civ. 22-5-2019 n° 18-13.246 FS-D : RJDA 12/19 n° 781 ; Cass. 1e civ. 8-4-2021 n° 19-15.869 F-D : RJDA 8-9/21 n° 596) puis **demandée au juge** qui la prononce s'il y a lieu, après vérification des faits qui la motivent (Cass. civ. 16-12-1975 : Bull. civ. I p. 310). Elle prend effet au jour de la demande en justice (CA Paris 23-2-1940 : GP 1940.1.351) ; toutefois, lorsque les parties sont convenues qu'en l'absence de reprise du paiement des échéances dans le délai imparti la déchéance du terme serait prononcée, celle-ci est acquise à l'expiration de ce délai sans obligation pour la partie bénéficiaire de la stipulation de procéder à sa notification (Cass. 1e civ. 10-11-2021 n° 19-24.386 FS-B : RJDA 4/22 n° 217).

Le défaut de paiement, qui a été inscrit au fichier national des incidents de remboursements des crédits aux particuliers (FICP) à la suite de la déchéance du terme, ne peut pas être l'objet d'une mainlevée (Cass. 1e civ. 25-5-2022 no 21-14.713 F-B : RJDA 8-9/22 no 510).

2. Faire toute diligence nécessaire pour **se faire payer sans délai,** car le débiteur peut valablement favoriser un créancier par rapport aux autres (CA Réunion 28-5-1853 : DP 1858.1.414, sous Cass. civ. 6-7-1858).

3. Ne **pas livrer** la chose vendue sans exiger de recevoir en même temps le prix ou caution d'être payé à terme, alors même qu'il aurait accordé un délai pour le paiement (C. civ. art. 1613).

Le créancier qui contribue à la déconfiture du débiteur peut être tenu pour responsable de cette situation (Cass. 3e civ. 19-10-2010 no 09-69.972 : RJDA 2/11 no 176).

VI. PAIEMENT INDU

QUALIFICATION DE PAIEMENT INDU

54200 Le paiement indu est celui fait en acquit d'une dette qui n'existe pas ou d'une dette existante mais reçue par erreur par celui à qui le paiement a été fait, ou exécuté par erreur par celui qui a payé. Le paiement indu donne lieu à restitution de la somme payée à tort.

Peut aussi donner lieu à restitution un avantage quelconque ne correspondant à aucun service commercial effectivement rendu ou manifestement disproportionné au regard de la valeur du service rendu (no 21580).

Cette qualification se déduit des articles 1302 à 1302-3 du Code civil.

Elle conduit à ranger le paiement de l'indu dans la catégorie des quasi-contrats (no 10303).

Si l'indu est consécutif à un acte international, le paiement étant un fait, la loi du lieu du paiement est, à notre avis, applicable puisque, selon la loi française, les faits juridiques sont soumis à la loi du lieu où le fait est survenu ou a été réalisé (no 8003).

EXISTENCE DU PAIEMENT INDU

54202 **Paiement non dû** Lorsqu'**aucune dette** n'est due envers le bénéficiaire du paiement, celui qui a payé a droit à remboursement (C. civ. art. 1302 ; Cass. com. 3-6-1998 no 96-12.217 : RJDA 11/98 no 1189 ; Cass. 1e civ. 5-1-1999 : RJDA 4/99 no 382) « sans être tenu à aucune autre preuve », autrement dit sans avoir à rapporter la preuve qu'il a payé par erreur (Cass. ass. plén. 2-4-1993 : RJDA 7/93 no 642 ; Cass. com. 18-1-2000 : RJDA 4/00 no 380). Celui qui exerce l'action en répétition doit rapporter la preuve de l'absence de dette ; à défaut, il ne pourrait obtenir répétition qu'en rapportant la preuve qu'il a payé par erreur (Cass. 1e civ. 4-7-1995 : RJDA 11/95 no 1201).

Le paiement est justifié et la répétition exclue :

– lorsqu'a été acquittée une dette prescrite, que le paiement ait été fait volontairement mais dans l'ignorance de l'exception de prescription (Cass. soc. 11-4-1991 : Bull. civ. V no 192) ou involontairement sous la pression du créancier (Cass. com. 22-10-1991 : Bull. civ. IV p. 215) ;

– lorsque le bénéficiaire n'a reçu que ce que lui devait son débiteur (Cass. com. 12-1-1988 : Bull. civ. IV p. 15 ; Cass. com. 30-10-2000 : D. 2001.1527 note Pierre), peu important que ce paiement ait été fait sur la base d'une condamnation judiciaire ultérieurement réformée (Cass. 1e civ. 24-10-2019 no 18-22.549 FS-PBI : RJDA 1/20 no 4) ;

– si le paiement est fait en vertu d'une décision de justice définitive, celle-ci conduirait-elle à faire payer deux fois la même indemnité, l'indu ne dépendant pas de l'existence d'une faute (Cass. soc. 13-1-1988 : Bull. civ. V no 31) ;

– lorsqu'une banque a inscrit sur le compte personnel d'un époux un chèque libellé à l'ordre des deux époux et endossé par eux, un époux seul ayant le pouvoir de procéder à tel encaissement en application de l'article 221 du Code civil (Cass. 1e civ. 16-5-2013 no 12-12.207 : RJDA 2/14 no 85) ;

– lorsque le paiement correspond à l'exécution volontaire d'une obligation naturelle (C. civ. art. 1302, al. 2).

L'indu existe et donne lieu à restitution, notamment lorsqu'un locataire s'est acquitté d'un loyer indexé sans que soit stipulée au bail une clause d'indexation (Cass. 3e civ. 6-7-2017 no 16-16.426 F-PB : RJDA 11/17 no 699, limitant en l'espèce la restitution aux versements non prescrits, soit aux cinq années antérieures à la demande, calculée sur la base, non du loyer initial, mais sur celle du loyer acquitté à la date du point de départ de la prescription).

54203 **Paiement reçu par erreur** Celui qui a reçu par erreur ou sciemment le paiement qui ne lui était pas dû doit le restituer à celui de qui il l'a indûment reçu (C. civ. art. 1302-1), ce qui exclut, par exemple, que la répétition soit demandée à un concubin lorsque les paiements ont été faits à la seule concubine (Cass. 2e civ. 30-11-2017 no 16-24.021 F-PB).

54206 **Paiement fait au créancier par erreur ou sous la contrainte** Celui qui par erreur ou la contrainte a acquitté la dette d'autrui peut agir en restitution contre le créancier qui a reçu le paiement (C. civ. art. 1302-2).

Même l'erreur **fautive** peut donner lieu à restitution (Cass. com. 15-10-1996 : RJDA 2/97 n° 172), sous réserve d'une possible réduction du montant de la restitution (n° 54218).

Le réceptionnaire du paiement (l'accipiens) peut obtenir de l'auteur du paiement (le solvens) fautif **réparation** du préjudice qu'il a pu lui causer par sa négligence, sauf à déduire, le cas échéant, de la somme répétée, les dommages-intérêts (Cass. 1e civ. 30-10-2013 n° 12-22.021 : RJDA 3/14 n° 200 ; Cass. 1e civ. 17-2-2010 n° 08-19.789 : Bull. civ. I n° 41).

Mais le paiement par erreur qui ne porte pas atteinte à des intérêts légalement protégés ne donne pas lieu à répétition ; par exemple, le paiement par erreur à l'occasion de la distribution d'un prix de vente sur l'ordre des privilèges n'ouvre pas droit à répétition dès lors que le paiement a été fait aux créanciers privilégiés et n'a pas porté atteinte au principe de l'égalité des créanciers chirographaires (Cass. 1e civ. 24-10-2019 n° 18-22.549 FS-PBI : RJDA 1/20 n° 4).

Preuve de l'indu La preuve de l'indu incombe à celui qui demande la répétition (Cass. 1e civ. 16-11-2004 : Bull. civ. I n° 276). Elle peut être faite par **tous moyens** (Cass. civ. 29-1-1991 : Bull. civ. I p. 22). **54209**

Dès lors que la preuve de l'indu est établie, la répétition ne peut pas être refusée au motif que l'auteur du paiement a commis une erreur inexcusable car il avait connaissance d'éléments qui lui permettaient de l'éviter (Cass. com. 14-4-2015 n° 13-28.503 : RJDA 11/15 n° 735).

RÉGULARISATION DU PAIEMENT INDU

Demande de la répétition La régularisation du paiement indu s'obtient par la demande de restitution du paiement. **54212**

Cette **demande** ne peut être présentée que **par** celui qui a indûment payé ou par ses cessionnaires ou subrogés ou encore par celui pour le compte et au nom duquel le paiement a été fait (Cass. 3e civ. 25-1-2012 n° 10-25.475 : Bull. civ. III n° 15).

La répétition peut être **réclamée à** celui qui a reçu l'indu à tort ou au créancier qui a reçu paiement de la part d'une personne qui ne lui devait rien. Elle peut être aussi demandée aux héritiers de celui qui a été indûment payé car les sommes versées au défunt sont une dette de sa succession ainsi que celles versées après le décès car elles sont tombées dans sa succession (Cass. ch. mixte 12-5-2000 : Bull. civ. n° 1).

Mais chaque héritier ne peut être tenu que de sa part dans la succession (Cass. 1e civ. 12-11-2009 n° 08-18.338).

Toutefois, la répétition ne peut **pas être réclamée** au créancier si celui-ci a supprimé son titre par suite du paiement (C. civ. art. 1302-2, al. 1 ; Cass. civ. 22-6-1994 : Bull. civ. I n° 221, admettant la destruction du titre sur le constat de l'affirmation du créancier et de la reconnaissance par le demandeur en restitution qu'il avait payé ce qu'il devait ; Cass. civ. 5-12-1995 : Bull. civ. I n° 448, rejetant l'action en répétition contre le créancier qui avait donné mainlevée de la seule sûreté dont il bénéficiait au moment du paiement, une autre sûreté dont il était aussi titulaire ayant disparu par destruction de l'objet sur lequel elle portait ; CA Versailles 30-10-2003 n° 01-5967 : Bull. inf. C. cass. 2004 n° 891, déduisant la destruction du titre de l'extinction de la créance pour défaut de déclaration à la procédure collective du débiteur). Elle ne peut pas l'être non plus si le créancier a abandonné les sûretés qui garantissaient sa créance, l'article 1302-2, al. 1, reprenant la jurisprudence antérieure (Cass. 1e civ. 5-12-1995 précité) qui assimilait la renonciation aux sûretés consécutive au paiement à la suppression du titre de créance (Cass. 1e civ. 31-10-1989 n° 88-16.160 : Bull. civ. I n° 337).

La répétition peut aussi être demandée à celui dont la dette a été acquittée par erreur (C. civ. art. 1302-2, al. 2).

En conséquence, l'indu ne peut **pas être réclamé à** :

– celui qui a reçu le paiement d'une somme à laquelle il a droit, le vrai bénéficiaire du paiement étant celui dont la dette se trouve acquittée par quelqu'un qui ne la doit pas (Cass. 1e civ. 23-9-2003 n° 01-14.101 : D. 2004.3165 note Harmand-Luque) ;

– celui qui a reçu paiement en qualité de mandataire (Cass. 1e civ. 9-12-2009 n° 08-20.083).

Exercice de l'action en répétition L'indu doit être réclamé **en justice** et ne peut être corrigé de lui-même par l'auteur du paiement (CA Aix 6-1-1986 : Bull. d'Aix 1988/3-4 n° 156, jugeant qu'a commis une voie de fait la banque qui d'autorité a inscrit au crédit du compte du client une somme d'un montant inférieur à celui dont elle avait donné reçu à ce client). **54215**

L'action en répétition de l'indu peut être **engagée contre** celui qui a reçu le paiement ou contre celui pour le compte duquel il a été reçu, mais elle ne peut être dirigée contre celui pour le compte duquel le paiement a été effectué (CA Orléans 13-12-2018 n° 17/017711 : irrecevabilité de l'action exercée contre celui qui n'a pas reçu le paiement).

En l'absence de disposition contraire, l'action en répétition est soumise à la **prescription** de droit commun, étant précisé que, si l'indu résulte d'une décision administrative ou juridictionnelle, le délai de prescription de l'action en restitution des sommes en cause ne peut commencer à courir avant la naissance de l'obligation de remboursement ordonnée par cette décision (Cass. 2e civ. 10-7-2014 n° 13-25.985 : RJS 11/14 n° 808).

54218 **Objet des restitutions** Lorsque les conditions exposées nos 54202 s. sont réunies, la somme indûment payée doit être restituée, augmentée des **intérêts** (n° 53815) ; elle peut aussi être réduite si le paiement procède d'une faute (C. civ. art. 1302-2).

VII. PAIEMENT IMPOSÉ PAR LE DÉBITEUR AU CRÉANCIER

54300 En cas de refus du créancier de recevoir le paiement, le Code civil prévoit une procédure de mise en demeure du créancier, suivie de la possibilité de consignation de la somme d'argent ou de la mise sous séquestre de la chose due (C. civ. art. 1345 à 1345-3).

Le débiteur peut **se libérer** dans les conditions suivantes.

Rien, ne caractérisant le refus du créancier, la jurisprudence peut servir d'illustration. Ainsi est un refus du créancier de recevoir paiement son refus de répondre à une demande, par la banque caution, de justifier de l'existence et du montant de sa créance (Cass. com. 9-10-2001 : Bull. civ. n° 163).

1. Il doit au préalable mettre le créancier **en demeure** de recevoir l'exécution de son obligation, ou d'en permettre l'exécution, dès lors qu'il constate qu'il n'a pas de motif légitime de refuser l'exécution ou de l'empêcher (C. civ. art. 1345, al. 1).

Le créancier aurait, par exemple, un motif légitime de refuser l'exécution dans le cas où le débiteur voudrait le forcer à recevoir un paiement partiel alors que la loi lui reconnaît le droit de le rejeter (n° 50293) ou lui imposer abusivement le paiement forcé (cf. Cass. 2e civ. 25-10-1995 : D. 1995 IR251 : abus à imposer le paiement par offres réelles alors que le créancier avait invité le débiteur à payer par virement).

Cette mise en demeure a pour **effet** d'arrêter le cours des intérêts, de mettre les risques de la chose à la charge du créancier s'ils n'y sont déjà, sauf faute lourde ou dolosive du débiteur, mais n'interrompt pas la prescription (C. civ. art. 1345, al. 2 et 3).

2. Si l'**obstruction n'a pas pris fin** dans les deux mois de la mise en demeure, le débiteur peut, lorsque l'obligation porte sur une somme d'argent, procéder à la **consignation** de cette somme auprès de la Caisse des dépôts et consignations et, lorsque l'obligation porte sur la livraison d'une chose, procéder à sa **mise sous séquestre** auprès d'un gardien professionnel (par exemple : notaire, banquier, avocat) (C. civ. art. 1345-1, al. 1).

Comme il a déjà été jugé à propos de la procédure des offres réelles, ce qu'aucune disposition n'est venue contredire, ne constitue pas une consignation valant paiement :

– le fait de tenir la somme due à un assuré à sa disposition, même conformément aux stipulations de la police, au siège social de l'assureur ; en conséquence, l'assureur est tenu aux intérêts moratoires prévus à l'article L 132-21 du Code des assurances pour ne pas avoir versé dans un délai n'excédant pas deux mois la valeur de rachat du contrat d'assurance qui lui est réclamée par l'assuré (Cass. 1e civ. 31-3-1993 : Bull. civ. I p. 89) ;

– la mise sous séquestre d'une somme en vue d'arrêter l'exécution provisoire d'une condamnation et de constituer une garantie de paiement au profit du créancier (Cass. 2e civ. 21-12-2006 n° 04-10.167 : Bull. civ. II n° 366).

Par ailleurs, la consignation de la somme indivise correspondant au prix de vente d'un immeuble indivis, dont le paiement ne peut pas être reçu par un seul des coïndivisaires, est possible sans que puisse être exigé du débiteur qu'il l'ait faite précédée d'une mise en demeure d'un indivisaire qui, seul, n'a pas la capacité de recevoir un tel paiement (cf. Cass. com. 16-2-1972 n° 70-11.974 : Bull. civ. II n° 43 : dispensant dans ce cas des offres réelles préalables).

Si le **séquestre** de la chose est **impossible ou trop onéreux,** le juge peut en autoriser la vente amiable ou aux enchères publiques ; déduction faite des frais de la vente, le prix en est consigné à la Caisse des dépôts et consignations (C. civ. art. 1345-1, al. 2).

3. Le débiteur est **libéré** par la consignation ou le séquestre à compter de leur notification au créancier (C. civ. art. 1345-1, al. 3).

Lorsque l'obligation porte sur un **autre objet que le versement d'une somme d'argent** ou la livraison d'une chose, le débiteur est libéré si l'obstruction n'a pas cessé dans les deux mois de la mise en demeure (C. civ. art. 1345-2).

4. Les frais de la mise en demeure et de la consignation ou du séquestre sont à la charge du créancier (C. civ. art. 1345-3).

CHAPITRE 2 GARANTIES

SOMMAIRE

SECTION 1
CAUTIONNEMENT 55009
I. Conclusion du cautionnement 55050
A. Conditions relatives à la caution 55050
B. Conditions relatives au créancier bénéficiaire 55097
C. Conditions relatives aux obligations cautionnées 55140
1. Obligations susceptibles d'être cautionnées 55140
2. Obligations exclues du cautionnement 55175
3. Obligations effectivement cautionnées 55188
D. Mentions exigées de la caution 55240
II. Exécution du cautionnement 55350
A. Obligations et droits du créancier envers la caution 55350
B. Obligation de la caution de payer le créancier 55430
C. Recours de la caution 55500
D. Exécution du cautionnement entre cofidéjusseurs : recours de celui qui a payé 55550
III. Extinction de l'obligation de la caution 55700
A. Extinction de la dette principale 55700
B. Extinction de l'engagement même de la caution 55750
C. Décharge de la caution pour perte du bénéfice de la subrogation dans les droits du créancier 55800
D. Décharge de la caution pour préjudice causé par la faute du créancier 55840
IV. « Cautionnement » réel 55900
SECTION 2
SÛRETÉS IMMOBILIÈRES 56190
I. Hypothèque immobilière 56200
A. Constitution de l'hypothèque immobilière 56209
B. Droits du propriétaire de l'immeuble hypothéqué 56400
C. Droits du créancier hypothécaire 56500
D. Transfert de l'hypothèque 56600
E. Extinction de l'hypothèque 56700
II. Propriété de l'immeuble donnée en garantie 56800
III. Gage immobilier 56820
SECTION 3
SÛRETÉS RÉELLES MOBILIÈRES 57000
I. Gage de droit commun des meubles corporels 57003
II. Gage automobile 57100
III. Nantissement des œuvres cinématographiques et audiovisuelles 57200
IV. Warrants 57300
V. Reçu d'entreposage 57330
VI. Gage des stocks 57340
VII. Nantissements de meubles incorporels 57360
VIII. Propriété objet de garantie 57500
SECTION 4
PRIVILÈGES 57600
SECTION 5
DROIT DE RÉTENTION 57800
SECTION 6
GARANTIE AUTONOME 58000
SECTION 7
GARANTIES DIVERSES 58190
SECTION 8
GARANTIES PUBLIQUES POUR LE COMMERCE EXTÉRIEUR DE LA COFACE 58400

GÉNÉRALITÉS

Qualification des garanties Les « **garanties** » du paiement des créances ont été rénovées par l'ordonnance 2021-1192 du 15 septembre 2021 portant réforme du droit des « **sûretés** », qui est en vigueur depuis le 1er janvier 2022 (Ord. 2021-1192 art. 37, al. 1). 55000

Comme il saute aux yeux, cette ordonnance régit la catégorie des « sûretés », sans pour autant donner le **critère** de ce qu'est une sûreté.

Pourtant, la question est posée par plusieurs dispositions qui sont destinées à s'appliquer aux « sûretés » (par exemple, C. civ. art. 1305-4 et 2488-11 ; C. com. art. L 228-77 ; C. mon. fin. art. L 211-38). Elle l'est aussi par les modalités créées par la loi, ou la pratique, pour sécuriser les créances, tels la garantie par l'État des emprunts Covid-19, la renonciation par un créancier de saisir certains biens du débiteur, l'affectation d'un crédit, le rachat par le fournisseur du bien vendu par crédit-bail, la sûreté négative, la clause de subordination ou encore le ducroire.

Étant admis que le sens d'un texte d'un Code peut être fixé en fonction de l'intitulé sous lequel il est inclus (cf. Cass. 2e civ. 1-10-2020 n° 19-17.797 F-PBI : GP 26-1-2021 jur. p. 66 note Guez), il est possible de conjecturer que les juges pourront tenir pour une sûreté toute mesure figurant dans le Livre IV du Code civil, intitulé « Des Sûretés ». En vertu de ce critère légal, la garantie autonome, la lettre d'intention et le droit de rétention sont des « sûretés ».

Par extrapolation des caractéristiques des mesures placées sous l'intitulé « Sûretés », au sens matériel, sont, à notre avis, des sûretés les instruments qui procurent aux créanciers de créances monétaires l'avantage de recevoir un paiement par préférence et, parfois, un droit de suite, leur permettant d'obtenir paiement de la part de celui, autre que le débiteur, dans le patrimoine de qui la chose servant d'assiette à leur droit se trouve au moment d'exiger le paiement de la créance. C'est pourquoi ces créanciers sont dits « privilégiés », par rapport à ceux qui ne jouissent pas de ces prérogatives, qui sont dits « chirographaires ».

55003 **Points sensibles** Le **promettant** d'une garantie doit prêter attention au contenu de cette dernière, spécialement à sa nature, à son montant et à sa durée, car il ne peut imposer au créancier de substituer une garantie à celle dont il dispose (Cass. 1e civ. 5-7-2006 : PA 2006. n° 249 p. 12 note L. Ruet). Il doit aussi veiller à l'intégrité de sa garantie, par exemple à la survie de l'assurance de la dette garantie, précaution qui n'incombe pas au créancier bénéficiaire de la sûreté (Cass. 1e civ. 11-1-2017 n° 15-25.495 F-D : créancier non tenu d'informer le titulaire des droits réels donnés en garantie, ici une caution hypothécaire, de la perte de l'assurance couvrant le risque de décès souscrite par le débiteur principal).

Le **créancier** doit, pour sa part, être conscient que l'ouverture d'une **procédure collective** à l'encontre du débiteur peut entraîner la nullité des garanties constituées pendant la période suspecte (nos 63120 s.), l'interdiction d'inscrire de nouvelles sûretés ou d'accroître l'assiette de celles qui le sont déjà (nos 62515 s.) ou que certains créanciers postérieurs au jugement d'ouverture seront payés avant lui (nos 62240 s.), l'application des règles spéciales aux sûretés prévues par les dispositions relatives aux procédures collectives étant prescrite par l'article 2287 du Code civil. Il doit aussi, pour s'assurer de la valeur des garanties que le débiteur lui promet : **s'informer** des hypothèques, des privilèges, des gages et des nantissements auprès des services de la publicité foncière, du registre du commerce et des sociétés ou du registre spécial des gages sans dépossession ; consulter le classement des privilèges pour déterminer dans quel ordre viendra sa sûreté ; vérifier, si la garantie lui est donnée par une société anonyme, que le conseil d'administration l'a autorisée à garantir un tiers (C. com. art. L 225-35, al. 4).

Les sûretés mobilières sont inscrites sur le registre des sûretés mobilières et opérations annexes, en fonction depuis le 1er janvier 2023 (Ord. 2021-1192 du 15-9-2021 art. 37, I-al. 2 ; Décret 2021-1887 du 29-12-2021 art. 15) ; les inscriptions à ce registre sont régies par les articles R 521-1 s. du Code de commerce.

55006 **Liberté en matière de garantie** Sous réserve des dispositions qui interdisent au créancier professionnel de faire souscrire à son profit un cautionnement disproportionné (n° 55100) ou encadrent la demande d'une sûreté sur un bien personnel de l'entrepreneur individuel (n° 41018), le **créancier** dispose d'une large **liberté pour sécuriser sa créance par une sûreté ou une garantie.** Outre celles présentées dans le présent chapitre, il peut obtenir du juge l'autorisation d'inscrire une hypothèque judiciaire conservatoire sur les immeubles (nos 59200 s.) ou un nantissement judiciaire conservatoire sur le fonds de commerce de son débiteur, en dépit des droits dont il jouit par ailleurs dès lors qu'il justifie d'un intérêt légitime (Cass. civ. 7-2-1938 : DH 1938.161 : inscription légitime d'une hypothèque judiciaire ; Cass. civ. 4-4-1962 : Bull. civ. II p. 265 : inscription légitime d'hypothèque en dépit d'une assignation, par le même créancier, du débiteur en validité d'une saisie-arrêt, sa créance étant supérieure au montant de la saisie ; cf. Cass. req. 22-8-1882 : DP 1883.1.296 et T. civ. Lyon 13-6-1939 : DP 1940.2.30 : rejetant l'action paulienne contre un acte constitutif de sûreté reconnu légitime).

La sûreté est annulée en cas de constitution abusive (Cass. req. 12-2-1849 : DP 1849.1.127 : hypothèque constituée au profit d'un créancier - enfant du débiteur - qui avait poursuivi avec d'autres le débiteur et lui avait consenti avec eux un délai de huitaine, mis en fait à profit pour obtenir une sûreté au détriment des autres) ou lorsqu'elle a été irrégulièrement consentie par une société (Cass. 3e civ. 13-4-2023 n° 21-24.196 F-D : RJDA 11/23 n° 595).

Le créancier qui jouit d'une sûreté n'est **pas tenu de la mettre en œuvre** (Cass. com. 22-5-2001 : RJDA 11/01 n° 1154 : faculté pour le créancier de ne pas compenser sa créance avec un gage-espèces et de poursuivre son débiteur en paiement). Si le créancier jouit de **plusieurs sûretés** (cf. notamment CA Aix 30-11-1979 : JCP CI 1981.10109 chr. Mouly : banque disposant d'un privilège de vendeur de meubles, d'un privilège de vendeur d'immeuble, d'un nantissement sur fonds de commerce et d'un cautionnement assorti d'une mise en gage par la caution de valeurs mobilières lui appartenant !), il peut **choisir** celle d'entre elles dont il entend se prévaloir (Cass. req. 28-2-1912 : DP 1913.1.361 ; Cass. com. 10-11-1981 : D. 1982.417 note Agostini ; Cass. com. 5-10-1993 : Bull. IV n° 314 ; Cass. com. 2-6-2004 n° 860 : RJDA 11/04 n° 1263 ; Cass. com. 2-11-2016 n° 15-12.231 F-D). Mais cette faculté ne saurait être exercée ni frauduleusement ni abusivement (Cass. com. 2-6-2004 précité ; pour des applications : Cass. civ. 7-2-1949 : S. 1949.144 ; Cass. civ. 15-2-1972 : D. 1972.463 note Frank). Sur le choix du créancier qui dispose de plusieurs hypothèques de celle qu'il peut mettre en œuvre, n° 56503.

Les créanciers peuvent convenir avec leurs débiteurs d'**autres garanties** que celles formellement offertes par la loi, telles celles qui sont exposées aux n°s 58190 s.

Agent des sûretés Plusieurs créanciers conjointement titulaires de créances sur un même débiteur, telles les banques constituées en pool pour consentir des crédits (n° 41112), peuvent confier le sort des sûretés garantissant les crédits à un « agent des sûretés » (C. civ. art. 2488-6 à 2488-12) dans les conditions ci-après exposées. 55007

1. Qualification. Est agent des sûretés la partie à laquelle des créanciers ont confié la mission de prendre, inscrire, gérer et réaliser des sûretés ou des garanties de leurs créances, en son nom propre mais au profit de ces créanciers (art. 2488-6, al. 1).

2. Désignation de l'agent. À peine de nullité, la convention par laquelle les créanciers désignent l'agent des sûretés doit être constatée par un **écrit** qui mentionne sa qualité, l'objet et la durée de sa mission ainsi que l'étendue de ses pouvoirs (art. 2488-7).

3. Exercice des pouvoirs. Lorsque l'agent des sûretés agit au profit des créanciers de l'obligation garantie, il doit faire expressément mention de sa qualité (art. 2488-8).

L'agent des sûretés peut, sans avoir à justifier d'un mandat spécial, exercer toute action pour défendre les intérêts des créanciers de l'obligation garantie et procéder à toute déclaration de créance (art. 2488-9).

4. Titularité des sûretés. L'agent des sûretés est titulaire des sûretés et garanties (art. 2488-6, al. 2). Il en résulte les conséquences suivantes :

– les droits et biens acquis par l'agent dans l'exercice de sa mission forment un **patrimoine affecté** à celle-ci, distinct de son patrimoine propre (art. 2488-6, al. 3) ;

– les qualités requises du **bénéficiaire de la sûreté** s'apprécient en la personne du créancier de l'obligation garantie (art. 2488-6, al. 4) ;

– les droits et biens acquis par l'agent des sûretés dans l'exercice de sa mission **ne peuvent être saisis que par** les titulaires de créances nées de leur conservation ou de leur gestion, sous réserve de l'exercice d'un droit de suite et hors les cas de fraude (art. 2488-10, al. 1) ;

– l'**ouverture d'une procédure de** sauvegarde, de redressement judiciaire, de liquidation judiciaire, de rétablissement professionnel, de surendettement ou de résolution bancaire à l'égard de l'agent des sûretés est sans effet sur le patrimoine affecté à sa mission (art. 2488-10, al. 2).

5. Responsabilité. L'agent des sûretés est responsable, sur son patrimoine propre, des fautes qu'il commet dans l'exercice de sa mission (art. 2488-12).

6. Suspension ou remplacement. En l'absence de stipulations contractuelles prévoyant les conditions de son remplacement et si l'agent des sûretés manque à ses devoirs, met en péril les intérêts qui lui sont confiés ou fait l'objet de l'ouverture d'une procédure de sauvegarde, de redressement judiciaire, de liquidation judiciaire ou de rétablissement professionnel, tout créancier bénéficiaire des sûretés et garanties peut demander en justice la désignation d'un agent des sûretés provisoire ou le remplacement de l'agent des sûretés ; tout remplacement conventionnel ou judiciaire de l'agent des sûretés emporte de plein droit transmission du patrimoine affecté au nouvel agent des sûretés (art. 2488-11).

Intervention d'un notaire Le notaire est un agent de la sécurité des sûretés, son intervention étant indispensable pour la constitution des sûretés immobilières et souvent sollicitée pour celle des sûretés mobilières. Les tribunaux lui imposent notamment un devoir de conseil à l'égard des constituants de la sûreté recherchée. 55008

Le notaire est tenu de prendre toutes dispositions utiles pour assurer la validité et l'efficacité des actes auxquels il prête son concours ou qu'il a reçu mandat d'accomplir. Il doit, sauf s'il en est dispensé expressément par les parties, veiller à l'accomplissement des **formalités** nécessaires à la mise en place des sûretés qui en garantissent l'exécution et dont la partie concernée se trouve alors déchargée, quelles que soient ses compétences personnelles (Cass. 1e civ. 3-3-2011 n° 09-16.091 : RJDA 7/11 n° 651 : plaçant la solution sous le visa des ex-art. 1147 et 1382 C. civ., désormais art. 1231-1 et 1240, et reprochant au notaire de ne pas avoir veillé à ce que son client jouisse, comme il l'entendait, d'une hypothèque de premier rang). Il doit aussi attirer l'attention du créancier sur l'insuffisance des sûretés garantissant sa créance (Cass. 1e civ. 21-2-1995 : Bull. civ. I n° 95).

En outre, le notaire doit être très attentif à la **rédaction** de l'acte de cautionnement au risque d'engager sa responsabilité (CA Montpellier 14-9-2017 n° 13/06985 : notaire ; CA Rennes 23-5-2017 n° 16/01221 : avocat), ainsi qu'à son devoir de conseil (n° 11837).

SECTION 1 CAUTIONNEMENT

QUALIFICATION DU CAUTIONNEMENT

55009 Le cautionnement est le contrat par lequel une personne qui se rend caution d'une obligation « s'oblige envers le créancier à payer la dette du débiteur en cas de défaillance de celui-ci » (C. civ. art. 2288). Cette définition appelle les observations suivantes.

55012 **1.** Ce contrat suppose un **accord** entre le **créancier** et la **caution** ; il peut résulter d'une promesse formulée par une lettre d'intention (CA Paris 12-1-1996 : GP 1996.som.342 note Vray) ou du jugement arrêtant le plan de continuation d'un débiteur en redressement judiciaire (Cass. com. 26-4-2000 : RJDA 9-10/00 n° 913, transposable au plan de sauvegarde).

Dès lors que l'engagement de garantir des dettes ne lie pas le créancier et la caution, il ne constitue pas un cautionnement ; tel est le cas de l'engagement pris par un tiers :

– de rembourser une caution si celle-ci est appelée à payer pour le débiteur (Cass. 1e civ. 2-2-1972 : Bull. civ. I p. 34) ;

– de rembourser au débiteur ce que ce dernier aura payé au créancier, cet engagement constituant une garantie conditionnelle (CA Rennes 16-11-1993 : JCP E 1993.pan.170) ;

– de cautionner les dettes d'une société en formation, pris par son futur gérant ; néanmoins, les créanciers de la société ont ici été autorisés à se prévaloir de l'engagement du gérant qui a été considéré comme une promesse de cautionner des dettes éventuelles futures et une stipulation au profit des créanciers (Cass. com. 25-5-1965 : Bull. civ. III n° 332) ;

– de participer au règlement de 60 % des sommes qui peuvent être réclamées au gérant d'une société du fait de sa garantie personnelle donnée aux banques quant au règlement des dettes de la société, cette promesse constituant une reconnaissance de dettes éventuelles futures puisqu'elle n'ouvre pas d'action aux banques créancières contre le promettant qui demeure ignoré de celles-ci mais donne la faculté au gérant débiteur d'exercer contre celui-ci un recours en remboursement des sommes dont le paiement lui a été réclamé (CA Bordeaux 24-11-2003 n° 01/01917 : RJDA 2/04 n° 224 som.).

55015 **2.** Le cautionnement est l'engagement de payer l'obligation même dont le **débiteur principal** dénommé est tenu et qu'il n'a pas exécutée (Cass. com. 21-12-1987 n° 85-13.173 : D. 1989.112 note Brill ; Cass. com. 11-3-1997 : RJDA 7/97 n° 930). Le cautionnement est donc nécessairement un contrat **accessoire** (Cass. com. 25-1-1994 n° 91-17.996 D : RJDA 6/94 n° 622, retenant que le cautionnement d'un contrat annulé couvre les livraisons effectuées). Cette caractéristique entraîne les conséquences suivantes.

a. Il n'y a pas cautionnement si **la même personne est tenue de la même dette** comme débiteur (Cass. com. 28-4-1964 : Bull. civ. III p. 182 ; Cass. civ. 4-10-1995 : RJDA 5/96 n° 680).

Tel n'est pas le cas s'il y a simple communauté d'intérêts entre le débiteur et la caution (Cass. com. 11-5-1960 : Bull. civ. III n° 175 : associé majoritaire admis à cautionner une dette de la société dont il a le contrôle absolu), de la caution solidaire qui ne devient pas débitrice de la dette garantie (Cass. com. 19-12-2006 : D 2007.150.som.) ou encore si des codébiteurs solidaires se sont également portés caution de la dette car si l'un d'eux vient à ne plus être tenu de la dette, il demeure caution du codébiteur qui en reste tenu (CA Versailles 7-2-2017 n° 15/07653 ; sur une solution similaire, n° 50185).

De même, il n'y a pas cautionnement lorsqu'une personne **paie par anticipation** entre les mains du vendeur une somme déterminée pour le compte de l'acquéreur, car il n'en résulte pas sa volonté de cautionner le vendeur pour les sommes non encore exigibles au titre de la vente (Cass. com. 4-7-1995 : RJDA 12/95 n° 1420). Pour écarter toute incertitude sur l'application de la qualification de cautionnement à l'engagement de garantie et éviter notamment que celui-ci ne soit qualifié de garantie à première demande, il est recommandé d'affirmer expressément le caractère accessoire de cet engagement (pour un exemple de prise en compte d'une telle affirmation, Cass. civ. 10-12-1991 : Bull. civ. I p. 227).

Il est admis que l'expression « pour aval », même employée en dehors d'une lettre de change ou d'un billet à ordre, vaut cautionnement (Cass. soc. 1-7-1971 : Bull. civ. V p. 427 ; Cass. com. 22-2-1971 : D. 1971.som.194).

b. Il n'y a pas cautionnement si la **dette garantie n'est pas valable** (nos 55150 s.) ou n'est pas établie (Cass. com. 17-3-1992 : RJDA 5/92 n° 492 ; CA Paris 18-3-1994 : BRDA 10/94 p. 8).

c. Il n'y a pas cautionnement si un aveu de « **garantie morale** » est exprimé par une personne qui, en l'absence de tout lien contractuel, a accepté de jouer le rôle d'intermédiaire entre un entrepreneur et des clients (Cass. soc. 18-2-1970 : Bull. civ. V p. 97) ni si une personne promet de faire tous ses efforts pour que le débiteur remplisse ses engagements (CA Paris 10-3-1989 : D. 1989.IR.143).

3. Le cautionnement qui ne comporte pas de dessaisissement immédiat et définitif d'un bien patrimonial n'est pas constitutif d'une **libéralité** (Cass. civ. 16-11-1988 : JCP G 1989.IV.20). Mais il a été jugé « qu'il est de jurisprudence maintenant constante qu'il existe une présomption d'existence d'une intention libérale dans le cas d'un cautionnement consenti par une personne à un successible, présomption étendue au conjoint du successible codébiteur solidaire, le cautionnement étant alors un avantage rapportable à la succession », et qu'il appartient, le cas échéant, à la caution qui a garanti des successibles de prouver qu'elle n'a eu aucune intention de gratifier (CA Paris 14-2-1997 : JCP G 1998.I.103 n° 13 obs. Simler et Delebecque, constatant qu'en l'espèce cette preuve était apportée) ; en cas d'intention libérale, la caution qui a payé ne peut exercer le recours qu'elle tient de la quittance subrogative (Cass. 1e civ. 17-11-1987 n° 85-15.899 : Bull. civ. I n° 297) ni son recours personnel (CA Rouen 16-2-1994). **55021**

4. Celui qui est dit « **garant** » d'une dette déterminée, sans désignation du nom du débiteur, n'a pas souscrit, à notre avis, un cautionnement, car il est tenu de la dette en soi, indépendamment de la personne du débiteur, alors que la caution garantit la dette d'un débiteur donné en fonction de la confiance qu'elle fait à ce dernier (dans le même sens, Cass. com. 8-6-2017 n° 15-28.438 F-PB : RJDA 10/17 n° 661). **55024**

Le refus d'assimilation au cautionnement, en dépit de la ressemblance avec celui-ci, a d'ailleurs été jugé à propos d'un porte-fort s'étant porté garant de l'engagement du tiers (n° 58193, sous le nom de « porte-fort d'exécution »). Il peut être ajouté en ce sens que l'engagement à première demande est distingué du cautionnement par le fait qu'il n'a pas pour objet la promesse de payer la dette déterminée d'un débiteur nommé (n° 55015).

Il n'est pas non plus, à notre avis, **« codébiteur »** de la dette garantie, cette qualité n'étant applicable qu'à ceux qui ont contracté ensemble une même dette (cf. n° 50145 ; CA Versailles 3-4-2003 : BTL 2003.586). De plus, chaque terme employé dans une loi ou un contrat devant avoir un effet utile (nos 74800 et 13173), l'emploi du terme « garant » et non du terme « codébiteur » interdit d'assimiler l'un à l'autre.

S'il n'a pas été stipulé que le garant est solidaire, les **effets de la solidarité** ne peuvent pas lui être appliqués au motif que le terme très général de « garant » équivaut « à celui de caution solidaire, sinon de codébiteur » (Cass. civ. 8-11-1978 : Bull. civ. I p. 264) ni en vertu de la présomption de solidarité « en matière commerciale », cette présomption, comme il est dit plus haut, n'étant pas alors applicable.

Néanmoins, la partie à un contrat, qui a donc contracté la dette et qui accepte, en se substituant un tiers, de « rester » garant solidaire du contrat, peut être considérée comme demeurée partie au contrat et, partant, qualifiée de « codébitrice solidaire » (Cass. com. 8-6-2017 n° 15-28.438 F-PB : D. 2017.1689 note François).

En cas de **défaillance** du débiteur garanti, le créancier dispose d'un droit direct contre le « garant » de son débiteur sur les sommes dues au titre de la garantie ; ce droit lui est ouvert du seul fait de l'existence de la décision passée en force de chose jugée condamnant le « garant » à garantir le débiteur principal (CA Montpellier 31-1-2013 n° 11/01763 : GP 2013.som.1946).

N'est pas un cautionnement au sens de l'article 2288 du Code civil mais un gage, dit « gage-espèces », le **dépôt de** sommes ou de valeurs en **garantie,** quoique appelé « cautionnement ». **55027**

RÈGLES APPLICABLES AU CAUTIONNEMENT

Code civil Sous réserve de dispositions spécifiques (par exemple, Loi 89-462 du 6-7-1989 art. 22-1 pour le cautionnement d'un bail d'habitation ; Cass. 3e civ. 17-2-2022 n° 21-12.934 FS-B : RJDA 5/22 n° 255, soustrayant ce cautionnement aux anciennes dispositions du C. consom.), le droit commun du contrat de cautionnement est fixé par les articles 2288 à 2320 du Code civil qui ont été modifiés par la **réforme des sûretés** issue de l'ordonnance 2021-1192 du 15 septembre 2021 (n° 55000). **55030**

Les nouvelles dispositions s'appliquent seulement pour les cautionnements conclus depuis le 1er janvier 2022 (Ord. 2021-1192 du 15-9-2021 art. 37, I-al. 1). Les cautionnements conclus avant cette date restent soumis à la loi ancienne, y compris « pour les effets légaux et pour les dispositions d'ordre public » ; il est toutefois dérogé à ce principe, y compris pour les sûretés réelles constituées pour autrui avant cette date (autrement dit le cautionnement réel), pour les dispositions relatives à (Ord. 2021-1192 art. 37, II et III) : l'information annuelle de la caution (nos 55400 s.), l'information de la caution sur les incidents de paiement du débiteur (n° 55421) et l'information de la sous-caution (n° 55403). Cette précision manifeste la ferme volonté des auteurs de la réforme des sûretés de ne pas voir celle-ci appliquée par les tribunaux aux cautionnements consentis avant le 1er janvier 2022 sous réserve de quelques exceptions strictement définies.

Seules les règles nouvelles sont ci-après exposées, le régime antérieur, qui reste applicable aux cautionnements conclus avant le 1er janvier 2022, étant à consulter dans l'édition 2021 du MDC.

55033 **Règles commerciales** Entre toutes personnes, les cautionnements de dettes commerciales sont des actes de commerce (C. com. art. L 110-1, 11°).

Ne peut donc plus être civil le cautionnement correspondant à un service rendu dans un esprit d'amitié (Cass. civ. 25-10-1921 : DP 1925.1.95 ; CA Paris 10-12-1971 : GP 1972.1.218 ; cf. CA Rouen 23-10-1991 : GP 1993.som.171), dès lors qu'il est donné pour garantir une dette principale de nature commerciale.

Il est aussi mis un terme à la jurisprudence antérieure selon laquelle le cautionnement d'une dette commerciale par un non-commerçant n'était commercial que si la caution avait un intérêt patrimonial personnel à la garantir (notamment, Cass. com. 7-7-1969 n° 68-12.804 : Bull. civ. IV n° 262 ; Cass. com. 22-4-1997 n° 882 : RJDA 8-9/97 n° 1077 ; Cass. com. 21-2-2006 n° 05-10.363 F-D : RJDA 6/06 n° 701).

En dehors de ce cas, le cautionnement est un acte **civil** car il est considéré comme un service d'ami (Cass. req. 21-5-1906 : S. 1906.1.433 note Lyon-Caen ; Cass. com. 24-11-1966 : D. 1967.65).

55036 **Règles administratives** Les cautionnements consentis par les personnes publiques peuvent être de droit administratif ou de droit privé, par application des critères distinguant ces deux catégories de contrats (nos 10700 s.).

Le cautionnement est un contrat administratif s'il a pour objet la garantie d'un contrat administratif (CE 19-11-1971 : Lebon 697 ; CE 11-2-1972 : AJDA 1972.II.245 concl. Guillaume ; CE 22-3-1974 : Lebon 211) ou l'exécution même d'un service public (CE 13-6-1986 : Lebon 162) ou s'il comporte des clauses exorbitantes du droit commun (cf. Cass. 1e civ. 28-5-2002 n° 750 : RJDA 10/02 n° 1008).

En revanche, le cautionnement est de droit privé s'il garantit un contrat privé, dès lors qu'il ne contient pas de clauses exorbitantes (T. confl. 15-6-1970 : Lebon 889 : cautionnement d'un contrat de location d'une carrière ; Cass. civ. 9-2-1988 : Bull. civ. I p. 24 : cautionnement par une commune d'un prêt à une société chargée de la construction et de l'exploitation d'un centre sportif ; dans le même sens, T. confl. 9-12-1996 : RJDA 7/97 n° 934 ; Cass. civ. 25-3-1997 : RJDA 7/97 n° 934 ; CE 19-11-2013 n° 352615 : RJDA 12/14 n° 939). Mais le tribunal judiciaire n'est pas compétent pour apprécier si le cautionnement entre dans la compétence de la caution qui s'est engagée (CE 4-4-2023 n° 458592).

55039 **Règles internationales** Si le cautionnement est un contrat international, il est soumis, comme tout contrat international, au **régime choisi par les parties** (nos 16600 s.).

A un caractère international le contrat de cautionnement souscrit au bénéfice d'une banque française par un ressortissant libanais pour le compte d'une société de droit ivoirien (CA Paris 21-12-1984 : BRDA 7/85 p. 14).

Ce régime peut être notamment différent de celui applicable au contrat principal cautionné lorsque les parties l'ont voulu ainsi (Cass. civ. 2-3-1970 : Rev. crit. 1971.251 note Batiffol ; Cass. com. 8-6-2010 n° 08-16.298 : GP 2010.som.5 novembre note Morel-Maroger).

Dans l'espèce de 1970, la loi française a été appliquée au contrat de cautionnement, alors que le contrat principal était soumis à la loi de la province du Québec, au motif que le contrat de cautionnement prévoyait que l'obligation de garantie pouvait être exécutée « sous l'empire des pays suivants : Canada, États-Unis, Angleterre, Maroc, France et Belgique, sans que [la caution] puisse invoquer le défaut de juridiction ».

Dans le **silence du contrat** de cautionnement et en cas de conflit entre **lois d'États membres de l'UE,** la loi applicable est celle du lieu où la caution a sa résidence habituelle au moment de la conclusion, en tant que loi du lieu de la prestation caractéristique (Régl. CE 593/2008 du 17-6-2008 art. 4-2), sauf si le cautionnement présente des liens plus étroits avec un autre pays (art. 4-3 ; Cass. 1e civ. 12-10-2011 n° 10-19.517 : RJDA 2/12 n° 126 ; voir toutefois Cass. com. 8-3-2011 n° 09-11.751 : RJDA 7/11 n° 604, retenant la loi du pays où la caution a sa résidence habituelle lors de la conclusion du cautionnement).

Sous le régime de la convention de Rome du 19 juin 1980, qui a été remplacée par le règlement susvisé, il a été jugé que le contrat de cautionnement d'un prêt présentait des liens plus étroits avec l'Italie qu'avec la France dès lors que, rédigé en italien, il avait été conclu en Italie, que le prêteur avait son siège dans ce pays, que l'emprunteur y avait sa résidence habituelle et que le contrat de prêt qu'il garantissait était régi par la loi italienne (Cass. 1e civ. 16-9-2015 n° 14-10.373 : RJDA 12/15 n° 810 ; pour d'autres applications de la convention de Rome : Cass. com. 8-3-2011 n° 09-11.751 précité ; CA Versailles 6-2-1991 : RJDA 12/91 n° 1001).

En cas de conflit entre la **loi française et celle d'un État tiers à l'UE,** les tribunaux ont majoritairement appliqué jusque-là la loi de fond de l'obligation garantie (Cass. civ. 1-7-1981 : Clunet 1982.148 note Bourel ; Cass. 1e civ. 3-12-1996 : RJDA 2/97 n° 246). Quant aux règles de forme, ont été appliquées celles de la loi du lieu où la prestation de la caution devait être exécutée (CA Paris 21-5-1999 : JCP E 1999.pan.1750).

Par ailleurs, le contrat par lequel une partie demande à une autre de cautionner sa propre dette, ou celle d'autrui, est un mandat soumis à la loi du pays où l'acte que le mandataire est chargé d'accomplir doit être exécuté (CA Paris 21-5-1957 : GP 1957.2.100).

POINTS SENSIBLES

Les parties qui veulent garantir une dette par un cautionnement doivent retenir que : **55045**
- le cautionnement est commercial si l'obligation garantie est commerciale (n° 55033) ;
- la caution ne peut jamais devoir plus que le débiteur principal (nos 55200 s.) ;
- l'engagement de toute caution personne physique doit être apposé par elle-même (nos 55250 s.) ;
- la caution est déchargée si le créancier lui fait perdre le bénéfice de la subrogation dans ses droits et sûretés (nos 55800 s.).

Quant à la caution, elle doit veiller à obtenir l'information à laquelle elle a droit (nos 55400 s.).

I. CONCLUSION DU CAUTIONNEMENT

A. Conditions relatives à la caution

Consentement exprès de la caution La caution doit s'engager expressément (C. civ. art. 2294 al. 1). Les juges ne peuvent pas déduire son consentement de simples attitudes, par exemple : du fait pour un notaire de prendre ses repas avec son clerc dans un restaurant où il avait payé les repas d'un clerc antérieurement (Cass. civ. 10-5-1909 : DP 1911.1.493) ; de la présence à l'acte de cautionnement d'une tierce personne aux côtés des parties contractantes (Cass. civ. 24-4-1968 : D. 1968.358 note Voulet) ; de la seule signature d'un bail ou d'un achat au nom d'une société par son dirigeant ès qualités, ce dernier n'étant alors pas engagé à titre personnel par le cautionnement inclus dans l'acte (Cass. 1e civ. 21-1-1976 n° 73-13.297 : Bull. civ. I n° 27 ; Cass. com. 12-10-2022 n° 21-19.253 F-D : RJDA 2/23 n° 107). **55050**

La même règle s'applique à la modification du cautionnement qui ne peut pas être tenue pour acceptée tacitement, par exemple parce que la caution, dirigeante de la société cautionnée, avait eu nécessairement connaissance de la modification de la dette garantie (Cass. com. 24-6-2014 n° 13-21.074 : RJDA 10/14 n° 785).

Mais il n'est **pas nécessaire** qu'ils constatent l'emploi du mot « caution » ou « cautionnement » ni celui de la formule « bon pour cautionnement » avant la signature de la personne qui entend se porter caution (Cass. 1e civ. 25-3-2020 n° 19-15.743 F-D ; CA Saint-Denis de la Réunion 16-6-1989 : Bull. inf. C. cass. 1990 n° 43) ; il suffit que la volonté de se porter caution résulte sans équivoque des termes de l'engagement, par exemple du fait qu'un associé certifie couvrir intégralement l'engagement social (CA Paris 10-12-1971 : GP 1972.1.218), de ce qu'il est spécifié que telle personne se substituera au débiteur si celui-ci n'exécute pas son obligation (Cass. com. 21-12-1987 : D. 1989.112 note Brill ; CA Paris 1-7-1986 : D. 1988.som.243 obs. Vasseur) ou de l'existence d'un aval sur une traite déclarée nulle comme lettre de change (n° 51216).

Consentement réel de la caution La caution doit s'engager en connaissance de cause, cette connaissance s'appréciant au jour de l'acte (Cass. civ. 9-5-2001 : RJDA 8-9/01 n° 909). **55053**

A consenti consciemment le cautionnement un ingénieur qui a rempli les mentions laissées en blanc dans le texte imprimé, en barrant notamment celles prévoyant l'indivisibilité de sa dette éventuelle entre ses héritiers, et a dénoncé son engagement à un moment où il doutait de la solvabilité du débiteur (Cass. civ. 10-5-1988 : D. 1988.IR.146), ainsi que la personne physique qui a garanti un prêt consenti par une collectivité territoriale à une société de droit privé dès lors qu'elle a, de sa main, écrit le montant de la somme cautionnée, ce dont il ressort qu'elle avait incontestablement appréhendé la nature, la portée et les conséquences de l'obligation contractée (CE 25-5-2018 n° 406332 : RJDA 12/18 n° 946).

En revanche, la caution n'a pas été considérée comme consciente de son engagement :
- lorsque le cautionnement a été demandé par une banque à son correspondant en garantie d'un marché, dès lors que le correspondant ne connaissait pas les caractéristiques du cautionnement prévues au marché (T. com. Versailles 10-9-1981 : Banque 1982.685 ; dans le même sens, CE 13-10-1972 : RJDA 1973.II.213) ;
- lorsque le cautionnement mentionne seulement « pour cautionnement solidaire des sommes dues » sans indiquer le montant de l'engagement et garantit une activité commerciale dans laquelle la caution n'assumait aucune responsabilité et dont elle risquait d'ignorer les graves difficultés (CA Riom 25-2-1988 : GP 1988.som.293) ;
- lorsqu'elle n'est pas avertie de la portée de son engagement et n'a pas la compétence requise pour mesurer les enjeux réels et les risques liés à l'opération garantie, compétence qui ne saurait résulter de son seul statut de dirigeant de la société débitrice (Cass. com. 12-7-2017 n° 16-10.793 F-PBI : RJDA 11/17 n° 751).

55056 **Consentement non vicié de la caution** Comme pour tout contrat, le consentement de la caution, outre qu'il doit être lucide (n° 12006), ne doit pas être vicié. Cette règle appelle les observations suivantes.

55059 **1. Erreur.** Conformément au droit commun des contrats (nos 12203 s.), la caution peut demander l'annulation du cautionnement lorsqu'elle a commis une erreur sur les **qualités essentielles de son engagement** (C. civ. art. 1131, 1132 et 1133). Jugé, sous l'empire de l'ex-article 1110 du Code civil - qui exigeait une erreur sur la substance de l'engagement - mais ces solutions sont transposables au régime actuel, que constituait une erreur : l'ignorance par la caution de la déclaration de « faillite » du débiteur intervenue avant le cautionnement (Cass. 1e civ. 1-3-1972 n° 70-10.313 : D. 1973.733 note Malaurie) ; la méprise réalisée par deux cultivateurs illettrés à qui on avait affirmé, au moment de la signature du contrat - dont on ne leur avait pas donné lecture -, que leur signature avait pour effet de faciliter l'obtention d'un prêt sans engager leur patrimoine (Cass. 1e civ. 25-5-1964 : D. 1964.626) ; la croyance de la caution en l'existence d'une autre sûreté garantissant la dette (Cass. 1e civ. 1-7-1997 n° 95-12.163 P : RJDA 12/97 n° 1521) ou de l'engagement à ses côtés d'autres cautions (Cass. com. 18-3-2014 n° 13-11.733 : RJDA 6/14 n° 565 ; cf. Cass. com. 30-11-2010 n° 09-16.709 : RJDA 2/11 n° 183), si la caution a fait de ces engagements ou de leur maintien la condition déterminante du sien (Cass. com. 11-4-2018 n° 15-27.133 FS-PB : RJDA 6/18 n° 524 ; Cass. com. 21-6-2023 n° 22-11.439 F-D : RJDA 10/23 n° 495 ; C. civ. art. 1135 exigeant désormais que ces motifs aient été expressément érigés comme déterminants du consentement).

La disproportion du cautionnement (n° 55100) n'est pas constitutive d'une erreur (Cass. 1e civ. 17-7-1996 n° 94-14.132 ; cf. Cass. 1e civ. 2-4-1997 n° 95-14.235 : RJDA 12/97 n° 1520, reconnaissant le pouvoir souverain des juges du fond pour refuser l'erreur pour disproportion), bien que des cours d'appel aient tendance à l'admettre (CA Grenoble 20-2-1996 : JCP G 1996.IV.2222 ; CA Paris 27-6-2000 : D. 2001.1382 note Grignon-Derenne), certaines exigeant pour ce faire que la caution prouve que son erreur provenait de son ignorance des affaires (CA Paris 27-3-1987 : D. 1987.IR.107) ou relevant cette ignorance (CA Versailles 23-6-1995 : RJDA 12/95 n° 1319 som.). Mais la caution, personne physique, peut demander la réduction d'un engagement disproportionné souscrit au profit d'un créancier professionnel (n° 55100).

La caution ne peut évidemment pas invoquer son erreur lorsqu'elle reconnaît elle-même avoir disposé, à l'époque de son engagement, « d'éléments suffisants pour croire à la pérennité » de l'entreprise garantie (CA Paris 27-3-1987 précité) ou lorsqu'elle a eu connaissance de la portée de son engagement qui était inclus dans un acte authentique (CA Besançon 16-11-1993 : JCP G 1994.IV.564), ou parce qu'elle était gérante de la société cautionnée (CA Paris 27-10-2000 : GP 2002.som.453 note Vray).

Le cautionnement peut aussi être annulé pour erreur commune de la caution et du créancier bénéficiaire sur une **qualité** substantielle **du débiteur** principal (Cass. com. 19-11-2003 n° 1583 : RJDA 8-9/04 n° 937 : débiteur interdit d'exercer une activité commerciale). Sur l'erreur portant sur la solvabilité du débiteur, n° 55181.

Pour entraîner l'annulation du cautionnement, l'erreur doit avoir été **déterminante** du consentement de la caution (C. civ. art. 1131), condition qu'il incombe à la caution de prouver, cette preuve étant souverainement appréciée par les juges du fond (Cass. 1e civ. 19-3-1985 n° 84-10.533 : Bull. civ. I n° 98 ; rappr. Cass. 1e civ. 11-12-1990 n° 84-10.533 : Bull. civ. I n° 286).

55062 **2. Violence.** La caution n'a contracté sous l'empire d'une contrainte caractéristique du vice de violence (C. civ. art. 1140 s.) que dans des conditions exceptionnelles ; tel a été le cas de la caution qui avait d'abord refusé de signer l'acte garantissant les engagements d'une société en redressement judiciaire et avait fini par s'y résoudre à la suite de menaces d'une décision défavorable du tribunal de la procédure (Cass. com. 28-5-1991 : RJDA 8-9/91 n° 680).

Le plus souvent, il a été jugé que la caution n'avait pas subi de violence au motif soit qu'elle était un homme d'affaires averti (CA Versailles 27-2-2003 n° 01-5881 : RJDA 5/04 n° 619), soit qu'elle n'était pas sous un état de dépendance économique (Cass. com. 28-1-2014 n° 13-10.292 : GP 2014.som. 19 mars note Albiges ; CA Paris 25-10-2013 n° 13/13273 : RJDA 3/14 n° 270), soit que la pression des appels incessants de son banquier était justifiée par la nécessité de finaliser un acte de cautionnement pour garantir un concours bancaire à la société, dont le gérant était le fils de la caution (Cass. com. 22-1-2013 n° 11-17.954 : GP 2013.som.1094 note Albiges ; pour un cas où les pressions de la banque sous menace de clôture du compte de la société n'étaient pas établies, Cass. com. 25-1-2023 n° 21-19.351 F-D : RJDA 6/23 n° 297).

55065 **3. Dol.** Lorsque la caution a été induite en erreur, au moment de son engagement, par le **créancier** qui l'a sollicitée, elle peut invoquer le dol de ce dernier, si elle établit que celui-ci lui a **sciemment dissimulé des informations** en sa possession (C. civ. art. 1137), fût-elle liée au débiteur par un lien de parenté ou d'alliance (Cass. 1e civ. 28-12-1995 : RJDA 3/96 n° 309 som.).

Il a, par exemple, été jugé qu'était vicié pour dol :

– le cautionnement donné par une personne dont il n'était pas prouvé qu'elle fût une femme d'affaires avisée, le banquier créancier ayant manqué à son devoir de conseil en n'avertissant pas la caution du risque encouru en raison des dettes importantes du débiteur cautionné (CA Aix 17-5-1979 : Bull. Cour d'Aix 1979/2 p. 77) ;

– l'engagement d'un père qui s'était porté caution des dettes de son fils envers une banque dès lors que celle-ci a dissimulé au père la réalité de la situation du débiteur (Cass. 1e civ. 21-2-1995 : RJDA 7/95 n° 800 som.) ;
– l'engagement de caution des dettes d'une société imposé par une banque au nouveau dirigeant dans les conditions suivantes qui révélaient l'intention de la banque de se donner un nouveau débiteur : la banque, qui n'avait jamais cru devoir demander à l'ancien dirigeant de fournir sa caution malgré l'existence d'un compte débiteur important avait réclamé cet engagement dès la nomination du nouveau dirigeant ; moins d'un mois après avoir obtenu ce cautionnement, elle avait exigé le complet remboursement du découvert de la société bien que celui-ci fût le résultat de la gestion antérieure et fût resté bien inférieur au plafond du cautionnement (CA Paris 19-6-1984 : BRDA 17/84 p. 12 ; dans le même sens, pour la dissimulation de la résorption d'un déficit antérieur que le crédit cautionné avait permis : Cass. com. 22-6-1993 n° 1135 : RJDA 1/94 n° 67) ;
– l'engagement d'une caution à qui la banque a dissimulé la situation irrémédiablement compromise ou à tout le moins lourdement obérée du débiteur principal (Cass. com. 10-7-2012 n° 11-21.966 : RJDA 1/13 n° 66 ; Cass. 1e civ. 21-2-1995 précité ; CA Paris 8-10-2009 n° 08/10712 : RJDA 1/10 n° 73 ; cf. Cass. 1e civ. 14-2-2008 n° 06-14.072 : RJDA 7/08 n° 852) ou celui d'une caution qu'un crédit-bailleur a incitée à se méprendre sur les risques réels de son obligation (Cass. com. 23-6-1998 : RJDA 11/98 n° 1297).

Mais le créancier n'a **pas à renseigner** la **caution** sur la situation financière du débiteur garanti lorsque cette dernière **connaît** cette situation (Cass. com. 24-6-2008 n° 07-14.156 : RJDA 12/08 n° 1304) ou lorsqu'elle est en mesure de la connaître en raison de son activité professionnelle (Cass. com. 17-1-1968 : Banque 1968.296 note Marin ; CA Aix 4-5-1982 : Bull. Cour d'Aix 1982/2 p. 11 ; dans le même sens, Cass. com. 13-12-1994 n° 93-11.430 : RJDA 4/95 n° 479). Ces solutions sont concordantes avec le devoir d'information imposé par l'article 1112-1 du Code civil car elles recouvrent, comme le veut ce texte (nos 11834 s.), le cas de la partie qui sait ou qui n'est pas légitimement en droit d'ignorer.

La caution doit être attentive à l'engagement qu'elle prend. Par exemple, des cautions ne peuvent pas prétendre avoir consenti par surprise et obtenir la nullité de leur engagement lorsqu'il est constaté que, si la page du contrat sur laquelle elles figuraient était peu lisible en raison de l'emploi de caractères typographiques microscopiques, les signatures du débiteur principal et les leurs figuraient au bas de cette page sous la clause litigieuse et que le souscripteur du contrat de crédit-bail, commerçant averti de l'importance d'une signature, avait fait précéder la sienne de la mention « Lu et approuvé » (Cass. civ. 23-7-1979 : D. 1979. IR.547).

La caution qui a fourni à la banque des renseignements sur son patrimoine ne peut pas lui reprocher, en l'absence d'anomalies apparentes, de ne pas lui avoir demandé des informations complémentaires (CA Aix 15-4-2015 n° 13/05914 : JCP E 2015.437).

Le **dol** peut être sanctionné même s'il émane **d'un tiers** (n° 12271).

Lorsque les conditions du dol sont remplies, le **cautionnement** est généralement **annulé** (Cass. 1e civ. 21-2-1995 : RJDA 7/95 n° 800 ; Cass. com. 10-7-2012 n° 11-21.966 : RJDA 1/13 n° 66) ; mais il peut n'être sanctionné que par le simple rejet de la demande en paiement adressée à la caution (Cass. com. 7-2-1983 n° 81-15.339 : Bull. civ. IV n° 50).

Capacité de la caution La capacité requise de la caution est celle prévue pour les **actes d'administration,** car le cautionnement n'exposant qu'à un paiement n'est pas un acte de disposition (en ce sens, Rép. Gressard : AN 19-7-1975 p. 5305). Ainsi un époux commun en biens peut se porter caution sans obtenir le consentement de son conjoint (CA Paris 26-11-1991 : RJDA 3/92 n° 275), mais il ne peut engager les biens communs qu'avec le consentement exprès de ce dernier (n° 1343). 55068

Sur les restrictions existant en matière de **sociétés** : validité du cautionnement au regard de l'objet social (MSC n° 13321 pour les SARL et les sociétés par actions ; MSC n° 13325 pour les sociétés en nom collectif et en commandite simple ; MCI nos 7425 s. pour les sociétés civiles) ; interdictions de cautionner (MSC nos 32020 s., 52510 s. et 60438) ; obligation pour les dirigeants d'obtenir une autorisation, dans certains cas, pour donner caution au nom de la société (MSC nos 40905 s. et 43823).

Le cautionnement de droit privé conclu **par un maire** sans que le conseil municipal ait, au préalable, décidé d'accorder la garantie de la commune et l'ait autorisé à intervenir à cette fin au contrat de prêt correspondant est entaché de nullité (cf. CE 19-11-2013 n° 352615 : JCP G 2013.1277 obs. Erstein, déclarant non prescrite l'action en responsabilité quasi délictuelle de la commune exercée, plus de cinq après la conclusion du cautionnement, par le prêteur garanti et non remboursé en raison de son ignorance de sa créance au titre de cette responsabilité).

Cause ou contrepartie de l'engagement de caution Selon que le cautionnement a été conclu **avant ou après** le 1er octobre 2016 (sur cette date, n° 10000), l'engagement de la caution doit avoir eu, au moment où il a été pris, une cause (C. civ. ex-art. 1131 ; Cass. com. 9-11-2022 n° 21-16.200 F-D) ou une contrepartie réelle (C. civ. art. 1169), sauf s'il constitue une libéralité (n° 55021). 55071
L'**absence de cause** ayant été déduite par les juges du défaut de contrepartie, les solutions relatives à l'absence de cause du cautionnement sont donc transposables au défaut **de contrepartie.**

Ont été obligés pour existence d'une cause :
– l'époux qui a cautionné son conjoint au cours du mariage, même après le divorce (Cass. com. 24-6-1969 : JCP G 1970.II.16221 note Prieur ; CA Paris 12-11-1985 : D.1986.IR.485) ;
– le dirigeant de société qui a cautionné les dettes sociales, même après son éviction de la société (Cass. com. 8-11-1972 : GP 1973.1.143 note Martin) ou son départ de la société (Cass. com. 17-7-1978 n° 76-15.391 : Bull. civ. IV n° 200), ou encore l'associé qui cède ses droits sociaux (Cass. com. 15-10-2002 n° 1647 : RJDA 2/03 n° 190) ;
– celui qui s'est porté caution au profit d'une société qui se trouve par la suite transformée (Cass. com. 29-3-1994 n° 868 : RJDA 6/94 n° 664 ; Cass. com. 20-2-2001 n° 370 : RJDA 6/01 n° 695) ; l'importance des transformations subies par la société, telles que le changement de dénomination et de siège social, l'augmentation du capital, l'extension de l'activité, importe peu car elles n'entraînent pas création d'une personne morale nouvelle (CA Dijon 7-11-1985 : Banque 1985.1178) ; sur l'influence des opérations de fusion, de scission ou d'apport partiel d'actifs sur l'engagement de la caution, n° 55730 ;
– celui qui a cautionné le remboursement d'un prêt, qu'il ait su ou non que le crédit était subordonné à la régularisation du découvert du compte par le débiteur (Cass. com. 13-3-2012 n° 10-30.923 : RJDA 8-9/12 n° 797) ;
– celui qui a garanti un prêt bancaire en contrepartie du maintien de celui-ci et de l'absence de poursuites de la banque contre l'emprunteur (CA Caen 5-10-2023 n° 21/03487 : GP 2024 n° 1 p. 5).

En revanche, il ne résulte pas que l'engagement de la caution n'a pas de cause, ou de contrepartie, pour la seule raison que la cession de parts qui comportait cet engagement a été annulée, les juges devant rechercher si la qualité d'associé acquise du fait de la cession ne constituait pas la cause de l'engagement de la caution (Cass. com. 2-10-2001 n° 1638 : RJDA 2/02 n° 199).

Par ailleurs, il n'est pas établi que le cautionnement a une cause pour la raison qu'il a été donné en connaissance de l'insolvabilité du débiteur cautionné car ce fait n'établit pas que la caution a obtenu un avantage de la part du créancier (Cass. com. 17-5-2017 n° 15-15.746 F-PB : RJDA 10/17 n° 662).

Toutefois, depuis le 1er octobre 2016, le cautionnement peut avoir une contrepartie dès lors que l'avantage qu'en attendait la caution existe (n° 12496 ; sur l'application de cette règle à un cautionnement antérieur à cette date, Cass. com. 17-5-2017 précité).

La **cause** manque aussi au cautionnement conclu avant le 1er octobre 2016 si elle est **fausse** (C. civ. ex-art. 1131) ; il a été jugé que c'était le cas de la caution qui s'était engagée à garantir un prêt finançant l'achat d'un fonds de commerce envers le prêteur alors qu'elle ignorait, ainsi que ce dernier, que le débiteur principal était frappé d'une incapacité d'exercer le commerce (Cass. com. 19-11-2003 n° 1583 : RJDA 8-9/04 n° 937) ; mais n'a pas été retenu pour une fausse cause l'emploi des fonds prêtés à une autre fin que celle envisagée par la caution dès lors que cet emploi ne pouvait résulter de la simple mention de l'objet du prêt (Cass. com. 10-7-2001 n° 98-11.536 : RD bancaire 2001 n° 220 obs. Legeais) ni l'espoir pour la caution d'obtenir le maintien de facilités financières, lequel n'était qu'un motif de son engagement (CA Versailles 1-4-1993 : GP 1994.som.430).

Le cautionnement conclu après le 1er octobre 2016 ne peut plus être annulé pour fausse cause mais celle-ci peut être indirectement sanctionnée par l'erreur sur les motifs à la condition que le motif invoqué ait été déterminant de l'engagement de la caution (n° 12213), ce qui peut être le cas de l'erreur sur la solvabilité du débiteur garanti (n° 55181).

55072 **Licéité du cautionnement** Les cautionnements souscrits **avant** le 1er octobre **2016** (sur cette date, n° 10000) doivent avoir un objet certain et une cause licite (C. civ. ex-art. 1108, al. 4 et 5). En l'état des applications jurisprudentielles venues à notre connaissance, l'illicéité du cautionnement a été essentiellement prononcée par voie de conséquence de l'illicéité de l'obligation cautionnée ; les exemples qui en sont donnés au n° 55175 restent valables car le cautionnement est toujours un accessoire de cette obligation.

Comme tout contrat, le cautionnement conclu **après** cette date ne doit pas déroger à l'ordre public ni par ses stipulations ni pas son but (C. civ. art. 1162). Sur la portée de cette disposition en droit commun, nos 12510 s. (contenu licite) et n° 12546 (but licite).

55074 **Cautionnement solidaire** La caution peut s'engager solidairement sous des conditions de fond et de forme qui ont été **bouleversées** par la réforme des sûretés de 2021 ; celle-ci a supprimé les exigences prévues en ce domaine par les anciens textes pour les engagements souscrits par une personne physique à l'égard d'un créancier professionnel (C. consom. ex-art. L 331-2, L 331-3, L 343-2, L 343-3 ; Loi 94-126 du 11-2-1994 ex-art. 47, II-al. 1, abrogés qui imposaient une mention manuscrite sacramentelle et/ou un engagement d'un montant déterminé).

Désormais, toute **personne physique** peut cautionner tout créancier à la seule condition qu'elle mentionne, et pas nécessairement de sa main (n° 55255), dans son engagement qu'elle reconnaît ne pas pouvoir exiger du créancier qu'il poursuive d'abord le débiteur ou qu'il divise ses poursuites entre les cautions (C. civ. art. 2297, al. 2.) ; à défaut, son cautionnement n'est pas solidaire et, à notre avis, il en est ainsi même si le cautionnement est commercial, car la règle coutumière de la présomption de solidarité (n° 50145) est ici expressément écartée par l'article 2297, al. 2 du Code civil.

Cautionnement imposé par la loi ou le juge La loi peut subordonner l'exercice d'un droit à la fourniture d'un cautionnement, qui est dit « légal » ; elle peut aussi conférer au juge le pouvoir de subordonner la satisfaction d'une demande à la fourniture d'un cautionnement, qui est alors dit « judiciaire ». 55077

Lorsque le débiteur est tenu de fournir une **caution,** il doit en présenter une qui a une **solvabilité** suffisante pour répondre de l'obligation ; si cette caution devient insolvable, le débiteur doit lui substituer une autre caution, sous peine d'être déchu du terme ou de perdre l'avantage subordonné à la fourniture du cautionnement (C. civ. art. 2301).

Le débiteur peut **substituer** au cautionnement légal ou judiciaire **une sûreté réelle** suffisante (art. 2301, al. 3).

Cette règle étant protectrice des seuls intérêts du créancier, il est loisible à celui-ci d'accepter une caution ne remplissant pas ces conditions (Cass. com. 4-2-1984 : GP 1984.2.pan.163 obs. A.P.) mais la caution ne peut pas les invoquer pour se soustraire à ses engagements (Cass. 1e civ. 7-6-1988 : Bull. civ. n° 173) et, quelle que soit la dureté des conséquences de son engagement, notamment quant à la disproportion entre la dette garantie et ses facultés, la caution ne peut s'y soustraire dès lors qu'elle l'a librement souscrit (CA Paris 27-1-1987 : D. 1987.IR.33).

Conditions particulières à la dette garantie La clause **attributive de juridiction** prévue au contrat principal est inopposable à la caution si elle ne l'a pas acceptée car le contrat de cautionnement est un contrat autonome qui obéit à des règles propres pour tout ce qui est étranger à sa fonction de sûreté et son caractère accessoire à l'égard du contrat principal ne crée pas un lien de connexité entre les instances auxquelles l'un et l'autre peuvent donner lieu (CA Versailles 4-1-1999 : GP.2001 som.529). Encore faudrait-il que la clause ait été acceptée en qualité de commerçant tant par la caution que par le créancier (n° 72043). 55083

Il en est de même de la **clause d'arbitrage** prévue au contrat principal, qui doit être spécialement acceptée par celui à qui elle est opposée (n° 70856). La clause d'arbitrage est toutefois inopposable à la caution dans certains cas (n° 70760).

Conditions particulières requises par la caution La caution peut **subordonner** son engagement à certaines conditions. Dans ce cas, elle doit veiller à formuler expressément la condition et dans des termes sans équivoque si l'on veut éviter le risque que les juges interprétant le contrat de cautionnement l'admettent (Cass. com. 1-10-1997 : RJDA 1/98 n° 108 ; CA Paris 27-4-1936 : DH 1936.382 ; CA Versailles 9-10-1997 : RJDA 1/98 n° 114) ou la rejettent (Cass. civ. 4-7-1968 : Bull. civ. III n° 320 ; Cass. com. 6-6-2000 : RJDA 11/00 n° 1045). 55086

La caution peut notamment s'engager à condition :

– que les fonds remis au débiteur reçoivent une affectation déterminée (Cass. req. 27-11-1906 : DP 1909.1.48 ; Cass. civ. 19-5-1987 : Bull. civ. I p. 119 ; CA Aix 22-12-1999 : JCP G 2000.IV.2660) ;

– de bénéficier d'autres garanties, soit par l'engagement d'une autre caution à ses côtés (Cass. civ. 2-5-1989 : Bull. civ. I p. 116 ; CA Paris 25-9-1991 : RJDA 11/91 n° 879 som.), soit par la prise d'une sûreté (Cass. com. 8-1-2002 n° 40 : RJDA 5/02 n° 554 ; Cass. com. 1-12-2015 n° 14-18.374 : RJDA 8-9/16 n° 646) ;

– que les titres cautionnés ne soient pas mis en circulation (Cass. req. 23-7-1903 : S. 1904.1.83) ;

– que le créancier prenne en charge toute procédure de recouvrement contre les débiteurs (Cass. com. 22-2-1971 : Bull. civ. IV p. 47) ;

– que les poursuites du créancier soient exercées seulement sur certains de ses biens (Cass. civ. 15-2-1972 : Bull. civ. I p. 45) ;

– que le débiteur, bénéficiaire d'un pacte d'atermoiement, ne soit pas poursuivi avant le terme fixé par ce pacte (CA Lyon 23-12-1848 : DP 1850.2.20) ;

– que le débiteur s'oblige envers des cautions à maintenir certains biens dans son patrimoine (Cass. civ. 27-3-1974 : JCP G 1975.II.18070 note Simler, jugeant qu'il ne consent pas ainsi des droits et hypothèques auxquels ces cautions pourraient prétendre être subrogées) ;

– que le créancier lui demande paiement par lettre recommandée ; jugé à propos d'une telle clause que la formalité d'envoi d'une lettre recommandée prévue par l'acte était applicable seulement pendant le cours du cautionnement et non après sa résolution (Cass. com. 24-2-1975 : Bull. civ. IV p. 44), laquelle en toute hypothèse met fin au contrat (n° 15618), sans pour autant exclure de droit que certaines clauses lui survivent (n° 16100) ;

– que l'insolvabilité effective du débiteur soit établie (CA Paris 22-5-1986 : D. 1987.som.295 obs. Vasseur) ;

– que le créancier l'informe dans le délai déterminé de la défaillance du débiteur (CA Paris 29-9-2002 : GP 2002.som.451 note Vray).

Mais la caution ne peut pas assortir un cautionnement prescrit par une disposition d'ordre public d'une condition qui le proscrit ou en limite la mise en œuvre (Cass. 3e civ. 4-3-2021 n° 19-25.964 FS-P :

cautionnement solidaire requis, par l'art. C. civ. 1799-1, al. 3, du maître d'ouvrage qui conclut un marché de travaux pour garantir à l'entrepreneur le paiement des sommes dues lorsque celles-ci dépassent le montant de 12 000 €). Seule la caution peut invoquer la non-réalisation de la condition stipulée dans son intérêt exclusif ; si elle désintéresse le créancier sans s'en prévaloir, elle peut exercer son recours en remboursement contre le débiteur principal (Cass. 1e civ. 5-1-2022 n° 19-17.200 F-B : JCP E 2022.129 note D. Legeais).

B. Conditions relatives au créancier bénéficiaire

55097 **Acceptation de la caution par le créancier** Le créancier doit accepter la caution, celle-ci n'étant engagée que par cette acceptation (Cass. com.14-12-1976 n° 75-12.899 : Bull. civ. IV n° 325 ; cf. Cass. com.13-11-1972 n° 71-10.689 : GP 1973.1.144 note Martin).

Son consentement peut être **tacite** et résulter notamment de la mise en demeure de la caution (Cass. com. 6-6-2000 : RJDA 11/00 n° 1045).

Il n'est pas nécessaire que le **créancier** soit nominalement **désigné** dans le cautionnement dès lors qu'il est déterminable (Cass. com. 23-11-1999 : RJDA 2/00 n° 209 ; Cass. com. 21-11-2006 n° 05-18.285 : RJDA 7/07 n° 775).

Sur la portée du cautionnement donné à une société qui conclut une opération de fusion, de scission ou d'apport partiel d'actif avec une autre société, n° 55730.

55098 **Notion de créancier professionnel** Plusieurs textes du Code civil protègent la caution personne physique dans ses relations avec un créancier professionnel : réduction du cautionnement disproportionné (n° 55100) ; devoir de mise en garde du créancier (n° 55109) ; information de la caution sur l'évolution de la dette garantie (nos 55400 s.) et sur les incidents de paiements (n° 55421, point 2). La notion de créancier professionnel a été définie par les tribunaux sous l'empire des anciens textes du Code de la consommation (ex-art. L 331-1, L 331-2 et L 341-1 à L 341-4) qui prévoyaient des protections similaires ; cette jurisprudence, exposée ci-dessous, est transposable au régime actuel.

Est un créancier professionnel celui dont la créance est née dans l'exercice de sa profession ou se trouve en rapport direct avec l'une de ses activités professionnelles (Cass. com. 10-1-2012 n° 10-26.630 FS-PB : RJDA 4/12 n° 433 ; Cass. com. 13-12-2017 n° 16-14.707 F-D ; Cass. com. 8-9-2021 n° 20-17.035 FS-D : RJDA 12/21 n° 794), même si celle-ci n'est pas principale (Cass. 1e civ. 9-7-2009 n° 08-15.910 FS-PBI : RJDA 1/10 n° 76 ; Cass. com. 21-6-2023 n° 21-24.691 F-B : RJDA 11/23 n° 612), même si l'intéressé n'est pas commerçant (Cass. 3e civ. 9-3-2011 n° 10-11.011 FS-D : RJDA 11/11 n° 958) et même si la créance est née en vue de la cessation de l'activité professionnelle (CA Orléans 20-8-2020 n° 19/02378 : RJDA 11/20 n° 596 som.). La qualification de créancier professionnel a ainsi été retenue pour le vendeur du fonds de commerce faisant crédit à son acheteur (Cass. 1e civ. 3-11-2016 n° 15-23.333 F-D ; CA Orléans 18-6-2015 n° 14/02671, 1e esp. : RJDA 11/15 n° 781), un fournisseur de matériaux consentant des délais de paiement à son client (Cass. com. 10-1-2012 n° 10-26.630 FS-PB : RJDA 4/12 n° 433) et un crédit-bailleur immobilier (Cass. com. 10-3-2021 n° 19-18.091 F-D : RJDA 6/21 n° 423).

N'est pas un créancier professionnel la société qui consent un bail commercial si la location n'entre pas directement dans son objet social (CA Paris 14-2-2013 n° 12/02595 : RJDA 6/13 n° 547), ni la société civile qui gère l'immeuble dont elle est propriétaire (CA Douai 31-1-2013 n° 12/06282 : JCP E 2013.1314 n° 3 obs. Simler), ni l'associé qui cède les droits qu'il détient dans le capital d'une société ou à qui sont remboursées des avances qu'il a consenties à la société (Cass. com. 8-9-2021 n° 20-17.035 précité), peu important qu'il ait été gérant de la société (Cass. com. 21-6-2023 n° 21-24.691 précité). La caution qui prétend qu'une société civile est un créancier professionnel doit le prouver (Cass. com. 15-11-2017 n° 16-13.532 F-D : RJDA 2/18 n° 176).

55100 **Obtention, par un créancier professionnel, d'un cautionnement disproportionné de la part d'une personne physique** Si le cautionnement souscrit par une personne physique **depuis le 1er janvier 2022** (n° 55030) envers un créancier professionnel était, lors de sa conclusion, manifestement disproportionné aux revenus et au patrimoine de la caution, il est réduit au montant à hauteur duquel elle pouvait s'engager à cette date (C. civ. art. 2300).

La règle joue à l'égard de toute personne physique (Cass. com. 12-3-2013 n° 11-29.030 : RJDA 7/13 n° 663 : application à un dirigeant social), dans les rapports d'une caution et d'une sous-caution (Cass. com. 11-5-2023 n° 21-25.556 F-D ; CA Amiens 7-7-2016 n° 14/05361 : RJDA 12/16 n° 903 ; CA Toulouse 4-4-2018 n° 16/04735 : JCP E 2018.1657 n° 6 obs. Simler), et à l'égard des cofidéjusseurs lorsque, ayant acquitté la dette, ils exercent leur action récursoire (Cass. 1e civ. 5-1-2022 n° 20-17.325 FS-B : RJDA 5/22 n° 306) que ce soit sur le fondement de leur recours subrogatoire ou personnel (Cass. 1e civ. 28-9-2022 n° 21-14.673 F-B : RJDA 12/22 n° 715). Mais elle ne joue pas à l'égard de la caution réelle (n° 55920).

Elle n'est pas d'ordre public international français (Cass. 1e civ. 30-1-2013 n° 11-10.588 : RJDA 7/13 n° 682). Sur la qualification de créancier professionnel, n° 55098. **55100** (suite)

Contrairement au régime antérieur, le cautionnement disproportionné n'entraîne plus la décharge de la caution mais seulement le rajustement de son engagement à ses capacités contributives. Néanmoins, les règles jurisprudentielles posées pour l'application de la décharge demeurent valables pour celle du rajustement. En conséquence :

– la **caution** doit expressément **demander** l'application de la disposition précitée (Cass. com. 17-9-2013 n° 12-11.657 : GP 2013.som.3904 note Albiges) et apporter la preuve de la disproportion (Cass. 1e civ. 20-4-2022 n° 20-22.591 F-D ; Cass. com. 25-5-2022 n° 20-21.935 F-D : RJDA 8-9/22 n° 513) ;

La disproportion constituant une défense au fond, la caution peut faire cette demande à tout moment sans que la prescription ne puisse lui être opposée (Cass. 1e civ. 31-1-2018 n° 16-24.092 FS-PB : RJDA 7/18 n° 603 ; Cass. com. 8-4-2021 n° 19-12.741 FP : RJDA 8-9/21 n° 603).

– la **disproportion** doit exister **lors de la conclusion du cautionnement,** même si celui-ci porte sur des dettes futures mais qui sont déterminables à la date du cautionnement (Cass. com. 3-11-2015 n° 14-26.051 : RJDA 2/16 n° 147 ; cf. Cass. com. 25-5-2022 n° 20-21.935 F-D précité), en fonction du montant de l'engagement souscrit et des biens et revenus de la caution ou, en cas de pluralité de cautions, de chacune d'elles, de sorte que les juges du fond ne peuvent pas écarter la disproportion au motif : que la dette concernée est garantie par d'autres cautionnements souscrits par des personnes solvables (Cass. com. 22-5-2013 n° 11-24.812 : RJDA 10/13 n° 839) ; que la valeur des parts sociales appartenant à la caution, qui au jour de la conclusion du cautionnement était égale à leur valeur nominale, a depuis augmenté (Cass. com. 13-2-2019 n° 17-23.186 F-D) ou qu'il ressortait d'une déclaration antérieure de la caution auprès de la banque invoquant le cautionnement que celui-ci n'était pas disproportionné (Cass. com. 7-11-2018 n° 15-24.762 F-D : RJDA 1/19 n° 43 ; Cass. com. 15-5-2019 n° 17-22.373 F-D) ;

En l'absence d'anomalies apparentes, le **créancier** professionnel n'est pas tenu de **vérifier les biens et revenus déclarés par la caution** au moment où elle s'engage (Cass. com. 8-3-2017 n° 15-20.236 F-D : RJDA 7/17 n° 502), ni ceux déclarés après dès lors que la caution ne conteste pas avoir répondu à la demande de renseignement et ne soutient pas que sa situation aurait évolué depuis son engagement (Cass. com. 27-9-2017 n° 15-24.726 F-D : RJDA 1/18 n° 69). La caution n'est pas admise à prouver, devant le juge, que sa situation financière était en réalité moins favorable que celle qu'elle a déclarée à la banque (cf. Cass. com. 20-4-2017 n° 15-16.184 F-D : RJDA 10/17 n° 664 lui interdisant d'invoquer un prêt non déclaré ; aussi, Cass. com. 8-3-2017 n° 15-20.236 F-D : RJDA 7/17 n° 502) sauf si la déclaration patrimoniale de la caution comporte une anomalie apparente (Cass. com. 20-9-2017 n° 16-11.057 F-D : RJDA 1/18 n° 68, indication du régime matrimonial de la séparation de biens et de l'existence d'un bien « appartenant à la communauté » ; Cass. com. 4-11-2021 n° 19-18.142 F-D, caution ayant fait état d'un aval sans en préciser le montant), lorsque le créancier professionnel avait connaissance de (ou ne pouvait pas ignorer) l'existence d'autres charges pesant sur la caution que celles déclarées sur la fiche de renseignements (Cass. com. 27-5-2014 n° 13-17.287 F-D ; Cass. com. 8-1-2020 n° 18-19.528 F-D : RJDA 4/20 n° 243), lorsque la déclaration de patrimoine et de revenus effectuée par la caution est trop ancienne par rapport à la date du cautionnement et que la banque n'en a pas demandé l'actualisation (Cass. com. 3-5-2016 n° 14-25.820 F-D : Rev. sociétés 2016 p. 660 note C. Juillet ; Cass. com. 17-5-2017 n° 15-19.018 : RJDA 11/17 n° 761 ; Cass. com. 29-9-2021 n° 20-14.660 F-D : RJDA 6/22 n° 366 ; voir toutefois, Cass. com. 30-8-2023 n° 21-20.222 F-B : RJDA 11/23 n° 613, admettant que le juge puisse se fonder sur les éléments non contestés de cette fiche en les confrontant avec d'autres éléments de preuve) ou lorsque la fiche patrimoniale n'est pas signée par la caution (Cass. com. 29-9-2021 précité). La fiche est opposable à la caution si elle ne l'a pas elle-même remplie dès lors qu'elle en a accepté le contenu en la signant (Cass. com. 14-12-2010 n° 09-69.807 F-PB : RJDA 4/11 n° 348).

– la caution doit se trouver, au moment où elle souscrit le cautionnement, dans l'**impossibilité** manifeste **de faire face** à son engagement avec ses biens et revenus (Cass. com. 28-2-2018 n° 16-24.841 : RJDA 6/18 n° 533, censurant les juges qui ont admis la disproportion en relevant que son engagement était pratiquement du montant de son patrimoine et que ses revenus mensuels étaient grevés du remboursement de prêts ; Cass. com. 11-3-2020 n° 18-25.390 F-PB : RJDA 7/20 n° 392 : appréciation par rapport au montant du cautionnement sans prise en compte des modalités de paiement propre à la dette garantie ; sur des appréciations sur la base des revenus mensuels, CA Fort de France 11-3-2020 n° 18/00340 ; CA Bordeaux 17-2-2020 n° 17/00016 ; CA Versailles 14-1-2020 n° 18/08245 : JCP E 2020.1228 n° 3 obs. Simler) ; toutefois, il a été admis que le patrimoine pouvait servir à déterminer la capacité à emprunter de la caution pour rembourser son engagement et, partant, à écarter la disproportion (Cass. com. 8-9-2015 n° 14-13.093 F-D : RJDA 3/16 n° 228 ; Cass. com. 6-7-2022 n° 20-16.998 F-D).

Dans les deux derniers arrêts précités, il a été admis que le dirigeant d'une société qui avait garanti les dettes sociales par deux cautionnements s'était valablement engagé car son patrimoine déclaré lui permettait de faire face à son premier engagement, limité à 20 000 € et, s'agissant du second cautionnement de 40 000 €, s'ajoutant au premier engagement, le montant total de son patrimoine déclaré, correspondant à une somme de 32 000 €, lui permettait de faire face à la moitié de son engagement cependant que ses revenus lui procurent une capacité d'emprunt suffisante pour pouvoir faire face à l'autre moitié.

55100 (suite) – l'endettement global de la caution inclut les **cautionnements** qu'elle a **précédemment souscrits** par ailleurs, bien qu'ils ne correspondent qu'à des dettes éventuelles (Cass. com. 22-5-2013 précité ; dans le même sens, Cass. 1e civ. 15-1-2015 n° 13-23.489 : RJDA 4/15 n° 306 ; Cass. com. 11-3-2020 précité), sauf s'ils ont été dissimulés au créancier (Cass. com. 25-9-2019 n° 18-14.108 F-D) ou annulés (Cass. com. 21-11-2018 n° 16-25.128 FS-PB : RJDA 2/19 n° 136). Il n'est pas tenu compte des cautionnements qu'elle a **contractés après** celui contesté, même s'ils étaient prévus ou prévisibles à la date de ce dernier (Cass. com. 22-9-2015 n° 14-17.100, 3e esp. : RJDA 2/16 n° 148).

– les **revenus escomptés de l'opération garantie** ne sont pas pris en compte pour apprécier la disproportion (Cass. 1e civ. 3-6-2015 n° 14-13.126 : RJDA 8-9/15 n° 602 ; Cass. com. 22-9-2015 n° 14-22.913, 1e esp. : RJDA 2/16 n° 148) ;

Mais il doit être tenu compte des revenus réguliers perçus par la caution jusqu'à la date de son engagement, quand bien même ceux-ci proviendraient de la société dont les engagements sont garantis par le cautionnement (Cass. com. 5-9-2018 n° 16-25.185 FS-PB : RJDA 11/18 n° 869 ; Cass. com. 23-10-2019 n° 18-17.024 D).

– si la caution est **un époux commun en biens,** la disproportion s'apprécie selon les distinctions ci-dessous :

Si le cautionnement a été souscrit par :

– les époux qui se sont engagés simultanément en termes identiques sur le même acte de prêt en qualité de caution pour la garantie de la même dette, appréciation au regard tant de leurs biens et revenus propres que de ceux de la communauté (Cass. com. 5-2-2013 n° 11-18.644 : RJDA 5/13 n° 451) ; mais si les époux ont présenté leurs revenus comme faisant masse, sans préciser le patrimoine propre à chacun d'eux et sans que ni l'un ni l'autre n'ait soutenu que son engagement était disproportionné par rapport à ses seuls biens propres, les juges ont pu se prononcer par rapport aux revenus du couple (Cass. com. 6-7-2022 n° 20-17.355 F-B) ;

– un seul époux sans le consentement de l'autre, appréciation au regard de ses biens propres et des biens communs, peu important que le régime matrimonial n'ait pas été indiqué dans la fiche de renseignements remplie par la caution (Cass. 1e civ. 20-10-2021 n° 19-20.909 F-D : RJDA 5/22 n° 305), il en est de même si l'époux caution a obtenu le consentement exprès du conjoint donné conformément à l'article 1415 du Code civil (n° 1343), les biens communs incluant les salaires du conjoint (Cass. com. 22-2-2017 n° 15-14.915 F-PB : RJDA 5/17 n° 370 ; Cass. com. 6-6-2018 n° 16-26.182 FS-PBI : RJDA 8-9/18 n° 680 ; Cass. com. 30-11-2022 n° 21-13.655 F-D : RJDA 6/23 n° 340) ;

– chacun des époux individuellement pour des montants différents, avec le consentement exprès de l'autre, appréciation au regard de l'ensemble de leurs biens et revenus propres et communs, le montant des cautionnements étant la somme des deux engagements et non la somme la plus élevée des deux (Cass. 1e civ. 2-2-2022 n° 20-22.938 FS-B : RJDA 4/22 n° 224).

– si la caution est **un époux séparé de biens,** la disproportion s'apprécie au regard de ses revenus et biens personnels, comprenant, le cas échéant, sa quote-part dans les biens indivis (Cass. 1e civ. 19-1-2022 n° 20-20.467 FS-B : RJDA 4/22 n° 223).

Si le cautionnement conclu **avant le 1er janvier 2022** était **disproportionné** lors de sa conclusion et si le créancier ne démontre pas que la caution est en mesure d'y faire face au moment où il réclame le paiement, la caution est totalement déchargée de son engagement (C. consom. ex-art. L 332-1 ; Cass. com. 13-5-2014 n° 13-13.683 : RJDA 11/14 n° 864 ; Cass. 1e civ. 10-9-2014 n° 12-28.977 : D. 2014.2283 note Malet-Vigneaux) et non pas seulement à hauteur de la disproportion (Cass. com. 22-6-2010 n° 09-67.814 : RJDA 11/10 n° 1106 ; Cass. com. 28-3-2018 n° 16-25.651 F-D : RJDA 7/18 n° 604). Cette décharge joue tant à l'égard du créancier que des autres cautions, de sorte qu'en cas de pluralité de cautions, celle qui a payé n'a pas de recours contre celle dont l'engagement était disproportionné (Cass. ch. mixte 27-2-2015 n° 13-13.709 PBRI : RJDA 5/15 n° 385 ; Cass. 1e civ. 26-9-2018 n° 17-17.903 FS-PB : RJDA 12/18 n° 944 ; Cass. 1e civ. 5-1-2022 n° 20-17.325 FS-B : RJDA 5/22 n° 306). En revanche, si le cautionnement n'était **pas disproportionné,** au jour de sa conclusion, le créancier peut s'en prévaloir sans être tenu de prouver que le patrimoine de la caution lui permet de faire face à son obligation au moment où elle a été appelée (Cass. com. 21-10-2020 précité).

La **capacité de la caution à faire face au cautionnement** au moment où le créancier en demande l'exécution s'apprécie :

1. À la date de l'assignation de la caution (Cass. com. 30-11-2022 n° 21-13.655 F-D : RJDA 6/23 n° 340) ; si, à ce jour, le débiteur principal bénéficie d'un plan de sauvegarde en cours, l'appréciation est différée au jour où le plan n'est plus respecté, l'obligation de la caution n'étant exigible qu'en cas de défaillance du débiteur principal (Cass. com. 1-3-2016 n° 14-16.402 FS-PB : RJDA 5/16 n° 396).

2. Compte tenu du montant de l'endettement de la caution exigible à cette date, peu important qu'il ait été réduit après (Cass. com. 9-7-2019 n° 17-31.346 F-D : RJDA 11/19 n° 711) et recouvrant la globalité de ses engagements, y compris ceux résultant d'autres cautionnements (Cass. com. 17-10-2018 n° 17-21.857 FS-PBI : RJDA 2/19 n° 134 ; sur le cas particulier où le cautionnement appelé était inférieur au patrimoine déclaré, Cass. com. 8-9-2015 n° 14-13.093 F-D : RJDA 3/16 n° 228).

Cet endettement s'apprécie par rapport à la totalité des actifs de la caution et non pas par rapport aux liquidités dont elle dispose au jour où elle est poursuivie (Cass. com. 30-1-2019 n° 17-31.011 D ; contra CA Rennes 14-1-2020 n° 17/00076 : JCP E 2020.1228 n° 6 obs. Simler). Lorsque le créancier jouit de deux cautionnements, il ne peut pas se prévaloir d'un seul d'entre eux pour faire disparaître la disproportion (CA Rennes 25-10-2019 n° 16/04079 : JCP E 2020.1228 n° 5 obs. Simler).

Information préalable de la caution par le créancier Tout bénéficiaire d'un cautionnement, comme toute partie à un contrat, doit informer la caution de ce qu'il sait et qui est susceptible d'amener la caution à ne pas s'engager, dans les conditions qui sont exposées aux nos 11834 s. Il y est tenu même à l'égard d'une caution avertie dès lors que celle-ci ignorerait légitimement l'information déterminante de son consentement. 55103

Obligation de mise en garde de la caution incombant au créancier professionnel Le créancier professionnel est tenu de mettre en garde la caution personne physique lorsque l'**engagement du débiteur principal** est **inadapté aux capacités financières** de ce dernier (C. civ. art. 2299, al. 1 applicable aux cautionnements souscrits depuis le 1-1-2022 ; sur la qualification de créancier professionnel, n° 55098). 55109

Avant la réforme dont est issue cette disposition (n° 55000), la jurisprudence faisait peser sur les établissements de crédit et assimilés qui réclamaient un cautionnement l'obligation de mettre en garde la caution si l'engagement de celle-ci était, lors de sa conclusion, inadapté à ses capacités financières et s'il existait un risque d'endettement né de l'opération garantie, risque qui résultait de l'inadaptation du contrat aux capacités financières de l'emprunteur ou du crédit-preneur (notamment, Cass. com. 9-10-2019 n° 18-12.813 F-D : RJDA 1/20 n° 47 ; Cass. com. 5-5-2021 n° 19-21.468 F-P : RJDA 8-9/21 n° 604 ; Cass. com. 24-11-2021 n° 19-25.195 F-D : RJDA 7/22 n° 428). L'établissement était tenu d'une telle obligation envers la caution profane (arrêts précités) et, exceptionnellement, envers une caution avertie si l'établissement détenait des informations que la caution ignorait sur les revenus de l'emprunteur garanti, son patrimoine et ses facultés de remboursement prévisibles en l'état du succès escompté de l'opération (Cass. com. 20-4-2017 n° 15-16.184 F-D : RJDA 10/17 n° 664). La mise en garde ne vise plus désormais que la capacité financière du débiteur principal. L'inadaptation du cautionnement aux capacités financières de la caution relève désormais des dispositions relatives au cautionnement disproportionné (n° 55100).

À notre avis, que ce soit avant ou après la réforme, ce devoir de mise en garde est distinct de l'obligation d'information précontractuelle (n° 55103).

Mais ce devoir n'est pas dû à l'égard du conjoint de la caution, commun en biens, qui est intervenu à l'acte de cautionnement pour l'autoriser à engager les biens communs comme le prescrit l'article 1415 du Code civil (Cass. com. 9-2-2016 n° 14-20.304 : RJDA 4/16 n° 321).

Le créancier n'a pas manqué à ce devoir lorsque l'engagement de la caution garantissait un prêt en vue de l'acquisition d'un fonds de commerce dont la situation financière était saine, les résultats des trois années précédentes étant bénéficiaires et en hausse, de sorte que les perspectives de rentabiliser l'opération étaient normales et ne présentaient pas de facteur de risque excédant celui inhérent à toute entreprise (Cass. 1e civ. 12-7-2007 n° 06-17.070 : RD bancaire 2007 n° 5 § 182 obs. Legeais). Voir aussi les illustrations exposées n° 41019, point 3 à propos du devoir de mise en garde à l'égard de l'emprunteur qui sont transposables à la caution.

À **défaut** d'avoir procédé à cette mise en garde, le créancier est déchu de son droit contre la caution à hauteur du préjudice subi par celle-ci (C. civ. art. 2299, al. 2). La déchéance d'un droit constitue une défense au fond qui échappe à la prescription lorsque la caution demande seulement le rejet de la demande du créancier (cf. Cass. com. 6-6-2018 n° 17-10.103 FS-PBI : RJDA 10/18 n° 770).

Avant la réforme, le créancier qui manquait à son devoir de mise en garde engageait sa responsabilité contractuelle à l'égard de la caution pour lui avoir fait perdre la chance de ne pas s'engager (notamment, Cass. com. 12-7-2017 n° 16-10.793 F-PBI : RJDA 11/17 n° 751 ; Cass. com. 8-9-2021 n° 19-20.497 F-D : RJDA 2/22 n° 105) et, le cas échéant, pour lui avoir causé un préjudice moral (Cass. com. 7-2-2018 n° 16-12.808 F-D : RJDA 5/18 n° 449), ce qui excluait une réparation intégrale (Cass. com. 24-11-2021 n° 19-25.195 précité) et impliquait une évaluation de la perte de la chance sur la somme effectivement due par la caution et non sur la somme à hauteur de laquelle elle s'était engagée (Cass. com. 6-7-2022 n° 21-15.961 F-D). La caution pouvait alors demander la compensation entre les sommes qu'elle devait au créancier et les dommages-intérêts auxquels il était condamné. La prescription de l'action en responsabilité courait du jour où la caution avait su, notamment par la mise en demeure qui lui avait été adressée, que les obligations résultant de son engagement allaient être mises à exécution du fait de la défaillance du débiteur principal (Cass. com. 1-7-2020 n° 18-24.339 F-D : RJDA 2/21 n° 123 ; Cass. 1e civ. 11-1-2023 n° 21-23.957 F-B : RJDA 5/23 n° 277, retenant la date d'envoi de la lettre recommandée AR portant mise en demeure, même si la caution ne l'a pas réceptionnée).

C. Conditions relatives aux obligations cautionnées

1. OBLIGATIONS SUSCEPTIBLES D'ÊTRE CAUTIONNÉES

55140 **Objet des obligations cautionnées** Le cautionnement a pratiquement toujours pour objet une dette d'argent.

Il n'est pas d'exemple, à notre connaissance, de condamnation d'une caution à l'exécution forcée d'une obligation de faire. Cette obligation est généralement assurée par le porte-fort d'exécution, la lettre d'intention ou l'engagement ducroire.

55150 **Cautionnement d'une obligation future** Le cautionnement d'une obligation future était admis antérieurement à la réforme des sûretés par les tribunaux qui exigeaient que la dette future soit expressément identifiée dans l'engagement de la caution (Cass. com. 19-11-1962 : Bull. civ. III n° 462 ; Cass. com. 3-11-2015 n° 14-26.051 : RJDA 2/16 n° 147), sans pour autant que son montant soit chiffré à la date de la souscription du cautionnement (Cass. com. 22-2-1994 : RJDA 7/94 n° 837). Cette solution est désormais validée : le cautionnement peut garantir une ou plusieurs obligations, présentes ou futures, déterminées ou déterminables (C. civ. art. 2292).

55153 **Cautionnement d'une obligation indéterminée** Le cautionnement n'est valable que si, au jour de l'acte (Cass. 1e civ. 9-5-2001 n° 98-14.760 : RJDA 8-9/01 n° 909), l'obligation garantie est déterminée (Cass. 1e civ. 20-10-1987 n° 85-18.751 : Bull. civ. I n° 270 ; Cass. com. 17-3-1992 : RJDA 5/92 n° 492) ou déterminable à partir des éléments tirés de l'acte litigieux, comme indiqué ci-dessous.

Ainsi, constitue un cautionnement **déterminé ou déterminable** :

– la lettre renouvelant, d'année en année, en s'y référant expressément, l'acte de cautionnement initial (Cass. com. 9-7-1991 : RJDA 11/91 n° 948) ;

– l'acte portant de la main de la caution que son engagement est illimité dès lors que la somme garantie est déterminable (Cass. com. 8-3-1993 : RJDA 7/94 n° 836) ;

– l'acte de cautionnement se référant au contrat de prêt du même jour et précisant le montant du prêt accordé (Cass. com. 11-5-1993 : RJDA 7/93 n° 644) ;

– l'acte de cautionnement d'une convention d'occupation précaire dans lequel la caution, chirurgien dans une clinique, disposant par là des moyens intellectuels et de la capacité à s'informer lui permettant de connaître la portée de son engagement de caution, reconnaissait expressément connaître le montant du loyer et les conditions contractuelles et s'engageait à payer toutes les sommes dues ou à devoir en principal, frais et accessoires (Cass. com. 3-11-2009 n° 08-19.340 : RJDA 1/10 n° 74) ;

– le cautionnement mentionnant l'identité du débiteur principal et du créancier et la nature de l'obligation principale, à savoir un prêt professionnel, dont étaient précisés le montant et la durée (Cass. com. 17-10-2018 n° 16-16.916 F-D : RJDA 1/19 n° 42).

Ne constitue **pas** un cautionnement **valable** :

– le cautionnement établi par acte séparé et non daté garantissant une offre de crédit de 25 500 F (4 000 € environ) acceptée par l'acheteur d'une automobile, souscrit par un tiers à concurrence de la même somme, qui ne comporte aucune autre indication sur le contrat générateur de l'obligation principale garantie (CA Versailles 31-1-1985 : BRDA 2/86 p. 21) ;

– le cautionnement de dettes de loyers relatives à un bail non encore conclu (CA Paris 8-3-1988 : D. 1988.IR.105) ;

– le cautionnement du « montant de tous effets impayés » donné par un travailleur manuel, étranger au langage juridique, même à celui des affaires (CA Versailles 19-11-1987 : GP 1989.som.30) ;

– le cautionnement qui ne précise ni la nature des dettes énumérées non limitativement, ni le montant de l'engagement, ni sa durée (CA Agen 19-12-1983 : Bull. inf. C. cass. 1984 n° 406 ; aussi Cass. civ. 19-4-1983 : D. 1984.IR.83 ; Cass. civ. 24-1-1990 : BRDA 4/90 p. 19) ;

– l'acte imprimé intitulé « Acceptation de caution », présenté sous la forme d'une petite coupure de papier agrafée au contrat garanti et comportant la date et la mention manuscrite « Bon pour caution solidaire » qui n'indique pas le montant garanti en chiffres et en lettres et ne fait aucune référence au contrat cautionné (CA Rouen 11-3-1985 : GP 1987.som.20) ;

– le cautionnement donné par des parents au profit de leur fils dès lors que seul leur lien de parenté était invoqué à l'appui de leur information sur la nature et les caractéristiques de l'obligation cautionnée (Cass. civ. 9-4-1991 : RJDA 8-9/91 n° 733) ;

– le cautionnement donné par une personne au seul motif que sa correspondance ultérieure ne contenait pas de contestation de sa connaissance de la réalité et de l'étendue de son engagement (Cass. com. 18-2-1992 : RJDA 5/92 n° 493) ;

– le cautionnement par une femme des dettes de son mari « pour la somme de tous engagements » sans aucune précision, sur un formulaire préimprimé visant le remboursement de toutes sommes que le débiteur cautionné « peut ou devra devoir » au créancier « pour quelque cause que ce soit », et alors qu'il n'était pas soutenu que cette femme était directement et personnellement intéressée aux affaires traitées par son mari (Cass. civ. 22-4-1992 : Bull. civ. I p. 86).

Cautionnement de l'obligation d'un débiteur déterminé Une obligation n'est valablement cautionnée que si l'acte de cautionnement comporte l'indication du nom du débiteur ou les **éléments permettant de l'identifier** (Cass. 1e civ. 27-2-1996 : RJDA 8-9/96 n° 1088 ; Cass. com. 20-1-1998 : RJDA 10/98 n° 1155), sans que, pour autant, le débiteur ait à consentir au cautionnement (C. civ. art. 2291 ; Cass. 1e civ. 4-12-2001 n° 98-22.165 : Bull. civ. I n° 306) ou soit partie au cautionnement, même si la caution s'est engagée à la demande du débiteur (Cass. com. 26-1-1988 n° 85-17.662 : Bull. civ. IV n° 49). 55156

L'indication du nom du débiteur peut être faite au crayon (Cass. com. 8-10-1996 : RJDA 1/97 n° 96).

Si le débiteur n'est pas identifiable, le cautionnement peut valoir comme commencement de preuve par écrit (Cass. 1e civ. 27-2-1996 précité).

Depuis le 15 mai 2022, l'**entrepreneur individuel** - dont les patrimoines personnel et professionnel sont distincts - n'est pas pour autant autorisé à se porter caution en garantie d'une dette dont il est débiteur principal (C. com. art. L 526-22, al. 3 ; Loi 2022-172 art. 19).

Cautionnement d'une obligation déjà cautionnée L'engagement de celui qui a donné caution peut être, à son tour, l'objet d'un cautionnement (C. civ. art. 2291, al. 2). Cet engagement peut être pris par un certificateur de caution ou par une sous-caution. 55159

Certificateur de caution. Il est possible de se porter **caution, envers le créancier, de celui qui a cautionné le débiteur principal** (C. civ. art. 2291). Celui qui prend cet engagement, dit « certificateur de caution », garantit le créancier contre la défaillance de la caution du débiteur principal. En conséquence, le créancier peut demander paiement au certificateur seulement : 55162

– après défaillance de la caution de premier rang, l'obligation de cette caution tenant lieu, à l'égard du certificateur, d'obligation principale ; le certificateur peut donc opposer au créancier le bénéfice de discussion, tant du débiteur principal que de la caution du premier degré (Cass. req. 4-3-1851 : S. 1851.1.389), sauf s'il a certifié solidairement la caution de premier rang ou/et le débiteur principal, la caution solidaire ne pouvant invoquer ce bénéfice (n° 55460) ; il en est de même s'il a certifié par un cautionnement réel (pour un exemple, Cass. 1e civ. 28-1-1992 n° 90-14.129 : Bull. civ. I n° 30) car il est alors tenu en tant que débiteur hypothécaire (n° 55900) ;

– si la dette mise à la charge du certificateur est différente de celle imposée à la caution (Cass. com. 10-3-1981 n° 79-16.011 : Bull. civ. IV n° 127).

En toute hypothèse, le certificateur de caution ne peut être obligé que si l'engagement de la caution de premier rang est valable ; à défaut, son engagement est sans cause et sans objet (Cass. com. 25-11-1980 n° 79-11.442 : Bull. civ. IV n° 394 ; Cass. com. 19-1-1981 n° 79-11.430 : Bull. civ. IV n° 30), solution valable depuis le 1er octobre 2016 (sur cette date, n° 10000) dès lors que l'engagement ne comporte ni contrepartie ni obligation essentielle certaine (nos 12400 s. et 12487 s.).

La caution solidaire qui a dû payer le créancier peut aussi poursuivre en remboursement le **certificateur** qui s'est porté **envers elle caution** solidaire du débiteur principal, dans la limite de son engagement, sans que l'empêchement de poursuivre le débiteur principal, résultant notamment de sa mise sous procédure collective, puisse lui être opposé (Cass. com. 6-2-1985 n° 83-13.848 : Bull. civ. IV n° 50). Mais la caution qui a payé le créancier et se trouve subrogée dans ses droits, ne peut pas poursuivre le certificateur qui s'est porté caution **au profit du créancier,** aucune convention ni aucun texte ne l'autorisait à se retourner contre ses propres cautions (Cass. com. 18-4-1989 n° 87-15.608 : Bull. civ. IV n° 113).

Le **certificateur** qui a désintéressé le créancier est **subrogé** dans les droits de ce dernier contre la caution de premier rang en vertu, pour un paiement intervenu avant le 1er octobre 2016, de l'ex-article 1251, 3° du Code civil car le certificateur était « tenu pour d'autres », ou s'il a payé après cette date, sur le fondement de l'article 1346 du même Code car le seul fait du paiement l'a subrogé de plein droit (n° 53025). Il en est ainsi même s'il a payé sans avertir préalablement la caution, la déchéance de l'article 2311 du Code civil (n° 55500) ne pouvant lui être opposée si son engagement l'obligeait à payer dès que le débiteur principal était en retard (Cass. req. 18-3-1941 : S. 1941.1.117), et dès lors que le créancier a fait preuve d'une réelle incurie dans la préservation du recours subrogatoire du certificateur (Cass. req. 16-11-1938 : DH 1939.37). 55165

Ces solutions, rendues sous l'empire de l'ex-article 1251, 3° (la subrogation a lieu de plein droit au profit de celui qui, étant tenu avec d'autres ou pour d'autres au paiement de la dette, avait intérêt de l'acquitter), demeurent applicables car la définition de la subrogation légale donnée par le nouvel article 1346 englobe l'hypothèse visée par l'ancien texte (n° 53025).

Mais la caution poursuivie pourrait, le cas échéant, lui opposer la perte de sa subrogation dans les droits du créancier en raison de son fait (n° 55800) (cf. TGI Vesoul 23-6-1953 : Banque 1953.728 obs. Marin).

Sur l'absence de recours de la caution de premier rang contre le certificateur, n° 55520.

55168 **Sous-caution.** Il est possible, en vertu d'un engagement qualifié de « sous-cautionnement », de garantir à la caution qu'elle sera payée de ce que le débiteur peut lui devoir ou se porter caution envers le créancier de la dette de la caution (C. civ. art. 2291-1).

Dans la première hypothèse, seule la caution est alors créancière de l'auteur de cet engagement, appelé « sous-caution » au cas où elle devrait payer le créancier, tandis que celui-ci n'a aucun droit à faire valoir contre la sous-caution, qui lui est étrangère (cf. Cass. com. 3-12-1985 : Bull. civ. IV n° 288).

Ainsi, la caution qui a payé peut agir contre la sous-caution alors qu'elle ne peut agir contre le certificateur de caution qui ne l'a pas garantie mais a garanti le créancier qu'elle a elle-même cautionné (n° 55165).

L'engagement de la sous-caution est caractérisé dès lors qu'il a pour objet la dette même du débiteur garanti et que son étendue est tributaire de l'obligation du débiteur garanti ; il se différencie ainsi d'un engagement autonome dont l'objet est distinct de celui du débiteur principal (n° 58000).

Dans le silence des textes, les tribunaux précisent, au fur et à mesure des espèces, les **obligations et les droits** de la sous-caution envers la caution qu'elle garantit. Il s'en dégage les solutions suivantes.

55169 La sous-caution a l'**obligation de désintéresser la caution** qui la poursuit dès lors que celle-ci :

– a régulièrement payé le créancier garanti par son cautionnement, c'est-à-dire lorsqu'elle n'avait aucune exception à lui opposer ;

La caution dispose à cet effet d'une action personnelle contre la sous-caution (Cass. 1e civ. 23-3-2004 n° 512 : RJDA 7/04 n° 902). Quoique devenue créancière du débiteur principal, elle n'a pas une action subrogatoire dans les droits du créancier désintéressé, car ce dernier n'a aucun droit contre la sous-caution à lui transmettre ; il s'ensuit que la caution n'a droit qu'aux intérêts au taux légal à compter du jour où elle a payé et non aux intérêts conventionnels qu'elle a dû payer au créancier principal, car la sous-caution est tenue envers elle par un engagement distinct de celui liant la caution au créancier (Cass. com. 16-1-2007 n° 5 : RJDA 6/07 n° 656 ; Cass. com. 10-1-2018 n° 15-24.681 F-D : RJDA 4/18 n° 359). Elle ne peut poursuivre la sous-caution que si elle a déclaré sa créance à la procédure collective du débiteur principal (Cass. com. 5-2-2013 n° 11-24.587 : RD bancaire 2013 n° 3 § 91 obs. Legeais ; Cass. com. 17-5-2017 n° 15-18.460 F-PB : RJDA 11/17 n° 759).

– a payé le créancier garanti avant même d'être poursuivie sans avoir averti le débiteur principal car la sous-caution ne peut pas invoquer l'impossibilité de poursuivre le débiteur principal qui résulte du défaut d'avis (C. civ. art. 2311, al. 2) ; cette exception ne peut être soulevée que par le débiteur principal (Cass. 1e civ. 26-2-2002 : RJDA 7/02 n° 812) ;

– a payé au créancier le montant de la créance admise au passif du débiteur principal en procédure collective (Cass. com. 29-5-2001 : RJDA 11/01 n° 1129).

Mais, à défaut d'une telle admission qui a autorité de la chose jugée (n° 62900), la sous-caution est fondée à contester, à l'égard de la caution, la réalité et le montant de la créance de celle-ci contre le débiteur principal (Cass. com. 17-9-2002 : RJDA 2/03 n° 188).

Sur les droits de la caution en cas de défaut de déclaration de sa créance par la caution principale, n° 62652, solution transposable par analogie.

À compter du jour où la caution a été tenue de payer le créancier, la sous-caution doit rembourser à cette dernière l'intégralité des sommes déboursées, peu important la date de leur exigibilité et le fait que les paiements ont été effectués par la caution après l'expiration de la période de couverture de l'engagement de la sous-caution (Cass. com. 9-2-2022 n° 19-21.942 F-B : RJDA 6/22 n° 365).

55170 La sous-caution est en **droit** :

– d'opposer à la caution la déchéance pour **perte de la subrogation** dans les sûretés dont elle aurait pu disposer (cf. Cass. com. 9-6-1980 : Bull. civ. IV n° 243 : sous-caution privée de l'exception au motif qu'elle avait renoncé aux sûretés envisageables) ou dans la participation aux distributions de la procédure collective du débiteur (n° 55169) ;

– de mettre en cause la **responsabilité** de la caution contre-garantie pour avoir manqué d'inscrire une hypothèque qu'elle lui avait présentée comme un élément de l'opération garantie (Cass. com. 9-6-1998 n° 95-19.353 D, indemnisant la sous-caution à hauteur de ce qu'elle aurait dû payer à la caution) ou pour avoir fautivement omis de se prévaloir des exceptions inhérentes à la dette du débiteur principal à l'égard du créancier, que la sous-caution ne peut invoquer directement (Cass. com. 27-5-2008 n° 06-19.075 : RJDA 11/08 n° 1178) ;

– de s'opposer à l'autorité de la **chose jugée** entre le débiteur principal et la caution car la représentation mutuelle des codébiteurs solidaires entre eux ne joue pas entre la caution et la sous-caution solidaires avec le débiteur principal, car elles ne sont pas tenues de la même dette envers le même créancier (cf. Cass. com. 2-10-1985 : Bull. civ. IV n° 226) ;

– d'obtenir, si elle est une personne physique, de la caution que celle-ci lui communique, à ses frais, dans le mois qui en suit la réception, les **informations** (nos 55400 s.) qu'elle a reçues du créancier (C. civ. art. 2304) ;
– d'invoquer la disproportion de son engagement (nos 55100 s.).
Sur l'absence de recours de la sous-caution contre les cofidéjusseurs de la caution, n° 55550.

Cautionnement de l'obligation d'un incapable La dette d'un incapable **peut** être cautionnée (C. civ. art. 2293, al. 2 ; ex-art 2289, al. 2), ce qui est différent du cas où l'obligation est nulle en elle-même (n° 55175). **55171**
Ainsi ont été jugés valables :
– le cautionnement fourni à un mineur émancipé, au moyen d'un aval, pour l'achat d'un fonds de commerce (CA Paris 20-1-1904 : DP 1906.2.25) ;
– le cautionnement des dettes contractées par un prodigue ou faible d'esprit (incapable en tant que tel à l'époque de l'arrêt et pouvant l'être sous l'empire des textes actuels : n° 1121), sans l'assistance requise (CA Paris 20-3-1956 : JCP G 1956.II.9401 note Mazeaud).

2. OBLIGATIONS EXCLUES DU CAUTIONNEMENT

Obligations nulles Sous réserve du cautionnement de l'obligation d'un incapable (n° 55171), le cautionnement ne peut exister que sur une obligation valable (C. civ. art. 2293, al. 1 ; ex-art. 2289, al. 1). **55175**

Il ne peut donc exister sur une obligation nulle :
– soit parce qu'elle **a été annulée après** la conclusion du cautionnement, celui-ci n'ayant alors plus d'objet (Cass. com. 25-11-1980 n° 79-11.442 : Bull. civ. IV n° 394 ; Cass. com. 24-1-1989 n° 87-14.313 : Bull. civ. IV n° 32 ; CA Paris 30-3-1984 : BRDA 11/84 p. 12) ;
Mais le cautionnement subsiste tant qu'il a conservé un objet :
– si le contrat garanti n'est pas lui-même annulé, dès lors que la caution ne parvient pas à prouver qu'il avait la même cause (désormais, la même contrepartie ; nos 12496 s.) que le contrat annulé auquel elle prétendait le rattacher (CA Paris 3-12-1987 : BRDA 6/88 p. 23 : cautionnement par un fournisseur d'un prêt consenti à sa demande par une banque à un distributeur qui lui était lié par un contrat d'approvisionnement exclusif nul ; dans le même sens, Cass. com. 13-6-1989 : Bull. civ. IV p. 121) ;
– en cas d'annulation d'un contrat à exécution successive à l'égard des obligations qui demeurent, telle celle de payer les livraisons effectuées (Cass. com. 12-11-2008 n° 07-17.746 : RJDA 3/09 n° 269) ainsi qu'à l'égard de l'obligation de restitution consécutive à l'annulation de l'obligation principale (C. civ. art. 1352-9 ; Cass. 1e civ. 1-7-1997 n° 95-15.642 : RJDA 12/97 n° 1511).
– soit parce qu'elle est **illicite.**
Tel est le cas du cautionnement :
– d'une dette de jeu (Cass. civ. 19-6-1855 : D. 1855.1.292) ;
– d'une convention par laquelle un failli avait consenti un avantage particulier à l'un de ses créanciers (Cass. req. 10-1-1883 : D. 1883.1.358, transposable aujourd'hui au débiteur sous une procédure collective) ;
– d'une obligation subordonnée à une condition impossible, illicite ou immorale, si la condition était déterminante pour le débiteur (CA Pau 29-6-1892 : S. 1893.2.123), l'impossibilité n'étant plus reprise par les textes en vigueur depuis la réforme des contrats ;
– d'un pacte sur succession future (Cass. civ. 9-5-1894 : S. 1894.1.336) ;
– d'une obligation principale nulle pour fausse cause (Cass. civ. 6-11-1912 : S. 1914.1.126) ou pour cause immorale ou illicite (T. civ. Seine 28-6-1926 : GP 1926.2.615), solutions transposables **depuis** le 1er octobre 2016 (sur cette date, n° 10000) pour erreur sur le motif déterminant (n° 12213) ou pour but illicite (n° 12546).

Le cautionnement garantissant le paiement à la victime de créances nées d'un délit est licite (Cass. civ. 13-5-1998 n° 96-14.852 : Bull. civ. I n° 173 ; CA Chambéry 28-11-2006 : JCP G 2007.IV.1847) et n'est pas nul le cautionnement souscrit par un condamné pour escroquerie (CA Paris 5-7-2012 n° 11/03814 : RJDA 11/12 n° 1000).

Obligations conditionnelles Le cautionnement **ne peut exister sur** une obligation conditionnelle tant que la condition suspensive n'est pas réalisée, même si le créancier et le débiteur ont renoncé au bénéfice de cette condition, une telle renonciation étant inopposable à la caution (Cass. civ. 29-4-1997 : RJDA 10/97 n° 1241). **55178**

Insolvabilité du débiteur Il n'est pas interdit de se porter caution d'un débiteur dont l'insolvabilité est avérée au jour du cautionnement (Cass. com. 10-10-1995 n° 93-11.374 : Bull. civ. IV n° 223 : débiteur en liquidation judiciaire). **55181**

La caution peut invoquer son erreur sur la solvabilité du débiteur, si, au jour de son engagement, elle a fait de cette solvabilité, même tacitement, une condition déterminante de son engagement, circonstance que les juges du fond apprécient souverainement (Cass. com. 1-10-2002 : RJDA 2/03 n° 187 ; Cass. com. 19-5-2015 n° 14-10.860 : RJDA 10/15 n° 705).

3. OBLIGATIONS EFFECTIVEMENT CAUTIONNÉES

55188 **Règles d'interprétation de la formulation des parties** Pour déterminer l'objet du cautionnement, le juge retient :

– la **commune intention des parties,** qu'il doit rechercher (Cass. com. 9-6-1998, 1e et 2e esp. : RJDA 11/98 n° 1292), ou si cette intention ne peut pas être décelée, le sens que donnerait au cautionnement une personne raisonnable placée dans la même situation (n° 13179) ;

À ce titre, le juge peut inclure dans la garantie des dettes qui n'étaient pas expressément visées dans l'acte de cautionnement ou qui y étaient désignées de manière imprécise ou à tort ; jugé ainsi que :

– au vu de la correspondance échangée entre les parties, l'engagement de la caution s'étendait à des dettes contractées avant la date du contrat de cautionnement (Cass. com. 26-4-1967 : Bull. civ. III p. 165) ;

– l'épouse, qui collaborait activement avec son mari dans l'exploitation du fonds de commerce et qui s'était portée caution de celui-ci pour le garantir envers le président d'une société fournisseur, ne pouvait prétendre, sans mauvaise foi, n'avoir donné sa caution que pour garantir les dettes de son mari envers le président et non pour ses dettes envers la société elle-même (Cass. com. 24-11-1970 : Bull. civ. IV p. 275) ;

– dans un cas où une caution s'était engagée à garantir les engagements que le débiteur avait déjà souscrits auprès d'une société, elle garantissait le remboursement d'un prêt consenti au débiteur par cette société même si le contrat de prêt avait été signé par l'emprunteur après la date du cautionnement, dès lors que le prêt avait été partiellement exécuté avant cette date par la mise à disposition des fonds (Cass. com. 7-2-1972 : Bull. civ. IV n° 46) ;

– le cautionnement réellement contracté garantissait un prêt de 1 370 000 € et non de 1 500 000 € comme le mentionnait l'acte car il résultait des documents établis à l'occasion de la conclusion du prêt que celui-ci était destiné à l'acquisition d'un terrain qui, selon l'acte notarié d'acquisition, avait valu 1 370 000 € (Cass. com. 17-9-2013 n° 12-21.852 : RJDA 2/14 n° 164) ;

– le signataire du cautionnement de toutes sommes que la société pourrait devoir à la banque au titre de l'ensemble de ses engagements s'est ainsi engagé à garantir l'ouverture de crédit consentie par la banque à la société bien qu'aucun acte de cautionnement séparé se rapportant spécialement à ce prêt n'ait été signé par lui (Cass. com. 11-2-2014 n° 13-10.408 : RJDA 5/14 n° 477) ; il n'en est autrement que si la caution a limité l'engagement général expressément à une dette spécifiée (CA Versailles 14-1-1999 : RJDA 5/99 n° 603).

– la solution la plus **favorable** à la **caution** lorsqu'un **doute subsiste sur la volonté des parties,** car on ne peut étendre le cautionnement au-delà des limites dans lesquelles il a été contracté (C. civ. art. 2294 ; ex-art. 2292). Mais il doit aussi interpréter les clauses prêtant à controverse dans un sens qui ne les prive pas de tout effet (CA Lyon 31-3-2000 n° 2000-365 : Bull. inf. C. cass. 2001 n° 70) ;

Par exemple, jugé que les cautionnements qui garantissaient à hauteur de leur montant trois prêts consentis à une société ne garantissaient que ces trois prêts en dépit d'une clause, stéréotypée et préimprimée, figurant sur les actes de cautionnement et précisant que la caution garantissait toutes les obligations du débiteur principal à quelque titre que ce soit, car la concomitance de la date des actes de prêt et de cautionnement, d'une part, et du montant des engagements, d'autre part, démontrait que les parties n'avaient entendu assortir d'un cautionnement que les prêts (Cass. com. 9-6-1998, 3e esp. : RJDA 11/98 n° 1292). Jugé, de même, que le cautionnement de « toute somme » inclus dans un contrat ne vaut pas pour un autre contrat conclu postérieurement dès lors que les parties y ont précisé que ce nouveau contrat abroge toute convention antérieure (Cass. com. 18-1-2017 n° 15-14.428 F-D : RJDA 4/17 n° 279).

Mais ce doute doit être sérieux : ce n'est pas le cas, par exemple, lorsque la caution prétend qu'elle n'a donné sa garantie qu'à la condition que le débiteur bénéficierait de l'intégralité des délais qui lui avaient été accordés, alors qu'une exigibilité immédiate avait été expressément envisagée par les parties (Cass. com. 10-7-1962 : Bull. civ. III p. 289) ;

– le **montant** de la somme garantie porté dans la mention manuscrite lorsque le cautionnement la comporte (n° 55255).

55191 **Nature des dettes cautionnées** Les parties doivent indiquer avec précision la catégorie de dettes cautionnées en les désignant par leur objet ou par leur date de naissance.

55194 **1. Dettes désignées par leur objet.** Les exemples qui suivent sont destinés à éclairer les parties sur le soin que mérite la désignation des dettes cautionnées.

Ainsi :

– le cautionnement « des engagements financiers résultant du contrat de crédit-bail à intervenir » emporte obligation de payer les préloyers que devait le débiteur pendant la période de construction de l'immeuble baillé (Cass. 3e civ. 23-6-2004 n° 787 : RJDA 12/04 n° 1382) ;

– le cautionnement de tout ce que le débiteur pourrait devoir à une banque « pour quelque cause que ce soit » (cautionnement dit « omnibus ») garantit les dettes directement contractées par le débiteur envers la banque et non le paiement d'une traite tirée sur le débiteur et présentée par un tiers à l'escompte de la banque (CA Lyon 14-2-1956 : D. 1957.166 note Goré ; CA Paris 1-3-1971 : D. 1971.335

note Clairouin-Touchard ; dans le même sens, Cass. com. 12-5-1992 : RJDA 7/92 n° 742 ; Cass. com. 9-7-2002 n° 1415 : RJDA 1/03 n° 72) ni les dettes délictuelles, faute d'avoir expressément été comprises dans l'assiette du cautionnement, la garantie ayant été donnée à l'occasion de relations contractuelles normales et pour le dénouement de celles-ci (CA Paris 4-4-1995 n° 94-1391) ;

– le cautionnement garantissant les opérations d'escompte ne concerne pas les effets de commerce directement créés entre le débiteur et le créancier en raison d'un prêt ou d'une ouverture de crédit (CA Limoges 26-6-1888 et 21-1-1889 : D. 1890.2.11) ;

– le cautionnement donné « pour les sommes qui seront avancées sur le stock de blé » ne garantit pas les avances consenties sur un stock de maïs, au demeurant fictif (Cass. com. 19-11-1968 : D. 1969.218) ;

– le cautionnement constitué en faveur du loueur d'un fonds de commerce, pour le couvrir de sa responsabilité à l'égard des tiers dans le cadre du contrat de location-gérance, ne porte pas sur la dette de loyers et indemnités de gérance due par le locataire-gérant, celle-ci n'ayant pas été contractée envers un tiers (Cass. com. 24-3-1992 : RJDA 6/92 n° 625) ;

– la caution qui garantit un agent de voyages exerçant son activité à titre personnel ne garantit pas la société constituée par cet agent avec son épouse (Cass. civ. 6-10-1993 : RJDA 2/94 n° 197) ;

– le cautionnement d'effets de commerce ne garantit pas les créances cédées par bordereau Dailly à défaut d'assimilation expresse de ces dernières à de tels effets (Cass. com. 8-11-1994 : RJDA 3/95 n° 334), sauf le cas où le cautionnement garantit « tous engagements » et notamment « ceux énumérés » parmi lesquels figurent les effets de commerce (Cass. com. 20-3-2001 : RD bancaire 2001 n° 107 p. 159 obs. Legeais) ;

– le cautionnement d'un compte courant ouvert pour le fonctionnement d'un contrat d'affacturage ne couvre pas l'intégralité de la créance du facteur dès lors que le contrat prévoyait que le compte courant ne comportait pas d'autorisation de découvert et qu'il se trouvait exceptionnellement débiteur (Cass. com. 2-4-1996 : RJDA 8-9/96 n° 1091) ;

– le cautionnement garantissant le remboursement d'un prêt ne garantit pas la répétition de l'indu, notamment celle d'une somme restituée par erreur à l'emprunteur par le prêteur (Cass. civ. 7-4-1999 : RJDA 8-9/99 n° 1008) ;

– le cautionnement de l'ensemble des engagements, présents ou futurs, d'une société nommée à l'égard d'une banque emporte la garantie des créances de la banque sur cette société résultant des crédits octroyés à deux autres sociétés qu'elle a absorbées et dont la dissolution sans liquidation a entraîné la transmission universelle de leur patrimoine à la société cautionnée (Cass. com. 28-2-2018 n° 16-18.692 F-PBI : RJDA 5/18 n° 428).

2. Dettes désignées par l'époque de leur naissance. Les parties doivent être attentives aux règles ci-dessous selon que sont cautionnées les dettes nées au cours d'une période déterminée ou indéterminée. 55197

a. Lorsque la **période** est **déterminée,** il convient de lui fixer un terme précis. À défaut, les tribunaux retiennent un terme implicite (Cass. com. 7-7-1992 : RJDA 8-9/92 n° 860, considérant que le cautionnement d'un prêt assorti d'un terme a la même durée que ce prêt ; dans le même sens, Cass. civ. 27-6-1995 : RJDA 1/96 n° 106, déduisant le terme du nombre arrêté de mensualités à rembourser). Tant que le terme n'est pas expiré, la caution peut être poursuivie (Cass. civ. 19-6-2001 : RJDA 1/02 n° 100).

Sur l'incidence du terme, n° 55750.

Il convient aussi de préciser si le terme retenu dégage la caution de sa garantie non seulement des dettes nées après (**obligation de couverture**), mais aussi des poursuites entreprises contre elle après ce terme même pour des dettes nées avant (**obligation de règlement**) ; à défaut d'une stipulation contractuelle limitant dans le temps le droit de poursuite du créancier, le seul fait que la caution soit appelée à régler après la date limite de son engagement est sans incidence sur son obligation de payer les dettes échues avant cette date (Cass. 1e civ. 19-6-2001 n° 1053 : RJDA 1/02 n° 100 ; Cass. com. 1-6-2023 n° 21-23.850 F-B : RJDA 10/23 n° 541).

Il arrive aussi que les banques prétendent que l'engagement de la caution n'expire qu'au moment où le contrat de cautionnement est retourné à la banque : bien que cette prétention ne soit pas fondée, car la garantie prend fin à la date fixée dans le contrat, il est recommandé, pour couper court à toute discussion, de mentionner dans le contrat que la caution sera libérée à une date bien précisée sans égard à n'importe quel autre fait ou circonstance.

b. Lorsque la **période** est **indéterminée,** le cautionnement est valable (CA Paris 7-4-1995 : D. 1995.IR.158) ; il garantit toutes les dettes nées à compter du jour où il a pris effet jusqu'à son extinction. Il importe alors de préciser l'exclusion des dettes nées antérieurement au cautionnement car il a été jugé, dans une espèce, que les circonstances permettaient d'induire que ces dettes étaient incluses dans le cautionnement (Cass. com. 26-4-1967 : Bull. civ. III p. 165 ; voir aussi Cass. com. 16-1-2019 n° 17-14.118 F-D : RJDA 5/19 n° 373).

Cantonnement du cautionnement au montant convenu des dettes cautionnées 55200

Quel que soit le montant des dettes cautionnées convenu entre les parties à l'acte de cautionnement, ce dernier ne peut pas être étendu au-delà des limites dans lesquelles il a été contracté (C. civ. art. 2294, al. 2 ; ex-art. 2290) ; autrement dit, la caution ne doit pas au créancier, principal et accessoires confondus, une somme supérieure à celle qui est exigible du débiteur principal (Cass. com. 20-6-2018 n° 16-15.190 F-D : RJDA 11/18 n° 867). Le fait que le créancier s'est engagé à ne poursuivre le débiteur qu'au titre de la sûreté réelle également consentie en garantie de la dette ne viole pas ce principe (Cass. com. 3-5-2006 n° 04-20.235 FS-D : RJDA 11/06 n° 1168).

Ainsi entendu et sauf clause contraire, le cautionnement s'étend néanmoins aux **intérêts et autres accessoires** de l'obligation garantie, ainsi qu'aux frais de la première demande, et à tous ceux postérieurs à la dénonciation qui en est faite à la caution (C. civ. art. 2295).

Il s'ensuit que la somme que la caution peut être tenue d'acquitter est déterminée selon les distinctions ci-après.

55203 Le cautionnement peut être limité à **une partie de la dette** du débiteur, et sous des conditions moins onéreuses (C. civ. art. 2296, al. 2 ; ex-art. 2290, al. 1), par exemple, soit à une somme chiffrée d'une dette déterminée (Cass. com. 5-11-1968 : D. 1969.314 ; Cass. 1e civ. 18-7-1984 : Bull. civ. I n° 238 ; Cass. com. 28-5-1991 : RJDA 10/91 n° 834), soit à une valeur déterminable (Cass. com. 13-2-1957 : Bull. civ. III p. 44 : limitation à un maximum chiffré et au montant total des intérêts des cautions dans la société sous forme de parts sociales et de comptes courants créditeurs sur la société).

Les parties ont alors intérêt à préciser si l'**imputation des paiements** se fera sur la somme cautionnée ou non, ce qu'elles peuvent faire (n° 55706).

55206 Le cautionnement peut être limité **au principal** de la dette, auquel cas la caution n'est pas tenue aux intérêts et accessoires de la dette (Cass. 1e civ. 9-12-1986 : Bull. civ. I n° 287).

55209 La caution est engagée à payer ce que le débiteur doit au créancier dans les limites, en **principal et accessoires,** qu'elle a fixées dans la mention qu'elle a apposée dans le cautionnement (nos 55250 s.).

Ainsi, la caution est obligée aux accessoires de la dette :

– si elle s'est engagée à garantir une somme chiffrée dès lors que l'acte de cautionnement contient aussi l'indication qu'elle garantit le paiement de toutes les sommes que le débiteur peut ou pourra devoir au créancier en principal, intérêts, commissions, frais et accessoires et qu'il n'existe aucune contradiction entre les termes de l'acte et la mention manuscrite (Cass. com. 4-2-2003 n° 227 : RJDA 7/03 n° 777) ;

– si elle a souscrit un cautionnement omnibus garantissant la totalité des sommes dues ou qui pourraient être dues par le débiteur (Cass. com. 17-7-2001 : RJDA 1/02 n° 98).

En revanche, si la caution s'est seulement obligée pour une somme déterminée en principal, elle n'est tenue aux accessoires de la dette que si la mention qu'elle a apposée en fait état (Cass. civ. 22-5-2001 : RJDA 10/01 n° 1032 : dispense de garantir la prime d'assurance-groupe non visée dans la mention ; Cass. 1e civ. 29-10-2002 n° 1509 : RJDA 3/03 n° 318 : dispense de garantir les intérêts au taux conventionnel) ; sur son obligation au paiement de l'indemnité de résiliation prévue au contrat garantie, ci-dessous point 4.

Les **accessoires** de la dette **comprennent** :

1. Les **intérêts** de la dette principale dans les conditions suivantes :

– la caution est tenue pour le même temps que le débiteur, indépendamment du moment où le créancier les lui réclame (Cass. com. 4-2-1992 : RJDA 3/92 n° 276) ;

– en cas de compensation entre la dette garantie et une créance du débiteur, elle doit au créancier les intérêts de droit calculés sur la totalité de la dette du débiteur jusqu'au jour où la créance du débiteur est devenue exigible, la compensation légale ne pouvant avoir lieu tant que les deux dettes ne sont pas devenues exigibles (Cass. com. 3-11-1972 : Bull. civ. IV n° 268) ;

– si elle s'est engagée au paiement des intérêts conventionnels (Cass. com. 4-2-1992 : RJDA 3/92 n° 276), elle ne doit ces intérêts au taux conventionnel qu'à la condition que ce taux soit indiqué dans l'acte de cautionnement, sauf si les dettes garanties sont futures (Cass. 1e civ. 9-3-2004 n° 409 : RJDA 8-9/04 n° 1042), peu important que ce taux ne figure pas dans la mention, en l'espèce manuscrite, dès lors que les cautions en ont eu connaissance (sur la preuve de l'acquisition de cette connaissance, Cass. 1e civ. 29-10-2002 n° 99-18.017 : RJDA 3/03 n° 318) ;

– elle doit les intérêts moratoires au taux légal à compter du jour où elle a été mise en demeure, même si le montant exact de la dette en capital n'a pu être fixé qu'ultérieurement (Cass. com. 17-3-1992 n° 90-14.350 : Bull. civ. IV n° 114).

Le taux conventionnel ne peut pas être appliqué aux intérêts moratoires d'un découvert en compte consenti à une société par une banque, ainsi que sur tous les frais et accessoires, dès lors que, selon la convention des parties, le cautionnement ne portait que sur les dettes échues avant une date déterminée (Cass. com. 4-2-1997 : RJDA 5/97 n° 688).

Sur l'incidence de l'ouverture d'une procédure collective, nos 62490 s.

2. Les **frais de justice.** La caution est tenue des frais de la mise en demeure que doit adresser au débiteur tout créancier qui n'est pas payé à l'échéance et des frais de dénonciation à la caution de l'insuccès de cette mise en demeure (C. civ. art. 2295 ; ex-art. 2293, al. 1 ; Cass. com. 3-4-2002 n° 98-21.373 : Bull. civ. IV n° 64).

3. Dommages et intérêts. Le cautionnement donné à un cocontractant pour garantir en termes généraux et indéfinis l'exécution du contrat couvre les dommages et intérêts dus en raison de l'inexécution du contrat (Cass. req. 20-3-1922 : DP 1923.1.21) ou la clause pénale (Cass. com. 3-4-2002 précité).

4. Indemnité de résiliation du contrat garanti. La caution est tenue au paiement de l'indemnité de résiliation si elle a pris :

– un engagement sans clause contraire qui l'oblige aux autres accessoires de l'obligation (C. civ. art. 2295 ; ex-art. 2293, al. 1) ;

– un engagement pour une somme déterminée devant être l'objet d'une mention, alors manuscrite, seulement si cette mention se réfère aux accessoires du contrat dont elle garantit l'exécution et si ce contrat prévoit une indemnité de résiliation et une peine contractuelle dont il fixe les montants (Cass. com. 23-11-1999 n° 1862 : RJDA 2/00 n° 210).

Mais aucune autre indication du contrat ne doit être en sens contraire : par exemple, une indemnité de résiliation en cas de non-paiement des loyers prévue dans un contrat de location de matériel n'est pas garantie par le cautionnement relatif aux « obligations de caractère locatif stricto sensu » (Cass. civ. 21-7-1970 : D. 1970.671) ni par celui portant sur les sommes dues « en exécution du présent bail » (CA Versailles 5-1-1989 : BRDA 19/89 p. 14 ; aussi CA Versailles 20-9-1991 : RJDA 11/91 n° 950).

Toutefois, selon la première chambre civile de la Cour de cassation, alors même que la mention, alors manuscrite, vise une somme déterminée « plus intérêts et accessoires », les juges ne peuvent pas condamner la caution au paiement de l'indemnité de résiliation sans relever que ladite mention d'un cautionnement non commercial portait référence, d'abord, au montant et aux modalités de calcul de l'indemnité de résiliation et, ensuite, au taux de l'intérêt conventionnel, ni faire état d'éléments extrinsèques propres à suppléer aux insuffisances de cette mention (Cass. 1e civ. 10-7-2001 : RJDA 1/02 n° 96). Sur les intérêts conventionnels, point 1.

5. Autres débours. L'obligation de la caution a aussi été étendue à diverses prestations dues par le contractant dont l'engagement était garanti, par exemple aux frais de transport et d'assurance (Cass. req. 26-1-1926 : S. 1926.1.353 ; rappr. Cass. civ. 22-5-2001 : RJDA 10/01 n° 1032).

D. Mentions exigées de la caution

Avertissement. Les références à diverses décisions jurisprudentielles antérieures au 1er janvier 2022 qui concernent la mention manuscrite sont citées à dessein dans les développements qui suivent car elles sont considérées comme transposables à la mention même non manuscrite désormais exigée. 55240

CONSTATATION DU CAUTIONNEMENT PAR ÉCRIT

Ne pouvant être présumé et devant être exprès (C. civ. art. 2294 ; ex-art. 2292) et comporter une mention le précisant, le cautionnement est souscrit par un écrit, qui peut être sous format **papier** ou **électronique** (n° 11178). 55250

Le cautionnement étant un contrat unilatéral, il n'y a pas lieu d'établir autant d'exemplaires de l'acte qu'il y a de parties (Cass. com. 2-6-2021 n° 20-10.690 FS-P : RJDA 11/21 n° 736 ; CA Versailles 11-1-1979 : GP 1979.506).

Le cautionnement non daté est valable (Cass. com. 1-2-2011 n° 09-17.411 : RJDA 6/11 n° 574 ; CA Paris 22-9-2006 n° 05-4610 : RJDA 1/07 n° 97.som.).

Le cautionnement peut être établi par un écrit **authentique** ou **sous signature privée,** contre-signé ou non par un avocat.

Lorsque la caution est illettrée, elle ne peut valablement s'engager que par acte authentique, l'engagement pris par acte sous signature privée étant nul (Cass. 1e civ. 9-7-2015 n° 14-21.763 : RJDA 1/16 n° 58).

L'acte de cautionnement homologué est considéré comme valant cautionnement régulier (cf. Cass. com. 14-6-2017 n° 12-11.644 P : RJDA 10/17 n° 665 ; Cass. 2e civ. 28-9-2017 n° 16-19.184 FS-PB : RTD civ. 2018.220 obs. Cayrol).

Sauf dans le cas visé n° 55265, la **preuve** du cautionnement exige la production de l'original par le créancier bénéficiaire qui doit démontrer que le cautionnement existe au jour où il s'en prévaut (Cass. com. 20-1-2009 nos 07-20.344, 07-14.566 : RD bancaire 2009 n° 57 obs. Legeais ; sur une absence de preuve, Cass. com. 24-5-2018 n° 17-11.144 F-D : RJDA 8-9/18 n° 678).

MENTIONS APPOSÉES PAR LA CAUTION PERSONNE PHYSIQUE

À peine de nullité de son engagement, la caution personne physique appose elle-même la mention qu'elle s'engage en qualité de caution à payer au créancier ce que lui doit le débiteur en cas de défaillance de celui-ci, dans la limite d'un montant en principal et accessoires exprimé en toutes lettres et en chiffres ; en cas de différence, le cautionnement vaut pour la somme écrite en toutes lettres (C. civ. art. 2297, al. 1 applicable aux cautionnements conclus depuis le 1-1-2022). 55255

55255 (suite) L'apposition de cette mention par un tiers rend nul le cautionnement, le juge devant alors, si cela lui est demandé, rechercher si, ce faisant, la partie qui a mandaté le tiers n'a pas sciemment détourné le formalisme de protection dont elle se prévaut pour tenter de faire échec à la demande en paiement, ce qui, si cette circonstance est établie, lui interdit d'invoquer la nullité de son engagement (Cass. com. 5-5-2021 n° 19-21.468 F-P : RJDA 8-9/21 n° 604 ; Cass. com. 25-1-2023 n°s 21-11.145 F-D et 21-18.278 F-D).

Pour apprécier la validité de l'engagement, le contenu de la mention devant être exactement établi, se pose ainsi une question de preuve de l'écrit, ce qui peut d'autant plus arriver que la rédaction de la mention est désormais libre, il reste donc possible de reprendre la jurisprudence antérieure admettant que, si la mention est incomplète, elle constitue un commencement de preuve par écrit, susceptible d'être complétée par des éléments extrinsèques (Cass. 1e civ. 2-4-1997 n° 95-14.235 P : RJDA 12/97 n° 1520).

Toutefois, cette mention n'est **pas requise,** par transposition des solutions antérieures qui restent compatibles avec les nouvelles dispositions :
- lorsque la caution a participé à l'acte donnant naissance à la dette garantie (CA Paris 5-5-1983 : BRDA 18/83 p. 21) ;
- pour l'indication de la nature de la dette cautionnée (Cass. com. 29-10-1991 n° 89-20.486 : RJDA 1/92 n° 75 ; Cass. 1e civ. 9-5-1996 n° 94-14.230 : RJDA 8-9/96 n° 1089) ;
- pour le consentement donné par un époux au cautionnement souscrit par son conjoint (n° 1343) ;
- en cas de souscription par une même personne de plusieurs cautionnements successifs, pour la clause stipulant dans chacun des actes le cumul des cautionnements (Cass. com. 3-1-1989 n° 87-13.817 : Bull. civ. IV n° 2).

Dès lors que la caution a porté au verso de l'acte la mention, alors manuscrite, requise, le fait que l'acte indique au recto le débiteur garanti dans une écriture différente de celle des autres mentions n'entraîne pas la nullité du cautionnement (CA Paris 19-4-1988 : D. 1988.IR.146).

Cette nouvelle disposition a les conséquences suivantes :

- la reproduction des **formules sacramentelles** exigées par les anciens articles L 331-1 et L 343-1 du Code de la consommation n'est plus requise, ces textes ayant été abrogés (Ord. 2021-1192 du 15-9-2021 art. 32) ;

- l'apposition par la caution de la mention désormais requise ne doit **plus être nécessairement manuscrite,** cette condition ayant disparu des nouvelles dispositions applicables, mais apposée par la caution (ce qui inclut l'hypothèse du cautionnement donné par acte électronique) ;

Dans un cautionnement donné par acte sous signature privée électronique, la mention peut aussi être apposée sous forme électronique si les conditions de cette apposition sont de nature à garantir qu'elle ne peut être effectuée que par la caution elle-même (C. civ. art. 1174, al. 2 ; ex-art. 1108-1).

- la mention est requise de toute caution personne physique, **quel que soit le créancier** envers lequel elle s'engage, professionnel ou non ;

Il importe peu que la personne physique qui s'engage soit ou non avertie (Cass. com. 10-1-2012 n° 10-26.630 : RJDA 4/12 n° 433 ; Cass. 1e civ. 8-3-2012 n° 09-12.246 : RJDA 7/12 n° 716 ; CA Nîmes 7-7-2011 n° 09/03054 : RJDA 11/11 n° 959), que le cautionnement soit civil ou commercial (Cass. com. 10-1-2012 n° 10-26.630 : RJDA 4/12 n° 433) ou qu'il soit authentique ou sous signature privée contresigné par un avocat, ces dernières particularités ne dispensant pas de la mention requise mais seulement de l'exigence qu'elle soit manuscrite (C. civ. art. 1369, al. 3 et 1374, al. 3).

- en l'absence de fixation d'un contenu légal de la mention, la caution est libre de sa **rédaction,** sous réserve de l'accord du créancier et de l'obligation de préciser le montant de son engagement en principal et accessoires exprimé en toutes lettres et en chiffres ;

Pour apposer une mention valable, la caution et le créancier peuvent prendre en compte les solutions affirmées par les tribunaux à propos des cautionnements dont la validité n'était pas subordonnée à la reproduction des formules sacramentelles. Il a ainsi été jugé que si le cautionnement porte sur une somme d'un montant indéterminé, la mention doit exprimer de façon explicite et non équivoque la conscience qu'a la caution de la nature et de l'étendue de son engagement, compte devant être tenu, outre des termes employés, de la qualité, des fonctions et des connaissances de la caution, ainsi que des éléments extrinsèques susceptibles d'apporter une pareille preuve (Cass. com. 18-2-1992 n° 89-20.939 : RJDA 5/92 n° 493 ; Cass. 1e civ. 9-5-2001 n° 98-14.760 : RJDA 8-9/01 n° 909). L'indication de la date de l'engagement n'est pas requise à peine de nullité de celui-ci (Cass. com. 15-5-2019 n° 17-28.875 F-PB : RJDA 8-9/19 n° 587 ; Cass. com. 15-2-2023 n° 21-18.644 F-D : RJDA 8-9/23 n° 459).

- si la caution est privée des **bénéfices de discussion ou de division,** elle doit reconnaître dans la mention ne pas pouvoir exiger du créancier qu'il poursuive d'abord le débiteur ou qu'il divise ses poursuites entre les cautions ; à défaut, elle conserve le droit de se prévaloir de ces bénéfices (C. civ. art. 2297 al. 2) ;

- l'apposition de la mention de son engagement par la caution n'est pas requise si le cautionnement est un **contrat international** auquel est applicable une loi étrangère.

Cette solution est justifiée par transposition de ce qui a été jugé pour les formules sacramentelles que la caution devait reproduire, qui n'ont pas été qualifiées d'ordre public international français, n'ayant pas été considérées comme nécessaires pour la sauvegarde de l'organisation politique, sociale et économique du pays au point de régir impérativement la situation, quelle que soit la loi applicable, et de constituer une loi de police d'ordre public (Cass. 1e civ. 16-9-2015 n° 14-10.373 : RJDA 12/15 n° 810 ; dans le même sens, CA Paris 26-5-2015 n° 13/13174L : Rev. arb. 2015.som.654) ; ainsi l'absence ou l'irrégularité de ces mentions n'avait pas été jugée de nature à justifier un refus d'exequatur par le juge français (Cass. 1e civ. 2-12-2015 n° 14-25.147 : RJDA 3/16 n° 241).

Si la mention apposée ne répond pas aux conditions de sa validité ci-dessus exposées, la caution peut demander l'annulation du cautionnement, que le juge ne peut pas lui refuser puisque la loi le lui impose. Destinée à protéger la caution, cette nullité est relative (cf. C. civ. art. 1179, al. 2).

CAUTIONNEMENT DONNÉ PAR UN COMMERÇANT DANS LE CADRE DE SON ACTIVITÉ

À notre avis, la caution n'est pas obligée d'apposer la mention visée au n° 55255 lorsqu'elle est commerçante et qu'elle souscrit un cautionnement qui est un acte de commerce dès lors que la loi n'a pas soumis expressément cet acte à l'obligation d'apposer cette mention ; il est en effet de principe que les engagements des commerçants ne sont soumis à des formalités solennelles que si la loi les impose expressément (n° 73561), ce qui n'est pas le cas de l'article 2297 nouveau du Code civil. **55265**

Mais cette mention est requise dès lors que la caution n'est pas commerçante, même si l'acte de cautionnement constitue un acte de commerce (Cass. com. 11-1-1994 n° 91-19.449 : Bull. civ. IV n° 16) ou est de nature commerciale (Cass. com. 10-1-2012 n° 10-26.630 FS-PB : RJDA 4/12 n° 433 ; Cass. com. 21-4-2022 n° 20-18.800 F-D : RJDA 11/22 n° 661) et, alors même qu'elle est commerçante et qu'elle s'est engagée au profit d'un autre commerçant, si le cautionnement est étranger à l'exercice de son commerce (CA Paris 22-1-1991 : RJDA 3/91 n° 235).

Il incombe toutefois au créancier de prouver que la caution s'est expressément engagée à garantir l'obligation dont l'exécution lui est demandée (CA Paris 4-7-1996 n° 94/17658 : RJDA 1/97 n° 99).

MANDAT DE SE PORTER CAUTION

Le mandat sous signature privée **donné par une personne physique** de se porter caution doit comporter la mention prescrite n° 55255 (C. civ. art. 2297, al. 3), même si le cautionnement doit être donné dans un acte authentique (Cass. 1e civ. 2-7-1996 n° 94-15.586 : RJDA 12/96 n° 1511). À défaut, le cautionnement donné dans l'acte authentique subséquent est lui-même irrégulier (Cass. 1e civ. 6-3-2001 n° 98-15.920 : RJDA 7/01 n° 814 ; Cass. 1e civ. 8-12-2009 n° 08-17.531 : JCP N 2010.1119 note Garçon), l'annexion du mandat ne le purgeant pas du défaut de la mention requise (Cass. 1e civ. 7-11-2000 n° 98-13.432 : Bull. civ. I n° 277). Le mandat sous signature privée de se porter caution qui ne comporte pas la mention vaut comme commencement de preuve par écrit (Cass. com. 3-7-2007 n° 06-10.939 : RJDA 12/07 n° 1278). **55275**

Dans les **autres cas,** le mandat est valable dès lors que la garantie y est déterminable, peu important alors que le mandat ne comporte pas la mention de la caution (Cass. 1e civ. 13-2-1996 : Bull. civ. I n° 79) ou l'indication du terme prévu pour le remboursement du prêt garanti (Cass. 1e civ. 12-3-2002 : RJDA 7/02 n° 809).

II. EXÉCUTION DU CAUTIONNEMENT

A. Obligations et droits du créancier envers la caution

QUALITÉ DE CRÉANCIER GARANTI PAR LE CAUTIONNEMENT

A la qualité de créancier garanti par la caution en droit de lui réclamer paiement celui qui : **55350**

– se prévaut de la dette du débiteur dont le nom est mentionné dans l'acte de cautionnement (Cass. 1e civ. 2-10-2002 n° 1405 : RJDA 1/03 n° 56 : caution d'une société en formation non tenue de la dette du fondateur ; Cass. com. 6-7-2010 n° 09-68.778 : RJDA 1/11 n° 82 : caution d'une société en participation non tenue des dettes de l'associé représentant la société) ;

– a une créance garantie contre le débiteur au jour de sa demande, ce qui n'est plus le cas s'il a cédé cette dernière (Cass. com. 22-10-1991 : RJDA 1/92 n° 6).

Sur le droit de la société qui a absorbé la société créancière bénéficiaire du cautionnement, MSC n° 83812.

INFORMATION DUE À LA CAUTION PAR LE CRÉANCIER PROFESSIONNEL

55400 **Informations légales** Depuis le 1er janvier 2022 et y compris pour les cautionnements en cours à cette date (Ord. 2021-1192 du 15-9-2021 art. 37, I-al. II), l'information annuelle de la caution sur l'état de la dette garantie est régie par l'article 2302 du Code civil.

Les autres textes qui organisaient l'information annuelle de la caution (C. civ. ex-art. 2293, al. 2 ; C. mon. fin. ex-art. L 313-22 ; C. consom. ex-art. L 333-2 et L 343-6 ; Loi 94-126 du 11-2-1994 ex-art. 47, II-al. 2) ont été abrogés.

55403 **Existence de l'obligation d'informer** L'obligation d'informer la caution, même réelle (C. civ. art. 2325, al. 2 et, sur renvoi, art. 2302), est due **avant le 31 mars,** de chaque année en garantie d'une dette qui existait au 31 décembre de l'année précédente, fût-elle née au cours de l'année (Cass. com. 25-11-2008 n° 07-17.776 : RJDA 3/09 n° 267).

Il importe peu que le cautionnement ait été donné quelques mois auparavant, la loi ne prévoyant pas de durée intercalaire minimale entre ces deux dates (CA Paris 24-3-1992 : JCP E 1992.pan.1377 ; CA Paris 17-11-2006 n° 05/11225 : RJDA 4/07 n° 399 som.).

Cette obligation doit être exécutée au profit des cautions suivantes :

1. Personne physique. Toute personne physique qui s'est portée caution à l'égard d'un créancier professionnel a droit à l'information (C. civ. art. 2302, al. 1), fût-elle dirigeante de la société débitrice connaissant exactement la situation de celle-ci (Cass. com. 27-11-2007 n° 06-15.128 : RJDA 3/08 n° 326 ; Cass. com. 3-6-2009 n° 07-14.091 F-D : GP 28-7-2009 p. 45 note P.-M. Le Corre) et même si la garantie a été conclue par acte authentique (CA Versailles 22-6-1995 : RJDA 12/95 n° 1423).

Sur la qualification de créancier professionnel, n° 55098.

En cas de pluralité de cautions même solidaires, chaque caution doit être informée personnellement jusqu'à extinction de la dette (Cass. com. 17-5-1994 : RJDA 11/94 n° 1188).

2. Personne morale. A droit à l'information la personne morale caution lorsque son engagement remplit les trois conditions suivantes (C. civ. art. 2302, al. 3) :

– le cautionnement doit être consenti au profit d'un établissement de crédit ou d'une société de financement ;

– le cautionnement doit garantir un concours financier ;

Dès lors que le cautionnement a été exigé pour l'octroi d'un crédit, l'information est due que la caution soit intervenue avant l'octroi du concours ou à l'occasion d'une opération déterminée ou d'une série d'opérations envisagées (CA Paris 12-6-1992 : JCP G 1993.II.21988 note Croze) ou après pour continuer à maintenir le concours (Cass. com. 11-4-1995 : RJDA 10/95 n° 1135).

En revanche, l'information n'est pas due si le cautionnement est donné pour garantir les loyers d'un crédit-bail, car ce contrat n'est pas un prêt (Cass. com. 8-11-2011 n° 10-24.171 : RJDA 2/12 n° 203), ou ceux d'une location avec option d'achat (Cass. com. 28-1-2014 n° 12-24.592 : RJDA 5/14 n° 478), ni si le cautionnement accordé par un établissement de crédit constitue une garantie et non une opération de crédit (Cass. com. 3-12-2003 n° 1715 : RJDA 4/04 n° 476), ni s'il s'agit d'un aval garantissant le paiement d'un titre cambiaire, car il ne constitue pas le cautionnement d'un concours financier (Cass. com. 16-6-2009 n° 08-14.532 : RJDA 10/09 n° 891).

– le cautionnement doit garantir un crédit accordé à une **« entreprise »,** c'est-à-dire à une entité juridique qui exerce une activité économique (Cass. 1e civ. 12-3-2002 n° 99-17.209 : RJDA 8-9/02 n° 940, 2e esp. : association employant 37 personnes ; Cass. 1e civ. 23-3-2004 n° 512 : RJDA 7/04 n° 902 : activité libérale ; Cass. 1e civ. 28-6-2007 n° 06-14.867 : RJDA 10/07 n° 1010 : SCI ayant pour objet l'achat, la vente et la gestion de tous biens immobiliers) ; il importe peu que cette entité soit en voie de création (Cass. 1e civ. 12-3-2002 n° 99-13.917 : RJDA 8-9/02 n° 940, 1e esp.).

L'information est ainsi due à la caution d'un commerçant dès lors qu'un crédit a été consenti à celui-ci pour les besoins de son commerce (Cass. com. 18-2-1997 : RJDA 6/97 n° 799).

Mais elle n'est pas due pour un crédit consenti à titre personnel au dirigeant d'une entreprise (Cass. civ. 9-5-1996 : Bull. civ. I p. 135) ni à une société civile immobilière familiale (CA Aix 11-9-2007 : JCP G 2008.II.10028 note Pellier).

3. Charge des frais afférents à la délivrance de l'information. Ces frais incombent au créancier (C. civ. art. 2302, al. 1), qui ne peut donc les répercuter ni sur la caution ni sur le débiteur principal (Rapport au Président de la République relatif à Ord. 2021-1192 du 15-9-2021).

55406 **Débiteurs de l'obligation d'information** L'obligation d'information annuelle incombe désormais au seul « créancier professionnel » (C. civ. art. 2302 ; sur cette qualification, n° 55098).

Auparavant, elle pesait, selon le cas, sur les seuls établissements de crédit (C. mon. fin. ex-art. L 313-22 ; Cass. com. 26-10-1999 : RJDA 1/00 n° 91), sur le créancier professionnel (C. consom. ex-art. L 333-2 et L 343-6), sur le créancier d'un entrepreneur individuel (Loi 94-126 du 11-2-1994 ex-art. 47, II-al. 2), soit sur tout créancier bénéficiaire du cautionnement (C. civ. ex-art. 2293, al. 2).

Dans la mesure où il a été jugé, sous l'empire d'anciens textes, que cette obligation pesait sur les établissements de crédit **étrangers** exerçant leur activité en France (Cass. com. 22-5-2013 n° 11-26.503 : RJDA 11/13 n° 942), elle peut peser sur tout créancier professionnel ayant une activité en France.

Contenu de l'information Le créancier tenu de l'obligation d'information annuelle doit communiquer les informations suivantes à la caution (C. civ. art. 2302, al. 1) : 55407

– le montant du principal de la dette, des intérêts et autres accessoires restant dû au 31 décembre de l'année précédente au titre de l'obligation garantie ;

L'information porte, s'agissant d'un découvert en compte courant, sur le montant de l'autorisation de découvert, le solde du compte arrêté au 31 décembre de l'année précédente et le taux de l'intérêt applicable à cette date (Cass. com. 10-1-2012 n° 10-25.586 : RJDA 4/12 n° 432).

Dans les rapports entre le créancier et la caution, les paiements effectués par le débiteur pendant cette période sont imputés prioritairement sur le principal de la dette (art. précité).

– le terme de son engagement ou, si le cautionnement est à durée indéterminée, sa faculté de résiliation à tout moment et les conditions dans lesquelles celle-ci peut être exercée.

Portée de l'obligation d'information L'obligation est **d'ordre public,** la caution ne pouvant pas en dispenser la banque, désormais le créancier professionnel (Cass. com. 14-12-1993 : RJDA 5/94 n° 560 ; CA Paris 3-11-1994 : RJDA 2/95 n° 192). 55409

Elle est due **jusqu'à l'extinction de la dette,** même après que le jugement condamnant la caution au paiement du principal et des intérêts a acquis force de chose jugée (Cass. mixte 17-11-2006 n° 246 : RJDA 4/07 n° 398), peu important que la caution soit un dirigeant de la société cautionnée connaissant parfaitement la situation de celle-ci (Cass. com. 25-6-2002 n° 1249 : RJDA 12/02 n° 1319) ou que le débiteur principal ait été mis en redressement (Cass. com. 21-1-2003 n° 152 : RJDA 6/03 n° 641) ou en liquidation judiciaire (Cass. com. 3-6-2009 n° 07-14.091 : GP 2009.som.2735).

Au décès de la caution, l'information doit être fournie aux **héritiers** de cette dernière, car, aux termes de l'article 2317 du Code civil, les engagements de la caution passent à ses héritiers (Cass. com. 9-12-1997 : RJDA 4/98 n° 515). Ces derniers ne sont tenus que des dettes nées avant le décès, toute clause contraire étant réputée non écrite (C. civ. art. 2317).

Preuve de l'information de la caution La preuve de la délivrance de l'information à la caution peut être rapportée par une lettre simple (Cass. com. 4-11-2021 n° 20-12.839 F-D : RJDA 4/22 n° 221). Le créancier est seulement tenu **prouver l'envoi** de l'information (Cass. com. 4-11-2021 précité ; Cass. 1e civ. 25-5-2022 n° 21-11.045 FPB : RJDA 10/22 n° 581) mais pas que la caution l'a bien reçue (Cass. com. 2-7-2013 n° 12-18.413 FS-PB : RJDA 10/13 n° 838 ; Cass. com. 24-11-2021 n° 20-11.722 F-D : RJDA 3/22 n° 168). 55412

La seule **production de la copie de la lettre** d'information ne suffit pas à justifier de son envoi (Cass. com. 9-2-2016 n° 14-22.179 FS-PB : RJDA 6/16 n° 479 ; Cass. com. 3-10-2018 n° 17-19.382 F-D : GP 2018 n° 39 p. 30 som. note Dumont-Lefrand ; Cass. 1e civ. 25-5-2022 n° 21-11.045 FPB : RJDA 10/22 n° 581). L'envoi est établi lorsque la lettre en recommandé AR a été retournée au créancier avec la mention « avisé mais non réclamé » (Cass. com. 24-11-2021 n° 20-11.722 F-D : RJDA 3/22 n° 168).

Le fait que le créancier ait pu prouver l'envoi de la lettre d'information n'interdit pas à la caution de **contester la conformité de l'information reçue** aux exigences légales (cf. Cass. com. 9-5-2018 n° 17-10.869 F-D ; Cass. com. 21-10-2020 n° 18-20.077 F-D : RJDA 3/21 n° 190).

La preuve de l'information de la caution peut également résulter de l'**assignation de la caution** par le créancier professionnel lorsqu'elle comporte les informations requises (Cass. com. 25-4-2001 n° 96-22.035 FP-P : RJDA 8-9/01 n° 890 ; dans le même sens à propos des conclusions adressées à la caution en cours d'instance, Cass. com. 11-6-2014 n° 13-18.064 F-PB : RJDA 2/15 n° 136).

Sanctions du défaut d'information de la caution Le défaut d'information de la part du créancier professionnel emporte, dans les rapports entre la caution et ce créancier, **déchéance des intérêts et pénalités échus** depuis la précédente information jusqu'à la date de communication de la nouvelle information (C. civ. art. 2302, al. 1). 55415

Cette déchéance est mise en œuvre dans les **conditions** suivantes :

– la déchéance encourue ne concerne que la dette cautionnée ; les intérêts frappés doivent donc être déduits du montant de celle-ci et non, dans le cas où la caution s'est engagée pour un montant déterminé, de ce dernier montant (Cass. com. 19-5-2021 n° 19-20.178 F-D : RJDA 11/21 n° 735) ;

– elle doit être demandée formellement par la caution (Cass. com. 20-6-2006 n° 817 : RJDA 12/06 n° 1257) et elle ne profite qu'à celle qui l'a demandée, les autres cautions, fussent-elles solidaires, ne pouvant en profiter si elles n'ont pas invoqué l'exception (Cass. 1e civ. 9-11-2004 n° 1632 F-PB : RJDA 4/05 n° 463) ;

Lorsque cette déchéance est invoquée par la caution seulement pour obtenir le rejet de la demande en paiement des intérêts conventionnels formée par le créancier à son encontre, elle constitue une défense au fond non soumise à la prescription (Cass. com. 6-6-2018 n° 17-10.103 FS-PBI : RJDA 10/18 n° 770 ; Cass. com. 4-11-2021 n° 20-14.571 F-D : RJDA 2/22 n° 110 ; pour un cas où cette qualification a été écartée, Cass. com. 5-1-2022 n° 20-17.325 FS-B : RJDA 5/22 n° 306, 1e esp.).

– elle peut être invoquée par la caution même si la créance a été admise au passif de la liquidation judiciaire du débiteur car il s'agit d'une exception qui lui est propre et l'information est due jusqu'à l'extinction de la créance (Cass. com. 25-6-2002 n° 1249 F-D : RJDA 12/02 n° 1319 ; CA Toulouse 6-10-2015 n° 13/05358 : JCP E 2015.858) ;

– elle libère la caution seulement des intérêts au taux conventionnel (Cass. com. 17-10-2000 : RJDA 1/01 n° 89 ; rappr. Cass. com. 2-11-1993 : RJDA 12/93 n° 1073 : dispense des intérêts échus entre la précédente information et la nouvelle information) et non du paiement des autres sommes dues en vertu du cautionnement, notamment du capital non remboursé (Cass. com. 31-3-1998 : RJDA 7/98 n° 911) et de l'indemnité d'exigibilité anticipée garantie (Cass. com. 6-3-2019 n° 17-21.571 F-D : RJDA 6/19 n° 458) ;

Le créancier déchu de son droit aux intérêts conventionnels ne peut pas prétendre y substituer des intérêts au taux légal (Cass. 1e civ. 16-11-2004 n° 02-16.621 : JCP G 2005.I.135 n° 3 obs. Simler).

– elle s'applique en cas de garantie du solde d'un compte courant, à l'égard des intérêts inscrits en compte courant, peu important la position du compte pendant la période au cours de laquelle l'obligation n'a pas été respectée, et pas pour les seuls intérêts courus depuis le dernier solde créditeur du compte (Cass. com. 28-1-2004 n° 187 : RJDA 6/04 n° 756) ;

– elle court à compter du 31 mars de l'année qui a suivi la conclusion du cautionnement (Cass. com. 6-6-1995 : RJDA 10/95 n° 1136 : déchéance courant depuis le 31 mars 1987 pour un cautionnement donné le 18 juin 1986) ;

Lorsque l'information annuelle de la caution n'a jamais été fournie, la déchéance court à compter de la date où cette information aurait dû être donnée pour la première fois, et non à compter de la date de conclusion du contrat de cautionnement (Cass. com. 15-11-2017 n° 16-22.396 F-D : RJDA 2/18 n° 173).

– elle n'exonère pas la caution des intérêts au taux légal, auxquels elle est tenue à titre personnel à compter de la première mise en demeure qu'elle a reçue (Cass. 1e civ. 12-3-2002 : RJDA 7/02 n° 809 ; rappr. Cass. com. 14-5-2002 : RJDA 10/02 n° 1069) ;

– elle n'est pas subordonnée à l'existence d'un préjudice (Cass. com. 3-10-2018 n° 17-19.514 F-D : GP 2018 n° 39 p. 30.som. note Dumont-Lefrand) ; mais elle est censée sanctionner le défaut d'information pour le tout, la caution ne pouvant pas, en plus, demander réparation du préjudice que l'omission de la banque lui a causé (Cass. civ. 6-11-2001 : RJDA 3/02 n° 311), sauf dol ou faute lourde de la banque (Cass. 1e civ. 10-12-2002 n° 1767 : RJDA 5/03 n° 542 ; Cass. 1e civ. 4-2-2003 n° 169 : JCP G 2003.II.10152 note de Gentili-Picard ; Cass. com. 22-3-2016 n° 14-24.791 : RD bancaire 2016 n° 3 § 120 obs. Legeais) ;

– elle n'entraîne ni la nullité du cautionnement ni la faculté pour la caution de résilier son engagement de garantir un contrat de prêt à durée déterminée et une somme déterminée (CA Paris 6-11-1998 : RJDA 3/99 n° 339) ;

Ne constituant pas un acte d'exécution du cautionnement, la déchéance ne fait pas obstacle à l'exception de nullité du cautionnement soulevée par la caution (Cass. com. 8-4-2015 n° 13-14.447 : RJDA 7/15 n° 525 ; sur cette exception, n° 15702).

– elle ne s'applique pas dans les rapports entre le créancier et le débiteur principal (Cass. com. 21-4-2022 n° 20-19.654 F-D : RJDA 8-9/22 n° 511).

AUTRES OBLIGATIONS D'INFORMER LA CAUTION

55421 La caution a droit aux informations suivantes.

1. Toute caution peut reprocher à tout créancier de ne pas lui avoir communiqué une information dès lors que cette information lui aurait permis de sauvegarder la garantie dont le créancier savait qu'elle avait été déterminante de son engagement (Cass. civ. 27-6-1995 : RJDA 2/96 n° 254, dégageant la caution par compensation avec sa créance de dommages-intérêts) ou d'avoir la chance de ne pas contracter (Cass. com. 13-2-2019 n° 17-28.425 F-D : RJDA 5/19 n° 367, fixant le point de départ du délai de prescription de l'action en responsabilité au jour où la caution a su, par la mise en demeure qui lui était adressée, que les obligations résultant de son engagement allaient être mises à exécution du fait de la défaillance du débiteur principal).

2. Depuis le 1er janvier 2022 et y compris pour les cautionnements en cours à cette date (Ord. 2021-1192 du 15-9-2021 art. 37, I-al. II), la **caution personne physique** doit être informée par le créancier professionnel de la **défaillance du débiteur** principal dès le premier incident de paiement non régularisé dans le mois de l'exigibilité de ce paiement, à peine de déchéance de la garantie des intérêts et pénalités échus entre la date de cet incident et celle à laquelle elle en a été informée ; dans les rapports entre le créancier et la caution, les paiements effectués par le débiteur pendant cette période sont imputés prioritairement sur le principal de la dette (C. civ. art. 2303 ; pour un dépassement du délai d'un mois, Cass. 1e civ. 1-3-2023 n° 21-19.744 FS-B).

Les textes qui régissaient auparavant cette obligation ont été abrogés (C. consom. ex-art. L 314-17, L 333-1 et L 343-5 ; Loi 94-126 du 11-2-1994 ex-art. 47, II-al. 3). Cette obligation a été imposée au crédit-bailleur, créancier professionnel, en vertu de l'ex-art. 47, II-al. 3 de la loi 94-126 du 11 février 1994 (Cass. com. 10-3-2021 n° 19-18.091 F-D : RJDA 6/21 n° 423).

MESURES CONSERVATOIRES À L'INITIATIVE DU CRÉANCIER

Le créancier peut sauvegarder son droit contre la caution comme tout créancier, selon les procédés du droit commun. Il peut notamment : 55425

– exercer l'**action paulienne** contre la caution lorsque celle-ci tente d'aggraver son insolvabilité en consentant à un tiers un bail emphytéotique (Cass. civ. 4-4-1973 : Bull. civ. III p. 187) ou la nue-propriété de ses biens (CA Dijon 8-2-1990 : GP 1994.som.67) ; pour d'autres exemples de la part d'une caution dirigeant de la société cautionnée, Cass. com. 10-10-1995 n° 93-15.619 : RJDA 12/95 n° 1371, Cass. 3e civ. 9-2-2010 n° 09-10.639 : RJDA 7/10 n° 782 et Cass. 1e civ. 30-4-2014 n° 13-17.058 : RJDA 12/14 n° 938 ;

– prendre une **inscription d'hypothèque** provisoire, même sur le logement familial en dépit de l'article 215, al. 3 du Code civil (Cass. civ. 18-6-1985 : JCP G 1985.IV.300 ; Cass. civ. 1-7-1986 : JCP E 1986.15762).

B. Obligation de la caution de payer le créancier

DEMANDE DU CRÉANCIER EN PAIEMENT

Échéance du cautionnement **1.** Si une **procédure collective** n'a **pas** été **ouverte contre le débiteur garanti ou la caution,** le créancier doit se conformer, le cas échéant, à ce qui a été convenu avec la caution et lui demander le paiement dans le **délai** expressément **prévu** à cet effet (Cass. com. 15-10-2013 n° 12-21.704 : RJDA 2/14 n° 166). 55430

À défaut d'une telle stipulation, il le peut dès le jour où la **dette principale est exigible** (Cass. 3e civ. 22-9-2010 n° 09-15.781 : Bull. civ. III n° 170).

Sur l'exigibilité de l'obligation de la caution garantissant le solde d'un compte courant, n° 40608.

La caution ne peut pas se prévaloir de la simple **prorogation du terme consentie** par le créancier **au débiteur** principal (C. civ. art. 2320 ; ex-art. 2316 ; Cass. com. 5-11-1971 : Bull. civ. IV p. 247 ; Cass. com. 27-5-2003 n° 871 : RJDA 1/04 n° 100 ; contra, CA Versailles 23-1-1991 : RJDA 3/91 n° 238, s'appuyant sur les circonstances de l'espèce). Elle peut se prévaloir seulement de la prorogation qui met à sa charge des obligations nouvelles (n° 55727).

Le créancier peut accorder plusieurs prorogations du terme sans perdre son recours contre la caution dès lors que celle-ci n'établit pas que, de ce fait, elle a perdu le bénéfice de la subrogation (Cass. civ. 16-2-1970 : D. 1970.428).

L'acte de cautionnement peut toutefois interdire au créancier de proroger le terme, sans l'accord de la caution, sous peine de perdre tout recours contre elle, même en cas de prorogation tacite (Cass. 1e civ. 1-12-1993 n° 91-19.973 : Bull. civ. I n° 353).

La **caution,** qui n'est pas déchargée par la simple prorogation du terme, ne peut plus poursuivre le débiteur principal pour le forcer au paiement, l'ex-article 2316 qui lui ouvrait ce droit étant abrogé. Mais, lorsque le terme initial est échu, elle peut **soit payer le créancier** et se retourner contre le débiteur, **soit,** solliciter la constitution d'une **sûreté judiciaire sur tout bien du débiteur** à hauteur des sommes garanties ; elle est alors présumée justifier de circonstances susceptibles de menacer le recouvrement de sa créance, sauf preuve contraire apportée par le débiteur (C. civ. art. 2320).

À défaut de paiement par la caution, le créancier peut procéder à une saisie-attribution à son encontre sur le fondement du titre exécutoire que constitue la décision qui condamne le débiteur principal à payer (Cass. 2e civ. 23-10-2008 n° 07-20.035 : Bull. civ. II n° 224).

Le **paiement spontanément** effectué par la caution à l'échéance peut engager sa responsabilité, en particulier si le débiteur principal l'avait mise en garde contre un tel paiement, en raison d'une contestation existant entre lui et le créancier au sujet de la dette cautionnée (Cass. com. 19-10-1970 : Bull. civ. IV p. 235 ; Cass. civ. 16-11-1971 : Bull. civ. I p. 246). Il peut aussi la priver de son recours contre le débiteur (n° 55500).

2. En cas d'ouverture d'une **procédure collective contre le débiteur,** le créancier ne peut pas poursuivre la caution qui bénéficie du maintien du terme (n° 62502) ni la caution personne physique qui bénéficie d'une suspension des poursuites et d'éventuels délais (nos 62460 s.).

La déclaration de sa créance par le créancier interrompt la prescription à l'égard de la caution sans qu'il soit besoin d'une notification et l'effet interruptif se prolonge jusqu'à la clôture de la procédure collective (Cass. com. 3-2-2009 n° 08-13.168 : PA 2010 n° 18 p. 13 note Sortais).

En cas de procédure collective **contre la caution,** le créancier peut aussitôt déclarer sa créance et obtenir son admission au passif de la caution dès lors que l'obligation principale garantie est antérieure au jugement d'ouverture, car l'obligation de la caution naît en même temps que cette obligation, peu important la date de la fin des périodes objet de la garantie (CA Paris 5-11-2009 n° 09/05687 : Rev. proc. coll. 2010 n° 4 § 162). Mais sa poursuite de la caution est suspendue (Cass. com. 19-1-1993 : RJDA 6/93 n° 558 ; n°s 62395 s.).

55433 **Délai de grâce ou moratoire** La caution ne peut pas se prévaloir du **délai** de grâce **accordé par le juge au débiteur principal** (cf. C. civ. art. 2298, al. 2 ; Cass. req. 28-2-1939 : DH 1939.243 ; CA Aix 8-6-1965 : GP 1966.1.24 : à propos d'une caution solidaire). Il **en est autrement** si la loi étend le moratoire aux cautions (art. précité ; par exemple, loi 70-632 du 15-7-1970 art. 49 ; C. com. art. L 611-10-2 pour les délais accordés à un débiteur dans le cadre d'une conciliation, n° 61147).

Néanmoins, la **caution** poursuivie peut, quant à elle, **obtenir** un **délai** de grâce (Cass. com. 13-7-1955 : Bull. civ. III p. 217 ; CA Rouen 21-9-1973 : D. 1974.246 note Roblot).

55436 **Suppression du terme** À défaut d'engagement contraire de la caution (Cass. 1e civ. 30-10-1984 n° 82-14.062 : Bull. civ. I n° 290), la **déchéance** du terme **encourue par le débiteur** n'est pas opposable à la caution, même si elle n'a pas stipulé un terme spécial pour l'exécution de son obligation ; ayant pu compter sur le terme prévu au moment de son engagement, elle est en droit de ne payer qu'à cette échéance (Cass. req. 3-7-1890 : DP 1891.1.5 note Planiol). C'est aussi le cas lorsque la caution est solidaire (Cass. 1e civ. 20-12-1976 n° 75-12.439 : Bull. civ. I n° 415) et lorsque cette déchéance, à défaut de clause contraire, résulte du prononcé de la liquidation judiciaire du débiteur (n° 62505).

La **renonciation de la caution** au bénéfice du terme peut être tacite et déduite des circonstances qui ont entouré son engagement (Cass. com. 11-7-1988 : GP 1989.375 note Bey ; Cass. com. 13-5-2003 n° 807 : RJDA 12/03 n° 1247) ou des stipulations contractuelles (Cass. com. 29-2-2000 : RJDA 6/00 n° 716). Mais elle ne saurait se déduire du fait que la caution s'est engagée à garantir un prêt ainsi que l'exécution de ses charges et conditions (Cass. civ. 20-12-1976 précité, cassant l'arrêt qui avait déduit de cet engagement qu'il avait permis à la caution d'envisager l'éventualité d'une exigibilité immédiate de la créance).

55439 **Prescription** La caution est tenue au paiement jusqu'à prescription de son engagement, laquelle, à défaut de disposition contraire, obéit au droit commun de la prescription (n° 71725).

Cette prescription court du jour de l'exigibilité de la créance garantie (Cass. com. 8-11-2011 n° 10-25.064 : RJDA 2/12 n° 204 ; CA Rennes 20-9-1989 : GP 1990.152).

Lorsque la caution s'est engagée pour une durée limitée, son engagement est caduc, quelle que soit la date d'exigibilité de la créance garantie, à la date du terme fixé à son engagement (cf. Cass. com. 5-10-1982 n° 81-12.595 : Bull. civ. IV n° 294).

La caution du solde d'un compte courant ou de dépôt ne peut plus être poursuivie cinq ans après la fin du cautionnement (C. civ. art. 2319).

L'interpellation faite au débiteur ou la reconnaissance par ce dernier de sa dette interrompt la prescription contre la caution (C. civ. art. 2246 ; Cass. com. 26-9-2006 n° 1024 : RJDA 5/07 n° 529 ; Cass. 1e civ. 9-9-2020 n° 18-25.997 F-D : RJDA 12/20 n° 672 ; Cass. 1e civ. 11-1-2023 n° 21-23.957 F-B : RJDA 5/23 n° 277).

Lorsque le cautionnement impose au créancier d'agir contre la caution dans un délai déterminé, ce délai est un délai de forclusion (Cass. com. 27-3-2012 n° 11-10.103 : RJDA 1/13 n° 67), qui peut être inférieur à un an car l'article 2254 du Code civil ne lui est pas applicable (Cass. com. 15-10-2013 n° 12-21.704 : RJDA 2/14 n° 166).

55442 **Minimum de ressources réservé à la caution personne physique** Le créancier ne peut en aucun cas exiger le paiement des dettes garanties dont le montant aurait pour effet de priver la caution personne physique du minimum de ressources fixé par l'article L 731-1 du Code de la consommation (C. civ. art. 2307 ; ex-art. 2301). Cette disposition s'applique que le cautionnement soit simple ou solidaire ; elle se borne à préciser les conditions dans lesquelles s'effectue le recouvrement de la créance résultant du cautionnement et non à réduire le montant de la créance qui peut être recouvré sur la caution (Cass. com. 31-1-2012 n° 10-28.236 : RJDA 5/12 n° 528).

55445 **Défense de la caution : exceptions opposables au créancier** Si elle a souscrit son engagement depuis le 1er janvier 2022, la caution peut opposer au créancier qui la poursuit toutes les **exceptions** (raisons de ne pas payer la dette), personnelles ou inhérentes à la dette, **qui appartiennent au débiteur** (C. civ. art. 2298, al. 1).

Il incombe à la caution, défendeur à l'action en paiement introduite par le créancier, de présenter, dès cette instance, l'ensemble des moyens qu'elle estime de nature à faire échec à la demande (Cass. com. 6-7-2010 n° 09-15.671 : Bull. civ. IV n° 120).

Sur les exceptions opposables, n°s 50006 s. et 55706 s.

Néanmoins, la caution ne peut pas se prévaloir :

– du défaut de capacité à contracter du débiteur personne physique dès lors qu'elle en avait connaissance (C. civ. art. 2293, al. 2) ;

– des mesures légales ou judiciaires dont bénéficie le débiteur en conséquence de sa défaillance, sauf disposition spéciale contraire (art. 2298 al. 2).

Bien évidemment, la caution peut toujours invoquer les **exceptions qui lui sont propres,** telles la disproportion ou la nullité de son engagement, le non-respect par le créancier de son obligation de mise en garde ou d'information ou encore la perte, du fait du créancier, de droits dont elle aurait pu disposer par subrogation.

Si le cautionnement est antérieur au 1er janvier 2022, la caution peut opposer au créancier toutes les exceptions qui appartiennent au débiteur et qui sont inhérentes à la dette, mais pas les exceptions qui sont purement personnelles au débiteur (C. civ. ex-art. 2313).

OBLIGATION AU PAIEMENT DE LA CAUTION SIMPLE

Carence du débiteur principal En raison du caractère subsidiaire du cautionnement 55450 (n° 55009), la caution n'est obligée de payer que si le débiteur principal n'y satisfait pas (C. civ. art. 2298 ; Cass. com. 18-2-1992 : RJDA 5/92 n° 497).

Elle y est obligée dès que le débiteur n'a pas payé sa dette, quels que soient les griefs qu'elle pourrait avoir à son encontre ; ainsi, l'employeur qui s'était porté caution pour le paiement des loyers de son salarié reste-t-il tenu bien que celui-ci ait commis une faute dans l'exécution de son contrat de travail (Cass. soc. 4-7-1973 : JCP G 1973.IV.316).

Bénéfice de discussion La caution simple peut exiger du créancier qu'il poursuive 55453 d'abord le débiteur principal (C. civ. art. 2305, al. 1 ; ex-art. 2298). Même un créancier de la caution peut invoquer le bénéfice de discussion par la voie de l'action oblique (cf. Cass. civ. 10-11-1958 : Bull. civ. I p. 391).

Le bénéfice de discussion doit être mis en œuvre dans les conditions suivantes (C. civ. art. 2305-1) :

– la caution doit l'invoquer **dès** les **premières poursuites** (comme le prévoyait l'ex-art. 2299 ; Cass. civ. 15-7-1999 : RJDA 11/99 n° 1250 : irrecevabilité du bénéfice invoqué en appel) ; en cas de saisine du juge des référés, la caution doit le faire dès cette instance qui constitue la première poursuite (TGI Paris 1-6-1984 : JCP G 1985.IV.214) ;

Le bénéfice de discussion n'a pas à être invoqué lorsque le débiteur est insolvable, ce qui est établi dès lors que la différence entre l'actif et le passif de celui-ci est telle que, de toute manière, le créancier ne sera pas satisfait (Cass. com. 17-3-1969 : Bull. civ. IV p. 97), que les biens du débiteur sont grevés de sûretés au profit d'autres créanciers que celui bénéficiant du cautionnement, pour la totalité de la valeur de ces biens (CA Paris 5-2-1892 : DP 1892.2.497), ou que le créancier a obtenu plusieurs jugements de condamnation du débiteur et un procès-verbal de carence (Cass. civ. 21-12-1897 : DP 1898.1.262).

– elle doit, dans l'acte même par lequel elle invoque le bénéfice de discussion, **indiquer** au créancier les **biens du débiteur** qui sont **susceptibles d'être saisis** (sur un défaut d'indication des biens à poursuivre, Cass. 2e civ. 23-10-2008 n° 07-20.035 : Bull. civ. II n° 224), ces biens ne pouvant être ni litigieux ni grevés d'une sûreté spéciale au profit d'un tiers ;

– si le **créancier omet de poursuivre le débiteur,** il répond à l'égard de la caution de l'insolvabilité de celui-ci à concurrence de la valeur des biens utilement indiqués.

Toutefois, la caution **ne peut pas invoquer le bénéfice de discussion** (C. civ. art. 2305, al. 2) :

– si elle est solidaire (n° 55460) ;

– si elle a renoncé à l'invoquer ;

La renonciation peut être expresse ou tacite ; une renonciation existe lorsque la caution a acquiescé au jugement ordonnant une saisie à son encontre (cf. Cass. civ. 10-11-1958 : Bull. civ. I p. 391) ou a reconnu, dès les premières poursuites, la validité du cautionnement et a sollicité des délais de grâce pour se libérer (T. civ. Alpes-Maritimes 10-1-1929 : DH 1930.som.18).

– si elle est une caution judiciaire.

Bénéfice de division Bien qu'elles soient tenues pour le tout, lorsque plusieurs personnes 55456 se sont portées caution d'un même débiteur pour une même dette, chacune d'elles peut, à moins qu'elle n'y ait renoncé, opposer au créancier le bénéfice de division et exiger qu'il divise ses poursuites et ne lui réclame que sa part de la dette (C. civ. art. 2306, al. 1 et 2 ; ex-art. 2303, al. 1).

La division des poursuites est **mise en œuvre** dans les **conditions** suivantes (art. 2306-1 ; ex-art. 2303, al. 2) :

– le bénéfice de division doit être invoqué par la caution dès les premières poursuites dirigées contre elle ;

– il ne peut être mis en œuvre qu'entre cautions solvables.

L'insolvabilité d'une caution au jour où la division est invoquée est supportée par celles qui sont solvables.

La caution qui a demandé la division ne peut plus être recherchée à raison de l'insolvabilité d'une autre, survenue postérieurement.

Si le créancier a divisé de lui-même son action, il ne peut plus revenir sur cette division, même s'il y avait, au temps de l'action, des cautions insolvables (C. civ. art. 2306-2 ; ex-art. 2304).

Le montant total des condamnations mises à la charge des cautions ne peut excéder celui des dettes du débiteur principal (Cass. civ. 18-2-1997 : RJDA 8-9/97 n° 1082).

La **caution** qui **n'invoque pas** le bénéfice de division ou qui y a renoncé est tenue de payer la totalité de la dette (C. civ. art. 2302), sauf si le bénéficiaire de l'engagement accepte de le diviser (Cass. com. 2-2-1972 : Bull. civ. IV p. 43).

OBLIGATION AU PAIEMENT DE LA CAUTION SOLIDAIRE PRIVÉE DES BÉNÉFICES DE DISCUSSION ET DE DIVISION

55460 Lorsque la caution s'est **valablement obligée** solidairement avec le débiteur principal, elle est tenue de la dette principale dans les conditions suivantes.

1. La caution est tenue de payer la dette **dès** qu'à l'échéance le **créancier** le lui a **demandé** ; elle ne peut lui opposer le bénéfice de discussion ni, en cas de pluralité de cautions, le bénéfice de division ; ainsi, quand deux personnes se sont portées cautions solidaires des dettes d'une société envers une banque à concurrence de 120 000 F (18 500 € environ), chacune d'elles peut être poursuivie pour le tout et pas seulement à concurrence de la moitié de cette somme (Cass. civ. 27-6-1984 : BRDA 23/84 p. 13). Il importe peu dès lors que le créancier ait fait ou non diligence auprès du débiteur principal (Cass. com. 12-3-1996 : DA 1996.680). Mais la caution ne peut être tenue de payer plus que le montant des dettes du débiteur principal (Cass. com. 14-6-2017 n° 15-15.874 F-D : RJDA 11/17 n° 758).

La division préalable ne peut pas être exigée par les cautions successives qui se sont engagées solidairement avec le débiteur principal et ont renoncé expressément envers le créancier aux bénéfices de discussion et de division car elles sont tenues envers le créancier aux mêmes obligations que le débiteur principal ; elles doivent donc être condamnées in solidum au paiement de la dette avec intérêts au taux légal, mais chacune dans la limite de son engagement (CA Paris 19-7-1985 : GP 1986.som.23).

Sur l'obligation de la caution solidaire en cas de garantie d'un prêt participatif, n° 41123.

2. Le principe de **représentation mutuelle** entre débiteurs solidaires (n° 50178) est applicable.

Il ne résulte pas, en l'état d'une jurisprudence constante, que ce principe prive, en violation de la Constitution, une caution solidaire d'un recours en justice, par exemple contre la sentence arbitrale à laquelle elle n'a pas pu intervenir et qui condamne le débiteur principal à payer au créancier la dette garantie (Cass. com. 27-11-2014 n° 14-16.644 QPC : Rev. arb. 2015.97 note Mignot ; dans le même sens déclarant recevable la tierce opposition de la caution sur le fondement des art. 6 CEDH et 16 Déclaration des droits de l'Homme et du citoyen, Cass. com. 27-11-2014 n° 14-16.644 : RJDA 7/15 n° 524).

Le jugement rendu entre le créancier et l'une des cautions, qui tranche leur litige, est opposable aux autres cautions solidaires et au débiteur principal (Cass. req. 3-1-1938 : GP 1938.1.396 ; CA Paris 26-3-1969 : D. 1969.som.61) et il est opposable par le débiteur au créancier (Cass. com. 18-12-1972 n° 70-13.751 : Bull. civ. IV n° 333).

Mais la représentation mutuelle ne s'applique pas à la faculté de résiliation du cautionnement qui est propre à chaque caution, la résiliation décidée par l'une ne profitant donc pas aux autres (Cass. civ. 7-12-1999 : RJDA 3/00 n° 341) ; il en est de même au regard de l'obligation d'information des cautions (n° 55403).

3. En cas d'ouverture d'une **procédure collective** contre le débiteur, le créancier peut poursuivre la caution solidaire dans les conditions exposées nos 62460 s.

OBLIGATION AU PAIEMENT DES HÉRITIERS DE LA CAUTION

55465 Les héritiers (acceptants : nos 50055 s.) d'une caution **doivent assumer** les engagements dont celle-ci aurait été tenue de son vivant (C. civ. art. 2317 ; ex-art. 2294).

Les héritiers sont tenus de toute dette qui a pris naissance **avant le décès,** même si elle n'était pas encore exigible à cette date (Cass. civ. 10-6-1997 : RJDA 11/97 n° 1381). Ils sont tenus de la créance admise au redressement judiciaire du débiteur quant à son montant (Cass. com. 19-1-1993 : RJDA 5/93 n° 444 : transposable aux autres procédures collectives ; sur la prescription faisant suite à l'admission, n° 71740). Dans leurs rapports réciproques, la dette se divise, sauf stipulation d'indivisibilité de la dette dans l'acte de cautionnement (n° 50055).

Les héritiers ne sont pas obligés pour les dettes nées **après** le **décès** (art. 2317, al. 1 ; Cass. com. 29-6-1982 : D. 1983.360 note Mouly ; Cass. civ. 3-6-1986 : D. 1987.som.296 obs. Vasseur ; Cass. com. 13-1-1987 : Bull. civ. IV p. 6).Toute clause contraire est réputée non écrite (art. 2317, al. 2 applicable aux cautionnements souscrits depuis le 1-1-2022).

Avant qu'une telle clause soit réputée non écrite, jugé qu'elle constituait un pacte sur succession future prohibé (Cass. com. 13-1-1987 précité ; CA Rouen 19-2-1992 : RJDA 1/93 n° 54).

C. Recours de la caution

RECOURS DE LA CAUTION QUI A PAYÉ LE CRÉANCIER

Recours contre le débiteur La **caution qui a payé** le créancier a un recours contre le débiteur pour être remboursée de ce dont elle s'est acquittée soit de son chef (recours dit « personnel » ; nos 55510 s.), soit au titre de sa subrogation dans les droits du créancier (recours dit « subrogatoire » ; nos 55520 s.). 55500

La caution peut choisir le recours qui lui est le plus favorable, le recours personnel lui offrant un remboursement plus complet, tandis que le recours subrogatoire lui procure les sûretés dont le créancier jouissait ; à défaut de choix de sa part, des juges ont appliqué le recours subrogatoire, qui, en l'espèce, lui était le plus favorable (CA Aix 16-1-2020 n° 19/00425 : JCP E 2020.1228 n° 12 obs. Simler).

Mais, la caution qui a payé n'a pas de recours contre le débiteur si elle a payé la dette sans l'avertir et si celui-ci l'a acquittée ultérieurement ou disposait, au moment du paiement, des moyens de la faire déclarer éteinte (C. civ. art. 2311 ; ex-art. 2308). Dès lors que la **caution a payé fautivement** :

– elle ne peut demander remboursement au débiteur des sommes qu'elle a versées que sous déduction de ce que le débiteur - qui pouvait se prévaloir de la nullité du contrat de prêt sur le fondement duquel il était poursuivi - n'aurait pas été tenu d'acquitter (Cass. 1e civ. 9-9-2020 n° 19-14.568 F-PB ; pour un rejet de la demande de remboursement, Cass. 1e civ. 20-2-2019 n° 17-27.963 F-D) ;

– les codébiteurs solidaires dont l'un a subi la déchéance du terme de son obligation à la suite de sa mise en liquidation judiciaire ne peuvent pas prétendre que la caution, en payant sans les avertir de cette déchéance, leur a fait perdre la chance de faire prononcer l'extinction de leur dette, car celle-ci n'était pas éteinte mais seulement devenue exigible (Cass. 1e civ. 26-9-2019 n° 18-17.398 F-D) ;

– la caution peut agir en restitution contre le créancier qui a reçu un paiement qui ne lui été pas dû (Cass. com. 28-1-2014 n° 12-28.728 : RJDA 6/14 n° 566) ;

– la caution ne perd son recours contre le débiteur qu'à hauteur du montant de la dette qu'il aurait pu payer, dès lors que le moyen que le débiteur aurait pu opposer au créancier était de nature à faire éteindre partiellement sa dette (Cass. 1e civ. 25-5-2022 n° 21-11.112 F-D, rendu sur la base de l'ex-art. 2308 mais transposable, « point de recours » et « pas de recours » ayant la même portée) ; tel n'est pas le cas de l'absence de déchéance du terme de cette dernière ou d'irrégularité du prononcé de cette déchéance, qui ne sont pas des causes d'extinction des obligations du débiteur (Cass. 1e civ. 24-3-2021 n° 19-24.484 F-P : RJDA 7/21 n° 515 ; Cass. 1e civ. 1-3-2023 n° 21-25.278 F-D) ni, pour la même raison, d'un manquement du créancier à son devoir de mise en garde à l'égard du débiteur (Cass. 1e civ. 24-3-2021 précité).

Sous l'empire de l'ex-article 2308, la caution perdait son recours contre le débiteur si elle avait en outre payé avant d'être poursuivie ; il en avait déduit qu'elle ne le perdait pas, même si le débiteur principal avait des moyens de faire déclarer la dette éteinte, si elle avait payé en raison des poursuites dirigées contre elle (CA Rennes 5-1-2021 n° 18/00107). Cette condition d'absence de poursuite contre la caution n'apparaît plus dans le nouvel article 2311 du Code civil.

La caution n'a aucun recours contre le débiteur si elle a **payé avec une intention libérale** (n° 55021), ce qui par analogie entraîne aussi renonciation au recours en restitution contre le créancier.

Dans les cautionnements souscrits depuis le 1er janvier 2022, la caution a perdu le droit d'obtenir par anticipation du débiteur d'être indemnisée **avant d'avoir elle-même payé,** l'ex-article 2309 lui réservant ce droit étant abrogé.

Sur le fondement de ce texte (ou, avant 2006, de l'ex-art. 2032), il a été admis que la caution pouvait, avant d'avoir payé le créancier, appeler le débiteur en garantie (Cass. com. 21-1-2003 n° 00-21.654 FS-P : RJDA 6/03 n° 642), saisir les biens de celui-ci (Cass. com. 1-2-1977 n° 75-12.168 : Bull. civ. I n° 33), exercer un droit de ce dernier par voie oblique (Cass. 1e civ. 25-5-2005 n° 04-11.622 F-PB : RJDA 10/05 n° 1151, en l'espèce contre l'assureur de celui-ci) ou encore déclarer sa créance d'indemnité à la procédure collective du débiteur (Cass. com. 29-10-1991 n° 89-19.542 P : RJDA 1/92 n° 87). Ces solutions demeurent applicables aux cautionnements consentis avant le 1er janvier 2022 (n° 55030). Sur la faculté pour la caution, qui s'est engagée même après cette date, de déclarer sa créance par anticipation, n° 62565.

Vu la recevabilité grandissante des actions préventives (n° 71612), la caution peut tenter la reprise de certaines de ces solutions à ce titre.

Recours contre un tiers Indépendamment de ses recours contre le débiteur, la caution peut agir contre d'autres personnes **selon les règles du droit commun** ; elle peut notamment se prévaloir à leur égard, selon les circonstances, d'un droit à indemnité au titre de la responsabilité délictuelle, de la gestion d'affaires ou de l'enrichissement injustifié. Par exemple, 55501 celui qui a cautionné une dette en permettant la mainlevée de la saisie d'un navire peut, après paiement, agir sur le fondement de la gestion d'affaires contre toute personne ayant tiré profit de cette mainlevée, tel l'affréteur ou l'armateur du navire (Cass. req. 10-8-1875 : DP 1877.1.133).

RECOURS PERSONNEL DE LA CAUTION CONTRE LE DÉBITEUR

55510 **Existence du recours** Sauf exceptions exposées au n° 55500, la caution qui a payé tout ou partie de la dette a un recours personnel contre le débiteur principal (C. civ. art. 2308, al. 1 ; ex-art. 2305, al. 1).

La mise en jeu de cette règle appelle les observations suivantes.

1. Lorsque **plusieurs** personnes sont **débitrices** solidaires d'une même dette, la caution qui les a toutes garanties a, contre chacune d'elles, le recours pour le remboursement du total de ce qu'elle a payé (C. civ. art. 2310 ; ex-art. 2307 ; Cass. civ. 12-12-1960 : Bull. civ. I p. 439). De même, lorsque la dette du débiteur est garantie par des cofidéjusseurs, celui qui a versé sa quote-part à ceux d'entre eux qui ont payé (n° 55553) peut se retourner contre le débiteur (Cass. com. 1-10-2013 n° 12-23.975 : RJDA 2/14 n° 167 : recevabilité de sa déclaration de créance à la procédure collective du débiteur).

Le débiteur solidaire poursuivi ne peut toutefois pas se prévaloir de l'absence de déchéance du terme de sa dette, cette déchéance n'étant pas une cause d'extinction de ses obligations (Cass. 1e civ. 25-5-2022 n° 20-21.488 F-B : RJDA 10/22 n° 582 ; Cass. 1e civ. 1-3-2023 n° 21-25.278 F-D).

2. En cas de **paiement partiel,** la caution peut exercer son recours pour la somme qu'elle a versée ; le **créancier** est alors en **concours** pour le paiement du solde avec la caution qui exerce son recours (Cass. civ. 25-11-1891 : DP 1892.1.261). Pour éviter ce concours, il est recommandé de prévoir dans le contrat de cautionnement que la caution ne pourra exercer son recours concurremment avec le créancier tant que celui-ci n'a pas été intégralement payé : une telle clause est licite (Cass. com. 19-12-1972 : Bull. civ. IV p. 313).

Alors même qu'elle n'aurait payé le créancier que pour partie, si la caution obtenait du débiteur principal un remboursement de la dette tout entière, le créancier ne bénéficierait d'aucune préférence, proportionnellement à d'autres créanciers de la caution, pour la restitution de ce qu'elle aurait obtenu du débiteur au-delà de ce qu'elle avait payé en sa faveur (Cass. civ. 25-11-1891 précité).

3. En cas d'ouverture d'une **procédure collective** du débiteur principal, la caution peut déclarer sa créance même si le créancier a déjà déclaré la sienne (n° 62565). En cas de paiement partiel, la caution et le créancier déclarent chacun pour leur part (C. com. art. L 622-33).

La caution qui a désintéressé le créancier peut exercer son recours même après le jugement de clôture pour insuffisance d'actif (n° 64195).

4. La prescription de l'action de la caution court à compter de la date du paiement qu'elle a fait (CA Riom 12-9-2018 n° 17/01601 : JCP G 2018 n° 46-1191, rendu sur C. consom. ex-art. L 137-2, devenu L 218-2 C. consom. transposable sur ce point).

5. Le débiteur ne pas peut opposer à la caution, qui exerce son recours personnel, les exceptions qu'il eût pu opposer au créancier, telle une irrégularité de la déchéance du terme de sa dette, celle-ci n'étant pas une cause d'extinction de ses obligations (Cass. 1e civ. 9-11-2022 n° 21-18.806 F-D).

55513 **Montant du recours** La caution peut réclamer au débiteur le principal, les intérêts, les frais (exposés depuis qu'elle a dénoncé au débiteur les poursuites dirigées contre elle) et, s'il y a lieu, des dommages et intérêts (C. civ. art. 2308, al. 1 et 4 ; ex-art. 2305, al. 2 et 3).

Les **intérêts** courent de plein droit du jour du paiement au créancier (art. 2308, al. 2 ; Cass. civ. 26-4-1977 : Bull. civ. I n° 187) ; ils courent au taux légal, sauf convention contraire conclue par la caution avec le débiteur et fixant un taux d'intérêt différent (Cass. civ. 22-5-2002 : RJDA 10/02 n° 1083).

La caution a droit à des **dommages et intérêts** lorsque le paiement fait au créancier lui a causé un préjudice, indépendant du retard dans le paiement des sommes dues susvisées et distinct du seul fait d'avoir eu à payer, tel par exemple celui tenant à la perte de temps, aux frais occasionnés par les démarches et aux soucis, en raison du refus injustifié opposé par le débiteur de réaliser une affectation hypothécaire promise (CA Paris 3-7-1956 : GP 1957.1.92 ; CA Paris 21-5-1957 : GP 1957.2.100).

RECOURS SUBROGATOIRE DE LA CAUTION CONTRE LE DÉBITEUR

55520 **Existence du recours** La caution qui a payé tout ou partie de la dette est subrogée à tous les droits qu'avait le créancier **contre le débiteur** (C. civ. art. 2309 ; ex-art. 2306).

Sauf exceptions exposées au n° 55500, ce recours est ouvert à toute caution, qu'elle soit engagée gratuitement ou à titre onéreux, simplement ou solidairement (cf. Cass. soc. 4-7-1973 : Bull. civ. V p. 401).

Elle peut exercer son recours :

– contre les **codébiteurs solidaires non cautionnés** (Cass. civ. 12-12-1960 : Bull. civ. I p. 439 ; Cass. com. 19-3-1962 : D. 1962.505), même si celui qu'elle a cautionné a perdu tout moyen de recourir contre ses codébiteurs (Cass. civ. 6-7-1896 : DP 1896.1.455) ;

– contre le **tiers détenteur de l'immeuble hypothéqué** à la garantie de la dette cautionnée (CA Paris 27-9-1996 : DA 1996.1351) ; à l'inverse, celui-ci ne peut s'opposer à l'action de la caution subrogée dans l'hypothèque sous le prétexte qu'en cas de condamnation il aurait un recours contre la caution (Cass. req. 16-3-1938 : DP 1939.1.41 note Voirin), car il n'a pas payé en tant que caution réelle (n° 55900) ;

– dans le délai de prescription de l'action du créancier contre le débiteur (Cass. 3e civ. 11-5-2022 n° 20-23.335 FS-B : RJDA 8-9/22 n° 467, appliquant l'ex-art. 2306 devenu art. 2309).

Toutefois, le recours subrogatoire de la caution :

– **n'existe** pas **contre le certificateur** de caution, aucune convention ni aucun texte légal ne l'autorisant à se retourner contre sa propre caution (Cass. com. 18-4-1989 n° 87-15.608 : Bull. civ. IV n° 113) ni contre un **cofidéjusseur** lorsque la caution a payé le créancier d'un débiteur dont la liquidation judiciaire a été clôturée pour insuffisance d'actif au sens de l'article L 643-11, II du Code de commerce, qui ne lui ouvre un recours que contre le débiteur (Cass. com. 5-5-2021 n° 20-14.672 : RJDA 8-9/21 n° 590) ;

– est **primé par** le créancier en cas de paiement partiel par le débiteur (C. civ. art. 1346-3 ; ex-art. 1152 ; pour un exemple, CA Orléans 22-6-2000 : RJDA 1/01 n° 81) ;

Néanmoins, si le créancier et la caution sont garantis, chacun pour sa créance, par une hypothèque sur le débiteur, le créancier ne peut primer la caution que dans le cas où ce qui lui reste dû est protégé par un privilège ou une hypothèque antérieure à celui ou celle dont bénéficie la caution, ou par l'hypothèque primitive (Cass. req. 13-2-1899 : DP 1899.1.246).

– est **irrecevable** pour participer aux distributions si la créance du créancier n'a pas été déclarée à la procédure collective du débiteur (nos 62650 s.).

La caution peut alors agir en responsabilité contre le créancier pour réparation du préjudice qui résulte de sa négligence (cf. Cass. civ. 19-12-2000 : RJDA 4/01 n° 504) ou demander à être déchargée de son engagement pour perte du recours subrogatoire du fait du créancier (n° 55811).

Effets du recours La caution ne dispose que des droits et actions bénéficiant au créancier désintéressé ; mais elle dispose de tous ses droits, même de ceux constitués après la conclusion du contrat de cautionnement (CA Rouen 3-5-1961 : GP 1961.2.166). **55523**

Il s'ensuit notamment que son action contre le débiteur est soumise à la même prescription que celle applicable à l'action du créancier contre le débiteur, laquelle ne commence à courir que du jour où le créancier a connu ou aurait dû connaître les faits lui permettant de l'exercer (Cass. com. 5-5-2021 n° 19-14.486 F-P : RJDA 1/22 n° 38), soit après le paiement effectué en exécution du contrat de cautionnement, à compter de la date de délivrance de la quittance subrogative.

Pour plus de détails sur les droits du subrogé, nos 53050 s.

D. Exécution du cautionnement entre cofidéjusseurs : recours de celui qui a payé

Existence du recours du cofidéjusseur ayant payé En cas de pluralité de cautions, celle qui a payé a un recours personnel et un recours subrogatoire contre les autres, chacune pour sa part (C. civ. art. 2312 ; ex-art. 2310, al. 1). Ce recours existe aussi au profit de la caution solidaire contre les autres cautions solidaires (art. 2310). **55550**

Le recours est recevable si le cofidéjusseur qui l'exerce :

– a désintéressé le créancier ; il l'a fait, en particulier, lorsqu'il a versé au créancier la somme dont ils sont convenus dans une transaction car celle-ci a pour effet d'éteindre la dette du débiteur principal et d'ouvrir le recours à due concurrence (Cass. 1e civ. 12-7-2007 n° 05-20.314 : RJDA 4/08 n° 452) ;

– a été subrogé dans les droits du créancier et dans la mesure de la subrogation.

Il ne peut demander à deux cofidéjusseurs tenus en tant que sous-cautions de l'intégralité de la dette principale, par un engagement pris envers la caution garante de cette dette, plus de la moitié de ladite dette lorsque celle-ci a été éteinte pour moitié parce que, aussi créancier de cette dette, il avait pris l'engagement envers la caution principale de la garantir de la moitié de la dette (Cass. 1e civ. 4-12-2001 n° 1883 : RJDA 4/02 n° 436).

En revanche, le recours est irrecevable de la part de celui qui l'exerce :

– s'il n'est pas cofidéjusseur, tel celui, sous-caution, qui s'est engagé à payer une dette en cas de défaillance, non du débiteur principal avec lequel il n'a aucun lien de droit, mais de la caution solidaire du débiteur principal, la sous-caution n'étant engagée qu'à l'égard de la caution solidaire (Cass. com. 28-1-1992 n° 90-14.129 : Bull. civ. IV n° 30) ;

– si, étant cofidéjusseur, il agit contre un autre cofidéjusseur qui a été déchargé en raison de la disproportion manifeste de son engagement (Cass. 1e civ. 28-9-2022 n° 21-14.673 F-B : RJDA 12/22 n° 715) ; en effet, il ne peut pas invoquer le défaut de transmission d'un droit qu'il n'a jamais eu (Cass. ch. mixte 27-2-2015 n° 13-13.709 : RJDA 5/15 n° 385).

Néanmoins, les cofidéjusseurs peuvent convenir entre eux que l'un d'eux sera **intégralement** remboursé, l'ex-article 2310 du Code civil n'ayant pas été jugé d'ordre public (Cass. com. 11-6-1991 : RJDA 7/91 n° 633 ; solution transposable à l'actuel art. 2312, aucune circonstance issue de la réforme du 15-9-2021 ne justifiant une solution contraire). Inversement celui qui a payé peut, en termes exprès mais pas nécessairement rédigés de sa main, **renoncer** à son recours contre son cofidéjusseur (Cass. civ. 9-5-1990 n° 88-16.571 : Bull. civ. I n° 98).

55553 **Exercice du recours par le cofidéjusseur ayant payé** La caution, dès lors qu'elle a régulièrement payé, peut exercer son recours subrogatoire contre son ou ses cofidéjusseurs (C. civ. art. 2312 ; ex-art. 2310) :

– en cas de procédure collective ouverte contre le débiteur garanti, même si la créance n'a pas été déclarée car ce défaut n'a pas entraîné l'extinction de la créance dont elle réclame paiement (n° 62650) ;

– alors même que l'acte de cautionnement a déterminé le montant de la dette incombant à chaque caution (Cass. 1e civ. 3-10-1995 : RJDA 1/96 n° 107) ;

– dès qu'elle est poursuivie par le créancier, bien qu'elle n'ait pas d'action en paiement contre ses cofidéjusseurs avant d'avoir payé (Cass. 1e civ. 15-6-2004 n° 999 : RJDA 12/04 n° 1384).

Le cofidéjusseur poursuivi peut lui opposer les exceptions qu'il eût pu opposer aux créanciers originaires, la caution pouvant les appeler en cause si elle le juge utile (Cass. 1e civ. 18-10-2005 n° 1364 : RJDA 2/06 n° 196). Il peut opposer notamment la disproportion de son engagement (n° 55550).

La caution contre laquelle un **cofidéjusseur** exerce son recours peut :

– demander l'**annulation** de son cautionnement en invoquant le dol émanant de son cofidéjusseur (Cass. com. 29-5-2001 : RJDA 11/01 n° 1150) ; elle ne peut faire valoir l'exception dont elle se prévaut que par la voie de la demande reconventionnelle et non sous la forme d'un moyen de défense (Cass. com. 2-4-1996 : RJDA 8-9/96 n° 1095) ;

– lui demander compte du préjudice qu'elle subit du fait de sa carence à invoquer contre le créancier la cause de décharge dont il aurait pu se prévaloir pour **perte du bénéfice de subrogation** (nos 55800 s.) (Cass. com. 27-11-2001 : JCP G 2002.I.120 n° 2 obs. Simler) ;

– écarter son recours, dès lors qu'il n'a payé que la part et portion pour laquelle il s'était engagé dans l'acte de cautionnement (Cass. 1e civ. 3-10-1995 précité) ;

– exercer son recours personnel contre le débiteur (n° 55510).

55556 **Part de la dette cautionnée incombant à chaque caution** Chaque cofidéjusseur est tenu de contribuer au paiement de la créance garantie dans les conditions suivantes.

1. En cas de pluralité de cautions solidaires et d'**insolvabilité** de l'une d'elles, les autres cautions sont tenues de supporter la part de cette dernière en proportion du montant de son engagement (CA Toulouse 8-10-2013 n° 12/01060 : GP 2013.som.4 décembre note Albiges), étant désormais précisé que la caution qui a payé doit aussi prendre sa part (C. civ. art. 1317, al. 3, applicable à notre avis aux cautionnements souscrits depuis le 1-10-2016).

Si les cautions sont solidaires envers le débiteur principal et entre elles, la caution poursuivie peut opposer au créancier le rejet de sa créance au passif de la liquidation judiciaire du débiteur principal (Cass. com. 18-11-2014 nos 13-19.311 et 13-23.976 : Bull. civ. IV n° 167 ; voir aussi Cass. com. 22-1-2020 n° 18-19.526 FS-PB : RJDA 4/20 n° 229).

2. Chacun n'est tenu de sa part et portion que dans la **limite de ce qui a été payé** par l'auteur du recours, la subrogation étant à la hauteur du paiement (n° 53053) ; le cofidéjusseur qui est poursuivi ne peut donc pas être condamné au profit de ce dernier au paiement des intérêts conventionnels de la dette cautionnée échus après la date des paiements faits par celui-ci au créancier (Cass. 1e civ. 29-10-2002 n° 1529 : RJDA 4/03 n° 437).

3. Chacun n'est tenu que dans la **limite** de la part et portion **pour laquelle il s'est engagé,** d'où :

– le cofidéjusseur solidaire poursuivi par le cofidéjusseur qui a payé la totalité de la dette n'est pas tenu, en cette qualité, de lui verser, sauf clause contraire, le solde de la dette après la seule déduction de la part de ce dernier dans la dette s'il existe d'autres cofidéjusseurs (Cass. 1e civ. 10-1-1995 n° 93-12.663 : RJDA 7/95 n° 880) ;

La compensation opérée entre une créance de dommages-intérêts, résultant du comportement fautif du créancier à l'égard de la caution lors de la souscription de son engagement et tendant à la réparation du préjudice que causerait à celle-ci l'exécution effective de cet engagement, et celle due par la caution, au titre de sa garantie envers ce même créancier, n'éteint pas la dette principale garantie mais, à due concurrence, l'obligation de cette seule caution, de sorte que ses cofidéjusseurs restent tenus d'exécuter leur engagement (Cass. com. 25-1-2023 n° 21-12.220 FS-B : RJDA 5/23 n° 276, revenant sur la jurisprudence antérieure qui donnait une portée générale à cette compensation, Cass. com. 13-12-2005 n° 1633 : RJDA 5/06 n° 587).

– dans le cas où les montants à concurrence desquels les cautions se sont engagées sont inégaux, la fraction de la dette devant être supportée par chacune des cautions à la suite du recours contre les autres doit être déterminée en **proportion de son engagement initial** (Cass. civ. 2-2-1982 n° 80-14.764 : JCP G 1982.II.19825 note Simler) ;

Par exemple (CA Orléans 22-1-1976 : Banque 1977.348 obs. Martin), lorsque la dette cautionnée s'élève à 176 216,68 F (27 210 € environ) et que l'engagement des cautions est de 50 000 F (7 692 € environ) pour la première (A), 150 000 F (23 076 € environ) pour la deuxième (B), et sans limitation pour la troisième (C), le calcul doit s'opérer ainsi :

– jusqu'à hauteur de 50 000 F, chaque caution est engagée, pour une part identique, et le paiement du tiers de cette somme lui incombe (soit 16 166,66 F - 2 487 € environ - pour A, B et C) ;

– à concurrence de 150 000 F, seules les deux dernières cautions sont tenues pour la tranche de 100 000 F (15 384 € environ) (soit 50 000 F - 7 692 € environ - pour B et C) ;

– au-delà de 150 000 F, seul subsiste l'engagement illimité de C qui doit régler le solde de 26 916,68 F (4 190 € environ).

Dès lors que les cautions n'ont pas précisé pour quelle part chacune était tenue, la charge de la dette doit être répartie entre elles à parts égales (Cass. com. 28-6-1994 : RJDA 1/95 n° 59).

– lorsque le créancier, moyennant le paiement d'une certaine somme, a déchargé l'une des cautions solidaires de son engagement, les autres cautions solidaires ne restent tenues que déduction faite soit de la part et portion dans la dette de la caution bénéficiaire de la **remise conventionnelle,** soit du montant de la somme versée par cette dernière lorsque cette somme excède sa part et portion (Cass. civ. 26-5-1994 : RJDA 11/94 n° 1192 ; Cass. com. 17-10-2018 n° 17-15.053 F-D), solution toujours valable après le 1er octobre 2016 (C. civ. art. 1350-2, al. 3).

III. EXTINCTION DE L'OBLIGATION DE LA CAUTION

A. Extinction de la dette principale

Opposabilité par la caution des exceptions Sur les exceptions que la caution peut opposer au créancier qui la poursuit, n° 55445. **55700**

Paiement par le débiteur ou par la caution de la dette principale La caution peut se prétendre libérée par le paiement de la dette principale lorsque les conditions suivantes sont remplies. **55706**

1. Le paiement **éteint la dette** cautionnée ; il n'en est pas ainsi en cas de **cession** de la créance car la sortie de celle-ci du patrimoine du cédant n'établit pas d'elle-même que la dette principale a été payée (Cass. com. 17-12-1996 : RJDA 4/97 n° 550), peu important que la cession n'ait pas été signifiée au débiteur principal et que la caution ait elle-même reçu signification (Cass. com. 26-9-2006 n° 1028 : RJDA 1/07 n° 37).

En cas de pluralité de dettes ou d'une dette partiellement cautionnée, les paiements sont imputés selon la convention des parties ou, à défaut, selon les **règles d'imputation** des paiements qui peuvent être invoquées par la caution (Cass. civ. 19-1-1994 : RJDA 7/94 n° 842) ou qui peuvent lui être opposées (Cass. com. 30-3-1999 : RJDA 7/99 n° 836).

Jugé notamment que :

– le paiement partiel fait par le débiteur principal est imputé, sauf convention contraire, sur la partie non garantie de la dette, la caution restant tenue jusqu'au paiement intégral de celle-ci (Cass. com. 28-1-1997 : RJDA 5/97 n° 690) ;

– au cas où certaines dettes sont cautionnées et d'autres pas, le débiteur peut acquitter de préférence une dette cautionnée à une autre qui ne l'est pas (Cass. civ. 29-10-1963 : D. 1964.39 ; Cass. 3e civ. 12-6-2014 n° 13-18.595 : RJDA 12/14 n° 937).

Dès lors que la dette principale est éteinte, la caution est libérée, peu important que la cause d'extinction de la dette soit postérieure au jugement, même passé en force de chose jugée, qui a condamné la caution au paiement (Cass. com. 25-2-1997 : RJDA 6/97 n° 817 ; Cass. com. 26-5-2010 n° 09-13.884). Sur l'extinction de la dette en cas de paiement par un tiers, n° 50085.

2. Le paiement doit être **valable** et, en cas de redressement ou de liquidation judiciaire du débiteur principal, être antérieur au jugement d'ouverture et ne pas tomber sous le coup d'une nullité de la période suspecte (nos 63120 s.) ; la restitution amiable par le créancier au débiteur de sommes reçues en vertu d'un paiement nul de droit est opposable à la caution (Cass. com. 22-10-1996 n° 94-14.570 D : RJDA 2/97 n° 251), mais cette dernière ne peut être poursuivie que dans les conditions exposées nos 62460 s.

3. La **charge de la preuve** de l'extinction de la dette principale incombe à la caution (Cass. com. 13-12-2005 n° 03-18.010 : RJDA 5/06 n° 586).

55709 **Dation en paiement** En vertu de l'ex-article 2315 du Code civil abrogé par l'ordonnance 2021-1192 du 15 septembre 2021, « l'acceptation volontaire que le créancier a faite d'un immeuble ou d'un effet quelconque en paiement de la dette principale décharge la caution, encore que le créancier vienne à en être évincé ». À notre avis, cette abrogation est pratiquement sans portée car le régime de droit commun de la dation en paiement (nos 53500 s.) permet de justifier les solutions jurisprudentielles tirées de ce texte, ci-après rappelées ; à savoir :

1. Il appartient à la caution d'établir que les conditions de la dation en paiement étaient réunies (Cass. com. 28-1-1997 : RJDA 5/97 n° 690).

2. Le **tirage** par le créancier lui-même d'une **traite** acceptée par le débiteur principal pour le montant de la dette ne constitue pas la dation d'un effet en paiement (Cass. com. 5-11-1971 : Bull. civ. IV n° 309).

3. Il faut que le bien soit remis avec l'**intention** d'en **transférer** la propriété et non pas à titre de gage (Cass. com. 20-10-1965 : D. 1966.353 note Cabrillac, retenant l'existence d'un gage ; Cass. civ. 13-6-1979 : Bull. civ. I p. 144, reconnaissant le transfert de propriété).

4. Le créancier qui se porte **adjudicataire** d'un immeuble du débiteur ne peut **pas** être considéré comme ayant accepté totalement cet immeuble en paiement (Cass. civ. 19-1-1863 : DP 1863.1.86).

5. Le bien remis doit avoir une **valeur** permettant d'éteindre la créance : tel n'est pas le cas de la remise d'une créance irrécouvrable, le débiteur de cette créance étant en faillite et tout dividende étant exclu pour les créanciers chirographaires (Cass. com. 28-11-1972 : Bull. civ. IV p. 289, transposable à la liquidation judiciaire).

6. La caution est **déchargée** à concurrence de la partie de la dette éteinte par la dation en paiement (cf. Cass. civ. 27-2-1973 : Bull. civ. I p. 69).

55712 **Transaction** L'extinction de la dette principale, par une transaction convenue entre le créancier et le débiteur, libère la caution (CA Paris 30-10-1963 : D. 1964.som.13 ; CA Amiens 25-4-1973 : JCP G 1973.IV.433).

Même la caution solidaire doit profiter de cette extinction, par analogie avec la solution admise pour la remise de dettes (n° 55715) car la transaction équivaut à une remise de dettes partielle (en ce sens, cf. Cass. com. 17-10-2018 n° 17-15.053 F-D).

55715 **Remise de dette** La caution, même solidaire, est libérée par la remise de dettes consentie par le créancier au débiteur (C. civ. art. 1350-2, al. 1 ; ex-art. 1287, al. 1 ; Cass. com. 14-1-2004 n° 72 : RJDA 5/04 n° 579 ; CA Paris 18-3-1975 : GP 1975.2.667) ou à un cofidéjusseur (Cass. com. 24-1-2006 n° 80 : RJDA 8-9/06 n° 921, la caution ne restant tenue que déduction faite de la remise soit de la part ou portion dans la dette du cofidéjusseur bénéficiaire de celle-ci, soit du montant de la somme versée par ce dernier lorsque cette somme excède sa part et portion). Elle l'est même en cas de remise de dette consentie dans un plan de sauvegarde ou de redressement (n° 62462 s.). En revanche, la renonciation par le créancier au droit à agir en paiement contre le débiteur principal n'emporte pas extinction de l'obligation principale et ne vaut pas remise de dette (Cass. com. 22-5-2007 n° 06-12.196 : RJDA 12/07 n° 1279).

Sur la remise de dette consentie par le créancier à un cofidéjusseur, n° 55556.

Prescription La prescription de la dette principale est opposable par la caution (Cass. req. 2-8-1904 : S. 1905.1.185 note Bernard). 55718

Lorsque la caution est poursuivie en vertu d'un titre exécutoire ordonnant le paiement de la dette garantie, elle est alors tenue, à notre avis, par une prescription de dix ans (n° 71740).

En cas de procédure collective du débiteur, l'interruption de la prescription résultant de la déclaration de sa créance par le créancier, qui se prolonge jusqu'à la clôture de la procédure collective, est opposable à la caution (n° 62542).

Novation Tant pour les novations antérieures que postérieures au 1er octobre 2016 (sur cette date, n° 10000), la **novation de la dette principale** libère les cautions du paiement de la dette principale et des accessoires de la dette (C. civ. 1329 et 1334 ; ex-art. 1281, al. 2 ; Cass. civ. 11-1-1984 : JCP G 1986.II.20647 note Dumortier ; Cass. com. 24-9-2003 n° 1295 : RJDA 2/04 n° 226) ; la dette initiale est éteinte, et la caution ne peut plus alors invoquer les exceptions qui étaient attachées à cette dette (Cass. civ. 16-11-1971 : JCP G 1971.II.17035 note Spitéri). 55721

Toutefois, pour les novations antérieures au 1er octobre 2016, la dette principale subsiste si le créancier exige le maintien du cautionnement et si la caution le refuse (C. civ. ex-art. 1281, al. 3). Pour les novations intervenues depuis cette date, le cautionnement survit si la caution l'accepte (C. civ. art. 1334, al. 2). L'acceptation peut être expresse ou tacite (Cass. civ. 15-7-1912 : S. 1913.1.36 ; Cass. civ. 16-11-1971 précité).

La **novation** convenue **entre le créancier et une caution** ne libère pas le débiteur principal, mais libère les autres cautions à concurrence de la part contributive de celle dont l'obligation a fait l'objet de la novation (C. civ. art. 1335, al. 2).

Cette disposition est, à notre avis, applicable aux cautionnements conclus avant ou après le 1er octobre 2016. Sur la non-libération du débiteur principal, elle apporte une solution qui n'existait pas dans les textes, ce dont il résulte qu'elle ne remet pas rétroactivement en cause la loi ancienne. Quant à son effet au regard des autres cautions, il en est de même car il n'existait pas de texte donnant cette solution et les solutions prétoriennes que les chambres de la Cour de cassation avaient données, indépendamment de leur caractère contradictoire (Cass. 1e civ. 11-1-1984 n° 82-13.328 : JCP G 1986.II.20647 note Dumortier ; Cass. com. 7-12-1999 n° 96-15.915 : RJDA 2/00 n° 213), ne peuvent être opposées à l'application immédiate de la disposition nouvelle (n° 10617).

À notre avis, les parties à la novation peuvent convenir d'une clause écartant la libération de la caution. En effet, même si l'article 1335 est muet sur l'éventualité de la clause contraire, aucune raison d'ordre public évidente ne justifie une telle interdiction. Renforcer la sécurité des paiements est conforme à l'intérêt général des affaires qui se nourrissent du crédit.

La caution doit **prouver** la novation (Cass. com. 26-6-1972 : Bull. civ. IV p. 195).

Jugé que ne constituent **pas** une **novation** :

– les modifications apportées dans les rapports entre le débiteur principal et le créancier, telles que : l'émission ou le renouvellement d'effets de commerce, une telle opération constituant un mode de paiement de la dette cautionnée et non la source d'une dette nouvelle (Cass. com. 6-11-1962 : Bull. civ. III p. 362) ; la conversion de la dette en une monnaie autre que celle fixée au contrat primitif (Cass. civ. 17-12-1928 : DH 1929.49) ; le rééchelonnement d'une dette sur une période prolongée avec un taux global se substituant aux divers taux jusqu'alors pratiqués (CA Paris 2-2-1995 : D. 1995.IR.110) ou une simple modification du taux d'intérêt dans les rapports du créancier et du débiteur (Cass. com. 8-6-1999 : RJDA 8-9/99 n° 1007) ; la dénonciation de la convention de compte courant et de découvert, dès lors que la caution garantit toutes sommes dues à quelque titre que ce soit (Cass. civ. 18-1-2000 : RJDA 4/00 n° 479) ;

– la cession ou l'apport en société de créance ou de dette (Cass. req. 21-12-1925 : S. 1926.1.99) ;

– la délégation imparfaite de la créance cautionnée (Cass. civ. 6-1-1959 : Bull. civ. I p. 7), voire la délégation parfaite si le cautionnement garantit non seulement le remboursement du prêt cautionné mais aussi l'exécution de la délégation de paiement (Cass. com. 22-11-2011 n° 10-12.925 : RJDA 3/12 n° 335) ;

– le changement de la situation juridique intervenant dans les rapports de la caution et du débiteur garanti : par exemple, il n'y a pas de novation par changement de cause lorsque le divorce intervient entre des époux dont l'un s'était porté caution de l'autre (Cass. com. 24-6-1969 : JCP G 1970.II.16221 note Prieur).

En revanche, il y a **novation** lorsque :

– une créance certaine fixée de façon transactionnelle à une somme forfaitaire est substituée à une créance discutable (Cass. 1e civ. 16-2-1959 : Bull. civ. I p. 78) ;

– la dette primitive a été remplacée par une dette d'une autre nature (Cass. com. 12-5-1992 : Bull. IV n° 184 ; CA Limoges 12-1-1994 : JCP G 1995.IV.826) ou d'un autre montant (Cass. com. 19-10-1993 : RJDA 3/94 n° 325) ;

– le créancier a accepté de recevoir en paiement par un débiteur substitué (Cass. com. 3-5-2006 n° 04-20.235 : RJDA 11/06 n° 1168).

Le cautionnement s'éteint aussi par novation lorsque l'engagement de **cautionnement** est lui-même **nové,** notamment lorsque la caution accepte de lui substituer un engagement personnel (Cass. civ. 14-2-1973 : Bull. civ. I p. 54).

55724 **Compensation** **Après** comme **avant** le 1er octobre 2016 (sur cette date, n° 10000), la caution peut opposer **la compensation de ce que le créancier doit au débiteur principal,** tant en vertu de l'actuel article 1347-6, al. 1 du Code civil que de l'ex-article 1294, al. 1.

Toutefois, alors qu'avant cette date elle pouvait invoquer la compensation sans distinguer selon qu'elle avait ou non déjà opérée, elle ne peut, à la lettre du nouveau texte, que soulever la compensation qui est « intervenue ». Seule la compensation légale serait ainsi opposable. Il est vrai qu'elle seule est certaine dès que les conditions en sont réunies. Mais l'action en justice étant ouverte à quiconque a un intérêt à l'exercer, on ne saurait en déduire que la compensation, non encore intervenue, ne peut pas être demandée au juge (pour des exemples anciens d'une compensation entre une dette exigible et une créance future du débiteur sur le créancier, demandée au juge et refusée par lui, CA Versailles 2-2-1995, D. 1995.IR.110, ou d'une compensation entre la dette et une créance connexe, CA Dijon. 20-2-1996 : GP 1997.som.33).

En raison de l'identité des textes, la jurisprudence rendue sous l'empire du texte ancien peut être reprise ; cette compensation est ainsi opposable même par la caution solidaire (Cass. com. 17-7-2001 : RJDA 2/02 n° 200) et y compris si le débiteur principal a renoncé à l'invoquer (Cass. com. 26-10-1999 n° 1732 : RJDA 1/00 n° 96).

Le créancier ne peut écarter la compensation invoquée par la caution que si la compensation ne constitue qu'un paiement partiel de sa créance (n° 50532).

Si le débiteur a plusieurs dettes envers le créancier, les juges apprécient souverainement que son intérêt est d'imputer le paiement partiel sur la dette cautionnée, même si la somme versée correspond exactement au montant de la dette non cautionnée, car il se libère ainsi à la fois envers le créancier et la caution (Cass. 1e civ. 29-10-1963 : Bull. civ. I n° 462).

La caution peut aussi opposer au créancier la compensation entre sa créance de dommages-intérêts, résultant du comportement fautif du créancier à son égard lors de la souscription de son engagement, et sa dette à l'égard du créancier au titre du cautionnement ; cette compensation n'éteint pas la dette principale garantie mais, à due concurrence, l'obligation de la seule caution (Cass. com. 6-7-2022 n° 20-17.279 F-B ; Cass. com. 25-1-2023 n° 21-12.220 FS-B : RJDA 5/23 n° 276).

La compensation se réalise le jour même où les dettes sont exigibles ; la caution doit les intérêts de l'intégralité de la dette principale jusqu'à cette date (Cass. com. 3-11-1972 n° 71-12.457 : Bull. civ. IV n° 268).

55727 **Autres causes d'extinction** Le cautionnement est aussi éteint dans les cas suivants.

1. Confusion. Lorsque la confusion concerne une obligation cautionnée, la caution, même solidaire, est libérée ; lorsque la confusion concerne l'obligation d'une des cautions, le débiteur principal n'est pas libéré ; les autres cautions solidaires sont libérées à concurrence de la part de cette caution (C. civ. art. 1349-1, al. 2 ; ex-art. 1301, al. 1).

2. Perte de la chose. La perte fortuite de la chose due libère le débiteur principal (C. civ. art. 1351-1 ; ex-art. 1302) et, partant, la caution qui n'a plus d'obligation à garantir pour défaillance du débiteur.

3. Chose jugée. La caution peut se prévaloir d'une décision de justice passée en force de chose jugée qui libère le débiteur, comme c'est le cas du refus d'admission d'une créance à une procédure collective (Cass. com. 19-10-1993 : RJDA 2/94 n° 210), même si cette libération résulte d'une cause postérieure au jugement de condamnation de la caution au paiement, fût-il passé en force de chose jugée (Cass. 1e civ. 26-10-2004 n° 1482 : RJDA 7/05 n° 888), car, accessoire de la dette, le cautionnement ne peut pas survivre à la dette, et une circonstance nouvelle rend inopposable la chose jugée antérieurement (n° 71621).

Sur l'inopposabilité à la caution de l'arbitrage liant le débiteur garanti et le créancier, n° 70856.

4. Inexécution par le créancier de son propre engagement. La caution peut opposer au créancier l'exception d'inexécution s'il n'a pas rempli son propre engagement par rapport au débiteur principal (T. com. Le Havre 14-11-1921, 1e esp. : DP 1923.2.137 note Chéron) ou demander la résolution du contrat (Cass. civ. 20-12-1988 : D.1989.166 note Aynès).

5. Nullité de l'obligation principale. La caution est libérée si l'obligation principale est nulle (n° 55175).

6. Caducité de l'obligation principale. La caution est libérée si la convention principale est caduque, conformément à l'une de ses clauses (Cass. civ. 12-6-1990 : Bull. civ. I n° 158 ; Cass. civ. 29-4-1997 : RJDA 10/97 n° 1241).

7. Tacite reconduction. Le cautionnement est éteint lorsque la dette principale résulte d'un contrat tacitement reconduit (n° 16225).

8. Libération de la caution. Le créancier peut libérer la caution ; lui seul le peut et non celui qui a pris l'engagement d'obtenir la mainlevée du cautionnement (Cass. com. 22-11-2005 n° 03-19.098 : RD bancaire 2006 n° 60 obs. Legeais). Mais la caution peut appeler le tiers en garantie pour autant que l'engagement de celui-ci est clair (Cass. civ. 13-11-1996 : RJDA 3/97 n° 308).

La caution qui n'a pas fait appel du jugement la condamnant ne peut pas se prévaloir de la réformation de ce jugement libérant un cofidéjusseur (Cass. 1e civ. 1-3-2023 n° 21-25.278 F-D).

9. Prorogation, avec obligations nouvelles, du contrat garanti. Faute de s'y être engagée dans l'acte de cautionnement ou lors de la signature des avenants, la caution est libérée au terme du contrat garanti même si celui-ci est prorogé, chaque fois que cette poursuite engendre des obligations nouvelles et ne constitue donc pas une simple prorogation du terme (Cass. com. 9-4-2013 n° 12-18.019 F-PB : RJDA 7/13 n° 661 à propos d'une location-gérance, rappr. à propos de baux d'habitation : Cass. civ. 4-10-2000 : RJDA 2/01 n° 228 ; Cass. 3e civ. 30-10-2012 n° 11-23.717 : GP 2012.som.3521 note Albiges).

10. Serment. Sur l'effet du serment entre débiteur principal et caution, C. civ. art. 1385-4, al. 3, 5 et 6 nouv. et ex-art. 1365.

11. Déchéance du terme de la dette cautionnée. L'**irrégularité** de la déchéance du terme n'est pas une cause d'extinction des obligations du débiteur (Cass. 1e civ. 15-6-2022 n° 21-14.653 F-D : RJDA 11/22 n° 659).

Dissolution de la personne morale En cas de dissolution de la personne morale **débitrice ou créancière** par l'effet d'une fusion, d'une scission ou de la transmission universelle du patrimoine de la société à l'associé unique, la caution demeure tenue pour les dettes nées avant que l'opération ne soit devenue opposable aux tiers ; elle ne garantit celles nées postérieurement que si elle y a consenti à l'occasion de cette opération ou, pour les opérations affectant la société créancière, par avance (C. civ. art. 2318, al. 1). **55730**

En cas de dissolution de la personne morale **caution** pour l'une des causes précitées, toutes les obligations issues du cautionnement sont transmises (art. 2318, al. 2).

Pour plus de détails, MSC nos 83812 et 83930 s.

B. Extinction de l'engagement même de la caution

Survenance du terme du cautionnement Lorsque la caution s'est engagée pour une durée déterminée (n° 55197), elle est libérée par la survenance du terme fixé comme limite à son engagement pour les **dettes du débiteur principal nées après** l'**arrivée du terme.** **55750**

Le cautionnement donné par un dirigeant ou un associé pour garantir les dettes de la société ne prend pas fin lorsque l'intéressé perd sa qualité de dirigeant ou d'associé (CA Aix-en-Provence 15-1-2015 n° 12/16516 : RJDA 5/15 n° 351, excluant l'existence d'un terme implicite ; CA Versailles 8-3-2022 n° 21/02534 : RJDA 6/22 n° 337), sauf mention contraire du cautionnement (Cass. com. 15-10-1991 n° 89-19.122 P : RJDA 1/92 n° 74) ou si la caution a fait de cette qualité la condition déterminante de son engagement (Cass. com. 15-10-2002 n° 93-20.262 F-D : RJDA 2/03 n° 190 ; Cass. com. 14-10-2008 n° 07-16.947 F-D : RJDA 2/09 n° 103).

La clause d'un **cautionnement** d'une durée d'un an prévoyant qu'il est **renouvelable** tacitement a été jugée illicite car contraire au principe selon lequel le cautionnement ne se présume pas et doit être exprès (CA Toulouse 2-5-2012 n° 10/04989 : JCP G 2012.1748 n° 10 obs. Simler). Mais le renouvellement automatique d'un cautionnement a été aussi admis, sans que la condition d'un engagement exprès ne soit soulevée (CA Paris 21-5-1999 : RJDA 5/00 n° 594).

Lorsqu'un **cautionnement de dettes futures** prend fin, la caution reste tenue des dettes nées antérieurement, sauf clause contraire (C. civ. art. 2316).

Révocation par la caution de son engagement Conformément à la règle de droit commun (nos 15503 s.), la caution qui a pris un engagement à **durée indéterminée** peut révoquer son engagement à tout moment sous le bénéfice des précisions suivantes. **55753**

1. N'est **pas** un engagement de caution à durée indéterminée celui qui :

– garantit un prêt assorti d'un terme, et donc crée à la charge de la caution une obligation de couverture limitée dans le temps, quand bien même l'obligation de paiement, en l'absence d'un complet amortissement du prêt, eût subsisté au-delà du terme (Cass. com. 7-7-1992 : RJDA 8-9/92 n° 860) ;

– vaut jusqu'au complet remboursement de la créance garantie (Cass. com. 18-6-1973 : JCP G 1975.II.18145 note Simler ; Cass. com. 5-5-1982 : Bull. civ. IV p. 137).

2. La révocation ne doit **pas** être **abusive.**

Le juge des référés peut prolonger la garantie donnée par une banque à une agence immobilière pour lui permettre d'obtenir l'agrément administratif requis devant le péril imminent que provoque la brusque cessation par cette banque de sa garantie, qu'elle accordait depuis plusieurs années (CA Aix 23-2-1996 : GP 1996.367).

3. La révocation doit être **certaine** (Cass. com. 22-11-1972 : GP 1973.1.213 note Martin ; Cass. civ. 17-5-1983 : Bull. civ. I p. 128). Elle doit être aussi prouvée (Cass. com. 22-6-1999 : RJDA 10/99 n° 1136).

Le refus de signer un nouvel engagement de caution ne vaut pas dénonciation non équivoque de l'engagement initial (Cass. com. 10-5-1988 : BRDA 13/88 p. 6).

4. La **révocation unilatérale** est une faculté individuelle de chaque caution solidaire (n° 55460).

5. La révocation doit être faite dans les **formes,** le cas échéant, prévues, par exemple envoi d'une lettre recommandée AR (Cass. com. 15-11-1978 : Bull. civ. IV n° 264).

Toutefois, le cautionnement peut être révoqué sans respecter les formes prévues dans l'acte, dès lors que celles-ci ne sont pas déterminantes de l'engagement de la caution ; il en est ainsi :

– lorsque les formes sont seulement probatoires et non substantielles, par exemple l'exigence d'une lettre recommandée AR pour révoquer le cautionnement souscrit par deux associés en nom auprès d'une banque (CA Aix 4-5-1982 : Bull. Cour d'Aix 1982/2 p. 11) ;

– lorsque le cautionnement donné par un gérant de société prévoit seulement que la révocation doit être « dûment effectuée », celle-ci peut être verbale dès lors que les circonstances, confirmation par témoins et engagement de caution pris au même moment par le nouveau gérant remplaçant celui qui avait donné caution, la rendent certaine (CA Paris 14-2-1984 : BRDA 8/84 p. 21).

6. La révocation doit être **adressée** au créancier bénéficiaire du cautionnement, même s'il en bénéficie en vertu d'une stipulation pour autrui (Cass. com. 23-11-1999 : RJDA 2/00 n° 209).

7. La révocation produit **effet à sa date** : elle n'a pas d'effet rétroactif (CA Paris 24-2-1982 : Banque 1982.526 : inefficacité de la révocation faite après la naissance de la créance). Sur l'application de cette règle au cautionnement d'un compte courant, n° 40608 ; sur ses effets quant aux créances garanties, n° 55197.

8. La **clause interdisant la révocation** à tout moment est nulle mais le cautionnement la contenant demeure valable (Cass. 1e civ. 7-3-2006 n° 04-12.914 : RJDA 8-9/06 n° 950).

9. La caution peut révoquer le cautionnement pour dettes futures, sous réserve de respecter le délai de **préavis** contractuellement prévu ou, à défaut, un délai raisonnable (C. civ. art. 2315 nouv.) ; elle reste tenue des dettes nées avant la révocation, sauf clause contraire (art. 2316).

55756 **Autres causes d'extinction** Diverses circonstances peuvent aussi entraîner l'extinction de l'engagement de la caution. Il en est ainsi dans les cas ci-après.

1. Paiement du créancier par la caution. Bien entendu, la caution est libérée si elle a réglé au créancier la dette garantie.

Il n'en est pas ainsi lorsque la caution a effectué un versement sur le compte du débiteur auprès de la banque créancière par l'entremise d'une société dont elle était le président-directeur général, dès lors que ce versement a été fait par la société sans préciser qu'elle payait pour autrui afin d'éteindre le cautionnement de son dirigeant et lorsque le président-directeur général n'a pas résilié son engagement de caution en spécifiant qu'il était éteint par ce paiement (Cass. com. 24-9-1981 : GP 1982.pan.71 ; dans le même sens, Cass. civ. 23-11-1999 : RJDA 2/00 n° 212).

Lorsque les dettes de plusieurs débiteurs ont été cautionnées par une même caution envers un même créancier, celui-ci, sauf convention contraire, décide de l'imputation du paiement selon son intérêt (Cass. com. 13-12-1988 : Bull. civ. IV p. 230).

2. Décharge de la caution par le créancier. La caution est libérée si le créancier, et seulement lui (n° 55727), la décharge en contrepartie du versement d'une somme convenue (Cass. com. 23-5-1970 : Bull. civ. IV p. 150) ou en vertu d'un engagement particulier (CA Versailles 8-3-2022 n° 21/02534 : RJDA 6/22 n° 337, refusant en l'espèce la libération de la caution à défaut de preuve de la réalisation de la condition à laquelle était subordonnée cette libération).

Lorsque les **cautions** se sont **engagées** par actes séparés **sans** stipulation de **solidarité** entre elles, la décharge consentie par le créancier à l'une des cautions ne libère pas l'autre, sauf convention contraire, qui reste tenue sans déduction de la part de la caution déchargée (Cass. civ. 23-6-1992 : RJDA 12/92 n° 1164). Mais, si les **cautions** sont **solidaires,** la décharge doit profiter à l'autre caution, qui ne reste tenue que déduction faite soit de la part et portion de la dette du cofidéjusseur bénéficiaire de la remise conventionnelle, soit du montant de la somme versée par ce dernier lorsque cette somme excède sa part et portion (Cass. 1e civ. 25-6-2009 n° 08-12.067 : RD bancaire 2009 n° 5 § 152 obs. Legeais), solution reprise par l'article 1350-2, al. 3 du Code civil qui, en outre, libère d'autant le débiteur principal, le montant de la décharge consentie étant imputé sur la dette.

Sur la libération de la caution résultant de la remise volontaire de l'original de l'acte de cautionnement qui lui a été faite, Cass. 1e civ. 14-2-2008 n° 06-17.285 : RJDA 6/08 n° 608 ; sur la décharge de la caution pour perte de sa subrogation dans les droits du créancier, nos 55800 s.

3. Remise consentie par le créancier à la caution. La caution est dispensée de payer lorsque le créancier lui a consenti une remise de dette.

Quelle que soit la date à laquelle le cautionnement a été conclu, le **débiteur principal** n'est pas libéré pour autant (C. civ. art. 1350-2, al. 2 ; ex-art. 1287, al. 2).

Mais l'effet de la remise sur les autres cautions est différent selon que le cautionnement a été conclu **avant ou après** le 1er octobre 2016 (sur cette date, n° 10000) : si le cautionnement est antérieur, les autres cautions ne sont pas libérées (C. civ. ex-art. 1287, al. 3) ; s'il est postérieur, les autres cautions sont libérées à concurrence de la part remise (art. 1350-1, al. 2).

4. Manquement du créancier. La caution est libérée lorsque le créancier :
– ne respecte pas les conditions fixées par l'acte de cautionnement (Cass. com. 9-2-1988 : Bull. civ. IV p. 42 : refus de paiement à tort d'un chèque par une banque garantie, la condamnation ultérieure à paiement étant dès lors consécutive à cette faute et n'entrant pas dans les dettes cautionnées ; Cass. com. 5-12-1995 : RJDA 4/96 n° 456 : abstention du bailleur à provoquer la résiliation du bail malgré le défaut de paiement des loyers échus depuis plus de trois mois après le jugement de mise en liquidation judiciaire du locataire garanti alors qu'il savait qu'aucune activité n'était exercée dans les lieux) ;
– a cédé, ici une banque qui a apporté son fonds de commerce à une autre banque, les créances garanties pour lesquelles elle avait consenti une convention d'escompte car le cautionnement ne se présume pas (Cass. com. 19-2-2013 n° 11-27.666 : RJDA 6/13 n° 518).

5. Confusion entre la dette principale et la caution. Bénéficie de l'extinction de sa dette par confusion, la caution qui vient à être obligée personnellement au paiement de la dette principale, notamment par extension de la procédure collective du débiteur principal, car elle réunit alors en sa personne la qualité de débitrice principale de la dette principale et celle de créancière du débiteur principal (Cass. com. 17-2-2009 n° 07-16.558 : RJDA 8-9/09 n° 779 ; dans le même sens sans référence à la confusion, Cass. com. 28-4-1964 : Bull. civ. III n° 215).

6. Nullité du cautionnement. La caution est recevable à invoquer, par voie d'exception, la nullité du cautionnement, sans que puisse lui être opposée la prescription (CA Dijon 25-5-2000 : Bull. inf. C. cass. 2001 n° 601), conformément à la règle de droit commun (n° 15702). Mais la caution qui assigne elle-même en nullité ne peut se prévaloir d'une quelconque exception et, partant, échapper à la prescription acquise (Cass. civ. 4-4-2001 n° 99-18.301 : Bull. civ. III n° 46).

7. Prescription de l'engagement de la caution. n° 55439.

C. Décharge de la caution pour perte du bénéfice de la subrogation dans les droits du créancier

DROIT DE LA CAUTION À SOULEVER LA PERTE DE SUBROGATION

La caution est déchargée, à concurrence du préjudice qu'elle subit, lorsque la subrogation aux **droits** du créancier ne peut plus, par la faute de celui-ci, s'opérer en faveur de la caution (C. civ. art. 2314, dans sa rédaction applicable aux cautionnements conclus depuis le 1-1-2022). La nouvelle rédaction de cette disposition ne vise plus expressément comme avant la perte des **sûretés** (hypothèques et privilèges). Cette perte n'en demeure pas moins toujours cause de décharge du créancier en tant qu'accessoire de la créance cautionnée, comme le demeure aussi la perte de tout autre droit exclusif ou préférentiel conférant un **avantage particulier** au créancier pour le recouvrement de sa créance (Cass. 1e civ. 30-9-1997 n° 95-18.545 D : RJDA 1/98 n° 112 ; Cass. com. 3-5-2006 n° 04-17.283 FP-PBIR : RJDA 10/06 n° 1071 ; Cass. com. 2-11-2016 n° 15-12.491 FS-PBI : RJDA 2/17 n° 117). 55800

Cette décharge est mise en œuvre dans les conditions suivantes.

1. Toute **caution,** même solidaire, peut s'en prévaloir (Cass. 1e civ. 29-10-2002 n° 00-15.227 : Bull. civ. I n° 249 ; Cass. com. 9-4-2013 n° 12-14.596 : Bull. civ. IV n° 57).

Elle le peut à compter du jour où elle a eu **connaissance** de la défaillance du créancier (CA Paris 2-7-2004 n° 03/12132 : JCP G 2004.I.188 § 10 obs. Simler).

2. La caution invoque généralement la perte du bénéfice de la subrogation par voie d'**exception,** d'où le nom d'exception au bénéfice de cession d'action ou de subrogation traditionnellement donné à ce moyen.

L'exception ayant pour objet de refuser le paiement demandé par le créancier, la caution ne peut pas la soulever lorsque le créancier la poursuit pour fraude à ses droits par la voie de l'action paulienne dont l'objet est de lui rendre inopposable un acte de la caution prétendu frauduleux (Cass. ch. mixte 1-2-2003 n° 219 : RJDA 6/03 n° 644).

3. La perte doit résulter d'une **faute du créancier** (nos 55825 s.).

L'absence d'exécution forcée d'un nantissement de fonds de commerce ne dispense pas le créancier de déclarer sa créance à titre privilégié à la procédure collective du débiteur ; déclarer la créance garantie, à titre chirographaire, est fautif et conduit à la décharge de la caution sur le fondement de l'article 2314 du Code civil (Cass. com. 21-6-2023 n° 21-23.397 F-D : RJDA 11/23 n° 611).

4. La caution n'est **pas déchargée** si elle reproche au créancier un fait dont il prouve :
– qu'il n'a pas causé de **préjudice** à la caution (Cass. com. 8-4-2015 n° 13-22.969 : RJDA 6/15 n° 458 ; Cass. com. 11-3-2020 n° 18-22.526 D : RJDA 8-9/20 n° 455) ;

C'est le cas, par exemple, lorsque :
– la sûreté perdue n'aurait pas permis à la caution de venir en rang utile (cf. Cass. civ. 15-12-1998 : RJDA 2/99 n° 225) ;
– le créancier a réalisé le gage aux meilleures conditions (Cass. com. 14-11-1972 : Bull. civ. IV p. 272) ;
– l'exercice du droit perdu se serait révélé vain (CA Nancy 19-1-1993 : JCP G 1994.IV.1005 ; cf. Cass. com. 26-5-1999 n° 96-14.371 P : RJDA 8-9/99 n° 1006 ; Cass. com. 5-6-2007 n° 06-12.632 : RJDA 11/07 n° 1151).
Subordonner la décharge de la caution à la condition non prévue que le préjudice qu'elle subit soit égal aux sommes qui lui sont réclamées au titre de son engagement ne repose sur aucune base légale (Cass. com. 11-5-2023 n° 21-20.470 F-D : RJDA 10/23 n° 543).

– qu'il n'aurait pas permis à la caution de **tirer un profit** effectif des droits susceptibles de lui être transmis par subrogation (Cass. com. 12-7-2011 n° 09-71.113 : RJDA 2/12 n° 184 ; Cass. com. 19-2-2013 n° 11-28.423 : RJDA 5/13 n° 436 ; CA Versailles 1-4-2010 n° 08/08231 : BRDA 18/10 inf. 17).

5. Le **droit** dont la caution n'a pu bénéficier est celui en considération duquel elle s'est engagée (Cass. com. 25-10-2017 n° 16-16.764 F-D : RJDA 2/18 n° 175) ; la valeur de ce droit **s'apprécie** au jour où l'obligation garantie est devenue exigible, soit, pour celle en remboursement d'un prêt, le jour de la déchéance du terme du contrat (Cass. com. 10-6-2008 n° 07-18.519 : RD bancaire 2008 n° 107), sauf si, à cette date, le créancier était empêché de mettre en œuvre la sûreté, notamment en raison de la suspension des poursuites résultant de l'ouverture d'une procédure collective à l'encontre du débiteur (Cass. com. 17-2-2009 n° 07-20.548 : RJDA 8-9/09 n° 778).
Il appartient aux juges du fond de rechercher cette date (Cass. com. 5-7-2005 n° 1003 : RJDA 11/05 n° 1284 ; Cass. com. 11-2-2014 n° 12-29.670 : GP 2014.som. 19 mars note Dumont-Lefrand).

6. La **caution** ne peut pas **renoncer** à se prévaloir du bénéfice de sa libération ; toute clause contraire est réputée non écrite (C. civ. art. 2314, al. 2 ; pour une application, CA Paris 14-11-1990 : GP 1991.som.209).

7. Elle ne peut **opposer** son droit à **décharge** qu'à l'égard du créancier qui la poursuit, et non pas lorsque la subrogation dans les droits du créancier a déjà eu lieu, ce qui conduit à l'écarter lorsque la caution a déjà payé et n'invoque pas ce texte comme une exception au paiement qui lui est demandé par le créancier (Cass. com. 11-12-2007 n° 06-13.592 : RJDA 6/08 n° 711).

8. Elle est **déchargée** seulement **à concurrence** de la valeur des droits pouvant lui être transmis par subrogation et dont elle a été privée par le fait du créancier (Cass. 1e civ. 12-2-2002 : RJDA 7/02 n° 813 ; Cass. com. 12-10-2010 n° 09-11.588 : RJDA 3/11 n° 265). En pratique, la somme dont la caution est déchargée vient en déduction de celle que le débiteur principal reste devoir au créancier (Cass. com. 15-12-2009 n° 07-21.554 : RJDA 3/10 n° 293, censurant une cour d'appel qui l'avait déduite du montant de l'engagement de la caution alors que les sommes encore dues par le débiteur étaient inférieures à ce montant).

9. Seule une caution peut se prévaloir de l'**exception de la perte de la subrogation,** ce qui exclut le codébiteur solidaire (Cass. com. 8-5-1968 n° 66-13.799 : Bull. civ. IV n° 148).

DROITS ET SÛRETÉS DU CRÉANCIER DONT LA PERTE NE DÉCHARGE PAS LA CAUTION

55805 La caution n'est pas déchargée lorsque le comportement du créancier, aurait-il été négligent, ne lui a pas fait perdre un droit, une sûreté ou une action au sens de l'article 2314 du Code civil, tels que ces attributs sont définis aux nos 55808 s. (Cass. civ. 17-3-1998 : RJDA 7/98 n° 913).
Tel est le cas :
– lorsque le créancier a consenti une prorogation du terme au débiteur principal (n° 55430), à moins que cette prorogation du terme n'entraîne la perte d'une sûreté (Cass. civ. 25-5-1938 : DH 1938.385) ;
– lorsque le créancier a perdu ou supprimé une sûreté qui, au moment du cautionnement, n'était pas inscrite ou n'avait pu l'être (Cass. civ. 5-10-1964 : D. 1965.42) ;
– lorsque le débiteur est insolvable bien que le créancier ait été négligent (Cass. civ. 4-1-1973 : Bull. civ. I p. 1) ou a été mis en redressement judiciaire à un moment où l'impossibilité pour la caution d'être subrogée dans les droits sociaux du créancier ne lui a pas causé de préjudice, les parts sociales objet de la subrogation étant déjà sans valeur au jour du jugement d'ouverture (Cass. com. 9-10-2019 n° 18-12.813 D : RJDA 1/20 n° 47) ;
– lorsque le créancier a négligé de renseigner la caution sur la situation du débiteur dès lors qu'une clause de l'acte précise que le créancier ne prend aucun engagement envers la caution (Cass. com. 24-6-1969 : JCP G 1970.II.16221 note Prieur) ;
– lorsque la banque créancière a supprimé ses concours au débiteur (Cass. com. 10-5-1994 : RJDA 10/94 n° 1060) ;
– lorsque le créancier a conclu un arrangement ou une transaction en prenant toutes les précautions pour ne pas réduire les chances de la caution de bénéficier de la subrogation (Cass. civ. 31-7-1900 : DP 1901.1.275) ;
– lorsque le créancier n'inscrit pas son gage dès lors que l'acte de cautionnement lui laisse la faculté d'en décider (Cass. civ. 27-2-1968 : Bull. civ. I n° 81 et Cass. civ. 6-1-1998 n° 96-11.267 : JCP G 1999.I.116 n° 8 obs. Simler et Delebecque ; CA Paris 2-3-1988 : D. 1988.IR.97 ; CA Paris 7-5-1996 : DA 1996.948 ; cf. Cass. 1e civ. 13-5-1997 : RJDA 11/97 n° 1383) ou ne l'a pas envisagé (Cass. com. 15-2-2000 : RJDA 4/00 n° 480), ou encore n'a pas subordonné l'engagement

de la caution à l'existence de la sûreté dont elle reproche au créancier le défaut d'inscription (Cass. com. 25-1-1994 : RJDA 6/94 n° 696) ;

– lorsque le créancier, qui a acquis des créances par bordereau Dailly, n'a pas mis en œuvre la garantie de ces créances due par le cédant, car ce cessionnaire ne bénéficie pas, par là, d'un droit préférentiel (CA Paris 1-7-2005 : JCP G 2005.IV.3495) ;

– lorsque le créancier a fait souscrire un engagement disproportionné à une autre caution, personne physique, qui garantissait la même dette et que cette caution en a été déchargée en application de l'ex-article L 341-4 du Code de la consommation (Cass. ch. mixte 27-2-2015 n° 13-13.709 : RJDA 5/15 n° 385), décharge désormais prévue par l'article 2300 du Code civil mais une telle décharge peut justifier l'annulation du cautionnement pour erreur (n° 55059) ;

– lorsque le créancier qui bénéficie à la fois d'un cautionnement et d'une sûreté réelle garantissant la même dette n'a pas poursuivi, par priorité, la réalisation du bien grevé avant d'agir contre la caution (Cass. com. 11-4-2018 n° 16-27.947 F-D : RJDA 6/18 n° 532) ;

– lorsque le cessionnaire d'une créance de transport n'a pas pu, de son fait, priver la caution d'un droit préférentiel, en l'espèce l'action directe du transporteur en paiement du prix du transport (n° 24455) dans lequel elle aurait pu être subrogée dès lors qu'il ne jouissait pas lui-même du droit d'exercer cette action directe, ce droit appartenant exclusivement au transporteur qui a matériellement exécuté le transport (Cass. com. 29-5-2019 n° 17-24.845 F-PB : RJDA 10/19 n° 657) ;

– lorsque la garantie en cause a été obtenue après le cautionnement et qu'il n'est pas établi que la caution avait pu légitimement croire en son existence (Cass. com. 17-2-2021 n° 19-16.075 FD : RJDA 7/21 n° 516).

DROITS ET SÛRETÉS DU CRÉANCIER DONT LA PERTE DÉCHARGE LA CAUTION

La caution est déchargée lorsqu'elle perd le bénéfice des sûretés ou des actions dont jouissait le créancier ou qui étaient entrées dans la prévision des parties (CA Lyon 29-10-2006 n° 04/05528 : Bull. inf. C. cass. 2007 n° 641) ; pour bénéficier de cette décharge, elle doit préciser dans quelles sûretés et actions la subrogation ne pourrait plus s'opérer par le fait du créancier (Cass. com. 5-12-1967 n° 65-12.296 : Bull. civ. III n° 403). **55808**

1. Perte des sûretés. La caution peut invoquer les faits suivants : **55811**

a. Disparition de la sûreté elle-même ;

Ainsi jugé pour les sûretés suivantes : hypothèque (Cass. req. 4-11-1896 : DP 1897.1.569 note Guénée) ; gage automobile (Cass. com. 24-4-1972 : Bull. civ. IV p. 117) ; gage commercial (Cass. com. 1-3-1971 : JCP G 1971.IV.98) ; nantissement de fonds de commerce (Cass. civ. 26-4-2000 : RJDA 9-10/00 n° 918), de marchandises (CA Paris 20-12-1966 : J. agréés 1967.530) ou de titres (Cass. civ. 3-12-1941 : D. analytique 1942.49) ; privilège du vendeur d'immeuble (Cass. req. 18-3-1901 : DP 1903.1.345) ; droit de rétention (Cass. com. 25-11-1997 : RJDA 4/98 n° 516) ; cautionnement (Cass. civ. 13-6-1939 : DH 1939.417) ; clause de réserve de propriété (Cass. com. 31-5-1994 : RJDA 11/94 n° 1194 ; CA Rouen 30-1-1992 1e esp. : RJDA 6/92 n° 628).

N'est pas une sûreté le droit du banquier escompteur à l'encontre du tiré de lettres de change (CA Poitiers 4-6-1986 : Banque 1986.817).

Ne justifie pas de la perte d'un droit préférentiel conférant un avantage particulier au créancier la caution subrogée dans les droits du créancier qui invoque l'absence de notification de la cession par bordereau Dailly de la créance (Cass. com. 2-11-2016 n° 15-12.491 FS-PBI : RJDA 2/17 n° 117) ou l'irrégularité de cette cession (Cass. com. 30-11-2022 n° 20-23.554 FB : RJDA 5/23 n° 278).

b. Perte de l'efficacité attendue de la sûreté.

Il en est ainsi par exemple :

– en cas de dégradation de l'objet de la sûreté, dégradation imputable à une trop longue inaction du créancier (Cass. civ. 6-10-1971 : D. 1973.316 note Ivainer ; CA Rennes 22-3-1996 : JCP 1997.I.3991 n° 8 obs. Simler et Delebecque) ;

– en cas de perte du rang de la sûreté en considération duquel la caution s'était engagée (CA Aix 12-3-1984 : Bull. Cour d'Aix 1984/1 p. 40 : défaut de renouvellement à temps d'une hypothèque conventionnelle) ;

– en cas de non-inscription des sûretés qui étaient stipulées dans l'acte de vente d'un fonds de commerce (Cass. com. 7-10-1968 : Bull. civ. IV p. 225 ; rappr. Cass. com. 22-2-2017 n° 15-17.128 F-D : RJDA 5/17 n° 368).

2. Perte des actions. La caution est déchargée lorsqu'elle ne peut pas être subrogée dans des actions ou des effets particuliers d'actes dont le créancier disposait contre le débiteur principal. **55814**

Il en est ainsi lorsque la caution perd le bénéfice :

– d'une action résolutoire (Cass. civ. 17-2-1993 : RJDA 3/93 n° 246 ; Cass. com. 23-3-1993 : RJDA 5/93 n° 431.som.) ;

– d'un recours contre un cofidéjusseur (Cass. civ. 13-6-1939 : DH 1939.417) ;

– du droit d'obtenir la remise des effets impayés dont elle avait acquitté le montant (Cass. req. 27-4-1942 : S. 1942.1.114) ;

– du paiement par compte courant en raison du refus du banquier, qui y était autorisé, de procéder à la fusion de deux comptes courants, au motif que cette opération aurait été annulée parce que conclue pendant la période suspecte précédant le règlement judiciaire du créancier alors que les opérations en compte courant échappent à cette annulation (CA Riom 7-10-1960 : D. 1962.479 note Honorat : à propos du règlement judiciaire, mais transposable à toute procédure collective ; sur la fusion des sommes inscrites en compte même en cas de procédure collective et sur la fusion des comptes, n° 40542) ;

– des avantages résultant des saisies-exécutions opérées par le créancier et dont il a ensuite donné mainlevée (Cass. civ. 27-11-1973 : D. 1974.IR.37 ; rappr. Cass. com. 4-12-1950 : S. 1951.1.176) ;
– des actions en restitution ou en revendication du bien crédit-baillé en cas de procédure collective du crédit-preneur (Cass. com. 15-6-2011 n° 10-13.537 : RJDA 8-9/11 n° 734 ; Cass. com. 8-11-2023 n° 22-13.823 F-B : BRDA 23/23 inf. 14) ;
– de l'action directe du sous-traitant contre le maître d'ouvrage (Cass. com. 14-1-2004 n° 78 : RJDA 5/04 n° 625 ; CA Paris 29-9-1999 : JCP G 2000.I.259 obs. Simler et Delebecque) ;
– de la possibilité de se prévaloir de la cession des loyers dont le débiteur avait consenti la cession au créancier, lequel avait négligé de s'en prévaloir pour éteindre sa créance (Cass. com. 3-5-2006 n° 641 : RJDA 10/06 n° 1071), sous réserve qu'une telle affectation soit établie (cf. Cass. com. 10-5-2000 n° 98-12.357 : PA 2001 n° 101 p. 26 note Willems) ;
– du droit de participer aux distributions pour défaut de déclaration de sa créance par le créancier à la procédure collective du débiteur (Cass. com. 19-2-2013 n° 11-28.423 : RJDA 5/13 n° 436 ; Cass. 1e civ. 3-7-2013 n° 12-21.126 : RJDA 11/13 n° 922) ou du droit d'y participer à titre privilégié, le créancier ayant déclaré sa créance sans mention du nantissement dont il bénéficiait (Cass. com. 21-6-2023 n° 21-23.397 F-D : RJDA 11/23 n° 611).

55817 **Conditions à remplir par la caution** Pour être déchargée au titre de la perte du bénéfice de la subrogation, la caution doit invoquer **un droit ou une sûreté dont elle peut profiter.**

Il faut aussi qu'au moment de son engagement la caution **ait pu compter** sur ce droit ou cette sûreté. Il doit donc s'agir :

1. Soit de droits ou sûretés existant au moment du cautionnement (Cass. civ. 17-10-1995 : RJDA 1/96 n° 109) ; ainsi, la caution est déchargée si le créancier a donné mainlevée de saisies qu'il lui était prescrit de faire (en sa qualité d'administration fiscale) et qui constituaient pour la caution un avantage dont elle pouvait compter tirer profit dès l'origine de son engagement (Cass. com. 4-12-1950 : S. 1951.1.176), mais elle ne l'est pas si le créancier a perdu ou supprimé une sûreté qui, au moment du cautionnement, n'était pas inscrite ou n'avait pu l'être (Cass. civ. 5-10-1964 : D. 1965.42) ;

2. Soit de sûretés qui sont attachées par la loi au contrat intervenu entre le débiteur et le créancier, même si elles sont apparues postérieurement au contrat de cautionnement ; ainsi la caution est déchargée si le créancier :

– n'a pas fait valoir un droit de rétention « qui existait potentiellement dès la conclusion du cautionnement » (Cass. civ. 8-7-1913 : DP 1914.1.241) ;

– a omis, alors qu'il bénéficiait d'un privilège légal sur des marchandises, de vérifier l'existence même des stocks avant de consentir les avances garanties par la caution, celle-ci ayant pu croire qu'il s'assurerait de l'efficacité de son privilège (Cass. civ. 9-2-1970 : GP 1970.1.201).

Mais la sûreté légale ne doit **pas être une faculté** reconnue au créancier. Ainsi, sont de simples facultés et non des sûretés acquises au créancier :
– le droit de l'administration de retenir, jusqu'à la réception définitive, un douzième du montant des marchés de travaux publics (CE 27-11-1946 : D. 1947.som.5 ; dans le même sens, Cass. com. 9-2-1971 : Bull. civ. IV p. 39) ;
– le droit pour la Caisse nationale des marchés de l'État d'user des warrants (Cass. com. 26-6-1963 : D. 1963.581 note Rodière) ;
– le droit pour le créancier héritier de demander la séparation des patrimoines (Cass. civ. 8-5-1861 : DP 1861.1.269), ce droit étant devenu droit de préférence des créanciers héréditaires (n° 50079) ;
– le droit du créancier d'inscrire sa sûreté dès lors que le contrat ayant donné naissance à la créance susceptible d'être garantie ne lui impose pas de procéder à cette inscription (Cass. civ. 13-5-1997 : RJDA 11/97 n° 1383).

Il appartient à la caution qui invoque le bénéfice de la subrogation de **prouver** le fait du créancier qui la libère (Cass. com. 13-11-1996 : RJDA 3/97 n° 396).

FAUTE DU CRÉANCIER À L'ORIGINE DE LA PERTE DE SUBROGATION

55825 **Caractéristiques** La faute du créancier qui entraîne la décharge de la caution tient à une faute qui doit lui être exclusivement imputable (Cass. com. 3-4-2001 : RJDA 8-9/01 n° 915 ; Cass. 1e civ. 14-11-2001 n° 1730 P-F : RJDA 3/02 n° 312 ; Cass. com. 8-3-2017 n° 15-14.632 F-D : RJDA 7/17 n° 501 ; Cass. com. 20-10-2021 n° 20-16.980 F-B) ou l'être à son mandataire (CA Rouen 4-12-1996 : RJDA 6/97 n° 820). Cette condition d'un **lien direct et exclusif entre la faute et la perte** de subrogation, imposée pour que la caution soit déchargée sous l'empire de l'ancienne rédaction de l'article 2314, reste actuelle car le lien de causalité entre la faute et le dommage est une condition indispensable à l'existence de la responsabilité de l'auteur de la faute.

Cette faute peut résulter d'un acte positif ou d'une négligence (Cass. req. 16-11-1938 : DH 1939.37) ; la caution n'a pas à prouver l'intention du créancier de lui nuire (Cass. 1e civ. 3-7-2013 n° 12-21.126 : RJDA 11/13 n° 922).

La caution n'a pas l'obligation d'informer le créancier sur les risques par lui encourus en cas de manquement à la préservation de ses droits, par exemple en cas d'inscription tardive de son nantissement (Cass. com. 23-11-2004 n° 1685 : RJDA 3/05 n° 329).

1. Acte positif. Le créancier a commis un tel acte en accordant la mainlevée d'une hypothèque ou d'une autre sûreté inscrite (Cass. com. 24-4-1972 : Bull. civ. IV p. 117), en se dessaisissant du gage à un prix dérisoire (Cass. com. 1-6-1999 : RJDA 10/99 n° 1134), en déchargeant une autre caution (Cass. com. 13-3-1968 : Bull. civ. IV p. 92), en dispensant le notaire d'inscrire les sûretés constituées par le débiteur (Cass. com. 7-10-1968 : Bull. civ. IV n° 252), en constituant une sûreté entachée d'un vice (CA Paris 20-12-1966 : J. agréés 1967.530), en abandonnant ses sûretés (Cass. com. 31-1-1989 : Bull. civ. IV p. 25 ; Cass. com. 20-10-2021 n° 20-16.980 FB : RJDA 3/22 n° 169) ou en déclarant sa créance née d'un prêt comme échue alors que le débiteur principal bénéficie du maintien du terme (nos 62500 s.). 55828

2. Négligence. Le créancier a commis une telle faute : 55831

a. À propos d'une sûreté sur laquelle la caution pouvait compter :

– en omettant de la faire inscrire (Cass. com. 21-2-1977 : Bull. civ. n° 54 ; Cass. civ. 9-5-1994 : RJDA 1/95 n° 60 ; Cass. 1e civ. 3-4-2007 n° 06-12.531 : RJDA 10/07 n° 1011 ; CA Rouen 30-1-1992 : RJDA 6/92 n° 628), de rendre définitive son inscription provisoire (Cass. ch. mixte 17-11-2006 n° 247 : RJDA 4/07 n° 401), d'exiger la réalisation d'une promesse d'hypothèque (Cass. com. 13-4-1999 : RJDA 6/99 n° 727 ; toutefois Cass. civ. 12-3-2002 : RJDA 7/02 n° 810, considérant qu'à défaut d'engagement du créancier à prendre l'inscription la promesse n'est pas constitutive d'un droit préférentiel et que, partant, le créancier n'est pas en faute pour avoir négligé la prise d'une sûreté), de revendiquer le bénéfice des sûretés portant sur des biens, au moment de la vente de ces biens (Cass. civ. 6-10-1971 : D. 1973.316 note Ivainer), de faire les démarches auprès de son assureur pour sauvegarder les droits préférentiels sur le montant de l'indemnité d'assurance (Cass. com. 5-12-1995 : RJDA 2/96 n° 257) ;

– en ne prenant pas la sûreté que la situation lui commandait de prendre, bien que le cautionnement ne l'ait pas formellement prévue, car, tenu d'exécuter loyalement le contrat, il devait tout mettre en œuvre pour alléger le poids de la dette garantie (Cass. com. 14-1-2014 n° 12-21.389 : RJDA 4/14 n° 381) ;

– en la laissant disparaître (Cass. req. 27-4-1942 : S. 1942.1.114).

b. À propos d'une action :

– en n'exerçant pas en temps utile, en sa qualité de bailleur, l'action résolutoire contre le preneur (Cass. civ. 17-2-1993 : RJDA 3/93 n° 246 ; CA Paris 7-6-1995 : D. 1995.IR.167) ;

– en omettant de mettre en demeure la caution de suppléer à la carence d'un preneur en crédit-bail et en la privant ainsi de la possibilité de se substituer à ce dernier pour poursuivre le contrat (CA Toulouse 23-1-1989 : BRDA 19/89 p. 14, condamnant la caution au paiement des loyers dus, mais la déchargeant de l'indemnité de résiliation), de demander au représentant des créanciers d'interjeter appel du jugement ayant arrêté le plan de redressement lui imposant une remise de dette et lui faisant perdre son privilège quels qu'aient pu être les résultats de cette démarche alors qu'il avait été admis à titre privilégié au passif (Cass. com. 16-4-1991 : RJDA 7/91 n° 634) ;

– en ne s'opposant pas à la cession des biens gagés à son profit (Cass. com. 17-3-1992 : RJDA 6/92 n° 629) ;

– en ne faisant pas opposition à l'absorption de la société ayant émis des titres sur lesquels il avait pris un nantissement (Cass. com. 26-9-2020 n° 19-13.378 F-PB : RJDA 2/21 n° 124).

Exonération du créancier La caution n'est pas déchargée si le créancier prouve que le fait qui lui est reproché ne lui est **pas exclusivement imputable** (Cass. civ. 9-5-2001 : RJDA 10/01 n° 1034), ce que les juges du fond doivent établir (Cass. com. 15-11-1998 : Bull. IV n° 303 ; Cass. 1e civ. 7-12-2004 n° 1795 : RJDA 6/05 n° 760 ; Cass. com. 25-11-2008 n° 07-16.689 : RJDA 3/09 n° 268). 55834

Tel est le cas :

– lorsque le créancier a consenti à une mainlevée d'hypothèque sous la pression du syndic du règlement judiciaire ou de la liquidation des biens du débiteur qui menaçait de faire reporter la date de cessation des paiements et, partant, de faire déclarer les sûretés inopposables à la masse (Cass. civ. 15-11-1965 : Bull. civ. III p. 515, transposable à la menace d'annulation, nos 63120 s.) ou lorsqu'il a dû y consentir parce que sa créance a été éteinte par le débiteur qui a correctement exécuté son plan de redressement (Cass. com. 13-10-2015 n° 14-14-16.264 : GP 2015.som. note Dumont-Lefrand) ;

– lorsque la caution aurait pu ou dû prendre des mesures de sauvegarde des sûretés en une autre qualité que celle de caution : ainsi jugé pour des administrateurs ou gérants, cautions de leur société, qui n'ont pas veillé à ce que la société débitrice prenne les mesures nécessaires et qui prétendent néanmoins en rendre le créancier responsable (Cass. com. 3-5-1960 : Bull. civ. III p. 146) ; mais ce n'est pas le cas du président-directeur général d'une société anonyme, caution solidaire d'un prêt consenti à la société et garanti par une hypothèque, qui ne renouvelle pas l'inscription d'hypothèque car il n'avait pas à prévenir la perte d'une sûreté grevant le patrimoine de la société, formalité incombant uniquement au créancier (Cass. com. 19-2-1985 : BRDA 11/85 p. 7) ;

– lorsque le créancier perd la sûreté par la faute du débiteur : tel est le cas lorsque la dépréciation du fonds nanti a été le fait du débiteur, resté en possession du fonds (Cass. req. 16-3-1936 : DH 1936.217), ou

lorsque l'inefficacité du gage automobile tient à ce que l'acquéreur a simulé l'achat pour obtenir le prêt, la société de crédit n'ayant commis aucune faute (Cass. com. 6-1-1969 : Bull. civ. IV p. 1) ;
– lorsque la perte de la subrogation est due à un tiers (Cass. com. 10-2-1970 : D. 1970.693) ;
– lorsque la caution est incapable d'apporter la preuve que les agissements du créancier ont été la cause de la défaillance du débiteur principal et de sa mise en règlement judiciaire (Cass. com. 9-1-1985 : JCP G 1985.IV.108) ;
– lorsqu'une caution conteste son engagement, au motif par exemple que le compte courant de la société cautionnée à l'égard de la banque créancière était débiteur pendant une année et que cette situation a conduit au dépôt de bilan, cette seule circonstance, compte tenu des moyens d'information dont disposait la banque, ne suffisant pas à établir la faute de cette dernière pour crédit excessif (Cass. civ. 18-6-1985 : JCP G 1985.IV.300) ;
– lorsqu'un véhicule a été adjugé, à la suite d'une vente aux enchères publiques dont la caution était informée, à un prix inférieur à la valeur d'estimation d'un véhicule de même modèle et de la même année (Cass. com. 18-2-1992 : RJDA 5/92 n° 498) ;
– lorsque le créancier n'a pas agi pour sauvegarder une clause de réserve de propriété, dès lors que, n'ayant pas été lui-même conventionnellement subrogé dans les droits du vendeur, il n'avait pas acquis le droit de se prévaloir de cette clause (Cass. com. 31-5-1994 : RJDA 11/94 n° 1194) ;
– lorsque, en cas de résiliation du crédit-bail, le crédit-bailleur a repris et vendu le matériel donné en crédit-bail (Cass. com. 23-11-1999 : RJDA 2/00 n° 210) ;
– lorsque la caution d'une société qui se plaint de la perte d'un gage a laissé un autre associé vendre le bien objet du nantissement (Cass. com. 23-11-1999 : RJDA 1/00 n° 98) ;
– lorsque la caution a laissé dépérir le matériel objet d'un crédit-bail sur lequel elle aurait pu acquérir le droit de propriété conservé par le crédit-bailleur, après désintéressement de celui-ci (Cass. com. 1-2-2000 : RJDA 5/00 n° 600) ;
– lorsque le créancier qui bénéficie d'une promesse d'hypothèque de la part du débiteur n'a pas obtenu celle-ci car la constitution de cette sûreté est au seul pouvoir du promettant (Cass. 1e civ. 19-11-2009 n° 08-19.173 : RJDA 3/10 n° 292).

55836 La caution ne peut **pas reprocher** au créancier son choix du **mode de réalisation d'une sûreté** (C. civ. art. 2314, al. 3, dans sa rédaction applicable aux cautionnements conclus depuis le 1-1-2022).

Cette interdiction revient sur la jurisprudence antérieure. Avant la réforme issue de l'ordonnance 2021-1192 du 15 septembre 2021, en matière de sûreté réelle permettant au créancier de demander soit la vente soit l'attribution judiciaire du bien donné en garantie, la Cour de cassation a jugé que l'attribution judiciaire n'était qu'une faculté pour le créancier mais que ce dernier commettait une faute, lorsqu'il était par ailleurs garanti par un cautionnement, si en s'abstenant de demander cette attribution il privait la caution d'un droit qui pouvait lui profiter (Cass. com. 3-12-2003 n° 01-14.761 F-D : RJDA 5/04 n° 626). La décharge n'était prononcée que si l'abstention avait effectivement causé un préjudice à la caution (Cass. com. 15-2-2011 n° 08-70.303 F-D : RJDA 6/11 n° 576 ; Cass. com. 13-12-2017 n° 16-14.672 F-D : RJDA 4/18 n° 360). Désormais, y compris en ce cas, la caution ne pourra plus être déchargée pour perte de subrogation dans les droits du créancier. Le principe vaut pour l'attribution tant judiciaire que conventionnelle (en vertu d'un pacte commissoire) du bien donné en garantie. Selon le rapport au Président de la République sur l'ordonnance de 2021, la jurisprudence précitée était excessive, le créancier pouvant légitimement ne pas souhaiter devenir propriétaire du bien.

D. Décharge de la caution pour préjudice causé par la faute du créancier

PRINCIPE

55840 En vertu d'une construction prétorienne, qu'aucune disposition de la réforme issue de l'ordonnance 2021-1192 du 15 septembre 2021 ne remet en cause expressément, la caution peut obtenir d'être déchargée en tout ou partie de son obligation en mettant en cause la **responsabilité du créancier en raison de la faute** commise par celui-ci à l'égard du débiteur principal ou d'elle-même. Ce droit est refusé, à défaut de circonstances exceptionnelles, à la **caution avertie** (Cass. com. 12-11-1997 n° 2252 P : RJDA 3/98 n° 341 ; Cass. com. 11-6-2003 n° 974 : RJDA 7/04 n° 900).

FAUTE DU CRÉANCIER

55843 Ont été condamnés pour faute :
– un créancier professionnel pour avoir fait souscrire à une personne physique un cautionnement disproportionné (Cass. com. 17-6-1997 n° 1556 P : RJDA 11/97 n° 1382 ; Cass. 1e civ. 10-5-2005 n° 773 FS-PB : RJDA 10/05 n° 1152 ; Cass. com. 6-2-2007 n° 04-15.362 PB : RJDA 7/07 n° 778) ;

– un concédant pour avoir sciemment provoqué l'insuffisance de trésorerie de son concessionnaire garanti par la caution, cette dernière ayant obtenu des dommages-intérêts bien que le concédant ait aussi indemnisé le débiteur principal (CA Paris 28-10-2005 : JCP G 2006.II.10067 note Houtcieff) ;
– un bailleur pour avoir laissé s'accroître la dette de loyers garantie sans agir en temps utile ni contre le locataire ni contre la caution (Cass. 1e civ. 16-7-1998 no 1356 D : RJDA 11/98 no 1296 ; CA Versailles 21-10-2003 no 02/06502 : RJDA 4/04 no 478 ; voir toutefois, Cass. com. 2-11-2016 no 14-29.723 FS-PB : RJDA 2/17 no 135 jugeant qu'un créancier qui agit en recouvrement de sa créance dans le délai de prescription ne commet pas de faute, sauf abus dans l'exercice de ce droit).

Pour des exemples d'absence de faute : Cass. com. 17-12-1996 : RJDA 4/97 no 551 ; Cass. com. 21-1-1997 : RJDA 5/97 no 674 ; Cass. com. 18-2-1997 : RJDA 6/97 no 799 ; Cass. com. 18-11-1997 : RJDA 3/98 no 332 ; Cass. com. 8-10-2002 no 1583 : RJDA 1/03 no 74 ; Cass. com. 8-10-2002 no 1573 : RJDA 4/03 no 439 ; Cass. com. 8-1-2008 no 05-13.735 : RJDA 5/08 no 573.

PRÉJUDICE DE LA CAUTION

La caution a subi un préjudice réparable lorsque la faute du créancier a provoqué une augmentation de la dette du débiteur principal telle que fixée dans l'acte de cautionnement ; la caution est alors déchargée, et ce, généralement, à due concurrence, par **compensation** opérée entre sa créance de **dommages-intérêts** et celle qu'elle doit au titre de la garantie consentie au créancier (Cass. com. 13-3-2012 no 10-28.635 FS-PB : RJDA 10/12 no 896). **55846**

La caution n'est pas déchargée si elle reproche au créancier un fait dont il ne peut en être tenu pour responsable ; c'est le cas de la caution qui a perdu le droit d'être subrogée, la clause de subrogation étant incluse dans un contrat devenu caduc en raison de l'inexécution par la caution des obligations qu'il mettait à sa charge (Cass. com. 6-12-2011 no 10-23.068 : RJDA 3/12 no 334).

ACTION EN RESPONSABILITÉ

La caution peut obtenir la décharge en opposant au créancier qui la poursuit une **défense au fond** tendant au rejet total ou partiel de la demande ou en introduisant une **demande reconventionnelle** en responsabilité pour faute du créancier, dont la mise en œuvre procédurale se fait (cf. CPC art. 68) comme celle d'une défense au fond à l'encontre des parties à l'instance (Cass. mixte 21-2-2003 no 218 : RJDA 6/03 no 643 : recevabilité de la demande reconventionnelle formée par une opposition de la caution à un commandement de payer), ou encore en agissant contre le créancier par **voie principale** (Cass. com. 5-4-2011 no 09-72.820 : JCP G 2011.1159 p. 2265 no 8 obs. Simler). **55849**

La caution d'un débiteur principal sous procédure collective est recevable à demander reconventionnellement au créancier des dommages-intérêts sans qu'elle ait à mettre en cause le débiteur ou les organes de la procédure collective puisqu'elle se prévaut d'un préjudice personnel, distinct du préjudice collectif subi par les créanciers (Cass. com. 25-6-1996 no 94-17.244 P : RJDA 12/96 no 1514 ; Cass. com. 17-10-2018 no 17-16.263 F-D : RJDA 2/19 no 106).

Le délai de **prescription** de l'action en responsabilité ne commence à courir qu'à partir du jour où la caution a su que les obligations résultant de son engagement de caution étaient mises à exécution par le créancier (Cass. com. 19-2-2013 no 12-11.763 : RJDA 8-9/13 no 761 ; Cass. 1e civ. 27-6-2018 no 17-21.157 F-D ; Cass. com. 13-2-2019 no 17-28.425 F-P : RJDA 5/19 no 367).

IV. « CAUTIONNEMENT » RÉEL

DÉFINITION

La garantie dite traditionnellement « cautionnement » réel est une sûreté réelle consentie par un tiers pour garantir la dette d'autrui (C. civ. art. 2325, al. 2 ; ex-art. 2334 qui ne l'envisageait que pour le gage). **55900**

N'impliquant **aucun engagement personnel** à satisfaire l'obligation d'autrui, il a été jugé que cette garantie n'est pas un cautionnement (Cass. ch. mixte 2-12-2005 no 03-18.210 : RJDA 2/06 no 197 ; Cass. 1e civ. 28-2-2006 no 02-10.602 : RJDA 8-9/06 no 954 ; Cass. 3e civ. 12-4-2018 no 17-17.542 FS-PBI : RJDA 6/18 no 534 ; Cass. com. 5-4-2023 no 21-14.166 FS-B et 21-18.531 FS-B : RJDA 10/23 no 547).

Il ne résulte pas de ce qu'une même partie a pris, dans le même acte, un engagement personnel de caution et consenti un engagement hypothécaire que cette partie peut invoquer les règles du cautionnement si elle est poursuivie en exécution de l'hypothèque dès lors que l'affectation hypothécaire litigieuse garantit la dette d'un tiers et non l'engagement de la caution (Cass. com. 5-4-2023 no 21-14.166 précité ; dans le même sens, Cass. com. 5-4-2023 no 21-18.532 FS-B).

Sans remettre en cause cette exclusion, la réforme du droit des sûretés de 2021 a néanmoins étendu partiellement le régime du cautionnement personnel au cautionnement réel, ce que la jurisprudence excluait jusqu'alors.

Cette sûreté, qui porte généralement sur un immeuble et doit alors être conclue par acte authentique (Cass. 3e civ. 15-2-2006 : RJDA 5/06 n° 588), peut aussi notamment porter sur des titres (Cass. com. 13-11-2002 n° 1861 : RJDA 4/03 n° 445), sur un fonds de commerce (Cass. com. 24-9-2003 n° 1350 : RJDA 2/04 n° 231), sur un contrat d'assurance-vie (CA Colmar 22-4-2010 n° 08/02780 : PA 2010 n° 183 p. 15 note Dannenberger) ou sur une créance (Cass. com. 17-6-2020 n° 19-13.153 FS-PBR : RJDA 10/20 n° 535).

SOUMISSION PARTIELLE AU RÉGIME DU CAUTIONNEMENT PERSONNEL

55910 Depuis la réforme du droit des sûretés, le cautionnement réel est soumis à certaines dispositions régissant le cautionnement personnel, selon les mêmes dates d'entrée en vigueur que pour celui-ci (C. civ. art. 2325, al. 2 ; sur ces dates, n° 55030).

1. Application des dispositions obligeant le créancier professionnel. Ce créancier est tenu :

– de mettre en garde la caution réelle lorsque l'engagement du débiteur principal est inadapté aux capacités financières de ce dernier (n° 55109) ;

– d'informer cette caution de l'évolution de la dette garantie (nos 55400 s.) et des incidents de paiement du débiteur (n° 55421).

Auparavant, la caution réelle ne bénéficiait ni du devoir de mise en garde (Cass. com. 24-3-2009 n° 08-13.034 FS-PBI : RJDA 6/10 n° 679 ; Cass. com. 13-1-2015 n° 13-16.727 F-D : RJDA 5/15 n° 375) ni des informations précitées (Cass. 1e civ. 7-2-2006 n° 02-16.010 FS-PB : RJDA 7/06 n° 835 ; Cass. com. 24-3-2009 n° 08-13.034 FS-PBI : RJDA 6/10 n° 679), sauf lorsque son engagement était assorti, en outre, d'un cautionnement personnel (Cass. com. 13-9-2011 n° 10-17.659 F-D : RJDA 2/12 n° 202 ; Cass. com. 15-6-2022 n° 20-22.949 F-D).

La sous-caution doit être informée dans les conditions exposées n° 55170.

2. Application des dispositions relatives à toute caution. La caution réelle :

– peut demander que le créancier poursuive d'abord le débiteur (n° 55453), alors qu'elle ne le pouvait pas auparavant (Cass. 1e civ. 18-2-2003 n° 00-12.771 F-D : RJDA 12/03 n° 1253) ;

– dispose des recours personnel et subrogatoire (nos 55510, 55520 s. et 55550 ; déjà en ce sens, Cass. 3e civ. 6-3-2002 n° 00-17.175 FS-D : RJDA 5/02 n° 555), y compris contre les autres cautions (C. civ. art. 2312) ;

– perd son recours si elle exécute son engagement sans avertir le débiteur (n° 55500) ;

– est déchargée de son engagement si elle a perdu son recours subrogatoire par la faute du créancier (nos 55800 s.), décharge qui lui était refusée auparavant (Cass. 3e civ. 12-4-2018 n° 17-17.542 FS-PBI : RJDA 6/18 n° 534).

Indépendamment de ces dispositions applicables en vertu de l'article 2325, al. 2, le cautionnement réel est soumis à l'interdiction faite aux gérants et associés de sociétés à responsabilité limitée et aux administrateurs de sociétés anonymes de se faire cautionner par la société (C. com. art. L 223-21, L 225-43 et L 225-91 ; CA Montpellier 7-1-1980 : GP 1980.362 note de Fontbressin ; voir aussi Cass. com. 25-4-2006 n° 05-12.734 : RJDA 8-9/07 n° 858).

RÉGIME SPÉCIFIQUE AU CAUTIONNEMENT RÉEL

55920 La caution réelle :

– ne peut pas affecter un **bien commun** en garantie de la dette d'un tiers sans le consentement de son conjoint (n° 1330) ;

– n'est pas tenue de préciser dans son engagement la somme pour laquelle elle s'engage (Cass. civ. 13-5-1998 n° 859 PB : RJDA 10/98 n° 1157 ; excluant l'application de l'ex-art. 2326, désormais art. 1376 du Code civil) ni d'apposer la **mention** exposée n° 55255 (cf. Cass. 1e civ. 22-9-2016 n° 15-20.664 F-D) ;

– ne peut être **poursuivie** que **sur le bien donné en garantie** et non sur la totalité de son patrimoine, sauf si elle a consenti en plus de la sûreté réelle un engagement personnel de caution (Cass. 1e civ. 13-11-2002 n° 1613 : RJDA 4/03 n° 444) ;

Les cautions personnelles subrogées dans les droits du créancier garanti peuvent poursuivre leur remboursement sur la valeur du bien affecté mais pas au-delà (CA Rennes 20-12-2002 : JCP G 2003.IV.2755).

– n'est pas le débiteur du **bénéficiaire de la sûreté,** lequel, réciproquement, n'est pas son créancier, si bien que ce dernier peut la poursuivre sans être soumis à l'arrêt ou l'interdiction des voies d'exécution résultant de l'ouverture de la procédure collective à l'encontre de la caution (Cass. com. 25-11-2020 n° 19-11.525 FS-P) et ne peut pas déclarer la créance garantie à cette procédure (Cass. com. 17-6-2020 n° 19-13.153 FS-PB : RJDA 10/20 n° 535 ; Cass. com. 4-10-2023 n° 21-25.009 F-D) ;

– ne peut plus être poursuivie sur le fondement de la **sûreté** consentie dès lors que celle-ci a expiré par **arrivée du terme** ou **non-renouvellement** (Cass. com. 12-5-1998 : RJDA 10/98 n° 1158 ; Cass. com. 7-6-2005 n° 04-13.303 : Bull. civ. IV n° 125 ; Cass. com. 19-12-2018 n° 17-20.958 F-D : RJDA 4/19 n° 297) ou pour accomplissement de la **prescription** trentenaire applicable aux sûretés réelles (n° 71725).

Les juges doivent, si la demande leur en est faite, rechercher si la sûreté est éteinte ou non (Cass. 1e civ. 12-1-2012 n° 10-18.669 : D. 2012.1163 note Potaszkin) ; ils ne peuvent pas tenir un cautionnement hypothécairepour expiré au seul motif qu'il ne peut pas être exercé au-delà de la durée de l'inscription hypothécaire, sans relever si l'engagement du constituant est lui-même expiré, car l'inscription peut être renouvelée tant que le cautionnement n'est pas à son terme (Cass. 1e civ. 12-1-2012 nº 10-18.669 : RJDA 4/12 nº 434 ; dans le même sens Cass. 3e civ. 22-10-2014 nº 13-28.477 : JCP N 2014.1191, distinguant l'expiration de l'inscription hypothécaire du terme du cautionnement hypothécaire).

– ne peut pas s'opposer à la poursuite du créancier dès lors que la **créance** est **exigible,** serait-ce par l'effet de la déchéance du terme encourue par le débiteur (Cass. 1e civ. 4-5-1999 : RJDA 7/99 nº 846) ;

– ne jouit pas du **bénéfice de division** (Cass. 1e civ. 25-11-2015 nº 14-21.332 : RJDA 3/16 nº 226, transposable sur ce seul point au régime actuel) ;

– peut opposer au créancier les **exceptions inhérentes à la dette** qu'il garantit, car, la dette formant la matière de son engagement (cf. C. civ. art. 1128, 3º ; ex-art. 1108, 3º ; nº 12400), celui-ci est appelé à s'éteindre en cas de disparition ou de novation de son objet (sur une absence de novation, Cass. com. 8-11-1972 nº 71-11.879 : D. 1973.753 note Malaurie) ;

À défaut de précision légale contraire comme c'est le cas pour la caution (nº 55445), le tiers obligé ne peut pas opposer au créancier les exceptions personnelles au débiteur car celles-ci sont par principe inopposables.

– a souscrit un engagement nécessairement limité au bien affecté à la garantie, de sorte qu'elle ne peut pas invoquer la **disproportion** de son engagement pour mettre en cause la responsabilité du créancier (Cass. 1e civ. 7-5-2008 nº 07-11.692 : RJDA 5/09 nº 475) ou pour bénéficier de la décharge que prévoyaient les ex-articles L 332-1 et L 343-4 du Code de la consommation en ce cas (Cass. com. 5-4-2023 nºs 21-14.166 FS-B et 21-18.531 FS-B : RJDA 10/23 nº 547, précisant qu'il en est ainsi, même si elle a en outre souscrit un cautionnement personnel, dès lors qu'elle est poursuivie en exécution du cautionnement réel) ou demander la réduction de son engagement en application de l'article 2300 nouveau du Code civil vers lequel l'article 2325 ne comporte aucun renvoi.

SECTION 2 SÛRETÉS IMMOBILIÈRES

QUALIFICATION DE LA SÛRETÉ RÉELLE

La sûreté réelle est l'affectation d'un bien ou d'un ensemble de biens, présents ou futurs, au paiement préférentiel ou exclusif du créancier (C. civ. art. 2323). 56190

Le paiement est exclusif lorsque la sûreté n'existe qu'au profit d'un seul créancier qui est seul à avoir droit au paiement, ce qui est le cas des sûretés réservant à ce créancier la propriété du bien affecté, tels le gage mobilier et les sûretés à titre de propriété.

Elle est diverse et peut être, selon le cas (art. 2324) :

– légale, judiciaire ou conventionnelle, selon qu'elle est accordée par la loi, à raison de la qualité de la créance, par un jugement à titre conservatoire ou par une convention ;

– mobilière ou immobilière, selon qu'elle porte sur des biens meubles ou immeubles ;

– générale lorsqu'elle porte sur la généralité des meubles et des immeubles ou des seuls meubles ou des seuls immeubles, ou spéciale lorsqu'elle ne porte que sur des biens déterminés ou déterminables, meubles ou immeubles.

CONSTITUANT DE LA SÛRETÉ RÉELLE CONVENTIONNELLE

La sûreté réelle conventionnelle peut être constituée par le **débiteur** lui-même (C. civ. art. 2325, al. 1 ; ex-art. 2334). L'entrepreneur individuel, dont les patrimoines professionnel et personnel sont distincts, peut néanmoins consentir une sûreté sur un bien compris dans son patrimoine personnel pour garantir les droits d'un de ses créanciers professionnels (C. com. art. L 526-22, al. 4 ; Loi 2022-172 art. 19) mais aucune disposition ne prévoit la faculté inverse au profit des créanciers personnels de l'entrepreneur. 56192

La sûreté réelle conventionnelle peut aussi être constituée par un **tiers** (C. civ. art. 2325, al. 1 ; ex-art. 2334), pratique connue sous le nom de « cautionnement réel » ou, lorsque la sûreté consentie est une hypothèque, de « cautionnement hypothécaire » (nºs 55900 s.).

I. HYPOTHÈQUE IMMOBILIÈRE

56200 **Définition de l'hypothèque** L'hypothèque immobilière est l'affectation d'un immeuble en garantie d'une obligation sans dépossession de celui qui la constitue (C. civ. art. 2385 ; ex-art. 1393, al. 1).

Selon sa source, l'hypothèque peut résulter :

1. De la loi (C. civ. art. 2392 ; ex-art. 2400). Depuis la **réforme** des sûretés de 2021 (n° 55000), des hypothèques légales instituées par le Code civil en 1804 ne subsistent plus que l'hypothèque des époux mariés sous le régime de participation aux acquêts (art. 2394) et l'hypothèque des mineurs et des majeurs sous tutelle (art. 2398). Mais les nouveaux textes ont créé de **nouvelles hypothèques légales** en transformant les privilèges immobiliers spéciaux des ex-articles 2374 et 2377 à 2386 en hypothèques spéciales afin de mettre fin à la rétroactivité dont bénéficiaient ces privilèges en vertu des ex-articles 2379, al. 1 et 2384-2, al. 2, dès lors qu'ils étaient inscrits dans un délai de deux mois à compter de leur date de naissance (les privilèges ainsi inscrits prenaient rang à la date de la créance). Depuis le 1er janvier 2022, toutes les sûretés immobilières prennent rang à la date de leur inscription, sous réserve des dispositions transitoires qui règlent le sort des privilèges immobiliers nés avant cette date (Ord. 2021-1192 du 15-9-2021 art. 37, IV).

La liste des hypothèques légales spéciales est établie par l'article 2402.

2. Des jugements de condamnation (C. civ. art. 2401 ; ex-art. 2412 al. 1 et 2). L'hypothèque résultant d'un jugement de condamnation était appelée jusqu'à la réforme des sûretés « hypothèque judiciaire » ; elle est devenue depuis l'hypothèque légale attachée aux jugements de condamnation.

3. De la convention des parties (C. civ. art. 2409 s. ; ex-art. 2416 s.). L'hypothèque conventionnelle est celle convenue par les parties dans un acte notarié ; seule celle-ci est étudiée ci-après.

56203 **Régime** L'hypothèque conventionnelle suit les règles générales des hypothèques, posées par les articles 2385 s. nouv. du Code civil, et plus spécialement celles des articles 2409 s. du même Code.

56206 **Points sensibles** L'hypothèque présente diverses particularités auxquelles tant son bénéficiaire que les tiers doivent veiller :

– le bénéficiaire d'une hypothèque n'a de droit que dans la mesure où son hypothèque est régulièrement inscrite (nos 56250 s.) ;

– le titulaire d'une inscription doit procéder au renouvellement de celle-ci, lequel est indispensable à la sauvegarde de son hypothèque tant qu'il n'a pas reçu paiement ou tant que le prix n'a pas été l'objet d'une consignation acceptée par lui ou validée (n° 56268) ;

– l'acquéreur d'un immeuble hypothéqué prend le risque d'avoir à verser une seconde fois le prix aux créanciers inscrits s'il paie le prix au vendeur alors même que ce dernier s'engagerait à éteindre l'hypothèque (n° 56509) ;

– la subrogation à l'hypothèque et la cession d'antériorité ne sont opposables que si elles sont mentionnées en marge de l'hypothèque qui en est l'objet (nos 56606 et 56609).

A. Constitution de l'hypothèque immobilière

CONDITIONS DE VALIDITÉ DE L'HYPOTHÈQUE

56209 La constitution d'une hypothèque conventionnelle suppose la conclusion d'un contrat qui obéit aux règles générales de validité des contrats (nos 12000 s.). Il y a seulement lieu de préciser ici que le constituant de l'hypothèque doit avoir la **capacité de disposer des immeubles** qu'il y soumet (C. civ. art. 2410 ; ex-art. 2413).

Le constituant ne peut pas constituer hypothèque s'il se l'est conventionnellement interdit (n° 58215). Il doit, inversement, la consentir conformément aux engagements qu'il a pris, par exemple celui connu sous le nom de « clause pari passu » aux termes duquel il promet à un créancier de lui accorder une hypothèque de rang égal s'il venait à consentir une hypothèque à un autre créancier (T. com. Seine 16-7-1924 : J. soc. 1926.675 ; sur la promesse d'hypothèque, n° 56244).

Cette clause est d'interprétation stricte (T. com. Seine 27-6-1935 : DP 1937.2.93).

DROIT POUVANT ÊTRE HYPOTHÉQUÉ

56215 L'hypothèque peut être consentie sur un immeuble présent ou futur (C. civ. art. 2414 ; ex-art. 2419 et 2420, ce dernier texte n'admettant toutefois l'hypothèque sur un bien futur que dans certaines hypothèses). Elle peut porter sur un **droit**

réel immobilier : droit de propriété ou de nue-propriété (Cass. com. 13-3-2012 n° 11-10.289 : RJDA 7/12 n° 719, l'hypothèque portant sur la totalité de l'immeuble après extinction de l'usufruit ; CA Poitiers 29-7-2010 : JCP G 2011 n° 6-136 p. 254 obs. Hallouin), d'usufruit (C. civ. ex-art. 2397), droit du preneur d'un bail emphytéotique (C. rural art. L 451-1, al. 1) ou d'un bail à construction (CCH art. L 251-3, al. 2) et droit du titulaire de la concession ou de l'autorisation d'exploitation d'une chute d'eau (C. énergie art. L 511-10).

L'hypothèque est nulle si le constituant n'est pas titulaire du droit hypothéqué, notamment si elle porte sur l'immeuble d'autrui, cette nullité étant absolue et n'étant pas rétroactivement régularisée par l'acquisition ultérieure de la propriété de l'immeuble par le constituant (Cass. civ. 24-5-1892 : DP 1892.1.327 ; sur la régularisation des actes nuls de nullité absolue, n° 15688). Toutefois, a été jugée valable l'hypothèque constituée sur l'immeuble d'une société par le dirigeant, mis en examen, qui détenait 99 % des parts de la société (Cass. crim. 4-3-2015 n° 14-88.013 : JCP E 2015.1618 n° 14 obs. Delebecque).

Ce droit peut être :

1. Un **droit conditionnel,** que la condition soit suspensive ou résolutoire ; l'hypothèque est alors affectée de la même modalité (C. civ. art. 2411 ; ex-art. 2414, al. 1).

2. Un **droit indivis** dans les conditions fixées par l'article 2412 du Code civil qui reprend les anciennes dispositions de l'ex-article 2414, al. 2 et 3 sans modification. Lorsque l'hypothèque émane de tous les indivisaires, elle conserve son effet quel que soit le résultat du partage (Cass. civ. 14-6-2000 : RJDA 3/01 n° 385). Dans le cas contraire, elle ne conserve son effet que dans la mesure où l'immeuble sur lequel elle porte est, lors du partage, alloti à l'indivisaire qui l'a consentie ou, si, en cas de licitation de l'immeuble à un tiers, cet indivisaire est alloti du prix de la licitation (C. civ. art. 2412, al. 1).

Si le lot attribué à l'indivisaire qui a hypothéqué sa part indivise correspond exactement à la part indivise grevée, le créancier hypothécaire conserve ses droits sans avoir à procéder à la constitution d'une nouvelle hypothèque ou à la réitération de son inscription, l'assiette de l'hypothèque n'ayant subi aucune modification (Cass. civ. 21-10-1980 n° 79-11.163 : Bull. civ. III n° 160). Corrélativement, l'hypothèque inscrite sur la part indivise ne peut, en vertu de l'inscription initiale, couvrir la totalité de l'immeuble si celui-ci est attribué en son entier au coïndivisaire qui avait hypothéqué sa part : il faut pour qu'il en soit ainsi une nouvelle hypothèque et une nouvelle inscription (CA Paris 18-12-1978 : D. 1979.IR.224 obs. Puech).

Si l'immeuble hypothéqué est attribué à un autre coïndivisaire que le constituant, les hypothèques inscrites sur la quote-part indivise de ce dernier deviennent caduques et le créancier hypothécaire ne peut même pas faire valoir ses droits sur le prix de l'immeuble adjugé à un tiers, dans le cas où ce prix est ultérieurement attribué, à titre de lot dans le partage, à un indivisaire dont la part indivise n'était pas grevée d'hypothèque (Cass. civ. 26-4-1955 : Bull. civ. I p. 146 ; Cass. civ. 26-10-1976 : Bull. civ. I p. 246). L'attributaire peut exiger la radiation des hypothèques consenties par un autre indivisaire (Cass. civ. 7-5-1986 : GP 1986.pan.170) et ce, sans frais pour lui (Cass. req. 12-1-1881 : DP 1881.1.254).

Le sort définitif de l'hypothèque ne peut donc pas être réglé tant que l'immeuble grevé n'a pas été alloti au terme du partage (Cass. 1e civ. 26-10-1976 n° 74-12.930 : Bull. civ. I n° 307, suspendant la procédure d'ordre jusqu'au partage ; Cass. 1e civ. 10-7-2013 n° 12-20.885 : RJDA 11/13 n° 958, cassant l'arrêt qui avait réglé le sort de l'hypothèque sans attendre le partage ; Cass. 1e civ. 13-7-2016 n° 15-23.216 F-D, suspendant le partage du bien litigieux hypothéqué après la naissance du droit de retour qui avait rendu ce bien indivis entre le donataire et le donateur et, ensuite, leurs propres successeurs).

3. Un **droit apparent** ; l'hypothèque consentie par un propriétaire apparent est valable si les **tiers** ont pu légitimement croire que le constituant avait le pouvoir de la consentir (Cass. 3e civ. 24-9-2003 n° 1006 : RJDA 1/04 n° 102) : tel est le cas du constituant qui est l'héritier apparent (Cass. req. 14-10-1940 : DH 1940.164), le prête-nom (Cass. civ. 17-7-1907 : DP 1908.1.11 ; Cass. civ. 20-4-1959 : JCP G 1959.II.11146 note Becqué), le titulaire d'un titre apparent entaché d'une nullité d'ordre public (Cass. civ. 3-4-1963 : D. 1964.306 note Calais-Auloy), l'époux receleur d'un immeuble au préjudice de son conjoint (Cass. civ. 29-11-1988 : JCP G 1989.II.21339 note Simler).

4. Un **droit portant sur** une **construction élevée sur le terrain d'autrui,** notamment celle édifiée par le locataire si elle lui appartient (CA Paris 1-2-1928 : DP 1929.2.16).

DROIT NE POUVANT PAS ÊTRE HYPOTHÉQUÉ

Ne peut pas être hypothéqué un droit réel qui n'est pas dans le commerce (C. civ. art. 2388 ; ex-art. 2397) ; il en est ainsi d'un immeuble inaliénable (Cass. 1e civ. 23-2-2012 n° 09-13.113 : RJDA 6/12 n° 617) **56218**
puisque l'hypothèque produit son effet de sûreté à l'occasion de la vente de l'immeuble grevé (n° 56503). Ne peut pas non plus être hypothéqué le droit du concessionnaire d'une mine (C. minier art. L 132-8).

Sur la possibilité d'inscrire une hypothèque judiciaire sur un immeuble inaliénable, n° 26642.

Celui qui a imposé une clause d'inaliénabilité sur l'immeuble dont il a fait donation puis qui a expressément autorisé la constitution d'une hypothèque sur l'immeuble est susceptible d'être considéré comme ayant renoncé à l'inaliénabilité de l'immeuble (Cass. 1e civ. 5-12-2018 n° 17-28.130 F-D).

SPÉCIALITÉ DE L'HYPOTHÈQUE

56225 **Immeuble grevé** À peine de nullité, l'acte notarié désigne spécialement la nature et la situation de chacun des immeubles hypothéqués (C. civ. art. 2414, al. 2 et 2421 ; ex-art. 2418). Il n'est plus possible, à peine de nullité de l'acte constitutif, de consentir une hypothèque conventionnelle générale, contrairement à ce qui était prévu dans certains cas particuliers à l'ex-article 2420, 1° et 2° ; cette suppression est justifiée car une telle hypothèque faisait encourir des risques au constituant qui se privait ainsi en une seule fois de tout son crédit hypothécaire.

56228 **Créances garanties** L'hypothèque peut être consentie pour sûreté d'une ou de plusieurs créances, présentes ou futures ; si elles sont futures, elles doivent être déterminables (C. civ. art. 2415, al. 1 ; ex-art. 2421, al. 1).

La **cause** en est déterminée dans l'acte (art. 2415, al. 2 ; ex-art. 2421, al. 2).

Bien que la cause ne soit plus formellement une condition de validité d'un contrat, elle le reste pour la validité du contrat d'hypothèque dont la nullité peut être invoquée par tout intéressé (Cass. civ. 6-2-1939 : D. 1939.1.53 note Plassard).

L'acte notarié doit mentionner, à peine de nullité, la **somme garantie** ; le cas échéant, les parties évaluent à cette fin les rentes, prestations et droits indéterminés, éventuels ou conditionnels ; si la créance est assortie d'une clause de réévaluation, la garantie s'étend à la créance réévaluée, pourvu que l'acte le mentionne (art. 2417, al. 1 ; ex-art. 2423, al. 1).

L'hypothèque s'étend de plein droit aux **intérêts et autres accessoires** (art. 2390 ; ex-art. 2423, al. 2).

Lorsqu'elle est consentie pour sûreté d'une ou de plusieurs créances **futures** et pour une durée indéterminée, le constituant peut à tout moment la résilier sauf pour lui à respecter un préavis de trois mois ; une fois résiliée, elle ne demeure que pour la garantie des créances nées antérieurement (art. 2417, al. 2 ; ex-art. 2423, al. 3).

L'hypothèque peut garantir une créance libellée en **monnaie étrangère,** sous réserve que, lors de son inscription, soit immédiatement indiquée sa contre-valeur en euros, déterminée selon le dernier cours de change connu à la date du titre générateur de la sûreté ou de la créance (Décret 55-1350 du 14-10-1955 art. 55, 4°).

L'article 73 B du traité CE (devenu 63 du TFUE) s'oppose à une réglementation nationale qui oblige à inscrire en monnaie nationale une hypothèque affectée à la garantie d'une créance payable dans la monnaie d'un autre État membre (CJCE 16-3-1999, aff. 222/97 : JCP N 2000 p. 1765).

56230 **Rechargement de l'hypothèque** L'hypothèque constituée **à des fins professionnelles,** par une personne physique ou morale, peut être ultérieurement affectée à la garantie de créances professionnelles autres que celles mentionnées par l'acte constitutif dans les conditions suivantes (C. civ. art. 2416 ; ex-art. 2422) :

– l'acte constitutif doit le prévoir expressément ;

– le constituant peut offrir l'hypothèque en garantie, dans la limite de la somme prévue dans l'acte constitutif et mentionnée comme il est dit n° 56228, non seulement au créancier originaire, mais aussi, nonobstant toute clause contraire, à un nouveau créancier encore que le premier n'ait pas été payé ;

– la convention de rechargement qu'il passe soit avec le créancier originaire, soit avec le nouveau créancier, revêt la forme notariée ;

– elle est publiée, sous la forme prévue à l'article 2425 du Code civil, à peine d'inopposabilité aux tiers.

Les créanciers titulaires d'une même hypothèque rechargeable bénéficient du rang de l'inscription de la convention constitutive de la sûreté (art. 2420, al. 1 ; ex-art. 2422, al. 5). Toutefois, dans leurs relations réciproques, la date de publication des conventions de rechargement détermine leur rang ; il en va de même à l'égard des créanciers titulaires d'une hypothèque légale ou judiciaire (art. 2420, al. 2).

FORME DE LA CONVENTION HYPOTHÉCAIRE

56235 **Nécessité d'un acte notarié** La constitution d'hypothèque conventionnelle doit être constatée par acte notarié (C. civ. art. 2409, al. 1 ; ex-art. 2416) à peine de **nullité absolue** (Cass. civ. 7-2-1854 : DP 1854.1.49). Pour que l'hypothèque produise effet sur un immeuble en France, l'acte doit être passé devant un notaire français, sauf traité international contraire (C. civ. art. 2413 ; ex-art. 2417 ; pour un exemple, Cass. 1e civ. 12-6-2013 n° 12-15.467 : Bull. civ. I n° 124).

Les contrats passés en pays étranger ne peuvent donner d'hypothèque sur les biens de France, s'il n'y a des dispositions contraires à ce principe dans les lois politiques ou dans les traités (art. 2413 ; ex-art. 2417).

Dans cet acte, le notaire doit constater le consentement du constituant, mais pas nécessairement celui du créancier dont l'acceptation échappe au formalisme de l'authenticité (Cass. req. 4-12-1867 : S. 1868.1.252 ; Cass. req. 3-11-1903 : DP 1906.1.529).

Le notaire, tenu d'un **devoir de conseil** à l'égard des parties, doit s'assurer de l'efficacité de l'hypothèque au regard de la situation juridique de l'immeuble et, le cas échéant, appeler l'attention sur les risques d'insuffisance de l'immeuble inhérents à cette situation (Cass. civ. 5-10-1999 : RJDA 4/00 n° 484) ou à sa valeur (Cass. 1e civ. 28-5-2009 n° 07-14.075 : RJDA 2/10 n° 170), la valeur à prendre en compte étant celle au moment de l'acte (Cass. civ. 21-5-1985 : Bull. civ. I p. 141).

Le devoir de conseil incombe aussi à l'intermédiaire qui a négocié le prêt et sa garantie, dès lors qu'il s'est prétendu spécialiste de telles opérations (Cass. 1e civ. 31-1-1984 n° 81-16.420 : Bull. civ. I n° 43).

Forme de l'acte L'acte notarié est rédigé en minute ou en brevet. 56238
Lorsque l'acte est rédigé en **minute,** il peut être délivré une copie exécutoire. Cette copie peut être nominative ou à ordre (Loi 76-519 du 15-6-1976 art. 2 s.).
Sur l'emploi de la forme électronique, n° 11178.

Mandat d'hypothéquer Le constituant peut donner pouvoir à un mandataire de 56241
contracter l'hypothèque dans les mêmes formes que l'acte constitutif d'hypothèque et donc par acte notarié (C. civ. art. 2409). Cette solution avait déjà été retenue, sous peine de nullité de l'hypothèque, par les tribunaux (Cass. civ. 7-2-1854 : DP 1854.1.49 ; Cass. civ. 23-12-1885 : DP 1886.1.97 concl. Desjardins).

Exceptions Une sûreté réelle, partant une hypothèque, peut être constituée sur les **biens** 56244
d'une personne morale de droit privé en vertu de pouvoirs résultant de délibérations ou délégations établies sous signatures privées alors même que la constitution de la sûreté doit l'être par acte authentique (C. civ. art. 2326 ; ex-art. 1844-2 qui posait la règle pour les sociétés civiles ou commerciales).

Les **promesses** d'hypothèque peuvent être conclues par acte **sous signature privée** ; mais elles ne permettent pas au bénéficiaire de prendre une inscription d'hypothèque, car l'acte constitutif d'hypothèque ne peut être passé que devant notaire ; leur inexécution n'ouvre droit qu'à dommages-intérêts (Cass. civ. 7-4-1993 : RJDA 7/93 n° 645 ; rappr. Cass. civ. 12-3-2002 : RJDA 7/02 n° 810 ; Cass. civ. 29-5-2002 : RJDA 10/02 n° 1086).

L'inexécution de la promesse permet au bénéficiaire de demander la réparation de la perte de la chance d'obtenir une inscription d'hypothèque et par là le remboursement de sa créance (cf. Cass. 1e civ. 5-2-2014 n° 12-19.425 : JCP G 2014 n° 21/22-635 § 14 obs. Delebecque). Ces solutions restant conformes à la liberté contractuelle (nos 10625 s.) demeurent valables car elles ne heurtent aucune disposition d'ordre public, telles celle de la forme notariée susvisée et celle de la perte de la chance (n° 15072).

INSCRIPTION DE L'HYPOTHÈQUE

Principe Le créancier qui a obtenu une hypothèque doit l'inscrire **auprès du service** chargé 56250
de la publicité foncière (C. civ. art. 2421, al. 1 ; ex-art. 2426), selon les modalités fixées par les articles 2423 et 2424 du Code civil (ex-art. 2428 et 2429).

Sauf stipulation contraire, les frais d'inscription sont à la charge du débiteur (C. civ. art. 2433 ; ex-art. 2438).
Sur le tribunal compétent pour trancher les contestations relatives aux inscriptions, C. civ. art. 2434 (ex-art. 2439).

La loi ne fixant aucun **délai** pour inscrire l'hypothèque, et dès lors que la convention d'hypothèque n'en fixe pas, l'inscription peut être prise dès la constitution de l'hypothèque jusqu'à l'extinction de la créance (Cass. civ. 10-7-2002 n° 1237 : RJDA 11/02 n° 1201), à condition que ne survienne pas un des événements qui arrêtent le cours des inscriptions (n° 56253).

Une hypothèque peut être inscrite tant que le délai de validité de l'inscription, dit « de péremption », n'est pas expiré, ce qui est le cas lorsque l'inscription a été, au besoin, renouvelée, n'a pas été radiée ou n'a pas été réduite quant au montant de la créance ou quant aux immeubles constituant l'assiette de l'hypothèque, comme il est dit dans les numéros qui suivent.

Sur les **mentions en marge** des modifications des inscriptions, C. civ. art. 2425 (ex-art. 2430).

Arrêt du cours des inscriptions L'arrêt des inscriptions des hypothèques intervient 56253
dans les cas suivants (C. civ. art. 2422) :

1. Aliénation de l'immeuble. Les créanciers hypothécaires ne peuvent plus prendre utilement inscription sur le précédent propriétaire, à partir de la publication de la mutation opérée au profit d'un tiers (C. civ. art. 2422, al. 1 ; ex-art. 2427, al. 1).

L'hypothèque consentie par le précédent propriétaire n'est opposable au tiers acquéreur que si elle a été inscrite avant que ce dernier ne publie son titre (Cass. 3e civ. 1-3-2006 n° 272 : RJDA 8-9/06 n° 957). Aussi les créanciers hypothécaires doivent-ils réparation à l'acquéreur de l'immeuble du préjudice que lui causent l'inscription de leurs hypothèques après la publication de la vente et leur refus d'en donner mainlevée (TGI Grasse 26-9-1980 : JCP G 1981.II.19641 note Dagot).

2. Inscription par un créancier successoral. L'inscription ne produit aucun effet entre les créanciers d'une succession si elle n'a été faite par l'un d'eux que depuis le décès, dans le cas où la succession n'est acceptée qu'à concurrence de l'actif net ou est déclarée vacante (C. civ. 2422, al. 2 ; ex-art. 2427, al. 2).

Mais l'adjudication d'un immeuble, sur licitation, au profit d'un cohéritier n'arrête pas le cours des inscriptions des hypothèques consenties par le défunt (Cass. civ. 8-6-1869 : DP 1869.1.480). Il résulte de la combinaison de l'article susvisé et des articles 810-4 et 810-5 du Code civil que les règles qui organisent le paiement des créanciers de la succession n'excluent pas l'application du principe de l'arrêt du cours des inscriptions hypothécaires et que la mainlevée d'une inscription hypothécaire faite après le décès peut être demandée par le curateur d'une succession déclarée vacante (Cass. 3e civ. 5-1-2022 no 20-21.359 FS-B).

3. Procédures d'apurement du passif. En cas de procédure de sauvegarde, de redressement judiciaire ou de liquidation judiciaire, les inscriptions de sûretés sont interdites (nos 62515 s.). Elles le sont aussi en cas de procédures de traitement des situations de surendettement des particuliers (C. consom. art. L 722-5 et L 724-3).

4. Saisie immobilière. Sont inopposables au créancier poursuivant et aux tiers les inscriptions du chef du saisi prises après la publication de la saisie immobilière (C. exécution art. L 321-5).

56256 **Effets de l'inscription** L'inscription rend l'hypothèque opposable aux tiers à la date où elle est intervenue et pour la durée de sa validité telle qu'exposée nos 56265 et 56268 (C. civ. art. 2431 ; ex-art. 2431), à concurrence de la somme pour laquelle elle est inscrite et de ses intérêts (cf. C. civ. art. 2454, al. 2 ; ex-art. 2462), comme il est dit ci-après.

56259 **1. Opposabilité de l'hypothèque.** L'hypothèque régulièrement inscrite est opposable, à compter de sa date :

– aux acquéreurs postérieurs d'un droit réel sur l'immeuble (Cass. 1e civ. 1-2-2005 no 237 : RJDA 6/05 no 761), sauf si l'acquéreur bénéficie de l'effet déclaratif du partage (Cass. 1e civ. 5-4-2005 no 651 : RJDA 8-9/05 no 1054) ;

– aux créanciers hypothécaires postérieurs.

56262 **2. Portée de l'inscription.** L'hypothèque régulièrement inscrite garantit le paiement (C. civ. art. 2427 ; ex-art. 2432) :

– du montant en **principal** de la créance tel qu'il a été défini en application du principe de spécialité (nos 56228 s.) ;

– des **intérêts** échus après l'inscription s'il est fait mention que le capital est productif d'intérêts (art. précités).

Cette mention suffit pour ouvrir le droit aux intérêts ; il n'est pas exigé qu'elle permette aux tiers de calculer, à la suite de la lecture de l'inscription, le chiffre maximal auquel s'élève le droit de préférence dont il pourra être fait état contre eux (Cass. civ. 8-6-1983 no 82-11.993 : Bull. civ. I no 171).

Ces intérêts ne sont garantis au rang du capital qu'**à concurrence des trois dernières années** (art. précités) qui précèdent la date à laquelle l'hypothèque a produit son effet légal (Cass. 2e civ. 5-12-1984 no 83-13.658 : Bull. civ. II no 186), c'est-à-dire soit au jour de la transcription du jugement d'adjudication (Cass. civ. 4-5-1891 : DP 1892.1.9), soit au jour où la procédure de purge a été engagée (Cass. civ. 8-6-1995 : RJDA 10/95 no 1140).

Les intérêts garantis sont tous ceux qui ont couru au cours de cette période, tant ceux que le créancier a visés dans son inscription, tels les intérêts conventionnels rémunérant le prêt consenti au débiteur, que ceux qui ont couru après la déchéance du terme (Cass. 3e civ. 1-6-1994 no 91-20.367 : Bull. civ. III no 115).

Mais ne sont pas garantis les intérêts composés « qui ne dérivent que de la convention des parties » et qui sont « produits postérieurement à l'inscription originaire, par le capital que constitue l'accumulation des intérêts simples » (Cass. civ. 12-4-1948 : D. 1948.1.311). Ces intérêts ne sont pas couverts par l'inscription même si le titre constitutif d'hypothèque contient une convention d'anatocisme relative aux intérêts à échoir et que cette convention est relatée dans la transcription ou l'inscription hypothécaire ; ils ne peuvent être garantis qu'au moyen d'inscriptions spéciales (Cass. civ. 7-2-1949 : S. 1949.1.144 ; CA Orléans 22-6-2000 : RJDA 1/01 no 81).

Les intérêts ayant couru **après le jour où l'hypothèque a produit son effet légal** sont conservés sans limitation de durée jusqu'au règlement définitif dans la seule mesure où un principal reste dû, ce qui n'est pas le cas lorsqu'un paiement provisionnel a couvert l'intégralité de la créance conservée (Cass. 3e civ. 4-6-2008 no 07-14.163 : RJDA 11/08 no 1186).

56265 **Péremption des inscriptions** L'inscription conserve l'hypothèque jusqu'à la date que fixe le créancier en se conformant aux dispositions qui suivent (C. civ. art. 2429 ; ex-art. 2434) :

– si le principal de l'obligation garantie doit être acquitté à une ou plusieurs dates déterminées, la date extrême de l'effet de l'inscription prise avant l'échéance ou la dernière échéance prévue est, au plus, postérieure de un an à cette échéance, sans toutefois que la durée de l'inscription puisse excéder cinquante années ;

– si l'échéance ou la dernière échéance est indéterminée, notamment dans le cas prévu à l'article L 315-1 du Code de la consommation (prêt viager hypothécaire), ou si l'hypothèque est assortie d'une clause de rechargement (n° 56230), la durée de l'inscription est au plus de cinquante années au jour de la formalité ;

– si l'échéance ou la dernière échéance est antérieure ou concomitante à l'inscription, la durée de l'inscription est au plus de dix années au jour de la formalité ;

– lorsque la sûreté garantit plusieurs créances et que celles-ci sont telles que plusieurs des trois dispositions ci-dessus sont applicables, le créancier peut requérir soit, pour chacune d'elles, des inscriptions distinctes, soit une inscription unique pour l'ensemble jusqu'à la date la plus éloignée ; il en est de même lorsque, la première des trois dispositions susvisées étant seule applicable, les différentes créances ne comportent pas les mêmes échéances ou dernières échéances.

La péremption n'a pas pour conséquence d'éteindre l'hypothèque, de sorte que son titulaire, à qui a été consenti par le débiteur le droit de prendre une hypothèque conventionnelle, peut procéder, sans l'accord du débiteur, à une **nouvelle inscription** produisant effet et prenant rang à sa date (Cass. 3e civ. 25-4-2007 n° 06-11.524 : RJDA 10/07 n° 1014) ou demander l'inscription provisoire d'hypothèque et la convertir ultérieurement en hypothèque définitive (Cass. 3e civ. 10-4-2021 n° 20-14.680 FD).

Renouvellement des inscriptions Le renouvellement de l'inscription hypothécaire permet d'éviter la péremption de l'inscription (C. civ. art. 2430, al. 1 ; ex-art. 2435, al. 1). 56268

Il produit ses effets même si les formalités requises (Décrets 55-1350 du 14-10-1955 art. 61 s. et 55-1683 du 30-12-1955) ne sont pas scrupuleusement respectées dès lors qu'il n'en résulte aucune aggravation de la situation du débiteur principal ou du tiers détenteur, notamment si la société créancière n'a pas signalé sa liquidation et le nom du liquidateur (Cass. 3e civ. 8-2-2012 n° 10-25.292 : Bull. civ. III n° 26) ou si la société absorbante ou cessionnaire a omis de mentionner les modifications relatives à l'identité du créancier (cf. Cass. 1e civ. 11-10-2006 : RJDA 3/07 n° 263 ; Cass. 3e civ. 27-1-2010 n° 08-21.324 : RJDA 7/10 n° 784).

Mais le renouvellement qui ne mentionne que certains des immeubles visés dans l'inscription initiale ne produit effet que pour ces derniers car le système de publicité foncière ne peut correctement fonctionner dans l'intérêt général et celui des tiers que si ses usagers peuvent se fier formellement aux documents publiés, sans avoir à interpréter le sens de leur dépôt en fonction de la volonté réelle ou supposée du créancier (CA Orléans 29-9-2005 n° 04/02410 : RJDA 2/06 n° 199).

Le renouvellement **incombe** au créancier hypothécaire : le notaire qui a dressé l'acte constitutif d'hypothèque et qui a requis l'inscription hypothécaire en exécution de cet acte n'est pas tenu de la renouveler lors de sa péremption, sauf s'il a reçu un mandat spécial, exprès ou tacite du créancier (Cass. 1e civ. 19-5-1999 n° 96-22.460 : Bull. civ. I n° 165).

Le créancier détermine la **durée de validité** du renouvellement dans les mêmes conditions que celle de la première inscription (art. 2430, al. 2 ; ex-art. 2435, al. 2 ; Cass. 3e civ. 11-1-2007 n° 05-21.871 : RJDA 6/07 n° 661 ; n° 56265).

Le renouvellement, qui n'est pas empêché par les événements qui arrêtent le cours des inscriptions (n° 56253), doit intervenir **avant la péremption,** faute de quoi l'inscription cesse de produire effet (art. précités, al. 1), sauf la faculté pour le créancier de reprendre une inscription (n° 56265).

Le renouvellement doit être encore accompli si l'inscription expire **même après la vente** de l'immeuble grevé tant que le prix n'a pas été payé ou consigné (art. 2430, al. 3 ; ex-art. 2435, al. 3 ; pour une application, TGI Paris 22-11-1974 : J. not. 1975.735 : expiration de l'inscription après la production du créancier hypothécaire à l'ordre mais avant l'établissement du règlement provisoire).

Mais le renouvellement n'est **obligatoire** que (art. 2430, al. 3 ; ex-art. 2435, al. 3) :

– jusqu'au paiement ;

À cet égard vaut paiement celui fait entre les mains d'un séquestre désigné par une disposition impérative du cahier des charges fixant les conditions de l'adjudication du bien saisi et imposant une affectation spéciale du prix d'adjudication aux paiements des créanciers inscrits (Cass. civ. 8-1-1980 : D. 1980.368 note Frank).

En cas de paiements partiels, le créancier peut faire valoir ses droits sur tout versement effectué avant l'expiration de son inscription (CA Orléans 15-1-1982 : GP 1982.217 note Laval).

– ou jusqu'à la consignation du prix.

Il en est ainsi même si la consignation :

– faite avant la date de péremption de l'hypothèque est partielle, par exemple si elle porte sur le prix en principal sans les intérêts ; elle ouvre au créancier hypothécaire le droit d'être colloqué sur son montant et libère l'adjudicataire à due concurrence (Cass. civ. 29-6-1983 n° 81-15.435 : D. 1984.86 note Frank ; aussi Cass. civ. 11-3-1987 : Bull. civ. III n° 47) ou le dispense, à due concurrence, de renouveler son inscription (Cass. civ. 11-3-1987 n° 83-15.874 : Bull. civ. III n° 47) ;

– est faite par un tiers pour qui la consignation effectuée vaut paiement : le créancier n'a pas à renouveler son hypothèque lorsque, à l'époque d'une telle consignation, le délai de dix ans (désormais transposable au délai de validité selon les hypothèses exposées au n° 56265) depuis l'inscription n'était pas expiré (CA Rennes 12-12-1977 : D. 1978.IR.278 : consignation par l'autorité expropriante).

Mais ne vaut pas consignation susceptible de dispenser du renouvellement le versement à la Caisse des dépôts et consignations du prix de la vente (Cass. 3e civ. 28-1-2015 n° 13-24.040 : RJDA 4/15 n° 307).

56271 **Radiation des hypothèques** La radiation est la suppression d'une inscription hypothécaire dans les formes suivantes.

La **radiation volontaire** résulte d'une convention passée avec le débiteur, dans laquelle le créancier consent à une mainlevée de l'inscription, à condition que les deux parties aient capacité à cet effet (C. civ. art. 2435 ; ex-art. 2440). L'octroi de la mainlevée suppose, chez le créancier, la capacité soit de recevoir paiement, lorsque la mainlevée est accordée après celui-ci, soit de disposer d'un droit réel immobilier, lorsque la mainlevée est accordée sans paiement (Cass. 3e civ. 16-7-1975 : D. 1975.593 note Frank).

Même donnée pour un décompte de créance d'un montant erroné, la mainlevée de l'inscription de l'hypothèque vaut renonciation à cette inscription (Cass. 3e civ. 9-6-2010 n° 09-14.303 : RJDA 11/10 n° 1110).

La **radiation judiciaire ou forcée** est prononcée par le tribunal à la demande du débiteur ou de tout autre créancier, lorsque le bénéficiaire de l'hypothèque refuse la radiation volontaire, alors que l'inscription n'est plus justifiée (C. civ. art. 2437 ; ex-art. 2442). Le tribunal doit prononcer la radiation lorsque l'inscription a été prise sans un fondement légal ou sans titre, en vertu d'un titre irrégulier ou éteint, ou encore lorsque l'hypothèque est légalement épuisée (art. 2438 ; ex-art. 2443) ; la demande de radiation est recevable tant que l'hypothèque est inscrite, peu important que la créance qu'elle garantit soit éteinte (Cass. 3e civ. 16-3-2022 n° 20-21.337 FS-B : RJDA 6/22 n° 367). La radiation ne peut être ordonnée que si la décision du tribunal est définitive (art. 2435 ; ex-art. 2440 ; Cass. civ. 19-10-1988 : GP 1989.386 note Piedelièvre).

L'épouse qui reçoit, à la dissolution de la communauté, l'immeuble commun sur lequel son mari avait pris une hypothèque en garantie d'une dette commune ne peut pas demander la radiation de cette hypothèque car elle reste tenue au paiement de la moitié des dettes entrées dans la communauté du chef de son conjoint (Cass. 1e civ. 10-5-2006 n° 763 : RJDA 11/06 n° 1170).

La **radiation s'impose** au créancier qui n'a pas procédé à la publication de la convention de rechargement de l'hypothèque visée n° 56230 (C. civ. art. 2440).

La **radiation s'opère** par le dépôt auprès du service chargé de la publicité foncière, par ceux qui la requièrent, de l'expédition de l'acte authentique, ou de celle du jugement, la production de pièces justificatives de l'état, de la capacité et de la qualité des parties ne pouvant être exigée dès lors que ces énonciations sont certifiées exactes par le notaire ou l'autorité administrative (art. 2436, al. 1 et 2 ; ex-art. 2441, al. 1 et 2).

La radiation de l'inscription peut être requise par le dépôt au service chargé de la publicité foncière d'une copie authentique de l'acte notarié certifiant que le créancier a, à la demande du débiteur, donné son accord à cette radiation ; le contrôle du conservateur se limite à la régularité formelle de l'acte à l'exclusion de sa validité au fond (art. 2436, al. 3 ; ex-art. 2441, al. 3).

La **radiation** irrégulière peut être **annulée.** Cette annulation n'est pas opposable aux créanciers qui ont inscrit leur hypothèque entre la radiation et l'annulation de celle-ci (Cass. civ. 26-6-1895 : DP 1896.1.548), même si l'hypothèque est ultérieurement réinscrite (Cass. civ. 4-11-1980 n° 79-12.306 : Bull. civ. III n° 168).

56274 **Réduction des inscriptions** Les dispositions relatives à la réduction des inscriptions (C. civ. ex-art. 2445) n'ont pas été reprises par la réforme des sûretés et ne sont donc plus applicables depuis le 1er janvier 2022 (Ord. 2021-1192 du 15-9-2021 art. 37).

Selon le rapport au Président de la République relatif à l'ordonnance 2021-1192, l'ex-article 2445 avait été rendu inutile par l'introduction lors de la réforme de 2006 de l'ex-article 2423 (désormais art. 2417), définissant les sommes garanties par l'hypothèque (n° 56228). En effet, avant le 25 mars 2006, l'évaluation de la créance conditionnelle ou indéterminée résultait de la seule décision du créancier, ce qui justifiait le droit pour le débiteur d'en demander la réduction. Depuis cette date, les parties doivent se mettre d'accord sur l'évaluation, de sorte qu'il n'y a pas de raison que le débiteur puisse demander unilatéralement la réduction de l'évaluation à laquelle il a consenti.

ASSIETTE DE L'HYPOTHÈQUE

Intégralité de l'immeuble En vertu de la règle dite « de l'indivisibilité de l'hypothèque », celle-ci porte sur la totalité de l'immeuble assujetti et n'est **pas affectée par** la **division** de celui-ci ou par la pluralité d'immeubles : chaque partie de l'immeuble divisé, chacun des immeubles est affecté à la sûreté de la totalité de la dette (C. civ. art. 2391, al. 2 ; ex-art. 2393, al. 2). Le codébiteur propriétaire de l'immeuble hypothéqué est, sur cet immeuble, tenu pour le tout ; chacun des créanciers a l'entier immeuble pour sûreté de sa part dans la créance (art. 2391, al. 1). **56280**

Ainsi, le partage de l'immeuble n'entraînant pas la division de l'hypothèque, la demande de partage en nature et d'attribution préférentielle ne peut pas être rejetée au motif qu'elle supposerait que les créanciers inscrits renoncent à leurs droits (Cass. civ. 6-3-1996 : Bull. civ. III p. 42).

Sur le sort de l'hypothèque en cas de partage des biens comprenant l'immeuble assujetti, nº 56215.

Immeubles par destination L'hypothèque s'étend aux meubles réputés immeubles par destination (C. civ. art. 2389 ; ex-art. 2397, al. 1 et 2 ; Cass. 3e civ. 6-1-1972 nº 70-11.872 : Bull. civ. III nº 11), c'est-à-dire à ceux expressément désignés comme tels par la loi (par exemple, C. civ. art. 524 ; C. minier art. L 131-4, al. 2). **56283**

Ces meubles sont inclus dans l'assiette de l'hypothèque même s'ils n'existaient pas au moment de sa constitution et en dépit du privilège qu'a sur eux le vendeur (CA Paris 13-5-1936 : DH 1936.384).

1. Seul celui qui est **propriétaire** à la fois des objets mobiliers et de l'immeuble au service ou à l'exploitation duquel il les a placés peut conférer à des objets mobiliers le caractère d'immeubles par destination, ce qui n'est pas le cas du locataire des meubles affectés à l'exploitation (Cass. civ. 5-3-1980 nº 78-15.535 : Bull. civ. III nº 51). Si les biens sont **indivis,** il faut l'accord de tous les indivisaires pour procéder à l'immobilisation (cf. C. civ. art. 815-3 ; Cass. req. 15-7-1867 : DP 1868.1.269). **56286**

Le fait qu'un bien soit vendu avec clause de **réserve de propriété** n'empêche pas en soi le jeu du mécanisme de l'immobilisation car cette clause ne peut pas avoir d'incidence sur la nature immobilière ou mobilière d'un bien qui est définie par la loi (Cass. 3e civ. 26-6-1991 : RJDA 10/91 nº 838 ; Cass. com. 2-3-1999 : RJDA 5/99 nº 579). Par exemple, le vendeur ne peut pas revendiquer le séchoir qui avait été rattaché à des éléments immobiliers de l'usine de l'acquéreur précisément édifiée pour le recevoir (Cass. com. 6-1-1987 nº 85-16.577 P : D. 1987.242 note Prévault) ; mais il peut reprendre les meubles affectés à l'immeuble dès lors qu'ils n'ont pas été scellés (CA Paris 2-12-1986 : BRDA 5/87 p. 13).

2. Le meuble doit être utile à l'exploitation du fonds ou être attaché au fonds à perpétuelle demeure. **56289**

a. Affectation au service d'une exploitation. Le meuble peut être affecté au service d'une exploitation agricole, industrielle ou commerciale (C. civ. art. 524), à condition que le propriétaire ait voulu cette affectation (Cass. civ. 3-7-1968 : D. 1969.161).

Tel est le cas, par exemple, de l'outillage installé dans un immeuble spécialement aménagé à cet effet et dans lequel est exercée une industrie (Cass. civ. 27-6-1944 : DC 1944.93 ; Cass. com. 5-2-2002 nº 329 : Rev. proc. coll. 2003.306 obs. Monsérié-Bon ; CA Agen 1-12-1988 : Defrénois 1989.1213 note Vialard), des serres, même mobiles, affectées à l'exploitation (Cass. civ. 6-1-1972 : D. 1972.398), de la terre de bruyère placée par un horticulteur dans des serres (Cass. civ. 5-5-1981 : Bull. civ. III p. 65), du matériel de séchage annexé à une usine de marais salants (Cass. civ. 11-6-1965 : JCP G 1965.IV.101), des meubles garnissant un hôtel (Cass. civ. 29-10-1984 : Bull. civ. III p. 138), d'une installation frigorifique installée dans un fonds de commerce (Cass. civ. 4-6-1962 : Bull. civ. I p. 251) ou d'une bibliothèque aux dimensions exactes de la pièce (Cass. civ. 5-3-1991 : Bull. civ. I p. 53).

En revanche, ne sont **pas indispensables** :

– à une exploitation agricole : un stock de cognac destiné à être vendu (Cass. civ. 1-12-1976 : JCP G 1977.II.18735 concl. Gulphe) ;

– à l'exploitation d'un fonds de commerce appartenant aussi au propriétaire de l'immeuble : les marchandises destinées à être vendues (CA Lyon 17-11-1900 : DP 1903.2.249 note Valéry) ou les meubles de luxe placés dans un hôtel modeste (CA Nancy 4-12-1936 : DH 1937.123) ;

– à l'exploitation d'une usine : les fûts et bouteilles d'une brasserie facturés à un acheteur (Cass. civ. 8-2-1926 : DH 1926.162) ou les sacs utilisés par une usine de fabrication de ciment uniquement pour la livraison aux clients du ciment dont la fabrication est entièrement achevée (CA Lyon 17-11-1900 précité).

b. Fixation définitive à un immeuble. Sont fixés à perpétuelle demeure les meubles scellés ou qui ne peuvent être détachés sans être fracturés et détériorés, ou sans briser ou détériorer la partie du fonds à laquelle ils sont attachés (C. civ. art. 525, al. 1).

Par exemple, est scellé à perpétuelle demeure un spa, mais non une cabine de sauna qui est démontable (CA Toulouse 7-12-2010 : JCP G 2011.200 p. 368 obs. Beaussonie).

Une sculpture faisant corps avec une stèle funéraire constitue un immeuble par destination (CE 2-7-2021 nº 447967).

56292 **3.** Les immeubles par destination conservent leur qualité **tant que l'immobilisation persiste.**

Tel est le cas, lorsque l'immeuble a été loué tel qu'il était sans qu'aucun changement ne fût apporté à son mode d'exploitation (Cass. com. 16-6-1965 : Bull. civ. III p. 348) ou apporté en société (CA Paris 3-4-1875 : DP 1876.2.239).

L'immobilisation persiste tant que les meubles n'ont **pas été détachés** du fonds (Cass. civ. 4-6-1962 : Bull. civ. I p. 251) ; la seule volonté du propriétaire de les vendre séparément du fonds ne peut leur faire perdre cette qualité, laquelle, en l'absence d'enlèvement effectivement réalisé, ne disparaît qu'après la vente (Cass. civ. 7-4-1998 : RJDA 6/98 n° 696).

L'acte de séparation doit être le fait du propriétaire et non du locataire ou d'un seul indivisaire (Cass. req. 17-3-1931 : DH 1931.233 ; CA Montpellier 18-12-1984 : D. 1985.208 note Maury).

L'immobilisation cesse quand le bien n'est **plus utile** à l'exploitation du fonds, par exemple en cas d'usure (cf. Cass. civ. 18-2-1971 : Bull. civ. III p. 89).

56295 **Autres accessoires** L'hypothèque porte encore sur :

1. Les **produits** de l'immeuble - car ils contribuent à la valeur de l'immeuble - mais non sur les fruits de celui-ci dont la perception correspond à un acte d'utilisation de la chose qui n'affecte pas sa valeur. Ne constitue pas un produit la prime d'arrachage de vignes car elle n'est pas la représentation de la valeur de la vigne détruite et elle ne constitue pas le prix des produits de celle-ci (Cass. civ. 12-10-1994 : RJDA 1/95 n° 61, excluant que le droit de préférence du créancier hypothécaire porte sur cette prime qui a un statut autonome) ;

2. Les **améliorations** dont l'immeuble hypothéqué a bénéficié (C. civ. art. 2389 ; ex-art. 2397, al. 1), sans qu'il y ait lieu de distinguer si elles constituent des immeubles par nature ou par destination ni si le propriétaire qui en est l'auteur est le débiteur principal ou un tiers détenteur (Cass. req. 2-7-1901 : DP 1909.1.342 ; Cass. civ. 1-5-1906 : DP 1909.1.345).

56298 **Subrogations légales** L'hypothèque porte, le cas échéant, sur le bien subrogé à l'immeuble hypothéqué, notamment :

– sur l'**indemnité d'assurance** (C. ass. art. L 121-13, al. 1 ; n°s 17726 s.) ;
– sur l'**indemnité d'expropriation** (C. expropriation art. L 222-3).

B. Droits du propriétaire de l'immeuble hypothéqué

56400 Le propriétaire de l'immeuble hypothéqué conserve ses droits sur le bien jusqu'au paiement de la créance et peut même en disposer.

Toutefois, sont **inopposables au créancier** hypothécaire :

– les actes soumis à publicité foncière lorsqu'ils n'ont pas été publiés avant l'inscription de l'hypothèque (n° 56259) ;
– les aliénations du propriétaire, postérieures à l'inscription de l'hypothèque, dépassant le cadre de l'administration courante et qui diminuent la valeur de l'immeuble : par exemple, la vente des arbres d'une forêt (Cass. 1e civ. 16-7-1974 : Bull. civ. I n° 232, qui vise des coupes « importantes »), mais non celle des arbres, plantes et arbustes d'une pépinière (Cass. civ. 5-7-1880 : DP 1880.1.321) ; la vente d'immeubles par destination tels que du matériel d'exploitation d'une usine (Cass. req. 20-12-1875 : DP 1876.1.343).

Si les meubles vendus à tort ont été détachés et acquis de bonne foi, l'acheteur qui les a en sa possession peut invoquer le bénéfice de l'article 2279 (devenu 2276) du Code civil (Cass. civ. 1-5-1906 : DP 1909.1.345).

Le créancier hypothécaire ne peut qu'invoquer la déchéance du terme pour diminution de la sûreté (n° 13518) et s'opposer au paiement du prix entre les mains du débiteur, en exerçant son droit de préférence (CA Nîmes 27-11-1957 : JCP G 1958.II.10689 note Becqué).

Lorsque le meuble vendu n'a pas encore été détaché de l'immeuble et que le créancier procède à la saisie de l'immeuble, celle-ci peut englober ce meuble, la vente ne pouvant être opposée à l'adjudicataire qui en devient acquéreur (Cass. req. 18-1-1933 : DP 1933.1.193 note Fréjaville).

C. Droits du créancier hypothécaire

56500 **Mise en œuvre des droits du créancier** Le créancier hypothécaire a le droit d'exercer les droits que la loi lui reconnaît, exposés ci-dessous, à défaut du paiement de sa créance **à l'échéance.**

Il peut aussi mettre ces droits en œuvre **avant l'échéance** en cas de diminution ou de perte de la sûreté imputable au débiteur (n° 13518).

Il le peut toujours en vertu du droit commun, même si la réforme des sûretés a supprimé, depuis le 1er janvier 2022 l'ex-article 2420, 2° qui lui ouvrait ce recours anticipé en cas de perte de l'immeuble hypothéqué ou de dégradations rendant la sûreté insuffisante.

Il n'est pas recevable à former **tierce opposition** au jugement ayant ordonné la destruction partielle du bien assiette de sa sûreté, car il n'est pas un tiers à la procédure qui a abouti à cette décision ; en effet, son débiteur le représente dans les droits et obligations qu'il tient de ce dernier (Cass. 3e civ. 18-5-2017 n° 16-12.169 FS-PB).

Droit de saisir Le créancier hypothécaire, muni d'un titre exécutoire, peut procéder à la saisie de l'immeuble (C. civ. art. 2450 ; ex-art. 2458 et, sur renvoi, C. exécution art. L 311-1 s.). **56503**

Le créancier titulaire d'une hypothèque **inscrite sur plusieurs immeubles** d'un même débiteur peut choisir celui sur lequel il va exercer ses poursuites ; toutefois, il doit invoquer un intérêt légitime et agir sans intention de nuire (Cass. civ. 18-7-1893 : DP 1894.1.113 ; Cass. civ. 9-5-1905 : DP 1909.1.225 note de Loynes ; Cass. civ. 15-2-1972 : D. 1972.463).

Le créancier ne peut saisir les immeubles qui ne sont pas hypothéqués en sa faveur que dans le cas où l'hypothèque dont il bénéficie ne lui permet pas d'être rempli de ses droits (C. exécution art. L 311-5, al. 2).

Le juge peut autoriser le débiteur à vendre l'immeuble à l'amiable ; à défaut, le bien est vendu par adjudication (C. exécution art. L 322-1 s.).

Le créancier ne peut pas prévoir dans le contrat d'hypothèque qu'il vendra l'immeuble sans respecter la procédure de saisie immobilière ; cette **clause,** dite **« de voie parée »,** est nulle (C. civ. art. 2450 ; ex-art. 2458) ; tel est le cas de la vente amiable conclue, le même jour, entre les parties à un prêt garanti par une hypothèque de second rang et portant sur le terrain hypothéqué, sous la condition résolutoire du remboursement du prêt (Cass. 3e civ. 20-12-2018 n° 17-17.939 F-D : RJDA 5/19 n° 326).

Mais, après l'échéance de la dette, le débiteur peut donner mandat à son créancier de faire vendre son immeuble sans observer les formalités de la saisie immobilière (CA Bordeaux 27-4-1885 : DP 1886.2.263). Les héritiers peuvent aussi céder les immeubles successoraux aux créanciers inscrits en autorisant ces derniers à les faire vendre (Cass. civ. 25-3-1903 : DP 1904.1.273 note Guénée).

La convention entre des codébiteurs, en l'espèce la convention de divorce entre ex-époux, imputant à l'un d'eux la charge de la créance garantie par l'hypothèque, est **inopposable** au créancier hypothécaire qui peut saisir l'immeuble grevé (Cass. 1e civ. 10-5-2006 n° 763 : RJDA 11/06 n° 1170).

Droit de préférence Le droit de préférence permet au créancier hypothécaire d'être payé sur le prix d'adjudication de l'immeuble pour le montant de la somme mentionnée dans l'inscription (C. civ. art. 2450 ; cf. ex-art. 2458 ; Cass. civ. 3-2-1937 : DH 1937.177 : montant inscrit et non pas montant du solde du compte courant garanti au jour de l'exercice de l'hypothèque). **56506**

Le prix d'adjudication de l'immeuble, à défaut de stipulation contraire dans le cahier des charges, est censé inclure la TVA ; en conséquence, la somme à distribuer aux créanciers poursuivants doit être amputée du montant de la taxe (TGI Bourgoin 9-3-1983 : Bull. inf. C. cass. 1984 n° 215).

Le droit de préférence attaché à l'hypothèque, qui n'emporte pas, par lui-même, péremption des inscriptions, produit son **effet au jour de la publication du jugement d'adjudication** et n'est pas, en outre, subordonné au paiement ou à la consignation du prix de vente (Cass. com. 29-9-2019 n° 17-17.211 F-D).

L'hypothèque prend **rang** à la date de son inscription (C. civ. art. 2418, al. 1 ; ex-art. 2425, al. 1) et donne à son bénéficiaire le droit d'être payé dans l'ordre suivant :

1. Lorsque **plusieurs inscriptions** sont **prises le même jour** relativement au même immeuble, leur rang respectif est déterminé, quel que soit l'ordre qui résulte du registre de la publicité foncière, comme dit ci-après :

– l'inscription d'une hypothèque légale est réputée d'un rang antérieur à celui de l'inscription d'une hypothèque judiciaire ou conventionnelle ;

– s'il y a plusieurs inscriptions d'hypothèques légales, elles viennent en concurrence, sauf s'il s'agit de l'hypothèque spéciale du vendeur et de l'hypothèque spéciale du prêteur de deniers, la première étant réputée antérieure à la seconde ;

– en présence de plusieurs inscriptions d'hypothèques conventionnelles ou judiciaires, celle qui est prise en vertu du titre portant la date la plus ancienne est réputée d'un rang antérieur ;

– si les titres ont la même date, les hypothèques de l'alinéa ci-dessus viennent en concurrence.

2. Lorsqu'une inscription hypothécaire est requise le **même jour que la publication d'un autre acte** et que les deux titres ont même date, c'est l'inscription hypothécaire qui est réputée d'un rang antérieur (Décret 55-22 du 4-1-1955 art. 31-2).

3. L'ordre de préférence **entre les créanciers hypothécaires et les créanciers gagistes,** dans la mesure où leur gage porte sur des biens réputés immeubles, est déterminé par les dates auxquelles les titres respectifs ont été publiés, nonobstant le droit de rétention des créanciers gagistes (C. civ. art. 2419 ; ex-art. 2425, dern. al.).

4. Si les créances garanties par des hypothèques inscrites par des **créanciers distincts** pour un même montant sont de montants différents, le prix de vente doit être distribué entre les créanciers à proportion du montant respectif de leurs créances (Cass. com. 5-5-2015 n° 14-17.941 : RJDA 8-9/15 n° 604).

5. Sur le **droit du débiteur,** au regard du créancier de premier rang qui dispose de plusieurs créances inscrites, de choisir celle qu'il a le plus d'intérêt à acquitter, n° 50532 point 2.

56509 **Droit de suite** Le droit de suite permet au créancier hypothécaire, quel que soit son rang, de **saisir l'immeuble aliéné par le débiteur,** entre les mains de l'acquéreur (C. civ. art. 2454 ; ex-art. 2461). Il s'agit d'un droit réel opposable à tous, notamment à tout acquéreur indépendamment de sa bonne ou mauvaise foi (Cass. 3e civ. 6-11-2002 n° 1600 : RJDA 2/03 n° 193).

Le droit de suite ne peut plus être exercé contre le tiers acquéreur **après résolution de la vente,** les droits constitués sur l'immeuble se trouvant anéantis (Cass. 3e civ. 7-1-2016 n° 14-18.360 FS-PB : GP 16-2-2016 jur. p. 32 note C. Albiges).

56512 Le tiers acquéreur est obligé dans les **conditions** suivantes (C. civ. art. 2454, al. 2 ; ex-art. 2462 et 2464) :

– il est tenu, dans la limite des inscriptions, à toute la dette garantie, en capital et intérêts, quel qu'en soit le montant ;

– s'il reste impayé, le créancier hypothécaire peut poursuivre en justice la vente de l'immeuble hypothéqué dans les conditions de la saisie immobilière ;

Aussi est-il recommandé au tiers acquéreur de l'immeuble hypothéqué de ne jamais verser le prix de la vente au vendeur, sous peine d'être obligé de le reverser aux créanciers inscrits exerçant leur droit de suite (CA Aix 13-1-1982 : Bull. Cour d'Aix 1982/1 p. 51), a fortiori s'il a pris l'engagement personnel dans l'acte de vente de verser le prix dans les mains du notaire ou des créanciers inscrits (Cass. 3e civ. 10-11-1999 n° 1709 P : RJDA 1/00 n° 99). Mais il peut obtenir du vendeur la restitution du prix et des frais, des dommages-intérêts et le remboursement de la plus-value acquise par l'immeuble entre la vente et l'éviction si le vendeur s'est engagé dans l'acte de vente à faire radier, dans les six mois de l'acte, les inscriptions hypothécaires grevant l'immeuble vendu (CA Aix 13-1-1982 précité). À défaut d'un tel engagement, il n'obtiendrait pas la garantie du vendeur puisqu'il serait averti par la publicité de l'existence des hypothèques, et aurait acheté à ses risques et périls.

– le tiers détenteur peut, comme une caution (n° 55700), opposer au créancier toutes les exceptions qui appartiennent au débiteur principal (art. 2455 ; pour un exemple, Cass. com. 22-1-2008 n° 07-10.221 : RJDA 5/08 n° 550 : arrêt du cours des intérêts) ;

Le tiers acquéreur, qui a acquis l'immeuble avant le 1er janvier 2022 (sur cette date, n° 55000), ne peut pas opposer au créancier la prescription de la créance principale à l'appui de sa demande de mainlevée du commandement de payer valant saisie (Cass. 2e civ. 19-2-2015 n° 13-27.691 P : RJDA 6/15 n° 460). Mais l'article 2455, al. 2 le lui permet depuis la date précitée.

– l'hypothèque doit être opposable au tiers acquéreur ; il en est ainsi lorsqu'elle a été **inscrite avant** que le tiers acquéreur n'ait publié son titre (n° 56259) ;

Le tiers acquéreur a donc intérêt à connaître l'étendue du passif hypothécaire de l'immeuble à la date à laquelle il publie son titre, et non au moment de l'acquisition, car des hypothèques peuvent valablement être inscrites entre l'acquisition par le tiers et la publication de son titre.

– l'acquéreur ne doit pas avoir **éteint** le droit de suite en purgeant les hypothèques inscrites (n° 56515) ;

– en cas d'**omission d'une inscription** dans l'état délivré à l'acquéreur lors de la publication de son titre, celui-ci ne peut pas se voir opposer l'hypothèque oubliée (C. civ. art. 2445 ; ex-art. 2451), sauf si l'omission lui est imputable (Cass. civ. 13-7-1898 : DP 1898.1.534) ; le créancier qui a ainsi perdu son droit de suite peut cependant, sans préjudice des poursuites dirigées contre l'État, se prévaloir de son rang tant que l'acquéreur n'a pas payé le prix ou tant qu'il peut intervenir dans l'ordre ouvert entre les autres créanciers (art. 2445 ; ex-art. 2451) ;

– le créancier qui ne peut exercer son droit de suite en raison de la **carence du notaire** qui n'a pas purgé son hypothèque en lui remettant le prix de vente versé par l'acquéreur de l'immeuble ne peut obtenir indemnisation du notaire que s'il établit en avoir subi un préjudice ; en effet, le droit de suite constitue non une voie de droit qui ne serait que la conséquence de la situation dommageable imputée à la faute du notaire, mais un effet attaché à l'hypothèque (Cass. 1e civ. 27-2-2013 n° 12-16.891 : Bull. civ. I n° 27).

Droit de se faire attribuer l'immeuble hypothéqué Le créancier hypothécaire impayé peut demander en justice que l'immeuble lui demeure en paiement, sauf si l'immeuble constitue la résidence principale du débiteur (C. civ. art. 2450 ; ex-art. 2458). 56513

Il a été jugé qu'il ne peut pas se prévaloir de cette disposition si le propriétaire de l'immeuble est en liquidation judiciaire, l'ordre de paiement des créanciers selon cette procédure étant d'ordre public (T. com. Saint-Pierre 1-3-2016 : D. 2016.1185 note Boustani).

Il peut même être convenu dans la convention d'hypothèque que le créancier deviendra propriétaire de l'immeuble hypothéqué, cette clause, appelée « **pacte commissoire** », étant toutefois sans effet si l'immeuble constitue la résidence principale du débiteur (art. 2452 ; ex-art. 2459).

Sur la publicité du pacte commissoire, décret 55-1350 du 14-10-1955 art. 55 et 57-3.

L'immeuble doit alors être estimé par expert désigné à l'amiable ou judiciairement ; si sa valeur excède le montant de la dette garantie, le créancier doit au débiteur une somme égale à la différence ; s'il existe d'autres créanciers hypothécaires, il la consigne (art. 2453 ; ex-art. 2460).

PURGE DES HYPOTHÈQUES

Les hypothèques inscrites sur l'immeuble sont effacées, règle dite « purge des hypothèques », lorsque la loi les efface de plein droit, purge dite « **légale** » (C. civ. art. 2461), lorsque les parties en conviennent, purge dite « **conventionnelle** » (art. 2463) ou lorsque l'acquéreur de l'immeuble hypothéqué décide unilatéralement de l'imposer, purge dite « **judiciaire** » (art. 2464). 56514

La simple publication au service chargé de la publicité foncière des titres translatifs de propriété ne purge pas les hypothèques établies sur l'immeuble ; le vendeur ne transmet à l'acquéreur que la propriété et les droits qu'il avait lui-même sur la chose vendue : il les transmet sous l'affectation des mêmes hypothèques dont la chose vendue était grevée (art. 2462).

La purge légale étant indépendante de la volonté des parties, et la purge judiciaire, une fois déclenchée par la volonté de l'acquéreur de l'immeuble dépendant d'une procédure lui échappant, seul est ci-après envisagé, conformément à l'orientation du présent Mémento dont l'objet est de guider les opérateurs économiques, le régime de la purge conventionnelle qui reste du ressort de l'acquéreur et des créanciers des parties.

Purge conventionnelle des hypothèques inscrites Lorsque, à l'occasion de la vente d'un immeuble hypothéqué, tous les créanciers inscrits conviennent avec le débiteur que le **prix en sera affecté au paiement total ou partiel** de leurs créances ou de certaines d'entre elles, ils exercent leur droit de préférence sur le prix et ils peuvent l'opposer à tout cessionnaire comme à tout créancier saisissant de la créance du prix ; par l'effet de ce paiement, l'immeuble est purgé du droit de suite attaché à l'hypothèque (C. civ. art. 2463 ; ex-art. 2475, al. 1 et 2). 56515

Mais l'absence de purge n'empêche pas que la vente est conclue et qu'une nouvelle inscription puisse être prise (Cass. 3e civ. 18-6-2008 n° 07-15.129 : RJDA 11/08 n° 1185).

Tant que la purge n'est pas opposable aux tiers, la revente de l'immeuble reste possible, et une nouvelle inscription peut être prise (Cass. 3e civ. 18-6-2008 n° 07-15.129 : RJDA 11/08 n° 1185). Aussi est-il recommandé à l'acquéreur de faire rapidement publier la vente pour éviter qu'un nouvel acquéreur fasse inscrire une hypothèque à son nom, même après la première vente, et obtienne l'attribution du prix par préférence (cf. Cass. 3e civ. 13-9-2006 n° 898 : Bull. civ. III n° 177).

À défaut de l'accord visé ci-dessus, il est procédé, à l'initiative de l'acquéreur, aux formalités de la purge judiciaire comme il est exposé dans les articles 2464 à 2472 du Code civil. Dans ce cas, le notaire ne peut pas se dessaisir des fonds au profit du créancier hypothécaire sans un mandat exprès l'y autorisant (Cass. 3e civ. 8-2-2018 n° 16-27.941 FS-PB, rendu sous le régime antérieur à l'ex-art. 2475, mais transposable).

D. Transfert de l'hypothèque

Faculté de transférer l'hypothèque L'hypothèque peut être transférée à l'occasion d'une cession de créance, par une subrogation et par une cession de rang. 56600

L'hypothèque peut aussi être transmise par une stipulation pour autrui ; par exemple, un prêteur peut obtenir une hypothèque pour lui-même et pour toute personne qu'il pourrait se substituer dans l'exécution de sa promesse de crédit (TGI Bordeaux 13-2-1969 : D. 1969.334 note Ghestin) ; des sociétés civiles immobilières peuvent s'engager envers une société commerciale à hypothéquer leurs immeubles au profit des futurs porteurs des obligations qu'émettra cette société, la souscription valant pour les intéressés acceptation de la stipulation (TGI Évry-Corbeil 26-4-1972 : GP 1972.2.732).

56603 **Cession de l'hypothèque avec la créance** L'hypothèque est transmise de plein droit avec la créance garantie (C. civ. art. 2473, al. 1 ; ex-art. 2424, al. 1).

Lorsque la cession est établie par un acte authentique, pour permettre au créancier de poursuivre le recouvrement de sa créance, la loi 76-519 du 15 juin 1976 relative à certaines formes de transmission des créances prévoit les conditions dans lesquelles le notaire instrumentaire de la cession peut établir une copie exécutoire de l'acte de cession.

56606 **Transfert de l'hypothèque par subrogation conventionnelle** La subrogation à l'hypothèque est la transmission de celle-ci par le créancier hypothécaire au bénéficiaire de la subrogation, le subrogé (C. civ. art. 2473, al. 1 ; ex-art. 2424, al. 1).

En pratique, elle se produit généralement consécutivement au **paiement de la créance** garantie, par application des règles de la subrogation, compte tenu des observations complémentaires suivantes :

– la créance doit être **cessible** (Cass. civ. 20-3-1907 : DP 1909.1.217) ;

– la subrogation doit être mentionnée **en marge** de l'inscription hypothécaire (C. civ. art. 2425 ; ex-art. 2430) ; mais elle est opposable à l'acquéreur de l'immeuble même si sa publication est postérieure au jugement d'adjudication, dès lors qu'elle n'aggrave pas la situation du débiteur puisqu'elle investit le subrogé de la créance primitive (Cass. civ. 16-7-1987 : Bull. civ. III n° 145 ; CA Orléans 22-6-2000 : RJDA 1/01 n° 81), ou même si elle n'a pas été publiée (Cass. civ. 20-12-1989 n° 88-11.904 : Bull. civ. III n° 246).

Ces décisions renversent la jurisprudence antérieure (Cass. civ. 2-2-1982 : D. 1982.306 note Frank).

Il appartient au subrogé, le cas échéant, de renouveler à temps l'inscription de l'hypothèque (CA Orléans 22-6-2000 précité).

L'hypothèque peut aussi être **transmise seule** au subrogé (C. civ. art. 2473, al. 1 ; ex-art. 2424, al. 1) ; il s'ensuit alors les conséquences suivantes :

– la créance qu'elle garantissait primitivement reste entre les mains de son titulaire, le subrogeant, qui, de créancier hypothécaire, devient chirographaire ;

– l'hypothèque ne garantit la créance du subrogé que dans la limite du montant de la créance du subrogeant ; si les droits du subrogé sont moins importants que ceux du subrogeant, ce dernier conserve donc le bénéfice de l'hypothèque pour l'excédent quoique à un rang inférieur à celui du subrogé ;

– l'extinction de la créance du subrogeant entraîne celle de l'hypothèque (Cass. req. 25-1-1853 : S. 1853.1.423), le subrogé perdant ainsi son hypothèque.

Cette extinction peut être évitée en complétant la subrogation à l'hypothèque par le nantissement de la créance (n° 57363).

56609 **Cession d'antériorité** La cession d'antériorité est un contrat par lequel le **créancier** titulaire d'une hypothèque **cède le rang de son hypothèque** à un autre créancier hypothécaire de rang postérieur (C. civ. art. 2473, al. 2 ; ex-art. 2424, al. 2). Cette cession peut être antérieure à la constitution de l'hypothèque qui doit bénéficier de ce rang (Cass. civ. 19-6-1979 : Bull. civ. III n° 134).

Est une cession d'antériorité, et non une renonciation pure et simple à hypothèque, la clause par laquelle des créanciers hypothécaires du premier vendeur confèrent au créancier hypothécaire du second vendeur le droit de se faire colloquer, dans tous ordres et contributions ayant pour objet la distribution du prix des immeubles hypothéqués, jusqu'à concurrence d'une somme déterminée, par préférence et antériorité auxdits créanciers (Cass. req. 9-1-1893 : DP 1895.1.105).

Le cédant peut aussi consentir une « stipulation de concurrence » par laquelle il promet un rang égal au sien à un créancier moins bien placé (cf. TGI Bordeaux 13-2-1969 : D. 1969.334 note Ghestin).

La cession n'aggravant pas la situation du débiteur puisqu'elle investit le cessionnaire de la créance primitive, il y a lieu, par analogie avec la subrogation, de considérer qu'elle est opposable **même à défaut de la mention en marge** requise par l'ex-article 2430 du Code civil (art. 2425 ; n° 56606 ; contra, Cass. com. 6-1-1987 : D. 1987.375 note Aynès).

La cession d'antériorité met le **cessionnaire** aux lieu et place qu'aurait occupés, dans l'ordre, la créance du cédant. Il s'ensuit notamment que :

– le cessionnaire de la priorité ne peut pas se prévaloir du rang hypothécaire cédé si la créance garantie par l'hypothèque est éteinte ou a elle-même perdu son rang hypothécaire (Cass. req. 25-1-1853 : S. 1853.1.423) ;

– seul le cessionnaire peut se prévaloir au regard du cédant du rang qui lui a été transmis ; pour tous les autres créanciers hypothécaires intermédiaires, le cédant conserve son rang, la cession de priorité ne valant pas renonciation du cédant à son hypothèque (Cass. req. 9-1-1893 : DP 1895.1.105 note de Loynes) ;

– le cessionnaire ne peut primer les créanciers intermédiaires qu'à concurrence de la créance garantie par l'hypothèque cédée (Cass. civ. 23-1-1973 : D. 1973.427 note Frank).

E. Extinction de l'hypothèque

Extinction de la créance Sous réserve du cas de l'hypothèque rechargeable, l'hypothèque disparaît avec l'extinction de la créance garantie (C. civ. art. 2474, 1° ; ex-art. 2488, 1° ; Cass. 3e civ. 12-5-2021 n° 19-16.514 P : D. 2021.1367 note Pellier) et seulement lorsque celle-ci est éteinte (Cass. civ. 25-5-1987 : Bull. civ. II n° 115 : nonobstant la publication du jugement d'adjudication, le créancier hypothécaire n'est pas tenu de supprimer son inscription tant qu'il n'y a pas eu paiement ou consignation). **56700**

Il en est ainsi notamment si l'acte constitutif d'hypothèque est annulé ou résolu (sur une résolution, Cass. civ. 7-5-1986 : JCP G 1987.II.20737 note Dagot).

Mais l'hypothèque ne disparaît pas pour les fautes commises par le créancier (Cass. com. 2-6-1980 n° 78-12.340 : Bull. civ. IV n° 229).

Renonciation à l'hypothèque Le créancier peut renoncer à son hypothèque, sous réserve du cas de l'hypothèque rechargeable (C. civ. art. 2474, 2° ; ex-art. 2488, 2° ; Cass. 3e civ. 8-6-2005 n° 699 : RJDA 3/06 n° 334 : non-renonciation). **56703**

L'extinction est **absolue** lorsque le créancier renonce purement et simplement à sa sûreté à l'égard de tous. Mais l'hypothèque **reste opposable** aux autres créanciers si, par une « promesse d'abstention », le créancier ne renonce à son hypothèque qu'au profit d'une personne déterminée ; par exemple, pour permettre au débiteur de souscrire un prêt, le créancier peut renoncer à exercer son hypothèque contre le prêteur.

La renonciation, ou mainlevée, doit être consentie dans un acte authentique comme la constitution d'hypothèque par application du principe de la correspondance des formes (n° 74813). Sur la forme propre à la radiation de l'hypothèque, n° 56271.

Purge des hypothèques L'hypothèque disparaît lorsque le tiers acquéreur a fait procéder à la purge (nos 56514 s.). **56706**

Prescription de l'hypothèque L'hypothèque peut être prescrite indépendamment de la créance (C. civ. ex-art. 2488, 4°), sans pouvoir survivre à la prescription de l'action en exécution de l'obligation principale (Cass. 3e civ. 12-5-2021 n° 19-16.515 FS-P : RJDA 8-9/21 n° 606). **56709**

La prescription de l'hypothèque ne court pas tant que la créance n'est pas exigible (Cass. req. 30-12-1879 : DP 1880.1.338).

Autres causes d'extinction L'hypothèque est aussi éteinte par : **56712**

– la **résiliation** que le constituant peut décider lorsque l'hypothèque porte sur des créances futures (n° 56228) ;
– la **disparition du bien** sur lequel elle portait, par exemple par l'extinction du bail emphytéotique grevé (Cass. 3e civ. 7-10-2009 n° 08-14.962 : RJDA 2/10 n° 174) ;
– l'**expiration de la durée de validité** de l'inscription d'**hypothèque,** question soulevée notamment en cas de cautionnement réel (n° 55920).

II. PROPRIÉTÉ DE L'IMMEUBLE DONNÉE EN GARANTIE

La propriété d'un immeuble peut être retenue ou cédée en garantie (nos 57515 s.). **56800**

III. GAGE IMMOBILIER

Le gage immobilier, antérieurement dit « antichrèse », est l'affectation d'un immeuble en garantie d'une obligation, qui emporte, outre la **dépossession de l'immeuble** et son transfert au créancier bénéficiaire (C. civ. art. 2379 ; ex-art. 2387), le droit pour celui-ci d'en percevoir les **fruits** qu'il doit imputer sur les intérêts, s'il en est dû, et subsidiairement sur le capital de la dette (art. 2381 ; ex-art. 2389). **56820**

En dépit de la dépossession du débiteur, le gage immobilier est soumis aux **règles de l'hypothèque** conventionnelle en ce qui concerne la capacité du constituant, la nature conditionnelle ou indivise du droit du constituant sur l'immeuble, la forme notariée de l'acte constitutif, les créances susceptibles d'être garanties et le sort des améliorations survenues à l'immeuble objet de la garantie, telles qu'elles sont exposées nos 56209, 56215, 56228, 56235 et 56295 (art. 2380, al. 1 ; ex-art. 2388, al. 1).

Sont aussi applicables au gage immobilier les règles de l'hypothèque conventionnelle autorisant l'**attribution de l'immeuble** en paiement de la créance garantie telles qu'elles sont exposées au n° 56513 (art. 2451 ; ex-art. 2380, al. 2 et, sur renvoi, art. 2451 ; ex-art. 2388, al. 2).

Avant que cette faculté ne soit reconnue, un contentieux a existé sur la qualification d'antichrèse ; celle-ci a été écartée au profit de celle de vente dès lors que la dissimulation d'une antichrèse n'était pas constatée (Cass. civ. 25-3-1957 : GP 1957.224 ; Cass. civ. 5-2-1958 : Bull. civ. I p. 63 ; Cass. 1e civ. 26-12-1961 : D. 1962.381 note Voirin ; Cass. civ. 22-3-1966 : Bull. civ. I p. 154). Cette jurisprudence conserve un intérêt en cas de gage immobilier sur la résidence principale du débiteur (n° 56513).

Le créancier peut aussi, sans en perdre la possession, donner l'immeuble à **bail,** soit à un tiers, soit au débiteur lui-même (art. 2382 ; ex-art. 2390).

En contrepartie, le créancier doit, à peine de déchéance, pourvoir à la **conservation** et à l'entretien de l'immeuble et peut y employer les fruits perçus avant de les imputer sur la dette ; il peut à tout moment se soustraire à cette obligation en restituant le bien à son propriétaire (art. 2381 ; ex-art. 2389).

Le débiteur ne peut pas réclamer la **restitution** de l'immeuble avant l'entier acquittement de sa dette (art. 2383 ; ex-art. 2391) et le créancier doit le restituer après ce paiement (art. 2392, 1°).

Les **droits** du créancier titulaire d'un droit de gage immobilier **s'éteignent,** notamment, par l'extinction de l'obligation principale ou par la restitution anticipée de l'immeuble à son propriétaire (art. 2384 ; ex-art. 2392).

SECTION 3

SÛRETÉS RÉELLES MOBILIÈRES

57000 **Différentes sûretés mobilières** Outre les privilèges sur les meubles (nos 57606 et 57609), les sûretés sur les meubles sont, aux termes du Code civil, le gage de meubles corporels, le nantissement de meubles incorporels et la propriété retenue ou cédée à titre de garantie (C. civ. art. 2329), auxquels s'ajoutent les sûretés instituées par d'autres codes, par exemple le warrant agricole (C. rur. art. L 342-1 s.), le nantissement de comptes-titres et de titres financiers (C. mon. fin. art. L 211-20 s.), le nantissement des œuvres cinématographiques et audiovisuelles (C. cinéma art. L 123-1 s.) ou encore le nantissement d'un contrat d'assurance-vie (C. ass. art. L 132-10).

Sur le nantissement des droits sociaux et des instruments financiers, dont les valeurs mobilières, MSC nos 34620 s. et 62610 s.

I. GAGE DE DROIT COMMUN DES MEUBLES CORPORELS

57003 **Définition du gage** Le gage est une convention par laquelle le constituant accorde à un créancier le droit de se faire payer par préférence à ses autres créanciers sur un bien mobilier ou un ensemble de biens mobiliers, présents ou futurs (C. civ. art. 2333, al. 1).

Le même droit de préférence résulte du séquestre ou de la consignation de sommes, effets ou valeurs, ordonné judiciairement à titre de garantie ou à titre conservatoire (art. 2350).

57006 **Points sensibles** Pour jouir pleinement du gage, le créancier gagiste doit savoir que :
– le gage n'est valable que s'il est fait par écrit, suivi d'une dépossession du meuble donné en gage ou d'une publication de l'acte (nos 57021 et 57031) ;
– le gage emporte droit de rétention, qu'il soit avec ou sans dépossession du constituant ; ce droit est reporté sur le prix de vente et prime toute autre sûreté, même le privilège du Trésor, mais seulement si la mise en vente a été imposée au constituant ; en revanche, le créancier gagiste perd ce droit s'il prend lui-même l'initiative de faire vendre la chose (n° 57046) ;
– la clause du contrat de gage dite « pacte commissoire », qui permet au créancier gagiste de devenir propriétaire du bien gagé, est valable (n° 57055).

Régime Le régime du contrat de gage est fixé par les articles 2333 à 2350 du Code civil. **57009**
Ces dispositions sont applicables à **tout gage,** civil ou commercial, les dispositions dérogatoires relatives au gage commercial qui figuraient au Code de commerce (ex-art. L 521-1 à L 521-3) ayant été abrogées depuis le 1er janvier 2022 (Ord. 2021-1192 du 15-9-2021 art. 8, XII).

Au sens des textes abrogés, le gage était commercial lorsqu'il était constitué (C. com. ex-art. L 521-1) :
– par un commerçant (Cass. com. 17-2-2015 n° 13-27.080 : RJDA 5/15 n° 389) ;
– par un non-commerçant à l'occasion d'un acte de commerce (Cass. com. 2-10-2001 : RJDA 2/02 n° 204, qui a fait prévaloir la preuve par tous moyens).

Sur la **loi applicable en cas de conflit** de la loi française avec la loi d'un État membre de l'UE ou la loi d'un État tiers, nos 17103 s.

Il a été jugé :
– en application du critère de la loi du lieu présentant les liens les plus étroits avec le contrat de gage, que ce lieu était situé en France dès lors que le gage garantissait un prêt consenti en France entre un débiteur et un prêteur, créancier gagiste, qui y étaient domiciliés (CA Paris 10-6-2010 n° 07/21444 : GP 2010.som.3508 note Morel-Maroger) ;
– en application du droit commun fixé par les tribunaux et applicable aux gages soulevant un conflit de lois entre la loi française et la loi d'un État tiers à l'UE, que la loi française était seule applicable aux droits réels sur les biens mobiliers situés en France (Cass. civ. 8-7-1969 : JCP G 1970.II.16182 note Gaudemet-Tallon).

CONDITIONS DE CONSTITUTION DU GAGE

Créance garantie Les créances garanties par un gage peuvent être présentes ou futures ; dans ce dernier cas, elles doivent être déterminables (C. civ. art. 2333, al. 2). **57012**

Elles peuvent être conditionnelles ou éventuelles, pourvu qu'elles ne soient pas fictives (Cass. civ. 31-1-1989 : Bull. civ. I p. 32 ; CA Colmar 19-11-1997 : GP 1999.803).

Chose engagée **1.** Peut être donné en gage un bien mobilier ou un ensemble de biens mobiliers corporels, présents ou futurs (C. civ. art. 2333, al. 1) et, depuis le 1er janvier 2022, un meuble immobilisé par destination (art. 2334). **57015**

Tous les meubles corporels sont susceptibles de gage, les corps certains comme les choses fongibles ou consomptibles, notamment les espèces (gage-espèces, ou escrow account, soumis aux règles exposées aux nos 57550 s.).

Si les choses gagées sont **fongibles** :
– lorsque le gage a été constitué avec dépossession, le créancier doit tenir les choses gagées séparées des choses de même nature qui lui appartiennent ; à défaut, le constituant peut demander la restitution du bien gagé ; si la convention dispense le créancier de cette obligation, il acquiert la propriété des choses gagées à charge de restituer la même quantité de choses équivalentes (art. 2341) ;
– lorsque le gage a été constitué sans dépossession, le constituant peut, sauf convention contraire, les aliéner à charge de les remplacer par la même quantité de choses équivalentes (art. 2342) ; la substitution de nouvelles marchandises, de nature et de qualité différentes de celles initialement gagées, ne peut résulter que de l'exécution d'une clause de substitution conventionnelle (Cass. com. 26-5-2010 n° 09-65.812 : RJDA 10/10 n° 1004) ;
– lorsque le constituant a la faculté d'aliéner les biens gagés dans les conditions prévues ci-dessus, les biens acquis en remplacement sont de plein droit compris dans l'assiette du gage (art. 2342-1).

Si le gage porte sur des espèces, l'engagement du constituant, qui ne constitue pas un cautionnement, est prouvé même si son souscripteur n'a pas écrit de sa main la somme affectée à la garantie (Cass. 1e civ. 2-2-1994 n° 92-11.835 : Bull. civ. I n° 46).

2. Susceptible d'être vendue ou attribuée en propriété au créancier, la chose doit être **saisissable** (nos 59724 et 59806 s.). Mais elle peut être temporairement indisponible (n° 57360), notamment pour inaliénabilité (n° 26642).

Constituant du gage Le bien peut être mis en gage par le **débiteur** ou par un **tiers** ; le créancier n'a d'action que sur le bien affecté en garantie (C. civ. art. 2334). **57018**

Lorsque le gage est constitué par un mandataire, celui-ci doit être muni d'un pouvoir spécial (Cass. com. 14-6-1948 : JCP G 1948.II.4534 ; sur ce mandat, n° 57360).

Le constituant ne peut pas donner en gage la **chose d'autrui** ; le gage de cette chose peut être annulé à la demande du créancier qui ignorait que la chose n'appartenait pas au constituant (art. 2335).

Ce texte est silencieux sur la réparation du préjudice éventuellement subi par le créancier ; celui-ci peut toujours la demander dans les conditions du droit commun de la responsabilité extracontractuelle, comme le prévoit déjà le Code civil (art. 1178, al. 4).

Il doit avoir le pouvoir d'aliéner la chose, sous peine de nullité du contrat pour **incapacité.**

57019 **Bénéficiaire du gage** Le bénéficiaire du gage peut être tout créancier, qui est dit alors « créancier gagiste ».

57021 **Écrit** Le gage n'« est parfait » que par l'établissement d'un écrit contenant la désignation de la dette garantie, la quantité des biens donnés en gage ainsi que leur espèce ou leur nature (C. civ. art. 2336) ; sur l'emploi de la forme électronique, n° 11178.

Dès lors que cet écrit existe, le créancier a acquis les droits inhérents au gage ; il peut donc, comme cela avait déjà été jugé avant que l'écrit ne soit affirmé par la loi comme une condition du gage, être autorisé à prendre des précautions pour éviter la disparition des marchandises qui y sont spécifiées (Cass. civ. 21-3-1938 : DH 1938.257).

À défaut d'un tel écrit, il résulte du terme « parfait » que le gage ne peut pas produire ses effets, le même qualificatif dans l'article 1583 du Code civil étant interprété comme signifiant que la vente n'existe pas tant que les conditions auxquelles le caractère « parfait » est subordonné ne sont pas satisfaites (n° 26659).

L'exigence d'un écrit s'applique depuis le 1er janvier 2022 au gage commercial, désormais soumis au droit commun du gage, ce qui met un terme à la jurisprudence antérieure (Cass. com. 17-2-2015 n° 13-27.080 FS-PB : RJDA 5/15 n° 389) qui avait écarté cette exigence sur le fondement de l'ex-article 521-1 du Code de commerce (abrogé depuis la date précitée).

Si le bien donné en gage est un titre au porteur, le droit reconnu par le titre y étant incorporé, le gage résulte de la remise matérielle du titre, le porteur devenant de ce seul fait titulaire du droit (Cass. req. 11-3-1879 : DP 1879.1.401).

57031 **Opposabilité du gage** Le gage est opposable **aux tiers** (C. civ. art. 2337, al. 1 et 2) :

– s'il résulte d'une **dépossession,** par la remise entre les mains du créancier ou d'un tiers convenu du bien qui en fait l'objet ou du titre qui, tel un connaissement, le représente ;

La preuve que le tiers convenu a accepté ce mandat, dit « d'entiercement », ne peut résulter, à défaut d'écrit ou de commencement de preuve par écrit, que de son exécution (Cass. civ. 24-11-1976 : Bull. civ. I n° 368, écartant la preuve par tous moyens du mandat) ; mais l'entiercement n'est pas opposable s'il a été pratiqué par le locataire des locaux en violation de la clause du bail lui interdisant de sous-louer ces derniers (Cass. com. 23-9-2014 n° 12-26.203 : GP 2014.som.3845. note Dumont-Lefrand).

Le gage demeure opposable tant que la dépossession perdure, ce qui s'apprécie dans les conditions suivantes :

– la substitution de marchandises gagées par d'autres semblables pour cause de vente due au vieillissement et prévue par le contrat n'est pas assimilée à un dessaisissement du créancier gagiste (Cass. req. 10-3-1915 : S. 1916.1.5) ni la substitution des marchandises remises, au fur et à mesure de leur traitement, à un façonnier, malgré la clause de réserve de propriété portant sur elles (CA Angers 26-3-1985 : D. 1986.537 note Contamine-Raynaud) ;

– la dépossession momentanée du créancier gagiste en vue de la transformation d'un paddy en riz décortiqué, en accord avec le débiteur, n'entraîne pas la perte du gage (Cass. req. 11-4-1933 : GP 1933.2.172).

Mais ne suffit pas à rendre le gage opposable aux tiers la simple remise des clefs d'un magasin appartenant au débiteur dans lequel sont déposés les objets engagés (Cass. req. 28-5-1910 : S. 1910.1.488).

– à défaut de dépossession, s'il a été **régulièrement publié,** c'est-à-dire inscrit depuis le 1er janvier 2023 au registre des sûretés mobilières et autres opérations connexes (C. com. art. R 521-1 s.) ; pour le gage de véhicules, nos 57100 s.

L'inscription prend effet à sa date et conserve le gage pendant cinq ans ; elle peut être renouvelée avant l'expiration de ce délai (C. com. art. R 521-11).

Lorsqu'il a été régulièrement publié, les ayants cause à titre particulier du constituant ne peuvent se prévaloir de leur possession de bonne foi pour contester le droit du créancier sur le bien gagé (C. civ. art. 2337, al. 3).

Si le gage n'a pas été publié, il produit effet entre les parties dès lors qu'un écrit a été établi (cf. Cass. 1e civ. 25-5-1976 n° 73-14.419 : Bull. civ. I n° 201 : gage non enregistré).

57033 **Indivisibilité du gage** Le gage est indivisible **entre cohéritiers** nonobstant la divisibilité de la dette entre les héritiers du débiteur ou ceux du créancier (C. civ. art. 2349, al. 1).

L'héritier du débiteur qui a payé sa portion de dette ne peut demander la restitution de sa portion dans le gage tant que la dette n'est pas entièrement acquittée ; réciproquement, l'héritier du créancier, qui a reçu sa portion de créance, ne peut remettre le gage au préjudice de ceux de ses cohéritiers qui ne sont pas payés (art. 2349, al. 2 et 3).

Il résulte aussi de l'indivisibilité que l'**action en nullité** du gage peut être exercée pour le tout par un seul d'entre eux (Cass. req. 28-4-1857 : DP 1857.1.219 : action en nullité d'un acte de vente attaqué comme déguisant un gage immobilier).

DROITS DU CRÉANCIER GAGISTE

Droit de rétention Le droit de rétention du créancier gagiste existe que le gage soit avec ou sans dépossession (C. civ. art. 2286, 4°). 57040

En cas de dépossession, le créancier gagiste est en droit de conserver le bien gagé tant que le débiteur n'a pas payé la créance garantie (C. civ. art. 2339). Il ne commet pas de faute en refusant de se dessaisir de marchandises, même périssables (Cass. com. 19-11-2002 : RJDA 4/03 n° 447). Il peut opposer son droit même aux Douanes (Cass. com. 18-12-1990 n° 89-16.260 : Bull. civ. IV n° 329).

En absence de dépossession, le créancier est en droit de retenir le prix de vente et d'exclure toute cause de préférence, car ce prix étant subrogé à l'objet gagé vendu est connexe à sa créance.

Sur le droit du créancier ou de ses héritiers d'opposer leur droit de rétention aux héritiers du débiteur, n° 57033 ; sur le sort du droit de rétention en cas de sauvegarde ou de redressement judiciaire, n° 62522, et, en cas de liquidation judiciaire, n° 63945.

Droit de revendication Le créancier gagiste dépossédé involontairement de son gage peut en reprendre la possession, sauf le droit du possesseur de bonne foi de lui opposer les articles 2276 et 2277 du Code civil (sur ces textes, n°s 30035 s.). Mais il ne peut l'opposer, même s'il est de bonne foi, au propriétaire du bien puisque le gage de la chose d'autrui est nul et peut seulement lui ouvrir droit à indemnisation (n° 57018). 57043

Droit de préférence Le gage confère au créancier le droit de **se faire payer sur le prix** de l'objet remis en gage, **en cas de vente,** par préférence aux autres créanciers (C. civ. art. 2333), selon les distinctions suivantes, qui valent pour tout gage, commercial ou non, en raison de l'abrogation des dispositions du Code de commerce relatives au gage commercial (n° 57009). 57046

1. Vente imposée par le créancier gagiste lui-même. Lorsque la créance garantie n'est pas réglée à échéance, le créancier gagiste peut faire ordonner en justice la vente du bien gagé, sans que la convention de gage puisse s'y opposer (C. civ. art. 2346, al. 1) et se payer sur le prix, sauf s'il existe des créanciers ayant un droit préférable au sien (ci-après).

Mais le créancier n'est pas tenu de demander la réalisation de son gage à l'échéance (Cass. com. 10-10-2000 : RJDA 1/01 n° 37) ; sur le cas particulier où sa créance est aussi garantie par un cautionnement (n°s 55800 s.).

Cette vente a lieu selon les modalités prévues par le Code des procédures civiles d'exécution sans que la convention de gage puisse y déroger. Toutefois, lorsque le gage est constitué en garantie d'une dette professionnelle, le créancier peut faire procéder à la vente publique des biens gagés par un notaire, un huissier de justice, un commissaire de justice ou un courtier de marchandises assermenté, huit jours après une simple signification faite au débiteur et, le cas échéant, au tiers constituant du gage (art. 2346, al. 2).

Ayant entrepris lui-même les poursuites, le créancier gagiste est censé avoir renoncé à son droit de rétention ; il est alors primé par les créanciers privilégiés (Cass. com. 15-1-1957 : JCP G 1957.II.10006, trois arrêts, note Becqué) comme il est dit n° 57612.

En cas de **concours avec d'autres** créanciers **gagistes** sur la même chose, l'ordre des remboursements dépend :

– si le gage est avec dépossession, de la date du contrat de gage (CA Grenoble 12-10-1960 : GP 1961.1.157) ;

– si le gage est sans dépossession, de l'ordre d'inscription des créanciers ; lorsque le bien gagé sans dépossession fait ultérieurement l'objet d'un gage avec dépossession, le droit de préférence du créancier gagiste antérieur est opposable au créancier gagiste postérieur si son gage est régulièrement publié nonobstant le droit de rétention de ce dernier (C. civ. art. 2340).

2. Vente imposée par un créancier autre que le créancier gagiste. Lorsque l'initiative de la vente du bien gagé est prise par le liquidateur de la liquidation judiciaire du débiteur, le créancier gagiste est payé par préférence à tout autre créancier (n° 63945). Il en est de même si l'initiative est prise par un créancier du débiteur qui a un titre pour en poursuivre l'exécution, ce qui est le cas, notamment, d'un créancier muni d'un privilège général, en particulier le Trésor, car les privilèges spéciaux priment les privilèges généraux (C. civ. art. 2332-1).

Le créancier gagiste peut même se faire payer par priorité sur le prix de vente d'objets saisis ou confisqués pour fraude douanière, bien que la loi en interdise la réclamation à tous les créanciers, même privilégiés (Cass. com. 13-1-1987 : Bull. civ. IV p. 7).

3. Sur l'**ordre** de préférence **entre** le **créancier hypothécaire et** le **créancier gagiste,** n° 56506.

57049 **Portée du droit de préférence** Le **débiteur** ne peut pas solliciter la vente publique des objets gagés, fût-ce pour remettre le prix d'adjudication à son créancier (TGI Périgueux réf. 30-10-1990 : Bull. inf. C. cass. 1991.336).

Le **créancier** gagiste engage sa **responsabilité** :

– s'il fait vendre l'objet gagé à une date à laquelle il a reçu paiement des sommes qu'il pouvait exiger (CA Aix 5-11-1987 : GP 1988.709, déchargeant le débiteur, pour le dédommager, du solde de sa dette) ;

– si, bénéficiaire d'un nantissement de marchandises irrégulier et inopposable aux vendeurs des marchandises, il fait vendre précipitamment celles-ci aux enchères privant les vendeurs de la possibilité de faire valoir leurs droits de vendeurs (Cass. com. 13-12-1994 : RJDA 3/95 n° 339. som. : « nantissement » correspondant apparemment à un gage).

Le créancier gagiste ne peut pas obtenir la **conversion** du gage **en saisie-attribution** car il ne dispose pas d'un titre exécutoire (CA Bordeaux 8-6-2011 n° 10/1055 : JCP E 2011.1531.som. obs. Lebel).

57052 **Droit d'attribution du bien gagé** Le créancier peut, s'il ne souhaite pas faire vendre la chose engagée, faire ordonner en justice que le bien lui demeure **en paiement** (C. civ. art. 2347, al. 1).

L'intérêt de l'attribution en justice de la propriété du bien gagé pour le créancier est d'éviter le concours d'autres créanciers privilégiés car cette attribution est indépendante des règles concernant l'ordre dans lequel s'exercent les divers privilèges sur le prix en cas de vente du bien (Cass. com. 3-6-2008 n° 07-12.017 : RJDA 11/08 n° 1131).

Cette procédure demeure pour lui une simple faculté (Cass. com. 3-11-1983 : JCP G 1984.II.20234 ; Cass. 1e civ. 8-7-2003 n° 01-03.177 : D. 2004.52.som. obs. Le Corre ; contra Cass. com. 13-5-2003 : Bull. civ. IV n° 74, D. 2003.1629.som. obs. Avena-Robardet : cf. Cass. ch. mixte 10-6-2005 n° 02-21.296 : RJDA 12/05 n° 1388). Mais lorsqu'une décision définitive a prononcé l'attribution du gage sur la base de la valeur estimée, le créancier gagiste ne peut plus demander à opter pour la vente publique (CA Lyon 16-10-1980 : JCP G 1981.IV.376).

Si la **valeur est inférieure** au montant de la créance garantie, le créancier étant censé avoir reçu paiement, sa créance se trouve néanmoins éteinte du fait de l'attribution.

L'article 2347, al. 1 ne précise plus comme le faisait l'ancien article 2078 que le gage vaut paiement « jusqu'à due concurrence ».

Lorsque cette **valeur excède** le montant de la dette garantie, la somme égale à la différence est versée au débiteur ou, s'il existe d'autres créanciers gagistes, elle est consignée (art. 2347, al. 2).

La valeur d'attribution peut être convenue entre les parties, aucune disposition nouvelle n'imposant une évaluation par expert, comme c'était le cas de l'ancien article 2078 du Code civil sous le régime duquel les tribunaux avaient néanmoins admis l'évaluation conventionnelle (Cass. com. 15-11-2005 n° 1418 : RJDA 4/06 n° 434) ; à défaut d'accord, il y a lieu de recourir à l'estimation par expert selon les règles de droit commun de l'expertise.

Le juge des référés ne peut pas attribuer le gage s'il existe une contestation sérieuse sur sa valeur (CA Paris 12-3-1993 : JCP G 1993.IV.1828), mais le peut dans le cas inverse (Cass. com. 19-1-1988 : Bull. civ. IV p. 30).

Le créancier ne peut **pas** se faire attribuer le gage si son débiteur est sous sauvegarde ou en redressement judiciaire (n° 61920), mais il le peut s'il est en liquidation judiciaire, qu'il y ait eu dépossession ou non (n° 63945) ; sur la confirmation de l'application de ces règles, C. civ. art. 2287.

Une **clause attributive de compétence** peut être valablement convenue pour connaître de la demande d'attribution du gage, même si la créance garantie doit être déclarée au passif de la liquidation des biens (CA Lyon 4-12-1980 : GP 1981.som.243, transposable à la liquidation judiciaire).

57055 **Attribution conventionnelle du gage ou pacte commissoire** Il peut être convenu, lors de la constitution du gage ou après, qu'à défaut d'exécution de l'obligation garantie le créancier deviendra propriétaire du bien gagé (C. civ. art. 2348, al. 1).

La **valeur** du bien doit être **déterminée au jour du transfert** par un expert désigné à l'amiable ou judiciairement, à défaut de cotation officielle du bien sur une plate-forme de négociation au sens du Code monétaire et financier ; toute clause contraire est réputée non écrite (art. 2348, al. 2).

Lorsque cette valeur **excède** le montant de la dette garantie, la somme égale à la différence est versée au débiteur ou, s'il existe d'autres créanciers gagistes, elle est consignée (art. 2348, al. 3).

Le jugement ouvrant une procédure collective fait **obstacle** à la conclusion et à la réalisation d'un pacte commissoire (C. com. art. L 622-7, I-al. 3, L 631-14, al. 1 et L 641-3), sauf si le gage a été consenti hors période suspecte et mis en œuvre avant ce jugement, peu important que sa réalisation soit intervenue en période suspecte (T. com. Paris 25-6-2010 : Banque 2010.84 obs. Guillot et Boccara ; sur la validité des sûretés constituées avant la période suspecte, nos 63138 s.).

OBLIGATIONS DU CRÉANCIER GAGISTE

Conservation du bien Lorsque le **gage** est constitué **avec dépossession,** le constituant peut réclamer la restitution du bien gagé, sans préjudice de dommages-intérêts, si le créancier ou le tiers convenu ne satisfait pas à son obligation de conservation du gage (C. civ. art. 2344, al. 1). **57060**

Lorsque le gage est constitué **sans dépossession,** le créancier peut se prévaloir de la déchéance du terme de la dette garantie ou solliciter un complément de gage si le constituant ne satisfait pas à son obligation de conservation (art. 2344, al. 2).

Toute dépense utile et nécessaire faite par le créancier pour assurer la conservation de la chose est à la charge du constituant (art. 2343).

Usage et disposition du bien Sauf convention contraire, lorsque le détenteur du bien gagé est le créancier de la dette garantie, il perçoit les **fruits** de ce bien et les impute sur les intérêts ou, à défaut, sur le capital de la dette (C. civ. art. 2345). **57063**

N'ayant d'autre droit que celui de percevoir les fruits, il ne peut donc pas s'opposer, sauf clause contraire, à ce que le souscripteur de polices d'assurance-vie remises en gage exerce le droit, que ces polices lui accordaient, de choisir la répartition de ses versements entre les différents supports financiers proposés (Cass. com. 12-7-2005 n° 1244 : RJDA 5/06 n° 589).

Lorsque le gage porte sur une **rente,** le créancier gagiste a le droit d'en toucher les arrérages bien que ceux-ci représentent une part du capital (Cass. req. 28-11-1894 : DP 1895.1.243).

S'il **détourne le meuble** gagé, le créancier gagiste peut être condamné pénalement (C. pén. art. 314-5).

Sur la faculté pour le créancier de **vendre** les **biens fongibles** gagés, n° 57015.

EXTINCTION DU GAGE

Causes d'extinction Accessoire de la créance garantie, le gage disparaît lorsque la **créance garantie** est **éteinte.** C'est le cas de toutes les causes d'extinction des contrats (nos 15507, 15618, 15650 s.). **57070**

Toutefois, la résiliation du contrat dont le gage garantissait l'exécution, même convenue d'un commun accord entre le créancier et le débiteur, laisse subsister ce gage s'il est établi qu'elle a pour cause l'inexécution du contrat par le débiteur, le gage restant alors affecté au paiement des dommages-intérêts (Cass. req. 9-5-1881 : D. 1882.1.13), solution confirmée depuis par l'article 1352-9 du Code civil.

En cas de **perte du bien** engagé, le report du gage sur l'indemnité d'assurance couvrant le dommage donne lieu à une jurisprudence partagée (pour l'admission : CA Orléans 23-11-1967 : D. 1968.323 note P.F. ; pour l'exclusion : CA Aix 30-7-1940 : JCP 1940.II.1519).

Restitution et radiation Le constituant ne peut exiger la restitution du bien gagé ou la radiation de l'inscription qu'après avoir entièrement payé la dette garantie en principal, intérêts et frais (C. civ. art. 2339). Le créancier gagiste doit lui restituer le gage à sa valeur au jour du paiement. **57073**

Ainsi le débiteur bénéficie-t-il de la plus-value acquise par le bien gagé depuis la constitution du gage (Cass. crim. 16-6-1938 : GP 1938.2.343 : à propos d'une bague en platine avec brillant).

S'agissant de choses fongibles ou de denrées périssables, le créancier gagiste, s'il ne peut restituer le gage en nature, doit en régler la valeur au débiteur au jour du paiement (Cass. com. 3-12-1957 : GP 1958.1.244).

Si le paiement n'est que partiel, la restitution ne peut pas être partielle et le gage subsiste, dès lors, dans son intégralité (cf. art. 2339).

II. GAGE AUTOMOBILE

RÉGIME

Depuis le 1er janvier 2023, le régime du gage automobile (véhicule terrestre à moteur ou remorque immatriculés) fixé par les ex-articles 2351 à 2353 du Code civil est abrogé (Ord. 2021-1192 du 15-9-2021 art. 37, I-al. 3). Le gage automobile constitué depuis cette date est donc soumis au **droit commun du gage de meubles corporels** (C. civ. art. 2333 s.), sous réserve des dispositions exposées ci-dessous. **57100**

Il est ainsi mis un terme à la confusion sur le régime de ce gage qu'avait engendrée l'ordonnance 2006-346 du 23 mars 2006, portant réforme des sûretés, en soumettant la constitution du gage automobile à un régime spécifique. Sur le régime antérieur au 1er janvier 2023, MDC 2022.

PUBLICITÉ DU GAGE AUTOMOBILE

57105 Le gage automobile présente des **spécificités** en matière de publicité (C. civ. art. 2338, al. 2 ; C. com. art. R 521-1 s.) :
– si le gage porte sur un **seul véhicule,** son inscription s'effectue sur le système d'immatriculation des véhicules (ou SIV) tenu par le ministère de l'intérieur (Décret 2023-97 du 14-1-2023 art. 1) ; toute nouvelle inscription sur le même véhicule est impossible ;
– s'il s'agit d'un gage sans dépossession qui porte sur **plusieurs véhicules** pouvant être considérés comme des biens fongibles (par exemple, une flotte de véhicules), il est inscrit, comme tout gage sans dépossession, sur le registre des sûretés mobilières et autres opérations connexes (issus du décret 2021-1887 du 29-12-2021 et applicables à compter du 1-1-2023).

GAGE PORTANT SUR UN SEUL VÉHICULE

57110 **Inscription du gage** Le gage sur un véhicule automobile ne peut être inscrit qu'à la **condition** que le constituant soit propriétaire du bien et titulaire d'un certificat d'immatriculation du véhicule gagé comportant le numéro d'immatriculation définitif ; le constituant peut également être cotitulaire du certificat d'immatriculation (Décret 2023-97 du 14-1-2023 art. 2).

La **demande** d'inscription du gage est adressée par le créancier au ministre de l'intérieur, soit directement par voie électronique, soit par l'intermédiaire d'un établissement de crédit ou d'une société de financement habilité à intervenir dans le SIV (Décret 2023-97 du 14-1-2023 art. 2, I). Sur le contenu de la demande, Décret 2023-97 art. 2, II.

L'**inscription** du gage dans le SIV doit intervenir dans un **délai** de 7 jours à compter de la réception d'une demande complète ; à l'expiration de ce délai, le silence gardé par le ministre de l'intérieur vaut décision d'inscription (Décret 2023-97 art. 4). Le ministre transmet par voie électronique un accusé d'inscription comportant les mêmes informations que celle qu'il a inscrites (art. précité).

L'**inscription** produit **effet** durant cinq ans (Décret 2023-97 art. 6). Les gages inscrits avant la date d'entrée en vigueur du décret 2023-97, le 17 février 2023, produisent effet pendant cinq ans à compter de cette date ; ils sont soumis à ce décret (Décret art. 11).

57120 **Prorogation du gage** La prorogation du gage automobile doit être **demandée** au plus tard 7 jours avant l'expiration de l'inscription concernée soit directement par voie électronique, soit par l'intermédiaire d'un établissement de crédit ou d'une société de financement habilité à intervenir dans le SIV. L'inscription peut être prorogée pour une **durée** de cinq ans sans limitation du nombre de prorogations (Décret 2023-97 du 14-1-2023 art. 6, qui précise en outre le contenu de la demande de prorogation).

La décision du ministre est expresse ou implicite et accompagnée d'un accusé de prorogation, comme indiqué n° 57110 (art. 6).

57130 **Inscription de la cession du gage** L'inscription de la cession du gage automobile s'effectue dans les mêmes conditions que celles exposées n° 57110 (Décret 2023-97 du 14-1-2023 art. 7, qui précise en outre le contenu de la demande).

57135 **Radiation du gage** Le ministre de l'intérieur radie **d'office** du SIV les inscriptions de gage automobile qui ont cessé de produire effet (Décret 2023-97 du 14-1-2023 art. 8).

Par ailleurs, le **constituant ou** le **créancier** peut **demander** la radiation selon les mêmes modalités que l'inscription (n° 57110 ; Décret 2023-97 art. 9), étant précisé que la demande adressée directement par voie électronique doit être accompagnée de la justification de l'accord des parties, d'un acte donnant mainlevée de l'inscription ou d'une décision passée en force de chose jugée (art. précité).

L'inscription radiée n'est plus portée sur le certificat de situation administrative du véhicule concerné (Décret 2023-97 art. 10).

III. NANTISSEMENT DES ŒUVRES CINÉMATOGRAPHIQUES ET AUDIOVISUELLES

57200 Les œuvres cinématographiques et audiovisuelles peuvent être données en nantissement (C. cinéma art. L 124-1 s.), selon les règles suivantes.

1. Le contrat de **nantissement,** relatif à une œuvre dont le titre a été déposé au registre public du cinéma et de l'audiovisuel, doit être **inscrit** à ce registre ; à défaut, il est inopposable aux tiers (C. cinéma art. L 123-1, al. 1, 3 et 9).

2. Le **privilège** résultant du nantissement s'établit par le seul fait de cette inscription qui, sauf renouvellement préalable, est périmée à l'expiration d'un délai de cinq ans (C. cinéma art. L 124-1).

3. Le **créancier nanti,** sauf dispositions contraires du contrat et inscrites au registre public, encaisse seul et directement les produits de l'œuvre cinématographique ou audiovisuelle, de quelque nature qu'ils soient (C. cinéma art. L 124-2) :

– **nonobstant toute opposition** autre que celle fondée sur un privilège légal ;

– **à concurrence** de ses droits et suivant l'ordre de son inscription (le rang des inscriptions étant déterminé dans l'ordre où celles-ci sont requises : C. cinéma art. L 123-5) ;

– **sans qu'il soit besoin de signification** aux débiteurs cédés qui se libèrent valablement en payant dans les mains dudit créancier.

IV. WARRANTS

WARRANTS DÉLIVRÉS PAR LES MAGASINS GÉNÉRAUX

Régime Le warrant délivré par un magasin général est régi par les articles L 522-1 s. et R 522-1 s. du Code de commerce. Cette réglementation doit être complétée par les règles du billet à ordre - le warrant se présentant comme un billet à ordre négociable - chaque fois que les dispositions précitées sont insuffisantes. 57300

Aucune difficulté contentieuse n'étant apparue sur ces warrants depuis quelques dizaines d'années, à notre connaissance du moins, nous n'exposerons pas les dispositions qui figurent dans les textes susvisés. Nous signalerons seulement les règles les plus caractéristiques sur lesquelles l'attention des utilisateurs de ces warrants mérite d'être attirée.

Création du warrant Lors du dépôt d'une marchandise dans un magasin général, le déposant reçoit un récépissé auquel est annexé, sous la dénomination de warrant, un bulletin de gage négociable contenant les mêmes mentions que le récépissé (C. com. art. L 522-24 et L 522-25). 57303

Pour constituer le gage, le déposant doit endosser le warrant séparément du récépissé (art. L 522-28, al. 1) : la simple remise d'un titre non endossé ne confère pas au porteur la qualité de créancier gagiste sur les marchandises déposées (Cass. civ. 19-12-1865 : S. 1866.1.61 ; Cass. req. 11-7-1876 : DP 1877.1.156). Cette qualité n'est pas acquise non plus par l'endossement du récépissé, lequel ne peut conférer au prêteur qu'un mandat à l'effet de disposer des marchandises (Cass. req. 15-12-1884 : DP 1886.1.120 ; CA Paris 22-12-1934 : GP 1935.1.353).

Il a été jugé que le warrant est valable même si le constituant n'est pas propriétaire des produits warrantés (CA Paris 10-2-1904 : D. 1905.2.449 note Valéry).

Transcription d'endossement Le warrant doit être transcrit, avec les énonciations dont il est accompagné, sur le registre à souches du magasin, d'où il a été détaché. Cette transcription doit être demandée « **immédiatement** » par le cessionnaire (C. com. art. L 522-29, al. 3). 57306

La transcription rend le warrant **opposable** au tiers **à** compter de **sa date** ; ainsi, le porteur d'un warrant ne peut ni faire obstacle à la saisie-arrêt (désormais saisie-attribution) pratiquée par un créancier du déposant après la date de l'endossement, mais avant celle de la transcription (CA Paris 1-12-1866 : DP 1866.2.247) ni opposer le warrant à la procédure collective ouverte avant la transcription (CA Angers 5-12-2017 n° 16/01171 : Rev. proc. coll. 2018 n° 2 § 86 note Lebel) ; en revanche, il peut faire vendre les marchandises, malgré leur saisie, lorsque celle-ci a été effectuée après la transcription (CA Dijon 28-2-1947 : D. 1948.243 note Besson).

Mention de l'endossement sur le récépissé Certains magasins généraux exigent mention de l'endossement en marge du récépissé, quoique la loi ne l'impose pas. Cette prescription est utile pour avertir le porteur du récépissé de l'existence d'un gage. Néanmoins, le magasin général ne peut subordonner la transcription du warrant à la production du récépissé pour y mentionner l'endossement du warrant : en refusant de transcrire l'endossement, il s'expose à une condamnation à dommages-intérêts si son attitude cause un préjudice au créancier gagiste (CA Paris 2-5-1929 : D. 1930.2.9 note Escarra). 57309

Paiement du warrant Le paiement est dû à l'échéance. Des délais de grâce ne peuvent pas être consentis au débiteur (T. com. Poitiers 7-12-1936 : GP 1937.1.112). 57312

Le porteur du warrant est payé de sa créance sur le prix, directement et sans formalité de justice, par privilège et préférence à tous ses créanciers, sans autre déduction que celle (C. com. art. L 522-32, al. 1) :

– des contributions indirectes, des taxes d'octroi et des droits de douane dus pour la marchandise ;

– des frais de vente, de magasinage et autres frais pour la conservation de la chose.

La liste est limitative ; on ne saurait donc y ajouter la déduction des contributions directes (Cass. com. 8-3-1955 : D. 1955.307).

Seul le porteur à titre translatif du warrant peut invoquer le bénéfice de cette liste ; l'endossataire, à titre de gage, du récépissé ne peut s'en prévaloir (Cass. civ. 1-5-1901 : S. 1902.1.261).

Lorsque le warrant n'a pas été transféré avec le récépissé, le cessionnaire du récépissé peut disposer de la marchandise, mais à charge pour lui de payer la créance garantie par le warrant ou d'en laisser payer le montant sur le prix de la vente de la marchandise (C. com. art. L 522-28, al. 2).

WARRANTS À DOMICILE

57320 Depuis la réforme des sûretés de 2021 (nº 55000), ont été abrogées les dispositions relatives au warrant hôtelier (C. com. ex-art. 523-1 s.) et au warrant pétrolier (C. com. ex-art. L 524-1 s.) ainsi que celles relatives au warrant industriel (ex-Loi du 12-9-1940) (Ord. 2021-1192 art. 28, 3º et 32, V).

Ne subsiste que le warrant agricole (C. rural art. L 342-1 s.), dont le régime est le suivant.

57323 **Constituant du warrant agricole** Tout agriculteur, à condition qu'il en soit propriétaire, peut emprunter sur les biens énumérés ci-dessous (C. rural art. L 342-1, al. 1).

Le warrant agricole ne peut pas être consenti par un commerçant (Cass. com. 5-7-1984 : Bull. civ. IV p. 183, annulant un tel warrant consenti par un commerçant qui s'était faussement attribué la qualité d'agriculteur). Mais il est valable dès lors que le constituant s'est présenté comme agriculteur lors de l'émission du titre (Cass. com. 3-1-1995 : RJDA 4/95 nº 494).

Depuis le 1er janvier 2023, le warrant agricole est inscrit au registre national des sûretés tenu par le greffier, selon le cas, du tribunal de commerce, du tribunal judiciaire statuant commercialement ou du tribunal mixte de commerce (C. rur. art. R 342-1 et, sur renvoi, C. com. art. R 521-1 s.).

57326 **Produits susceptibles d'être warrantés** Peuvent être warrantés (C. rural art. L 342-1, al. 1) :

– les produits de l'exploitation de l'agriculteur ;

– le matériel contenant ces produits ;

– toutes choses composant le matériel affecté à l'exploitation agricole ;

– les récoltes pendantes par les racines et les fruits non encore recueillis ;

En vertu du droit commun du gage, le warrant peut porter sur les récoltes futures (Cass. 1e civ. 12-11-2015 nº 14-23.106 : RJDA 2/16 nº 151).

– des objets ayant le caractère d'immeubles par nature et par destination, à l'exception de ceux scellés au mur.

L'assiette du warrant n'est pas limitée aux marchandises données en gage au moment de la constitution du warrant ; dès lors qu'elle comprend des marchandises fongibles (par exemple produits frais ou boîtes de conserve identifiables par le lieu, la nature, la quantité et la valeur), la substitution des marchandises est possible au fur et à mesure du renouvellement des stocks, aucune disposition de la loi ne l'excluant ni ne la subordonnant à l'accord des parties (CA Agen 27-2-1985 : JCP G 1986.II.20604 note Sohm-Bourgeois).

57327 **Sommes garanties par le warrant agricole** Le warrant peut garantir globalement des crédits, sans que ces crédits soient précisément désignés, par exemple des ouvertures de crédit (Cass. com. 15-7-1986 : D. 1987.som.293 obs. Vasseur ; CA Agen 27-2-1985 : JCP G 1986.II.20604 note Sohm-Bourgeois).

57328 **Remboursement** L'emprunteur peut rembourser la créance garantie par le warrant agricole même avant l'échéance. Si le porteur du warrant refuse les offres du débiteur, celui-ci peut, pour se libérer, **consigner** la somme offerte (C. rural art. L 342-8, al. 4 et C. civ. art. 1445 s.). Au vu d'une quittance de consignation régulière, le juge du tribunal judiciaire du lieu d'inscription du warrant rend une ordonnance transportant le gage sur la somme consignée (art. L 342-8, al. 4).

Depuis 1er janvier 2023, la consignation doit être précédée par une mise en demeure du créancier (art. L 342-8, al. 4).

Le porteur du warrant n'a droit qu'au remboursement de la créance garantie qui ne comprend pas, sauf indication contraire, les trois annuités d'intérêts précédant le remboursement, comme c'est le cas pour le créancier hypothécaire (Cass. civ. 2-12-1975 : JCP G 1976.IV.34).

L'emprunteur ne peut exiger la radiation de l'inscription du warrant qu'après avoir entièrement payé la dette garantie en principal, intérêt et frais (art. L 342-7).

Si l'emprunteur **ne paie pas** spontanément sa créance, le porteur du warrant doit la lui réclamer et, le cas échéant, constater et renouveler sa demande par lettre recommandée AR (cf. C. rural art. L 342-11). Il est payé directement de sa créance sur le prix de vente par préférence à tous créanciers, sauf l'exception prévue en faveur du bailleur, et sans autres déductions que celle des contributions directes et des frais de vente (art. L 342-12, al. 1) ; l'emprunteur ne peut donc déduire les frais engagés par lui pour la conservation des marchandises (Cass. com. 28-2-1989 : Bull. civ. IV p. 50, lui refusant aussi le bénéfice de l'art. 2332, 3° C. civ., car l'art. L 342-1, dern. al. C. rural l'oblige à conserver l'objet warranté sans pouvoir demander une indemnité au porteur du warrant).

En cas de liquidation judiciaire de l'emprunteur, le porteur du warrant voit son droit de rétention fictif reporté sur le prix de vente des biens warrantés et vendus par le liquidateur (Cass. com. 26-1-2010 n° 08-21.340 : GP 2010.som. 5 mai obs. Dumont-Lefrand) mais il ne peut retenir sur lui la quote-part correspondant à une créance née avant le jugement d'ouverture (Cass. com. 9-4-1991 : RJDA 7/91 n° 639).

Le porteur du warrant qui a fait inscrire son gage ne peut opposer ce gage à celui qui aura acquis, après la constitution du warrant, les biens warrantés, dès lors que cet acquéreur en est devenu le possesseur réel, non équivoque et de bonne foi (Cass. 1e civ. 18-1-2000 : D. 2000.785 note I. Couturier ; Cass. civ. 18-12-2001 : Bull. civ. I n° 326 ; contra Cass. civ. 23-4-1918 : D. 1919.1.33 note Capitant).

V. REÇU D'ENTREPOSAGE

Qualification Un reçu d'entreposage représente des **matières premières** inscrites sur une liste établie par arrêté du ministre chargé de l'économie et qui peuvent faire l'objet d'un contrat négocié sur une plateforme de négociation d'instruments financiers (C. com. art. L 522-37-1, al. 1). Les marchandises sont **déposées dans un magasin général.** 57330

Ce reçu d'entreposage ne peut pas être admis aux négociations sur un système multilatéral défini aux articles L 421-1, L 424-1 et L 425-1 du Code monétaire et financier (C. com. art. L 522-37-1, al. 2).

Le reçu d'entreposage est, à notre avis, un titre négociable car il confère à son titulaire un droit de propriété sur des marchandises déterminées sur un registre tenu par le gestionnaire d'une plateforme de négociation, titre qui est transféré par inscription du nouveau titulaire et qui peut permettre la mise en gage des marchandises qu'il représente par inscription sur le registre susvisé. Le reçu est un titre nominatif puisque le droit qu'il créé résulte de la mention du nom du titulaire du titre.

Régime Les règles applicables au reçu d'entreposage figurent aux articles L 522-37-1 à L 522-37-4 et R 522-24-1 à R 522-24-10 du Code de commerce. 57331

Délivrance du reçu d'entreposage Le reçu d'entreposage ne peut être délivré qu'en représentation de matières premières inscrites sur la liste visée n° 57330. Il peut être délivré pour des **marchandises** fongibles qui peuvent être remplacées par des marchandises de même nature, de même espèce et de même qualité ou pour un lot de marchandises fongibles à prendre dans un lot plus important (C. com. art. L 522-37-3, al. 1 et 2). 57332

Aucun reçu d'entreposage ne peut être délivré pour des marchandises pour lesquelles des sûretés ont été préalablement consenties (art. L 522-37-1, al. 5), et les mêmes marchandises ne peuvent pas faire l'objet de la délivrance d'un récépissé-warrant et d'un reçu d'entreposage (art. L 522-37-3, al. 4).

La délivrance du reçu résulte de son inscription sur un **registre** tenu par le gestionnaire de la plateforme mentionnée au n° 57330 (art. L 522-37-1, al. 3). Le gestionnaire de la plateforme est responsable de l'exactitude des informations mentionnées au registre ainsi que de l'intégrité de ce registre (art. L 522-37-1, al. 6).

L'inscription précise les nom, profession et domicile du titulaire du reçu ainsi que la nature des marchandises déposées et les indications propres à en établir l'identité et à en déterminer la valeur de remplacement (art. L 522-37-2, al. 1).

Sur les règles de fonctionnement du registre, C. com. art. R 522-24-1 et R 522-24-2.

Propriété des marchandises Le reçu d'entreposage atteste de la propriété par son titulaire des marchandises déposées au magasin général qui l'a délivré (C. com. art. L 522-37-1, al. 3). La propriété des marchandises est transférée par l'inscription visée au n° 57332 (art. L 522-37-2, al. 2). Lorsque les marchandises représentées par un reçu d'entreposage sont remises à leur propriétaire, le reçu est radié du registre (art. L 522-37-2, al. 3). 57333

L'exploitant de magasin général où les marchandises représentées par le reçu d'entreposage sont déposées ne peut utiliser ou disposer pour son propre compte des marchandises représentées par ce reçu, sauf avec l'accord préalable de leur propriétaire (art. L 522-37-3, al. 3).

57334 **Mise en gage des marchandises** Les marchandises représentées par un reçu d'entreposage peuvent être mises en gage par le titulaire de ce titre ; le gage est constaté à l'égard des tiers comme à l'égard des parties contractantes par son **inscription au registre** sur lequel est inscrit le reçu d'entreposage mentionné au nº 57332 (C. com. art. L 522-37-4, al. 1). Il est opposable aux tiers à compter de la date de son inscription mentionnée au registre (art. R 522-24-3).

Sur les informations à fournir par le créancier à l'appui de sa demande d'inscription du gage, C. com. art. R 522-24-4.

Il ne peut être consenti aucune **sûreté autre** que ce gage à peine d'inopposabilité de sa constitution ; la réalisation et l'attribution judiciaire du gage de marchandises représentées par un reçu d'entreposage sont régies par les articles 2346 à 2348 du Code civil comme il est exposé aux nºs 57046 à 57055 (C. com. art. L 522-37-4, al. 2).

Les informations relatives au gage sont consultables gratuitement sur un site d'information accessible en ligne (art. L 522-37-4, al. 3 ; art. R 522-24-7).

Le gage est **conservé** pendant cinq ans à compter de son inscription et son effet cesse si l'inscription n'a pas été **renouvelée** avant l'expiration de ce délai (art. R 522-24-5).

VI. GAGE DES STOCKS

57340 Les dispositions spéciales relatives au gage des stocks (C. com. ex-art. L 527-1 à L 527-9 et R 527-1 à R 527-17) ont été abrogées depuis le 1er janvier 2022 par l'ordonnance 2021-1192 du 15 septembre 2021 qui a réformé le droit des sûretés (Ord. précitée art. 28, 3º). Depuis le 1er janvier 2022, les stocks peuvent faire l'objet d'un gage de droit commun (nºs 57003 s.).

L'inscription des gages des stocks constitués jusqu'au 31 décembre 2021, réalisée conformément au régime antérieur, produit les effets prévus par ce dernier même si elle a été effectuée après cette date (Décret 2021-1888 du 29-12-2021 art. 7). Sur le régime antérieur, le lecteur est invité à se référer à l'édition 2021 du MDC.

VII. NANTISSEMENTS DE MEUBLES INCORPORELS

57360 **Définition et variété du nantissement** Le nantissement est l'affectation, en garantie d'une obligation, d'un bien meuble incorporel ou d'un ensemble de biens meubles incorporels, présents ou futurs (C. civ. art. 2355, al. 1).

Le nantissement d'un bien temporairement indisponible est possible (Cass. com. 30-9-2008 nº 07-12.768 : RJDA 12/08 nº 1311 : à propos de valeurs mobilières mais transposable à tout autre bien momentanément indisponible ; sur l'indisponibilité résultant d'une inaliénabilité, nº 26642).

Le mandat de conclure un nantissement doit être exprès (CA Versailles 24-6-1988 : D. 1988.IR.241 ; sur ce mandat, nº 57360).

Il peut être :

– **conventionnel** ; celui qui porte sur des créances est régi par les règles exposées aux nºs 57363 s. ; celui qui porte sur d'autres meubles incorporels est soumis aux règles prévues pour le gage de meubles corporels (nºs 57003 s. ; C. civ. art. 2355, al. 2 et 4), à défaut de dispositions spéciales, notamment celles relatives au nantissement du fonds de commerce (nºs 3400 s.) ou du fonds rural (C. rural art. L 311-3, al. 3), ou à l'endossement pignoratif de lettres de change ou de billets à ordre (nºs 51160 et 51853) ;

– **judiciaire** ; il est alors régi par les dispositions applicables aux procédures civiles d'exécution (C. civ. art. 2355, al. 2 et 3 ; nºs 59300 s.).

Le nantissement étant pratiquement un gage **sans dépossession,** les règles applicables au gage sont transposables en tant que de besoin dans la mesure où elles ne sont pas contraires aux dispositions spéciales régissant un nantissement déterminé ou ne sont pas propres au gage sans dépossession ; toutefois, est formellement exclue l'application, au nantissement de meubles incorporels (autres que des créances), de l'article 2286, 4º du Code civil qui prévoit que le gage sans dépossession emporte droit de rétention (C. civ. art. 2355, 4).

NANTISSEMENT DE CRÉANCE

57363 **Régime** Le nantissement de créance est régi par les dispositions des articles 2355 à 2366 du Code civil (C. civ. art. 2355, al. 4).

Constitution du nantissement de créance Le nantissement de créance doit être conclu par écrit, à peine de nullité (C. civ. art. 2356, al. 1). 57365

Les créances garanties et les créances nanties sont mentionnées dans l'acte ; si ces créances sont futures, l'acte doit permettre leur individualisation ou contenir des éléments permettant celle-ci tels que l'indication du débiteur, le lieu de paiement, le montant des créances ou leur évaluation et, s'il y a lieu, leur échéance (art. 2356, al. 2 et 3).

Créances nanties Le nantissement peut porter sur des créances présentes ou futures (C. civ. art. 2355, al. 1) ou sur une fraction de créance, sauf si la créance est indivisible (art. 2358, al. 2). 57368

Le nantissement s'étend aux accessoires de la créance à moins que les parties n'en conviennent autrement (art. 2359).

Nantissement d'un compte Lorsque le nantissement porte sur un compte, la créance nantie s'entend du solde créditeur, provisoire ou définitif, au jour de la réalisation de la sûreté sous réserve de la régularisation des opérations en cours, selon les modalités suivies en matière de saisie-attribution exposées au n° 59815 (C. civ. art. 2360, al. 1 ; pour un exemple, CA Paris 20-12-2012 n° 11/10182 : JCP E 2013.1314 n° 14 obs. Delebecque). 57371

Il en est de même en cas d'ouverture d'une procédure collective contre le constituant, le solde à retenir étant celui du solde du compte à la date du jugement d'ouverture (C. civ. art. 2360, al. 2). Une banque, bénéficiaire d'un nantissement sur un compte, ne peut pas procéder à la réalisation de la sûreté par la rétention du solde créditeur du compte si sa créance n'est pas exigible au jour du jugement d'ouverture (Cass. com. 7-11-2018 n° 16-25.860 F-D : RJDA 2/19 n° 137).

En conséquence, l'effet attributif immédiat d'une saisie-attribution pratiquée après la constitution du nantissement peut porter sur les sommes présentes sur le compte à la date de la mesure d'exécution (CA Versailles 14-1-2021 n° 19/0805).

Opposabilité du nantissement de créance Le nantissement d'une créance, présente ou future, prend effet entre les parties et devient opposable aux **tiers** à la date de l'acte, dont, en cas de contestation, la preuve incombe au créancier nanti, qui peut la rapporter par tout moyen. (C. civ. art. 2361). 57374

À l'égard du **débiteur,** le nantissement n'est opposable que s'il lui a été notifié ou si ce dernier est intervenu à l'acte ; à défaut, seul le constituant reçoit valablement paiement de la créance (art. 2362).

La notification peut intervenir jusqu'au moment où le juge statue (cf. Cass. com. 9-5-2007 n° 06-10.679 : RJDA 10/07 n° 1012).

Le débiteur de la créance nantie peut opposer au créancier nanti les exceptions inhérentes à la dette. Il peut également opposer les exceptions nées de ses rapports avec le constituant avant que le nantissement ne lui soit devenu opposable (art. 2363-1).

Lorsqu'il est parfait, le nantissement produit son effet pour la **durée** fixée, le cas échéant, dans l'acte (art. 2358). Dans le silence de l'acte sur la durée, le nantissement qui garantit le remboursement d'un prêt d'argent n'est pas éteint à l'échéance du prêt mais seulement lorsque le prêt garanti est remboursé (Cass. 1e civ. 10-3-2021 n° 20-11.917 FS-P : RJDA 8-9/21 n° 605, rendu sur le fondement des ex-art. 1234 et 1185 C. civ., mais transposable, les textes visés n'ayant pas de rapport direct avec la solution qui est compatible avec l'art. 2358 actuel).

Droit du créancier nanti Après notification au débiteur, le créancier nanti bénéficie d'un droit de rétention et lui seul reçoit valablement **paiement** de la créance nantie tant en capital qu'en intérêts ; le créancier nanti, comme le constituant, peut en poursuivre l'exécution, l'autre dûment informé (C. civ. art. 2363). 57377

S'il a été payé au créancier nanti une somme supérieure à la dette garantie, celui-ci doit la différence au constituant (art. 2366).

Les sommes payées au titre de la créance nantie **s'imputent** sur la créance garantie lorsqu'elle est échue ; dans le cas contraire, le créancier nanti les conserve à titre de garantie sur un compte spécialement affecté ouvert auprès d'un établissement habilité à les recevoir à charge pour lui de les restituer si l'obligation garantie est exécutée ; en cas de défaillance du débiteur de la créance nantie et huit jours après une mise en demeure restée sans effet, le créancier affecte les fonds au remboursement de sa créance dans la limite des sommes impayées (art. 2364).

En cas de défaillance de son débiteur, le créancier peut **se faire attribuer,** par le juge ou dans les conditions prévues par la convention, la créance nantie ainsi que tous les droits qui s'y rattachent ; il peut aussi attendre l'échéance de la créance nantie (art. 2365).

Lorsqu'une **même créance** fait l'objet de **nantissements successifs,** le rang des créanciers est réglé par l'ordre des actes ; le créancier premier en date dispose d'un recours contre celui auquel le débiteur aurait fait un paiement (art. 2361-1).

NANTISSEMENT D'ASSURANCE

57380 Une police d'assurance **sur la vie** peut être donnée en nantissement soit par avenant, soit par acte soumis au régime du nantissement de créance exposé aux n°s 57363 s. sous réserve des précisions suivantes (C. ass. art. L 132-10) :

- si le contrat a été d'ores et déjà accepté par le bénéficiaire, le nantissement est subordonné à l'accord ce dernier ;
- si l'acceptation du bénéficiaire intervient après le nantissement, elle est sans effet à l'égard des droits du créancier nanti ;
- sauf clause contraire, le créancier nanti peut provoquer le rachat du contrat nonobstant l'acceptation du bénéficiaire.

Le créancier nanti dispose d'un droit exclusif au paiement de la valeur de rachat, excluant ainsi tout concours avec les autres créanciers du souscripteur, même privilégiés (C. civ. art. 2363 ; C. ass. art. L 132-10 ; Cass. 2e civ. 2-7-2020 n° 19-11.417 F-PBI : RJDA 10/20 n° 536 ; Cass. 2e civ. 17-9-2020 n° 19-10.420 F-PBI : primauté sur le privilège du Trésor).

VIII. PROPRIÉTÉ OBJET DE GARANTIE

PROPRIÉTÉ D'UN MEUBLE RETENUE À TITRE DE GARANTIE

57500 **Clause de réserve de propriété** La propriété d'un meuble peut être retenue en garantie par l'effet d'une clause de réserve de propriété qui suspend l'effet translatif d'un contrat jusqu'au complet paiement de l'obligation qui en constitue la contrepartie (C. civ. art. 2367, al. 1).

Expressément rangée par le Code civil sous la qualification de « sûretés sur les meubles », la clause doit être considérée comme constitutive d'une sûreté, ce qui avait été déjà implicitement admis, avant cette affirmation, par la Cour de cassation qui avait retenu que la subrogation conventionnelle dans la créance avait emporté subrogation dans la clause (Cass. com. 8-1-2002 : RJDA 5/02 n° 549 ; en faveur de la qualification de sûreté, Cabrillac note sous Cass. com. 1-10-1985 : D. 1986.248).

La clause n'a pas d'effet sur la conclusion de la vente, laquelle est parfaite dès le jour de sa conclusion, seul le transfert de la propriété étant retardé (Cass. com. 24-9-2002 n° 98-22.280 : RJDA 6/03 n° 602).

La clause doit être convenue par écrit (art. 2368).

Sur le sort de la clause en cas de mise sous procédure collective de l'acheteur, n°s 63025 s.

57503 **Meubles soumis à la réserve de propriété** La réserve de propriété peut porter sur un meuble **fongible** ; dans ce cas, elle s'exerce à concurrence de la créance restant due, sur des biens de même nature et de même qualité détenus par le débiteur ou pour son compte (C. civ. art. 2369).

Elle peut aussi être exercée sur un bien **incorporé** à un autre bien lorsque ces biens peuvent être séparés sans subir de dommages (art. 2370).

En cas d'aliénation ou de perte du bien, le droit de propriété est reporté sur la créance du débiteur à l'égard du **sous-acquéreur** ou sur l'**indemnité d'assurance** subrogée au bien (art. 2372, al. 1). Le sous-acquéreur ou l'assureur peut alors opposer au créancier les exceptions inhérentes à la dette ainsi que les exceptions nées de ses rapports avec le débiteur avant qu'il ait eu connaissance du report (art. 2372, al. 2 applicable depuis le 1-1-2022).

57506 **Droits du créancier** À défaut de complet paiement à l'échéance, le créancier peut demander la restitution du meuble afin de recouvrer le droit d'en disposer ; la valeur du meuble repris est imputée, à titre de paiement, sur le solde de la créance garantie ; lorsque la valeur du meuble repris excède le montant de la dette garantie encore exigible, le créancier doit au débiteur une somme égale à la différence (C. civ. art. 2371).

57509 **Conservation du meuble** En dépit de la livraison intervenue du meuble vendu et d'une clause de la vente prévoyant que dès la prise en charge le vendeur serait exonéré des dégâts subis par le meuble, les risques de perte de ce meuble restent à la charge du vendeur, toujours propriétaire en application de la clause de réserve de propriété (Cass. com. 19-10-1982 n° 81-10.220 : Bull. civ. IV n° 321 : bien incendié). Néanmoins, l'acheteur est tenu, par une obligation de moyens, d'assurer la conservation de ce meuble (Cass. com. 26-5-2010 n° 09-66.344 : RJDA 10/10 n° 939 : bien volé).

PROPRIÉTÉ D'UN IMMEUBLE RETENUE EN GARANTIE

La propriété peut être retenue à titre de garantie sur un immeuble (C. civ. art. 2375, al. 2 ; ex-art. 2373). **57515**

La retenue de la propriété d'un immeuble est régie dans le Code civil par cette seule disposition. Il a, en effet, été jugé que la disposition relative à la restitution d'un bien meuble (art. 2371 ; n° 57506) est inapplicable à la retenue de la propriété d'un immeuble car incluse dans des textes du même Code consacrés aux sûretés mobilières, sauf à prévoir une disposition contractuelle envisageant la restitution par le créancier de la différence entre la valeur du bien restitué en raison du non-paiement des échéances et la créance du vendeur (Cass. 3e civ. 14-12-2017 n° 16-25.465 F-D : RJDA 4/18 n° 339).

CESSION DE LA PROPRIÉTÉ EN GARANTIE PAR CONTRAT DE FIDUCIE

La propriété d'un meuble, d'un immeuble ou d'un droit peut être cédée à titre de garantie d'une obligation par la conclusion d'un contrat de **fiducie,** conformément aux règles suivantes : **57520**

– l'obligation garantie peut être présente ou future ; dans ce dernier cas, elle doit être déterminable (C. civ. art. 2372-1 et 2488-1, al. 1) ;

– le contrat doit **mentionner,** à peine de nullité, la dette garantie et les éléments imposés par l'article 2018 du Code civil qui sont exposés au n° 23236 (art. 2372-2 et 2488-2) ;

– le décès du constituant personne physique ne met pas fin au contrat de fiducie (art. 2372-1 et 2488-1, al. 3) ;

– la propriété cédée peut être **ultérieurement affectée** à la garantie de dettes autres que celles mentionnées par l'acte constitutif pourvu que celui-ci le prévoie expressément (art. 2372-5, al. 1 et 2488-5, al. 1) ;

Cette opération, dite de « **rechargement** », peut être conclue non seulement avec le créancier originaire, mais aussi avec un nouveau créancier, même si le premier n'a pas été payé ; lorsque le constituant est une personne physique, le patrimoine fiduciaire ne peut alors être affecté en garantie d'une nouvelle dette que dans la limite de sa valeur estimée au jour de la recharge (art. 2372-5, al. 2 et 2488-5, al. 2).

À peine de nullité, la convention de rechargement doit comporter les mêmes mentions que le contrat initial et être publiée sous la forme exposée au n° 23239 ; la date de publication détermine, entre eux, le rang des créanciers (art. 2372-5, al. 3 et 2488-5, al. 3).

Les conditions ci-dessus sont **d'ordre public** et toute clause contraire à celles-ci est réputée non écrite (art. 2372-5, al. 4 et 2488-5, al. 4).

– **à défaut de paiement** de la dette garantie et sauf clause contraire du contrat de fiducie, le fiduciaire, lorsqu'il est le créancier, acquiert la libre disposition du bien ou du droit cédé à titre de garantie (art. 2372-3, al. 1 et 2488-3, al. 1) ; lorsque le fiduciaire n'est pas le créancier, ce dernier peut exiger de lui la remise du bien, dont il peut alors librement disposer, ou, si le contrat de fiducie le prévoit, la vente du bien ou du droit cédé et la remise de tout ou partie du prix (art. 2372-3, al. 2 et 2488-3, al. 2).

La valeur du bien ou du droit cédé est déterminée par un expert désigné à l'amiable ou judiciairement, sauf si elle résulte d'une cotation officielle sur une plate-forme de négociation au sens du Code monétaire et financier ou si le bien est une somme d'argent ; toute clause contraire est réputée non écrite (art. 2372-3, al. 3 et 2488-3, al. 3).

Si le fiduciaire ne trouve pas d'acquéreur au prix fixé par expert, il peut vendre le bien ou le droit au prix qu'il estime, sous sa responsabilité, correspondre à sa valeur (art. 2372-3, al. 3 et 2488-3, al. 4 applicables depuis le 1-1-2022).

Si la valeur du bien cédé ou le produit du bien vendu **excède** le montant de la dette garantie, le bénéficiaire de la fiducie, sous réserve du paiement préalable des dettes nées de la conservation ou de la gestion du patrimoine fiduciaire (art. 2372-4 et 2488-4) :

– soit verse une somme égale à la différence entre cette valeur et le montant de la dette ;

– soit restitue au constituant la part du produit de la vente excédant la valeur de la dette garantie.

CESSION DE CRÉANCE À TITRE DE GARANTIE

La cession de créance à titre de garantie tend à offrir à la pratique la possibilité de céder des créances en garantie dans les cas où une telle cession ne peut pas être réalisée sous le régime de la cession des créances professionnelles par le moyen du bordereau dit « Dailly » qui n'autorise un transfert de créances en garantie qu'au profit des établissements bancaires et assimilés. **57530**

La cession de créances, effectuée hors bordereau Dailly **avant le 1er janvier 2022,** relevait du régime du nantissement de créances. La Cour de cassation estimait en effet qu'en dehors des cas prévus par la loi, l'acte par lequel un débiteur cède et transporte à un créancier, à titre de garantie, tous ses droits sur des créances constituait un nantissement de créance

(Cass. com. 19-12-2006 n° 1500 : RJDA 5/07 n° 474 ; Cass. com. 26-5-2010 n° 09-13.388 : RJDA 10/10 n° 945). Depuis cette date, la réforme du droit des sûretés de 2021 (n° 55000) a reconnu l'autonomie de cette cession, lui conférant un régime spécifique.

57533 **Régime** La propriété d'une créance peut être cédée, depuis le 1er janvier 2022, à titre de garantie d'une obligation par l'effet d'un contrat conclu en application des articles 1321 à 1326 du Code civil (C. civ. art. 2373). Le renvoi à ces articles place la cession de créance à titre de garantie sous le régime du droit commun de la cession de créance : exigence d'un écrit ; possibilité de céder des créances présentes ou futures (si elles sont déterminables) ; absence de nécessité d'obtenir le consentement du débiteur de la créance cédée (sauf si elle est stipulée incessible) mais nécessité de lui notifier la cession ; mêmes exceptions opposables par le débiteur cédé au cessionnaire ; garantie par le cédant de l'existence de la créance et de ses accessoires mais non de la solvabilité du cédé, etc. (nos 14200 s.).

En outre, cette garantie est soumise aux dispositions spécifiques ci-après exposées.

57536 **Détermination des créances cédées en garantie** Les créances garanties et les créances cédées doivent être désignées dans l'acte de cession ; si elles sont futures, l'acte doit permettre leur individualisation ou contenir des éléments permettant celle-ci, tels que l'indication du débiteur, le lieu de paiement, le montant des créances ou leur évaluation et, s'il y a lieu, leur échéance (C. civ. art. 2373-1).

Ces dispositions reprennent les mêmes éléments d'identification que ceux de la cession Dailly (n° 41256) et du nantissement de créance (n° 57368).

57539 **Imputation sur la créance garantie des sommes encaissées au titre de la créance cédée** Les sommes payées au cessionnaire au titre de la créance cédée s'imputent sur la créance garantie lorsqu'elle est échue (C. civ. art. 2373-2, al. 1). Dans le cas contraire, le cessionnaire les conserve dans les conditions prévues aux articles 2374-3 à 2374-6 du Code civil (art. 2373-2, al. 2), c'est-à-dire conformément aux règles relatives à la cession de somme d'argent à titre de garantie (n° 57560).

57542 **Paiement de la créance garantie avant la créance cédée** Lorsque la créance garantie est intégralement payée avant que la créance cédée ne le soit, le cédant recouvre de plein droit la propriété de celle-ci (C. civ. art. 2373-3).

CESSION DE SOMME D'ARGENT À TITRE DE GARANTIE

57550 **Régime légal du gage dit « gage-espèces »** La propriété d'une somme d'argent, soit en euro soit en une autre monnaie, peut être cédée à titre de garantie d'une ou de plusieurs créances, présentes ou futures (C. civ. art. 2374).

Cette disposition, applicable depuis le 1er janvier 2022, introduit dans le Code civil le gage-espèces, très utilisé en pratique mais jusqu'à présent dépourvu de fondement légal textuel.

57555 **Conclusion de la cession** La cession d'une somme d'argent doit être conclue par écrit à peine de nullité (C. civ. art. 2374-1, al. 1).

Cet écrit doit comporter la désignation des créances garanties ; si elles sont futures, l'acte doit permettre leur individualisation ou contenir des éléments permettant celle-ci, tels que l'indication du débiteur, le lieu de paiement, le montant des créances ou leur évaluation et, s'il y a lieu, leur échéance (art. 2374-1, al. 2).

La cession est opposable aux tiers par la remise de la somme cédée (art. 2374-2).

57560 **Droits du cessionnaire** Le **cessionnaire** a le droit de **disposer** librement **de la somme cédée,** sauf convention contraire qui en précise l'affectation (C. civ. art. 2374-3) ; dans ce cas, il peut être convenu d'un intérêt au profit du cédant (art. 2374-4, al. 2). Lorsque le cessionnaire ne dispose pas du droit de disposer de la somme cédée, les fruits et intérêts produits par celle-ci qui accroissent l'assiette de la garantie, sauf clause contraire (art. 2374-4, al. 1 ; sur la neutralisation de cet accroissement en cas de procédure collective du constituant, n° 62519).

En cas de **défaillance du débiteur,** le cessionnaire peut imputer le montant de la somme cédée, augmentée s'il y a lieu des fruits et intérêts, sur la créance garantie ; le cas échéant, il restitue l'excédent au cédant (art. 2374-5).

Lorsque la **créance garantie** est intégralement **payée,** le cessionnaire restitue au cédant la somme cédée, augmentée s'il y a lieu des fruits et intérêts (art. 2374-6).

SECTION 4 PRIVILÈGES

QUALIFICATION DE LA CRÉANCE PRIVILÉGIÉE

Certaines créances, limitativement énumérées par la loi, doivent être **payées par préférence** à d'autres. Elles bénéficient ainsi d'un privilège dans les conditions ci-après exposées. 57600

Lorsqu'une créance résulte d'un contrat soumis à une loi étrangère, cette loi détermine l'existence du privilège (cf. Cass. com. 20-5-1997 n° 95-15.192 : DMF 1997.891 rapport Rémery note Rémond-Gouilloux).

TRANSFORMATION DES PRIVILÈGES IMMOBILIERS SPÉCIAUX EN HYPOTHÈQUES LÉGALES

Depuis le 1er janvier 2022, les privilèges immobiliers spéciaux - privilèges attachés à des créances déterminées relatives à des immeubles - ont été pour la majorité d'entre eux transformés en hypothèques légales (n° 56200), ce qu'ils étaient déjà en fait, car le créancier ne pouvait s'en prévaloir que si, comme pour les hypothèques, il les avait fait inscrire sur les registres au fichier immobilier (C. civ. ex-art. 2377). 57603

Sont ainsi devenus des hypothèques légales spéciales (C. civ. art. 2402) : le privilège du vendeur d'immeubles ; le privilège du prêteur de deniers pour l'achat d'un immeuble ; le privilège du syndicat des copropriétaires sur le lot vendu ; le privilège du copartageant ; le privilège des créances sur une personne défunte ; le privilège de l'accédant à la propriété titulaire d'un contrat de location-accession régi par la loi 84-595 du 12 juillet 1984 définissant la location-accession à la propriété immobilière ; le privilège de l'État, de la commune, de l'établissement public de coopération intercommunale à fiscalité propre ou de la métropole de Lyon, selon le cas, nés de l'application de l'article L 184-1, du chapitre I du titre I du livre V ou de l'article L 521-3-2 du Code de la construction et de l'habitation.

Le privilège des architectes et entrepreneurs ainsi que le privilège du prêteur des deniers ayant servi à payer les architectes et entrepreneurs ont été supprimés.

Sur les dispositions transitoires applicables aux privilèges immobiliers spéciaux nés avant le 1er janvier 2022 y compris non encore publiés à cette date, Ord. 2021-1192 du 15-9-2021 art. 37, IV.

PRIVILÈGES MOBILIERS SPÉCIAUX

Les privilèges mobiliers spéciaux sont attachés par la loi à des créances déterminées relatives à des meubles (C. civ. art. 2330, al. 1 ; ex-art. 2330). Ils sont d'interprétation stricte (art. 2330, al. 2). 57604

Ils donnent le droit d'être préféré aux autres créanciers (art. 2330, al. 3 ; ex-art. 2330 et 2324). Sauf disposition contraire, ils ne confèrent pas de droit de suite et ils se reportent sur la créance de prix du débiteur à l'égard de l'acquéreur (art. 2330, al. 4).

Ce sont les suivants : 57606

a. Privilèges fondés sur une idée de la constitution d'un **gage tacite** entre le créancier et le débiteur : privilèges du bailleur d'immeuble, du transporteur et du commissionnaire ;

b. Privilèges fondés sur l'idée de la **mise d'une valeur** par le créancier dans le patrimoine du débiteur : privilège du vendeur de meuble ;

c. Privilèges fondés sur la **conservation** d'une valeur, grâce au créancier, dans le patrimoine du débiteur : privilège pour frais de conservation ;

Le privilège pour frais de conservation de l'article 2332, 3° du Code civil est strictement entendu ; ainsi :

– en cas d'**installation** de matériels, il n'est accordé que si la dépense a aussi permis de prévenir la perte totale ou partielle de la chose (par exemple, à propos de l'installation des appareils radioélectriques d'un navire, Cass. com. 31-1-1962 : Bull. civ. III p. 54 ; Cass. com. 9-10-1984 : Bull. civ. IV p. 212) ; ce n'est pas le cas si elle a seulement pour effet d'améliorer la rentabilité, voire la sécurité, de la chose (Cass. com. 8-5-1961 : D. 1962.2 note Rodière ; Cass. com. 18-3-1963 : JCP G 1964.II.13840 note de Juglart et du Pontavice ; Cass. com. 2-2-1965 : Bull. civ. III p. 74) ;

– en cas de **réparation,** la dépense ne donne droit au privilège que si elle était nécessaire et urgente (Cass. com. 16-5-1966 : D. 1967.139 note Bourdon ; cf. Cass. com. 12-1-1988 : Bull. civ. IV p. 16 : camion vendu à son prix grâce au changement du moteur par le garagiste) ; en cas de réparations sur un véhicule automobile, le privilège couvre le coût de ces réparations, et non les frais de garage nécessaires à la conservation du droit de rétention du réparateur (CA Nancy 12-12-1990 : Bull. inf. C. cass. 1991.826) ;

– le privilège ne peut pas être invoqué pour obtenir le paiement préférentiel de **frais d'expertise** car ces frais ne peuvent pas être considérés comme engagés pour la conservation de la chose, l'expertise ne tendant pas au sauvetage d'un bien et le privilège ne pouvant porter que sur un meuble déterminé et non sur l'ensemble du patrimoine du débiteur (Cass. civ. 7-1-1997 : RJDA 6/97 n° 748).

d. Les privilèges des **ouvriers** et **fournisseurs** des entrepreneurs de travaux publics dits « de pluviôse » (C. trav. art. L 3253-22) ainsi que le privilège afférent aux créances nées du contrat de travail de l'auxiliaire salarié d'un travailleur à domicile répondant à la définition de l'article L 7412-1 du Code du travail, sur les sommes dues à ce travailleur par les donneurs d'ouvrage (C. civ. art. 2332, 4°) ;
e. Privilèges **maritimes** (n° 58254), privilèges **fluviaux** (n° 58260) et privilèges **aériens** (n° 58266).

PRIVILÈGES GÉNÉRAUX

57609 Il s'agit de ceux qui sont attachés à des **créances présentant** un **caractère d'intérêt public** ou que la loi estime devoir protéger.

Ils sont d'interprétation stricte, donnent le droit d'être préféré aux autres créanciers et ne confèrent pas de droit de suite, sauf disposition contraire pour les privilèges mobiliers généraux (C. civ. art. 2330 et 2376).

Il y a lieu de distinguer :

a. Les privilèges généraux sur meubles, dits **privilèges mobiliers généraux,** qui peuvent être invoqués sur le prix de vente de tout meuble appartenant au débiteur et qui sont énumérés à l'article 2331 du Code civil.

S'y ajoutent les privilèges du Trésor public et des caisses de sécurité sociale qui sont déterminés par les lois qui les concernent (C. civ. art. 2331-1).

b. Les **privilèges immobiliers** énumérés à l'article 2377 du Code civil.

RANG DES PRIVILÈGES

57612 Lorsque plusieurs créances ayant des causes de préférence différentes sont en conflit, l'ordre de leur paiement s'établit ainsi :

1. Le **détenteur** peut retenir la chose jusqu'au paiement du prix qui lui est dû (n° 57828) ;

2. Les créanciers qui jouissent d'un **rang spécialement fixé par la loi** ;

Tel est le cas, notamment, des titulaires :
- des privilèges des salariés (Mémento Social n°s 70870 s.) ;
- du privilège reconnu aux créanciers postérieurs au jugement d'ouverture d'une procédure collective (n°s 62240 s.) ;
- des privilèges du Trésor public (Mémento Fiscal n° 77210) ;
- des privilèges de la sécurité sociale (CSS art. L 243-4 ; Cass. com. 18-6-2013 n° 12-14.493 : JCP E 2013.1472 note Ronet-Yague, précisant que ce privilège prend rang concurremment avec celui des gens de service et celui des salariés établis respectivement par l'art. 2331 du Code civil et les art. L 625-7 et L 625-8 du Code de commerce et qu'il ne confère pas le droit d'être payé par priorité sur les premières rentrées de fonds) ;
- des privilèges généraux sur meubles (C. civ. art. 2331) ;
- des privilèges maritimes, fluviaux et aériens (n°s 58254, 58260 et 58266) ;

Pour chacun de ces privilèges, il convient de se reporter à la disposition légale fixant leur rang, car l'énumération ci-dessus ne correspond pas à leur ordre de classement.

3. Les créanciers **dont le rang n'est pas fixé par une disposition spéciale** susvisée peuvent invoquer leurs privilèges dans les termes suivants :

a. Les privilèges **spéciaux** priment les privilèges généraux (C. civ. art. 2332-1) ;
b. Les privilèges **généraux** s'exercent dans l'ordre de l'article 2331 du Code civil (art. 2332-2) ;
c. Les privilèges spéciaux du **bailleur d'immeuble, du conservateur et du vendeur de meubles** s'exercent dans l'ordre qui suit (art. 2332-3) ainsi que le privilège né du gage (art. 2332-4 nouv.) s'exercent dans l'ordre qui suit :

1° Le privilège du conservateur, lorsque les frais de conservation sont postérieurs à la naissance des autres privilèges ;
2° Le privilège du bailleur d'immeuble, qui connaissait l'existence des autres privilèges, en concurrence avec le privilège né du bail ;
3° Le privilège du conservateur, lorsque les frais de conservation sont antérieurs à la naissance des autres privilèges ;

Entre les conservateurs du même meuble, la préférence est donnée au plus récent.

4. Le privilège du **vendeur de meubles** ;

5. Le privilège du **bailleur d'immeuble,** qui connaissait l'existence des autres privilèges ;

6. Le privilège des **producteurs agricoles** en cas de procédure collective de l'acheteur ; les sommes dues à ces producteurs agricoles par leurs acheteurs sont payées, lorsque ces derniers font l'objet d'une procédure de sauvegarde, de redressement ou de liquidation judiciaire, nonobstant l'existence de toute autre créance privilégiée à l'exception de celles garanties par les articles L 3253-2 et L 3253-5 du Code du travail, à due concurrence du montant total des produits livrés par le producteur agricole au cours des 90 jours précédant l'ouverture de la procédure (C. com art. L 624-21 ; C. civ. ex-art. 2332-4).

SECTION 5

DROIT DE RÉTENTION

Définition du droit de rétention Le droit de rétention permet au créancier qui détient un bien que lui a remis son débiteur de retenir ce bien jusqu'à complet paiement de sa créance. Mais il ne lui permet pas, n'étant pas une sûreté assimilable au gage, de se faire payer par préférence s'il demande en justice la vente forcée du bien qu'il détient (Cass. com. 20-5-1997 n° 95-11.915 P : RJDA 10/97 n° 1263) ni de se faire attribuer en pleine propriété ce bien (Cass. com. 9-6-1998 n° 96-12.719 P : RJDA 10/98 n° 1141 ; CA Rennes 4-7-2001 : BTL 2001.584). 57800

Ces solutions demeurent valables, à notre avis, depuis les réformes des sûretés de 2006 et de 2021 (n° 55000), bien que l'article 2286 du Code civil range le droit de rétention sous le titre du livre IV du Code civil intitulé « Des Sûretés », car il n'en résulte pas pour autant que celui-ci constitue un gage. De surcroît, la réforme du droit des sûretés de 2021 n'a en rien modifié le régime du droit de rétention.

Régime Le droit de rétention, créé par les tribunaux, est consacré par la **loi** qui l'institue dans certaines hypothèses (C. civ. art. 2286). 57803

Les tribunaux français, lorsque la créance est née d'un contrat international, déterminent l'existence du droit de rétention en fonction de la loi du lieu où le droit de rétention est invoqué (CA Rouen 10-3-1994 : DMF 1995.232).

Les parties peuvent **contractuellement** créer un droit de rétention et en aménager l'assiette, par exemple en faisant porter le droit sur la carte grise d'un véhicule donné ou sur celle qui lui sera substituée si le véhicule initial est changé (Cass. com. 22-3-2005 n° 481 : RJDA 7/05 n° 894). Elles peuvent l'opposer aux tiers même à défaut de lien de connexité entre la créance et le bien retenu, selon la dernière jurisprudence (Cass. com. 19-12-2018 n° 17-18.900 F-D : DMF 2019.108 ; CA Douai 25-6-2020 n° 19/00970 : DMF 2020.779), rompant avec une décision antérieure ayant cassé une décision qui avait validé la rétention sans constater ce lien (Cass. com. 18-3-2003 n° 01-11.204 D : RTD com. 2003.418 n° 1 obs. Delebecque).

La liberté contractuelle n'est limitée, en effet, que par la violation d'une règle d'ordre public ; la connexité n'a pas de raison d'être lorsque le droit de rétention est fondé sur la liberté contractuelle, qui ne porte ici atteinte ni à l'intérêt général ni à l'intérêt personnel d'une partie requérant la protection de la loi.

La validité des solutions susvisées peut être considérée comme ratifiée indirectement par l'ordonnance de réforme des sûretés qui ne les a pas remises en cause, excluant le droit de rétention de son champ d'application.

En cas de **procédure collective** du débiteur, le droit de rétention fait l'objet de restrictions : nullité de la rétention conventionnelle consentie en période suspecte (n° 63138) ; interdiction d'en accroître l'assiette (n° 62519) ; neutralisation du droit de rétention attaché à un gage sans dépossession (n° 62522) ; voir aussi n° 57828.

Points sensibles Le créancier qui entend se prévaloir d'un droit de rétention doit prêter une attention particulière aux points suivants : 57806

- en aucun cas, il ne doit se dessaisir du bien, sauf s'il y est contraint par décision de justice (n° 57812) ;
- il doit être de bonne foi (n° 57818) ;
- en cas d'interventions successives sur le même bien (par exemple, façonnages ou réparations répétées), il ne peut exercer son droit de rétention qu'en garantie du dernier travail effectué sur ce bien ; en effet, sauf cas exceptionnels, le droit de rétention s'éteint lors de chaque dessaisissement du bien et ne renaît pas (n° 57825).

CONDITIONS DU DROIT DE RÉTENTION

Existence d'une créance La personne qui entend se prévaloir d'un droit de rétention doit justifier d'une **créance certaine.** Ce n'est pas le cas, par exemple, du garagiste qui ne s'est pas mis d'accord avec son client sur le montant des réparations à faire sur un véhicule (Cass. civ. 3-5-1966 : D. 1966.649 note Mazeaud ; rappr. Cass. com. 14-6-1988 : Bull. civ. IV p. 138). 57809

Toutefois, celui à qui le droit de rétention est opposé ne peut pas rompre le contrat avant son terme au motif que la rétention est exercée à tort dès lors que la créance invoquée à l'appui est fondée en son principe, alors même que s'agissant de marchandises transportées elles seraient avariées (CA Paris 20-12-2018 n° 16/11192).

Le droit de rétention ne peut être exercé que si la créance est **exigible** (CA Versailles 23-3-2000 : créance non exigible du seul fait de la rupture des relations commerciales qui n'est pas le cas de déchéance du terme prévu par l'ex-art. 1188 du Code civil, désormais art. 1305-4 ; CA Dijon 14-6-2018 n° 18/00112).

Il peut l'être, cependant, même si la créance n'est **pas** encore **liquide,** pourvu que la « liquidation » intervienne au moment où le juge statue sur le bien-fondé de la créance, la décision de justice qui le constate pouvant rendre celle-ci liquide et exigible (Cass. civ. 23-4-1974 : JCP G 1975.II.18170 note Thuillier).

Enfin, la créance invoquée par le rétenteur doit exister **sur la personne** même à laquelle il oppose sa rétention (CA Paris 20-5-1988 : BT 1988.547 : refus du droit de rétention à un commissionnaire en douane qui l'opposait à un donneur d'ordre qui n'était pas son débiteur ; rappr. Cass. com. 26-3-2013 nº 12-12.204 F-D : RD bancaire 2013 nº 4 § 132 obs. Legeais).

La créance comprend les frais de gardiennage de la chose retenue (Cass. com. 21-3-2018 nº 17-10.884 F-D).

57812 **Détention d'un bien** Le droit de rétention ne peut s'exercer que sur une « **chose** » (C. civ. art. 2286), autrement dit des **biens corporels** susceptibles d'une possession matérielle. Peu importe la nature de ces biens : des dossiers (CA Colmar 30-1-1973 : D. 1973.som.99), des partitions musicales (CA Amiens 13-6-1901 : S. 1902.2.283), des pièces administratives relatives à un véhicule (Cass. com. 14-4-1992 : RJDA 10/92 nº 946 ; aussi nºs 57815 et 57831), des cartons de tapisserie (Cass. civ. 4-6-1971 : D. 1971.489 concl. Lindon, en dépit du droit moral de l'auteur sur son œuvre), un fichier sur bande magnétique (Cass. com. 8-2-1994 : RJDA 6/94 nº 700), un aéronef (CA Orléans 19-7-2012 nº 11/01645 : JCP E 2012.1748 nº 16 obs. Delebecque).

Les **immeubles** peuvent aussi faire l'objet d'un droit de rétention (Cass. civ. 15-6-1962 : Bull. civ. I p. 268), à la condition que celui qui invoque ce droit ait la détention de l'immeuble, ce qui n'est pas le cas de l'entrepreneur chargé de la construction d'un immeuble sur un terrain appartenant au maître d'ouvrage (Cass. civ. 23-6-1999 : RJDA 11/99 nº 1252) ou de l'huissier qui détient les clefs d'un immeuble pour avoir instrumenté l'expulsion de son occupant (Cass. 1e civ. 11-5-2017 nº 15-26.646 FS-PB). Tel est, en revanche, le cas lorsque l'immeuble est resté sous la main des acquéreurs dans l'attente de la restitution du prix par le vendeur après annulation de la vente (Cass. com. 30-1-2019 nº 17-22.223 F-PB : RJDA 5/19 nº 379).

En revanche, ce droit ne peut pas s'exercer sur des **meubles incorporels,** tels que, par exemple, un fonds de commerce (Cass. com. 26-11-2013 nº 12-27.390 : RJDA 3/14 nº 272) ou un marché de travaux (CA Caen 28-1-1972 : D. 1972.760 note Kœring-Joulin ; CA Paris 16-12-1977 : GP 1978.1.210 ; CA Aix 23-1-1981 : Bull. Cour d'Aix 1981/1 p. 72) ni sur des objets destinés à l'usage du corps humain (Cass. civ. 9-10-1985 : GP 1986.pan.27 : à propos d'une prothèse dentaire).

Mais il a été jugé qu'il pouvait s'exercer sur un site Internet par désactivation décidée par l'hébergeur (CA Toulouse 12-10-2010 nº 08/05858 : RD bancaire 2011 nº 2 § 54 obs. Legeais).

La détention existe même si elle s'exerce sur des objets déposés dans un **local** dont le détenteur n'est ni propriétaire ni locataire mais dont il assume, en vertu d'un accord avec le propriétaire ou le locataire, la **garde** sous son exclusive responsabilité avec son propre personnel et son matériel (CA Paris 18-2-1987).

Mais la détention suppose que l'objet ait été **remis** par celui à qui on oppose le droit de rétention, peu important qu'il soit propriétaire ou non de cet objet (CA Paris 28-11-2007 nº 06/06892) : le créancier qui a pratiqué une saisie conservatoire ne peut ainsi prétendre à aucun droit de rétention (Cass. com. 19-2-1958 : Bull. civ. III nº 82).

La détention se **perd** par le dessaisissement volontaire (C. civ. art. 2286, al. 6). Elle n'est pas perdue au moment où le vendeur de marchandises déposées dans le magasin d'un particulier, qui n'est pas un magasin public, a donné l'ordre à ce tiers de tenir la marchandise à la disposition de l'acheteur car il n'en résulte pas une délivrance effective (Cass. civ. 12-5-1903 : DP 1903.1.415).

Pour des exemples de mise en possession de biens donnés en gage et de délivrance de la chose vendue, nºs 57031 et 26915.

Le détenteur de connaissement qui ne peut plus exercer son droit de rétention car la marchandise a été livrée par le transitaire en connaissance de cette détention peut se prévaloir du privilège de l'article L 132-2 du Code de commerce sur la valeur de la marchandise et sur les documents s'y rapportant (CA Rouen 12-9-2019 nº 17/04044 : JCP G 2020.42.1398 obs. Delebecque).

57815 **Lien de connexité entre la créance réclamée et la chose retenue** Peut se prévaloir du droit de rétention légal sur la chose celui (C. civ. art. 2286) :

– à qui la chose a été remise jusqu'au paiement de sa créance (cas du créancier gagiste avec dépossession) ;
– dont la créance impayée résulte du contrat qui l'oblige à la livrer ;
– dont la créance impayée est née à l'occasion de la détention de la chose.

Ces dispositions correspondent à la conception de la connexité appliquée avant l'introduction de l'article 2286 dans le Code civil, sous le nom de « connexité juridique » (créance et détention résultant d'un même lien de droit, notamment d'un même contrat) ou « matérielle » (créance due à des dépenses exposées pour la conservation ou l'amélioration de la chose retenue, ou lorsque celle-ci a causé au détenteur un dommage dont il demande réparation).

Les solutions antérieures des tribunaux demeurent donc valables ; ainsi, il a été jugé que cette **connexité existe** :
– entre le remboursement des sommes qu'un acheteur a versées sur le prix et la créance en restitution de la chose achetée, après annulation de la vente (T. civ. Seine 12-10-1932 : GP 1932.2.940) ;
– entre les choses remises à un mandataire et ce qui peut lui être dû en exécution de son mandat, même après révocation de celui-ci (T. civ. Parthenay 21-6-1935 : DH 1935.567) ;
– entre les frais de garde et de conservation du mobilier confié à un séquestre et la créance en restitution dudit mobilier (Cass. civ. 22-5-1962 : GP 1962.2.130) ;
– entre toutes les créances résultant d'un contrat unique alors même que l'exécution de ce contrat s'est déroulée en plusieurs phases et qu'un acte distinct a été conclu pour une phase déterminée (Cass. com. 1-2-1983 : GP 1983.pan.178) ;
– entre un terrain et les dépenses dues au possesseur du terrain pour les améliorations apportées par lui à ce terrain (Cass. civ. 12-3-1985 : Bull. civ. III p. 50) ;
– entre les pièces administratives relatives à des véhicules conservées par le fabricant de ces véhicules et la créance en remboursement du prêt consenti par ce fabricant pour l'acquisition des véhicules correspondants (Cass. com. 31-5-1994 : RJDA 11/94 n° 1197) ;
– entre une foreuse apportée sur un chantier en vue de l'exécution de travaux convenus par un contrat entre un prestataire de services, qui a fait venir la foreuse en qualité de crédit-preneur de ce matériel appartenant à une autre société, et la créance certaine, liquide et exigible du maître d'ouvrage contre le prestataire de services en restitution de l'acompte qu'il lui a versé pour l'exécution des travaux, cette créance et celle en restitution de la foreuse résultant du même contrat (Cass. com. 17-2-2021 n° 19-11.132 F-P : RJDA 6/21 n° 425).
En revanche, le droit de rétention doit être refusé, **faute de connexité** entre la créance et l'objet retenu, lorsque :
– le rétenteur détient l'objet pour une cause qui est sans rapport avec la créance invoquée ; par exemple : le gérant d'une société ne peut retenir, aux fins de paiement de sa rémunération, les livres comptables de la société (Cass. civ. 29-11-1871 : S. 1871.1.225) ; le propriétaire de meubles se trouvant dans un immeuble vendu en rente viagère ne peut pas refuser de remettre les clés de l'immeuble à l'acheteur de cet immeuble au motif que celui-ci devait au crédirentier, dont le propriétaire des meubles est légataire universel, un solde relatif à un élagage d'arbres sur la propriété acquise (Cass. civ. 16-7-1969 : Bull. civ. III p. 444) ;
– la chose retenue n'est pas celle sur laquelle a été effectué le travail non réglé (Cass. com. 29-1-1974 : D. 1974.245) ou à propos de laquelle est née la créance invoquée (CA Rouen 30-10-2014 n° 13/04277 : DMF.2015.314 obs. Humann) ;
– la rétention est exercée pour couvrir un crédit bancaire sur des bons de caisse qui n'indiquent pas la cause de leur remise (Cass. com. 11-7-1983 : D. 1984.IR.82 obs. Vasseur) ;
– la créance du rétenteur existe sur un tiers étranger au contrat invoqué pour justifier le droit de rétention (Cass. com. 13-12-1983 n° 78-15.082 : Bull. civ. IV n° 347 : commissionnaire en douane voulant retenir la marchandise qu'il a accepté de dédouaner à la demande d'une banque pour une créance qu'il a sur un tiers).

Le lien de **connexité suffit** ; il n'est pas nécessaire notamment que les travaux accomplis aient eu pour effet d'incorporer une valeur supplémentaire à la chose (T. civ. Lille 13-12-1955 : JCP G 1956.II.9033).
Le juge ne peut reconnaître l'exercice du droit de rétention que s'il a constaté le lien de connexité (Cass. com. 14-6-2023 n° 20-19.948 FS-B).

Bonne foi du détenteur Le créancier ne peut se prévaloir du droit de rétention que s'il est de bonne foi (Cass. req. 27-10-1925 : S. 1927.1.334) au moment de la remise des marchandises entre ses mains. 57818
Tel est le cas de celui qui a reçu des marchandises d'un remettant qu'il a légitimement cru propriétaire (CA Angers 26-3-1985 : D. 1986.537 note Contamine-Raynaud), mais non de celui qui n'ignore pas l'identité du propriétaire (CA Versailles 21-9-1994 : RJDA 12/94 n° 1349).
Sur des solutions transposables, n° 24062.

Toutefois, le possesseur de **mauvaise foi** évincé d'un immeuble qu'il a construit sur le terrain d'autrui en bénéficie afin d'obtenir le remboursement de l'indemnité que les juges lui allouent (Cass. civ. 23-4-1974 : JCP G 1975.II.18170 note Thuillier).

EXERCICE DU DROIT DE RÉTENTION

Assiette du droit Le droit de rétention, dès lors qu'il est invoqué en rapport avec un bien susceptible de détention (n° 57812), peut être exercé : 57825
– sur la **totalité** des **biens** détenus par le rétenteur même en cas de paiement partiel et même si le reliquat de la dette est modique (Cass. com. 6-10-2009 n° 08-19.458 : RJDA 12/09 n° 1119) ;
– sur une **partie** des biens détenus : par exemple, un peigneur de laines à façon est fondé à exercer son droit de rétention sur certains des lots de marchandises qui lui ont été remis pour le paiement du travail à façon exécuté sur l'ensemble des lots, quels que soient les travaux qu'il

a effectués sur les différents lots et bien que les marchandises qui les composent soient de valeur différente (CA Douai 25-11-1921 : GP 1922.1.64) ;

– sur les biens du débiteur **qui reviennent** en la possession du rétenteur, même pour le paiement d'une créance née avant, dès lors que ces biens ont fait retour en vertu du **même contrat** que celui qui a donné naissance aux créances réclamées (Cass. com. 29-6-1971 : Bull. civ. IV p. 174, permettant à un garagiste de récupérer le montant de réparations successives sur des camions se trouvant à nouveau en sa détention ; CA Lyon 15-11-1972 : D. 1973.som.68, autorisant un garagiste à bloquer un véhicule, en dépit de ses sorties successives, pour le paiement des loyers dus en vertu d'un contrat de location d'emplacement ; CA Paris 5-3-1982 : BT 1982.256, accordant à un transporteur le droit de retenir des marchandises afférentes à des transports échelonnés dans le temps) ;

En revanche, un garagiste ne peut retenir un camion sur lequel il a effectué des réparations successives en vertu de conventions différentes (Cass. com. 23-6-1964 : D. 1965.79 note Rodière ; sur la même exigence d'une convention unique, Cass. civ. 25-4-1967 : Bull. civ. I p. 105 ; Cass. com. 29-1-1974 : D. 1974.245 ; Cass. com. 4-12-1984 : Bull. civ. IV p. 267).

– sur la **somme** versée en **consignation** après autorisation de justice en contrepartie de la remise du bien que le détenteur voulait retenir (CA Orléans 18-4-1974 : JCP G 1974.IV.337 ; aussi Cass. com. 27-4-1978 : D. 1980.IR.291 ; CA Aix 27-1-1976 : D. 1980.IR.291 obs. Derrida) ;

L'autorisation de remise contre consignation peut être accordée par le juge des référés (Cass. civ. 16-10-1979 : GP 1980.som.49).

– sur un **même bien** qui a fait l'objet de réparations exécutées en deux fois, dès lors qu'entre-temps le détenteur ne s'est pas dessaisi du bien (CA Aix 24-2-1976 : D. 1980.IR.291 obs. Derrida) ;

– sur les **fruits** de l'immeuble retenu et loué, le droit de rétention étant indivisible et le créancier fondé à retenir la totalité du bien jusqu'au paiement total de sa dette sans que le propriétaire puisse en jouir de quelque manière (Cass. com. 6-10-2009 n° 08-19.458 : RJDA 12/09 n° 1119, en déduisant que le détenteur n'a pas à rendre compte au propriétaire de l'immeuble de la perception des loyers de celui-ci avant le paiement de la dette).

Mais le droit de rétention sur les documents administratifs relatifs à des véhicules **ne s'étend pas** aux véhicules eux-mêmes et il n'en résulte pas un droit pour le prêteur de se faire attribuer le produit de la vente de ces véhicules (Cass. com. 23-4-2013 n° 12-13.690 : RJDA 7/13 n° 664).

57828 **Opposabilité aux tiers du droit de rétention** Le droit de rétention est un droit réel opposable **à tous,** même au propriétaire de la chose non tenu de la dette (Cass. com. 3-5-2006 n° 553 : RJDA 10/06 n° 1073 ; Cass. 1e civ. 24-9-2009 n° 08-10.152 : RJDA 3/10 n° 294 ; Cass. 1e civ. 20-12-2017 n° 16-24.029 F-D). Cette opposabilité, lorsque le droit de rétention porte sur un immeuble, n'est pas subordonnée à la publicité foncière (Cass. 3e civ. 16-12-1998 : RJDA 2/99 n° 229).

En cas d'ouverture d'une **procédure collective** à l'encontre du débiteur, il est opposable à celui-ci dans les conditions exposées aux nos 61920 et 63945 (C. civ. art. 2287). Le fait que le détenteur ait déclaré sa créance, même à titre chirographaire, ne lui fait pas perdre son droit de rétention, celui-ci n'étant pas assimilable à un gage (Cass. com. 20-5-1997 : RJDA 10/97 n° 1263).

Lorsque le créancier, après avoir exercé son droit de rétention, a demandé l'attribution judiciaire du bien retenu devant le juge des référés, cette action ne peut pas se poursuivre après la mise en liquidation judiciaire du commettant dans la mesure où elle n'a pas abouti à une décision passée en force de chose jugée (CA Paris 12-12-2018 n° 18/08567).

57831 **Abus du droit de rétention** Bien qu'une décision ait qualifié le droit de rétention de discrétionnaire et indivisible (CA Versailles 10-3-2015 n° 13/05398 : RJDA 7/15 n° 529), nombreuses sont les décisions imposant au détenteur d'exercer son droit pour un **motif légitime** : tel n'est pas le cas, par exemple, lorsqu'il se prévaut de son droit quasi simultanément à l'établissement d'une facturation se rapportant à des frais qui jusque-là n'avaient jamais été réclamés ni facturés, alors que sa créance n'est pas en péril et que les objets retenus étaient destinés aux ventes de cadeaux de fin d'année (CA Paris 14-2-1985 : BT 1985.451 ; dans le même sens, Cass. crim. 2-3-1992 : RJDA 11/92 n° 1058) ou sur des marchandises contrefaisantes car leur caractère illicite interdit leur commercialisation (Cass. com. 26-10-1999 : RJDA 12/99 n° 1386), ni lorsqu'il a obtenu, avant d'intervenir, la garantie qu'il sollicitait (Cass. com. 29-2-2000 : RJDA 5/00 n° 603).

Le caractère abusif de la rétention n'est pas caractérisé lorsque les juges ont seulement relevé que celle-ci avait été utilisée comme moyen de pression destiné à obtenir le paiement des factures émises (Cass. com. 16-6-2015 n° 13-26.587 : RJDA 10/15 n° 708) et, partant, si cette pression cause un préjudice important au débiteur, puisqu'il s'agit d'une mesure comminatoire ayant justement pour objet de conduire ce dernier à exécuter ses obligations (CA Versailles 10-3-2015 précité).

Une rétention illégitime peut justifier une action en référé pour trouble manifestement illicite (CA Rouen 30-10-2014 n° 13/04277 : DMF.2015.314 obs. Humann) et exposer aussi le rétenteur à des sanctions pénales pour abus de confiance (C. pén. art. 314-1).

Le droit de rétention est, en revanche, **valablement invoqué** si le créancier refuse un paiement partiel (CA Lyon 20-1-2012 n° 10/07306 : BTL 2012.219) ou si les circonstances ne révèlent pas une attitude malicieuse de la part du rétenteur (cf. Cass. civ. 17-6-1969 : JCP G 1970.II.16162 note Catala-Franjou ;

CA Versailles 14-10-2004 : JCP G 2005.IV.2524). Il en est ainsi notamment du droit de rétention invoqué par un détenteur, vendeur ayant conservé les documents administratifs des véhicules vendus et non payés par l'acheteur en liquidation judiciaire qui les avait revendus sans en avoir payé le prix, à l'encontre de sous-acquéreurs de bonne foi (Cass. 1e civ. 24-9-2009 n° 08-10.152 : RJDA 3/10 n° 294).

La faute dans l'exercice du droit de rétention ne peut pas résulter du seul fait que la rétention causerait un préjudice important au débiteur, puisqu'il s'agit d'une mesure comminatoire ayant justement pour objet de conduire ce dernier à exécuter ses obligations (CA Versailles 10-3-2015 n° 13/05398 : RJDA 7/15 n° 529).

Conservation de la chose Le rétenteur doit procéder aux diligences nécessaires à la conservation de la chose retenue, avec la possibilité de demander au débiteur les frais afférents (Cass. 1e civ. 7-11-2006 n° 1554 : RJDA 4/07 n° 403 ; Cass. com. 10-1-2018 n° 16-21.500 F-D : RJDA 3/18 n° 280). **57834**

Toutefois, l'exploitant d'un aérodrome qui retient un aéronef pour défaut de paiement des redevances n'est pas tenu de la garde de cet aéronef, car ce droit de rétention ne peut avoir pour effet de faire peser sur lui, à l'égard de celui qui ne paie pas ses redevances, plus d'obligations qu'à l'égard de celui qui les paie (Cass. civ. 15-3-1989 : Bull. civ. II p. 36).

SECTION 6 GARANTIE AUTONOME

Qualification La garantie autonome, ainsi nommée et régie par le Code civil depuis la réforme des sûretés de 2006 et reprise sans modification par la réforme de 2021 (n° 55000), et très connue en pratique sous l'appellation de « garantie à première demande », est l'engagement par lequel le garant s'oblige, en considération d'une obligation souscrite par un tiers, à verser une somme soit à première demande, soit suivant les modalités convenues (C. civ. art. 2321, al. 1). **58000**

Cette garantie est surtout employée dans les contrats internationaux sous forme de garantie de soumission (ou « bid bond »), de garantie de bonne exécution ou de bonne fin (ou « performance bond »), de garantie de reversement d'acompte (ou « prepayment bond »), de garantie de dispenses de retenues ou de garantie de bon fonctionnement (ou « maintenance bond »).

Sauf disposition légale contraire (n° 58006), la garantie à première demande peut être utilisée dans tout autre contrat et pour garantir n'importe quel engagement. On la rencontre, par exemple, en matière de marché de travaux (Cass. com. 2-2-1988 : Bull. civ. IV n° 55 ; CA Paris 8-12-1977 et CA Paris 22-6-1978 : D. 1979.259 note Vasseur ; CA Aix 13-3-1981 : D. 1981.IR.505 obs. Vasseur), de marchés publics (CE 11-7-2008 n° 312667 : RJDA 2/09 n° 95), mais aussi en d'autres domaines (Cass. com. 1-2-1994 : RJDA 6/94 n° 699 : à propos d'un contrat de concession automobile ; CA Toulouse 26-10-1988 : D. 1989.som.145 obs. Vasseur : en contrepartie de la mainlevée d'une saisie conservatoire).

Cette garantie doit comporter un **engagement autonome et distinct** des obligations garanties ; les éléments caractérisant cette autonomie sont notamment la mention du caractère irrévocable et inconditionnel de l'engagement, de l'obligation de « payer sans délai » sans formalité préalable et sans pouvoir opposer de motif du chef du donneur d'ordre, de la renonciation expresse du garant à se prévaloir d'une quelconque exception (Cass. com. 15-6-1999 : RJDA 8-9/99 n° 1001) et l'absence de mention obligeant au paiement de la dette du débiteur garanti (Cass. com. 11-6-2002 n° 1170 : RJDA 11/02 n° 1187 ; Cass. com. 9-3-2022 n° 19-24.990 F-D : RJDA 8-9/22 n° 514).

La garantie reste une garantie à première demande si elle comporte de simples références au contrat de base qui n'impliquent aucune appréciation des modalités d'exécution de celui-ci pour évaluer les montants garantis ou déterminer la durée de validité de la garantie (Cass. com. 30-1-2001 : RJDA 5/01 n° 642) ou si la demande doit être « justifiée », cette condition ne conférant pas au garant une quelconque faculté d'en discuter le bien-fondé (Cass. com. 5-10-2010 n° 09-14.673 : RJDA 1/11 n° 84).

Une contre-garantie qui comporte un engagement inconditionnel est à première demande, indépendamment de la garantie de premier rang (CA Paris 18-11-1986 : D. 1988.som.247 obs. Vasseur).

L'appréciation de l'existence d'un engagement inconditionnel ou non constitue une contestation sérieuse qui ne peut pas être tranchée par le juge des référés (CA Paris 10-1-1986 : D. 1986.IR.154 obs. Vasseur ; CA Paris 10-4-1986 : D. 1988.som.244 obs. Vasseur).

Sur la dispense de rechercher la qualification lorsque l'engagement du garant se suffit à lui-même, n° 10010 et sur la faculté pour les parties de lier le juge sur la qualification de garantie à première demande ou de cautionnement, aucune atteinte à l'ordre public ne s'opposant en la matière à la liberté de choisir le contrat voulu par les parties, nos 10025 s.

Régime La garantie autonome est régie par les dispositions de l'article 2321 du Code civil. Rien n'indiquant que ces dispositions sont d'ordre public, les parties peuvent adopter **58003**

conventionnellement les régimes mis au point par la Chambre de commerce internationale, soit les « Règles uniformes pour les garanties contractuelles » (RUGD n° 758, entrées en vigueur le 1-7-2010). Il leur est néanmoins recommandé de s'assurer que ces règles ne contreviennent pas à des solutions prétoriennes qui revêtiraient un caractère d'ordre public.

58006 **Validité de la garantie autonome** La validité de la garantie autonome dépend du **droit commun** de la validité des contrats (nos 12000 s.), l'article 2321 du Code civil ne la soumettant à aucune condition particulière.

Ainsi, l'engagement du garant :
- peut être annulé pour dol (Cass. com. 14-5-2008 n° 06-21.108 : RD bancaire 2008 n° 4 § 111 obs. Legeais ; CA Paris 27-6-1990 : D. 1992.30 note Blanc) ;
- peut être déduit du mandat dont ses employés ont créé l'apparence (CA Versailles 9-6-1994 : D.1995.som.15 obs. Vasseur) ;
- doit comporter une contrepartie (nos 12496 s.), ce qui est le cas dès lors que le donneur d'ordre a un intérêt économique à la conclusion du contrat de base, peu important qu'il n'y soit pas partie (Cass. com. 3-6-2014 n° 13-17.643 : RD bancaire 2014 n° 4 § 134 obs. Legeais).

Toutefois, les tribunaux exigent que l'engagement du garant soit exprès (Cass. com. 26-1-1993 : RJDA 5/93 n° 433 ; Cass. com. 18-4-2000 n° 97-10.160 : RJDA 7-8/00 n° 803).

Le banquier doit informer le donneur d'ordre non professionnel très précisément de la différence entre la garantie autonome et le cautionnement (CA Paris 16-4-1996 : RJDA 10/96 n° 1239) mais non une société importante habituée au négoce international et qui s'est engagée en connaissance de cause (Cass. com. 4-5-2000 : RJDA 7-8/00 n° 802). En revanche, le créancier bénéficiaire de la garantie n'est pas tenu de mettre en garde le garant sur la situation du débiteur garanti (Cass. com. 30-1-2019 n° 17-21.279 F-PB : RJDA 5/19 n° 378).

La garantie à première demande ne peut pas être souscrite pour garantir les **crédits régis par le Code de la consommation** (C. consom. art. L 314-19). En matière de bail d'habitation, il n'est possible d'y recourir qu'au lieu et place du dépôt de garantie et dans certaines limites (Loi 89-462 du 6-7-1989 art. 22-1-1).

58009 **Preuve de la garantie autonome** À défaut de disposition particulière, la preuve d'un engagement à première demande obéit aux règles de preuve de **droit commun** des actes juridiques (nos 75600 s.) ; notamment, il est soumis au formalisme des engagements de payer une somme d'argent (n° 75689 ; CA Paris 21-9-2022 n° 21/04574) ; il peut être prouvé à l'égard d'un commerçant par tous moyens (CA Nîmes 27-9-1989 : D. 1990.som.200 obs. Vasseur) et, à l'égard d'un non-commerçant, qui n'avait pas contesté la qualification de garantie à première demande écrite de sa main de payer la dette du débiteur (ce qui aurait dû en faire un cautionnement : n° 58000), par un commencement de preuve par écrit complété par des éléments extrinsèques établissant que son auteur ne pouvait en avoir ignoré la nature, la portée et l'étendue (Cass. com. 19-10-1999 : RJDA 12/99 n° 1385 ; Cass. com. 10-12-2002 n° 97-13330 : JCP G 2003.I.176 n° 10 obs. Simler).

L'engagement étant autonome, il n'est pas commercial pour la seule raison que la dette garantie est commerciale ou que le garant a un intérêt personnel à son paiement (CA Aix 15-4-1993 : JCP G 1993.IV.2570 ; dans le même sens, CA Versailles 11-2-1993 : RJDA 6/93 n° 552 ; CA Dijon 6-5-1994 : Bull. inf. C. cass. 1994 n° 1254).

58012 **Obligation de payer dans les limites de la garantie** La garantie doit être exécutée dans les termes mêmes où elle a été donnée et seulement dans la limite de ces termes.

Encore faut-il que l'appel de la garantie soit certain : tel n'est pas le cas d'un télex qui ne demande pas à la banque de s'exécuter, mais qui se borne à lui notifier l'état des engagements couverts par la garantie (CA Bruxelles 17-11-1988 : D. 1989.som.147 obs. Vasseur).

Il en résulte les conséquences suivantes.

58013 **1.** La garantie ne peut être **appelée que par le bénéficiaire désigné** ; sauf convention contraire, elle ne suit pas l'obligation garantie. Elle n'est donc pas transmise, notamment en cas de scission de la société bénéficiaire, à la société issue de la scission qui a recueilli la créance garantie (Cass. com. 31-1-2017 n° 15-19.158 FS-PBRI : RJDA 4/17 n° 250).

58015 **2.** L'appel de la garantie doit être fait dans les **formes et délais** prescrits, strictement entendus (Cass. com. 27-9-2017 n° 16-14.226 F-D : RJDA 2/18 n° 180) et sous les conditions contractuellement fixées (Cass. com. 13-1-2015 n° 13-14.686 : JCP N 2015.1108 note Piedelièvre : appel subordonné à l'acquisition du bien prévue par une promesse comportant une indemnité d'immobilisation objet de la garantie).

L'avocat d'une partie à la garantie ne peut appeler celle-ci que s'il dispose du pouvoir de le faire (Cass. com. 10-2-2015 n° 12-26.580 : RJDA 6/15 n° 459).

58018 **3.** La garantie peut être **subordonnée à la présentation de documents,** par exemple : document justifiant le dédouanement au pays de destination (cf. T. com. Paris 8-7-1983 : D. 1984.IR.92 obs. Vasseur) ; rapport ou attestation d'un ingénieur ou d'un expert (CA Aix 13-3-1980 : D. 1980.IR.505

obs. Vasseur ; CA Paris 11-7-1982 et TGI Paris 26-1-1983 : D. 1983.IR.297 obs. Vasseur) ; « demande justifiée » (Cass. com. 19-2-1991 : RJDA 6/91 n° 522, qui a jugé que cette demande impose seulement au bénéficiaire de se prévaloir du fait que son cocontractant n'a pas rempli ses obligations pour appeler la garantie ; Cass. com. 3-11-1992 : RJDA 12/92 n° 1166) ; document émanant du maître d'ouvrage et indiquant qu'il y a eu mise en demeure, que le délai prévu par la mise en demeure est expiré et que l'entrepreneur garanti n'a pas satisfait à celle-ci (CA Aix 12-12-1985 : D. 1988.som.241 obs. Vasseur) ; sentence arbitrale énonçant que l'inexécution des obligations du vendeur était imputable à la politique du gouvernement français (Cass. com. 16-5-1995 : RJDA 11/95 n° 1267).

Le garant est tenu d'exiger la présentation de ces documents, mais il ne commet aucune faute dès lors qu'il exécute la garantie sans vérifier le bien-fondé du contenu de ces derniers (CA Paris 18-3-1986 : BRDA 12/86 p. 22). Toutefois, la garantie pourrait prévoir que le garant sera tenu à telle ou telle vérification, rien n'interdisant qu'il assume cette obligation, pourvu qu'il l'ait acceptée.

Seul le document prévu par la lettre peut être exigé (Cass. com. 7-2-1995 : RJDA 6/95 n° 754, refusant d'exiger la production d'une décision d'une juridiction étatique saisie du litige entre les parties au contrat de base à la place de la sentence arbitrale prévue et que les parties ne pouvaient fournir puisqu'elles avaient renoncé à ce mode de règlement de leur litige ; Cass. com. 21-2-1995 : RJDA 7/95 n° 883, refusant le document attestant l'octroi d'une sûreté par le bénéficiaire alors qu'était exigée de lui l'attestation du versement de sommes d'argent).

4. La garantie ne peut être demandée que pour la **durée prévue** ; par exemple, la garantie peut être libérée automatiquement au fur et à mesure des livraisons (Cass. com. 3-3-1980 : Bull. civ. IV p. 84) ou - au cas de garantie de restitution d'acompte - lorsque le montant des travaux réalisés sur le chantier dépassera celui de l'acompte et que l'accord de la société bénéficiaire sera exprimé sur les travaux réalisés (CA Paris 14-10-1983 : D. 1984.IR.202 obs. Vasseur ; T. com. Versailles 17-12-1981 : D. 1982.IR.496 obs. Vasseur ; T. com. Nanterre 22-9-1983 : D. 1984.IR.202 obs. Vasseur) ou - au cas de garantie de restitution d'acompte ou de bonne fin - lorsque le rapport établi par l'entreprise française chargée d'un marché d'étude aura reçu l'approbation du maître de l'ouvrage (T. com. Paris 8-7-1983 : D. 1984.IR.92 obs. Vasseur). **58021**

Toutefois, dans certains pays, notamment en Syrie, la date d'expiration des garanties est purement indicative et correspond seulement à la date probable à laquelle les obligations de la personne garantie auront été exécutées, car l'extinction de la garantie est liée, aux termes d'une clause du contrat de garantie, à la restitution du document de garantie (pour un exemple, CA Paris 26-4-1983 : D. 1983.IR.485 obs. Vasseur).

Dans d'autres cas, les bénéficiaires de la garantie exigent souvent une prorogation de celle-ci, moyennant une simple information donnée au garant, en liaison ou non avec la prolongation de la durée du contrat de base. Certains contrats prévoient qu'à défaut pour le garant de consentir la prolongation, le bénéficiaire pourra exiger le versement de la garantie et même qu'à défaut de prolongation le paiement de la garantie sera de droit ; c'est la clause dite « extend or pay » (prolongation ou paiement) (pour des exemples, CA Paris 2-4-1987 : D. 1988.som.248 obs. Vasseur ; T. com. Paris 8-7-1983 : D. 1984.IR.92 obs. Vasseur). Il arrive aussi, dans le silence du contrat de garantie, que le bénéficiaire fasse pression pour obtenir une prorogation de celle-ci en menaçant de faire appel à la garantie immédiatement (pour un exemple, TGI Paris réf. 13-5-1980 : JCP G 1981.II.19550 note Vasseur). Cette menace pourrait néanmoins constituer un appel abusif à la garantie (n° 58042).

La garantie est **caduque** si elle n'a pas été demandée ou prorogée avant sa date d'expiration (Cass. civ. 24-2-1998 : Clunet 1998.963 note Jacquemont, en déduisant que le gage qui en est l'accessoire est alors privé de cause).

L'appel de la garantie doit être non équivoque et consister en une demande précise de paiement à défaut de prorogation (CA Paris 9-1-1991 : D. 1991.som.196 obs. Vasseur). Les parties n'ont pas renoncé à la prorogation de la garantie au motif que l'une d'elles a présenté une demande « prolongation ou paiement » (Cass. com. 24-1-1989 : JCP G 1990.II.21425 note Mattaut et Prüm ; CA Paris 2-4-1987 : D. 1988.som.248 obs. Vasseur) ni renoncé au bénéfice de cette option lorsqu'à plusieurs reprises, elles ont lancé l'appel mais l'ont fait suivre d'une prorogation car il résultait de cette pratique que la dernière demande en paiement ne pouvait pas être analysée comme le refus de se prévaloir du renouvellement de la garantie au-delà de la date convenue (Cass. com. 18-5-2016 n° 14-28.867 : RJDA 11/16 n° 819.som.).

5. La garantie ne peut être **exécutée que** pour l'**objet** qu'elle **garantit** ; le bénéficiaire d'une garantie de bonne exécution d'un marché d'équipement ne peut donc pas demander le versement de celle-ci pour se faire couvrir des frais bancaires mis à sa charge dans le cadre des garanties et contre-garanties accordées à l'occasion de ce marché (CA Paris 18-3-1986 : BRDA 12/86 p. 22) ni celui de la retenue de garantie visée par la loi du 16 juillet 1971 qui ne concerne que les malfaçons dans les travaux pour obtenir le paiement des pénalités de retard et autres dettes de l'entrepreneur (CA Rouen 2-2-1984 : Rev. jur. com. 1984.289) ; réciproquement, il n'est pas garanti de la bonne fin d'un chantier si la garantie a pour objet d'être substituée à la retenue de garantie (Cass. 3e civ. 4-2-2016 n° 14-29.836 : RJDA 4/16 n° 279). Il ne saurait encore moins se prévaloir de l'inexécution d'un contrat conclu avec une autre personne que le donneur d'ordre (CA Paris 14-11-1978 : D. 1979.259 note Vasseur) ou d'un contrat autre que le contrat garanti (CA Paris 24-1-1984 : D. 1984.IR.203 note Vasseur). **58024**

58027 **6.** La garantie ne peut être demandée qu'à concurrence du **montant** qu'elle indique ; elle ne peut être modifiée qu'avec l'accord des parties ; toutefois, certains contrats prévoient que le refus de l'augmentation de la garantie demandée par le bénéficiaire justifiera l'appel de cette dernière.

58030 **7.** La garantie ne peut être exigée que dans la **monnaie** prévue par les parties (Cass. com. 21-6-1988 : BRDA 17/88 p. 15 : interdiction de verser la garantie réclamée en dollars américains sans référence à une contre-valeur en dinars libyens, monnaie dans laquelle elle avait été stipulée ; dans le même sens, CA Paris 24-10-1989 : D. 1990.som.203 obs. Vasseur), sauf si, sur la place où le paiement est contractuellement possible, la banque qui verse la garantie ne peut pas se procurer cette monnaie (Cass. com. 4-7-1995 : RJDA 12/95 n° 1428, validant le paiement fait à New York, en dollars, à la place des dinars libyens impossibles à se procurer sur cette place).

Dans le même sens, appliquant ces deux règles, Cass. com. 5-10-2004 n° 1443 : RJDA 10/05 n° 1155.

58031 **8.** La garantie doit être versée au **lieu** prévu par les parties ; à défaut d'indication expresse, ce lieu est celui où les fonds doivent être remis au bénéficiaire (CA Poitiers 11-3-1992 : Bull. Joly 1993.779 note Delebecque : compétence du tribunal du lieu de la remise).

58033 **Obligation de payer quel que soit le sort de l'obligation garantie** Sous réserve des exceptions présentées aux nos 58036 s., le garant ne peut opposer aucune exception tenant à l'obligation garantie (C. civ. art. 2321, al. 3) ; il doit donc verser le montant de la garantie due (telle qu'établie conformément aux observations des nos 58012 s.), quelles que soient les causes d'exonération qui pourraient justifier l'inexécution ou la mauvaise exécution par le débiteur du contrat garanti.

Par analogie avec les solutions admises en matière de lettre de change relatives à l'inopposabilité des exceptions (n° 51264), la garantie doit être exécutée même si le contrat qui en est l'objet est contraire à l'ordre public.

Il ne peut **pas** notamment :

– exiger du bénéficiaire une **justification** du bien-fondé de sa demande (TGI Paris réf. 13-5-1980 : JCP 1981.II.19550 obs. Vasseur) ou exhiber un rapport d'expertise faisant le point sur l'exécution du contrat (T. com. Nantes 22-9-1983 : D. 1984.IR.202 note Vasseur) ;

– opposer une quelconque **exception** tirée du contrat garanti (Cass. com. 30-1-2001 n° 218 FSP : RJDA 5/01 n° 642 : défaut de déclaration de la créance garantie ; Cass. com. 9-12-2008 n° 07-12.219 : RJDA 3/09 n° 270 : inexécution ; CA Bordeaux 9-3-1983 : D. 1983.IR.300 note Vasseur : contestation des sommes dues ; T. com. Paris réf. 12-4-1991 : D. 1992.som.239 obs. Vasseur : compensation) ;

– invoquer la **nullité** éventuelle du contrat garanti (Cass. com. 20-12-1982, 2e esp. : D. 1983.365 note Vasseur ; CA Versailles 28-2-1992 : RJDA 7/92 n° 715 ; contra CA Paris 14-1-1993 : JCP G 1993.II.22069 note Dumesnil-Rossi), voire la nullité établie (CA Paris 22-9-1987 : BRDA 21/87 p. 13), la résiliation du contrat (CA Paris 19-5-1988 : D. 1989.som.146 obs. Vasseur) ou la faute du bénéficiaire (CA Paris 17-1-1983 : D. 1983.IR.303 obs. Vasseur) ;

– invoquer les **difficultés,** notamment **politiques,** que le donneur d'ordre risque de rencontrer pour exercer un recours efficace contre le bénéficiaire (CA Riom 14-5-1980 : D. 1981.336 note Vasseur ; CA Paris 1-2-1984 : D. 1984.265 note Vasseur ; Cour de justice de Genève 24-6-1983 : D. 1983.IR.486 note Vasseur ; toutefois CA Paris 2-6-1982 : D. 1983.437 concl. Flippo note Vasseur ; CA Paris 29-11-1982 : D. 1983.IR.302 note Vasseur) ;

– invoquer l'**impossibilité** de droit ou de fait où il serait de **se retourner** contre son client, sous prétexte que celui-ci aurait été déclaré en « faillite » (T. com. La Roche-sur-Yon 14-9-1981 : D. 1982.IR.199 obs. Vasseur) ;

– demander au préalable l'**accord** du donneur d'ordre (CA Paris 22-6-1978 : D. 1979.259 note Vasseur ; Sentence CCI 1979 : D. 1981.IR.190 obs. Vasseur) ;

En pratique, le garant avertit le donneur d'ordre qu'il va payer ; il arrive toutefois qu'il paie brutalement (TGI Montluçon 4-5-1981 : D. 1981.390 obs. Vasseur).

– invoquer le **lourd dommage** que le paiement ferait subir au donneur d'ordre par privation de capitaux importants (Cass. com. 5-5-1988 : D. 1988.430 note Vasseur) ;

– invoquer un protocole prévoyant le **paiement direct** du bénéficiaire **par le contre-garant** (Cass. com. 9-10-2001 : RJDA 2/02 n° 203).

Toutefois, l'interdiction temporaire, instituée pendant la crise sanitaire liée au Covid-19, de mettre en œuvre les sûretés réelles et personnelles garantissant le paiement des loyers et des charges afférents aux locaux commerciaux (Loi 2020-1379 du 14-11-2020 art. 14, II) était applicable à la garantie à première demande garantissant de telles créances (Cass. 3e civ. 25-1-2023 n° 22-10.648 FS-B : RJDA 5/23 n° 239).

Si le garant **refuse de payer,** il peut y être condamné en justice (CA Paris 24-11-1981 : D. 1982.296 note Vasseur) ; il peut aussi être condamné à verser des dommages et intérêts au bénéficiaire en cas de refus de mauvaise foi (Cass. com. 20-12-1982, 1e esp. : D. 1983.365 obs. Vasseur).

Exceptions justifiant le non-paiement de la garantie par le garant Indépendamment du cas où la loi le dispense de payer (Cass. 3e civ. 25-1-2023 n° 22-10.648 FS-B : RJDA 5/23 n° 239), le garant est dispensé de payer la garantie en cas de fraude ou d'abus manifestes du bénéficiaire ou de collusion de celui-ci avec le donneur d'ordre (C. civ. art. 2321, al. 2) et en cas d'inexistence de la garantie. 58036

Les juges qui rejettent l'appel de la garantie au motif que le contrat a été exécuté ne caractérisent pas ce faisant l'existence d'une fraude ou d'un abus manifeste de l'appel en garantie litigieux (Cass. com. 7-6-1994 n° 92-16.585 : RJDA 12/94 n° 1348).

L'appel, sans fraude ni abus manifeste, de la garantie ou contre-garantie, fait obstacle à ce que le garant, ou contre-garant, demande, sur le fondement de la décision d'admission de la créance née du contrat de base, la restitution de ce qu'il a versé en exécution de son obligation autonome (Cass. com. 10-1-2018 n° 15-26.324 F-D : JCP N 2018.1276 n° 12 obs. Simler).

1. Fraude manifeste du bénéficiaire. La demande d'exécution du bénéficiaire ne peut aboutir si elle constitue une fraude, laquelle doit être manifeste (C. civ. art. 2321, al. 2, en raison du pluriel de l'adjectif « manifeste » associant l'abus et la fraude). 58039

Avant l'introduction de cette disposition dans le Code civil, les tribunaux avaient déjà refusé d'accorder au bénéficiaire l'exécution de la garantie dès lors que sa demande constituait une fraude (Cass. com. 18-12-1990 : RJDA 3/91 n° 239), et pas simplement un risque de fraude (Cass. com. 5-2-1991 : RJDA 6/91 n° 523). Compte tenu du soin qu'ils ont toujours mis à assurer le respect de la garantie, la présence de l'épithète « manifeste » n'est pas de nature à bouleverser leur appréciation de la fraude, qu'ils n'ont admise jusqu'alors qu'avec parcimonie, comme en témoignent les exemples qui suivent.

Jugé par exemple qu'il y a fraude :

– si le bénéficiaire fait appel à la garantie sachant que rien ne lui est dû (Cass. com. 12-1-1993 : RJDA 5/93 n° 432 ; CA Paris 21-9-1988 : D. 1989.som.158 obs. Vasseur) ;

– lorsque les motifs invoqués par le bénéficiaire de la garantie pour faire appel à celle-ci reposent manifestement sur une contre-vérité, les fournitures ayant été livrées quelques jours avant le terme contractuellement prévu au bénéficiaire et acheteur, qui a payé l'intégralité du prix au moyen d'un crédit documentaire, mais qui tente d'obtenir une réfaction de 10 % du prix, montant de la contre-garantie, en invoquant un retard de livraison manifestement contraire à la vérité (CA Paris 18-11-1986 : D. 1988.som.247 obs. Vasseur) ;

– lorsque le bénéficiaire d'une garantie non transférable signe au profit de sa banque une lettre d'appel de cette garantie par anticipation (CA Paris 23-9-1988 : D. 1989.som.156 obs. Vasseur).

En revanche, il a été jugé que la fraude n'est pas établie lorsque les faits énoncés par le donneur d'ordre ne sont ni le résultat ni la preuve d'une collusion de la banque libyenne de premier rang avec l'administration des douanes libyennes qui a exigé la garantie fournie ou avec les autorités libyennes (CA Paris 3-12-1984 : D. 1985.IR.240 obs. Vasseur) ni pour la seule raison qu'existe une tension entre deux États (CA Paris 31-5-1988, deux arrêts : D. 1989.som.153 obs. Vasseur).

2. Abus manifeste. L'abus manifeste est une exception distincte de celle de la fraude (C. civ. art. 2321, al. 2), comme cela était jugé avant l'introduction de cette disposition ; cet abus n'a donc pas à revêtir, pour faire obstacle à l'exécution de la garantie, les caractéristiques de la fraude (Cass. com. 20-1-1987 : Bull. civ. IV p. 13). 58042

Il y a **abus** manifeste, par exemple, lorsque :

– le contrat fondamental était déjà rompu par l'appelant faute de délivrance de la garantie en temps voulu et qu'un tiers avait engagé une action en revendication de la propriété des marchandises vendues (T. com. Paris 15-3-1985 : Banque 1985.524) ; sur l'impossibilité pour le donneur d'ordre d'opposer l'exception de nullité du contrat garanti, n° 58033 ;

– la somme due par le bénéficiaire est largement supérieure au montant de la garantie (CA Paris 17-6-1987 : D. 1988.som.245 obs. Vasseur) ;

– le bénéficiaire a refusé d'exécuter le contrat (CA Paris 27-6-1988 : D. 1989.som.151 obs. Vasseur ; CA Versailles 1-12-1988 : D. 1989.som.155 obs. Vasseur) ;

– l'appel de la garantie est fondé sur une modification de la garantie qui ne peut pas être établie (T. com. Nanterre 24-5-1991 : D. 1992. som. 243 obs. Vasseur) ;

– l'appel de la garantie du passif de la transmission universelle du patrimoine d'une société est fondé par le bénéficiaire sur la constatation d'irrégularités et d'anomalies affectant les comptes d'un exercice de la société, alors qu'il n'a justifié de ses allégations auprès du cessionnaire que par une lettre de son avocat se bornant à faire état, sur une page et très succinctement, des « nombreuses irrégularités entachant plus particulièrement les comptes clients et fournisseurs stipulés dans le bilan 2007 », aucune précision n'ayant pu être obtenue par le cessionnaire sur les anomalies invoquées, pas plus que sur des éléments comptables (Cass. com. 31-5-2016 n° 13-25.509 FS-BRI : RJDA 16/11 n° 820, validant l'admission de déclaration au passif du cessionnaire de la créance en remboursement du montant de la garantie appelée) ;

– la garantie est appelée pour défaut de paiement de sommes qui ne sont pas garanties (CA Lyon 13-4-2017 n° 15/05071 : RD bancaire 2017 n° 4 § 165 obs. D. Legeais).

En revanche, l'appel n'est **pas abusif** :
– lorsqu'il est opposé que le solde débiteur garanti est dû à la négligence grave des préposés de la banque bénéficiaire qui ont encaissé des chèques falsifiés (Cass. com. 28-11-1995 : RJDA 2/96 n° 258) ;
– lorsque les affirmations tendant à contester sa mise en œuvre pour défaut d'accomplissement des conditions de la garantie, telles que dépassement du montant et inexactitude de l'attestation fournie par le bénéficiaire, sont impropres à établir que le garant a eu connaissance de la réalité d'un abus (Cass. com. 12-12-1995 : RJDA 3/96 n° 367) ;
– lorsqu'il porte sur une garantie de soumission alors que le donneur d'ordre de cette garantie n'a pas fourni la garantie d'exécution qu'exigeait l'appel d'offres de la part du soumissionnaire qui deviendrait adjudicataire, ce qui fut son cas (CA Paris 13-12-1984 : D. 1985 note Vasseur) ;
– lorsqu'il porte sur une garantie d'exécution, s'il n'est pas établi avec certitude que l'exécution a eu lieu (TGI Paris 10-11-1987 : D. 1988.som.246 obs. Vasseur) ou, dans le cas d'une garantie de passif, elle-même doublée d'une garantie à première demande, assortissant une cession de droits sociaux, lorsque l'appelant a pu croire de bonne foi qu'il était exposé à subir un préjudice (Cass. com. 30-10-2007 n° 06-14.846 : RJDA 8-9/08 n° 949).

58044 **3. Collusion entre le donneur d'ordre et le bénéficiaire.** Le garant n'est pas tenu à la garantie lorsque le donneur d'ordre s'est rendu coupable de collusion avec le bénéficiaire au préjudice du garant (C. civ. art. 2321, al. 2).

58045 **4. Inexistence de la garantie.** Le bénéficiaire ne peut pas invoquer la garantie :
– qui n'a pas pris naissance, parce que, par exemple, le **contrat** garanti n'est **pas entré en vigueur** faute de réalisation de la condition suspensive à laquelle il était subordonné (CA Paris 17-1-1983 : BRDA 5/83 p. 14) ;
– lorsqu'il est, exceptionnellement, **en même temps** le **cocontractant du contrat garanti** (covendeur), car il lui est alors loisible, dans des conditions purement potestatives, à la fois de ne pas exécuter ses obligations de vendeur et ensuite d'appeler la garantie (T. com. Paris 15-3-1985 : D. 1985.IR.244 note Vasseur) ;
– qui est **éteinte** pour une cause qui lui est imputable (Cass. com. 6-2-1990 : D. 1990.467 note Martin) ou à la suite de la cession de l'obligation garantie à défaut de convention contraire (C. civ. art. 2321, al. 4).

58046 **5. Interdiction légale de payer.** La mise en œuvre de la garantie à première demande, malgré l'interdiction légale pour les bailleurs de mettre en œuvre les sûretés personnelles garantissant le paiement des loyers pendant la période de fermeture des commerces due au Covid-19 (Loi 2020-1379 du 14-11-2020) caractérise un trouble manifestement illicite (Cass. 3e civ. 25-1-2023 n° 22-10.648 FS-B : RJDA 5/23 n° 239).

58048 **Mise en œuvre des exceptions par le donneur d'ordre** Dans les différentes hypothèses visées ci-dessus (nos 58039 s.), la garantie peut être bloquée, généralement à l'initiative du donneur d'ordre, soit par une **saisie conservatoire** (cf. T. com. Paris 2-2-1983 : D. 1985.IR.243), soit par une **défense de payer** (cf. CA Paris 25-5-1983 : D. 1983.IR.484 note Vasseur ; T. com. Paris réf. 24-3-1981, deux ordonnances : D. 1981.482 note Vasseur ; T. com. Paris 15-10-1982 : D. 1983.IR.304 note Vasseur). La banque ne peut pas alors payer : si elle subit indirectement une compensation qu'opère envers elle une autre banque, elle doit supporter la charge de la garantie qu'elle ne peut réclamer au donneur d'ordre (Cass. com. 6-2-1990 : Contrats conc. consom. 1991.3 obs. Leveneur).

En dehors de ces cas, le donneur d'ordre ne peut pas faire une saisie de la garantie en prétextant qu'il a une créance sur le bénéficiaire de la garantie pour mauvaise exécution par celui-ci du contrat (CA Paris 27-10-1981 : JCP G 1981.II.19702 note Bouloy ; CA Paris 25-3-1982 : D. 1982.IR.497 note Vasseur).

Le juge ne saurait subordonner le paiement de la garantie à la délivrance d'un cautionnement bancaire (Cass. com. 6-11-1990 : RJDA 2/91 n° 168).

58051 **Obligation de payer du contre-garant** Il est fréquent que la garantie de premier rang, c'est-à-dire donnée par un premier garant, soit à son tour contre-garantie par un autre garant. Il est **généralement** prévu ou déduit de la commune intention des parties que cette contre-garantie doit être exécutée par le contre-garant dans les **mêmes conditions** que la première garantie (Cass. com. 3-4-1990 : Bull. civ. IV. p. 69 : caducité des contre-garanties, si les garanties sont expirées et qu'elles ont le même terme ; dans le même sens, Cass. com. 18-3-1997 : RJDA 7/97 n° 937).

Mais les contre-garanties peuvent être soumises à des **conditions spécifiques** qui doivent être alors respectées (Cass. com. 8-11-1994 : RJDA 3/95 n° 338 ; Cass. com. 7-3-1995 : RJDA 8-9/95 n° 1023 ; Cass. com. 26-11-1996 : RJDA 3/97 n° 397 ; CA Paris 17-9-1991 : RJDA 11/91 n° 952).

L'engagement du contre-garant est **autonome** : il ne peut notamment refuser de payer pour inexécution du contrat de base (Cass. com. 4-7-2006 n° 884 : RJDA 12/06 n° 1266 ; CCIP-CA 19-10-2021 n° 20/03074). Engagé comme le garant, le contre-garant ne peut donc être **dispensé** de payer qu'en cas de fraude ou d'abus manifestes (nos 58036 s.).

Tel est le cas :

– s'il est prouvé qu'il connaissait, au moment de l'appel de la contre-garantie, l'existence d'un concert frauduleux entre le bénéficiaire de la garantie et la banque garante de premier rang, pour déclencher la contre-garantie (Cass. com. 11-12-1985 : D. 1986.213 note Vasseur ; Cass. com. 10-1-1989 : Bull. civ. IV p. 5 ; CA Grenoble 12-11-1987 : D. 1988.som.247 obs. Vasseur ; dans le même sens, Cass. com. 29-3-1994 : RJDA 8-9/94 n° 954 ; Cass. com. 4-7-1995 : RJDA 12/95 n° 1428) ;

– si le garant a appelé la contre-garantie sans respecter le formalisme prévu à cet effet (Cass. com. 22-3-2011 n° 09-71.690 : GP 2011.som.1766 note Morel-Maroger).

La **preuve de la connaissance** par la banque contre-garante de l'existence d'un abus ou d'une fraude commis à l'égard du donneur d'ordre n'est pas établie lorsque le contre-garant a immédiatement informé celui-ci de l'appel de la contre-garantie et a différé de quelques jours son paiement pour lui permettre de fournir d'éventuels éléments de nature à l'autoriser à suspendre son obligation (CA Grenoble 12-11-1987 précité).

Il appartient au contre-garant d'apprécier si l'appel de la garantie de premier rang est abusif ou non (T. com. Paris réf. 6-3-1987 : D. 1988.som.249 obs. Vasseur).

Le caractère abusif de l'appel à la garantie de premier rang ne rend pas, par répercussion, automatiquement abusif ou frauduleux l'appel à la contre-garantie auquel procéderait la banque de premier rang (Cass. com. 7-6-1994 : RJDA 11/94 n° 1195) ; le caractère manifestement abusif de l'appel de la contre-garantie ne peut résulter du seul caractère manifestement abusif de l'appel de la garantie de premier rang, mais suppose de démontrer l'existence, au moment de l'appel de la contre-garantie, d'une collusion entre le garant de premier rang, bénéficiaire de la contre-garantie, et le bénéficiaire de la garantie de premier rang (Cass. com. 3-5-2016 n° 14-28.962 FS-PB : RJDA 11/16 n° 821).

En cas d'appel irrégulier de la garantie de premier rang (défaut de respect des conditions de l'appel), le donneur d'ordre qui a remboursé la banque contre-garante peut agir en responsabilité contre le garant de premier rang et obtenir sa condamnation à l'indemniser des sommes qu'elle a dû payer par sa faute (Cass. com. 30-3-2010 n° 09-12.701 : RJDA 7/10 n° 783).

Le **recours du garant** contre le contre-garant **se prescrit,** sauf clause contraire subordonnant l'exigibilité de la contre-garantie à l'exécution par le garant qui en est bénéficiaire de son propre engagement, à compter du jour de l'exigibilité de la contre-garantie, soit du jour où le garant a avisé le contre-garant que la garantie était appelée et non du jour où le garant a été effectivement tenu de verser la garantie (Cass. com. 13-9-2011 n° 10-19.384 : RJDA 12/11 n° 1075).

Les **tribunaux français** sont compétents pour connaître d'une action contre une banque française contre-garante (CA Paris 25-2-1988 : BRDA 9/88 p. 12).

La clause compromissoire figurant dans le contrat garanti ne joue pas dans les rapports de la banque contre-garante et de la banque garante de premier rang (CA Paris 14-12-1987 : Rev. arb. 1989.240 note Vasseur) ni dans ceux du donneur d'ordre et de la banque contre-garante (CA Paris 25-2-1988 : D. 1989.som.150 obs. Vasseur). Celle figurant dans la contre-garantie ne peut pas, quant à elle, être invoquée par le donneur d'ordre (CA Paris 14-12-1987 précité).

Le donneur d'ordre peut **intervenir** à l'instance entre garants et contre-garants (CA Paris 16-3-1988 : D. 1989.som.147 obs. Vasseur).

Recours contre le garant Le **donneur d'ordre** peut agir en responsabilité contre le garant qui ne respecte pas les instructions qu'il a reçues dans la lettre de garantie. 58054

Ainsi, le garant commet une faute :

– s'il paie alors que la garantie est expirée (CA Aix 31-3-1978 : Bull. Cour d'Aix 1978/2 p. 28) ;

– s'il n'établit pas la garantie dans les termes qui lui ont été demandés (cf. T. com. Versailles 17-9-1981 : D. 1982.som.496 obs. Vasseur : à propos d'une caution mais transposable) ;

– s'il ne contrôle pas, en cas de garantie de restitution d'acompte, le versement effectif des acomptes, alors que ceux-ci ont été détournés et que la mise en liquidation des biens de l'entreprise qui aurait dû les recevoir a entraîné l'appel de la garantie et de la contre-garantie (CA Paris 26-2-1985 : D. 1985.IR.244 obs. Vasseur) ;

– s'il dénonce la garantie avant le terme convenu (Cass. com. 23-5-2006 n° 646 : JCP E 2006.2697 obs. Stoufflet).

Le garant ne commet pas de faute s'il paie la garantie après avoir été informé par télécopie du donneur d'ordre du prononcé d'une ordonnance sur requête lui faisant défense de transférer les fonds, dès lors qu'au moment où il a exécuté son obligation cette ordonnance, qui avait été décidée en son absence, ne lui était pas opposable (Cass. com. 10-6-1997 : RJDA 11/97 n° 1384).

Même s'il précise dans sa lettre d'ordre qu'il **renonce à contester** le bien-fondé du paiement de la garantie fait par le garant, le donneur d'ordre ne fait que confirmer par là le caractère autonome de la garantie et n'entend pas renoncer à l'exercice de tout recours contre le garant, une telle renonciation étant d'ailleurs contraire à l'ordre public (CA Paris 14-12-1987 : Rev. arb. 1989.240 note Vasseur ; CA Versailles 1-12-1988 : D. 1989.som.155 obs. Vasseur).

L'exercice des recours contre le garant **échappe,** à défaut d'indication contraire, à la clause d'arbitrage prévue au contrat de base entre le donneur d'ordre et le bénéficiaire (CA Paris 14-12-1987 précité ; CA Nîmes 23-1-1991 : D. 1992.som.238 obs. Vasseur).

Le donneur d'ordre peut intervenir à l'instance entre le bénéficiaire et le garant (CA Paris 29-1-1981 : D. 1981.336).

Sur le recours du **bénéficiaire,** n° 58033.

58057 **Recours contre le donneur d'ordre** Le **garant** qui a exécuté la garantie peut demander au donneur d'ordre le **remboursement** du versement qu'il a ainsi effectué pour son compte. Le même droit appartient au contre-garant, même s'il a payé en méconnaissance d'une ordonnance de référé lui faisant défense de payer (Cass. com. 12-10-2022 n° 21-11.039 F-D).

Le donneur d'ordre ne peut pas invoquer pour se soustraire au remboursement la mauvaise foi dont la banque a fait preuve dans la conduite de leurs relations contractuelles (Cass. com. 21-9-2022 n° 21-11.065 F-D : RJDA 1/23 n° 53).

Il peut débiter d'office le compte courant de ce dernier (TGI Paris 4-5-1981 : D. 1981.395 cité obs. Vasseur). Mais il ne peut pas, en cas de clôture du compte, invoquer la compensation de sa créance avec une dette du donneur d'ordre car le caractère autonome de son engagement exclut la connexité de sa créance à l'encontre du débiteur (Cass. com. 19-12-2006 n° 1449 : RJDA 5/07 n° 521). Il ne peut pas non plus demander le remboursement de la différence entre la somme versée en exécution de la garantie et le montant, moindre, à concurrence duquel la créance contre la société garantie a été admise à titre définitif (Cass. com. 10-1-2018 n° 15-26.324 F-D : RJDA 4/18 n° 362). D'ailleurs, le donneur d'ordre s'engage habituellement dans la lettre d'ordre à rembourser au garant à première demande toute somme que celui-ci aura été amené à payer (CA Riom 14-5-1980 : D. 1981.336 note Vasseur).

Le recours du garant demeure fondé, alors même qu'après le paiement de la garantie il serait établi que l'appel à la garantie par le bénéficiaire n'était pas justifié (TGI Paris 26-1-1983 : D. 1983.IR.297 obs. Vasseur). Si le donneur d'ordre a été mis sous procédure collective, le garant, subrogé dans les droits du bénéficiaire qu'il a désintéressé, ne peut faire valoir ses droits dans la procédure que si la créance garantie a été admise (Cass. com. 24-6-2008 n° 07-15.774 : RJDA 11/08 n° 1158).

Le garant peut aussi agir **en réparation** contre le donneur d'ordre qui a empêché, par une saisie conservatoire de la contre-garantie jugée non fondée, qu'il reçoive paiement de la banque contre-garante (T. com. Paris 15-2-1984 : D. 1984.som.205 obs. Vasseur).

58060 **Recours contre le bénéficiaire** Le **donneur d'ordre** peut réclamer au bénéficiaire qui a reçu le montant de la garantie la **restitution** de cette somme s'il prouve qu'elle a été versée indûment ; à cette fin, il peut prouver qu'il a exécuté ses propres obligations, que l'inexécution du contrat est due à une faute du bénéficiaire ou que le contrat de base est nul (Cass. com. 7-6-1994 : RJDA 11/94 n° 1196, précisant que le donneur d'ordre n'a pas à justifier d'une fraude ou d'un abus manifeste ; Cass. com. 14-6-2023 n° 21-23.864 F-B : RJDA 11/23 n° 614, sans avoir à justifier du remboursement préalable du garant) ; il peut aussi justifier sa demande en prouvant, selon le droit commun, qu'il a correctement exécuté le contrat de base, ce qui est établi si le bénéficiaire ne prouve pas le contraire (Cass. com. 31-5-2016 n° 13-25.509 FS-PBRI : RJDA 11/16 n° 820). Il peut faire valoir ce droit contre le bénéficiaire dès lors qu'il a été condamné à rembourser le garant, peu important qu'il ait été mis en liquidation judiciaire avant d'exécuter cette condamnation et de ce fait empêché de payer (Cass. com. 4-7-2006 n° 884 : RJDA 12/06 n° 1266 ; Cass. com. 31-5-2016 précité). Il dispose d'un recours direct et non subrogatoire, de sorte que les exceptions opposables au créancier garanti et tenant notamment à l'existence d'une clause d'arbitrage lui sont inopposables (CA Paris 23-4-2013 n° 11/14530 : GP 2013.som.2343 note Bensaude).

Le donneur d'ordre peut aussi agir en responsabilité pour faute contre le bénéficiaire (Cass. com. 15-6-1999 : RJDA 8-9/99 n° 1010, tenant en l'espèce le garant de premier rang pour bénéficiaire dès lors qu'il avait appelé la contre-garantie et n'avait pas versé les fonds au bénéficiaire de la garantie de premier rang).

Le **garant** ne peut pas reprocher au bénéficiaire de ne **pas avoir déclaré sa créance** au titre du contrat de base garanti au passif du donneur d'ordre mis en redressement judiciaire ni prétendre avoir de ce fait subi un préjudice (Cass. com. 9-6-2004 : RJDA 12/04 n° 1389).

SECTION 7 GARANTIES DIVERSES

Outre le rôle de garantie qui résulte de la délégation imparfaite (n° 53412), de la promesse de porte-fort (n° 13024) et de la cession de la propriété en garantie (n° 57520), diverses autres modalités, ci-après exposées, tendent au même résultat. 58190

Garantie par l'État des emprunts L'article 6 de la loi 2020-289 du 23 mars 2020 de finances rectificative pour 2020 et l'arrêté du 23 mars 2020 ont mis en place un mécanisme de garantie par l'État des prêts consentis par des établissements de crédit (PGE) aux entreprises immatriculées en France. Initialement destiné à soutenir les entreprises affectées par la **crise sanitaire** liée au Covid-19 (PGE consentis entre le 16-3-2020 et le 30-6-2022), le dispositif a été poursuivi pour pallier les conséquences économiques de la **guerre en Ukraine** : PGE dits « résilience », consentis entre le 8 avril 2022 et le 31 décembre 2023 inclus. 58191

Porte-fort d'exécution Il y a porte-fort d'exécution lorsqu'un tiers à un contrat d'ores et **déjà conclu** promet, en se déclarant « porte-fort », d'exécuter l'engagement pris par une partie si celle-ci ne remplit pas son obligation (Cass. com. 18-12-2007 n° 05-14.328 : RJDA 4/08 n° 365 ; Cass. com. 8-7-2014 n° 13-14.777 : JCP E 2014 chron. n° 1592 obs. Simler). Le tiers qui se « porte fort » sans préciser son engagement d'exécuter l'obligation n'est pas obligé en cas de défaillance de la partie débitrice de cette obligation (Cass. com. 18-3-2020 n° 18-19.939 F-D). 58193

Ce porte-fort n'est pas visé par le nouvel article 1204 du Code civil, comme il ne l'était pas par l'ex-article 1120, mais aucune disposition du nouveau texte ne fait obstacle à la solution prétorienne susvisée rendue sur la base de l'ex-article 1120 tout à fait comparable à cet égard.

La promesse de porte-fort étant un **engagement personnel autonome,** le porte-fort est engagé même si la partie garantie était dans l'incapacité de conclure le contrat (Cass. 1e civ. 16-4-2015 n° 14-13.694 : RJDA 7/15 n° 478 : partie incapable de s'engager et non valablement représentée à l'acte) ; en revanche, le porte-fort ne peut être appelé à exécuter son engagement en l'absence de justification préalable de la **défaillance du débiteur garanti** se traduisant par une mise en demeure restée sans effet (CA Basse-Terre 17-1-2000 n° 199801807).

Ainsi, a été tenu à exécuter le contrat :

– celui qui était intervenu à un concordat pour s'engager, au nom d'une société à constituer par lui au cas d'homologation de ce concordat, à payer aux créanciers le dividende concordataire (CA Paris 9-1-1933 : S. 1933.2.136) ;

– l'architecte qui s'est porté-fort de la ratification par le maître d'ouvrage du contrat qu'il avait conclu avec l'entrepreneur sur la base d'un devis portant la mention « vu l'architecte avec promesse d'accord du client » dès lors qu'il avait personnellement incité l'entrepreneur à commencer et à poursuivre les travaux bien que le maître d'ouvrage ait refusé de signer le marché ; en effet, l'architecte s'était ainsi porté-fort non seulement de la ratification du contrat mais encore de son exécution (cf. Cass. 3e civ. 8-11-1978 n° 77-12.801 : Bull. civ. III n° 339).

Sous réserve de cet effet, le porte-fort d'exécution obéit aux règles générales de validité du porte-fort de ratification (n° 13024).

Assurance-crédit Le non-paiement des créances peut être assuré par une assurance-crédit dont le régime échappe pour l'essentiel aux dispositions du Code des assurances (C. ass. art. L 111-1, al. 1). Mais les parties peuvent convenir de les appliquer (Sentence CCI n° 7563 en 1993 : Clunet 1994.1054 obs. Derains). 58203

L'assureur ne peut retirer l'agrément qu'il a donné de l'un des clients de l'assuré que si sa décision est fondée sur des motifs sérieux et légitimes, c'est-à-dire sur une augmentation avérée du risque (CA Orléans 11-9-1998 : RJDA 11/98 n° 1284 : responsabilité de l'assureur pour un retrait non justifié).

L'assureur qui renonce à garantir les créances détenues par son assuré sur un client de ce dernier, lorsque ce client est situé en France, doit motiver sa décision auprès de l'assuré si ce dernier le demande (C. ass. art. L 113-4-1).

Le paiement par l'assureur fait au créancier, en l'espèce un prêteur, après la survenance du sinistre (invalidité de l'emprunteur) vaut paiement de la dette par l'emprunteur et **libère** celui-ci qui peut demander, au titre du paiement de l'indu, la répétition du remboursement du prêt qu'il avait effectué dans les mains de son prêteur, déjà rempli de ses droits par l'assureur (Cass. 1e civ. 14-11-1995 n° 93-15.309 : Bull. civ. I n° 404).

58209 **Convention de séquestre** Pour que l'acheteur d'une fourniture importante, devant être exécutée sur une longue période, soit assuré qu'il pourra, en cas de défaillance du fournisseur, récupérer les versements échelonnés qu'il aura antérieurement faits, les parties peuvent convenir que les sommes payées par l'acheteur seront conservées par une banque - généralement contre un intérêt au profit du vendeur - jusqu'à ce que les parties lui donnent l'ordre de les verser au vendeur.

Une clause voisine prévoit, en matière de bail, le droit du bailleur de conserver la licence de boissons du locataire en cas de défaut de paiement des loyers.

58212 **Rachat par le fournisseur** Le crédit-bailleur qui achète un bien pour le donner en crédit-bail se réserve, par une convention dite « de rachat » (« buy back agreement »), le droit d'obliger le fournisseur à lui racheter ce bien au cas où le crédit-preneur n'honorerait plus ses engagements.

58215 **Sûreté négative** On appelle « sûreté négative » la clause d'un contrat par laquelle un débiteur **promet à un créancier de ne pas disposer volontairement,** sans son accord, sous peine de déchéance du terme, d'un droit (notamment aliéner ou donner à bail un immeuble, constituer une hypothèque ou un gage, vendre ou nantir un fonds de commerce) ou s'oblige à l'informer de l'état de son patrimoine, ou encore à lui consentir une sûreté identique à celle offerte à un tiers.

Le débiteur qui s'oblige envers des cautions à maintenir certains biens dans son patrimoine ne consent pas par là même des droits et hypothèques auxquels ces cautions pourraient prétendre être subrogées (Cass. civ. 27-3-1974 : JCP G 1975.II.18070 note Simler).

Sur la validité des clauses d'inaliénabilité, n° 26642.

Cette clause est contraire à l'ordre public dans la mesure où elle porte atteinte au principe constitutionnellement reconnu et énoncé à l'article 544 du Code civil du droit du propriétaire de disposer de son bien de la manière la plus absolue ; tel est le cas de celle d'un contrat de prêt consenti en vue de l'acquisition d'un immeuble interdisant à l'emprunteur de donner en location le bien financé sans accord du prêteur sous la sanction de l'exigibilité anticipée du prêt, qui ne procure aucun avantage particulier à l'une des parties (Cass. 1e civ. 13-12-2005 n° 1749 : RJDA 5/06 n° 498).

58218 **Clause à ordre** Le créancier peut augmenter la garantie d'être payé en faisant souscrire à son débiteur un contrat à l'ordre du bénéficiaire (n° 12505) ou un billet à ordre qui lui permet d'obtenir le paiement du billet sans que lui soient opposées les exceptions tirées de leurs rapports personnels (n° 51953 ; sur l'application de cette solution à la vente des fonds de commerce, n° 2900).

58221 **Clause de subordination** Un créancier peut accepter de n'être payé par le débiteur qu'après tels ou tels autres créanciers désignés du même débiteur. Il est ainsi subordonné aux autres créanciers auxquels il a reconnu le droit d'être payés par préférence.

Cette clause est expressément validée pour les porteurs d'obligations émises par une société par actions dont le remboursement est subordonné au désintéressement des autres créanciers de cette société (C. com. art. L 228-97 ; Cass. com. 21-2-2012 n° 11-11.693 : RJDA 5/12 n° 520) et pour les prêteurs participatifs (n° 41121). Elle doit l'être aussi au regard de tout autre créancier car elle ne comporte pas alors de particularité justifiant de la traiter différemment (n° 55006).

58224 **Lettre d'intention** La lettre d'intention, ainsi dénommée et régie par le Code civil depuis la réforme des sûretés de 2006 et reprise sans modification par la réforme de 2021 (n° 55000) (dite aussi en pratique « lettre de patronage » ou « de confort »), est l'engagement de faire ou de ne pas faire ayant pour objet le soutien apporté à un débiteur dans l'exécution de son obligation envers le créancier (C. civ. art. 2322).

Cette définition, qui exclut que la lettre emporte paiement d'une somme d'argent, confirme la jurisprudence antérieure qui a écarté, pour sa preuve, l'exigence d'une mention manuscrite exprimant la connaissance par le garant de la nature et de l'étendue de l'engagement (Cass. com. 17-12-2002 n° 2116 : RJDA 12/03 n° 1185). En revanche, dans la mesure où elle emporte par elle-même la prise d'un engagement, elle oblige son souscripteur indépendamment de l'acceptation de cet engagement par son bénéficiaire, alors qu'il avait été jugé que l'engagement du promettant dépendait de cette acceptation (CA Versailles 5-5-1988 : D. 1988.IR.171).

Sur une lettre d'intention valant cautionnement, CA Aix 22-2-2007 n° 04/9694 : RJDA 5/08 n° 576, et une lettre ne valant pas cautionnement, CA Lyon 4-6-2009 n° 08-5617.

Cet engagement est surtout celui par lequel des sociétés mères, sous des formules diverses, disent, à l'intention des banques qui financent leurs filiales, qu'elles se tiennent aux côtés de ces dernières. Les lettres d'intention ainsi entendues ont donné lieu à un abondant contentieux sur le point de savoir si elles emportaient effectivement, sous le couvert de leur formulation, une obligation de faire ou non et, dans l'affirmative, si l'obligation était de résultat ou de moyens. **58224** (suite)

À notre avis, dans la mesure où la lettre d'intention est désormais définie comme celle qui a pour objet le **« soutien » du débiteur,** toute lettre dont la formulation permet de constater qu'elle renferme la promesse d'un « soutien » comporte, de ce seul fait, celle d'un résultat, en ce sens que cette promesse n'est plus subordonnée aux facultés du promettant, comme l'est une obligation de moyens (Cass. com. 4-10-1994 : RJDA 2/95 n° 194), mais exige, en tout état de cause, des mesures appropriées à la situation de la filiale soutenue. L'engagement de soutien oblige donc à prendre des dispositions ; si le promettant ne peut pas les prendre, il ne peut alors être exonéré que s'il démontre qu'il se trouve en face d'une force majeure, et non pas seulement parce qu'il a fait tout ce qu'il pouvait.

En effet, si « soutien » signifie « action de soutenir » et « soutenir », « empêcher de défaillir ou de faire défaut », le soutien oblige, en lui-même, de ne « pas laisser tomber le débiteur » et contient inexorablement la promesse d'agir. Sur une interprétation dans le même sens de l'engagement d'une société mère « à maintenir » au profit de l'acquéreur de la filiale qu'elle lui cédait un certain volume d'affaires (n° 13259) ou « à faire face » (Cass. com. 17-5-2011 n° 09-16.186 : RJDA 8-9/11 n° 735) ainsi que de celui d'actionnaires à assurer « au mieux » les besoins de trésorerie de la société (Cass. com. 20-2-2007 n° 05-18.882 : RJDA 6/07 n° 626). Sur la preuve par la société mère du soutien de sa filiale conduite à une cessation des paiements inéluctable en raison d'un contrat structurellement déficitaire, Cass. com. 15-11-2017 n° 16-19.690 F-PBI : RJDA 2/18 n° 144. De surcroît, le fait que le débiteur s'est efforcé d'être diligent n'est pas, en soi, suffisant pour établir qu'il n'est pas responsable d'une inexécution (Cass. com. 16-7-1980 : GP 1980.pan.581).

Seule la lettre qui ne comporterait pas la promesse d'un soutien échapperait à cette qualification. Mais, à s'en tenir aux lettres révélées par le contentieux, aucune, à notre connaissance, ne pourrait ne pas constituer la sûreté de l'article 2322, car celles qui ont bénéficié de la qualification d'obligation de moyens ont été reconnues comme comportant la promesse d'un soutien (Cass. com. 18-5-2005 n° 730 : RJDA 8-9/05 n° 983 ; CA Paris 19-11-2002 n° 01-5671 : RJDA 4/04 n° 480 ; contra CA Paris 22-1-2009 n° 07/02283 : RJDA 6/09 n° 576, pour qui « faire les meilleurs efforts » n'oblige qu'à faire des efforts et non pas à « faire le nécessaire... ou à apporter tout son soutien nécessaire »). Toutefois, les parties peuvent convenir expressément que l'engagement pris dans la lettre est de moyen (cf. Cass. com. 19-1-2010 n° 09-14.438 : RJDA 4/10 n° 430 : antérieur au texte actuel mais transposable, aucune raison ne s'imposant de déclarer ce texte d'ordre public).

Il ne s'ensuit pas cependant que la lettre ne puisse comporter un soutien allant jusqu'à promettre un résultat déterminé, tel que le succès de l'opération soutenue, engagement qui, à défaut de promesse expresse de se substituer au débiteur, n'est pas un cautionnement (Cass. com. 9-7-2002 n° 1414 : RJDA 1/03 n° 75 ; Cass. com. 16-11-2004 n° 1630 : RJDA 3/05 n° 280). Mais lorsqu'elle en présente les caractéristiques (n°s 55009 s.), la lettre constitue un cautionnement (Cass. com. 21-12-1987 n° 85-13.173 : Bull. civ. IV n° 281 ; CA Paris 3-10-1991 : D. 1991.IR.259).

La mise en œuvre des lettres d'intention suppose donc que, désormais, les juges recherchent si le promettant du soutien a déployé les mesures propres à démontrer qu'il s'est soucié du débiteur dans une mesure appropriée, et non pas en fonction de ses possibilités.

Peuvent ainsi, en s'inspirant de la jurisprudence antérieure, être considérés comme le soutien attendu par le créancier bénéficiaire de l'engagement :

– la mise en œuvre d'aides importantes révélant que la société mère ne s'était pas désintéressée de sa filiale, sans toutefois aller jusqu'à vérifier si elle était encore en mesure de faire des efforts supplémentaires (Cass. com. 17-10-1995 n° 95-20.459 : RJDA 1/96 n° 110) ;

– la mise en œuvre par une société mère d'un ensemble de mesures, que les juges du fond ont analysées et estimées suffisantes, jusqu'à l'ouverture de la procédure collective, ce qui répondait au soutien promis (Cass. com. 18-4-2000 : Bull. civ. IV n° 78) ;

– un versement d'une somme importante et de nombreux apports en compte courant étalés sur deux années (CA Versailles 19-9-2002 et, sur pourvoi, Cass. com. 18-5-2005 n° 730).

En revanche, constituerait un manquement à la promesse de soutien la réduction brutale par la société mère de sa participation dans le capital de sa filiale (de 80 à 5 %), sans en informer la banque bénéficiaire (CA Versailles 9-2-1989 : Bull. Joly 1989.419 et, sur pourvoi, Cass. com. 19-3-1991 : RJDA 7/91 n° 608).

Si le promettant n'a pas apporté le soutien promis, le créancier bénéficiaire est victime d'un manquement à la promesse souscrite et peut donc lui demander **réparation** de son préjudice, lequel peut correspondre au montant de la somme dont il est créancier (Cass. com. 3-7-2019 n° 17-27.820 F-D : RJDA 10/19 n° 658 : condamnation d'une société mère à verser au cocontractant de sa filiale une somme de 800 000 € à titre de dommages-intérêts, la société mère s'étant engagée à apporter son soutien à la filiale pour que celle-ci puisse restituer cette somme au cocontractant).

Sur l'autorisation requise du conseil d'administration lorsque la société mère est une société anonyme, MSC n°s 40905 s.

58227 **Ducroire** Le ducroire est une convention par laquelle un intermédiaire se porte garant à l'égard de son donneur d'ordre de la bonne exécution du contrat par son cocontractant, notamment du paiement de la prestation qu'il lui aura fournie (CA Versailles 13-11-2008 n° 07/05537 : RJDA 6/09 n° 577). Réciproquement, l'intermédiaire peut garantir à son cocontractant que son donneur d'ordre exécutera les obligations que le contrat met à sa charge (Code de déontologie des avocats européens art. 5.7 applicable aux avocats des barreaux français conformément aux art. 21 et 11.8 du Règlement intérieur national ; Cass. 1e civ. 14-11-2013 n° 12-28.763 : GP 2013.3734 note Piau).

Le ducroire, qui a été contraint d'exécuter sa garantie par la défaillance de son cocontractant, peut agir en responsabilité contractuelle contre ce dernier (CA Paris 15-5-1990 : D. 1990.IR.158).

Cette promesse est généralement faite par les intermédiaires dans les contrats qui leur confient des missions de vente ou d'achat : tel est le cas des agents commerciaux, des courtiers, des commissionnaires et de divers mandataires.

La validité d'une telle promesse ne saurait être contestée au motif que l'article L 313-1 du Code monétaire et financier inclut dans le monopole bancaire la fourniture des garanties. Cette interdiction ne peut concerner, en effet, que la fourniture à titre professionnel (habituel, principal, répété et rémunéré) de garantie, car la loi a pour objet de « policer » l'activité bancaire et ne peut donc être appliquée qu'à ceux qui se livrent à cette activité (nos 40010 s.). Or, les intermédiaires qui se portent ducroire n'exercent pas à titre principal une activité de fourniture de garantie et ne s'engagent à ce titre qu'accessoirement à une opération commerciale (cf. CA Poitiers 7-4-2009 : JCP G 2010.6145 p. 268, validant un cautionnement lié à une opération commerciale principale). D'ailleurs, l'incompatibilité du ducroire avec l'article précité n'a été retenue depuis l'entrée en vigueur de ce texte qu'à propos d'un intermédiaire en opérations de banque agissant habituellement (CA Paris 14-6-1995 : JCP E 1996.I.525 obs. Gavalda et Stoufflet, ces auteurs précisant que la loi bancaire n'interdit que le ducroire habituel).

Pour la même raison, les engagements de ducroire ne sauraient davantage être soumis aux règles de l'assurance.

58230 Le ducroire dépend donc de l'accord des parties qui doit notamment préciser :

1. La **promesse** elle-même de ducroire : à défaut, celle-ci peut être implicite, mais des difficultés de preuve sont alors à redouter, bien que celle-ci puisse être rapportée par tous moyens ;

La preuve peut résulter des usages (CA Paris 17-11-1972 : JCP G 1973.II.17414 note Boitard ; CA Rennes 9-7-1974 : JCP G 1975.II.17990 note Plaisant ; CA Paris 25-6-1992 : RJDA 12/92 n° 1180) ou, par exemple, de l'existence d'une rémunération spéciale (CA Aix 23-11-1937 : DH 1937.105 ; TGI Reims 25-10-1984 : GP 1985.som.106).

Mais elle ne se présume pas : ainsi, une centrale d'achat qui négocie avec les fournisseurs les contrats que ses adhérents concluent directement avec ces derniers n'est tenue de garantir les défaillances de ses adhérents que si elle s'y est engagée envers les fournisseurs (CA Versailles 16-12-1987 : D. 1988.IR.50, qui ne constate pas en l'espèce cet engagement ; aussi sur une absence de preuve, CA Paris 6-1-1993 : BT.1993.151).

58233 **2.** La **garantie donnée** : généralement, le ducroire garantit le paiement d'une somme d'argent ; mais il peut garantir l'exécution en nature d'une prestation déterminée puisqu'il est licite de se porter garant du fait d'autrui (n° 15005). Le **montant garanti** peut être soit la totalité ou une partie de la somme due (souvent le tiers ou la moitié, voire jusqu'à 60 %), soit une somme forfaitaire ou l'intégralité du dommage en cas d'inexécution d'une prestation garantie en nature ;

Il a été jugé à propos d'un commissionnaire ducroire que celui-ci, sauf clause contraire, étant garant non seulement du paiement du prix, mais aussi de tous les frais résultant de l'inexécution des engagements de l'acheteur, son obligation ne se limitant pas à la solvabilité du tiers (Cass. com. 6-1-1981 : Bull. civ. IV p. 4 : garantie des intérêts de découvert en banque supportés par le commettant et des frais de poursuite contre l'acheteur).

58236 **3.** Les **causes de défaillance** du débiteur garanti qui déclencheront l'obligation du ducroire et le délai dans lequel le ducroire doit avertir le bénéficiaire ; à défaut de stipulation, fût-elle implicite, le ducroire garantit le défaut de paiement à l'échéance du débiteur et non la solvabilité de celui-ci ; il est donc obligé sans qu'il y ait à rechercher si les impayés sont ou non imputables à un insolvable (Cass. com. 22-10-1996 : RJDA 2/97 n° 255) ;

Il est spécialement recommandé aux parties d'indiquer si le ducroire devra s'exécuter alors même que le débiteur garanti ou lui-même pourrait se prévaloir d'une cause de **force majeure.** Dans le silence du contrat, le ducroire n'est pas tenu, à notre avis, bien que l'opinion majoritaire soit en sens contraire (Chauvel, Encyclopédie Dalloz Droit commercial v° Commissionnaire nos 183 s.), de garantir la force majeure : d'une part, étant garant du fait d'autrui, il est tenu des obligations du débiteur, mais seulement de ces dernières (en ce sens, par exemple, la garantie due par le commissionnaire de transport n° 24078) ; d'autre part, comme tout débiteur, il peut invoquer la force majeure pour s'exonérer de sa défaillance. S'il lui était refusé de se prévaloir de la force majeure, il ne serait plus le garant du fait d'autrui, mais un garant qui aurait pris un engagement autonome, comme le promettant d'une garantie à première demande par exemple, ce qui suppose une volonté certaine puisque contraire au droit commun.

Il est aussi conseillé de préciser si le ducroire est obligé quand bien même le débiteur qu'il garantit se prévaut d'un **motif justifié** à l'appui de son **inexécution.** Il a été jugé notamment que le commettant ne peut agir contre le commissionnaire ducroire lorsque, pour refuser de payer le prix, l'acheteur invoque la défectuosité de la marchandise (T. com. Le Havre 5-7-1927 : GP TQ 1926-1930 V° Commissionnaire en marchandises n° 22) ou la compensation de sa dette avec une créance qu'il a sur le commettant (T. com. Marseille 24-3-1904 : DP 1905.5.12). Ces solutions nous paraissent justifiées car, comme il a été dit ci-dessus, le ducroire n'a pas pris un engagement autonome : il garantit les défaillances de son cocontractant, lesquelles n'existent pas lorsque celui-ci dispose d'exceptions justifiées envers le donneur d'ordre.

4. Les modalités d'**exécution** de la garantie : les parties doivent notamment préciser si le ducroire a le **bénéfice de discussion.** À défaut, il doit répondre à l'appel du créancier, car le garant du fait d'autrui doit honorer sa garantie, quitte à exercer ensuite un recours contre le débiteur garanti (Cass. req. 10-12-1902 : DP 1904.1.537). Une rémunération supplémentaire peut être stipulée pour la promesse de ducroire ; **58239**

5. Les **conditions de libération** du ducroire : il a été jugé qu'un commissionnaire demeurait obligé par le ducroire bien que son commettant ait continué à livrer l'acheteur en connaissance de son insolvabilité et malgré l'avis du commissionnaire qui lui avait signifié qu'il livrait à ses risques et périls (CA Douai 9-6-1932 : S. 1933.2.40). Il a été jugé de même dans le cas où le commettant avait poursuivi directement les acheteurs et leur avait accordé termes et délais sans avoir consulté le ducroire (Cass. req. 14-4-1934 : GP TQ 1930-1935 V° Commissionnaire en marchandises n° 27). Pour éviter toute surprise, les parties ont intérêt à fixer le sort du ducroire dans ces deux hypothèses.

Garantie des investissements à l'étranger Divers dispositifs ont pour objet la protection des investissements pratiqués à l'étranger. **58248**

La **Banque mondiale** est à l'origine d'une convention internationale portant création d'une Agence multilatérale de garantie des investissements (Amgi ou Miga).

Cette convention est entrée en vigueur le 12 avril 1988 ; la France l'a ratifiée et publiée (Décret 90-138 du 9-2-1990).

L'**UE** a édicté le règlement 912/2014 du 23 juillet 2014 établissant un cadre pour la gestion de la responsabilité financière liée aux tribunaux de règlement des différends entre investisseurs et États mis en place par les accords internationaux (RDIE) auxquels l'Union est partie.

Selon un communiqué de presse de la Commission de l'UE du 28 août 2014, il existe 3 000 traités bilatéraux d'investissement en vigueur à l'échelle mondiale, dont plus de 1 400 sont conclus par des États membres de l'UE.

Plusieurs pays, notamment en voie de développement, ont édicté une législation pour garantir les investissements étrangers. Pour se renseigner à leur sujet, consulter Business France (n° 11600).

L'**accord de libre-échange nord-américain** (Alena) a institué un régime de protection des investissements étrangers sur les territoires américain, canadien et mexicain, en reconnaissant, notamment, à l'investisseur un accès direct et unilatéral à l'arbitrage, l'État ayant déjà exprimé dans le traité son consentement général à y recourir (Lemaire, Rev. arb. 2001.43).

Hypothèque maritime Une hypothèque conventionnelle, et seulement elle, peut être constituée sur un navire ou un autre bâtiment de mer (y compris un drone maritime) francisés dans les conditions suivantes (C. douanes art. 241 et C. transports art. L 5114-6 ; Loi 67-5 du 3-1-1967 portant statut des navires ; sur la francisation des navires, n° 30050). **58251**

L'hypothèque consentie à l'étranger est reconnue valable dans tout pays qui a ratifié (dont la France, décret du 29-11-1935) la convention de Bruxelles du 10 avril 1926 pour l'unification de certaines règles relatives aux privilèges et hypothèques maritimes.

Les hypothèques consenties par l'acheteur avant la francisation sur un bâtiment acheté ou construit à l'étranger sont valables et produisent effet sous les conditions posées par l'article 50 de la loi 67-5.

1. Le **navire** peut être construit ou en cours de construction (C. douanes art. 245).

L'**hypothèque** consentie sur le navire ou sur portion du navire **porte,** sauf convention contraire, sur le corps du navire, les agrès, les apparaux, machines et autres accessoires mais ne s'étend pas au fret (C. douanes art. 244). Elle ne porte pas non plus sur un moteur installé sur le navire mais faisant l'objet d'une réserve de propriété (Cass. com. 15-3-1994 : RJDA 7/94 n° 865).

Si le bâtiment est perdu ou avarié, l'hypothèque est reportée sur les indemnités précisées par l'article 47 de la loi 67-5 mais les paiements faits de bonne foi avant opposition sont valables (dernier alinéa de l'art. susvisé).

L'indemnité d'assurance est directement acquise au créancier hypothécaire (Cass. com. 24-4-2007 n° 637 : RJDA 12/07 n° 1226, excluant l'entrée de l'indemnité dans le patrimoine du débiteur).

2. L'hypothèque peut être constituée par le **propriétaire** ou par son mandataire muni d'un pouvoir spécial (C. douanes art. 242) ; en cas de copropriété, le gérant peut hypothéquer le navire avec le consentement d'une majorité des intérêts représentant les trois quarts de la valeur du navire, mais, en outre, chaque copropriétaire peut hypothéquer sa part indivise (C. transports art. L 5114-34 et L 5114-44 ; C. douanes art. 243).

Dans tous les cas de copropriété, les hypothèques consenties durant l'indivision, par un ou plusieurs des copropriétaires, sur une portion du bâtiment, continuent de subsister après le partage ou la licitation ; toutefois, si la licitation s'est faite en justice, le droit des créanciers n'ayant hypothèque que sur une portion du bâtiment sera limité au droit de préférence sur la partie du prix afférente à l'intérêt hypothéqué (Loi 67-5 art. 56).

3. Un **acte écrit** doit être établi, à peine de nullité (C. douanes art. 241, al. 3) ; il peut être authentique ou sous signature privée ; sur l'emploi de la forme électronique, nº 11178.

4. L'**inscription** de l'hypothèque est faite sur le registre des sûretés mobilières et autres opérations connexes sauf si elle porte sur un navire enregistré au registre international français (C. com. art. R 521-2 ; Arrêté USC2200895A du 11-1-2022 ; sur le greffe compétent, C. com. art. R 521-5) ; l'hypothèque n'est opposable aux tiers qu'à compter de sa date d'inscription.

Dans le silence de la loi sur l'**arrêt** du cours des inscriptions, il y a lieu de transposer, conformément au principe d'universalité du droit commun (nº 74803), les règles applicables aux hypothèques immobilières qui peuvent être considérées comme l'expression du droit commun en la matière (nº 56253).

L'inscription doit être renouvelée avant l'expiration du délai de dix ans, sous peine de péremption (C. douanes art. 248, al. 1).

5. Le **créancier** hypothécaire inscrit sur un bâtiment ou portion de bâtiment le **suit,** en quelques mains qu'il passe, pour être colloqué et payé suivant l'ordre de son inscription ; si l'hypothèque ne grève qu'une portion du bâtiment, le créancier ne peut saisir et faire vendre que la portion qui lui est affectée ; toutefois, si plus de la moitié du bâtiment se trouve hypothéquée, le créancier pourra, après saisie, le faire vendre en totalité, à charge d'appeler à la vente les copropriétaires (Loi 67-5 art. 55) ; sur le régime particulier des droits du créancier hypothécaire sur un navire en copropriété, ci-dessus point 2 (Loi 67-5 art. 56).

Si le bâtiment est perdu ou avarié, sont subrogées au bâtiment et à ses accessoires : a) les indemnités dues au propriétaire à raison des dommages matériels subis par le bâtiment ; b) les sommes dues au propriétaire pour contribution aux avaries communes subies par le bâtiment ; c) les indemnités dues au propriétaire pour assistance prêtée ou sauvetage effectué depuis l'inscription de l'hypothèque, dans la mesure où elles représentent la perte ou l'avarie du bâtiment hypothéqué ; d) les indemnités d'assurance sur le corps du bâtiment. Les paiements faits de bonne foi avant opposition sont valables (Loi 67-5 art. 47).

Il est payé par **préférence** à tout créancier chirographaire ; s'il y a deux ou plusieurs hypothèques sur le même bâtiment ou sur la même part de propriété du bâtiment, le rang est déterminé par l'ordre de priorité des dates, heures et minutes d'inscription ; les hypothèques inscrites le même jour, à la même heure et à la même minute viennent en concurrence (C. douanes art. 247) ; il prime aussi tous créanciers dont le privilège n'est pas établi par l'article L 5114-8 du Code des transports (nº 58254) ainsi que le créancier qui a un gage sur un élément d'outillage ou d'équipement incorporé au navire (Cass. com. 1-6-1970 : D. 1970.681 note Rodière).

Les intérêts des créances sont privilégiés au même rang que le principal pour deux années échues et l'année courante (C. douanes art. 248, al. 2).

Si le titre constitutif de l'hypothèque est à ordre, sa négociation par voie d'endossement emporte la translation du droit hypothécaire (C. douanes art. 249).

Mais il est primé par les créanciers titulaires de privilèges de premier rang (nº 58254).

58254 **Privilèges sur le navire** Les règles relatives aux privilèges qui portent sur le navire énumèrent les privilèges et fixent leurs conditions d'exercice.

Ces règles, incluses dans le Code des transports, sont issues de la convention de Bruxelles du 10 avril 1926 pour l'unification de certaines règles relatives aux privilèges et hypothèques maritimes, ratifiée par la France. Elles s'appliquent aux navires exploités, soit par le propriétaire, soit par un armateur non propriétaire, soit par un affréteur principal, sauf lorsque le propriétaire s'est trouvé dessaisi par un acte illicite et que le créancier n'est pas de bonne foi (C. transports art. L 5114-7).

1. Énumération des privilèges. Deux catégories sont à distinguer :

a. Privilèges de premier rang. Ce sont les privilèges relatifs aux créances suivantes (C. transports art. L 5114-8 ; Loi 67-5 ex-art. 31-1) :

1 - les frais de justice exposés pour parvenir à la vente du navire et à la distribution de son prix ;

2 - les droits de tonnage ou de port et les autres taxes et impôts publics de même espèce ainsi que les frais de pilotage, les frais de garde et de conservation depuis l'entrée du navire dans le dernier port ;

3 - les créances nées du contrat des gens de mer et de toutes personnes employées à bord ;

4 - les rémunérations d'assistance et la contribution du navire aux avaries communes ;

5 - les indemnités pour abordage ou autres accidents de navigation, ou pour dommages causés aux ouvrages d'art des ports et des voies navigables, les indemnités pour lésions corporelles aux passagers et aux équipages, les indemnités pour pertes ou avaries de cargaison ou de bagages ;

6 - les créances provenant de contrats passés ou d'opérations effectuées par le capitaine hors du port d'attache, en vertu de ses pouvoirs légaux, pour les besoins réels de la conservation du navire ou de la continuation du voyage, sans distinguer si le capitaine est ou non en même temps propriétaire du navire et s'il s'agit de sa créance ou de celle des fournisseurs, réparateurs, prêteurs ou autres contractants ; il en est de même pour les créances que font naître contre l'armateur les actes du consignataire, lorsqu'il pourvoit aux besoins normaux du navire au lieu et place du capitaine (cf. pour une application à un navire de pêche sur le fondement de la convention de Bruxelles du 10-4-1926, CA Paris 15-1-1997 : DMF 1997.877 note Lucas).

b. Privilèges de second rang. Ce sont les privilèges de droit commun (C. transports art. L 5114-14 ; n°s 57600 s.). Sur l'application du privilège de conservation de la chose, n° 57606.

La convention du 10 avril 1926 a limitativement énuméré les privilèges de premier rang et a fixé leur ordre. Mais elle a décidé que chaque législation nationale serait libre de privilégier, au second rang, toutes les créances qu'elle voudrait. La loi française n'a pas usé de cette liberté ; ce sont donc les privilèges de droit commun qui viennent à cette place.

2. Régime des privilèges. 58255

a. Rang. Les privilèges de premier rang, ci-dessus énumérés, passent avant toute sûreté, et notamment avant l'hypothèque maritime, quel que soit le rang d'inscription de celle-ci (C. transports art. L 5114-13).

Les créances privilégiées de chaque voyage sont préférées à celles du voyage précédent (art. L 5114-16, al. 1). Les créances d'un même voyage sont payées dans l'ordre de l'énumération citée au 1, a. Les créances d'une même catégorie viennent en concours au marc le franc, à l'exception des créances visées en 4 et 6 de ladite énumération, qui sont payées par préférence dans l'ordre inverse de leur naissance (art. L 5114-15, al. 2).

Les privilèges de second rang passent après l'hypothèque maritime et dans l'ordre que leur assigne le droit commun (art. L 5114-14 ; n° 57612).

b. Assiette. Les privilèges portent sur le navire, sur le fret du voyage pendant lequel est née la créance privilégiée et sur les accessoires du navire et du fret acquis depuis le début du voyage (C. transports art. L 5114-8, L 5114-10 et L 5114-11).

Le privilège sur le fret peut être exercé tant que le fret est encore dû ou que le montant du fret se trouve entre les mains du capitaine ou de l'agent du propriétaire. Il en est de même du privilège sur les accessoires (art. L 5114-9).

Toutefois, le privilège prévu au profit des personnes engagées à bord du navire (n° 58254 § 1, a. 3) porte sur l'ensemble des frets dus pour tous les voyages effectués au cours du même embarquement (art. L 5114-12).

Les indemnités dues au propriétaire en vertu de contrats d'assurance ainsi que les primes, subventions ou autres subsides de l'État ou des collectivités publiques ne sont pas inclus dans l'assiette des privilèges (art. L 5114-11).

L'indemnité d'assurance exclue est celle due au titre de l'assurance du corps du navire ; elle est distincte des indemnités dues par l'auteur d'un des dommages visés ci-dessus § 1, a. 5.

c. Droit de suite. Les créanciers privilégiés de premier rang peuvent revendiquer leur paiement prioritaire même si le navire n'est plus, au moment de leur demande, dans les mains de celui avec lequel ils avaient contracté leurs créances (C. transports art. L 5114-18).

d. Mise en œuvre des privilèges. Les juges du fond qui reconnaissent des créances privilégiées au profit de créanciers s'en prévalant doivent scrupuleusement justifier la titularité de ces créances par lesdits créanciers (pour l'exemple d'une insuffisante justification, Cass. com. 9-12-2020 n° 18-22.477 F-PB).

e. Extinction. Les privilèges s'éteignent à l'expiration du délai d'un an, sauf les privilèges pour créances provenant des contrats passés ou des opérations effectuées par le capitaine pour lesquels le délai est réduit à six mois (C. transports art. L 5114-17). Le point de départ du délai est fixé (art. R 5114-1) :

– au jour de la fin des opérations pour la rémunération d'assistance ;

– au jour du dommage pour l'abordage et les accidents de navigation et autres accidents et pour lésions corporelles ;

– au jour de la délivrance des marchandises ou au jour où elles auraient dû être délivrées pour les pertes et dommages ;

– au jour de la naissance de la créance pour les dépenses engagées par le capitaine.

f. Perte des privilèges. Les privilèges disparaissent :

– en cas de confiscation du navire pour infraction aux lois de douane, de police ou de sûreté et en cas de vente en justice du navire (C. transports art. L 5114-19, 1° et 2°) ;

– en cas de vente volontaire du navire deux mois après la publication de l'acte de transfert (art. L 5114-19, 3° ; sur une extinction par vente en justice, Cass. com. 4-10-2005 n° 1200 : RJDA 1/06 n° 64).

Sur l'inopposabilité de la limitation de responsabilité par le propriétaire du navire à certaines des créances privilégiées, C. transports art. L 5121-4. Sur la perte du privilège reconnu aux créances privilégiées auxquelles cette limitation est opposable, la valeur du navire étant alors répartie entre tous les créanciers, indistinctement, en proportion du montant de leurs créances respectives, C. transports art. L 5121-10.

g. Privilèges reconnus par des législations étrangères. Les créanciers qui invoquent, en France, un privilège qui leur est reconnu par une législation nationale et, réciproquement, les créanciers qui invoquent, à l'étranger, un privilège que leur accorde la loi française doivent être admis dans leur prétention si le pays d'origine de la législation ou celui où le privilège est invoqué a, comme la France, ratifié la convention de Bruxelles du 10 avril 1926 (cf. art. 1 de la convention).

Pour l'exemple d'un refus du privilège pour frais de tonnage invoqué par l'organisme public chargé du recouvrement de ces droits, en raison du défaut de ratification par la Grèce de la convention précitée, CA Aix 6-1-1982 : DMF 1984.341.

58257 **Hypothèque fluviale** Une hypothèque peut être constituée sur un bateau de navigation intérieure dans les conditions suivantes.

1. Tout **bateau** immatriculé est susceptible d'hypothèque conventionnelle (C. transports art. L 4122-1, al. 1).

2. Le bateau peut être **construit** ou **en cours** de **construction** à condition que dans ce dernier cas il fasse l'objet d'une déclaration (art. L 4122-1, al. 2).

3. Un acte **écrit** doit être établi, à peine de nullité de l'hypothèque (art. L 4122-3, al. 1).

L'acte constitutif d'hypothèque peut être à ordre ; l'endossement emporte transfert du droit hypothécaire (art. L 4122-3, al. 2 et 3).

4. L'**inscription** de l'hypothèque, consentie en France comme à l'étranger, rend l'hypothèque opposable aux tiers à compter de sa date d'inscription (art. L 4122-4).

L'état des inscriptions hypothécaires peut être demandé au greffier du tribunal de commerce (art. L 4121-4).

Sur l'arrêt du cours des inscriptions, la solution indiquée pour les hypothèques maritimes est transposable par analogie, n° 58251.

L'hypothèque s'étend à tous objets qui, sans faire partie intégrante du bateau, lui sont attachés à demeure par leur destination, à l'exception de ceux qui n'appartiennent pas au propriétaire du bateau (art. L 4122-2).

En cas de perte ou avarie du bateau, l'hypothèque n'est pas reportée sur l'**indemnité d'assurance** qui est subrogée au bateau, bien que l'article L 4122-9 du Code des transports proclame expressément le contraire (« Les dispositions de la loi du 19 février 1889 sur la subrogation légale des créanciers hypothécaires dans le bénéfice de l'indemnité d'assurance sont applicables en cas d'assurance sur un bateau »), car cette disposition (art. 2 de la loi de 1889) est abrogée depuis 1930 (CA Toulouse 21-1-2021 n° 19/015678).

5. Le **créancier** hypothécaire suit le bateau, en quelques mains qu'il passe, pour être **payé,** après les créanciers privilégiés (n° 58260) et dans le rang des inscriptions suivant la date de ces dernières (art. L 4122-8).

En cas de pluralité d'hypothèques sur le même bateau, le rang des hypothèques est déterminé par l'ordre des dates d'inscription ; les hypothèques inscrites le même jour viennent en concurrence, quelle que soit leur heure d'inscription (art. L 4122-6).

Les intérêts des créances sont privilégiés au même rang que le principal pour trois années échues et l'année courante (art. L 4122-7).

58260 **Privilèges sur le bateau** Les **bateaux visés** par les privilèges sont ceux exploités par leur propriétaire ou par une personne autre que le propriétaire, sauf lorsque ce dernier s'est trouvé dessaisi par un acte illicite et que le créancier n'est pas de bonne foi (C. transports art. L 4122-11).

Ces bateaux sont affectés aux **dettes** que la loi déclare privilégiées pour les meubles (art. L 4122-12). Portent ainsi sur eux les privilèges spécifiquement établis par la loi, dits « de premier rang », et les privilèges de droit commun sur les meubles.

1. Privilèges de premier rang. 58260 (suite)

a. Énumération. Les privilèges de premier rang sont (C. transports art. L 4122-16) :

1 - en cas de saisie, les frais de conservation du bateau depuis la saisie ;

2 - les créances résultant du contrat d'engagement du conducteur, des membres d'équipage et des autres personnes engagées par le propriétaire ou par le conducteur pour le service du bord, pour une durée de six mois au plus en ce qui concerne les traitements, salaires ou rémunérations ;

3 - les rémunérations dues pour assistance et sauvetage, ainsi que la contribution du bateau aux avaries communes ;

4 - les taxes de navigation, les droits de port et de pilotage ;

5 - les indemnités dues pour dommages causés par abordage ou autres accidents à des navires ou bateaux, à des personnes ou biens autres que les personnes ou biens se trouvant à bord du bateau, y compris les dommages causés aux ouvrages et installations des ports et du domaine public fluvial, à condition que les faits constitutifs de ces créances soient antérieurs à l'inscription de l'hypothèque.

Ces privilèges s'établissent sans formalité (art. L 4122-18).

b. Rang. Les privilèges ci-dessus priment les privilèges des créances mentionnées aux articles 2331 et 2332 du Code civil qui établissent les privilèges généraux et spéciaux sur meubles (nos 57606 s.) dans l'ordre où ils sont énumérés (C. transports art. L 4122-16 et L 4122-17), étant précisé que :

– les créances mentionnées sous le même numéro ont le même rang (art. L 4122-17, al. 2) ;

– les créances mentionnées au 3o de l'énumération sont remboursées dans l'ordre inverse des dates où elles sont nées (art. L 4122-17, al. 3) ;

– tous les privilèges de l'énumération priment l'hypothèque fluviale (C. civ. art. 2324 ; pour un exemple, CA Paris 30-6-1995 : BT 1995.556), sauf ceux relatifs aux créances visées au point 5 de la liste ci-dessus, qui ne passent avant l'hypothèque que pour les faits constitutifs de ces créances antérieures à l'inscription de cette dernière ;

– ils ne priment pas les privilèges fiscaux (Cass. com. 3-2-1998 : RJDA 3/98 no 343).

c. Assiette. Les privilèges portent sur tous les objets qui, sans faire partie intégrante du bateau, lui sont attachés à perpétuelle demeure par leur destination, à l'exception de ceux qui n'appartiennent pas au propriétaire du bateau (C. transports art. L 4122-13).

d. Créances garanties. Les privilèges garantissent (C. transports art. L 4122-14) :

1o les intérêts de la créance et les frais encourus en vue d'obtenir un titre exécutoire ;

2o sauf exécution forcée sur le territoire national, les indemnités dues pour la perte du bateau ou pour tout dommage matériel causé au bateau et non réparé, y compris la part correspondant à un tel dommage des rémunérations d'assistance, de sauvetage ou de renflouement ou des indemnités pour avaries communes, à l'exclusion des indemnités dues en vertu d'un contrat d'assurance du bateau couvrant le risque de perte ou d'avarie.

e. Droit de suite. Les privilèges suivent le bateau en quelques mains qu'il passe (C. transports art. L 4122-18).

f. Perte. Les privilèges s'éteignent au terme d'un délai de **six mois** à compter de la date d'exigibilité de la créance, sauf (art. L 4122-19) :

– en cas de sauvetage, à l'expiration d'un délai d'un an à compter du jour où les opérations sont terminées ;

– pour les frais de conservation depuis la saisie, les créances salariales et pour la contribution du bateau aux avaries communes à l'expiration d'un délai d'un an à partir de l'exigibilité de la créance ;

– en cas d'accident, à l'expiration d'un délai de six mois à compter du jour où le dommage a été causé.

Ils s'éteignent aussi par la **vente** forcée et la vente volontaire si le créancier n'a pas fait opposition entre les mains de l'acquéreur dans un délai de huit jours à compter de l'inscription de la vente au registre d'immatriculation (art. L 4122-20).

En cas de saisie et de vente forcée, les frais de justice effectués dans l'intérêt commun des créanciers pour parvenir à la vente et à la distribution du prix, y compris les frais de garde, sont déduits du prix d'adjudication avant distribution aux créanciers, même privilégiés (art. L 4122-21).

2. Privilèges de droit commun. Ces privilèges peuvent être exercés sur les bateaux après les privilèges de premier rang dans les conditions du droit commun (C. transports art. L 4122-15, al. 1 ; no 57612). Ils ne prennent rang **avant l'hypothèque** que si les faits constitutifs de la créance sont antérieurs à l'inscription de l'hypothèque et si, en outre, avant cette inscription, le créancier est en possession du bateau ou l'a fait saisir à titre conservatoire (art. L 4122-15, al. 2).

58263 **Hypothèque aérienne** Une hypothèque conventionnelle (C. transports art. L 6122-1, al. 2) peut être constituée sur un aéronef dans les conditions suivantes.

Par « aéronefs », on entend tous les appareils capables de s'élever ou de circuler dans les airs (art. L 6100-1).

1. L'aéronef doit être **immatriculé** (C. transports art. L 6111-1 s.) sur le registre français (art. L 6122-1, al. 1) ; sur la dispense d'immatriculation, C. transports art. L 6111-1.

L'hypothèque consentie **à l'étranger** sur un aéronef immatriculé à l'étranger est reconnue valable, à la condition que celle-ci ait été constituée conformément à la loi de l'État contractant où l'aéronef est immatriculé lors de sa constitution, dans tous les pays qui ont ratifié (dont la France, décret 64-318 du 11-4-1964) la convention de Genève du 19 juin 1948 sur la reconnaissance des droits sur les aéronefs.

2. L'aéronef peut être en **construction** s'il a été préalablement déclaré à l'autorité administrative chargée de la tenue du registre français d'immatriculation (C. transports art. L 6122-5).

3. L'hypothèque doit être constituée par le **propriétaire** de l'aéronef (C. transports art. L 6122-3 et L 6122-4).

4. L'hypothèque peut être consentie sur **un** ou **plusieurs** aéronefs à condition que, dans ce dernier cas, la flotte hypothéquée appartienne à un même propriétaire et que les différents éléments de cette flotte soient individualisés dans l'acte d'hypothèque (C. transports art. L 6122-4).

5. Un acte **écrit** doit être établi, à peine de nullité, sous la forme authentique ou sous signature privée, qui mentionne chacun des éléments sur lesquels porte l'hypothèque (C. transports art. L 6122-2) ; sur l'emploi de la forme électronique, n° 11178.

L'acte écrit peut aussi être à ordre, l'endos emportant translation du droit du créancier (art. L 6122-2).

La mention dans l'acte de vente d'un aéronef que tout ou partie du prix reste dû au vendeur entraîne, sauf clause contraire, hypothèque à son profit en garantie de la somme indiquée comme restant due à condition que le vendeur requière l'inscription de cette hypothèque (art. L 6122-4, al. 2).

6. L'**inscription** de l'hypothèque est faite sur le registre d'immatriculation ; l'hypothèque n'est opposable aux tiers qu'à compter de sa date d'inscription (C. transports art. L 6122-8, al. 1).

Sur l'arrêt du cours des inscriptions hypothécaires, la solution indiquée pour les hypothèques maritimes est transposable (n° 58251).

L'inscription est valable **dix ans** à compter du jour de sa date ; son effet cesse si elle n'a pas été renouvelée avant l'expiration de ce délai (art. L 6122-11).

La clause de réserve de propriété non publiée est inopposable au créancier hypothécaire (CA Toulouse 17-10-1995 : JCP G 1997.I.4033 n° 25 obs. Delebecque).

L'hypothèque grève, dès lors qu'ils appartiennent au propriétaire de l'aéronef, la cellule, les moteurs, hélices, appareils de bord et, d'une manière générale, toutes pièces destinées de façon continue au service de l'aéronef, qu'elles fassent corps ou soient temporairement séparées (C. transports art. L 6122-3).

En cas de perte ou d'avarie de l'aéronef, l'hypothèque porte sur l'**indemnité d'assurance,** sauf clause contraire des parties ; avant tout paiement, l'assureur doit requérir un état des inscriptions hypothécaires ; aucun paiement n'est libératoire s'il est fait au mépris des droits des créanciers figurant sur cet état (art. L 6122-9).

Elle peut être étendue, accessoirement, aux **pièces de rechange** de l'appareil à condition que ces pièces soient individualisées ; lorsque ces pièces sont utilisées sur les aéronefs auxquels elles sont affectées, elles sont immédiatement remplacées ; le créancier est prévenu de cette utilisation (art. L 6122-6).

Une publicité appropriée, effectuée sur les lieux où sont entreposées les pièces de rechange, avertit les tiers de la nature et de l'étendue du droit dont ces pièces sont grevées. Elle comprend, le cas échéant, un inventaire indiquant la nature et le nombre des pièces de rechange hypothéquées (art. L 6122-7).

Le créancier hypothécaire suit son gage en quelque main qu'il passe (art. L 6122-15) ; il est **payé** par préférence selon son rang déterminé par l'ordre des dates d'inscription (art. L 6122-10, al. 1). Il a été jugé qu'il a un rang préférable même à celui du superprivilège des salariés (TGI Le Puy 21-11-1986 : JCP G 1987.II.20756 note Le Gall).

Les hypothèques inscrites le même jour entrent en concurrence quelle que soit l'heure de leur inscription (art. L 6122-10, al. 2).

Les intérêts des créances sont aussi privilégiés pour trois années échues et l'année courante (art. L 6122-12).

Mais il est **primé** par les créanciers titulaires de privilèges de premier rang, énumérés au numéro suivant (art. L 6122-15).

L'hypothèque peut être radiée ou modifiée par la convention des parties ou par jugement passé en force de chose jugée ; cette radiation est mentionnée au registre (art. L 6122-8 et L 6122-13). Sauf le cas de vente forcée, un aéronef ne peut être rayé du registre d'immatriculation s'il n'a pas été donné mainlevée préalable du droit inscrit (art. L 6122-14).

Privilèges sur aéronefs La loi établit des privilèges pour certaines créances en rapport avec l'exploitation d'aéronefs dans les conditions ci-après exposées. 58266

Ces privilèges sont reconnus par les pays liés par la convention de Genève du 19 juin 1948 sur la reconnaissance des droits sur les aéronefs, ratifiée par la France (Décret 64-318 du 11-4-1964).

1. Énumération des privilèges. On distingue deux catégories.

a. Privilèges de premier rang (C. transports art. L 6122-16). Ces privilèges sont relatifs aux créances suivantes :

- les frais de justice exposés en vue de la vente de l'aéronef et de la distribution de son prix, dans l'intérêt commun des créanciers ;
- les rémunérations dues pour sauvetage de l'aéronef ;
- les frais indispensables engagés pour sa conservation.

b. Privilèges de second rang. Ce sont les privilèges de droit commun sur meubles (nos 57606 s.) dès lors qu'il n'existe aucun privilège aéronautique spécifique.

2. Régime des privilèges.

a. Rang. Les privilèges de premier rang passent avant toute sûreté et notamment avant l'hypothèque aérienne (C. transports art. L 6122-16, al. 1) dans l'ordre de leur énumération au § 1-a ; les créances de même rang viennent en concurrence et sont payées, en cas d'insuffisance, en proportion de leur montant (art. L 6122-18, al. 1 et 2).

Cependant, les créances de rémunération dues pour sauvetage de l'appareil et de conservation sont réglées dans l'ordre inverse de celui des événements qui leur ont donné naissance (art. L 6122-18, al. 3).

Les privilèges de second rang ne passent qu'après l'hypothèque aérienne lorsque son inscription est antérieure à la naissance de ces privilèges (art. L 6122-19, al. 1) et dans l'ordre que leur assigne le droit commun (n° 57612), sous réserve des droits reconnus aux victimes des dommages causés à la surface en vertu de l'article VII-5 de la convention du 19 juin 1948 (art. L 6122-19, al. 2).

b. Assiette. Les privilèges portent sur l'aéronef même et, en cas de perte ou avarie de l'appareil, sur l'indemnité d'assurance (C. transports art. L 6122-17, al. 1).

c. Droit de suite. Les créanciers privilégiés de premier rang ont un droit de suite sur l'aéronef en quelques mains qu'il passe (C. transports art. L 6122-17, al. 1).

d. Perte. Les privilèges de premier rang s'éteignent à l'expiration d'un délai de **trois mois** à compter du jour de l'événement qui leur a donné naissance, à moins qu'auparavant le créancier n'ait fait inscrire sa créance au registre d'immatriculation de l'aéronef, après avoir fait reconnaître amiablement son montant ou, à défaut, avoir introduit une action en justice à son sujet (C. transports art. L 6122-17, al. 2).

Ils s'éteignent aussi par les modes normaux d'extinction des privilèges et par la vente en justice de l'aéronef ou cession volontaire de propriété régulièrement inscrite au registre d'immatriculation si les créanciers n'ont pas notifié leur créance à l'acquéreur au domicile élu par lui dans les publications (art. L 6122-17, al. 3).

Lorsque les privilèges ne sont pas inscrits dans les délais requis, ils perdent le bénéfice de la reconnaissance convenue dans la convention de Genève du 19 juin 1948 (art. 1-1.d.II de la convention).

SECTION 8

GARANTIES PUBLIQUES POUR LE COMMERCE EXTÉRIEUR DE LA COFACE

Risques garantis La Compagnie française d'assurance pour le commerce extérieur assure pour le compte de l'État la gestion du service public de l'**assurance-crédit** et couvre les risques relatifs au **commerce extérieur.** Ces risques sont les risques politiques, monétaires, catastro- 58400 phiques et commerciaux extraordinaires pour lesquels l'État donne sa garantie (cf. C. ass. art. L 432-1 s. et art. R 442-2 s.) ainsi que les risques qui ne bénéficient pas de la garantie de l'État.

Pour utiliser efficacement les diverses assurances offertes par la Coface, l'exportateur doit prendre connaissance des règles générales de garantie de cet établissement et notamment tenir compte des diverses précautions que nous signalons ci-après.

58406 **Indemnisation** La Coface doit indemniser l'assuré dans les **conditions** fixées par la **police.** Elle ne peut pas notamment, pour s'y soustraire, voir dans les clauses des **restrictions** ou des distinctions qui ne s'y trouvent pas, par exemple soutenir que des difficultés sérieuses ne sont pas un « empêchement » ou que le « gouvernement » est distinct des personnes morales publiques placées sous sa dépendance (T. com. Paris 11-5-1988 : PA 28-9-1988).

En cas de **contestation** élevée par le débiteur sur l'exécution du contrat par l'exportateur, la Coface suspend automatiquement son indemnisation, quel que soit le produit objet du contrat et quel que soit le type de police, jusqu'à ce que la contestation ait été tranchée en faveur de l'assuré, par une décision de justice ayant reçu force exécutoire dans le pays du débiteur (CA Paris 9-11-1988 : GP 1989.93, refusant l'attribution d'une provision à l'assuré, et, sur pourvoi, Cass. civ. 25-3-1991 : Bull. civ. I p. 67).

Les **tribunaux** judiciaires sont **compétents** pour statuer sur les litiges opposant la Coface à ses assurés, sauf à poser au préalable une question préjudicielle au juge administratif dès lors que la solution du litige dépend de l'appréciation d'une décision administrative (T. confl. 2-12-1991 : RJDA 7/92 n° 782 ; Cass. civ. 18-11-1992 : RJDA 3/93 n° 215).

58410 **Principales obligations des assurés** Il ressort du contentieux opposant la Coface à ses assurés que ces derniers doivent :

1. Respecter leurs **obligations** contractuelles et tous les **délais** imposés sous peine de suppression de la garantie des créances en cause (pour une déchéance de garantie en raison d'un défaut de livraison : CA Paris 27-2-1992 : BT 1993.475) ;

2. Ne **pas modifier les conditions** du contrat garanti, les clauses et les sûretés y attachées ; en cas de pluralité d'assurés, l'avenant signé par l'un d'entre eux dont la mission se limite à la gestion du contrat est inopposable aux coassurés lorsqu'il bouleverse l'économie du contrat (CA Paris 20-1-1993 : BTL 1993.475 et, sur pourvoi, Cass. com. 19-12-1995 : RJDA 3/96 n° 429) ;

3. Ne consentir à leurs débiteurs **aucune prorogation** d'échéance, aucun délai **ni remise** de dette, ne conclure aucun accord, compromis ou arrangement relatif aux créances garanties, ni renoncer à ses créances ou les céder (pour une déchéance de la garantie en raison d'une prorogation de terme consentie sans l'accord de l'assureur et suivie de nouvelles livraisons : CA Paris 3-12-1992 : BTL 1993.475) ;

4. Prendre les dispositions nécessaires pour faire **protester dans les délais** légaux les effets représentatifs de la créance garantie qui n'auraient pas été acceptés ou honorés à cette date (pour des exemples de carence de l'assuré, Cass. com. 18-1-1994 : RJDA 6/94 n° 701 ; CA Paris 26-6-1991 : JCP E 1991.pan.1173 ; CA Paris 20-3-1992 : BTL 1993.475) ;

5. Répondre exactement au **questionnaire de risque** qui lui demande de préciser toutes les informations susceptibles d'améliorer l'appréciation du risque (pour un manquement à cette obligation : CA Paris 19-10-2010 n° 08/00588 : GP 2010.som.3678 note Moore) ;

6. Acquitter le montant de la **prime** au plus tard huit jours après l'envoi d'une mise en demeure de la compagnie sous peine d'être déchu de plein droit de sa garantie pour les risques dont la prime est restée impayée et de devoir néanmoins acquitter le montant des primes échues et à échoir (pour une application de la déchéance, Cass. civ. 15-12-1993 : BTL 1994.87).

L'assuré peut être chargé par la Coface d'**exercer** ses **droits à sa place** (Sentence CCI n° 6733 en 1992 : Clunet 1994.1038 obs. Hascher) ; rien n'oblige, en effet, le subrogé à agir lui-même (n° 53050).

CHAPITRE 3

RECOUVREMENT DES CRÉANCES DE L'ENTREPRISE

SOMMAIRE

I. Recouvrement des créances entre personnes privées 59003
A. Mesures conservatoires 59019
1. Séquestre 59020
2. Saisies conservatoires 59100
3. Hypothèque judiciaire conservatoire 59200
4. Nantissement judiciaire conservatoire et vente forcée 59300
B. Mesures d'exécution forcée 59400
1. Exécution par provision 59400
2. Injonction de payer 59500
3. Astreinte 59600
4. Saisies 59690
a. Saisie-vente 59715
b. Saisie-attribution 59800
II. Recouvrement des créances entre personnes privées et personnes publiques 60000
III. Recouvrement des créances des personnes publiques étrangères ou sur les personnes publiques étrangères 60400

Par « recouvrement des créances » ou « voies d'exécution », on entend la mise en œuvre des différents moyens offerts par la loi au créancier pour contraindre le débiteur récalcitrant à payer et qui sont utilisables à son encontre tant qu'il n'est pas l'objet d'une mesure restreignant les droits de poursuite des créanciers (nos 61145 et 62395 s.) ou encore d'une procédure de surendettement (C. consom. art. L 711-1 s.). Au sens de l'article A 444-32 du Code de commerce et du no 129 du tableau 3-1 figurant à l'annexe 4-7 du titre quatrième bis dudit Code, auquel il renvoie, le terme de recouvrement implique l'existence d'une démarche, amiable ou judiciaire, en vue de la récupération d'un élément d'actif, en application d'une décision de justice (Cass. 2e civ. 20-1-2022 no 20-14.537 F-B). 59000

Souvent les créanciers s'en remettent à des sociétés de recouvrement (cf. C. exécution art. L 124-1 et R 124-1 s.) qui disposent du savoir-faire en ce domaine et d'informations sur les débiteurs (sur la protection des données personnelles et sur les fichiers informatisés, MCC nos 34100 s.). Par ailleurs, toute convention par laquelle un intermédiaire se charge contre rémunération de négocier entre un créancier et un débiteur consommateur des délais de paiement ou des remises de dettes est nulle (C. consom. art. L 322-1).

L'activité des personnes physiques ou morales non soumises à un statut professionnel qui, d'une manière habituelle ou occasionnelle, même à titre accessoire, procèdent au recouvrement amiable des créances pour le compte d'autrui fait l'objet d'une réglementation fixée par les articles R 124-1 à R 124-7 du Code des procédures civiles d'exécution.

Avertissement : Les décisions de justice rendues avant l'entrée en vigueur, le 1er janvier 1993, de la réforme des voies d'exécution et qui demeurent valables sous le régime applicable sont citées sans précision pour éviter une répétition systématique de leur caractère transposable.

I. RECOUVREMENT DES CRÉANCES ENTRE PERSONNES PRIVÉES

Orientation générale du créancier Tout créancier qui ne reçoit pas spontanément le paiement attendu de son débiteur sait qu'il peut tenter d'obtenir ce paiement en saisissant ses biens (cf. C. exécution art. L 111-1, al. 1). Au sens de ce texte, les biens sont les droits du débiteur à caractère patrimonial, c'est-à-dire qui présentent un intérêt pouvant être apprécié en argent. 59003

Quiconque s'est obligé personnellement est tenu de remplir son engagement sur tous ses biens mobiliers et immobiliers, présents et à venir (C. civ. art. 2284), et les biens du débiteur sont le gage commun de ses créanciers (C. civ. art. 2285), sous réserve du cas où le bien poursuivi a été déclaré insaisissable ou de ceux pour lesquels la saisie est exclue quoiqu'il soit en lui-même saisissable (n° 59706).

Sur les droits de poursuite des créanciers d'un entrepreneur individuel de droit commun et d'un EIRL : n°s 2230 et 2335.

Mais il peut aussi s'assurer de l'existence de biens à **saisir** et exercer une pression sur le débiteur en prenant des **mesures conservatoires** (cf. C. exécution art. L 111-1, al. 2), telles que séquestre, saisie conservatoire, inscription d'hypothèque provisoire sur un immeuble ou de nantissement judiciaire du fonds de commerce, condamnation au paiement par référé-provision, injonction de payer ou astreinte.

Indépendamment de ces mesures qui sont spécialement orientées vers le recouvrement de la créance, le créancier doit aussi, le cas échéant, examiner d'**autres procédés** susceptibles, quoique plus indirectement, de préserver et de favoriser son paiement, tels que :

– l'action oblique qui lui permet de faire rentrer dans le patrimoine de son débiteur une créance que celui-ci néglige de recouvrer (C. civ. art. 1341-1) ;

– l'action paulienne qui lui permet de faire réintégrer dans le patrimoine de son débiteur un bien que celui-ci a frauduleusement vendu ou donné (C. civ. art. 1341-2) ;

– l'action en déclaration de simulation qui lui permet de mettre au jour un élément du patrimoine du débiteur que celui-ci tentait de lui dissimuler (n°s 12180) ;

– l'action en ouverture d'une procédure collective (n° 61510) ou d'un redressement judiciaire civil (C. consom. art. L 711-1 s.) qui lui permet de faire examiner par la justice les chances de sauver l'entreprise du débiteur et la mise au point d'un plan de redressement (n° 61510) ;

– l'action devant le juge des référés qui a, pratiquement, le pouvoir de prendre toute mesure de sauvegarde que requiert une situation donnée ;

– la tierce opposition à un jugement de condamnation du débiteur qui a sciemment négligé de défendre ses droits pour nuire à ses créanciers ;

– les mesures protectrices de ses intérêts que la loi lui permet d'invoquer lorsque son débiteur est en déconfiture ;

– la constitution de partie civile contre le débiteur pour organisation frauduleuse de son insolvabilité (C. pén. art. 314-7 ; pour un exemple, Cass. crim. 5-4-2005 n° 04-82.475 : RJDA 8-9/05 n° 1039).

Le **créancier** peut **renoncer** à poursuivre son débiteur ; mais cette renonciation ne lui interdit pas de demander l'ouverture d'une procédure collective à son encontre car cette procédure n'équivaut pas à une demande de paiement ou de mise en œuvre d'une voie d'exécution (Cass. com. 22-3-2011 n°s 09-72.748 et 09-72.749 : RJDA 6/11 n° 560 ; rappr. Cass. com. 7-3-2006 : RJDA 8-9/06 n° 924). Il ne saurait cependant renoncer, par avance, à toute action en justice (n° 71603).

59006 **Régime** Les règles relatives aux procédures civiles d'exécution sont incluses dans le Code des procédures civiles d'exécution (C. exécution art. R 121-5 s.).

Ces règles concernent toute mesure conservatoire ou d'exécution qui doit être exécutée sur le territoire de la République française (Cass. 1e civ. 30-10-2006 : Bull. civ. I n° 449 ; Cass. com. 12-3-2013 n° 11-27.748 : RJDA 5/13 n° 441 ; cf. art. 12, 2 du règlement CE 593/2008 du 17-6-2008 sur la loi applicable aux obligations contractuelles, recommandant, quoique la loi du contrat régisse l'exécution des obligations qu'il engendre : n° 16934, d'avoir égard dans la mise en œuvre des mesures d'exécution forcée de ces obligations à la loi du lieu de leur exécution ; art. 21,1 du règlement CE 861/2007 du 11-7-2007, instituant une procédure européenne de règlement des petits litiges, soumettant les mesures d'exécution des décisions prononcées en vertu de cette procédure au droit de l'État membre d'exécution ; sur cette procédure : CPC art. 1382 s.).

En conséquence, les juridictions françaises sont toujours compétentes pour ordonner des mesures conservatoires (n°s 72166, 72280 et 72521) et des saisies à pratiquer en France (cf. Cass. civ. 17-1-1995 : JCP G 1995.II.22430 note Muir Watt ; Cass. 2e civ. 10-12-2020 n° 18-17.937 FS-PBI : RJDA 4/21 n° 260) et pour régler les procédures d'ordre de distribution du prix des ventes forcées (Cass. 1e civ. 11-7-2019 n°s 18-14.186 et 18-16.277 : JDI 2020.176 note Nabet).

Réciproquement, le juge français est incompétent, en toute circonstance, pour annuler une mesure d'exécution pratiquée à l'étranger, même à l'égard des Français qui ne peuvent invoquer à son encontre leur privilège de juridiction (n° 72255) et pour ordonner ou autoriser, sauf convention internationale ou législation communautaire l'y autorisant, une mesure d'exécution, forcée ou conservatoire, devant être accomplie dans un État étranger (Cass. 2e civ. 21-1-2016 n° 15-10.193).

Sur la notion de mesures conservatoires, n° 72166 pour une définition transposable ; sur la notion de voies d'exécution, n° 60403.

À noter que l'exercice d'une mesure d'exécution ou d'une mesure conservatoire est considéré comme un **acte d'administration,** sauf disposition contraire (Cass. 2e civ. 15-1-2004 n° 15 : RJDA 7/04 n° 890).

Points sensibles Les parties et les tiers impliqués dans une procédure de recouvrement d'une créance, tant à des fins conservatoires que d'exécution, doivent spécialement veiller au respect des règles qui leur imposent un comportement loyal et coopératif. 59009

1. Le **créancier** doit observer les précautions suivantes :

a. Résister toujours à la tentation – trop répandue – de se faire justice à lui-même (sur l'interdiction de se faire justice à soi-même : nos 14400, 50000 et 74927) ;

b. Éviter, lorsqu'il négocie des arrangements avec son débiteur, éprouvant d'ores et déjà de sérieuses difficultés, de conclure des accords de paiement susceptibles de tomber sous le coup des nullités de la période suspecte (no 63120 s.) ;

c. Ne pas exercer abusivement sa liberté de choisir les mesures propres à recouvrer sa créance (C. exécution art. L 111-7 ; rappr. nos 57049, 59100, 59703 et 61510).

La renonciation par un créancier à l'exercice de tout recours en vue de récupérer sa créance serait contraire à l'ordre public (no 71603).

2. Le **débiteur** doit se garder de toute résistance abusive, sous peine d'une condamnation à dommages-intérêts par le juge de l'exécution (C. exécution art. L 121-3).

3. Les **tiers** ne doivent pas faire obstacle aux procédures engagées en vue de l'exécution ou de la conservation des créances ; ceux qui, sans motif légitime, se soustraient à ce devoir peuvent être contraints d'y satisfaire, au besoin à peine d'astreinte, sans préjudice de dommages-intérêts ; ils peuvent même être condamnés au paiement des causes de la saisie, sauf leur recours contre le débiteur (C. exécution art. L 123-1).

Le tiers saisi qui a payé deux fois la même somme, à la fois au saisissant et au saisi, a été admis sur le fondement de l'enrichissement injustifié à exercer un recours contre le saisi qui avait perçu deux fois la même somme (Cass. 2e civ. 8-12-2011 no 10-23.399 : RJDA 3/12 no 332).

4. L'**ordonnateur** d'une dépense incombant à une personne publique doit indiquer le comptable public assignataire de cette dépense ainsi que tous les renseignements nécessaires à la mise en œuvre de la mesure de recouvrement envisagée, dès lors qu'un créancier porteur d'un titre exécutoire ou d'une autorisation de mesure conservatoire le lui demande (C. exécution art. L 143-1).

5. **Toute personne** qui, à l'occasion d'une mesure propre à assurer l'exécution ou la conservation d'une créance, se prévaut d'un document est tenue de le communiquer ou d'en donner copie, si ce n'est dans le cas où il aurait été notifié antérieurement (C. exécution art. L 141-3).

COMPÉTENCE DU JUGE DE L'EXÉCUTION

Le juge de l'exécution est **compétent** (C. org. jud. art. L 213-6 ; C. exécution art. R 121-1, al. 1) : 59012

– pour connaître des difficultés relatives aux titres exécutoires et des contestations qui s'élèvent à l'occasion de l'exécution forcée, même si elles portent sur le fond du droit, à moins qu'elles n'échappent à la compétence des juridictions de l'ordre judiciaire ;

– dans les mêmes conditions, pour autoriser les mesures conservatoires et pour connaître des contestations relatives à leur mise en œuvre ;

– sous la même réserve, pour connaître de la procédure de saisie immobilière, des contestations qui s'élèvent à l'occasion de celle-ci et des demandes nées de cette procédure ou s'y rapportant directement, même si elles portent sur le fond du droit ainsi que de la procédure de distribution qui en résulte ;

– sous la même réserve, pour connaître des demandes en réparation fondées sur l'exécution ou l'inexécution dommageables des mesures d'exécution forcée ou des mesures conservatoires ;

– pour connaître de la saisie des rémunérations, à l'exception des demandes ou moyens de défense échappant à la compétence des juridictions de l'ordre judiciaire ;

– pour exercer les compétences particulières qui lui sont dévolues par le Code des procédures civiles d'exécution.

Les compétences plus particulières du juge de l'exécution sont indiquées à l'occasion des développements qu'elles concernent.

Tout juge autre que le juge de l'exécution doit relever d'office son incompétence (C. exécution art. R 121-1, al. 1). Quant au juge de l'exécution, il peut relever d'office son incompétence (art. R 121-1, al. 3).

Le juge de l'exécution **territorialement** compétent, à moins qu'il n'en soit disposé autrement, est, au choix du demandeur, celui du lieu où demeure le débiteur ou celui du lieu d'exécution de la mesure ; lorsqu'une demande a été portée devant l'un de ces juges, elle ne peut l'être devant l'autre ; si le débiteur demeure à l'étranger ou si le lieu où il demeure est inconnu, le juge compétent est celui du lieu d'exécution de la mesure (C. exécution art. R 121-2).

Les règles de compétence prévues par le Code des procédures civiles d'exécution sont d'ordre public (art. R 121-4).

Le juge de l'exécution ne peut ni modifier le dispositif de la décision de justice qui sert de fondement aux poursuites ni en suspendre l'exécution si ce n'est dans les cas prévus par la loi pour l'octroi d'un délai de grâce (C. exécution art. R 121-1, al. 2).

Il est dessaisi si le créancier se désiste et ne peut plus statuer sur les demandes reconventionnelles nées de la procédure ou s'y rapportant (cf. Cass. 2e civ. 11-1-2018 no 16-22.829 F-PB, à propos d'une saisie immobilière mais transposable car rendu sur C. org. jud. art. L 213-6 relatif à la compétence du juge de l'exécution et non spécifique à la saisie immobilière).

Sur les règles de **procédure** applicables aux instances devant le juge de l'exécution : C. exécution art. R 121-6 s.

DIFFICULTÉS D'EXÉCUTION DE LA MESURE DE RECOUVREMENT

59015 **Recherche du débiteur** L'**huissier** (ou commissaire) de justice chargé de la saisie peut obtenir l'**adresse** du débiteur dans les conditions de l'article L 152-1 du Code des procédures civiles d'exécution. Il peut aussi obtenir la communication de l'adresse des comptes de dépôt du débiteur (C. exécution art. L 152-1 et L 152-2) et ce même s'il n'est pas muni d'un titre exécutoire (CA Paris 28-1-2021 no 19/21727 : GP 2021.42.81 obs. Hoffschir).

Le **juge des référés** peut valablement enjoindre à l'employeur d'un débiteur poursuivi par l'un de ses créanciers de communiquer à l'huissier (ou commissaire) de justice chargé de recouvrer la créance l'adresse de ce débiteur dès lors que celui-ci dissimule le lieu de son domicile ou de sa résidence dans le seul dessein illégitime de se dérober à l'exécution de ses obligations et de faire échec aux droits de ses créanciers (Cass. civ. 30-6-1992 : D. 1993.421 note Guiho).

Un créancier ne commet pas un abus de droit en engageant un **détective privé** pour retrouver son débiteur (CA Aix 18-5-1990 : Bull. d'Aix 1990/2 p. 27 no 58).

59016 **Procédure simplifiée de recouvrement des petites créances** Les modalités de mise en œuvre de la procédure simplifiée de recouvrement des petites créances (C. exécution art. L 125-1) sont précisées aux articles R 125-1 s. du Code des procédures civiles d'exécution.

Pour favoriser le recouvrement des petites créances ayant une cause contractuelle ou résultant d'une obligation de caractère statutaire et dont le montant en principal et intérêts ne doit pas excéder 5 000 euros, l'huissier (ou commissaire) de justice, à la demande du créancier, invite le débiteur, par lettre recommandée avec demande d'avis de réception, à participer à la procédure dite simplifiée dans les conditions suivantes (C. exécution art. R 125-1 s.) :

– cette procédure doit se dérouler dans le délai d'un mois à compter de l'envoi par l'huissier de la lettre susvisée ;
– l'accord du débiteur, constaté par l'huissier (ou commissaire) de justice, suspend la prescription ;
– l'huissier (ou le commissaire) de justice qui a reçu l'accord du créancier et du débiteur sur le montant et les modalités du paiement délivre, sans autre formalité, un titre exécutoire ;
– les frais de toute nature qu'occasionne la procédure sont à la charge exclusive du créancier.

La prescription, suspendue à compter de l'accord du débiteur constaté par l'huissier pour participer à cette procédure, recommence à courir en cas d'échec de celle-ci à compter de la date du refus du débiteur, constaté par l'huissier (ou le commissaire) de justice, pour une durée qui ne peut être inférieure à six mois (C. civ. art. 2238).

59018 **Recours à la force publique** L'État est tenu de prêter son concours à l'exécution des jugements et des autres titres exécutoires. Le refus de l'État de prêter son concours ouvre droit à réparation (C. exécution art. L 153-1).

A. Mesures conservatoires

59019 **Cas particulier des fonds gelés** Aucune sûreté judiciaire ni aucune saisie conservatoire, qui assurent au créancier que sa créance sera réglée par préférence aux autres créanciers sur le bien qui en fait l'objet, ne peut être diligentée sur des avoirs gelés sans **autorisation** préalablement délivrée **par l'autorité française compétente** ; ne peuvent a fortiori être réalisées sur de tels avoirs, sans autorisation préalable, des mesures d'exécution forcée qui, à la différence de mesures conservatoires, entraînent un transfert de propriété du patrimoine du débiteur vers celui du créancier ; enfin, dès lors qu'une saisie-vente d'avoirs gelés est impossible, le créancier qui poursuit l'exécution du titre exécutoire dont il dispose n'est pas tenu de délivrer un commandement aux fins de saisie-vente dans l'unique but d'interrompre la prescription ; il s'ensuit que lorsque les avoirs d'un débiteur sont gelés et que les conditions dans lesquelles l'autorité française compétente peut autoriser le déblocage de certains d'entre eux ne sont pas réunies ou que celle-ci a refusé de les débloquer, la prescription extinctive est suspendue à l'égard des créanciers pendant toute la durée de la mesure de gel (Cass. ass. plén. 29-4-2022 n° 18-18.542 BR).

Une mesure d'exécution qui aurait pour effet de faire sortir du patrimoine du débiteur des fonds ou des ressources économiques gelés et de conférer au créancier poursuivant un simple droit de préférence ne peut être diligentée que sur autorisation préalable du directeur du Trésor, autorité nationale désignée en application de l'article 11, 2 du règlement 2016/44 (Cass. 1e civ. 7-9-2022 n° 19-21.964 FS-B).

Ces deux arrêts font suite à une décision de la **Cour de justice de l'UE,** saisie par la Cour de cassation de questions préjudicielles, qui a dit que les articles 1, sous h) et j), et 7, 1 du règlement 423/2007, les articles 1, sous i) et h), et 16, 1 du règlement 961/2010 ainsi que les articles 1, sous k) et j), et 23, 1 du règlement 267/2012 devaient être interprétés en ce sens qu'ils s'opposent à ce que soit diligentée sur des avoirs gelés, sans autorisation préalable de l'autorité nationale compétente, une mesure conservatoire dépourvue d'effet attributif, telle une sûreté judiciaire ou une saisie conservatoire (CJUE 11-11-2021 aff. 340/20).

1. SÉQUESTRE

SÉQUESTRE CONVENTIONNEL

Le séquestre conventionnel est un contrat librement conclu entre les parties qui conviennent de remettre à un tiers la conservation d'une chose à propos de laquelle elles ont une contestation (C. civ. art. 1956). **59020**

Il peut porter sur tous biens immobiliers ou mobiliers (C. civ. art. 1959) corporels ou incorporels tels que droits de créance (Cass. civ. 5-1-1965 : JCP G 1965.II.14038), titres négociables (CA Alger 23-6-1936 : S. 1938.2.179), valeurs mobilières (Cass. req. 19-12-1938 : GP 1939.1.322 ; Cass. civ. 17-10-1980 : GP 1981.pan.64).

Le séquestre est étendu aux accessoires du bien séquestré ainsi qu'à la valeur ou à la chose qui le remplace en cas de cession (Cass. req. 12-7-1921 : S. 1921.1.168).

La convention doit fixer le rôle et les **pouvoirs** du séquestre. À défaut, celui-ci sera tenu à la conservation de la chose comme un dépositaire (C. civ. art. 1958).

Sur la possibilité de confier à un tiers la propriété de biens en vue d'une mission déterminée : nos 23200 s.

Le séquestre peut être **gratuit ou rémunéré** (C. civ. art. 1957). À défaut de stipulation expresse, il doit être présumé gratuit (cf. C. civ. art. 1957).

Le séquestre conventionnel est **responsable** des manquements à la mission qui lui a été impartie comme tout débiteur contractuel ; si celle-ci est limitée à la conservation de la chose, il encourt la même responsabilité que le dépositaire (C. civ. art. 1958).

Ainsi a été retenue la responsabilité du séquestre qui a disposé des fonds constitués par un dédit dont une promesse de cession de parts sociales était assortie, alors qu'aucune des conditions préalables à la cession n'était remplie, en les versant à un autre que le créancier de la société comme il avait été convenu (Cass. com. 12-2-1979 : Bull. civ. IV p. 46), du séquestre du prix de vente d'un fonds de commerce qui a remis cette somme avant le prononcé de la liquidation des biens du vendeur, sans l'accord de l'acquéreur, obligeant ainsi ce dernier à payer sur ses propres deniers un créancier inscrit (Cass. com. 16-7-1982 : GP 1983.som.23) ou du séquestre chargé d'encaisser un chèque qui l'a remis tardivement à l'encaissement (Cass. civ. 21-2-1995 : RJDA 11/95 n° 1234, obligeant le séquestre à réparer la perte de la chance d'obtenir le paiement et non à la restitution de la somme dont il n'a jamais été en possession).

Il est aussi responsable à l'égard des **tiers** dès lors que la situation de fait créée par la convention de séquestre leur a causé un préjudice (CA Amiens 2-11-1976 : D. 1977.IR.332 : responsabilité du notaire qui a omis de régler l'un des créanciers du vendeur d'un fonds de commerce avec les fonds provenant de sa vente alors qu'il était chargé de régler l'ensemble des créanciers du vendeur).

Le séquestre prend fin après la contestation terminée (C. civ. art. 1956) ; à défaut, il ne peut être déchargé que du consentement de toutes les parties intéressées (C. civ. art. 1960). Il doit alors rendre la chose, et ce, si le séquestre est gratuit comme le doit le dépositaire (C. civ. art. 1958). Si la chose à restituer est une somme d'argent, le séquestre peut compenser cette somme avec la créance qu'il a sur le créancier de la restitution, la règle interdisant au dépositaire d'invoquer la compensation (C. civ. art. 1347-2) n'étant pas applicable au séquestre conventionnel lorsque celui-ci n'est pas gratuit (CA Paris 25-9-1996 : DA 1996.1292).

À défaut de convention contraire, le créancier de la somme mise sous séquestre par le débiteur à titre conservatoire n'a **pas de droit de préférence** sur ladite somme (Cass. com. 17-9-2013 n° 12-16.532 : RJDA 12/13 n° 1036).

Mais ce créancier a droit à la remise de la somme séquestrée avant tout créancier du séquestre si celui-ci est lui-même sous procédure collective.

SÉQUESTRE JUDICIAIRE

59025 **Nomination du séquestre judiciaire** Le séquestre judiciaire est ordonné par la justice (C. civ. art. 1961), qui peut le décider chaque fois qu'une contestation le justifie (CA Paris 5-10-1968 : D. 1969.som.28).

L'énumération des choses susceptibles d'être séquestrées de l'article 1961 du Code civil n'est pas limitative (CA Paris 11-7-1973 : Rev. jur. com. 1975.17).

Ainsi, peuvent faire l'objet d'un séquestre :

– une exploitation, tels un fonds de commerce (Cass. civ. 26-6-1974 : Bull. civ. I p. 180), un fonds agricole (Cass. civ. 23-4-1981 : GP 1981.som.319) ou une société (MSC n°s 10200 s.), le séquestre prenant alors le nom d'« administrateur judiciaire » ou plus couramment d'« administrateur provisoire » ;

– des actions d'une société dépendant d'une succession litigieuse (Cass. civ. 17-10-1980 : GP 1981.som.64) ou des parts sociales d'une société civile immobilière alors même que ces parts feraient l'objet d'un nantissement au profit d'un autre créancier (CA Versailles 23-10-1979 : GP 1980.som.605) ;

– des enregistrements constituant une copie servile par repiquage de ceux sur lesquels il existe un droit exclusif (T. com. Paris 14-11-1973 : Rev. jur. com. 1975.26) ;

– des loyers dus par un locataire, même si cette créance ne paraît pas fondée en son principe (Cass. civ. 13-12-1993 : GP 1994.pan.94).

Mais le juge ne saurait, sous couvert de séquestre, dessaisir une personne de son patrimoine (cf. Cass. civ. 13-11-1889 : S. 1890.1.8).

59028 **Compétence pour nommer le séquestre judiciaire** La nomination d'un séquestre est généralement demandée au juge des référés, dans la mesure, bien entendu, où celui-ci peut statuer.

Il en est ainsi par exemple lorsqu'il existe un contentieux sérieux quant à la propriété d'actions et quant aux conditions de leur cession et que ce contentieux pourrait donner lieu à des restitutions en argent (Cass. civ. 17-10-1980 : GP 1981.som.64) ou lorsque la donation d'une exploitation agricole sur laquelle porte la mesure de séquestre présente un caractère suspect, dès lors que son propriétaire initial a été peu de temps après déclaré en règlement judiciaire (Cass. civ. 23-4-1981 : GP 1981.som.319) ou encore lorsque la mise sous séquestre de production de disques fabriqués en infraction à une clause d'exclusivité présente un caractère d'urgence (T. com. Paris 16-5-1973 : Rev. jur. com. 1975.17).

Le juge de la mise en état peut aussi ordonner « toutes mesures provisoires » (CPC art. 789, 4°).

59031 **Choix du séquestre judiciaire** À défaut d'accord des parties intéressées sur la personnalité du séquestre, celui-ci est choisi par le juge (C. civ. art. 1963, al. 1).

Rien n'interdit que l'une des parties en cause dans le litige soit désignée, même si l'autre partie s'y oppose (T. civ. Thonon 21-5-1932 : JCP G 1932.II.939). Toutefois, cette nomination ne doit pas être incompatible avec une autre qualité ou une autre mission qui serait dévolue à la personne nommée (cf. Cass. req. 14-3-1882 : S. 1882.1.349 : qualité de séquestre compatible avec la qualité de liquidateur d'une société immobilière).

Il n'est pas nécessaire pour la désignation d'un séquestre que celui-ci soit partie à la procédure (Cass. com. 29-1-1974 : JCP G 1974.II.17815 note Bernard).

Nul n'est tenu d'accepter la charge de séquestre de quelque manière qu'elle ait été offerte ou conférée (CA Paris 6-5-1890 : DP 1891.1.395).

59034 **Mission du séquestre judiciaire** Le séquestre est tenu d'apporter, pour la conservation des effets saisis, les soins raisonnables (C. civ. art. 1962, al. 1). Toutefois, les juges peuvent lui donner des pouvoirs plus étendus à condition de préciser sa mission (Cass. civ. 23-4-1981 : GP 1981.pan.319).

1. Actes de conservation. Le séquestre est tenu de conserver le bien jusqu'au règlement définitif du litige (Cass. civ. 22-6-1921 : DP 1921.1.124) et à ce titre il doit prendre toutes les mesures utiles à sa conservation.

Jugé que le séquestre peut notamment :

– émettre des réserves à l'occasion de la réception de la marchandise confiée, pour le compte des réceptionnaires (Cass. civ. 3-1-1928 : S. 1928.1.133) ;

– louer un emplacement afin d'entreposer la marchandise confiée (Cass. com. 12-3-1968 : JCP G 1968.IV.70) ;

– exercer toutes actions en justice en vue d'obtenir la restitution des fonds représentant le prix de vente d'un fonds de commerce (Cass. com. 23-6-1970 : JCP G 1970.IV.222) ou d'empêcher la dilapidation des biens séquestrés (CA Poitiers 30-6-1933 : GP 1933.2.551) ;
– être chargé, par le juge des référés, d'encaisser les loyers d'un immeuble en vue de les affecter aux dépenses urgentes de réparation (Cass. req. 20-2-1934 : DH 1934.177).

2. Actes d'administration. Le séquestre n'est pas expressément autorisé, par la loi, à accomplir des actes d'administration (cf. C. civ. art. 1962).

Ainsi, un séquestre nommé pour percevoir les loyers d'un immeuble, nonobstant tout transfert ou opposition, n'a pas qualité pour traiter avec les locataires de l'immeuble des questions relatives à ces loyers (Cass. civ. 14-11-1883 : S. 1885.1.423) ; de même, le séquestre nommé pour exercer les droits des héritiers du créancier d'un débiteur en faillite n'a pas qualité pour encaisser les paiements s'il n'a pas reçu mandat à cet effet (CA Lyon 18-4-1874 : DP 1876.2.195).

Mais le juge peut accorder au séquestre des pouvoirs d'administration dans la mesure où ils sont nécessaires pour la conservation de la chose ; tel est le cas lorsqu'il nomme un administrateur provisoire à la tête d'une succession (Cass. civ. 10-3-1981 : GP 1981.pan.265 : pouvoir de demander des facilités de caisse). Ces pouvoirs peuvent être modifiés à la demande de l'administrateur provisoire (Cass. civ. 22-4-1981 : JCP G 1982.II.19920 obs. Boulanger).

Le juge peut aussi lui reconnaître le pouvoir de conclure des baux de moins de neuf ans (Cass. civ. 13-4-1959 : D. 1959.259). Lorsque le juge a ordonné la mainlevée d'une saisie moyennant versement des sommes réclamées par le saisissant à un séquestre, ce dernier doit être considéré comme un mandataire de justice ayant reçu paiement au nom du saisissant au sens de l'article 1342-2 du Code civil (ex-art. 1239), qui détermine le pouvoir de recevoir paiement (Cass. soc. 24-5-1962 : Bull. civ. IV p. 385).

3. Actes de disposition. Le séquestre ne peut **pas** accomplir d'actes de disposition.

Jugé notamment :
– que l'administrateur séquestre ne pouvait concéder un bail sur des locaux affectés à l'origine par leur propriétaire à une entreprise de fabrication de peignes, en vue d'un commerce de boucherie, dès lors que cette mesure ayant pour effet de supprimer, sans compensation, l'entreprise industrielle s'apparentait à un acte de disposition excédant les pouvoirs d'un administrateur (Cass. soc. 8-12-1955 : Bull. civ. IV p. 669) ;
– qu'il est interdit au séquestre d'appréhender et administrer le bien d'un débiteur en déconfiture et de répartir l'actif entre les créanciers (CA Amiens 24-10-1963 : JCP N 1964.13704).

Ce pouvoir peut, toutefois, lui être conféré par le juge, ce qui arrive par exemple pour l'administrateur provisoire d'une société (Cass. com. 5-11-1971 n° 69-14.706 : Bull. IV n° 261 : autorisation de réaliser des actifs).

Rémunération et frais du séquestre judiciaire Compte tenu de l'importance de sa mission, les **tribunaux** fixent souverainement la rémunération du séquestre (C. civ. art. 1962, al. 3 ; CA Lyon 7-5-1890 : DP 1891.5.337). 59037

Cette rémunération doit être versée même si la décision de nomination est annulée ou réformée (Cass. req. 12-4-1869 : DP 1869.1.424).

La **charge des frais et honoraires** n'est pas comprise, en principe, dans les dépenses du procès (Cass. civ. 13-1-1897 : S. 1901.1.451). Elle doit être supportée par celui que désigne la juridiction qui met fin au séquestre (Cass. civ. 18-3-1859 : JCP G 1859.IV.50). Ce peut être celui qui a profité de la mission du séquestre, par exemple le créancier gagiste lorsque le séquestre a été nommé pour conserver son gage (Cass. civ. 20-11-1961 : Bull. civ. I p. 425), ou qui l'a rendue nécessaire, tel l'héritier qui s'est opposé de façon injustifiée à l'exécution d'un testament (Cass. civ. 20-11-1922 : S. 1927.1.285).

En garantie du recouvrement de sa créance, le séquestre dispose d'un **droit de rétention** (Cass. civ. 22-5-1962 : JCP G 1962.IV.64) et du privilège général pour frais de justice (C. civ. art. 2331, 1° ; Cass. civ. 26-6-1878 : DP 1878.1.343). Il dispose aussi d'une action solidaire à l'encontre de toutes les parties qui ont profité de sa mission (CA Paris 21-12-1929 : GP 1930.1.415).

Mais il est personnellement tenu des engagements qu'il contracte pour se donner les moyens d'assumer sa mission (Cass. civ. 24-2-1988 : GP 1988.pan.121).

Responsabilité du séquestre judiciaire Le séquestre est responsable de ses **fautes de gestion** prouvées (C. civ. art. 1956 s. sur renvoi de l'art. 1963, al. 2), en qualité de dépositaire dans l'exécution de son obligation de conservation (Cass. req. 15-12-1902 : DP 1903.1.609) ou de mandataire dans l'exécution, le cas échéant, de son obligation d'administration (Cass. com. 11-1-1971 : D. 1971.som.108). 59040

Ainsi commet une faute le séquestre qui :
– vend à moitié des prix normaux des arbres plantés sur un terrain indivis à l'insu de l'autre copropriétaire (Cass. civ. 5-6-1957 : JCP G 1957.IV.106) ;

– néglige de payer un impôt foncier, ce qui a entraîné la perte d'un terrain (Cass. civ. 18-3-1968 : Bull. civ. I p. 82) ;
– s'engage inconsidérément (Cass. com. 6-5-1986 : BRDA 13/86 p. 9).

Le séquestre est responsable du **défaut de conservation** de la marchandise qui lui a été remise dès lors qu'il n'établit pas qu'au moment de son acquisition la marchandise n'était pas loyale et marchande (Cass. 1e civ. 15-5-2008 n° 07-11.250 : RJDA 8-9/08 n° 903).

Il engage sa responsabilité extracontractuelle **à l'égard des tiers** pour le préjudice occasionné à l'occasion de l'exercice de sa mission (Cass. 1e civ. 14-2-2018 n° 16-20.278 F-PB : Bull. civ. I n° 33).

59043 **Extinction de la mission du séquestre judiciaire** Le séquestre prend fin avec l'achèvement de la mission qui lui a été impartie, à défaut avec le consentement des parties intéressées ou pour une cause légitime (C. civ. art. 1960 ; Cass. com. 6-6-2000 n° 1247 : RJDA 11/00 n° 1051).

Au sens de ce texte, les parties intéressées incluent non seulement celles qui ont demandé ou établi le séquestre mais encore les personnes qui ont un intérêt sur la chose séquestrée (Cass. 1e civ. 20-1-2021 n° 19-18.567 FS-P : RJDA 5/21 n° 305 : restitution des fonds portant atteinte au droit au paiement des créanciers de la somme que le séquestre tendait à garantir).

Les juges apprécient souverainement l'opportunité du maintien ou de la mainlevée du séquestre (Cass. civ. 27-4-1979 : GP 1979.pan.427 ; Cass. 1e civ. 20-5-2009 n° 08-20.317 : Bull. civ. I n° 104 : compétence souveraine pour lever totalement le séquestre même en présence d'une demande de levée partielle), de sa prorogation en vertu de l'article 149 du Code de procédure civile (Cass. 2e civ. 17-10-2013 n° 12-25.461 : Bull. civ. II n° 202) ou de sa reconduction lorsque la cause du séquestre est devenue différente de celle pour laquelle cette mesure avait été prise initialement (Cass. civ. 18-11-1970 : JCP G 1971.II.16780 note Patarin). Mais le séquestre ne peut mettre fin de lui-même à ses fonctions (Cass. civ. 10-6-1986 : JCP G 1986.IV.244).

La mainlevée du séquestre peut être accompagnée par d'autres mesures conservatoires, telle la prescription d'une consignation (CA Paris 29-6-1931 : DH 1931.500).
Elle est sans objet lorsque la personne physique ou morale à l'encontre de laquelle le séquestre a été prescrit est dépossédée des biens sur lesquels le séquestre portait, de sorte que cette mesure est devenue sans objet (Cass. com. 9-10-1990 : Bull. civ. IV p. 163).

59046 **Exercice des droits sur la chose séquestrée** Le séquestre judiciaire ne met pas obstacle au **droit de poursuite des créanciers** sur la chose objet du séquestre (cf. CA Nancy 26-2-1876 et, sur pourvoi, Cass. civ. 10-7-1876 : DP 1876.1.313 ; CA Versailles 23-10-1979 : GP 1980.som.605). La somme peut être saisie-attribuée mais l'attribution est suspendue jusqu'à l'extinction du séquestre (TGI Paris 20-12-1995 : Bull. inf. C. cass. 1996 n° 640).

Le bénéficiaire de la somme séquestrée n'a de **droit de préférence** sur cette somme que si la mesure de séquestre a été ordonnée judiciairement en application des articles 2075-1 et 2073 anciens du Code civil, devenus 2350 et 2333 (CA Versailles 29-10-1998 : GP 2000.som.405). Il dispose de ce droit de préférence même si le débiteur de la somme consignée et spécialement affectée au paiement de la créance en cause est l'objet d'une procédure collective, dès lors que la consignation est antérieure au jugement d'ouverture et que la somme a été régulièrement déclarée, peu important que le créancier n'ait pas mentionné l'affectation spéciale dans sa déclaration (Cass. com. 21-3-2006 n° 413 : RJDA 2/07 n° 179) ; il faut aussi que la décision qui a ordonné la consignation soit passée en force de chose jugée (T. com. Paris 11-5-2007 : Rev. proc. coll. 2008.72 n° 12 obs. C. Lebel).

La chose séquestrée peut aussi **être vendue** sous réserve que cette vente ne fasse pas obstacle, le moment venu, aux droits du bénéficiaire du séquestre sur cette chose (cf. CA Paris 22-1-1993 : Bull. Joly 1993.587 note Le Cannu : à propos de l'indisponibilité résultant d'une saisie-arrêt mais transposable).

Sur l'incidence de l'ouverture d'une procédure collective à l'encontre du créancier désigné de la somme séquestrée : n° 62420.

2. SAISIES CONSERVATOIRES

59100 Les saisies conservatoires permettent d'immobiliser une somme ou un bien corporel ou incorporel, appartenant à un débiteur, à son insu, après autorisation du juge obtenue sur requête ou en vertu d'un titre admis par la loi, le débiteur pouvant seulement, après coup, demander la mainlevée ou la modification de la saisie.

Le débiteur peut aussi agir en abus du droit, notamment lorsque les saisies sont disproportionnées par rapport aux créances à recouvrer (Cass. com. 20-5-1980 : Bull. civ. IV p. 169).

Le régime des saisies conservatoires varie avec la nature du bien saisi. Toutefois, un régime général, que l'on peut dénommer « saisie conservatoire de droit commun », s'applique aux meubles corporels et aux créances pour lesquels des règles spéciales n'ont pas été édictées.

Nous examinerons ci-après, successivement, ce régime et les principaux régimes spécifiques relatifs aux meubles corporels, autres que les droits sociaux (sur ces derniers : MSC nos 19110 s.).

La saisie conservatoire n'est pas une mesure d'exécution forcée (Cass. com. 4-3-2014 n° 13-10.092 : RJDA 6/14 n° 564).

SAISIE CONSERVATOIRE DE DROIT COMMUN

Les règles applicables à la saisie conservatoire de droit commun figurent dans les articles L 511-1 à L 523-2 et R 511-1 à R 523-10 du Code des procédures civiles d'exécution. **59103**

Elles s'appliquent, à défaut d'une disposition expresse les excluant, en matière de recouvrement de créance dont le contentieux échappe à la compétence des juridictions de l'ordre judiciaire, notamment aux créances fiscales (Cass. 2e civ. 26-10-2006 : Bull. civ. II n° 294).

Ces règles sont compatibles avec l'article 1er du Premier protocole additionnel de la convention de sauvegarde des droits de l'Homme et des libertés fondamentales (Cass. 2e civ. 12-4-2018 n° 17-15.527 F-PB).

Conditions communes

Une saisie conservatoire peut être pratiquée dans les conditions suivantes. **59106**

1. Créance justifiant la saisie. La créance invoquée à l'appui de la saisie doit : **59109**

a. Paraître **fondée en son principe** (C. exécution art. L 511-1, al. 1) ; tel est le cas d'une créance reconnue par une sentence arbitrale, qui a autorité de la chose jugée, même si celle-ci est l'objet d'un appel, et même si elle n'est pas exécutoire (CA Paris 13-2-2003 : GP 2003.som.1852) ;

Cette condition – que le juge apprécie souverainement (Cass. civ. 10-12-1998 : Bull. civ. II n° 298) – étant identique à celle exigée par les textes antérieurs à la réforme de 1991, les solutions posées sous leur empire demeurent donc valables. Ainsi, il a été précisé qu'à la condition que la créance invoquée consiste en une somme d'argent (CA Rouen 19-11-1992 : DMF 1993.583), il importe peu :

– que la créance soit ou non liquide (CA Paris 5-5-1959 : D. 1959.304) ;

– que la créance soit contestée dès lors qu'elle peut exister, comme c'est le cas d'une créance de surestaries invoquée par le fréteur lorsque l'affréteur ne conteste pas être responsable du retard à l'embarquement et que le retard au débarquement n'est pas imputable au fréteur (Cass. com. 11-6-1996 n° 94-14.922) ; mais ce n'est pas le cas d'une prétendue lésion subie par le demandeur dans un partage (TGI Belfort 15-6-1960 : D. 1960.som.116) ;

– que la preuve de l'existence de la créance ne soit pas rapportée (Cass. civ. 9-10-2001 : RJDA 2/02 n° 197) ;

– que la créance existe à l'encontre d'une société civile soumise à un plan de redressement, le créancier pouvant poursuivre un associé sans avoir à justifier de l'inexécution du plan (Cass. com. 25-3-2020 n° 18-17924 F-PB).

La contestation du caractère disproportionné d'un engagement de caution est de nature à remettre en question l'existence d'une créance paraissant fondée en son principe (Cass. 2e civ. 14-1-2021 n° 19-18.844 F-PI : RJDA 5/21 n° 340).

b. Être **menacée** quant à son recouvrement, le saisissant devant justifier des circonstances susceptibles de constituer cette menace (C. exécution art. L 511-1, al. 1 ; existence d'une menace : Cass. civ. 8-11-2001 : RD bancaire 2002.84 n° 71 obs. Delleci ; CA Paris 11-6-2009 n° 08/20203 : RJDA 11/09 n° 1005 ; CA Orléans 3-7-2014 n° 13/03011 : JCP-N 2014.860 ; absence de menace : T. com. Paris 13-9-1994 : DMF 1995.548 obs. Tassel).

2. Biens saisissables. La saisie peut porter sur les biens meubles corporels et les créances appartenant au débiteur, même s'ils sont détenus par un tiers ou s'ils ont fait l'objet d'une saisie conservatoire antérieure (C. exécution art. R 521-1). **59112**

Lorsque la saisie porte sur des **marchandises à bord d'un navire,** aucune disposition spécifique n'étant prévue, il y a lieu d'appliquer les règles françaises des saisies puisqu'elles doivent être effectuées à bord d'un navire français dans les eaux françaises. Il s'ensuit que ces marchandises peuvent être saisies dans les conditions suivantes :

– en cas de vente CIF (avant 2020, CAF), le transfert de la propriété du vendeur à l'acheteur ne s'opérant que par l'embarquement effectif de la marchandise vendue et sa spécification (n° 27074), le créancier de l'acheteur ne peut saisir cette marchandise dès l'échange des consentements et avant l'embarquement (Cass. com. 7-1-1969 : DMF 1969.279 note P.L.) ;

– dès lors qu'un connaissement a été délivré, seuls les créanciers du porteur légitime de ce connaissement peuvent saisir la marchandise représentée par lui (Cass. com. 12-10-1993 : BTL 1994.331) ; si le connaissement délivré est resté en la possession du vendeur alors même que la marchandise, vendue CFR (n° 27074), était embarquée et la propriété transférée, les créanciers de l'acheteur ne peuvent donc pas saisir (Cass. com. 30-10-1989 : DMF 1991.423) ;

– à défaut d'émission d'un connaissement représentatif de la marchandise vendue et embarquée et donnant droit à la remise de cette marchandise au porteur légitime du titre, ladite marchandise peut être saisie, en cas de vente CFR entraînant le transfert de la propriété de la chose vendue à l'embarquement (n° 27074), par les créanciers de l'acheteur (Cass. com. 5-10-1993 : BTL 1993.919), dont le vendeur impayé, même si le connaissement n'a pas été émis du fait du transporteur (CA Rennes 7-11-1990 : DMF 1992.410).

Mais ces biens doivent être saisissables (n° 59724) et appartenir au débiteur (Cass. civ. 4-1-1995 : RJDA 5/95 n° 617).

La saisie peut aussi porter sur des **meubles incorporels** (C. exécution art. L 521-1 et R 521-1). Aucune disposition n'ayant précisé les modalités de la saisie de ces biens, autres que celle des créances, des droits d'associés et des valeurs mobilières, il y a lieu de faire application, sous réserve des adaptations nécessaires, des dispositions relatives à la saisie des droits sociaux des articles R 232-5 s. du Code des procédures civiles d'exécution (Avis C. cass. 8-2-1999 : RJDA 4/99 n° 468 : à propos de la saisie d'une licence d'exploitation de débits de boissons ; CA Versailles 4-5-2006 n° 04/09076 : GP 2006.som.3478 : à propos de la saisie de la licence de taxi ; mais pour une application des règles de la saisie des meubles corporels, TGI Paris 20-9-1994 : Bull. inf. C. cass. 1994 n° 1171 : à propos de la saisie-vente des droits de propriété industrielle).

59114 **3. Personnes saisissables.** La saisie peut être pratiquée entre les mains du débiteur ou d'un tiers (cf. C. exécution art. R 511-8), notamment entre celles du mandataire ad hoc d'une société (Cass. 2e civ. 26-5-2011 n° 10-16.343 : RJDA 10/11 n° 839).

Elle peut l'être aussi entre les mains du saisissant, saisie dite **sur soi-même,** qui bloque entre ses mains la somme qu'il doit à un créancier dont il s'estime être à son tour le créancier (Cass. 2e civ. 4-7-2007 n° 06-14.825 : Bull. civ. II n° 201). Si un créancier a mis en œuvre une saisie-attribution contre son débiteur, celui-ci peut protéger sa créance sur lui tant que la saisie-attribution ne lui a pas été dénoncée (n° 59831) car, après, il n'a plus la disposition de la somme saisie qui a été, sauf contestation (n° 59834), attribuée (cf. TGI Nice 16-6-1993 : D. 1994.53 note Martin).

59115 **4. Titres permettant de saisir.** Le créancier peut procéder à la saisie sans autorisation du juge lorsqu'il dispose d'un titre exécutoire (C. exécution art. L 111-3) ou d'une décision de justice qui n'a pas encore force exécutoire ; il en est de même en cas de défaut de paiement d'une lettre de change acceptée, d'un billet à ordre, d'un chèque ou d'un loyer resté impayé dès lors qu'il résulte d'un contrat écrit de louage d'immeubles (C. exécution art. L 511-2).

Constituent une « décision de justice » un jugement étranger qui n'a pas obtenu l'exequatur (cf. CA Aix 25-2-1986 : DMF 1987.164) et une sentence arbitrale qui a reçu l'exequatur (Cass. 2e civ. 12-10-2006 n° 04-19.062 : Rev. arb. 2008.329 note Cuniberti), mais non une injonction de payer non signifiée (Cass. 2e civ. 13-9-2007 n° 06-14.730 : RJDA 1/08 n° 84) ou non revêtue de la formule exécutoire (CA Bordeaux 30-1-2006 n° 04/03879 : Bull. inf. C. cass. 2008 n° 379) ni la requête en injonction (CA Paris 15-12-2004 n° 04/15825 : D. 2005.342).

Par « loyer », il faut entendre le loyer proprement dit, les charges contractuelles et le droit au bail, mais non la clause fixant le montant de la pénalité en cas de défaillance ou les frais de relance (TGI Lyon 22-2-1994 : Bull. inf. C. cass. 1994 n° 676).

Le bénéficiaire d'un billet à ordre peut saisir à titre conservatoire, sans l'autorisation d'un juge, les biens du donneur d'aval pour le compte du souscripteur, tenu de la même manière que celui dont il s'est porté garant (Cass. com. 19-5-2015 n° 14-17.401 : RJDA 8-9/15 n° 600).

L'autorisation de saisir **dans les États membres** de l'Union européenne, en vertu du principe de non-discrimination, doit être accordée par une législation nationale sous les mêmes conditions, selon qu'elle se rapporte à un jugement devant être exécuté sur le territoire national ou à un jugement devant être exécuté dans un autre État membre (CJCE 10-2-1994 : RJDA 6/94 n° 745).

59118 **5. Autorisation du juge.** Lorsqu'il ne peut pas se prévaloir de l'un des titres ci-dessus visés, le créancier doit, par requête, demander l'autorisation de saisir au juge de l'exécution (ou au président du tribunal de commerce lorsque, demandée avant tout procès, celle-ci tend à la conservation d'une créance relevant de la compétence de la juridiction commerciale) (C. exécution art. L 511-3 et R 511-1, al. 1). Il doit prouver les circonstances mettant en péril le recouvrement de la créance (CA Paris 16-11-2000 : D. 2001.IR.284). Mais ni la requête ni la décision du juge n'ont à justifier que le débat contradictoire n'est pas requis (Cass. 2e civ. 5-12-2019 n° 18-15.050 F-PBI).

Le juge **territorialement compétent** est le juge de l'exécution du lieu où demeure le débiteur ; toute clause contraire est réputée non avenue et le juge saisi doit relever d'office son incompétence (art. R 511-2 et R 511-3).

Lorsqu'il accueille la demande, le juge doit, à peine de nullité de son ordonnance, **déterminer** le montant des sommes pour lesquelles il autorise la saisie et préciser la nature des biens sur lesquels porte cette saisie (C. exécution art. R 511-4).

Si le juge se réserve de **réexaminer** sa décision (ou ses modalités d'exécution) au vu d'un débat contradictoire, il fixe la date de l'audience, sans préjudice du droit du débiteur de le saisir à une date plus rapprochée (C. exécution art. R 511-5).

L'autorisation du juge est **caduque** si la saisie n'a pas été effectuée dans un délai de **trois mois** à compter de l'ordonnance (art. R 511-6) ou si le créancier, sauf le cas où il a agi en vertu d'un titre exécutoire, n'a pas, dans **le mois** qui suit la saisie conservatoire, introduit une procédure ou accompli les formalités nécessaires à l'obtention d'un titre exécutoire (art. R 511-7, al. 1) et cela, même si le débiteur principal bénéficie d'un plan de sauvegarde, l'exécution du titre exécutoire ainsi obtenu étant suspendue pendant la durée du plan ou jusqu'à sa résolution (Cass. com. 27-5-2014 n° 13-18.018 : D. 2014.1197.som. obs. Lienhard ; Cass. 2e civ. 15-5-2014 : D. 2014.1213.som. obs. Avena-Robardet).

La déclaration de créance vaut introduction de la procédure (CA Aix 10-3-1992 : RJDA 7/92 n° 760 : à propos de l'action requise pour donner effet à l'inscription provisoire d'une sûreté prise avant le jugement d'ouverture transposable par analogie) ainsi que l'acte d'assignation comportant une demande de condamnation sur un fondement juridique différent de celui invoqué par le demandeur à l'appui de sa créance dans sa requête devant le juge de l'exécution (Cass. 2e civ. 26-9-2013 n° 12-23.234 : Bull. civ. II n° 183).

Le créancier qui n'a pas agi dans le mois ne peut pas prétendre à une deuxième saisie (TGI Nice 20-4-1994 : D. 1994.som.347 obs. Julien).

En cas de rejet d'une injonction de payer présentée dans le délai d'un mois susvisé, le juge du fond peut être encore valablement saisi dans le mois qui suit l'ordonnance de rejet (C. exécution art. R 511-7, al. 2) ; la saisine du juge des référés, même pour l'obtention d'une provision, n'est pas valable (Cass. civ. 5-7-2001 : JCP G 2002.II.10110 note Gentiu).

L'instance engagée devant une **juridiction incompétente** doit être prise en considération quant au respect du délai imparti (Cass. 2e civ. 3-4-2003 n° 377 : RJDA 8-9/03 n° 885). Le juge français est compétent pour connaître de l'action au fond engagée conformément à l'ordonnance du juge de l'exécution, cette saisine n'étant pas exclusive de celle d'un juge du fond étranger (T. com. Paris 1-6-1994 : GP 1995.som.222 ; dans le même sens, Cass. civ. 18-11-1986 : JCP G 1987.II.20909 note Nicod, transposable).

Saisie dans les mains d'un tiers En pratique, la saisie est généralement faite **entre les mains d'un tiers,** dit « tiers saisi ». Le créancier doit **signifier** à ce dernier une copie des actes attestant qu'il a accompli les diligences requises en vue de la reconnaissance définitive de son droit, dans un délai de huit jours à compter de leur date ; à défaut, la saisie est **caduque** (C. exécution art. R 511-8). 59119

Par « tiers », il y a lieu d'entendre ici toute personne qui se trouve dans un rapport de droit avec le débiteur et à qui la mesure conservatoire pratiquée impose des obligations car une telle personne a intérêt à savoir si le créancier a effectué, dans les délais impartis, les diligences requises par la loi (Avis C. cass. 24-1-1994 : JCP G 1995.II.22392 note Dagot et Malbosc-Cantegril).

Si l'assignation au fond a eu lieu **avant la saisie** conservatoire – ce qui n'est pas le cas si elle a été faite le même jour (Cass. 2e civ. 15-1-2009 n° 07-21.804 : Bull. civ. II n° 19) – et que le tiers saisi en a été averti, il importe peu que la dénonciation de cette assignation soit faite **après l'expiration du délai de huit jours.** En effet, cette assignation ayant été délivrée avant la saisie conservatoire et le délai de huit jours courant à compter du jour de l'assignation, il est impossible que cette dernière soit dénoncée dans les huit jours de sa date (TGI Paris 28-9-1998 : GP 1998.som.559 ; TGI Paris 14-12-1998 : GP 2000.som.872).

La saisine du juge du fond en France n'a pas lieu d'être lorsqu'une procédure est déjà **engagée à l'étranger** pour obtenir un titre exécutoire (CA Paris 2-10-1997 : D. 1997.IR.238).

Si la saisie porte sur des créances monétaires, le tiers saisi est tenu des obligations signalées au n° 59123. Il ne peut pas invoquer les causes de caducité tirées du défaut de diligence dans le délai pour faire reconnaître son droit dès lors que le créancier lui a signifié avant l'expiration du délai, un acte de conversion de la saisie conservatoire en saisie-attribution (Cass. civ. 10-12-1998 n° 96-14.862 : Bull. civ. II n° 299).

Saisie des meubles corporels La procédure de saisie conservatoire tend à l'immobilisation des meubles saisis et à leur vente (cf. C. exécution art. L 522-1), conformément aux règles suivantes. 59121

1. Opérations de saisie. La saisie résulte d'un **acte extrajudiciaire** dressé en suivant les dispositions des articles R 522-1 à R 522-3 et R 522-5 du Code des procédures civiles d'exécution.

Si aucun bien n'est susceptible d'être saisi, l'huissier (ou commissaire) de justice dresse un **procès-verbal de carence** ; il en est de même si, manifestement, aucun bien n'a de valeur marchande (art. R 221-14 sur renvoi de l'art. R 522-4).

L'huissier qui procède à une saisie conservatoire sur des biens rendus indisponibles par une ou plusieurs saisies conservatoires antérieures procède conformément aux dispositions des articles R 522-11 à R 522-14 du Code des procédures civiles d'exécution.

Le débiteur conserve **la détention** des biens saisis dont il devient le gardien, mais ces biens sont rendus **indisponibles** entre ses mains (art. L 141-2, al. 1 et L 521-1, al. 2) dans les conditions fixées au n° 59755. Lorsque le bien saisi est retiré des mains du débiteur, le saisissant est tenu de veiller à sa conservation (Cass. civ. 13-12-1993 : Bull. civ. II p. 206 : à propos d'un navire mais transposable à tout autre bien).

Les **contestations** sur la propriété des biens saisis et sur leur saisissabilité sont tranchées comme en matière de saisie-vente (art. R 522-6 ; nos 59748 s.).

2. Conversion de la saisie. Le créancier qui a un titre exécutoire constatant l'existence de sa créance signifie au débiteur un acte de conversion qui, à peine de nullité, doit contenir les mentions fixées par l'article R 522-7 du Code des procédures civiles d'exécution. À l'expiration d'un délai de huit jours à compter de la date de l'acte de conversion, l'huissier (ou commissaire) de justice procède comme il est dit aux articles R 522-8 et R 522-9 du Code des procédures civiles d'exécution.

À défaut de vente amiable dans le délai prévu, il est procédé à la vente forcée des biens saisis (art. R 522-10).

59122 **Saisie des créances de sommes d'argent** Après l'accomplissement des formalités de saisie, le créancier peut se faire attribuer la créance dans les conditions ci-après exposées.

59123 **1. Opérations de saisie.** Le créancier procède à la saisie au moyen d'un **acte extrajudiciaire** signifié au tiers (C. exécution art. R 523-1, al. 1), qui devient le tiers saisi.

Sur les mentions à porter sur l'acte : C. exécution art. R 523-1.

Tout intéressé peut demander que les sommes saisies soient **consignées** entre les mains d'un séquestre désigné, à défaut d'accord amiable, sur requête par le juge de l'exécution ; la remise des fonds au séquestre arrête le cours des intérêts dus par le tiers saisi (C. exécution art. R 523-2).

Dans un délai de huit jours, à peine de caducité, la saisie est portée à la **connaissance du débiteur** par acte extrajudiciaire (C. exécution art. R 523-3, al. 1) ; en cas de saisie d'un compte joint, elle doit être notifiée à tous les cotitulaires du compte, même s'ils sont étrangers à la saisie (TGI Nanterre 8-9-1994 : Bull. inf. C. cass. 1994 n° 1173).

Sur les mentions à porter sur l'acte, C. exécution art. R 523-3, à peine de nullité, mais seulement si le défaut fait grief (TGI Lyon 23-11-1993 : D. 1994.R.20). L'irrégularité affectant l'acte de dénonciationconstitue un vice de forme qui ne peut entraîner la nullité de l'acte qu'à charge pour celui qui l'invoque de prouver le grief que lui cause l'irrégularité (pour un exemple d'absence de grief, Cass. 2e civ. 22-3-2018 n° 16-23.601 FS-PB).

Le tiers saisi est tenu de **renseigner** l'huissier (ou commissaire) de justice ; à défaut de réponse et de motif légitime le justifiant, il peut être condamné aux causes de la saisie ou à des dommages-intérêts en cas de négligence fautive ou de déclaration inexacte ou mensongère (C. exécution art. R 523-4 et R 523-5), mais non si la saisie est caduque (Cass. 2e civ. 6-5-2004 : JCP G 2004.II.10150 note Salati), le titre exécutoire ayant valablement produit ses effets pour la période antérieure à la caducité (Cass. 1e civ. 9-2-2011 n° 09-72.653 F-PBI : RD bancaire 2011 n° 4 § 148 obs. Piedelièvre) ; le tiers saisi est obligé de répondre sur-le-champ (Cass. 2e civ. 1-2-2006 n° 172 : RJDA 3/07 n° 289). À défaut de contestation avant l'acte de conversion, la déclaration du tiers est réputée exacte pour les seuls besoins de la saisie (C. exécution art. R 523-6) et le tiers saisi ne peut plus revenir sur sa déclaration (Cass. 2e civ. 8-12-2005 n° 1877 : RJDA 7/06 n° 828).

Aucun délai n'est imposé au créancier pour agir en paiement des causes de la saisie et son action est recevable même s'il n'a pas contesté avant sa demande de conversion de la saisie conservatoire en saisie-attribution (ci-dessous point 3) la déclaration du tiers saisi affirmant n'être tenu à aucune dette envers le saisi, car cette contestation est réservée au tiers saisi (Cass. 2e civ. 8-12-2011 n° 07-13.167 : Bull. civ. II n° 224).

Le tiers saisi est aussi tenu, sous peine d'engager sa responsabilité pour négligence fautive, de rendre effectivement indisponibles, dès l'acte de saisie, les sommes qu'il détient et qu'il doit au débiteur saisi à concurrence du montant pour lequel la saisie est pratiquée (CA Bordeaux 19-10-2015 n° 13/07291 : GP 8-3-2016.som. p. 82 note Salati).

59124 **2. Effets de la saisie conservatoire.** La créance saisie est **indisponible** à concurrence du montant autorisé par le juge ou, lorsque cette autorisation n'est pas nécessaire, à concurrence du montant pour lequel la saisie est pratiquée (C. exécution art. L 523-1), sans remettre en cause son exigibilité (Cass. 1e civ. 6-9-2018 n° 16-26.059 FS-PB : RJDA 2/19 n° 129).

L'indisponibilité n'a pas pour effet d'attribuer la propriété de la chose saisie au saisissant. Lorsque ce dernier engage ou poursuit une procédure en vue d'obtenir un titre exécutoire constatant une créance s'élevant à un montant moindre que celui pour lequel il a été autorisé sur requête à pratiquer la saisie, cette mesure peut faire l'objet, à la demande du saisi, d'une mainlevée partielle ou d'une substitution à la mesure initialement prise de toute mesure propre à sauvegarder les intérêts des parties (Cass. 2e civ. 12-4-2018 n° 17-15.527 F-PB, mesures conformes à l'art. 1 du protocole 1 de la CEDH).

Si la saisie porte sur les sommes déposées sur un **compte bancaire,** l'indisponibilité de ces sommes est déterminée comme en matière de saisie-attribution (art. L. 162-1 : n° 59815) ; elle ne dure que quinze jours à compter de la saisie, laquelle ne produit alors d'effet que pour son montant, et le compte doit ensuite fonctionner à nouveau (TGI Paris 4-2-1993, 1e esp. : D. 1993.som.279 obs. Julien). Si le compte est joint, la totalité du crédit du compte est indisponible et le cotitulaire non saisi qui demande la mainlevée de la saisie doit rapporter la preuve que les fonds saisis sont sa propriété personnelle (CA Paris 5-10-2000 : Bull. inf. C. cass. 2001 n° 261).

Sur des solutions transposables quant à la portée de l'indisponibilité de la créance : n° 59046 ; sur l'indisponibilité de la somme séquestrée et sur la possibilité de nantir une somme indisponible : n° 57360.

En cas de saisie conservatoire non convertie en saisie-attribution avant le jugement d'ouverture d'une procédure collective du débiteur saisi, si le débiteur a donné son consentement, non à la saisie car il n'y a pas d'acquiescement en matière de saisie, mais au paiement par le tiers saisi, cet accord peut s'analyser en une cession de créance susceptible de tomber sous le coup des nullités de la période suspecte (Cass. com. 3-11-2009 n° 08-20.418 : GP 2009.som. 9 janvier note Roussel Galle).

La saisie emporte aussi de plein droit **consignation** dans les mains du tiers saisi des sommes indisponibles sur lesquelles le saisissant acquiert les droits d'un **créancier gagiste** (C. exécution art. L 523-1). Mais le saisissant est primé par le privilège du Trésor de l'article 1920 du CGI s'il n'a fait procéder à la conversion de la saisie conservatoire qu'après la notification des saisies administratives à tiers détenteur (Cass. 2e civ. 18-1-2007 n° 06-10.598 : Bull. civ. II n° 14).

3. Conversion en saisie-attribution. Le créancier qui a un titre exécutoire constatant l'existence de sa créance peut en demander l'attribution immédiate ; à cet effet, il **signifie au tiers saisi** un acte de conversion (C. exécution art. L 523-2 et R 523-7, al. 1). **59125**

Sur les mentions de cet acte, à peine de nullité : C. exécution art. R 523-7.

La copie de l'acte de conversion est **signifiée au débiteur** (art. R 523-8).

À compter de cette signification, le débiteur dispose d'un délai de quinze jours pour contester, sous peine d'irrecevabilité, l'acte de conversion devant le juge de l'exécution du lieu où il demeure ; sous la même sanction, il doit dénoncer la contestation à l'huissier (ou commissaire) de justice qui a pratiqué la saisie le jour même par lettre recommandée avec accusé de réception, le tiers saisi étant informé par lettre simple (art. R 523-9, al. 1, 2 et 3). Le délai de quinze jours n'est pas susceptible d'interruption ou de suspension car il est un délai de procédure (TGI Bordeaux 28-12-2010 n° 10/12389 : D. 2011. 728 note E. Agostini). À défaut de contestation avant l'acte de conversion, la déclaration du tiers saisi est réputée exacte pour les seuls besoins de la saisie mais cette présomption n'est pas opposable aux tiers à la procédure de saisie (Cass. 2e civ. 27-9-2012 n° 11-22.570 : RJDA 2/13 n° 161).

Mais le débiteur ne peut plus contester la régularité de la saisie conservatoire elle-même à compter du jour où celle-ci a été régulièrement convertie en saisie-attribution par la signification de l'acte de conversion au tiers saisi (Cass. com. 2-3-2010 n° 08-19.898 : RJDA 6/10 n° 677 ; Cass. com. 14-5-2013 n° 12-20.898 : RJDA 11/13 n° 941).

Le débiteur ne peut pas acquiescer à la saisie car celle-ci n'est ni une demande en justice ni un jugement ; néanmoins, il peut donner son accord pour que le tiers saisi paie le créancier saisissant moyennant la mainlevée de la saisie (Avis C. cass. 24-5-1996 : JCP G 1996.IV.1579).

L'acte de conversion ne peut être contesté que pour une irrégularité affectant l'acte lui-même ; il ne peut pas être annulé en conséquence de la caducité de la saisie conservatoire convertie (Cass. 2e civ. 28-6-2018 n° 17-12.063 F-PB : RJDA 10/18 n° 768).

En tant que de besoin, les règles applicables au paiement consécutif à une saisie-attribution sont transposables (C. exécution art. R 523-10 : n° 59837).

4. Paiement du créancier par le tiers saisi. En l'absence de contestation (n° 59127), le tiers effectue le paiement sur présentation d'un certificat établi par l'huissier (ou commissaire) de justice attestant l'absence de contestation dans le délai de quinze jours (C. exécution art. R 523-9, al. 4). Le paiement peut intervenir avant l'expiration de ce délai si le débiteur a déclaré ne pas contester l'acte de conversion ; cette déclaration doit être constatée par écrit (art. R 523-9, al. 5). **59126**

Le créancier saisissant a droit au paiement de ce qui lui est dû **sur la somme rendue indisponible** par la saisie conservatoire et dont le tiers saisi s'est reconnu débiteur au moment de cette saisie, car sa conversion en saisie-attribution entraîne l'attribution immédiate de la somme rendue indisponible par la saisie conservatoire (Cass. 2e civ. 31-3-2011 n° 10-12.269 : RJDA 10/11 n° 840 : droit du saisissant à obtenir le versement de l'intégralité de la somme bloquée en euros si elle correspond au montant de sa créance sur le saisi, peu important que la somme saisie correspondante, détenue par le tiers saisi en dollars US au jour de la saisie, ait une contre-valeur en euros moindre au jour du paiement).

Contestations Le **débiteur** qui a reçu signification d'une saisie conservatoire peut demander à tout moment, le créancier entendu ou appelé : **59127**

1. Contester la saisie dès lors qu'il est visé dans un acte de saisie conservatoire ou de nantissement judiciaire provisoire, car il a de ce seul fait un intérêt à agir (Cass. 2e civ. 29-6-2023 n° 19-11.732 FS-B).

2. Demander la **mainlevée** de la saisie si les conditions exposées aux n°s 59106 s. ne sont pas remplies, même lorsque la saisie a été effectuée sans l'autorisation du juge ; il incombe au créancier de prouver que les conditions requises sont réunies (C. exécution art. L 512-1 et R 512-1).

La demande de mainlevée peut être formée par le débiteur mais aussi par le tiers saisi dès lors qu'il a un intérêt légitime à agir (Cass. 1e civ. 28-3-2013 n° 11-13.323 : Bull. civ. I n° 64) ; elle est portée devant le juge qui a autorisé la saisie ou, si elle a été pratiquée sans autorisation préalable du juge, devant le juge de l'exécution où demeure le débiteur ou devant le président du tribunal de commerce de ce même lieu, lorsque la saisie est fondée sur une créance relevant de la compétence d'une juridiction commerciale et que la demande est formée avant tout procès (C. exécution art. R 512-2). La mainlevée peut être accordée, même lorsqu'une autorisation préalable n'est pas requise, si la créance ne paraît pas fondée en son principe (TGI Lyon 23-11-1993 : D. 1994.IR.20). Lorsqu'une saisie a été autorisée par le juge des requêtes, le juge de l'exécution, saisi d'une demande de rétractation, doit se borner à vérifier l'existence d'une créance paraissant fondée en son principe et doit se déclarer incompétent pour prononcer une condamnation au paiement de cette créance (CA Versailles 4-5-1994 : D. 1994.IR.149).

Lorsque la mainlevée a été ordonnée, le créancier peut être condamné à réparer le préjudice causé par la saisie (C. exécution art. L 512-2, al. 2 ; Cass. com. 25-9-2012 n° 11-22.337 : RJDA 2/13 n° 162), aucune autre condition n'étant requise par la loi, notamment celle d'une faute de sa part (Cass. 3e civ. 21-10-2009 n° 08-12.687 : RJDA 2/10 n° 173). La décision de mainlevée emporte, dans la limite de son objet, suspension des poursuites dès son prononcé et suppression de tout effet d'indisponibilité dès sa notification (art. R 121-18).

La décision de mainlevée n'a pas d'effet rétroactif ; la mesure conservatoire, dont la mainlevée a été ordonnée, conserve donc son effet interruptif de prescription (Cass. 2e civ. 17-5-2023 n° 21-11.987 F-B).

3. Demander la **substitution** à la saisie initialement faite de toute autre mesure propre à sauvegarder les intérêts des parties (C. exécution art. L 512-1, al. 2). La constitution d'une caution bancaire irrévocable conforme à la mesure sollicitée dans la saisie entraîne mainlevée de la mesure de sûreté, à condition que le créancier ait engagé ou poursuivi la procédure au fond (art. L 512-1, al. 3).

Les contestations autres que la demande de mainlevée de la saisie sont portées devant le juge de l'exécution du lieu où sont situés les biens saisis (art. R 512-3).

SAISIE CONSERVATOIRE DES NAVIRES

59135 **Loi française** Dans la mesure où la convention de Bruxelles du 10 mai 1952 n'est pas applicable (n° 59156), un créancier, quelle que soit sa créance, peut saisir le navire dont son débiteur est propriétaire, conformément aux articles L 5114-20 s. du Code des transports.

59138 **Procédure de la saisie.** Elle est régie par les textes susvisés et par le Code des procédures civiles d'exécution.

Le droit commun de la saisie portant sur les meubles corporels est applicable à titre subsidiaire (Cass. com. 14-10-1997 : RJDA 2/98 n° 213 ; CA Rennes 13-7-1993 : JCP G 1994.IV.44 ; TGI Bordeaux 10-1-1995 : DMF 1995.835). Il l'est aussi pour la saisie de tout bien qui ne ressortit pas à la saisie du navire lui-même, telles les créances de fret, alors qu'il doit être écarté dans le cas contraire, par exemple pour la saisie des soutes qui sont un élément du navire (Cass. com. 13-1-1998 : RJDA 5/98 n° 643).

La saisie est **autorisée** par le juge (C. transports art. L 5114-22).

La notification préalable du titre exécutoire n'est exigée que pour la saisie-exécution d'un navire et non pour sa saisie conservatoire, laquelle n'est pas une mesure d'exécution forcée mais une mesure conservatoire (Cass. com. 4-3-2014 n° 13-10.092 : RJDA 6/14 n° 564).

Si aucune **mention** de la saisie n'est portée sur le registre des hypothèques, celle-ci n'est pas nulle mais inopposable aux tiers et en particulier à l'acheteur du navire (CA Aix 25-2-1981 : DMF 1982.420 note Rémond-Gouilloud : inopposabilité entraînant la mainlevée de la saisie).

59141 **Créances à invoquer.** La saisie conservatoire peut être demandée par tout titulaire d'une créance paraissant **fondée en son principe** (C. transports art. L 5114-22). Le créancier n'a **pas** à justifier de **l'urgence** (Cass. com. 18-11-1986 : GP 1987.pan.27).

Constituent des créances fondées en leur principe :

– les factures impayées d'un chantier naval pour travaux de réparation effectués à la demande de l'armateur, ce dernier ne disposant d'autre garantie que l'indication de la destination du navire, parti subrepticement du port où il séjournait depuis plus d'un an (CA Aix 28-11-1985 : DMF 1986.694) ;

– les sommes résultant de l'application d'une clause fixant le montant de la pénalité pour non-paiement des loyers insérée dans un contrat de location-vente de conteneurs (CA Aix 7-9-1995 : BTL 1996.193).

En revanche, la créance n'est pas fondée en son principe lorsque :

– l'intermédiaire à la vente d'un navire réclame le paiement de sa commission aux parties alors qu'aucune pièce signée par les contractants ne lui reconnaît un droit à commission (CA Rouen 21-4-1972 : DMF 1972.654) ;

– le saisissant doit prouver une faute du capitaine ou de l'armateur pour devenir créancier de ce dernier (CA Rouen 22-6-1973 : DMF 1974.91 ; CA Aix 24-6-1982 : Scapel 1982.46), sauf le cas d'existence non contestée d'avaries à la marchandise transportée (CA Douai 20-10-2006 : JCP G 2006.IV.3531) ;

– il existe une contestation sérieuse quant à la nature de la créance (Cass. 2e civ. 12-5-1976 : Bull. civ. II no 159 ; CA Poitiers 13-11-1985 : DMF 1987.646 ; CA Aix 7-11-2013 no 13/18541 : DMF 2014.423 obs. Lootgieter ; T. com. Saint-Nazaire 19-9-1978 : DMF 1978.734).

Toute créance peut être invoquée, même non relative au navire (CA Rouen 20-10-1994 : DMF 1996.377 obs. Y.T.).

Navire saisissable. Toute personne dont la créance paraît fondée en son principe peut solliciter du juge l'autorisation de pratiquer une saisie conservatoire d'un navire (C. transports art. L 5114-22) (CA Aix 18-3-1983 : DMF 1984.608 note Bonassies ; CA Aix 10-1-1986 : DMF 1987.499). Il peut être aussi procédé à une saisie-exécution (C. transports art. L 5114-23 s.). 59144

Sur l'effet d'un jugement étranger non reconnu en France pour justifier la mainlevée de saisie demandée : no 72421.

Le créancier peut aussi saisir le navire sur lequel il a **cru** qu'il bénéficiait d'une créance privilégiée (CA Pau 6-12-1984 : DMF 1985.589 note Vialard) ou dont il a légitimement pu croire que le propriétaire était le débiteur de sa créance ; tel est le cas, par exemple, de l'acconier qui avait traité avec le consignataire du navire et qui n'avait pas à tenir compte d'une charte-partie et d'une vente qui lui étaient étrangères (CA Aix 10-7-1987 : DMF 1988.543), mais non du fournisseur de soutes impayées qui avait établi sa facture au nom de l'affréteur du navire (CA Pau 6-12-1984, précité).

Il peut même saisir le navire qui **n'appartient pas** à son débiteur lorsque ce navire doit répondre des dettes de celui-ci.

Tel est le cas :

– du navire qui appartient à une société déterminée, qui peut être saisi en garantie de créances sur d'autres sociétés formant avec celle-ci un même groupe, à la condition que le saisissant démontre que des éléments objectifs ont créé à ses yeux l'apparence qu'il existait une communauté d'intérêts entre son débiteur et une autre société propriétaire du navire (Cass. com. 27-11-1991 : Bull. civ. IV p. 247 ; CA Bordeaux 13-6-1990 : DMF 1991.174 ; CA Rouen 28-11-1991 : RJDA 1/92 no 73 ; CA Rouen 20-10-1994 : RJDA 2/95 no 189 ; pour des exemples d'absence de communauté d'intérêts : CA Rouen 26-3-1992 : RJDA 5/92 no 490 ; TJ Grasse 4-5-2021 no 21/00148 : DMF 2021.929 obs. Bourayne) ;

– du navire qui appartient à une société devant répondre des dettes d'une autre société dès lors que la société propriétaire est fictive (Cass. com. 14-6-2016 no 14-18.671 : RJDA 10/16 no 689 ; CA Rouen 30-6-1998 : RJDA 10/16 no 731) ;

– du navire appartenant à une société, émanation d'un État impliquant son assimilation à celui-ci, qui peut être saisi en garantie d'une créance sur l'État (CA Rouen 4-9-1992, 2e esp. : Clunet 1993.128 note Kahn ; CA Rouen 17-12-1992 : RJDA 3/93 no 243) ; la société n'est pas une émanation d'un État pour la seule raison qu'elle est soumise au contrôle de cet État ou qu'une mission de service public lui a été dévolue par l'État (Cass. com. 1-10-1997 : RJDA 1/98 no 105).

La **preuve de la propriété** du navire peut être établie par tous moyens, notamment par des présomptions et indices concordants opposés au seul certificat de propriété (T. com. Saint-Nazaire 31-10-1985 : DMF 1988.558).

Le navire qui fait l'objet d'une saisie **ne peut quitter le port,** sauf autorisation donnée par le juge de l'exécution pour un ou plusieurs voyages déterminés, sur justification d'une garantie suffisante. Dans ce cas, si, à l'expiration du délai imparti par le juge, le navire n'a pas rejoint son port, la somme déposée en garantie est acquise aux créanciers, sauf le jeu de l'assurance en cas de sinistre couvert par la police (C. transports art. L 5114-21).

Absence d'abus. Pour être légitime, la saisie ne doit pas être abusive. 59147

Jugé que la saisie n'est pas abusive lorsque :

– la mauvaise foi du créancier saisissant n'est pas établie bien que l'action au fond ne soit que partiellement fondée (Cass. com. 23-11-1983 : DMF 1984.som.552) ;

– elle porte sur plusieurs navires pour une même créance (CA Aix 7-9-1995 : BTL 1996.193) ;

– le navire saisi, quoique appartenant à un État pouvant en principe invoquer l'immunité d'exécution (no 60403), exécute indiscutablement des opérations commerciales relevant du droit privé (CA Rouen 23-12-1985 : DMF 1986.349, rendu sous le régime de la convention de Bruxelles mais transposable).

En revanche la saisie est abusive lorsque :

– elle est sans commune mesure avec la somme qui pouvait être due (CA Aix 28-11-1985 : DMF 1986.694) ;

– elle est pratiquée dans des conditions telles qu'elle constitue un détournement de procédure en contraignant le débiteur à payer immédiatement pour permettre le départ du navire (CA Aix 10-3-1987 : DMF 1988.545 et DMF 1988.549 : saisie d'un car-ferry chargé de passagers sur le point d'appareiller, rendu sous le régime de la convention de Bruxelles mais transposable) ;

– sa prolongation est injustifiée, même si le maintien de la saisie a été autorisé par le juge des référés (Cass. com. 23-4-2013 no 12-12.101 : RJDA 7/13 no 617, à propos de la saisie conservatoire d'un navire).

Effets de la saisie. Si l'ordonnance sur requête n'a pas été rétractée, la **vente** du navire peut être ordonnée même si le titre fondant les poursuites n'est pas une décision définitive passée 59150 en force de chose jugée, mais une simple ordonnance de référé-provision (TGI Nice 28-2-2008 n° 07/05962 : DMF 2008.813 obs. Coste).

Toute autorisation de saisie peut être rétractée par son auteur même si une action est pendante au fond quant au montant de la créance dont le saisissant pourra en définitive se prévaloir (Cass. com. 7-6-1994 : RJDA 11/94 n° 1181 ; dans le même sens, CA Dijon 16-2-1994 : D. 1995.156 note Prévault).

Mais tant que la vente n'a pas été ordonnée, le propriétaire du navire peut demander la **mainlevée** de la saisie s'il apparaît que les conditions prescrites ne sont pas remplies (C. exécution art. L 512-1, al. 1).

À la demande du débiteur, le juge peut substituer à la mesure conservatoire initialement prise toute autre mesure propre à sauvegarder les intérêts des parties ; la constitution d'une caution bancaire irrévocable conforme à la mesure sollicitée dans la saisie entraîne mainlevée de la mesure de sûreté, sous réserve que le créancier engage ou poursuive une procédure permettant d'obtenir un titre exécutoire s'il n'en possède pas (C. exécution art. L 512-1, al. 2 et 3). Plus fréquemment, la mainlevée intervient en contrepartie de la production d'une lettre de garantie émise par un club de protection (« P and I club ») lorsque le saisissant l'accepte (cf. CA Rouen 11-3-1993 : DMF 1993.363).

L'autorisation de voyage du navire saisi est donnée par le juge de l'exécution pour un ou plusieurs voyages déterminés, sur présentation d'une garantie suffisante et sur l'engagement d'un délai imparti de retour au port du navire (C. transports art. L 5114-21, al. 1).

En cas de non-observation de ces délais, la garantie reste acquise au créancier, sauf le jeu de l'assurance en cas de sinistre couvert par la police (art. L 5114-21, al. 2).

59156 **Convention de Bruxelles** La convention de Bruxelles du 10 mai 1952 pour l'unification de certaines règles sur la saisie conservatoire des navires de mer, ratifiée par la France et publiée par décret 58-14 du 4 janvier 1958, organise le régime de la saisie conservatoire de navires ne battant pas pavillon français devant le tribunal d'un État contractant.

La convention des Nations unies du 12 mars 1999 (DMF 1999.403 s.) n'a pas été ratifiée par la France.

Cette convention **s'applique** à la saisie pratiquée (art. 8) :

– dans tout État contractant, à tout navire battant pavillon d'un État contractant (art. 8, 1) ; elle ne s'applique pas, en revanche, à la saisie d'un navire battant pavillon français, en France, par un créancier ayant son domicile ou sa résidence habituelle en France (art. 8, 4) ;

– dans tout État contractant, à tout navire battant pavillon d'un État non contractant qui pénètre dans ses eaux territoriales (art. 8, 2 ; CA Aix 20-3-1992 : Bull. inf. C. cass. 1992 n° 1514) ; mais chaque État contractant peut refuser à tout État non contractant tout ou une partie des avantages de ladite convention ainsi qu'à toute personne qui n'a pas, au jour de la saisie, sa résidence habituelle ou son principal établissement dans un État contractant (art. 8, 3 ; sur une absence de refus, CA Montpellier 1-12-2003 : DMF 2004.435 obs. Esnard et Rémery).

En cas de saisies répétées sur un même navire, la convention n'est pas applicable si une des saisies a été pratiquée dans un État non contractant (CA Aix 12-11-2009 n° 08/17191 : DMF 2010.52 obs. Rémond-Gouilloud).

59159 **Autorisation.** Un navire étranger ne peut être saisi qu'avec l'autorisation d'un tribunal ou de toute autre autorité judiciaire compétente de l'État contractant dans lequel la saisie est pratiquée (art. 4). Cette compétence est exclusive et interdit au débiteur demeurant à l'étranger d'invoquer la compétence du juge de l'exécution du lieu où demeure le débiteur (Cass. com. 5-1-1999 : RJDA 2/99 n° 222).

L'autorisation de saisir ne fait aucunement obstacle aux droits et pouvoirs que les États, autorités publiques ou autorités portuaires tiennent, de leur loi interne ou de leurs règlements, de saisir, détenir ou autrement empêcher un navire de prendre la mer dans leur ressort (art. 2).

Les tribunaux de l'État dans lequel la saisie a été pratiquée sont aussi compétents pour statuer **sur le fond** du procès (art. 7, 1) :

– s'ils sont compétents en vertu de la loi interne de l'État où a lieu la saisie ;
– si le demandeur a sa résidence dans l'État où la saisie est pratiquée ;
– si la créance est elle-même née dans l'État contractant dont dépend le lieu de la saisie ;
– si la créance est née au cours d'un voyage pendant lequel la saisie a été faite (Cass. com. 7-12-2004 : RJDA 4/05 n° 454) ;
– si la créance provient d'un abordage ;
– si la créance est garantie par une hypothèque maritime ou un mort-gage sur le navire saisi.

Si le tribunal qui a autorisé la saisie n'est pas compétent pour statuer sur le fond – ce qui est le cas dès qu'aucune des conditions ci-dessus n'est remplie (CA Aix 28-3-2013 n° 11/13346 : DMF 2013.819 obs. de Néré) –, ou si les parties ont prévu pour le jugement au fond une clause attributive de compétence ou une convention d'arbitrage, il doit fixer le délai dans lequel le demandeur devra introduire une action devant le tribunal compétent (art. 7, 2 et 3).

Si l'action au fond n'a pas été introduite dans le délai imparti, sa prescription est interrompue par la saisie tant que la mainlevée, qui peut alors être demandée (art. 7, 4), n'en est pas prononcée (Cass. com. 17-9-2002 : RJDA 1/03 n° 65).

Selon l'article L 511-3 du Code des procédures civiles d'exécution désignant le juge compétent en matière de saisie-conservatoire et l'article L 721-7, 2° du Code de commerce, le juge compétent est par principe le juge de l'exécution, le président du tribunal de commerce ne disposant que d'une compétence résiduelle en la matière, lorsque celle-ci tend à la conservation d'une créance relevant de la compétence de la juridiction commerciale (CA Aix 28-9-2023 n° 23/04449).

Créances à invoquer. La saisie est possible dès lors que le demandeur « allègue » une **créance maritime** résultant d'une des dix-sept causes énumérées à l'article 1er de la convention (Cass. com. 3-2-1998 : DMF 1998.255 rapport Rémery ; Cass. com. 8-3-2017 n° 15-21.571 : DMF 2017.721 obs. Balme). Il importe peu, dès lors, que l'action du créancier saisissant ait un fondement contractuel ou délictuel (CA Aix 16-10-1996 : BTL 1997.539) ou que ne soit pas connue l'identité du responsable des désordres affectant le navire qui ont été la cause immédiate des travaux générateurs de la créance (CA Poitiers 9-6-2015 n° 14/04570 : DMF 2017.43 obs. F.-X. Balme). **59162**

Constituent une créance maritime au sens de l'article 1er de la convention :
- les frais de compte d'escale avancés par l'agent consignataire, même si ultérieurement la créance contre l'armateur a diminué par le jeu des garanties d'avaries communes mises en place à la suite de l'incendie survenu à bord (CA Aix 26-2-1981 : DMF 1982.77 note R.A.) ;
- le remboursement des frais engagés pour sauver la marchandise (CA Rouen 24-9-1981 : DMF 1983.49) ;
- la créance de dommages-intérêts pour blessures occasionnées à un docker (CA Aix 25-2-1986 : DMF 1987.164) ;
- les débours du capitaine et d'un consignataire pour le compte du navire (Cass. com. 10-5-1989 : DMF 1989.704) ;
- la créance résultant pour le destinataire de la perte de la marchandise qui a été livrée à un tiers non porteur des connaissements (CA Montpellier 1-6-1995 : DMF 1995.918 note Tassel) ;
- les salaires des marins mais aussi les accessoires du salaire, ou les indemnités liées à la rupture du contrat de travail (CA Aix 13-4-2004 : DMF 2004.1012 obs. Chaumette) ;
- la créance née du prêt consenti pour l'acquisition du navire saisi (Cass. com. 5-10-2010 n° 09-13.092 : RJDA 12/10 n° 1185) ;
- la créance de l'acquéreur en délivrance du navire vendu qui a pour cause la propriété contestée d'un navire au sens de l'article 1, 1-o de la convention (Cass. com. 28-6-2016 n° 15-18.618 : RJDA 10/16 n° 732) ;
- la créance maritime de « salaires des capitaines, officiers ou hommes d'équipage » comprend les dommages et intérêts liés à la rupture anticipée et abusive du contrat de travail, un solde de congés payés, une prime de précarité, des dommages et intérêts pour l'absence de visite médicale d'embauche et une indemnité forfaitaire de travail dissimulé ; la simple allégation par le saisissant de l'existence, à son profit, de l'une des créances maritimes visées à l'article 1, 1 de la convention suffit à fonder son droit de saisir le navire sur le fondement de la convention, de sorte que le saisissant n'a pas à justifier du montant de sa créance et du montant de la garantie (Cass. com. 13-9-2023 n° 20-21.546 F-B : DMF 2023.021 obs Piette).

En revanche, ne constitue pas une créance maritime au sens susvisé :
- la créance trouvant sa justification dans le non-paiement des primes d'assurance (T. com. Le Havre 4-3-1981 : DMF 1981.740) ;
- la créance contractuelle née du manquement de l'une des parties aux obligations découlant du contrat de vente d'un navire (CA Rouen 15-4-1982 : DMF 1982.744 ; CA Aix 22-5-1997 : DMF 1998.692 notes Delebecque et Bourayne) ;
- l'acte de baraterie (faute) du capitaine (Cass. com. 21-6-1983 : DMF 1985.438) ;
- la créance de l'assureur de la marchandise transportée contre le tiers responsable (Cass. com. 23-11-1993 : RJDA 4/94 n° 435) ;
- le prix de vente d'un navire (CA Aix 3-10-2014 : DMF 2015.144 obs. Lootgieter) ;
- le préjudice provoqué par la rupture brutale d'un contrat d'agence (CA Rouen 15-12-2016 n° 16/03486 : Transidit 2017 n° 72 § 12).

Un **principe de créance** suffit (CA Aix 22-5-1997, précité) ; il ne saurait être exigé que la créance soit formellement établie (CA Aix 16-10-2014 : DMF 2015.147 obs. Lootgieter) ou assortie d'un privilège (CA Poitiers 13-11-1985 : DMF 1987.som.169), la convention ne l'exigeant pas. Mais la saisie est abusive dès lors que le demandeur qui invoque une altération de la cargaison livrée sait que celle-ci ne présente pas d'anomalie (CA Douai 8-11-2011 n° 10/00318 : DMF 2012.813 obs. Lecat).

Le créancier doit par ailleurs apprécier correctement le montant de sa créance car, en vertu de l'article 3, 3 de la convention, un navire ne peut être saisi et garantie donnée plus d'une fois pour la même créance. Il ne peut pas procéder à une nouvelle saisie, même pour couvrir un complément de la créance (CA Rouen 2-4-1992 : RJDA 7/92 n° 738 ; CA Rouen 19-5-2000 : DMF 2001.379).

59165 **Navires saisissables.** Le **créancier du propriétaire** du navire peut saisir le navire de ce dernier auquel sa créance se rapporte ou tout autre navire appartenant à celui qui était, au moment où est née la créance maritime, propriétaire du navire auquel la créance se rapporte (art. 3, 1).

Le navire peut être saisi dès lors que la créance invoquée s'y rapporte même si le propriétaire l'a vendu depuis la naissance de la créance et si cette créance a été contractée par celui qui agissait pour le compte du propriétaire (Cass. com. 31-3-1992 n° 90-17.337 : DMF 1992.321 note Tassel). Mais une saisie a été jugée abusive pour avoir porté sur un navire n'appartenant pas au débiteur des causes de la saisie (CA Aix 21-9-2011 n° 10/11301 : DMF 2012.807 obs. Lootgieter).

Ni l'indisponibilité de la créance cause de la saisie ni l'absence de circonstances susceptibles d'en menacer le recouvrement ne font obstacle à la saisie (Cass. com. 5-10-2010 n° 09-13.092 : RJDA 12/10 n° 1185).

Le **créancier de l'affréteur** qui a reçu la gestion nautique du navire, et qui est seul tenu envers lui d'une créance maritime, peut saisir ce navire ou tel autre appartenant à l'affréteur ; mais nul autre navire appartenant au propriétaire ne peut l'être en vertu de cette créance maritime ; la même faculté existe dans tous les cas où une personne autre que le propriétaire est tenue d'une créance maritime (art. 3, 4).

59167 **Mainlevée de la saisie.** Le tribunal (ou l'autorité) compétent dans le ressort duquel le navire a été saisi doit accorder la mainlevée de la saisie lorsqu'un cautionnement ou une garantie suffisante ont été fournis (art. 5, al. 1). Faute d'accord entre les parties sur l'importance de cette dernière, le tribunal en fixe la nature et le montant (art. 5, al. 2).

Si le tribunal n'a pas compétence pour statuer sur le fond (n° 59159), le cautionnement ou la garantie à fournir devra garantir l'exécution de toutes les condamnations qui seraient ultérieurement prononcées par le tribunal compétent pour statuer sur le fond (art. 7, 2). Cette disposition n'exigeant pas que les condamnations soient devenues irrévocables, sont donc concernées les condamnations seulement exécutoires (Cass. com. 27-10-1998 : RJDA 12/98 n° 1414).

La demande de mainlevée moyennant une garantie suffisante ne pourra être interprétée ni comme une reconnaissance de responsabilité ni comme une renonciation au bénéfice de la limitation de responsabilité du propriétaire du navire (art. 5, al. 3).

Sur la mainlevée pour défaut d'introduction de l'action au fond dans le délai imparti : n° 59159.

59168 **Effets.** La saisie conservatoire d'un navire au sens de la convention n'a pour objet que l'immobilisation du navire pour garantie d'une créance maritime et en aucun cas sa vente (art. 1, 2).

Toutefois, lorsque la créance alléguée a pour cause la propriété ou la copropriété du navire, le tribunal compétent qui a autorisé la saisie peut permettre l'exploitation du navire par le possesseur, quand celui-ci aura fourni des garanties suffisantes, ou régler la gestion du navire pendant la durée de la saisie (art. 5, al. 1).

Elle ne confère pas le droit de procéder à la vente du navire (art. 1, 2) ni aucun droit de suite, autre que celui accordé par la loi à appliquer par le tribunal saisi du litige ou par la convention internationale sur les privilèges et hypothèques maritimes, si elle est applicable (art. 9, al. 2).

SAISIE CONSERVATOIRE DES AÉRONEFS

59175 Les aéronefs français et étrangers, affectés à un service d'État ou à des transports publics, ne peuvent faire l'objet d'une saisie conservatoire que si la créance porte sur les sommes dues par le propriétaire à raison de l'acquisition de ces aéronefs ou de contrats de formation ou de maintenance liés à leur exploitation (C. transports art. L 6123-1). Lorsqu'elle est possible, la saisie conservatoire s'opère selon les dispositions de l'article L 6123-2 du Code des transports.

La vente forcée des aéronefs obéit aux dispositions de l'article L 6123-3 du Code des transports.

SAISIE CONSERVATOIRE DES BATEAUX

59190 Les bateaux immatriculés peuvent faire l'objet de mesures conservatoires ou être saisis selon les dispositions d'un décret en Conseil d'État (C. transports art. L 4123-1 et R 4123-1 s.).

SAISIE CONSERVATOIRE EUROPÉENNE DES COMPTES BANCAIRES

59193 Le règlement (UE) 655/2014 du 15 mai 2014 porte création d'une procédure d'ordonnance européenne de saisie conservatoire des comptes bancaires, destinée à faciliter le recouvrement transfrontière de créances en matière civile et commerciale. Ce règlement a pour objet d'empêcher que le recouvrement ultérieur de sa créance par un créancier ne soit mis en péril par le transfert ou le retrait de fonds jusqu'à concurrence du montant précisé dans l'ordonnance, détenus par le débiteur ou pour le compte du débiteur sur un compte bancaire tenu dans un État membre.

3. HYPOTHÈQUE JUDICIAIRE CONSERVATOIRE

L'hypothèque judiciaire conservatoire, régie par les articles L 511-1 s., L 531-1 s. et R 511-1 s. du Code des procédures civiles d'exécution, permet à un créancier qui craint l'insolvabilité de son débiteur de se faire autoriser par le juge à inscrire provisoirement une hypothèque sur les immeubles dudit débiteur dans l'attente d'une inscription définitive. 59200

Le principe et le régime de l'hypothèque judiciaire provisoire sont soumis à la seule loi de la situation de l'immeuble et il en est de même pour l'inscription définitive de cette hypothèque (Cass. civ. 17-11-1999 : D. 2000. 547 concl. Sainte-Rose note Khairallah).

Points sensibles Le créancier qui est autorisé à prendre une hypothèque judiciaire provisoire doit impérativement respecter le délai que le juge lui impartit pour procéder à l'assignation au fond du débiteur aux fins de faire définitivement établir sa créance, sous peine, à défaut, de caducité de l'inscription de l'hypothèque provisoire (n° 59221). 59203

Dès lors qu'il a obtenu condamnation définitive du débiteur, il doit aussi veiller à transformer cette inscription provisoire en inscription définitive dans le délai de deux mois à compter du jour de la décision (n° 59233).

Créances garanties L'autorisation d'inscrire une hypothèque judiciaire provisoire est une mesure exceptionnelle qui ne peut être accordée par le juge que si la créance invoquée remplit les conditions suivantes (C. exécution art. L 511-1). 59206

1. Le créancier doit se prévaloir d'une **créance à garantir** et il lui appartient de justifier de l'existence de celle-ci (Cass. civ. 28-4-1971 n° 70-11.603 : Bull. civ. III n° 266). Mais toute créance répondant aux conditions requises ci-après (nos 59212 à 59218) ouvre droit à l'inscription provisoire ; il en est ainsi même si la créance se trouve en outre protégée par une hypothèque conventionnelle sur un immeuble du débiteur (Cass. civ. 13-11-1980 : D. 1981.som.148 obs. Julien), voire sur plusieurs (CA Versailles 15-10-1980 : GP 1982.som.177 et 179 note Viatte), ou concerne un débiteur qui se trouve en indivision (Cass. civ. 2-11-1983 n° 82-11.547 : Bull. civ. III n° 212). 59209

Il importe peu que le créancier soit un étranger (Cass. civ. 31-1-1984 : JCP G 1985.II.20632) ou que le débiteur soit domicilié à l'étranger et que la créance fasse même l'objet d'une instance en cours devant une juridiction étrangère (Cass. civ. 6-12-1989 : Rev. crit. 1990.545 note Couchez).

2. La **créance** doit avoir **pour objet** une **somme d'argent** (CA Bordeaux 25-3-1966 : GP 1966.1.385). Ce n'est pas le cas d'une créance résultant d'une condamnation à exécuter des travaux, donc une obligation de faire (CA Paris 5-5-1959 : D. 1959.304), devenue prestation de service (nos 13200 s.) depuis le **1er octobre 2016** (sur cette date, n° 10000). 59212

3. La **créance** doit **« paraître fondée en son principe »,** ce qui n'implique pas qu'elle doit être « certaine » en son principe (Cass. civ. 3-7-1991 : RJDA 10/91 n° 837). Cette condition est appréciée souverainement par les juges du fond (Cass. civ. 27-6-1978 : Bull. civ. III p. 207). 59215

Est fondée en son principe : une créance conditionnelle (CA Bordeaux 25-3-1966 : GP 1966.1.385) ; une créance assortie d'un titre exécutoire (Cass. com. 27-11-1984 : Bull. civ. IV p. 260) ; une créance reconnue par un jugement même frappé d'appel (Cass. com. 21-10-1964 : D. 1965.239 note Raynaud) ; une créance résultant soit d'une demande d'information judiciaire contre le débiteur, par exemple pour fraude fiscale (Cass. com. 22-5-1979 : Bull. civ. IV p. 140), soit de la notification d'un redressement fiscal (Cass. civ. 13-5-1986 : D. 1986.389 note Prévault), soit d'une constitution de partie civile (Cass. com. 10-11-1981 : Bull. civ. IV p. 308) ; il a même été jugé qu'une créance dont l'existence était sérieusement contestée, au point de justifier un refus de provision, pouvait être assortie d'une hypothèque provisoire (TGI Nice 15-11-1977 : D. 1978.som.88 obs. Julien). Mais l'apparence de la créance a disparu si a été élevée une contestation touchant à l'ambiguïté des dispositions de la convention invoquée (Cass. civ. 27-6-1978 : Bull. civ. III p. 207) et si une décision, même frappée d'appel, a débouté le créancier, car cette décision a l'autorité de la chose jugée (CA Paris 7-1-1999 : GP 2000.som.872).

4. Le créancier doit démontrer que le **recouvrement** de sa créance est **menacé,** mais non la mauvaise foi ou la fraude du débiteur (CA Douai 9-7-1963 : RTD civ. 1964.184 obs. Raynaud). 59218

Le recouvrement de la créance est menacé :

– lorsqu'un architecte est poursuivi par la société débitrice qui met en cause l'existence de sa créance car il en ressort que celle-ci entend lui refuser résolument le versement de ses honoraires et que l'architecte produit en outre un tract syndical qui prévoit un « déficit sans précédent » pour le groupe dont cette société fait partie (TGI Arras 4-3-1993 et CA Douai 8-7-1993 : GP 1994.som.812) ;

– lorsque le débiteur change plusieurs fois de résidence au cours de la procédure de recouvrement engagée par le créancier contre lui (CA Paris 29-1-1998 : JCP 1999.I.116 § 10 obs. Simler et Delebecque).

59221 **Autorisation de l'inscription** Le créancier peut procéder à l'inscription de l'hypothèque provisoire sans autorisation préalable du juge ni commandement préalable lorsqu'il se prévaut d'un **titre** exécutoire ou d'une décision de justice qui n'a pas encore force exécutoire ; il en est de même en cas de défaut de paiement d'une lettre de change acceptée, d'un billet à ordre, d'un chèque ou d'un loyer resté impayé dès lors qu'il résulte d'un contrat écrit de louage d'immeuble (C. exécution art. L 511-2). Un titre exécutoire délivré par un huissier (ou commissaire) de justice, qui n'est pas un jugement, n'autorise pas l'inscription d'une hypothèque judiciaire définitive, seule une hypothèque provisoire pouvant être inscrite (Cass. 3e civ. 21-1-2016 n° 14-24.795 : RJDA 5/16 n° 404).

La mainlevée de la publicité provisoire peut être demandée jusqu'à la publicité définitive ; celle-ci ne peut intervenir moins d'un mois après la signification de l'acte de dénonciation de l'inscription d'hypothèque provisoire (C. exécution art. R 532-6 et R 532-5) et doit être effectuée dans un délai de deux mois à compter de l'expiration de ce délai d'un mois (C. exécution art. R 533-4) ou, si une demande de mainlevée a été formée, du jour de la décision rejetant cette contestation (C. exécution art. R 533-4 ; Cass. 2e civ. 25-6-2015 n° 14-18.924 : Bull. civ. II n° 174).

Sur la perte du titre exécutoire d'une créance née d'un acte notarié inscrite en compte courant, n° 40542 ; sur des applications du texte identique relatif à la saisie conservatoire, n° 59115.

En dehors de ces cas, le créancier doit obtenir l'**autorisation du juge** de l'exécution ou du président du tribunal de commerce lorsque, demandée avant tout procès, celle-ci tend à la conservation d'une créance relevant de la compétence de la juridiction commerciale (C. exécution art. L 511-3).

Le juge territorialement compétent est le juge de l'exécution du lieu où demeure le débiteur ; toute clause contraire est réputée non avenue et le juge saisi doit relever d'office son incompétence (art. R 511-2 et R 511-3). Si le débiteur demeure à l'étranger ou si le lieu où il demeure est inconnu, le juge compétent est celui du lieu d'exécution de la mesure (art. R 121-2, al. 2 ; Cass. 2e civ. 9-11-2006 : Bull. civ. II n° 310 : compétence du juge de l'exécution du lieu de situation de l'un des immeubles appartenant au débiteur même au regard des immeubles hors de son ressort).

Le juge est saisi par voie de requête (art. R 511-1, al. 1).

Lorsqu'il accueille la demande, le juge doit, à peine de nullité de son ordonnance, **déterminer** le montant des sommes pour lesquelles il autorise l'inscription d'hypothèque et préciser la nature des biens sur lesquels porte cette inscription (C. exécution art. R 511-4).

La garantie est attachée aux seules créances visées par le juge dans l'autorisation initiale (Cass. civ. 20-2-1991 : Bull. civ. II p. 32).

Aucune disposition n'impartit au juge un délai pour rendre son ordonnance (Rép. Aubert : AN 23-7-1990 p. 3441).

L'hypothèque provisoire peut être prise sur les droits indivis d'un débiteur (Cass. 2e civ. 17-2-1983 n° 81-15.566 : Bull. civ. II n° 42 ; Cass. 2e civ. 2-11-1983 n° 82-11.547 : JCP G 1985.II.20354 note Joly) ; sur le sort de l'hypothèque en fonction du partage : n° 56215. Elle peut aussi être prise sur un bien appartenant à une société fictive dont le débiteur est associé (Cass. 2e civ. 22-10-2020 n° 19-16.347 F-PBI : RJDA 2/21 n° 121).

L'autorisation du juge est **caduque** dans les mêmes conditions qu'est caduque l'autorisation du juge de procéder à une saisie conservatoire (n° 59118).

Les tribunaux français sont compétents pour connaître de l'instance au fond engagée à la suite d'une ordonnance ayant autorisé une inscription provisoire sur des immeubles situés en France (Cass. civ. 6-11-1979 : Bull. civ. I p. 217).

59224 **Inscription provisoire de l'hypothèque** Sur présentation de l'autorisation du juge ou du titre requis (n° 59221), le créancier peut procéder à l'inscription provisoire de son hypothèque (C. exécution art. R 531-1).

Sur les formalités d'inscription, art. R 532-1 s.

La publicité provisoire conserve l'hypothèque **pendant trois ans** ; elle peut être renouvelée pour la même durée (art. R 532-7).

En cas de renouvellement, le délai de trois ans court de la date d'accomplissement de la formalité et non de la date théorique à laquelle doivent cesser les effets de l'inscription originaire (CA Bastia 27-2-1992 : JCP N 1992.II p. 342).

Si le bien est vendu avant que la publicité définitive ait été accomplie, le créancier jouit des mêmes droits que le titulaire d'une hypothèque conventionnelle ou légale ; toutefois, la part qui lui revient dans la distribution du prix est consignée (C. exécution art. R 532-8, al. 1). Cette part lui est remise s'il justifie de l'accomplissement de la publicité définitive dans le délai prévu ; à défaut, elle est remise aux créanciers en ordre de la recevoir ou au débiteur (art. R 532-8, al. 2).

L'obligation de renouveler l'inscription provisoire ne peut plus être exigée lorsque l'immeuble hypothéqué a été vendu avant la péremption de l'inscription en cours, car le créancier a, dès cet instant, acquis le droit d'être payé par préférence sur le prix de vente et a exercé son droit en obtenant le paiement ou la consignation du prix à son profit (Cass. 1e civ. 22-3-2012 n° 11-11.081 : RJDA 8-9/12 n° 802).

En l'absence de renouvellement, l'inscription provisoire devient rétroactivement sans effet lorsque l'inscription définitive est postérieure de plus de trois ans à cette première inscription (Cass. civ. 5-5-1981 : GP 1981.som.295 note Piedelièvre), même si l'immeuble a été vendu et n'est plus dans le patrimoine du débiteur car l'inscription définitive a pour effet de valider le titre du créancier (Cass. civ. 17-7-1972 n° 71-13.034 : D. 1972.665 note Frank ; CA Versailles 10-6-1987 : GP 1988.som.102).

Le projet de distribution du prix de l'immeuble établi en tenant compte de l'hypothèque provisoire d'un créancier, même homologué par ordonnance du juge de l'exécution, n'a qu'un caractère provisoire, ce qui exclut que cette ordonnance ait pu emporter attribution définitive au créancier hypothécaire à titre provisoire de la somme homologuée par l'ordonnance (Cass. 2e civ. 4-6-2020 n° 18-18.534 F-PBI : D. 2021.pan.1362 obs. Leborgne).

Notification de l'inscription Le créancier doit, **huit jours au plus tard** après le dépôt des bordereaux d'inscription, en informer le débiteur par acte extrajudiciaire selon les modalités prévues à l'article R 532-5 du Code des procédures civiles d'exécution, sous peine de caducité et de mainlevée de l'inscription (Cass. 2e civ. 2-2-2012 n° 11-12.308 : RJDA 6/12 n° 618). **59227**

La notification interrompt la prescription (n° 71767).

Option du débiteur Le débiteur qui s'est vu notifier l'inscription peut demander au juge de l'exécution : **59230**

1. À tout moment, le créancier entendu ou appelé, la **mainlevée** de l'inscription provisoire si ne sont pas remplies les conditions requises visées aux nos 59206 s. et 59221 (C. exécution art. L 512-1, al. 1), le créancier devant prouver que ces conditions sont réunies (Cass. 2e civ. 6-10-2005 n° 1431 : RJDA 2/06 n° 191) ; les règles relatives à la mainlevée de la saisie conservatoire exposées au n° 59127 sont applicables. Le juge qui a autorisé l'inscription est seul compétent pour rétracter son autorisation (Cass. civ. 14-1-1985 : D. 1987.IR.19) ;

2. À tout moment, le créancier entendu ou appelé, de **substituer** à l'inscription provisoire initialement prise toute autre mesure propre à sauvegarder les intérêts des parties (C. exécution art. L 512-1, al. 2), conformément aux règles exposées au n° 59127 à propos de la saisie conservatoire ;

3. Lorsque la valeur des biens grevés est manifestement supérieure au montant des sommes garanties, de **limiter** les effets de l'inscription provisoire s'il justifie que les biens demeurant grevés ont une valeur double du montant de ces sommes (C. exécution art. R 532-9 ; Cass. 2e civ. 21-3-2013 n° 12-15.071 : Bull. civ. II n° 56 : refus de limitation au regard de la valeur des biens restants).

Inscription définitive de l'hypothèque Le créancier qui a inscrit provisoirement l'hypothèque doit confirmer celle-ci par une publicité définitive (C. exécution art. R 533-1). **59233**

Si, avant son accomplissement, le bien a été vendu et le prix en a été régulièrement versé pour être distribué, l'hypothèque est remplacée par la signification du titre du créancier à la personne chargée de la répartition du prix dans le délai de deux mois ci-après visé (art. R 533-5).

La somme consignée est remise, selon le cas, aux créanciers en ordre de la recevoir ou au débiteur (art. R 533-6, al. 5).

Cette publicité doit être effectuée dans un délai de **deux mois** courant, selon le cas (C. exécution art. R 533-4) :

1. Du jour où le titre constatant les droits du créancier est passé en force de chose jugée. C'est le cas :

– de l'arrêt d'appel dès son prononcé (sauf pourvoi en cassation suspensif d'exécution dans certaines matières déterminées) sans qu'il y ait lieu à signification préalable de cet arrêt, l'inscription définitive d'hypothèque n'étant qu'une mesure conservatoire (Cass. 2e civ. 12-10-2006 n° 05-10.511 : Bull. civ. II n° 271) ;

– du jugement signifié dont il n'a pas été relevé appel (Cass. 3e civ. 21-1-2016 n° 14-29.337 : Bull. inf. C. cass. 2016 n° 851). Mais ce n'est pas le cas d'un jugement frappé d'appel car, seul a force de chose jugée le jugement qui n'est susceptible d'aucun recours suspensif d'exécution (Cass. com. 27-5-1997 : RJDA 10/97 n° 1246 : à propos du nantissement judiciaire mais transposable ; Cass. 2e civ. 1-2-2006 n° 161 : RD bancaire 2006 n° 76 obs. Piedelièvre : à propos d'une hypothèque judiciaire).

Un bordereau rectificatif ne peut pas réparer le vice résultant de l'inscription d'hypothèque définitive intervenue avant que le jugement statuant au fond n'ait acquis force de chose jugée, car il ne peut avoir pour seul objet que la rectification des inexactitudes, discordances ou défaut de publication du titre, et le défaut tenant à une inscription prématurée n'est ni une inexactitude ni une discordance (Cass. civ. 4-7-2001 : RJDA 11/01 n° 1161).

2. Si la procédure a été mise en œuvre avec un titre exécutoire, du jour de l'expiration du délai d'un mois à compter de la signification de l'inscription provisoire ou, si une demande de mainlevée a été formée, du jour de la décision rejetant cette contestation ; toutefois, si le titre n'était exécutoire qu'à titre provisoire, le délai court comme il est dit au § 1 ;

3. Si le caractère exécutoire du titre est subordonné à une procédure d'exequatur, du jour où la décision qui l'accorde est passée en force de chose jugée.

Le **créancier** présente tout document attestant que les conditions prévues ci-dessus sont remplies (C. exécution art. R 533-4, al. 5 ; Cass. 3e civ. 10-11-2021 n° 20-16.227 F-D : RJDA 3/22 n° 171 : production de la décision d'admission à la procédure collective du débiteur de ses créances à titre définitif).

À défaut de confirmation dans le délai de deux mois, l'inscription provisoire est **caduque** et sa radiation peut être demandée au juge de l'exécution (art. R 533-6, al. 1).

En cas d'extinction de l'instance introduite par le créancier ou si sa demande est rejetée, la radiation est demandée au juge saisi du fond ; à défaut, elle est ordonnée par le juge de l'exécution (art. R 533-6, al. 2).
La radiation est effectuée sur présentation de la décision passée en force de chose jugée (art. R 533-6, al. 3).

La publicité définitive est **opérée** conformément aux dispositions de l'article 2428 du Code civil (art. R 533-2, al. 1). Elle donne rang à l'hypothèque à la date de l'inscription provisoire, dans la limite des sommes conservées par cette dernière (art. R 533-1 ; pour un exemple, Cass. civ. 14-12-1994 : RJDA 3/95 n° 333).

59236 **Effets** L'hypothèque judiciaire provisoire prise contre le mari grève la totalité de l'immeuble commun, même sans autorisation de la femme (CA Paris 3-5-1990 : JCP N 1992.II.131). Elle est opposable à l'époux divorcé attributaire de l'immeuble grevé, même non débiteur du créancier hypothécaire, dès lors qu'elle a été inscrite avant le jugement prononçant le divorce (Cass. civ. 4-2-1998 : RJDA 8-9/98 n° 1049).

4. NANTISSEMENT JUDICIAIRE CONSERVATOIRE ET VENTE FORCÉE

59300 **Nantissement judiciaire du fonds de commerce** Un créancier peut inscrire un nantissement conservatoire sur le fonds de commerce de son débiteur en suivant les mêmes règles que celles qui sont exposées aux nos 59200 s. pour l'hypothèque judiciaire conservatoire (C. exécution art. L 531-1 et R 531-1), compte tenu des précisions suivantes :

– l'inscription provisoire du nantissement est opérée au greffe du tribunal de commerce conformément aux dispositions de l'article R 532-2 du Code des procédures civiles d'exécution ;
– la publicité du renouvellement obéissant au formalisme applicable à l'inscription initiale (C. exécution art. R 532-7), il n'y a pas lieu de notifier le renouvellement de l'inscription au débiteur (Cass. 2e civ. 8-6-2023 n° 21-18.695 F-B) ;
– la publicité définitive est accomplie conformément aux dispositions des articles L 143-17 du Code de commerce et R 533-2 du Code des procédures civiles d'exécution (sur le délai d'inscription, n° 59233 transposable) ;
– le créancier titulaire d'une inscription provisoire peut, en cas de saisie-exécution pratiquée par un tiers sur des biens faisant partie du fonds, demander, à titre conservatoire car il ne peut poursuivre l'exécution en l'état, la vente globale du fonds (T. com. Paris 8-10-1991 : RJDA 11/91 n° 956) ;
– l'inscription peut être radiée si l'ordonnance l'ayant autorisée est rétractée ; mais si cette dernière est infirmée, le créancier ne peut pas rétablir son inscription à sa date primitive (Cass. com. 9-5-1995 : RJDA 11/95 n° 1283).

59303 **Vente forcée du fonds de commerce** Cette vente peut être ordonnée dans les cas suivants.

1. À la suite de poursuites de saisie-vente. Tout créancier qui exerce des poursuites de saisie-vente ou le débiteur contre lequel elles sont engagées peuvent demander la vente du fonds de commerce du saisi (C. com. art. L 143-3, L 143-4, L 143-6, L 143-7, L 143-9 et L 143-11).

La vente ne peut pas être ordonnée dans le cas d'une saisie par un créancier nanti sur le matériel d'équipement (Cass. com. 3-11-1970 : D. 1971.som.105).

2. À la demande du vendeur et du créancier gagiste inscrit. Ces créanciers privilégiés peuvent, même en vertu de titres sous seing privé, faire ordonner la vente du fonds qui constitue leur gage, huit jours après sommation de payer faite au débiteur et au tiers détenteur, s'il y a lieu, demeurée infructueuse (C. com. art. L 143-5, L 143-6, L 143-7, L 143-9 et L 143-11 ; pour un exemple : CA Paris 14-6-1988 : D. 1988.IR.222).

3. À la demande d'un créancier dont la créance se rattache à l'exploitation du fonds. Saisi par un tel créancier, le tribunal de commerce peut, s'il prononce une condamnation et si le créancier le requiert, ordonner par le même jugement la vente du fonds (C. com. art. L 143-8, L 143-9 et L 143-10).

La créance doit avoir un lien avec l'exploitation du fonds et exister contre le propriétaire du fonds et non contre le locataire-gérant (Cass. req. 22-2-1939 : DP 1940.15).

La vente forcée peut porter sur **un ou plusieurs éléments** d'un fonds grevé d'inscriptions soit sur saisie-vente, soit en vertu d'une des causes de vente du fonds susvisées (C. com. art. L 143-10 et L 143-11).

La vente du fonds doit être ordonnée **en cas d'infraction à la législation** sur les débits de boissons et sur la lutte contre l'alcoolisme lorsque le propriétaire du fonds est l'auteur du délit et qu'il est interdit d'exercer la profession pendant plus de deux ans (CSP art. L 3355-8).

Nantissement judiciaire des droits sociaux Voir MSC n°s 19120 s. 59306

B. Mesures d'exécution forcée

1. EXÉCUTION PAR PROVISION

Tout créancier, bien que sa **créance** ne soit **pas** encore **définitivement établie** en justice, peut demander au juge des référés d'ordonner au débiteur le paiement d'une provision dès lors que l'existence de sa créance n'est pas sérieusement contestable. 59400

Ce pouvoir est attribué à tous les juges des référés : président du tribunal judiciaire (CPC art. 835, al. 2 et 836) ; président du tribunal de commerce (CPC art. 873, al. 2) ; président du tribunal paritaire des baux ruraux (CPC art. 894, al. 2). Il est aussi accordé au juge de la mise en état si la demande est présentée après sa désignation (CPC art. 789, 4°), ce juge étant alors seul compétent (CA Paris 11-12-1989 : GP 1990.562 note Frémond).

Le juge judiciaire est incompétent pour accorder une provision pour un dommage relevant du contentieux administratif dès lors que la personne poursuivie conteste sa responsabilité (Cass. civ. 7-3-1995 : Bull. civ. I p. 86).

Le juge des référés ne peut statuer que sur une demande de provision et non d'indemnité (Cass. 3e civ. 23-5-2012 n° 11-14.456 : RJDA 10/12 n° 832 : jugeant qu'il excède ses pouvoirs lorsqu'il condamne un locataire à payer une indemnité d'occupation).

Sauf dans les cas déterminés par la loi, il peut statuer même si le juge du principal est saisi et il lui appartient de rechercher si la contestation soulevée par le défendeur est sérieuse, sans pouvoir déduire ce caractère de la seule existence d'une instance pendante au fond, quand bien même celle-ci tendrait à l'annulation de la convention servant de base à la demande (Cass. com. 11-3-2014 n° 12-29.506 : GP 2014.som.2315 note Bolze).

Cette procédure, connue sous le nom de « **référé-provision** », permet aux créanciers d'obtenir, dans les plus brefs délais (quinze jours à un mois en moyenne), un titre exécutoire pour une partie, voire pour la totalité, de leur créance.

Avertissement. Les dispositions sur le référé-provision étant formulées en termes identiques quel que soit le juge des référés, nous viserons seulement, dans les développements qui suivent, l'article 835, al. 2 du Code de procédure civile, pris comme texte du droit commun puisque relatif au président du tribunal judiciaire.

Droit d'agir Le créancier peut agir en référé-provision s'il se prévaut d'un recours en garantie (CA Aix 7-10-1982 : GP 1983.som.135). 59403

Mais il ne le peut plus si le débiteur a fait l'objet d'une procédure collective (Cass. com. 14-5-1996 n° 94-11.469 : RJDA 10/96 n° 1256 ; n°s 62395 s.). Si la procédure collective est ouverte alors que l'action en référé-provision est en cours, le juge des référés ne peut plus se prononcer et la créance en cause doit être déclarée (n°s 62555 s.), soumise à la procédure de vérification des créances (n°s 62800 s.) et à la décision du juge-commissaire (Cass. com. 6-10-2009 n° 08-12.416 : RJDA 12/09 n° 1105).

Sur l'utilisation du référé-provision en cas d'**arbitrage** : n° 71093 ; sur l'effet interruptif de l'assignation : n° 71762.

Créance invoquée La demande de provision peut être présentée à propos de toute créance, la loi ne faisant aucune distinction (cf. CPC art. 835, al. 2). Il importe peu que la créance ne soit pas liquide (TGI Paris 21-11-1983 : GP 1984.som.51), qu'elle résulte d'une clause fixant le montant de la pénalité en cas de défaillance du débiteur (Cass. civ. 14-12-1988 : Bull. civ. III p. 100) ou qu'elle porte sur 59406 une obligation de faire (CA Versailles 24-6-1999 : GP 2000.som.1765 ; cf. Cass. com. 16-1-1990 : JCP G 1991.II.21748 note Hammoun), devenue prestation de service (nos 13200 s.) depuis le **1er octobre 2016** (sur cette date, no 10000).

59409 **Exclusion de l'urgence** Le juge des référés peut accorder la provision sans avoir à constater l'urgence (Cass. civ. 18-1-1978 : Bull. civ. II p. 16).

Néanmoins, il a été jugé que le créancier qui, après avoir obtenu une provision à l'effet de faire exécuter des travaux de réfection, ne justifie pas, plus de deux ans après, avoir fait remédier aux désordres peut être condamné à la restitution de la provision (Cass. civ. 18-3-1981 : GP 1981.pan.280).

Mais la condition d'urgence demeure requise lorsque la demande de provision est relative à une créance dont l'existence doit être tranchée par un tribunal arbitral qui n'est pas encore constitué (no 71093).

59412 **Absence de contestation sérieuse** La provision ne peut être accordée que si le juge des référés constate que la créance invoquée ne fait pas l'objet d'une contestation sérieuse (CPC art. 835, al. 2), ce qui n'est pas le cas lorsque le débiteur conteste non pas le principe de son obligation mais seulement son étendue (Cass. 2e civ. 11-7-2013 no 12-24.722), et elle ne peut être refusée que s'il établit l'existence d'une contestation sérieuse (Cass. com. 1-3-1983 : Bull. civ. IV no 91). La preuve de l'existence d'une contestation sérieuse incombe au débiteur poursuivi (Cass. civ. 4-11-1987 : Bull. civ. I p. 304). Elle est appréciée souverainement par les juges du fond (cf. Cass. 2e civ. 31-3-2022 no 21-12.296 F-B), à la date de la décision du juge des référés (Cass. civ. 25-11-1992 : Bull. civ. III p. 190).

La **contestation** n'a **pas** été **reconnue sérieuse** lorsqu'elle portait sur :
- une demande de remboursement d'un prêt, aucun accord n'étant intervenu entre les parties sur un nouveau plan de remboursement (Cass. com. 22-11-1982 : Bull. civ. IV p. 304) ;
- une demande de paiement de lettres de change par la banque auprès du tiré accepteur (Cass. civ. 13-1-1987 : Bull. civ. IV p. 11 ; Cass. com. 27-6-2000 : RJDA 12/00 no 1199) ;
- des malfaçons établies d'une construction (Cass. civ. 1-3-1983 : Bull. civ. III p. 51) ;
- le caractère défectueux de marchandises (Cass. civ. 15-6-1982 : Bull. civ. I p. 194) ;
- un dommage dû à l'accumulation de pluies et réclamé à un assureur dès lors que les conventions spéciales incluaient dans la garantie les dommages causés par l'action des eaux (Cass. civ. 8-3-1983 : Bull. civ. I p. 78) ;
- des avaries à des marchandises transportées dont la responsabilité incombe avec évidence au transporteur (Cass. com. 10-6-1986 : BT 1986.608) ;
- des sujets qui n'étaient pas de nature à libérer le débiteur de son obligation de livrer une chose conforme à la commande (Cass. civ. 22-7-1986 : Bull. civ. I p. 158) ;
- la poursuite d'un contrat résilié (Cass. com. 19-1-1988 : Bull. civ. IV p. 32 : occupation, après refus par le syndic d'un règlement judiciaire de poursuivre un bail, des locaux antérieurement loués ouvrant droit à une indemnité) ;
- une créance de fourniture de semences pour une récolte (Cass. com. 28-6-1988 : Bull. civ. IV p. 154) ;
- le seul fait qu'une action avait déjà été introduite au fond (Cass. 2e civ. 21-1-2010 no 09-12.831 ; CA Paris 11-12-1989 : GP 1990.562 note Frémond) ;
- une créance reconnue par une sentence arbitrale ayant l'autorité de la chose jugée et exécutoire par provision (CA Paris 15-5-2012 no 11/20207 : GP 2012.som.2920 note Bensaude) ;
- la demande d'une garantie de paiement d'une somme due en vertu d'un contrat qui peut être sollicitée à tout moment, même après la résiliation du contrat (Cass. 3e civ. 18-5-2017 no 16-16.795 FS-PBI).

En revanche, l'**existence d'une contestation sérieuse** a été admise lorsque la créance invoquée résultait :
- d'un contrat faisant l'objet d'une action en nullité (Cass. civ. 17-2-1978 no 76-13.970 : JCP G 1979.II.19251 note Couchez), argué d'entente illicite (Cass. civ. 26-5-1982 : Bull. civ. I p. 173) ou nécessitant une interprétation (Cass. civ. 14-4-1982 no 81-10.565 : GP 1982.pan.262 ; Cass. com. 8-2-1983 no 80-14.682 : Bull. civ. IV no 54 ; Cass. com. 23-9-2014 no 13-11.836 : RJDA 12/14 no 952) ;
- de documents supposant un examen approfondi (CA Paris 5-5-1988 : D. 1988.IR.157) ;
- de la commande d'un produit alors que le principe même de l'obligation au paiement était discuté comme conséquence d'une absence d'accord sur le prix au moment de la vente (Cass. com. 13-11-1990 : RJDA 1/91 no 75) ;
- de l'absence de preuve d'une commande, le silence du défendeur à la réception des factures litigieuses ne pouvant valoir reconnaissance, même implicite, de la créance alléguée (Cass. com. 15-12-1992 : RJDA 6/93 no 590) ;
- de l'acceptation d'une lettre de change dont la signature était déniée par celui à qui elle était opposée (Cass. com. 17-10-1995 : RJDA 1/96 no 152) ;
- d'une situation pour laquelle le débiteur poursuivi opposait une exception de compensation avec une créance indemnitaire non certaine, non liquide et non exigible pour laquelle il avait saisi la juridiction du fond afin d'en démontrer le bien-fondé (Cass. com. 28-11-1995 : RJDA 2/96 no 295) ;
- du point de savoir si les parties avaient eu l'intention de s'engager dans des liens contractuels (Cass. com. 5-12-2006 no 04-20.078 : Rev. proc. coll. 2007.44 no 6 obs. C. Lebel) ;

– du point de savoir si elle était incluse dans le prix forfaitaire facturé (CA Lyon 13-10-2015 n° 13/04237 : BTL 2015.623) ;
– de l'appréciation de la validité du mandat conféré à un agent immobilier (Cass. 1e civ. 6-7-2016 n° 15-18.763 : Bull. civ. I n° 152) ;
– de la détermination de la loi applicable au litige (Cass. 1e civ. 5-1-2022 n° 20-17.908 F-D ; contra, CCIP-CA Paris 30-11-2021 n° 21/01845).

Le juge peut ordonner la consignation des sommes réclamées même s'il existe une contestation sérieuse sur l'obligation du débiteur, car le prononcé de cette mesure conservatoire ne touche pas pour autant la contestation soulevée (Cass. com. 12-12-1995 : RJDA 3/96 n° 441).

Montant de la provision La provision peut être **égale** à la fraction non sérieusement contestable dans son principe et dans son montant de la créance (Cass. civ. 20-1-1981 n° 79-13.050 : GP 1981.332 note Bertin), ce qui peut aller jusqu'à l'intégralité de la créance (Cass. 2e civ. 13-2-2003 n° 161 : RJDA 8-9/03 n° 846), mais cela ne peut pas être le cas lorsque l'établissement du montant de la créance suppose une expertise contradictoire (CA Versailles 22-4-1988 : RFDA 1989.136). 59415

Le juge peut décider d'en mettre une partie à la charge de l'un des coresponsables (Cass. civ. 1-3-1983 : Bull. civ. III p. 51).

Mais elle ne saurait être supérieure à ce montant, le juge fixant discrétionnairement, dans cette **limite,** la somme convenable (Cass. 1e civ. 10-3-1993 n° 91-15.752 : Bull. civ. I n° 100) ni être une attribution définitive de la somme allouée, le juge excédant alors ses pouvoirs (Cass. 3e civ. 24-11-2021 n° 19-26.174 F-D).

Jugé que la provision allouée peut être compensée avec une créance présentant un lien de connexité avec la créance invoquée à l'appui de la demande de provision (TGI du Mans 16-5-1984 : GP 1985.som.33 ; contra Cass. soc. 10-6-1982 : Bull. civ. V p. 291).

Le créancier qui poursuit, après rejet par le juge d'une contestation du débiteur, une saisie en vertu d'un titre exécutoire à titre provisoire engage sa responsabilité sans faute (Cass. 2e civ. 17-9-2020 n° 19-17.721 F-PBI : RJDA 1/21 n° 47).

Les intérêts de la somme accordée courent du jour de la demande de provision (Cass. civ. 10-1-1984 : Bull. civ. I p. 5).

Exécution de la condamnation par provision La condamnation par provision, comme toute ordonnance de référé, est exécutoire **de droit,** le créancier jouissant d'un titre exécutoire de droit à titre provisoire (n° 72546), sauf l'exécution sur un immeuble qui requiert une décision définitive passée en force de chose jugée et qui, si cette décision est rendue par défaut, ne peut pas être engagée pendant le délai de l'opposition (C. exécution art. L 311-4). 59418

À notre connaissance, il n'existe pas de disposition précisant le sort de la provision accordée par le juge des référés judiciaire en cas de réformation de l'ordonnance. Concernant la provision accordée par le juge administratif (cf. C. just. adm. art. R 541-1), la solution suivante a été dégagée, qui peut servir de guide au juge judiciaire : le bénéficiaire de la provision doit la reverser en tout ou partie lorsque le juge du fond, statuant sur sa demande pécuniaire ou sur une demande du débiteur tendant à la fixation définitive du montant de sa dette, décide que la créance invoquée n'est pas fondée ou qu'elle est d'un montant inférieur au montant de la provision ; mais dans l'hypothèse où le juge du fond rejette la demande dont il est saisi pour un motif tiré de l'irrecevabilité ou de la prescription de l'action au fond, les sommes accordées par le juge des référés à titre de provision sont définitivement acquises (CE 20-7-2022 n° 455106).

2. INJONCTION DE PAYER

Par la procédure d'injonction de payer, le créancier peut, par simple requête présentée devant le juge des contentieux de la protection, devant le président du tribunal judiciaire ou devant le président du tribunal de commerce, dans la limite de la compétence d'attribution de ces juridictions, se faire **délivrer un titre exécutoire** contre son débiteur (CPC art. 1405 s.), en un ou deux mois et pour quelques dizaines d'euros, ce qui explique que plus de 500 000 requêtes par an en moyenne soient lancées. 59500

Le créancier dont le débiteur est domicilié dans un État membre de l'UE a la faculté de recourir à la procédure européenne d'injonction de payer, instituée par le règlement CE 1896/2006 du 12 décembre 2006, entré en vigueur le 12 décembre 2008 (art. 33) et modifié par le règlement UE 2015/2421 du 16 décembre 2015 ; la mise en œuvre de cette procédure devant les juridictions françaises est réglée par les articles 1424-1 s. du Code de procédure civile. Le président du tribunal de commerce, dans les limites de la compétence d'attribution de ce tribunal, connaît des demandes formées en application de ce règlement (C. com. art. L 722-3-1).

L'obtention du titre exécutoire **est désormais facilitée** par la suppression de la formalité d'apposition de la formule exécutoire qui était requise après le rejet de l'opposition formée par le débiteur ; la formule est désormais mentionnée dès que l'ordonnance d'injonction est établie et, en attendant qu'elle devienne définitive, elle est conservée au greffe en minute (nº 59512).

59503 **Créances visées** Peuvent faire l'objet d'une injonction de payer (CPC art. 1405) :

1. Les **créances contractuelles** dont le montant est déterminé par les stipulations du contrat, y compris, le cas échéant, la clause fixant le montant de la pénalité en cas de défaillance du débiteur (CA Versailles 22-5-1998 : DA 1998.1945) ; le créancier doit prouver l'origine contractuelle de sa créance (Cass. com. 26-5-1983 : GP 1983.pan.290) ;

Lorsque le transporteur agit contre le destinataire en tant que garant du prix du transport avec l'expéditeur (nº 24455), il peut produire la facture qu'il a adressée à l'expéditeur de la marchandise sur laquelle figure le prix du transport si la lettre de voiture n'indique pas elle-même ce prix (Cass. com. 30-10-2012 nº 11-22.917 : RJDA 5/13 nº 407).

2. Les **créances résultant** de :

– l'acceptation du tirage, de l'endossement ou de l'aval (même par acte séparé, Cass. com. 8-5-1967 : Bull. civ. III p. 179) d'une **lettre de change,** sauf si celle-ci est nulle en tant que titre cambiaire (Cass. com. 6-7-1965 : D. 1966.24 ; CA Paris 5-12-1979 : D. 1980.IR.435) ;

– la souscription, de l'endossement ou de l'aval d'un **billet à ordre** ;

– l'acceptation de la **cession de créance** transférée par bordereau Dailly.

Il s'ensuit que la créance en paiement d'un chèque est exclue de l'injonction de payer (CA Orléans 26-10-1976 : JCP G 1978.II.18896).

59506 **Tribunal compétent** Selon que la créance est commerciale ou civile, la demande d'injonction de payer doit être portée devant le **président du tribunal de commerce,** ou devant le **juge des contentieux de la protection** ou encore devant le **président du tribunal judiciaire** (CPC art. 1406, al. 1).

Le juge territorialement compétent est celui du lieu où demeure le ou l'un des débiteurs poursuivis (CPC art. 1406, al. 2 ; CA Poitiers 9-4-1986 : D. 1986.IR.319). Si le débiteur est une personne morale, la juridiction est celle dans le ressort de laquelle se trouve le siège social ou une succursale ayant à sa tête un subordonné avec pouvoir de décision (CA Chambéry 5-12-1977 : GP 1978.1.252).

Ces règles de compétence, tant d'attribution que territoriale, sont d'ordre public ; toute clause contraire est réputée non écrite et le juge doit relever d'office son incompétence (CPC art. 1406, al. 3).

59509 **Demande d'injonction** L'injonction est demandée par une **requête** présentée ou adressée au greffe par le créancier ou par mandataire (CPC art. 1407) ; en matière commerciale, elle peut être remplie en ligne (https://tribunaldigital.fr) et transmise au greffe par voie électronique accompagnée des pièces justificatives numérisées.

La requête doit contenir les mentions fixées par l'article 57 du Code de procédure civile, indiquer son fondement et être accompagnée du bordereau des documents justificatifs (CPC art. 1407).

Dans sa requête, le créancier peut aussi demander qu'en cas d'opposition du débiteur à l'ordonnance portant injonction de payer (nº 59515), l'affaire soit immédiatement renvoyée devant la juridiction qu'il estime compétente (CPC art. 1408).

Devant le tribunal de commerce, les frais de la procédure sont avancés par le demandeur et consignés au greffe au plus tard dans les quinze jours de la demande, faute de quoi celle-ci est caduque (CPC art. 1425, al. 1).

59512 **Ordonnance d'injonction de payer** S'il estime la demande fondée, le juge rend une ordonnance portant injonction de payer pour la somme qu'il retient (CPC art. 1409, al. 1), sans être tenu de motiver sa décision (Cass. civ. 16-5-1990 : Bull. civ. II p. 53). L'ordonnance et la requête sont conservées à titre de minute au greffe, qui remet au requérant une copie certifiée conforme de la requête et de l'ordonnance revêtue de la formule exécutoire et lui restitue les documents produits (CPC art. 1410).

Si le juge rejette la requête ou ne la retient que pour partie, le créancier n'a aucune voie de recours (art. 1409, al. 2 et 3). Il peut alors réclamer sa créance selon le droit commun, sous réserve dans le cas de réception partielle de sa requête de ne pas signifier l'ordonnance (mêmes textes).

Le créancier qui a obtenu satisfaction ou qui accepte la décision du juge lui donnant partiellement satisfaction doit dans les six mois suivant l'ordonnance revêtue de la formule exécutoire **signifier** à chacun des débiteurs une copie certifiée conforme de la requête et de l'ordonnance portant injonction de payer, accompagnée des documents justificatifs produits à l'appui de la requête : l'ordonnance qui n'a pas été signifiée dans le délai de six mois est non avenue (CPC art. 1411 ; Cass. 2e civ. 17-10-2019 nº 18-18.759 FS-PBI).

Sur les règles à suivre, à peine de nullité, pour cette signification : CPC art. 1413 et 1414.

Sur l'effet interruptif de la signification de l'ordonnance, mais non de la requête en injonction : nº 71759.

Sur la mise à disposition par voie électronique des documents justificatifs produits à l'appui de la requête en injonction de payer, réalisée par un huissier (ou commissaire) de justice : arrêté du 24 février 2022 pris en application de l'article 1411.

Opposition à l'ordonnance Le débiteur – et lui seul (Cass. 2e civ. 4-3-2004 n° 325 : Bull. civ. II n° 90) – peut s'opposer à l'ordonnance portant injonction de payer (CPC art. 1412). Cette opposition n'a pas à être motivée (Cass. civ. 14-1-1987 : Bull. civ. II p. 6). 59515

L'opposition est portée, selon le cas, devant la juridiction dont le juge ou le président a rendu l'ordonnance ; elle est formée au greffe, par le débiteur ou tout mandataire justifiant, sauf s'il est avocat, d'un pouvoir spécial, soit par déclaration contre récépissé, soit par lettre recommandée, et mentionne, à peine de nullité, l'adresse du débiteur (CPC art. 1415) ; elle peut aussi être formée par lettre simple (Cass. civ. 13-11-1996, 2e esp. : RJDA 3/97 n° 452) mais non par une lettre recommandée adressée à l'huissier (ou commissaire) de justice (Cass. civ. 17-5-1977 : GP 1977.2.som.299) ni même au président du tribunal de commerce (CA Limoges 13-1-1992 : Bull. inf. C. cass. 1992.1134). L'opposition est reçue sans frais par le greffier, qui invite sans délai le demandeur, par lettre recommandée avec demande d'avis de réception, à consigner les frais de l'opposition au greffe dans le délai de quinze jours à peine de caducité de la demande d'injonction (CPC art. 1425, al. 2).

Cette opposition, qui ne concerne que 7 % des ordonnances, est la seule voie de recours contre l'ordonnance, le pourvoi en cassation – qui suppose une décision rendue en dernier ressort – n'étant recevable qu'après apposition de la formule exécutoire sur l'ordonnance (n° 59518).

Elle doit être formée **dans le mois** qui suit la signification à personne de l'ordonnance ou, à défaut, la première mesure d'exécution ayant pour effet de rendre indisponibles, en tout ou en partie, les biens du débiteur (CPC art. 1416 ; sur l'absence de mesures : Cass. civ. 5-4-1993 n° 91-17.278 : Bull. civ. II n° 143 ; sur l'existence d'une première mesure d'exécution : Cass. 2e civ. 15-11-2007 n° 07-11.556 : Procédures 2008.comm.4 obs. Perrot ; sur l'allongement de ce délai : art. 1422, al. 2, dont une application, Cass. civ. 5-4-1993 : Bull. civ. II p. 75). Quelles que soient les modalités de la signification, ce délai est suspensif d'exécution et l'opposition formée dans ce délai est également suspensive (CPC art. 1422, al. 1). La date de l'opposition formée par lettre recommandée est celle de l'expédition de la lettre figurant sur le cachet du bureau d'émission (Cass. civ. 20-11-1991 : Bull. civ. II p. 164 ; CA Versailles 2-10-1998 : Bull. inf. C. cass. 1999 n° 634).

La procédure qui suit l'opposition est régie par les articles 1417 à 1421 du Code de procédure civile.

Au cours de cette instance, le tribunal statue sur la demande en recouvrement (CPC art. 1417) ; le demandeur doit prouver la réalité et l'étendue de sa créance (Cass. civ. 23-10-1991 : RJDA 1/92 n° 72).

Les intérêts moratoires de la condamnation confirmée courent non de l'assignation, qui n'existe pas dans la procédure d'opposition, mais de la signification de l'ordonnance (CA Rouen 6-6-1991).

Le jugement rendu sur l'opposition, laquelle a pour effet de saisir le tribunal de la demande du créancier et de l'ensemble du litige sur lequel il a été statué, se substitue à l'ordonnance, de sorte que le titre exécutoire est alors constitué par le jugement et non plus par l'ordonnance, qui dès lors n'est plus soumise à la prescription propre à ce titre (Cass. 2e civ. 29-9-2022 n° 20-18.772 F-B).

Malgré l'opposition à l'injonction de payer, le créancier saisissant peut recevoir paiement des sommes saisies en vertu d'une saisie-attribution pratiquée avant l'ouverture de la procédure collective du débiteur ; en effet, jusqu'à ce que la décision sur le fond soit rendue, l'opposition a pour seul effet de rendre indisponibles les sommes saisies et l'ouverture de la procédure collective ne remet pas en cause l'attribution immédiate de la créance saisie au profit du créancier saisissant (Cass. com. 6-10-2015 n° 13-20.381 : RJDA 3/16 n° 191).

Effets de l'ordonnance d'injonction L'ordonnance ne constitue un titre exécutoire et ne produit les effets d'un tel titre ou d'une décision de justice qu'à l'expiration des causes suspensives d'exécution signalées au n° 59515 ; elle produit alors tous les effets d'un jugement contradictoire (ce qui arrive dans 80 % des cas). Elle n'est pas susceptible d'appel, même si elle accorde des délais de paiement (CPC art. 1422, al. 2), ni d'opposition, ont ajouté les tribunaux (Cass. civ. 27-1-1988 : D. 1990.98 note Ménabe : solution qui reste valable, la formulation de l'art. 1422 n'ayant pas changé sur ce point). Dès lors que l'ordonnance est signifiée à personne et rendue exécutoire, elle peut être poursuivie pendant un délai de dix ans pour la créance en principal, peu important que celle-ci soit une créance soumise à la prescription biennale de l'article L 137-2 (devenu art. L 218-2) du Code de la consommation (Cass. 2e civ. 8-6-2023 n° 21-18.615 F-D). 59518

L'ordonnance est une décision judiciaire en dernier ressort qui, en l'absence de texte l'interdisant, est susceptible de pourvoi en cassation (Cass. civ. 6-4-1987 n° 85-18.508 : Bull. civ. II n° 84) mais seulement si l'opposition n'est plus recevable, ce qui n'est pas le cas si une irrégularité de la signification de l'ordonnance n'a pas fait courir le délai d'opposition (Cass. civ. 2-4-1997 : D. 1997.410 note Julien).

Les juges doivent relever d'office la fin de non-recevoir tirée de l'absence de voies de recours (Cass. civ. 6-12-1991 : Bull. civ. II p. 174).

En cas de fraude du débiteur, la tierce opposition est recevable (Cass. civ. 10-12-1991 : Bull. civ. I p. 227).

La formule exécutoire ayant été apposée sur l'ordonnance dès l'acceptation de la requête en injonction (nº 59512), les **anciennes dispositions** de l'article 1422, al. 1 relatives à l'apposition de la formule exécutoire n'ont plus de raison d'être et ont donc disparu de ce texte. En cas de besoin, le lecteur pourra se reporter aux développements du nº 59518 de l'édition 2021 du présent Mémento.

3. ASTREINTE

59600 L'astreinte est une **mesure de contrainte destinée à vaincre la résistance** opposée par un débiteur condamné en justice à l'exécution de son obligation principale (Cass. civ. 17-2-1976 : Bull. civ. III p. 86). Elle se présente sous la forme d'une condamnation pécuniaire accessoire à une condamnation principale, fixée à tant par jour de retard.

L'astreinte ne constitue pas une modalité d'exécution forcée des jugements comme les voies d'exécution (Cass. civ. 14-11-1979 : Bull. civ. II p. 180) mais une mesure provisoire incitant à se conformer aux décisions de justice (Cass. civ. 28-3-1950 : D. 1950.377 ; Cass. 2e civ. 4-7-2007 nº 05-15.382 : Bull. civ. II nº 183). Elle est aussi indépendante des dommages et intérêts alloués en vue de réparer un préjudice subi (C. exécution art. L 131-2, al. 1).

L'astreinte est régie par les dispositions des articles L 131-1 s. et R 131-1 s. du Code des procédures civiles d'exécution.

En l'absence de dispositions législatives définissant le champ d'application de l'astreinte, un décret peut faire application du principe général en rappelant le pouvoir qui appartient au juge d'assortir d'une astreinte les injonctions qu'il adresse aux parties (CE 10-5-1974 : AJDA 1974.545).

La mesure conventionnelle, appelée dans les contrats « astreinte conventionnelle », comporte, outre une fonction essentielle de coercition, une fonction indemnitaire destinée à réparer le préjudice subi par la partie bénéficiaire de cette astreinte (Cass. 3e civ. 24-11-1999 : RJDA 1/00 nº 15 ; Cass. com. 29-6-2010 nº 09-14.123 : RDC 2011.47 obs. Laithier). Mais jugé aussi que l'astreinte conventionnelle est une clause pénale (nº 15259).

59603 **Taux de l'astreinte** Le taux de l'astreinte ne dépend pas du préjudice subi par le créancier, mais de la faute et de la force de résistance du débiteur. Aussi le taux est-il, généralement, supérieur à celui du préjudice subi (CA Paris 13-2-1877 : DP 1878.2.125), s'il en existe un (Cass. com. 28-1-1952 : Bull. civ. III p. 32 ; Cass. com. 16-5-1960 : Bull. civ. III p. 167), et indépendant du montant demandé par le créancier (Cass. civ. 12-2-1964 : Bull. civ. I p. 60).

Le taux de l'astreinte peut être progressif, c'est-à-dire fixé à tant par jour de retard (Cass. civ. 24-10-1973 : GP 1974.1.som.33).

Son montant peut tout aussi bien être relevé (CA Paris 19-7-1893 : S. 1893.1.74), modéré ou supprimé (Cass. civ. 30-6-1981 : GP 1982.pan.38) par une nouvelle décision. Mais le juge chargé de la liquidation de l'astreinte ne peut en modifier le taux (Cass. soc. 26-10-1979 : Bull. civ. V p. 586).

59606 **Durée de l'astreinte** La durée de l'astreinte, fixée **librement par le juge** (Cass. req. 11-2-1947 : S. 1947.1.178), peut être affectée d'un terme (Cass. civ. 20-3-1889 : S. 1892.1.565) ou être illimitée (Cass. civ. 21-3-1921 : DP 1921.1.166).

L'astreinte prend effet à la date fixée par le juge ; cette date ne peut pas être antérieure au jour où la décision portant obligation est **devenue exécutoire** (C. exécution art. R 131-1, al. 1 ; Cass. 2e civ. 14-4-2005 nº 587 : RD bancaire 2005/5 p. 29 § 182 obs. Piedelièvre) ou, à défaut d'indication dans la décision exécutoire, au jour de la notification ou de la signification de la décision (Cass. 2e civ. 14-9-2006 : JCP G 2006.IV.2933 ; Cass. 2e civ. 6-10-2022 nº 21-14.996 F-B).

Toutefois, elle peut prendre effet dès le jour de son **prononcé** si elle assortit une décision qui est déjà exécutoire (C. exécution art. R 131-1, al. 2). En cas de confirmation en appel d'un jugement exécutoire assorti d'une astreinte, celle-ci, dès lors que le montant en a été modifié en appel, ne peut pas prendre effet avant que la décision d'appel ne devienne exécutoire, notamment pas à partir du délai de deux mois à compter de la signification du jugement confirmé (Cass. 2e civ. 8-7-2004 nº 1340 : Bull. civ. II nº 355) ; en cas de confirmation en appel d'un jugement non exécutoire assorti d'une astreinte, celle-ci ne commence à courir qu'à compter du jour où l'arrêt devient exécutoire, à moins que le juge d'appel ne fixe un point de départ postérieur (Cass. civ. 11-6-1997, 1e esp. : D. 1997.536 note Julien).

Elle ne peut pas concerner des condamnations postérieures à celle pour laquelle elle a été prononcée car elle ne peut s'appliquer qu'à ce qui a été jugé (CA Paris 8-7-1993 : GP 1994.som.365).

59609 **Obligations sujettes à astreinte** Toute obligation, quelle qu'elle soit, est susceptible d'astreinte, pourvu qu'elle soit susceptible d'exécution (Cass. 1e civ. 27-11-2008 nº 07-11.282 : RJDA 5/09 nº 411) et qu'elle soit devenue exécutoire (Cass. civ. 11-7-2002 : Bull. civ. II nº 166).

Les exemples d'application de l'astreinte sont multiples. Ceux qui assortissent l'exécution forcée d'obligations contractuelles ayant été signalés au n° 14900, nous ne citerons ici que les condamnations à astreinte relatives à des obligations extracontractuelles.

1. Obligation de faire devenue prestation de service (nos 13200 s.) depuis le **1er octobre 2016** (sur cette date, n° 10000). Une société peut être condamnée sous astreinte à exécuter les travaux nécessaires pour remédier aux nuisances de son industrie (Cass. civ. 5-12-1973 : JCP G 1975.II.18115).

2. Obligation de ne pas faire qui, depuis le 1er octobre 2016 (sur cette date, n° 10000), doit être entendue comme interdiction de faire (nos 13200 s.). Ont été condamnés sous astreinte :
– une compagnie aérienne à l'effet d'interdire à ses aéronefs le survol de propriétés privées au-dessous d'une certaine altitude (T. com. Marseille 10-1-1939 : GP 1939.1.335) ;
– un éditeur à ne pas reproduire, vendre, diffuser les photographies d'un mannequin dont il serait en possession (CA Paris 27-1-1978 : GP 1978.2.som.471) ;
– un éditeur à cesser la distribution et la vente des éditions française et étrangère d'un livre publié sous le même titre que le scénario d'un film, sans le consentement des auteurs dudit scénario, et à faire rentrer les exemplaires déjà mis en librairie (T. civ. Seine 30-11-1948 : GP 1950.1.283).

3. Obligation de payer. L'astreinte peut être employée en vue de contraindre à la remise d'une somme d'argent, car elle ne constitue, par elle-même, ni une mesure d'exécution ni une condamnation à dommages-intérêts (Cass. com. 17-4-1956 : JCP G 1958.II.9330 note Vellieux ; CA Aix 27-12-1949 : D. 1950.80).

Encore faut-il que l'obligation assortie de l'astreinte existe, ce qui n'est pas le cas si elle est fondée sur un pacte de préférence annulé (Cass. 2e civ. 24-9-2015 n° 14-14.977 : GP 21 novembre 2015 jur. p. 16 note Ansault).

Compétence **Tout juge** est compétent pour ordonner une astreinte afin d'assurer l'exécution de sa décision (C. exécution art. L 131-1, al. 1). Seul le **juge de l'exécution** peut assortir d'une astreinte une décision rendue par un autre juge si les circonstances en font apparaître la nécessité (art. L 131-1, al. 2) ou en modifier le taux (TGI Pointe-à-Pitre 23-4-1993 : D. 1994.som.338 obs. Julien), sauf si l'astreinte a été prononcée par le juge pénal (Cass. 2e civ. 27-5-2004 : Bull. civ. II n° 244). **59612**

Les juridictions arbitrales peuvent aussi prononcer une astreinte (Cass. civ. 25-7-1882 : D. 1883.1.243 ; CA Paris 10-3-1995 : Rev. arb. 1996.143 obs. Derains ; CPC art. 1467 à 1469) mais elles ne peuvent pas la liquider à titre définitif (n° 59618).

Pouvoirs du juge Le juge a un pouvoir **discrétionnaire** pour prononcer une astreinte non demandée ou pour rejeter une demande d'astreinte et il n'est pas tenu de motiver sa décision (C. exécution art. L 131-1, al. 1 ; Cass. 3e civ. 3-5-1983 : Bull. civ. III p. 81 ; rappr. Cass. 2e civ. 20-12-2001 : Bull. civ. II n° 199). **59615**

Ne tranchant aucune contestation, n'a l'autorité de la chose jugée ni la décision qui prononce une astreinte (Cass. 2e civ. 30-4-2002 n° 00-13.815 : Bull. civ. II n° 83) ni celle qui rejette la demande (Cass. 2e civ. 15-11-2012 n° 08-11.061).

Il est aussi libre d'en déterminer le montant et la durée (nos 59603 et 59606).

Toutefois, il ne peut ordonner une astreinte définitive qu'après avoir prononcé une astreinte provisoire et pour une durée qu'il a déterminée ; si l'une de ces conditions n'a pas été respectée, l'astreinte doit être liquidée comme une astreinte provisoire (C. exécution art. L 131-2, al. 3).

Dès lors qu'il n'a pas précisé son caractère définitif, l'astreinte est provisoire (art. L 131-2, al. 2).

Exécution de l'astreinte Aucune astreinte **ne peut** donner lieu à une mesure d'exécution forcée **avant sa liquidation** (C. exécution art. R 131-3, al. 1). Mais une mesure conservatoire peut être prise pour une somme provisoirement évaluée par le juge compétent pour la liquidation sur le fondement de la décision qui ordonne une astreinte non encore liquidée (art. R 131-3, al. 2). **59618**

En conséquence, une décision judiciaire condamnant un débiteur au paiement d'une astreinte sans fixer définitivement le montant de celle-ci ne constitue pas une « décision exigeant dudit débiteur le paiement de la créance » au sens de l'article 7, § 2 du règlement UE 655/2014 sur les ordonnances européennes de saisie conservatoire des comptes bancaires (OESC). Le créancier – pour obtenir la délivrance d'une OESC – doit donc fournir les éléments de preuve suffisants afin de convaincre la juridiction saisie que sa demande de délivrance de cette ordonnance est justifiée par le fait qu'il sera probablement fait droit à sa demande au fond contre le débiteur (CJUE 20-4-2023 aff. 291/21).

L'astreinte est liquidée à la **demande du créancier** qui doit prouver le retard mis par le débiteur à s'exécuter, autrement qu'en présumant discrétionnairement que l'astreinte a couru jusqu'au jour où il a constaté l'exécution (Cass. civ. 11-1-1995 : Bull. civ. II p. 3). Mais cette solution est écartée lorsqu'elle conduit à mettre à la charge du créancier la preuve d'un fait négatif, le débiteur étant alors tenu de prouver qu'il a accompli l'acte en cause (Cass. com. 2-10-2001 : RTD civ. 2002.148 n° 5 obs. Perrot : preuve de la non-remise en état d'un site industriel ; Cass. soc. 14-12-2005 : RTD civ. 2002.378 n° 7 obs. Perrot : preuve de la non-remise d'un certificat de travail).

N'est pas créancier de l'astreinte le cessionnaire d'un droit dont le cédant a obtenu, sous astreinte, qu'un tiers cesse d'en user à son détriment (Cass. com. 3-3-2009 n° 08-10.923 : Bull. civ. IV n° 28).

L'action en liquidation n'est pas soumise au délai de prescription des titres exécutoires (n° 71740), mais au délai de prescription de droit commun (n° 71725) des actions personnelles et mobilières (Cass. 2e civ. 21-3-2019 n° 17-22.241 FS-PB).

La liquidation de l'astreinte, même définitive, est de la **compétence** du **juge de l'exécution** ; toutefois, le juge qui a ordonné l'astreinte peut procéder à la liquidation s'il reste saisi de l'affaire ou s'il s'en est expressément réservé le pouvoir (C. exécution art. L 131-3) et ce, peu important que la réserve émane du juge des référés (Cass. 2e civ. 27-2-2014 n° 13-12.493 : Bull. civ. II n° 52) ou que l'exécution de l'astreinte à liquider se heurte au décès du débiteur et, qu'en raison de son caractère personnel, elle ne soit pas susceptible d'exécution par les légataires universels (Cass. 2e civ. 21-2-2008 n° 06-43.046 : Bull. civ. II n° 41).

Tout autre juge saisi d'une demande en liquidation d'astreinte doit relever d'office son incompétence (C. exécution art. R 131-2, al. 1 ; cf. Cass. civ. 21-3-2000 n° 00-18.832 : D. 2008.585 note Foulon et Strikler). Si ce n'est lorsqu'elle émane d'une cour d'appel, la décision du juge peut faire l'objet d'un appel formé dans les conditions prescrites par le Code de procédure civile (art. R 131-2, al. 2).

Le tribunal arbitral n'est pas compétent pour liquider l'astreinte à titre définitif, car il ne peut connaître de l'exécution de ses sentences (CA Paris 11-10-1991 : D. 1991.IR.277) ; il peut, en revanche, liquider l'astreinte prononcée antérieurement par le juge des référés dès lors qu'il est constitué au jour où est présentée la demande de liquidation, peu important que le juge des référés se soit réservé le droit de liquider l'astreinte car cette réserve n'a d'autre objet que de dessaisir le juge de l'exécution de sa compétence de principe de liquider (CA Paris 3-10-2013 n° 12/04088 : GP 2014 som.10 janvier note Bensaude). La demande en liquidation ne peut pas être formée devant la cour d'appel dans l'instance en annulation car elle concerne l'exécution de la sentence (CA Paris 24-5-1991 : Rev. arb. 1992.636 obs. Pellerin).

59621 La liquidation de l'astreinte **provisoire** s'opère **en tenant compte** du comportement de celui à qui l'injonction a été adressée et des difficultés qu'il a rencontrées pour l'exécuter (C. exécution art. L 131-4, al. 1) ; ce comportement doit s'apprécier à compter du prononcé du jugement fixant l'injonction (Cass. 2e civ. 17-3-2016 n° 15-13.122 : Bull. civ. II n° 75, dont il se déduit que les juges ne peuvent pas fonder leur décision sur les diligences accomplies antérieurement au jugement).

Les juges apprécient souverainement ces conditions (Cass. civ. 3-7-1996 : RJDA 1/97 n° 95, retenant le comportement fautif du débiteur ; pour un refus de liquidation, le débiteur n'ayant pas fait preuve de mauvaise volonté mais ayant au contraire rencontré des difficultés du fait du poursuivant : TGI Bobigny 14-6-1993 : GP 1993.som.517 ; pour un exemple de liquidation d'une astreinte sanctionnant une interdiction de faire : CA Paris 19-2-1998 : GP 1999.104 obs. Moussa).

Le juge administratif de l'exécution, lorsqu'il procède à une liquidation provisoire de l'astreinte qu'il avait prononcée, peut majorer le taux de cette astreinte, notamment en cas de mauvais vouloir persistant opposé par l'administration à l'exécution de la décision juridictionnelle ; dans ce cas, il n'est pas tenu de mettre les parties à même de présenter leurs observations sur cette éventuelle majoration (CE 1-4-2019 n° 405532).

Le taux de l'astreinte **définitive** ne peut jamais être modifié lors de sa liquidation (C. exécution art. L 131-4, al. 2 ; Cass. soc. 12-4-2005 n° 02-46.323 : Bull. civ. V n° 130). L'astreinte provisoire ou définitive est **supprimée** en tout ou en partie s'il est établi que l'inexécution ou le retard dans l'exécution de l'injonction du juge provient, en tout ou en partie, d'une **cause étrangère** (C. exécution art. L 131-4, al. 3 ; Cass. com. 8-12-1998 n° 1978 : RJDA 2/99 n° 220 ; CA Douai 8-7-1993 : Bull. inf. C. cass. 1994 n° 916). À défaut d'une telle circonstance, l'astreinte définitive doit être liquidée, alors même qu'elle aurait été exécutée avant la demande de liquidation (Cass. 2e civ. 9-11-2006 n° 05-17.942 : RTD civ. 2007.179 n° 5 obs. Perrot).

Le montant de l'astreinte liquidée ne peut pas être supérieur à celui de l'astreinte fixée par le juge qui l'a ordonnée (C. exécution art. L 131-4 ; Cass. 2e civ. 7-7-2022 n° 19-25.860 F-D, cassant l'arrêt qui a fixé à 10 000 € le montant d'une astreinte qui aurait dû être liquidée à 600 €).

Le recouvrement de l'astreinte liquidée dans un titre exécutoire est suspendu dès lors que le titre exécutoire est contesté (Cass. 2e civ. 26-10-2023 n° 21-21.138 FS-B).

Le juge saisi d'une demande en liquidation doit apprécier de manière concrète s'il existe un rapport raisonnable de proportionnalité entre le montant auquel il liquide l'astreinte et l'enjeu du litige (Cass. 2e civ. 9-11-23 n° 21-25.582 F-B). Lorsqu'il exerce d'office ce contrôle de proportionnalité, il lui appartient de mettre les parties en mesure de s'expliquer sur ce moyen (Cass. 2e civ. 9-11-2023 n° 22-15.810 F-B).

59624 L'astreinte est indépendante des dommages-intérêts (C. exécution art. L 131-2, al. 1) et elle n'a pas pour objet de réparer un préjudice (Cass. 2e civ. 7-4-2016 n° 15-14.825 F-D) ; aussi le juge ne peut-il déduire, de l'astreinte qu'il a liquidée à une certaine somme, les **dommages-intérêts** précédemment alloués (Cass. civ. 20-11-1991 : RJDA 1/92 n° 14) ou refuser les dommages-intérêts au motif que l'astreinte a couvert le préjudice (Cass. 2e civ. 17-4-2008 n° 07-10.065 : Bull. civ. II n° 88) ; mais il peut en accorder pour résistance abusive à l'exécution de la condamnation sous astreinte (Cass. 2e civ. 11-2-2010 n° 08-21.787 : Bull. civ. II n° 30). Par ailleurs, la somme arrêtée peut être déclarée productive d'**intérêts** au taux légal à compter du jour de la décision (Cass. com. 19-3-1991 : RJDA 6/91 n° 466).

La condamnation au paiement de l'astreinte doit être **personnellement exécutée** par la partie condamnée, aucune autre partie ne pouvant être condamnée à garantir cette exécution (Cass. 1e civ. 3-4-2002 no 00-10.893 F-P : Bull. civ. I no 104). Il n'en résulte pas, cependant, que la liquidation, qui tend à une condamnation pécuniaire, ne puisse être poursuivie contre les **héritiers** du débiteur pour la période antérieure à son décès (Cass. 2e civ. 10-9-2009 no 08-19.081 : D. 2010.1313) ou qu'elle puisse être poursuivie à l'encontre de la société absorbante (Cass. 2e civ. 1-9-2016 no 15-19.524 F-PB : RJDA 1/17 no 19). **59627**

L'obligation d'exécuter le paiement disparaît si la décision qui a prononcé l'astreinte est **annulée** pour perte de fondement juridique, l'obligation assortie de l'astreinte se trouvant alors rétroactivement anéantie (Cass. 2e civ. 10-6-2010 no 06-17.827 : Bull. civ. II no 109 ; Cass. 2e civ. 24-9-2015 no 14-22.945 F-PB : Bull. civ. II no 210). Toutefois, elle subsiste si la décision contestée n'a pas été infirmée sur la condamnation principale au paiement de l'astreinte ; ainsi de celle qui censurait le paiement des dommages-intérêts, de l'indemnité de procédure et des dépens (Cass. 2e civ. 14-10-2010 no 09-66.944 : Bull. civ. II no 169).

La partie **bénéficiaire** de la condamnation au paiement de l'astreinte peut céder la créance qui en est assortie, aucune disposition légale n'ayant pour effet de rendre incessible l'astreinte, mesure de contrainte destinée à vaincre la résistance opposée à l'exécution de l'obligation qu'elle assortit (Cass. 2e civ. 7-7-2011 no 10-20.296 : RJDA 11/11 no 899).

La décision du juge est **exécutoire de plein droit** par provision (C. exécution art. R 131-4). Elle ne peut pas bénéficier d'un sursis à exécution quelle que soit la juridiction dont elle émane (Cass. 2e civ. 14-6-2001 : Bull. civ. II no 119 ; Cass. 2e civ. 12-6-2003 : Bull. civ. II no 183 ; Cass. 2e civ. 10-2-2011 no 10-14.424 : Bull. civ. II no 29).

Dès l'instant où l'obligation assortie d'une astreinte a été exécutée, fût-ce par un tiers, l'astreinte ne peut plus donner lieu à liquidation pour la période de temps postérieure à cette exécution, sauf si le créancier justifie d'un intérêt légitime à ce qu'elle soit exécutée par le débiteur lui-même (Cass. 2e civ. 10-12-2020 no 19-16.312 F-PBI).

4. SAISIES

QUALIFICATION

La saisie d'un bien saisissable, meuble ou immeuble, est une procédure par laquelle un créancier immobilise ce bien appartenant à son débiteur afin, si celui-ci persiste à ne pas payer, de le faire vendre pour se payer sur le prix de la vente ou de se le faire attribuer. **59690**

N'est pas une saisie l'inscription provisoire de nantissement, qui échappe aux règles applicables aux saisies (Cass. 2e civ. 2-12-2010 no 09-17.495 : RJDA 6/11 no 544).

RÈGLES GÉNÉRALES DE MISE EN ŒUVRE DES SAISIES

Biens saisissables Tout bien est saisissable dès lors qu'il n'entre **pas** dans l'une des **catégories des biens insaisissables,** visées dans les développements subséquents. **59691**

Tel est le cas, notamment, d'un bien acquis par des parties avec une clause de tontine, cette clause ne faisant pas obstacle à la saisie en totalité de ce bien car elle ne suspend ni l'usage des biens ni le droit d'en percevoir les fruits (Cass. crim. avis 15-6-2022 no 21-80.743 FS-B).

Biens conventionnellement insaisissables Un créancier et un débiteur peuvent convenir que tels biens **nommément désignés,** figurant dans le patrimoine du débiteur, ne pourront pas être saisis par le créancier qui, par là même, favorise le crédit disponible du débiteur au profit d'autres créanciers (Cass. civ. 15-2-1972 : Rev. crit. 1973.77 note Batiffol : cantonnement du droit de poursuite du créancier aux biens du débiteur en Algérie ; Cass. com. 29-4-2002 no 97-19.269 FS-D : RJDA 10/02 no 1076 : validation de la convention par laquelle le créancier s'interdisait de poursuivre le recouvrement du découvert d'un compte courant par aucun autre bien que l'immeuble désigné dans un acte de cautionnement réel ; CA Paris 9-2-1999 : D. 1999.IR.85 : garantie du prêteur limitée au bien hypothéqué, aucun recours n'étant possible sur les autres biens des cautions). **59693**

La solution est certes une entorse à la règle de l'unité du patrimoine exprimée par l'article 2284 du Code civil, selon laquelle, sauf dérogations légales (par exemple, entrepreneur individuel de droit commun, EIRL, déclaration d'insaisissabilité), tous les biens d'un débiteur servent au paiement de ses créanciers. Mais cette disposition interdit seulement au débiteur de soustraire certains de ses biens au paiement de ses dettes ; elle ne s'oppose pas, à la lettre, à ce que le créancier renonce à se prévaloir de son droit de gage général. D'ailleurs, dès lors que c'est le créancier, protégé par cette règle, qui renonce consciemment à s'en prévaloir, on ne voit pas quelle raison vitale d'intérêt collectif justifierait l'interdiction d'une telle convention. Il a seulement été affirmé qu'il ne saurait renoncer à tout recours (no 71603). La renonciation du créancier ne peut donc pas porter sur tous les biens du débiteur ; celle-ci d'ailleurs aurait aussi pour effet de rendre purement potestatif l'engagement du débiteur qu'elle assortirait car, à l'abri de toute poursuite, ce débiteur pourrait à sa guise décider de ne pas exécuter son engagement (no 13426).

En acceptant de ne saisir que certains biens, le créancier n'obtient pas par là même un **droit de préférence** à saisir ces mêmes biens qui ne lui sont pas pour autant affectés : la convention laisse entier le droit des autres créanciers à agir concurremment avec lui sur ces derniers.

59700 **Droits immobiliers insaisissables** Par dérogation au droit de gage général permettant au créancier de saisir tous les biens du débiteur (n° 59003), les droits d'une **personne physique** immatriculée au RNE :

1. Sont insaisissables **de droit** par les créanciers dont les droits naissent à l'occasion de l'activité professionnelle de la personne sur l'immeuble où est fixée sa **résidence principale** ; lorsque la résidence principale est utilisée en partie pour un usage professionnel, la partie non utilisée pour un usage professionnel est de droit insaisissable, sans qu'un état descriptif de division soit nécessaire ; la domiciliation de la personne dans son local d'habitation en application de l'article L 123-10 du Code de commerce ne fait pas obstacle à ce que ce local soit de droit insaisissable, sans qu'un état descriptif de division soit nécessaire (C. com. art. L 526-1, al. 1).

Cette insaisissabilité est opposable aux créanciers dont la **créance** est **née** à l'occasion de l'activité professionnelle après la publication de la loi 2015-990 du 6 août 2015 ayant instauré l'insaisissabilité de plein droit de la résidence principale, soit le 8 août 2015 (art. 206, IV, al. 1). La résidence principale du débiteur ne peut pas être saisie dès lors que les droits de certains créanciers sont nés avant la publication de la loi 2015-990 tandis que les droits d'autres créanciers sont nés après (Cass. com. 13-4-2022 n° 20-23.165 F-B : RJDA 7/22 n° 421).

En cas de **liquidation judiciaire,** l'insaisissabilité de droit est opposable au liquidateur judiciaire (Cass. com. 13-4-2022, précité), du moins quand les conditions de celle-ci existent toujours lors de l'ouverture de la procédure. Ainsi, lorsqu'un entrepreneur individuel est contraint, dans le cadre d'une instance de divorce, de quitter le logement familial avant l'ouverture de la procédure collective, ce logement n'est plus sa résidence principale et peut être saisi par ses créanciers professionnels et appréhendé par la procédure pour devenir le gage commun des créanciers (Cass. com. 18-5-2022 n° 20-22.768 F-B : RJDA 8-9/22 n° 499). Même si l'insaisissabilité est opposable au liquidateur, l'entrepreneur peut donner son accord à la cession (C. com. art. L 642-22, II pour la liquidation judiciaire, applicable aux autres procédures collectives par renvoi des art. L 626-1, al. 3 et L 631-22, al. 1).

2. Peuvent être déclarés insaisissables lorsqu'ils portent sur tout bien foncier, bâti ou non bâti, non affecté à son usage professionnel ; la déclaration d'insaisissabilité est publiée au fichier immobilier ou, dans les départements du Bas-Rhin, du Haut- Rhin et de la Moselle, au livre foncier ; lorsque le bien foncier n'est pas utilisé en totalité pour un usage professionnel, la partie non affectée à un usage professionnel ne peut faire l'objet de la déclaration qu'à la condition d'être désignée dans un état descriptif de division (C. com. art. L 526-1, al. 2).

Cette déclaration doit aussi être :

– mentionnée dans le registre de publicité légale à caractère professionnel dans lequel le déclarant est immatriculé ; la déclaration doit ainsi être publiée au registre du commerce si le déclarant y est immatriculé (C. com. art. R 123-37 et R 123-46) ;

– publiée, sous forme d'un extrait, lorsque le déclarant n'est pas tenu de s'immatriculer dans un registre de publicité légale, sur un support habilité à recevoir des annonces légales dans le département dans lequel est exercée l'activité professionnelle (Cass. 1e civ. 15-5-2007 : RJDA 10/07 n° 1009 : application à un avocat).

La déclaration, reçue par notaire, contient la description détaillée des biens et l'indication de leur caractère propre, commun ou indivis (C. com. art. L 526-2, al. 1).

La déclaration, publiée au fichier immobilier ou, dans les départements du Bas-Rhin, du Haut-Rhin et de la Moselle, au livre foncier, n'a d'effet qu'à l'égard des créanciers dont les droits naissent, après la publication de la déclaration, à l'occasion de l'activité professionnelle du déclarant (C. com. art. L 526-1, al. 2).

En cas de **liquidation judiciaire** :

– dès lors que la déclaration d'insaisissabilité a été publiée avant le jugement d'ouverture, le débiteur peut l'opposer à la procédure (Cass. com. 28-6-2011 n° 10-15.482 : RJDA 11/11 n° 957) et le créancier saisissant n'a pas à demander au juge-commissaire de l'autoriser à poursuivre la vente de l'immeuble (Cass. com. 5-4-2016 n° 14-24.640 FS-PB : RJDA 7/16 n° 565) ; le juge excède ses pouvoirs s'il autorise le liquidateur à procéder à la vente de l'immeuble déclaré insaisissable (Cass. com. 24-3-2015 n° 14-10.175 : RJDA 6/15 n° 451) ;

– le liquidateur a qualité à agir pour la protection et la reconstitution du gage commun des créanciers (Cass. com. 2-6-2015 n° 13-24.714 FS-PBRI : RJDA 10/15 n° 678), de sorte que la déclaration d'insaisissabilité n'est opposable à la liquidation judiciaire que si elle a fait l'objet d'une publicité régulière ; le liquidateur est donc recevable à en contester la régularité à l'appui d'une demande tendant à reconstituer le gage commun des créanciers (Cass. com. 15-11-2016 n° 14-26.287 FS-PBI : RJDA 2/17 n° 101). Cette solution condamne la solution antérieure selon laquelle le liquidateur ne peut pas agir dans l'intérêt des seuls créanciers postérieurs à la déclaration pour demander l'inopposabilité de la déclaration (Cass. com. 13-3-2012 n° 11-15.438 : RJDA 6/12 n° 609 ; Cass. com. 18-6-2013 n° 11-23.716 : JCP E 2013.1452 note Lebel) ou exercer contre cette dernière l'action paulienne (Cass. com. 23-4-2013 n° 12-16.035 : RJDA 7/13 n° 655) ; les créanciers auxquels la déclaration est opposable ne pouvant pas prétendre poursuivre le paiement de leurs créances sur l'immeuble insaisissable (Cass. com. 30-6-2015 n° 14-14.757 : JCP E 2015 n° 1608 note C. Lebel) ; **59700** (suite)

– le liquidateur n'a pas qualité pour agir en partage et en licitation sur le fondement de l'article 815 du Code civil (nos 30300 s.) car le débiteur ayant déclaré l'insaisissabilité avant l'ouverture de la procédure collective, les droits indivis du débiteur n'ont pas été appréhendés par la procédure collective (Cass. com. 14-3-2018 n° 16-27.302 F-PBI : D. 2018.1240 note Rabreau) ;

– la déclaration est nulle de plein droit si elle a été faite en période suspecte et susceptible d'annulation si elle a été faite dans les six mois précédant la cessation des paiements (C. com. art. L 632-1, I-13° et II).

Ces règles sont transposables au redressement judiciaire en raison de l'identité de dispositions applicables. La déclaration d'insaisissabilité, pourvu qu'elle soit antérieure au jugement d'ouverture, est aussi opposable à une procédure de sauvegarde car celle-ci emporte, dès ce jugement, appréhension de l'immeuble dans le gage commun des créanciers (Cass. com. 10-3-2021 n° 19-21.971 F-P : RJDA 1/22 n° 31).

Les déclarations portant sur l'insaisissabilité de la résidence principale publiées avant la publication de la loi 2015-990 du 6 août 2015, soit avant le 8 août 2015, continuent de produire leurs effets (art. 206, IV-al. 1). Ces effets subsistent aussi longtemps que les droits des créanciers auxquels la déclaration est opposable ne sont pas éteints, sauf renonciation du déclarant lui-même ; en conséquence, la cessation de son activité professionnelle par le déclarant ne met pas fin, par elle-même, aux effets de la déclaration (Cass. com. 17-11-2021 n° 20-20.821 FS-PB).

3. Inopposabilité de la déclaration d'insaisissabilité. La déclaration d'insaisissabilité n'est pas opposable :

– au **créancier antérieur** à la publicité visée au point 2, étant précisé que reste un créancier antérieur celui dont la créance est née avant la publication de la déclaration du débiteur, au jour de la conclusion du contrat de construction d'une maison, même si la créance en réparation de malfaçons dont le paiement est poursuivi est née d'un protocole d'accord conclu après la publication de la déclaration (Cass. com. 8-1-2020 n° 18-20.885 F-PB : RJDA 4/20 n° 238) ;

– à l'**administration fiscale** lorsque celle-ci relève, à l'encontre du déclarant, soit des manœuvres frauduleuses, soit l'inobservation grave et répétée de ses obligations fiscales (C. com. art. L 526-1, al. 3) ;

– au **créancier qui ne saisit pas le bien** mais demande seulement l'inscription d'une hypothèque judiciaire à titre conservatoire sur ce bien (Cass. com. 11-6-2014 n° 13-13.643 : RJDA 11/14 n° 867 ; Cass. com. 13-9-2016 n° 15-14.088 F-D : RJDA 12/16 n° 906), son débiteur serait-il soumis à une procédure collective (Cass. com. 7-10-2020 n° 19-13.560 F-PB) ;

– au **créancier, titulaire d'une sûreté réelle** sur l'immeuble appartenant à son débiteur en liquidation judiciaire, qui peut exercer son droit de poursuite sur cet immeuble pendant la procédure collective (Cass. avis 12-9-2016 n° 16010 P : Bull. civ. Avis n° 8).

L'exercice de ce droit suppose qu'il obtienne, s'il n'en détient pas un auparavant, un titre exécutoire par une action contre le débiteur tendant à voir constater l'existence, le montant et l'exigibilité de sa créance (Cass. com. 13-9-2017 n° 16-10.206 : RJDA 2/18 n° 169), les juges ne pouvant pas alors prononcer la condamnation du débiteur au paiement (Cass. com. 7-10-2020, précité).

4. Effets de l'insaisissabilité. L'insaisissabilité :

– est reportée, en cas de cession des droits immobiliers sur la résidence principale, sur le prix obtenu, sous la condition du remploi des sommes, dans le délai d'un an, à l'acquisition, par la personne mentionnée à l'article L 526-1, al. 2 du Code de commerce, d'un immeuble où est fixée sa résidence principale (C. com. art. L 526-3, al. 1) ;

– subsiste après la dissolution du régime matrimonial lorsque la personne bénéficiant de l'insaisissabilité de droit ou le déclarant est attributaire du bien, ainsi qu'en cas de décès de ces derniers jusqu'à la liquidation de la succession (art. L 526-3, al. 3) ;

– exclut que le bien insaisissable soit entré dans le gage commun des créanciers, en conséquence la licitation de l'immeuble déclaré insaisissable peut être ordonnée pour parvenir au partage de l'indivision sans avoir besoin d'une demande à cette fin du liquidateur si une liquidation judiciaire a été ouverte contre le propriétaire (Cass. com. 10-7-2019 n° 18-16.867 F-PB : RJDA 11/19 n° 703).

5. Renonciation à la déclaration. Le bénéficiaire de l'insaisissabilité peut, à tout moment, y renoncer ; la renonciation est soumise aux mêmes conditions de validité et d'opposabilité que la déclaration ; la renonciation peut porter sur tout ou partie des biens ; elle peut être faite au bénéfice d'un ou de plusieurs créanciers dont les droits sont nés, postérieurement à la publication de la déclaration, à l'occasion de l'activité professionnelle du déclarant, désignés par l'acte authentique de renonciation ; lorsque le bénéficiaire de cette renonciation cède sa créance, le cessionnaire peut se prévaloir de celle-ci ; la renonciation peut, à tout moment, être révoquée dans les conditions de validité et d'opposabilité de la déclaration ; cette révocation n'a d'effet qu'à l'égard des créanciers dont les droits naissent postérieurement à sa publication (art. L 526-3, al. 2).

En conséquence, est nulle la renonciation faite par lettre adressée au liquidateur judiciaire puis confirmée devant le juge-commissaire (CA Montpellier 9-7-2013 n° 12/03520 : GP 2013.pan.11 décembre).

Les renonciations à l'insaisissabilité de la résidence principale publiées avant la publication de la loi 2015-990 du 6 août 2015, soit avant le 8 août 2015, continuent de produire leurs effets (art. 206, IV-al. 1).

59702 **Autres insaisissabilités** Sont aussi insaisissables :

1. Les biens des personnes publiques (Cass. 1e civ. 21-12-1987 n° 86-14.167 : Bull. civ. I n° 348). Ce principe s'oppose à la mise en œuvre, à leur encontre, des voies d'exécution du droit commun mais il ne fait pas obstacle à la cession, fût-elle forcée, des biens dépendant de leur domaine privé (Cass. com. 21-1-2014 n° 12-29.475 : Bull. civ. IV n° 10 : application aux actions d'une société faisant partie du domaine privé d'un département de la procédure d'offre publique de retrait suivie d'un retrait obligatoire, laquelle ne constitue pas d'ailleurs l'exercice d'une voie d'exécution).

2. Les sommes déposées à la Caisse des dépôts et consignations (C. com. art. L 662-1 ; pour une application, CA Aix 30-6-2022 n° 21/14870).

59703 **Liberté du créancier saisissant** Le créancier est libre, sauf **abus,** de choisir le bien qu'il veut saisir (C. exécution art. L 111-7 et L 121-2). Le juge de l'exécution apprécie l'abus au jour où il statue (Cass. 2e civ. 20-10-2022 n° 20-22.801 F-B).

À condition que le débiteur le prouve (Cass. 2e civ. 15-5-2014 n° 13-16.016 : Bull. civ. II n° 113) et, sous réserve de l'appréciation souveraine du juge du fond (Cass. 2e civ. 18-2-2016 n° 14-28.827 : RTD civ. 2016.457 obs. Cayrol), le créancier agit abusivement :

– lorsqu'il fait une saisie hors de proportion avec le résultat à obtenir, telle la saisie-gagerie des biens mobiliers du locataire pratiquée par son bailleur en paiement de provisions pour charges (Cass. soc. 23-5-1950 : GP 1950.2.133 ; dans le même sens, CA Paris 7-12-1995 : D. 1996.203 note Prévault) ;

– lorsqu'il pratique plusieurs saisies alors qu'une seule aurait suffi à garantir la créance (Cass. civ. 2-2-1956 : Bull. civ. II p. 65 : saisies des comptes dans quatre banques alors que le compte du débiteur dans chacune de ces banques était plusieurs fois supérieur à la créance) ;

– lorsqu'il ne donne pas mainlevée de la saisie-attribution reposant sur un titre exécutoire annulé, le saisi ayant droit à dommages-intérêts à compter de la signification de la décision portant annulation du titre exécutoire (Cass. 2e civ. 28-6-2001 : Bull. civ. II n° 125) ;

– lorsqu'il a procédé à une mesure d'exécution forcée ou à une mesure conservatoire à l'encontre d'un entrepreneur individuel sur un élément d'actif ne faisant manifestement pas partie de son gage général (C. com. art. L 526-22, al. 7).

Mais ne constituent pas un abus ni le refus par une banque, auteur d'une saisie, porteur de bonne foi d'une traite acceptée et impayée à l'échéance, d'un cantonnement amiable et sa réclamation d'une somme excessive (Cass. civ. 10-2-1993 : Bull. civ. II n° 62) ni, malgré un accord sur l'immeuble du débiteur à saisir, l'inscription par le créancier d'une hypothèque judiciaire conservatoire sur un autre immeuble (CA Aix 22-1-2003 n° 99/11343 : PA 2004 n° 181 p. 10 note de Lajarte), ni, en soi, la saisie-attribution pratiquée en période estivale de ralentissement d'activité et vingt-trois jours (week-ends compris) après la signification du titre exécutoire (Cass. 2e civ. 22-6-2017 n° 16-16.897 F-D : RJDA 11/17 n° 757).

Corrélativement, le débiteur ne peut pas lui imposer le choix d'une saisie déterminée (Cass. civ. 29-4-1912 : DP 1914.1.268).

59706 **Perte du droit de saisir un bien saisissable** En toute hypothèse, le créancier ne peut pas saisir les biens qui bénéficient d'une immunité d'exécution. Il ne peut pas non plus exercer des mesures d'exécution relativement à une créance éteinte : l'anéantissement du titre entraîne de plein droit celui des mesures d'exécution, y compris les décisions judiciaires intervenues à leur sujet (Cass. civ. 27-4-1988 : Bull. civ. II p. 50).

Toutefois, certains biens déterminés d'une personne physique ou morale peuvent échapper aux poursuites des créanciers si ces derniers ont renoncé, dans l'acte ayant donné naissance à leur créance, à exercer sur eux leur droit de gage général.

Sur l'insaisissabilité d'un bien inaliénable : n° 26642.

59709 **Désintéressement du créancier saisissant** Le créancier est payé soit par attribution de la créance objet de la saisie (nos 59800 s.), soit par distribution des deniers tirés de la vente du bien saisi.

La distribution est faite : si ce bien est un immeuble, conformément aux dispositions des articles L 331-1 s. et R 331-1 s. du Code des procédures civiles d'exécution relatifs à la saisie immobilière, dispositions qui ne sauraient être contournées ; s'il est un meuble, conformément aux dispositions des articles R 251-1 s. du même Code.

Il doit rembourser les sommes qu'il a recouvrées irrégulièrement sans titre exécutoire (Cass. com. 27-6-1995 : RJDA 12/95 n° 1417).

Sur l'absence de sursis à statuer sur les procédures de saisie pour action au pénal : n° 74318.

Les frais de l'exécution forcée sont à la charge du débiteur dans les conditions déterminées par l'article L 111-8 du Code des procédures civiles d'exécution.

Nullités des saisies Sauf dispositions contraires, les règles communes du Code de procédure civile, dont celles régissant la nullité des actes de procédure, sont applicables aux mesures d'exécution, à l'exception des articles 484 à 492-1 (C. exécution art. R 121-5) relatifs aux ordonnances de référé. **59711**

Ainsi, la nullité ne peut pas être prononcée sans texte (Cass. 2e civ. 30-4-2002 n° 99-17.111 : Bull. civ. II n° 86) ou sans grief (Cass. 3e civ. 30-9-2009 n° 08-15.203 : Bull. civ. n° III n° 208) ou si elle est tardivement demandée (Cass. 2e civ. 14-4-2005 n° 03-16.682 : Bull. civ. II n° 95).

Lorsqu'un acte de procédure est déclaré nul, il est non avenu et ses effets sont rétroactivement anéantis ; il en résulte, par exemple, qu'un commandement de payer annulé par un jugement ne saurait valoir mise en demeure (Cass. 2e civ. 20-10-2022 n° 21-17.566 F-D).

Spécialisations des saisies Le régime des saisies varie **selon la nature du bien saisi.** Les principales saisies sont : **59712**

- la saisie immobilière pour la saisie des immeubles (C. exécution art. L 311-1 s. et R 311-1 s.) ;
- la saisie-vente (l'ancienne saisie-exécution) pour les meubles corporels ;
- la saisie-attribution pour la saisie des créances (l'ancienne saisie-arrêt).

Ne sont ci-après développés que les régimes de la saisie-vente et de la saisie-attribution qui sont les principales saisies mises en œuvre dans la vie des affaires, la saisie immobilière mettant le plus souvent en cause des particuliers qui ont garanti des crédits hypothécaires.

Les procédures d'exécution comprennent d'autres saisies et mesures d'exécution forcée qui sont :

- la saisie des rémunérations (C. exécution art. L 212-1 ; C. trav. art. L 3252-1 à L 3252-13 et R 3252-1 à R 3252-49 ; Mémento Social nos 70940 s.) ;
- la saisie-appréhension et la saisie-revendication des meubles corporels à livrer ou à restituer (C. exécution art. L 222-1, L 222-2 et R 222-1 à R 222-25) ;
- les mesures d'exécution sur les véhicules terrestres à moteur (C. exécution art. L 223-1, L 223-2 et R 223-1 à R 223-13) ;
- la saisie des parts sociales et des valeurs mobilières (MSC nos 19000 s.) ;
- les mesures d'expulsion (C. exécution art. L 411-1 à L 451-1 et R 411-1 à R 411-3) ;
- la saisie des biens placés dans un coffre-fort (C. exécution art. R 224-1 à R 224-12 [saisie] et R 525-1 à R 525-5 [saisie conservatoire]).

Sur la saisie de droits de propriété industrielle : nos 32757 s., 32160, 32606 ; sur celle des droits d'auteur : n° 34726.

Notification des jugements préalablement aux poursuites en exécution forcée Les jugements ne peuvent être exécutés contre ceux auxquels ils sont opposés qu'après leur avoir été notifiés, à moins que l'exécution n'en soit volontaire (CPC art. 503). Cet avertissement est indispensable même si le débiteur était informé du jugement notamment parce qu'il l'avait lui-même déjà signifié (Cass. 2e civ. 4-6-2020 n° 18-18.385 F-D). **59713**

a. Saisie-vente

Définition La saisie-vente est une procédure par laquelle un créancier – le saisissant – muni d'un titre exécutoire place sous la main de la justice un ou plusieurs meubles corporels appartenant à son débiteur – le saisi – en sa possession ou détenus par un tiers, à l'effet de les faire vendre et de se payer sur leur prix. **59715**

La saisie-vente est réglementée par les articles L 221-1 s. et R 221-1 s. du Code des procédures civiles d'exécution.

Le créancier qui recourt à la saisie-vente doit prendre garde au risque :

- d'insaisissabilité du bien qu'il saisit (n° 59724) ;
- de revendication du bien saisi par un tiers (n° 59749) ;
- de détournement du bien saisi par le gardien (n° 59755).

CONDITIONS DE LA SAISIE-VENTE

59718 **Biens saisissables** Tous les meubles corporels saisissables, appartenant au débiteur (n° 59749), peuvent faire l'objet d'une saisie-vente dans les conditions suivantes.

59721 **1. Meubles corporels.** La saisie-vente s'applique exclusivement aux meubles corporels (C. exécution art. L 221-1, al. 1) : meubles meublants, stocks, titres au porteur.

Les immeubles par destination peuvent aussi être saisis-vendus indépendamment même de l'immeuble mais seulement pour le paiement de leur prix ou pour la réalisation du gage dont ils sont grevés (art. L 112-3).

2. Meubles saisis à titre conservatoire. Il est possible au créancier de saisir en vue de leur vente des biens meubles qui ont déjà fait l'objet d'une saisie antérieure à titre conservatoire (art. R 221-6).

3. Meubles dans les mains de tiers. Le créancier peut diligenter une saisie-vente sur un bien du débiteur détenu par un tiers (art. R 221-9).

59724 **4. Meubles insaisissables.** Ne peuvent être saisis notamment :

– les biens que le testateur ou le donateur déclarent insaisissables sauf si les créanciers dont le titre est postérieur à l'acte de donation ou à l'ouverture du legs obtiennent une autorisation judiciaire (C. exécution art. L 112-2, 4°) ;

– les biens nécessaires à la vie et au travail du débiteur saisi et de sa famille, si ce n'est pour le paiement de leur prix (art. L 112-2, 5° ; pour une énumération de la liste des objets nécessaires à la vie : art. R 112-2), ce qui exclut qu'une personne morale se prévale de cette insaisissabilité (TGI Lyon 14-6-1994 : Bull. inf. C. cass. 1994 n° 922) et que cette insaisissabilité soit appliquée aux parts sociales (Cass. 2e civ. 2-12-2010 n° 09-17.495 : RJDA 6/11 n° 544).

Encore faut-il que ces instruments de travail servent à l'exercice personnel de l'activité professionnelle du saisi ; ainsi est insaisissable une voiture de chauffeur de taxi (CA Lyon 16-10-1968 : D. 1969.549 note Prévault) ou encore l'ordinateur qu'un chômeur utilise pour la recherche d'un emploi (Cass. 2e civ. 28-6-2012 n° 11-15.055 : RJDA 12/12 n° 1104).

Mais sont saisissables car servant à l'activité de l'entreprise du saisi et non à l'exercice personnel de son activité :

– un matériel de classe d'un établissement scolaire privé, un matériel de cuisine, de plonge, un matériel de réfectoire, de couchage, des lits, des armoires, une télévision dès lors que ces instruments ne servaient pas à l'activité d'enseignant du saisi (CA Aix 19-12-1982 : JCP G 1984.II.20174 note Prévault) ;

– un mobilier, des machines de bureau, une camionnette, deux machines à polir, trois vibreuses, cinq bacs à gravier, un élévateur sur roues dès lors qu'ils ne servent pas à l'activité de direction, de gestion comptable et commerciale du dirigeant de la société (TI Melun 1-4-1980 : Rev. Huissiers 1980.437) ;

– la voiture utilisée par un artisan à l'occasion de son travail, mais non indispensable à l'exercice de son métier (T. civ. Vire 5-1-1956 : Rev. Huissiers 1956.240) ;

– l'outillage affecté à l'exploitation d'un fonds de commerce géré par une société, cet outillage ne pouvant être nécessaire au travail personnel du saisi (CA Versailles 30-4-1980 : Juris Data n° 80276 ; contra TGI Paris 28-3-1984 : GP 1984.som.368 : insaisissabilité de l'ordinateur central de gestion d'une société).

Cependant les biens nécessaires à la vie et au travail du saisi et de sa famille sont **saisissables** (C. exécution art. L 112-2, 5°) :

– s'ils se situent dans un **lieu autre** que celui où le saisi demeure ou travaille habituellement ;

– s'ils sont des **biens de valeur** ;

Le critère du bien de valeur résulte notamment de son importance, de sa matière, de sa rareté, de son ancienneté ou de son caractère luxueux. Il en est ainsi :

– d'une Citroën CX ou d'une Peugeot 504 diesel considérées comme des voitures de luxe non indispensables à la profession de VRP (CA Riom 26-3-1979 : D. 1979.426 note G.A. ; TI Fontainebleau 4-12-1978 : Rev. Huissiers 1979.134 obs. Lescaillon) ;

– d'un matériel de radiologie représentant plusieurs centaines de milliers de francs (CA Paris 10-8-1987 : D. 1987.603 note Prévault, transposables à des milliers d'euros).

– s'ils perdent leur caractère de **nécessité** en raison de leur nombre ou quantité ;

– s'ils constituent des éléments corporels d'un **fonds de commerce** ;

– si la saisie porte sur des biens nécessaires à la **vie et au travail** mais a pour objet le paiement de **sommes dues à** leur fabricant, à leur vendeur ou au prêteur de deniers en vue de leur achat, fabrication ou réparation (art. R 112-2 et R 112-3).

Par ailleurs, une procédure d'exécution à l'encontre d'un **entrepreneur individuel** ne peut porter que sur les biens du patrimoine sur lequel le créancier dispose d'un droit de gage général en vertu de l'article L 526-22 du Code de commerce (C. exécution art. L 161-1, al. 1). L'entrepreneur individuel qui a renoncé au bénéfice des dispositions de l'article L 526-22, al. 4 dans les conditions prévues à l'article L 526-25 peut, s'il établit que la valeur des biens qui constituent son patrimoine professionnel est suffisante pour garantir le paiement de la créance, demander au créancier que l'exécution soit en priorité poursuivie sur ces biens (C. exécution art. L 161-1, al. 2).

Sur les droits de poursuite des créanciers d'un entrepreneur individuel de droit commun et d'un entrepreneur individuel à responsabilité limitée : nos 2230 et 2335.

5. Récoltes sur pied. Peuvent être saisies, dans les six semaines qui précèdent l'époque habituelle de la maturité, les récoltes sur pied appartenant au débiteur, selon les modalités fixées par les articles R 221-57 à R 221-61 du Code des procédures civiles d'exécution. 59727

Créances monétaires pouvant donner lieu à saisie-vente La créance donnant lieu à saisie-vente doit résulter d'un **titre exécutoire,** être liquide, exigible (C. exécution art. L 221-1, al. 1). 59733

La créance est liquide lorsqu'elle est évaluée en argent ou lorsque le titre contient tous les éléments permettant son évaluation (art. L 111-6).

Ne répondent pas à ces exigences :
- la créance née d'une astreinte provisoire (Cass. civ. 18-2-1982 : J. Not. 1983.335) ;
- une créance constatée par un jugement frappé d'appel (CA Paris 16-5-1950 : GP 1950.2.som.7).

Mais la saisie-vente peut être exercée :
- après la liquidation de l'astreinte provisoire (T. civ. Lille 9-6-1952 : JCP G 1952.II.1980 obs. Madray) ;
- pour une créance d'une caisse de sécurité sociale en remboursement par l'employeur de la totalité des dépenses faites par la caisse à l'occasion d'un accident de travail déclaré tardivement (Cass. soc. 28-5-1964 : JCP G 1964.IV.99).

Saisissant Tous les créanciers, quels qu'ils soient, nantis ou non de sûretés (Cass. civ. 29-3-1886 : DP 1886.1.329), peuvent engager une procédure de saisie-vente à l'encontre d'un bien de leur débiteur pourvu qu'ils remplissent les conditions exposées au numéro précédent (C. exécution art. L 221-1, al. 1). 59736

Toutefois, il a été jugé qu'il y avait lieu de surseoir à la vente des meubles saisis par un créancier hypothécaire tant que le gage immobilier n'avait pas été réalisé, celui-ci ne pouvant poursuivre d'autres biens de son débiteur qu'après avoir discuté les immeubles grevés de son hypothèque (T. civ. Seine 22-10-1936 : DH 1937.14 ; contra TGI Perpignan 19-3-1992 : reconnaissant au créancier le droit de choisir les biens qu'il entend saisir).

PROCÉDURE DE SAISIE-VENTE

Créancier titulaire d'un titre exécutoire de paiement d'une créance monétaire La créance récupérable par une saisie-vente de meubles corporels doit résulter d'un **titre exécutoire,** constatant une créance liquide et exigible (C. exécution art. L 221-1, al. 1). 59740

Le créancier muni de ce titre peut, **après signification d'un commandement,** faire procéder à la saisie et à la vente des biens meubles corporels appartenant à son débiteur, qu'ils soient ou non détenus par ce dernier (C. exécution art. L 221-1, al. 1 ; C. exécution art. R 221-1, sur le contenu du commandement de payer).

Tout créancier remplissant les mêmes conditions peut se joindre aux opérations de saisie par voie d'opposition (C. exécution art. L 221-1, al. 2).

Lorsque la saisie porte sur des biens qui sont détenus par un tiers et dans les locaux d'habitation de ce dernier, elle est autorisée par le juge de l'exécution (C. exécution art. L 221-1, al. 3).

Autorisation de saisir Outre le cas de la saisie effectuée dans les locaux d'habitation, le créancier qui ne dispose pas d'un titre exécutoire (n° 59740) doit être autorisé à saisir par le juge de l'exécution, lorsque la saisie porte sur des **biens qui sont dans le local servant d'habitation** au débiteur, lorsque la créance inférieure à 535 € n'est pas alimentaire et lorsqu'elle ne peut pas être remplacée par la saisie d'un compte de dépôt ou des rémunérations du travail (art. L 221-2, R 221-2 et R 221-3). 59741

Sur les obligations de l'huissier (ou commissaire) de justice : C. exécution art. R 221-11.

Commandement à fin de saisie-vente Le créancier doit **signifier au débiteur** le titre exécutoire dont il se prévaut par un commandement à fin de saisie-vente (C. exécution art. L 221-1, al. 1 ; sur les modalités du commandement : C. exécution art. R 221-1 et R 221-4) ; ce commandement seul engage la procédure de saisie-vente (Cass. civ. 3-6-1999 : Bull. civ. II n° 110), effet que ne peut pas produire le simple commandement de payer (Cass. 2e civ. 22-6-2017 n° 16-17.277 F-PB). 59743

Le juge de l'exécution est compétent pour statuer sur la demande en restitution de la somme payée sur l'injonction du commandement prétendue indue, car si ce paiement n'est pas effectué en exécution d'un acte d'exécution forcée, il l'est à l'occasion de l'engagement d'une procédure d'exécution forcée, ce qui confère au juge de l'exécution compétence pour ordonner toute restitution des sommes versées à la suite de la délivrance de ce commandement (Cass. 2e civ. 27-2-2020 n° 18-25.382 F-PBI : RJDA 7/20 n° 388).

Pour les créances de l'État recouvrées par les comptables de la Direction générale des finances publiques et pour les créances des collectivités territoriales et des établissements publics locaux dotés d'un comptable public, un commandement doit aussi être notifié au débiteur (C. exécution art. R 221-7, I ; sur les mentions à faire figurer sur le commandement : art. R 221-7, II et III).

Dans les deux cas susvisés, si, dans le délai de deux ans qui suit le commandement, aucun acte de poursuite quel qu'il soit ou règlement partiel n'est intervenu, la saisie-vente ne peut être engagée que sur un nouveau commandement ; mais l'effet interruptif de prescription du commandement demeure (C. exécution art. R 221-5 et R 221-8).

59746 **Opérations de saisie** À l'expiration d'un **délai** de huit jours à compter de la signification du commandement de payer, l'huissier (ou commissaire) de justice peut poursuivre les opérations de saisie (C. exécution art. R 221-10).

Il dresse un procès-verbal de carence si aucun bien n'est susceptible d'être saisi ou n'a, manifestement, de valeur marchande (art. R 221-14).

S'il trouve des biens saisissables, il procède :

– lorsque les biens sont entre les mains du débiteur, conformément aux articles R 221-15 à R 221-20 du Code des procédures civiles d'exécution ;

– lorsque les biens sont entre les mains d'un tiers, conformément aux articles R 221-21 à R 221-29 du même Code.

Sauf lorsqu'il octroie des délais de grâce, le juge de l'exécution ne peut pas accorder la mainlevée de la saisie ou suspendre l'exécution de la décision de justice qui sert de fondement aux poursuites, alors que la créance invoquée par le débiteur sur le saisissant est aléatoire et qu'aucune compensation ne peut donc être valablement alléguée (TGI Lyon 18-5-1993 : GP 1994.som.356).

59747 **Compétence judiciaire** Les tribunaux de l'ordre judiciaire sont seuls compétents pour connaître des incidents d'une procédure de saisie, le créancier serait-il l'État (Cass. civ. 5-5-1976 : GP 1976.2.som.190 ; dans le même sens, T. adm. Lyon 14-5-1990 : JCP G 1991.IV.164).

CONTESTATIONS RELATIVES À LA SAISIE

59748 La contestation de la saisie-vente peut porter sur la propriété des biens saisis, leur saisissabilité ou un vice de forme ou de fond affectant la saisie. Elle doit être formée **dans le délai** d'un mois à compter de la signification de l'acte de saisie (C. exécution art. R 221-20, al. 2)

Lorsqu'elle porte sur la propriété des biens saisis et leur saisissabilité, elle ne fait pas obstacle à la saisie mais elle suspend la procédure pour les biens qui en sont l'objet (art. R 221-49).

En cas de vice de forme ou de fond, la demande en nullité ne suspend pas les opérations de saisie à moins que le juge en décide autrement (art. R 221-56).

59749 **Contestations relatives à la propriété des biens saisis** Le **débiteur** peut demander la nullité de la saisie portant sur un bien dont il n'est pas propriétaire (C. exécution art. R 221-50).

Le **tiers** qui se prétend propriétaire d'un bien saisi peut demander au juge de l'exécution d'en ordonner la **distraction** (art. R 221-51 ; pour une application à un vendeur impayé : nº 27159). Mais il ne peut agir en nullité de la saisie (CA Paris 4-3-1999 : GP 2000.som.883).

Cette action cesse d'être recevable après la vente des biens saisis ; seule peut alors être exercée l'action en revendication ; toutefois, le tiers reconnu propriétaire d'un bien déjà vendu peut, jusqu'à distribution des sommes produites par la vente, en distraire le prix non diminué des frais (art. R 221-52 ; Cass. 2e civ. 8-4-2004 nº 168 : RJDA 7/04 nº 897).

Le droit réel (droit de propriété, copropriété indivise, usufruit...) dont se prévaut le tiers peut être prouvé par tous moyens laissés à l'appréciation souveraine des juges du fond (Cass. civ. 30-9-1999 : Bull. civ. II nº 148) ; ainsi, un acte de location en meublé contenant l'inventaire du mobilier donné à bail constitue une preuve suffisante du droit de propriété du bailleur (Cass. civ. 20-12-1977 : GP 1978.1.som.175) ; il importe peu que l'inventaire sous seing privé n'ait pas date certaine, car les actes sous seing privé opposables au débiteur ont la même force probante à l'égard des créanciers chirographaires agissant en tant que tels qu'à l'égard du débiteur lui-même, le cas de fraude prouvée mis à part (Cass. civ. 10-2-1988 : GP 1988.pan.142).

Ne peut invoquer son droit de propriété l'épouse du débiteur saisi, lorsque les objets saisis proviennent d'un fonds commun exploité antérieurement par ce dernier et qu'aucune liquidation de la communauté n'a eu lieu à la suite de la séparation des biens entre les époux (CA Lyon 15-4-1975 : Quot. jur. 4-12-1975).

Sur la force probante des présomptions de propriété énoncées au contrat de mariage (C. civ. art. 1538), voir : TGI Nanterre 26-4-1982 : Rev. Huissiers 1983.360 note J.-J.H., les rejetant ; CA Paris 25-1-1955 : GP 1955.1.324, les admettant ; CA Versailles 12-12-1988 : D. 1989.601 note Prévault, les retenant partiellement.

Le tiers ne peut pas opposer au saisissant la possession du bien saisi faisant présumer sa propriété si sa possession est équivoque (Cass. civ. 29-1-1986 n° 83-16.232 : Bull. civ. II n° 3) ou s'il n'est pas un possesseur de bonne foi (Cass. civ. 18-2-1976 : Bull. civ. II n° 61).

L'acquéreur des biens meubles saisis ne peut pas davantage invoquer son droit de propriété dès lors qu'il n'a pas demandé leur délivrance pendant plus de dix ans et les a laissés à la disposition de leur ancien propriétaire (CA Paris 18-12-1981 : GP 1982.som.105).

Le **demandeur** peut être condamné à **dommages-intérêts** s'il a exercé fautivement la procédure en distraction, par exemple au mépris des prescriptions légales, bloquant ainsi la saisie irrégulièrement pendant un temps prolongé (TGI Paris 6-7-1976 : GP 1977.1.196).

Contestations relatives à la saisissabilité des biens compris dans la saisie 59750
Les contestations sur la saisissabilité des biens compris dans la saisie sont **portées devant** le juge de l'exécution par le débiteur ou par l'huissier (ou commissaire) de justice ; le débiteur doit agir dans le délai d'un mois à compter de la signification de l'acte de saisie (C. exécution art. R 221-53) ; à défaut, il est irrecevable (Cass. 2e civ. 24-6-2004 : Bull. civ. II n° 322).

Contestations relatives à un vice de forme ou de fond de la saisie Le **débiteur** – et lui seul (Cass. civ. 10-11-1998 : Bull. civ. II n° 270) – peut demander la nullité de la saisie pour un vice de forme ou de fond autre que l'insaisissabilité des biens compris dans la saisie jusqu'à la vente des biens saisis, dans les conditions des articles R 221-54 à R 221-56 du Code des procédures civiles d'exécution. 59751

INDISPONIBILITÉ DU BIEN SAISI

Les biens saisis sont indisponibles (C. exécution art. L 141-2, al. 1), sans qu'il en résulte un privilège au profit du créancier saisissant (Cass. crim. 10-7-1984 : D. 1985.IR.102). Néanmoins, le débiteur en conserve l'usage, à l'exception des biens consomptibles (art. R 221-19, al. 1) ; il ne peut donc pas en disposer et, par exemple, en faire l'objet d'une promesse de vente, serait-elle subordonnée à la levée de la saisie (cf. CA Aix 6-12-2012 n° 2012/736 : RTD civ. 2013. obs. Barbier). 59755

Le juge peut, toutefois, ordonner à tout moment la remise d'un ou de plusieurs objets à un séquestre et, si parmi les biens saisis se trouve un véhicule terrestre à moteur, celui-ci peut être immobilisé jusqu'à son enlèvement en vue de la vente (C. exécution art. R 221-19, al. 2 et 3).

Le débiteur saisi ou le tiers détenteur du bien saisi est réputé **gardien** des objets saisis ; s'il s'en dessaisit, il encourt une peine d'emprisonnement de trois ans et d'amende de 375 000 € (C. pén. art. 314-6).

Le délit est commis lorsque le saisi a autorisé le commerçant qui lui avait vendu le mobilier, objet de la saisie, à le reprendre, en s'abstenant volontairement de lui faire connaître l'existence d'une saisie (Cass. crim. 10-10-1973 : GP 1974.1.8) et lorsque les biens saisis sont déplacés en vertu d'un acte ayant présenté tous les caractères d'un acte régulier tant qu'une décision n'a pas prononcé la nullité ou la mainlevée de la saisie (Cass. crim. 6-5-1998 : Bull. crim. n° 156).

Si une cause légitime rend leur déplacement nécessaire, le gardien est tenu d'en informer préalablement le créancier ; il lui indique le lieu où ils seront placés (C. exécution art. R 221-13, al. 2).

Cette sanction ne peut frapper **que le saisi** et ne saurait être appliquée par exemple au préposé d'une société qui n'a reçu copie du procès-verbal de saisie qu'en qualité de représentant de ladite société dont il n'était ni le gérant ni l'administrateur (Cass. crim. 10-10-1974 : GP 1975.1.som.97).

Le débiteur saisi conserve les risques de **perte** de la chose saisie (CA Poitiers 25-10-1965 : JCP G 1966.II.14507). Lorsque le bien saisi est retiré des mains du débiteur, le saisissant est tenu de veiller à sa conservation (Cass. civ. 13-12-1993 : Bull. civ. II p. 206, à propos d'un navire mais transposable à tout autre bien).

VENTE DU BIEN SAISI

Vente amiable Le débiteur dispose d'un délai d'un mois à compter de la notification de l'acte de saisie pour procéder lui-même à la vente des biens saisis dans les termes des articles L 221-3 et R 221-30 à R 221-32 du Code des procédures civiles d'exécution. 59760

Opposition sur le prix de vente par d'autres créanciers Les autres créanciers du saisi qui détiennent une créance justifiant la saisie (n° 59733) peuvent se joindre aux opérations de saisie par voie d'opposition (C. exécution art. L 221-1, al. 2). 59763

Mais aucune opposition ne peut être reçue après la vérification des biens (art. L 221-5 et R 221-41, al. 2), visée à l'article R 221-36 du Code des procédures civiles d'exécution.

Le régime de l'opposition est fixé par les articles R 221-42 à R 221-48 de ce Code.

59766 **Vente aux enchères** La vente forcée des biens saisis a lieu aux enchères publiques après un délai d'un mois à compter du jour de la saisie (C. exécution art. L 221-3, al. 1). Cette règle est d'ordre public, le juge devant la relever d'office (TGI Nancy 29-1-1993 : Bull. inf. C. cass. 1993 n° 1053).

Cette vente est régie par les articles L 221-3, L 221-4, L 142-1 et R 221-33 à R 221-39 du Code des procédures civiles d'exécution.

59769 **Distribution des deniers** La distribution des deniers provenant de la vente des biens saisis est régie par les dispositions des articles R 251-1 s. du Code des procédures civiles d'exécution.

CAS PARTICULIER : SAISIE-EXÉCUTION D'UN NAVIRE

59770 La saisie-exécution de navire est réglementée par les articles L 5114-23 s. et R 5114-20 s. du Code des transports, complétés par les règles applicables en matière de saisie-vente immobilière (CA Aix 9-4-1998 : DMF 1999.525 note Tassel). Elle a pour objet la vente publique du navire afin de désintéresser un ou plusieurs créanciers et suppose que ceux-ci, munis d'un titre exécutoire (TGI La Rochelle 10-11-1993 : DMF 1996.285 obs. Gautier), aient signifié un commandement de payer au débiteur (C. transports art. L 5114-23). Elle est souvent le prolongement d'une saisie conservatoire (n°s 59135 s.) quand le débiteur n'a pas été à même de fournir une garantie pour obtenir mainlevée.

La saisie-exécution peut être pratiquée sur tout navire sauf si celui-ci est un instrument de travail nécessaire à l'exercice personnel de l'activité professionnelle ; un bateau de pêche, instrument de travail indispensable, est donc insaisissable (CA Montpellier 19-10-1978 : DMF 1979.336 note Marchand).

b. Saisie-attribution

59800 **Définition** La saisie-attribution est la procédure par laquelle un créancier muni d'un titre exécutoire constatant une créance liquide et exigible peut, pour en obtenir le paiement, saisir entre les mains d'un tiers les créances de son débiteur portant sur une somme d'argent (C. exécution art. L 211-1).

La saisie-attribution de droit commun est régie par les articles L 211-1 à L 211-5, R 211-1 à R 211-23 et R 162-1 du Code des procédures civiles d'exécution.

La saisie-attribution est surtout réalisée entre les mains des banquiers, sur les soldes créditeurs des comptes bancaires de leurs clients.

Avertissement. La saisie-attribution remplace, depuis le 1er janvier 1993, la **saisie-arrêt.** Certaines décisions rendues par les tribunaux à propos de la saisie-arrêt lui sont encore transposables. Elles sont, par conséquent, maintenues dans les développements qui suivent avec la désignation « saisie-arrêt » qui était en vigueur au jour où elles ont été prononcées.

CONDITIONS DE LA SAISIE-ATTRIBUTION

59803 **Créance justifiant la saisie ou cause de la saisie** Tout créancier peut procéder à une saisie-attribution (C. exécution art. L 211-1).

Le créancier du créancier apte à saisir-arrêter peut agir en ses lieu et place par l'action oblique, à la condition de mettre en cause ledit créancier, qui est son débiteur négligent (Cass. civ. 27-5-1970 : JCP G 1971.II.16675 note Poulain, transposable à la saisie-attribution sous réserve de signifier l'exploit de saisie-attribution au créancier négligent ; dans le même sens, Cass. civ. 25-9-1940 et 21-6-1942 : DC 1943.133 note Carbonnier).

La créance invoquée à l'appui de la saisie doit répondre aux conditions suivantes.

Aucune autre condition que celle exigeant un titre exécutoire n'est requise, notamment pas celle de péril dans le recouvrement de la créance (Cass. civ. 14-12-1983 : Bull. civ. II p. 142).

1. Elle doit être fondée sur un **titre exécutoire** constatant une créance liquide et exigible (C. exécution art. L 211-1) – ou dont le montant est déterminable (CA Paris 9-9-1999 : GP.2000.som.1195) – et comportant une condamnation formelle au paiement (Cass. civ. 21-3-2002 : Bull. civ. II n° 56). Ce titre n'est valable que pour les sommes qui y sont visées (TGI Riom 13-5-1993 : D. 1994.som.339 obs. Julien) et ne peut être invoqué à l'appui d'une mesure d'exécution forcée que si le jugement l'établissant a été signifié au débiteur, sauf son exécution volontaire (cf. Cass. 2e civ. 9-9-2010 n° 09-13.525 : Bull. civ. II n° 152), et sur présentation d'une expédition revêtue de la formule exécutoire, à moins que la loi n'en dispose autrement (Cass. 2e civ. 27-5-2021 n° 17-11.220 F-P : JCP G 2021.862 note Herman : décision du bâtonnier en matière d'honoraires devant être rendue exécutoire par une ordonnance du président du TJ). Sous ces conditions, ne commet pas de faute celui qui le fait exécuter (Cass. 1re civ. 1-2-2005 n° 03-10.018 F-PB : RJDA 6/05 n° 686).

Le créancier qui ne dispose pas de titre exécutoire ne peut solliciter qu'une saisie conservatoire (TGI Bastia 1-4-1993 : D. 1994.som.339 obs. Julien).

Seuls constituent des titres exécutoires (C. exécution art. L 111-3) : **59803** (suite)

– les **décisions des juridictions** de l'ordre judiciaire ou de l'ordre administratif lorsqu'elles ont force exécutoire (notamment l'ordonnance portant injonction de payer : n° 59518 et l'ordonnance de référé-provision : n° 59418), à condition d'avoir été notifiées au débiteur, à moins que l'exécution n'en soit volontaire, et d'être revêtues, en application de l'article 502 du Code de procédure civile, de la formule exécutoire, à moins que la loi n'en dispose autrement (Cass 2e civ. 5-10-2023 n° 20-23.523 FS-B) ainsi que les accords issus de médiations auxquels ces juridictions ont conféré force exécutoire ;

L'homologation a pu être donnée aux accords de médiation répondant aux conditions requises (n° 70020) conclus entre le 21 mai 2011 et le 18 novembre 2011 (Ord. 2011-1540 du 16-1-2011 art. 5).

Sur la prescription des actions tendant à faire exécuter les décisions de justice : n° 71740.

Une contrainte, bien que comportant les effets d'un jugement, ne constitue cependant pas l'un des titres exécutoires mentionnés aux 1° à 3° de l'article L 111-3 précité (Cass. 2e civ. 17-3-2016 n° 14-21.747 FP-PB ; Cass. 2e civ. 17-3-2016 n° 14-22.575 FP-PB ; Cass. com. 31-5-2016 n° 14-20.075 : RJDA 8-9/16 n° 631 ; Cass. 2e civ. 6-12-2018 n° 17-24.335 F-D).

– les **actes et les jugements étrangers** ainsi que les **sentences arbitrales** déclarés exécutoires par une décision non susceptible d'un recours suspensif d'exécution, sans préjudice des dispositions du droit de l'UE applicables ;

Sur l'exécution des décisions étrangères : nos 72415 s. et 72481 ; sur l'exécution des sentences arbitrales : nos 71245 s. et 71303 s.

– les **décisions rendues par la juridiction unifiée du brevet** ;

– les **extraits de procès-verbaux de conciliation** signés par le juge et par les parties ;

– les **actes notariés revêtus de la formule exécutoire** ; l'acte même établi par un notaire ne vaut titre exécutoire que s'il comporte cette formule (Cass. 2e civ. 28-6-2006 n° 04-17.514 : Bull. civ. II n° 178) ; un acte sous signature privée ne constitue en principe pas un titre exécutoire (Cass. 1e civ. 20-4-2022 n° 19-25.162 F-B), mais le notaire qui reçoit l'acte en dépôt peut lui conférer la formule exécutoire ; ainsi la copie exécutoire d'un acte sous signature privée constatant une transaction a été admise comme fondement d'une saisie-attribution contestée, dès lors que cet acte sous signature privée avait été déposé au rang des minutes du notaire pour que la transaction acquière tous les effets d'un acte authentique et pour qu'il en soit délivré copie exécutoire et que le dépôt avait été rendu en la forme authentique (Cass. 2e civ. 21-10-2010 n° 09-12.378 F-PB : RJDA 5/11 n° 463) ;

Le créancier qui dispose d'un acte notarié, constituant un titre exécutoire, ne perd pas son intérêt à agir pour faire condamner son débiteur en paiement de la créance constatée dans cet acte ; en effet, bien que constituant un titre exécutoire, l'acte notarié ne revêt pas les attributs d'un jugement et aucune disposition légale ne fait obstacle à ce qu'un créancier dispose de deux titres exécutoires pour la même créance (Cass. 2e civ. 18-2-2016 n° 15-13.991 : JCP G 2016 n° 20/21-584 note Cayrol ; Cass. 1e civ. 1-3-2017 n° 15-28.012 F-PB : Bull. civ. I n° 52).

– les **accords par lesquels les époux consentent mutuellement à leur divorce** ou à leur séparation de corps par acte sous signature privée contresigné par avocats, déposés au rang des minutes d'un notaire selon les modalités prévues à l'article 229-1 du Code civil ;

– le **titre délivré par l'huissier** (ou commissaire) de justice en cas de non-paiement d'un chèque (sur le protêt des chèques : nos 52550 s.) ou en cas d'accord entre le créancier et le débiteur en exécution de la procédure de recouvrement des petites créances (n° 59016) ;

– les **titres délivrés par les personnes morales de droit public qualifiés** comme tels par la loi, ou les décisions auxquelles la loi attache les effets d'un jugement ;

– les **transactions et les actes constatant un accord** issu d'une médiation, d'une conciliation ou d'une procédure participative, lorsqu'ils sont contresignés par les avocats de chacune des parties et revêtus de la formule exécutoire par le greffe de la juridiction compétente.

Les décisions, actes authentiques et transactions qui portent sur des créances incontestées peuvent être certifiés en tant que **titres exécutoires européens** dans l'État membre d'origine (Régl. CE 805-2004 du 21-4-2004 portant création d'un titre exécutoire européen pour les créances incontestées) ; ils sont alors reconnus et exécutés dans les autres États membres, sans qu'une déclaration constatant la force exécutoire soit nécessaire et sans qu'il soit possible de contester leur reconnaissance (Régl. CE 805-2004 du 21-4-2004 ; pour des applications : Cass. 2e civ. 22-2-2012 n° 10-28.379 : D. 2012.1464 note Maurin ; CA Lyon 14-10-2010 n° 09/04873 : JCP E 2010.2066 note Nourissat).

2. La créance doit être **liquide et exigible** (C. exécution art. L 211-1 ; sur la mainlevée d'une saisie-attribution sur une créance à terme : TGI Quimper 17-2-1994 : D. 1994.som.341 obs. Julien).

Sur la liquidité de la créance, n° 50300 ; sur l'exigibilité de la créance, n° 50500.

3. La **créance** saisie doit être celle **du débiteur** et non celle du débiteur de ce dernier (Cass. 2e civ. 4-11-2021 n° 20-15.486 F-D).

59806 **Créances saisissables** Sous réserve des règles propres à la saisie des rémunérations (C. exécution art. L 211-1), la saisie-attribution peut être pratiquée sur les créances suivantes.

59809 **1. Créances de sommes d'argent.** La créance doit porter sur une somme d'argent (C. exécution art. L 211-1). Il en est ainsi :

– des créances sur les personnes privées, notamment sur les sociétés d'économie mixte (CA Versailles 2-6-1986 : D. 1987.86 note Prévault) ;

– des créances de toute nature, telles que dommages-intérêts (Cass. ass. plén. 15-4-1983 : D. 1983.461 concl. Dontenville note Derrida), sommes figurant sur un plan d'épargne logement (Cass. civ. 29-5-1991 : Bull. civ. II p. 91) ou prêt définitivement accordé par une banque même si son déblocage n'est que progressif (CA Colmar 2-6-1995 : JCP G 1996.IV.2275) ;

– des créances conditionnelles ou à terme (C. exécution art. L 112-1, al. 2), mais non des créances éventuelles (Cass. civ. 11-5-2000 : RJDA 9-10/00 n° 910).

Mais n'est pas une créance de somme d'argent celle résultant d'une convention de découvert car elle n'a pas pour effet de rendre la banque débitrice des fonds qu'elle s'est engagée à fournir (CA Paris 16-11-1983 : D. 1985.IR.339 obs. Vasseur ; TGI Caen 21-6-1994 : GP 1994.som.604 ; toutefois : Cass. crim. 29-5-1984 : Bull. crim. n° 194 ; CA Montpellier 13-2-1995 : RD bancaire 1995.105 obs. Crédot et Gérard).

59812 **2. Créances disponibles.** La créance doit être disponible entre les mains du tiers (C. exécution art. L 211-2, al. 1).

Tel est le cas :

– d'une somme qui a reçu une affectation spéciale (Cass. 2e civ. 31-5-2001 n° 99-19.104 : RD banc. 2001.292 n° 194 obs. Delleci) ;

– de l'indemnité allouée aux artisans âgés qui, n'ayant pas un caractère alimentaire établi, constitue une aide incessible mais non pas insaisissable (CA Aix-en-Provence 1-3-2002 : RD banc. 2002.266 n° 193 obs. Delleci) ;

– de la somme inscrite au crédit d'un compte bancaire et nantie (CA Versailles 14-1-2021 n° 19/08059 : RTD civ. 2021.938 obs. Cayrol).

En revanche, tel n'est pas le cas :

– des créances déclarées insaisissables par la loi, par exemple : la prime de départ versée aux agriculteurs, (Loi 94-114 du 10-2-1994 art. 35) ; les créances alimentaires (C. exécution art. L 112-2, 3°), dont les redevances pour droits d'auteur : (n° 34700) ; le revenu de solidarité active en cas de saisie du compte bancaire du bénéficiaire (Loi 2009-526 du 12-5-2009 art. 20) ; la somme de caractère alimentaire d'un montant égal, pour un allocataire seul, au revenu de solidarité active mais seulement si la saisie porte sur les comptes afférents au patrimoine non affecté (C. exécution art. L 162-2) ;

– des créances rendues indisponibles par la loi, telles que la créance d'un créancier successoral qui a déclaré sa créance au passif d'une succession acceptée à concurrence de l'actif net (n° 50070) ainsi que de celle d'un créancier du vendeur d'un fonds de commerce en présence d'une opposition au versement du prix de vente au vendeur (CA Lyon 1-10-2015 n° 14/03351 : GP 2016.8-3 p. 79, GP 2015.som. note O. Salati ; n° 2885) ;

– des deniers dus à une personne publique par un particulier car ils sont des deniers publics, sans distinction d'origine entre domaine public et domaine privé (Cass. civ. 16-11-1965 : Bull. civ. II p. 734, refusant au créancier d'une commune de saisir-arrêter les loyers dus à la commune par un locataire de celle-ci) ;

– des sommes figurant sur un compte bancaire au nom du saisi mais affectées à un emploi déterminé (Cass. 2e civ. 9-4-2015 n° 12-22.467 : D. 2015.1285.som. obs. Leborgne).

La saisie pratiquée sur une créance indisponible ne produit pas son effet attributif (Cass. 2e civ. 2-12-2021 n° 19-24.999 F-B).

Sur la disponibilité d'une somme objet d'un virement ou séquestrée : n° 59046.

59815 **Comptes bancaires** Lorsque la saisie est pratiquée sur les sommes **détenues en compte** par une **banque,** les règles suivantes sont applicables.

La saisie n'est susceptible de produire effet que si elle porte sur un compte dont le saisi a la disposition, ce qui n'est pas le cas d'un compte ouvert à son nom mais qui est affecté au paiement de créances déterminées (pour un exemple, Cass. 2e civ. 9-4-2015 n° 12-22.467 : D. 2015.1285.som. obs. Leborgne).

Sur la procédure d'ordonnance européenne de saisie-conservatoire des comptes bancaires (« OESC »), règlement 655/2014 du 15 mai 2014.

1. La saisie porte sur le **solde disponible** du ou des comptes du débiteur au jour où elle a lieu, c'est-à-dire au jour de l'acte extrajudiciaire signifié à la banque (n° 59828), sous réserve du solde insaisissable (infra d), que la banque est tenue de déclarer (C. exécution art. L 162-1, al. 1), sous-entendu à l'huissier (ou commissaire) de justice instrumentant.

Mais le montant de ce solde peut être affecté par des **opérations subséquentes** dans les conditions suivantes.

Les opérations pouvant affecter le compte sont limitativement énumérées, ce qui exclut les virements qui n'y figurent pas (Cass. 2e civ. 24-3-2022 n° 20-12.241 F-B : RJDA 7/22 n° 434).

a. Les opérations de débit et de crédit ne sont prises en compte que dans la mesure où leur **résultat cumulé** est négatif et supérieur aux sommes non frappées par la saisie au jour de leur règlement (art. L 162-1, al. 8). **59815** (suite)

En cas de diminution, de la sorte, des sommes rendues indisponibles par la saisie de comptes bancaires, l'établissement bancaire doit fournir un relevé de toutes les opérations qui ont affecté les comptes depuis le jour de la saisie inclusivement (C. exécution art. R 162-1) ; le seul manquement à cette obligation ne peut donner lieu qu'au paiement, s'il y a lieu, de dommages-intérêts et non au paiement des causes de la saisie dans la limite du montant disponible au jour de la saisie (C. mon. fin. art. L 131-37 ; Cass. 2e civ. 7-4-2016 no 15-11.436 : RJDA 7/16 no 566).

b. Dans le **délai de quinze jours** ouvrables qui suit l'acte de saisie et pendant lequel les sommes laissées au compte sont indisponibles, le solde du compte peut être modifié à l'avantage ou au préjudice du saisissant par les opérations suivantes dès lors qu'il est prouvé que leur date est antérieure à la saisie (art. L 162-1, al. 2) :

– **au crédit** : les remises faites antérieurement, en vue de leur encaissement, de chèques ou d'effets de commerce, non encore portées au compte (art. L 162-1, al. 3) ; ces remises sont celles faites à la banque et non au bénéficiaire des chèques ou effets de commerce (Cass. 2e civ. 13-2-2003 no 151 : RJDA 7/03 no 774) ;

– **au débit** : d'une part, l'imputation des chèques remis à l'encaissement ou portés au crédit du compte antérieurement à la saisie et revenus impayés (art. L 162-1, al. 4 et 5) ; d'autre part, les retraits par billetterie effectués antérieurement à la saisie et les paiements par carte, dès lors que leurs bénéficiaires ont été effectivement crédités antérieurement à la saisie (art. L 162-1, al. 4 et 6).

Si le chèque présenté à l'encaissement avant la saisie est d'un montant supérieur à la provision, le bénéficiaire a droit à son paiement jusqu'à concurrence de la provision (C. mon. fin. art. L 131-37 ; Cass. 2e civ. 7-4-2016, précité).

c. Les **effets de commerce** remis à l'escompte et non payés à leur présentation ou à leur échéance lorsqu'elle est postérieure à la saisie peuvent être contre-passés dans le **délai d'un mois** qui suit l'acte de saisie (C. exécution art. L 162-1, al. 7) ; sur la contre-passation : nos 41221 s.

d. Lorsqu'un compte est crédité du montant d'une créance **insaisissable** en tout ou en partie, l'insaisissabilité se reporte à due concurrence sur le solde du compte (C. exécution art. R 112-5, al. 1 ; pour un exemple de saisissabilité partielle, Cass. 2e civ. 7-6-2012 no 11-19.622 : Bull. civ. II no 103) et non sur la dernière échéance (Cass. civ. 11-5-2000 : RJDA 9-10/00 no 911) ; lorsque les sommes insaisissables versées sur le compte proviennent de créances à échéance périodique, l'insaisissabilité porte sur toutes les sommes insaisissables comprises dans le solde créditeur du compte, même si elles figurent sur un livret d'épargne (Cass. 2e civ. 12-7-2007 no 05-20.911 : RJDA 11/07 no 1146), mais seulement à due concurrence des sommes insaisissables au cas où des sommes saisissables auraient aussi été versées au compte (Cass. 2e civ. 14-10-2004 no 1593 : Bull. civ. II no 461).

Le tiers saisi laisse à la disposition du débiteur personne physique, sans qu'aucune demande soit nécessaire et dans la limite du solde créditeur au jour de la saisie, une somme à caractère alimentaire d'un montant égal au montant forfaitaire, pour un allocataire seul, mentionné à l'article L 262-2 du Code de l'action sociale et des familles, dans les conditions indiquées aux articles R 162-2 s. du Code des procédures civiles d'exécution.

2. Si le débiteur est titulaire de **comptes différents,** le paiement est effectué en prélevant, en priorité, les fonds disponibles à vue, à moins que le débiteur ne prescrive le paiement d'une autre manière (C. exécution art. R 211-23).

Concernant l'effet de la saisie sur les comptes du débiteur ouverts dans les succursales étrangères : no 59828.

3. En cas de **compte joint,** l'effet attributif de la saisie pratiquée envers un seul des cotitulaires du compte s'étend, sous réserve des règles propres aux régimes matrimoniaux, à la totalité du solde créditeur sauf pour le débiteur saisi ou le cotitulaire du compte, avisé de la saisie dans les conditions prévues au no 59831, à établir que ce solde est constitué de fonds provenant du cotitulaire, en vue de les exclure de l'assiette de la saisie (Cass. 2e civ. 21-3-2019 no 18-10.408 F-PB : preuve non rapportée). Toutefois, dans le cas où est poursuivie l'exécution d'un cautionnement ou d'un emprunt contracté par un époux sans le consentement exprès de son conjoint, chacun des époux ne pouvant alors engager par ces actes que ses biens propres et ses revenus, la mainlevée de la saisie du compte joint aux noms d'époux communs en biens doit être ordonnée, faute pour le saisissant d'avoir identifié les revenus de l'époux débiteur (Cass. civ. 3-4-2001 : JCP G 2002.II.10080 note Bourdaire).

4. L'**huissier** (ou commissaire) de justice chargé de l'exécution, porteur d'un titre exécutoire, peut obtenir et user des informations sur la situation du débiteur dans les conditions des articles L 152-1 s. du Code des procédures civiles d'exécution.

L'huissier est tenu au secret professionnel, y compris à l'égard de la personne qui l'a requis, quant aux renseignements qu'il peut obtenir auprès de l'administration fiscale relatifs aux comptes bancaires d'un débiteur (Cass. 1e civ. 22-3-2012 n° 10-25.811 : Bull. civ. I n° 65).

59818 **Conditions relatives au tiers saisi** La saisie-attribution ne peut être pratiquée que dans les mains d'une personne qui a la qualité de tiers à l'égard duquel le saisi détient des créances (C. exécution art. L 211-1).

1. Qualité de tiers. Le tiers saisi est celui qui est tenu d'une obligation portant sur une somme d'argent (Cass. 2e civ. 21-10-2004 n° 1712 : RJDA 4/05 n° 451) ; tel est le cas, par exemple, d'un banquier (CA Bordeaux 29-11-1948 : D. 1949.122 ; TGI La Rochelle 30-1-1968 : JCP G 1968.IV.125), d'un transporteur (Cass. civ. 17-4-1889 : DP 1889.1.408), d'un officier ministériel (Cass. civ. 16-2-1978 : JCP G 1979.II.19055 ; Cass. 2e civ. 7-6-2006 : JCP N 2006.1363 note J.-P. Garçon), d'un avocat (TGI Aix réf. 8-3-1983 : Bull. inf. C. cass. 1983 n° 461), du séquestre (Cass. 2e civ. 17-3-2016 n° 14-16.985 : RJDA 6/16 n° 477).

Dès lors que la créance porte sur une somme d'argent, elle peut être saisie dans les mains d'un débiteur personne privée, par exemple dans celles d'une société d'économie mixte (CA Versailles 2-6-1986 : D. 1987.86 note Prévault).

N'est pas tiers saisi le gestionnaire des intérêts du débiteur qui ne disposait de la signature sur le compte en banque, ouvert au nom de celui-ci, que pour permettre l'exécution de décisions qui ne lui appartenaient pas et qui n'était pas détenteur des fonds pour l'exécution de son contrat de gestion (Cass. 2e civ. 13-11-2014 n° 13-25.167 : RJDA 5/15 n° 381).

2. Qualité de débiteur. N'a pas cette qualité un loueur tels le banquier qui loue à son client saisi un coffre (Cass. civ. 21-5-1957 : JCP G 1957.IV.97), le garagiste qui met un emplacement à disposition (CA Paris 9-7-1952 : JCP G 1952.II.7137 note Joly), une association tutélaire qui ne détient des fonds du débiteur qu'en sa qualité de tuteur gestionnaire des sommes appartenant à ce dernier (CA Rouen 25-2-2003 n° 01/04217 : RD bancaire 2004.32 obs. Delleci).

Le tiers est valablement saisi pour les sommes qu'il doit à son créancier ; par exemple, la saisie des loyers dus par un locataire au bailleur, débiteur saisi, toutes taxes comprises, porte sur le montant des loyers TVA incluse, dès lors que le locataire n'est pas subrogé dans les obligations du bailleur envers le Trésor public (Cass. 2e civ. 4-4-2002 n° 360 : RJDA 8-9/02 n° 937).

3. Obligation de renseignement. Le tiers saisi doit déclarer à l'huissier (ou commissaire) de justice qui procède à la saisie, **sur-le-champ,** l'étendue de ses obligations à l'égard du débiteur ainsi que les modalités qui pourraient les affecter et, s'il y a lieu, les cessions de créances, délégations, nantissements ou saisies antérieures, ainsi que les pièces justificatives ; si l'acte de saisie est signifié par voie électronique, le tiers saisi est tenu de communiquer à l'huissier de justice, par la même voie, les renseignements et pièces justificatives au plus tard le premier jour ouvré suivant la signification, par voie électronique, sous réserve des dispositions prévues à l'article 748-7 du Code de procédure civile (C. exécution art. L 211-3 et R 211-4, al. 4). Le tiers saisi a manqué à cette obligation dès lors qu'il n'a pas répondu, sauf motif légitime, immédiatement au créancier saisissant (Cass. civ. 5-7-2001 : RJDA 12/01 n° 1257).

Il ne peut pas invoquer le **secret professionnel** (pour les banquiers : Cass. civ. 1-7-1999 : RJDA 1/00 n° 86 ; pour les notaires : Cass. civ. 10-11-1959 : D. 1960.755 ; pour les avocats : TGI Aix 8-3-1983 : JCP G 1984.II.20146 note Prévault) ni la protection de la vie privée (cf. TGI Paris réf. 19-12-1988 : JCP G 1989.IV.155 : à propos d'une injonction de payer mais transposable).

En cas de refus du tiers saisi, l'huissier peut faire ordonner en référé sa condamnation sous astreinte à lui communiquer les renseignements demandés (TGI Paris réf. 25-3-1982 : Rev. Huissiers 1982.743 note Faget : prononçant une astreinte de 1 000 F par heure de retard).

Jugé que le tiers saisi, en l'espèce une banque, doit aussi déclarer ses créances contre le débiteur (CA Paris 19-5-1994 : D. 1994.IR.182).

En présence d'une convention d'unité ou de fusion de divers comptes ouverts au nom du débiteur saisi, le tiers saisi est seulement tenu d'indiquer au saisissant le solde unique et non le solde de chacun des comptes (Cass. civ. 5-7-2000 : RJDA 11/00 n° 1042).

Il est fait mention de cette déclaration dans l'acte de saisie (C. exécution art. R 211-4, al. 2).

Le tiers saisi qui, **sans motif légitime,** ne fournit pas les renseignements prévus peut être condamné, à la demande du créancier, à payer les sommes dues à ce dernier, sans préjudice de son recours contre le débiteur (art. R 211-5, al. 1 ; pour des applications : Cass. civ. 2-4-1997 : Bull. civ. II n° 107 ; Cass. 2e civ. 12-5-2016 n° 15-13.833 : RJDA 11/16 n° 817 ; CA Caen 21-2-1995 : GP 1995.449 note du Rusquec) ; il en est dispensé si la saisie devient caduque ou est annulée en raison de la rétroactivité de ces mesures (Cass. 2e civ. 3-5-2001 : RJDA 11/01 n° 1147) ou s'il n'est tenu, au jour de la saisie, à aucune obligation envers le débiteur (Cass. 3e civ. 6-12-2006 : Bull. civ. III n° 246).

La prescription de l'action se prescrit par cinq ans car elle ne tend pas à l'exécution d'un titre exécutoire (n° 71740).

Il ne peut être condamné qu'à des dommages-intérêts en cas de **négligence** fautive ou de déclaration inexacte ou mensongère (C. exécution art. R 211-5, al. 2), pourvu que soit établi un lien de causalité entre la faute invoquée et le préjudice allégué (Cass. 2e civ. 10-9-2009 no 08-18.590 : RJDA 12/09 no 1118) ; la même sanction est encourue si le tiers saisi qui n'a pas répondu n'était tenu au jour de la saisie à aucune obligation envers le débiteur (Cass. 2e civ. 24-3-2005 no 474 : RJDA 7/05 no 887) ou s'il a seulement manqué à l'obligation de fournir les pièces justificatives (Cass. 2e civ. 20-12-2001 no 1903 : RJDA 1/03 no 66).

Le créancier peut obtenir réparation dès lors que l'existence d'un préjudice est constatée, l'efficacité ultérieure de la saisie n'étant pas une condition de son droit à réparation (Cass. 2e civ. 19-3-2009 no 08-11.303 : RJDA 7/09 no 674 : faute de la société tiers saisie qui a déclaré ne rien devoir à l'associé saisi au motif que la distribution des bénéfices sociaux n'avait pas été décidée au jour de sa déclaration alors qu'elle aurait dû indiquer le montant des derniers bénéfices réalisés). Il peut agir alors même que la créance sur laquelle il a fait pratiquer une saisie-attribution n'a pas été déclarée à la liquidation judiciaire du débiteur, une créance non déclarée n'étant pas éteinte mais inopposable (Cass. com. 8-9-2015 no 14-15.831 : RJDA 4/16 no 304).

L'action contre le tiers saisi n'est pas une contestation de la saisie qui doit, à peine d'irrecevabilité, être formée dans le délai d'un mois (Cass. 2e civ. 11-3-1999 : RJDA 3/00 no 336).

Cette action ne peut pas être exercée contre un tiers saisi étranger par un Français se prévalant du privilège de juridiction au sujet d'une saisie-attribution pratiquée dans un pays étranger (Cass. 1e civ. 14-4-2010 no 09-11.909 : RJDA 10/10 no 1018).

4. Saisie-attribution sur soi-même. La saisie-attribution sur soi-même par laquelle, en pratique, un créancier saisit entre ses mains la créance dont il est débiteur envers celui dont il est par ailleurs le créancier, n'est pas par principe illicite, de même que la compensation entre la créance liquide du saisissant et celle du saisi (Cass. 2e civ. 16-12-2004 no 2020 : RJDA 5/05 no 620 ; Cass. 1e civ. 13-5-2014 no 12-25.511 : RJDA 8-9/14 no 724).

PROCÉDURE DE SAISIE-ATTRIBUTION

Les formalités suivantes doivent être successivement accomplies : 59825

– signification de l'exploit de saisie-attribution par le saisissant ;
– dénonciation de la saisie-attribution ;
– paiement par le tiers saisi.

Signification de l'exploit de saisie-attribution : attribution de la créance Le créancier qui entend pratiquer une saisie-attribution signifie au tiers un acte extrajudiciaire qui constitue l'acte de saisie (C. exécution art. R 211-1, al. 1). 59828

Cet acte doit notamment indiquer le titre exécutoire en vertu duquel la saisie est pratiquée et le décompte distinct des sommes réclamées en principal, frais et intérêts échus (art. précité, al. 2).

À compter de cette signification, la créance saisie, à concurrence des sommes pour lesquelles elle est pratiquée, est **immédiatement attribuée** au créancier saisissant, ainsi que ses accessoires – mais seulement ceux en argent (Cass. 2e civ. 7-4-2011 no 10-15.969 : JCP E 2011.1437 note Mégret : exclusion des sûretés) – et le **tiers saisi** devient **personnellement** débiteur de la somme saisie dans la limite de son obligation (C. exécution art. L 211-2, al. 1). La **saisie administrative à tiers détenteur** prévue par l'article L 262 du Livre des procédures fiscales a le même effet (LPF art. L 262, 1-al. 4), sans pour autant obéir aux autres règles de la saisie-attribution (Cass. mixte 26-1-2007 no 04-10.422 : Bull. civ. ch. mixte no 1). Cet effet immédiat s'applique aux créances **à exécution successive** comme les loyers (TGI Lyon 21-2-1995 : GP 1995.som.382) ou les échéances successives d'un contrat unique (Cass. 2e civ. 14-4-2022 no 20-21.461 F-B). Il joue aussi en cas de saisie d'un chèque si le porteur ne peut établir que l'endossement à son profit lui est antérieur (no 52400) et sur les sommes déposées dans la succursale d'une banque située à l'étranger alors même que la saisie-attribution a été signifiée à la banque à Paris en vue de produire effet sur ces sommes, car la banque, qui a seule la personnalité morale, est dépositaire des fonds détenus dans une succursale située à l'étranger et tenue de les restituer en sa qualité de dépositaire (Cass. 2e civ. 14-2-2008 no 05-16.167 : RJDA 5/08 no 571).

Le juge de l'exécution n'a pas à fixer le montant de la créance saisie, lequel résulte d'une décision (TGI Bobigny 11-3-1993 : D. 1993.som.283 obs. Julien).

La mise en œuvre de cette attribution appelle les observations suivantes.

1. La créance saisie est attribuée si elle est disponible entre les mains du tiers saisi (no 59812).

2. Tout intéressé peut demander que les sommes saisies soient consignées entre les mains d'un séquestre désigné, à défaut d'accord amiable, sur requête par le juge de l'exécution (C. exécution art. R 211-2, al. 1) ; cette mesure ne peut être prévue que pour la période d'indisponibilité au cours de laquelle la créance est susceptible d'être contestée (TGI Bobigny 17-5-1993 : GP 1993.som.522).

La remise des fonds au séquestre arrête le cours des intérêts dus par le tiers saisi (art. R 211-2, al. 2).

3. Si le tiers saisi a plusieurs établissements et qu'il est un établissement habilité à tenir des comptes de dépôt, la signification ne peut être régulièrement effectuée, en dehors du siège social de l'établissement, qu'auprès de la succursale qui tient effectivement les comptes du débiteur saisi ; ce qui n'est pas le cas du service centralisé au siège pour la gestion des actes d'exécution qui n'assure pas la tenue des comptes (Cass. 2e civ. 27-6-2019, n° 18-12.617 F-D, validant la signification à lui faite, celle-ci n'étant pas une irrégularité de fond affectant la validité de l'acte).

4. Les actes de saisie notifiés au cours de la même journée sont réputés faits simultanément ; si les sommes disponibles ne permettent pas de désintéresser la totalité des créanciers saisissants, ceux-ci viennent en concours (C. exécution art. L 211-2, al. 3) au prorata de leurs créances respectives sans qu'il y ait lieu de prendre en compte l'existence d'éventuels privilèges (Avis C. cass. 24-5-1996 : Bull. p. 3).

5. La notification ultérieure d'autres saisies ou de toute autre mesure de prélèvement, même émanant de créanciers privilégiés, ainsi que la survenance d'un jugement portant ouverture d'une procédure collective ne remettent pas en cause cette attribution (C. exécution art. L 211-2, al. 2 ; sur les conséquences de l'ouverture d'une procédure collective : n° 62417).

6. Lorsqu'une saisie-attribution se trouve privée d'effet, les saisies et prélèvements ultérieurs prennent effet à leur date (art. L 211-2, al. 4).

7. La signification de l'exploit de saisie-attribution interrompt la **prescription** extinctive de la créance du saisi sur le tiers saisi (art. L 141-2, al. 3).

8. L'effet attributif immédiat de la saisie-attribution n'est pas subordonné à la déclaration de sa créance par le tiers saisi (l'obligation déclarative du tiers saisi naissant de la saisie, qui entraîne par elle-même effet attributif ; n° 59818) ; en conséquence, le débiteur saisi ne peut pas prétendre qu'à défaut de déclaration de sa créance par le tiers saisi, l'effet attributif de la signification de l'exploit extrajudiciaire ne s'est pas produit (Cass. 2e civ. 30-9-2021 n° 20-14.060 F-B).

59831 **Dénonciation de saisie-attribution et contestations de la saisie** Dans le délai de huit jours à compter de la signification de l'exploit de saisie-attribution, celle-ci doit, **à peine de caducité,** être dénoncée au débiteur par acte extrajudiciaire (C. exécution art. R 211-3, al. 1), ou au liquidateur si le débiteur est en liquidation judiciaire (Cass. com. 20-10-2009 n° 08-16.629 : Rev. proc. coll. 2010 n° 2 § 82 note Berthelot). Mais la saisie n'est pas caduque dès lors que le débiteur n'a pas été mis en liquidation judiciaire dans le délai de huit jours et que la saisie lui a été régulièrement dénoncée dans ce délai (Cass. com. 2-10-2012 n° 11-22.387 : JCP E 2013.1001 note Lebel).

Sur les mentions que doit comporter cet acte : C. exécution art. R 211-3, al. 2 à 6.

Le débiteur est spécialement averti qu'il peut autoriser par écrit le créancier à se faire remettre sans délai par le tiers saisi les sommes qui lui sont dues (C. exécution art. R 211-3, dernier al.).

Si la saisie est pratiquée sur un compte joint, elle est dénoncée à chacun des titulaires du compte (art. R 211-22), mais la méconnaissance de cette disposition n'entraîne pas la caducité de la saisie (Cass. 2e civ. 7-7-2011 n° 10-20.923 : RJDA 12/11 n° 1073).

59834 Les **contestations** de la saisie doivent, à peine d'irrecevabilité, être formées dans le **délai d'un mois** à compter de la dénonciation de la saisie au débiteur (C. exécution art. R 211-11, al. 1), devant le juge de l'exécution du lieu où demeure le débiteur (art. R 211-10), et être dénoncées le même jour, par lettre recommandée avec avis de réception, à l'huissier (ou commissaire) de justice qui a procédé à la saisie (art. R 211-11, al. 1 ; Cass. 2e civ. 20-1-2011 n° 10-10.768 : Bull. civ. II n° 19). Le paiement est alors différé sauf si le juge autorise le paiement pour la somme qu'il détermine (art. L 211-5 et R 211-12) ; sa décision n'a pas autorité de chose jugée au principal (art. R 211-12, al. 3).

Seules les contestations relatives à la saisie doivent, à peine d'irrecevabilité, être formées dans le délai d'un mois, ce qui exclut la contestation relative à la déclaration du tiers saisi (Cass. civ. 8-11-2001 : RD bancaire 2002.83 n° 69 obs. Delleci) ; l'auteur d'une telle contestation peut donc agir après le délai d'un mois, même si l'huissier n'a pas dressé le procès-verbal de difficulté (TGI Montluçon 17-11-1993 : Bull. inf. C. cass. 1994 n° 411 ; TGI Périgueux 2-3-1995 : GP 1995.som.603 obs. Vray).

L'auteur de la contestation relative à la saisie en informe le tiers saisi par lettre simple (C. exécution art. R 211-11, al. 2).

Le délai d'un mois est un délai de procédure qui n'est susceptible ni d'interruption ni de suspension (CA Reims 7-6-1996 : GP 1997.som.151). Pendant ce délai, en cas de saisie d'un compte bancaire, il est possible de mettre fin à l'indisponibilité du compte par la fourniture d'une garantie irrévocable à concurrence des sommes réclamées (C. exécution art. R 211-21), cette garantie pouvant résulter de la désignation d'un séquestre ayant mission de payer dans les termes exposés au n° 59837 (TGI Bobigny 12-2-1993, 2e esp. : D. 1993.som.279 obs. Julien).

En cas de **contestation hors délai,** le débiteur peut agir à ses frais en répétition de l'indu devant le juge du fond compétent (C. exécution art. L 211-4, al. 3 ; Cass. 2e civ. 30-1-2020 n° 18-18.922 ; écartant la contestation préalable de la saisie devant le juge de l'exécution) ; le juge de l'exécution est incompétent pour statuer sur cette demande (Avis C. cass. 11-3-1994 : Bull. civ. p. 3 ; TGI Paris juge exécution 30-4-2003 n° 02/84608 : Bull. inf. C. cass. 2003 n° 1111 ; contra CA Aix 8-3-2006 : Bull. d'Aix 2006 p. 151).

En cas de **rejet de la contestation,** le tiers saisi paie le créancier, après notification aux parties en cause de la décision de rejet, sur présentation de cette décision (C. exécution art. R 211-13).

Tant qu'il n'a pas été statué sur la contestation d'une première saisie, l'effet attributif qui lui était attaché perdure à concurrence des sommes pour lesquelles elle a été pratiquée et paralyse l'effet d'une saisie subséquente (Cass. 2e civ. 19-2-2015 n° 14-10.439 : Bull. civ. II n° 43).

Paiement par le tiers saisi Sur présentation d'un certificat délivré par le greffe ou établi par l'huissier (ou commissaire) de justice qui a procédé à la saisie attestant qu'aucune contestation n'a été formée **dans le mois** suivant la dénonciation de la saisie, le tiers saisi, requis par le créancier (C. exécution art. L 211-4, al. 2 ; pour une application, TGI Montpellier 10-10-1994 : JCP E 1995.pan.425), procède au paiement de la créance saisie ; à défaut d'expiration du délai ou d'acquiescement du débiteur pendant le délai, le paiement ne peut pas être exigé et l'arrêt de l'exécution provisoire du jugement condamnant au paiement de la créance objet de la saisie-attribution peut alors être demandé (Cass. 2e civ. 1-10-2009 n° 08-19.051 : RJDA 1/10 n° 72). **59837**

Si le délai est expiré ou si le débiteur a acquiescé, le paiement est inévitable : il est impossible d'envisager la désignation d'un séquestre au lieu et place du paiement (TGI Bobigny 17-5-1993 : GP 1993.som.522) ni de le faire annuler au motif que le tiers saisi a été ultérieurement déclaré en redressement judiciaire et que la date de cessation des paiements a été reportée à une date antérieure aux saisies (CA Rennes 3-3-1994 : JCP G 1994.IV.2593, transposable en cas de liquidation judiciaire).

Le créancier saisissant a droit aux intérêts moratoires dus par le débiteur saisi sur la partie de la créance correspondant aux sommes saisies disponibles, ceux-ci continuant à courir jusqu'au paiement de ces sommes, car le créancier n'a pas reçu paiement au jour de la saisie, peu important dès lors qu'il en soit immédiatement devenu propriétaire par l'effet de leur attribution (Cass. 2e civ. 7-6-2006 n° 871 : Bull. civ. II n° 151).

Le paiement peut intervenir **avant** l'expiration du délai susvisé si le débiteur a déclaré ne pas contester la saisie et si cette déclaration a été constatée par écrit (C. exécution art. R 211-6, al. 2).

Lorsque la saisie porte sur des **créances à exécution successive,** il y a lieu d'opérer la distinction suivante :

– en l'absence de contestation, le tiers saisi se libère, au fur et à mesure des échéances, entre les mains du créancier saisissant ou de son mandataire qui en donne quittance et en informe le débiteur (art. R 211-15) ; il en est ainsi alors même qu'une procédure collective a été ouverte avant ces échéances (n° 62417) ;

– en cas de contestation, le tiers saisi s'acquitte des créances échues entre les mains d'un séquestre désigné, à défaut d'accord amiable, sur requête par le juge de l'exécution ; si les sommes consignées suffisent à désintéresser le créancier, le juge de l'exécution ordonne la mainlevée de la saisie et le greffe en informe le tiers saisi par lettre recommandée avec demande d'avis de réception (art. R 211-16).

Le tiers saisi est informé par le créancier de l'extinction de la dette du saisi par lettre recommandée avec demande d'avis de réception (art. R 211-17, al. 1). La saisie cesse également de produire effet lorsque le tiers saisi cesse d'être tenu envers le débiteur ; le tiers saisi en informe le créancier par lettre recommandée avec demande d'avis de réception (art. R 211-17, al. 2). Même s'il s'est déclaré débiteur à l'égard du saisi, le tiers saisi est recevable à opposer comme moyen de défense le fait que, nonobstant ses déclarations, il n'était, en réalité, pas débiteur du saisi au jour de la mesure d'exécution forcée litigieuse (Cass. 2e civ. 30-9-2021 n° 19-12.810 F-D).

Celui qui a reçu le paiement en donne **quittance** au tiers saisi et en informe le débiteur ; dans la limite des sommes versées, ce paiement éteint l'obligation du débiteur et celle du tiers saisi (C. exécution art. R 211-7).

Le créancier saisissant qui n'a **pas été payé** par le tiers saisi conserve ses droits contre le débiteur (art. R 211-8, al. 1) ; toutefois, si ce défaut de paiement est imputable à la négligence du créancier, celui-ci perd ses droits à concurrence des sommes dues par le tiers saisi (art. R 211-8, al. 2 ; pour un exemple de négligence : Cass. 2e civ. 21-10-2004 n° 1710 : RJDA 5/05 n° 619).

L'inaction du créancier n'est pas une négligence dès lors que, une contestation ayant été soulevée, il ne peut pas obtenir paiement (Cass. 2e civ. 19-2-2015 n° 14-10.439 : Bull. inf. C. cass. 1-6-2015 n° 659).

En cas de **refus de paiement** par le tiers saisi des sommes qu'il a reconnu devoir ou dont il a été jugé débiteur, la contestation est portée devant le juge de l'exécution qui peut délivrer un titre exécutoire contre le tiers saisi (art. R 211-9).

Le tiers saisi ne peut pas, pour refuser de payer, se prévaloir à l'égard du saisissant de l'immunité d'exécution du débiteur saisi (CA Paris 6-9-2018 n° 18/02522, ch. 4-8 : GP 2018 n° 38 p. 26 note D. Bensaude). Mais s'il ne s'est pas reconnu débiteur du débiteur saisi au jour de la saisie-attribution et s'il n'a pas été jugé débiteur de ce dernier, il ne peut pas être condamné au titre de l'article R 211-9 susvisé (Cass. 2e civ. 10-1-2019 n° 17-21.313 F-PB : D. 2021.1059 note Rouvière).

II. RECOUVREMENT DES CRÉANCES ENTRE PERSONNES PRIVÉES ET PERSONNES PUBLIQUES

60000 **Régime** Le recouvrement des créances entre personnes privées et personnes publiques est régi par le décret 2012-1246 du 7 novembre 2012, relatif à la gestion budgétaire et comptable publique, qui a refondu le décret 62-1587 du 29 décembre 1962 portant règlement général sur la comptabilité publique.

Ce dispositif est **entré en vigueur** le 11 novembre 2012 pour l'État et à l'exercice 2013 pour les autres personnes publiques (Décret 2012-1246 du 7-11-2012 art. 230, al. 1).

PERSONNES PUBLIQUES CONCERNÉES

60002 Les dispositions exposées ci-dessous s'appliquent aux administrations publiques au sens du règlement CE 2223/96 du 25 juin 1996, mentionnées aux 1° à 5° ainsi qu'aux personnes morales mentionnées au 6° (Décret 2012-1246 art. 1er) :

1° l'État ;

2° les collectivités territoriales, leurs établissements publics, les établissements publics locaux d'enseignement, les établissements publics locaux d'enseignement et de formation professionnelle agricoles, les établissements publics locaux d'enseignement maritime et aquacole, les centres de ressources, d'expertise et de performance sportive ;

3° les établissements publics de santé ainsi que, lorsqu'ils sont érigés en établissements publics de santé en application de l'article L 6133-7 du Code de la santé publique, les groupements de coopération sanitaire ;

4° les autres personnes morales de droit public, dont la liste est établie par arrêté conjoint du ministre chargé de l'économie et du ministre chargé du budget ;

5° après avis conforme du ministre chargé du budget et lorsque leurs statuts le prévoient, les personnes morales de droit privé ;

6° les personnes morales de droit public ne relevant pas de la catégorie des administrations publiques, sauf si leurs statuts en disposent autrement.

Ces dispositions s'appliquent aux groupements d'intérêt public lorsqu'ils sont soumis aux règles de la comptabilité publique dans les conditions prévues par l'article 112 de la loi 2011-525 du 17 mai 2011 de simplification et d'amélioration de la qualité du droit.

RECOUVREMENT DE LEURS CRÉANCES PAR LES PERSONNES PUBLIQUES

60005 **Créances concernées** Les recettes des personnes publiques susvisées comprennent les produits des **impositions** de toute nature, les **produits** résultant de conventions ou de décisions de justice et les autres produits autorisés pour chaque catégorie de personne concernée, par les lois et règlements en vigueur (Décret 2012-1246 art. 23, al. 1).

Les impositions de toute nature et produits mentionnés ci-dessus sont liquidés et recouvrés dans les conditions prévues par le Code général des impôts, le Livre des procédures fiscales, le Code des douanes et, le cas échéant, par les autres lois et règlements (Décret 2012-1246 art. 23, al. 2).

Les créances **domaniales** (prix de vente ou d'occupation des biens domaniaux) sont recouvrées selon les dispositions du Code général de la propriété des personnes publiques et du Code forestier (CGPPP art. R 2321-1 s.).

60007 **Modalités de règlement** Le règlement des sommes dues aux personnes susvisées est fait par tout moyen ou **instrument de paiement** prévu par le Code monétaire et financier, dans les conditions précisées par arrêté du ministre chargé du budget ; toutefois, dans les cas prévus par la loi ou le règlement, les redevables peuvent s'acquitter de leur dette par dation en paiement, remise de valeurs, remise de timbres, formules ou fournitures, exécution de prestations en nature (Décret 2012-1246 art. 25).

Sous réserve des dispositions particulières prévues par le Code général des impôts, le Livre des procédures fiscales et le Code des douanes, le **débiteur** est **libéré** de sa dette s'il présente un reçu régulier, s'il justifie du bénéfice de la prescription ou s'il établit la réalité de l'encaissement des sommes dues par un comptable public (Décret 2012-1246 art. 27).

60010 **Cas particulier des amendes** Le recouvrement des amendes et des condamnations pécuniaires est soumis aux règles suivantes.

Ces créances comprennent (Décret 2012-1246 art. 108) :

– les amendes pénales, civiles et administratives et, sous réserve des dispositions spécifiques qui leur sont applicables, les amendes fiscales ;

– les confiscations, réparations, restitutions, dommages et intérêts, frais ayant le caractère de réparation et intérêts moratoires ;
– les frais de justice et les droits fixes de procédure.

1. Le paiement peut en être poursuivi **contre** les condamnés, les débiteurs solidaires, les personnes civilement responsables et leurs ayants cause (Décret 2012-1246 art. 109, al. 1).

À défaut d'indication contraire, les personnes civilement responsables doivent être entendues conformément à la définition de ces personnes en droit commun, à savoir celles qui sont visées par l'article 1242 du Code civil.

2. Le recouvrement est poursuivi par toute **voie d'exécution** forcée autorisée par la loi (Décret 2012-1246 art. 109, al. 1).

3. Le recouvrement est abandonné lorsque le débiteur bénéficie d'une mesure d'**amnistie** ou de grâce dont les effets n'ont pas été subordonnés au paiement des amendes, lorsque le débiteur a exécuté les conditions d'une transaction ou lorsqu'il invoque la prescription acquise à son profit (Décret 2012-1246 art. 110).

4. Les amendes pour contraventions de police et délits concernant la circulation peuvent, dans les conditions fixées soit par le Code de procédure pénale, soit par le Code de la route, faire l'objet d'un **paiement immédiat entre les mains des agents** verbalisateurs ; il en est de même des amendes soumises à la procédure d'amende forfaitaire ; les sommes encaissées par les agents verbalisateurs sont versées à la caisse d'un comptable public de l'État (Décret 2012-1246 art. 111).

Contentieux des titres de perception Sur la compétence judiciaire, n° 72000. **60012**

RECOUVREMENT DES CRÉANCES SUR LES PERSONNES PUBLIQUES

Règles générales Les personnes publiques se libèrent de leur dette selon les règles suivantes. **60015**

1. Le paiement de la dette ne peut pas être poursuivi avant son **échéance,** l'exécution du service ou la décision individuelle d'attribution de subventions ou d'allocations ; des **acomptes** et avances peuvent néanmoins être consentis aux entrepreneurs ou fournisseurs ainsi qu'aux bénéficiaires de subventions (Décret 2012-1246 art. 33, al. 2).

2. Le paiement est fait par tout moyen ou **instrument de paiement** prévu par le Code monétaire et financier, dans les conditions précisées par arrêté du ministre chargé du budget (Décret 2012-1246 art. 34, al. 2).

Seul le comptable public est habilité à recevoir les notifications ou oppositions au paiement (Décret 2012-1246 art. 37 ; Cass. com. 20-2-2007 n° 04-19.419 : RJDA 7/07 n° 783 : inopposabilité de la notification d'un nantissement faite au ministre ordonnateur de la dépense et non au comptable, transposable à la nouvelle disposition identique à la précédente).

Le comptable public qui a constaté des **irrégularités** ou des inexactitudes dans les certifications de l'ordonnateur suspend le paiement et en informe l'ordonnateur ; ce dernier a alors la faculté d'opérer une régularisation ou de requérir par écrit le comptable public de payer (Décret 2012-1246 art. 38).

Lorsque le comptable public constate qu'un paiement n'était pas dû en totalité ou en partie, il peut exercer directement une action en répétition de l'**indu** à l'encontre du débiteur dans les conditions prévues par les articles 1302 à 1302-3 du Code civil ; il peut également en informer l'ordonnateur en vue de l'engagement par ce dernier d'une procédure visant au recouvrement de la créance (Décret 2012-1246 art. 40).

3. Lorsqu'un créancier refuse de recevoir le paiement, des palliatifs tels que, notamment, la consignation par le débiteur auprès de la Caisse des dépôts et consignations lorsque l'obligation porte sur une somme d'argent, sont prévus par les articles 1345-1 s. du Code civil (cf. Décret 2012-1246 art. 39 et Arrêté du 24-12-2012 art. 9 ; n° 54300).

4. Une collectivité territoriale ne peut pas se soustraire au paiement de sa dette en invoquant son insolvabilité car, en tant qu'organe de l'État, elle ne peut arguer d'un manque de ressources, les pouvoirs publics devant **garantir** aux créanciers d'une collectivité locale devenue insolvable **le paiement** intégral de leur créance (CEDH 24-9-2013 n° 43870/04 : RDC 2014.126 obs. Marchadier).

Toute **action** portée devant les tribunaux de l'ordre judiciaire et tendant à **faire déclarer l'État créancier ou débiteur** pour des causes étrangères à l'impôt et au domaine doit, sauf exception prévue par la loi, être intentée à peine de nullité par ou contre l'agent judiciaire de l'État (Loi 55-366 du 3-4-1955 art. 38) ; l'action qui tend à obtenir une mesure d'instruction « in futurum » (n° 75527) ne relève pas de cette disposition et l'agent judiciaire de l'État ne doit donc pas y être mis en cause (Cass. 2e civ. 8-9-2022 n° 21-14.242 F-B).

60020 **Prescription** Les dettes de l'État, des départements, des communes et des établissements publics dotés d'un comptable public sont éteintes par la **prescription quadriennale** (Loi 68-1250 du 31-12-1968 art. 1), dite aussi déchéance quadriennale. Cette prescription s'applique même aux dettes de ces personnes publiques régies par le droit civil et relevant de la compétence des tribunaux judiciaires (CA Paris 13-9-1993 : D. 1993.IR.240).

Mais elle ne s'applique pas à l'action en responsabilité d'un constructeur pour fraude ou dol dans l'exécution d'un contrat, qui est soumise à la prescription quinquennale de l'article 2224 du Code civil (CA Nantes 10-5-2017, 4e ch. : Cahiers de jurisprudence de CA Nantes).

60022 Le délai de quatre ans **commence** à courir à compter du 1er janvier de l'année suivant celle de la naissance de la créance (Loi 68-1250 art. 1 ; CE 11-1-1978 : AJDA 1978.331).

La créance est considérée comme née à compter du jour, notamment :
- de la notification prononçant la fin de mission d'un architecte (CE 13-7-1963 : AJDA 1963.644) ;
- de la décision de résiliation d'un marché ou de l'interdiction d'en poursuivre l'exécution (CE 14-12-1966 : Droit administratif 1967 n° 15 ; dans le même sens, CE 31-5-1972 : Lebon 397 ; CE 18-11-1992 : GP 1993.pan.95) ;
- de l'incorporation à la voirie communale de terrains qui ont été l'objet d'une emprise irrégulière (Cass. civ. 7-11-2001 : D. 2002.1785 note Petit) ;
- du jour où l'importance du préjudice financier résultant d'une décision a pu être appréciée (CE 22-4-1992 : GP 1992.pan.181) ;
- du fait générateur du dommage allégué (Cass. ass. plén. 6-7-2001 : Bull. ass. plén. n° 9 ; Cass. 1e civ. 28-1-2003 : RJDA 11/03 n° 1147 ; Cass. 3e civ. 5-12-2007 n° 06-14.404 : RJDA 5/08 n° 595 ; Cass. 1e civ. 1-6-2011 n° 09-16.003 : RJDA 8-9/11 n° 752) ;
- du jour où la mission confiée à un avocat a pris fin (Cass. 2e civ. 7-4-2011 n° 10-17.575 : D. 2011.1149.som. obs. Tahri).

Mais une créance n'est pas née si les actes dont elle dépend n'ont pas été notifiés à leurs destinataires (CAA Lyon 29-1-1992 : GP 1993.pan.53).

Toutefois, le délai **ne court pas** contre le créancier qui ne peut agir soit par lui-même ou par l'intermédiaire de son représentant légal, soit pour une cause de force majeure, ni contre celui qui peut être légitimement regardé comme ignorant l'existence de sa créance (Loi 68-1250 art. 3 ; CE 6-12-2002 n° 230291 : GP 2003.som.2519) ; il en est ainsi par exemple jusqu'à la date de dépôt du rapport d'expertise révélant que des travaux supplémentaires supportés par un maître d'ouvrage avaient été rendus nécessaires par la faute d'un établissement public (Cass. civ. 13-4-1992 : Bull. civ. I p. 83).

Mais le délai court contre les mineurs (n° 71783).

60025 La prescription peut être **interrompue** par le créancier pour les causes prévues par l'article 2 de la loi 68-1250.

Ainsi la prescription est-elle interrompue :
- par le fait, fautif ou non, de l'administration (CE 10-4-1970 : D. 1970.563 concl. Braibant) ;
- par une réclamation chiffrée écrite et justifiée (CE 4-7-1980 : Lebon 307) ;
- lorsque le créancier n'a cessé de réclamer le paiement de sa créance pendant dix ans (de 1968 à 1979) et que ses héritiers ont introduit leur demande de règlement en 1980 (CE 3-4-1987 : GP 1988.pan.6) ;
- par la constitution de partie civile contre une personne dénommée (CE 6-11-1987 : GP 1988.som.236), mais pas une simple plainte (TA Lille 20-6-2023 n° 2103044 : BTL 2023.430), ou effectuée dans le cadre d'une instruction pénale déjà ouverte, dès lors qu'elle porte sur le fait générateur, l'existence, le montant ou le paiement d'une créance sur une collectivité publique (CE 11-4-2008 n° 294767 : GP 2008.som.3477) ;
- par un recours exercé par d'autres requérants en vue de faire établir la responsabilité d'une même personne publique et à propos d'un même fait générateur, l'interruption due à ce recours profitant à un autre requérant (CE 25-11-1987 : GP 1988.som.236) ;
- par le recours, même devant une juridiction incompétente, dirigé contre la personne publique (CE 22-4-1988 : D. 1989.som.110 obs. Moderne et Bon) ou par toute demande de paiement ou toute réclamation écrite adressée à l'autorité administrative, alors même que l'administration saisie n'est pas celle qui aura finalement la charge du paiement (Cass. 1e civ. 28-5-2008 n° 06-21.042 : Bull. civ. I n° 156) ;
- par une assignation en référé administratif aux fins de désignation d'experts (CE 8-12-1995 : RJDA 5/96 n° 721) ; mais le délai recommence à courir du fait de la notification aux requérants du rapport d'expertise (CE 23-10-1968 : Lebon 504) ;
- par la déclaration au redressement judiciaire d'une société à laquelle le créancier déclarant avait consenti un prêt dont une commune s'était portée caution, en dépit du caractère d'ordre public de la prescription quadriennale (Cass. com. 27-2-2007 n° 392, 2e esp. : RJDA 5/07 n° 529, retenant l'interruption de l'action contre la commune en exécution de son cautionnement).

Mais ne sont pas interruptifs une assignation devant une juridiction civile qui n'a pas mis en cause la collectivité publique poursuivie en tant que civilement responsable (CE 23-12-1987 : Lebon 422 ; CE sect. 10-3-2017 n° 404841), un constat d'urgence, car il ne peut tendre à la mise en jeu de la responsabilité de la collectivité publique (CAA Nantes 30-4-1992 : GP 1993.pan.117), ni la plainte contre X avec constitution de partie civile (CAA Lyon 18-1-2000 : GP 2001.som.1294), ni l'envoi par voie postale d'un commandement de payer qui n'est jamais parvenu à son destinataire (Cass. com. 18-11-2008 n° 07-20.031 : D. 2008.3093.som.).

La date à prendre en compte pour savoir si la prescription quadriennale est interrompue par une demande tendant à mettre en jeu la responsabilité d'une collectivité publique est la date d'envoi du courrier et non celle de sa réception par l'administration (CE 5-10-2015 n° 384884 : Lebon 332).

Voies d'exécution Il est un principe général du droit suivant lequel les biens des personnes publiques sont insaisissables (Cass. civ. 21-12-1987 n° 86-14.167 : Bull. civ. I p. 249), même si la personne publique exerce une activité industrielle et commerciale. Ce principe de l'insaisissabilité des biens appartenant à des personnes publiques, même exerçant une activité industrielle et commerciale, ne permet pas de recourir aux voies d'exécution de droit privé ; il appartient seulement au créancier bénéficiaire d'une décision juridictionnelle passée en force de chose jugée et condamnant une personne publique au paiement, même à titre de provision, d'une somme d'argent, de mettre en œuvre les règles particulières issues des articles 1 et 1-1 de la loi 80-539 du 16 juillet 1980 relative aux astreintes prononcées en matière administrative et à l'exécution des jugements par les personnes morales de droit public. **60028**

À s'en tenir à la jurisprudence ci-dessus, le critère de l'insaisissabilité dépend exclusivement de la qualité de « personne publique » du propriétaire des biens poursuivis, donc d'un critère strictement formel. En conséquence, il a été exactement jugé que les biens d'une société d'économie mixte, personne privée, étaient saisissables (CA Versailles 2-6-1986 : D. 1987. 86 note Prévault). Il n'empêche qu'au regard de la finalité de l'immunité d'exécution, qui est de préserver les biens servant l'action publique, on ne saurait exclure que soient déclarés insaisissables de tels biens appartenant à une personne privée. Les nouvelles dispositions sur l'immunité des personnes publiques étrangères incitent, en effet, à considérer comme insaisissables les biens qui sont spécifiquement utilisés ou destinés à être utilisés par la personne privée à des fins de service public non commerciales et qui entretiennent un lien avec l'entité contre laquelle la procédure a été intentée (n° 60403).

Les tribunaux administratifs ou judiciaires sont **compétents** pour connaître de l'exception de prescription selon la juridiction qui sera saisie pour connaître de la demande à laquelle la prescription est opposée (Loi 68-1250 art. 8 ; T. confl. 21-1-1985 : AJDA 1985.228 ; Cass. civ. 15-3-1995 : D. 1995.IR.97). **60030**

La prescription doit être **soulevée** avant que le juge n'ait statué au fond (Loi 68-1250 art. 7, al. 1 ; Cass. 1e civ. 20-3-2012 n° 12-10.200 : Bull. civ. I n° 51) ; à défaut, la personne publique doit être condamnée au paiement (CE 20-7-1983 : AJDA 1984.I.41 concl. Denoix de Saint-Marc). La prescription ne peut plus être soulevée après paiement erroné (CE 22-3-1989 : AJDA 1989.401 : annulant la décision administrative l'ayant opposée a posteriori) ni, en aucun cas, pour s'opposer à l'exécution d'une décision passée en force de chose jugée (Loi 68-1250 art. 7, al. 2).

III. RECOUVREMENT DES CRÉANCES DES PERSONNES PUBLIQUES ÉTRANGÈRES OU SUR LES PERSONNES PUBLIQUES ÉTRANGÈRES

Créances des personnes publiques étrangères Ne pouvant se prévaloir en France de prérogatives de puissance publique susceptibles de justifier un régime dérogatoire, les personnes publiques étrangères ne peuvent exercer en France que les poursuites de recouvrement du droit commun (nos 59100 s.). **60400**

En revanche, ce sont leurs lois nationales qui sont applicables aux poursuites qu'elles exercent sur le territoire où elles sont situées, même contre un débiteur étranger (sur la territorialité des lois d'exécution : n° 59006).

Créances sur les personnes publiques étrangères Le recouvrement des créances sur les États étrangers ne peut donner lieu à des mesures d'exécution forcée en raison de l'**immunité d'exécution** dont ils bénéficient (C. exécution art. L 111-1, al. 3 ; Cass. civ. 2-11-1971 : JCP G 1972.II.16969 note Ruzié ; Cass. civ. 14-3-1984 : JCP G 1984.II.20205 concl. Gulphe ; CA Rouen 13-11-1984 : Clunet 1985.473 note Oppetit). **60403**

Cette immunité est fondée sur le droit international coutumier reposant sur une considération de courtoisie internationale dont la Cour européenne des droits de l'Homme juge qu'en est le reflet la convention des Nations unies sur « les immunités juridictionnelles des États et de leurs biens » du 2 décembre 2004, relative à l'immunité de juridiction et à l'immunité d'exécution (CEDH 29-6-2011 n° 34869/05, § 54 s. : D. 2011.1831 et 2436 obs. Bollée). Elle est compatible avec le droit d'accès au juge, garanti

60403 (suite) par l'article 6, § 1, de la convention européenne des droits de l'Homme (n° 72403) car elle poursuit le but légitime d'assurer le respect du droit international (CEDH 27-1-2022 n° 21119/19). La compatibilité avec le droit d'accès au juge est par ailleurs assurée dès lors que le demandeur ne se voit pas interdire de porter son action devant les juridictions de l'État défendeur, que le manque d'indépendance et d'impartialité de ces dernières ne peut pas être présumé a priori et qu'il n'est fait exception au principe de l'immunité de juridiction que lorsqu'une organisation internationale n'offre aucune voie raisonnable de recours interne ou lorsque la législation d'un État soustrait à la compétence des tribunaux toute une série d'actions civiles ou exonère de toute responsabilité des catégories de personnes (Cass. 1e civ. 3-3-2021 n° 19-22.855 FS-P : D. 2021.pan.1833 obs. Farnoux : preuve non rapportée par le demandeur que de tels obstacles lui seraient opposés à l'occasion d'un recours mené devant les juridictions émiraties). Cette solution s'applique aussi aux biens et avoirs de la Communauté européenne (protocole sur les privilèges et immunités des Communautés européennes ; CJCE 29-4-1993 : Rec. I p. 2161).

Lorsque l'immunité de juridiction est revendiquée par un État étranger devant une juridiction française, il incombe au juge de statuer préalablement sur cette fin de non-recevoir et, si cette revendication est soulevée pour s'opposer à l'exequatur d'un jugement étranger qui l'a rejetée, en vertu de sa propre loi, d'exercer son pouvoir juridictionnel afin d'apprécier si l'État revendiquant est recevable et bien fondé à invoquer cette immunité devant lui (Cass. 1e civ. 28-6-2023 n° 21-19.766 FS-B).

En effet, aux termes de l'arrêt précité :

– l'exception de l'immunité d'exécution n'est pas contraire au droit d'accès à un tribunal, tel que garanti par l'article 6 de la convention de sauvegarde des droits de l'Homme et des libertés fondamentales et dont l'exécution d'une décision de justice constitue le prolongement nécessaire, ne s'oppose pas à une limitation à ce droit d'accès, découlant de l'immunité des États étrangers, dès lors que cette limitation est consacrée par le droit international et ne va pas au-delà des règles généralement reconnues en matière d'immunité des États (CEDH 21-11-2001 n° 35763/97) ;

– il n'existe pas de conflit entre une « règle, ou des règles, de jus cogens (qui ne supporte aucune dérogation) et la règle de droit coutumier qui fait obligation à un État d'accorder l'immunité à un autre » car les règles qui déterminent la portée et l'étendue de la juridiction, ainsi que les conditions dans lesquelles cette juridiction peut être exercée, ne dérogent pas aux règles de nature matérielle ayant valeur de jus cogens (CIJ 3-2-2012 : Recueil 2012.99) ;

– « à supposer que l'interdiction des actes de terrorisme puisse être mise au rang de norme de jus cogens du droit international, laquelle prime les autres règles du droit international et peut constituer une restriction légitime à l'immunité de juridiction, une telle restriction serait en l'espèce disproportionnée au regard du but poursuivi dès lors que la mise en cause de l'État étranger n'est pas fondée sur la commission des actes de terrorisme mais sur sa responsabilité morale » (Cass. 1e civ. 9-3-2011 n° 09-14.743 FS-PBI : RJDA 7/11 n° 667).

Depuis le 11 décembre 2016, la loi 2016-1691 du 9 décembre 2016 a introduit un régime légal des mesures conservatoires et des voies d'exécution exercées sur le territoire français à l'encontre des États étrangers (C. exécution art. L 111-1-1 s.). Ces dispositions ne remettent pas en cause, pour le passé, les règles fondées sur la coutume internationale, car celle-ci ayant force de loi au moins tant qu'elle n'est pas contredite par la loi, appliquer les nouvelles dispositions aux voies d'exécution exercées avant le 11 décembre 2016 reviendrait à leur conférer un effet rétroactif. Il s'ensuit qu'il convient de distinguer le régime applicable à ces dernières de celui qui est applicable aux mesures conservatoires et aux voies d'exécution exercées depuis le 11 décembre 2016.

Selon le régime coutumier, l'immunité d'exécution n'existe que si :

– elle est invoquée par l'**État lui-même** (sur cette notion, n° 72300), ou par tout service considéré comme une **émanation** de cet État (Cass. civ. 5-5-1885 : S. 1886.1.353) ;

Un organisme est l'émanation d'un État dès lors qu'il n'est pas statutairement dans une indépendance fonctionnelle suffisante pour bénéficier d'une autonomie de droit et de fait à l'égard de ce dernier et qu'il ne dispose pas d'un patrimoine propre (Cass. 1e civ. 6-2-2007 n° 04-13.108 : RJDA 7/08 n° 848), le fait de pouvoir contracter des prêts ne suffisant pas à caractériser l'existence d'un tel patrimoine, distinct de celui de l'État (CA Paris 5-9-2019 n° 18/17592). Le contrôle exercé par l'État ne suffit pas, en principe, à faire considérer les organismes qui en dépendent comme des émanations de cet État (Cass. civ. 21-7-1987 : Clunet 1988.108 note Kahn ; Cass. civ. 15-7-1999 : RJDA 4/00 n° 474 ; CA Paris 31-1-2013 : Rev. arb. 2013.460 note Meyer Fabre).

L'immunité d'exécution peut aussi profiter, à l'instar de l'immunité de juridiction (n° 72300), aux organisations internationales par convention.

– l'acte qui donne lieu au litige participe, par sa nature ou sa finalité, à l'exercice de la **souveraineté** de l'État ; tel est le cas des créances fiscales et sociales d'un État qui se rattachent nécessairement à l'exercice par cet État des prérogatives liées à sa souveraineté (Cass. 1e civ. 28-3-2013 n° 11-13.323, précité), ainsi que des redevances de navigation aérienne – dues à un État en raison de la souveraineté des États sur leur espace aérien et le survol de leur territoire – qui sont des fonds souverains ne pouvant pas être saisis par un créancier fournisseur de l'État, même si celui-ci a renoncé de manière expresse et spéciale à son immunité d'exécution au profit d'autres créanciers (Cass. 1e civ. 5-3-2014 n° 12-22.406 : RJDA 6/14 n° 563 : mainlevée de la saisie du compte bancaire alimenté par ces redevances) ; **60403** (suite)

L'acte de gestion ne relève pas de la souveraineté de l'État (Cass. ch. mixte 20-6-2003 n° 220 : RJS 8-9/03 n° 1052 : tenant pour un acte de gestion administrative la non-affiliation par l'État saoudien, à un régime français de protection sociale, d'une salariée enseignante à l'École saoudienne de Paris). Mais il appartient au juge de démontrer, par une motivation appropriée, qu'il s'agit d'un acte de gestion (Cass. 2e civ. 12-7-2017 n° 15-29.334 FS-PB : RJDA 11/17 n° 774, à propos d'une intermédiation pour la création d'un établissement d'enseignement).

– la **mesure demandée** contre l'État étranger est une voie d'exécution, telle que la saisie-attribution (ancienne saisie-arrêt) (Cass. civ. 5-5-1885 : S. 1886.1.353 ; CA Aix 14-2-1966 : Clunet 1966.846 note Kahn), une mesure conservatoire (CA Rouen 10-2-1965 : Rev. crit. 1965.655 note Y.L.), mais non l'exequatur (Cass. civ. 11-6-1991 n° 90-11.282 : Bull. civ. I n° 193 ; Cass. 1e civ. 14-10-2009 n° 08-14.978 : Bull. civ. I n° 206).

La partie qui n'a pu obtenir exécution d'une décision contre l'État étranger condamné, ici à indemniser le licenciement du personnel d'une ambassade, peut obtenir réparation de son préjudice auprès de l'État français dès lors qu'elle démontre l'existence d'un préjudice anormal et spécial (CE 14-10-2011 n° 329788 ; dans le même sens, Cass. 1e civ. 25-5-2016 n° 15-18.646 : JDI 2016.1207 note Cuniberti).

L'**État** peut être **soumis aux voies d'exécution** :

1. Lorsque l'État poursuivi a **renoncé à l'immunité** d'exécution de façon expresse et spéciale, en mentionnant les biens ou la catégorie de biens pour lesquels la renonciation est consentie (Cass. 1e civ. 28-3-2013 n° 11-13.323, précité), celle-ci ayant été admise selon la dernière jurisprudence, à la seule condition d'être expresse (Cass. 1e civ. 13-5-2015 n° 13-17.751 : JCP G 2015 n° 26-759 note Laazouzi). Cette solution est désormais caduque ; il a été jugé depuis que, compte tenu de l'impérieuse nécessité, dans un domaine touchant à la souveraineté des États et à la préservation de leurs représentations diplomatiques, de traiter de manière identique des situations similaires, l'objectif de cohérence et de sécurité juridique impose de revenir à la jurisprudence confortée par la loi nouvelle (Cass. 1e civ. 10-1-2018 n° 16-22.494 FS-PBI : RJDA 6/18 n° 530 ; Cass. 1e civ. 24-1-2018 n° 16-16.511 F-D) ; cette solution est acquise, l'arrêt du 10 janvier 2018 qui l'a posée ne pouvant pas être considéré comme ayant appliqué rétroactivement la loi nouvelle (Cass. 1e civ. 2-10-2019 n° 19-10.669 QPC FS-PBI, refusant de transmettre la question au Conseil constitutionnel qui ne peut être saisi que si la disposition contestée a été appliquée dans le litige sur lequel la question est fondée).

Toute renonciation doit donc être expresse et spéciale.

Dès lors que la renonciation doit être expresse et spéciale, elle ne saurait résulter, à notre avis, de l'acceptation par l'État d'un règlement d'arbitrage disposant que les parties s'engagent à exécuter la sentence, car la renonciation est alors implicite et générale (en ce sens, CA Paris 15-2-2018 n° 17/21195 : JCP G 2018 n° 24-687 § 52 obs. Morel-Maroger ; contra, Cass. civ. 6-7-2000 : Bull. civ. I n° 207) et elle ne peut résulter de la comparution de l'État devant un tribunal français (CA Aix 23-11-1938 : DP 1939.2.65 ; CA Paris 21-4-1982 : Rev. crit. 1983.101 note Mayer).

Elle ne peut davantage profiter à un créancier qui n'a pas été formellement désigné comme bénéficiaire (cf. Cass. 1e civ. 5-3-2014 n° 12-22.406, précité).

Dès lors que les biens d'un État ne sont pas spécifiquement utilisés ou destinés à être utilisés dans l'exercice des missions diplomatiques ou consulaires, la renonciation expresse de cet État à l'immunité d'exécution suffit pour que les actifs en cause puissent faire l'objet d'une mesure d'exécution, peu important qu'ils aient consisté en des créances fiscales, sans que soit en outre requise une renonciation spéciale (Cass. 1e civ. 13-4-2023 n° 18-20.915 FS-B).

2. Lorsque le **bien** saisi est **spécifiquement utilisé ou destiné** à être utilisé autrement qu'à des fins de service public non commerciales et a un lien avec l'entité contre laquelle la procédure a été intentée (Cass. 1e civ. 3-11-2021 n° 19-25.404 FS-B : D. 2021.2052, qui écarte la nécessité d'un lien avec la demande en justice).

Ainsi, sont saisissables :

– les biens des organismes publics distincts de l'État lorsqu'ils font partie d'un patrimoine que ledit État a affecté à une activité principale relevant du droit privé (Cass. civ. 1-10-1985 : JCP G 1986.II.20566 concl. Gulphe note Synvet) ;

– le bien affecté à l'activité économique et commerciale relevant du droit privé (TGI Paris 20-1-1994 : Bull. inf. C. cass. 1994 n° 516).

Les fonds déposés auprès d'une banque centrale étrangère ne peuvent être saisis qu'autant qu'ils appartiennent à cette banque ou que celle-ci les gère pour son propre compte, et non s'ils appartiennent à l'État déposant (C. mon. fin. art. L 153-1 ; CA Versailles 7-1-2010 n° 08/4300 : GP 2010.som.2318 note Morel-Maroger) ; il appartient au créancier saisissant d'apporter cette preuve (CA Paris 17-9-2009 n° 08/5950 : D. 2010.1043 obs. Synvet).

Encore faut-il que ce **bien** soit **identifiable** ; c'est le cas, par exemple, si l'activité économique est représentée par un compte bancaire différent de celui de la représentation diplomatique (CA Paris 21-4-1982 : Rev. crit. 1983.101 note Mayer). À défaut, il y a lieu de rechercher l'affectation dudit bien (Cass. civ. 7-12-1977 : Rev. crit. 1978.532 note Bourel ; TGI Paris 5-3-1979 : Clunet 1979.857), cette recherche pouvant être faite par tous moyens alors même qu'une clause expresse du contrat n'a pas prévu ladite

60403 (suite) affectation (Cass. civ. 6-6-1990 : Bull. civ. I p. 100). À défaut de preuve du caractère manifestement public du bien litigieux, la fixation de l'affectation relève du seul pouvoir du juge du fond (CA Paris 9-7-1992 : Rev. arb. 1994.133 note Théry).

3. Lorsque la **créance** est **née** d'un acte de **gestion privée,** comme :

– la contre-garantie accordée par une banque française à une banque iranienne (CA Paris 2-6-1982 : D. 1983.437 note Vasseur) ;

– les actes des personnes publiques à caractère industriel et commercial (Cass. req. 19-2-1929 : DP 1929.1.73 note Savatier ; Cass. com. 19-3-1979 : Rev. crit. 1981.584 note Lagarde) ;

– les actes d'une banque (Cass. civ. 16-12-1987 : BRDA 21/87 p. 9), notamment l'aval donné pour le compte d'un État dans l'exercice normal des activités de la banque (Cass. civ. 18-11-1986 : Rev. crit. 1986.87 note Watt) ; il en est autrement si la banque règle des dettes non commerciales d'un État étranger et qu'il est impossible d'isoler ces dernières (CA Aix 14-2-1966 : Clunet 1966.846 note Kahn).

4. Lorsque la souveraineté de l'État a été limitée par des sanctions internationales prononcées contre lui par l'Organisation des Nations unies, notamment par la mesure qui lui impose d'honorer scrupuleusement toutes ses obligations au titre du service et du remboursement de sa dette extérieure (CA Paris 20-2-2002 : Rev. crit. 2002.746 note Audit, sur renvoi de Cass. civ. 15-7-1999 : RJDA 4/00 n° 474 : à propos de l'État irakien).

Depuis le 11 décembre 2016, les mesures conservatoires et les voies d'exécution ne peuvent être entreprises contre un État étranger que si la mesure envisagée a été autorisée préalablement par une ordonnance rendue sur requête par le juge de l'exécution du tribunal judiciaire de Paris (C. mon. fin. art. L 153-1 ; C. exécution art. L 111-1-1 et R 111-1).

L'autorisation est requise avant toute saisie (cf. Cass. 2e civ. 11-1-2018 n° 16-10.661 F-D ; TGI Paris ord. jex 13-9-2017 n° 17/82290 : JCP G 2018 n° 24, 687 § 2 obs. Morel-Maroger).

La mesure conservatoire doit être autorisée même si le créancier agissant a un titre exécutoire car le recouvrement doit être menacé conformément à l'article L 511-1 du Code de l'exécution (cf. TGI Paris ord. jex 12-10-2017 n° 17/82290 : JCP G 2018 n° 24, 687 § 4 obs. Morel-Maroger). S'agissant d'un État, le recouvrement est en péril dès lors que le défaut de paiement est constaté (CA Paris 1-3-2018 n° 17/17729 : JCP G 2018 n° 24, 687 § 4 obs. Morel-Maroger) ou qu'existe un refus de paiement de principe (CA Paris 15-2-2018 n° 17/21195 : JCP G 2018 n° 24, 687 § 4 obs. Morel-Maroger).

La mesure visant un bien appartenant à un État étranger ne peut être autorisée par le juge que si l'une des conditions suivantes est remplie (C. exécution art. L 111-1-2) :

– l'État concerné a expressément consenti à l'application d'une telle mesure ;

– l'État concerné a réservé ou affecté ce bien à la satisfaction de la demande qui fait l'objet de la procédure ;

– lorsqu'un jugement ou une sentence arbitrale a été rendu contre l'État concerné et que le bien en question est spécifiquement utilisé ou destiné à être utilisé par ledit État autrement qu'à des fins de service public non commerciales et entretient un lien avec l'entité contre laquelle la procédure a été intentée.

Pour l'application de cette dernière disposition, sont notamment considérés comme spécifiquement utilisés ou destinés à être utilisés par l'État à des fins de service public non commerciales, les biens suivants (C. exécution art. L 111-1-2, al. 5) :

– les biens, y compris les comptes bancaires, utilisés ou destinés à être utilisés dans l'exercice des fonctions de la mission diplomatique de l'État ou de ses postes consulaires, de ses missions spéciales, de ses missions auprès des organisations internationales, ou de ses délégations dans les organes des organisations internationales ou aux conférences internationales (pour une application de cette présomption à un litige antérieur à l'entrée en vigueur de l'article susvisé : Cass. 1e civ. 3-2-2021 n° 19-10.669 FP-PI : Rev. arb. 2021.454 note Grandaubert ; pour un refus de saisie des réserves de change appartenant à la banque centrale d'un État étranger sur le fondement de leur insaisissabilité résultant de l'article L 153-1 du Code monétaire et financier : Cass. 1e civ. 12-5-2021 n° 19-13.853 FS-P : RJDA 12/21 n° 792, ne jugeant pas disproportionnée l'atteinte au droit du créancier qui en résulte ; pour un refus de saisie de l'immeuble affecté à résidence de l'ambassadeur d'un État qui a été reconnu par le service du protocole du ministère des affaires étrangères : Cass. 1e civ. 7-7-2021 n° 20-15.994 F-B : D. 2021.pan.1834 obs. Farnoux) ; n'a pas été jugée comme une affectation à une activité commerciale l'affectation de fonds au remboursement de la dette de l'État débiteur (TGI Paris ord. jex 13-2-2018 n° 18/226 : JCP G 2018 n° 24, 687 § 6 obs. Morel-Maroger) ;

– les biens de caractère militaire ou les biens utilisés ou destinés à être utilisés dans l'exercice des fonctions militaires (pour une application à un aéronef militaire appartenant à un État, TGI Paris ord. jex 11-12-2017 n° 17/2329 : JCP G 2018 n° 24, 687 § 8 obs. Morel-Maroger) ;

– les biens faisant partie du patrimoine culturel de l'État ou de ses archives qui ne sont pas mis ou destinés à être mis en vente ;

– les biens faisant partie d'une exposition d'objet d'intérêt scientifique, culturel ou historique qui ne sont pas mis ou destinés à être mis en vente ;

– les créances fiscales ou sociales de l'État.

CHAPITRE 4

ENTREPRISES EN DIFFICULTÉ

SOMMAIRE

SECTION 1
MESURES DE PRÉVENTION DES DIFFICULTÉS DES ENTREPRISES 61020

A. Procédures d'alerte 61020
B. Mandat ad hoc 61050
C. Conciliation avec les créanciers 61100
D. Autres mesures de prévention 61190

SECTION 2
PROCÉDURES COLLECTIVES DE TRAITEMENT DES DIFFICULTÉS 61240

I. Débiteurs éligibles aux procédures collectives 61260
II. Difficultés justifiant l'ouverture d'une procédure collective 61320
A. Sauvegarde 61320
B. Redressement et liquidation judiciaires 61350
III. Ouverture de la procédure collective 61450
A. Tribunal compétent 61450
B. Demande d'ouverture 61490
C. Suites de la saisine du tribunal 61530
D. Décision d'ouverture 61550
E. Extension de la procédure 61630
F. Conversion de la procédure 61670
IV. Période d'observation de la sauvegarde et du redressement judiciaire 61720
A. Présentation générale de la période d'observation 61720
B. Mesures conservatoires 61740
C. Bilan économique, social et environnemental de l'entreprise 61780
D. Administration de l'entreprise 61810
E. Contrats en cours 62000
F. Créances payées à l'échéance ou par privilège 62200
V. Situation personnelle du chef d'entreprise 62270
VI. Situation des créanciers 62340
A. Règles générales 62340
B. Sort des poursuites individuelles des créanciers 62380
C. Cours des intérêts et exigibilité des créances antérieures 62490
D. Interdiction pour les créanciers d'inscrire des sûretés et des droits réels 62515
E. Déclaration des créances 62540
F. Apports de trésorerie durant la procédure collective 62665
G. Responsabilité des créanciers pour les crédits consentis au débiteur 62670
VII. Situation des salariés 62730
VIII. Situation des associés 62750
IX. Détermination du patrimoine de l'entreprise 62800
A. Passif de l'entreprise : vérification et admission des créances 62800
B. Actifs de l'entreprise : Biens revendiqués et annulation des opérations suspectes 62950
X. Plan de sauvegarde ou de redressement 63200
A. Élaboration du plan de sauvegarde ou de redressement 63205
B. Arrêté du plan de sauvegarde ou de redressement 63290
C. Exécution du plan 63380
D. Inexécution du plan 63430
XI. Liquidation judiciaire 63470
A. Situation de l'entreprise en liquidation judiciaire 63480
B. Cession de l'entreprise ou de ses actifs 63630
C. Apurement du passif et clôture de la liquidation judiciaire 64080
D. Liquidation judiciaire simplifiée 64280
XII. Rétablissement professionnel 64350
XIII. Sanctions et déchéances 64470
A. Comblement de passif 64470
B. Faillite personnelle ou interdiction de gérer 64500
C. Banqueroute 64580
XIV. Règles communes aux procédures collectives 64640
A. Responsabilité des mandataires de justice 64640
B. Dispositions générales de procédure 64690

PLURALITÉ DES DISPOSITIFS DE PRÉVENTION ET DE TRAITEMENT DES DIFFICULTÉS DES ENTREPRISES

61000 La loi prévoit un éventail de mesures ou de procédures qui tendent soit à prévenir les difficultés financières que peuvent rencontrer les entreprises, soit à traiter ces difficultés.

Leur mise en œuvre relève, pour certaines, de la seule **initiative** du chef d'entreprise ; pour d'autres, le déclenchement peut être externe et résulter par exemple de l'intervention d'un juge ou d'un créancier de l'entreprise.

Graduées selon la gravité des problèmes rencontrés, ces mesures et procédures peuvent se succéder, notamment en cas d'échec de l'une d'elles, de sous-estimation ou d'aggravation des difficultés de l'entreprise.

Elles sont plus ou moins intrusives dans la **gestion de l'entreprise** : de la simple alerte du chef d'entreprise afin de l'inciter à réagir, en passant par la négociation amiable d'un accord avec les créanciers, elles peuvent aboutir à un total dessaisissement du chef d'entreprise ainsi qu'à la cession ou à la disparition de tout ou partie de l'entreprise. La marge de manœuvre dont disposent les **créanciers** de l'entreprise pour recouvrer leurs créances est elle aussi fonction de la nature de la mesure ou de la procédure mise en œuvre.

La réglementation a un large spectre. Sont concernés tant les **entrepreneurs** personnes physiques que les **personnes morales.** Ne sont pas présentés dans cet ouvrage certains **régimes spéciaux,** tels ceux applicables aux établissements de crédit (C. mon. fin. art. L 613-25 s. et R 613-10 s.), aux entreprises d'assurance (C. ass. art. L 323-8 s.) et aux copropriétés (Loi 65-557 du 10-7-1965 art. 29-1 A s.).

RÉGLEMENTATION APPLICABLE À LA PRÉVENTION ET AU TRAITEMENT DES DIFFICULTÉS DES ENTREPRISES

61003 La réglementation des procédures de prévention et de traitement des difficultés des entreprises a été remaniée en profondeur par la loi 2005-845 du 26 juillet 2005 de sauvegarde des entreprises entrée en vigueur le 1er janvier 2006 (C. com. art. L 610-1 s. et R 600-1 s.) et, depuis, de manière ponctuelle à plusieurs reprises. La dernière réforme significative a aménagé la réglementation concernant l'entrepreneur individuel afin de tenir compte de la séparation de ses patrimoines professionnel et personnel (Loi 2022-172 du 14-2-2022 et Décret 2022-890 du 14-6-2022).

Seul le **régime actuellement applicable** est présenté ici. Les décisions rendues sous l'empire des régimes antérieurs qui sont citées dans les développements lui sont transposables.

La réglementation est d'**ordre public** (CA Paris 13-10-2006 nº 06/03503 : D. 2006.2669.som. obs. Lienhard). Les juges doivent l'appliquer d'office (arrêt précité) et l'entreprise et ses créanciers ne peuvent pas y déroger par contrat. Les comportements tendant à éluder les procédures légales et leurs conséquences sont d'ailleurs sanctionnés.

EXPÉRIMENTATION DES TRIBUNAUX DES ACTIVITÉS ÉCONOMIQUES

61005 La loi d'orientation et de programmation du ministère de la justice 2023-2027 prévoit d'expérimenter pendant 4 ans l'**élargissement des compétences** d'une dizaine de **tribunaux de commerce** (désignés par arrêté ministériel) en matière de prévention et de traitement des difficultés des entreprises, ces tribunaux étant renommés « tribunaux des activités économiques » (TAE ; Loi 2023-1059 du 20-11-2023 art. 26, I). Cette extension de compétence, dont l'entrée en vigueur est subordonnée à la publication du décret d'application et de l'arrêté désignant les tribunaux concernés (art. 26, III-al. 1), remettra en cause l'actuelle répartition de compétence entre les tribunaux de commerce et les tribunaux judiciaires, considérée comme peu lisible, mais seulement pour les débiteurs ayant leur siège ou leur adresse professionnelle dans le ressort des TAE. En effet, ces derniers (ou leur président) seront compétents pour connaître des procédures d'alerte, de mandat ad hoc, de règlement amiable, de conciliation, de sauvegarde, de redressement et de liquidation judiciaire, **quels que soient le statut et l'activité du débiteur en difficulté** (extension donc aux agriculteurs et aux sociétés et groupements civils qui relèvent actuellement des tribunaux judiciaires) ; mais l'extension de compétence ne concernera pas les personnes exerçant la profession d'avocat, de notaire, de commissaire de justice, de greffier de tribunal de commerce, d'administrateur judiciaire ou de mandataire judiciaire (Loi 2023-1059 art. 26, II).

Un tribunal de commerce spécialisé, désigné comme TAE, sera compétent pour les procédures collectives visées nos 61460 s., là encore quels que soient le statut et l'activité du débiteur, sauf pour les professions précitées.

Les **règles de procédure** applicables devant les TAE resteront celles actuellement applicables, notamment en ce qui concerne la répartition de compétence entre le tribunal et son président, la dispense d'avocat et les voies de recours. Si l'introduction d'une instance devant un TAE sera subordonnée au paiement d'une contribution pour la justice économique, cette dernière ne sera toutefois pas due par les personnes demandant l'ouverture d'une procédure de prévention ou de traitement des difficultés des entreprises (Loi 2023-1059 art. 27, al. 2) ; ne seront donc pas visés par cette obligation tant le débiteur que le créancier lorsque ce dernier peut agir (demande de redressement ou de liquidation judiciaire).

En cas de comportement dilatoire ou abusif d'une partie devant le TAE, celle-ci pourra être condamnée au paiement d'une amende civile d'un montant maximal de 10 000 €, sans préjudice des dommages-intérêts qui seraient réclamés (Loi 2023-1059 art. 27, al. 7).

SECTION 1 MESURES DE PRÉVENTION DES DIFFICULTÉS DES ENTREPRISES

A. Procédures d'alerte

ALERTE PAR LE PRÉSIDENT DU TRIBUNAL

Entreprises visées L'alerte par le président du tribunal est applicable à toute entreprise individuelle, commerciale ou artisanale, aux personnes physiques exerçant une activité professionnelle agricole ou indépendante, y compris une profession libérale soumise à un statut législatif ou réglementaire ou dont le titre est protégé, aux sociétés commerciales, aux groupements d'intérêt économique et aux autres personnes morales de droit privé (C. com. art. L 611-2, I et L 611-2-1, al. 1 ; pour plus de précisions sur ces entreprises, nos 61260 s.). 61020

Pour un entrepreneur individuel, l'alerte mise en œuvre depuis le 15 mai 2022 ne peut concerner que son patrimoine professionnel (C. com. art. L 611-17 ; Loi 2022-172 du 14-2-2022 art. 19, I). Pour un EIRL, elle concerne le seul patrimoine affecté à l'activité en difficulté, ou si celle-ci est exercée sans affectation de patrimoine, seulement le patrimoine non affecté (art. L 680-1 et L 680-2).

Par **exception,** le dispositif exposé ci-dessous ne s'applique pas aux personnes qui exercent les professions d'avocat, d'administrateur judiciaire, de mandataire judiciaire ou d'officier public ou ministériel : pour ces personnes, le président se contente d'informer l'ordre professionnel ou l'autorité compétente dont elles relèvent sur les difficultés portées à sa connaissance relativement à la situation économique, sociale, financière et patrimoniale qu'elles rencontrent (art. L 611-2-1, al. 2 et R 611-10-1).

Convocation du débiteur Lorsqu'il résulte de tout acte, document ou procédure qu'une entreprise visée ci-dessus connaît des **difficultés de nature à compromettre la continuité de l'exploitation,** le chef d'entreprise peut être convoqué, sous réserve de la mise en place des tribunaux des activités économiques (no 61005), par le président du tribunal de commerce (société commerciale, GIE, entreprise individuelle commerciale ou artisanale) ou du tribunal judiciaire (dans les autres cas) pour que soient envisagées les mesures propres à redresser la situation (C. com. art. L 611-2, I-al. 1, L 611-2-1, al. 1 et R 611-10). 61022

Est compétent le président du tribunal du lieu du siège du débiteur, personne morale, ou, le cas échéant, du lieu où le débiteur, personne physique, a déclaré l'adresse de son entreprise ou de son activité (art. R 600-2, al. 1).

La convocation est adressée par le greffier par lettre recommandée AR et par lettre simple, un mois au moins à l'avance, accompagnée d'une note par laquelle le président du tribunal expose les faits qui ont motivé son initiative (art. R 611-10).

L'**entretien** est confidentiel (cf. CA Versailles 26-1-1995 no 94-9549 : RJDA 7/95 no 884 écartant la possibilité d'une audience publique) et se tient hors la présence du greffier (C. com. art. R 611-11, al. 1). Mais rien n'empêche le débiteur d'être assisté d'un avocat et/ou d'un expert en matière économique.

Si le chef d'entreprise ne se rend pas à la convocation, un procès-verbal de carence est établi.

Pouvoir d'enquête du président du tribunal Pendant un **délai** de trois mois à compter de l'envoi de la convocation au chef d'entreprise, le président du tribunal peut obtenir communication par les commissaires aux comptes, les membres du comité social et 61024 économique, les administrations publiques, les organismes de sécurité et de prévoyance sociales ainsi que les services chargés de la centralisation des risques bancaires et des incidents de paiement, des **renseignements** de nature à lui donner une exacte information sur la **situation économique et financière** du débiteur (C. com. art. L 611-2, I-al. 2 et R 611-12). Le droit de communication pouvant être exercé « nonobstant toute disposition législative ou réglementaire contraire », les personnes et organismes précités ne peuvent pas opposer le secret professionnel à l'enquête du président. Ils le peuvent après expiration du délai précité.

61026 **Issue de la procédure d'alerte** Le président du tribunal ne peut pas contraindre le chef d'entreprise **à prendre des mesures** propres à mettre un terme aux difficultés rencontrées par celle-ci (cf. C. com. art. L 611-2 aux termes duquel des mesures sont « envisagées » lors de l'entretien). Notamment, il ne peut pas imposer la désignation d'un mandataire ad hoc ou l'ouverture d'une conciliation ou d'une sauvegarde, ces mesures ne pouvant être mises en œuvre qu'à l'initiative du chef d'entreprise (art. L 611-3, al. 1, L 611-6 et L 620-1, al. 1).

Le tribunal ne peut pas non plus se saisir d'office de l'**ouverture d'une procédure** de redressement ou de liquidation judiciaire (n° 61495). Toutefois, s'il a eu connaissance d'éléments faisant apparaître que l'entreprise remplit les conditions pour faire l'objet d'une telle procédure (éléments recueillis lors de l'entretien ou de l'enquête ou encore communiqués par le commissaire aux comptes), le président du tribunal en informe le ministère public (art. L 631-3-1 et L 640-3-1) qui, lui, peut demander l'ouverture de la procédure.

AUTRES PROCÉDURES D'ALERTE

61030 En dehors de l'alerte du président du tribunal de commerce ou judiciaire, la loi prévoit d'autres mécanismes visant à appeler l'attention du chef d'entreprise sur les difficultés rencontrées par celle-ci et dont la mise en œuvre incombe :

– au **groupement de prévention agréé** auquel l'entreprise a éventuellement adhéré (n° 61190) ;

– dans les entreprises d'au moins 50 salariés, au **comité social et économique** (C. trav. art. L 2312-63 à L 2312-66, R 2312-29 et R 2312-30 ; Mémento Social n° 9372) ;

– aux **commissaire aux comptes,** au sein des personnes morales qui sont légalement tenues d'en désigner un ou qui en ont volontairement désigné un (pour les sociétés commerciales – SA, SNC, SARL, SCS, SCA ou SAS – et les GIE, C. com. art. L 234-1, L 234-2, L 251-15 et MSC n°s 90511 s. ; pour les personnes morales de droit privé non commerçantes ayant une activité économique dotées d'un commissaire aux comptes, C. com. art. L 612-3 et MCI n°s 27510 s.) ;

– dans les sociétés par actions (C. com. art. L 225-232 pour les SA et, sur renvoi des art. L 226-1, al. 2 et L 227-1, al. 3 pour les SCA et les SAS) et les SARL (art. L 223-36), aux **associés** qui peuvent poser des questions écrites aux dirigeants (MSC n°s 90530 s.).

L'alerte adressée aux dirigeants par le commissaire aux comptes ou les associés est mise en œuvre en présence de « faits de nature à compromettre la continuité de l'exploitation ». Le comité social et économique peut quant à lui enclencher la procédure d'alerte s'il a connaissance « de faits de nature à affecter de manière préoccupante la situation économique de l'entreprise » ; il n'est donc pas requis que la continuité de l'exploitation soit compromise.

Après avoir alerté les dirigeants, les commissaires aux comptes peuvent informer le président du tribunal si l'urgence commande l'adoption de mesures immédiates que les dirigeants ne sont pas prêts à prendre (C. com. art. L 611-2-2).

B. Mandat ad hoc

DEMANDE DE DÉSIGNATION D'UN MANDATAIRE AD HOC

61050 Un débiteur peut demander au président du **tribunal** de commerce (s'il a une activité commerciale ou artisanale) ou du tribunal judiciaire (dans les autres cas) la désignation d'un mandataire dont la mission est déterminée par ce magistrat (C. com. art. L 611-3).

Sur la remise en cause de cette répartition de compétence par l'expérimentation des tribunaux des activités économiques, n° 61005.

Le tribunal territorialement compétent est déterminé selon les règles exposées n°s 61454 s. (art. R 600-2, al. 2).

La demande, qui doit exposer les raisons qui la motivent, est présentée par écrit et déposée au greffe (art. R 611-18). Dans le silence de la loi, les **difficultés qui peuvent justifier** une telle désignation peuvent être de nature très diverse, tout comme la mission confiée au mandataire. Ce dernier peut ainsi être désigné pour aider le chef d'entreprise à négocier un accord avec ses principaux créanciers en vue d'obtenir des délais de paiement. La désignation du mandataire ad hoc n'est pas subordonnée à l'existence de circonstances rendant impossible le fonctionnement normal de l'entreprise (Cass. 1e civ. 17-10-2012 n° 11-23.153 F-D : RJDA 2/13 n° 123), comme cela est exigé pour la nomination d'un administrateur provisoire. Le président du tribunal n'est pas tenu de faire droit à la demande (cf. art. L 611-3, al. 1, le président « peut » désigner).

La demande de mandat ad hoc présentée par un entrepreneur individuel depuis le 15 mai 2022 ne peut concerner que son patrimoine professionnel (C. com. art. L 611-17 ; Loi 2022-172 du 14-2-2022 art. 19, I). Pour un EIRL, elle concerne le seul patrimoine affecté à l'activité en difficulté, ou si celle-ci est exercée sans affectation de patrimoine, seulement le patrimoine non affecté (art. L 680-1 et L 680-2).

Le débiteur peut faire appel de la décision refusant la désignation du mandataire dans les mêmes conditions que celles exposées n° 61110 pour la désignation du conciliateur (art. R 611-20 et, sur renvoi, art. R 611-26).

Le chef d'entreprise n'est pas tenu d'informer le **comité social et économique** de la désignation du mandataire (art. L 611-3, al. 3). Mais la décision nommant le mandataire est communiquée aux **commissaires aux comptes** lorsqu'il en a été désigné dans l'entreprise (art. L 611-3, al. 1).

Sur l'information de l'AMF et des marchés lorsqu'une **société « cotée »** demande un mandat ad hoc, Position-recommandation AMF 2016-08.

Afin de faciliter le recours au mandat ad hoc, est réputée non écrite toute **clause** (C. com. art. L 611-16 ; Arrêté JUSC1410157A du 25-7-2014) : **61052**

– qui modifie les conditions de poursuite d'un **contrat en cours** en diminuant les droits ou en aggravant les obligations du débiteur du seul fait de la désignation d'un mandataire ad hoc (ou d'une conciliation) ou d'une demande formée à cette fin ;

– mettant à la charge du débiteur, du seul fait de la désignation du mandataire, les **honoraires du conseil auquel le créancier a fait appel** dans le cadre de ces procédures pour la quote-part excédant les trois quarts des honoraires du conseil.

CHOIX ET RÉMUNÉRATION DU MANDATAIRE

Le **débiteur** peut **proposer** le nom d'un **mandataire** ad hoc (C. com. art. L 611-3, al. 1). Toutefois, ne peut pas être désignée une personne ayant, au cours des 24 mois précédents, perçu, à quelque titre que ce soit, directement ou indirectement, une rémunération ou un paiement de la part du débiteur intéressé, de tout créancier du débiteur ou d'une personne qui en détient le contrôle ou est contrôlée par lui au sens de l'article L 233-16 du Code de commerce, sauf s'il s'agit d'une rémunération perçue au titre d'un mandat ad hoc ou d'un mandat de justice confié dans le cadre d'une procédure de règlement amiable ou de conciliation à l'égard du même débiteur ou du même créancier ou de la rémunération perçue au titre d'un mandat de justice, autre que celui de commissaire à l'exécution du plan, confié dans le cadre d'une procédure de sauvegarde ou de redressement judiciaire (art. L 611-13). Un juge consulaire en fonction ou ayant quitté ses fonctions depuis moins de cinq ans ne peut pas être désigné comme mandataire ad hoc (art. précité). **61055**

L'existence d'une rémunération ou d'un paiement de la part d'un entrepreneur individuel ou d'un EIRL s'apprécie au regard de tous les patrimoines de celui-ci (même art.).

Après avoir recueilli l'accord du débiteur, le président du tribunal fixe les conditions de **rémunération** du mandataire ad hoc lors de la désignation de l'intéressé, en **fonction** des **diligences** nécessaires à l'accomplissement de sa mission ; sa rémunération, qui ne peut ni être liée au montant des abandons de créances obtenus ni faire l'objet d'un forfait pour ouverture du dossier, est arrêtée à l'issue de la mission par ordonnance du président du tribunal (C. com. art. L 611-14, al. 1 ; sur les modalités de cette rémunération, art. R 611-47 à R 611-52). **61057**

En l'absence d'indication d'un montant maximal dans les propositions des parties et l'ordonnance de désignation, la rémunération du mandataire ad hoc est arrêtée librement par le juge taxateur, en considération des seules diligences accomplies et des frais engagés (Cass. com. 3-10-2018 n° 17-14.522 F-PB : RJDA 1/19 n° 32).

Les **recours** contre la décision arrêtant la rémunération sont portés devant le premier président de la cour d'appel (art. L 611-14, al. 2), dans les conditions fixées par l'article R 611-50.

EFFETS DE LA DÉSIGNATION DU MANDATAIRE AD HOC

La désignation d'un mandataire ad hoc n'a pas pour effet de dessaisir de ses **pouvoirs** le **chef d'entreprise** qui seul a qualité pour demander celle-ci (Cass. com. 15-3-2017 n° 15-12.742 F-PB : RJDA 6/17 n° 405). Elle n'exonère pas ce dernier de son obligation de déclarer l'état de cessation des paiements de l'entreprise (Cass. com. 10-5-2005 n° 04-11.554 F-D : RJDA 8-9/05 n° 1025 ; Cass. com. 17-6-2020 n° 19-10.341 F-PB : RJDA 10/20 n° 517 ; sur cette obligation, n° 61500). **61060**

Elle ne suspend pas les éventuelles **procédures engagées par** les **créanciers** contre l'entreprise. Un créancier appelé à négocier dans le cadre d'une procédure de mandat ad hoc n'est pas tenu d'accepter les propositions du mandataire (Cass. com. 22-9-2015 n° 14-17.377 : RJDA 1/16 n° 42). Le débiteur peut toujours demander au juge des délais de paiement en application de l'article 1343-5 du Code civil.

La **durée** du mandat ad hoc n'est pas encadrée par la loi. Sur demande du débiteur, le président du tribunal met fin sans délai à la mission du mandataire ad hoc (C. com. art. R 611-21).

CONFIDENTIALITÉ DU MANDAT AD HOC

61062 Toute personne qui est appelée à un mandat ad hoc ou qui, par ses fonctions, en a connaissance est tenue à la confidentialité (C. com. art. L 611-15) et s'expose, en cas de **violation,** à une action en responsabilité civile et, le cas échéant, aux **sanctions** pénales prévues par l'article 226-13 du Code pénal (un an d'emprisonnement et 15 000 € d'amende) si elle est par ailleurs soumise au secret professionnel. Tel est par exemple le cas des avocats et des établissements de crédit.

L'obligation de confidentialité ne cesse pas avec l'ouverture d'une procédure collective (sauf à l'égard du tribunal qui ouvre cette procédure moins de 18 mois après le mandat ou la conciliation ; C. com. art. L 621-1, dernier al., L 631-7, al. 1 et L 641-1, I-al. 1) et peut être invoquée entre les participants à la conciliation (Cass. com. 5-10-2022 n° 21-13.108 FB : RJDA 1/23 n° 40).

A méconnu la confidentialité le mandataire ad hoc de la société débitrice qui a remis à la caution de celle-ci une attestation dans laquelle il stigmatisait l'attitude du créancier garanti lors des négociations (Cass. com. 22-9-2015 n° 14-17.377 : RJDA 1/16 n° 42), ainsi que l'organe de presse qui a diffusé des informations sur les négociations en cours dans le cadre d'un mandat ad hoc puis d'une conciliation dès lors qu'il n'était pas établi que ces informations relevaient d'un débat d'intérêt général (Cass. com. 15-12-2015 n° 14-11.500 : RJDA 3/16 n° 210 ; Cass. com. 13-2-2019 n° 17-18.049 FS-PBI : RJDA 5/19 n° 351 ; Cass. com. 13-6-2019 n° 18-10.688 FS-PB : RJDA 10/19 n° 642, rendus dans la même affaire). La révélation par un organe de presse d'une information ne saurait constituer un trouble manifestement illicite que s'il apparaît, avec l'évidence requise en référé, qu'elle ne contribue pas à l'information légitime du public sur un débat d'intérêt général (CA Paris 6-6-2019 n° 18/03063).

Jugé que le **refus du dirigeant** d'une société **de communiquer,** à l'expert désigné par le comité de groupe dans le cadre de l'examen des comptes annuels, des **documents** relatifs au mandat ad hoc mis en œuvre par la société ne constituait pas un trouble manifestement illicite dès lors que les documents réclamés relevaient de l'obligation de confidentialité précitée et que l'expert ne prouvait pas qu'il lui manquait des informations pour remplir sa mission (Cass. soc. 9-10-2019 n° 18-15.305 FS-PB : RJDA 2/20 n° 86).

C. Conciliation avec les créanciers

1. OUVERTURE DE LA CONCILIATION

ENTREPRISES VISÉES

61100 Peuvent bénéficier de la procédure de conciliation les **personnes physiques** exerçant une activité commerciale, artisanale ou une activité professionnelle indépendante, y compris une profession libérale soumise à un statut législatif ou réglementaire ou dont le titre est protégé, ainsi que les personnes **morales** de droit privé, dans la mesure où elles éprouvent une **difficulté** juridique, économique ou financière, avérée ou prévisible, et ne se trouvent pas en cessation des paiements depuis plus de 45 jours (C. com. art. L 611-4 et L 611-5). Cette dernière condition s'apprécie à la date à laquelle le juge statue sur l'ouverture de la procédure (CA Versailles 15-11-2022 n° 22/04167).

La demande de conciliation présentée par un entrepreneur individuel depuis le 15 mai 2022 ne peut concerner que son patrimoine professionnel (art. L 611-17 ; Loi 2022-172 du 14-2-2022 art. 19, I). Pour un EIRL, elle concerne le seul patrimoine affecté à l'activité en difficulté, ou si celle-ci est exercée sans affectation de patrimoine, seulement le patrimoine non affecté (art. L 680-1 et L 680-2).

La conciliation n'est pas applicable aux personnes exerçant une **activité agricole** individuellement ou sous une forme autre qu'une société commerciale ; celles-ci bénéficient d'une procédure spécifique de règlement amiable, régie par les articles L 351-1 s. du Code rural et de la pêche maritime (C. com. art. L 611-5, al. 2).

DEMANDE DE DÉSIGNATION D'UN CONCILIATEUR

61105 Seul le débiteur (personne physique) ou le représentant légal de la personne morale débitrice est habilité à demander l'ouverture de la procédure de conciliation à l'exclusion de toute autre personne ou institution, telle que le tribunal (ou son président), le ministère public, l'organe représentant les salariés ou un créancier.

Le débiteur adresse ou remet au président du tribunal une **requête** exposant sa situation économique, financière, sociale et patrimoniale, ses besoins de financement ainsi que, le cas échéant, les moyens d'y faire face (C. com. art. L 611-6, al. 1 ; pour plus de détails, sur le contenu de la demande et les pièces à joindre, art. R 611-22 et R 611-26-2).

Sous réserve de la compétence attribuée aux tribunaux des activités économiques (n° 61005), le président du **tribunal** de commerce est **compétent** pour les débiteurs exerçant une activité commerciale ou artisanale et celui du tribunal judiciaire dans les autres cas (C. com. art. L 611-4 et L 611-5, al. 1). Sur le tribunal territorialement compétent, n°s 61454 s. 61107

Si le débiteur est une société répondant aux critères exposés n° 61462, son dirigeant peut saisir un tribunal de commerce spécialisé (art. L 721-8, 4°). Le dossier peut aussi être transféré à l'un de ces tribunaux à la demande du procureur de la République ou par décision du président du tribunal de commerce (art. L 721-8, 4° et R 611-23-1).

NOMINATION DU CONCILIATEUR

Le président du tribunal **ouvre la procédure** de conciliation en désignant un conciliateur, le débiteur pouvant lui en proposer un (C. com. art. L 611-6, al. 1) ou récuser celui désigné par le président (art. L 611-6, al. 4 et R 611-27 à R 611-34-1). 61110

La décision ouvrant la procédure est susceptible d'**appel** de la part du seul ministère public (art. L 611-6, al. 3) tandis que celle refusant la désignation du conciliateur peut faire l'objet d'un appel de la part du débiteur (art. R 611-26). Ce dernier fait appel, avec ou sans avocat, par déclaration faite ou adressée au greffe du tribunal par lettre recommandée AR (art. R 611-26), dans un délai de dix jours à compter de la notification de la décision (art. R 661-3). Si le président du tribunal n'a pas modifié sa décision dans un délai de cinq jours, la déclaration d'appel est transmise à la cour d'appel (art. R 611-26).

Les personnes ne pouvant pas être désignées comme conciliateur sont les mêmes qu'en cas de mandat ad hoc (art. L 611-14 ; n° 61055) ; pour l'entrepreneur individuel et l'EIRL, ces incompatibilités sont appréciées en considération de tous les patrimoines dont il est titulaire (art. R 611-46-1). La rémunération du conciliateur est fixée dans les mêmes conditions que celle du mandataire ad hoc (art. L 611-13 ; n° 61057).

La **décision** ouvrant la conciliation est **communiquée** au ministère public et, si le débiteur est soumis au contrôle légal de ses comptes, aux commissaires aux comptes ; lorsque le débiteur exerce une profession libérale soumise à un statut législatif ou réglementaire ou dont le titre est protégé, la décision est également communiquée à l'ordre professionnel ou à l'autorité compétente dont, le cas échéant, il relève ; mais le débiteur n'est pas tenu d'informer le comité social et économique de l'ouverture de la procédure (art. L 611-6, al. 3). Les sociétés « cotées » qui font l'objet d'une procédure de conciliation sont invitées, au titre de l'obligation d'information financière des marchés qui pèse sur elles, à en informer l'AMF (Recommandation AMF 2016-08 du 26-10-2016).

Les **clauses** qui aggravent les obligations contractuelles de l'entreprise en cas de conciliation ou qui mettent à sa charge la rémunération du conseil de son créancier sont neutralisées dans les mêmes conditions que celles exposées n° 61052 pour le mandat ad hoc (art. L 611-16).

DURÉE DE LA PROCÉDURE DE CONCILIATION

La procédure de conciliation est de quatre mois au maximum, mais elle peut, par une décision motivée du président du tribunal, être prorogée une fois à la demande du conciliateur sans que la durée totale de la procédure excède cinq mois (C. com. art. L 611-6, al. 2). 61112

Si une demande de constatation ou d'homologation de l'accord conclu sous l'égide du conciliateur a été formée avant l'expiration de cette période, la mission du conciliateur et la procédure sont prolongées jusqu'à la décision, selon le cas, du président ou du tribunal ; à défaut, elles prennent fin de plein droit et une nouvelle conciliation ne peut pas être ouverte dans les trois mois qui suivent (art. précité). Rien n'interdit au débiteur de solliciter alors la désignation d'un mandataire ad hoc.

POUVOIRS D'INVESTIGATION DU PRÉSIDENT DU TRIBUNAL

Après l'ouverture de la conciliation et à tout moment de cette procédure, le président du tribunal peut obtenir communication de tout **renseignement** lui permettant d'apprécier la **situation** économique, financière, sociale et patrimoniale **du débiteur** et ses perspectives de règlement, notamment par les commissaires aux comptes, les experts-comptables, les notaires, les membres et représentants du personnel, les administrations et organismes publics, les organismes de sécurité et de prévoyance sociales, les établissements de crédit, les sociétés de financement, les établissements de monnaie électronique ou de paiement, les services chargés de centraliser les risques bancaires et les incidents de paiement et les entreprises d'assurance mentionnées à l'article L 310-2 du Code des assurances pratiquant les opérations d'assurance-crédit (C. com. art. L 611-6, al. 5 et R 611-24). Le droit de communication pouvant être exercé « nonobstant toute disposition législative ou réglementaire contraire », les personnes et organismes précités ne peuvent pas opposer le secret professionnel à l'enquête du président. 61115

Le président du tribunal peut en outre charger un **expert** de son choix d'établir un rapport sur la situation économique, financière, sociale et patrimoniale du débiteur (art. L 611-6, al. 5 ; sur la rémunération de l'expert et le recours contre la décision y afférente, art. L 611-14, al. 1).

Le président communique au conciliateur les renseignements qu'il a obtenus à la suite de ses enquêtes et, le cas échéant, le résultat de l'expertise (art. L 611-7, al. 2).

CONFIDENTIALITÉ DE LA CONCILIATION

61117 Toute personne appelée à une procédure de conciliation ou qui, par ses fonctions, en a connaissance est tenue à la confidentialité dans les mêmes conditions que celles exposées n° 61062 en matière de mandat ad hoc (C. com. art. L 611-15).

2. DÉROULEMENT DE LA CONCILIATION

MISSION DU CONCILIATEUR

61120 Le conciliateur a pour mission de favoriser la conclusion entre le débiteur et ses principaux créanciers, ainsi que, le cas échéant, ses cocontractants habituels, d'un **accord amiable destiné à mettre fin aux difficultés** de l'entreprise ; il peut également présenter toute proposition se rapportant à la sauvegarde de l'entreprise, à la poursuite de l'activité économique et au maintien de l'emploi (C. com. art. L 611-7, al. 1).

Le conciliateur peut être chargé, à la demande du débiteur et après avis des créanciers participants, d'une mission ayant pour objet l'organisation d'une **cession** partielle ou totale **de l'entreprise** qui pourrait être mise en œuvre, le cas échéant, dans le cadre d'une procédure ultérieure de sauvegarde, de redressement ou de liquidation judiciaire (art. précité ; sur les modalités de cette demande, art. R 611-26-2).

Il doit également aider le débiteur à préparer un état de l'intégralité des frais mis à la charge de celui-ci dans le cadre de la procédure (C. com. art. R 611-39-1).

PARTICIPANTS À LA CONCILIATION

61122 La conciliation vise à obtenir un accord avec les principaux **créanciers** du débiteur et, le cas échéant, ses **cocontractants** habituels (C. com. art. L 611-7, al. 1), tel le bailleur des locaux d'exploitation. Peuvent ainsi être appelés à participer à la conciliation les **garants** susceptibles de donner leur accord sur de nouveaux financements ou sur des délais de paiement qui les engagent pour une durée allongée, les fournisseurs non créanciers qui peuvent accepter des délais de paiement ou encore les **associés** ou actionnaires, actuels ou nouveaux, qui peuvent apporter des avances en compte courant, s'engager à recapitaliser l'entreprise ou accepter l'incorporation de leurs créances au capital (Rapport AN n° 2095 relatif à la loi 2005-845 du 26-7-2005).

61124 L'**administration fiscale** et les **organismes sociaux** participent à la conciliation selon des modalités particulières : le débiteur ou le conciliateur doit saisir d'une demande de remise de dettes la commission des chefs des services financiers et des représentants des organismes de sécurité sociale et de l'assurance chômage (CCSF) dans un délai de cinq mois à compter de la date d'ouverture de la conciliation, sous peine de forclusion ; la demande ne peut pas être faite après la fin de la procédure (C. com. art. D 626-12, qui fixe le contenu de la demande). Des remises peuvent être accordées dans les conditions fixées par les articles L 626-6 et D 626-9 s. du Code de commerce (art. L 611-7, al. 3 ; n° 63250).

POURSUITES DES CRÉANCIERS EN COURS DE CONCILIATION

61126 L'ouverture de la conciliation n'emporte pas la suspension des poursuites individuelles des créanciers contre le débiteur (Cass. 3e civ. 10-12-2008 n° 07-19.899 FS-PB : RJDA 2/09 n° 77) ; cette suspension n'intervient qu'en cas de constatation ou d'homologation judiciaire d'un accord amiable et elle n'est pas générale.

Toutefois, un créancier ou le ministère public ne peut pas demander la mise en redressement ou en liquidation judiciaire du débiteur tant que la conciliation est en cours (C. com. art. L 631-5 et L 640-5). L'entreprise peut ainsi échapper à ces procédures jusqu'à la clôture de la conciliation et, au maximum, pendant six mois et demi après la cessation des paiements (45 jours, plus 5 mois de procédure).

L'ouverture de la conciliation suspend l'obligation du débiteur de déclarer l'état de cessation des paiements dans les 45 jours de sa survenance (art. L 631-4 et L 640-4). Mais, même si la conciliation a donné lieu à un accord amiable, elle n'interdit pas au chef d'entreprise de solliciter l'ouverture d'une procédure collective. L'existence d'une conciliation est une condition d'ouverture d'une procédure de sauvegarde accélérée.

Octroi de délais de paiement en cours de conciliation Au cours de la procédure, le débiteur peut demander au juge qui a ouvert celle-ci des délais de grâce d'une **durée** maximale de deux ans lorsqu'un créancier l'a mis en demeure ou poursuivi, ou n'a pas accepté, dans le délai imparti par le conciliateur, la demande faite par ce dernier de suspendre l'exigibilité de la créance (C. com. art. L 611-7, al. 5 et, sur renvoi, C. civ. art. 1343-5). Dans ce dernier cas, le juge peut reporter ou échelonner le règlement des créances non échues dans la limite de la durée de la mission du conciliateur (art. L 611-7, al. 5). 61130

En pratique, le **débiteur assigne** le créancier devant le président du tribunal ; celui-ci statue selon la procédure accélérée au fond après avoir recueilli les observations du conciliateur (art. R 611-35, al. 1). La demande est, le cas échéant, communiquée à la juridiction saisie de la poursuite, qui sursoit à statuer jusqu'à la décision se prononçant sur les délais (art. précité).

Le juge peut subordonner la durée des délais à la conclusion d'un accord entre les créanciers (art. L 611-7, al. 5). Mais il ne peut pas accorder de délais alors que la clause de résiliation de plein droit figurant dans le contrat liant le créancier au débiteur est acquise (Cass. 3e civ. 10-12-2008 n° 07-19.899 FS-PB : RJDA 2/09 n° 77 à propos d'un bail commercial) ni pour une dette ancienne et en constante augmentation alors que le débiteur n'est pas en mesure de régler ses charges courantes (CA Toulouse 26-5-2014 n° 14/01548 : Rev. proc. coll. 2015 n° 6 § 177 note Delattre). Il ne peut pas non plus obliger le créancier à consentir une nouvelle avance au débiteur (CA Orléans 22-2-2007 n° 07/00236 : RJDA 6/07 n° 636), ni condamner le débiteur à payer ses créanciers (CA Orléans 20-12-2007 n° 07/00840 : RJDA 4/08 n° 434).

En l'absence de disposition contraire du Code de commerce, le créancier auquel des délais ont été imposés peut faire **appel** de la décision (Cass. com. 25-10-2023 n° 22-15.776 F-B).

EXTINCTION DE LA PROCÉDURE DE CONCILIATION

La procédure de conciliation prend fin : 61135

- à l'expiration de la durée fixée par le tribunal pour la mission du conciliateur (n° 61112) ;
- dès que le débiteur en fait la demande au président du tribunal qui le décide sans délai (C. com. art. R 611-37) ;
- à la demande du conciliateur, en cas d'impossibilité de parvenir à un accord (art. L 611-7, al. 6 et R 611-38-2) ou lorsque le débiteur a rejeté les propositions qu'il lui a faites et qu'il estime indispensables (art. R 611-36) ;
- par la constatation ou l'homologation de l'accord (art. L 611-8, I et L 611-10, al. 1) ;
- dès l'ouverture d'une procédure de sauvegarde, de redressement ou de liquidation judiciaire (art. R 611-38-1) à la demande du débiteur (n° 61126).

La décision qui met fin à la procédure de conciliation n'est pas susceptible de recours (art. R 611-38).

La fin de la conciliation autorise un créancier et le ministère public à demander la mise en redressement ou en liquidation judiciaire de l'entreprise mais seulement si les conditions d'ouverture de ces procédures sont remplies.

3. CONCLUSION D'UN ACCORD AMIABLE

INTERVENTION DU JUGE

L'**accord** obtenu sous l'égide du conciliateur peut être soit **constaté,** soit **homologué par le juge.** Ces deux procédures se distinguent par leur publicité. En outre, seule l'homologation met un terme à l'interdiction bancaire frappant l'entreprise et permet à certains créanciers de bénéficier d'un privilège particulier. 61140

Le président du tribunal qui constate ou homologue l'accord peut, à la demande du débiteur, désigner le conciliateur en tant que **mandataire à l'exécution de l'accord** pendant la durée de celui-ci (C. com. art. L 611-8, III). La rémunération au titre de ce mandat est fixée dans les mêmes conditions que celles exposées n° 61057 pour le mandat ad hoc (art. L 611-14).

CONSTATATION JUDICIAIRE DE L'ACCORD

La constatation de l'accord par le président du tribunal se fait à la requête conjointe des parties (c'est-à-dire du débiteur et des créanciers qui ont accepté l'accord) et donne force exécutoire à l'accord ; elle ne fait l'objet ni de publicité ni de voie de recours et met fin à la procédure (C. com. art. L 611-8, I). 61142

L'accord et ses annexes (notamment la déclaration certifiée du débiteur qu'il n'est pas en cessation des paiements lors de la conclusion de l'accord ou que ce dernier y met fin) sont déposés au greffe du tribunal ; des copies ne peuvent être délivrées qu'aux parties et aux personnes qui peuvent se prévaloir de l'accord (art. R 611-39, al. 2).

Effets sur les recours des créanciers Pendant la durée de son exécution, l'accord constaté (ou homologué) interrompt ou interdit toute action en justice et arrête ou interdit 61145 toute **poursuite** individuelle sur les biens **du débiteur** de la part des créanciers participants pour obtenir le paiement des **créances objet de l'accord** (C. com. art. L 611-10-1). Les intérêts échus de ces créances ne peuvent produire des intérêts. L'accord interrompt, pour la même durée, les délais impartis aux créanciers parties à l'accord à peine de déchéance ou de résolution des droits afférents aux créances mentionnées par l'accord (art. précité).

Si un créancier appelé à la conciliation met en demeure ou poursuit le débiteur pour une **créance non visée par l'accord,** le débiteur peut demander des délais de paiement (cf. C. civ. art. 1343-5) au président du tribunal ayant ouvert la procédure (C. com. art. L 611-10-1, al. 2). Aucun délai ne peut toutefois être imposé à l'administration fiscale et aux organismes sociaux (même art.).

61147 Les personnes **coobligées du débiteur ou ayant consenti une sûreté** personnelle (tel un cautionnement) ou ayant affecté ou cédé un bien en garantie des dettes de celui-ci, ce qui est souvent le cas du dirigeant de la société débitrice, peuvent se prévaloir de l'accord constaté et des délais de paiement accordés au débiteur pendant la phase de conciliation, ainsi que ceux octroyés au cours de l'exécution de l'accord (C. com. art. L 611-10-2, al. 1 et, sur renvoi, art. L 611-7, al. 5 et L 611-10-1, al. 2).

61150 **Inexécution de l'accord par le débiteur** En cas d'inexécution des engagements résultant de l'accord, le président du tribunal prononce, à la demande de l'une des parties, la **résolution de l'accord** ; il peut aussi prononcer la déchéance des délais de paiement qu'il a accordés au cours de la conciliation ou de l'exécution de l'accord (C. com. art. L 611-10-3, al. 1 et 3). Mais la résolution de l'accord ne prive pas d'effet les clauses dont l'objet est d'en organiser les conséquences (art. L 611-10-4).

La demande de résolution est introduite par assignation ; doivent être mises en cause, par le demandeur ou sur injonction du tribunal, toutes les parties à l'accord ainsi que les créanciers auxquels des délais de paiement ont été imposés (art. R 611-46, al. 1).

La décision prononçant la résolution fait l'objet d'une insertion au Bodacc et d'un avis dans un support d'annonces légales du lieu du siège social (art. R 611-46, al. 3). Elle est portée par le greffier à la connaissance des créanciers auxquels des délais de paiement ont été imposés.

L'inexécution de l'accord ne permet pas, à elle seule, aux créanciers de demander la **mise en redressement ou en liquidation judiciaire du débiteur** ; il faut en outre que les conditions d'ouverture de ces procédures soient remplies. Si une procédure collective est ouverte contre le débiteur, elle met fin de plein droit à l'accord (art. L 611-12) avec les conséquences exposées n° 61170.

HOMOLOGATION DE L'ACCORD

61160 **Modalités** L'homologation de l'accord doit être **demandée par le débiteur** (C. com. art. L 611-8, II). Il est alors tenu d'informer le comité social et économique du contenu de l'accord (art. L 611-8-1).

L'accord est homologué si les **conditions** suivantes sont remplies (art. L 611-8, II) :

- l'entreprise n'est plus en état de cessation des paiements ou l'accord met fin à cet état ;
- l'accord est de nature à assurer la pérennité de l'activité de l'entreprise ;
- l'accord ne porte pas atteinte aux droits des créanciers non signataires.

Le tribunal statue sur l'homologation, après avoir entendu ou dûment appelé en chambre du conseil le débiteur, les créanciers parties à l'accord, la ou les personnes désignées par le comité social et économique, le conciliateur et le ministère public ; l'ordre professionnel ou l'autorité compétente dont relève, le cas échéant, le débiteur qui exerce une profession libérale soumise à un statut législatif ou réglementaire ou dont le titre est protégé, est entendu ou appelé dans les mêmes conditions ; ces personnes peuvent prendre connaissance de l'accord au greffe du tribunal (art. L 611-9, al. 1 et R 611-40). Le tribunal peut aussi entendre toute autre personne dont l'audition lui paraît utile (art. L 611-9, al. 2).

61162 **Publicité et recours** Le **jugement d'homologation** – qui ne reprend pas les termes de l'accord mais mentionne les garanties et privilèges constitués pour en assurer l'exécution et précise les montants garantis par le « privilège de conciliation » (n° 61175) (C. com. art. R 611-40, al. 2) – est **déposé au greffe** du tribunal où tout intéressé peut en prendre connaissance (art. L 611-10, al. 2 et R 611-43). Le greffier du tribunal procède à la publicité requise (insertion au Bodacc ; publication d'un avis dans un support d'annonces légales du lieu où le débiteur a son siège ou, s'il s'agit d'une personne physique, l'adresse de son entreprise ou de son activité).

Le contenu de l'accord ne peut être communiqué qu'aux parties et aux personnes qui peuvent s'en prévaloir ; il ne peut être communiqué au tiers opposant qu'une fois la tierce opposition déclarée recevable (art. R 611-44, al. 1). Si la société débitrice est soumise au contrôle légal des comptes, l'accord homologué est transmis par le greffier au commissaire aux comptes (art. L 611-10, al. 2, R 611-43 et R 611-44, al. 2).

Le jugement d'homologation est susceptible d'appel de la part du ministère public et, en cas de contestation relative au privilège de conciliation, de la part des parties à l'accord ; il peut également être frappé de tierce opposition (art. L 611-10, al. 2 et R 611-42).

Le jugement **rejetant l'homologation** ne fait pas l'objet d'une publication ; il est susceptible d'appel (art. L 611-10, al. 2).

Effets L'homologation de l'accord a les mêmes effets que sa constatation judiciaire en ce qui concerne les **poursuites des créanciers** (nos 61145 s.) mais elle confère certains avantages aux créanciers signataires si le débiteur fait ensuite l'objet d'une procédure collective (nos 61175 s.). **61165**

En outre, elle emporte la levée de plein droit de l'**interdiction d'émettre des chèques** mise en œuvre à l'occasion du rejet d'un chèque émis avant l'ouverture de la procédure de conciliation (C. com. art. L 611-10-2, al. 2). Si le débiteur est un EIRL, cette interdiction est levée sur les comptes afférents au patrimoine visé par la procédure (art. précité).

En pratique, le débiteur justifie de la levée de l'interdiction auprès de la banque qui est à l'origine de cette mesure par la remise d'une copie du jugement homologuant l'accord, à laquelle il joint un relevé des incidents de paiement ; cette banque informe la Banque de France de la levée de l'interdiction aux fins de régularisation (art. R 611-45).

L'**inexécution de l'accord** homologué est sanctionnée dans les conditions exposées n° 61150.

4. OUVERTURE D'UNE PROCÉDURE COLLECTIVE APRÈS LA CONCILIATION

EXTINCTION DE L'ACCORD CONCLU AVEC LES CRÉANCIERS

L'ouverture d'une sauvegarde, d'un redressement ou d'une liquidation judiciaire à l'égard du débiteur met fin de plein droit à l'accord constaté ou homologué dans le cadre de la conciliation (C. com. art. L 611-12). **61170**

En ce cas, les créanciers recouvrent l'intégralité de leurs créances et sûretés, déduction faite des sommes qu'ils ont perçues, et ils bénéficient le cas échéant du privilège exposé ci-dessous dans la nouvelle procédure (art. précité). Toutefois, la caducité ou la résolution de l'accord ne prive pas d'effet les clauses dont l'objet est d'en organiser les conséquences (C. com. art. L 611-10-4).

Le créancier qui a consenti des délais ou des remises de dettes dans le cadre de l'accord de conciliation ne conserve pas le bénéfice des nouvelles sûretés obtenues dans le cadre de l'accord en contrepartie de ces délais ou de ces abandons de créances (Cass. com. 25-9-2019 n° 18-15.655 FS-PB : RJDA 2/20 n° 106). En revanche, s'il a consenti pour les besoins de l'accord une avance donnant naissance à une nouvelle créance, garantie par un cautionnement, le créancier peut demander l'exécution de ce cautionnement en dépit de la caducité de l'accord (Cass. com. 26-10-2022 n° 21-12.085 FS-B : RJDA 1/23 n° 39) ; il en est de même s'il a consenti un nouveau prêt garanti par un billet à ordre (Cass. com. 8-3-2023 n° 21-19.202 F-D : RJDA 5/23 n° 265).

PRIVILÈGE DES CRÉANCIERS

Lorsque, après avoir bénéficié d'une conciliation, le débiteur fait l'objet d'une procédure de sauvegarde, de redressement ou de liquidation judiciaire, bénéficient d'un privilège de paiement les créanciers qui ont accordé à l'entreprise, dans le cadre d'une conciliation ayant abouti à un accord homologué, un **nouvel apport en trésorerie** (ou la fourniture d'un **nouveau bien ou service**) en vue d'assurer la poursuite et la pérennité de l'activité de l'entreprise. Ces créanciers seront en effet payés dans le cadre de la procédure collective, à hauteur du montant de l'apport (ou du prix du bien ou du service), avant les autres créances après versement des subsides dus au débiteur personne physique ou au dirigeant de la personne morale débitrice, et le paiement de certaines créances salariales, des frais de justice afférents à cette procédure et des sommes dues aux producteurs agricoles (C. com. art. L 611-11, al. 1 et, sur renvoi, art. L 622-17, II et L 643-8, I). **61175**

Ce privilège, dit de conciliation ou de « new money », ne profite pas (art. L 611-11) :

- aux associés et actionnaires ayant consenti des apports dans le cadre d'une augmentation de capital ;
- aux créanciers signataires pour leurs concours antérieurs à l'ouverture de la conciliation (pour une application, CA Montpellier 2-2-2010 n° 09/07510 : JCP E 2010.1875 note Lebel) ;
- aux personnes ayant procédé à un apport ou à une fourniture de biens ou de services si l'accord amiable n'a fait l'objet que d'une constatation judiciaire.

Le privilège peut être invoqué par le créancier à **condition** qu'il l'ait porté à la connaissance des organes de la procédure collective dans un délai dont la durée varie selon la nature de la procédure ouverte (art. L 622-17, IV en cas de sauvegarde ou de redressement judiciaire ; art. L 641-13, III en cas de liquidation judiciaire).

Le privilège peut encore être invoqué lorsque le débiteur a été mis sous sauvegarde, puis en liquidation judiciaire après résolution du plan de sauvegarde (CA Paris 6-10-2017 n° 16/20078 : RJDA 2/18 n° 141).

Par ailleurs, le créancier bénéficiant de ce privilège ne peut se voir imposer, sans son consentement, ni les délais de paiement uniformes que le tribunal peut prescrire à certains créanciers récalcitrants (art. L 626-20, I-3°) ni les délais et remises votés par les classes de parties affectées (art. L 626-30-2, al. 2).

MAINTIEN DES ACTES PASSÉS EN VERTU DE L'ACCORD

61180 Dans la mesure où la date de cessation des paiements d'un débiteur ne peut pas être reportée, sauf cas de fraude, à une date antérieure à la décision définitive d'**homologation de l'accord** conclu avec ses créanciers dans le cadre d'une conciliation (C. com. art. L 631-8, al. 2), les actes contenus dans cet accord ou effectués en vertu de celui-ci (tels les paiements faits par le débiteur aux créanciers signataires) ne peuvent pas tomber sous le coup des nullités de la période suspecte si le débiteur est ensuite mis en redressement ou en liquidation judiciaire.

Tel n'est pas le cas si l'accord a seulement fait l'objet d'une **constatation** judiciaire, peu important l'absence de fraude.

D. Autres mesures de prévention

ADHÉSION À UN GROUPEMENT DE PRÉVENTION AGRÉÉ

61190 Toute personne immatriculée au registre du commerce et des sociétés ou au registre national des entreprises et tout EIRL ou toute personne morale de droit privé peut adhérer à un groupement de prévention agréé (C. com. art. L 611-1, al. 1).

Les professionnels libéraux qui exercent à titre individuel ne bénéficient pas du dispositif.

Ce **groupement** a pour **mission** de fournir à ses adhérents, de façon confidentielle, une analyse des informations économiques, comptables et financières que ceux-ci s'engagent à lui transmettre régulièrement ; lorsque le groupement relève des indices de difficulté, il en informe le chef d'entreprise et peut lui proposer l'intervention d'un expert (art. L 611-1, al. 3).

Le groupement est habilité à conclure, notamment avec les établissements de crédit, les sociétés de financement et les entreprises d'assurance, des conventions au profit de ses adhérents (art. L 611-1, al. 5).

Les administrations compétentes prêtent leur concours aux groupements de prévention agréés ; les services de la Banque de France peuvent également, suivant des modalités prévues par convention, être appelés à formuler des avis sur la situation financière des entreprises adhérentes (art. L 611-1, al. 4).

INJONCTION DE PUBLIER LES COMPTES ANNUELS

61195 Le président du tribunal de commerce dispose d'un pouvoir d'injonction à l'égard (C. com. art. L 611-2, II) :

– des dirigeants de **sociétés commerciales** qui ne procèdent pas au dépôt des comptes annuels dans les délais légaux ;

– de tout **entrepreneur individuel à responsabilité limitée** qui ne dépose pas des comptes annuels ou ses documents comptables simplifiés lorsque l'activité professionnelle à laquelle le patrimoine est affecté est commerciale ou artisanale.

Est compétent le président du tribunal du lieu du siège de la société ou du lieu où l'EIRL a déclaré l'adresse de son entreprise ou de son activité (art. R 600-2, al. 1).

Sur la transformation de certains tribunaux de commerce en tribunaux des activités économiques, n° 61005.

L'obligation de dépôt est indépendante des difficultés rencontrées par l'entreprise et de l'importance de son activité ; l'entreprise ne peut donc y échapper au prétexte qu'elle n'a quasiment plus d'activité (CA Colmar 27-2-2017 n° 16/05881 : Rev. proc. coll. 2017 n° 6 § 121 note Delattre).

Il peut – il ne s'agit que d'une faculté – leur adresser une injonction de le faire dans un délai d'un mois sous astreinte (art. L 611-2, II et R 611-13). À **défaut d'exécution** dans le délai imparti, le président du tribunal statue sur la liquidation de l'astreinte, qui doit être payée auprès du Trésor public (art. R 611-15). L'astreinte est due à titre personnel par le dirigeant (Cass. com. 7-5-2019 n° 17-21.047 FS-PBI : RJDA 1/20 n° 23).

Pour certaines sociétés commerciales – par exemple, celles qui transforment des produits agricoles, commercialisent des produits alimentaires, exploitent des commerces de détail... – l'article L 123-5-2 du Code de commerce prévoit aussi la faculté d'enjoindre au dirigeant de publier les comptes sous astreinte, celle-ci étant plafonnée.

Il peut aussi s'informer sur la situation économique et financière de la société ou de l'EIRL dans les conditions exposées n° 61024 si l'injonction n'a pas été suivie d'effet dans le délai d'un mois (art. L 611-2, I-al. 2 et II-al. 2).

DEMANDE D'ÉCHELONNEMENT DES IMPÔTS ET COTISATIONS SOCIALES

Outre la possibilité de demander des délais de paiement des dettes fiscales auprès du comptable chargé du recouvrement de l'impôt (en cas de difficulté passagère exceptionnelle et imprévisible ; BOI-REC-PREA-20-10-10 n° 20, 6-5-2015), le chef d'entreprise peut saisir la **commission des chefs des services financiers et des représentants des organismes de sécurité sociale et de l'assurance chômage** (CCSF) qui, dans chaque département, est chargée d'examiner la situation des débiteurs retardataires. **61200**
Cette commission peut consentir des plans de recouvrement échelonné de toute somme due au titre d'impôts et taxes de toute nature, de produits divers du budget de l'État, de cotisations et contributions de sécurité sociale des divers régimes obligatoires de base ou de cotisations et contributions recouvrées par France Travail (ex-Pôle emploi) prévues aux articles L 5427-1 à L 5427-6 du Code du travail (Décret 2007-686 du 4-5-2007 art. 1 ; BOI-REC-PREA-20-10-20 n° 20, 12-9-2012).

Elle est compétente à l'égard des agriculteurs, commerçants, artisans, professions libérales et de toutes personnes morales de droit privé (art. précité).

La CCSF peut aussi être saisie par un membre de celle-ci, le comptable chargé du recouvrement ou par une autre personne autorisée, par exemple un mandataire ad hoc ou un conciliateur.

AIDES PUBLIQUES AUX ENTREPRISES EN DIFFICULTÉ

Sont susceptibles d'apporter leur aide aux entreprises en difficulté le comité interministériel de restructuration industrielle (Ciri) pour les entreprises de plus de 400 salariés et, pour les autres, le comité départemental d'examen des problèmes de financement des entreprises (Codefi) qui est placé sous l'autorité du préfet. Ces organismes peuvent notamment transmettre des demandes de délai à la CCSF (n° 61200), financer des audits de l'entreprise ou encore la restructuration de celle-ci par des prêts sur le Fonds de développement économique et social (Fdes). Ils peuvent notamment être sollicités dans le cadre d'un mandat ad hoc ou d'une conciliation. **61205**

Au niveau régional, les commissaires aux restructurations et prévention des difficultés des entreprises peuvent également être sollicités par les entreprises de moins de 400 salariés.

SECTION 2

PROCÉDURES COLLECTIVES DE TRAITEMENT DES DIFFICULTÉS

PRÉSENTATION GÉNÉRALE DES PROCÉDURES COLLECTIVES

Les procédures de sauvegarde, de redressement et de liquidation judiciaire sont dites **collectives,** parce qu'elles concernent non seulement l'entreprise qui en fait l'objet mais aussi ses créanciers, étant précisé que la sauvegarde accélérée peut ne concerner qu'une partie des créanciers. **61240**

Chacune de ces procédures correspond à un **niveau de gravité des problèmes rencontrés** par l'entreprise. Ainsi, une entreprise en difficulté peut faire l'objet d'une sauvegarde si elle n'est pas en cessation des paiements tandis que, si elle l'est, sa situation relève du redressement judiciaire, voire de la liquidation judiciaire si le redressement de l'entreprise est en outre manifestement impossible.

Cette division des procédures collectives, issue de la loi 2005-845 du 26 juillet 2005, a évolué au gré des réformes successives. A été instituée une procédure de sauvegarde accélérée qui vise les entreprises engagées dans une procédure de conciliation, même en cas de cessation des paiements. Enfin, il existe une procédure de rétablissement professionnel, réservée aux entrepreneurs personnes physiques remplissant les conditions de la liquidation judiciaire et disposant d'un actif réduit ; elle peut aboutir à un effacement des dettes sans liquidation de l'actif.

Selon la procédure, l'entreprise est plus ou moins privée de son autonomie de **gestion** et le chef d'entreprise peut encourir des **sanctions** patrimoniales ou personnelles.

Les **créanciers** sont astreints à une discipline collective qui limite en grande partie leur faculté de procéder individuellement au recouvrement de leurs créances ou de résilier les contrats qui les lient à l'entreprise.

61241 Depuis le 15 mai 2022, les règles régissant les procédures précitées ont été adaptées pour tenir compte du fait que l'**entrepreneur individuel** dispose désormais d'un patrimoine professionnel distinct de son patrimoine personnel (Loi 2022-172 du 14-2-2022) et qu'il peut rencontrer des difficultés au titre de l'un et/ou de l'autre. Notamment, la procédure collective peut concerner son seul patrimoine professionnel ou s'étendre aussi à son patrimoine personnel (nos 61538 s.).

61242 Tableau comparatif des procédures collectives

	Sauvegarde de droit commun	Redressement judiciaire	Liquidation judiciaire	Rétablissement professionnel
Entreprises éligibles	Toute personne exerçant une activité commerciale ou artisanale, une activité agricole ou une activité professionnelle indépendante (y compris libérale) Toute personne morale de droit privé Taille de l'entreprise indifférente	Toute personne exerçant une activité commerciale ou artisanale, une activité agricole ou une activité professionnelle indépendante (y compris libérale) Toute personne morale de droit privé Taille de l'entreprise indifférente	Toute personne exerçant une activité commerciale ou artisanale, une activité agricole ou une activité professionnelle indépendante (y compris libérale) Toute personne morale de droit privé Taille de l'entreprise indifférente	Personne physique, exerçant une activité commerciale ou artisanale, une activité agricole ou une activité professionnelle indépendante (y compris libérale) Absence de salarié Patrimoine inférieur à 15 000 € (hors biens insaisissables de droit)
Difficultés justifiant l'ouverture de la procédure	Difficultés que l'entreprise n'est pas en mesure de surmonter seule Absence de cessation des paiements	Entreprise en cessation des paiements	Entreprise en cessation des paiements et dont le redressement est manifestement impossible	Entreprise en cessation des paiements et dont le redressement est manifestement impossible
Auteur de la demande	Seulement le chef d'entreprise	Chef d'entreprise Créancier Ministère public	Chef d'entreprise Créancier Ministère public	Ouverture sur proposition du tribunal avec accord du débiteur
Gestion de l'entreprise	Par le chef d'entreprise pour la gestion courante sauf si le tribunal désigne un administrateur pour le surveiller ou l'assister pour certains actes Même en l'absence d'administrateur, les actes étrangers à la gestion courante sont soumis à autorisation du juge-commissaire	Par le chef d'entreprise pour la gestion courante sauf si le tribunal désigne un administrateur pour l'assister dans certains actes ou pour assumer tout ou partie de la gestion de l'entreprise Même en l'absence d'administrateur, les actes étrangers à la gestion courante sont soumis à autorisation du juge-commissaire	Par le liquidateur judiciaire (et l'administrateur désigné) Le débiteur n'a plus de pouvoirs de gestion Possibilité pour le débiteur, personne physique, d'exercer (ou de poursuivre) une activité professionnelle indépendante	Pas de limite particulière

61242 (suite)

	Sauvegarde de droit commun	Redressement judiciaire	Liquidation judiciaire	Rétablissement professionnel
Suspension des poursuites	Oui	Oui	Oui	Non, mais possibilité pour le débiteur d'obtenir des délais de paiement et la suspension des saisies sur ces biens
Déclaration et vérification des créances	Oui	Oui	Oui mais la vérification peut n'être que partielle	Recensement des créanciers Pas de vérification des créances
Maintien forcé des contrats en cours	Oui	Oui	Oui	Non
Possible annulation des opérations effectuées avant l'ouverture de la procédure (nullités de la période suspecte)	Non	Oui	Oui	Ouverture de la liquidation judiciaire en présence d'opérations suspectes
Encadrement des demandes de restitution ou de revendication de biens détenus par l'entreprise	Oui	Oui	Oui	Non
Prononcé de sanctions patrimoniales et personnelles à l'encontre du chef d'entreprise	Non	Possible	Possible	Ouverture de la liquidation en présence de faits pouvant donner lieu à ces sanctions
Extension de la procédure à un tiers	Oui	Oui	Oui	Non
Issues possibles de la procédure	Clôture de la procédure pour disparition des difficultés ou Plan de sauvegarde ou Conversion de la sauvegarde en redressement ou en liquidation judiciaire	Clôture de la procédure si l'entreprise peut payer ses créanciers et les frais de procédure ou Plan de redressement ou de cession de l'entreprise ou Conversion de la procédure en liquidation judiciaire	Plan de cession de l'entreprise et/ou cessions isolées des actifs et Clôture de la procédure pour apurement du passif ou pour insuffisance d'actifs	Effacement des dettes antérieures (sauf exception) ou Liquidation judiciaire

PROCÉDURE DE TRAITEMENT DE SORTIE DE CRISE

61245 Une **procédure** judiciaire **simplifiée** de « traitement de sortie de crise », partiellement soumise au régime de la sauvegarde et du redressement judiciaires, a été créée pour les petites entreprises que l'épidémie de **Covid-19** a mises en difficulté (Loi 2021-689 du 31-5-2021 art. 13 et décrets 2021-1354 et 2021-1355 du 16-10-2021). Selon les travaux parlementaires, cette procédure vise les entreprises qui fonctionnaient dans des conditions satisfaisantes avant la crise sanitaire et elle tend à leur permettre un rebond rapide grâce à une restructuration de la dette. Initialement prévue pour durer jusqu'au 2 juin 2023, la procédure a été reconduite pour deux ans à compter du 22 novembre 2023, ce qui permet d'en demander l'ouverture **jusqu'au 21 novembre 2025** inclus (Loi 2023-1059 du 20-11-2023 art. 46). Ne sont présentées ci-dessous que les principales spécificités de cette procédure.

Seul le débiteur peut demander l'**ouverture** de la procédure de traitement de sortie de crise sous réserve qu'il réponde aux **conditions** suivantes, qui sont cumulatives (Loi 2021-689 art. 13, I-A et décret 2021-1355 art. 1 à 3) :

– moins de vingt salariés à la date de la demande et bilan inférieur à trois millions d'euros de total de passif, hors capitaux propres, à la clôture du dernier exercice comptable ;

– comptes apparaissant réguliers, sincères et aptes à donner une image fidèle de la situation financière de l'entreprise ;

– état de cessation des paiements du débiteur, mais celui-ci doit néanmoins disposer des fonds disponibles pour payer les créances salariales ;

– être en mesure, dans un délai maximal de trois mois, d'élaborer un projet de plan tendant à assurer la pérennité de l'entreprise.

Certains tribunaux proposent des modèles de demande. Sur le contenu de celle-ci, voir Décret 2021-1354 du 16-10-2021 art. 1.

Le tribunal qui ouvre la procédure désigne un **mandataire de justice unique** chargé de surveiller la gestion du débiteur pendant la période d'observation (Loi 2021-689 art. 13, I-B ; sur la notion de surveillance, nos 61835 s.) et non d'assister ou de représenter le débiteur.

Dans les dix jours du jugement d'ouverture de la procédure, le débiteur doit déposer au greffe du tribunal la **liste des créances** (avec mention de la nature, du montant, de l'échéance et de la garantie) de chaque créancier identifié dans ses documents comptables ou avec lequel il est lié par un engagement dont il peut justifier l'existence (art. précité). Les règles régissant la déclaration, la vérification et l'admission des créances propres aux procédures de sauvegarde et de redressement judiciaire ne sont pas applicables (Loi 2021-689 art. 13, III-A). Mais les créanciers figurant sur la liste sont informés par le mandataire de justice de l'ouverture de la procédure, des mentions qui les concernent portées sur la liste établie par le débiteur et de leur faculté d'actualiser leurs créances ou de présenter des contestations (Loi 2021-689 art. 13, II-C et décret 2021-1354 art. 7).

Les modalités d'**adoption du plan** sont celles prévues pour un plan de sauvegarde ; toutefois (Loi 2021-689 du 31-5-2021 art. 13, IV et décret 2021-1354 du 16-10-2021 art. 26, III) :

– le plan doit être adopté dans un délai de trois mois (durée maximale de la période d'observation) ;

– il ne peut pas comporter de dispositions relatives à l'emploi que le débiteur ne pourrait pas financer immédiatement ;

– il n'affecte que les créances figurant sur la liste établie par le débiteur et nées avant l'ouverture de la procédure, à l'exception de celles nées d'un contrat de travail, des créances alimentaires, des créances d'origine délictuelle ou de celles d'un montant inférieur à 500 € ;

– les engagements pour le règlement du passif peuvent être établis sur la base de la liste des créances, actualisée le cas échéant, dès lors que ces créances ne sont pas contestées (Loi 2021-689 art. 13, II-D).

La consultation des créanciers par le mandataire obéit aux prescriptions de droit commun applicables aux procédures de sauvegarde et de redressement judiciaire, prévues aux articles R 626-7 et R 626-8 du Code de commerce (Décret 2021-1354 art. 26, II-al. 3).

Le **tribunal met fin à la procédure** de traitement de sortie de crise, à la demande du débiteur, du mandataire de justice ou du ministère public, s'il apparaît, avant la fin du délai de trois mois prévu pour la période d'observation, que le débiteur ne sera pas en mesure de proposer un plan ou, à l'expiration de cette période, si aucun plan n'a été arrêté (Loi 2021-689 du 31-5-2021 art. 13, I-E et IV-D ; décret 2021-1354 art. 12, II). Le débiteur peut alors être mis en redressement ou en liquidation judiciaire si les conditions d'ouverture de ces procédures sont réunies.

I. DÉBITEURS ÉLIGIBLES AUX PROCÉDURES COLLECTIVES

PERSONNES PHYSIQUES

Difficultés financières professionnelles ou personnelles Les difficultés financières des entrepreneurs personnes physiques peuvent relever soit des **procédures collectives prévues par le Code de commerce** pour les entreprises (C. com. art. L 620-1 s.), soit de la **procédure** de traitement des situations **de surendettement des particuliers** instituée par le Code de la consommation (C. consom. art. L 711-1 s.). 61260

En principe, ces procédures sont exclusives les unes des autres, le débiteur relevant des premières ne pouvant pas bénéficier de la seconde (C. consom. art. L 711-3). Cependant :

– depuis le 15 mai 2022, l'**entrepreneur individuel,** qui dispose de plein droit d'un patrimoine professionnel et d'un patrimoine personnel (C. com. art. L 526-22), peut faire l'objet, selon le cas, soit d'une procédure collective (limitée à son seul patrimoine professionnel ou englobant aussi son patrimoine personnel), soit d'une procédure de surendettement pour son patrimoine personnel, soit des deux en même temps ; la demande d'ouverture d'une de ces procédures (ou des deux) doit être portée devant le tribunal compétent pour connaître des procédures collectives, qui apprécie l'éligibilité de l'entrepreneur à l'une ou l'autre des procédures selon les modalités prévues n°s 61538 s. ;

– pour l'**EIRL,** qui peut avoir un patrimoine personnel et un patrimoine distinct affecté à son activité professionnelle (C. com. art. L 526-6), voire plusieurs patrimoines affectés à des activités distinctes (Loi 2010-658 du 15-6-2010 art. 14, II), les procédures collectives des entreprises s'appliquent au seul patrimoine affecté à l'activité en difficulté ou, si cette activité est exercée sans affectation de patrimoine, au seul patrimoine non affecté (art. L 680-2) ; le fait que le patrimoine affecté de l'EIRL relève de ces procédures collectives n'exclut pas que son patrimoine non affecté puisse faire l'objet d'une procédure de surendettement (Cass. 2e civ. 27-9-2018 n° 17-22.013 F-PBI : RJDA 1/19 n° 33).

Commerçant et artisan Les procédures collectives des entreprises sont applicables à toute **personne exerçant une activité commerciale ou artisanale** (C. com. art. L 620-2, al. 1, L 631-2, al. 1 et L 640-2, al. 1), indépendamment donc de la qualité de commerçant ou d'artisan ou de l'inscription au registre du commerce ou registre national des entreprises. 61262

Les personnes inscrites au registre du commerce et des sociétés sont présumées commerçantes (C. com. art. L 123-7). Ainsi, la personne qui a donné son fonds de commerce en location-gérance tout en demeurant inscrite au registre du commerce et des sociétés, alors que la loi ne lui en faisait pas l'obligation, est présumée être commerçante (Cass. com. 17-2-2015 n° 13-27.508 F-PB : RJDA 7/15 n° 491).

Sur le cas des associés ayant la qualité de commerçant, n° 61275.

La procédure est ainsi applicable au commerçant parce qu'il exerce une activité commerciale (n°s 110 s.) mais non à celui dont il n'est pas constaté qu'il exerce une telle activité, fût-il un proche d'un commerçant (Cass. com. 21-5-1996 n° 93-18.408 : D. 1996.IR.162, refusant d'étendre à l'épouse d'un commerçant la procédure ouverte contre celui-ci).

N'est pas contraire à l'ordre public international français le jugement étranger ayant soumis à une procédure collective un non-commerçant (Cass. com. 18-1-2000 n° 97-11.906 P : Rev. crit. 2000.442 note Bureau).

Agriculteur Les procédures collectives des entreprises sont ouvertes à toute personne physique exerçant une activité agricole au sens défini n° 201 (C. com. art. L 620-2, al. 1, L 631-2, al. 1 et L 640-2, al. 1 ; C. rur. art. L 351-8). 61264

Le dirigeant d'une société ayant une activité agricole ne peut pas faire lui-même l'objet d'une telle procédure s'il n'est pas établi que sa participation aux travaux agricoles résulte de l'exercice individuel d'une activité distincte de l'exploitation de la société, peu important que l'intéressé relève du régime de protection sociale des personnes non salariées des professions agricoles (Cass. com. 15-11-2016 n° 14-29.043 : RJDA 2/17 n° 94). De même, la seule qualité de membre d'un groupement agricole d'exploitation en commun (Gaec) ne suffit pas à faire relever la personne concernée des procédures collectives et à l'exclure du bénéfice de la procédure de surendettement (Cass. 2e civ. 16-12-2021 n° 20-18.344 F-B : RJDA 4/22 n° 208, 2e espèce).

Professionnel indépendant Toute autre personne physique que celles visées ci-dessus et exerçant une activité professionnelle indépendante, **y compris** une **profession libérale** soumise à un statut législatif ou réglementaire, ou dont le titre est protégé peut faire l'objet d'une procédure collective (C. com. art. L 620-2, al. 1, L 631-2, al. 1 et L 640-2, al. 1). 61270

Mais elle doit exercer cette activité personnellement ; ce n'est pas le cas si elle est **associée d'une société** civile **professionnelle** ou d'exercice libéral, car elle exerce alors au nom de la société et pas en nom propre (Cass. com. 9-2-2010 n°s 08-15.191, 08-17.144 et 08-17.670 : RJDA 5/10 n° 538 ; Cass. 2e civ. 1-6-2017 n° 16-17.077 : RJDA 10/17 n° 647), ou si elle en est le dirigeant (n° 61277).

L'inscription au répertoire Sirene tenu par l'Insee ne fait pas présumer l'exercice effectif d'une activité indépendante, de sorte qu'elle ne peut pas à elle seule rendre la personne inscrite éligible à une procédure collective (Cass. com. 20-9-2017 n° 15-24.644 F-PBI : RJDA 1/18 n° 41).

Un professionnel indépendant relève des procédures collectives des entreprises dès lors que la société, au sein de laquelle il soutient exercer désormais son activité, n'est pas immatriculée au registre du commerce et des sociétés, et qu'il n'établit donc pas qu'il a effectivement cessé son activité à titre individuel (Cass. com. 17-6-2020 n° 19-10.464 F-PB : RJDA 11/20 n° 577).

Toutefois, lorsque la personne a cessé d'exercer son activité à titre individuel pour devenir associé d'une société professionnelle, elle peut néanmoins faire l'objet d'une procédure collective, après cette cessation d'activité, lorsque tout ou partie du passif provient de l'activité professionnelle antérieure (Cass. com. 9-2-2010 n°s 08-15.191 FS-PBRI, 08-17.144 FS-PBRI et 08-17.670 FS-PBRI : RJDA 5/10 n° 538 ; Cass. com. 16-9-2014 n° 13-17.147 F-PB : RJDA 4/15 n° 289).

ASSOCIÉ OU DIRIGEANT D'UNE SOCIÉTÉ

61275 Relèvent des procédures collectives prévues par le Code de commerce les **associés** des sociétés en nom collectif ainsi que les associés commandités des sociétés en commandite simple ou par actions : ils ont la qualité de commerçant en vertu de la loi (C. com. art. L 221-1, L 222-1 et L 226-1) et sont réputés exercer une activité commerciale (Cass. 2e civ. 5-12-2013 n° 11-28.092 F-PB : RJDA 4/14 n° 358 rendu à propos des associés de SNC mais transposables aux commandités de SCS et SCA). En dehors de ces hypothèses, un associé ne peut faire l'objet d'une procédure collective que s'il exerce personnellement une activité commerciale, artisanale, agricole ou indépendante (Cass. 2e civ. 16-12-2021 n° 20-16.485 F-B : RJDA 4/22 n° 208, 1e espèce rendue à propos d'associés d'une SCI ; pour l'affirmation du principe à propos des professionnels exerçant dans le cadre d'une SCP, n° 61270).

61277 Une procédure collective ne peut pas être ouverte à l'égard d'une personne pour la seule raison qu'elle a la qualité de **dirigeant** d'une personne morale. Même majoritaire, un dirigeant agit au nom de la personne morale qu'il représente et non en son nom personnel ; il n'exerce pas une activité professionnelle indépendante au sens du droit des procédures collectives, même s'il a le statut de travailleur indépendant au regard du droit fiscal et social (Cass. com. 12-11-2008 n° 07-16.998 FS-PBRI, 07-15.648 FS-D : RJDA 1/09 n° 45 ; Cass. 2e civ. 21-1-2010 n° 08-19.984 F-PB : RJDA 4/10 n° 404) et peu important qu'il soit inscrit au répertoire Sirene (Cass. com. 20-9-2017 n° 15-24.644 F-PBI : RJDA 1/18 n° 41). Il en va différemment si le dirigeant exerce individuellement une activité distincte de l'exploitation de la personne morale (Cass. com. 15-11-2016 n° 14-29.043 F-PB : RJDA 2/17 n° 94 ; dans le même sens, Cass. com. 20-9-2017 n° 15-24.644 F-PBI : RJDA 1/18 n° 41) ou si sa qualité d'associé lui confère aussi celle de commerçant (n° 61275), mais c'est alors à ce titre qu'il est éligible aux procédures collectives.

Un associé ou un dirigeant peut demander à bénéficier d'une procédure de surendettement lorsqu'il est dans l'impossibilité de faire face à l'ensemble de ses dettes y compris professionnelles (telles, par exemple, les cotisations et contributions sociales dues par un gérant majoritaire de SARL) ou à un engagement de cautionner ou d'acquitter solidairement une dette sociale (C. consom. art. L 711-1, al. 2).

61280 **Personne décédée ou ayant arrêté son activité** Le passif des personnes physiques qui ont cessé leur activité professionnelle ou qui sont décédées peut donner lieu à une procédure collective dans les conditions exposées n°s 61520 s.

PERSONNES MORALES

61285 La procédure de sauvegarde, de redressement ou de liquidation judiciaire est applicable à « toute **personne morale de droit privé** » (C. com. art. L 620-2, L 631-2 et L 640-2), donc notamment aux sociétés, aux groupements d'intérêt économique, aux groupements agricoles et aux associations. Peu importe la nature de l'activité exercée par la personne morale ou le fait qu'elle soit investie d'une mission de service public qui lui confère divers caractères de droit public (cf. Cass. soc. 29-2-2000 n° 98-13.264 PBR : RJS 4/00 n° 413). N'échappent donc à ces procédures que les **personnes publiques** (État, collectivités territoriales, établissements publics).

Toutes les sociétés de droit privé peuvent faire l'objet d'une procédure collective, qu'elles soient commerciales par la forme ou qu'il s'agisse de sociétés civiles. Sur le cas particulier des sociétés non immatriculées, dissoutes ou nulles, MSC n°s 90820 s.

EXCLUSION DU CUMUL DES PROCÉDURES COLLECTIVES

61290 Sauf dans les cas exposés ci-dessous, une procédure de sauvegarde, de redressement ou de liquidation judiciaire ne peut pas être ouverte si le **débiteur** est **déjà soumis à une de ces procédures** tant qu'il n'a pas été mis fin aux opérations du plan qui en résulte ou si la procédure de liquidation n'a pas été clôturée (C. com. art. L 620-2, al. 2, L 631-2, al. 2 et L 640-2, al. 2), peu important que le débiteur exerce des activités distinctes ou exploite plusieurs fonds (Cass. com. 19-2-2002 n° 96-22.702 FS-P : RJDA 6/02 n° 652 ; Cass. com. 4-2-2003 n° 00-14.636 FS-D : RJDA 7/03 n° 738, décisions rendues sur le fondement du principe de l'unité du patrimoine mais transposables). En cas d'ouverture de deux procédures, la seconde est annulée (Cass. com. 3-11-2010 n° 09-17.152 : D. 2010.2768.som. obs. Lienhard ; Cass. com. 2-3-2022 n° 20-21.029 F-D).

À défaut d'annulation, les droits des créanciers de la procédure collective ouverte en premier lieu ne peuvent pas être affectés par la seconde procédure, peu important que cette dernière ait été clôturée par un jugement irrévocable (Cass. com. 1-3-2005 n° 03-17.953 F-D : JCP E 2005.1492 note Baldino).

L'existence d'une conciliation en cours interdit également aux créanciers et au ministère public de demander la mise en redressement ou en liquidation judiciaire du débiteur concerné (art. L 631-5, al. 1 et 2 et L 640-5, al. 1 et 2).

Exceptions au non-cumul Dans les liquidations judiciaires ouvertes depuis le 15 mai 61292
2022 à l'encontre d'un **entrepreneur individuel** (autre qu'un EIRL), celui-ci peut exercer une nouvelle activité, ce qui entraîne la constitution d'un nouveau patrimoine professionnel non concerné par la procédure en cours (C. com. art. L 681-2, VII ; Loi 2022-172 du 14-2-2022 art. 19, I), mais susceptible de faire l'objet d'une autre procédure collective (cf. art. L 620-2, al. 2, L 631-2, al. 2 et L 640-2, al. 2).

L'**EIRL** – qui peut exercer des activités professionnelles distinctes avec des patrimoines d'affectation différents ou qui exerce une de ses activités avec son patrimoine non affecté – est susceptible de faire simultanément l'objet de plusieurs procédures collectives pour chacun des patrimoines concernés (cf. art. L 680-1 s.). Toutefois, il fait l'objet d'une procédure unique englobant tous ces biens dans les cas exposés n° 61650.

Dans le cadre d'une **procédure européenne d'insolvabilité,** une entreprise (personne physique ou morale) exerçant ses activités ou ayant des actifs dans plusieurs États de l'UE peut faire l'objet d'une procédure principale dans l'un de ces États et d'une ou de plusieurs procédures secondaires dans les autres (Règl. UE 2015/848 du 20-5-2015 art. 34 s.).

II. DIFFICULTÉS JUSTIFIANT L'OUVERTURE D'UNE PROCÉDURE COLLECTIVE

A. Sauvegarde

SAUVEGARDE DE DROIT COMMUN

Quelle que soit sa taille, une entreprise peut demander le bénéfice d'une procédure de 61320
sauvegarde si, sans être en état de cessation des paiements, elle justifie de **difficultés** qu'elle n'est pas en mesure de surmonter (C. com. art. L 620-1, al. 1).

La loi ne précise pas la nature des difficultés susceptibles d'être invoquées. Elles peuvent être tant juridiques que financières ou économiques, mais il n'est pas nécessaire qu'elles soient de nature à conduire l'entreprise à la cessation des paiements. Il n'est pas non plus requis qu'elles affectent l'activité économique de l'entreprise (Cass. com. 8-3-2011 n° 10-13.988 : RJDA 5/11 n° 437 et, sur renvoi, CA Versailles 19-1-2012 n° 11/03519 : RJDA 5/12 n° 522). Sauf fraude, l'ouverture de la procédure ne peut être refusée pour la seule raison que l'entreprise chercherait ainsi à échapper à ses obligations contractuelles (Cass. com. 8-3-2011 n° 10-13.988 précité ; CA Paris 12-9-2017 n° 17/08723 : RJDA 1/18 n° 42). Il suffit que l'entreprise ne soit pas en mesure de surmonter seule les difficultés invoquées (pour un cas où les difficultés étaient surmontables nonobstant une forte baisse du chiffre d'affaires et des capitaux propres, CA Paris 5-11-2013 n° 13/9354 et 12/23029 : RJDA 2/14 n° 139).

Les conditions d'ouverture de la procédure de sauvegarde doivent être appréciées au jour où il est procédé à cette ouverture (Cass. com. 26-6-2007 n°s 06-17.821 FS-PBRI, 06-20.820 FS-PBRI : RJDA 1/08 n° 56).

Si l'entreprise est une **société appartenant à un groupe,** les difficultés invoquées sont 61322
appréciées au regard de la situation de cette seule société (Cass. com. 26-6-2007 n° 06-20.820 FS-PBRI : RJDA 1/08 n° 56, 2e esp.). A ainsi été jugée frauduleuse la demande de sauvegarde présentée par une société pour protéger non ses propres intérêts mais ceux d'une de ses filiales (CA Paris 12-9-2017 n° 17/08723 : RJDA 1/18 n° 42). Le comportement du groupe peut toutefois être pris en considération dans la mesure où il constitue une difficulté insurmontable (diminution ou rupture des crédits intragroupe, vote de distribution de dividendes disproportionnés par rapport aux résultats...) (CA Versailles 15-6-2006 n° 06-1994 : RJDA 11/06 n° 1152 et, sur pourvoi, Cass. com. 26-6-2007 n° 06-17.821 FS-PBRI : RJDA 1/08 n° 56, 1e esp.).

SAUVEGARDE ACCÉLÉRÉE

61325 Une entreprise peut demander l'ouverture d'une procédure de sauvegarde accélérée si elle répond cumulativement aux **conditions** suivantes (C. com. art. L 628-1, al. 2 et 4, L 628-8, al. 1 et R 628-2, I) :

– être engagée dans une procédure de conciliation et avoir élaboré un projet de plan tendant à assurer la pérennité de l'entreprise et susceptible de recueillir, de la part des parties affectées à l'égard desquelles l'ouverture de la procédure produira effet, un soutien suffisamment large pour rendre vraisemblable son adoption dans un délai de quatre mois maximum à compter du jugement d'ouverture ;

– avoir des comptes certifiés par un commissaire aux comptes ou établis par un expert-comptable.

L'ordonnance 2021-1193 du 15 septembre 2021 a supprimé, pour les procédures ouvertes depuis le 1er octobre 2021, les seuils d'effectifs, de chiffre d'affaires et de total de bilan conditionnant l'ouverture de la sauvegarde accélérée (Ord. 2021-1193 art. 73, I).

61326 Lorsque les comptes du débiteur font apparaître que la nature de l'endettement rend vraisemblable l'**adoption d'un plan par les seuls** créanciers ayant la qualité de sociétés de financement, d'**établissements de crédit** et assimilés, ainsi que par tous les titulaires d'une créance acquise auprès de ceux-ci ou d'un fournisseur de biens ou de services et s'il y a lieu des obligataires, le débiteur peut demander l'ouverture d'une procédure de sauvegarde dont les effets sont limités à ces créanciers (C. com. art. L 628-1, al. 3 et R 628-2, II).

L'ordonnance 2021-1193 du 15 septembre 2021 a fusionné la sauvegarde financière accélérée avec la sauvegarde accélérée classique en supprimant les articles L 628-9 et L 628-10 qui fixaient le régime applicable à la variante financière. La nouvelle rédaction de l'article L 628-1 laisse tout de même la possibilité de limiter la procédure aux établissements de crédit et autres créanciers financiers.

61327 L'état de **cessation des paiements** de l'entreprise ne fait pas obstacle à l'ouverture de la sauvegarde accélérée s'il n'est pas antérieur de plus de 45 jours à la demande d'ouverture de la conciliation préalable (C. com. art. L 628-1, al. 5). S'il apparaît après l'ouverture de la sauvegarde accélérée que la cessation des paiements est plus ancienne, le ministère public demande au tribunal de mettre un terme à la procédure (art. L 628-5). L'entreprise peut alors être mise en redressement ou en liquidation judiciaire, sur demande du ministère public ou d'un créancier ou encore de sa propre initiative.

B. Redressement et liquidation judiciaires

61350 L'ouverture d'une procédure de redressement ou de liquidation judiciaire suppose que l'entreprise concernée soit en cessation des paiements mais la liquidation judiciaire est en outre subordonnée à l'impossibilité de redresser l'entreprise.

1. ÉTAT DE CESSATION DES PAIEMENTS DE L'ENTREPRISE

CRITÈRES DE LA CESSATION DES PAIEMENTS

61360 Un débiteur ne peut être mis en redressement ou en liquidation judiciaire (ou bénéficier d'un rétablissement professionnel) que s'il est en état de cessation des paiements, c'est-à-dire s'il est dans l'**impossibilité de faire face au passif exigible avec** son **actif disponible** ; ce n'est pas le cas si le débiteur établit que les réserves de crédit ou les moratoires dont il bénéficie de la part de ses créanciers lui permettent de faire face au passif exigible avec son actif disponible (C. com. art. L 631-1, al. 1, L 640-1 et L 645-1).

La **preuve** de l'état de cessation des paiements incombe à celui qui demande l'ouverture de la procédure (Cass. com. 22-1-2008 n° 07-10.117 : RJDA 6/08 n° 686 ; Cass. com. 5-5-2015 n° 14-11.381 : RJDA 8-9/15 n° 587 ; Cass. com. 23-9-2020 n° 18-26.143 D). Elle peut être apportée par tous moyens (Cass. com. 21-10-2020 n° 19-15.015 F-D).

Si la cessation des paiements est établie, le juge ne peut pas refuser d'ouvrir la procédure collective en raison des **mobiles du débiteur** demandeur (Cass. com. 3-7-2012 n° 11-18.026 : RJDA 10/12 n° 872 ; Cass. com. 8-3-2011 n° 10-13.988 : RJDA 5/11 n° 437), y compris en cas de fraude (Cass. com. 15-11-2017 n° 16-19.690 F-PBI : RJDA 2/18 n° 144), puisque le débiteur est légalement tenu de déclarer la cessation des paiements (n° 61500).

La **caractérisation de la cessation des paiements** suppose une comparaison chiffrée entre le passif exigible et l'actif disponible (CA Paris 6-3-2018 n° 17/11063 : RJDA 7/18 n° 590). Cet état ne saurait donc résulter d'un refus de payer (Cass. com. 25-2-1997 n° 95-18.607 : RJDA 6/97 n° 835), de l'existence d'un incident de paiement (Cass. com. 29-5-2001 n° 1069 : RJDA 11/01 n° 1126), de la constatation d'une perte d'exploitation et du non-paiement de salaires (Cass. com. 9-1-1996 : RJDA 6/96 n° 838 ; CA Paris 28-2-2017 n° 16/04975 et 16/04957 : RJDA 7/17 n° 474), de la dégradation constante de la trésorerie de la société débitrice et de son manque de capitaux propres (Cass. com. 29-5-1997 : RJDA 10/97 n° 1257), de la seule cessation d'activité du débiteur (Cass. com. 17-9-2013 n° 12-17.657 : RJDA 12/13 n° 1030) ou encore de son insuffisance d'actif (Cass. com. 14-6-2023 n° 21-20.130 F-D : RJDA 1/24 n° 42).

La cessation des paiements d'une **société faisant partie d'un groupe** est appréciée au regard des seuls actifs et passifs de celle-ci (Cass. com. 8-6-1999 n° 95-14.723 : RJDA 8-9/99 n° 958 ; Cass. com. 3-7-2012 n° 11-18.026 : RJDA 10/12 n° 872 ; CA Paris 28-2-2017 n° 16/04921, 16/04975, 16/04971 et 16/04957 : RJDA 7/17 n° 474), sans tenir compte des capacités financières du groupe, sauf engagement de la société mère envers la société ou constatation d'une confusion de patrimoines justifiant l'ouverture d'une procédure unique (Cass. com. 7-1-2003 n° 00-15.316 FS-P : RJDA 5/03 n° 511).

Détermination du passif Le passif à prendre en considération pour caractériser l'état de cessation des paiements est le passif **exigible,** qui n'a pas donné lieu de la part du créancier à un moratoire ou à des facilités de paiement (C. com. art. L 631-1, al. 1 et L 640-1, al. 1 ; Cass. com. 12-11-1997 n° 94-15.829 : RJDA 1/98 n° 68 ; Cass. com. 27-2-2007 n° 06-10.170 : RJDA 7/07 n° 746). Il importe peu que les créances invoquées n'aient pas fait l'objet d'un titre exécutoire (Cass. com. 22-11-2023 n° 22-19.768 F-B : RJDA 3/24 n° 170) ou que le paiement n'en ait pas été effectivement exigé dès lors que le débiteur ne soutient pas bénéficier d'un moratoire ou d'une réserve de crédit lui permettant d'y faire face (Cass. com. 27-2-2007 précité ; Cass. com. 15-2-2011 n° 10-13.625 : RJDA 5/11 n° 436). Ne sont pas prises en considération les créances qui ont été contestées par le débiteur (Cass. com. 27-2-2007 précité ; Cass. com. 5-5-2015 n° 14-11.381 : RJDA 8-9/15 n° 587 ; Cass. com. 9-12-2020 n° 19-14.437 F-PB : RJDA 3/21 n° 178). Il en est ainsi des créances fiscales si elles ont été contestées selon les modalités prévues par le Livre des procédures fiscales (Cass. com. 11-4-2018 n° 16-23.019 F-PBI : RJDA 8-9/18 n° 655) et des créances résultant d'une décision faisant l'objet d'une voie de recours ordinaire, cette décision eût-elle été assortie de l'exécution provisoire (Cass. com. 13-9-2023 n° 22-10.211 F-D). 61365

Il convient de prendre en compte le passif exigible à la **date** où le tribunal ou la cour d'appel statue (Cass. com. 7-11-1989 : Bull. civ. IV n° 273 ; Cass. com. 6-10-1992 : RJDA 12/92 n° 1169), exception faite du passif rendu exigible par l'ouverture de la liquidation judiciaire (Cass. com. 8-7-2003 n° 1144 : RJDA 1/04 n° 61 ; Cass. com. 18-5-2017 n° 15-23.541 F-D : RJDA 8-9/17 n° 561). Il doit être tenu compte des reports d'exigibilité consentis au débiteur dans le cadre d'une conciliation (Cass. com. 14-5-2002 n° 98-22.446 : RJDA 10/02 n° 1046), même s'ils deviennent caducs dès l'ouverture de la procédure collective.

Détermination de l'actif disponible Font partie de l'actif disponible la **trésorerie** et les **réserves de crédit** du débiteur (C. com. art. L 631-1, al. 1 et L 640-1, al. 1). Sont ainsi comptabilisés dans l'actif disponible : 61367

– les découverts en compte autorisés, facilités de caisse et lignes de mobilisation Dailly dont bénéficie le débiteur et qui n'ont pas été dénoncés par la banque qui les a consentis (CA Paris 28-2-2017 n° 16/04975, 16/04971 : RJDA 7/17 n° 774 ; Cass. com. 19-2-2013 n° 12-12.165 F-D) ;

– un prêt consenti au débiteur par ses proches dès lors que les fonds lui ont été remis et que le remboursement immédiat du prêt n'est pas exigé (Cass. com. 14-12-2022 n° 21-17.706 F-D : RJDA 3/23 n° 153) ;

– le solde créditeur d'un compte ouvert par le débiteur à l'étranger, sauf circonstances particulières interdisant le transfert des fonds à très court terme en France (Cass. com. 7-2-2018 n° 16-26.404 F-D : RJDA 5/18 n° 440) ;

– la trésorerie provenant majoritairement de fonds reçus par des investisseurs, certes non destinés à payer les charges courantes, mais ayant permis de régler des dettes exigibles (Cass. com. 14-6-2023 n° 21-20.130 F-D : RJDA 1/24 n° 42) ;

– un chèque de banque émis au profit du débiteur même s'il n'est pas encore encaissé (Cass. com. 18-12-2007 n° 06-16.350 : RJDA 8-9/08 n° 929 ; Cass. com. 5-2-2013 n° 11-28.194 : RJDA 4/13 n° 463).

L'absence d'actif disponible peut être déduite du caractère infructueux des saisies-attributions pratiquées entre les mains de la banque du débiteur ou de ses clients (Cass. com. 15-11-2005 n° 04-16.904 F-D : GP 11-2-2006 jur. p. 11 note C. Lebel ; Cass. com. 16-1-2019 n° 17-18.450 F-PB : RJDA 4/19 n° 475).

Pour une société, sont pris en compte les avances en compte courant des associés qui ne sont pas bloquées ou dont le remboursement n'a pas été demandé (Cass. com. 12-5-2009 n° 08-13.741 : RJDA 10/09 n° 867) et l'apport en trésorerie effectué par un associé, mis sous séquestre et libérable sous conditions (Cass. com. 29-11-2016 n° 15-19.474 F-D : RJDA 3/17 n° 196) mais pas le capital social non libéré qui est une créance de la société sur ses associés (Cass. com. 23-4-2013 n° 12-18.453 : RJDA 7/13 n° 648).

Les fonds apportés par le chef d'entreprise, par un associé ou la société mère ou une banque sont pris en considération à moins que ce **financement** soit **anormal** (Cass. com. 13-6-1989 n° 87-20.204 P : Bull. Joly 1989 p. 725 ; Cass. com. 23-5-1995 n° 93-12.270 D : RJDA 11/95 n° 1272 ; Cass. com. 17-5-2011 n° 10-30.425 F-D : RJDA 11/11 n° 936 ; Cass. com. 1-7-2020 n° 19-12.068 F-D : RJDA 11/20 n° 579).

Constituent ainsi un financement anormal dissimulant la cessation des paiements de la société les avances en compte courant consenties par le président de la société qui, devant le refus des banques d'accorder tout crédit à celle-ci, a souscrit un emprunt en son nom personnel (Cass. com. 13-6-1989 précité) et l'apport en compte courant d'associé destiné à soutenir artificiellement la trésorerie de la société en dissimulant son état de cessation des paiements, même si l'apport a été suggéré par l'administrateur judiciaire (Cass. com. 1-7-2020 précité). Mais le fait que le dirigeant ait apporté des liquidités à la société, la maintenant ainsi en survie, ne suffit pas à établir que le financement est anormal (Cass. com. 24-3-2004 n° 01-10.927 FS-PB : RJDA 8-9/04 n° 1009). N'est pas anormal le financement bancaire obtenu grâce à une cession de créances par bordereau Dailly dès lors que, lié au montant du compte client de la société débitrice et à la cession de créances réelles et solvables, ce financement repose sur les ressources de l'activité économique de cette société, peu important que les dirigeants du groupe auquel elle appartient aient l'intention d'affecter ces fonds à d'autres sociétés du groupe (Cass. com. 19-2-2013 n° 12-12.165 F-D).

Le chef d'entreprise qui, pour se procurer des fonds, utilise des moyens frauduleux ou même simplement ruineux tels que des cessions d'actifs à des prix anormalement bas ou des emprunts à des taux élevés, encourt de lourdes sanctions (faillite personnelle, interdiction de gérer, voire banqueroute).

L'**actif** disponible est **apprécié au jour** où le tribunal (ou la cour d'appel) statue et non au jour de l'ouverture de la procédure collective (Cass. com. 30-5-2006 n° 05-12.600 D : GP 2006.doctr.2232 obs. C. Lebel).

61369 Les **biens mobiliers ou immobiliers** dont le débiteur est propriétaire ne sont pas des actifs disponibles (Cass. com. 22-1-2002 n° 139 : RJDA 5/02 n° 516 ; Cass. com. 7-2-2012 n° 11-11.347 : RJDA 8-9/12 n° 784), même s'ils sont déjà en vente (Cass. com. 15-2-2011 n° 10-13.625 : RJDA 5/11 n° 436 à propos d'un fonds de commerce) ou s'ils sont susceptibles d'être réalisés à court terme (Cass. com. 27-2-2007 n° 06-10.170 : RJDA 7/07 n° 746 ; Cass. com. 17-6-2020 n° 18-22.747 F-PB : RJDA 8-9/20 n° 441). N'est pas un actif disponible le produit de la vente d'un immeuble si le prix n'a pas été encaissé au jour où le juge se prononce sur l'ouverture de la procédure collective (Cass. com. 24-3-2021 n° 19-21.424 F-D : RJDA 7/21 n° 493). De même, il n'y a pas à tenir compte des participations détenues par la société débitrice dans des filiales dès lors qu'elles ne sont pas immédiatement mobilisables (Cass. com. 20-6-1995 n° 93-18.342 D : Dr. sociétés 1995 n° 162).

61372 Les **créances à recouvrer** du débiteur ne constituent pas des actifs disponibles, sauf circonstances exceptionnelles (Cass. com. 7-2-2012 n° 11-11.347 : RJDA 8-9/12 n° 784). Tel est le cas, par exemple, des créances aisément et rapidement recouvrables (CA Versailles 30-4-2014 n° 13/04298 : RJDA 10/14 n° 784 ; CA Paris 28-2-2017 n° 16/04975 : RJDA 7/17 n° 474 écartant en conséquence certaines créances fiscales ou intragroupe).

61375 Un **carnet de commandes** fermes ne constitue pas un actif disponible, mais peut néanmoins justifier l'ouverture d'une procédure de redressement au lieu d'une liquidation judiciaire si le montant des commandes permet d'envisager sérieusement le redressement de la société (CA Orléans 19-10-2006 n° 06-789 : RJDA 1/07 n° 69 ; pour un cas où les commandes étaient au contraire éventuelles et imprécises, Cass. com. 16-1-2019 n° 17-25.696 F-D : RJDA 4/19 n° 281).

61380 **Cessation des paiements de l'entrepreneur individuel** L'état de cessation des paiements d'un entrepreneur individuel s'apprécie, s'il y a lieu, pour le seul **patrimoine engagé par l'activité** ou les activités professionnelles (C. com. art. L 631-1, al. 2).

Pour l'EIRL, la cessation des paiements s'apprécie au regard du patrimoine affecté à l'activité au titre de laquelle la procédure collective est demandée ou, si l'activité a été exercée sans affectation de patrimoine, au regard du patrimoine non affecté, sauf dispositions contraires (cf. C. com. L 680-2 ; Rapport au président de la République sur ord. 2010-1512 du 9-12-2010 : JO 10-12-2010 p. 21613, texte n° 17). Au titre de ces dernières, signalons celle qui autorise l'administration fiscale à recouvrer les impôts dus au titre d'une activité professionnelle sur le patrimoine non affecté lorsque, par des manœuvres frauduleuses ou à la suite de l'inobservation grave et répétée de ses obligations fiscales, l'EIRL a empêché le recouvrement de ces impôts ou inversement, sous les mêmes conditions, de poursuivre le patrimoine affecté pour une imposition étrangère à l'activité exercée avec celui-ci (LPF art. L 273 B). Ces sommes doivent être prises en compte pour la détermination du passif exigible.

FIXATION DE LA DATE DE LA CESSATION DES PAIEMENTS

61390 La date de la cessation des paiements est fixée par le **tribunal,** après avoir sollicité les observations du débiteur ; à défaut, elle est celle du jugement ouvrant la procédure collective (C. com. art. L 631-8, al. 1).

Cette date peut être **reportée** une ou plusieurs fois, mais sans pouvoir être antérieure (art. L 631-8, al. 2) :

– de plus de dix-huit mois à la date du jugement d'ouverture, même si une procédure de sauvegarde accélérée a été ouverte ;

– à la décision définitive ayant homologué un accord amiable dans le cadre d'une procédure de conciliation, sauf cas de fraude.

En cas d'échec de la conciliation, la décision d'ouverture de cette dernière n'a pas autorité de la chose jugée quant à la date de cessation des paiements et ne fait donc pas obstacle au report de la date de cessation des paiements telle qu'elle a été provisoirement fixée lors de l'ouverture du redressement ou de la liquidation judiciaire (Cass. com. 22-5-2013 n° 12-18.509 P : RJDA 10/13 n° 817).

Le report de date peut être prononcé par le tribunal sur demande de l'administrateur, du mandataire judiciaire, du ministère public (art. L 631-8, al. 3) ou du liquidateur judiciaire (art. L 641-5), mais non d'un créancier agissant à titre individuel (CA Paris 27-6-2003 : RTD com. 2003.826 n° 17 obs. Vallens). Le débiteur, qui ne peut pas agir à titre principal, doit être mis en la cause (Cass. com. 19-5-2015 n° 14-14.258 F-D : RJDA 11/15 n° 760 ; Cass. com. 9-9-2020 n° 18-25.447 F-D) ; il dispose d'un droit propre à se défendre à l'action en report et donc à former un recours contre la décision de report mais pas contre celle qui rejette la demande de report (Cass. com. 5-10-2022 n° 21-12.250 F-PB : RJDA 12/22 n° 702).

L'action en report doit être exercée dans le délai d'un an à compter du jugement d'ouverture (C. com. art. L 631-8, al. 4) mais elle n'est pas subordonnée à la vérification préalable des créances (Cass. com. 3-10-2018 n° 17-14.579 F-PBI : RJDA 1/19 n° 34). À défaut de contestation dans ce délai, la date initialement fixée par le tribunal ne peut pas être remise en cause (Cass. com. 27-11-2019 n° 18-18.194 F-PB : Rev. proc. coll. 2020 comm. n° 8 note B. Saintourens).

Sur l'information à donner de la décision de report, art. R 631-13.

Compte tenu de l'incidence du report de la date de cessation des paiements (voir ci-dessous), un dirigeant ou un ancien dirigeant, comme un créancier, informés par la publication au Bodacc du jugement de report, ont dès cette publication un intérêt à former tierce opposition à la décision de report s'ils n'y étaient pas parties (Cass. com. 17-6-2020 n° 18-25.262 F-PB : RJDA 10/20 n° 514).

Le juge saisi d'une demande de report de la date de cessation des paiements doit, pour apprécier cette situation, se placer non pas au jour où il statue, mais à celui auquel est envisagé le report de cette date (Cass. com. 9-12-2020 n° 19-14.437 F-PB : RJDA 3/21 n° 178 ; Cass. com. 5-10-2022 précité). Il faut qu'à cette date, le débiteur ait déjà été dans l'impossibilité de faire face à son passif exigible avec son actif disponible (Cass. com. 22-11-2023 n° 22-19.768 F-B : BRDA 1/24 inf. 13).

Le **report** de la date de cessation des paiements a une **incidence** notamment dans les domaines suivants : 61395

– certains actes passés par le débiteur entre cette date et celle du jugement qui a ouvert le redressement ou la liquidation judiciaire sont nuls ou annulables (nullités dites de la période suspecte), ce qui permet la réintégration de sommes ou de biens dans l'actif du débiteur et augmente les chances des créanciers d'être payés ;

– le défaut de déclaration par le débiteur (ou par son dirigeant) de l'état de cessation des paiements dans les 45 jours de sa survenance peut être sanctionné par une interdiction de gérer (nos 64515 s.), voire par une condamnation à combler le passif (notamment, Cass. com. 4-7-2018 n° 14-20.117 F-D : RJDA 11/18 n° 857).

Le report de cette date est donc l'enjeu d'intérêts opposés : les organes de la procédure et les créanciers ont tout intérêt à ce qu'elle soit reportée le plus loin en amont possible tandis qu'une date de cessation des paiements proche de celle du jugement d'ouverture de la procédure est préférable pour le débiteur (ou son dirigeant s'il s'agit d'une société).

L'application d'une période suspecte de 23 mois a été jugée conforme à l'ordre public international français (Cass. com. 5-2-2002 n° 98-22.683 P : Bull. civ. IV n° 24)

2. POSSIBILITÉ OU NON DE REDRESSER L'ENTREPRISE

CRITÈRE D'ORIENTATION VERS LE REDRESSEMENT OU LA LIQUIDATION JUDICIAIRE

La mise en **liquidation** judiciaire d'un débiteur (ou l'ouverture à son profit d'une procédure de rétablissement professionnel) requiert, outre la cessation des paiements, que son **redressement** soit **manifestement impossible** (C. com. art. L 640-1, al. 1 et L 645-1, al. 1). Cette condition est aussi requise pour convertir une procédure de sauvegarde ou de redressement judiciaire en liquidation judiciaire (art. L 622-10, al. 2 et L 631-15, II). 61420

Lorsque le redressement judiciaire est converti en liquidation judiciaire, la cessation des paiements ayant déjà été constatée lors de l'ouverture du redressement judiciaire, les juges n'ont à vérifier que la condition relative à l'impossibilité manifeste du redressement (Cass. com. 23-4-2013 n° 12-17.189 : RJDA 11/13 n° 925 ; Cass. com. 28-2-2018 n° 16-19.422 F-PBI : RJDA 6/18 n° 521).

Si le redressement de l'entreprise n'est pas manifestement impossible, le juge peut ouvrir le redressement judiciaire même s'il a été saisi d'une demande de liquidation judiciaire (n° 61536).

61422 À la lettre, il résulte de cette exigence qu'un **débiteur** en cessation de paiements et **ayant cessé toute activité** relève nécessairement de la liquidation judiciaire puisqu'un redressement n'est pas envisagé. Toutefois, la Cour de cassation a précisé que la cessation d'activité d'un débiteur, **personne physique,** ne fait pas obstacle à l'adoption d'un plan de redressement ayant pour seul objet l'apurement de son passif (Cass. com. 4-5-2017 n° 15-25.046 FS-PBI : RJDA 7/17 n° 482 ; déjà en ce sens, Cass. com. 29-4-2014 n° 13-11.070 F-D : RJDA 7/14 n° 657) et qu'il peut donc faire l'objet d'une procédure de redressement judiciaire.

61424 Les **chances de redressement d'une société** doivent s'apprécier au regard des capacités de celle-ci et non de celles du groupe auquel elle peut appartenir, en l'absence d'engagement de la société mère ou d'une autre filiale en sa faveur (Cass. com. 17-11-2015 n° 14-19.504 F-PB : RJDA 6/16 n° 465). Toutefois, lorsque plusieurs sociétés du même groupe font l'objet de procédures collectives distinctes, le tribunal peut, lors de l'examen de la solution proposée pour chacune d'elles, tenir compte, par une approche globale, de la cohérence du projet au regard des solutions envisagées pour les autres sociétés du groupe (Cass. com. 19-12-2018 n° 17-27.947 FS-PBI : RJDA 3/19 n° 211).

APPRÉCIATION PAR LES TRIBUNAUX

61425 Les juges du fond apprécient **souverainement** si le redressement de l'entreprise est manifestement impossible (Cass. com. 22-6-2010 n° 09-13.711 F-D : RJDA 10/10 n° 984 ; Cass. com. 19-12-2018 n° 17-27.947 FS-PBI : RJDA 3/19 n° 211) à la **date** où ils statuent (Cass. com. 22-3-2011 n° 10-12.014 F-D : RJDA 6/11 n° 559).

Les illustrations jurisprudentielles ci-dessous ont été, pour l'essentiel, rendues à propos de la conversion d'une sauvegarde ou d'un redressement en liquidation judiciaire ; elles tiennent souvent compte du passif et/ou des bénéfices générés pendant la période d'observation de la première procédure. Pour l'ouverture directe de la liquidation judiciaire, peut être aussi prise en considération la capacité de l'entreprise à financer le maintien de l'activité pendant cette période si une sauvegarde ou un redressement judiciaire devait être ouvert. L'existence et la viabilité du projet de plan présenté par le débiteur entrent aussi en ligne de compte.

61427 **Cas où la liquidation judiciaire a été déclarée justifiée** Ont été jugés dans l'impossibilité manifeste de se redresser :

– un **entrepreneur** dont le passif était très important depuis plusieurs années et qui ne présentait aucun plan de redressement, se contentant d'invoquer l'espoir d'une issue favorable à l'instance civile en cours concernant la reconnaissance de son droit au bail (Cass. com. 12-5-1998 n° 96-10.256 P : RJDA 10/98 n° 1140) ;

– un avocat en cessation des paiements qui n'avait donné aucun renseignement sur ses revenus et n'avait fait aucune proposition d'apurement de son passif (CA Paris 12-3-2009 n° 08-18524 : RJDA 8-9/09 n° 760) ou encore l'avocat qui n'avait plus de locaux professionnels ni actif réalisable, et dont la progression des revenus pendant la période d'observation ne lui avait permis ni de régler les créances courantes de celle-ci (TVA et taxe professionnelle) ni de commencer à rembourser le passif (Cass. com. 22-6-2010 n° 09-13.711 F-D : RJDA 10/10 n° 984) ;

– un conseil en gestion compte tenu des éléments suivants : il n'avait pas donné d'informations suffisantes sur les clients potentiellement démarchés et sur le contenu de leurs commandes éventuelles ; son projet de plan de redressement reposait, pour partie, sur la vente d'immeubles dont il n'était pas le seul propriétaire ; en raison des liens l'unissant aux acquéreurs pressentis (des membres de sa famille), la vente supposait l'obtention d'une dérogation du ministère public et l'autorisation du juge-commissaire ; enfin, son estimation du passif à apurer était inférieure au passif réel (Cass. com. 16-1-2019 n° 17-25.696 F-D : RJDA 4/19 n° 281) ;

– un médecin qui a proposé un effort financier paraissant difficilement réalisable au vu des données comptables et des possibilités de développement de son activité professionnelle : même en cas de cession par lui et sa femme d'actifs personnels, le passif résiduel s'élèverait encore à 870 000 € ; l'apurement de celui-ci supposerait un règlement annuel d'environ 86 000 €, somme correspondant au bénéfice réalisé l'année précédente par le médecin avant impôts et prélèvements personnels (Cass. com. 6-7-2010 n° 09-67.345 F-PB : RJDA 12/10 n° 1178) ;

– une **société** ayant cessé son activité depuis plusieurs mois, ne bénéficiant d'aucune offre de reprise ou apport de fonds et dont la vente du stock ne permettait pas l'apurement du passif (Cass. com. 29-5-2001 n° 98-16.201 FS-D : RJDA 11/01 n° 1126) ;

– une société débitrice d'une créance exigible de 360 000 € qui n'a pas déposé ses comptes annuels, a supprimé son établissement principal, vendu son fonds de commerce et a été mise en sommeil (Cass. com. 25-9-2019 n° 18-18.657 F-D : RJDA 1/20 n° 31) ;

– une holding qui, en raison de l'ampleur de ses problèmes de trésorerie, ne pouvait, en l'absence d'un nouveau partenaire pour la soutenir, financer seule ni l'activité de la période d'observation si le redressement judiciaire était prononcé ni le coût de la restructuration sociale préconisée, sans créer un passif nouveau très important dès les deux premiers mois, peu important que ses filiales soient en bonne santé financière (Cass. com. 13-5-2014 n° 13-14.660 : RJDA 8-9/14 n° 712) ;

– une société qui n'avait pas d'autre actif qu'une trésorerie de 4 500 € pour faire face à un passif de plus d'un million d'euros, dont l'exploitation pendant la période d'observation avait été tout juste équilibrée et qui ne fournissait aucun prévisionnel d'exploitation ou de trésorerie pour les 6 mois à venir, de sorte qu'elle ne démontrait pas sa capacité à faire face au remboursement de son important passif (Cass. com. 22-3-2011 n° 10-12.014 F-D : RJDA 6/11 n° 559) ;

– une société ayant un passif déclaré mais non encore vérifié de plus de 390 000 €, qui proposait un plan sur la base d'un passif de 55 000 € et dont l'activité était limitée à la seule location d'un immeuble, pour un loyer annuel de 12 000 € (Cass. com. 7-10-2020 n° 19-10.874 F-D) ;

– une SCI ayant contracté un important crédit-bail immobilier et ne disposant plus d'aucun revenu après la mise en liquidation judiciaire de ses locataires (CA Paris 16-10-2014 n° 14/03087 : RJDA 3/15 n° 202).

Cas où la liquidation judiciaire a été déclarée injustifiée Jugé que le redressement n'était pas manifestement impossible pour : 61430

– l'exploitant d'un fonds de commerce qui percevait un revenu mensuel provenant de la mise en location-gérance du fonds (800 €) et de la location des murs (1 200 €), ce qui permettait d'envisager l'apurement de son passif exigible (64 000 €) (CA Paris 1-7-2014 n° 14-02925 : RJDA 11/14 n° 855 som. 2e espèce) ;

– une société dès lors que sa trésorerie avait été partiellement reconstituée par un apport émanant de la famille du dirigeant, que les comptes prévisionnels faisaient état d'une diminution des charges courantes (notamment par réduction de 30 % du nombre de salariés) et d'une augmentation du chiffre d'affaires d'environ 7,5 % par mois et que 80 % du passif déclaré n'était pas exigible mais le deviendrait en cas de mise en liquidation judiciaire (CA Paris 24-6-2014 n° 14/04066 : RJDA 11/14 n° 855 som. 1e espèce) ;

– la société qui a présenté un projet de plan de redressement, optimiste mais pas irréaliste, avec apurement du passif sur dix ans dès lors que, si ce passif était considérable et si aucune offre de reprise de la société n'avait été présentée, celle-ci conservait la capacité de dégager des bénéfices, ceux réalisés pendant la période d'observation permettant d'envisager que le chiffre d'affaires prévisionnel soit atteint (CA Paris 31-5-2016 n° 16/07671 : RJDA 12/16 n° 883) ;

– une société dont le passif déclaré (263 000 €) se composait de cotisations sociales et des arriérés locatifs auprès de deux bailleurs compte tenu des circonstances suivantes : le plan prévisionnel, visé par un expert-comptable, prévoyait un chiffre d'affaires de 290 400 € (en augmentation de 10 %) permettant de dégager un résultat d'exploitation de 31 000 € environ et une trésorerie cumulée de 52 000 € ; si la clause résolutoire d'un des baux était acquise, le bailleur avait accepté d'y renoncer si les loyers à venir lui étaient payés ; le second bail commercial étant toujours en cours, la société pouvait poursuivre son activité ; le dirigeant de la société s'était engagé à réaliser une augmentation de capital à hauteur du montant de ses comptes courants (CA Paris 17-3-2015 n° 14/22181 : RJDA 11/15 n° 262, 2e espèce).

III. OUVERTURE DE LA PROCÉDURE COLLECTIVE

A. Tribunal compétent pour ouvrir la procédure

Les règles ci-après exposées sont applicables aux **procédures collectives** ouvertes en **France,** sous réserve des dispositions contraires, le cas échéant, de conventions internationales (telle la convention franco-monégasque du 13-9-1950 relative à la faillite et à la liquidation judiciaire) et de celles relatives à l'ouverture d'une procédure européenne d'insolvabilité régie par le règlement UE 2015/848 du 20 mai 2015. 61450

COMPÉTENCE D'ATTRIBUTION

Sous réserve de la compétence attribuée aux tribunaux des activités économiques (n° 61005), le tribunal de commerce est compétent pour ouvrir la procédure collective si le **débiteur exerce** 61452 une **activité commerciale** ou **artisanale** ; le tribunal judiciaire est compétent dans les **autres cas** (C. com. art. L 621-2, al. 1, L 631-7 et L 641-1, I), sa compétence étant exclusive (C. org. jud. art. R 211-4 et R 211-3-26, 8°).

COMPÉTENCE TERRITORIALE

61454 **Tribunal du siège de l'activité** Le tribunal territorialement compétent pour ouvrir la procédure collective est celui dans le ressort duquel le débiteur, personne morale, a son siège ou le débiteur, personne physique, a déclaré l'adresse de son entreprise ou de son activité (C. com. art. R 600-1, al. 1). La liste des tribunaux de commerce et des tribunaux judiciaires compétents et leur ressort figure aux annexes 6-1 à 6-4 de la partie réglementaire du Code de commerce.

Sur les tribunaux des activités économiques qui doivent être désignés par arrêté ministériel, n° 61005.

Pour une personne morale, est pris en compte le siège fixé par les statuts, à moins qu'il ne soit **fictif** (Cass. com. 5-1-1999 n° 96-18.574 : RJDA 4/99 n° 440). Jugé que tel était le cas si la société n'était, au lieu de son siège social, propriétaire d'aucun bien et ne disposait d'aucun bureau ni d'infrastructure y justifiant l'exercice d'une activité réelle (arrêt précité).

En cas de **changement** de siège de la personne morale dans les six mois ayant précédé la saisine du tribunal, le tribunal dans le ressort duquel se trouvait le siège initial demeure seul compétent (C. com. art. R 600-1, al. 2).

Le délai de six mois court à compter de l'inscription modificative au registre du commerce et des sociétés (RCS) du siège initial (art. précité), c'est-à-dire de la radiation de la société au RCS tenu par le greffier du tribunal de l'ancien siège et non de l'inscription au RCS du nouveau siège (Cass. com. 6-1-1998 n° 95-18.259 : RJDA 5/98 n° 615).

61456 **Tribunal du centre principal des intérêts** Si le débiteur n'a pas de siège en France, est compétent pour ouvrir la procédure collective le tribunal du lieu où il a le centre principal de ses intérêts **en France** (C. com. art. R 600-1, al. 1).

Une société ayant son siège à l'étranger a néanmoins le centre principal de ces intérêts en France dès lors que :

– sa seule activité est l'exploitation de locaux affectés à une maison de retraite située en France pour laquelle elle doit payer des loyers en France, même si la société, qui a vocation à devenir propriétaire des locaux pris en crédit-bail, a confié la gestion de la maison de retraite à une association sous-locataire (Cass. com. 26-10-1999 n° 96-12.946 : RJDA 4/00 n° 418) ;

– elle souscrit des prêts pour les besoins de son activité consistant dans la location de biens immeubles situés en France (Cass. com. 1-10-2002 n° 99-11.858 : RJDA 2/03 n° 152) ;

– elle a plusieurs établissements secondaires, dont le principal, en France (Cass. com. 11-4-1995 n° 92-20.032 P : RJDA 10/95 n° 1146 ; aussi Cass. com. 21-3-2006 n° 04-17.869 FS-PBIR : RJDA 2/07 n° 175 retenant la compétence du tribunal dans le ressort duquel la société avait immatriculé son principal établissement).

61458 **Exceptions** Il est dérogé aux principes énoncés n°s 61454 et 61456 lorsque :

– la procédure relève d'un **tribunal** de commerce **spécialisé** (TCS ; n°s 61460 s.).

– les intérêts en présence justifient le **renvoi** de l'affaire **devant une autre juridiction** (C. com. art. L 662-2 et R 662-7) ;

– pèse une suspicion légitime de partialité de la juridiction saisie, l'affaire étant renvoyée devant une autre juridiction de même nature (CPC art. 342).

Le renvoi d'une procédure de conciliation ou d'une demande de mandat ad hoc devant une autre juridiction en raison des intérêts en présence emporte prorogation de compétence territoriale au profit de cette juridiction pour connaître de la procédure de sauvegarde, de redressement ou de liquidation judiciaire qui pourrait directement s'ensuivre (C. com. art. L 662-2).

Lorsqu'un **auxiliaire de justice,** tel un avocat ou un huissier, est partie à la procédure, une juridiction limitrophe de celle normalement compétente où il exerce ses fonctions peut être saisie (CPC art. 47 ; Cass. com. 31-1-2012 n° 10-25.693 : RJDA 10/12 n° 874).

PROCÉDURE RELEVANT D'UN TCS

61460 Les procédures collectives les plus complexes et celles transfrontalières relèvent de la compétence exclusive de **tribunaux de commerce spécialisés** dans les conditions exposées ci-dessous.

Sur la désignation d'un tribunal de commerce spécialisé comme tribunal des activités économiques avec des compétences élargies, n° 61005.

61462 **Procédure visant des entreprises d'une certaine taille** Le tribunal de commerce spécialisé est compétent pour connaître des procédures collectives lorsque l'entreprise débitrice visée exerce une activité commerciale ou artisanale et répond à l'une des conditions suivantes (C. com. art. L 721-8, 1°) :

– avoir au moins 250 salariés et un chiffre d'affaires net d'au moins 20 millions d'euros ;
– avoir un chiffre d'affaires d'au moins 40 millions d'euros ;
– être une société qui détient ou contrôle une autre société, au sens des articles L 233-1 et L 233-3 du Code de commerce, dès lors que le nombre de salariés de l'ensemble des sociétés concernées est égal ou supérieur à 250 et que le montant net du chiffre d'affaires de l'ensemble de ces sociétés est d'au moins 20 millions d'euros ;
– être une société qui détient ou contrôle une autre société (au sens des articles précités) dès la mesure où le montant net du chiffre d'affaires de l'ensemble de ces sociétés est d'au moins 40 millions d'euros.

Sur le cas particulier de la demande d'extension d'une procédure collective à l'égard d'une entreprise remplissant une de ces conditions : n° 61642.

Dans ces deux premiers cas, le tribunal de commerce spécialisé territorialement compétent est déterminé comme indiqué aux nos 61454 et 61456 ; dans les deux derniers cas, il s'agit de celui dans le ressort duquel se situe la société qui détient ou contrôle une autre société (art. L 721-8, al. 13).

Même si la société ne répond pas aux critères ci-dessus, la procédure peut être renvoyée à un tribunal spécialisé si les intérêts en présence le justifient (art. L 662-2) ainsi que dans les cas ci-dessous.

Procédure déjà ouverte contre une société du même groupe Le tribunal devant lequel est en cours une procédure collective ouverte à l'encontre d'une société qui détient ou contrôle ou est détenue ou contrôlée par une autre société est compétent pour connaître de la procédure collective visant cette autre société (C. com. art. L 662-8, al. 1). Toutefois, si la procédure visant la société contrôlée ou détenue relève d'un tribunal de commerce spécialisé (n° 61462), ce dernier est compétent pour les deux procédures (art. précité, al. 3). La notion de société détenant ou contrôlant une autre société est appréciée au regard des articles L 233-1 et L 233-3 du Code de commerce. 61464

Procédure transfrontalière Les tribunaux de commerce spécialisés connaissent également des procédures d'insolvabilité relatives à un débiteur exerçant une activité commerciale ou artisanale lorsque la compétence internationale d'un tribunal français (C. com. art. L 721-8, 2° et 3°) : 61466

– est déterminée en application des actes pris par l'UE relatifs aux procédures d'insolvabilité, c'est-à-dire actuellement en application du règlement UE 2015/848 du 20 mai 2015 ;
– résulte, pour les procédures d'insolvabilité ne relevant pas des textes communautaires précités, de la présence dans le ressort d'un tribunal français du centre principal des intérêts du débiteur.

Pour les procédures d'insolvabilité intracommunautaires, le tribunal de commerce spécialisé compétent est celui dans le ressort duquel est situé le centre des intérêts principaux du débiteur. Pour les personnes morales, le centre des intérêts principaux est présumé, jusqu'à preuve contraire, être le lieu du siège social.

COMPÉTENCE INTERNATIONALE DES TRIBUNAUX FRANÇAIS

À l'égard d'un débiteur situé au sein de l'UE Lorsque le débiteur en difficulté a des **activités dans différents États membres de l'UE,** un tribunal français est compétent pour ouvrir une procédure d'insolvabilité (sauvegarde, redressement ou liquidation judiciaire) si le **centre des intérêts principaux du débiteur** – lieu où il gère habituellement ses intérêts et vérifiable par les tiers – est situé en France (Règl. UE 2015/848 du 20-5-2015 art. 3, 1). La procédure relève d'un tribunal de commerce spécialisé (nos 61460 s.). Pour les sociétés et les personnes morales, le centre des intérêts principaux est présumé être le lieu du siège statutaire, sauf preuve contraire (art. précité). 61468

Si le centre des intérêts principaux du débiteur n'est pas en France, le tribunal français n'est compétent pour ouvrir une procédure d'insolvabilité que si le débiteur y possède un établissement mais les effets de cette procédure sont limités aux biens du débiteur se trouvant en France (procédure dite secondaire et territoriale ; Règl. 2015/848 art. 3, 2 ; Cass. com. 18-3-2008 n° 06-20.749 : RJDA 6/08 n° 698).

Si la procédure est ouverte en France, elle est soumise à la loi française en ce qui concerne son ouverture, son déroulement et sa clôture (Règl. 2015/848 art. 7) mais la qualité de créancier est déterminée au regard de la loi de la source des créances (Cass. com. 13-9-2011 nos 10-25.533, 10-25.731, 10-25.908 : RJDA 11/11 n° 943).

61470 Si un **tribunal d'un autre État membre** de l'UE **a** déjà **ouvert une procédure** d'insolvabilité à l'encontre du débiteur, le tribunal français doit reconnaître cette procédure, à moins qu'elle ne porte atteinte à l'ordre public national (Règl. UE 2015/848 du 20-5-2015 art. 19 et 33 ; CJCE 2-5-2006 aff. 341/04 : RJDA 8-9/06 n° 936 ; Cass. com. 15-2-2011 n° 09-71.436 : RJDA 4/11 n° 344). Mais elle ne lui interdit pas d'ouvrir une **procédure secondaire** dont les effets sont limités aux biens du débiteur situés en France (Règl. EU précité art. 34) et dans le cadre de laquelle des sanctions personnelles ne peuvent pas être prononcées contre le débiteur (n° 64520).

En présence d'une décision ayant ouvert la procédure principale d'insolvabilité dans un État membre de l'UE et d'une instance en cours devant une juridiction d'un autre État membre en vue de l'ouverture d'une procédure identique à l'égard du même débiteur, le conflit se résout en faveur de la décision d'ouverture déjà intervenue qui doit être internationalement reconnue, et non en fonction des dates respectives de saisine des juridictions (Cass. com. 27-5-2014 n° 13-14.956 : RJDA 8-9/14 n° 718).

61472 **À l'égard d'un débiteur situé en dehors de l'UE** Même si le débiteur n'a en France ou dans un État membre de l'UE ni siège ni établissement, le **tribunal français** est compétent, à défaut de dispositions contraires et hors le cas de fraude :

– si des créanciers français invoquent le privilège de juridiction de l'article 14 du Code civil qui leur permet d'assigner un étranger devant un tribunal français (Cass. com. 19-3-1979 n° 77-13.943 : Bull. civ. IV n° 104) ;

– si des créanciers étrangers invoquent celui de l'article 15 du même Code qui leur permet d'assigner un Français devant un tribunal français (Cass. 2e civ. 7-6-1962 n° 61-12.045 : Bull. civ. II n° 506).

En cas de compétence d'un tribunal français, la procédure relève d'un tribunal de commerce spécialisé (n° 61466). Sur les deux privilèges précités, nos 72240 s.

61475 Si le **tribunal d'un État non membre de l'UE** a déjà ouvert une procédure collective contre le débiteur, l'ouverture d'une autre procédure en France n'est impossible que si le jugement étranger a reçu l'exequatur (Cass. com. 19-1-1988 : D. 1988 p. 565 note et concl. J.-P. Rémery ; Cass. com. 11-4-1995 n° 92-20.032 : RJDA 10/95 n° 1146).

B. Demande d'ouverture de la procédure

SAUVEGARDE

61490 **Demandeur** L'ouverture d'une procédure de sauvegarde ne peut être demandée que par le débiteur ou par le représentant légal de la personne morale débitrice (cf. C. com. art. L 620-1 et, pour les sauvegardes accélérées, art. L 628-1).

Elle ne peut donc pas être demandée par le conjoint du débiteur même s'il est collaborateur, par un créancier (CA Paris 2-10-2007 n° 06-16170 : RTD com. 2008 p. 188 note J.-L. Vallens ; CA Metz 17-4-2007 n° 07-15 : GP 20-7-2007 p. 24 note Lebel), par les représentants du personnel de l'entreprise ou par le ministère public. Est aussi exclue la possibilité pour le tribunal de saisir d'office.

Contrairement au redressement et à la liquidation judiciaire dont le débiteur est tenu de demander l'ouverture rapidement après l'apparition de la cessation des paiements (n° 61500), la sauvegarde reste une procédure facultative pour celui-ci.

61492 **Saisine du tribunal** Le débiteur dépose au greffe du tribunal une **demande** d'ouverture d'une sauvegarde dont le **contenu** est fixé par l'article R 621-1 du Code de commerce pour la sauvegarde de droit commun et par l'article R 628-2 pour la sauvegarde accélérée.

Des **formulaires** types de demande de sauvegarde sont gratuitement disponibles au greffe du tribunal (ou sur leur site Internet).

REDRESSEMENT ET LIQUIDATION JUDICIAIRE

61495 L'ouverture d'une procédure de redressement ou de liquidation judiciaire peut intervenir à l'initiative du débiteur, d'un de ses créanciers ou encore du ministère public.

61500 **Saisine par le débiteur** Le débiteur personne physique ou le représentant légal de la personne morale débitrice demande l'ouverture d'une procédure de redressement ou de liquidation judiciaire au moyen d'une **déclaration de cessation des paiements** (dite « dépôt de bilan ») effectuée au greffe du tribunal compétent (C. com. art. R 631-1 et R 640-1, al. 1).

La déclaration de l'état de cessation des paiements d'une société incombe au **représentant légal** de celle-ci (pour les sociétés commerciales : gérant, directeur général, directeur général délégué ou président du directoire, président de SAS, liquidateur ; pour les sociétés civiles : gérant ou liquidateur). En cas de cogérance, la cessation des paiements peut être déclarée par un seul des gérants (CA Orléans 5-11-1998 : Dr. sociétés 1999 n° 97 note Th. Bonneau). Pour plus de détails, MSC n° 90982.

Le débiteur peut déclarer lui-même ou par mandataire muni d'un pouvoir spécial, y compris s'il fait appel à un avocat (Cass. com. 19-7-1988 n° 86-15.389 : Bull. civ. IV n° 252).

Un formulaire de déclaration de cessation des paiements (Cerfa n° 10530-01) est disponible gratuitement sur Internet et auprès du greffe du tribunal. La liste des pièces à joindre est fixée par l'article R 631-1 du Code de commerce.

Le débiteur ou le représentant légal doit déposer la déclaration de cessation des paiements au plus tard dans les 45 jours qui suivent cette cessation, s'il n'a pas, dans ce **délai,** demandé l'ouverture d'une procédure de conciliation (C. com. art. L 631-4 et L 640-4). Le non-respect de ce délai l'expose à des sanctions (interdiction de gérer : n° 64515, voire à une condamnation à combler le passif, notamment Cass. com. 4-7-2018 n° 14-20.117 F-D : RJDA 11/18 n° 857).

Sur le cas particulier où l'ouverture de la procédure est demandée après la cessation d'activité ou le décès du débiteur, n° 61520.

Le débiteur ou le représentant légal n'est pas **dispensé** de déclarer l'état de cessation des paiements dans le délai légal s'il a obtenu un mandat ad hoc (n° 61060) ou si un créancier l'a déjà assigné en redressement ou en liquidation judiciaire (Cass. com. 14-1-2014 n° 12-29.807 F-PB : RJDA 5/14 n° 467 ; Cass. com. 9-6-2022 n° 21-11.083 F-D : RJDA 11/22 n° 653). Mais il l'est si l'entreprise fait déjà l'objet d'une procédure principale d'insolvabilité ouverte dans un autre État membre de l'UE, l'insolvabilité n'étant alors pas réexaminée en France où une procédure secondaire peut être ouverte (cf. Régl. 2015/848 du 20-5-2015 art. 34 ; Cass. com. 7-2-2018 n° 17-10.056 FS-PB : RJDA 5/18 n° 448).

Le **comité social et économique** dans les entreprises d'au moins 50 salariés doit être informé et consulté avant cette déclaration (C. trav. art. L 2312-53).

Assignation par un créancier Sauf le cas où le débiteur fait l'objet d'une conciliation ou d'une procédure collective en cours, le redressement ou la liquidation judiciaire peut être ouvert sur assignation d'un créancier du débiteur (C. com. art. L 631-5, al. 2 et L 640-5, al. 2). **61510**

Conformément au droit commun (C. com. art. R 662-2 et, sur renvoi, CPC art. 856 et 857), l'assignation est délivrée par acte d'un commissaire de justice au débiteur quinze jours au moins avant la date de l'audience et une copie est déposée au greffe du tribunal huit jours au moins avant cette date. La représentation par un avocat n'est pas obligatoire (n° 64700).

La fin de non-recevoir tirée de l'existence d'une conciliation en cours est opposable à tout créancier, même à celui qui n'est pas partie à la conciliation (CA Toulouse 3-12-2014 n° 14/05510 : D. 2015.1972.som. obs. Le Corre).

Cette assignation obéit aux **conditions** particulières de délai pour agir lorsque le débiteur a cessé son activité, exposées au n°s 61520 s., et aux conditions générales ci-après :

– le créancier peut agir quelle que soit la nature de sa créance (C. com. art. L 631-5, al. 2 et L 640-5, al. 2 ; Cass. com. 22-6-1993 : RJDA 1/94 n° 87 : créance civile antérieure à l'exercice d'une activité commerciale par le débiteur), pourvu que sa créance soit certaine, liquide et exigible (Cass. com. 2-12-2014 n° 13-20.203 : RJDA 5/15 n° 372) et non prescrite (cf. Cass. com. 15-5-2019 n° 18-14.789 FD : RJDA 8-9/19 n° 570), peu important qu'elle ne soit pas assortie d'un titre exécutoire (Cass. com. 28-6-2017 n° 16-10.025 : RJDA 11/17 n° 735) ;

– l'assignation doit préciser la nature et le montant de la créance et contenir tout élément de preuve caractérisant la cessation des paiements (art. R 631-2, al. 1 ; CA Orléans 19-10-2006 n° 06/00789 : RJDA 1/07 n° 69), cette preuve incombant au créancier demandeur (Cass. com. 24-3-2009 n° 08-13.017 : GP 2009.som.2719 obs. Lebel ; Cass. com. 5-5-2015 n° 14-11.381 : RJDA 8-9/15 n° 587) ;

– le créancier peut demander l'ouverture du redressement judiciaire et subsidiairement, celle de la liquidation judiciaire (ou inversement) mais l'assignation ne peut, sous peine d'irrecevabilité qui doit être soulevée d'office par le tribunal, contenir aucune autre demande relative au même patrimoine même à titre subsidiaire (art. R 631-2, al. 2 et R 640-1, al. 2), par exemple une demande tendant au paiement de la créance ou à l'extension de la procédure à un autre débiteur (Cass. com. 1-12-1992 n° 1835 P : RJDA 2/93 n° 161). Toutefois, le créancier poursuivant peut présenter, en outre, une demande de remboursement de certains frais de justice en application de l'article 700 du Code de procédure civile (Cass. com. 17-6-2020 n° 19-10.464 F-PB : RJDA 11/20 n° 577).

Le créancier peut assigner son débiteur sans avoir à justifier qu'il a engagé des procédures ou des voies d'exécution pour recouvrer sa créance (CA Aix-en-Provence 26-8-2019 n° 2019/398).

Toutefois, lorsque le débiteur est une exploitation agricole n'exerçant pas son activité sous la forme d'une société commerciale, le créancier joint à sa demande une attestation, délivrée par le greffier, de la saisine du président du tribunal judiciaire (ou, le cas échéant, du tribunal des activités économiques compétent ; sur cette compétence, n° 61005) aux fins de désignation d'un conciliateur dans le cadre d'un règlement amiable (C. com. art. L 631-5, al. 6, R 631-2, al. 1 et, sur renvoi, C. rural art. L 351-2), sauf si l'exploitant fait l'objet d'une procédure de rétablissement professionnel en cours (art. L 640-5, al. 6).

Le créancier qui **assigne abusivement** son débiteur peut être condamné à des dommages-intérêts (Cass. com. 1-10-1997 n° 95-13.262 : RJDA 12/97 n° 1537 ; CA Paris 16-2-2023 n° 21/19512 : RJDA 8-9/23 n° 440) et à une amende (n° 71636). Sur l'amende civile due par celui qui agit abusivement ou de façon dilatoire devant le tribunal des activités économiques, n° 61005.

61515 **Saisine par le ministère public** Lorsque le débiteur ne fait pas l'objet d'une procédure collective ou d'une conciliation en cours, le tribunal peut être saisi sur requête du ministère public aux fins d'ouverture d'un redressement ou d'une liquidation judiciaire (C. com. art. L 631-5, al. 1 et L 640-5, al. 1).

Le **ministère** public peut être **informé** par le président du tribunal des éléments portés à la connaissance de celui-ci faisant apparaître que le débiteur est en état de cessation des paiements, par une note exposant les faits de nature à motiver la saisine du tribunal ; le président ne peut siéger, à peine de nullité du jugement, dans la formation de jugement ni participer aux délibérés si le ministère public demande l'ouverture d'une procédure de redressement ou de liquidation judiciaire à l'égard de ce débiteur (C. com. art. L 631-3-1). La note par laquelle le président du tribunal informe le ministère public est communiquée à ce dernier par le greffier du tribunal ; le cas échéant, elle est jointe à l'assignation délivrée par le ministère public pour saisir le tribunal ou à la convocation à comparaître adressée au débiteur (art. R 662-12-1).

Les membres du comité social et économique peuvent communiquer au président du tribunal ou au ministère public tout fait révélant la cessation des paiements du débiteur (art. L 631-6 et L 640-6).

61520 **Redressement ou liquidation judiciaire d'un débiteur ayant cessé son activité ou décédé** Un débiteur qui a **cessé** son **activité** peut néanmoins faire l'objet d'un redressement ou d'une liquidation judiciaire si tout ou partie de son passif provient de cette activité (C. com. art. L 631-3, al. 1 et L 640-3, al. 1) :

– à sa demande dans les 45 jours de la survenance de l'état de cessation des paiements ;
– à tout moment à la demande du ministère public s'il n'y a pas de procédure de conciliation en cours (art. L 631-5, al. 1 ; cf. Cass. com. 15-2-2011 n° 10-13.751 : RJDA 6/11 n° 554, rendu à propos de la saisine d'office du tribunal aujourd'hui supprimée mais transposable à la requête du ministère public par identité de rédaction des dispositions) ;
– à la demande d'un créancier, quelle que soit la nature de sa créance, s'il n'y a pas de conciliation en cours et dans un délai d'un an à compter de la radiation du débiteur du registre du commerce et des sociétés (pour les personnes morales immatriculées, à compter de la radiation consécutive à la publication de la clôture des opérations de liquidation) ou de sa cessation d'activité (pour les personnes physiques ayant une activité artisanale, agricole, indépendante ou libérale) ou de la publication de l'achèvement de la liquidation (pour les personnes morales non soumises à immatriculation) (art. L 631-5, al. 2 à 5 et L 640-5, al. 2 à 5).

Par exemple, à l'égard d'un praticien libéral qui devient associé d'une société professionnelle, le créancier doit agir dans le délai d'un an à compter de la cessation de l'activité individuelle (Cass. com. 9-2-2010 n° 08-15.191 : RJDA 5/10 n° 538 ; Cass. com. 16-9-2014 n° 13-17.147 F-PB : RJDA 4/15 n° 289).

Le délai court à compter de la date de la radiation, peu important que l'extrait Kbis mentionne une radiation « avec effet » à une date ultérieure, cette précision étant sans incidence sur le point de départ du délai à l'égard des tiers (Cass. com. 18-1-2023 n° 21-21.748 F-B : RJDA 4/23 n° 207).

Il suffit que l'assignation du créancier intervienne dans le délai d'un an, le jugement d'ouverture pouvant être prononcé après l'expiration de ce délai (Cass. com. 14-2-1995 n° 92-19.556 P : RJDA 6/95 n° 763).

L'ouverture du redressement ou de la liquidation judiciaire peut être demandée même si l'état de cessation des paiements du débiteur n'est pas antérieur mais postérieur à la cessation d'activité ou à la radiation ; il suffit qu'il existe, lors de l'examen de la demande d'ouverture de la procédure, un passif résiduel exigible à caractère professionnel auquel l'ancien commerçant est dans l'impossibilité de faire face avec son actif disponible (Cass. com. 4-7-2018 n° 17-16.056 F-PB : RJDA 11/18 n° 849).

La cessation d'activité d'un entrepreneur individuel (autre qu'un EIRL) emportant la réunion de ses patrimoines professionnel et personnel (art. L 526-22, avant dernier al.), l'emprise de la procédure collective ainsi ouverte s'étend aux deux patrimoines.

61525 En cas de **décès** d'un entrepreneur individuel alors que son patrimoine engagé par son activité ou ses activités professionnelles est en état de cessation des paiements, la procédure de redressement ou de liquidation judiciaire peut être ouverte (C. com. art. L 631-3, al. 2 et L 640-3, al. 2) :
– à la demande des héritiers sans condition de délai ;
– sur assignation d'un créancier, quelle que soit la nature de sa créance, ou sur requête du ministère public dans un délai d'un an à compter du décès.

La cessation des paiements doit ici être antérieure au décès.

Par exception au principe de réunion des patrimoines professionnel et personnel de l'entrepreneur décédé, la procédure collective ainsi ouverte ne concerne que le patrimoine professionnel (cf. art. L 526-22, avant dernier al. ; Direction générale des entreprises du ministère de l'économie et des finances, FAQ « traitement des difficultés de l'entrepreneur individuel » du 25-11-2022).

C. Suites de la saisine du tribunal

AUDITIONS PRÉALABLES À LA DÉCISION DU TRIBUNAL

Le tribunal statue sur la demande d'ouverture d'une procédure collective, après avoir entendu ou dûment appelé en chambre du conseil les **personnes** suivantes (C. com. art. L 621-1, al. 1, L 631-7, L 641-1, I) : 61530

- le débiteur ou le représentant légal de la personne morale débitrice ;
- la ou les personnes désignées par le comité social et économique ;
- lorsque le débiteur exerce une profession libérale soumise à un statut législatif ou réglementaire, ou dont le titre est protégé, l'ordre professionnel ou l'autorité compétente dont, le cas échéant, il relève.

En cas de demande d'une sauvegarde accélérée, il entend aussi le conciliateur (art. R 628-4).

Il peut également entendre toute personne dont l'audition lui paraît utile (art. L 662-3, al. 3).

Avant qu'il ne soit statué sur la demande, le greffier avise le débiteur qu'il doit réunir le comité social et économique, pour que soient désignées les personnes habilitées à être entendues par le tribunal et à exercer les voies de recours ; copie est adressée au secrétaire du comité social et économique ; le procès-verbal de désignation est déposé au greffe (art. R 621-2, R 631-7 et R 641-1).

Si le débiteur bénéficie ou a bénéficié d'un mandat ad hoc ou d'une procédure de conciliation dans les 18 mois qui précèdent, la demande en sauvegarde, de redressement ou de liquidation judiciaire doit être examinée en présence du ministère public, à moins qu'il ne s'agisse de patrimoines distincts d'un EIRL (art. L 621-1, al. 5, L 631-7, al. 1 et L 641-1, I). L'ouverture d'une sauvegarde accélérée requiert aussi la présence du ministère public (art. L 628-2, al. 2).

Le **défaut de convocation** du débiteur ou des représentants du personnel est une cause de nullité du jugement d'ouverture (CA Paris 5-9-2006 n° 05/14236 : JCP G 2006 IV n° 2975) dont le créancier poursuivant ne peut pas se prévaloir (CA Aix-en-Provence 30-4-2008 n° 07-10772 : GP 2008 som. 4201 obs. C. Lebel). De même, le débiteur ne peut pas utilement invoquer le défaut de convocation des représentants du personnel (Cass. com. 23-5-1995 n° 92-19.088 : RJDA 11/95 n° 1290 ; Cass. com. 24-10-1995 n° 93-11.322 : RJDA 2/96 n° 266). 61532

Lorsque la présence du ministère public est requise, l'absence de celui-ci à l'audience entraîne la nullité du jugement (CA Paris 3-5-2018 n° 18/00664 : JCP E 2018.1375 obs. Delattre).

ENQUÊTE SUR LA SITUATION DU DÉBITEUR

Avant de statuer sur la demande, le tribunal peut **charger un juge** de recueillir tous renseignements sur la situation financière, économique et sociale du débiteur (C. com. art. L 621-1, al. 4). Ce juge peut obtenir, nonobstant toute disposition législative ou réglementaire contraire (relative notamment au secret professionnel), communication de ces renseignements par les commissaires aux comptes, les experts-comptables, les notaires, les membres et représentants du personnel, par les administrations et organismes publics, les organismes de prévoyance et de sécurité sociale, les établissements de crédit, de paiement et de monnaie électronique ainsi que les services chargés de centraliser les risques bancaires et les incidents de paiement (art. précité et, sur renvoi, art. L 623-2). Ce juge peut se faire assister de tout expert de son choix. 61534

Le rapport du juge, auquel est annexé le rapport de l'expert lorsqu'il en a été désigné un, est déposé au greffe, communiqué au débiteur et au ministère public et les représentants de la délégation du personnel du comité social et économique peuvent en prendre connaissance (art. R 621-3).

Par ailleurs, lorsque la sauvegarde, le redressement ou la liquidation judiciaire est ouvert moins de 18 mois après un mandat ad hoc ou une conciliation, le tribunal peut, d'office ou à la demande du ministère public, obtenir communication des **pièces** et actes **relatifs au mandat ad hoc ou à la conciliation,** nonobstant la confidentialité attachée à ces procédures (art. L 621-1, dernier al., L 631-7, al. 1 et L 641-1, I-al. 1).

DÉCISION DU TRIBUNAL – RÈGLES GÉNÉRALES

Le tribunal statue sur-le-champ ou à une prochaine audience, le cas échéant, sur le rapport du juge commis (C. com. art. R 621-4, al. 1, R 631-7 et R 641-1). 61536

En cas de sauvegarde accélérée, le tribunal statue après un rapport du conciliateur sur le déroulement de la conciliation et les perspectives d'adoption du projet de plan par les parties affectées concernées, et en présence du ministère public (art. L 628-2).

Si le **débiteur remplit les conditions requises pour la procédure** collective **demandée,** le tribunal ouvre cette procédure.

Si tel n'est pas le cas, l'office du tribunal diffère selon les hypothèses. En cas de demande de sauvegarde, le tribunal invite le débiteur à demander l'ouverture d'une conciliation puis rejette la demande de sauvegarde, sans statuer sur la conciliation (art. L 621-1, al. 3 et R 621-5). Lorsque seule une demande de redressement judiciaire a été demandée et que la situation du débiteur est manifestement insusceptible de redressement, le tribunal peut, après avoir entendu le débiteur, rejeter la demande et ouvrir une liquidation judiciaire (immédiatement ou lors d'une audience ultérieure) ou une procédure de rétablissement professionnel si le débiteur remplit les conditions requises et donne son accord (art. L 631-7, al. 3 et 4). Inversement, si seule la liquidation judiciaire a été demandée et que le redressement n'est pas manifestement impossible, le tribunal peut ouvrir le redressement judiciaire après avoir entendu le débiteur (art. L 641-1, I-al. 2). Si la situation du débiteur ne relève d'aucune de ces deux procédures, le tribunal rejette la demande (art. R 631-11 et R 641-5).

DÉCISION DU TRIBUNAL – CAS PARTICULIER DE L'ENTREPRENEUR INDIVIDUEL

61538 Depuis le 15 mai 2022, le tribunal saisi d'une demande d'ouverture d'une procédure collective et/ou de surendettement pour un entrepreneur individuel doit apprécier à la fois (C. com. art. L 681-1, al. 2 à 4) :

– si les conditions d'ouverture d'une procédure collective sont réunies au regard de la situation du patrimoine professionnel de l'entrepreneur ;

– si celles d'une procédure de surendettement sont réunies en fonction de l'actif du patrimoine personnel et de l'ensemble des dettes exigibles ou à échoir dont le recouvrement peut être poursuivi sur cet actif.

61539 **Entrepreneur éligible à une procédure collective** Le tribunal ouvre la **procédure** collective si les conditions en sont réunies, mais l'**emprise** de celle-ci varie selon que l'entrepreneur individuel peut ou pas bénéficier aussi de la procédure de surendettement (C. com. art. L 681-2).

Sur le cas particulier de la procédure ouverte à l'encontre d'un entrepreneur individuel (autre qu'un EIRL) ayant cessé son activité ou décédé, nos 61520 s.

61540 Si l'**entrepreneur** individuel n'est **pas en outre éligible à la procédure de surendettement** à la date d'ouverture de la procédure collective, les dispositions régissant cette dernière en ce qui concerne les biens, droits ou obligations de l'entrepreneur sont comprises, sauf dispositions contraires, comme visant le seul **patrimoine professionnel** de l'entrepreneur ; de même, celles qui intéressent les droits ou obligations de ses créanciers s'appliquent dans les limites de ce seul patrimoine, là encore sauf dispositions contraires.

61542 Si l'entrepreneur individuel est **également éligible au surendettement,** les dispositions régissant la procédure collective en ce qui concerne les biens, les droits ou les obligations de l'entrepreneur sont comprises (toujours sauf dispositions contraires) comme visant à la fois les **patrimoines professionnel et personnel** de l'entrepreneur. Les droits de chaque créancier sur le patrimoine professionnel, le patrimoine personnel ou tout ou partie de ces patrimoines sont déterminés conformément aux règles fixées par les articles L 526-22 du Code de commerce. Le tribunal traite, dans un même jugement, des dettes dont l'entrepreneur individuel est redevable sur ses patrimoines professionnel et personnel, en fonction du droit de gage de chaque créancier, sauf dispositions contraires.

Toutefois, par **dérogation,** l'entrepreneur peut faire simultanément l'objet d'une procédure collective et d'une procédure de surendettement si la **distinction de ses patrimoines professionnel et personnel** a été **strictement respectée** et si le droit de gage des créanciers dont les droits sont nés à l'occasion de son activité professionnelle ne porte pas sur son patrimoine personnel. Dans ce cas, le tribunal qui ouvre la procédure collective saisit, avec l'accord de l'entrepreneur, la commission de surendettement aux fins de traitement des dettes dont celui-ci est redevable sur son patrimoine personnel.

61545 **Entrepreneur non éligible à une procédure collective** Lorsque l'entrepreneur individuel n'est éligible qu'à la procédure de surendettement, le tribunal saisi rejette l'ouverture de la procédure collective et renvoie l'affaire, avec l'accord de l'entrepreneur, devant la commission de surendettement (C. com. art. L 681-3).

Si **au cours de la procédure de surendettement,** la commission constate que les conditions d'une **procédure collective** sont réunies, elle invite l'entrepreneur à demander l'ouverture d'une telle procédure. Si celle-ci est ouverte, la commission est dessaisie sauf lorsque la distinction des patrimoines professionnel et personnel a été strictement respectée et que le droit de gage des créanciers dont les droits sont nés à l'occasion de l'activité professionnelle de l'entrepreneur individuel ne porte pas sur son patrimoine personnel. Dans ce dernier cas, le tribunal et la commission de surendettement s'informent réciproquement de l'évolution de chacune des procédures ouvertes.

D. Décision d'ouverture de la procédure

1. JUGEMENT D'OUVERTURE

CONTENU DU JUGEMENT

Dans le jugement qui ouvre la procédure, le tribunal : 61550

– désigne les organes de la procédure (nos 61575 s.) et détermine la mission de l'administrateur s'il en a désigné un (nos 61835 s.) ;

– pour le redressement et la liquidation judiciaire, fixe la date de cessation des paiements, celle-ci pouvant être ensuite modifiée (nos 61390 s.) ;

– en cas de sauvegarde accélérée, fixe la date de l'audience lors de laquelle il sera statué sur le projet de plan (C. com. art. R 628-10) ou, en cas de liquidation judiciaire, la date à laquelle la clôture de la procédure doit être examinée (art. L 643-9).

COMMUNICATION DU JUGEMENT AUX PARTIES

Le jugement qui ouvre la procédure collective est notifié ou signifié au débiteur (selon qu'il était 61552
ou non demandeur) et notifié au créancier demandeur dans les huit jours de la date du jugement ; copie en est adressée au procureur de la République (C. com. art. R 621-6, R 621-7, R 631-12 et R 641-6).

PUBLICITÉ DU JUGEMENT

Le greffier du tribunal procède d'office aux publicités suivantes dans les quinze jours de la date 61554
du jugement d'ouverture (C. com. art. R 621-8, R 631-7 et R 641-7) :

– mention du jugement au **registre** du commerce et des sociétés, si le débiteur est un commerçant ou une personne morale immatriculée à ce registre, ou au registre national des entreprises pour les entreprises individuelles qui y sont immatriculées ou, dans les autres cas, au registre ouvert à cet effet au greffe du tribunal judiciaire ;

– insertion d'un avis au **Bodacc** et dans un **support d'annonces légales** du lieu où le débiteur a le siège de son entreprise ou des établissements secondaires (sur le contenu de cette publicité, art. R 621-8).

Si une déclaration d'affectation a été faite par un EIRL ou si le débiteur est un entrepreneur individuel, mention du jugement d'ouverture est également portée à la demande du greffier du tribunal qui l'a prononcé sur le registre spécial mentionné no 2310 ou celui mentionné no 21670 (art. R 621-8, al. 4).

Les sociétés « cotées » qui font l'objet d'une procédure collective doivent, au titre de l'obligation d'information financière des marchés qui pèse sur elles, en informer, non seulement l'Autorité des marchés financiers (AMF), mais aussi le marché dès l'ouverture de la procédure, en précisant son calendrier prévisionnel (Position-recommandation AMF 2016-08).

CARACTÉRISTIQUES DU JUGEMENT

Le jugement d'ouverture de la procédure collective produit ses **effets** à compter de sa **date** 61556
(C. com. art. R 621-4, al. 2, R 631-7 et R 641-1), c'est-à-dire le même jour à zéro heure (Cass. com. 12-11-1979 no 78-10.859 P : Bull. civ. IV no 284 ; Cass. com. 23-10-2019 no 18-12.181 F-PB : RJDA 2/20 no 100). Mais il n'est opposable aux tiers que du jour où il a été publié, sauf s'il a été connu des tiers à qui il est opposé (Cass. com. 3-3-1998 no 95-20.917 P : RJDA 7/98 no 891 ; toutefois, faisant partir les effets du jugement du jour de son prononcé et non de celui de sa publicité, CA Amiens 25-10-2012 no 11/00109 : JCP E 2012.pan.1738).

Le jugement est **exécutoire** de plein droit à **titre provisoire,** l'exécution pouvant être arrêtée 61557
dans les conditions exposées nos 64722 s.

VOIES DE RECOURS

Les décisions statuant sur l'ouverture de la procédure collective – qu'elles rejettent ou qu'elles 61560
prononcent cette ouverture – sont susceptibles d'**appel** dans un délai de dix jours (à compter de leur notification) et de pourvoi en cassation (C. com. art. L 661-1, I, L 661-12 et R 661-3) :

– pour la sauvegarde, de la part du débiteur et du ministère public même s'il n'a pas agi à titre principal ;

– pour le redressement judiciaire, de la part des personnes précitées et du créancier poursuivant ;

– pour la liquidation judiciaire, de la part de ces personnes et du comité social et économique ou, dans les entreprises de moins de cinquante salariés, des membres de sa délégation du personnel.

Lorsque le débiteur est une personne morale, l'appel est formé par son représentant légal, ce qui exclut le dirigeant de fait (Cass. com. 4-3-2008 no 06-16.340 : GP 29-7-2008 p. 35 note N. Fricero) et l'associé même majoritaire (cf. Cass. com. 28-1-2004 n° 02-16.524 : RJDA 5/04 n° 563) ou intervenu à l'instance (Cass. com. 14-9-2022 n° 21-12.755 F-D : RJDA 1/23 n° 41).

L'appel n'est ouvert au débiteur ou au représentant légal que s'il a intérêt à agir (cf. CPC art. 31). Tel n'est pas le cas si la procédure a été ouverte à sa demande. Mais il peut faire appel de certains chefs du jugement d'ouverture (par exemple, la fixation de la date de cessation des paiements) ou si la procédure ouverte n'est pas celle qu'il a demandée.

La cour d'appel qui annule ou infirme un jugement statuant sur l'ouverture d'un redressement judiciaire peut, d'office, ouvrir le redressement ou la liquidation judiciaire (C. com. art. R 631-6), sauf en cas d'irrégularité de l'acte introductif d'instance (Cass. com. 17-1-2009 n° 08-15.693 : D. 2009.2930.som. obs. Lienhard).

La cour d'appel qui annule un jugement statuant sur l'ouverture de la liquidation judiciaire ou son prononcé peut, d'office, ouvrir la liquidation judiciaire ou la prononcer ; en cas d'infirmation d'un jugement ouvrant la procédure de liquidation judiciaire, elle peut, d'office, ouvrir la procédure de redressement judiciaire (art. R 640-2).

Sur le caractère suspensif ou non de l'appel formé par le ministère public selon la procédure en cause, n° 64722.

61562 Le jugement statuant sur la demande d'ouverture de la procédure peut faire l'objet d'une **tierce opposition,** par déclaration au greffe dans les dix jours à compter de l'insertion de l'avis du jugement dans un support d'annonce légales (C. com. art. L 661-2 et art. R 661-2), de la part de tout intéressé, à condition qu'il n'ait été ni partie ni représenté au jugement qu'il attaque, ainsi que de la part des créanciers ou autres ayants cause si le jugement a été rendu en fraude à leurs droits ou s'ils invoquent des moyens qui leur sont propres (CPC art. 583, al. 1 et 2, applicable à défaut de disposition contraire ; sur l'irrecevabilité des créanciers, Cass. com. 1-7-2020 n° 18-23.884 F-D : GP 13-10-2020 jur. p. 71 note Th. Goujon-Bethan ; sur leur recevabilité, Cass. com. 8-3-2011 n° 10-13.988 : RJDA 5/11 n° 437 et, sur renvoi, CA Versailles 19-1-2012 n° 11/03519 : RJDA 5/12 n° 522). Le jugement statuant sur la tierce opposition est susceptible d'appel et de pourvoi en cassation de la part du tiers opposant (C. com. art. L 661-2) et des personnes mentionnées n° 61560 (Cass. com. 9-5-2018 n° 14-11.367 F-PB : RJDA 8-9/18 n° 656).

2. PRINCIPAUX INTERVENANTS À LA PROCÉDURE COLLECTIVE

TRIBUNAL AYANT OUVERT LA PROCÉDURE

61570 Le tribunal qui ouvre la procédure collective désigne les organes de la procédure : le juge-commissaire, l'administrateur et le mandataire judiciaires (ou le liquidateur) et si cela est nécessaire des experts.

Sur le remplacement de ces personnes, C. com. art. L 621-9 pour le juge-commissaire ; art. L 621-7 et R 621-17 pour l'administrateur, le mandataire judiciaire, les experts ; art. L 641-1-1 et R 641-12 pour le liquidateur judiciaire.

Mais il intervient ensuite à plusieurs reprises dans la procédure, notamment pour modifier la durée de la période d'observation (ou de maintien de l'activité en cas de liquidation judiciaire) et la date de cessation des paiements, pour adopter ou rejeter le plan, pour convertir ou clôturer la procédure ou encore pour prononcer certaines sanctions à l'encontre du chef d'entreprise.

61572 **Étendue de la compétence du tribunal ayant ouvert la procédure** Sans préjudice des pouvoirs attribués en premier ressort au juge-commissaire et de certaines règles de prorogation de compétence, le tribunal saisi d'une procédure de sauvegarde, de redressement judiciaire ou de liquidation judiciaire est compétent pour connaître de tout ce qui concerne la sauvegarde, le redressement et la liquidation judiciaires (C. com. art. R 662-3), c'est-à-dire de toute **contestation née de la procédure collective** et sur laquelle cette procédure exerce une influence (Cass. com. 6-3-2001 n° 98-12.835 : RJDA 7/01 n° 781 ; Cass. com. 7-2-2012 n° 11-10.851 : RJDA 7/12 n° 694 ; Cass. com. 22-11-2023 n° 22-18.356 F-D : RJDA 2/24 n° 112). Ces conditions sont cumulatives (Cass. com. 3-4-2019 n° 18-10.469 FS-PB : RJDA 8-9/19 n° 571). Cette règle s'applique aussi en matière de référé (Cass. com. 6-3-2001 n° 98-12.835 : RJDA 7/01 n° 781 ; Cass. com. 5-9-2018 n° 17-10.975 F-PBI : RJDA 11/18 n° 852).

Le tribunal de la procédure collective est notamment compétent pour l'action en responsabilité pour insuffisance d'actif, la faillite personnelle ou l'interdiction de gérer (C. com. art. R 662-3), pour les contestations relatives à l'affectation des éléments du patrimoine d'un EIRL qui s'élèvent à l'occasion de la procédure collective de celui-ci (art. L 680-7, réservant toutefois la compétence du juge-commissaire pour la reprise d'un bien par le débiteur) ainsi que, depuis le 15 mai 2022, pour les contestations relatives à la séparation des patrimoines de l'entrepreneur individuel qui s'élèvent à l'occasion de la procédure collective ou de surendettement dont il fait l'objet (art. L 681-2, V). Il l'est également pour l'action en annulation d'actes passés en période suspecte (Cass. com. 29-4-2014 n° 13-13.572 F-D : RJDA 11/14 n° 852 : saisie ; Cass. com. 18-5-2017 n° 15-23.973 F-PBI : RJDA 8-9/17 n° 562 : vente immobilière ; Cass. soc. 12-6-2019 n° 17-26.197 F-PB, 18-10.278 F-D : RJS 8-9/19 n° 495 : transaction conclue avec un salarié).

Le tribunal des activités économiques (n° 61005) saisi d'une procédure de sauvegarde, de redressement ou de liquidation judiciaire connaîtra de toutes les actions et les contestations relatives aux baux commerciaux nées de la procédure et présentant avec celle-ci des liens de connexité suffisants, sans préjudice des pouvoirs attribués en premier ressort au juge-commissaire (Loi 2023-1059 du 20-11-2023 art. 26, II-al. 6).

Inversement, ce **tribunal** n'est **pas compétent** dès lors que la procédure collective est sans influence sur la contestation (Cass. com. 8-6-1993 n° 90-13.821 : Bull. civ. IV n° 233 : action en restitution d'un acompte remis par un débiteur avant l'ouverture de la procédure ; Cass. com. 5-9-2018 n° 17-10.975 F-PBI : RJDA 11/18 n° 852 : contestation de la résiliation d'un contrat continué sans mise en cause des règles spécifiques à la procédure collective ; Cass. com. 3-4-2019 n° 18-10.469 FS-PB : RJDA 8-9/19 n° 571 : action en remboursement d'un prêt consenti à un débiteur en liquidation judiciaire même si le juge doit, pour se prononcer, appliquer les règles du dessaisissement lié à cette procédure). La clause attributive de compétence prévue par les parties peut alors recevoir application (Cass. com. 20-6-2000 n° 97-18.204 : RJDA 11/00 n° 1007 ; Cass. com. 7-2-2012 n° 11-10.851 : RJDA 7/12 n° 694). 61573

Échappent notamment à la compétence du tribunal ayant ouvert la procédure collective :

– les actions en responsabilité civile exercées à l'encontre de l'administrateur, du mandataire judiciaire, du commissaire à l'exécution du plan ou du liquidateur judiciaire car elles relèvent du tribunal judiciaire (n° 64650) ;

– les actions en responsabilité pénale contre le débiteur (notamment pour banqueroute), contre ses proches (par exemple pour recel d'actif), contre les mandataires de justice ou les créanciers car elles sont de la compétence du juge pénal (cf. C. com. art. L 654-17) ;

– les contestations relatives aux créances salariales, celles-ci relevant du conseil de prud'hommes (C. com. art. L 625-1, L 625-4 et L 625-5), ou les contestations sérieuses portant sur les autres créances déclarées au passif de la procédure, celles-ci relevant du tribunal désigné par une clause attributive de compétence ou, à défaut, en vertu du droit commun (Cass. com. 1-7-2020 n° 18-25.522 F-PB : RJDA 11/20 n° 581) ;

– les actions qui sont de la compétence exclusive du juge administratif (par exemple, le contentieux des impôts directs, de la TVA et des taxes assimilés lorsqu'aucune règle propre à la procédure collective n'est mise en œuvre ; T. confl. 13-4-2015 n° 3988 et 3998 : RJDA 8-9/15 n° 588) ;

– les actions en cours lors de l'ouverture de la procédure qui, après interruption, sont reprises devant le juge initialement saisi dans les conditions exposées n°s 62425 s.

JUGE-COMMISSAIRE

Dans le **jugement d'ouverture,** le tribunal désigne un ou, si nécessaire, plusieurs juges-commissaires (C. com. art. L 621-4, al. 1, L 631-9, al. 1 et L 641-1, II-al. 1) parmi ses magistrats. Toutefois, le président du tribunal ne peut pas être désigné juge-commissaire s'il a connu du débiteur au titre d'une procédure d'alerte, d'un mandat ad hoc ou d'une conciliation (art. précités). 61575

Le juge-commissaire veille au déroulement rapide de la procédure et à la protection des intérêts en présence (art. L 621-9, L 631-9, al. 1 et L 641-11, al. 1). Ces principales **attributions** concernent l'admission ou rejet des créances au passif du débiteur, l'autorisation de certains actes de gestion, les contestations en matière de restitution ou en revendication de biens détenus par le débiteur ; il intervient également dans la vente des biens de l'entreprise en dehors du plan de cession.

Lorsque la désignation d'un technicien est nécessaire, seul le juge-commissaire peut y procéder en vue d'une mission qu'il détermine, sans préjudice du pouvoir du tribunal de nommer un expert (art. L 621-9, al. 2 ; Cass. com. 17-9-2013 n° 12-17.741 : RJDA 12/13 n° 1031, excluant la compétence du juge des référés saisi d'une demande d'expertise in futurum).

La procédure devant le juge-commissaire et les voies de recours contre ses décisions sont exposées n°s 64735 s. et 64805 s.

ADMINISTRATEUR JUDICIAIRE

Désignation d'un administrateur Dans le jugement ouvrant une **sauvegarde ou un redressement judiciaire,** le tribunal désigne un ou plusieurs administrateurs judiciaires (C. com. art. L 621-4, al. 3). 61577

La désignation d'au moins un **deuxième administrateur** judiciaire et un deuxième mandataire judiciaire (ou d'un autre liquidateur judiciaire) est obligatoire dans les cas où le débiteur (art. L 621-4-1, L 631-9, al. 1, L 641-1-2 et R 621-11-1) :

– possède au moins trois établissements secondaires situés dans le ressort d'un tribunal où elle n'est pas immatriculée ;

– ou détient ou contrôle (au sens des articles L 233-1 ou L 233-3 du Code de commerce) au moins deux sociétés à l'encontre desquelles une procédure collective est déjà en cours ;

– ou est détenue ou contrôlée (au sens des articles L 233-1 ou L 233-3) par une société à l'encontre de laquelle une procédure collective est déjà en cours, cette société détenant ou contrôlant elle-même au moins une autre société à l'encontre de laquelle est aussi ouverte une telle procédure ;
– et le chiffre d'affaires net de la société débitrice ou de celle qu'elle contrôle ou qui la contrôle dépasse 20 millions d'euros.

Le **débiteur** peut **proposer** le **nom** d'un ou de plusieurs administrateurs en cas de sauvegarde (art. L 621-4, al. 5) ou de redressement judiciaire (art. L 631-9, al. 1). Lorsque le débiteur bénéficie ou a bénéficié d'un mandat ad hoc ou d'une procédure de conciliation dans les 18 mois précédents, le ministère public peut s'opposer à ce que le mandataire ad hoc ou le conciliateur soit désigné en qualité d'administrateur (art. L 621-4, al. 5). L'administrateur doit être choisi sur la liste nationale des administrateurs judiciaires (art. L 811-1 s. et R 621-12).

En cas de sauvegarde accélérée, si le conciliateur précédemment désigné est inscrit sur cette liste, il est désigné comme administrateur sauf décision contraire motivée du tribunal (art. L 628-3).

L'administrateur exerce la **mission** que lui confie le tribunal, celle-ci pouvant aller d'une simple surveillance de la gestion à une prise en charge totale de celle-ci. Il dispose en outre de pouvoirs spécifiques (notamment à propos des contrats en cours) et participe à l'élaboration du projet de plan.

61580 **Absence de désignation d'un administrateur** Le tribunal n'est pas tenu de désigner un administrateur judiciaire dans la procédure de sauvegarde ou de redressement judiciaire lorsque le nombre de salariés à la date de la demande est inférieur à vingt et le chiffre d'affaires hors taxe est inférieur à 3 000 000 € à la date du dernier exercice comptable clôturé ; toutefois jusqu'à l'arrêté du plan, il peut en nommer un à la demande du débiteur, du mandataire judiciaire ou du ministère public (C. com. art. L 621-4, al. 4 et R 621-11).

En pratique, la majorité de ces procédures sont ouvertes sans désignation d'un administrateur. Dans ce cas, le débiteur conserve ses pouvoirs de gestion sous réserve d'obtenir pour certaines opérations l'accord du mandataire judiciaire ou l'autorisation du juge-commissaire. Ces dispositions spéciales sont exposées à l'occasion des opérations concernées.

Un administrateur est toutefois désigné si les classes de parties affectées doivent être constituées (art. R 626-53) ou, en cas de redressement judiciaire, si la cession de l'entreprise est envisageable (art. L 631-21-1) ou en cas de sauvegarde accélérée (art. L 628-4).

MANDATAIRE JUDICIAIRE

61585 Dans le jugement d'ouverture d'une sauvegarde ou de redressement judiciaire, le tribunal désigne un ou plusieurs mandataires judiciaires (C. com. art. L 621-4, al. 3). La désignation d'un deuxième mandataire judiciaire est requise dans les mêmes conditions que celles exposées n° 61577 à propos de l'administrateur judiciaire (art. L 621-4-1 et R 621-11-1).

Les principales **attributions** de ce mandataire concernent la vérification du passif du débiteur ainsi que les actions au nom et dans l'intérêt des créanciers. Il participe en outre à l'élaboration du plan.

Une personne non inscrite sur la liste nationale des mandataires judiciaires peut être désignée comme mandataire judiciaire dans les conditions fixées par l'article L 812-2 du Code de commerce. Lorsque la procédure est ouverte à l'égard d'un débiteur qui bénéficie ou a bénéficié d'un mandat ad hoc ou d'une procédure de conciliation dans les dix-huit mois qui précèdent, le ministère public peut s'opposer à ce que le mandataire ad hoc ou le conciliateur soit désigné en qualité de mandataire judiciaire (art. L 621-4, al. 5). En cas de sauvegarde accélérée, si le conciliateur précédemment désigné est inscrit sur la liste nationale, il est désigné comme mandataire judiciaire sauf décision contraire motivée du tribunal (art. L 628-3).

LIQUIDATEUR JUDICIAIRE

61587 Le tribunal qui ouvre une liquidation judiciaire désigne un ou plusieurs liquidateurs judiciaires dans les conditions exposées nos 63490 s.

CONTRÔLEURS

61590 Quelle que soit la procédure, le juge-commissaire désigne un à cinq contrôleurs **parmi les créanciers** qui lui en font la demande dans les termes de l'article R 621-24 du Code de commerce ; lorsqu'il désigne plusieurs contrôleurs, il veille à ce qu'au moins l'un d'entre eux soit choisi parmi les créanciers titulaires de sûretés et qu'un autre soit choisi parmi les créanciers chirographaires (C. com. art. L 621-10, al. 1, L 631-9, al. 1 et L 641-1, II-al. 6). Lorsque le débiteur exerce une profession libérale, soumise à un statut législatif ou réglementaire, ou dont le titre est protégé, l'ordre professionnel ou l'autorité compétente dont, le cas échéant, il relève est d'office contrôleur ; dans ce cas, le juge-commissaire ne peut pas désigner plus de quatre contrôleurs (art. L 621-10, al. 4).

Une personne détenant directement ou indirectement tout ou partie du capital de la personne morale débitrice ou dont le capital est détenu en tout ou partie par cette même personne, ne peut pas être nommé contrôleur ou représentant d'une personne morale désignée comme contrôleur (art. L 621-10, al. 3).

Les contrôleurs assistent le mandataire judiciaire dans ses **fonctions** (ou le liquidateur qui les exerce) et le juge-commissaire dans sa mission de surveillance de l'administration de l'entreprise (C. com. art. L 621-11). Ils peuvent prendre connaissance de tous les documents transmis à l'administrateur, au mandataire ou au liquidateur judiciaire ; ils sont tenus à la confidentialité (art. précité). Sous certaines conditions, ils peuvent agir au nom et dans l'intérêt collectif des créanciers (nº 62380). **61592**

Les contrôleurs ne perçoivent aucune **rémunération** (art. L 621-11) et leur **responsabilité** n'est engagée qu'en cas de faute lourde (art. L 621-10, al. 5).

Un contrôleur peut **se faire représenter** par l'un de ses préposés ou par un avocat (art. L 621-10, al. 5).

REPRÉSENTANT DES SALARIÉS

Lorsqu'il ouvre la procédure, le tribunal invite le comité social et économique à désigner un représentant **parmi les salariés** de l'entreprise ; en l'absence de comité, les salariés élisent un représentant, qui exerce les fonctions dévolues à ce comité dans le cadre des différentes procédures collectives (C. com. art. L 621-4, al. 2, L 631-9, L 641-1, II-al. 5 et R 621-14, R 631-7 et R 641-1). À cet effet, dans les dix jours du prononcé du jugement d'ouverture, le débiteur personne physique ou le représentant légal de la personne morale débitrice, assisté de l'administrateur s'il en a été désigné, doit réunir le comité social et économique ou, à défaut, les salariés (art. précités). **61595**

La désignation d'un représentant des salariés s'impose quel que soit le nombre de salariés (CA Versailles 26-11-1986 : GP 1987.332 note Guillenschmidt). Sa désignation a lieu, par vote secret à scrutin uninominal à un tour ; le représentant des salariés ainsi que les salariés participant à sa désignation ne doivent avoir encouru aucune des condamnations prévues par l'article L 6 du Code électoral, c'est-à-dire ne pas avoir été privés du droit de vote ; le représentant des salariés doit être âgé de 18 ans accomplis (C. com. art. L 621-6, al. 1). Il est soumis aux incompatibilités exposées nº 61600 sauf exception.

Lorsqu'aucun représentant des salariés ne peut être désigné ou élu, un procès-verbal de carence est établi par le débiteur et est immédiatement déposé au greffe du tribunal (art. L 621-4, al. 2, L 631-9, L 641-1, II-al. 5 et R 621-14, al. 2).

MINISTÈRE PUBLIC

Le ministère public est habilité à intervenir dans les procédures collectives afin de préserver l'intérêt général. Il peut notamment demander l'ouverture d'un redressement ou d'une liquidation judiciaire mais aussi engager une action tendant à obtenir des sanctions contre le débiteur. Sa présence ou son avis est requis à certaines étapes de la procédure ; il peut exercer des recours contre certaines décisions. **61597**

INCOMPATIBILITÉS

Aucun **parent** ou allié, jusqu'au quatrième degré inclus, **du débiteur** personne physique ou des dirigeants de la personne morale débitrice ne peut être désigné à l'une des fonctions suivantes : juge-commissaire, administrateur judiciaire, mandataire judiciaire, liquidateur judiciaire, contrôleur, expert, professionnel chargé de l'inventaire et de la prisée des biens du débiteur, représentant des salariés, sauf dans les cas où cette disposition empêche la désignation d'un représentant des salariés (C. com. art. L 621-5, al. 1, L 621-10, al. 3, L 631-9 et L 641-6). **61600**

D'autres incompatibilités existent et sont signalées dans les développements relatifs aux intervenants concernés.

3. FRAIS DE LA PROCÉDURE COLLECTIVE

Le coût d'une procédure collective dépend de sa nature et de son importance. Il comporte notamment les frais de **publicité** relatifs aux décisions prises par le tribunal ainsi que la **rémunération** des mandataires de justice (administrateur, mandataire judiciaire, commissaire à l'exécution du plan, liquidateur judiciaire, experts...) telle que fixée selon un barème (C. com. art. R 663-3 s., tenant compte du chiffre d'affaires et du nombre de salariés de l'entreprise) et le remboursement des sommes qu'ils ont exposées pour l'exécution de leur mission (**débours**). Ces sommes s'ajoutent au passif du débiteur. **61605**

Si le débiteur ne dispose pas immédiatement des fonds nécessaires pour payer les frais de procédure en première instance, en appel ou en cassation, le **Trésor public** fait l'**avance** de certains d'entre eux sur ordonnance motivée du juge-commissaire (C. com. art. L 663-1). Pour ses avances, le Trésor public est garanti par le privilège des frais de justice (art. L 663-1, IV), de sorte qu'il est remboursé avant les autres créanciers, exception faite des salariés (art. L 622-17, L 631-14, al. 1, L 641-13 et L 643-8).

Sur proposition du juge-commissaire et au vu des justificatifs présentés par le liquidateur ou le mandataire judiciaire, le tribunal déclare le **dossier impécunieux** si le produit de la réalisation des actifs de l'entreprise ne permet pas au liquidateur ou au mandataire judiciaire d'obtenir, au titre de la rémunération qui lui est due, au moins 1 500 € (art. L 663-3 et R 663-41). La différence entre cette somme et celle perçue par le mandataire ou le liquidateur est alors prélevée sur un fonds spécial géré par la Caisse des dépôts et consignations (art. L 663-3).

E. Extension de la procédure

EXTENSION DE LA PROCÉDURE À UNE AUTRE PERSONNE

61630 **Cas d'extension** La procédure de sauvegarde, de redressement ou de liquidation ouverte envers un débiteur peut être étendue à une ou plusieurs autres personnes, en cas de **confusion de** leur **patrimoine** avec celui du débiteur ou de **fictivité de la personne morale** (C. com. art. L 621-2, al. 2, L 631-7, al. 1 et L 641-1, I-al. 1).

Ces cas sont **alternatifs** : si la fictivité de la personne morale est établie, le juge n'a pas en outre à rechercher l'existence d'une confusion de patrimoines (Cass. com. 8-2-1994 n° 91-15.844 D : Bull. Joly 1994 p. 394) et inversement.

Les **faits** invoqués doivent être **antérieurs** à l'ouverture de la procédure dont l'extension est demandée (Cass. com. 16-10-2012 n° 11-23.036 F-D : RJDA 1/13 n° 51 ; sur le cas particulier de l'extension d'une procédure ouverte après résolution d'un plan, Cass. com. 17-5-2017 n° 15-28.871 F-D : RJDA 8-9/17 n° 567 ; Cass. com. 8-12-2021 n° 20-17.766 FS-B : RJDA 3/22 n° 158).

L'extension est possible même si la personne visée par celle-ci ne remplit pas les conditions d'ouverture de la procédure collective à étendre (Cass. com. 11-10-1994 n° 90-14.457 P : RJDA 2/95 n° 200 ; Cass. com. 7-1-2003 n° 00-13.192 FS-P : RJDA 8-9/01 n° 974). Ainsi, le redressement ou la liquidation judiciaire d'une personne peut être étendue à une autre sans qu'il y ait lieu au préalable de constater la cessation des paiements de cette dernière (Cass. com. 3-4-2001 n° 98-16.070 F-D : RJDA 8-9/01 n° 874).

61632 **Fictivité de la personne morale** La fictivité de la personne morale se retrouve notamment lorsqu'une **société** a été **constituée pour masquer les activités d'une autre personne,** morale ou physique. Le fait que deux sociétés aient des dirigeants et un siège communs ou une communauté d'intérêts ne suffit pas à caractériser la fictivité de l'une d'elles (Cass. com. 21-1-1997 n° 116 D : RJDA 6/97 n° 782 ; Cass. com. 27-10-1998 n° 1750 P : RJDA 1/99 n° 42 ; CA Paris 15-9-2009 n° 09-2265 : RJDA 2/10 n° 165). Il faut en outre démontrer que la personne, dont il est prétendu qu'elle agit sous le couvert de la personne morale, est bien le maître de l'affaire (Cass. com. 19-2-2002 n° 98-20.578 FS-P : RJDA 6/02 n° 655 ; pour un cas où la procédure d'une société a été étendue à son dirigeant, Cass. com. 15-10-2013 n° 12-24.389 F-D : RJDA 2/14 n° 112 ; pour un cas où elle ne l'a pas été, Cass. com. 3-2-1998 n° 95-21.174 P : RJDA 6/98 n° 748).

La fictivité d'une société ne peut pas être déduite du seul fait que son dirigeant a recherché la satisfaction de ses intérêts personnels, le conduisant à commettre de graves fautes de gestion, ni de la communauté de dirigeants de cette société avec d'autres sociétés du groupe dont elle fait partie ou de la similitude de son objet social avec celui d'une autre société du groupe (Cass. com. 9-12-2020 n° 19-14.072 F-D).

61635 **Confusion de patrimoines** La confusion de patrimoines suppose l'existence de **relations financières anormales** entre les personnes concernées, c'est-à-dire incompatibles avec des obligations contractuelles réciproques normales (Cass. com. 27-9-2016 n° 14-29.278 F-PB : RJDA 12/16 n° 880). Mais il n'est pas requis que ces relations aient augmenté le passif du débiteur soumis à la procédure collective dont l'extension est demandée (Cass. com. 16-6-2015 n° 14-10.187 F-PB : RJDA 10/15 n° 677) ni que les actifs et passifs de ces personnes soient imbriqués de manière inextricable et permanente (Cass. com. 2-11-2016 n° 15-13.006 F-D : Rev. proc. coll. 2017 n° 2 § 14 note B. Saintourens ; Cass. com. 28-2-2018 n° 16-24.507 F-D ; Cass. com. 16-1-2019 n° 17-20.725 F-D : RJDA 5/19 n° 352).

Des personnes qui exploitent ensemble un fonds de commerce ne peuvent pas faire l'objet d'une procédure unique si la confusion de leurs patrimoines n'est pas établie (Cass. com. 15-3-2005 n° 03-19.359 P : RJDA 7/05 n° 839). L'établissement d'une comptabilité certifiée et approuvée ne permet pas d'établir l'absence de confusion des patrimoines (Cass. com. 27-9-2016 n° 14-29.278 F-PB : RJDA 12/16 n° 880).

Pour des exemples de confusion de patrimoines entre les sociétés d'un groupe, MSC n°s 81282 s. ; pour des exemples entre sociétés bailleresse et locataire, MCI n°s 28026 s.

Obstacles à l'extension La procédure collective d'un débiteur ne peut pas être étendue à un tiers, pour confusion des patrimoines, après que le tribunal a adopté un **plan** de sauvegarde ou de redressement judiciaire (Cass. com. 5-2-2002 n° 337 FS-P : RJDA 6/02 n° 656 ; Cass. com. 18-1-2005 n° 97 F-D : RJDA 5/05 n° 585) ou un plan de cession totale (Cass. com. 27-9-2017 n° 16-16.670 F-PBI : RJDA 2/18 n° 143) ou partielle (Cass. com. 5-12-2018 n° 17-25.664 FS-PBRI : RJDA 2/19 n° 104). 61640

Demande et décision d'extension L'extension de la procédure peut être **demandée par** l'administrateur, le mandataire judiciaire, le liquidateur judiciaire, le débiteur ou le ministère public auprès du tribunal qui l'a ouverte (C. com. art. L 621-2, al. 2 et 5, L 631-7, al. 1 et L 641-1, I-al. 1). Elle ne peut pas l'être par les créanciers du débiteur (Cass. com. 15-5-2001 n° 98-14.560 : RJDA 10/01 n° 990 ; Cass. com. 19-2-2002 n° 99-12.776 : Dr. sociétés 2002 comm. n° 134 note J.-P. Legros) ni par la personne qui a confondu son patrimoine avec le débiteur ou par le dirigeant de cette personne (Cass. com. 28-5-2002 n° 98-21.730 : RJDA 1/03 n° 42 ; CA Orléans 22-1-2004 n° 03-1358 : RJDA 5/04 n° 588). 61642

Le tribunal ayant ouvert la procédure initiale reste compétent pour la demande d'extension même si l'entreprise visée par la demande peut, en raison de l'ampleur de son chiffre d'affaires, relever d'un tribunal de commerce spécialisé (Cass. com. 11-3-2020 n° 18-22.960, 18-22.962 FS-PB : RJDA 11/20 n° 578).

Le président du tribunal saisi d'une demande d'extension d'une procédure collective peut ordonner des **mesures conservatoires** sur les **biens du défendeur** à l'action (n°s 62292 s.).

Lorsque le débiteur soumis à la procédure initiale ou le débiteur visé par l'extension exerce une **profession libérale** soumise à un statut législatif ou réglementaire ou dont le titre est protégé, le tribunal statue en chambre du conseil après avoir entendu ou dûment appelé l'ordre professionnel ou l'autorité compétente dont, le cas échéant, il relève (art. L 621-2, al. 5).

Sur le cas particulier de l'extension d'une procédure collective ouverte en France à un débiteur établi dans un autre État membre de l'UE, Cass. com. 13-9-2023 n° 22-12.855 F-B : RJDA 12/23 n° 674.

Le jugement d'extension est soumis à la même **publicité** que le jugement d'ouverture de la procédure initiale (n° 61554 ; C. com. art. R 621-8-1, R 631-7 et R 641-7).

Il est susceptible d'**appel** ou de pourvoi en cassation de la part du débiteur soumis à la procédure, du débiteur visé par l'extension, du mandataire judiciaire ou du liquidateur, de l'administrateur et du ministère public (art. L 661-1, I-3° ; sur le caractère suspensif de l'appel du ministère public, n° 64722). Il est aussi susceptible de tierce **opposition** (art. L 661-2) dans les conditions exposées n° 61562 à propos du jugement d'ouverture.

Effets de l'extension L'extension de procédure entraîne la soumission de tous les débiteurs concernés à une **procédure collective unique.** Il en résulte notamment une unicité d'actifs et de passif entre ces débiteurs, sans création d'une indivision ni, s'il s'agit de sociétés, disparition de la personnalité morale de chacune d'elles (Cass. com. 30-6-2009 n° 08-15.715 F-D : RJDA 11/09 n° 980). La date de cessation des paiements est aussi unique ; elle est fixée à partir de la comparaison entre le passif exigible et l'actif disponible des personnes concernées (Cass. com. 7-1-2003 n° 00-15.316 FS-P : RJDA 5/03 n° 511 ; Cass. com. 16-6-2004 n° 01-17.234 FS-PB : RJDA 12/04 n° 1346). L'issue de la procédure est également collective : ainsi, en cas d'extension d'un redressement judiciaire, le tribunal ne peut pas prononcer une liquidation judiciaire partielle (Cass. com. 17-2-1998 : RJDA 6/98 n° 749) ; un des débiteurs ne peut prétendre à un redressement judiciaire au motif qu'il jouit de perspectives de rétablissement alors que les autres doivent être mis en liquidation judiciaire (Cass. com. 22-10-1996 : RJDA 2/97 n° 262) ; un plan de redressement ne peut pas être adopté pour l'un des débiteurs sans arrêter le sort des biens de l'autre (Cass. com. 7-1-2003 : RJDA 6/03 n° 610). 61645

Toutefois :

– le jugement qui prononce l'extension d'une procédure ne rétroagit pas au jour du jugement initial d'ouverture (Cass. com. 28-9-2004 n° 1317 : RJDA 2/05 n° 162 ; Cass. com. 4-11-2014 n° 13-24.014 F-D : RJDA 5/15 n° 363) ; en conséquence, en cas d'**extension d'une liquidation judiciaire,** la date de dessaisissement de chacun des débiteurs de ses droits et actions (C. com. art. L 641-9) est distincte : pour l'un, la date du jugement ouvrant la liquidation judiciaire, pour l'autre, la date du jugement d'extension (Cass. com. 28-9-2004 précité) ;

– en cas de **résolution du plan** dont le débiteur principal a bénéficié, suivie d'une mise en liquidation judiciaire de ce débiteur, l'extension de procédure cesse à l'égard du débiteur qui en a été frappé, le passif de la liquidation judiciaire de ce débiteur ne pouvant être confondu avec celui du débiteur principal (Cass. com. 29-4-2014 n° 12-27.058 FS-PB : RJDA 10/14 n° 783) ; en cas de résolution du plan de redressement unique dont ont bénéficié tous les débiteurs à qui la procédure a été étendue, l'extension cesse et la jonction des procédures de liquidation judiciaire ouvertes après cette résolution ne peut être prononcée que s'il existe une confusion des patrimoines au regard de faits postérieurs au jugement arrêtant le plan (Cass. com. 8-12-2021 n° 20-17.766 FS-B : RJDA 3/22 n° 158).

CAS PARTICULIER – RÉUNION DES PATRIMOINES DE L'ENTREPRENEUR INDIVIDUEL

61650 La procédure collective dont fait l'objet un entrepreneur individuel, **y compris un EIRL,** pour l'un de ses patrimoines peut être étendue à ses autres patrimoines (patrimoines affectés ou non pour l'EIRL ; patrimoine personnel pour les autres entrepreneurs individuels) dans les cas suivants (C. com. art. L 621-2, al. 3, L 631-7, al. 1 et L 641-1, I-al. 1) :

– en **cas** de confusion de ces autres patrimoines avec celui visé par la procédure ;

– s'il a commis une fraude à l'égard d'un créancier titulaire d'un droit de gage général sur le patrimoine visé par la procédure ;

– en outre, pour l'EIRL, s'il a commis un manquement grave à l'obligation de tenir une comptabilité autonome pour l'activité professionnelle à laquelle un patrimoine est affecté et d'ouvrir un ou plusieurs comptes bancaires exclusivement dédiés à cette activité (art. L 526-13) ;

Cette procédure dite de réunion des patrimoines est soumise au **régime** exposé n°s 61642 s.

F. Conversion de la procédure

NOTION DE CONVERSION D'UNE PROCÉDURE COLLECTIVE

61670 La procédure collective dont un débiteur fait l'objet peut être convertie lorsque l'ampleur des difficultés de l'entreprise a mal été diagnostiquée lors de l'ouverture de la procédure ou lorsqu'elles se sont aggravées pendant la période d'observation ou encore si aucun plan de sauvegarde ou de redressement n'a pu être arrêté. La **conversion** se fait toujours **« vers le haut »** au regard de la graduation des procédures collectives : la sauvegarde de droit commun peut ainsi être convertie en redressement ou en liquidation judiciaire ; le redressement judiciaire ne peut être converti qu'en liquidation judiciaire. Quant à cette dernière, elle constitue la procédure ultime qui doit être menée à son terme une fois ouverte.

Le terme de conversion est réservé au passage de la sauvegarde au redressement judiciaire, procédures qui toutes deux tendent au redressement de l'entreprise. Pour le passage de ces procédures à la liquidation judiciaire, les textes font référence au « prononcé » de cette dernière qui, comme son nom l'indique, ne tend plus à cet objectif et qui suit un régime spécifique.

La sauvegarde accélérée ne peut pas être convertie lorsqu'il apparaît que la date de cessation des paiements de l'entreprise était antérieure de plus de 45 jours à la demande de conciliation ou lorsqu'aucun plan de sauvegarde n'est arrêté dans le délai requis. Dans ces hypothèses, le tribunal met un terme à la procédure (C. com. art. L 628-5 et L 628-8, al. 2).

Le fait que la procédure accélérée ne concerne pas tous les créanciers du débiteur contrairement aux autres procédures justifie cette restriction. Mais une fois la procédure accélérée clôturée, le débiteur peut faire l'objet d'une sauvegarde de droit commun (sauf en cas de cessation des paiements datant de plus de 45 jours), d'un redressement ou d'une liquidation judiciaire s'il remplit les conditions pour l'ouverture d'une telle procédure.

Il n'y a pas conversion mais ouverture d'une **nouvelle procédure** lorsque le débiteur est mis en redressement ou en liquidation judiciaire **après la résolution du plan** de sauvegarde ou de redressement (n° 63436).

61672 Nonobstant la conversion, c'est la **même procédure qui se poursuit** ; il ne s'agit pas d'une nouvelle procédure (Cass. com. 26-10-2022 n° 20-23.150 F-B : RJDA 1/23 n° 47) : par exemple, la conversion d'une sauvegarde ou d'un redressement judiciaire en liquidation judiciaire n'emporte pas l'obligation pour les créanciers de procéder à une nouvelle déclaration de leurs créances (Cass. com. 16-1-2007 n° 05-16.927 FS-PB : RJDA 5/07 n° 525, 2e espèce), pas plus qu'elle ne leur ouvre un nouveau délai pour les déclarer (Cass. com. 15-2-2011 n° 09-14.318 F-D : RJDA 8-9/11 n° 720.som.) ou pour revendiquer leurs biens ; les créances « utiles » nées de la période d'observation de la sauvegarde ou du redressement judiciaire continuent à bénéficier d'un traitement préférentiel si la liquidation judiciaire est prononcée (C. com. art. L 641-13, I-al. 3 et 4).

Néanmoins, quelques **aménagements** s'imposent : notamment, selon le cas, le tribunal redéfinit la mission de l'administrateur ou met fin aux fonctions de celui-ci et désigne un liquidateur, modifie la durée de la période d'observation ou y met un terme, fait réaliser la prisée des biens du débiteur afin d'organiser leur cession.

CONVERSION EN CAS DE CESSATION DES PAIEMENTS ANTÉRIEURE À LA SAUVEGARDE

61675 S'il apparaît, après l'ouverture de la **sauvegarde de droit commun,** que le débiteur était déjà en cessation des paiements au moment du prononcé du jugement d'ouverture, le tribunal convertit la sauvegarde en redressement judiciaire à la **demande** du débiteur, de l'administrateur, du mandataire judiciaire ou du ministère public (C. com. art. L 621-12, al. 1 et 2).

Le tribunal se prononce après avoir entendu ou dûment appelé le débiteur, le mandataire judiciaire, l'administrateur s'il en a été désigné, les contrôleurs et les représentants de la délégation du personnel du comité social et économique, et après avoir recueilli l'avis du ministère public (art. L 621-12, al. 2 et art. R 621-26). La convocation et l'audition de l'ordre professionnel dont relève le débiteur qui exerce une profession libérale ou indépendante ne s'appliquent qu'à l'ouverture de la procédure et ne sont pas requises en cas de conversion de la procédure (Cass. com. 6-7-2010 n° 09-67.345 F-PB : RJDA 11/10 n° 1178, en l'espèce au prononcé de la liquidation judiciaire au cours de la période d'observation du redressement judiciaire).

Le tribunal constate l'antériorité de la cessation des paiements, fixe la date de celle-ci (date qui ne peut être antérieure de plus de dix-huit mois à la date du jugement qui a ouvert la sauvegarde) ; si nécessaire, il peut réduire la durée de la période d'observation restant à courir ou la prolonger pour une durée maximale de six mois ; il fait procéder à la prisée des actifs du débiteur dans les conditions exposées au n° 61750 (C. com. art. L 621-12, al. 1 et L 631-8, al. 5).

La cessation des paiements est appréciée au jour où le juge statue sur la demande de conversion, sans qu'il soit nécessaire, d'une part, de déterminer les causes de l'état de cessation des paiements allégué, d'autre part, de vérifier si le débiteur était en état de cessation des paiements à la date du jugement d'ouverture de la procédure de sauvegarde (CA Besançon 28-12-2007 n° 07/02208 : Bull. inf. C. cass. 2008 n° 1269).

CONVERSION AU COURS DE LA PÉRIODE D'OBSERVATION

À tout moment de la période d'observation, sur requête du débiteur, de l'administrateur, du mandataire judiciaire, du ministère public ou d'office, le tribunal : **61677**

– convertit la **sauvegarde** de droit commun en redressement judiciaire si le débiteur est en cessation des paiements ou, si son redressement est en outre manifestement impossible, en liquidation judiciaire (C. com. art. L 622-10, al. 2) ;

– lorsque le débiteur est en **redressement** judiciaire, prononce la liquidation judiciaire si le redressement est manifestement impossible (art. L 631-15, II-al. 1).

Le tribunal procède aux auditions exposées n° 61675, recueille l'avis du ministère public, fait réaliser la prisée des biens du débiteur si elle n'a pas déjà été faite et modifie le cas échéant la durée de la période d'observation. Toutefois, lorsque la liquidation judiciaire est prononcée, le tribunal met fin à la période d'observation et à la mission de l'administrateur sauf exception (art. L 622-11 et L 631-15, II-al. 3).

Le jugement est notifié au débiteur dans les huit jours de son prononcé ; lorsqu'il n'est pas demandeur, il lui est signifié dans le même délai ; ce jugement est, en outre, signifié à la diligence du greffier, dans le même délai, aux personnes qui ont qualité pour interjeter appel, à l'exception du ministère public ; il est enfin soumis à la même publicité et communication que le jugement d'ouverture de la procédure (art. R 622-11 et R 631-24).

CONVERSION FAUTE DE PLAN ARRÊTÉ PAR LE TRIBUNAL

À la demande du débiteur, de l'administrateur, du mandataire judiciaire ou du ministère public, le tribunal convertit la **sauvegarde** de droit commun en redressement judiciaire si les conditions suivantes sont réunies : aucun plan de sauvegarde n'a été adopté par les classes de parties affectées ; l'adoption d'un tel plan est manifestement impossible et la clôture de la procédure conduirait, de manière certaine et à bref délai, à la cessation des paiements de l'entreprise (C. com. art. L 622-10, al. 3). **61680**

Si l'entreprise n'encourt pas la cessation des paiements et qu'aucun plan n'a été présenté en temps utile, le tribunal peut être saisi par tout créancier, par les mandataires de justice ou par le ministère public pour qu'il clôture la procédure de sauvegarde (art. R 626-18).

Il n'existe pas de disposition similaire pour le **redressement** judiciaire. L'absence de plan de redressement (ou de sérieux de celui présenté) permet au tribunal de consulter les créanciers sans passer par les classes de parties affectées (n° 63295) et d'opter pour un plan de cession de l'entreprise et/ou la liquidation judiciaire (n° 63360 s.).

VOIES DE RECOURS

La décision de conversion de la sauvegarde en redressement judiciaire est susceptible d'appel ou de pourvoi en cassation de la part du débiteur, de l'administrateur, du mandataire judiciaire et du ministère public (C. com. art. L 661-1, I-4°). Celle prononçant la liquidation judiciaire au cours de la période d'observation peut faire l'objet d'un appel ou d'un pourvoi en cassation de la part des personnes précitées et du comité social et économique ou, dans les entreprises de moins de cinquante salariés, des membres de sa délégation du personnel (art. L 661-1, I-5°). **61685**

Ces décisions sont aussi susceptibles de tierce opposition (art. L 661-2) ; le jugement statuant sur la tierce opposition est susceptible d'appel et de pourvoi en cassation de la part du tiers opposant et des personnes précitées selon la décision concernée (Cass. com. 9-5-2018 n° 14-11.367 F-PB : RJDA 8-9/18 n° 656).

IV. PÉRIODE D'OBSERVATION DE LA SAUVEGARDE ET DU REDRESSEMENT JUDICIAIRE

A. Présentation générale de la période d'observation

OBJET DE LA PÉRIODE D'OBSERVATION

61720 Le jugement qui place le débiteur sous **sauvegarde** ou en **redressement judiciaire** ouvre une période dite d'observation (C. com. art. L 621-3 et L 631-7), pendant laquelle les **difficultés** rencontrées par celui-ci sont **diagnostiquées** et les possibilités de préserver l'activité, l'emploi et de payer le passif sont examinées, dans le but de **préparer** un **plan** de sauvegarde ou de redressement.

Durant cette période, le débiteur poursuit son activité, sauf exception, mais il n'est pas totalement autonome dans sa gestion et peut même en être déchargé. Par ailleurs, il bénéficie d'une suspension des poursuites des **créanciers** à son encontre pour les créances nées avant le jugement d'ouverture et pour certaines créances nées après. Ses cocontractants ne sont pas libres de rompre les contrats qui les lient à lui. Les créanciers doivent déclarer leurs créances, qui sont soumises à vérification, et ils sont sollicités individuellement ou collectivement pour accorder des délais et des remises de paiement.

DURÉE DE LA PÉRIODE D'OBSERVATION

61724 **Sauvegarde de droit commun et redressement judiciaire** La période d'observation de la sauvegarde de droit commun et du redressement judiciaire est d'une **durée maximale** de six mois mais le tribunal peut, pour la même durée maximale (C. com. art. L 621-3, L 631-7 et R 621-9) :

– la renouveler une fois à la demande de l'administrateur judiciaire, du débiteur ou du ministère public, le procureur de la République pouvant en outre demander – en cas de redressement judiciaire – une prolongation supplémentaire de six mois maximum ;

– la proroger à l'égard d'une exploitation agricole, en fonction de l'année culturale en cours et des usages spécifiques aux productions de l'exploitation.

La loi ne sanctionne ni le dépassement des délais de la période d'observation ni sa prolongation exceptionnelle en l'absence de demande du procureur de la République (Cass. com. 10-6-2008 n° 07-17.043 F-PB : RJDA 8-9/08 n° 930). Ne commet pas d'excès de pouvoir le tribunal qui accorde une prolongation exceptionnelle de cette période en l'absence de demande du ministère public ou en dépit de l'opposition de celui-ci (Cass. com. 13-12-2017 n° 16-50.051 : RJDA 3/18 n° 253).

En cas de sauvegarde, le tribunal peut clôturer la procédure à la demande du ministère public, d'un créancier, de l'administrateur ou du mandataire judiciaire si aucun projet de plan n'a été présenté en temps utile (art. R 626-18). Ce dispositif est exclu en cas de redressement judiciaire (art. R 631-35, al. 1).

Sur l'influence de certains recours sur la durée de la période d'observation, art. L 661-9.

61726 En cas de sauvegarde, à la fin de chaque période d'observation fixée par le tribunal et, à tout moment, à la demande du ministère public ou du juge-commissaire, le **débiteur informe** ces derniers, l'administrateur s'il en a été désigné, le mandataire judiciaire et les contrôleurs des résultats de l'exploitation, de la situation de la trésorerie et de sa **capacité à faire face aux dettes nées après** le **jugement d'ouverture** (C. com. art. R 622-9). En cas de redressement judiciaire, cette information incombe à l'administrateur s'il en a été désigné un (art. R 631-21).

En cas d'ouverture directe d'un redressement judiciaire, il est vérifié, au bout de deux mois (ou, pour une exploitation agricole, dans un délai fonction de l'année culturale en cours et des usages spécifiques aux productions de cette exploitation) si le débiteur dispose de capacités de financement suffisantes pour la période d'observation restant à courir : si tel est le cas, le tribunal ordonne la poursuite de la période d'observation ; à défaut, il peut ordonner la cessation partielle de l'activité ou prononcer la liquidation judiciaire si le redressement est manifestement impossible (art. L 631-15).

61728 En cas de **conversion de la procédure** de sauvegarde en redressement judiciaire, la période d'observation se poursuit pour sa durée initiale mais le tribunal peut, si nécessaire, réduire la durée restant à courir ; il peut aussi la prolonger mais pour six mois maximum (C. com. art. L 622-10, al. 5). En cas de conversion de la sauvegarde ou du redressement judiciaire en liquidation judiciaire, le tribunal met fin à la période d'observation (art. L 622-11 et L 631-15, II-al. 3).

Les jugements statuant sur la durée de la période d'observation ne sont susceptibles que d'un appel de la part du ministère public ; cet appel est suspensif (C. com. art. L 661-6, I-2° et VI ; n° 64722). Il ne peut pas être exercé de tierce opposition ou de recours en cassation ni contre ces jugements ni contre les arrêts rendus sur **recours** contre ces jugements (art. L 661-7, 2°), sauf excès de pouvoir du tribunal ou de la cour d'appel (Cass. com. 13-12-2017 n° 16-50.051 : RJDA 3/18 n° 253 ; pour un cas où l'existence d'un tel excès a été écarté, n° 61724). 61730

Sauvegarde accélérée La loi exigeant que le plan soit adopté, sous peine de clôture de la sauvegarde accélérée, dans un délai de deux à quatre mois (n° 63297), la période d'observation est nécessairement enfermée dans ce délai. La sauvegarde accélérée ne peut pas être convertie en une autre procédure collective (n° 61670). 61732

DISPARITION DES DIFFICULTÉS DE L'ENTREPRISE PENDANT LA PÉRIODE D'OBSERVATION

Si au cours de la période d'observation de la sauvegarde, les difficultés ayant justifié l'ouverture de la sauvegarde ont disparu, le débiteur peut demander que le tribunal mette fin à la procédure (C. com. art. L 622-12). 61735

En cas de redressement judiciaire, le débiteur peut demander au tribunal de mettre fin à la période d'observation s'il apparaît, au cours de celle-ci, qu'il dispose de fonds suffisants pour payer les créanciers et acquitter les frais et les dettes afférents à la procédure (art. L 631-16). Il s'agit d'une simple faculté pour le tribunal, qui peut s'y opposer (Cass. com. 22-11-2023 n° 22-17.894 F-B : RJDA 2/24 n° 114).

B. Mesures conservatoires

INFORMATIONS DUES PAR LE DÉBITEUR

Dans les huit jours qui suivent le jugement d'ouverture de la sauvegarde ou du redressement judiciaire (ou de la liquidation judiciaire), le débiteur doit remettre à l'administrateur et au mandataire judiciaire (ou au liquidateur judiciaire), pour les besoins de l'exercice de leur mandat, la **liste de ses créanciers,** du montant de ses dettes et des principaux contrats en cours et les informer des instances en cours auxquelles il est partie (C. com. art. L 622-6, al. 2, L 631-14, al. 1, L 641-1, I-al. 1, L 641-4, al. 4, R 622-5, al. 2, R 631-18, al. 1 et R 641-14, al. 1). 61740

Cette liste mentionne : les nom ou dénomination, siège ou domicile de chaque créancier avec l'indication du montant des sommes dues au jour du jugement d'ouverture, des sommes à échoir et de leur date d'échéance, de la nature de la créance, des sûretés et privilèges dont chaque créance est assortie ; elle comporte aussi l'objet des principaux contrats en cours (art. R 622-5, al. 1). Le débiteur doit mentionner toute créance, exigible ou non, serait-elle incertaine dans son montant (Cass. com. 2-2-2022 n° 20-19.157 F-D : RJDA 4/22 n° 210).

Cette liste est déposée au greffe du tribunal (art. R 622-5, al. 2).

Le débiteur, qui omet sciemment une créance sur cette liste, privant le créancier concerné de bénéficier d'un avertissement d'avoir à déclarer sa créance (n° 62545), et commet ainsi une fraude, peut voir sa responsabilité extracontractuelle engagée à l'égard de ce créancier (Cass. com. 14-10-2008 n° 07-16.983 D : GP 22-1-2009 jur. p. 38 note E. Le Corre-Broly), mais la fraude peut être écartée en présence d'une publication régulière du jugement ouvrant la procédure collective (Cass. com. 24-5-2018 n° 14-14.983 F-D) ou en raison de la négligence du créancier (Cass. com. 20-3-2019 n° 17-23.682 F-D : RJDA 6/19 n° 447). En cas de fraude, le créancier peut réclamer des dommages-intérêts, même après la clôture de la liquidation judiciaire pour insuffisance d'actif (n° 64192), et le débiteur encourt une interdiction de gérer (n° 64515).

Dans le cadre d'une **sauvegarde accélérée,** le débiteur doit en outre établir la liste des créances de chaque partie affectée (sur cette notion, n° 63212) ayant participé à la conciliation et qui doivent être déclarées à la procédure (art. L 628-7, al. 1 ; n° 62660).

Le débiteur doit aussi dès le jugement d'ouverture (C. com. art. R 622-2, R 631-18, al. 1 et R 641-14, al. 1) : 61742

– signaler à l'administrateur ou, à défaut, au mandataire judiciaire (ou au liquidateur) tout **établissement de l'entreprise** et en faciliter l'accès ;

– lui communiquer la **liste du personnel** ainsi que de tous les éléments permettant de déterminer les salaires et indemnités à payer.

REMISE DES DOCUMENTS ET LIVRES COMPTABLES

Dès le jugement d'ouverture, tout tiers détenteur (le comptable ou l'expert-comptable de l'entreprise) est tenu de remettre à l'administrateur ou, à défaut, au mandataire judiciaire, à la 61745 demande de celui-ci, les documents et livres comptables (C. com. art. L 622-5 et L 631-14, al. 1). Dans le cas où les comptes annuels n'ont pas été établis ou mis à sa disposition, l'administrateur, s'il en a été désigné un, doit dresser un état de la situation à l'aide de tout document ou renseignement disponible (art. R 622-3 et R 631-18, al. 1).

PRÉSERVATION DES DROITS DE L'ENTREPRISE

61747 En cas de sauvegarde ou de redressement judiciaire, l'administrateur doit, dès son entrée en fonction, requérir du débiteur ou faire lui-même (selon la mission qui est impartie à l'administrateur) tous actes nécessaires à la conservation des droits de l'entreprise **contre les débiteurs de celle-ci** et à la préservation des capacités de production ; il a qualité pour inscrire au nom de l'entreprise tous hypothèques, nantissements, gages ou privilèges que le débiteur aurait négligé de prendre ou de renouveler (C. com. art. L 622-4 et L 631-14, al. 1). En cas de liquidation judiciaire, ces actes incombent au liquidateur judiciaire ou à l'administrateur s'il en a été désigné un (art. L 641-10, al. 7).

INVENTAIRE ET PRISÉE DES BIENS DU DÉBITEUR

61750 Dès l'ouverture de la procédure collective, un inventaire du **patrimoine du débiteur** qui constitue le gage de ses créanciers professionnels, ainsi que des garanties qui le grèvent, est réalisé.

En cas de **sauvegarde,** l'inventaire est fait par le débiteur lui-même dans un délai de huit jours à compter du jugement d'ouverture – avec certification d'un commissaire aux comptes ou attestation d'un expert-comptable – sauf s'il a demandé au tribunal de désigner un professionnel à cette fin (C. com. art. L 622-6, L 622-6-1 et L 621-4, al. 6). Le débiteur peut demander au tribunal à être dispensé d'inventaire en cas de sauvegarde accélérée (art. L 628-3, al. 2).

Si le débiteur n'engage pas les opérations d'inventaire dans le délai de huit jours ou ne les achève pas dans le délai fixé par le jugement d'ouverture, le juge-commissaire désigne des personnes pour y procéder ou les achever (art. L 622-6-1, al. 2).

En cas de **redressement ou** de **liquidation** judiciaire, l'inventaire incombe aux professionnels désignés par le tribunal et une prisée (estimation) des biens est faite en même temps (art. L 622-6, L 631-9, al. 3, L 631-14, al. 2 et L 641-1, II-al. 7), étant précisé que l'inventaire et la prisée sont effectués « s'il y a lieu » en cas de liquidation judiciaire (art. L 641-1, II-al. 7 et L 641-2, al. 2).

Lorsque des circonstances font obstacle à la réalisation de l'inventaire pour lequel un professionnel a été désigné, le juge-commissaire peut désigner un technicien aux fins de le compléter (Cass. com. 24-5-2023 n° 20-21.949 F-B : RJDA 8-9/23 n° 441).

Sur les modalités de réalisation de l'inventaire et de la prisée, art. R 622-4, R 631-18 et R 641-14 ; pour son établissement par le débiteur en cas de sauvegarde, art. R 622-4-1.

Sur le cas particulier de la liquidation judiciaire simplifiée, n° 64287.

61752 Lorsque le **débiteur** exerce une **profession libérale** soumise à un statut législatif ou réglementaire ou dont le titre est protégé, l'inventaire est dressé en présence d'un représentant de l'ordre professionnel ou de l'autorité compétente dont, le cas échéant, il relève ; en aucun cas l'inventaire ne peut porter atteinte au secret professionnel si le débiteur y est soumis (C. com. art. L 622-6, al. 4). Cette disposition n'est pas applicable lorsque le débiteur sous sauvegarde dresse lui-même l'inventaire (art. L 622-6-1, al. 1).

61753 L'inventaire, remis à l'administrateur et au mandataire judiciaire (ou au liquidateur), est complété par le débiteur par la **mention** des **biens** qu'il détient **susceptibles d'être revendiqués** par un tiers (tels ceux faisant l'objet d'une clause de réserve de propriété) et, s'il est un **entrepreneur individuel,** des biens détenus dans le cadre de l'activité à raison de laquelle la procédure a été ouverte qui sont compris dans un autre de ses patrimoines et dont il est susceptible de demander la reprise (C. com. art. L 622-6, al. 1 et L 631-14, al. 1, L 641-1, I-al. 1).

Sur la sanction du défaut de déclaration, dans le mois du jugement d'ouverture, des biens susceptibles d'être revendiqués, n° 64515.

ENQUÊTE SUR LA SITUATION PATRIMONIALE DU DÉBITEUR

61755 L'administrateur ou, s'il n'en a pas été nommé, le mandataire judiciaire peut obtenir communication par les administrations et organismes publics, les organismes de prévoyance et de sécurité sociale, les établissements de crédit, les sociétés de financement, les établissements de monnaie électronique, les établissements de paiement ainsi que les services chargés de centraliser les risques bancaires et les incidents de paiement, des renseignements de nature à lui donner une exacte information sur la situation patrimoniale du débiteur (C. com. art. L 622-6, al. 3 et L 631-14, al. 1). En cas de liquidation judiciaire, ce pouvoir appartient au liquidateur judiciaire (art. L 641-4, al. 4).

Ce pouvoir d'enquête s'exerce « nonobstant toute disposition législative ou réglementaire contraire » (art. L 622-6), de sorte que les organismes interrogés ne peuvent pas opposer le secret professionnel auquel ils sont tenus.

MESURES TOUCHANT LE PATRIMOINE DU DÉBITEUR

Des mesures conservatoires, exposées nos 62290 s., peuvent être prises sur le patrimoine de l'EIRL ou du dirigeant de la personne morale débitrice ou encore sur les biens de l'entreprise à laquelle l'extension de la procédure est demandée. **61760**

En outre, le jugement qui ouvre le redressement judiciaire d'une société neutralise les droits du dirigeant sur la participation qu'il détient dans le capital de celle-ci (no 62270).

C. Bilan économique, social et environnemental de l'entreprise

ÉTABLISSEMENT DU BILAN

Tant en cas de sauvegarde que de redressement judiciaire, l'**administrateur,** avec le concours du débiteur et l'assistance éventuelle d'un ou plusieurs experts, est chargé de dresser dans un rapport le bilan économique et social de l'entreprise ; ce bilan doit préciser l'origine, l'importance et la nature des difficultés de l'entreprise (C. com. art. L 623-1, al. 1 et 2 et L 631-18, al. 1). Si cette dernière exploite une installation classée, ce rapport est complété par un bilan environnemental qui est établi par le débiteur ou un technicien désigné par le juge-commissaire (art. L 623-1, al. 3 ; sur le contenu de ce bilan, art. R 623-2). Ces bilans constituent un premier diagnostic de la situation de l'entreprise, le passif et l'actif n'étant pas encore connus avec précision. C'est sur la base de ces bilans que le projet de plan sera élaboré. **61780**

Si la procédure de sauvegarde ou de redressement judiciaire a été ouverte sans désignation d'un administrateur, aucun bilan n'est établi (art. L 627-3, al. 1 et L 631-21, al. 1).

Outre les documents et livres comptables que le débiteur ou le tiers détenteur doit lui remettre (C. com. art. L 622-5 et L 631-14, al. 1), l'administrateur reçoit du juge-commissaire tous **renseignements** et documents utiles à l'élaboration de ce bilan (art. L 623-3, al. 1). Le juge-commissaire peut, nonobstant toute disposition législative ou réglementaire contraire, obtenir communication par les commissaires aux comptes, les experts-comptables, les notaires, les membres et représentants du personnel, par les administrations et organismes publics, les organismes de prévoyance et de sécurité sociale, les établissements de crédit, les sociétés de financement, les établissements de monnaie électronique, les établissements de paiement ainsi que les services chargés de centraliser les risques bancaires et les incidents de paiement des renseignements de nature à lui donner une exacte information sur la situation économique, financière, sociale et patrimoniale du débiteur (art. L 623-2). **61782**

Si la procédure est ouverte à l'encontre d'un **débiteur** qui **a bénéficié** d'un accord homologué dans le cadre d'une **conciliation** ou, s'il s'agit d'une exploitation agricole, d'un **règlement amiable,** l'administrateur reçoit le rapport d'expertise établi dans le cadre de ces procédures (art. L 623-3, al. 2).

Lors de l'établissement du bilan, l'**administrateur consulte** le mandataire judiciaire, le comité social et économique, les contrôleurs et, si le débiteur exerce une profession libérale soumise à un statut législatif ou réglementaire, ou dont le titre est protégé, l'ordre professionnel ou l'autorité compétente dont, le cas échéant, relève le débiteur (C. com. art. L 623-3, al. 3 et 5 et L 626-8, al. 2). Il entend toute personne susceptible de l'informer sur la situation et les perspectives de redressement de l'entreprise, les modalités de règlement du passif et les conditions sociales de la poursuite de l'activité (art. L 623-3, al. 3) ; il en informe le débiteur et recueille ses observations (art. précité). **61784**

DÉPÔT ET COMMUNICATION DU BILAN

Une fois réalisé, le bilan est déposé au greffe du tribunal et communiqué, par lettre recommandée AR, au mandataire judiciaire, au comité social et économique, aux contrôleurs, à l'autorité compétente en matière de droit du travail et au ministère public (C. com. art. R 623-1 et L 626-8). **61785**

D. Administration de l'entreprise

POURSUITE OU ARRÊT DE L'ACTIVITÉ

61810 Pendant la période d'observation de la sauvegarde ou du redressement judiciaire, l'activité de l'entreprise est en principe **poursuivie** (C. com. art. L 622-9 et L 631-14, al. 1). Le tribunal peut, à tout moment, en ordonner la **cessation partielle** à la demande du débiteur en cas de sauvegarde (art. L 622-10, al. 1) mais aussi de l'administrateur, du mandataire judiciaire, d'un contrôleur, du ministère public ou d'office en cas de redressement judiciaire (art. L 631-15, II-al. 1).

Le tribunal est saisi par voie de requête de la demande en cessation partielle d'activité (art. R 622-10 et R 631-23, al. 1).

Le tribunal statue après avoir entendu ou dûment appelé le débiteur, l'administrateur, le mandataire judiciaire, les contrôleurs et les représentants du comité social et économique, et avoir recueilli l'avis du ministère public (art. L 631-15, II-al. 2 et R 631-23 ; Cass. com. 24-6-2014 n° 13-14.690 : RJDA 12/14 n° 924, exigeant l'avis du ministère public).

Le jugement est communiqué et publié comme il est exposé au n° 61554, sans que soit toutefois exigée la publication au Bodacc et dans un support d'annonces légales (art. R 622-10 et R 631-23, al. 2).

1. RÉPARTITION DES POUVOIRS DE GESTION

PLURALITÉ D'INTERVENANTS DANS L'ADMINISTRATION DE L'ENTREPRISE

61815 L'administration de l'entreprise est assurée par le **débiteur** en cas de sauvegarde (C. com. art. L 622-1, I) tandis que le débiteur peut en être dessaisi dans le cadre d'un redressement judiciaire (art. L 631-12). Dans un cas comme dans l'autre, les pouvoirs de gestion du débiteur dépendent de l'étendue de la mission confiée à l'**administrateur** judiciaire par le tribunal qui a ouvert la procédure collective. La latitude du débiteur est évidemment plus grande si aucun administrateur n'a été désigné. Certains actes requièrent par ailleurs une autorisation du **juge-commissaire.**

La mise sous sauvegarde ou en redressement judiciaire d'une **société** n'emporte pas la dissolution de celle-ci. Les dirigeants de la société restent en fonction sauf, en cas de redressement judiciaire, si le tribunal demande leur remplacement (C. com. art. L 631-19-1), ou s'ils ont été frappés d'une interdiction de gérer ou d'administrer. Ils peuvent aussi être révoqués selon les règles du droit des sociétés. Les assemblées générales d'associés peuvent être réunies pour prendre les décisions de caractère interne (par exemple, approbation des comptes annuels, nomination ou révocation des membres des organes d'administration ou de contrôle). Les autres décisions intéressant le patrimoine de la société ne peuvent être prises que sous réserve des pouvoirs conférés au juge-commissaire et à l'administrateur.

POUVOIRS DU DÉBITEUR

61820 **En l'absence d'administrateur judiciaire** Si le tribunal qui a ouvert la procédure de sauvegarde ou de redressement judiciaire n'a désigné aucun administrateur judiciaire, le débiteur peut accomplir **tous les actes de gestion, sous réserve** d'obtenir :

– l'accord du mandataire judiciaire pour décider de la continuation des contrats en cours (C. com. art. L 627-2 et L 631-21 ; n° 62090) ;

– l'autorisation du juge-commissaire pour payer une créance antérieure (n° 61920), pour effectuer un acte de disposition étranger à la gestion courante ou consentir une garantie (n° 61925) (art. L 622-7, applicable en l'absence de disposition contraire ; art. L 627-1) et, en cas de redressement judiciaire, pour procéder à des licenciements économiques au cours de la période d'observation (art. L 631-21, al. 2 et, sur renvoi, art. L 631-17).

Pour la chambre sociale de la Cour de cassation, en l'absence d'administrateur, la conclusion d'un contrat de travail ne constitue pas un acte de disposition étranger à la gestion courante, et ne requiert donc pas l'autorisation préalable du juge-commissaire (Cass. soc. 4-5-2011 n° 10-16.626 F-D ; Cass. soc. 29-5-2013 n° 12-17.158 : RJDA 11/13 n° 919 som. ; Cass. soc. 6-12-2023 n° 22-15.580 F-B : RJDA 3/24 n° 174). Sur le cas où un administrateur a été désigné, n° 61825.

Le débiteur reste alors tenu des obligations légales lui incombant, telle celle de convoquer l'assemblée des associés pour statuer sur les comptes annuels (Cass. crim. 4-4-2001 n° 2706 F-D : RJDA 11/01 n° 1118).

61825 **En présence d'un administrateur judiciaire** Si le tribunal qui a ouvert la procédure de sauvegarde ou de redressement judiciaire a désigné un administrateur judiciaire, le débiteur continue à exercer sur son patrimoine (ou le dirigeant de la société débitrice sur le patrimoine de celle-ci) les **actes** de disposition et d'administration, ainsi que les droits et actions qui ne sont **pas compris dans la mission de l'administrateur** (C. com. art. L 622-3, al. 1 et L 631-14, al. 1).

Sous réserve des dispositions relatives aux actes interdits ou soumis à autorisation (nos 61870 s.), les actes de **gestion courante** qu'accomplit seul le débiteur en sauvegarde ou en redressement judiciaire sont réputés valables à l'égard des tiers de bonne foi (art. L 622-3, al. 2), c'est-à-dire aux personnes ignorant les restrictions apportées aux pouvoirs du débiteur par le jugement d'ouverture de la procédure collective (Cass. com. 13-9-2011 n° 10-24.126 F-D : RJDA 11/11 n° 938, précisant que cette ignorance est présumée et que la preuve contraire ne résulte pas de la seule publication du jugement d'ouverture). Les créances résultant de ces actes bénéficient du paiement préférentiel exposé nos 62235 s. (CA Versailles 28-11-1996 : RJDA 4/97 n° 555 ; CA Paris 24-10-2013 n° 12/12936 : RJDA 3/14 n° 251).

Constitue un acte de **gestion courante** une commande de marchandises pour les besoins de l'activité du débiteur (Cass. com. 11-6-1996 n° 94-12.125 D : RJDA 12/96 n° 1533 ; dans le même sens, Cass. com. 13-12-2017 n° 16-18.244 F-D : RJDA 3/18 n° 25 pour des commandes habituelles par leur nombre et leur coût moyen), la conclusion d'un contrat de transport en vue d'acheminer les marchandises fabriquées par le débiteur (Cass. com. 9-1-2001 n° 98-10.876 : RJDA 5/01 n° 201), la souscription d'un contrat d'assurance (Cass. 1e civ. 23-9-2003 n° 99-11.379 F-D), la vente d'appartements par un débiteur ayant pour activité la commercialisation d'immeubles (Cass. com. 27-11-2001 n° 99-10.378 : RJDA 4/02 n° 405), la conclusion d'un contrat de travail de courte durée afin de faire face à un surcroît d'activité (Cass. com. 21-9-2005 n° 1946 : RJDA 2/06 n° 168 ; CA Lyon 19-5-2017 n° 16/01583 : Rev. proc. coll. 2017 n° 6 § 140 note Lebel), ou le tirage d'une lettre de change sur un client eu égard au marché concerné, à l'activité du débiteur ou à la taille de son entreprise (Cass. com. 13-9-2011 n° 10-24.126 : RJDA 11/11 n° 938), ou encore une cession de créances par bordereau Dailly (CA Versailles 13-6-1996 : RJDA 12/96 n° 1533, 2e esp.).

En revanche, la **qualification** de gestion courante a été **écartée** pour la résiliation par le débiteur locataire du bail de ses locaux d'exploitation (Cass. com. 8-9-2021 n° 20-12.340 F-D : RJDA 2/22 n° 97), la location d'une partie de ses locaux par le débiteur durant un an eu égard à la nature de son activité (Cass. com. 29-9-2015 n° 14-17.374 : RJDA 3/16 n° 211), la conclusion d'un contrat de travail à durée déterminée de 12 mois (Cass. soc. 17-10-2006 n° 2161 : RJDA 2/07 n° 176 ; aussi Cass. soc. 7-11-2007 n° 06-40.896 F-D : RJS 4/08 n° 436 pour un contrat de 24 mois), la conclusion d'un contrat d'agent commercial par une entreprise n'ayant jamais recouru à ce mode de distribution (CA Orléans 24-3-2005 n° 04-1199 : RJDA 7/05 n° 844), le mandat confié à un avocat lorsque le coût des diligences dépassent de loin ce que le débiteur peut faire seul (Cass. com. 30-3-2010 n° 09-10.729 : RJDA 10/10 n° 982) ou celui confié à un cabinet d'expertise comptable pour réaliser un audit des comptes de l'entreprise (CA Versailles 20-2-2018 n° 17/02746 : RJDA 6/18 n° 516) ou la cession d'un contrat de crédit-bail immobilier (Cass. com. 4-11-2014 n° 13-23.397 : Rev. proc. coll. 2014 n° 2 § 20 note Lebel).

Cas particulier de l'entrepreneur individuel Les règles régissant les pouvoirs de gestion du débiteur sous sauvegarde ou en redressement judiciaire sont applicables à l'**EIRL** ; toutefois, elles visent le seul patrimoine affecté à l'activité au titre de laquelle la procédure collective a été ouverte ou, si l'activité a été exercée sans affectation de patrimoine, le seul patrimoine non affecté (cf. C. com. art. L 680-1 et L 680-2). L'EIRL conserve donc l'intégralité de ses pouvoirs de gestion à l'égard de ses autres patrimoines qui ne sont pas visés par la procédure. **61832**
Dans les procédures ouvertes depuis le 15 mai 2022 à l'encontre d'un **entrepreneur individuel autre qu'un EIRL,** les limites aux pouvoirs de gestion de l'entrepreneur visent soit son seul patrimoine professionnel, soit également son patrimoine personnel (nos 61539 s.).
Ce traitement différencié des patrimoines cesse en tout ou partie en cas d'extension de la procédure à un autre ou à tous les autres patrimoines du débiteur (n° 61650).
Pendant toute la durée de la procédure, il est interdit à l'EIRL d'affecter un bien compris dans le patrimoine visé par la procédure à une activité professionnelle ou de modifier l'affectation d'un tel bien lorsqu'il en résulterait une diminution de l'actif de ce patrimoine (C. com. art. L 680-6, al. 1). La même interdiction pèse sur l'entrepreneur individuel (autre qu'un EIRL), qui peut toutefois prélever sa rémunération sur son patrimoine professionnel (art. L 681-2, VI applicable aux procédures ouvertes depuis le 15-5-2022). L'acte passé en violation de cette interdiction peut être annulé à la demande de tout intéressé ou du ministère public dans un délai de trois ans à compter de sa date (art. précités).

POUVOIRS DE L'ADMINISTRATEUR

Indépendamment des pouvoirs qu'il tient de la loi dans le déroulement de la procédure (par exemple en matière de contrats en cours), l'administrateur est chargé par le tribunal : **61835**
– en cas de **sauvegarde,** de surveiller le débiteur dans sa gestion ou de l'assister pour tous les actes de gestion ou pour certains d'entre eux (C. com. art. L 622-1, II) ;
– en cas de **redressement** judiciaire, d'assister le débiteur pour les mêmes actes ou d'assurer seul entièrement ou en partie l'administration de l'entreprise (art. L 631-12, al. 2).

En cas de désignation de plusieurs administrateurs, ceux-ci peuvent être chargés ensemble ou séparément des missions précitées (art. L 622-1, II et L 631-12, al. 2).

Lorsque, dans une procédure de redressement judiciaire, le tribunal charge le ou les administrateurs d'assurer seuls et entièrement l'administration de l'entreprise, il désigne des experts pour les assister si l'entreprise atteint les seuils suivants : au moins 20 salariés à la date de la demande d'ouverture de la procédure ; chiffre d'affaires hors taxe égal ou supérieur à 3 000 000 € à la date du dernier exercice comptable clôturé (C. com. art. L 631-12, al. 2 et, sur renvoi, art. L 621-4, al. 4 et R 621-11 qui fixe aussi les modalités de calcul des seuils).

À tout moment de la procédure, le **tribunal** peut **modifier** la **mission** de l'administrateur à la demande de ce dernier, du mandataire judiciaire et du ministère public (art. L 622-1, IV, L 631-12, al. 4 et R 622-1). Seuls le débiteur et le ministère public peuvent faire appel de la décision (art. L 661-6, II).

La mission de l'administrateur d'une société en redressement judiciaire doit par exemple être étendue à la représentation de cette dernière si le comportement du dirigeant nuit au bon déroulement de la procédure collective ou met en péril le redressement de la société (CA Paris 23-2-2023 n° 22/13224 : RJDA 6/23 n° 322).

61840 L'**administrateur** investi d'une **mission** de surveillance est tenu de s'assurer du respect par le débiteur des obligations légales et conventionnelles s'imposant au chef d'entreprise (Cass. com. 15-11-2016 n° 14-28.071 F-D : Rev. proc. coll. 2017 comm. n° 21 note C. Lebel). Dans le cadre d'une mission d'assistance ou de représentation (prise en charge de toute la gestion de l'entreprise), l'administrateur est lui-même tenu de respecter ces obligations (C. com. art. L 622-1, III et L 631-12, al. 3).

Par exemple, il est tenu de fournir la garantie légale due au titre du contrat précédemment conclu par le débiteur sous peine d'engager sa responsabilité à l'égard du cocontractant (Cass. com. 30-6-2004 n° 1095 F-D : RJDA 1/05 n° 51 à propos de la garantie de remboursement et de livraison relative à un contrat de construction de maison individuelle).

L'administrateur peut être poursuivi en cas d'entrave au fonctionnement du comité social et économique sans pouvoir invoquer une délégation de pouvoirs au débiteur (Cass. crim. 30-1-1996 n° 598 PF : RJDA 4/97 n° 557 relevant qu'une telle délégation est exclue, les relations entre l'administrateur et le débiteur n'étant pas des relations d'employeur à préposé).

En cas de mission d'assistance, toute la gestion ou les seuls actes de gestion visés par le tribunal supposent l'intervention conjointe du débiteur et de l'administrateur.

Lorsque l'administrateur judiciaire est investi d'une mission d'assistance générale :
- le compte bancaire du débiteur doit fonctionner sous la double signature de celui-ci et de l'administrateur, sans que la banque puisse s'y opposer (Cass. com. 4-6-2013 n° 12-17.203 F-PB : RJDA 10/13 n° 818) ;
- il doit assister le débiteur pour tous les actes d'administration, ce qui inclut les mesures d'exécution dont la saisie-attribution pour recouvrer une créance (Cass. com. 31-5-2016 n° 14-28.056 : RJDA 8-9/16 n° 629) ;
- si l'acte est soumis à l'autorisation du juge-commissaire, la demande d'autorisation doit être conjointe (CA Lyon 31-5-2018 n° 17/01976 pour la demande d'autorisation d'une transaction ; Cass. com. 23-9-2014 n° 13-21.686 FS-PB : RJDA 2/15 n° 120 pour la demande d'homologation d'une transaction) ;
- le débiteur ne peut pas prononcer seul un licenciement disciplinaire (Cass. soc. 8-12-2016 n° 15-19.172 FS-D, déclarant le licenciement inopposable à la procédure collective) ; il ne peut pas former seul un pourvoi en cassation dans une instance en cours lors de l'ouverture de la procédure collective (Cass. com. 5-4-2016 n° 14-13.247 F-PB : RJDA 6/16 n° 460), sauf si celui-ci est relatif à l'exercice d'un droit propre (Cass. com. 28-5-2013 n° 11-23.586 F-D : RJDA 12/13 n° 1033).

Quelle que soit la nature de sa mission, l'administrateur peut faire fonctionner sous sa signature les comptes bancaires du débiteur lorsque ce dernier est frappé d'une interdiction d'émettre des chèques (C. com. art. L 622-1, V et L 631-12, al. 5 qui ne distinguent pas selon la mission confiée à l'administrateur).

Sur la faculté pour l'administrateur, en cas de redressement judiciaire, de demander l'autorisation au juge-commissaire pour procéder à des licenciements économiques pendant la période d'observation, art. L 631-17 et Mémento Social n° 48325.

NON-RESPECT PAR LE DÉBITEUR DE LA RÉPARTITION DES POUVOIRS DE GESTION

61845 En dehors des actes de gestion courante à l'égard des tiers de bonne foi (n° 61825), les actes que le débiteur a accomplis seul alors que l'intervention de l'administrateur judiciaire était requise ne sont pas nuls mais seulement inopposables à la procédure collective (Cass. soc. 5-11-2014 n° 13-19.662 : RJDA 4/15 n° 291 ; CA Versailles 20-2-2018 n° 17/02746 : RJDA 6/18 n° 516), à moins que l'administrateur ne les ait ratifiés (Cass. soc. 17-10-2006 n° 04-45.827 F-D : RJDA 2/07 n° 176 ; Cass. com. 19-5-2021 n° 19-23.877 F-D). Un paiement préférentiel des créances résultant de ces actes est exclu car elles ne sont pas nées régulièrement (n° 62202).

Lorsqu'un pourvoi en cassation est en cause, il n'est pas recevable, à moins que l'administrateur judiciaire n'intervienne pour régulariser la procédure dans le délai ouvert pour le dépôt du mémoire en demande (Cass. com. 5-4-2016 n° 14-13.247 F-PB : RJDA 6/16 n° 640).

Lorsque l'administrateur judiciaire est investi d'une mission de représentation, le débiteur dessaisi qui effectue, sans l'accord de celui-ci, des actes étrangers aux pouvoirs propres qui lui sont attribués par la loi reste tenu au respect des obligations légales et conventionnelles incombant au chef d'entreprise susceptibles d'engager sa responsabilité pénale (Cass. crim. 12-6-1996 n° 2699 PF : RJDA 4/97 n° 556).

DÉPÔT DES FONDS REÇUS PAR LES ORGANES DE LA PROCÉDURE

En cas de sauvegarde ou de redressement judiciaire, toute somme perçue par l'administrateur ou le mandataire judiciaire qui n'est pas portée sur les **comptes** bancaires ou postaux **du débiteur,** pour les besoins de la poursuite d'activité, doit être versée immédiatement en compte de dépôt à la **Caisse des dépôts** et consignations (C. com. art. L 622-18, al. 1 et L 631-14, al. 1). De même, doivent y être immédiatement déposées les sommes reçues par le commissaire à l'exécution du plan (art. L 626-25, al. 7) et le liquidateur judiciaire (art. L 641-8, al. 1). 61850

En cas de **retard,** les personnes visées doivent, pour les sommes non versées, un intérêt dont le taux est égal au taux de l'intérêt légal majoré de cinq points (art. L 622-18, al. 2, L 626-25, al. 7 et L 641-8, al. 1).

Aucune opposition ou procédure d'exécution de quelque nature qu'elle soit sur les sommes versées à la Caisse des dépôts et consignations n'est recevable (art. L 662-1).

2. ACTES INTERDITS OU SOUMIS À L'AUTORISATION DU JUGE-COMMISSAIRE

a. Interdiction de payer certaines créances

PAIEMENTS ET CRÉANCES VISÉS PAR L'INTERDICTION

Le jugement ouvrant la procédure collective emporte, de plein droit, interdiction de payer toute **créance,** autre qu'une créance alimentaire, qui est **née** (C. com. art. L 622-7, I-al. 1, L 631-14, al. 1 et L 641-3, al. 1) : 61870

– **avant le jugement d'ouverture,** à l'exception des paiements par compensation que la loi autorise (n°s 61870 s.) ;

– **après** le jugement d'ouverture et qui ne bénéficie pas du privilège de paiement (n°s 62200 s.). Sur la date de naissance des créances, n°s 62210 s.

L'interdiction vise les **paiements** faits **par le débiteur** (ou l'administrateur) et non ceux effectués par un tiers sur ses propres deniers (Cass. com. 9-11-2004 n° 1600 F-D : RJDA 3/05 n° 287, validant un paiement fait par le dirigeant de la société débitrice ; Cass. com. 30-3-2005 n° 529 : RJDA 8-9/05 n° 1007 à propos du paiement fait par un délégué en cas de procédure collective du délégant). 61871

Le juge-commissaire peut toutefois autoriser le paiement d'une créance antérieure dans les cas exposés n°s 61920 s., ainsi qu'au profit des créanciers titulaires de sûretés en cas de vente du bien grevé pendant la période d'observation (n°s 61950 s.). 61872

APPLICATIONS DE L'INTERDICTION

En vertu de l'interdiction exposée ci-dessus, ne peut pas être : 61875

– versée à un créancier une somme, fût-elle garantie par un nantissement, demeurée dans les mains d'un notaire, même si celui-ci avait reçu, avant l'ouverture de la procédure collective du débiteur, mandat irrévocable de la payer à ce créancier (Cass. com. 11-4-1995 n° 803 P : RJDA 10/95 n° 1161) ;

– versé au titulaire d'un compte courant d'associé bloqué le montant des intérêts dus sur le solde de ce compte même si ces derniers n'ont pas été arrêtés par la mise en redressement judiciaire de la société dès lors que cette créance d'intérêts, relative à une créance en compte courant antérieure, a par voie d'accessoire la nature d'une créance antérieure (Cass. com. 27-9-2017 n° 16-19.394 F-PB : RJDA 1/98 n° 44) ;

– exercé le droit de rétention sur des biens confiés après le jugement d'ouverture pour obtenir paiement de créances antérieures (Cass. com. 13-11-2001 n° 1856 FS-P : RJDA 3/02 n° 275) ;

– payé le chèque qui a été remis postdaté par le débiteur dès lors que la provision n'existe pas au jour du jugement d'ouverture (Cass. com. 12-1-2010 n° 08-20.241 : RJDA 5/10 n° 553) ;

– affecté au paiement de créances antérieures d'un fournisseur le gage-espèces constitué pour garantir les livraisons de celui-ci pendant la période d'observation (Cass. com. 3-4-2019 n° 18-11.281 F-PB : RJDA 6/19 n° 448) ;

– restitué l'acompte versé par le bénéficiaire d'une promesse de cession de bail, consentie sous condition suspensive avant l'ouverture de la procédure collective du promettant, la demande en restitution étant fondée sur une cause antérieure à cette procédure même si la condition a défailli après (Cass. com. 26-5-1998 n° 1122 D : RJDA 10/98 n° 1131).

b. Paiement par compensation admis

COMPENSATION ENTRE CRÉANCES CONNEXES

61880 L'interdiction exposée n° 61870 n'empêche pas la compensation de créances connexes (C. com. art. L 622-7, I-al. 1), sauf si la connexité a été délibérément provoquée par les parties pour éluder l'interdiction (Cass. com. 22-10-2013 n° 12-27.044 : RJDA 3/14 n° 250 ; CA Toulouse 22-9-2015 n° 13/06401) ou si le créancier a renoncé à la connexité en payant sa dette (Cass. com. 17-6-1997 n° 95-20.698 : RJDA 11/97 n° 1408 ; Cass. com. 11-6-2014 n° 13-16.252 : GP 2014.som.3246 note Houtcieff).

La compensation pour connexité ne peut pas non plus être invoquée lorsque sont en cause les sommes recouvrées par les organes de la procédure agissant dans l'intérêt collectif des créanciers (n° 63382), notamment au titre des nullités de la période suspecte (n° 63170) ou de la condamnation du chef d'entreprise à combler le passif (n° 64470).

Une **créance** sur le débiteur née avant le jugement d'ouverture – si elle a été **déclarée** (Cass. com. 19-6-2012 n° 10-21.641 : RJDA 12/12 n° 1092 ; Cass. 3e civ. 24-9-2014 n° 13-14.404 : Bull. civ. III n° 115 ; Cass. com. 2-3-2022 n° 20-20.500 F-D) et même si elle n'a pas encore été admise au passif (Cass. com. 30-6-2009 n° 08-15.631 : RJDA 11/09 n° 983 ; Cass. com. 3-4-2019 n° 17-28.463 F-PB : RJDA 6/19 n° 442) – peut être compensée avec une créance du débiteur sur son créancier née après le jugement d'ouverture (Cass. com. 19-3-1991 n° 89-17.083 P : RJDA 7/91 n° 638 ; Cass. com. 7-3-2006 n° 04-18.128 F-D : RJDA 7/06 n° 805 ; Cass. com. 20-10-2021 n° 20-13.829 FB : RJDA 2/22 n° 99). De même, une créance sur le débiteur née après le jugement d'ouverture peut, si elle a été déclarée, être compensée avec une créance du débiteur (Cass. 3e civ. 12-10-2023 n° 22-20.375 F-D : RJDA 2/24 n° 113). Pour cela, les créances doivent remplir les **conditions** suivantes.

L'effet extinctif de la compensation judiciairement ordonnée est réputé s'être produit au jour de l'exigibilité de la première créance (C. civ. art. 1348-1 ; Cass. com. 23-9-2014 n° 13-20.399 : RJDA 1/15 n° 45).

61882 **Créances réciproques** Les créances dont la compensation est invoquée doivent être réciproques (C. civ. art. 1347, al. 1 ; Cass. com. 5-2-2013 n° 12-12.808 : RJDA 4/13 n° 360).

Les créances réciproques ne perdent pas leur caractère de réciprocité du fait de la cession de l'une d'elles (Cass. com. 5-11-2013 n° 12-15.012 : GP 2014 jur. p. 372 note Bonhomme).

61884 **Créances certaines ou vraisemblables** Le juge ne peut pas refuser la compensation entre des dettes connexes au seul motif que l'une d'elles n'est pas liquide ou exigible (C. civ. art. 1348-1, al. 1 ; Cass. 3e civ. 29-11-2018 n° 17-26.670 F-D : RJDA 4/19 n° 276). Mais le créancier ne peut invoquer la compensation qu'avec une créance certaine ou, à tout le moins, vraisemblable. Ainsi, le juge du fond saisi de la demande de compensation :

– peut rejeter la demande si la créance ne lui apparaît pas vraisemblable (Cass. com. 3-4-2001 n° 98-15.432 F-D ; Cass. com. 10-12-2002 n° 00-10.194 F-D) ou dépourvue de caractère certain (Cass. com. 14-2-2006 n° 04-11.887 F-D : JCP E 2006 n° 1850 § 19 obs. J. Stoufflet) ;

– ou, à l'inverse, si la créance lui apparaît certaine ou vraisemblable, y compris si cette créance n'a pas encore été admise au passif et doit encore être vérifiée dans le cadre de la procédure collective, retenir le principe de la compensation sous réserve de la décision du juge-commissaire sur le montant de la créance (Cass. com. 30-6-2009 n° 08-15.631 F-PB : RJDA 11/09 n° 983 ; Cass. com. 10-5-2012 n° 11-17.523 F-D : RJDA 7/12 n° 695 ; Cass. com. 3-4-2019 n° 17-28.463 F-PB : RJDA 6/19 n° 442) ou ordonner un sursis à statuer jusqu'à cette décision (Cass. com. 21-2-2012 n° 11-18.027 F-PB : RJDA 5/12 n° 515).

61886 **Créances connexes** Les créances à compenser doivent être connexes, ce qui est le cas lorsqu'elles dérivent d'un même contrat ou d'un ensemble contractuel unique servant de cadre général aux relations entre les parties (notamment, Cass. com. 5-4-1994 : RJDA 10/94 n° 1070 ; Cass. com. 6-5-1997 : RJDA 8-9/97 n° 1073), que cet ensemble résulte d'un contrat-cadre ou de plusieurs conventions même informelles (CA Paris 18-9-2018 n° 17/01011, 17/01028 : RJDA 1/19 n° 40).

61888 **Créances dérivant du même contrat : Illustrations.** Ont été jugées comme telles :

– la créance en paiement d'une prestation exécutée et la créance en dommages-intérêts pour mauvaise exécution de cette prestation (Cass. com. 27-4-1993 n° 744 : RJDA 11/93 n° 955 ; Cass. com. 8-7-2003 n° 1197 F-D : RJDA 1/04 n° 34) ;

– la créance de loyers dus au bailleur et la créance du locataire sur le bailleur au titre d'une astreinte liquidée pour défaut d'accomplissement de travaux par ce dernier (Cass. com. 27-9-2016 n° 15-10.393 : RJDA 12/16 n° 898) ou au titre de l'indemnité d'éviction (Cass. 3e civ. 29-11-2018 n° 17-26.670 F-D : RJDA 4/19 n° 276).

Tel n'est **pas le cas** :

– de la créance du bailleur au titre de loyers impayés, admise au passif de la procédure collective de son locataire et de l'indemnité mise à sa charge pour avoir abusivement contesté le droit au bail de ce dernier, cette indemnité étant dépourvue de fondement contractuel (Cass. com. 22-4-1997 n° 918 P : RJDA 8-9/97 n° 1071) ;

– de la créance d'un fournisseur pour les marchandises impayées par le débiteur et de celle de nature délictuelle relative aux dommages-intérêts mis à la charge du fournisseur pour rupture brutale de la relation commerciale établie avec le débiteur (Cass. com. 18-12-2012 n° 11-17.872 F-PB : RJDA 4/13 n° 361) ;

– compte tenu de l'autonomie de la garantie à première demande, de la créance du garant sur le débiteur au titre de l'exécution de la garantie et de toute autre créance du débiteur sur le garant (Cass. com. 19-12-2006 n° 1449 FS-PBIR : RJDA 5/07 n° 521) ou de la créance née du contrat de base garanti (Cass. com. 6-3-2001 n° 485 FS-P : RJDA 6/01 n° 721) ;

– des créances d'un employeur résultant d'un prêt à ses salariés et des dettes de celui-ci qui trouvent leur origine dans la rupture du contrat de travail pour cause économique (Cass. soc. 24-3-1988 n° 85-45.087 : Bull. civ. V n° 218) ;

– de la dette d'un associé envers la société au titre de la fraction non libérée du capital social, dette qui dérive du contrat de société, et de la créance constituée par le solde créditeur du compte courant de cet associé qui est née du contrat de prêt qu'il a consenti à la société (Cass. com. 20-5-1997 n° 95-15.298 P : RJDA 11/97 n° 1357 ; Cass. com. 18-1-2000 n° 97-14.362 D : RJDA 4/00 n° 471) ;

– des cotisations impayées à un régime de protection sociale obligatoire et des prestations dues au titre de ce régime, ces créances ayant une origine légale et non contractuelle (Cass. com. 19-12-2018 n° 17-17.311 F-D : RJDA 3/19 n° 208 ; aussi, Cass. com. 29-4-2003 n° 00-16.127 F-D écartant pour la même raison la connexité entre des cotisations d'assurance chômage restées impayées par une entreprise et celles que celle-ci avait versées à tort à l'Assédic).

Créances nées d'un ensemble contractuel unique : Illustrations. Jugé que tel est le cas : **61890**

– des créances nées de ventes et d'achats conclus en exécution d'une convention ayant défini entre le créancier et le débiteur le cadre du développement de leurs affaires (Cass. com. 18-2-2003 n° 292 : RJDA 8-9/03 n° 849) ;

– des créances d'une coopérative pour ses livraisons à un adhérent et de celles de celui-ci sur la coopérative nées du contrat d'adhésion, du règlement intérieur et de prestations publicitaires faites au profit de cette dernière (Cass. com. 1-4-1997 : RJDA 8-9/97 n° 1072) ;

– des créances nées de l'exécution d'un contrat-cadre régissant les relations commerciales entre une société et ses partenaires et du dépôt de garantie qu'elle a constitué au profit de chacun d'eux pendant la période d'observation (CA Paris 18-9-2018 n°s 17/01011, 17/01028 : RJDA 1/19 n° 40).

En revanche, ne dérivent **pas** d'**un tel ensemble** :

– les créances nées entre deux entreprises exerçant la même activité de commerce de viande en gros, entretenant des relations commerciales régulières et réciproques (achats et ventes concomitants de marchandises) en vertu de conventions successives, celles-ci ne suffisant pas à caractériser l'existence d'un cadre général pour leurs relations (Cass. com. 5-4-1994 : RJDA 10/94 n° 1070) ;

– les dettes et créances issues de contrats distincts (bail et contrat de travail à façon) conclus par deux entreprises après l'acquisition par l'une d'une branche d'activité de l'autre, même si ces contrats traduisent une opération économique unique et une étroite imbrication des intérêts des entreprises (Cass. com. 20-4-2017 n° 15-25.319 F-D : RJDA 7/17 n° 495) ;

– les créances dues par le client d'un entrepreneur au titre de plusieurs marchés conclus individuellement, à des dates et des prix différents (Cass. com. 9-12-2020 n° 19-18.128 F-D : RJDA 5/21 n° 336).

AUTRES CAS DE COMPENSATION ADMIS

Compensation légale Nonobstant l'interdiction exposée n° 61870, les créances antérieures sur le débiteur peuvent être payées par voie de compensation légale, mais à condition que celle-ci soit intervenue **avant l'ouverture de la procédure collective,** et donc que les créances aient été, avant cette date, certaines, liquides et exigibles (Cass. com. 8-1-2002 n° 98-22.976 : RJDA 5/02 n° 517 ; Cass. com. 28-10-2008 n° 07-15.029 : RJDA 1/09 n° 47). Les créances doivent en outre avoir été fongibles (C. civ. art. 1347-1, al. 1), c'est-à-dire de même nature : ainsi, sont compensables des créances libellées en devises différentes si elles sont convertibles (art. 1347-1, al. 2) mais ne le sont pas une créance de somme d'argent et une créance relative à un paiement en nature dès lors que les parties n'ont pas prévu pour cette dernière un possible paiement en argent (Cass. 1re civ. 10-6-1987 n° 85-14119 : Bull. civ. I n° 187 ; CA Paris 18-11-2005 n° 04-2261 : RJDA 6/06 n° 696). **61895**

Si les créances répondent aux conditions précitées, la compensation opère à condition d'être invoquée (C. civ. art. 1347, al. 2). Elle emporte alors l'extinction de plein droit des créances à hauteur du montant de la plus faible, même en l'absence de lien de connexité entre elles (Cass. com. 15-12-2009 n° 08-70.164 F-D : RJDA 4/10 n° 428) et peu important l'absence de déclaration de la créance antérieure (T. com. Paris 8-7-2014 n° 2011017286 : GP 2015.19 août.som.).

Le paiement par voie de **compensation légale survenue en période suspecte** (entre la date de cessation des paiements de l'une des parties et celle à laquelle celle-ci a fait l'objet d'une procédure collective) est susceptible d'annulation (Cass. com. 28-5-1996 n° 94-10.688 : RJDA 10/96 n° 1209 ; Cass. com. 16-9-2014 n° 13-19.294 : RJDA 12/14 n° 922).

61900 **Compensation conventionnelle** La compensation conventionnelle – c'est-à-dire celle organisée par les parties en dehors des cas prévus par la loi, par exemple entre des créances non connexes ou non exigibles – peut jouer en cas de procédure collective d'une des parties (Cass. com. 9-4-2013 n° 12-14.356 F-D : RJDA 8-9/13 n° 734), à **condition** qu'elle ait été convenue avant la période suspecte (Cass. com.9-12-1997 n° 2491 P : RJDA 4/98 n° 471 ; Cass. com. 19-5-2015 n° 14-12.872 : GP 2015.som.19 juill et note Bonhomme). La convention de compensation doit s'inscrire dans un contrat ou un accord cadre régissant les relations des parties, ce qui n'est pas le cas en présence d'accords ponctuels de compensation entre les parties (Cass. com. 15-12-2009 n° 08-70.164 F-D : RJDA 4/10 n° 428).

c. Actes soumis à l'autorisation du juge-commissaire

AUTORISATION DE PAIEMENT POUR RETIRER UN BIEN

61920 En cas de **sauvegarde ou** de **redressement** judiciaire, le juge-commissaire peut autoriser le **paiement de créances antérieures** au jugement d'ouverture pour effectuer les opérations suivantes à condition qu'elles soient justifiées par la poursuite de l'activité (C. com. art. L 622-7, II-al. 2 et L 631-14, al. 3) :

– retirer des mains d'un gagiste ou d'un rétenteur une chose remise en gage ou « légitimement retenue » ;

– obtenir le retour de biens et droits transférés à titre de garantie dans un patrimoine fiduciaire ;

– lever l'option d'achat d'un contrat de crédit-bail, la levée de l'option pouvant être imposée en dépit du défaut d'exécution des conditions contractuelles mises à cette levée (CA Orléans 11-10-2012 n° 12/00469 : GP 2013.som.3021 note Le Corre) à condition de respecter le délai contractuel de levée de l'option (Cass. com. 18-3-2014 n° 12-27.297 FS-PB : RJDA 10/14 n° 786).

Le paiement d'une créance peut aussi être autorisé pour faire échec à une demande de **revendication** d'un bien vendu avec réserve de propriété (n° 63032).

Le **gagiste** a le droit d'être payé même si sa créance n'a pas été définitivement admise (Cass. com. 12-4-1988 n° 86-11.736 P : Bull. civ. IV n° 128) et il ne peut pas en être privé en échange d'une substitution de garantie sans son accord (Cass. com. 4-7-2000 n° 98-11.803 FS-P : RJDA 11/00 n° 1006 à propos d'une offre d'une substitution de marchandises). Mais le gagiste ne peut pas, à notre avis, s'opposer à ce retrait en invoquant un pacte commissoire car celui-ci est neutralisé (n° 62525). Il ne peut pas non plus demander l'attribution judiciaire du gage comme l'y autorise l'article 2347, al. 1 du Code civil, car celle-ci ferait obstacle à la récupération du bien pour la poursuite de l'activité qu'a pour objectif le retrait ; cette interprétation est d'ailleurs confirmée par la possibilité d'attribution expressément reconnue en cas de liquidation judiciaire (n° 63945) où l'intérêt attaché à la récupération en vue de la poursuite de l'activité n'existe plus. Sur l'inopposabilité du droit de rétention résultant d'un gage sans dépossession, n° 62522.

Le juge-commissaire peut aussi autoriser (art. L 622-7, II-al. 1 et 2 et L 631-14, al. 3 applicables dans les procédures ouvertes depuis le 1-10-2021) :

– le paiement du transporteur qui exerce contre le débiteur, expéditeur ou le destinataire des marchandises, l'action directe prévue par l'article L 132-8 du Code de commerce ;

– lorsque des créances sur le débiteur ont été cédées, le paiement au cessionnaire du prix réel d'une créance litigieuse avec frais et intérêts pour obtenir la libération du débiteur (droit au retrait litigieux ; C. civ. art. 1699).

La demande d'autorisation est faite, en cas de sauvegarde, par le débiteur (art. L 622-7) ; en cas de redressement judiciaire, par le débiteur si aucun administrateur n'a été désigné, conjointement avec l'administrateur lorsque ce dernier a une mission d'assistance (cf. Cass. com. 23-9-2014 n° 13-21.686 : RJDA 2/15 n° 120) et par le seul administrateur s'il a reçu une mission de représentation (art. L 631-14, al. 3).

Si l'**autorisation** de payer donnée par le juge-commissaire est **annulée** en justice, le paiement effectué en vertu de celle-ci est également nul (Cass. com. 20-10-2021 n° 20-16.231 F-B : RJDA 1/22 n° 26).

AUTORISATION D'ACCOMPLIR UN ACTE DE DISPOSITION

61925 En cas de sauvegarde ou de redressement judiciaire, le juge-commissaire peut autoriser, selon le cas (n° 61920), le débiteur et/ou l'administrateur à (C. com. art. L 622-7, II-al. 1 et L 631-14, al. 3) :

– effectuer un acte de disposition étranger à la gestion courante de l'entreprise (sur la notion de gestion courante, n° 61825) ;

– consentir une sûreté réelle conventionnelle en garantie d'une créance postérieure à l'ouverture de la procédure ;

– signer un compromis ou une transaction, même non relatif à un paiement interdit du fait de l'ouverture de la procédure (Cass. com. 5-1-1999 n° 96-20.561 P : RJDA 2/99 n° 192).

Est manifestement illicite l'accord conclu entre un créancier et le débiteur seul réduisant le montant déclaré d'une créance antérieure en contrepartie du paiement, dans un certain délai et à due concurrence, de la créance, au mépris de la règle d'ordre public de l'interdiction des paiements (Cass. com. 26-2-2020 n° 18-21.907 F-D : RJDA 7/20 n° 380).

Cette autorisation doit être préalable (Cass. com. 26-11-2002 n° 99-18.007 FD : Rev. proc. coll. 2004.49 n° 12 obs. Lebel ; Cass. com. 20-1-2021 n° 19-20.076 F-P : RJDA 6/22 n° 349). Mais elle n'est plus exigée après l'adoption d'un plan de sauvegarde ou de redressement (CA Caen 24-5-2018 n° 16/02125 : Rev. proc. coll. 2018 n° 4 § 139 note Lebel), le débiteur étant redevenu maître de ses biens (n° 63330).

Sur les modalités de la demande d'autorisation présentée par le débiteur et/ou l'administrateur et sur les personnes à convoquer devant le juge-commissaire, art. R 622-6 et R 631-19.

La cession d'un bail commercial pendant la période d'observation nécessite l'autorisation du juge-commissaire car il s'agit rarement d'un acte de gestion courante. Toute clause imposant au locataire cédant des dispositions solidaires avec le cessionnaire est réputée non écrite (art. L 622-15 et L 631-14, al. 1). La clause redevient toutefois opposable par le bailleur si le cessionnaire cède à son tour le bail (Cass. com. 15-11-2017 n° 16-19.131 : RJDA 2/18 n° 158 rendu à propos de l'art. L 642-12, al. 5 mais à notre avis transposable).

En revanche, la clause qui rend le cessionnaire solidaire du locataire cédant n'est neutralisée qu'en cas de plan de cession (n° 63795).

La résiliation du bail des locaux d'exploitation est également soumise à autorisation (Cass. com. 8-9-2021 n° 20-12.340 F-D : RJDA 2/22 n° 97).

L'autorisation du juge-commissaire est aussi requise pour vendre les biens garnissant les lieux loués par le débiteur (n° 4581) et, en cas de redressement judiciaire, pour procéder à des licenciements économiques indispensables pendant la période d'observation (art. L 631-17).

d. Sanction de la violation des interdictions

NULLITÉ DES ACTES

L'interdiction de payer des créances antérieures et de passer certains actes sans l'autorisation **61940**
du juge-commissaire est sanctionnée de la manière suivante : tout intéressé ou le ministère public peut demander l'annulation dans les trois ans du paiement de la créance ou de la conclusion de l'acte ou de sa publication s'il est soumis à publicité, cas par exemple des hypothèques et nantissements (C. com. art. L 622-7, III, L 631-14, al. 1 et L 641-3, al. 1).

La prescription triennale s'applique même si le paiement a eu lieu par une compensation entre créances connexes dont les conditions n'étaient pas réunies (Cass. com. 22-3-2017 n° 15-13.072 : RD bancaire 2017 n° 3 § 130 obs. Houin-Bressand) ou si la créance payée, née d'un contrat de transport, relevait de la prescription annale de l'article L 133-6 du Code de commerce (Cass. com. 20-10-2021 n° 20-16.231 F-B : RJDA 1/22 n° 26).

La nullité encourue est absolue (CA Paris 10-2-1994 : D. 1994.IR.79), peu important que le juge-commissaire ait donné son autorisation après la conclusion de la vente litigieuse (CA Montpellier 2-10-2007 : Rev. proc. coll. 2008 n° 3 § 120 obs. Lebel).

Le créancier qui a reçu un paiement interdit doit le restituer, sans pouvoir invoquer la compensation pour connexité entre sa dette de restitution et une créance qu'il a déclarée à la procédure collective (Cass. com. 16-6-2021 n° 20-15.048 F-D : RJDA 10/21 n° 677).

SANCTIONS PERSONNELLES

Le débiteur peut être condamné à un **emprisonnement** de deux ans et à une **amende** de **61942**
30 000 € s'il a passé un acte ou a effectué un paiement interdit (C. com. art. L 654-8, 1°). Toute personne qui, après le jugement ouvrant la procédure collective ou en cours d'exécution du plan de sauvegarde ou de redressement, a passé avec le débiteur, en connaissance de sa situation, un de ces actes ou en a reçu un paiement irrégulier est passible des mêmes peines (art. L 654-8, 3°). La réintégration des sommes ou des biens intervient dans les conditions exposées n° 62952.

3. VENTE D'UN BIEN GREVÉ D'UNE SÛRETÉ

La loi organise des règles particulières pour la cession d'un bien grevé d'une **sûreté réelle** **61950**
spéciale (privilège spécial, gage, nantissement, hypothèque) ou d'une **hypothèque légale** lorsque cette cession intervient pendant la période d'observation. Ces règles, destinées à protéger les droits des créanciers titulaires des garanties précitées, sont applicables tant en cas de sauvegarde (C. com. art. L 622-8) que de redressement judiciaire (art. L 631-14, al. 1).

CONSIGNATION DU PRIX JUSQU'À L'ADOPTION DU PLAN

61952 En cas de vente, pendant la période d'observation, d'un bien grevé d'une sûreté réelle spéciale ou d'une hypothèque légale, la quote-part du **prix** correspondant aux créances garanties par ces sûretés est remise à l'administrateur ou, à défaut, au mandataire judiciaire, qui doit la verser en compte de **dépôt à la Caisse des dépôts et consignations** (C. com. art. L 622-8, al. 1 et R 622-7, al. 1). Ces fonds sont indisponibles pendant la période d'observation (art. R 622-7, al. 1).

L'intégralité du prix doit être déposée et devient ainsi indisponible si le montant des créances garanties par les sûretés précitées atteint celui du prix de vente. Si le prix excède ce montant, le solde peut être utilisé comme trésorerie de l'entreprise.

Ce n'est en principe qu'après l'adoption du plan que les créanciers bénéficiaires de ces sûretés sont payés sur le prix suivant l'ordre de préférence existant entre eux et conformément aux règles exposées au n° 63356 lorsqu'ils sont soumis au délai du plan (art. L 622-8, al. 1). Mais un paiement partiel est envisageable.

POSSIBLE PAIEMENT PARTIEL DES CRÉANCIERS

61954 Après versement à la Caisse des dépôts de tout ou partie du prix, un créancier titulaire d'une sûreté visée n° 61950 sur le bien cédé peut demander au juge-commissaire d'ordonner le **paiement provisionnel** de tout ou partie de sa créance (C. com. art. L 622-8, al. 2 et R 622-7, al. 2). Ce paiement est subordonné à la présentation par son bénéficiaire d'une **garantie** émanant d'un établissement de crédit ou d'une société de financement, sauf décision spécialement motivée du juge-commissaire ou lorsque le paiement intervient au bénéfice du Trésor ou des organismes sociaux ou organismes assimilés (art. L 622-8, al. 2). Sur ordonnance du juge-commissaire, les fonds indûment versés sont restitués sur première demande du mandataire de justice habilité (art. R 622-7, al. 3).

Le juge-commissaire statue sur avis du débiteur et de l'administrateur s'il en a été désigné ou, à défaut, du mandataire judiciaire, au vu de la déclaration de créance, des documents justificatifs de la déclaration de créance et, le cas échéant, de la garantie précitée ; la provision est allouée à hauteur d'un montant non sérieusement contestable en fonction de ces éléments et du rang de collocation de la créance (art. R 622-7, al. 2).

SUBSTITUTION DE GARANTIE

61956 Pour éviter notamment la consignation du prix et son éventuelle distribution, le débiteur (en cas de sauvegarde) ou l'administrateur (en cas de redressement judiciaire) peut **proposer** aux créanciers la substitution aux garanties qu'ils détiennent de garanties équivalentes ; en l'absence d'accord, le juge-commissaire peut **ordonner** cette substitution après avoir entendu (ou dûment appelé) le débiteur, l'administrateur, le créancier en cause et le mandataire judiciaire (C. com. art. L 622-8, al. 3, L 631-14, al. 3 et R 622-8). En cas de contestation, les juges du fond apprécient souverainement l'équivalence de la garantie substituée (cf. Cass. com. 20-10-2021 n° 20-20.810 F-B : RJDA 1/22 n° 30).

Les frais de radiation et d'inscription des sûretés sont à la charge du débiteur ; la radiation ne peut intervenir qu'après constitution de la garantie substituée (art. R 622-8, al. 2).

E. Contrats en cours

ENCADREMENT LÉGAL

62000 Afin que l'entreprise en procédure collective puisse maintenir son activité, envisager un redressement ou encore être cédée dans les meilleures conditions possibles, un régime spécifique s'applique aux contrats auxquels l'entreprise est partie et qui sont encore en cours : leur **poursuite** peut être **imposée aux cocontractants** ; en contrepartie, les créances issues de cette poursuite bénéficient d'un traitement préférentiel.

Le dispositif s'applique à la sauvegarde (sauf exception ; n° 62002), au redressement et à la liquidation judiciaire mais avec des spécificités selon la procédure en cause.

Dans les procédures ouvertes à l'encontre d'un **entrepreneur individuel** (autre qu'un EIRL) depuis le 15 mai 2022, les règles régissant le sort des contrats en cours s'appliquent selon le cas au seul patrimoine professionnel ou également au patrimoine personnel de celui-ci (nos 61539 s.).

Lorsque le débiteur en procédure collective est un **EIRL,** l'encadrement légal des contrats en cours concerne (C. com. art. L 680-4) :

– si l'EIRL a affecté un patrimoine à l'activité en difficulté, les contrats passés à l'occasion de l'exercice de cette activité ;

– si l'activité en difficulté est exercée sans affectation de patrimoine, les contrats passés en dehors de la ou des activités auxquelles l'EIRL a affecté un patrimoine.

Application partielle en cas de sauvegarde accélérée Le régime des contrats en cours exposé ci-dessous n'est pas applicable en intégralité en cas de sauvegarde accélérée : l'article L 628-1, al. 1 du Code de commerce exclut en effet l'article L 622-13, III et IV du même Code qui fixe les cas de résiliation de plein droit des contrats en cours (nos 62055, 62080 s. et 62125) et qui permet au juge-commissaire de résilier le contrat dans certaines hypothèses (nos 62105 s.). 62002

Demeurent donc **applicables,** faute d'être expressément écartées, les autres règles posées par l'article L 622-13 : absence de résiliation des contrats du fait de l'ouverture de la procédure ; obligation pour le contractant de remplir ses obligations malgré l'inexécution des siennes par le débiteur ; faculté pour l'administrateur d'exiger la poursuite des contrats en fournissant la prestation promise ; obligation pour le cocontractant de déclarer sa créance de dommages-intérêts si le contrat n'est pas poursuivi.

Pour la même raison, restent aussi applicables les dispositions de l'article L 622-14 relatif à la résiliation du **bail des locaux d'exploitation.** Toutefois, en pratique, certaines d'entre elles n'ont pas nécessairement vocation à s'appliquer. Tel est le cas, à notre avis, de la faculté ouverte au bailleur de résilier le bail pour défaut de paiement des loyers et charges afférents à une occupation postérieure au jugement d'ouverture, ce dernier ne pouvant agir qu'au terme d'un délai de trois mois à compter de ce jugement (art. L 622-14, 2°) alors que la durée de la sauvegarde accélérée peut être plus courte que ce délai (art. L 628-8).

1. CONTRATS VISÉS

INDIFFÉRENCE DE LA NATURE DU CONTRAT

Sous réserve des cas mentionnés nos 62010 s., la poursuite peut être exigée quelle que soit la nature du contrat en cours. Il peut s'agir par exemple d'un contrat **administratif** (CE 20-7-1988 : Lebon 300 ; Cass. com. 16-6-2004 n° 01-13.781 F-D : Rev. proc. coll. 2004 p. 224 chron. P. Roussel Galle), d'un contrat à **exécution successive ou non** (Cass. com. 16-2-1988 n° 86-13.956 : Bull. civ. IV n° 72 à propos d'une promesse de vente), d'un contrat conclu en considération de la personne du cocontractant (contrat « **intuitu personae** » ; Cass. com. 8-12-1987 n° 87-11.501 P : D. 1988.52 note Derrida). 62005

Sont donc visés des contrats généralement considérés comme conclus intuitu personae tels que contrats de commission, de concession ou de franchise commerciale, location-gérance de fonds de commerce (Cass. com. 7-2-1989 n° 86-18.269 : Bull. civ. IV 49) ou mandat (Cass. com. 28-6-2017 n° 15-17.394 FS-PBI : RJDA 1/17 n° 747).

De même, peut être obtenue la continuation pendant la période d'observation des conventions de **compte courant, ouvertures de crédits,** découverts ou autorisations d'escompte en cours au jour du jugement ouvrant la procédure collective (Cass. com. 8-12-1987 précité ; Cass. 1e civ. 6-1-1998 n° 95-14.261 P : RJDA 4/98 n° 459).

L'établissement financier peut réduire ou interrompre sans préavis ses concours financiers en cas de comportement gravement répréhensible du bénéficiaire du crédit ou au cas où la situation de celui-ci s'avérerait irrémédiablement compromise (C. mon. fin. art. L 313-12, al. 2 ; nos 41415 s.), la procédure collective du bénéficiaire n'y faisant pas obstacle (Cass. com. 8-12-1987 précité ; Cass. com. 1-10-1991 n° 89-13.127 P : RJDA 11/91 n° 965).

Le **contrat-cadre,** qui est en principe destiné à établir et organiser des relations contractuelles futures, n'entre pas, a priori, dans la catégorie des contrats dont la poursuite peut être imposée, à moins qu'il ne mette à la charge des parties de véritables obligations. Tel est le cas du contrat-cadre stipulant une obligation d'approvisionnement auprès d'un fournisseur et l'obligation de ce dernier de livrer les produits commandés (Cass. com. 20-9-2017 n° 14-17.225 FS-PBI : RJDA 1/18 n° 45).

La clause d'arbitrage, qui a pour objet le droit d'action attaché aux obligations contractuelles et non la création, la modification, la transmission ou l'extinction de ces obligations, et qui est indépendante du contrat auquel elle se rapporte, n'est pas un contrat en cours (Cass. com. 23-11-2022 n° 21-10.614 FS-B : RJDA 4/23 n° 209). Il en est de même, à notre avis, de la clause attributive de compétence territoriale, compte tenu de son objet et de son autonomie par rapport au contrat qui la prévoit (cf. Cass. 1e civ. 8-7-2010 n° 07-17.788 F-PBI : RJDA 11/10 n° 1120 ; Cass. com. 5-7-2017 n° 15-21.894 F-D : RJDA 12/17 n° 849).

Les règles régissant la poursuite des contrats en cours sont inapplicables à des **situations non contractuelles,** telle celle résultant du régime légal et obligatoire de **protection sociale du débiteur** (Cass. soc. 13-3-1997 : RJS 10/97 n° 1157 ; Cass. com. 19-12-2018 n° 17-17.311 F-D : RJDA 3/19 n° 208). En revanche, ces règles s'appliquent aux contrats liant l'entreprise adhérente à une institution de prévoyance complémentaire relevant du titre troisième du livre neuvième du Code de la sécurité sociale (Cass. com. 28-6-2011 n° 09-16.646 FS-PB : RJDA 11/11 n° 939). 62007

Exceptions au régime des contrats en cours Les règles relatives à la continuation des contrats en cours ne concernent pas les **contrats de travail** (n° 62735). 62010

62011 Elles ne sont pas non plus applicables au contrat de **fiducie,** à l'exception de la convention en exécution de laquelle le débiteur conserve l'usage ou la jouissance de biens ou droits transférés dans un patrimoine fiduciaire (C. com. art. L 622-13, VI). L'administrateur peut donc imposer la poursuite de cette convention, les biens et droits concernés pouvant en effet être utiles à la poursuite de l'activité. D'ailleurs, aucune cession ou aucun transfert de ces biens ou droits ne peut intervenir au profit du fiduciaire ou d'un tiers du seul fait de l'ouverture de la procédure, de l'arrêté du plan ou encore d'un défaut de paiement d'une créance née antérieurement au jugement d'ouverture, à peine de nullité de la cession ou du transfert (art. L 622-23-1).

Ces dispositions s'appliquent en cas de sauvegarde mais aussi de redressement judiciaire sauf lorsque celui-ci a été prononcé après la résolution du plan de sauvegarde pour cessation des paiements du débiteur (art. L 631-14, al. 1 et 5).

Elles valent aussi pour la liquidation judiciaire (art. L 641-11-1, VI) ; toutefois, si le débiteur est constituant et seul bénéficiaire d'un contrat de fiducie, l'ouverture ou le prononcé d'une liquidation judiciaire à son égard entraîne la résiliation de plein droit de ce contrat et le retour dans son patrimoine des droits, biens ou sûretés présents dans le patrimoine fiduciaire (art. L 641-12-1).

62012 Sur le sort du **contrat d'édition** en cas de procédure collective de l'éditeur, n° 34843.

NOTION DE CONTRAT EN COURS

62015 Les **contrats** visés n°s 62005 s. ne sont susceptibles d'être poursuivis que s'ils sont **« en cours » au jour du jugement** qui ouvre la procédure collective : à cette date, ils doivent donc être en vigueur et les obligations qui découlent des contrats ne doivent pas avoir été toutes exécutées par les parties.

Le contrat est en cours dès sa conclusion, lorsqu'il comporte tous les éléments nécessaires à sa validité, même s'il doit recevoir sa formulation définitive par l'adjonction des clauses usuelles (Cass. com. 6-2-1996 : RJDA 4/96 n° 547), et tant qu'il n'a pas été exécuté.

62017 Le **contrat** n'a **pas** été **exécuté** :

– s'il s'agit d'une vente, jusqu'à la date du transfert de propriété ; lorsqu'il comporte une condition suspensive et, par ailleurs, prévoit sa réitération dans un acte authentique, il est en cours si le transfert de propriété a été fixé après la survenance de la condition, à la date de la réitération et du paiement du prix (Cass. com. 22-10-1996 : RJDA 2/97 n° 264) ; lorsqu'il comporte une clause de réserve de propriété sur un immeuble, il est en cours si une partie du prix reste à payer lors de l'ouverture de la procédure collective de l'acheteur (Cass. com. 1-2-2000 : RJDA 4/00 n° 445) ; mais il ne l'est pas en cas de vente de biens mobiliers avec réserve de propriété dont le prix n'est pas payé (Cass. com. 5-5-2004 n°s 01-17.201 et 01-17.590 FS-PB : Bull. civ. IV n° 81) ;

– s'il s'agit d'un mandat (ici d'agent immobilier), lorsqu'il n'a pas été exécuté avant le jugement d'ouverture de la procédure (Cass. com. 28-6-2017 n° 15-17.394 : RJDA 11/17 n° 747) ;

– s'il s'agit d'une transaction, lorsque celle-ci prévoit que le premier acte d'exécution, en l'espèce le versement d'une somme d'argent, surviendra à une date donnée qui s'est trouvée être postérieure à l'ouverture de la procédure collective (Cass. 1re civ. 10-9-2015 n° 14-20.917 : RJDA 2/16 n° 131).

Un contrat de prêt n'est plus en cours lorsqu'il a été conclu avant le jugement d'ouverture s'il est un contrat consensuel, ce qui est le cas du prêt consenti par un professionnel du crédit (Cass. com. 9-2-2016 n° 14-23.219 : RJDA 5/16 n° 379) ou, dans le cas où le prêt est un contrat réel, lorsque les fonds ont été remis à l'emprunteur avant ce jugement (Cass. com. 14-12-1993 : RJDA 3/94 n° 335). Un contrat de sous-traitance n'est plus en cours si les prestations sous-traitées sont achevées avant l'ouverture de la procédure collective du sous-traitant, même s'il a été appelé en garantie après cette date (Cass. com. 19-1-1999 n° 96-16.462 D : RJDA 3/99 n° 307).

62020 La qualification de contrat en cours est également écartée :

– lorsque le **contrat** est **arrivé à son terme** ; tel est le cas du bail commercial expiré dont le renouvellement de principe a été accepté mais le montant du loyer contesté, car le bail renouvelé est un nouveau bail (Cass. ass. plén. 7-5-2004 n° 515 P : RJDA 10/04 n° 1138) ;

– lorsqu'il a fait l'objet d'une **résiliation** amiable avant l'ouverture de la procédure collective (Cass. com. 30-3-1999 n° 96-15.252 D : Loyers et copr. comm. n° 240) ou s'il est résilié en vertu d'une décision judiciaire définitive ou en vertu d'une clause de résiliation de plein droit qui a produit ses effets avant le jugement d'ouverture (Cass. com. 17-6-1986 n° 85-14.657 : Bull. civ. IV n° 128 à propos d'un contrat de concession ; Cass. com. 8-4-2015 n° 14-11.129 F-D : RJDA 11/15 n° 764 à propos d'un crédit-bail immobilier).

La continuation du contrat décidée par l'administrateur (ou le liquidateur) ne peut pas faire échec à la résiliation du contrat demandée pour toute inexécution autre qu'un défaut de paiement (Cass. com. 26-10-1999 n° 96-21.745 P : RJDA 12/99 n° 1350). Est valable la résiliation d'un contrat de concession résultant de la mise en œuvre, avant l'ouverture de la procédure collective, d'une clause de résiliation de plein droit pour manquement du débiteur à une obligation contractuelle, autre que le défaut de paiement d'une somme d'argent, sauf mauvaise foi ou fraude de la part du cocontractant qui invoque la clause (Cass. com. 19-3-2002 n° 99-14.783 F-D : RJDA 8-9/02 n° 908).

Toutefois, un **bail commercial** est en cours tant que l'acquisition de la **clause de résiliation** de plein droit n'est pas constatée par une décision passée en force de chose jugée avant le jugement ouvrant de la procédure collective du locataire (notamment, Cass. 3ᵉ civ. 9-1-2008 n° 06-21.499 FS-PB : RJDA 4/08 n° 381 ; Cass. 3ᵉ civ. 26-5-2016 n° 15-12.750 F-D : RJDA 8-9/16 n° 601).

2. PRINCIPE DU MAINTIEN DES CONTRATS EN COURS

ABSENCE DE RÉSILIATION DU FAIT DE LA PROCÉDURE COLLECTIVE

Aucune indivisibilité, résiliation ou résolution d'un contrat en cours ne peut résulter du seul fait **62030** de l'ouverture d'une procédure de sauvegarde, de redressement ou de liquidation judiciaire, **nonobstant** toute **disposition légale ou toute clause** contractuelle (C. com. art. L 622-13, I-al. 1, L 631-14, al. 1 et L 641-11-1, I-al. 1 ; aussi art. L 145-45 rappelant le principe pour le bail commercial et réputant non écrite toute clause contraire).

L'ouverture d'une procédure collective n'entraîne pas non plus la caducité des contrats en cours (Cass. com. 4-11-2014 n° 13-24.270 FS-PB : RJDA 2/15 n° 66).

La mise en liquidation judiciaire d'un agent immobilier ne met pas fin au mandat de recherche en cours à la date du jugement d'ouverture par dérogation à l'article 2003 du Code civil, en vertu duquel le mandat prend fin « en cas de déconfiture » du mandant ou du mandataire (Cass. com. 28-6-2017 n° 15-17.394 FS-PBI : RJDA 11/17 n° 747).

Sur l'exception concernant la fiducie en cas de liquidation judiciaire, n° 62011.

Est ainsi interdite toute **clause** qui modifie les conditions de poursuite d'un contrat en cours en **62032** **diminuant les droits ou** en **aggravant les obligations du débiteur** du seul fait de l'ouverture de la procédure (Cass. com. 14-1-2014 n° 12-22.909 : RJDA 4/14 n° 361). Une telle clause peut aussi être écartée pour atteinte au principe d'égalité des créanciers (nᵒˢ 62355 s.).

En vertu de ces interdictions, est inopposable :

– la clause résolutoire fondée sur l'ouverture d'une procédure collective à l'encontre d'un cocontractant ou sur l'état de cessation des paiements de celui-ci (Cass. com. 2-3-1993 n° 90-21.849 : RJDA 7/93 n° 654), le redressement judiciaire étant la suite nécessaire de cet état ;

– la clause d'un contrat d'assurance prévoyant que l'assureur ne garantissait pas la perte de valeur vénale du fonds de commerce consécutive à un sinistre survenu après l'ouverture d'une procédure collective à l'encontre de l'assuré (Cass. com. 14-1-2014 n° 12-22.909 : RJDA 4/14 n° 361) ;

– la clause permettant au prêteur, titulaire d'un nantissement sur les comptes du débiteur, de séquestrer les fonds figurant sur ces comptes et de procéder à un paiement anticipé des remboursements à venir (Cass. com. 22-1-2020 n° 18-21.647 F-PB : RJDA 4/20 n° 244).

Ne tombent pas sous le coup de ces prohibitions :

– la clause prévoyant une indemnité forfaitaire à charge du débiteur dans les cas où le créancier serait obligé de recouvrer sa créance par voie judiciaire ou extrajudiciaire ou de produire « à un ou plusieurs ordres judiciaires », car elle sanctionne tout débiteur, qu'il soit ou non en procédure collective (Cass. com. 16-10-2007 n° 06-16.459 FS-D : RJDA 1/08 n° 62 ; Cass. com. 8-9-2015 n° 14-14.183 F-D : RJDA 12/15 n° 843) ;

– la clause prévoyant une indemnité de résiliation du contrat, dont les parties peuvent librement convenir sous réserve du pouvoir du juge d'en réduire le montant lorsqu'elle constitue une clause pénale (Cass. com. 8-3-2017 n° 15-18.641 F-D : RJDA 5/17 n° 353).

MAINTIEN DES OBLIGATIONS DU COCONTRACTANT

Le cocontractant doit remplir ses obligations **malgré le défaut d'exécution par le débiteur** **62035** d'engagements antérieurs au jugement qui ouvre la procédure collective de ce dernier ; ce défaut d'exécution n'ouvre droit au profit du cocontractant qu'à déclaration au passif (C. com. art. L 622-13, I-al. 2, L 631-14, al. 1 et L 641-11-1, I-al. 2).

La procédure collective neutralise ainsi l'exception d'inexécution (Cass. com. 28-6-2011 n° 10-19.463 F-PB : RJDA 11/11 n° 942). Par exemple, un fournisseur ne peut pas refuser la livraison d'une commande en cours d'exécution au seul motif que les livraisons antérieures n'ont pas été payées (même arrêt).

Si les textes précités visent sans distinction les « **engagements antérieurs** » du débiteur, n'est concernée que l'inexécution par le débiteur d'une obligation de payer et non celle d'une obligation de faire. En effet, ces textes ne sont qu'un prolongement de ceux prohibant les poursuites fondées sur des créances antérieures (nᵒˢ 62395 s. ; art. L 622-21) et le paiement de ces créances (nᵒˢ 61870 s. ; art. L 622-7).

Lorsque la défaillance antérieure du débiteur a porté sur l'exécution d'une obligation autre que le paiement d'une somme d'argent et que le cocontractant a demandé la résiliation avant le jugement d'ouverture de la procédure collective, le cours de l'instance en résiliation n'est arrêté ni par l'ouverture de la procédure ni par l'option de l'administrateur en faveur de la continuation du contrat (Cass. com. 28-5-1996 n° 93-16.125 P : RJDA 11/96 n° 1394).

3. OPTION POUR LA POURSUITE D'UN CONTRAT EN COURS

TITULAIRE DE L'OPTION

62045 En cas de **sauvegarde ou de redressement judiciaire,** l'administrateur judiciaire désigné – et lui seul – peut exiger l'exécution des contrats en cours (C. com. art. L 622-13, II-al. 1 et L 631-14, al. 1), quelle que soit la nature de la mission qui lui a été confiée (Cass. com. 20-9-2017 n° 16-15.363 FS-D : RJDA 2/18 n° 148). S'il n'a pas été nommé d'administrateur, c'est le débiteur, après avis conforme du mandataire judiciaire, qui exerce cette faculté et celle de demander la résiliation des contrats ; en cas de désaccord, le juge-commissaire est saisi par tout intéressé (art. L 627-2 ; n° 62090).

Dans le cadre d'une **liquidation judiciaire,** la poursuite des contrats en cours relève du liquidateur judiciaire (art. L 641-11-1, II) ou de l'administrateur judiciaire désigné par le tribunal pour administrer l'entreprise (art. L 641-10, al. 5). Cette poursuite peut être exigée même si l'activité de l'entreprise n'est pas maintenue, l'article précité ne faisant nullement référence à ce maintien.

Le **cocontractant qui empêcherait** l'administrateur (le débiteur ou le liquidateur) de décider la **continuation du contrat** en cours engagerait sa responsabilité (pour un exemple, Cass. com. 14-3-1983 : BRDA 11/83 p. 15, le cocontractant ayant, sans informer le syndic, fait poursuivre le chantier de construction par d'autres entreprises après la mise en liquidation des biens de l'entrepreneur qui en était chargé).

MANIFESTATION DE LA DÉCISION DE POURSUIVRE LE CONTRAT

62047 L'administrateur ou le liquidateur peut manifester comme il l'entend sa décision de continuer le contrat, les articles L 622-13 et L 641-11-1 du Code de commerce ne prescrivant aucune **forme** en ce domaine.

Cette décision peut être déduite, par exemple :

– de l'échange de correspondances entre lui et le cocontractant (Cass. com. 3-5-1979 n° 77-15.187 : Bull. civ. IV n° 138 ; Cass. 1e civ. 13-7-2004 n° 02-10.991 D) ;

– de la poursuite de l'exécution (Cass. com. 21-5-1979 n° 77-15.921, 77-16.000 : Bull. civ. IV n° 165 ; Cass. com. 3-12-1996 n° 1919 P : RJDA 3/97 n° 411 ; Cass. com. 15-10-2002 n° 1653 F-D : RJDA 2/03 n° 155).

La poursuite peut être exigée, même si le cocontractant n'a pas mis en demeure l'administrateur ou le liquidateur de se prononcer sur le sort du contrat (Cass. com. 20-6-2000 n° 97-18.204 FS-P : RJDA 1/00 n° 1007).

CONDITIONS DE LA POURSUITE DU CONTRAT EN COURS

62050 **Contrat nécessaire ou non à l'activité du débiteur** Les articles L 622-13 et L 641-11-1 du Code de commerce n'opèrent **pas de distinction** entre les contrats nécessaires à la poursuite de l'activité et les autres (Cass. com. 19-5-2004 n° 01-16.900 F-D : Dr. sociétés 2005 comm. n° 4 note F.-X. Lucas, à propos de l'ex-art. L 621-28 mais transposable au régime actuel). Ainsi, l'administrateur peut réclamer la poursuite d'un contrat qui assure un revenu de substitution au dirigeant de l'entreprise en procédure collective (arrêt précité).

62052 **Fourniture de la prestation contractuelle** La continuation d'un contrat en cours ne peut être exigée qu'en fournissant **au cocontractant** la prestation promise (C. com. art. L 622-13, II-al. 1, L 631-14, al. 1 et L 641-11-1, II, al. 1 ; pour une impossibilité de la fournir, Cass. com. 13-10-1998 n° 1514 D : RJDA 1/99 n° 69).

Si la prestation est le **paiement** d'une somme d'argent, le paiement doit se faire, en cas de redressement ou de liquidation judiciaire, au comptant sauf à obtenir l'acceptation par le cocontractant de délais de paiement (art. L 631-14, al. 4 et L 641-11-1, II, al. 2). Si des délais contractuels de paiement étaient prévus, ils ne survivent pas (Cass. com. 20-9-2017 n° 14-17.225 FS-PBI : RJDA 1/18 n° 45) ; l'administrateur ou le liquidateur doit donc le cas échéant en solliciter de nouveaux. Le paiement au comptant n'est pas exigé en cas de sauvegarde ; les délais contractuels de paiement doivent être respectés.

L'octroi de nouveaux délais de paiement par un cocontractant doit être autorisé par le juge-commissaire dans la limite nécessaire à la poursuite de l'activité pendant la période d'observation et fait l'objet d'une publicité (art. L 622-17, III-al. 6, R 622-14 et R 641-22).

62054 Au vu des documents prévisionnels dont il dispose, l'administrateur ou le liquidateur judiciaire **s'assure,** au moment où il demande l'exécution du contrat, **qu'il disposera des fonds nécessaires** pour assurer le paiement en résultant ; s'il s'agit d'un contrat à exécution ou paiement échelonnés dans le temps, l'administrateur ou le liquidateur y met fin s'il lui apparaît qu'il ne disposera pas des fonds nécessaires pour remplir les obligations du terme suivant (C. com. art. L 622-13, II, al. 2, L 631-14, al. 4 et L 641-11-1, II-al. 2).

À défaut de paiement dans les conditions ci-dessus définies et d'accord du cocontractant pour poursuivre néanmoins les relations contractuelles, le **contrat** est **résilié** de plein droit (C. com. art. L 622-13, III-2°, L 631-14, al. 1 et L 641-11-1, III-al. 2°), sauf s'il s'agit du bail des locaux d'exploitation (nos 62177 s.). **62055**

La résiliation de plein droit ne se produit que si l'administrateur (ou le liquidateur) a exercé l'option expresse ou tacite pour la continuation du contrat (Cass. com. 7-11-2006 n° 05-17.112 FS-PBRI : RJDA 5/07 n° 522), y compris en l'absence de délivrance par le cocontractant d'une mise en demeure préalable d'exercer cette option (Cass. com. 8-3-2017 n° 15-21.397 F-PBI : RJDA 5/17 n° 358).

Le juge-commissaire est compétent pour constater la résiliation et peut être saisi par tout intéressé (art. R 622-13, al. 2 et R 641-21, al. 2 ; Cass. com. 20-9-2017 n° 16-14.065 : RJDA 2/18 n° 147). Après avoir vérifié que l'absence de paiement est justifiée par la constatation que l'administrateur (ou le liquidateur) ne dispose plus des fonds nécessaires pour remplir les obligations nées du contrat, le juge-commissaire fixe la date de la résiliation (Cass. com. 4-7-2018 n° 17-15.038 : RJDA 11/18 n° 851), à la date de la première échéance impayée. À défaut de saisine du juge-commissaire à cette fin, le contrat est toujours en cours (arrêts précités). Il peut donc être cédé (Cass. com. 20-9-2017 n° 16-14.065 précité).

Lorsque la résiliation est ainsi constatée par le juge-commissaire dans le cadre d'une sauvegarde ou d'un redressement judiciaire, le ministère public, l'administrateur, le mandataire judiciaire ou un contrôleur peut saisir le tribunal en vue de mettre fin à la période d'observation (art. L 622-13, III-2°).

EXÉCUTION DU CONTRAT POURSUIVI

Lorsque l'**administrateur,** le débiteur ou le liquidateur poursuit l'exécution d'un contrat en cours, il est tenu d'en **respecter** toutes les **clauses et conditions** (sur le cas particuliers des délais de paiements, n° 62052). **62060**

C'est ainsi que :

– le contrat continué doit être exécuté jusqu'à son terme tel que convenu à l'origine, même si le contrat ne présente plus ensuite d'intérêt pour l'entreprise (Cass. com. 19-10-1970 n° 69-11.398 : Bull. civ. IV n° 271) ; il poursuit ses effets après l'expiration de la période d'observation en cas d'adoption d'un plan de continuation (cf. Cass. com. 14-2-1989 : Bull. civ. Joly 1989.353 ; CA Agen 2-4-1987 : D. 1987.592 note Derrida) ;

– la clause de compensation conventionnelle, qui ne tombe pas dans la période suspecte, doit être appliquée (CA Aix 13-2-1981 : D. 1981.IR.390) ;

– le vendeur de marchandises peut refuser la livraison tant qu'il n'a pas reçu le prix (Cass. com. 5-7-1982 : D. 1983.IR.9 obs. Derrida) ;

– les clauses résolutoires prévues au contrat (autres que celles visant l'ouverture d'une procédure collective ; n° 62032) continuent à jouer (Cass. com. 9-12-1981 n° 80-12.339 : Bull. civ. IV n° 434) et il en est de même de celles prévoyant des indemnités de résiliation (Cass. com. 3-5-1994 n° 1054 : RJDA 10/94 n° 1068) ;

– les clauses attributives de compétence (Cass. com. 20-6-2000 n° 1362 FS-P : RJDA 11/00 n° 1007) et les clauses d'arbitrage (Cass. com. 19-7-1982 n° 80-17.183 : Bull. civ. IV n° 280 ; Cass. 1e civ. 1-4-2015 n° 14-14.552 : RJDA 11/15 n° 794) continuent à produire leurs effets.

En cas de conversion de la procédure de sauvegarde ou de redressement judiciaire en liquidation judiciaire, le liquidateur est tenu envers le bailleur des obligations que l'administrateur a contractées envers lui avant la conversion (CA Versailles 1-10-1992 : RJDA 3/93 n° 257).

Les **créances nées de la continuation du contrat** sont payées à leur échéance ou, à défaut, par privilège (nos 62200 s.).

Sur l'incidence de la procédure collective du locataire sur le **privilège du bailleur** d'immeuble, n° 4581.

4. RÉSILIATION D'UN CONTRAT EN COURS

a. Régime général de la résiliation (hors bail)

LIMITATION DU DROIT DU COCONTRACTANT DE RÉSILIER LE CONTRAT

Le droit du cocontractant d'un débiteur en procédure collective de résilier le contrat qui le lie à ce dernier est limité : il ne peut pas en obtenir la résiliation pour un défaut de paiement antérieur à l'ouverture de la procédure collective (sauf acquisition antérieure de la clause résolutoire), mais il peut invoquer un autre manquement antérieur du débiteur (n° 62408). Par ailleurs, la loi prévoit des cas de résiliation de plein droit (nos 62080 s. et 62055) et ne lui interdit pas d'invoquer des causes de résiliation postérieures au jugement d'ouverture. **62075**

REFUS DE L'ADMINISTRATEUR OU DU LIQUIDATEUR DE POURSUIVRE LE CONTRAT

62080 **Après mise en demeure par le cocontractant** Le contrat en cours est résilié de plein droit après une mise en demeure de prendre parti sur la poursuite du contrat adressée par le cocontractant à l'administrateur (ou au liquidateur) et **restée** plus d'un mois **sans réponse** ; avant l'expiration de ce délai, le juge-commissaire peut impartir à l'administrateur (ou au liquidateur) un délai plus court ou lui accorder une prolongation, qui ne peut excéder deux mois, pour se prononcer (C. com. art. L 622-13, III-1°, L 627-2, L 631-14, al. 1 et L 641-11-1, III-1°). L'administrateur ou le liquidateur doit avoir demandé et obtenu la prolongation du délai avant l'expiration de ce dernier (Cass. com. 4-2-1992 n° 90-16.399 P : RJDA 5/92 n° 504). La prolongation obtenue ultérieurement est sans effet (cf. Cass. com. 3-3-1992 : RJDA 6/92 n° 635) et la résiliation est acquise.

Le prononcé de liquidation judiciaire au cours du délai d'un mois n'entraîne ni l'interruption ni la suspension de ce délai, qui continue à courir sans qu'il soit nécessaire d'adresser au liquidateur une nouvelle mise en demeure (Cass. com. 23-5-1995 n° 92-20.405 P : RJDA 11/95 n° 1279).

La résiliation de plein droit suppose que la mise en demeure réponde aux conditions exposées nos 62088 s.

62082 Lorsque l'administrateur (ou le liquidateur) a été mis en demeure de se prononcer sur la poursuite d'un contrat en cours, son **refus exprès de poursuivre le contrat** entraîne la résiliation de plein droit de celui-ci, à la date de la réception par le cocontractant de ce refus, si celle-ci intervient dans le délai d'un mois (Cass. com. 18-3-2003 n° 00-12.693 FS-P : RJDA 8-9/03 n° 850 ; CE 8-12-2017 n° 390906 : RJDA 4/18 n° 337 ; Cass. com. 20-10-2021 n° 19-24.796 F-B : RJDA 12/21 n° 783 précisant que cette résiliation emporte la caducité du contrat interdépendant de celui résilié).

62084 **Avant la mise en demeure par le cocontractant** L'administrateur (ou le liquidateur) peut renoncer expressément à la poursuite du contrat avant d'avoir reçu la mise en demeure du cocontractant (Cass. com. 12-11-2008 n° 07-21.731 : RJDA 5/09 n° 455). Le contrat est alors résilié dès la renonciation (Cass. com. 18-9-2007 n° 06-13.824 : RJDA 1/08 n° 58, en déduisant que les loyers venant à échéance après la renonciation ne sont pas dus par la procédure collective, sauf faute du mandataire).

62086 **En l'absence de mise en demeure** En l'absence de mise en demeure par le cocontractant, la renonciation de l'administrateur (ou du liquidateur) à la poursuite du contrat qu'il avait préalablement décidé de poursuivre n'entraîne pas la résiliation de plein droit du contrat à son initiative mais confère au seul cocontractant le droit de faire prononcer la résiliation en justice (Cass. com. 5-7-2005 n° 04-13.834 F-PB : RJDA 5/06 n° 563 ; Cass. com. 1-3-2016 n° 14-19.875 F-PB : Bull. civ. IV n° 846).

62088 **Modalités de la mise en demeure** En dehors des procédures de sauvegarde et de redressement judiciaire sans désignation d'un administrateur, la loi ne prescrit aucune **forme** pour la mise en demeure adressée par le cocontractant afin d'être informé du sort du contrat. Le cocontractant ayant intérêt à se prémunir de la preuve que le délai de réponse est expiré, il lui est recommandé de procéder à la mise en demeure par lettre recommandée AR ou d'utiliser le portail électronique dédié (nos 62360 s.).

La lettre doit être adressée à la personne qui est habilitée à se prononcer sur le sort du contrat. À défaut, elle ne fait pas courir le délai à l'issue duquel le contrat est résilié de plein droit (CA Versailles 28-9-2000 n° 98-2113 : RJDA 1/01 n° 46 rendu dans un cas où la mise en demeure avait été adressée non à l'administrateur mais au juge-commissaire, qui n'avait aucune compétence pour y répondre).

La mise en demeure doit demander de manière **explicite** au destinataire de se prononcer sur le sort du contrat ; à défaut, la résiliation de plein droit du contrat ne peut intervenir. Il ne suffit donc pas d'adresser un commandement de payer (Cass. com. 17-2-2015 n° 13-17.076 FS-PB : RJDA 6/15 n° 450) ou de demander la restitution du bien objet du contrat (Cass. com. 16-3-2010 n° 09-12.572 F-D : Rev. proc. coll. 2010 n° 4 comm. n° 159 note P. Roussel-Galle).

62090 Lorsque la procédure de **sauvegarde ou** de **redressement judiciaire** a été ouverte **sans désignation d'un administrateur,** le cocontractant adresse, par lettre recommandée AR, au débiteur la mise en demeure de se prononcer sur le contrat en cours ; il en informe simultanément le mandataire judiciaire en lui adressant copie de cette mise en demeure par lettre recommandée AR (C. com. art. R 627-1, al. 1). Le mandataire judiciaire doit, sans délai, faire part de son avis au débiteur et au cocontractant ; à défaut de réponse du mandataire dans le délai de quinze jours à compter de la réception par le débiteur de la mise en demeure, ce dernier peut saisir le juge-commissaire (art. R 627-1, al. 2 et 3) ; cette saisine suspend le délai d'un mois au terme duquel le contrat est résilié de plein droit s'il n'a pas été donné de réponse à la mise en demeure (art. précité, al. 4).

En cas de désaccord entre le débiteur et le mandataire judiciaire, le juge-commissaire est saisi par tout intéressé (C. com. art. L 627-2), et donc y compris par le cocontractant.

DÉFAUT DE PAIEMENT DES PRESTATIONS FOURNIES AU TITRE DU CONTRAT CONTINUÉ

Le contrat poursuivi est résilié à défaut de paiement aux échéances conventionnelles (en cas de sauvegarde) ou au comptant (en cas de redressement ou de liquidation judiciaire) dans les conditions exposées n° 62055. **62100**

RÉSILIATION NÉCESSAIRE À LA SAUVEGARDE OU À LA LIQUIDATION DE L'ENTREPRISE

En cas de **sauvegarde ou** de **redressement** judiciaire, l'administrateur peut demander au juge-commissaire de prononcer la résiliation d'un contrat en cours si elle est nécessaire à la sauvegarde du débiteur et ne porte pas une atteinte excessive aux intérêts du cocontractant (C. com. art. L 622-13, IV et L 631-14, al. 1 ; sur un rejet de la demande pour atteinte excessive, CA Paris 22-9-2011 n° 10/11758 : RJDA 3/12 n° 309). Le débiteur et le cocontractant sont convoqués à l'audience (art. R 622-13, al. 3). **62105**

En l'absence de désignation d'un administrateur, le débiteur exerce cette faculté, en adressant ou déposant au greffe une requête à laquelle il joint l'avis conforme du mandataire judiciaire (art. R 627-1, dern. al. et, sur renvoi, art. R 622-13, al. 3). Le cocontractant est convoqué à l'audience (art. précités).

En cas de **liquidation judiciaire,** une faculté similaire est ouverte au liquidateur judiciaire (ou à l'administrateur s'il en a été désigné un) : si elle est nécessaire aux opérations de liquidation et ne porte pas une atteinte excessive aux intérêts du cocontractant, le liquidateur peut demander la résiliation du contrat au juge-commissaire, mais seulement lorsque la prestation du débiteur au titre du contrat concerné ne porte pas sur le paiement d'une somme d'argent (art. L 641-11-1, IV et R 641-21, al. 3). **62107**

Sur les conditions de validité de la résiliation d'un bail d'habitation par le liquidateur judiciaire du bailleur, Cass. com. 7-10-2020 n° 19-10.685, 19-14.388 FS-PB : RJDA 1/21 n° 41.

RÉSILIATION DU CONTRAT NON CÉDÉ DANS LE CADRE DU PLAN DE CESSION

Le fait qu'un contrat n'ait pas été transmis au cessionnaire dans le cadre du plan de cession de l'entreprise autorise le cocontractant à en demander la résiliation (n° 63782). **62120**

RÉSILIATION SPÉCIFIQUE À LA LIQUIDATION JUDICIAIRE

En cas de liquidation judiciaire, un contrat en cours est résilié de plein droit, lorsque la **prestation du débiteur** porte sur le **paiement d'une somme** d'argent, au jour où le cocontractant est informé de la décision du liquidateur de ne pas poursuivre le contrat (C. com. art. L 641-11-1, III-3°). Il n'en est ainsi que si le liquidateur a expressément manifesté sa volonté de ne pas poursuivre le contrat (Cass. com. 17-2-2015 n° 13-17.076 FS-PB : RJDA 6/15 n° 450). Cette volonté ne peut pas être déduite de son refus, après sommation, de payer les loyers échus d'un crédit-bail (Cass. com. 17-2-2015 précité). **62125**

INTERVENTION DU JUGE-COMMISSAIRE POUR CONSTATER LA RÉSILIATION

Le juge-commissaire constate, sur la demande de tout intéressé, la résiliation de plein droit des contrats dans les cas prévus aux articles L 622-13, III et L 622-14 du Code de commerce (ou aux art. L 641-11-1, III et L 641-12 pour la liquidation judiciaire), ainsi que la date de cette résiliation (C. com. art. R 622-13, al. 2, R 631-20 et R 641-21, al. 2). **62130**

Si l'ordonnance du juge-commissaire constatant ou prononçant la résiliation d'un contrat en cours est dépourvue de l'autorité de la chose jugée à l'égard des tiers, elle leur est cependant opposable en ce qu'elle constate ou prononce cette résiliation (Cass. com. 11-9-2019 n° 18-11.401 FS-PB : RJDA 11/19 n° 700). Cette résiliation peut ainsi entraîner la caducité par voie de conséquence d'un contrat interdépendant de celui résilié (arrêt précité), dans la mesure où les conditions fixées par l'article 1186 du Code civil (nᵒˢ 10103 s.) sont remplies.

Obligation de saisir le juge-commissaire La question de savoir si l'intervention du juge-commissaire est nécessaire dans tous les cas ou si un autre juge (celui des référés) peut constater la résiliation n'a été que partiellement réglée par les tribunaux. **62132**

L'intervention du juge-commissaire est requise pour constater la **résiliation pour défaut de paiement** d'un **contrat poursuivi** telle que prévue par les articles L 622-13, III-2° et L 641-11-1, III-2° du Code de commerce car il doit s'assurer que le défaut de paiement résulte d'une absence de fonds disponibles (n° 62055).

Lorsque la **résiliation** de plein droit intervient, **après mise en demeure** de l'administrateur ou du liquidateur (nᵒˢ 62080 s.), il n'y a pas lieu de faire nécessairement constater cette résiliation par **62134** le juge-commissaire (Cass. com. 18-3-2003 n° 00-12.693 FS-P : RJDA 8-9/03 n° 850 ; aussi, à propos d'un contrat administratif, CE 8-12-2017 n° 390906 : RJDA 4/18 n° 337).

Sur la caducité du contrat interdépendant de celui ainsi résilié, voir Cass. com. 20-10-2021 n° 19-24.796 F-B : RJDA 12/21 n° 783.

À notre avis, l'intervention du juge-commissaire n'est requise que si la résiliation est contestée sur le fondement des règles propres à la résiliation des contrats en cours : par exemple, contestation de la nature du contrat (et donc du texte applicable), de son caractère en cours, de la mise en demeure, ou encore de l'acquisition du délai.

Certes, la Cour de cassation a jugé que seul le juge-commissaire est compétent pour connaître du litige portant sur un cas de résiliation de plein droit prévu par le droit des procédures collectives (Cass. com. 18-6-2013 n° 12-14.836 FS-PB : Bull. civ. IV n° 102 à propos de la résiliation sur mise en demeure de l'article L 641-11-1, III-1°). Mais en l'espèce, un litige existait sur la nature du contrat (bail ou autre contrat) et donc sur le texte applicable (art. L 641-11-1 ou L 641-12) ainsi que sur l'éventuelle compétence du juge administratif.

Dans une autre affaire où la question de la compétence du juge-commissaire ne se posait pas, jugé que le juge des référés de droit commun, et non celui du tribunal ayant ouvert la procédure, était compétent pour connaître de la contestation de la résiliation unilatérale par le cocontractant d'un contrat régulièrement poursuivi après l'ouverture de la procédure collective du débiteur dès lors que n'étaient pas en cause les règles propres à la résiliation des contrats en cours continués, l'administrateur soutenant en l'espèce, sur le fondement du droit commun, que cette résiliation était constitutive d'un dommage imminent pour l'entreprise en redressement judiciaire (Cass. com. 5-9-2018 n° 17-10.975 F-PBI : RJDA 11/18 n° 852).

Le raisonnement paraît applicable à la résiliation de plein droit résultant de l'information du cocontractant de la **renonciation de l'administrateur ou du liquidateur** de poursuivre le contrat (n° 62125), y compris s'il s'agit d'un bail (n° 62177). Jugé qu'en l'absence de toute contestation sur la réception et la portée de la lettre de l'administrateur résiliant le bail en application de l'article L 622-14, 1° du Code de commerce, il entrait dans les pouvoirs du juge des référés, saisi après la clôture du redressement judiciaire qui avait mis fin aux fonctions du juge-commissaire, de constater la résiliation du bail à la date de la réception par le bailleur de la lettre précitée (Cass. com. 20-9-2017 n° 16-15.363 FS-D : RJDA 2/18 n° 148). Le juge-commissaire demeuré en fonctions peut-il néanmoins être saisi ? Ce point n'a pas été tranché par la Cour de cassation.

62136 Restent les hypothèses où le **cocontractant** peut **demander la résiliation judiciaire** du contrat (n°s 62086 et 62182 s.).

Une telle demande n'entre pas dans les attributions du juge-commissaire (Cass. com. 19-5-2004 n° 01-13.542 FS-PBI : RJDA 11/04 n° 1239 à propos du cas où l'administrateur a renoncé à la poursuite sans avoir été mis en demeure par le cocontractant).

Lorsque le cocontractant opte pour la résiliation judiciaire du contrat, sa demande relève de la compétence du juge de droit commun.

Le juge des référés de droit commun est compétent pour connaître d'une action aux fins d'acquisition de la clause résolutoire insérée dans un contrat de crédit-bail immobilier dont l'exécution a été poursuivie après la mise en redressement judiciaire du crédit-preneur (Cass. com. 1-9-2013 n° 12-21.659 F-PB : RJDA 12/13 n° 1032 écartant la compétence en référé du tribunal ayant ouvert la procédure collective).

62140 **Recours contre les décisions du juge-commissaire** Les ordonnances du juge-commissaire prononçant ou constatant la résiliation d'un contrat en cours peuvent faire l'objet d'un recours devant le tribunal de la procédure collective dans un délai de dix jours de la communication ou de la notification de l'ordonnance (C. com. art. R 621-21, R 631-16 et R 641-11). Le jugement rendu sur recours est susceptible d'appel (Cass. com. 7-2-2012 n° 10-26.164 F-PBI : RJDA 4/12 n° 425).

62145 **Répartition de compétence en présence d'un contrat administratif** Le Tribunal des conflits a fixé la répartition de compétence entre le juge administratif et le juge judiciaire (juge-commissaire) en cas de contestation de la résiliation portant sur un contrat administratif dont l'une des parties fait l'objet d'une procédure collective (T. confl. 24-4-2017 n° 4078 : RJDA 12/17 n° 821).

Lorsque le titulaire d'un contrat administratif conteste la validité de la décision de son cocontractant de résilier ce contrat et demande que cette décision soit annulée, c'est-à-dire que soit ordonnée la reprise des relations contractuelles, ou qu'une indemnité lui soit versée en réparation du préjudice subi, la **juridiction administrative** est seule compétente pour connaître du litige. Toutefois, lorsque la contestation porte sur la question de savoir si les conditions de la résiliation du plein droit en application du droit des procédures collectives sont remplies, le juge administratif doit, en cas de difficulté sérieuse sur ce point, saisir à titre préjudiciel le juge judiciaire avant de statuer sur la demande d'annulation ou d'indemnisation dont il a été saisi. L'administrateur ou du liquidateur qui se borne à demander qu'il soit déclaré que ces conditions ne sont pas réunies doit saisir le **juge judiciaire** de la demande.

INDEMNISATION DU COCONTRACTANT

Si l'administrateur (ou le liquidateur) n'use pas de la faculté de poursuivre le contrat ou y met fin faute de disposer des fonds nécessaires pour sa poursuite ou encore si la résiliation est prononcée dans les cas exposés nos 62105 s. (nécessaire à la sauvegarde ou à la liquidation judiciaire), l'inexécution peut donner lieu à des **dommages et intérêts** au profit du cocontractant, dont le montant doit être déclaré au passif (C. com. art. L 622-13, V, L 631-14, al. 1 et L 641-11-1, V). **62150**

Le cocontractant peut néanmoins différer la restitution des sommes versées en excédent par le débiteur en exécution du contrat jusqu'à ce qu'il ait été statué sur les dommages et intérêts (art. précités).

Le cocontractant peut ainsi compenser les acomptes perçus et la créance de dommages et intérêts ; la déclaration est alors limitée au montant résiduel.

Le cocontractant a droit à l'**indemnité** de résiliation **prévue par le contrat.** En effet, les dispositions de l'article L 622-13, I et V du Code de commerce ne s'opposent pas à ce que soit stipulée une clause déterminant le montant de l'indemnité destinée à réparer le préjudice causé au cocontractant en cas de résiliation du contrat (Cass. com. 15-5-2019 n° 18-14.352 F-D : RJDA 7/19 n° 519). Une telle clause n'est pas réputée non écrite et ne contrevient pas au principe d'égalité des créanciers (Cass. com. 8-3-2017 n° 15-18.641 F-D : RJDA 5/17 n° 353) sauf dans les cas exposés n° 62355. **62152**

Mais encore faut-il que les **conditions de versement** de l'indemnité conventionnelle soient **réunies** (CA Paris 21-10-2014 n° 13/14170 : RJDA 3/15 n° 204 ; CA Paris 27-1-2015 n° 13/24781 : RJDA 8-9/15 n° 590). Si tel n'est pas le cas, la fixation conventionnelle du préjudice n'est pas opposable à la procédure collective et le cocontractant doit justifier du montant du préjudice subi (CA Paris 21-10-2014 précité).

La **clause** d'un contrat-de crédit-bail prévoyant une indemnité au profit de la société de crédit-bail « en cas de résiliation » est de portée **générale** et ne se limite pas aux seules hypothèses de résiliation contractuelle énoncées préalablement dans le contrat ; elle est donc applicable lorsque le contrat est résilié de plein droit après mise en demeure d'opter délivrée à l'administrateur judiciaire et restée sans réponse (CA Paris 27-1-2015 précité). De même, est applicable la clause d'un crédit-bail prévoyant que la résiliation du contrat pouvait intervenir par l'effet des dispositions légales ou réglementaires applicables aux entreprises en difficulté et qu'elle entraînait le paiement d'une indemnité (Cass. com. 5-7-2023 n° 22-12.192 F-D : RJDA 2/24 n° 115).

En revanche, lorsque la clause d'un contrat stipule que l'indemnité de **résiliation** n'est due qu'en cas de résiliation de plein droit du contrat survenue dans l'un des **cas limitativement prévus** par cette clause et sur décision du bailleur, elle est inapplicable à l'hypothèse de résiliation de plein droit, prévue par la loi, résultant de la décision de non-continuation d'un contrat en cours prise par l'administrateur judiciaire (Cass. com. 15-5-2019 précité). Le loueur d'un matériel n'a pas droit à l'indemnité conventionnelle de résiliation s'il n'a pas, comme le contrat l'exigeait, mis en demeure le locataire de restituer le matériel dans les huit jours ni donné suite au courrier de l'administrateur l'invitant à récupérer le matériel (CA Paris 21-10-2014 précité).

Lorsque l'indemnité conventionnelle de résiliation constitue une **clause pénale,** elle peut toutefois être réduite par le juge (Cass. com. 8-3-2017 n° 15-18.641 F-D : RJDA 5/17 n° 353 ; CA Paris 27-1-2015 précité).

Déclaration de sa créance par le cocontractant Le cocontractant doit déclarer sa créance résultant de la résiliation du contrat (C. com. art. L 622-13, V, L 631-14, al. 1 et L 641-11-1, V), y compris lorsque celui-ci a été régulièrement poursuivi dans un premier temps (cf. art. L 622-17, III-al. 6, excluant du paiement préférentiel les indemnités et pénalités résultant de la résiliation d'un contrat régulièrement poursuivi). **62155**

En imposant au cocontractant de déclarer sa créance, la loi lui interdit d'en poursuivre le paiement ou de demander une provision en référé (Cass. com. 24-1-2018 n° 16-14.705 F-D : RJDA 4/18 n° 335).

Sur une éventuelle compensation de cette créance, nos 61880 s.

La déclaration doit intervenir dans un **délai** d'un mois qui court, selon le cas, de la date de la résiliation de plein droit ou de la notification de la décision prononçant la résiliation (art. R 622-21, al. 2, R 631-27 et R 641-25). À défaut de déclaration dans ce délai, le cocontractant n'est pas admis pour cette créance dans les répartitions et dividendes décidés dans le cadre de la procédure collective, à moins qu'il ne soit relevé de sa forclusion (art. L 622-26, al. 1). Le cocontractant ne peut pas bénéficier de la prorogation de délai de deux mois prévue par l'article R 622-24 qui ne concerne que la déclaration des créances nées avant le jugement d'ouverture de la procédure collective (Cass. com. 18-1-2023 n° 21-15.514 F-B : RJDA 4/23 n° 210).

Le délai court, en cas de refus exprès de l'administrateur de poursuivre le contrat après mise en demeure, à compter de la réponse de l'administrateur (Cass. com. 18-3-2003 n° 518 : RJDA 8-9/03 n° 850).

N'est pas forclos le cocontractant qui a déclaré :
– une créance d'indemnité de résiliation du contrat, fût-elle éventuelle, avant que le délai d'un mois applicable à la déclaration d'une telle indemnité n'ait commencé à courir (Cass. com. 5-11-2013 n° 12-20.263 : RJDA 2/14 n° 141) ; il n'est pas tenu de procéder à une nouvelle déclaration dans ce délai ;
– sa créance résultant de la résiliation du bail par le liquidateur judiciaire après l'expiration du délai d'un mois prévu par l'article R 622-21 du Code de commerce mais moins de deux mois après la publication du jugement d'ouverture de la procédure collective (Cass. com. 26-3-2013 n° 11-21.060 F-PB : RJDA 8-9/13 n° 737).

b. Régime spécifique de la résiliation du bail des locaux d'exploitation

BAIL DES LOCAUX D'EXPLOITATION

62170 La loi prévoit des règles particulières pour la résiliation du bail des « **immeubles** donnés à bail au débiteur et **utilisés pour l'activité de l'entreprise** » (C. com. art. L 622-14, L 631-14, al. 1 et L 641-12). Il résulte de cette formulation que le dispositif s'applique lorsque la procédure collective est ouverte à l'encontre du locataire et non dans le cadre de celle frappant le bailleur.

Les articles L 622-14 et L 641-12 du Code de commerce ne distinguent pas selon la **nature du bail** ; sont visés le bail commercial (en pratique, c'est le cas le plus courant), le bail professionnel ou le bail rural.

Ne sont pas soumis à ces règles particulières de résiliation mais à celles du régime général le contrat de crédit-bail immobilier (Cass. com. 10-12-1991 n° 90-16.805 : Bull. civ. IV n° 383 ; Cass. com. 11-3-1997 n° 94-15.678 D : RJDA 7/97 n° 953) et le contrat de location-accession à la propriété immobilière (Cass. com. 3-4-2001 n° 98-14.911 FS-D).

Sur l'exercice par le bailleur de son privilège, n° 4581.

RÉSILIATION À L'INITIATIVE DE L'ADMINISTRATEUR OU DU LIQUIDATEUR JUDICIAIRE

62175 Quelle que soit la procédure collective, la résiliation du bail des immeubles utilisés pour l'activité de l'entreprise n'intervient pas, à l'initiative de l'administrateur ou du liquidateur judiciaire, dans les mêmes conditions que pour les autres contrats. En effet, les articles L 622-14 et L 641-12 du Code de commerce, relatif à ces baux, ne renvoient pas aux cas de résiliation de plein droit ou judiciaire prévus par les articles L 622-13, III et IV et L 641-11-1, III et IV de ce Code pour les autres contrats.

Ainsi, l'envoi par le bailleur de l'immeuble à l'administrateur (ou au liquidateur) d'une mise en demeure de prendre parti sur la poursuite du bail est sans effet et le bail n'est pas de plein droit résilié par l'absence de réponse à cette mise en demeure (Cass. com. 2-3-2010 n° 09-10.410 FS-PBRI : RJDA 6/10 n° 647).

62177 La résiliation du bail des immeubles utilisés pour l'activité de l'entreprise intervient au jour où le **bailleur** est **informé de la décision** de l'administrateur ou du liquidateur **de ne pas continuer le bail** (C. com. art. L 622-14, 1° et L 641-12, 1°). En cas de sauvegarde ou de redressement judiciaire sans désignation d'un administrateur, c'est le débiteur qui décide de ne pas continuer le contrat avec l'avis conforme du mandataire judiciaire ; en cas de désaccord, le juge-commissaire est saisi par tout intéressé (art. L 627-2).

L'administrateur peut résilier le bail d'un immeuble utilisé par le débiteur pour l'activité de son entreprise, même s'il dispose des fonds suffisants pour s'acquitter des loyers suivants (Cass. com. 24-1-2018 n° 16-13.333 P : RJDA 4/18 n° 386).

En présence de plusieurs copreneurs et sauf clause contraire du bail, le fait que le liquidateur judiciaire de l'un des preneurs ait manifesté la volonté de résilier le bail ne suffit pas à mettre fin au contrat à l'égard des autres preneurs (Cass. 3e civ. 27-9-2005 n° 04-16.040 : RJDA 12/05 n° 1326 ; Cass. 3e civ. 18-2-2015 n° 14-10.510 FS-PB : RJDA 7/15 n° 486 ; Cass. 3e civ. 12-1-2017 n° 15-23.686 F-D), même si ces derniers n'exploitent pas le fonds (Cass. 3e civ. 15-12-2016 n° 15-25.240 F-D : RJDA 3/17 n° 159).

La résiliation est, par application de la loi, effective dès le jour où le bailleur en est informé ; le fait que l'administrateur (ou le débiteur ou le liquidateur) lui ait indiqué que la résiliation n'interviendrait qu'à une date ultérieure n'a pas eu pour effet de la rendre irrégulière ni d'en différer la date (Cass. com. 24-1-2018 n° 16-13.333 P : RJDA 4/18 n° 386). Sur la question de savoir si cette résiliation doit néanmoins être constatée par le juge-commissaire, n° 62134.

62180 Lorsque le bail est résilié dans les conditions ci-dessus, l'inexécution peut donner lieu à des **dommages et intérêts** au profit du cocontractant, dont le montant doit être déclaré au passif ;

le cocontractant peut néanmoins différer la restitution des sommes versées en excédent par le débiteur en exécution du contrat (tel le dépôt de garantie) jusqu'à ce qu'il ait été statué sur les dommages et intérêts (C. com. art. L 622-14, 1° et L 641-12, 1°). Ces dispositions sont identiques à celles applicables à la résiliation des autres contrats et appellent les mêmes observations (nos 62150 s.).

RÉSILIATION À L'INITIATIVE DU BAILLEUR

Pour des causes antérieures à l'ouverture de la procédure Soumis comme les autres créanciers à la règle de la suspension des poursuites dès l'ouverture de la procédure collective du locataire, le bailleur ne peut pas demander la résiliation du bail pour **non-paiement des loyers** et charges antérieurs à l'ouverture de cette procédure (nos 62408 s.), à moins que ces derniers ne se rapportent pour partie à une occupation des locaux postérieure au jugement d'ouverture (n° 62185). Sous cette même réserve, les effets de la clause résolutoire de plein droit pour défaut de paiement de ces loyers et charges sont neutralisés dans les conditions exposées nos 62020 et 62410. Le bailleur doit déclarer sa créance au passif (C. com. art. L 622-13, I-al. 2, L 622-14, al. 1, L 641-11-1, I-al. 2 et L 641-12, al. 1 ; Cass. com. 3-11-1992 n° 1627 P : RJDA 1/93 n° 61). 62182

En revanche, il n'est pas interdit au bailleur de demander la résiliation du bail pour un manquement du locataire autre qu'un défaut de paiement, telle la violation d'une obligation d'exécuter une prestation en nature (**obligation de faire**), survenu avant l'ouverture de la procédure collective (Cass. com. 12-5-1992 n° 823 P : RJDA 6/92 n° 636 ; Cass. com. 28-5-1996 n° 1020 P : RJDA 11/96 n° 1394 ; Cass. com. 28-5-2002 n° 98-14.259 FS-P : RJDA 12/02 n° 1304 ; Cass. com. 11-10-2016 n° 15-16.099 F-D : Rev. proc. coll. 2017 comm. n° 101 note F. Macorig-Venier). 62184

La loi ne fixe alors au bailleur aucun délai pour agir en cas de sauvegarde ou de redressement judiciaire. Mais il doit agir rapidement afin, le cas échéant, d'éviter la cession du bail à un tiers.

En cas de liquidation judiciaire, l'article L 641-12, 2° du Code de commerce précise que :

– le bailleur peut demander la résiliation judiciaire ou faire constater la résiliation de plein droit du bail ;

– il peut invoquer les manquements antérieurs au jugement de liquidation judiciaire ou au jugement d'ouverture de la sauvegarde ou du redressement judiciaire qui l'a précédée ;

– si le bailleur n'a pas déjà introduit sa demande (au cours de la sauvegarde ou du redressement qui a précédé la liquidation), il doit le faire dans les trois mois de la publication du jugement de liquidation judiciaire ; il s'agit là d'un délai de forclusion.

Pour la résiliation de plein droit du bail, il y a lieu de faire à notre avis application des solutions dégagées à propos de celle prévue en cas de défaut de paiement postérieur à l'ouverture de la procédure collective : un commandement préalable n'est pas requis, sauf si le bailleur se prévaut de la clause de résiliation (n° 62185).

Pour défaut de paiement postérieur à l'ouverture de la procédure Tant en cas de sauvegarde que de redressement ou de liquidation judiciaire du locataire, le bailleur peut demander la résiliation ou faire constater la **résiliation de plein droit du bail** pour défaut de paiement des loyers et charges afférents à une occupation postérieure au jugement d'ouverture de la procédure collective mais seulement à l'issue d'un délai de trois mois qui court à compter de ce jugement (C. com. art. L 622-14, 2°, L 631-14, al. 1 et L 641-12, 3° ; Cass. com. 9-10-2019 n° 18-17.563 FS-PBI : RJDA 1/20 n° 27 ; Cass. com. 15-1-2020 n° 17-20.127 F-D : RJDA 4/20 n° 212) ou, lorsque le locataire en sauvegarde ou en redressement a ensuite été mis en liquidation judiciaire, à compter du jugement d'ouverture de la sauvegarde ou du redressement judiciaire (Cass. com. 19-2-2013 n° 12-13.662 FS-PB : RJDA 6/13 n° 542 ; Cass. com. 15-11-2017 n° 16-13.219 F-PB : RJDA 3/18 n° 264). Ce **délai d'attente** court à partir du prononcé du jugement et non de la date de sa publication. L'administrateur (ou, s'il n'en a pas été désigné, le débiteur) ou le liquidateur bénéficie ainsi d'un délai de paiement pour les premiers loyers dus après l'ouverture de la procédure, sans que le bailleur puisse s'y opposer et sans intervention du juge. Mais si les sommes dues sont payées avant l'expiration de ce délai, il n'y a pas lieu à résiliation (art. précités). 62185

Le bailleur ne peut **saisir le juge-commissaire** que par voie de requête (C. com. art. R 621-21, al. 1 ; Cass. com. 18-1-2023 n° 21-15.576 FS-B : RJDA 4/23 n° 211) et le respect du délai précité s'apprécie à la date de cette dernière (même arrêt).

Lorsque la **liquidation judiciaire** est **ouverte sur résolution du plan** de redressement, ce délai court à compter du jugement prononçant la résolution et ouvrant la nouvelle procédure (même arrêt).

Le bailleur peut saisir le juge-commissaire d'une demande de constatation de la résiliation de plein droit du bail en application de ces textes, même s'il n'a pas préalablement adressé un **commandement de payer** car cette procédure est distincte de celle qui tend, en application de l'article L 145-41 du Code de commerce, à faire constater l'acquisition de la clause résolutoire stipulée au bail (Cass. com. 9-10-2019 et Cass. com. 15-1-2020 précités ; Cass. 3e civ. 24-11-2021 n° 20-20.973 F-D : RJDA 2/22 n° 98). Mais si le bailleur invoque le bénéfice d'une telle clause, un commandement de payer demeure requis (cf. arrêts précités ; CA Aix 21-2-2013 n° 12/07700 : JCP E 2013.1549 note Kendérian) ; il peut le délivrer dès le premier impayé après le jugement d'ouverture (Cass. 3e civ. 9-10-1996 n° 94-21.222 D : AJPI 1997 p. 935 note Gallet ; Cass. com. 2-2-1999 n° 95-21.625 D : AJDP 2000 p. 232 note Gallet).

Lorsque le juge-commissaire est appelé à constater la résiliation de plein droit du bail pour non-paiement des loyers dus après l'ouverture de la procédure collective du locataire, il ne peut pas accorder à ce dernier des **délais de paiement** (Cass. com. 18-5-2022 n° 20-22.164 FS-B : RJDA 8-9/22 n° 494).

En revanche, dans l'hypothèse où le bailleur a mis en œuvre la **clause résolutoire,** le débiteur, l'administrateur ou le liquidateur, selon le cas, peut toujours, en application de l'article L 145-41 du Code de commerce, demander des délais de paiement ainsi que la suspension des effets de la clause résolutoire tant que la résiliation du bail n'est pas constatée par une décision passée en force de chose jugée (Cass. com. 6-12-2011 n° 10-25.689 F-PB : RJDA 3/12 n° 319). Le fait que l'acquisition de la clause ait été ainsi suspendue n'interdit pas au bailleur de demander au juge-commissaire de constater la résiliation de plein droit prévue par les articles L 622-14, 2° et L 641-12, 3° (cf. Cass. 3e civ. 24-11-2021 précité).

Le bailleur peut aussi demander la **résiliation judiciaire** du bail, mais les juges du fond apprécient souverainement si le défaut de paiement est d'une gravité suffisante pour la prononcer (Cass. com. 16-3-1999 n° 96-17.195 D : PA 2000 n° 24 p. 20 note Gallet, refusant de la prononcer).

La **renonciation** du bailleur à sa déclaration de créance l'empêche de poursuivre sa demande en résiliation du bail (Cass. com. 5-10-2022 n° 21-11.759 F-D : RJDA 3/23 n° 154).

62187 **Pour défaut d'exploitation après l'ouverture de la procédure** En cas de **sauvegarde** ou de **redressement** judiciaire, le défaut d'exploitation pendant la période d'observation dans un immeuble loué par l'entreprise n'entraîne pas résiliation du bail nonobstant toute clause contraire (C. com. art. L 622-14, al. 5 et L 631-14, al. 1).

Ce texte ne vise que l'inexploitation pendant la période d'observation, de sorte qu'il ne s'applique pas, à notre avis, au défaut d'exploitation perdurant après l'adoption d'un plan de sauvegarde ou de redressement. La même interprétation restrictive prévaut en matière de refus de renouvellement du bail (Cass. 3e civ. 12-7-2000 n° 1203 FS-PB : RJDA 11/00 n° 960).

L'application de cette disposition à la **liquidation judiciaire** n'est pas clairement tranchée. Certes l'article L 641-12, 3° du Code de commerce relatif à cette procédure renvoie vers l'alinéa 5 de l'article L 622-14, mais ce renvoi ne concerne que la résiliation pour défaut de paiement des loyers et charges postérieurs au jugement de liquidation judiciaire et non la résiliation pour d'autres causes. En outre, il n'existe pas de période d'observation en cas de liquidation judiciaire, même si un maintien temporaire de l'activité de l'entreprise est possible sous certaines conditions (art. L 641-10, al. 1). La conversion d'une sauvegarde ou d'un redressement en liquidation judiciaire met d'ailleurs un terme à la période d'observation (art. L 622-11 et L 631-15). L'ambiguïté de ce renvoi peut donc conduire à penser que l'article L 622-14, al. 5 n'est pas applicable à la liquidation judiciaire (en ce sens, P.-M. Le Corre, Droit et pratique des procédures collectives éd. 2023-2024 Dalloz action § 433-221, prônant une interprétation stricte du dispositif qui porte atteinte aux droits du bailleur). Toutefois, une telle interprétation prive totalement de sens ce renvoi et peut remettre en cause la viabilité du plan de cession de l'entreprise ou de la cession isolée du fonds de commerce qui ont été décidés dans le cadre de la liquidation judiciaire.

À notre connaissance, la chambre commerciale de la Cour de cassation n'a pas encore eu à trancher ce point. En matière de refus de renouvellement du bail, la troisième chambre civile a estimé que le défaut d'exploitation du fonds après l'ouverture d'une liquidation judiciaire peut être légitime dans certains cas (Cass. 3e civ. 10-12-2008 n° 07-15.241 FS-PB : RJDA 2/09 n° 75).

62190 **Pour une autre cause postérieure à l'ouverture de la procédure** Sous réserve de l'exception exposée ci-dessus, rien n'interdit au bailleur d'invoquer les manquements du locataire (autres qu'un défaut de paiement) postérieurs au jugement ouvrant la procédure collective pour demander la résiliation judiciaire du bail ou pour se prévaloir de la clause de résiliation de plein droit insérée dans le bail.

Son action n'est soumise ni au délai d'attente de l'article L 622-14, 2° du Code de commerce (qui vise la résiliation pour défaut de paiement postérieur à l'ouverture de la procédure) ni au délai de forclusion prévu par l'article L 641-12, 2° (qui concerne la résiliation pour des manquements non financiers antérieurs à l'ouverture de la liquidation judiciaire).

F. Créances payées à l'échéance ou par privilège

1. CRÉANCES PAYABLES À L'ÉCHÉANCE

CRITÈRES LÉGAUX

En cas de sauvegarde ou de redressement judiciaire, ne sont pas soumises à l'obligation de déclaration (cf. C. com. art. L 622-24, al. 6 ; Cass. com. 22-11-2023 n° 22-13.299 F-D : BRDA 1/24 inf. 14) et bénéficient d'un paiement à l'échéance ou par privilège les **créances nées régulièrement après le jugement d'ouverture pour les besoins** du déroulement **de la procédure** ou de la période d'observation, ou en contrepartie d'une prestation fournie au débiteur pendant cette période (art. L 622-17, I et L 631-14, al. 1). **62200**

En cas de liquidation judiciaire, sont éligibles à ce traitement préférentiel les créances nées régulièrement après le jugement qui ouvre ou prononce la liquidation judiciaire (art. L 641-13, I-al. 1 à 5) :

– si elles sont nées pour les besoins du déroulement de la procédure ou du maintien provisoire de l'activité autorisé par le tribunal ;

– si elles sont nées en **contrepartie d'une prestation fournie au débiteur** pendant le maintien de l'activité ou en exécution d'un contrat en cours régulièrement décidée après le jugement d'ouverture de la sauvegarde ou du redressement judiciaire, s'il y a lieu, et après le jugement d'ouverture de la procédure de liquidation judiciaire ;

– si elles sont nées des besoins de la vie courante du débiteur, personne physique ;

– si elles sont nées pour assurer la mise en sécurité des installations classées pour la protection de l'environnement (ICPE) en application des articles L 512-6-1, L 512-7-6 ou L 512-12-1 du Code de l'environnement (applicable aux liquidations judiciaires ouvertes ou prononcées après le 23-10-2023).

Lorsque la liquidation judiciaire est prononcée à la suite d'une sauvegarde ou d'un redressement judiciaire, le traitement préférentiel profite aussi aux créances qui en bénéficiaient dans le cadre de la précédente procédure (art. L 641-13, I-al. 6).

Les **créances nées régulièrement** après le jugement d'ouverture **mais ne répondant pas aux autres critères** précités ne peuvent pas être payées à leur échéance (C. com. art. L 622-7, I-al. 1) et ne peuvent pas donner lieu à une action en paiement (art. L 622-21, I-al. 1) : elles doivent être déclarées (art. L 622-24, al. 6) et sont susceptibles d'un relevé de forclusion (Cass. com. 9-12-2020 n° 19-17.579 F-PB : RJDA 5/21 n° 329) ; elles sont primées, dans la répartition des dividendes entre les créanciers, par celles qui remplissent les conditions du traitement préférentiel. **62202**

Les créances postérieures **nées irrégulièrement** sont inopposables à la procédure collective (Cass. com. 21-2-2012 n° 11-12.235 F-D à propos de la créance d'indemnité née de l'absence de réitération par acte authentique d'un compromis de vente immobilière signé par le seul débiteur en liquidation judiciaire et non ratifié par le liquidateur).

CRÉANCES NÉES RÉGULIÈREMENT

La naissance d'une créance est régulière dès lors qu'elle est conforme à la **répartition des pouvoirs** entre le débiteur et, selon le cas, l'administrateur (ou, à défaut, le mandataire), le liquidateur judiciaire ou encore le juge-commissaire, telle qu'elle est fixée par la loi dans la procédure collective en cause (Cass. com. 13-10-1998 n° 95-21.988 P : RJDA 12/98 n° 1377 ; Cass. com. 21-2-2012 n° 11-12.235 F-D). À défaut, la créance est inopposable à la procédure. **62205**

Est née irrégulièrement :

– la créance résultant d'un contrat conclu par le seul débiteur après l'ouverture de la procédure alors que l'intervention de l'administrateur (ou du juge-commissaire) était requise (Cass. com. 4-2-1992 n° 90-15.977 : Bull. civ. IV n° 54 ; Cass. com. 4-3-2014 n° 13-10.730 F-D : RJDA 6/14 n° 544 ; Cass. com. 13-9-2023 n° 22-13.701 F-D : RJDA 2/24 n° 116) ;

– la créance de l'Urssaf pour des cotisations dues pour la période pendant laquelle le débiteur a poursuivi son activité malgré l'interdiction qui résultait de sa mise en liquidation judiciaire (CA Versailles 30-3-1995 n° 92-7635 : RJDA 7/95 n° 891).

La créance relative aux honoraires de l'avocat qui assiste le débiteur dans l'exercice d'un droit propre est toujours née régulièrement (Cass. com. 7-10-2020 n° 19-12.996 F-PB : RJDA 1/21 n° 36).

Toutefois, les créances nées d'un acte de gestion courante, même accompli irrégulièrement par le débiteur, relèvent du régime préférentiel (n° 61825).

CRÉANCES NÉES APRÈS L'OUVERTURE DE LA PROCÉDURE

62210 La date de naissance d'une créance est son **fait générateur** (notamment, Cass. com. 3-7-2012 n° 11-22.922 F-PB : RJDA 10/12 n° 875) et non sa date d'**exigibilité** (Cass. com. 28-5-2002 n° 1042 FS-P : RJDA 10/02 n° 1052 ; Cass. com. 20-4-2017 n° 15-21.701 F-D : RJDA 7/17 n° 475). En matière contractuelle, la créance peut ainsi naître, selon le cas, de la conclusion du contrat, de son exécution ou encore de son inexécution.

Attention, la jurisprudence exposée ci-dessous a été rendue, pour l'essentiel, sous l'empire du régime antérieur des procédures collectives. Si elle reste transposable sur la notion de fait générateur de la créance, elle ne l'est pas nécessairement pour déterminer si la créance en cause bénéficie du traitement préférentiel ; auparavant toute créance postérieure au jugement d'ouverture relevait de ce traitement alors qu'aujourd'hui, il est réservé aux seules créances « utiles » telles que définies nos 62200 et 62220.

62212 **Créances jugées postérieures au jugement d'ouverture** Sont nées après le jugement d'ouverture les créances dont le fait générateur est postérieur à celui-ci.

S'agissant des **créances contractuelles,** tel est le cas :

– de la créance du vendeur en paiement de marchandises livrées après l'ouverture de la procédure collective de l'acheteur même si ce dernier a passé la commande avant (Cass. com.15-2-2000 n° 432 P : RJDA 6/00 n° 685 ; Cass. com. 3-4-2001 n° 677 F-D : RJDA 8-9/01 n° 876) ;

– des créances de loyer nées d'un contrat de crédit-bail conclu avant le jugement ouvrant la procédure collective du crédit-preneur mais dus pour la période de jouissance postérieure à ce jugement (Cass. com. 12-1-2010 n° 08-21.456 FS-PB : RJDA 6/10 n° 651) ;

– de la créance pour occupation d'un immeuble poursuivie après l'ouverture de la procédure collective du locataire alors que le bail avait été résilié avant (Cass. com. 25-1-1994 : RJDA 6/94 n° 709) ;

– des créances indemnitaires d'un salarié résultant de la rupture du contrat de travail survenue régulièrement au cours de la procédure collective de son employeur, peu important que l'activité ait cessé immédiatement (Cass. soc. 16-6-2010 n° 08-19.351 F-PB : RJS 10/10 n° 766) ;

– pour un marché public conclu avant l'ouverture de la procédure collective, des créances qui sont constatées après par l'établissement du décompte général définitif ou, en l'absence d'un tel décompte, par la décision du juge administratif arrêtant le solde définitif des sommes dues au titre de l'exécution ou de l'inexécution du marché (Cass. com. 23-9-2014 n° 13-17.016 F-D : RJDA 4/15 n° 293) ;

– de la créance relative aux honoraires d'un commissaire aux comptes ou d'un avocat mais seulement pour les diligences faites par ces derniers après l'ouverture de la procédure collective de leur client (Cass. com. 2-10-2001 n° 1643 FS-PB : RJDA 2/02 n° 171 ; Cass. com. 19-6-2007 n° 05-17.074 : RJDA 10/07 n° 987 ; aussi Cass. com. 20-4-2017 n° 15-21.701 F-D : RJDA 7/17 n° 475 précisant que la créance d'honoraire de résultat d'un avocat naît à la date de l'exécution de la prestation caractéristique qui a permis d'obtenir le résultat escompté).

En **matière fiscale,** sont postérieures :

– la créance de plus-value résultant de la vente d'un fonds de commerce après l'ouverture de la procédure collective du cédant (Cass. com. 19-1-1988 n° 86-18.062 : Bull. civ. IV n° 38) ;

– la taxe foncière mise à la charge du locataire par le bail à construction qui s'est poursuivi après le jugement d'ouverture du redressement judiciaire du locataire (Cass. com. 17-1-1995 n° 127 P : RJDA 5/95 n° 642) ;

– l'impôt sur les revenus perçus par le débiteur au cours de l'année d'ouverture de sa procédure collective (Cass. com. 14-1-2004 n° 123 : RJDA 7/04 n° 856) ;

– l'impôt sur les sociétés afférent à un exercice comptable clos après le jugement d'ouverture (Cass. com. 16-12-2008 n° 08-12.142 : RJDA 4/09 n° 369).

Sont aussi postérieures les créances de **cotisations sociales** dues sur les salaires consécutifs au travail fourni après le jugement d'ouverture (Cass. com. 10-7-1990 : BRDA 17/90 p. 13 ; Cass. com. 18-2-1992 : RJDA 6/92 n° 634) et les cotisations dues sur les indemnités relatives aux licenciements opérés après ce jugement (Cass. com. 15-10-1991 : RJDA 11/91 n° 964 ; aussi Cass. com. 19-5-1992 : RJDA 10/92 n° 952).

62215 **Créances jugées antérieures au jugement d'ouverture** Sont antérieures au jugement d'ouverture de la procédure collective et ne peuvent pas être payées après lui :

– les créances dont le fait générateur est antérieur à ce jugement, même si elles ne sont alors ni liquides ni exigibles (Cass. com. 8-11-1988 n° 87-11.158 P : D. 1989.36 note Honorat ; cf. Cass. com. 26-5-1998 n° 1146 P : RJDA 10/98 n° 1133 ; Cass. com. 12-1-1982 : D. 1982.533 note Derrida) ; c'est le cas notamment de la créance de dommages-intérêts pour manquement du débiteur à un contrat antérieur (Cass. com. 12-1-1982 n° 80-13.196 P : D. 1982.533 note Derrida) et de la créance dont le paiement est différé (Cass. com. 20-3-2019 n° 17-20.629 FD : RJDA 6/19 n° 443) ;

– la créance née de l'exécution d'une prestation contractuelle qui a été accomplie avant le jugement d'ouverture, peu important que le contrat en cause soit poursuivi par l'administrateur, que l'exigibilité de cette créance soit postérieure au jugement et que, pour le créancier, le paiement total de l'échéance fût une condition substantielle de la continuation du contrat que l'administrateur avait acceptée (Cass. com. 28-5-2002 n° 1042 FS-P : RJDA 10/02 n° 1052) ;

– la créance résultant de la clause pénale d'un bail sanctionnant l'inexécution de l'obligation d'édifier des constructions souscrite par le locataire dès lors que l'inexécution de cette obligation a été constatée avant l'ouverture de la procédure de ce dernier (Cass. 3e civ. 13-10-1999 n° 1553 PB : RJDA 12/99 n° 1353) ;

– la créance de l'acquéreur au titre d'un défaut de conformité ou d'un vice caché du bien vendu dès lors que la vente est intervenue avant le jugement d'ouverture, car cette créance est née au jour de la conclusion de la vente (Cass. com. 2-10-2012 n° 10-25.633 : RJDA 1/13 n° 55 ; Cass. com. 18-2-2003 n° 00-13.257 F-D) ;

– la créance de pas-de-porte, née de la conclusion d'un bail commercial avant le jugement ouvrant la procédure collective du locataire même si, son paiement étant échelonné, des versements doivent être effectués après le jugement (Cass. com. 14-4-1992 n° 89-18.486 P : JCP G 1993.II.21957 note Lévy) ;

– les frais de remise en état des locaux loués dus par le locataire dès lors que le bailleur a invoqué le défaut d'entretien dans un congé délivré avant que le locataire soit mis en procédure collective (Cass. com. 26-5-1998 précité) ;

– la créance d'intérêts relatifs à une créance antérieure car elle a, par voie d'accessoire, la même nature que cette dernière, même s'il s'agit d'intérêts dont le cours n'a pas été arrêté par le jugement d'ouverture (Cass. com. 27-9-2017 n° 16-19.394 F-PB : RJDA 1/18 n° 44) ;

– la créance de cotisations sociales se rapportant à des salaires perçus pour une période de travail antérieure à l'ouverture de la procédure collective de l'employeur (Cass. com. 8-11-1988 précité), peu important la date de paiement des salaires (Cass. com. 20-10-1992 : RJDA 2/93 n° 162), ou encore celle relative aux indemnités de congés payés versées hors tout licenciement et se rapportant à un travail accompli avant l'ouverture de cette procédure, même pour des congés pris après (Cass. com. 19-5-1992 : RJDA 10/92 n° 953 ; aussi Cass. com. 8-11-1988 précité).

CRÉANCES UTILES À LA PROCÉDURE

Les créances dites « utiles » sont celles visées n° 62200 (C. com. art. L 622-17, I et L 641-13, I). **62220**

Sont **nées pour les besoins du déroulement de la procédure** ou en contrepartie d'une **prestation fournie au débiteur** :

– la créance du bailleur relative aux travaux de remise en état des locaux seulement si les dégradations reprochées au locataire ont été commises pendant la période d'observation ou, en cas de liquidation, pendant la période de maintien de l'activité (Cass. com. 2-12-2014 n° 13-11.059 FS-PB : RJDA 3/15 n° 203) ;

– la créance du bailleur relative aux loyers postérieurs à l'ouverture de la liquidation judiciaire du locataire dès lors que, même en l'absence de poursuite d'activité, le droit au bail constituait un élément essentiel du fonds de commerce pouvant être vendu par le liquidateur au titre de la réalisation de l'actif (Cass. com. 18-5-2022 n° 20-22.623 F-D : RJDA 8-9/22 n° 496) ;

– l'indemnité transactionnelle en contrepartie de laquelle le bailleur a renoncé à poursuivre la résiliation du bail dès lors qu'elle a permis de vendre le fonds de commerce, bail compris (Cass. com. 23-3-2022 n° 20-22.284 F-D : RJDA 6/22 n° 350) ;

– la créance de restitution de l'entrepreneur principal qui a financé la période d'observation de son sous-traitant en réglant, à sa place, certains fournisseurs de ce dernier pour qu'il puisse poursuivre le chantier (Cass. com. 9-5-2018 n° 16-24.065 F-P : RJDA 8-9/18 n° 657) ;

– les indemnités de licenciements prononcés par le liquidateur conformément à ses obligations dans le cadre de la procédure collective de l'employeur (Cass. com. 16-6-2010 n° 08-19.351 F-PB : RJS 10/10 n° 766) ;

– les dépenses de dépollution du site d'exploitation de l'entreprise car elles ont pour objet de mettre fin à l'activité de cette dernière et de faciliter sa cession totale ou partielle (CA Grenoble 31-5-2012 n° 11/02571 : D. 2012.2196.som. obs. Le Corre et Lucas) ;

– la créance relative au prix de marchandises revendiquées dès lors que le juge-commissaire a autorisé son paiement et que le revendiquant a consenti un délai pour ce paiement (n° 63032 ; art. L 624-16) ;

– la créance d'honoraires de l'avocat qui assiste le débiteur dans diverses actions relatives au plan de cession dès lors que ces actions ont permis de consolider ce plan et que le montant des honoraires est proportionné aux besoins de la procédure (Cass. com. 7-10-2020 n° 19-12.996 F-PB : RJDA 1/21 n° 36) ;

– les apports de trésorerie exposés n° 62665 (art. L 622-17, III-2°, L 626-10, dernier al. et L 626-26, al. 3) ;

– les créances résultant de l'exécution des contrats poursuivis et dont le cocontractant accepte de recevoir un paiement différé (art. L 622-17, III-3°).

En cas de liquidation judiciaire, les créances nées des besoins de la vie courante du débiteur, personne physique, relèvent du traitement préférentiel (art. L 641-13, I-al. 5). Tel peut donc être le cas des loyers d'habitation du débiteur échus après l'ouverture de la liquidation judiciaire (contrairement à ce qui avait pu être jugé sous l'empire du régime antérieur, Cass. com. 12-3-2013 n° 11-24.365 FS-PBI : RJDA 6/13 n° 535).

L'article L 622-17, I du Code de commerce ne comporte pas cette précision pour la sauvegarde (le débiteur n'est en principe pas en cessation des paiements) et le redressement judiciaire (là, la cessation des paiements est avérée). La Cour de cassation n'a pas eu à notre connaissance l'occasion de trancher le sort des créances nées des besoins de la vie courante. Toutefois, en vertu de ce texte, relèvent du traitement préférentiel les créances nées en contrepartie d'une prestation fournie au débiteur et, depuis l'ordonnance 2008-1345 du 18 décembre 2008, il n'est plus exigé qu'elles l'aient été pour son activité professionnelle ; la prestation fournie pour les besoins personnels du débiteur relève donc du dispositif (Rapp. au Président de la République sur ord. 2008-1345).

Bénéficient aussi du traitement préférentiel des **créances** utiles celles **résultant d'obligations légales** inhérentes à l'exercice professionnel du débiteur pour la période d'activité postérieure à l'ouverture de la procédure collective (Cass. com. 15-6-2011 n° 10-18.726 FS-PB : RJDA 11/11 n° 941 à propos de la contribution sociale de solidarité et la contribution additionnelle ; Cass. com. 22-2-2017 n° 15-17.166 F-PBI : RJDA 5/17 n° 352 à propos de la taxe d'apprentissage et la participation des employeurs à la formation professionnelle ; Cass. com. 24-3-2021 n° 20-13.832 F-P : RJDA 11/21 n° 678 pour la cotisation foncière des entreprises ; Cass. com. 18-5-2022 n° 20-21.852 F-B : RJDA 8-9/22 n° 495 pour l'impôt sur les sociétés dû par une filiale intégrée fiscalement).

Enfin, dans les liquidations judiciaires ouvertes (ou prononcées) après le 23 octobre 2023, bénéficient du traitement préférentiel les **créances nées pour assurer la mise en sécurité des installations classées** pour la protection de l'environnement en application des articles L 512-6-1, L 512-7-6 ou L 512-12-1 du Code de l'environnement (art. L 641-13, I-al. 4).

62222 **Ne répondent pas à ces conditions** :

– la créance en indemnisation du préjudice résultant de la rupture d'un contrat, l'exécution de celui-ci ayant cessé dès l'ouverture de la procédure collective (Cass. com. 5-10-2010 n° 09-70.249 F-D : RJDA 3/11 n° 257) ;

– la créance de dommages-intérêts ou de pénalités résultant de la mauvaise exécution ou de l'exécution tardive d'un contrat par le débiteur pendant la période d'observation (Cass. com. 18-6-2013 n° 12-18.420 F-PB : RJDA 12/13 n° 1034 ; Cass. com. 10-3-2021 n° 19-22.791 F-D : RJDA 6/21 n° 410) ;

– la créance de restitution résultant de l'infirmation d'une condamnation prononcée au profit du débiteur (Cass. com. 17-12-2013 n° 12-28.158 F-D : RJDA 5/14 n° 455 ; Cass. com. 2-12-2014 n° 13-20.311 F-D : RJDA 4/15 n° 292) ;

– la créance de restitution du prix après résolution de la vente prononcée par une décision postérieure à la liquidation judiciaire du vendeur (Cass. com. 15-6-2022 n° 21-10.802 F-B : RJDA 11/22 n° 647) ;

– la créance de restitution née de l'annulation, après l'ouverture de la procédure collective, d'un contrat conclu avant (Cass. com. 1-6-2023 n° 21-18.367 F-D : RJDA 8-9/23 n° 443) ;

– les frais de déplacements réclamés par le dirigeant de la société débitrice pour une période où celle-ci n'avait plus d'activité (Cass. com. 1-12-2015 n° 14-20.668 F-PB : RJDA 8-9/16 n° 630) ;

– la créance de dividende d'un associé de la société en procédure collective (Cass. com. 11-10-2016 n° 14-20.581 F-D : JCP E 2016 n° 1681 note C. Lebel) ;

– au regard de la procédure collective d'une société mère, la créance d'impôt sur les sociétés dû par sa filiale intégrée fiscalement car cette créance, utile à la seule filiale, n'est pas née pour les besoins de la procédure de la société mère (CA Paris 27-2-2020 n° 19/11726 : RJDA 7/20 n° 381) ;

– la créance de taxe foncière due par un débiteur en liquidation judiciaire sur l'immeuble constituant sa résidence principale (Cass. com. 24-5-2023 n° 21-16.004 F-B : RJDA 12/23 n° 669).

62224 Sont exclues du traitement préférentiel les **indemnités** et pénalités consécutives à la **résiliation** d'un **contrat** régulièrement **poursuivi** (C. com. art. L 622-17, III-al. 6 et L 641-14, al. 1 ; Cass. com. 12-7-2016 n° 14-23.668 F-PB : RJDA 10/16 n° 708 : exclusion du paiement prioritaire de l'indemnité due au dirigeant social révoqué pendant la période d'observation ; dans le même sens, Cass. com. 24-1-2018 n° 16-14.705 F-D : RJDA 4/18 n° 335 à propos de l'indemnité due au bailleur des locaux d'exploitation en cas de résiliation du bail à la suite de la décision de l'administrateur ou du liquidateur judiciaire de ne pas poursuivre le contrat).

2. DROIT DE POURSUITE DU CRÉANCIER

MISE EN ŒUVRE

Les créanciers dont les créances éligibles au traitement préférentiel n'ont pas été payées à l'échéance peuvent exercer leur **droit** de **poursuite individuelle** pour en obtenir le paiement, ce droit étant indissociable de celui d'être payé à l'échéance (cf. Cass. com. 25-6-1996 : RJDA 1/97 n° 118). 62235

Le créancier peut agir même si sa créance n'a pas été inscrite sur la liste des créances postérieures utiles (C. com. art. R 622-15) dès lors qu'elle répond aux conditions pour bénéficier du paiement prioritaire (Cass. com. 28-6-2016 n° 14-21.668 FS-PB : RJDA 10/16 n° 709 ; CA Versailles 7-7-2022 n° 21/02643 : RJDA 11/22 n° 645). En effet, l'inscription sur cette liste ne conditionne que la conservation du privilège, et non pas le jeu de la règle du paiement à l'échéance (arrêts précités).

En conséquence, ils peuvent obtenir un titre exécutoire (Cass. com. 25-6-1996 précité ; Cass. com. 9-5-2018 n° 16-24.065 F-PB : RJDA 8-9/18 n° 657), agir en référé provision (Cass. com. 13-10-1998 : RJDA 12/98 n° 1379) ou pratiquer une saisie sur le patrimoine du débiteur (Cass. com. 13-11-2001 : RJDA 3/02 n° 309).

Les poursuites relèvent de la compétence du juge de droit commun (Cass. com. 28-6-2016 n° 14-21.668 FS-PB : RJDA 10/16 n° 709), le cas échéant, du juge de l'exécution (pour un exemple, TGI Le Mans 9-4-1996 : GP 1997.som.47 note Vray).

Les créanciers ne peuvent pas saisir les fonds déposés par les organes de la procédure à la Caisse des dépôts et consignations (C. com. art. L 662-1 ; Cass. com. 22-5-2007 n° 05-21.936 : RJDA 3/08 n° 305).

Ils peuvent agir dès que leurs créances sont devenues exigibles sans que puisse leur être opposé le **rang préférable d'un autre créancier,** serait-il titulaire d'une créance superprivilégiée (Cass. com. 7-9-2010 n° 09-66.595 : RJDA 1/11 n° 60 ; Cass. com. 9-5-2018 n° 16-24.065 précité). En effet, l'ordre de paiement des créances utiles postérieures, exposé n° 62244, ne vise qu'à départager les créanciers qui viendraient en concours au même moment, de sorte que l'existence d'un créancier de meilleur rang qui n'a pratiqué aucune voie d'exécution ne saurait priver d'effet celle qui est pratiquée par un créancier de moindre rang (Cass. com. 13-5-2003 n° 98-22.741 : RJDA 11/03 n° 1093).

PAIEMENT PAR PRIVILÈGE

À défaut de paiement à leur **échéance,** les créances utiles nées régulièrement après le jugement d'ouverture sont payables par « privilège » (C. com. art. L 622-17, II, L 631-14, al. 1 et L 641-13, II). Ces textes définissent un ordre de paiement applicable en cas de **concours entre les créanciers** (n° 62235). 62240

Condition du privilège Pour bénéficier de ce privilège, les **créances** utiles impayées doivent avoir été **portées à la connaissance** : 62242

– en cas de sauvegarde ou de redressement judiciaire, de l'administrateur et, à défaut, du mandataire judiciaire ou, lorsque ces organes ont cessé leurs fonctions, du commissaire à l'exécution du plan ou du liquidateur, dans le délai d'un an à compter de la fin de la période d'observation (C. com. art. L 622-17, IV) ;

– en cas de liquidation judiciaire, du mandataire judiciaire, de l'administrateur lorsqu'il en est désigné ou du liquidateur au plus tard, dans le délai de six mois à compter de la publication du jugement ouvrant ou prononçant la liquidation ou, à défaut, dans le délai d'un an à compter de celle du jugement arrêtant le plan de cession (art. L 641-13, III).

En pratique, les créances postérieures privilégiées doivent être **inscrites sur une liste spécifique** (C. com. art. R 622-15) ; à défaut, elles perdent leur privilège (Cass. com. 28-6-2016 n° 14-21.668 FS-PB : RJDA 10/16 n° 709 ; CA Versailles 7-7-2022 n° 21/02643 : RJDA 11/22 n° 645).

Lorsque l'information porte sur une créance déclarée pour le compte du créancier par le débiteur (n° 62585), elle rend caduque cette déclaration si le juge n'a pas statué sur l'admission de la créance (art. précités).

Ces créances font l'objet d'une liste spécifique qui est déposée dans les délais précités au greffe du tribunal où tout intéressé peut en prendre connaissance ; cette liste peut être contestée par tout intéressé devant le juge-commissaire dans le délai d'un mois à compter de la publication au Bodacc de l'avis de dépôt (art. R 622-15 et R 641-39). Les créances rejetées de cette liste par le juge-commissaire sont réputées avoir été déclarées dans les conditions requises pour la déclaration des créances ; dans ce cas, le créancier adresse au mandataire (ou au liquidateur) judiciaire les informations mentionnées aux n°s 62632 s. ; si ces informations ont déjà été transmises par le créancier ou pour son compte à l'occasion d'une déclaration conforme aux exigences légales et sur l'admission de laquelle il n'a pas été statué, le créancier en conserve le bénéfice ; toutefois, le mandataire (ou le liquidateur) judiciaire peut opposer au créancier le délai de déclaration lorsque celui-ci a reçu, pour la même créance, un avertissement d'avoir à déclarer celle-ci (art. précités).

Rang du privilège et ordre de paiement des créances En cas de **sauvegarde** ou de **redressement** judiciaire, les créances utiles qui ne sont pas payées à l'échéance doivent 62244 l'être avant toutes les autres créances, assorties ou non de privilèges ou sûretés, à l'exception de celles (C. com. art. L 622-17, II) :

– garanties par le superprivilège des salariés (sur ce superprivilège, Mémento Social nos 70875 s.) ;

– relatives aux sommes dues aux producteurs agricoles par leurs acheteurs, lorsque ces derniers font l'objet d'une procédure collective, à due concurrence du montant total des produits livrés par le producteur agricole au cours des quatre-vingt-dix jours précédant l'ouverture de la procédure (C. com. art. L 624-21) ;

– des frais de justice nés régulièrement après le jugement d'ouverture pour les besoins du déroulement de la procédure ;

– garanties par le privilège dit de conciliation (n° 61175).

Toutefois, le créancier passe avant tout autre s'il peut invoquer un droit de rétention (par exemple sur l'immeuble acquis dont la vente a été annulée, jusqu'à la restitution du prix payé, Cass. com. 12-10-2004 n° 00-13.348 FS-D : RJDA 3/05 n° 291), la compensation (Cass. com. 7-9-2010 n° 09-66.595 : RJDA 1/11 n° 60 ; Cass. com. 24-1-2018 n° 16-14.705 F-D : RJDA 4/18 n° 335 ; Cass. com. 1-7-2020 n° 18-25.487 F-PB : RJDA 11/20 n° 583) ou obtenir la remise d'une somme séquestrée (Cass. com. 13-11-2001 : RJDA 3/02 n° 250). Il en va différemment s'il invoque le droit de rétention afférent à un gage sans dépossession car ce dernier est inopposable (n° 62522).

L'**ordre** de paiement est le suivant (C. com. art. L 622-17, III et L 631-14, al. 1 applicables aux procédures ouvertes depuis le 1-10-2021) :

– les créances de salaires dont le montant n'a pas été avancé par l'AGS ;

– les créances résultant d'un nouvel apport de trésorerie consenti en vue d'assurer la poursuite de l'activité pour la durée de la procédure ;

– les créances résultant de l'exécution des contrats poursuivis et dont le cocontractant accepte un paiement différé ;

Les apports de trésorerie et les délais de paiement précités sont autorisés par le juge-commissaire dans la limite nécessaire à la poursuite de l'activité pendant la période d'observation et font l'objet d'une inscription sur un registre au greffe du tribunal (art. précités). À défaut d'autorisation du juge-commissaire, la créance n'est pas perdue mais rétrograde au dernier rang du présent ordre de paiement (CA Paris 26-10-1999 n° 1997-12226 : Petites Affiches 25-4-2000 p. 11 note P.-L. Courtier).

– les autres créances selon leur rang (par exemple, Cass. com. 11-3-1997 : RJDA 7/97 n° 962 : créance du vendeur avec clause de réserve de propriété en restitution du prix de la revente ; Avis C. cass. 21-1-2002 : RJDA 6/02 n° 670 : créance garantie par le privilège du syndicat des copropriétaires, désormais par l'hypothèque légale spéciale de l'art. 2402).

62246 En cas de **liquidation judiciaire,** les créances utiles non payées à l'échéance sont payées par privilège conformément à l'ordre exposé au n° 64094 (C. com. art. L 641-13, II et, sur renvoi, art. L 643-8).

V. SITUATION PERSONNELLE DU CHEF D'ENTREPRISE

EMPRISE DE LA PROCÉDURE COLLECTIVE SUR LE PATRIMOINE DU CHEF D'ENTREPRISE

62270 Le terme de « chef d'entreprise » désigne tout à la fois l'entrepreneur individuel et le dirigeant d'une personne morale ; toutefois, leur situation diffère.

Lorsqu'un **entrepreneur individuel** fait l'objet d'une procédure collective, ouverte depuis le 15 mai 2022, celle-ci s'étend selon le cas à son seul patrimoine professionnel ou également à son patrimoine personnel (nos 61539 s.) ; dans les procédures ouvertes avant cette date, l'emprise de la procédure est globale. Dans un cas comme dans l'autre, certains de ses biens ne peuvent toutefois pas être vendus dans le cadre de cette procédure (nos 63930 s.).

Pour l'**EIRL,** la procédure collective n'a d'emprise que sur le patrimoine affecté à l'activité en difficulté ou, si l'EIRL exerce celle-ci sans affectation de patrimoine, à son seul patrimoine non affecté (C. com. art. L 680-2), à moins que la réunion de ses patrimoines ne soit prononcée dans les conditions exposées n° 61650.

La règle selon laquelle la procédure collective d'une EIRL vise les éléments du seul patrimoine affecté à l'activité en difficulté s'applique quand bien même le jugement d'ouverture et sa mention au Bodacc ne le précisent pas, de sorte que le liquidateur judiciaire peut contester l'affectation d'un bien à un des patrimoines de l'EIRL (Cass. com. 23-10-2019 n° 18-19-19.952 F-PB : D. 2019 p. 2390 note V. Legrand). Les créanciers doivent en revanche pouvoir se fier aux mentions du jugement et de sa publicité (n° 62340).

La procédure collective d'une **personne morale** n'entraîne pas l'ouverture de plein droit d'une procédure similaire à l'égard de son **dirigeant** et n'appréhende pas en principe le patrimoine personnel de ce dernier mais seulement celui de la personne morale. Toutefois, la procédure collective de cette dernière peut être étendue à son dirigeant et il n'y a plus alors de distinction entre les patrimoines (nos 61630 s.). En outre, dans le cadre du redressement judiciaire de la personne morale, les droits de son dirigeant sur les parts ou actions qu'il détient dans le capital de celle-ci sont affectés : il ne peut plus céder ses titres que dans les conditions fixées par le tribunal (art. L 631-10) ; ce dernier peut les déclarer incessibles – et confier le droit de vote à un mandataire de justice – ou en ordonner la cession forcée (art. L 631-19-1) ; il peut aussi subordonner l'arrêté du plan au remplacement du dirigeant (art. précité ; pour plus de détails sur ces mesures, MSC nos 91380 s.).

Le dirigeant ne bénéficie pas de l'interruption des poursuites, dont seule la personne morale débitrice peut se prévaloir (no 62395).

L'entrepreneur individuel comme le dirigeant peuvent faire l'objet de sanctions patrimoniales et être déchus de certains de leurs droits (nos 64470 s.).

S'agissant des effets de la procédure collective française sur les **biens du débiteur situés à l'étranger,** deux situations doivent être distinguées. Si certains des biens du débiteur sont situés dans des États membres de l'UE, ils sont affectés par la procédure, le jugement français étant reconnu de plein droit dans ces États sans qu'il soit nécessaire d'en obtenir l'exequatur (Règl. UE 2015/848 du 20-5-2015 art. 19 et 20 applicables depuis le 26-6-2017). Mais l'État concerné peut refuser de reconnaître ou d'exécuter le jugement en cas de contrariété avec son ordre public national (Règl. art. 33).

Pour les biens situés dans des États en dehors de l'UE, le jugement français ne produit ses effets que dans la mesure de leur acceptation par l'ordre juridique des États concernés (Cass. com. 21-3-2006 no 04-17.869 : RJDA 2/07 no 175 ; CA Versailles 20-3-2008 no 07-3957 : D. 2008 p. 1660 note J.-L. Vallens).

RÉMUNÉRATION DU CHEF D'ENTREPRISE

Sauvegarde La loi ne prévoit **aucun encadrement** particulier de la rémunération du débiteur ou des dirigeants de la personne morale débitrice en cas de sauvegarde. Ils continuent donc à percevoir la rémunération afférente à leurs fonctions sauf, pour les dirigeants de la société débitrice, en cas de décision contraire des associés. **62280**

Rien n'interdit au dirigeant de prendre l'engagement personnel, dans le projet de plan, de ne pas augmenter sa rémunération ou encore de renoncer à tout ou partie de celle-ci.

Redressement et liquidation judiciaires La rémunération afférente aux fonctions exercées par le débiteur s'il est une personne physique ou par les dirigeants de la personne morale débitrice est maintenue en l'état, au jour de l'ouverture de la procédure de **redressement judiciaire,** sauf décision contraire du juge-commissaire saisi sur demande de l'administrateur judiciaire, du mandataire judiciaire ou du ministère public (C. com. art. L 631-11, al. 1). **62282**

En cas de **liquidation judiciaire,** la rémunération est fixée par le juge-commissaire (art. L 641-11, al. 1).

S'agissant de la rémunération des dirigeants, le juge-commissaire ne peut réduire que celle des dirigeants de droit et non celle des dirigeants de fait (CA Versailles 3-11-1994 : Rev. proc. coll. 1996 p. 67 note B. Dureuil ; CA Paris 23-11-2004 no 04-2807 : Rev. proc. coll. 2006 p. 47 § 3 obs. Ch. Lebel) et seulement dans la mesure où elle est relative aux fonctions de dirigeant et non pas perçue au titre d'un contrat de travail (CA Paris 23-11-2004 précité). Le fait que la rémunération soit fixée par le juge-commissaire n'en modifie pas la nature ; elle reste saisissable par les créanciers du dirigeant (CA Paris 27-3-2001 no 99-16815 : Rev. proc. coll. 2004 p. 49 no 13 note Lebel).

En revanche, la saisie des salaires de l'entrepreneur individuel tombe sous le coup de l'interdiction des poursuites individuelles des créanciers (sauf pour les créances visées nos 62200 s.).

En l'**absence de rémunération** (c'est-à-dire si l'intéressé n'était pas rémunéré ou si le juge-commissaire ne lui a pas alloué de rémunération), le débiteur ou le dirigeant peut demander pour lui et sa famille des **subsides** au juge-commissaire, qui sont prélevés sur l'actif de l'entreprise (C. com. art. L 631-11, al. 2, L 641-11, al. 1 et L 643-8, I-1o). La demande de subsides peut aussi émaner de l'administrateur, du mandataire judiciaire ou du liquidateur. Si le débiteur est un entrepreneur individuel (y compris un EIRL), le juge-commissaire tient compte des revenus éventuellement perçus au titre du ou des patrimoines non visés par la procédure (art. précités). **62284**

Si le terme de « subsides » paraît limité à l'allocation de sommes à caractère alimentaire, certains juges du fond attribuent à ce titre des avantages en nature, tel le maintien de la disposition d'un véhicule appartenant à la société dès lors que la valeur marchande de celui-ci est faible (TGI Béthune 27-2-2004 no 2004/000317 : Rev. proc. coll. 2004 p. 217 no 15).

La décision du juge-commissaire est susceptible d'un **recours** devant le tribunal dans les conditions exposées nos 64807 s. **62286**

MESURES CONSERVATOIRES SUR LES BIENS DU CHEF D'ENTREPRISE

62290 Afin d'éviter que le chef d'entreprise ne prélève des actifs qu'il a affectés à son activité et en empêche ainsi le redressement ou n'organise son insolvabilité lorsque sa responsabilité est mise en cause, le Code de commerce prévoit la possibilité de prendre des mesures conservatoires sur ses biens. Ces mesures ne sont pas applicables dans toutes les procédures collectives ni à l'égard de tous les chefs d'entreprise.

62292 **Cas dans lesquels des mesures conservatoires peuvent être prises** Le président du tribunal peut ordonner toute mesure conservatoire utile (saisie, hypothèque ou nantissement judiciaire) :

– à la demande de l'administrateur, du mandataire ou liquidateur judiciaire, du ministère public ou d'office sur les biens de la personne à l'encontre de laquelle l'**extension de la procédure collective** est demandée ou sur les biens de l'entrepreneur individuel (y compris un EIRL) en cas de demande de réunion d'un ou de plusieurs de ses patrimoines avec celui visé par la procédure (C. com. art. L 621-2, al. 4, L 631-7, al. 1 et L 641-1, I-al. 1) ;

– en cas de redressement judiciaire et à la demande de l'administrateur ou du mandataire judiciaire, sur les biens du dirigeant, de droit ou de fait, dont la **responsabilité** est mise en cause par les mandataires précités à raison d'une **faute ayant contribué à la cessation des paiements** de la personne morale débitrice (art. L 631-10-1) ;

– en cas de liquidation judiciaire, à la demande du liquidateur judiciaire (ou, en cas de carence, de la majorité des contrôleurs), du ministère public ou d'office sur les biens du dirigeant de la personne morale débitrice (ou de ses représentants permanents si le dirigeant est une personne morale) ou sur les biens de l'EIRL compris dans son patrimoine non affecté ou, dans les procédures ouvertes depuis le 15 mai 2022, sur les biens du patrimoine personnel de l'entrepreneur individuel, lorsque ces personnes font l'objet d'une action **en comblement de passif** pour faute de gestion ayant entraîné une insuffisance d'actif (art. L 651-4, al. 2).

Le juge peut autoriser des mesures en se contentant d'en relever l'**utilité,** par dérogation à l'article L 511-1 du Code des procédures civiles d'exécution en vertu duquel ces mesures ne peuvent être mises en œuvre que si le demandeur fait état d'une créance fondée dans son principe et de circonstances susceptibles d'en menacer le recouvrement (cf. Cass. com. 31-5-2011 n° 10-18.472 : RJDA 11/11 n° 953).

Le président du tribunal fixe le **montant** des sommes pour la garantie desquelles la mesure conservatoire est ordonnée :

– dans le premier cas précité, au vu du passif déclaré dans la procédure collective ou, si le délai de déclaration des créances n'est pas expiré, au vu des relevés des créances salariales établis par le mandataire ou le liquidateur judiciaire (art. R 621-8-2 pour la sauvegarde et par renvoi des art. R 631-7 et R 641-1 pour le redressement et la liquidation judiciaires) ;

– dans les deux autres cas, à un montant qui ne peut pas excéder celui des dommages-intérêts demandés en réparation du préjudice causé par la faute invoquée (art. R 631-14-1) ou celui de la demande en comblement de passif (art. R 651-5, al. 3).

L'ordonnance du président du tribunal accueillant la requête est susceptible d'un **recours** en rétractation devant ce dernier ; l'ordonnance rejetant la requête peut faire l'objet d'un appel (CPC art. 496 sur renvoi de C. com. art. R 662-1, 1°).

62295 **Vente des biens** Le juge-commissaire peut autoriser l'administrateur, le mandataire ou le liquidateur judiciaire à vendre, aux prix et conditions qu'il détermine, les biens qui font l'objet d'une mesure conservatoire, mais seulement si la conservation ou la détention de ces **biens génère** des **frais ou** si ces biens sont **susceptibles de dépérissement** (C. com. art. L 663-1-1).

Les frais générés peuvent concerner tant la conservation physique du bien (frais sans lesquels le bien aurait péri totalement ou en partie) que sa conservation économique (frais sans lesquels le bien serait devenu impropre à l'usage qui lui donne sa valeur ; par exemple, dépenses rendues nécessaires pour prévenir des risques de pollution ou pour assurer la mise en œuvre de mesures de sécurité) (Rapport AN n° 4411 relatif à la loi 2012-346 du 12-3-2012 art. 4).

Le juge-commissaire ne peut statuer sur la demande d'autorisation de vendre qu'après avoir entendu ou dûment appelé le propriétaire des biens qui font l'objet de la mesure conservatoire et le débiteur (art. R 662-17, al. 1). L'ordonnance du juge-commissaire autorisant la vente n'est pas exécutoire de plein droit à titre provisoire (art. R 661-1, al. 2). Elle peut faire l'objet de recours devant le tribunal ayant ouvert la procédure collective (n° 64807).

Le **prix perçu** est versé sur un compte à la Caisse des dépôts et consignations (C. com. art. L 663-1-1) et ne peut faire l'objet d'aucune opposition ou procédure d'exécution de la part des créanciers (art. L 662-1). Le propriétaire des biens cédés pourra percevoir ce prix et les intérêts servis par la Caisse sur cette somme (cf. art. R 663-45, al. 2) à l'issue de l'action dont il fait l'objet, notamment s'il est mis hors de cause ou s'il s'acquitte régulièrement des obligations mises à sa charge.

VI. SITUATION DES CRÉANCIERS

A. Règles générales

CRÉANCIERS TOUCHÉS PAR LA PROCÉDURE COLLECTIVE

Sous réserve de la sauvegarde accélérée (n° 62348), la procédure collective d'une **personne morale** produit ses effets à l'égard de tous ses créanciers. 62340

Sous la même réserve, la procédure collective ouverte à l'encontre d'un **entrepreneur individuel** depuis le 15 mai 2022 concerne selon le cas ses seuls créanciers professionnels ou également ses créanciers personnels (nos 61539 s.). Dans les procédures ouvertes avant cette date, tous les créanciers sont visés, que leurs créances soient nées ou pas pour les besoins de l'activité professionnelle du débiteur (Cass. com. 8-7-2014 n° 13-17.765 F-D).

Lorsque le débiteur est un **EIRL,** seuls les créanciers titulaires d'une créance sur le patrimoine affecté à l'activité qui donne lieu à la procédure collective ou, si cette activité était exercée sans patrimoine d'affectation, sur le patrimoine non affecté du débiteur, sont soumis à la discipline collective résultant de cette procédure (cf. C. com. art. L 680-3). Mais il n'en est ainsi, a jugé la Cour de cassation, que si le jugement d'ouverture et ses publicités, qui le rendent opposable aux créanciers, mentionnent le patrimoine concerné par la procédure (Cass. com. 6-3-2019 n° 17-26.605 F-PB : RJDA 5/19 n° 355). Si la procédure collective d'un entrepreneur individuel exerçant sous le régime de l'EIRL avec un patrimoine d'affectation est ouverte sans précision du patrimoine concerné, le créancier personnel du débiteur peut déclarer sa créance à la procédure (Cass. com. 6-3-2019 précité).

La qualité de créancier du débiteur est déterminée au regard de la loi applicable à la source de la créance (Cass. com. 13-9-2011 n° 10-25.533 : RJDA 11/11 n° 943).

La **sauvegarde accélérée** ne produit d'effet qu'à l'égard des parties affectées (n° 63212) par le projet de plan établi dans le cadre de la procédure préalable de conciliation (C. com. art. L 628-6). Toutefois, lorsque la nature de l'endettement du débiteur rend vraisemblable l'adoption d'un plan par les seuls créanciers ayant la qualité de sociétés de financement, d'établissements de crédit et assimilés ainsi que par tous les titulaires d'une créance acquise auprès de ceux-ci ou d'un fournisseur de biens ou de services et s'il y a lieu des obligataires, le débiteur peut demander l'ouverture d'une procédure de sauvegarde accélérée dont les effets sont limités à ces créanciers (art. L 628-1 al. 3). 62348

SOUMISSION DES CRÉANCIERS À UNE DISCIPLINE COMMUNE

Les créanciers (autres que les salariés) affectés par la procédure collective de leur débiteur sont soumis à des règles communes qui limitent notamment leur possibilité d'agir contre le débiteur, voire contre ses coobligés ou ses garants. Ce traitement n'est pas totalement uniforme : notamment, la loi prévoit un traitement préférentiel pour les créances nées après l'ouverture de la procédure pour les besoins de celle-ci ainsi que pour les créances garanties par une sûreté ou un privilège inscrits sur les biens du débiteur. Les créances fiscales ou de cotisations sociales font aussi l'objet de dispositions spécifiques. 62350

Les modalités selon lesquelles les créanciers participent à l'élaboration du plan de sauvegarde ou de redressement judiciaire sont exposées nos 63212 s.

Sur les conditions dans lesquelles les créanciers, propriétaires de biens détenus par le débiteur, peuvent demander que ceux-ci leur soient rendus, nos 62960 s.

ÉGALITÉ DES CRÉANCIERS

Les créanciers affectés par la procédure collective de leur débiteur sont soumis à des règles communes dont l'objet est de permettre qu'**aucun** d'entre eux n'obtienne du débiteur un **avantage particulier** au détriment des autres. En vertu du principe d'égalité des créanciers, les clauses leur conférant un tel avantage du seul fait de l'ouverture de la procédure collective sont neutralisées (notamment, pour les clauses de résiliation ou de déchéance du terme, nos 62030 et 62500 ; pour les pactes commissoires, n° 62525) et, plus généralement, aucun paiement émanant du débiteur ne peut être reçu par un créancier en dehors des conditions fixées par la loi. 62355

En application du principe d'égalité des créanciers :

– un créancier, admis à titre chirographaire, ne peut pas conserver les sommes à lui payées par erreur en qualité de créancier privilégié (Cass. com. 11-2-2004 n° 310 FS-P : RJDA 7/04 n° 862 ; Cass. com. 12-5-2009 n° 08-11.421 : RJDA 1/10 n° 62) ;

– la clause pénale convenue entre un créancier et le débiteur avant l'ouverture de la procédure collective est nulle si elle emporte une majoration des obligations du débiteur envers le créancier pour

le cas de l'ouverture de cette procédure (Cass. com. 11-5-1993 n° 91-11.379 P : RJDA 11/93 n° 874 ; Cass. com. 2-7-2013 n° 12-22.284 F-PB : RJDA 10/13 n° 819) ; en dehors de ce cas, elle est valable (Cass. com. 3-5-1994 : RJDA 10/94 n° 1068 ; Cass. com. 8-3-2017 n° 15-18.641 : RJDA 5/17 n° 353) ;
– un fournisseur ne peut ni mettre en œuvre ni compenser un gage-espèce constitué entre ses mains par le débiteur pendant la période d'observation afin de garantir les livraisons faites pendant cette période, pour obtenir le paiement de créances antérieures au jugement d'ouverture (Cass. com. 3-4-2019 n° 18-11.281 F-PB : RJDA 6/09 n° 448) ;
– les organes de la procédure ne peuvent agir que dans l'intérêt collectif des créanciers ; n'est pas conclue dans cet intérêt la transaction à laquelle n'a pas participé l'ensemble des créanciers (Cass. com. 8-11-2011 n° 10-20.626 : RJDA 2/12 n° 185).

Le fait, pour un créancier, **après le jugement ouvrant la procédure** collective, de passer une **convention comportant un avantage particulier** à la charge du débiteur est puni d'un emprisonnement de cinq ans et d'une amende de 375 000 € ; la juridiction saisie prononce la nullité de cette convention (C. com. art. L 654-13).

62357 Ce **principe** d'égalité entre les créanciers d'une même procédure collective est à la fois **d'ordre public** interne et international (Cass. com. 4-2-1992 : Rev. arb. 1992.663 obs. Moitry). Toutefois, il est **écarté** :
– si le paiement reçu par le créancier a été fait par un tiers (Cass. com. 3-10-2006 n° 1081 : RJDA 2/07 n° 187, paiement effectué par l'ancien dirigeant de la société en procédure collective) ;
– dans les rapports entre créanciers privilégiés (Cass. com. 30-10-2000 n° 1818 FS-P : RJDA 1/01 n° 55), sauf en cas de liquidation judiciaire (n° 64094) ;
– en cas d'ouverture d'une procédure d'insolvabilité au sens du règlement UE 2015/848 du 20 mai 2015, un traitement différent étant réservé à certains créanciers qui échappent aux règles de la loi du lieu d'ouverture de cette procédure (cf. Règl. art. 11, 1 et 2, 12 et 13, 1 et 2).

PORTAIL ÉLECTRONIQUE POUR LES DÉMARCHES DES CRÉANCIERS

62360 Les créanciers peuvent **effectuer** certains **actes de procédure, et en recevoir** de la part des organes de la procédure, via un portail électronique tenu par le Conseil national des administrateurs judiciaires et des mandataires judiciaires (CNAJMJ ; C. com. art. L 814-13). Sous réserve des règles ci-dessous, les communications effectuées via ce portail sont soumises aux règles générales de la communication électronique des actes de procédures prévues par les articles 748-1 et suivants du CPC (art. R 814-58-1). Les actions réalisées dans le portail électronique font l'objet d'un **enregistrement** comprenant l'identifiant de la personne, la date et l'heure de l'accès (art. R 814-58-7, II).

L'utilisation du portail est gratuite pour les créanciers, sauf pour les lettres recommandées électroniques dont le coût ne peut pas excéder 3,94 € hors taxe si le poids de la lettre ne dépasse pas trente mégaoctets (Arrêté JUSC1521352A du 17-9-2015).

Les créanciers doivent **consentir** ou demander expressément à recourir **à la communication électronique** en s'inscrivant sur le portail électronique (C. com. art. R 814-58-2 et son annexe).

Les administrateurs judiciaires, les mandataires judiciaires, les créanciers ainsi que leurs salariés habilités ou les personnes auxquelles a été donné pouvoir d'effectuer les actes de procédure dématérialisés en cause accèdent aux données et informations relatives aux actes de procédure qu'ils ont transmis ou dont ils ont été destinataires, dans la limite de leurs qualités, de leurs attributions et du besoin d'en connaître (art. R 814-58-8).

62362 Seuls les **actes** suivants peuvent être communiqués via le portail dédié (C. com. art. D 814-58-3) :
– la demande faite par un créancier au mandataire judiciaire d'être informé des étapes essentielles de la procédure au fur et à mesure du déroulement de celle-ci et la transmission de ces informations par le mandataire au créancier (art. R 621-19) ;
– la déclaration des créances (art. L 622-24), y compris celle relative aux dommages-intérêts résultant de l'absence de poursuite d'un contrat en cours (art. L 622-13, V et L 641-11-1, V) ;
– en cas de sauvegarde accélérée, la transmission par le mandataire judiciaire à chaque créancier ayant participé à la conciliation d'informations sur sa créance (art. L 628-7, al. 2) ;
– l'acte par lequel un créancier porte à la connaissance des organes de la procédure ses créances nées régulièrement après le jugement d'ouverture pour les besoins du déroulement de la procédure ou de la période d'observation, ou en contrepartie d'une prestation fournie au débiteur pendant cette période (art. L 622-17, IV et L 641-13, III) ;
– l'acte par lequel le mandataire judiciaire avise le créancier d'une contestation sur sa créance et la réponse du créancier (art. L 622-27) ;
– les revendications et demandes de restitution ainsi que l'acquiescement et la contestation par l'administrateur ou le liquidateur des revendications et restitutions ;

– la mise en demeure adressée par un cocontractant à l'administrateur ou au liquidateur judiciaire de se prononcer sur le sort d'un contrat en cours et la réponse faite par l'administrateur ou le liquidateur dans le délai légal (art. L 622-13, III-1° et L 641-11-1, III-1°).

Lorsque l'envoi de ces actes doit être fait par lettre recommandée AR, la communication s'effectue par lettre recommandée électronique adressée via le portail (art. R 814-58-4).

B. Sort des poursuites individuelles des créanciers

1. REPRÉSENTATION DES CRÉANCIERS POUR LA DÉFENSE DE LEUR INTÉRÊT COLLECTIF

MONOPOLE DU MANDATAIRE OU DU LIQUIDATEUR JUDICIAIRE

En dehors des droits reconnus à ceux qui ont été désignés comme contrôleurs, les créanciers sont représentés, en cas de sauvegarde ou de redressement judiciaire, par le mandataire judiciaire (dénommé représentant des créanciers sous l'ancienne réglementation) ou, en cas de liquidation judiciaire, par le liquidateur judiciaire. 62380

Le mandataire et le liquidateur ont seuls **qualité pour agir** en justice au nom et dans l'intérêt collectif des créanciers (C. com. art. L 622-20, al. 1, L 631-14, al. 1 et L 641-4, al. 1 et 4 ; Cass. com. 16-3-1993 : D. 1993.583 note Derrida, RJDA 1/94 n° 91, précisant que ce représentant n'a pas, comme en droit commun, à indiquer le nom de chacun des créanciers ; Cass. com. 4-10-2005 n° 1191 : RJDA 1/06 n° 52 ; Cass. com. 8-3-2023 n° 21-18.677 F-B : RJDA 6/23 n° 307). Ils ne peuvent agir que **pour la protection et la reconstitution du gage commun des créanciers** (Cass. com. 2-6-2015 n° 13-24.714 : RJDA 10/15 n° 678 ; Cass. com. 8-3-2023 précité) et dans la mesure où les créanciers n'ont pas renoncé à l'action en cause (Cass. com. 30-11-1993 : RJDA 5/94 n° 576).

Représentant « les créanciers », ils ne peuvent pas exercer les actions qui ont pour objet un intérêt individuel d'un créancier ou d'un groupe de créanciers (notamment, Cass. com. 7-1-2003 n° 99-10.781 FS-PB : RJDA 5/03 n° 525 ; Cass. com. 17-9-2013 n° 12-20.984 F-D : RJDA 12/13 n° 1041). Ils ne peuvent pas non plus exercer une action au profit des créanciers de la procédure collective d'un débiteur s'il existe des créanciers d'un autre débiteur auquel cette procédure a été étendue (Cass. com. 17-9-2013 n° 12-20.984 F-D : RJDA 12/13 n° 1041).

En cas de **carence du mandataire ou du liquidateur** judiciaire, tout créancier nommé contrôleur peut agir dans l'intérêt collectif, après mise en demeure adressée au mandataire ou au liquidateur par lettre recommandée AR restée infructueuse pendant deux mois à compter de la réception de celle-ci (art. L 622-20, al. 1, L 631-14, al. 1, L 641-4, R 622-18, R 631-16 et R 641-11).

Les **sommes recouvrées** à la suite des actions exercées par le mandataire ou le liquidateur judiciaire ou les contrôleurs entrent dans le patrimoine du débiteur et sont affectées, en cas de continuation de l'entreprise, selon les modalités prévues pour l'apurement du passif (C. com. art. L 622-20, al. 4, L 631-14, al. 1 et L 641-4, al. 4), ou sont réparties, en cas de cession de l'entreprise ou de liquidation, entre tous les créanciers selon leur rang (Cass. com. 11-6-2014 n° 13-12.658 FS-PBRI : RJDA 8-9/14 n° 714 ; cf. C. com. art. L 643-8 fixant le rang des créances) ou, pour la condamnation du chef d'entreprise à combler le passif, en proportion de leurs créances (au marc le franc ; art. L 651-2, al. 5). 62382

Ces règles font obstacle à ce qu'il y ait compensation entre une dette de dommages-intérêts mise à la charge d'un créancier à la suite d'une action engagée par le mandataire ou le liquidateur et les sommes que le débiteur doit à ce créancier (Cass. com. 9-11-2004 n° 01-12.523 F-D : RJDA 2/05 n° 175 ; Cass. com. 7-4-2009 n° 08-10.427 F-D : RJDA 10/09 n° 874).

ACTIONS CONSERVÉES PAR LES CRÉANCIERS

Chaque créancier conserve un droit d'action individuel pour la **défense** de tout **intérêt personnel distinct de celui des autres créanciers** (notamment, Cass. com. 11-10-1994 n° 90-16.309 : RJDA 2/95 n° 201 ; Cass. com. 14-11-2000 n° 97-19.798 : RJDA 2/01 n° 183 ; Cass. com. 10-12-2013 n° 11-22.188 : RJDA 3/14 n° 249), ce qui suppose que l'action soit étrangère à la protection et à la reconstitution du gage commun des créanciers (Cass. com. 2-6-2015 n° 13-24.714 : RJDA 10/15 n° 678 ; Cass. com. 14-6-2017 n° 15-26.953 F-PBI : RJDA 1/18 n° 43). Le préjudice personnel invoqué par le créancier peut être un préjudice moral (Cass. com. 24-5-2023 n° 21-21.871 F-D). 62385

Sont étrangères à la protection et à la reconstitution du gage commun des créanciers, et **ne relèvent** donc **pas du monopole du mandataire ou du liquidateur** judiciaire :

– l'action formée par les salariés de la société débitrice qui réclament à un tiers (banque ayant accordé des crédits ruineux à la société) la réparation des préjudices consécutifs à la perte de leur emploi, soit la perte pour l'avenir des rémunérations qu'ils auraient pu percevoir et l'atteinte à leur droit de voir

leurs chances de retrouver un emploi optimisées, faute d'avoir pu bénéficier de formations qualifiantes (Cass. com. 2-6-2015 n° 13-24.714 FS-PBRI : RJDA 10/15 n° 678) ;
– l'action engagée par le dirigeant contre un tiers en réparation de la perte pour l'avenir de ses rémunérations, ce préjudice lui étant personnel (Cass. com. 29-9-2015 n° 13-27.587 F-PB : RJDA 2/16 n° 132 ; Cass. 1e civ. 3-2-2016 n° 14-25.695 F-PB : RJDA 5/16 n° 382) ;
– l'action en responsabilité formée par un associé ou un investisseur contre le dirigeant ou l'expert-comptable de la société débitrice, qui invoque un préjudice résultant de la perte de ses apports, concours ou investissements réalisés sur la foi de la présentation de comptes annuels infidèles de la société, ce préjudice étant personnel et distinct du préjudice collectif des créanciers (Cass. com. 2-2-2022 n° 20-17.151 F-D : RJDA 6/22 n° 354) ;
– l'action du crédit-bailleur qui reproche au liquidateur du crédit-preneur de ne pas lui avoir restitué l'immeuble, objet du contrat, et de l'avoir laissé se dégrader après avoir renoncé à poursuivre le contrat de crédit-bail, seul le crédit-bailleur, propriétaire du bien qui n'est jamais entré dans le patrimoine du débiteur, supporte le préjudice invoqué (Cass. com. 6-3-2019 n° 17-20.545 F-PB : RJDA 5/19 n° 359) ;
– l'action engagée par le cédant de droits sociaux qui, après la mise en liquidation judiciaire de l'acquéreur, réclame l'indemnisation de la perte de la chance de percevoir pour l'avenir le complément de prix convenu (Cass. com. 14-6-2017 n° 15-26.953 F-PBI : RJDA 1/18 n° 43).
En revanche, constitue une fraction du préjudice collectif subi par les créanciers d'une société en procédure collective celui invoqué par un associé au titre de la perte de valeur de ses actions ou parts sociales (Cass. com. 28-1-2014 n° 12-27.901 F-PB : RJDA 5/14 n° 461) ou du solde de son compte courant d'associé (Cass. com. 29-9-2015 n° 13-27.587 F-PB : RJDA 2/16 n° 132 ; Cass. com. 5-6-2019 n° 16-10.391 F-D : RJDA 10/19 n° 605), à moins que ce préjudice n'ait été causé par l'infidélité des comptes sociaux et non par la défaillance de la société (Cass. com. 2-2-2022 n° 20-17.151 F-D : RJDA 6/22 n° 354). Tendent à la reconstitution du gage commun des créanciers l'action du bailleur en responsabilité contre l'ancien liquidateur judiciaire dont la faute lui a fait perdre une chance d'extension de la procédure collective de la société locataire à un des deux gérants (Cass. com. 28-6-2016 n° 14-20.118 F-PB : RJDA 10/16 n° 706), l'action tendant à contester la régularité de la publicité d'une déclaration d'insaisissabilité faite par le débiteur (Cass. com. 15-11-2016 n° 14-26.287 FS-PBI : RJDA 2/17 n° 101) ou encore l'action destinée à obtenir de l'acheteur d'un fonds de commerce les sommes versées par lui au vendeur, par la suite mis en liquidation judiciaire, avant l'expiration du délai d'opposition ouvert aux créanciers (Cass. com. 8-3-2023 n° 21-18.677 F-B : RJDA 6/23 n° 307).

ACTION PAULIENNE

62387 Le **mandataire** ou le **liquidateur** judiciaire ou le commissaire à l'exécution du plan peut exercer l'action paulienne au nom et dans l'intérêt collectif des créanciers (Cass. com. 13-11-2001 n° 98-18.292 : RJDA 3/02 n° 283 ; Cass. 1e civ. 13-7-2004 n° 03-10.292 : PA 13-4-2005 p. 3 note Lécuyer). L'action est recevable même si un seul créancier peut invoquer une fraude paulienne (Cass. 1e civ. 29-5-2013 n° 12-16.541 F-D : RJDA 11/13 n° 938).

En précisant que l'action paulienne contre un acte frauduleux tend à la reconstitution du gage des créanciers y compris lorsque la répartition des dividendes profite exclusivement à certains d'entre eux (Cass. com. 8-3-2023 n° 21-18.829 F-B : RJDA 6/23 n° 331), la Cour de cassation a implicitement mis un terme à la jurisprudence antérieure qui autorisait un **créancier** à exercer individuellement l'action paulienne, nonobstant le monopole du mandataire ou du liquidateur à agir au nom et dans l'intérêt des créanciers (Cass. com. 8-10-1996 n° 93-14.068 P : RJDA 1/97 n° 94) et la suspension des poursuites contre le débiteur (Cass. com. 2-11-2005 n° 04-16.232 FS-PB : Bull. civ. IV n° 214).
L'action relève de la compétence de droit commun et non de celle du tribunal de la procédure collective (Cass. com. 16-6-2015 n° 14-13.970 : RJDA 10/15 n° 679).

ACTION OBLIQUE

62390 L'action oblique, qui permet à un créancier d'exercer au lieu et place de son débiteur, qui néglige de le faire, les droits, autres que personnels, que celui-ci détient sur ses propres débiteurs (C. civ. art. 1341-1), ne tombe pas sous le coup de l'interdiction des poursuites en paiement contre le débiteur puisqu'elle est dirigée contre un tiers débiteur de son débiteur et tend non pas à obtenir un paiement mais la réintégration d'une créance ou d'un bien dans le patrimoine du débiteur.

Jugé qu'en cas de redressement judiciaire, un créancier peut, s'il justifie d'un intérêt personnel à ce que les créances réintègrent le patrimoine de son débiteur, agir par la voie oblique, la règle selon laquelle le représentant des créanciers (désormais le mandataire judiciaire) a seul qualité pour agir au nom et dans l'intérêt collectif des créanciers, n'y faisant pas obstacle (CA Paris 13-3-1998 n° 95-13275 : RJDA 8-9/98 n° 1005, solution à notre avis transposable à la sauvegarde). Toutefois, si le débiteur en **sauvegarde ou redressement** exerce les droits et actions qui ne sont pas compris dans la mission de l'administrateur (C. com. art. L 622-3, al. 1 et L 631-14, al. 1), de sorte qu'un créancier peut se substituer au débiteur, l'exercice de l'action oblique paraît fermé au créancier lorsque l'administrateur a été chargé d'assurer seul l'administration de l'entreprise en redressement judiciaire.

En cas **de liquidation judiciaire,** les droits et actions du débiteur concernant son patrimoine sont exercés, pendant toute la durée de la procédure, par le liquidateur auquel aucun créancier ne peut se substituer pour recouvrer, fût-ce par voie oblique, une créance de la personne soumise à cette procédure collective (Cass. com. 3-4-2001 n° 98-14.191 FS-P : RJDA 8-9/01 n° 886 ; Cass. com. 28-10-2008 n° 07-15.029 F-D : RJDA 1/09 n° 47).

En tout état de cause, ni un créancier ni un organe de la procédure ne peut mettre en œuvre l'action oblique pour un droit strictement personnel du débiteur, tel celui de se faire reconnaître la qualité de salarié (Cass. soc. 13-7-2004 n° 1559 FS-PB : RJDA 2/05 n° 177). On peut aussi se demander si l'évolution récente de la jurisprudence à propos de l'action paulienne (n° 62387) n'a pas vocation à s'étendre à l'action oblique qui tend elle aussi à la reconstitution du gage commun des créanciers.

2. POURSUITES DES CRÉANCIERS CONTRE LE DÉBITEUR

PRINCIPE DE L'INTERRUPTION DES POURSUITES CONTRE LE DÉBITEUR

À compter de l'ouverture de la procédure collective, l'**exercice individuel** par les créanciers **de** 62395
certaines actions en justice est interdit, interrompu ou arrêté (C. com. art. L 622-21, L 631-14, al. 1 et L 641-3, al. 1). Le principe vaut aussi pour les demandes d'arbitrage (Cass. com. 2-6-2004 n° 873 : RJDA 11/04 n° 1240 ; Cass. 1e civ. 6-5-2009 n° 08-10.281 : RJDA 5/10 n° 574).

Il s'agit d'une règle d'ordre public interne (Cass. com. 12-1-2010 n° 08-19.645 : RJDA 5/10 n° 544, faisant obligation au juge de la relever d'office en tout état de cause ; Cass. com. 25-10-2023 n° 22-12.983 F-D) et international (Cass. 1e civ. 6-5-2009 n° 08-10.281 FS-PBI : RJDA 5/10 n° 574, rejetant la demande d'exequatur d'une sentence arbitrale prononcée à la suite d'une procédure ouverte au mépris de la suspension des poursuites ; Cass. com. 12-11-2020 n° 19-18.849 F-PB : RJDA 2/21 n° 105, refusant que l'exequatur d'une sentence puisse donner lieu à l'exécution forcée de cette dernière ; Cass. com. 8-2-2023 n° 21-15.771 F-B : RJDA 7/23 n° 392, refusant l'exequatur d'une sentence arbitrale condamnant un débiteur à payer une créance antérieure à l'ouverture de sa procédure collective dès lors que le créancier a saisi l'arbitre après cette ouverture) contre laquelle ne peuvent être invoquées ni la renonciation à s'en prévaloir (CPC art. 1466) ni l'interdiction de se contredire au détriment d'autrui (CA Paris 27-2-2018 n° 16/01358 : Rev. arb. 2018.299.som.).

Le juge doit relever, au besoin d'office, l'irrecevabilité d'une action engagée en violation du principe de l'interdiction des poursuites (Cass. com. 28-3-1995 n° 92-18.917 : RJDA 10/95 n° 1153 ; Cass. 3e civ. 24-6-2021 n° 20-15.886 F-D : RJDA 12/21 n° 785 ; Cass. com. 25-10-2023 n° 22-18.075 F-D : RJDA 2/24 n° 117).

Cette neutralisation des poursuites individuelles ne concerne que les actions dirigées **contre le débiteur** (personne physique ou morale) mais pas contre le dirigeant de la personne morale débitrice (Cass. com. 21-6-1994 n° 1462 D : RJDA 11/94 n° 1142 et Cass. com. 29-3-2023 n° 21-21.005 F-B : RJDA 6/23 n° 323, poursuites de l'administration fiscale) ni contre les tiers (Cass. 2e civ. 24-3-1993 n° 90-18.599 : Bull. civ. II n° 128 ; Cass. 3e civ. 6-1-2010 n° 08-21.536). Sur les actions contre les coobligés et les garants du débiteur, nos 62460 s.

Pour les créanciers de l'EIRL, l'interdiction vise le seul patrimoine affecté à l'activité ou, si l'activité est exercée sans affectation de patrimoine, le seul patrimoine non affecté (C. com. art. L 680-3). Pour les créanciers des **autres entrepreneurs individuels,** l'interdiction vise, dans les procédures ouvertes depuis le 15 mai 2022 et selon le cas, le seul patrimoine professionnel de l'entrepreneur ou également son patrimoine personnel (nos 61539 s.).

La suspension des poursuites entraîne l'**interruption** des **délais** impartis à peine de déchéance ou de résolution des droits (art. L 622-21, III).

Elle est maintenue pendant toute la **durée** de la procédure, même en cas d'arrêté d'un plan de sauvegarde ou de redressement (Cass. com. 7-9-2022 n° 20-20.404 F-D : RJDA 1/23 n° 42 ; Cass. com. 18-10-2023 n° 21-14.513 F-D : RJDA 2/24 n° 117), et durant la liquidation judiciaire (Cass. com. 19-12-1995 : RJDA 3/96 n° 427).

Le débiteur, qui est partie à une **instance en cours** lors de l'ouverture de la procédure collective, doit **informer** le **créancier poursuivant** de l'ouverture de la procédure dans les dix jours de celle-ci (art. L 622-22, al. 2). Le débiteur encourt une interdiction de gérer s'il a sciemment manqué à cette obligation (art. L 653-8) mais cette fraude ne fait pas échec à la règle de l'interdiction des poursuites au profit du créancier concerné (Cass. com. 6-6-2018 n° 16-23.996 F-PB : RJDA 8-9/18 n° 658).

ACTIONS EN JUSTICE CONTRE LE DÉBITEUR NEUTRALISÉES

Le jugement d'ouverture de la procédure collective interrompt ou interdit toute action en justice 62400
de la part des créanciers tendant à la condamnation du débiteur au paiement d'une somme d'argent ou à la résolution d'un contrat pour défaut de paiement d'une somme d'argent, mais seulement s'ils agissent au titre d'une **créance antérieure au jugement d'ouverture ou** d'une **créance née** régulièrement **après** ce jugement mais **qui n'est pas considérée comme utile** à la procédure collective (C. com. art. L 622-21, I, L 631-14, al. 1 et L 641-3, al. 1). En revanche, les créanciers conservent leur droit de poursuite individuelle pour ces créances « utiles » à la procédure (nos 62200 s.).

Si les créances salariales ne doivent pas être déclarées au passif de la procédure collective, elles sont toutefois soumises à l'arrêt des poursuites individuelles et des procédures civiles d'exécution (Cass. com. 30-6-2021 n° 20-15.690 F-B : RJDA 10/21 n° 679).

62402 **Actions en paiement d'une somme d'argent** Pour les créances visées n° 62400, les créanciers ne peuvent pas demander la **condamnation du débiteur** au paiement d'une somme d'argent (C. com. art. L 622-21, I-1°, L 631-14, al. 1 et L 641-3, al. 1) ; tel est le cas :

– de la demande d'exécution d'une prestation de faire dès lors qu'elle renferme aussi une obligation de dépenser ou de payer une somme d'argent ; il en est ainsi de l'action tendant, pour des manquements du débiteur antérieurs au jugement d'ouverture, à fixer ou à liquider une astreinte définitive (Cass. com. 21-1-2003 : RJDA 6/03 n° 617) ou provisoire (Cass. com. 1-12-2009 n° 07-20.571 F-D), à recouvrer l'astreinte (Cass. com. 26-3-2013 n° 06-10.602 : RJDA 7/13 n° 920.som.) ou à faire exécuter l'engagement de souscrire un cautionnement (Cass. com. 6-6-1995 : RJDA 12/95 n° 1441) ;

– d'une demande de versement d'une provision formée après le jugement d'ouverture même pour une créance non sérieusement contestable (Cass. com. 14-5-1996 : RJDA 10/96 n° 1256) ou formée avant le jugement car l'instance n'est pas une instance en cours (Cass. com. 19-9-2018 n° 17-13.210 F-PB : RJDA 12/18 n° 926 ; Cass. com. 23-10-2019 n° 18-14.823 F-PB) ;

– de la demande en réparation du préjudice causé par des désordres affectant des travaux achevés avant l'ouverture de la procédure (Cass. com. 26-10-1999 : RJDA 12/99 n° 1351) ou par une faute délictuelle antérieure à cette date (Cass. com. 5-2-2013 n° 12-11.595 : GP 2013.som.1692 note Henry) ;

– de l'action de l'acheteur qui, au titre de la garantie des vices cachés, entend obtenir une réduction du prix et des dommages-intérêts pour perte de jouissance (Cass. com. 18-2-2003 n° 00-13.340 FS-D : Rev. proc. coll. 2003.312 note Staels) ;

– de l'action d'un créancier demandant à être garanti, par le débiteur, de toute condamnation qui pourrait être mise à sa charge en exécution d'une obligation antérieure au jugement d'ouverture (Cass. com. 29-5-2019 n° 16-26.989 FS-PB : RJDA 8-9/19 n° 573) ;

– de la demande d'attribution judiciaire d'un bien hypothéqué (Cass. com. 28-6-2017 n° 16-10.951 F-PBI : RJDA 11/17 n° 748 ; Cass. com. 19-9-2018 n° 17-14.964 F-D : RJDA 1/19 n° 35 ; sur la possible attribution judiciaire du gage en cas de liquidation judiciaire, n° 63945) ;

– d'une demande présentée par une partie civile en restitution de fonds saisis au titre d'une instruction ouverte à l'encontre du débiteur poursuivi (Cass. crim. 23-10-2019 n° 18-85.820 FS-PBI) ;

– de l'action d'un bailleur tendant au transfert à son profit, en vertu d'une clause pénale, de la licence IV du locataire (Cass. com. 17-5-2017 n° 15-21.837 F-D : RJDA 8-9/17 n° 564) ;

– de l'action en paiement dirigée contre la caution, elle-même mise en liquidation judiciaire (Cass. com. 19-1-1993 : RJDA 6/93 n° 558).

62404 En revanche, **ne sont pas** des actions en paiement d'une somme d'argent :

– l'action ayant pour objet essentiel de déterminer si le demandeur avait droit ou non à être affilié rétroactivement à un régime de retraite (Cass. soc. 26-5-1988 : Bull. civ. V p. 207) ;

– l'action visant au prononcé de sanctions fiscales qui sont à la fois des réparations civiles et des peines (Cass. crim. 28-4-1997 n° 2333 P : Bull. crim. n° 149) ;

– l'action en déclaration de validité du congé avec refus de renouvellement du bail pour retards dans les paiements (Cass. 3e civ. 3-6-1992 n° 998 P : RJDA 8-9/92 n° 865) ;

– l'action en référé-expertise intentée par un maître d'ouvrage contre plusieurs intervenants à la construction, dont l'un a été placé par la suite en liquidation judiciaire (Cass. com. 8-4-2021 n° 19-25.507 F-D) ;

– l'action en garantie des vices cachés tendant au remplacement des pièces défectueuses du matériel acquis avant l'ouverture de la procédure (Cass. com. 28-3-1995 n° 92-18.917 P : RJDA 10/95 n° 1153) ;

– l'action par laquelle un agent commercial, dont le mandant est en liquidation judiciaire, demande que la résiliation du contrat soit déclarée imputable au mandant pour fautes de gestion et à être exonéré du préavis de rupture (Cass. com. 13-4-2022 n° 20-18.175 F-D : RJDA 8-9/22 n° 497) ;

– l'instance en liquidation et partage d'une indivision successorale (Cass. com. 21-11-2018 n° 17-12.761 F-PB : RJDA 2/19 n° 108) ;

– l'action tendant à voir déclarer que la société débitrice est fictive (Cass. com. 11-3-2008 n° 06-19.968 F-D) ;

– dès lors qu'elle n'est pas accompagnée d'une demande de remboursement du prix, l'action en résolution d'une vente (cf. Cass. 1e civ. 26-11-1996 n° 966 P : RJDA 4/97 n° 562 ; Cass. com. 13-9-2017 n° 16-12.249 F-D : Rev. proc. coll. 2018 comm. n° 72) et celle tendant à son annulation pour démarchage illicite (Cass. com. 3-2-2021 n° 19-13.434 F-D : RJDA 8-9/21 n° 585 ; Cass. com. 5-5-2021 n° 19-10.394 F-D : RJDA 7/21 n° 496) ou pour vice du consentement (Cass. 3e civ. 21-5-2014 n° 13-11.785 FS-D).

Lorsque le débiteur a fait une déclaration d'insaisissabilité d'un de ses biens immobiliers, le créancier auquel la déclaration n'est pas opposable peut obtenir un titre exécutoire par une action contre le débiteur tendant à voir constater l'existence, le montant et l'exigibilité de sa créance mais cette action ne peut tendre au paiement de celle-ci (Cass. com. 7-10-2020 n° 19-13.560 F-PB : RJDA 1/21 n° 49 ; Cass. com. 19-4-2023 n° 21-22.461 F-D : RJDA 8-9/23 n° 444).

Par ailleurs, les créanciers peuvent se constituer **partie civile** contre le débiteur mais uniquement pour mettre en mouvement l'action publique et sans pouvoir obtenir le versement d'une somme d'argent (Cass. crim. 20-3-2001 n° 98-87.544 : Bull. crim. n° 71) ; ils le peuvent même pour une infraction commise avant l'ouverture de la procédure afin de corroborer l'action publique (Cass. crim. 23-1-2008 n° 07-82.174 : JCP G 2008.I.198 n° 15 obs. Cabrillac). 62406

Actions en résolution du contrat pour non-paiement d'une somme d'argent 62408

Pour les créances visées n° 62400, les **créanciers** ne **peuvent plus agir** en résolution de tout contrat pour défaut de paiement d'une somme d'argent (C. com. art. L 622-21, I-2°, L 631-14, al. 1 et L 641-3, al. 1), par exemple :

– d'une vente dès lors que le transfert de propriété a eu lieu avant le jugement d'ouverture (Cass. com. 28-2-1995 n° 460 P : RJDA 7/95 n° 892 ; Cass. com. 4-7-2018 n° 17-10.208 F-D : RJDA 12/18 n° 925 : à propos de ventes immobilières en viager conclues avant le jugement d'ouverture, que la rente ait cessé d'être payée avant ou après le jugement d'ouverture ; Cass. com. 20-3-2019 n° 17-20.629 F-D : RJDA 6/19 n° 443 pour la vente d'un fonds de commerce avec un crédit-vendeur que le débiteur a cessé de rembourser) ou en vertu d'une clause résolutoire non acquise au jour du jugement d'ouverture ou encore en refusant de payer le solde du prix en raison du retard du vendeur pour délivrer la chose vendue (cf. Cass. com. 14-12-1993 : RJDA 5/94 n° 484 à propos d'une vente en l'état futur d'achèvement) ;

– d'un bail pour paiement tardif des loyers antérieurs au jugement d'ouverture (Cass. com. 15-11-2016 n° 14-25.767 : RJDA 2/17 n° 97).

Mais ne sont **pas interdites** : 62410

– l'action en résolution pour inexécution par le débiteur d'une obligation autre que le paiement d'une somme d'argent, telle celle relative : à un défaut d'adhésion à un GIE (Cass. com. 12-5-1992 : RJDA 6/92 n° 636) ; à un défaut d'accomplissement des obligations prévues au contrat (Cass. com. 28-5-1996 n° 93-16.125 P : RJDA 11/96 n° 1394 à propos du défaut d'assurance du bâtiment dont la jouissance avait été concédée ; Cass. com. 26-10-1999 n° 96-21.745 : RJDA 12/99 n° 1350 pour le manquement du locataire à son obligation de ne pas troubler les autres locataires par des nuisances sonores ; Cass. com. 13-4-2022 n° 20-18.175 F-D : RJDA 8-9/22 n° 497 pour les manquements d'un mandant à l'égard d'un agent commercial, constitués par des retards de livraison, des ruptures de stock et un défaut d'information) ; à un défaut de délivrance (Cass. 1e civ. 26-11-1996 n° 1966 P : RJDA 4/97 n° 562 ; Cass. com. 15-6-2022 n° 21-10.802 F-B : RJDA 11/22 n° 647) ; à un défaut d'exploitation, avant l'ouverture de la procédure, d'un fonds de commerce dans les lieux loués (Cass. com. 11-10-2016 n° 15-16.099 : Rev. proc. coll. 2017 n° 5 § 101 note Macorig-Venier ; sur le défaut d'exploitation postérieur, n° 62187) ; il faut néanmoins que cette action n'aboutisse pas au paiement d'une somme d'argent (n° 62402) ;

– une action en désignation d'un expert devant le juge des référés, qui ne tend pas, par elle-même, à la condamnation du débiteur au paiement d'une somme d'argent ou à la résolution du contrat pour défaut de paiement d'une telle somme (Cass. com. 2-12-2014 n° 13-24.405 F-PB : RJDA 11/15 n° 769 ; aussi Cass. com. 1-2-2000 n° 288 P : RJDA 5/00 n° 557).

Échappe à l'interdiction des poursuites l'action en constatation de l'acquisition d'une clause résolutoire de plein droit qui a produit ses effets avant le jugement ouvrant la procédure collective (Cass. com. 18-11-2014 n° 13-23.997 : RJDA 2/15 n° 122 pour un crédit-bail immobilier ; Cass. com. 13-9-2023 n° 22-12.047 F-B : RJDA 12/23 n° 670 pour un contrat de location de matériel), même si celui-ci est survenu au cours de la procédure d'appel de l'ordonnance de référé antérieure à cette ouverture ayant constaté l'effet de la clause (Cass. 3e civ. 28-1-2004 n° 79 : RJDA 5/04 n° 590). Il en va différemment pour le bail commercial : le bailleur ne peut se prévaloir d'une clause de résiliation de plein droit du bail pour non-paiement des loyers échus avant la procédure collective du locataire que si l'acquisition de la clause de résiliation a été constatée par une décision de justice passée en force de chose jugée avant l'ouverture de la procédure collective (Cass. com. 23-11-2004 n° 1685 FS-PB : RJDA 3/05 n° 329 ; Cass. com. 28-10-2008 n° 07-17.662 F-PB : RJDA 8-9/09 n° 707 ; Cass. 3e civ. 26-5-2016 n° 15-12.750 F-D : RJDA 8-9/16 n° 601), c'est-à-dire par une décision insusceptible de recours suspensif d'exécution ou n'ayant pas fait l'objet d'un recours dans le délai requis (CPC art. 500). Le seul écoulement du délai d'un mois qui a suivi le commandement demeuré infructueux ne suffit pas à établir que la clause résolutoire a produit son effet, en l'absence de décision passée en force de chose jugée constatant la résiliation (Cass. 3e civ. 13-10-1993 n° 1461 D : RJDA 12/93 n° 1081). À défaut d'avoir obtenu une telle décision avant l'ouverture de la procédure collective du locataire pour des loyers antérieurs impayés, le bailleur ne peut plus faire constater l'acquisition de la clause après l'ouverture de cette procédure (Cass. 3e civ. 13-4-2022 n° 21-15.336 FS-B : RJDA 12/22 n° 703).

VOIES D'EXÉCUTION ET PROCÉDURES DE DISTRIBUTION NEUTRALISÉES

62415 Pour les créances visées n° 62400, le jugement d'ouverture de la procédure collective arrête ou **interdit** toute **procédure d'exécution** de la part des créanciers sur les meubles et immeubles du débiteur (C. com. art. L 622-21, II, L 631-14, al. 1 et L 641-3, al. 1).

En conséquence,

– la saisie-exécution antérieure au jugement est interrompue dès lors que le jugement d'ouverture survient avant la vente des biens saisis, car la procédure de saisie-vente ne s'achève que par la vente des biens saisis qui fait sortir ces biens du patrimoine du débiteur (Cass. com. 21-9-2010 n° 09-15.117 : RJDA 3/11 n° 258 ; Cass. 2e civ. 28-1-2016 n° 15-13.222 : RJDA 5/16 n° 380) ;

– une saisie conservatoire non encore convertie en saisie-attribution ou en saisie-vente est arrêtée par le jugement d'ouverture (Cass. com. 1-2-2000 n° 300 D : RJDA 5/00 n° 554) ;

– une saisie immobilière est en cours au jour du jugement d'ouverture lorsque l'adjudication prononcée a été annulée (Cass. com. 4-1-2000 : RJDA 3/00 n° 308) ou lorsque l'adjudication n'est pas définitive en raison de l'existence d'une déclaration de surenchère (Cass. com. 4-3-2014 n° 13-10.534 : RJDA 6/14 n° 546) ou en raison du pourvoi formé par le débiteur pour demander l'annulation de la mesure d'exécution (Cass. com. 18-5-2022 n° 20-18.830 F-D).

L'arrêt de la **saisie** en application de ces dispositions emporte la **mainlevée** de celle-ci (Cass. com. 31-3-1998 n° 95-15.749 ; Cass. com. 1-2-2000 n° 300 D : RJDA 5/00 n° 554 ; Cass. 2e civ. 28-1-2016 n° 15-13.222 : RJDA 5/16 n° 380 ; Cass. com. 30-6-2021 n° 20-15.690 F-B : RJDA 10/21 n° 679).

L'ouverture d'une sauvegarde, d'un redressement ou d'une liquidation judiciaire contre un débiteur qui fait l'objet d'une saisie immobilière en cours suspend cette procédure mais ne l'arrête pas, de sorte que les actes d'exécution forcée intervenus avant l'ouverture ne sont pas rétroactivement anéantis (Cass. com. 8-3-2023 n° 21-18.722 FS-B : RJDA 7/23 n° 393).

62417 Ne sont **pas** des voies d'exécution **interdites** :

– la délivrance d'un commandement de payer qui n'est qu'un acte préparatoire de la saisie, même si cette dernière ne peut pas être poursuivie après le jugement d'ouverture de la procédure collective (Cass. com. 14-3-1995 : RJDA 8-9/95 n° 1034, à propos d'une saisie-exécution mais transposable) ;

– l'expulsion d'un locataire, que la résiliation du bail ait pris effet avant l'ouverture de la procédure (Cass. 3e civ. 21-2-1990 n° 88-13.644 : Bull. civ. III n° 52) ou après celle-ci (Cass. com. 3-12-2003 n° 02-13.371 FD : Rev. Huissiers 2004 p. 117) ;

– la conversion régulière de la saisie-conservatoire en saisie-attribution effectuée avant le jugement d'ouverture, la conversion étant accomplie au jour de sa signification au tiers saisi (Cass. com. 2-3-2010 n° 08-19.898 : RJDA 6/10 n° 677) ;

– la saisie pénale d'une créance, dont les effets, si elle a été préalablement ordonnée, ne peuvent pas être limités (Cass. 2e civ. 5-12-2019 n° 17-18-23.576 F-PBI : JCP G 2020 n° 7-8 act. n° 197 obs. E. Camous).

L'ouverture de la procédure collective du débiteur n'a pas d'incidence sur la **saisie-attribution** pratiquée avant, l'acte de saisie emportant attribution immédiate au profit du saisissant de la créance saisie entre les mains du tiers (C. exécution art. L 211-2). Ainsi, la saisie-attribution d'une créance à exécution successive (des loyers, par exemple) peut se poursuivre sur les sommes échues après l'ouverture d'une procédure collective contre le débiteur saisi si cette saisie a définitivement produit son effet attributif avant le jugement (Cass. ch. mixte 22-11-2002 n° 99-13.935 P : RJDA 3/03 n° 312). La solution vaut aussi pour la saisie administrative à tiers détenteur qui emporte aussi attribution immédiate de la créance saisie (Cass. com. 14-11-2000 n° 1921 FS-D : RJDA 2/01 n° 183 ; Cass. com. 8-7-2003 n° 1146 FS-PB : RJDA 11/03 n° 1123 rendus à propos de l'avis à tiers détenteur mais transposables à la saisie administrative).

Mais, lorsque c'est le tiers saisi qui fait l'objet d'une procédure collective, le créancier saisissant étant devenu, par l'effet attributif immédiat de la saisie, créancier du tiers saisi (C. exécution art. L 211-2, al. 1), son action est arrêtée et il doit déclarer sa créance (Cass. com. 11-6-2002 : RJDA 11/02 n° 1169).

62420 Le jugement d'ouverture arrête ou interdit toute **procédure de distribution** n'ayant pas produit un effet attributif avant le jugement (C. com. art. L 622-21, II, L 631-14, al. 1 et L 641-3, al. 1). Ainsi, les procédures de distribution du prix de vente d'un immeuble ou d'un meuble « ne faisant pas suite à une procédure d'exécution ayant produit un effet attributif avant le jugement d'ouverture », en cours au jour de ce jugement sont **caduques** (art. R 622-19, R 631-20 et R 641-23 ; pour des applications à propos du prix de vente d'un fonds de commerce confié à un séquestre, Cass. com. 8-6-2010 n° 09-68.591 : RJDA 12/10 n° 1168 ; Cass. com. 17-9-2013 n° 12-15.281 : RJDA 12/13 n° 1037). Une ambiguïté résulte de ces textes : l'article R 622-19, à valeur réglementaire, induit une distinction selon que la distribution fait suite ou non à une voie d'exécution antérieure à la procédure de distribution, contrairement à l'article L 622-21, à valeur législative, qui vise toute procédure de distribution. Faisant primer ce dernier texte, la Cour de cassation a jugé, à propos d'une saisie immobilière, que l'effet attributif de la procédure de distribution du prix d'adjudication n'a lieu au profit des créanciers inscrits sur l'immeuble qu'une fois que ce prix a été effectivement réparti entre ces créanciers avant l'ouverture de la procédure collective du débiteur saisi (Cass. com. 17-4-2019 n° 17-15.960 F-PB : RJDA 7/19 n° 520). La solution est à notre avis applicable aux autres cas de distribution.

L'effet attributif de la procédure de distribution ne résulte ni de l'homologation judiciaire du projet de répartition du prix, quand bien même elle aurait autorité de chose jugée, ni de la consignation du prix d'adjudication par l'acquéreur depuis plus de six mois sans que sa distribution soit intervenue (ce qui vaut paiement des créanciers par le débiteur à hauteur des sommes qui leur seront distribuées) (C. exécution art. L 334-1 et art. R 334-3 ; arrêt précité).

Les **fonds** doivent être remis au mandataire ou au liquidateur judiciaire, le cas échéant par le séquestre qui par cette remise est libéré à l'égard des parties (art. précités). Ces fonds sont **répartis** selon les règles de la procédure collective.

INTERRUPTION ET REPRISE DES INSTANCES EN COURS

Sous réserve des instances prud'homales (n° 62447), les instances introduites par les créanciers avant le jugement d'ouverture – dites **instances en cours** – sont interrompues, mais elles peuvent être reprises seulement pour constater les créances et en fixer le montant (C. com. art. L 622-22, L 631-14, al. 1 et L 641-3, al. 1). **62425**

Cette règle est d'ordre public international (Cass. 1e civ. 5-2-1991 n° 89-14.382 : Bull. civ. I n° 44).

Ne sont pas en cours les actions :
– à propos desquelles les débats ont été ouverts après le jugement d'ouverture (Cass. com. 10-10-1995 n° 93-18.401 D : RJDA 1/96 n° 124 ; Cass. com. 3-4-2019 n° 17-27.529 F-PB) ;
– définitivement jugées ; il en est ainsi de l'action qui a donné lieu à une décision frappée d'un pourvoi en cassation car elle est passée en force de chose jugée (Cass. com. 14-6-1994 : RJDA 12/94 n° 1368), seuls les recours suspensifs faisant obstacle à la force de chose jugée (CPC art. 500) ;
– formées après le jugement d'ouverture, telles une action reconventionnelle (Cass. com. 9-11-2004 n° 1596 : RJDA 3/05 n° 296 ; CA Angers 3-6-2002 n° 01-1711 : Rev. proc. coll. 2003.316 n° 6 obs. Staes) ou une requête en injonction de payer (Cass. com. 19-6-2012 n° 11-18.282, 1e esp. : Rev. proc. coll. 2013 n° 2 § 47 note Staes) ;
– qui ont abouti à une décision exécutoire par provision, laquelle a donné lieu au paiement ordonné de la créance et ainsi à l'extinction de cette dernière (Cass. com. 15-2-2012 n° 09-71.487 : Rev. proc. coll. 2012 n° 3 § 64 note Staes).

Ne peuvent être considérées comme étant en cours que les actions qui tendent à obtenir une décision définitive sur l'existence et le montant de la créance (Cass. com. 23-5-2000 : RJDA 11/00 n° 1018), ce qui n'est pas le cas de l'instance en référé qui tend à obtenir la condamnation provisionnelle du débiteur (Cass. com. 6-10-2009 n° 08-12.416 : RJDA 12/09 n° 1105 ; Cass. com. 2-10-2012 n° 11-21.529 : Rev. proc. coll. 2013.45 note Staes ; Cass. com. 19-9-2018 n° 17-13.210 F-PB : RJDA 12/18 n° 926).

La cour d'appel, statuant sur l'appel formé par le débiteur contre une ordonnance de référé l'ayant condamné au paiement d'une provision avant l'ouverture de la procédure collective, doit infirmer cette ordonnance et dire qu'il n'y a pas lieu à référé, la demande en paiement étant devenue irrecevable en vertu de la règle de l'interdiction des poursuites édictée par l'article L 622-21 du Code de commerce (Cass. com. 26-6-2019 n° 18-16.777 D : RJDA 11/19 n° 701 ; Cass. com. 23-10-2019 précité).

En l'absence d'instance en cours à la date du jugement d'ouverture de la procédure collective du débiteur, le créancier, après avoir déclaré sa créance, ne peut en faire constater le principe et fixer le montant qu'en suivant la procédure de vérification des créances (Cass. com. 17-2-2015 n° 13-27.117 F-D : JCP G 2015 n° 563 note Y. Dagorne-Labbe ; Cass. 3e civ. 24-6-2021 n° 20-15.886 F-D : RJDA 12/21 n° 785).

Les effets de la **procédure d'insolvabilité** européenne sur les instances en cours concernant un bien ou un droit dont le débiteur est dessaisi sont régis exclusivement par la loi de l'État membre dans lequel une instance est en cours (Règl. UE 2015/848 du 20-5-2015 art. 18).

Modalités de reprise des actions interrompues Les instances sont interrompues jusqu'à ce que le créancier poursuivant ait procédé à la déclaration de sa créance ; elles sont reprises de plein droit à l'initiative du créancier demandeur, sur justification de cette déclaration, et mise en cause des organes de la procédure (C. com. art. L 622-22, al. 1, L 631-14, al. 1 et L 641-3, al. 1). Cette règle appelle les observations suivantes. **62427**

Déclaration de la créance. La déclaration de sa créance par le créancier poursuivant est un **préalable obligatoire** à la reprise de l'instance interrompue par l'ouverture de la procédure collective du débiteur. **62429**

Elle s'impose notamment au créancier qui réclame par une demande reconventionnelle une créance, peu important que la reprise de la demande principale soit régulière (Cass. com. 28-4-1998 : RJDA 8-9/98 n° 1006 ; rappr. Cass. com. 5-5-2015 n° 14-10.631 F-D : Rev. proc. coll. 2015 n° 6 § 184 note Staes).

La déclaration ne met fin à l'interruption que si elle a été faite dans le délai légal ou si le créancier retardataire a été relevé de la forclusion encourue (CA Paris 28-1-1988 : D. 1988.som.385 obs. Honorat). Le créancier peut bénéficier d'un délai pour justifier de ces conditions (CA Paris 16-3-1995 : D. 1995.IR.103).

À défaut de déclaration, les conditions de la reprise d'instance ne sont pas réunies, même si la créance du créancier forclos n'est pas éteinte ; l'instance demeure interrompue jusqu'à la clôture de la procédure collective (Cass. avis 8-6-2009 n° 0090002 P : RJDA 12/09 n° 1106 ; Cass. com. 5-5-2015, précité).

En pratique, le créancier poursuivant doit produire, auprès de la juridiction saisie de l'instance interrompue, une copie de sa déclaration de créance ou tout autre élément justifiant de la mention de sa créance sur la liste des créances (C. com. art. R 622-20, R 631-20 et R 641-23).

62430 **Mise en cause des organes de la procédure.** La reprise ne peut intervenir qu'après que le créancier a mis en cause dans l'instance :

– le mandataire judiciaire ainsi que, le cas échéant, l'administrateur lorsqu'il a pour mission d'assister le débiteur en cas de sauvegarde ou quelle que soit sa mission en cas de redressement judiciaire, ou, si le plan a été arrêté, le commissaire à l'exécution du plan (C. com. art. R 622-20 et R 631-22, al. 2) ;

– en cas de liquidation judiciaire, le liquidateur judiciaire (art. R 641-23 ; Cass. 2e civ. 8-1-1997 n° 95-11.954 PB : RJDA 8-9/97 n° 1100).

En pratique, le créancier doit assigner le ou les organes précités en intervention forcée à l'instance, à moins que ceux-ci ne prennent l'initiative d'y participer par voie d'intervention volontaire.

62432 **Objet de l'action reprise.** L'instance interrompue ne peut être reprise qu'en vue de la constatation de la créance et de la fixation de son montant (C. com. art. L 622-22, L 631-14, al. 1 et L 641-3, al. 1). Elle ne peut pas aboutir à la condamnation au paiement du débiteur (Cass. com. 11-5-1993 n° 91-11.951 P : Bull. civ. IV n° 182 ; Cass. com. 7-9-2022 n° 20-20.404 F-D : RJDA 1/23 n° 42 ; Cass. com. 18-10-2023 n° 21-14.513 F-D : RJDA 2/24 n° 117) ou de ses ayants cause (Cass. com. 4-1-2000 n° 96-12.981 P : RJDA 2/00 n° 193), même si, au cours de l'instance reprise, un plan de continuation a été arrêté (Cass. com. 15-10-2002 n° 1593 : Rev. proc. coll. 2003.314 n° 10 obs. Staes). Le créancier dont l'action initiale tendait à la condamnation du débiteur au paiement n'a pas pour autant à modifier l'objet de sa demande (Cass. com. 4-4-2006 n° 05-10.416 FS-PBIR : RJDA 8-9/06 n° 925).

De même, lorsqu'une instance arbitrale est pendante, le tribunal arbitral peut constater la créance mais non prononcer une condamnation (Cass. 1e civ. 8-3-1988 n° 86-12.015 : Rev. arb. 1989.473).

Mais le tribunal peut statuer sur le caractère privilégié ou chirographaire de la créance car il s'agit là d'un élément indissociable de la créance (CA Lyon 7-5-1992 : Bull. inf. C. cass. 1993 n° 79) et il peut condamner au paiement la partie débitrice d'une créance envers le débiteur (cf. Cass. 3e civ. 7-9-2017 n° 16-19.874 : Rev. loyers 2017.430 note Peignot).

62436 **Décision.** La juridiction saisie ne peut pas se déclarer incompétente et renvoyer l'affaire au juge-commissaire (Cass. com. 3-11-2009 n° 08-20.490 : RJDA 3/10 n° 263).

Le montant de la créance est arrêté par cette juridiction, dans les limites de celui déclaré (Cass. com. 13-5-2014 n° 13-11.296 F-D : RJDA 7/14 n° 624) ; il est admis tel quel au passif du débiteur, le juge-commissaire étant dessaisi de la question (Cass. com. 31-5-2016 n° 14-24.115 : RTD com. 2016.841 obs. Martin-Serf). La décision ayant eu pour seul objet de fixer le montant de la créance ne vaut pas titre exécutoire et ne peut donc pas servir de fondement à une mesure d'exécution forcée pratiquée par le créancier à l'égard du débiteur (Cass. com. 4-7-2018 n° 16-22.986 FS-D : D. 2018.1833 note Cagnoli ; Cass. com. 8-1-2020 n° 18-22.462 F-D : RJDA 3/20 n° 160).

Le créancier dont les droits ont été reconnus par une décision passée en force de chose jugée adresse au greffier du tribunal qui a ouvert la procédure collective une expédition de cette décision ; le greffier avise le mandataire judiciaire ainsi que l'administrateur et le commissaire à l'exécution du plan, s'il y a lieu, ou le liquidateur judiciaire de toute modification ainsi apportée à l'état des créances (C. com. art. R 624-11, R 631-29 et R 641-28). Aucune disposition de la loi n'impose au créancier bénéficiaire d'une décision passée en force de chose jugée rendue après reprise d'une instance en cours de faire porter sa créance par le greffier sur l'état des créances, dans un certain délai, à peine de forclusion (Cass. com. 21-2-2006 n° 04-20.135 F-PB : Bull. civ. IV n° 44).

62438 **Défaut d'accomplissement des formalités de reprise** À défaut pour le créancier poursuivant de justifier de sa déclaration de créance, sa demande doit être rejetée et, dès lors, doit être ordonné le remboursement des sommes versées avant l'ouverture de la procédure collective au titre de l'exécution provisoire du jugement (Cass. com. 5-10-1993 : RJDA 11/93 n° 953).

Si un jugement a été prononcé sur l'instance pendante au moment du jugement d'ouverture sans que les organes de la procédure aient été mis en cause, ce jugement obtenu après interruption de l'instance, même passé en force de chose jugée, est réputé non avenu, à moins qu'il ne soit expressément ou tacitement confirmé par la partie au profit de laquelle l'interruption est prévue (CPC art. 369 et 372 ; Cass. com. 11-5-1993 : RJDA 1/94 n° 99 ; Cass. com. 26-1-2010 n° 09-11.288 : RJDA 6/10 n° 650 ; Cass. com. 14-9-2022 n° 21-12.235 F-D : RJDA 12/22 n° 704) ; cette ratification incombe à l'administrateur ou au liquidateur (décisions précitées). L'interruption n'étant prévue qu'au profit du débiteur, seul lui ou le liquidateur après sa mise en liquidation judiciaire peut se prévaloir du caractère non avenu de la décision, et non le créancier (Cass. com. 13-12-2017 n° 16-21.375 F-D : Rev. proc. coll. 2018 n° 2 § 71 note Staes).

Il appartient à la juridiction saisie de vérifier la régularité de la reprise d'instance et à cette fin d'apprécier la validité de la déclaration de créance (Cass. com. 22-6-1993 : RJDA 1/94 n° 93 ; Cass. com. 3-12-2003 n° 99-12.653 FS-P : RJDA 4/04 n° 476).

ACTIONS « POURSUIVIES » PENDANT LA PÉRIODE D'OBSERVATION

En cas de sauvegarde, les actions en justice et les voies d'exécution autres que celles visées aux nos 62395 à 62417 sont poursuivies au cours de la période d'observation à l'encontre du débiteur après mise en cause du mandataire judiciaire et de l'administrateur lorsqu'il a une mission d'assistance ou après une reprise d'instance à leur initiative (C. com. art. L 622-23). En cas de redressement judiciaire, l'administrateur chargé de représenter le débiteur doit aussi être mis en cause (art. L 631-14, al. 6) et, en cas de liquidation judiciaire, le liquidateur doit l'être (art. L 641-4, al. 4). 62445

Cas particulier des instances prud'homales Les instances en cours devant la juridiction prud'homale à la date du jugement d'ouverture de la procédure collective ne sont ni interrompues ni suspendues (Cass. soc. 9-3-2011 n° 09-67.312 FS-PBRI : RJDA 7/11 n° 642) ; elles sont poursuivies en présence du mandataire judiciaire et de l'administrateur lorsqu'il a une mission d'assistance (mais aussi lorsqu'il a une mission de représentation en cas de redressement judiciaire) ou du liquidateur judiciaire ou ceux-ci dûment appelés (C. com. art. L 625-3, al. 1, L 631-18 et L 641-4, al. 4 ; Cass. soc. 10-11-2021 n° 20-14.529 FS-B : RJS 1/22 n° 14). 62447

Le mandataire ou le liquidateur judiciaire informe dans les dix jours la juridiction saisie et les salariés parties à l'instance de l'ouverture de la procédure collective (art. précités). Il incombe à la juridiction, informée de cette ouverture, de convoquer les organes de la procédure ainsi que l'AGS.

Les décisions rendues par la juridiction prud'homale sont portées sur l'état des créances déposé au greffe du tribunal ayant ouvert la procédure collective (art. L 625-6).

3. POURSUITES DES CRÉANCIERS CONTRE LES GARANTS OU LES COOBLIGÉS DU DÉBITEUR

GARANTS ET COOBLIGÉS PERSONNES PHYSIQUES

Sauvegarde et redressement judiciaire **Suspension des poursuites.** Le jugement d'ouverture de la sauvegarde ou du redressement judiciaire suspend jusqu'au jugement arrêtant le plan ou prononçant la liquidation judiciaire (**période d'observation**) toute action contre les personnes physiques coobligées du débiteur soumis à la procédure ou ayant consenti une sûreté personnelle ou ayant affecté ou cédé un bien en garantie (C. com. art. L 622-28, al. 2 et L 631-14, al. 1). 62460

Bénéficient notamment de ce dispositif protecteur le conjoint du débiteur coemprunteur, la caution, solidaire ou non, le garant autonome, l'avaliste (CA Paris 11-6-1999 : RJDA 10/99 n° 1100) mais pas les associés tenus du passif de la société débitrice (n° 62755).
Les dispositions précitées n'interdisent pas au créancier de mettre la caution en demeure de payer (Cass. com. 20-10-2021 n° 19-25.309 F-D).

Les instances et voies d'exécution ainsi suspendues sont **poursuivies** à l'initiative des créanciers bénéficiaires des garanties sur justification du jugement arrêtant le plan ou prononçant la liquidation – sans qu'il soit requis de notifier ce jugement au garant (Cass. com. 27-2-2007 n° 05-20.522 F-PB : RJDA 8-9/07 n° 864) – mais selon les dispositions applicables à l'opposabilité de ce plan à l'égard des garants précités (art. R 622-26, al. 1 et R 631-27). Le tribunal peut leur accorder des délais ou un différé de paiement dans la limite de deux ans (art. L 622-28, al. 2 et L 631-14, al. 1).

Sur la faculté pour les garants de se prévaloir de l'arrêt du cours des intérêts, n° 62492.

Opposabilité du plan. Les coobligés et garants mentionnés ci-dessus peuvent se prévaloir du plan de sauvegarde et, dans les procédures ouvertes depuis le 1er octobre 2021, du plan de redressement arrêté au profit du débiteur (C. com. art. L 626-11, al. 2 et L 631-19, al. 1) ; ils ne sont donc tenus de payer la dette garantie que dans les conditions prévues par le plan quant à son montant ou son exigibilité. 62462

En outre, pendant l'exécution du plan et après l'exécution complète de celui-ci, ils peuvent se prévaloir de l'inopposabilité des **créances et des sûretés non régulièrement déclarées** dans les délais requis (art. L 622-26, al. 2 et L 631-14, al. 1).

Les coobligés visés sont seulement ceux d'origine contractuelle ; le dirigeant condamné solidairement avec la société à réparer le préjudice résultant d'une infraction pénale ne bénéficie donc pas de la protection évoquée ci-dessus (Cass. com. 14-6-2023 n° 21-21.330 FS-B : RJDA 8-9/23 n° 442).

L'action engagée durant la période d'observation est régularisée si le juge saisi ne se prononce qu'après l'adoption du plan (Cass. com. 22-11-2023 n° 22-18.766 F-B : RJDA 2/24 n° 118).

62464 **Mesures conservatoires.** Nonobstant la suspension des poursuites, les créanciers bénéficiaires des garanties visées n° 62460 peuvent prendre des mesures conservatoires dans les conditions de droit commun (n° 59118) **sur les biens des garants** personnes physiques (C. com. art. L 622-28, al. 3, L 631-14, al. 1, R 622-26, al. 2, R 631-27 et, sur renvoi, C. exécution art. R 511-1 s.), par exemple pratiquer une saisie conservatoire ou prendre une hypothèque ou un nantissement provisoire.

Le créancier peut prendre des mesures conservatoires soit pendant la période d'observation (art. L 622-28, al. 3), soit pendant l'exécution du plan de sauvegarde (C. exécution art. R 511-1 ; Cass. com. 14-6-2023 n° 21-24.018 F-B : RJDA 11/23 n° 597).

Le créancier qui a été autorisé à pratiquer une mesure conservatoire contre un garant doit, dans le mois qui suit l'exécution de la mesure, à peine de caducité, introduire une procédure ou accomplir les formalités nécessaires à l'obtention d'un **titre exécutoire** (C. exécution art. R 511-7), même si le débiteur principal fait l'objet d'une procédure collective. L'obtention d'un titre exécutoire ne peut pas être subordonnée à l'exigibilité de la créance contre le garant (Cass. com. 1-3-2016 n° 14-20.553 : RJDA 6/16 n° 464 ; Cass. com. 8-9-2021 n° 19-25.686 F-D : RJDA 1/22 n° 27).

Toutefois, l'**exécution forcée du titre** exécutoire obtenu ne peut pas être mise en œuvre tant que le plan est respecté (Cass. com. 2-6-2015 n° 14-10.673 FS-PB : RJDA 8-9/15 n° 591 ; Cass. com. 22-6-2017 n° 16-20.027 F-D, rendus à propos d'un plan de sauvegarde mais transposables au plan de redressement depuis l'unification du sort des coobligés et garants dans ces deux procédures), et elle ne peut l'être que si la créance contre le garant est exigible et dans la mesure de cette exigibilité (Cass. com. 13-12-2023 n° 22-18.460 F-B : RJDA 3/24 n° 172).

62466 **Liquidation judiciaire** Aucune disposition ne protège les coobligés et garants personnes physiques lorsque le débiteur est mis en liquidation judiciaire (cf. C. com. art. L 641-3, al. 1 qui ne comporte qu'un renvoi partiel à l'art. L 622-28). Si la liquidation résulte de la conversion d'une sauvegarde ou d'un redressement, ils perdent le bénéfice de la suspension des poursuites qui leur était applicable dans le cadre de la précédente procédure et les créanciers peuvent reprendre leurs poursuites sur justification du jugement prononçant la liquidation judiciaire (art. R 641-26, al. 1 ; n° 62460) et, le cas échéant, prendre des mesures conservatoires sur les biens des garants (art. R 641-26, al. 2).

Les garants ne peuvent pas se prévaloir de l'arrêt du cours des intérêts (n° 62492). Sur l'opposabilité de la déchéance du terme des créances, n° 62505.

GARANTS ET COOBLIGÉS PERSONNES MORALES

62470 Aucune suspension des poursuites des créanciers n'est prévue au profit des garants, personnes morales, d'un débiteur en procédure collective. Ces garants ne peuvent pas non plus se prévaloir du plan de sauvegarde (C. com. art. L 626-11, al. 2) ou de redressement (art. L 631-19, al. 1) ni de l'inopposabilité des créances et des sûretés qui n'ont pas été déclarées régulièrement dans les délais requis (art. L 622-26, al. 2 et L 631-14, al. 1).

La caution personne morale est tenue de la partie exigible de la dette cautionnée, conformément au terme convenu dans son engagement, jusqu'à extinction de la dette garantie par le cautionnement, sous déduction des sommes payées en exécution du plan au créancier (Cass. com. 30-1-2019 n° 16-18.468 F-PB : RJDA 5/19 n° 357).

Sur l'opposabilité de la déchéance du terme des créances ou au contraire de l'absence de déchéance selon la procédure en cause, n°s 62500 s.

C. Cours des intérêts et exigibilité des créances antérieures

1. ARRÊT DU COURS DES INTÉRÊTS DES CRÉANCES

INTÉRÊTS ARRÊTÉS

62490 Sauf dans les cas exposés n°s 62494 s., le jugement d'ouverture de la procédure collective arrête le cours des intérêts **légaux** et **conventionnels,** ainsi que celui de tous intérêts de retard et majorations (C. com. art. L 622-28, al. 1, L 631-14, al. 1 et L 641-3, al. 1). Les intérêts échus ne peuvent pas produire des intérêts (art. précités).

Sont aussi visés les intérêts **judiciaires,** bien que le texte ne vise que les intérêts « légaux et conventionnels » (Cass. com. 16-11-2010 n° 09-71.935 F-PB : RJDA 4/11 n° 372 : condamnation du débiteur au paiement d'une créance assortie des intérêts au taux contractuel).

Le cours des intérêts est définitivement arrêté par le jugement d'ouverture et il ne reprend pas lorsqu'est adopté un plan de continuation (Cass. com. 10-12-2002 : RJDA 6/03 n° 615) ou un plan de cession (Cass. com. 5-2-2020 n° 18-19.044 F-D : RJDA 6/20 n° 317).

Mais il n'en est ainsi que des intérêts des **créances** dont l'origine est **antérieure** au jugement d'ouverture, ce qui n'est pas le cas de la créance du vendeur titulaire d'une clause de réserve de propriété, sur des marchandises qui existaient en nature à la date du jugement d'ouverture, en restitution du prix des marchandises qui ont été ensuite revendues (Cass. com. 11-7-1995 n° 93-10.385 P : RJDA 3/96 n° 426), ni de la créance en restitution d'un acompte née de l'annulation d'un contrat après ce jugement (Cass. com. 20-6-2000 n° 97-11.422 P : RJDA 11/00 n° 1008).

Les personnes **physiques coobligées** ou ayant consenti une sûreté personnelle (cautionnement ; garantie à première demande) ou ayant affecté ou cédé un bien en garantie (tel un gage, un nantissement ou une hypothèque) peuvent se prévaloir de l'arrêt du cours des intérêts en cas de sauvegarde ou de redressement judiciaire (C. com. art. L 622-28, al. 1 et L 631-14, al. 1) mais pas en cas de liquidation judiciaire (art. L 641-3, al. 1 qui ne retient cet arrêt qu'au profit du débiteur). 62492

L'arrêt du cours des intérêts bénéficie à la caution qui est elle-même soumise à une procédure collective, quelle que soit la durée du prêt qu'elle garantit (Cass. com. 3-5-1994 n° 92-14.395 : RJDA 10/94 n° 1069 ; Cass. com. 16-11-2010 n° 09-71.935 : RJDA 4/11 n° 372).

INTÉRÊTS CONTINUANT À COURIR

Le jugement d'ouverture de la procédure collective n'arrête pas le cours des intérêts visés n° 62490 dès lors qu'ils sont nés des **prêts conclus pour une durée d'au moins un an** ou des **contrats assortis d'un paiement différé** d'au moins un an (C. com. art. L 622-28, al. 1, L 631-14, al. 1 et L 641-3, al. 1), mais à condition que cette durée ait été convenue dès la conclusion du contrat (Cass. com. 29-4-2003 n° 685 FS-P : RJDA 10/03 n° 978 : refus d'application à prêt conclu pour six mois, peu important qu'il ait été prorogé à plusieurs reprises ; Cass. com. 23-4-2013 n° 12-14.283 : RJDA 7/13 n° 650 : refus d'application à l'avance en compte courant d'associé dès lors que la convention de compte ne fixait ni sa durée ni ses modalités de remboursement, même si un échéancier de plus d'un an avait été convenu lors de la cession des parts de l'associé). 62494

L'ouverture de crédit consentie pour au moins un an bénéficie du maintien du cours des intérêts (Cass. com. 9-1-2001 : RJDA 4/01 n° 492), mais non celle conclue à durée indéterminée, même si elle a duré en fait plus d'un an (Cass. com. 6-5-1997 n° 94-13.772 P : RJDA 8-9/97 n° 1061). Le maintien du cours des intérêts est inapplicable au contrat de crédit-bail quelle que soit sa durée (Cass. com. 29-5-2001 : RJDA 11/01 n° 1151).

Ces dispositions visent tous les intérêts, sans en exclure les intérêts de retard conventionnels (Cass. com. 2-11-2016 n° 15-10.161 F-D), y compris lorsqu'ils portent sur les échéances à échoir (Cass. com. 16-6-2021 n° 20-13.989 F-D : RJDA 10/21 n° 680).

Les intérêts continuent de courir **même après** : 62496

- la **résiliation** du prêt ; c'est le cas des intérêts de retard prévus par le contrat, même si la résiliation est intervenue avant le jugement d'ouverture (Cass. com. 11-5-1993 n° 91-11.379 P : Bull. civ. IV n° 181) ou s'ils sont échus après elle (Cass. com. 16-11-1993 : RJDA 1/94 n° 94) ;
- le prononcé de la **liquidation judiciaire** (Cass. com. 9-5-1995 n° 93-12.202 P : Bull. civ. IV n° 132) ;
- l'adoption du **plan** jusqu'à la dernière échéance de ce dernier (Cass. com. 3-12-2003 n° 1693 F-D : RJDA 5/04 n° 598), peu important que les modalités d'ajustement du prêt contenues dans le plan ne stipulent pas d'intérêts (Cass. com. 25-4-2001 : Bull. civ. IV n° 73).

Mais, par dérogation à l'article 1343-2 du Code civil, les intérêts échus ne peuvent pas produire des intérêts (C. com. art. L 622-28, al. 1).

Le créancier ne peut se prévaloir de la **créance d'intérêts,** à l'égard du débiteur comme des cautions, que s'il l'a **déclarée** dans les conditions exposées n° 62640.

2. SORT DU TERME DES CRÉANCES

SAUVEGARDE ET REDRESSEMENT JUDICIAIRE

Le jugement d'ouverture de la sauvegarde ou du redressement judiciaire ne rend pas exigibles les **créances non échues** à la date de son prononcé ; toute clause contraire est réputée non écrite (C. com. art. L 622-29 et L 631-14, al. 1). 62500

Est réputée non écrite la clause d'un prêt prévoyant l'exigibilité du remboursement en cas de cessation des paiements du débiteur (Cass. com. 21-2-2012 n° 11-30.077 : Bull. civ. IV n° 43) mais pas celle prévoyant l'exigibilité du prêt à défaut de paiement d'une somme quelconque à son échéance, car cette exigibilité n'est pas liée à l'ouverture d'une procédure collective (Cass. com. 9-11-2004 n° 1565 : RJDA 3/05 n° 327). Sur le traitement des prêts participatifs, C. mon. fin. art. L 313-15, L 313-16 et L 313-18.

La **caution** bénéficie de l'absence de déchéance du terme nonobstant toute clause contraire de l'acte de cautionnement (Cass. 1re civ. 24-1-1995 n° 92-21.436 PF : RJDA 4/95 n° 487 ; Cass. com. 20-6-1995 n° 93-13.523 P : RJDA 12/95 n° 1447). 62502

Mais la caution subit la déchéance du terme dès lors que celle-ci ne résulte pas de l'ouverture de la procédure collective mais de l'application, après le jugement d'ouverture, du contrat garanti qui prévoit cette déchéance pour non-paiement des remboursements venus à échéance (Cass. com. 12-6-2001 n° 98-11.947 F-D : RJDA 1/02 n° 69). Toutefois la caution, personne physique, ne peut être poursuivie que dans les conditions exposées n°s 62460 s.

LIQUIDATION JUDICIAIRE

62505 Le jugement qui ouvre ou prononce la liquidation judiciaire rend exigibles les créances non échues dont le patrimoine saisi par l'effet de la procédure constitue le gage (C. com. art. L 643-1, al. 1). Toutefois, lorsque le tribunal autorise la **poursuite de l'activité** au motif que la cession totale ou partielle de l'entreprise est envisageable, les créances non échues sont exigibles à la date du jugement statuant sur la cession ou, à défaut, à la date à laquelle le maintien de l'activité prend fin (art. précité).

Lorsque ces créances sont exprimées dans une monnaie autre que celle du lieu où a été prononcée la liquidation judiciaire, elles sont converties dans la monnaie de ce lieu selon le cours du change à la date du jugement d'ouverture (art. L 643-1, al. 2).

En l'absence d'une clause contraire dans leur engagement, la déchéance du terme résultant de la liquidation judiciaire du débiteur est inopposable à la **caution** (Cass. com. 17-12-1996 n° 2194 D : RJDA 4/97 n° 552 ; Cass. com. 18-1-2000 n° 186 : RJDA 4/00 n° 477 ; Cass. com. 4-11-2014 n° 12-35.357 : RJDA 10/15 n° 689) et au **coobligé** (Cass. com. 15-6-2011 n° 10-18.850 FS-PB : RJDA 10/11 n° 832 ; Cass. 2e civ. 19-2-2015 n° 14-11.985 F-D : RJDA 11/15 n° 768, à propos du coemprunteur).

Sur le sort des prêts participatifs, C. mon. fin. art. L 313-15, L 313-16 et L 313-18.

D. Interdiction pour les créanciers d'inscrire des sûretés et des droits réels

INTERDICTION D'INSCRIRE DES SÛRETÉS ET PRIVILÈGES

62515 Les **hypothèques, gages, nantissements et privilèges** ne peuvent plus être inscrits après le jugement qui ouvre la procédure collective (C. com. art. L 622-30, al. 1, L 631-14, al. 1 et L 641-3, al. 1).

Le jugement d'ouverture prenant effet dès la première heure du jour où il a été prononcé, l'inscription faite ce même jour est inopposable à la procédure collective (cf. Cass. com. 12-11-1979 n° 78-10.859 P : Bull. civ. IV n° 284 ; Cass. com. 2-10-2007 n° 06-20.140 F-D).

Si la partie civile, victime d'une infraction pénale commise par le débiteur avant le jugement d'ouverture, bénéficie d'un report du point de départ du délai dans lequel elle doit déclarer sa créance (n° 62608), elle ne peut pas pour autant, sa créance de dommages-intérêts étant née à la date de la réalisation du dommage, prendre une inscription d'hypothèque après le jugement d'ouverture (Cass. com. 27-11-2019 n° 13-21.068 F-PB : RJDA 2/20 n° 89).

62517 Par **dérogation** (C. com. art. L 622-30, al. 2 et 3, L 631-14, al. 1 et L 641-3, al. 1) :

– le Trésor public conserve son privilège pour les créances qu'il n'était pas tenu d'inscrire à la date du jugement d'ouverture et pour les créances mises en recouvrement après cette date si elles sont déclarées (pour des applications à une créance déclarée à titre provisionnel, Cass. com. 18-2-2003 n° 00-12.974 P : D. 2003.1294.som. ; Cass. com. 24-6-2003 n° 00-18.828 P : RJDA 11/03 n° 1096) ;

– le vendeur du fonds de commerce est autorisé à inscrire son privilège.

Sur l'obligation d'inscription du Trésor et de la sécurité sociale, CGI art. 1929 quater et CSS art. L 243-5.

Par ailleurs, restent possibles car il ne s'agit pas de nouvelles sûretés :

– l'inscription définitive qui se substitue à l'inscription provisoire inscrite avant le jugement (Cass. com. 17-11-1992 : D. 1993.96 note Derrida ; Cass. com. 3-5-2016 n° 14-21.556 FS-PB : RJDA 7/16 n° 555) ;

– le renouvellement d'une sûreté déjà inscrite et acquise avant le jugement d'ouverture, même après le dépôt de l'état des créances (Cass. com. 24-4-1974 : GP 1974.2.677).

Enfin, le juge-commissaire peut autoriser la constitution d'une sûreté (n° 61925) mais aussi une substitution de sûreté en cas de vente d'un bien déjà grevé (n° 61956) ; dans les deux cas, la nouvelle sûreté peut être inscrite.

INTERDICTION D'ACCROÎTRE L'ASSIETTE D'UNE SÛRETÉ

62519 Dans les procédures ouvertes depuis le 1er octobre 2021, le jugement d'ouverture de la procédure collective interdit de plein droit tout accroissement de l'assiette d'une **sûreté réelle** conventionnelle **ou** d'un **droit de rétention conventionnel** consenti par le débiteur, quelle qu'en soit la modalité, par ajout ou complément de biens ou droits – notamment par inscription de titres ou de fruits et produits venant compléter un compte-titres nanti (C. mon. fin. art. L 211-20) – ou par transfert de biens ou droits du débiteur (C. com. art. L 622-21, IV-al. 1). Toute disposition contraire, portant notamment sur un transfert de biens ou droits du débiteur non encore nés à la date du jugement d'ouverture, est inapplicable à compter du jour du prononcé de ce jugement (art. précité).

Sont ainsi neutralisés les accroissements légaux tels que, outre celui du nantissement de compte-titres, celui régi par l'article 2374-4 du Code civil pour la cession d'une somme d'argent à titre de garantie ou encore, en présence d'un nantissement de créances futures, celui résultant d'une créance née après l'ouverture de la procédure collective et incluse dans ce nantissement. Les clauses « d'arrosage », qui imposent au constituant d'une sûreté d'en compléter l'assiette en cas de baisse de valeur de celle-ci, sont également privées d'effet.

Toutefois, l'accroissement de l'assiette peut valablement résulter d'une cession de créance professionnelle par bordereau Dailly lorsqu'elle est intervenue en exécution d'un contrat-cadre conclu avant l'ouverture de la procédure collective (C. com. art. L 622-21, IV-al. 3).

INTERDICTION D'INSCRIRE DES ACTES CRÉANT OU TRANSFÉRANT DES DROITS RÉELS

À compter du jugement d'ouverture de la procédure collective, ne peuvent plus être inscrits les actes et les décisions judiciaires translatifs ou constitutifs de droits réels, à moins qu'ils n'aient acquis date certaine ou que ces décisions ne soient devenues exécutoires avant le jugement d'ouverture (C. com. art. L 622-30, al. 1, L 631-14, al. 1 et L 641-3, al. 1). **62520**

La vente publiée après le jugement d'ouverture est inopposable à la procédure collective, mais elle reste valable, n'ayant pour effet que de faire sortir l'immeuble du patrimoine du débiteur et d'entraîner la répartition du prix de vente par le liquidateur (Cass. com. 13-12-2005 n° 1622 : RJDA 4/06 n° 430).

INTERDICTION DE SE PRÉVALOIR D'UN GAGE

Le jugement d'ouverture de la sauvegarde ou du redressement judiciaire entraîne l'inopposabilité du **droit de rétention** fictif attaché à un **gage sans dépossession** (C. civil art. 2286, 4°) pendant la période d'observation et l'exécution du plan, sauf si le bien objet du gage est compris dans une cession d'activité visée aux nos 63350 s. (C. com. art. L 622-7, I-al. 2 et L 631-14, al. 1). Le dispositif n'est pas applicable en cas de liquidation judiciaire (cf. art. L 641-3, al. 1 qui ne renvoie pas à cette disposition), le régime exposé n° 63945 ayant alors vocation à s'appliquer. **62522**

NEUTRALISATION DES PACTES COMMISSOIRES

Le jugement d'ouverture de la procédure collective fait obstacle à la conclusion et à la réalisation d'un pacte commissoire (C. com. art. L 622-7, I-al. 3, L 631-14, al. 1 et L 641-3, al. 1), c'est-à-dire d'une convention prévoyant que le **créancier,** titulaire d'une garantie sur un bien (gage, hypothèque...), **deviendra propriétaire du bien si** la **dette** garantie n'est **pas payée** à l'échéance convenue (C. civ. art. 2348 et 2452). **62525**

Lorsque le pacte commissoire porte sur un bien nécessaire à l'activité du débiteur, la réalisation du pacte pendant la période d'observation (ou pendant le maintien temporaire de l'activité en cas de liquidation) mettrait à mal cette activité ainsi que l'élaboration d'un plan, y compris de cession. Par ailleurs, la réalisation du pacte permettrait au créancier d'obtenir, par l'attribution du bien, un paiement pour une créance antérieure.

Si l'interdiction de réaliser le pacte vise le créancier qui en est bénéficiaire, celle de le conclure concerne aussi le débiteur et, selon le cas, l'administrateur ou le liquidateur judiciaire. En cas de violation de l'interdiction, les sanctions exposées n° 61940 s. sont applicables (art. L 622-7, III).

E. Déclaration des créances

LA DÉCLARATION DE CRÉANCE AU CŒUR DES DROITS DES CRÉANCIERS

Le jugement ouvrant la procédure collective du débiteur interdit le paiement des créances antérieures ainsi que celui de certaines créances postérieures qui ne sont pas considérées comme « utiles » à la procédure ; les titulaires de ces créances ne peuvent pas non plus engager une action en justice pour en obtenir le paiement. Corrélativement, ces créances doivent être déclarées afin d'être soumises à une procédure de vérification, à l'issue de laquelle elles sont ou non admises au passif du débiteur puis inscrites au plan. **62540**

Une créance qui ne fait pas l'objet d'une instance en cours lors de l'ouverture de la procédure collective ne peut pas être reconnue autrement que par sa déclaration et sa soumission à la procédure de vérification du passif du débiteur (Cass. com. 25-10-2023 n° 22-18.075 F-D : RJDA 2/24 n° 117), le juge devant d'office prononcer l'irrecevabilité de toute demande de paiement qui lui est présentée (Cass. com. 1-7-2020 n° 19-11.658 F-D : RJDA 11/20 n° 584).

La déclaration de créances est aussi une formalité préalable à l'exercice de certains de leurs droits par les créanciers, par exemple, pour invoquer une éventuelle compensation entre leurs créances et leurs dettes à l'égard du débiteur (n° 61880), pour reprendre les instances interrompues par l'ouverture de la procédure (n° 62429) ou encore pour participer aux distributions.

Les développements ci-dessous concernent la déclaration de créances dans le cadre d'une sauvegarde « de droit commun », d'un redressement ou d'une liquidation judiciaire. Le mécanisme est allégé en cas de sauvegarde accélérée (n° 62660) et de rétablissement professionnel (n° 64385).

EFFET DE LA DÉCLARATION SUR LA PRESCRIPTION

62542 La déclaration de créance **interrompt** la **prescription** jusqu'à la clôture de la procédure (pour des applications, n° 71760) ; elle dispense de toute mise en demeure et vaut acte de poursuites (C. com. art. L 622-25-1).

Il n'en résulte pas que la créance est imprescriptible, les textes prévoyant un terme à la procédure de redressement judiciaire après le plan de cession ainsi qu'à la procédure de liquidation judiciaire (Cass. com. 23-10-2019 n° 18-16.515 FS-PB : RJDA 1/20 n° 29 ; Cass. com. 23-10-2019 n° 17-25.656 FS-PB : RJDA 2/20 n° 107 écartant l'existence d'une atteinte aux principes de sécurité juridique et d'égalité des armes posés par l'article 6 de la déclaration des droits de l'Homme).

La prescription est interrompue tant à l'égard du débiteur que de la caution de celui-ci (Cass. com. 15-3-2005 n° 03-17.783 FS-PB : RJDA 8-9/05 n° 1013 ; Cass. com. 23-10-2019 n° 18-16.515 et 17-25.656 précités ; Cass. com. 14-6-2023 n° 21-24.018 F-B : RJDA 11/23 n° 597), du tiers qui a constitué une sûreté réelle en garantie de la dette du débiteur (Cass. com. 17-11-2009 n° 08-16.605 : RJDA 5/10 n° 558 ; Cass. com. 1-7-2020 n° 18-24.979 F-PB : RJDA 10/20 n° 508) ou du donneur d'aval qui a avalisé des billets à ordre émis par le débiteur (Cass. com. 25-1-2023 n° 21-16.275 F-B : RJDA 5/23 n° 268). Ils ne peuvent donc pas prétendre être libérés du fait de la prescription de la créance déclarée, sauf dans le cas où la prescription était acquise avant la déclaration.

1. AVERTISSEMENT DES CRÉANCIERS D'AVOIR À DÉCLARER LEURS CRÉANCES

CRÉANCIERS AVERTIS

62545 Le mandataire judiciaire (en cas de sauvegarde ou de redressement) ou le liquidateur (en cas de liquidation judiciaire) doit, dans les quinze jours du jugement d'ouverture de la procédure collective, avertir les **créanciers connus** de leur obligation de déclarer leur créance et de certains de leurs droits (C. com. art. R 622-21, al. 1 et 3, R 631-27 et R 641-25). En pratique, sont avertis les créanciers et cocontractants qui figurent **sur la liste établie par le débiteur** après l'ouverture de la procédure (n° 61740).

Le mandataire est tenu à cet avertissement même si le créancier a connaissance de la procédure (Cass. com. 3-6-2009 n° 08-15.376 : GP 2009.som.26 juillet obs. Le Corre-Broly).

Sur l'information des créanciers étrangers d'un débiteur soumis à une procédure collective ouverte par une juridiction française, art. R 693-1 s.

MODALITÉS DE L'AVERTISSEMENT

62547 Le **contenu** de l'avertissement adressé aux créanciers est encadré : il doit reproduire les dispositions légales et réglementaires relatives aux délais et formalités à observer pour la déclaration de créance, pour une éventuelle demande en relevé de forclusion et pour les actions en revendication et en restitution, ainsi que les articles L 621-10 et R 621-24 (qui précisent les conditions dans lesquels un créancier peut demander à être désigné contrôleur), R 621-19 (relatif à la faculté pour les créanciers de demander au mandataire judiciaire d'être informés des étapes essentielles de la procédure au fur et à mesure de son déroulement) et D 814-58-3 du Code de commerce (comportant la liste des actes de procédure susceptibles d'être effectués via le portail électronique des administrateurs et mandataires judiciaires) ; il doit aussi préciser si la créance a été portée par le débiteur sur la liste de ses créanciers (C. com. art. R 622-21, al. 1 et 3, R 631-27 et R 641-25).

62550 L'avertissement est **adressé** par **lettre** simple, sauf pour les créanciers titulaires d'une sûreté ayant fait l'objet d'une publication ou liés au débiteur par un contrat publié qui doivent être avertis personnellement par lettre recommandée AR et, s'il y a lieu, à domicile élu (C. com. art. L 622-24, al. 1 et R 622-21, al. 3). Pour ces créanciers, la notification de l'avertissement constitue le point de départ du délai de forclusion prévue pour la déclaration des créances (n° 62602), dans la mesure où l'avertissement est conforme aux exigences légales, ce que le juge apprécie souverainement (Cass. com. 4-6-2013 n° 12-15.097 : RJDA 12/13 n° 1038).

N'est pas conforme l'avertissement ne reproduisant pas l'un des textes requis (Cass. com. 22-3-2017 n° 15-19.317 F-PBI : RJDA 11/17 n° 737) ou ne mentionnant pas le nom du débiteur (cf. Cass. com. 15-5-2001 n° 957 FS-P : RJDA 10/01 n° 994).

Le mandataire judiciaire engage sa responsabilité à l'égard d'un créancier privilégié ne figurant pas sur la liste établie par le débiteur et qu'il a omis d'avertir, dès lors que, si le mandataire n'est pas tenu de lever des états d'inscription d'hypothèques, de nantissement ou de privilèges, il doit rechercher auprès de l'administration des informations tirées des charges de remboursement des crédits, utiliser les déclarations de créances hypothécaires pour connaître les éléments du patrimoine immobilier et interroger la conservation des hypothèques sur d'éventuelles sûretés (Cass. com. 23-5-2000 : RJDA 9-10/00 n° 885, partageant la responsabilité du mandataire avec celle du créancier qui avait omis de consulter le Bodacc ; rappr. Cass. com. 29-10-2002 n° 1753 F-D : RJDA 3/03 n° 276).

Pour les autres créanciers, le **défaut d'envoi** de l'avertissement ne leur permet pas pour autant d'obtenir un relevé de forclusion (n° 62614).

Un créancier chirographaire qui n'a pas été informé peut seulement demander à être relevé de la forclusion (Cass. com. 17-12-2013 n° 12-26.411 : RJDA 3/14 n° 263 : relevé accordé pour défaut d'envoi du formulaire). Il ne peut pas demander que soit différé le point de départ du délai de forclusion jusqu'à la délivrance d'une information conforme (CA Grenoble 8-10-2010 : Rev. proc. coll. 2010 n° 6, § 216 note Henjucq ; CA Bordeaux 3-1-2011 n° 09-4655 : D. 2011.1669 note Lecourt).

2. CRÉANCES À DÉCLARER À LA PROCÉDURE COLLECTIVE

CRITÈRES DE TRI DES CRÉANCES

Toute **créance née avant** le jugement d'**ouverture de la procédure** collective, à l'exception des **62555** créances salariales et des créances alimentaires, est soumise à déclaration (C. com. art. L 622-24, al. 1, L 631-14, al. 1 et L 641-3, al. 4), cette règle étant d'ordre public interne et international (Cass. 1re civ. 28-9-2004 n° 02-16.754 : D. 2005.2159 note Henry, rendu alors que le défaut de déclaration entraînait l'extinction de la créance non déclarée).

Sauf confusion des patrimoines ou fictivité de la personne morale reconnue par une décision du tribunal de la procédure collective, une créance n'a pas à être déclarée au patrimoine d'une personne qui n'est pas le débiteur soumis à la procédure collective (Cass. com. 4-3-2014 n° 12-26.983 : RJDA 7/14 n° 653).

Doivent aussi être déclarées les créances **nées** régulièrement **après** le jugement d'ouverture, sauf celles bénéficiant du traitement préférentiel exposé nos 62200 s. (art. L 622-24, al. 6).

Sur la notion de date de naissance d'une créance, n° 62210 s.

Il est interdit de déclarer une **créance illicite,** telle celle d'un banquier qui a escompté des effets de complaisance (Cass. req. 27-7-1897 : D. 1897.1.607 ; CA Lyon 25-7-1927 : D. 1928.2.163). Est passible des peines de banqueroute toute personne qui déclare frauduleusement, soit en son nom, soit par interposition de personne, des **créances supposées** (art. L 654-9, 2°).

CRÉANCES SOUMISES À DÉCLARATION : ILLUSTRATIONS

Doivent être déclarées dans le cadre d'une procédure collective, ce que le juge doit vérifier, au **62557** besoin d'office (Cass. 1re civ. 22-1-2002 n° 88 : RJDA 5/02 n° 521) :

– les créances tant **chirographaires** que **privilégiées,** même la créance de dernier rang résultant d'un prêt participatif (CA Paris 8-7-1987 : Rev. jur. com. 1988.64 note Gallet) ;

– les créances des **collectivités publiques** (Avis CE 20-1-1992 : RJDA 5/92 n° 505) ;

– les créances **connexes** que le créancier veut compenser avec une dette du débiteur envers lui (Cass. com. 3-5-2011 n° 10-16.758 : RJDA 8-9/11 n° 719) ; cette déclaration n'implique pas, même si sa créance est admise, renonciation du créancier à soulever la compensation comme moyen de défense au cours de l'action ultérieurement engagée contre lui par l'administrateur pour le recouvrement d'une créance du débiteur (Cass. com. 7-7-1992 : RJDA 8-9/92 n° 867) ;

– les créances même **non établies par un titre,** celles dont le montant n'est pas encore définitivement fixé étant déclarées sur la base d'une évaluation (C. com. art. L 622-24, al. 4) ;

– les créances **sous condition** (Cass. com. 2-11-1993 n° 91-13.767 : Bull. civ. IV n° 376 ; Cass. com. 20-1-2021 n° 19-18.563 F-D : RJDA 6/21 n° 412), telle celle relative à une indemnité d'éviction qui trouve son origine dans le congé délivré par le bailleur avant la procédure collective le concernant (Cass. 3e civ. 28-6-2000 n° 98-20.228 FS-PB : RJDA 9-10/00 n° 887) ;

– les créances éventuelles (Cass. com. 9-10-2019 n° 18-18.818 FD : RJDA 1/20 n° 28 ; Cass. com. 20-1-2021 n° 19-18.563 précité) ;

– les créances **litigieuses** afin que les instances en cours puissent être reprises (n° 62429) ;

– la créance en remboursement d'un **prêt,** qui naît au jour de la conclusion du prêt (Cass. com. 30-6-2004 n° 1110 : RJDA 1/05 n° 58), c'est-à-dire au jour de l'échange des consentements si le prêteur est un professionnel du crédit ou au jour de la remise des fonds si le prêteur n'a pas cette qualité (nos 41012 s.) ;

– la créance de **restitution** des sommes déposées chez un séquestre mis en redressement judiciaire (Cass. com. 4-3-1997 : RJDA 8-9/97 n° 1112) ;

– la créance de restitution née de l'annulation, après l'ouverture de la procédure collective, d'un contrat conclu avant (Cass. com. 1-6-2023 n° 21-18.367 F-D : RJDA 8-9/23 n° 443) ;

– les créances même constatées par un jugement passé en force de **chose jugée** (Cass. com. 6-2-1996 : RJDA 5/96 n° 692) ;

– la créance de l'assureur sur son assuré au titre du paiement de la franchise contractuelle qui trouve son origine dans le contrat d'**assurance** et non dans la survenance du sinistre (Cass. com. 8-7-2008 n° 07-16.686 : RJDA 11/08 n° 1154 ; Cass. com. 3-2-2009 n° 08-11.121 : RJDA 4/09 n° 371) ;

– la créance contractuelle née de la **mauvaise exécution de travaux** si cette créance trouve son origine dans des prestations effectuées avant le jugement d'ouverture (Cass. com. 27-9-2017 n° 16-14.634 : RJDA 1/18 n° 46) ;

– la créance de l'agent commercial relative aux **commissions** sur les ventes conclues avant l'ouverture de la procédure collective du mandant, même non exigibles à cette date, dès lors que les parties n'ont pas clairement manifesté leur volonté de reporter le fait générateur de la créance au jour de l'encaissement des factures (Cass. com. 7-3-2018 n° 16-24.657 F-PB : RJDA 5/18 n° 441) ;

– la créance d'une association qui, par un contrat antérieur à l'ouverture de la procédure collective, a fourni à une société mise par la suite en sauvegarde la **garantie financière** nécessaire à son immatriculation au registre des opérateurs de tourisme, peu important que cette créance ne soit pas encore exigible (Cass. com. 7-2-2024 n° 22-21.052 F-B) ;

– les créances des organismes d'**assurance des salariés** contre le risque de non-paiement des sommes qui leur sont dues en exécution du contrat de travail pour les sommes qu'ils ont avancées et qui correspondent à des créances de salaires nées avant le jugement (C. com. art. L 622-24, al. 5) ;

– les créances sur un débiteur soumis en France à une procédure collective et contre lequel un **jugement rendu à l'étranger,** qui n'a pas reçu l'exequatur, a ouvert une procédure collective, sans distinction de nationalité (Cass. com. 19-1-1988 : D. 1988.565 note Rémery ; Cass. com. 11-4-1995 : RJDA 10/95 n° 1146).

CRÉANCES NON SOUMISES À DÉCLARATION : ILLUSTRATIONS

62560 N'ont **pas** à être **déclarées** dans le cadre d'une procédure collective :

– les créances sur une personne autre que le débiteur soumis à la procédure collective, par exemple la créance d'une banque sur le dirigeant de la société soumise à la procédure et résultant de prêts souscrits par celui-ci à titre personnel, quoique destinés à être, pour l'un, versé sur le compte courant de la société, pour l'autre, affecté au remboursement d'un prêt accordé à la société, la déclaration s'imposant dans un tel cas seulement si est établie la confusion des patrimoines entre la société et son dirigeant ou la fictivité de la société (Cass. com. 4-3-2014 n° 12-26.983 : RJDA 7/14 n° 653) ;

– les créances qui n'existent pas au jour du jugement d'ouverture : tel est le cas de la créance non encore née, comme par exemple celle de soulte due à des copartageants dès lors que le partage judiciaire n'était pas intervenu à la date du jugement (Cass. 1e civ. 10-10-1995 : Bull. civ. I p. 244), de celle qui résulte d'une décision sur l'action publique, postérieure au jugement d'ouverture, emportant condamnation définitive (Cass. crim. 17-1-2007 n° 06-82.251 : JCP E 2007.1607 note Rétif), de celle en paiement du prix de vente du bien objet d'une promesse unilatérale d'achat consenti par le débiteur si l'option est levée après le jugement d'ouverture (Cass. com. 3-5-2011 n° 10-18.031 : RJDA 10/11 n° 833) ;

– la créance déjà éteinte par l'exécution d'une décision statuant sur le fond et exécutoire par provision (Cass. com. 14-6-1994 : RJDA 12/94 n° 1365) ou par le paiement effectué par la caution avant l'ouverture de la procédure collective (Cass. com. 28-5-1996 : D. 1996.IR.161) ;

– la créance, même antérieure au jugement d'ouverture, que le cessionnaire s'est personnellement et spécialement engagé à payer (Cass. com. 3-1-1995 : RJDA 5/95 n° 649) ;

– la créance en restitution des sommes versées par une partie chez un séquestre et destinées à un bénéficiaire soumis, entre-temps, à une procédure collective (Cass. com. 16-10-2007 n° 05-21.306 : RJDA 12/07 n° 1263) ;

– la créance de la victime contre l'assureur du débiteur responsable du dommage (n° 18254) ;

– la créance du créancier hypothécaire exerçant son droit de suite et de préférence pour être colloqué (Cass. com. 10-3-2004 n° 491 : RJDA 8-9/04 n° 1023) ;

– la créance de dommages-intérêts afférente à une faute du liquidateur (ou de l'administrateur) (Cass. com. 6-3-2019 n° 17-20.545 F-PB : RJDA 5/19 n° 359).

DISPENSE DE DÉCLARATION DE CERTAINES CRÉANCES

La loi et la jurisprudence prévoient des dispenses de déclaration pour les créanciers dans les cas suivants : 62562

– les créances salariales (C. com. art. L 622-24, al. 1 ; Cass. com. 30-6-2021 n° 20-15.690 F-B : RJDA 10/21 n° 679) qui sont recensées comme indiqué au n° 62730 ;

– les créances alimentaires (art. L 622-24, dernier al.) ;

– les créances déjà déclarées par le débiteur lui-même dans la liste que ce dernier est tenu de remettre après l'ouverture de la procédure (n° 62585 et, en cas de sauvegarde accélérée pour créanciers ayant participé à la conciliation, n°s 62660 s.) ;

– les créances déclarées dans la sauvegarde ou le redressement judiciaire en cas de conversion de la procédure (Cass. com. 16-1-2007 n° 05-16.927 FS-PB : RJDA 5/07 n° 525, 2e espèce) ;

– les créances inscrites au plan de sauvegarde ou de redressement lorsque celui-ci est résolu et qu'une nouvelle procédure collective est ouverte à l'encontre du débiteur (n° 63436) ;

– les créances déclarées lors de l'ouverture d'une première procédure collective (ici de liquidation judiciaire), la déclaration demeurant valable après l'ouverture, sur infirmation du jugement, d'une autre procédure (ici de redressement judiciaire) par la cour d'appel mais une nouvelle déclaration purge les vices affectant le cas échéant la première déclaration (Cass. com. 24-6-2014 n° 13-21.074 : RJDA 10/14 n° 785) ;

– les créances ayant été effacées dans le cadre d'un rétablissement professionnel lorsque le débiteur perd le bénéfice de cet effacement et fait l'objet d'une liquidation judiciaire (n° 64415).

Une dispense de déclaration n'est pas une interdiction de déclaration (Cass. com. 18-1-2017 n° 15-16.531 : RJDA 4/17 n° 267). Le **créancier** peut donc toujours **procéder** à cette formalité pour actualiser sa créance ou, comme indiqué ci-dessus, pour régulariser la **déclaration** précédemment faite.

DÉCLARATION DE LA CRÉANCE GARANTIE PAR UN CAUTIONNEMENT

Déclaration à la procédure collective du débiteur principal Lorsque, **avant l'ouverture** de la procédure, la **caution** : 62565

– **a payé la dette** en tout ou partie, elle doit déclarer la créance car elle se trouve, par l'effet subrogatoire du paiement, investie des droits et actions du subrogeant, à due concurrence du paiement effectué, sauf convention habilitant le créancier subrogeant à agir en son lieu et place et sans préjudice des règles propres à la déclaration de créance par un tiers (Cass. com. 8-6-2010 n° 09-66.820 : RJDA 1/11 n° 61) ;

– **n'a pas payé** la dette, elle peut déclarer sa créance pour préserver son recours personnel contre le débiteur (C. com. art. L 622-34 applicable depuis le 1-10-2021 ; auparavant C. civ. ex-art. 2309 qui reconnaissait à la caution un recours anticipé en indemnisation) sans qu'il soit exigé qu'elle ait été appelée au préalable ni qu'elle ait exécuté son engagement (Cass. com. 30-1-2019 n° 17-22.743 F-D : RJDA 5/19 n° 376), même si le créancier garanti a déclaré sa créance (Cass. com. 29-10-1991 : RJDA 1/92 n° 87 ; Cass. com. 30-1-2019 n° 17-22.743 F-D : RJDA 5/19 n° 376) ou si la durée de son engagement est expirée car elle peut être poursuivie, après cette expiration, pour des dettes nées avant, sauf clause limitant dans le temps le droit de poursuite du créancier (Cass. com. 17-12-1996 : RJDA 3/97 n° 413) ; mais la déclaration de la caution ne bénéficie pas au créancier car elle permet seulement de préserver le recours personnel de la caution contre le débiteur (Cass. com. 12-7-1994 : RJDA 2/95 n° 188 ; CA Orléans 1-2-2001 : RJDA 7/01 n° 786).

Les solutions jurisprudentielles précitées, rendues sous l'empire de l'ancien article 2309 du Code civil, sont à notre avis transposables à l'article L 622-34 du Code de commerce. Ce texte autorise aussi les coobligés du débiteur ainsi que toute personne ayant consenti une sûreté personnelle ou réelle en garantie des dettes du débiteur de déclarer leur créance, avant même d'avoir payé le créancier, pour sauvegarder leur recours personnel.

Lorsque la caution a intégralement **payé** le créancier **après l'ouverture** de la procédure du débiteur, elle n'a pas à déclarer sa créance si le créancier l'avait déjà déclarée car elle est subrogée dans les droits du créancier (Cass. com. 28-1-2004 n° 202 : RJDA 8-9/04 n° 1041), peu important que le paiement ait eu lieu avant l'expiration du délai légal de déclaration (Cass. com. 22-9-2009 n° 08-20.175 : RJDA 3/10 n° 264).

Déclaration à la procédure collective de la caution Le créancier bénéficiaire du cautionnement doit déclarer sa créance à la procédure collective de la caution si sa créance est née avant le jugement d'ouverture alors même qu'elle a été admise au passif de la procédure du débiteur principal (Cass. 1e civ. 22-1-2002 n° 98-21.614 FS-P : RJDA 5/02 n° 521, précisant que les juges du fond doivent, au besoin d'office, vérifier l'existence de la déclaration). 62567

Le **cofidéjusseur,** qui a payé la créance et qui réclame sa part à la caution sous procédure, dont l'engagement naît à la conclusion du cautionnement, doit déclarer sa créance si cette conclusion est antérieure au jugement d'ouverture (Cass. com. 16-6-2004 n° 979 : RJDA 12/04 n° 1351).

3. AUTEUR DE LA DÉCLARATION DE CRÉANCE

DÉCLARATION PAR LE CRÉANCIER

62570 La déclaration d'une créance peut être faite par le créancier ou par tout préposé ou mandataire de son choix, le créancier pouvant ratifier la déclaration faite en son nom jusqu'à ce que le juge statue sur l'admission de la créance (C. com. art. L 622-24, al. 2, L 631-14, al. 1 et L 641-3, al. 4).

Un indivisaire peut déclarer seul une créance de l'indivision à la procédure collective d'un débiteur de l'indivision et, en cas d'appel formé avec ses coïndivisaires, poursuivre seul l'instance en dépit du désistement de ces derniers (Cass. 1e civ. 14-3-2012 n° 10-10.006 : RJDA 8-9/12 n° 786).

Si le **créancier** est une **personne morale,** le pouvoir de déclarer les créances appartient au représentant légal de cette personne.

Si le créancier est une **société** anonyme avec conseil d'administration, son directeur général tient de la loi le pouvoir de déclarer les créances sociales, seule une délibération expresse du conseil ou une clause statutaire pouvant l'en priver (Cass. com. 15-10-2013 n° 12-24.881 : RJDA 2/14 n° 144) ; le peuvent aussi, à notre avis, les directeurs généraux délégués puisqu'ils disposent à l'égard des tiers des mêmes pouvoirs que le directeur général (C. com. art. L 225-56, II). Si la société anonyme est dirigée par un directoire, ce pouvoir appartient au président du directoire et le directoire est habilité à consentir la délégation (Cass. com. 22-1-2008 n° 06-20.379 : RJDA 4/08 n° 438). Dans une société par actions simplifiée, peuvent effectuer la déclaration le président et, si ses statuts le prévoient, le directeur général ou un directeur général délégué dont la nomination est soumise à publicité, cette règle n'excluant pas la possibilité, pour ces représentants légaux, de déléguer le pouvoir d'effectuer des actes déterminés (Cass. ch. mixte 19-11-2010 n° 10-30.215 : RJDA 1/11 n° 56), étant précisé que les organes définis par les statuts ont le pouvoir d'agir, et notamment de déclarer les créances de la société, même si les statuts ne déterminent pas expressément les actes qu'ils peuvent accomplir (Cass. com. 21-6-2011 n° 10-20.878 : RJDA 10/11 n° 823). Dans les SARL et les sociétés civiles, le pouvoir de déclarer les créances ou de donner délégation à cette fin relèvent du gérant. La qualité de représentant légal d'une société étrangère s'apprécie au regard de la loi de l'État où celle-ci a son siège (Cass. com. 15-12-2009 n° 08-14.949 : RJDA 5/10 n° 542).

Sur la déclaration des créances obligataires, voir C. com. art. L 228-84 s. et R 228-85 s.

DÉCLARATION PAR UN PRÉPOSÉ DU CRÉANCIER

62575 Le créancier peut habiliter un de ses préposés à procéder à la déclaration de créances. La **délégation de pouvoir** doit être donnée par un acte émanant du créancier ou, si celui-ci est une personne morale, du représentant légal de celle-ci ou d'une personne ayant elle-même reçu une délégation régulière de pouvoir pour déclarer les créances avec faculté de subdélégation. La délégation ne peut pas être déduite de la seule définition des fonctions ou de l'emploi tenus par le préposé au sein de la personne morale créancière (Cass. com. 28-5-1996, 1er et 2e esp. : RJDA 1/97 n° 119 ; Cass. com. 4-7-2000 n° 97-20.220 : RJDA 1/01 n° 48, 1re esp.). Ces principes s'appliquent aussi au préposé d'une personne morale étrangère pour procéder à une déclaration de créance dans une procédure collective ouverte en France (Cass. com. 15-12-2009 n° 08-14.949 : RJDA 5/10 n° 542 ; Cass. com. 22-6-2010 n° 09-65.481 : RJDA 12/10 n° 1172).

Le délégataire peut subdéléguer dans l'exercice de ses pouvoirs un autre préposé de la société mais seulement à condition que cette faculté ait été prévue dans la délégation (Cass. com. 14-2-1995 : RJDA 6/95 n° 765 ; Cass. com. 28-1-2004 n° 218 : RJDA 6/04 n° 733 ; Cass. com. 26-3-2013 n° 12-12.326 : RJDA 6/13 n° 536). En cas de délégations successives, les juges vérifient la validité de la « chaîne de pouvoirs » pour apprécier celle de la déclaration de créance (par exemple, Cass. com. 5-2-2008 n° 06-21.879 : RJDA 5/08 n° 551 ; Cass. com. 21-9-2010 n° 09-16.118 : RJDA 12/10 n° 1173).

62577 **Contenu de la délégation du pouvoir** L'habilitation n'est pas soumise aux **exigences** du mandat ad litem exposées n° 62582 (Cass. com. 14-12-1993 : RJDA 1/94 n° 95). Mais son **contenu** doit habiliter son bénéficiaire soit à agir en justice soit à effectuer des déclarations de créances (Cass. com. 9-6-1998 n° 96-13.675 : RJDA 12/98 n° 1387, 2e esp. ; Cass. com. 3-4-2001 n° 98-14.977 : RJDA 8-9/01 n° 878), peu important qu'elle vise ou non une procédure collective en particulier (cf. Cass. com. 14-2-1995 n° 93-12.063 et 93-12.399 : RJDA 6/95 n° 765 ; Cass. com. 18-2-2003 n° 01-03.609 : RJDA 5/03 n° 517 ; Cass. com. 14-1-2014 n° 12-29.749 : RJDA 5/14 n° 456). N'est pas valable la délégation qui permet au préposé d'accomplir seulement les actes ordinaires de gestion courante (Cass. com. 31-5-2011 n° 10-21.205 : RJDA 8-9/11 n° 721 ; Cass. com. 4-3-2014 n° 12-29.580 F-D : RJDA 6/14 n° 548).

La délégation de pouvoir consentie par le représentant légal d'une société continue d'engager celle-ci, même après le changement du représentant, tant que cette délégation n'a pas été révoquée (Cass. com. 3-6-2009 n° 08-13.355 : JCP E 2009.1926 note Hovasse).

Date de la délégation de pouvoir La délégation du pouvoir de déclarer les créances doit avoir été **donnée** au préposé avant qu'il n'effectue **la déclaration** de créance ; néanmoins, il peut être justifié de cette antériorité par la production, recevable jusqu'à ce qu'il soit statué sur l'admission de la créance, d'une **attestation postérieure** à la déclaration, dès lors qu'elle permet d'établir, qu'elle ait ou non date certaine, qu'à la date de la déclaration le déclarant était effectivement titulaire de la délégation (Cass. com. 30-9-2008 n° 06-21.247 : RJDA 12/08 n° 1291 ; Cass. com. 26-1-2010 n° 09-10.294 : RJDA 4/10 n° 407 ; Cass. com. 22-3-2017 n° 15-27.761 F-D : RJDA 7/17 n° 476 ; sur une application à une procédure d'insolvabilité, Cass. com. 15-12-2009 n° 08-14.949 : RJDA 5/10 n° 542). Même si la délégation consentie au préposé ne lui permettait pas de déclarer les créances, sa déclaration est valable si le représentant légal atteste par la suite de l'existence de ce pouvoir (Cass. com. 3-11-2015 n° 14-11.020 : RJDA 3/16 n° 213) ou ratifie la déclaration faite par le préposé (C. com. art. L 622-24, al. 2). 62580

L'attestation doit émaner du représentant légal de la personne morale ou du titulaire d'une délégation régulière pour déclarer les créances (Cass. com. 10-5-2005 n° 692 : D. 2005.AJ.1476 obs. Lienhard), peu important que son auteur ne soit plus en fonction au jour de l'attestation, dès lors qu'il l'était au jour de la déclaration (Cass. com. 8-11-2011 n° 10-23.336 : RJDA 2/12 n° 182).

DÉCLARATION PAR UN MANDATAIRE DU CRÉANCIER

La déclaration d'une créance peut être effectuée, au nom du créancier, par un **tiers** qui, s'il n'est pas avocat, doit justifier d'un pouvoir spécial – « mandat ad litem » – donné par écrit (C. com. art. R 662-1 et, sur renvoi, CPC art. 416 et 853 ; Cass. ass. plén. 26-1-2001 n° 99-15.153 : RJDA 4/01 n° 471 ; Cass. ass. plén. 4-2-2011 n° 09-14.619 PBRI : RJDA 6/11 n° 557 ; Cass. com. 5-10-2022 n° 21-14.226 F-D : RJDA 1/23 n° 43). Il n'est pas exigé que ce pouvoir ait date certaine (Cass. com. 17-6-1997, 2e esp. : RJDA 11/97 n° 1405), mais il doit être spécifique à la procédure collective dans laquelle la déclaration doit intervenir (Cass. com. 26-11-2002 n° 01-02.476 F-D : RJDA 4/03 n° 408). 62582

Si le tiers est une personne morale, il peut ensuite déléguer son pouvoir à l'un de ses préposés, sans qu'il soit nécessaire que ce préposé reçoive un mandat ad litem du créancier lui-même ou que sa délégation de pouvoir revête un caractère spécial (Cass. com. 20-6-2000 : RJDA 1/01 n° 47). Un pouvoir spécial n'est pas requis lorsque le tiers qui déclare la créance de la société créancière a été subdélégué par un préposé de cette dernière, dûment habilité, qui est le salarié d'une autre société constituant une structure de recouvrement des créances commune aux deux sociétés (Cass. com. 17-11-2009 n° 07-21.257 : RJDA 5/10 n° 543).

L'**avocat** n'a pas à justifier d'un pouvoir spécial pour déclarer une créance (CPC art. 853, al. 3 ; Cass. com. 13-2-2007 n° 05-17.676 : RJDA 6/07 n° 645 ; Cass. com. 31-5-2011 n° 10-11.723 : RJDA 10/11 n° 830 : avocat associé de la société d'avocats mandatée par le créancier). Sa déclaration non signée n'est pas irrégulière s'il peut être identifié comme en étant l'auteur (Cass. com. 1-3-2005 : RJDA 7/05 n° 849) ; mais la déclaration signée par la secrétaire de l'avocat qui n'a pas de pouvoir spécial est irrégulière (Cass. com. 17-2-2009 n° 08-13.728 : RJDA 8-9/09 n° 764).

RATIFICATION PAR LE CRÉANCIER DE LA DÉCLARATION FAITE PAR UN TIERS

Le créancier peut ratifier la déclaration de créance faite en son nom par un préposé ou par un mandataire jusqu'à ce que le juge statue sur l'admission de la créance (C. com. art. L 622-24, al. 2, L 631-14, al. 1 et L 641-3, al. 4). Aucune forme particulière n'étant prévue pour cette ratification, elle peut être implicite ; telle est le cas du créancier qui a, dans ses conclusions d'appel signées et notifiées par son avocat (Cass. com. 29-9-2021 n° 20-12.291 F-B : RJDA 1/22 n° 28 ; Cass. com. 23-3-2022 n° 20-19.274 F-D : RJDA 7/22 n° 416) ou dès sa comparution en première instance devant le juge-commissaire (Cass. com. 19-4-2023 n° 21-20.183 F-D : RJDA 7/23 n° 391), demandé l'admission de sa créance, ce dont il résulte qu'il a nécessairement ratifié la déclaration de créance faite en son nom. 62583

DÉCLARATION PAR LE DÉBITEUR

La déclaration de créances peut être valablement faite au nom d'un créancier par le débiteur objet de la procédure collective. Si le **débiteur** a porté une créance à la connaissance du mandataire ou du liquidateur judiciaire, il est **présumé avoir agi pour le compte du créancier** tant que celui-ci n'a pas adressé la déclaration de créance (C. com. art. L 622-24, al. 3, L 631-14, al. 1 et L 641-3, al. 4). 62585

Une créance est portée à la connaissance du mandataire ou du liquidateur en premier lieu via la liste des créances que le débiteur doit leur remettre rapidement après l'ouverture de la procédure. Le débiteur est en outre habilité à déclarer des créances pendant un délai de deux mois qui court à compter de la publication du jugement d'ouverture au Bodacc ; la déclaration doit porter les éléments mentionnés aux nos 62630 s. (art. R 622-5, al. 3).

Mais la présomption de déclaration vaut dans la limite du contenu de l'information fournie au mandataire ou au liquidateur judiciaire ; ainsi, l'existence d'une déclaration faite par le débiteur a été écartée dès lors que celui-ci avait, dans la liste remise au mandataire judiciaire, mentionné seulement l'identité du créancier, sans indiquer aucun montant de créance et qu'il n'était pas allégué que le débiteur avait fourni d'autres informations au mandataire (Cass. com. 5-9-2018 n° 17-18.516 F-PBI : RJDA 11/18 n° 853). En revanche, le créancier peut se prévaloir d'une présomption de déclaration lorsque figurent sur la liste son nom et la somme qui lui est due (Cass. com. 8-2-2023 n° 21-19.330 F-B : RJDA 5/23 n° 267).

Le débiteur en redressement ou en liquidation judiciaire qui **déclare** sciemment, au nom d'un créancier, une **créance supposée** encourt la faillite personnelle (art. L 653-5, 7°).

4. DESTINATAIRE DE LA DÉCLARATION DE CRÉANCE

62590 En cas de sauvegarde ou de redressement judiciaire, la déclaration doit être « adressée » au **mandataire judiciaire** (C. com. art. L 622-24 et L 631-14, al. 1) ; c'est le cas dès lors que le destinataire dénommé a cette qualité même s'il a été qualifié par erreur d'administrateur judiciaire (Cass. com. 7-12-1999 : RJDA 2/00 n° 187). En cas de liquidation judiciaire, la déclaration doit être faite entre les mains du **liquidateur judiciaire** (art. L 641-3, al. 4).

La correspondance adressée à l'administrateur ou au débiteur, même dans les délais, ne vaut pas déclaration (Cass. com. 14-2-1995 : RJDA 6/95 n° 766), sauf si elle a été transmise au mandataire judiciaire (ou au liquidateur) qui l'a enregistrée dans le délai fixé pour la déclaration (Cass. com. 6-1-1998 : RJDA 5/98 n° 619).

Si plusieurs mandataires ou liquidateurs ont été désignés, la déclaration de créance faite auprès de l'un d'eux est valable, même si la créance n'entrait pas dans la mission de celui-ci (Cass. com. 30-5-2006 n° 704 F-PB : RJDA 10/06 n° 1054).

5. DÉLAI DE LA DÉCLARATION DE CRÉANCE

DÉLAI DE DÉCLARATION : RÈGLES GÉNÉRALES

62595 La loi enferme la déclaration de créance dans un délai dont la **durée** et le **point de départ diffèrent selon la créance** concernée. Le non-respect du délai emporte la forclusion du créancier qui ne pourra donc recevoir aucun paiement dans le cadre de la procédure collective, à moins qu'il ne soit relevé de forclusion.

La **computation** de ce délai obéit aux règles de droit commun en matière de procédure civile.

En cas de déclaration de créance effectuée par voie postale, la date de notification de la déclaration est, à l'égard du créancier qui y procède, celle de l'expédition, peu important la date de réception par le mandataire judiciaire (Cass. com. 28-1-1997 : RJDA 5/97 n° 699). La déclaration faite par lettre recommandée AR a pour date celle qui est apposée par La Poste lors de la remise de la lettre à son destinataire, aucun texte n'imposant que cette date soit apposée à l'aide d'un cachet du bureau de poste distributeur (Cass. com. 28-4-1998 : RJDA 8-9/98 n° 1007). En cas de déclaration par courrier simple, le cachet du bureau de poste d'émission fait foi jusqu'à preuve contraire par le destinataire (T. com. Paris 19-2-1988 : GP 1989.som.25). Sur la déclaration faite via le portail électronique dédié, n°s 62360 s.

62597 L'**annulation du jugement d'ouverture** ouvre de nouveaux délais de déclaration et de forclusion aux créanciers n'ayant pas déclaré leurs créances (Cass. com. 1-7-1997 n° 94-21.894 : RJDA 12/97 n° 1541). Quant aux créanciers qui ont déclaré leurs créances à la procédure annulée pour incompétence du tribunal, ils n'ont pas à les déclarer à nouveau (Cass. com. 10-5-2005 n° 04-10.523 : RJDA 10/05 n° 1128), mais ils peuvent le faire par exemple pour compléter leur déclaration initiale.

DÉLAI POUR DÉCLARER LES CRÉANCES NÉES AVANT LE JUGEMENT D'OUVERTURE

62600 Les créances nées avant l'ouverture de la procédure collective et soumises à déclaration doivent être déclarées dans les deux mois de la **publication du jugement d'ouverture** au Bodacc (C. com. art. L 622-24, al. 1 et R 622-24, al. 1, R 631-27 et R 641-25).

Ce délai est augmenté de deux mois si la procédure est ouverte (art. R 622-24, al. 2 et 3) :

– par un tribunal de France métropolitaine, pour les créanciers n'y demeurant pas ;

– par un tribunal d'un département ou d'une collectivité d'outre-mer, pour les créanciers qui ne demeurent pas dans ce département ou cette collectivité.

Cette prorogation de délai bénéficie aux créanciers demeurant ou ayant leur siège à l'étranger (CA Versailles 3-11-2020 n° 19/06944 et, sur pourvoi, Cass. com. 26-10-2022 n° 20-22.416 FS-B).

La déclaration faite avant la publication du jugement d'ouverture est valable (Cass. com. 9-12-1997 n° 95-16.959 : RJDA 4/98 n° 468 som.).

Ce délai s'applique aussi à la déclaration rectificative, sauf s'il s'agit de rectifier une erreur matérielle (Cass. com. 28-9-2004 n° 1342 F-D : RJDA 2/05 n° 165).

Il appartient au créancier de justifier que sa déclaration a été adressée dans les deux mois de la publication du jugement d'ouverture au Bodacc en produisant une copie de l'insertion faite dans ce bulletin (Cass. com. 20-10-2009 n° 08-17.830 : RJDA 3/10 n° 266).

Ce délai ne court pas si la **publication** du jugement d'ouverture mentionne une date **inexacte** de prononcé du jugement (Cass. com. 12-4-2005 n° 03-20.691 : RJDA 10/05 n° 1129) ou comporte des erreurs affectant des éléments essentiels d'identification du débiteur (Cass. com. 14-2-1995 n° 93-10.151 P : RJDA 6/95 n° 767 ; Cass. com. 31-1-2012 n° 11-11.940 F-PB : RJDA 4/12 n° 420). Il en est de même si cette publication n'a **pas** été **faite,** peu important que le jugement convertissant la procédure (de sauvegarde en redressement ou liquidation judiciaire ou de redressement en liquidation judiciaire) ait été ultérieurement publié (Cass. com. 9-1-2001 n° 98-11.002 : RJDA 4/01 n° 468). Dans ces cas, le créancier n'encourt aucune forclusion et peut déclarer sa créance jusqu'à l'expiration du délai de deux mois à partir d'une seconde publication faite régulièrement.

ATTENTION

En cas de conversion de la procédure collective, le délai de deux mois court à compter de la publication du jugement ayant ouvert la procédure initiale (Cass. com. 15-2-2011 n° 09-14.318 F-D : RJDA 8-9/11 n° 720 ; Cass. com. 7-2-2024 n° 22-21.052 F-B).

Pour les **créanciers titulaires d'une sûreté publiée ou liés** au débiteur **par un contrat publié,** le délai de deux mois court à compter de la notification de l'**avertissement** exposé n°s 62545 s. (C. com. art. L 622-24, al. 1). Si le créancier a été averti personnellement avant la publication du jugement d'ouverture, le délai de deux mois imparti au créancier court à compter de cette publication et non de l'avertissement (Cass. com. 30-10-2012 n° 11-22.836 : RJDA 3/13 n° 248 ; Cass. com. 18-6-2013 n° 12-20.615 : RJDA 10/13 n° 820). 62602

À défaut d'avertissement, le délai ne court pas et le créancier n'encourt pas la forclusion (notamment Cass. com. 27-2-2007 n° 06-12.033 : RJDA 7/07 n° 749 ; Cass. com. 22-3-2017 n° 15-19.317 F-PBI : RJDA 11/17 n° 737). Si le contenu de l'avertissement n'est pas conforme à celui exigé par la réglementation, le juge doit rechercher si cet avertissement n'a pas néanmoins suffi à informer le créancier de ses droits et obligations (Cass. com. 17-2-2015 n° 13-24.403 : RJDA 7/15 n° 510 à propos d'un avertissement faisant référence à des textes antérieurs non applicables à la procédure en cause) ; si tel est le cas, l'avertissement fait courir le délai.

DÉLAI POUR DÉCLARER LES CRÉANCES NÉES APRÈS LE JUGEMENT D'OUVERTURE

Les **créances** nées régulièrement après le jugement d'ouverture, **autres que celles bénéficiant du traitement préférentiel** (n°s 62200 s.), doivent être déclarées dans un délai de deux mois à compter de leur date d'exigibilité (C. com. art. L 622-24, al. 6). 62604

Toutefois, les créanciers dont les créances résultent d'un **contrat à exécution successive** déclarent leurs créances pour la totalité des sommes échues et à échoir, sur la base d'une évaluation, dans un délai de deux mois à compter de la publication du jugement d'ouverture au Bodacc ; lorsque le contrat a été conclu après ce jugement, les créanciers déclarent leurs créances pour la totalité des sommes échues et à échoir, sur la base d'une évaluation, dans un délai de deux mois à compter de la première échéance impayée, qu'elle ait été ou non régularisée (art. L 622-24, al. 6 et R 622-22).

Les cocontractants du débiteur dont le **contrat** est **résilié** doivent déclarer la créance résultant de cette résiliation dans le délai exposé n°s 62155 et 62180. 62606

Le délai de déclaration, par une **partie civile,** des créances nées d'une **infraction pénale** est de deux mois à compter de la décision définitive qui en fixe le montant si cette décision est intervenue après la publication du jugement d'ouverture de la procédure collective (C. com. art. L 622-24, al. 7 ; Cass. crim. 4-12-2012 n° 12-80.559 : RJDA 4/13 n° 345). 62608

Si la créance a été définitivement fixée avant la publication du jugement d'ouverture, le délai de déclaration est celui exposé n° 62600.

RELEVÉ DE FORCLUSION DU CRÉANCIER RETARDATAIRE

Le créancier qui n'a pas déclaré sa créance dans le délai requis est forclos : il ne peut donc plus procéder valablement à cette formalité et il se trouve soumis aux conséquences exposées n°s 62650 s. Il peut toutefois demander à être relevé de forclusion sous certaines conditions (C. com. art. L 622-26). 62610

Demande en relevé de forclusion La demande en relevé de forclusion est de la compétence exclusive du juge-commissaire (CA Paris 28-1-1988 : BRDA 8/88 p. 21) qui peut être saisi par requête (C. com. art. R 621-21). Le créancier défaillant peut saisir le juge-commissaire sans avoir préalablement déclaré sa créance (Cass. com. 4-10-2005 n° 04-15.535 : RJDA 1/06 n° 47 ; Cass. com. 9-5-2007 n° 05-21.357 : RJDA 8-9/07 n° 866 ; Cass. com. 23-4-2013 n° 11-25.963 : RJDA 10/13 n° 821). 62612

La demande peut être présentée par le créancier lui-même ou par un préposé titulaire d'une délégation de pouvoirs à cette fin ou par un tiers auquel il a donné un mandat spécial (Cass. com. 22-5-2007 n° 05-20.417 : RJDA 10/07 n° 990).

Les **frais** de l'instance en relevé de forclusion sont à la charge du créancier défaillant ; mais le juge peut décider que les frais seront supportés par le débiteur qui n'a pas mentionné la créance sur la liste des créances ou n'a pas porté utilement cette créance à la connaissance du mandataire judiciaire (ou du liquidateur) dans le délai de déclaration (C. com. art. R 622-25, al. 2 et R 641-25).

Contrairement au régime antérieur à la réforme de 2006 (ex-art. L 621-46), les textes actuels ne prévoient aucun encadrement particulier pour le **recours** contre les ordonnances du juge-commissaire statuant sur un relevé de forclusion ; il y a donc lieu d'appliquer en ce domaine les règles exposées n° 64807.

62614 **Motifs justifiant un relevé de forclusion** Ces créanciers sont relevés de forclusion s'ils établissent (C. com. art. L 622-26, al. 1) :

– soit que leur défaillance est due à une **omission du débiteur** lors de l'établissement de la liste des créances ou au défaut d'établissement de cette liste (Cass. com. 16-6-2021 n° 19-17.186 FS-B : RJDA 12/21 n° 784 ; Cass. com. 2-2-2022 n° 20-19.157 F-D : RJDA 4/22 n° 210) ; le relevé de forclusion doit alors être prononcé par le juge-commissaire sans qu'il ait à vérifier l'existence de la créance si elle est contestée par le débiteur (Cass. com. 12-1-2010 n° 09-12.133 : RJDA 6/10 n° 702), ni que le créancier demandeur n'ait à établir l'existence d'un lien de causalité entre l'omission du débiteur et la tardiveté de sa déclaration de créance (Cass. com. 10-1-2012 n° 10-28.501 : RJDA 10/12 n° 876 ; Cass. com. 16-6-2021 n° 19-17.186 FS-B : RJDA 12/21 n° 784) ;

– soit que leur défaillance n'est pas due à leur fait.

Ne peut justifier la carence du créancier ni le fait que la créance résulte d'un acte authentique (Cass. com. 22-10-1996 : RJDA 1/97 n° 122) ou d'un délit (CA Paris 21-9-1999 : RJDA 12/99 n° 1354 som.), ni le défaut d'avertissement du créancier (Cass. com. 8-6-2010 n° 09-15.769 : RJDA 12/10 n° 1171). Mais ces éléments peuvent être pris en compte en fonction des circonstances (CA Rouen 30-6-1988, inédit, tenant compte aussi de l'éloignement et de l'absence de négligence du créancier ; CA Rouen 14-1-1988 : GP 1989.som.198 : fonctionnaires non fautifs de ne pas lire le Bodacc ; CA Rouen 30-1-1992 : RJDA 5/92 n° 509 : banque non fautive de ne pas lire le Bodacc vu ses nombreux contractants).

62616 **Délai de la demande en relevé de forclusion** Le relevé de forclusion doit être demandé dans un délai de six mois à compter (C. com. art. L 622-26, al. 3) :

– pour les créanciers titulaires d'une sûreté publiée ou liés au débiteur par un contrat publié, de la réception de l'avis exposé n° 62550 ;

– pour l'AGS, de l'expiration du délai pendant lequel les créances résultant du contrat de travail sont garanties par cette institution ;

– pour les autres créanciers, de la publication du jugement d'ouverture (par exemple, pour un salarié, Cass. soc. 24-1-2018 n°s 16-16.504 FS-D, 16-16.503 FS-PB : RJS 4/18 n° 263), y compris pour les créanciers établis à l'étranger (Cass. com. 22-1-2020 n° 18-19.917 F-D : RJDA 6/20 n° 319) et peu important que le créancier ait été omis sur la liste établie par le débiteur (Cass. com. 16-11-2010 n° 09-16.572 : RJDA 2/11 n° 170).

Le délai s'ouvre le premier jour à 0 heure et expire le dernier jour à 24 heures (cf. Cass. com. 6-2-1996 : RJDA 6/96 n° 832). Ce délai est un délai préfix (Cass. com. 1-7-1997 : RJDA 12/97 n° 1542). La demande peut être présentée le jour même de l'expiration du délai (Cass. com. 28-1-2014 n° 12-27.728 : RJDA 6/14 n° 549).

Toutefois, si le créancier justifie avoir été placé dans l'impossibilité de connaître l'obligation du débiteur avant l'expiration du délai de six mois, il peut demander un relevé de forclusion dans les six mois à compter de la date à laquelle il est établi qu'il ne pouvait pas ignorer l'existence de sa créance (art. L 622-26, al. 3 ; CA Paris 29-1-2008 n° 07/09169 : D. 2008.537 obs. Lienhard et CA Rennes 22-9-2020 n° 17/07699 : existence d'une impossibilité ; Cass. com. 16-11-2010 n° 09-16.572 : RJDA 2/11 n° 170 : absence d'impossibilité).

62618 **Effets du relevé de forclusion** Si le créancier avait déjà procédé à une **déclaration** avant d'être relevé de forclusion, il n'est pas tenu d'en faire une seconde (Cass. com. 24-9-2003 n° 1289 : RJDA 2/04 n° 192 ; CA Douai 6-10-2005 n° 04/00794 : RJDA 3/06 n° 305). S'il ne l'a déjà fait, le créancier doit déclarer dans le délai applicable à la créance concernée mais réduit de moitié, à compter de la notification de la décision le relevant de forclusion (C. com. art. L 622-24, al. 1).

Le relevé de forclusion ne vaut ni admission ni rejet de la créance (cf. Cass. com. 12-1-2016 n° 14-18.936 FS-PBI : RJDA 4/16 n° 311). Lorsque le juge-commissaire a relevé le créancier de sa forclusion après le dépôt de la liste des créances déclarées et que sa décision est devenue définitive (absence de recours dans les délais requis), il statue sur la créance dans les conditions exposées aux n°s 62860 s. et une mention est portée par le greffe sur l'état des créances (art. R 622-25, al. 1).

Le créancier qui bénéficie d'un relevé de forclusion ne peut **concourir** que **pour les répartitions** postérieures à sa demande (art. L 622-26, al. 1).

6. FORME ET CONTENU DE LA DÉCLARATION DE CRÉANCE

FORME ET ENVOI DE LA DÉCLARATION

Aucune **forme** n'est exigée pour l'envoi de la déclaration et le créancier peut **prouver** l'**envoi** 62625
par tous moyens, notamment par une télécopie (Cass. com. 17-12-2003 : RJDA 5/04 n° 592) ou par une attestation du mandataire ou du liquidateur judiciaire (Cass. com. 12-7-2004 n° 1184 : RJDA 11/04 n° 1244). Des formulaires types de déclaration (Cerfa n° 10021-01) sont gratuitement disponibles au greffe du tribunal (ou sur leur site Internet) et sur le site Service-public.fr. En outre, les créances peuvent être déclarées via un **portail électronique dédié** (nos 62360 s.).

VOLONTÉ DE DÉCLARER

La déclaration doit manifester la volonté non équivoque du créancier de déclarer sa créance 62627
– c'est-à-dire de réclamer le paiement de sa créance dans la procédure collective du débiteur – ce que le juge apprécie souverainement (Cass. com. 15-2-2011 n° 10-12.149 : RJDA 7/11 n° 643).

Bien que la loi ne l'impose pas formellement, elle doit être signée du déclarant ; la contestation par le débiteur de l'identité du signataire ne s'analyse pas en une dénégation ou un refus de reconnaissance de signature au sens de l'article 287 du Code de procédure civile, de sorte qu'elle n'est pas soumise aux dispositions relatives à la vérification d'écritures (Cass. com. 1-10-2013 n° 12-22.122 : RJDA 3/14 n° 252).

MENTIONS OBLIGATOIRES DE LA DÉCLARATION

Les articles L 622-25 et L 622-33 du Code de commerce imposent que certains éléments 62630
(exposés ci-dessous) figurent dans la déclaration de créances. S'y ajoutent évidemment les indications permettant l'identification tant du créancier déclarant (et du préposé ou du mandataire qui déclare en son nom) que du débiteur (nom ou dénomination sociale, adresse ou siège social, numéro d'immatriculation au RCS...). Le greffe exige en outre l'indication de la procédure collective concernée (sauvegarde, redressement ou liquidation judiciaire et date du jugement d'ouverture).

La déclaration de créance faite par un créancier étranger n'a pas à contenir une élection de domicile en France, l'article 855 du Code de procédure civile n'étant pas applicable à cette formalité (Cass. com. 5-11-2013 n° 12-20.234 F-PB : RJDA 2/14 n° 143).

Montant à déclarer La déclaration doit indiquer le montant de la **créance due** au jour du 62632
jugement d'ouverture de la procédure collective avec indication des sommes **à échoir** et de la date de leurs échéances (C. com. art. L 622-25, al. 1 ; sur le rejet d'une déclaration imprécise, Cass. com. 12-2-1991 : RJDA 6/91 n° 534).

Si la créance ne résulte **pas d'un titre,** la déclaration doit, en outre, contenir les éléments de nature à prouver l'existence et le montant de la créance et, à défaut, une **évaluation** de celle-ci si son montant n'a pas encore été fixé (art. L 622-24, al. 4 et R 622-23, 1°) ; notamment, le montant de la créance peut être réputé établi par la production de la copie de chèques impayés et des certificats de non-paiement pour ceux-ci (Cass. com. 15-2-2011 n° 10-12.149 : RJDA 7/11 n° 643).

Le créancier peut réduire le montant déclaré, et ce jusqu'à ce que le juge statue sur l'admission (Cass. com. 27-5-2003 n° 00-17.716 : D. 2003.1631 obs. Lienhard) ; mais il ne peut pas le modifier substantiellement (Cass. com. 17-11-2015 n° 14-18.759 : RTD com. 2016.195 obs. Martin-Serf) ni l'augmenter après l'expiration du délai de déclaration (Cass. com. 3-11-2010 n° 09-17.029 : RJDA 1/11 n° 63).

Si elle ne résulte **pas d'un titre exécutoire,** la créance déclarée doit être certifiée sincère par le créancier, le visa du commissaire aux comptes ou, à défaut, de l'expert-comptable sur la déclaration pouvant être demandé par le juge-commissaire et le refus de visa devant être motivé (art. L 622-25, al. 3). Mais le défaut de communication des documents susvisés et de certification n'entraîne pas la nullité de la déclaration (Cass. com. 1-12-1992 : RJDA 4/93 n° 347 ; Cass. com. 8-3-1994 : RJDA 7/94 n° 858). Inversement, l'existence de la certification ne suffit pas, en soi, à faire la preuve de la créance (Cass. com. 11-10-1994 : RJDA 2/95 n° 204).

Pour les créances en **monnaie étrangère,** la conversion en euros a lieu selon le cours du change à la date du jugement d'ouverture (art. L 622-25, al. 2), et ce alors même que ce jugement ayant ouvert un redressement judiciaire serait converti en liquidation judiciaire (Cass. com. 5-6-2007 n° 05-21.767 : RJDA 11/07 n° 1133).

Créances du Trésor public et des organismes sociaux Le Trésor public, les 62634
organismes de prévoyance et de sécurité sociale et les institutions du régime d'assurance chômage peuvent **déclarer** leurs créances **à titre provisionnel** lorsque celles-ci n'ont pas encore fait l'objet d'un titre exécutoire ; leurs déclarations sont toujours faites sous réserve des impôts et créances non établis à la date de la déclaration (C. com. art. L 622-24, al. 4, L 631-14, al. 1 et L 641-3, al. 4). Mais les créances doivent être définitivement établies par l'émission d'un titre exécutoire dans un délai déterminé pour donner lieu à une déclaration définitive et être admises au passif (nos 62885 s.).

Ces organismes ne sont pas pour autant dispensés de compléter leur déclaration dans les délais légaux ou, à défaut, de demander à être relevés de la forclusion dans les conditions exposées nos 62612 s. (Cass. com. 1-10-2013 n° 12-20.229 : RJDA 4/14 n° 363).

Le fait d'avoir déclaré ces créances à titre provisoire, alors qu'elles étaient déjà établies à titre définitif par la délivrance de contraintes de l'Urssaf, n'est pas une cause de rejet de ces créances (Cass. com. 11-12-2019 n° 18-18.665 F-PB : RJDA 3/20 n° 162).

62636 **Créance dont plusieurs personnes sont débitrices** Le **créancier** porteur d'engagements souscrits, endossés ou garantis solidairement peut déclarer sa créance à la procédure de sauvegarde, de redressement ou de liquidation judiciaire ouverte contre :

– les coobligés, pour la valeur nominale de son titre, dans chaque procédure (C. com. art. L 622-31, L 631-14, al. 1 et L 641-3, al. 4) ;

Ces coobligés ne peuvent exercer aucun recours les uns contre les autres, à moins que la réunion des sommes versées en vertu de chaque procédure n'excède le montant total de la créance (en principal et accessoire) ; dans ce cas, l'excédent est dévolu, suivant l'ordre des engagements, à ceux des coobligés qui auraient les autres pour garants (art. L 622-32, L 631-14, al. 1 et L 641-3, al. 4).

– l'un des coobligés, sous déduction, le cas échéant, de l'acompte qu'il a reçu sur sa créance avant le jugement d'ouverture ; il conserve, sur ce qui lui reste dû, ses droits contre le coobligé ou la personne ayant consenti une sûreté personnelle ou ayant affecté ou cédé un bien en garantie, celui qui a fait le paiement partiel pouvant déclarer sa créance pour tout ce qu'il a payé à la décharge du débiteur (art. L 622-33, L 631-14, al. 1 et L 641-3, al. 4).

62638 **Créance dont plusieurs personnes sont créancières** Chacun des créanciers titulaires d'une obligation solidaire entre eux peut déclarer cette créance pour sa totalité puisque, en application de l'article 1311 du Code civil (ex-art. 1197), chacun d'eux a le droit de demander le paiement du total de la créance (Cass. com. 20-3-2001 : RJDA 7/01 n° 804).

62640 **Intérêts de la créance** La déclaration de créance indique les **modalités de calcul** des intérêts dont le cours n'est pas arrêté par le jugement d'ouverture de la procédure collective (nos 62494 s.), cette indication valant déclaration pour le montant ultérieurement arrêté (C. com. art. R 622-23, 2°).

Cette exigence est satisfaite si la déclaration ne comporte pas elle-même ces indications mais renvoie expressément à un **document joint** à la déclaration et mentionnant les modalités de calcul, par exemple, la copie du contrat (Cass. com. 31-1-2017 nos 15-15.030 F-D et Cass. com. 22-3-2017 n° 15-19.481 F-D : RJDA 8-9/17 n° 565 ; Cass. com. 23-11-2022 n° 21-14.116 F-D : RJDA 3/23 n° 156 ; Cass. com. 5-7-2023 n° 22-12.310 F-D : RJDA 12/23 n° 671). À défaut de renvoi exprès, le document joint à la déclaration est insuffisant (arrêts précités).

Ces mentions ne sont requises ni pour les intérêts échus (Cass. com. 23-11-1999 n° 97-12.209 : RJDA 2/00 n° 210) ni pour les intérêts à échoir si leur montant peut être calculé au jour de la déclaration de créance (Cass. com. 2-3-1993 n° 90-21.353 : Bull. civ. IV n° 89 ; Cass. com. 5-5-2015 n° 14-13.213 : RJDA 10/15 n° 681). Il suffit alors d'indiquer leur montant.

Sur les modalités d'admission des intérêts par le juge-commissaire, n° 62895.

62642 **Garantie de la créance** La déclaration doit indiquer, le cas échéant, la nature et l'assiette de la **sûreté** dont la créance est assortie et, le cas échéant, si la sûreté réelle conventionnelle a été constituée sur les biens du débiteur en garantie de la dette d'un tiers (C. com. art. L 622-25, al. 1 et R 622-23). Si la sûreté n'a pas fait l'objet d'une publicité, la déclaration doit en outre contenir la date de la sûreté et les éléments de nature à prouver son existence, sa nature et son assiette (art. R 622-23, 4°).

Le créancier ne doit pas omettre ces indications : à défaut, il perd le bénéfice de son privilège et du droit de rétention attaché le cas échéant à son privilège (Cass. com. 8-6-1999 n° 97-12.233 : RJDA 8-9/99 n° 931 à propos du droit de rétention résultant du privilège reconnu au commissionnaire ; Cass. com. 7-12-2004 n° 03-12.921 : RJDA 4/05 n° 426 à propos du privilège du bailleur d'immeuble). Sa créance n'est admise au passif qu'à titre chirographaire et sera primée, dans les distributions, par les créances privilégiées ou assorties de sûretés.

Avant la réforme des sûretés de 2006 qui a rangé le **droit de rétention** dans le nouveau livre IV du Code civil intitulé « Des sûretés » (art. 2286), il avait été jugé que le droit de rétention n'est pas une sûreté assimilable au gage et qu'il ne doit donc pas être mentionné (Cass. com. 20-5-1997 : RJDA 10/97 n° 1263), sauf s'il est la conséquence d'un gage (Cass. com. 1-2-2000 : RJDA 5/00 n° 562), d'un nantissement ou d'un privilège fondé sur l'idée de gage tacite (CA Paris 4-9-2002 : BTL 2002.622 : droit de rétention résultant du privilège du transporteur). À notre avis, cette solution demeure valable car le droit de rétention n'a pas pour effet de modifier l'ordre de distribution des deniers dégagés par la vente du bien retenu entre les créanciers de la procédure collective et les conséquences de son exercice sont réglées par des dispositions spécifiques (nos 61920 et 63945).

Sans se prononcer sur le caractère obligatoire de la mention du droit de rétention, il a été admis que le créancier avait valablement renseigné sur son privilège lorsqu'il avait invoqué un droit de rétention (Cass. com. 3-7-2007 nº 05-21.136 : RTD com. 2008.186 obs. Vallens).

Si la **clause de réserve de propriété** constitue une sûreté réelle (C. civ. art. 2329, 4º), elle ne confère à son bénéficiaire aucun droit de préférence dans les répartitions ; en conséquence, elle ne lui permet pas, même s'il l'a mentionnée dans sa déclaration de créance, d'obtenir l'admission de sa créance à titre privilégié (Cass. com. 15-10-2013 nº 12-14.944 FS-PB : RJDA 2/14 nº 147).

Créance litigieuse Si la créance fait l'**objet d'un litige,** la déclaration doit indiquer la juridiction saisie (C. com. art. R 622-23, 3º). Cette mention, dont l'omission n'est pas sanctionnée par la nullité de la déclaration, ne concerne que les instances en cours à l'ouverture de la procédure collective (Cass. com. 26-3-2013 nº 12-13.673 : RJDA 6/13 nº 537). 62644

Documents justificatifs Les documents justificatifs des créances déclarées (contrats, factures, bordereau d'inscription des sûretés...) doivent être **joints** sous bordereau à la déclaration ; ils peuvent être produits **en copie** ; le mandataire judiciaire peut, à tout moment, demander la production de documents qui n'auraient pas été joints (C. com. art. R 622-23, al. 6). Les pièces justificatives peuvent être valablement produites après l'expiration du délai de déclaration (Cass. com. 23-3-2022 nº 20-19.274 F-D : RJDA 7/22 nº 416). Le défaut de production des pièces justificatives n'entraîne pas la nullité de la déclaration (Cass. com. 17-12-1996 : RJDA 4/97 nº 566). 62646

Les documents justifiant des **pouvoirs du déclarant** (délégation de pouvoir ou mandat spécial) sont généralement joints à la déclaration. Le créancier peut ratifier ultérieurement la déclaration faite en son nom (nº 62570).

7. ABSENCE DE DÉCLARATION OU DÉCLARATION TARDIVE

Le **créancier** qui n'a pas fait sa déclaration dans le délai requis et n'a pas été relevé de la forclusion n'est **pas admis dans les répartitions et dividendes** prévus dans le cadre de la procédure collective (C. com. art. L 622-26, al. 1, L 631-14, al. 1 et L 641-3, al. 4). Sa créance est inopposable à la procédure (Cass. com. 3-11-2010 nº 09-70.312 : RJDA 1/11 nº 64) mais elle n'est pas éteinte (Cass. com. 8-9-2015 nº 14-15.831 F-PB : RJDA 4/16 nº 304 ; Cass. com. 27-11-2019 nº 18-13.730 F-D : RJDA 2/20 nº 90). 62650

Cette règle s'applique :

– aux créances du Trésor public, de la sécurité sociale et de l'Urssaf, même s'ils ont la possibilité de compléter leurs déclarations antérieures faites à titre provisionnel (Cass. com. 19-11-2003 nº 1593 : RJDA 5/04 nº 594 ; Cass. com. 1-10-2013 nº 12-20.229 F-D : RJDA 4/14 nº 463) ;

– aux créanciers étrangers concernés par une procédure d'insolvabilité ouverte en France (art. L 693-1, al. 1) ;

– à l'ex-conjoint du débiteur qui n'a pas pu obtenir le paiement de la prestation compensatoire sur les fonds dont le débiteur conservait la libre disposition (Cass. com. 13-6-2019 nº 17-24.587 FS-PB : RJDA 8-9/19 nº 575).

Sur le cas particulier d'une déclaration irrégulière, nº 62915.

Les créances non déclarées régulièrement dans ces délais sont en outre **inopposables au débiteur** pendant l'exécution du plan (nº 63405) et après cette exécution (nº 63420) ainsi qu'aux personnes physiques coobligées ou garantes du débiteur (nº 62462). 62652

Il résulte de la combinaison des articles 2314 du Code civil et L 622-26 du Code de commerce que la **caution** est **déchargée** de son obligation en l'absence de déclaration de la créance garantie par le créancier, peu important la nature de celle-ci, si elle aurait pu tirer un avantage effectif du droit d'être admise dans les répartitions et dividendes, susceptible de lui être transmis par subrogation (Cass. com. 19-2-2013 nº 11-28.423 : RJDA 5/13 nº 436 ; Cass. com. 16-9-2014 nº 13-19.040 F-D : RJDA 2/15 nº 123). Pour éviter la décharge de la caution, le créancier doit rapporter la preuve que cette perte n'a causé aucun préjudice à la caution (Cass. 1re civ. 3-7-2013 nº 12-21.126 F-PB : RJDA 11/13 nº 922). La possibilité d'invoquer la perte de subrogation bénéficie aussi aux personnes ayant consenti, depuis le 1er janvier 2022, une sûreté réelle pour garantir les dettes du débiteur (C. civ. art. 2325, al. 2) alors que tel n'est pas le cas lorsque la sûreté a été consentie avant cette date (Cass. 3e civ. 12-4-2018 nº 17-17.542 FS-PBI : RJDA 6/18 nº 534).

8. RÈGLES PARTICULIÈRES À LA SAUVEGARDE ACCÉLÉRÉE

ÉTABLISSEMENT DES LISTES DE CRÉANCIERS

Après ouverture de la sauvegarde accélérée, le débiteur doit établir deux listes : 62660

– une liste globale de tous ses **créanciers** avec indication de leurs créances antérieures, qu'il remet à l'administrateur et au mandataire judiciaire qui la dépose du greffe du tribunal (C. com. art. L 622-6 ; nº 61740) ;

– une liste mentionnant les créances antérieures dont est titulaire chaque **partie affectée** ayant participé à la conciliation et qui sont soumises à déclaration (art. L 628-7, al. 1).

Cette seconde liste indique les nom ou dénomination, siège ou domicile de chaque créancier, la nature de la créance, son montant au jour du jugement d'ouverture (y compris les sommes à échoir et les dates d'échéance), les modalités de calcul des intérêts dont le cours n'est pas arrêté, la nature du privilège ou de la sûreté dont elle est assortie et, si la créance est en monnaie étrangère, la conversion en euros selon le cours du change à la date du jugement d'ouverture (art. L 628-7, al. 1 et R 628-8). Y sont également mentionnés les accords de subordination portés à la connaissance du débiteur avant l'ouverture de la procédure (art. L 628-7, al. 1) et, si des détenteurs de capital de la société débitrice sont affectés par le projet de plan, les informations relatives aux modalités de participation au capital de la société, aux statuts et aux droits des détenteurs de capital (art. R 628-8).

DÉPÔT DES LISTES AU TRIBUNAL

62662 Dans les dix jours de l'ouverture de la sauvegarde accélérée, le débiteur dépose la liste des créances des parties affectées ayant participé à la conciliation et soumises à déclaration, certifiée par le commissaire aux comptes ou attestée par l'expert-comptable, au greffe du tribunal ; le **dépôt de cette liste vaut déclaration** au nom des parties affectées à moins que celles-ci n'adressent la déclaration de leurs créances dans les conditions prévues pour les autres procédures collectives (C. com. art. L 628-7, al. 1 et 3 et R 628-8).

En cas de différences entre les informations portées sur cette liste et celles portées sur la liste globale de tous les créanciers (art. L 622-6), seules les premières sont prises en considération (art. R 628-8, al. 3).

Le greffier remet un exemplaire de la liste au **mandataire judiciaire** qui, dans les huit jours, **communique** par lettre recommandée AR ou par le portail électronique dédié (n°s 62360 s.), **à chaque créancier concerné,** les informations relatives à ses créances telles qu'elles figurent sur la liste et porte à sa connaissance les dispositions des articles L 628-7 et R 628-9 du Code de commerce ; cette information vaut avertissement d'avoir à déclarer (art. R 628-9).

Le créancier peut actualiser sa créance mentionnée sur la liste dans un délai de deux mois à compter de la publication du jugement d'ouverture au Bodacc ou, s'il est titulaire d'une sûreté ou d'un contrat publié, à compter de la notification de l'avertissement précité (art. L 628-7, al. 4).

F. Apports de trésorerie durant la procédure collective

APPORTS DE TRÉSORERIE

62665 Dans les procédures collectives ouvertes depuis le 1er octobre 2021, les apports de trésorerie faits au débiteur bénéficient d'un traitement préférentiel. Sont concernés les nouveaux apports faits :

– durant la **période d'observation** de la sauvegarde ou du redressement judiciaire (C. com. art. L 622-17) ;

– en **exécution du plan** de sauvegarde ou de redressement (art. L 626-2 et L 626-10, dernier al.) ;

– à l'occasion de la **modification de ce plan** (art. L 626-26, al. 3).

Les apports faits pendant la période d'observation sont autorisés par le juge-commissaire dans la limite nécessaire à la poursuite de l'activité pendant cette période et font l'objet d'une publicité (inscription au registre tenu par le greffe du tribunal ; C. com. art. L 622-17, III-dernier al. et R 622-14). Ceux consentis pour le plan ou sa modification sont soumis aux classes de parties affectées ou, si celles-ci ne sont pas constituées, au seul tribunal.

TRAITEMENT PRÉFÉRENTIEL

62667 Les apports exposés ci-dessus sont considérés comme des créances utiles à la procédure collective et bénéficient en conséquence d'un **privilège** dit « d'argent frais » qui leur permet d'être payés avant certaines créances dans le cadre de la sauvegarde et du redressement judiciaire (n° 62244) ou de la liquidation judiciaire (n° 64094). Toutefois, le privilège ne s'applique pas aux apports consentis par les actionnaires et associés du débiteur dans le cadre d'une augmentation de capital et il ne peut pas bénéficier, directement ou indirectement, aux créanciers au titre de leurs concours antérieurs à l'ouverture de la procédure (C. com. art. L 626-10, dernier al. et L 626-26, al. 3). Ces derniers peuvent toutefois à ce titre bénéficier d'un privilège pour les apports consentis lors d'une conciliation (n° 61175). En outre le privilège est perdu s'il n'est pas porté à la connaissance des organes de la procédure dans les conditions exposées n° 62242 (art. L 622-17, IV).

Le tribunal ne peut pas imposer des **remises ou délais** de paiement aux titulaires des créances ainsi privilégiées (n° 63324), pas plus que le peuvent les classes de parties affectées s'agissant des créances relevant de ce privilège au titre d'une procédure collective antérieure (n° 63222).

G. Responsabilité des créanciers pour les crédits consentis au débiteur

LIMITATION LÉGALE DE LA RESPONSABILITÉ

Lorsqu'une procédure de sauvegarde, de redressement ou de liquidation judiciaire est ouverte à l'encontre d'un débiteur, les créanciers qui lui ont précédemment consenti des crédits ne peuvent voir leur responsabilité engagée à ce titre que dans des cas limitativement fixés par l'article L 650-1 du Code de commerce. Cette dérogation aux règles de droit commun de la responsabilité civile a été instituée afin d'éviter que les entreprises connaissant des difficultés y compris passagères ne soient totalement privées de crédit et condamnées à cesser leur activité ou à faire l'objet de procédures collectives. **62670**

La responsabilité d'un créancier peut aussi être retenue au titre d'une **faute qui n'est pas en lien avec l'octroi d'un crédit.** Par exemple, jugé que le gestionnaire d'un aéroport avait aggravé le passif d'une compagnie aérienne, à laquelle il fournissait des prestations aéroportuaires très chères, en lui refusant abusivement le droit d'assurer elle-même ces prestations (Cass. com. 7-4-2009 n° 08-12.403 : Rev. proc. coll. 2009 n° 4 § 101 obs. Martin-Serf), qu'un concédant automobile avait, en cédant une partie de sa propre structure commerciale, privé son concessionnaire de son unique chance de retrouver une viabilité économique et financière (Cass. com. 7-1-2003 n° 99-13.425 FS-D : RJDA 6/03 n° 622) ou encore que le fournisseur d'un produit était à l'origine de la liquidation judiciaire d'une entreprise qui avait perdu une grande partie de sa clientèle en raison de la défectuosité du produit et que le refus du fournisseur de reconnaître sa responsabilité autrement que par les voies judiciaires avait mis l'entreprise dans l'impossibilité de faire face à son passif (Cass. com. 27-11-2019 n° 18-19.256 F-D : RJDA 4/20 n° 228). La détermination de la personne ayant alors qualité à agir contre le créancier fautif s'effectue selon les règles exposées n° 62690.

CAS DE RESPONSABILITÉ

Principes Lorsqu'une procédure de sauvegarde, de redressement judiciaire ou de liquidation judiciaire est ouverte, les créanciers ne peuvent **pas** être tenus pour **responsables** des préjudices subis du fait des concours consentis, **sauf** les cas de fraude, d'immixtion caractérisée dans la gestion du débiteur ou si les garanties prises en contrepartie de ces concours sont disproportionnées à ceux-ci (C. com. art. L 650-1, al. 1). Ces exceptions ne sont applicables que si les concours accordés sont en eux-mêmes fautifs (Cass. com. 28-1-2014 n° 12-26.156 : RJDA 5/14 n° 457 ; Cass. com. 5-5-2015 n° 14-11.863 : RJDA 2/16 n° 140 ; Cass. com. 29-6-2022 n° 21-10.715 F-D), peu important que les concours aient été accordés au débiteur pour financer la création ou l'acquisition de son entreprise (Cass. com. 3-11-2015 n° 14-10.274 : RJDA 2/16 n° 133). **62675**

Ce dispositif, applicable aux procédures collectives ouvertes depuis le 1er janvier 2006 (y compris si les faits reprochés au créancier sont antérieurs à cette date ; Cass. com. 19-6-2012 n° 11-18.940, 2e esp. : RJDA 12/12 n° 1098), rend caduque la **jurisprudence antérieure** qui retenait la responsabilité du créancier pour avoir consenti un crédit ruineux ou accordé un crédit alors qu'il connaissait la situation irrémédiablement compromise de l'emprunteur. Mais les décisions demeurent valables en ce qu'elles caractérisent un crédit fautif, une immixtion ou une fraude du créancier.

Peut être tenu pour responsable tout **créancier,** notamment celui qui consent des délais de paiement (Cass. com. 16-10-2012 n° 11-22.993, 1e esp. : RJDA 2/13 n° 143) ; le caractère fautif de ces délais avec stipulation d'un intérêt de retard doit se faire au regard de la charge totale de remboursement et non de la seule charge des intérêts (Cass. com. 10-1-2018 n° 16-10.824 FS-D : RJDA 3/18 n° 257). **62677**

Lorsque le crédit est l'œuvre d'un consortium de banques, chaque banque peut être fautive, l'existence d'un chef de file, qui n'est ni le mandataire ni le préposé des banques groupées, ne faisant pas disparaître l'obligation de prudence qui pèse sur chacune d'elles (CA Montpellier 13-10-1983 : D. 1985.IR.331 obs. Vasseur).

Il importe peu que le créancier poursuivi soit titulaire d'une créance antérieure au jugement d'ouverture et subisse lui-même, pour cette créance, le préjudice dont il est responsable (Cass. com. 11-10-1994 : RJDA 3/95 n° 361).

Mais la responsabilité de celui qui a accordé une garantie financière à un agent immobilier ne peut pas être recherchée en application de l'article L 650-1 du Code de commerce en l'absence de fourniture d'un crédit (Cass. com. 24-5-2018 n° 16-26.387 F-PB : RJDA 8-9/18 n° 660).

Toute personne poursuivie peut invoquer les dispositions de l'article L 650-1 du Code de commerce pour écarter sa responsabilité, même si elle n'est plus créancière du débiteur

(Cass. com. 19-9-2018 n° 17-12.596 F-PB : JCP E 2018.1649 note Le Noach), y compris lorsqu'elle est poursuivie pour soutien abusif par le coemprunteur du débiteur (Cass. com. 17-9-2013 n° 12-21.871 F-D : Rev. proc. coll. 2014 comm. n° 89 note A. Martin-Serf).

Toutefois, les limitations prévues par ce texte ne sont pas applicables lorsque la responsabilité d'une banque est mise en cause pour manquement à son devoir de mise en garde contre les risques de l'endettement né de l'octroi des concours (Cass. com. 12-7-2017 n° 16-10.793 F-PBI : RJDA 11/17 n° 751 ; Cass. com. 20-6-2018 n° 16-27.693 F-PB : RJDA 10/18 n° 759) ou pour rupture brutale d'un concours (Cass. com. 23-9-2020 n° 18-23.221 et 19-12.542 F-PB : RJDA 2/21 n° 109 ; CA Chambéry 26-9-2019 n° 18/00582 : GP 2020 n° 368h3 p. 79 note Lasserre Capdeville).

62680 **Fraude** La fraude s'entend, en matière civile ou commerciale, comme un acte réalisé en utilisant des **moyens déloyaux** destinés à surprendre un consentement, à obtenir un avantage matériel ou moral indu, ou réalisé avec l'intention d'échapper à l'application d'une loi impérative ou prohibitive (Cass. com. 13-12-2017 n° 16-21.498 F-D : RJDA 3/18 n° 256 ; Cass. com. 8-1-2020 n° 18-21.452 F-D : RJDA 4/20 n° 227 ; Cass. com. 17-1-2024 n° 22-18.090 F-B : BRDA 3/24 inf. 8).

En l'absence d'utilisation de moyens déloyaux, ne suffit pas à caractériser la fraude :

– le seul fait que la banque a accordé, afin de préserver ses propres intérêts, un prêt supplémentaire au débiteur avec constitution de nouvelles garanties (Cass. com. 8-3-2017 n° 15-20.288 F-D : RJDA 5/17 n° 354 ; dans le même sens, Cass. com. 27-3-2012 n° 11-13.536 : RD bancaire 2012 n° 3 § 81 obs. A. Cerles) ou un nouveau prêt pour s'assurer au moins à court terme le remboursement des prêts antérieurs (Cass. com. 8-1-2020 n° 18-21.452 F-D précité) ;

– le fait que la banque a accordé un prêt personnel au dirigeant pour renflouer l'entreprise et n'a pas réclamé le paiement d'un billet à ordre (Cass. com. 17-1-2024 précité) ;

– l'octroi de prêts non conformes, dans leur montant et les garanties souscrites, à l'accord conclu dans le cadre d'une conciliation entre le débiteur et ses principaux créanciers dont la banque prêteuse (Cass. com. 13-12-2017 précité) ;

– l'absence de clôture du compte du débiteur par la banque malgré la lettre de dénonciation et la négociation de conventions d'amortissement du solde débiteur (Cass. com. 2-10-2012 n° 11-23.213 : RJDA 2/13 n° 143).

62682 **Immixtion dans la gestion du débiteur** Une immixtion dans la gestion du débiteur a été retenue à l'encontre d'une banque qui avait exercé en toute indépendance la direction de la société débitrice à laquelle elle avait accordé des crédits (CA Orléans 13-1-2011 n° 10/01319 : Rev. proc. coll. 2011 n° 6 § 205 note Martin-Serf). En revanche, elle a été écartée à propos d'une banque qui avait pris l'initiative d'accorder un prêt au débiteur sans tenir compte de la fragilité de performance industrielle et commerciale de celui-ci (Cass. com. 22-3-2017 n° 15-13.290 F-D : RJDA 6/17 n° 421) et d'une autre à l'encontre de laquelle n'était établi aucun acte positif de direction ni l'exercice d'une influence décisive sur la gestion du débiteur, de nature à constituer une immixtion caractérisée (Cass. com. 21-11-2018 n° 17-21.025 F-D).

62684 **Prise de garanties disproportionnées** Ne suffit pas à caractériser la prise de garanties disproportionnées aux concours accordés :

– l'existence d'un cumul de garanties au profit du créancier s'il n'est pas établi que ce cumul est en soi disproportionné (Cass. com. 13-1-2015 n° 13-25.360 FS-D : RJDA 4/15 n° 294) ;

– l'exigence d'un seul cautionnement du dirigeant de la société bénéficiaire d'un crédit, même si le montant du cautionnement est très supérieur à celui du crédit garanti (Cass. com. 18-5-2017 n° 15-12.338 : RJDA 8-9/17 n° 566, chron. J. P. Remery p. 611), le cautionnement ne pouvant pas excéder ce qui est dû par le débiteur principal (C. civ. art. 2296).

62686 **Crédits fautifs** Le caractère fautif des crédits accordés au débiteur tient (Cass. com. 22-3-2017 n° 15-13.290 F-D : RJDA 6/17 n° 421) :

– soit à la pratique d'une politique de **crédit ruineux** pour l'entreprise financée de nature à provoquer une croissance continue et insurmontable de ses charges financières, eu égard à ses perspectives de rentabilité et à ses capacités de remboursement ;

– soit à l'apport d'un soutien artificiel à une entreprise dont la banque connaissait ou aurait dû connaître, si elle s'était informée, la **situation irrémédiablement compromise.**

Constitue un crédit fautif, parce que ruineux, la transformation par un fournisseur des dettes échues du débiteur en plusieurs prêts dès lors que, pour chacun des crédits, la charge de remboursement annuel, en capital et intérêts, excédait les facultés de paiement du débiteur au regard de ses résultats d'exploitation, que le fournisseur connaissait pour avoir disposé des résultats comptables de l'entreprise (Cass. com. 10-1-2018 n° 16-10.824 FS-D : RJDA 3/18 n° 257).

N'est pas fautif :

– le crédit du seul fait que la banque l'a accordé en s'abstenant de tenir compte, par une analyse approfondie des résultats d'exploitation de la société bénéficiaire d'un plan de continuation, de la fragilité de la performance industrielle et commerciale de celle-ci (Cass. com. 22-3-2017 précité) ;

– le prêt consenti pour l'achat d'un fonds de commerce par le débiteur, ce dernier n'ayant subi de grosses pertes qu'un an plus tard après l'installation imprévue de concurrents (Cass. com. 28-1-2014 n° 12-26.156 F-D : RJDA 5/14 n° 557) ;

– le prêt permettant à la société débitrice de réduire le taux d'intérêt de sa dette et de substituer à une dette exigible une dette d'emprunt payable en 8 ans, avec différé d'amortissement d'un an (Cass. com. 19-6-2012 n° 11-18.940 F-PB : RJDA 12/12 n° 1098).

EXERCICE DE L'ACTION EN RESPONSABILITÉ

Personnes habilitées à agir L'action en responsabilité engagée en application de l'article L 650-1 du Code de commerce contre un créancier fournisseur de crédit tend le plus souvent à la réparation de l'aggravation du passif du débiteur qui a été causée par le crédit litigieux. Elle ne peut alors être engagée que par les **organes de la procédure** collective – le mandataire judiciaire, le commissaire à l'exécution du plan ou le liquidateur judiciaire – seuls habilités à agir au nom et dans l'intérêt collectif des créanciers afin de reconstituer le gage commun de ces derniers (n°s 62380 et 63382). **62690**

Toutefois, un **créancier** peut agir individuellement s'il justifie d'un préjudice propre, distinct de celui, général, subi par l'ensemble des créanciers.

N'a pas subi un préjudice distinct de celui des autres créanciers celui qui invoque :

– la diminution de l'actif ou l'aggravation du passif (Cass. com. 27-2-2007 n° 05-21.255 D : RJDA 7/07 n° 765) ;

– la perte de valeur du fonds de commerce du débiteur (Cass. 1e civ. 3-2-2016 n° 14-25.695 F-PB : RJDA 5/16 n° 382) ;

– la perte de ses apports faits à la société mise en liquidation judiciaire (Cass. com. 29-9-2015 n° 13-27.587 F-PB : RJDA 2/16 n° 132) ou encore l'insuffisance des dividendes répartis et la perte des intérêts consécutive à l'ouverture de la procédure collective (cf. Cass. ass. plén. 9-7-1993 : RJDA 1/94 n° 92).

En revanche, subit un préjudice personnel, distinct de celui collectif subi par les créanciers, et peut donc agir individuellement :

– la caution qui, garantissant les dettes du débiteur, a perdu la chance de ne pas exécuter son engagement (Cass. com. 17-10-2018 n° 17-16.263 F-D : RJDA 2/19 n° 106) ;

– le salarié ou le dirigeant pour la perte pour l'avenir des rémunérations qu'il aurait pu percevoir (Cass. com. 2-6-2015 n° 13-24.714 FS-PBRI : RJDA 10/15 n° 678 ; Cass. com. 29-9-2015 n° 13-27.587 F-PB : RJDA 2/16 n° 132 ; Cass. com. 17-10-2018 n° 17-16.263 F-D : RJDA 2/19 n° 106).

Tribunal compétent L'action en responsabilité de l'article L 650-1 du Code de commerce ne relève pas de la compétence exclusive du tribunal de la procédure collective (Cass. com. 12-7-2016 n° 14-29.429 F-PB : RJDA 10/16 n° 711). Elle reste soumise aux règles de compétence de droit commun. Le tribunal de la procédure collective n'est compétent que dans les conditions exposées n°s 61572 s. **62692**

Le raisonnement de la Cour de cassation est le suivant : la responsabilité d'un créancier à raison des concours qu'il a consentis à un débiteur peut être engagée en dehors d'une procédure collective de ce dernier et l'article L 650-1 du Code de commerce se borne à limiter la mise en œuvre de cette responsabilité, lorsque ce débiteur fait l'objet d'une procédure collective, en posant des conditions (fraude, immixtion, disproportion des garanties) qui ne sont pas propres à cette procédure, de sorte que cette action n'est pas née de la procédure collective ou soumise à son influence juridique (arrêt précité).

Condamnation du créancier Le créancier qui a consenti des concours et dont la responsabilité est reconnue en application de l'article L 650-1 du Code de commerce n'est tenu de réparer : **62694**

– lorsqu'il est poursuivi par les organes de la procédure, que l'aggravation de l'insuffisance d'actif que sa faute a contribué à créer (Cass. com. 22-3-2005 n° 506 : RJDA 7/05 n° 873 ; Cass. com. 10-1-2018 n° 16-10.824 FS-D : RJDA 3/18 n° 257) ; le montant de l'aggravation de l'insuffisance d'actif est égal à la différence entre le montant de l'insuffisance d'actif à la date à laquelle le juge statue et le montant de l'insuffisance d'actif au jour de l'octroi du soutien abusif (Cass. com. 22-3-2016 n° 14-10.066 P : Bull. civ. IV n° 41 ; Cass. com. 1-7-2020 n° 18-26.350 D) ;

– lorsqu'il est poursuivi par une personne invoquant un préjudice personnel, que ce seul préjudice.

Les garanties que le créancier fautif a prises en contrepartie de ses concours peuvent être annulées ou réduites par le juge (C. com. art. L 650-1, al. 2).

Sur le sort des sommes recouvrées lorsque l'action est engagée par un des organes de la procédure, n° 62382.

VII. SITUATION DES SALARIÉS

TRAITEMENT DES CRÉANCES SALARIALES

62730 Les salariés d'une entreprise en procédure collective bénéficient d'un **traitement** spécifique, **plus protecteur** que celui réservé aux autres créanciers.

Ils ne sont pas tenus de déclarer individuellement leurs créances (C. com. art. L 622-24, al. 1). Le **recensement** et la **vérification** des créances salariales incombent au mandataire ou au liquidateur judiciaire, le relevé de ces créances étant ensuite contrôlé par le représentant des salariés, visé par le juge-commissaire et déposé au greffe du tribunal (art. L 625-1, R 625-2 et R 641-33). Faute de pouvoir être payées sur les fonds disponibles de l'entreprise avant l'expiration des délais d'établissement des relevés de créance, les sommes couvertes par l'**AGS** (Association pour la gestion du régime d'assurance des créances des salariés) sont avancées au mandataire ou au liquidateur judiciaire qui les reverse immédiatement aux salariés dans la limite d'un plafond (C. trav. art. L 3253-16, L 3253-20 et L 3253-21).

Un salarié peut saisir le bureau de jugement des conseils de prud'hommes si tout ou partie de sa créance ne figure pas sur le relevé, mais dans les deux mois à compter de la publication de l'avis de dépôt du relevé (C. com. art. L 625-1, L 625-5 et R 625-3), ou en cas de refus de l'AGS de prendre en charge une de ses créances figurant sur le relevé (art. L 625-4).

Outre la garantie de l'AGS, les créances salariales bénéficient, pour certaines d'entre elles, d'un privilège de paiement primant les autres créances (« superprivilège » ; C. trav. art. L 3253-2 s.) et elles ne peuvent pas faire l'objet, sans l'accord des salariés, de remises ou de délais de paiement lors de l'adoption du plan (n° 63324)

Pour plus de détails, Mémento Social n°s 70875 s.

SORT DES CONTRATS DE TRAVAIL

62735 L'ouverture d'une procédure collective à l'encontre d'un employeur n'emporte pas la résiliation des contrats de travail, y compris s'il s'agit d'une liquidation judiciaire (Cass. soc. 26-11-2015 n° 14-19.263 F-D : Rev. proc. coll. 2016 comm. n° 29 note F. Taquet). Ils ne sont pas soumis aux règles de poursuite ou de résiliation des contrats en cours (C. com. art. L 622-13, VI). Mais des licenciements économiques peuvent être prononcés au cours de la procédure collective, notamment en application du plan (C. com. art. L 626-2, L 631-17, L 631-19, L 641-4 et L 641-10 ; sur cette question, Mémento Social n°s 48310 s.).

En application de l'article L 1224-1 du Code du travail, les contrats de travail sont transmis au cessionnaire de l'entreprise ou d'un actif auxquels ils sont attachés.

VIII. SITUATION DES ASSOCIÉS

OUVERTURE D'UNE PROCÉDURE COLLECTIVE À L'ENCONTRE DES ASSOCIÉS

62750 La procédure collective de la société n'entraîne pas l'ouverture de plein droit d'une procédure similaire à l'égard des associés, même s'ils sont indéfiniment et solidairement responsables du passif social.

Toutefois, la **procédure** collective de la **société** peut être **étendue** à un associé dans les conditions exposées n°s 61630 s. Dans ce cas, les biens de l'associé peuvent faire l'objet de mesures conservatoires, voire être vendus, dans les conditions exposées n°s 62292 s.

ASSOCIÉ DIRIGEANT DE FAIT

62752 L'associé qui se serait comporté comme un dirigeant de fait s'expose aux mêmes mesures, **sanctions** et déchéances que celles encourues par le dirigeant de droit (n°s 64470 s.).

POURSUITES DES ASSOCIÉS PAR LES CRÉANCIERS SOCIAUX

62755 Les associés d'une société en nom collectif ou d'une société civile de droit commun, les associés commandités d'une société en commandite simple ou par actions ou encore les membres d'un groupement d'intérêt économique sont tenus, sur leur patrimoine personnel, des dettes de la société ou du groupement mais les créanciers ne peuvent les poursuivre directement qu'après avoir, selon le cas, vainement mis en demeure la société (ou le groupement) ou poursuivi celle-ci (C. com. art. L 221-1, L 222-1, L 226-1, L 251-6 ; C. civ. art. 1857 et 1858). Pour plus de détails sur la mise en œuvre de ces dispositions en cas de procédure collective de la société, MSC n°s 24092 s. (SNC et SCS), 58000 s. (SCA), 97324 s. (GIE) et MCI n°s 20420 s. (sociétés civiles).

Ces associés ne bénéficient pas, en cas de procédure collective de la société, de la **suspension des poursuites** individuelles des créanciers contre les coobligés. Le fait qu'ils répondent personnellement du passif social n'en fait pas des coobligés de la société ; leur obligation en la matière est subsidiaire à celle de la société (Cass. com. 20-3-2012 n° 10-27.340 F-PB : RJDA 7/12 n° 684 à propos d'associés de SNC ; Cass. 3e civ. 10-7-1996 n° 94-10.552 D : RJDA 3/97 n° 373 à propos d'associés de société civile).

LIBÉRATION DU CAPITAL SOCIAL

Le jugement ouvrant la sauvegarde, le redressement ou la liquidation judiciaire d'une société rend immédiatement **exigible** le montant non libéré du capital social (C. com. art. L 624-20, L 631-18, al. 1 et L 641-14, al. 1). Sur les appels de fonds et les modalités de paiement, MSC nos 91306 s. **62757**

DÉCISIONS COLLECTIVES

La procédure collective d'une société peut se traduire par une perte d'influence des associés préexistants ; plusieurs mécanismes sont prévus pour qu'ils ne puissent pas faire obstacle à certaines mesures permettant le redressement de la société : **62760**

– possible abaissement, sur décision du tribunal, des règles de majorité et de quorum pour l'adoption des modifications statutaires sur première convocation de l'assemblée (art. L 626-3, al. 1) ;

– neutralisation des clauses d'agrément pour les modifications de capital ou les cessions de parts ou d'actions prévues par le plan de redressement (art. L 631-19, II) ;

– possible désignation d'un mandataire pour voter à la place des associés ou actionnaires qui ont refusé de reconstituer les capitaux propres de la société en redressement judiciaire (art. L 631-9-1) ;

– faculté pour le tribunal d'imposer, en cas de redressement judiciaire et sous certaines conditions (sociétés d'une certaine taille, risque de trouble grave à l'économie en cas de cessation d'activité...), l'augmentation de capital prévue par le projet de plan, soit en désignant un mandataire chargé de voter au lieu et place des associés opposants soit en ordonnant la cession des droits sociaux détenus par ceux-ci (art. L 631-19-2).

Pour plus de détails, MSC nos 91310 s.

Par ailleurs, lorsque le plan est élaboré au sein des classes de parties affectées, les associés sont consultés au sein de ces classes (nos 63212 s.) et peuvent se voir imposer un plan qu'ils ont rejeté (n° 63294).

IX. DÉTERMINATION DU PATRIMOINE DE L'ENTREPRISE

A. Passif de l'entreprise : vérification et admission des créances

CONTRÔLE DES CRÉANCES DÉCLARÉES

La vérification des créances dans le cadre de la procédure collective du débiteur consiste à contrôler les créances déclarées (existence, montant, caractère privilégié...), opération à l'issue de laquelle celles-ci sont soumises au juge-commissaire qui décide si elles sont admises ou non au passif du débiteur, c'est-à-dire si elles sont prises en compte ou non dans la répartition des dividendes arrêtée par le tribunal. **62800**

1. DÉROULEMENT GÉNÉRAL DE LA PROCÉDURE DE VÉRIFICATION

SAUVEGARDE ET REDRESSEMENT JUDICIAIRE

Exception faite des créances salariales qui sont soumises à un traitement particulier (nos 62730 s.), les créances déclarées sont vérifiées : **62810**

– en cas de sauvegarde, par le mandataire judiciaire, le débiteur et, le cas échéant, les contrôleurs présents ou dûment appelés (C. com. art. R 624-1, al. 1) ;

– en cas de redressement judiciaire, par le mandataire judiciaire en présence du débiteur ou, celui-ci appelé, de l'administrateur s'il a pour mission d'assurer l'administration de l'entreprise et, le cas échéant, des contrôleurs comme indiqué ci-dessus (art. R 631-29).

Le mandataire judiciaire établit la **liste des créances déclarées,** avec ses propositions, les observations du débiteur (avec indication de leur date) et un certain nombre d'informations sur chaque créance (celles portées dans la déclaration) (art. L 624-1, al. 1, R 624-2, al. 1 et R 631-29). Cette liste est déposée au greffe du tribunal et transmise au juge-commissaire (art. L 624-1, R 624-1 et R 631-29) qui statue sur les créances.

LIQUIDATION JUDICIAIRE

62812 En cas de liquidation judiciaire, la vérification des créances incombe au liquidateur judiciaire (C. com. art. L 641-4, al. 1) qui exerce les fonctions du mandataire judiciaire dans la procédure décrite ci-dessus (art. R 641-28). Toutefois, le juge-commissaire exclut ou arrête la vérification des créances chirographaires s'il lui apparaît que le produit de la vente de l'actif sera entièrement absorbé par les frais de justice et les créances privilégiées (art. L 641-4, al. 2 et R 641-27). Mais la vérification est complète s'il y a lieu de mettre à la charge des dirigeants (de droit ou de fait) de la personne morale débitrice ou de l'entrepreneur individuel débiteur tout ou partie du passif (art. L 641-4, al. 2). La vérification des créances en cas de liquidation judiciaire simplifiée est nécessairement partielle (n° 64290).

Si la liquidation judiciaire est prononcée au cours d'une sauvegarde ou d'un redressement judiciaire, le liquidateur complète la liste des créances, en y ajoutant celles déclarées par les créanciers relevés de forclusion et celles définitivement fixées à l'issue d'une instance judiciaire ou administrative, puis il dépose la liste au greffe où tout créancier peut en prendre connaissance (art. R 641-29).

INTERVENTION DU DÉBITEUR DANS LA VÉRIFICATION DES CRÉANCES

62815 À l'occasion de la vérification des créances, le débiteur doit présenter ses **observations dans** un **délai** de 30 jours qui court à compter de la date à laquelle il a été mis en mesure, par le mandataire judiciaire (ou le liquidateur) de le faire ou, s'il ne participe pas à la vérification des créances, à compter de la réception de la lettre recommandée AR par laquelle le mandataire judiciaire (ou le liquidateur) lui a communiqué les propositions d'admission, de rejet ou de renvoi devant la juridiction compétente (C. com. art. L 624-1, al. 2, R 624-1, al. 3, R 631-29 et R 641-28).

62817 Le débiteur qui ne formule **pas d'observations dans** ce **délai** ne peut émettre aucune contestation ultérieure sur la proposition du mandataire ou du liquidateur judiciaire (C. com. art. L 624-1, al. 2). Le juge-commissaire n'est pas tenu de l'entendre ou de l'appeler lorsqu'il se prononce sur l'admission d'une créance non contestée (Cass. com. 3-10-2000 n° 97-21.584 P : RJDA 1/01 n° 51) et le débiteur n'a pas de recours contre la décision du juge-commissaire (Cass. com. 4-2-1992 n° 90-17.993 P : RJDA 5/92 n° 511, 1re esp. ; Cass. com. 22-6-1999 n° 1278 : RJDA 8-9/99 n° 965 ; Cass. com. 8-1-2013 n° 11-22.796 F-PB : Bull. civ. IV n° 1).

Toutefois, si le débiteur n'a pas été mis en mesure de participer à la vérification des créances, il peut faire appel de l'état des créances comportant les décisions d'admission ou de rejet du juge-commissaire, dans le délai de dix jours à compter de la publication au Bodacc de l'insertion indiquant que l'état des créances est constitué et déposé au greffe (Cass. com. 15-11-2016 n° 15-12.610 F-PB : Bull. civ. IV n° 140 ; Cass. com. 28-3-2018 n° 17-10.600 FS-PB : RJDA 6/18 n° 519).

Lorsque le débiteur soutient ne pas avoir été convoqué pour participer à la vérification des créances, il appartient au mandataire judiciaire ou au liquidateur de rapporter la preuve de sa convocation (Cass. com. 28-3-2018, précité).

En revanche, le débiteur peut exercer un recours contre l'ordonnance du juge-commissaire statuant sur la **créance qu'il a contestée,** peu important l'objet de cette contestation ; il peut donc invoquer un autre motif devant la cour d'appel que celui opposé à la contestation de la créance par le mandataire judiciaire (Cass. com. 19-5-2015 n° 14-14.395 F-PB : RJDA 11/15 n° 765), sans avoir à formuler de nouvelles observations destinées au mandataire (Cass. com. 29-3-2023 n° 21-21.258 F-B : RJDA 6/23 n° 324).

Le débiteur qui a contesté la créance lors de la vérification des créances doit être convoqué, peu important qu'il n'ait pas répondu aux observations du créancier (Cass. com. 2-11-2016 n° 14-29.292 F-PB : RJDA 1/17 n° 34). À défaut de convocation, il peut faire annuler la décision du juge-commissaire (arrêt précité).

INTERVENTION DU CRÉANCIER DONT LA CRÉANCE EST CONTESTÉE

62820 **Avertissement du créancier de l'existence d'une contestation** S'il y a discussion sur tout ou partie d'une créance déclarée (autre que de salaire qui est soumise à des règles spécifiques), le mandataire ou le liquidateur judiciaire doit en aviser le créancier concerné ou son mandataire, par **lettre** recommandée AR (le cas échéant, via le portail électronique dédié ; nos 62360 s.) en **l'invitant à faire connaître ses explications** (C. com. art. L 622-27, R 624-1, al. 2 et R 641-28).

Cette **lettre** doit **préciser** l'objet de la discussion (existence, montant, caractère privilégié ou non de la créance...), indiquer le montant de la créance dont l'inscription est proposée et rappeler les dispositions de l'article L 622-27 du Code de commerce (art. R 624-1, al. 2), à savoir les conséquences d'un défaut de réponse dans le délai requis (n° 62825).

Ces dispositions sont applicables aux créanciers étrangers concernés par une procédure d'insolvabilité ouverte en France (C. com. art. L 693-1, al. 2).

Il n'est pas interdit au mandataire (ou liquidateur) judiciaire, organe de la procédure collective chargé de la vérification du passif, de soutenir devant le juge-commissaire une autre proposition (Cass. com. 29-5-2019 n° 18-14.911 F-PB : RJDA 8-9/19 n° 576).

Réponse du créancier Le créancier doit répondre dans un **délai** de trente jours à compter de la réception de la lettre du mandataire (ou du liquidateur) judiciaire (C. com. art. L 622-27, R 624-1, al. 2 et R 641-28). **62822**

Ce délai ne court pas, et le créancier n'encourt pas les sanctions ci-dessous, s'il n'a pas reçu l'avertissement du mandataire ou du liquidateur (Cass. com. 5-11-2003 n° 01-00.881 FS-PB : RJDA 2/04 n° 194 pour un cas où l'avertissement adressé en recommandé AR avait été retourné avec la mention « non réclamé, retour à l'envoyeur »), si l'avertissement n'indique pas l'objet de la contestation, le mandataire s'étant contenté d'exiger les justificatifs de la créance déclarée (Cass. com. 14-5-1996 n° 943 P : JCP G 1996.II.22657 rapport Rémery, RJDA 10/96 n° 1262 ; Cass. com. 13-9-2023 n° 22-15.296 F-B : RJDA 12/23 n° 672), ou s'il ne mentionne pas qu'à défaut de réponse dans le délai toute contestation ultérieure sera impossible (Cass. com. 5-12-1995 : RJDA 3/96 n° 417) à moins que la discussion ne porte sur la régularité de la déclaration (Cass. com. 29-6-2022 n° 21-11.652 F-D). Le délai ne court pas non plus si la contestation ne porte pas sur l'existence, le montant ou la nature de la créance, appréciés au jour du jugement d'ouverture, le mandataire faisant seulement état d'une éventuelle compensation avec une créance de dommages-intérêts (Cass. com. 29-5-2019 n° 18-14.911 F-PB : RJDA 8-9/19 n° 576).

La loi ne fixe pas de **forme** impérative pour la réponse : cette dernière peut être faite par courrier ou via le portail électronique dédié (n°s 62360 s.) ou encore lors de l'audience devant le juge-commissaire (dès lors qu'elle intervient dans le délai précité).

Cette réponse n'est pas assimilée à une demande en justice. Lorsque le créancier est une personne morale, la réponse peut donc émaner de tout préposé de son choix sans qu'il soit tenu de justifier d'une délégation de pouvoir à cette fin émanant des organes habilités par la loi à représenter la personne morale (Cass. com. 16-9-2008 n° 07-17.273 : RJDA 12/08 n° 1293).

À défaut de réponse dans le délai précité, le créancier : **62825**

– n'est pas convoqué par le juge-commissaire pour être entendu sur sa créance (C. com. art. R 624-4, al. 2) ;

– ne peut pas contester la proposition faite par le mandataire ou le liquidateur judiciaire, sauf si la discussion porte sur la régularité de la déclaration de créances (art. L 622-27) ne serait-ce qu'en partie (Cass. com. 28-6-2017 n° 16-12.382 FS-PBI : RJDA 12/17 n° 825) ;

– ne peut pas non plus exercer de recours contre la décision du juge-commissaire qui confirme la proposition du mandataire ou du liquidateur (art. L 624-3, al. 2) ; a contrario, le créancier conserve le droit d'exercer un recours lorsque le juge-commissaire n'a pas entériné cette proposition du mandataire judiciaire (Cass. com. 16-6-2015 n° 14-11.190 F-PB : RJDA 10/15 n° 684).

A été **considéré** comme **défaillant** le créancier qui a répondu sans fournir aucune explication (CA Grenoble 9-6-1988 : Rev. jur. com. 1989 p. 229 note Ch.-H. Gallet).

N'est **pas défaillant** le créancier :

– qui a répondu en précisant qu'il présenterait ses arguments à l'audience (Cass. com. 11-12-2001 n° 2074 : Rev. proc. coll. 2002 p. 185 n° 5 obs. F.-F. Legrand) ;

– qui, n'ayant pas répondu à la lettre de contestation, a été convoqué dans le délai de trente jours par le juge-commissaire et qui a comparu devant lui (Cass. com. 7-12-2004 n° 03-16.321 : RJDA 4/05 n° 429) ;

– qui a répondu à une première contestation émanant du mandataire judiciaire mais n'a pas répondu à une nouvelle lettre de discussion de la même déclaration de créance (Cass. com. 28-6-2017 n° 16-16.614 FS-PBI : RJDA 11/17 n° 741) ;

– qui n'a pas répondu à la demande du mandataire de lui communiquer des pièces justificatives de sa créance, une telle demande n'étant pas une contestation (Cass. com. 13-9-2023 n° 22-15.296 F-B : RJDA 12/23 n° 672).

Ces sanctions ne sont pas applicables lorsqu'une **instance** au fond, relative à la créance déclarée, était **en cours** au jour de l'ouverture de la procédure collective du débiteur (Cass. com. 15-3-2005 n° 00-19.918 FS-PB : RJDA 7/05 n° 852 ; Cass. com. 5-9-2018 n° 17-14.960 F-PBI : D. 2018 p. 1692), y compris si la reprise de l'instance en cours n'a pas été régulière (Cass. com. 13-2-2019 n° 17-28.749 F-PB : RJDA 4/19 n° 278).

2. INTERVENTION DU JUGE-COMMISSAIRE

a. Modalités d'intervention

OPTIONS OUVERTES AU JUGE-COMMISSAIRE

62860 Au vu des propositions du mandataire ou du liquidateur judiciaire et si la demande d'admission est recevable, le juge-commissaire statue sur les créances qui figurent sur la liste qui lui a été remise : il décide de l'admission ou du rejet des créances ou constate soit qu'une instance est en cours, soit que la contestation ne relève pas de sa compétence ; en l'absence de contestation sérieuse, le juge-commissaire a également compétence, dans les limites de la compétence matérielle de la juridiction qui l'a désigné, pour statuer sur tout moyen opposé à la demande d'admission (C. com. art. L 624-2).

Lorsqu'il statue sur une créance, le juge-commissaire n'est pas tenu de suivre la proposition du mandataire ou du liquidateur judiciaire (Cass. com. 19-5-1998 n° 96-13.958 P : RJDA 10/98 n° 1160 ; Cass. com. 1-4-2003 n° 99-18.545 F-D : RJDA 10/03 n° 984). Il peut admettre la créance seulement à titre chirographaire même si le privilège attaché au nantissement qui garantissait la créance n'était pas contesté par le mandataire judiciaire (Cass. com. 19-5-1998 précité).

La compétence du juge-commissaire pour statuer sur le sort des créances est d'ordre public interne et international français (CA Paris 27-2-1992 : Rev. arb. 1992.590 note B. Ancel).

CARACTÈRE CONTRADICTOIRE DE LA PROCÉDURE

62862 Lorsque la compétence du juge-commissaire est contestée ou que ce juge soulève d'office son incompétence ou en présence d'une contestation sérieuse, le juge-commissaire statue après avoir fait convoquer, par lettre recommandée AR, le débiteur, le créancier, le mandataire judiciaire, l'administrateur (lorsqu'il en a été désigné) ou le liquidateur (C. com. art. R 624-4, al. 1 et R 641-28).

Toutefois, lorsque le juge-commissaire est appelé à statuer sur une contestation, le créancier n'est pas convoqué s'il n'a pas contesté la proposition du mandataire ou du liquidateur judiciaire dans le délai requis (n° 62825). Il en est du même du débiteur qui, appelé à la vérification des créances, n'a présenté aucune contestation (n° 62817).

62865 **Exception** Les décisions d'**admission sans contestation** sont matérialisées par l'apposition de la signature du juge-commissaire sur la liste des créances établie par le mandataire ou le liquidateur judiciaire (C. com. art. R 624-3, al. 1 et R 641-28).

Le greffier en avise les créanciers ou leur mandataire par lettre simple qui précise le montant pour lequel la créance est admise ainsi que les sûretés dont elle est assortie et reproduit les dispositions des articles L 622-27 et L 624-3 du Code de commerce (art. R 624-3, al. 2 et R 641-28).

Sur l'**admission de plein droit** de certaines créances en cas de résolution du plan de sauvegarde ou de redressement et ouverture d'une nouvelle procédure collective à l'encontre du débiteur, n° 63436.

EXISTENCE D'UNE INSTANCE EN COURS

62867 Le juge-commissaire n'est compétent pour statuer sur les créances déclarées que si aucune **instance** n'est en cours (C. com. art. L 624-2 ; Cass. com. 14-3-1995 : RJDA 8-9/95 n° 1039 ; Cass. com. 9-6-2022 n° 20-22.650 F-B). Les instances ici visées sont celles engagées **contre le débiteur** (Cass. com. 10-5-2005 n° 679 F-D : RJDA 8-9/05 n° 1014) et non celles qu'il a engagées (Cass. com. 27-5-2008 n° 06-20.483 F-D : RJDA 10/08 n° 1044 ; CA Versailles 20-11-1997 : RJDA 2/98 n° 192) ni celles engagées par un créancier contre le dirigeant de la société débitrice (Cass. com. 10-5-2005 précité).

Est une instance **en cours** au sens de ce texte :

– l'instance en cours au jour du jugement d'ouverture de la procédure collective, seulement suspendue par une mesure de radiation (Cass. com. 8-4-2015 n° 14-10.172 F-PBI : RJDA 11/15 n° 766) ;

– la réclamation contentieuse d'une créance fiscale formée par la société débitrice après l'avis de mise en recouvrement (Cass. com. 11-2-2014 n° 13-10.554 F-PB : RJDA 5/14 n° 458).

N'est pas en cours la procédure de saisie immobilière interrompue par le jugement d'ouverture (Cass. com. 27-9-2017 n° 16-17.285 F-D : Rev. proc. coll. 2018 n° 2 § 69 note Staes).

Le **juge-commissaire** est **dessaisi** dès l'ordonnance constatant l'existence d'une instance en cours, fût-ce à tort, toute nouvelle demande formée devant lui pour la même créance étant irrecevable (Cass. com. 18-11-2014 n° 13-24.007 F-PB : Rev. proc. coll. 2015 n° 6 § 183 note Staes).

Les décisions prononcées à l'issue de ces instances en cours sont ensuite reportées sur l'état des créances (n° 62930).

INCOMPÉTENCE DU JUGE-COMMISSAIRE

Le juge-commissaire peut constater que la contestation ne relève pas de sa compétence (C. com. art. L 624-2), mais de : 62870

– celle de la juridiction administrative (par exemple, pour la contestation d'une créance fiscale, T. confl. 13-4-2015 nos 3988 et 3998 : RJDA 8-9/15 n° 588 ; Cass. com. 13-9-2017 n° 16-13.691 F-D : RJDA 12/17 n° 824) alors même que la collectivité publique n'aurait pas déclaré sa créance éventuelle ou n'aurait pas demandé à être relevée de la forclusion (CE 5-12-2007 n° 304334 : RJDA 12/08 n° 1294 ; rappr. T. confl. 23-5-2005 n° 3447 : RJDA 3/06 n° 300 ; Cass. 1e civ. 1-3-2005 n° 341 : RJDA 1/06 n° 78) ;

– celle de la juridiction arbitrale si une clause d'arbitrage est invoquée devant lui, à moins que la clause ne soit manifestement nulle ou inapplicable (Cass. com. 2-6-2004 n° 874 : RJDA 11/04 n° 1240).

Lorsqu'il soulève son **incompétence ou** si sa **compétence** est **contestée,** les parties sont convoquées comme indiqué n° 62862, même en l'absence de contestation de la créance. 62872

Lorsque le juge-commissaire se déclare incompétent, il renvoie, par ordonnance spécialement motivée, les parties à mieux se pourvoir et invite, selon le cas, le créancier, le débiteur ou le mandataire ou le liquidateur judiciaire à **saisir la juridiction compétente** dans un délai d'un mois à compter de la notification ou de la réception de l'avis délivré à cette fin, à peine de forclusion à moins d'appel dans les cas où cette voie de recours est ouverte (C. com. art. R 624-5, al. 1). Même si le juge-commissaire a désigné le débiteur pour saisir la juridiction compétente, le créancier, ou le mandataire ou le liquidateur, en leur qualité de représentant de l'intérêt collectif des créanciers, sont recevables à saisir cette juridiction et c'est seulement en l'absence de saisine par l'un d'eux que la forclusion sera encourue par le débiteur (Cass. com. 2-3-2022 n° 20-21.712 F-B : RJDA 6/22 n° 352).

La décision du juge-commissaire est notifiée au débiteur et au créancier ou à son mandataire par le greffier dans les huit jours tandis que l'administrateur, le mandataire ou le liquidateur judiciaire en sont avisés (art. R 624-4, al. 3 s.). Le délai de huit jours pour la notification de la décision d'incompétence n'étant pas prescrit à peine de nullité de celle-ci, le délai de forclusion d'un mois court à compter de la date de la notification même tardive (cf. Cass. com. 17-3-1992 n° 90-17.394 : Bull. civ. IV n° 117).

L'instance introduite devant la juridiction compétente par l'une des parties s'inscrit dans la procédure ouverte devant le juge-commissaire, laquelle est indivisible entre le créancier, le débiteur et le mandataire ou le liquidateur judiciaire ; en conséquence, la partie qui saisit le juge compétent doit **mettre en cause les autres parties** devant ce juge (Cass. com. 5-9-2018 n° 17-15.978 F-PBI : JCP E 2019.1001 note Berthelot ; Cass. com. 14-6-2023 n° 21-24.458 F-B : RJDA 8-9/23 n° 446 ; Cass. com. 5-7-2023 n° 22-10.436 F-B). Si elle a saisi la juridiction compétente dans le délai d'un mois précité sans mettre en cause les autres parties, elle n'est pas forclose et peut appeler ces parties après l'expiration de ce délai (Cass. com. 5-10-2022 n° 20-22.409 FS-B : RJDA 1/23 n° 44 ; Cass. com. 14-6-2023 précité).

L'incompétence du juge-commissaire pour statuer sur une contestation n'a pas pour effet de conférer au tribunal jugeant du fond le pouvoir de statuer sur l'admission de la créance, qui reste l'apanage du juge-commissaire (Cass. com. 19-12-2018 n° 17-15.883 F-PB : RJDA 3/19 n° 210 ; Cass. com. 11-3-2020 n° 18-23.586 FS-PBI : RJDA 6/20 n° 320 ; pour des créances fiscales, CE 5-12-2007 n° 304334 : RJDA 12/08 n° 1294), même si le juge-commissaire omet de surseoir à statuer (Cass. com. 11-3-2020 précité). Les pouvoirs du juge compétent régulièrement saisi se limitent à l'examen de cette contestation (Cass. com. 9-6-2022 n° 20-22.650 F-B : RJDA 10/22 n° 574). Il ne peut pas trancher le sort de la créance lorsque le demandeur en a modifié le fondement (Cass. com. 8-3-2023 n° 21-22.354 F-B : RJDA 6/23 n° 325).

Les tiers intéressés ne peuvent former tierce opposition contre la décision rendue par la juridiction compétente que dans le délai d'un mois à compter de sa transcription sur l'état des créances (art. R 624-5, al. 2).

Si le juge-commissaire se déclare **compétent** et admet la créance, sa décision est notifiée comme ci-dessus, avec mention du montant pour lequel la créance est admise ainsi que les sûretés et privilèges dont elle est assortie et reproduction des articles L 622-27 et L 624-3 du Code de commerce (C. com. art. R 624-4). 62874

CRÉANCE CONTESTÉE

Lorsque la créance fait l'objet d'une contestation, le greffier doit procéder aux **convocations** visées n° 62862 (C. com. art. R 624-4, al. 1). 62880

Le juge-commissaire doit, avant de statuer sur l'admission, vérifier si la contestation est ou non sérieuse et quelle est son incidence sur l'existence ou le montant de la créance déclarée (Cass. com. 21-11-2018 n° 17-18.978 F-PB : RJDA 2/19 n° 111 ; Cass. com. 14-6-2023 n° 21-21.686 F-D : RJDA 11/23 n° 599). Il apprécie la portée de la contestation librement ; il n'est pas tenu de suivre les propositions du mandataire ou du liquidateur judiciaire (n° 62860).

Si la contestation est **sérieuse,** le juge-commissaire doit surseoir à statuer après avoir invité les parties à saisir le juge compétent (Cass. com. 21-11-2018 et Cass. com. 14-6-2023 précités) ; les règles exposées n° 62872 sont alors applicables (art. R 624-5). Une fois la contestation tranchée, le juge-commissaire demeure seul compétent pour apprécier la régularité de la déclaration de la créance et statuer sur l'admission de la créance (Cass. com. 19-12-2018 n° 17-15.883 F-PB : RJDA 3/19 n° 210 ; Cass. com. 11-3-2020 n° 18-23.586 FS-PBI : RJDA 6/20 n° 320 ; Cass. com. 27-10-2022 n° 21-15.026 F-B).

Si la contestation n'est **pas sérieuse** ou est sans influence sur l'admission, le juge-commissaire doit alors écarter la contestation et admettre la créance déclarée (Cass. com. 21-11-2018 n° 17-18.978 F-PB : RJDA 2/19 n° 111 ; Cass. com. 26-2-2020 n° 18-21.907 F-D : RJDA 7/20 n° 380 ; Cass. com. 14-6-2023 précité).

Sa décision est notifiée au débiteur et au créancier ou à son mandataire par le greffier dans les huit jours tandis que l'administrateur, le mandataire ou le liquidateur judiciaire en sont avisés ; la notification mentionne le montant pour lequel la créance est admise ainsi que les sûretés et privilèges dont elle est assortie et elle reproduit les dispositions des articles L 622-27 et L 624-3 du Code de commerce (art. R 624-4).

Si la contestation n'est pas sérieuse et entre dans les limites de la compétence matérielle du tribunal qui l'a désigné, le juge-commissaire est compétent pour statuer sur tout moyen opposé à la demande d'admission (art. L 624-2). Il peut ainsi modérer la clause pénale déclarée lorsqu'elle est manifestement excessive (Cass. com. 5-4-2016 n° 14-20.169 : RJDA 6/16 n° 461).

La contestation qui doit être tranchée par un tribunal arbitral n'entre pas dans la compétence matérielle de la juridiction qui a désigné le juge-commissaire (CA Paris 16-1-2019 n° 18/14278 : GP 2020 n° 10 p. 36 obs. Bensaude).

62882 Tant qu'il n'a pas été irrévocablement statué sur le relevé de forclusion d'un créancier, le **juge-commissaire** ne peut pas se prononcer sur la créance de celui-ci ni refuser de surseoir à sa décision dans cette attente (Cass. com. 14-1-1997 n° 95-12.159 P : RJDA 4/97 n° 569 ; Cass. com. 1-10-1997 n° 95-12.158 D : DA 42/1997 p. 1394).

Mais il peut statuer sans **attendre** la décision du juge du cautionnement, saisi d'une action en paiement contre la caution, cette décision ne s'imposant que dans les rapports entre le créancier et la caution, fût-elle solidaire (Cass. com. 11-2-2004 n° 01-01.602 FS-PB : RJDA 6/04 n° 732).

CRÉANCE DU FISC OU DES ORGANISMES SOCIAUX

62885 **Admission provisionnelle.** Le juge-commissaire doit admettre, pour leur montant déclaré à titre provisionnel, les créances du Trésor public, des organismes de prévoyance et de sécurité sociale ainsi que des organismes d'assurance des salariés contre le risque de non-paiement des sommes qui leur sont dues en exécution du contrat de travail, qui n'ont **pas** fait l'objet d'un **titre exécutoire au moment** de leur **déclaration** (C. com. art. L 622-24, al. 4, L 631-14, al. 1 et L 641-3, al. 4).

La décision d'admission provisionnelle n'ayant pas l'autorité de la chose jugée, elle ne fait pas obstacle à une déclaration complémentaire de la part du créancier (Cass. com. 14-1-1997 : RJDA 10/97 n° 1264). Mais celle-ci n'est recevable que si elle intervient dans les délais de relevé de forclusion (art. R 624-2, al. 2 ; Cass. com. 1-10-2013 n° 12-20.229 : RJDA 4/14 n° 363).

62887 **Émission d'un titre exécutoire.** Ces organismes doivent établir définitivement leurs créances dans un certain **délai** par un titre exécutoire (C. com. art. L 622-24, al. 4, L 631-14, al. 1 et L 641-3, al. 4), qui peut être émis et être notifié après le jugement d'ouverture de la procédure collective du débiteur (Cass. com. 12-6-2019 n° 17-25.753 F-PB : RJDA 8-9/19 n° 577).

Sous réserve des procédures judiciaires ou administratives en cours, l'établissement définitif de ces créances doit, à **peine de forclusion,** être effectué dans le délai prévu à l'article L 624-1 du Code du commerce, c'est-à-dire dans le délai fixé par le tribunal pour l'établissement par le mandataire judiciaire de la liste des créances déclarées.

Si la détermination de l'**assiette et** du **calcul de l'impôt** est **en cours,** l'établissement définitif des créances admises à titre provisionnel doit être effectué par l'émission du titre exécutoire dans un délai de douze mois à compter de la publication du jugement d'ouverture en cas de sauvegarde et de redressement judiciaire (art. L 622-24, al. 4). Pour la liquidation judiciaire, le délai est celui prévu pour l'établissement de liste des créances déclarées (art. L 641-3, al. 4).

Toutefois, si une **procédure de contrôle ou de rectification de l'impôt** a été engagée, l'établissement définitif des créances qui en font l'objet doit être réalisé avant le dépôt au greffe du compte-rendu de fin de mission par le mandataire judiciaire (sauvegarde ou redressement judiciaire) ou par le liquidateur (liquidation judiciaire) (art. L 622-24, al. 4 et L 641-3, al. 4).

Le délai de cet établissement définitif est suspendu par la saisine de l'une des commissions mentionnées à l'article L 59 du Livre des procédures fiscales (notamment, la commission départementale ou nationale des impôts directs et des taxes sur le chiffre d'affaires) jusqu'à la date de réception par le contribuable ou son représentant de l'avis de cette commission ou celle d'un désistement (art. L 622-24, al. 4 et L 641-3, al. 4).

Il suffit que le titre exécutoire ait été émis dans le délai requis, l'organisme créancier pouvant en justifier ultérieurement, jusqu'à ce que la cour d'appel statue sur l'admission de la créance, à moins qu'il soit soutenu devant celle-ci que le titre a été émis après l'expiration du délai (Cass. com. 31-1-2017 n° 15-17.296 F-PBI : RJDA 4/17 n° 269).

Admission définitive. À la requête du Trésor public, le juge-commissaire, après avoir recueilli l'avis du mandataire judiciaire (ou du liquidateur), prononce l'admission définitive des créances admises à titre provisionnel et qui ont fait l'objet d'un titre exécutoire ou ne sont plus contestées ; lorsque le juge-commissaire n'est plus en fonctions, le président du tribunal, saisi par requête du représentant du Trésor public, prononce l'admission définitive ; les décisions sont portées sur l'état des créances (C. com. art. R 624-6, al. 1, R 631-29, al. 1 et R 641-28). 62890

Les décisions rendues en méconnaissance de l'article L 622-24, al. 4 sont susceptibles d'appel (art. R 624-6, al. 2).

Si une réclamation a été formée contre le titre exécutoire, le juge-commissaire constate seulement qu'une réclamation ou une instance est en cours (Cass. com. 11-12-2001 n° 2101 FS-P : RJDA 4/02 n° 411 ; Cass. com. 11-2-2014 n° 13-10.554 F-PB : RJDA 5/14 n° 458). En l'absence de titre exécutoire émis dans le délai de forclusion, la créance doit être rejetée, même si le débiteur reconnaît sa dette (Cass. com. 13-10-2015 n° 14-19.026 F-D).

DÉCISION D'ADMISSION D'UNE CRÉANCE

Forme de la décision La décision d'admission de la créance résulte soit d'une ordonnance du juge-commissaire si la créance a été contestée, soit, si elle ne l'a pas été, de la signature par ce juge de la liste des créances (Cass. com. 22-2-2021 n° 19-19.598 F-D : RJDA 6/21 n° 414). Un créancier ne peut pas prétendre que sa créance est admise au seul motif qu'elle n'a pas été contestée (arrêt précité). 62894

Contenu de la décision Le juge-commissaire peut prononcer l'admission des **créances** dont l'existence est certaine et le montant déterminé, sous réserve des créances pouvant être admises à titre provisionnel (n° 62885). En dehors de ces dernières, l'admission ne peut pas être conditionnelle (Cass. com. 19-12-2000 n° 2170 FS-P : RJDA 3/01 n° 343), même si la créance n'est pas encore exigible (Cass. com. 19-12-2000 n° 98-21.308 : Bull. civ. IV n° 201). 62895

Pour les créances antérieures au jugement d'ouverture, le **montant** de la créance à admettre est celui existant au jour de l'ouverture de la procédure, indépendamment d'événements postérieurs susceptibles d'influer sur la somme qui sera ultérieurement distribuée par le liquidateur (Cass. com. 5-7-2023 n° 22-10.104 F-B) ou des paiements effectués après entre les mains du créancier (Cass. com. 8-6-2010 n° 09-14.624 : RJDA 12/10 n° 1174 ; Cass. com. 13-2-2019 n° 17-26.361 F-PB : RJDA 5/19 n° 356).

Une créance déclarée au passif sur la base d'une évaluation ne peut pas être admise pour une somme supérieure à cette évaluation (Cass. com. 3-11-2010 n° 09-72.029 : RJDA 1/11 n° 63).

Ainsi, la créance déclarée « pour un franc sauf mémoire » ne peut être admise que pour cette somme (CA Paris 16-3-1993 : RJDA 12/93 n° 1084 ; rappr. Cass. com. 20-2-2001 : RJDA 6/01 n° 713 ; Cass. com. 21-1-2003 n° 126 : RJDA 6/03 n° 620).

L'admission des **intérêts** (dont le cours n'a pas été arrêté par l'ouverture de la procédure) peut intervenir selon diverses modalités. Lorsque la déclaration indique le montant des intérêts calculés, le juge-commissaire peut admettre ce montant, sans préciser dans sa décision les modalités de calcul de ces intérêts ni réserver la possibilité d'une modification ultérieure du montant de cette créance en raison d'événements susceptibles d'influer sur le cours des intérêts (Cass. com. 7-11-2018 n° 17-22.194 F-PB : RJDA 2/19 n° 110), telles les modalités du plan ou les sommes pour lesquelles le créancier sera effectivement retenu dans les répartitions et les dividendes (Cass. com. 13-2-2019 n° 17-26.361 F-PB : RJDA 5/19 n° 356). Le juge-commissaire peut aussi admettre la créance d'intérêts en substituant à leur montant déclaré les modalités de calcul qui résultent du contrat de prêt (Cass. com. 28-2-2018 n° 16-24.867 F-PBI : RJDA 5/18 n° 442).

Si le juge-commissaire se contente par exemple de la mention « intérêts pour mémoire » ou « outre intérêts conventionnels », sa décision ne vaut pas admission des intérêts (Cass. com. 13-11-2007 n° 06-16.696 FS-PB : RJDA 3/08 n° 304 ; Cass. com. 13-1-2015 n° 13-21.504 : RJDA 7/15 n° 512).

Les événements susceptibles d'influer sur le cours des intérêts sont pris en compte au moment du règlement de ces derniers ; par exemple, nonobstant l'admission de sa créance globale d'intérêts, le prêteur ne peut pas prétendre au paiement des intérêts échus après le règlement du capital (Cass. com. 1-7-2020 n° 19-10.331 F-PB : RJDA 11/20 n° 585).

Si la décision d'admission ne porte aucun intérêt pour la créance, le créancier ne peut pas se prévaloir d'un accord conclu avec le débiteur en dehors du plan et prévoyant que la créance produirait des intérêts (Cass. com. 18-5-2022 n° 19-25.796 FS-B : RJDA 8-9/22 n° 498).

62897 **Notification de la décision** Le débiteur et le créancier (ou son mandataire) sont informés de la décision d'admission par une notification (ou par lettre simple si la créance n'était pas contestée) qui précise le montant pour lequel la créance est admise, les sûretés et privilèges dont elle est assortie et qui reproduit aussi les articles L 622-27 et L 624-3 du Code de commerce (C. com. art. R 624-4, al. 3 s.).

Les **créanciers** doivent **vérifier** soigneusement la mention relative à ces sûretés ou privilèges. Il a en effet été jugé qu'un créancier hypothécaire qui avait été admis à titre privilégié mais non à titre hypothécaire et n'avait pas formé de réclamation contre cette admission ne pouvait plus se prévaloir de son hypothèque (Cass. com. 15-6-1983 : JCP G 1984.II.20318 note Synvet).

62900 **Effets de l'admission** Lorsque la décision d'admission d'une créance est définitive, elle a **force de chose jugée** en ce qui concerne l'existence, la nature et le montant de la créance (Cass. com. 8-6-1999 : RJDA 10/99 n° 1109 ; Cass. com. 25-11-2008 n° 07-14.583 : RJDA 10/09 n° 869 ; Cass. com. 19-12-2018 n° 17-19.309 F-PB : RJDA 3/19 n° 212), sa date de naissance (Cass. com. 3-5-2011 n° 10-18.031 : D. 2011 act. p. 1279 obs. A. Lienhard) ainsi que la reconnaissance au créancier de la qualité de titulaire de la créance admise et de ses accessoires (Cass. com. 28-6-2011 n° 10-21.379 : RJDA 11/11 n° 947). Cette autorité s'étend à la nature du privilège et de la sûreté accessoire de la créance (Cass. com. 18-3-2020 n° 18-11.675 F-D). Elle peut être invoquée par le cessionnaire de la créance (n° 63390) et interdit de demander la nullité du contrat à l'origine de la créance (Cass. com. 14-10-1997 n° 95-15.544 P : RJDA 2/98 n° 191 ; Cass. com. 3-2-2021 n° 19-14.664 F-D).

La chose jugée ne peut plus être remise en cause, sous les réserves exposées n°s 62932 s., par :
- l'instance pénale postérieurement engagée par le débiteur (Cass. 3e civ. 3-5-1989 n° 87-11.003 : JCP G 1989.IV.246) ;
- le report de la date de la cessation des paiements (Cass. com. 19-12-2018 n° 17-19.309 F-PB : RJDA 3/19 n° 212) ;
- la caution (Cass. com. 11-6-1996 : RJDA 11/96 n° 1378) ou l'avaliste (Cass. com. 2-3-2010 n° 09-10.830 F-D) ;
- les sous-cautions, quant à la créance admise de la caution (Cass. com. 29-5-2001 : RJDA 11/01 n° 1129 : condamnation des sous-cautions à l'exécution de leurs engagements) ;
- le codébiteur solidaire (Cass. com. 20-9-2005 n° 1126 : RJDA 12/05 n° 1368 ; Cass. com. 6-10-2009 n° 07-22.029 : GP 9-1-2010 p. 42 note Le Corre), qui peut, en retour, l'opposer au créancier le poursuivant (Cass. com. 25-11-2008 n° 07-14.583 : Bull. civ. IV n° 199) ;
- l'associé tenu indéfiniment du passif de la société civile débitrice (Cass. com. 20-1-2020 n° 19-13.539 F-PI : RJDA 5/21 n° 324) ;
- le liquidateur judiciaire qui ne peut pas obtenir la restitution des sommes versées au titre de la créance, ce paiement ayant une cause (Cass. com. 18-5-2017 n° 15-28.683 FS-I : RJDA 8-9/17 n° 546).

Mais toute contestation ne mettant pas en cause les éléments ci-dessus est recevable ; notamment, l'admission ne fait pas nécessairement obstacle à l'action en nullité des actes accomplis pendant la période suspecte (n° 63162) ni à la demande du créancier en relevé de forclusion pour déclaration tardive (Cass. com. 31-5-2011 n° 10-15.721 : GP 2011.som.2264 note Le Corre-Broly), ni à la demande du débiteur tendant au paiement d'une créance qu'il détient sur un créancier et dont il n'avait pas à faire état dans la procédure de vérification des créances (Cass. com. 9-10-2019 n° 18-17.730 F-PB : RJDA 2/20 n° 91), ni à l'invocation par le débiteur du caractère abusif d'une clause du contrat ayant donné naissance à la créance admise si cette clause n'a pas été examinée par le juge-commissaire lors de l'admission (Cass. com. 8-2-2023 n° 21-17.763 FS-B : RJDA 5/23 n° 269).

Sur le cas particulier où une seconde procédure ouverte à l'égard du même débiteur après résolution de son plan, n° 63436.

62905 **Moyens de défense de la caution lorsque la créance garantie a été admise** L'admission de la créance au passif du débiteur principal a autorité de chose jugée sur l'existence et le montant de la créance à l'égard de la caution (n° 62900) mais seulement à l'expiration du délai de réclamation contre l'état des créances et à condition que la décision d'admission lui ait été notifiée (n° 62934).

La caution peut néanmoins opposer au créancier les **exceptions qui lui sont personnelles** (Cass. com. 22-4-1997 n° 910 P : RJDA 8-9/97 n° 1079), notamment l'absence de preuve qu'elle garantit la créance réclamée (Cass. com. 22-2-2017 n° 15-11.471 F-D : RJDA 6/17 n° 431), le défaut d'information annuelle à laquelle le créancier est tenu (Cass. com. 8-6-1999 : RJDA 10/99 n° 1132), un dol imputable à celui-ci lors de la souscription du cautionnement (Cass. com. 8-7-2008 n° 07-11.004 F-D : RJDA 11/08 n° 1157 ; Cass. com. 22-2-2017 précité), la disproportion de l'engagement souscrit (C. civ. art. 2300) ou, le cas échéant, l'absence d'exigibilité de la créance garantie (n°s 62502 et 62505). Elle peut aussi demander au créancier réparation du préjudice personnel et distinct qu'elle impute à une faute de celui-ci commise dans ses rapports avec le débiteur principal (Cass. com. 25-9-2019 n° 18-15.655 FS-PB), le cas échéant au titre des financements qu'il a accordés à celui-ci (n° 62690). Sur la possibilité pour la caution de se prévaloir du plan de sauvegarde ou de redressement et de l'exécution de celui-ci, n°s 62462 s.

L'existence de la créance déclarée mais non admise n'étant pas établie, le créancier qui poursuit la caution doit prouver sa créance (Cass. com. 11-10-1994 n° 1787 P : RJDA 2/95 n° 205).

La décision d'admission constituant un titre exécutoire, l'action du créancier contre la caution en paiement du montant admis se prescrit par dix ans (n° 71740).

DÉCISION DE REJET D'UNE CRÉANCE

Le juge-commissaire peut rejeter la créance déclarée (C. com. art. L 624-2). Il doit motiver sa décision (Cass. com. 25-2-1997 n° 95-16.695 : RJDA 6/97 n° 841) et inviter au préalable le créancier déclarant à produire les documents justificatifs faisant défaut (Cass. com. 5-6-2012 n° 11-17.603 : RJDA 10/12 n° 877). **62910**

La **créance** irrévocablement rejetée est éteinte (Cass. com. 22-1-2020 n° 18-19.526 FS-PB : RJDA 4/20 n° 229), tout comme la **sûreté** qui la garantit (Cass. com. 4-5-2017 n° 15-24.854 FS-PBI : RJDA 7/17 n° 477). En conséquence, le débiteur peut demander la radiation de l'inscription du renouvellement de la sûreté (Cass. com. 4-5-2017 précité) et la caution peut se prévaloir de cette extinction, même si elle a été condamnée à exécuter son engagement par une décision passée en force de chose jugée (Cass. com. 22-1-2020 précité). De même, le codébiteur solidaire et garant hypothécaire est libéré (Cass. com. 18-11-2014 n°s 13-19.311 et 13-23.976 F-D).

L'autorité de la chose jugée de la décision de rejet ne fait pas obstacle :

– à l'exception de **compensation** soulevée par le créancier rejeté pour s'opposer à la demande du liquidateur réclamant paiement d'une créance du débiteur, dès lors que celui-ci établit que la compensation a joué de plein droit avant le jugement d'ouverture, les créances en cause étant à cette date réciproques, certaines, liquides et exigibles (Cass. com. 27-9-2011 n° 10-24.793 : RJDA 1/12 n° 69) ;

– à une autre déclaration dans la **nouvelle procédure** ouverte après résolution du plan (n° 63436).

DÉCISION CONSTATANT L'IRRECEVABILITÉ DE LA DÉCLARATION

Dans les procédures collectives ouvertes depuis le 1er octobre 2021, le juge-commissaire dispose des pouvoirs juridictionnels exposés n°s 62860 s. seulement si la demande d'admission est recevable (C. com. art. L 624-2) et donc si la déclaration de créance est régulière. Si tel n'est pas le cas (déclaration faite hors délai ou par une personne non habilitée), ce juge peut prononcer l'irrecevabilité de la déclaration. **62915**

Sur l'inopposabilité au débiteur et à la caution des créances irrégulièrement déclarées, n°s 62462, 62650 s., 63405 et 63420.

Dans les procédures ouvertes avant cette date, le juge-commissaire était tenu de rejeter la créance irrégulièrement déclarée (Cass. com. 4-5-2017 n° 15-24.854 FS-PBI : RJDA 7/17 n° 477), ce qui emportait l'extinction de celle-ci (Cass. com. 22-1-2020 n° 18-19.526 FS-PB : RJDA 4/20 n° 229) et de la sûreté qui la garantissait (Cass. com. 4-5-2017 précité).

b. Recours des parties contre les décisions du juge-commissaire

TITULAIRES DES RECOURS

Les décisions du juge-commissaire prises en matière de vérification et d'admission des créances peuvent faire l'objet d'un recours de la part du créancier, du débiteur ou du mandataire judiciaire en cas de sauvegarde (C. com. art. L 624-3, al. 1), ainsi que de la part de l'administrateur judiciaire chargé d'assurer la gestion de l'entreprise en cas de redressement judiciaire (art. L 631-18, al. 3) et de la part du liquidateur en cas de liquidation judiciaire (art. L 641-4, al. 1). **62920**

Toutefois, le débiteur et le **créancier** perdent respectivement ce recours dans les cas exposés n°s 62815 s. et 62820 s.

NATURE ET MODALITÉS DES RECOURS

Les recours contre les décisions par lesquelles le juge-commissaire statue sur l'admission des créances, sont (C. com. art. L 624-4, L 631-18, al. 3, L 641-14 et R 624-7) : **62922**

– l'**appel** si la créance concernée excède en principal 5 000 € (C. com. art. R 721-6 ; C. org. jud. art. R 211-3-25 et R 211-4, I-6e) ;

– le **pourvoi en cassation** si la créance n'excède pas cette somme (CPC art. 605) car le juge-commissaire a alors statué en dernier ressort (art. L 624-4 ; pour une application, Cass. com. 19-1-1993 n° 91-11.462 P : Bull. civ. IV n° 16).

Aux termes de l'article R 624-7 du Code de commerce, le recours contre les décisions du juge-commissaire statuant sur l'admission des créances est formé devant la cour d'appel. Ce texte exclut donc tout recours en opposition devant le tribunal de la procédure collective. Il ne remet pas pour autant en cause la règle selon laquelle, dans certains cas, le juge-commissaire statue en dernier ressort, règle qui exclut l'appel au seul profit du pourvoi en cassation en application du droit commun.

62924 Le **délai** d'appel des parties est de dix jours à compter de la notification qui leur est faite des décisions (C. com. art. R 661-3, al. 1). Ce délai commence à courir du jour de la remise au destinataire de la notification (Cass. com. 18-3-2008 n° 07-10.028 : Rev. proc. coll. 2008.54 n° 60).

L'**appel** est indivisible, au sens de l'article 553 du Code de procédure civile, entre le créancier, le débiteur et le mandataire judiciaire (ou le liquidateur judiciaire), de sorte que **chacun** doit être **appelé à l'instance** à peine d'irrecevabilité de l'appel (notamment, Cass. com. 29-9-2015 n° 14-13.257 F-PB : RJDA 5/16 n° 385 ; Cass. com. 15-11-2016 n° 14-29.885 F-PBI : RJDA 2/17 n° 102 ; Cass. com. 13-12-2017 n° 16-17.975 F-PB : RJDA 3/18 n° 259). Lorsque l'appel est formé par le créancier d'une personne à laquelle une procédure collective a été étendue, ce créancier doit donc intimer non seulement cette dernière et le mandataire judiciaire mais aussi le débiteur de la procédure collective initiale (Cass. com. 15-11-2016 précité). L'irrecevabilité est relevée d'office (CPC art. 125 ; arrêt précité). Ces principes s'appliquent au pourvoi en cassation (CPC art. 615 ; Cass. com. 8-7-2014 n° 13-25.147 F-D : Rev. huissiers 2014 p. 217 note F. Rocheteau ; Cass. com. 31-1-2018 n° 16-20.080 F-PB : Bull. civ. IV n° 17 ; Cass. com. 8-3-2023 n° 21-19.067 F-D).

3. ÉTAT DES CRÉANCES DÉCLARÉES

CONTENU DE L'ÉTAT DES CRÉANCES

62930 Les décisions prononcées par le juge-commissaire lors de la vérification des créances (admission ou rejet de la créance, irrecevabilité de la déclaration, incompétence du magistrat) sont portées par le greffier sur la liste des créances déclarées qui a été déposée au greffe (n° 62810) ; cette liste ainsi complétée et le relevé des créances salariales constituent l'état des créances, qui est déposé au greffe du tribunal où toute personne peut en prendre connaissance (C. com. art. L 624-3-1 et R 624-8, al. 1 et 2).

Le greffier fait publier au Bodacc une insertion indiquant le dépôt et le délai pour présenter une réclamation (art. R 624-8, al. 3 et 4).

Sont aussi portées sur l'état des créances (art. R 624-9, al. 1) :

- lorsque la matière est de la compétence d'une autre juridiction, les décisions rendues par celle-ci (Cass. com. 24-3-2015 n° 14-10.954 : RJDA 11/15 n° 767) ;
- les décisions d'une autre juridiction passées en force de chose jugée ;

  Le créancier dont les droits ont été reconnus par une telle décision, ce qui est le cas d'une décision objet d'un pourvoi (Cass. com. 14-6-1994 : RJDA 12/94 n° 1368), doit adresser au greffier du tribunal qui a ouvert la procédure une expédition de cette décision ; le greffier avise alors le mandataire judiciaire ainsi que l'administrateur et le commissaire à l'exécution du plan, s'il y a lieu, de toute modification ainsi apportée à l'état des créances (C. com. art. R 624-11).
- les décisions rendues par la cour d'appel statuant sur les recours formés contre les décisions du juge-commissaire.

  Les décisions du juge des référés qui sont toujours provisoires ne peuvent pas être portées sur cet état (CA Paris 28-11-1990 : GP 1992.som.537).

RECOURS CONTRE L'ÉTAT DES CRÉANCES

62932 Tout **tiers** intéressé est autorisé à former réclamation devant le juge-commissaire contre l'état des créances (C. com. art. L 624-3-1).

Disposant de cette voie de recours, il n'est pas recevable à agir par tierce opposition (Cass. com. 6-12-2011 n° 10-25.571 : RJDA 3/12 n° 313), en dehors de l'exception mentionnée n° 62934 pour l'appel.

Ne peuvent pas former réclamation le créancier (pour sa créance), le débiteur, l'administrateur, le mandataire ou le liquidateur judiciaire (art. L 624-3-1) ; ceux-ci disposent en effet du droit de former un appel ou un pourvoi en cassation contre les décisions du juge-commissaire (n° 62922).

Sont en revanche des tiers au sens de cette disposition, et peuvent donc former une réclamation, la caution (cf. Cass. com. 3-5-1994 : RJDA 10/94 n° 1072 ; Cass. com. 6-12-2011 n° 10-25.571 F-PB : RJDA 3/12 n° 313), le codébiteur solidaire (Cass. com. 30-10-2007 n° 04-16.655 F-PB : RJDA 2/08 n° 176), l'avaliste (Cass. com. 2-3-2010 n° 09-10.830 F-D), le dirigeant de fait de la société débitrice (Cass. com. 28-9-2004 n° 1309 F-D : RJDA 4/05 n° 428), l'associé de la société débitrice qui est tenu au passif de celle-ci (cf. Cass. com. 20-1-2020 n° 19-13.539 F-PI : RJDA 5/21 n° 424), le cessionnaire de tout ou partie de l'actif (Cass. com. 30-3-1993 : RJDA 8-9/93 n° 742) ou le tiers qui a constitué une sûreté réelle en garantie d'une dette du débiteur (Cass. com. 7-3-2006 n° 332 : RJDA 7/06 n° 836). Un créancier peut former une réclamation sur une créance autre que la sienne à la condition d'invoquer un intérêt personnel et distinct de celui des autres créanciers (Cass. com. 30-1-2007 n° 119 F-D : RJDA 5/07 n° 530 ; Cass. com. 2-6-2021 n° 19-24.154 F-P : RJDA 11/21 n° 729).

La caution du débiteur peut, comme toute personne intéressée, contester l'état des créances déposé au greffe, lequel n'acquiert autorité de la chose jugée à son égard, quant à l'existence et au montant de la créance, qu'à l'expiration du délai légal de réclamation (Cass. com. 5-2-2002 n° 99-10.224).

Le créancier qui, ayant régulièrement déclaré sa créance, a été omis de l'état des créances peut saisir le juge-commissaire pour qu'il statue sur sa demande d'admission ; il ne s'agit pas là d'une réclamation au sens des textes précités – au demeurant, fermée au créancier concerné – et ce dernier n'est pas soumis au délai exposé ci-dessous (Cass. com. 5-5-2021 n° 19-19.127 F-D : RJDA 7/21 n° 498).

La réclamation contre l'état des créances doit être formée dans le **délai** d'un mois à compter (C. com. art. R 624-8, al. 4) : **62934**

– pour les personnes coobligées ou ayant consenti une sûreté personnelle ou ayant affecté ou cédé un bien en garantie et qui sont poursuivies, de la signification qui leur a été faite de la décision d'admission de la créance (applicable aux procédures ouvertes depuis le 1er octobre 2021) ;

– pour les autres personnes habilitées à former une réclamation, de la publication au Bodacc du dépôt au greffe de l'état des créances.

Les tiers doivent former leur réclamation par **requête** remise ou adressée au greffe (art. R 624-10). Le **juge-commissaire statue** après avoir entendu (ou dûment appelé) les parties intéressées ou leur mandataire, qui doivent être convoquées par le greffier par lettre recommandée AR, le mandataire judiciaire et l'administrateur étant avisés s'il y a lieu (art. précité).

Le recours contre les décisions du juge-commissaire statuant sur une réclamation est formé devant la cour d'**appel** (art. R 624-10).

En cas d'appel, les personnes coobligées ou ayant consenti une sûreté personnelle ou ayant affecté ou cédé un bien en garantie qui n'ont pas été appelées dans la cause peuvent former tierce opposition (art. R 624-8, dernier al.).

B. Actifs de l'entreprise : Biens revendiqués et annulation des opérations suspectes

DÉTERMINATION DES ACTIFS

Préserver l'entreprise, apurer son passif ou encore envisager sa cession en tout ou partie suppose de connaître avec une certaine précision de quels actifs elle dispose. À cette fin et sauf exception, un inventaire des biens est réalisé rapidement après l'ouverture de la procédure collective. Deux autres dispositifs permettent de mieux cerner le patrimoine de l'entreprise. **62950**

L'un autorise les personnes qui sont propriétaires de biens mobiliers détenus par le débiteur en procédure collective d'en demander la restitution ou de les revendiquer, ce qui va réduire le patrimoine apparent du débiteur. Mais, la procédure à suivre est encadrée et son issue n'est pas toujours favorable au propriétaire.

L'autre, qui est applicable seulement en cas de redressement et de liquidation judiciaires, déclare nulles ou annulables certaines opérations réalisées par le débiteur entre la date de cessation des paiements et celle de l'ouverture de la procédure (période suspecte). Les sommes et les biens récupérés sont réintégrés dans le patrimoine du débiteur.

DISSIMULATION ET RECEL DES BIENS

Est puni des peines principales (cinq ans de prison et 75 000 € d'amende) et complémentaires de banqueroute le fait, dans l'intérêt du débiteur ou du dirigeant de droit ou de fait d'une personne morale de droit privé (ou des personnes physiques représentants permanents de personnes morales dirigeants des personnes morales), de soustraire, receler ou dissimuler tout ou partie des biens, meubles ou immeubles de celui-ci, ces biens étant, si la personne est un entrepreneur individuel ou un EIRL, ceux du patrimoine visé par la procédure, le tout sans préjudice de l'application de l'article 121-7 du Code pénal qui vise la complicité (C. com. art. L 654-9, 1°). **62952**

Le fait, pour le conjoint, les descendants ou les ascendants ou les collatéraux ou les **alliés du débiteur,** de détourner, divertir ou receler des effets dépendant de l'actif du débiteur soumis à une procédure de redressement ou de liquidation judiciaire est puni de cinq ans d'emprisonnement et de 375 000 € d'amende (art. L 654-10).

Dans les cas ci-dessus et dans ceux exposés aux nos 61942 et 63402, la juridiction saisie statue, alors même qu'il y aurait relaxe, d'office, sur la **réintégration dans le patrimoine du débiteur** de tous les biens, droits ou actions qui ont été frauduleusement soustraits et sur les dommages et intérêts qui seraient demandés (art. L 654-11).

Sur les règles de procédure applicables au jugement de ces infractions, n° 64600.

1. RESTITUTION ET REVENDICATION DE MEUBLES APPARTENANT À DES TIERS

OBJET ET RÉGIME

62960 Au moment de l'ouverture de la procédure collective, le **débiteur** peut **détenir des biens qui ne lui appartiennent pas,** par exemple du matériel pris en location ou en crédit-bail, des marchandises qu'il a achetées avec réserve de propriété et non encore payées ou des marchandises pour lesquelles il a déjà été payé mais qu'il n'a pas encore livrées...

Les propriétaires de ces biens peuvent, selon le cas, en demander la restitution ou les revendiquer selon les modalités prévues par les articles L 624-9 s. du Code de commerce, qui s'appliquent tant en matière de **sauvegarde** de droit commun qu'en cas de **redressement** ou de **liquidation** judiciaire (sur renvoi des art. L 631-18, al. 1, L 641-14, al. 1). En revanche, ces dispositions ne s'appliquent **pas en** cas de **sauvegarde accélérée** (C. com. art. L 628-1) ; un bien détenu par le débiteur ne peut alors être revendiqué par son propriétaire que selon les règles de droit commun.

Le régime exposé ci-dessous ne s'applique pas :

– lorsque le **propriétaire a agi** en restitution contre le débiteur **avant l'ouverture de la procédure collective** ; cette action est en effet poursuivie selon les modalités exposées nos 62445 s. (Cass. com. 30-6-2004 n° 02-17.771 FS-PB : RJDA 1/05 n° 66 ; Cass. com. 31-1-2012 n° 10-19.063 F-D : RJDA 6/12 n° 587 ; Cass. com. 9-6-2022 n° 21-10.309 F-B : RJDA 10/22 n° 575) ;

– lorsque le propriétaire se prévaut d'un **droit de propriété né après l'ouverture de la procédure collective** ; sa revendication relève alors des règles du Code civil (Cass. com. 26-10-2022 n° 20-23.150 F-B : RJDA 1/23 n° 47), par exemple de l'article 2371 pour un bien vendu avec réserve de propriété.

a. Demande de restitution d'un bien meuble

CONDITIONS DE LA RESTITUTION

62965 Sous les réserves exposées n° 62960, le propriétaire d'un bien meuble détenu par le débiteur en procédure collective est dispensé de faire reconnaître son droit de propriété lorsque le **contrat** portant sur ce bien a fait l'objet d'une **publicité avant le jugement d'ouverture** de cette procédure (C. com. art. L 624-10, L 631-18 et L 641-14 ; art. R 624-15, al. 1, R 631-31 et R 641-31). À défaut, il doit agir par voie de revendication dans les conditions exposées nos 62990 s. (Cass. com. 3-5-2006 n° 05-11.051 : GP 18-7-2006 jur. p. 45 note F. Pérochon).

La dispense bénéficie à tous les propriétaires de biens mobiliers qui se trouvent confiés au débiteur en procédure collective, par suite d'un contrat ayant fait l'objet d'une publicité ; tel est le cas du contrat de location-gérance (Cass. com. 15-3-2005 n° 00-18.550 FS-PBRI : RJDA 2/06 n° 170), ainsi que des contrats de crédit-bail et des contrats de vente assortis d'une clause de réserve de propriété dont la publicité a été effectuée dans les conditions prévues pour les contrats de crédit-bail (n° 41624). Il en est de même pour les contrats au regard desquels il n'existe pas de réglementation particulière de publicité, si le propriétaire du bien a fait publier le contrat avant le jugement d'ouverture, selon le cas, au registre des sûretés mobilières et autres opérations connexes ou au registre tenu au greffe du tribunal judiciaire prévu à l'effet de recevoir la publicité du jugement d'ouverture (C. com. art. R 624-15, al. 2). Ne répond à ces exigences l'enregistrement du contrat de cession de bail auprès des services des impôts (Cass. com. 5-11-2013 n° 12-25.765 : RJDA 2/14 n° 146).

À **défaut de publicité,** ou si celle-ci est périmée (Cass. com. 14-12-2022 n° 21-16.048 F-B : RJDA 3/23 n° 157), le contrat est inopposable à la procédure collective (Cass. com. 11-5-2010 n° 09-14.048 : RJDA 10/10 n° 983) ; cela empêche le crédit-bailleur de se prévaloir envers les créanciers ou ayants cause à titre onéreux du crédit-preneur de son droit de propriété sur le bien donné en crédit-bail, mais n'affecte pas ses droits sur les mensualités perçues avant l'ouverture de la procédure (Cass. com. 29-4-2014 n° 13-12.528 : RJDA 7/14 n° 664). Le contrat est toutefois opposable à la procédure collective si le crédit-bailleur établit que les créanciers du crédit-preneur ainsi que le mandataire judiciaire (ou le liquidateur) ont eu connaissance de l'existence de ses droits (Cass. com. 29-4-2014 et Cass. com. 14-12-2022 précités), ce qui ne résulte pas de la seule connaissance, par le mandataire judiciaire, de l'existence du contrat, alors qu'il exerçait ces fonctions dans le cadre d'une précédente procédure collective concernant le même débiteur (CA Toulouse 8-11-2011 n° 10/00102 : RJDA 3/12 n° 317) ni de la publication du jugement arrêtant le plan de sauvegarde ou de redressement, même si le bien a été expressément inclus dans ce plan (Cass. com. 14-12-2022 précité). Cependant, lorsque le contrat de crédit-bail a été cédé dans le cadre du plan de cession, la publicité du jugement arrêtant ce plan (avec mention du contrat) vaut preuve que les créanciers du repreneur ont eu connaissance des droits de la société de crédit-bail sur le bien, de sorte que cette dernière peut demander la restitution de celui-ci dans la procédure collective du repreneur (Cass. com. 28-10-2008 n° 07-16.443 F-PB : RJDA 8-9/09 n° 772).

DEMANDE PRÉALABLE DE RESTITUTION

Le propriétaire qui entend récupérer ces biens en demande la restitution soit via le **portail** électronique dédié (nos 62360 s.) soit par **lettre recommandée** AR adressée : **62967**

– en cas de sauvegarde et de redressement judiciaire, à l'administrateur ou, s'il n'en a pas été désigné un, au débiteur et en adresse copie au mandataire judiciaire (C. com. art. L 624-10 et R 624-14, al. 1 et R 631-31) ;

– en cas de liquidation judiciaire, au liquidateur judiciaire, avec copie à l'administrateur judiciaire s'il en a été désigné un (art. L 641-14 et R 641-31, al. 2).

La demande en restitution, pas plus que l'éventuelle saisine du juge-commissaire, n'est soumise à aucun délai (Cass. com. 18-9-2012 n° 11-21.744 : RJDA 4/13 n° 349).

La demande doit être explicite et précise, comme cela est exigé pour la revendication (n° 63000) ; le demandeur a tout intérêt à y joindre la justification de la publicité du contrat dont il se prévaut. La demande en revendication emporte de plein droit demande en restitution (art. R 624-13, al. 4).

Un crédit-bailleur qui omet de réclamer la restitution du bien dans la procédure collective du débiteur principal perd le bénéfice du cautionnement garantissant l'exécution du contrat si cette omission a porté préjudice à la caution (Cass. com. 8-11-2023 n° 22-13.823 F-B : BRDA 23/23 inf. 14).

SAISINE DU JUGE-COMMISSAIRE

À **défaut d'accord ou** en cas de **contestation** de la demande de restitution dans le délai d'un mois à compter de la réception de la demande, le propriétaire peut saisir le juge-commissaire pour qu'il soit statué sur ses droits (C. com. art. R 624-14, al. 2, R 631-31 et R 641-31), mais il ne peut pas le saisir sans avoir préalablement présenté une demande de restitution (Cass. com. 5-7-2005 n° 04-11.320 : RJDA 12/05 n° 1370). **62970**

L'administrateur ou le débiteur, ou le liquidateur, peut saisir le juge-commissaire pour qu'il soit statué sur les droits d'un propriétaire, même si celui-ci n'a pas fait de demande de restitution (art. précités).

MODALITÉS DE RESTITUTION

Lorsque le droit à restitution a été reconnu et que le **bien** fait l'**objet d'un contrat en cours** au jour de l'ouverture de la procédure, la restitution effective intervient au jour de la résiliation ou du terme du contrat (C. com. art. L 624-10-1, L 631-18 et L 641-14). **62975**

Il ne peut pas être fait obstacle à la demande de restitution en **payant immédiatement le prix** des biens concernés sur autorisation du juge-commissaire ; en effet, cette faculté ouverte par l'article L 624-16, al. 4 du Code de commerce en cas de revendication, dérogatoire à l'interdiction de payer les créances antérieures au jugement d'ouverture et donc d'interprétation stricte, n'est pas applicable à la restitution que ce texte ne vise pas (Cass. com. 19-6-2007 n° 06-15.447 : RJDA 4/08 n° 442).

b. Revendication d'un bien meuble

CONDITIONS GÉNÉRALES DE LA REVENDICATION

Droit et obligation de revendiquer Le propriétaire d'un meuble **peut** le revendiquer (Cass. com. 20-5-1997 : RJDA 10/97 n° 1259) ainsi que celui qui doit le récupérer pour pouvoir le restituer ; tel est le cas du dépositaire qui peut revendiquer contre le sous-dépositaire en procédure collective (Cass. com. 14-11-2000 n° 1926 FS-P : RJDA 2/01 n° 201) mais non du locataire de matériel contre le sous-locataire en procédure collective dès lors que le contrat de sous-location n'est pas poursuivi (Cass. com. 20-5-1997, précité). **62990**

Tout propriétaire, quel que soit le titre qu'il invoque, fût-ce la qualité de prêteur à titre gratuit, **doit** exercer l'action en revendication pour récupérer son bien (Cass. com. 28-1-1997 : RJDA 5/97 n° 706), sauf s'il se prévaut d'un contrat publié avant l'ouverture de la procédure collective du débiteur (n° 62965), ou dans les cas exposés n° 62960.

Le fait que le bien ait été abandonné par le débiteur (en l'espèce un matériel de chantier tombé dans un étang) ne dispense pas le propriétaire de procéder à sa revendication avant de le reprendre (Cass. com. 3-4-2019 n° 18-11.247 FS-PBR : RJDA 8-9/19 n° 582).

Délai pour revendiquer La revendication des meubles doit être exercée dans les **trois mois de la publication du jugement** ouvrant la procédure collective (C. com. art. L 624-9, L 631-18 et L 641-14). Ce délai s'applique tant à la phase amiable de la revendication (nos 63000 s.) qu'à sa phase judiciaire (saisine du juge-commissaire ; n° 63004). **62992**

Il s'agit d'un **délai** préfix qui n'est pas susceptible de suspension mais qui peut être interrompu (C. civ. art. 2241) ; il court pendant la prolongation du délai pour prendre parti sur la continuation des contrats en cours imparti par le juge-commissaire à l'administrateur ou au liquidateur

(Cass. com. 9-5-1995 n° 92-20.565 P : RJDA 11/95 n° 1294). Ce délai s'applique à la revendication de meubles corporels ou incorporels (Cass. com. 21-11-1995 n° 93-20.531 P : RJDA 2/96 n° 273 : à propos d'un fonds de commerce ; Cass. com. 22-10-1996 n° 94-17.768 P : RJDA 2/97 n° 273 : à propos d'un brevet d'invention), peu important que ces biens fassent l'objet de contrats en cours (Cass. com. 16-9-2014 n° 13-20.173 F-D : GP 2015 jur. p. 423 note E. Le Corre-Broly).

En cas d'**impossibilité** absolue **d'agir dans le délai,** le demandeur n'encourt pas la forclusion (Cass. com. 28-6-1994 n° 92-17.310 : RJDA 2/95 n° 210 ; Cass. com. 2-3-1999 n° 96-19.253 : RJDA 5/99 n° 578 ; Cass. com. 5-7-2023 n° 22-13.049 F-D : RJDA 2/24 n° 123).

62994 **Absence d'obligation de déclarer la créance** La déclaration de créance n'est pas une condition de la revendication (Cass. com. 20-10-1992 n° 90-18.867 : D. 1993 som. 288 note F. Pérochon ; Cass. com. 11-3-1997 n° 94-20.069 : Bull. civ. IV n° 70 ; Cass. com. 21-2-2006 n° 04-19.672 : RJDA 5/07 n° 532).

PROCÉDURE DE REVENDICATION

63000 **Demande préalable en revendication** La demande en revendication doit être **adressée** dans le délai exposé ci-dessus par lettre recommandée AR ou via le portail électronique dédié (n°s 62360 s.) :

– en cas de sauvegarde et de redressement judiciaire, à l'administrateur ou, s'il n'en a pas été désigné un, au débiteur, avec copie au mandataire judiciaire (C. com. art. R 624-13, al. 1 et R 631-31) ;

– en cas de liquidation judiciaire, au liquidateur judiciaire, avec copie à l'administrateur judiciaire s'il en a été désigné un (art. R 641-31, al. 2).

La loi ne fixe pas le **contenu** de la demande. Le revendiquant doit formuler une demande explicite de revendication, c'est-à-dire inviter expressément le destinataire à se prononcer sur son droit de propriété (Cass. com. 12-3-2013 n° 11-24.729 : RJDA 6/13 n° 540 ; aussi CA Orléans 16-7-2002 et CA Aix-en-Provence 18-9-2002 n° 02/504 : Rev. proc. coll. 2003 p. 308 n° 7 obs. M.-H. Monsèrié-Bon), indiquer les éléments permettant l'identification du bien revendiqué (désignation, modèle, numéro de série...) (Cass. com. 13-11-2012 n° 11-25.718 : RJDA 3/13 n° 250) et joindre des justificatifs.

Le cocontractant peut valablement, dans un même courrier, revendiquer le bien objet d'un contrat en cours et mettre en demeure le débiteur, l'administrateur ou le liquidateur judiciaire de se prononcer sur le sort de ce contrat (Cass. com. 12-3-2013 précité).

La demande préalable de revendication pour des marchandises vendues avec clause de réserve de propriété vaut aussi pour la revendication du prix de revente des marchandises (Cass. com. 5-12-2018 n° 17-15.973 F-PBI : RJDA 2/19 n° 115).

63002 La **réponse** à la demande de revendication peut être donnée :

– en cas de sauvegarde ou de redressement judiciaire, par l'administrateur avec l'accord du débiteur ou, en l'absence d'administrateur, par le débiteur après accord du mandataire judiciaire (C. com. art. L 624-17 et L 631-18) ;

– en cas de liquidation judiciaire, par le liquidateur judiciaire, avec l'accord de l'administrateur s'il en a été désigné un (art. L 641-14-1).

La réponse doit intervenir, le cas échéant via le portail électronique dédié (n°s 62360 s.), dans un **délai** d'un mois à compter de la réception de la demande (art. R 624-13, R 631-31 et R 641-31, I).

L'**acquiescement** est une faculté dont l'exercice est discrétionnaire et le défaut d'acquiescement à une demande ne peut pas constituer une faute (Cass. com. 5-4-2016 n° 14-13.247 F-PB : RJDA 6/16 n° 460).

Ne vaut pas acquiescement de la revendication :

– la décision de l'administrateur (ou du liquidateur) de poursuivre un contrat en cours portant sur des biens objets de la revendication (Cass. com. 12-1-2016 n° 14-11.943 P : RJDA 4/16 n° 307) ;

– la reconnaissance par l'administrateur de l'opposabilité de la clause de réserve de propriété à la procédure dès lors qu'il a proposé de conserver la marchandise contre paiement d'une somme bien inférieure à celle réclamée par le propriétaire des marchandises (Cass. com. 3-5-2016 n° 14-24.586 : RJDA 10/16 n° 712).

Une fois l'acquiescement **obtenu,** il est inutile de saisir le juge-commissaire, ce dernier n'est plus compétent pour statuer sur la revendication (cf. C. com. art. L 624-17 ; Cass. com. 22-5-2007 n° 06-11.861 : RJDA 8-9/07 n° 873) pour ordonner l'appréhension de ce bien entre les mains d'un tiers détenteur (Cass. com. 21-11-2018 n° 17-18.094 FS-PB : RJDA 2/19 n° 114). La forclusion attachée à l'absence de cette saisine n'est pas opposable au revendiquant (Cass. com. 7-2-2006 n° 04-11.867 : RJDA 8-9/06 n° 930).

63004 **Saisine du juge-commissaire** À **défaut d'accord ou** en cas de **contestation,** le revendiquant doit porter sa demande devant le juge-commissaire (C. com. art. L 624-17, L 631-18 et L 641-14-1). Le juge des référés est incompétent en ce domaine (Cass. com. 9-7-1991 : RJDA 8-9/91 n° 746).

Le juge-commissaire ne peut pas être saisi directement de la demande en revendication, du bien comme du prix, celle-ci devant être au préalable présentée à l'administrateur (ou, s'il n'en pas été désigné, au débiteur) ou au liquidateur (Cass. com. 2-10-2001 : RJDA 8-9/02 n° 915 ; Cass. com. 5-7-2005 n° 1042 : RJDA 12/05 n° 1370).

La saisine du juge-commissaire est enfermée dans un double **délai** de forclusion (Cass. com. 28-1-2004 n° 01-03.240 : RJDA 7/04 n° 866). En effet, elle doit intervenir :

– dans les trois mois de la publication du jugement ouvrant la procédure collective (art. L 624-9 ; n° 62992) ;

– et, au plus tard, dans un délai d'un mois à compter de l'expiration du délai de réponse (un mois à compter de la réception de la demande préalable de revendication) (art. R 624-13, al. 2).

Le **délai** de forclusion d'un mois est prévu par l'article R 624-13 « à défaut d'acquiescement dans le délai » de réponse mais il s'applique aussi en cas de refus exprès de la demande préalable de revendication (Cass. com. 2-11-2005 n° 04-16.593 : RJDA 5/06 n° 559). Cette forclusion s'applique aussi à l'action en revendication du prix (Cass. com. 15-3-2005 n° 453 : RJDA 7/05 n° 859).

Le revendiquant saisit le juge-commissaire par voie de **requête** (art. R 621-21). Un modèle type de requête est gratuitement disponible au greffe du tribunal (ou sur son site Internet). S'agissant d'une action en justice, la requête peut être présentée, si le revendiquant est une personne morale, par son représentant légal ou, à défaut, par tout préposé titulaire d'une délégation de pouvoirs lui permettant d'accomplir un tel acte (Cass. com. 9-5-1995 n° 93-12.365 D : RJDA 10/95 n° 1163). Elle peut aussi l'être par un tiers justifiant, s'il n'est pas avocat, d'un pouvoir spécial (mandat ad litem) donné par écrit (Cass. com. 5-7-2005 n° 04-11.132 FS-PBRI : RJDA 1/06 n° 55).

Même en l'absence de demande préalable de revendication, le liquidateur judiciaire peut saisir directement le juge-commissaire (art. R 641-31).

Avant de statuer, le juge-commissaire recueille les observations des parties intéressées (art. R 624-13, al. 3).

Le **juge-commissaire** ne peut être **saisi** que **par** le revendiquant, le débiteur ou le mandataire de justice, à l'exclusion de toute autre personne, que ce soit par la voie d'une intervention volontaire à l'instance ainsi ouverte ou d'une réclamation contre l'acte d'acquiescement (Cass. com. 24-1-2018 n° 16-20.589 FS-PBI : RJDA 4/18 n° 338).

Défaut de demande en revendication Si un propriétaire n'a pas demandé la revendication de son bien dans les délais requis, son **droit de propriété** est alors **inopposable** à la procédure collective (Cass. com. 3-4-2019 n° 18-11.247 FS-PBR : RJDA 8-9/19 n° 582), mais il ne s'ensuit pas extinction de ce droit ni transfert de la propriété au débiteur, qui reste donc tenu envers son cocontractant dans les termes du contrat conclu avec lui (Cass. com. 4-1-2000 n° 36 : RJDA 3/00 n° 318, précisant que la forclusion résultant du dépassement du délai pour revendiquer ne constitue pas un mode d'acquisition de la propriété ; dans le même sens, Cass. com. 15-12-2015 n° 13-25.566 : RJDA 4/16 n° 309). 63005

Mais ce **bien** est alors affecté au gage commun des créanciers ; en tant que de besoin, il peut être **vendu** au profit de leur collectivité ou **utilisé** en vue du redressement de l'entreprise, afin d'assurer la poursuite de l'activité, le maintien de l'emploi et l'apurement du passif (Cass. com. 3-4-2019 précité).

Ne commet pas de faute le liquidateur judiciaire qui fait procéder à la destruction d'un bien qui n'a pas été revendiqué dans le délai légal (Cass. com. 3-12-2003 n° 01-02.177 F-D, à propos d'une voiture confiée pour réparation à un garagiste mis ensuite en procédure collective). Sur la vente des biens non revendiqués en cas de liquidation judiciaire, n° 63942.

Un fournisseur qui, en garantie des biens livrés au débiteur, dispose d'une clause de réserve de propriété et d'un cautionnement mais qui n'exerce pas l'action en revendication alors que les conditions de celle-ci sont remplies perd son recours contre la caution à hauteur des droits dans lesquels elle ne peut plus être subrogée (C. civ. art. 2314 ; ex-art. 2037 ; Cass. com. 20-5-1997 n° 1253 D : RJDA 10/97 n° 1244 ; Cass. com. 24-4-2007 n° 04-13.898 F-D : RJDA 8-9/07 n° 889).

Toutefois, le propriétaire conserve, même dans cette hypothèse, la faculté de revendiquer le bien entre les mains d'un tiers acquéreur de mauvaise foi (Cass. com. 15-12-2015 n° 13-25.566 F-PB : RJDA 4/16 n° 309).

BIENS DÉTENUS À TITRE PRÉCAIRE OU TRANSMIS À TITRE FIDUCIAIRE

Peuvent être revendiqués, à condition qu'ils se retrouvent en nature (sur cette condition, n° 63037), les biens meubles remis à titre précaire au débiteur – par exemple, biens remis en dépôt ou consignés entre les mains du débiteur ou remis en vertu d'un contrat de confié portant sur des pierres précieuses (Cass. com. 20-10-2009 n° 08-20.381 : RJDA 1/10 n° 64) – ainsi que ceux transférés dans un patrimoine fiduciaire dont le débiteur conserve l'usage ou la jouissance en qualité de constituant (C. com. art. L 624-16, al. 1, L 631-18 et L 641-14). 63010

Pour que son action puisse aboutir, le revendiquant doit établir qu'il est propriétaire des biens en cause, cette preuve pouvant se faire par tous moyens (cf. Cass. com. 14-2-1973 : Bull. civ. IV p. 67 ; Cass. com. 25-2-1981 : Bull. civ. IV p. 82).

Sur la faculté de revendiquer le prix de revente des biens, n°s 63060 s.

EFFETS DE COMMERCE

63012 Peuvent être revendiqués, s'ils se trouvent encore dans le portefeuille du débiteur, les effets de commerce ou autres titres **non payés** remis par leur propriétaire pour être recouvrés ou pour être spécialement affectés à des paiements déterminés (C. com. art. L 624-15, L 631-18 et L 641-14).

SOMME D'ARGENT

63014 La Cour de cassation écarte l'action en revendication (ou la demande en restitution) pour les sommes d'argent dont le revendiquant n'est pas propriétaire mais créancier (Cass. com. 10-5-2000 n° 97-16.726 : RJDA 9-10/00 n° 892 ; Cass. com. 9-1-2001 n° 97-22.083 : RJDA 5/01 n° 614 ; Cass. com. 22-5-2013 n° 11-23.961 : RJDA 8-9/13 n° 739). La seule voie ouverte au créancier d'une somme d'argent est de **déclarer** sa **créance** à la procédure collective de son débiteur (Cass. com. 4-2-2003 n° 00-13.356 F-D : JCP éd. E 2003 n° 1363 note D. Robine ; Cass. com. 22-5-2013 précité) ; il peut toutefois agir en paiement s'il s'agit d'une créance bénéficiant du traitement préférentiel exposé nos 62200 s. (Cass. com. 19-5-2015 n° 13-25.312 FS-D).

La qualité de créancier est écartée pour le **mandant** qui réclame les sommes détenues pour son compte par son mandataire, objet d'une procédure collective. La Cour de cassation a en effet jugé que ces sommes ne sont pas devenues la propriété du mandataire (Cass. com. 30-6-2004 n° 03-17.330 : RJDA 11/04 n° 1241), de sorte que le mandant peut en demander le paiement sans avoir à déclarer sa créance (Cass. com. 30-6-2004 précité ; Cass. com. 15-2-2011 n° 10-10.056 : RJDA 6/11 n° 556).

MARCHANDISES DÉTENUES PAR LE DÉBITEUR

63015 Constituent des marchandises au sens des articles L 624-12, L 624-13 et L 624-14 du Code de commerce exposées ci-dessous toutes les choses mobilières, y compris l'outillage et le matériel (CA Aix 13-10-1983 : Bull. Cour d'Aix 1983/3 p. 79, à propos d'un redressement judiciaire mais transposable à toute procédure collective).

63017 **En cas de résolution de la vente** Peuvent être revendiquées en tout ou partie les marchandises dont la vente au débiteur a été résolue à condition, d'une part, qu'elles existent en nature (nos 63037 s.) et, d'autre part, que la vente ait été résolue (C. com. art. L 624-12, L 631-18 et L 641-14) :

– avant le jugement d'ouverture, soit par décision de justice, soit par le jeu d'une clause résolutoire acquise ;

Pour obtenir le jeu de la clause résolutoire, il suffit que le vendeur, sauf clause contraire de la convention liant les parties exigeant la constatation judiciaire de la résolution, ait manifesté de façon formelle et non équivoque sa volonté irrémédiable de se prévaloir de la clause (Cass. com. 3-6-1997 : RJDA 11/97 n° 1314).

La connaissance par le vendeur de l'état de cessation des paiements de son débiteur ne fait pas obstacle à l'exercice de l'action en revendication avant le jugement d'ouverture, les dispositions relatives aux nullités de la période suspecte n'étant pas susceptibles de s'appliquer en cette matière (Cass. com. 19-6-1978 n° 76-13.409 : Bull. civ. IV n° 169).

– après le jugement d'ouverture lorsque l'action en revendication ou en résolution a été intentée avant ce jugement pour une cause autre que le défaut de paiement du prix.

63019 **Marchandises en cours d'expédition** Les marchandises expédiées au débiteur peuvent être revendiquées tant qu'elles n'ont **pas** été **remises** dans les magasins de celui-ci ou dans ceux du commissionnaire chargé de les vendre pour son compte ; toutefois, la revendication n'est pas recevable si, avant leur arrivée, les marchandises ont été **revendues** sans fraude, sur factures ou titres de transport réguliers (C. com. art. L 624-13, L 631-18 et L 641-14).

La **revendication** demeure **possible** malgré la livraison des marchandises en gare de départ ou en gare d'arrivée à la condition dans ce second cas que le débiteur n'en ait pas pris possession de manière effective (CA Paris 7-1-1987 : BRDA 4/87 p. 22) ou malgré leur chargement sur un bateau (CA Dijon 26-1-1899 : DP 1899.2.102).

Elle est en revanche **impossible** lorsque les marchandises sont entreposées dans les locaux d'un transitaire en douane au nom et pour le compte de l'acheteur, ces marchandises devant alors être réputées entrées dans les magasins de l'intéressé (Cass. com. 13-5-1986 n° 84-13.113 : Bull. civ. IV n° 92) ou lorsqu'elles sont en cours de réexpédition par l'acheteur qui les a revendues (Cass. com. 24-1-1989 : Bull. civ. IV p. 23).

Même si les conditions ci-dessus sont remplies, l'administrateur (ou, s'il n'en a pas été désigné, le débiteur) ou le liquidateur judiciaire peut, en application des dispositions relatives à la poursuite des contrats en cours (nos 62045 s.), faire **obstacle à la revendication** en exigeant la livraison des marchandises moyennant paiement du prix convenu (Cass. com. 26-6-1972 : D. 1972.639).

63020 **Marchandises non encore expédiées** Le vendeur peut retenir les marchandises qui n'ont pas été délivrées ou expédiées au débiteur ou à un tiers agissant pour son compte (C. com. art. L 624-14, L 631-18 et L 641-14).

Le fait que le vendeur a déclaré sa créance ne lui fait pas perdre son droit de rétention (Cass. com. 15-2-1956 : Bull. civ. III p. 62).

BIENS VENDUS AVEC RÉSERVE DE PROPRIÉTÉ AU DÉBITEUR

Principes Sous les conditions exposées ci-dessous, peuvent être revendiqués les biens vendus avec une clause de réserve de propriété (C. com. art. L 624-16, al. 2, L 631-18 et L 641-14), c'est-à-dire une **clause subordonnant le transfert de propriété au paiement intégral** du prix, quelle que soit la nature juridique du contrat qui la contient (Cass. com. 19-11-2003 n° 01-01.137 FS-PBI : RJDA 4/04 n° 449). 63025

La revendication est remplacée par une action en restitution lorsque le contrat comportant la clause a été publié (n°s 62965 s.).

En cas d'ouverture d'une procédure d'insolvabilité au sens du règlement UE 2015/848 du 20 mai 2015 contre l'acheteur d'un bien, cette ouverture n'affecte pas les droits du vendeur fondés sur une réserve de propriété, lorsque ce bien se trouve, au moment de l'ouverture de la procédure, sur le territoire d'un autre État membre que l'État d'ouverture (Régl. UE 2015/848 du 20-5-2015 art. 10, 1).

Le vendeur **peut exercer l'action** en revendication alors même qu'il a demandé le paiement de la marchandise vendue à l'acheteur, cette demande ne constituant pas une renonciation au bénéfice de la clause de réserve de propriété (CA Versailles 22-2-1990 : D. 1991.som.43 obs. Pérochon), qu'il n'a pas déclaré sa créance (Cass. com. 11-3-1997 : RJDA 7/97 n° 962) ou que celle-ci n'est pas encore exigible (Cass. com. 20-4-2017 n° 15-20.619 F-D : RJDA 8-9/17 n° 583), qu'il jouit de sûretés spéciales (Cass. com. 5-10-1993 : RJDA 2/94 n° 217) ou que l'acheteur lui oppose l'exception de non-conformité de la marchandise vendue (Cass. com. 12-2-1991 : RJDA 6/91 n° 536). 63027

Mais si le vendeur **n'a pas exercé** l'action en revendication, il ne jouit pas, même s'il a déclaré sa créance à titre privilégiée au titre de la clause de réserve de propriété, d'un droit de préférence dans les répartitions (Cass. com. 15-10-2013 n° 12-14.944 FS-PB : RJDA 2/14 n° 147).

En cas de ventes successives, les **biens** en possession de l'acheteur ne peuvent être **revendiqués** que s'ils sont ceux dont le **prix** n'a **pas** été **payé** (Cass. com. 5-10-1993 : RJDA 2/94 n° 214), les parties ne pouvant déroger à cette règle d'ordre public (Cass. com. 9-1-1990 n° 88-13.511 P : Bull. civ. IV n° 8, annulant une clause qui prévoyait que les biens encore en possession de l'acheteur seraient présumés à tout moment être ceux encore impayés). Un paiement immédiat du vendeur fait obstacle à sa revendication (n° 63032). 63030

Dans la mesure où ils existent « en nature » (n°s 63037 s.), la revendication peut notamment s'exercer :

– sur les **biens** mobiliers **incorporels** (Cass. com. 29-2-2000 n° 529 D : RJDA 5/00 n° 572, admettant la revendication d'un fonds de commerce vendu avec réserve de propriété) ;

– sur un bien **meuble affecté à** l'usage d'un **immeuble** et ainsi susceptible d'être considéré comme un immeuble par destination en application de l'article 524 du Code civil (Cass. com. 10-3-2015 n° 13-23.424 F-PB : RJDA 6/15 n° 448, à propos des équipements de cuisine installés dans le restaurant du débiteur).

Il n'y a **pas lieu à revendication** si le prix est payé immédiatement sur décision du juge-commissaire ; ce dernier peut, avec le consentement du créancier requérant, accorder un délai de règlement ; le paiement du prix est alors assimilé à celui d'une créance née régulièrement après le jugement d'ouverture et bénéficiant du traitement préférentiel exposé n°s 62235 s. (C. com. art. L 624-16, al. 4, L 631-18 et L 641-14). 63032

Cette règle ne permet pas de s'opposer à la restitution d'un bien objet d'un contrat de crédit-bail (bien non visé par le texte), en payant les échéances antérieures au jugement d'ouverture restées impayées (Cass. com. 19-6-2007 n° 06-15.447 FS-PB : RJDA 4/08 n° 442).

Opposabilité de la clause de réserve de propriété Pour ouvrir droit à revendication dans le cadre d'une procédure collective, la clause de réserve de propriété doit être **convenue par écrit** entre les parties mais elle peut figurer dans un écrit régissant un ensemble d'opérations commerciales convenues entre les parties ; l'écrit doit être établi, au plus tard, au **moment** de la livraison (C. com. art. L 624-16, al. 2, L 631-18 et L 641-14), c'est-à-dire au moment de la remise matérielle des marchandises (T. com. Saint-Etienne 19-5-1981 : GP 1981.580). Si le bien est déjà dans les mains de l'acheteur, par exemple par suite de la défaillance d'une condition suspensive de la vente, la réserve de propriété, pour être opposable, doit avoir été convenue dans le contrat de vente (Cass. com. 3-7-2012 n° 11-20.425 : RJDA 12/12 n° 1096). 63035

À défaut d'un tel écrit et en cas de ventes successives et autonomes, l'**acceptation** par le débiteur de la clause s'apprécie pour chaque vente objet de celle-ci au plus tard à la date de la livraison, cette acceptation pouvant, suivant les circonstances, être déduite de l'existence de relations d'affaires et de la réception par le débiteur, dans le courant de ces relations, de factures antérieures comportant la clause litigieuse, sans protestation de sa part (Cass. com. 31-1-2012 n° 10-28.407 : RJDA 4/12 n° 423).

Les juges du fond apprécient souverainement l'existence de cette acceptation (Cass. com. 9-12-1997 n° 2459 D : RJDA 4/98 n° 481 ; Cass. com. 2-11-2016 n° 14-18.898 F-PB : RJDA 2/17 n° 99).

La clause a été considérée comme ayant été **acceptée** par le débiteur dès lors :

– qu'elle figurait sur les devis et sur les factures d'acomptes et sur celle émise, avant la livraison, pour le règlement du solde et que les deux factures d'acompte ont été payées sans observation de la part du dirigeant de la société débitrice, qui a également apposé sur le bon de livraison la mention « bon pour accord » (Cass. com. 2-11-2016 précité) ;

– qu'elle figurait sur les factures que le débiteur avait payées pendant plusieurs années sans protester (Cass. com. 20-4-2017 n° 15-17.951 F-D).

En revanche, jugé que la clause de réserve de propriété n'a **pas** été **acceptée** par le débiteur :

– lorsque le vendeur a livré la marchandise commandée sans tenir compte du refus de la clause manifesté expressément à deux reprises par le débiteur lors de la commande et sans s'assurer avant la livraison de l'accord de celui-ci sur ses conditions de vente, contrairement à ce qu'il avait fait pour les autres commandes passées par l'acheteur en vue d'autres chantiers (Cass. com. 10-12-1991 : RJDA 3/92 n° 290) ;

– lorsqu'elle figurait, dans une présentation la rendant difficilement lisible, sur les accusés de réception des commandes ou les bons de livraisons signés par le débiteur (Cass. com. 19-12-2000 n° 98-11.577 F-D ; CA Paris 12-9-1999 : D. 2000.som.65 obs. Pérochon et Mainguy ; CA Versailles 20-11-1997 n° 96-9112 : RJDA 2/98 n° 196 et, sur pourvoi, Cass. com. 19-12-2000 n° 98-11.577 F-D) ;

– lorsque le débiteur a gardé le silence en cas de contradiction entre les conditions générales de vente et les conditions générales d'achat (Cass. com. 10-1-2012 n° 10-24.847 F-D : RJDA 6/12 n° 608 ; CA Paris 9-10-2018 n° 18/07383 : RJDA 2/19 n° 116).

63037 **Biens « en nature »** Pour que l'action en revendication puisse aboutir, il faut que les biens revendiqués « se retrouvent en nature au moment de l'ouverture de la procédure » collective (C. com. art. L 624-16, al. 2, L 631-18 et L 641-14), **dans le patrimoine du débiteur,** que celui-ci les détienne lui-même ou que les biens soient détenus pour son compte par un tiers (Cass. com. 3-12-1996 n° 1897 P : RJDA 3/97 n° 421 ; Cass. com. 10-5-2012 n° 11-17.626 F-PB : RJDA 10/12 n° 882 ; Cass. com. 8-3-2017 n° 15-18.614 F-D : RJDA 5/17 n° 356).

En dehors des biens fongibles (soumis à des règles particulières ; n° 63044), les biens « qui se retrouvent en nature » sont ceux :

– qui ont été conservés dans l'état où ils se trouvaient lors de leur remise au débiteur ou, s'ils ont subi certaines opérations, qui n'ont pas pour autant été modifiés dans leur substance (notamment, Cass. com. 17-5-1988 n° 86-19.546 P : Bull. civ. IV n° 166 ; Cass. com. 11-6-2014 n° 13-14.844 : RJDA 11/14 n° 854) ;

– ceux qui sont incorporés dans un autre bien mobilier lorsque la séparation de ces biens peut être effectuée sans dommage (art. L 624-16, al. 3, L 631-18 et L 641-14).

63038 **Biens modifiés ou non dans leur substance – Illustrations.** Ont été déclarés revendicables en l'absence de modification dans leur substance : du fil teint après sa livraison mais non tissé (Cass. com. 6-3-1990 n° 88-14.267 P : Bull. civ. IV n° 73) ; des plots de bois bien qu'ils aient été étuvés et sciés en deux (Cass. com. 17-5-1988 n° 86-19.546 P : Bull. civ. IV n° 166) ; du mycélium devenu champignons (CA Orléans 25-10-2007 n° 07-593 : RJDA 1/08 n° 68) ou des alevins ayant pris du poids (Cass. com. 11-6-2014 n° 13-14.844 : RJDA 11/14 n° 854) encore les récoltes de plusieurs viticulteurs conservées par une coopérative, nonobstant l'incorporation des moûts les uns aux autres et le processus de vinification (Cass. com. 11-7-2006 n° 915 F-PB : RJDA 12/06 n° 1248). En revanche, la revendication a été écartée pour de la laine ou du tissu utilisé par le débiteur pour fabriquer des vêtements après livraison (Cass. com. 27-5-1986 n° 85-10.956 : Bull. civ. IV n° 102 ; CA Douai 23-1-2003 98-6234 : RJDA 4/05 n° 431) ou les animaux livrés sur pied, abattus et découpés par le débiteur en vue de leur commercialisation, même s'ils étaient encore identifiables (Cass. com. 22-3-1994 n° 92-11.223 P : RJDA 7/94 n° 864).

63039 **Bien incorporé dans un autre dont il est dissociable sans dommage – Illustrations.** Tel est le cas :

– d'un moulin à grains scellé au sol dans le local d'exploitation du débiteur, le démontage ne nécessitant qu'une éventuelle remise en état du sol, sans risque de dégradation pour les biens du débiteur (Cass. com. 2-11-2016 n° 14-18.898 F-PB : RJDA 2/17 n° 99) ;

– d'un câble électrique installé dans l'usine de ce dernier, dès lors que son enlèvement n'est pas de nature à occasionner un dommage aux biens auxquels il est incorporé et qu'il peut y être procédé, à faible coût, dans des conditions satisfaisantes pour sa pérennité (Cass. com. 10-1-2006 n° 04-16.020 F-D) ;

– des commandes numériques installées par le débiteur sur les machines-outils qu'il commercialise, mais aisément dissociables des machines, sans altération ou dommage pour les unes et les autres, même si les câbles et connecteurs ne peuvent être réutilisés en raison, non pas d'une dégradation, mais de la nécessité de les adapter à chaque machine (Cass. com. 4-1-2005 n° 02-10.538 F-D : PA 16-2-2006 p. 7 note S. Voisin) ;

– les pneus d'un véhicule, peu important la perte de valeur pour celui-ci (Cass. com. 28-10-2008 n° 07-16.899 : RJDA 3/09 n° 247).

En revanche, tel n'est pas le cas de crochets soudés sur des échafaudages, leur démontage impliquant des opérations de sciage, fraisage et meulage pour leur redonner leur autonomie antérieure et de nouvelles opérations de galvanisage (CA Versailles 24-6-1999 n° 98-3456 : RJDA 10/99 n° 1110), ou de pierres précieuses serties par le débiteur dans des bijoux dès lors que le sertissage rendait impossible l'identification et l'individualisation des pierres et que le dessertissage aurait endommagé les pierres et les bijoux (Cass. com. 20-10-2009 n° 08-20.381 F-D : RJDA 1/10 n° 64).

Preuve relative aux biens revendiqués La preuve de l'existence et la consistance des biens à la date du jugement d'ouverture de la procédure collective est à la **charge** du créancier revendiquant (Cass. com. 11-6-2014 n° 13-14.844 F-PB : RJDA 11/14 n° 854), sous réserve de l'établissement d'un inventaire complet (Cass. com. 14-9-2022 n° 21-10.759 F-D : RJDA 12/22 n° 707 ; Cass. com. 13-9-2023 n° 22-12.206 F-D : RJDA 12/23 n° 673). Il peut rapporter cette preuve par tous moyens (CA Paris 18-3-1994 : RJDA 7/94 n° 863 : preuve par la production d'un état des stocks établi postérieurement au jugement d'ouverture). **63042**

Si l'inventaire des biens du débiteur, qui doit être établi rapidement après l'ouverture de la procédure collective, n'a pas été fait ou s'il est incomplet ou sommaire, le revendiquant est dispensé de la charge de la preuve ; c'est au mandataire ou au liquidateur judiciaire de prouver que les biens revendiqués n'existaient plus en nature au jour de l'ouverture de la procédure (Cass. com. 1-12-2009 n° 08-13.187 : RJDA 5/10 n° 541 ; Cass. com. 25-10-2017 n° 16-22.083 : RJDA 2/18 n° 157 ; Cass. com. 13-9-2023 précité). En effet, l'absence d'inventaire ne fait pas obstacle à l'action en revendication (C. com. art. L 622-6, al. 5).

Biens fongibles La revendication en nature peut s'exercer sur des biens fongibles lorsque des **biens de même nature et de même qualité** se trouvent **entre les mains du débiteur** ou de toute personne les détenant pour son compte (C. com. art. L 624-16, al. 3, L 631-18 et L 641-14). Le revendiquant est ainsi dispensé de prouver que les biens qu'il a livrés sont bien ceux détenus par le débiteur lors de l'ouverture de la procédure collective et qu'ils existaient en nature (cf. Cass. com. 5-3-2002 n° 535 FS-P : RJDA 7/02 n° 790), dispense dont il ne peut pas bénéficier pour des biens non fongibles. **63044**

Or, ni la loi ni la Cour de cassation ne donnent de définition de la **fongibilité** ; il est communément admis qu'elle se caractérise par l'interchangeabilité des biens concernés. Le caractère fongible des biens est apprécié souverainement par les juges du fond (Cass. com. 5-3-2002 n° 535 FS-P et 19-2-2002 n° 440 FS-D : RJDA 7/02 n° 790 ; Cass. com. 15-3-2005 n° 03-20.332 F-D : RTD com. 2005 p. 605 chron. A. Martin-Serf).

Ont été considérés comme **fongibles** :

– des produits pharmaceutiques dès lors qu'ils apparaissent interchangeables en raison notamment de leur identité, nature, origine, conditionnement et marque (CA Rouen 4-4-1996 n° 95-5350 : RJDA 12/96 n° 1543) ;

– des médicaments génériques avec des médicaments de dénomination différente, provenant de laboratoires distincts, dès lors précisément que, par leur qualité et leurs effets, ils sont comparables, à défaut d'être identiques, quand bien même leur composition ne serait pas la même (CA Lyon 5-11-1999 n° 97-3176 : JCP E 2000.pan.1737) ;

– de petits moteurs destinés, non à un seul usage, mais à équiper différents systèmes de fermeture de bâtiment, l'indication d'un numéro de série ne leur ayant pas fait perdre leur caractère fongible par famille (CA Orléans 11-3-2004 n° 02-2061 : RJDA 7/04 n° 867).

Ont été jugés **non fongibles** :

– des médicaments ou produits pharmaceutiques conditionnés dans des emballages portant plusieurs indications (date de fabrication, numéro de lot, date limite de vente) permettant de les individualiser (CA Paris 12-5-2000 : RJDA 4/01 n° 482) ;

– du matériel électronique, objet d'une identification et d'une individualisation par l'apposition d'un code, d'une référence et d'un numéro de série unique et distinct, même si les produits sont de même nature et de même qualité pour le consommateur final, car une telle différenciation empêche une interchangeabilité parfaite du bien vendu avec un autre matériel de même modèle et de même type (CA Paris 6-5-2010 n° 09-14947, ch. 5-9 : RJDA 11/10 n° 1096).

Lorsque **plusieurs fournisseurs** revendiquent les mêmes choses fongibles, la **part de chacun** est déterminée par rapport à la quantité livrée par chacun des fournisseurs et restant impayée à la date de l'ouverture de la procédure collective (Cass. com. 29-11-2016 n° 15-12.350 FS-PBRI : RJDA 2/17 n° 100). Il en résulte que, si l'administrateur ou le liquidateur judiciaire peut acquiescer à ces demandes de revendication, il ne peut procéder à la restitution des biens avant l'expiration du délai de revendication (même arrêt). **63046**

63048 **Effets de la reprise** La **créance** du vendeur revendiquant est **éteinte à concurrence de la valeur des biens** meubles **repris** ; si cette valeur excède le solde du prix resté dû lors de l'exercice de l'action en revendication, le vendeur doit restituer à l'acheteur la somme reçue en excédent (Cass. com. 5-3-1996 nº 93-12.818 P : RJDA 12/96 nº 1545) ; ce solde s'entend de la fraction du prix convenu entre les parties demeurée impayée, indépendamment d'une déclaration de créance y correspondant en tout ou partie (Cass. com. 1-4-2008 nº 07-11.726 : RJDA 8-9/08 nº 937). Si cette valeur est inférieure au montant du prix de la vente initiale, il peut conserver les acomptes reçus (CA Rennes 17-3-1999 : JCP G 2000.IV.2344).

Le vendeur, qui a repris les biens livrés, ne peut plus agir en réalisation de la vente après l'ouverture de la procédure collective de l'acquéreur (Cass. com. 16-3-1999 nº 96-11.772 D : RJDA 7/99 nº 811).

Le vendeur peut :
– être tenu d'indemniser certains **coûts exposés par l'acheteur-débiteur** (Cass. com. 6-3-1990 nº 88-14.267 P : Bull. civ. IV nº 73, indemnisation de l'opération de teinture et de rembobinage des fils repris ; dans le même sens, Cass. com. 17-5-1988 nº 86-19.546 P : Bull. civ. IV nº 166 à propos de l'étuvage et du sciage du bois repris) ;
– faire valoir contre l'acheteur-débiteur le **défaut d'entretien du bien** postérieur au redressement judiciaire de celui-ci, à l'exclusion cependant de la vétusté acquise avant le dépôt de bilan, dès lors qu'il n'a pas déclaré sa créance (CA Bordeaux 27-2-1990 : D. 1991.191).

63050 **Transmissibilité de la clause** Le bénéfice de la clause de réserve de propriété est transmissible par subrogation conventionnelle d'un tiers dans les droits du vendeur (Cass. com. 2-2-1993 : RJDA 6/93 nº 476 ; Cass. com. 28-5-2002 nº 786 : RJDA 11/02 nº 1182 ; Cass. com. 20-4-2017 nº 15-20.619 : RJDA 8-9/17 nº 583) ou par endossement d'un titre négociable tel qu'une lettre de change (Cass. com. 11-7-1988 : GP 1988.672).

Il résulte de l'article 1346-1 du Code civil, issu de l'ordonnance du 10 février 2016 ayant réformé le droit des contrats, que c'est seulement lorsque le créancier a reçu son paiement d'un tiers qu'il peut conventionnellement subroger celui-ci dans ses droits, actions et accessoires contre le débiteur ; par conséquent, lorsque le prêteur se borne à verser au vendeur du bien financé les fonds empruntés par son client, ce dernier devient propriétaire dès ce versement, de sorte que le prêteur ne peut pas prétendre être subrogé dans les droits du vendeur et se prévaloir d'une clause de réserve de propriété stipulée au contrat de vente (Cass. com. 14-6-2023 nº 21-24.815 F-B : RJDA 11/23 nº 610 ; pour une solution identique rendue sous le régime antérieur à l'entrée en vigueur de l'art. 1346-1, Cass. com. avis 28-11-2016 nº 16-70.009 : D. 2017.877 chr. Latina et Corrre-Broly et Cass. com. 23-3-2022 nº 20-18.317 F-D). Cette règle a vocation à faire supprimer des contrats de crédit les clauses laissant croire à l'emprunteur que le prêteur détient par subrogation la réserve de propriété qui lui permettra de revendiquer le bien financé à la procédure collective.

Cette transmissibilité joue aussi, à notre avis, en cas de cession de créance (en ce sens, la possibilité de revendiquer le prix de revente en cas de transfert de la créance de ce prix par bordereau Dailly : nº 63064).

Sur l'absence de transmission de la clause au facteur du sous-acquéreur, nº 63068.

PRIX DE REVENTE DES BIENS

63060 Le prix, ou la partie du prix, des biens « visés à l'article L 624-16 » du Code de commerce qui n'a été ni payé, ni réglé en valeur, ni compensé entre le débiteur et l'acheteur à la date du jugement ouvrant la procédure peut être revendiqué par le vendeur initial des marchandises ; peut être aussi revendiquée, dans les mêmes conditions, l'indemnité d'assurance subrogée au bien (C. com. art. L 624-18, L 631-18 et L 641-14).

Cette revendication obéit aux mêmes règles procédurales que la revendication des biens, même si la demande est faite contre un sous-acquéreur (Cass. com. 24-5-2005 nº 783 : RJDA 10/05 nº 1133).

Le vendeur qui a vainement revendiqué les marchandises en nature auprès de l'administrateur ou du liquidateur peut saisir directement le juge-commissaire d'une demande en revendication portant sur leur prix de revente (Cass. com. 5-12-2018 nº 17-15.973 F-PBI : RJDA 2/19 nº 115).

La revendication du prix de revente des biens repose sur le mécanisme de la subrogation : lorsque l'acquéreur d'un bien vendu avec réserve de propriété le revend, sans avoir payé l'intégralité du prix, la revente opère, par l'effet de la subrogation réelle, transport dans le patrimoine du vendeur initial du prix ou de la partie du prix impayé par le sous-acquéreur au jour de l'ouverture de la procédure collective du débiteur (Cass. com. 16-6-2009 nº 08-10.241 FS-PBR : RJDA 11/09 nº 989).

Le sous-acquéreur ou l'assureur peut alors opposer au vendeur les exceptions inhérentes à la dette ainsi que les exceptions nées de ses rapports avec le débiteur avant qu'il ait eu connaissance du report (C. civ. art. 2372).

63062 **Biens revendus** La revendication du prix est admise en cas de revente des biens visés à l'article L 624-16 du Code de commerce (C. com. art. L 624-18), c'est-à-dire des biens meubles remis à titre précaire au débiteur, de ceux transférés dans un patrimoine fiduciaire dont le débiteur conserve l'usage ou la jouissance en qualité de constituant et des biens faisant l'objet d'une clause de réserve de propriété.

Ces biens doivent avoir été **délivrés** au sous-acquéreur dans leur **état initial,** peu important alors que leur revente soit intervenue avant le jugement d'ouverture de la procédure collective (Cass. com. 27-10-1998 : RJDA 11/98 n° 1271 ; rappr. Cass. com. 5-11-2003 n° 1491 : RJDA 3/04 n° 348) ou que le bien ait été ultérieurement transformé par le sous-acquéreur (Cass. com. 7-4-2009 n° 08-12.915 : GP 2009.som.4004 obs. Pérochon).

La revendication de la créance du prix subrogée au bien, lorsque celui-ci a été revendu par le débiteur, suppose non pas la preuve de l'existence en nature du bien à la date d'ouverture de la procédure collective du débiteur, mais la preuve du maintien du bien dans son état initial à la date de sa délivrance au sous-acquéreur (Cass. com. 14-6-2017 n° 16-11.004 F-D : RJDA 8-9/17 n° 571). Du matériel a été revendu dans son état initial dès lors qu'il n'est pas établi qu'il a été transformé (Cass. com. 5-10-1993 : RJDA 2/94 n° 218).

Défaut de paiement du prix par le sous-acquéreur Le prix des biens revendus peut être revendiqué s'il n'a pas été payé par le sous-acquéreur **à la date du jugement d'ouverture,** ni compensé, ni réglé en valeur (C. com. art. L 624-18, L 631-18 et L 641-14). La preuve de ce paiement incombe au sous-acquéreur qui se prétend libéré (Cass. com. 17-3-1998 : RJDA 7/98 n° 898). 63064

Par **exemple,** le prix n'a pas été payé par compensation en compte courant, quoi qu'il y ait été inscrit, si les sommes nécessaires ne figurent pas au crédit du compte (CA Montpellier 4-11-1937 : D. 1939.2.57 ; cf. Cass. com. 7-1-1980 : Bull. civ. IV p. 7).

Le prix a été payé en valeur lorsque le sous-acquéreur a accepté, avant l'ouverture de la procédure, les lettres de change tirées sur lui (Cass. com. 2-11-1993 : RJDA 4/94 n° 452) mais non lorsqu'il ne les a pas acceptées, peu important que celles-ci aient été prises à l'escompte (Cass. com. 6-5-1997 : RJDA 8-9/97 n° 1126). Le chèque remis par le sous-acquéreur vaut paiement à la date qu'il porte (à moins qu'elle ne soit contestée), peu important la date à laquelle il a été encaissé (Cass. com. 12-7-1994 n° 92-15.831 D).

Le prix est aussi payé si le sous-acquéreur en a réglé le montant dans les mains de la société d'affacturage au jour de l'exercice de l'action en revendication (Cass. com. 10-7-2001 n° 1393 FS-P : RJDA 1/02 n° 73). Le transfert de la créance du débiteur-acheteur sur le sous-acquéreur par bordereau Dailly n'empêche pas la revendication du prix (Cass. com. 20-6-1989 n° 88-11.720 P : D. 1989.431 note Pérochon ; CE 25-6-2003 n° 232665 : RJDA 12/03 n° 1234), ni le règlement du prix par une dation en paiement (Cass. com. 14-5-2008 n° 06-21.532 : RJDA 11/08 n° 1162).

Droits du vendeur de revendiquer contre le sous-acquéreur Le vendeur peut revendiquer contre le sous-acquéreur le **prix du bien** revendu par le débiteur-acheteur (cf. C. civ. art. 2372). 63068

La revendication du prix s'exerce sur le solde du prix de revente du bien restant dû au jour de l'ouverture de la procédure collective du débiteur-acheteur, à concurrence du prix tel que fixé lors de la convention conclue avec le vendeur initial (Cass. com. 16-6-2009 n° 08-10.241 : RJDA 11/09 n° 989, 1e esp.).

Le vendeur ne peut pas prétendre à la marge prélevée par le débiteur-acheteur sur ses clients (Cass. com. 15-1-1991 n° 149 P : RJDA 5/91 n° 437) ni à la partie du prix due par le sous-acquéreur au débiteur-acheteur lorsque cette somme impayée correspond à une transformation du bien vendu convenue entre ces intéressés (Cass. com. 16-6-2009 n° 08-15.753 FS-PBR : RJDA 11/09 n° 989, 2e esp.). Mais il a droit à l'intégralité de ce prix : le sous-acquéreur lui doit ce prix alors même qu'il a versé au débiteur-acheteur des acomptes sur le prix de son acquisition (Cass. com. 16-6-2009 n° 08-10.241 FS-PBR : RJDA 11/09 n° 989) ou qu'il aurait pu opposer à son propre vendeur, le débiteur-acheteur, l'exception d'inexécution fondée sur la défectuosité de la chose vendue (Cass. com. 18-1-2011 n° 07-14.181 : RJDA 5/11 n° 443).

Mais le vendeur ne peut revendiquer le prix que si sa créance :

– est encore dans le patrimoine de son acheteur ; ce n'est plus le cas si celui-ci l'a cédée avant que le sous-acquéreur soit mis en possession du bien vendu, car le prix n'a pas pu alors être subrogé à ce bien (Cass. com. 14-12-2010 n° 09-71.767 FS-PB : RJDA 4/11 n° 338) ;

– peut être réclamée contre le sous-acquéreur, ce qui n'est plus le cas si ce dernier a été mis, après acquisition du bien, en procédure collective car la demande se heurte alors à l'interruption des poursuites pour paiement d'une créance antérieure à cette procédure (Cass. com. 6-10-2009 n° 08-15.048 FS-PB : D. 2009.2482 obs. Lienhard ; sur cette interruption, n°s 61870 s.) ;

– n'a pas encore été réglée au jour du jugement d'ouverture de l'acquéreur, sans distinguer si le prix a été ou non payé avant la demande en revendication (Cass. com. 5-5-2004 n° 740 : RJDA 10/04 n° 1144 ; Cass. com. 3-11-2015 n° 13-26.811 : RJDA 2/16 n° 136) soit au débiteur lui-même (Cass. com. 3-1-1995 : RJDA 4/95 n° 505), soit à la société d'affacturage (n° 63064).

Lorsque, avant l'ouverture de sa procédure collective, l'acheteur a revendu le matériel acquis avec réserve de propriété et transmis sa créance sur le sous-acquéreur à une société d'affacturage, la créance invoquée par la société d'affacturage ne peut pas faire échec à la revendication du vendeur initial, le prix dû par le sous-acquéreur à la suite de leur revente se trouvant subrogé au matériel dont le vendeur est demeuré propriétaire (Cass. com. 26-4-2000 : RJDA 7-8/00 n° 799, 2e esp.).

63070 Le vendeur peut revendiquer le **bien lui-même** entre les mains du sous-acquéreur dès lors que ce dernier le détient en vertu d'une possession non conforme à celle requise par l'article 2276 du Code civil (Cass. com. 5-3-1996 n° 457 D : RJDA 12/96 n° 1544, RJDA 6/96 n° 837 ; Cass. com. 17-11-2021 n° 20-14.420 FB : RJDA 2/22 n° 101) ; tel est le cas lorsque sa possession est équivoque, par exemple détention d'automobiles sans être en possession des cartes grises correspondantes (Cass. com. 15-10-2002 n° 1610 FS-P : RJDA 2/03 n° 166).

Mais le bien ne peut pas être revendiqué au motif que le sous-acquéreur le détiendrait à titre précaire pour le compte de l'acquéreur, car du seul fait de sa revente au sous-acquéreur celui-ci ne pouvait le détenir à un tel titre (Cass. com. 3-11-2015 n° 13-26.811 : RJDA 2/16 n° 136).

Lorsque la revendication entre les mains du sous-acquéreur porte sur les biens eux-mêmes et non sur leur prix de revente, le revendiquant n'est pas tenu d'établir que les biens ont été transmis en nature au sous-acquéreur (Cass. com. 17-11-2021 précité).

63072 **Paiement au vendeur des sommes dues par le sous-acquéreur** Les **sommes payées par le sous-acquéreur après** l'introduction de l'action en **revendication** doivent être versées par le débiteur ou l'administrateur entre les mains du mandataire judiciaire pour que ce dernier puisse les remettre au revendiquant à concurrence de sa créance (C. com. art. R 624-16 et R 631-31). En cas de liquidation judiciaire, les sommes transitent par le liquidateur judiciaire (R 641-31, II).

Toutefois, lorsque les biens revendiqués par le vendeur ont été directement livrés par lui au sous-acquéreur qui ne s'est pas acquitté du prix auprès du débiteur-acquéreur, ce prix peut être valablement versé dans les mains du vendeur revendiquant, l'obligation de le verser au liquidateur du débiteur ne s'imposant que si le sous-acquéreur a payé le débiteur avant la décision intervenue au profit du vendeur revendiquant du prix (Cass. com. 20-9-2005 n° 1125 : RJDA 5/06 n° 560).

REVENTE DES BIENS PAR LES MANDATAIRES DE JUSTICE

63075 La revendication ne rend pas les **biens vendus avec clause de réserve de propriété** indisponibles tandis que l'activité de l'entreprise est poursuivie (Cass. com. 11-3-1997 n° 94-20.069 P : RJDA 7/97 n° 962). Elle n'interdit donc pas la cession de ces biens pendant la période d'observation ou dans le cadre du plan de cession, mais les droits du revendiquant doivent être protégés.

L'administrateur (ou, s'il n'en a pas été désigné, le débiteur) peut être autorisé à payer les biens, ce qui fait obstacle à la revendication (n° 63032).

Tant que le **délai de revendication** n'est **pas expiré,** l'administrateur judiciaire ne peut procéder à la réalisation d'actifs portant sur des biens objets d'une clause de réserve de propriété dont il connaît l'existence sans l'accord du vendeur à qui il doit payer le solde du prix restant dû sur les biens (Cass. com. 28-6-2017 n° 15-23.229 F-D : RJDA 11/17 n° 744 ; Cass. com. 21-10-2020 n° 19-15.685 F-D : RJDA 1/21 n° 40).

Lorsqu'une **demande en revendication a été faite** dans le délai légal, l'administrateur doit prendre les dispositions appropriées à assurer la protection et la conservation des biens du débiteur afin de permettre l'exercice effectif des droits des revendiquants et leur éventuelle indemnisation (Cass. com. 30-6-2004 n° 02-17.771 P : RJDA 1/05 n° 66) ; si les biens sont cédés, il doit bloquer les fonds correspondants jusqu'à ce qu'il ait été irrévocablement statué sur l'action en revendication (Cass. com. 4-1-2000 n° 96-18.638 P : RJDA 2/00 n° 183 ; Cass. com. 11-12-2001 n° 99-13.476 F-D : RJDA 4/02 n° 407).

La responsabilité de l'**administrateur** en matière de protection des biens sous réserve de propriété s'apprécie au regard de la **mission** que lui a confiée le tribunal (Cass. com. 17-10-2018 n° 17-16.346 F-D : RJDA 12/18 n° 923). Ainsi, lorsque l'administrateur a été investi d'une mission d'assistance, il ne se substitue pas au débiteur dans la gestion courante de l'entreprise pendant la période d'observation ; aucune faute ne peut être retenue à l'encontre de l'administrateur s'il a exclu les biens revendiqués du périmètre de la cession et attiré l'attention du débiteur sur la nécessité de verser le prix reçu au revendiquant (arrêt précité).

Ces principes sont applicables au **liquidateur** judiciaire, exception faite de la réserve concernant la mission de l'administrateur, puisque le liquidateur assure la gestion de l'entreprise. Jugé que, tant que le délai de revendication n'est pas expiré, le liquidateur judiciaire ne peut pas, sans l'accord du vendeur, procéder à des réalisations d'actifs portant sur des biens objets d'une clause de réserve de propriété dont il connaît l'existence (Cass. com. 5-12-1995 n° 93-21.339 P : RJDA 3/96 n° 424 ; aussi Cass. com. 6-7-1999 n° 1388 P : RJDA 11/99 n° 1238, rendu dans un cas où le liquidateur n'avait pas procédé à l'inventaire des biens du débiteur qui aurait pu révéler l'existence de la clause et où il avait cédé avant l'expiration du délai de revendication ; Cass. com. 21-10-2020 précité).

Sur le cas où le bien n'a **pas** été **revendiqué** dans le délai requis, n° 63005, et sur celui où, en cas de liquidation judiciaire, il n'a pas fait l'objet d'une demande en restitution, n° 63942.

c. Cas particuliers de reprises d'un bien

DROITS DU CONJOINT DU DÉBITEUR

Reprise de ses biens personnels par le conjoint Les biens communs des époux sont soumis à la procédure collective mais pas les biens personnels (ou propres) de l'époux qui n'est pas objet de cette procédure : il peut les reprendre. À cette fin, le conjoint du débiteur doit (C. com. art. L 624-5, L 631-18 et L 641-14, al. 1) : 63080

– établir la consistance de ses biens personnels conformément aux règles des régimes matrimoniaux ;

– exercer ses droits sur les biens lui revenant dans le délai pour revendiquer (nº 62992), sauf s'il s'agit de biens ayant fait l'objet d'une publicité (nºs 62965 s.).

Il n'exerce ses reprises qu'à charge des dettes et hypothèques dont ces biens sont légalement grevés (art. L 624-7).

Neutralisation des avantages matrimoniaux Le conjoint du débiteur qui, lors de son mariage, dans l'année de celui-ci ou dans l'année suivante, était agriculteur ou exerçait une activité commerciale, artisanale ou toute autre activité professionnelle indépendante ne peut exercer dans la procédure de sauvegarde aucune action à raison des avantages faits par l'un des époux à l'autre, **dans le contrat de mariage ou pendant le mariage** ; les créanciers ne peuvent pas, de leur côté, se prévaloir des avantages faits par l'un des époux à l'autre (C. com. art. L 624-8). Ces dispositions s'appliquent aussi en cas de redressement ou de liquidation judiciaire (art. L 631-18 et L 641-14, al. 1). 63082

REPRISE D'UN BIEN PAR L'ENTREPRENEUR INDIVIDUEL

La loi prévoit au profit de l'EIRL et, dans les procédures ouvertes depuis le 15 mai 2022, de l'entrepreneur individuel, un droit de reprise des biens qui sont affectés à un patrimoine autre que celui qui fait l'objet de la procédure collective, selon une procédure similaire à celle de la revendication. 63085

Le débiteur doit établir, dans le délai de trois mois visé nº 62992, la consistance des **biens détenus dans le cadre de l'activité** à raison de laquelle la procédure a été ouverte qui sont **compris dans un autre de ses patrimoines** ; il adresse une demande de reprise par lettre recommandée AR (le cas échéant, via le portail électronique dédié ; nºs 62360 s.) (C. com. art. L 624-19, L 631-18, L 641-14, R 624-13-1, R 631-31 et R 641-31, I) :

– en cas de sauvegarde ou de redressement judiciaire, à l'administrateur, avec copie au mandataire judiciaire, ou, si aucun administrateur n'a été désigné, il procède par voie de requête directement auprès du juge-commissaire ;

– en cas de liquidation judiciaire, au liquidateur judiciaire avec copie à l'administrateur s'il en a été désigné un.

À défaut **d'acquiescement** transmis dans le délai d'un mois à compter de la réception de la demande, le débiteur doit saisir le juge-commissaire, à peine de forclusion, au plus tard dans un délai d'un mois à compter de l'expiration du délai de réponse (art. R 624-13-1).

En cas de **liquidation judiciaire,** les biens qui n'ont pas fait l'objet d'une reprise dans les conditions précitées peuvent être vendus (art. R 641-32-1 ; nº 63942).

2. NULLITÉS DE LA PÉRIODE SUSPECTE

POSSIBLE ANNULATION D'ACTES ANTÉRIEURS À LA PROCÉDURE COLLECTIVE

Pour éviter que le débiteur ne dissipe son patrimoine, divers actes intervenus pendant la « **période suspecte** » – c'est-à-dire **entre la date de la cessation des paiements** fixée par le tribunal **et le** jour du **jugement ouvrant la procédure** de redressement ou de liquidation judiciaire – sont nuls de plein droit ou annulables (C. com. art. L 632-1, L 632-2 et L 641-14). Le dispositif n'est pas applicable en cas de sauvegarde. 63120

La période suspecte débute la première heure du jour fixé par le tribunal pour la date de cessation des paiements (Cass. com. 28-9-2004 nº 03-10.332 : RJDA 11/05 nº 1261 ; Cass. com. 11-4-2012 nº 09-12.431 F-D : RJDA 11/12 nº 929). Si l'un des actes listés ci-dessous est conclu ou passé ce jour-là, il est soumis au régime des nullités de la période suspecte. Un acte conclu avant cette période (sauf l'exception mentionnée nº 63152) n'est pas nul même si son exécution intervient durant celle-ci (Cass. com. 4-10-2005 nº 04-14.722 P : Bull. civ. IV nº 198).

En cas de **conversion d'une** procédure de **sauvegarde** en redressement judiciaire au cours de la période d'observation de la première procédure, la période suspecte du redressement judiciaire ne comprend pas cette période d'observation (Cass. com. 18-5-2016 nº 14-24.910 FS-PB :

RJDA 8-9/16 n° 635). La solution vaut aussi en cas de conversion de la sauvegarde ou du redressement en liquidation judiciaire.

Sur la faculté pour les organes de la procédure ou les créanciers du débiteur d'attaquer les actes passés par ce dernier par voie d'action paulienne, n° 62387.

Les actes relevant des nullités de la période suspecte exposent en outre le **débiteur** ou le dirigeant de la personne morale débitrice à des **sanctions** (par exemple, pour des paiements préférentiels faits en période suspecte, Cass. com. 11-6-1996 n° 94-16.067 P : RJDA 11/96 n° 1403 : action en comblement de passif ; C. com. art. L 653-5, 4° : faillite personnelle).

CAS PARTICULIER DU PAIEMENT DE TITRES NÉGOCIABLES

63122 Les articles L 632-1 et L 632-2 du Code de commerce, qui fixent le régime des nullités de la période suspecte, ne portent pas atteinte à la **validité** du paiement d'une lettre de change, d'un billet à ordre ou d'un chèque fait pendant cette période (C. com. art. L 632-3, al. 1). Le paiement est valable même si l'effet n'a pas circulé (Cass. com. 28-1-2004 n° 217 : RJDA 6/04 n° 739).

Toutefois, l'administrateur ou le mandataire ou le liquidateur judiciaire peut exercer une **action en rapport** contre le tireur de la lettre de change (ou, en cas de tirage pour compte, contre le donneur d'ordre) ainsi que contre le bénéficiaire d'un chèque et le premier endosseur d'un billet à ordre, s'il est établi qu'ils avaient connaissance de la cessation des paiements (art. L 632-3, al. 2).

Un paiement par chèque effectué pendant la période suspecte par un tiers pour le compte du débiteur avec des fonds appartenant à ce dernier peut être rapporté à la procédure collective (Cass. com. 24-5-2023 n° 21-21.424 F-B : RJDA 10/23 n° 535 ; pour une solution similaire plus ancienne concernant un chèque de banque, Cass. com. 3-7-2012 n° 11-22.974 P : RJDA 10/12 n° 881).

La jurisprudence relative à la connaissance de la cessation des paiements exposée n° 63154 est à notre avis ici transposable.

a. Actes de la période suspecte susceptibles d'annulation

NULLITÉS OBLIGATOIRES

63125 Sont nuls les actes ci-après énumérés, visés à l'article L 632-1, I du Code de commerce, s'ils sont intervenus depuis la date de cessation des paiements du débiteur.

Il importe peu qu'ils ne causent pas un préjudice aux autres créanciers et que l'autre partie n'ait pas eu connaissance de la cessation des paiements du débiteur (Cass. com. 8-2-1994 : RJDA 6/94 n° 716, 1re esp.), voire qu'ils aient été accomplis par un tiers puisqu'il n'est plus expressément exigé depuis la loi 2005-845 du 26 juillet 2005 qu'ils émanent du débiteur.

Il n'existe cependant, à notre avis, aucune raison de fond pour prononcer la nullité du paiement fait par un tiers puisque ce paiement ne porte pas atteinte au patrimoine du débiteur qui demeure intact en gage des autres créanciers et qu'il n'est pas fait à leur détriment, même s'il avantage l'un d'eux ; il leur est même profitable en écartant des répartitions ce dernier.

63127 **Acte à titre gratuit translatif de propriété** Tous les actes à titre gratuit translatifs de **propriété mobilière ou immobilière** intervenus pendant la période suspecte sont nuls (C. com. art. L 632-1, I-1°).

Tombent sous le coup de la nullité prévue par ce texte :
– les donations – même si le bénéficiaire est de bonne foi (Cass. com. 12-2-1985 n° 83-15.659 : Bull. civ. IV n° 58) – sauf si elles ont un caractère rémunératoire (Cass. com. 24-9-2003 n° 00-22.013 F-D : JCP N 2005 n° 1198 note F. Vauvillé ; Cass. com. 16-5-2006 n° 05-15.552 F-D) ;
– s'ils sont consentis sans contrepartie : une constitution de sûreté réelle (Cass. com. 13-5-1981n° 79-15.574 P : Bull. civ. IV n° 228), un cautionnement (Cass. com. 12-6-1963 : Bull. civ. III n° 298), la cession du droit d'exploiter un brevet (Cass. com. 14-2-1973 n° 71-13.866 P : Bull. civ. IV n° 75), un partage de communauté dissimulant une donation au profit de l'époux qui n'est pas soumis à la procédure (cf. Cass. com. 20-10-1992 : BRDA 22/92 p. 16) ou une renonciation à succession (CA Lyon 17-2-2000 : GP 2002.1023 note Goaziou-Huret) ; un abandon de créance ou une remise de dettes (Cass. com. 20-9-2005 n° 04-11.789 F-D).

En revanche, comportent une contrepartie et **échappent à cette nullité** :
– le cautionnement donné à sa société mère par une filiale car elle a un intérêt à favoriser le financement de sa société mère, laquelle pourra ainsi participer à son propre développement (Cass. com. 19-11-2013 n° 12-23.020 : RJDA 3/14 n° 256) ;
– le partage attribuant un immeuble indivis à un copartageant qui prend définitivement en charge, dans les rapports entre indivisaires, le remboursement du prêt contracté pour son acquisition (Cass. com. 16-12-2014 n° 13-25.765 : RJDA 6/15 n° 446) ;
– la remise de dettes incluse dans une transaction et permettant au débiteur de faire l'économie d'une procédure judiciaire dont l'issue était aléatoire (Cass. com. 2-10-2001 n° 98-19.694 FS-P : RJDA 2/02 n° 179 ; pour un cas où la transaction a néanmoins été considérée comme déséquilibrée et annulée, n° 63130).

Un paiement n'est pas un acte gratuit translatif de propriété mobilière (Cass. com. 19-9-2018 n° 17-16.055 F-D : Rev. proc. coll. 2019 n° 1 comm. 10 note Blanc).

Dès lors que l'acte est à titre gratuit et a été accompli à compter de la date de cessation des paiements, le juge ne dispose d'aucune marge d'appréciation et doit prononcer la nullité, la caractérisation ou non de l'intention du débiteur de soustraire ses biens des poursuites des créanciers étant ici sans incidence (CA Bordeaux 10-1-2018 n° 17/01837 : Rev. proc. coll. 2019 n° 1 comm. 11 note Blanc).

Contrat commutatif déséquilibré Est nul tout contrat commutatif intervenu pendant la période suspecte et dans lequel les **obligations du débiteur excèdent** notablement **celles de l'autre partie** (C. com. art. L 632-1, I-2°). 63130

Sont considérés comme des actes commutatifs pour l'application de cette cause de nullité l'état liquidatif compris dans une convention de divorce même homologuée (Cass. 1e civ. 25-1-2000 n° 97-21.119 : Bull. civ. I n° 19) et un acte de partage (Cass. 1e civ. 3-6-2003 n° 01-17.971 : RJDA 12/03 n° 1211).

Le déséquilibre est apprécié, au jour de la conclusion du contrat, uniquement au regard des clauses du contrat litigieux et non par rapport à d'autres contrats existant entre les parties (Cass. com. 10-12-2002 n° 2069 : RJDA 5/03 n° 521) et en tenant compte des éléments propres à l'espèce (Cass. com. 17-11-2015 n° 14-17.676 : RTD com. 2016.335 obs. Martin-Serf).

Sont **notablement déséquilibrés** au détriment du débiteur **et** sont donc **nuls** :

– un contrat de travail prévoyant, outre un salaire fixe, le paiement de commissions calculées sur le chiffre d'affaires global de l'employeur et non sur l'activité effective du salarié (Cass. soc. 21-11-2000 n° 98-42.014 FS-D : RJDA 7/01 n° 790) ;

– une transaction conclue entre un salarié licencié et son ancien employeur par lequel ce dernier s'engageait à réintégrer le salarié qui abandonnait le solde de son indemnité de licenciement dès lors que l'abandon par le salarié d'une créance de 1 500 000 F dont les chances de recouvrement étaient aléatoires ne compensait pas les charges pesant sur l'employeur : reprendre le salarié en qualité de directeur commercial, pour un coût salarial annuel proche d'un million de francs alors que la nécessité d'un tel poste n'était nullement justifiée (Cass. com. 27-11-2001 n° 98-21.887 F-D : RJDA 6/02 n° 666) ;

– la vente d'un fonds de commerce à un prix trois fois inférieur à la valeur du droit au bail (CA Paris 19-5-1992 : RJDA 7/92 n° 764) et la cession d'une licence IV à la moitié de sa valeur (CA Orléans 28-4-2005 n° 04-1677 : RJDA 10/05 n° 1032).

En revanche, ne sont **pas nuls** :

– la vente d'un fonds de commerce pour 50 % du prix d'achat, dès lors que l'acquéreur avait pris en charge les loyers impayés et des travaux et que la durée du bail restant à courir était plus courte que lors de l'achat (CA Paris 28-6-2018 n° 17/15817 : RJDA 12/18 n° 928) ;

– le protocole d'accord conclu entre un bailleur et son locataire après la cessation des paiements de ce dernier prévoyant la résiliation anticipée du bail et la réduction de l'indemnité de résiliation, dès lors que cette réduction était justifiée par des éléments objectifs (CA Paris 14-9-2023 n° 22/04806 : RJDA 2/24 n° 122).

Paiement de dettes non échues Est nul tout paiement, intervenu pendant la période suspecte **quel qu'en ait été le mode,** pour dettes non échues au jour du paiement (C. com. art. L 632-1, I-3°) ; tel est le cas : 63132

– du paiement d'une dette échue par un virement passé la veille de la date fixée pour la cessation des paiements dès lors qu'il n'était devenu irrévocable – et ne valait donc paiement – qu'après cette date (Cass. com. 11-4-2012 n° 09-12.431 F-D : RJDA 11/12 n° 929) ;

– du paiement par une novation résultant de l'imputation d'un prêt nouvellement consenti sur des dettes antérieures de l'emprunteur (Cass. com. 25-6-2002 n° 1261 : RJDA 12/02 n° 1300) ;

– du remboursement anticipé d'un prêt, même si la possibilité en a été expressément prévue dans le contrat (CA Nancy 25-7-2018 n° 17/01169 : Rev. proc. coll. 2019 n° 1 comm. 15 note Blanc) ;

– du paiement par une cession de créance professionnelle, même consentie en exécution d'un contrat-cadre conclu avant la cessation des paiements (Cass. com. 19-5-2015 n° 14-11.215 : RJDA 10/15 n° 686).

Mais ne constitue pas le paiement d'une dette non échue le transfert au créancier de créances professionnelles à titre de garantie, car cette cession implique la restitution du droit cédé au cas où la créance garantie viendrait à être payée et n'opère qu'un transfert provisoire de la titularité de ce droit, la restitution de la créance au cédant restant subordonnée à l'épuisement de l'objet de la garantie consentie (Cass. com. 22-3-2017 n° 15-15.361 : RJDA 6/17 n° 427).

Échappe aussi aux nullités de la période suspecte le remboursement anticipé d'un prêt par une société avant sa mise en liquidation judiciaire dès lors que les fonds ont été en réalité fournis par le dirigeant et son épouse, cautions du prêt (Cass. com. 2-3-2022 n° 20-22.143 F-D : RJDA 7/22 n° 418).

Paiement de dettes échues Est nul tout paiement, intervenu pendant la période suspecte, pour dettes échues, fait **autrement** qu'en espèces, effets de commerce, virements, bordereaux de cession Dailly ou tout autre **mode de paiement communément admis** dans les relations d'affaires (C. com. art. L 632-1, I-4°). 63134

Le mode de paiement communément admis s'apprécie dans les circonstances propres aux relations d'affaires du secteur professionnel dans lequel le mode de paiement en cause a été utilisé (Cass. com. 26-10-1999 : RJDA 1/00 n° 63), peu important qu'il n'ait pas été prévu dès l'origine entre les parties (Cass. com. 22-2-1994 : RJDA 6/94 n° 716, 2e esp.).

Ont été jugées **nulles** :

– la compensation opérée par un créancier avec la dette du prix du fonds de commerce du débiteur dont il s'est porté acquéreur pour se ménager sciemment cette compensation (Cass. com. 19-1-1999 : RJDA 4/99 n° 446 ; CA Limoges 11-3-1991 : D. 1992.som.183 obs. Honorat) ;

– la cession de créance faite à l'Urssaf en paiement de cotisations, les relations entre l'Urssaf et les assujettis n'étant pas des relations d'affaires (Cass. com. 14-12-1993 : RJDA 5/94 n° 587) ;

– la restitution par un acheteur à son fournisseur des marchandises qu'il lui avait achetées en contrepartie de l'établissement d'un avoir (Cass. com. 12-7-1994 : RJDA 2/95 n° 211) ;

– la délégation de paiement faite par le vendeur d'un fonds de commerce au profit de son créancier et à la charge de l'acheteur du fonds, débiteur du prix de vente (Cass. com. 28-5-2002 n° 1051 : RJDA 11/02 n° 1172) ;

– la remise partielle de stock au profit du créancier (CA Caen 21-4-2016 n° 14/03966 : BTL 2016.270).

Ont été jugés **valables** :

– la compensation légale, mode de paiement usuel dans les relations d'affaires, dès lors que rien ne permet de douter qu'il était pratiqué entre les parties (Cass. com. 16-9-2014 n° 13-19.294 : RJDA 12/14 n° 922) et la compensation conventionnelle dès lors qu'elle a été conclue et a commencé à fonctionner avant la période suspecte (Cass. com. 9-12-1997 : RJDA 4/98 n° 471, 1e esp.) ;

– la délégation des créances d'un pharmacien sur le tiers payant à ses fournisseurs, car ce système de règlement représente plus de 40 % du chiffre d'affaires dans ce secteur professionnel (CA Aix 25-1-1995 : Bull. d'Aix 1995-2 S n° 52 obs. Laurent) ;

– le paiement fait en vertu d'une subrogation, tel celui au vendeur de marchandises avec clause de réserve de propriété de l'indemnité d'assurance pour perte de ces dernières, car cette indemnité, subrogée aux biens dont le vendeur est resté propriétaire, n'est pas entrée dans le patrimoine de l'acheteur (Cass. com. 6-7-1993 : RJDA 10/93 n° 840) ;

– le prêt de restructuration de dettes (Cass. com. 15-12-2009 n° 08-15.159 F-D : RJDA 4/10 n° 411).

63136 **Dépôt ou consignation de sommes** Dès lors qu'ils sont intervenus pendant la période suspecte, sont nuls tout dépôt et toute consignation de sommes effectués en application de l'article 2350 du Code civil (dépôts et consignations **ordonnés judiciairement** à titre de garantie ou à titre conservatoire et qui emportent affectation spéciale et privilège), à défaut d'une décision de justice ayant acquis force de chose jugée (C. com. art. L 632-1, I-5°).

Cette décision doit avoir acquis force de chose jugée, non avant la date de la cessation des paiements, mais avant le jugement d'ouverture de la procédure collective (Cass. com. 11-2-2014 n° 12-16.938 : RJDA 6/14 n° 552).

63138 **Prise de sûretés réelles** Lorsqu'ils sont intervenus depuis la date de cessation des paiements, sont nuls toute **sûreté** réelle conventionnelle **ou tout droit de rétention conventionnel** constitués sur les biens ou droits du débiteur pour **dettes antérieurement contractées,** à moins qu'ils ne remplacent une sûreté antérieure d'une nature et d'une assiette au moins équivalente et à l'exception de la cession de créance par bordereau Dailly intervenue en exécution d'un contrat-cadre conclu avant à la date de cessation des paiements (C. com. art. L 632-1, I-6° dans sa rédaction applicable aux procédures collectives ouvertes depuis le 1-10-2021 ; déjà en ce sens auparavant Cass. com. 20-1-1998 n° 241 P : RJDA 5/98 n° 625 et Cass. com. 27-9-2016 n° 15-10.421 F-PB : RJDA 12/16 n° 882 pour la substitution de garantie ; Cass. com. 28-5-1996 : RJDA 11/96 n° 1399 pour la cession Dailly).

La sûreté est nulle que la dette garantie soit échue ou non (Cass. com. 10-7-2019 n° 18-17.820 F-PB : Dr. sociétés 2019 comm. n° 206 note J.-P. Legros).

La nullité de la sûreté emporte aussi celle du paiement reçu en exécution de celle-ci (Cass. com. 13-4-2022 n° 20-23.254 F-D : RJDA 7/22 n° 419).

63140 La nullité s'impose dès que la **constitution de la sûreté** est **postérieure à la cessation des paiements** ; tel est le cas lorsque la constitution intervient le jour même du jugement d'ouverture, celui-ci prenant effet à 0 heure (Cass. com. 12-11-1979 : GP 1980.pan.139), ou lorsqu'elle intervient après la cessation des paiements quoiqu'en vertu d'une promesse antérieure (Cass. com. 12-11-1997 : RJDA 1/98 n° 76 ; rappr. Cass. com. 2-5-2001 : RJDA 10/01 n° 1003). Mais la nullité est **écartée** dès lors que la sûreté a été **constituée avant** la cessation des paiements, même si elle a été inscrite après (Cass. com. 25-10-1994 : RJDA 3/95 n° 358 : hypothèque judiciaire ; Cass. com. 22-11-1994 : RJDA 4/95 n° 503 : nantissement sur fonds de commerce ; Cass. com. 3-5-2016 n° 14-21.556 : RJDA 7/16 n° 555 : inscription définitive de l'hypothèque provisoire inscrite avant ; Cass. com. 18-2-2003 n° 327 : RJDA 7/03 n° 746 : hypothèque maritime ; CA Paris 8-4-1999 : D. 1999.IR.145 : inscription du privilège du vendeur d'immeuble ; CA Lyon 28-2-2013 n° 11/08248 : Rev. proc. coll. 2015 n° 4 § 129 note Blanc : hypothèque judiciaire) ou exécutée après en application d'un pacte commissoire autorisé (n° 57055).

À notre avis, la solution en vertu de laquelle le gage de meuble incorporel conclu avant la période suspecte mais enregistré pendant cette période était nul car l'enregistrement était nécessaire à la constitution du gage (Cass. com. 28-1-1997 : RJDA 5/97 n° 705 fondée sur l'article 2075 du Code civil aujourd'hui abrogé) n'est pas transposable au régime actuel. En effet, le gage sur un meuble incorporel est conclu dès qu'est établi l'écrit répondant aux conditions fixées par l'article 2336 du Code civil et il est alors « parfait » (art. précité), sa publicité n'ayant pour objet que de le rendre opposable aux tiers.

La sûreté qui garantit une **dette concomitante ou postérieure** à sa constitution ne tombe pas sous le coup de la nullité même si elle a été constituée pendant la période suspecte (Cass. com. 2-10-2007 n° 06-14.682 : RJDA 1/08 n° 74 ; cf. Cass. com. 5-4-2016 n° 14-18.403 : RJDA 1/17 n° 35).

Il en est ainsi, en particulier, d'une sûreté consentie à une banque en garantie du solde débiteur d'un compte courant si la banque a accordé de nouvelles avances après la constitution de la sûreté (Cass. com. 10-1-1983 n° 81-15.389 : Bull. civ. IV n° 7). Au sens de cette règle, il n'y a pas avance nouvelle, même lorsque le compte a cessé par deux fois d'être à découvert, si sa position temporairement créditrice était due à des opérations antérieures en cours de dénouement (Cass. com. 10-1-1983, précité).

Hypothèque légale des condamnations Est nulle, dès lors qu'elle est survenue après la date de cessation des paiements du débiteur, toute hypothèque légale attachée aux jugements de condamnation constituée sur les biens du débiteur pour dettes antérieurement contractées (C. com. art. L 632-1, I-7°). 63141

Mesure conservatoire Est nulle toute mesure conservatoire intervenue en période suspecte, à moins que l'inscription ou l'acte de **saisie** ne soit antérieur à la date de cessation des paiements (C. com. art. L 632-1, I-8° ; Cass. com. 1-7-1997 : RJDA 12/97 n° 199). La nullité s'applique aux inscriptions faites par le débiteur et à celles faites par le créancier (CA Paris 11-6-1999 : RJDA 12/99 n° 1361). Sont visés la saisie, le nantissement ou l'hypothèque conservatoire. 63142

La nullité ne s'applique pas à l'émission d'une saisie administrative à tiers détenteur qui, emportant attribution de la créance, est une mesure d'exécution forcée et non une mesure conservatoire (Cass. com. 16-6-1998 : RJDA 11/98 n° 1267) ni, pour la même raison, à une saisie-attribution (Cass. com. 29-4-2003 : Bull. civ. IV n° 63), ces voies d'exécution étant toutefois annulables (n° 63154).

Elle ne s'applique pas non plus à l'inscription définitive prise après le jugement d'ouverture dès lors que l'inscription provisoire a été prise avant la cessation des paiements (Cass. com. 17-11-1992 n° 90-22.058 P : RJDA 3/93 n° 259).

Si l'inscription est annulée, la conversion de la saisie est aussi nulle par voie de conséquence (Cass. com. 12-10-1999 : RJDA 1/00 n° 64).

Autres actes annulables Sont nuls lorsqu'ils sont intervenus depuis la date de cessation des paiements du débiteur (C. com. art. L 632-1, I-9° à 13°) : 63145

– toute autorisation et levée d'**options** donnant à des salariés le droit à la **souscription d'actions** de la société employeur ;

– tout **transfert** de biens ou de droits **dans un patrimoine fiduciaire,** à moins que ce transfert ne soit intervenu à titre de garantie d'une dette concomitamment contractée ;

– tout avenant à un contrat de fiducie affectant des droits ou biens déjà transférés dans un patrimoine fiduciaire à la garantie de dettes contractées antérieurement à cet avenant ;

– lorsque le débiteur est un **EIRL** ou, dans les procédures ouvertes depuis le 15 mai 2022, un autre **entrepreneur individuel,** toute affectation ou **modification dans l'affectation d'un bien,** sous réserve du versement des revenus, dont il est résulté un appauvrissement du patrimoine visé par la procédure au bénéfice d'un autre patrimoine de cet entrepreneur ;

– la **déclaration** d'**insaisissabilité** d'un de ses biens immobiliers faite par le débiteur.

NULLITÉS FACULTATIVES

Le Code de commerce prévoit que les actes visés ci-dessous peuvent être annulés. Il s'agit donc d'une nullité facultative que le tribunal n'est pas tenu de prononcer (n° 63165). 63150

Actes faits avant la cessation des paiements Le tribunal peut annuler les **actes à titre gratuit** translatifs de propriété mobilière ou immobilière et la **déclaration d'insaisissabilité** faite en application de l'article L 526-1 du Code de commerce dès lors qu'ils ont été faits dans les six mois qui précèdent la date de cessation des paiements (C. com. art. L 632-1, II ; pour des applications, Cass. com. 24-9-2003 n° 00-22.013 F-D : JCP N 2005 n° 1198 note Vauvillé pour une donation ; CA Caen 14-12-2017 n° 16/00135 : Rev. proc. coll. 2019 n° 1 comm. 12 note Blanc pour une déclaration d'insaisissabilité). 63152

Cette faculté d'annulation ne saurait être étendue aux cas qu'elle ne vise pas, tels les contrats commutatifs déséquilibrés conclus avant la date de cessation des paiements (Cass. com. 16-12-2014 n° 13-25.765 F-PB : RJDA 6/15 n° 446).

63154 **Créancier ou cocontractant connaissant la cessation des paiements** Le tribunal peut annuler (C. com. art. L 632-2) :

– les **paiements** pour dettes échues et les **actes à titre onéreux** effectués à compter de la date de cessation des paiements du débiteur si les bénéficiaires du paiement ou les cocontractants avaient connaissance de la cessation des paiements ;

– toute **saisie administrative à tiers détenteur,** toute **saisie-attribution** ou toute opposition lorsqu'un tel acte a été délivré ou pratiqué par un créancier à compter de la date de cessation des paiements et en connaissance de celle-ci.

La preuve que le tiers avait **connaissance de la cessation des paiements** incombe au demandeur de la nullité et doit être personnelle à l'auteur ou au bénéficiaire de l'acte attaqué (Cass. com. 19-11-2013 n° 12-25.925 F-PB : RJDA 3/14 n° 255 ; CA Paris 8-4-2014 n° 13/09679 : RJDA 12/14 n° 923). Elle peut être établie par tous moyens et résulter, par exemple, des liens de parenté ou des relations d'affaires suivies existant entre le débiteur et le tiers (Cass. com. 25-4-1967 : D. 1967.som.98 ; Cass. com. 11-7-1988 : BRDA 19/88 p. 14) ou de l'octroi par le créancier de délais de paiement anormaux (Cass. com. 5-7-1971 : D. 1971.som.227). L'assignation en redressement judiciaire par le créancier peut aussi impliquer cette connaissance (CA Paris 13-9-1994 : RJDA 12/94 n° 1370 ; CA Versailles 29-2-1996 : GP 1996.som.363) ou non (CA Paris 16-10-1991 : GP 1992.som.538).

La **connaissance** de la cessation des paiements a été **retenue** :

– en cas d'inscription d'une hypothèque sur un bien appartenant à une filiale en garantie d'un crédit consenti à la société mère, dès lors que le créancier bénéficiaire de l'inscription était la banque du groupe et était intervenu en vue de restructurer le pôle auquel appartenait la filiale (Cass. com. 2-5-2001 n° 810 F-D : RJDA 10/01 n° 1003) ;

– en cas de prêt accordé à la société débitrice par une autre société dès lors que le père du gérant de la société débitrice était associé des deux sociétés et avait présidé l'assemblée générale ayant octroyé le prêt et que le prêt, consenti pour sept ans avec douze mois de différé pour le remboursement du capital, se substituait à une dette fournisseur envers la société prêteuse qui existait depuis plusieurs années et dont le montant dépassait largement le chiffre d'affaires de la société emprunteuse (Cass. com. 14-6-2017 n° 15-25.698 FS-PBI : RJDA 11/17 n° 736) ;

– en cas de paiements effectués au profit du créancier qui, dirigeant de l'entreprise débitrice, ne peut pas ignorer la situation de celle-ci (CA Versailles 26-1-2021 n° 20/00855 : Rev. proc. coll. 2021. comm. n° 102 obs. Blanc).

En revanche, elle ne saurait être déduite :

– de la seule proximité de la date de l'acte attaqué et de celle du jugement ouvrant la procédure collective (cf. Cass. com. 25-10-1994 n° 92-21.374 D) ;

– du seul fait que le créancier avait connaissance des difficultés de trésorerie rencontrées par le débiteur (CA Paris 18-9-2008 n° 08-630 : RJDA 3/09 n° 245) de l'existence d'impayés (CA Paris 28-6-2018 n° 17/15817 : RJDA 12/18 n° 928), en raison par exemple du fait que ce dernier n'avait pas respecté l'échéancier qu'il lui avait consenti (CA Versailles 15-9-2016 n° 16/01505 : RJDA 12/16 n° 878) ;

– pour le remboursement d'un compte courant d'associé, du seul fait que le bénéficiaire du remboursement a la qualité d'associé (CA Paris 17-9-1999 n° 1998-3177 : RJDA 12/99 n° 1362) ou de dirigeant de la société débitrice (Cass. com. 19-11-2013 n° 12-25.925 F-PB : RJDA 3/14 n° 255, rendu à propos d'un cogérant qui, en conflit avec l'autre cogérant et exploitant un fonds de commerce dans une autre ville, n'était pas informé du rejet de plusieurs chèques émis par la société) ;

– de remises pendant la période suspecte au compte courant du débiteur dès lors que le fonctionnement du compte n'a pas été anormal puisqu'il comportait des remises au crédit mais aussi au débit et qu'il n'est pas établi que la banque tenant le compte avait connaissance de la cessation des paiements, une présomption de connaissance ne suffisant pas (CA Paris 16-2-2021 n° 21/01279 : Rev. proc. coll. 2021 comm. n° 102) ;

– du seul fait que la société créancière ayant pratiqué des saisies-attributions pendant la période suspecte avait des associés communs avec la société en liquidation judiciaire et avait noué un partenariat avec elle (CA Paris 14-2-2023 n° 21/01382 : RJDA 7/23 n° 394).

b. Action en nullité des actes de la période suspecte

MISE EN ŒUVRE DE L'ACTION EN NULLITÉ

63160 L'action en nullité des actes de la période suspecte est **exercée par** l'administrateur, le mandataire judiciaire, le commissaire à l'exécution du plan ou le ministère public (C. com. art. L 632-4), ou le liquidateur judiciaire (Cass. com. 1-4-2014 n° 13-14.086 : RJDA 8-9/14 n° 711).

Seules les personnes visées ci-dessus sont compétentes pour agir en nullité (Cass. com. 2-12-2014 n° 13-24.308 F-PB : RJDA 3/15 n° 205). Elles le sont aussi longtemps qu'elles sont en fonction, l'action en nullité ne se prescrivant pas par cinq ans (Cass. com. 21-9-2010 n° 08-21.030 F-PB : RJDA 2/11 n° 190). Ne peuvent agir ni le créancier, même par voie d'exception (Cass. com. 6-5-1997 n° 1150 P : RJDA 8-9/97 n° 1121), ni le débiteur, serait-il redevenu maître de ses biens par suite de l'arrêté du plan de redressement (Cass. com. 2-12-2014 précité).

L'action doit être engagée devant le **tribunal** qui a ouvert la procédure collective (Cass. com. 29-4-2014 n° 13-13.572 F-D : RJDA 11/14 n° 852 à propos d'une saisie ; Cass. com. 18-5-2017 n° 15-23.973 F-PBI : RJDA 8-9/17 n° 562 à propos d'une vente immobilière ; Cass. soc. 12-6-2019 n° 17-26.197 F-PB, 18-10.278 F-D : RJS 8-9/19 n° 495 à propos d'une transaction conclue avec un salarié).

Le liquidateur qui demande, à titre principal, la nullité d'un acte sur le fondement des dispositions de l'article L 632-1, I-2° du Code de commerce ne se substitue pas au débiteur dessaisi pour agir en son nom mais exerce une action au nom et dans l'intérêt collectif des créanciers, de sorte que la clause d'arbitrage stipulée à l'acte litigieux est manifestement inapplicable au litige (Cass. com. 17-11-2015 n° 14-16.012 F-PB : RJDA 2/16 n° 135).

La **recevabilité** et le **bien-fondé** de cette action ne sont pas soumis à l'existence d'un préjudice subi par le débiteur ou par les créanciers ni à celle de la mauvaise foi de ceux qui ont traité avec le débiteur (Cass. com. 29-5-2001 n° 98-16.142 : RJDA 10/01 n° 1002). Si l'action tend à l'annulation d'un acte soumis à la publicité foncière, telle une hypothèque conventionnelle, elle est irrecevable si elle n'a pas elle-même été publiée à la conservation des hypothèques (Cass. com. 12-4-2005 n° 03-18.606 FS-PBIR : RJDA 8-9/05 n° 1055).

Incidence de l'admission de la créance sur l'action en nullité Cette incidence est variable car la **décision d'admission** du juge-commissaire a autorité de chose jugée seulement sur ce qu'elle tranche dans son **dispositif** (notamment, Cass.com. 7-12-1999 n° 1989 P : RJDA 2/00 n° 197 ; Cass. com. 18-9-2012 n° 11-20.025 F-D). **63162**

Par exemple, lorsque le créancier a été admis pour la partie impayée de sa créance, le paiement partiel qu'il a reçu en période suspecte peut être attaqué au titre des nullités de la période suspecte (Cass. com. 7-12-1999 précité). La décision d'admission de la créance d'une banque, qui se borne à fixer le montant du solde débiteur du compte courant du débiteur, interdit de remettre en cause ce solde mais pas les paiements résultant des remises effectuées sur ce compte par le débiteur en période suspecte (Cass. com. 24-10-1995 n° 1868 P : RJDA 2/96 n° 272 ; Cass. com. 7-12-1999 n° 1989 P : RJDA 2/00 n° 197 ; Cass. com. 18-2-2003 n° 309 : RJDA 10/03 n° 983).

En revanche, l'action est irrecevable si la décision d'admission a tranché la validité même de la créance (Cass. com. 5-4-2011 n° 10-14.211 : RTD com. 2011.799 obs. Martin-Serf ; Cass. com. 18-9-2012 n° 11-20.025 F-D). De même le caractère privilégié de la créance affirmé par la décision d'admission ne permet plus de mettre en cause la sûreté qui la garantit, même si elle a été constituée en période suspecte (Cass. com. 12-11-1991 n° 89-19.454 P : RJDA 2/92 n° 199 pour un nantissement ; Cass. com. 19-12-2018 n° 17-19.309 F-PB : RJDA 3/19 n° 212 pour une hypothèque).

Procédures européennes d'insolvabilité En cas de procédure d'insolvabilité au sens du règlement UE 2015/848 du 20 mai 2015, l'action « révocatoire » des actes préjudiciables aux créanciers relève de la loi applicable à cette procédure (Règl. art. 7, 2-m). Les **juridictions** de l'État membre sur le territoire duquel la procédure d'insolvabilité a été ouvert ont une **compétence** exclusive pour statuer sur une action révocatoire fondée sur l'insolvabilité et dirigée contre un défendeur ayant son siège statutaire ou son domicile dans un autre État membre (CJUE 14-11-2018 aff. 296/17 ; CJUE 4-12-2019 aff. 493/18 : RJDA 3/20 n° 165), même si ces juridictions ont autorisé le syndic à entreprendre une action devant les juridictions du lieu où se trouvent les biens pour obtenir une décision qui permette la réintégration dans le patrimoine du débiteur puis leur réalisation (Cass. com. 25-3-2020 n° 16-20.520 FS-PBI : RJDA 10/20 n° 520). **63163**

Toutefois, l'acte ne peut pas être annulé (Règl. UE 2015/848 art. 16) si, compte tenu de toutes les circonstances de l'espèce, il ne peut pas être attaqué sur le fondement de la loi applicable à cet acte, entendue comme la loi applicable en matière d'insolvabilité et l'ensemble des dispositions et des principes généraux de cette loi, sous réserve du respect des principes d'équivalence et d'effectivité (CJUE 15-10-2015 aff. 310/14 : RJDA 1/16 n° 49).

La mise en œuvre de cette exception est soumise aux règles suivantes (CJUE 8-6-2017 aff. 54/16 : JCP G 2017 n° 38-967 note d'Avout) :

– la forme et les délais pour invoquer cette exception, ainsi que la question de savoir si la juridiction saisie de ce litige peut l'appliquer d'office, relèvent du droit procédural de l'État membre sur le territoire duquel ledit litige est pendant, compte tenu de ce que ce droit ne doit toutefois pas être moins favorable que celui régissant des situations similaires soumises au droit interne (principe d'équivalence) et ne pas rendre impossible en pratique ou excessivement difficile l'exercice des droits conférés par le droit de l'Union (principe d'effectivité) ;

– la partie sur laquelle pèse la charge de la preuve que l'exception est applicable à l'espèce doit prouver que, lorsque la loi applicable à l'acte suspecté permet d'attaquer un acte considéré comme étant préjudiciable, les conditions requises pour qu'un recours introduit contre cet acte puisse être accueilli, différentes de celles prévues par la loi de la procédure d'insolvabilité, ne sont pas concrètement réunies ;

– l'exception peut être valablement invoquée lorsque les parties à un contrat, qui ont leur siège dans un seul et même État membre, sur le territoire duquel sont également localisés tous les autres éléments pertinents de la situation concernée, ont désigné comme loi applicable à ce contrat celle d'un autre État membre, à condition que ces parties n'aient pas choisi cette loi d'une façon frauduleuse ou abusive, ce qu'il incombe à la juridiction de renvoi de vérifier.

Selon le droit commun des conflits de lois, applicable dans les relations avec les États tiers à l'UE, le régime des **nullités de la période suspecte** relève, en raison de son lien avec la procédure, du droit applicable à celle-ci, y compris en ce qui concerne les délais pour agir (cf. Cass. com. 2-10-2012 n° 10-18.005 FS-PB : RJDA 12/12 n° 1121, 1e esp. ; Cass. 1e civ. 25-2-1986 : JCP G 1987.II.20776 note Rémery : à propos de la validité d'une inscription d'hypothèque judiciaire conservatoire prise sur un immeuble du débiteur situé en France ; Cass. civ. 6-6-1990 : D. 1991.137 note Rémery : à propos de la validité d'une compensation concernant un débiteur mis en faillite en Italie ; Cass. 1e civ. 11-10-2017 n° 15-23.435 F-D : D. 2018.1948 note d'Avout, à propos de l'action en recouvrement de dividendes fictifs).

DÉCISION DU JUGE

63165 S'il est habituel d'affirmer que la **nullité** prévue pour les actes visés par l'article L 632-1, I du Code de commerce est « de **droit** », elle doit néanmoins être prononcée par le juge qui, si les conditions de cette nullité sont réunies, n'a aucune latitude en la matière (par exemple, CA Bordeaux 10-1-2018 n° 17/01837 : Rev. proc. coll. 2019 n° 1 comm. 11 note Blanc).

En revanche, la nullité prévue par les articles L 632-1, II et L 632-2 est **facultative** : le tribunal peut refuser de la prononcer même si les conditions en sont réunies (Cass. com. 7-11-1989 n° 88-14.441 : Bull. civ. IV n° 271 ; Cass. com. 12-1-2010 n° 09-11.119 : RJDA 3/10 n° 270). Il dispose d'un pouvoir souverain en ce domaine (CA Paris 10-3-2015 n° 13/23906 : RJDA 6/15 n° 447 som. ; cf. CA Versailles 7-2-2008 n° 07/05043 : RJDA 3/09 n° 244) mais il doit motiver sa décision (cf. Cass. com. 7-11-1989 et Cass. com. 12-1-2010 précités).

EFFETS DE L'ANNULATION

63170 La nullité affectant certaines opérations faites en période suspecte a pour effet de reconstituer l'actif du débiteur (C. com. art. L 632-4) et de **réintégrer dans** son **patrimoine** les biens ou les fonds correspondants (Cass. com. 28-5-2002 n° 1051 : RJDA 11/02 n° 1172). Le bien en cause est réintégré en son entier même s'il est un bien de communauté entre époux et que le conjoint est maître de ses biens (Cass. com. 7-4-2009 n° 06-19.538 : RJDA 8-9/09 n° 768).

Toute compensation est donc exclue entre la dette de restitution consécutive au prononcé de la nullité due par le créancier et la créance de ce dernier admise au passif (Cass. com. 19-2-2008 n° 06-21.018 : RJDA 5/08 n° 558 ; Cass. com. 13-4-2022 n° 20-22.389 F-B : RJDA 7/22 n° 420), serait-elle née pendant la période d'observation (CA Versailles 6-3-1997 : JCP E 1997.pan.435).

Le créancier dont la **sûreté** est déclarée **nulle** est ramené au rang de créancier chirographaire (Cass. com. 15-7-1968 n° 65-11 452 : Bull. civ. IV n° 238 ; CA Rouen 19-5-1983 : GP 1984.som.39). Celui dont le **paiement** a été **annulé** recouvre sa créance, qu'il doit déclarer (Cass. com. 30-10-2000 : RJDA 2/01 n° 193).

Une fois que la nullité a été prononcée, tout tiers intéressé peut s'en prévaloir (Cass. com. 3-6-1997 : DA 1997.860, recevabilité du débiteur). Il peut le faire même à l'encontre d'un **sous-acquéreur,** fût-il de **bonne foi** (Cass. com. 3-2-1998 : RJDA 6/98 n° 773), qui ne peut invoquer pour y parer ni l'erreur commune ni l'apparence (Cass. com. 30-6-2004 n° 1111 : RJDA 1/05 n° 65, à propos des nullités obligatoires mais transposable aux nullités facultatives).

X. PLAN DE SAUVEGARDE OU DE REDRESSEMENT

OBJET DU PLAN

63200 Le plan est l'aboutissement normal d'une procédure de sauvegarde ou de redressement judiciaire (cf. C. com. art. L 620-1, al. 2 et L 631-1, al. 3) ; la mise en liquidation judiciaire de l'entreprise avant l'adoption d'un plan n'est toutefois pas exclue (n° 61677).

Les procédures de sauvegarde et de redressement judiciaire tendent toutes les deux à permettre la **poursuite de l'activité** de l'entreprise, le maintien de l'emploi et l'apurement du passif (art. L 620-1, al. 1 et L 631-1, al. 3).

Mais la **sauvegarde** entend parvenir à cet objectif par la **réorganisation de l'entreprise** (art. L 620-1) ; le plan de sauvegarde tend donc avant tout à continuer l'activité sans changement du chef d'entreprise ; le plan peut prévoir l'adjonction de nouvelles activités et/ou, selon le cas, prévoir l'arrêt ou la cession de certaines de celles jusqu'alors exercées par l'entreprise (art. L 626-1, al. 2 ; nos 63350 s.) mais la cession intégrale de cette dernière n'est pas ici envisagée.

Le plan de **redressement** peut être plus radical : il peut s'agir d'un plan de poursuite de l'activité avec ou sans changement du chef d'entreprise et/ou d'un plan de **cession partielle ou totale** de l'entreprise si les plans proposés apparaissent manifestement insusceptibles de permettre le redressement de l'entreprise ou si aucun plan n'a été proposé (art. L 631-22 ; nº 63360).

La cession de tout ou partie de l'entreprise a pu être préparée en amont dans le cadre d'une procédure de conciliation.

Sur les licenciements économiques prévus par le plan, C. com. art. L 626-2, L 631-19, III et C. trav. art. L 1233-58, I ; Mémento Social nos 48315 et 48327 s.

Le **projet** de plan doit **indiquer** (C. com. art. L 626-2 et L 631-19) : **63202**

– les perspectives de redressement en fonction des possibilités et des modalités d'activités, de l'état du marché et des moyens de financement disponibles ; il mentionne les engagements d'effectuer des apports de trésorerie pris pour l'exécution du plan ;

– les modalités de règlement du passif et les garanties éventuelles que le débiteur doit souscrire pour en assurer l'exécution ;

– le niveau et les perspectives d'emploi ainsi que les conditions sociales envisagées pour la poursuite d'activité ; si le projet prévoit des licenciements pour motif économique, il rappelle les mesures déjà intervenues et définit les actions à entreprendre en vue de faciliter le reclassement et l'indemnisation des salariés dont l'emploi est menacé ; en cas de redressement judiciaire, doivent être précisés les licenciements qui doivent intervenir dans le mois suivant l'arrêt du plan sur simple notification de l'administrateur ;

– les offres d'acquisition présentées par des tiers (ces offres doivent être recensées, annexées et analysées) ainsi que la ou les activités dont l'arrêt ou l'adjonction est proposé.

Le projet de plan ne peut pas se contenter de proposer un règlement partiel et renvoyer le paiement du solde après le plan (CA Versailles 28-2-2013 nº 12/02755 : D. 2013.2895 note Dammann). Mais le projet de plan de redressement peut concerner uniquement l'apurement du passif si le débiteur, personne physique, a cessé son activité (Cass. com. 4-5-2017 nº 15-25.046 FS-PBI : RJDA 7/17 nº 482).

A. Élaboration du plan de sauvegarde ou de redressement

PERSONNES INTERVENANT DANS L'ÉLABORATION DU PLAN

Pendant la période d'observation, le **projet** de plan est **établi** au vu du bilan économique, social, environnemental **par** le **débiteur** (avec le concours de l'administrateur) en cas de sauvegarde ou par l'**administrateur** (avec le concours du débiteur) en cas de redressement judiciaire (C. com. art. L 626-2, al. 1 et L 631-19, I). **63205**

Ce projet de plan est élaboré en **concertation avec les créanciers** qui, dans les **procédures ouvertes depuis le 1er octobre 2021,** sont consultés différemment selon que des classes de parties affectées par le projet de plan sont constituées ou non.

Cette consultation en classes de parties affectées résulte de la transposition en droit interne de la directive UE 2019/1023 du 20 juin 2019 relative à la restructuration préventive et à l'insolvabilité des entreprises (Ord. 2021-1193 du 15-9-2021). Elle se substitue à la consultation qui pouvait intervenir auparavant au sein des deux comités de créanciers qui réunissaient, pour l'un, les établissements de crédit et assimilés, et, pour l'autre, les principaux fournisseurs, les créanciers non membres des comités (tels les associés de la société débitrice) étant appelés à se prononcer séparément. La répartition est désormais tout autre.

En cas de sauvegarde accélérée, le projet présenté par le débiteur aux classes précitées est celui préparé dans le cadre de la conciliation qui a précédé l'ouverture de la procédure.

En cas de redressement judiciaire mais pas lors d'une sauvegarde, un membre d'une classe peut proposer un **plan alternatif** à celui de l'administrateur.

1. PROJET DE PLAN DE LA SAUVEGARDE DE DROIT COMMUN ET DU REDRESSEMENT JUDICIAIRE

RÉGIME

L'essentiel des dispositions relatives à la préparation du plan de sauvegarde sont applicables au plan de redressement par renvoi des articles L 631-19 et R 631-37 du Code de commerce ; ce renvoi n'est pas signalé dans les développements lorsqu'ils sont communs aux deux procédures ; les spécificités du plan de redressement sont précisées. **63210**

Des dispositions particulières s'appliquent lorsqu'aucun administrateur n'a été désigné (nº 63260) ainsi que pour la sauvegarde accélérée (nº 63270).

a. Élaboration du projet de plan en présence de classes de parties affectées

PARTIES AFFECTÉES PAR LE PROJET DE PLAN

63212 Lorsque des classes de parties affectées sont constituées dans la procédure collective, seules ces parties sont appelées à se prononcer sur le projet de plan ; sont des parties affectées (C. com. art. L 626-30, I) :

– les **créanciers** dont les droits sont directement affectés par le projet de plan ;

– les « **détenteurs de capital** » : les membres de l'assemblée générale extraordinaire ou de l'assemblée des associés, des assemblées spéciales des titulaires d'actions de chaque catégorie (cf. C. com. art. L 225-99 et L 228-35-6) et des assemblées générales des masses des titulaires de valeurs mobilières donnant accès à terme au capital (cf. art. L 228-103), si leur participation au capital de la société débitrice, les statuts ou leurs droits sont modifiés par le projet de plan.

Les créances résultant des contrats de travail, les droits à pension acquis au titre d'un régime de retraite professionnelle et les créances alimentaires ne sont pas affectés par le plan (art. L 626-30, IV). L'AGS, subrogée dans les droits des salariés auxquels elle a consenti une avance pour leurs créances, n'est pas une partie affectée (Rapp. au Président de la République relatif à ord. 2021-1193 du 15-9-2021).

CONSTITUTION DES CLASSES DE PARTIES AFFECTÉES

63215 En cas de sauvegarde de droit commun ou de redressement judiciaire, la constitution des classes de parties affectées est **obligatoire** si l'entreprise débitrice répond à une des conditions suivantes à la date de la demande d'ouverture de la procédure (C. com. art. L 626-29, L 631-1, al. 3 et R 626-52) :

– l'effectif de l'entreprise atteint 250 salariés et son chiffre d'affaires net 20 millions d'euros, ou elle réalise au moins 40 millions d'euros de chiffre d'affaires net ;

– l'entreprise est une société qui en détient ou en contrôle une autre (cf. art. L 233-1 et L 233-3) et l'ensemble des sociétés concernées atteint les seuils ci-dessus.

En deçà de ces seuils, la constitution des classes peut être **autorisée** par le juge-commissaire, à la demande du seul débiteur en cas de sauvegarde (art. L 626-29, al. 4) mais aussi sur celle de l'administrateur en cas de redressement judiciaire (art. L 631-1, al. 3).

Cette autorisation est une mesure d'administration judiciaire (art. R 626-54) et donc insusceptible de recours (CPC art. 537). Le juge-commissaire qui la donne désigne un administrateur judiciaire, si le tribunal ne l'a pas déjà fait, aux fins d'exercer les missions qui lui sont dévolues par les articles L 626-30 à L 626-34 du Code de commerce (art. R 626-53).

63217 La **composition des classes** de parties affectées est déterminée au vu des créances et droits nés avant la date du jugement d'ouverture de la procédure collective. L'administrateur judiciaire répartit, sur la base de critères objectifs vérifiables, les parties affectées en classes représentatives d'une **communauté d'intérêt économique** suffisante en respectant les conditions suivantes (C. com. art. L 626-30, III) :

– les créanciers titulaires de sûretés réelles portant sur les biens du débiteur, pour leurs créances garanties, et les autres créanciers (tels ceux titulaires de sûretés sur les biens d'un tiers ou les créanciers chirographaires) sont répartis en classes distinctes ;

– la répartition en classes respecte les accords de subordination conclus avant l'ouverture de la procédure et portés à sa connaissance par les parties affectées ;

– les détenteurs de capital forment une ou plusieurs classes (art. R 626-61 et R 626-62).

En dehors de ces classes prédéterminées, l'administrateur judiciaire peut constituer d'autres classes, dans le respect des critères généraux énoncés ci-dessus et, par exemple, regrouper les créanciers publics privilégiés en une ou plusieurs classes, notamment si la composition du passif de l'entreprise le justifie (Rapp. au Président de la République relatif à ord. 2021-1193 du 15-9-2021).

Le droit d'une partie affectée de voter dans une classe constitue un accessoire de la créance née avant au jugement d'ouverture de la procédure et se transmet de plein droit à ses titulaires successifs nonobstant toute clause contraire ; ce transfert doit être porté à la connaissance de l'administrateur par lettre recommandée AR pour permettre au titulaire de la créance transférée d'exprimer un vote (art. L 626-30-1 et R 626-57). Le créancier dont la créance est éteinte ou transmise perd la qualité de partie affectée (art. L 626-30-1, al. 3).

L'administrateur soumet à chaque partie affectée les modalités de **répartition en classes** et de **calcul des voix** correspondant aux créances ou aux droits affectés leur permettant d'exprimer un vote (art. L 626-30, V et R 626-58-1). En cas de **désaccord,** chaque partie affectée, le débiteur, le ministère public, le mandataire judiciaire ou l'administrateur peut saisir le juge-commissaire par requête dans un délai de dix jours à compter de la notification des informations précitées ; si le juge-commissaire ne statue pas dans les dix jours de la saisine, le tribunal peut être saisi à son tour et doit se prononcer dans un délai de dix jours ; la décision du juge-commissaire ou du tribunal peut faire l'objet d'un appel, de la part des personnes précitées, dans un délai de cinq jours à compter de sa notification (art. L 626-30, V et R 626-58-1). La tierce opposition et le pourvoi en cassation ne sont pas ouverts (art. L 661-7, 1°).

Dans un cas où des créanciers obligataires avaient contesté la limitation de leurs droits de vote par l'administrateur judiciaire et avaient demandé l'annulation de la délibération prise par l'assemblée unique des obligataires adoptant le plan, la demande a été rejetée dès lors que le résultat du vote n'aurait pas été différent si leurs droits de vote avaient été correctement fixés (Cass. com. 21-2-2012 n° 11-11.693 FS-PB : RJDA 5/12 n° 520, à notre avis transposable aux classes de parties affectées).

Sur les modalités de convocation des classes et de déroulement du vote, voir art. L 626-30-2, al. 4 s. et R 626-60 s.

PRÉSENTATION D'UN PROJET DE PLAN AUX CLASSES

Le **débiteur** (en cas de sauvegarde) ou l'administrateur (en cas de redressement judiciaire) présente aux classes de parties affectées des **propositions** en vue d'élaborer le projet de plan (C. com. art. L 626-30-2, al. 1 et L 631-19, I-al. 2). En cas de redressement judiciaire, tout **partie affectée** peut soumettre un projet de **plan alternatif,** quinze jours au moins avant la date du vote ; ce projet sera soumis, avec celui proposé par l'administrateur, au vote des classes (L 631-19, I-al. 3 et R 631-34). Cette faculté n'est pas ouverte en cas de sauvegarde. 63220

Dans les entreprises en deçà des seuils exposés n° 61462, les détenteurs de capital du débiteur, s'ils sont affectés par le projet de plan, peuvent apporter une contribution non monétaire à la restructuration, notamment en mettant à profit leur expérience, leur réputation ou leurs contacts professionnels.

Chaque projet peut prévoir des mesures de restructuration, de nouveaux financements, des **délais** de paiement, des **remises** et, dans certaines sociétés, des conversions de créances donnant ou pouvant donner accès au capital ; toutefois, les créances garanties par le privilège de conciliation ainsi que les créances privilégiées nées au cours d'une procédure antérieure et relatives aux apports de trésorerie faits durant la période d'observation ou pour l'exécution du plan de sauvegarde ou de redressement (C. com. art. L 622-17, III-2° et L 626-10, al. 1) ne peuvent pas faire l'objet de remises ou de délais qui n'auraient pas été acceptés par les créanciers titulaires du privilège (art. L 626-30-2, al. 2). Les projets de plan proposés aux classes de parties affectées ne sont pas soumis aux limites de durée du plan et de dates pour les premiers paiements qui s'appliquent au plan élaboré en dehors de ces classes (art. L 626-30-2, al. 2). Pour plus de précisions sur le contenu du plan, art. D 626-65. 63222

VOTE DES CLASSES

Les classes de parties affectées se prononcent sur le ou les projets de plan présentés, le cas échéant modifiés, dans un **délai** de vingt à trente jours suivant la transmission du projet ; à la demande du débiteur ou de l'administrateur, le juge-commissaire peut augmenter ou réduire ce délai, qui ne peut toutefois pas être inférieur à quinze jours (C. com. art. L 626-30-2, al. 4). 63225

L'administrateur invite le mandataire judiciaire et les représentants du comité social et économique à présenter leurs observations à chacune des classes avant que celles-ci ne se prononcent sur le ou les projets de plan (art. R 626-59).

La décision est prise par chaque classe à la **majorité** des deux tiers de voix détenues par les membres ayant exprimé un vote (art. L 626-30-2, al. 5). Cette majorité s'applique à toutes les parties affectées, y compris, le cas échéant, aux détenteurs de capital, sans condition de quorum (Rapp. au Président de la République relative à ord. 2021-1193 du 15-9-2021).

Sous ces réserves, les **détenteurs de capital** statuent selon les règles du droit des sociétés avec quelques aménagements (art. L 626-30-2, al. 6 et R 626-60, R 626-62 ; sur la consultation des obligataires, art. R 626-61). Le vote de ceux-ci au sein des classes vaut vote en assemblée, y compris pour les modifications du capital ou des statuts ou pour la reconstitution des capitaux propres prévues par le projet de plan (cf. art. L 626-30-2, al. 6 excluant l'application des art. L 626-3, al. 1 et 2 et L 626-18, al. 2).

Au sein d'une classe, le vote peut être remplacé par un accord ayant recueilli, après consultation de ses membres, l'approbation des deux tiers des voix détenues par ceux-ci (art. précité, al. 7).

Le plan voté est ensuite soumis au tribunal de la procédure collective (n°s 63290 s.).

b. Consultation des créanciers en l'absence de classes de parties affectées

CONSULTATION ET RÉPONSE DES CRÉANCIERS – CAS GÉNÉRAL

63240 Lorsque les classes de parties affectées n'ont pas été constituées, les propositions du débiteur ou de l'administrateur pour le règlement des créances (délais de paiement, remises et conversion des créances en titres de capital) sont communiquées par le mandataire judiciaire, par lettre recommandée AR comportant les informations prévues par l'article R 626-7 du Code de commerce, à chaque **créancier** ayant déclaré sa créance, aux organismes de garantie des salaires pour les sommes qu'ils ont avancés (même si leurs créances n'ont pas encore été déclarées) ainsi qu'aux administrations financières et sociales si la proposition ne porte que sur des délais de paiement (C. com. art. L 626-5, al. 2 et R 626-7, I ; pour les demandes de remises à ces administrations, n° 63250). Les créanciers sont consultés soit individuellement, soit collectivement sur les propositions (art. L 626-5, al. 2).

Le mandataire judiciaire n'est pas tenu de consulter les créanciers pour lesquels le projet de plan ne modifie pas les modalités de paiement ou prévoit un paiement intégral en numéraire dès l'arrêté du plan ou dès l'admission de leurs créances (art. L 626-5, al. 4 ; sur une dispense, cf. CA Lyon 13-5-2015 n° 15/00926 : Rev. proc. coll. 2015 n° 4 § 101 note Lebel).

À l'issue des consultations, le mandataire judiciaire dresse un état des réponses qu'il adresse au débiteur et à l'administrateur ainsi qu'aux contrôleurs (C. com. art. L 626-7). Les réponses n'ont pas à être déposées au greffe (Cass. com. 26-5-1998 : RJDA 8-9/98 n° 1011).

63242 S'il opte pour une **consultation collective** des créanciers, le mandataire judiciaire en indique dans la lettre visée n° 63240 les lieu, jour et heure de la réunion ; il peut en outre insérer un avis de convocation dans un support d'annonces légales du lieu de l'adresse de l'entreprise ou de l'activité du débiteur ; les créanciers peuvent se faire représenter par une personne munie d'un pouvoir spécial (C. com. art. R 626-8, al. 1 et 2). Le mandataire judiciaire fait aux créanciers un rapport sur l'état de la procédure et sur les conditions de la poursuite de l'activité depuis son ouverture ; l'accord de chaque créancier présent ou représenté sur les propositions portant sur des délais et remises doit être recueilli par écrit (art. R 626-8, al. 3 et 4).

63244 La **consultation par écrit** s'effectue via la lettre visée n° 63240, le défaut de réponse dans les trente jours de la réception de cette lettre valant acceptation des remises et délais proposés (C. com. art. L 626-5, al. 2). Toutefois, ce délai ne court pas si la lettre de consultation n'est pas conforme aux exigences de l'article R 626-7 du Code de commerce, même si l'irrégularité ne fait pas grief au créancier concerné (Cass. com. 14-11-2019 n° 18-20.408 FS-PBI : RJDA 2/20 n° 92).

Ce délai est computé selon les dispositions des articles 668 et 669 du Code de procédure civile concernant la notification par voie postale (Cass. com. 28-10-2008 n° 07-17.472 : RJDA 3/09 n° 242).

Le mécanisme s'applique pour les créances du Trésor ou des organismes de prévoyance et de sécurité sociale lorsque la proposition qui leur est soumise porte exclusivement sur des délais de paiement (art. précité) ; les remises avec ou sans délai relèvent du régime particulier exposé n° 63250.

Lorsque la proposition porte sur une **conversion en titres donnant ou pouvant donner accès au capital,** le mandataire judiciaire recueille, individuellement et par écrit, l'accord de chaque créancier qui a déclaré sa créance ; le défaut de réponse, dans le délai de trente jours à compter de la réception de la lettre du mandataire judiciaire, vaut refus (art. L 626-5, al. 3).

63246 **S'ils refusent** de donner leur accord et si un plan de sauvegarde ou de redressement est arrêté, les créanciers sont soumis à des **délais** de paiement **uniformes** fixés par le tribunal mais ne peuvent pas se voir imposer de remises sans leur accord (n°s 63320 s.).

CONSULTATION DES ADMINISTRATIONS FINANCIÈRES ET SOCIALES

63250 Pour les créances des administrations financières et sociales (Trésor, douanes, sécurité sociale, France Travail, MSA...), l'administrateur ou le mandataire judiciaire doit saisir la commission des chefs des services financiers et des représentants des organismes de sécurité sociale et de l'assurance chômage (**CCSF**) d'une demande de remise de dettes dans un délai de six mois à compter de la date d'ouverture de la procédure collective à peine de forclusion (C. com. art. D 626-13 qui fixe aussi le contenu de la demande). La demande ne peut pas être faite après la fin de la procédure (art. précité).

Les administrations financières et sociales peuvent accepter de **remettre tout ou partie de** ses **dettes** au débiteur dans des conditions similaires à celles que lui octroierait, dans des conditions normales de marché, un opérateur économique privé placé dans la même situation (art. L 626-6, al. 1 ; pour plus de détails, art. D 626-9 s.).

Dans ce cadre, les administrations financières peuvent remettre l'ensemble des impôts directs perçus au profit de l'État et des collectivités territoriales ainsi que des produits divers du budget de l'État dus par le débiteur ; s'agissant des impôts indirects perçus au profit de l'État et des collectivités territoriales, seuls les intérêts de retard, majorations, pénalités ou amendes peuvent faire l'objet d'une remise (art. L 626-6, al. 2 et D 626-9).

Ces administrations peuvent également décider des **cessions de rang** de privilège ou d'hypothèque sans extinction préalable de la créance ou l'**abandon de** ces **sûretés,** après consultation de la CCSF ; les frais afférents à ces opérations sont à la charge du débiteur (art. L 626-6, al. 4).

CONSULTATIONS ET COMMUNICATIONS DIVERSES

Le **comité social et économique** reçoit communication au fur et à mesure de leur élaboration **63252**
des propositions pour les règlements des dettes (C. com. art. L 626-5, al. 1). Il est informé et consulté sur les mesures que le débiteur (ou l'administrateur) envisage de proposer dans le projet de plan au vu des informations et offres reçues ainsi que sur le projet de plan lui-même, complétés par les observations de l'administrateur (art. L 626-8, al. 1 et 2 et L 631-19). Les **contrôleurs** sont également informés et consultés sur le projet de plan.

La consultation du personnel doit être conduite de telle sorte que les représentants du personnel soient en mesure de faire valoir utilement leurs observations (Cass. soc. 12-9-2007 n° 06-13.667 : RJS 11/07 n° 1172).
Le procès-verbal de la réunion à l'ordre du jour de laquelle a été inscrite la consultation du comité social et économique est transmis au tribunal ainsi qu'à l'autorité administrative compétente en matière de droit du travail (C. com. art. L 626-8, al. 3). Cette autorité, comme le ministère public, reçoit communication du projet de plan.

Si le débiteur exerce une activité, bénéficiant d'une autorisation administrative, d'un agrément, d'un conventionnement ou d'une habilitation au titre de l'économie sociale et solidaire (Loi 2014-856 du 31-7-2014 art. 1, II), l'autorité administrative ou de contrôle dont il relève doit être consultée sur le projet de plan (art. L 626-2-1).

CONSULTATION DES CRÉANCIERS EN L'ABSENCE D'ADMINISTRATEUR

Dans une procédure de sauvegarde ou de redressement judiciaire sans désignation d'un **63260**
administrateur judiciaire, c'est le débiteur qui établit le projet de plan avec l'assistance éventuelle d'un expert nommé par le tribunal, sans qu'un bilan économique, social et environnemental soit dressé (C. com. art. L 627-3, al. 1 et L 631-21, al. 1).

Le débiteur communique au mandataire judiciaire et au juge-commissaire les propositions de règlement du passif et procède aux informations et consultations prescrites (n° 63252 ; art. L 627-3, al. 2). Les associés sont consultés sur les modifications des statuts ou du capital (art. L 627-3, al. 3).
Si le juge-commissaire autorise la constitution de classes de parties affectées, il désigne un administrateur pour procéder à leur constitution et consultation (art. R 626-53). Les règles exposées n°s 62212 s. sont alors applicables.

2. PROJET DE PLAN DE LA SAUVEGARDE ACCÉLÉRÉE

Dans le cadre d'une sauvegarde accélérée, le plan est élaboré au sein des classes de parties **63270**
affectées selon les règles de la sauvegarde de droit commun, sous les réserves exposées ci-dessous (C. com. art. L 628-1, al. 1). Dans le jugement qui ouvre la procédure, le tribunal fixe la date de l'audience à l'issue de laquelle il sera statué sur le projet de plan (art. R 628-10).

PROJET DE PLAN PRÉNÉGOCIÉ

Dans la procédure de sauvegarde accélérée, le projet de plan présente la particularité d'avoir été **63272**
prénégocié lors de la procédure de conciliation qui l'a précédée. Il doit être joint à la demande d'ouverture de la procédure (C. com. art. R 628-2).
Son contenu est celui exposé n° 63222. Mais il doit – il s'agit là des conditions requises pour l'ouverture même d'une procédure accélérée – assurer la pérennité de l'entreprise et être susceptible de recueillir, de la part des créanciers à l'égard de qui l'ouverture de la procédure produira effet, un soutien suffisamment large pour rendre vraisemblable son adoption dans le délai exposé n° 63297 (art. L 628-1, al. 2).

CONSULTATION DES CLASSES DE PARTIES AFFECTÉES

En cas de sauvegarde accélérée, la constitution des classes de parties affectées par le projet de **63275**
plan est **obligatoire** (C. com. art. L 628-4), quelle que soit la taille de l'entreprise ou du groupe auquel celle-ci appartient.

Dans l'hypothèse où les effets de la sauvegarde accélérée ont été limités aux créanciers financiers (n° 62348), seuls ceux d'entre eux qui sont directement affectés par le projet de plan sont consultés au sein de ces classes ainsi que, si le débiteur est une personne morale, les détenteurs de capital dans la mesure où leur participation, leurs droits ou les statuts sont affectés par ce projet (cf. art. L 628-1, al. 3 et, sur renvoi, art. L 628-6).

B. Arrêté du plan de sauvegarde ou de redressement

1. MODALITÉS D'ARRÊTÉ DU PLAN

INTERVENTION OBLIGATOIRE DU TRIBUNAL

63290 Il incombe au tribunal qui a ouvert la procédure collective d'arrêter le plan de sauvegarde ou de redressement, s'il existe une possibilité sérieuse pour l'entreprise d'être sauvegardée (C. com. art. L 626-1, al. 1 et L 631-19, al. 1 ; pour un cas où cette possibilité a été écartée, Cass. com. 18-3-2014 n° 13-10.859 : RJDA 6/14 n° 551). Le **caractère sérieux du plan** de sauvegarde ou de redressement est apprécié souverainement par les juges du fond (Cass. com. 6-7-2010 n° 09-67.345 F-PB : RJDA 12/10 n° 1178 ; Cass. com. 13-10-2015 n° 14-11.983 F-D ; Cass. com. 9-7-2019 n° 18-17.129 FS-D : RJDA 10/19 n° 647). Lorsque plusieurs sociétés du même groupe font l'objet de procédures collectives distinctes, le tribunal peut, lors de l'examen de la solution proposée pour chacune d'elles, tenir compte, par une approche globale, de la cohérence du projet au regard des solutions envisagées pour les autres sociétés du groupe (Cass. com. 19-12-2018 n° 17-27.947 FS-PBI : RJDA 3/19 n° 211).

En principe, le tribunal doit adopter le plan de sauvegarde (ou de redressement) avant l'expiration de la période d'observation, telle qu'elle a été fixée par le tribunal (art. R 626-18, al. 1). Lorsqu'il n'est pas présenté de projet de plan en temps utile en cas de sauvegarde, le tribunal procède à la clôture de la procédure, à la demande du ministère public, d'un créancier ou des mandataires de justice et après avoir entendu ou appelé le débiteur (art. R 626-18), ou à la conversion de la procédure (n° 61680). Le fait que le tribunal se prononce après l'expiration de la période d'observation n'est assorti d'aucune sanction (Cass. com. 10-6-2008 n° 07-17.043 : RJDA 8-9/08 n° 930, refusant de censurer l'arrêt qui avait néanmoins renvoyé l'affaire devant le tribunal de commerce pour examiner l'éventualité d'un plan de continuation ; dans le même sens, CA Rouen 5-3-1987 : D. 1987.410 ; CA Paris 14-10-1988 : BRDA 23/88 p. 14 : refus d'invalider le plan consécutif).

DÉCISION DU TRIBUNAL

63292 Après avoir entendu ou dûment appelé le débiteur, l'administrateur, le mandataire judiciaire, les contrôleurs ainsi que les représentants du comité social et économique, le **tribunal statue** au vu du bilan économique et social (ou, dans les procédures sans administrateur, sur le rapport du juge-commissaire), du projet de plan de sauvegarde ou redressement, après avoir recueilli l'avis du ministère public (C. com. art. L 626-9 et L 627-4).

Lorsque la procédure est ouverte au bénéfice d'un débiteur qui emploie plus de 20 salariés ou qui justifie d'un chiffre d'affaires hors taxe supérieur à 3 000 000 €, les débats ont lieu en présence du ministère public (art. L 626-9 et R 626-19).

63293 **Plan soumis aux classes de parties affectées** Avant d'arrêter le **plan voté par chacune des classes** de parties affectées, le tribunal doit notamment contrôler que (C. com. art. L 626-31) :

– les parties affectées, partageant une communauté d'intérêt suffisante au sein de la même classe, bénéficient d'une égalité de traitement dans ce plan et sont traitées de manière proportionnelle à leur créance ou à leur droit ;

– le plan respecte le critère du « meilleur intérêt des créanciers », c'est-à-dire que les parties affectées qui ont voté contre le plan ne se trouvent pas dans une situation moins favorable, du fait du plan, que celle qui leur serait réservée soit en cas de liquidation judiciaire ou de plan de cession (au regard de l'ordre de priorité pour la répartition des actifs ou du prix de cession), soit par application d'une meilleure solution alternative si le plan n'était pas validé ;

– tout nouveau financement est nécessaire pour mettre en œuvre le plan et ne porte pas une atteinte excessive aux intérêts des parties affectées.

Le tribunal doit s'assurer que les intérêts de tous les créanciers sont suffisamment protégés (art. précité, al. 8). Le jugement qui **arrête le plan** en rend les dispositions opposables à tous.

Mais le tribunal peut **refuser** d'arrêter **le plan** si celui-ci n'offre pas une perspective raisonnable d'éviter la cessation des paiements du débiteur ou de garantir la viabilité de l'entreprise (art. précité, al. 7).

63294 Lorsque le **plan** n'a **pas** été **approuvé par toutes les classes** de parties affectées, le **tribunal** peut, à la demande du débiteur ou de l'administrateur avec l'accord de ce dernier ou, en cas de redressement judiciaire, d'une partie affectée, **imposer le plan** aux classes qui ont voté contre celui-ci à condition notamment que (C. com. art. L 626-32, I, L 631-19, I-al. 5 et R 626-63) :

– le plan respecte les conditions exposées n° 63293 ;

– le plan ait été approuvé par une majorité de classes de parties affectées (dont au moins une est d'un rang supérieur à celui de la classe des créanciers chirographaires) ou, à défaut, par au moins une classe de parties affectées (autre qu'une classe de détenteurs de capital ou toute classe dont on peut raisonnablement supposer, après détermination de la valeur du débiteur en tant qu'entreprise en activité, qu'elle n'aurait droit à aucun paiement en cas de liquidation judiciaire ou de plan de cession) ;

– les créances des créanciers d'une classe qui a voté contre le plan soient intégralement désintéressées par des moyens identiques ou équivalents lorsqu'une classe de rang inférieur a droit à un paiement ou conserve un intéressement dans le cadre du plan (règle dite « de priorité », à laquelle il est possible de déroger afin d'atteindre les objectifs du plan et si le plan ne porte pas une atteinte excessive aux droits ou intérêts de parties affectées) ;

– aucune classe de parties affectées ne puisse, dans le cadre du plan, recevoir ou conserver plus que le montant total de ses créances ou intérêts ;

– lorsque le plan a été rejeté par une ou plusieurs classes de détenteurs de capital, certaines conditions particulières soient respectées (notamment, ces détenteurs de capital n'auraient perçu aucun paiement ou conservé aucun intéressement en cas de liquidation judiciaire ou de plan de cession ; l'entreprise atteint – elle-même ou avec la société qui la détient ou la contrôle ou celle qu'elle contrôle ou détient – les seuils de 250 salariés et de 20 millions de CA net ou de 40 millions de CA net ; le plan ne prévoit pas la cession de tout ou partie des droits de détenteurs dissidents).

La décision du tribunal vaut approbation des modifications de la participation au capital ou des droits des détenteurs de capital ou des statuts prévues par le plan (art. L 626-32, I-dernier al.).

Pour une application, CA Paris 9-11-2023 n° 23/09249 : Bull. Joly déc. 2023 p. 7 note H. Le Nabasque.

En cas de redressement judiciaire, lorsque le **tribunal** adopte ou **arrête le plan** dans les conditions ci-dessus, il ne peut pas (C. com. art. L 631-19, I-al. 6) : **63295**

– subordonner l'adoption du plan au remplacement d'un ou plusieurs dirigeants de l'entreprise ou à l'incessibilité ou à la cession forcée des parts sociales, titres de capital ou valeurs mobilières donnant accès au capital, détenus par un ou plusieurs dirigeants de droit ou de fait ;

– imposer l'augmentation de capital prévue par le projet de plan, soit en désignant un mandataire chargé de voter au lieu et place des associés opposants soit en ordonnant la cession des droits sociaux détenus par ceux-ci.

Si **aucun plan** de redressement **n'est arrêté** par le tribunal, les classes de parties affectées ne sont pas de nouveau consultées ; un nouveau projet de plan est élaboré selon les règles exposées aux n°s 63240 à 63260. En cas de sauvegarde, il y a lieu d'appliquer les règles exposées au n° 62290.

Sur les recours contre la décision du tribunal prise en application des articles L 626-31 et L 626-32, voir art. R 626-64.

Sauvegarde accélérée En cas de sauvegarde accélérée, le tribunal arrête le plan adopté par les classes de parties affectées selon les modalités exposées n° 63293 ou n° 63294 mais dans un **délai** de deux mois à compter du jugement d'ouverture ; à la demande du débiteur et de l'administrateur judiciaire, le tribunal peut proroger ce délai sans que la durée totale de la procédure ne puisse excéder quatre mois (C. com. art. L 628-8, al. 1). **63297**

Le tribunal peut être saisi à tout moment pour statuer sur le projet de plan selon les modalités prévues à l'article R 628-11 du Code de commerce.

Le tribunal qui arrête le plan ne peut pas imposer des délais de paiement uniformes (art. L 628-8, al. 3 qui exclut l'application de l'art. L 626-18, al. 4).

À **défaut d'arrêté d'un plan** dans le délai visé ci-dessus, le tribunal met fin à la procédure (C. com. art. L 628-8, al. 2) selon les modalités prévues aux articles R 628-11 et R 628-12 du Code de commerce.

Publicité de la décision du tribunal Le jugement arrêtant le plan fait l'objet de la même **publicité** que le jugement ouvrant la procédure (C. com. art. R 626-20 ; n° 61554). Il est **notifié,** tout comme celui qui le rejette, notamment au débiteur, aux représentants de la délégation du personnel du comité social et économique ainsi qu'à toute personne tenue de l'exécuter (art. R 626-21). **63300**

Il est exécutoire de plein droit à titre provisoire, comme celui qui rejette le plan, le premier président de la cour d'appel pouvant arrêter cette exécution lorsque les moyens invoqués à l'appui de l'appel paraissent sérieux ; en cas d'appel du ministère public, l'exécution est arrêtée de plein droit (art. R 661-1, al. 1, 4 et 5).

63302 **Voies de recours** Sont susceptibles d'**appel,** sauf dispositions contraires, dans les dix jours de la notification du jugement ou de pourvoi en cassation, les décisions statuant sur l'arrêté du plan de sauvegarde ou de redressement de la part du débiteur, de l'administrateur, du mandataire judiciaire, du comité social et économique (ou, dans les entreprises de moins de 50 salariés, des membres de sa délégation du personnel) et du ministère public (C. com. art. L 661-1, I-6° et R 661-3, al. 1).

L'appel du ministère public est suspensif (cf. art. L 661-1, II).

L'appelant doit intimer les mandataires de justice (art. R 661-6, 1° ; Cass. com. 9-7-2019 n° 18-17.799 FS-D : RJDA 10/19 n° 646).

Les décisions arrêtant le plan sont susceptibles de **tierce opposition** mais non celles rejetant l'arrêté du plan (art. L 661-3). Le jugement statuant sur la tierce opposition est susceptible d'appel et de pourvoi en cassation de la part du tiers opposant (art. précité).

La tierce opposition est recevable à la seule condition que le créancier opposant invoque une fraude à ses droits ou un moyen qui lui est propre, peu important qu'il ne l'ait pas invoqué à l'occasion de la consultation sur le projet de plan (Cass. com. 15-11-2017 n° 16-14.630 : RJDA 2/18 n° 160). Disposent d'un droit propre le créancier qui a pratiqué, avant l'ouverture de la procédure collective, une saisie-attribution sur les loyers que devait percevoir le débiteur (Cass. com. 7-10-2020 n° 19-14.126 F-D : RJDA 1/21 n° 44) ainsi que l'associé évincé par le plan de redressement (Cass. com. 31-3-2021 n° 19-14.839 F-P : RJDA 6/21 n° 389 ; Cass. com. 8-2-2023 n° 21-14.189 F-B : RJDA 5/23 n° 255). En revanche, ne constitue pas un moyen propre à un créancier le fait que le plan n'ait pas prévu le règlement de sa créance déclarée (Cass. com. 21-10-2020 n° 18-23.749 F-D).

REJET DU PLAN

63305 En cas de **sauvegarde,** une fois le rejet du plan devenu définitif et si la procédure n'a pas été convertie comme indiqué n° 61680, le tribunal se saisit d'office pour prononcer la clôture de la procédure (C. com. art. R 626-22). Il statue après avoir appelé les mêmes personnes que pour l'arrêté du plan (art. précité).

Le jugement de clôture est notifié au débiteur et fait l'objet des mêmes publicités que le jugement d'ouverture (art. précité).

En cas de **redressement** judiciaire, le rejet du plan de redressement permet au tribunal d'opter pour un plan de cession et la liquidation judiciaire (n° 63360).

2. PLAN ARRÊTÉ

OPPOSABILITÉ DU PLAN ARRÊTÉ

63310 Le jugement qui arrête le plan de sauvegarde ou de redressement en rend les dispositions opposables **à tous** (C. com. art. L 626-11, al. 1, L 626-31 et L 631-19).

Sur la possibilité pour les **coobligés** et les personnes ayant consenti une **sûreté** personnelle ou réelle en garantie des dettes du débiteur de se prévaloir du plan de sauvegarde ou de redressement, voir n°s 62462 s.

DURÉE DU PLAN

63312 Sans préjudice de l'application des délais fixés pour le règlement des créances, la durée du plan est fixée par le tribunal sans pouvoir excéder dix ans ou, lorsque le débiteur (personne physique ou morale) exerce une activité agricole, quinze ans (C. com. art. L 626-12).

Ces limitations ne sont pas applicables au **plan adopté par les classes** de parties affectées (art. L 626-30-2, al. 2).

CONTENU DU PLAN

63315 **Engagements et perspectives** Le plan de sauvegarde ou de redressement doit (C. com. art. L 626-10) :

– indiquer les personnes qui sont tenues d'exécuter le plan, lesquelles ne peuvent pas se voir imposer de charges autres que celles qu'elles ont souscrites au cours de sa préparation ;

– préciser les engagements souscrits par elles et qui sont nécessaires à la sauvegarde de l'entreprise, et mentionner les apports de trésorerie des personnes qui se sont engagées à les effectuer pour l'exécution du plan arrêté par le tribunal ; ces engagements portent sur l'avenir de l'activité (politique commerciale et industrielle, investissements envisagés, etc.), les modalités du maintien et du financement de l'entreprise (reconstitution des capitaux propres, prix de cession, comptes prévisionnels, par exemple), le règlement du passif soumis à déclaration (en particulier délais et remises consentis par les créanciers) ainsi que, s'il y a lieu, les garanties fournies pour en assurer l'exécution ;

– exposer et justifier le niveau et les perspectives d'emploi ainsi que les conditions sociales envisagées pour la poursuite de l'activité et, en cas de redressement, les licenciements qui doivent intervenir après le jugement arrêtant le plan.

Inscription des créances au plan Le plan de sauvegarde ou de redressement doit prévoir le règlement de toutes les **créances déclarées,** même si elles sont contestées (Cass. com. 20-3-2019 n° 17-27.527 F-PB : RJDA 6/19 n° 449). Sont donc inscrites au plan non seulement les créances nées avant l'ouverture de la procédure collective mais aussi celles nées après et soumises à déclaration. 63317

Mais l'inscription d'une créance au plan et l'acception par le créancier de délais, de remises ou de la conversion de sa créance en titres ne préjuge pas de l'admission définitive de la créance au passif (C. com. art. L 626-21, al. 1 ; pour un défaut d'admission définitive au passif, Cass. com. 13-1-2015 n° 13-21.504 : RJDA 7/15 n° 512) ni de la validité des sûretés qui l'assortissent (Cass. com. 7-11-2018 n° 17-24.233 F-D : RJDA 2/19 n° 116).

Le juge saisi d'une demande d'arrêté de plan ne peut, même s'il y est invité, ni apprécier le caractère sérieux ou abusif d'une déclaration de créance, seul le juge-commissaire ayant le pouvoir de statuer en matière d'admission de créances, ni différer sa décision jusqu'au jour où le juge-commissaire aura statué sur les créances contestées (Cass. com. 20-3-2019 précité).

Si l'admission de la créance intervient après l'adoption et le début de l'exécution du plan, le créancier a droit aux échéances antérieures qui ne lui ont pas été versées (Cass. com. 2-11-2011 n° 10-24.129 F-PB : RJDA 3/12 n° 314).

Lorsque les engagements pour le règlement du passif peuvent être établis sur la base d'une attestation de l'expert-comptable ou du commissaire aux comptes, ils portent sur les créances déclarées admises ou non contestées, ainsi que sur les **créances identifiables,** notamment celles dont le délai de déclaration n'est pas expiré (C. com. art. L 626-10, al. 2).

Les engagements négociés hors plan entre le débiteur et un créancier sont sans effet (cf. Cass. com. 18-5-2022 n° 19-25.796 FS-B : RJDA 8-9/22 n° 498).

Délais et remises **Créanciers acceptants ou réfractaires.** Le tribunal donne acte des délais et remises acceptés par les créanciers ; ces délais et remises peuvent, le cas échéant, être réduits par le tribunal (C. com. art. L 626-18, al. 1). 63320

Il homologue les accords de conversion en titres acceptés par les créanciers (n° 63244), sauf s'ils portent atteinte aux intérêts des autres créanciers ; il s'assure, le cas échéant, de l'approbation par les associés des modifications du capital social proposées (art. L 626-18, al. 2).

Pour les autres créanciers, s'ils ont accordé des délais de paiement avant l'ouverture de la procédure supérieurs à la durée du plan, le tribunal ordonne le maintien de ces délais (art. L 626-18, al. 3).

Sauf en cas de sauvegarde accélérée (art. L 628-8, al. 3), le tribunal impose aux créanciers qui n'ont pas consenti de délais ou de remises – qu'ils soient munis de sûretés ou simplement chirographaires – des délais uniformes qui courent à compter du jour du jugement arrêtant le plan et qui ne peuvent excéder la durée de celui-ci (art. L 626-18, al. 4 et R 626-33).

Option offerte aux créanciers. Le plan arrêté par le tribunal peut en outre offrir aux créanciers de choisir un paiement dans des délais uniformes plus brefs avec réduction proportionnelle du montant de leur créance ; la réduction de créance n'est définitivement acquise qu'après versement, au terme fixé, de la dernière échéance prévue par le plan pour son paiement (C. com. art. L 626-19 ; pour une application, Cass. com. 22-9-2015 n° 14-16.920 : RJDA 12/15 n° 844). La créance n'est donc éteinte que lorsque le débiteur a exécuté ses engagements (Cass. com. 3-10-2006 n° 1130 : RJDA 2/07 n° 182). 63322

Interdiction. Ne peuvent faire l'objet **ni** de **remises ni** de **délais** qui n'auraient pas été expressément acceptés par les créanciers concernés (C. com. art. L 626-20, L 631-19, R 626-33-1 et R 626-34) : 63324

– certaines créances salariales (créances superprivilégiées et créances garanties par le privilège des salariés dont le montant n'a pas été avancé par l'AGS ou n'a pas fait l'objet d'une subrogation) ;

– les créances garanties par le privilège de conciliation ;

– les créances privilégiées relatives aux apports de trésorerie consentis pendant la période d'observation ou pour l'exécution du plan ;

– dans la limite de 5 % du passif estimé, les créances les plus faibles prises dans l'ordre croissant de leur montant et sans que chacune puisse excéder 500 € ; cette règle ne s'applique pas lorsque le montant des créances détenues par une même personne excède un dixième du pourcentage ci-dessus fixé ou lorsqu'une subrogation a été consentie ou un paiement effectué pour autrui.

63327 **Inaliénabilité de certains biens** Le tribunal peut décider que les biens qu'il estime **indispensables à la continuation de l'entreprise** ne peuvent être aliénés sans son autorisation (C. com. art. L 626-14, al. 1). Cette inaliénabilité, dont la durée ne peut pas excéder celle du plan (art. précité), fait l'objet d'une publicité (art. R 626-25 s. : sur le registre public où le bien et les droits qui le grèvent sont inscrits ou, à défaut, au registre des sûretés mobilières si le débiteur est immatriculé au RCS ou, selon le cas, au registre national des entreprises ou au registre ouvert au greffe du tribunal judiciaire pour les biens mobiliers d'équipement).

Ces dispositions ne font pas obstacle au droit du créancier d'une indivision préexistant à l'ouverture de la procédure de saisir le bien (n° 63935) ni à celui d'un coïndivisaire de demander le partage en application de l'article 815 du Code civil (Cass. com. 10-2-2015 n° 13-24.659 FS-PB : RJDA 6/15 n° 443).

L'**autorisation d'aliéner** le bien est donnée sur requête du débiteur au vu du rapport du commissaire à l'exécution du plan et, à peine de nullité, après avis du ministère public (art. L 626-14, al. 2 et R 626-31, al. 1).

Tout intéressé ou le ministère public peut demander l'annulation d'un **acte passé en violation** de ces dispositions dans les trois ans de la conclusion de l'acte ou de sa publication s'il est soumis à publicité (art. L 626-14, al. 4). Le débiteur et ceux qui ont participé à l'acte s'exposent à des sanctions pénales (emprisonnement de deux ans et amende de 30 000 €) (art. L 654-8, 3°).

CONSÉQUENCE DE L'ARRÊTÉ DU PLAN POUR LE DÉBITEUR

63330 Avec l'arrêté du plan, le **débiteur** redevient **maître de ses biens** (in bonis) (Cass. com. 21-2-2006 n° 04-10.187 FS-PB : RJDA 10/06 n° 1055 ; Cass. com. 2-3-2010 n° 09-14.425 F-D : Rev. proc. coll. 2010 p. 57 note J.-J. Fraimout) et retrouve ces pouvoirs de gestion. Sous réserve de ceux que le tribunal a déclarés inaliénables (n° 63327), le débiteur peut vendre ses biens et disposer de leur prix, sans avoir à solliciter l'autorisation du tribunal ou du juge-commissaire, ses créanciers étant réglés selon les modalités du plan (Cass. com. 21-2-2006 précité), c'est-à-dire par le versement des dividendes. Les créanciers peuvent agir contre le débiteur selon les règles de droit commun pour le recouvrement de leurs créances nées après l'arrêté du plan (Cass. com. 26-10-2022 n° 21-13.474 F-B : RJDA 1/23 n° 45 ; Cass. com. 25-1-2023 n° 21-12.930 F-D). Mais l'arrêté du plan ne prive pas le débiteur du bénéfice de la suspension des poursuites individuelles concernant les créances antérieures (Cass. com. 7-9-2022 n° 20-20.404 F-D : RJDA 1/23 n° 42 ; Cass. com. 18-10-2023 n° 21-14.513 F-D : RJDA 2/24 n° 117).

Le débiteur crédit-preneur peut, à l'échéance prévue au contrat, lever l'option d'achat avant l'expiration des délais prévus au plan ; il doit alors payer l'intégralité des sommes dues dans la limite de la réduction dont elles font l'objet dans le plan sous forme de remises ou de délais (C. com. art. L 626-18, al. 7).

Le débiteur peut agir en résolution d'un contrat, peu important que l'administrateur n'ait pas demandé celle-ci pendant la période d'observation (Cass. com. 16-9-2008 n° 07-13.713 F-PB : RJDA 2/09 n° 125), comme il peut effectuer un acte étranger à la gestion courante sans l'autorisation du juge-commissaire (CA Caen 24-5-2018 n° 16/02125 : Rev. proc. coll. 2018 n° 4 § 139 note Lebel).

Le dirigeant de la société débitrice retrouve la faculté de disposer librement des parts ou actions qu'il détient dans le capital de celle-ci et qui ont été gelées par l'ouverture du redressement judiciaire, sauf décision contraire du tribunal (Cass. com. 17-11-2015 n° 14-12.372 FS-PB : RJDA 3/16 n° 215).

Toutefois, il ne peut pas intervenir dans les domaines réservés :

– à l'administrateur que le tribunal a pu charger d'effectuer certains actes nécessaires à la mise en œuvre du plan (C. com. art. L 626-24, al. 1), par exemple les licenciements prévus par celui-ci ;

– au commissaire à l'exécution du plan qui reste compétent pour surveiller l'exécution du plan et pour défendre les intérêts collectifs des créanciers pendant toute la durée du plan (n° 63382).

Le débiteur peut engager, contre l'établissement de crédit qui a rompu abusivement son concours avant le jugement d'ouverture de la procédure collective, une action contractuelle en réparation d'un préjudice distinct de celui subi par les créanciers de la procédure collective (Cass. com. 13-3-2007 n° 06-13.325 FS-PB : RJDA 8-9/07 n° 880).

Bien évidemment, le débiteur reste tenu d'exécuter le plan, notamment de verser les dividendes fixés par ce dernier entre les mains du commissaire à l'exécution.

63332 L'arrêt du plan par le tribunal entraîne la levée de plein droit de toute **interdiction d'émettre des chèques** qui a été mise en œuvre à l'occasion du rejet d'un chèque émis avant le jugement d'ouverture de la procédure ; lorsque le débiteur est un EIRL ou, dans les procédures ouvertes depuis le 15 mai 2022, un autre entrepreneur individuel, cette interdiction est levée sur les comptes afférents au patrimoine concerné par le plan (C. com. art. L 626-13 et L 631-19, al. 1).

En pratique, le débiteur remet à sa banque une copie du jugement arrêtant le plan et un relevé des incidents de paiement ; la banque informe la Banque de France de la levée de la mesure aux fins de régularisation (art. R 626-24).

Sur la **radiation** des mentions relatives au plan sur les **registres** publics, alors même que le plan est en cours d'exécution, C. com. art. R 626-20 et R 123-135. 63334

3. CESSION D'ACTIFS PRÉVUE PAR LE PLAN

CESSION DE BRANCHES D'ACTIVITÉS EN CAS DE SAUVEGARDE

Le plan de sauvegarde peut comporter l'adjonction ou la cession d'une ou plusieurs activités (C. com. art. L 626-1, al. 2). En pratique, ce sont des cessions qui interviennent ; elles ont pu être préparées dans le cadre de la procédure de conciliation (ou du mandat ad hoc) qui a précédé l'ouverture de la sauvegarde. 63350

La cession totale de l'entreprise n'est en principe pas envisagée dans la procédure de sauvegarde ; toutefois, si seule une cession totale permet de préserver l'entreprise, la sauvegarde peut être convertie en redressement judiciaire (nº 61680), dans le cadre duquel la cession totale est possible.

Régime Les cessions d'une ou plusieurs activités en cas de sauvegarde sont soumises aux dispositions régissant la cession de l'entreprise en cas de **liquidation judiciaire** (nºs 63630 s.) sous réserve des **aménagements** suivants : 63352

– les missions reconnues au liquidateur judiciaire sont exercées par le mandataire judiciaire (C. com. art. L 626-1, al. 3) ;

– le tribunal peut autoriser la cession au profit d'une personne à laquelle la loi interdit d'acquérir les biens du débiteur (art. précité ; nº 63672).

Comme en matière de liquidation judiciaire, les droits de préemption légaux sont neutralisés (art. L 626-1, al. 5 ; nº 63712).

Versement du prix de cession Sauf exception visée ci-dessous, le prix des activités cédées dans le cadre d'un plan de sauvegarde est versé **entre les mains du débiteur** (C. com. art. L 626-23). 63354

Toutefois, en cas de vente d'un **bien grevé d'une sûreté réelle spéciale ou d'une hypothèque légale,** la quote-part du prix correspondant aux créances garanties par ces sûretés est versée en compte de dépôt à la Caisse des dépôts et consignations et les créanciers bénéficiaires de ces sûretés ou titulaires d'un privilège général (Trésor public, par exemple) doivent être payés sur le prix de vente après paiement des créances garanties par le superprivilège des salariés (C. com. art. L 626-22, al. 1). 63356

Après le versement à la Caisse des dépôts et consignations, des paiements provisionnels peuvent être effectués dans les conditions exposées au nº 61954 ; le commissaire à l'exécution du plan doit répartir la somme versée entre les créanciers, effectuer le paiement et procéder à la radiation des inscriptions ; s'il s'agit d'un immeuble, le prix est versé après l'accomplissement des formalités de purge des hypothèques (art. R 626-36, al. 1 et 2). Sur les droits des créanciers jouissant d'un droit de suite, art. R 626-36, al. 3, 4 et 5.

Sur les modalités de répartition du prix, voir nºs 64090 s., les dispositions applicables aux répartitions à la suite d'une liquidation judiciaire étant transposables en tant que de besoin.

Les créanciers reçoivent les dividendes à échoir d'après le plan, réduits en fonction du paiement anticipé, suivant l'ordre de préférence existant entre eux (art. L 626-22, al. 2 et R 626-36, al. 6).

En cas de besoin, une **substitution de garantie,** à condition de présenter des avantages équivalents, peut être convenue à la suite d'une demande faite par le débiteur au créancier ou, à défaut d'accord, être ordonnée par le tribunal saisi par requête (art. L 626-22, al. 3 et R 626-35, al. 1 ; CA Paris 29-6-1993 : RJDA 12/93 nº 1086, refusant de substituer un cautionnement à l'immeuble à vendre), qui statue après avoir entendu (ou dûment appelé) le débiteur, le créancier et le commissaire à l'exécution du plan ; la radiation de la garantie initiale ne peut avoir lieu qu'après constitution de la nouvelle garantie, le débiteur y procédant à ses frais ainsi qu'à l'inscription des sûretés (art. R 626-35, al. 2 et 3).

Les juges du fond apprécient souverainement l'équivalence de la garantie substituée (cf. Cass. com. 20-10-2021 nº 20-20.810 F-B : RJDA 1/22 nº 30). Le jugement qui ordonne la substitution n'est pas assorti de l'exécution provisoire (art. R 661-1, al. 2).

CESSION DE L'ENTREPRISE EN CAS DE REDRESSEMENT JUDICIAIRE

Faculté pour le tribunal d'opter pour la cession Dans le cadre d'un redressement judiciaire, le tribunal peut être amené à trancher entre un projet de plan tendant 63360 à la poursuite de l'activité par le débiteur et un autre prévoyant la cession de tout ou partie de l'entreprise à un repreneur.

Dès l'ouverture du redressement judiciaire, l'entreprise est « à vendre » puisque les tiers et les salariés peuvent présenter des offres d'achat (C. com. art. L 631-13). La cession a d'ailleurs pu être préparée dans le cadre d'une procédure de conciliation préalable au redressement judiciaire. Le tribunal a pu, s'il a estimé après ouverture de la procédure que la cession totale ou partielle de l'entreprise était envisageable, désigner un administrateur (s'il n'en avait pas déjà nommé un) pour préparer cette cession et, le cas échéant, procéder aux actes nécessaires à sa réalisation (art. L 631-21-1).

Ce choix n'est pas entièrement libre. À la demande de l'administrateur, le tribunal peut ordonner la **cession totale ou partielle de l'entreprise** si le ou les plans proposés apparaissent manifestement insusceptibles de permettre le redressement de l'entreprise ou en l'absence de tels plans (C. com. art. L 631-22, al. 1). Le plan de cession est donc **subsidiaire** par rapport au plan de redressement : ce n'est que si ce dernier ne remplit « manifestement » pas les exigences légales que la cession de l'entreprise peut être envisagée. Les juges du fond ne peuvent examiner les offres de reprise dans le cadre d'un plan de cession qu'après avoir rejeté le plan de redressement (Cass. com. 4-11-2014 n° 13-21.703 F-PB : RJDA 4/15 n° 297, rendu sous l'empire d'une rédaction antérieure de l'art. L 631-22 mais transposable à sa rédaction actuelle). La viabilité du plan de redressement est souverainement appréciée par les juges du fond et ces derniers doivent motiver leur décision de rejeter le projet de redressement au profit de la cession (arrêt précité).

La décision du tribunal peut intervenir avant la fin de la période d'observation s'il est constaté que le **débiteur** est **dans l'impossibilité d'assurer par lui-même le redressement** de son entreprise (Cass. com. 3-5-2016 n° 14-24.865 F-PB : Bull. civ. IV n° 67).

La décision d'un tribunal de privilégier un plan de cession est justifiée dès lors qu'au terme de sept mois de période d'observation, la société débitrice est dans l'impossibilité par ses moyens internes de présenter un plan de redressement, puisqu'elle n'est pas à même d'apurer les dettes d'exploitation pendant la poursuite d'activité et de financer les investissements nécessaires à la sécurisation de la production (CA Caen 8-4-2010 n° 09/03256 : RJDA 12/10 n° 1175). La cession d'une exploitation agricole d'élevage de vaches laitières apparaît inéluctable dans le cas où la poursuite d'activité n'est pas en mesure de permettre un apurement du passif compte tenu du fait que les produits d'exploitation réalisés par l'exploitation, en diminution par rapport aux exercices précédents, sont très en deçà des prévisions de la chambre d'agriculture, prévisions au regard desquelles le plan de redressement et d'apurement du passif a été établi. Néanmoins, dans l'intérêt des créanciers, il convient de maintenir la société en redressement judiciaire, la cession de l'exploitation pouvant s'effectuer dans des conditions plus intéressantes si le débiteur demeure en redressement plutôt qu'en liquidation judiciaire (CA Paris 8-10-2015 n° 15/12944 : RJDA 5/16 n° 383).

63362 **Effets de l'option pour la cession** Lorsque la cession totale ou partielle de l'entreprise a été ordonnée dans les conditions exposées ci-dessus, la procédure de redressement judiciaire est poursuivie pour la durée de la période d'observation restant à courir (sauf prorogation de celle-ci par le tribunal) (C. com. art. L 631-22, al. 3). Cette poursuite tend à arrêter le **plan de cession** qui concerne l'entreprise mais aussi un **plan de redressement** pour le débiteur.

Si l'arrêté d'un plan de redressement ne peut pas être obtenu, le tribunal prononce la liquidation judiciaire et met fin à la période d'observation ; les biens non compris dans le plan de cession sont alors cédés dans les conditions exposées n°s 63930 s. (art. précité).

63364 Le **régime de la cession** est celui applicable en matière de liquidation judiciaire (n°s 63630 s.) sous les aménagements suivants (C. com. art. L 631-22, al. 1 renvoyant aux art. L 642-1 à L 642-17 – exception faite de l'art. L 642-2, I – et à l'art. L 642-22).

C'est le mandataire judiciaire qui exerce les missions dévolues au liquidateur ; l'administrateur reste en fonction pour passer les actes nécessaires à la réalisation de la cession (art. L 631-22, al. 1 et 2).

Les offres de reprise peuvent être présentées dès l'ouverture du redressement judiciaire (art. L 631-13, al. 1). L'administrateur fixe la date limite de remises des offres (art. R 631-39, al. 1).

Le délai entre la réception d'une offre par l'administrateur et l'audience au cours de laquelle le tribunal examine cette offre est de quinze jours au moins, sauf accord entre le débiteur, le représentant des salariés, le mandataire judiciaire et les contrôleurs (art. R 631-39, al. 3).

Si un plan de redressement est adopté, le prix de cession est remis par le mandataire judiciaire au commissaire à l'exécution du plan ; si la liquidation judiciaire est prononcée, le mandataire le conserve s'il est désigné liquidateur ou le remet au liquidateur désigné (art. R 631-42).

C. Exécution du plan

SURVEILLANCE DE L'EXÉCUTION DU PLAN

Lorsqu'il arrête le plan de sauvegarde ou de redressement judiciaire, le tribunal nomme, pour la durée qu'il a fixée au plan, l'administrateur ou le mandataire judiciaire en qualité de commissaire chargé de veiller à l'exécution du plan ; il peut, en cas de nécessité, nommer plusieurs commissaires (C. com. art. L 626-25, al. 1 et L 631-19, al. 1). **63380**

Le **commissaire à l'exécution du plan** procède à la répartition des dividendes (n° 63390) et, le cas échéant, à leur recouvrement forcé (n° 63430).

Il fait un rapport annuel sur l'exécution des engagements du débiteur et sur les paiements et répartitions auxquels il a procédé ; ce rapport, déposé au greffe, est tenu à la disposition de tout créancier (art. R 626-43). Le commissaire peut se faire communiquer tous les documents et informations utiles à sa mission (art. L 626-25, al. 5). Il signale, dans un rapport adressé au président du tribunal et au ministère public, l'inexécution du plan de la part du débiteur ou de toute autre personne ; le rapport fait état des observations du débiteur et propose éventuellement les solutions qui seraient de nature à permettre l'exécution du plan (art. R 626-47). Il informe le comité social et économique du défaut d'exécution (art. L 626-25, al. 6).

Le **tribunal** qui a arrêté le plan demeure compétent pour connaître des conditions de son exécution nonobstant le changement du lieu de l'adresse de l'entreprise ou de l'activité (art. R 626-23).

Le commissaire à l'exécution du plan est également habilité à engager des **actions dans l'intérêt** collectif **des créanciers** (C. com. art. L 626-25, al. 4 ; sur la notion d'intérêt collectif, n°s 62380 s.). Il peut notamment agir en nullité des actes de la période suspecte (n°s 63160 s.). **63382**

En outre, il poursuit les actions introduites par l'administrateur ou le mandataire judiciaire avant le jugement qui a arrêté le plan (C. com. art. L 626-25, al. 3 ; Cass. com. 16-12-2014 n° 13-25.066 : Bull. civ. IV n° 191).

Mais, ne représentant pas le débiteur, il ne saurait agir pour défendre un **intérêt du débiteur** (Cass. com. 27-3-2012 n° 10-28.125 : RJDA 10/12 n° 880 ; Cass. com. 4-6-2013 n° 12-16.366 : RJDA 10/13 n° 824 ; Cass. com. 12-11-2020 n° 19-11.972 FS-PB : RJDA 2/21 n° 94).

Il n'a qualité pour poursuivre ni une action exercée par le débiteur avant l'ouverture de sa procédure collective ni une action exercée pendant la période d'observation, à laquelle le mandataire judiciaire n'avait pas à être appelé (Cass. com. 5-5-2021 n° 20-13.227 : RJDA 7/21 n° 499).

Après le jugement arrêtant le plan de redressement, l'action en paiement engagée contre le débiteur avant le jugement d'ouverture de son redressement judiciaire est poursuivie contre ce dernier redevenu maître de ses biens, le commissaire à l'exécution du plan n'ayant pas qualité pour poursuivre l'instance (Avis C. Cass. 25-9-2019 n° 1725744).

La **mission** du commissaire à l'exécution du plan ne prend **fin** qu'au paiement de la dernière échéance prévue par le plan si celle-ci est postérieure à l'échéance stipulée par les parties avant l'ouverture de la procédure (C. com. art. L 626-31-1, al. 1). **63384**

ACCOMPAGNEMENT DU DÉBITEUR PENDANT L'EXÉCUTION DU PLAN

La loi 2016-1547 du 18 novembre 2016 a prévu qu'à la demande du débiteur, le tribunal peut confier à l'**administrateur ou** au **mandataire** judiciaire qui n'ont pas été nommés en qualité de commissaire à l'exécution du plan une « mission subséquente » rémunérée, d'une durée maximale de vingt-quatre mois, dans les conditions prévues par décret (C. com. art. L 626-25, al. 2 modifié pour la sauvegarde, applicable au redressement judiciaire sur renvoi de l'art. L 631-19, al. 1). Ce décret n'ayant pas été publié à notre connaissance, le dispositif ne paraît pas applicable. **63386**

PAIEMENT DES CRÉANCIERS

Le tribunal fixe les **modalités** du paiement des dividendes arrêtés par le plan. Les dividendes sont payés entre les mains du commissaire à l'exécution du plan, qui procède à leur répartition (C. com. art. L 626-21, al. 5). **63390**

Lorsque la créance a été définitivement admise, son titulaire a droit à la distribution, qui ne peut pas lui être refusée au motif que, cessionnaire de cette créance, il n'a pas la qualité de créancier au regard de la procédure collective pour ne pas l'avoir déclarée lui-même (Cass. com. 3-10-2018 n° 17-14.219 D : Rev. proc. coll. 2018 n° 6 § 189 note Vallansan).

Sauf disposition légale contraire, les **paiements** prévus par le plan sont **portables** (C. com. art. L 626-21, al. 4), c'est-à-dire payables au domicile du créancier (C. civ. art. 1343-4).

Exception faite des paiements dus en application du plan adopté par les classes de parties affectées (C. com. art. L 626-30-2, al. 2), le **premier paiement** ne peut intervenir au-delà d'un **délai** d'un an, à compter du jour du jugement arrêtant le plan ; le **montant** de chacune des annuités prévues par le plan, à compter de la troisième, ne peut pas, sauf dans le cas d'une exploitation **63392** agricole, être inférieur à 5 % du passif admis et, dans les procédures ouvertes depuis le 1er octobre 2021, à 10 % à compter de la sixième année (art. L 626-18, al. 4 et R 626-33).

Lorsque le principal d'une créance reste à échoir en totalité au jour du premier paiement, son remboursement commence à la date de l'annuité prévue par le plan qui suit l'échéance prévue par les parties avant l'ouverture de la procédure ; à cette date, le principal est payé à concurrence du montant qui aurait été perçu par le créancier s'il avait été soumis depuis le début du plan aux délais uniformes de paiement imposés par le tribunal aux autres créanciers ; le montant versé au titre des annuités suivantes est déterminé conformément aux délais uniformes de paiement imposés aux autres créanciers ; si aucun créancier n'a été soumis à des délais uniformes de paiement, le montant versé au titre des annuités suivantes correspond à des fractions annuelles égales du montant du principal restant dû (art. L 626-18, al. 5).

Les **délais** de paiement imposés aux créanciers ne peuvent **pas excéder** la durée du plan, mais les délais prévus par les parties avant l'ouverture de la procédure qui sont supérieurs à cette durée sont maintenus (art. L 626-18, al. 3 et 6).

63394 Les **versements** afférents aux créances dont l'admission a été proposée par le mandataire judiciaire et qui ne sont pas contestées sont effectués à titre **provisionnel** dès que la décision arrêtant le plan est devenue définitive, si cette décision le prévoit (C. com. art. L 626-21, al. 2).

63396 Les sommes à répartir correspondant aux **créances litigieuses** ne sont versées qu'à compter de l'admission définitive de ces créances au passif ; toutefois, la juridiction saisie du litige peut décider que le créancier participera à titre provisionnel, en tout ou partie, aux répartitions faites avant l'admission définitive (C. com. art. L 626-21, al. 3).

Une fois sa créance définitivement admise, le créancier a droit, non seulement à sa part sur les dividendes à venir, mais aussi à celle lui revenant dans les dividendes précédemment distribués (Cass. com. 22-11-2011 n° 10-24.129 F-PB : RJDA 3/12 n° 314).

Si des provisions ont été versées sur des créances dont l'admission a été ultérieurement annulée et si tous les créanciers ont été payés, la récupération des provisions incombe au débiteur et non au mandataire ad hoc, nommé pour défendre l'intérêt collectif des créanciers (cf. Cass. com. 28-3-2018 n° 16-23.665 F-D : Rev. proc. coll. 2018 comm. n° 96 note J. Vallansan).

63400 Sur le paiement des **créanciers titulaires d'un privilège** spécial, d'un gage, d'un **nantissement** ou d'une **hypothèque** sur bien vendu dans le cadre du plan de sauvegarde, voir n° 63356.

63402 Le débiteur qui a effectué un paiement en **violation** des modalités de règlement du passif prévues au **plan** de sauvegarde ou de redressement ou qui a fait un acte de disposition sans l'autorisation du tribunal requise par le plan et toute personne qui, pendant la période d'exécution du plan, en connaissance de la situation du débiteur, a reçu de celui-ci un paiement irrégulier s'exposent à une amende de 30 000 € et/ou à un emprisonnement de deux ans ; il en est de même de toute personne qui a participé à ces actes (C. com. art. L 654-8, 2° et 3°).

Les sommes sont réintégrées dans le patrimoine du débiteur (n° 62952).

INOPPOSABILITÉ DES CRÉANCES NON DÉCLARÉES

63405 Les créances et les sûretés non déclarées régulièrement dans les délais requis sont inopposables au débiteur pendant l'exécution du plan de sauvegarde ou de redressement judiciaire (C. com. art. L 622-26, al. 2 et L 631-14, al. 1), à moins que le plan ne soit résolu (Cass. com. 9-9-2020 n° 19-10.206 FS-PB : RJDA 12/20 n° 57). Elles le demeurent après exécution du plan lorsque les engagements énoncés dans le plan ou décidés par le tribunal ont été tenus (art précités).

Sur l'opposabilité de ces créances aux coobligés ou aux garants du débiteur, nos 62462 et 62470.

MODIFICATION DU PLAN

63410 **Plan adopté par les classes de parties affectées** Une modification substantielle dans les objectifs ou les moyens du plan voté par les classes de parties affectées et arrêté par le tribunal ne peut intervenir que sur nouvelle consultation de ces classes selon les modalités exposées aux nos 63215 s., le commissaire à l'exécution du plan exerçant les pouvoirs dévolus à l'administrateur (C. com. art. L 626-31-1, al. 2).

63412 **Plan adopté en dehors des classes de parties affectées** Une modification substantielle dans les objectifs ou les moyens du plan (autre que celui adopté par les classes de créanciers) ne peut être décidée que par le tribunal, à la **demande** du débiteur ou, lorsque la situation du débiteur permet une modification substantielle du plan au profit des créanciers, du commissaire à l'exécution du plan (C. com. art. L 626-26, al. 1 et R 626-45, al. 1).

Si la modification porte sur les modalités d'apurement du passif, le greffier doit en informer les **créanciers** intéressés par lettre recommandée AR ; ceux-ci disposent alors d'un délai de vingt et un jours à compter de la réception de cette lettre pour faire valoir leurs observations par lettre recommandée AR adressée au commissaire à l'exécution du plan (art. R 626-45, al. 3). Dans les procédures ouvertes depuis le 1er octobre 2021, le défaut de réponse vaut acceptation des modifications proposées, sauf s'il s'agit de remises de dettes ou de conversions en titres donnant ou pouvant donner accès au capital (art. L 626-26, al. 2).

Le tribunal statue après avoir recueilli l'avis du ministère public et avoir entendu ou dûment appelé le débiteur, le commissaire à l'exécution du plan, les contrôleurs, les représentants du comité social et économique et toute personne intéressée (art. L 626-26, al. 4).

Le jugement modifiant le plan est publié et notifié comme le jugement arrêtant ou rejetant le plan (art. R 626-45, al. 4 et R 626-46 ; nos 63300 s.).

Les nouveaux apports de trésorerie consentis en application du plan modifié bénéficient du privilège exposé nos 62244 s. (art. L 626-26, al. 3 applicable aux procédures ouvertes depuis le 1-10-2021).

Voies de recours La décision du tribunal en matière de modification du plan est susceptible d'**appel** ou de pourvoi en cassation de la part du débiteur, du commissaire à l'exécution du plan, du comité social et économique ou, dans les entreprises de moins de cinquante salariés, des membres de sa délégation du personnel et du ministère public (C. com. art. L 661-1, I-7°). **63414**

En l'absence de comité social et économique, le représentant des salariés exerce ces recours (art. L 661-1, III).

Les décisions modifiant le plan sont susceptibles de **tierce opposition** mais non celles rejetant la modification (art. L 661-3, al. 1 et 3). Le jugement statuant sur la tierce opposition est susceptible d'appel et de pourvoi en cassation de la part du tiers opposant (art. L 661-3, al. 2) et des personnes précitées.

ACHÈVEMENT DE L'EXÉCUTION DU PLAN

Quand il est établi que les engagements énoncés dans le plan ou décidés par le tribunal ont été tenus, celui-ci, à la requête du commissaire à l'exécution du plan, du débiteur ou de tout intéressé, constate que l'exécution du plan est achevée (C. com. art. L 626-28). **63416**

Le débiteur fait, à son initiative, radier les mentions relatives à la procédure des registres sur lesquels elles sont portées (art. R 626-50, al. 3 et R 631-35, al. 1 ; sur la radiation d'office des mentions au registre du commerce et des sociétés, art. R 123-135).

Les **créances** qui n'ont **pas** été régulièrement **déclarées** dans les délais requis sont inopposables au débiteur après exécution du plan mais seulement lorsque les engagements énoncés dans le plan ou décidés par le tribunal ont été tenus (C. com. art. L 622-26, al. 2 et L 631-14, al. 1 ; Cass. com. 6-6-2018 n° 16-23.996 F-PB : RJDA 8-9/18 n° 658). **63420**

Le créancier qui a omis de déclarer une créance, de sorte que cette créance n'a pas été admise au passif et n'a donc pas pu être intégrée dans le plan de redressement du débiteur, ne peut pas obtenir la condamnation de celui-ci à lui payer sa créance si les engagements prévus au plan ont été exécutés (Cass. com. 27-9-2017 n° 16-19.394 F-PB : RJDA 1/18 n° 44). Mais il recouvre son droit de poursuite individuel en cas de résolution du plan et sans que puisse lui être opposée la prescription de son action (Cass. com. 9-9-2020 n° 19-10.206 FS-PB : RJDA 12/20 n° 57).

Lorsque le plan est arrivé à son terme sans avoir fait l'objet d'une décision de résolution, le créancier, dont la **créance admise** n'a **pas** été **totalement réglée,** recouvre son droit de poursuite individuelle contre le débiteur ; en l'absence de résolution du plan, seules les sommes dues en vertu de ce plan ou des accords auxquels il se réfère peuvent être réclamées (Cass. com. 13-9-2017 n° 15-23.044 F-D : Rev. proc. coll. 2018 comm. n° 150 note F. Macorig-Venier ; dans le même sens, Cass. com. 8-4-2015 n° 13-28.061 F-PBI : RJDA 6/15 n° 445).

Lorsque sa créance déclarée n'a été ni inscrite au plan ni payée, un créancier ne peut pas faire tierce opposition contre le jugement constatant l'exécution du plan s'il peut encore faire admettre sa créance au passif et en poursuivre le recouvrement (Cass. com. 14-9-2022 n° 21-11.937 F-B : RJDA 12/22 n° 705).

Les créanciers titulaires de **créances relevant du traitement préférentiel** (nos 62200 s.) peuvent poursuivre le débiteur en paiement (cf. Cass. com. 20-4-2017 n° 15-21.729 F-D : RJDA 7/17 n° 483). Une telle créance étant exclue du plan, l'exécution de ce dernier est sans effet sur l'obligation de payer.

D. Inexécution du plan

RECOUVREMENT DES DIVIDENDES NON VERSÉS

En cas de défaut de paiement des dividendes par le débiteur, le **commissaire à l'exécution du plan** procède à leur recouvrement conformément aux dispositions du plan ; il y est seul habilité ; **63430** s'il a cessé ses fonctions, tout intéressé peut demander au tribunal la désignation d'un mandataire ad hoc chargé d'effectuer ce recouvrement (C. com. art. L 626-27, I-al. 1). Il résulte de ces dispositions qu'un créancier inscrit au plan n'est pas habilité à agir en recouvrement de la fraction de dividende qui lui revient.

Le commissaire saisit le président du tribunal afin d'obtenir un titre exécutoire, s'il n'en dispose pas (art. R 626-47-1). Il informe le comité social et économique du défaut d'exécution du plan (art. L 626-25).

Le commissaire à l'exécution du plan, tout comme un créancier, peuvent demander la résolution du plan.

RÉSOLUTION DU PLAN

63432 **Cas de résolution et d'ouverture d'une nouvelle procédure collective** Le tribunal qui a arrêté le plan peut en décider la **résolution,** sur requête d'un créancier, du commissaire à l'exécution du plan ou du ministère public et après avoir entendu ou appelé le débiteur (C. com. art. L 626-27, I, al. 2 et 3 et R 626-48) :

– si ce dernier n'exécute pas ses engagements dans les délais fixés par le plan, ce que le tribunal apprécie souverainement (Cass. com. 28-2-2018 n° 17-10.289 F-D) ;

La démonstration de l'état de cessation des paiements du débiteur n'est alors pas requise (Cass. com. 16-12-2008 n° 17-10.289 F-D ; Cass. com. 31-5-2016 n° 13-14.109 F-D). Mais, si cet état est constaté, il permet au tribunal d'ouvrir une nouvelle procédure à l'encontre du débiteur (Cass. com. 31-5-2016 précité).

– si la cessation des paiements du débiteur est constatée au cours de l'exécution du plan.

Le créancier qui demande la résolution du plan pour cessation des paiements du débiteur doit, à peine d'irrecevabilité de sa demande, se prévaloir d'une créance certaine, liquide et exigible (Cass. com. 26-2-2020 n° 18-18.680 F-PB : RJDA 5/20 n° 279). Il n'est pas tenu de mettre en cause le commissaire à l'exécution du plan (CA Versailles 20-4-1988 : GP 1988.som.449). Le débiteur qui, au cours de l'exécution du plan, cesse son activité ne s'expose pas à la résolution du plan s'il continue à respecter celui-ci et n'est pas en cessation des paiements (Cass. com. 2-2-2022 n° 20-20.199 FS-B : RJDA 5/22 n° 291).

Dans ce dernier cas et à condition de caractériser cette cessation des paiements (Cass. com. 9-9-2020 n° 18-23.615 F-D : RJDA 12/20 n° 658 ; Cass. com. 2-6-2021 n° 20-14.101 F-D : RJDA 11/21 n° 730), le tribunal peut, dans le même jugement, prononcer la résolution et ouvrir une **nouvelle procédure,** à savoir :

– en cas de résolution du plan de sauvegarde, un redressement judiciaire ou, si le redressement est manifestement impossible, une liquidation judiciaire (art. L 626-27, I-al. 3 et R 626-48, al. 2 ; Cass. com. 16-12-2008 n° 07-17.130 FS-PB : Rev. jur. com. 2009.234 obs. Sortais) ;

– en cas de résolution du plan de redressement, une liquidation judiciaire (art. L 631-20 ; Cass. com. 8-3-2017 n° 15-17.691 F-D : RJDA 12/17 n° 826 ; Cass. com. 17-11-2021 n° 20-15.395 FS-D : RJDA 4/22 n° 212 ; Cass. com. 14-6-2023 n° 21-21.540 F-D).

Le tribunal n'est pas tenu d'observer, s'agissant d'un agriculteur, le préalable de conciliation prévu à l'article L 640-5 du Code de commerce (Cass. com. 20-10-2009 n° 08-18.321 : RJDA 6/10 n° 655).

Est susceptible d'appel ou de pourvoi en cassation la décision statuant sur la résolution du plan de sauvegarde ou de redressement de la part du débiteur, du commissaire à l'exécution du plan, du comité économique et social ou, dans les entreprises de moins de cinquante salariés, des membres de sa délégation du personnel (ou, en l'absence de CSE, du représentant des salariés), du créancier poursuivant et du ministère public (art. L 661-1, I-8°).

La décision rejetant la résolution est susceptible de tierce opposition mais non celle la prononçant (art. L 661-3, al. 1 et 3). Le jugement statuant sur la tierce opposition est susceptible d'appel et de pourvoi en cassation de la part du tiers opposant (art. L 661-3, al. 2).

Toutefois, à l'égard d'un débiteur personne physique, le tribunal peut ouvrir, au lieu d'une liquidation judiciaire, une procédure de rétablissement professionnel (n° 64360).

63434 **Effets de la résolution** Le jugement qui prononce la résolution du plan met **fin** aux opérations et à la **procédure** lorsque celle-ci est toujours en cours (C. com. art. L 626-27, I-al. 4).

Sous réserve des dispositions relatives à l'acquisition de la réduction proportionnelle (n° 63322), le jugement prononçant la résolution fait recouvrer aux créanciers l'intégralité de leurs créances et sûretés, déduction faite des sommes perçues, et emporte **déchéance de tout délai** de paiement accordé (art. précité). Le débiteur ne peut donc plus se prévaloir des délais et remises accordés dans le cadre du plan (Cass. com. 21-2-2012 n° 10-12.210 : RJDA 6/12 n° 606) qui sont caducs (CA Paris 11-3-2014 n° 13/03007 : RJDA 10/14 n° 788).

Le cautionnement donné pour garantir l'exécution du plan survit à la résolution de celui-ci (Cass. com. 8-7-2008 n° 07-13.274 : RJDA 12/08 n° 1308). La résolution laisse subsister l'engagement du garant à première demande qui ne peut prétendre que la garantie est devenue caduque, car cela impliquerait que la garantie est accessoire à l'obligation principale (CA Orléans 25-6-2010 : Rev. proc. coll. 2010 n° 4 § 168 note Fraimout).

Dispense de déclaration dans la nouvelle procédure collective Après résolution du plan et ouverture d'une nouvelle procédure collective par le même jugement ou par une décision ultérieure constatant que cette résolution a provoqué l'état de cessation des paiements, les créanciers soumis à ce plan ou admis au passif de la première procédure sont dispensés de déclarer leurs créances et sûretés ; les créances inscrites au plan résolu sont admises de plein droit, déduction faite des sommes déjà perçues (C. com. art. L 626-27, III ; CA Montpellier 6-1-2009 n° 07/04705 : Rev. proc. coll. 2010 n° 4 § 169 note Fraimout). Les créances utiles payables par privilège bénéficient de cette dispense de déclaration si elles ont été portées à la connaissance des organes de la procédure dans les conditions exposées n° 62242 (art. L 626-27, III). 63436

Les créances admises à titre privilégié ne conservent les sûretés qui leur sont attachées qu'autant qu'elles ont été renouvelées dans les conditions prescrites par les dispositions qui les régissent (cf. Cass. com. 17-2-2021 n° 19-20.738 F-PL : RJDA 7/21 n° 500).

Cette dispense n'interdit pas au créancier, s'il le souhaite, de déclarer de nouveau sa créance dans la nouvelle procédure (Cass. com. 4-5-2017 n° 15-15.390 : RJDA 7/17 n° 481), y compris lorsque sa créance a été en tout ou partie rejetée dans la première procédure ; en effet, l'admission ou le rejet de la créance dans la première procédure collective n'a pas autorité de la chose jugée dans la seconde procédure ouverte à l'égard du même débiteur après résolution de son plan (Cass. com. 30-1-2019 n° 17-31.060 F-PB : RJDA 4/19 n° 279).

Les créanciers non soumis au plan ou non admis dans la première procédure collective peuvent déclarer leurs créances au passif de la seconde procédure (Cass. com. 19-5-2021 n° 20-10.884 D : RJDA 8-9/21 n° 587).

La créance supplémentaire non déclarée au passif de la première procédure est soumise à la procédure de vérification et d'admission des créances propre à la nouvelle procédure ouverte après résolution du plan (Cass. com. 16-9-2014 n° 13-16.803 : RJDA 2/15 n° 124).

XI. LIQUIDATION JUDICIAIRE

PRÉSENTATION GÉNÉRALE

Le **régime** de la liquidation judiciaire est **en partie calqué sur** celui de la **sauvegarde** et du **redressement judiciaire,** par exemple en ce qu'il soumet les créanciers à la même discipline (arrêt des poursuites individuelles ; déclaration et vérification des créances ; maintien des contrats en cours ; revendication...), le liquidateur judiciaire assurant alors les fonctions dévolues à l'administrateur (sauf exception) et au mandataire judiciaire. 63470

Mais la liquidation judiciaire comporte des **différences majeures** avec les autres procédures collectives, notamment :

– elle correspond au degré le plus élevé de difficulté : non seulement le débiteur est en cessation des paiements, mais son redressement est manifestement impossible (sur ces notions, nos 61360 s. et 61420 s.) ;

– elle ne vise ni la préservation ni le redressement de l'entreprise ; elle tend à mettre fin à l'activité de celle-ci ou à réaliser le patrimoine du débiteur par une cession globale ou séparée de ses droits et de ses biens (C. com. art. L 640-1, al. 2) ;

– elle emporte la déchéance du terme des créances (n° 62505) ;

– pendant toute la durée de la procédure, le débiteur est dessaisi de son patrimoine, sous réserve de droits propres dont il conserve l'exercice ;

– la clôture de la procédure pour insuffisance d'actif – courante en pratique – ne permet qu'exceptionnellement aux créanciers de reprendre leurs poursuites individuelles contre le débiteur.

Pour les petites entreprises, une procédure de liquidation judiciaire simplifiée est applicable.

Depuis le 24 mai 2019, il n'est plus fait mention de la liquidation judiciaire au **casier judiciaire** du débiteur personne physique alors qu'auparavant, elle y était inscrite pour une durée de cinq ans à compter du jugement la prononçant (CPP art. 768, 5° et 769, 1°).

Ne sont traités dans les développements qui suivent que les **aspects spécifiques de la liquidation** judiciaire ; pour les aspects largement communs à toutes les procédures (par exemple, les modalités d'ouverture ou d'extension de la procédure, la poursuite des contrats en cours, la déclaration des créances, les revendications ou encore les nullités de la période suspecte), les développements se trouvent au principal sous le thème concerné avec mention des éventuelles particularités de la liquidation judiciaire en la matière. 63472

A. Situation de l'entreprise en liquidation judiciaire

1. ARRÊT DE L'ACTIVITÉ SAUF EXCEPTION

63480 Dans le cadre d'une liquidation judiciaire, le **principe** est celui de l'arrêt de l'activité de l'entreprise.

En cas de liquidation judiciaire, il n'y a pas de période d'observation : le diagnostic est déjà posé, une entreprise ne pouvant faire l'objet de cette procédure que si son redressement est manifestement impossible.

Toutefois, si la cession totale ou partielle de l'entreprise est envisageable ou si l'intérêt public ou celui des créanciers l'exige, le **maintien** de l'activité peut être **autorisé par le tribunal** pour une durée maximale de trois mois ; elle peut être prolongée une fois, pour la même durée, à la demande du ministère public (C. com. art. L 641-10, al. 1 et R 641-18). Si l'entreprise est une exploitation agricole, ce délai est fixé par le tribunal en fonction de l'année culturale en cours et des usages spécifiques aux productions concernées (art. L 641-10, al. 1).

Lorsque des offres de reprises ont été présentées dans le cadre du mandat ad hoc, de la conciliation ou du redressement judiciaire qui a précédé la liquidation judiciaire, le tribunal peut, si ces offres répondent aux conditions exposées n°s 63670 s. et sont satisfaisantes, ne pas autoriser la poursuite de l'activité (art. L 642-2, al. 2).

L'arrêté d'un plan de cession totale ou l'expiration du délai fixé par le tribunal met fin au maintien de l'activité. Le tribunal peut également décider d'y mettre fin à tout moment si ce maintien n'est plus justifié (art. L 641-10, al. 8).

Le maintien de l'activité n'est plus justifié au regard de l'intérêt général et de celui des créanciers, et le tribunal peut révoquer son autorisation, dès lors que les salaires ne sont plus payés et que les comptes de la liquidation ne permettent pas de faire face aux charges liées à la poursuite de l'activité (Cass. com. 14-12-2022 n° 21-18.549 F-B : RJDA 3/23 n° 158, validant l'arrêt de l'activité d'un viticulteur à quelques jours des vendanges).

Les jugements statuant sur la poursuite ou la cessation de l'activité ne sont susceptibles que d'un appel de la part du ministère public ; cet appel est suspensif (art. L 661-6, I-2° et VI).

2. PRISE EN MAIN DE L'ENTREPRISE PAR LE LIQUIDATEUR JUDICIAIRE

INTERVENANTS À LA PROCÉDURE

63485 À la différence de la sauvegarde et du redressement judiciaire où la gestion de l'entreprise est plus ou moins partagée entre le débiteur et l'administrateur judiciaire tandis que le mandataire judiciaire vérifie les créances et représente les créanciers pour ce qui relève de leur intérêt collectif, la procédure de liquidation judiciaire présente la particularité d'être essentiellement entre les mains d'un seul mandataire de justice : le liquidateur judiciaire. Le tribunal peut toutefois lui adjoindre un administrateur judiciaire.

Comme en sauvegarde ou en redressement judiciaire, le tribunal qui ouvre la liquidation judiciaire désigne un juge-commissaire (n° 61575), des contrôleurs (n° 61590) et, le cas échéant, des experts (C. com. art. L 641-1, II). Le représentant des salariés est désigné comme indiqué au n° 61595.

DÉSIGNATION DU LIQUIDATEUR

63490 Le **tribunal qui ouvre directement une liquidation judiciaire** désigne un liquidateur judiciaire (C. com. art. L 641-1, II-al. 2). La désignation d'un second liquidateur est requise dans les mêmes conditions que celles exposées n° 61577 pour l'administrateur (art. L 641-1-2).

Peuvent être désignés à cette fonction :

– un mandataire judiciaire inscrit sur la liste nationale ;

– le mandataire ad hoc ou le conciliateur qui a précédemment accompagné le débiteur, sauf opposition du ministère public (art. L 641-1, II-al. 3) ;

– une personne physique justifiant d'une expérience ou d'une qualification particulière au regard de la nature de l'affaire et répondant aux conditions posées par l'article L 812-2 du Code de commerce ;

– un huissier de justice ou un commissaire de justice lorsque le débiteur n'emploie aucun salarié et réalise un chiffre d'affaires annuel HT inférieur ou égal à 100 000 € (art. L 812-2, III).

Lorsque **la liquidation judiciaire est prononcée au cours de la période d'observation** d'une sauvegarde ou d'un redressement judiciaire, le tribunal nomme le mandataire judiciaire comme liquidateur, à moins que le débiteur, l'administrateur, un créancier, l'AGS, l'ordre professionnel ou l'autorité compétente dont le relève le débiteur ou le ministère public demande la désignation d'une autre personne (art. L 641-1, III).

Le tribunal peut, soit d'office, soit sur proposition du juge-commissaire ou à la demande du ministère public, procéder au remplacement du liquidateur, de l'expert ou de l'administrateur s'il en a été désigné un ou encore adjoindre un ou plusieurs liquidateurs ou administrateurs à ceux déjà nommés (art. L 641-1-1, al. 1).

Le liquidateur, l'administrateur ou un créancier nommé contrôleur peut demander au juge-commissaire de saisir à cette fin le tribunal ; l'ordre professionnel ou l'autorité compétente dont relève le débiteur peut saisir le ministère public à cette même fin. Le débiteur peut demander au juge-commissaire de saisir le tribunal aux fins de remplacer l'expert. Dans les mêmes conditions, tout créancier peut demander le remplacement du liquidateur.

Sur les **personnes ne pouvant pas être nommées** aux fonctions de liquidateur, n° 61600.

DÉSIGNATION D'UN ADMINISTRATEUR JUDICIAIRE

Lorsque le tribunal autorise le **maintien de l'activité,** il désigne un administrateur judiciaire pour administrer l'entreprise si elle a plus de 20 salariés ou si son chiffre d'affaires hors taxe est supérieur ou égal à 3 000 000 € ou en cas de nécessité ; le ministère public peut proposer le nom d'un administrateur judiciaire à la désignation du tribunal qui ne peut le rejeter que par décision spécialement motivée (C. com. art. L 641-10, al. 5 et R 641-19 et, sur renvoi, art. R 621-11). **63492**

Sur les personnes ne pouvant pas être nommées comme administrateur, n° 61600.

En cas de conversion de la procédure ouverte en liquidation judiciaire, si le tribunal n'a pas confirmé l'administrateur antérieurement désigné, les fonctions de ce dernier ont pris fin (art. L 622-11 ; Cass. com. 26-2-2020 n° 18-21.117 F-D : RJDA 6/20 n° 321), et les actes qu'il a accomplis ensuite au titre de ses anciennes fonctions sont nuls pour défaut de pouvoir (Cass. soc. 15-11-2011 n° 10-17.015 FS-PB : RJS 2/12 n° 128, à propos de licenciements).

MISSIONS DU LIQUIDATEUR

Le liquidateur exerce les pouvoirs qui sont conférés au mandataire judiciaire et à l'administrateur dans la sauvegarde et le redressement judiciaire (C. com. art. L 641-4). **63495**

Ses missions sont donc **multiples** : il procède à la vérification des créances, aux licenciements et aux opérations de liquidation ; il a qualité pour agir au nom et dans l'intérêt collectif des créanciers ; il administre l'entreprise, prépare le plan de cession, procède aux cessions d'actifs et au règlement des créanciers.

Si la liquidation judiciaire est prononcée au cours de la période d'observation d'une procédure de sauvegarde ou de redressement judiciaire, le liquidateur achève éventuellement la vérification des créances et poursuit les actions introduites avant le jugement de liquidation par l'administrateur ou par le mandataire judiciaire (art. L 641-5).

Sur les licenciements prononcés par le liquidateur en application de la décision ouvrant ou prononçant la liquidation judiciaire, art. L 641-4 et Mémento Social n° 48345.

Répartition des pouvoirs en présence d'un administrateur Certaines des missions qui incombent en principe au liquidateur sont confiées à l'administrateur judiciaire s'il en est désigné un (par exemple, la poursuite des contrats en cours ; l'administration de l'entreprise pendant la période de maintien de l'activité ; la préparation du plan de cession et la passation des actes nécessaires à sa réalisation ; C. com. art. L 641-10, al. 5). Toutefois, l'étendue des pouvoirs de l'administrateur dépend des **missions que le tribunal lui a confiées.** Ainsi la mission confiée à l'administrateur, pendant la période de poursuite d'activité autorisée après liquidation judiciaire, de préparer le plan de cession de l'entreprise et de passer les actes nécessaires à sa réalisation, ne lui permet pas d'agir en justice au lieu et place du liquidateur en paiement d'une créance du débiteur (Cass. com. 21-9-2010 n° 09-16.565 FS-D : RJDA 1/11 n° 66). **63497**

Sur le pouvoir de ces mandataires de faire fonctionner les comptes bancaires ou postaux du débiteur pendant un délai de six mois, art. R 641-37.

Représentation du débiteur et des créanciers Le liquidateur judiciaire représente les créanciers pour la défense de leur intérêt collectif (n°s 62380 s.) mais aussi le débiteur qui est dessaisi pendant la durée de la liquidation judiciaire (n°s 63530 s.). **63500**

Cette double casquette permet par exemple au liquidateur de demander le partage d'une indivision au nom du débiteur (C. civ. art. 815 ; Cass. 1e civ. 29-6-2011 n° 10-25.098 F-PBI : RJDA 11/11 n° 972) ou au nom des créanciers (C. civ. art. 815-17 ; Cass. 1e civ. 21-5-1997 n° 95-14.102 P : Bull. civ. I n° 163), dans les limites exposées n°s 63930 s.

Lorsque le liquidateur agit au nom et dans l'intérêt collectif des créanciers, il est alors considéré comme un tiers par rapport au débiteur (Cass. com. 25-9-2012 n° 11-30.018 F-PB : RJDA 1/13 n° 60). Il peut ainsi contester l'opposabilité et la validité d'un gage consenti par le débiteur à un des créanciers, peu important qu'en sa qualité de représentant du débiteur, il ait eu personnellement connaissance de l'existence du gage (Cass. com. 23-1-2001 n° 177 FS-P : RJDA 4/01 n° 484 ; dans le même sens, à propos de cessions des titres de la société débitrice qui n'avaient pas fait l'objet de formalités requises pour les rendre opposables aux tiers, Cass. com. 25-9-2012 précité). La clause d'arbitrage souscrite par le débiteur n'est pas applicable au litige (Cass. com. 17-11-2015 n° 14-16.012 F-PB : RJDA 2/16 n° 135), alors qu'elle peut l'être si le liquidateur agit au nom du débiteur (Cass. com. 26-2-2020 n° 18-21.810 F-D : RJDA 5/20 n° 283) ; il en est de même de la clause attributive de compétence souscrite par le débiteur avant sa mise en liquidation judiciaire (Cass. com. 9-6-2022 n° 20-23.509 F-D : RJDA 10/22 n° 576).

ACTES SOUMIS À L'AUTORISATION DU JUGE-COMMISSAIRE

63505 **Paiement pour récupérer un bien gagé, retenu ou objet d'un crédit-bail** L'interdiction de payer les créances antérieures au jugement d'ouverture s'applique en cas de liquidation judiciaire (nos 61870 s. ; C. com. art. L 641-3, al. 1). Toutefois, le liquidateur ou l'administrateur lorsqu'il en a été désigné peut demander au juge-commissaire l'autorisation de payer des **créances antérieures** au jugement pour retirer le gage ou la chose légitimement retenue ou encore pour lever l'option d'achat d'un contrat de crédit-bail (art. L 641-3, al. 2). Contrairement à la sauvegarde et au redressement judiciaire, ces opérations n'ont pas à être justifiées par la poursuite de l'activité ; il s'agit plutôt de préparer la cession de l'entreprise dans les meilleures conditions possibles.

Ces dispositions ne permettent pas au liquidateur de lever l'option avant la date fixée au contrat de crédit-bail (Cass. com. 18-3-2014 n° 12-27.297 FS-PB : RJDA 10/14 n° 786).

Sur la vente des biens gagés à défaut de retrait, nos 64080 s.

63510 **Compromis et transaction** Le liquidateur judiciaire peut, avec l'autorisation du juge-commissaire – le débiteur entendu ou dûment appelé –, compromettre et transiger sur toutes les contestations qui intéressent collectivement les créanciers, même sur celles qui sont relatives à des droits et actions immobiliers (C. com. art. L 642-24, al. 1 et R 642-41, al. 1). L'autorisation doit être antérieure à la conclusion de la transaction (Cass. com. 20-1-2021 n° 19-20.076 F-P : RJDA 6/22 n° 349).
Si l'objet du compromis ou de la transaction est d'une valeur indéterminée ou excède la compétence en dernier ressort du tribunal (5 000 €), le compromis ou la transaction est soumis à l'**homologation du tribunal,** le débiteur étant convoqué à l'audience comme il l'est à l'audience d'autorisation du juge-commissaire (art. L 642-24, al. 2 et R 642-41, al. 2 ; sur des homologations de transaction, CA Toulouse 2-7-2013 n° 12/01788 : JCP E 2013.1610 note Delattre ; T. com. Paris 10-5-1995 : D. 1995.som.389 obs. Vasseur).
À défaut d'autorisation, ces actes sont frappés de nullité absolue et ne peuvent pas être confirmés par une homologation a posteriori du tribunal (Cass. com. 6-12-1994 n° 92-20.269 P : RJDA 4/95 n° 507 ; Cass. com. 29-4-2002 n° 99-15.449 F-D : RJDA 10/02 n° 1065).

3. DESSAISISSEMENT DU DÉBITEUR EN LIQUIDATION JUDICIAIRE

PRINCIPE DU DESSAISISSEMENT

63530 Le jugement qui ouvre ou prononce la liquidation judiciaire emporte de plein droit, à partir de sa date, dessaisissement pour le débiteur de l'**administration et** de la **disposition de ses biens,** composant le patrimoine engagé par l'activité professionnelle même de ceux qu'il a acquis, à quelque titre que ce soit, tant que la liquidation judiciaire n'est pas clôturée ; les droits et actions du débiteur concernant son patrimoine sont exercés pendant toute la durée de la procédure par le liquidateur judiciaire (C. com. art. L 641-9, I-al. 1).

Bien que dessaisi, le **débiteur demeure propriétaire** de ces biens ; s'il s'agit d'un immeuble, il reste ainsi redevable des taxes et impôts afférents à celui-ci (Cass. com. 8-4-2008 n° 06-16.343 FS-PB : RJDA 10/08 n° 1045) ; le liquidateur ne peut pas l'en expulser avant la vente définitive de l'immeuble (Cass. com. 25-10-2011 n° 10-21.146 FS-PB : RJDA 3/12 n° 318).

Le dessaisissement prend **effet à compter** de la première heure du jour où est ouverte ou prononcée la liquidation judiciaire (Cass. com. 17-5-1989 n° 87-17.930 P : Bull. civ. IV n° 152 ; Cass. com. 13-10-2015 n° 14-14.327 F-PB : RJDA 4/16 n° 310).

Sur la date du dessaisissement du débiteur auquel une procédure de liquidation judiciaire est étendue, n° 61645.

La règle du dessaisissement est d'ordre public international (Cass. 1e civ. 5-2-1991 n° 89-14.382 : Bull. civ. I n° 44).

ÉTENDUE DU DESSAISISSEMENT

La question de l'étendue patrimoniale du dessaisissement résultant de la liquidation judiciaire se pose moins pour une personne morale que pour un débiteur personne physique. 63532

Signalons toutefois que le dessaisissement d'une société en liquidation ne s'étend pas à son dirigeant (Cass. com. 6-1-2021 n° 19-19.600 F-D : RJDA 3/21 n° 181 reconnaissant à celui-ci la possibilité d'agir en réparation de son préjudice personnel contre un tiers).

Dans les liquidations judiciaires ouvertes depuis le 15 mai 2022 à l'encontre d'un **entrepreneur individuel,** le dessaisissement concerne les biens composant le patrimoine engagé par l'activité professionnelle (C. com. art. L 641-9, I), à moins que la procédure collective n'englobe aussi son patrimoine personnel (nos 61539 s.) ou que le tribunal prononce la réunion de ses patrimoines (n° 61650).

Dans ces deux derniers cas, le dessaisissement est plus général et les solutions retenues par la jurisprudence avant la séparation des patrimoines professionnel et personnel de l'entrepreneur individuel sont à notre avis transposables. Le dessaisissement porte ainsi notamment :

– outre sur les biens propres à l'entrepreneur, sur les biens communs s'il est marié sous un régime de communauté (Cass. ass. plén. 23-12-1994 : RJDA 2/95 n° 212 ; Cass. com. 4-10-2005 n° 04-12.610 FS-PBIR : RJDA 3/06 n° 301 ; Cass. com. 27-9-2016 n° 15-10.428 F-PB : RJDA 12/16 n° 885) et les droits indivis qu'il détient (Cass. 3e civ. 23-3-1994 n° 92-10.360 P : Bull. civ. III n° 65) ;

– sur les fruits des biens appréhendés par la procédure collective (Cass. com. 16-9-2014 n° 13-11.737 FS-PB : RJDA 1/15 n° 34 : application aux dividendes des parts sociales acquises en vertu d'une cession inopposable à la liquidation).

Sur le fonctionnement des comptes bancaires du débiteur sous la signature du liquidateur ou de l'administrateur, C. com. art. R 641-37. Sur le cas particulier de l'emprise de la procédure collective ouverte à l'encontre d'un entrepreneur individuel ayant cessé son activité ou décédé, nos 61520 s.

Pour l'**EIRL** en liquidation judiciaire, le dessaisissement ne porte que sur le patrimoine affecté à l'activité en difficulté ou, si l'EIRL exerce celle-ci sans affectation de patrimoine, à son seul patrimoine non affecté (C. com. art. L 680-2) ; toutefois si la réunion de ses patrimoines est prononcée (n° 61650), la jurisprudence exposée ci-dessus s'applique.

Sur le cas des biens ou droits acquis au titre d'une succession ouverte après l'ouverture ou le prononcé de la liquidation judiciaire, n° 63935.

Les biens du débiteur, personne physique ou morale, peuvent être mis sous scellés (n° 63590).

ACTES RELEVANT DU LIQUIDATEUR

Sauf exceptions mentionnées nos 63532 et 63560, les **droits et actions sur le patrimoine dont le débiteur est dessaisi** sont exercés pendant toute la durée de la liquidation judiciaire par le liquidateur (C. com. art. L 641-9, I-al. 1), à condition qu'ils soient inhérents à l'administration et à la disposition des biens soumis au dessaisissement (Cass. 3e civ. 2-3-2022 n° 20-16.787 FS-B, affirmant en conséquence que les actes conservatoires échappent au dessaisissement). 63535

Sont notamment soumis au dessaisissement et relèvent du liquidateur judiciaire :

– le recouvrement des créances du débiteur (Cass. com. 23-9-2014 n° 12-29.262 F-PB : RJDA 12/14 n° 925, à propos de l'action en recouvrement du solde du compte courant d'associé du débiteur), de sorte que seul le liquidateur peut se désister à l'instance en ce domaine (Cass. com. 18-9-2012 n° 11-17.546 : RJDA 11/12 n° 986) ;

– l'exercice des voies de recours pour les actions en cours lors de l'ouverture de la procédure (Cass. com. 18-1-2023 n° 21-17.581 F-B : RJDA 4/23 n° 214), ou exercées pendant la procédure (Cass. com. 14-3-1995 : RJDA 8-9/95 n° 1043), et les actions en justice en défense (Cass. com. 8-3-1994 : RJDA 7/94 n° 854) comme en demande (Cass. com. 11-5-1993 : RJDA 1/94 n° 99), notamment l'action en partage d'une indivision (Cass. com. 1-10-2013 n° 12-20.567 F-D : RJDA 4/14 n° 365) ;

– l'action en responsabilité exercée contre un créancier (Cass. com. 14-6-2023 n° 21-24.143 F-B : RJDA 11/23 n° 603) ou contre l'avocat du débiteur qui lui a fait perdre une chance d'éviter la liquidation judiciaire (Cass. com. 8-2-2023 n° 21-16.954 F-B : RJDA 5/23 n° 271) ;

– l'émission d'un chèque après le jugement de liquidation judiciaire, même si la seconde présentation des chèques a été faite après rétractation de celui-ci (Cass. com. 2-4-1996 : RJDA 7/96 n° 975) ; mais les virements ordonnés la veille de l'ouverture de la procédure restent valables même s'ils sont exécutés après (Cass. com. 30-6-2021 n° 20-18.759 FS-BR : RJDA 12/21 n° 788) ;

– la contestation d'une saisie-attribution (Cass. com. 19-1-1999 : RJDA 7/99 n° 839) ou de l'attribution à un créancier du prix d'adjudication d'un immeuble (Cass. com. 13-11-2013 n° 12-28.572 FS-PBRI : RJDA 1/14 n° 53) ;

– la perception, après l'ouverture de la liquidation, du prix d'une vente conclue par le débiteur avant (Cass. com. 6-3-2019 n° 17-24.608 F-D : RJDA 6/19 n° 451).

Corrélativement, le liquidateur judiciaire est tenu des obligations du débiteur (Cass. com. 12-7-1994 n° 92-19.745 P : Bull. civ. IV n° 261 : obligation de remettre des déclarations relatives aux salariés du débiteur), sauf en matière d'établissement des comptes annuels (n° 63575).

En cas de **liquidation judiciaire** d'une personne physique qui est **associé d'une société,** le liquidateur judiciaire n'a pas qualité pour exercer les actions liées à la qualité d'associé ou de 63537 dirigeant et concernant le patrimoine de cette société, pas plus que le droit de participer aux décisions collectives de celle-ci (Cass. com. 18-10-2011 n° 10-19.647 FS-PB : RJDA 1/12 n° 76).

Le liquidateur ne peut donc pas demander la désignation d'un mandataire ad hoc pour voter au lieu et place de l'intéressé (Cass. com. 18-10-2011 précité) ou la désignation d'un administrateur provisoire pour la société (Cass. com. 27-11-2001 n° 97-22.086 FS-P : RJDA 8-9/02 n° 916) ou encore consentir un prêt à usage sur l'immeuble appartenant à la société (Cass. com. 10-5-2005 n° 694 F-D : RJDA 10/05 n° 1135).

63540 Il résulte du dessaisissement du débiteur que, pour certains actes de procédures, les **créanciers** ne doivent plus **s'adresser** au débiteur mais au **liquidateur judiciaire.**

Par exemple, c'est à ce dernier que :

– l'administration fiscale doit adresser ses propositions de rectification de l'impôt (Cass. com. 21-2-2012 n° 11-12.138 F-PB : RJDA 6/12 n° 610), les redressements envisagés (CE 14-3-2008 n° 290591 : D.2008 som. p. 916) ou l'avis de mise en recouvrement des impôts dûs par le débiteur (CE 7-4-2023 n° 456830 : RJF 6/23 n° 497 concl. C. Guibé p. 159) ;

– les cocontractants doivent envoyer la mise en demeure de se prononcer sur le sort des contrats en cours, sauf si un administrateur a été désigné ;

– le bailleur doit adresser le commandement de payer visant la clause résolutoire, lorsqu'il peut mettre en œuvre celle-ci.

Le liquidateur doit aussi être mis en la cause pour la reprise des instances des créanciers interrompues par l'ouverture de la procédure ou des nouvelles actions qu'ils sont autorisés à engager.

En cas d'instance en fixation du loyer du bail renouvelé en cours, le bailleur qui fait appel de la décision refusant le déplafonnement du loyer peut diriger son appel contre le seul liquidateur et n'a pas à intimer le locataire en liquidation judiciaire (Cass. com. 14-6-2023 n° 21-11.588 F-D : RJDA 1/24 n° 44).

63550 **Violation du dessaisissement par le débiteur** Les **actes** que le débiteur accomplit seul au mépris du dessaisissement **sont inopposables à la procédure** (Cass. com. 26-4-2000 : RJDA 7-8/00 n° 783 ; Cass. com. 19-5-2004 n° 01-13.956 FS-PB : RJDA 11/04 n° 1249 ; Cass. com. 13-9-2023 n° 22-10.249 F-D), les actes relatifs à l'instance judiciaire étant nuls quant à eux (Cass. com. 28-6-1994 n° 92-14.960 : Bull. civ. IV n° 239, à propos de la signification d'un jugement par le débiteur) ou irrecevables (Cass. 2e civ. 3-11-2005 n° 1713 F-PB : RJDA 5/06 n° 602, pour l'exercice d'une action ou d'un recours par le débiteur).

Mais le liquidateur peut se prévaloir des actes (autres que de procédure) accomplis par le débiteur seul : jugé que le patrimoine de ce dernier comprend les biens acquis au mépris du dessaisissement, le prêt souscrit par le débiteur pour l'achat et l'inscription du privilège de prêteur de deniers étant néanmoins inopposables à la procédure collective (Cass. com. 19-5-2004 n° 809 : RJDA 11/04 n° 1249).

Lorsque le débiteur a vendu un immeuble à l'insu du liquidateur et en a perçu le prix, ce paiement n'est pas libératoire pour l'acquéreur et celui-ci s'expose à payer le prix une seconde fois entre les mains du liquidateur (Cass. com. 12-7-2011 n° 10-19.430 F-D : Rev. jur. com. 2012 p. 74 note J.-P. Sortais).

Les tiers ne peuvent pas invoquer leur bonne foi (ignorance du prononcé de la liquidation) pour échapper à l'inopposabilité (Cass. com. 22-10-1996 : RJDA 2/97 n° 276 ; Cass. com. 16-9-2014 n° 13-11.737 : RJDA 1/15 n° 34), ni se prévaloir de l'acte accompli par le débiteur pour fonder un droit, car le dessaisissement étant édicté dans l'intérêt des créanciers, le liquidateur a seul qualité pour s'en prévaloir (Cass. com. 9-1-2001 : RJDA 5/01 n° 615 ; Cass. com. 22-1-2002 : RJDA 5/02 n° 532 ; Cass. 3e civ. 2-3-2022 n° 20-16.787 FS-B ; Cass. com. 25-10-2023 n° 22-16.779 F-D : BRDA 24/23 inf. 10). Ils ne peuvent pas justifier leur acte, en l'espèce un paiement fait dans les mains du débiteur, par la faute du liquidateur qui a négligé pendant deux ans de réclamer le paiement (Cass. com. 22-2-2017 n° 15-13.899 : RJDA 5/17 n° 357). Toutefois, ils peuvent invoquer la **ratification par le liquidateur** des actes accomplis par le débiteur seul (Cass. com. 19-5-2004 précité) et qui sont conformes à l'intérêt des créanciers qu'il représente (cf. Cass. com. 20-2-2001 : RJDA 8-9/01 n° 883).

La Cour de cassation a atténué la règle selon laquelle seul le liquidateur peut se prévaloir du dessaisissement : Lorsque le débiteur a fait appel d'un jugement, les intimés sont recevables à invoquer le défaut de qualité du débiteur à interjeter appel seul d'une décision concernant son patrimoine (Cass. com. 13-11-2013 n° 12-28.572 FS-PBRI : RJDA 1/14 n° 53 ; Cass. com. 19-11-2013 n° 11-28.078 FS-D : RJDA 3/14 n° 257 revenant sur la jurisprudence antérieure qui refusait à l'intimé la possibilité de se prévaloir de cette fin de non-recevoir, notamment Cass. com. 14-12-2010 n° 10-10.774 : RJDA 2/11 n° 17).

Le liquidateur peut aussi régulariser une action en justice engagée par le seul débiteur, par exemple en intervenant volontairement à l'instance, mais il doit le faire avant que le juge statue (Cass. 2e civ. 3-11-2005 n° 03-20.797 F-PB : RJDA 5/06 n° 562) ou, s'il s'agit d'un recours, avant l'expiration du délai dans lequel celui-ci doit être exercé (Cass. com. 10-11-2003 n° 1809 FP-PBI : RJDA 4/04 n° 454 ; Cass. com. 13-11-2013 n° 12-28.572 précité ; Cass. com. 18-1-2023 n° 21-17.581 F-B : RJDA 4/23 n° 214).

ACTES PERMIS AU DÉBITEUR

Le débiteur en liquidation judiciaire peut accomplir les actes et exercer les **droits et actions** qui ne sont **pas compris dans la mission du liquidateur** (ou de l'administrateur s'il en a été désigné un ; C. com. art. L 641-9, al. 3). **63560**

La loi reconnaît expressément certains droits au débiteur : se constituer partie civile dans le but d'établir la culpabilité de l'auteur d'un crime ou d'un délit (art. L 641-9, I-al. 2) mais sans pouvoir demander réparation du préjudice causé par celui-ci (Cass. crim. 24-6-2020 n° 18-85.540 FS-PB : RJDA 10/20 n° 512, avis av. gén. M. Salomon p. 629) ; vendre ou non les biens acquis au titre d'une succession ouverte après la liquidation judiciaire ou de provoquer le partage de l'indivision successorale (cf. art. L 641-9, IV) ; exercer les voies de recours qui lui sont ouvertes en matière de procédures collectives.

L'article L 641-9 ne privant le débiteur que de l'administration et de la disposition de ses biens, les actes conservatoires échappent au dessaisissement (Cass. 3e civ. 2-3-2022 n° 20-16.787 FS-B, refusant cette qualification au procès-verbal de réception de travaux, en raison des conséquences qui s'y attachent).

Les tribunaux réservent aussi au débiteur l'exercice de ses **droits propres** et des **actions** qui sont **attachées à sa personne,** même s'ils revêtent un caractère patrimonial. En dépit de son dessaisissement, le débiteur est toujours recevable à invoquer une violation des règles relatives à ce dessaisissement ou à se prévaloir d'un droit propre pour agir (Cass. com. 2-4-1996 n° 93-10.453 : RJDA 8-9/96 n° 1117 ; Cass. com. 4-3-2014 n° 12-29.219 : RJDA 5/14 n° 462). **63562**

Le débiteur peut ainsi :

– se défendre dans une instance en cours lors de l'ouverture de la procédure collective, qui vise la fixation d'une créance à son passif (Cass. com. 20-1-1998 n° 95-20.030 : RJDA 5/98 n° 616 ; Cass. com. 24-1-2018 n° 16-21.701 F-PBI : RJDA 4/18 n° 334 ; Cass. com. 14-6-2023 n° 21-24.143 F-B : RJDA 11/23 n° 603 ; sur la mise en cause de l'administrateur ou du liquidateur si l'instance a été interrompue par la procédure collective, voir n° 62430) ou sa condamnation à payer un créancier (Cass. com. 24-5-2023 n° 21-22.398 F-B : RJDA 8-9/23 n° 448) ;

– contester la décision l'expulsant d'un immeuble qui constitue son logement familial (cf. Cass. com. 11-12-2012 n° 11-24.147 : RJDA 4/13 n° 351) ou l'ordonnance du juge-commissaire ordonnant la vente de ce logement (Cass. com. 21-11-2018 n° 17-21.624 F-D : RJDA 2/19 n° 119) ;

– exercer le droit de préférence dont il jouit sur un bien en cas de vente de celui-ci, tel celui reconnu au locataire d'un bail rural (Cass. 3e civ. 7-4-2004 n° 02-19.520 : Bull. civ. III n° 78) ou d'un local d'habitation (Cass. com. 31-5-2011 n° 10-18.311 : RJDA 10/11 n° 778) ;

– se défendre à l'action tendant au report de la date de cessation de ses paiements (n° 61390) ;

– intenter une action en divorce ou en fixation de la prestation compensatoire, ou y défendre (Cass. com. 16-1-2019 n° 17-16.334 FS-PB : RJDA 4/19 n° 282 ; Cass. com. 20-10-2021 n° 20-10.710 F-B : RJDA 1/22 n° 32 ; Cass. com. 20-10-2021 n° 20-10.710 F-B : RJDA 1/22 n° 32) ; le liquidateur judiciaire n'a pas à être appelé à l'instance mais il peut faire tierce opposition contre l'abandon par le débiteur d'un de ses biens à titre de prestation compensatoire (arrêts précités) ;

– demander l'autorisation judiciaire d'aliéner un bien qui lui a été donné avec une clause d'inaliénabilité dès lors que l'action est subordonnée à des considérations personnelles d'ordre moral et familial inhérentes à la donation (Cass. 1e civ. 4-7-2006 nos 04-12.350 FS-PB, 04-12.825 FS-PB : RJDA 11/06 n° 1149 ; Cass. com. 9-11-2004 n° 02-18.617 FS-PB : RJDA 3/05 n° 304), le liquidateur ne pouvant que demander au donateur de renoncer à cette clause (Cass. 1e civ. 19-12-2018 n° 17-17.551 F-D : RJDA 4/19 n° 254) ;

– agir en réduction d'une donation partage, le débiteur étant libre d'exercer cette action en fonction de considérations non seulement patrimoniales mais aussi morales ou familiales (Cass. com. 2-3 2022 n° 20-20.173 FS-B : RJDA 6/22 n° 355) ;

– agir en réparation de son préjudice physique et d'agrément résultant d'un accident (Cass. com. 17-4-2019 n° 17-18.688 FS-PB : RJDA 12/19 n° 771, chron. C. Brahic-Lambrey), de son préjudice moral (Cass. com. 9-6-2022 n° 21-12.348 F-D : RJDA 11/22 n° 650) ou d'atteinte à son honneur et à sa réputation (Cass. com. 19-2-2002 n° 99-15.625 F-D) car, nonobstant leur caractère patrimonial, ces actions sont attachées à la personne du débiteur ; sur la constitution de partie civile, n° 63560.

– faire reconnaître qu'il est titulaire d'un contrat de travail (Cass. soc. 13-7-2004 n° 02-43.444 FS-PB : RJDA 2/05 n° 177) ;

– mettre en cause la responsabilité de l'État en application de l'article L 141-1 du Code de l'organisation judiciaire lorsque la durée de la procédure collective est excessive (Cass. com. 24-3-2015 n° 14-11.376 F-D : RJDA 12/15 n° 847).

Le débiteur en liquidation judiciaire n'a aucun droit propre, faisant échec à son dessaisissement, pour l'exercice des actions tendant au recouvrement de ses créances (Cass. com. 18-9-2012 n° 11-17.546 : RJDA 11/12 n° 986 ; Cass. com. 14-6-2023 n° 21-24.143 F-B : RJDA 11/23 n° 603). Il n'est ainsi pas recevable à contester l'autorisation de transiger donnée par le juge-commissaire au liquidateur lorsque la transaction, qui fixe, pour solde de tout compte, le montant de la dette d'un tiers envers le débiteur, a pour objet le recouvrement des créances, qui relève du monopole du liquidateur (Cass. com. 9-10-2019 n° 18-12.162 F-PB : RJDA 1/20 n° 33). Mais le débiteur a un droit propre à contester l'ordonnance lorsque la transaction a pour objet la cession d'un actif dépendant de la liquidation judiciaire (Cass. com. 24-1-2018 n° 16-50.033 FS-PBI : RJDA 4/18 n° 341).

Il ne dispose d'aucun droit propre pour agir en responsabilité, que ce soit contre un créancier (Cass. com. 14-6-2023 précité) ou contre son avocat qui lui a fait perdre une chance d'éviter la liquidation judiciaire (Cass. com. 8-2-2023 n° 21-16.954 F-B : RJDA 5/23 n° 271).

Sur le paiement préférentiel des honoraires de l'avocat qui assiste le débiteur dans l'exercice de ses droits propres, Cass. com. 7-10-2020 n° 19-12.996 F-PB : RJDA 1/21 n° 36.

4. SITUATION DE LA SOCIÉTÉ EN LIQUIDATION JUDICIAIRE

ABSENCE DE DISSOLUTION DE LA SOCIÉTÉ

63570 Le jugement ordonnant la liquidation judiciaire de la société n'emporte pas la **dissolution** de cette dernière (Cass. com. 21-4-2022 n° 20-13.625 F-D : RJDA 7/22 n° 423) : la dissolution n'intervient qu'**en cas** de clôture de la liquidation judiciaire pour insuffisance d'actif et à la date du jugement ordonnant cette clôture (C. civ. art. 1844-7, 7°).

En conséquence, les **dirigeants sociaux** en fonction lors de l'ouverture de la liquidation judiciaire le demeurent en principe pendant la durée de la procédure, voire au-delà dans l'hypothèse, rare en pratique, d'une clôture pour extinction du passif. Ils conservent le pouvoir de représenter la société (Cass. com. 12-6-2019 n° 18-14.395 F-D : RJDA 10/19 n° 632) mais leurs pouvoirs sont très restreints, le liquidateur judiciaire exerçant la plupart des droits de la société (nos 63535 s.) et procédant aux opérations de liquidation (C. com. art. L 641-1, II et L 641-4).

Un mandataire peut être désigné, en cas de nécessité, au lieu et place des dirigeants par ordonnance du président du tribunal sur requête de tout intéressé, du liquidateur ou du ministère public (art. L 641-9, II). La désignation d'un mandataire peut être justifiée par l'interdiction de gérer frappant le dirigeant, par son état de santé ou encore par un conflit d'intérêts entre le dirigeant et la société (pour le rejet d'une demande injustifiée, CA Paris 21-11-2013 n° 13/09561 : RJDA 3/14 n° 258).

COMPTES ANNUELS

63575 Lorsque les **dirigeants** de la personne morale débitrice en liquidation judiciaire **ne respectent pas leurs obligations** en matière d'arrêté et d'approbation des comptes annuels, le liquidateur judiciaire peut saisir le président du tribunal aux fins de désignation d'un mandataire ad hoc (C. com. art. L 641-3, al. 3).

5. MESURES CONSERVATOIRES VISANT LE DÉBITEUR EN LIQUIDATION JUDICIAIRE

63580 Dans le cadre d'une liquidation judiciaire, sont applicables les mesures exposées nos 61740 s. et nos 62292 s. ainsi que celles-ci-dessous.

DÉTOURNEMENT DU COURRIER DU DÉBITEUR

63585 Au cours de la procédure de liquidation judiciaire, le juge-commissaire peut ordonner – ce n'est qu'une faculté – que le liquidateur ou l'administrateur, lorsqu'il en a été désigné un, soit le destinataire du **courrier** adressé au débiteur, sauf si ce dernier exerce une activité pour laquelle il est soumis au secret professionnel (C. com. art. L 641-15, al. 1 et 4).

Le débiteur, préalablement informé, peut assister à l'ouverture du courrier ; toutefois, sont immédiatement remis ou restitués au débiteur (art. L 641-15, al. 2) :

– une convocation devant une juridiction, une notification de décisions ou tout autre courrier ayant un caractère personnel ;

– lorsque le débiteur est un entrepreneur individuel (y compris un EIRL), le courrier intéressant un patrimoine autre que celui visé par la procédure.

Le juge-commissaire peut aussi autoriser le liquidateur ou l'administrateur au courrier **électronique** reçu par le débiteur (art. L 641-15, al. 3 ; sur les modalités de transmission de ce courrier, art. R 641-40).

APPOSITION DES SCELLÉS SUR LES BIENS DU DÉBITEUR

63590 Le juge-commissaire peut ordonner l'apposition des scellés sur tout ou partie des biens du débiteur en liquidation judiciaire dans les conditions fixées par les articles R 641-15 à R 641-17 du Code de commerce. Lorsque le débiteur exerce une profession libérale soumise à un statut législatif ou réglementaire ou dont le titre est protégé, l'apposition des scellés a lieu en présence d'un représentant de l'ordre professionnel ou de l'autorité dont il relève (C. com. art. R 641-15, al. 3).

Si le débiteur est un entrepreneur individuel (y compris un EIRL), la mesure ne peut concerner que celui de ses patrimoines qui est visé par la procédure (cf. art. L 681-2, II et III et L 680-2).

EXERCICE D'UNE ACTIVITÉ PROFESSIONNELLE

Lorsque la liquidation judiciaire a été ouverte depuis le 15 mai 2022, l'**entrepreneur individuel** qui en fait l'objet peut exercer une nouvelle activité professionnelle, ce qui entraîne la constitution d'un nouveau patrimoine professionnel qui n'est pas concerné par la procédure en cours (C. com. art. L 681-1, VII ; Loi 2022-172 du 14-2-2022 art. 19, I). Il ne peut pas pour autant diminuer l'actif du patrimoine objet de la procédure (art. précité). L'exercice d'une nouvelle activité n'est pas autorisé si l'entrepreneur, au titre de l'un quelconque de ses patrimoines, a fait l'objet, depuis moins de 5 ans, d'une procédure de liquidation judiciaire clôturée pour insuffisance d'actif ou d'une décision de clôture d'une procédure de rétablissement professionnel (art. précité). **63595**

Si la liquidation judiciaire a été ouverte avant le 15 mai 2022, il est interdit à l'entrepreneur d'exercer une activité commerciale, artisanale, agricole ou professionnelle indépendante tant que la procédure est en cours (C. com. art. L 641-9, III). Mais il peut exercer une activité salariée pendant la procédure (cf. Cass. com. 5-7-2005 n° 04-13.255, 04-13.266 FS-PB : RJDA 3/06 n° 309), les salaires perçus pouvant être appréhendés par le liquidateur judiciaire (n° 63532).

Si l'entrepreneur est un **EIRL** (et peu important la date d'ouverture de la liquidation judiciaire), il peut poursuivre l'exercice d'une ou de plusieurs de ses activités professionnelles dans la mesure où celles-ci engagent un patrimoine autre que celui visé par la liquidation judiciaire (art. L 641-9, III).

B. Cession de l'entreprise ou de ses actifs

PUBLICITÉ PRÉALABLE À LA CESSION

Toute cession d'entreprise et toute réalisation d'actif dans le cadre d'une procédure collective doivent être précédées d'une publicité (C. com. art. L 642-22-1). **63630**

Cette publicité est faite par les mandataires de justice au moyen d'un service informatique accessible par l'Internet ; en outre, toute cession d'entreprise fait l'objet d'une publicité par voie de presse dont l'étendue est définie par le juge-commissaire ; ce juge détermine s'il y a lieu d'effectuer une publicité par voie de presse pour les actifs de faible valeur (art. R 642-40, al. 1 et 2).

Les actifs à céder sont notamment recensés sur le site internet du Conseil national des administrateurs judiciaires et des mandataires judiciaires (www.cnajmj.fr).

Tout intéressé peut prendre connaissance des caractéristiques essentielles de l'entreprise ou de la ou des branches d'activité susceptibles d'être cédées au greffe du tribunal (art. R 642-40 al. 3 et R 631-39).

AUDITION DU CONJOINT DU DÉBITEUR

Le conjoint du débiteur est entendu ou dûment convoqué avant toute décision ordonnant ou autorisant la vente des biens de la communauté, y compris si la dissolution de la communauté est intervenue au cours de la procédure à condition toutefois que cette dissolution soit devenue opposable aux tiers (C. com. art. R 631-30 et R 641-30). **63632**

PROCÉDURE EUROPÉENNE D'INSOLVABILITÉ

Lorsqu'un débiteur fait l'objet d'une procédure principale d'insolvabilité dans un autre État membre et d'une **procédure secondaire en France,** le praticien de l'insolvabilité (le « syndic ») de la procédure principale peut demander la suspension, pendant trois mois maximum, de la réalisation des actifs dans le cadre de la procédure secondaire, à condition de garantir les intérêts des créanciers de cette procédure (Règl. UE 2015/848 du 20-5-2015 ; sur les conditions de mise en œuvre de cette suspension en France, C. com. art. L 692-4 s.). **63635**

1. PLAN DE CESSION DE L'ENTREPRISE

RÉGIME COMMUN AUX PROCÉDURES COLLECTIVES

Les articles L 642-1 s. du Code de commerce fixent le régime de la cession totale ou partielle de l'entreprise lorsqu'elle intervient dans le cadre d'une **liquidation judiciaire.** **63650**

Ces dispositions s'appliquent aussi à la cession d'une ou de plusieurs branches d'activité en cas de **sauvegarde** (art. L 626-1) et à la cession totale ou partielle de l'entreprise en cas de **redressement judiciaire** (art. L 631-22) sous réserve des aménagements exposés respectivement n°s 63352 s. et 63364.

Sur les **biens cessibles** dans le cadre du plan, n°s 63930 s. Sur le transfert de certains contrats, n°s 63780 s.

a. Conditions de la cession de l'entreprise

FINALITÉS DE LA CESSION

63652 Le tribunal peut ordonner la cession de l'entreprise, en vue « d'assurer le maintien d'activités susceptibles d'exploitation autonome, de tout ou partie des emplois qui y sont attachés et d'apurer le passif » (C. com. art. L 642-1, al. 1).

Il a été déduit de cette disposition que les trois **finalités** prévues par la loi sont non pas égales mais **hiérarchisées.** Il est donc possible de mettre en place un plan de cession qui permette d'abord la sauvegarde de l'entreprise, ensuite le maintien partiel de l'activité et de l'emploi, enfin et subsidiairement le paiement d'une partie du passif (CA Versailles 9-7-1986 : GP 1986.570 note Martin).

Un plan de cession peut valablement être arrêté même si les créanciers ne reçoivent qu'un règlement partiel (Cass. com. 26-6-1990 n° 89-12.496 : Bull. civ. IV n° 191 à propos de plan de cession de branche d'activités avec reprise d'une partie des salariés), voire insignifiant, dès lors que la liquidation des actifs n'aurait pas amélioré leur situation (cf. CA Aix 2-10-1986 : D. 1987.som.9 obs. Derrida ; CA Paris 6-2-1987 : GP 1987.197 ; CA Toulouse 16-4-1987 : PA 20-6-1988 p. 5 ; CA Metz 23-9-1992 : RJDA 10/93 n° 838 ; dans le même sens, CA Versailles 9-7-1993 : BRDA 17/93 p. 9).

CESSION TOTALE OU PARTIELLE

63655 La cession de l'entreprise peut être totale (sauf en cas de sauvegarde ; n° 63350) ou partielle (C. com. art. L 642-1, al. 2). La cession est totale si les biens non compris dans le plan de cession sont indifférents à la poursuite de l'activité (Cass. com. 11-6-1996 : RJDA 11/96 n° 1398 ; CA Orléans 27-4-2000 : Rev. proc. coll. 2001.87 n° 34) ; ces biens sont cédés dans les conditions exposées n°s 63970 s.

Une entreprise peut faire l'objet de plusieurs cessions partielles ; il suffit que chacune d'elles porte sur un ensemble d'éléments d'exploitation qui forment une ou plusieurs branches complètes et autonomes d'activités (art. L 642-1, al. 2), peu important que cet ensemble ne représente qu'une fraction de l'actif de l'entreprise (Cass. com. 2-2-1993 : RJDA 6/93 n° 566).

Le droit au bail ne saurait être assimilé à l'entreprise elle-même ni constituer à lui seul une branche complète et autonome d'activité (CA Metz 13-2-1990 : D. 1991.som.13 obs. Derrida). De même, ne répond pas aux exigences de la loi le plan portant exclusivement sur des immeubles, des meubles meublants et des véhicules automobiles (CA Paris 14-12-1993, 2e esp. : D. 1996.som.5 obs. Derrida).

RÈGLES PARTICULIÈRES À CERTAINS BIENS OU ENTREPRISES

63660 Lorsqu'un **ensemble** est **essentiellement constitué du droit à un bail rural,** le tribunal peut, sous réserve des droits à indemnité du preneur sortant et nonobstant les autres dispositions du statut du fermage, soit autoriser le bailleur, son conjoint ou l'un de ses descendants à reprendre le fonds pour l'exploiter, soit attribuer le bail rural à un autre preneur proposé par le bailleur ou, à défaut, à tout repreneur dont l'offre répond aux conditions légales (C. com. art. L 642-1, al. 3). Les dispositions relatives au contrôle des structures des exploitations agricoles ne sont pas applicables ; toutefois, lorsque plusieurs offres ont été recueillies, le tribunal tient compte des priorités du schéma directeur régional des exploitations agricoles mentionné à l'article L 312-1 du Code rural (art. précité).

Si le bail rural ne constitue pas l'essentiel d'un ensemble agricole, ce qui est apprécié eu égard à l'équilibre économique de l'exploitation, il est incessible (Cass. com. 28-4-1998 n° 957 P : RJDA 8-9/98 n° 1013). De même, le contrôle des structures des exploitations agricoles n'est écarté que dans l'hypothèse de la cession d'un ensemble d'éléments d'exploitation agricole constitué essentiellement du droit au bail (CAA Bordeaux 10-3-2016 n° 14BX00828 : Rev. proc. coll. 2016 n° 6 § 211 note C. Lebel).

63662 Lorsque le débiteur est un **officier public ou ministériel,** le liquidateur judiciaire peut exercer le droit du débiteur de présenter son successeur au ministre de la Justice (C. com. art. L 642-1, al. 4).

b. Offres de reprise

PERSONNES POUVANT PRÉSENTER UNE OFFRE

63670 Les offres de reprise de l'entreprise doivent être présentées par des **tiers** ou des salariés (cf. C. com. art. L 631-13 auquel renvoie l'art. L 642-2, I-al. 2 et L 642-3, al. 1).

En effet, ne peuvent pas présenter une offre, directement ou par personne interposée, le débiteur, au titre de l'un quelconque de ses patrimoines, les dirigeants de droit ou de fait de la personne morale objet de la procédure collective, les parents ou alliés jusqu'au deuxième degré inclusivement de ces dirigeants ou du débiteur personne physique, les personnes ayant ou ayant eu la qualité de contrôleur au cours de la procédure (art. L 642-3, L 626-1 et L 631-19).

Cette interdiction perdure après la cession de l'entreprise : ces personnes ne peuvent pas acquérir, dans les cinq années de la cession, tout ou partie des biens compris dans cette cession, directement ou indirectement, ainsi que d'acquérir des parts ou titres de capital de toute société ayant dans son patrimoine, directement ou indirectement, tout ou partie de ces biens, ainsi que des valeurs mobilières donnant accès, dans le même délai, au capital de cette société (art. précités).

N'a pas la qualité de **tiers** toute personne morale masquant, d'une manière quelconque, la participation des dirigeants d'une société en liquidation judiciaire au rachat des actifs de celle-ci (Cass. com. 8-3-2017 n° 15-22.987 : RJDA 5/17 n° 359). Tel est le cas, par exemple, de la société constituée par des anciens salariés dès lors que l'ancien dirigeant a prêté les fonds nécessaires à la constitution et qu'il s'est fait céder 75 % du capital de cette société (Cass. com. 25-9-2012 n° 11-23.667 F-D : RJDA 2/13 n° 144). Le dirigeant de droit d'une société en liquidation judiciaire, également gérant d'une autre société, ne peut pas présenter au nom de cette dernière une offre pour la reprise d'un immeuble appartenant à la société liquidée et vendu par adjudication (Cass. com. 14-12-2022 n° 20-17.782 F-D : RJDA 6/23 n° 327).
Cette qualité a été aussi refusée au dirigeant de fait d'une association (Cass. com. 8-1-2020 n° 18-20.270 F-PB : RJDA 3/20 n° 147), à l'administrateur provisoire désigné avant la mise en redressement judiciaire (Cass. com. 4-10-2005 n° 04-15.060 F-PB : RJDA 1/06 n° 53), à la société qui a assuré la gestion commerciale et financière de l'entreprise en redressement judiciaire (CA Papeete 14-2-1991 : RJDA 10/91 n° 844) et à la personne ne présentant pas une indépendance suffisante à l'égard du débiteur (T. com. Paris 21-9-1989 : D. 1991.som.4 obs. Derrida ; CA Aix 14-2-2001 : JCP G 2001.IV.3007).
En revanche, l'ancien dirigeant de droit de la personne morale débitrice peut présenter une offre d'acquisition, sauf en cas de fraude (Cass. com. 23-9-2014 n° 13-19.713 : RJDA 12/14 n° 920, écartant l'existence d'une fraude).

Toutefois, le **tribunal** peut : **63672**
– **autoriser** la cession d'une exploitation agricole aux personnes précitées, sauf au débiteur ou à un contrôleur (C. com. art. L 642-3, al. 2) ;
– déroger aux interdictions précitées, sauf au profit du débiteur (au titre de l'un quelconque de ses patrimoines) ou d'un contrôleur, par un jugement spécialement motivé et après avis du ministère public et des contrôleurs (art. L 626-1, al. 3, L 631-22 et L 642-3).

Tout acte passé en **violation** de ces dispositions est annulé à la demande de tout intéressé ou du ministère public, présentée dans un délai de 3 ans qui court à compter de la conclusion de l'acte ou, si celui-ci ci est soumis à publicité, à compter de celle-ci (art. L 642-3, al. 3).

En cas de redressement judiciaire, l'administrateur **informe** la ou les personnes désignées par le comité social et économique ou le représentant des salariés de la possibilité pour les **salariés** de soumettre une ou plusieurs offres (C. com. art. L 631-13, al. 2). **63674**
Les dispositions du Code de commerce qui organisent une information particulière des salariés, afin qu'ils puissent présenter des offres d'achat, en cas de cession de contrôle de la société qui les emploie ou de vente du fonds de commerce de leur employeur, ne sont pas applicables dans le cadre d'une procédure collective ; les offres doivent être présentées selon les règles régissant cette procédure (art. L 23-10-6, 2°, L 23-10-12, 2°, L 141-27, 2° et L 141-32, 2°).

Sur l'interdiction pour les **intervenants à la procédure** collective (administrateur, mandataire, liquidateur...) d'acquérir les biens du débiteur, n° 64660. **63676**

DÉLAI DE PRÉSENTATION DES OFFRES

En cas de liquidation judiciaire, si la cession totale ou partielle de l'entreprise est envisageable, le tribunal fixe le délai dans lequel les offres de reprise doivent parvenir au liquidateur ainsi qu'à l'administrateur s'il en a été désigné (C. com. art. L 642-2, I-al. 1). **63678**
Toutefois il n'est pas tenu de le faire lorsque des offres de reprises ont été présentées dans le cadre du mandat ad hoc, de la conciliation ou du redressement judiciaire qui a précédé la liquidation judiciaire, si ces offres répondent aux conditions exposées n° 63680 et sont satisfaisantes (art. R 642-1, al. 1).
Si le tribunal décide de ne pas fixer de délai de dépôt des offres, il fixe la date de l'audience d'examen des offres ; d'autres offres de reprise peuvent parvenir au liquidateur ou à l'administrateur, s'il en a été désigné, au plus tard huit jours avant cette date ; en cas de renvoi de l'affaire à une audience ultérieure, le tribunal peut fixer un nouveau délai pour la présentation de nouvelles offres ou l'amélioration des offres préalablement déposées (art. R 642-1, al. 2 s.).

CONTENU DES OFFRES

Toute offre doit être écrite et comporter (C. com. art. L 642-2, II) : **63680**
– la désignation précise des biens, des droits et des contrats inclus dans l'offre ;
– les prévisions d'activité et de financement ;
– le prix offert, les modalités de règlement, la qualité des apporteurs de capitaux et, le cas échéant, leurs garants ; si l'offre propose un recours à l'emprunt, elle doit en préciser les conditions, en particulier de durée ;
– la date de réalisation de la cession ;
– le niveau et les perspectives d'emploi justifiés par l'activité considérée ;
– les garanties souscrites en vue d'assurer l'exécution de l'offre ;

– les prévisions de cession d'actifs au cours des deux années suivant la cession ;
– la durée de chacun des engagements pris par l'auteur de l'offre ;
– lorsqu'une installation classée est concernée, les modalités de financement des garanties financières lorsqu'elles sont requises au titre des articles L 516-1 et L 516-2 du Code de l'environnement.

Lorsque le débiteur et le repreneur sont des commerçants, le **prix** de cession s'entend hors **taxes** selon un usage constant entre commerçants, à défaut de précision sur ce point dans l'offre (Cass. com. 9-1-2001 n° 97-22.212 FP-P : RJDA 5/01 n° 556). La règle ne s'applique pas si l'une des parties n'est pas commerçante (Cass. com. 21-3-2018 n° 17-12.744 F-D : RJDA 7/18 n° 754 à propos de vente d'un bien appartenant à une société civile immobilière). Sur la charge des droits d'enregistrement, n° 63810.

Lorsque le débiteur exerce une **profession libérale** soumise à un statut législatif ou réglementaire ou dont le titre est protégé, l'offre doit, en outre, comporter l'indication de la qualification professionnelle du cessionnaire (C. com. art. L 642-2, III).

L'auteur de l'offre doit attester qu'il n'est pas frappé de l'interdiction de faire une offre (n° 63670) ; lorsqu'il est tenu de les établir, il doit y joindre ses comptes annuels (bilans, comptes de résultat et annexes) des trois derniers exercices (art. R 642-1, al. 1 et R 631-40).

Si le débiteur exerce une activité, bénéficiant d'une autorisation administrative, d'un **agrément,** d'un conventionnement ou d'une habilitation **au titre de l'économie sociale et solidaire** (Loi 2014-856 du 31-7-2014 art. 1, II), l'auteur de l'offre consulte l'autorité administrative ou l'autorité de contrôle et de tarification compétent, qui rend un avis dans un délai d'un mois (C. com. art. L 642-4-1).

63682 L'auteur de l'offre peut subordonner celle-ci à une **condition suspensive** (telle l'obtention d'un financement ou d'une autorisation administrative), les juges du fond appréciant souverainement l'intention des parties quant à l'existence de cette dernière (Cass. com. 14-5-1996 n° 939 D : RJDA 10/96 n° 1263).

L'auteur d'une offre d'achat d'une entreprise ou d'une branche d'activités a tout intérêt à l'assortir de la condition suspensive que le débiteur ou les dirigeants de la société débitrice souscrivent personnellement un **engagement de non-concurrence** à son égard, car le tribunal n'a pas le pouvoir, lorsqu'il arrête le plan de cession, d'imposer à ceux-ci une obligation de non-concurrence qu'ils n'ont pas acceptée (Cass. com. 17-3-1998 n° 723 PB : RJDA 7/98 n° 894, rendu en application de l'ancien régime mais transposable en raison de l'identité des textes applicables).

COMMUNICATION DES OFFRES

63685 Le débiteur, le représentant des salariés et les contrôleurs sont informés du contenu des offres reçues ; elles sont déposées au greffe où tout intéressé peut en prendre connaissance (C. com. art. L 642-2, IV-al. 1). Le cas échéant, elles sont notifiées à l'ordre professionnel ou à l'autorité compétente dont le débiteur relève (art. L 642-2, IV-al. 2).

Le liquidateur, ou l'administrateur lorsqu'il en a été désigné, donne au tribunal tous éléments permettant de vérifier le caractère sérieux de l'offre ainsi que la qualité de tiers de son auteur au sens des dispositions exposées n°s 63670 s. (art. L 642-4, al. 1). Il donne également au tribunal tous éléments permettant d'apprécier les conditions d'apurement du passif, notamment au regard du prix offert, des actifs résiduels à recouvrer ou à réaliser, des dettes de la période de poursuite d'activité et, le cas échéant, des autres dettes restant à la charge du débiteur (art. L 642-4, al. 2).

INTANGIBILITÉ DES OFFRES

63690 L'offre ne peut être ni retirée ni **modifiée** sauf **dans un sens plus favorable** aux objectifs du plan de cession (maintien d'activités susceptibles d'exploitation autonome, de tout ou partie des emplois qui y sont attachés et apurement du passif) ; elle lie son auteur jusqu'à la décision du tribunal arrêtant le plan ; en cas d'appel de la décision arrêtant le plan, seul le cessionnaire reste lié par son offre (C. com. art. L 642-2, V-al. 1 et 2 ; pour des exemples de refus de modification, Cass. com. 15-3-2005 n° 459 F-D : RJDA 7/05 n° 856 ; CA Paris 6-4-2016 n° 16/00584 : RJDA 8-9/16 n° 634).

Il peut néanmoins demander ultérieurement la modification du plan (n° 63725).

À peine d'irrecevabilité, aucune modification (plus favorable que l'offre initiale) ne peut être apportée à une offre moins de deux jours ouvrés avant la date fixée pour l'audience d'examen des offres par le tribunal (art. R 642-1 et R 631-40).

Les modifications plus favorables sont communiquées aux personnes visées n° 63685 (art. R 642-1, al. 2 s.).

Le **repreneur** qui présente une offre et laisse croire aux créanciers, pendant la période de poursuite de l'activité, qu'il acquerra l'entreprise engage sa **responsabilité** délictuelle envers ces derniers en refusant de poursuivre l'exécution du plan (cf. Cass. com. 28-6-1994 n° 1534 P : RJDA 1/95 n° 69).

c. Arrêté du plan de cession par le tribunal

AUDITIONS ET DÉBATS

Avant de statuer sur le plan de cession, le tribunal doit recueillir au préalable l'avis du ministère public et **entendre** ou dûment appeler le débiteur, le liquidateur, l'administrateur lorsqu'il en a été désigné, la ou les personnes désignées par le comité social et économique et les contrôleurs (C. com. art. L 642-5, al. 1). **63700**

Sont **convoqués à l'audience** les personnes précitées dans les 15 jours du dépôt de projet de plan de cession au greffe (art. R 642-3 et, sur renvoi, art. R 626-17) ainsi que les cocontractants dont le contrat va être cédé au repreneur (nos 63780 s.) et les titulaires de sûretés dont la charge est transférée à celui-ci (no 63580) (art. R 642-7).

Le tribunal qui ordonne la cession d'un bail au profit du repreneur sans avoir préalablement entendu le bailleur ne commet pas un excès de pouvoir, de sorte que, si ce jugement a été confirmé en appel, le bailleur ne peut pas former un pourvoi-nullité contre l'arrêt d'appel (Cass. com. 25-10-2011 no 10-23.033 : D. 2012 p. 703 obs. J.-P. Rémery).

Le tribunal n'est en revanche pas tenu de procéder à l'audition des candidats repreneurs (Cass. com. 22-3-1988 no 87-15.901 et 87-15.902 : Bull. civ. IV no 113 ; Cass. com. 8-11-1998 no 87-18.077 : Bull. civ. IV no 295 ; voir aussi CA Limoges 13-8-1986 : D. 1987 p. 44 note F. Derrida écartant la nécessité d'un débat contradictoire entre les différents candidats).

Les débats doivent avoir lieu en présence du ministère public lorsque la procédure est ouverte au bénéfice d'un débiteur qui a plus de 20 salariés ou dont le chiffre d'affaires hors taxe est supérieur à 3 000 000 € (art. L 642-5, al. 2 et R 642-2).

Sur l'audition du conjoint du débiteur, no 63632.

CHOIX DE L'OFFRE

Le tribunal retient **l'offre** qui permet dans les meilleures **conditions** d'assurer le plus durablement l'emploi attaché à l'ensemble cédé, le paiement des créanciers, et qui présente les meilleures garanties d'exécution ; il arrête un ou plusieurs plans de cession (C. com. art. L 642-5, al. 1). Le prix proposé n'est pas nécessairement déterminant (CA Rouen 14-2-2013 no 12/04679 : RJDA 7/13 no 654 som. ; CA Paris 18-12-2007 no 07-00166 : RJDA 5/08 no 554). **63702**

Même s'il a reçu une offre unique, le tribunal peut retenir cette **offre** si elle est **sérieuse** et si elle remplit les objectifs ci-dessus (CA Aix 2-10-1986 : D. 1987.som.9 obs. Derrida).

Un tribunal a pu préférer, à une offre à 180 000 € portant sur le seul droit au bail et excluant la reprise du personnel, une autre offre à 120 000 € avec reprise de tous les actifs du fonds de commerce et des contrats de travail attachés au fonds et présentée par un repreneur connaissant la profession et fournissant des garanties financières (CA Rouen 14-2-2013 no 12/04679 : RJDA 7/13 no 654).

Les **offres** suivantes ont été **écartées,** faute de remplir les conditions posées par la loi :

– l'offre de reprise d'un cabinet de courtage d'assurances dès lors que les charges salariales afférentes au personnel maintenu en fonction représentaient environ 75 % du produit brut du cabinet « alors qu'elles devraient se limiter à 46 % selon la moyenne nationale » et que le paiement des trois quarts du prix d'acquisition (fixé à 4 millions de francs) était échelonné sur six ans sans qu'une garantie soit fournie (CA Paris 29-4-1988 : D. 1988.IR.160) ;

– l'offre ferme d'achat du fonds de commerce dès lors qu'elle ne comportait pas les indications requises sur les prévisions d'activité, de financement et sur la garantie d'exécution du plan (CA Paris 19-4-1988 : GP 1988.783) ;

– l'offre d'un marchand de biens dont l'activité était sans rapport avec celle de la société et qui n'avait pour objectif que de réaliser une opération immobilière (CA Paris 23-7-1992 : RJDA 5/93 no 447).

SUBSTITUTION DE REPRENEUR

Le **tribunal** peut **autoriser,** dans le jugement arrêtant le plan, l'auteur de l'offre à se substituer un tiers, sans préjudice de la faculté pour le tribunal de modifier le plan, mais l'**auteur de l'offre** retenue par le tribunal reste **garant** solidairement de l'exécution des engagements qu'il a souscrits (C. com. art. L 642-9, al. 3). L'auteur reste ainsi garant de la poursuite des contrats qu'il a indiqué reprendre dans son offre et dont la cession a été ordonnée ; en revanche, il ne garantit pas, envers les cocontractants cédés, la bonne exécution de ces contrats par le cessionnaire substitué, sauf engagement exprès de sa part en ce sens (Cass. com. 12-7-2016 no 15-16.389 : RJDA 11/16 no 802 ; Cass. com. 7-10-2020 no 19-11.759 F-D : RJDA 1/21 no 39 ; CA Paris 5-7-2022 no 20/18031 : RJDA 12/22 no 706). **63704**

Par exemple, l'auteur de l'offre n'est pas tenu de garantir le paiement au prêteur des échéances du crédit dues à compter du transfert de la propriété du bien financé inclus dans le plan (Cass. com. 16-9-2014 no 13-17.189 FS-PB : RJDA 12/14 no 921) ni, s'il a promis la reprise des salariés, le maintien de ces emplois dans le temps (Cass. com. 2-2-2022 no 19-19.525 F-D : RJDA 5/22 no 292).

Il ne garantit pas non plus au cessionnaire qu'il s'est substitué le paiement des obligations de ce dernier qu'en cas d'engagement exprès à son égard (Cass. com. 30-1-2019 no 17-15.036 F-PB : RJDA 4/19 no 280).

Tout acte passé en violation des dispositions relatives à la substitution est annulé à la demande de tout intéressé ou du ministère public, présentée dans le délai de trois ans à compter de la conclusion de l'acte ou, si l'acte est soumis à publicité, à compter de cette dernière (art. L 642-9, al. 4).

OPPOSABILITÉ DU PLAN ET NEUTRALISATION DES RESTRICTIONS DE CESSION

63710 Le jugement qui arrête le plan de cession en rend les dispositions applicables à tous (C. com. art. L 642-5, al. 3).

Le prix de cession est opposable à l'administration de l'enregistrement (Cass. com. 16-6-1998 n° 1395 PB : RJDA 8-9/98 n° 1012 concl. Piniot).

Sur la neutralisation des clauses restreignant la cession d'un contrat, n° 63782.

63712 Les **droits de préemption** institués par le Code rural ou le Code de l'urbanisme ne peuvent pas s'exercer sur un bien compris dans ce plan (C. com. art. L 626-1, L 631-22 et L 642-5, al. 4). Sont ainsi neutralisés :

– le droit de préemption ouvert, par les articles L 214-1 s. du Code de l'urbanisme, en cas de cession d'un fonds artisanal, d'un fonds de commerce, d'un bail commercial ou de terrains portant ou destinés à porter des commerces d'une surface de vente comprise entre 300 et 1 000 m^2 (C. urb. art. R 214-3, al. 4) ;

– le droit de préemption urbain et celui relatif aux zones d'aménagement différé et à leurs périmètres provisoires (C. urb. art. L 213-1, al. 2) qui s'appliquent notamment aux cessions d'immeubles bâtis ou non et aux cessions de parts de sociétés civiles immobilières ;

– le droit de préemption des Safer (C. rur. art. L 143-4, 7°).

LICENCIEMENTS

63714 Le plan de cession peut prévoir des licenciements économiques dans les conditions fixées par les articles L 642-5, al. 5 du Code de commerce et L 1233-58, I du Code du travail (pour plus de détails, Mémento Social n°s 48327 s.).

VOIES DE RECOURS CONTRE LE PLAN DE CESSION

63715 **Appel-réformation** La faculté de demander la réformation du jugement arrêtant ou rejetant le plan de cession appartient seulement (C. com. art. L 661-6, III) :

– au **débiteur,** qui est tenu d'établir son intérêt propre à faire appel (CPC art. 546 al. 1 ; Cass. com. 23-10-2019 n° 18-21.125 FS-PBI : RJDA 1/20 n° 30, qui revient expressément sur la solution contraire précédemment affirmée par Cass. com. 12-7-2017 n° 16-12.544 F-PBI : RJDA 11/17 n° 743) ; cet intérêt n'est pas caractérisé dès lors que la société débitrice, qui ne propose aucun plan de redressement, n'est pas opposée à la cession et n'invoque que les intérêts personnels de son dirigeant et d'un candidat évincé, tous deux irrecevables à former appel (Cass. com. 23-10-2019 précité) ;

– au **ministère public,** même s'il n'a pas agi comme partie principale (art. L 661-12) ;

– au **cessionnaire** si le plan de cession lui impose des charges autres que les engagements qu'il a souscrits au cours de la préparation du plan (pour des exemples, CA Paris 21-10-1988 : BRDA 24/88 p. 22 ; CA Montpellier 19-6-1990 : D. 1992.som.93 obs. Derrida ; CA Paris 5-12-1997 : Rev. jur. com. 1998.325 note Monserié), y compris s'il s'est substitué un tiers comme l'autorisait le plan (CA Orléans 21-7-2005 n° 05-763 : RJDA 1/06 n° 54) ;

– au **cocontractant** d'un contrat de crédit-bail, de location ou de fourniture de biens ou services nécessaires au maintien de l'activité, pour la seule partie du jugement qui emporte cession de son contrat ; mais l'appel du cocontractant est irrecevable s'il agit pour autrui, par exemple un repreneur évincé auquel il est lié (CA Paris 16-1-1987 : Rev. jur. com. 1988.21 note Fabiani), s'il agit contre la décision refusant le transfert du contrat (CA Paris 22-10-1991 : RJDA 12/91 n° 1077) ou s'il entend discuter le principe même de la cession de l'entreprise au repreneur (CA Rennes 30-10-1991 n° 91/371, 91/375 et 91/393 : JCP G 1992.IV.1686), par exemple parce que le prix de la cession est dérisoire (CA Paris 12-5-2011 n° 11/06002 : Rev. proc. coll. 2011 n° 6 § 188 note Fraimout) ; l'appel interjeté par le cocontractant, pour ce qui le concerne, ne saurait donc remettre en cause la force de chose jugée acquise par les dispositions du jugement relatives à la cession (CA Rouen 14-4-1992 : RJDA 7/92 n° 763).

Ne sont donc **pas habilités** à faire appel pour obtenir la réformation du jugement arrêtant ou rejetant le plan de cession les créanciers (CA Orléans 22-3-2007 n° 06/02283 : RJDA 7/07 n° 756), les contrôleurs (CA Paris 8-7-1987 : D. 1988.11 concl. Sauvel), les représentants du comité d'entreprise (Cass. com. 17-2-2015 n° 14-10.279 : RJDA 7/15 n° 513 ; CA Paris 13-1-1987 : GP 1987.199 note Marchi, transposable au comité social et économique), le représentant des salariés (CA Limoges 13-8-1986 : JCP G 1986.II.20693 note Cabrillac), les candidats évincés (Cass. com. 11-5-1999 n° 98-11.392 : RJDA 8-9/99 n° 976 ; Cass. com. 28-4-2009 n° 07-18.715 : RJDA 10/09 n° 879), le cocontractant du débiteur cédé qui n'est pas le cocontractant visé ci-dessus autorisé à faire appel (Cass. com. 15-12-2009 n° 08-21.553 : RJDA 3/10 n° 272 : banque prêteuse), la personne qui s'est portée caution des dettes du débiteur (Cass. com. 12-1-2016 n° 13-24.058 FS-PBI : RJDA 4/16 n° 306).

Le **délai** d'appel est de dix jours à compter du prononcé du jugement pour le débiteur et, pour les autres parties, à compter de la notification qui leur est faite du jugement (C. com. art. R 661-3, al. 1 et 2). Sur la fixation de la date d'audience, n° 64785.

Appel-nullité L'appel tendant à l'annulation du jugement arrêtant le plan de cession pour excès de pouvoir est recevable dans les conditions exposées n° 64815. Est ainsi recevable le recours du comité d'entreprise, désormais du comité économique et social (Cass. com. 17-2-2015 n° 14-10.279 : RJDA 7/15 n° 513) mais pas celui du candidat évincé car ce dernier n'a pas de prétention à faire valoir, au sens des articles 4 et 31 du Code de procédure civile, quelles que soient les modalités de son intervention devant le tribunal (Cass. com. 11-5-1999 n° 948 P : RJDA 8-9/99 n° 976). **63717**

Constitue un **excès de pouvoir** l'addition au dispositif du jugement, par une décision rectificative, de la mention d'une quote-part du prix de cession affectée à l'ensemble des biens grevés au profit d'un créancier, dont ni le principe ni le montant n'ont été décidés par le tribunal (Cass. com. 11-10-1994 n° 92-18.500 P : Bull. civ. IV n° 282).

Ne constitue pas un excès de pouvoir :

– le fait pour le tribunal d'arrêter le plan de cession de celle-ci après la fin de la période pour laquelle il avait autorisé la poursuite de l'activité (Cass. com. 19-12-2018 n° 17-22.004 FS-PB : RJDA 3/19 n° 213) ;

– la décision d'une cour d'appel qui n'a fait qu'user du pouvoir, qu'elle tient de l'article L 642-7 du Code de commerce, de déterminer les contrats nécessaires au maintien de l'activité (Cass. com. 23-9-2020 n° 18-26.280 F-PB : RJDA 12/20 n° 659) ;

– la décision d'irrecevabilité de l'intervention d'une caution qui, n'ayant pas qualité pour interjeter appel du jugement arrêtant le plan de cession, n'a pas davantage de prétention à faire valoir lors de l'arrêté de ce plan (Cass. com. 12-1-2016 n° 13-24.058 FS-PBI : RJDA 4/16 n° 306).

Autres recours Il ne peut être exercé de **tierce opposition** contre les jugements qui arrêtent ou rejettent le plan de cession de l'entreprise mais ce recours n'est pas interdit sur les arrêts d'appel statuant sur ces jugements (C. com. art. L 661-7, al. 1). Le **recours en cassation** n'est ouvert qu'au ministère public (art. précité). **63720**

Toutefois, la tierce opposition reste ouverte à un créancier ou un tiers intéressé en cas d'excès de pouvoir (Cass. com. 26-4-1994 : RJDA 6/94 n° 713). De même, le pourvoi en cassation est ouvert à une partie à l'arrêt statuant sur l'appel du jugement statuant sur le plan de cession, en cas d'excès de pouvoir (Cass. com. 12-7-2017 n° 16-12.544 F-PBI : RJDA 11/17 n° 743 ; Cass. com. 15-12-2009 n° 08-19.723 F-PB : RJDA 3/10 n° 272, 2e espèce ; Cass. com. 2-3-2022 n° 20-21.749 F-D).

Mais, même en l'absence d'un tel excès, le débiteur peut former pourvoi contre l'arrêt ayant déclaré irrecevable son appel contre le jugement qui a, à la fois, rejeté son plan de redressement et arrêté un plan de cession, puisqu'il peut former un pourvoi contre les décisions statuant sur le plan de redressement en application de l'article L 661-1, I-6° (Cass. com. 23-10-2019 n° 18-17.926 F-PBI : RJDA 2/20 n° 95). Si l'arrêt d'appel porte sur le seul plan de cession, le débiteur ne peut former un pourvoi qu'en présence d'un excès de pouvoir (Cass. com. 23-10-2019 n° 18-21.125 FS-PBI : RJDA 1/20 n° 30).

Le recours en **révision** est recevable (Cass. com. 2-4-1996 : RJDA 8-9/96 n° 1122).

MODIFICATION DU PLAN DE CESSION

Une modification **substantielle** dans les objectifs et les moyens du plan de cession nécessite une décision du tribunal qui ne peut être rendue qu'**à la demande du seul cessionnaire** (C. com. art. L 642-6, al. 1). Toutefois le prix de cession fixé par le jugement arrêtant le plan ne peut pas être modifié (art. L 642-6, al. 3), même s'il s'avère que 30 % des contrats visés par le plan n'ont pas été transmis au cessionnaire (Cass. com. 15-3-2005 n° 04-11.473 F-D : RJDA 7/05 n° 856). **63725**

La demande de modification doit être faite par déclaration au greffe du tribunal ; le greffier convoque à l'audience le liquidateur, l'administrateur judiciaire lorsqu'il a été désigné, les contrôleurs, la ou les personnes désignées par le comité social et économique et toute personne intéressée (art. L 642-6, al. 2 et R 642-5).

Le jugement modifiant le plan peut faire l'objet d'un appel soit du ministère public, soit du cessionnaire dans les limites visées au n° 63715 (C. com. art. L 661-6, IV ; CA Lyon 14-5-2009 n° 08/05390 : Rev. proc. coll. 2010 n° 2 § 78). L'appel du ministère public est suspensif (art. L 661-6, VI ; n° 64722). Le pourvoi en cassation n'est ouvert qu'au ministère public contre l'arrêt rendu sur ce jugement (art. L 661-7, al. 2). Sous cette réserve, il ne peut être exercé de tierce opposition ou de recours en cassation contre ces jugements (art. L 661-7, al. 1).

d. Location-gérance dans l'attente de la réalisation de la cession

CONDITIONS DE LA LOCATION-GÉRANCE

Dans le jugement qui arrête le plan de cession, le **tribunal** peut **autoriser** la conclusion d'un contrat de location-gérance du fonds de commerce, même en présence de toute clause contraire notamment dans le bail de l'immeuble, au profit de la personne qui a présenté l'offre **63740** d'acquisition permettant dans les meilleures conditions d'assurer le plus durablement l'emploi et le paiement des créanciers (C. com. art. L 642-13, al. 1).

Le tribunal statue après avoir entendu ou dûment appelé le liquidateur, l'administrateur judiciaire lorsqu'il en a été désigné, les contrôleurs, la ou les personnes désignées par le comité social et économique et toute personne intéressée et après avoir recueilli l'avis du ministère public (art. L 642-13, al. 2).

Le contrat de location-gérance est soumis aux règles de droit commun de ce contrat, sauf celle relative à la responsabilité solidaire du loueur avec le locataire-gérant pour les dettes contractées à l'occasion de l'exploitation du fonds jusqu'à la publication du contrat (art. L 642-14).

La **durée** de la location-gérance ne peut pas excéder deux ans, puisque « l'entreprise doit être effectivement cédée dans les deux ans du jugement qui arrête le plan » (art. L 642-15).

La limitation à deux ans de la période de location-gérance est d'ordre public et une offre de reprise prévoyant une location-gérance plus longue ne peut donc pas être retenue (CA Versailles 16-12-1987 : Rev. jur. com. 1988.232 note Martin-Serf).

INEXÉCUTION PAR LE LOCATAIRE-GÉRANT DE SES OBLIGATIONS

63745 Le **liquidateur** (ou le mandataire judiciaire) peut se faire communiquer par le locataire-gérant tous les documents et informations utiles à sa mission ; il doit, le cas échéant, signaler dans un **rapport** adressé au juge-commissaire et au procureur de la République et déposé au greffe toute atteinte aux éléments pris en location-gérance et tout défaut d'exécution par le locataire-gérant de ses obligations ; ce rapport doit faire état des observations du locataire-gérant et proposer s'il y a lieu les solutions qui seraient de nature à permettre l'exécution du plan (C. com. art. L 642-16, al. 1, L 626-1, L 631-22, R 642-21 et R 631-40).

À la demande du liquidateur ou du procureur de la République ou encore se saisissant d'office, le tribunal peut alors ordonner la **résiliation** du **contrat** de location-gérance et la **résolution** du **plan** de cession (art. L 642-16, al. 2). Il ne s'agit pour le tribunal que d'une faculté. Mais si le locataire-gérant n'exécute pas son obligation d'acquérir le fonds dans les conditions et délais fixés par le plan, le tribunal doit ordonner la résiliation du contrat de location-gérance et la résolution du plan de cession et, le cas échéant, condamner le locataire-gérant au paiement de dommages et intérêts (art. L 642-17, al. 1).

Toutefois, avant l'expiration du contrat, le locataire-gérant peut demander au tribunal, qui statue après avis du ministère public et avoir entendu ou dûment appelé le liquidateur, l'administrateur lorsqu'il en est désigné un, les contrôleurs, la ou les personnes désignées par le comité social et économique, et toutes personnes intéressées, de modifier les conditions d'acquisition (sauf le prix ou le délai d'acquisition), s'il justifie qu'il ne peut pas les respecter pour une cause qui ne lui est pas imputable (art. L 642-17, al. 2) ; ce n'est pas le cas de difficultés financières ou commerciales (T. com. Paris 31-10-1988 : GP 1989.355 note Marchi).

e. Cession forcée de certains contrats

CONTRATS CÉDÉS DANS LE CADRE DU PLAN

63780 Le tribunal qui arrête le plan de cession détermine les contrats de **crédit-bail,** de **location** ou de **fournitures de biens ou services nécessaires** au maintien de l'activité et qui sont cédés avec celle-ci (C. com. art. L 642-7, al. 1).

En cas de cession du fonds de commerce, le bail n'est pas cédé si le tribunal n'a pas décidé, par une disposition expresse, que ce contrat était nécessaire (Cass. com. 17-12-1996 n° 94-18.981 P : RJDA 4/97 n° 574 ; Cass. com. 9-5-2007 n° 05-20.057 F-D : RJDA 10/07 n° 993).

Ne peut être cédé qu'un contrat qui est en cours (Cass. com. 17-2-2015 n° 13-17.076 FS-PB : RJDA 6/15 n° 450 ; Cass. com. 9-2-2016 n° 14-23.219 : RJDA 5/16 n° 379) et auquel le débiteur est partie (Cass. com. 10-7-2001 : RJDA 1/02 n° 71).

Ainsi, le cautionnement consenti au profit d'un créancier du débiteur ne peut pas être cédé, car il est conclu entre le créancier et la caution (Cass. com. 10-7-2001 précité) ; la caution d'un prêt reste tenue de garantir l'exécution du prêt même si le cessionnaire a pris l'engagement de payer après arrêté du plan de cession les mensualités à échoir de ce prêt car cet engagement ne vaut pas, sauf accord exprès du prêteur, novation par substitution de débiteur (Cass. com. 9-2-2016 n° 14-23.219 précité).

La convention en exécution de laquelle le débiteur constituant conserve l'usage ou la jouissance de **biens** ou droits transférés à titre de garantie **dans un patrimoine fiduciaire** ne peut pas être cédée au cessionnaire, sauf accord des bénéficiaires du contrat de fiducie (art. L 642-7, al. 6).

La cession des **contrats de travail** s'effectue conformément aux dispositions de droit commun de l'article L 122-12 du Code du travail, désormais article L 1224-1 (Cass. soc. 30-6-1992 : RJDA 11/92 n° 1068 ; pour plus de détails, Mémento Social n°s 75020 s.).

Le **contrat d'assurance** garantissant les dommages à un bien compris dans le plan de cession est transmis automatiquement avec le bien en application de l'article L 121-10 du Code des assurances, ce texte ne distinguant pas selon que le transfert de propriété porte sur un bien mobilier ou immobilier, corporel ou incorporel (Cass. 2e civ. 24-10-2019 n° 18-15.994 F-PBI : RJDA 2/20 n° 72) ni selon le mode d'aliénation bien assuré (Cass. 2e civ. 13-7-2005 n° 1209 : RJDA 12/05 n° 1369). Le paiement par le repreneur des primes à échoir après la cession n'est pas une condition de ce transfert mais une conséquence de celui-ci (Cass. 2e civ. 24-10-2019 précité). L'assurance de dommages d'un véhicule terrestre à moteur n'est toutefois pas transmise (C. ass. art. L 121-10, al. 6).

POUVOIR DU TRIBUNAL

Dès lors que l'un des contrats visés n° 63780 est nécessaire au maintien de l'activité, le tribunal peut ordonner sa cession. 63782

Le tribunal se prononce au vu des observations des cocontractants du débiteur transmises au liquidateur ou à l'administrateur lorsqu'il en a été désigné (C. com. art. L 642-7, al. 1 ; sur la convocation des cocontractants à l'audience, n° 63700).

En dehors de l'exception prévue en matière de fiducie (n° 63780), la cession des contrats n'est pas subordonnée à l'accord des cocontractants (Cass. com. 6-12-1994 n° 91-17.927 : RJDA 4/95 n° 501, même si une clause du contrat subordonne la cession à l'accord du cocontractant ; Cass. 3e civ. 7-12-2011 n° 10-30.695 FS-PB : RJDA 6/12 n° 567, 1e espèce pour un bail ; CA Paris 22-11-1996 : RJDA 3/97 n° 418 pour un crédit-bail).

Ne peuvent pas faire obstacle au transfert du contrat :

– le droit de préemption ou de préférence reconnu par le contrat au profit d'une partie, notamment le bailleur pour le cas de cession du bail (Cass. com. 13-1-2015 n° 13-21.650 F-D ; CA Paris 15-1-2013 n° 12/17592 : RJDA 4/13 n° 347 ; CA Rouen 14-2-2013 n° 12/04679 : RJDA 7/13 n° 654.som.) ;

– le droit de préemption des communes sur le bail (C. urb. art. R 214-3, al. 4) ;

– l'existence d'un conflit entre le débiteur et le cessionnaire (CA Paris 22-11-1996 : RJDA 3/97 n° 418) ;

– le fait que le contrat a été conclu en considération de la personne du débiteur, contrat dit intuitu personae (CA Colmar 13-6-1990 : D. 1991.97 note Fabiani : licence de brevet ; CA Paris 5-4-2007 n° 07/00178 : BRDA 14/07 inf. 11 : contrat de distribution).

Le tribunal **ne peut pas imposer** le transfert des contrats que le cessionnaire ne réclame pas (Cass. com. 15-12-2009 n° 08-21.235 : RJDA 3/10 n° 272).

Les **contrats non visés par le plan de cession** ne sont pas transférés au repreneur (Cass. com. 16-10-1990 : RJDA 1/91 n° 61) mais ils ne sont pas pour autant résiliés de plein droit (Cass. com. 6-10-2009 n° 07-15.325 FS-PB : RJDA 3/10 n° 237). L'administrateur ou le liquidateur peut y mettre un terme (Cass. com. 17-3-1992 : RJDA 6/92 n° 640) et le cocontractant peut demander au juge-commissaire qu'il en prononce la résiliation si la poursuite du contrat n'est pas demandée par le liquidateur (C. com. art. L 642-7, al. 7). S'il n'est pas résilié, le contrat est susceptible d'être cédé en dehors du plan.

TRANSFERT DES CONTRATS AU CESSIONNAIRE

Le jugement qui arrête le plan emporte cession des contrats qu'il vise, même lorsque la cession est précédée de la location-gérance prévue aux nos 63740 s. (C. com. art. L 642-7, al. 2). Mais le transfert n'intervient qu'à la **date** de passation des actes nécessaires à la cession ou de la date de prise de possession anticipée par le cessionnaire (Cass. com. 6-1-1998 n° 95-15.407 PB : RJDA 5/98 n° 624). 63785

En cas de cession de contrats à exécution successive, le cessionnaire est tenu des créances correspondant à la période de jouissance postérieure à la date ainsi fixée, peu important l'exigibilité de ces créances, antérieure à cette date (arrêt précité).

Sauf disposition contraire du jugement arrêtant le plan de cession, la cession n'est pas soumise aux exigences de forme prévues par le contrat cédé (Cass. com. 1-3-2016 n° 14-14.716 FS-PB : RJDA 5/16 n° 384).

EXÉCUTION DES CONTRATS CÉDÉS

Respect des obligations contractuelles Sous réserve des exceptions signalées ci-dessous, les contrats cédés en vertu du plan de cession doivent être exécutés aux conditions en vigueur au jour de l'ouverture de la procédure, nonobstant toute clause contraire (C. com. art. L 642-7, al. 3). 63790

Le cessionnaire qui acquiert le bail en vertu d'un plan de cession est ainsi tenu de verser au bailleur le dépôt de garantie prévu au bail (n° 4712) ou de respecter la destination conventionnelle des locaux, sauf autorisation du tribunal pour la modifier (n° 63792). Toutefois, la cession du contrat de bail ordonnée par le jugement arrêtant le plan n'emporte pas transmission au cessionnaire du pacte de préférence inclus dans ce bail au profit du bailleur, car ce pacte constitue une créance de nature personnelle (Cass. com. 13-2-2007 n° 05-17.296 FS-PBRI : RJDA 8-9/07 n° 826, 2e espèce).

La cession n'emportant pas novation, le débiteur reste tenu de ses dettes et les **cautions** qui en garantissent le remboursement ne sont pas libérées (Cass. com. 30-3-2010 n° 09-65.478 : RJDA 10/10 n° 1003 ; Cass. com. 29-9-2015 n° 14-17.946 : RJDA 1/16 n° 46).

La caution ne garantit pas les créances nouvelles nées du fait du cessionnaire depuis la cession, sauf si elle a pris un nouvel engagement en ce sens (Cass. com. 21-11-1995 : RJDA 2/96 n° 271) ou si la dette principale admise par une décision irrévocable du juge-commissaire comprenait aussi bien les prestations dues avant le jugement arrêtant le plan que celles échues après, car la caution aurait pu contester cette décision (Cass. com. 24-10-1995 : RJDA 3/96 n° 420).

Si un contrat de **crédit-bail** est cédé, le crédit-preneur ne peut lever l'option d'achat qu'en cas de paiement des sommes restant dues dans la limite de la valeur du bien fixée d'un commun accord entre les parties ou, à défaut, par le tribunal à la date de la cession (art. L 642-7, al. 5 ; sur la mise en œuvre de cette disposition, art. R 642-8).

63792 **Déspécialisation partielle d'un bail** Lorsqu'un contrat de bail portant sur un ou plusieurs immeubles ou locaux utilisés pour l'activité de l'entreprise figure dans le plan de cession, le **tribunal** peut **autoriser** une déspécialisation partielle du bail en permettant au cessionnaire d'adjoindre à l'activité prévue au contrat des activités connexes ou complémentaires ; le tribunal statue après avoir entendu ou dûment appelé le bailleur (C. com. art. L 642-7, al. 4).

À notre avis, cette procédure de déspécialisation se substitue à celle organisée par l'article L 145-47 du Code de commerce qui, laissant deux mois au bailleur pour répondre à l'acte lui notifiant l'intention du locataire de procéder à une déspécialisation partielle, est inadaptée dans le cadre d'une procédure collective. L'article L 642-7 ne précise pas, contrairement à l'article L 145-47, al. 2, si la connexité ou la complémentarité de l'activité proposée doit être appréciée au regard de l'évolution des usages commerciaux. Le cessionnaire s'expose à une augmentation du loyer lors de la première révision triennale (art. L 145-47, al. 3) ou lors du renouvellement du bail.

63795 **Sort des clauses de solidarité du bail** Lorsque la cession du bail des locaux d'exploitation est ordonnée par le plan de cession, toute clause imposant au cessionnaire d'un bail des dispositions solidaires avec le cédant est réputée non écrite (C. com. art. L 642-7, al. 7). La solution vaut aussi pour la cession résultant du plan de sauvegarde ou de redressement (sur renvoi des art. L 626-1, al. 3 et L 631-22).

Si la clause qui rend cette fois le cédant solidaire du cessionnaire est également neutralisée dans les cessions de bail intervenant en dehors du plan (art. L 622-15 et L 631-14 pour celles faites pendant la période d'observation de la sauvegarde et du redressement judiciaire ; art. L 641-12, al. 5 pour celles faites par le liquidateur pendant la liquidation judiciaire), la solution n'est à notre avis pas applicable au plan de cession, les textes précités étant d'interprétation stricte (cf. Cass. com. 27-9-2011 n° 10-23.539 : RJDA 2/12 n° 186, à propos de l'art. L 641-12) ; toutefois certaines cours d'appel neutralisent aussi les effets de cette clause lorsque le bail est inclus dans le plan de cession (CA Versailles 12-3-2015 n° 14/02599 et 14/03274 : Gaz. Pal. 5-5-2015 p. 26 note F. Kendérian ; CA Paris 5-7-2022 n° 20/18031 : RJDA 12/22 n° 706).

f. Modalités de mise en œuvre du plan de cession

MISE EN POSSESSION IMMÉDIATE DU CESSIONNAIRE

63805 Dans l'attente de l'accomplissement des actes nécessaires à la réalisation de la cession et sur justification de la consignation du prix de cession ou d'une garantie équivalente, le tribunal peut confier la **gestion de l'entreprise** cédée au cessionnaire, à sa demande et **sous sa responsabilité** (C. com. art. L 642-8, al. 1).

Il s'ensuit que :

– l'exploitation de l'entreprise n'est pas accomplie sous la responsabilité de l'administrateur ou du liquidateur judiciaire mais exclusivement sous celle du cessionnaire (cf. Cass. com. 9-6-1992 : RJDA 10/92 n° 956) ;

– les créances nées de la gestion par le cessionnaire après le jugement ne bénéficient pas du privilège profitant aux créances nées pour les besoins de la période d'observation ou de maintien de l'activité ;

– la cession des activités entraîne le transfert des contrats de travail au cessionnaire car elle a provoqué le transfert d'une entité économique ayant conservé son identité et dont l'activité est poursuivie ; le cessionnaire devient alors l'employeur des salariés repris, peu important que les actes de cession n'aient pas encore été signés (Cass. soc. 26-11-1996 n° 95-42.006 PBF : RJDA 8-9/97 n° 1118).

En cas de prise de possession immédiate, c'est la date de la prise de jouissance qui doit être, à notre avis, tenue pour déterminante de la modification juridique de l'employeur et non pas celle du transfert des biens cédés car c'est la jouissance et non la propriété de ces biens qui crée le lien de subordination, le personnel étant passé sous l'autorité de celui qui assume la gestion.

Le cessionnaire doit, le cas échéant, déclarer au registre du commerce et des sociétés que la gestion de l'entreprise cédée lui a été confiée dans l'attente de l'accomplissement des actes nécessaires à la réalisation de la cession, avec indication du nom de l'entreprise cédante (art. R 123-39).

PASSATION DES ACTES DE CESSION

En cas de liquidation judiciaire, le liquidateur ou l'administrateur lorsqu'il en a été désigné passe tous les actes nécessaires à la réalisation de la cession, en fait un rapport déposé au greffe et rend compte de sa mission au juge-commissaire (C. com. art. L 642-8, al. 1, R 642-9 et R 642-10). 63810

Pour la passation de l'acte de vente du fonds de commerce, si le plan en comprend un, il y a lieu, selon le ministre de la Justice (Rép. Marini : Sén. 3-12-1998 p. 3879), d'accomplir les publicités prévues par la loi pour une telle vente, mais aucune surenchère n'est admise (art. L 642-8, al. 2).

Les droits d'enregistrement afférents aux actes nécessaires à la réalisation du plan de cession ne sont pas à la charge de la procédure collective mais supportés par l'acquéreur (Cass. com. 6-12-1994 n° 91-17.684 : RJDA 4/95 n° 502).

Les actes de cession doivent être conformes au plan : ils ne peuvent pas avoir pour effet de **modifier** le contenu et les objectifs du **plan** arrêté par le tribunal (Cass. com. 9-1-1996 : RJDA 5/96 n° 697 ; Cass. 3e civ. 7-12-2011 n° 10-30.695 : RJDA 6/12 n° 567). 63812

Le cessionnaire qui n'a **pas signé l'acte** engage sa responsabilité pour inexécution de son engagement pris dans le plan, sauf s'il établit une cause d'exonération de sa responsabilité (Cass. com. 26-10-1999 : RJDA 12/99 n° 1359 ; pour un exemple d'exonération, CA Paris 13-10-2009 n° 08/10258 : RJDA 4/10 n° 414 ; sur un refus d'exonération, Cass. 3e civ. 18-6-2008 n° 07-12.966 : Bull. civ. III n° 108).

Le défaut de signature de l'acte dans le délai prescrit par la décision arrêtant le plan entraîne la caducité de ce dernier (Cass. com. 20-4-2017 n° 15-19.851 : RJDA 10/17 n° 648).

Le **transfert** des biens et droits compris dans le plan de cession s'opère à la **date** de passation des actes nécessaires à la réalisation de la cession, sauf disposition contraire du jugement arrêtant le plan (Cass. com. 26-1-1993 n° 91-40.308 P : RJDA 6/93 n° 567 ; Cass. com. 6-12-1994 n° 91-17.684 P : RJDA 4/95 n° 502 ; Cass. com. 10-1-2006 n° 02-13.634 F-PB : RJF 5/06 n° 609). 63814

EXCLUSION DES GARANTIES LÉGALES DE LA VENTE

Le cessionnaire n'a pas droit aux garanties prévues par le droit commun de la vente car cette cession a un caractère forfaitaire impliquant un aléa (notamment, Cass. com. 12-10-1993 n° 91-18.505 P : RJDA 2/94 n° 221 ; Cass. com. 23-11-1999 n° 97-11.834 D : RJDA 2/00 n° 196). Il ne peut donc prétendre bénéficier de la garantie d'éviction (Cass. com. 12-10-1993 précité) ni de la garantie des vices cachés (Cass. com. 22-10-1996 n° 94-10.356 D : PA 8-1-1997 p. 4 note Derrida). Est également exclue l'action en rescision de la vente d'un immeuble pour lésion (Cass. com. 6-10-2010 n° 09-66.683 : RJDA 12/10 n° 1179, rendu à propos de la cession isolée d'un immeuble mais à notre avis transposable au cas où il est inclus dans un plan de cession). 63820

Le cessionnaire ne peut pas demander la résolution du plan pour réduction éventuelle de l'assiette du bail commercial inclus dans la cession des actifs (Cass. com. 23-11-1999 précité), pas plus qu'il ne peut demander la réduction du prix de cession pour un défaut de délivrance partielle (Cass. com. 15-3-2005 n° 04-11.473 F-D : RJDA 7/05 n° 856).

Toutefois, même en l'absence de toute clause de non-concurrence ou de non-rétablissement, le débiteur commet un acte de concurrence déloyale s'il développe une activité concurrente dans des conditions susceptibles de détourner la clientèle régulièrement cédée (CA Paris 25-9-1996 : DA 1996.1282).

g. Obligations du cessionnaire

OBLIGATIONS PRÉVUES PAR LE PLAN OU EN DEHORS

Le cessionnaire est tenu d'exécuter les obligations mises à sa charge par le plan et elles seules (C. com. art. L 626-10, al. 4 ; Cass. com. 9-11-1993 : Bull. civ. IV p. 285, limitant son obligation de garantir les matériels vendus antérieurement par l'entreprise aux seules garanties visées dans le plan). Il est aussi tenu de remplir l'**engagement** qu'il a **pris personnellement** de payer une dette déterminée antérieure du cédant (Cass. com. 3-1-1995 : RJDA 5/95 n° 649 ; Cass. com. 20-9-2017 n° 16-14.065 FS-PBI : RJDA 2/18 n° 147). 63840

Le cessionnaire doit **rendre compte** de l'exécution du plan de cession au liquidateur (art. L 642-11, al. 1).

Le tribunal ne peut prononcer la **clôture** de la procédure qu'après avoir constaté le respect de ses obligations par le cessionnaire (art. L 643-9, al. 5).

PAIEMENT DU PRIX DE CESSION

Le cessionnaire doit payer le prix de cession entre les mains du liquidateur judiciaire dans les conditions fixées par le plan. Celui-ci a pu prévoir un échéancier. 63842

Lorsque la cession porte sur un fonds de commerce, le cessionnaire peut, après en avoir payé le prix, saisir le juge-commissaire pour faire prononcer la radiation des inscriptions grevant le fonds selon les modalités fixées à l'article R 642-38 du Code de commerce (C. com. art. R 642-10, al. 2).

63844 **Tant que** le **paiement** n'est **pas intégral,** le cessionnaire ne peut ni aliéner ni donner en location-gérance les biens corporels ou incorporels qu'il a acquis, à l'exception des stocks (C. com. art. L 642-9, al. 1).

Ces dispositions n'interdisent pas au cessionnaire de résilier le bail commercial inclus dans le plan de cession (Cass. com. 8-6-1999 : RJDA 8-9/99 n° 970).

Toutefois le tribunal peut, sur rapport du liquidateur et après consultation par ce dernier du comité social et économique, autoriser leur aliénation totale ou partielle, leur affectation à titre de sûreté, leur location ou leur location-gérance ; le tribunal doit alors tenir compte des garanties offertes par le cessionnaire (art. L 642-9, al. 2).

Tout acte passé en violation de ces dispositions est susceptible d'être annulé sur demande de tout intéressé, présentée dans les trois ans de la conclusion de l'acte ou de sa publication s'il est soumis à publicité (art. L 642-9, al. 4).

INTERDICTION DE VENDRE CERTAINS BIENS

63845 Dans le jugement arrêtant le plan de cession, le **tribunal** peut déclarer que tout ou partie des biens cédés sont inaliénables sans son autorisation, pour une durée qu'il fixe (C. com. art. L 642-10, al. 1).

La mesure est mentionnée, avec indication de la durée de l'inaliénabilité, aux registres publics sur lesquels les biens déclarés inaliénables et les droits qui les grèvent sont inscrits ou, à défaut, elle est mentionnée au registre des sûretés mobilières si le débiteur est immatriculé au RCS ou, selon le cas, au registre national des entreprises ou au registre ouvert au greffe du tribunal judiciaire pour les biens mobiliers d'équipement (art. L 642-10, al. 2 et R 642-12 s.).

Lorsque le tribunal est saisi d'une demande d'autorisation d'aliéner un bien rendu inaliénable, il statue, à peine de nullité, après avoir recueilli l'avis du ministère public (art. L 642-10, al. 3 et R 642-17-1).

Tout acte passé en **violation de** cette inaliénabilité est annulé à la demande de tout intéressé ou du ministère public, présentée dans le délai de trois ans à compter de la conclusion de l'acte ou de sa publication s'il est soumis à publicité (art. L 642-10, al. 3). Le cessionnaire est en outre passible d'un emprisonnement de deux ans et d'une amende de 30 000 € (art. L 654-8, 4°).

TRANSFERT DE LA CHARGE DES SÛRETÉS PRISES SUR UN BIEN EN GARANTIE DE SON FINANCEMENT

63850 Sauf convention contraire entre le cessionnaire et les créanciers titulaires de sûretés, la charge des sûretés immobilières et mobilières spéciales, garantissant le remboursement d'un crédit consenti au débiteur pour lui permettre le financement d'un bien sur lequel portent ces sûretés est transmise au cessionnaire lorsque le bien est compris dans le plan de cession (C. com. art. L 642-12, al. 4). Le tribunal constate la transmission dans le jugement arrêtant le plan ; un extrait du jugement est adressé aux créanciers concernés qui ont été convoqués à l'audience (art. R 642-19).

La charge du nantissement grevant un bien cédé est transmise de plein droit au cessionnaire, sans qu'il soit besoin d'une inscription modificative (Cass. com. 7-7-2009 n° 08-17.275 : RJDA 1/10 n° 75 ; Cass. com. 29-9-2015 n° 14-17.946 : RJDA 1/16 n° 46).

Peuvent être ainsi transmises :

– la sûreté qui garantit le bien financé ; le crédit doit donc avoir été affecté et l'acte par lequel il est accordé doit avoir précisé sa destination et prévoir la sûreté qui en garantit le remboursement (Cass. com. 23-11-2004 n° 1686 : RJDA 3/05 n° 302) ; à défaut, il n'y a pas transfert ;

– les sûretés valablement inscrites et admises à la procédure collective (Cass. com. 7-11-2018 n° 17-24.233 F-D : RJDA 2/19 n° 116), le fait que la sûreté soit visée par le plan ne préjuge pas que ces conditions sont remplies.

Sur le sort des sûretés non transférées, n° 63890.

63852 En **conséquence** du transfert de la sûreté, le cessionnaire est tenu de **régler** au créancier (prêteur titulaire de la sûreté) qui a régulièrement déclaré sa créance dans les délais requis, les **échéances du crédit** mais seulement celles qui n'étaient pas encore exigibles à la date du transfert de propriété du bien ou, en cas de location-gérance, de la jouissance du bien sur lequel porte la garantie (C. com. art. L 642-12, al. 4), sauf accord avec le prêteur (Cass. com. 29-11-2016 n° 15-11.016 : RJDA 3/17 n° 199). Dans les procédures ouvertes depuis le 1er octobre 2021, le débiteur est libéré de ces échéances (art. précité) contrairement à la solution qui prévalait auparavant (Cass. com. 8-1-2020 n° 18-21.925 F-D : RJDA 4/20 n° 230).

63854 Si le **prêt** était **garanti par une sûreté réelle et un cautionnement,** la caution ne peut pas, à notre avis, prétendre bénéficier de la libération du débiteur pour les échéances postérieures au transfert de la charge de la sûreté (n° 63852). En effet, si la caution peut opposer au créancier toutes les exceptions, personnelles ou inhérentes à la dette, qui appartiennent au débiteur, elle ne peut pas se prévaloir des mesures légales ou judiciaires dont bénéficie le débiteur en conséquence de sa défaillance, sauf disposition spéciale contraire (C. civ. art. 2298 applicable aux cautionnements conclus depuis le 1-1-2022). Or aucune disposition n'étend à la caution le bénéfice de la libération du débiteur en cas de transfert de la charge de la sûreté au cessionnaire de l'entreprise.

La libération de la caution était déjà écartée sous le régime précédent tant des procédures collectives que des sûretés (Cass. com. 29-9-2015 n° 14-17.946 F-D : RJDA 1/16 n° 46 écartant l'existence d'une novation de la dette garantie en l'absence d'accord du prêteur et du cessionnaire). La caution demeurait tenue, sous déduction des sommes versées par le cessionnaire, de rembourser l'intégralité du prêt dont les échéances constituent des créances nées avant l'ouverture de la procédure (Cass. com. 13-4-1999 : RJDA 7/99 n° 809 ; Cass. com. 8-1-2020 n° 18-21.925 F-D : RJDA 4/20 n° 230).

La sûreté étant transférée et non pas perdue, la caution ne peut pas invoquer à l'encontre du créancier la perte de subrogation (nos 55800 s.) pour refuser de s'acquitter de la dette (Cass. com. 7-7-2009 n° 08-17.275 FS-PB : RJDA 1/10 n° 75). Mais elle le peut si le créancier a renoncé au transfert de la sûreté dont il est titulaire et a ainsi empêché la subrogation de la caution dans des droits qui pouvaient lui profiter (Cass. com. 5-2-2020 n° 18-22.533 F-D : RJDA 6/20 n° 329 ; Cass. com. 20-10-2021 n° 20-16.980 F-B : RJDA 3/22 n° 169).

INEXÉCUTION DU PLAN DE CESSION PAR LE CESSIONNAIRE

Résolution du plan de cession Si le cessionnaire n'exécute pas ses engagements, le tribunal peut – à la **demande** du procureur de la République, du liquidateur (ou du mandataire judiciaire en cas de sauvegarde ou de redressement judiciaire), d'un créancier, de tout intéressé (par exemple, les salariés) ou d'office – prononcer la résolution du plan, et le cas échéant, condamner le cessionnaire à payer des dommages-intérêts (C. com. art. L 642-11, al. 2, L 626-1 et L 631-22). **63860**
Le tribunal peut aussi prononcer la **résolution** ou la résiliation des **actes** passés en exécution du plan **de cession** résolu mais le **prix** payé par le cessionnaire reste acquis (art. L 642-11, al. 3 ; Cass. com. 31-1-2017 n° 15-18.061 F-D).

Par exemple, il y a lieu à résolution du plan de cession lorsque le cessionnaire ne fournit pas, sans explications sérieuses, l'original de la caution bancaire imposée par le plan, peu important que le transfert des droits et obligations compris dans le plan ne soit pas encore opéré (Cass. com. 5-12-1995 n° 2140 D : RJDA 4/96 n° 552) ou encore, lorsque le cessionnaire, bénéficiant d'une location-gérance sur autorisation du tribunal, ne procède pas à l'acquisition du fonds dans le délai requis (n° 63860).

Avant de statuer, le **tribunal** doit recueillir l'avis du ministère public et **entendre** ou dûment appeler le cessionnaire, le débiteur, le liquidateur (ou le mandataire judiciaire), l'administrateur lorsqu'il en a été désigné, la ou les personnes désignées par le comité social et économique et les contrôleurs (art. L 642-11, al. 2 et R 642-18, al. 2 et 3 et, sur renvoi, art. L 642-5, al. 1).

Les débats ont lieu en présence du ministère public lorsque la procédure est ouverte au bénéfice d'un débiteur qui a plus de 20 salariés ou dont le chiffre d'affaires hors taxe est supérieur à 3 000 000 € (art. R 642-18, al. 4 et, sur renvoi, art. L 642-5, al. 2 et R 642-2).

Le jugement prononçant la résolution fait l'objet des publicités suivantes dans un délai de 15 jours (art. R 642-18, al. 5 et, sur renvoi, art. R 621-8) :
– mention au registre du commerce et des sociétés si le débiteur est un commerçant ou au registre national des entreprises s'il est un artisan ou, dans les autres cas, au registre ouvert à cet effet au greffe du tribunal de commerce ou du tribunal judiciaire ou au registre des actifs agricoles ;
– insertion d'un avis au Bodacc et dans un support d'annonces légales du lieu où le débiteur a le siège de son entreprise ou des établissements secondaires (sur le contenu de cette publicité, art. R 621-8).

Voies de recours Les **jugements** statuant sur la résolution du plan de cession ne sont susceptibles que d'un **appel** de la part du débiteur, de l'administrateur, du liquidateur, du cessionnaire et du ministère public (C. com. art. L 661-6, V). L'appel du ministère public est suspensif (art. L 661-6, VI ; n° 64722). **63862**
Il ne peut être exercé de **tierce opposition** ou de **recours en cassation** contre ces jugements ; seul le ministère public peut se pourvoir en cassation contre les arrêts rendus sur les jugements (art. L 661-7).

Responsabilité du cessionnaire défaillant Le cessionnaire qui n'exécute pas le plan de cession peut engager sa responsabilité : **63864**
– à l'égard des salariés de l'entreprise pour violation des engagements pris dans le plan envers eux lorsque le cessionnaire a agi frauduleusement (Cass. soc. 13-1-1993 n° 71 P : RJDA 6/93 n° 568 rendu dans un cas où les salariés, que le cessionnaire s'était engagé à garder pendant deux ans, avaient fait l'objet d'un licenciement économique collectif avant l'expiration de ce délai) ;

– à l'égard des créanciers dont les créances sont nées après le jugement d'ouverture en cas de refus abusif du cessionnaire de continuer le plan (Cass. com. 28-6-1994 n° 1534 P : RJDA 1/95 n° 69) ;

– à l'égard du cédant (le débiteur) en cas de refus du cessionnaire de signer les actes de cession, à défaut de cause d'exonération de sa responsabilité (Cass. com. 26-10-1999 n° 96-19.156 P : RJDA 12/99 n° 1359) ;

– à l'égard des tiers qui ont intérêt au respect de l'engagement unilatéralement pris par le repreneur (Cass. com. 28-3-2000 n° 98-12.074 P : RJDA 7-8/00 n° 781 et concl. M.-C. Piniot p. 594, à propos d'une commune ayant intérêt au maintien sur son territoire de l'activité reprise).

63866 **Mise en procédure collective du cessionnaire défaillant** La résolution du plan n'emporte pas de plein droit l'ouverture d'une procédure collective à l'encontre du cessionnaire défaillant, y compris s'il a bénéficié d'une location-gérance autorisée par le tribunal. Il ne peut être mis en redressement ou en liquidation judiciaire que si les **conditions** d'ouverture de ces procédures sont remplies.

h. Droits des créanciers

CRÉANCIERS MUNIS DE SÛRETÉS SPÉCIALES

63890 Lorsque la cession de l'entreprise en liquidation judiciaire porte sur des biens grevés d'un privilège spécial, d'un gage, d'un nantissement ou d'une hypothèque, une **quote-part du prix de cession,** déterminée au vu de l'inventaire et de la prisée des actifs et correspondant au rapport entre la valeur de ce bien et la valeur totale des actifs cédés, est **affectée** par le tribunal à chacun des biens grevés des sûretés précitées pour la répartition de ce prix et l'exercice du droit de préférence (C. com. art. L 642-12, al. 1).

Jusqu'au complet paiement du prix, les créanciers bénéficiant d'un droit de suite (créanciers hypothécaires ou nantis sur le fonds de commerce et le matériel) ne peuvent exercer ce droit qu'en cas d'aliénation du bien par le cessionnaire (art. L 642-12, al. 3).

Celui-ci doit informer préalablement le liquidateur de tout projet d'aliénation et aussi le tribunal si l'aliénation n'était pas envisagée dans son offre de reprise (art. R 642-20). Le liquidateur avertit alors sans délai le juge-commissaire et les créanciers bénéficiant d'un droit de suite s'il y en a (art. précité).

Après complet **paiement** du prix de cession, qui emporte purge des inscriptions grevant les biens compris dans la cession (art. L 642-12, al. 3), les créanciers titulaires d'un privilège spécial, un gage, un nantissement ou une hypothèque inscrit sur un bien cédé ne peuvent plus exercer leurs droits à l'encontre du cessionnaire (art. L 642-12, al. 2), à la condition qu'il soit établi que le bien grevé est inclus dans le plan de cession (Cass. com. 30-3-2010 n° 09-13.101 : Bull. civ. IV n° 67).

Toutefois, le cessionnaire est exposé à subir le droit de rétention du créancier gagiste (n° 63895).

DROIT DU CRÉANCIER RÉTENTEUR

63895 Le créancier titulaire d'un **droit de rétention sur un bien du débiteur compris dans le plan de cession** a, en toute hypothèse, le droit de retenir ce bien (C. com. art. L 642-12, al. 5 ; Cass. com. 20-5-1997 n° 95-12.925 P : RJDA 10/97 n° 1269, reconnaissant au créancier gagiste le droit de retenir le bien gagé et cédé en vertu d'un plan de cession jusqu'au paiement du montant de la créance qu'il a déclarée et non en contrepartie d'une quote-part du prix de cession ; Cass. com. 3-5-2011 n° 10-16.146 : Rev. proc. coll. 2011 n° 6 § 184 note Fraimout, recevant la demande en paiement de la créance gagée adressée au commissaire à l'exécution du plan qui a méconnu le droit de rétention).

Encore faut-il que le droit de rétention ait été régulièrement acquis (Cass. com. 20-5-1997 précité ; Cass. com. 12-4-2005 n° 00-20.455 F-D : RJDA 11/05 n° 1260).

2. CESSION ISOLÉE D'ACTIFS DU DÉBITEUR

a. Règles communes aux cessions isolées d'actifs

ACTIFS CESSIBLES

63930 En cas de liquidation judiciaire, les **biens** du débiteur qui ne sont pas compris dans le plan de cession sont vendus séparément (C. com. art. L 640-1, al. 2 et L 631-22, al. 3), dans la mesure toutefois où ils sont **cessibles.**

Ne sont pas cessibles :

– les biens que le débiteur a acquis par succession après sa mise en liquidation judiciaire, sauf accord de sa part (n° 63935) ;

– les biens faisant l'objet d'une clause d'inaliénabilité puisque le liquidateur ne peut pas demander la levée de cette clause (n° 63562) ;

– les quotas laitiers attribués à un exploitant agricole car ils constituent une autorisation administrative non négociable (Cass. 3e civ. 31-10-2012 n° 10-17.851 FS-PB : Bull. civ. III n° 156) ;

– les biens objets d'une saisie pénale (Cass. com. 15-11-2017 n° 16-17.868 F-PB : RJDA 3/18 n° 265) ou d'une saisie-vente (Cass. com. 2-6-2015 n° 14-12.230 F-PB : RJDA 10/15 n° 704) car ils sont indisponibles ;

– les biens hors commerce, tels des produits périmés (Cass. com. 16-5-2006 n° 04-19.785 F-PB : RJDA 10/06 n° 1060) ou contrefaits (cf. Cass. com. 24-9-2003 n° 01-11.504 FS-PB : RJDA 2/04 n° 147, rendu en dehors d'une procédure collective mais la règle est générale).

Biens de l'entrepreneur individuel Dans les procédures ouvertes depuis le 15 mai 2022 à l'encontre d'un **entrepreneur individuel** (autre qu'un EIRL), seuls les biens professionnels de ce dernier sont cessibles, sauf si la procédure s'étend aussi à ses biens personnels (nos 61539 s. et 61650). 63932

Sur le cas particulier où la procédure est ouverte après la cessation d'activité ou le décès de l'entrepreneur, nos 61520 s.

Lorsque le débiteur est un **EIRL,** les biens qui ne sont pas compris dans le patrimoine concerné par la procédure ne sont en principe pas cessibles dans le cadre de cette procédure collective (n° 62270), sauf en cas de réunion des patrimoines (n° 61650).

Toutefois, les **biens** ou droits qui **composent un patrimoine autre que celui engagé dans la procédure** ainsi que les biens et droits insaisissables par les créanciers professionnels peuvent être **vendus** à condition que la cession ait été demandée par le débiteur, autorisée par le juge-commissaire ou le tribunal et qu'elle facilite la vente des actifs du patrimoine engagé dans la procédure (C. com. art. L 642-22, II pour la liquidation judiciaire, applicable aux autres procédures collectives par renvoi des articles art. L 626-1, al. 2 et L 631-22). La contrepartie de la valeur de ces biens ou droits s'y substitue dans le patrimoine dont ils sont issus (art. L 642-22, II).

Attention, la jurisprudence exposée dans les paragraphes qui suivent – rendue avant l'entrée en vigueur du nouveau statut de l'entrepreneur individuel – demeure à notre avis applicable dès lors qu'un **bien indivis ou insaisissable** est **inclus dans le ou les patrimoines** de l'entrepreneur (y compris un EIRL) **appréhendés par la procédure collective.**

Bien indivis. Lorsqu'une **indivision préexiste au jugement d'ouverture** de la liquidation judiciaire de l'un des indivisaires, cette procédure n'a appréhendé que les droits indivis de l'indivisaire dans le bien et non le bien en son entier. Le liquidateur judiciaire ne peut donc pas faire vendre le bien, qui n'est pas un actif de la liquidation judiciaire, selon les règles de la procédure collective, mais il peut agir en partage de l'indivision (Cass. com. 18-2-2003 n° 00-11.008 FS-P : RJDA 7/03 n° 748 ; Cass. com. 3-12-2003 n° 01-01.390 : RJDA 4/04 n° 492 ; Cass. com. 1-10-2013 n° 12-20.567 F-D : RJDA 4/14 n° 365). 63935

Le partage peut, le cas échéant, nécessiter la licitation (la vente) du bien lorsqu'il n'est pas possible de parvenir au partage en nature. Mais la licitation de l'immeuble indivis ne peut être ordonnée qu'après examen des demandes de maintien dans l'indivision et d'attribution préférentielle de l'immeuble formées en application des articles 822 et 831-2 du Code civil (Cass. com. 20-9-2017 n° 16-14.295 F-PBI : RJDA 1/18 n° 88). La licitation n'est qu'une modalité des opérations de liquidation et de partage de l'indivision et non de la liquidation judiciaire.

Le liquidateur ne peut pas demander au nom du débiteur dessaisi le partage et la vente en un lot d'un immeuble indivis constituant le logement de la famille du débiteur, un époux ne pouvant pas sans l'autre disposer des droits sur ce logement en application de l'article 215, al. 3 du Code civil (Cass. 1e civ. 3-4-2019 n° 18-15.177 FS-PB : RJDA 7/19 n° 524). Le juge-commissaire ne peut pas autoriser le liquidateur judiciaire à vendre un immeuble relevant d'une indivision antérieure à la liquidation judiciaire d'un des indivisaires (Cass. com. 22-1-2013 n° 11-24.733 F-D).

Le créancier hypothécaire de l'indivision préexistant à l'ouverture de la procédure collective d'un indivisaire peut poursuivre la saisie immobilière du bien indivis en vertu du droit qu'il tient de l'article 815-17, al. 1 du Code civil, sans être tenu de saisir le juge-commissaire (Cass. 1e civ. 24-5-2018 n° 16-26.378 FS-PB : RJDA 8-9/18 n° 663) et même si le tribunal a déclaré le bien indivis inaliénable (Cass. com. 7-2-2012 n° 11-12.787 FS-PB : RJDA 5/12 n° 540).

Le liquidateur ne peut pas, sauf accord du débiteur, réaliser les biens ou droits acquis au titre d'une **succession** ouverte **après l'ouverture** ou le prononcé de la liquidation judiciaire, ni provoquer le partage de l'indivision pouvant en résulter (C. com. art. L 642-22, I).

Pour les autres cas où l'indivision naît après le jugement d'ouverture, par exemple, celle résultant du **divorce** du débiteur (ou de son décès) après ce jugement, le bien a déjà été appréhendé dans sa globalité par la procédure collective, de sorte que le liquidateur, qui représente nécessairement les créanciers de l'indivision, a le pouvoir de le faire vendre selon les règles de la procédure collective (cf. Cass. 1e civ. 21-5-1997 n° 95-14.102 P : Bull. civ. I n° 163). Il le peut aussi lorsque le divorce a été prononcé avant l'ouverture de la procédure mais n'a été rendu opposable aux tiers que postérieurement par retranscription sur les actes d'état civil car l'immeuble dépendant de la communauté est entré dans le gage commun des créanciers de celle-ci avant qu'il ne devienne indivis (Cass. com. 27-9-2016 n° 15-10.428 F-PB : RJDA 12/16 n° 885). La situation se présente toutefois différemment si le bien était insaisissable avant l'ouverture de la procédure.

63940 **Bien insaisissable.** Il y a lieu ici de distinguer selon que le bien est insaisissable de plein droit ou par effet d'une déclaration d'insaisissabilité.

1. Les droits d'un entrepreneur individuel sur l'immeuble où est située sa résidence principale sont insaisissables par ses créanciers professionnels (C. com. art. L 526-1). Cette **insaisissabilité de droit** est opposable au liquidateur judiciaire (Cass. com. 13-4-2022 n° 20-23.165 F-B : RJDA 7/22 n° 421), du moins quand les conditions de celle-ci existent toujours lors de l'ouverture de la procédure. Ainsi, lorsque le juge impose à l'entrepreneur individuel, dans le cadre d'une procédure de divorce, de quitter le logement familial avant l'ouverture de la procédure collective, ce logement n'est plus la résidence principale de l'entrepreneur et il peut être saisi par ses créanciers professionnels et donc appréhendé par la procédure collective pour devenir le gage commun des créanciers (Cass. com. 18-5-2022 n° 20-22.768 F-B : RJDA 8-9/22 n° 499). Même si l'insaisissabilité est opposable au liquidateur, l'entrepreneur peut donner son accord à la cession (n° 63932). En cas de demande d'autorisation de vente d'un immeuble par le liquidateur, il appartient à l'entrepreneur d'apporter la preuve que cet immeuble, qu'il entend exclure de la procédure collective, est sa résidence principale (Cass. com. 14-6-2023 n° 21-24.207 F-B : RJDA 11/23 n° 602 ; Cass. com. 25-10-2023 n° 21-21.694 F-D).

Un créancier, qui entend avoir des droits sur un immeuble de l'entrepreneur ayant fait l'objet d'une licitation-partage et qui s'oppose à ce que cet immeuble soit appréhendé par le liquidateur, doit prouver qu'il constitue la résidence principale de l'entrepreneur (Cass. com. 22-11-2023 n° 22-18.795 F-B : BRDA 1/24 inf. 18).

2. Le débiteur peut opposer au liquidateur judiciaire la **déclaration d'insaisissabilité** de sa **résidence principale** qu'il a régulièrement publiée avant sa mise en liquidation judiciaire (Cass. com. 10-3-2021 n° 19-21.971 F-P : RJDA 1/22 n° 31) ; le liquidateur ne peut donc pas procéder à la vente de ce bien et le juge-commissaire qui autoriserait cette vente excéderait ses pouvoirs juridictionnels, même si la déclaration est inopposable à certains créanciers de la liquidation judiciaire (Cass. com. 28-6-2011 n° 10-15.482 FS-PBRI : RJDA 11/11 n° 957 ; Cass. com. 24-3-2015 n° 14-10.175 FS-PB : RJDA 6/15 n° 451 ; Cass. com. 22-3-2016 n° 14-21.267 F-PB : Bull. civ. IV n° 46). Il résulte de cette jurisprudence que le bien régulièrement déclaré insaisissable avant le jugement d'ouverture ne peut pas être appréhendé par la liquidation judiciaire. Il est hors procédure, à moins que le débiteur n'en autorise la cession (n° 63932).

Le liquidateur peut toutefois contester la régularité de la déclaration à l'appui d'une demande tendant à reconstituer le gage commun des créanciers (Cass. com. 15-11-2016 n° 14-26.287 FS-PBI : RJDA 2/17 n° 101). La déclaration d'insaisissabilité faite par le débiteur peut tomber sous le coup des nullités de la période suspecte (C. com. art. L 632-1, I-12° et II). En dehors de ces cas, les effets de la déclaration subsistent aussi longtemps que les droits des créanciers auxquels elle est opposable ne sont pas éteints, sauf renonciation du déclarant lui-même, peu important qu'il ait cessé son activité professionnelle (Cass. com. 17-11-2021 n° 20-20.821 FS-PB : RJDA 3/22 n° 167).

Le liquidateur judiciaire n'a pas qualité pour agir, au lieu et place du débiteur, en partage et licitation du **bien indivis** ayant fait l'objet d'une déclaration d'insaisissabilité régulièrement publiée avant le jugement d'ouverture de la liquidation judiciaire (Cass. com. 14-3-2018 n° 16-27.302 F-PBI : RJDA 5/18 n° 446). Il est de même lorsque la déclaration porte sur un bien **commun** (Cass. com. 10-7-2019 n° 18-16.867 F-PB : RJDA 11/19 n° 703) ; si les époux divorcent au cours de la procédure collective de l'un d'eux, le juge du divorce peut ordonner, à la demande de l'un des ex-époux, la licitation du bien pour parvenir au partage de l'indivision sans avoir besoin d'une demande à cette fin du liquidateur judiciaire (Cass. com. 10-7-2019 précité).

63942 **Biens susceptibles d'une demande de restitution ou de revendication** Les biens détenus par le débiteur et susceptibles de faire l'objet d'une demande de **restitution** peuvent être vendus dans le cadre de la liquidation judiciaire à l'expiration d'un délai d'un mois après l'envoi d'une mise en demeure au propriétaire par le liquidateur (C. com. art. R 641-32).

Cette mise en demeure, qui peut être envoyée dès l'ouverture de la procédure, est adressée par le liquidateur au dernier domicile connu du propriétaire par lettre recommandée AR (art. précité).

Le prix de vente est consigné par le liquidateur à la Caisse des dépôts et consignations et, sous déduction des frais, tenu à la disposition du créancier, qui en est averti par le liquidateur par lettre recommandée AR. Après clôture de la procédure, le montant ainsi consigné est restitué au créancier ou à ses ayants droit par la Caisse des dépôts et consignations sur ordonnance du président (art. précité).

La situation diffère pour les biens dont l'entrepreneur individuel ou l'EIRL peut demander la restitution (n° 63085) : s'il s'agit d'un bien faisant l'objet d'un contrat publié, l'entrepreneur est mis

en demeure comme indiqué ci-dessus mais aucune consignation du prix de vente n'est prévue à son profit (art. R 641-32-1) ; dans les autres cas, le bien peut être vendu sans avertissement.
Sur la cession des biens susceptibles de **revendication,** n°s 63005 s. et 63075.

Biens gagés ou retenus Le liquidateur peut être autorisé à payer une créance antérieure à l'ouverture de la procédure pour retirer les biens constitués en gage par le débiteur ou légitimement retenus (n° 63505). **63945**

À défaut de paiement, le rétenteur peut opposer son droit de rétention au liquidateur (Cass. com. 20-5-1997 n° 1271 P : RJDA 10/97 n° 1263).

À défaut de retrait, le liquidateur doit, dans les 6 mois du jugement ordonnant la liquidation judiciaire, demander au juge-commissaire l'autorisation de procéder à la vente du bien ; il doit notifier l'autorisation au créancier 15 jours avant la vente (C. com. art. L 642-20-1, al. 1).

L'ordonnance du juge-commissaire n'est pas exécutoire de plein droit par provision (art. R 661-1, al. 2).

En cas de vente du bien gagé par le liquidateur, le **droit de rétention** est de plein droit **reporté** sur le prix ; l'inscription éventuellement prise pour la conservation du gage est radiée à la diligence du liquidateur (art. L 642-20-1, al. 3).

L'exercice d'un droit de rétention ne fait donc pas obstacle à la vente du bien retenu (Cass. com. 30-1-2019 n° 17-22.223 F-PB : RJDA 5/19 n° 379).

Le report du droit de rétention sur le prix permet au créancier gagiste d'être réglé par privilège et préférence à tous les autres créanciers, même superprivilégiés pour salaires (Cass. com. 15-10-1991 90-10.784 P : RJDA 12/91 n° 1081). Il ne joue qu'en cas de vente par le liquidateur et non si le créancier gagiste a pris l'initiative de la vente du fait de l'inaction du liquidateur (TGI Vesoul 17-6-1988 : GP 1988.838 note Pinon) ou si le juge-commissaire a ordonné que le prix serait payé par un tiers, en l'espèce l'affactureur du débiteur (Cass. com. 16-1-2007 n° 05-14.262 : JCP G 2007.I.158 obs. Delebecque).

Le créancier gagiste, qui ne peut pas se prévaloir d'un pacte commissoire (n° 62525), peut en revanche, même s'il n'est pas encore admis, demander au juge-commissaire avant la vente l'**attribution judiciaire** du bien gagé ; si la créance est rejetée, en tout ou en partie, il doit restituer le bien ou sa valeur au liquidateur, sous réserve du montant admis de sa créance (art. L 642-20-1, al. 2).

L'attribution judiciaire du gage est possible même si le gage n'a pas emporté dépossession du débiteur et droit de rétention (Cass. com. 6-1-1998 : RJDA 5/98 n° 621). Elle peut être demandée après le prononcé de la liquidation judiciaire, si le débiteur a été initialement mis en redressement judiciaire (Cass. com. 28-5-1996 : RJDA 11/96 n° 1380), sans qu'il y ait lieu de la formuler dans le délai de trois mois prévu pour la revendication car ce délai ne concerne pas l'attribution du gage (Cass. com. 28-1-1997 : RJDA 5/97 n° 710).

L'attribution est impossible au profit du créancier titulaire d'un nantissement sur fonds de commerce (C. com. art. L 142-1 ; Cass. com. 25-11-2020 n° 19-13.237 F-D : RJDA 3/21 n° 191), mais aussi lorsque le bien gagé est revenu, en exécution d'une ordonnance de restitution, dans les mains du vendeur impayé bénéficiaire d'une clause de réserve de propriété (Cass. com. 5-4-1994 : RJDA 10/94 n° 1076) ou dès lors qu'une ordonnance définitive du juge-commissaire a autorisé la cession amiable du bien, à laquelle le gagiste n'a pas fait opposition dans le délai, se bornant à demander l'attribution avant la passation de l'acte de vente et, aussi, dès lors que le gagiste a renoncé à l'attribution en indiquant dans une lettre adressée au liquidateur qu'il acceptait de ne pas faire opposition en considérant que sa garantie était reportée de plein droit sur la fraction du prix correspondant au matériel grevé (Cass. com. 16-4-1996 : RJDA 8-9/96 n° 1120).

Le créancier, non titulaire d'un gage, qui exerce un droit de rétention sur un bien du débiteur ne peut pas demander l'attribution du bien retenu, le droit de rétention n'étant pas une sûreté et n'étant pas assimilable au gage (Cass. com. 9-6-1998 : RJDA 10/98 n° 1141). De même aucun texte ne permet au créancier hypothécaire de demander l'attribution de l'immeuble grevé, demande qui se heurte au principe de l'arrêt des poursuites (Cass. com. 28-6-2017 n° 16-10.591 F-PBI : RJDA 11/17 n° 748 ; Cass. com. 19-9-2018 n° 17-14.964 F-D : RJDA 1/19 n° 35).

INTERDICTION D'ACQUÉRIR

Les cessions isolées d'actifs sont soumises aux mêmes interdictions d'acquérir que celles prévues en cas de cession de l'entreprise et sous les mêmes sanctions (n°s 63670 s. ; C. com. art. L 642-20, al. 1). Toutefois, le **juge-commissaire** peut, sur requête du ministère public, y déroger et **autoriser** la **cession** à l'une des personnes visées à ce texte à l'exception des contrôleurs et du débiteur au titre de l'un quelconque de ses patrimoines (art. précité). **63950**

Le juge-commissaire peut être saisi par le ministère public, le liquidateur ou le débiteur aux fins d'accorder la même dérogation pour les cessions d'actifs mobiliers de faible valeur nécessaires aux besoins de la vie courante et de biens faisant partie d'une exploitation agricole ainsi que pour la vente aux enchères publiques ou par adjudication amiable des autres actifs mobiliers (art. L 642-20, al. 2 et R 642-39).

Le juge-commissaire statue par ordonnance spécialement motivée après avoir recueilli l'avis du ministère public lorsque celui-ci n'est pas l'auteur de la requête (art. L 642-20, al. 3).

Le **liquidateur judiciaire** ne peut pas, en qualité de mandataire, être déclaré adjudicataire des immeubles du débiteur ni s'en porter acquéreur dans le cadre d'une vente de gré à gré (art. R 642-26 et R 642-36).

ABSENCE DE NEUTRALISATION DES DROITS DE PRÉEMPTION

63952 Aucune disposition du Code de commerce ne prévoit la neutralisation des **droits de préemption légaux** en cas de cession isolée d'un actif du débiteur en procédure collective, contrairement à ce qui est prévu en matière de plan de cession.

Sont donc applicables le cas échéant (les textes cités ci-dessous ne comportant d'exception que pour le plan de cession) :

– le droit de préemption ouvert, par les articles L 214-1 s. du Code de l'urbanisme, en cas de cession d'un fonds artisanal, d'un fonds de commerce ou d'un bail commercial (C. urb. art. R 214-3, al. 4) ;

– le droit de préemption urbain et celui relatif aux zones d'aménagement différé et à leurs périmètres provisoires (C. urb. art. L 213-1, al. 2), applicables notamment aux cessions d'immeubles bâtis ou non bâtis (pour une application, CE 17-12-2008 n° 316411 : RJDA 5/09 n° 417, 2e esp.) ;

– le droit de préemption des Safer (C. rur. art. L 143-4, 7° ; pour une application, Cass. com. 15-10-2002 n° 1605 : RJDA 2/03 n° 170).

Sur l'incidence de l'exercice de ces droits de préemption sur le prix fixé par le juge-commissaire, n° 63975.

Est aussi applicable le droit de préemption dont bénéficie le locataire d'un bien rural en cas de cession de ce dernier (Cass. 3e civ. 5-2-2002 n° 01-17.145 PB : Bull. civ. III n° 28) ou encore l'auteur sur les ouvrages détenus par son éditeur en liquidation judiciaire (n° 64030).

Ne sont pas non plus neutralisés les **droits conventionnels** de préemption ou de préférence, par exemple, celui prévu par le bail au profit du bailleur en cas de cession du bail commercial ou du fonds de commerce du locataire (n° 64025).

AUDITION DU DÉBITEUR ET DE SON CONJOINT

63955 Les cessions isolées d'actifs interviennent sur décision ou autorisation du juge-commissaire qui ne peut statuer sans avoir préalablement entendu ou dûment appelé le débiteur ainsi que, dans les cas exposés n° 63632, le conjoint de celui-ci (C. com. art. R 642-36-1 pour toute cession d'immeuble et R 642-37-2 pour celle des autres biens).

Commet un excès de pouvoir le juge-commissaire qui statue sur la réalisation des actifs du débiteur sans avoir entendu ni appelé ce dernier (Cass. com. 8-1-2013 n° 11-26.059 : RJDA 8-9/13 n° 743).

RECOURS CONTRE LES ORDONNANCES DU JUGE-COMMISSAIRE

63957 Le recours contre les ordonnances rendues par le juge-commissaire en matière de cession isolée d'actifs est porté devant la **cour d'appel** (C. com. art. L 642-19-1, R 642-37-1 et R 642-37-3, al. 2) dans les dix jours de la communication ou de la notification de la décision (Cass. com. 20-9-2017 n° 16-15.829 F-PBI : RJDA 11/17 n° 749).

Le juge de l'exécution est incompétent pour statuer sur les difficultés nées de la réalisation des actifs du débiteur (Cass. com. 11-2-2014 n° 12-26.208 : RJDA 5/14 n° 463).

Il est ouvert non seulement aux parties, dont le débiteur, mais aussi « aux **personnes** dont les droits et obligations sont affectés par la décision » du juge-commissaire (Cass. com. 18-5-2016 n° 14-19.622 FS-PB : RJDA 8-9/16 n° 637 ; Cass. com. 20-9-2017 n° 16-15.829 précité, excluant en conséquence qu'elles puissent agir par voie de tierce opposition devant le tribunal ayant ouvert la procédure ; Cass. com. 23-3-2022 n° 20-19.174 F-B : RJDA 6/22 n° 353). Peuvent ainsi agir le créancier hypothécaire inscrit sur l'immeuble cédé (Cass. com. 18-5-2016 précité) à moins que le prix de vente de l'immeuble fixé par le juge-commissaire ne permette le paiement intégral de la créance hypothécaire (Cass. com. 1-7-2020 n° 19-11.337 FD : RJDA 10/20 n° 509), le bailleur rural en cas de cession d'un ensemble essentiellement constitué par le droit au bail (Cass. com. 29-11-2016 n° 14-29.410 F-D : Rev. proc. coll. 2017 comm. n° 67 note F. Reille, 2e espèce) ou le loueur d'un matériel inclus dans la cession ordonnée par le juge-commissaire (Cass. com. 24-1-2018 n° 16-18.795 F-PB : RJDA 4/18 n° 342).

L'arrêt de la cour d'appel peut faire l'objet d'un **pourvoi en cassation** (Cass. com. 8-7-2014 n° 13-19.395 F-PB : RJDA 10/14 n° 791).

b. Vente isolée des immeubles

MODALITÉS DE VENTE DES IMMEUBLES

63970 Les ventes d'immeubles ont lieu suivant les formes prescrites en matière de saisie immobilière par le Code des procédures civiles d'exécution, sous réserve que ces dispositions ne soient pas contraires à celles du Code de commerce (C. com. art. L 642-18, al. 1). Elles interviennent donc **en principe** aux **enchères publiques** (C. exécution art. L 322-5).

Le juge-commissaire après avoir recueilli les observations des contrôleurs et entendu (ou dûment appelé) le débiteur et le liquidateur, fixe la mise à prix et les conditions essentielles de la vente (C. com. art. L 642-18, al. 1 ; sur la conformité de cette disposition à la Constitution, Cass. com. 10-7-2014 n° 14-10.100 : RJDA 1/15 n° 35). Il peut retenir une valeur inférieure à celle retenue par les experts, compte tenu notamment de l'état du bien et de l'absence d'offres d'achat pour celui-ci (CA Paris 11-12-2018 n° 18/10264 : RJDA 5/19 n° 358, 1e esp.).

Sur la subrogation du liquidateur dans les droits du créancier dont la saisie a été suspendue par l'ouverture d'une procédure collective, art. L 642-18, al. 2 et, pour une application, Cass. com. 28-6-2017 n° 16-10.591 : RJDA 11/17 n° 748.

Le juge-commissaire peut aussi, si la consistance des biens, leur emplacement ou les offres reçues sont de nature à permettre une cession amiable dans de meilleures conditions, ordonner la vente des immeubles (art. L 642-18, al. 3) :

– soit par **adjudication amiable** sur la mise à prix qu'il fixe ;
– soit de **gré à gré** aux prix et condition qu'il détermine.

L'option pour la vente de gré à gré suppose l'existence d'une offre d'achat (n° 63975). Le débiteur ne peut donc pas reprocher au juge d'avoir ordonné la vente de l'immeuble par voie d'adjudication judiciaire plutôt qu'une vente de gré à gré dès lors qu'aucune proposition d'achat consentie par une personne déterminée pour un prix défini n'avait été faite et que la vente par adjudication amiable n'était pas demandée ni ses conditions réunies (Cass. com. 15-5-2019 n° 17-23.753 F-PB : RJDA 8-9/19 n° 579 ; voir aussi CA Paris 11-12-2018 n° 18/10264 : RJDA 5/19 n° 358).

Jugé que, si le juge-commissaire a opté pour une vente de gré à gré au profit de l'offre du prix le plus élevé, il ne peut pas retenir celle-ci au terme d'enchères privées en son cabinet, sous plis cachetés, sans aucune des garanties de l'adjudication, résultant notamment de la publicité des enchères et de la possibilité de former surenchère (CA Orléans 8-11-2001 : RJDA 5/02 n° 533). Toutefois, d'autres cours d'appel valident la pratique (CA Paris 21-2-2003 n° 2002/21412 : Act. JPC N 2003/47 n° 1596 note Vauvillé ; CA Bordeaux 2-7-2013 n° 12/05937).

Les modalités de mise en œuvre de ces ventes sont fixées par les articles R 642-22 à R 642-37-1 du Code de commerce. En cas d'adjudication amiable, les articles L 322-7, L 322-8, L 322-10 à L 322-12 du Code des procédures civiles d'exécution sont applicables, sous réserve que ces dispositions ne soient pas contraires à celles du Code de commerce, et il peut toujours être fait surenchère (C. com. art. L 642-18, al. 3).

VENTE IMMOBILIÈRE DE GRÉ À GRÉ

La vente de gré à gré d'un bien du débiteur n'est pas valable si elle n'a pas été au préalable autorisée par le juge-commissaire (Cass. com. 9-5-2007 n° 06-10.064 F-PB : RJDA 10/07 n° 999 ; CA Reims 7-5-2007 n° 06/00486 : Bull. inf. C. cass. 2007 n° 2229). **63975**

La cession qui n'a pas été autorisée ou qui a fait l'objet d'une autorisation a posteriori est atteinte d'une nullité absolue qui peut être invoquée par tout intéressé sans qu'il soit tenu de justifier d'un grief (Cass. com. 27-10-1998 n° 1739 P : RJDA 1/99 n° 80).

Celui-ci ne peut l'autoriser que si une ou plusieurs offres d'achat ont été préalablement présentées (Cass. com. 15-5-2019 n° 17-23.753 F-PB : RJDA 8-9/19 n° 579) et son **autorisation** vaut au seul profit de la personne dont il a retenu l'offre (Cass. com. 3-5-2006 n° 04-20.397 FS-PB : RJDA 10/06 n° 1059), à moins qu'elle ne comporte une faculté de substitution au profit d'un tiers. L'ordonnance qui autorise la cession de gré à gré d'un bien conformément aux conditions et modalités d'une offre déterminée rend impossible la rétractation de son consentement par l'auteur de l'offre (Cass. com. 14-11-2019 n° 18-15.871 F-PB : RJDA 2/20 n° 97).

Le **prix** retenu par le juge-commissaire doit être réel (Cass. com. 28-9-2004 n° 02-11.210 FS-PB : RJDA 4/05 n° 436 ; Cass. com. 8-7-2014 n° 13-19.395 F-PB : RJDA 10/14 n° 791). Sur la question de savoir si le prix s'entend TTC ou HT, n° 63680, les solutions étant ici transposables.

Une fois que l'ordonnance du juge-commissaire qui a autorisé la vente d'un bien d'une entreprise en liquidation judiciaire à un prix donné a acquis autorité de chose jugée, ce qui rend la vente parfaite, ce prix ne peut plus être réduit par la Safer qui exerce son droit de préemption sur ce bien (Cass. 3e civ. 11-7-2019 n° 17-22.716 F-D : RJDA 11/19 n° 711 ; aussi Cass. 3e civ. 19-9-2012 n° 10-21.858 FS-PBRI : RJDA 8-9/13 n° 742). La solution est, à notre avis, transposable aux droits de préemption en matière d'urbanisme qui permettent au titulaire du droit de préemption de faire une offre à un prix inférieur à celui qui lui a été communiqué.

En cas de mise en œuvre de la faculté de **substitution** figurant dans l'offre, l'auteur de cette dernière demeure garant solidaire du paiement du prix de cession, sauf si l'offre l'exclut expressément ou si le juge-commissaire ou le liquidateur judiciaire déchargent son auteur de cette garantie (Cass. com. 14-11-2019 n° 18-18.833 F-PB : RJDA 2/20 n° 96).

63977 La **cession** est **parfaite** dès l'ordonnance du juge-commissaire l'ayant autorisée, sous la condition suspensive que l'ordonnance acquière force de chose jugée (Cass. com. 11-3-1997 n° 660 P : RJDA 8-9/97 n° 1127 ; Cass. com. 4-10-2005 n° 04-15.062 FS-PBIR : RJDA 6/06 n° 680 ; Cass. com. 2-6-2015 n° 14-12.230 F-PB : RJDA 10/15 n° 704). Mais le **transfert de la propriété** ou de la titularité des droits ne s'opère, s'il n'en est autrement décidé par l'ordonnance du juge-commissaire, qu'à la **date** de la passation des actes nécessaires à la réalisation de la vente (Cass. com. 7-9-2010 n° 09-66.284 F-PB : RJDA 1/11 n° 68 ; Cass. com. 13-3-2012 n° 10-24.192 : RJDA 7/12 n° 702 ; Cass. com. 11-6-2014 n° 13-16.194 : RJDA 11/14 n° 856).

Il en résulte que :

– le cessionnaire ne peut pas refuser de régulariser la vente (Cass. com. 28-10-2008 n° 07-15.286 : RJDA 1/09 n° 48 ; Cass. com. 27-5-2008 n° 07-11.374 : RJDA 12/08 n° 1306 ; Cass. com. 3-11-2010 n° 09-70.372 : RJDA 1/11 n° 69), sauf motif légitime, tel que la défaillance d'une condition suspensive assortissant son offre (Cass. com. 11-3-1997 n° 660 P : RJDA 8-9/97 n° 1127 ; Cass. com. 19-12-2000 n° 97-20.551 : RJDA 5/01 n° 617), même si cette condition n'a pas été reprise par l'ordonnance du juge-commissaire autorisant la vente (Cass. com. 27-9-2016 n° 14-22.372 F-PB : RJDA 12/16 n° 884) ;

– le transfert des risques est subordonné à l'établissement des actes des réalisation de la vente (Cass. com. 29-10-2002 n° 1751 : RJDA 3/03 n° 288) ; il en est de même de l'exigibilité du prix (Cass. com. 5-12-1995 n° 93-17.793 P : Bull. civ. IV n° 279), de sorte qu'une saisie-attribution du prix entre les mains du cessionnaire avant la passation de ces actes n'est pas possible car il n'est pas encore débiteur du prix de cession (Cass. com. 8-1-2002 n° 37 F-D : RJDA 6/02 n° 669).

En cas de **refus du cessionnaire,** sans motif légitime, de **réitérer l'acte** en la forme authentique, un jugement valant acte authentique peut être demandé au tribunal (Cass. com. 11-10-2011 n° 10-20.032 F-D : GP 2012 jur. p. 331 note Théron : à propos d'une « vente à forfait partielle de l'entreprise »).

63980 Bien que dite de « gré à gré », cette **vente** est faite **d'autorité de justice** ; elle échappe en conséquence à la rescision pour lésion (Cass. com. 6-10-2010 n° 09-66.683 : RJDA 12/10 n° 1179), à l'action en garantie des vices cachés (C. civ. art. 1649) ou en nullité pour dol (Cass. com. 4-5-2017 n° 15-27.899 FS-PBI : RJDA 7/17 n° 485). Le liquidateur n'est pas tenu d'une obligation d'information et de conseil à l'égard de l'acquéreur (Cass. 3e civ. 21-12-2017 n° 16-20.675 FS-PBI : RJDA 5/18 n° 445).

Le cessionnaire qui se prétend victime d'un dol commis par le liquidateur peut toutefois rechercher la responsabilité personnelle de ce dernier (Cass. com. 4-5-2017 précité).

S'agissant d'une vente faite par autorité de justice, elle ne peut pas donner lieu au droit de préemption que l'article L 145-46-1 du Code de commerce confère au locataire dans l'hypothèse où le propriétaire d'un local commercial ou artisanal envisage de le vendre (Cass. com. 23-3-2022 n° 20-19.174 F-B : RJDA 6/22 n° 353 ; Cass. com. 8-2-2023 n° 21-23.211 F-D ; Cass. 3e civ. 15-2-2023 n° 21-16.475 FS-B : RJDA 6/23 n° 328).

PURGE DES HYPOTHÈQUES

63985 Pour toute **adjudication,** publique ou amiable, le paiement du prix et des frais de la vente emporte purge des hypothèques ; l'adjudicataire ne peut, avant d'avoir payé, accomplir un acte de disposition sur le bien à l'exception de la constitution d'une hypothèque accessoire à un contrat de prêt destiné à l'acquisition de ce bien (C. com. art. L 642-18, al. 4). En cas de **vente de gré à gré,** l'acquéreur doit, le cas échéant, procéder à la purge (Cass. com. 1-10-2002 n° 1530 FS-D : RJDA 2/03 n° 168).

Après paiement du prix, celui-ci ayant purgé l'hypothèque, l'acquéreur ne peut pas être privé de son droit d'obtenir la radiation, laquelle doit être demandée, s'il ne le fait pas lui-même, par le liquidateur (C. com. art. R 643-8).

RÉPARTITION DU PRIX

63990 Le **liquidateur** doit répartir le produit des ventes d'immeubles et régler l'ordre entre les créanciers, sous réserve des contestations qui sont portées devant le juge de l'exécution (C. com. art. L 642-18, al. 5).

DÉLAI POUR QUITTER LE LOGEMENT

63995 En cas de liquidation judiciaire d'une **personne physique,** le tribunal peut, en considération de sa situation personnelle et familiale, lui accorder des délais de grâce dont il détermine la durée pour quitter sa maison d'habitation principale (C. com. art. L 642-18, al. 6) ; la décision fixe l'indemnité d'occupation due par le débiteur (art. R 642-37).

L'intérêt de ces dispositions est réduit depuis que la résidence principale d'une personne physique exerçant une activité professionnelle est insaisissable de plein droit et incessible par le liquidateur judiciaire (n° 63940).

c. Vente isolée des biens autres que des immeubles

RÈGLES GÉNÉRALES DE VENTE

Pour les biens du débiteur autres que les immeubles (meubles corporels ou incorporels, droits et contrats cessibles), le juge-commissaire peut (C. com. art. L 642-19, al. 1 et 2) : 64020

– soit ordonner la vente des biens du débiteur aux **enchères publiques,** à laquelle il est procédé dans les conditions prévues, selon le cas, à l'article L 322-2, al. 2, ou aux articles L 322-4 ou L 322-7 du Code de commerce ;

– soit autoriser la vente de **gré à gré** de ces biens lorsqu'elle est de nature à garantir les intérêts du débiteur ; dans ce cas, il peut demander que le projet lui soit soumis pour vérifier si les conditions qu'il a fixées ont été respectées.

Les règles exposées ci-dessus à propos de la vente de gré à gré d'immeubles sont ici applicables.

L'autorisation du juge-commissaire est requise pour la cession d'un droit au bail ne faisant pas partie d'un ensemble de biens de production associés à une force humaine de travail (Cass. com. 9-5-2007 n° 06-10.064 : RJDA 10/07 n° 999).

Si la vente de gré à gré n'est réalisée que par l'accomplissement d'actes postérieurs à la décision du juge-commissaire qui ordonne la cession du bien, elle n'en est pas moins parfaite dès l'ordonnance, sous la condition suspensive que celle-ci acquière force de chose jugée ; il en résulte que la prise de possession effective du fonds de commerce dont le juge-commissaire a ordonné la cession oblige son bénéficiaire à exécuter les obligations nées des contrats dont il n'est pas contesté qu'ils ont été transférés comme accessoires du fonds ; le bénéficiaire qui a refusé de signer l'acte de cession du fonds de commerce a ainsi été condamné à payer au bailleur des murs une indemnité d'occupation pour la période courant de sa prise de possession du local jusqu'à la libération effective de celui-ci (Cass. com. 15-5-2019 n° 15-17.435 F-PB : RJDA 10/19 n° 651).

La cession du fonds de commerce n'entraîne pas la transmission forcée des contrats de fournitures de biens ou de services concernant les biens cédés (Cass. com. 15-2-2005 n° 03-17.019 F-D : RJDA 6/05 n° 736).

Sur la radiation des inscriptions en cas de vente d'un fonds de commerce, art. R 642-38.

Des règles particulières sont applicables à la vente des biens en cas de **liquidation** judiciaire **simplifiée** (n° 64292).

CESSION D'UN BAIL COMMERCIAL

En cas de liquidation judiciaire, le liquidateur (ou l'administrateur s'il en a été désigné un) peut céder le bail dans les conditions prévues au contrat conclu avec le bailleur, avec tous les droits et obligations qui s'y rattachent (C. com. art. L 641-12, al. 5). 64025

Ainsi, les **clauses restreignant la cession du bail** au seul cas de vente simultanée du fonds de commerce ou subordonnant sa réalisation à l'agrément du bailleur ou à son concours doivent être respectées (en ce sens, CA Versailles 2-2-1995 : AJPI 1995 p. 588 et CA Rouen 19-1-2012 n° 10/04429 pour une clause n'autorisant la cession qu'au profit du successeur dans le commerce ; Cass. com. 19-4-2023 n° 21-20.655 F-B : RJDA 8-9/23 n° 447 pour une clause d'agrément). Si l'offre d'acquisition de gré à gré d'un droit au bail prévoit expressément l'intervention du bailleur à l'acte, sans autre précision, cette intervention ne peut s'entendre, en principe, que d'une intervention à l'acte de cession lui-même dressé après l'ordonnance du juge-commissaire, et non devant ce juge (Cass. com. 14-11-2019 n° 18-18.833 F-PB : RJDA 2/20 n° 96).

Dans un cas où, sur autorisation du juge-commissaire, le liquidateur judiciaire avait cédé le fonds de commerce et le bail du locataire par acte sous signature privée, jugé que le liquidateur était responsable, solidairement avec le rédacteur de l'acte, à l'égard du repreneur du bail dès lors qu'aux termes du bail, la cession de celui-ci ne pouvait intervenir que par acte authentique et que le non-respect de cette exigence avait permis au bailleur de refuser au repreneur le renouvellement du bail sans indemnité (Cass. com. 17-5-2017 n° 15-27.140 F-D : RJDA 8-9/17 n° 573).

Le liquidateur doit également respecter la **clause du bail accordant** en cas de cession un **droit de préférence** au bailleur ou à un tiers (cf. Cass. com. 13-2-2007 n° 06-11.289 FS-PBRI : RJDA 8-9/07 n° 826 rendu à propos de la cession d'un bail compris dans une unité de production mais intervenue sur autorisation du juge-commissaire et non dans le cadre d'un plan de cession homologué par le tribunal).

La cession du droit au bail autorisée par le juge-commissaire et acceptée par le bailleur se faisant aux conditions prévues par le contrat à la date du jugement d'ouverture de la procédure collective, le bailleur peut exiger le respect de la **destination prévue au bail,** sauf indemnisation (Cass. com. 11-5-1999 n° 946 D : Loyers et copr. 1999 comm. n° 241). 64027

La possible **déspécialisation** partielle du bail inclus dans un plan de cession (n° 63792) n'est prévue que dans cette hypothèse : elle ne saurait être étendue en cas de cession isolée du bail. Le liquidateur judiciaire qui, afin de favoriser cette cession, souhaiterait ajouter des activités connexes ou complémentaires à celles visées au bail doit, à notre avis, suivre la procédure de déspécialisation partielle prévue par le statut des baux commerciaux.

Par exception au principe du respect des termes du bail, la **clause** du bail rendant le locataire cédant **solidaire** du repreneur est réputée non écrite (C. com. art. L 641-12, al. 5). Toutefois, elle s'applique à nouveau en cas de revente du droit au bail par le repreneur (Cass. com. 15-11-2017 n° 16-19.131 F-PB : RJDA 2/18 n° 158 ; CA Paris 5-7-2022 n° 20/18031 précisant que la substitution d'une personne dans l'offre de reprise du bail ne vaut pas nouvelle cession).

La clause rendant cette fois le repreneur solidaire du locataire (clause dite de solidarité inversée) n'est pas neutralisée, en l'absence de disposition légale en ce sens et le bailleur peut l'invoquer même si elle n'est pas reproduite dans l'ordonnance du juge-commissaire (Cass. com. 27-9-2011 n° 10-23.539 FS-PB : RJDA 4/12 n° 424). L'article L 642-7, al. 7 qui répute cette clause non écrite en cas de plan de cession ne peut être à avis étendu au cas de cession du bail en dehors du plan.

OUVRAGES DÉTENUS PAR UN ÉDITEUR

64030 En cas de liquidation judiciaire de l'éditeur, le liquidateur ne peut procéder à la vente en solde des exemplaires fabriqués qu'après avoir averti l'auteur de son intention par lettre recommandée AR (CPI art. L 132-15, al. 5). L'auteur possède, sur tout ou partie de ces exemplaires, un droit de préemption ; à défaut d'accord sur le prix de rachat, celui-ci est fixé à dire d'expert (art. L 132-15, al. 6).

ARCHIVES DU DÉBITEUR

64035 Avant toute vente ou toute destruction des archives du débiteur, le liquidateur en informe l'autorité administrative compétente pour la conservation des archives ; cette autorité dispose d'un droit de préemption (C. com. art. L 642-23, al. 1).

La destination des archives du débiteur soumis au secret professionnel est déterminée par le liquidateur en accord avec l'ordre professionnel ou l'autorité compétente dont il relève (art. L 642-23, al. 2).

C. Apurement du passif et clôture de la liquidation judiciaire

1. RÈGLEMENT DES CRÉANCIERS

POURSUITES INDIVIDUELLES DES CRÉANCIERS PRIVILÉGIÉS ET HYPOTHÉCAIRES

64080 Si le **liquidateur** n'a **pas entrepris la liquidation des biens** grevés de sûretés spéciales (privilège spécial, hypothèque, gage et nantissement) dans les trois mois qui suivent le jugement de liquidation judiciaire, **les créanciers titulaires de ces sûretés** et le Trésor public pour ses créances privilégiées peuvent exercer leur droit de poursuite individuelle dès lors qu'ils ont déclaré leurs créances et même s'ils n'ont pas encore été admis au passif (C. com. art. L 643-2, al. 1).

Si le texte n'exige pas que le liquidateur ait réalisé les ventes dans les trois mois du jugement prononçant la liquidation judiciaire, il est cependant nécessaire qu'un commencement d'exécution soit intervenu dans ce délai (Cass. com. 28-5-1991 n° 89-20.532 P : RJDA 8-9/91 n° 749, rendu à propos de l'ex-art. 161 de la loi du 25-1-1985 mais transposable à l'art. L 643-2 qui comporte les mêmes dispositions).

Lorsque le tribunal a fixé un délai pour le dépôt des offres de reprise de l'entreprise (n° 63678), ces créanciers peuvent exercer leur droit de poursuite individuelle à l'expiration de ce délai, si **aucune offre incluant le bien grevé** n'a été **présentée** (art. L 643-2, al. 2).

Même les **créanciers du conjoint** du débiteur en liquidation ne peuvent poursuivre les biens communs, et donc agir contre l'époux en liquidation, qu'autant que le liquidateur n'a pas agi dans le délai de trois mois, car le dessaisissement du débiteur interdit à ces créanciers d'exercer des poursuites sur les biens communs en dehors des cas où les créanciers du débiteur en liquidation peuvent eux-mêmes agir (Cass. ass. plén. 23-12-1994 : RJDA 2/95 n° 212). Mais ils le peuvent dès lors que le liquidateur ne l'a pas fait (Cass. com. 6-7-1999 : RJDA 11/99 n° 1225).

Le droit de poursuite individuelle n'ouvre à ces créanciers que la possibilité d'exercer contre le débiteur des **voies d'exécution,** car ce droit n'a pas pour effet de modifier l'ordre des paiements (Cass. com. 13-11-2001 n° 1851 F-D : RJDA 3/02 n° 285 déclarant irrecevable l'action en résolution du vendeur d'immeuble). Le juge-commissaire fixe la mise à prix en accord avec le créancier poursuivant (art. R 643-1).

Les immeubles sont vendus comme il est exposé n°s 63970 s. (art. L 643-2, al. 3). Toutefois, si une procédure de saisie immobilière a été engagée avant le jugement d'ouverture, le créancier titulaire d'une hypothèque est alors dispensé, lors de la reprise des poursuites individuelles, des actes et formalités effectués avant ce jugement (art. L 643-2, al. 3). Le liquidateur ne peut pas se substituer dans cette saisie (art. L 643-2, excluant l'application de l'art. L 642-18, al. 2).

PAIEMENT PROVISIONNEL

Le juge-commissaire peut, d'office ou à la demande du liquidateur judiciaire ou d'un créancier, ordonner le paiement à titre provisionnel d'une **quote-part** d'une **créance** définitivement **admise** (C. com. art. L 643-3, al. 1). **64085**

Le juge-commissaire, saisi à la demande d'un créancier, statue après avis du liquidateur au vu des documents justificatifs de l'admission définitive de la créance dont il est demandé un paiement provisionnel et, le cas échéant, de la garantie ; la provision est allouée à hauteur d'un montant déterminé en fonction de l'existence, du montant et du rang des autres créances dues ou susceptibles d'être ultérieurement dues (art. R 643-2).

Ce paiement provisionnel peut être subordonné à la présentation par son bénéficiaire d'une **garantie** émanant d'un établissement de crédit ou d'une société de financement, sauf lorsque la demande de provision porte sur une créance privilégiée des administrations financières, des organismes de sécurité sociale, des institutions gérant le régime d'assurance chômage prévu par les articles L 5422-1 s. du Code du travail et des institutions régies par le livre IX du Code de la sécurité sociale (art. L 643-3, al. 2 et 3).

Sur ordonnance du juge-commissaire, les fonds indûment versés sont restitués sur première demande du liquidateur (art. R 643-2).

RÉPARTITIONS DES FONDS DISPONIBLES

Créanciers privilégiés et hypothécaires admis Les créanciers privilégiés et hypothécaires concourent aux répartitions dans la proportion de leurs créances totales si une ou plusieurs **distributions de sommes précèdent la répartition du prix des immeubles** ; après la vente des immeubles et le règlement définitif de l'ordre entre les créanciers hypothécaires et privilégiés, ceux d'entre eux qui viennent en rang utile sur le prix des immeubles pour la totalité de leur créance ne perçoivent le montant de leur collocation hypothécaire que sous la déduction des sommes par eux reçues ; les sommes ainsi réduites profitent aux créanciers chirographaires (C. com. art. L 643-4). **64090**

Les droits des créanciers hypothécaires qui sont colloqués partiellement sur la distribution du prix des immeubles sont **réglés d'après le montant qui leur reste dû** après la collocation immobilière ; l'excédent des dividendes qu'ils ont touchés dans des distributions antérieures par rapport au dividende calculé après collocation est retenu sur le montant de la collocation hypothécaire et est inclus dans les sommes à répartir aux créanciers chirographaires (art. L 643-5).

Les créanciers privilégiés ou hypothécaires, **non remplis sur le prix des immeubles,** concourent avec les créanciers chirographaires pour ce qui leur reste dû (art. L 643-6).

Les créanciers inscrits du chef d'un précédent propriétaire et titulaires d'un droit de suite ou du chef d'un **EIRL** sur un bien affecté au patrimoine en cause en garantie d'une créance affectant un autre patrimoine sont avertis par le liquidateur par lettre recommandée AR qu'ils ont l'obligation de produire leur créance à la procédure d'ordre dans le délai de deux mois à compter de l'avertissement ; cet avis reproduit les dispositions qui suivent : la production mentionne la sûreté inscrite sur le bien ; un décompte des sommes dues en principal, intérêts et accessoires et les documents justificatifs sont joints à la production ; à défaut de production dans le délai de deux mois, le créancier est déchu du droit de participer à la distribution (art. R 643-5).

Créanciers bénéficiaires d'une sûreté mobilière spéciale Sous réserve du cas où le créancier a obtenu l'attribution du bien gagé (nº 63945), le créancier bénéficiaire d'une sûreté mobilière spéciale est réglé comme il est exposé ci-dessus pour les créanciers privilégiés et hypothécaires (C. com. art. L 643-7). **64092**

Autres créanciers Le montant de l'actif distribuable du débiteur est réparti dans l'**ordre** suivant (C. com. art. L 643-8, I) : **64094**

1° les subsides dus, en l'absence de rémunération spécifique, au débiteur personne physique ou au dirigeant de la personne morale débitrice, au titre de leurs fonctions (C. com. art. L 631-11) ;

2° les rémunérations des salariés et les indemnités de congés payés garanties par le super-privilège des salariés (C. trav. art. L 3253-2 et L 3253-4) ;

3° les frais de justice nés régulièrement après le jugement d'ouverture pour les besoins du déroulement de la procédure ;

4° les sommes dues aux producteurs agricoles par leurs acheteurs pour les livraisons faites au cours des 90 jours précédant l'ouverture de la procédure (C. com. art. L 624-21) ;

5° les créances résultant des apports en trésorerie consentis ou des biens ou services fournis au débiteur, dans le cadre d'une procédure de conciliation ayant donné lieu à un accord homologué, afin d'assurer la poursuite de son activité (créances garanties par le privilège dit « de conciliation » ; C. com. art. L 611-11) ;

6° dans les liquidations judiciaires ouvertes (ou prononcées) après le 23 octobre 2023, les créances nées régulièrement après le jugement ouvrant ou prononçant la liquidation pour assurer la mise en sécurité des installations classées pour la protection de l'environnement en application des articles L 512-6-1, L 512-7-6 ou L 512-12-1 du Code de l'environnement (C. com. art. L 641-13, I-al. 4) restées impayées à l'échéance, ainsi que les créances résultant, après mise en demeure infructueuse de l'exploitant d'une installation non conforme, de l'arrêté lui enjoignant de payer une somme correspondant au montant des travaux et opérations à réaliser (C. envir. art. L 171-8, II-1°) ;

7° les créances garanties par des sûretés immobilières classées entre elles dans l'ordre prévu au Code civil ;

8° les créances de salaires dont le montant n'a pas été avancé par l'AGS en application des articles L 3253-6 s. du Code du travail ;

9° les créances résultant des apports en trésorerie consentis en vue d'assurer la poursuite de l'activité du débiteur, qu'ils l'aient été pendant la période d'observation ou pour l'exécution du plan de sauvegarde ou de redressement (créances garanties par le privilège dit « d'argent frais » ; C. com. art. L 622-17, III-2° et L 626-10) ;

10° les créances résultant de l'exécution des contrats poursuivis en application de l'article L 622-13 du Code de commerce et dont le cocontractant accepte de recevoir un paiement différé (C. com. art. L 622-17, III-3°) ;

11° les sommes dues aux salariés dont le montant a été avancé par l'AGS en application de l'article L 3253-8, 5° du Code du travail ;

12° les autres créances non soumises à l'interdiction de paiement énoncée à l'article L 622-7, al. 1 du Code de commerce, selon leur rang ;

13° les créances garanties par le privilège du Trésor établi à l'article 1920 du Code général des impôts, à l'exception des créances de toutes natures en matière de contributions indirectes et de celles mentionnées à l'article 379 du Code des douanes ;

14° les créances garanties par un nantissement, par le privilège du bailleur (C. civ. art. 2332) et par le privilège du vendeur de fonds de commerce (C. com. art. L 141-5 s.) ;

15° les créances de toutes natures en matière de contributions indirectes et celles mentionnées à l'article 379 du Code des douanes ;

16° les créances chirographaires, en proportion de leur montant.

La part correspondant aux créances sur l'admission desquelles il n'aurait pas été statué définitivement et, notamment, les rémunérations des dirigeants sociaux tant qu'il n'aura pas été statué sur leur cas, ainsi que celle correspondant aux frais de justice prévisibles sont mises en réserve (C. com. art. L 643-8, II).

Cet ordre de paiement s'applique **sans préjudice** du droit de propriété ou de rétention opposable à la procédure collective, de l'ordre de paiement des créances nées régulièrement après le jugement d'ouverture (cf. C. com. art. L 622-17 et L 641-13 ; n°s 62244 s.) ou des autres droits de préférence (C. com. art. L 643-8, I-al. 1 et dernier al.).

Sur les modalités de mise en œuvre de ces dispositions, art. R 643-3 à R 643-15.

Le créancier qui a reçu un paiement en **violation de la règle de l'égalité des créanciers** chirographaires ou par suite d'une erreur sur l'ordre des privilèges doit restituer les sommes perçues (art. L 643-7-1).

Un créancier hypothécaire qui a reçu, au détriment d'un créancier privilégié de meilleur rang, une somme par suite de l'omission de celui-ci sur l'état de collocation dressé par le liquidateur doit la restituer à ce dernier, qui n'est pas tenu par le délai de contestation de l'état de collocation (Cass. com. 4-10-2023 n° 22-15.456 F-B : RJDA 1/24 n° 45).

2. CLÔTURE DES OPÉRATIONS DE LIQUIDATION JUDICIAIRE

MOMENT DE L'EXAMEN DE LA CLÔTURE DE LA LIQUIDATION JUDICIAIRE

64110 Dans le jugement d'ouverture de la liquidation judiciaire, le tribunal fixe le **délai** au terme duquel la clôture de la procédure devra être examinée ; si la clôture ne peut être prononcée au terme de ce délai, le tribunal peut proroger le terme par une décision motivée (C. com. art. L 643-9, al. 1).

Le **tribunal** peut être **saisi** aux fins de prononcer la clôture de la liquidation soit à tout moment par le liquidateur, le débiteur ou le ministère public, soit par un créancier à l'expiration d'un délai de deux ans à compter du jugement de liquidation judiciaire ; le tribunal peut aussi se saisir d'office à tout moment (art. L 643-9, al. 4).

Dans les deux hypothèses, le greffier convoque le débiteur à l'audience ainsi que, dans la seconde, le créancier demandeur (art. R 643-17, al. 1 et 2).

La décision par laquelle le tribunal proroge le délai d'examen de la clôture de la procédure de liquidation judiciaire en application de l'article L 643-9, al. 1 et rejette, par voie de conséquence, la demande de clôture faite par le débiteur pour s'opposer à ce report, est une mesure d'administration judiciaire insusceptible de **recours,** même pour excès de pouvoir, contrairement à la décision qui rejetterait la demande de clôture de la procédure formée par le débiteur à tout autre moment, en application de l'article L 643-9, al. 4 (Cass. com. 7-11-2018 n° 17-16.176 F-PB : RJDA 2/19 n° 120) ou, à notre avis par un créancier. Pour cette dernière décision, un recours serait donc ouvert.

Sur le cas particulier de la **liquidation** judiciaire **simplifiée,** n° 64300.

DÉCISION DE CLÔTURE DE LA LIQUIDATION JUDICIAIRE

Le tribunal, après avoir entendu ou dûment appelé le débiteur, prononce la clôture de la liquidation judiciaire lorsque (C. com. art. L 643-9, al. 2) : **64115**

– soit il n'existe **plus de passif** exigible ou que le liquidateur dispose de sommes suffisantes pour désintéresser les créanciers (clôture pour extinction de passif) ;

– soit la poursuite des opérations de liquidation judiciaire est rendue impossible en raison de l'**insuffisance de l'actif** (clôture pour insuffisance d'actif) ou encore lorsque l'intérêt de cette poursuite est disproportionné par rapport aux difficultés de réalisation des actifs résiduels.

L'insuffisance d'actif est caractérisée lorsque le produit de la réalisation des actifs du débiteur et des actions et procédures engagées dans l'intérêt de l'entreprise ou des créanciers ne permet plus de désintéresser, même partiellement, les créanciers (art. R 643-16). Toutefois, l'insuffisance d'actif n'existe pas lorsqu'il subsiste des actifs réalisables du débiteur susceptibles de désintéresser, même partiellement, les créanciers (Cass. com. 22-1-2008 n° 06-20.766 : RJDA 5/08 n° 559), sous réserve de la disproportion précitée.

Le tribunal peut également prononcer la clôture de la procédure en désignant un mandataire (qui peut être le liquidateur) ayant pour mission de poursuivre les instances en cours et de répartir, le cas échéant, les sommes perçues à l'issue de celles-ci lorsque cette **clôture n'apparaît pas pouvoir être prononcée pour extinction du passif** (art. L 643-9, al. 3).

En cas de **plan de cession,** la clôture de la procédure ne résulte pas du jugement arrêtant ce plan (Cass. com. 16-1-2019 n° 17-14.002 F-PBR : RJDA 3/19 n° 222) ; le tribunal ne prononce cette clôture qu'après avoir constaté le respect de ses obligations par le cessionnaire (art. précité, al. 5).

La **procédure** de liquidation judiciaire n'est **pas clôturée** du seul fait que le juge n'a pas prorogé le délai au terme duquel la clôture de la procédure doit être examinée (Cass. com. 27-9-2016 n° 15-13.348 F-PB : RJDA 12/16 n° 886).

Elle ne peut pas l'être non plus en raison de sa durée excessive (en l'espèce 33 ans) au regard des exigences du procès équitable s'il existe un actif utilisable de nature à désintéresser en tout ou partie les créanciers (Cass. com. 16-12-2014 n° 13-19.402 FP-PBRI : JCP E 2015.1010 note Lebel, transposable sous l'art. R 643-16, sous réserve que le coût de réalisation des actifs subsistants ne soit pas disproportionné par rapport aux distributions à obtenir). Mais le débiteur peut alors mettre en cause la responsabilité de l'État sur le fondement de l'article L 141-1 du Code de l'organisation judiciaire, action qu'il peut exercer au titre de ses droits propres (Cass. com. 24-3-2015 n° 14-11.376 F-D : RJDA 12/15 n° 847).

Le **jugement** de clôture est publié comme le jugement d'ouverture (n° 61554), les publicités mentionnant, le cas échéant, l'autorisation donnée par le jugement à la reprise des actions individuelles de tout créancier à l'encontre du débiteur ; les mêmes **publicités** sont applicables au jugement postérieur à celui de clôture qui donne la même autorisation (C. com. art. R 643-18). **64117**

CONSÉQUENCES DE LA CLÔTURE DE LIQUIDATION JUDICIAIRE POUR LE DÉBITEUR

Sauf dans le cas visé n° 64126, la clôture de la liquidation judiciaire met **fin** au **dessaisissement du débiteur** (cf. C. com. art. L 641-9, I-al. 1 visant la seule durée de la procédure ; Cass. com. 17-10-2000 n° 1724 FS-P : RJDA 1/01 n° 56 ; Cass. com. 24-5-2018 n° 17-11.513 F-PB : RJDA 8-9/18 n° 864). Toutefois, si la clôture a été prononcée avec désignation d'un mandataire ayant pour mission de poursuivre les instances en cours, le débiteur ne peut pas poursuivre ces actions ni percevoir les fonds qui en résultent, ceux-ci constituant le gage des créanciers de la liquidation judiciaire (Cass. com. 24-5-2018 précité). **64120**

Le débiteur peut exercer une action en responsabilité pour obtenir réparation d'un préjudice personnel pour des faits antérieurs à l'ouverture de la procédure, dans la mesure où son action est étrangère à la protection et à la reconstitution du gage commun des créanciers et ne relève donc pas du monopole du liquidateur judiciaire ; cette action n'est alors pas subordonnée à la reprise préalable de la liquidation judiciaire (Cass. com. 7-11-2018 n° 15-28.802 F-D : RJDA 2/19 n° 118).

Sur la faculté pour les créanciers de poursuivre individuellement le débiteur, n°s 64180 s.

64122 En cas de clôture pour extinction du passif, le débiteur ou le dirigeant est relevé des **déchéances et interdictions** dont il a pu faire l'objet (nº 64540).

64124 La clôture de la liquidation suspend les effets de la mesure d'**interdiction d'émettre des chèques** qui a été mise en œuvre à l'encontre du débiteur **avant le jugement d'ouverture** ; toutefois, si le débiteur est un EIRL, cette suspension est limitée aux comptes afférents au patrimoine du visé par la procédure ou, si le débiteur est un entrepreneur autre qu'un EIRL individuel, aux comptes afférents à son patrimoine professionnel (C. com. art. L 643-12, al. 1).

En pratique, le débiteur justifie de la levée de l'interdiction auprès de la banque qui est à l'origine de cette mesure par la remise d'une copie du jugement de clôture de la liquidation judiciaire, à laquelle il joint un relevé des incidents de paiement ; cette banque informe la Banque de France de la levée de l'interdiction aux fins de régularisation (art. R 643-22).

Mais, si les créanciers recouvrent leur droit de poursuite individuelle, la mesure d'interdiction reprend effet à compter de la délivrance du titre exécutoire visé au nº 64220 (art. L 643-12, al. 2 ; sur la mise en œuvre de ces mesures, art. R 643-21 à R 643-23).

64126 **Dissolution de la société débitrice** Lorsque le débiteur est une société, la clôture de la liquidation judiciaire pour insuffisance d'actif emporte la dissolution de la société à la date du jugement ordonnant cette clôture (C. civ. art. 1844-7, 7º).

3. POURSUITES DES CRÉANCIERS CONTRE LE DÉBITEUR APRÈS CLÔTURE DE LA LIQUIDATION JUDICIAIRE

a. Cas où les créanciers recouvrent leur droit de poursuite

CLÔTURE DE LA PROCÉDURE POUR INSUFFISANCE D'ACTIF

64180 En cas de clôture de la liquidation judiciaire pour insuffisance d'actif, les créanciers **ne recouvrent pas** l'exercice individuel de leurs **actions contre le débiteur** (C. com. art. L 643-11, I).

Il n'en résulte pas pour les créanciers, privés du droit de poursuivre, une extinction de leurs créances (Cass. com. 19-11-2013 nº 12-24.652 : JCP E 2014 nº 1325 obs. Delebecque, cassant l'arrêt ordonnant la mainlevée d'hypothèques sur des immeubles du débiteur au motif que les créances garanties étaient éteintes ; Cass. 2e civ. 17-1-2007 nº 04-30.797 FS-PB : RJS 4/07 nº 488 ; cf. Cass. 2e civ. 27-2-2014 nº 13-10.891 : RJDA 5/14 nº 479, qui reconnaît au créancier bénéficiant d'une clause de réserve de propriété le droit de récupérer le bien entre les mains du débiteur dont la procédure en rétablissement personnel a été clôturée pour insuffisance d'actif ayant entraîné l'effacement de ses dettes).

Cette règle interdit à un créancier de poursuivre le recouvrement d'une **créance** antérieure, même si elle n'a pas un caractère professionnel (Cass. com. 28-6-2017 nº 15-22.838 F-D : RJDA 12/17 nº 828) ou d'invoquer sa compensation (Cass. com. 8-7-2008 nº 05-20.497 : RJDA 3/09 nº 250).

L'interdiction ne fait pas obstacle à l'exécution, après le jugement de clôture de liquidation judiciaire pour insuffisance d'actif, d'une décision du juge-commissaire autorisant, à la suite d'une requête en revendication, la restitution d'un bien (Cass. com. 4-1-2005 nº 8 F-D : RJDA 5/05 nº 601).

Par ailleurs, elle ne vise que le débiteur objet de la procédure clôturée ; peuvent donc être poursuivis :

– le dirigeant de la société débitrice, sur le fondement de l'article 267 du Livre des procédures fiscales, en vue de sa condamnation solidaire au paiement des pénalités et impositions déclarées à la procédure collective de la société (Cass. com. 28-11-2001 nº 2033 FS-P : RJDA 2/01 nº 204).

– le codébiteur solidaire car l'interdiction de poursuivre est une exception purement personnelle au débiteur visé par la clôture (Cass. com. 24-3-2004 nº 576 F-D : RJDA 8-9/04 nº 1024 ; Cass. com. 2-2-2022 nº 20-18.791 P : RJDA 5/22 nº 293 autorisant les poursuites contre l'époux commun en biens et codébiteur solidaire d'un prêt) ;

– la caution car elle ne peut pas se prévaloir des mesures légales ou judiciaires dont bénéficie le débiteur en conséquence de sa défaillance, sauf disposition spéciale contraire (C. civ. art. 2298, al. 2) ici inexistante.

Mais ne sont pas concernés les créanciers dont les créances bénéficient du traitement préférentiel exposé nºs 62200 s. (cf. Cass. com. 30-10-2000 nº 97-17.800 : RJDA 2/01 nº 203), qui peuvent en poursuivre le recouvrement.

Lorsque la clôture de la liquidation judiciaire pour insuffisance d'actif est prononcée à l'issue d'une procédure ouverte à raison de l'activité d'un débiteur, personne physique, à laquelle il n'avait pas affecté volontairement un patrimoine distinct, le tribunal peut imposer des délais uniformes de paiement, de deux ans maximum, pour les créances bénéficiant du traitement préférentiel, à l'exception de celles des administrations financières, des organismes de sécurité sociale, des institutions gérant le régime d'assurance chômage prévu par les articles L 5422-1 s. du Code du travail et des institutions régies par le livre IX du Code de la sécurité sociale (C. com. art. L 643-11, VII).

Il est fait **exception** à l'interdiction de la reprise des actions individuelles contre le débiteur dans les cas suivants, mais seulement après le prononcé de la clôture pour insuffisance d'actif (Cass. crim. 6-4-2016 n° 15-81.272 : Rev. proc. coll. 2016 n° 3 § 91 note Buthelot) : 64185

– pour les actions portant sur des biens acquis au titre d'une succession ouverte pendant la procédure de liquidation judiciaire (C. com. art. L 643-11, I-1°) ;

– lorsque la créance trouve son origine dans une infraction pour laquelle la culpabilité du débiteur a été établie ou lorsqu'elle porte sur des droits attachés à la personne du créancier (art. L 643-11, I-2°) ;

– lorsque la créance a pour origine des manœuvres frauduleuses commises au préjudice des organismes de protection sociale mentionnés à l'article L 114-12 du Code de la sécurité sociale ; l'origine frauduleuse de la créance est établie soit par une décision de justice, soit par une sanction prononcée par un organisme de sécurité sociale dans les conditions prévues aux articles L 114-17, L 114-17-1 et L 114-17-2 du même Code (C. com. art. L 643-11, I-3°).

Constitue un **droit attaché à la personne du créancier,** lui permettant de recouvrer son droit de poursuite contre le débiteur la créance d'indemnité ou de salaire réclamé par un salarié du débiteur (Cass. soc. 8-11-2011 n° 10-21.776 F-D), notamment la créance de réparation du préjudice subi par le salarié à la suite d'un accident du travail dû à une faute inexcusable de son employeur (Cass. soc. 23-5-1996 n° 93-11.621 P : Bull. civ. V n° 204).

Tel n'est pas le cas du droit d'un créancier :

– au remboursement d'un prêt (Cass. com. 29-5-2001 n° 98-18.918 FS-P : RJDA 11/01 n° 1133), même non professionnel (Cass. com. 28-6-2017 n° 15-22.838 F-D : RJDA 12/17 n° 828) ou assorti d'un privilège de prêteur de deniers (Cass. com. 16-11-2010 n° 09-71.160 F-PB : Bull. civ. IV n° 174) ;

– de saisir un bien du débiteur dont la déclaration d'insaisissabilité lui est inopposable (Cass. com. 13-12-2017 n° 15-28.357 : RJDA 3/18 n° 266).

Le créancier auquel l'**insaisissabilité de plein droit de la résidence principale** (n° 63940) de son débiteur en liquidation judiciaire est **inopposable** peut, même après la clôture de la procédure pour insuffisance d'actif, exercer son droit de poursuite sur l'immeuble, l'article L 643-11 du Code de commerce n'y faisant pas obstacle (Cass. com. 13-12-2023 n° 22-19.749 FS-BR : RJDA 3/24 n° 176). En revanche, il ne peut pas délivrer un commandement aux fins de saisie-vente sur les autres biens du débiteur (Cass. com. 17-1-2024 n° 22-20.185 F-B).

ACTION INDIVIDUELLE EN CAS DE FRAUDE DU DÉBITEUR

Lorsque la clôture de liquidation judiciaire pour insuffisance d'actif est prononcée à l'issue d'une procédure ouverte à l'égard d'un **entrepreneur individuel** ou à raison de l'activité d'un débiteur **EIRL** à laquelle un patrimoine est affecté, le tribunal, en cas de fraude à l'égard d'un ou de plusieurs créanciers, autorise les actions individuelles de tout créancier sur les biens compris dans le patrimoine personnel ou non affecté de cet entrepreneur ; il statue dans les conditions exposées ci-dessous ; les créanciers exercent les droits qui leur sont conférés dans les conditions exposées n° 64220 (C. com. art. L 643-11, VI applicable à l'entrepreneur individuel non EIRL dans les procédures ouvertes depuis le 15-5-2022). 64190

Pour les **autres débiteurs,** en cas de fraude à l'égard d'un ou de plusieurs créanciers, le tribunal doit autoriser la reprise des actions individuelles de tout créancier à l'encontre du débiteur ; le tribunal statue lors de la clôture de la procédure après avoir entendu ou dûment appelé le débiteur, le liquidateur et les contrôleurs ; il peut aussi statuer ultérieurement, à la demande de tout intéressé, dans les mêmes conditions (C. com. art. L 643-11, IV). 64192

Il importe peu que la fraude ait été commise avant ou après l'ouverture de la procédure collective (Cass. com. 15-2-2005 n° 03-14.547 FS-PB : RJDA 5/05 n° 602) et qu'elle n'ait été commise qu'à l'égard d'un seul des créanciers (Cass. crim. 7-11-1994 n° 93-83.951 PF : RJDA 4/95 n° 508 ; Cass. com. 26-10-1999, 1e esp. : RJDA 1/00 n° 71).

Même un créancier n'ayant pas déclaré sa créance est autorisé, en cas de fraude, à reprendre ses actions individuelles (Cass. com. 26-6-2019 n° 17-31.236 FS-PB : RJDA 1/20 n° 32). La fraude prévue à l'article L 643-11, IV du Code de commerce n'impose pas que soit établie l'intention du débiteur de nuire au créancier (arrêt précité).

Par **exemple,** a commis une fraude à l'égard de ses créanciers le débiteur qui :

– a sciemment dissimulé sa dette à l'égard d'un créancier (Cass. com. 17-11-2009 n° 08-11.198 et 07-21.157 FS-PB : RJDA 6/10 n° 660), le seul défaut de remise par le débiteur de la liste de ses créanciers étant insuffisante à caractériser la fraude (Cass. com. 12-7-2011 n° 10-21.726 F-D : Rev. jur. com. 2012 p. 72 note J.-P. Sortais) ;

– était déjà virtuellement en état de cessation des paiements le jour où il a créé son entreprise personnelle (Cass. com. 1-7-1997 n° 94-21.786) ;

– a été condamné pour fraude fiscale (Cass. com. 28-6-2011 n° 10-19.417 : RJDA 11/11 n° 951) ;

– a créé intentionnellement un cas artificiel de compétence internationale française pour l'application du règlement UE relatif aux procédures d'insolvabilité (Cass. com. 27-5-2014 n° 13-14.425 : RJDA 8-9/14 n° 716).

RECOURS DES COOBLIGÉS ET GARANTS CONTRE LE DÉBITEUR

64195 Les coobligés et les personnes ayant consenti une sûreté personnelle ou ayant affecté ou cédé un bien en garantie peuvent poursuivre le débiteur après clôture de la liquidation judiciaire s'ils ont payé à la place de celui-ci (C. com. art. L 643-11, II), peu important que ce paiement soit antérieur ou postérieur à l'ouverture de la procédure collective, et que la poursuite soit exercée à titre subrogatoire ou personnel (Cass. com. 28-6-2016 n° 14-21.810 : RJDA 10/16 n° 714).

Mais la caution qui a acquitté la dette principale ne peut pas exercer dans les conditions prévues par ce texte un recours contre un cofidéjusseur, en application de l'article 2310 du Code civil (désormais, art. 2312), à moins que le patrimoine de celui-ci soit confondu avec celui du débiteur principal (Cass. com. 5-5-2021 n° 20-14.672 FP : RJDA 8-9/21 n° 590).

Un coobligé qui n'a pas la charge du remboursement de la dette peut demander au débiteur, après la clôture de sa liquidation judiciaire pour insuffisance d'actifs, le remboursement au fur et à mesure des paiements effectués, même postérieurs à cette clôture (Cass. com. 19-4-2023 n° 21-19.563 F-B : RJDA 8-9/23 n° 449).

AUTRES CAS DE POURSUITE AUTORISÉE CONTRE LE DÉBITEUR

64200 Après clôture de la liquidation judiciaire, les créanciers recouvrent aussi leur droit de poursuite individuelle dans les cas suivants (C. com. art. L 643-11, III) :

– la faillite personnelle du débiteur a été prononcée, mais pas s'il a seulement fait l'objet d'une interdiction de gérer (CAA Lyon 4-12-2012 n° 11LY01869 : RJDA 7/13 n° 656 som.) ;

– le débiteur a été reconnu coupable de banqueroute ;

– lorsque le débiteur, au titre de l'un quelconque de ses patrimoines, ou une personne morale dont il a été le dirigeant a été soumis à une procédure de liquidation judiciaire antérieure clôturée pour insuffisance d'actif moins de cinq ans avant l'ouverture de celle à laquelle il est soumis ainsi que le débiteur qui, au cours des cinq années précédant cette date, a bénéficié de l'effacement des dettes au titre d'un rétablissement professionnel ;

– la procédure a été ouverte en tant que procédure territoriale au sens de l'article 3, 2 du règlement UE 2015/848 du 20 mai 2015 relatif aux procédures d'insolvabilité.

Il n'y a pas de reprise des poursuites contre le dirigeant faisant l'objet d'une faillite personnelle, s'il n'a pas lui-même fait l'objet d'une liquidation judiciaire (Cass. com. 9-4-2013 n° 12-14.264 F-D).

b. Exercice du droit de poursuite recouvré par les créanciers

64220 Les créanciers qui recouvrent leur droit de poursuite individuelle après clôture de la liquidation judiciaire peuvent exercer ce droit sous les modalités suivantes (C. com. art. L 643-11, V-al. 1 et 2) :

– si leurs **créances** ont été **admises,** après avoir obtenu un titre exécutoire ou, lorsqu'ils disposent déjà d'un tel titre, après avoir fait constater par le président du tribunal qu'ils remplissent les conditions ci-dessus ;

Ces décisions sont prises par ordonnance du président du tribunal qui a ouvert la procédure rendue sur requête, le débiteur entendu ou appelé (art. L 643-11, V-al. 1 et R 643-20). Seul le titre délivré par ce président permet aux créanciers d'exercer leurs poursuites (Cass. com. 14-1-2004 n° 82 : RJDA 6/04 n° 742 ; Cass. com. 16-6-2004 n° 984 : RJDA 12/04 n° 1360).

– si leurs créances n'ont **pas** été **vérifiées,** en agissant dans les conditions de droit commun.

La compétence du tribunal est celle de droit commun (art. R 643-20, al. 2).

Les actions exercées sur le fondement du titre exécutoire se prescrivent par dix ans (n° 71740).

La **caution** ou le coobligé qui a payé au lieu et place du débiteur peut obtenir, sur justification du paiement effectué, un titre exécutoire dans les conditions exposées ci-dessus (art. R 643-20, al. 1), même si le créancier n'a pas déclaré sa créance, sauf pour les procédures antérieures à la loi du 26 juillet 2005 dans le cadre desquelles le défaut de déclaration entraînait extinction de la créance (Cass. com. 12-5-2009 n° 08-13.430 : RJDA 11/09 n° 1008).

4. REPRISE DE LA PROCÉDURE DE LIQUIDATION JUDICIAIRE CLÔTURÉE

CONDITIONS ET MODALITÉS DE LA REPRISE

64240 Si la clôture de la liquidation judiciaire est prononcée pour insuffisance d'actif et s'il apparaît que des **actifs** n'ont **pas** été **réalisés** ou que des **actions dans l'intérêt des créanciers** n'ont **pas** été **engagées** pendant le cours de la procédure, celle-ci peut être reprise (C. com. art. L 643-13, al. 1).

La liquidation judiciaire peut être reprise afin de poursuivre une procédure déjà engagée dans l'intérêt du débiteur en vue de l'allocation de dommages-intérêts (Cass. crim. 27-1-2010 n° 09-87.361 P : RJDA 8-9/10 n° 869, reprise de la procédure en abus de biens sociaux au préjudice de la société débitrice) ou pour qu'il soit procédé à la répartition du prix d'un actif cédé avant la clôture de la liquidation, cette répartition s'analysant en une opération de réalisation des actifs (Cass. com. 9-7-2019 n° 18-18.393 F-D : GP 15-10-2019 jur. p. 58 note Guastella).

Elle doit être reprise si un créancier demande réparation de la fraction qui lui est personnelle du préjudice subi par l'ensemble des créanciers, cette action ne pouvant être exercée que par un nouveau liquidateur (Cass. com. 10-5-2012 n° 10-28.217 : RJDA 4/13 n° 350). Elle doit l'être aussi lorsque le débiteur demande une réparation similaire (Cass. com. 7-11-2018 n° 15-28.802 F-D : RJDA 2/19 n° 118 ; Cass. com. 29-3-2023 n° 21-20.683 F-D : RJDA 7/23 n° 395).

Une action en responsabilité contre le liquidateur qui tend à réparer le préjudice collectif des créanciers suppose la reprise préalable de la procédure (Cass. com. 10-5-2012 n° 10-28.217 FS-PB : RJDA 4/13 n° 450).

Le **tribunal** est **saisi** par le liquidateur précédemment désigné, par le ministère public ou par tout créancier intéressé ; il statue après avoir entendu ou dûment appelé le débiteur (art. L 643-13, al. 2 et R 643-24).

Le créancier qui saisit le tribunal doit justifier avoir consigné au greffe les fonds nécessaires aux frais des opérations ; le montant des frais consignés lui est remboursé par priorité sur les sommes recouvrées à la suite de la reprise de la procédure (art. L 643-13, al. 2).

Si les actifs du débiteur consistent en une somme d'argent, la procédure de liquidation judiciaire simplifiée est de droit applicable (art. L 643-13, al. 4).

La décision de reprise de la procédure donne lieu aux mêmes mesures de publicité que celles visées n° 61554 ; elle est notifiée au débiteur et, le cas échéant, au créancier demandeur (art. R 643-24).

EFFETS DE LA REPRISE

La reprise de la procédure de liquidation judiciaire produit ses effets **rétroactivement** pour tous les actifs du débiteur que le liquidateur aurait dû réaliser avant la clôture de la procédure de liquidation (C. com. art. L 643-13, al. 3). 64245

Cet effet est limité à la saisie et la réalisation des **actifs** et à l'exercice des actions qui ont été omises dans la procédure clôturée ; la reprise de la procédure n'emporte donc pas à nouveau le dessaisissement général du débiteur, qui reste libre de contracter et d'engager des biens qui n'ont jamais été compris dans la liquidation judiciaire (Cass. com. 22-3-2017 n° 15-21.146 FS-PBI : RJDA 6/17 n° 422, rejet du pourvoi demandant cassation de l'arrêt condamnant le débiteur à payer un créancier postérieur à la clôture).

D. Liquidation judiciaire simplifiée

ENTREPRISES SOUMISES AU RÉGIME SIMPLIFIÉ

La procédure de liquidation judiciaire simplifiée est **obligatoire** (C. com. art. L 641-2, al. 1 et D 641-10, al. 1 applicables aux procédures ouvertes depuis le 1-10-2021) : 64280

– pour le débiteur personne physique si l'actif de celui-ci ne comprend pas de bien immobilier ; toutefois, depuis le 15 mai 2022, le fait que le débiteur dispose de droits insaisissables sur sa résidence principale (C. com. art. L 526-1, al. 1) ne fait pas obstacle à l'ouverture de la liquidation judiciaire simplifiée ;

– pour la personne morale débitrice à condition qu'elle n'ait pas d'actif immobilier, qu'elle ait employé cinq salariés au plus au cours des six mois précédant l'ouverture de la procédure et que son chiffre d'affaires hors taxe soit égal ou inférieur à 750 000 € à la date de la clôture du dernier exercice comptable (sur la détermination du chiffre d'affaires, voir art. D 123-200, al. 6 et, pour le nombre de salariés, CSS art. R 130-1).

Le débiteur doit répondre aux conditions d'ouverture de la liquidation judiciaire « de droit commun » : il doit être en cessation des paiements et son redressement manifestement impossible.

Le tribunal décide de faire application de la procédure simplifiée dans le jugement d'ouverture s'il dispose des éléments lui permettant de vérifier que le débiteur réunit les conditions précitées ; à défaut, il se prononce ultérieurement au vu d'un rapport sur la situation du débiteur que le liquidateur doit établir dans le mois suivant sa désignation (art. L 641-2, al. 2). Cette décision est une mesure d'administration judiciaire insusceptible de recours ; elle est communiquée au débiteur et au liquidateur et est mentionnée aux registres visés au n° 61554 (art. R 644-1, al. 2).

Le régime simplifié s'impose dans certains cas de **reprise de la liquidation judiciaire après** sa **clôture** (n° 64240).

PARTICULARITÉS DU RÉGIME SIMPLIFIÉ

La procédure simplifiée de liquidation judiciaire est soumise aux **mêmes règles que la liquidation judiciaire** de droit commun (C. com. art. L 644-1), sous réserve de certaines **dérogations** qui permettent d'en accélérer le déroulement. 64285

Le tribunal peut, à tout moment et après avoir convoqué le débiteur, décider de ne plus faire application du régime simplifié par un jugement spécialement motivé qui n'est pas susceptible de recours (art. L 644-6 et R 644-4).

64287 En cas de liquidation judiciaire, l'**inventaire** n'est pas obligatoire (n° 61750). Dans le cadre d'une procédure simplifiée, sa réalisation peut être confiée au liquidateur judiciaire (C. com. art. L 641-2, al. 2) mais, si la valeur des biens le justifie, le juge-commissaire désigne un professionnel pour faire la **prisée** (art. L 644-1-1).

64290 La **vérification des créances** dans le cadre d'une procédure simplifiée de liquidation judiciaire porte sur les seules créances susceptibles de venir en rang utile dans les répartitions et sur les créances résultant d'un contrat de travail (C. com. art. L 644-3).

64292 Dans la liquidation simplifiée, le régime de la **cession des biens** meubles du débiteur (par définition, il n'a pas d'immeuble) déroge à celui exposé nos 64020 s. : le liquidateur procède à la vente des biens mobiliers de gré à gré ou aux enchères publiques dans un délai de quatre mois suivant la décision ordonnant la procédure simplifiée ; à l'issue de cette période, il est procédé à la vente aux enchères publiques des biens subsistants (C. com. art. L 644-2, al. 1 et 2). L'intervention du juge-commissaire n'est pas requise.

64295 À l'issue de la procédure de vérification et d'admission des créances et de la réalisation des biens, le liquidateur fait figurer ses **propositions de répartition** sur l'état des créances ; cet état ainsi complété est déposé au greffe et est publié au Bodacc ainsi que dans un support d'annonces légales (C. com. art. L 644-4, al. 1 et R 644-2, al. 1).

Toutefois, s'il apparaît que les sommes à répartir ne permettent que le paiement de certains créanciers (ceux titulaires des créances visées n° 64094 du 1° au 7°), l'état complété ne fait l'objet que d'un dépôt au greffe ; le liquidateur notifie à ces créanciers ce dépôt par lettre recommandée AR ou via le portail électronique dédié pour les créanciers ayant déclaré leur créance sur le portail ; le délai dans lequel il peut être formé réclamation devant le juge-commissaire est d'un mois à compter de la publication de l'avis de dépôt au greffe de l'état des créances ou de la notification de ce dépôt (art. L 644-4, al. 1 et R 644-2, al. 2 et 3).

Tout intéressé peut prendre connaissance de l'état des créances et, à l'exclusion du liquidateur, former **réclamation** devant le juge-commissaire : les réclamations du débiteur ne peuvent concerner que les propositions de répartition ; celles des créanciers ne peuvent pas être formées contre les décisions du juge-commissaire portées sur l'état des créances auxquelles ils ont été partie (art. L 644-4, al. 2 et R 644-2).

Le juge-commissaire statue sur les contestations par une décision qui peut faire l'objet d'un recours devant le tribunal dans les conditions exposées n° 64807 (art. L 644-4, al. 3 et R 644-3 et, sur renvoi, art. R 621-21).

Le liquidateur procède à la répartition conformément à ses propositions ou à la décision rendue (art. L 644-4, al. 4).

CLÔTURE DE LA LIQUIDATION SIMPLIFIÉE

64300 La liquidation judiciaire simplifiée doit être clôturée au plus tard dans un **délai** (C. com. art. L 644-5, al. 1, D 641-10, al. 2) :

– d'un an à compter de la décision l'ayant ordonnée ou décidé l'application de la procédure simplifiée lorsque le débiteur a employé plus d'un salarié au cours des six mois précédant l'ouverture de la procédure et qu'à la date de clôture du dernier exercice comptable, son chiffre d'affaires hors taxe est supérieur à 300 000 € ;

– de six mois à compter de cette décision si le nombre de salarié et le chiffre d'affaires sont en deçà de ces seuils.

Dans les deux cas, le tribunal peut proroger la procédure par une décision spécialement motivée et pour une durée qui ne peut pas excéder trois mois (art. L 644-5, al. 1).

Sur la détermination du chiffre d'affaires, C. com. art. D 123-200, al. 6. Pour le nombre de salariés, CSS art. R 130-1.

Le dépassement du délai légal de la procédure de liquidation judiciaire simplifiée ne produit aucun effet de plein droit, le tribunal pouvant, à l'issue de ce délai, prononcer la clôture de la procédure, proroger le délai par un jugement spécialement motivé, ou décider de ne plus faire application des règles de la liquidation judiciaire simplifiée ; le débiteur peut à tout moment saisir le tribunal d'une requête tendant à ce qu'il soit statué sur la clôture de la procédure (Cass. com. QPC 8-4-2014 n° 13-24.527 F-D : D. 2014 act. p. 925).

XII. RÉTABLISSEMENT PROFESSIONNEL

PRÉSENTATION GÉNÉRALE

Le rétablissement professionnel permet à un professionnel en difficulté de bénéficier d'un **effacement** de ses **dettes** grevant son ou ses patrimoines sans liquidation de ses biens, au moyen d'une procédure plus rapide et moins onéreuse que la liquidation judiciaire. La procédure est réservée aux personnes physiques sans salarié et dont la situation ne permet d'envisager ni un désintéressement des créanciers ni le règlement des frais de liquidation (dossiers dits impécunieux). 64350

Cette procédure, qui n'est pas sollicitée par le débiteur mais **proposée** à celui-ci **par le tribunal,** n'emporte aucun dessaisissement du débiteur et ne soumet pas les créanciers à la discipline collective qui s'applique en cas de sauvegarde, de redressement ou de liquidation judiciaire (interdiction de certains paiements, suspension des poursuites, déclaration et vérification des créances...). Elle n'interdit pas la mise en liquidation judiciaire du débiteur.

Cette procédure ne doit pas être confondue, en dépit d'une terminologie quasi identique, avec celle de rétablissement personnel, avec ou sans liquidation judiciaire, que prévoit le Code de la consommation au profit des personnes physiques surendettées.

DÉBITEUR ÉLIGIBLE AU RÉTABLISSEMENT PROFESSIONNEL

Le rétablissement professionnel est ouvert à tout débiteur, **personne physique,** exerçant une activité commerciale, artisanale, agricole ou une activité professionnelle indépendante y compris une profession libérale soumise à un statut législatif ou réglementaire ou dont le titre est protégé (C. com. art. L 645-1). Depuis le 15 mai 2022, cette procédure bénéficie aussi à l'EIRL, ce qui n'était pas le cas auparavant. 64355

L'ouverture de la procédure suppose que le débiteur (art. précité) :

- soit en cessation des paiements (nos 61360 s.) et son redressement manifestement impossible (nos 61420 s.) ;
- n'ait pas cessé son activité depuis plus d'un an ;
- n'ait employé aucun salarié au cours des six derniers mois ;
- ait un actif déclaré inférieur à 15 000 €, ce seuil étant apprécié en prenant en compte l'ensemble de ses patrimoines (art. R 645-1).

Les biens que la loi déclare insaisissables de droit ne sont pas pris en compte pour déterminer la valeur de l'actif (art. L 645-1, al. 1). N'est donc par exemple pas prise en compte la résidence principale du débiteur (cf. art. L 526-1).

Mais ne peut pas être admis à cette procédure le débiteur qui :

- est impliqué dans une instance prud'homale en cours au titre de l'un quelconque de ses patrimoines (art. L 645-1, al. 3) en qualité d'employeur ;
- a fait l'objet, depuis moins de cinq ans, au titre de l'un quelconque de ses patrimoines, d'une procédure de liquidation judiciaire clôturée pour insuffisance d'actif ou d'une décision de clôture d'une procédure de rétablissement professionnel (art. L 645-2).

L'ouverture d'un rétablissement professionnel n'est subordonnée ni à la démonstration de la bonne foi du débiteur ni à l'absence d'éléments susceptibles de donner lieu à une sanction personnelle ou patrimoniale, ces éléments n'étant à prendre en compte que pour le prononcé de la liquidation judiciaire après ouverture d'une procédure de rétablissement professionnel (CA Versailles 14-4-2016 n° 15/07606 : D. 2016.892 ; voir toutefois CA Paris 16-6-2016 n° 16/05266 : RJDA 12/16 n° 887 écartant la demande au motif, notamment, que l'intéressé n'avait pas déclaré son état de cessation des paiements dans les 45 jours de sa survenance).

OUVERTURE DE LA PROCÉDURE DE RÉTABLISSEMENT PROFESSIONNEL

Initiative du tribunal Le débiteur n'a pas l'initiative de l'ouverture de la procédure de rétablissement professionnel. Le **tribunal,** saisi d'une demande d'ouverture d'un redressement ou d'une liquidation judiciaire (quel qu'en soit l'auteur), doit, avant de statuer sur cette demande, **examiner** si la **situation** du **débiteur** répond aux conditions exposées ci-dessus ; si tel est le cas, le tribunal ouvre une procédure de rétablissement professionnel avec l'**accord du débiteur** (C. com. art. L 631-7, al. 3 et L 641-1, I-al. 3) et après avis du ministère public (art. L 645-3). 64360

Il en est de même lorsque, après la résolution du plan de sauvegarde ou de redressement en raison de la survenance de la cessation des paiements du débiteur qui en bénéficie, le tribunal doit statuer sur la mise en redressement ou la liquidation judiciaire de celui-ci (art. L 626-27, I-al. 3, L 631-20).

Le rétablissement professionnel ne peut pas être proposé par le tribunal lorsque la conversion d'une procédure de sauvegarde ou de redressement judiciaire en liquidation judiciaire est demandée durant la période d'observation (cf. art. L 622-10 et L 631-15 qui n'en font pas mention) car c'est la même procédure collective qui se poursuit (n° 61672) et non une nouvelle procédure comme dans les hypothèses précitées.

64362 **Jugement d'ouverture** Le tribunal ouvre la **procédure** de rétablissement professionnel pour une **durée** limitée à 4 mois et désigne un **juge commis** chargé de recueillir tous renseignements sur la situation patrimoniale du débiteur et, pour l'assister, un **mandataire judiciaire** ou un huissier ou un commissaire de justice ou encore une personne physique justifiant d'une expérience ou d'une qualification particulière au regard de la nature de l'affaire (C. com. art. L 645-4 et L 812-2, II et III).

Dans les 8 jours de son prononcé, le **jugement** est **notifié** par le greffier au débiteur par une lettre recommandée AR qui reprend les dispositions des articles L 645-9, al. 1, L 645-11 et L 645-12 du Code de commerce (art. R 645-4, al. 1). Le jugement est communiqué aux mandataires de justice désignés, au procureur de la République, au directeur départemental régional des finances publiques du département dans lequel le débiteur a déclaré l'adresse de son entreprise ou de son activité et, le cas échéant, à l'ordre professionnel ou à l'autorité dont relève le débiteur (art. R 645-4, al. 2).

Mais ce jugement ne fait l'objet d'aucune **publicité** à l'égard des tiers (pas de mention au registre sur lequel le débiteur est inscrit, pas d'insertion au Bodacc ou dans un support d'annonces légales). Mais sera publié le jugement qui prononce l'effacement des dettes ou qui ouvre la liquidation judiciaire.

Le jugement d'ouverture est exécutoire de plein droit à titre provisoire (art. R 661-1, al. 1). Le ministère public peut faire appel de la décision, son appel étant suspensif (art. L 661-11).

En cas d'infirmation ou d'annulation du jugement ouvrant la procédure de rétablissement professionnel ou la clôturant, la cour d'appel peut, d'office, statuer sur la demande d'ouverture de la procédure de liquidation judiciaire (art. R 645-23).

L'état chiffré des créances et des dettes peut être complété par le débiteur dans les 15 jours suivant le jugement d'ouverture de la procédure de rétablissement professionnel ; le débiteur porte sans délai ces modifications à la connaissance du mandataire judiciaire (art. R 645-9).

64364 **Poursuites des créanciers** L'ouverture de la procédure de rétablissement professionnel n'emporte pas de plein droit la suspension des poursuites des créanciers contre le débiteur. Toutefois, si ce dernier est mis en demeure ou poursuivi par un créancier au cours de la procédure, il peut demander au juge commis de **reporter** le **paiement** des sommes dues dans la limite de 4 mois et d'ordonner, pour cette même durée, la suspension des **procédures d'exécution** qui auraient été engagées par un créancier, toute stipulation contraire étant réputée non écrite (C. com. art. L 645-6).

En pratique, le débiteur assigne le créancier devant le juge commis ; sa demande est, le cas échéant, communiquée à la juridiction saisie de la poursuite, qui sursoit à statuer jusqu'à la décision se prononçant sur les délais (art. R 645-7 et, sur renvoi, art. R 611-35). La décision rendue par le juge commis est notifiée au débiteur et au créancier (art. précités).

64366 **Enquête sur la situation du débiteur** Le **juge commis** par le tribunal recueille tous renseignements sur la situation patrimoniale du débiteur en rétablissement professionnel, notamment le montant de son passif et la valeur de ses actifs (C. com. art. L 645-4 et L 645-5). Pour ce faire, il peut, nonobstant toute disposition législative ou réglementaire contraire (relative notamment au secret professionnel), **obtenir** communication par les commissaires aux comptes, les experts-comptables, les notaires, les membres et représentants du personnel, par les administrations et organismes publics, les organismes de prévoyance et de sécurité sociales, les établissements de crédit, les sociétés de financement, les établissements de monnaie électronique, les établissements de paiement ainsi que les services chargés de centraliser les risques bancaires et les incidents de paiement des **renseignements** de nature à lui donner une exacte information sur la situation économique, financière, sociale et patrimoniale du débiteur (art. L 645-5).

64368 **Préservation des droits du débiteur** Le **mandataire** judiciaire (ou le professionnel désigné) peut **faire tous les actes nécessaires** à la conservation des droits du débiteur en rétablissement professionnel ; il en rend compte sans délai au juge commis (C. com. art. L 645-7). Par exemple, il peut inscrire un nantissement ou une hypothèque judiciaire conservatoire sur les biens d'un débiteur ou encore inscrire un privilège.

64370 **Recensement des créanciers** Le **mandataire** judiciaire (ou le professionnel désigné) **informe** sans délai les **créanciers** connus de l'ouverture de la procédure de rétablissement professionnel et les invite à lui **communiquer,** dans un délai de 2 mois à compter de la réception de cet avis, le montant de **leur créance** avec indication des sommes à échoir et de la date des échéances ainsi que toute information utile relative aux droits patrimoniaux dont ils indiquent être titulaires à l'égard du débiteur (C. com. art. L 645-8).

Les créanciers sont informés par lettre simple, qui reproduit les dispositions des articles L 645-8, L 645-11 et R 645-19 et comprend en annexe copie de l'inventaire des biens du débiteur et de la liste des créances déclarées par ce dernier (art. R 645-10).

Les cautions et les personnes coobligées ou ayant consenti une sûreté personnelle ou ayant affecté un bien en garantie, dont l'existence a été portée à la connaissance du mandataire judiciaire par le débiteur ou par un créancier sont informées par lettre recommandée AR (art. R 645-11).

Sur la base des informations ainsi obtenues, le mandataire (ou le professionnel) établit un **rapport** qui est communiqué au juge commis et au ministère public (art. R 645-13).

Les **formalités** ci-dessus sont très **allégées** par rapport à celles requises dans la sauvegarde, le redressement ou la liquidation judiciaire : le mandataire judiciaire ne contrôle pas les créances qui sont portées à sa connaissance ; la réponse faite au mandataire n'est pas assimilée à une déclaration de créance et son absence n'est pas sanctionnée. Cet allégement se justifie au regard de l'objectif du rétablissement personnel qui tend à l'effacement des dettes et non à une répartition d'actifs pour les payer.

Renvoi du dossier devant le tribunal Après avoir recueilli l'avis du ministère public 64372
et sur rapport du mandataire judiciaire (ou du professionnel désigné), le juge commis renvoie l'affaire devant le tribunal en vue soit de la clôture de la procédure de rétablissement professionnel sans liquidation (ce qui conduit à l'effacement des dettes), soit de l'ouverture d'une liquidation judiciaire (C. com. art. L 645-10). Il fait convoquer le débiteur à comparaître dans le délai qu'il fixe, par lettre recommandée AR (art. R 645-15).

Le juge commis dépose son rapport au greffe du tribunal au plus tard 3 jours avant l'audience ; toutefois, lorsqu'est demandée l'ouverture de la liquidation judiciaire, le rapport peut être déposé et porté à la connaissance du débiteur le jour de l'audience (art. R 645-14).

Ce juge ne peut ni siéger dans la formation collégiale du tribunal, ni participer à son délibéré, sous peine de nullité du jugement (art. R 645-16).

Le débiteur peut faire **appel** de la **décision du tribunal** par déclaration faite ou adressée par lettre recommandée AR au greffe de la cour d'appel (art. R 645-21, al. 1).

L'appel est formé, instruit et jugé suivant la procédure sans représentation obligatoire (art. R 645-21, al. 2).

En cas d'infirmation ou d'annulation du jugement clôturant la procédure de rétablissement professionnel, la cour d'appel peut, d'office, statuer sur la demande d'ouverture de la procédure de liquidation judiciaire (art. R 645-23).

OUVERTURE DE LA LIQUIDATION JUDICIAIRE

La procédure de liquidation judiciaire peut être ouverte (C. com. art. L 645-9) : 64385

– à tout moment de la procédure de rétablissement professionnel et sur rapport du juge commis, le tribunal peut ouvrir la procédure de liquidation judiciaire sur laquelle il a sursis à statuer, s'il est établi que le débiteur n'est pas de bonne foi ou si l'instruction a fait apparaître l'existence d'éléments susceptibles de donner lieu à une action en comblement de passif ou à des sanctions personnelles (faillite personnelle ; interdiction de gérer ; banqueroute) ou à l'application des nullités des actes accomplis pendant la période suspecte (art. L 645-9, al. 1) ;

– s'il apparaît que les conditions d'ouverture de la procédure de rétablissement professionnel n'étaient pas réunies à la date à laquelle le tribunal a statué sur son ouverture ou ne le sont plus depuis ;

– sur requête du ministère public ou par assignation d'un créancier ou, dans le cas où il apparaît que ces conditions ne sont pas ou plus réunies, par le débiteur qui dépose une demande en ce sens au greffe du tribunal (art. R 645-15, al. 1).

Dans ces cas, après avoir recueilli l'avis du ministère public et sur le rapport du mandataire judiciaire ou du professionnel désigné, le juge commis renvoie l'affaire devant le tribunal pour décider de l'ouverture de la liquidation judiciaire (art. L 645-10).

Le jugement ouvrant la procédure de liquidation judiciaire met fin de plein droit à la procédure de rétablissement professionnel sans que les dettes du débiteur soient effacées (art. R 645-22).

CLÔTURE DE LA PROCÉDURE AVEC EFFACEMENT DES DETTES

Dettes effacées Lorsque le tribunal prononce la clôture de la procédure de rétablissement 64390
professionnel, sans qu'il y ait lieu à liquidation, sont effacées les dettes à l'égard des créanciers dont la créance est née avant le jugement d'ouverture de la procédure, a été portée à la connaissance du juge commis par le débiteur et a fait l'objet de l'information incombant au

mandataire judiciaire envers les créanciers connus lors de l'ouverture (C. com. art. L 645-11). Toute dette ne répondant pas à ces **conditions** n'est pas effacée.

En outre, même si elles répondent à ces conditions, **ne peuvent être effacées** les dettes (art. L 645-11 et, sur renvoi, art. L 643-11, I-1° à 3° et II) :

– correspondant aux créances des salariés ainsi qu'aux créances alimentaires (telle celle afférente à la prestation compensatoire due par le débiteur à son ex-époux) ;

– relatives aux biens acquis au titre d'une succession ouverte pendant la procédure ;

– trouvant leur origine dans une infraction pour laquelle la culpabilité du débiteur a été établie ;

– qui portent sur des droits attachés à la personne du créancier (sur cette notion, n° 64185) ;

– à l'égard des garants (coobligés et les personnes ayant consenti une sûreté personnelle, tel un cautionnement, ou ayant affecté ou cédé un bien en garantie notamment par gage, nantissement ou hypothèque) qui ont payé à la place du débiteur ;

– dans les procédures ouvertes depuis le 15 mai 2022, les dettes grevant un patrimoine dont la situation n'est pas irrémédiablement compromise.

Aucune dette ne peut être effacée, depuis la date précitée, s'il apparaît que le montant du passif total est disproportionné au regard de la valeur de l'actif, biens insaisissables de droit non compris (art. L 645-11, al. 3).

Le jugement de clôture comprend l'état chiffré des créances effacées avec l'indication, selon le cas, du nom ou de la dénomination et du domicile ou siège des créanciers (art. R 645-17, al. 1). Une dette ne peut être effacée qu'à hauteur du montant indiqué dans cet état ; si la dette est d'un montant supérieur, le créancier conserve ses droits pour la différence (Cass. com. 19-4-2023 n° 21-19.743 F-B : RJDA 8-9/23 n° 450).

Le jugement de clôture est notifié au débiteur et communiqué au ministère public par le greffier (art. R 645-18). Il fait l'objet des **publicités** suivantes : insertion au Bodacc ; avis dans un support d'annonces légales du lieu où le débiteur a son adresse professionnelle ; inscription au registre du commerce et des sociétés ou registre national des entreprises ou, si le débiteur n'est pas inscrit à ces registres, au registre ouvert à cet effet au greffe du tribunal judiciaire (art. R 645-19).

À leur demande, les créanciers dont les créances sont effacées peuvent obtenir du greffier un extrait certifié conforme du jugement (art. R 645-18), qui peut servir de justificatif comptable.

64392 S'il faisait l'objet d'une **interdiction d'émettre des chèques,** le débiteur justifie de la suspension de l'interdiction auprès de l'établissement de crédit à l'origine de la mesure en lui remettant une copie du jugement de clôture, à laquelle il joint le relevé des incidents de paiements que lui a remis le mandataire judiciaire ou le professionnel désigné (art. R 645-20 et, sur renvoi, R 643-22).

64405 **Incidence à l'égard de la caution** À notre avis, l'effacement, dans le cadre d'une procédure de rétablissement professionnel, de dettes garanties par un cautionnement ne libère pas pour autant la caution. En effet, celle-ci ne peut pas se prévaloir des mesures légales ou judiciaires dont bénéficie le débiteur en conséquence de sa défaillance, sauf disposition spéciale contraire (C. civ. art. 2298, al. 2 applicable aux cautionnements conclus depuis le 1-1-2022) ici inexistante.

Il en est de même pour les cautionnements en cours au 1er janvier 2022 car l'effacement s'analyse, pour ceux-ci, comme une exception purement personnelle au débiteur (dans le même sens, F. Pérochon, Entreprises en difficulté LGDJ 10e éd. n° 1441), que la caution ne peut pas opposer au créancier (C. civ. ex-art. 2313, al. 2). En outre, en matière de rétablissement personnel (procédure similaire au rétablissement professionnel mais réservée aux particuliers surendettés), la Cour de cassation a jugé que l'effacement ne vaut pas paiement des dettes concernées (Cass. 2e civ. 27-2-2014 n° 13-10.891 P : Bull. civ. II n° 59 ; Cass. 2e civ. 10-1-2019 n° 17-21.774 F-PB : Loyers et copr. 2019 comm. n° 49 note B. Vial-Pedroletti), ce qui exclut la libération de la caution pour extinction de la dette garantie.

64410 **Voies de recours contre le jugement de clôture** Le **débiteur** peut faire appel du jugement de clôture par déclaration ou par lettre recommandée AR au greffe de la cour d'appel (C. com. art. R 645-21). Par exemple, il peut ainsi contester le caractère partiel de l'effacement ou l'oubli d'une créance. L'appel est également ouvert au **ministère public** (cf. art. R 645-19 et R 661-7).

L'appel est formé, instruit et jugé suivant la procédure sans représentation obligatoire (art. R 645-21).

En cas d'infirmation ou d'annulation du jugement ouvrant la procédure de rétablissement professionnel ou la clôturant, la cour d'appel peut, d'office, statuer sur la demande d'ouverture de la procédure de liquidation judiciaire (art. R 645-23).

Les **créanciers,** qui ne sont ni parties à l'instance ni représentés à celle-ci, peuvent faire tierce opposition à ce jugement (cf. art. R 661-2).

REMISE EN CAUSE ULTÉRIEURE DE L'EFFACEMENT DES DETTES

Si, après le prononcé de la clôture de la procédure de rétablissement professionnel, il apparaît que le débiteur a obtenu le bénéfice de cette procédure par une **description incomplète** de son **actif ou** de son **passif,** le tribunal peut, s'il est saisi d'une demande d'ouverture de liquidation judiciaire, fixer dans son jugement la date de cessation des paiements à la date d'ouverture de la procédure de rétablissement sans qu'elle puisse être antérieure de plus de 18 mois à la date de ce jugement (C. com. art. L 645-12). 64415

La décision du tribunal fait recouvrer leurs droits aux créanciers dont les créances avaient fait l'objet de l'effacement consécutif au prononcé de la clôture ; ils sont dispensés de déclarer ces créances à la procédure de liquidation judiciaire (art. précité). Mais il ne leur est pas interdit de procéder à une déclaration.

XIII. SANCTIONS ET DÉCHÉANCES

A. Comblement de passif

Lorsque la **liquidation judiciaire** d'une personne morale de droit privé, d'un entrepreneur individuel (depuis le 15 mai 2022) ou d'un EIRL (à raison d'une activité à laquelle un patrimoine est affecté) fait apparaître une insuffisance d'actif, peuvent être condamnés à supporter cette insuffisance les **dirigeants,** de droit ou de fait, de cette personne morale, les personnes physiques représentants permanents de ces dirigeants personnes morales, l'**entrepreneur individuel** et l'EIRL s'ils ont commis une faute de gestion ayant contribué à l'insuffisance d'actif (C. com. art. L 651-1 et L 651-2, al. 1 à 3). 64470

La responsabilité ne peut être recherchée que pour des fautes de gestion antérieures au jugement d'ouverture de la liquidation judiciaire (Cass. com. 29-11-2016 n° 15-10.466 F-D : RJDA 2/17 n° 104 ; CA Paris 8-7-2022 n° 20/04670 : RJDA 11/22 n° 651). Elle peut l'être à raison de fautes commises entre l'ouverture du redressement et celle de la liquidation judiciaire consécutive à la résolution du plan de redressement (Cass. com. 22-1-2020 n° 18-17.030 F-PB : RJDA 4/20 n° 231), mais pas à raison de fautes commises pendant la période d'observation du redressement lorsqu'il a été converti en liquidation judiciaire (Cass. com. 8-3-2023 n° 21-24.650 F-B : RJDA 11/23 n° 604).

Toutefois, en cas de **simple négligence** du dirigeant dans la gestion de la personne morale, sa responsabilité au titre de l'insuffisance d'actif ne peut pas être engagée (art. L 651-2, al. 1).

L'**action** en comblement de passif peut être engagée par le liquidateur judiciaire ou le ministère public (art. L 651-3, al. 1). Le tribunal peut aussi être saisi par la majorité des créanciers nommés contrôleurs lorsque le liquidateur n'a pas engagé l'action après une mise en demeure restée sans suite pendant deux mois à compter de sa réception (art. L 651-3, al. 2 et R 651-4). L'action doit être engagée dans un délai de trois ans à compter du jugement qui prononce la liquidation judiciaire (art. L 651-2, al. 4), le jour de ce jugement ne pouvant pas être inclus dans la computation du délai (Cass. com. 18-1-2023 n° 21-22.090 F-B : RJDA 11/23 n° 605).

Le président du tribunal peut charger le juge-commissaire (ou, à défaut, un membre de la juridiction qu'il désigne) d'obtenir, nonobstant toute disposition législative contraire, de la part des administrations et organismes publics, des organismes de prévoyance et de sécurité sociale, des établissements de paiement, des sociétés de financement, des établissements de monnaie électronique et des établissements de crédit, communication de tout document ou information sur la situation patrimoniale des personnes poursuivies ou, s'il s'agit d'un entrepreneur individuel, sur ses revenus et son patrimoine personnel ou son patrimoine non affecté dans le cas d'un EIRL (art. L 651-4, al. 1).

Il peut aussi prendre des mesures conservatoires sur les biens de ces personnes (n°s 62292 s.).

Le liquidateur peut **transiger** (Cass. com. 9-12-2020 n° 19-17.258 F-PB : RJDA 3/21 n° 184), mais seulement après l'assignation en comblement de passif et avant toute décision de condamnation (Cass. com. 8-3-2017 n° 15-16.005 F-PBI : RJDA 5/17 n° 362).

Le comblement de passif est une sanction facultative. Le juge peut écarter toute **condamnation** même si le dirigeant, l'entrepreneur individuel ou l'EIRL a commis une faute de gestion en permettant le prononcé (Cass. com. 19-2-2002 n° 99-15.359 FS-P : RJDA 8-9/02 n° 919) ; il apprécie souverainement le montant de la condamnation (Cass. com. 9-5-2018 n° 16-26.684 F-PB : RJDA 7/18 n° 594), sans que celui-ci puisse excéder celui de l'insuffisance d'actif (Cass. com. 30-10-2007 n° 06-15.247 F-D : RJDA 3/08 n° 313 ; Cass. com. 17-6-2020 n° 18-23.088 F-D : RJDA 10/20 n° 518). En outre, le dirigeant, l'entrepreneur individuel ou l'EIRL peut être condamné même si la faute de gestion qu'il a commise n'est que l'une des causes de l'insuffisance d'actif et il peut être condamné à supporter tout ou partie de cette insuffisance même si sa faute n'est à l'origine que d'une partie de celle-ci (Cass. com. 1-7-2020 n° 19-11.849 F-D : RJDA 2/21 n° 108).

Les **sommes versées** par les dirigeants ou l'entrepreneur individuel (qui s'imputent sur son patrimoine personnel ou, s'il s'agit d'un EIRL, sur son patrimoine non affecté) entrent dans le patrimoine du débiteur et sont **réparties** entre tous les créanciers en proportion de leurs créances (au marc le franc) (art. L 651-2, al. 5).

Les dirigeants, l'entrepreneur individuel ou l'EIRL n'ont pas le droit de participer aux répartitions à concurrence des sommes au versement desquelles ils ont été condamnés (art. L 651-2, al. 5). Ils ne peuvent pas non plus compenser les sommes mises à leur charge au titre du comblement de passif et les créances qu'ils détiennent contre la société (Cass. com. 8-3-2017 n° 15-24.891 F-D : RJDA 7/17 n° 488). La condamnation, une fois prononcée, ne peut pas faire l'objet d'une transaction (Cass. com. 5-11-2003 n° 00-11.876 FS-PB : RJDA 2/04 n° 207 ; Cass. com. 24-3-2009 n° 07-20.383 : RJDA 6/09 n° 565). Les dirigeants, l'entrepreneur individuel ou l'EIRL peuvent demander des délais de paiement en application de l'article 1343-5 du Code civil.

Le dirigeant, l'entrepreneur individuel ou l'EIRL qui ne s'acquitte pas de sa condamnation peut être frappé de faillite personnelle ou d'interdiction de gérer (art. L 653-6 et L 653-8, al. 1). Le tribunal peut en outre enjoindre au dirigeant de céder ses actions ou parts sociales dans la personne morale ou ordonner leur cession forcée par les soins d'un mandataire de justice, le produit de la vente étant affecté au paiement de la part des dettes sociales mise à la charge du dirigeant (art. L 653-9, al. 2).

Pour plus de détails, MSC nos 91460 s.

B. Faillite personnelle ou interdiction de gérer

PERSONNES VISÉES

64500 Peuvent être frappées de faillite personnelle ou d'interdiction de gérer les **personnes physiques** (C. com. art. L 653-1, I) :

– qui exercent une activité commerciale ou artisanale, les agriculteurs ou toute autre personne physique exerçant une activité professionnelle indépendante y compris une profession libérale soumise à un statut législatif ou réglementaire, ou dont le titre est protégé ;

– qui sont dirigeants de droit ou de fait de personnes morales ou représentants permanents des personnes morales dirigeantes (pour plus de détails sur les dirigeants susceptibles de poursuites, MSC nos 91470 s.).

En tant que sanction personnelle, la faillite personnelle ou l'interdiction de gérer ne peut pas être prononcée contre les héritiers du chef d'entreprise décédé (CA Amiens 23-1-2003 n° 02-253 : RJDA 2/04 n° 208).

Ne peuvent pas faire l'objet de ces sanctions les personnes physiques ou les dirigeants de personnes morales, exerçant une activité professionnelle indépendante et, à ce titre, soumises à des règles disciplinaires (art. L 653-1, I-dernier al.).

Ainsi, la faillite personnelle ou l'interdiction de gérer ne peuvent pas être prononcées contre le dirigeant d'une société d'expertise comptable (CA Paris 2-2-2016 n° 15/20017 : RJDA 7/16 n° 559). Contrairement aux médecins ou aux avocats qui exercent une activité libérale indépendante, les pharmaciens sont des commerçants inscrits au registre du commerce et donc passibles de ces sanctions (CA Paris 23-9-2008 n° 07-21713 : RJDA 1/09 n° 50).

La faillite personnelle ou l'interdiction de gérer peut être prononcée lorsque la personne morale ou l'entrepreneur fait l'objet d'un **redressement ou** d'une **liquidation judiciaire** (art. L 653-1, I-al. 1). Cette sanction est donc exclue dans le cadre de la procédure de sauvegarde.

AGISSEMENTS JUSTIFIANT UNE SANCTION

64505 La faillite personnelle ou l'interdiction de gérer peut être prononcée dès lors qu'un seul des faits prévus aux articles L 653-3 s. du Code de commerce présentés ci-après est établi ; toutefois, si **plusieurs faits** sont **retenus,** chacun d'entre eux doit être légalement justifié par le juge (Cass. com. 1-12-2009 n° 08-17.187 : RJDA 3/10 n° 275, 1e esp.).

Seuls des **faits antérieurs à l'ouverture de la procédure** collective du débiteur peuvent justifier le prononcé d'une sanction personnelle (Cass. com. 11-3-1997 n° 94-20.218 D : RJDA 5/97 n° 714 ; Cass. com. 6-3-2019 n° 17-26.495 F-D : RJDA 5/19 n° 364).

Les faits qui ont eu lieu le jour même de l'ouverture de la procédure collective sont nécessairement postérieurs à celle-ci dès lors que le jugement d'ouverture prend effet le jour de son prononcé à 0 heure (Cass. com. 23-10-2019 n° 18-12.181 F-PB : RJDA 2/20 n° 100).

Lorsqu'un redressement ou une liquidation judiciaire est ouvert après résolution du plan de sauvegarde ou de redressement, le juge peut, pour prononcer la faillite personnelle ou l'interdiction de gérer, retenir des faits postérieurs à la décision arrêtant ce plan et antérieurs à celle ouvrant, après sa résolution, la nouvelle procédure (Cass. com. 16-9-2014 n° 13-18.503 F-D : RJDA 11/14 n° 858).

Agissements justifiant la faillite personnelle **Cas communs.** La faillite personnelle peut être prononcée contre toute personne mentionnée n° 64500 qui a (C. com. art. L 653-5) : 64507

– exercé une activité commerciale, artisanale ou agricole ou une fonction de direction ou d'administration d'une personne morale contrairement à une interdiction prévue par la loi ;

– souscrit, pour le compte d'autrui, sans contrepartie, des engagements jugés trop importants au moment de leur conclusion eu égard à la situation de l'entreprise ou de la personne morale ;

– payé ou fait payer, après la cessation des paiements et en connaissance de cause de celle-ci, un créancier au préjudice des autres créanciers ;

– fait obstacle au bon déroulement de la procédure en s'abstenant volontairement de coopérer avec les organes de celle-ci, le juge devant caractériser le caractère volontaire de cette abstention (Cass. com. 23-9-2020 n° 19-12.545 F-D : RJDA 12/20 n° 660 ; sur une abstention non volontaire, Cass. com. 8-3-2017 n° 15-22.149 : RJDA 5/17 n° 363) ;

– fait disparaître des documents comptables, n'a pas tenu de comptabilité lorsque les textes applicables en font obligation ou a tenu une comptabilité fictive, manifestement incomplète ou irrégulière au regard des dispositions applicables (pour des applications, CA Douai 7-1-2015 n° 13/07262 : JCP E 2015.1291 note C. Delattre estimant que le défaut de tenue de comptabilité ne peut pas être régularisé après l'engagement des poursuites ; CA Paris 19-2-2019 n° 17/21905 : RJDA 5/19 n° 365 refusant de sanctionner un dirigeant dès lors que, eu égard à la brièveté de son mandat social et à l'absence de réelle activité de la société pendant cette période, la non-tenue d'un livre-journal et d'un grand livre, ne présentaient pas une gravité suffisante) ;

– déclaré sciemment, au nom d'un créancier, une créance supposée ;

– dans l'intention d'éviter ou de retarder l'ouverture de la procédure de redressement ou de liquidation judiciaire, fait des achats en vue d'une revente au-dessous du cours ou employé des moyens ruineux pour se procurer des fonds.

Le chef d'entreprise encourt la faillite personnelle même s'il n'encourt pas de sanction pénale pour revente à perte (art. L 442-5, II-al. 9).

Le tribunal peut également prononcer la faillite personnelle contre tout dirigeant, tout entrepreneur individuel (depuis le 15 mai 2022) ou tout EIRL qui, condamné à payer tout ou partie de l'insuffisance d'actif, n'a pas acquitté la contribution mise à sa charge (art. L 653-6).

La faillite personnelle ne peut pas être prononcée pour défaut de déclaration de l'état de cessation des paiements dans le délai légal, qui ne peut être sanctionné que par une interdiction de gérer (Cass. com. 7-11-2018 n° 17-21.284 F-D : RJDA 2/19 n° 103 ; Cass. com. 12-1-2022 n° 19-25.230 F-D : RJDA 5/22 n° 297) ou par un comblement de passif (Cass. com. 4-7-2018 n° 14-20.117 F-D : RJDA 11/18 n° 857).

Agissements imputables aux dirigeants. La faillite personnelle peut être prononcée contre tout dirigeant de droit ou de fait d'une personne morale qui a (C. com. art. L 653-4) : 64510

– disposé des biens de la personne morale comme des siens propres ;

– fait des actes de commerce dans un intérêt personnel, sous le couvert de la personne morale masquant ses agissements ;

– fait des biens ou du crédit de la personne morale un usage contraire à l'intérêt de celle-ci à des fins personnelles ou pour favoriser une autre personne morale ou entreprise dans laquelle il était intéressé directement ou indirectement ; peu importe que cet usage ne soit pas à l'origine de la résolution du plan dont la personne morale bénéficiait et de sa liquidation judiciaire (Cass. com. 18-5-2022 n° 20-22.245 F-D : RJDA 8-9/22 n° 500) ;

– poursuivi abusivement, dans un intérêt personnel, une exploitation déficitaire qui ne pouvait conduire qu'à la cessation des paiements de la personne morale ; peu importe si la cessation des paiements était déjà survenue au moment des faits (Cass. com. 13-4-2022 n° 21-12.994 FS-B : RJDA 7/22 n° 427) ;

– détourné ou dissimulé tout ou partie de l'actif ou frauduleusement augmenté le passif de la personne morale (pour une application, Cass. com. 6-3-2019 n° 17-26.495 F-D : RJDA 5/19 n° 364, estimant que tel est le cas lorsque, pendant deux ans, les chèques émis par un client de la société au profit de celle-ci ne sont apparus ni dans la comptabilité de la société ou sur son compte bancaire, même s'il n'était pas établi que les chèques ont été encaissés par le dirigeant poursuivi ou, sur son entremise, par un tiers).

L'avance en compte courant consentie par un associé à une société étant, sauf stipulation contraire, remboursable à tout moment, son remboursement constitue le paiement d'une dette de la société et il ne peut donc pas être qualifié de détournement d'actif (Cass. com. 20-10-2021 n° 20-15.736 F-D : RJDA 2/22 n° 103).

64512 **Agissements imputables aux entrepreneurs individuels.** Les personnes visées nº 64500 (autres que les dirigeants et les représentants permanents des personnes morales dirigeantes) peuvent être sanctionnées d'une mesure de faillite personnelle si elles ont (C. com. art. L 653-3, I) :

– poursuivi abusivement une exploitation déficitaire qui ne pouvait conduire qu'à la cessation des paiements ;

– détourné ou dissimulé tout ou partie de leur actif ou frauduleusement augmenté leur passif (pour une illustration transposable, nº 64510).

L'entrepreneur individuel, depuis le 15 mai 2022, ou l'EIRL peut également être sanctionné s'il a commis un des faits suivants (art. L 653-3, II) :

– sous couvert de l'activité ou du patrimoine visés par la procédure masquant ses agissements, il a fait des actes de commerce dans un intérêt autre que celui de cette activité ou de ce patrimoine ;

– il a fait des biens ou du crédit de l'entreprise ou du patrimoine visés par la procédure un usage contraire à l'intérêt de cette entreprise ou de ce patrimoine à des fins personnelles ou pour favoriser une personne morale ou une entreprise dans laquelle il était intéressé, directement ou indirectement, ou un patrimoine distinct lui appartenant.

64515 **Agissements justifiant l'interdiction de gérer** L'interdiction de gérer peut être prononcée dans tous les **cas de faillite personnelle** énumérés nºs 64507 s. (C. com. art. L 653-8, al. 1).

Une mesure d'interdiction de gérer peut aussi être prononcée **à titre autonome** et frapper toute personne visée nº 64500 qui :

– de mauvaise foi, n'a pas remis au mandataire judiciaire, à l'administrateur ou au liquidateur judiciaire la liste des créanciers, des dettes, des contrats en cours, des biens susceptibles d'être revendiqués par des tiers (ou susceptibles de reprise pour l'entrepreneur individuel), dans le mois qui suit le jugement d'ouverture de la procédure (art. L 653-8, al. 2 et L 622-6) ;

– sciemment, n'a pas, comme l'y oblige l'article L 622-22 du Code de commerce, informé un créancier, partie à une instance en cours, de l'ouverture de la procédure collective dans les dix jours de celle-ci (art. L 653-8, al. 2 ; pour des applications, CA Paris 24-2-2015 nº 14/05682 : RJDA 7/15 nº 516.som. ; CA Besançon 4-5-2016 nº 15/02047 : JCP E 2016.1417 note Delattre) ;

– sciemment, a omis de demander l'ouverture d'une procédure de redressement ou de liquidation judiciaire dans le délai de 45 jours à compter de la cessation des paiements, sans avoir, par ailleurs, demandé l'ouverture d'une procédure de conciliation (art. L 653-8, al. 3 ; pour un exemple d'omission volontaire, CA Paris 5-9-2019 nº 18/10174 : RJDA 12/19 nº 772) ; la date de cessation des paiements ne peut pas être différente de celle retenue par le jugement ayant ouvert la procédure collective du débiteur (art. R 653-1, al. 2) ou dans un jugement de report (Cass. com. 4-11-2014 nº 13-23.070 : RJDA 2/15 nº 125 ; Cass. com. 4-7-2018 nº 14-20.117 F-D : RJDA 11/18 nº 857). La condamnation est possible quand bien même la personne poursuivie n'aurait eu connaissance de l'état de cessation des paiements qu'après l'expiration du délai de 45 jours (Cass. com. 12-1-2022 nº 20-21.427 F-B : RJDA 4/22 nº 213).

Le débiteur qui fait l'objet d'une procédure principale d'insolvabilité dans un autre État membre de l'UE n'a pas à déclarer son état de cessation des paiements en France et échappe ainsi aux sanctions prévues par le droit français en cas de non-respect de cette obligation (Cass. com. 7-2-2018 nº 17-10.056 FS-PBI : RJDA 5/18 nº 448).

INTRODUCTION DE L'ACTION

64520 Lorsque le mandataire ou le liquidateur judiciaire a connaissance de l'un des agissements évoqués ci-dessus, il doit en **informer** le procureur de la République et le juge-commissaire (C. com. art. R 653-1, al. 1).

Les **personnes** qui peuvent intenter l'action en faillite personnelle et en interdiction de gérer sont les mêmes que celles **qui peuvent agir** en comblement de passif (nº 64470) auxquelles s'ajoute le mandataire judiciaire (art. L 653-7 et R 653-2).

Le **tribunal compétent** pour statuer sur cette action est celui qui a ouvert le redressement ou la liquidation judiciaire du débiteur (art. R 662-3), le juge-commissaire ne pouvant ni siéger dans la formation de jugement ni participer au délibéré, à peine de nullité du jugement (art. L 662-7, 3º).

En cas d'ouverture d'une procédure d'insolvabilité régie par le droit de l'UE, le tribunal compétent est le tribunal qui a ouvert la procédure principale et non celui de la procédure secondaire car l'action en prononcé d'une sanction personnelle appartient à la catégorie des actions qui dérivent directement de la procédure initiale et qui s'y insèrent étroitement (en ce sens, Cass. com. 22-1-2013 nº 11-17.968 F-PB : RJDA 5/13 nº 440).

L'action se **prescrit** par trois ans à compter du jugement qui ouvre le redressement ou la liquidation judiciaire (art. L 653-1, II) et, en cas de conversion d'une procédure de redressement en liquidation judiciaire, ce délai court à compter de l'ouverture du redressement (Cass. com. 4-11-2014 nº 13-24.028 F-PB : RJDA 2/15 nº 127).

Toutefois, lorsque l'action est engagée contre un dirigeant, un entrepreneur individuel (depuis le 15 mai 2022) ou un EIRL qui n'a pas réglé les sommes mises à sa charge par une condamnation en comblement de passif (art. L 653-6), la prescription ne court qu'à compter de la date à laquelle la décision le condamnant à supporter l'insuffisance d'actif acquiert force de chose jugée (art. L 653-1, II).

Il est impossible de transiger sur une sanction civile non pécuniaire, telle que la faillite personnelle ou l'interdiction de gérer, cette sanction tendant à la protection de l'intérêt général et non à celle de l'intérêt collectif des créanciers (Cass. com. 9-12-2020 nº 19-17.258 F-PB : RJDA 3/21 nº 184).

DÉCISION DU TRIBUNAL

Les sanctions personnelles sont facultatives : le tribunal peut écarter toute sanction même si les conditions exigées par les textes sont remplies (par exemple, en raison des efforts déployés par le dirigeant pour sauver l'entreprise : CA Paris 10-6-2014 nº 13/10910 : RJDA 12/14 nº 929). En outre, il dispose d'un pouvoir souverain pour opter entre la faillite personnelle et l'interdiction de gérer. **64525**

Les sanctions personnelles peuvent être prononcées après la clôture de la procédure collective dès lors qu'elles ont été demandées avant et dans le délai de prescription de trois ans (Cass. com. 8-2-2023 nº 21-22.796 F-B : RJDA 11/23 nº 606).

Le tribunal a toutefois l'**obligation de motiver** la sanction qu'il prononce sur son principe et son quantum, au regard de la gravité des fautes et de la situation personnelle de l'intéressé (Cass. com. QPC 5-7-2018 nº 18-11.743 F-D : RJDA 10/18 nº 756 ; Cass. com. 17-4-2019 nº 18-11.743 FS-PBI : RJDA 7/19 nº 525 ; Cass. com. 25-3-2020 nº 18-11.684 F-D : RJDA 8-9/20 nº 444).

Le jugement qui prononce la faillite personnelle ou l'interdiction de gérer n'est pas **exécutoire** de plein droit à titre provisoire (C. com. art. R 661-1, al. 2). Mais le tribunal peut ordonner l'exécution provisoire (art. L 653-11, al. 1).

Outre une mention au casier judiciaire, les jugements prononçant la faillite personnelle ou l'interdiction de gérer sont publiés aux différents registres professionnels concernés (RCS, RNE...) et font l'objet d'une insertion au Bodacc et dans un support d'annonces légales du lieu où le débiteur a son siège ou son adresse professionnelle et, le cas échéant, ses établissements secondaires (art. R 653-3, al. 2). Par ailleurs, les condamnations sont inscrites dans le fichier national des interdits de gérer (art. L 128-1 s. et R 128-1 s.).

CONSÉQUENCES DE LA CONDAMNATION

Faillite personnelle La faillite personnelle entraîne de nombreuses **déchéances et interdictions** (déchéance de certains droits civiques, politiques, professionnels, honorifiques, etc.). Elle emporte de surcroît l'**interdiction de diriger,** gérer, administrer ou contrôler, directement ou indirectement, toute entreprise (qu'elle soit commerciale, artisanale, agricole ou qu'elle ait toute autre activité indépendante) et toute personne morale (C. com. art. L 653-2). **64530**

Par ailleurs, le tribunal peut prononcer, par une décision motivée (Cass. com. 1-7-2020 nº 18-17.786 F-PB : RJDA 10/20 nº 519), l'incapacité d'exercer une **fonction publique élective** pour une durée égale à celle de la faillite personnelle, dans la limite de cinq ans. Cette incapacité prend effet à compter de sa date de notification à l'intéressé par le ministère public (art. L 653-10).

Lorsqu'elle frappe des **dirigeants,** la faillite personnelle les prive du droit de vote dans les assemblées des personnes morales soumises au redressement ou à la liquidation judiciaire, ce droit étant exercé par un mandataire désigné par le tribunal à cet effet, à la requête de l'administrateur, du liquidateur ou du commissaire à l'exécution du plan (art. L 653-9, al. 1). Le tribunal peut aussi enjoindre à ces dirigeants ou à certains d'entre eux de céder leurs actions ou parts sociales dans la personne morale ou ordonner leur cession forcée par les soins d'un mandataire de justice, au besoin après expertise (art. L 653-9, al. 2).

Interdiction de gérer Le tribunal peut interdire au chef d'entreprise fautif de diriger, gérer, administrer ou contrôler, directement ou indirectement, soit toute entreprise commerciale, artisanale ou agricole et toute personne morale, soit seulement une ou plusieurs de celles-ci (C. com. art. L 653-8, al. 1). Cette sanction est moins lourde que la faillite personnelle, pour laquelle l'interdiction de gérer qu'elle emporte est générale. L'interdiction ne vise pas les activités individuelles autres que celles précitées, telles les activités libérales (cf. Cass. com. 19-5-2021 nº 20-12.049 F-D). **64532**

S'il choisit de ne prononcer que l'interdiction de gérer, le tribunal peut limiter l'interdiction à une ou plusieurs entreprises ou sociétés déterminées (CA Paris 7-4-2009 nº 08-405 : RJDA 10/09 nº 881 : interdiction limitée à la gestion des entreprises commerciales ; CA Paris 7-9-2010 nº 10-299 : RJDA 1/11 nº 70 : autorisation pour le dirigeant sanctionné de devenir auto-entrepreneur ; CA Paris 10-6-2014 n° 13/13659 : RJDA 12/14 n° 928 : interdiction générale à l'exclusion de trois sociétés que le dirigeant sanctionné gère par ailleurs).

Comme en cas de faillite personnelle, les dirigeants frappés de l'interdiction de gérer sont privés du droit de vote et peuvent être tenus de céder leurs actions ou parts sociales (art. L 653-9).

La mesure d'interdiction de gérer n'interdit ni d'être membre du conseil de surveillance d'une société anonyme, un tel mandat conférant non pas une fonction de direction de la société mais de contrôle de la gestion de celle-ci (Cass. com. 8-1-2020 n° 18-23.991 F-PB : RJDA 3/20 n° 164) ni l'exercice de **fonctions salariées** (Cass. soc. 19-1-2010 n° 08-42.519 : RJDA 6/10 n° 665). Mais une telle mesure interdit à l'intéressé de recevoir une délégation de pouvoirs (Cass. crim. 13-6-2012 n° 11-85.280 : RJDA 5/13 n° 415 ; Cass. crim. 22-8-2018 n° 17-83.966 F-D : RJDA 2/19 n° 91).

64535 **Durée de la sanction** Le tribunal qui prononce la faillite personnelle ou l'interdiction de gérer doit fixer la durée de cette mesure, laquelle ne peut pas être supérieure à quinze ans (C. com. art. L 653-11, al. 1).

Les déchéances, les interdictions et l'incapacité d'exercer une fonction publique élective cessent de plein droit au terme fixé, sans qu'il y ait lieu au prononcé d'un jugement (art. précité).

RELÈVEMENT DES SANCTIONS

64540 Lorsque le tribunal prononce la faillite personnelle ou l'interdiction de gérer, l'**acte de notification du jugement** doit mentionner que la procédure pour obtenir le relèvement de ces sanctions est régie par les articles L 653-11 et R 653-4 du Code de commerce (C. com. art. R 653-3, al. 1).

Le jugement constatant la **clôture de la procédure** collective **pour extinction du passif** rétablit le chef d'entreprise dans tous ses droits. Il le relève de toutes les déchéances, interdictions et incapacité d'exercer une fonction publique élective (art. L 653-11, al. 2).

Si l'intéressé a apporté au paiement du passif une contribution jugée suffisante par le tribunal, il peut **demander** à ce dernier de le relever, en tout ou partie, des déchéances, interdictions et incapacité auxquelles il a été condamné (art. L 653-11, al. 3).

Outre sa participation au paiement du passif, les juges tiennent également compte des facultés contributives de l'intéressé, des efforts qu'il a faits pour apurer sa dette, de la gravité des fautes commises par lui, de l'évolution de son comportement postérieurement au prononcé de la sanction, etc. (Cass. com. 3-11-1992 : RJDA 12/92 n° 1178 ; CA Versailles 26-6-2003 n° 02-7831 : RJDA 11/03 n° 1105 ; CA Douai 16-9-2008 n° 08-1582 : RJDA 5/09 n° 461).

En cas de condamnation, non à la faillite personnelle, mais à une simple interdiction de gérer, le tribunal peut aussi relever le chef d'entreprise qui présente toutes les **garanties démontrant sa capacité** à diriger ou contrôler une entreprise ou une personne morale (art. L 653-11, al. 4). Ces garanties peuvent consister en une formation professionnelle (art. R 653-4, al. 1 ; sur l'absence de garanties, voir CA Grenoble 6-1-2011 n° 10/02747 : RJDA 1/12 n° 79 ; CA Versailles 18-4-2013 n° 12/08467 : RJDA 10/13 n° 829) ; des considérations économiques peuvent également être prises en compte (CA Paris 9-3-2017 n° 16/18402 : RJDA 7/17 n° 489).

Lorsqu'il y a relèvement total des déchéances, interdictions et incapacité, la décision du tribunal emporte réhabilitation (art. L 653-11, al. 5).

VIOLATION D'UNE INTERDICTION OU DÉCHÉANCE

64545 Le chef d'entreprise condamné à la faillite personnelle ou à une interdiction de gérer qui exercerait une activité interdite s'expose à de lourdes **sanctions pénales** : emprisonnement de deux ans et amende de 375 000 € (C. com. art. L 654-15).

Une peine d'emprisonnement ferme peut être prononcée contre le chef d'entreprise lorsque la gravité de l'infraction, la personnalité de son auteur et le caractère inadéquat de toute autre sanction rendent cette peine nécessaire (pour un exemple, Cass. crim. 29-11-2016 n° 15-86.116 FP-PBRI : RJDA 3/17 n° 179).

C. Banqueroute

PERSONNES VISÉES

64580 Sont passibles de banqueroute (C. com. art. L 654-1) :

– les **personnes** exerçant une activité commerciale ou artisanale, les agriculteurs et les personnes physiques exerçant une activité professionnelle indépendante, y compris une profession libérale soumise à un statut législatif ou réglementaire ou dont le titre est protégé ;

– les personnes qui ont, directement ou indirectement, en droit ou en fait, dirigé ou liquidé une personne morale de droit privé ;
– les personnes physiques représentants permanents de personnes morales dirigeants des personnes morales visées ci-dessus.
Comme la faillite personnelle et l'interdiction de gérer, la banqueroute ne peut être prononcée que si le débiteur est en **redressement** ou en **liquidation judiciaire** (art. L 654-2, al. 1).

AGISSEMENTS RÉPRÉHENSIBLES

Le chef d'entreprise est coupable de banqueroute s'il a commis l'un des faits énumérés par l'article L 654-2 du Code de commerce, c'est-à-dire : **64585**

– s'il a détourné ou dissimulé tout ou partie de l'actif de l'entreprise (pour un exemple, Cass. crim. 14-2-2007 n° 06-86.721 : RJDA 5/08 n° 561), même temporairement (Cass. crim. 25-10-2023 n° 22-84.650 F-D : BRDA 24/23 inf. 12) ; le préjudice résultant du détournement est calculé sur la valeur du bien détourné au jour du détournement et non sur l'insuffisance d'actif qui peut en résulter pour la procédure collective (Cass. crim. 13-3-1995 n° 94-81.418 P-F : RJDA 7/95 n° 908) ;
– s'il a frauduleusement augmenté le passif de l'entreprise, notamment en omettant délibérément de payer des cotisations sociales (Cass. crim. 1-2-2023 n° 22-82.368 F-B : RJDA 7/23 n° 396, refusant ainsi de limiter le prononcé de la banqueroute aux seuls cas où le chef d'entreprise a participé activement à l'augmentation du passif) ;
– s'il a tenu une comptabilité manifestement incomplète ou irrégulière au regard des dispositions légales (pour des exemples, Cass. crim. 8-3-2006 n° 1542 : RJDA 6/06 n° 686 ; Cass. crim. 31-10-2007 n° 06-89.045 : RJDA 3/08 n° 314 ; Cass. crim. 8-10-2008 n° 08-81.769 : RJDA 6/09 n° 568) ; un dirigeant peut être déclaré coupable même s'il n'était plus en fonction à la clôture de l'exercice comptable litigieux (Cass. crim. 22-6-2022 n° 21-83.036 F-B : RJDA 2/23 n° 101) ;
– s'il a tenu une comptabilité fictive ou fait disparaître des documents comptables de l'entreprise ou, s'il s'est abstenu de tenir toute comptabilité lorsque les textes applicables en font l'obligation ;

L'absence de comptabilité démontre, en elle-même, le caractère manifeste de l'irrégularité et la conscience qu'en avait nécessairement le chef d'entreprise (Cass. crim. 2-9-2015 n° 14-82.980 : RJDA 12/15 n° 852). Il n'est pas en outre requis de prouver, y compris pour une comptabilité manifestement irrégulière, que le prévenu a eu la volonté soit d'éviter ou de retarder la constatation de l'état de cessation des paiements, soit d'affecter la consistance de l'actif disponible dans des conditions de nature à placer l'intéressé dans l'impossibilité de faire face au passif exigible (Cass. crim. 25-11-2020 n° 19-85.205 F-PBI : RJDA 4/21 n° 252).

À notre avis, est transposable la jurisprudence selon laquelle le dirigeant qui n'est plus en fonction à la clôture de l'exercice comptable peut être condamné (cf. Cass. crim. 22-6-2022 précité).

– si, dans l'intention d'éviter ou de retarder l'ouverture de la procédure de redressement ou de liquidation judiciaire, il a soit fait des achats en vue d'une revente au-dessous du cours, soit employé des moyens ruineux pour se procurer des fonds.

Le chef d'entreprise encourt la banqueroute même s'il n'encourt pas de sanction pénale pour revente à perte (art. L 442-5, II-al. 9).

PEINES ENCOURUES

Les **personnes physiques** coupables de banqueroute encourent, ainsi que leurs complices, un emprisonnement de cinq ans et une amende de 75 000 € (C. com. art. L 654-3 et C. pén. art. 121-6). Ces peines sont portées à sept ans d'emprisonnement et 100 000 € d'amende lorsque l'auteur ou le complice de banqueroute est un dirigeant d'un prestataire de services d'investissement (C. com. art. L 654-4). **64590**

Les **personnes morales** peuvent être déclarées responsables pénalement de banqueroute ou de complicité de banqueroute. Elles s'exposent alors à une amende de 375 000 € et aux diverses peines énumérées à l'article 131-39 du Code pénal (art. L 654-7).

Les personnes physiques coupables de banqueroute encourent également les **peines complémentaires** suivantes (C. com. art. L 654-5) : **64592**

– l'interdiction des droits civiques, civils et de famille, suivant les modalités de l'article 131-26 du Code pénal ;
– l'exclusion des marchés publics pour une durée de cinq ans au plus ;
– l'interdiction, pour une durée de cinq ans au plus, d'émettre des chèques autres que ceux qui permettent le retrait de fonds par le tireur auprès du tiré ou ceux qui sont certifiés ;
– l'affichage ou la diffusion de la décision prononcée dans les conditions prévues par l'article 131-35 du Code pénal ;

– l'interdiction, pour une durée de cinq ans au plus, soit d'exercer une fonction publique ou d'exercer l'activité professionnelle ou sociale dans l'exercice ou à l'occasion de l'exercice de laquelle l'infraction a été commise, soit d'exercer une profession commerciale ou industrielle, de diriger, d'administrer, de gérer ou de contrôler à un titre quelconque, directement ou indirectement, pour son propre compte ou pour le compte d'autrui, une entreprise commerciale ou industrielle ou une société commerciale ; ces interdictions d'exercice peuvent être prononcées cumulativement.

L'interdiction de gérer encourue à titre de peine complémentaire se limite aux entreprises commerciales ou industrielles et aux sociétés commerciales, et ne peut pas viser toute entreprise ou société (Cass. crim. 25-5-2022 n° 21-81.089 F-D : RJDA 11/22 n° 641).

POURSUITES

64600 La **juridiction** répressive est **saisie** du délit de banqueroute (C. com. art. L 654-17 et R 654-1) :
– soit sur la poursuite du ministère public ;
– soit sur constitution de partie civile de l'administrateur judiciaire, du mandataire judiciaire, du représentant des salariés, du commissaire à l'exécution du plan ou du liquidateur judiciaire ;
– soit sur constitution de partie civile de la majorité des créanciers nommés contrôleurs agissant dans l'intérêt collectif des créanciers lorsque le mandataire de justice ayant qualité pour agir n'a pas agi, après une mise en demeure, délivrée par au moins deux créanciers contrôleurs par lettre recommandée AR et restée sans suite pendant deux mois à compter de sa réception par le mandataire de justice.

Les créanciers peuvent se porter individuellement partie civile par voie d'intervention à condition d'invoquer un préjudice particulier, distinct du montant de leur créance déclarée et résultant directement de l'infraction de banqueroute (Cass. crim. 17-6-2014 n° 13-83.288 F-PBI : RJDA 1/15 n° 36 ; Cass. crim. 22-6-2022 n° 21-83.036 F-B : RJDA 2/23 n° 101), mais ils ne peuvent pas obtenir le montant de leur créance (Cass. crim. 24-1-1994, 1e esp. : RJDA 5/94 n° 590). En revanche, ils peuvent demander réparation à toute personne étrangère à la procédure (Cass. crim. 24-1-1994 précité). Les associés peuvent également se constituer partie civile, aux mêmes conditions (Cass. crim. 22-6-2022 précité).

La **prescription** de l'action publique court à compter du jour du jugement ouvrant le redressement ou la liquidation judiciaire lorsque les faits incriminés sont apparus avant cette date (art. L 654-16) ; s'ils ont été commis après, la prescription court à compter de la date de commission des faits, sauf s'il est établi que l'infraction a été délibérément dissimulée (Cass. crim. 25-11-2020 n° 19-85.091 FS-PBI : RJDA 3/21 n° 185 ; Cass. crim. 15-9-2021 n° 20-86.484 F-D : RJDA 12/21 n° 789). Auquel cas le point de départ est reporté au jour où l'infraction est apparue et a pu être constatée dans des conditions permettant la mise en mouvement de l'action publique (cf. CPP art. 9-1, al. 2).

Pour plus de détails sur la poursuite, art. L 654-18 à L 654-20.

XIV. RÈGLES COMMUNES AUX PROCÉDURES COLLECTIVES

A. Responsabilité des mandataires de justice

RESPONSABILITÉ CIVILE DES MANDATAIRES DE JUSTICE

64640 Les mandataires nommés par le tribunal pour conduire, sous son contrôle, la procédure collective répondent des fautes commises dans l'exercice de leurs fonctions et sont tenus d'en réparer les conséquences préjudiciables à l'égard du débiteur, des créanciers et des tiers, conformément aux règles de la **responsabilité extracontractuelle,** aucun lien contractuel n'unissant ces demandeurs aux mandataires qui tiennent leur mission de la loi et du tribunal (Cass. com. 3-7-2007 n° 05-21.884 : RJDA 10/07 n° 998).

Peut ainsi être mise en cause la responsabilité de l'administrateur, du mandataire, du commissaire à l'exécution du plan et du liquidateur judiciaire.

64642 **Cas de responsabilité** La responsabilité du mandataire de justice peut être retenue dès lors qu'il a **manqué à son obligation générale de prudence** et de diligence (Cass. com. 18-1-2017 n° 14-26.703 : RJDA 8-9/17 n° 568) ainsi qu'à l'obligation d'assistance du débiteur dans tous ses actes de gestion, ou dès lors qu'il a induit en erreur les fournisseurs par des assurances imprudemment données (Cass. com. 8-12-1998 : RJDA 3/99 n° 306). En cas de cession d'actifs, il est tenu d'informer le futur cessionnaire de la situation de l'exploitation au regard de la législation pertinente, en l'espèce celle des installations classées (Cass. com. 30-11-2010 n° 09-71.954 : RJDA 2/11 n° 169). Il n'est pas pour autant tenu d'un devoir de conseil (Cass. 3e civ. 21-12-2017 n° 16-20.675 FS-PBI : RJDA 5/18 n° 445).

Il n'est pas exigé de faute lourde (Cass. com. 5-7-1988 n° 87-10.487 : Bull. civ. IV n° 231).

La faute la plus fréquente est celle commise dans la poursuite de l'exploitation par l'administrateur ou le liquidateur **à l'égard des fournisseurs** du débiteur qui n'ont pas été payés.

A été tenu pour responsable l'administrateur qui a donné son accord à des commandes sans vérifier qu'elles pouvaient être payées (Cass. com. 2-2-1993 : RJDA 3/93 n° 256) ou qui a ordonné la reprise de travaux qui ont dû être interrompus moins de trois semaines après avoir réclamé un versement immédiat – qui avait été fait – à un maître d'ouvrage (Cass. com. 5-7-1988 : Bull. civ. IV p. 159). Les juges ne peuvent pas retenir la faute du mandataire, s'agissant d'actes de gestion courante échappant normalement à son visa, sans relever les circonstances qui lui auraient fait obligation de contrôler les commandes passées par le débiteur en redressement judiciaire aux fournisseurs (Cass. com. 14-3-1995 : RJDA 8-9/95 n° 1032).

Ne commet pas de faute l'administrateur qui a passé commande à un moment où la situation du débiteur n'était pas irrémédiablement compromise (Cass. com. 20-10-1992 : Bull. civ. IV p. 225 ; Cass. com. 2-2-1993, 2e esp. : RJDA 3/93 n° 256) ou qui, chargé d'assister le débiteur pendant la période d'observation, a contresigné un chèque émis par le débiteur en paiement d'une commande restée impayée (Cass. com. 12-3-2013 n° 11-23.375 : RJDA 7/13 n° 649).

La faute commise par l'administrateur qui n'a pas honoré une commande s'apprécie à la date où celle-ci a été passée et non à la date où a été signé le chèque en réglant le montant, la non-vérification, à ce moment-là, auprès de la banque de l'existence de la provision n'étant pas une faute (Cass. com. 1-4-2008 n° 07-10.357 : RJDA 6/08 n° 688).

Toute autre faute portant préjudice aux créanciers est aussi sanctionnée, notamment : la **64645** négligence à laisser le débiteur poursuivre, pendant une longue période, son activité sans renouvellement de l'autorisation qui lui avait été donnée pour un temps déterminé (CA Versailles 14-3-1988 : D. 1988.507 note Agostini) ; la résiliation d'un contrat d'assurance qui a fait perdre à un client du débiteur la possibilité d'être indemnisé (Cass. 1e civ. 9-12-1986 : Bull. civ. I p. 279) ; l'absence d'effort pour restituer un bien après avoir fait résilier le contrat en vertu duquel le débiteur le détenait (Cass. com. 18-5-2016 n° 14-50.029 F-D : RJDA 10/16 n° 713) ; le fait de tarder à résilier un contrat de location de matériel alors que le débiteur n'est plus en mesure de payer les loyers (Cass. com. 23-11-2022 n° 21-14.250 F-D : RJDA 2/23 n° 98) ; l'initiative de faire acquérir par le débiteur en redressement judiciaire plusieurs fonds de commerce sans s'assurer que la trésorerie de l'entreprise permettrait de payer le prix de ces acquisitions (CA Versailles 6-6-1991, 2e esp. : RJDA 12/91 n° 1069) ; le paiement préférentiel de certains créanciers (Cass. com. 20-2-1996 : RJDA 5/96 n° 687) ; le fait, après avoir obtenu l'annulation de paiements effectués par le débiteur pour des montants importants pendant la période suspecte, de ne pas avoir conservé les fonds restitués par le créancier jusqu'à ce que l'annulation soit devenue irrévocable (Cass. com. 18-1-2017 n° 14-26.703 : RJDA 8-9/17 n° 568). Pour des exemples en matière de vente de biens faisant l'objet d'une clause de réserve de propriété, n° 63075.

Dans une procédure de redressement judiciaire, en l'absence d'administrateur judiciaire, c'est au débiteur lui-même qu'il appartient, sur avis conforme du mandataire judiciaire, d'exercer la faculté de poursuivre les contrats en cours et de demander la résiliation du bail ; par conséquent, le mandataire qui n'a pas été consulté par le débiteur ne peut pas être tenu pour responsable de la poursuite d'un contrat, au demeurant irrégulière, ni de l'absence de sa résiliation (Cass. com. 5-2-2020 n° 18-21.529 F-PB : RJDA 5/20 n° 276).

Le mandataire de justice répond aussi de ses fautes qui causent un **préjudice au débiteur** (cf. CA Versailles 5-1-1988 : GP 1988.som.299) ou à toute autre personne (Cass. com. 26-2-2020 n° 18-22.745 F-D : RJDA 6/20 n° 322 : personne poursuivie abusivement par le liquidateur en responsabilité pour insuffisance d'actif ; Cass. com. 17-2-2021 n° 19-22.032 F-D : salariés du débiteur en liquidation judiciaire du fait des manquements du liquidateur à son obligation de reclassement ; Cass. com. 19-5-2021 n° 19-23.519 F-D : acquéreur d'un fonds de commerce du débiteur dans le cadre d'un plan de cession prévoyant la reprise de certains salariés, l'administrateur judiciaire n'ayant pas licencié les autres salariés, ce qui a conduit au transfert de leurs contrats de travail à l'acquéreur).

Il ne **s'exonère** pas en invoquant, pour justifier ses agissements, la pression et l'accord du tribunal (Cass. com. 20-2-1996 précité), mais il est notamment tenu compte de la nature de la mission que lui a confiée le tribunal (par exemple, Cass. com. 17-10-2018 n° 17-16.346 F-D : RJDA 12/18 n° 923 ; Cass. com. 7-10-2020 n° 19-14.807 F-PB : RJDA 1/21 n° 35).

Action en responsabilité L'action en responsabilité contre un mandataire de justice **64650** intervenu dans une procédure collective relève de la compétence du **tribunal judiciaire** (C. com. art. R 662-3). L'**action se prescrit** dans les conditions du droit commun (cf. Cass. com. 3-7-2007 n° 05-21.884 : RJDA 10/07 n° 998).

Cette action n'a pas de caractère subsidiaire par rapport à l'action en paiement formée contre le débiteur et sa recevabilité n'est pas subordonnée à l'obtention d'un titre exécutoire à son encontre ni à sa défaillance dans l'exécution de cette condamnation (Cass. com. 6-6-1995 : RJDA 12/95 n° 1450). Elle n'est pas non plus subordonnée à la déclaration par le créancier de sa créance de dommages-intérêts (Cass. com. 6-3-2019 n° 17-20.545 F-PB : RJDA 5/19 n° 359) puisqu'il ne s'agit pas d'une créance sur le débiteur.

Si l'action en responsabilité contre le mandataire de justice tend à la reconstitution du gage commun des créanciers (sur cette notion, nos 62380 s.), elle relève du monopole, selon la procédure collective, du mandataire judiciaire, du commissaire à l'exécution du plan ou du liquidateur (cf. Cass. com. 28-6-2016 n° 14-20.118 : RJDA 10/16 n° 706 rendu dans un cas où le créancier demandait réparation de la perte de la chance de recouvrer sa créance dont la faute du liquidateur l'avait privée) et elle ne peut pas être exercée individuellement par un créancier. Le cas échéant, l'action doit être exercée par un mandataire ad hoc dont la désignation est demandée au tribunal.

Le crédit-bailleur qui reproche au liquidateur du crédit-preneur, soumis à une procédure collective, de ne pas, après avoir renoncé à poursuivre le contrat de crédit-bail, lui avoir restitué l'immeuble objet de ce contrat et d'avoir laissé celui-ci se dégrader, peut agir seul en réparation du préjudice consistant en la perte de la valeur vénale de ce bien qu'il impute à ces fautes, la réparation d'un tel préjudice étant étrangère à la reconstitution du gage commun des créanciers ; en effet, seul le crédit-bailleur, en tant que propriétaire du bien, lequel n'est jamais entré dans le patrimoine du débiteur, supporte le préjudice invoqué (Cass. com. 6-3-2019 précité).

RESPONSABILITÉ PÉNALE DES MANDATAIRES DE JUSTICE

64660 Est puni d'un emprisonnement de sept ans et d'une amende de 750 000 € tout administrateur, mandataire judiciaire, liquidateur ou commissaire à l'exécution du plan, y compris toute personne désignée en application de l'article L 812-2, II-al. 1 ou III du Code de commerce qui (C. com. art. L 654-12, I) :

– a porté volontairement atteinte aux intérêts des créanciers ou du débiteur soit en utilisant à son profit des sommes perçues dans l'accomplissement de sa mission, soit en se faisant attribuer des avantages qu'il savait n'être pas dus (pour un exemple, Cass. crim. 5-7-1993 n° 92-82.799 : Bull. crim. n° 239) ;

– a fait, dans son intérêt, des pouvoirs dont il disposait un usage qu'il savait contraire aux intérêts des créanciers ou du débiteur (pour des exemples, Cass. crim. 13-1-2016 n° 14-87.624 : Dr. sociétés 2016 comm. n° 70 note R. Salomon ; CA Versailles 13-3-1996 : GP 1996.som.539).

Ces peines s'appliquent aussi à tout administrateur, mandataire judiciaire, liquidateur, commissaire à l'exécution du plan ou toute autre personne, à l'exception des représentants des salariés, qui, ayant participé à un titre quelconque à la procédure, se rend acquéreur pour son compte, directement ou indirectement, de biens du débiteur ou les utilise à son profit (art. L 654-12, II ; pour des exemples, Cass. crim. 20-7-1982 : D. 1983.IR.59 obs. Derrida ; Cass. crim. 15-11-1982 : D. 1983.som.381 obs. Derrida ; Cass. crim. 19-6-1997 n° 93-83.274 P : RJDA 12/97 n° 1550).

La juridiction saisie prononce la nullité de l'acquisition et statue sur les dommages-intérêts éventuellement demandés (art. L 654-12, II).

Par « toute personne ayant participé à un titre quelconque à la procédure », il faut entendre les personnes mandatées pour intervenir à la procédure, à l'exception des représentants des salariés (Cass. crim. 15-12-2004 n° 04-81207 P : RJDA 7/05 n° 867). Les peines précitées ne sont donc pas applicables à l'expert-comptable de la société en liquidation judiciaire, celui-ci n'étant ni un organe de la procédure ni une personne mandatée pour y intervenir (arrêt précité).

B. Dispositions générales de procédure

ARTICULATION AVEC LE DROIT COMMUN DE LA PROCÉDURE CIVILE

64690 Les **règles** procédurales **applicables** au mandat ad hoc, à la conciliation, à la sauvegarde, au redressement et à la liquidation judiciaires ainsi qu'au rétablissement professionnel sont spécifiques et fixées par le Code de commerce, y compris lorsque le tribunal judiciaire est saisi. Les règles du Code de procédure civile ne sont applicables que sur les points où le régime des procédures collectives ne prévoit pas de règles particulières ou s'il renvoie sur ce Code (C. com. art. R 662-1, 1° et R 662-2).

Enfin certains actes de procédure entre les créanciers et les organes de la procédure peuvent être réalisés sur Internet via un portail dédié (nos 62360 s.)

Sur la notification des décisions auxquelles le greffier procède, art. R 662-1, 2° à 4°.

Sur les dispositions régissant les exceptions d'incompétence, art. R 662-4 à R 662-6 ; sur celles régissant les renvois devant une autre juridiction, art. L 662-2, art. R 662-7 et R 662-8.

Sur l'expérimentation des tribunaux des activités économiques, n° 61005.

1. PROCÉDURE DEVANT LE TRIBUNAL

REPRÉSENTATION

En matière de sauvegarde, de redressement ou de liquidation judiciaire et de rétablissement professionnel, la représentation par un **avocat** n'est pas obligatoire devant le tribunal : débiteur et créanciers peuvent se faire représenter par **toute personne** de leur choix à condition, si cette personne n'est pas avocat, qu'un pouvoir lui ait été donné spécialement à cette fin (mandat ad litem) (C. com. art. R 662-2, al. 1 et, sur renvoi, CPC art. 853). 64700

Toutefois, toute partie qui ne se présente pas personnellement ne peut être représentée que par un avocat (art. R 662-2, al. 2).

Est recevable l'assignation en redressement (ou en liquidation) judiciaire où un avocat figure à la fois en qualité de demandeur et en qualité de représentant dès lors que l'intéressé s'est présenté en personne (CA Paris 14-3-1997 n° 95-14238 : JCP E 1997 pan.637).

La dispense de l'obligation de constituer avocat vaudra aussi devant les tribunaux des activités économiques (Loi 2023-1059 du 20-11-2023 art. 26, II-dernier al. ; n° 61005).

CONFIDENTIALITÉ DES DÉBATS

Les **débats** devant le tribunal en matière de procédures collectives ne sont pas publics. Ils ont lieu **en chambre du conseil,** c'est-à-dire à huis clos, **sauf** (C. com. art. L 662-3) : 64705

– une fois la procédure ouverte, si le débiteur, le mandataire judiciaire, l'administrateur judiciaire, le liquidateur judiciaire, le représentant des salariés ou le ministère public en font la demande au président du tribunal, le président pouvant toutefois décider qu'ils auront lieu ou se poursuivront en chambre du conseil s'il survient des désordres de nature à troubler la sérénité de la justice ;

– pour les débats relatifs aux sanctions civiles encourues par le débiteur ou le dirigeant de la personne morale concernée par la procédure collective (comblement de passif, faillite personnelle et interdiction de gérer), sauf demande contraire de l'une des personnes mises en cause faite au président du tribunal avant l'ouverture des débats.

La décision du président est une mesure d'administration judiciaire insusceptible de recours (art. R 662-9, al. 2).

Le non-respect de l'article L 662-3 du Code de commerce, sanctionné dans les conditions de droit commun, peut emporter la nullité du jugement (CPC art. 446, al. 2).

ORALITÉ DES DÉBATS

Tant devant le tribunal de commerce que devant le tribunal judiciaire (ou, le cas échéant, le tribunal des activités économiques ; n° 61005), la procédure est orale (C. com. art. R 662-2 et, sur renvoi, CPC art. 860-1). Les prétentions des parties peuvent donc être formulées au cours de l'audience et sont présumées y avoir été contradictoirement débattues. 64707

En pratique, les avocats présentent des conclusions écrites qu'ils font viser par le greffe.

EXCLUSION DE CERTAINS MAGISTRATS

Afin de garantir l'indépendance et l'impartialité du tribunal, ne peuvent ni siéger dans les formations de jugement ni participer au délibéré de la procédure à peine de nullité du jugement (C. com. art. L 662-7) : 64710

– le **président du tribunal** s'il a connu le débiteur dans le cadre des mesures de prévention des difficultés des entreprises (alerte ; injonction de publier les comptes annuels), d'un mandat ad hoc ou d'une conciliation ;

– le **juge commis** par le tribunal pour enquêter sur la situation financière, économique et sociale du débiteur pour les procédures dans lesquelles il a été désigné ainsi que le juge chargé de se renseigner sur la situation personnelle du débiteur dans le cadre d'une procédure de rétablissement professionnel (art. R 621-4 et R 645-16) ;

– le **juge-commissaire** (ou son suppléant désigné) pour les procédures dans lesquelles il a été désigné.

Sur l'impossibilité pour le président du tribunal de statuer lorsqu'il a communiqué des informations au ministère public et que ce dernier a demandé l'ouverture d'un redressement ou d'une liquidation judiciaire, n° 61515.

RAPPORT DU JUGE-COMMISSAIRE

Le tribunal statue sur rapport du juge-commissaire, sauf s'il statue sur un recours formé contre une ordonnance de ce juge (C. com. art. R 662-12). Il doit être fait mention de ce rapport dans la note d'audience et dans le jugement sous peine de nullité du jugement (CA Aix 6-3-2014 n° 10/12732 : JCP E 2014.1334 note Delattre). 64715

Ce rapport est une formalité substantielle dont l'absence emporte la nullité du jugement (CA Versailles 2-10-2018 n° 18/01670 : JCP E 2018.1650 note Delattre). Toutefois, la nullité du jugement ne fait pas obstacle à l'effet dévolutif de l'appel (CA Versailles 9-10-2018 n° 18/02220 : JCP E 2018.1650 note Delattre).

Le rapport est nul lorsque, malgré l'interdiction exposée n° 64710, le juge-commissaire a siégé dans la formation de jugement ou a participé au délibéré d'une audience concernant le dossier dans lequel il a été désigné (CA Colmar 3-4-2019 n° 17/04518 : JCP E 2019.1422 note Delattre).

PRONONCÉ DES JUGEMENTS

64717 Les jugements rendus par le tribunal en matière de procédures collectives sont prononcés en **audience publique sauf** ceux rejetant la demande d'ouverture d'une sauvegarde, d'un redressement, d'une liquidation judiciaire, d'un rétablissement professionnel ainsi que ceux rejetant l'ouverture d'une conciliation et l'homologation de l'accord amiable à l'issue d'une procédure de conciliation (C. com. art. R 662-13).

Le fait, pour une juridiction, de prononcer sa décision en chambre du conseil plutôt qu'en audience publique ne constitue pas un excès de pouvoir ouvrant un recours-nullité contre sa décision (Cass. com. 7-2-2012 n° 11-12.580 et n° 11-12.581 : RJDA 4/12 n° 426 ; Cass. com. 30-10-2012 n° 11-12.588 F-D : RJDA 1/13 n° 56).

DURÉE DES PROCÉDURES

64718 L'État a été condamné pour **durée excessive** des procédures collectives (CEDH 22-9-2011 n° 60983/09 : durée de 21 ans ; CA Besançon 18-11-2009 n° 08/013981 : liquidateur resté inactif pendant plus de 10 ans ; CA Paris 3-11-2020 n° 18/28083 : signature après les opérations de liquidation par le liquidateur d'une convention d'indivision ayant empêché le partage et la clôture de la procédure ; TGI Paris 6-1-2020 n° 19/02655, tenant pour un déni de justice le fait de ne procéder à aucune diligence pour instruire ou juger l'affaire).

EXÉCUTION PROVISOIRE DES DÉCISIONS

64720 Les jugements rendus en matière de mandat ad hoc, de conciliation, de sauvegarde, de redressement judiciaire, de rétablissement professionnel et de liquidation judiciaire sont de plein droit exécutoires à titre provisoire, sauf notamment (C. com. art. R 661-1, al. 1 et 2) :

– le jugement par lequel, en cas de vente d'un bien grevé d'une sûreté réelle spéciale ou d'une hypothèque légale, le tribunal ordonne une substitution de garantie ;

– le jugement du tribunal condamnant le débiteur ou le dirigeant de la société débitrice à combler le passif ou prononçant la faillite personnelle ou l'interdiction de gérer ;

– la décision du tribunal déclarant le dossier du débiteur impécunieux et fixant la rémunération restant due au liquidateur et au mandataire judiciaire.

Les dispositions des articles 514-1 et 514-2 du Code de procédure civile, relatives à l'arrêt de l'exécution provisoire, ne sont pas applicables (C. com. art. R 661-1, al. 3).

64722 **Arrêt de plein droit** L'exécution provisoire est arrêtée de plein droit en cas d'**appel du ministère public** et à compter de cet appel, pour (C. com. art. R 661-1, al. 5) :

– les décisions statuant sur l'ouverture de la liquidation judiciaire, l'extension de la sauvegarde, du redressement ou de la liquidation judiciaire à une autre personne (ou sur la réunion des patrimoines d'un entrepreneur individuel), la conversion de la sauvegarde en redressement judiciaire ou le prononcé de la liquidation judiciaire en cours de période d'observation ;

– les décisions statuant sur l'arrêté, la modification, la résolution du plan de sauvegarde, de redressement ou de cession ;

– les jugements ou les ordonnances relatifs à la nomination ou au remplacement de l'administrateur, du mandataire judiciaire, du commissaire à l'exécution du plan, du liquidateur, des contrôleurs et des experts et des jugements relatifs à la modification de la mission de l'administrateur ;

– les jugements statuant sur la durée de la période d'observation, sur la poursuite ou la cessation d'activité ;

– les décisions statuant sur le comblement de passif, la faillite personnelle et l'interdiction de gérer ;

– le jugement clôturant la procédure de rétablissement professionnel.

Pour les décisions précitées, l'appel du ministère public est donc suspensif. Cette suspension est toutefois expressément exclue s'il fait appel de la décision statuant sur l'ouverture de la procédure de sauvegarde ou de redressement judiciaire à moins que cet appel soit limité à la nomination de l'administrateur, du mandataire judiciaire ou des experts (art. L 661-1, II).

Le premier président de la cour d'appel peut, à la requête du procureur général, prendre toute mesure conservatoire pour la durée de l'instance (art. R 661-1, al. 5).

Arrêt par le premier président de la cour d'appel Que les décisions rendues en matière de procédures collectives soient ou non exécutoires de plein droit, le premier président de la cour d'appel, statuant en référé, peut arrêter l'exécution provisoire si les **moyens invoqués** à l'appui de l'appel paraissent **sérieux** (C. com. art. R 661-1, al. 4). 64724

Contrairement au droit commun (CPC art. 514-3) et sauf l'exception mentionnée n° 64745, le demandeur n'a pas à rapporter la preuve des **conséquences** manifestement **excessives** que pourrait avoir l'exécution provisoire de la décision.

En dehors de cas où l'appel du ministère public arrête automatiquement l'exécution provisoire (n° 64722), le premier président est donc investi d'un véritable **pouvoir d'appréciation** du bien-fondé de l'appel. Il peut par exemple arrêter l'exécution provisoire de l'ouverture d'une liquidation judiciaire ; le temps de l'instruction de l'appel devant la cour, le débiteur pourra poursuivre son activité.

Les décisions du premier président de cour d'appel arrêtant ou refusant d'arrêter l'exécution provisoire facultative d'un jugement rendu en matière de responsabilité pour insuffisance d'actif et de faillite personnelle ou d'interdiction de gérer ne peuvent pas faire l'objet d'un pourvoi en cassation, de même que celles qui rectifieraient une erreur matérielle affectant de telles décisions ; il n'est fait exception à l'interdiction du recours en cassation qu'en cas d'excès de pouvoir (Cass. com. 17-2-2021 n° 19-12.417 F-P : RJDA 6/21 n° 419).

2. PROCÉDURE DEVANT LE JUGE-COMMISSAIRE

Les principales étapes des procédures de sauvegarde, de redressement et de liquidation judiciaire se déroulent devant le tribunal mais certains aspects, et non des moindres, relèvent du juge-commissaire que le tribunal désigne au sein de ses magistrats dès l'ouverture de la procédure pour veiller au déroulement rapide de celle-ci et à la protection des intérêts en présence (C. com. art. L 621-9, al. 1). 64735

La **saisine** du juge-commissaire est faite par requête, sauf disposition contraire (art. R 621-21, al. 1).

COMPÉTENCE DU JUGE-COMMISSAIRE

Le Code de commerce accorde de larges **pouvoirs** d'intervention au juge-commissaire notamment **en matière gracieuse** (telle l'autorisation de procéder à des licenciements, au paiement de certaines créances ou à la cession de certains biens) et **contentieuse** (concernant la continuation des contrats en cours, la vérification des créances, les revendications, etc.). 64737

La compétence du juge-commissaire pour statuer en premier ressort dans ces domaines exclut celle du tribunal qui a ouvert la procédure collective (cf. C. com. art. R 662-3).

Toutefois, lorsque le **juge-commissaire** a été saisi d'une demande, contestation ou revendication relevant de sa compétence ou d'une réclamation contre les actes de l'administrateur, du mandataire judiciaire et du commissaire à l'exécution du plan et qu'il n'a **pas statué dans un délai raisonnable,** le tribunal de la procédure collective peut être saisi à la demande d'une partie ou du ministère public (art. R 621-21, al. 1 et 2). Cette faculté n'est pas ouverte en matière de vérification des créances (Cass. com. 19-3-2002 n° 00-11.218 D : Rev. proc. coll. 2003.23 n° 2 obs. Legrand).

Un auxiliaire de justice objet d'une procédure collective ne peut pas invoquer l'article 47 du Code de procédure civile dans un litige qui relève de la compétence du seul juge-commissaire (art. R 662-3-1).

La **forme** des décisions du juge-commissaire est variable : la majorité d'entre elles sont prises par voie d'ordonnance ; d'autres se traduisent simplement par l'apposition d'un visa (par exemple, l'admission des créances non contestées). 64740

Les décisions rendues par voie d'ordonnance doivent en principe être rendues dans le respect du principe du **contradictoire,** les textes précisant parfois les personnes qui doivent être entendues et elles doivent être motivées.

Devant le juge-commissaire, la **procédure** est **orale** (Cass. com. 31-1-1995 n° 92-21.743 : RJDA 5/95 n° 640).

CARACTÈRE EXÉCUTOIRE DES DÉCISIONS

Les ordonnances du juge-commissaire sont **de plein droit** exécutoires à titre provisoire, **sauf** (C. com. art. R 661-1, al. 1 et 2) : 64745

- celle par laquelle, en cas de vente d'un bien du débiteur grevé de sûreté, il autorise le paiement provisionnel des créanciers titulaires des sûretés ou ordonne une substitution de garantie ;
- celle par laquelle il autorise la vente des biens ayant fait l'objet de mesures conservatoires en application des articles L 621-2, L 631-10-1 et L 654-1 du Code de commerce ;
- celle autorisant le liquidateur à céder un bien gagé ou légitimement retenu ;
- celle ordonnant l'avance des frais de procédure par le Trésor public.

Lorsque l'exécution provisoire n'est pas de plein droit, le juge-commissaire peut l'ordonner en application du droit commun s'il l'estime nécessaire (CPC art. 515 s.). En effet, faute de disposition contraire du droit des procédures collectives, les règles du Code de procédure civile s'appliquent (C. com. art. R 662-1).

L'exécution provisoire des ordonnances du juge-commissaire est **arrêtée** dans les conditions exposées n° 64724 ; toutefois, pour les décisions relatives à la vente des biens ayant fait l'objet de mesures conservatoires, l'exécution provisoire peut être arrêtée lorsqu'elle risque d'entraîner des conséquences manifestement excessives (art. R 661-1, al. 4).

3. VOIES DE RECOURS

RESTRICTION DES VOIES DE RECOURS

64770 Le Code de commerce fixe les conditions d'exercice des recours contre certaines décisions rendues en matière de procédures collectives, selon des modalités qui sont souvent plus restrictives que celles du droit commun : les personnes pouvant exercer les recours sont limitativement énumérées et les délais pour agir plus courts. Si la décision déférée ne relève pas de ces dispositions spéciales, elle relève des voies de recours de droit commun (Cass. com. 5-5-2004 n° 01-16.758 : RJDA 10/04 n° 1148 ; Cass. com. 7-2-2012 n° 10-26.164 PBI : RJDA 4/12 n° 425 ; Cass. com. 25-10-2023 n° 22-15.776 F-B).

Pour les voies de recours, les décisions interprétatives ainsi que l'ordonnance du premier président de la cour d'appel qui arrête l'exécution provisoire d'une décision sont soumises au même régime que la décision interprétée ou dont l'exécution est arrêtée (Cass. com. 26-4-1994 n° 92-18.966 : RJDA 6/94 n° 713 ; Cass. com. 14-5-1996 n° 94-19.409 : RJDA 10/96 n° 1269).

Les délais de recours sont interrompus si au cours du délai est prononcé un jugement de sauvegarde, de redressement judiciaire ou de liquidation judiciaire dans les causes où il emporte assistance ou dessaisissement du débiteur (CPC art. 531, al. 1).

APPEL

64775 Le Code de commerce précise les décisions rendues en matière de procédures collectives qui sont susceptibles ou pas d'un appel et les personnes autorisées à exercer ce recours (notamment, C. com. art. L 661-1 à L 661-4 et L 661-6). Sous réserve des précisions ci-dessous, ces points sont exposés dans les développements consacrés aux décisions concernées.

Le régime de l'appel est ici largement dérogatoire au droit commun.

64777 **Titulaires** Les personnes autorisées à faire appel d'une décision rendue en matière de procédure collective sont limitativement énumérées par le Code de commerce (C. com. art. L 661-1), mais il convient d'apporter les précisions suivantes.

Lorsque l'appel est ouvert au débiteur, peut agir :

– le débiteur personne physique, mais pas son conjoint, serait-il collaborateur de l'entreprise ;

– si le débiteur est une personne morale, son représentant légal, ce qui exclut le dirigeant de fait (Cass. com. 4-3-2008 n° 06-16.340 : GP 29-7-2008 p. 35 note N. Fricero) et l'associé, même s'il est majoritaire (cf. notamment Cass. com. 28-1-2004 n° 02-14.531 : RJDA 5/04 n° 563 ; CA Paris 14-5-1991 : Bull. Joly 1991 p. 728) ou intervenu en première instance (Cass. com. 14-9-2022 n° 21-12.755 F-D : RJDA 1/23 n° 41).

L'appel ouvert aux représentants du personnel est exercé par la personne qui a été désignée par ces derniers pour exercer les voies de recours (n° 61530) et qui doit, à peine d'irrecevabilité du recours, justifier de son habilitation (C. com. art. R 661-5).

Lorsque la loi reconnaît au ministère public le droit de faire appel, il peut exercer ce recours même s'il n'a pas agi comme partie principale en première instance (art. L 661-12).

64780 **Délai** Sauf dispositions contraires, le délai pour interjeter appel contre les décisions rendues en matière de mandat ad hoc, de conciliation, de sauvegarde, de redressement judiciaire, de rétablissement professionnel, de liquidation judiciaire, de responsabilité pour insuffisance d'actif, de faillite personnelle ou d'interdiction de gérer est de dix jours (C. com. art. R 661-3, al. 1). Ce délai court à compter de la notification de la décision aux parties (sur le cas particulier de l'appel contre le plan de cession, n° 63715) et, pour le procureur de la République et le procureur général, de la réception par le procureur de la République de l'avis qui lui est donné de la décision (art. précité, al. 1 et 4).

64785 **Autres modalités** Les règles de la **procédure contentieuse avec représentation obligatoire** (CPC art. 901 à 925) sont applicables à l'appel des jugements rendus en application des articles L 661-1 et L 661-6 du Code de commerce (c'est-à-dire essentiellement les jugements statuant sur l'ouverture, l'extension et la conversion de la procédure et sur l'arrêté, la modification et la résolution du plan) ainsi que des jugements rendus en matière de comblement de passif, de faillite personnelle ou d'interdiction de gérer (C. com. art. R 661-6).

Toutefois, la procédure comporte les **spécificités** suivantes (art. R 661-6) :

– les mandataires de justice (administrateur, mandataire et liquidateur judiciaire, commissaire à l'exécution du plan) qui ne sont pas appelants doivent être **intimés** ;

– la fixation de la **date de l'audience** est faite selon la procédure à bref délai (CPC art. 905 ; art. 906 modifié par décret 2023-1391 du 29-12-2023 pour les instances d'appel introduites à compter du 1er septembre 2024 et celles reprises à compter de cette date devant la cour d'appel à la suite d'un renvoi après cassation) sauf pour l'appel des jugements arrêtant ou rejetant le plan de cession qui est soumis à la procédure à jour fixe (Cass. com. 23-10-2019 n° 18-17.926 F-PBI : RJDA 2/20 n° 95) ou lorsqu'il est recouru à cette procédure ;
– lorsqu'ils ne sont pas parties à l'instance d'appel, sont **convoqués** par lettre simple pour être entendus par la cour les représentants de la délégation du personnel du comité social et économique et, le cas échéant, le représentant des salariés ainsi que le repreneur de l'entreprise, les cocontractants et les titulaires de sûretés dont les contrats et la charge des sûretés ont été transférés au repreneur et le bénéficiaire de la location-gérance ;
– aucune **intervention** n'est recevable dans les dix jours qui précèdent la date de l'audience ;
– la **cour d'appel statue** au fond **dans les quatre mois** suivant le prononcé des jugements mentionnés à l'article L 661-6 du Code de commerce (notamment jugement statuant sur la nomination et remplacement des mandataires de justice, sur la durée de la période d'observation, la poursuite ou la cessation d'activité, sur l'arrêté, la modification ou la résolution du plan de cession).

Effet suspensif L'appel contre les décisions rendues en matière de procédures collectives n'a pas d'effet suspensif sur ces décisions qui sont, pour la plupart, exécutoires à titre provisoire (n° 64720). Toutefois, l'exécution provisoire peut être suspendue par l'appel formé par le ministère public ou sur demande par le premier président de la cour d'appel (nos 64722 s.). 64790

POURVOI EN CASSATION

Le Code de commerce précise les décisions rendues en matière de procédures collectives qui sont susceptibles ou non d'un recours en cassation ainsi que les personnes autorisées à exercer ce recours (notamment C. com. art. L 661-1, L 661-2, L 661-3 et L 661-4). Ces points sont exposés dans les développements consacrés aux décisions concernées. 64795
Pour les autres modalités du recours (forme, délai, représentation), le droit commun du pourvoi en cassation est applicable (cf. art. R 662-1, 1°), étant toutefois précisé que le ministère public peut se pourvoir en cassation par voie de déclaration au greffe (art. R 661-8) et que le Code de commerce lui ouvre un cas de recours spécifique pour défaut de communication d'une procédure (art. L 661-8).
Aucune disposition légale ou réglementaire spécifique aux procédures collectives ne prévoit d'exception au principe de l'effet non suspensif du pourvoi en cassation (Cass. crim. 1-3-2000 n° 98-85.323 : RJDA 6/00 n° 706 rendu sous l'empire des textes antérieurs mais transposable au régime actuel).

OPPOSITION ET TIERCE OPPOSITION

Sauf dispositions contraires, l'opposition et la tierce opposition sont formées contre les décisions rendues en matière de mandat ad hoc, de conciliation, de sauvegarde, de redressement judiciaire, de rétablissement professionnel et de liquidation judiciaire, de responsabilité pour insuffisance d'actif, de faillite personnelle ou d'interdiction de gérer, par déclaration au greffe dans le **délai de dix jours** à compter du prononcé de la décision (C. com. art. R 661-2, al. 1). 64800
Toutefois, pour les décisions soumises aux formalités d'insertion dans un support d'annonces légales et au Bodacc, le délai ne court que du jour de la publication au Bodacc ; pour les décisions soumises à la formalité d'insertion dans un support d'annonces légales, le délai ne court que du jour de la publication de l'insertion (art. précité, al. 2).

Ce délai est exclusif des règles de droit commun, que la tierce opposition soit principale ou incidente (Cass. com. 14-6-2017 n° 15-25.698 : RJDA 11/17 n° 736).

RÈGLES PARTICULIÈRES AUX RECOURS CONTRE LES ORDONNANCES DU JUGE-COMMISSAIRE

Les recours contre les ordonnances rendues par le juge-commissaire diffèrent selon l'objet de l'ordonnance. Il convient donc de faire les distinctions suivantes, qui s'appliquent aussi en cas de recours-nullité pour excès de pouvoir du juge-commissaire. 64805

En cas d'erreur ou d'omission matérielle, le juge-commissaire peut être saisi dans les conditions prévues aux articles 462 et 463 du Code de procédure civile pour modifier ses ordonnances (cf. Cass. com. 16-3-1999 n° 95-20.982 : RJDA 5/99 n° 571), y compris pour celles rendues en matière d'admission des créances (Cass. com. 21-2-2012 n° 10-27.594 : RJDA 5/12 n° 519).

Recours devant le tribunal Les ordonnances par lesquelles le juge-commissaire statue sur une **demande,** une **contestation** ou une **revendication relevant de sa compétence** ou sur une réclamation contre les actes de l'administrateur, du mandataire judiciaire et du commissaire à l'exécution du plan sont susceptibles d'un recours devant le tribunal (C. com. art. R 621-21, al. 4), recours communément appelé « opposition » comme le prévoyait l'ancienne réglementation. 64807

Ce recours est exercé dans un délai de dix jours qui court à compter (art. R 621-21, al. 4) :
- pour les mandataires de justice, de la communication de l'ordonnance ;
- pour les parties et les personnes dont les droits et obligations sont affectés, de la notification de la décision.

Le recours n'est ouvert aux tiers que si leurs droits et obligations sont directement affectés par la décision contestée (Cass. com. 29-5-2019 n° 18-14.606 F-D : RJDA 8-9/19 n° 583 ; Cass. com. 9-10-2019 n° 18-12.162 F-PB : RJDA 1/20 n° 33).

Le recours est formé par déclaration faite contre récépissé ou adressée par lettre recommandée AR au greffe (art. R 621-21, al. 4).

L'examen du recours est fixé à la première audience utile du tribunal, les intéressés et les mandataires de justice étant avisés (art. précité, al. 6). Le juge-commissaire ne peut pas y siéger, à peine de nullité du jugement (art. L 662-7, 3°).

Le recours saisit le tribunal de l'entier litige (Cass. com. 27-5-2003 n° 00-18.571 : RJDA 12/03 n° 1214).

Les **jugements rendus sur ce recours** sont soumis aux voies de **recours de droit commun,** en l'absence de disposition contraire du régime des procédures collectives (C. com. art. R 662-1, 1° ; Cass. com. 14-10-2008 n° 07-17.824 : JCP E 2009 n° 1008 p. 31 obs. M. Cabrillac ; Cass. com. 7-2-2012 n° 10-26.164 PBI : RJDA 4/12 n° 425 ; Cass. com. 12-1-2016 n° 14-18.936 FS-PB : RJDA 4/16 n° 311).

Aucun texte n'interdit ou ne limite l'appel contre les jugements statuant sur le recours formé contre les décisions du juge-commissaire accueillant ou rejetant une requête en relevé de forclusion, même si la valeur de la créance en cause n'excède pas le taux de compétence en dernier ressort du tribunal de la procédure collective, la demande en relevé de forclusion, qui n'est pas une demande d'admission de la créance, étant indéterminée (Cass. com. 12-1-2016 n° 14-18.936 FS-PB : RJDA 4/16 n° 311). Susceptible d'appel, le jugement ne peut donc pas faire l'objet d'un pourvoi en cassation (CPC art. 605 ; arrêt précité).

64810 **Recours devant la cour d'appel ou la Cour de cassation** Les ordonnances par lesquelles le juge-commissaire statue sur l'**admission d'une créance** peuvent, selon le montant de la créance concernée, faire l'objet d'un appel ou d'un pourvoi en cassation (n°s 62922 s.).

Est porté devant la cour d'appel le recours contre l'ordonnance par laquelle le juge-commissaire ordonne :
- une substitution de garantie en cas de vente pendant la période d'observation d'un bien grevé d'une sûreté réelle spéciale ou d'une hypothèque légale (C. com. art. L 622-8, al. 3) ;
- la cession, en dehors du plan de cession, d'immeubles et de meubles appartenant au débiteur (n° 63957) ;
- au Trésor public d'avancer certains frais de procédure (n° 61605).

RECOURS NULLITÉ

64815 Nonobstant les interdictions ou limites légales applicables aux recours contre les décisions rendues en matière de procédures collectives, une telle décision peut faire l'objet de recours en annulation **en cas d'excès de pouvoir du juge** qui l'a rendue (jurisprudence constante depuis Cass. ch. mixte 28-1-2005 n° 228 P, Cass. com. 3-5-2006 n° 556 FS-PBRI : RJDA 8-9/06 n° 976).

Il y a excès de pouvoir lorsque le juge use de prérogatives que la loi ne lui a pas dévolues, dépasse les attributions qu'elle lui a conférées ou, à l'inverse, refuse de juger ou de se reconnaître un pouvoir que la loi lui confère. La violation d'un principe fondamental de procédure, tel celui du contradictoire, n'est pas constitutive d'un excès de pouvoir (jurisprudence constante depuis Cass. ch. mixte 28-1-2005 précité). En matière de procédures collectives, la Cour de cassation a infléchi ce dernier principe : constitue un excès de pouvoir le fait pour le juge, qui se prononce en matière de réalisation de l'actif du débiteur en liquidation judiciaire, de statuer sans que le débiteur ait été entendu ou dûment appelé comme l'impose la loi (Cass. com. 16-6-2009 n° 08-13.565 FS-PBR : RJDA 8-9/10 n° 900 ; Cass. com. 8-1-2013 n° 11-26.059 F-PB : RJDA 8-9/13 n° 743).

64817 Les **recours-nullités ouverts** en cas d'excès de pouvoir sont les mêmes que les recours-réformations s'ils avaient été autorisés : les parties à l'instance peuvent faire opposition, interjeter appel ou former un pourvoi en cassation tandis que les personnes ni présentes ni représentées à l'instance ne peuvent agir qu'en tierce opposition (P.-M. Le Corre, Droit et pratique des procédures collectives Dalloz action 2023-2024 § 321-311).

L'appel-nullité ne peut être formé que par une partie au procès (Cass. com. 15-12-2009 n° 08-21.553 F-PB : RJDA 3/10 n° 272, 1re esp.).

Ces recours-nullité sont soumis aux conditions de forme et de délai propres aux voies de recours en matière procédure collective : par exemple, l'appel-nullité pour excès de pouvoir doit être formé dans un délai de dix jours (n° 64780).

PARTIE 6

Contentieux de droit privé

CHAPITRE 1

RÈGLEMENT DES LITIGES

SOMMAIRE

SECTION 1
RÈGLEMENT AMIABLE DES DIFFÉRENDS 70011

I. Règlements amiables antérieurs à la procédure contentieuse 70012

A. Règlements amiables conventionnels 70013

B. Règlements amiables obligatoires 70026

II. Règlements amiables postérieurs à la procédure contentieuse 70030

A. Conciliation et médiation judiciaires 70032

B. Audience de règlement amiable 70050

SECTION 2
TRANSACTION 70200

I. Conclusion de la transaction 70213

II. Effets de la transaction 70400

SECTION 3
ARBITRAGE 70600

I. Convention d'arbitrage 70650

A. Acceptation de la convention d'arbitrage 70700

B. Validité de la convention d'arbitrage 70750

C. Effets de la convention d'arbitrage 70850

D. Mode d'arbitrage retenu 70900

II. Procédure d'arbitrage 71000

III. Sentence arbitrale 71190

A. Sentence rendue en matière civile et commerciale 71200

1. Sentence rendue en matière d'arbitrage interne 71200

2. Sentence rendue à l'étranger ou en matière d'arbitrage international 71300

B. Sentence rendue en matière administrative 71343

SECTION 4
ACTION EN JUSTICE 71600

I. Droit d'agir en justice 71603

II. Prescription extinctive 71700

III. L'instance 71900

IV. Juridiction judiciaire compétente 72000

A. Compétence selon le droit national 72002

1. Compétence d'attribution 72003

2. Compétence territoriale 72020

B. Compétence selon le droit de l'Union européenne 72100

C. Compétence selon le droit commun international 72197

1. Conventions internationales 72200

2. Clause attributive de compétence 72220

3. Privilège de juridiction des Français 72240

4. Litige localisé en France 72280

5. Immunité de juridiction 72300

6. Exception de compétence internationale 72315

V. Jugement 72400

VI. Référés et procédure accélérée au fond 72500

VII. Requête 72600

SECTION 5
PROTECTION DIPLOMATIQUE 72800

La solution d'un litige peut être recherchée devant un juge. Toutefois, avant d'y recourir, les parties à un différend sont de plus en plus incitées à tenter de le résoudre amiablement et à ne saisir le juge, étatique ou arbitral, qu'en cas d'échec. **70010**

Conformément à l'option du présent Mémento d'aide à la décision des dirigeants d'entreprise, ne sont abordés ci-après que les aspects du litige qui relèvent de leur ressort.

SECTION 1

RÈGLEMENT AMIABLE DES DIFFÉRENDS

GÉNÉRALITÉS

70011 Les parties à un différend peuvent tenter de le résoudre de façon amiable **avant toute action en justice** avec l'assistance d'un médiateur, d'un conciliateur de justice ou, dans le cadre d'une procédure participative, de leurs avocats (CPC art. 1528). Le recours à une tentative de conciliation, médiation ou à une procédure participative est parfois rendu obligatoire, avant toute saisine du juge, par un texte légal ou réglementaire régissant la matière en cause ou la juridiction saisie. Dans ce dernier cas, l'acte introductif d'instance doit contenir, sous peine de nullité, certaines mentions relatives aux diligences entreprises en vue de parvenir à une résolution amiable du litige.

La médiation, la conciliation, ainsi que la procédure participative (C. civ. art. 2062), peuvent également être tentées **une fois l'instance engagée.** Le décret 2023-686 du 29 juillet 2023 portant mesures favorisant le règlement amiable des litiges devant le tribunal judiciaire a introduit à un nouveau dispositif applicable depuis le 1er novembre 2023 : l'audience de règlement amiable.

I. RÈGLEMENTS AMIABLES ANTÉRIEURS À LA PROCÉDURE CONTENTIEUSE

70012 Avant l'ouverture d'une procédure, le règlement amiable peut être recherché conventionnellement par les parties (nos 70013 s.) ou leur être imposé par un texte légal ou réglementaire (nos 70026 s.).

A. Règlements amiables conventionnels

CLAUSE IMPOSANT LA CONCILIATION OU LA MÉDIATION

70013 Les **parties** sont **libres de convenir** dans leur contrat, ou le litige une fois né, qu'elles s'efforceront de s'entendre amiablement seules ou sous les auspices d'un conciliateur ou d'un médiateur choisi d'un commun accord, avant de soumettre leur litige à un juge étatique ou arbitral.

Sur cette base, les tribunaux, au gré des espèces, construisent le régime de cette clause qui, en l'état, comporte les règles ci-après.

1. Validité de la clause. La clause peut être stipulée pour la solution de tout litige ayant une **origine contractuelle,** tel un litige entre les associés et la société (Cass. com. 15-6-2010 n° 09-16.323 : RJDA 11/10 n° 1118) ou un litige impliquant un établissement public à caractère industriel et commercial (Cass. 1e civ. 11-3-2020 n° 18-26.789 FS-PB : RJDA 8-9/20 n° 463).

En revanche, la clause n'a pas vocation à régler les différends mettant en jeu la responsabilité prévue de plein droit par la loi (Cass. 3e civ. 23-5-2019 n° 18-15.286 FS-PBI ; Cass. 3e civ. 11-5-2022 n° 21-16.023 FSB : responsabilité de l'architecte sur le fondement de l'art. 1792 du Code civil).

Est interdite toute clause ou convention obligeant le consommateur, en cas de litige, à recourir obligatoirement à une médiation préalablement à la saisine du juge (C. consom. art. L 612-4). Jugé qu'est présumée abusive la clause contraignant le consommateur, en cas de litige avec un professionnel, à recourir obligatoirement à un mode alternatif de règlement des litiges avant la saisine du juge, sauf au professionnel à rapporter la preuve contraire ; il appartient au juge d'examiner d'office la régularité d'une telle clause (Cass. 3e civ. 19-1-2022 n° 21-11.095 FS-B ; Cass. 3e civ. 11-5-2022 n° 21-15.420 FS-B rendus à propos de contrats de maîtrise d'œuvre, y compris lorsque le maître d'œuvre est un architecte).

2. Existence de l'obligation de règlement amiable. Constitue une clause imposant une tentative de règlement amiable du litige celle résultant d'une stipulation du contrat générateur du litige (Cass. 1e civ. 6-5-2003 n° 565 : RJDA 2/04 n° 256), dépourvue d'ambiguïté et prévoyant que le préliminaire de conciliation ou de médiation présente un caractère obligatoire avant toute saisine du juge (cf. Cass. soc. 13-1-2010 n° 08-18.202 : JCP E 2010.1656 n° 17 obs. Seube).

La pratique de la conciliation étant distincte de celle de la médiation (Cass. 2e civ. 11-4-2019 n° 19-60.045 D), il est recommandé aux parties de préciser si elles veulent tenter une conciliation ou une médiation. **70013** (suite)

Tel est le cas de la clause prévoyant que, « en cas de litige, les parties s'engagent à trouver un accord amiable avec l'arbitrage de la Fedimag » (Cass. com. 30-5-2018 nos 16-27.691 et 16-26.403 PB : RJDA 8-9/18 n° 692).

En revanche, ne lie pas les parties sur le préalable de la recherche d'un accord amiable, la clause :
– prévoyant simplement que celles-ci « soumettront leur différend à un règlement amiable préalable » non défini (Cass. com. 29-4-2014 n° 12-27.004 : RJDA 8-9/14 n° 736 ; cf. CA Paris 17-3-2015 n° 14/08653 : Rev. arb. 2015 som. 631) ;
– prévoyant une consultation des parties pour décider de l'opportunité de recourir à l'arbitrage ou non (CA Colmar 14-1-2016 : Rev. arb. 2016.1097 note Dissaux) ;
– équivoque, aux termes de laquelle la conciliation ne s'imposait pas pour un différend relatif à l'inexécution de ses obligations par une partie, lorsque, après avoir prévu l'arbitrage de leurs différends, les parties avaient ajouté qu'elles procéderaient à une conciliation préalable pour les litiges pouvant être tranchés en conciliation (Sentence CCI n° 2138 en 1974 : Clunet 1975.934 obs. Derains) ;
– prévoyant que l'expert-comptable s'efforce de faire accepter la conciliation ou l'arbitrage du président du conseil régional de l'ordre avant toute action en justice (Cass. com. 27-5-2021 n° 19-16.363 F-D : RJDA 12/21 n° 803).

3. Parties liées par la clause. La clause ne lie que les parties à l'acte et non les intervenants à la réalisation du contrat, tels le notaire instrumentaire ou l'agent immobilier négociateur, voire son assureur (Cass. 1e civ. 14-3-2018 n° 17-14.440 F-D). Mais le tiers à un contrat qui demande réparation du préjudice que lui cause l'exécution défectueuse de ce dernier doit respecter la clause mentionnée au contrat dès lors qu'il en a eu connaissance (Cass. 3e civ. 5-1-2022 n° 20-10.147 FS-D : RJDA 10/22 n° 595).

La jurisprudence est incertaine sur l'application de la clause entre coobligés (n° 50015).

Les parties ne sont liées que si la tentative de conciliation ou de médiation a été faite dans les termes exacts prévus par la clause.

Tel n'est pas le cas lorsque le conciliateur désigné n'est pas celui envisagé par elle (Cass. 1e civ. 30-10-2007 n° 06-13.366 : RJDA 2/08 n° 210) ou lorsque la conciliation obligatoire et préalable à la saisine du juge n'a pas eu lieu, ce défaut ne pouvant être régularisé par la mise en œuvre de la clause en cours d'instance (Cass. 3e civ. 6-10-2016 n° 15-17.989 F-PB : RJDA 1/17 n° 53, à propos d'une clause de médiation mais transposable, la clause de conciliation répondant à la même finalité).

Liées par la clause, les parties le demeurent même en cas de résolution du contrat (C. civ. art. 1230) et sont tenues de la mettre en œuvre. Pour éviter d'être liées par ces procédures (pour une illustration de ce risque, CA Paris 28-3-1991 : Rev. arb. 1991.470 note Jarrosson), les parties doivent clairement établir qu'aucune solution des différends ne pourra être imposée à l'une des parties sans son accord.

4. Champ d'application de la clause. La clause est applicable aux différends opposant les parties dans les conditions ci-après exposées.

a. La clause est applicable :
– quels que soient la nature de l'instance introduite (Cass. 1e civ. 1-10-2014 n° 13-17.920 : RJDA 1/15 n° 58) et le moment où elle est invoquée (Cass. com. 16-5-2018 n° 16-26.086 F-D) ;
– à la demande reconventionnelle fondée sur le contrat dans lequel elle est incluse, peu important que la demande principale concerne un autre contrat ne comportant pas une telle clause (Cass. com. 30-5-2018 n° 16-26.403 FS-PB : RJDA 8-9/18 n° 692 ; en revanche, la clause imposant une médiation « avant toute procédure judiciaire » ne s'applique pas à une demande reconventionnelle formée en cours d'instance : Cass. 3e civ. 16-3-2023 n° 21-11.951 FS-D) ou à la demande principale, peu important son éventuelle connexité avec une autre demande principale en justice qui ne serait pas soumise à la clause (Cass. com. 6-7-2022 n° 20-20.085 F-B : RJDA 11/22 n° 658).

b. La clause n'est pas applicable à une demande :
– tendant au prononcé d'une mesure relevant des attributions du juge des référés (CA Paris 23-5-2001 : Rev. arb. 2003.403 note Jarrosson), notamment à une demande de provision (CA Paris 13-10-2006 n° 06-13726 : Bull. inf. C. cass. 2007 n° 131) ;
– de sursis à statuer afin de permettre sa mise en œuvre, car la situation donnant lieu à la fin de non-recevoir n'est pas susceptible d'être régularisée par la mise en œuvre de la clause en cours d'instance (Cass. 1e civ. 16-6-2016 n° 15-16.309 F-D) ;
– d'annulation de la sentence rendue sur la base d'une clause d'arbitrage la prévoyant car ce moyen n'est pas un des cas de recevabilité du recours en annulation (CA Paris 28-6-2016 n° 15/03504 : GP 2016.som. n° 40 p. 37 note Bensaude) ;
– une fois le juge régulièrement saisi par l'un des cocontractants, et sauf clause contraire (Cass. com. 24-5-2017 n° 15-25.457 FS-PBI : RJDA 10/17 n° 605), de recevabilité de moyens ou de conclusions reconventionnelles présentés en défense par l'autre partie, en vue notamment d'opposer une compensation (CE 14-11-2014 n° 376119 : RJDA 5/15 n° 338 ; Cass. com. 24-5-2017 n° 15-25.457 précité) ;

– en l'absence de stipulation expresse en ce sens, d'accomplissement d'une mesure d'exécution forcée (Cass. 2e civ. 22-6-2017 no 16-11.975 FS-PB : RJDA 11/17 no 770).

5. Suspension de la prescription de l'action en justice. La mise en œuvre de la clause suspend la prescription à compter du jour où, après la survenance d'un litige, les parties conviennent de recourir à la médiation ou à la conciliation ou, à défaut d'accord écrit, à compter du jour de la première réunion de médiation ou de conciliation (C. civ. art. 2238, al. 1 ; sur une absence d'accord, Cass. 2e civ. 19-11-2020 no 19-22-867 F-D) et ce jusqu'à l'issue de la procédure engagée (Cass. 3e civ. 20-9-2011 no 10-20.990 : RDC 2012.885 obs. Pelletier).

L'effet suspensif ne se produit que si une procédure de médiation ou de conciliation est ouverte (CA Aix-en-Provence 22-4-2021 no 17/17571). La saisine écrite d'un médiateur institutionnel marque le début de la suspension du délai de prescription, sans qu'il soit besoin d'un accord écrit (Cass. com. 11-5-2022 no 20-23.298 F-B : RJDA 10/22 no 600 : point de départ au jour de la saisine écrite du médiateur par une partie et poursuite de la suspension par l'intervention du médiateur qui avait reporté son intervention).

Le délai de prescription recommence à courir, pour une durée qui ne peut être inférieure à six mois, à compter de la date à laquelle soit l'une des parties ou les deux, soit le médiateur ou le conciliateur déclarent que la médiation ou la conciliation est terminée (C. civ. art. 2238, al. 2).

6. Sanction de la violation de la clause. La méconnaissance de la clause est sanctionnée par la **fin de non-recevoir** de la demande en justice.

La clause n'a pas été respectée à défaut d'une recherche préalable par les parties d'une solution amiable à leur désaccord, laquelle ne peut résulter du seul fait que le délai d'un mois prévu par la clause pour procéder à cette recherche à compter du désaccord a couru (Cass. com. 6-7-2022 no 20-20.085 F-B).

Le juge doit appliquer cette sanction (Cass. ch. mixte 14-2-2003 no 00-19.423 : RJDA 5/03 no 556 ; Cass. 1e civ. 4-12-2019 no 18-15.848 F-D), qui a pour effet de rendre irrecevable l'introduction d'une instance judiciaire tant que cette conciliation n'a pas été tentée (Cass. ch. mixte 12-12-2014 no 13-19.684 : RJDA 3/15 no 226).

PROCÉDURES CONVENTIONNELLES DE RÈGLEMENT AMIABLE

70014 **Convention de procédure participative** Pour faciliter l'aboutissement d'un accord entre elles, les parties à un différend peuvent conclure une convention de procédure participative par laquelle elles s'engagent à œuvrer conjointement et de bonne foi à la résolution amiable de leur différend ou à la mise en état de leur litige (C. civ. art. 2062, al. 1). La procédure participative est régie par les articles 1542 s. du Code de procédure civile (C. civ. art. 2068).

La procédure participative se déroule selon une **procédure conventionnelle** de recherche d'un accord ou, dans le cadre d'une instance, aux fins de mise en état devant toute juridiction de l'ordre judiciaire, quelle que soit la procédure suivie (CPC art. 1543). Les parties concluent à cette fin une convention, dite « de procédure participative » (C. civ. art. 2062, al. 1), avec l'assistance de leur avocat (CPC art. 1544). La procédure se poursuit, le cas échéant, par une **procédure aux fins de jugement** (CPC art. 1543).

Toute personne, assistée de son avocat, peut conclure une telle convention sur les droits dont elle a la libre disposition (C. civ. art. 2064) ; en conséquence, les questions relatives à l'état et à la capacité des personnes ne peuvent pas faire l'objet d'une telle convention. Par exception, la convention peut être conclue par des époux afin de rechercher une solution consensuelle en matière de divorce ou de séparation de corps (C. civ. art. 2067, al. 1).

Cette convention est, à peine de nullité, contenue dans un écrit qui précise les mentions requises par les articles 2063 du Code civil et 1545, al. 1 du Code de procédure civile.

Tant qu'elle est en cours, la convention de procédure participative conclue avant la saisine d'un juge rend **irrecevable tout recours au juge** pour qu'il statue sur le litige ; toutefois, l'inexécution de la convention par l'une des parties autorise une autre partie à saisir le juge pour qu'il statue sur le litige (C. civ. art. 2065, al. 1). La **prescription** est suspendue à compter de la conclusion de la convention de procédure participative ; elle recommence à courir à compter du terme de la convention, pour une durée qui ne peut être inférieure à six mois (C. civ. art. 2238).

Au terme de la convention de procédure participative, les parties qui parviennent à un **accord** réglant en tout ou partie leur différend peuvent soumettre cet accord à l'homologation du juge ou, lorsque l'accord a été contresigné par leurs avocats, y faire apposer la formule exécutoire par le greffe de la juridiction compétent (C. civ. art. 2066, al. 1). **À défaut** d'être parvenues à un accord au terme de la convention conclue avant la saisine d'un juge, si elles soumettent leur litige au juge, elles sont dispensées de la conciliation ou de la médiation préalable le cas échéant prévue, cette dispense ne jouant pas en matière prud'homale (C. civ. art. 2066, al. 2 et 3).

70020 **Convention d'application de la procédure légale de médiation et de conciliation** Les parties peuvent aussi organiser la recherche de leur **entente** en confiant à un **médiateur ou à un conciliateur** le soin de les rapprocher conformément au régime légal de la médiation ou de la conciliation conventionnelle des articles 1530 s. du Code de procédure civile (CPC art. 1528).

La médiation conventionnelle est également régie par les dispositions générales de la loi 95-125 du 8 février 1995 relative à l'organisation des juridictions et à la procédure civile, pénale et administrative (Loi 95-125 art. 21 à 21-7). Notamment, sauf accord contraire des parties, la médiation est soumise au principe de confidentialité (Loi 95-125 art. 21-3, al. 1 ; Cass. 2e civ. 9-6-2022 n° 19-21.798 FS-B : RJDA 8-9/22 n° 528, en tirant la conséquence que le juge, saisi après une médiation conventionnelle infructueuse, doit écarter des débats les pièces issues de la médiation produites par une partie sans l'accord de l'autre).

Convention d'organisation d'une procédure conventionnelle de règlement du différend ou Mini-trial Les parties ont la possibilité de convenir elles-mêmes des **modalités de la procédure** de règlement amiable qu'elles entendent suivre. **70023**

Elles peuvent convenir d'une procédure privée, en simulant un quasi-procès, conformément à la procédure de « **mini-trial** ». La **mise en scène d'un procès** permet, en effet, aux parties d'exposer pleinement leurs demandes et leurs griefs, et de soutenir le bien-fondé en droit de leurs prétentions : elle leur donne psychologiquement le sentiment d'avoir pu vider leur querelle et de s'être pleinement défendues.

La simulation d'un procès n'altère en rien le processus de conciliation parallèle : les parties jouent le rôle décisif dans la recherche de l'accord ; elles peuvent, mieux que quiconque, prendre la mesure de leurs résistances et de leurs dispositions à faire des concessions en fonction de leurs intérêts commerciaux actuels et futurs ; elles maintiennent entre elles un dialogue qui est propre à préserver le maintien et le développement de leurs relations commerciales ; elles sont assurées que la recherche de la solution sera rapide et bénéficiera de la meilleure confidentialité possible.

Les parties peuvent se référer à des procédures institutionnelles.

Les plus connues sont : le règlement pour la régulation des relations contractuelles et celui sur les « Dispute Boards » de la Chambre de commerce internationale (www.iccwbo.org) ; les « Rules of Procedure for the Zürich Mini-Trial » de la Chambre de commerce de Zürich (Mühlebachstrasse 7 Zürich) ; le règlement de conciliation de la CNUDCI (Commission des Nations unies pour le droit du commerce international) ; le règlement pour les arbitrages non administrés de litiges internationaux du International Center for Dispute Resolution (www.adr.org) ; le règlement de la London Court of International Arbitration (www.Icia.org).

Elles peuvent aussi arrêter elles-mêmes le régime de la procédure qu'elles entendent suivre.

Dans ce cas, elles ont intérêt à préciser :

- les modalités de présentation de la demande de conciliation ;
- le calendrier de la procédure ;
- les modalités de désignation de leurs représentants et du médiateur ;
- la possibilité pour les parties de se faire assister de conseils ;
- les modalités de tenue des audiences ;
- les mesures d'instruction d'administration des preuves (expertise, témoignages, etc.) ;
- le rôle du médiateur (avis oraux ; élaboration d'une proposition de règlement ; droit de réplique à cette proposition et droit du médiateur de se justifier une fois ; interdiction aux parties de communiquer unilatéralement avec lui) ;
- l'établissement ou non d'un procès-verbal d'audience ;
- les obligations de confidentialité, notamment ce qui pourra être ou non utilisé dans le contentieux qui suivra, le cas échéant, et l'interdiction pour le médiateur d'émettre un avis ou un témoignage ;
- l'issue de la procédure, soit au terme indiqué, soit par l'annonce du retrait d'une partie ;
- le règlement des coûts de la procédure ;
- la suspension, le cas échéant, des litiges en cours ;
- la pénalité pour sanctionner le refus d'exécution ;
- leur liberté de recouvrer le droit d'agir en justice, à défaut d'accord.

L'échec de cette procédure laisse, sauf clause contraire expresse, ouverte la voie contentieuse, possibilité qui contribue à faire pression en faveur de la conclusion d'un accord.

Cette incitation suppose, il est vrai, que les parties soient pleinement instruites sur le bien-fondé de leurs prétentions et qu'elles mesurent très exactement l'enjeu d'un contentieux. Pour apprécier ce dernier, les parties doivent notamment prendre en compte les facteurs suivants :

- le refus de l'accord amiable peut toujours être imputé par le juge à celle dont le comportement lui apparaîtra de mauvaise foi, créant ainsi à l'égard de cette partie une présomption défavorable ;
- la durée et le coût des procédures contentieuses, arbitrales ou judiciaires ;
- la paralysie des initiatives commerciales pendant le temps du contentieux ;
- la difficulté pour un juge, arbitral ou judiciaire, à démêler les rapports d'affaires complexes et la grande incertitude qu'il éprouve à découvrir la commune intention des parties dans des contrats ayant pour objet, notamment, la fourniture d'usines clés en main, des actions de coopération, des transferts de technologie, des prises de participations ou la réalisation de grands projets de construction.

70024 **Dispositions spécifiques à la convention de médiation** Les parties au litige peuvent convenir de soumettre leur différend à une **médiation en ligne** dans les conditions établies par la loi 2016-1547 du 18 novembre 2016 (art. 4-1 à 4-7) et le décret 2019-1089 du 25 octobre 2019. Il s'agit d'une simple faculté qui n'engendre aucune atteinte au principe d'égalité devant la justice (Cons. const. 21-3-2019 n° 2019-778 DC).

La marque « Certilis » garantit la qualité des services en ligne de conciliation, de médiation ou d'arbitrage, notamment que le processus de résolution amiable des différends ou d'arbitrage fourni par le service en ligne respecte les obligations fixées par la loi. Seuls les services en ligne certifiés sont autorisés à utiliser la marque Certilis.

B. Règlements amiables obligatoires

LITIGES VISÉS

70026 En application de l'article 4 de la loi 2016-1547 du 18 novembre 2016, à peine d'irrecevabilité que le juge peut prononcer d'office, et sauf cas de dispense, devant le **tribunal judiciaire,** la demande en justice doit être précédée, au choix des parties, d'une tentative de conciliation menée par un conciliateur de justice, d'une tentative de médiation ou d'une tentative de procédure participative, lorsqu'elle tend au paiement d'une somme n'excédant pas 5 000 € ou lorsqu'elle est relative à certaines actions mentionnées aux articles R 211-3-4 et R 211-3-8 du Code de l'organisation judiciaire ou à un trouble anormal de voisinage (CPC art. 750-1). Cette disposition a été annulée pour l'avenir (CE 22-9-2022 n°s 436939 et 437002), puis rétablie par le décret 2023-357 du 11 mai 2023.

Les parties sont **dispensées** de cette obligation dans les cas suivants (CPC art. 750-1 al. 2) :
– si l'une des parties au moins sollicite l'homologation d'un accord ;
– lorsque l'exercice d'un recours préalable est imposé auprès de l'auteur de la décision ;
– si l'absence de recours à l'un des modes de résolution amiable ci-dessus mentionnés est justifiée par un motif légitime tenant soit à l'urgence manifeste, soit aux circonstances de l'espèce rendant impossible une telle tentative ou nécessitant qu'une décision soit rendue non contradictoirement, soit à l'indisponibilité de conciliateurs de justice entraînant l'organisation de la première réunion de conciliation dans un délai supérieur à trois mois à compter de la saisine d'un conciliateur, le demandeur devant justifier par tout moyen de la saisine et de ses suites ;
– si le juge ou l'autorité administrative doit, en application d'une disposition particulière, procéder à une tentative préalable de conciliation ;
– si le créancier a vainement engagé une procédure simplifiée de recouvrement des petites créances (n° 59016).

OBLIGATION DE JUSTIFIER LA MISE EN ŒUVRE DU RÈGLEMENT AMIABLE

70027 Dans la mesure où l'obligation de recourir à la tentative de règlement amiable visée au n° 70026 reste en vigueur, la **demande initiale** en justice doit indiquer, à peine de **nullité,** les diligences entreprises en vue d'une résolution amiable du litige ou la justification de la dispense d'une telle tentative (CPC art. 54, 5°).

II. RÈGLEMENTS AMIABLES POSTÉRIEURS À LA PROCÉDURE CONTENTIEUSE

70030 Une fois l'instance engagée, une médiation ou une conciliation judiciaire peut être mise en œuvre (n°s 70032 s.). Les parties peuvent également recourir à une procédure participative (n° 70014). Innovation issue du décret 2023-686 du 29 juillet 2023, l'audience de règlement amiable a pour objectif de favoriser le règlement amiable des litiges devant le tribunal judiciaire (n°s 70050 s.).

A. Conciliation et médiation judiciaires

70032 Hors les cas signalés au n° 70026 où les parties ont l'obligation de tenter une résolution amiable du litige avant de saisir le tribunal judiciaire, le juge peut proposer une mesure de **conciliation** aux parties qui ne justifieraient pas de diligences entreprises pour parvenir à une telle résolution (CPC art. 127). La conciliation judiciaire obéit aux dispositions des articles 128 et suivants du Code de procédure civile.

Par ailleurs, les parties peuvent se concilier d'elles-mêmes ou à l'initiative du juge tout au long de l'instance (CPC art. 128). Lorsque c'est le juge qui en prend l'initiative, la conciliation peut être tentée au lieu et au moment qu'il estime favorables et selon les modalités qu'il fixe (CPC art. 129). Il n'a pas à solliciter un mandat des parties à cette fin (Cass. 1e civ. 8-3-2005 nº 02-17.578 : Bull. civ. I nº 122). Si la conciliation aboutit à un accord, les parties peuvent demander au juge d'en faire le constat (CPC art. 129-1).

Le juge qui doit procéder à une tentative préalable de conciliation peut enjoindre aux parties de rencontrer un conciliateur de justice qui les informera sur l'objet et le déroulement de la conciliation, dans les conditions prévues par l'article 22-1 de la loi 95-125 du 8 février 1995 sur la médiation (CPC art. 129, al. 2).

À défaut d'avoir recueilli l'accord des parties sur une médiation, le juge peut leur enjoindre de rencontrer, dans un délai qu'il détermine, un médiateur chargé de les informer de l'objet et du déroulement d'une mesure de médiation. Cette décision est une mesure d'administration judiciaire (CPC art. 127-1).

Dans les mêmes que ceux visés ci-avant (nº 70032), le juge peut proposer une mesure de **médiation** 70035
aux parties qui ne justifieraient pas de diligences entreprises pour parvenir à une résolution amiable du litige (CPC art. 127). La médiation judiciaire obéit aux dispositions des articles 131-1 et suivants du Code de procédure civile ainsi qu'à celles des articles 21 à 21-7 et 22 à 22-3 de la loi 95-125 du 8 février 1995.

Par ailleurs, le juge saisi d'un litige peut, avec l'accord des parties, ordonner une médiation, en tout état de la procédure, y compris en référé (Loi 95-125 du 8-2-1995 art. 22 ; CPC art. 131-1 modifié par décret 2022-245 du 25-2-222), et même devant la Cour de cassation (CPC art. 1012, al. 3 issu du décret 2022-245 ; pour une application, Cass. com. 22-6-2022 nº 20-11.846 FS-B). Il peut également en tout état de la procédure, y compris en référé, lorsqu'il estime qu'une résolution amiable du litige est possible, s'il n'a pas recueilli l'accord des parties, leur enjoindre de rencontrer un médiateur qu'il désigne (Loi 95-125 art. 22-1), dans un délai qu'il détermine (CPC art. 127-1 issu du décret 2022-245).

La médiation porte sur tout ou partie du litige (CPC art. 131-2, al. 1). En aucun cas elle ne dessaisit le juge, qui peut prendre à tout moment les autres mesures qui lui paraissent nécessaires dans le cadre de l'instance en cours (CPC art. 131-2, al. 2).

B. Audience de règlement amiable

Depuis le 1er novembre 2023, les instances introduites devant le tribunal judiciaire sont 70050
susceptibles d'être interrompues par l'audience de règlement amiable qui a pour **finalité** la résolution amiable du différend entre les parties, par la confrontation équilibrée de leurs points de vue, l'évaluation de leurs besoins, positions et intérêts respectifs, ainsi que la compréhension des principes juridiques applicables au litige (CPC art. 774-2, al. 1 issu du décret 2023-686 du 29-7-2023).

CONVOCATION À UNE AUDIENCE RÈGLEMENT AMIABLE

Le juge saisi d'un litige portant sur des droits dont les parties ont la libre disposition peut, **à la** 70055
demande de l'une des parties ou d'office après avoir recueilli leur avis, décider qu'elles seront convoquées à une audience de règlement amiable. Cette décision est une mesure d'administration judiciaire. Elle ne dessaisit pas le juge (CPC art. 774-1 issu du décret 2023-686 du 29-7-2023).

La **décision** est **prise par** le président de la chambre lors de l'audience d'orientation (CPC art. 776, al. 3 issu du décret 2023-686), par la juge de la mise en état lors de l'instruction (CPC art. 785, al. 4 issu du décret 2023-686) ou même après révocation de l'ordonnance de clôture (CPC art. 803, al. 4 issu du décret 2023-686). Elle peut également être prise par le président du tribunal judiciaire ou le juge des contentieux de la protection saisi en référé (CPC art. 836-2 issu du décret 2023-686).

Les **parties** sont **convoquées** à l'audience de règlement amiable, à la diligence du greffe, par 70060
tout moyen, la convocation devant précisé qu'elles doivent comparaître en personne (CPC art. 774-3, al. 1 et 2 issu du décret 2023-686). Lorsqu'elles ne sont pas dispensées de représentation obligatoire, les parties comparaissent assistées de leur avocat ; dans les autres cas, elles peuvent être assistées dans les conditions prévues par l'article 762 du CPC (CPC art. 774-3, al. 3 et 4 issu du décret précité).

INTERRUPTION DE L'INSTANCE

70065 L'instance est interrompue par la décision de convocation des parties à l'audience de règlement amiable (CPC art. 369, al. 6 issu du décret 2023-686 du 29-7-2023). Un nouveau délai court à compter de la première audience fixée postérieurement devant le juge saisi de l'affaire (CPC art. 392, al. 4 issu du décret précité).

DÉROULEMENT DE L'AUDIENCE

70070 L'audience est tenue par un juge qui ne siège pas dans la formation de jugement (CPC art. 774-1, al. 1 issu du décret 2023-686 du 29-7-2023), en chambre du conseil, hors la présence du greffe (CPC art. 774-3, al. 5 issu du décret précité).

Le juge chargé de l'audience peut prendre connaissance des conclusions et des pièces échangées par les parties et procéder aux constatations, évaluations, appréciations ou reconstitutions qu'il estime nécessaires, en se transportant si besoin sur les lieux (CPC art. 774-2, al. 2 et 3 issu du décret précité). Il détermine les conditions dans lesquelles l'audience se tient et peut décider d'entendre les parties séparément (CPC art. 774-2, al. 4 issu du décret précité).

À tout moment, le juge chargé de l'audience de règlement amiable peut y mettre fin par une mesure d'administration judiciaire (CPC art. 774-3, dernier al. issu du décret précité).

70075 Sauf accord contraire des parties (qui ne peut pas intervenir en présence de raisons impérieuses d'ordre public ou de motifs liés à la protection de l'intérêt supérieur de l'enfant ou à l'intégrité physique ou psychologique de la personne), tout ce qui est dit, écrit ou fait au cours de l'audience de règlement amiable, par le juge et par les parties, est confidentiel. Il est toutefois dérogé à la **confidentialité** lorsque la révélation de l'existence ou la divulgation du contenu de l'accord qui est issu de l'audience de règlement amiable est nécessaire pour sa mise en œuvre ou son exécution (CPC art. 774-3, al. 6 à 9 issu du décret 2026-686 du 29-7-2023).

70080 **Accord des parties** À l'issue de l'audience de règlement amiable, les parties peuvent demander au juge chargé de l'audience, assisté du greffier, de constater leur accord, total ou partiel, dans les conditions des articles 130 et 131, al. 1er du Code de procédure civile (teneur de l'accord consigné dans un procès-verbal signé par les parties et le juge, les extraits du procès-verbal valant titre exécutoire) (CPC art. 774-4, al. 1 issu du décret 2023-686 du 29-7-2023). Le juge informe le juge saisi du litige qu'il est mis fin à l'audience de règlement amiable et lui transmet, le cas échéant, le procès-verbal d'accord (CPC art. 774-4, al. 2).

SECTION 2 TRANSACTION

70200 **Qualification** La transaction est un contrat par lequel les parties, par des concessions réciproques, terminent une contestation née ou préviennent une contestation à naître (C. civ. art. 2044, al. 1).

70203 **1. Contestation** née ou prévisible entre les parties.

Tel n'est pas le cas d'une convention qui fixe les conditions du nouveau bail commercial renouvelé sans faire allusion à l'action en justice antérieurement introduite par le locataire en vue d'obtenir une indemnité d'éviction pour défaut de renouvellement, action dans laquelle elle ne trouve d'ailleurs pas sa cause puisqu'elle n'avait pas pour objet de régler le litige sur l'indemnité d'éviction, mais de conclure le nouveau bail (TGI Seine 29-10-1959 : GP 1959.2.341). Il n'y a pas non plus transaction à défaut de litige potentiel entre les parties (CA Paris 29-3-1989 : RDPI 1991.53).

Mais constituent une transaction :

– la convention conclue antérieurement à la décision de relaxe, en vue de réparer un dommage né d'une infraction pénale entre un prévenu et une partie civile, dès lors que la cause de l'engagement souscrit se trouvait dans le dommage dont le signataire de la convention devait réparation et que, par la relaxe, la juridiction pénale avait décidé non pas qu'il n'y avait pas de dommage à réparer, mais seulement qu'il n'y avait pas d'infraction pénale (Cass. civ. 8-12-1987 : Bull. civ. I p. 247) ;

– la convention passée par des époux divorcés pour liquider leur communauté conjugale qui détermine la masse communautaire, non par application de la loi, mais par la volonté des époux, sans procéder à un inventaire objectif et complet de la masse active et passive, mais en rangeant à l'actif un certain nombre de biens et en limitant le passif aux frais afférents à sa confection (CA Paris 1-3-1988 : D. 1988.IR.111).

Toute difficulté rencontrée dans la réalisation d'un droit prétendu révèle une situation contestée, susceptible d'être dénouée par une transaction (cf. Cass. soc. 14-11-1963 : Bull. civ. IV p. 655 ; Cass. civ. 7-6-1963 : Bull. civ. I p. 251).

La contestation doit être telle néanmoins que les prétentions des parties soient de nature à être soumises au juge (Cass. civ. 28-3-1955 : Bull. civ. I p. 122).

Lorsque **plusieurs difficultés** séparent les mêmes parties, la convention qui tend à prévenir une contestation à naître présente le caractère d'une transaction, même si elle ne porte que sur certains faits pouvant donner lieu à contestation et ne comporte pas renonciation totale des parties à l'exercice de leurs droits, celle-ci portant seulement, par exemple, sur le mode d'évaluation des bénéfices objet d'un partage (Cass. civ. 12-7-1976 : JCP G 1976.IV.302) ou sur le partage des responsabilités des parties dans un accident (Cass. civ. 27-4-1988 : GP 1988.som.176 ; Cass. civ. 8-11-1989 : Bull. civ. II p. 103).

2. Concessions réciproques. Chaque contractant doit, par la transaction, renoncer à une partie au moins de ses droits, actions ou prétentions (Cass. civ. 3-5-2000 : RJDA 7-8/00 n° 815 ; Cass. 3e civ. 12-12-2019 n° 18-23.223 F-D). **70206**

Par exemple, il y a concession réciproque, en cas de renonciation :

- à une action en interprétation de testament par l'héritier évincé contre la promesse de vente d'un immeuble consentie par un légataire audit héritier (Cass. civ. 28-3-1955 : Bull. civ. I p. 122) ;
- par l'acquéreur évincé à contester la préemption de la Safer en contrepartie de l'acceptation, par cette dernière, de lui rétrocéder une partie du bien préempté (Cass. civ. 4-12-1985 : Bull. civ. III p. 122) ;
- par le vendeur à recevoir un prix inférieur à celui convenu à l'origine entre les parties contre paiement de ce prix par l'acquéreur deux ans avant la date fixée contractuellement (Cass. com. 6-5-1986 : BRDA 13/86 p. 14).

Mais ne comporte pas de concessions réciproques l'accord passé entre des parties après condamnation par une décision de justice de l'une d'elles au paiement d'une somme d'argent au profit de l'autre par lequel celle-ci lui consent un délai de paiement (Cass. civ. 11-2-1997 : RJDA 6/97 n° 855).

Il **importe peu** que les concessions d'une partie soient plus importantes que celles de l'autre (Cass. soc. 17-3-1982 : GP 1982.pan.275), sous réserve que les juges s'assurent de l'existence des concessions réciproques (cf. Cass. 1e civ. 9-7-2003 n° 980 : JCP G 2003.II.10171 note Desgorces), et même qu'elles ne profitent pas à son cocontractant mais indirectement à un tiers à la transaction (Cass. com. 5-7-2017 n° 15-22.220 F-D : RJDA 2/18 n° 197) : ainsi il y a transaction lorsque l'acquéreur des parts d'une société, qui invoque une garantie de passif, fait une concession au cédant qui en contrepartie renonce à ses comptes courants dans la société, car l'acquéreur en retire avantage, l'actif de la société se trouvant revalorisé (Cass. com. 25-10-2011 n° 10-23.538 : RJDA 1/12 n° 101 ; rappr. Cass. com. 5-7-2017 n° 15-22.220 F-D précité).

Une transaction a toutefois été requalifiée en libéralité en raison des concessions manifestement disproportionnées (CE 9-12-2016 n° 391840 : RJDA 4/17 n° 242).

L'existence des concessions **différencie** la transaction **du partage** ou d'une simple quittance de règlement (TGI Fontainebleau 20-1-1971 : D. 1971.som.151).

En présence de mineurs, il arrive que la pratique, pour éviter les formalités du partage judiciaire, présente le partage amiable comme une transaction. Ce procédé est d'une légalité douteuse car la transaction suppose un litige qui est ici le plus souvent fictif ; aussi les tribunaux admettent-ils sa validité si les différends auxquels met fin la transaction existent réellement (Cass. civ. 5-12-1887 : DP 1888.1.241 ; Cass. civ. 7-6-1963 : Bull. civ. I p. 251). La transaction vaut alors partage et l'action en rescision pour lésion est recevable contre elle (Cass. 1e civ. 9-1-2008 n° 06-16.454 : PA 2008 n° 72 p. 8 note Malaurie).

3. Intention des parties de mettre fin à la contestation. Les parties doivent avoir, par l'accord en cause, entendu régler la contestation qui les divise. **70209**

Ainsi sont une transaction :

- l'acte intitulé « Procès-verbal d'arbitrage et de transaction » qui indiquait que les parties étaient convenues de s'en remettre à l'arbitrage d'un amiable compositeur et qui comportait un sous-titre intitulé « Sentence arbitrale » et un autre « Transaction », lequel mentionnait que les parties acceptaient l'arbitrage rendu comme chose jugée entre elles et entendaient aussi que celui-ci ait « valeur de transaction entière forfaitaire et définitive » ; cet acte a pu être interprété par les juges comme ne présentant pas un caractère juridictionnel en l'absence de condamnation et comme constituant une transaction (Cass. civ. 7-10-1981 : Rev. arb. 1984.361, rejetant l'appel contre un tel acte) ;
- la cession d'actions dont le prix a été fixé en fonction de la renonciation d'une partie à faire valoir un droit à indemnité de licenciement et congés payés contre la société (Cass. soc. 13-6-1984 : BRDA 19/84 p. 9) ;
- deux protocoles, signés par les associés d'une société civile professionnelle de médecins, qui avaient pour objet la dissolution et la liquidation de cette société et la renonciation réciproque des associés à toutes procédures et plaintes pour une cause antérieure à la dissolution ainsi que les modalités d'apurement de leurs comptes (Cass. civ. 16-4-1985 : JCP G 1985.II.20504) ;

– la proposition de règlement amiable adressée par un maître d'ouvrage à son cocontractant, lequel a fait connaître son accord définitif sur cette proposition ; cet accord ne peut être altéré ni par la circonstance que la transaction n'a pas été exécutée ni par le fait que la somme qu'elle prévoyait excédait le montant de l'indemnité à laquelle l'intéressé aurait pu prétendre (CAA Lyon 2-6-1992 : GP 1993.pan.133, accordant une provision au cocontractant se prévalant de la transaction).

Mais n'est pas une transaction l'acte qui soumet un différend à l'arbitrage d'un tiers, tel le fait de remettre un blanc-seing à un tiers sur lequel celui-ci devait écrire sa sentence en forme de convention car il n'imprimait pas à la décision intervenue le caractère d'une transaction rédigée par ce tiers, en vertu d'un mandat, mais laissait à l'arbitre son caractère de juge, et à sa décision celui d'une sentence arbitrale (Cass. req. 29-12-1862 : DP 1863.1.164).

En revanche, l'intention de transiger n'existe pas lorsque les parties ne s'accordent pas sur la même chose.

Ainsi jugé, dans un différend entre un propriétaire et un syndicat intercommunal, quand le propriétaire n'a entendu renoncer à toute action au fond qu'à la double condition que le syndicat lui paie une certaine somme et les frais d'expertise, alors que le syndicat n'a entendu s'acquitter que de la somme principale, d'ailleurs réglée par lui et acceptée par le propriétaire, à l'exclusion des frais d'expertise (TA Châlons-sur-Marne 29-1-1985 : RFDA 1985.395).

70212 **Régime** **Jusqu'au** 20 novembre 2016, date d'entrée en vigueur de la loi 2016-1547 du 18 novembre 2016, la transaction était régie par les articles 2044 à 2058 du Code civil. **Depuis** cette date, les articles 2047, 2052, al. 2, et 2053 à 2058 qui avaient trait à la faculté d'assortir la transaction d'une clause pénale et aux conditions pour obtenir son annulation pour erreur, dol, violence ou lésion ont été abrogés pour cause de double emploi avec le droit commun ; les dispositions de ce droit relatives à la peine et aux vices du consentement sont donc applicables aux nouvelles transactions. Sont également applicables aux nouvelles transactions les modifications apportées aux articles 2044 (n° 70200) et 2052 (n° 70400).

I. CONCLUSION DE LA TRANSACTION

CONSENTEMENT

70213 Les développements sur la validité du consentement donné à une transaction exposés aux nos 70215 à 70236 sont applicables aux transactions qu'elles soient antérieures ou postérieures au 20 novembre 2016 (sur cette date, n° 70212) car, à l'exception des dispositions sur l'erreur de droit, les ex-articles 2052, al. 2, et 2053 (sur leur abrogation, n° 70212), ne contenaient pas de règles spécifiques par rapport à celles de droit commun relatives aux vices du consentement. Sous réserve de l'exception tenant à l'erreur de droit (n° 70233), les solutions existantes peuvent donc être encore exposées au présent.

70215 **Dol** La transaction peut être annulée pour dol (C. civ. art. 1137 s. ; ex-art. 2053, al. 2).

Cette disposition conduit à l'annulation d'une transaction, par exemple :

– lorsqu'un agent d'assurances fait pression sur l'assuré, en profitant de l'absence de son avocat (Cass. civ. 13-6-1969 : Bull. civ. I p. 15) ou qu'un assureur écrit, à la place d'un analphabète, la date de l'accord et la mention « lu et approuvé » (CA Fort-de-France 23-6-1995 : Bull. inf. C. cass. 1995 n° 1249) ;

– lorsqu'une quittance imprimée d'avance est présentée à la signature d'un homme de soixante et un ans, d'un psychisme fruste et peu versé dans la pratique des affaires, alors qu'il n'a même pas rempli les blancs de la quittance (TGI Belley 29-3-1965 : GP 1965.2.13).

Cependant, la seule infériorité intellectuelle et sociale d'une partie ne constitue pas un dol en l'absence de manœuvres (CA Rennes 14-6-1962 : GP 1963.1.63).

Elle est aussi annulable pour **réticence dolosive** (Cass. req. 28-7-1908 : S. 1911.1.388).

70218 **Violence** La violence est une cause de nullité de la transaction (C. civ. art. 1140 s. ; ex-art. 2053, al. 2). Elle est en général **retenue** lorsque l'une des parties obtient de l'autre une transaction en la menaçant d'une voie de droit détournée de son but ou invoquée pour obtenir un avantage manifestement excessif (Cass. civ. 17-7-1967 : D. 1967.509 ; CA Paris 31-5-1966 : GP 1966.2.194) ; elle peut l'être aussi lorsqu'une partie abuse de l'état de dépendance de l'autre pour la conduire à conclure la transaction (Cass. 1e civ. 30-5-2000 n° 98-15.242 F-P : RJDA 11/00 n° 1063 ; Cass. com. 16-10-2007 n° 05-19.069 : RJDA 3/08 n° 343 ; sur une absence d'abus, CA Paris 16-2-2010 n° 09-12380 : RJDA 1/11 n° 6), étant précisé que l'article 1143 du Code civil exige en outre que la transaction ainsi conclue procure un avantage manifestement excessif à l'auteur de l'abus.

La violence **n'existe pas,** en revanche, lorsque les **menaces** subies par une partie sont **légitimes,** notamment lorsqu'elles font craindre une condamnation au cas où une action en justice serait exercée (Cass. com. 19-1-1959 : Bull. civ. III p. 24 ; Cass. civ. 19-7-1965 : Bull. civ. I p. 363).

Toutefois, le **délit de chantage** (C. pén. art. 312-10) peut être retenu à l'égard de celui qui obtient par ses menaces une transaction excessive (cf. Cass. crim. 27-1-1960 : D. 1960.247).

Erreur Lorsqu'une partie a transigé par erreur, le sort de la transaction est réglé selon les distinctions suivantes. 70221

1. L'**erreur sur la personne** peut entraîner la nullité de la transaction (C. civ. art. 1134 ; ex-art. 2053, al. 1) ; tel est le cas lorsque l'erreur a porté sur l'identité de l'unique signataire de la quittance (CA Rouen 4-3-1969 : JCP G 1969.II.15911 note M.A.) ou lorsqu'un acheteur, qui s'était plaint auprès de son vendeur de ventes de produits similaires à un concurrent en dépit de la convention d'exclusivité les liant, a accepté la réduction que ce dernier lui a consentie parce qu'il croyait que ces ventes provenaient de contrefacteurs alors qu'en réalité elles étaient le fait dudit vendeur (T. com. Cambrai 17-1-1933 : GP 1933.1.513). 70224

2. L'**erreur sur l'objet** de la contestation est aussi une cause de nullité de la transaction (C. civ. art. 1133 ; ex-art. 2053, al. 1). 70227

C'est **le cas,** par exemple, lorsqu'une partie transige :

– sur les conséquences civiles d'un délit qui n'a pas été matériellement commis (CA Poitiers 11-4-1930 : DH 1930.408) ;

– sur l'établissement d'un compte en omettant une somme (Cass. com. 27-10-1958 : D. 1958.727 ; Cass. civ. 1-4-1971 : Bull. civ. III p. 173) ;

– en se croyant débitrice envers une autre, alors que dans leurs rapports définitifs les experts au contraire ont conclu à l'existence à son profit d'un solde créditeur (Cass. civ. 13-12-1972 : GP 1973.1.293) ;

– sur l'exercice de ses droits successoraux dans la fausse croyance qu'il ne s'agissait que de droits en usufruit (Cass. civ. 17-11-1930 : S. 1932.1.17 note Breton) ;

– sur une renonciation à une action en responsabilité dans l'ignorance des circonstances complètes du litige (Cass. com. 22-6-1981 : Bull. civ. IV p. 223) ;

– sur l'indemnisation d'un agent immobilier pour refus fautif du vendeur de signer le compromis de vente alors que le mandat de vente, irrégulier, a été ultérieurement annulé dès lors que la preuve n'était pas rapportée que le vendeur ait eu connaissance de l'irrégularité du mandat et que le protocole transactionnel reposait sur le mandat de vente annulé, de sorte que l'erreur, fût-elle de droit, portait sur l'objet même de la contestation (Cass. 1e civ. 17-6-2010 n° 09-14.144 : RJDA 8-9/10 n° 896).

Mais ce n'est **pas le cas** de la partie :

– qui a accepté une indemnité d'expropriation pour des terrains dont elle ignorait que le sous-sol recelait une réserve de dalles naturelles utilisables dans l'industrie du bâtiment (Cass. civ. 28-10-1974 n° 73-11.600 : Bull. civ. III n° 383) ;

– qui a accepté à titre transactionnel un arrêté pour solde de tout compte et qui prétend avoir oublié le montant d'une lettre de change échue (Cass. com. 28-10-1974 n° 73-12.653 : Bull. civ. IV n° 271) ;

– qui invoque son erreur sur l'état de la voiture qu'elle a reçue en exécution de la transaction (CA Paris 10-4-1987 : D. 1987.IR.134) ;

– qui invoque la mauvaise appréciation qu'elle a faite de la gravité de son préjudice (par exemple, Cass. civ. 27-2-1967 : D. 1967.246 note G.C.-M.).

3. L'**erreur de calcul** n'entraîne pas la nullité de la transaction ; elle peut seulement donner lieu à réparation (C. civ. ex-art. 2058), solution conforme au droit commun des arrêtés de compte qui ne peuvent qu'être redressés (n° 16109). Cette erreur consiste uniquement dans les inexactitudes des opérations arithmétiques faites par les parties ou par le tiers qu'elles ont chargé de préparer la transaction (Cass. req. 16-6-1875 : DP 1877.1.71 ; Cass. civ. 13-2-1956 : Bull. civ. III p. 56 ; Cass. civ. 15-5-1991 : RJDA 8-9/91 n° 758). 70230

4. L'erreur de droit n'est pas une cause de nullité des **transactions conclues avant le 20 novembre 2016** (C. civ. ex-art. 2052, al. 2 abrogé par loi 2016-1547 du 18-11-2016). Cette erreur consistait dans l'ignorance d'une règle de droit ou dans la mauvaise application d'une règle connue à une situation concrète. Tel était le cas de l'erreur portant : 70233

– sur le contenu d'une législation étrangère (T. civ. Seine 7-1-1949 : GP 1949.1.167) ;

– sur l'ignorance de la nullité d'une marque de fabrique (Cass. com. 26-11-1957 : Bull. civ. III p. 279 ; contra pour l'ignorance de la chute dans le domaine public de la marque, Cass. req. 28-2-1905 : S. 1905.212) ;

– sur l'ignorance par un assuré du délai de carence invoqué par son assureur (Cass. 1e civ. 12-7-2005 n° 1178 : D. 2006.1512 note Chaaban).

Depuis le 20 novembre 2016, date d'entrée en vigueur de la loi 2016-1547, la transaction peut être annulée pour erreur de droit dans les conditions du droit commun (n° 12218), puisque la disposition spécifique à cette erreur applicable aux transactions a été abrogée.

Lésion La partie qui accepte une transaction désavantageuse par sous-estimation d'un préjudice dont tous les éléments étaient connus **ne peut** pas en obtenir **l'annulation** pour lésion (C. civ. art. 1168 ; ex-art. 2052, al. 2 ; pour des applications, Cass. com. 13-2-1956 : Bull. civ. III p. 56 ; CA Grenoble 17-12-1952 : D. 1953.207). 70236

Sur l'annulation pour lésion de la transaction qui vaut partage d'une indivision, n° 30393.

CAPACITÉ

70240 Chaque contractant doit jouir de la capacité de **disposer** des objets compris dans la transaction (C. civ. art. 2045, al. 1), sous réserve des particularités ci-après.

70243 **Mineurs non émancipés** Voir nos 1031 et 1046.

70246 **Procédures collectives** Voir nos 61925 s. et 63510.

70249 **Mandataire** Pour transiger, le mandataire doit avoir reçu un **mandat exprès,** car le mandat conçu en termes généraux ne comporte pas le droit de disposer (C. civ. art. 1988). La personne investie d'un mandat de représentation en justice est réputée, à l'égard du juge et de la partie adverse, avoir reçu pouvoir spécial de transiger (CPC art. 417 ; pour un exemple, Cass. civ. 16-12-1992 n° 91-12.502 : Bull. civ. III n° 324).

L'avocat qui prête assistance à son client n'est pas investi d'un mandat de représentation en justice ; dès lors, il ne peut pas être présumé avoir reçu pouvoir spécial d'acquiescer à un jugement (Cass. soc. 30-10-2000 : RTD civ. 2001.210 obs. R. Perrot : transposable au pouvoir de transiger, l'article 417 du CPC lui réservant le même régime qu'à l'acquiescement).

À défaut, les solutions suivantes s'appliquent :

– le mandant peut être engagé par une transaction, sur le fondement du **mandat apparent** (C. civ. art. 1156 ; Cass. com. 4-5-2017 n° 16-16.853 F-D ; Cass. 1e civ. 9-9-2020 n° 18-25.539 F-D) ;

– la **clause de direction** du procès insérée dans une police au profit de l'**assureur** ne confère pas à ce dernier le pouvoir de transiger au nom de l'assuré (n° 18238) ;

– la transaction intervenue **devant un expert** n'est opposable aux parties que dans la mesure où elles y ont expressément souscrit ou ont donné à l'expert mandat de transiger (Cass. civ. 12-4-1972 : D. 1972.655).

Lorsque le pouvoir de transiger est **spécialement déterminé,** le mandataire ne peut accomplir que les actes pour lesquels il est habilité et ceux qui en sont l'accessoire (C. civ. art. 1155, al. 2 ; sur l'application de cette règle au mandat exprès donné à l'assureur, n° 18238).

70252 **Époux** Un époux commun en biens doit obtenir le consentement de son conjoint si la transaction porte sur un droit dont il ne peut disposer seul (nos 1330 s.).

70255 **Personnes publiques** Les personnes publiques ne peuvent transiger que dans les conditions ci-après.

1. Les établissements publics de l'État ne peuvent transiger qu'avec l'autorisation expresse du Premier ministre (C. civ. art. 2045 ; CE 23-4-2001 n° 215552 : D.2001.IR.2090).

2. Le réseau des chambres de commerce et d'industrie a été spécialement autorisé à transiger (C. com. art. R 711-74).

3. Les communes peuvent transiger sous réserve de la transmission au représentant de l'État dans le département ou à son délégué dans l'arrondissement de la délibération du conseil municipal autorisant la conclusion d'une transaction (Cass. 1e civ. 31-1-2018 n° 16-21.697 FS-PBI : JCP G 2018 n° 418 note G. Deharo).

4. Les personnes publiques liées par contrat, notamment les établissements publics industriels et commerciaux assimilés aux commerçants, peuvent transiger sur les différends avec leurs cocontractants conformément aux règles de droit commun des contrats (CE 28-9-1983 : Lebon 376 concl. Bissara).

Le juge administratif peut constater, à la demande des parties, leur accord (CE 26-7-1978 : Lebon 343), sauf si une règle d'ordre public a été violée (CE 7-10-1981 : Lebon 355). Le juge judiciaire a été aussi reconnu compétent pour accorder l'homologation de la transaction et connaître des litiges nés de son exécution, à condition que la transaction ne porte pas sur des litiges relevant principalement de la compétence du juge administratif, ne mette pas en œuvre des prérogatives de puissance publique ou n'aboutisse pas à la participation du cocontractant à une mission de service public (T. confl. 18-6-2007 n° 3600 : RJDA 3/08 n° 344 ; T. confl. 7-2-2022 n° 4233).

En tout état de cause, la personne publique ne peut jamais reconnaître au profit du cocontractant le paiement d'une somme qu'elle ne doit pas. Cette condition est d'ordre public et elle doit être soulevée par la juridiction à laquelle la condamnation de la personne publique pour violation de son engagement serait demandée (CE 19-3-1971 : Lebon 235 concl. Rougevin-Baville ; CE 11-7-1980 : RD publ. 1981.1083 note Auby).

DIFFÉRENDS SUSCEPTIBLES DE TRANSACTION

70260 **Acte entaché d'une nullité pour cause illicite** On ne peut transiger sur la validité d'un acte entaché d'une nullité d'ordre public (Cass. civ. 12-6-1967 : D. 1967.584 note Breton : acte constitutif d'une donation qui aurait dû être passé en la forme authentique ; Cass. civ. 11-1-1984 : GP 1984.pan.208 : permis de construire nul ; CA Paris 3-12-1925 : GP 1926.1.212 : engagement ayant une cause immorale ou illicite, devenue but illicite : n° 12546), ni conclure une transaction dont l'objet est illicite, telle celle par laquelle une personne chargée d'une mission de service public investie d'un pouvoir réglementaire, à laquelle il revient d'exercer cette compétence dans l'intérêt général au regard des divers intérêts dont elle a la charge, s'engage à faire usage, dans un sens déterminé, de son pouvoir réglementaire (CE 9-7-2015 n° 375542 : RJDA 4/16 n° 335).

Cependant, la transaction est **valable** lorsqu'elle supprime la cause de nullité (T. com. Rouen 7-6-1971 : JCP G 1971.II.16918 : la transaction avait eu pour effet d'annuler une vente à tempérament conclue en infraction à un avis du ministre de l'économie fixant le montant maximal du crédit), à moins qu'une disposition spéciale interdise la confirmation de l'acte nul (par exemple, C. civ. art. 931-1 ; ex-art. 1339 pour les donations qui ne sont pas en forme authentique : Cass. civ. 12-6-1967 précité), ou lorsqu'elle comporte une renonciation au bénéfice d'une règle d'ordre public de protection, une fois connue la possibilité de soulever la nullité (Cass. civ. 14-3-1973 : JCP G 1973.IV.169 : acceptation par un locataire d'une redevance locative illicite).

Actions nées d'une infraction pénale Il est possible de transiger sur l'intérêt civil qui résulte d'un délit (C. civ. art. 2046, al. 1) ; cette transaction n'empêche pas néanmoins la poursuite du ministère public (C. civ. art. 2046, al. 2). 70263

À notre avis, la victime peut valablement s'engager par la transaction à ne pas déposer plainte même pour alerter simplement le ministère public : la loi ne considère pas en effet la dénonciation des infractions comme un devoir des citoyens, qui seraient auxiliaires du ministère public, puisqu'elle a expressément précisé le cas dans lequel elle est obligatoire ; si les circonstances de ce cas étaient réunies, la victime serait alors tenue d'informer les autorités judiciaires ou administratives (cf. C. pén. art. 434-1).

Il n'y a transaction sur les intérêts civils que dans le cas où une personne a éprouvé un préjudice du fait d'un délit et règle à l'amiable, avec l'auteur de l'infraction, l'indemnité qui peut lui être due ; ce n'est pas le cas lorsque deux personnes passent entre elles une convention en fraude de la loi, cette convention étant constitutive d'un délit par elle-même : en pareille hypothèse, aucune d'elles n'est victime du délit ; chacune est coauteur et ne peut actionner l'autre en dommages et intérêts (CA Paris 3-12-1925 : GP 1926.1.212).

Toutefois, si la partie a transigé en commettant une erreur sur l'étendue de ses droits, elle peut réclamer réparation par l'**action civile** (Cass. crim. 28-10-1976 n° 74-92.922 : Bull. crim. n° 305 ; rappr. Cass. crim. 15-11-1983 n° 82-93.902 : Bull. crim. n° 298).

Sur la faculté du procureur de la République de décider de recourir à une médiation sur l'action civile, n° 8181.

Tarifs homologués Les tarifs homologués et publiés étant d'ordre public, a été jugée nulle la transaction intervenue sur certains de leurs éléments (CA Paris 10-12-1929 : GP 1930.1.216). 70266

CAUSES DE NULLITÉ SPÉCIFIQUES ABROGÉES

Depuis le 20 novembre 2016, date d'entrée en vigueur de la loi 2016-1547 du 18 novembre 2016, le Code civil ne tient plus pour nulle la transaction relevant des articles abrogés 2054, 2055, 2056 et 2057. La transaction conclue sur la base des circonstances retenues par ces textes entraînant la nullité de droit ne peut plus être qu'annulable sur le fondement d'une cause de nullité de droit commun. À notre avis, toute transaction peut désormais être annulée pour **erreur sur les motifs,** si le motif invoqué est entré dans le champ de la transaction comme déterminant de l'accord des parties (n° 12213). 70267

Titre nul **Avant le 20 novembre 2016** (sur cette date, n° 70267), la transaction conclue était nulle lorsqu'elle avait été faite en exécution d'un titre nul ; elle ne l'était pas si les parties avaient expressément traité sur la nullité (C. civ. ex-art. 2054.), sauf si la confirmation de la nullité était interdite (n° 70260) ou si la nullité du titre était le résultat d'une erreur de droit (Cass. com. 26-11-1957 : Bull. civ. III p. 279 ; CA Versailles 17-1-1995 : D. 1995.IR.116). 70270

La transaction a été annulée, par exemple :

- lorsque le titre dont l'une des parties pouvait se prévaloir pour interdire à l'autre l'emploi d'une marque était périmé par les antériorités d'usage (Cass. req. 28-2-1905 : S. 1905.1.212 concl. Bounet) ;
- lorsqu'un rapport officieux d'expert faisait apparaître un successeur comme débiteur, alors que le rapport officiel révéla qu'il était créancier (Cass. civ. 13-12-1972 : D. 1973.IR.28) ;
- lorsqu'un rapport erroné concluait à la responsabilité d'une des parties (CA Toulouse 17-12-1954 : D. 1955.122).

70273 **Pièces fausses** **Avant le 20 novembre 2016** (sur cette date, n° 70267), la transaction faite sur pièces qui postérieurement avaient été reconnues fausses était nulle (C. civ. ex-art. 2055 ; Cass. req. 14-8-1877 : DP 1878.1.298 ; rappr. Cass. req. 15-12-1902 : DP 1904.1.209).

70276 **Jugement définitif** **Avant le 20 novembre 2016** (sur cette date, n° 70267), la transaction sur un litige clos par un jugement passé en force de chose jugée et dont les parties ou l'une d'elles n'avaient pas connaissance était nulle (C. civ. ex-art. 2056). Mais les parties pouvaient transiger sur les moyens d'un pourvoi en cassation (Cass. civ. 3-4-1973 : Bull. civ. III p. 183) ou sur les difficultés d'exécution du jugement (Cass. civ. 13-3-1957 : Bull. civ. I p. 112).

70279 **Titres postérieurement découverts** **Avant le 20 novembre 2016** (sur cette date, n° 70267), la transaction n'était pas nulle lorsque les parties avaient réglé par une seule transaction toutes les affaires qu'elles pouvaient avoir ensemble en ignorant l'existence de titres qui avaient été par la suite découverts, à moins que ces titres n'aient été dissimulés par l'une des parties (C. civ. ex-art. 2057, al. 1). En revanche, la transaction était nulle lorsqu'elle était propre à une seule contestation s'il ressortait des titres nouvellement découverts que l'une des parties n'avait aucun droit (C. civ. ex-art. 2057, al. 2).

Il n'est pas nécessaire, toutefois, que le titre émane du cocontractant à la transaction (Cass. req. 28-7-1908 : S. 1911.1.388).

INDIVISIBILITÉ DE LA TRANSACTION

70285 En principe, la transaction est un tout indivisible : si l'un des éléments est atteint d'un vice, l'ensemble de la transaction est nul (Cass. soc. 16-5-1952 : D. 1952.721 obs. Savatier : celui qui dénie effet à l'engagement pris par lui de quitter les lieux qu'il occupait ne peut pas prétendre en même temps profiter des avantages que l'accord transactionnel lui reconnaissait en contrepartie).

Les **parties peuvent écarter l'indivisibilité,** expressément ou implicitement (Cass. civ. 12-10-1962 : Bull. civ. I p. 368) ; dans ce cas, l'exécution des différents éléments de la convention peut être poursuivie divisément ; il a été aussi jugé que la nullité d'une seule transaction pouvait être poursuivie alors que deux transactions différentes étaient constatées dans un acte unique (Cass. civ. 15-6-1971 : JCP G 1971.IV.45).

PÉNALITÉ

70290 Les parties peuvent assortir une transaction d'une pénalité contre celui qui manquerait de l'exécuter (cf. C. civ. art. 1231-5 ; sur cette pénalité, n°s 15256 s.).

ÉCRIT

70295 **Nécessité** La transaction doit toujours être constatée par écrit (C. civ. art. 2044, al. 2). L'écrit n'est **pas** exigé **pour la validité** de la transaction, mais seulement pour sa preuve (Cass. 2e civ. 21-1-2021 n° 19-20.724 F-D) ; en conséquence, la transaction devient définitive au jour de son acceptation (Cass. civ. 18-3-1986 : Bull. civ. I p. 71) et sa **modification** doit aussi être prouvée par écrit (Cass. civ. 10-10-1995 : RJDA 1/96 n° 149).

70298 **Formes** L'écrit est généralement un acte **sous signature privée.**

70301 **Rédaction** Les difficultés tranchées par la transaction doivent être définies avec précision. Seules celles clairement envisagées seront, en effet, soumises à la transaction, car il est de règle que les transactions s'interprètent restrictivement (C. civ. art. 2048 ; pour des exemples d'interprétation, Cass. 1re civ. 18-10-1960 : Bull. civ. I n° 440 ; Cass. 2e civ. 27-2-2014 n° 12-35.294 : Bull. civ. II n° 58).

70304 **Preuve** La preuve peut résulter de tout écrit (Cass. com. 20-7-1949 : Bull. civ. III p. 778). Elle est admise par témoins et présomptions lorsqu'il existe un commencement de preuve par écrit (Cass. civ. 9-6-1947 : JCP G 1947.II.3931 note Rodière ; Cass. civ. 6-2-1973 : Bull. civ. III p. 75).

Il peut être suppléé à l'écrit par l'aveu (C. civ. art. 1362 ; Cass. civ. 28-1-1981 : Bull. civ. I p. 27).

La transaction ne peut être prouvée par la correspondance échangée **entre avocats** que si cette dernière porte la mention « officielle » (Loi 71-1130 du 31-12-1971 art. 66-5). À défaut, l'avocat ne peut être délié par son client, hormis les cas où la loi en dispose autrement (Cass. 1re civ. 6-4-2004 : GP 2004.1918 avis Sainte-Rose) ni par le bâtonnier (Cass. 1re civ. 7-12-2004 n° 1792 : GP 2005.339 avis Sainte-Rose).

II. EFFETS DE LA TRANSACTION

70400 **Extinction de l'action en justice** La transaction fait obstacle à l'introduction ou à la poursuite **entre les parties** d'une action en justice ayant le même objet (C. civ. art. 2052, al. 1) ; pour que cet effet se produise, il faut qu'entre la transaction et la demande en justice à laquelle elle est opposée il y ait, comme pour un jugement (n° 71621), identité d'objet, de cause et de parties (Cass. com. 10-12-1958 : Bull. civ. III p. 365) ; ainsi la transaction réglant le litige né de la vente d'un véhicule affecté de vices cachés ne fait pas obstacle à l'action en résolution de la vente fondée sur de nouveaux vices apparus postérieurement (Cass. com. 5-10-1964 : Bull. civ. III n° 405 ; dans le même sens, Cass. 2e civ. 3-5-2018 n° 17-14.078 F-D).

Sauf si la transaction n'a pas été exécutée (Cass. 1e civ. 12-7-2012 n° 09-11.582 : RJDA 11/12 n° 1019), l'action en justice ne peut donc pas être reprise pour faire rejuger les chefs transigés (Cass. crim. 7-10-2003 : JCP G 2003.IV.2981 ; CE 31-3-1971 : Lebon 1116 ; CA Chambéry 26-3-1996 : JCP G 1996.IV.2582). Notamment, la transaction conclue avant la sentence arbitrale qui a prétendu remettre en cause les comptes arrêtés par ladite transaction fait obstacle à l'exequatur de cette sentence (cf. TGI Paris 8-7-1970 : JCP G 1971.II.16810 obs. Ruzié). En revanche, la transaction intervenue après la sentence arbitrale et concernant son exécution ne peut pas empêcher l'exequatur de cette sentence, le juge saisi n'ayant à effectuer que les vérifications que la loi lui ordonne, parmi lesquelles ne figure pas celle de l'exécution ou non de la sentence (Cass. civ. 17-6-1971 : JCP G 1971.II.16914 note Level).

Mais la force exécutoire de la transaction, même homologuée, peut être remise en cause dans les conditions exposées n° 72400.

D'autres personnes intéressées à la même affaire, mais qui ne sont pas intervenues à la transaction, sauf si elles sont des coobligés solidaires (n° 50178), ne sont pas obligées par cette transaction qui, de plus, ne peut leur être opposée (C. civ. art. 2051).

Ainsi :

– les héritiers légitimes qui ont passé, sur la validité d'un testament de leur auteur, une transaction avec les légataires universels n'en sont pas moins recevables à demander, contre les légataires particuliers étrangers à cette transaction, la nullité du testament pour insanité d'esprit de leur auteur (Cass. civ. 3-1-1883 : DP 1883.1.457) ;

– la transaction avec le maître d'ouvrage par laquelle un entrepreneur est tenu quant à sa responsabilité ne fait pas obstacle à l'exercice par le maître d'ouvrage d'une action contre l'architecte (Cass. req. 2-7-1888 : DP 1889.1.158) ;

– la transaction intervenue entre l'acheteur et le vendeur à propos d'un litige relatif au vice caché de la chose vendue est inopposable à la banque qui a accordé un prêt à l'acheteur, dès lors que, n'y étant pas partie, elle n'a pas pu donner son accord à une résiliation amiable du contrat de prêt (CA Besançon 20-10-1995 : JCP G 1996.IV.635).

Mais ces personnes peuvent être admises à se prévaloir de la transaction (n° 70406).

Absence d'effet novatoire La transaction, sauf intention contraire des parties, n'emporte pas novation (Cass. com. 22-3-2005 n° 483 : RJDA 7/05 n° 789). **70403**

Ainsi :

– la transaction intervenue entre un assureur et un assuré sur l'indemnité à verser ne modifie pas le délai de prescription de l'action de l'assuré à l'encontre de son assureur (Cass. com. 1-2-1956 : Bull. civ. III p. 43 ; cf. Cass. civ. 21-1-1997 : D. 1997.som.179 obs. Aynès) ;

– la transaction conclue entre le vendeur et l'acheteur, au cours d'une instance en rescision de la vente d'un immeuble pour cause de lésion, n'entraîne pas renonciation des vendeurs aux clauses et conditions de la vente et notamment à la clause résolutoire (Cass. civ. 17-10-1962 : Bull. civ. I p. 368) ;

– la transaction passée entre un propriétaire et un architecte sur le montant des honoraires de ce dernier ne peut produire aucun effet à l'égard de la société qui avait accepté, par une convention distincte conclue avec ce propriétaire, de prendre en charge les honoraires dudit architecte et qui ne conteste pas le montant de la somme qui lui est réclamée (Cass. civ. 25-2-1976 n° 73-13.191 : Bull. civ. I n° 86) ;

– la transaction par laquelle une personne s'est reconnue responsable d'un préjudice dû à un quasi-délit et a accepté de verser à la victime une rente annuelle ne retire pas à cette dette son caractère quasi délictuel (T. civ. Bordeaux 8-12-1952 : GP 1953.1.194).

Droits des tiers Les **créanciers** peuvent exercer **l'action paulienne** contre une transaction frauduleuse (Cass. req. 29-7-1903 : DP 1904.1.196). **70406**

Par ailleurs, tout tiers peut **se prévaloir** de la transaction pour faire valoir un droit contre l'une des parties à la transaction, par exemple :

– le père propriétaire conjointement avec sa fille d'un appartement peut se prévaloir de l'extinction de ses obligations à l'égard de la personne qui avait admis dans une transaction avec sa fille avoir été remboursée par elle de tous les travaux et investissements qu'elle avait pu faire dans l'appartement (Cass. civ. 12-12-1960 : Bull. civ. I p. 440) ;

– un ex-fermier peut se prévaloir de la transaction par laquelle le bailleur reconnaît à un tiers sa qualité de métayer pour établir à l'encontre de ce bailleur qu'il ne respecte pas son obligation d'exploiter personnellement le bien repris (Cass. soc. 15-3-1962 : Bull. civ. IV p. 218 ; CA Paris 2-3-1971 : D. 1972.45 note Azéma) ;

– un débiteur peut invoquer la renonciation à le poursuivre acceptée par son créancier dans la transaction conclue par celui-ci avec une autre partie qui s'y est engagée à payer sa dette en contrepartie de concessions faites par le créancier (Cass. 1e civ. 25-2-2003 n° 261 : RJDA 11/03 n° 1143) ;

– l'acquéreur d'une branche d'activité cédée par une société peut invoquer sa qualité d'employeur des salariés travaillant dans cette branche, qui lui dénient cette qualité au motif que l'acquisition sur laquelle il se fonde n'a pas entraîné transfert de leurs contrats de travail, dès lors qu'ils avaient renoncé dans une transaction conclue avec leur ancien employeur à mettre en cause la régularité du transfert (Cass. soc. 14-5-2008 n° 07-40.946 : RJDA 12/08 n° 1331) ;

– le gérant et associé unique d'une société peut se prévaloir de la transaction conclue entre la société et un salarié pour régler les effets de la rupture du contrat de travail, pour conclure à l'irrecevabilité de l'action du salarié revendiquant la qualité d'associé de fait (Cass. 1e civ. 18-10-2023 n° 22-21.358 F-B : RJDA 1/24 n° 59).

70409 **Droit à l'exécution** Afin de rendre la transaction exécutoire, la partie la plus diligence ou l'ensemble des parties peuvent la faire **homologuer par le juge** compétent pour connaître de la matière considérée (CPC art. 1565, al. 1 et 1567). L'homologation ne peut pas être demandée si la transaction, lorsqu'une des parties est en liquidation judiciaire, conduit à dépasser le seul intérêt collectif des créanciers, ce qui est le cas lorsqu'elle aboutit à faire échec, moyennant le paiement d'une certaine somme ou l'abandon d'une créance, aux actions tendant au prononcé d'une sanction professionnelle (CA Saint-Denis de La Réunion 7-9-2022 n° 21/00822).

N'étant pas dissociable de la transaction à laquelle elle confère force exécutoire, l'ordonnance d'homologation doit, lorsqu'elle a été rendue à la requête de cette seule partie, être notifiée, conformément aux dispositions de l'article 503 du Code de procédure civile, à la partie contre laquelle l'exécution est poursuivie (Cass. 2e civ. 26-10-2023 n° 21-19.844 FS-B).

La transaction ne doit être exécutée que par ceux visés comme parties à la transaction et à la requête d'homologation ; n'y est donc pas tenue la caution, quoique désignée dans la transaction comme garantissant les engagements d'une partie à l'acte, dès lors qu'elle n'a pas été partie à la transaction et à l'ordonnance lui ayant conféré force exécutoire (Cass. 2e civ. 8-1-2015 n° 13-27.377 : RJDA 6/15 n° 469).

Le juge saisi afin d'homologation d'une transaction ne peut en modifier les termes (CPC art. 1565, al. 3) et ne peut **contrôler** que la nature de la convention et sa conformité à l'ordre public et aux bonnes mœurs (Cass. 2e civ. 26-5-2011 n° 06-19.527 : Bull. civ. II n° 120 ; Cass. 1e civ. 14-9-2022 n° 17-15.388 FS-B : RJDA 12/22 n° 725). Il s'agit d'un contrôle minimal qui inclut celui de l'existence même de la transaction (Cass. 1e civ. 10-9-2014 n° 13-11.843 : Bull. civ. I n° 146 : caducité pour défaillance de la condition suspensive déterminante de sa conclusion ; Cass.1e civ. 3-10-2018 n° 17-21.829 : D. 2018.2220 note Mathieu : caducité pour défaut de demande d'exécution dans le délai imparti par l'accord).

Ce contrôle du juge de l'homologation n'exclut pas celui opéré par le juge du fond saisi d'une contestation de la validité de la transaction (Cass. 1e civ. 14-9-2022 n° 17-15.388 FS-B précité).

La force obligatoire peut aussi être conférée à la transaction par un **notaire** (Cass. 2e civ. 21-10-2010 n° 09-12.378 : RJDA 5/11 n° 463).

Les transactions **contresignées par les avocats** de chacune des parties et revêtues de la formule exécutoire par le greffe de la juridiction compétente (cf. CPC art. 1571) constituent des titres exécutoires (C. exécution art. L 111-3, 7°). Il n'y a donc pas lieu, dans cette hypothèse, de solliciter l'homologation du juge pour rendre la transaction exécutoire.

À **défaut d'exécution de la transaction,** les **sanctions** relatives à l'inexécution des contrats sont applicables (nos 14400 s.) ; ainsi, par exemple :

– la transaction peut être **résolue** si une partie n'exécute pas ses obligations (Cass. com. 25-10-1965 : Bull. civ. III p. 470 ; Cass. soc. 13-11-1959 : D. 1960.111), notamment si elle ne l'a pas fait plus de dix-huit mois après les premières réclamations (Cass. com. 24-11-1982 : BT 1983.41) ;

– la partie qui n'a pas exécuté ses obligations ne peut invoquer la transaction contre son cocontractant (Cass. civ. 7-11-1995 n° 92-21.406 : Bull. civ. I n° 400) ni prétendre se soustraire à son exécution, sans le consentement de l'autre partie, même en renonçant au bénéfice qu'elle en retirait (Cass. civ. 26-2-1884 : DP 1884.1.395), car l'autorité de la chose jugée lui interdit de la résilier unilatéralement (Cass. 1e civ. 3-2-2004 : RDC 2004.1028 obs. Cadiet) ;

– la partie qui n'a pas obtenu l'exécution de la transaction peut demander en justice des **dommages-intérêts** à l'autre partie, car la transaction ne met fin au litige que sous réserve de son exécution et une partie ne peut l'opposer que si elle en a respecté les conditions (Cass. 1e civ. 12-7-2012 n° 09-11.582 : RJDA 11/12 n° 1019 ; CA Montpellier 30-4-1980 : DMF 1981.som.744) ;

– une partie peut invoquer le défaut d'exécution des obligations contractées par un tiers à l'égard de l'autre partie à la transaction pour demander la **nullité** de ce qui avait été reconnu à ce tiers par ladite transaction (cf. Cass. civ. 4-12-1985 : Bull. civ. III p. 122 : nécessité de rechercher si l'acquéreur évincé par une Safer ayant exercé son droit de préemption au profit d'un tiers ne pouvait pas invoquer le défaut d'exécution par ce tiers des obligations souscrites par lui envers la Safer).

Le Conseil d'État a jugé (CE 1-2-1984 : Lebon 32) que, si la personne publique refuse d'exécuter la transaction, le cocontractant ne peut pas obtenir une condamnation sous astreinte, car la transaction n'équivaut pas au regard de l'exécution forcée à une décision de justice. Elle peut y donner lieu si elle est homologuée comme il est exposé ci-dessus.

La transaction **n'est pas exécutoire** :

– si la créance dont l'exécution est demandée n'est pas liquide (Cass. 2e civ. 1-2-2018 n° 16-21.400 F-D précité) ;

– si les parties sont convenues soit de la remplacer par une nouvelle transaction (Cass. civ. 14-2-1974 : JCP G 1974.II.17757 note Savatier), soit de la modifier partiellement en cours d'exécution (Cass. req. 31-1-1887 : S. 1887.1.420).

SECTION 3 ARBITRAGE

GÉNÉRALITÉS

L'arbitrage est une procédure de règlement des litiges par un tribunal dit arbitral composé par un ou trois tiers, dits arbitres, investis du pouvoir de juger par les parties en conflit. 70600

Cette procédure est conforme à la convention européenne de sauvegarde des droits de l'Homme dont « l'article 6 ne s'oppose [...] pas à ce que des tribunaux arbitraux soient créés afin de juger certains différends de nature patrimoniale opposant des particuliers » (CEDH 2-10-2018 nos 40575/10 et 67474/10 § 94 : JCP G 2018 n° 1391 note Milano).

JUSTIFICATIONS DE L'ARBITRAGE

Justice Les contractants voient couramment dans l'arbitrage un moyen d'obtenir une solution plus conforme à leurs intérêts que celle que rendrait un juge judiciaire. Même lorsque les arbitres ne sont pas des amiables compositeurs jugeant en équité (nos 71051 s.), les parties présument qu'ils n'appliqueront pas les solutions juridiques avec rigueur, mais qu'ils sauront les tempérer par des considérations d'opportunité conformes aux besoins des affaires, voire qu'ils rechercheront une solution transactionnelle. Dans leur esprit, l'arbitrage permet de ne pas tout perdre, sans permettre de tout gagner. 70603

L'aspect transactionnel est, en outre, aggravé par l'éventuelle pression que la partie condamnée par la décision du tribunal arbitral, dite « sentence », fera peser sur le bénéficiaire en lui offrant une exécution spontanée et partielle du montant de la condamnation tout en le menaçant, à défaut d'acceptation de cette offre, d'agir en nullité de la décision ou de l'obliger à recourir à l'exequatur et aux voies d'exécution.

La possibilité de choisir ses juges que procure l'arbitrage assure aussi chaque partie que ses arguments seront appréciés avec **la plus grande vigilance** par l'arbitre qu'elle a désigné (dans le même sens, CA Paris 16-1-2003 : Rev. arb. 2004.369 note Jaeger).

Pour les litiges relatifs à des **contrats internationaux,** l'arbitrage écarte le risque de **partialité** pouvant résulter de la commune nationalité d'une partie et des juges de l'État dont les juridictions seraient compétentes. Il permet, en effet, à chaque partie, dès lors que le tribunal arbitral est composé de trois arbitres, de désigner un arbitre de sa nationalité, et à ces arbitres de choisir un troisième arbitre d'une nationalité tierce.

Efficacité L'arbitrage est, tout compte fait, d'une efficacité **comparable** à celle d'une **procédure judiciaire.** Il est rapide si les parties ne soulèvent pas d'incidents de procédure, mais, sous les mêmes réserves, une instance en justice peut l'être aussi. En revanche, lorsqu'une partie fait de l'obstruction, un arbitrage peut durer plusieurs années. 70606

Certes, la sentence ne peut être exécutée qu'après **exequatur.** Mais des conventions internationales en facilitent l'obtention (nos 71303 s.), plus largement que pour les décisions des juridictions étrangères.

Selon les constatations du secrétariat de la cour d'arbitrage de la Chambre de commerce internationale, l'immense majorité des sentences rendues sous l'égide de cette cour sont spontanément exécutées.

70609 **Simplicité** Pour les litiges nés des contrats internationaux, l'arbitrage est incontestablement **plus simple que les procédures judiciaires** étatiques et réduit les risques de conflits de compétence. Les parties peuvent fixer elles-mêmes les modalités de la procédure sous réserve d'un tout petit nombre de règles d'ordre public (nos 71000 s.) ou s'en remettre au règlement préétabli et facile à connaître des institutions d'arbitrage.

Mais les parties ne doivent pas tenir l'arbitrage pour systématiquement plus simple sans apprécier, avant d'y recourir, les règles de compétence et de procédure du pays où, à défaut, il y aurait lieu d'agir en justice, et les avantages que peut apporter une clause attributive de compétence (sur cette clause : nos 72220 s.), tout en tenant compte de l'interdiction de pratiquer le « forum shoping » (recherche du tribunal présumé le plus favorable à sa cause à travers le monde).

70612 **Confidentialité** L'arbitrage est confidentiel si les parties en conviennent (nº 71072).

70615 **Conclusion** L'arbitrage n'est pas une panacée, mais la voie judiciaire ne l'est pas davantage. Il n'est donc pas étonnant que certains ne jurent que par lui tandis que d'autres le rejettent catégoriquement. Mais la pratique, en dépit de ses critiques, y a de plus en plus recours, comme le prouve l'abondant contentieux qu'il génère dont elle ne semble pas tirer, du moins pour l'instant, un motif de défiance.

Comme l'a révélé une étude nourrie par l'expérience (Paulsson, Rev. arb. 1983 p. 3 s.), l'arbitrage comporte des éléments positifs :

– il a donné des **preuves d'impartialité** ; par exemple, des arbitres de pays développés ont donné gain de cause à des contractants de pays en voie de développement (Sentence CCI nº 1435 en 1975 : Clunet 1976.978 ; Sentence CCI nº 2142 en 1974 : Clunet 1974.892 ; Sentence CCI nº 2139 en 1974 : Clunet 1975.929 ; Sentence CCI nº 3383 en 1979 : Clunet 1980.978 ; Sentence CCI nº 2090 en 1976 : Yearbook 1981.131 ; Sentence de la Commission d'arbitrage du commerce extérieur de l'URSS : Yearbook 1980.209) ;

– il a montré que les **tribunaux** du pays de ressortissants condamnés par des sentences **contraignaient leurs nationaux à l'exécution** (pour des condamnations à exécution : d'entreprises américaines par des tribunaux américains : Éthiopie c/ Baruch Foster Corporation, Yearbook 1977.252 ; Parsons and Whittemore Inc. c/ Société Générale de l'industrie du papier (Égypte), Yearbook 1976.205 ; Fertilizer Corporation of India c/ IDI Management Inc., Yearbook 1982.382 ; d'entreprises françaises par des tribunaux français : CA Paris 3-12-1981 : Rev. arb. 1982.91 note Mezger ; CA Paris 22-1-1982 : Rev. arb. 1982.92 note Mezger ; TGI Paris 5-3-1979 : Clunet 1979.857 ; d'une entreprise colombienne par la Cour suprême de Colombie 20 novembre 1992 : Rev. arb. 1995.552).

POINTS SENSIBLES

70620 Les parties qui envisagent d'inclure une clause d'arbitrage dans leur contrat doivent notamment :

– prévoir clairement le recours à l'arbitrage pour éviter toute contestation sur leur commune intention (nos 70628 et 70700 s.) ;

– s'assurer que la convention d'arbitrage permet la mise en place du tribunal arbitral en dépit de l'obstruction d'une partie (nos 71012 s.) ;

– fixer le sort du contrat pendant la procédure d'arbitrage ;

– désigner correctement, le cas échéant, l'organisme d'arbitrage choisi (nos 70900 s.) ;

– préciser le lieu du siège de l'arbitrage (nº 71036) qui commande la compétence de la juridiction de ce lieu pour statuer sur le recours en annulation de la sentence ;

– si le contrat est international et donne lieu à une garantie de la part d'un organisme d'assurance, telle la Compagnie française d'assurance pour le commerce extérieur [Coface] (nos 58400 s.), interroger cet organisme pour savoir si celui-ci subordonne la garantie du contrat à un arbitrage et quelles institutions d'arbitrage il agrée.

DISPOSITIONS RÉGISSANT L'ARBITRAGE

70625 **Depuis le 1er mai 2011,** est applicable le régime de l'arbitrage issu du décret 2011-48 du 13 janvier 2011 (Décret 2011-48 art. 3).

Les décisions de justice rendues avant le 1er mai 2011 et citées dans les présents développements sont, à défaut d'indication contraire, transposables sous les nouvelles dispositions.

Il distingue l'**arbitrage interne** (CPC art. 1442 à 1503) de l'**arbitrage international** (CPC art. 1504 à 1527). Les dispositions afférentes à ce dernier sont celles de l'arbitrage interne, sauf lorsqu'elles sont exclues ou autrement aménagées ainsi qu'il est précisé par la suite, et celles qui lui sont spécialement consacrées par les textes.

APPLICATION DU RÉGIME DE L'ARBITRAGE

70628 **Existence d'un arbitrage** Le régime de l'arbitrage, qu'il soit interne ou international, n'est applicable que si l'accord des parties au litige présent ou à venir constitue effectivement une convention d'arbitrage. La qualification d'arbitrage dépend, comme toute qualification (n° 74606), du juge saisi.

En matière d'arbitrage international, des arbitres ont jugé que la qualification d'arbitrage devait être appréciée conformément à la loi du lieu du siège du tribunal arbitral (Sentence CCI n° 4504 en 1985 et 1986 : Clunet 1986.1118). Cette solution est, à notre avis, justifiée au regard du régime français de l'arbitrage international car c'est la juridiction de ce lieu, du moins dans la mesure où il correspond au lieu où la sentence doit être prononcée, qui sera compétente pour statuer sur le recours en annulation de la sentence (n° 71336).

Pour les tribunaux français, il y a arbitrage lorsque les parties sont divisées par un **litige** qu'elles décident de faire **trancher par un tiers** dont elles acceptent par avance la solution. La qualification d'arbitrage est donc appliquée en fonction de la commune intention des parties que le juge apprécie souverainement (Cass. civ. 7-10-1981 n° 80-11.247 : Bull. civ. II n° 180), les qualifications formelles utilisées par les parties n'ayant qu'une valeur indicative (Cass. civ. 26-10-1976 : Rev. arb. 1977.336 ; Cass. civ. 7-10-1981 précité ; CA Paris 8-11-1982 : BRDA 5/83 p. 14). Les parties qui prévoient la recherche d'un règlement amiable de leurs différends doivent prendre soin de préciser clairement et sans équivoque si, à défaut d'accord amiable, elles pourront ouvrir une procédure d'arbitrage (pour un exemple ayant soulevé une difficulté d'interprétation, CA Rennes 3-5-2021 n° 21/06099).

On ne saurait donc trop **recommander aux parties** de s'instruire des exemples ci-après qui montrent comment les juges déterminent, dans les cas douteux, leur volonté commune de recourir ou non à l'arbitrage.

Il a été jugé notamment :

1. Sur l'existence d'un litige, que ne constitue pas un arbitrage la convention qui investit un tiers de la seule mission de fixer un prix ou des objectifs de vente, car elle soulève une difficulté de fait et non de droit (Cass. 1e civ. 15-12-2010 n° 09-16.943 : RJDA 4/11 n° 368 ; cf. Cass. civ. 9-6-1961 : GP 1961.2.53 ; CA Paris 16-10-1959 : JCP G 1959.II.11296 ; CA Paris 4-12-1961 : JCP G 1962.II.12548 ; CA Paris 10-11-1964 : JCP G 1965.II.13986 ; contra, Cass. civ. 24-2-1965 : GP 1965.2.6 ; CA Paris 7-2-2002 : Rev. arb. 2005.1056.som. obs. Jarrosson), mais que convient d'un arbitrage celle qui lui confie le soin de fixer la valeur de biens à partager (Cass. civ. 7-11-1974 : Bull. civ. II p. 239 ; TGI Paris 2-7-1990 : Rev. arb. 1996.483 ; voir aussi Cass. civ. 26-10-1976 : Rev. arb. 1977.336) ; sur la recherche de l'existence d'un différend à travers la correspondance des parties : Sentence CCI n° 4265 en 1984 : Clunet 1984.922 obs. Derains ;

2. Sur le pouvoir reconnu au tiers de juger :

a. Que n'institue pas un arbitrage : l'acte qui, sous l'égide d'un tiers, règle un litige sans comporter de condamnation, ce qui caractérise une transaction (Cass. civ. 7-10-1981 : JCP G 1981.IV.397 ; toutefois CA Paris 12-1-1979 : Rev. arb. 1980.83 note Rubellin-Devichi) ou celui qui a pour objet de demander au tiers un simple avis sur un état de fait donné, cette intervention constituant une expertise ou une conciliation (Cass. civ. 26-4-1978 : GP 1980.387 ; CA Nancy 12-12-1985 : Rev. arb. 1986.255 note Jarrosson, ces deux décisions le déduisant du fait que les parties s'étaient réservé la possibilité de saisir le juge après l'intervention du tiers ; dans le même sens, CA Paris 20-5-2005 : GP 2005.som.3507) ; la clause qui envisage seulement un « arbitrage éventuel » (Cass. com. 27-2-1961 : Bull. civ. III p. 93) ou la faculté et non l'engagement d'y recourir (CA Bordeaux 12-10-2016 n° 16/02379 : BTL 2016.610) ; la clause qui exige l'accord de tous les intéressés (Cass. soc. 7-2-1958 : JCP G 1958.II.10777 note Motulsky) ; la clause qui abandonne à une seule des parties le soin de désigner le ou les arbitres (cf. T. civ. Saint-Malo 15-10-1952 : GP 1952.2.349 ; contra, CA Paris 8-6-1972 : D. 1972.som.197) ; la clause selon laquelle le loyer serait fixé, à défaut d'accord, par un collège d'experts (Cass. civ. 4-3-1998 : RJDA 5/98 n° 662) ; la clause prévoyant la désignation d'un tiers, à défaut d'accord, pour fixer le prix définitif d'une vente en se référant expressément à l'article 1592 du Code civil (CA Versailles 4-3-2004 n° 02-8216 : JCP G 2005.II.10017 note Noblot) ;

b. Que renvoie à un arbitrage : la clause prévoyant que « tout litige à survenir sera soumis à la procédure d'arbitrage devant le tribunal de commerce de la Seine » (Cass. com. 11-10-1971 : Bull. civ. IV p. 215) ; la clause qui réserve, même à une seule des parties, une option entre la justice étatique et l'arbitrage (CA Angers 25-9-1972 : GP 1973.1.210) ; la clause qui, tout en prévoyant un arbitrage obligatoire, décide la soumission du litige aux tribunaux en cas de désaccord entre les arbitres choisis par chacune des parties (Cass. civ. 7-7-1971 : JCP G 1971.II.16898) ; la clause aux termes de laquelle « en cas de contestation ou litige entre les deux parties, avant d'avoir recours aux tribunaux, tous les efforts devront être mis en œuvre pour que le litige soit tranché par l'intermédiaire d'un arbitrage, les deux parties acceptant la décision de l'arbitrage », la référence aux tribunaux étant imputable à une mauvaise connaissance de la langue française de la part de son auteur portugais (CA Paris 8-11-1982 : BRDA 5/83 p. 14) ; la clause permettant à chaque partie « d'appeler un tribunal arbitral qui résoudra le litige de manière définitive et obligatoire pour les deux contractants » (Cass. civ. 15-10-1996 : RJDA 12/96 n° 1567).

Application du régime de l'arbitrage interne Le régime de l'arbitrage interne s'applique à tout arbitrage qui ne peut pas être qualifié d'arbitrage international, tel qu'il est défini ci-après. **70629**

70631 **Application du régime de l'arbitrage international** Au regard de la loi française, le régime de l'arbitrage international s'applique à « l'arbitrage qui met en cause les **intérêts du commerce international** » (CPC art. 1504).

L'internationalité de l'arbitrage fait donc appel à une définition économique : il suffit que le litige porte sur une opération qui ne se dénoue pas économiquement dans un seul État, et ce, indépendamment de la qualité ou de la nationalité des parties, de la loi applicable au fond ou à l'arbitrage, ou encore du siège du tribunal arbitral (Cass. 1e civ. 26-1-2011 no 09-10.198 : RJDA 7/11 no 663 ; dans le même sens, Cass. 1e civ. 13-3-2007 no 04-10.970 : RJDA 3/08 no 346 ; CA Paris 8-6-2021 no 19/02245 ; CA Paris 7-2-2023 no 20/08604).

Notamment intéressent le commerce international :

– les opérations qui donnent lieu à des paiements et à des échanges de services transfrontaliers (CA Paris 15-2-1996 : RJDA 7/96 no 988), par exemple les prises de participation dans le capital de sociétés françaises à l'aide de fonds provenant de l'étranger (CA Paris 5-4-1990 : D. 1990.IR.116 ; CA Paris 29-11-1990 : Rev. arb. 1991.659 obs. Pellerin ; CA Paris 24-1-1991 : Rev. arb. 1992.158 note Cohen ; CA Paris 14-11-1991 : D. 1992.IR.57) ;

– l'exécution de contrats à l'étranger, peu important que l'acte soit civil ou de commerce (CA Paris 4-7-1991 : Clunet 1991.1010 note Kahn ; aussi CA Paris 5-4-1990 : Rev. arb. 1990.875 note Fouchard) ;

– l'exécution en France d'opérations de sous-traitance qui s'intègrent dans un marché principal exécuté à l'étranger (CA Paris 14-3-1989 : Rev. arb. 1991.365 obs. Moitry et Vergne ; CA Paris 24-4-1992 : Rev. arb. 1992.598 note Jarrosson) ;

– l'arbitrage entre une société libyenne et une société suédoise pour le règlement d'un litige survenu à l'occasion de l'exécution de contrats relatifs à la construction et à la livraison en Suède de navires pétroliers (CA Paris 21-2-1980 : Rev. arb. 1980.524) ;

– l'arbitrage prévu par des conventions conclues entre sociétés de droit français ayant pour objet d'organiser le financement de sociétés créées dans des pays étrangers et donc un transfert de capitaux hors de France, l'une de ces sociétés étant, en outre, cautionnée par une société située à l'étranger, ce qui pourrait entraîner aussi un transfert de fonds à travers les frontières (CA Paris 9-6-1983 : Rev. arb. 1983.497) ;

– l'arbitrage résultant d'une convention par laquelle une société de droit suisse et une société de droit yougoslave se sont engagées à livrer du pétrole à des sociétés du secteur public syrien (CA Paris 15-5-1985 : JCP G 1987.II.20755 note Level) ;

– l'arbitrage relatif au règlement d'un litige survenu à l'occasion de l'exécution d'un contrat ayant pour objet la livraison de biens d'équipement à une société marocaine, alors même que les parties au litige sont françaises (CA Paris 23-5-1986 : GP 1987.som.12) ;

– l'arbitrage des litiges nés d'un contrat conclu par une société étrangère et confiant, à un agent commercial, mandat d'accroître les exportations en France des produits fabriqués à l'étranger par cette société malgré les références contractuelles aux dispositions sur le statut français des agents commerciaux (CA Paris 19-2-1992 : D. 1992.IR.137) ;

– l'arbitrage se rapportant à un contrat conclu entre des parties françaises, soumis à la loi française, et dont l'objet est la constitution d'une société en participation en vue de l'obtention et l'exécution de marchés à l'étranger (CA Paris 26-1-1990 : Rev. arb. 1991.125) ;

– l'arbitrage se rapportant à des opérations de coproduction et à un mandat de représentation qui avaient pour objectif d'organiser la coopération entre deux sociétés dans le monde entier qui, partant, ne se dénouaient pas économiquement dans un seul État (CA Paris 18-1-2007 : GP 2007.som.1199).

Mais n'intéresse pas le commerce international le litige qui, en application du compromis d'arbitrage devant être jugé par les arbitres dans le respect de l'autorité de la chose jugée attachée aux décisions de justice, précédemment rendues, devenues irrévocables, portait, d'une part, sur des actions en responsabilité contre des parties poursuivies pour manque de loyauté, violation de l'interdiction pour un mandataire de se porter contrepartie, pour soutien abusif et rupture abusive de crédits et, d'autre part, sur l'illicéité de la cause d'un prêt relatif à une opération interne (Cass. 1e civ. 30-6-2016 nos 15-13.755, 15-13.904, 15-14.145).

Il s'ensuit que la qualification interne ou internationale d'un arbitrage ne peut **pas dépendre de la volonté** des parties (Cass. 1e civ. 13-3-2007 no 04-10.970 : RJDA 3/08 no 346 ; Cass. 1e civ. 20-11-2013 no 12-25.266 : RJDA 3/14 no 287), ni d'autres éléments de rattachement du litige, contrairement à certaines décisions antérieures (Cass. civ. 7-10-1980 no 79-13.990 : JCP G 1980.II.19480 concl. Gulphe ; CA Paris 30-11-1972 : Clunet 1973.390 note Oppetit ; T. com. Paris 29-1-1980 : DMF 1981.174), ni de la seule raison que l'arbitrage a été soumis à une législation étrangère (CA Rouen 27-11-1986 : Rev. arb. 1987.339 note Mezger).

Un arbitrage unique ne peut recevoir qu'**une seule qualification,** soit d'arbitrage international, soit d'arbitrage interne (CA Paris 29-3-2001 : Rev. arb. 2001.543 note Bureau).

70634 Les dispositions applicables à l'arbitrage international laissent aux **parties** la **liberté de choisir** les règles de procédure concernant l'arbitrage qu'elles envisagent (CPC art. 1508).

Les conventions internationales multilatérales (convention de Genève du 21-4-1961 art. 6 ; convention de New York du 10-6-1958 art. 5, al. 1-9), les traités bilatéraux (par exemple, règlement d'arbitrage annexé à l'échange de lettres franco-algériennes du 27 mars 1983) et la plupart des lois nationales admettent le libre choix par les parties de la loi de l'arbitrage.

Elles peuvent ainsi se référer à un **règlement privé d'arbitrage,** à des règles de procédure ou élaborer elles-mêmes le régime de leur procédure. Ces solutions sont expressément admises par la loi française (CPC art. 1509, al. 1).

Dans l'exercice de ce choix, comme pour le régime de fond du contrat international, nous recommandons aux parties, quelle que soit l'option retenue, de **respecter les règles d'ordre public** de toute loi risquant de faire obstacle à l'exécution forcée du contrat dans le lieu où celle-ci sera recherchée ; cette loi est, d'une part, celle en vertu de laquelle sera appréciée la validité du contrat en vue de l'obtention d'un titre exécutoire et, d'autre part, celle du juge de l'exequatur pour l'obtention de l'ordre d'exécuter par les voies d'exécution.

Pour un exemple de prise en considération par l'arbitre, avant de statuer sur sa propre compétence, de la loi d'exécution (Sentence CCI n° 4145 en 1984 : Clunet 1985.985) et pour un contre-exemple affirmant que l'arbitre n'a pas à prendre en compte le fait que la loi du pays dans lequel éventuellement la sentence peut être présentée en exequatur, notamment celui de la partie condamnée, refuse de reconnaître validité et effet aux sentences arbitrales au motif que la sentence sera néanmoins valable dans d'autres pays où la partie condamnée peut avoir aussi des biens (Sentence CCI n° 2476 en 1976 : Clunet 1977.936 obs. Derains).

Les parties choisissent souvent un **règlement privé d'arbitrage** (n° 70903). Dans ce cas, les tribunaux français considèrent que ce règlement est **seul applicable** si les parties n'ont pas désigné une loi subsidiaire (Cass. civ. 25-5-1983 : Rev. arb. 1985.415 : impossibilité de déduire le choix de la loi française du fait que les parties ont prévu un renvoi au président du tribunal de Paris pour la désignation éventuelle du troisième arbitre et le dépôt de la sentence au greffe du tribunal de grande instance (désormais tribunal judiciaire) de Paris ; CA Paris 21-2-1980 : Rev. arb. 1980.524 note Jeantet : la fixation du lieu d'arbitrage en France, uniquement choisi pour assurer la neutralité, ne peut être considérée comme une manifestation de volonté implicite des parties de se soumettre, ne serait-ce qu'à titre subsidiaire, à la loi procédurale française ; voir aussi CA Paris 9-12-1980 : Rev. arb. 1981.306 note Jeantet ; CA Paris 15-5-1985 : JCP G 1987.II.20755 note Level). 70637

Mais il arrive aussi que les parties se réfèrent à une **loi nationale,** par exemple au Code de procédure civile, ce qui équivaut au choix de la loi française (CA Paris 23-5-1986 : GP 1987.som.12) ou à la loi du canton de Genève (CA Paris 25-5-1983 : BRDA 15/83 p. 23), ou fassent un choix plus complexe, par exemple application du règlement CCI, au besoin complété par les décisions des arbitres en s'inspirant de la loi de procédure civile genevoise (Sentence CCI n° 4761 en 1984 : Clunet 1986.1137 obs. Jarvin).

Le **choix** de la loi d'arbitrage peut aussi être **implicite.** Il est admis notamment que cette loi peut être la même que celle régissant le fond du contrat dont les litiges sont soumis à l'arbitrage (Cass. com. 17-10-1961 : Rev. crit. 1962.129 note Mezger ; Sentence CCI n° 2626 en 1977 : Clunet 1978.982 ; Sentence du 5-11-1977 de la cour d'arbitrage de l'Association hollandaise des huiles, graines et oléagineux : Yearbook 1979.218) ou être celle du lieu où les parties ont fixé l'arbitrage (cf. Cass. civ. 15-2-1968 : Bull. civ. II n° 58 ; Cass. civ. 11-1-1972 : Rev. crit. 1973.115 note Fouchard ; CA Douai 18-10-1951 : Rev. crit. 1953.422 note Y.L. ; T. civ. Seine 7-6-1956 : JCP G 1956.II.9460 note Motulski ; TGI Paris 3-4-1985 : D. 1985.515 note Robert ; CA Nancy 29-1-1958 : Clunet 1958.128 note Robert ; Sentence CCI n° 4504 en 1985 et 1986 : Clunet 1986.1118).

À défaut de choix par les parties, il y a lieu de soumettre l'arbitrage, dès lors que l'une des **conventions internationales** relatives à l'exécution des sentences (nos 71300 s.) est applicable à l'exécution de la sentence, à la loi désignée par cette convention (par exemple : convention de Genève art. 6 ; de New York art. 5, al. 1). 70640

Bien que ces conventions n'aient pas pour objet de fixer la loi applicable à l'arbitrage, il convient de s'y conformer, car l'exécution forcée des sentences qui n'ont pas été rendues conformément à leurs prescriptions sera refusée (nos 71303 s.).

Si aucune convention internationale n'est applicable, l'arbitre soumet généralement la procédure à la **loi du lieu de l'arbitrage** (Sentence CCI n° 4504 en 1985 et 1986 : Clunet 1986.1118 ; Sentence CCI n° 1512 en 1971 : Yearbook 1976.128) ou choisit de lui-même la loi (Sentence du 6-10-1973 : Yearbook 1980.147 : choix de la loi danoise par un arbitre danois).

I. CONVENTION D'ARBITRAGE

La convention d'arbitrage prend la forme d'une clause compromissoire ou d'un compromis (CPC art. 1442, al. 1). En pratique, notamment pour le règlement des litiges nés des contrats internationaux, la source de l'arbitrage est quasi exclusivement la clause compromissoire. 70650

A. Acceptation de la convention d'arbitrage

70700 Comme tout contrat, la convention d'arbitrage **doit être consentie par les parties.**

La **preuve** que les parties ont donné leur consentement à la convention d'arbitrage résulte en arbitrage interne d'un **écrit** dont la conclusion s'impose pour la validité même de cette convention (nº 70795). Sans être légalement requis en arbitrage international, celui-ci est généralement convenu par écrit.

Jugé par les **juridictions** étatiques que l'**arbitrage** est **accepté** :

– lorsqu'il est prévu dans des confirmations de vente dès lors que ces documents à valeur contractuelle sont conformes aux usages régulièrement suivis en la matière et que l'existence entre les parties de relations habituelles d'affaires – attestées par les télex produits aux débats – était de nature à leur assurer une parfaite connaissance des clauses régissant couramment leurs rapports commerciaux (CA Paris 18-4-1991 : Rev. arb. 1994.95 note Paclot ; dans le même sens, CA Paris 30-5-1991 : Rev. arb. 1994.95 note Paclot) ;

– par un acheteur dès lors que, la clause figurant dans le contrat standard du vendeur, il a accepté, sans la moindre réserve, les propositions du vendeur, transmises par télex, se référant formellement au contrat standard dont il avait reçu antérieurement une copie (Cass. civ. 9-11-1993 : RJDA 1/94 nº 121 ; rappr. Cass. 1e civ. 11-5-2012 nº 10-25.620 : Rev. arb. 2012.561 note Bernheim-Van de Casteele, relevant que la clause est acceptée « fût-ce par le silence ») ;

– par un vendeur dès lors que, professionnel averti du négoce des grains, il connaît parfaitement les règles et usages Rufra contenant la clause d'arbitrage auxquels l'acheteur s'est référé dans sa confirmation (CA Paris 22-3-1991 : Rev. arb. 1993.680 obs. Cohen ; dans le même sens, Cass. com. 17-6-1997 : RJDA 11/97 nº 1434) ;

– pour connaître du litige né du contrat de location-gérance d'un fonds de commerce, lorsque la clause d'arbitrage figure dans le contrat de franchise qui est la cause du contrat de location-gérance (CA Paris 26-4-2006 : JCP E 2008.1106 nº 1 obs. Béguin ; rappr. Cass. 1e civ. 29-1-2014 : Rev. arb. 2017.902 note Dufour) ;

– lorsque la requête d'arbitrage a été notifiée pour statuer sur la licéité d'un investissement et demander réparation (CA Paris 26-9-2023 nº 21/20965 : D. 2023.2288 obs. Clay).

En revanche, l'arbitrage n'a **pas été accepté** lorsque les conditions générales d'achat envoyées par une partie contenaient une clause d'arbitrage alors que le vendeur avait envoyé une clause de confirmation où figurait une clause d'attribution de compétence à la juridiction consulaire de Paris (CA Paris 22-2-1982 ; aussi CA Paris 16-10-1979 : Rev. arb. 1980.101).

Des **arbitres** ont, par exemple, admis l'**acceptation** de l'arbitrage en cas de clause dactylographiée faisant référence à un contrat type d'association professionnelle prévoyant un recours à l'arbitrage alors que les documents imprimés constatant le contrat en cause se référaient au tribunal de Vienne (Sentence du 3-12-1963 du tribunal arbitral de l'Association hollandaise des huiles, graines et oléagineux : Yearbook 1976.136) et en cas de clause d'arbitrage prévue dans les conditions générales d'une partie lorsqu'il ressortait de la correspondance échangée et des relations d'affaires existantes entre les parties que l'autre en avait eu connaissance (Sentence du 20-3-1977 cour d'arbitrage de l'Association hollandaise des huiles, graines et oléagineux : Yearbook 1978.225).

Mais l'**acceptation** de l'arbitrage a été jugée **non établie** si l'arbitrage a été négocié, mais que le document le constatant n'a pas été signé (Sentence CCI nº 2138 en 1974 : Clunet 1975.934) ; l'acceptation d'une clause type n'implique pas que cette clause doit être discutée avant d'être acceptée (Sentence CCI nº 5065 en 1986 : Clunet 1987.1039 obs. Derains).

À défaut d'écrit, l'engagement d'une partie à l'arbitrage international ne s'apprécie pas par référence à une quelconque loi nationale mais par la mise en œuvre d'une **règle matérielle** déduite du principe de validité de la convention d'arbitrage fondée sur la volonté commune des parties, de l'exigence de bonne foi et de la croyance légitime dans les pouvoirs du signataire de la clause (Cass. 1e civ. 8-7-2009 nº 08-16.025 : Bull. civ. I nº 165 : à propos du pouvoir du signataire de conclure un acte de gestion courante liant une société).

Cette solution, qui soumet l'accord sur la convention d'arbitrage à la loi d'autonomie de cette convention (nº 70775), rend caduque celle qui avait écarté cette règle pour apprécier la validité de la convention (Cass. civ. 10-7-1990 : Rev. arb. 1990.851 note Hoiry et Vergne).

70703 Toute **modification** de la convention d'arbitrage doit aussi être **acceptée,** la preuve en étant rapportée dans les mêmes conditions que l'acceptation de la convention (Cass. civ. 17-5-1977 : D. 1977.IR.342 ; TGI Paris réf. 21-5-1984 : Rev. arb. 1985.165 ; pour une absence de preuve, Cass. com. 13-3-1978 : GP 1978.som.197).

Les **parties** doivent particulièrement porter **attention** aux documents qu'elles rédigent postérieurement à celui établissant l'accord d'arbitrage, ce nouveau document pouvant, selon le cas, emporter ou non **caducité** de la convention initiale (pour un exemple d'extinction, Sentence CCI nº 3383 en 1979 : Clunet 1980.979 ; pour un exemple de maintien, celui-cité par Deleaume : Clunet 1984.526 note 26).

B. Validité de la convention d'arbitrage

FACULTÉ DE COMPROMETTRE

Les parties peuvent convenir, avant même sa naissance, dès la conclusion du contrat, de soumettre leur litige éventuel à l'arbitrage ou autrement dit de compromettre. Cet accord s'appelle **clause compromissoire** (CPC art. 1442, al. 2). 70750

N'est pas une clause compromissoire et n'entraîne donc pas l'irrecevabilité de l'action en justice la clause prévoyant qu'en cas de litige chaque partie devra demander à l'autre si elle entend soumettre le litige à un tribunal arbitral (Cass. civ. 15-1-1992 : Rev. arb. 1992.646 obs. Cohen).

Elles peuvent aussi en convenir le litige une fois né ; l'accord est dit alors « **compromis** » (CPC art. 1442, al. 3). Le compromis peut intervenir même si une instance est déjà engagée devant une autre juridiction (CPC art. 1446).

Ces deux accords ne sont pas, toutefois, soumis aux mêmes conditions de validité ; les différences sont précisées ci-après à propos des conditions qu'elles concernent.

CONDITIONS DE VALIDITÉ DES CONTRATS

Comme tout contrat, la convention d'arbitrage doit satisfaire aux conditions générales de validité des contrats (nos 12000 s.). Il s'ensuit notamment que le **consentement** des parties doit être **exempt de vices.** 70755

L'**erreur** est souvent invoquée par les parties, mais elle est généralement rejetée (Cass. civ. 31-3-1978 : GP 1978.pan.256 ; TGI Paris 28-1-1987 ; Sentence du 26-1-1976 cour d'arbitrage de la Chambre de commerce extérieur de RDA : Yearbook 1979.197 ; Michèle Amoruso e Figli c/ Fisheries Development Corp., cité par Deleaume, Clunet 1984.525).

CAPACITÉ DE COMPROMETTRE

Arbitrage interne La **clause compromissoire** est **valable** si elle est incluse dans les contrats relevant de l'un ou l'autre des cas ci-après (Cass. 1e civ. 22-10-2014 no 13-11.568 : RJDA 3/15 no 227) : 70760

– soit dans les contrats conclus entre commerçants, entre artisans, entre établissements de crédit, entre sociétés de financement ou entre eux, ainsi que dans les statuts des sociétés commerciales et dans les actes de commerce entre toutes personnes (C. com. art. L 721-3) ;

Il en résulte que la clause compromissoire :

– n'est pas valable lorsqu'elle est conclue entre commerçants et non-commerçants, la nullité pouvant être invoquée par chaque partie (Cass. com. 2-12-1964 : D. 1965.412 ; CA Paris 11-3-1994 : Rev. arb. 1996.139 obs. Pellerin) et la partie non commerçante ne pouvant pas y renoncer implicitement en formulant une demande d'arbitrage (Cass. civ. 5-5-1982 : Bull. civ. II p. 49), sauf si l'acte est mixte, commercial pour une partie et non pour l'autre (Cass. 2e civ. 21-11-2002 no 01-10.047 : RJDA 3/03 no 342, solution qui n'est plus applicable depuis le 20-11-2016 en raison de la nouvelle rédaction de l'art. 2061 du Code civil mais qui est transposable mutatis mutandis aux clauses compromissoires conclues entre partie exerçant une activité professionnelle et partie n'exerçant pas une telle activité) ;

– est valable même si les parties ne sont pas commerçantes dès lors qu'elles accomplissent un acte de commerce, par exemple conclusion d'un contrat pour les besoins d'une future exploitation commerciale (CA Paris 10-3-1995 : Rev. arb. 1996.143 obs. Derains) ou acquisition du contrôle d'une société commerciale (Cass. 1e civ. 22-10-2014 précité).

Depuis le 1er janvier 2022, le cautionnement de dettes commerciales constitue, entre toutes personnes, un acte de commerce (C. com. L 110-1, 11o), ce qui a pour conséquence de permettre aux parties de recourir à l'arbitrage. Pour protéger la caution à cet égard, la clause d'arbitrage ne peut pas être opposée à la caution si le cautionnement d'une dette commerciale n'est pas souscrit dans le cadre de l'activité professionnelle de cette dernière (C. com. art. L 721-3, al. 5).

– soit dans les contrats conclus avant le 20 novembre 2016 à raison d'une activité professionnelle, sous réserve des dispositions législatives particulières (C. civ. art. 2061 dans sa rédaction antérieure à la loi 2016-1547 du 18-11-2016) ;

N'est pas un contrat conclu à raison d'une activité professionnelle le contrat d'assurance collective ayant pour objet de couvrir le risque d'invalidité permanente totale du souscripteur (Cass. 2e civ. 16-6-2011 no 10-22.780 : RJDA 10/11 no 867), ni les contrats de bail commercial et de cession de leur fonds de commerce par des époux retraités (Cass. 1e civ. 29-2-2012 no 11-12.782 : RJDA 5/12 no 544), ni l'acte à caractère patrimonial (CA Colmar 30-10-2019 no 15/02482).

Agit au titre d'une activité professionnelle l'acquéreur d'un fonds de commerce qui renonce à son activité antérieure (CA Fort-de-France 17-5-2022 no 21/00302).

L'arbitrage intéressant le commerce international n'est pas soumis à la condition d'activité professionnelle (CA Paris 27-1-2015 no 14/05126 : Rev. arb. 2015.som.276).

Depuis le 20 novembre 2016, la clause compromissoire qui soumet à l'arbitrage un litige étranger à l'activité professionnelle de la partie envers laquelle on l'invoque est seulement inopposable à cette partie (C. civ. art. 2061, al. 2 issu de loi 2016-1547). La partie ou les parties non professionnelles peuvent donc se soumettre à l'arbitrage en s'abstenant de soulever l'inopposabilité de la clause.

En revanche, sous réserve des dispositions spéciales interdisant l'arbitrage (nos 70763 et 70785), **toute personne** peut conclure un **compromis** sur les droits dont elle a la libre disposition (cf. C. civ. art. 2059), conformément aux règles de capacité du droit commun, aucune disposition n'imposant de condition spéciale.

C'est pourquoi toute clause soumettant un litige à un arbitre contenue dans un accord entre parties non autorisées à souscrire une clause compromissoire ne constitue pas nécessairement une telle clause ; il doit être recherché si l'existence d'un litige né entre les parties n'est pas de nature à conférer à cet accord la nature d'un compromis (Cass. civ. 21-6-1995 : RJDA 12/95 n° 1464).

70763 Les collectivités publiques et les établissements publics ne peuvent pas compromettre ; toutefois, des catégories d'établissements publics à caractère industriel et commercial peuvent être autorisées par décret à compromettre (C. civ. art. 2060).

Ainsi, sous réserve des dérogations résultant de dispositions législatives expresses ou, le cas échéant, des stipulations de conventions internationales régulièrement incorporées dans l'ordre juridique interne, les personnes morales de droit public ne peuvent pas se soustraire aux règles qui déterminent la compétence des juridictions nationales en remettant à la décision d'un arbitre la solution des litiges auxquels elles sont parties (CE 23-12-2015 n° 376018 : RJDA 10/16 n° 752 ; CE 17-10-2023 n° 465761 : RJDA 2/24 n° 137).

La seule circonstance qu'un contrat a été conclu par une personne publique pour les besoins du commerce international ne permet pas de déroger à ces principes (CE 17-10-2023 n° 465761 précité).

Divers textes spéciaux ont autorisé à recourir à l'arbitrage :

1. Les parties peuvent recourir à l'arbitrage pour le règlement des litiges relatifs à l'exécution des **marchés de partenariat,** avec application de la loi française (CCP art. L 2236-1).

2. L'État, les collectivités territoriales et les établissements publics, eu égard aux litiges nés des **contrats** qu'ils concluent conjointement **avec** des **sociétés étrangères** pour la réalisation d'opérations d'intérêt national, dans la mesure où ces litiges sont liés à l'application et à l'interprétation de ces contrats (Loi 86-972 du 19-8-1986 art. 9).

3. Les concessionnaires de la construction et de l'exploitation du **tunnel sous la Manche** (art. 19 du traité entre la France et le Royaume-Uni du 12-2-1986, publié par Décret 87-757 du 9-9-1987 et échange de lettres entre les gouvernements du 29-7-1987, publié par Décret 87-870 du 23-10-1987).

4. L'**Institut national de la santé** et de la recherche médicale, établissement public national à caractère scientifique et technologique (Inserm), en cas de litiges nés de l'exécution de contrats de recherche passés avec des organismes étrangers (Décret 83-975 du 10-11-1983 art. 8, 9°).

5. Les **établissements publics à caractère scientifique,** culturel et professionnel, et les établissements publics administratifs d'enseignement supérieur en vue du règlement de litiges nés de l'exécution de contrats passés avec des organismes étrangers dans le cadre de leur mission (C. éducation art. D 123-10).

6. Les **établissements publics du réseau des chambres de commerce et d'industrie,** qui peuvent conclure des clauses d'arbitrage (C. com. art. D 711-75 s.).

Ont été supprimées les autorisations de recourir à l'arbitrage données à la SNCF (Ord. 2019-552 du 3-6-2019 art. 2 et 5) et à l'État, aux établissements publics nationaux et aux collectivités territoriales pour le règlement des litiges nés de contrat de partenariat public-privé en application de la loi française (Ord. 2015-899 du 23-7-2015 art. 101).

70766 **Arbitrage international** Sous la loi française, la clause compromissoire est valable au regard de **tout litige** né d'un contrat international car l'article 2061 du Code civil n'est pas applicable dans l'ordre international (Cass. civ. 21-5-1997 : RJDA 10/97 n° 1286 ; Cass. civ. 5-1-1999 : RJDA 3/99 n° 360 ; Cass. 1e civ. 12-5-2010 n° 09-11.872 : PA 2011 n° 36 p. 9 obs. de Fontmichel, décisions ayant apporté cette précision à propos de l'art. 2061 dans sa rédaction antérieure à la rédaction actuelle mais transposables), sous réserve des règles d'ordre public international qu'il appartiendra à l'arbitre de mettre en œuvre (Cass. 1e civ. 30-3-2004 n° 554 : RJDA 12/04 n° 1406 ; sur une application de l'ordre public protecteur du consommateur, n° 70850).

Toutefois, la clause a été jugée illicite dans un contrat mixte au regard des parties, personnes physiques non commerçantes et n'agissant qu'à des fins civiles, d'ordre familial ou personnel (TGI Paris 11-7-1980).

Elle est valable à l'égard de chacune des parties qui l'a conclue si elle est conforme à la capacité de compromettre que lui reconnaît sa loi nationale (n° 1398) ; cette règle est reprise par la convention de New York (art. 5.1 ; nos 71303 s.).

POUVOIR DE COMPROMETTRE

70769 Chaque partie doit avoir le pouvoir de conclure la convention d'arbitrage.

Si l'**arbitrage** est **interne,** ce pouvoir est apprécié selon la loi française. Si la partie à l'arbitrage n'intervient pas elle-même, elle doit, à notre avis, donner à son représentant un mandat spécial, celui-ci étant exigé pour la transaction (nº 70249) et l'article 1989 du Code civil précisant que « le pouvoir de transiger ne renferme pas celui de compromettre ». À défaut, elle peut être engagée si elle a participé activement à l'instance arbitrale pendant plusieurs mois sans aucune réserve quant à l'investiture des arbitres ni à la régularité de la prolongation de délai décidée d'un commun accord (Cass. 2e civ. 18-2-1999 nº 96-18.527 : GP.2000.som.2559) ou si l'autre partie a pu légitimement croire que le tiers intervenant l'engageait (C. civ. art. 1156 ; auparavant CA Paris 24-2-2005 : JCP G 2005.I.179 nº 1 obs. Seraglini).

Le mandat de conclure une convention d'arbitrage ne confère pas au mandataire le pouvoir de représenter le mandant dans la procédure d'arbitrage (Cass. civ. 29-5-1991 : Rev. arb. 1991.633 note Goutal).

Si l'**arbitrage** est **international,** le pouvoir de compromettre ne s'apprécie pas par référence à une quelconque loi nationale mais par la mise en œuvre d'une **règle matérielle** déduite du principe de validité de la convention d'arbitrage fondée sur la volonté commune des parties, de l'exigence de bonne foi et de la croyance légitime dans les pouvoirs du signataire de la clause pour conclure un acte de gestion courante qui lie la société (Cass. 1e civ. 8-7-2009 nº 08-16.025 : RJDA 7/10 nº 796 ; Cass. 1e civ. 16-3-2016 nº 14-23.699 : RJDA 5/16 nº 408 ; CA Paris 18-11-2010 : Rev. arb. 2010.som.982).

Mais si la société est inexistante, celui se présentant comme son représentant légal alors qu'il invoque en réalité un simple nom commercial utilisé par différentes personnes n'a pu engager ces dernières par la convention d'arbitrage ; seule la partie qui a signé cet acte est liée par lui en tant que mandataire apparent (Sentence CCI nº 14861 en 2008 : DI 2014.201 note Carlevaris).

AUTONOMIE DE LA CLAUSE COMPROMISSOIRE

Que l'arbitrage soit interne ou international, la convention d'arbitrage est indépendante du contrat auquel elle se rapporte ; elle n'est pas affectée par l'inefficacité de celui-ci (CPC art. 1447, al. 1 et 1506, 1°). 70775

Avant l'entrée en vigueur de cette disposition résultant de la réforme de l'arbitrage (nº 70625), la solution, qui a pour conséquence pratique que la clause d'arbitrage doit produire effet quelle que soit l'inefficacité du contrat, a été appliquée par les tribunaux tant en arbitrage interne (Cass. 2e civ. 20-3-2003 nº 303 : RJDA 10/03 nº 1030 : nullité ; Cass. 2e civ. 8-4-2004 nº 591 : RJDA 7/04 nº 921 : caducité ; Cass. com. 25-11-2008 nº 07-21.888 : JCP G 2009.II.10023 note Mainguy : dispense de recherche de la qualité des parties), qu'en arbitrage international (Cass. civ. 6-12-1988 : Clunet 1990.134 note Niboyet-Hœgy : non-entrée en vigueur ; Cass. 1e civ. 11-7-2006 nº 1325 : RJDA 4/07 nº 427 : nullité ; CA Paris 21-2-1964 : D. 1964.som.104 : résiliation ; CA Paris 8-3-1990 : Rev. arb. 1990.675 note Mayer : civil ou commercial ; CA Paris 23-11-2000 : D. 2001. IR.175 : extinction).

En arbitrage international, l'autonomie de la clause d'arbitrage est appliquée par les tribunaux français sans référence à une loi étatique, son existence et son efficacité s'appréciant sous réserve des règles impératives du droit français et de l'ordre public international (Cass. civ. 20-12-1993 : RJDA 3/94 nº 360 ; CA Paris 28-10-2014 nº 13/18811 : D. 2014.2543. som. obs. Clay ; CA Paris 15-6-2021 nº 20/07999, usant d'une formulation explicite : « le principe de l'autonomie de la clause compromissoire est d'application générale en matière d'arbitrage international, en tant que règle matérielle internationale consacrant la licéité de la convention d'arbitrage, hors de toute référence à un système de conflit de lois, la validité de la convention devant être contrôlée au regard des seules exigences de l'ordre public international, abstraction faite de toute loi étatique fût-elle celle régissant la forme ou le fond du contrat qui la contient »), de même que par les arbitres (Sentence CCI nº 8910 en 1998 : Clunet 1085 obs. Hascher ; Sentence CCI nº 5721 en 1990 : Clunet 1990.1020), qui la tiennent d'ailleurs pour une règle universelle (Sentence CCI nº 2694 en 1977 : Clunet 1978.985 obs. Derains). En conséquence, le déséquilibre significatif de la relation commerciale et l'économie générale du contrat ont été jugés sans effet sur la validité de la clause compromissoire (CA Paris 21-5-2019 nº 17/07210 : Rev. arb. 2019.625.som.), de même que la soumission du contrat la contenant au droit anglais (Cass. 1e civ. 28-9-2022 nº 20-20.260 FS-B : D. 2023.157 note Mainguy).

Il est précisé en arbitrage international que les parties peuvent **en convenir autrement** (CPC art. 1506). Dès lors qu'il n'est pas démontré que les parties n'ont pas soumis à une loi nationale la portée de la clause compromissoire, celle-ci est soumise à la règle matérielle de son autonomie (Cass. 1e civ. 28-9-2022 nº 20-20.260 FS-B précité). On ne voit aucune raison de tenir cette règle pour d'ordre public en arbitrage interne, ce qui a été admis par les tribunaux (Cass. 2e civ. 20-3-2003 nº 303 : RJDA 10/03 nº 1030 ; CA Paris 27-10-2005 nº 04-19636 : D. 2006.697 note Clay).

LITIGES ARBITRABLES

En arbitrage **interne,** la loi française **interdit** l'arbitrage de certains **litiges déterminés** ; il en est ainsi notamment des litiges relatifs : 70785

– aux **questions d'état et de capacité des personnes,** au divorce et à la séparation de corps ou aux contestations intéressant les collectivités publiques et les établissements publics (C. civ. art. 2060, al. 1) ;

– au **contrat de travail** (C. trav. art. L 1411-4), même international, dès lors que le salarié a saisi régulièrement la juridiction française compétente en vertu des règles applicables, peu important la loi régissant le contrat (Cass. soc. 16-2-1999, 2 arrêts : Rev. arb. 1999.290 note Moreau ; Cass. soc. 9-10-2001 : Rev. arb. 2002.347 note Clay ; cf. CA Toulouse 30-5-2022 n° 20/03103) ; mais l'interdiction ne joue pas si le compromis est conclu après la rupture du contrat de travail (Cass. soc. 5-11-1984, 2e esp. : Rev. arb. 1986.47 note Moreau-Bourlès) ou si le litige n'est pas inhérent aux droits et obligations nés du contrat de travail et n'appelle à juger aucune question du droit du travail ou impliquant l'appréciation d'un rapport employeur-salarié dans sa spécificité propre (TGI Paris 11-7-1980 ; dans le même sens, CA Paris 28-2-1992 : Rev. arb. 1992.649 obs. Cohen, à propos d'une promesse de contrat de travail).

En matière internationale, le salarié peut opposer à son employeur la clause d'arbitrage contenue dans son contrat de travail bien que celle-ci lui soit inopposable (CA Paris 21-11-2017 n° 15/17398 : GP 2018 n° 11 p. 24 note Bensaude) ; des arbitres, statuant selon le règlement CCI, ont apprécié l'arbitrabilité des litiges en fonction de la loi du lieu de l'arbitrage (Sentence CCI n° 6719 en 1994 : Clunet 1994.1061 obs. Arnaldez ; Sentence CCI n° 8910 en 1998 : Clunet.2000.1085 obs. D. Hascher).

70788 En dehors de ces cas, il est, d'une façon générale, **interdit** de compromettre sur les **matières** qui intéressent l'**ordre public** (C. civ. art. 2060, al. 1).

Mais cette règle n'interdit pas le recours à l'arbitrage au motif que des dispositions d'ordre public régissent le fond du litige car le recours à l'arbitrage n'est pas exclu du seul fait que des dispositions impératives, fussent-elles constitutives d'une loi de police, sont applicables (Cass. 1e civ. 8-7-2010 n° 09-67.013 : D. 2010.1797.som. obs. Delpech ; CA Versailles 3-3-2015 n° 14/07494 : RJDA 8-9/15 n° 615) ; ainsi, l'arbitre peut appliquer un texte d'ordre public (CA Paris 27-11-2003 : GP 2004.som.1980), interpréter le sens et la portée de dispositions d'ordre public et pénalement sanctionnables (CA Paris 16-6-1998 : Rev. arb. 1999.333 note Idot), apprécier un litige relevant du droit de la concurrence (Cass. civ. 5-1-1999 : Rev. arb. 2001.805 obs. Derains : droit européen ; CA Paris 12-9-2002 : Rev. arb. 2003.173 note Boursier : clause de non-concurrence d'un contrat de travail) ou mettant en jeu la responsabilité extracontractuelle d'une partie (CA Paris 18-3-2014 n° 12/13601 : RTD com. 2015.57 obs. Loquin), statuer sur une pratique restrictive de concurrence visée à l'article L 442-6 (désormais art. L 442-1) du Code de commerce et réservée à la compétence de juridictions spécialisées (n° 72007) dès lors que l'action est dirigée par une partie à l'encontre de son cocontractant, aux fins d'indemnisation du préjudice qu'elle prétend résulter d'une telle pratique qui n'est pas de celles dont la connaissance est réservée aux juridictions étatiques (CA Paris 7-4-2015 n° 15/00512 : Rev. arb. 2015.som.1216), ou encore sur la mise en œuvre d'une convention par laquelle les parties répartissent entre elles la charge des taxes engendrées par leurs rapports de droit (CA Paris 4-4-2023 n° 22/00408 : D. 2023.2284 obs. Clay).

Mais l'action de l'article L 442-6, III du Code de commerce (désormais art. L 442-4, I) dont l'exercice est réservé au ministre de l'économie au titre d'une mission de gardien de l'ordre public économique pour protéger le fonctionnement du marché et de la concurrence est une action autonome réservée aux juridictions étatiques au regard de sa nature et de son objet ; le ministre, n'agissant ni comme partie au contrat ni sur le fondement de celui-ci, n'est donc pas lié par la clause d'arbitrage que les parties ont conclue dans leur contrat (Cass. 1e civ. 6-7-2016 n° 15-21.811 : RJDA 11/16 n° 823).

70791 Lorsque l'arbitrage est **international,** les arbitres doivent mettre en œuvre, sous le contrôle du juge de l'annulation, les **règles d'ordre public international** (n° 71333).

Les arbitres ont ainsi été admis à :

– statuer sur la responsabilité d'ordre public d'un contractant, telle sa responsabilité quasi délictuelle (Cass. 1e civ. 6-7-2016 n° 15-19.521 : RJDA 11/16 n° 832) ou délictuelle, les arbitres statuant sur la base du règlement de la CCI n'hésitant pas à trancher les litiges soulevant l'application de l'article L 442-6, I-5° du Code de commerce (désormais art. L 442-1, II-al. 1) sur la rupture brutale d'une relation commerciale (Sentence CCI n° 14817 en 2008 : JDI 2011.1268 note Carlevaris ; aussi Sentence CCI n° 14359 en 2007 : JDI 2011.1215 note Derains ; Sentence CCI n° 14637 en 2008 : JDI 2011.1244 note Jarvin et Truong-Nguyen), ou encore sur la responsabilité d'un transporteur maritime (CA Rouen 23-11-1989 ; CA Aix 19-10-1990 : DMF 1991.595 ; cf. CA Saint-Denis-de-la-Réunion 29-11-1985 : DMF 1986.471 ; T. com. Marseille 16-1-1976 : DMF 1976.505) ; sur l'arbitrabilité des litiges du transporteur routier : CMR, n° 25881 ; le juge ne peut pas se déclarer compétent pour la seule raison que le litige est extracontractuel car mettant en cause une partie non-signataire de la convention d'arbitrage, s'il a été invoqué devant lui qu'il avait un rapport avec le contrat (Cass. 1e civ. 24-6-2015 n° 14-14.448 : GP 22-3-20016 p. 26 obs. Bensaude) ;

– sanctionner la fraude aux droits des créanciers par inopposabilité à leur endroit d'une scission de sociétés (CA Paris 29-3-1991 : D. 1991.IR.123) ;

– apprécier leur compétence pour statuer sur l'éventuelle applicabilité au litige des règles d'ordre public du redressement judiciaire (CA Paris 20-9-1995 : Rev. arb. 1996.87 note Cohen) ;

– statuer sur les règles d'ordre public de la loi 75-1334 du 31-12-1975 relative à la sous-traitance (CA Paris 10-9-1997 : D. 1997.IR.213) ;

– statuer, bien que fût invoquée l'application d'une loi de police, ce moyen étant inopérant pour écarter la mise en œuvre de la clause compromissoire (CA Versailles 12-3-2020 n° 19/07463 : RJDA 8-9/20 n° 464).

Plus spécialement, en ce qui concerne les **règles de droit européen,** les arbitres peuvent prononcer la nullité des accords contraires à la libre concurrence (CJCE 1-6-1999 : RJDA 12/99 n° 1387 ; CA Paris 30-3-1995 : Rev. arb. 1996.131 obs. Pellerin), ce qu'ils n'hésitent pas à faire (Sentence CCI n° 6932 en 1992 :

Clunet 1994.1065 ; Sentence CCI n° 8626 en 1996 : Clunet 1999.1074 obs. Arnaldez) et même à la soulever d'office (Sentence CCI n° 7539 en 1995 : Clunet 1996.1030 ; Sentence CCI n° 8423 en 1998 : Clunet 2002.1079 obs. Arnaldez). Mais ils ne peuvent appliquer que les règles bénéficiant d'un effet direct, sous réserve de la compétence exclusive reconnue dans certains cas à la Commission ; en conséquence, ils ne peuvent pas interdire des comportements contraires à l'article 101, 1 du TFUE, assortir leurs injonctions de sanctions pécuniaires ainsi qu'accorder une exemption individuelle au titre de l'article 101, 3 du TFUE.

En revanche, est **incompatible avec l'autonomie du droit de l'UE** une clause d'arbitrage incluse dans un traité bilatéral d'investissement entre États de l'UE (n° 72106).

ÉCRIT

Arbitrage interne La **convention d'arbitrage** (clause compromissoire ou compromis) doit, à peine de nullité, être **écrite** (CPC art. 1443), l'écrit devant être signé par les deux parties (CA Paris 4-12-2012 n° 11/17334 : D. 2013.2938.som. obs. Clay ; CA Paris 19-3-2013 n° 11/22077, 2e esp. : Rev. arb. 2013.449 note Vidal). **70795**

La clause compromissoire a été jugée établie par écrit pour des achats conclus par des bons de commande signés seulement par une partie faisant référence à des conditions générales contenant la clause, dès lors que l'autre partie à de nombreuses reprises avait consenti par écrit aux conditions particulières renvoyant aux dites conditions générales (CA Versailles 14-1-2016 n° 14/06802 : PA 2017 n° 39 p. 6 note Clay).

Un compromis signé par l'un des arbitres et non par les parties est dépourvu d'effet (Cass. civ. 17-11-1993 : Bull. civ. II p. 181).

Elle peut résulter d'un échange d'écrits ou d'un document auquel il est fait référence dans la convention principale (CPC art. 1443). Il n'est pas nécessaire que la clause fasse l'objet d'une approbation spéciale (CA Paris 26-6-1987 : D. 1987.IR.183). La référence écrite à un document qui contient la clause (conditions générales, contrat type, etc.) est valable, dès lors que la partie à laquelle on l'oppose en a eu connaissance et a accepté cette référence. Cette acceptation peut être tacite et être déduite notamment de l'ancienneté des relations entre les parties (Cass. 2e civ. 21-1-1999 n° 95-18.761 : RJDA 4/99 n° 496, jurisprudence rendue sous l'empire du droit antérieur au décret du 13-1-2011 mais transposable ; Cass. 1e civ. 13-4-2023 n° 22-14.708 F-D : RJDA 8-9/23 n° 483).

La clause compromissoire n'est **pas stipulée par écrit** lorsqu'elle figure dans une lettre confirmant un accord téléphonique, même si le destinataire n'élève aucune protestation à son sujet (Cass. com. 15-7-1987 n° 86-10.592 : Bull. civ. IV n° 179).

En raison de l'autonomie de la clause compromissoire, la convention d'arbitrage ne peut **pas être écartée** pour absence de preuve ou de commencement de preuve par écrit l'établissant (Cass. 1e civ. 14-5-2014 n° 13-15.827 : Rev. arb. 2014.som.518).

Arbitrage international La convention d'arbitrage n'est soumise à **aucune condition de forme** (CPC art. 1507). Toutefois, pour qu'elles soient sûres d'**obtenir la reconnaissance ou l'exécution** des sentences rendues en matière d'arbitrage international, il est **recommandé** aux parties de conclure la clause compromissoire ou le compromis par écrit, car les conventions de New York et de Genève (art. II et art. I-2 ; sur ces conventions nos 71303 s.) exigent la constatation écrite de la convention d'arbitrage. Toutefois, ces conventions n'empêchent pas l'arbitrage, à défaut d'écrit, si la loi applicable admet l'arbitrage sans constatation d'un écrit (CA Paris 10-1-2017 n° 15/13466 : Rev. arb. 2017.som.332 ; Sentence du 15-1-1976 cour d'arbitrage de Hambourg : Yearbook 1978.212). **70798**

Jugé que, selon la convention de New York, il est possible de se référer à un document à condition qu'il en résulte un accord des parties sans équivoque (CA Paris 20-1-1987 : Rev. arb. 1987.482 note Kessedjian ; CA Versailles 23-1-1991 : Rev. arb. 1991.291 note Kessedjian).

NULLITÉ OU INAPPLICABILITÉ DE LA CONVENTION D'ARBITRAGE

Compétence pour statuer sur la validité de la convention d'arbitrage **70805**
Chaque partie à la convention d'arbitrage peut mettre en cause la validité de cette dernière en invoquant sa nullité ou son inapplicabilité en fonction des distinctions suivantes.

Tant que le **tribunal arbitral** n'est **pas encore saisi,** le litige, quoique visé par la clause compromissoire, peut être porté devant une juridiction étatique comme il est exposé au n° 70850.

Dès lors que le **tribunal arbitral** est **saisi,** la nullité ou l'inapplicabilité de la clause compromissoire – comme celle du compromis – doit être soulevée devant les arbitres qui sont seuls compétents pour apprécier la validité et les limites de leur investiture, comme il est exposé au n° 71039.

En tout état de cause, le **juge des référés,** saisi en vertu de sa compétence de droit commun, ne peut pas prendre acte de la nullité manifeste d'une clause compromissoire (CA Paris 22-10-1985 : Rev. arb. 1986.233), ni apprécier une contestation mettant en cause l'existence d'un accord sur l'arbitrage (Cass. civ. 19-11-1980 : Bull. civ. II p. 162).

70806 **Causes d'annulation de la convention d'arbitrage** Il y a lieu de distinguer selon que l'arbitrage est interne ou international.

1. Si l'**arbitrage est interne,** la clause compromissoire, ou le compromis, est annulable s'il ne satisfait pas aux conditions de validité ci-dessus exposées (nos 70755 à 70798).

Ne constituent pas une cause de nullité de la clause compromissoire les irrégularités affectant les modalités de désignation de l'arbitre (Cass. 1e civ. 9-7-2014 no 13-13.598 : RJDA 12/14 no 950). Ne constitue pas une irrégularité de la clause compromissoire la stipulation au profit du demandeur d'une option entre les juridictions étatique et arbitrale (Cass. 1e civ. 12-6-2013 no 12-22.656 : JCP E 2013.1522 note Asfar Cazenave ; Sentence du 16-7-1976 de la cour d'arbitrage de la Chambre de commerce extérieur de RDA : Yearbook 1977.144).

2. Si l'**arbitrage est international,** sous réserve d'une disposition d'une convention internationale prévoyant une cause de nullité de la convention d'arbitrage (par exemple la convention de New York, no 71309), la nullité ou l'inapplicabilité de cette convention ne peut résulter que de la **loi applicable** à cette dernière ou de la violation d'une disposition d'ordre public de la **loi du juge saisi.**

70808 **Portée de l'invalidité de la convention d'arbitrage** Lorsqu'elle est nulle, la clause compromissoire est **réputée non écrite** (CPC art. 1447, al. 2) ; elle n'entraîne donc pas la nullité du contrat qui la prévoit (Cass. 1e civ. 15-5-2008 no 06-20.806 : JCP G 2008.I no 1 obs. Béguin).

Dans le cas d'un arbitrage international, pour régler cette question au regard de tout autre loi applicable que la loi française, il est recommandé aux parties de préciser si l'invalidité de la clause compromissoire entraînera ou non celle du contrat dans lequel elle est incluse.

À noter qu'il a été jugé que la clause compromissoire est déterminante dans les contrats internationaux (CA Paris 14-5-1959 : D. 1959.437 note Robert).

C. Effets de la convention d'arbitrage

OBLIGATION DE RECOURIR À L'ARBITRAGE

70850 **Validation de la clause compromissoire préalablement à l'ouverture de la procédure arbitrale** Les parties peuvent saisir la juridiction étatique tant qu'un tribunal arbitral n'est pas encore saisi et si la convention d'arbitrage est manifestement nulle ou manifestement inapplicable (CPC art. 1448, al. 1 et 1506, 1° ; sur un cas où le tribunal arbitral n'était pas encore saisi, CA Rouen 21-11-2019 no 19/01280).

Il s'ensuit que :

1. La juridiction étatique :

– ne doit pas se livrer à un **examen substantiel** de la clause (Cass. 1e civ. 7-6-2006 no 03-12.034 : Rev. arb.945 note Gaillard) ; elle doit pouvoir considérer d'emblée que le litige dont elle est saisie n'a aucun lien avec le contrat et la convention d'arbitrage qui y est incluse (CA Paris 24-5-2022 no 21/21700 : RJDA 11/22 no 669) ;

Il n'en est pas ainsi de la conclusion suspectée frauduleuse de la clause d'arbitrage, dont l'appréciation du bien fondé suppose une investigation approfondie (CA Paris 12-7-2022 no 22/06400 : RJDA 11/22 no 670) ni de la comparaison approfondie de deux actes pour déterminer si la clause d'arbitrage est manifestement inapplicable (Cass. 1e civ. 1-2-2023 no 21-24.145 F-D).

– ne peut pas se reconnaître compétente **sans caractériser le caractère manifestement nul ou inapplicable** de la clause d'arbitrage (Cass. 2e civ. 18-12-2003 no 1774 : RJDA 7/04 no 498, 1re esp. ; Cass. 1e civ. 8-11-2005 no 1471 : D. 2005.IR.2896), un tel caractère devant être évident, incontestable, décelable à première vue (Cass. 1e civ. 24-6-2020 no 19-12.701 F-D : Rev. arb. 2021.164 note Barbet) ;

Ne caractérise pas l'inapplicabilité manifeste de la convention d'arbitrage l'impécuniosité d'une partie (Cass. 1e civ. 13-7-2016 no 15-19.389 FS-PB : RJDA 11/16 no 833 dans un cas où le demandeur, en liquidation judiciaire, était dans l'impossibilité de s'acquitter des frais d'arbitrage ; Cass. 1e civ. 28-9-2022 no 21-21.738 FS-D : RJDA 12/22 no 726 ; Cass. 1e civ. 27-9-2023 no 22-19.859 F-D : RJDA 2/24 no 136).

– doit **se déclarer incompétente si** elle retient que la convention d'arbitrage n'est pas manifestement inapplicable (Cass. 1e civ. 12-2-2014 no 13-10.346 : JCP E 2014.1212 note Asfar Cazenave) ou si elle constate que le tribunal arbitral est déjà saisi ;

La validité de la clause et, partant, celle de la compétence de l'arbitre ne peuvent être examinées a posteriori par le juge de l'exequatur (CA Paris 21-5-2019 no 17/07210 : Rev. arb. 2019.625.som.).

– n'a pas le pouvoir de décider elle-même de la compétence du tribunal arbitral en ses lieu et place (Cass. civ. 27-6-2002 no 733 : RJDA 11/02 no 1214) ;

Si elle n'est saisie de la contestation de cette compétence qu'une fois la sentence rendue, elle ne peut être saisie que par les voies de recours prévues par la loi (TGI Paris 20-11-1996 : Rev. arb. 1999.627 note Y.D.).

Son contrôle des conditions dans lesquelles le tribunal arbitral a exercé son pouvoir juridictionnel, qu'il se soit déclaré compétent ou incompétent, s'exerce en recherchant tous les éléments de droit ou de fait permettant d'apprécier la portée de la convention d'arbitrage et d'en déduire les conséquences sur le respect de la mission confiée aux arbitres (Cass. 1e civ. 6-10-2010 n° 08-20.563 : RJDA 1/11 n° 95).

– est **compétente pour juger de la violation par la clause de l'ordre public,** notamment de celui protégeant le consommateur contre les clauses abusives car la priorité reconnue au tribunal arbitral pour juger de sa compétence ne peut avoir pour effet de rendre impossible, ou excessivement difficile, l'exercice des droits conférés au consommateur par le droit communautaire que les juridictions nationales ont l'obligation de sauvegarder (Cass. 1e civ. 30-9-2020 n° 18-19.241 FS-PB : RJDA 3/21 n° 205).

2. La partie poursuivie devant la juridiction étatique qui entend contester cette compétence doit soulever l'**exception d'incompétence,** car l'exception tirée de l'existence d'une clause compromissoire est régie par les dispositions qui gouvernent les exceptions de procédure (Cass 1e civ. 13-5-2020 n° 18-25.966 F-PB, écartant la qualification de fin de non-recevoir). La juridiction saisie ne peut la relever d'office (CPC art. 1448, al. 2), et la partie qui l'invoque doit la soulever avant toute défense au fond (CPC art. 74, al. 1 ; Cass. 1e civ. 3-2-2010 n° 09-13.618 : Bull. civ. I n° 31 ; Cass 1e civ. 13-5-2020 précité), quand bien même la procédure serait orale (Cass. 2e civ. 19-10-2017 n° 16-21.813 F-D : RDC 2018.76 obs. Boucobza et Serinet). Mais en vertu du principe de loyauté procédurale régissant les parties à une convention d'arbitrage, la partie qui provoque le retrait de la demande d'arbitrage en ne s'acquittant pas de la part de provision sur frais lui incombant en vertu du règlement d'arbitrage auquel elle a souscrit est irrecevable à invoquer la clause compromissoire pour décliner la compétence de la juridiction étatique (Cass. 1e civ. 9-2-2022 n° 21-11.253 FS-B). Les parties ne peuvent pas déroger à ces dispositions si l'arbitrage est interne (CPC art. 1448, al. 3). Elles le peuvent si l'arbitrage est international (CPC art. 1506) à condition que la dérogation soit expresse et non équivoque (Cass. 1e civ. 9-3-2022 n° 20-21.572 FS-B).

Le litige relatif au non-respect d'une clause d'arbitrage relève de la compétence exclusive du magistrat en charge de la mise en état (CA Grenoble 15-11-2022 n° 21/00009).

Application de la convention d'arbitrage La convention d'arbitrage est applicable dès lors que : 70853

– les **conditions** mises à son application sont **remplies** (cf. Cass. civ. 3-5-1977 : JCP G 1977.IV.164 ; Cass. com. 22-2-1983 : JCP G 1983.IV.145) ;

Il importe peu :

– que les parties n'aient pas observé une **formalité de pure procédure,** qui n'affecte que la seule recevabilité de la demande portée devant les arbitres (CA Paris 25-5-1985 : Rev. arb. 1989.228) ;

– que le contrat ait été **nové** (Cass. civ. 10-5-1988 : Bull. civ. I n° 139), sauf s'il est établi que les parties ont eu l'intention de nover aussi la clause compromissoire (CA Paris 11-6-1998 : Rev. arb. 2002.147) ou si la partie qui l'invoque n'a pas accepté la novation par substitution du débiteur résultant de la cession du contrat par son cocontractant (Cass. com. 22-5-2001 : Rev. arb. 2002.147) ;

– que le **délai** accordé aux arbitres pour statuer ait **expiré,** les parties restant toujours liées par la clause compromissoire et la juridiction étatique demeurant incompétente (CA Paris 25-6-1991 : RJDA 10/91 n° 855). Il incombe alors aux parties de nommer de nouveaux arbitres ou de confirmer les anciens dans leur mission, conformément aux stipulations de la clause compromissoire (CA Amiens 20-10-1959 : Rev. arb. 1959.122 ; CA Paris 21-1-1967 : Rev. arb. 1967.13).

En présence d'une clause d'arbitrage ambiguë ou imprécise, la volonté des parties doit être interprétée à la lumière des principes de bonne foi et d'effet utile ; ainsi, entre deux interprétations contradictoires, il y a lieu de faire prévaloir l'interprétation qui donne effet à la convention d'arbitrage (CA Paris 4-4-2023 n° 22/00408 : GP 2023 n° 35 p. 9).

– les **parties** n'ont pas **renoncé** à invoquer l'arbitrage.

Vaut renonciation la saisine de la juridiction étatique si le défendeur ne revendique pas l'arbitrage (CA Paris 6-5-2014 n° 13/01557 : GP 2014.3801.som. note Bensaude), s'il s'est opposé à l'arbitrage (Cass. 1e civ. 7-6-2006 n° 04-19.290 : RJDA 1/07 n° 113 ; CA Paris : Rev. arb. 2012.som.676) ou si l'auteur de cette saisine invoque ultérieurement l'arbitrage pour s'opposer à une poursuite de l'autre partie (Cass. 2e civ. 11-3-1999 n° 96-16.418 : Rev. arb. 1999.859 note Pellerin) ou à ses demandes reconventionnelles (Cass. 1e civ. 6-6-1978 n° 77-10.835 : Bull. civ. I n° 214). Pour que cette saisine vaille certainement renonciation elle doit porter sur une demande qui aurait dû être soumise à l'arbitrage (CA Paris 19-5-2015 n° 14/10224 : Rev. arb. 2015.som.1217). Mais ne vaut pas renonciation la saisine de la juridiction étatique seulement en vue du prononcé de mesures conservatoires (Cass. com. 4-10-2005 : JCP G 2005.IV.3354), ni la défense à une telle demande et la participation sans réserve à la mesure d'expertise prononcée (CA Paris 11-2-2000 : GP 2001.som.1901), ni l'exercice de l'action dirigée contre un transitaire non partie à la convention de vente contenant la clause d'arbitrage pour lui demander compte de l'exécution de ses propres obligations (Cass. civ. 26-1-1994 : RJDA 7/94 n° 885), ni la défaillance des parties à participer à l'arbitrage (CA Paris 21-5-2019 n° 17/07210 : Rev. arb. 2019.625.som.).

PARTIES LIÉES PAR LA CONVENTION D'ARBITRAGE

70856 Conformément à la règle de droit commun de l'effet relatif des contrats (nos 13000 s.), la convention d'arbitrage n'oblige que ceux qui y sont parties (Cass. com. 15-11-1978 : D. 1979.IR.130 ; CA Paris 19-12-1986 : GP 1987.som.108 ; Sentence CCI no 2138 en 1974 : Clunet 1975.934 obs. Derains).

La simple connaissance par un tiers de la clause compromissoire ne suffit pas à la lui rendre opposable ; l'opposabilité suppose que le tiers vienne aux droits de la partie signataire de la clause ou justifie de liens contractuels indirects avec le contrat d'origine (CA Paris 14-10-2019 no 19/01346 : Rev. arb. 2019.som.1200).

Les **parties sont celles** qui ont accepté la convention d'arbitrage et celles venant aux droits de l'un des contractants (Cass. civ. 8-2-2000 : RJDA 4/00 no 494).

Sont notamment **liés** par cette convention :

– l'administrateur judiciaire qui continue les contrats conclus par le débiteur en règlement judiciaire ou liquidation des biens et contenant une clause compromissoire (Cass. com. 19-7-1982 : Bull. civ. IV p. 241 ; Cass. com. 4-2-1986 : GP 1986.pan.67 ; Cass. 1e civ. 1-4-2015 no 14-14.552 : RJDA 11/15 no 794 ; Sentence CCI no 4415 en 1984 : Clunet 1984.952 obs. Jarvin ; Sentence CCI no 6057 en 1991 : Clunet 1993.1016 obs. Derains) ; est aussi lié le commissaire à l'exécution du plan s'il exerce les droits et actions du débiteur lui-même, ce qui n'est pas le cas de l'action engagée dans l'intérêt collectif des créanciers (Cass. com. 13-6-2006 no 771 : RJDA 12/06 no 1246), ainsi que le liquidateur qui se substitue au débiteur dessaisi (Cass. 1e civ. 29-1-2014 no 12-29.104 : RJDA 5/14 no 494), sauf s'il exerce une action dans l'intérêt collectif des créanciers (Cass. com. 17-11-2015 no 14-16.012 : RJDA 2/16 no 135 : action en nullité de la période suspecte pour déséquilibre des prestations) ;

– la société issue de la transformation d'une autre société (Sentence CCI no 2626 en 1977 : Clunet 1978.980 obs. Derains) ;

– la société dont le nom a été substitué à celui d'une autre société signataire du contrat contenant la clause compromissoire, toutes les parties ayant donné leur consentement à la substitution (CA Paris 15-6-1989 : Rev. arb. 1992.80 note Arnaldez ; rappr. CA Paris 4-10-2000 : JCP E 2000.pan.1735) ou la partie qui a été substituée en vertu de la clause d'une promesse le permettant (CA Lyon 15-5-1997 : Rev. arb. 1997.402 note Ancel) ;

– la société dont la succursale a conclu le contrat et la convention d'arbitrage (Sentence CCI no 5721 en 1990 : Clunet 1990.1019 obs. Derains) ;

– la personne physique qui agit sous le couvert de la société partie à la clause compromissoire (Cass. civ. 11-6-1991 : Rev. arb. 1992.73 note Cohen ; dans le même sens, Sentence CCI no 5730 en 1988 : Clunet 1990.1029 obs. Derains) ;

– le bénéficiaire d'une stipulation pour autrui, la clause liant le stipulant au promettant pouvant être invoquée par et contre lui (Cass. 1e civ. 11-7-2006 no 1299 : RJDA 2/07 no 208 ; contra Cass. com. 4-6-1985 : Bull. civ. IV p. 149) ;

– la partie non signataire de la convention d'arbitrage international dans la mesure où elle est directement impliquée dans l'exécution du contrat la contenant (Cass. 1e civ. 26-10-2011 no 10-17.708 : RJDA 2/12 no 222 ; Cass. 1e civ. 7-11-2012 no 11-25.891 ; CA Paris 17-3-2015 no 14/033992 : DMF.2015.499 obs. Cachard ; rappr. CA Paris 7-10-1999 : Rev. arb. 2000. 288 note Bureau, retenant l'apparence) ou dès lors que la clause compromissoire a été acceptée par la partie signataire qui s'oppose à l'application de celle-ci invoquée par une partie qui a été, avec son consentement, substituée au cocontractant d'origine et dont l'intervention n'a pas modifié les données du litige (Cass. 1e civ. 11-7-2006 no 03-11.768 : Bull. civ. I no 367) ;

– les parties qui en sont convenues dans leur contrat alors même qu'elles ont, à la suite de difficultés rencontrées dans l'exécution de celui-ci, conclu deux transactions mettant fin au contrat mais dont la première ne comportait pas la clause compromissoire incluse dans le contrat, dès lors que la seconde la reprenait à l'identique et que la première ne contenait pas de stipulation expresse tendant à anéantir la clause incluse dans le contrat (Cass. 1e civ. 2-4-2014 no 11-14.692 : Bull. civ. I no 59 : recevabilité de l'action en arbitrage engagée sur le fondement de la première transaction en vertu de la clause compromissoire contenue dans le contrat) ;

– les parties qui en sont convenues dans leur contrat, lequel ne peut pas être qualifié de contrat d'application d'un contrat cadre conclu entre d'autres parties, portant sur un objet distinct et exécuté dans une autre zone géographique (Cass. com. 1-3-2017 no 15-22.675 : RJDA 5/17 no 372) ;

– la victime qui exerce une action directe contre l'assureur en vertu d'un contrat d'assurance contenant une clause compromissoire (Cass. 1e civ. 19-12-2018 no 17-28.951 F-D : RJDA 5/19 no 390) ;

– les parties qui ont remplacé un accord par un autre en conservant de façon quasi identique les clauses du premier accord ce qui rendait recevable la demande reconventionnelle d'une partie sur le fondement dudit accord (Sentence CCI no 17496 en 2013 : JDI 2019.920 obs. Paralika) ;

– la société dont le siège a été transféré d'un pays (Cameroun) à un autre (Belgique), dès lors que le transfert est admis par la loi du pays d'accueil (CA Paris 20-12-2018 no 16/25484 : D. 2019.2435 obs. Clay) ;

– l'assureur subrogé dans les droits de l'assuré partie à la clause (CA Paris 26-11-2019 no 18/20873).

Sur l'opposablité de la clause d'arbitrage assortissant la créance transmise au subrogé et au cessionnaire, no 50018.

En conséquence, la **sentence** qui s'est prononcée sur le fond d'un litige à l'égard d'un tiers à la convention d'arbitrage doit être **annulée** pour violation des dispositions qui interdisent à l'arbitre de statuer en dehors de la mission qui lui a été confiée (CA Paris 19-12-1986 précité ; nos 71039, 71222 et 71333).

Sont des tiers non liés par la convention d'arbitrage qui leur est opposée :
– la personne qui s'est bornée à donner son approbation au contrat (CA Paris 12-7-1984 : Clunet 1985.129 note Goldman, en l'espèce une autorité administrative ; sur la qualité de tiers de celui qui autorise le contrat, n° 13012) ;
– la société nationale distincte de l'État qui a accepté l'arbitrage en son nom propre (CA Paris 16-6-1988 : Rev. arb. 1989.309 note Jarrosson) ;
– le sous-traitant qui a apposé sa signature sur le contrat principal dès lors que ce contrat ne comporte aucun engagement de sa part (Sentence CCI n° 6769 en 1991 : Clunet 1992.1019 obs. Derains) ;
– la caution qui s'est engagée préalablement au contrat prévoyant l'arbitrage et liant le débiteur garanti et a pris un engagement distinct (Cass. com. 22-11-1977 : Rev. arb. 1978.461 ; rappr. Sentence CCI n° 8910 en 1998 : Clunet 2000. 1085 obs. Hascher, tenant l'engagement de caution pour « extrinsèque à l'opération » de base) ;
– l'intervenant volontaire à l'instance arbitrale dont la demande est irrecevable car incompatible avec la nature contractuelle de l'arbitrage (CA Paris 9-4-2009 n° 07-17769 : JCP G 2009 n° 47462 p. 40 obs. Ortscheidt).

La convention d'arbitrage peut, néanmoins, être **imposée à des personnes qui n'y sont pas parties** dans les circonstances suivantes. 70859

1. Sont liées par la clause compromissoire d'un contrat les parties à des contrats différents, mais **connexes ou indivisibles** (CA Versailles 7-2-2002 : BTL 2002.166 : indivisibilité des actions contre l'assuré et son assureur ; CA Paris 7-5-2009 n° 08-2025 : PA 2009 n° 159-160 p. 10 note Barbet : partie tierce qui a participé à l'exécution du contrat ; cf. Cass. com. 9-6-1987 : Bull. civ. IV p. 109 ; CA Paris 19-12-1986 : Rev. arb. 1987.359 ; aussi n°s 10103 s.). 70862

L'indivisibilité est strictement appréciée ; elle a été refusée, par exemple :
– entre l'action pour défaut d'exécution du contrat de vente et celle contre le transporteur pour fausses indications sur le bon à délivrer (CA Rouen 19-6-1980 ; aussi T. com. Paris 17-12-1975 : DMF 1976.696) ;
– entre les litiges nés d'un contrat de licence de brevet entre A et B, et ceux résultant d'un contrat de commercialisation des produits licenciés entre B et C, bien que le contrat de licence disposât que, dans les six premiers mois de la livraison de la machine modèle, la construction des machines par B dépendrait des commandes de C, seul distributeur, car ce contrat ne créant aucune obligation à la charge de C de faire des commandes après les six premiers mois, l'inexécution par C de ses obligations à l'égard de B n'affectait pas le contrat de licence entre A et B (Sentence CCI n° 2272 en 1975 : Yearbook 1977.151) ;
– entre la demande de réceptionnaires agissant en responsabilité d'un transporteur maritime émetteur du connaissement et l'action de ce même transporteur en tant qu'affréteur du navire contre le fréteur de celui-ci sur le fondement de la charte-partie (CA Aix 31-10-1978 : DMF 1979.341) ;
– entre l'action en garantie des vices cachés contre le vendeur d'un navire et l'action en responsabilité contre le Bureau Veritas pour faute dans la délivrance des certificats de classification, car les deux demandes, bien qu'elles se rapportent au même navire, ont un fondement juridique différent et les obligations des défendeurs à chacune de ces demandes n'ont pas le même objet (CA Paris 6-12-1982 : DMF 1984.406 note Laroque ; aussi, rejetant l'existence d'un lien de connexité entre la demande principale et l'appel en garantie, CA Paris 11-2-1987 : GP 1988.som.22) ; mais l'appelé en garantie par un contractant lié par une clause compromissoire ne peut pas être soumis à l'arbitrage au motif que l'article 333 du Code de procédure civile lui impose de procéder devant la juridiction saisie de la demande originaire car ce texte ne s'applique que si la contestation porte sur la compétence territoriale (Cass. com. 8-11-1982 : Clunet 1984.151 note Brihart).

Le caractère accessoire du cautionnement ne rend pas opposable à la caution la clause compromissoire convenue entre le débiteur et le créancier à défaut d'acceptation expresse ou implicite de la caution (Cass. civ. 22-11-1977 : Rev. arb. 1978.461 note Fouchard). Sur la même solution à propos de la garantie autonome, n° 58054.

Mais la clause compromissoire ne peut pas être écartée par le juge au motif que celui-ci a constaté l'indivisibilité entre un litige relevant de sa compétence et un litige visé par une clause compromissoire, car il appartient à l'arbitre de statuer sur sa propre compétence (Cass. 1e civ. 16-10-2001 : Bull. civ. I n° 254).

2. Lorsque la clause compromissoire est incluse dans le contrat de vente d'un bien qui est ensuite revendu une ou plusieurs fois, ces contrats de vente successifs formant une **chaîne de contrats translatifs** de propriété, la clause compromissoire est transmise de façon automatique en tant qu'accessoire du droit d'action, lui-même accessoire du droit substantiel transmis, sans incidence du caractère homogène ou hétérogène de cette chaîne (Cass. 1e civ. 17-11-2010 n° 09-12.442 : RJDA 3/11 n° 270). 70865

3. Lorsque est partie au contrat **une société appartenant à un groupe** de sociétés, dès lors que les éléments contractuels et l'exécution postérieure établissent que les parties avaient **envisagé l'exécution du contrat litigieux par les sociétés du groupe,** la clause compromissoire lie ces sociétés (Cass. com. 28-11-1989 : Bull. civ. Joly 1990.192 ; CA Paris 30-11-1988 : Rev. arb. 1989.691 note Tschanz ; CA Paris 31-10-1989 : D. 1989.IR.298 ; CA Paris 11-1-1990 : Clunet 1991.141 note Audit ; Sentence CCI n° 4131 en 1982 : Clunet 1983.899 obs. Derains ; aussi Sentence CCI n° 2375 en 1975 : Clunet 1976.973 obs. Derains ; pour un refus d'obliger les autres sociétés du groupe, Sentence CCI n° 4504 en 1985 et 1986 : Clunet 1986.1118 obs. Jarvin ; cf. Sentence CCI n°s 7604 et 7610 en 1995 : Clunet 1998.1027 obs. Hascher et 1053 obs. Arnaldez). 70868

Il en est de même lorsque le litige est relatif à un contrat participant à une **même opération économique** (CA Versailles 15-9-2005 n° 05-2131 : RJDA 3/06 n° 353) ou à un groupe de contrats formant un ensemble dans l'exécution duquel des sociétés du groupe **non signataires** de la clause compromissoire sont **intervenues** (Sentence CCI n° 12605 en 2005 : JDI 2008.1193 note Jarvin et Truong-Nguyen). Sont également liées la société partie à un contrat de distribution contenant la clause d'arbitrage et une autre société du même groupe avec laquelle elle a conclu un autre contrat oral, dès lors que le second intervient dans le cadre de l'exécution du premier (CA Versailles 12-3-2020 n° 19/07463 : RJDA 8-9/20 n° 464).

Il a même été jugé que, le groupe de sociétés constituant une réalité économique unique dont l'existence est reconnue par les usages du commerce international, la clause compromissoire acceptée par certaines sociétés du groupe doit lier les autres sociétés du même groupe non signataires de la clause (CA Pau 26-11-1986 : Rev. arb. 1988.153 note Chapelle ; CA Paris 10-6-2021 n° 20/07754 : Rev. arb. 2021.som.602, ajoutant que la solution tient aussi à ce que la clause compromissoire a une efficacité propre qui commande cette extension).

70871 **4.** Lorsque les différentes parties à un même contrat (par exemple plusieurs vendeurs et/ou plusieurs acquéreurs) ou à des contrats distincts (par exemple contrat principal et contrat de sous-traitance) **aménagent contractuellement la portée** de leur convention d'arbitrage.

Les parties doivent alors déterminer avec précision les conditions dans lesquelles elles interviendront dans la constitution du tribunal arbitral unique, dans la procédure et dans l'exécution de la sentence.

En raison du principe de l'égalité des parties dans la désignation des arbitres qui est d'ordre public et auquel on ne peut renoncer qu'après la naissance du litige, il ne peut être imposé à deux codéfendeurs de désigner en commun un arbitre (Cass. civ. 7-1-1992 : RJDA 3/92 n° 297).

70872 **5.** Lorsque la clause compromissoire est insérée dans un contrat international, elle a une validité et une efficacité propres qui commandent d'en **étendre l'application aux parties directement impliquées** dans l'exécution du contrat et dans les litiges qui peuvent en résulter, dès lors qu'il est établi que leur situation et leurs activités font présumer qu'elles ont eu connaissance de l'existence et de la portée de la clause d'arbitrage, bien qu'elles n'aient pas été signataires du contrat la stipulant ; la circonstance que l'implication du tiers dans l'exécution du contrat stipulant la clause compromissoire résulte d'obligations contractées en vertu d'un autre contrat n'exclut pas que cette implication emporte extension de la clause compromissoire à ce tiers (CA Paris 18-12-2018 n° 16/24924).

LITIGES VISÉS PAR LA CONVENTION D'ARBITRAGE

70874 Les litiges à déférer à l'arbitrage sont uniquement ceux que vise la convention d'arbitrage.

Les juges du fond interprètent souverainement, sous réserve de dénaturation, la convention d'arbitrage (Cass. civ. 7-2-1990 : Bull. civ. II p. 14). Ils doivent rechercher la commune intention des parties afin que leurs stipulations aient un effet utile (CA Paris 5-12-2017 n° 15/24961 : Rev. arb. 2018.624 note Barbet). Par exemple, la clause compromissoire doit être appliquée :

– lorsqu'elle soumet à arbitrage les litiges nés de l'exécution d'un contrat de concession exclusive, à l'action en réparation du préjudice qu'un concessionnaire exclusif prétend lui avoir été causé auprès de ses clients par les agissements du concédant qui a fait procéder à des constats d'huissier en vue d'établir les manquements qu'aurait commis le concessionnaire à son obligation d'exclusivité, car il y a un lien de causalité entre ce litige et l'exécution du contrat (Cass. com. 9-7-1974 : Rev. arb. 1976.107) ;

– au litige visé même si l'État a exercé antérieurement sa protection diplomatique quant à ce différend (CA Orléans 13-12-1979 : Rev. arb. 1983.63 note Delvolvé) ;

– à tous les litiges si elle vise ceux qui présentent un lien avec le contrat, tel celui se rapportant aux conditions dans lesquelles il a été mis fin au contrat et aux conséquences qui en résultent (Cass. 1e civ. 8-7-2010 n° 09-67.013 : D.2010.1797.som. obs. Delpech : à propos de la rupture brutale d'une relation commerciale) et pas seulement les litiges de « nature commerciale » (CA Paris 22-5-1990 : D. 1990.IR.157), c'est-à-dire, semble-t-il, les litiges visés à l'article L 721-3 du Code de commerce ;

– au litige mettant en cause la caducité du contrat, mais non aux contestations sur la formation du contrat dès lors que la convention vise les litiges relatifs à l'interprétation ou à l'exécution du contrat (CA Paris 10-3-1995 : RJDA 7/95 n° 914) ; la clause s'applique à ces contestations si elle vise « toute autre question ou tout différend » (CA Paris 14-4-2015 n° 14/07043 : Rev. arb. 2015.645) ;

– aux demandes reconventionnelles, mais seulement si elles sont indissociables des demandes principales et dans la mesure où leur rejet serait de nature à porter atteinte au droit d'accès à la justice et au principe d'égalité entre les parties (Cass. 1e civ. 28-3-2013 n° 11-27.770 : RJDA 6/13 n° 565 ; aussi CA Paris 25-4-2017 n° 15/00260 : GP 2017.som. n° 27 p. 35 note D. Bensaude) ;

– à un litige né postérieurement à la conclusion d'une transaction se rapportant à un litige né du contrat contenant la clause d'arbitrage mais comportant une clause attributive de juridiction, dès lors que cette dernière est relative aux différends existants, ce qui exclut les différends postérieurs qui auraient un autre objet (CA Paris 17-10-2017 n° 15/13696 : Rev. arb. 2017.som.1265).

La sentence peut être annulée si l'arbitre a statué en dehors de sa mission (n°s 71222 et 71333).

D. Mode d'arbitrage retenu

Arbitrage institutionnel L'arbitrage est institutionnel lorsqu'il est prévu que les litiges seront tranchés conformément au règlement d'arbitrage de tel organisme nommément désigné. Cette désignation entraîne automatiquement organisation de l'arbitrage selon ledit règlement sans que les parties aient à ajouter autre chose, et notamment à rédiger un compromis à la naissance du litige (cf. CA Poitiers 20-12-1950 : D. 1951.103). **70900**

L'arbitrage institutionnel présente sur l'arbitrage « ad hoc » (n° 70915) les avantages suivants :

– il est organisé dans un règlement préétabli qui dispense les parties d'y pourvoir dans la convention d'arbitrage et les met à l'abri d'éventuels oublis ;

– il facilite le choix des parties en proposant des listes d'arbitres et offre une garantie sur leur compétence et leur impartialité ;

– il protège contre d'éventuelles maladresses procédurales pouvant faire obstacle à l'exequatur ;

– il peut faciliter la mise en œuvre d'une procédure coordonnée lorsque plusieurs arbitrages sont susceptibles de se rapporter au même contrat (n° 70871), car il peut aider à surmonter les divers obstacles que l'organisation de ces arbitrages doit vaincre, tels que la crainte de partialité des arbitres, l'emploi de plusieurs langues, les chicanes de procédure, etc. ;

– il peut, par l'autorité qui s'attache à l'intervention d'organismes d'arbitrage réputés, faciliter l'exécution de la sentence par la partie condamnée.

Mais il risque d'être plus coûteux et il ne met pas automatiquement à l'abri des attitudes dilatoires qui retardent parfois considérablement la procédure.

Le **choix** qui s'offre aux parties est très large tant sont nombreux les organismes d'arbitrage. **70903**

Les organismes les plus connus sont : la cour d'arbitrage de la Chambre de commerce internationale (CCI) ; l'American Arbitration Association ; la London Court of Arbitration ; le tribunal arbitral de la Chambre de commerce de Zurich ; l'Institut d'arbitrage de la Chambre de commerce de Stockholm ; la Chambre arbitrale maritime de Paris et d'Anvers (pour les litiges nés des affrètements de navires) ; le Centre international pour le règlement des différends relatifs aux investissements (Cirdi, pour le règlement des litiges nés des traités d'investissements conclus par les États).

Il appartient dès lors aux parties de faire leur choix en tenant compte de la nature des litiges éventuels et des aptitudes reconnues à tel ou tel centre d'arbitrage.

Cette faculté de choix est admise par la loi française (CPC art. 1450, al. 2 pour l'arbitrage interne ; CPC art. 1508 pour l'arbitrage international) et on ne rencontre pas de décisions de justice étrangères qui l'aient refusée en vertu d'une loi nationale.

La spécialisation d'un centre d'arbitrage dans la solution de telle ou telle catégorie de litiges n'interdit pas aux parties de le choisir pour lui confier des litiges ne présentant pas la caractéristique considérée : par exemple, un contrat conclu entre deux sociétés françaises ayant pour objet la fourniture de conteneurs fabriqués et livrables en France et dont le prix était payable en francs français, donc donnant naissance à un arbitrage interne, a pu faire élection du règlement de la cour d'arbitrage de la CCI, spécialisée dans les arbitrages internationaux (CA Paris 14-6-1984 : BRDA 17/84 p. 11 ; aussi Sentence CCI n° 5423 en 1987 : Clunet 1987.1048 obs. Jarvin).

La **désignation** d'un centre d'arbitrage se fait par l'indication du nom de l'organisme choisi ; celle-ci implique l'adoption du règlement (Cass. com. 19-5-1987 : Rev. arb. 1988.142 note Ancel ; CA Paris 14-2-1985 : Rev. arb. 1987.325). **70906**

Il importe, pour prévenir un conflit ultérieur sur la compétence, de ne se référer qu'à un seul centre et de le citer par son appellation exacte (pour l'exemple d'une difficulté née d'une désignation erronée, CA Paris 28-10-1999 : Rev. arb. 2002.175 obs. Clay). Lorsque le choix porte sur la cour d'arbitrage de la CCI, il est recommandé d'éviter toute équivoque en distinguant la désignation de la cour elle-même de celle du lieu d'arbitrage (pour des exemples de confusion entre la désignation de la CCI, dont le siège est à Paris, et le lieu d'arbitrage : Sentence CCI n° 2626 en 1977 : Clunet 1978.980 obs. Derains : « la Chambre de commerce internationale de Zurich » ; Sentence CCI n° 4023 en 1984 : Clunet 1984.950 obs. Derains et CA Paris 28-10-1997 : Rev. arb. 1998.399 note B. Leurent : « Chambre de commerce internationale siégeant à – ou de – Genève » ; aussi Sentence de la Chambre arbitrale maritime de Paris du 17-6-1975 : DMF 1976.59 : « Maritime Arbitration Committee in Paris »). Il convient aussi de ne pas se contenter d'indiquer « Chambre de commerce » et de préciser de quelle chambre il s'agit afin d'éviter une contestation sur l'identité de la chambre visée (Sentence CCI n° 5423 en 1987 : Clunet 1987.1048 obs. Jarvin, interprétant en l'espèce ces mots comme ne concernant pas la CCI), ni « Chambre de commerce internationale », mais de préciser qu'il s'agit de la cour d'arbitrage de cette chambre, afin d'éviter un différend sur le point de savoir à quel service de ladite chambre les parties souhaitaient se référer (Sentence CCI n° 10422 en 2001 : JDI 2003.1142 obs. Jolivet, retenant la référence à la cour d'arbitrage à partir des éléments de l'espèce).

La désignation de l'institution d'arbitrage peut, à défaut d'indication formelle d'une dénomination, résulter des éléments de la cause (CA Paris 14-2-1985 : Rev. arb. 1987.325).

70909 Les **parties** ont la faculté de **corriger ou de compléter** le règlement choisi. Elles peuvent notamment décider que les arbitres statueront en droit contrairement au règlement qui les charge de statuer en amiables compositeurs (CA Paris 14-4-1972 : Rev. arb. 1972.14).

En tout état de cause, les parties doivent, pour éviter toute surprise, prendre attentivement connaissance du règlement de l'organisme qu'elles ont choisi car elles sont liées par ses dispositions (TGI Paris 19-12-2012 nº 11/02455 : PA 2013 nº 85 p. 18 note Lima).

Par exemple, l'arrêt de la cour d'appel de Reims du 6 avril 1970 (RTD com. 1971.300) enseigne qu'une partie a été privée du droit d'agir en tierce opposition contre l'ordonnance d'exequatur d'une sentence arbitrale parce qu'elle avait négligé de lire attentivement le règlement d'arbitrage limitant à six jours la possibilité d'exercer un recours.

70912 Si l'organisme d'arbitrage méconnaît les obligations qui lui incombent en vertu de son règlement, la partie victime de cette faute peut demander **réparation du préjudice** qui en résulte pour elle (cf. Cass. 1e civ. 20-2-2001 : Bull. civ. I nº 39).

Les tribunaux judiciaires sont compétents pour juger les organismes d'arbitrage, les prestations d'une institution d'arbitrage ne constituant pas l'exécution d'une mission de service public (CA Paris 29-11-1985 : Rev. arb. 1987.335).

70915 **Arbitrage « ad hoc »** Dans l'arbitrage « ad hoc », les **parties doivent définir elles-mêmes** le régime de l'arbitrage.

Cet arbitrage favorise le secret et permet une organisation de l'arbitrage plus adaptée aux circonstances.

À cet effet, elles peuvent se reporter aux développements qui suivent relatifs à la procédure et à la sentence arbitrale (nºs 71000 s.). Il leur est spécialement recommandé si les lois applicables le permettent :
- de donner pouvoir aux arbitres de statuer sur la validité de la convention d'arbitrage ;
- de conférer aux arbitres le pouvoir de prendre des mesures provisoires ;
- de prévoir que la procédure d'arbitrage pourra se dérouler par défaut ;
- d'exiger la motivation de la sentence dès lors qu'elles entendent se réserver une voie de recours ;
- d'indiquer la langue dans laquelle la procédure sera conduite.

Sur la validité du choix de l'anglais dans une relation commerciale internationale, CA Paris 21-5-2019 nº 17-07210 : Rev. arb. 2019.625.som.

II. PROCÉDURE D'ARBITRAGE

71000 En matière d'**arbitrage interne,** sauf si les parties en ont décidé autrement dans la convention d'arbitrage, les arbitres règlent la procédure arbitrale sans être tenus de suivre les règles établies pour les tribunaux (CPC art. 1464, al. 1). Toutefois, sont toujours applicables à l'instance arbitrale les principes directeurs du procès énoncés par le Code de procédure civile aux articles 4 à 10, 11, al. 1 et 13 à 21 (CPC art. 1464, al. 2).

En matière d'**arbitrage international,** les parties (CA Paris 10-1-2012 nº 10/21671 : Rev. arb. 2012.409 note Camboulive ; CA Paris 28-2-2017 nº 15/06036, ch. 1-1 : GP 2017.som. nº 27 p. 29 note Bensaude), ou à défaut les arbitres, peuvent, directement ou par référence à un règlement d'arbitrage, déterminer les règles de procédure à suivre dans l'instance arbitrale (CPC art. 1509). Ainsi, dans les arbitrages se déroulant en France, les parties peuvent adopter ou invoquer les dispositions de procédure française qui leur conviennent (CA Paris 3-12-1998, 2e esp. : Rev. arb. 1999.601 note Jarrosson : demande d'application de l'article 700 CPC et des règles d'exécution provisoire de la sentence). Ne sont donc obligatoires que les règles expressément déclarées applicables par les textes et qui sont par la suite signalées avec l'exposé de leur contenu ainsi que celles qui apparaîtraient contraires à l'ordre public international français.

Ce pouvoir de l'arbitre est aussi reconnu, dans les arbitrages internationaux, par les conventions de Genève (art. 4-3) et de New York (cf. art. 5-1).

Toutefois, dans les pays où la **convention européenne** de sauvegarde des **droits de l'Homme** est applicable, les dispositions de cette convention étant d'ordre public, il convient de se conformer en particulier aux exigences de l'article 6 affirmant les garanties dues à tout justiciable (TGI Paris 30-10-1986 : Rev. arb. 1987.371, prononçant la résiliation des liens contractuels convenus entre une institution d'arbitrage et les parties au litige au motif que les impératifs de justice équitable prescrits par l'art. 6 n'étaient plus assurés).

En dépit de cette liberté laissée aux parties et aux arbitres, il est possible de dégager, à partir du contentieux né des procédures arbitrales, les règles principales qu'il convient d'observer dans la conduite d'une instance d'arbitrage. Ces règles valent pour l'arbitrage interne et l'arbitrage international soumis, sauf dérogation, à la loi française (CPC art. 1506).

OUVERTURE DE LA PROCÉDURE ARBITRALE

Demande d'arbitrage interne ou international Le litige est soumis au tribunal arbitral soit conjointement par les parties, soit par la partie la plus diligente (CPC art. 1462, et, sur renvoi, art. 1506, 3°). **71003**

En l'absence d'une clause compromissoire, l'engagement de la procédure arbitrale résulte du compromis établi par les parties au moment du litige ; à défaut d'écrit, le compromis peut être déduit de la **participation sans réserve** d'une partie à l'arbitrage (CA Paris 25-5-1985 : Rev. arb. 1989.228), voire de l'acte de mission établi en vertu d'une clause compromissoire nulle, dès lors que cet acte énumère les points litigieux à résoudre et ne contient pas de réserves des parties quant à la compétence du tribunal arbitral, les arbitres pouvant alors le considérer comme valant compromis (CA Paris 19-3-1987 : Rev. arb. 1987.498 note Zollinger ; dans le même sens, CA Paris 19-1-1999, 3e esp. : Rev. arb. 1999.601 note Jarrosson).

En cas de clause compromissoire, la demande résulte, en pratique, de la notification par une partie à l'autre de son intention d'ouvrir la procédure d'arbitrage conformément à la clause.

La demande est valablement introduite au nom d'une société donnée par la personne qui dispose d'une procuration spéciale pour défendre les droits de cette société et introduire une procédure déterminée (Cass. 1e civ. 18-3-2015 n° 14-13.336 : Rev. arb. 2015.1110 note Cohen).

L'instance est valablement engagée **sans** que la rédaction préalable d'un **compromis** soit nécessaire (Cass. 2e civ. 11-7-2002 n° 799 : Bull. civ. II n° 161, à propos d'un arbitrage interne mais transposable à l'arbitrage international) mais elle n'est en cours qu'à partir du moment où le tribunal arbitral est définitivement constitué et peut donc être saisi du litige, c'est-à-dire à partir de l'acceptation par tous les arbitres de leur mission (Cass. 1e civ. 25-4-2006 n° 684 : Rev. arb. 2007.79 note El Ahdab).

Il est de pratique courante de rédiger un **acte de mission,** appelé parfois « compromis d'arbitrage », scellant l'accord des arbitres et déterminant les demandes ainsi que le calendrier de la procédure ; néanmoins, la rédaction d'un tel acte n'est imposée par aucune disposition, le tribunal pouvant, à défaut d'accord des parties sur l'élaboration d'un tel acte, leur demander par ordonnance de formuler leurs prétentions, afin de connaître l'objet et l'étendue de sa mission (TGI Paris 6-1-1999 : Rev. arb. 1999.134).

Lorsqu'un acte de mission ou compromis est établi, **la clause compromissoire n'est pas novée** : elle constitue la seule expression de l'engagement des parties à se soumettre à l'arbitrage et la seule à laquelle il faut se reporter pour fixer la portée de cet engagement (Cass. civ. 6-1-1987 : Clunet 1987.638 note Goldman ; Cass. 2e civ. 24-6-2004 : JCP E 2004.pan.1264), même si la sentence rendue sur le fondement de cet acte est annulée, car les arbitres ayant épuisé leurs pouvoirs en rendant la sentence cet acte est caduc (Cass. civ. 17-7-1978 n° 76-13.279 : Rev. arb. 1979.241 note Robert) ; c'est aussi le cas si l'acte de mission est annulé (CA Paris 11-2-2010 : Rev. arb. 2010.som.381).

Il est donc recommandé aux parties de dire clairement si l'acte de mission établi consécutivement à une clause compromissoire entraîne ou non novation de cette dernière.

L'annulation de la sentence laisse subsister la possibilité d'entreprendre une nouvelle procédure, mais seulement dans la mesure où les parties ont retiré à la cour d'appel le pouvoir de statuer au fond (n° 71228).

L'acte de mission ou le compromis entraîne **ouverture de l'instance** et fixe les demandes des parties. Celles-ci, sauf indication contraire de l'acte, ne sont plus recevables après la date fixée par le tribunal arbitral pour mise de l'affaire en délibéré (CPC art. 1468). **71006**

L'ouverture de l'instance entraîne suspension des obligations nées du contrat si les parties l'ont prévue dans leur convention d'arbitrage.

La **procédure** engagée peut être rendue **caduque** par l'existence d'un désistement que les arbitres peuvent notamment déduire du défaut de versement de la provision pour frais d'arbitrage, cette solution ne heurtant aucune règle d'ordre public (Cass. civ. 26-1-1994 : Bull. civ. II p. 21) ; la partie qui se justifie en invoquant son impécuniosité doit l'établir (CA Paris 11-9-2018 n° 16/19913 : D. 2018.2448 obs. Clay). Pour éviter cette conséquence, le juge des référés peut en ordonner, sous astreinte, le versement à l'organisme d'arbitrage et aux arbitres (TGI Beauvais 9-4-1998 : GP 2001.som.1925).

Recevabilité de la demande La demande d'arbitrage introduisant une action juridictionnelle doit répondre aux conditions de la demande en justice (nos 71603 s.) ; le demandeur doit donc : **71009**

– jouir de la **qualité pour agir** en justice ; s'agissant d'une demande émanant du liquidateur d'une société insolvable au sens du règlement européen relatif aux procédures d'insolvabilité, cette condition s'apprécie selon la loi de l'État membre sur le territoire duquel la procédure d'insolvabilité a été ouverte (Sentence CCI n° 12553 en 2004 : JDI 2013.205 note E. Silva-Romero) ;

Le tribunal arbitral chargé de déterminer la qualité à agir de l'une des parties n'est pas lié par la clause ne visant qu'à désigner la loi applicable « aux droits et obligations découlant du marché public » objet du litige. En l'absence d'accord des parties sur la loi applicable à l'appréciation de la qualité à agir, le tribunal peut trancher cette question conformément aux règles de droit qu'il estime appropriées (CA Paris 4-4-2023 n° 22/00410 : GP 2023 n° 35 p.14).

– avoir un **intérêt à agir** né et actuel ; tel est le cas par exemple d'une partie, défendeur dans une première procédure arbitrale, qui, courant le risque d'une condamnation, demande à son garant la constitution d'un tribunal arbitral conformément à la clause compromissoire qui la lie audit garant (TGI Paris 16-1-1985 : Rev. arb. 1985.81) ;

– introduire sa demande **dans les délais de prescription** applicables aux obligations litigieuses (Cass. 1e civ. 9-12-2003 n° 01-12.375), sauf interruption de la prescription (même arrêt ; pour une assignation devant le tribunal de commerce valant interruption au regard de l'action en arbitrage : Sentence de la Chambre arbitrale maritime de Paris 23-8-1979 : DMF 1979.60) ;

Ces délais peuvent être réduits par la clause compromissoire dans la mesure où cet aménagement contractuel est licite (n° 71706) ; pour des exemples : CA Paris 24-1-1992 : Rev. arb. 1992.640 obs. Pellerin ; Sentence du 25-10-1972 cour d'arbitrage de la Chambre de commerce de Bulgarie : Yearbook 1979.190 ; Sentences de la Chambre arbitrale maritime de Paris 26-12-1973 : DMF 1974.441 et 16-7-1984 : DMF 1985.238 ; pour l'illicéité d'une réduction contraire à la convention de Bruxelles sur le transport maritime, CA Paris 14-2-1989 : DMF 1990.598 note Achard.

– mettre en œuvre la **tentative** de conciliation ou de médiation avant d'introduire sa demande si la convention d'arbitrage le prévoit (n° 70013).

71012 **Désignation des arbitres** La nomination des arbitres se fait conformément aux modalités prévues par les parties dans la convention d'arbitrage.

En arbitrage interne, la clause compromissoire doit, à peine de nullité, désigner les arbitres ou prévoir les conditions dans lesquelles se fera leur nomination (CPC ex-art. 1443, al. 2 ; Cass. com. 18-1-1994 : RJDA 3/94 n° 358 : nullité de la clause pour désignation insuffisante des arbitres, la clause prévoyant que tout litige serait porté devant le « tribunal arbitral siégeant à Paris »). Depuis le 1er mai 2011, ces obligations ne sont plus prescrites à peine de nullité de la clause compromissoire ou du compromis conclus postérieurement à cette date (CPC art. 1444 ; Décret 2011-48 du 13-1-2011 art. 3, 1°). Il est contraire à l'ordre public qu'une partie désigne unilatéralement l'arbitre (CA Paris 3-7-2012 n° 11/01974 : Rev. arb. 2013. 160 note Barbet).

En arbitrage international, ces indications sont facultatives (CPC art. 1508) ; la clause n'est donc pas nulle pour défaut de désignation des arbitres (CA Paris 14-11-1991 : Rev. arb. 1994.545). Tout différend sur la désignation des arbitres peut, depuis le 1er mai 2011 (CPC art. 1454, sur renvoi de l'art. 1506, 2°), être porté devant le juge d'appui.

L'acte de désignation de l'arbitre constitue le **contrat d'investiture, ou contrat d'arbitre,** qui crée une relation contractuelle entre les parties, et ce, même si un tiers préconstitué ou une institution est chargé de procéder à la nomination ou à la confirmation de l'arbitre ; la désignation de l'arbitre est l'œuvre commune des parties qui sont engagées par le contrat d'arbitre ; dès lors, la nullité de ce contrat ne peut être prononcée sans que toutes les parties aient été mises en cause (TGI Pointe-à-Pitre 4-5-2017 : D. 2108.2448 obs. Clay). Il prévoit les honoraires de l'arbitre ainsi que les frais d'arbitrage.

Les parties peuvent désigner l'arbitre dans les conditions suivantes.

71015 **1. Choix des arbitres.** En **arbitrage interne,** seules les personnes physiques peuvent être arbitres (CPC art. 1450, al. 1). Une personne morale ne peut avoir pour mission que d'organiser l'arbitrage (CPC art. 1450, al. 2).

Ces dispositions ne sont pas applicables à l'arbitrage international (cf. CPC art. 1506).

La désignation comme arbitre, dans une convention d'arbitrage, d'une personne exerçant une fonction aujourd'hui disparue entraîne sa caducité, dans la mesure où cette désignation a été déterminante du consentement des parties à l'arbitrage (CA Paris 6-6-2023 n° 21/21386 : GP 2023 n° 35 p. 6).

Tant en arbitrage **interne qu'international,** sous peine de **récusation,** il appartient à l'arbitre choisi, avant d'accepter sa mission, de révéler toute circonstance susceptible d'affecter son indépendance ou son impartialité (CPC art. 1456, al. 2 et, sur renvoi, art. 1506, 2°), car l'indépendance d'esprit est indispensable à l'exercice du pouvoir juridictionnel, quelle qu'en soit la source, et elle est l'une des qualités essentielles des arbitres (CA Paris 21-2-2012 n° 10/06953 : Rev. arb. 2012.587 note Jarrosson).

L'article 1456 du Code de procédure civile étant muet sur les motifs de récusation de l'arbitre, ceux-ci ne sont pas limités aux causes de révocation des magistrats énoncées par l'article 341 du même Code (Cass. civ. 28-4-1998 : Bull. civ. I n° 153).

L'obligation d'information de l'arbitre doit s'apprécier par rapport à la notoriété de la situation critiquée, de son lien avec le litige et de son influence sur le jugement de l'arbitre (CA Paris 2-7-2013 n° 11/23234 : D. 2013.2944.som. obs. Clay ; sur le caractère notoire, Cass. 1e civ. 25-5-2016 n° 14-20.532 F-D ; CA Paris 28-5-2013 n° 11/17672 et CA Paris 29-10-2013 nos 12/05854 et 12/05855 : D. 2013.2944.pan. obs. Clay) et au regard de la perception qu'en ont les parties et non en fonction de ce que l'arbitre lui-même en pense (CA Reims 2-11-2011 n° 10-02888 : JCP G 2011 n° 1432 p. 2543 obs. Béguin). **71015** (suite)

Quant à la notoriété du fait reproché à l'arbitre, il a été jugé que ce dernier n'avait pas à le révéler dès lors qu'il était connu et facilement accessible sur internet (CA Paris 1-6-2021 n° 18/28479). Mais cette motivation peut être remise en cause en vertu du droit à un procès équitable de l'article 6, 1 de la convention européenne des droits de l'Homme (CEDH 20-5-2021 n° 5312/11).

Une fois nommé, il appartient à l'arbitre d'informer les parties d'un **fait nouveau,** ces dernières n'ayant plus à procéder à des investigations (Cass. 1e civ. 3-10-2019 n° 18-15.756 F-D).

L'arbitre ne peut pas s'exonérer de son obligation d'informer les parties d'un fait nouveau au motif que des informations publiques très aisément accessibles étaient disponibles, que les parties ne pouvaient manquer de consulter avant le début de l'arbitrage, et de nature à caractériser la notoriété d'un conflit d'intérêts, car il ne saurait être raisonnablement exigé, ni que les parties se livrent à un dépouillement systématique des sources susceptibles de mentionner le nom de l'arbitre et des personnes qui lui sont liées, ni qu'elles poursuivent leurs recherches après le début de l'instance arbitrale (CA Paris 14-10-2014 n° 13/13459 : JCP G 2014 n° 1272 note Guyader et, sur pourvoi, Cass. 1e civ. 16-12-2015 n° 14-26.279 : RJDA 3/16 n° 240 ; CA Paris 25-2-2020 n° 19/07575).

En cas de différend sur le maintien de l'arbitre (ou sur le recours à l'arbitrage), la difficulté est réglée par la personne chargée d'organiser l'arbitrage ou, à défaut, par le juge d'appui, saisi dans le mois qui suit la révélation ou la découverte du fait litigieux (CPC art. 1456, al. 2 et 3 et, sur renvoi, art. 1506, 2° ; pour des applications de cette compétence : Cass. civ. 25-3-1999 : Rev. arb. 1999.319 note Jarrosson ; CA Paris 12-2-2009 n° 07-22164 : Rev. arb. 2009.186 note Clay).

Si l'arbitre a été maintenu, sa récusation peut alors être demandée par le **recours en annulation** de la sentence à laquelle il a participé (CA Paris 29-1-2004 : D. 2004.som.3182 obs. Clay).

Les parties ne peuvent pas se prévaloir de faits les faisant douter de l'indépendance et de l'impartialité de l'arbitre si elles ne les ont pas soulevés dans les délais du règlement d'arbitrage applicable, sans qu'aucune information complémentaire, autre que notoire, ait été découverte (Cass. 1e civ. 16-1-2019 n° 16-18.349 FS-PBI) ou sans qu'il ressorte des éléments précis quant à la structure de la sentence ou de ses termes mêmes que l'attitude de l'arbitre a été partiale ou à tout le moins serait de nature à donner le sentiment qu'elle l'a été (CA Paris 16-2-2021 n° 18/16695 : Rev. arb. 2022.431 note El Chazli).

Les éléments de nature à provoquer dans l'esprit des parties un doute raisonnable quant à l'impartialité et à l'indépendance de l'arbitre consistent en un doute qui peut naître chez une personne placée dans la même situation et ayant accès aux mêmes éléments d'information raisonnablement accessibles (CA Paris 17-5-2022 n° 20/18020 écartant comme source d'un doute raisonnable la seule organisation conjointe par l'arbitre et le conseil de la partie adverse d'une unique conférence cinq années avant l'arbitrage ; CA Paris 17-5-2022 n° 20/15162 : RJDA 8-9/22 n° 529 écartant le défaut de révélation par l'arbitre d'informations qu'il aurait dû révéler). Une cour d'appel a souverainement déduit des éléments suivants qu'il n'existait pas un lien suffisamment proche entre l'une des sociétés parties à l'arbitrage et l'un des arbitres désignés par la CCI pour provoquer dans l'esprit des parties un doute raisonnable quant à l'indépendance de celui-ci : les circonstances dont il était soutenu qu'elles auraient dû être révélées par l'arbitre ne concernaient pas d'éventuels liens avec les sociétés parties à l'arbitrage ni avec l'ancienne société mère de l'une d'elles mais avec, d'une part, un actionnaire de cette dernière dans laquelle il détenait ou avait détenu des participations indirectes non majoritaires et pour des durées variables et, d'autre part, avec un prestataire de services financiers intervenu pour cette ancienne société mère et dont il n'apparaissait pas qu'il avait avec celle-ci des intérêts convergents ou liés à l'issue de l'arbitrage (Cass. 1e civ. 9-11-2022 n° 21-17.203 FS-B : RJDA 2/23 n° 121). Un arbitre n'est pas tenu de révéler ses travaux de doctrine, circonstances qui ne pouvaient pas provoquer dans l'esprit des parties un doute raisonnable sur son indépendance et son impartialité (Cass. 1e civ. 13-4-2023 n° 18-11.290 F-D).

La nullité est prononcée dès lors que la partie demanderesse **établit** que la déclaration d'indépendance de l'arbitre revêtait un caractère délibérément tronqué et réducteur, qu'aucune circonstance spécifique ne justifiait de mettre en doute, dans l'esprit des parties, la sincérité de la déclaration et que rien au regard des circonstances révélées ne leur imposait de procéder à des investigations particulières (Cass. 1e civ. 18-12-2014 n° 14-11.085 : RJDA 3/15 n° 228, 2e esp. ; rappr. Cass. 1e civ. 10-10-2012 n° 11-20.299, 1e esp. : RJDA 1/13 n° 79, rendu sous l'empire des textes antérieurs mais transposable par analogie).

Des décisions antérieures à cet arrêt ont retenu comme cause de récusation le fait que l'arbitre a donné un avis sur le différend (CA Versailles 14-11-1996 : RJDA 1/97 n° 144), n'a pas révélé totalement tant ce qui lui est strictement personnel que ce qui concerne le cabinet dont il fait partie, son degré d'association au sein du cabinet étant indifférent (CA Reims 2-11-2011 n° 10-0888) ou qu'il était le conseil d'une société fournisseur de l'une des parties au litige (Cass. 1e civ. 1-2-2012 n° 11-11.084 : RJDA 6/12 n° 627).

Des décisions de la même période n'ont pas retenu comme constituant une cause de récusation le fait : qu'un arbitre ait effectué une expertise comptable pour l'une des parties avant sa nomination

(Cass. civ. 19-4-1985 : JCP G 1985.IV.223) ; qu'il se soit rendu dans les locaux d'une partie pour se faire présenter le matériel litigieux avant la signature du compromis (CA Paris 28-4-1988 : D. 1988.IR.161) ; qu'appelé à statuer sur l'appel en garantie formé après une procédure principale, il ait précédemment participé comme arbitre à cette procédure (TGI Paris 13-1-1986 : Rev. arb. 1987.63 note Bellet) ; qu'il ait eu connaissance antérieurement d'une affaire connexe (CA Paris 12-1-1996 : D. 1996.IR.65) ; qu'il ait été désigné par une partie qu'il avait aidée à trouver un avocat avant l'ouverture de la procédure (Cass. civ. 16-3-1999, 1re esp. : RJDA 7/99 n° 867) ; qu'il ait assisté en tant qu'avocat, sans intervenir comme orateur, à un colloque organisé par un syndicat professionnel, manifestation à laquelle la société qui l'a désigné a participé (Cass. 1e civ. 4-7-2012 n° 11-19.624, 2e esp. : RJDA 1/13 n° 79 ; rappr. CA Versailles 22-10-2019 n° 18/03519).

Le manquement de l'arbitre à son obligation de révélation peut être **aussi** sanctionné :

– par la voie d'une **action en nullité du compromis** dans lequel l'arbitre unique a été désigné pour erreur sur la personne (cf. Cass. com. 16-7-1964 : Bull. civ. IV n° 375 : arbitre unique présenté comme indépendant mais associé professionnel du conseil de l'autre partie ; contra TGI Paris 13-2-2014 n° 13/58916 : PA 2014 n° 214 p. 12 note Loizon et Meyniel, jugeant que le manquement de l'arbitre ne peut pas être sanctionné par la nullité de la convention d'arbitrage) ;

Il n'y a pas une erreur sur les qualités essentielles dans le fait d'avoir cru qu'une personne, qui avait utilisé le titre d'« arbitre de la CCI », jouissait – ce qui n'est pas le cas – d'un titre spécifique conféré par cette chambre (TGI Paris 15-1-1988 : Rev. arb. 1988.316).

L'annulation d'un acte de mission conclu avec trois arbitres a été refusée pour l'erreur sur les qualités essentielles commise par une partie sur l'arbitre qu'elle avait nommé car cette erreur ne met pas en cause la validité de la convention d'arbitrage (CA Paris 9-10-2008 n° 07-14539 : Rev. arb. 2009.360 note Duprey).

– par l'**exception d'incompétence de la juridiction arbitrale** résultant de l'obstacle à l'application de la clause compromissoire dû au fait que l'arbitre désigné se trouve en opposition d'intérêts avec l'une des parties (Cass. com. 26-2-1973 : Rev. arb. 1974.290 note Rubellin-Devichi) ;

– par la mise en cause de sa **responsabilité** (TGI Paris 12-5-1993 : GP 1993.som.578) ;

– par une **action en révision** fondée sur la fraude tenant au défaut d'impartialité des arbitres (Cass. 2e civ. 12-2-2004 n° 02-10.987 : Rev. arb. 2004.359 note Rivier ; Cass. 1e civ. 30-6-2016 n°s 15-13.755, 15-13.904, 15-14.145 : RJDA 11/16 n° 834).

71018 **2. Nombre des arbitres.** Le tribunal peut être constitué d'un seul arbitre ou de plusieurs en nombre impair (CPC art. 1451, al. 1) ; toute convention contraire est réputée non écrite (CPC art. 1461).

Si la convention d'arbitrage prévoit un **nombre pair,** les parties désignent un autre arbitre ; si elles ne s'accordent pas, le tribunal arbitral est complété dans un délai d'un mois à compter de l'acceptation de leur désignation par les arbitres choisis ou, à défaut, par le juge d'appui (CPC art. 1451, al. 2).

La **clause d'arbitrage** prévoyant la désignation d'un troisième arbitre seulement en cas de désaccord des deux arbitres désignés par les parties n'est pas manifestement nulle dès lors que le juge, s'il est saisi à cet effet, a le pouvoir de prendre les mesures nécessaires pour que le tribunal arbitral soit constitué selon la règle de l'imparité (Cass. 2e civ. 25-3-1999 : RJDA 7/99 n° 866 ; CA Versailles 9-9-1999 : RJDA 2/00 n° 228 ; CA Paris 12-1-2005 : GP 2005.som.1288).

La **sentence** rendue par un tribunal arbitral composé de deux membres est nulle (Cass. 2e civ. 21-11-2002 : RJDA 4/03 n° 453, refusant même la ratification tacite de la sentence par la partie qui ne s'était pas présentée à l'audience arbitrale).

71021 **3. Nomination par la personne chargée d'organiser l'arbitrage.** Lorsque les parties ont confié à une personne physique ou morale le soin d'organiser l'arbitrage, les arbitres doivent être acceptés par toutes les parties (cf. CPC art. 1452, al. 1).

Rien ne l'interdisant, les parties peuvent donner à cette personne les indications sur les critères auxquels elles attachent le plus d'importance, notamment sur la compétence, la réputation et la nationalité des arbitres.

À défaut d'acceptation, chaque partie désigne un arbitre, la personne chargée d'organiser l'arbitrage désignant, le cas échéant, le troisième arbitre (CPC art. 1452, 2°). Cette personne peut nommer le troisième arbitre tant que le tribunal arbitral n'a pas été définitivement constitué (pour un exemple, TGI Paris 28-10-1983 : Rev. arb. 1985.151).

La personne chargée d'organiser l'arbitrage désigne aussi l'arbitre qu'il incombe aux parties de nommer, en cas de refus de leur part d'y procéder (CPC art. 1452, 2°). Le président du tribunal judiciaire est incompétent pour le faire, mais il peut impartir un délai et renvoyer à une audience ultérieure à jour fixe pour qu'il soit statué sur toute difficulté relative à la constitution du tribunal arbitral (pour un exemple, TGI Paris 21-3-1984 : Rev. arb. 1985.84 note Fouchard).

71024 **4. Nomination par les parties.** Chaque partie nomme un arbitre, et les deux arbitres ainsi choisis désignent le troisième (n° 71018). Une partie a nommé un arbitre lorsque, tout en refusant l'arbitrage, elle a néanmoins désigné un arbitre à titre subsidiaire (Cass. civ. 8-6-1999 : RJDA 12/99 n° 1409).

Elle ne peut renoncer à ce droit dans la clause compromissoire ; elle ne peut le faire qu'après la naissance du litige (Cass. civ. 7-1-1992 : RJDA 3/92 n° 297 : cas de la nomination d'un même arbitre par deux parties liées par un même intérêt).

La nullité de cette renonciation ne doit pas entraîner celle de la clause compromissoire si la volonté commune des parties est en ce sens, car il est de règle que la nullité d'une disposition contractuelle n'entraîne celle de l'accord tout entier que si cette disposition était déterminante du consentement à l'accord (n° 15707). Dès lors que la clause compromissoire subsiste, le président du tribunal peut, le cas échéant, intervenir pour régler les difficultés de nomination des arbitres consécutives à la nullité de la renonciation (cf. TGI Paris 31-1-1986 : Rev. arb. 1987.179 note Fouchard).

Une partie peut désigner son arbitre même après l'**expiration du délai prévu** par la clause compromissoire dès lors que ce délai n'est pas institué sous peine de forclusion (CA Paris 17-11-1994 : Rev. arb. 1996.137 obs. Pellerin).

A été jugée valable la clause compromissoire prévoyant que la partie qui n'aurait pas désigné dans un délai de sept jours son arbitre serait liée par l'arbitrage rendu par l'arbitre nommé par l'autre partie agissant comme arbitre unique et comme s'il avait été nommé conjointement, cette clause ne portant pas atteinte au principe d'égalité des parties selon lequel chacun doit pouvoir choisir son arbitre avec autant de liberté que son adversaire car ce principe n'est pas en cause lorsque le tribunal arbitral est composé d'un arbitre unique (CA Paris 7-10-1999 : Rev. arb. 2000.288 note Bureau ; dans le même sens, CA Paris 8-9-2005 n° 2004-08195 : D. 2005.pan.3055 obs. Clay).

Lorsque les parties ne parviennent pas à constituer elles-mêmes le tribunal arbitral, le juge d'appui (n°s 71025 s.) nomme (CPC art. 1452 et, sur renvoi, art. 1506, 3°) :

– en cas d'arbitrage par un arbitre unique, l'arbitre ;

– en cas d'arbitrage par trois arbitres, l'arbitre qu'une partie s'abstient de choisir dans un délai d'un mois à compter de la réception de la demande qui lui en est faite par l'autre partie ou le troisième arbitre si les deux arbitres ne s'accordent pas sur ce choix dans un délai d'un mois à compter de l'acceptation de leur désignation.

Lorsqu'un arbitre a été nommé au nom et pour le compte d'une société, représentée à cet effet par un mandataire judiciaire qui, après cet acte, a été révoqué par une décision judiciaire retirant rétroactivement effet à cette nomination, la nullité de cette dernière peut être demandée devant le tribunal du ressort dans lequel l'arbitre défendeur est domicilié, et, si la nullité est prononcée, le tribunal arbitral doit en tirer les conséquences quant à la régularité de sa composition (Cass. 1e civ. 28-3-2013 n° 11-11.320 : RJDA 10/13 n° 859).

5. Intervention du juge d'appui. Pour trancher les difficultés de constitution du tribunal arbitral 71025
induites par les désaccords des parties, celles-ci peuvent s'adresser à la juridiction étatique, dite « juge d'appui », dans les conditions ci-après selon que l'arbitrage est interne ou international.

Le juge d'appui n'a qu'une compétence subsidiaire à la volonté des parties, ou à la compétence de la personne chargée d'organiser l'arbitrage, ce qui exclut sa compétence lorsqu'aucune situation de blocage n'existe (CA Paris 21-3-2017 n° 16/11169 : D. 2017.2566.som. obs. T. Clay ; TGI Paris 23-10-2013 : Rev. arb. 2014.som.214).

Il commettrait un excès de pouvoir s'il se substituait au centre d'arbitrage dans l'application de son règlement, le litige relatif à l'exécution fautive par ce dernier du contrat d'organisation de l'arbitrage relevant de la compétence de la juridiction de droit commun (TJ Paris 16-4-2021 n° 21/50115 : Rev. arb. 2021.som.591). Mais il a le pouvoir de statuer s'il existe un risque de déni de justice (CA Paris 6-4-2021 n° 20/13048).

De plus, il n'a compétence que pour connaître des difficultés pouvant survenir dans le cadre de la mise en place et de l'organisation de l'arbitrage en application des dispositions des articles 1456, 1457 et 1459 du Code de procédure civile (CA Aix 3-11-2022 n° 21/10427).

a. Arbitrage interne. Le **juge** d'appui **compétent** est le président du tribunal judiciaire 71026
(CPC art. 1459, al. 1). Il est compétent pour trancher toute difficulté rencontrée dans la constitution du tribunal arbitral (CA Reims 29-5-2012 n° 11/00218 : GP 2012.som.2922 note Bensaude), notamment pour éviter un déni de justice (CA Paris 13-11-2018 n° 16/16608 : D. 2018.2448 obs. Clay).

Toutefois, si la convention d'arbitrage le prévoit expressément, le président du tribunal de commerce est compétent pour connaître des demandes relatives au nombre des arbitres ou aux difficultés de constitution du tribunal arbitral ; dans ce cas, il peut décider de ne pas désigner d'arbitre s'il juge la convention d'arbitrage manifestement nulle ou manifestement inapplicable (CPC art. 1459, al. 2).

Le juge **territorialement compétent** est celui désigné par la convention d'arbitrage ou, à défaut, celui dans le ressort duquel le siège du tribunal arbitral a été fixé. En l'absence de toute stipulation de la convention d'arbitrage, le juge territorialement compétent est celui du lieu où demeure le ou l'un des défendeurs à l'incident ou, si le défendeur ne demeure pas en France, du lieu où demeure le demandeur (CPC art. 1459, al. 3).

Le juge d'appui est **saisi** soit par une partie, soit par le tribunal arbitral ou l'un de ses membres (CPC art. 1460, al. 1). Il ne peut désigner qu'une personne physique en qualité d'arbitre sans qu'il lui soit permis de déléguer ce pouvoir à une personne morale (Cass. 1e civ. 29-11-2023 no 22-18.630 FS-B : RJDA 3/24 no 198).

Le juge statue selon la procédure **accélérée** au fond (CPC art. 1460, al. 2).

À défaut de saisine du juge d'appui en la forme des référés (désormais selon la procédure accélérée au fond : no 72503), c'est-à-dire de manière contradictoire, la sentence rendue par le tribunal arbitral sur le fondement de l'ordonnance prise sur la base de cette saisine a été prononcée par un tribunal irrégulièrement composé et doit donc être annulée (CA Versailles 14-11-1996 : RJDA 1/97 no 144).

La décision du juge d'appui, statuant en référé doit être annulée pour excès de pouvoir si le juge a méconnu l'étendue de ses pouvoirs (CA Paris 12-2-2013 no 12/12613 : GP 2013.som.1229 note Bensaude). N'a pas commis un tel excès le juge d'appui saisi en référé qui n'a fait que désigner un tiers arbitre en remplacement d'un autre antérieurement désigné pour constituer le tribunal arbitral en application des clauses contractuelles voulues par les parties (CA Montpellier 19-11-2020 no 19/04956).

Le juge d'appui statue par jugement non susceptible de **recours** ; toutefois, ce jugement peut être frappé d'appel lorsque le juge déclare n'y avoir lieu à désignation au motif que la convention d'arbitrage est manifestement nulle ou manifestement inapplicable (CPC art. 1460, al. 2 ; sur l'irrecevabilité de l'appel d'une décision nommant un troisième arbitre, Cass. 1e civ. 19-12-2012 no 11-10.535 : Rev. arb. 2013.721 note Boucaron-Nardetto, transposable sous le régime actuel en raison de l'identité des textes applicables ; sur l'irrecevabilité du pourvoi qui conteste les motifs de l'arrêt jugeant que la clause compromissoire n'est pas manifestement nulle, Cass. 1e civ. 13-2-2019 no 18-10.985 FS-PB : RJDA 5/19 no 389). La décision a l'**autorité de la chose jugée** sauf fait nouveau survenu depuis (Cass. 1e civ. 13-3-2013 no 12-20.573 : RJDA 6/13 no 566).

Toute **convention contraire** aux règles de nomination des arbitres ci-dessus exposées est **réputée non écrite** (CPC art. 1461). Mais l'irrégularité peut être couverte, à notre avis, soit expressément, soit tacitement par les parties car ces règles sont d'ordre public de protection (en ce sens, CA Paris 16-11-1999 : Rev. arb. 2000. 313 note Clay : validité de la renonciation au principe d'égalité dans la désignation des arbitres).

71027 **b. Arbitrage international.** Le président du tribunal judiciaire de Paris n'est **compétent** en tant que juge d'appui pour régler les incidents de constitution du tribunal arbitral que lorsque l'arbitrage répond à l'une des **conditions** suivantes (CPC art. 1505, al. 1) :

- il se déroule en France ;
- les parties l'ont soumis à la loi de procédure française ;
- elles ont expressément donné compétence aux juridictions étatiques pour connaître des différends relatifs à la procédure arbitrale (condition applicable seulement aux conventions d'arbitrage conclues après le 1-5-2011 : Décret 2011-48 art. 3, 1o) ;

  Bien entendu, la compétence française est écartée si elles ont désigné le juge d'un autre État (pour un exemple où les parties, dont une française, ont donné compétence au président de la Cour suprême du Danemark, Rev. arb. 1984.335 ; aussi CA Paris 21-11-2002 : Rev. arb. 2003.239.som.).

- ou l'une des parties est exposée à un risque de déni de justice.

Les parties peuvent adopter une **clause contraire** (CPC art. 1505, al. 1 ; déjà en ce sens CA Paris 1-3-2007 : RTD com. 2008.526 obs. Loquin).

Le président du tribunal judiciaire de Paris est le seul juge français compétent (Cass. 1e civ. 7-3-2000 no 99-16.104 : Bull. civ. I no 74 rendu sous l'empire de l'ex-article 1493, al. 2 CPC qui admettait également la clause contraire). Par suite, dès lors que les parties ont écarté sa compétence, la décision prise par l'autorité qu'elles ont préconstituée est sans postérité sur le plan juridictionnel (CA Paris 5-6-2003, 2 arrêts : Rev. arb. 2004.134.som.).

Le président statue selon la **procédure accélérée** au fond (CPC art. 1460, al. 2 sur renvoi de l'art. 1506, 2o).

L'instance arbitrale est suspendue par application de l'article 1473 du Code de procédure civile pendant le cours de la procédure devant le juge d'appui (CA Paris 8-4-2014 no 12/20478 : Rev. arb. 2015.118 note Pic).

Le jugement n'est pas susceptible d'appel, mais celui-ci est recevable si le jugement déclare n'y avoir lieu à désignation pour clause compromissoire manifestement nulle ou manifestement inapplicable (CPC art. 1460, al. 3 sur renvoi de l'art. 1506, 2o). L'appel-nullité est recevable dans tous les cas où le juge d'appui a commis un excès de pouvoir (CA Paris 15-2-2022 no 21/16356 : Rev. arb. 2022.994 note Plissonnier).

Il est libre de son choix ; il peut en particulier nommer un arbitre de la nationalité de l'une des parties (TGI Paris réf. 22-5-1987 et 23-6-1987 : Rev. arb. 1988.699 note Fouchard).

71033 **6. Effets de la nomination des arbitres.**

Le tribunal arbitral est définitivement **constitué** au moment où le ou les arbitres ont accepté la mission qui leur est confiée et il est, à cette date, **saisi** du litige (CPC art. 1456, al. 1 et, sur renvoi, art. 1506, 2o, applicables si le tribunal arbitral a été constitué après le 1-5-2011 ; sur la même solution antérieurement : Cass. 1e civ. 6-2-2007 no 05-20.137 : GP 2007.som.1204).

Il est recommandé aux parties de prévoir, au moment de la nomination des arbitres, les conséquences d'une **indisponibilité** ou d'un empêchement de ceux-ci ; à défaut, la difficulté est tranchée par le juge d'appui (CPC art. 1457).

En l'état d'une clause compromissoire par laquelle les parties s'engageaient à recourir, en cas de difficulté, à l'arbitrage d'une personne déterminée « en présence de laquelle avaient été discutés leurs accords », une cour d'appel, interprétant souverainement cette clause, a pu décider qu'elle avait été acceptée en considération de la personne de l'arbitre et que le décès de celui-ci l'avait rendue caduque (Cass. civ. 23-5-1973 : GP 1973.2.pan.182).

À défaut de précision dans la convention d'arbitrage, le nouvel arbitre est désigné suivant les modalités convenues entre les parties ou, à défaut, suivant celles qui ont présidé à la désignation de l'arbitre qu'il remplace (CPC art. 1473, al. 2).

À compter du moment où les arbitres ont accepté leur mission, ils sont **liés** aux parties au litige par le contrat d'arbitrage (cf. CA Paris 17-3-2005 : Rev. arb. 2005.som.790, qui vise les rapports contractuels), qui n'est pas un contrat de mandat (Cass. 2e civ., 3-7-1996 : RJDA 11/96 n° 1414).

Lorsque les parties ont désigné un centre institutionnel d'arbitrage, elles sont aussi liées contractuellement à ce centre (Cass. civ. 20-2-2001 n° 99-12.754 : D. 2001.IR.903 ; Bull. I n° 39).

Ce contrat les oblige **à juger conformément à leur mission** (sur l'annulation de la sentence pour non-respect par les arbitres de leur mission, nos 71222 et 71333).

L'exécution de leur mission leur ouvre droit à la **rémunération** convenue dans la mesure du travail accompli ; en conséquence, celle-ci est due même si une sentence n'a pu être rendue, dès l'instant où le travail a été certain et qu'il n'y a point négligence de la part des arbitres dans le fait que l'arbitrage n'a pu être terminé par une sentence ; elle peut être réduite en fonction des diligences accomplies et même supprimée si leur responsabilité civile de droit commun est engagée (CA Paris 13-12-2001 : Rev. arb. 2003.1312 note Lécuyer).

Les parties sont solidairement débitrices de cette rémunération en vertu du contrat d'arbitre sans que les juges, s'agissant d'un arbitrage international, n'aient à se référer à une loi étatique (Cass. 1e civ. 1-2-2017 n° 15-25.687 : RJDA 4/17 n° 302).

La **responsabilité civile** des arbitres peut être engagée en cas de manquement à leur obligation d'impartialité et de bonne foi, ou encore en cas de commission d'une faute personnelle équipollente au dol ou constitutive d'une fraude, d'une faute lourde ou d'un déni de justice (Cass. 1e civ. 15-1-2014 n° 11-17.196 : Bull. civ. I n° 1).

Sur la responsabilité spéciale des arbitres pour non-respect du délai pour statuer, n° 71081.

Lieu de l'arbitrage Les parties peuvent **librement fixer** le lieu de l'arbitrage soit directement en indiquant un pays ou une ville déterminée, soit indirectement par référence au lieu du domicile du défendeur, ou à celui de l'exécution principale du contrat, ou encore à celui du siège de l'organisme d'arbitrage choisi. Elles peuvent même laisser à une seule d'entre elles la faculté de choisir ce lieu (CA Versailles 14-12-1995 : DA 1996.296). 71036

Le silence des parties équivaut à s'en remettre aux arbitres du soin de fixer ce lieu (Sentence CCI n° 4589 en 1984 : Yearbook 1986.148) et, par voie de conséquence, à la loi de la procédure d'arbitrage, car les arbitres tendent à appliquer celle du lieu de l'arbitrage (Sentence CCI 16-7-1986 : Yearbook 1987.113).

Pour éviter toute équivoque, il est recommandé aux parties d'écrire expressément le nom de la localité où l'arbitrage doit avoir lieu ou, le cas échéant, ceux des localités en option. Cette indication est particulièrement utile lorsqu'un règlement d'arbitrage est choisi avec indication du siège de l'organisme (n° 70906).

Le lieu de l'arbitrage **n'a de conséquences juridiques** qu'au regard des voies de recours et l'exécution de la sentence car le siège de l'arbitrage est une notion purement juridique placée sous la dépendance de la volonté des parties, et non une notion matérielle dépendant du lieu où l'audience a été tenue ou du lieu effectif de signature de la sentence, susceptible de varier au gré de la fantaisie ou de la maladresse des arbitres (CA Paris 28-10-1997 : Rev. arb. 1998.399 note Leurent) ; le choix par les parties d'un lieu d'arbitrage n'exige donc nullement la présence des arbitres dans le lieu contractuellement choisi (CA Paris 6-7-2006 : RTD com. 2007.689 obs. Loquin) ; ce lieu n'est pas modifié si les arbitres tiennent des audiences et prononcent des ordonnances de procédure dans un autre lieu (CA Paris 28-10-1997 précité).

Compétence des arbitres Les arbitres sont compétents pour les **litiges visés par la clause** d'arbitrage : ils ne peuvent pas juger d'autres contestations (CA Paris 28-6-1988 : D. 1988.IR.233), mais peuvent juger des contestations non incluses dans l'acte de mission dès lors que celles-ci rentrent dans le champ de la clause (Cass. civ. 6-3-1996 : RJDA 6/96 n° 853). 71039

Ne statuent pas sur leur compétence les arbitres qui déclarent irrecevable la demande d'arbitrage, au regard du pouvoir dont se prévaut la personne qui prétend représenter une société donnée (Cass. 1e civ. 18-3-2015 n° 14-13.336 : Rev. arb. 2015.1110 note Cohen).

Que l'arbitrage soit interne ou international, il leur incombe d'apprécier **eux-mêmes la validité** et les limites de leur investiture si elle est contestée devant eux, selon le principe dit « compétence-compétence » (CPC art. 1465 et, sur renvoi, art. 1506, 3°; Cass. com. 12-12-2007 n° 07-13.927 : RJDA 4/08 n° 470 ; CA Paris 2-4-2003, 2e esp. : Rev. arb. 2005.115 note Boucobza).

En cas d'arbitrage résultant d'un traité bilatéral d'investissement, le tribunal arbitral ne peut connaître d'un litige que s'il entre dans le champ d'application du traité et qu'il est satisfait à l'ensemble des conditions du pouvoir de juger ; sauf stipulation expresse, ces conditions ne peuvent pas conduire à priver le tribunal arbitral, ainsi investi, de l'exercice de son pouvoir de juger et notamment faire dépendre la compétence du tribunal de la recevabilité des demandes portées devant lui (CA Paris 7-6-2022 n° 21/10427, jugeant que la condition de délai posée en l'espèce s'apparentait à un délai de prescription qui commandait la recevabilité de la demande d'arbitrage, et non l'aptitude des arbitres à connaître du litige et donc leur compétence).

Les arbitres exercent ce pouvoir sous les conditions suivantes :

– ils doivent être saisis par une **contestation** de leur compétence ; tel est le cas lorsqu'une partie a remis un mémoire en défense contenant une demande reconventionnelle, mais sous les plus expresses réserves et « pour éviter qu'une décision soit rendue à son encontre sur le seul fondement des prétentions formulées » par son adversaire (CA Paris 7-7-1987 : Rev. arb. 1988.648 note Mezger) ;

Toutefois, certains arbitres examinent d'office leur compétence (Sentence CCI n° 15812 en 2009 : JDI 2014.210 note Cavalieros), ce que tend à admettre la juridiction étatique (cf. CA Paris 22-3-1991 : Rev. arb. 1992.652 obs. Cohen).

– ils n'ont **pas l'obligation** de rappeler formellement la règle de l'autonomie de la clause compromissoire (Cass. civ. 22-1-1975 : Clunet 1975.548 note Fouchard) ni, en matière d'arbitrage international, de se référer à une loi étatique pour apprécier la validité d'une convention d'arbitrage (CA Paris 3-12-2002 : Rev. arb. 2003.1286 note E. Gaillard) ;

– ils peuvent statuer par une même **sentence sur la compétence et le fond,** en vertu de leur pouvoir (n° 71000) d'organiser la procédure, sauf volonté contraire des parties (Cass. 1e civ. 8-3-1988 n° 87-11.520 : Bull. civ. I p. 42) ;

– ils ne violent pas, du seul fait qu'ils se déclarent compétents, **l'ordre public international,** dès lors qu'il n'est pas établi en quoi la sentence contestée heurterait les principes et valeurs de l'ordre juridique français (CA Paris 28-6-2022 n° 21/06317).

Il ne peut être fait obstacle à ce pouvoir par la juridiction étatique que dans les conditions exposées n° 70850.

DÉROULEMENT DE L'INSTANCE

71045 **Mesures d'instruction** Les arbitres doivent **se conformer aux mesures éventuellement prévues** par la convention d'arbitrage, par exemple ordonner une expertise aux fins de procéder à certaines investigations (cas par exemple du règlement CCI ; pour des applications : Sentence CCI n° 4126 en 1984 : Clunet 1984.934 obs. Jarvin ; Sentence n° 4998 en 1985 : Clunet 1986.1139 obs. Jarvin ; Sentence CCI n° 7388 en 1993 : Clunet 2000.1107 obs. Hascher).

Les parties peuvent convenir de se reporter, pour les modalités de la preuve de leurs prétentions, aux « règles IBA » (règles établies par l'International Bar Association) relatives à l'arbitrage international, qui visent à rationaliser la procédure d'arbitrage.

À défaut, ils apprécient l'opportunité d'ordonner une **mesure appropriée** (CA Paris 3-12-1998, 2e esp. : Rev. arb. 1999.601 note Hory). Notamment, le tribunal arbitral peut entendre toute personne, sans prestation de serment, et si une partie détient un élément de preuve, il peut lui enjoindre de le produire selon les modalités qu'il détermine et au besoin à peine d'astreinte (CPC art. 1467, al. 2 et, sur renvoi, art. 1506, 3°).

Il peut aussi **ordonner la production de pièces** détenues par une partie selon les règles qu'il détermine et au besoin à peine d'astreinte (CPC art. 1467, al. 3 ; CA Paris 19-1-2016 n° 15/12349 : Rev. arb. 2016.351.som. : dispensant la décision arbitrale d'exequatur car il s'agit d'un ordre distinct du pouvoir de juger ; CA Paris 29-9-2020 n° 19/11695 : rejet de la production faite hors du délai prescrit par le tribunal arbitral).

Si une partie à l'instance arbitrale entend faire état d'un acte authentique ou sous signature privée auquel elle n'a **pas été partie ou d'une pièce détenue par un tiers,** les règles suivantes sont applicables (CPC art. 1469 et, sur renvoi, art. 1506, 3°) :

– cette partie peut, sur invitation du tribunal arbitral, faire assigner ce tiers devant le président du tribunal judiciaire aux fins d'obtenir la délivrance d'une expédition ou la production de l'acte ou de la pièce ;

– la compétence territoriale du président du tribunal judiciaire est déterminée conformément au droit commun (nos 72020 s.) ;

– la demande est formée, instruite et jugée selon la procédure accélérée au fond ;

– le président, s'il estime la demande fondée, ordonne la délivrance ou la production de l'acte ou de la pièce, en original, en copie ou en extrait, selon le cas, dans les conditions et sous les garanties qu'il fixe, au besoin à peine d'astreinte ;
– cette décision n'est pas exécutoire de plein droit ;
– elle est susceptible d'appel dans un délai de quinze jours suivant sa signification.

En arbitrage **interne,** les actes d'instruction et les procès-verbaux sont faits **par tous les arbitres** si la convention d'arbitrage ne les autorise pas à en charger l'un d'eux (CPC art. 1467, al. 1).

Le défaut de communication des procès-verbaux que les avocats des parties n'ont pas invité l'arbitre à dresser n'est qu'une irrégularité purement formelle de la procédure, de laquelle on ne peut déduire que l'arbitre n'a pas statué conformément à sa mission (CA Paris 28-4-1988 : D. 1988.IR.161).

Sauf stipulation contraire, le tribunal arbitral a le pouvoir de trancher l'incident de **vérification d'écriture ou de faux** conformément aux dispositions des articles 287 à 294 et de l'article 299 du Code de procédure civile ; en cas d'inscription de faux incident, il est fait application de l'article 313 du même Code (CPC art. 1470, et, sur renvoi, art. 1506, 3°).

Indépendamment de la procédure d'arbitrage, les parties peuvent demander au **président du tribunal judiciaire ou de commerce** d'ordonner une mesure d'instruction dans les conditions prévues à l'article 145 du Code de procédure civile (n° 75527) tant que le tribunal arbitral n'est pas saisi (CPC art. 1449 et, sur renvoi, art. 1506, 1° ; CA Paris 29-3-2016 n° 14-25237 : GP 2016.som. 12 juillet n° 26 p. 20 note Bensaude ; CA Grenoble 11-4-2019 n° 18/04448).

À défaut d'indication de la juridiction territorialement compétente pour connaître de la demande est compétente la juridiction du lieu du domicile du défendeur (CA Paris 26-9-2019 n° 19/04186).

Elles peuvent aussi, si elles estiment que leur contrat met en cause **une disposition du droit de l'UE** dont le sens leur paraît douteux, demander au tribunal compétent d'interroger en interprétation la Cour de justice de l'Union européenne, laquelle ne peut pas être directement saisie par l'arbitre (CJCE 23-3-1982 : D. 1983.633 note Robert ; sur ce recours en interprétation, n° 74705).

Pouvoir de juger Si l'**arbitrage** est **interne,** l'arbitre a pour mission de juger le litige qui **71048**
lui est soumis conformément aux **règles de droit** (CPC art. 1478), sous-entendu de l'ordre juridique français ; s'il est **international,** l'arbitre tranche le litige conformément aux règles de droit que les parties ont choisies ou, à défaut, conformément à celles qu'il estime appropriées ; il tient compte, dans tous les cas, des usages du commerce (CPC art. 1511 ; pour une application de la loi la plus appropriée, CA Paris 25-2-2020 : RTD com. 2021.546 obs. Loquin). Cette obligation a pour effet d'interdire seulement à l'arbitre de violer une des règles dont la loi sanctionne la méconnaissance par la nullité de la sentence (nos 71216 et 71330 s.) ou par le refus d'exequatur (nos 71248 et 71320 s.).

L'arbitre peut relever d'office un moyen de pur droit, même si le moyen soulevé aboutit à une solution plus favorable à l'une des parties, dès lors qu'il respecte le principe du contradictoire, l'acte de mission et le principe d'égalité des armes (CA Paris 10-5-2016 : Rev. arb. 2017.221 note Racine). Le principe d'égalité des armes relève de l'ordre public international de protection ; une partie peut donc y renoncer (CA Paris 14-5-2019 n° 16/16502 : Rev. arb. 2019.som.619). Il implique que chaque partie ait la possibilité raisonnable d'exposer sa cause dans des conditions qui ne la placent pas dans une situation de net désavantage par rapport à la partie adverse (CA Paris 28-5-2019 n° 1/03659 : Rev. arb. 2019.som.633).

Quel que soit l'arbitrage, s'il y a lieu, le tribunal arbitral **peut surseoir** à statuer et il peut, suivant les circonstances, révoquer le sursis ou en abréger le délai (CPC art. 1472 et, sur renvoi, art. 1506, 3°).

Néanmoins, si l'arbitrage est **interne** et s'il existe une **instance pénale** en cours devant une juridiction française dont la décision attendue peut influer sur la solution du litige que l'arbitre doit trancher, il **doit** surseoir à statuer (CA Paris 16-6-1998 : Rev. arb. 1999.333 note Idot ; CA Paris 1-3-2001, 4e esp. : Rev. arb. 2001.584 obs. Racine) mais seulement, à notre avis, dans la mesure où cette instance porte sur l'action en réparation du dommage causé par l'infraction en raison des dispositions de l'article 4 du Code de procédure pénale (n° 74318).

Si l'arbitrage est **international,** l'arbitre n'est **pas tenu** de surseoir même si une instance pénale est pendante **sauf** si la procédure pénale se déroule en France, si la demande de sursis à statuer est présentée à l'appui d'un recours en annulation de la sentence, si les faits dénoncés comme constituant l'infraction ont une incidence directe sur la cause d'annulation de la sentence et si la décision pénale à intervenir est susceptible d'influer sur la décision civile (Cass. 1e civ. 25-10-2005 n° 02-13.252 : Rev. arb. 2006.103 note Racine ; CA 1-3-2001 4e espèce : Rev. arb. 2001.584 obs. J.-B. Racine ; Sentence CCI n° 7986 en 1999 : Clunet 2002.1071 obs. Y. Derains).

Il exerce **seul son pouvoir** de juger : l'organisme d'arbitrage qui l'a nommé ne peut interférer dans l'exercice de ce pouvoir (CA Paris 18-11-1987 et 4-5-1988 : Rev. arb. 1988.657 note Fouchard) et le juge ne peut pas ordonner une suspension des opérations d'arbitrage (Cass. civ. 28-10-1999 : GP 2000.som.2557) : il doit renvoyer la partie qui se plaint à se pourvoir, le cas échéant, en nullité de la sentence (CA Paris 4-5-1988 précité).

L'arbitre est tenu de résoudre **toutes** les difficultés dont la solution est un préalable nécessaire à celle du litige dont il est valablement saisi au principal, à moins que ces questions ne soient par nature non sujettes à arbitrage (CA Paris 10-5-2016 n° 14/20486 : GP 2016.som. n° 26 p. 22 note Bensaude, refusant à l'arbitre la possibilité de saisir le juge d'une question préjudicielle).

71051 **Amiable composition** L'arbitre peut être **dispensé de suivre les règles de droit** : il en est ainsi lorsque les parties lui ont donné le pouvoir de statuer comme amiable compositeur (CPC art. 1478 et 1512).

La clause d'amiable composition est une renonciation conventionnelle aux effets et au bénéfice de la règle de droit, les parties perdant la prérogative d'en exiger la stricte application, et les arbitres recevant corrélativement le pouvoir de modifier ou modérer les conséquences des stipulations contractuelles, dès lors que l'équité ou l'intérêt commun des parties l'exige (CA Paris 28-11-1996 : Rev. arb. 1997.380 note Loquin ; CA Paris 23-1-2018 n° 16/12618 : GP 2018 n° 27 p. 24 note Bensaude).

Lorsque les parties optent pour l'amiable composition, le mieux est de le dire **expressément** dans la clause compromissoire. À défaut, leur choix peut être déduit de dispositions qui l'impliquent **tacitement.**

Ainsi les arbitres sont amiables compositeurs lorsqu'ils sont invités à statuer librement (CA Lyon 28-6-1881 : DP 1882.2.190), mais on ne peut déduire de la formule selon laquelle la décision des arbitres « s'imposera aux parties » la volonté de celles-ci de choisir l'amiable composition (Cass. civ. 13-5-1991 : Bull. civ. II p. 78).

71054 Les arbitres amiables compositeurs doivent statuer **en équité** et le justifier en y faisant référence dans leur sentence, ce qui n'est pas le cas s'il y est seulement mentionné que l'arbitre a statué en amiable compositeur (Cass. 1e civ. 12-6-2014 n° 13-18.596 : RTD com. 2016. obs. Loquin).

Ils ne peuvent rejeter une demande en paiement exclusivement par application des règles de droit, sans s'expliquer sur la conformité de celle-ci à l'équité (Cass. 2e civ. 10-7-2003 : JCP E 2004.112 note Chabot ; CA Paris 15-1-2004 : Rev. arb. 2004.907 note Betto). L'amiable compositeur doit confronter la solution résultant du droit ou du contrat à l'équité (CA Paris 12-2-2004 : GP 2004.som.1985 ; Rev. arb. 2004.665 et chron. G. Bolard p. 511, spéc. n° 18 ; CA Paris 3-7-2007 n° 06/00011 : Rev. arb. 2007.821 note Chantebout), le pouvoir d'amiable composition n'étant pas à sa disposition (CA Paris 20-11-2003 : Rev. arb. 2004.441.som.).

Le juge de l'annulation n'a pas à contrôler l'équité de la solution donnée au litige par les arbitres en exerçant leur pouvoir de modifier ou de modérer les conséquences de la règle de droit (CA Paris 16-6-2020 n° 18/09616 ; CA Paris 17-5-2022 n° 20/05576).

Mais ils n'ont **pas** l'obligation de statuer **seulement en équité** (Cass. civ. 29-11-1995 : Rev. arb. 1996.234 note Loquin) ; ils peuvent appliquer les règles de droit en justifiant que cette application est conforme à l'équité (Cass. civ. 15-2-2001 : D. 2001.2780 note Rontchevsky), cette justification pouvant se déduire de la motivation de la sentence (CA Paris 9-12-2010 n° 09/18746 : GP 2011.som.1624 note Bensaude).

Les arbitres amiables compositeurs **peuvent notamment** :

– choisir comme date d'évaluation d'un bien celle qui leur paraît la plus opportune (CA Douai 4-5-1951 : D. 1951.476) ;

– ordonner l'exécution provisoire de la sentence sans avoir à justifier de l'urgence (CA Paris 18-6-1948 : D. 1948.444 ; aussi CA Aix 28-9-1982 : GP 1983. som.181) ;

– refuser d'annuler, par équité, l'assemblée générale d'un groupement d'intérêt économique et d'une société qui avait été irrégulièrement tenue (CA Paris 6-1-1984 : Rev. arb. 1985.279 ; CA Paris 12-3-1985 : Rev. arb. 1985.299) ;

– décider d'évaluer des actions non pas à la date prévue au contrat, mais à la date du départ des actionnaires, puis d'écarter l'application d'une pénalité et enfin de restreindre la portée d'une clause de non-concurrence (CA Paris 12-3-1985 : Rev. arb. 1985.299) ;

– ne pas respecter les règles de procédure (CA Paris 21-2-1966 : JCP G 1966.II.14828 note Level ; CA Rouen 26-11-1976 : DMF 1977.413 : possibilité pour l'arbitre de prendre des renseignements d'ordre technique hors de la connaissance des parties) ;

– pour résoudre le différend relatif aux comptes des parties, condamner l'une d'entre elles au paiement du solde mettant fin aux conventions d'où ces comptes résultaient, en l'absence de toute demande en condamnation (CA Paris 26-11-1968 : Rev. arb. 1968.133) ou tempérer la rigueur d'un arrêté comptable contradictoire (CA Paris 31-5-1991 : Rev. arb. 1992.669 obs. Moitry) ;

– prononcer la compensation ou la solidarité, bien que ces mesures n'aient pas été expressément demandées (Cass. com. 17-1-1967 : JCP G 1967.II.15065 note P.L.) ;

– prévoir, même en l'absence de demande, des garanties concernant l'exécution de la sentence (CA Limoges 25-11-1968 : Rev. arb. 1968.143) ;

– atténuer les effets excessifs d'une clause, par référence à l'équité, pour concilier la lettre d'un contrat international de longue durée et son exécution de bonne foi dans des circonstances qui bouleverseraient l'équilibre entre les parties (Cass. civ. 28-4-1987 n° 85-14.904 : Bull. civ. I n° 128 ; aussi CA Paris 4-11-1997 : Rev. arb. 1998.704 obs. Derains) ;

– fixer le point de départ du cours des intérêts moratoires d'une somme d'argent au jour de leur décision et non, comme le prescrit l'article 1344-1 du Code civil, au jour de la demande en paiement (Cass. 1e civ. 11-2-2015 n° 13-21.478 : RJDA 11/15 n° 796).

Quelle que soit leur latitude, les arbitres amiables compositeurs **ne peuvent pas** :
– renégocier un contrat (CA Paris 12-3-1985 : Rev. arb. 1985.299 ; dans le même sens, Sentences CCI n° 2694 en 1977 : Clunet 1978.985 obs. Derains et n° 3938 en 1982 : Clunet 1984.926 obs. S.J.) ou refaire, après l'avoir déclaré résolu, un contrat comportant de nouvelles obligations et des modalités d'exécution originales (CA Paris 28-11-1996 : Rev. arb. 1997.381 note Loquin) ou en modifier l'économie en substituant aux obligations contractuelles des obligations nouvelles ne répondant pas à l'intention commune des parties (CA Paris 8-3-2016 n° 14/21055 : Rev. arb. 2016.883) ; toutefois, des arbitres ont annulé un contrat pour prix excessif (Sentence ad hoc du 17 février 1971 : Yearbook 1976.136) et un tribunal (TGI Paris 6-6-1979) a décidé que le juge statuant en amiable compositeur, conformément à l'article 5, al. 5 du Code de procédure civile, peut procéder à une réfection d'une convention légalement formée ;
– rechercher, devant se prononcer sur les conditions d'application d'un contrat de publicité liant les parties, si l'une d'elles avait rempli ses obligations d'employeur à l'égard de l'autre (Cass. civ. 20-12-1971 : Rev. arb. 1972.122 note Loquin) ;
– imposer aux héritiers une dette personnelle à l'égard d'une personne étrangère au partage qu'il avait reçu mission d'effectuer (Cass. civ. 5-6-1973 : Rev. arb. 1974.11 note Loquin) ;
– attribuer à une partie une somme supérieure à celle demandée (Cass. civ. 25-3-1992 : Rev. arb. 1992.671 obs. Zollinger, cet auteur précisant dans sa note qu'il s'agissait d'amiable composition) ;
– reconnaître au profit d'un créancier qui a déclaré au redressement judiciaire d'un débiteur une créance sur le fondement de la violation du contrat les liant, une autre créance fondée sur l'insuffisance de bonne foi du débiteur (CA Paris 11-2-2010 n° 08/21013 : GP 2010.jur.1713 note Bensaude).

Un amiable composteur s'est reconnu le droit d'apprécier librement l'autorité de la chose jugée d'une sentence (Sentence CCI n° 13509 en 2006).

En tout état de cause, les arbitres amiables compositeurs doivent :
– respecter les règles d'**ordre public de direction** (cf. CA Paris 19-12-2017 n° 16/11404 : D. 2018.2448.som. obs. Clay pour qui, à propos d'un arbitrage interne, et a fortiori à propos d'un arbitrage international soumis par hypothèse à un ordre public moins exigeant, la renonciation à l'ordre public de protection se déduit de l'adoption de l'amiable composition et est valable dès lors que, prévue par la clause compromissoire, elle est confirmée par sa reprise dans l'acte de mission) ;
– même invoquer **d'office** cet ordre public (CA Paris 16-3-1995 : Rev. arb. 1996.146 obs. Derains) ;
– **motiver l'exercice de leur pouvoir** (Cass. civ. 25-10-1995 : JCP G 1995.IV.2616 ; CA Paris 20-1-1989 : D. 1989.IR.61 ; CA Paris 27-9-2022 n° 21/06684) ;
– **faire respecter** l'obligation incombant à chaque partie de prouver les faits nécessaires au succès de sa prétention (cf. Cass. civ. 28-2-1990 : Rev. arb. 1991.649 obs. Pellerin) ;
– **observer le principe du contradictoire** ainsi que les limites de leur mission (CA Colmar 8-6-2000 : GP 2001. som.1597 note Vray ; CA Paris 14-12-2000 : Rev. arb. 2001.806) ;
– **respecter le principe de bonne foi** (CA Paris 5-7-2001 : GP 2002.som.760).

L'exercice du pouvoir de juger en équité ne fait pas, par principe, obstacle au contrôle par le juge de l'exequatur de l'éventuelle atteinte à l'ordre public international (Cass. 1e civ. 30-1-2019 n° 17-28.555 F-PB : jugé à propos de l'exercice de ce pouvoir par le juge étranger mais transposable à l'arbitre dont l'office est le même).

Les arbitres **ne se prononcent pas en amiables compositeurs** lorsqu'ils se réfèrent à « l'ensemble des règles du commerce international dégagées par la pratique et ayant reçu la sanction des jurisprudences nationales » (Cass. civ. 22-10-1991 : Clunet 1992.177 note Goldman), s'ils statuent conformément au droit tout en déclarant agir en amiables compositeurs (CA Versailles 13-7-1994 : Rev. arb. 1995.495 note Jarrosson), si les parties les ont chargés de qualifier le contrat litigieux (CA Paris 21-3-1991 : Rev. arb. 1991.669 note Loquin), si, tout en utilisant l'expression « en équité » pour qualifier la somme qu'ils décident être la juste indemnisation du préjudice, ils déterminent celle-ci en appliquant les règles du droit français relatives à la réparation du préjudice (CA Paris 3-6-1993, 3e esp. : Rev. arb. 1995.468 ; dans le même sens, Cass. civ. 30-9-1981 : JCP G 1981.IV.389) ou lorsqu'ils apprécient souverainement le préjudice (Cass. 1e civ. 24-9-2014 n° 12-28.453 : RTD com. 2016.61 obs. Loquin). **71057**

Lorsque l'**arbitrage est international,** les parties doivent spécialement s'assurer, si elles entendent conférer aux arbitres un pouvoir d'amiable compositeur, que les différentes lois susceptibles d'être applicables à l'arbitrage le leur permettent (pour un exemple d'annulation d'une clause d'arbitrage prévoyant un pouvoir d'amiable composition en contradiction avec la loi de la Malaisie applicable au contrat, Sentence du 26 février 1985 de la commission d'arbitrage de Bucarest : Clunet 1988.475). **71060**

Obligations des parties En application de l'article 1464, al. 3 du Code de procédure civile, les parties sont tenues de satisfaire au principe de **célérité** et de **loyauté** dans la conduite de la procédure ; elles doivent soulever les moyens venant au soutien de leurs prétentions dès qu'elles ont connaissance de la possibilité de les invoquer, et non pas, notamment, attendre la mise en œuvre du recours en annulation pour le faire (nos 71225 et 71326). **71061**

Obligations des arbitres Tant en arbitrage interne qu'international, l'arbitre doit agir avec **célérité et loyauté** dans la conduite de la procédure (CPC art. 1464, al. 3 et, sur renvoi, art. 1506, 3° ; sur **71063**

un exemple de l'extrême attention portée par l'arbitre unique statuant par défaut du défendeur aux intérêts de ce dernier : sentence CCI n° 15814 en 2010 : JDI 2019.899 obs. Cavalieros, cet auteur recommandant aux arbitres de statuer en tenant compte d'une opposition à exequatur).

L'arbitre doit poursuivre sa **mission jusqu'au terme** de celle-ci (CPC art. 1457, al. 1 et, sur renvoi, art. 1506, 2°).

Il commet un déni de justice, entraînant la nullité de sa sentence, s'il refuse de juger en invoquant son impossibilité de se substituer aux parties pour procéder à une évaluation et la trop brève durée pour statuer prévue par la clause compromissoire (CA Paris 26-1-1988 : Rev. arb. 1988.307 note Jarrosson).

Toutefois, l'arbitre peut, si le tribunal arbitral a été constitué après le 1er mai 2011, invoquer, s'il le justifie, un **empêchement** ou une cause légitime d'**abstention ou** de **démission** (CPC art. 1457, al. 1 et, sur renvoi, art. 1506, 2°) ; en cas de différend sur la réalité du motif invoqué, la difficulté est réglée par la personne chargée d'organiser l'arbitrage ou, à défaut, tranchée par le juge d'appui saisi dans le mois qui suit l'empêchement, l'abstention ou la démission.

Un arbitre ne peut être **révoqué** que du consentement unanime des parties (CPC art. 1458 et, sur renvoi, art. 1506, 2°) à défaut d'unanimité, la difficulté est réglée comme il est dit ci-dessus.

L'arbitre qui bénéficie d'une **immunité** pour ses actes et faits dans l'exercice de sa mission juridictionnelle engage sa responsabilité si peuvent lui être imputés un dol, une fraude, une faute lourde ou un déni de justice ; il est aussi responsable selon le droit commun pour ses manquements dans l'exécution du contrat d'arbitre, par exemple en cas de dépassement du délai de six mois pour rendre la sentence (CA Paris 31-3-2015 n° 14/05436 : RTD com. 2016.76 obs. Loquin).

La fonction arbitrale étant, en cas de pluralité d'arbitres, collégiale, la mission arbitrale correspond à un ensemble contractuel unique et indivisible ; la dette de réparation est donc indivisible, chaque arbitre étant tenu pour le tout (même arrêt).

71066 **Débats** Les parties peuvent comparaître elles-mêmes ou se faire représenter (CA Paris 14-10-1977 : GP 1977.2.604). Le débat peut être entièrement oral (CA Paris 11-2-1971 : Rev. arb. 1973.29 note Loquin ; CA Paris 29-5-1973 : Rev. arb. 1973.182 note Brentano). Mais la comparution des parties peut être écartée et le débat être uniquement écrit (CA Paris 12-7-1971 : Rev. arb. 1973.74 note Fouchard). Les audiences peuvent se tenir dans un autre lieu que celui fixé pour l'arbitrage (Cass. civ. 9-2-1984 : Bull. civ. II p. 28).

Les débats se déroulent dans la **langue** prévue par la convention d'arbitrage ou à défaut dans celle fixée par les arbitres, en vertu de leur pouvoir d'organiser la procédure (n° 71000).

71069 Sous peine de **nullité** de la sentence, les débats doivent être **contradictoires,** que l'arbitrage soit interne ou international, et, dans ce cas, quelle que soit la procédure choisie (cf. CPC art. 1492, 4° : arbitrage interne ; 1510 et 1520, 4° : arbitrage international).

L'annulation de la sentence ne peut être obtenue que si la violation du contradictoire est invoquée par les parties (CA Paris 14-9-2000 : GP 2001.som.1902) et porte sur un élément dont il est démontré qu'il a servi de support à la décision prise par les arbitres (Cass. 2e civ. 31-1-1996 : Rev. arb. 1997.239 ; Cass. 1e civ. 6-5-2009 n° 07-20.345 : JCP G 2009 47.462 p. 39 obs. Béguin). Les arbitres n'ont pas pour autant l'obligation de faire apprécier par les parties les éléments librement discutés par elles sur lesquels ils entendent fonder leur sentence (Cass. 2e civ. 3-10-2002 : Rev. arb. 2004.585 et chr. G. Bolard p. 511, spéc. n° 17).

Il incombe à la partie qui invoque la violation par l'arbitre du principe de la contradiction d'en apporter la preuve (Cass. 1e civ. 5-11-2014 n° 13-11.745 : RJDA 5/15 n° 400).

Les parties doivent être à même de débattre contradictoirement des **moyens invoqués et des pièces produites** de telle sorte que rien de ce qui a servi à fonder la décision des arbitres n'ait échappé à leur débat (CA Paris 16-10-2012 n° 11/08327 : GP 2013.som. 6 janvier note Bensaude), même en cas d'amiable composition (n° 71054), et elles ne peuvent pas renoncer à ce droit (CA Paris 13-11-1980 : Rev. arb. 1984.129 note Bernard, tenant pour sans portée l'absence de protestation de la victime pendant l'arbitrage).

Il s'ensuit que :

– les rapports d'expertise doivent être soumis à chacune des parties pour qu'elles soient en mesure de les discuter contradictoirement (CA Paris 7-12-1965 : JCP G 1966.II.14625 note Boulbès) ;

– des témoignages ne peuvent pas être recueillis hors la présence des parties et sans leur en communiquer les résultats, au motif que la position des témoins était déjà connue d'elles (Cass. civ. 16-12-1985 : Rev. arb. 1987.390 obs. Pellerin) ;

– un arbitre ne peut pas fonder sa décision sur des faits dont il a acquis personnellement connaissance sans soumettre ces éléments à la discussion des parties (Cass. civ. 21-6-1995 : RJDA 12/95 n° 1467) ;

– chaque partie a droit de recevoir un traitement égal à celui de l'autre pour faire entendre sa demande, ses moyens et ses arguments, pour produire ses preuves et pour discuter la demande, les allégations et les preuves de l'autre partie (CA Paris 9-9-1997 : Rev. arb. 1998.712 obs. Derains, admettant que les arbitres refusent de recevoir les dossiers de plaidoirie qui, par définition, ne sont qu'une compilation de l'ensemble des moyens et des pièces déjà soumis à la discussion contradictoire des parties pendant la procédure arbitrale et parfaitement connus de celles-ci et des arbitres) ;

– il y a lieu à communication à la partie adverse des pièces produites par une partie, même lorsque les pièces en cause ont été produites sur injonction de l'arbitre, sauf à établir que la partie adverse avait connaissance de leur contenu ; en tout cas, il ne peut être déduit que le principe du contradictoire a

été respecté du seul fait qu'il appartenait à cette partie ayant eu connaissance des demandes de communication de pièces d'interroger l'arbitre sur ces pièces (Cass. 2e civ. 23-10-2003 n° 02-12.375 : Bull. civ. II n° 316) ; cette communication doit intervenir avant que les pièces soient portées à la connaissance des arbitres (CA Paris 21-9-2006 : RTD com. 2007.689 obs. Loquin) ;
– la sentence ne peut pas être fondée sur des dispositions légales non invoquées dans l'arbitrage (Cass. 1e civ. 23-6-2010 n° 09-12.399 : D. 2010.2932 obs. Clay) ou sur un fondement non invoqué par les parties (Cass. 1e civ. 29-6-2011 n° 10-23.321 : RJDA 12/11 n° 1090).

En revanche, il n'y a pas violation de la règle du contradictoire lorsque :
– une partie n'a pas usé de la faculté qu'elle avait de faire parvenir ses observations à l'arbitre (Cass. civ. 16-2-1978 : Bull. civ. II p. 32 ; CA Paris 25-9-2008 n° 07/01253 : GP 2008.som.4032) ;
– les arbitres rejettent une production nouvelle, sous la forme d'une note en délibéré, étrangère aux seuls éclaircissements qu'ils avaient demandés aux parties sur certains points précis (Cass. civ. 31-5-1976 : JCP G 1976.IV.245) ;
– les arbitres ne tiennent pas compte des productions tardives, ce qu'ils apprécient souverainement (CA Paris 18-11-1983 : Rev. arb. 1987.77) ;
– la partie qui se plaint de la violation du principe du contradictoire a manqué à la loyauté procédurale en s'abstenant volontairement de participer à la procédure après en avoir été pleinement informée et avoir été mise en cause (Cass. 1e civ. 6-5-2009 n° 08-10.281 : RJDA 5/10 n° 574) ;
– le tribunal n'a pas soumis à la contradiction la motivation de la sentence (Cass. 1e civ. 19-12-2012 n° 11-10.973), le tribunal n'ayant pas l'obligation de soumettre au préalable l'argumentation juridique qui étaye sa motivation à la discussion des parties (CA Paris 15-12-2020 n° 18/14864 : Rev. arb. 2021.1203 note Henry) ;
– l'arbitre a soulevé d'office un moyen qui était nécessairement dans la cause (Cass. 1e civ. 12-7-2017 n° 16-18.328 F-D : RTD com. 2017.837 obs. Loquin) ;
– le tribunal arbitral a tiré des conclusions négatives du défaut de communication de pièces dont la production avait été ordonnée dès lors que les parties avaient consenti à l'application potentielle de la règle de la déduction défavorable prévue aux règles IBA (n° 71045) applicables au litige (CA Paris 1-12-2020 n° 19/09347, 19/09352, 19/554 et 19/09725 : Rev. arb. 2021.95 note H. Le Lay).

Les **parties** sont **libres d'autoriser,** et dans la mesure qui leur convient, ou d'interdire la **publicité de l'arbitrage** puisqu'elles sont libres de fixer les règles de la procédure arbitrale, les dispositions impératives réservées ne concernant pas la publicité de l'arbitrage (n° 71000 ; pour un exemple d'accord, entériné de plus par le tribunal arbitral : Ord. rendue dans l'affaire CCI n° 7893 du 12 juillet 1994 : JDI 1998.1069 obs. Hascher ; sur une difficulté d'interprétation d'une renonciation à la confidentialité, CA Paris 22-1-2004 : Rev. arb. 2004.647 note Loquin). **71072**

À défaut d'un tel accord entre les parties, la procédure arbitrale, que l'arbitrage soit interne ou international, est soumise au **principe de confidentialité** (CPC art. 1464, al. 4 et art. 1506 3° ; CA Paris 18-2-1986 : D. 1987.339, affirmant, à propos d'un arbitrage international, que la confidentialité est consubstantielle à l'arbitrage).

Mais la publicité des débats peut être imposée, si une partie la sollicite, en vertu du droit reconnu par l'article 6, 1 de la convention européenne des droits de l'Homme à toute personne d'être publiquement entendue par le tribunal saisi, ce texte ayant été jugé applicable aux procédures d'arbitrage qui se déroulent sous l'empire des lois nationales subordonnées à ladite convention (CEDH 2-10-2018 nos 40575/10 et 67474/10 § 175 : JCP G 2018 n° 1391 note Milano, qui sanctionne un défaut de publicité des audiences du tribunal arbitral du sport).

La publicité peut aussi être acceptée par les parties à condition que leur renonciation à la confidentialité s'impose sur le fondement de l'enjeu pour le requérant de l'appréciation des faits de la cause (CEDH 12-7-2001 : JDI 2002.259 obs. S.B., rendu au regard de la loi suédoise qui se déterminait en recherchant si le requérant avait demandé ou non l'autorisation du juge ; CEDH 21-2-1990, Häkanson c/ Suède, série A-171 ; Clunet 1991.770 obs. P. T. ; CEDH 24-11-1991, Werner c/ Autriche, aff. 138/1996/757/956).

La confidentialité est rompue lorsque la sentence est attaquée en nullité car il s'ensuit une réouverture des débats (CA Paris 24-3-1992, Rev. arb. 1993.277). Une partie qui avait de mauvaise foi exercé l'action en nullité en portant ses critiques de la sentence devant une juridiction manifestement incompétente pour permettre ainsi un débat en audience publique sur des faits qui auraient dû rester confidentiels a été condamnée à des dommages-intérêts d'un montant de 30700 € environ (CA Paris 18-2-1986 précité).

Durée de l'instance

La procédure d'arbitrage interne doit être accomplie dans le **délai fixé par les parties** (cf. CPC art. 1463, al. 1) ; celle d'un arbitrage international aussi mais en vertu du principe de la liberté contractuelle dans le silence des dispositions du Code de procédure civile sur l'arbitrage international. **71075**

Cette règle appelle les observations suivantes.

1. Délai maximal. Sauf prorogation, à défaut d'indication du délai, l'instance d'arbitrage interne ne peut durer plus de **six mois** à compter du jour où le tribunal a été saisi, soit du jour où le dernier des arbitres a accepté sa mission (CPC art. 1463 et 1456, al. 1). **71078**

L'acceptation n'est pas constituée par l'adhésion de principe formulée en premier lieu par l'arbitre, mais par l'acceptation définitive exprimée lorsque la mission a été entièrement définie par les parties

(CA Paris 28-11-1991 : Rev. arb. 1992.625 obs. Pellerin) ; pour autant, elle n'est pas liée à l'établissement de l'acte de mission (CA Paris 19-11-2009 : Rev. arb. 2011.152 note Betto et Reynaud et, sur pourvoi, Cass. 1e civ. 22-9-2010 no 09-17.410 : RJDA 1/11 no 93).

En matière d'**arbitrage international,** le délai légal de six mois ne s'applique pas, sauf convention contraire (cf. CPC art. 1506, écartant l'application de l'art. 1463, al. 1).

En l'absence de stipulation d'un délai, les arbitres ne sont tenus que d'une obligation de moyen (Cass. 1e civ. 17-11-2010 no 09-12.352 : RJDA 3/11 no 271, rejetant l'existence d'une négligence des arbitres).

71081 **2. Prorogation.** Le délai conventionnel ou légal (qui n'existe pas comme dit ci-dessus en arbitrage international) peut être prorogé **par les parties** (CPC art. 1463, al. 2 et, sur renvoi, art. 1506, 3o), par accord même tacite (Cass. req. 10-2-1931 : GP 1931.1.623 ; Cass. 1e civ. 11-9-2013 no 12-26.180 : RJDA 1/14 no 64 ; CA Paris 19-11-2019 no 17/20392), par exemple, par comparution volontaire devant le tribunal arbitral après expiration du délai (Cass. civ. 27-10-1982 : BRDA 4/83 p. 21) ; mais le silence de l'une des parties est insuffisant pour établir son acceptation de la prorogation (CA Paris 9-2-1961 : D. 1961.283).

Les parties peuvent fixer la prorogation pour un temps librement déterminé (CA Paris 2-10-1992 : Rev. arb. 1992.626 obs. Pellerin) et même en convenir par avance dans la convention d'arbitrage, en fixant des prorogations d'une durée déterminée auxquelles l'arbitre pourra recourir, dès lors que le temps maximal imparti à ce dernier pour statuer est ainsi conventionnellement arrêté (Cass. civ. 20-6-1996 : Bull. civ. II p. 101). À défaut d'indication de la durée de la prorogation, celle-ci ne vaut que pour six mois (Cass. civ. 1-6-1994 : RJDA 10/94 no 1089 : à propos d'un arbitrage interne).

À défaut de prorogation par les parties, le **juge d'appui** (nos 71026 et 71027) peut le proroger (CPC art. 1463, al. 2 et, sur renvoi, art. 1506, 3o). Faute pour les parties de le solliciter, les arbitres, qui sont tenus par une obligation de résultat à cet égard, doivent respecter le délai d'arbitrage, sous peine d'être tenus pour responsables de l'annulation de la sentence (Cass. 1e civ. 6-12-2005 no 1660 : RJDA 6/06 no 728 et, sur renvoi, CA Orléans 13-4-2007 no 06-806 : RJDA 3/08 no 345).

Si l'arbitrage est interne, les **arbitres** ne peuvent **pas** proroger le délai, puisque l'article 1463, al. 2 du Code de procédure civile n'ouvre cette faculté qu'aux parties ou au juge d'appui ; il en est ainsi même si la convention d'arbitrage les y a autorisés (Cass. 2e civ. 7-11-2002 no 1098 : RJDA 8-9/04 no 1070 ; CA Paris 29-6-2006 : GP 2006.som.3350) ou s'il a obtenu au préalable l'accord des parties (CA Paris 4-11-2014 no 13/22288 : GP 2015.1057.som. note Bensaude), sans qu'il en résulte pour autant la nullité de la clause compromissoire (CA Paris 22-6-2012 no 10/19657).

Si l'arbitrage est **international,** les parties peuvent en convenir autrement (CPC art. 1506, al. 1 permettant de déroger à l'art. 1463 visé au 3o).

Il s'ensuit que ne peut plus être jugée contraire à l'ordre public international français la clause conférant aux arbitres la faculté de proroger eux-mêmes le délai d'arbitrage comme cela avait été jugé avant l'article 1506 actuel (Cass. 1e civ. 15-6-1994 : RJDA 11/94 no 1237 ; CA Paris 22-9-1995 : Rev. arb. 1996.100 note Gaillard).

71084 **3. Interruption et suspension.** Si l'**arbitrage est interne** :

a. Le délai est **interrompu** conformément aux dispositions des articles 369 à 372 du Code de procédure civile (CPC art. 1471).

b. Le délai peut être **suspendu** par le tribunal arbitral pour le temps ou jusqu'à la survenance de l'événement qu'il détermine (CPC art. 1472) ou, sauf convention contraire, en cas de décès, d'empêchement, d'abstention, de démission, de récusation ou de révocation d'un arbitre jusqu'à l'acceptation de sa mission par l'arbitre désigné en remplacement (CPC art. 1473, al. 1).

Sur la nomination d'un nouvel arbitre, no 71033.

Le délai n'est pas suspendu lorsque la sentence qui a ordonné une mesure d'instruction est attaquée en annulation bien que cette action entraîne la suspension de l'exécution de la sentence (Cass. civ. 5-4-1994 : D. 1994.363 note Chartier).

c. Les **effets** de l'interruption et de la suspension sont réglés comme suit :

– l'interruption ou la suspension de l'instance ne dessaisit pas le tribunal arbitral ; celui-ci peut inviter les parties à lui faire part de leurs initiatives en vue de reprendre l'instance ou de mettre un terme aux causes d'interruption ou de suspension ; en cas de carence des parties, il peut mettre fin à l'instance (CPC art. 1474) ;

– l'instance reprend son cours en l'état où elle se trouvait au moment où elle a été interrompue ou suspendue lorsque les causes de son interruption ou de sa suspension cessent d'exister ; au moment de la reprise de l'instance, le tribunal arbitral peut décider que le délai de l'instance sera prorogé pour une durée qui n'excède pas six mois (CPC art. 1475).

Si l'**arbitrage est international,** le tribunal arbitral peut, s'il y a lieu, surseoir à statuer ; cette décision suspend le cours de l'instance pour le temps ou jusqu'à la survenance de l'événement qu'elle détermine ; le tribunal arbitral peut, suivant les circonstances, révoquer le sursis ou en abréger le délai (CPC art. 1472).

Sur le sursis à statuer pour cause d'instance pénale pendante, n° 71048.

4. Expiration. Le délai se calcule de quantième à quantième (CA Paris 4-2-1968 : Rev. arb. 1968.13). **71087**
À l'expiration du délai fixé et non prorogé, l'**instance** interne est éteinte (CPC art. 1477) ; le sort de l'instance internationale dépend des règles de procédure dont les parties sont convenues dans la convention d'arbitrage (n° 71000). Dans tous les cas où l'instance est éteinte, les arbitres cessent donc de plein droit leurs fonctions si la sentence n'a pas été signée – mais pas nécessairement déposée – avant le terme (Cass. req. 27-4-1900 : D. 1901.1.494).

Une sentence rendue selon le règlement de la Chambre de commerce internationale est hors du délai du compromis lorsqu'elle a été signée par l'arbitre le dernier jour du délai et que l'approbation, en la forme, que devait donner de la sentence la cour d'arbitrage de cette chambre a été donnée postérieurement à l'expiration du délai (Cass. civ. 27-4-1981 : GP 1981.584).

L'extinction de l'instance n'entraîne pas pour autant la disparition de la **clause compromissoire** qui continue d'obliger les parties à recourir à l'arbitrage pour faire trancher leur litige (CA Paris 25-6-1991 : GP 1993.som.578 ; CA Colmar 21-9-1993 : Rev. jur. com. 1994.154 note Jarrosson).

La **sentence** rendue hors délai peut être annulée (CPC art. 1492, 3° et 1520, 3° ; pour un exemple, CA Paris 13-4-2021 n° 18/27764) pour non-respect de sa mission par l'arbitre, sans qu'il y ait à justifier d'un grief (CA Paris 18-6-2013 n° 12/00480 : GP 2013.som. 27 septembre note Bensaude), car elle a été rendue par un tribunal arbitral incompétent (CA Paris 15-3-2016 n° 14/18622 : Rev. arb. 2016.356.som.).

Cette nullité laisse subsister les actes de la procédure arbitrale antérieurs à la date d'expiration du délai, la juridiction saisie de l'action en nullité pouvant, tout en prononçant la nullité, s'appuyer sur les rapports d'expertise déposés avant cette date pour condamner une partie à indemniser l'autre partie (Cass. civ. 18-5-1989 n° 87-12.653 : Rev. arb. 1990.903 obs. B. M.).

Les parties peuvent **renoncer** à se prévaloir de cette nullité (Cass. 2e civ. 10-10-1979 n° 78-11.677 : Bull. civ. II n° 233, transposable sous les textes actuels car le délai est institué dans l'intérêt des parties, qui peuvent renoncer à une règle d'ordre public de protection une fois le droit à agir acquis).

Mesures provisoires et conservatoires Les **arbitres** peuvent prendre des mesures conservatoires ou provisoires s'ils y sont **autorisés** par le règlement d'arbitrage, par la clause compromissoire ou par la loi applicable à la procédure d'arbitrage. À notre avis, ils ne sauraient être valablement autorisés à ordonner des saisies ou des sûretés judiciaires, car ils ne peuvent acquérir le pouvoir de requérir la force publique qui est une prérogative n'appartenant qu'au juge. **71093**

À défaut d'une de ces autorisations, ils peuvent, sur le fondement de la loi française, prendre, à peine d'astreinte, **toute mesure** conservatoire ou provisoire qu'ils jugent opportune, les modifier ou les compléter, tant en matière d'arbitrage interne qu'en matière d'arbitrage international sauf, dans ce dernier cas, si les parties ont écarté cette faculté (CPC art. 1468 et, sur renvoi, art. 1506, 3° ; sur une application antérieure à ces textes, CA Paris 7-10-2004 : JCP G 2005.II.10071 note Jacquet), voire les révoquer (Sentence CCI n° 16056 en 2009 : JDI 2014.218 obs. Silva-Romero). Mais les arbitres ne peuvent **pas** ordonner des **saisies** conservatoires et des sûretés judiciaires (art. susvisés).

Tant que le tribunal arbitral n'est **pas constitué** (n° 71033), ou si son pouvoir de juger a expiré (CA Versailles 16-1-2020 n° 19/04609), une partie peut saisir, en cas d'urgence, le **président du tribunal judiciaire ou de commerce** aux fins d'obtenir une mesure provisoire ou conservatoire (CPC art. 1449 et, sur renvoi, art. 1506, 1° ; sur une application, CA Paris 13-11-2020 n° 20/10471).

L'urgence justifiant toute mesure propre à écarter un péril ou à en réduire les conséquences dommageables (n° 74909), le droit de saisir le juge d'État à ces fins est, à notre avis, d'ordre public interne et international français et la convention d'arbitrage ne saurait l'exclure. Au cas où la mesure demandée ne serait pas justifiée par l'urgence, la compétence du juge d'État ne peut être écartée que par une convention expresse des parties ou référence à un règlement l'écartant (Cass. civ. 18-11-1986 n° 85-11.324 : Clunet 1987.125 note Gaillard, jugeant que tel n'est pas le cas du règlement d'arbitrage Cirdi en son état applicable à l'espèce).

Pour apprécier l'urgence attributive de sa compétence, le juge doit se placer à la date à laquelle il statue (Cass. 1e civ. 1-3-2023 n° 22-15.445 FS-B : RJDA 6/23 n° 349).

La constitution du tribunal arbitral après la saisine du juge des référés n'entraîne pas l'obligation pour ce dernier de se dessaisir (CA Paris 25-10-2012 n° 12/07285 : GP 2013.som.350 note Bensaude).

Dès lors que le tribunal arbitral est saisi, le juge des référés ne peut plus être saisi que par l'accord des parties, ce qui est le cas lorsqu'une partie a renoncé à l'arbitrage et que la partie adverse a contesté la clause compromissoire (CA Paris 13-2-1990 : D. 1990.593 note Peyrard).

À défaut de disposition excluant le référé-provision, le juge des référés peut condamner au versement d'une **provision** (Cass. civ. 20-3-1989 : D. 1990.147 note Peyrard), à la condition que le tribunal arbitral ne soit pas saisi et qu'il y ait urgence (Cass. civ. 20-3-1989 : D. 1990.147 note Peyrard ; Cass. com. 29-6-1999 :

RJDA 10/99 n° 1157 ; Cass. 1e civ. 26-10-2011 n° 10-17.708 : RJDA 2/12 n° 222). Il faut aussi, comme il est de règle en référé-provision (n° 59412) que la demande ne se heurte pas à une contestation sérieuse (CA Versailles 22-5-1992 : Rev. arb. 1992.666 obs. Moitry).

Quoique la convention d'arbitrage prévoie que les tribunaux de droit commun peuvent être saisis de toutes demandes de mesures conservatoires et/ou urgentes, elle n'autorise pas leur saisine, sur le motif de l'urgence, pour statuer sur la validité, l'interprétation et l'exécution des conventions, peu important la précision de la convention selon laquelle ces mesures peuvent être « de quelque nature que ce soit » (CA Paris 19-9-2017 n° 16/19968 : Rev. arb. 2018.631 note Barbet).

Mais il ne peut **pas** prendre une mesure qui n'est pas provisoire ou conservatoire, telle que **constater** l'acquisition de plein droit d'une **clause résolutoire,** car cette mesure reviendrait à priver la clause compromissoire de toute portée (CA Paris 22-10-1985 : D. 1986.IR.66) ou autoriser une mesure d'exécution avant la sentence car il ne s'agit pas d'une mesure tendant à garantir l'exécution de la sentence à venir (Cass. com. 20-5-1997 : RJDA 10/97 n° 1285 : autorisation de vendre des marchandises et d'en percevoir le prix ; rappr. Cass. civ. 28-6-1989 : Rev. arb. 1989.653 note Fouchard : à propos d'une saisie-arrêt).

Sur la compétence du juge d'un État membre de l'UE pour statuer sur des mesures provisoires ou conservatoires se rapportant à un litige soumis à l'arbitrage, n° 72166.

71096 **Délibéré** En cas d'**arbitrage interne,** le tribunal arbitral doit fixer la date à laquelle le délibéré sera prononcé et, au cours du délibéré, il ne peut être saisi d'aucune demande, d'aucun moyen soulevé et d'aucune pièce, si ce n'est à sa demande (CPC art. 1476).

En **arbitrage interne et international,** le délibéré est **secret** (CPC art. 1479 et, sur renvoi, art. 1506, 4°).

Antérieurement à cette disposition, il avait été jugé que le secret du délibéré n'était pas d'ordre public ni interne ni international (CA Paris 9-10-2008 n° 07/06619 : Rev. arb. 2009.352 note Betto et Canivet).

Au-delà de ces dispositions, les tribunaux ont jugé, pour l'un et l'autre des arbitrages, qu'**aucune forme particulière** n'est imposée au délibéré ; dès lors que chaque arbitre a été consulté et a pu faire ses observations, le délibéré peut ne pas être collégial (Cass. civ. 28-1-1981 : GP 1981.373 note Viatte) et s'il a eu lieu, peu importe alors qu'un arbitre n'ait pas signé la sentence (Cass. civ. 28-1-1981 n° 79-12.317 : Rev. arb. 1982.425 note Fouchard ; CA Paris 11-1-2003 : Rev. arb. 2003.245.som. : à propos d'un arbitrage international).

Toutefois, l'obligation d'instruire et de juger ensemble a été reconnue comme une exigence unanime, la force du principe de collégialité reposant à la fois sur la volonté des parties et sur la nécessité d'un tribunal impartial et indépendant, tout en jugeant que la lettre écrite par le président du tribunal arbitral aux parties n'y portait pas atteinte car constituant un courrier administratif (CA Paris 16-1-2003 : Rev. arb. 2003.246.som.).

Sur l'impossibilité d'affirmer une opinion dissidente, sous peine de violation du délibéré (cf. TGI Paris 13-1-1986 : GP 1986.som.17).

III. SENTENCE ARBITRALE

QUALIFICATION DE « SENTENCE »

71190 Dans le silence des dispositions françaises et des conventions internationales relatives à la reconnaissance et à l'exécution des sentences auxquelles la France est partie (nos 71303 s.), **est une sentence arbitrale,** au sens des juridictions françaises, l'acte pris par un arbitre, qui tranche de manière définitive, en tout ou en partie, le litige qui lui est soumis, que ce soit sur le fond, sur la compétence ou sur un moyen de procédure qui le conduit à mettre fin à l'instance (Cass. 1e civ. 12-10-2011 n° 09-72.439 : RJDA 5/12 n° 546 ; CA Paris 25-3-1994 : Rev. arb. 1994.391 note Jarrosson ; CA Paris 7-7-1987 : Rev. arb. 1988.649 note Mezger ; CA Paris 9-7-1992 : Rev. arb. 1993.303 note Jarrosson ; CA Paris 12-7-2022 n° 21/12127 : Rev. arb. 2022.som.1208 ; Sentence CCI n° 17269 en 2011 : JDI 2019.966 obs. Truong-Nguyen).

Ainsi a été tenue pour une sentence la décision qui prononce des mesures provisoires sans attendre la décision au fond, le fait que ces mesures aient été limitées à la durée de l'instance ne remettant pas en cause l'autorité de la chose jugée qui lui est attachée (CA Paris 7-10-2004 : JCP G 2005.II.10071 note Jacquet).

N'a pas été tenue pour une sentence :

– la décision par laquelle une institution permanente d'arbitrage (en l'occurrence la cour d'arbitrage de la CCI) rejette une demande de récusation d'un arbitre (Cass. civ. 7-10-1987 : Rev. arb. 1987.479 note Mezger) ;

– le document qui analyse des pièces fournies et une discussion sommaire de celles-ci et qui se présente sous la forme d'une simple lettre adressée à une seule partie, l'autre partie n'ayant reçu qu'une copie non signée, un tel document n'étant qu'un rapport d'expertise (CA Paris 26-5-1987 : Rev. arb. 1987.509 note Jarrosson) ;

– la mesure prise pour l'instruction du litige (Cass. civ. 6-12-2001 : Rev. arb. 2002.697 note Ortscheidt) ;

– la décision qui se prononce seulement sur une demande de sursis à statuer et de communication de pièces, car elle n'a ainsi nullement tranché tout ou partie du principal ni mis fin à l'instance (CA Paris 15-4-2010 : Rev. arb. 2010.som.392) ;

– l'ordonnance du président du tribunal arbitral, prise après la sentence et destinée à assurer l'effectivité de celle-ci (Cass. 1e civ. 12-10-2011 précité) ;
– la sentence qui constate dans son dispositif l'accord des parties, sans aucun motif dans le corps de celle-ci (Cass. 1e civ. 14-11-2012 n° 11-24.238 : Pet. aff. 2013 n° 86 p. 13 note Jourdan-Marques).

Cette définition, eu égard au critère distinctif qu'elle retient, s'applique à la décision rendue **tant en arbitrage interne qu'international,** car la fonction de l'arbitrage est la même dans les deux cas : résoudre définitivement le litige soumis aux arbitres.
Elle est essentiellement appliquée en pratique pour déterminer la recevabilité du recours en annulation de la sentence, et plus accessoirement pour l'octroi ou non de l'exequatur.

A. Sentence rendue en matière civile et commerciale

1. SENTENCE RENDUE EN MATIÈRE D'ARBITRAGE INTERNE

QUALIFICATION DE LA SENTENCE INTERNE

La sentence est d'arbitrage interne si elle a été rendue selon la loi française de procédure. **71200**

Jugé qu'il n'en est pas ainsi :
– même si les parties ont prévu la compétence du tribunal de commerce de Paris pour la désignation éventuelle du troisième arbitre et le dépôt de la sentence au greffe du tribunal de grande instance (désormais tribunal judiciaire) de Paris dès lors qu'elles ont clairement manifesté par ailleurs la volonté de ne pas soumettre la procédure à la loi française (Cass. civ. 25-5-1983 : Rev. arb. 1985.415) ;
– d'une sentence rendue, même en France, selon une procédure qui n'est pas celle de la loi française et qui ne se rattache en aucune manière à l'ordre juridique français, les deux parties étant étrangères et liées par un contrat conclu et exécuté à l'étranger (CA Paris 21-2-1980 : JCP G 1981.II.19512 note Level) ;
– de la sentence rendue à Londres par un arbitre britannique et selon la procédure anglaise (CA Paris 6-7-1982 : GP 1982.som.293) ;
– de la sentence intervenue uniquement en vertu du règlement de la Chambre de commerce internationale (CA Paris 9-12-1980 : GP 1981.268) ;
– de la sentence qui constate dans son dispositif l'accord des parties, sans aucun motif dans le corps de celle-ci (Cass. 1e civ. 14-11-2012 n° 11-24.238 : Pet. aff. 2013 n° 86 p. 13 note Jourdan-Marques).

ÉTABLISSEMENT DE LA SENTENCE

Mentions de la sentence La sentence arbitrale doit **indiquer** (CPC art. 1481) : **71203**
– le nom des arbitres qui l'ont rendue ;
– sa date ;
– le lieu où elle est rendue ;
– les nom, prénoms ou dénomination des parties, ainsi que leur domicile ou siège social ;
– le cas échéant, le nom des avocats ou de toute personne ayant représenté ou assisté les parties.

Elle doit aussi exposer succinctement les prétentions respectives des parties et leurs moyens (CPC art. 1482, al. 1) et être motivée (art. 1482, al. 2), même lorsque l'arbitre a statué en amiable compositeur (n° 71054).

Les motifs doivent être réels et pas contradictoires (Cass. civ. 25-10-1995 : Bull. civ. II p. 146) ; peu importe qu'ils ne soient pas convaincants (CA Paris 19-10-1995 : Rev. arb. 1996.79), qu'ils soient erronés (Cass. civ. 22-1-1975 : Clunet 1975.548 note Fouchard) ou qu'ils ne répondent pas à la totalité de l'argumentation des parties (CA Paris 15-12-1972 : Rev. arb. 1973.98 ; CA Paris 10-3-1988 : Rev. arb. 1989.269 note Fouchard).

Mais aucune disposition n'impose que la sentence soit énoncée **sous forme de dispositif** (Cass. 2e civ. 25-3-1999 n° 97-15.679 : Bull. civ. II n° 57 ; CA Paris 25-10-2012 n° 10/25301 : Rev. arb. 2013.439 note Racine et CA Paris 15-1-2019 : Rev. arb. 2019.455 note Zajdela, en déduisant qu'elle est néanmoins revêtue de l'autorité de la chose jugée).

La sentence est rendue à la **majorité** des voix et elle doit être **signée** par tous les arbitres (CPC art. 1480, al. 1 et 2), peu important qu'elle ne soit pas signée le même jour par tous (cf. Cass. civ. 15-7-1999 : Bull. civ. I n° 232) ; la sentence signée par tous les arbitres est présumée rendue à la majorité (Cass. 1e civ. 1-4-2015 n° 14-13.202 ; CA Paris 23-2-2016 n° 15/06713 : Rev. arb. 2016.352.som.) ; si **une minorité** d'entre eux **refuse** de la signer, les autres en font mention et la sentence a le même effet que si elle avait été signée par tous les arbitres (CPC art. 1480, al. 3), sans qu'il soit nécessaire d'indiquer les motifs du refus (CA Paris 15-10-1991 : D. 1991.IR.253 ; CA Paris 26-1-2021 n° 18/05543).

Aucune disposition ne prévoit que les arbitres doivent apposer simultanément leur signature (CA Paris 15-10-2019 n° 16/19956 : Rev. arb. 2019.som.1201 ; CA Paris 30-11-2021 n° 20/10166) ni que les pages de la sentence doivent être paraphées par les arbitres (CA Paris 26-6-1987 : D. 1987.IR.183).

Sont exigées **à peine de nullité** de la sentence les mentions suivantes (CPC art. 1483, al. 1) : signature des arbitres ; mention du refus de signature de l'arbitre minoritaire ; nom des arbitres ; date de la sentence ; motifs de la sentence. Toutefois, l'omission ou l'inexactitude d'une mention destinée à établir la régularité de la sentence ne peut entraîner la nullité de celle-ci s'il est établi, par les pièces de la procédure ou par tout autre moyen, que les prescriptions légales ont été, en fait, observées (CPC art. 1483, al. 2).

Si le recours en annulation est ouvert contre la sentence qui n'a pas été rendue à la majorité des voix, l'article 1492, 6° ne prescrit pas pour autant (ni l'article 1480) que cette indication soit expressément portée sur la sentence ; la signature de celle-ci par les trois arbitres suffit à entraîner la présomption de ce qu'ils ont délibéré et prononcé à la majorité (CA Paris 29-10-2013 n° 12/05854 : Rev. arb. 2013.som.1079) ; cette règle ne vise pas les seules irrégularités procédurales mais tous les griefs qui constituent des cas d'ouverture du recours en annulation des sentences, à l'exception de celui relatif à l'ordre public qui peut être relevé d'office par le juge de l'annulation, et soulevé pour la première fois devant lui (CA Paris 2-4-2019 n° 16/24358).

71204 **Prononcé de la sentence** Le Code de procédure civile ne détermine pas les modalités du prononcé de la sentence, terminologie qu'il n'emploie pas. Il précise seulement que la sentence est « rendue » à la majorité des voix (CPC art. 1480) et qu'elle a l'autorité de la chose jugée « dès qu'elle est rendue » (CPC art. 1484).

Jugé qu'en vertu d'une jurisprudence constante, la sentence arbitrale est réputée rendue au siège de l'arbitrage et au jour de sa signature par l'arbitre (CA Paris 28-10-1997 : Rev. arb. 1998.699 statuant en arbitrage international mais transposable, les dispositions du CPC en cette matière étant muettes sur la question comme elles le sont en arbitrage interne). Il en résulte que quel que soit le lieu où l'arbitre a signé la sentence, celle-ci est tenue par les tribunaux comme prononcée et signée au siège de l'arbitrage.

71205 **Perfectionnement de la sentence par les arbitres** À la demande d'une partie présentée dans un délai de trois mois à compter de la notification de la sentence et après avoir entendu les parties ou celles-ci appelées, le tribunal arbitral peut, au besoin, **interpréter et/ou rectifier les erreurs et omissions matérielles** qui l'affectent ou la **compléter lorsqu'il** a omis de statuer dans la sentence sur un chef de la demande ; si le tribunal ne peut être à nouveau réuni, ce pouvoir appartient à la juridiction qui eût été compétente à défaut d'arbitrage (CPC art. 1485, al. 2 et 3 et 1486, al. 1).

La demande en interprétation entraînant une reprise de la procédure devant conduire à une nouvelle sentence, une partie peut demander au juge d'appui la récusation d'un arbitre ; mais elle ne peut pas, après rejet de sa demande, réintroduire celle-ci devant le juge de l'annulation, car la décision du juge d'appui a l'autorité de la chose jugée sauf fait nouveau survenu depuis (Cass. 1e civ. 13-3-2013 n° 12-20.573 : RJDA 6/13 n° 566).

Sauf convention contraire, la **sentence rectificative ou complétée** est rendue dans un délai de trois mois à compter de la saisine du tribunal arbitral ; ce délai peut être prorogé par accord des parties ou par le juge d'appui (art. 1486, al. 2). Cette sentence est notifiée dans les mêmes formes que la sentence initiale (art. 1486, al. 3).

Ne pouvant que compléter la sentence, le tribunal arbitral ne peut pas rectifier la sentence s'il s'est prononcé sur des choses non demandées ou s'il a accordé plus qu'il n'était demandé (CA Paris 29-5-2012 n° 11/10497).

La rectification doit intervenir sans modifier le sens de la décision (Cass. civ. 16-6-1976 : Rev. arb. 1977.269 note Mezger) et en respectant le principe du contradictoire (CA Paris 28-4-1988 : D. 1988.IR.161). Sur le pouvoir des juges de rectifier les erreurs manifestes et matérielles jusqu'à l'intervention de l'ordonnance d'exequatur, TGI Paris 27-6-1968 : Rev. arb. 1968.108 (double déduction d'une même somme)

EFFETS DE LA SENTENCE

71206 La sentence **dessaisit l'arbitre** de la contestation qu'elle tranche (CPC art. 1485, al. 1).

Elle est notifiée par la voie de signification à moins que les parties en conviennent autrement (CPC art. 1484, al. 3), par exemple en prévoyant une notification à avocat (CA Rouen 7-1-2021 n° 20/01665). La notification de la sentence par l'arbitre n'est qu'une règle de procédure de pure forme ; son défaut ne peut être sanctionné que s'il cause grief (CA Paris 28-4-1988 : D. 1988.IR.161).

La sentence arbitrale a, dès qu'elle est rendue, soit à la date à laquelle elle a été signée (Cass. 1e civ. 4-5-2017 n° 16-17-358 F-D : RTD com. 2017.835 obs. Loquin), l'**autorité de la chose jugée** entre les parties relativement à la contestation qu'elle tranche (CPC art. 1484 ; Cass. 1e civ. 28-5-2008 n° 07-13.266 : JCP G 2008.II.10170 note Bolard : impossibilité d'invoquer dans une instance postérieure un nouveau fondement juridique pour une demande fondée sur la même cause, la solution étant transposable sous le texte actuel). Elle est opposable aux tiers, notamment à la caution (Cass. 1e civ. 5-3-2014 n° 12-24.213 : Rev. arb. 2014.404 note Mignot).

L'autorité de la chose jugée par la sentence n'est attachée qu'aux décisions du tribunal arbitral qui tranche entre des prétentions, ce qui n'est pas le cas de celle qui formule une injonction envers une partie sans lui imposer une quelconque obligation (Cass. 2e civ. 28-6-2018 no 17-17.340 D), ainsi qu'aux demandes présentées au cours de l'instance ayant abouti à la sentence ; de nouvelles demandes, même à propos des mêmes faits peuvent donc être introduites à l'occasion d'une nouvelle instance (CA Paris 3-3-2020 no 18/05766 : Rev. arb. 2020.som.666).

Elle peut être assortie de l'**exécution provisoire** (CPC art. 1484, al. 2).

En cas d'appel ou de recours en annulation, le **premier président** statuant en référé ou, dès lors qu'il est saisi, le conseiller de la mise en état peut :

– lorsque la sentence est assortie de l'exécution provisoire, arrêter ou aménager son exécution quand elle risque d'entraîner des conséquences manifestement excessives (CPC art. 1497, 1o) ;

– lorsque la sentence n'est pas assortie de l'exécution provisoire, ordonner l'exécution provisoire de tout ou partie de cette sentence (art. 1497, 2o) ;

– lorsque la sentence est assortie de l'exécution provisoire ou lorsque la sentence n'étant pas assortie de l'exécution provisoire celle-ci est ordonnée en tout ou en partie, conférer l'exequatur à la sentence (art. 1498, al. 1).

Les **énonciations** d'une sentence relatives au déroulement de la procédure font **foi** jusqu'à inscription de faux (Cass. 2e civ. 12-12-1990 no 89-18.435 : Rev. arb. 1991.317 obs. Théry).

VOIES DE RECOURS

Règles générales Les voies de recours contre la sentence ouvertes aux parties par le Code de procédure civile **sont** l'appel en réformation (aussi dénommé simplement « appel ») ou le recours en annulation de la sentence, la tierce opposition à la sentence et la révision de la sentence ; le régime spécifique à chacune de ces voies est exposé dans les numéros ci-après. **71210**

La sentence n'est pas susceptible d'opposition ni de pourvoi en cassation (art. 1503).

Toutefois, les tribunaux admettent exceptionnellement la rétractation de la sentence obtenue par fraude par le tribunal arbitral tant qu'il demeure constitué ou peut être à nouveau réuni (Cass. civ. 19-12-1995 : Rev. arb. 1996.50 note Bureau).

En dépit de la formule de l'article 1490 du Code de procédure civile visant sous la dénomination « appel » tant la réformation que l'annulation de la sentence, la qualification « appel » n'est justifiée que lorsque le recours, conformément à son sens commun, ne tend qu'à la réformation qui saisit la cour d'appel avec un effet dévolutif. C'est pourquoi l'article 1491 du même Code précise que lorsque la voie de l'appel est ouverte la cour peut statuer sur les motifs d'annulation de la sentence. Lorsque l'appel est irrecevable, le recours en annulation n'est pas en soi un « appel », quoique porté devant la cour d'appel et soumis à des règles communes à l'appel, car il n'est ouvert que pour des causes limitativement fixées et ne donne lieu à une décision tranchant le litige qui était résolu par la sentence que si les parties l'acceptent (CPC art. 1493).

L'**appel** en réformation et le recours en annulation sont soumis aux **règles communes** suivantes :

– ces recours ne peuvent être formés que **contre une sentence** qui tranche tout ou partie du principal (sur cette qualification, no 71190) ; ils ne peuvent donc pas l'être contre une sentence qui porte sur le montant et la répartition d'un solde d'honoraires dus à l'expert (Cass. 1e civ. 17-6-2009 no 08-11.697 : Rev. arb. 2009.741 note Chesnais) ;

– le **délai** pour exercer ces recours suspend l'exécution de la sentence arbitrale ; le recours exercé dans le délai est également suspensif (art. 1496), sous réserve du cas où la sentence est exécutoire provisoirement (no 71245) ;

– ces recours sont portés devant la **cour d'appel dans le ressort** de laquelle la sentence arbitrale a été rendue (art. 1494, al. 1) ;

– ils sont **recevables** dès le prononcé de la sentence (art. 1494, al. 2), la sentence n'ayant pas à être signifiée dans le délai de deux ans de l'article 528-1 du Code de procédure civile (Cass. 2e civ. 18-10-2001 no 00-11.572 : Bull. civ. II no 156) ; ainsi, ils peuvent être interjetés avant l'ordonnance d'exequatur et avant sa signification (Cass. com. 3-2-1981 : D. 1981.377 note Derrida) ; il peut être stipulé dans la convention d'arbitrage que le délai d'appel courra à compter de la notification de la sentence effectuée par le président du tribunal arbitral par lettre recommandée avec accusé de réception (Cass. civ. 7-6-1972 : D. 1973.73 note Robert) ; l'irrégularité de la notification n'empêche pas le recours (CA Douai 5-6-2003 : Rev. arb. 2004.719.som.) ;

L'appel ou le recours en annulation est **irrecevable** :

– en cas de signification de la sentence, s'il n'a pas été exercé dans le mois de la signification (art. 1494, al. 2) ;

– si la partie qui l'a introduit n'a pas, en connaissance de cause et sans motif légitime, invoqué en temps utile une irrégularité dont elle aurait pu se prévaloir devant le tribunal arbitral (CPC art. 1466 ; Cass. 1e civ. 25-6-2014 no 11-26.529 : RJDA 10/14 no 810 ; Cass. 1e civ. 28-5-2008 no 04-13.999 ; CA Paris 2-4-2019 no 16/24358 : Rev. arb. 2019.som.304) ; cette règle ne vise pas les seules irrégularités procédurales mais concerne tous les griefs constituant les cas d'ouverture du recours en annulation (à l'exception du moyen tiré de la violation de l'ordre public international par la reconnaissance ou l'exécution de la sentence) qui sont précisément et concrètement articulés, à l'exclusion des catégories de moyens (CA Paris 16-2-2021 n° 18/16695 : Rev. arb.2022.431 note El Chazli) ;

– si les parties ont acquiescé à la sentence (Cass. civ. 9-10-1985 : Rev. arb. 1987.75) ;

– si les parties ont modifié les voies de recours ouvertes par la loi par un accord exprès fondé sur l'article 12 al. 3 du Code de procédure civile (Cass. civ. 6-4-1994 : RJDA 6/94 n° 735, à propos d'une modification des voies de recours en cas d'arbitrage international mais transposable en arbitrage interne par analogie du régime des voies de recours).

– ils sont **formés, instruits et jugés** selon les règles relatives à la procédure en matière contentieuse devant la cour d'appel (art. 1495, précisant que sont applicables les art. 900 à 930-1 du CPC), notamment l'article 930-1 du Code de procédure civile qui dispose que les actes de procédure sont, à peine d'irrecevabilité, remis à la juridiction par voie électronique, sans dérogation (Cass. 2e civ. 26-9-2019 n° 18-14.708 F-PBI) ;

– l'appel ou le recours en annulation de la sentence **emporte** de plein droit, dans les limites de la saisine de la cour, **recours contre l'ordonnance** du juge ayant statué sur l'exequatur ou dessaisissement de ce juge (CPC art. 1499, al. 2) ;

– le **rejet** de l'appel ou du recours en annulation confère l'exequatur à la sentence arbitrale ou à celles de ses dispositions qui ne sont pas atteintes par la censure de la cour (art. 1498, al. 2) ;

– l'**intervention volontaire** des tiers dans les recours formés contre les sentences arbitrales est irrecevable (CA Paris 15-3-2016 n° 14/19164 : Rev. arb. 2016.356.som. ; CA Paris 24-9-2019 n° 17/14143 : D. 2019.2435 obs. T. Clay).

71213 **Appel en réformation** La sentence arbitrale n'est pas **susceptible** d'appel en vue de réformation sauf volonté contraire des parties (CPC art. 1489 ; pour un exemple, CA Paris 14-6-2022 n° 20/16019).

Cette disposition n'est applicable qu'aux conventions d'arbitrage conclues après le 1er mai 2011 (Décret 2011-48 du 13-1-2011 art. 3, 1°). Pour les conventions d'arbitrage conclues avant, l'appel est recevable sauf si les parties l'ont exclu et, en cas d'amiable composition, si elles l'ont expressément prévu (CPC art. 1482 ancien).

En conséquence, les solutions qui ont été affirmées en cas d'amiable composition sont transposables à l'application de la nouvelle règle ; ainsi, à défaut d'une stipulation ouvrant la faculté d'appel, celui-ci est irrecevable alors même que la sentence serait contraire à une règle d'ordre public, le recours en annulation étant ouvert pour faire sanctionner une telle violation (CA Aix 10-1-1983 : GP 1983.136 note Dureuil) mais il est recevable si la clause compromissoire stipule « en premier ressort » (CA Paris 18-10-2001 : Rev. arb. 2001.som.923).

Dès lors qu'elle est possible, la voie de l'appel est **seule ouverte,** qu'elle tende à la réformation de la sentence ou à son annulation (CPC art. 1491, al. 1) ; en conséquence, l'appel est recevable indépendamment de l'existence de causes d'annulation de la sentence (Cass. 2e civ. 27-5-2004 n° 02-17.389 : Rev. arb. 2004.611 note Rivier), les moyens de nullité utilisables ne sont pas alors limités à ceux énoncés au n° 71222 (Cass. 1e civ. 14-3-2006 n° 510 : RJDA 10/06 n° 1093) et le recours en annulation formé par une partie qui n'a pas renoncé à l'appel est irrecevable (CA Paris 26-5-1987 : Rev. arb. 1987.509 note Jarrosson ; CA Paris 13-7-1990 : Rev. arb. 1991.362 obs. B. M.).

La **compétence de la cour** est limitée à l'objet du litige tel qu'il est défini par l'acte qui a saisi le tribunal arbitral (Cass. civ. 23-2-1994 : RJDA 5/94 n° 609).

La cour statue en **amiable compositeur** lorsque l'arbitre avait cette mission (CPC art. 1490, al. 2 ; CA Paris 15-11-1991 : Rev. arb. 1992.643 obs. Pellerin).

71216 **Recours en annulation** Sauf si la voie de l'appel est ouverte (n° 71213), un recours en annulation de la sentence peut être formé, nonobstant toute stipulation contraire qui est réputée non écrite (CPC art. 1491). Sur la qualification de la sentence soumise au recours, n° 71190.

Les parties ne peuvent pas convenir de tenir pour existante ou non une cause d'annulation, cette appréciation relevant du seul pouvoir juridictionnel (CA Paris 10-3-2015 n° 13/18818 : Rev. arb. 2015.som.624) ni renoncer par avance à l'exercice de ce recours (CA Paris 18-12-2008 : Rev. arb. 2009.som.232 ; sur une absence de renonciation, CA Paris 3-4-2014 : D. 2014.2554.som. obs. Clay).

La cour d'appel n'a pas le pouvoir de substituer d'office à la voie de l'appel tendant à la réformation de la sentence arbitrale, celle du recours en annulation, ce refus de requalification ne constituant pas une atteinte disproportionnée au droit d'accès au juge, au regard de l'objectif poursuivi, en matière d'arbitrage interne, d'assurer l'effectivité de la sentence en imposant aux parties de n'exercer que la voie de recours qu'elles ont prévue (Cass. 1re civ. 11-5-2016 n° 14-29.767 : RJDA 7/16 n° 578).

Cette règle appelle les observations suivantes.

71222 **1.** Le recours **n'est ouvert que** pour obtenir l'annulation de la sentence ; tel n'est pas le cas de la demande d'inopposabilité de la sentence (CA Paris 6-1-2011 : Rev. arb. 2011.som.280 : rejet de la demande d'inopposabilité de la sentence) ni de celle qualifiée par son auteur « Objet de l'appel : appel total-appel nullité » car l'appel-nullité est distinct du recours en annulation (CA Paris 28-10-2014 n° 13/16871 : Rev. arb. 2015.821 note Weiller). **71222** (suite)

Il n'est ouvert que pour l'un ou l'autre des motifs suivants (CPC art. 1492) :

La cour n'est pas tenue de rechercher d'office le cas d'ouverture applicable (Cass. civ. 9-7-1997 : Bull. civ. II p. 127, précisant aussi que le motif d'annulation ne peut pas être porté pour la première fois devant la Cour de cassation).

a. Si le tribunal arbitral s'est déclaré **à tort compétent ou incompétent** (CE 4-10-2017 n° 401154 ; CA Versailles 4-6-2019 n° 17/06632 : Rev. arb. 2019.som.975).

b. Si le tribunal arbitral a été **irrégulièrement constitué,** par exemple, si l'arbitre a statué sans convention d'arbitrage ou sur convention nulle ou expirée (Cass. 2e civ. 13-7-2005 : JCP G 2005.IV.3084).

Si l'arbitre a statué sur la base d'une convention nulle, le juge de l'annulation doit le vérifier alors même que le juge d'appui aurait jugé que la clause n'était pas manifestement nulle (CA Versailles 4-6-2019 précité).

c. Si le tribunal arbitral a statué **sans se conformer à la mission** qui lui avait été confiée (Cass. civ. 11-6-1997 : Bull. civ. II p. 100 : arbitre ayant statué ultra petita ; CA Paris 22-1-1972 : Rev. arb. 1973.158 note Fouchard : sanction de l'inexécution d'un contrat en présence d'une demande d'interprétation ; CA Paris 20-3-1986 : Rev. arb. 1987.82 obs. B. M. : méconnaissance de la stipulation relative au partage des honoraires entre les parties ; CA Paris 28-6-1988 : D. 1988.IR.233 : octroi d'intérêts de retard à compter d'une date antérieure à celle de la réclamation), alors même qu'il serait amiable compositeur (n° 71054).

Mais la nullité d'une sentence qui a statué infra petita ne doit pas être prononcée puisque l'arbitre peut la compléter à la demande d'une partie (Cass. 2e civ. 7-1-1999 : Rev. arb. 1999.272 note Foussard ; CA Paris 19-6-2008 n° 06/19403 : GP 2008.som.15 octobre ; n° 71206).

d. Si le **principe de la contradiction** n'a pas été respecté (n° 71069).

e. Si la sentence est **contraire à l'ordre public** ; le tribunal arbitral ne peut donc pas donner effet à un contrat contraire aux dispositions d'ordre public, ni violer l'une des règles de l'ordre public (CA Paris 16-3-1995 : Rev. arb. 1996.146 obs. Derains). La violation de l'ordre public doit résulter de la solution donnée au litige, la méconnaissance d'une qualification même d'ordre public étant sans incidence si cette solution ne heurte pas l'ordre public (Cass. civ. 20-2-1991 : Rev. arb. 1991.453 note Idot ; CA Versailles 9-1-2012 : Rev. arb. 2013.som.281). Le contrôle du respect des règles d'ordre public est mené à partir des éléments de fait et de droit retenus par les arbitres dans leur sentence compte tenu de ce qui a été plaidé devant eux, la cour saisie d'un recours en annulation n'étant pas juge du procès qui s'est déroulé devant le tribunal arbitral (CA Paris 15-6-2000 : Rev. arb. 2001.806 obs. Derains). Mais il n'appartient pas à la cour d'apprécier les motifs adoptés par les arbitres pour parvenir à la solution retenue (CA Paris 14-12-2000 : Rev. arb. 2001.806 obs. Derains). L'ordre public s'apprécie au jour où le juge statue (CA Paris 13-4-2021 n° 18/09809, relatif à un arbitrage international mais transposable à l'ordre public interne).

f. Si la sentence n'est **pas motivée** ; le juge de l'annulation, qui n'a pas à contrôler le contenu de la sentence, doit vérifier que les arbitres ont mis les parties en mesure de connaître les éléments de fait et de droit sur lesquels ils se sont déterminés ; ainsi, n'est pas motivée la sentence rendue en amiable composition qui ne comporte l'énoncé d'aucun de ces éléments ni ne fait référence à des motifs tirés de l'équité (CA Paris 3-12-2013 n° 11-20285 : Rev. arb. 2014.som.214) mais l'est celle relative au licenciement d'un salarié qui confronte la position des parties, énonce les raisons qui ont conduit à décider de l'absence de faute grave, rappelle l'ancienneté du salarié, son salaire et les modalités de calcul de l'indemnité (CA Paris 8-9-2015 n° 14/18468 : GP 22-3-2016 p. 34 obs. Bensaude).

g. Si la sentence n'indique pas la **date** à laquelle elle a été rendue ou le nom du ou des arbitres qui l'ont rendue ou ne comporte pas la ou les **signatures** requises ou n'a pas été rendue à la **majorité** des voix.

L'omission ou l'inexactitude d'une de ces mentions ne peut pas entraîner la nullité de celle-ci s'il est établi, par les pièces de la procédure ou par tout autre moyen, que les prescriptions légales ont été, en fait, observées (CPC art. 1483, al. 2). Ainsi, l'omission de la date ne peut être réparée ou suppléée par des documents extrinsèques (Cass. 2e civ. 9-11-2000 : GP 2001.som.1912 : application antérieure à l'art. 1483 actuel).

La sentence a été annulée pour défaut du nom des arbitres et de signature (CA Paris 18-11-1993 : Rev. arb. 1994.505 note Loquin) et pour défaut de signature par tous les arbitres dès lors que n'était pas mentionné le refus de la minorité des arbitres (Cass. 1e civ. 3-10-2006 n° 1392 : RJDA 2/07 n° 209).

Cette énumération est **strictement interprétée** par les tribunaux.

Par exemple, n'est pas une cause de recours :

– le motif de dénaturation du contrat (Cass. civ. 11-12-1979 n° 78-12.011 : Bull. civ. I n° 313 ; Cass. civ. 28-4-1980 : Bull. civ. II n° 88 ; sur d'autres refus d'annulation pour dénaturation : Cass. civ. 17-11-1976 : Rev. arb. 1977.281 note Robert ; CA Paris 21-3-2002 : Rev. arb. 2002.773), car ce serait permettre au juge de toucher au fond du litige ;

– l'existence d'une erreur matérielle qui peut être rectifiée par les arbitres (Cass. 2e civ. 4-1-1978 n° 76-10.139 : Bull. civ. II n° 3 : erreur de calcul ; Cass. 2e civ. 30-9-1999 n° 96-17.769, 2e esp. : Rev. arb. 2000.267 note Betto : erreur de date) ;

– la contradiction de motifs qui tend à remettre en question le fond du litige (Cass. civ. 11-5-1999 et CA Paris 26-10-1999 : Rev. arb. 1999.811 note Gaillard ; Cass. 1e civ. 14-6-2000 n° 98-12.053 : Bull. civ. I n° 181 ; Cass. 1e civ. 4-12-2013 n° 13-10.530 : Rev. arb. 2014.som.217) ;

– l'indication erronée ou susceptible d'entraîner une confusion de la désignation des parties (CA Paris 22-3-1985 : Rev. arb. 1987.78 obs. B.M.) ;
– l'absence d'un des arbitres à l'une des mesures d'instruction (Cass. civ. 16-11-1988 : GP 1989.pan.2) ;
– la contestation d'une sentence pour incapacité d'une partie (Cass. 1e civ. 11-7-2019 no 17-20.423 FS-PB : RJDA 12/19 no 792, transposable par analogie à l'arbitrage interne) ;
– le non-respect par l'arbitre d'une clause de médiation qui est une question de recevabilité et non de compétence de l'arbitre (Cass. 1e civ. 1-2-2023 no 21-25.024 F-D).

71225 Le recours en annulation est **recevable** dans les conditions exposées au no 71210. Le grief invoqué à l'encontre de la sentence est irrecevable si la partie, en connaissance de cause et sans motif légitime, s'abstient de l'invoquer en temps utile devant le tribunal arbitral (CPC art. 1466 et 1506 ; Cass. 1e civ. 19-12-2012 no 10-27.474 : JDI 2013.946 note de Néré). Le grief ne peut être opposé qu'à celui qui a participé activement à l'arbitrage (CA Paris 14-5-2019 no 17/06397 : Rev. arb. 2019.som.621).

Le fait d'avoir demandé, en vain, à l'institution en charge de l'organisation de l'arbitrage, la récusation d'un arbitre en raison d'un prétendu défaut d'indépendance ou d'impartialité, ne constitue pas un motif légitime de ne pas invoquer, devant le tribunal arbitral, l'irrégularité de sa constitution pour la même raison (Cass. 1e civ. 7-6-2023 no 21-24.968 F-B : RJDA 11/23 no 624).

71228 **2.** Lorsque la cour admet la recevabilité et annule la sentence, elle statue **sur le fond** dans les limites de la mission de l'arbitre, sauf volonté contraire des parties (CPC art. 1493).

La « volonté contraire des parties », qui n'est pas la volonté contraire commune aux parties ou la volonté contraire de toutes les parties, signifie qu'il suffit que l'une des parties s'oppose à ce que la cour statue au fond pour que cette dernière soit tenue par cette expression de volonté (CA Colmar 30-10-2019 no 15/02563).

À ce titre, elle peut statuer sur une demande incidente entrant dans les prévisions de la clause compromissoire, si cette demande se rattache aux prétentions originaires par un lien suffisant de dépendance, dont l'appréciation relève du pouvoir souverain de la cour (Cass. 1e civ. 13-5-2015 no 14-12.978 : RJDA 11/15 no 795).

À défaut de volonté contraire (pour un exemple, CA Paris 3-12-2013 no 11-20285 : Rev. arb. 2014.som.214), elle doit se prononcer au fond dès lors qu'elle constate la nullité de la sentence arbitrale par une décision d'annulation (Cass. 2e civ. 8-7-2004 no 02-30.800 : Bull. civ. II no 350).

Si aucune des parties ne l'a demandé, rien n'oblige la cour à se prononcer sur le fond par une décision distincte de celle prononçant l'annulation de la sentence (Cass. civ. 8-7-1987 : Bull. civ. II p. 85).

Elle se prononce en **amiable compositeur** si telle avait été la volonté commune des parties pour régir l'arbitrage (CA Paris 7-7-1987 : Rev. arb. 1988.297 note Loquin ; CA Paris 28-2-1990 : Rev. arb. 1991.654).

Les débats doivent être rouverts (CA Paris 24-3-1992 : Rev. arb. 1993.277).

Si la sentence annulée avait déjà reçu l'exequatur, l'**ordonnance d'exequatur** est aussi annulée (CA Paris 15-5-1987 : D. 1987.IR.135).

La cour ne peut **pas statuer** sur le fond si l'annulation de la sentence est justifiée par l'inopposabilité de la clause compromissoire à la partie condamnée par la sentence, ici des salariés ne pouvant s'engager en arbitrage (Cass. 1e civ. 6-3-2013 no 12-15.375 : RJDA 8-9/13 no 757) ni sur une demande qui a fait l'objet d'une autre sentence dont la validité n'est pas soumise à son appréciation (Cass. civ. 19-11-1985 : Rev. arb. 1987.76 obs. Th. B.).

71231 **Tierce opposition** La sentence peut être l'objet d'une tierce opposition devant la **juridiction qui eût été compétent**e à défaut d'arbitrage, sous réserve des dispositions de l'article 588 du Code de procédure civile (CPC art. 1501).

Est un tiers à la sentence celui qui n'a pas été partie au litige et la sentence n'est opposable aux tiers qu'au regard au litige qu'elle tranche (Cass. com. 2-2-2016 no 14-23.921 : Rev. arb. 2016.810 note S. Bollée).

Une tierce opposition **incidente** peut être formée devant la cour d'appel (CPC art. 588 ; CA Caen 5-7-2012 no 11/01135 : JCP E 2013.1034 no 3 obs. Ortscheidt).

Le premier président, qui peut arrêter l'exécution provisoire de la sentence mais seulement si la cour d'appel est saisie d'un appel ou d'un recours contre cette sentence (no 71245), ne peut pas alors arrêter l'exécution provisoire ; c'est au juge qui est saisi de la tierce opposition qu'il revient de suspendre l'exécution de la décision attaquée (Cass. 2e civ. 28-5-2015 no 14-27.167 : RJDA 8-9/15 no 616).

Sur l'absence d'interdiction de former tierce opposition en raison du principe de représentation mutuelle d'une caution solidaire, no 55460.

71234 **Recours en révision** Dans les cas et sous les conditions prévus pour les jugements (CPC art. 594 à 597 et 601 à 603), et si le tribunal arbitral a été constitué après le 1er mai 2011 (Décret 2011-48 art. 3, 2o), le recours en révision (dit aussi en « rétractation » car s'il est fondé, la sentence est rétractée) est ouvert contre la sentence, devant le tribunal arbitral ; toutefois, si le tribunal arbitral ne peut à nouveau être réuni, le recours est porté devant la cour d'appel qui eût été compétente pour connaître des autres recours contre la sentence (CPC art. 1502) (pour une application antérieure au texte actuel, CA Paris 16-10-2008 n° 07/13714 : GP 2008.som.4030).

La renonciation « à toutes voies de recours » ne peut exclure le recours en révision (CA Paris 14-3-1991 : Rev. arb. 1991.657 obs. Pellerin).

La révision est notamment ouverte dans le cas où l'arbitrage est **frauduleux** et tend à avantager une partie (CA Paris 17-2-2015 n° 13/13278 : JCP G 2015 n° 10/11-289 note Bollée ; CA Paris 12-4-2016 n° 11/20732 et 11/20730 : GP 2016.som. n° 26 p. 25 note Bensaude).

La fraude peut aussi être sanctionnée par la voie du recours en annulation de la sentence (Cass. 1e civ. 4-11-2015 n° 14-22.630 : RJDA 5/16 n° 407, qui rend caduc CA Paris 15-2-2007 1e espèce : Rev. arb. 2009.158 note P. Callé qui avait jugé le contraire). Le juge doit vérifier s'il y a eu fraude, et non examiner l'intérêt, au jour où il statue, de se prononcer sur le fond du litige tranché par le jugement dont la rétractation est demandée (Cass. 2e civ. 23-3-2017 n° 16-10.647 : Bull. civ. II n° 63).

La fraude à la sentence suppose que des faux documents aient été produits, que des témoignages mensongers aient été recueillis ou que des pièces intéressant la solution du litige aient été frauduleusement dissimulées aux arbitres, de sorte que la décision de ceux-ci a été surprise (CA Paris 25-4-2017 n° 15/01040).

La décision révisée pour fraude est **rétractée** (Cass. civ. 25-5-1992 : RJDA 8-9/92 n° 878 ; CA Paris 17-2-2015 précité).

La sentence rétractée est considérée comme nulle et non avenue, compte tenu des précisions suivantes (Cass. com. 18-5-2017 n° 15-28.683) :

– ne peuvent pas être restitués les paiements faits en exécution de décisions de justice irrévocables, notamment le règlement de créances admises au passif de celui qui l'a reçu par des décisions irrévocables des juges-commissaires (n° 62900) ;

– doivent être restitués les paiements intervenus par compensation, les sommes éteintes dont était créancier le bénéficiaire de la rétractation devant lui être restituées.

EXÉCUTION DES SENTENCES

Nécessité d'un exequatur Les sentences ne peuvent être exécutées que si elles constituent un titre exécutoire, qualité qu'elles n'acquièrent que si elles sont « déclarées exécutoires » (C. exécution art. L 111-3, 2°). Cette déclaration résulte d'une décision dite « ordonnance d'exequatur » (CPC art. 1487, al. 1) ou est attachée de plein droit à la sentence par la loi, comme c'est le cas pour l'ordonnance de référé (n° 72546). 71245

Même exécutoire de droit à titre provisoire, la décision du bâtonnier ne constitue pas une décision à laquelle la loi attache les effets d'un jugement de sorte qu'elle ne peut être exécutée que sur présentation d'une expédition revêtue de la formule exécutoire (Cass. 2e civ. 30-1-2014 n° 12-29.246 : Bull. civ. II n° 30).

Procédure d'exequatur La décision d'exequatur doit émaner du **tribunal** judiciaire dans le ressort duquel la sentence a été rendue (CPC art. 1487, al. 1 ; C. org. jud. art. R 212-8 précisant que le tribunal judiciaire statue à juge unique, ce qui investit le juge de l'exécution auquel l'art. L 213-6 de ce dernier Code confie la connaissance des questions d'exécution). 71248

Les difficultés relatives à l'exécution forcée d'une sentence bénéficiant de l'exequatur relèvent de la compétence exclusive du juge de l'exécution (CA Paris 11-9-2019 n° 19/04988).

La **requête** en exequatur est déposée par la partie la plus diligente au greffe de la juridiction accompagnée de l'original de la sentence et d'un exemplaire de la convention d'arbitrage ou de leurs copies réunissant les conditions requises pour leur authenticité (CPC art. 1487, al. 3). Elle peut donc l'être par la partie qui a succombé lorsqu'elle y a intérêt (CA Paris 5-12-1963 : D. 1964.582 note Robert).

La clause compromissoire qui comporte une renonciation au droit de faire opérer le dépôt de la sentence est nulle (CA Aix 22-11-1979 : Bull. Cour d'Aix 1979/14 p. 82).

La procédure n'est **pas contradictoire** (CPC art. 1487, al. 2).

L'exequatur est **apposé** sur la minute de la sentence arbitrale (CPC art. 1487, al. 4).

Le **juge** ne peut accorder l'exequatur que dans la mesure où il peut reconnaître la sentence, à savoir dans les cas où la sentence n'encourt pas un motif d'annulation (CA Paris 26-3-2013 n° 11/09601 : Rev. arb. 2013.som.532).

Un motif de refus de l'exequatur ne peut pas être invoqué devant le juge de l'exequatur si la partie qui le soulève a renoncé à le faire valoir devant le tribunal arbitral (CPC art. 1466) ; tel n'est pas le cas lorsque cette partie a invoqué devant ce tribunal l'irrégularité affectant sa constitution, ce qui exclut sa renonciation à faire valoir ce moyen qui demeure donc recevable devant le juge de l'exequatur (Cass. 1e civ. 4-3-2020 n° 18-22.019 FS-PB : JDI 2021.612 note Debourg : constitution par la cour d'arbitrage de la CCI d'un tribunal arbitral en dépit de la clause compromissoire qui prévoyait l'alternative d'un tribunal ad hoc ; pour l'exemple d'une renonciation, CA Paris 25-2-2020 n° 16/22740 : Rev. arb. 2021.205 note Fouchard Papaefstratiou).

Il a **refusé** l'exequatur lorsque :

– **aucune voie d'exécution** n'est susceptible d'être exercée (CA Paris 5-12-1963 : D. 1964.582 note Robert), notamment si le litige a été résolu par une transaction (TGI Paris 8-7-1970 : JCP G 1971.II.16810 obs. Ruzié) ;

Mais la transaction sur l'exécution de la sentence elle-même ne fait pas obstacle à la demande d'exequatur dès lors qu'elle n'a pas été entièrement exécutée (Cass. civ. 17-6-1971 : JCP G 1971.II.16914 note Level).

– la sentence n'a pas le caractère contentieux ou est d'une **inexistence flagrante** (Cass. civ. 17-6-1971 n° 70-12.218 : JCP G 1971.II.16914 note Level) ;

– la sentence est manifestement **contraire à l'ordre public** (CPC art. 1488, al. 1 ; pour la période antérieure au 1-5-2011, une contrariété à l'ordre public suffisait, Cass. civ. 17-6-1971 précité ; CA Paris 26-3-2013 précité : sentences s'excluant car jugeant le contraire l'une de l'autre) ;

– la sentence a méconnu les stipulations de la clause compromissoire (Cass. com. 30-7-1952 : D. 1952.724).

Il ne peut apporter aucune modification à la sentence : par exemple, accorder à une partie des dommages-intérêts pour compenser le préjudice complémentaire résultant du retard dans le paiement, « compte tenu du faible taux d'intérêt alloué par la sentence » (Cass. civ. 14-12-1983 : GP 1984.pan.136, à propos d'un arbitrage international, mais transposable).

L'**ordonnance** qui refuse l'exequatur doit être **motivée** (CPC art. 1488, al. 2). À défaut d'exequatur, la sentence ne prend pas effet et, par exemple, ses dispositions relatives à l'astreinte ne peuvent pas être appliquées (CA Rennes 26-9-1984 : Rev. arb. 1986.441 note Ancel).

L'ordonnance qui accorde l'exequatur n'est susceptible d'aucun **recours** (CPC art. 1499, al. 1 ; TGI Paris réf. 22-1-1997 : Rev. arb. 569 note Rivier) ; sa rétractation ne peut pas être ordonnée en référé (CA Paris ord. prés. 10-3-1986 : Rev. arb. 1988.325). Toutefois, l'appel ou le recours en annulation de la sentence emportent de plein droit, dans les limites de la saisine de la cour, recours contre l'ordonnance du juge de l'exequatur ou dessaisissement de ce juge (art. 1499, al. 2). Sur l'annulation de l'ordonnance d'exequatur consécutive à celle de la sentence, n° 71228.

Le **rejet de l'appel ou du recours en annulation** confère l'exequatur à la sentence arbitrale ou à celles de ses dispositions qui ne sont pas atteintes par la censure de la cour (art. 1498, al. 2). Ainsi, le juge du recours en annulation devient juge de l'exequatur et sa décision, quand elle est défavorable à l'auteur du recours en annulation, quel qu'en soit le motif, doit permettre l'exécution forcée de la sentence sans obliger celui qui en bénéficie à solliciter l'exequatur selon la procédure de l'article 1487 du Code de procédure civile (CA Douai 3-2-2022 n° 21/03889). La décision qui confère ainsi l'exequatur ne peut pas modifier la sentence (Cass. 1e civ. 11-9-2013 n° 12-26.180 : RJDA 1/14 n° 64). En revanche, l'arrêt qui déclare **irrecevable le recours en annulation** de la sentence arbitrale n'emporte pas exequatur de celle-ci et ne dispense pas celui qui entend en poursuivre l'exécution forcée d'obtenir du tribunal judiciaire une ordonnance d'exequatur (Cass. 1e civ. 7-6-2023 n° 22-12.757 FS-B).

L'ordonnance qui refuse l'exequatur peut être frappée d'**appel** jusqu'à l'expiration du délai d'un mois à compter de sa signification ; la cour d'appel connaît alors, à la demande d'une partie, de l'appel ou du recours en annulation, si le délai pour l'exercer n'est pas expiré (CPC art. 1500, al. 2).

2. SENTENCE RENDUE À L'ÉTRANGER OU EN MATIÈRE D'ARBITRAGE INTERNATIONAL

SENTENCES CONCERNÉES

71300 **Absence de qualification légale** Le Code de procédure civile consacre le chapitre II du Titre II du Livre IV à la reconnaissance et à l'exécution des sentences arbitrales rendues à l'étranger ou en matière d'arbitrage international, sans en donner le critère de leur qualification.

Sous réserve qu'elle soit une sentence telle que qualifiée au n° 71190, et sauf clause contraire de la convention d'arbitrage, il a été jugé qu'une sentence est présumée rendue dans le pays du lieu du siège de l'arbitrage (CA Paris 24-11-2011 n° 10/16525 : GP 2012.som.358 note Bensaude). Dès lors qu'elle a été rendue à l'étranger, une sentence est soumise au régime exposé ci-après, le caractère interne ou international de l'arbitrage étant sans incidence (Cass. 1e civ. 13-1-2021 n° 19-22.932 : RJDA 7/21 n° 533 ; CA Paris 10-1-2008 : Rev. arb. 2008.som.161 ; cf. CA Paris 13-5-2004 : Rev. arb. 2004.728.som. qui avait retenu l'existence d'un arbitrage international).

Sur l'inexistence d'une sentence soumise à réexamen, n° 71320.

Il a également été précisé qu'une sentence **demeure une sentence** soumise aux règles ci-après exposées et ne devient pas un jugement lorsqu'elle a été reconnue par une juridiction étrangère ; ainsi, l'homologation de la sentence arbitrale par la Haute Cour d'Angleterre n'a pas pour effet de rendre applicable la convention franco-britannique relative à l'exécution des jugements étrangers (Cass. civ. 14-6-1960 : JCP G 1961.II.12273 note Motulsky).

Les sentences ainsi qualifiées sont appelées par la suite « sentences internationales ».

Le règlement 44/2001 (aujourd'hui, règlement 1215/2012), ne régit pas la reconnaissance et l'exécution, dans un État membre, d'une sentence arbitrale prononcée par un tribunal arbitral dans un autre État membre ; il ne s'oppose donc pas à ce qu'une juridiction d'un État membre reconnaisse et exécute, ni à ce qu'elle refuse de reconnaître et d'exécuter, une sentence arbitrale interdisant à une partie de présenter certaines demandes devant une juridiction de cet État membre (CJUE 13-5-2015 aff. 536/13 : JCP G 2015 n° 27-804 note Nourissat).

RECONNAISSANCE ET EXÉCUTION DES SENTENCES ARBITRALES SELON LES CONVENTIONS INTERNATIONALES

Convention de New York La convention de New York du 10 juin 1958 pour la reconnaissance et l'exécution des sentences arbitrales étrangères a été publiée en France par le décret 59-1039 du 1er septembre 1959. **71303**

Cette convention ne porte pas atteinte à la validité des accords particuliers conclus dans cette même matière par les États contractants (art. VII, 1 de la convention). En revanche cessent de produire leurs effets entre les États contractants de la présente convention le protocole relatif aux clauses d'arbitrage signé à Genève le 24 septembre 1923 et publié en France par le décret du 11 juillet 1928 ainsi que la convention pour l'exécution des sentences arbitrales étrangères de Genève du 26 septembre 1927 publiée en France par le décret du 25 juillet 1931 (art. VII, 2 de la convention).

La convention de New York n'est pas limitée aux seules sentences rendues sur le territoire d'un État contractant ; mais il est loisible aux États adhérents de limiter l'effet de cette convention sur la base de la réciprocité (art. premier, 3 de la convention). La France a usé de cette faculté.

Les règles de la convention sont les suivantes.

Nota : les articles cités par la suite, sans autre précision, sont ceux de la convention.

1. Conditions d'application. La convention de New York s'applique à toute demande de reconnaissance ou d'exequatur de sentences arbitrales lorsque celles-ci (art. I) : **71306**

– ont été rendues sur le territoire d'un État autre que celui où la reconnaissance et l'exécution des sentences sont demandées ;

– ont été rendues à l'occasion de différends entre personnes physiques ou morales ;

– ne sont pas considérées comme sentences nationales dans l'État où leur reconnaissance et leur exécution sont demandées ;

– ont été rendues par des arbitres ad hoc ou des organes d'arbitrage permanents ;

– le cas échéant, sont présentées à la reconnaissance et à l'exequatur dans un État qui a déclaré, sur la base de la réciprocité, qu'il appliquera la convention aux seules sentences rendues sur le territoire d'un autre État contractant ou uniquement aux différends issus de rapports de droit, contractuels ou non contractuels, qui sont considérés comme commerciaux par sa loi nationale.

La France avait usé de la réserve de commercialité, mais l'a retirée (Décret 90-170 du 16-2-1990).

Par ailleurs, la convention de New York n'est pas applicable si le tribunal d'un État contractant a refusé de renvoyer le litige qui lui était soumis à l'arbitrage au motif que la convention d'arbitrage invoquée était caduque, inopérante ou non susceptible d'être appliquée (art. II, 3).

La convention ne peut concerner que les procédures tendant à faire déclarer exécutoire une sentence, et non les demandes relatives à son annulation (Cass. civ. 5-5-1987 : Clunet 1987.964 note Oppetit). Si l'annulation ou la suspension de la sentence est demandée, l'État qui statue sur la demande d'exequatur peut surseoir à statuer sur l'exécution de la sentence ou ordonner à l'autre partie de fournir des sûretés convenables (art. VI).

2. Exequatur de la sentence. Sous réserve du cas où la convention de Genève serait applicable (n° 71312), l'exequatur de la sentence arbitrale peut être refusé lorsque les conditions ci-après sont remplies (art. V). **71309**

a. Conditions tenant à la convention d'arbitrage.

L'exequatur est **refusé** si le tribunal d'un État contractant constate que la convention d'arbitrage est caduque, inopérante ou non susceptible d'être appliquée (art. II, 3) ou si le défendeur prouve soit l'incapacité des parties à conclure la convention d'arbitrage, soit la nullité de cette convention conformément à la loi d'autonomie (c'est-à-dire choisie par les parties) ou, à défaut, en vertu de la loi nationale de l'État où la sentence a été rendue (art. V, 1-a ; Sentence CCI du 5-4-1984 : Rev. arb. 1986.469 note Synvet, refusant d'appliquer la loi égyptienne en tant que loi du lieu de l'arbitrage pour apprécier la validité d'une clause compromissoire au motif que, l'Égypte ayant ratifié la convention de New York, la validité de cette clause doit être déterminée seulement par la loi choisie par les parties dès lors que celles-ci ont fait un choix).

Au sens de la convention de New York, doit être reconnue la convention écrite par laquelle les parties s'obligent à soumettre à un arbitrage tous les différends ou certains des différends qui se sont élevés ou pourraient s'élever entre elles au sujet d'un rapport de droit déterminé, contractuel ou non contractuel, portant sur une question susceptible d'être réglée par voie d'arbitrage (art. II, 1) ; la « convention écrite » est une clause compromissoire insérée dans un contrat, ou un compromis, signés par les parties ou contenus dans un échange de lettres ou de télégrammes (art. II, 2).

b. Conditions tenant à la régularité de la procédure d'arbitrage. L'exequatur **doit être accordé** si la sentence a été rendue conformément aux règles de procédure suivies dans le territoire où la sentence est invoquée et satisfait aux conditions qui suivent (art. III).

Il ne peut être imposé de conditions sensiblement plus rigoureuses, ni de frais de justice sensiblement plus élevés, que ceux qui sont imposés pour la reconnaissance ou l'exécution des sentences arbitrales nationales (art. III).

L'exequatur **peut être refusé,** au titre des règles de procédure, si le défendeur prouve :

– qu'il n'était pas informé de la désignation d'un arbitre ou de la procédure d'arbitrage (art. V, 1-b) ;

– que la sentence porte sur un différend non visé dans le compromis ou n'entrant pas dans les prévisions de la clause compromissoire, ou qu'elle contient des décisions qui dépassent les termes du compromis ou de la clause compromissoire (art. V, 1-c) ;

– que la procédure ou l'organisation du tribunal arbitral n'a pas été conforme à la convention d'arbitrage ou, à défaut, à la loi de l'État où la sentence a été rendue (art. V, 1-d).

c. Conditions tenant à la sentence. La sentence arbitrale **ne peut pas être reconnue et exécutée** si le défendeur prouve (art. V, 1, e) :

– que la sentence n'est pas encore devenue obligatoire pour les parties ;

– que la sentence a été annulée ou suspendue par l'autorité compétente de l'État dans lequel la sentence a été rendue.

Toutefois, l'exequatur d'une sentence annulée doit être accordé en France en vertu de l'article VII, 1 qui autorise les parties à se prévaloir d'une sentence dans la mesure admise par le droit de l'État où l'exequatur est demandé, dès lors que le droit français ne fait aucune obligation au juge français de tenir compte de l'annulation de la sentence à l'étranger (Cass. civ. 23-3-1994 : RJDA 7/94 n° 886 ; Cass. 1e civ. 29-6-2007 n° 05-18.053 : RJDA 10/07 n° 1035 ; cf. CA Paris 24-11-2011 n° 10/16525 : Rev. arb. 2012.135 note Laazouzi). La décision étrangère qui, après que la sentence a obtenu l'exequatur en France en vertu d'une décision ayant l'autorité de la chose jugée, a annulé cette sentence ne peut pas recevoir effet en France, car elle est inconciliable avec la décision définitive d'exequatur (Cass. 1e civ. 29-6-2007 n° 06-13.293 : RJDA 10/07 n° 1035).

d. Conditions tenant au fond. L'exequatur est **refusé** si :

– le défendeur prouve que la sentence porte sur un différend non visé au compromis (art. V, 1-c) ;

– l'autorité compétente du pays saisi de la requête constate que l'objet du différend n'est pas susceptible d'être réglé par la voie de l'arbitrage selon la loi de l'État où l'exécution est requise (art. V, 2-a) ou que la reconnaissance ou l'exécution de la sentence serait contraire à l'ordre public de ce pays (art. V, 2-b).

71312 **Convention de Genève** La convention européenne de Genève du 21 avril 1961 sur l'arbitrage commercial international a été publiée en France par le décret 68-117 du 26 janvier 1968. Elle n'a pas pour objet direct et principal l'exequatur des sentences arbitrales rendues à l'étranger : elle détermine simplement la **procédure d'arbitrage à appliquer** dans les opérations du commerce international. Mais dans les relations entre États contractants, les sentences sont assurées de leur exécution si elles ont été rendues conformément à la procédure définie par la convention ; l'exequatur d'une sentence ne peut être refusé par un État contractant que si la sentence est annulée, mais à condition que l'annulation de la sentence soit demandée dans l'État où la sentence a été rendue et pour l'un des motifs visés à l'article 9 de la convention.

Compte tenu de leurs objets distincts, la convention de Genève du 21 avril 1961 et la convention de New York du 10 juin 1958 doivent s'appliquer simultanément aux États contractants, « la plus récente abrogeant les dispositions contraires de la plus ancienne qui reste en vigueur pour les difficultés non résolues par la plus récente » (CA Rouen 13-11-1984).

71315 **Conventions bilatérales** La France a conclu avec divers pays un certain nombre d'accords bilatéraux relatifs à l'exequatur des sentences arbitrales qui écartent l'application des conventions de New York (n° 71303) et de Genève (n° 71312).

RECONNAISSANCE ET EXÉCUTION SELON LA LOI FRANÇAISE

Conditions de la reconnaissance et de l'exécution de la sentence Les sentences rendues en matière d'arbitrage international ou à l'étranger sont reconnues ou exécutées en France : 71320

– si leur **existence** est **établie** par celui qui s'en prévaut (CPC art. 1514) ;

La sentence ne peut pas être invoquée si elle n'existe pas, par exemple si, conformément à la convention d'arbitrage, elle est l'objet d'une demande par une partie d'un nouvel examen auquel est subordonnée l'acquisition de l'autorité de chose jugée (Cass. 1e civ. 5-3-2014 n° 12-29.112 : Bull. civ. I n° 27). La qualification (n° 71190) et les conditions de validité (nos 71200 s.) de la sentence s'opère selon la loi française.

Sur les formalités de production de la sentence, CPC art. 1515.

– si leur reconnaissance ou leur exécution n'est pas manifestement contraire à l'**ordre public international** (CPC art. 1514), tel qu'il est conçu en France (Cass. civ. 13-10-1981 n° 80-11.098 : Bull. civ. I n° 287 ; Cass. civ. 15-3-1988 n° 86-12.478 : Bull. civ. I n° 72 ; CA Paris 19-10-2021 : Rev. arb. 2022.318 note Chantebout) et qu'il est exposé aux nos 16659 s. ;

L'ordre public est celui en vigueur au jour où le juge français statue sur l'exequatur (Cass. civ. 12-7-1977 : Bull. civ. I p. 259).

Sur l'exequatur accordé à une sentence annulée à l'étranger, n° 71309, et à une sentence à propos de laquelle une partie peut se prévaloir d'une immunité d'exécution, CA Paris 26-6-1981 : Clunet 1981.843 note Oppetit.

Sur le refus d'exequatur d'un jugement rendu par une juridiction étatique qui avait statué à la demande d'une partie liée par une clause compromissoire qu'elle avait délibérément violée (Cass. civ. 3-5-1977 n° 76-10.737 : Bull. civ. I n° 199).

– si, en l'absence de clause contraire, elles sont **conformes** aux règles qui lui sont applicables selon les dispositions de la loi française relative à l'arbitrage en matière internationale ; ces règles sont celles exposées aux nos 71096, 71203 et 71206 (CPC art. 1484, al. 1 et 2 et 1485, al. 1 et 2, sur renvoi de l'art. 1506, 4°) ;

– si, dans le silence de la convention d'arbitrage, la sentence est rendue à la majorité des voix ; elle est **signée** par tous les arbitres ; toutefois, si une minorité d'entre eux refuse de la signer, les autres en font mention dans la sentence ; à défaut de majorité, le président du tribunal arbitral statue seul ; en cas de refus de signature des autres arbitres, le président en fait mention dans la sentence qu'il signe alors seul ; la sentence rendue sans signature de tous les arbitres ou par le président seul produit les mêmes effets que si elle avait été signée par tous les arbitres ou rendue à la majorité des voix (CPC art. 1513) ;

– si elles ont été assorties par les arbitres de l'**exécution provisoire** (CPC art. 1484, al. 2 sur renvoi de l'art. 1506, 4°).

La sentence reconnue a **autorité** de la **chose jugée** relativement à la contestation qu'elle tranche, sauf convention contraire (CPC art. 1484, al. 1 sur renvoi de l'art. 1506, 4°).

La reconnaissance de la sentence peut être demandée même si elle ne peut aboutir à l'exécution (CA Paris 15-1-2013 n° 11/08143 : Rev. arb. 2013.779 note S. Bolléen).

Procédure d'exécution de la sentence Les sentences rendues en matière d'arbitrage international ou à l'étranger ne sont susceptibles d'exécution forcée en France qu'en vertu d'une ordonnance d'exequatur émanant du tribunal judiciaire dans le ressort duquel elles ont été rendues ou du tribunal judiciaire de Paris lorsqu'elles ont été rendues à l'étranger (CPC art. 1516, al. 1). 71323

Le **tribunal judiciaire statuant à juge unique** connaît des demandes en reconnaissance et en exequatur des sentences arbitrales étrangères (C. org. jud. art. R 212-8). Le **président du tribunal judiciaire** connaît des litiges attribués par conventions internationales au « président » statuant « suivant la forme prévue pour les référés » et statue selon la procédure accélérée au fond (Ord. 2029-738 du 17-7-2019 art. 28) ; en conséquence, ce magistrat est compétent au lieu et place du président du tribunal de grande instance visée dans une convention internationale (Cass. 1e civ. 9-11-2022 n° 21-18.493 F-PB).

La requête est déposée par la partie la plus diligente au greffe de la juridiction accompagnée de l'original de la sentence et d'un exemplaire de la convention d'arbitrage ou de leurs copies réunissant les conditions requises pour leur authenticité (CPC art. 1516, al. 3).

A intérêt à agir en exequatur la partie au profit de laquelle la sentence a été rendue (Cass. 1e civ. 25-5-2016 n° 15-13.151). Mais le juge de l'exequatur ne peut pas trancher la question de la qualité à agir d'une partie à l'arbitrage, l'appréciation de cette qualité étant une question de recevabilité de la demande et non de compétence (CA Paris 2-12-2014 n° 13/05975 : GP 2015.1060.som. note Bensaude).

La procédure relative à la demande d'exequatur n'est pas contradictoire (CPC 1516, al. 2).

L'exequatur est apposé sur l'original ou, si celui-ci n'est pas produit, sur la copie de la sentence arbitrale et lorsque la sentence arbitrale n'est pas rédigée en langue française, l'exequatur est également apposé sur la traduction (CPC art. 1517, al. 1 et 2) ; mais celle-ci ne prévaut pas sur la sentence car c'est cette dernière qui reçoit l'exequatur (Cass. 1e civ. 14-1-2015 no 13-20.350 : RJDA 7/15 no 539).

L'ordonnance qui refuse d'accorder l'exequatur à la sentence arbitrale est motivée (CPC art. 1517, al. 3). Lorsque cette ordonnance est passée en force de chose jugée, la sentence ne peut plus, en France, être opposée par une partie à l'autre à quelque titre que ce soit, le refus d'exequatur ne se limitant pas à la priver de force exécutoire mais la rendant inopposable dans l'ordre juridique français (CA Paris 22-6-2017 no 17/02677 : Rev. arb. 2017.som.1261, précisant qu'elle ne peut plus produire les effets qu'elle aurait pu produire avant le refus en vertu de la présomption de régularité ; dans le même sens, CA Basse-Terre 26-6-2017 no 13/01483 : D. 2017.2559 obs. Clay).

71326 **Appel des décisions de reconnaissance ou d'exequatur** L'appel des décisions de reconnaissance ou d'exequatur est soumis aux règles suivantes.

1. Sentence rendue en France. L'ordonnance qui **accorde** l'exécution à cette sentence n'est susceptible d'aucun recours, sauf le recours ou le dessaisissement du juge de l'exécution qui résulte de plein droit de l'exercice du recours en annulation ouvert contre la sentence (CPC art. 1524, al. 2). Il s'ensuit que l'appel-nullité de l'ordonnance pour excès de pouvoir du juge de l'exécution est irrecevable (Cass. 1e civ. 6-11-2013 no 11-17.739 : Bull. civ. I no 212).

Toutefois, l'appel de l'ordonnance est recevable, pour les motifs exposés au no 71333, lorsque les parties ont renoncé expressément au recours en annulation (CPC art. 1524, al. 1 et 1522).

Cet appel et le recours en annulation de la sentence susvisé ne sont pas suspensifs, sauf l'arrêt ou l'aménagement de l'exécution provisoire comme il est dit pour le recours en annulation au no 71336 (CPC art. 1526).

La décision qui **refuse** la reconnaissance ou l'exequatur à cette sentence est susceptible d'appel ; l'appel est formé dans le délai d'un mois à compter de la signification de la décision ; dans ce cas, la cour d'appel connaît, à la demande d'une partie, du recours en annulation à l'encontre de la sentence à moins qu'elle ait renoncé à celui-ci ou que le délai pour l'exercer soit expiré (CPC art. 1523).

2. Sentence rendue à l'étranger. La décision qui **statue** sur une demande de reconnaissance ou d'exequatur d'une sentence arbitrale rendue à l'étranger est susceptible d'appel ; l'appel est formé dans le délai d'un mois à compter de la signification de la décision, sauf si les parties sont convenues d'un autre mode de notification pour le cas où l'appel est formé à l'encontre de la sentence revêtue de l'exequatur ; la cour d'appel ne peut refuser la reconnaissance ou l'exequatur de la sentence arbitrale que dans les cas cités au no 71333 (CPC art. 1525).

La recevabilité de l'appel de l'ordonnance d'exequatur n'est pas limitée au cas de recevabilité du recours en annulation énumérés à l'article 1520 du Code de procédure civile (no 71333), car cette limitation concerne le seul contrôle de la sentence, afin d'écarter toute appréciation du bien ou du mal jugé de l'arbitre, et ne fait pas obstacle à l'examen des fins de non-recevoir opposées à la demande d'exequatur (Cass. 1e civ. 13-4-2023 no 21-50.053 F-B).

L'exequatur d'une sentence rendue à l'étranger n'est refusé, sur le fondement de la contrariété de sa reconnaissance ou de son exécution à l'ordre public international, que lorsque la solution donnée au litige, et non le raisonnement suivi par les arbitres, heurte concrètement et de manière caractérisée l'ordre public international (Cass. 1e civ. 17-5-2023 no 21-24.106 FS-B).

L'appel est la seule voie ouverte pour contester les actes consécutifs à l'exequatur d'une sentence (Cass. 1e civ. 13-5-2015 no 14-17.015 : RJDA 8-9/15 no 617 ; contra TGI Paris 25-4-2017 no 15/17869 : Rev. arb. 2017.1064.som. recevant la tierce opposition, l'article 1525 n'interdisant pas une voie d'exécution distincte de l'appel).

Sont ainsi irrecevables les moyens tirés du défaut de production d'une traduction compréhensible par un traducteur assermenté et de remise de la convention d'arbitrage au juge de l'exequatur (CA Paris 21-1-2014 no 12/13956 : Rev. arb. 2014.711 obs. Debourg) ou ceux tirés de l'insuffisance ou de l'imperfection des pièces soumises au juge de l'exequatur (Cass. 1e civ. 7-10-2015 no 14-17.490 : RJDA 2/16 no 162).

Mais le juge d'appel contrôle la décision du tribunal arbitral sur sa compétence ; la partie qui n'a pas soulevé l'exception de compétence devant le tribunal est irrecevable à l'invoquer pour la première fois devant la cour d'appel (C. civ. art. 1466 sur renvoi de l'art. 1520, 1° ; CA Paris 7-4-2015 3e esp. : Rev. arb. 2015.797 note Cohen). Dès lors qu'elle l'a fait, elle peut invoquer sur cette question, devant le juge de l'annulation, de nouveaux moyens et arguments et faire état, à cet effet, de nouveaux éléments de preuve (Cass. 1e civ. 2-12-2020 no 19-15.396 FS-PI).

L'appelant doit avoir intérêt à l'appel (CA Paris 10-11-1987 : D. 1988.som.123 obs. Julien). L'appel n'est pas suspensif ; toutefois, le premier président statuant en référé ou, dès qu'il est saisi, le conseiller de la mise en état, peut arrêter ou aménager l'exécution de la sentence si cette exécution est susceptible de léser gravement les droits de l'une des parties (CPC art. 1526 ; sur un aménagement, CA Paris 23-4-2013 no 13/00089 : GP 2013.som.2341 note Bensaude).

L'arrêt de l'exécution d'une sentence ne peut dépendre du caractère sérieux du recours et ne se justifie que par le risque de lésion grave des droits d'une des parties que l'exécution peut générer, ce risque devant être interprété strictement pour ne pas priver d'intérêt l'absence d'effet suspensif du recours, et être suffisamment caractérisé (CA Paris 30-6-2020 n° 20/01484 ; CA Paris 12-7-2022 n° 22/05378 : Rev. arb. 2022.som.1211).

La **tierce opposition** contre l'ordonnance accordant l'exequatur à une sentence étrangère n'est recevable que pour violation de l'ordre public international français ou des droits de la défense, ce qui n'est pas le cas, par exemple, d'une erreur manifeste d'appréciation des arbitres (Cass. civ. 13-10-1981 n° 80-11.098 : Bull. civ. I n° 287) ni d'une dénaturation d'un contrat par les arbitres (Cass. civ. 9-12-1981 : GP 1982.pan.163).

3. Modalités de l'appel. L'appel de l'ordonnance ayant statué sur l'exequatur rendue en France ou à l'étranger est jugé comme le recours en annulation et son rejet a le même effet (n° 71336) (CPC art. 1527).

VOIES DE RECOURS CONTRE LA SENTENCE

Sentence rendue en France La sentence rendue en France en matière d'arbitrage international ne peut faire l'objet que d'un recours **en annulation** (CPC art. 1518 ; CA Paris 12-7-2022 n° 04007, admettant le recours en annulation ; sur l'exclusion de l'appel-réformation avant ce texte, Cass. 1e civ. 13-3-2007 n° 04-10.970 : RJDA 3/08 n° 346), selon les règles suivantes. **71330**

Ce recours tend seulement à faire juger si l'insertion de la sentence dans l'ordre juridique français doit être admise ou refusée et non à faire juger l'affaire pour laquelle les parties ont conclu une convention d'arbitrage, autrement dit à obtenir la révision au fond de la sentence (Cass. 1e civ. 12-2-2014 n° 10-17.076 : RJDA 5/14 n° 496 ; CA Paris 27-2-2018 n° 16/01358 : Rev. arb. 2018.299.som.).

Si le tribunal arbitral a été constitué après le 1er mai 2011, les parties peuvent, par convention spéciale, ce qui n'est pas le cas d'une renonciation générale à tout recours (CA Paris 2-11-2017 n° 16/22740 : D. 2017.2572 obs. Clay), **renoncer** à tout moment expressément au recours en annulation ; néanmoins, dans ce cas, elles peuvent toujours faire appel de l'ordonnance d'exequatur pour l'un des motifs cités au n° 71333 ; l'appel est formé dans le délai d'un mois à compter de la notification de la sentence revêtue de l'exequatur ; la notification est faite par voie de signification à moins que les parties en conviennent autrement (CPC art. 1522 ; Décret 2011-48 du 13-1-2011 art. 3, 3°).

La renonciation doit viser expressément l'article 1522 et ne peut pas être partielle (CA Paris 3-4-2014 n° 13/22288 : Rev. arb. 2015.110 note Leboulanger).

La renonciation au recours en annulation est compatible avec l'exigence d'un procès équitable au sens de l'article 6 de la CESDH (CEDH 24-3-2016 n° 41069/12 : D. 2015.2035.som. obs. Bollée).

La nullité ne peut être prononcée que dans l'un des **cas** suivants (CPC art. 1520). **71333**

Les parties ne peuvent pas modifier les voies de recours ouvertes par la loi, même en vertu d'un accord exprès au titre de l'article 12 du Code de procédure civile (Cass. civ. 6-4-1994 : RJDA 6/94 n° 735).

Lorsque le recours en annulation de la sentence est fondé sur l'une des causes de nullité énoncées, la cour d'appel vérifie à bon droit la réalité de la cause alléguée en examinant l'ensemble des pièces produites à son soutien, peu important que celles-ci n'aient pas été précédemment soumises aux arbitres (Cass.1e civ. 7-9-2022 n° 20-22.118 FS-B).

1. Si le tribunal arbitral s'est déclaré **à tort compétent ou incompétent,** notamment, comme il a déjà été jugé, s'il a statué sans convention d'arbitrage (Cass. civ. 6-1-1987 n° 84-17.274 : Bull. civ. I n° 1, le juge pouvant interpréter le contrat pour s'assurer de l'existence de la convention d'arbitrage) ou sur une convention nulle ou expirée.

Est irrecevable le moyen qui critique la sentence portant non sur la compétence des arbitres mais sur la recevabilité des prétentions soumises à eux (CA Paris 16-1-2018 n° 16/05996 : Rev. arb. 2018.296.som.).

2. Si le tribunal arbitral a été **irrégulièrement constitué** (sur un refus d'annulation pour défaut d'indépendance du président du tribunal qui a statué à la fois dans deux instances relatives à des litiges distincts, Cass. 1e civ. 2-12-2015 n° 14-25.147 : RJDA 3/16 n° 241).

3. Si le tribunal arbitral a statué **sans se conformer à la mission** qui lui avait été confiée. Il a été précisé que l'**exigence de motivation** des décisions de justice est un élément du droit à un procès équitable et qu'elle est nécessairement comprise dans la mission des arbitres, même si elle ne figure pas dans le règlement d'arbitrage auquel les parties se sont soumises (CA Paris 20-11-2018 nos 16/10379 et 16/10381 : Rev. arb. 2019.545 note Giraud, constatant que le tribunal arbitral a exposé les motifs de sa décision et rejetant l'annulation de la sentence). Mais il a été jugé depuis qu'en matière internationale « le défaut de motivation d'une sentence n'est pas un cas d'ouverture du recours en annulation dans le droit français de l'arbitrage international, de sorte qu'en dehors des cas de violation de l'ordre public international, non invoquée en l'espèce, ou de méconnaissance du principe de la contradiction, la motivation de la sentence échappe au contrôle du juge de l'annulation » (CA Paris 18-6-2019 n° 17/04601).

L'annulation d'une sentence rendue à la fois sur le fond et sur l'incompétence n'a pas été prononcée dès lors qu'aucune clause expresse et précise de l'acte de mission n'imposait aux arbitres de statuer par deux sentences distinctes et successives sur la compétence et sur le fond (Cass. civ. 8-3-1988 : Bull. civ. I p. 42).

4. Lorsque le principe de la **contradiction** n'a pas été respecté (n° 71069).

5. Si la sentence est **contraire à l'ordre public international,** tel qu'il est conçu en France, et au jour où le juge statue, non pas au jour où la sentence a été rendue ni a fortiori à la date des faits à l'origine de l'affaire (CA Paris 13-4-2021 n° 18/09809), et compte tenu de ce qui a été plaidé devant lui (CA Paris 15-6-2000 : Rev. arb.2001.806 obs. Derains, en arbitrage interne mais transposable pour une appréciation pertinente) ; l'atteinte à l'ordre public doit être flagrante, effective et concrète (Cass. 1e civ. 21-3-2000 n° 98-11.799 : GP 2000.som.2561), et affecter l'ensemble des règles et des valeurs dont l'ordre juridique français ne peut souffrir la méconnaissance, même dans des situations à caractère international (CA Paris 14-6-2001 : RJDA 1/02 n° 115) ; quant au contenu de l'ordre public, le juge français n'est lié ni par les appréciations portées par le tribunal arbitral ni par la loi de fond choisie par les parties (CA Paris 27-9-2016 n° 15/12614 : RJDA 2/17 n° 134 ; dans le même sens, Cass. 1e civ. 23-3-2022 n° 17-17.981 FS-PB : Rev. arb. 2022.945 note Bollé et Audit), ni par les lois de police étrangères qui ne sont à prendre en compte que si elles sont conformes à l'ordre public international français (CA Paris 16-1-2018 n° 15/21703 : D. 2018.1635 note Audit ; CA Paris 13-4-2021 n° 18/09809 ; CA Paris 25-5-2021 n° 18/18708). Il en est ainsi notamment si la sentence a été obtenue par fraude (Cass. civ. 25-5-1992 : RJDA 8-9/92 n° 878 ; CA Paris 1-7-2010 n° 09-10069 : Rev. arb. 2010.856 note Audit ; sur la définition de la fraude à la sentence, n° 71234) ou par corruption (CA Paris 27-9-2016 précité : corruption établie par un jugement du tribunal correctionnel passé en force de chose jugée). Heurtent également l'ordre public international la reconnaissance d'une sentence de nature à entraver la lutte contre le blanchissement (Cass. 1e civ. 23-3-2022 n° 17-17.981 FS-PB) ou l'exécution d'une sentence portant atteinte au principe d'égalité entre les parties et aux droits de la défense en raison du défaut d'indépendance ou d'impartialité de l'arbitre (Cass. 1e civ. 7-6-2023 n° 21-24.968 F-B : RJDA 11/23 n° 624).

Il importe peu que la violation de l'ordre public n'ait pas été invoquée devant les arbitres, le contrôle juridictionnel quant au respect de l'ordre public n'étant pas conditionné par l'attitude des parties (CA Paris 22-10-2009 n° 08-21022 : Rev. arb. 2010.124 note Train ; CA Paris 17-11-2020 n° 18/02568 : JDI 2021.1021 note Fadlallah).
En revanche, la méconnaissance de l'ordre public d'une loi étrangère susceptible d'entraîner la nullité de la clause compromissoire doit avoir été invoquée devant les arbitres pour être recevable devant le juge français (CA Paris 8-4-2010 n° 08-21144 : Rev. arb. 2010.som.901).
Mais ne constitue pas une violation de l'ordre public la dénaturation des documents contractuels (Cass. civ. 20-12-1993 : Bull. civ. I p. 259), car l'admettre autoriserait le juge de toucher au fond du litige.

Ces causes sont **limitatives.** Ainsi, ne sont pas des causes d'annulation d'une sentence :
– le défaut de pertinence du raisonnement juridique (Cass. civ. 28-2-1995 : Rev. arb. 1995.597 note Bureau) ;
– les critiques concernant la date et la signature de la sentence arbitrale (Cass. civ. 15-7-1999 : Bull. civ. I n° 232) ;
– l'omission de statuer sur un chef des conclusions (CA Paris 12-3-2009 : Rev. arb. 2009.som.432) ;
– la méconnaissance de la règle de l'estoppel en l'absence de toute fraude procédurale (Cass. 1e civ. 19-12-2012 n° 11-13.269 : Pet. aff. 2013 n° 86 p. 7 note Maire du Poset) ;
– le défaut de motivation (CA Paris 10-3-2015 n° 13/16108 : Rev. arb. 2015.som.623), ni, par analogie avec la solution retenue en arbitrage interne, le motif de dénaturation du contrat (n° 71222) ;
– le défaut de mise en œuvre du règlement amiable (CA Paris 17-5-2022 n° 20/15162).

La contestation d'une sentence pour incapacité d'une partie n'est pas une cause d'annulation de la sentence mais relève de la recevabilité de l'action devant le tribunal arbitral, à condition que la partie plaignante qui avait connaissance de cette irrégularité l'ait soulevé préalablement à la sentence sur compétence (Cass. 1e civ. 11-7-2019 n° 17-20.423 FS-PB : RJDA 12/19 n° 792).

71336 Le recours en annulation est porté **devant la cour d'appel** dans le ressort de laquelle la sentence a été rendue ; ce recours est **recevable** dès le prononcé de la sentence ; il cesse de l'être s'il n'a pas été exercé dans le mois de la notification de la sentence ; la notification est faite par voie de signification à moins que les parties en conviennent autrement (CPC art. 1519). Il est irrecevable en vertu de l'article 1466 du Code de procédure civile (par renvoi de CPC art. 1506, 3°) comme il est exposé au n° 71210.

Le recours en annulation n'est **pas suspensif** de l'exécution de la sentence rendue après le 1er mai 2011 (CPC art. 1526, al. 1 ; Décret 2011-48 du 13-1-2011 art. 3, 3°), contrairement à la solution antérieure (CPC art. ex-1506). Toutefois, le premier président statuant en référé ou, dès qu'il est saisi, le conseiller de la mise en état peut arrêter ou aménager l'exécution de la sentence si cette exécution est susceptible de léser gravement les droits de l'une des parties (CPC art. 1526, al. 2 ; pour un refus, CA Paris 18-10 –2011 nº 11/14286 : Rev. arb. 2012.393 note Jarrosson et Pellerin ; pour des acceptations, CA Paris 3-4-2014 nº 13/22288 : Rev. arb. 2014.som.511 ; CA Paris 3-7-2015 nº 15/12614 : Rev. arb. 2016.som.954 ; CA Paris ord. 11-10-2018 nº 18/03068 : D. 2018.2448 obs. Clay ; CA Paris ord. 4-11-2020 nº 20/09273 ; CA Paris ord. 1-12-2020 nº 20/08033 ; CA Paris ord. 12-7-2022 nº 22/04007).

Lorsqu'une action pénale est pendante, le sursis à statuer sur l'instance en annulation ne doit être prononcé que si les faits dénoncés comme constituant l'infraction ont une incidence directe sur la cause d'annulation de la sentence et si la décision pénale à intervenir est susceptible d'influer sur la décision sur les dommages-intérêts (Cass. 1e civ. 4-6-2008 nº 06-15.320 : Bull. civ. I nº 162).

La seule circonstance que la partie bénéficiaire de la sentence puisse envisager des procédures d'exécution forcée dans divers pays, en raison de l'étendue du patrimoine de l'État défendeur, ne saurait être un motif pertinent pour prononcer l'arrêt de l'exécution d'une sentence alors que le principe de l'exécution a précisément pour objectif de permettre, nonobstant un recours en annulation, le paiement de la condamnation pour prononcer l'arrêt de l'exécution d'une sentence (CA Paris 22-10-2019 nº 19/04161 : Rev. arb. 2020.477 note Dethomas).

Le recours en annulation est jugé selon les règles relatives à la procédure contentieuse prévues aux articles 900 à 930-1 du Code de procédure civile (CPC art. 1527, al. 1).

La cour peut, en vertu de l'article 267 du TFUE, demander à la CJUE de statuer sur une question d'interprétation du traité (Cass. 1e civ. 18-11-2015 nº 14-26.482 : RJDA 3/16 nº 242).

Avant le prononcé de la décision sur le recours en annulation, le premier président ou, dès qu'il est saisi, le conseiller de la mise en état peut conférer l'**exequatur** à la sentence (CPC art. 1521). Le rejet du recours en annulation confère l'exequatur à la sentence ou à celles de ses dispositions qui ne sont pas atteintes par la censure de la cour (CPC art. 1527, al. 2) et, inversement, l'annulation de la sentence emporte annulation de l'ordonnance qui a conféré l'exequatur à la sentence (CA Paris 1-7-2014 nº 13/07263 : Rev. arb. 2014.som.805).

Sentence rendue à l'étranger non soumise à la loi française La sentence non soumise à la loi française rendue à l'étranger ne peut pas être l'objet d'un recours en annulation en France, celui-ci n'étant ouvert que pour la sentence rendue en France (cf. CPC art. 1518 ; CE 19-4-2013 nºs 352750 et 362020 : RJDA 10/13 nº 858 : à propos d'une sentence rendue à Londres ; CA Paris 23-1-2018 nº 16/15258 : Rev. arb. 2018.298.som.). **71339**

Le contrôle de la conformité de cette sentence à l'ordre public international français ne peut résulter que de la procédure d'exequatur (CE 19-4-2013 précité). La régularité est examinée au regard des règles applicables dans le pays où la reconnaissance et l'exécution sont demandées (Cass. 1e civ. 8-7-2015 nº 13-25.846 : RJDA 11/15 nº 797).

Le recours contre la sentence rendue à l'étranger et relative à un litige né de l'exécution ou de la rupture d'un contrat de marché public conclu entre une personne morale de droit public et une personne de droit étranger est de la compétence judiciaire (CE 19-4-2013 précité).

Le titre exécutoire résultant de l'exequatur produit ses effets en France même si la sentence a été annulée par une juridiction du siège du tribunal arbitral qui l'a prononcée (CA Paris 5-10-2016 nºs 16/09363 et 16/02572).

Sur la possibilité de renoncer dans la clause compromissoire au recours en annulation de la sentence, CEDH 1-3-2016 nº 41069/12 : RDC 2017.147 obs. Marchadier.

La tierce opposition à l'encontre de l'arrêt ayant accordé l'exequatur d'une sentence rendue à l'étranger est recevable car elle constitue une voie de recours de droit commun à l'encontre, non de la sentence arbitrale, mais de la seule décision d'exequatur de la sentence rendue à l'étranger (Cass. 1e civ. 26-5-2021 nº 19-23.996 : Rev. arb. 2021.474 note Akhouad-Barriga).

L'exequatur des sentences arbitrales rendues à l'étranger est exclusif de tout jugement sur le fond et relève de la compétence des juridictions judiciaires (Cass. 1e civ. 8-7-2015 nº 13-25.846 : RJDA 11/15 nº 797).

Sentences soumises à la loi française Sauf convention contraire, les sentences rendues en matière d'arbitrage international ou à l'étranger mais soumises à la loi française : **71342**

– sont susceptibles d'un recours en **révision** (nº 71234) (CPC art. 1502 sur renvoi de l'art. 1506, 5º) ;

– ne sont **pas** susceptibles **d'opposition ou de pourvoi** en cassation (CPC art. 1503 sur renvoi de l'art. 1506, 5º).

Les parties ne peuvent pas modifier la loi par un accord exprès en vertu de l'article 12, al. 3 du Code de procédure civile (Cass. civ. 6-4-1994 : RJDA 6/94 nº 735 ; sur l'art. 12 al. 3 : nº 10025).

B. Sentence rendue en matière administrative

PORTÉE DE L'INCIDENCE ADMINISTRATIVE SUR L'ARBITRAGE

71343 En l'absence de dispositions fixant un régime spécifique pour l'arbitrage des litiges de nature administrative qui sont arbitrables (n° 70763), cet arbitrage est soumis aux dispositions du Code de procédure civile qui consituent le droit commun français de l'arbitrage. Ces règles ne sont écartées qu'en cas de disposition contraire ou en cas de règle prétorienne posée par le Tribunal des conflits ou par le Conseil d'État.

En fait, et à ce jour, des mesures spéciales ont été posées par ces juridictions qui ont essentiellement précisé le régime du recours en annulation dirigées contre les sentences susvisées.

COMPÉTENCE POUR CONNAÎTRE DU RECOURS EN ANNULATION DE LA SENTENCE

71345 **Sentence interne** Lorsque le litige est né de l'exécution ou de la rupture d'un contrat administratif ne mettant pas en jeu les intérêts du commerce international et que la sentence est rendue en France, le recours en annulation est de la compétence du juge administratif et il est porté devant le Conseil d'État (CE 3-12-2015 n° 388806 : Rev. arb. 2016.177 concl. Pélissier et 247 note Billemont).

Cette compétence demeure même si le contrat qui a donné naissance au litige est cédé par la personne publique, en l'espèce un établissement public industriel et commercial qui l'a conclu avec des sociétés privées, avec effet rétroactif à une personne privée (T. confl. 11-4-2016 n° 4043).

71346 **Sentence internationale** La juridiction administrative est compétente pour connaître du recours en annulation d'une sentence répondant aux conditions suivantes (T. confl. 17-5-2010 n° 3754 : D. 2010.2633 note Lemaire ; T. confl. 24-4-2017 n° 4075 : RJDA 7/17 n° 519 ; CE 19-4-2013 352750 et 362020) :

– elle a été **rendue en France** dans un litige né de l'exécution ou de la rupture d'un contrat conclu entre une personne morale de droit public française et une personne de droit étranger, exécuté sur le territoire français mais mettant en jeu les **intérêts du commerce international** (sur ces contrats, n°s 17200 s.) ;

– elle porte sur un litige né d'un contrat relevant d'un **régime administratif d'ordre public** ;

– elle implique, par suite, un **contrôle de la conformité** de la sentence arbitrale aux règles impératives du droit public français relatives à l'occupation du domaine public, aux marchés publics, à la commande publique, aux contrats de partenariat et de délégation de service public ou à celles qui régissent la commande publique, ressortissant de la compétence de la juridiction administrative.

Au sein des juridictions administratives, le Conseil d'État est compétent pour connaître des recours dirigés contre une telle sentence (C. just. adm. art. L 321-2).

RÉGIME DE L'ANNULATION DE LA SENTENCE

71347 **Régime applicable à toute sentence relevant de la compétence administrative** À propos d'une sentence interne, le Conseil d'État a précisé les causes et les modalités de la procédure d'annulation devant sa juridiction (CE 9-11-2016 n° 388806 : Rev. arb. 2016.247 note Billemont). Les règles ainsi posées sont, à notre avis, transposables à l'annulation d'une sentence internationale qui présenterait les mêmes défauts, ces derniers se retrouvant dans la convention de New York et les législations nationales.

71348 **Causes d'annulation** La sentence peut être annulée pour (CE 9-11-2016 n° 388806 : Rev. arb. 2016.247 note Billemont ; CE 20-7-2021 n° 443342 : RJDA 12/21 n° 804) :

– illicéité de la convention d'arbitrage, qu'il s'agisse d'une clause compromissoire ou d'un compromis ;

– irrégularité de la procédure d'arbitrage ;

En l'absence de règles procédurales applicables aux instances arbitrales relevant de la compétence de la juridiction administrative, une sentence arbitrale ne peut être regardée comme rendue dans des conditions irrégulières que si le tribunal arbitral s'est déclaré à tort compétent ou incompétent, s'il a été irrégulièrement composé, notamment au regard des principes d'indépendance et d'impartialité, s'il n'a pas statué conformément à la mission qui lui avait été confiée, s'il a méconnu le principe du caractère contradictoire de la procédure ou s'il n'a pas motivé sa sentence.

– violation de l'ordre public ;

C'est le cas lorsque la sentence :

– fait application d'un contrat dont l'objet est illicite ou entaché d'un vice d'une particulière gravité relatif notamment aux conditions dans lesquelles les parties ont donné leur consentement ;

– méconnaît des règles auxquelles les personnes publiques ne peuvent pas déroger, telles que l'interdiction de consentir des libéralités, d'aliéner le domaine public ou de renoncer aux prérogatives dont ces personnes disposent dans l'intérêt général au cours de l'exécution du contrat (notamment l'exécution des travaux en cas de défaillance du cocontractant aux frais et risques de ce dernier) ;
– méconnaît les règles d'ordre public du droit de l'UE.

La sentence n'est contraire à l'ordre public que dans la mesure où la solution donnée au litige méconnaît une règle d'ordre public.

Sanctions de l'irrégularité La sanction dépend de la nature de l'irrégularité constatée (CE 9-11-2016 n° 388806 : Rev. arb. 2016.247 note Billemont) : 71351

– **si l'illégalité tient au recours à l'arbitrage,** notamment du fait de la méconnaissance du principe de l'interdiction pour les personnes publiques de recourir à l'arbitrage, sauf dérogation prévue par des dispositions législatives expresses ou, le cas échéant, des stipulations de conventions internationales régulièrement incorporées dans l'ordre juridique interne, l'annulation de la sentence est prononcée et le Conseil d'État décide soit de renvoyer le litige au tribunal administratif compétent pour en connaître, soit d'évoquer l'affaire et de statuer lui-même sur les réclamations présentées devant le collège arbitral ;

– **si le litige est arbitrable,** le recours dirigé contre la sentence peut être rejeté ou la sentence annulée, totalement ou partiellement ; le Conseil d'État ne peut ensuite régler lui-même l'affaire au fond que si la convention d'arbitrage l'a prévu ou s'il est invité à le faire par les deux parties ; à défaut de stipulation en ce sens ou d'accord des parties sur ce point, il revient à celles-ci de déterminer si elles entendent de nouveau porter leur litige contractuel devant un tribunal arbitral, à moins qu'elles ne décident conjointement de saisir le tribunal administratif compétent.

EXÉCUTION FORCÉE DE LA SENTENCE

L'**exécution forcée** d'une sentence arbitrale ne saurait être autorisée si elle est contraire à l'ordre public comme il est dit au n° 71348 (T. confl. 24-4-2017 n° 4075 : RJDA 7/17 n° 519 ; CE 9-11-2016 n° 388806 : Rev. arb. 2016.247 note Billemont). 71353

À ce titre, a été refusé l'exequatur d'une sentence arbitrale rendue dans un litige né de l'exécution d'un contrat administratif entre une personne morale de droit public français et une personne de droit étranger, mettant en jeu les intérêts du commerce international, cet exequatur étant soumis au régime d'ordre public français qui exclut que les personnes morales de droit public se soustraient aux règles qui déterminent la compétence des juridictions nationales en remettant à un arbitre la solution des litiges auxquels elles sont parties (TA Poitiers 15-12-2020 : Rev. arb. 2021.som.580 confirmé par CAA Bordeaux 30-3-2022 n° 21BX00596 : D. 2022.2333 obs. Clay).

Pour un exemple de l'octroi de l'exequatur, CE 20-7-2021 n° 443342 : RJDA 12/21 n° 804.

SECTION 4 ACTION EN JUSTICE

L'action en justice ici envisagée est l'action de droit commun qui doit être portée devant les juridictions civiles ou commerciales. L'exercice des actions de droit commun suppose, évidemment, l'intervention des **spécialistes** de la défense en justice. Mais la décision d'agir appartient à celui qui veut faire respecter son droit. Aussi n'est-il pas sans intérêt pour lui d'être éclairé sur les règles essentielles qui conditionnent l'efficacité de l'action en justice. 71600

I. DROIT D'AGIR EN JUSTICE

FINS DE NON-RECEVOIR

La demande en justice est irrecevable lorsque peut lui être opposée une fin de non-recevoir qui entraîne sa mise à l'écart, sans examen au fond. 71603

Les fins de non-recevoir **sont** celles édictées par la loi pour défaut de droit d'agir, tels le défaut de qualité, le défaut d'intérêt, la prescription, le délai préfix, la chose jugée (CPC art. 122). Mais sont aussi des fins de non-recevoir le non-respect de l'obligation de tenter une conciliation ou une médiation (nº 70013), l'insuffisante précision de l'assignation (cf. Avis Cass. 13-2-2012 nº 01/200001 : Bull. civ. Avis nº 1) et l'absence de pouvoir de la juridiction saisie (Cass. 2e civ. 8-7-2010 nº 09-65.256 F-PB : Bull. civ. II nº 13 ; Cass. 2e civ. 8-1-2015 nº 13-21.044).

Les fins de non-recevoir peuvent être proposées **en tout état de cause,** à moins qu'il en soit disposé autrement et sans préjudice de la possibilité pour le juge de condamner à des dommages-intérêts ceux qui se seraient abstenus, dans une intention dilatoire, de les soulever plus tôt (CPC art. 123) ; elles peuvent donc être soulevées pour la première fois devant la cour d'appel, l'obligation de ne pas se contredire tirée du silence de la partie y recourant en première instance ne pouvant y faire obstacle (Cass. 2e civ. 14-11-2013 nº 12-25.835).

Elles doivent être relevées **d'office** par le juge lorsqu'elles sont d'ordre public (CPC art. 125), ce qui est notamment le cas du défaut de qualité lorsque celle-ci est réservée à des attributs spécifiés (Cass. 1e civ. 28-3-1995 : Bull. civ. I nº 144) et de l'autorité de la chose jugée (Cass. 2e civ. 15-9-2005 : Bull. civ. II nº 218).

La demande en justice est **aussi irrecevable** lorsqu'elle est introduite par un étranger et qu'elle est subordonnée au versement d'une **caution,** dite « **judicatium solvi** », que le demandeur n'a pas effectué. Cette caution ne peut pas être exigée des ressortissants de l'UE lorsqu'une telle exigence n'est pas imposée par l'État du for saisi à ses propres ressortissants qui n'y possèdent ni biens ni domicile (CJCE 2-10-1997 : Rec. I-5325).

Mais ne peut constituer une fin de non-recevoir la **renonciation conventionnelle** à se prévaloir de tout recours en justice, car contraire au droit d'accès à un tribunal qui relève de l'ordre public international français et qui constitue un droit fondamental affirmé par l'article 6 de la convention européenne des droits de l'Homme – et par l'article 16 de la Déclaration des droits de l'Homme et du citoyen – dont la violation constitue un déni de justice (Cass. 1e civ. 1-2-2005 nº 02-15.237 : Bull. civ. I nº 53 ; Cass. 1e civ. 16-12-2015 nº 14-29.285 : D. 2016.578. note Le Bars ; cf. CA Paris 14-12-1987 : D. 1988.som.248 obs. Vasseur ; CA Versailles 1-12-1988 : D. 1989.som.155 obs. Vasseur). La renonciation peut aussi être annulée si la partie qui s'y oppose l'a consentie à la suite d'une réticence dolosive (cf. Cass. com. 26-9-2018 nº 16-27.267 F-D). Elle ne peut pas être validée sans que le juge, notamment lorsque cela lui a été demandé, n'ait vérifié si, au cas où la renonciation est assortie d'une clause pénale, la pénalité prévue n'aboutit pas à priver du droit d'agir en justice celui qui voudrait contester l'acte (Cass. 1e civ. 31-3-2021 nº 19-24.407 F-D).

Avant la décision susvisée, le caractère d'ordre public du droit d'être jugé avait été affirmé implicitement (cf. CA Paris 14-12-1987 : D. 1988.som.248 obs. Vasseur ; CA Versailles 1-12-1988 : D. 1989.som.155 obs. Vasseur).
Sur l'interdiction par un tribunal arbitral d'agir en justice, nº 71320.

Dans le cas où la situation donnant lieu à fin de non-recevoir est susceptible d'être régularisée, l'irrégularité sera écartée si sa cause a disparu au moment où le juge statue (CPC art. 126 al. 1).

INTÉRÊT À AGIR DU DEMANDEUR

71606 Chacun peut agir en justice pourvu qu'il y ait un intérêt légitime (CPC art. 31), sauf si ce dernier est minime (nº 74924) ou si la loi attribue le droit d'agir aux seules personnes qu'elle qualifie pour cela (Cass. 3e civ. 16-4-2008 nº 07-13.846 : D. 2008.1420).

Est irrecevable toute prétention émise par ou contre une personne dépourvue du droit d'agir, le juge pouvant relever d'office cette fin de non-recevoir (CPC art. 32 et 125, al. 2).

L'intérêt à agir est **apprécié** dans les **conditions** suivantes :

– il n'est pas subordonné à la démonstration préalable du bien-fondé de l'action (Cass. 3e civ. 16-4-2008 nº 07-13.846 précité ; Cass. 1e civ. 27-11-2019 nº 18-21.532 F-PBI) ;

– il est exigé de toute personne qui agit dans l'instance, à un titre quelconque, comme demandeur, défendeur ou tiers intervenant (Cass. cv. 19-1-1983 : Bull. civ. I p. 24), même de celui qui se plaint de la violation d'une règle d'ordre public (CA Paris 19-6-1974 : GP 1974.2.636 note Viatte) ;

– il est apprécié, au moment de l'introduction de l'action en justice (Cass. 2e civ. 9-11-2006 : Bull. civ. II nº 307), souverainement par les juges du fond (Cass. civ. 11-12-1985 : Bull. civ. II p. 129) et en fonction de la loi du for, la loi applicable au fond étant à prendre en considération seulement si elle n'accorde pas de droits à celui qui agit en justice (Cass. civ. 4-12-1990 nº 89-14.285 : Bull. civ. I nº 272) ;

– il peut être pécuniaire ou simplement moral ; il ne saurait être spéculatif ou intellectuel, comme celui tendant à faire trancher par le juge une question de droit dont aucune conséquence pratique ne pourrait être tirée (CA Limoges 27-11-1990 : GP 1991.som.222 ; dans le même sens, Cass. soc. 19-6-1985 : Bull. civ. V p. 253) ;

– il doit être entendu comme exceptionnel lorsque le demandeur agit pour autrui (Cass. 3e civ. 23-1-2020 nº 1911.863 FS-PBI).

Plus spécialement, cet intérêt doit **répondre** aux deux **conditions** suivantes.

71609 L'action exercée doit tendre à faire trancher un litige opposant des parties et mettre en cause un **droit ou** une **obligation juridique** prétendus.

N'a pas pour objet de faire trancher un litige l'action qui demande simplement au juge de conférer l'authenticité à une convention (TGI Brive-la-Gaillarde 19-1-1990 : GP 1991.659 note Marotte) ou la défense présentée par l'utilisateur étranger d'une dénomination en tant que nom de domaine tendant à faire juger que l'emploi de cette dénomination ne constitue pas une imitation illicite de marque déposée en France, car le tribunal n'est tenu de dire le droit qu'en présence d'un conflit (TGI Paris 14-5-2003 : D. 2003.som.2821 obs. Le Stanc) ; toutefois, sur la possibilité d'exercer une action préventive, n° 71612.

Mais l'existence du droit invoqué n'est pas une condition de recevabilité de l'action car elle ne commande que son succès (Cass. civ. 27-1-1999 : Bull. civ. II n° 19).

L'intérêt ne peut **pas** être purement **hypothétique** ; il en est ainsi de la demande d'indemni- **71612**
sation de la perte des gains futurs qui auraient pu être réalisés à la suite d'études faites aux États-Unis par le demandeur s'il avait obtenu le prêt qui lui aurait permis de faire ces études (Cass. 2e civ. 30-6-2005 n° 1068 : RJDA 11/05 n° 1191).

Un intérêt de principe ou simplement **futur ou éventuel** ne saurait être suffisant.

Par exemple, un commissionnaire de transport ne peut pas agir contre le voiturier tant qu'il n'a pas indemnisé son client (Cass. com. 13-11-1990 : BTL 1991.46).

Les **actions préventives ou déclaratoires** qui tendent à obtenir du tribunal qu'il se prononce immédiatement sur l'existence, la validité ou le contenu d'une situation juridique, indépendamment de tout dommage actuellement réalisé, sont donc irrecevables (CA Paris 6-5-2014 n° 12/16361 : Rev. arb. 2015.501 note Bolard, appliquant la règle aux demandes d'arbitrage déclaratoires, telle celle qui demande seulement que la nullité d'une cession d'actions soit jugée sans en tirer aucune conséquence).

Toutefois, la loi admet quelques exceptions (par exemple, CPC art. 296 et 300 permettant une action en vérification d'écriture ou inscription de faux en dehors de tout procès ; CPC art. 145 prévoyant la possibilité de demander une expertise ou une enquête avant la naissance du litige, n° 75527 ; CPI art. L 615-9 admettant l'action en déclaration de non-contrefaçon).

Les tribunaux admettent aussi l'exercice d'une action préventive si la **menace** qui pèse sur un droit est telle que son titulaire a d'ores et **déjà** un **intérêt né et actuel à** obtenir du juge qu'il se prononce sur la réalité et l'étendue de ce droit ; jouissent d'un tel intérêt :

– un débiteur à demander l'annulation d'une obligation lorsque celle-ci est pour lui une cause de dommage alors que l'exécution n'est pas actuellement exigée (CA Paris 1-4-1862 : D. 1862.2.77) ;

– un commerçant à ne pas être tenu par une clause qui lui interdit de se rétablir alors même que l'exercice de son droit à se rétablir n'est pas actuellement entravé (CA Paris 6-7-1893 : D. 1894.2.16) ;

– les époux à demander qu'il soit statué sur la loi applicable à leur régime matrimonial pour connaître entre eux et à l'égard des tiers l'exacte composition de leur patrimoine respectif (TGI Paris 12-7-1972 : Rev. crit. 1973.104 note Gaudemet-Tallon ; TGI Paris 25-3-1981 : Rev. crit. 1982.329 note Gaudemet-Tallon ; TGI Paris 26-2-1986 : Clunet 1988.420 note Wiederkehr) ;

– un débiteur, menacé d'avoir à exécuter un paiement, à agir à titre préventif pour faire obstacle à tout paiement indu de la part de la banque qui doit exécuter, pour son compte, un engagement pris par elle envers une autre banque (Cass. civ. 5-2-1985 : JCP G 1985.IV.147) ;

– l'épouse du défunt cœmprunteur à faire constater la prescription de la créance de la banque afin de lui permettre de connaître la consistance exacte du patrimoine dont elle a hérité et l'étendue des droits dont elle peut disposer compte tenu des hypothèques garantissant cette créance (Cass. 1e civ. 9-6-2011 n° 10-10.348 : RJDA 8-9/11 n° 751).

– les justiciables qui, contraints par une juridiction étrangère de saisir un tribunal français, demandent à ce dernier de leur indiquer à titre déclaratoire si ce tribunal est compétent (Cass. 1e civ. 7-12-2011 n° 10-30.919 : Bull. civ. I n° 210).

Il a été aussi jugé par des arbitres que le cessionnaire des actions d'une société devenu actionnaire unique d'une société était recevable à faire condamner par avance le cédant des actions à assumer les conséquences éventuelles d'un litige pendant entre la société rachetée et un tiers, en vertu de ses engagements de garantie de passif (Sentence CCI n° 9163 en 2001 : JDI 2005.1283 obs. Jarvin et Truong-Nguyen).

Sur la possibilité d'agir en exequatur à toutes fins utiles d'un jugement étranger, n° 72448 et, en inopposabilité d'un même jugement à titre préventif, n° 72454.

Le droit d'action n'appartient qu'à celui qui a un **intérêt personnel et direct** à agir. **71615**

Ce droit est notamment reconnu à un **syndicat professionnel** dès lors qu'il est constaté qu'une atteinte est portée à l'intérêt collectif de la profession représentée par ce syndicat (Cass. ass. plén. 7-5-1993 : RJDA 7/93 n° 634).

Une **association** peut défendre en justice son propre intérêt en tant que personne morale (Mémento Associations nos 13130 s.). Mais elle ne peut pas agir pour la défense des intérêts généraux qu'elle soutient (CA Paris 15-11-1991 : D. 1992.IR.57 : irrecevabilité de l'action dirigée contre une société pour vente d'armes à un État étranger au nom de la promotion du droit international public et humanitaire ; TGI Nanterre 31-5-1995 : RDPI 1995 n° 62 p. 32 : irrecevabilité de l'action pour faire respecter l'emploi de la langue française) ni pour la défense d'intérêts collectifs qui n'entrent pas dans son objet (Cass. civ. 2-5-2001 : Bull. civ. I n° 114 ; Cass. 2e civ. 27-5-2004 : JCP G 2004.IV.2467).

Sur l'exercice de l'action civile par les associations, n° 8190.

INTÉRÊT POUR INTERVENTION

71618 En vertu des articles 325 s. du Code de procédure civile, un **tiers** peut **devenir partie** à un litige engagé entre les parties originaires dès lors que son intervention se rattache par un lien suffisant aux prétentions de ces dernières (CPC art. 325). Le tiers peut demander à intervenir ou y être contraint (CPC art. 66).

Il peut y être aussi obligé par la clause d'un contrat (n° 12570).

1. Intervention volontaire. Le tiers est recevable s'il a le droit d'agir relativement à la prétention qu'il élève (Cass. 3e civ. 17-9-2020 n° 19-18.435 F-PBI : RJDA 11/20 n° 556, refusant la qualité pour agir au conjoint commun en biens et collaborateur de l'épouse seule titulaire du bail litigieux). Celle-ci peut avoir pour objet de faire valoir un droit à titre principal (CPC art. 328 et 329) ou d'appuyer à titre accessoire la demande de l'une des parties originaires s'il y a intérêt pour la conservation de ses droits (CPC art. 328 et 330 ; Cass. com. 14-10-2020 n° 18-15.840 FS-PB).

2. Intervention forcée. Un tiers peut être mis en cause aux fins de condamnation par toute partie qui est en droit d'agir contre lui à titre principal ou par la partie qui y a intérêt afin de lui rendre commun le jugement, à condition dans les deux cas qu'il le soit en temps utile pour faire valoir sa défense (CPC art. 331), et ce, devant la juridiction saisie de la demande originaire (CPC art. 333).

Des dispositions spéciales régissent l'intervention forcée demandée par une partie originaire qui **appelle le tiers en garantie** de la condamnation à laquelle elle est exposé (CPC art. 334 s.). Le bien-fondé de l'appel en garantie du responsable d'un dommage contre un tiers est subordonné à la seule démonstration que celui-ci ait commis une faute ayant contribué à la réalisation du préjudice de la victime (Cass. com. 14-6-2016 n° 14-16.471 F-PB : RJDA 10/17 n° 607).

L'appelé en garantie, mis en cause par une assignation, devient partie à l'instance et peut dès lors former des demandes contre toute partie à ladite instance (Cass. com. 6-7-2022 n° 20-17.279 F-B). Il peut invoquer les exceptions inhérentes à la dette qu'aurait pu invoquer le garanti (Cass. com. 10-5-2005, 2e esp. : DMF 2005.699 obs. Raynaud). Mais il ne peut être condamné qu'au profit de celui qui l'a mis en cause (Cass. civ. 17-4-1984 : Bull. civ. III p. 67 : impossibilité de condamner au profit du maître d'ouvrage le sous-traitant non appelé en garantie par lui).

La prescription de l'action de l'appelant en garantie ne pouvant être exercée qu'à compter de son assignation aux fins de paiement ou d'exécution de l'obligation en nature, elle ne peut courir avant l'introduction des demandes principales, à condition que l'assignation soit accompagnée d'une demande de reconnaissance d'un droit, ne serait-ce que par provision. (Cass. 3e civ. 14-12-2022 n° 21-21.305 FS-BR).

ABSENCE DE CHOSE JUGÉE

71621 L'action ne peut être portée en justice que sur une prétention qui n'a pas encore été jugée.

1. Au sens du **droit national français,** toute nouvelle demande qui porte sur la même chose, qui est fondée sur la même cause, qui concerne les mêmes parties agissant entre elles en la même qualité a autorité de la chose jugée (C. civ. art. 1355) ; elle ne peut pas donner lieu à un nouveau jugement, **même si** la décision opposée a méconnu un principe d'**ordre public** (Cass. 2e civ. 25-10-2007 n° 06-19.151 : D. 2007.2956.som.).

En conséquence, n'a pas l'autorité de la chose jugée :

– l'action qui ne concerne pas les mêmes parties et n'a pas le même objet, quand bien même elle porterait atteinte à la substance d'une première décision (Cass. 1e civ. 20-3-2013 n° 11-26.241 : RJDA 10/13 n° 854) ;

– la décision qui ne tranche pas la contestation (Cass. 3e civ. 12-9-2019 n° 18-11.693 F-D : jugement définitif dont le dispositif a réservé la contestation à trancher) ;

– la décision qui prononce une astreinte ou qui rejette la demande (n° 59615).

L'autorité de la chose jugée **n'a lieu qu'à l'égard** de ce qui fait l'objet d'un jugement et a été tranché dans son dispositif (Cass. ass. plén. 13-3-2009 n° 08-16.033 : Pet. aff. 2009 n° 141 p. 16 note Bargue ; Cass. 1e civ. 16-4-2015 n° 14-13.280), les motifs, fussent-ils le soutien nécessaire du dispositif, n'ayant pas l'autorité de la chose jugée (Cass. 1e civ. 22-11-2005 n° 02-20.122 : Bull. civ. I n° 425). Une **nouvelle cause,** à savoir un nouveau fondement donné à la prétention, ne peut **pas** être invoquée dès lors qu'elle aurait pu l'être en temps utile, car il incombe au demandeur de présenter dès l'instance relative à la première demande l'ensemble des moyens qu'il estime de nature à fonder celle-ci (Cass. ass. plén. 7-7-2006 : D. 2006.2135 note Weiler ; Cass. 3e civ. 20-1-2010 n° 08-70.206 : JCP G 2010 n° 6147 p. 272 obs. Bléry ; Cass. 1e civ. 12-4-2012 n° 11-14.123 : Rev. arb. 2013.121 note Strickler ; Cass. 2e civ. 12-7-2012 n° 11-20.587 : JCP G 2012 n° 1134 p. 1932 note Meuris ; Cass. 1e civ. 12-5-2016 n° 15-13.345 : JCP G 2016 n° 22-606 note Deharo) ; la même règle, dite de « **concentration des moyens** », s'applique au défendeur, qui est irrecevable à présenter une nouvelle demande dont l'objet aurait pu être formulé comme moyen de défense dès la première instance (Cass. 2e civ. 27-2-2020 nos 18-23.972 FS-PBI, 18-23.370 FS-PBI et 18-26.239 F-PBI).

Il n'en résulte pas que toutes les demandes fondées sur les mêmes faits qu'une partie peut avoir à introduire contre son adversaire doivent être présentées dans la même instance (Cass. 2e civ. 26-5-2011 n° 10-16.735 : PA 2011 n° 154-155 p. 11 note Deharo ; Cass. 3e civ. 11-1-2012 n° 10-23.141 ; Cass. 1re civ. 12-5-2016 n° 15-16.743 FS-PBI : RTD civ. 2016.923 obs. Théry). **71621** (suite)

Ainsi est recevable la demande : en restitution des intérêts formée par une banque, cette demande n'ayant pas été tranchée par l'arrêt antérieur qui n'a statué que sur une demande principale en annulation de conventions et restitution de capital, de sorte que la banque n'était pas tenue de présenter dès l'instance initiale une demande reconventionnelle en paiement des sommes qui lui seraient dues si l'annulation des conventions était prononcée (Cass. 2e civ. 17-10-2013 n° 12-26.178 : Bull. civ. II n° 200) ; en versement d'une provision à valoir sur le coût de prestations fournies par le constructeur d'une maison individuelle, qui est nouvelle par rapport à la demande antérieure en nullité du contrat de construction et en restitution des sommes versées au constructeur en exécution du contrat, à laquelle une décision a été fait droit, dès lors que par cette décision le juge ne s'était pas prononcé sur le remboursement éventuel desdites prestations par le maître d'ouvrage qui avait conservé la maison (Cass. 3e civ. 17-6-2015 n° 14-14.372) ; en décharge de la caution pour perte de la subrogation dans les droits du créancier par le fait de ce dernier qui est différente de celle en contestation de la qualité pour agir (Cass. 2e civ. 19-10-2017 n° 16-24.372 F-D).

Mais est irrecevable la demande nouvelle d'une partie en condamnation solidaire de ses deux codébiteurs alors qu'elle avait déjà saisi le juge d'une demande de condamnation de ces derniers (Cass. 2e civ. 19-5-2022 n° 21-13.062 F-B) ou celle d'un créancier contre sa caution tendant au paiement d'une même créance (Cass. com. 15-2-2023 n° 21-21.502 F-D).

Le principe de « concentration des moyens » n'est pas contraire au droit à un tribunal garanti par l'article 6, 1 de la convention européenne des droits de l'Homme (CEDH 9-4-2015 n° 12686/10).

Il n'est pas applicable si une nouvelle procédure est introduite sur la base d'un fait nouveau, car il s'agit d'un litige différent (CA Aix 21-3-2019 n° 16/17558).

L'autorité de la chose jugée ne peut **pas** être opposée si des **événements postérieurs** sont venus modifier la situation antérieurement reconnue en justice (Cass. 1re civ. 16-4-2015 n° 14-13.280 ; Cass. 2e civ. 6-2-2020 n° 19-11.950 F-D), sauf si la partie qui invoque l'événement avait négligé d'accomplir une diligence en temps utile (Cass. 1re civ. 25-6-2015 n° 14-17.504 : Bull. civ. II n° 169).

Par ailleurs, le juge civil saisi d'une action en responsabilité ne peut méconnaître les décisions de la **juridiction pénale** car celles-ci ont **autorité** de la chose jugée **au civil** sur ce point ; il s'ensuit qu'il doit surseoir à statuer sur cette action tant que la décision pénale n'est pas définitive (n° 74318).

Seul le juge, qui est investi d'une mission juridictionnelle, est tenu par l'autorité de la chose jugée ; ce n'est pas le cas, notamment, de l'Autorité de la concurrence (CA Paris 19-1-2010 n° 09-6049).

L'autorité de la chose jugée au civil est une **autorité relative** ; elle ne joue qu'à l'égard des parties à l'instance et non pas à l'égard des tiers : ceux qui n'ont été ni parties ni représentés à l'instance ne peuvent se voir opposer une décision à laquelle ils sont demeurés étrangers et ils peuvent la faire rétracter ou réformer s'ils y ont intérêt, par la voie de la **tierce opposition** (CPC art. 582, al. 1). Mais cette remise en question est limitée, relativement à son auteur, aux points jugés qu'elle critique (CPC art. 582, al. 2), le défendeur n'étant pas recevable à présenter d'autres prétentions que celles tendant à faire écarter celles du tiers opposant (Cass. 2e civ. 29-9-2022 n° 21-14.926 F-B).

Toutefois, les **créanciers** et autres ayants cause d'une partie peuvent former tierce opposition au jugement rendu en **fraude** de leurs droits ou s'ils invoquent des moyens qui leur sont propres (CPC art. 583, al. 2 ; Cass. civ. 4-10-1960 : Bull. civ. I n° 417 ; Cass. soc. 19-10-1960 : Bull. civ. IV n° 898). La tierce opposition n'est pas irrecevable pour argumentation présentée tardivement (Cass. com. 15-11-2017 n° 16-14.630 : RJDA 2/18 n° 160) mais elle l'est à défaut d'intérêt à agir des tiers opposants (Cass. 2e civ. 29-9-2022 n° 21-14.926 F-B).

La partie contre laquelle est reprise une prétention déjà jugée peut s'opposer à cette nouvelle action en soulevant, en tout état de cause, la **fin de non-recevoir** tirée de l'autorité de la chose jugée (CPC art. 122 et 123). Le juge peut la soulever d'office (CPC art. 125, al. 2) et le doit quand, au cours de la même instance, il est statué sur les suites d'une précédente décision devenue irrévocable (Cass. civ. 29-10-1990 : Bull. civ. I p. 160) ; mais ce moyen ne peut pas être soulevé pour la première fois devant la Cour de cassation (Cass. com. 16-2-1953 : D. 1953.302 ; Cass. crim. 13-11-1989 : Bull. crim. p. 983).

Entre les mêmes parties, l'autorité de la chose jugée ne s'impose à elles comme une règle d'ordre public que si la décision opposée concerne la même instance (CA Paris 14-3-2017 n° 15/19235 : Rev. arb. 2017.1213 note Zajdela : instances différentes).

2. Au sens du **droit de l'UE,** il est jugé que « l'exigence d'uniformité dans l'application du droit de l'Union requiert que l'étendue précise de cette restriction soit définie au niveau de l'Union plutôt que de dépendre des différentes règles nationales relatives à l'autorité de la chose jugée » (CJUE 15-11-2012 aff. 456/11 points 39 et 40). L'autorité de la chose jugée ne s'attache pas qu'au dispositif de la décision juridictionnelle en cause, mais s'étend aux motifs de celle-ci, qui constituent le

soutien nécessaire de son dispositif et sont, de ce fait, indissociables de ce dernier (CJUE 1-6-2006 aff. 442/03 et 471/03 : Rec. I-4845, point 44 ; CJUE 19-4-2012 aff. 221/10 point 87).

Cette différence par rapport au droit national français a conduit la Cour de cassation à interroger la CJUE sur le point de savoir si la définition autonome de l'autorité de la chose jugée concerne l'ensemble des conditions et des effets de celle-ci ou si une part doit être réservée à la loi de la juridiction saisie et/ou à la loi de la juridiction qui a rendu la décision (Cass. 1e civ. 17-11-2021 nº 19-23.298 FS-B).

DROIT D'AGIR

71624 L'action en justice n'est recevable que si elle émane d'une personne qui jouit du droit d'agir (CPC art. 32). Jouissent de ce droit :

1. La personne qui a **la capacité juridique** (CPC art. 117, 1º). N'a pas cette capacité, notamment, celui qui n'a pas la personnalité juridique au moment où il agit, telle une association non déclarée (Cass. soc. 12-7-2010 nº 09-41.402), une société absorbée (Cass. 2e civ. 27-9-2012 nº 11-22.278 : RJDA 1/13 nº 33) ou une société en formation (Cass. 2e civ. 4-3-2021 nº 19-22.829 F-P) ; cette incapacité, dite de « jouissance », ne pouvant pas être relevée ou régularisée en l'absence d'existence légale de ces structures (décisions précitées).

2. La personne qui a la **qualité à agir** (cf. CPC art. 122), autrement dit qui est investie du droit d'agir soit en vertu d'une habilitation légale (pour un exemple, nº 55007), soit en vertu d'un titre qui lui reconnaît un droit (pour un exemple, nº 34738), soit en vertu d'une représentation valable (CA Montpellier 16-11-2021 nº 19/03422 : engagement d'une société par sa succursale). Le juge peut relever d'office le défaut de qualité (CPC art. 125, al. 2).

Le défaut de qualité constitue une fin de non-recevoir (CPC art. 122) qui est distincte du défaut de pouvoir à agir pour autrui permettant d'exercer l'action pour laquelle autrui a qualité et du défaut d'indication du nom du représenté en vertu de ce pouvoir dans les actes de procédure subséquents à l'exercice dudit pouvoir. Ces distinctions ne sont pas toujours clairement faites par les décisions de justice, certaines d'entre elles plaçant ces trois irrégularités sous la même règle coutumière « Nul ne plaide par procureur ». Mais, au sens strict, cette règle a seulement pour conséquence d'imposer au mandataire investi du droit d'agir en justice l'obligation de mentionner dans tous les actes de procédure le nom du représenté.

Sur l'action dite « **action de groupe** » qui peut être exercée par une association de défense des consommateurs représentative au niveau national et agréée afin d'obtenir la réparation des préjudices individuels subis par des consommateurs placés dans une situation similaire ou identique et ayant pour cause commune un manquement d'un ou des mêmes professionnels à leurs obligations légales ou contractuelles, MCC nºs 5570 s., 37900 s. et 83830 s. ; sur l'action en représentation conjointe des associations agréées pour la réparation des préjudices individuels des consommateurs, MCC nºs 5500 s.

N'est pas une action de groupe l'action exercée par une association qui a reçu mandat individuel spécial et exclusif de ses 55 114 adhérents nommément désignés (Cass. crim. 20-5-2015 nº 14-81.147 FS-PBI : D. 2015.1419 note Dissaux).

Sur la qualité pour demander une mesure probatoire in futurum, lorsque le fond du litige doit être jugé par application d'une loi étrangère, nº 75527.

MANDAT POUR AGIR

71627 La personne qui a qualité pour agir peut ne pas agir elle-même et donner un **pouvoir spécial** à autrui, mandat ad agendum, de le faire en son nom et pour son compte ; le mandat doit être propre à une affaire déterminée, le mandat général d'agir en justice n'étant pas valable (Cass. 1e civ. 14-4-2010 nº 08-70.229 : Bull. civ. I nº 92, rejetant le mandat général valable en droit allemand ; CA Paris 19-3-2003 nº 01/15981 : BTL 2003.253, refusant la qualité de mandataire à un courtier d'assurance). Ce mandat couvre les suites que son exécution implique (Cass. soc. 19-5-2015 nº 13-24.887 : RJDA 8-9/15 nº 560 : mandat pour une affaire déterminée habilitant le représentant à intenter les voies de recours contre la décision rendue sur l'action introduite ; Cass. com. 14-11-2019 nº 18-17.727 F-D : mandat pour agir en paiement contre le débiteur ne permettant pas de poursuivre la caution).

Cette solution est confortée **depuis** le 1er octobre 2016 (sur cette date, nº 10000) par l'article 1155, al. 2 du Code civil habilitant le représentant investi pour un acte déterminé à accomplir les actes accessoires.

Les **parties à un contrat** peuvent aussi convenir de charger tel contractant d'agir en justice (CA Grenoble 3-2-1954 : D. 1954.617 note Sauvage, assureur n'acceptant de régler un litige qu'à la condition que l'assuré engage en son nom personnel une action en réparation contre l'auteur du dommage et s'oblige à verser à l'assureur le montant de l'indemnité obtenue) ou de préciser que les actions nées du contrat ou telle d'entre elles devront être dirigées contre tel contractant (Cass. civ. 20-10-1981 : JCP G 1982.IV.13, règlement de copropriété prévoyant que l'action en libération des parties communes encombrées doit être exercée contre le propriétaire du lieu loué et non pas contre le locataire).

Les juges doivent vérifier la réalité et l'étendue du pouvoir invoqué par la personne qui agit (CA Paris 3-5-1983 : GP 1983.2.424).

À défaut de pouvoir, les actes de procédure accomplis par ladite personne sont **nuls pour vice de fond** (CPC art. 117 à 121). La nullité peut être **soulevée** en tout état de cause devant les juges du fond, mais pas pour la première fois devant la Cour de cassation (Cass. com. 4-11-1996 : JCP G 1997.IV.161), et elle peut être prononcée sans que celui qui l'invoque ait à justifier d'un grief (CPC art. 119 ; Cass. soc. 8-12-1983 : GP 1984.1.204). Mais la nullité peut être **régularisée** jusqu'au jour de la décision du juge en dépit de l'expiration du délai de recours (Cass. 2e civ. 21-3-2013 n° 12-13.381).

L'action en nullité est irrecevable en cas d'expiration du délai de forclusion (Cass. civ. 8-7-1981 n° 80-11.598 : Bull. civ. III n° 142) ou du délai de prescription (Cass. com. 12-10-2004 n° 03-12.391 : DMF 2005.247 obs. Cachard).

MANDAT POUR REPRÉSENTER

La personne qui a reçu mandat de représenter en justice celle qui a qualité pour agir, **mandat ad litem,** doit mentionner dans tous les actes de procédure l'objet du mandat et le nom du mandant (Cass. com. 2-2-1993 : DMF 1993.333), véritable sens de la règle « Nul ne plaide par procureur ». 71630
L'omission de cette indication n'est pas érigée par la loi en cause de nullité et elle ne constitue pas une formalité d'ordre public, ni interne ni international français (CA Paris 10-5-1994 : Rev. arb. 1996.66), sauf dissimulation (CA Paris 16-11-1965 : Rev. crit. 1966.649 note Mezger). Elle ne constitue donc qu'un vice de forme qui ne peut être sanctionné par la nullité que s'il cause grief à la partie qui l'invoque (CPC art. 114 ; Cass. civ. 22-1-1953 : Bull. civ. IV n° 25 ; pour l'admission d'un grief : CA Versailles 18-2-1993 : JCP 1993.IV.1269), et ce, avant que le débat ne soit engagé au fond (Cass. civ. 23-10-1958 : D. 1958.429 ; Cass. soc. 3-11-1960 : Bull. IV n° 969).

Le mandat est éteint si, au jour de l'introduction de la demande en justice, le mandant est décédé (Cass. 1e civ. 28-10-2009 n° 08-18.053).

CAPACITÉ POUR AGIR

La capacité pour agir en justice est exposée avec les règles générales sur la capacité des personnes physiques (nos 1000 s.) et sur celle des personnes morales (nos 1200 et 1398). 71633
Le défaut de capacité est sanctionné par l'irrecevabilité de toute prétention émise par ou contre une personne dépourvue du droit d'agir (CPC art. 32) ; cette situation n'est pas susceptible d'être régularisée lorsque la prétention est émise par ou contre une partie dépourvue de personnalité juridique (Cass. com. 20-6-2006 n° 821 : RJDA 10/06 n° 1023), telle une société de fait (Cass. 2e civ. 18-11-2003 n° 02-30.756 : Bull. civ. II n° 338) ou une société absorbée (Cass. 2e civ. 12-2-2004 n° 02-13.672 : Bull. civ. II n° 52) ou une personne décédée (Cass. 3e civ. 5-10-2017 n° 16-21.499 FS-PBI). Mais elle est régularisable lorsque l'action est introduite au nom d'une personne en curatelle ou sous tutelle, ici un coïndivisaire (Cass. 3e civ. 5-10-2017 précité) ou si la cause de la nullité a disparu au moment où le juge statue (Cass. 2e civ. 10-1-2019 n° 17-28.805 : RD bancaire 2019 n° 2 § 55 obs. Piedelièvre).

La société radiée du registre du commerce peut agir pour les besoins de sa liquidation, sa personnalité juridique survivant à cet effet (Cass. com. 20-2-2001 n° 98-16.842 : RJDA 6/01 n° 590).

Mais la capacité d'agir en justice ne relève **pas de l'ordre public international français** ; un groupement dépourvu de la personnalité morale peut donc être partie à une action en justice au regard des juridictions françaises (Cass. civ. 1-12-1999 : RJDA 3/00 n° 360 ; CA Paris 5-4-1994 : Rev. crit. 1995.571 note Kessedjian).

ABUS DU DROIT D'AGIR

La partie qui **exercerait** une action en justice dans le but de nuire à autrui ou pour retarder la solution d'un litige peut être condamnée à une amende civile d'un maximum de 10 000 € et à des dommages-intérêts (CPC art. 32-1). 71636
Pour prononcer une condamnation, les juges doivent relever l'existence d'une **faute** car ce qui est reproché, ce n'est pas le fait d'avoir exercé à tort une action en justice, mais le fait d'avoir commis une faute indépendante du seul exercice de l'action ; cette faute doit donc être caractérisée (Cass. civ. 25-2-1986 : JCP G 1986.IV.129 ; Cass. com. 3-11-2004 n° 1555 : RJDA 4/05 n° 401 ; Cass. 1e civ. 16-11-2016 n° 15-24.248) ; c'est le cas notamment d'un « **acte de malice ou de mauvaise foi** » (n° 74912), ou au moins d'« une erreur grossière équipollente au dol » (Cass. civ. 18-2-1970 : D. 1970.429), voire d'un acharnement procédural, le demandeur invoquant en pure perte, de manière déraisonnable et de mauvaise foi, des arguments contraires aux règles élémentaires du droit (Cass. 2e civ. 27-2-2020 n° 18-23.370 FS-PBI ; rappr. Cass. com. 26-2-2020 n° 18-22.745 F-D : RJDA 6/20 n° 322).

Ainsi, doit être condamné à des dommages-intérêts :

– celui qui assigne en redressement judiciaire son débiteur sans fondement, uniquement pour exercer sur lui une pression (n° 61510) ;

– le créancier qui omet de faire connaître en cours d'instance l'acompte perçu de son débiteur, ce qui réduisait ainsi sa créance à une somme modique (Cass. com. 18-1-1972 : Bull. civ. IV p. 22) ;

– le demandeur qui n'engage une procédure qu'en vue de forcer son adversaire à transiger sur une offre qu'il savait légalement inacceptable (Cass. civ. 26-10-1983 : Bull. civ. III p. 156), pour retarder le paiement de sa dette (Cass. civ. 7-11-1973 : Bull. civ. II p. 229), pour exercer sur lui une pression (Cass. civ. 15-12-1993 : RJDA 6/94 n° 738), pour contrarier le déroulement normal d'une opération en cours (Cass. civ. 14-10-1999 : RJDA 12/99 n° 1413 : à propos d'une cession de gré à gré dans le cadre d'une liquidation judiciaire) ou pour empêcher une partie de vendre des biens immobiliers à d'autres acquéreurs en allant jusqu'à publier l'assignation à la publicité foncière (Cass. 3e civ. 28-1-2021 n° 19-24.962 F-D).

Certaines décisions retiennent l'abus du droit d'agir en justice en cas de légèreté blâmable (Cass. com. 12-1-1976 n° 74-13.386 : Bull. civ. IV n° 16 : demandeur ne remplissant pas les conditions pour intenter son action ; Cass. civ. 7-2-1979 n° 77-14.690 : Bull. civ. II n° 36 : demandeur exerçant une action pour fraude sans fondement et sans besoin, disposant déjà des moyens d'obtenir son dû).

Mais, si plusieurs personnes peuvent être poursuivies, il n'y a pas faute pour violation du principe de l'égalité des citoyens devant la loi à agir contre l'une et pas contre les autres (Cass. civ. 23-6-1993 n° 91-15.306 : Bull. civ. III n° 101).

Mais il ne saurait être reproché à une partie de mettre en œuvre l'ensemble des voies de droit qui lui sont ouvertes (CA Basse-Terre 4-7-2022 n° 17/00750).

Le droit de **se défendre** en justice peut aussi dégénérer en abus, le plaideur pouvant alors être condamné pour résistance abusive, mais là encore le juge doit caractériser la faute (Cass. civ. 19-5-1978 n° 77-10.257 : Bull. civ. III n° 208 ; Cass. com. 11-3-2014 n° 13-11.777 : RJDA 6/14 n° 520).

II. PRESCRIPTION EXTINCTIVE

GÉNÉRALITÉS

71700 **Définition** La prescription extinctive est un mode d'extinction d'un droit résultant de l'**inaction** de son titulaire pendant un certain laps de temps (C. civ. art. 2219). L'inaction tient à l'absence d'actes tendant à préserver le droit en cause ; elle ne paralyse pas la faculté du titulaire d'un droit de l'invoquer par une **défense au fond** ; ainsi, est une défense au fond et non une fin de non-recevoir le moyen, soulevé par la caution poursuivie en paiement, opposant la déchéance du droit du créancier bancaire aux intérêts conventionnels pour défaut d'information annuelle, car ce moyen conteste le fond du droit aux intérêts et ne tend pas à faire déclarer irrecevable pour prescrite la demande en paiement de la banque (Cass. com. 6-6-2018 n° 17-10.103 FS-PBI : RJDA 10/18 n° 770 ; Cass. 1re civ. 9-3-2022 n° 20-22.637 F-D ; n° 55415).

Son régime a été substantiellement modifié par la **loi** 2008-561 **du 17 juin 2008,** entrée en vigueur le 19 juin 2008 à défaut d'autre date prévue à cet effet (n° 73603), sous réserve des précisions suivantes (Loi 2008-561 art. 26) :

– les dispositions de la loi qui allongent la durée d'une prescription s'appliquent lorsque le délai de prescription n'était pas expiré à la date de son entrée en vigueur ; il est alors tenu compte du délai déjà écoulé (art. précité, I) ;

– les dispositions de la loi qui réduisent la durée de la prescription s'appliquent aux prescriptions à compter du jour de l'entrée en vigueur de la loi, sans que la durée totale puisse excéder la durée prévue par la loi antérieure (art. précité, II ; sur l'application de la prescription trentenaire à des prescriptions non acquises au jour de la demande : Cass. 2e civ. 22-3-2012 n° 11-12.284 : D. 2012.954.som. obs. Avena-Robardet, action en exécution d'un titre exécutoire ; Cass. 1re civ. 18-10-2017 n° 16-17.184 FS-PB : RJDA 2/18 n° 137, action en nullité absolue d'une sûreté consentie par une SCI) ;

– la loi n'est pas applicable aux instances introduites avant son entrée en vigueur, lesquelles demeurent soumises à la loi ancienne et, ce, également en appel et en cassation (art. précité, III).

Les dispositions qui modifient le point de départ de la prescription extinctive ou qui déterminent les causes de report du point de départ ou de suspension de la prescription ne sont pas concernées par ces dispositions transitoires et ne peuvent disposer que pour l'avenir ; en conséquence, le point de départ du délai de prescription ne peut pas être déterminé par application de l'article 2224 nouveau, notamment à compter du jour de la connaissance du droit à agir, mais doit l'être en application des dispositions de l'article 2270-1 du Code civil dans sa rédaction antérieure à la loi du 17 juin 2008 lorsque le délai a commencé à courir avant l'entrée en vigueur de ce texte (Cass. 3e civ. 16-9-2021 n° 20-17.625 FS-BC : RJDA 2/22 n° 122, 2e esp.).

Elle est distincte des délais légaux de **forclusion ou de déchéance,** au terme desquels la loi enferme l'exercice de l'action en justice ou d'un droit dans un délai déterminé (C. civ. art. 2220 ; TGI Nanterre 16-10-2008 n° 06-12559 : D. 2008.2940.som. obs. Rouquet).

Les forclusions contractuelles sont valables, qu'elles figurent dans un acte authentique exécutoire ou sous seing privé, et ont pour effet qu'à leur terme le recours du créancier est atteint par la forclusion (Cass. com. 27-3-2012 n° 11-10.103 : RJDA 1/13 n° 67 ; Cass. com. 26-1-2016 n° 14-23.285 : RJDA 5/16 n° 394).

Il est impossible de renoncer à un délai de forclusion (Cass. 2e civ. 30-11-2023 n° 22-10.088 FS-B).

Ces délais, dits aussi préfix, sont désormais **susceptibles d'interruption** par la demande en justice même portée devant une juridiction incompétente ou même lorsque l'acte de saisine est annulé par l'effet d'un vice de procédure (C. civ. art. 2241). Mais ils ne sont pas susceptibles de suspension, à défaut de disposition expresse (cf. n° 71789), les soumettant à cette mesure (Cass. 3e civ. 3-6-2015 n° 14-15.796).

Bien que l'arrêt susvisé n'exclue de la suspension que le délai prescrit pour recourir contre une décision de référé ordonnant une mesure d'instruction au motif que l'article 2239 du Code civil ne prévoit dans ce cas qu'une interruption de la prescription et non une suspension, la solution posée est transposable par analogie à tous les délais de forclusion pour lesquels la loi n'autorise que l'interruption.

La prescription extinctive est aussi distincte des délais fixés sous peine de **déchéance** d'un droit – et non d'une action –, tel le droit de l'agent commercial à réclamer une indemnité de rupture, de sorte que les règles de la prescription ne lui sont pas applicables (Cass. com. 27-9-2005 n° 1296 : RJDA 12/05 n° 1346), le droit de l'acquéreur d'un lot de copropriété de demander une diminution du prix (TGI Nanterre 16-10-2008 n° 06-12559 : D. 2008.2940.som. obs. Rouquet) ou le droit d'un plaideur à exercer une voie de recours (par exemple, droit de contester une saisie-attribution, n° 59834).

Il a été précisé qu'il peut être interrompu par une notification en la forme ordinaire, par exemple, par une lettre recommandée (Cass. com. 18-5-2005 n° 747 : RJDA 8-9/05 n° 965).

Régime Les règles du droit commun de la prescription figurent aux articles 2219 s. du Code civil. Elles sont applicables dans la mesure où des dispositions spéciales ne les ont pas écartées (C. civ. art. 2223). 71703

Ces dispositions sont signalées dans les développements relatifs au régime des droits qu'elles concernent.

Seule la loi, et non un règlement, peut édicter un délai de prescription (CE 27-11-2006 n° 296018 : DMF 2007.512 obs. Chaumette).

Une **loi nouvelle** allongeant un délai de prescription ou de forclusion ne peut pas remettre en cause une prescription définitivement acquise (C. civ. art. 2222, al. 1 ; Cass. civ. 27-9-1983 : Bull. civ. I p. 193 ; sur une prescription non acquise, Cass. soc. 5-1-1962 : Bull. civ. IV n° 17) ; elle s'applique lorsque le délai n'était pas expiré à la date de son entrée en vigueur, le délai déjà écoulé étant alors pris en compte (C. civ. art. 2222, al. 1) ; de même, la loi nouvelle qui prévoit un nouveau délai n'est pas applicable dès lors que l'ancien délai est expiré (Cass. 1e civ. 10-1-2018 n° 17-10.560 D : RJDA 4/18 n° 382). Celle qui abrège un délai de prescription ou de forclusion s'applique immédiatement aux délais en cours, sans que la durée totale puisse excéder le délai prévu par la loi antérieure (C. civ. art. 2222, al. 2 ; Cass. 1e civ. 13-5-2014 n° 13-13.406 : RJDA 10/14 n° 812).

Lorsque la prescription en cause, ici décennale relative aux malfaçons immobilières, n'était pas acquise à la date d'entrée en vigueur de la loi du 17 juin 2008, l'application de l'article 2224 nouveau ne saurait conduire à prolonger la prescription au-delà de la durée de dix ans résultant des dispositions antérieures (CE 20-11-2020 n° 427250 : RJDA 2/21 n° 132).

La prescription d'une action relative à un **droit dont le régime ne relève pas de la loi française** est soumise à la loi régissant le droit qu'elle affecte (C. civ. art. 2221), ce qui, s'agissant d'un droit né d'un contrat international, est pratiquement la loi applicable à ce contrat (cf. sous le régime antérieur à l'art. 2221 actuel, Cass. civ. 11-3-1997 : RJDA 7/97 n° 878).

La prescription régie par une loi étrangère n'est applicable par les tribunaux français qu'autant qu'elle ne heurte pas l'ordre public international français ; ainsi, ne heurtent pas cet ordre public la longueur du délai (Cass. civ. 10-5-1960 : Rev. crit. 1960.205 note Batiffol), son extrême brièveté (Cass. civ. 15-5-1994 : Clunet 1995.122 note Légier), la loi espagnole, régissant un contrat de travail, qui prévoit un délai de vingt jours pour contester un licenciement là où la loi française prévoyait, au temps du licenciement, un délai de trente ans, dès lors que le salarié n'est pas privé du droit d'accès au juge (Cass. soc. 12-7-2010 n° 07-44.655 : RJS 10/10 n° 728), la loi allemande qui ne soumet pas l'exercice de l'action en contestation judiciaire de paternité à un délai de prescription (Cass. 1e civ. 7-10-2015 n° 14-14.702 : JCP G 2015 n° 49-1317 note Fongaro).

Conventions sur la prescription Les parties à un contrat peuvent convenir **d'abréger ou allonger** le délai de prescription légalement applicable ; mais elles ne peuvent le réduire à moins d'un an ni l'étendre à plus de dix ans (C. civ. art. 2254, al. 1). 71706

Ces conventions sont interprétées strictement ; par exemple : le consentement de celui à qui une convention est opposée doit être certain, ce qui n'est pas le cas de la clause insérée dans un paragraphe non daté, non signé et non recopié par lui (CA Paris 13-10-2015 n° 14/2214 : RJDA 3/16 n° 247) et les termes de l'accord sont entendus à la lettre : la prescription prévue au contrat de vente CAF pour l'action à porter devant des arbitres ne s'applique pas lorsque les parties se soumettent à la juridiction commerciale (T. com. Paris 17-12-1975 : DMF 1977.413).

Néanmoins, la convention reçoit application même en cas de faute lourde de la partie qui l'invoque (Cass. com. 12-7-2004 n° 1199 : RJDA 11/04 n° 1286).

Mais ne peut être **ni réduit ni allongé** le délai de prescription des actions en paiement ou en répétition des salaires, arrérages de rente, pensions alimentaires, loyers, fermages, charges locatives, intérêts des sommes prêtées et, généralement, des actions en paiement de tout ce qui est payable par années ou à des termes périodiques plus courts (C. civ. art. 2254, al. 3).

Est aussi interdite la réduction de la prescription des actions qui sanctionnent des règles d'**ordre public,** comme celles relatives à la responsabilité du transporteur maritime (n° 26247).

Sur les conventions relatives aux causes d'interruption, n° 71771, ou de suspension, n° 71780.

71709 **Points sensibles** Celui qui se prétend titulaire d'un droit doit éviter les pièges suivants :

– ne pas croire que le délai de prescription est interrompu parce qu'une réclamation amiable a été présentée au débiteur et que des pourparlers sont en cours, les causes d'interruption étant formellement déterminées par la loi ou la convention des parties (n°s 71750 s.) ;

– ne pas oublier que la demande reconventionnelle, bien qu'elle soit une réaction à la demande de l'adversaire, n'échappe pas néanmoins à la prescription qui la concerne (n° 71718) ;

– ne pas manquer de préciser rigoureusement les actions qui tombent sous le coup d'une prescription abrégée, s'il en est prévu une (n° 71706).

ACTIONS SOUMISES À LA PRESCRIPTION

71715 **Actions imprescriptibles** Le droit de propriété étant déclaré imprescriptible (C. civ. art. 2227), les actions qui ont pour objet la défense d'un droit de propriété sont donc imprescriptibles.

Ainsi, sont imprescriptibles les actions :

– en revendication d'un trésor (Cass. 1e civ. 6-6-2018 n° 17-16.091 FS-PB) ;

– en exécution forcée d'une stipulation pour autrui créant le droit de propriété revendiqué par le bénéficiaire (Cass. 3e civ. 12-11-2020 n° 19-23.160 F-PBI) ;

– en nullité des droits de propriété industrielle (n°s 31453, 32128, 32480) ;

– en reconnaissance de la qualité d'auteur qui est la source de la propriété littéraire et artistique (CA Paris 6-2-1995 n° 93/6963) et son accessoire l'action en paiement des droits d'auteur (Cass. 1e civ. 6-5-1997 n° 95-13.913) ;

– du nu-propriétaire tendant à exiger de l'usufruitier une caution destinée à protéger son droit de propriété (n° 30611) ;

– en demande en partage (n° 30303) ;

– en défense du nom, attribut inaliénable de la personnalité (CA Paris 4-6-1968 : D. 1969.388 note Toulon-Piganiol) ;

– relatives au domaine public, qui est inaliénable, telle l'action en réparation des dommages qui lui sont causés (CE 11-7-1984 : GP 1985.som.129) ;

– en restitution d'un bien contre ceux qui, possédant pour autrui, notamment les locataires, ne peuvent prescrire contre le propriétaire (C. civ. art. 2266 ; Cass. 1e civ. 25-5-2022 n° 21-10.250 F-PB, s'appuyant sur ce texte pour écarter le jeu de la prescription biennale jouant au profit du consommateur).

Sont **aussi** imprescriptibles les actions dont la finalité est de sanctionner des situations que l'ordre juridique condamne, telles les actions en constatation de l'inopposabilité, de l'inexistence, de la caducité d'un acte ainsi que d'une clause réputée non écrite (n°s 15653 ; 15656, 16000, 16160).

Sont **encore** imprescriptibles les défenses au fond qui, comme leur nom l'indique ne sont pas des actions ; tel est le cas notamment de l'exception d'inexécution d'un contrat (CA Paris 29-6-2011 n° 08-22.335 : BTL 2011.491), de l'exception de nullité d'un contrat (n° 15702) ou de l'exception de disproportion du cautionnement ou de déchéance du droit de l'établissement de crédit au taux conventionnel des intérêts produits par la créance garantie qui a manqué à son devoir d'information annuelle de la caution car ce moyen conteste le fond du droit aux intérêts et ne tend pas à faire déclarer irrecevable pour prescrite la demande en paiement de la banque (n° 55415).

Il a été reconnu comme un principe que l'exception de défense est perpétuelle (Cass. 3e civ. 4-11-2004 : Bull. civ. III n° 186).

Les actions réelles et personnelles non visées dans l'énumération ci-dessus sont **prescriptibles.**

71718 **Demande reconventionnelle ou additionnelle** La demande reconventionnelle est la demande incidente par laquelle le défendeur originaire prétend obtenir un avantage autre que le simple rejet de la prétention de son adversaire (CPC art. 64 ; Cass. ass. plén. 22-4-2011 n° 09-16.008 : RJDA 8-9/11 n° 676 ; Cass. 1e civ. avis 18-9-2019 n° 19-70.013 PBI). Elle constitue une action qui est soumise au régime de la **prescription** du droit qu'elle invoque (Cass. com. 8-1-1985 : GP 1985.pan.272 ; CA Besançon 23-9-1992 : BT 1993.11).

Elle ne doit pas être confondue avec l'exception de défense au fond (n° 71945). Cette confusion est souvent faite par certains débiteurs qui, se croyant bien avisés, refusent de payer leur dette en invoquant leur propre créance en dommages-intérêts contre leur créancier et qui, se trouvant assignés par ledit créancier in extremis (la veille du jour d'expiration du délai de prescription), voient leur demande reconventionnelle (soumise au même délai que la demande principale) être rejetée comme prescrite parce qu'il leur a été matériellement impossible de la formuler dans le délai. En dépit d'une jurisprudence affirmée, un cour d'appel s'est aventurée à juger que la demande reconventionnelle, lorsqu'elle constitue une exception d'inexécution, invoquée par le donneur d'ordre d'un transport échappe à la prescription annale (CA Bordeaux 4-11-2020 n° 18/00904).

L'interruption de la prescription de l'action principale ne peut s'étendre à la demande reconventionnelle (Cass. com. 1-10-1991 : RJDA 11/91 n° 975) ; sur l'interruption de la prescription par la demande reconventionnelle, n° 71760.

La demande **additionnelle** est la demande par laquelle une partie modifie ses prétentions antérieures (CPC art. 65).

Une demande reconventionnelle ou additionnelle n'est recevable que si elle se rattache à la demande originaire par un lien suffisant (CPC art. 70).

DÉLAIS DE LA PRESCRIPTION

Depuis la loi 2008-561 du 17 juin 2008, le délai de droit commun de prescription des **actions personnelles ou mobilières** est de **cinq ans** (C. civ. art. 2224). 71725

Est personnelle l'action en annulation d'une sûreté réelle immobilière garantissant la dette d'un tiers (Cass. com. 15-3-2023 n° 21-19.669 F-D : RJDA 7/23 n° 413).

Les actions **réelles immobilières** prescriptibles, autres que les actions relatives au droit de propriété (n° 71715), se prescrivent par **trente ans** à compter du jour où le titulaire d'un droit a connu ou aurait dû connaître les faits lui permettant de l'exercer (C. civ. art. 2227 ; Cass. com. 2-6-2021 n° 20-12.908 F-P).

Sur la distinction des actions personnelles ou mobilières et des actions réelles, n°s 72145 et 72280.

Le délai de prescription des actions personnelles ne peut **dépasser vingt ans** à compter du jour de la naissance du droit, quel que soit le report du point de départ ainsi que l'effet d'une cause de suspension ou d'interruption de la prescription (C. civ. art. 2232, sauf les dérogations énoncées à l'al. 2).

Compte tenu de ce que les exceptions à l'application de ce **délai butoir** sont expressément énoncées par l'alinéa 2 de l'article 2232, la durée de vingt ans doit être considérée, à notre avis, comme d'**ordre public** de direction, le législateur considérant, sauf les cas qu'il réserve, comme d'intérêt général que toute action soit éteinte vingt ans après la naissance du droit ; donc, ce délai doit être soulevé d'office par le juge et même pour la première fois devant la Cour de cassation et il ne saurait être suspendu ou interrompu, conventionnellement aménagé ou écarté par une renonciation du débiteur. Mais ce délai n'est pas applicable à une situation où le droit est né avant l'entrée en vigueur de la loi 2008-561 (n° 71700 ; Cass. 3e civ. 1-10-2020 n° 19-16.986 FS-PB : RJDA 1/21 n° 63).

Le délai de **cinq ans n'est pas applicable** dès lors que la loi fixe une prescription plus courte, mais la disposition qui la prévoit est d'application stricte et ne peut pas être étendue à des cas qu'elle ne vise pas expressément (cf. Cass. 1re civ. 10-9-2015 n° 14-16.599 F-PB).

Prescription dite « commerciale » Les actions relatives aux obligations nées à l'occasion de leur commerce entre commerçants ou entre commerçants et non-commerçants se prescrivent par **cinq ans** dès lors qu'elles ne sont pas soumises à des prescriptions spéciales plus courtes (C. com. art. L 110-4, I) ou lorsque la durée n'est pas conventionnellement réduite par les parties (Cass. com. 21-3-1995 : RJDA 8-9/95 n° 1064) ou encore lorsque l'action concerne la garantie des vices cachés de la chose vendue en vertu d'un marché public (CE 7-6-2018 n° 416535 : RJDA 11/18 n° 817). 71731

Les prescriptions plus courtes visées à l'article L 110-4, qui n'est que la transposition de l'ancien article 433 du même Code, ne concernent que le commerce maritime (Cass. 3e civ. 10-10-2007 n° 06-17.222 : D. 2007.2677 obs. Delpech : non-application de la prescription d'un an à l'action en paiement pour ouvrages faits – art. L 110-4, II-3° – relatifs à la construction de maisons).

Mis à part le cas de ces dernières, la prescription commerciale de droit commun, depuis que son délai a été unifié à cinq ans avec celui de la prescription de droit commun (n° 71725), ne présente plus d'intérêt pratique évident puisque toutes les actions auxquelles elle a été jugée applicable se prescrivent désormais également par cinq ans et qu'elle est soumise par ailleurs au même régime que la prescription de droit commun.

Sur le dernier état de ces actions, Mémento Droit commercial 2011.

Il importe peu aussi qu'il ait été jugé que la prescription commerciale ne s'applique qu'à des obligations liant les parties entre elles (CE 31-7-1992 : RJDA 11/92 n° 1088) et que, notamment, elle ne s'applique pas à l'action d'un actionnaire relative à la tenue des titres nominatifs contre la société émettrice (CA Chambéry 24-4-2001 : JCP E 2001.pan.1776 note Laporte) puisque l'action dirigée par un tiers est désormais soumise au délai de cinq ans, sauf disposition spéciale dérogatoire, comme par exemple celle en contestation d'une dette d'impôts ou de taxes (CA Versailles 2-6-2000 : RTD com.2001.49 n° 1 obs. J. Derruppé).

Prescription des fournitures de biens et services aux consommateurs 71734

L'action des marchands pour les marchandises qu'ils vendent aux particuliers non marchands (C. civ. art. 2272, al. 4 ancien) est, depuis la réforme de la prescription (n° 71700), devenue « celle des professionnels, pour les biens ou les services qu'ils fournissent aux consommateurs », laquelle se prescrit par deux ans (C. consom. art. L 218-2).

Demeurent soumises à la prescription de deux ans, comme auparavant, par exemple, les fournitures d'eau à des abonnés, même par une société d'économie mixte car ce faisant elle agit comme un professionnel (Cass. civ. 13-3-2001 : Bull. civ. I n° 73), de même que celles de courant électrique et de gaz qui supposent l'intervention de professionnels (CA Reims 11-10-1988 : Jurisprudence Champagne-Ardenne 1989/90 n° 9, n° 682).

Désormais, sont aussi soumises à cette prescription les fournitures faites en vertu d'un contrat d'entreprise qui jusque-là y échappaient (Cass. civ. 16-7-1968 : D. 1968.610 ; Cass. civ. 28-3-1977 : Bull. civ. I p. 125) puisqu'elles correspondent à des fournitures de services.

En revanche, en demeurent exclues les fournitures faites à un acquéreur exploitant un centre d'insémination artificielle, dans l'exercice de son activité professionnelle, lequel n'était pas un particulier non marchand et n'est pas davantage un consommateur (Cass. civ. 31-5-1978 : Bull. civ. I p. 168 ; dans le même sens à propos de fournitures professionnelles à un agriculteur : Cass. civ. 5-2-1991 : GP 1991.626 note Lachaud ; Cass. civ. 8-7-1997 : Bull. civ. I p. 161 : fournitures d'une coopérative agricole à ses adhérents), ou à un menuisier exerçant une profession artisanale (CA Versailles 28-6-1993 : RJDA 10/93 n° 862).

L'État ayant été reconnu pour les fournitures qui lui sont faites comme bénéficiant des mêmes droits que les particuliers pour invoquer la prescription de deux ans (Cass. 3e civ. 9-4-2008 n° 06-21.759 : RJDA 10/08 n° 1076), il y a donc lieu, à notre avis, de le traiter comme un consommateur, même si l'on voit en celui-ci essentiellement un particulier.

Cette prescription, dont seul le champ d'application a été modifié, repose, comme celle des marchands, sur une présomption de paiement et doit, partant, être écartée pour les dettes que le débiteur a reconnu ne pas avoir acquittées (Cass. civ. 11-2-1997 : RJDA 5/97 n° 731) ; en revanche, la prescription est opposable à la réclamation des sommes que le débiteur déclare avoir réglées (Cass. req. 4-5-1898 : DP 1900.1.271 ; cf. Cass. civ. 24-10-1952 : D. 1952.794) et, en cas de **paiement partiel,** elle est opposable à concurrence de la partie de la dette qu'il affirme avoir payée (Cass. soc. 24-10-1952 : D. 1952.794).

Le point de départ de la prescription est, dans le dernier état de la jurisprudence, fixé au jour de la connaissance des faits qui permet au professionnel d'exercer son action, laquelle peut être caractérisée par l'achèvement des travaux ou l'exécution des prestations (Cass. 1e civ. 19-5-2021 n° 20-12.520 FP), à propos d'un litige impliquant un consommateur mais transposable).

71737 **Prescription des créances périodiques** Depuis la réforme de la prescription (n° 71700), les actions en paiement des loyers, des intérêts des sommes prêtées et généralement de tout ce qui est payable par année ou à des termes périodiques plus courts continuent de se prescrire par **cinq ans,** de même que les actions en répétition des loyers, des fermages et des charges locatives, mais désormais en vertu du **délai de droit commun** de cinq ans et non plus en vertu de la disposition spéciale de l'article 2277 abrogé. Les dispositions de l'ex-article 2277 ne demeurent applicables qu'aux instances introduites avant l'entrée en vigueur de la loi et poursuivies en appel et cassation (Loi 2008-561 du 17-6-2008 art. 26, III). N'ayant donc plus qu'une valeur transitoire, elles ne sont pas reprises dans les présents développements mais peuvent être consultées, en cas de besoin, dans le Mémento Droit commercial 2008.

La prescription ne court pas lorsque la créance, même périodique, dépend d'éléments qui ne sont pas connus du créancier et doivent résulter de déclarations que le débiteur est tenu de faire (Cass. com. 28-6-2017 n° 15-20.108 F-D : RJDA 11/17 n° 771, au cas d'espèce, créance des organismes de retraite dont le montant dépendait de la déclaration annuelle des salaires effectuée par le débiteur).

71740 **Prescription de l'action en exécution d'un titre exécutoire** L'action qui tend à faire exécuter un droit reconnu par un titre exécutoire mentionné aux 1° à 3° de l'article L 111-3 du Code des procédures civiles d'exécution (n° 59803) ne peut être exercée que pendant dix ans, sauf si les actions en recouvrement des créances qui y sont constatées se prescrivent par un délai plus long (C. exécution art. L 111-4, al. 1).

L'application du délai de prescription de la créance dont le paiement est ordonné par le titre exécutoire étant expressément réservée au cas où ce délai est supérieur à celui de dix ans, il y a lieu, à notre avis, d'en déduire que le délai de dix ans demeure applicable lorsque le délai de prescription de la créance visée est inférieur à dix ans (en ce sens : Cass. 2e civ. 9-6-2023 n° 21-18.615 F-D) ; à défaut, l'allongement à dix ans de la prescription des actions poursuivant l'exécution d'un titre exécutoire serait pratiquement sans portée puisque, depuis la loi 2008-561 du 17 juin 2008, toutes les actions relatives aux créances de droit commun se prescrivent par cinq ans (n° 71725).

L'allongement du délai de prescription ne concernant pas les actes notariés exécutoires visés au 4° de l'article L 111-3 précité, la durée du délai de prescription des obligations contractées dans ces actes reste déterminée par la nature de la créance, la circonstance que celle-ci soit constatée par un acte authentique revêtu de la formule exécutoire n'ayant pas pour effet de modifier cette durée

(Cass. ch. mixte 26-5-2006 n° 241 : RJDA 8-9/06 n° 974 ; Cass. 1e civ. 12-7-2007 n° 06-11.369 : RJDA 12/07 n° 1303 ; Cass. 1e civ. 8-6-2016 n° 15-19.614 FS-PB : Bull. civ. I n° 133).

Cette interversion de la prescription n'est pas applicable aux arriérés échus avant le jugement portant condamnation au paiement d'une somme payable à termes périodiques ; le recouvrement des arriérés échus avant la date de la demande et non encore exigibles à celle arrêtée par le jugement est soumis au délai de prescription applicable en raison de la nature de la créance (Cass. avis 4-7-2016 n° 16-70.004 F-PB ; Cass. 1e civ. 30-1-2019 n° 18-13.828 F-D : RJDA 4/19 n° 309).

Le jugement passé en force de chose jugée qui a condamné au paiement d'une somme déterminée au titre de l'indemnité d'occupation d'un bien indivis, dépassant la limite des cinq années précédant la demande, ne peut pas être remis en cause en vertu de la nature de la créance, la limite de cinq ans s'appliquant aux seuls arriérés postérieurs à ce jugement (Cass. 3e civ. 10-7-2013 n° 12-13.850 : RJDA 11/13 n° 957).

Sont exclues de la prescription de dix ans :

– les actions en exécution des actes notariés exécutoires visés au 4° de l'article L 111-3 précité, la durée du délai de prescription des obligations contractées dans ces actes restant déterminée par la nature de la créance, la circonstance que celle-ci soit constatée par un acte authentique revêtu de la formule exécutoire n'ayant pas pour effet de modifier cette durée (Cass. ch. mixte 26-5-2006 n° 241 : RJDA 8-9/06 n° 974 ; Cass. 1e civ. 12-7-2007 n° 06-11.369 : RJDA 12/07 n° 1303) ;

– les actions qui ne tendent pas à l'exécution d'un titre exécutoire (Cass. 2e civ. 6-9-2018 n° 17-18.953 F-PB : RJDA 12/18 n° 959 et Cass. 2e civ. 6-9-2018 n° 17-18.955 F-PB : RJDA 2/19 n° 151 : action du créancier en paiement des sommes dues par le débiteur contre le tiers saisi ayant manqué à son obligation de déclaration ; Cass. com. 3-10-2018 n° 16-26.985 F-PBI : RJDA 12/18 n° 943 : action dirigée contre une caution garantissant un prêt, fondée sur une copie exécutoire de l'acte authentique de prêt, cette action ne visant pas à l'exécution contre la caution d'un titre énuméré à l'art. L 111-3 : action en liquidation d'une astreinte ; Cass. 2e civ. 19-3-2020 n° 18-23.782 FS-PBI : action afin de faire établir judiciairement l'existence d'une créance).

Inversement, la prescription de droit commun des actions personnelles et mobilières qui tendent à l'obtention du titre exécutoire n'est pas applicable à l'action en mise à exécution de ce titre obtenu à la suite de l'exercice desdites actions (Cass. 2e civ. 19-3-2020 n° 18-22.908 F-PBI).

Le créancier peut **interrompre** le délai de prescription par l'engagement d'une mesure conservatoire ou d'une mesure d'exécution forcée ; mais la volonté d'interrompre ce délai ne saurait justifier, en elle-même, l'introduction d'une action en liquidation de la créance constatée par le titre exécutoire puisque le créancier dispose d'un titre exécutoire, même s'il a des sommes complémentaires à invoquer (Cass. 1e civ. 16-10-2013 n° 12-21.917 : RJDA 2/14 n° 157). Lorsque les fonds objet du titre exécutoire sont gelés, la prescription est suspendue pendant toute la durée de la mesure de gel (n° 59019).

CALCUL DU DÉLAI DE PRESCRIPTION

Point de départ de la prescription Sauf disposition contraire de la loi (nos 71780 s.) 71745
(C. civ. art. 2225, 2226-1 et 2227), la prescription des **actions personnelles ou mobilières** ne court qu'à compter du jour où le titulaire du droit **a connu ou aurait dû connaître** les faits lui permettant de l'exercer (C. civ. art. 2224).

Les actions personnelles sont les actions relatives aux droits de créances. Elles sont mobilières si elles se rapportent aux meubles (C. civ. art. 529).

Les actions **réelles et immobilières** se prescrivent par trente ans à compter du jour où le titulaire d'un droit a connu ou aurait dû connaître les faits lui permettant de l'exercer (C. civ. art. 2227) ; l'action réelle immobilière type est l'action qui tend à la revendication d'un immeuble (C. civ. art. 526) ; mais le sont aussi les actions qui concernent les autres droits réels portant sur un immeuble (usufruit, servitudes, bail à construction, bail emphytéotique).

Le titulaire du droit a connu le fait lui permettant de l'exercer lorsque ce droit résulte d'un **titre,** à la date d'exigibilité de l'obligation qui lui a donné naissance (Cass. ass. plén. 6-6-2003 n° 01-12.453 P : RJDA 10/03 n° 1002 ; Cass. 3e civ. 14-6-2006 n° 731 : RJDA 12/06 n° 1289).

S'agissant d'une dette payable par termes successifs, la prescription se divise comme la dette elle-même et court à l'égard de chacune de ses fractions à compter de son échéance, de sorte que, si l'action en paiement des mensualités impayées se prescrit à compter de leurs dates d'échéance successives, l'action en paiement du capital restant dû se prescrit à compter de la déchéance du terme, qui emporte son exigibilité (Cass. 1e civ. 11-2-2016 nos 14-27.143, 14-28.383, 14-29.539 et 14-22.938 : RJDA 6/16 n° 473).

Lorsque le droit litigieux invoqué résulte d'un **fait,** par exemple le fait générateur d'un dommage réparable, le titulaire du droit est censé l'avoir connu au jour de sa survenance, même s'il n'a pas encore, à ce moment, pris conscience de l'ampleur du dommage (Cass. com. 29-11-2016 n° 15-13.474 F-D : RJDA 7/17 n° 521).

Ainsi, il est censé connaître : le fait illicite du jour où cesse l'effet illicite (CA Versailles 13-1-1994 : GP 1994.som.572) ; le fait lui ouvrant l'action en réparation du dommage causé par une diffusion d'un message sur internet du jour de sa première mise en ligne, date de la manifestation du dommage allégué (Cass. 2e civ. 12-4-2012 n° 11-20.664 : RJDA 3/13 n° 283 : décision antérieure à la réforme mais pouvant être tenue comme fixant au jour de la mise en ligne la connaissance de celui-ci désormais condition du déclenchement de la prescription) ; le fait tenant à un manquement au devoir d'information ou de mise en garde du jour où il a reçu une mise en demeure d'exécuter l'engagement contractuel qu'il a souscrit (Cass. com. 13-12-2016 n° 14-28.097 F-D) ; la naissance de la créance pour exécution de travaux du jour de l'achèvement de ces derniers et non du jour où l'exécutant en a facturé le montant au maître d'ouvrage (Cass. com. 26-2-2020 n° 18-25.036 F-PB : RJDA 6/20 n° 345) ; la possibilité d'agir en nullité d'une cession d'actions du jour où il a eu connaissance de la date de la cession et non à partir de la date où il aurait pu en avoir connaissance compte tenu de la publication de l'acte au RCS (Cass. 3e civ. 25-5-2022 n° 21-12.238 FS-B : RJDA 10/22 n° 545). Mais il ne résulte pas du seul fait que le délai fixé pour la réitération d'une vente par acte authentique est expiré que le vendeur a connu qu'il pouvait, dès la date d'expiration, agir en résolution de la promesse de vente (Cass. 2e civ. 1-10-2020 n° 19-16.561 FS-PBI : RJDA 1/21 n° 15).

Dans le cas où une personne morale a subi un préjudice en raison d'un fait dommageable au regard duquel la responsabilité de ses dirigeants peut être impliquée, la prescription ne court qu'à la date à laquelle, après le remplacement de ses organes dirigeants, les nouveaux organes dirigeants, étrangers à la réalisation du dommage, acquièrent une connaissance suffisamment certaine de l'étendue de ce fait (CE 9-5-2023 n° 451710 : RJDA 8-9/23 n° 462 : à propos d'une pratique anticoncurrentielle mais transposable à tout autre fait présentant les mêmes caractéristiques).

Avant l'entrée en vigueur de l'article 2224, il était jugé que l'ignorance du droit d'agir devait être raisonnablement invoquée (Cass. civ. 27-5-1857 : DP 1857.I.290 ; Cass. com. 7-4-1967 : Bull. civ. III n° 215) ; à notre avis, cette condition reste fondée, bien que l'article 2224 ne la formule pas, car l'ignorance ne saurait être invoquée indéfiniment, le cours de la prescription ne pouvant être perpétuelle par nature puisque la prescription a précisément pour objet d'éviter la perpétuation des situations juridiques ; on ne saurait donc transposer à son profit la perpétuité de l'exception de nullité qui est une défense au fond et non une fin de non-recevoir comme l'est la prescription (n° 15702) dont le but est de faire disparaître un acte qui ne devrait pas exister.

L'ignorance doit porter sur les faits et non sur le droit en vigueur et ne résulte pas de l'erreur commise par le demandeur dans l'appréciation juridique de la situation (Cass. 1e civ. 11-12-1990 n° 87-17.868 : Bull. civ. I n° 284 ; Cass. 1e civ. 12-7-2007 n° 06-20.548 : Bull. civ. II n° 208).

Lorsque le droit invoqué est fondé sur la **violation** certaine **d'une directive de l'UE non transposée** dans le délai prescrit, la prescription de ce droit court du jour de cette violation (CJUE 19-5-2011 aff. 452/09 : Rec. I-04043). Le point de départ de la prescription est reculé au jour où la CJUE a constaté la violation si celle-ci a privé le titulaire du droit d'en réclamer l'exécution en justice (CJUE 25-7-1991 aff. 208/90 : Rec. I-4269).

Dès lors que la connaissance est établie à une date donnée, il importe peu que le montant du dommage ait été fixé par une décision postérieure à cette date (Cass. 1e civ. 6-12-2017 n° 16-21.493 D : RDC 2018. obs. Borghetti).

71748 **Décompte du délai** La prescription se **compte par jours** et non par heures (C. civ. art. 2228). Elle commence à courir le jour de la naissance du droit (C. civ. art. 2224). Elle est acquise lorsque le dernier jour du terme est accompli (art. 2229).

Les règles de computation des délais de procédure énoncées aux articles 641 et 642 du Code de procédure civile, prévoyant que le délai expire à la fin du jour portant le même quantième que celui du point de départ, sont sans application en matière de prescription (Cass. 1e civ. 12-12-2018 n° 17-25.697 FS-PBI : RJDA 3/19 n° 237).

Pour apprécier si le temps est écoulé, le juge doit se placer au jour de l'assignation et non à celui de sa décision (cf. Cass. civ. 16-5-1974 : GP 1974.2.som.183 : à propos de la prescription acquisitive, mais transposable).

Pour une dette payable par termes successifs, la prescription se divise comme la dette elle-même et court à l'égard de chacune de ses fractions à compter de son échéance, de sorte que, si l'action en paiement des mensualités impayées se prescrit à compter de leurs dates d'échéance successives, l'action en paiement du capital restant dû se prescrit à compter de la déchéance du terme, qui emporte son exigibilité (Cass. 2e civ. 1-12-2016 n° 15-21.777 F-D).

Mais, en cas de **dissimulation frauduleuse** de la date de naissance d'un droit, la prescription est écartée même si le délai est accompli (Cass. com. 7-5-1975 n° 73-11.856 : Bull. civ. IV p. 103, à propos d'une dissimulation d'actif par un débiteur à ses créanciers).

En cas de demande nouvelle en appel se fondant sur une requalification de l'action initialement engagée, le point de départ à retenir pour déterminer si l'action est prescrite sous sa nouvelle qualification est la date des conclusions d'appel invoquant cette dernière (cf. Cass. 3e civ. 10-10-2007 n° 06-18.130 : RJDA 3/08 n° 250).

INTERRUPTION DE LA PRESCRIPTION OU DE LA FORCLUSION

Le cours de la prescription – ou de la forclusion (C. civ. art. 2241 et 2244) – peut être interrompu, un nouveau délai, de même durée que celui qui a été interrompu et qui est effacé, recommençant à courir (C. civ. art. 2231). Le nouveau délai court à compter du jour de l'acte interruptif ou, en cas de reconnaissance, du dernier acte de reconnaissance (Cass. com. 15-11-1994 : RJDA 3/95 n° 284, à propos d'une reconnaissance de dette mais transposable à tout acte interruptif). **71750**

Celui qui se prévaut d'un acte interruptif de prescription doit l'établir (Cass. com. 9-11-1993 : Bull. civ. IV p. 287).

L'interruption résulte de la demande en justice, de la reconnaissance par le débiteur du droit de son créancier, d'un acte d'exécution forcée, du paiement ou de la convention des parties, dans les conditions exposées ci-après.

Demande en justice par assignation La prescription est interrompue par la demande en justice (C. civ. art. 2241) qui prend généralement la forme d'une assignation. **71753**

N'est pas une demande en justice :

– la décision par laquelle une commission de surendettement déclare un débiteur recevable en sa demande de traitement de sa situation financière (Cass. 2e civ. 17-3-2016 n° 14-24.986) ;

– une voie d'exécution forcée (Cass. 2e civ. 1-3-2018 n° 16-25.746 F-PB : RJDA 8-9/18 n° 695).

En cas de renvoi après cassation, l'assignation n'a pas être renouvelée car l'instance se poursuit devant la juridiction de renvoi, qui est saisie par une déclaration au greffe (Cass. 2e civ. 29-9-2022 n° 20-22.558 FS-B).

L'interruption de la prescription par l'assignation appelle les observations suivantes.

1. Parties à l'assignation. L'assignation doit être signifiée au débiteur **par le créancier** lui-même (Cass. com. 11-11-1996 : RJDA 11/96 n° 1330) ou par son mandataire (cf. Cass. com. 2-11-1993 : BT 1993.795). **71756**

L'assignation par le créancier subrogé, en l'espèce l'assureur, interrompt la prescription de l'action transmise bien qu'il n'ait pas eu au moment de la délivrance de son assignation la qualité de subrogé dès lors qu'il l'est devenu avant que le juge du fond n'ait statué (Cass. 3e civ. 18-9-2009 n° 08-17.012 : Bull. civ. III n° 180).

Elle doit être adressée **au débiteur** que le créancier veut empêcher de prescrire et non pas à un tiers (Cass. civ. 8-6-1988 n° 86-14.736 : Bull. civ. II n° 137 ; Cass. 3e civ. 15-6-2005 n° 725 : RJDA 11/05 n° 1302). Toutefois, l'acte vaut interruption même s'il n'a pas été signifié au débiteur dès lors que le créancier a manifesté à temps sa volonté de lui réclamer son droit et ce, même si le débiteur n'en a eu connaissance qu'après l'expiration du délai (Cass. civ. 11-12-1985 n° 84-14.209 : Bull. civ. II n° 195 : saisine d'une chambre arbitrale à l'insu du débiteur).

Une inexactitude de rédaction qui ne laisse aucune équivoque sur la personne assignée ne retire pas son effet à l'assignation (CA Aix 15-2-1979 : BT 1979.352). La régularisation est possible (CPC art. 115).

Lorsque les débiteurs sont **solidaires ou indivisibles,** l'assignation adressée à l'un d'eux interrompt la prescription contre tous les autres (nos 50178 et 50126). Lorsque le **débiteur** est **subsidiaire,** tel l'associé d'une société civile qui peut être poursuivi pour défaut de paiement des dettes sociales en cas de vaine poursuite contre la société, le point de départ du délai de prescription du créancier contre le débiteur subsidiaire (ici l'associé) est le même que celui prévu pour l'action contre le débiteur principal (ici la société) (Cass. 3e civ. 19-1-2022 n° 20-22.205 F-PB : RJDA 4/22 n° 204).

2. Assignation interruptive. L'**acte extrajudiciaire** citant le débiteur à comparaître devant un tribunal donné vaut assignation interruptive de la prescription : **71759**

– à la condition que, à la diligence de l'une ou l'autre partie, copie de l'acte soit **remise au greffe** du tribunal visé au moins quinze jours avant la date de l'audience, sous réserve que cette date ait été communiquée plus de quinze jours à l'avance (tribunal judiciaire) ou au plus tard huit jours avant la date de l'audience (tribunal de commerce), car, à défaut, l'assignation est frappée de caducité constatée d'office par ordonnance du juge, ou, à défaut, à la requête d'une partie (CPC art. 754 et 857, al. 2 ; Cass. ass. plén. 3-4-1987 n° 86-11.536 : JCP G 1987.II.20792 concl. Cabannes ; Cass. civ. 10-11-1993 : RJDA 1/94 n° 12 ; CA Nîmes 19-5-2018 n° 16/02935) ;

– si son contenu correspond à l'**objet de l'action** qu'il s'agit de sauvegarder (Cass. soc. 27-5-1992 : RJS 12/92 n° 1388 ; Cass. com. 25-1-1994 : JCP G 1994.IV.854).

Il vaut interruption même :

– s'il est délivré devant le **juge des référés,** quel qu'en soit l'objet (C. civ. art. 2241, al. 1 ; Cass. civ. 12-2-1991 : Bull. civ. I p. 38 : demande de provision ; Cass. civ. 10-5-2000 : GP 2000.1901 : demande d'expertise ; Cass. com. 8-7-2008 n° 07-15.933 : D. 2008.2071.som. obs. Delpech : demande de provision, précisant que l'interruption vaut aussi pour l'action en garantie qui a le même fondement que la demande de provision) ;

– s'il est délivré devant un **tribunal incompétent** (C. civ. art. 2241, al. 2), quels que soient le délai en cause et le cas d'incompétence (Cass. ch. mixte 24-11-2006 n° 04-18.610 : D. 2007.1112 note Wintgen) ;

– s'il est **annulé** par l'effet d'un vice de procédure (C. civ. art. 2241, al. 2), lequel peut être, l'article 2241, al. 2 ne distinguant pas, tant un vice de forme, par exemple en cas de mention d'une date d'audience inexistante (Cass. com. 13-3-2012 n° 10-25.534) qu'un vice de fond, tel le défaut de constitution d'un avocat inscrit au barreau du tribunal saisi (Cass. 3e civ.11-3-2015 n° 14-15.198 : Bull. civ. III n° 31) ou le défaut de pouvoir pour former appel (Cass. 2e civ. 17-9-2019 n° 19-18.608 F-PBI).

Mais à condition que l'acte annulé soit un acte introductif d'instance, ce qui n'est pas le cas d'un commandement de payer mettant en œuvre une voie d'exécution forcée (Cass. 2e civ. 1-3-2018 n° 16-25.746 F-PB : RJDA 8-9/18 n° 695, à propos d'un commandement de payer valant saisie immobilière mais transposable à tout commandement ayant le même objet).

L'effet interruptif ne peut pas être écarté au motif que la demande est non avenue (n° 71762 ; Cass. com. 26-6-2019 n° 18-16.859 F-PB : RJDA 11/19 n° 722).

– si la mesure d'expertise qui a été ordonnée à sa suite vient à être frappée de caducité (Cass. 2e civ. 26-9-2013 n° 12-25.433).

71760 **Autres demandes** **Vaut** interruption de la prescription tout acte constituant une demande de reconnaissance d'une prétention, tel que :

– une **demande d'arbitrage,** conforme à la clause compromissoire insérée dans un contrat (Cass. civ. 11-12-1985 : JCP G 1986.II.20677 note Taisne ; CA Paris 4-5-1976 : DMF 1977.305), l'effet interruptif demeurant même après annulation de la sentence (cf. Cass. civ. 29-2-1984 : Rev. arb. 1986.43 note Moreau), mais cessant à compter du jour où le tribunal arbitral s'est déclaré incompétent (Cass. com. 7-12-1999 : RJDA 2/00 n° 157) ;

– la conclusion d'un **compromis** d'arbitrage (CA Bastia 18-2-1856 : D. 1856.2.141 ; cf. CA Toulouse 4-6-1863 : D. 1863.2.108) ;

– la **demande reconventionnelle** formulée par des conclusions déposées au greffe d'un tribunal de commerce qui interrompent, à leur date, la prescription dès lors que le concluant a comparu ou était représenté à l'audience (Cass. civ. 26-11-1998 2 arrêts : Bull. civ. II n° 282 et n° 283) ; encore faut-il que la demande contienne une prétention à obtenir un avantage autre que le simple rejet de la prétention de l'adversaire, ce qui a été souverainement jugé être le cas dans une espèce où il ressortait des pièces du dossier qu'une demande de paiement d'une somme déterminée n'avait pas été formulée (Cass. 2e civ. 1-2-2018 n° 17-14.664 F-PB : Bull. civ. II n° 19) ;

– la plainte avec **constitution de partie civile,** même dans le cadre d'une information pénale ouverte contre personne non dénommée, dès lors qu'elle traduit la volonté des plaignants de mettre en cause la responsabilité de l'auteur de l'infraction (Cass. com. 28-4-1998 : RJDA 8-9/98 n° 1069 ; Cass. 2e civ. 12-12-2002 : Bull. civ. II n° 284 ; contra, CA Versailles 19-12-2002 n° 01-2649 : RJDA 4/03 n° 389), ce que le juge doit rechercher avant de déclarer la plainte non interruptive (Cass. ch. mixte 24-2-1978 : Bull. civ. n° 3) ;

– la **déclaration** d'une créance à la procédure collective du débiteur (C. com. art. L 622-25-1) jusqu'à la clôture de la procédure (Cass. com. 15-3-2005 : RJDA 8-9/05 n° 1013 ; Cass. com. 10-2-2015 n° 13-21.953 : Bull. civ. IV n° 25) ;

Ainsi est interrompue par la déclaration d'une créance au passif :

– d'un constructeur de navire, la prescription annale de l'action en garantie des vices cachés du navire à laquelle il est tenu (Cass. com. 28-6-1994 : RJDA 1/95 n° 89) ;

– du débiteur principal, la prescription courant à l'égard de la caution solidaire (Cass. com. 10-2-2015 n° 13-21.953 : Bull. civ. IV n° 25) ;

– d'un débiteur qui bénéficie de l'insaisissabilité d'un immeuble, la prescription de l'action en saisie immobilière qu'il peut exercer dès lors que cette insaisissabilité lui est inopposable car cette action tend au même but que sa déclaration de créance, soit le recouvrement de la créance (Cass. com. 12-7-2016 n° 15-17.321 FS-PB : RJDA 10/16 n° 710, refusant néanmoins la prolongation de l'interruption jusqu'à la clôture de la procédure, car ce créancier n'est pas dans l'impossibilité d'agir : n° 71789).

En cas d'infirmation de la décision d'ouverture de la procédure, l'interruption de la prescription est non avenue (Cass. com. 26-5-2010 n° 09-10.852 : RJDA 12/10 n° 1166), mais non en cas d'absence de vérification des créances (Cass. com. 15-3-2005 précité).

– la **signification** de l'ordonnance portant **injonction de payer** car elle constitue une demande en justice (Cass. com. 9-4-1991 n° 89-16.923 : Bull. civ. IV n° 136) ;

À défaut de signification, l'injonction de payer n'est pas une cause d'interruption, car elle est non avenue (CA Douai 31-5-2018 n° 15/06258).

– la **demande additionnelle** formée par voie de conclusions (Cass. 2e civ. 13-7-2005 n° 1212 : Bull. civ. II n° 196) ;

– la **contestation** de la demande de rétractation de l'ordonnance rendue sur requête qui a été rejetée, de ce fait, par une ordonnance de référé contradictoire (Cass. 3e civ. 14-12-2011 n° 10-25.178 : GP 2012.som.859 note Foulon et Strickler, rendu sous l'art. 2244 C. civ. devenu 2241) ;

– la demande par laquelle le défendeur à un appel s'en est **rapporté à justice** car il a ainsi non seulement contesté la recevabilité et le bien-fondé de cet appel, mais encore demandé que le dispositif de la décision contestée fût confirmé (Cass. 3e civ. 16-6-2016 no 15-16.469).

3. Effets de la demande en justice. L'interruption de la prescription résultant de la demande en justice interrompt les délais de prescription et de forclusion (C. civ. art. 2241, al. 1) **jusqu'à** l'extinction de l'instance (C. civ. art. 2242 ; Cass. 1e civ. 25-9-2013 no 12-24.996 : Bull. civ. I no 182 ; Cass. 2e civ. 1-3-2018 no 17-11.238 F-PB) ; le nouveau délai ne commence à courir que de ce moment (Cass. 2e civ. 8-4-2004 no 02-15.096 : Bull. civ. II no 181). 71762

Avant la référence actuelle de l'article 2242 à l'extinction de l'instance, il a été jugé que celle-ci est éteinte le jour où le litige a trouvé sa solution, à savoir le jour de la signification de la décision définitive rendue (Cass. 3e civ. 15-2-2006 no 192 : Bull. civ. III no 41, refusant de situer la solution du litige au jour où la décision définitive a été rendue). Cette solution demeure, à notre avis, applicable car l'instance ouverte par l'assignation se prolonge tant qu'une décision la concernant n'est pas passée en force de chose jugée ; or, cette situation ne peut se produire qu'après l'expiration du délai d'exercice des voies de recours éventuellement recevables, délai qui ne court que du jour de la signification de la décision en cause.

De même, comme il a été antérieurement jugé, en cas de déclaration de créance à une procédure collective, cette déclaration valant assignation en justice, l'instance ainsi ouverte dure jusqu'à la clôture de la procédure et pas seulement jusqu'à l'admission de la créance (Cass. com. 31-5-1976 : Bull. civ. IV p. 156).

En cas d'assignation en **référé-provision,** l'effet interruptif se poursuit jusqu'à la solution du litige au fond (Cass. 1e civ. 12-2-1991 no 88-19.826 : Bull. civ. I no 61 ; Cass. com. 27-11-2001 : RJDA 4/02 no 383), car ce référé oblige le juge à prendre parti sur le caractère non sérieusement contestable de l'obligation, donc au fond ; en revanche, l'assignation en **référé** pour désignation d'un **expert** – et par analogie pour les **autres référés** (Cass. 2e civ. 6-2-2020 no 18-17.868 F-PBI : demande sous astreinte de communication de pièces) – n'interrompt le délai de prescription que pendant la durée de l'instance à laquelle il est mis fin par l'ordonnance désignant l'expert (Cass. com. 19-12-2001 : RJDA 5/02 no 480 : CE 20-11-2020 no 432678, 1e esp. : RJDA 7/21 no 538) et seulement à l'égard du demandeur (CE 20-11-2020 précité).

Pour éviter le risque de prescription, il faut déposer une assignation au fond à toutes fins ou introduire une action au fond dans le délai de prescription applicable à compter du jour de l'ordonnance de désignation de l'expert (CA Lyon 17-2-2012 no 10/02820 : BTL 2012.164).

L'interruption joue à l'égard d'une **autre demande formée hors délai** qui tend au même but, à la condition que les actions en cause soient exercées entre les mêmes parties (Cass. com. 24-6-2003 no 01-15.496 : Bull. civ. IV no 110 ; CA Rouen 4-12-2014 no 13/04773 : DMF 2015.417 obs. Ngamkan).

Ainsi jugé qu'ont le même but : Cass. com. 1-10-1991 : RJDA 11/91 no 974 : interruption, par l'assignation en responsabilité extracontractuelle, de la prescription de l'action en responsabilité contractuelle ; Cass. 3e civ. 22-9-2004 no 894 : Bull. civ. III no 152 : interruption, par l'action engagée initialement sur le fondement de la garantie décennale contre le vendeur, de l'action récursoire de celui-ci en responsabilité contractuelle contre ses cocontractants ; Cass. 2e civ. 28-6-2012 no 11-20.011 : Bull. civ. II no 123 : interruption, par l'exercice de l'action paulienne contre l'apport de biens en société, de la prescription de l'action en recouvrement de la créance litigieuse engagée ultérieurement dès lors que cette action portait sur les mêmes biens ; Cass. 2e civ. 19-12-2019 no 18-25.333 F-PBI : RJS 3/20 no 153, interruption par l'action en reconnaissance de la faute inexcusable de l'employeur de toute autre action procédant au même fait dommageable.

Mais ont un objet différent : Cass. 1e civ. 13-11-2003 no 1456 : D. 2003.IR.2932 : action initiale en nullité d'un partage d'ascendant et action ultérieure en réduction des donations excédant la quotité disponible ; Cass. com. 4-7-2006 no 876 : Bull. civ. IV no 168 : action en résiliation d'un crédit-bail et restitution du bien et action en paiement de loyers dus en vertu du contrat ; Cass. 3e civ. 18-11-2009 no 08-13.642 : Bull. civ. III no 250 : action initiale contre l'assureur dommages-ouvrage et action postérieure en garantie décennale ; Cass. 3e civ. 17-10-2019 no 18-19.611 FS-PBI : demande d'expertise en référé sur les causes et conséquences des désordres et malfaçons d'une construction et demande d'annulation du contrat de construction.

Il en est de même si les deux actions tendent à la réparation de dommages indivisibles (Cass. 3e civ. 5-1-2022 no 20-22.867 F-D).

Mais l'effet interruptif **cesse** dès lors qu'un terme est mis au procès pour l'une des causes suivantes (C. civ. art. 2243), et exclusivement celles-ci (Cass. 2e civ. 2-6-2016 no 15-19.618) :

– **désistement** ; l'effet interruptif demeure si le désistement énonce que l'action sera reprise ultérieurement (Cass. com. 12-7-1994 : JCP G 1994.IV.2293) ou si le désistement est justifié par l'incompétence du tribunal saisi, car il ne porte pas sur le fond même du droit (Cass. civ. 12-12-1995 : JCP G 1996.IV.289 ; Cass. soc. 9-7-2008 no 07-60.468) ;

– survenance de la **péremption** d'instance (Cass. 1e civ. 10-4-2013 no 12-18.193 : Bull. civ. I no 69) ;

– **rejet** définitif de la demande ; il en est ainsi que la demande ait été rejetée par un moyen de fond (Cass. civ. 29-11-1988 : Bull. civ. I p. 230 : rejet d'une demande de nullité ; Cass. civ. 24-1-1996 : D. 1996.IR.81 : débouté des parties civiles par un jugement de relaxe ; Cass. 2e civ. 14-5-2009 n° 07-21.094 : Bull. civ. II n° 127 : rejet d'un référé pour existence d'une contestation sérieuse ; Cass. 3e civ. 4-10-2018 n° 16-22.095 PB : rejet pour défaut de faute de la partie poursuivie) ou écartée par une fin de non-recevoir (Cass. civ. 22-5-2002 n° 99-12.222 : Bull. civ. I n° 141 ; Cass. com. 26-1-2016 n° 14-17.952 FS-PB : Rev. proc. coll. 2017 n° 2 § 8 note Cagnoli ; CA Versailles 12-1-1995 : D. 1995.IR.97) ; mais l'effet interruptif subsiste dès lors que le jugement est frappé d'appel (CA Bordeaux 14-11-1990 : BT 1992.149).

71765 **Reconnaissance du droit** La prescription est interrompue par la reconnaissance que le débiteur fait du droit de celui contre lequel il prescrivait (C. civ. art. 2240), cette reconnaissance ne bénéficiant qu'à celui qui est son créancier (Cass. 2e civ. 5-3-2020 n° 19-15.406 F-PBI). La reconnaissance peut émaner du mandataire du débiteur, à condition que celui-ci le soit réellement (cf. Cass. 1e civ. 4-5-2012 n° 11-15.617 : D. 2012.1661 note Dondero ; CA Caen 25-8-2015 n° 13/01173 : BTL 2015.509) et peut figurer dans un document qui n'est pas destiné au créancier (Cass. 1e civ. 2-12-2020 n° 19-15.813 FS-P : RJDA 3/21 n° 208).

Cette interruption vaut pour les obligations tant extracontractuelles que contractuelles (Cass. req. 3-6-1893 : DP 1894.1.17 note Planiol).

La reconnaissance n'est soumise à **aucune forme** : notamment, il n'est pas nécessaire qu'elle soit faite au cours d'une instance (Cass. civ. 23-10-1934 : Bull. civ. III p. 137), ni que le mot « aveu » soit employé (Cass. civ. 13-11-1974 : Bull. civ. I p. 245), ni qu'elle figure dans un document adressé à celui contre lequel on prescrit (Cass. com. 14-6-2016 n° 14-28.864 : BTL 2016.429). Il suffit qu'elle intervienne avant l'expiration du délai de prescription (CA Paris 13-1-1984 : BT 1984.416).

Elle suppose néanmoins que le débiteur marque sans équivoque que la dette litigieuse lui incombe.

Jugé, par exemple, qu'**il y a reconnaissance** :

- lorsque le débiteur a demandé et obtenu de son créancier un délai de trois mois pour régler le montant de sa dette (CA Aix 20-5-1981 : Bull. Cour d'Aix 1981/2 p. 25) ou lui a demandé une remise de sa dette (Cass. 2e civ. 15-6-2004 : Bull. civ. II n° 297) ;
- lorsque le débiteur n'a soulevé formellement dans ses écritures aucun moyen tendant à établir que sa dette n'est pas du montant allégué par le demandeur (CA Paris 17-4-1985 : BT 1985.246) ;
- en cas de correspondance du déménageur adressée à son client par laquelle il s'engage à faire « tout son possible » pour assurer la réparation des dommages (CA Paris 10-5-1985 : BT 1985.509) ;
- en cas de reconnaissance de dette inconditionnelle (Cass. com. 14-3-1995 : RJDA 8-9/95 n° 980), comme l'octroi d'un avoir qui est la reconnaissance d'un trop-perçu (CA Versailles 9-12-2014 n° 13/02885 : BTL 2015.47), l'application de la compensation entre le montant des factures dues au transporteur et la note de débit résultant d'un sinistre (CA Versailles 19-1-2016 n° 12/07776 : BTL 2016.78) ou l'offre d'indemnité pour avaries, par l'intermédiaire du courtier du déménageur (Cass. com. 25-10-2017 n° 16-14.210 F-D) ;
- en cas de demande de remise de la somme réclamée par le Fonds national de solidarité (Cass. 1e civ. 15-6-2004 n° 03-30.052 : Bull. civ. II n° 297) ;
- en cas de maintien par le débiteur du gage entre les mains du créancier ou du tiers convenu (Cass. com. 31-10-2006 n° 1177 : RJDA 3/07 n° 290) ;
- lorsque le débiteur a accepté l'échéancier proposé par son créancier et a payé une partie de sa dette sur la base de cet échéancier (CA Versailles 23-4-2020 n° 18/07964).

En revanche, **ne vaut pas reconnaissance** de la part du débiteur de l'obligation :

- la simple exécution de travaux à l'amiable par un entrepreneur de construction, sans que la nature et l'étendue de ces travaux soient déterminées, pas plus que la connaissance des désordres et le financement de travaux par l'assureur au titre de la police maître d'ouvrage, celui-ci n'étant pas un entrepreneur tenu à garantie (CA Paris 2-3-1988 : D. 1988.IR.96) ;
- la lettre du vendeur adressée à son acquéreur accusant réception de l'évaluation faite par ce dernier des pénalités de retard et mentionnant une erreur commise dans son calcul (Cour d'arbitrage de la Chambre de commerce extérieur de la RDA 11 juillet 1977, Yearbook 1978.210, transposable) ;
- l'offre d'une transaction (Cass. 1e civ. 18-10-2017 n° 16-22.678 F-D ; CA Paris 13-6-2007 n° 05-23361 : DMF 2008.720 obs. Tassel) ainsi que les pourparlers transactionnels (CA Douai 28-6-2018 n° 16/01449) ;
- le courrier adressé par l'assureur à la victime en vue d'une prise de rendez-vous, afin d'envisager une solution amiable de l'affaire (Cass. 1e civ. 5-2-2014 n° 13-10.791 : RJDA 6/14 n° 585) ou transmettant une offre d'indemnité s'il n'est pas établi que l'assureur a agi en tant que mandataire du transporteur assuré (Cass. 2e civ. 2-2-2017 n° 15-29.321 F-D) ainsi que le courrier adressé à l'assureur demandant de mettre en œuvre la garantie (CA Aix 15-5-2014 n° 12/21405 : BTL 2014.414) ou de désigner un expert afin d'accélérer le règlement (CA Versailles 31-10-2017 n° 16/00676) ;
- le maintien du créancier nanti en possession de la créance nantie sans que le débiteur en sollicite la restitution, car le nantissement n'implique aucun acte de dépossession de nature à manifester la reconnaissance non équivoque par le débiteur du droit de celui contre lequel il prescrivait (Cass. 1e civ. 11-5-2017 n° 16-12.811 F-PB) ;
- en elle-même, l'action exercée à son initiative tendant à voir déclarer son obligation prescrite (Cass. com. 9-5-2018 n° 17-14.568 FS-PB : RJDA 8-9/18 n° 696) ;

– un paiement partiel fait après l'expiration du délai de prescription (Cass. 1e civ. 19-5-2021 n° 19-26.253 F-D : RJDA 8-9/21 n° 622).

Quant à la compensation, elle vaut reconnaissance si le débiteur l'a invoquée entre sa dette et celle du créancier (Cass. com. 27-5-2008 n° 07-13.565 : RJDA 12/08 n° 1336 ; CA Versailles 6-10-2011 n° 10/06614 : BTL 2011.620) ou si les parties sont convenues, avant le terme de la prescription, de compenser leurs créances réciproques (Cass. 1e civ. 22-10-2002 n° 1472 : RJDA 2/03 n° 212). Mais elle n'est pas interruptive si elle a été demandée après l'expiration de la prescription, les conditions légales en auraient-elles été réunies avant, car le débiteur n'a pas reconnu alors à temps la créance du créancier (Cass. com. 6-2-1996 : RJDA 5/96 n° 725) ou si celui à qui on oppose la compensation par laquelle il aurait reconnu sa dette n'a pas eu une volonté certaine de s'en prévaloir (Cass. com. 6-7-2010 n° 09-16.681).

Sur d'autres exemples relatifs la reconnaissance du droit du créancier en matière de transport, n° 24667.

La reconnaissance **ne peut être invoquée que** par le créancier dont le droit est affirmé et non par l'assureur qui a indemnisé ce dernier avant que le débiteur – qui ignorait cette indemnisation – n'assure sa dette (CA Versailles 7-3-1996 : BT 1996.634, jugeant inopposable au débiteur la cession de ses droits par le créancier à l'assureur pour lui permettre de soulever l'interruption).

Même partielle, elle interrompt la prescription pour la totalité de la créance (Cass. civ. 22-5-1991 : Bull. civ. I p. 109 ; Cass. civ. 11-2-1997 : RJDA 5/97 n° 730 ; Cass. 2e civ. 16-11-2006 n° 1860 : Bull. civ. II n° 322).

Mais elle ne fait pas obstacle à ce que, au terme du délai ouvert par la reconnaissance de sa dette par le débiteur, celui-ci invoque une nouvelle prescription (Cass. 1e civ. 3-3-1998 n° 96-11.138 : Bull. civ. I n° 94).

Mesures conservatoires imposées La prescription est interrompue par une mesure conservatoire prise en application du Code des procédures civiles d'exécution (C. civ. art. 2244). 71767

À défaut de précision législative, la mesure conservatoire doit être considérée comme « prise » lorsque la décision l'accordant a été notifiée à son destinataire (cf. Cass. 2e civ. 18-6-2009 n° 08-15.200 : Bull. civ. II n° 168, qui l'a jugé à propos de l'inscription d'hypothèque judiciaire provisoire sous l'empire de l'article 71 de la loi 91-650 du 9-7-1991 qui subordonnait l'interruption à la notification au débiteur de la mesure conservatoire prise). Notamment, seule la dénonciation d'un acte de saisie-attribution au débiteur principal moins de cinq ans avant l'assignation introductive d'instance interrompt valablement la prescription (Cass. 1e civ. 12-9-2018 n° 17-20.466 F-D : RJDA 12/18 n° 960).

La mesure conservatoire, dont la mainlevée a été ordonnée, conserve son effet interruptif de prescription car la décision de mainlevée, prise en application de l'article L 512-1 du Code des procédures civiles d'exécution, n'a pas d'effet rétroactif (Cass. 2e civ. 17-5-2023 n° 21-11.987 F-B).

Actes d'exécution forcée La prescription est interrompue par un acte d'exécution forcée (C. civ. art. 2244), telle une saisie. 71768

Un commandement n'est, en principe, interruptif de prescription que s'il est fondé sur un titre exécutoire (Cass. 3e civ. 23-5-2013 n° 12-10.157 : Bull. civ. III n° 64, transposable sous l'art. 2244 car il correspond à une mesure d'exécution forcée ; CA Metz 2-2-2006 SA Tradibeauce c/ SA Heppner : BTL 2006.234). De plus, le commandement doit être parvenu à son destinataire, ce qui n'est pas le cas si, notifié par lettre recommandée avec demande d'avis de réception, celle-ci a été retournée avec la mention « non réclamée, retour à l'envoyeur » (Cass. 2e civ. 9-6-2005 n° 03-11.185 : RJF 11/05 n° 1311).

Toutefois, le commandement à fin de saisie-vente, qui, sans être un acte d'exécution, engage la mesure d'exécution forcée, est interruptif (Cass. 2e civ. 2-2-2023 n° 21-18.092 F-D).

Ne sont pas interruptives, car elles ne sont pas des saisies, l'opposition, simple acte conservatoire (Cass. com. 16-6-1998 : RJDA 11/98 n° 1313), et l'inscription d'un nantissement (Cass. 2e civ. 16-12-2010 n° 09-70.735).

L'effet interruptif de l'acte déclaré caduc est éteint car la caducité qui atteint une mesure d'exécution, tel un commandement de saisie immobilière, la prive rétroactivement de tous ses effets (Cass. 2e civ. 4-9-2014 n° 13-11.887 : RJDA 3/15 n° 218). Le commandement de payer à fin de saisie immobilière, qui a été radié après sa mainlevée donnée par son auteur ne peut plus être déclaré caduc et emporte, dès lors effet interruptif de prescription (Cass. 2e civ. 17-5-2023 n° 21-19.356 F-B).

En revanche, la péremption d'un tel commandement, en l'absence de prorogation de ses effets, est sans incidence sur l'effet interruptif produit par celui-ci qui se poursuit jusqu'à l'extinction de l'instance (Cass. 2e civ. 25-9-2014 n° 13-19.935 F-PB : Bull. civ. II n° 198).

Paiement Le paiement interrompt la prescription de la créance litigieuse ; lorsque le paiement intervient en exécution de l'autorisation de prélèvement donnée par le débiteur, chaque paiement fait en exécution de cette autorisation est interruptif (Cass. 1e civ. 25-1-2017 n° 15-25.759 : Bull. civ. I n° 22). 71769

Interruptions conventionnelles Les parties peuvent, d'un commun accord, ajouter d'autres causes d'interruption aux causes susvisées (C. civ. art. 2254, al. 2). Tel est le cas lorsqu'elles sont convenues de reports successifs de la prescription de l'action en cause (CA Douai 27-1-2022 n° 19/03907). 71771

Antérieurement à ce texte, il a été jugé qu'était valable :

– la clause prévoyant l'interruption par une lettre, même simple (Cass. civ. 25-6-2002 n° 00-14.590 : Bull. civ. I n° 174) ;

– la clause d'une police d'assurance maritime réputant interruptive la remise à l'assureur des pièces justificatives de la réclamation de l'assuré (CA Aix 9-5-1985 : DMF 1987.som.52 et, sur pourvoi, Cass. com. 8-12-1987 : DMF 1990.541) ;

– l'allongement de six mois du délai de prescription consenti par l'assureur au donneur d'ordre (CA Versailles 13-3-2018 n° 16/06175, 12e ch.).

71774 **Actes non interruptifs** Sauf convention contraire (n° 71771), n'emportent pas interruption de la prescription :

– les **requêtes** aux fins de conciliation (Cass. civ. 8-6-1988 : JCP E 1989.15511 note Taisne) ; en injonction de payer (Cass. civ. 3-10-1995 : RJDA 6/96 n° 813) ; en désignation d'un expert en vue de réunir des preuves (Cass. 3e civ. 9-11-2005 n° 1189 : RJDA 4/06 n° 372) ;

– la participation du débiteur à des **pourparlers** (cf. Cass. civ. 5-10-1988 : D. 1989.209 note Choppin de Janvry : à propos d'une suspension) ;

– la **lettre recommandée** portant mise en demeure, dont l'accusé de réception a été signé par le destinataire (Cass. civ. 26-6-1991 : RJDA 8-9/91 n° 762) ;

– l'**opposition** à l'ordonnance d'injonction de payer, assortie d'une demande de compensation simplement enregistrée au greffe et non notifiée au demandeur (CA Nancy 27-1-2004 : BTL 2004.153), ni l'opposition non motivée (CA Paris 18-12-1996 : BTL 1997.295) ;

– la **sommation interpellative** qui ne comporte pas reconnaissance par le débiteur de sa dette ou ne procède pas d'un titre exécutoire (Cass. civ. 6-3-1996 : Bull. civ. III p. 43) ;

– une **assignation en intervention forcée** aux seules fins de **déclaration de jugement commun** (Cass. com. 12-10-2022 n° 19-18.945 FS-B : RJDA 2/23 n° 92).

71775 **Effets de l'interruption de la prescription** Depuis la réforme de la prescription (n° 71700), la loi dispose expressément que l'interruption fait courir un **nouveau délai de même durée** que l'ancien (C. civ. art. 2231).

La reconnaissance de son obligation par le débiteur valant interruption (n° 71765) ne fait donc naître qu'un nouveau délai de même durée et n'emporte plus interversion de la prescription (Cass. com. 16-9-2014 n° 13-17.252 : BTL 2014.555 ; Cass. com. 7-2-2018 n° 16-15.037 ; CA Versailles 14-5-2019 n° 18/02601). Toutefois, la « reconnaissance », à la lettre, n'est que l'aveu de son obligation par le débiteur ; elle ne recouvre donc pas l'affirmation par le débiteur qu'il paiera la dette ; elle laisse ainsi subsister le cas d'une reconnaissance assortie d'une promesse de payer entraînant novation et, partant, faisant naître un nouveau délai de prescription, qui est alors celui de cette nouvelle promesse, soit de cinq ans (cf. CA Rennes 5-2-2013 n° 11/05803 : Bull. civ. IV n° 125 ; CA Rennes 6-1-2015 : DMF.2015.308 obs. Cachard).

L'interversion de la prescription n'entraîne pas l'application du délai d'exécution d'une durée spécifique de dix ans prévu pour l'application des décisions de justice (n° 71740), catégorie ne comprenant pas les ordonnances d'admission des créances à la procédure collective d'un débiteur rendues par le juge-commissaire (Cass. com. 4-7-2018 n° 16-20.205 FS-PBI : RJDA 11/18 n° 868).

REPORT OU SUSPENSION DU POINT DE DÉPART DE LA PRESCRIPTION

71780 La prescription ne court pas lorsque son point de départ est reporté à une date postérieure à celle de la naissance du droit qui en relève (C. civ. art. 2233).

Elle est suspendue lorsqu'elle a commencé à courir mais que survient une cause qui en **arrête temporairement** le cours sans effacer le délai déjà couru (C. civ. art. 2230) ; le délai reprend son cours après disparition de la cause de suspension.

La suspension joue, comme l'interruption (n° 71762), à l'égard d'une autre action qui tend au même but (Cass. 2e civ. 2-3-2023 n° 21-18.771 FB : RJDA 5/23 n° 288).

71781 **Obligation non exigible** La prescription ne court pas (C. civ. art. 2233) :

– à l'égard d'une créance qui dépend d'une condition, jusqu'à ce que la condition arrive ;

– à l'égard d'une action en garantie, jusqu'à ce que l'éviction ait lieu ;

– à l'égard d'une créance à terme, jusqu'à ce que ce terme soit arrivé.

71783 **Personnes protégées** La prescription ne court pas ou est suspendue contre les mineurs non émancipés et les majeurs en tutelle, sauf pour les actions en paiement ou en répétition des salaires, arrérages de rente, pensions alimentaires, loyers, fermages, charges locatives, intérêts des sommes prêtées et, généralement, les actions en paiement de tout ce qui est payable par années ou à des termes périodiques plus courts (C. civ. art. 2235 ; Cass. civ. 5-2-1980 n° 78-14.538 : Bull. civ. I n° 47 ; Cass. 2e civ. 13-3-2003 n° 01-17.857 : Bull. civ. II n° 64). N'est pas une créance payable par années ou à des termes périodiques plus courts, la créance née de la liquidation d'une astreinte qui donne naissance à une créance de somme d'argent au jour de la liquidation (Cass. 2e civ. 1-7-2021 n° 20-14.284 F-B).

Il est conforme à la Constitution que la suspension de la prescription au profit des mineurs soit écartée de la prescription quadriennale (n° 60020) applicable aux créances contre l'État (Cons. const. 18-6-2012 n° 2012-256 QPC : RJDA 11/12 n° 1022, 2e esp.) mais il est contraire à l'**ordre public** international français d'écarter le bénéfice de cette cause de suspension lorsqu'en vertu de la loi étrangère applicable à la prescription celle-ci court contre un mineur (Cass. civ. 21-3-1979 : Bull. civ. I p. 81).

La prescription contre les mineurs non émancipés commence à courir du jour de la majorité ou de l'émancipation (C. civ. art. 1152, 1°).

Mais les **délais préfix** ou de forclusion ne sont pas suspendus (n° 71700).

Époux La prescription ne court pas ou est suspendue entre époux, ainsi qu'entre partenaires liés par un pacte civil de solidarité (C. civ. art. 2236 ; Cass. com. 31-3-2021 n° 18-26.396 F-D : RJDA 7/21 n° 481, transposable). 71786

Impossibilité d'agir La prescription ne court pas ou est suspendue contre celui qui est dans l'impossibilité d'agir par suite **d'empêchement** résultant de la loi, de la convention ou de la force majeure (C. civ. art. 2234). 71789

Pour une application en raison d'une convention, Cass. 1e civ. 20-5-2020 n° 19-14.312 F-D.

Sur l'appréciation de l'impossibilité d'agir en cas de solidarité des débiteurs, n° 50178.

L'empêchement résultant d'une loi étrangère qui fixe un délai de prescription ayant expiré avant que celui qui peut se prévaloir du droit d'agir, en l'occurrence un vendeur intermédiaire, ait été en état de le faire, crée une situation contraire à l'ordre public international français (CA Paris 10-4-2015 n° 13/07672 : JDI 206.127 JDI 2016. note Porcheron : exclusion de la loi suisse et application de la loi française).

Lorsqu'un droit se trouve subordonné à la solution d'une action en cours, la suspension de la prescription suppose que soit caractérisée une impossibilité d'agir (Cass. 3e civ. 4-7-2012 n° 11-13.868 : D. 2012.1816.som. obs. Rouquet).

La suspension peut être appliquée lorsque le débiteur a, par comportement objectif, **induit en erreur** le créancier et a ainsi retardé son action (CA Aix 28-5-2009 : BTL 2010.45 ; rappr. CA Paris 5-5-1978 : DMF 1978.716).

N'a pas été empêché d'agir celui qui disposait encore, au moment où cet empêchement a pris fin, du temps utile pour agir avant l'expiration du délai de prescription (Cass. 1e civ. 23-6-2011 n° 10-18.530 : RJDA 10/11 n° 872) ou qui avait une action contre un débiteur en redressement ou en liquidation judiciaire (Cass. com. 20-9-2005 n° 1100 : RJDA 1/06 n° 46 ; Cass. com. 24-1-2018 n° 16-23.655 F-D) ou qui n'a pas agi en raison du droit existant et qui n'a pu le faire que du jour où il a évolué car une évolution de la jurisprudence ne constitue pas une impossibilité d'agir (Cass. 2e civ. 4-4-2018 n° 17-11.490 F-D : RTD civ. 2018.669 obs. Barbier).

Héritier La prescription ne court pas ou est suspendue contre l'héritier acceptant à concurrence de l'actif net, à l'égard des créances qu'il a contre la succession (C. civ. art. 2237). 71790

Mise en œuvre d'une médiation ou conciliation Sur l'effet de ces procédures sur la prescription, nos 70013 et 70014. 71791

Demande d'une mesure d'instruction La prescription est suspendue lorsque le juge fait droit à une demande de mesure d'instruction présentée avant tout procès (C. civ. art. 2239, al. 1). Cette suspension ne joue que si la demande d'instruction tend au même but que la demande au fond (Cass. 3e civ. 17-10-2019 n° 18-19.3611 : PA 2020 n° 17 p. 11) et qu'au profit de la partie qui a demandé la mesure d'instruction (Cass. 2e civ. 31-1-2019 n° 18-10.011 F-PB). 71793

Le délai de prescription recommence à courir, pour une durée qui ne peut être inférieure à six mois, à compter du jour où la mesure a été exécutée (C. civ. art. 2239, al. 2), soit, en cas d'expertise, à compter du jour où le rapport d'expertise a été déposé (Cass. 3e civ. 22-10-2020 n° 19-17.946 F-D : RJDA 1/21 n° 64).

Cette suspension n'est pas applicable au délai de forclusion (Cass. 3e civ. 3-6-2015 n° 14-15.796). Elle ne profite qu'au demandeur de la mesure d'instruction (Cass. 3e civ. 19-3-2020 n° 19-13.459 FS-PBRI : RJDA 7/20 n° 405).

Suspensions conventionnelles Les parties peuvent, d'un commun accord, ajouter d'autres causes de suspension aux causes susvisées (C. civ. art. 2254, al. 2). 71794

Antérieurement au texte précité, il a été jugé que :

– les parties avaient pu convenir d'une suspension de la prescription après la naissance de l'obligation et en cours de délai (Cass. com. 30-3-2005 : RJDA 8-9/05 n° 1064 ; CA Paris 13-6-2007 n° 05-23361 : BTL 2007.463) ;

– la suspension pouvait être déduite d'une acceptation du débiteur à la consentir, cet accord ne profitant qu'au bénéficiaire désigné (CA Paris 16-5-1980 : DMF 1980.536) ; a été tenu pour bénéficiaire le client d'un commissionnaire de transport qui, ayant reçu de lui un dossier relatif aux avaries subies par les marchandises qui lui avaient été confiées, lui avait indiqué que son service contentieux ferait le nécessaire et lui laissait entendre qu'il n'avait plus d'initiative à prendre et n'avait qu'à attendre la position qu'adopterait ledit service (CA Aix 7-10-1976 : DMF 1977.457 note Fieschi).

La suspension consentie pour la prescription principale profite à l'action récursoire (CA Paris 13-6-2007 n° 05-23361 précité).

RENONCIATION À LA PRESCRIPTION

71795 Seule une prescription acquise est susceptible de renonciation (C. civ. art. 2250).

Celui qui ne peut exercer par lui-même ses droits ne peut renoncer seul à la prescription acquise (C. civ. art. 2252).

La **renonciation** peut être **expresse ou tacite** ; la renonciation tacite résulte de circonstances établissant sans équivoque la volonté de ne pas se prévaloir de la prescription (C. civ. art. 2251, al. 2).

Par exemple, il en est ainsi lorsque :

– une offre de règlement intervient postérieurement à la date de prescription (CA Aix 13-10-1978 : DMF 1980.79) ou le règlement lui-même (CA Versailles 11-1-2007 : BTL 2007.204) ;

– la dette exigible est assortie d'un gage en la possession duquel le débiteur a laissé son créancier (TGI Paris 27-4-1980 : Banque 1980.1169).

Mais il n'y a pas renonciation à la prescription lorsque :

– le transporteur requiert une expertise judiciaire (CA Lyon 28-1-1981 : BT 1981.408) ;

– l'assuré, à qui était réclamé le paiement d'une prime, énonce, dans des conclusions postérieures au délai de prescription, qu'il pouvait apparaître éventuellement comme débiteur (Cass. civ. 8-7-1986 : Bull. civ. I p. 192) ;

– la partie qui a déposé des conclusions avant d'invoquer la prescription, à un moment quelconque de la cause (Cass. 2e civ. 12-4-2018 n° 17-15.434 F-PB).

Elle ne fait pas courir un nouveau délai de prescription (Cass. 2e civ. 16-11-2006 n° 05-16.082 : Bull. civ. II n° 323).

Sur le rejet d'une demande jugée tardive, sans référence à la prescription, n° 13612.

EXCEPTION DE PRESCRIPTION

71800 Pour bénéficier de la prescription, le **débiteur doit** soulever l'exception de prescription ; le juge ne peut pas la relever d'office (C. civ. art. 2247), la prescription serait-elle d'ordre public (Cass. civ. 28-6-1988 n° 86-15.400 : Bull. civ. I n° 206).

Lorsque le délai de prescription est expiré, le droit qui y est soumis ne peut même pas être invoqué par une exception à l'action en justice, mais l'exception est recevable si le délai est préfix (Cass. civ. 29-3-1950 : D. 1950.396 ; Cass. 3e civ. 4-11-2004 : Bull. civ. III n° 186).

Sauf renonciation, le débiteur peut le faire même devant la cour d'appel (C. civ. art. 2248 ; pour une application, Cass. 2e civ. 26-6-1996 n° 93-18.183 : Bull. civ. II n° 185).

L'exception ne peut pas être soulevée pour la première fois devant la Cour de cassation (Cass. com. 19-12-2000 : RJDA 3/01 n° 398).

Mais il peut être condamné à dommages et intérêts s'il s'est abstenu d'agir plus tôt dans une intention dilatoire (CPC art. 123), voire privé de la prescription s'il a manœuvré pour laisser s'épuiser le délai (Cass. 1e civ. 26-11-1996 n° 94-13.468 : Bull. civ. I n° 415 : manquement à la loyauté contractuelle ; CA Colmar 10-5-1996 : Bull. inf. C. cass. 1996 n° 1013).

Peuvent aussi invoquer la prescription les **créanciers,** ou **toute autre** personne ayant intérêt à ce que la prescription soit acquise, même si le débiteur y a renoncé (C. civ. art. 2253 ; CA Paris 30-1-2008 : BTL 2008.171 : rendu sous l'empire de l'ancien art. 2225 identique à propos de l'exception soulevée par l'assureur en dépit de la renonciation de l'assuré mais transposable).

III. L'INSTANCE

INTRODUCTION DE L'INSTANCE

71900 **La règle générale** est que l'instance doit être introduite devant la justice par une **demande initiale,** formée par assignation ou par requête (CPC art. 54), et nouée par la réponse de l'assigné, dite **« conclusions en défense ».**

Le tribunal est saisi par la remise au greffe d'une copie de l'assignation (CPC art. 754, al. 1 pour le TJ et 857, al. 1 pour le T. com.). Au tribunal judiciaire, sous réserve que la date de l'audience soit communiquée par le greffe plus de quinze jours à l'avance, la remise doit être effectuée au moins quinze jours avant cette date (CPC art. 754, al. 2). Au tribunal de commerce, la remise doit avoir lieu au plus tard huit jours avant la date de l'audience (CPC art. 857, al. 2). L'assignation est caduque en cas de non-respect des délais (CPC art. 754, al. 4 pour le TJ et 857, al. 2 pour le T. com.).

Une partie peut soumettre des écritures au tribunal, lorsque la procédure est orale, par le dépôt d'un dossier au cours d'une audience des débats à laquelle elle est présente ou représentée ; le tribunal doit y répondre (Cass. 2e civ. 1-7-2021 nº 20-12.303 F-B).

Pour être recevable, l'assignation doit dans certains cas, être précédée de démarches amiables dans les conditions exposées nº 70026.

L'assignation et les conclusions en défense peuvent être complétées par des demandes incidentes lorsque celles-ci se rattachent aux prétentions originaires par un lien suffisant (CPC art. 5 et 4), qui sont additionnelles ou reconventionnelles (nº 71718), ainsi que par les demandes en intervention qui sont recevables si un intérêt suffisant les justifie (nº 71618). Ces actes délimitent l'objet du litige (nº 71928).

Les parties impliquées dans le litige doivent porter attention à ces actes dont le contenu va commander l'issue du litige et doivent veiller :

– lorsqu'elles sont assignées, à **constituer avocat,** sous peine, à défaut, d'être jugées sans comparution (CPC art. 763 au TJ et art. 855 au T. com.), sauf lorsque la demande porte sur un montant inférieur ou égal à 10 000 € ou a pour origine l'exécution d'une obligation dont le montant n'excède pas cette somme (CPC art. 761 pour le TJ et art. 853 pour le T. com.) ;

– au **choix des arguments de droit** – moyens de droit – invoqués au soutien de leurs prétentions, car le juge, selon le cas, peut en introduire d'office de nouveaux ou même le doit (nos 71913 s.) ou leur refuser d'invoquer ultérieurement un moyen qui aurait pu l'être initialement (nº 71621) ;

– au **contenu de leurs prétentions** pour éviter que le juge ne leur oppose qu'elles ont renoncé à tel ou tel droit (Cass. com. 12-1-1981 : BT 1981.127 ; Sentence Cirdi 21-10-1983 : Clunet 1984.411).

Chaque partie doit donc considérer avec la plus extrême vigilance ses actes dont dépend le sort de l'instance et en demander communication à ses conseils pour approbation avant leur dépôt dans les mains du juge, lequel doit statuer sur les dernières conclusions déposées (Cass. com. 11-6-2014 nº 13-17.318 : Bull. civ. IV nº 105).

En cas **d'urgence,** dans les litiges relevant de la procédure écrite ordinaire devant le tribunal judiciaire, le demandeur peut solliciter par requête du président du tribunal compétent l'autorisation d'**assigner le défendeur à jour fixe.** La requête doit exposer les motifs de l'urgence, contenir les conclusions du demandeur et viser les pièces justificatives (CPC art. 840 s.). **71905**

Par exemple, il y a urgence justifiant une telle assignation :

– en cas de transfert de brevets dont la période de validité est limitée (Cass. com. 28-5-1975 : Bull. civ. IV p. 117) ;

– en cas de mise sous séquestre d'un navire dans la mesure où le déplacement dudit navire risquait de le détériorer (CA Rennes 16-3-1976) ;

– en cas de menace de ruine d'une société par son président du fait de la durée d'un procès qui le met en cause personnellement (CA Aix 11-2-1985 : GP 1985.352).

L'urgence justifie aussi que le **juge saisi en référé,** à la demande de l'une des parties, puisse **renvoyer l'affaire** à une audience dont il fixe la date pour qu'il soit statué **au fond** ; il doit alors veiller à ce que le défendeur dispose d'un temps suffisant pour préparer sa défense, son ordonnance emportant saisine du tribunal (CPC art. 837, al. 1).

OFFICE DU JUGE

Devoir de juger lui-même Il résulte de l'article 4 du Code civil qu'il incombe au juge de trancher lui-même les contestations soulevées par les parties ; il ne peut notamment pas se dessaisir et déléguer ses pouvoirs à un tiers tel un notaire liquidateur (Cass. 1re civ. 30-11-2022 nº 21-14.251 F-D). **71908**

Requalification Le juge **doit** restituer leur exacte qualification aux faits et actes litigieux sans s'arrêter à la dénomination que les parties en auraient proposée (CPC art. 12, al. 2). Cette disposition est appliquée sur la base de la distinction ci-après. **71910**

Si le fondement juridique de la demande est précisé, le juge n'est pas alors tenu, sauf règles particulières (au rang desquelles sont les règles d'ordre public de direction puisque leur violation est sanctionnée par une nullité absolue : nos 74275 s.), de le changer ou d'en modifier la dénomination (Cass. ass. plén. 21-12-2007 nº 06-11.343 : JCP G 2008.II.10006 note Weiller ; Cass. com. 17-4-2019 nº 18-12.558 F-D : RJDA 7/19 nº 523 ; Cass. com. 29-1-2020 nº 18-18.873 F-D).

Ainsi, le juge saisi d'une demande fondée sur l'existence d'un vice caché n'est pas tenu de rechercher si cette action peut être fondée sur un manquement du vendeur à son obligation de délivrance (Cass. ass. plén. 21-12-2007 nº 06-11.343 précité) ; celui saisi d'une action en nullité n'est pas tenu de rechercher si l'action ne devrait pas être requalifiée en action pour vice caché (Cass. 3e civ. 16-12-2009 n° 08-21.803 : RJDA 7/10 n° 730) ; celui saisi de demandes fondées sur la qualification du contrat litigieux en contrat de bail ou en contrat de vente qui rejette celles-ci n'est pas tenu de substituer à ces qualifications une autre qualification dès lors qu'elle aurait eu pour effet de changer le fondement des demandes qui lui étaient présentées (Cass. 1e civ. 19-6-2013 n° 12-11.767 : GP 2013.29 note Bléry) ; celui saisi d'une demande fondée sur la responsabilité extracontractuelle n'est pas tenu de lui en substituer une autre (n° 8178).

Néanmoins, il a la **faculté** de le faire et il ne peut juger que « le fondement juridique de la demande ne peut être modifié » (Cass. 3e civ. 20-10-2016 n° 15-19.091 FS-PB).

Si le fondement juridique n'est pas précisé, il y est tenu (Cass. com. 15-10-1991 n° 90-12.819 : Bull. civ. IV n° 294 ; Cass. 2e civ. 23-10-1991 n° 90-14.583 : Bull. civ. II n° 280 ; Cass. 1e civ. 10-7-2013 n° 12-20.181 : GP 2013.som. 3940 note Mayer ; aussi n° 15041).

Le juge ne peut exercer ce pouvoir que **si** les parties ne l'ont pas lié expressément sur la qualification d'un droit dont elles ont la libre disposition (CPC art. 12, al. 3), après avoir ouvert un débat contradictoire (n° 71925) et à condition de ne pas modifier l'objet du litige (Cass. com. 2-5-1983 : D. 1985.368, interdisant au juge saisi d'une action en nullité d'une société en participation, et non d'une contestation sur sa nature juridique, de décider, pour rejeter cette demande, que la convention litigieuse s'analyse en réalité en une cession de parts).

Sur le pouvoir du juge de qualifier les contrats, nos 10015 s.

71913 **Pouvoir d'initiative** Le juge **doit** trancher le litige conformément aux règles de droit qui lui sont applicables (CPC art. 12, al. 1 ; en ce sens, Cass. com. 26-10-1993 : Bull. civ. IV p. 265).

La mise en œuvre de cette disposition appelle les précisions qui suivent.

71916 **1.** Le juge n'est tenu d'appliquer que la règle de droit qui résulte **des faits mis dans le débat** par les parties (CPC art. 7) ou des explications que les parties lui ont fournies à sa demande (CPC art. 8).

Le juge ne pouvant pas fonder sa décision sur des faits qui ne sont pas dans le débat (CPC art. 7), il ne saurait donc prendre en compte des faits qui se dégagent du dossier, mais qui n'ont pas été spécialement invoqués (en ce sens, Normand : RTD civ. 1998.461 s.).

71919 **2.** Le juge doit appliquer **d'office** les **conventions internationales** et la loi étrangère dans les conditions précisées au n° 16510.

S'il est saisi sur le fondement d'un texte déterminé, ici l'article précis d'une convention internationale, il n'est pas tenu à d'autres recherches du droit applicable (Cass. 1e civ. 20-9-2006 n° 04-15.599 : Bull. civ. I n° 408).

Il est aussi tenu d'appliquer d'office le droit de l'UE (nos 73535 s.), mais sans sortir des limites du litige (CJCE 14-12-1995 : RJDA 3/96 n° 449, 1e esp. ; CJUE 6-10-2009 aff. 40/08) ; il ne peut ainsi appliquer la règle de droit interne qui lui interdit d'appliquer d'office une disposition européenne lorsque cette dernière n'a pas été invoquée dans un certain délai par le justiciable (CJCE 14-12-1995 : RJDA 3/96 n° 449, 2e esp.).

71922 **3.** Sauf si une disposition particulière le lui interdit (par exemple celle tirée de la prescription, n° 71800) et si les faits invoqués ne sont pas dans le débat (n° 71916), ou fixe son pouvoir comme en matière de requalification (n° 71910), le juge soulève néanmoins, dans le silence de la loi, **d'office,** un moyen de droit dès lors qu'il lui paraît susceptible d'apporter la solution du litige à trancher, sous réserve de soumettre le recours à ce moyen au principe du contradictoire (n° 71925).

En l'état de la jurisprudence, le juge ne relève pratiquement que la règle **d'ordre public de direction** (cf. Cass. civ. 27-6-1990 : GP 1991.65 note Piedelièvre).

Il en a été ainsi :

– en matière de liquidation des biens, pour obliger le créancier d'un débiteur à se soumettre à la procédure de vérification des créances (Cass. com. 17-3-1982 : Bull. civ. IV p. 97) ;

– en matière de baux à ferme, pour imposer les dispositions relatives à la stabilisation de ces baux (Cass. soc. 28-1-1950 : Bull. civ. IV p. 72) ou pour faire application d'une loi applicable aux instances en cours (CA Paris 27-5-1964 : GP 1964.2.236) ;

– en matière de baux d'habitation, pour imposer les dispositions relatives à la loi du 1er septembre 1948 quant au droit au maintien dans les lieux (Cass. soc. 21-7-1953 : Bull. civ. IV p. 441) ;

– en matière de sociétés, pour annuler la caution donnée par une société à l'un de ses administrateurs (CA Chambéry 22-11-1976 : JCP G 1979.II.19067).

– en matière d'accident de la circulation causé par un véhicule relevant de la loi 85-677 du 5 juillet 1985 (Cass. 2e civ. 5-7-2018 n° 17-19.738) ;

– en matière de procédure civile pour soulever « l'exception d'autorité de la chose jugée » (Cass. 2e civ. 17-9-2020 n° 19-17.673 F-PBI).

Mais la règle d'ordre public ne peut pas être appliquée d'office si sa mise en œuvre aboutit à modifier la cause et l'objet du litige, notamment pour prononcer la nullité d'une convention contraire dès lors que l'annulation n'a pas été demandée (Cass. com. 2-12-1968 : Bull. civ. IV n° 335 ; Cass. civ. 20-5-1969 : Bull. civ. I n° 194 ; toutefois, CA Paris 15-9-1986 : GP 1987.297 : annulation d'office d'un contrat pour défaut de cause).

Il s'interdit, en principe, de soulever d'office la disposition d'**ordre public de protection** dont seule la partie protégée peut se prévaloir (cf. Cass. civ. 15-2-2000 : RJDA 5/00 n° 587 : à propos d'une disposition du

Code de la consommation, mais transposable à toute disposition protectrice d'une partie, aucune spécificité propre à la disposition en cause n'étant le fondement de la solution) et celle dont les parties ont la libre disposition (cf. Cass. 1e civ. 4-12-1990 n° 89-14.285 : Bull. civ. I n° 272).

Toutefois, des décisions antérieures ont admis que le juge pouvait soulever d'office une nullité relative (Cass. 1e civ. 22-5-1985 n° 84-10.572 : Bull. civ. I n° 159 : dépassement de la durée légale d'un mandat d'agent immobilier en dépit du moyen soutenant que la nullité relative ne peut être invoquée que par la personne protégée ; Cass. 3e civ. 20-11-1985 n° 84-13.353 : Bull. civ. III n° 153 : vice du consentement d'une transaction).

À notre avis, la partie protégée pouvant renoncer à invoquer la nullité relative et son silence pouvant être interprété comme une renonciation, le juge est en droit de considérer qu'il doit respecter les données du litige tel qu'il lui est soumis, mais il peut tout autant estimer qu'il doit relever tout fait dans le débat. Ce faisant, il ne porte pas atteinte aux droits de la défense en soulevant le moyen de nullité qui ressort des faits car il doit le soumettre à la discussion des parties (CPC art. 16, al. 2). Aussi bien la solution la plus conforme aux textes et à l'application de la règle de droit aux faits litigieux est-elle d'admettre que le juge soulève d'office la nullité relative et soumette le moyen au débat contradictoire.

Mais il doit, à notre avis, déclarer d'office **réputée non écrite** la clause contraire à l'ordre public s'il lui a été demandé de juger la clause illicite, car c'est **la loi** qui elle-même la répute non écrite dès lors qu'elle viole l'ordre public (n° 16153).

Le juge est **obligé** de soulever **d'office les fins de non-recevoir d'ordre public,** notamment celles tenant à l'inobservation des délais d'exercice des voies de recours ou à l'absence d'ouverture d'une voie de recours (CPC art. 125, al. 1 ; Cass. 2e civ. 25-2-2010 n° 09-10.403 : Bull. civ. II n° 48 : relevé d'office de l'irrecevabilité d'une demande de rétractation d'une ordonnance sur requête assignant à jour fixe qui est une mesure d'administration judiciaire, comme telle non susceptible de recours ; Cass. soc. 15-1-2014 n° 12-25.404 : relevé d'office, quel que soit le fondement allégué, d'une absence de voie de recours contre un jugement rendu en dernier ressort). **71923**

Le juge a seulement la **faculté** de soulever les fins de non-recevoir tirées du défaut d'intérêt, du défaut de qualité et de l'autorité de la chose jugée (CPC art. 125, al. 2).

Parmi les fins de non-recevoir visées par l'article 122 du Code de procédure civile, il ne reste que la fin de non-recevoir du délai préfix expiré dont le caractère d'ordre public n'est pas formellement précisé. Il doit cependant être admis, à notre avis, car une personne ne saurait agir en justice alors que la loi a fixé un délai dont l'inobservation emporte déchéance du droit d'agir.

Il est aussi tenu, lorsque les faits dont il est saisi le justifient, de faire application des règles d'ordre public issues du **droit de l'UE,** telle une règle de conflit de lois lorsqu'il est interdit d'y déroger, même si les parties ne les ont pas invoquées, notamment les dispositions impératives de l'article 6 du règlement 864/2007 (n° 8003), pour déterminer la loi applicable au litige (Cass. 1e civ. 26-5-2021 n° 19-15.102 FS-P : RJDA 8-9/21 n° 627).

4. Le moyen invoqué **d'office** par le juge doit être soumis au **débat contradictoire** entre les parties, ce débat s'imposant en toutes circonstances (CPC art. 16, al. 3 ; Cass. ch. mixte 10-7-1981, 3e esp. : D. 1981.637 concl. Cabannes, à propos d'un moyen d'ordre public ; Cass. com. 11-5-1999 : DMF 2000.519 note de Cet-Bertin), peu importANT que les faits qu'il a pris en considération au soutien de ce moyen aient été dans le débat (Cass. 2e civ. 17-6-2021 n° 19-22.710 F-B ; contra Cass. civ. 25-1-1984 : D. 1985.117 note Héron). **71925**

Le juge peut même prendre en considération des éléments du débat que les parties n'ont pas spécialement invoqués à l'appui de leurs prétentions (CPC art. 7, al. 2 ; Cass. com. 16-6-1981 : Bull. civ. IV p. 221). Mais il doit tout de même les avertir si les faits sont jusque-là demeurés dans l'ombre (Cass. civ. 7-7-1981 : Bull. civ. I p. 206).

5. Le juge ne peut **pas modifier** l'**objet** du litige, lequel est exclusivement déterminé par les prétentions des parties (CPC art. 4). **71928**

Par exemple, le juge saisi :

– d'une demande d'attribution préférentielle d'un immeuble indivis, dont une autre partie demandait la licitation, ne peut ordonner d'office la division de cet immeuble sous un régime de copropriété alors que cette modalité de partage n'était sollicitée par aucune des parties (Cass. civ. 5-5-1987 : Bull. civ. I p. 112) ;

– d'une demande en résolution d'une vente pour non-paiement du prix ne peut pas condamner l'acquéreur à payer le solde du prix (Cass. 3e civ. 29-10-2003 n° 1114 : RJDA 3/04 n° 271) ;

– de conclusions concordantes des parties sur un point donné du litige ne peut pas arrêter une autre solution que celle préconisée (Cass. 1e civ. 2-4-2008 n° 07-15.820 : RTD civ. 2008.353 obs. Perrot) ;

– d'une demande de restitution d'une somme perçue par un créancier d'un débiteur en liquidation judiciaire ne peut rejeter cette demande en considérant que le débiteur l'a remise au titre de libéralité alors que celui-ci a invoqué la règle de l'inopposabilité à la procédure collective des actes accomplis par un débiteur mis en liquidation judiciaire (Cass. com. 3-11-2010 n° 09-15.546 : D. 2010.2701.som.) ;

– d'une seule demande de cessation d'activité de la société à l'origine d'un trouble de voisinage ne peut condamner cette société à exécuter les préconisations de l'expert qui avait été nommé pour apprécier le trouble de voisinage (Cass. 2e civ. 17-2-2011 n° 09-70.137 : RJDA 7/11 n° 662) ;

– d'une demande en réparation d'un dommage ne peut pas accorder le bénéfice d'une limitation de responsabilité à la partie qui ne le demande pas (Cass. com. 14-3-2018 n° 16-22.050 F-D).

Il doit se prononcer sur tout ce qui est demandé et seulement sur ce qui est demandé (CPC art. 5 ; pour une application, Cass. com. 19-10-2022 n° 21-22.802 F-D).

71931 **6.** Le juge doit **motiver** sa décision ; il ne peut se prononcer par une clause de style dépourvue de toute motivation précise (Cass. 1e civ. 11-2-2009 n° 06-18.746 : D. 2009.557 obs. Delpech) ; il doit statuer en répondant aux conclusions des parties (Cass. 3e civ. 16-3-2023 n° 22-10.127 F-D) et en utilisant des justifications précises (Cass. 3e civ. 20-4-2023 n° 21-23.549 F-D).

Il n'est dispensé de motiver sa décision que lorsque la loi lui reconnaît un pouvoir discrétionnaire d'appréciation, comme celui d'ordonner ou non la production d'un élément de preuve (Cass. 2e civ. 16-10-2003 n° 01-13.770 : Bull. civ. II n° 307), un sursis à statuer (Cass. 2e civ. 22-11-2007 n° 06-18.892 : Bull. civ. II n° 256 ; rappr. Cass. 1e civ. 23-11-2022 n° 21-22.254 F-B : RJDA 2/23 n° 130) ou un délai de grâce (n° 50506).

71934 **7.** Le juge doit **tirer les conséquences** de ce qu'il a jugé ; ainsi, il doit prononcer les mesures d'instruction indispensables à la fixation de l'indemnisation du préjudice qu'il a reconnu (Cass. com. 28-6-2005 n° 1130 : RJDA 11/05 n° 1201) et, s'il fait droit à la demande principale, il n'a pas à statuer sur la demande subsidiaire (Cass. 1e civ. 18-9-2008 n° 06-17.859 : RJDA 5/09 n° 409).

71937 **Application de plein droit** Lorsqu'une règle opère de plein droit, elle produit son **effet** dès que les conditions de son application sont réunies.

Cet effet est acquis à son bénéficiaire **sans intervention du juge,** qui n'a que le pouvoir de constater qu'il s'est produit. En conséquence :

– il n'y a pas lieu de lui **demander** de l'accorder (TGI Paris, juge exéc. 30-11-1998 : GP.2000.som.891) ;

– le juge ne peut **pas empêcher** qu'il se produise ;

Ainsi, lorsqu'une disposition (par exemple, C. ass. art. L 211-13) prévoit qu'une indemnité produira des **intérêts** moratoires de plein droit, la décision qui condamne l'assureur à indemniser l'ayant droit constitue un titre suffisant permettant à ce dernier de réclamer paiement de l'intérêt en question, même si le juge du fond n'a pas condamné au paiement de cet intérêt et même si la disposition autorise le juge à réduire le montant des intérêts, l'assureur devant le saisir au fond à cet effet (TGI Paris, juge exéc. 30-11-1998 précité).

– lorsqu'il provoque une subrogation, celle-ci n'a **pas à être signifiée** aux tiers (Cass. civ. 5-4-1978 : Bull. civ. I p. 114) ;

– il ne peut **pas y être dérogé** lorsqu'il est prévu par un texte d'ordre public (n° 18019).

Mais toute application de plein droit n'est pas nécessairement d'ordre public (n° 74253).

71938 **Avis du ministère public** Dans les cas où le ministère public doit donner un avis, celui-ci n'est pas donné s'il se borne à donner son visa (Cass. com. 9-7-2019 n° 17-27.999 F-D).

71940 **Amiable composition** Le juge peut être autorisé par les parties à statuer comme amiable compositeur sous les conditions suivantes (CPC art. 12, al. 4) :

– les parties en sont convenues une fois le litige né et par un accord exprès ;

– les contestations portent sur des droits dont les parties ont la libre disposition ; n'ont pas, notamment, la libre disposition de leurs droits les caisses de sécurité sociale car elles sont chargées de la gestion d'un service public (Cass. soc. 20-3-1996 : JCP G 1997.II.22835 note Serinet) ;

– la décision est susceptible d'appel, sauf renonciation formelle des intéressés (pour un exemple, TGI Paris 27-5-1987 : Rev. arb. 1987.518 note Flécheux) ; la cour d'appel est, en l'absence de convention contraire, investie également d'une mission d'amiable compositeur (Cass. civ. 24-3-1993 : JCP G 1993.IV.1364).

EXISTENCE DE L'INSTANCE

71945 « Le litige est **en cours** lorsqu'une partie a délivré à une autre partie ses demandes et leurs fondements [...] car le lien d'instance naît au moment où les demandes initiales sont portées à la connaissance des défendeurs » (TGI Paris 22-1-2008 : D. 2008.751 obs. Raynard).

La contestation de la demande peut prendre la forme d'une fin de non-recevoir, d'une exception d'incompétence, d'une exception de procédure ou d'une défense au fond.

Constitue une exception de procédure tout moyen qui tend soit à faire déclarer la procédure irrégulière ou éteinte, soit à en suspendre le cours (CPC art. 73). Tel est le cas notamment de l'exception de nullité (n° 15702) ; les exceptions de procédure doivent être soulevées simultanément et avant toute défense au fond ou fin de non-recevoir ; il en est ainsi alors même que les règles invoquées au soutien de l'exception seraient d'ordre public (CPC art. 74, al. 1).

La défense au fond se borne à obtenir le rejet de la prétention de l'adversaire (cf. Cass. ass. plén. 22-4-2011 précité) ; tel est le cas, par exemple, du moyen tiré de la déchéance du droit aux intérêts opposé par l'emprunteur qui tend à faire rejeter comme non justifiée la demande en paiement du prêteur (Cass. 1e civ. Avis 18-9-2019 n° 19-70.013 PBI) ou qui, comme argument de défense, tend à faire dire que le bail en cause est un bail dérogatoire (CA Orléans 2-4-2020 n° 19/01450).

L'exception ne constituant pas une action, elle n'est pas soumise à prescription ; tel est le cas de l'exception d'inexécution d'un contrat (CA Paris 29-6-2011 n° 08-22335 : BTL 2011.491) ou de l'exception de nullité d'un contrat (n° 15702) et elle peut être invoquée en tout état de cause (CA Orléans 2-4-2020 précité).

L'instance peut être suspendue par la décision de sursis pour le temps ou jusqu'à la survenance de l'événement qu'elle détermine (CPC art. 378). Chargé de veiller au bon déroulement de l'instance, le juge dispose du pouvoir d'ordonner d'office un sursis à statuer dans l'intérêt d'une bonne administration de la justice (Cass. 2e civ. 12-4-2018 n° 17-16.945 F-PB).

Mais l'action disparaît :

– si le demandeur se désiste (CPC art. 394 s.) ; le désistement de l'appel, qui n'a pas à être accepté et peut être notifié même en cours de délibéré, dessaisit immédiatement la juridiction (Cass. 2e civ. 5-12-2019 n° 18-22.504 F-PBI) ;

Les demandes reconventionnelles présentées par le défendeur postérieurement à ce désistement sont irrecevables (Cass. 2e civ. 11-5-2017 n° 16-18.055 F-PB) ;

– lorsque, après l'introduction de l'action, les parties n'accomplissent aucune diligence pendant deux ans à compter du dernier acte de procédure (CPC art. 386 s.).

Pour être interruptive de la péremption d'instance, une diligence doit être effectuée dans l'instance concernée par l'acte de péremption. N'est, dès lors, pas interruptif de la péremption de l'instance en remboursement, engagée par la caution, le renouvellement d'une hypothèque provisoire effectuée par cette dernière (Cass. 2e civ. 23-11-2023 n° 21-21.872 FS-B).

Le juge peut constater d'office la péremption après avoir invité les parties à présenter leurs observations (CPC art. 388, al. 2).

Après radiation de l'affaire, un nouveau délai de deux ans commence à courir (Cass. 2e civ. 30-1-2018 n° 18-25.012 F-PBI).

Le délai de la péremption est interrompu par l'intervention volontaire dans l'instance car cette dernière est une demande en justice (Cass. com. 8-2-2023 n° 21-11.415 : RJDA 5/23 n° 252).

COMMUNICATION DES ACTES DE PROCÉDURES

Communication électronique : Réseau privé virtuel des avocats Le Réseau privé virtuel des avocats (RPVA), créé en 2005 et géré par le Conseil national des barreaux, sert de support à la communication électronique des avocats avec les juridictions, dotées d'un réseau de communication propre, le Réseau privé virtuel justice. Les deux réseaux sont interconnectés et permettent aux avocats de communiquer de manière sécurisée avec les greffes (après s'être authentifiés grâce à une clé électronique sécurisée personnelle) et de suivre l'état de leurs procédures en ligne. **71948**

Sur les modalités de communication par la voie électronique du justiciable avec la justice, voir articles 748-1 s. du Code de procédure civile relatifs à la communication par la voie électronique.

IV. JURIDICTION JUDICIAIRE COMPÉTENTE

COMPÉTENCE JUDICIAIRE

La juridiction judiciaire est juge de droit commun ; elle est donc compétente pour les litiges qui échappent à une autre compétence définie par la loi, notamment à la compétence arbitrale (n° 70850) et à celle des juridictions administratives. **72000**

Les conflits de compétence entre la juridiction judiciaire et la juridiction administrative sont tranchés par le Tribunal des conflits dont le statut a été redéfini par la loi 2015-177 du 16 février 2015 (art. 13).

Lorsque cette compétence existe à l'égard de l'action principale, elle couvre aussi l'action **récursoire,** sauf si cette action relève de la compétence exclusive d'un autre ordre de juridiction (CA Rouen 23-3-1994 : compétence judiciaire pour l'action principale et compétence administrative pour l'action récursoire) ; elle existe aussi au regard du contentieux né d'un **titre de perception exécutoire** émis par une collectivité publique car ce titre n'est pas détachable du recouvrement de la créance qui a pour origine un contrat de droit privé (Cass. 1e civ. 22-3-2012 n° 11-14.304 : RJDA 7/12 n° 733).

Les textes modifiant les règles déterminant la juridiction compétente sont d'application immédiate, y compris aux instances en cours dès lors qu'ils ne portent pas en eux-mêmes atteinte à la substance du droit au recours des parties intéressées (T. confl. 2-7-2018 n° 4123).

Une **clause contractuelle** ne peut faire échec aux règles qui déterminent la répartition des compétences entre les deux ordres juridictionnels, que ce soit pour attribuer au juge administratif, ou, à l'inverse, au juge judiciaire, un contentieux relevant de l'autre juge (T. confl. 10-12-2018 n° 4143 : RJDA 5/19 n° 391).

OFFICE DU JUGE

72001 Le juge judiciaire :

– apprécie sa compétence à la date de l'introduction de l'instance (Cass. 1e civ. 17-6-2003 n° 02-19.733 : Bull. civ. I n° 143) ;

– statue, si nécessaire, sur les questions de fond dont dépend sa compétence (Cass. 2e civ. 5-1-2017 n° 15-27.953 F-PB : Bull. civ. II n° 1) ; dès lors qu'il est compétent, il apprécie souverainement la validité du contrat, même si le contrat est administratif et il doit écarter, le cas échéant, l'application d'une clause illicite viciant le contrat (Cass. 1e civ. 22-5-2019 n° 18-15.356 F-PB : RJDA 8-9/19 n° 596).

A. Compétence selon le droit national

72002 Est interne le litige qui ne comporte pas les éléments d'extranéité exposés aux nos 72100 s.

1. COMPÉTENCE D'ATTRIBUTION

TRIBUNAL DE COMMERCE

72003 Le litige doit être porté devant le tribunal de commerce dans les trois hypothèses suivantes (C. com. art. L 721-3) :

– contestations relatives aux engagements entre commerçants, entre artisans, entre établissements de crédit, entre sociétés de financement ou entre eux ; tel est le cas du litige opposant une banque à un syndic de copropriété professionnel à propos des comptes ouverts pour la gestion des intérêts de la copropriété (CA Paris 28-2-1996 : Bull. inf. C. cass. 1996 n° 691) ;

– contestations relatives aux sociétés commerciales ; sur cette compétence, MSC nos 4230 s. ;

– contestations relatives aux actes de commerce entre toutes personnes ; le tribunal de commerce est ainsi compétent pour connaître des obligations commerciales auxquelles est tenu un non-commerçant (Cass. com. 22-1-1991 : RJDA 5/91 n° 396 : loueur, non-commerçant, d'un fonds de commerce tenu par un engagement commercial en raison de son obligation solidaire au paiement des dettes du locataire-gérant ; Cass. com. 14-2-2006 n° 212 : RJDA 7/06 n° 848 : association pour les actes de commerce qu'elle conduit ; CA Douai 5-10-1993 : Bull. inf. C. cass. 1994 n° 221 et CA Paris 3-7-2008 : JCP G 2008.IV.2530 : action entre cofidéjusseurs cautions d'une même dette commerciale ; n° 52053 : litiges relatifs aux billets à ordre lorsque ceux-ci portent en même temps des signatures de commerçants et de non-commerçants).

Lorsque le litige oppose une partie **commerçante à un non-commerçant** ou lorsque l'acte n'est commercial que pour l'une d'elles, la partie non commerçante ou pour laquelle l'acte n'est pas commercial peut, si elle est défenderesse, décliner la compétence de la juridiction commerciale et, si elle est demanderesse, actionner au choix devant la juridiction civile ou commerciale (Cass. req. 1-7-1908 : DP 1909.1.11 ; Cass. civ. 22-6-1943 : DC 1944.83 ; Cass. com. 18-11-2020 n° 19-19.463 FS-PB). Elle peut aussi valablement renoncer, si elle est défenderesse, à se prévaloir de l'incompétence de la juridiction commerciale (Cass. civ. 17-5-1982 : Bull. civ. II p. 54).

Mais la **clause** attributive de compétence au tribunal de commerce est inopposable au défendeur non commerçant (Cass. com. 10-6-1997 : RJDA 11/97 n° 1435). Néanmoins, un non-commerçant peut s'engager dans un contrat, pour les litiges où il serait demandeur, à n'assigner que devant les juridictions commerciales (CA Lyon 19-6-2003 : JCP G 2004.IV.1306).

Cette compétence doit être retenue dès lors qu'une disposition spéciale ne l'écarte pas (Cass. civ. 19-1-1988 n° 85-12.568 : Bull. civ. I n° 13) ou que compétence n'a pas été donnée au tribunal judiciaire (n° 72006).

La compétence du tribunal de commerce est notamment écartée au profit de la juridiction civile pour connaître des litiges :

– portant sur des actes accomplis par des personnes juridiques soumises à un régime particulier, tels ceux impliquant une société d'assurances mutuelles même si elle a contracté une assurance maritime qui est un acte de commerce (Cass. 1e civ. 22-10-1996 n° 93-17.255 : Bull. I n° 360) ou une coopérative agricole qui achète pour revendre à ses adhérents (Cass. com. 18-12-2001 n° 99-11.787 : Bull. civ. IV n° 201) ;

– comprenant des chefs distincts civils et commerciaux, dès lors qu'ils ne peuvent être jugés séparément (Cass. civ. 21-1-1903 : DP 1903.1.177 ; Cass. civ. 21-10-1931 : DP 1933.1.100) ;

– mettant en cause plusieurs défendeurs dont les uns sont tenus civilement et les autres commercialement (Cass. civ. 5-2-1907 : DP 1907.1.429) ;

– à propos desquels le défendeur, assigné devant le tribunal de commerce, soulève un moyen de la compétence de la juridiction civile (Cass. civ. 6-2-1924 : DP 1924.1.161 note Appleton).

Elle s'applique à tout acte qui répond aux conditions ci-dessus à la date à laquelle il a été passé, peu important que son auteur ait perdu depuis lors la qualité de commerçant (Cass. com. 12-3-2013 n° 12-11.765 : RJDA 10/13 n° 862).

Sur la compétence du tribunal de commerce en matière de procédure collective, voir nos 61452 s.

Le tribunal de commerce statue en **dernier ressort** pour les litiges dont le montant en jeu ne dépasse pas 5 000 € (C. com. art. R 721-6).

TRIBUNAL JUDICIAIRE

Sous réserve de la compétence du tribunal de commerce (n° 72003), **depuis** le 1er janvier 2020, le litige qui relevait avant cette date de la compétence du tribunal d'instance ou de grande instance doit être soumis au tribunal judiciaire (Loi 2019-222 du 23-3-2019 art. 95). Aussi bien, dans les présents développements, les mots « tribunal de grande instance » et « tribunal d'instance » doivent être lus comme correspondant désormais au mot « tribunal judiciaire ». **72006**

Sur la compétence du tribunal judiciaire, C. org. jud. art. L 211-1 s. et R 211-3-26 s.

Le tribunal judiciaire est **exclusivement** compétent pour juger, notamment, les contestations relatives à la **propriété immobilière** (C. org. jud. art. R 211-3-26 ; pour des applications antérieures au texte actuel mais transposables, la compétence étant restée la même, CE 8-6-1990 : GP 1990.som.660 ; Cass. 3e civ. 16-5-2019 n° 17-26.210 FS-PBI) et celles nées à l'occasion d'actes de vente, de constitution ou de transmission de droits réels portant sur un immeuble, ces actes seraient-ils entre commerçants dès lors qu'ils le sont sans intention de revente (n° 123), ainsi que les contestations impliquant une société d'exercice libéral (Cass. 2e civ. 6-5-1997 n° 449 : Bull. civ. II n° 128), même au regard d'un acte commercial entre toutes personnes (C. com. art. L 721-5 ; CA Paris 20-12-1994 : JCP G 1995.II.22524 note Daigre, à propos d'une lettre de change).

Sur la compétence exclusive du tribunal judiciaire pour connaître des baux commerciaux, nos 6800 s. et des procédures collectives lorsque le débiteur n'est ni commerçant ni immatriculé au RNE, nos 61452 s.

Au sein du tribunal judiciaire, a été créé le **juge des contentieux de la protection** (C. org. jud. art. L 213-4-2 s.).

Sauf disposition expresse contraire, une affaire relevant de la compétence d'une juridiction d'exception peut être déférée au tribunal judiciaire en raison de la plénitude de compétence de ce tribunal (Cass. com. 25-6-1958 : Bull. civ. II p. 303 ; CA Paris 27-10-1999 : RJDA 2/00 n° 229).

COMPÉTENCE DES JURIDICTIONS SPÉCIALISÉES

Des juridictions déterminées peuvent être désignées pour connaître de litiges qui leur sont réservés ; c'est le cas des **litiges portant sur** : **72007**

– des pratiques restrictives de concurrence visées à l'article L 442-1 du Code de commerce, soumis à la compétence de juridictions spécialisées énoncées à l'article D 442-3 du même Code ; cette compétence ne concerne que les juridictions civiles (Cass. crim. 5-3-2014 n° 13-80.252) et n'exclut pas le recours à l'arbitrage (n° 70788) ;

– la propriété littéraire et artistique, les dessins et modèles, les marques, les indications géographiques, les brevets d'invention, d'obtentions végétales, y compris lorsque la demande porte également sur une question connexe de concurrence déloyale, seuls certains tribunaux judiciaires étant compétents (CPI art. L 331-1, L 521-3-1, al. 1, L 716-3, L 722-8, L 615-17 et L 623-31 ; C. org. jud. art. D 211-5, ann. V, D 211-6 et D 211-6-1, ann. VI) ;

– la mise en œuvre des procédures collectives concernant des débiteurs de taille importante (nos 61460 s.) ;

– le devoir de vigilance des sociétés de grande taille, qui sont soumis au tribunal judiciaire de Paris (C. org. jud. art. L 211-21) ;

– certaines des matières civiles dont la liste est déterminée par le décret 2021-1103 du 20 août 2021 lorsqu'il existe plusieurs tribunaux judiciaires dans un même département (C. org. jud. art. L 211-9-3, R 211-4 et D 211-4-1 tableau IV-IV).

Depuis le 7 février 2018, ont été instituées, au sein du tribunal de commerce de Paris et de la cour d'appel de Paris, par protocoles d'accord entre ces juridictions et le barreau de Paris, une chambre spécialisée pour connaître du contentieux international des affaires, notamment des litiges relatifs aux contrats commerciaux et aux recours en annulation et en exécution contre les sentences d'arbitrage international, lesquels représentent la majorité des affaires inscrites. Ces chambres peuvent être saisies par une clause attributive de compétence et les parties peuvent adopter des mesures de procédure particulières, telles que débats en anglais, interrogations croisées, et convenir avec les juges d'un calendrier de la procédure lancée. Les arrêts de la chambre de la cour de Paris sont présentés par le sigle : « CCIP CA ». Pour plus de détails, Présentation générale CCIP-CA / The ICCP-[C]our d'appel de Paris (justice.fr).

Fin 2019, le président du tribunal de commerce de Nanterre a signé avec le bâtonnier des Hauts-de-Seine un protocole, très similaire à celui du tribunal de commerce de Paris, pour formaliser la création d'une chambre du contentieux international au sein de ce tribunal.

EXCEPTION D'INCOMPÉTENCE

72009 L'incompétence du tribunal saisi doit, à peine d'irrecevabilité, être **soulevée avant toute défense** au fond ou fin de non-recevoir, alors même que les règles invoquées au soutien de l'exception seraient d'ordre public (CPC art. 74, al. 1 ; Cass. civ. 3-5-2000 : RJDA 7-8/00 n° 817).

Toutefois, le juge saisi peut prononcer d'**office** son incompétence en cas de violation d'une règle de compétence d'attribution lorsque cette règle est d'ordre public ou lorsque le défendeur ne comparaît pas, mais seulement dans ces cas (CPC art. 76, al. 1). La cour d'appel et la Cour de cassation ne peuvent soulever d'office l'incompétence que si l'affaire relève de la compétence d'une juridiction répressive ou administrative, ou échappe à la connaissance de la juridiction française (CPC art. 76, al. 2 ; Cass. 1e civ. 29-3-2017 n° 16-11.277 F-PB : relevé d'office devant la Cour de cassation pour compétence de la juridiction administrative).

2. COMPÉTENCE TERRITORIALE

RÈGLES GÉNÉRALES

72020 **Principe** La juridiction compétente – tribunal de commerce ou tribunal judiciaire (nos 72003 s. et 72006) – est celle **du lieu où demeure le défendeur,** sauf disposition contraire (CPC art. 42, al. 1).

Lorsqu'il existe plusieurs tribunaux judiciaires dans un même département, certains peuvent être spécialement désignés par décret pour connaître seuls, dans l'ensemble de ce département, de certaines des matières civiles dont la liste a été déterminée, en tenant compte du volume des affaires concernées et de la technicité de ces matières. Le décret 2021-1103 du 20 août 2021 a déterminé le siège, le ressort et les compétences matérielles de ces tribunaux. Leur liste figure dans l'annexe au Code de l'organisation judiciaire, intitulée TABLEAU IV-IV Siège, ressort et compétences matérielles des tribunaux judiciaires (annexe de l'art. D 211-4-1). La contestation de la compétence du tribunal judiciaire saisi en violation de la compétence spécialisée n'est pas une fin de non-recevoir, mais une exception d'incompétence (Cass. com. 17-11-2021 n° 19-50.067 FS-BR : RJDA 3/22 n° 156 : exception qui ne peut pas être soulevée pour la première fois devant la cour d'appel par celui qui a conclu au fond en première instance et la cour d'appel ne peut la soulever d'office).

Si le défendeur n'a ni domicile ni résidence connue, le demandeur peut saisir la juridiction du lieu où il demeure, ou celle de son choix s'il demeure à l'étranger (CPC art. 42, al. 3).

Le lieu où demeure le défendeur est (CPC art. 43) :

– s'il s'agit d'une personne physique, le lieu où celle-ci a son domicile ou, à défaut, sa résidence (sur la détermination de la résidence, CA Dijon 23-1-1996 : JCP G 1996.IV.1520) ;

– s'il s'agit d'une personne morale, le lieu où celle-ci est établie (MSC nos 4240 s.).

Il est aussi possible d'assigner le défendeur au lieu où il a une succursale, c'est-à-dire un établissement où il a un représentant ayant pouvoir de l'engager et à la condition que le litige se rapporte à l'activité de la succursale ou que les faits générateurs de responsabilité se soient produits dans son ressort territorial (Cass. 2e civ. 6-4-2006 n° 540 : RJDA 8-9/06 n° 903).

Toutefois, **cette compétence est écartée** :

– pour les actions relatives aux droits réels immobiliers ; la juridiction du lieu où est situé l'immeuble est seule compétente (CPC art. 44) ;

– pour les actions successorales entre héritiers, celles formées par les créanciers du défunt et celles relatives à l'exécution des actions à cause de mort ; la juridiction compétente est celle dans le ressort de laquelle est ouverte la succession jusqu'au partage inclusivement (CPC art. 45) ;

– pour les actions soumises à une clause attributive de compétence (nos 72040 s.) ; sur l'opposabilité de cette clause aux codébiteurs ou coobligés, n° 50015 ;

– pour les actions relevant de juridictions spécialisées, telles l'action pour rupture brutale d'une relation commerciale (n° 15461) et les actions relatives aux brevets, dessins et modèles et marques (nos 31700, 32184, 32700).

72023 **Choix offert au demandeur** Le demandeur peut saisir à son choix :

– soit la juridiction où **demeure le défendeur** (n° 72020) ;

72025 – soit, en **matière contractuelle,** la juridiction du lieu de livraison effective de la chose ou du lieu de l'exécution de la prestation de service (CPC art. 46, al. 2).

Cette option ne concerne que les contrats impliquant la livraison d'une chose ou l'exécution d'une prestation de services, ce qui exclut qu'elle soit invoquée pour un litige né d'un compromis de vente, lequel ne prévoyait ni la livraison d'une chose ni l'exécution d'une prestation de services (Cass. 2e civ. 27-6-2019 n° 18-19.466 : D. 2019.1398), ou pour un litige né d'un quasi-contrat (Cass. 2e civ. 7-6-2006 n° 833 : RJDA 1/07 n° 106).

Les différents lieux visés ci-dessus sont entendus selon les précisions suivantes :

a. Lieu de la livraison effective. Ce lieu :

– ne résulte pas d'une simple mise à disposition de la livraison (Cass. com. 14-6-1994 : RJDA 12/94 n° 1395) ;

– s'entend de celui où la livraison a été ou doit être effectuée (Cass. civ. 18-1-2001 : Bull. civ. II n° 10) ou encore de celui mentionné sur le bon de commande d'une vente internationale (Cass. 1e civ. 23-1-2007 n° 82 : RJDA 11/07 n° 1084) ;

– ne peut être déduit de la mention « expédition : départ Le Havre », car il ne saurait en résulter que les parties ont eu l'intention de considérer Le Havre comme lieu de livraison effective de la marchandise vendue (CA Rouen 17-9-1992 : RJDA 3/93 n° 281).

En cas de livraison de produits achetés sur internet, la juridiction compétente est celle du lieu de livraison des produits (CA Paris 22-2-2019 n° 17/22220 : D. IP/IT 2019.387.obs. Passa).

b. Lieu d'exécution de la prestation de services. Ce lieu est :

– celui où est conclu le contrat relatif à un voyage avec une agence de voyages (CA Aix 4-2-1986 : Bull. Cour d'Aix 1986/1 p. 65 ; CA Poitiers 3-4-2001 : GP 2002.som.1561) ;

– celui où un concessionnaire exerce son activité (Cass. com. 19-7-1988 : D. 1988.IR.234) ;

– celui de la tenue d'un compte sur lequel est autorisé un découvert, ou sur lequel sont prévues des remises réciproques pour l'exécution d'une autorisation de crédit, car ces actes constituent une prestation de services (Cass. com. 9-3-1999 : RJDA 5/99 n° 625) ;

– celui où l'agent commercial accomplit son mandat (Cass. 2e civ. 18-6-2009 n° 08-18.753 : RJDA 10/09 n° 916) ;

– celui du siège de l'arbitrage pour apprécier l'exécution de ses obligations par l'arbitre, même au titre d'un arbitrage international (CCIP-CA Paris 22-6-2021 n° 21/07623).

c. Absence de livraison ou de prestation de services. Le paiement n'est ni la livraison d'une chose ni l'exécution d'une prestation de services (Cass. civ. 16-3-1999 : RJDA 5/99 n° 624) ; il en résulte que l'action en paiement ne peut être portée que devant le tribunal du défendeur, cette compétence étant applicable à l'ordre international (Cass. 1e civ. 14-3-2006 : Bull. civ. I n° 149).

Le virement de compte à compte des titres cédés d'une société ne constitue pas une livraison effective permettant d'écarter la compétence du tribunal du domicile du défendeur pour les litiges nés d'une cession d'actions (CA Riom 24-1-1990 : BRDA 6/91 p. 13 ; TGI Nice 15-1-1986 : D. 1986.IR.33 obs. Vasseur).

Il en est de même du compromis de vente qui a pour objet la conclusion d'un contrat (Cass. 2e civ. 27-5-2019 n° 18-19.466 : RJDA 12/19 n° 795).

Un lieu **non prévu par l'option** ne peut pas fonder la compétence ; notamment, le lieu de conclusion du contrat n'est pas un chef de compétence (Cass. com. 8-6-1999 : RJDA 10/99 n° 1161 ; CA Rouen 16-12-2003 : Transidit 2004 n° 40 § 18).

– soit, en **matière délictuelle,** la juridiction du lieu du fait dommageable ou celle dans le ressort **72026**
de laquelle le dommage a été subi (CPC art. 46, al. 3) ; le lieu où le dommage a été subi est celui où le dommage est effectivement survenu et non celui où ont pu, après coup, en être mesurées ses conséquences financières (Cass. civ. 28-2-1990 : Bull. civ. II p. 25 ; CA Rouen 29-10-1992 : RJDA 4/93 n° 362 ; CA Aix 9-1-1997 : JCP G 1997.IV.2301).

Lorsque le dommage (contrefaçon de marque ou de droit d'auteur) a été causé par une diffusion sur le réseau internet, le fait dommageable peut être invoqué devant la juridiction dans le ressort de laquelle la diffusion a été reçue, peu important que le fait dommageable se soit également produit dans le ressort d'autres tribunaux, fût-ce sur l'ensemble du territoire national (Cass. com. 7-7-2009 n° 08-17.135 : RJDA 11/09 n° 1014) ; les juridictions françaises, prises comme celles du lieu de la matérialisation du dommage allégué, sont compétentes dès lors que l'information est accessible au public français (Cass. 1e civ. 18-10-2017 n° 16-10.428 F-PB : RJDA 4/18 n° 379 ; Cass. 1e civ. 15-6-2022 n° 18-24.850 FS-B : RJDA 10/22 n° 604 ; CA Paris 12-11-2017 n° 17/10132 : D. IP/IT 2018.240 obs. Daleau ; sur une absence d'accès du public français, Cass. com. 12-2-2013 n° 11-25.914 : RJDA 7/13 n° 683). Il en est de même de la diffusion d'un document en plusieurs lieux du territoire (Cass. com. 16-1-2001 : RJDA 5/01 n° 651). En cas de livraison de produits achetés sur internet, la juridiction compétente est celle du lieu de livraison des produits (CA Paris 22-2-2019 n° 17/22220 : D. IP/IT 2019.387. obs. Passa).

– soit, en **matière mixte,** la juridiction du lieu où est situé l'immeuble (pour un exemple, **72027**
CA Toulouse 20-6-2005 : JCP G 2005.IV.3691).

Est une action mixte, au sens de la compétence, l'action qui emporte tout à la fois **contestation sur un droit personnel et sur un droit réel,** de telle sorte que la décision qu'elle a pour objet de provoquer en ce qui concerne l'existence du droit personnel aura pour effet virtuel de résoudre la question sur l'existence du droit réel (CA Paris 30-3-1994 : D. 1994.IR.120).

Ainsi, n'est pas une action mixte une action en paiement de billets à ordre et une action en autorisation d'inscrire une hypothèque sur les immeubles du débiteur (CA Paris 30-3-1994 précité) ni la demande qui porte exclusivement sur la restitution d'une indemnité d'immobilisation versée par le bénéficiaire d'une promesse de vente qui n'en avait pas demandé la réalisation, laquelle est une action purement personnelle et mobilière (Cass. 2e civ. 23-10-1991 : RJDA 12/91 n° 1094).

72029 **Pluralité de défendeurs** S'il y a **plusieurs défendeurs,** le demandeur peut saisir, à son choix, la juridiction du lieu où demeure l'un d'eux (CPC art. 42, al. 2). Le demandeur doit exercer une action directe et personnelle contre chacun des défendeurs et la question à juger doit être la même pour tous quel que soit le degré d'implication de chacun (Cass. 2e civ. 10-3-2004 : RJDA 7/04 no 925).

Cette compétence a donné lieu aux applications suivantes :

– le demandeur a la faculté de choisir le tribunal du domicile, en France, de l'un des défendeurs, même si ces derniers comptent des étrangers, car cette option peut être considérée comme une règle ordinaire de compétence internationale dès lors qu'il existe un lien de connexité entre les demandes dirigées contre les divers défendeurs (Cass. civ. 24-2-1998, 2e esp. : RJDA 6/98 no 819) ; il peut saisir la juridiction civile même si l'un des défendeurs relève de la compétence commerciale, dès lors que l'action exercée a bien une unité avec le litige soumis au tribunal, ce qui est le cas quand une société civile partie à un protocole d'accord demande une indemnisation à une société commerciale partie au même protocole (CA Paris 26-9-2017 no 17/07910 : RJDA 1/18 no 25) ;

– une association de droit suisse chargée par un groupe d'investisseurs de la gestion financière d'un chantier a pu engager devant le tribunal de grande instance (désormais tribunal judiciaire) de Paris une action en rupture abusive du contrat, au motif qu'elle avait pu estimer contracter tant avec le négociateur libanais (demeurant à Paris et dirigeant un groupe d'investisseurs) personnellement qu'avec toutes les personnes morales de ce groupe (CA Paris 12-11-1986) ;

– le tribunal de commerce de Paris a été jugé compétent pour connaître d'une action contre une société étrangère et ses dirigeants dont l'un était domicilié à Paris, la demande contre lui ayant un caractère sérieux et toutes les demandes ayant un lien étroit de connexité (CA Paris 14-1-2020 no 19/17906 : RJDA 7/20 no 404).

Ce choix est **impossible** si l'un des défendeurs est lié par une clause attributive de compétence (Cass. com. 25-3-1997 : RJDA 7/97 no 976), ce défendeur ne pouvant pas pour autant opposer la clause au demandeur qui n'y est pas partie (Cass. 1e civ. 24-2-1998, 1e esp. : RJDA 6/98 no 819). Il en est de même s'il fait échec à des règles de compétence d'attribution d'ordre public (Cass. com. 7-4-1987 no 85-11.225 : Bull. civ. IV no 86 : compétence en matière de procédure collective).

Mais il **n'exclut pas** la faculté d'option du demandeur ouverte en matière extracontractuelle exposée aux nos 72025 et 72026 (Cass. com. 7-7-2009 no 08-16.633 : RJDA 1/10 no 105, transposable à l'option prévue en matière contractuelle par analogie).

72032 **Pluralité de saisines** Lorsque deux juridictions ont été saisies :

– si le même litige est pendant devant deux juridictions de même degré également compétentes pour en connaître, la juridiction saisie en second lieu doit se dessaisir au profit de l'autre si l'une des parties le demande ; à défaut, elle peut le faire d'office (CPC art. 100) ;

– s'il existe entre les affaires portées devant les deux juridictions distinctes un lien tel qu'il soit de l'intérêt d'une bonne justice de les faire instruire et juger ensemble, il peut être demandé à l'une de ces juridictions de se dessaisir et de renvoyer en l'état la connaissance de l'affaire à l'autre juridiction (CPC art. 101) ;

– l'une à titre principal parce qu'elle paraît compétente au demandeur et l'autre à titre subsidiaire pour le cas où la première se déclarerait incompétente, cette double saisine est valable sous deux réserves : la multiplication abusive de saisines inutiles pour un même litige ouvre droit à dommages-intérêts ; le défendeur n'a pas à supporter le coût des procédures supplémentaires qui n'ont pour but que de garantir le demandeur contre sa propre erreur dans l'appréciation des compétences juridictionnelles (TGI Cahors 28-2-1985 : D. 1985.IR.470).

CLAUSE ATTRIBUTIVE DE COMPÉTENCE TERRITORIALE

72040 Les parties à un contrat peuvent désigner le tribunal qui sera territorialement compétent pour connaître des litiges susceptibles de s'élever à propos dudit contrat sous les conditions ci-après.

Elles le font indirectement si elles conviennent d'une clause d'**élection de domicile** qui vaut attribution de compétence (CA Paris 12-4-1995 : Bull. inf. C. cass. 1995 no 711), sauf si les parties qui élisent un domicile excluent par une volonté certaine l'attribution de compétence (Cass. civ. 13-11-1957 : Rev. crit. 1958.735 note Loussouarn, à propos d'une clause incluse dans un contrat international mais transposable à tout contrat, les parties étant libres du choix d'une juridiction sauf compétence d'ordre public).

Sur le régime propre aux clauses attributives de compétence en matière européenne et internationale, nos 72148 s. et 72220 s.

72041 **Modification par la loi de la juridiction désignée** Si la juridiction désignée par les parties ne peut pas être saisie à la naissance du litige, il y a lieu de distinguer entre le cas où la juridiction désignée ne peut plus statuer parce que la loi :

– soit lui a retiré sa compétence en créant des juridictions spécialisées, celles-ci devenant compétentes en ses lieu et place ; la clause attributive de compétence est alors caduque

(CA Rennes 13-12-2011 n° 11/03790 : JCP E 2012 note Bléry et Alleaume, au sujet des juridictions spécialisées pour juger les litiges relatifs à l'art. L 442-1 C. com. – n° 15461 – et transposable par analogie aux juridictions spécialisées pour juger les litiges relatifs aux propriétés intellectuelles – nos 31700, 32632, 32700) ;

– soit l'a supprimée et a transféré ses attributions à une autre juridiction qu'elle a désignée ; celle-ci est alors compétente s'il ressort de la commune intention des parties que sa compétence peut être retenue, notamment si les juges relèvent que les parties avaient entendu désigner la juridiction du lieu du siège social de l'une d'elles, celle-ci se trouvant désormais être la nouvelle juridiction (Cass. com. 15-9-2015 n° 14-18.389 : RJDA 11/15 n° 799).

Engagements pris en qualité de commerçant Sauf disposition légale contraire (n° 21608), la clause attributive de compétence peut être incluse dans **tout contrat,** sauf disposition légale contraire (n° 21608), aux termes duquel chacune des parties s'est engagée en qualité de commerçant (CPC art. 48). 72043

L'engagement contractuel est **réputé** pris **en qualité de commerçant** lorsque son auteur a la qualité de commerçant au sens de l'article L 121-1 du Code de commerce (cf. Cass. com. 4-1-1994 : RJDA 6/94 n° 741).

Tel n'est pas le cas si l'engagement est pris dans un acte de commerce isolé ; il en est ainsi :

– de l'engagement de caution pris par une personne qui a un intérêt personnel à garantir la dette cautionnée (Cass. com. 2-10-1985 : Bull. civ. IV p. 190 ; Cass. com. 28-10-2008 n° 07-17.149 : BRDA 23/08 inf. 13) ;

– de la seule signature de lettres de change par une partie ayant la qualité d'artisan (Cass. com. 11-5-1993 : RJDA 11/93 n° 986) ;

– de l'associé d'une SAS qui a conclu une cession de la totalité des actions de la société et souscrit une garantie de passif, ces actes, bien que constituant une cession de contrôle réputée acte de commerce (MSC nos 17700 s.) ne suffisant pas à caractériser l'accomplissement habituel d'actes de commerce (Cass. com 29-1-2020 n° 19-12.584 FS-PB : RJDA 7/20 n° 376).

À plus forte raison, n'agit pas en qualité de commerçant celui qui s'engage dans un acte qui n'est pas de commerce ; il en est ainsi :

– de la conclusion d'un contrat de concession de brevets par un boucher agissant en tant qu'inventeur (CA Aix 18-5-1977 : Bull. Cour d'Aix 1977/2 p. 122) ;

– du président-directeur général d'une société qui énonce que sa profession est celle d'administrateur de société et qu'il agit à titre personnel (CA Paris 8-10-1991 : RJDA 12/91 n° 1094).

La clause attributive de compétence, en raison de son **autonomie par rapport au contrat** dans lequel elle est insérée, n'est pas affectée par l'inefficacité de ce dernier (Cass. 1e civ. 8-7-2010 n° 07-17.788 : RJDA 11/10 n° 1120 : contrat nul ; Cass. com. 5-7-2017 n° 15-21.894 : RJDA 12/17 n° 849 : caducité conventionnelle ; rappr. Cass. civ. 11-1-1978 n° 76-11.237 : GP 1978.1.273 note Viatte : contrat résolu).

Acceptation de la clause **Chaque partie** au contrat doit avoir accepté la clause de façon certaine et non équivoque (cf. CPC art. 48), ce qui exclut que la clause soit opposée à un défendeur qui n'est pas partie au contrat, par exemple, dans le cas d'un transport, qui ne figure pas sur la lettre de voiture (CA Caen 2-4-2015 n° 14/01587 : BTL 2015.286) ou au liquidateur judiciaire qui exerce son action au nom et dans l'intérêt collectif des créanciers, lesquels sont des tiers aux contrats contenant la clause (Cass. com. 9-6-2022 n° 20-23.509 F-D : RJDA 10/22 n° 576). 72046

L'acceptation peut être donnée par un mandataire (CA Versailles 3-11-1994 : RJDA 4/95 n° 522), même si le mandat est général (CA Paris 22-3-2000 : RJDA 9-10/00 n° 860). Encore faut-il qu'il y ait mandat (CA Paris 1-7-1983 : BRDA 20/83 p. 23). Ce n'est pas le cas lorsqu'une société conclut en visant les sociétés du groupe qui lui sont affiliées, la clause n'étant opposable à ces sociétés qu'autant qu'elles l'ont connue et acceptée, au moment de la conclusion du contrat, dans leurs relations réciproques avec la société qui l'a conclue (Cass. com. 25-10-2011 n° 10-18.808 : BTL 2011.653).

L'acceptation doit être donnée **au moment** de la conclusion du contrat, ce qui n'est pas le cas d'une clause figurant sur une lettre de confirmation ou des factures postérieures au contrat (Cass. com. 14-4-1992 : RJDA 7/92 n° 780 ; CA Paris 27-11-1991 : RJDA 4/92 n° 410) ou sur des conditions générales dès lors que les parties en sont restées au stade de la négociation du contrat (Cass. com. 14-6-1976 : GP 1976.2.pan.252) ainsi que du visa dans un acte de procédure de la clause litigieuse (CA Paris 27-5-1987 : D. 1987.IR.154). Tel est le cas, en revanche, de la clause figurant sur la facture qui a accompagné la conclusion du contrat (Cass. com. 16-3-1999 : RJDA 6/99 n° 745).

Le respect de cette condition appelle les précisions suivantes.

1. La **clause doit figurer** sur le document qui constate l'engagement des parties, par exemple sur le bon de commande (Cass. com. 3-1-1977 : GP 1977.1.som.114). 72049

Il n'en est pas ainsi lorsque le document intitulé « conditions de vente et de livraison » sur lequel figure la clause litigieuse n'est pas annexé, par le vendeur, à sa lettre de confirmation de la commande conclue verbalement, l'acceptation de cette lettre par son cocontractant étant inopérante en ce qui concerne cette clause (Cass. civ. 17-11-1982 : JCP G 1983.IV.39).

Toutefois, quoique ne figurant pas sur la convention, la clause est valable dès lors que cette convention se rattache directement aux conditions générales de vente applicables depuis le début des relations commerciales, devenues habituelles entre les parties et tacitement acceptées pour les litiges pouvant les opposer (Cass. com. 14-12-1993 : RJDA 3/94 n° 366).

La clause peut aussi être opposable si elle figure sur un bordereau de livraison ou sur la facture du fournisseur, pourvu qu'il soit établi qu'elle y est très apparente (Cass. com. 18-9-2007 n° 05-21.395 : BTL 2007.606, cassant l'arrêt qui avait rejeté la prise en compte de ces documents).

72052 **2.** Il faut que la partie à laquelle ce document est adressé ou remis n'élève **aucune réserve** (Cass. com. 15-7-1986 : BRDA 17/86 p. 13 ; CA Colmar 24-3-1977 : BT 1977.260 ; CA Aix 13-7-1978 : Bull. Cour d'Aix 1978/3 p. 97 ; CA Paris 6-11-1991 : RJDA 12/91 n° 1095.som.).

Mais il n'est **pas exigé** que la clause ait fait l'objet d'une acceptation expresse distincte de celle de l'ensemble du contrat dans lequel elle est insérée (Cass. com. 7-12-1983 : BRDA 7/84 p. 12), ni que le document ait été signé par la partie à laquelle il a été remis pourvu qu'il l'ait été par celle à laquelle il est opposé (Cass. com. 27-2-1978 : Bull. civ. IV p. 61).

72055 **3.** Il faut que la clause ait été présentée de manière **très apparente** sur le document qui la constate de telle sorte que **tout lecteur** de ce document puisse être tenu pour l'avoir **nécessairement connue** ; cette présentation de la clause est appréciée par les juges souverainement (Cass. civ. 20-2-1980 : Bull. civ. II p. 27) sur la base des éléments suivants : dimension des caractères du texte de la clause ; place de la clause dans le texte : recto ou verso ; mise en relief ou non : paragraphe indépendant, titre, proximité de la signature.

Par application de ces critères, la clause a été jugée **très apparente** dans les cas suivants :

– lorsqu'elle constitue l'un des paragraphes du texte du contrat conclu (Cass. com. 20-7-1981 : Bull. civ. IV p. 258 ; Cass. civ. 5-2-1986 : JCP G 1986.IV.100 ; CA Paris 22-6-1983 : GP 1984.som.27) ;

– lorsqu'elle figure sous le titre « Contestations et litiges », imprimé en caractères gras et majuscules, au dernier article de l'acte précédant immédiatement la signature de toutes les parties (CA Paris 27-10-1999 : RJDA 2/00 n° 229.som.) ;

– lorsqu'elle apparaît au verso des conditions générales de vente, composées de huit paragraphes nettement séparés et comportant chacun en caractères plus gros que le reste un paragraphe dont l'un est intitulé « attribution de juridiction » et que la désignation du nom du tribunal compétent est écrite en caractères d'imprimerie distincts et plus apparents que le reste du texte (CA Poitiers 16-12-1981 : JCP G 1982.IV.362 ; rappr. CA Rouen 14-10-1999 : JCP G 2000.IV.2051) ;

– lorsqu'elle figure au recto des conditions générales de vente, en caractères majuscules, sous le titre « compétence judiciaire » en caractères très lisibles (CA Paris 21-12-1982) ;

– lorsqu'elle figure en caractères apparents parmi les conditions stipulées au bordereau de règlement accompagnant le chèque adressé par une banque à une société pour financer une acquisition de matériel (Cass. com. 20-11-2001 : RJDA 4/02 n° 429).

En revanche, la clause a été considérée comme **non apparente** dans les cas suivants :

– lorsqu'elle figure au verso d'un document émanant de celui qui l'invoque (des bons de commande, factures, conditions générales) si elle est imprimée en caractères grisâtres et peu lisibles, et a fortiori si le document sur lequel se trouvait la clause n'a pas été signé (Cass. com. 30-11-1981 : JCP G 1982.IV.73), si ne figure pas au recto un renvoi attirant l'attention du commerçant et sans qu'aucun élément distinctif, notamment de police, ne distingue particulièrement ce paragraphe (CA Versailles 25-2-2010 n° 09-8008 : RJDA 6/10 n° 695.som.) ou si, les parties n'étant pas en relations d'affaires habituelles, le document remis au cocontractant fait renvoi à un site internet pour en prendre connaissance (CA Versailles 17-7-2012 n° 11/02984 : BTL 2012.519 ; pour d'autres exemples de clauses figurant au verso : CA Aix 22-1-1992 : D. 1993.26 note Beignier ; CA Paris 1-3-1995 : RJDA 8-9/95 n° 1059 ; CA Versailles 30-3-2000 : JCP E 2000.pan.1163) ;

– lorsqu'elle est imprimée verticalement, en petits caractères, sur le bord gauche de la facture (Cass. com. 16-11-1983 : JCP G 1984.IV.27) ou d'un bon de commande (CA Aix 16-6-1978 : Bull. Cour d'Aix 1978/3 p. 97) ;

– lorsqu'elle apparaît en caractères microscopiques, indéchiffrables à l'œil nu et sans le secours d'une loupe (CA Rouen 8-2-1974 : D. 1974.som.72 ; CA Paris 11-3-1987 : D. 1987.IR.91) ou minuscules, comme les autres clauses, même si son titre est en caractères gras et si elle figure au-dessus de la signature des parties (CA Paris 3-7-1996 : RJDA 1/97 n° 149).

72058 **Litiges visés** Le tribunal désigné dans la clause attributive de compétence ne peut connaître que des litiges que la clause lui soumet elle-même.

Dérogeant au droit commun, la clause doit être interprétée restrictivement (Cass. civ. 23-3-1971 : Bull. civ. I p. 80). Ainsi :

– la clause qui vise les litiges relatifs à l'interprétation et à l'exécution des conventions conclues ne concerne pas la demande de nullité du contrat ni la demande de dommages et intérêts qui n'en est que le complément, car ces demandes ne se rattachent pas à un problème d'exécution de la convention (Cass. civ. 25-1-1983 n° 81-16.415 : Bull. civ. I n° 31) ; mais cette clause est applicable à la demande en résolution du contrat (Cass. 2e civ. 18-9-2003 n° 1292 : RJDA 5/04 n° 654) ;

– la clause relative aux litiges nés d'un contrat ne vise pas l'action en réparation, fondée sur la responsabilité extracontractuelle, du préjudice subi par la victime d'une faute commise au cours des pourparlers (Cass. com. 11-1-1984 : JCP G 1984.IV.86) ;

– la clause qui attribue compétence à un tribunal en cas de contestation sur le mode de paiement des remboursements se trouve restreinte aux seules contestations relatives à ces remboursements (CA Paris 4-7-1977 : BT 1977.446) ; de même, lorsqu'elle fait suite à une stipulation concernant le recouvrement des frais de transport, elle est limitée aux seules contestations concernant ces frais (CA Montpellier 17-5-1979 : BT 1979.354) ;

– la clause se limitant aux litiges relatifs aux contrats de vente ne peut s'appliquer au litige portant sur les conséquences de la résiliation d'un contrat qui n'est pas un contrat de vente, mais une convention par laquelle le concédant réservait au distributeur la vente de ses produits sur un secteur défini (Cass. 2e civ. 1-2-2006 n° 185 : RJDA 6/06 n° 733).

Toutefois, une clause attributive de compétence a été étendue à plusieurs demandes en vue d'une meilleure administration de la justice (Cass. com. 9-11-1987 : JCP G 1988.IV.21) et une clause d'élection de domicile a été appliquée à l'action en nullité de l'acte la contenant compte tenu de l'intention des parties et des circonstances de fait du litige souverainement appréciées par les juges du fond (Cass. civ. 23-1-1974 : Bull. civ. II n° 34).

Sa compétence ne peut **pas être opposée** aux tiers à la clause.

Par exemple : le fréteur à temps d'un navire n'est pas partie au contrat de transport conclu par l'affréteur et un chargeur (CA Paris 11-6-1982 : DMF 1983.232) ; l'agent commercial d'un vendeur n'est pas partie au contrat de vente conclu par ce vendeur avec des tiers (Cass. com. 3-3-1964 : D. 1964.363).

Toutefois, cette compétence **est opposable** :

– à toute personne qui, sans avoir personnellement conclu la clause, en est **devenue partie** soit par représentation, soit parce qu'elle l'a acceptée (par exemple, sous-traitant acceptant la clause contenue dans le contrat principal : Cass. civ. 17-12-1985 : Bull. civ. I p. 318), soit parce que la clause lui a été transférée par subrogation (Cass. civ. 25-11-1986 : Bull. civ. I p. 265) ou substitution (Cass. 1e civ. 23-3-2011 n° 09-72.312 F-D : RJDA 8-9/11 n° 758) ;

– à une partie à un litige qui présente un **lien indivisible** avec l'action tombant sous la clause (Cass. com. 7-5-1957 : D. 1958.167 note Pochon ; Cass. civ. 4-5-1976 : Bull. civ. I p. 121) ;

– aux parties dont les actions sont unies par un **lien de connexité** (Cass. req. 10-7-1929 : DH 1929.425).

Réciproquement, les tiers ne peuvent **pas se prévaloir** de la clause ; notamment, les appelés en garantie ne peuvent pas l'invoquer contre ceux qui les assignent en intervention, car le recours en garantie a pour but de soumettre au juge l'intégralité du litige et de lui permettre de statuer en toute connaissance de cause (CA Rennes 21-5-1986 : DMF 1987.304).

Pour des rapprochements avec les solutions relatives aux parties liées par la clause compromissoire et qui peuvent être transposables aux clauses de compétence, n° 70859 s.

Compétence du tribunal désigné Le tribunal désigné par les parties est compétent dès lors qu'il a été régulièrement et clairement choisi. **72061**

Il en est ainsi, notamment :

– de la clause attribuant compétence aux seuls tribunaux du département de la Seine dès lors qu'elle exclut la compétence des juridictions n'ayant pas leur siège dans ce département (Cass. civ. 1-12-1971 : Bull. civ. II p. 237) ;

– de la clause ouvrant une option entre le tribunal de commerce et le tribunal civil de la Seine (Cass. civ. 18-3-1966 : Bull. civ. II p. 263) ;

– de la clause visant le « tribunal de Grenoble », dès lors que la nature et le siège de la juridiction choisie par les parties étaient déterminables par la seule qualité des parties et par la lecture du contrat qui conduisaient au tribunal de commerce de Grenoble (Cass. 1e civ. 30-10-2006 n° 1482 : RJDA 2/07 n° 213).

En revanche, ont été déclarées nulles les clauses qui laissent le choix de la juridiction à saisir à la discrétion des parties ou de l'une d'elles (CA Rouen 17-1-1991 : RJDA 3/91 n° 256 ; CA Paris 11-12-2009 n° 09-19820 : JCP E 2010.2045 note Zollinger ; dans le même sens, à propos d'une clause soumise au règlement européen 44/2001, devenu le règlement 1215/2012 n° 72151) ou qui sont imprécises, telle celle attribuant compétence aux tribunaux du « siège du loueur » (CA Pau 24-9-2020 n° 18/03514 : BTL 2020 n° 3802 jurisp. p. 4 : à défaut du siège social renseigné, compétence du juge du lieu de l'établissement secondaire).

En cas de **pluralité de clauses** contenues dans plusieurs documents contractuels, il y a lieu d'appliquer la clause figurant dans le document qui régit les relations contractuelles sur lesquelles le litige est fondé (CA Paris 14-6-1995 : DA 1995.44).

Si la clause n'a été stipulée que **dans l'intérêt** d'une partie, la compétence du tribunal désigné ne peut être invoquée que par elle (CA Paris 10-12-1997 : RJDA 4/98 n° 542) et elle peut y renoncer (Cass. com. 14-6-2016 n° 15-11.338 : RJDA 2/17 n° 138.som.). Le juge du fond apprécie souverainement dans l'intérêt de quelle partie la clause a été stipulée (Cass. 2e civ. 1-6-2017 n° 16-18.739 F-PB).

72064 **Incompétence du tribunal désigné** Le tribunal désigné par les parties n'est pas compétent pour connaître du litige qui les oppose si :

– la clause qui le désigne est **réputée non écrite** pour avoir été conclue entre des parties n'agissant pas en qualité de commerçants et ne l'ayant pas signalée de façon apparente (CPC art. 48 ; nos 72043 s.) ;

– le tribunal de la **procédure collective est compétent** pour connaître du litige (Cass. com. 28-10-1986 n° 85-10.356 : Bull. civ. IV n° 196) ;

Ce n'est pas le cas si le litige a sa cause dans un contrat antérieur à l'ouverture de la procédure et s'il avait pu naître même si le débiteur était demeuré in bonis (Cass. com. 9-3-1977 : Bull. civ. IV n° 79).

– la partie qui pouvait se prévaloir de la clause et dans l'intérêt de laquelle celle-ci a été stipulée y a **renoncé** (Cass. com. 3-7-2012 n° 11-12.011 : RJDA 11/12 n° 1021 ; CA Paris 19-7-1984 : BRDA 21/84 p. 14 ; CA Paris 10-12-1997 : RJDA 4/98 n° 542) ;

Le fait de ne pas invoquer une clause attributive de compétence à l'occasion d'une action en référé ne manifeste pas la volonté non équivoque de renoncer à s'en prévaloir lors d'une assignation au fond (Cass. com. 28-5-1991 : RJDA 10/91 n° 859).

– les clauses figurant sur le papier commercial de chaque partie **se contredisent** et, de ce fait, s'annulent (Cass. com. 20-11-1984 : Bull. civ. IV p. 253 ; Cass. civ. 28-3-1995 : RJDA 11/95 n° 1309 ; Cass. civ. 16-7-1998 : RJDA 11/98 n° 1203), à moins que ne soit rapportée la preuve de l'accord des parties pour faire prévaloir l'une de ces clauses sur l'autre (Cass. com. 29-10-1964 : GP 1965.1.45 ; CA Paris 25-6-1958 : GP 1958.2.125) ;

– en cas de **pluralités de défendeurs,** le demandeur ignore la clause qui concerne l'un d'eux et agit devant le tribunal de l'un de ces défendeurs, à condition qu'il y ait indivisibilité entre les demandes, comme c'est le cas dans le cadre d'un litige concernant des contrats de fourniture et de mise en location conclus le même jour et en toute connaissance de cause par les trois parties concernées, ces contrats qui faisant partie d'une opération globale et étant interdépendants (CA Montpellier 3-3-2015 n° 13/06450 : GP 2015 pan. 16 décembre).

Néanmoins, le **juge des référés** peut toujours être saisi en vue d'ordonner les mesures relevant de sa compétence et justifiées par l'urgence, en dépit d'une clause attributive de compétence (Cass. com. 25-6-2002 n° 1269 : RJDA 12/02 n° 1337 ; TGI Caen 22-11-1962 : GP 1963.1.173).

EXCEPTION D'INCOMPÉTENCE TERRITORIALE

72070 Lorsque le tribunal saisi par une partie est considéré par le défendeur comme incompétent, celui-ci doit soulever l'exception d'incompétence de ce tribunal **avant** toute défense au fond ou fin de non-recevoir ; il en est ainsi **alors même** que les règles invoquées au soutien de l'exception seraient **d'ordre public** (CPC art. 74, al. 1).

La partie qui soulève cette exception doit, à peine d'irrecevabilité, la motiver et faire connaître dans tous les cas devant quelle juridiction elle demande que l'affaire soit portée (CPC art. 75).

B. Compétence selon le droit de l'Union européenne

GÉNÉRALITÉS

72100 La compétence des juridictions des États membres pour connaître des litiges naissant entre les ressortissants de ces États est déterminée par le règlement UE 1215/2012 du 12 décembre 2012 sur la compétence judiciaire, la reconnaissance et l'exécution des décisions en matière civile et commerciale, appelé « **règlement Bruxelles I bis** ». Il remplace, **depuis le 10 janvier 2015,** le règlement CE 44/2001 du 22 décembre 2000, dit « règlement Bruxelles I », qui était applicable depuis le 1er mars 2002 et avait lui-même remplacé la convention de Bruxelles du 27 septembre 1968 qui avait le même objet.

Le règlement 1215/2012 s'applique à l'ensemble des États de l'UE, sauf le Danemark (Préambule du règlement art. 41). Toutefois, par lettre du 20 décembre 2012, le Danemark a notifié à la Commission européenne sa décision d'appliquer le contenu du règlement (JOUE L 79 du 21-3-2013 P. 4).

La convention de Bruxelles demeure applicable aux territoires des États membres de l'UE qui entrent dans son champ d'application et sont exclus de l'application du règlement en vertu de l'article 349 du TFUE (art. 68, 1).

Entre les États membres de l'UE et l'Islande, la Norvège et la Suisse (États de l'Association européenne de libre-échange) est applicable la convention de Lugano du 16 septembre 1988, remplacée par la convention de Lugano du 30 octobre 2007, à la date de l'entrée en vigueur de cette dernière (art. 69), soit le 1er janvier 2011, pour les actions intentées postérieurement à cette date (Cass. 1e civ. 25-3-2015 n° 13-21.749 : RJDA 10/15 n° 729). Cette convention reprend les principes inscrits dans le règlement 44/2001 devenu le règlement 1215/2012.

Ce règlement **reprend** pratiquement les dispositions du règlement 44/2001 sur la compétence, la modification essentielle étant la suppression de l'exequatur. Par là même, il reprend donc celles de la convention de Bruxelles qui s'y retrouvaient. Les modifications apportées sont précisées dans les développements qui suivent là où elles sont intervenues. Toute référence à la convention s'entend comme faite au règlement.

Il comprend en outre une définition des termes employés : « décision », « transaction judiciaire », « acte authentique », « État membre d'origine », « État membre requis », « juridiction d'origine » (art. 2 et 3).

Dès lors que la compétence d'une juridiction est litigieuse, celle-ci est exclusivement tranchée par les dispositions du règlement (CA Chambéry 20-11-2018 n° 18/00889, écartant l'appréciation de la compétence en fonction de la convention de Vienne sur la vente internationale de marchandises : n° 26547).

Avertissement. Dans les développements qui suivent les articles cités sans autre précision se rapportent au règlement 1215/2012. Les décisions de justice rendues sous l'empire de la convention et du règlement 44/001 qui ont été maintenues dans ces développements, leur terminologie ayant été le cas échéant adaptée, demeurent valables par transposition sous le régime actuel.

CHAMP D'APPLICATION DU RÈGLEMENT

Le règlement 1215/2012 s'applique aux **actions judiciaires** intentées, aux **actes authentiques** dressés ou enregistrés et aux **transactions judiciaires** approuvées ou conclues à compter du 10 janvier 2015 (art. 66), impliquant des ressortissants des États membres de l'UE, qui comportent un élément de rattachement à un autre État membre que celui de la juridiction saisie. **72103**

C'est le cas dès lors que le demandeur est établi dans un État membre de l'UE autre que celui de la juridiction saisie (CJUE 7-5-2020 aff. 267/19 et aff. 323/19 : JDI 2021.175 note Pailler) mais non d'un litige né d'un contrat ayant pour objet de garantir une filiale française, signataire du contrat, entre la société mère et une banque toutes deux de droit hollandais (CA Versailles 29-10-1998 : Rev. jur. com. 1999.326 note Menjucq, retenant la compétence des juridictions hollandaises).

Le règlement aussi être appliqué si les parties tierces à l'UE sont convenues d'une clause attributive de compétence relevant du droit commun de la compétence internationale (cf. CCIP-CA 3-1-2023 n° 10403).

Le règlement 1215/2012 ne préjuge pas de l'application des dispositions qui, dans des **matières particulières,** règlent la compétence judiciaire, la reconnaissance et l'exécution des décisions et qui sont contenues dans les actes européens ou dans les législations nationales harmonisées en exécution de ces actes (art. 67). Notamment, il ne s'applique pas à la résolution des petits litiges, qui est soumise au règlement CE 861/2007 du 11 juillet 2007 instituant une procédure européenne de règlement de ces litiges, à savoir ceux relatifs à une demande ne dépassant pas 5 000 €, et applicable depuis le 1er janvier 2009 (CPC art. 1382 s.). Le tribunal judiciaire connaît des demandes formées en application de ce règlement (COJ art. L 221-4-1), de même que les tribunaux de commerce, dans les limites de leur compétence d'attribution (C. com. art. L 721-3-1).

Le règlement UE ne fixe la compétence que pour les **litiges « en matière civile et commerciale »,** quelle que soit la nature de la juridiction (art. 1, 1). **72106**

Les notions de « matière civile ou commerciale » doivent s'interpréter conformément aux objectifs et au système de la convention (désormais du règlement) et non pas par rapport au droit de l'un des États concernés (CJCE 14-10-1976 : Rev. crit. 1977.772 note Droz).

Tout litige en relève dès lors qu'il **n'entre pas dans l'un des cas** énumérés ci-dessous pour lesquels sa compétence est exclue (CA Aix 10-5-1974 : GP 1974.2.671 note Padis : à propos du droit du travail ; aussi Cass. ass. plén. 14-10-1977 : D. 1978.417 note Lagarde, affirmant que le caractère d'ordre public d'une règle de fond ne peut empêcher l'application d'une convention internationale fixant une compétence).

Sont **hors de cette compétence** les litiges relatifs (Régl. UE 1215/2012 art. 1.2) :

– aux **matières** fiscales, douanières ou administratives ainsi qu'à la responsabilité de l'État pour des actes ou des omissions commis dans l'exercice de la puissance publique (art. 1, 1) ;

Ainsi le règlement est inapplicable dès lors qu'au moins l'un des adversaires est une personne publique ayant agi dans l'exercice de sa puissance publique et que figure au contrat une clause exorbitante du droit privé (CJCE 14-10-1976 précité ; CJCE 16-12-1980 : Clunet 1982.463 obs. Bischoff ; CJUE 5-12-2019 aff. 421/18 : RTD com. 2020.209 obs. Marmisse-d'Abbadie d'Arrast).

Mais il l'est pour tous litiges entre personnes privées même s'ils mettent en cause des règles de droit public (par exemple, en matière de restitution des biens ayant fait l'objet d'une spoliation : TGI Paris 7-6-1974 : D. 1975.339 note Droz) ou si la personne privée poursuivie a agi pour le compte et sur délégation d'un État tiers, dès lors que cette activité n'est pas exercée en vertu de prérogatives de puissance publique, au sens du droit de l'UE, ce qu'il appartient à la juridiction de renvoi d'apprécier, le principe de droit international coutumier sur l'immunité juridictionnelle ne s'opposant pas sous cette condition à l'exercice, par la juridiction nationale saisie, de la compétence juridictionnelle prévue par le règlement (CJUE 7-5-2020 aff. 641/18).

– à l'**état et la capacité** des personnes physiques, aux régimes matrimoniaux ou aux régimes matrimoniaux relatifs aux relations qui, selon la loi qui leur est applicable, sont réputés avoir des effets comparables au mariage, aux testaments et aux successions (art. 1, 2-a) ;

Relève de la capacité des personnes la procédure gracieuse engagée par un majeur protégé en vue d'obtenir l'autorisation de vendre un bien immobilier situé sur le territoire d'un autre État membre (CJUE 3-10-2013 aff. 386/12 : D. 2013.2407.som.).

Quant aux régimes matrimoniaux, il s'agit de tout litige patrimonial relatif à la situation matrimoniale (CJCE 31-3-1982 : Rec. 1189 ; Cass. 1e civ. 8-6-2004 : Rev. crit. 2005.111 note de Vareilles-Sommières).

– aux **faillites,** concordats et autres procédures analogues (art. 1, 2-b) ; ces procédures sont celles fondées, selon les législations des parties contractantes, sur l'état de cessation des paiements, l'insolvabilité ou l'ébranlement du crédit du débiteur, impliquant une intervention de l'autorité judiciaire et aboutissant à un contrôle par cette autorité (CJCE 22-2-1979 : Rev. crit. 1979.657 note Lemontey) ;

L'exclusion ne concerne que les actions qui dérivent directement de la faillite et s'insèrent étroitement dans le cadre de la procédure collective ; c'est le cas de l'action en constatation de l'existence de créances aux fins de leur enregistrement dans le cadre d'une procédure d'insolvabilité (CJUE 18-9-2019 aff. 47/18) mais n'est pas une telle action : celle en recouvrement d'une créance admise au passif, introduite par le créancier après la clôture de la procédure (Cass. com. 18-12-2007 n° 06-17.610 : RJDA 3/08 n° 358) ; celle en paiement de fournitures dirigée contre le syndic d'une liquidation des biens, tant en son nom qu'en cette qualité (Cass. civ. 13-4-1992 : Rev. crit. 1993.67 note Rémery, estimant justifié l'octroi de l'exécution, en application de la convention de Bruxelles qui a aussi trait, comme le règlement CE, à l'exécution des décisions ; nos 72460 s.) ; celle en paiement d'une banque belge contre la caution française d'une société belge en faillite (CA Paris 2-3-1993 : D. 1993.som.353 obs. Audit) ; celle en revendication d'un bien vendu avec réserve de propriété exercée contre un acheteur soumis à une procédure d'insolvabilité (CJCE 10-9-2009 aff. 292/08 : D. 2009.2782.som. note Vallens) ; celle en paiement d'une créance fondée sur la fourniture de services de transport, exercée par le syndic d'une entreprise en faillite, désigné dans une procédure d'insolvabilité ouverte dans un État membre, et dirigée contre le bénéficiaire de ces services, établi dans un autre État membre (CJUE 4-9-2014 aff. 157/13) ; celle ayant pour objet une demande en dommages et intérêts pour responsabilité délictuelle ou quasi délictuelle, exercée par le syndic d'une procédure d'insolvabilité et dont le produit revient, en cas de succès, à la masse des créanciers (CJUE 6-2-2019 aff. 535/17).

– à la **sécurité sociale** (art. 1, 2-c) ;

– à l'**arbitrage** (art. 1, 2-d).

L'arbitrage est un corps étranger au droit de l'UE.

Le tribunal arbitral n'appartient pas au système juridictionnel de l'UE que l'article 19, paragraphe 1, second alinéa du TUE impose aux États membres d'établir dans les domaines couverts par le droit de l'UE ; en effet, d'une part, ce tribunal arbitral ne constitue pas une « juridiction d'un des États membres » et, d'autre part, la sentence arbitrale prononcée par ce dernier n'est soumise à aucun contrôle par une juridiction d'un État membre quant à sa conformité au droit de l'UE ; il s'ensuit que la clause d'arbitrage en tant qu'elle a constitué le fondement de la sentence, remet en cause la préservation du caractère propre du droit de l'UE assurée par la procédure du renvoi préjudiciel, en violation des principes de coopération loyale et de l'autonomie du droit de l'UE ; dès lors, la sentence arbitrale doit être considérée comme étant incompatible avec le droit de l'UE, en particulier, avec ses articles 267 et 344 TFUE et ne saurait donc produire aucun effet et ne peut ainsi être exécutée (CJUE 21-9-2022 aff. 333/19 ; dans le même sens, CJUE 6-3-2018 aff. 284/16 ; CJUE 26-10-2021 aff. 109/20 ; CCIP-CA Paris 19-4-2022 n° 20/14581).

Outre la sentence arbitrale, se trouvent aussi exclus du système juridictionnel de l'UE un litige relatif à la désignation d'un arbitre (CJCE 25-7-1991 : RJDA 10/91 n° 871) ; à la fixation de la compétence d'une juridiction étatique (CA Paris 2-4-2019 n° 18/15414 : DMF 2019.884 obs. Favarel) ; ou à la responsabilité d'un arbitre (CCIP-CA Paris 22-6-2021 n° 21/07623).

DATE DE DÉTERMINATION DE LA COMPÉTENCE

72108 Il ressort des articles 1 et 3, point 2, du règlement CE 44/2001 que l'acte introductif d'instance fixe la saisine du tribunal et détermine la compétence pendant la durée de l'instance ; en conséquence, le juge français saisi d'une action se rapportant à un litige pour lequel a été introduite une action principale qui a donné lieu à la fixation de la compétence au domicile du défendeur situé dans un autre État membre ne peut pas retenir sa compétence sur le fondement d'une disposition nationale, en l'espèce les articles 14 et 15 du Code civil (Cass. 1e civ. 13-5-2020 n° 19-10.448 FS-PB).

COMPÉTENCE DU TRIBUNAL DU DOMICILE DU DÉFENDEUR

72109 **1. Personne domiciliée sur le territoire d'un État membre.** Toute personne poursuivie, dont le défendeur, qui a son domicile sur le territoire d'un État membre, quelle que soit sa nationalité, doit être attraite devant le tribunal de ce domicile ; il en est de même de la personne qui ne possède pas la nationalité de l'État membre dans lequel elle est domiciliée, qui est soumise aux règles de compétence applicables aux ressortissants de cet État membre (art. 4.2 et 6.2).

Pour déterminer si une partie a son domicile sur le territoire de l'État membre dont les tribunaux sont saisis, le juge applique sa loi interne (art. 62, 1). Pour déterminer si une partie qui n'a pas de domicile dans l'État dont les tribunaux sont saisis a un domicile dans un autre État membre, il applique la loi de cet autre État membre (art. 62, 2).

Les sociétés et les personnes morales sont domiciliées là où est situé leur siège statutaire, leur administration centrale ou leur principal établissement (art. 63, 1 ; sur la définition du siège statutaire au Royaume-Uni, à Chypre et en Irlande, art. 63, 1 et 2).

Pour déterminer si un trust a son domicile sur le territoire d'un État membre dont les juridictions sont saisies, le juge applique les règles de son droit international privé (art. 63, 3).

Il doit en être ainsi **même si le demandeur** est domicilié dans un pays tiers (CJCE 13-7-2000 : Clunet 2002.623 obs. Leclerc), sauf disposition expresse du règlement faisant dépendre la règle de compétence qu'il énonce de la localisation du domicile du demandeur sur le territoire d'un État membre (CJCE 13-7-2000 : RJDA 1/01 n° 111).

Toutefois, les personnes domiciliées sur le territoire d'un État membre **peuvent être attraites** devant les tribunaux d'un autre État membre lorsque des règles, exposées dans les développements qui suivent, désignent une autre juridiction compétente.

Ne peuvent donc pas être invoquées contre ces personnes les règles de compétence nationales que les États membres doivent notifier à la Commission en vertu de l'article 76, paragraphe 1, point a) et dont la Commission doit établir la liste en annexe au règlement. Avant l'entrée en vigueur du règlement 1215/2012, un Français ne pouvait pas se prévaloir des articles 14 et 15 du Code civil, qui lui permettent de revendiquer la compétence des tribunaux français (n°s 72240 s.), car ils avaient été notifiés et ils figuraient à l'annexe (la mention dans l'annexe nouvelle a désormais, à notre connaissance, disparu). Néanmoins, ces textes n'entrant pas dans les dérogations à la compétence fixée par l'article 4 que prévoit l'article 5.1, ils ne sauraient recevoir application.

Sur la compétence pour juger la personne poursuivie qui ne comparaît pas, article 28 du règlement 1215/2012.

2. Personne non domiciliée sur le territoire d'un État membre. Lorsque la personne poursuivie n'est **pas domiciliée** sur le territoire d'un État membre, la compétence est régie par la loi de chaque État, sauf pour les litiges relatifs à la compétence exclusive d'un tribunal déterminé (n° 72145) ou à une clause attributive de compétence (n° 72148) (art. 6, 1 ; pour une application injustifiée à une personne qui n'avait pas sa résidence en France, Cass. 1e civ. 15-11-2017 n° 15-16.265 FS-PBI). Mais toute personne, quelle que soit sa nationalité, domiciliée sur le territoire d'un État membre, peut, comme les nationaux, y invoquer contre ce défendeur les règles de compétence applicables dans ledit État (art. 6, 2 ; CA Paris 17-11-1993 : Clunet 1994.671 note Huet, permettant à des étrangers domiciliés à Paris d'invoquer l'art. 14 C. civ.).

Un défendeur, qui est probablement citoyen de l'UE, mais qui se trouve en un lieu inconnu, poursuivi en responsabilité extracontractuelle du fait de la gestion d'un site internet, ne peut pas être considéré comme non domicilié sur le territoire de l'UE si la juridiction saisie ne dispose pas d'indices probants lui permettant de conclure que ledit défendeur est effectivement domicilié en dehors du territoire de l'UE (CJUE 15-3-2012 aff. 292/10 : D. 2012.952).

COMPÉTENCE EN MATIÈRE CONTRACTUELLE

La partie qui veut exercer une action – ce qui exclut le défendeur (Cass. ch. mixte 11-3-2005 n° 229 : RJDA 11/05 n° 1308) – se rapportant à un contrat peut, à son choix, saisir (art. 4 et 7, 1) : **72112**

– le tribunal de l'État du domicile du défendeur ;

– le tribunal du lieu où l'obligation qui sert de base à la demande a été ou doit être exécutée.

Cette règle doit être ainsi entendue.

1. La **qualification** de la « matière contractuelle » **doit être établie** non pas par application de la loi interne de l'un ou l'autre des États concernés, mais en se référant principalement au système et aux objectifs du règlement en vue d'assurer à celui-ci sa pleine efficacité (CJCE 22-3-1983 : Clunet 1983.834 obs. Huet ; Cass. 1e civ. 17-1-2006 n° 49 : RJDA 7/06 n° 855) ; ainsi, est **contractuel** tout litige relatif à des obligations qui trouvent leur fondement dans un contrat, sans que la conclusion d'un contrat soit pour autant exigée dès lors que la partie poursuivie a librement consenti à s'engager envers le demandeur (CJCE 20-1-2005 aff. 27/02 : RTD com. 2005.636 obs. d'Arras ; Cass. 1e civ. 7-5-2010 n° 09-14.324 : RJDA 8-9/10 n° 898, D. 2010.1279 obs. Gallmeister). **72115**

Relèvent ainsi de la matière contractuelle le litige relatif :

– aux obligations comportant le versement d'une somme d'argent et résultant du lien d'affiliation existant entre une association et ses adhérents (CJCE 22-3-1983 précité) ;

– à la rupture abusive d'un contrat d'agence commerciale (CJCE 8-3-1988 : Rev. crit. 1988.610 note Gaudemet-Tallon) ;

– à une concurrence déloyale si le comportement reproché peut être considéré comme un manquement aux obligations contractuelles, telles qu'elles peuvent être déterminées compte tenu de l'objet du contrat, peu important que le droit national du demandeur répute délictuelle cette action (CJUE 13-3-2014 aff. 548/12 : D. 2014.1973 note d'Avout ; cf. CA Paris 29-6-1994 : RJDA 12/94 n° 1396 ; rappr. Cass. civ. 15-5-2001 : RJDA 12/01 n° 1294) ;

– à l'exécution de l'engagement librement pris de verser une somme d'argent au gagnant d'une loterie publicitaire (Cass. 1e civ. 7-5-2010 n° 09-14.324 précité) ;

– aux obligations entre le bénéficiaire d'un billet à ordre et l'avaliste du billet qui en apposant sa signature au recto du billet, sous la mention « bon pour aval », a volontairement accepté d'agir comme garant des obligations du souscripteur du billet à ordre (CJUE 14-3-2013 aff. 419/11 : RJDA 6/13 n° 577) ;

– aux engagements entre le vendeur de marchandises FOB détenteur de l'original du connaissement, ici fluvial, et le transporteur, peu important que le contrat de transport ait été conclu, entre l'acquéreur des marchandises et le transporteur, car il existe néanmoins entre le vendeur et le transporteur un engagement librement assumé d'une partie envers l'autre (Cass. com. 13-5-2014 n° 13-12.240 : RJDA 7/14 n° 625) ;

– à l'annulation d'un contrat et à la restitution des sommes indûment versées sur son fondement (CJUE 20-4-2016 aff. 366/13 : RJDA 7/16 n° 586).

Mais n'est **pas** contractuelle une situation dans laquelle il n'existe aucun engagement librement assumé d'une partie envers l'autre, tel le litige opposant le sous-acquéreur d'une chose au fabricant, qui n'est pas le vendeur, en raison des vices ou de la non-conformité de la chose (CJCE 17-6-1992 : RJDA 8-9/92 n° 879 ; Cass. com. 18-10-1994 : RJDA 3/95 n° 374). Il s'ensuit que la clause attributive de juridiction convenue dans le contrat conclu entre le fabricant d'un bien et l'acquéreur de celui-ci ne peut pas être opposée au tiers sous-acquéreur sauf s'il est établi que ce tiers y a donné son consentement effectif (CJUE 7-2-2013 aff. 543/10 : RJDA 5/13 n° 469 ; Cass. 1e civ. 11-9-2013 n° 09-12.442 : RJDA 1/14 n° 71 : défaut d'acceptation de la clause par l'acquéreur ; Cass. com. 13-11-2013 n° 13-13.586 : RJDA 3/14 n° 293. som. : acceptation de la clause par un tiers poursuivant le contrat initial ; Cass. 1e civ. 25-3-2015 n° 13-24.796 : RJDA 7/15 n° 545 : refus de déduire l'acceptation de la clause du paiement par le sous-acquéreur de factures en vertu de ce que l'acquéreur l'avait délégué au vendeur initial pour le paiement du prix).

En l'absence d'engagements librement assurés par une partie envers une autre partie à l'occasion des négociations d'un contrat, la responsabilité précontractuelle pour rupture abusive de pourparlers est délictuelle ou quasi délictuelle (CJCE 17-9-2002 : RJDA 3/03 n° 346) ; il en est de même lorsque la victime d'un placement reposant sur une base frauduleuse demande à la banque émettrice des titres réparation de son préjudice financier alors qu'elle n'a pas traité directement avec elle (CJUE 28-1-2015 aff. 375/13 : D. 2015.770 note D'avout).

72118 **2.** L'option prévue joue aussi bien pour un litige sur l'**exécution** que sur l'**existence** du contrat (CJCE 4-3-1982 : Rev. crit. 1982.570 note Gaudemet-Tallon) ou sur sa nullité (Cass. civ. 25-1-1983 : Rev. crit. 1983.516 note Gaudemet-Tallon).

72121 **3.** L'obligation qui sert **de base à la demande** est celle qui est **invoquée dans cette demande.** Si plusieurs obligations sont en cause dans un même litige, c'est le lieu de l'obligation **principale** qui doit être retenu (CJCE 15-1-1987 : GP 1987.som.283 note Mauro) ; et lorsque, en présence de plusieurs demandes, les règles de conflit de la juridiction saisie conduisent à fixer le lieu d'exécution des obligations invoquées dans deux États membres distincts, par exemple, s'agissant d'obligations nées d'un contrat d'agence commerciale, à fixer en Belgique le lieu où doit être payée une indemnité compensatoire de préavis et en Italie le lieu où doivent être payées les commissions, le même juge n'est pas compétent pour connaître l'ensemble de la demande fondée sur deux obligations équivalentes résultant d'un même contrat (CJCE 5-10-1999 : RJDA 7-8/00 n° 822).

72124 **4.** Le **lieu** où l'obligation susvisée a été ou doit être exécutée est, sauf convention contraire (art. 7, 1-b) :

– pour la **vente de marchandises,** le lieu d'un État membre où les marchandises ont été ou auraient dû être livrées en vertu du contrat, c'est-à-dire sur la base de « tous les termes et toutes les clauses pertinents de ce contrat qui sont de nature à désigner de manière claire ce lieu, y compris les termes et les clauses généralement reconnus et consacrés par les usages du commerce international, tels que les incoterms » (CJUE 9-6-2011 aff. 87/10 : RJDA 8-9/11 n° 759 ; Cass. com. 22-3-2011 n° 10-16.993 : Bull. civ. IV n° 51 : primauté de l'indication expresse du lieu de livraison sur l'incoterm « ex work » qui fixe le lieu de mise à disposition à l'usine du vendeur) ;

Est une « vente de marchandises » au sens de l'article 5, 1-b (devenu l'article 7, 1-b du règlement 1215/2012), le contrat dont l'objet est la livraison de marchandises à fabriquer ou à produire, alors même que l'acheteur a formulé certaines exigences concernant l'obtention, la transformation et la livraison des marchandises, sans que les matériaux aient été fournis par celui-ci, et prévoyant que le fournisseur est responsable de la qualité et de la conformité au contrat de la marchandise (CJUE 25-2-2010 aff. 381/08 :

RJDA 5/10 n° 585). Est aussi une vente la relation commerciale établie de longue date si l'obligation caractéristique du contrat en cause est la livraison d'un bien (CJUE 14-7-2016 aff. 196/15 : RJDA 11/16 n° 839). Mais n'est pas un contrat de vente le contrat de distribution exclusive (Cass. 1e civ. 5-3-2008 n° 06-21.949, 3e esp. : Rev. crit. 2008.660 note Cornette).

En cas de pluralité de lieux de livraison, le tribunal compétent pour connaître de toutes les demandes fondées sur le contrat de vente de marchandises est celui dans le ressort duquel se trouve le lieu de la livraison principale, laquelle doit être déterminée en fonction de critères économiques ; à défaut de facteurs déterminants pour établir le lieu de la livraison principale, le demandeur peut attraire le défendeur devant le tribunal du lieu de livraison de son choix (CJCE 3-5-2007 aff. 386-05 : RJDA 10/08 n° 1079.som.).

En cas de divergence entre le lieu matériel effectif de livraison et le lieu stipulé au contrat, ce dernier doit prévaloir (Cass. com. 8-2-2023 n° 21-13.536 FS-B : RJDA 5/23 n° 293).

– pour la **fourniture de services,** le lieu d'un État membre où, en vertu du contrat, les services ont été ou auraient dû être fournis.

La notion de services « implique, pour le moins, que la partie qui les fournit effectue une activité déterminée en contrepartie d'une rémunération » (CJCE 23-4-2009 aff. 533/07 : D. 2009.1489), laquelle existe même si le concessionnaire ne bénéficie pas d'un versement d'argent, dès lors qu'il dispose grâce au concédant d'un avantage concurrentiel et d'aides (CJUE 19-12-2013 aff. 9/12 : RJDA 3/14 n° 294 ; Cass. 1e civ. 19-11-2014 n° 13-13.405). En conséquence, constitue une prestation de services :

– l'intervention d'un intermédiaire pour favoriser la vente d'une machine ; dès lors, la demande de l'intermédiaire en paiement de la commission due pour ce service doit être portée devant la juridiction du lieu où le service a été exécuté (Cass. 1e civ. 14-3-2006 n° 501 : RJDA 8-9/06 n° 980 : courtier ; Cass. 1e civ. 11-7-2006 n° 05-18.021 : RJDA 8-9/07 n° 926 : intermédiaire non défini) ; il en est de même pour des demandes fondées sur la rupture d'un contrat d'agence commerciale intracommunautaire (Cass. com. 6-10-2015 n° 13-18.704 : RJDA 2/16 n° 104) ;

– la mission confiée à un expert en assurance, qui reçoit exécution au lieu du sinistre (CA Orléans 22-2-2007 n° 06-3099 : RJDA 12/07 n° 1306) ou à un mandataire en douane (CA Aix 22-3-2018, 2e ch. n° 15/10814) ;

– la prestation de stockage d'une marchandise (CJUE 14-11-2013 aff. 469/12 : DET 2014.301).

La relation commerciale établie de longue date est un « contrat de fourniture de services » si l'obligation caractéristique de la relation en cause est une prestation de services (CJUE 14-7-2016 aff. 196/15).

La règle s'applique au paiement de l'indemnité de fin de contrat de l'agent commercial depuis l'entrée en vigueur du règlement 44/2001(aujourd'hui, règlement 1215/2012) (Cass. 1e civ. 3-10-2006 n° 04-14.233 : RJDA 3/07 n° 317 ; Cass. com. 6-10-2015 n° 13-18.704 précité).

Lorsque le contrat n'est **ni de vente ni de fourniture de services** (art. 7, 1, c), la juridiction est **72127**
déterminée par le lieu où l'obligation qui sert de base à la demande a été ou doit être exécutée, lequel est fixé **selon la loi** qui régit l'obligation litigieuse ; cette loi est celle qui résulte de l'application des **règles de conflit** de la juridiction saisie (CJCE 6-10-1976 : D. 1977.616 note G. A.-L. D. ; CJCE 29-6-1994 : RJDA 10/94 n° 1092). Cette règle s'applique notamment au paiement de la pénalité pour inexécution d'un avant-contrat (CJUE 14-9-2023 aff. 393/22).

La loi désignée selon les règles de conflit du juge saisi est, le cas échéant, la loi nationale choisie par les parties, laquelle peut entraîner l'application de la convention internationale à laquelle elle renvoie (CJCE 29-6-1994 précité ; sur la détermination de la loi applicable, nos 16600 s.).

Ce lieu ne peut donc être arrêté qu'**après recherche de la loi applicable** (Cass. civ. 30-5-2000 : Bull. civ. I n° 161 ; Cass. com. 20-6-2000 : RJDA 11/00 n° 1064) et il ne peut être **que celui que cette loi** désigne, même si les parties ont fixé un lieu d'exécution dans leur contrat (Cass. civ. 9-2-1994 : RJDA 6/94 n° 744 ; Cass. com. 27-2-1996 : DA 1996.520).

Les dispositions du règlement étant d'ordre public, il y a lieu, en effet, de considérer qu'il n'est possible de fixer contractuellement une compétence qu'en déterminant celle-ci par une clause attributive de compétence conforme aux conditions posées par le règlement (nos 72148 s.), sauf si le droit applicable selon la règle de conflit admet que la compétence soit déduite de l'indication du lieu d'exécution de l'obligation dans le contrat (CJCE 17-1-1980 : Rec. 89). Toutefois, le lieu contractuellement élu est écarté s'il vise, non pas à déterminer l'endroit où le débiteur devra effectivement exécuter la prestation qui lui incombe, mais exclusivement à établir un lieu de for déterminé, auquel cas il s'agit d'une clause soumise au régime de la clause attributive de compétence (CJCE 20-2-1997 : RJDA 7/97 n° 975).

Les mêmes règles sont applicables au titre de la convention de **Lugano** (Cass. com. 30-5-2000 : Rev. crit. 2001.153 note Ancel).

5. Lorsque le contrat est conclu avec un **« consommateur »,** à savoir une personne, contractant **72130**
pour un usage étranger à son activité professionnelle, la compétence juridictionnelle est déterminée par application des articles 17 à 19.

Seule une personne physique est un consommateur au sens des dispositions susvisées (CJCE 22-11-2001 : RJDA 2/02 n° 207) ; tel n'est pas le cas d'une association de consommateurs (CJUE 5-12-2013 aff. 413-12).

N'est donc pas consommateur celui qui agit dans l'exercice de son activité professionnelle (CJCE 19-1-1993 : RJDA 4/93 n° 364), par exemple l'avaliste de la société dont il est gérant et associé majoritaire (CJUE 14-3-2013 aff. 419/11 : RJDA 6/13 n° 577), en vue de l'exercice d'une activité professionnelle future (CJCE 3-7-1997 : RJDA 12/97 n° 1574), en vue de la cession de son fonds de commerce (CJCE 14-3-1991 : Rec. I-1189) ou en vue d'un usage mixte professionnel et non professionnel dès lors que l'usage à fin professionnelle n'est pas négligeable et que la personne qui invoque la qualité de consommateur a pu faire naître l'impression chez le cocontractant qu'elle agissait à des fins professionnelles (CJCE 20-1-2005 aff. 464-01 : D. 2005.IR.458).

Afin de déterminer si une personne ayant conclu un contrat peut être qualifiée de « consommateur », il peut être tenu compte de l'impression créée par le comportement de cette personne dans le chef de son cocontractant, consistant notamment en une absence de réaction de la personne qui invoque la qualité de consommateur aux stipulations du contrat la désignant en tant qu'entrepreneuse, en la circonstance qu'elle a conclu ce contrat par le truchement d'un intermédiaire, exerçant des activités professionnelles dans le domaine dont relève ledit contrat, qui, après la signature de ce même contrat, a interrogé l'autre partie sur la possibilité de mentionner la TVA sur la facture afférente ou encore en la circonstance qu'elle a vendu le bien faisant l'objet du contrat peu après la conclusion de celui-ci et a réalisé un bénéfice éventuel (CJUE 9-3-2023 aff. 177/22).

COMPÉTENCE EN MATIÈRE DÉLICTUELLE

72133 Les demandes en réparation des dommages résultant de délits ou quasi-délits peuvent être portées, au choix du demandeur (art. 2 et 7, 2) :

Le demandeur ne peut être que la victime directe du dommage (CJCE 11-1-1990 : Rev. crit. 1990.363 note Gaudemet-Tallon, refusant l'option à une société mère qui n'avait subi qu'indirectement le dommage causé à ses filiales).

– soit devant le tribunal du domicile du défendeur ;

– soit devant le tribunal du lieu où le fait dommageable s'est produit ou risque de se produire ; ce lieu s'entend à la fois du lieu où le dommage est survenu et du lieu de l'événement causal (CJCE 16-7-2009 aff. 189/08 : RJDA 11/09 n° 1026.som. ; Cass. com. 8-6-2010 n° 09-13.381 : RJDA 11/10 n° 1128) ; ainsi, même si le fait générateur est localisé en Suisse, le tribunal français dans le ressort duquel le dommage résultant directement et immédiatement de ce fait est survenu est compétent (Cass. 1e civ. 1-2-2012 n° 10-24.843 : RJDA 5/12 n° 552 : application de la convention de Lugano) ; dès lors que le dommage s'est produit en France, les juges ne peuvent pas écarter la compétence des juridictions françaises sans rechercher si les autres circonstances particulières de l'affaire ne concouraient pas à attribuer la compétence à une autre juridiction que celle du lieu de matérialisation de ce préjudice (Cass. 1e civ. 15-6-2022 n° 21-10.742 F-B : RJDA 10/22 n° 602).

Pour déterminer cette compétence, il y a lieu :

– de qualifier le fait constitutif de délit ou de quasi-délit en fonction d'une interprétation communautaire uniforme (CJCE 16-12-1980 : Clunet 1982.463 note Bischoff) et de considérer comme délictuel tout ce qui n'est pas contractuel (CJCE 27-9-1988 : D. 1989.IR.19), Ainsi, l'action paulienne, dont il a été, dans un premier temps, jugé qu'elle n'avait pas un caractère délictuel (CJCE 26-3-1992 : RJDA 6/92 n° 662), a, désormais, été reconnue comme présentant un caractère contractuel et relevant des règles de compétence en matière contractuelle (CJUE 4-10-2018 aff. 337/17) ;

– de retenir le lieu où le dommage initial est subi par la victime et non pas celui où celle-ci subit un préjudice patrimonial consécutif à ce dommage (CJCE 19-9-1995 : Rec. I-2719), notamment le lieu où se situe le compte à partir duquel est acquittée l'indemnité réparatrice (CJUE 16-6-2016 aff. 12/15 : D. 2016.2156 obs. Boskovic ; JDI 2018.160 note Quéguiner) ;

– d'écarter la faculté d'invoquer le lieu de réalisation du fait dommageable lorsqu'est seulement en cause un préjudice immatériel et d'appliquer la compétence du tribunal du domicile du défendeur, car dire que ce préjudice s'est matérialisé au lieu du domicile de la victime reviendrait à offrir systématiquement la possibilité de saisir la juridiction de celui-ci, ce qui est contraire à l'esprit du règlement (CA Toulouse 29-4-1996 : Bull. inf. C. cass. 1996 n° 843) ;

– de retenir, lorsque les défendeurs établis dans différents États membres se voient réclamer en justice des dommages et intérêts en raison d'une infraction unique et continue à laquelle ils ont participé dans plusieurs États membres à des dates et à des endroits différents, cette infraction au droit des ententes ayant été constatée par la Commission, que le fait dommageable s'est produit à l'égard de chaque prétendue victime prise individuellement, chacune d'entre elles pouvant choisir d'introduire son action soit devant la juridiction du lieu où l'entente concernée a été définitivement conclue ou, le cas échéant, du lieu où un arrangement spécifique et identifiable comme étant à lui seul l'événement causal du dommage allégué a été pris, soit devant la juridiction du lieu de son propre siège social (CJUE 21-5-2015 aff. 352/13) ;

– en cas de propos dénigrants sur internet, de demander aux tribunaux de chaque État membre de l'UE, dans lequel les propos sont accessibles, la réparation du préjudice subi dans cet État, même si ces tribunaux ne sont pas compétents pour sa demande de suppression de ces propos (CJUE 21-12-2021 aff. 251/20).

Sur la localisation de l'État membre sur le territoire duquel le fait de contrefaçon a été commis, n° 32632 ; sur la possibilité d'appliquer la clause attributive de compétence, n° 72148 et celle prévue en cas de pluralité de défendeurs, n° 72175.

La victime peut ainsi (CJUE 25-10-2011 aff. 509/09 : RJDA 2/12 n° 232 ; dans le même sens, CCIP-CA Paris 25-5-2021 n° 20/12522) :

– demander la réparation de l'intégralité du dommage causé, soit aux juridictions de l'État membre du lieu du fait générateur, soit aux juridictions de l'État membre dans lequel se trouve le centre de ses intérêts ;

En cas de dommages résultant de contenus mis en ligne sur internet, le fait générateur peut être au lieu d'établissement de l'émetteur de ces contenus ou au lieu où le site internet livre le produit, ce lieu étant pris comme celui de la matérialisation du dommage allégué (Cass. 1e civ. 22-1-2014 n° 10-15.890 : RJDA 6/14 n° 573). S'agissant d'une personne morale qui prétend que ses droits de la personnalité ont été violés par la publication de données inexactes la concernant, elle peut aussi agir au lieu du centre de ses intérêts ou, si elle exerce la majeure partie de ses activités dans un État membre autre que celui de son siège statutaire, elle peut attraire l'auteur présumé de l'atteinte au lieu de la matérialisation du dommage dans cet autre État membre ; mais elle ne peut pas former un recours devant les juridictions de chaque État membre sur le territoire duquel les informations publiées sont ou étaient accessibles (CJUE 17-10-2017 aff. 194/16 : RJDA 2/18 n° 204).

Une société américaine peut poursuivre devant un tribunal français une autre société américaine en réparation du dommage qu'elle avait subi en France par la commercialisation en ligne d'un logiciel dénigrant ses produits et en cessation de ces faits sur le territoire français dès lors que l'action en cessation partielle et non intégrale de contenus, visant une géo-rectification limitée au territoire français à l'exception de tous les autres est divisible d'un point de vue géographique ; en effet, la jurisprudence européenne ne concerne que le retrait pur et simple du contenu litigieux du réseau internet indépendamment de toute considération géographique (Cass. 1e civ. 1-2-2023 n° 20-15.703 FS-D).

– en lieu et place d'une action en réparation de l'intégralité du dommage causé, introduire son action devant les juridictions de chaque État membre sur le territoire duquel le préjudice est subi, celles-ci étant alors compétentes pour connaître du seul dommage causé sur le territoire de l'État membre de la juridiction saisie.

Si le préjudice est causé par des contenus mis en ligne sur internet, sont compétents les tribunaux dans le ressort desquels se trouve le public visé par ces contenus (Cass. com. 12-2-2013 n° 11-25.914 : RJDA 7/13 n° 683 : public français non visé).

Lorsque l'action en réparation d'un dommage ou en restitution est fondée sur une infraction, l'action peut aussi être portée devant le tribunal saisi de l'action publique, dans la mesure où, selon sa loi, ce tribunal peut connaître de l'action civile (art. 7, 3).

COMPÉTENCE EN MATIÈRE DE SUCCURSALE

En cas de contestation relative à l'exploitation d'une succursale, d'une agence ou de tout autre établissement, le demandeur peut, à son choix, porter l'action (art. 2 et 7, 5) : **72136**

– soit devant le tribunal du domicile du défendeur ;

– soit devant le tribunal du lieu de situation de la succursale, de l'agence ou de l'établissement ; ce tribunal est compétent pour connaître de l'engagement pris par la succursale au nom de sa société mère et exécuté dans un autre État que celui où la succursale est établie (CJCE 6-4-1995 : RJDA 8-9/95 n° 1062 ; aussi CA Versailles 26-9-1991 : RJDA 3/92 n° 298, qui retient la compétence du lieu de la succursale en se fondant sur le fait que les sociétés sont réputées élire domicile à l'adresse de leur succursale).

La notion de succursale, d'agence ou d'établissement implique un centre d'opérations se manifestant de façon durable vers l'extérieur comme le prolongement d'une maison mère, pourvu d'une direction et matériellement équipé pour pouvoir négocier avec des tiers de telle sorte que ceux-ci soient dispensés de s'adresser directement à la maison mère (CJCE 22-11-1978 : Clunet 1979.672 note Huet ; CA Paris 5-6-1991 : RJDA 7/91 n° 677, tenant pour une succursale le bureau parisien d'une association anglaise dès lors qu'il a délivré une attestation de conformité à des normes techniques). Mais la succursale et l'agence supposent la soumission à la direction et au contrôle de la maison mère : en conséquence, un concessionnaire exclusif n'est pas à la tête d'une succursale de son concédant (CJCE 6-10-1976 : Rec. 1497).

À défaut même de succursale, agence ou établissement dépourvu d'autonomie dans un autre État, peut être saisi le tribunal de l'État où une société exerce néanmoins ses activités au moyen d'une société indépendante portant le même nom et ayant la même direction, qui agit et conclut des affaires en son nom et dont elle se sert comme d'un **prolongement** (CJCE 9-12-1987 : Rev. crit. 1988.733 note Droz).

COMPÉTENCE EN MATIÈRE DE TRUST

72139 Le demandeur qui agit contre le fondateur, le trustee ou le bénéficiaire d'un trust constitué soit en application de la loi, soit par écrit ou par une convention verbale confirmée par écrit, peut porter son action, à son choix (art. 7, 6) :

- soit devant le tribunal du domicile du défendeur ;
- soit devant les tribunaux de l'État sur le territoire duquel le trust a son domicile.

Pour déterminer si un trust a son domicile sur le territoire de l'État dont les tribunaux sont saisis, le juge applique les règles de son droit international privé (art. 63, 3).

COMPÉTENCE EN MATIÈRE D'ASSURANCE

72142 Des règles particulières de compétence, auxquelles il ne peut être dérogé que dans les conditions fixées aux articles 15 et 16 du règlement 1215/2012, sont applicables aux litiges relatifs à un contrat d'assurance (art. 10 à 14 et 31, 4). Ces dispositions définissent la compétence des actions intentées contre l'assureur (art. 11 à 13) et celles intentées par l'assureur (art. 14).

COMPÉTENCES EXCLUSIVES

72145 **Portée de la compétence exclusive** Certains litiges, limitativement énumérés, ne peuvent être jugés que par les tribunaux expressément désignés par le règlement, la compétence de **principe** du tribunal du domicile du défendeur (n° 72109) étant alors formellement écartée (art. 24). Le juge saisi à titre principal d'un litige relevant de la compétence exclusive d'un tribunal d'un autre État membre doit relever d'office son incompétence (art. 27), et ce, même s'il est juge en cassation, peu important que sa loi nationale limite l'examen de la juridiction aux moyens soulevés par les parties (CJCE 15-11-1983 : Rev. crit. 1984.361 note Bonet).

Les dispositions visant ces litiges sont d'interprétation stricte (CA Paris 14-12-1988 : D. 1989.IR.52). Elles paralysent néanmoins la clause attributive de compétence acceptée par le demandeur qui sollicite la sanction de l'inexécution d'une obligation issue d'un contrat contenant la clause, dés lors que la juridiction du lieu du siège social, saisie par le demandeur peut être compétente en vertu d'une des dispositions ci-après examinées et que le défendeur ne conteste pas leur compétence ; la juridiction saisie ne peut se déclarer incompétente d'office si ce défendeur ne conteste pas la compétence de cette dernière (CJUE 17-3-2016 aff. 175/15).

72147 **Les différentes compétences exclusives** Sont seuls compétents :

– En matière de **droits réels immobiliers** et de baux d'immeubles, les tribunaux de l'État où l'immeuble est situé (art. 24, 1), sans considération de domicile (Cass. 1e civ. 21-9-2005 n° 1229 : RJDA 12/05 n° 1410) ; une action ne concerne un droit immobilier que si elle met en cause un droit opposable à tous (CJUE 11-11-2020 aff. 433/19 : RJDA 2/21 n° 139), et a pour objet de déterminer l'étendue, la consistance, la propriété, la possession d'un bien immobilier ou l'existence d'autres droits réels sur ces biens et à assurer aux titulaires de ces droits la protection des prérogatives qui sont attachées à leur titre (CJCE 10-1-1990 : Rec. 27) ;

Ainsi, elle concerne :

– tout bail portant sur un immeuble (CJCE 15-1-1985 : Rev. crit. 1986.128 note Droz) ; lorsque le bail est relatif à une propriété immobilière située dans deux États membres, sont exclusivement compétents à l'égard des biens immobiliers situés sur le territoire de chaque État membre les tribunaux de cet État (CJCE 6-7-1988 : Rec. 3791) ;

– en matière contractuelle, l'action qui peut être jointe à une action en matière de droits réels immobiliers dirigés contre le même défendeur (art. 8, 4) ;

– l'action visant à déterminer le propriétaire d'un immeuble situé en France (Cass. 1e civ. 11-4-2018 n° 16-24.653 FS-PB : RJDA 2/19 n° 157, compétence des juridictions françaises pour se prononcer sur la qualité de propriétaire d'une société suisse, ce qui n'implique pas nécessairement l'appréciation de la fictivité de celle-ci) :

– l'action d'un copropriétaire tendant à faire interdire à un autre copropriétaire d'un immeuble de modifier, arbitrairement et sans l'accord des autres copropriétaires, l'affectation de son bien en copropriété, telle que prévue par un contrat de copropriété, qu'à la condition que cette affectation soit opposable non seulement aux copropriétaires dudit immeuble, mais également à tous (CJUE 11-11-2020 précité).

Mais ne relèvent pas des droits réels immobiliers l'action paulienne relative à un acte de disposition sur un immeuble (CJCE 10-1-1990 précité), ni la demande d'indemnisation pour la jouissance d'une habitation après l'annulation d'un transfert de propriété (CJCE 9-6-1994 : RJDA 11/94 n° 1242), ni l'action d'un créancier en contestation de l'état de distribution du produit d'une adjudication judiciaire d'un immeuble, tendant, d'une part, à la constatation de l'extinction par compensation d'une créance concurrente, et, d'autre part, à l'inopposabilité de la sûreté réelle garantissant l'exécution de cette dernière créance (CJUE 10-7-2019 aff. 722/17), ni l'action relative à un contrat de vente, incluant un contrat de bail et un contrat de fourniture de services, portant sur des arbres plantés sur un terrain loué dans le seul but de leur récolte à des fins lucratives (CJUE 10-2-2022 aff. 595/20 : Rev. crit. 2023.459 obs. Perreau-Saussine).

Sur la compétence en matière de baux d'immeubles conclus en vue d'un usage personnel temporaire pour une période maximale de six mois consécutifs, article 24, 1-al. 2.

– En matière de validité, nullité, dissolution de **sociétés** ou personnes morales ayant leur siège sur le territoire d'un État contractant ou des décisions de leurs organes, les tribunaux de cet État ; pour déterminer le siège, le juge applique les règles de son droit international privé (art. 24, 2) ;

Ne concerne pas la validité des décisions d'une société, au sens de cette disposition, une action selon laquelle une partie allègue qu'une décision adoptée par un organe d'une société a violé les droits que cette partie prétend tirer des statuts de la société (CJCE 2-10-2008 aff. 372/07 : Rev. crit. 2009.71 obs. Ancel) ou celle par laquelle une société se prévaut de l'inopposabilité d'un contrat à son égard, en raison de la prétendue invalidité, pour cause de violation des statuts, d'une décision de ses organes ayant conduit à la conclusion de celui-ci (CJUE 12-5-2011 aff. 144/10 : Rev. crit. 2011.922 obs. Treppoz).

– En matière de validité des **inscriptions** sur les **registres publics,** les tribunaux de l'État sur le territoire duquel les registres sont tenus (art. 24, 3) ;

Cette compétence ne concerne que le contentieux de la validité formelle des inscriptions, liée au droit de l'État détenteur du registre, ce qui n'est pas le cas de la contestation de l'authenticité du contenu de l'inscription elle-même (Cass. 1e civ. 11-1-2023 n° 21-17.092 FB : Rev. crit. 2023.435 obs. Cuniberti).

– En matière d'inscription ou de validité des **brevets, marques, dessins,** modèles et autres droits analogues donnant lieu à un dépôt ou à un enregistrement, les juridictions de l'État sur le territoire duquel le dépôt ou l'enregistrement a été demandé, effectué ou est réputé effectué aux termes d'une convention internationale (art. 24, 4) ; il en est ainsi que la question soit soulevée par voie d'action ou d'exception (CJCE 12-7-2006 aff. 4/03 : Rec. I-6509) ;

La notion « en matière d'inscription ou de validité des brevets » est une notion communautaire autonome (CJCE 15-11-1983 : Rev. crit. 1984.361 note Bonet). Elle ne concerne que les litiges portant sur « l'inscription ou la validité » des brevets, car ils sont les seuls à mettre en cause le fonctionnement d'un service public ; partant, en sont exclus les procès concernant l'appartenance de ces droits intellectuels ou les contrefaçons qu'ils subissent (même arrêt ; CJUE 13-7-2017 aff. 433/16, le spécifiant pour l'action en constatation de non-contrefaçon ; Cass. 1e civ. 31-1-2006 : Bull. civ. I n° 42) mais en relève l'action en déchéance d'une marque (CA Paris 15-4-1992 : JDI 1993.153).

Sur la compétence en matière de brevet européen, article 24, 4, al. 2.

– En matière d'**exécution des décisions,** les tribunaux de l'État du lieu de l'exécution (art. 24, 5 ; CJCE 26-3-1992 : RJDA 6/92 n° 662, excluant l'action paulienne).

COMPÉTENCE EN VERTU D'UNE CLAUSE ATTRIBUTIVE DE COMPÉTENCE

Validité Les parties à un contrat, dont l'une au moins a son domicile sur le territoire d'un État membre, peuvent convenir d'une juridiction ou de juridictions d'un État membre pour connaître des différends nés ou à naître à l'occasion de leur relation dans les conditions suivantes (art. 25). **72148**

Cette convention peut être conclue indépendamment d'un contrat, puisqu'il est spécifié le cas où elle est incluse dans un contrat ; en effet, il est précisé dans ce cas qu'elle est considérée comme un accord distinct des autres clauses du contrat et que sa validité ne peut être contestée au seul motif que le contrat n'est pas valable (art. 25, 5), ce qui rend caduque la solution ne validant l'accord de compétence que s'il figurait dans un contrat (Cass. com. 9-7-2013 n° 12-15.515 : RJDA 10/13 n° 868). En revanche, à défaut de disposition contraire du règlement UE, l'exigence que le contrat contenant l'accord soit international demeure valable, ce qui est le cas dès lors que les parties sont domiciliées sur le territoire d'États membres différents (Cass. com. 23-9-2014 n° 12-26.585 : RJDA 1/14 n° 64 ; dans le même sens au titre de la convention de Lugano identique au règlement UE, Cass. 1e civ. 30-1-2013 n° 11-24.723 : RJDA 5/13 n° 468 ; Cass. 1e civ. 28-5-2015 n° 14-12.363 : GP 2015 som. 8 novembre note Morel-Maroger ; contra Cass. 1e civ. 4-10-2005 n° 02-12.959 : JDI 2006.169 note Jacquete).

La clause attributive de compétence doit être appliquée aux litiges tendant au respect des dispositions relatives à la libre concurrence, car elle n'en est pas exclue au seul motif qu'elle ne se réfère pas expressément aux différends relatifs à la responsabilité encourue du fait d'une infraction au droit de la concurrence, dès lors que le comportement anticoncurrentiel allégué, en l'espèce un abus de position dominante, est en lien avec le contrat contenant la clause attributive de juridiction (CJUE 24-10-2018 aff. 595/17 : RJDA 1/19 n° 66 ; Cass. 1e civ. 30-1-2019 n° 16-25.259 FS-PB : RJDA 5/19 n° 395) ; est ainsi caduque la solution qui exigeait que la clause vise expressément les différends relatifs à la responsabilité encourue du fait d'une infraction au droit de la concurrence (CJUE 21-5-2015 aff. 352/13 ; Cass. 1e civ. 7-10-2015 n° 14-16.898 : RJDA 1/16 n° 78, clause ne se référant pas à des pratiques anticoncurentielles).

Conditions d'application 1. La clause doit **désigner une juridiction** ou les juridictions d'un État membre (art. 25, 1) ou, du moins, définir de façon suffisamment précise les éléments objectifs permettant au juge saisi de déterminer s'il est compétent (CJCE 9-11-2000, aff. 387/98 : Rev. crit. 2001.359 note Bernard-Fertier ; Cass. 1e civ. 3-10-2018 n° 17-21.309 FS-PB : JCP G 2018 n° 1300 note Mailhé, refusant de donner effet à la clause litigieuse qui ne contenait aucun renvoi à une règle de compétence en vigueur dans un État membre ni aucun élément objectif suffisamment précis pour identifier la juridiction qui pourrait être saisie, de sorte qu'elle ne répondait pas à l'objectif de prévisibilité requis par le considérant 11 et l'article 23 du règl. 44/2001) ; ce n'est pas le cas de la clause qui, après avoir déclaré **72151**

compétente une juridiction donnée, reconnaît à une partie le droit d'agir contre l'autre devant tout autre tribunal compétent, ce qui lui donne un caractère « potestatif » (Cass. 1e civ. 25-3-2015 n° 13-27.264 : RJDA 7/15 n° 544 : à propos de la convention de Lugano mais transposable par analogie des textes), mais c'est le cas de la clause qui traite différemment les deux parties mais permet de déterminer les juridictions compétentes dans les deux cas sans permettre à l'une d'elles de choisir la juridiction compétente (Cass. 1e civ. 7-10-2015 n° 14-16.898 : RJDA 1/16 n° 78).

Il est aussi possible de donner compétence aux tribunaux de deux ou plusieurs États membres : par exemple, aux tribunaux français si le contractant français est défendeur, aux tribunaux allemands si le défendeur est le contractant allemand (CJCE 9-11-1978 : Clunet 1979.663 obs. Huet), à la condition qu'une juridiction donnée dans l'un ou l'autre pays puisse être identifiée à partir de la clause (CA Paris 22-2-2019 n° 17/14719 : DMF 2019.407 obs. Cachard).

La clause peut aussi attribuer compétence au tribunal du domicile du demandeur (Cass. civ. 19-2-1980 : Rev. crit. 1981.127 note Gaudemet-Tallon).

Mais n'est pas valable la clause qui ne désigne pas clairement la juridiction choisie et réserve à une partie le droit d'agir au domicile du client ou devant tout autre tribunal compétent (Cass. 1e civ. 26-9-2012 n° 11-26.022 : RJDA 3/13 n° 288 ; contra, Cass. com. 11-5-2017 n° 18-758 : JDI 2017.1338 note Ancel et Marion, validant la clause dès lors que les juges ont constaté la volonté des parties de convenir d'une prorogation de compétence dans les termes du contrat, peu important ainsi que la clause attributive ne s'impose qu'à l'une des parties). La clause est valable dès lors que son application n'est pas laissée à la seule discrétion d'une partie (CA Aix 14-3-2013 n° 2013/267 : DMF 2014.440 obs. Lecat ; dans le même sens pour une clause soumise au droit français, n° 72061).

Il n'est **pas** nécessaire que le tribunal désigné présente un **lien objectif** avec l'affaire en cause, la validité de sa désignation n'étant appréciée qu'en fonction des exigences de l'article 25 (cf. CJCE 16-3-1999 : Rev. crit. 1999.559 note H. Gaudemet-Tallon ; Cass. 1e civ. 30-3-2006 : GP 2007.som.2145).

La clause qui évince le tribunal compétent en vertu de la convention et désigne un **tribunal d'un État tiers** sort du champ d'application de la convention : sa validité s'apprécie selon le droit commun (cf. Cass. com. 19-12-1978 : Clunet 1979.366 note Gaudemet-Tallon).

72154 **2.** Il n'est pas requis que l'une au moins des parties ait son **domicile** sur le territoire d'un État membre (art. 25, 1). Il importe peu aussi que l'une des parties ne soit pas commerçante (Cass. 1e civ. 23-1-2008 n° 06-21.898 : JCP G 2008.II.10092 note Boismain) ou ne réside pas sur le territoire d'un État de l'UE (CA Paris 16-10-2003 : GP 2004.som.3423).

72157 **3.** La clause doit être expressément **acceptée** par les parties dans les **formes limitatives** suivantes (art. 25, 1) :

L'acceptation de la clause n'est valable que si ces formes sont remplies, ce qui exclut la validité d'une acceptation selon les dispositions d'une loi nationale (cf. CA Paris 3-6-2020 n° 19/20734 ; CJCE 24-6-1981 : GP 1981.767 note Laurent). Mais est valable la clause stipulée dans les conditions générales de fourniture du donneur d'ordre, mentionnées dans l'instrument constatant le contrat entre ces parties et transmises lors de sa conclusion, et qui désigne comme juridictions compétentes celles d'une ville d'un État membre car elle satisfait aux exigences de l'article 23, 1 relatives au consentement des parties et à la précision du contenu de la clause (CJUE 7-7-2016 aff. 222/15 : RJDA 11/16 n° 838).

Lorsque le consentement est recueilli par voie électronique, la clause incluse dans les conditions générales de vente figurant sur un site internet est acceptée dès lors que le destinataire a coché la case d'acceptation et que cette technique rend possibles la sauvegarde et l'impression du texte avant de conclure (CJUE 21-5-2015 aff. 322/14 : BRDA 11/15 inf. 24).

a. Par un **écrit** ; toute transmission par voie électronique qui permet de consigner durablement la convention est considérée comme revêtant une forme écrite (art. 25, 2) ;

Jugé, à cet égard, que la **clause** n'a **pas** été **acceptée** lorsque, étant contenue dans des conditions générales :

– elle est écrite au verso de ces conditions (CJCE 14-12-1976 : Rec. 1831 ; dans le même sens, CA Paris 15-10-1997 : D. 1997.IR.239) ;

– elle est insérée dans les conditions générales d'achat figurant au verso d'un bon de commande (Cass. com. 18-1-2011 n° 10-11.885) ;

– elle est incluse dans des conditions générales qui n'ont pas été mentionnées dans les factures émises par la partie qui invoque la clause, le contrat ayant été conclu verbalement, sans confirmation ultérieure par écrit (CJUE 8-3-2018 aff. 64/17 : RJDA 7/18 n° 616.som.).

Jugé que la **clause** a été **acceptée** :

– lorsqu'elle était imprimée dans les documents d'un fournisseur allemand dès lors que le client français entretenait avec lui des rapports commerciaux courants, puisqu'il avait reçu pendant plusieurs années des centaines de documents contractuels reproduisant cette clause, ce qui l'empêchait d'invoquer le fait qu'elle était imprimée en caractères minuscules et rédigée en allemand (Cass. 1e civ. 9-1-1996 : Bull. civ. I n° 19) ;

– lorsqu'elle était mentionnée dans une lettre de confirmation commerciale adressée au cocontractant et dans des factures qui ont donné lieu à des paiements répétés sans contestation dès lors que, d'une part, le cocontractant n'a manifesté aucune réaction à la réception de ces documents et que, d'autre part, un tel comportement correspond à un usage dans la branche du commerce international où les parties opèrent et dont elles avaient connaissance (CJCE 20-2-1997 : Rec. I-911) ;

– lorsqu'elle était contenue dans les conditions générales d'une partie, mentionnées dans le contrat et transmises lors de la conclusion de celui-ci (CJUE 7-7-2016 aff. 222/15 : BRDA 17/16 inf. 13) ;

– lorsqu'elle est contenue dans des conditions générales auxquelles il est renvoyé par la mention d'un lien hypertexte d'un site internet, sans que la partie à laquelle cette clause est opposée ait été formellement invitée à accepter ces conditions générales en cochant une case sur ledit site internet (CJUE 24-11-2022 aff. 358/21 : RJDA 3/23 n° 176).

Il est néanmoins rappelé qu'il avait été jugé que la clause n'avait pas été acceptée lorsque les parties étaient convenues verbalement de se soumettre globalement aux « conditions générales » dans lesquelles figure cette clause (CJCE 14-12-1976 : Rec. 1851 ; Cass. civ. 17-11-1982 : Bull. civ. I p. 284).

Par ailleurs, lorsqu'une convention écrite prévoyant la prorogation de la clause attributive de juridiction était venue à expiration, mais avait continué à constituer le fondement juridique des relations contractuelles entre les parties, la clause peut être tenue pour acceptée si, d'après la loi applicable, les parties pouvaient valablement proroger le contrat initial ou si, dans le cas contraire, l'une des parties a confirmé par écrit cette clause sans opposition de l'autre partie (CJCE 11-11-1986 : Rec. 3353).

b. Par une convention **verbale** confirmée par écrit ; la confirmation écrite peut émaner indifféremment de l'une ou l'autre des parties au contrat, même de celle à qui la clause profite (CJCE 19-6-1984 précité), à condition que l'autre partie l'ait bien reçue et n'ait pas élevé d'objections (CJCE 11-7-1985 : Clunet 1986.453 note Bischoff) ;

c. Sous une forme conforme aux **habitudes** que les parties ont établies entre elles (cf. Cass. civ. 6-7-1999 : RJDA 10/99 n° 1163) ;

d. Ou, dans le **commerce international,** sous une forme admise par un **usage** largement connu et régulièrement observé dans ce type de commerce à propos de contrats du même type dans la branche commerciale considérée et que les parties connaissent ou sont censées connaître (pour des applications : CJCE 20-2-1997 : RJDA 7/97 n° 975 ; CA Paris 30-11-1988 : BRDA 10/89 p. 21 ; CA Rouen 12-3-1992 : RJDA 4/92 n° 411 ; CA Grenoble 14-11-1994 : JCP G 1995.IV.476 ; CA Paris 4-4-2019 n° 18/24285 : DMF 2019.400 obs. Delebecque, qui refuse de voir un usage international dans l'attribution de compétence à la High Court de Londres ; CA Paris 28-9-2022 n° 21/06672 : DMF 2022.141 obs. Hangoc, relevant qu'il est d'usage de faire figurer au dos d'un connaissement une clause attributive de juridiction, ce qui exclut qu'une acceptation expresse soit requise).

4. La clause doit porter sur des **litiges nés** ou à naître « d'un rapport de droit déterminé » **72160**
(art. 25, 1) ; à ce titre, sont inclus les litiges tendant à faire constater la nullité du contrat qui contient la clause (CJCE 3-7-1997 : RJDA 12/97 n° 1574 ; Cass. civ. 19-3-2002 : RJDA 8-9/02 n° 969), quelle qu'en soit la cause (CA Orléans 8-6-2000 : RJDA 1/01 n° 113), ceux relatifs à la rupture brutale d'une relation commerciale (Cass. 1e civ. 6-3-2007 n° 298 : Bull. civ. I n° 93 sans prendre en compte le contenu de la clause ; contra, Cass. com. 24-11-2015 n° 14-14.924 : RJDA 3/16 n° 251, relevant que la clause ne donnait aucune définition du rapport de droit déterminé qui pouvait donner lieu à la prorogation de compétence), ceux relatifs aux appels en garantie lorsque la clause est conçue en termes généraux qui expriment la volonté des parties d'écarter dans leurs rapports toutes les compétences dérivées (Cass. civ. 20-12-1993 : Bull. civ. I p. 260 ; Cass. 1e civ. 6-1-2004 n° 4 : RJDA 7/04 n° 933 ; CA Orléans 22-6-2006 : BTL 2006.468) et ceux relatifs à la libre concurrence (n° 72148).

5. La clause ne doit **pas déroger** aux règles de compétence exclusive (n° 72145) ni aux dispositions **72163**
relatives aux conventions d'attribution de compétence convenues dans un contrat conclu avec un assuré, un consommateur ou un salarié (art. 25, 4).

6. La clause attributive de compétence valable a pour effet de donner **compétence exclusive** au **72165**
tribunal désigné sauf convention contraire des parties (art. 25, al. 1), sans considération des règles de police internes sur la compétence (CA Montpellier 22-3-2012 n° 11/05090 : GP 2012.som. 1727, excluant la compétence prévue par les art. L 442-6 (devenu L 442-1) et L 721-4 C. com.) ; se trouvent donc exclues la compétence spéciale prévue en matière contractuelle (CA Rouen 12-3-1992 : DMF 1993.406 ; nos 72112 s.) ainsi que celle prévue en cas de pluralité de défendeurs (Cass. 1e civ. 20-6-2006 n° 1026 : RJDA 2/07 n° 219 : règl. 44/2001 ; Cass. 1e civ. 13-12-2017 n° 16-22.412 : Bull. civ. I n° 246 : convention de Lugano ; Cass. 1e civ. 14-3-2018 n° 16-28.302 FS-PB : RJDA 6/18 n° 551 : règl. 1215/2012 ; n° 72175) ou en cas d'appel en garantie qui n'est pas indivisible de l'action principale (CA Paris 12-9-2012 n° 10/24770 ; CA Versailles 13-12-2016 n° 16/05098 : BTL 2017.45) ; mais n'est pas exclue la compétence de la juridiction nationale pour ordonner des mesures provisoires ou conservatoires (n° 72166).

L'acte constitutif d'un trust qui désigne les juridictions d'un État membre a le même effet : aucun autre tribunal ne peut connaître d'une action contre un fondateur, un trustee ou un bénéficiaire d'un trust, dès lors qu'il s'agit de relations entre ces personnes ou de leurs droits ou obligations dans le cadre du trust (art. 25, 3). L'interdiction des dérogations applicable à la clause attributive de compétence visée au n° 72163 est aussi applicable à la désignation de compétence conventionnelle prévue par l'acte constitutif du trust (art. 25, 4).

Cet effet lie les **parties,** mais **aussi** le bénéficiaire d'une **stipulation pour autrui** (CJCE 14-7-1983 : Clunet 1983.843 obs. Huet), mais non le tiers sous-acquéreur du produit objet d'un contrat de vente (n° 72115).

La disposition de la convention de Bruxelles (art. 17, al. 4) prévoyant qu'en cas de clause stipulée en faveur de l'une des parties cette dernière conserve le droit de saisir tout autre tribunal compétent en vertu de la présente convention, n'ayant pas été reprise dans le règlement UE, il y a lieu d'en déduire, à notre avis, que la clause lie les parties définitivement, sans faculté de renonciation même de la part de celle en faveur de qui elle a été stipulée, puisque, à défaut d'une telle dérogation, la clause a un effet d'attribution de compétence exclusive de toute autre.

Il oblige aussi toute juridiction d'un autre État membre à **surseoir** à statuer jusqu'à ce que la juridiction saisie sur le fondement de la clause déclare qu'elle n'est pas compétente en vertu de la clause, sauf si le défendeur a comparu dans les conditions du règlement (art. 31, 2). Lorsque la juridiction désignée dans la clause a établi sa compétence conformément à la clause, toute juridiction d'un autre État membre se dessaisit en faveur de ladite juridiction (art. 31, 3).

COMPÉTENCE EN MATIÈRE DE MESURES PROVISOIRES OU CONSERVATOIRES

72166 Les mesures provisoires ou conservatoires prévues par la loi d'un État membre peuvent être demandées aux tribunaux de cet État, même si les juridictions d'un autre État membre sont compétentes pour connaître du fond (art. 35 ; pour une application, Cass. 1e civ. 14-3-2018 n° 16-19.731 FS-PB : RJDA 6/18 n° 550 : compétence du juge des référés français en dépit d'une clause attribuant compétence au fond à un autre juge).

Cette règle n'interdit pas à la juridiction compétente au fond d'adopter des mesures provisoires ou conservatoires, sans que ce pouvoir soit subordonné à d'autres conditions (CJCE 17-11-1998 aff. 391/95 : RJDA 2/99 n° 246).

Ont ce caractère les mesures destinées à maintenir une situation de fait ou de droit afin de sauvegarder des droits dont la reconnaissance est par ailleurs demandée au juge du fond (CJCE 26-3-1992 : RJDA 6/92 n° 662, refusant ce caractère à l'action paulienne).

La mesure demandée peut être ordonnée dans les **conditions** suivantes :

– elle doit être justifiée par l'urgence (cf. CA Versailles 27-6-1979 : GP 1979.453 note Mauro et CA Aix 4-5-1981 : Rev. crit. 1983.110 note Couchez : à propos de référé provision ; toutefois, Cass. com. 10-3-1992 : Clunet 1993.156 obs. Huet, qui a implicitement exclu la condition d'urgence) ;

– elle doit présenter un lien de rattachement avec le tribunal français saisi (Cass. civ. 11-12-2001 : JCP G 2002.II.10106 note du Rusquec ; CA Paris 16-10-2002 : D. 2003.IR.38) ;

– elle peut se rapporter à un litige qui doit être soumis à l'arbitrage mais dont l'objet entre dans le champ matériel d'application (nos 72103 s.) du règlement 44-2001 (CJCE 17-11-1998 aff. 391/95 précité ; CA Versailles 29-6-2000 : D. 2002.som.1390 obs. B. Audit ; CA Paris 18-6-2010 : GP 2010.som. 7 novembre note Bensaude) ;

– si la demande tend au paiement d'une provision, il faut, en outre, que le remboursement au défendeur de la somme allouée soit garanti dans l'hypothèse où le demandeur n'obtiendrait pas gain de cause au fond de l'affaire et que la mesure sollicitée ne porte que sur des avoirs déterminés du défendeur se situant, ou devant se situer, dans la sphère de la compétence territoriale du juge saisi (CJCE 17-11-1998 précité ; CJCE 27-4-1999 aff. 99/96 : RJDA 8-9/99 n° 1037).

La clause attributive de juridiction qui concerne également toutes les mesures provisoires et conservatoires a pour effet, en l'absence de toute contestation sur sa validité, d'exclure le règlement 1215/2012 du 12 décembre 2012 concernant la compétence du lieu d'exécution de la mesure demandée (Cass. 1e civ. 30-1-2019 n° 17-28.992 D).

COMPÉTENCE EN MATIÈRE MARITIME ET AÉRIENNE

72169 Des dispositions spéciales concernent ces litiges (art. 7, 7 et 9).

PROROGATIONS DIVERSES DE COMPÉTENCE

72172 La juridiction compétente conformément aux règles ci-dessus exposées peut connaître d'autres litiges sous l'influence des facteurs suivants.

72175 **Pluralité de défendeurs** L'action peut être portée devant le domicile de l'un d'eux, à la condition que les demandes soient liées entre elles par un rapport si étroit qu'il y a intérêt à les instruire et à les juger en même temps afin d'éviter des solutions qui pourraient être inconciliables si les causes étaient jugées séparément (art. 8, 1 ; CJCE 27-9-1988 : Rec. 5565 ; Cass. com. 26-2-2013 n° 11-27.139 : RJDA 6/13 n° 578).

Cette compétence peut s'appliquer à l'égard d'une action visant à la condamnation à titre solidaire à des dommages et intérêts et, dans le cadre de celle-ci, à la production de renseignements, d'entreprises qui ont participé de façon différente, sur les plans géographique et temporel, à une infraction unique et continue à l'interdiction des ententes prévue par le droit de l'Union constatée par une décision de la Commission européenne, et cela même lorsque le demandeur s'est désisté de son action à l'égard du seul des codéfendeurs qui est domicilié dans l'État membre du siège de la juridiction saisie, à moins que ne soit établie l'existence d'une collusion entre le demandeur et ledit codéfendeur en vue de créer ou de maintenir, de manière artificielle, les conditions d'application de ladite disposition à la date de l'introduction de cette action (CJUE 21-5-2015 aff. 352/13).

Mais elle ne peut pas être retenue si l'une des parties n'est pas défenderesse (Cass. com. 26-2-2020 n° 18-21.144 F-D : RJDA 7/20 n° 406).

Demande en garantie ou en intervention L'action peut être portée devant le tribunal saisi de la demande originaire, à moins que celle-ci n'ait été formée que pour traduire hors de son tribunal celui qui a été appelé (art. 8, 2 et 65) et qu'une clause attributive de compétence englobe les appels en garantie (n° 72160). 72178

Le détournement de compétence n'est caractérisé qu'en l'absence de lien suffisant entre la demande en intervention et la demande originaire (Cass. 1e civ. 19-6-2007 n° 04-14.862 : Rev. crit. 2007.847 note Pataud).

Demande reconventionnelle L'action qui dérive du contrat ou du fait sur lequel est fondée la demande originaire peut être portée devant le tribunal saisi de celle-ci (art. 8, 3 ; Cass. ass. plén. 18-2-1994 : RJDA 6/94 n° 746, jugeant reconventionnelle l'action du concessionnaire en paiement de dommages-intérêts pour violation de la clause d'exclusivité par le concédant qui avait demandé paiement à ce concessionnaire du prix des produits qu'il lui avait livrés). 72181

Acceptation de compétence Le tribunal est compétent lorsque le défendeur accepte de comparaître devant lui sans invoquer son incompétence ; mais cette règle n'est pas applicable si la comparution a pour objet de contester la compétence ou s'il existe une autre juridiction compétente en vertu de l'article 24 (n° 72145) (art. 26, 1 ; pour une application de la prorogation tacite de compétence, CJUE 20-5-2010 aff. 111/09). 72184

Lorsqu'il conteste la compétence, le défendeur peut présenter subsidiairement une défense au fond (CJCE 22-10-1981 : Clunet 1982.482 obs. Huet).

L'exception d'incompétence doit être soulevée au moment fixé par le droit national (CJCE 24-6-1981 : GP 1981.767 note Laurent).

Litispendance Lorsque les demandes ayant le même objet et la même cause sont formées entre les mêmes parties devant les juridictions d'États membres différents, la juridiction saisie en second lieu doit surseoir d'office à statuer jusqu'à ce que la compétence du tribunal premier saisi soit établie (art. 29, 1). À la demande d'une juridiction saisie du litige, toute autre juridiction saisie informe sans tarder la première juridiction de la date à laquelle elle a été saisie conformément à l'article 32 du règlement UE (art. 29, 2). 72187

La compétence du tribunal saisi en premier lieu doit être considérée comme établie dès lors que ce tribunal n'a pas décliné d'office sa compétence et qu'aucune des parties ne l'a contestée avant ou jusqu'au moment de la prise de position considérée, par son droit procédural national, comme la première défense au fond présentée devant ledit tribunal (CJUE 27-2-2014 aff. 1/13 : JDI 2014.900 note Rooz ; Cass. 1e civ. 24-9-2014 n° 11-19.516 : JDI 2015.123 note Chalas).

La juridiction « première saisie » est celle devant laquelle ont été remplies en premier lieu les conditions permettant de conclure à une litispendance définitive, ces conditions devant être appréciées selon la loi nationale de chacune des juridictions concernées (CJCE 7-6-1984 : Rev. crit. 1985.374 note Holleaux).

Lorsque la compétence du tribunal premier saisi est établie, le tribunal saisi en second lieu se dessaisit en faveur de celui-ci (art. 29, 3 ; Cass. 1e civ. 28-1-2015 n° 13-24.742 : RJDA 4/15 n° 323).

Lorsque les demandes relèvent de la compétence exclusive de plusieurs juridictions, le dessaisissement a lieu en faveur de la juridiction première saisie (art. 31, 1).

Connexité Lorsque des demandes connexes sont pendantes devant des juridictions d'États membres différents, la juridiction saisie en second lieu peut surseoir à statuer (art. 30, 1). 72190

Lorsque l'action devant la juridiction la première saisie est pendante au premier degré, toute autre juridiction saisie en second lieu peut se dessaisir, à la demande de l'une des parties, à condition que la juridiction la première saisie soit compétente pour connaître des demandes en question et que sa loi permette leur jonction (art. 30, 2).

Sont considérées comme connexes les demandes liées entre elles par un rapport si étroit qu'il y a intérêt à les instruire et à les juger en même temps afin d'éviter des solutions inconciliables si les causes étaient jugées séparément (art. 30, 3).

RÈGLEMENT DES INCIDENTS DE COMPÉTENCE

72193 Les conflits de compétence, dont la solution n'a pas été précisée avec l'exposé des règles de compétence concernées, sont réglés par les mesures suivantes.

1. Exception d'incompétence. Il appartient au défendeur de soulever l'incompétence du tribunal saisi ; il doit le faire selon les règles du droit national de ce tribunal (CA Versailles 17-9-1998 : GP.1999.som.63 ; CA Orléans 3-2-2005 n° 04-2938 : RJDA 10/05 n° 1172).

L'article 7 du règlement 1215/2012 n'établissant aucune hiérarchie entre les actions contractuelle et délictuelle, à supposer que le juge français ne soit pas compétent à l'égard de la demande ayant un fondement contractuel, cette circonstance ne le dispense pas d'examiner sa compétence à l'égard de la demande ayant un fondement délictuel (Cass. 1e civ. 9-11-2022 n° 21-10.242 FS-D : RJDA 2/23 n° 129).

2. Sursis à statuer. Indépendamment des sursis à statuer en cas de conflit entre juridictions d'États membres signalés là où ils sont prévus par le règlement 1215/2012, lorsqu'une procédure est **pendante** devant une juridiction d'un **État tiers** au moment où une juridiction d'un État membre est saisie d'une demande entre les mêmes parties ayant le même objet et la même cause que la demande portée devant la juridiction de l'État tiers, la juridiction de l'État membre peut surseoir à statuer, poursuivre l'instance ou y mettre fin dans les conditions fixées par l'article 33 du règlement susvisé. La même règle est applicable lorsque la juridiction de l'État membre est saisie d'une **demande connexe** dans les conditions fixées par l'article 34 du même règlement.

C. Compétence selon le droit commun international

DIRECTIVE GÉNÉRALE

72197 Lorsqu'il n'y a ni convention internationale ni règlement européen relatif à la compétence judiciaire, la compétence internationale se détermine par extension des règles de compétence territoriale interne (Cass. 1e civ. 13-4-2023 n° 22-15.689 FB : RJDA 8-9/23 n° 486), « sous réserve d'adaptations justifiées par les nécessités particulières des relations internationales » (Cass. 1e civ. 4-3-2021 n° 18-24.646 : Rev. crit 2021.106 note Farnoux).

1. CONVENTIONS INTERNATIONALES

72200 Lorsque la France est partie à une convention internationale réglant pour des litiges donnés la compétence, cette convention est applicable (sur la supériorité des traités, nos 73510 s.). Elle peut conférer ou retirer compétence aux tribunaux français pour des litiges à propos desquels les règles nationales ne leur donnent pas compétence (cf. Cass. civ. 16-4-1985 : Bull. civ. I p. 104).

Dès l'instant où un litige comporte un élément d'extranéité, notamment en raison de la nationalité des parties, il y a donc lieu de rechercher s'il est ou non susceptible de tomber sous le coup d'une convention internationale (Cass. 1e civ. 22-2-2005 n° 385 : Rev. crit. 2005.304 note Lagarde).

2. CLAUSE ATTRIBUTIVE DE COMPÉTENCE

72220 Sauf si le règlement UE 1215/2012 ou la convention de Lugano sont applicables (nos 72103 s.), les parties **peuvent** prévoir une clause attributive de compétence sous la seule réserve – conformément à la règle qui fixe le régime applicable au contrat international (nos 16600 s.) – de ne pas enfreindre **l'ordre public international français,** ce qui a été remarquablement exprimé ainsi : s'agissant d'un litige international, le choix d'une juridiction (Paris) qui n'a aucun lien objectif avec le litige ne saurait être considéré comme illicite alors qu'aucun texte ne l'interdit et qu'en l'absence de fraude il n'existe aucun motif sérieux de faire obstacle à la volonté clairement exprimée des parties de choisir une juridiction qu'elles estiment spécialement qualifiée pour statuer sur leur différend (CA Paris 10-10-1990 : D. 1990.IR.274).

La clause ne porte pas atteinte à l'ordre public international français lorsqu'elle ne fait pas échec à la compétence territoriale impérative d'une juridiction française (Cass. civ. 17-12-1985 : Rev. crit. 1986.537 note Gaudemet-Tallon ; CA Paris 14-11-1990 : JDI 1991.734 note Gaudemet-Tallon) ni lorsque la clause vise un cas où une loi de police est applicable au fond du litige (Cass. 1e civ. 22-10-2008 n° 07-15.823 : D. 2009.200 note Janet-Seseke ; sur l'application de cette règle pour déterminer la compétence des juridictions au sein de l'UE, n° 15461).

Mais la compétence des juridictions françaises est d'ordre public pour connaître des litiges nés d'un contrat de travail (Cass. soc. 29-9-2010 n° 09-40.688 : RDC 2011.563 obs. Deumier).

CLAUSE VISÉE

La clause est attributive de compétence exclusive lorsqu'elle donne compétence au tribunal qu'elle désigne (Cass. com. 24-4-1990 n° 88-19.877, cité Rev. arb. 2010.65 note 56) ou lorsqu'elle comporte une élection de domicile qui vaut, selon la loi française, attribution de compétence, sauf volonté contraire certaine (n° 72040). 72223

LITIGES VISÉS

L'attribution conventionnelle de compétence conforme à l'ordre public international français (n° 72220) peut concerner tout litige (Cass. civ. 17-12-1985 : Rev. crit. 1986.537 note Gaudemet-Tallon ; CA Paris 14-11-1990 : Clunet 1991.734 note Gaudemet-Tallon). 72226

Ainsi, la clause peut concerner :

– les litiges entre commerçants, entre commerçants et non-commerçants et entre non-commerçants, l'article 48 du Code de procédure civile qui réserve la validité de la clause aux litiges entre personnes ayant contracté en qualité de commerçants (n° 72043) n'étant pas d'ordre public international français (Cass. civ. 17-12-1985 précité ; CA Paris 28-3-1990 : BRDA 13/90 p. 12 ; CA Lyon 19-6-2003 : JCP G 2004.IV.1306 ; toutefois, CA Bordeaux 9-5-1995 : BTL 1996.289, appliquant l'art. 48, en raison de l'apparence, à une clause prévue entre deux commerçants français bien que le contrat concernât un transport international) ;

– les litiges même relatifs à la validité du contrat qui contient la clause dès lors que la même solution est admise pour les clauses attributives internes (n° 72058).

Sur la compétence d'ordre public des tribunaux français en matière de redressement et de liquidation judiciaires et en matière de brevets d'invention et de marques, n° 72280.

L'application de la clause ne dépend pas de la nature contractuelle ou délictuelle de l'action engagée, mais de la portée que les parties ont voulu lui donner (CCIP-CA Paris 29-3-2022 n° 21/20503).

OPPOSABILITÉ DE LA CLAUSE

La clause attributive de compétence est opposable à celui qui l'a acceptée, ce que contrôle le juge français et peut le conduire à remettre en cause l'appréciation faite par le juge étranger ayant statué sur la même clause (TGI Nanterre 2-3-2017 n° 16/01890 : DMF.2017.485 obs. Cachard). 72229

Sauf le cas où l'acceptation est expresse, les tribunaux français apprécient cette condition en recherchant si les modalités dans lesquelles la clause a été présentée à la partie à laquelle on l'oppose permettent d'affirmer que celle-ci en a eu connaissance et l'a acceptée. Cette connaissance est notamment déduite de la référence faite par les documents contractuels aux conditions générales gouvernant les relations des parties et contenant la clause (Cass. civ. 16-2-1999 : RJDA 4/99 n° 499 ; CA Versailles 17-2-2011 n° 10-05913 : BTL 2011.157 ; TGI Nanterre 2-3-2017 n° 16/01890 précité ; sur une non-acceptation, CA Paris 5-1-1977 : Rev. jur. com. 1977.395 note Gaudemet-Tallon).

Encore faut-il que la clause puisse être remarquée par le cocontractant (pour un exemple, Cass. com. 11-3-2020 n° 17-31.612) ; ce n'est pas le cas de celle, donnant compétence aux tribunaux de Californie selon la loi du Delaware, incluse dans le contrat Facebook avec ses adhérents qui apparaît, imprimée, enfouie après un long préambule « onze pages plus loin, sur une version papier en format A4 », en petits caractères, rien n'attirant sur elle l'attention de l'internaute qui est appelé à l'approuver par un seul clic (CA Pau 23-3-2012 n° 12/1373 : D. 2012.1061.som. obs. Manara) ou plus directement parce qu'elle entraîne un déséquilibre significatif (CA Paris 12-2-2016 n° 15/08624 : RJDA 7/16 n° 570, solution relative au droit de la consommation mais transposable sous le régime de l'article 1171 du Code civil).

Il importe de vérifier les conditions mises à l'acceptation par la législation du pays étranger dont le tribunal est désigné.

La clause est aussi opposable à ceux qui ont les mêmes droits que la partie qui a accepté la clause, notamment à l'assureur subrogé (Cass. civ. 25-11-1986 : Bull. civ. I p. 265), et même à la société tiers à un contrat, poursuivie par son propre cocontractant sur le fondement de ce contrat contenant la clause auquel il était également partie, si, au moment de la formation de ce contrat, cette société connaissait cette clause et l'avait acceptée dans ses relations avec ce cocontractant (Cass. com. 4-3-2014 n° 13-15.846 : RJDA 6/14 n° 584). Mais elle n'est pas opposable à la société tiers qui est intervenue au contrat contenant la clause en qualité de représentent de la société partie au contrat, cette représentation n'ayant pas pour effet de lui transférer les obligations conclues au nom et pour le compte de cette dernière (CCIP-CA 8-11-2022 n° 22/04236).

Pour des exemples transposables, voir les parties liées par une clause d'arbitrage ou par une clause attributive de compétence pour un litige français (nos 70856 s. et n° 72058).

TRIBUNAL VISÉ

Les parties peuvent donner compétence au tribunal de leur choix sous une seule condition : la **désignation** doit être suffisamment **précise** pour lever toute équivoque sur l'identité du tribunal auquel les litiges doivent être soumis. 72232

Il n'est **pas nécessaire,** notamment :
– qu'un lien existe entre le tribunal choisi et le litige (Cass. com. 19-12-1978 : Rev. crit. 1979.617 note Huet ; CA Paris 10-10-1990 : D. 1990.IR.274 ; CCIP CA Paris 18-4-2023 n° 23/00008) ;
– que le tribunal choisi soit expressément individualisé : la clause peut se référer seulement « aux juridictions » d'un État nommé, pourvu que le droit interne de cet État permette de déterminer le tribunal spécialement compétent (Cass. civ. 17-12-1985 : Bull. civ. I p. 318 ; Cass. com. 25-11-1997 : RJDA 4/98 n° 543, jugeant que la partie qui soulève l'incompétence le fait valablement en indiquant que l'affaire doit être portée devant les juridictions de l'État visé).

Mais **la désignation** du tribunal ne peut **pas résulter** de l'indication expresse de la loi applicable au contrat, car on ne saurait en déduire la volonté certaine des parties de conférer compétence aux tribunaux du pays où cette loi est en vigueur (Cass. 1re civ. 16-6-1981 n° 80-12.126 : Bull. civ. I n° 216), ni de la faculté laissée à une partie de choisir le tribunal (Cass. com. 24-4-1990 n° 88-19.877, cité Rev. arb. 2010.65 note 56 ; dans le même sens, à propos d'une clause soumise au droit français, n° 72061, ou au règlement européen 1215/2012, n° 72151).

En cas de compétence donnée aux « juridictions étrangères », le juge français ne doit pas désigner ces juridictions mais seulement renvoyer les parties à mieux se pourvoir (Cass. 1re civ. 29-1-2020 n° 18-24.591 : Rev. crit.2020.495 note Gaudemet-Tallon).

EFFETS DE LA CLAUSE

72235 La clause attributive de compétence peut être étendue pour raison de **connexité des litiges** à un litige concernant une partie qui n'a pas souscrit cette clause (CA Rouen 6-2-2020 n° 19/01473).

Les litiges visés par la clause attributive de juridiction doivent être portés devant le **tribunal désigné** par celle-ci.

Le tribunal choisi, s'il est français, a alors l'obligation de statuer (CA Paris 26-4-1952 : Rev. crit. 1952.348 note Francescakis).

Malgré l'incompétence territoriale de la juridiction à laquelle il appartient, le juge des **référés** peut ordonner des mesures urgentes ou conservatoires dès lors que les parties, lorsqu'elles en ont le pouvoir, n'ont pas désigné une juridiction pour ce faire et que l'incident est né dans son ressort ou que les mesures sollicitées doivent être prises ou exécutées dans son ressort (CA Chambéry 26-12-1991 : Bull. inf. C. cass. 1992.924).

Lorsque le juge français est désigné, elle empêche la **reconnaissance d'une décision étrangère** rendue en violation de la clause (Cass. 1re civ. 15-5-2018 n° 17-17.546 FS-PB : RJDA 2/19 n° 155).

Sur l'opposabilité de cette clause aux codébiteurs ou coobligés, n° 50015.

3. PRIVILÈGE DE JURIDICTION DES FRANÇAIS

72240 La partie à un litige qui a la nationalité française jouit d'un privilège de juridiction aux termes duquel elle peut, sous les conditions que nous développons dans la suite :
– assigner son adversaire devant un tribunal français (C. civ. art. 14) ;
– être assignée par son adversaire devant un tribunal français (C. civ. art. 15).

DROIT AU PRIVILÈGE DE JURIDICTION

72243 **Absence d'une cause d'éviction du privilège** Un Français, ou un étranger (n° 72252), ne peut revendiquer la compétence des tribunaux français qu'autant que l'application du privilège de juridiction, auquel il prétend, n'est pas écartée par l'une des causes suivantes.

72246 **1. Règles internationales.** Un Français doit se soumettre à la compétence prévue par le règlement européen 1215/2012 (n° 72109) ou par la convention internationale applicable au litige auquel il est partie (Cass. civ. 27-1-1993 : D. 1993.602 note Massip ; CA Paris 22-9-1982 : D. 1983.IR.148 obs. Audit). Dans ce dernier cas, la convention doit traiter effectivement de la compétence judiciaire internationale directe (Cass. civ. 7-6-1989 : Bull. civ. I p. 150, excluant la convention franco-tunisienne du 18-6-1972 qui ne traite que de la compétence en matière d'exequatur ; Cass. civ. 18-12-1990 : Bull. civ. I p. 206, excluant la convention franco-sénégalaise qui n'écarte le privilège de juridiction qu'au titre de la compétence indirecte, c'est-à-dire lorsque la décision rendue par le tribunal étranger est susceptible d'être reconnue en France ; Cass. civ. 2-3-1999 : JCP G 1999.II.10220 note Cuniberti, retenant la convention franco-marocaine du 10-8-1981).

72248 **2. Incompétence des juridictions françaises.**
Le privilège de juridiction ne peut être invoqué que lorsque aucun critère ordinaire de compétence territoriale n'est réalisé en France (Cass. 1re civ. 13-5-2020 n° 19-10.941 F-PB : D.2020.1987 note Haftel : compétence française du lieu du domicile du défendeur dès lors que celui-ci se déclare lui-même, dans ses conclusions, domicilié en France).

72249 **3. Renonciation.** La partie française peut renoncer au privilège de juridiction dans les termes suivants :
– par une convention expresse (cf. Cass. req. 22-1-1923 : S. 1924.1.73 note Niboyet) ;
– par l'acceptation d'une clause compromissoire (CA Paris 8-11-2006 n° 01-5415 : GP 2007.som.1201 ; cf. Cass. com. 21-6-1965 : Rev. crit. 1966.477 note Mezger), d'une clause attributive de compétence (CA Aix 28-9-2004 :

DMF 2005.414 obs. Tassel) ou d'une clause d'élection de domicile marquant une volonté certaine de déférer le litige aux tribunaux étrangers (cf. Cass. civ. 13-11-1957 : Rev. crit. 1958.735 note Loussouarn ; Cass. com. 27-4-1968 : Clunet 1969.932 note Kahn) ;

Mais le privilège n'est pas écarté si chaque partie invoque une clause attributive de compétence incompatible avec celle de l'autre (CA Aix 6-6-1973 : DMF 1975.227).

Il en est de même si la clause n'a pas été sûrement connue du Français auquel elle est opposée, par exemple à un sous-traitant si aucun document la reproduisant n'atteste qu'il l'a connue (CA Paris 10-3-1993 : D. 1993.som.350 obs. Audit).

– par la soumission à une juridiction étrangère dont le choix n'est pas frauduleux (Cass. 1re civ. 22-5-2007 no 04-14716 : Rev. crit. 2007.610 note Gaudemet-Tallon) ; il en est ainsi lorsque la partie française a conclu au fond, sans soulever l'exception d'incompétence (Cass. 1re civ. 31-1-2006 no 137 : D. 2006.1662 note Montfort) ou a renoncé à l'exception d'incompétence initialement soulevée (CA Paris 21-9-1995 : D. 1996.som.168 obs. Audit), même si l'introduction de l'action à l'étranger est postérieure à la saisine du juge français, sauf s'il est démontré que le demandeur n'a pas agi sciemment et librement (Cass. civ. 30-6-1992 : D. 1994.169 note Guez).

Lorsque cette acceptation est consommée, elle est opposable au cessionnaire du droit transmis ultérieurement (Cass. civ. 24-11-1987 : Rev. crit. 1988.364 note Droz).

En revanche, la partie française n'a pas renoncé au privilège de juridiction même si elle a comparu devant une juridiction étrangère sans invoquer le privilège dès lors qu'elle n'a pas conclu sur le fond de l'affaire ; ainsi, si elle a simplement participé aux opérations d'expertise devant le juge des référés (Cass. civ. 3-6-1986 : Bull. civ. I p. 149), voire si elle a déclaré à l'expert judiciaire qu'elle intenterait une action aux États-Unis (Cass. 1re civ. 1-7-2009 no 08-15.955 : D. 2009.1899.som. obs. Gallmeister) ou si, en arguant de sa nationalité, elle a invité le juge étranger à ne pas connaître du fond (cf. CA Versailles 22-9-1993 : D. 1993.IR.258).

Il en est de même si, régulièrement citée devant la juridiction étrangère, elle ne s'y est pas présentée (Cass. civ. 5-5-1976 : Bull. civ. I p. 125).

Le juge ne peut pas relever d'office le défaut de renonciation car le privilège de l'article 14 n'ouvre au demandeur français qu'une simple faculté et n'édicte pas à son profit une compétence impérative, exclusive de la compétence d'un tribunal étranger déjà saisi et dont le choix n'est pas frauduleux ; en conséquence, l'exception de connexité soulevée par le défendeur est recevable (Cass. soc. 5-12-2018 no 17-19.820 F-PB : JDI 2019.791 note Laval).

La **renonciation à l'article 15** doit nécessairement émaner à la fois du demandeur et du défendeur car le droit reconnu par ce texte de faire juger un Français par un tribunal français appartient tant au demandeur, français ou étranger, qu'au défendeur français (Cass. civ. 16-7-1974 : Bull. civ. I p. 197 ; CA Paris 24-6-1992 : GP 1994.som.764).

3. Mise en œuvre frauduleuse. Le privilège de juridiction ne peut pas être invoqué par la partie française ou étrangère si les conditions de son application ont été frauduleusement créées dans le seul but d'en profiter (CA Montpellier 2-5-1985 : Rev. crit. 1987.108 note Droz ; TGI Paris 12-11-1969 : Clunet 1971.816 note Malaurie). **72250**

4. Compétence indirecte de la juridiction étrangère. Le défendeur français ne peut invoquer le privilège de l'article 15 devant le juge de l'exequatur alors qu'il n'a pas invoqué le privilège devant le juge étranger, car ce texte ne consacre qu'une compétence facultative de la juridiction française, impropre à exclure la compétence indirecte d'un tribunal étranger, dès lors que le litige se rattache de manière caractérisée à l'État dont la juridiction est saisie et que le choix de la juridiction n'est pas frauduleux (Cass. 1re civ. 23-5-2006 no 857 : JDI 2006.1377 note Chalas : compétence du tribunal suisse au regard de deux parties, toutes deux nées en Suisse, mariées dans ce pays selon un contrat de mariage régi par le droit suisse et résidant en Suisse ; Cass. 1re civ. 6-2-2008 no 06-12.405 : Rev. crit. 2008.644 note Muit Watt : compétence du tribunal monégasque pour juger de la liquidation d'un compte bancaire). **72251**

La même solution est appliquée au demandeur français qui, même si la juridiction française a été la première saisie, ne peut pas s'opposer à la reconnaissance en France de décisions étrangères rendues par des juridictions régulièrement saisies (Cass. 1re civ. 16-12-2009 no 08-20.305 : PA 2010 no 63 p. 18 note Massip).

Nationalité Le privilège de juridiction peut être invoqué dès lors qu'une partie au litige a la nationalité **française** au jour de l'introduction de l'instance, sauf preuve d'une fraude destinée à donner artificiellement compétence à la juridiction française pour soustraire le litige à son juge naturel (Cass. 1re civ. 14-12-2004 : RJDA 4/05 no 485) : peu importe que l'intéressé ait eu la nationalité étrangère au jour de la naissance des droits litigieux (à propos de l'article 14 : Cass. civ. 31-1-1995 : RJDA 4/95 no 525 ; à propos de l'article 15 : Cass. req. 16-1-1867 : DP 1867.1.308) ou que les éléments du litige soient dépourvus de rattachement avec le territoire français (Cass. 1re civ. 26-10-2011 no 10-23.567 : GP 2012.som. 3 février note Morel-Maroger). Il peut l'être aussi par une société ayant son siège social en France (CA Paris 21-5-1957 : Rev. crit. 1958.128 note Francescakis ; cf. CA Paris 30-1-1991 : D. 1993.som.380 obs. Mousseron et Schmidt). **72252**

Les réfugiés et les apatrides peuvent aussi invoquer le privilège de juridiction (cf. CA Paris 27-6-1957 : Rev. crit. 1958.144 note Ph. F. ; CA Paris 12-12-1967 : Rev. crit. 1969.502 note Loussouarn).

Il en est de même de tout étranger demandeur, sous la seule condition d'être domicilié en France et que le défendeur le soit en dehors d'un État membre de l'UE (Régl. UE 2015/2012 art. 6, 2 ; Cass. 1e civ. 29-6-2022 n° 21-10.106 FS-B).

Mais un étranger ne saurait exciper d'un traité contenant une clause d'assimilation au national pour invoquer le privilège de juridiction, car les dérogations à ce privilège supposent des dispositions spéciales et expresses (CA Paris 21-5-1957 : Rev. crit. 1958.128 note Francescakis), ni de la qualité de « résident privilégié » (CA Paris 29-6-1972 : Rev. crit. 1973.550 note Simon-Depitre).

Ainsi :

– seul un Français peut revendiquer un tribunal français (CA Paris 29-4-1986 : BRDA 13/86 p. 13) ;

– tout demandeur, français ou étranger, peut agir contre un Français (Cass. civ. 16-7-1974 : Bull. civ. I p. 197 ; aussi Cass. civ. 20-10-1981 : Rev. crit. 1982.720 note Lequette) ;

– tout Français peut invoquer le privilège de juridiction même s'il a par ailleurs une autre nationalité (Cass. civ. 27-1-1987 : Bull. civ. I p. 19 ; Cass. 1e civ. 25-3-2015 n° 13-26.131 : PA 2015 n° 126 p. 8 note Lasserre), s'il a assigné avec d'autres demandeurs étrangers pourvu qu'il justifie d'un intérêt à exercer en son nom propre l'action en justice (Cass. civ. 3-12-1996 : Bull. civ. I p. 298) ou si aucun critère de compétence ordinaire n'est réalisé en France (Cass. 1e civ. 30-9-2009 n° 08-19.793, 2e esp. : Rev. crit. 2010.133 note Gaudemet-Tallon).

72255 **Actions soumises au privilège de juridiction** La compétence d'une juridiction française peut être invoquée **en principe** à propos de **toute** action en justice, bien que les articles 14 et 15 du Code civil ne visent expressément que les « obligations contractées » (Cass. civ. 1-2-1955 : JCP G 1955.II.8657 note Lucas ; Cass. civ. 22-4-1981 et 17-11-1981 : JCP G 1982.II.19920 note Boulanger ; contra CA Aix 28-2-2006 : JCP G 2006.IV.3218).

Le privilège peut ainsi être invoqué à propos d'une action directe (CA Paris 19-10-1959 : Rev. crit. 1960.208 note Gavalda), de l'action du bénéficiaire d'une stipulation pour autrui (Cass. req. 12-4-1897 : DP 1897.1.180) ou du subrogé dans les droits d'un contractant (Cass. civ. 21-3-1966 : D. 1966.429 note Malaurie ; Cass. civ. 16-1-1973 : Clunet 1975.336 note Kahn), d'actions connexes (Cass. civ. 1-3-1978 : GP 1978.1.som.153), de l'action oblique (Cass. civ. 31-1-1995 : RJDA 4/95 n° 525), d'une action déjà engagée devant une juridiction étrangère, fût-elle la première saisie, s'il y a litispendance (Cass. civ. 3-6-1997 : Rev. crit. 1998.452 note Ancel), de la demande d'ouverture d'une curatelle (Cass. 1e civ. 9-12-2003 : Bull. civ. I n° 247) ou de l'action au sujet de laquelle la juridiction étrangère, désignée par une clause attributive de juridiction, s'est déclarée incompétente, la preuve n'ayant pas été rapportée que les juridictions de droit commun étrangères aient été saisies (Cass. 1e civ. 30-9-2009 n° 08-17.587 : PA 2012 n° 204 p. 7 note Dumas).

Toutefois, le privilège de juridiction ne peut pas être invoqué :

– pour les actions réelles concernant un immeuble situé à l'étranger (Cass. civ. 27-5-1970 : Rev. crit. 1971.113 note Batiffol) ;

– pour les actions en partage d'immeubles successoraux situés hors de France, même si tous les héritiers sont français (Cass. civ. 1-2-1955 : JCP G 1955.II.8657 note Louis-Lucas ; Cass. civ. 4-12-1979 : Rev. crit. 1980.758 note Ancel ; CA Paris 22-3-1991 : Rev. crit. 1992.298 note Gore) ;

– pour l'exercice des voies d'exécution pratiquées à l'étranger, même si celles-ci concernent des Français (cf. Cass. civ. 5-5-1959 : D. 1959.377 note Holleaux ; Cass. civ. 4-5-1976 : Rev. crit. 1977.352 note Mayer ; Cass. civ. 21-6-1988 : Bull. civ. I p. 138 ; TGI Lyon 4-5-1993 : D. 1994.55 note Rémery) ;

– pour les actions relatives au fonctionnement d'un service public étranger, par exemple celui chargé de la délivrance des marques, car un État ne peut porter atteinte à la souveraineté des autres États (CA Paris 17-10-1990 : Clunet 1991.729 note Huet ; rappr. Cass. crim. 19-1-2010 n° 09-84.818) ;

– pour l'action exercée par subrogation lorsqu'une clause attributive de compétence est opposable au subrogeant (CA Paris 9-9-1999 : DMF 1999.829 note Nicolas) ;

– pour la poursuite de l'action introduite contre un défendeur domicilié à l'étranger en réparation des dommages dus à un accident aérien par des victimes françaises et étrangères dès lors que les demandeurs français ne sont plus partie à l'action, une transaction ayant mis fin à leur action car la prorogation de la compétence des juridictions françaises à l'égard du défendeur ne peut plus être justifiée par la connexité (Cass. 1e civ. 5-12-2012 n° 11-18.169 : RJDA 4/13 n° 373) ;

– pour une action en ouverture d'une procédure collective qui n'a pas en soi pour objectif d'assurer l'exécution des obligations du débiteur vis-à-vis de son créancier (CA Rennes 22-2-2022 n° 21/02517).

EXERCICE DU PRIVILÈGE DE JURIDICTION

72260 La **partie française** qui est en droit d'invoquer le privilège de juridiction est soumise aux règles suivantes.

1. Le demandeur doit invoquer le privilège, le juge ne pouvant y suppléer en se fondant sur le fait qu'il a saisi une juridiction française (Cass. civ. 26-5-1999 : Bull. civ. I n° 171) ; il peut **choisir le tribunal** devant lequel il portera son action, les règles de la compétence territoriale interne étant écartées (Cass. civ. 6-12-1988 : GP 1989.624 note Massip), même lorsque les deux parties sont françaises (cf. Cass. civ. 14-2-1962 : D. 1962.181 note Holleaux) ou lorsque le demandeur a son domicile ou sa résidence en France (cf. Cass. civ. 24-1-1958 : Bull. civ. II p. 49). Mais ce choix ne doit pas être frauduleux (Cass. civ. 23-4-1959 : D. 1959.377 note Holleaux) et il doit être conforme à une bonne administration de la justice (CA Versailles 16-2-1995 : GP 1996.som.153 ; cf. Cass. civ. 14-2-1962 : D. 1962.181 note Holleaux ; CA Aix 29-6-2000 : BTL 2000.603).

Jugé qu'était correctement choisi :

– le tribunal du domicile du demandeur (Cass. civ. 13-6-1978 : Clunet 1979.141 note Kahn) ;

– le tribunal français le plus proche de la résidence du défendeur à l'étranger (CA Colmar 19-6-1957 : D. 1957.592 ; TGI Paris 15-2-1977 : JCP G 1977.II.18761 note R. L.) ;

– le tribunal de Paris « en raison de sa situation géographique centrale » (Cass. civ. 5-11-1968 : Bull. civ. I p. 204).

Le choix n'est **pas possible** dès lors qu'un tribunal français est en mesure de connaître du litige en vertu d'un autre critère ordinaire de compétence territoriale réalisé en France (Cass. civ. 19-11-1985 : JCP G 1987.II.20810 note Courbe : compétence territoriale en matière de saisie ; CA Paris 26-9-1996 : D. 1996.IR.245 : compétence territoriale du tribunal du domicile de l'un des défendeurs).

2. Le défendeur doit soulever l'**exception d'incompétence,** le juge n'étant pas tenu d'appliquer d'office le privilège de juridiction qui n'est pas d'ordre public, même en se fondant sur le fait que le demandeur a saisi une juridiction française (Cass. civ. 26-5-1999 : Bull. civ. I n° 171) ; mais il peut le faire dès lors qu'une partie a invoqué sa qualité de Français (cf. Cass. civ. 16-4-1985 n° 83-16.195 : Bull. civ. I n° 114 ; Cass. civ. 19-7-1989 n° 88-12.592 : Bull. civ. I n° 296).

4. LITIGE LOCALISÉ EN FRANCE

Lorsqu'ils ne sont pas compétents en vertu d'une convention internationale, d'une clause attributive de compétence ou de la nationalité française d'une partie, les **tribunaux français** peuvent connaître des litiges dès lors que ces derniers présentent une localisation que la **loi interne** retient pour affirmer leur **compétence territoriale** (pour l'affirmation de cette règle : Cass. civ. 13-1-1981 : Clunet 1981.360 note Huet ; Cass. civ. 1-4-1981 : Clunet 1981.813 note Alexandre ; Cass. civ. 3-12-1985 : Bull. civ. I p. 295). **72280**

Ainsi, les tribunaux français sont compétents :

– si les diverses demandes, dirigées contre des défendeurs différents, sont dans un lien étroit de connexité (cf. Cass. 1e civ. 24-2-1998 n° 95-20.627 : Bull. civ. I n° 70), sous réserve du cas où la demande dirigée contre l'un des défendeurs ne présente pas à son endroit un caractère sérieux, fût-elle connexe à une autre demande dirigée contre les mêmes défendeurs (Cass. com. 13-4-2010 n° 09-11.885 : DMF.2010.986 obs. Cachard) ;

– lorsque le dommage est réalisé dans le ressort du tribunal saisi conformément à l'article 46, alinéa 3 du Code de procédure civile (n° 72026), pour la réparation des conséquences dommageables qui se sont produites dans ce ressort (cf. CA Paris 19-3-1984 et TGI Paris 30-6-1984 : Rev. crit. 1985.141 note Gaudemet-Tallon ; TGI Paris 29-9-1982 et 27-4-1983 : Rev. crit. 1983.670 note Gaudemet-Tallon) ;

– lorsqu'est soulevée une exception de litispendance internationale dont les conditions ne sont pas remplies, à savoir : la saisine antérieure du juge étranger ; la compétence de ce juge, au regard de ses propres règles, pour trancher le litige ; l'identité entre les deux litiges ; le caractère exécutoire en France de la décision étrangère à intervenir, et pour autant que le juge français accueillera l'exception, ce qui reste pour lui facultatif même si ces conditions sont réunies (Cass. 1e civ. 10-1-2018 n° 16-26197 D) ;

– lorsque la partie assignée a en France son domicile apparent, si le demandeur a pu de bonne foi croire qu'il constituait le domicile réel (Cass. 1e civ. 13-5-2020 n° 19-11.516 F-D : Rev. crit. 2021.137 note Minois).

Toutefois, la **compétence** est **spécialement déterminée** dans les cas suivants.

1. Successions. Pour les litiges relatifs aux **meubles** successoraux, le tribunal du dernier domicile du défunt est compétent (Cass. civ. 21-11-1955 : Clunet 1956.684 ; Cass. civ. 17-7-1963 : D. 1964.som.20).

Le dernier domicile du défunt est déterminé selon la loi française (Cass. civ. 22-4-1981 et Cass. civ. 17-11-1981 : JCP G 1982.II.19920 note Boulanger).

Les tribunaux français sont aussi compétents pour les actions successorales, actions en partage incluses, relatives à des **immeubles** situés en France (Cass. civ. 14-3-1961 : Rev. crit. 1961.774 note Batiffol ; CA Paris 25-10-1952 : D. 1954.255 note Loussouarn).

Mais ils sont incompétents pour des actions successorales concernant des immeubles sis à l'étranger (cf. Cass. civ. 7-1-1982 : Rev. crit. 1983.87 note Ancel).

2. Voies d'exécution. Voir n° 59006.

3. Redressement et liquidation judiciaires. Voir n°s 61460 s.

4. Propriété industrielle. Les tribunaux français sont compétents pour connaître des actions en nullité d'un brevet ou d'une marque déposé à l'Inpi (cf. Cass. civ. 21-1-1936 : S. 1937.1.81 note Niboyet ; CA Paris 17-12-1969 : Clunet 1971.99 note Françon ; CA Paris 28-4-1976 : D. 1977.511 note Mousseron).

Mais un tribunal étranger est compétent pour juger de la validité de la cession d'un brevet français (Cass. com. 9-2-1970 : Clunet 1971.108 note Mousseron et Huet).

5. Mesures conservatoires ou provisoires. Les tribunaux français sont toujours compétents, en cas d'urgence, pour prendre les mesures conservatoires ou provisoires justifiées par les circonstances, par exemple : en matière successorale, pour ordonner l'établissement d'inventaires, l'apposition de scellés ou pour désigner un administrateur judiciaire (cf. CA Lyon 4-4-1916 : Clunet 1917.1475) ; pour nommer un administrateur provisoire des biens appartenant à une société étrangère et située en France, ladite société menaçant ruine et ce bien qu'une clause attributive de juridiction donne compétence au fond à un tribunal étranger (CA Paris 8-10-1964 : Clunet 1965.901 note Sialelli) ; pour protéger une créance dont le recouvrement est menacé même si un tribunal arbitral est compétent au fond (TGI Paris 15-3-1995 : Bull. inf. C. cass. 1995 n° 1190).

Mais les **parties peuvent,** par une convention expresse, **écarter** cette compétence (Cass. civ. 18-11-1986 : Bull. civ. I p. 257).

6. Compétence pour les litiges relatifs à des compositions musicales destinées à des œuvres audiovisuelles. Voir n° 34855.

72283 En dehors des cas énumérés au numéro précédent et des litiges présentant des circonstances exceptionnelles (pour un exemple, CA Versailles 9-3-1990 : Bull. Joly 1990.519 : compétence du siège de la société permettant seule la localisation du litige en un lieu unique dès lors que des actionnaires étrangers s'opposaient sur la propriété d'actions de cette société), les tribunaux français ne sont **pas compétents** (Cass. civ. 6-2-1985 : Bull. civ. I p. 54 : absence de compétence exclusive d'une juridiction française ; Cass. civ. 2-4-1996 : RJDA 8-9/96 n° 1136 : absence de rattachement du litige au territoire français ; CA Paris 18-2-1994 : D. 1994.som.351 obs. Audit : absence de résidence en France du demandeur et du défendeur).

À défaut de compétence exclusive ou de fraude, les juridictions françaises peuvent être aussi incompétentes en cas de litispendance, sauf si la décision étrangère à intervenir du juge étranger, également compétent et préalablement saisi, n'est pas susceptible d'être reconnue en France ; au nombre des conditions de cette reconnaissance, que le juge français doit vérifier avant de se dessaisir, figure la compétence indirecte du juge étranger, telle qu'elle peut être déterminée par un traité international (Cass. com. 19-2-2013 n° 11-28.846 : RJDA 4/13 n° 374). Le juge français est aussi incompétent en cas de connexité (Cass. civ. 22-6-1999 : RJDA 3/00 n° 365).

Il en est ainsi **alors même** que :

– cette incompétence peut conduire à un **déni de justice,** le juge français n'étant pas tenu de rechercher si une juridiction étrangère peut ou non être compétente (Cass. civ. 7-1-1982 : Bull. civ. I p. 5), sauf dans le cas où la cause présente un rattachement avec la France et porte sur un droit relevant de l'ordre public international (Cass. soc. 25-1-2005 n° 179 : D. 2005.1540 note Viangalli : cas du salarié de nationalité française d'une organisation internationale se trouvant dans l'impossibilité d'exercer son droit à un tribunal pour connaître de sa cause, en l'absence de toute juridiction du travail instituée au sein de cette organisation, qui ne peut alors se prévaloir de son immunité de juridiction) ;

– la règle de fond française à appliquer est **d'ordre public** (Cass. com. 11-6-2002 : DMF 2002.919 obs. Raison-Rebufat et Raison ; cf. Cass. ass. plén. 14-10-1977 : D. 1978.417 note Lagarde, s'appuyant sur la compétence fixée par une convention internationale dont l'autorité est supérieure à celle de la loi interne).

Les tribunaux français saisis de tels litiges peuvent relever d'office leur incompétence (CPC art. 76 ; Cass. civ. 7-7-1981 : JCP G 1981.IV.351).

Par ailleurs, dès lors que l'action exercée à l'étranger présente des liens de rattachement avec la juridiction saisie, ils ne sont pas tenus de revendiquer leur compétence en prononçant à l'encontre des demandeurs une injonction de désistement (CA Paris 28-4-2010 n° 10-1643 : D. 2010.1224.som. obs. Delpech).

Cette solution est appelée à évoluer sous l'influence des décisions étrangères qui s'estiment compétentes pour connaître de litiges extérieurs à leur for mais qui présentent un point de rattachement à celui-ci, notamment lorsque la société mère en relève pour l'obliger à rendre compte de l'action de ses filiales à l'étranger (cf. les décisions citées par Maziau, L'extraterritorialité du droit entre souveraineté et mondialisation des droits : JCP E 2015.1343 n° 16).

5. IMMUNITÉ DE JURIDICTION

72300 En vertu de la règle dite de l'immunité de juridiction, **les tribunaux français** ne peuvent **pas** juger les **litiges** relatifs aux actes **de puissance publique** accomplis par les États étrangers, c'est-à-dire par une collectivité qui jouit « de l'existence d'une personnalité propre dans ses relations avec les autres pays, envisagées au point de vue du droit public international » (Cass. civ. 24-10-1932 : DP 1933.1.196 note Gros), même si elle ne jouit que d'une reconnaissance de fait (Cass. civ. 2-11-1971 n° 69-14.100 : Rev. crit. 1972.310 note Bourel à propos de l'immunité d'exécution mais transposable par analogie ; Cass. 1e civ. 19-3-2014 n° 11-20.312 : Bull. civ. I n° 44 ; Sentence CCI n° 6474 : Yearbook 2000.279).

N'ont pas été reconnus comme des États au sens ci-dessus :

– des États membres d'un État fédéral (par exemple des Länder de l'Allemagne fédérale, CA Paris 5-11-1969 : Rev. crit. 1970.703 note Loussouarn) ;

– des villes (pour la ville de Genève, Cass. req. 1-7-1895 : S. 1896.1.225 ; pour la ville de Tokyo, cf. Cass. civ. 14-1-1931 : S. 1931.1.125) ; **72300** (suite)
– des régions (pour la généralité de la Catalogne, CA Aix 9-12-1938 : DP 1939.2.65 note Colliard).

Il en est de même des actes accomplis par les **organismes** agissant par ordre pour le compte des États, au titre de la puissance publique (Cass. civ. 19-5-1976 n° 74-11.424 : Bull. civ. I n° 181 : Banque du Japon) ou dans l'intérêt d'un service public (Cass. civ. 2-5-1990 n° 88-14.363 : Bull. civ. I n° 92 : société nationale iranienne du gaz).

Toutefois, l'immunité est **refusée** si les exigences de la solidarité internationale ou la convergence des intérêts en cause justifient, du point de vue du for, la compétence des juridictions françaises (Cass. civ. 2-5-1990 n° 88-14.687 : Rev. crit. 1991.378 note Audit).

La **qualification des actes** justifiant l'application de l'immunité de juridiction est opérée « suivant la qualification admise en France « (Cass. 1e civ. 2-3-1966 : Bull. civ. I n° 152), à savoir selon la nature de l'activité et non selon la qualité de celui qui invoque l'immunité (Cass. 1e civ. 25-2-1969 : Bull. civ. I n° 86).

Ont ainsi bénéficié de l'immunité les organismes tels qu'une banque d'État (Cass. civ. 3-11-1952 : Bull. civ. I p. 231) et même des personnes morales de droit privé (Cass. civ. 21-4-1886 : D. 1886.1.393 ; Cass. req. 20-11-1934 : S. 1935.103). Sur la définition d'émanation de l'État pour déterminer les organismes bénéficiaires de l'immunité d'exécution, n° 60403, transposable par analogie.

Au regard des bénéficiaires de l'immunité, les tribunaux français ne peuvent pas être saisis, par exemple, de litiges portant sur :
– un marché passé pour couvrir les besoins du service de la défense nationale d'un État (Cass. civ. 19-12-1961 : Bull. civ. I p. 487) ;
– les engagements pris et les versements effectués par l'État italien aux porteurs d'obligations aux termes d'un accord avec la France du 29 mars 1923 reconstituant la compagnie des Chemins de fer Danube-Save Adriatique (Cass. civ. 5-10-1965 : Bull. civ. I p. 384) ;
– des contrats comportant des clauses exorbitantes du droit commun (Cass. civ. 2-3-1966 : Bull. civ. I p. 119) ;
– un refus de délivrance d'autorisation de change (Cass. civ. 19-5-1976 : Bull. civ. I p. 145) ;
– un acte de nationalisation (Cass. civ. 20-10-1987 : Rev. crit. 1988.727 note Mayer) ;
– une demande d'application des règles de droit public fiscal, douanier ou économique d'un État étranger (Cass. civ. 2-5-1990 précité) ;
– une demande d'un État en remboursement de fonds détournés à son préjudice par ses dirigeants (Cass. civ. 29-5-1990 : Bull. civ. I p. 87) ;
– le fonctionnement d'un service public étranger (n° 72255).

En revanche, ne concernent **pas** des actes de **puissance publique** les litiges relatifs :
– à un contrat de transport ferroviaire (Cass. civ. 25-2-1969 précité) ;
– à un contrat de bail commercial soumis à des règles s'imposant à toute personne se proposant d'exercer un commerce (Cass. civ. 17-1-1973 : Bull. civ. I p. 23) ;
– aux rapports de droit privé d'une entreprise nationalisée étrangère, gérant un service de transports publics (CA Montpellier 4-7-1968 : Rev. crit. 1971.96 note Le Galcher-Baron) ;
– au paiement de retraites dues aux termes de rapports de pur droit privé (Cass. civ. 7-12-1977 : Bull. civ. I p. 369) ;
– à l'aval donné par la Banque camerounaise de développement pour le compte de l'État camerounais comme il aurait été donné au profit d'une personne de droit privé (Cass. civ. 18-11-1986 : Bull. civ. I p. 255).

L'immunité de juridiction constitue une **fin de non-recevoir** qui peut être invoquée en tout état de cause, et non une exception d'incompétence (Cass. civ. 15-4-1986 n° 84-13.422 : Bull. civ. I n° 87).

Un État peut renoncer à son immunité pourvu que la renonciation soit certaine, expresse et non équivoque ; tel n'est pas le cas de la renonciation émise dans les premières écritures, par la suite retirée, puis non reprise en cause d'appel (Cass. 1e civ. 9-3-2011 n° 09-14.743 : JDI 2011.953 note Delebecque et Adeline), de la disposition d'un traité entre États prévoyant la soumission à un arbitrage des litiges en étant issus impliquant les États signataires pour les actions que les tiers exercent contre eux en vertu de ce traité (Cass. civ. 5-10-1965 : Bull. civ. I p. 384 ; contra TGI Paris 3-5-1971 : JCP G 1971.II.16811 obs. D.R.) ni de l'élection de domicile ou de la clause compromissoire insérées dans un bail (CA Paris 25-2-1971 : D. 1971.som.60).

À défaut de mise en œuvre par cet État ou de renonciation de sa part, le juge doit relever **d'office** la fin de non-recevoir, même devant la Cour de cassation (Cass. civ. 4-2-1986 n° 84-16.453 : Bull. civ. I n° 7).

Les Français ne peuvent pas invoquer leur privilège de juridiction pour y faire obstacle (Cass. 1e civ. 27-4-2004 : Bull. civ. I n° 114).

Le ressortissant français qui ne peut faire valoir ses droits en raison de l'existence d'une immunité de juridiction peut invoquer **la protection diplomatique de** l'État français (n° 72800) et engager la responsabilité de ce dernier s'il en résulte pour lui une rupture de l'égalité devant les charges publiques (n° 74350).

L'immunité de juridiction est aussi généralement reconnue par convention au profit des **organisations internationales** (Cass. civ. 14-11-1995 n° 90-43.633 : Bull. civ. I n° 413 ; CA Paris 13-1-1993 : Clunet 1993.353 note Mahion).

6. EXCEPTION DE COMPÉTENCE INTERNATIONALE

72315 La contestation de la compétence internationale du juge français saisi constitue une exception de procédure ; elle est donc irrecevable si elle est soulevée après les conclusions sur le fond (CPC art. 74, al. 1 ; Cass. 1e civ. 23-5-2012 n° 10-26.188).

Cette contestation ne concerne pas une répartition de compétence entre les tribunaux nationaux mais tend à leur retirer le pouvoir de trancher le litige au profit d'une juridiction d'un État étranger ; dès lors, le pourvoi en cassation contre le jugement ayant statué sur cette exception de procédure a pour fin de prévenir un excès de pouvoir (Cass. soc. 4-2-2014 n° 12-27.113).

V. JUGEMENT

JUGEMENTS FRANÇAIS

72400 **Qualification** Seules les décisions rendues par des organes juridictionnels sont des jugements.

L'intérêt d'établir cette qualification se manifeste lorsque se pose la question de l'exercice des voies de recours admises contre les décisions juridictionnelles et celle du droit de recourir à l'exécution forcée d'une décision (par exemple CE 14-6-1991 : RFDA 1992.1016 note Autin : caractère non juridictionnel du Conseil supérieur de l'audiovisuel ; CE 20-10-2000 : RJDA 3/01 n° 350 : caractère juridictionnel de la Commission bancaire (devenue Autorité de contrôle prudentiel) dans l'exercice de ses pouvoirs disciplinaires).

Ces décisions ont la force de la chose jugée si elles tranchent un litige (Cass. civ. 20-10-1993 : Bull. civ. II p. 160), ce qui n'est pas le cas d'une décision qui se borne au simple visa d'une règle de droit (Cass. 2e civ. 22-11-2007 n° 06-18.892 : Bull. civ. II n° 256, rejetant le pourvoi contre une telle décision).

L'homologation judiciaire d'un acte a pour effet de donner à cet acte force exécutoire sans pour autant lui donner force de chose jugée exécutoire, autrement dit sans pour autant emporter son exécution tel qu'homologué. Il est ainsi jugé que :

- la validité d'un accord transactionnel homologué peut être contestée devant le juge de l'exécution (Cass. 2e civ. 28-9-2017 n° 16-19.184 FS-PB : RTD civ. 2018.220 obs. Cayrol) ; cet accord laisse en effet subsister le caractère contractuel de l'acte qui, par exemple, s'agissant d'une convention de changement de régime matrimonial a été annulée pour atteinte à la réserve d'un héritier (Cass. 1e civ. 14-1-1997 n° 94-20.276 : Bull. civ. I n° 20) ou pour dol de l'épouse, qui avait promis de reprendre la vie commune sous la condition du changement de régime et qui, après la conclusion de la convention, avait refusé cette reprise (CA Pau 15-5-2000, JCP 2002.II.10085 note J. Casey) ; l'accord ne peut plus être remis en cause seulement si aucun recours n'a été exercé (Cass. com. 19-10-1993 n° 91-20.634 : Bull. civ. IV n° 341) ou si les parties ont irrévocablement confirmé l'acte litigieux et se sont désistées de toutes instances et actions relatives à celui-ci (Cass. 1e civ. 17-3-2016 n° 14-27.168 : JCP G 2015 n° 585 note Deharo) ;
- l'homologation ne change pas la qualification de l'acte juridique homologué ; ainsi, une sentence arbitrale homologuée par une juridiction étrangère demeure une sentence arbitrale et ne devient pas un jugement étranger (n° 71300) ;
- un jugement étranger d'homologation d'un acte sous signature privée, ici un testament, qui a reçu l'exequatur en France, ne peut pas, en tant que tel, être exécuté au fond en France s'il est contraire à l'ordre public français et ne peut l'être sur les immeubles situés en France que dans la mesure où il n'entame pas la réserve héréditaire (Cass. 1e civ. 4-7-2018 n° 17-16.515 FS-PB : JCP G 2018 n° 1074 note Vignal).

En effet, généralement, le jugement d'homologation se borne à constater l'existence de l'acte sans procéder à un examen de validité de celui-ci, ce contrôle étant exceptionnel (voir la jurisprudence diverse citée par J.-Ph. Tricoit : Rev. arb. 2018.287).

La décision du juge d'instance refusant l'homologation du constat d'accord établi par le conciliateur (ou par analogie le médiateur) qui ne met pas fin à l'instance et ne tranche aucune partie du principal ne peut faire l'objet d'un appel immédiat (Cass. 2e civ. 28-9-2017 n° 16-17.311 FS-D, solution transposable à la procédure orale devant le tribunal judiciaire).

Sur la qualification française des jugements étrangers, nos 72415 et 72460.

72403 **Droit de l'Homme à obtenir un jugement** En vertu de la convention européenne des droits de l'Homme (art. 6), toute personne qui soumet à la justice des contestations sur ses droits et obligations de caractère civil a droit d'être entendue équitablement, publiquement et dans un délai raisonnable par un tribunal indépendant et impartial.

Cette disposition, si elle tend à la protection effective et concrète des droits qu'elle garantit, n'en permet pas l'abus (Cass. 2e civ. 20-4-2017 n° 16-15.936 F-PB, excluant qu'un créancier condamné pour abus de saisie s'en prévale pour échapper à sa condamnation).

Les assujettis aux dispositions du droit de l'UE peuvent aussi invoquer la protection que leur apporte la charte des droits fondamentaux de l'UE (pour une application, CJUE 26-11-2013 aff. 40/12 P, 50/12 P, 58/12 P).

Le Conseil constitutionnel, le Conseil d'État et la Cour de cassation, en qualité de plus hautes juridictions françaises, sont habilités, depuis le 1er août 2018, à interroger la Cour européenne des droits de l'Homme sur les questions de principe relatives à l'interprétation ou à l'application des droits et libertés définis par la convention ou ses protocoles (Loi 2018-237 du 3-4-2018 autorisant la ratification par la France du protocole n° 16 à la CESDH).

Charges des frais de justice La partie perdante supporte les **dépens** (frais liés aux instances, actes et procédures d'exécution limitativement énumérés à l'article 695 du CPC) qui ont dû être exposés pour obtenir le jugement demandé (CPC art. 696) ; le paiement de ces frais est privilégié sur la généralité des meubles de leur débiteur, sous la condition qu'ils aient profité au créancier auquel le privilège est opposé (C. civ. art. 2331 ; Cass. com. 17-11-1970 : Bull. civ. IV n° 305). 72406

Sur la composition de ces frais, article 695 du Code de procédure civile.

Toutefois, s'il l'estime équitable ou compatible avec la situation économique de la partie perdante, le juge condamne une partie à supporter une part des **frais** exposés par l'autre et qui ne sont pas compris dans les dépens ; il peut aussi, d'office, estimer qu'il n'y a pas lieu à condamnation (CPC art. 700), ce texte conférant au juge un pouvoir discrétionnaire qui ne met en cause ni son impartialité ni le droit d'accès au tribunal (Cass. 1e civ. 11-9-2013 n° 12-17.794).

Le juge des référés a aussi le pouvoir de répartir équitablement la charge des frais irrépétibles (Cass. civ. 19-11-1980 : Bull. civ. III p. 137 ; rappr. Cass. 2e civ. 22-10-2015 n° 14-24.848).

Sur la possibilité de prévoir dans un contrat la prise en charge par une partie d'une indemnité pour frais de justice éventuels, n° 16250.

Ces frais peuvent inclure les **honoraires de l'avocat.**

L'avocat conclut par écrit avec son client une convention d'honoraires, qui précise, notamment, le montant ou le mode de détermination des honoraires couvrant les diligences prévisibles, ainsi que les divers frais et débours envisagés (Loi 71-1130 du 31-12-1971 art. 10 al. 3) ; un règlement partiel ne supplée pas l'absence d'écrit (Cass. 2e civ. 9-2-2023 n° 21-10.622 FS-B).

Les honoraires de l'avocat ne peuvent pas être fixés seulement en fonction du résultat à obtenir (Loi 71-1130 du 31-12-1971 art. 10 al. 5) mais cette règle n'est pas d'ordre public international français (Cass. civ. 28-2-1984 : Rev. crit. 1985.131 note Mezger ; CA Paris 10-7-1992 : Rev. arb. 1992.609 note Leboulanger).

Exécution des jugements des tribunaux français Les décisions de première instance sont **exécutoires de droit à titre provisoire,** à moins que la loi ou la décision rendue n'en dispose autrement (CPC art. 514). Le juge peut écarter l'exécution provisoire de droit, en tout ou partie, s'il estime qu'elle est incompatible avec la nature de l'affaire dans les conditions fixées par les articles 514-1 s. du Code de procédure civile. 72409

L'exécution provisoire est faite aux risques de la partie qui y procède, laquelle est responsable sans faute prouvée du dommage causé par l'exécution forcée (Cass. 2e civ. 17-9-2020 n° 19-17.721 F-PBI : RJDA 1/21 n° 47).

Les jugements rendus par les tribunaux français ne peuvent être **exécutés** que s'ils sont définitifs ou passés en force de chose jugée, c'est-à-dire ne sont susceptibles d'aucun recours suspensif d'exécution (CPC art. 500).

Sauf les cas (notamment ord. de référé ou sur requête, nos 72546 et 72600) où ils sont exécutoires sur minute (CPC art. 503 ; sur une application, Cass. 1e civ. 11-5-2017 n° 16-14.213 F-D : D. 2021.2166 note Molière), les jugements doivent, pour être exécutés, être **signifiés,** par acte d'huissier ou de commissaire de justice (CPC art. 651, al. 2), à ceux à qui on veut les opposer (CPC art. 503 ; Cass. 2e civ. 30-6-2022 n° 21-10.229 FS-B) ; à défaut, la force de la chose jugée qui leur est attachée dès leur prononcé ne peut avoir pour effet de priver une partie d'un droit (Cass. ch. mixte 16-12-2005 n° 03-12.206 : Bull. civ. ch. mixte n° 8).

L'appel de l'ordonnance exécutoire sur minute ne suspend pas l'exécution de l'ordonnance (cf. Cass. 2e civ. 7-11-2002 n° 00-22.189 F-PB).

Sur la signification des jugements français à l'étranger, n° 72415.

Sur les conditions de régularité des jugements, articles 460 à 466 du Code de procédure civile.

Le délai d'appel ne court que si les jugements sont signifiés et non s'ils sont remis par acte extrajudiciaire (Cass. 2e civ. 3-9-2015 n° 14-18.287) ; mais le délai court en cas de signification à l'initiative d'une partie, alors même que la loi la prévoit en la forme ordinaire à la diligence du greffe (Cass. com. 10-3-2015 n° 13-22.777 : RJDA 11/15 n° 770).

Le principe du double degré de juridiction n'est ni consacré à titre de principe général du droit ayant valeur constitutionnelle, ni exigé par le droit à un procès équitable garanti par l'article 6, 1 de la convention EDH (Cass. 1e civ. 3-11-2016 n° 15-24.189 F-PBI : Bull. civ. I n° 204).

Ils sont exécutoires à partir du moment où ils passent **en force de chose jugée** (CPC art. 501), sauf recours en annulation pour **excès de pouvoir,** dit « appel-nullité ».

Le jugement n'est passé en force de chose jugée que s'il n'est susceptible d'aucun recours suspensif d'exécution (Cass. 1e civ. 31-3-2010 nº 09-12.770 : RTD civ. 2010.618 obs. R. Perrot ; aussi nº 59233).

Mais tout jugement est susceptible d'un appel-nullité en cas d'excès de pouvoir (Cass. ch. mixte 28-1-2006 nº 228 et Cass. com. 3-5-2006 nº 556 : RJDA 8-9/06 nº 976), et même une mesure d'administration judiciaire (Cass. 2e civ. 16-12-2021 nº 19-26.243 FB), lequel consiste pour le juge à méconnaître l'étendue de ses pouvoirs (Cass. 1e civ. 20-2-2007 nº 06-13.134 : RJDA 6/07 nº 674 ; Cass. com. 24-3-2015 nº 14-10.175) ou à s'arroger des attributions que le dispositif normatif lui refuse (Cass. com. 25-10-2023 nº 22-18.680 F-B ; Cass. com. 22-11-2023 nº 22-17.798 F-B : juge statuant au fond après avoir déclaré l'action irrecevable) ou à refuser d'exercer les compétences que la loi lui attribue (Cass. 1e civ. 20-10-2021 nº 20-16.343 FSD : juge statuant au fond après avoir déclaré l'action irrecevable ; CA Paris 26-2-2020 nº 19/22834 écartant de l'abus de pouvoir « la violation de règles de fond ou de procédure, même lorsqu'il s'agit de la violation d'un principe essentiel de procédure, tel celui du contradictoire ou de la méconnaissance de l'objet du litige, qui ne constitue pas un excès de pouvoir mais une simple erreur de droit, [ou] en cas d'absence de motivation ou de motivation insuffisante »).

Sont aussi susceptibles de pourvoi en cassation des décisions inconciliables (Cass. com. 18-6-2013 nº 12-12.842 : RTD civ. 2013.668 obs. Perrot) ; la Cour de cassation, si la contrariété est constatée, peut annuler l'une des décisions (Cass. 3e civ. 6-2-2020 nº 18-24.946 F-D), voire les deux (Cass. 3e civ. 10-11-2015 nº 14-15.728 F-D ; Cass. com. 31-1-2017 nº 15-13.981 F-D).

Mais l'exécution est écartée si la partie condamnée bénéficie d'un délai de **grâce** (nº 50506) et elle est anticipée si le bénéficiaire de la condamnation bénéficie de l'**exécution provisoire** (CPC art. 501), laquelle est désormais de droit sauf exception (CPC art. 514). Sur le régime d'exécution des jugements, articles 500 à 524 du Code de procédure civile.

La cassation d'une décision entraîne l'annulation de tous les actes accomplis en vertu de cette décision (CPC art. 625 ; Cass. 2e civ. 11-4-2013 nº 12-15.837 : Bull. civ. II nº 76).

Sous réserve du bénéfice du délai de grâce, la décision passée en force de chose jugée est définitivement exécutoire, aucune décision de justice postérieure ne pouvant y faire obstacle (Cass. com. 28-3-2018 nº 16-24.150 D).

Sur l'exécution des jugements condamnant les personnes morales de droit public, nº 60028 ; sur le prononcé d'une astreinte à l'encontre de ces personnes, C. just. adm. art. L 911-3 s.

Indépendamment de ce texte, il est de principe général que les juges ont la faculté de prononcer une injonction assortie d'une astreinte en vue de l'exécution de leurs décisions (CE 11-7-2018 nº 407865).

72412 **Fonctionnement défectueux du service de la justice** L'État est tenu de réparer le dommage causé par le fonctionnement défectueux du service public de la justice (C. org. jud. art. L 141-1 ; sur des applications, Cass. 1e civ. 2-9-2020 nº 19-19.098 F-D : RJDA 11/20 nº 614 ; Cass. 1e civ.18-11-2020 nº 19-19.517 FS-PB ; T. confl. 8-6-2020 nº 4185 : RJDA 12/20 nº 673). Sa responsabilité ne peut pas être engagée au titre d'une faute d'un garagiste dans la conservation des scellés, celui-ci étant un collaborateur occasionnel du service public de la justice et non un agent de service (Cass. 1e civ. 14-9-2022 nº 21-19.650 FS-B).

JUGEMENTS ÉTRANGERS : DROIT COMMUN

72415 Sous réserve des dispositions de diverses conventions internationales bilatérales ou multilatérales auxquelles la France est partie (par exemple, la convention CMR : nº 25221) et de celles du règlement de l'UE (nos 72460 s.), un jugement rendu à l'étranger ne peut produire **effet** en France ou y être **exécuté** que sous les conditions ci-après exposées (CPC art. 509).

Ces conditions n'interviennent qu'au regard d'un acte pris au nom d'un État souverain (ce qui n'est pas le cas de la principauté d'Andorre : Cass. civ. 8-2-1977 : JCP G 1977.IV.86) et constituant une décision, c'est-à-dire qui correspond à une intervention du juge produisant des effets à l'égard des personnes ou sur les biens, droits ou obligations (Cass. civ. 17-10-2000 : D. 2001.688 note Vallens ; aussi nº 72460), et non pas un simple acte se bornant à recevoir un acte de droit privé (CA Paris 2-4-1998 : D. 1998.IR.133 ; TGI Paris 12-1-1978 : Rev. crit. 1979.102 note Holleaux), et qui est passé en force de chose jugée, la preuve de cette condition incombant à la partie qui invoque son autorité (Cass. civ. 19-10-1999 : Bull. civ. I nº 279).

La conférence de La Haye de droit international privé a adopté la convention sur la reconnaissance et l'exécution des jugements étrangers en matière civile ou commerciale le 2 juillet 2019. L'UE y a adhéré le 29 août 2022, afin de faciliter la reconnaissance et l'exécution des jugements rendus par les juridictions de l'UE dans les pays tiers et celles des jugements rendus par les juridictions de pays tiers dans les pays de l'UE dans la mesure où les principes fondamentaux du droit de l'UE sont respectés.

72418 **Effets des jugements étrangers non subordonnés à la vérification de régularité** Sous réserve d'avoir été rendu en respectant les droits de la défense (Cass. civ. 7-6-1989 : Bull. civ. I p. 151 : règles de citation, de représentation et de comparution des parties), un jugement étranger produit, en France, des effets, en tant que fait juridique, indépendamment d'une vérification de sa régularité internationale par une procédure de reconnaissance ou d'exequatur (Cass. 1e civ. 22-1-2009 n° 08-10.364 : Rev. crit. 2009.533 note Muir Watt) dans les trois cas suivants.

Le juge ne peut pas refuser d'examiner un jugement étranger versé aux débats (Cass. com. 6-3-2019 n° 17-24.851 F-D).

1. Justification d'une demande. Le jugement étranger peut être invoqué à l'appui d'une demande, en France, pour **faire valoir un droit,** par exemple pour : agir en garantie en raison de l'éviction ordonnée (Cass. req. 6-1-1841 : DP 1841.1.226) ; demander des mesures conservatoires consécutivement à la saisie ordonnée (T. com. Seine 8-11-1946 : Rev. crit. 1947.162) ; servir à l'appui de l'appréciation du dommage pour lequel un tiers a été condamné à indemniser les demandeurs (CA Paris 9-5-1978 : D. 1978.IR.371 obs. Audit) ; demander une condamnation pécuniaire (Cass. civ. 3-11-1983 n° 82-14.003 : Rev. crit. 1984.336) ; obtenir la mainlevée de la saisie conservatoire d'un navire pratiquée par le créancier d'une société qui n'était plus la propriétaire de ce navire à la suite de sa saisie et de sa vente aux enchères publiques décidées par le jugement invoqué (Cass. com. 4-10-2005 n° 1200 : RJDA 1/06 n° 64). 72421

2. Preuve. Le jugement étranger peut être utilisé comme moyen de preuve, **ses constatations** ayant valeur d'indices et de présomptions dont le juge français apprécie la force probante (Cass. civ. 19-6-1963 : Clunet 1964.555 note Sebag ; Cass. civ. 9-12-1974 : Rev. crit. 1975.504 note Mezger ; CA Paris 10-1-1959 : Rev. crit. 1959.364 note Loussouarn). 72424

Un acte authentique étranger, non revêtu de l'exequatur, « n'est pas impropre à servir de support à une action judiciaire » (Cass. civ. 5-4-1968 : Bull. civ. III p. 127).

Le jugement étranger peut aussi être utilisé comme élément de preuve des **droits qu'il déclare** ou constitue, le juge français restant toujours libre d'en déterminer la force probante (Cass. civ. 30-1-1912 : Clunet 1912.845 note Perroud).

3. Autorité de plein droit. L'autorité de la chose jugée est accordée de plein droit : 72427

– à des jugements **constitutifs de droits patrimoniaux** (CA Paris 29-5-1963 : Clunet 1964.119 obs. Sialelli) ;

Ainsi :

– un jugement étranger d'adjudication peut être reconnu comme titre de propriété (T. com. Rouen 11-6-1969 : DMF 1970.90) ;

– un jugement étranger qui a attribué les biens du failli à une nouvelle société permet à cette dernière d'exercer en France les droits du failli (Cass. civ. 30-1-1912 : S. 1916.1.113 note Audinet ; CA Poitiers 20-12-1972 : Rev. crit. 1974.118 note Y. L.) ;

– un administrateur de succession nommé par une décision étrangère peut remplir sa mission en France (Cass. civ. 6-6-1967 : Clunet 1967.890 note Bredin) ;

– un jugement étranger reconnaissant l'existence d'une cession de créance donne qualité au cessionnaire pour demander en France l'exequatur du jugement (Cass. 1e civ. 11-7-2006 : JDI 2007.554 note Fohrer-Dedeurwaerder) ;

– un jugement étranger de condamnation à réparation d'un dommage (CA Aix 6-4-2000 : Clunet 2001.1130 note Lelièvre-Boucharat) ;

– un jugement étranger qui reconnaît à une partie des droits d'auteur sur une œuvre peut être invoqué pour permettre à l'intéressé d'agir en contrefaçon (Cass. 1e civ. 22-1-2009 n° 08-10.364 : Rev. crit. 2009.533 note Muir Watt).

Il a été aussi jugé qu'un jugement prononçant la nullité d'une vente – donc un jugement déclaratif patrimonial – avait, même sans exequatur, l'autorité de la chose jugée (Cass. civ. 9-12-1974 : Clunet 1975.534 note Ponsard).

– à des jugements relatifs à l'**état des personnes** sauf s'ils doivent donner lieu à une mesure d'exécution sur les biens ou de cœrcition sur les personnes (notamment le divorce : Cass. civ. 29-3-1989 : Clunet 1989.1014 note Kessedjian) et à **l'incapacité** des personnes (par exemple, décisions étrangères établissant des incapacités de protection ou nommant des personnes chargées de veiller sur les intérêts de l'incapable : cf. Cass. civ. 7-11-1972 : Clunet 1974.610 obs. P. A.).

Conditions de la régularité en France des jugements étrangers Un jugement étranger n'est régulier en France que s'il remplit, en l'absence de convention internationale, les conditions suivantes : la compétence indirecte du juge étranger fondée sur le rattachement du litige au juge saisi, la conformité à l'ordre public international de fond et de procédure ainsi que l'absence de fraude (Cass. 1e civ. 30-1-2013 n° 11-10.588 : RJDA 7/13 n° 682 ; Cass. 1e civ. 29-1-2014 n° 12-28.953 : Bull. civ. I n° 14). Il doit aussi avoir été rendu dans le respect des principes du procès équitable (CEDH 20-7-2001 : JCP 2002 I 105 n° 7 obs. Sudre). 72430

La décision d'exequatur se bornant à reconnaître la force exécutoire d'un jugement rendu par un juge étranger, le juge qui la prononce ne peut opérer des changements sur les droits reconnus, par exemple déterminer les effets en France d'un jugement de liquidation judiciaire sans connaître les effets d'un tel jugement dans la législation étrangère sur le fondement de laquelle il a été rendu car il s'ensuivrait que le juge de l'exequatur aurait ajouté ou changé la décision rendue (TGI Grasse 19-12-2019 n° 19/04179 : DMF 2020.326 obs. Bourayne).

Le juge de l'exequatur est seul compétent pour examiner la régularité d'un jugement étranger au regard de l'ordre juridique français (CA Caen 29-6-2004 n° 02-02099 : GP 2005.som.598, écartant la compétence du juge de l'exécution).

72433 **1.** Le jugement a été rendu en vertu de la **compétence indirecte** du tribunal qui a statué. Il en est ainsi toutes les fois que la juridiction française n'a pas une compétence exclusive, que le litige se rattache d'une manière caractérisée au pays dont le tribunal a été saisi et que le choix de ce tribunal n'a pas été frauduleux (Cass. civ. 6-2-1985 : Rev. crit. 1985.369 ; pour un rattachement caractérisé, Cass. com. 18-1-2000 : RJDA 2/00 n° 233 ; pour un choix frauduleux, Cass. civ. 22-1-1951 : D. 1952.35).

Le juge français doit vérifier la compétence indirecte du tribunal étranger au regard des règles du droit international privé français (Cass. 1re civ. 3-3-2021 n° 19-19.471 FS-P).

Il en est de même lorsque la partie française a renoncé à soulever son privilège de juridiction (n° 72249), ce qui empêche le juge français de tenir la décision pour rendue par une juridiction incompétente (Cass. civ. 4-10-1967 : D. 1968.95 note Mezger).

Le moyen tiré de l'incompétence du tribunal étranger dont la décision est soumise à l'exequatur n'est pas une exception de procédure et n'a pas à être soulevé avant toute défense au fond (Cass. civ. 13-6-1978 : D. 1979.133 note Santa-Grouc).

Sur l'appréciation de la clause attributive de compétence, n° 72229.

72436 **2.** Le jugement étranger ne doit **pas** être **contraire à l'ordre public** international français.

Cette condition peut ne pas être appréciée avec les mêmes exigences selon qu'il s'agit de reconnaître l'autorité de la chose jugée au jugement étranger ou d'accepter son exécution forcée (TGI Paris 8-7-1976 : Rev. crit. 1977.737 note Lucas). Elle ne doit pas être invoquée dans le but de réviser au fond la solution tranchée par le juge étranger (CA Paris 21-9-1995 : D. 1996.som.168 obs. Audit, ce qui était le cas en l'espèce, le défendeur invoquant le non-respect par le juge étranger des limitations contractuelles de responsabilité ayant conduit à l'allocation de dommages-intérêts excessifs, voire punitifs).

Dès lors qu'elle est satisfaite, il importe peu que le jugement n'ait pas été rendu selon la loi française désignée comme compétente par la règle française de conflit de lois (cf. CA Paris 4-2-1958 : JCP G 1958.II.10612 note Francescakis).

Eu égard aux **règles de procédure,** sont considérées comme contraires à cet ordre public les décisions dont il est démontré qu'elles compromettent objectivement les intérêts d'une partie par une violation des principes fondamentaux de la procédure (Cass. 1re civ. 19-9-2007 n° 06-17.096 : Rev. crit. 2008.617 note Pataud), notamment celles ne respectant pas :

– les droits de la défense (TGI Seine 10-4-1962 : Clunet 1963.1080 note Sialelli : délai de comparution de deux jours jugé insuffisant ; TGI Paris 3-12-1990 : Bull. inf. C. cass. 1991.643 : traduction en langue française de l'acte introductif d'instance, réclamée dès la délivrance de celui-ci, mais établie plus de six ans après) ;

– la possibilité d'exercer des voies de recours (Cass. civ. 6-2-1973 : Bull. civ. I p. 41) ; toutefois, la limitation de la possibilité de faire appel n'est pas contraire à l'ordre public international français (Cass. 1re civ. 17-1-2006 : JCP G 2006.IV.1292) et le défaut de signification de la décision étrangère n'emporte pas en soi l'impossibilité d'exercer une voie de recours, en particulier lorsque celle-ci est prévue par la législation du for (Cass. 2e civ. 16-9-2020 n° 19-11.621 FS-PB) ;

– une clarté d'exposition de leur argumentation, au point que le juge français ne puisse comprendre le sens de la décision en cause (Cass. civ. 11-7-1961, 2 arrêts : D. 1961.577 note Holleaux ; Cass. civ. 17-10-1972 : Rev. crit. 1973.556 note Francescakis ; CA Paris 18-1-1980 : Rev. crit. 1981.113 note Holleaux) ;

– les règles sur la motivation ; tel est le cas si le demandeur à l'exequatur ne produit pas au juge français des documents de nature à servir d'équivalent à la motivation défaillante (Cass. 1re civ. 28-11-2006 n° 1671 : Bull. civ. I n° 520 ; Cass. 1re civ. 22-10-2008 n° 06-15.577 : D. 2009.59 note Motte-Suaniti ; Cass. 1re civ. 1-9-2015 n° 14-13.641 : Bull. civ. I n° 187) ; ne valent pas équivalence des décisions interprétatives rendues postérieurement à la saisine du juge de l'exequatur qui a jugé insuffisante la motivation des jugements qui lui étaient soumis pour exequatur (Cass. 1re civ. 14-11-2012 n° 11-23.871 : JDI 2013.1176 note Chalas) ni une attestation du juge étranger soulignant que la partie condamnée par la décision avait présenté une défense fondée pour l'essentiel sur des exceptions procédurales et quant au fond sur la simple dénégation des faits, et qu'elle s'était vu enjoindre par le juge à plusieurs reprises d'établir la réalité des exceptions qu'elle soulevait et de développer une argumentation sur le fond (Cass. 1re civ. 9-9-2015 n° 14-13.641 : RJDA 12/15 n° 886) ;

Mais n'est pas contraire à l'ordre public international français de procédure la décision qui a été rendue par défaut du fait de la défaillance volontaire du défendeur dûment assigné (Cass. 1re civ. 23-1-2008 n° 07-11.768 : Rev. crit. 2008.636 note Ancel).

– l'impartialité et l'indépendance des juridictions en cause qui ont participé à la décision (cf. Cass. 1re civ. 3-12-1996 n° 94-20.986 : Bull. civ. I n° 427 ; cf. Cass. 1re civ. 30-1-2013 n° 11-10.588 : RJDA 7/13 n° 682).

Quant au contenu de l'ordre public international français applicable aux règles de fond, il est précisé dans les développements qu'il concerne.

Il est à noter qu'un jugement étranger d'homologation d'un acte sous signature privée, qui a reçu en tant que tel l'exequatur en France, ne peut, en soi, constituer un titre exécutoire des droits établis par cet acte car l'homologation d'un accord, ici transactionnel, qui a pour seul effet de lui conférer force exécutoire ne fait pas obstacle à une contestation de la validité de cet accord devant le juge de l'exécution ; ainsi, le jugement d'homologation d'un testament rendu au Maroc, ne constituant pas un jugement ayant force de la chose jugée car il n'est pas une décision juridictionnelle tranchant une contestation au fond, ne peut pas être exécuté au fond en France s'il est contraire à l'ordre public français et ne peut l'être sur les immeubles situés en France que dans la mesure où il n'entame pas la réserve héréditaire (Cass. 1e civ. 4-7-2018 nos 17-16.515 et 17-16.522 FS-PB).

3. Le jugement étranger ne **doit** pas avoir été obtenu dans des **conditions frauduleuses.** 72439

Le moyen de fraude ne peut pas être soulevé dès lors que celui qui l'invoque dans l'instance en exequatur n'a pas usé de la voie de recours ouverte par la loi étrangère compétente (Cass. civ. 17-5-1983 : Rev. crit. 1985.346 note Ancel), ni lorsqu'il se rapporte au fond du litige (Cass. civ. 18-2-1992 : Bull. civ. I p. 35).

Il en est ainsi, notamment, lorsque l'une des parties s'est rendue coupable de manœuvres qui ont empêché son adversaire de défendre ses droits ou qui ont simplement gêné sa défense (Cass. req. 11-11-1908 : DP 1914.1.118 rapport Denis ; CA Paris 15-11-1960 : Rev. crit. 1961.397 note Loussouarn) ou a choisi de porter le litige devant la juridiction étrangère pour échapper aux conséquences d'un jugement français (Cass. 1e civ. 17-1-2006 no 67 : D. 2006.1666 note Cornut) ou se soustraire à l'autorité d'une sentence définitive et défavorable (Cass. 1e civ. 17-5-2023 no 21-18.406 FS-B : RJDA 8-9/23 no 490).

La fraude peut résulter de l'utilisation de certaines circonstances (guerre, catastrophes naturelles) entraînant des difficultés de communications et empêchant le défendeur de participer normalement à la procédure étrangère (Cass. civ. 19-2-1952 : JCP G 1952.II.7009 note Chauveau).

Mais l'exequatur ne peut pas être refusé pour fraude s'il n'est pas établi que le juge étranger a été choisi pour faire échec à une procédure ou à une décision française (Cass. 1e civ. 4-5-2017 no 16-13.645 FS-PB ; Cass. 1e civ. 12-7-2017 no 15-18.794 F-D).

4. Les conditions ci-dessus exposées (nos 72433 s.) sont limitatives (Cass. 1e civ. 20-2-2007 no 222 : RJDA 8-9/07 no 924.som.) et doivent être satisfaites **au moment où** se pose la question de leur vérification par une juridiction française (cf. Cass. civ. 4-2-1969 : Bull. civ. I p. 46). Il en est ainsi spécialement de l'ordre public international français (Cass. civ. 23-11-1976 : Rev. crit. 1977.746 note Foyer ; Cass. civ. 12-7-1977 no 75-12.586 : Bull. civ. I no 328). Le juge doit d'office vérifier ces conditions (Cass. civ. 7-12-1976 : Bull. civ. I p. 304). La preuve de leur respect incombe à la partie qui agit en vérification (Cass. civ. 17-10-1972 : Rev. crit. 1973.556 note Francescakis ; Cass. civ. 19-4-1977 : Bull. civ. I p. 133). Le juge saisi peut ordonner une expertise (Cass. civ. 19-10-1971 : D. 1972.633 note Malaurie) ou accorder un délai aux parties pour qu'elles recueillent des informations utiles (TGI Avesnes-sur-Helpe 3-6-1970 : Rev. crit. 1970.698 note Batiffol). 72442

Le juge ne peut en aucun cas réviser la décision étrangère (Cass. civ. 7-1-1964 : JCP G 1964.II.13590 note Ancel ; Cass. civ. 7-12-1976 : Bull. civ. I p. 304).

Par ailleurs, même si les conditions requises sont satisfaites, l'existence d'une décision française irrévocable portant sur le même objet entre les mêmes parties fait obstacle à toute reconnaissance en France d'une décision judiciaire ou arbitrale étrangère incompatible avec elle (Cass. civ. 10-6-1997 : Bull. civ. II p. 130).

Reconnaissance et exequatur des jugements étrangers La partie qui entend se prévaloir en France d'un jugement étranger peut demander sa reconnaissance et son exequatur (C. org. jud. art. R 212-8). 72445

La France a été condamnée pour ne pas avoir déployé tous les efforts nécessaires pour faire exécuter avec célérité les décisions étrangères relatives à une dette alimentaire (CEDH 4-11-2008 no 6152/02, transposable à une décision ayant un autre objet car fondé sur le droit de l'Homme à obtenir jugement ; no 72403).

1. Demande. L'action en reconnaissance et exequatur doit être intentée pour conférer au jugement étranger portant sur des droits patrimoniaux l'autorité de la chose jugée et la force exécutoire, dont il est, à défaut, dépourvu en France (Cass. civ. 24-3-1998 : RJDA 7/98 no 932). 72448

Il est possible d'agir en exequatur pour faire contrôler la régularité d'un jugement étranger, même si ce jugement ne comporte pas de mesures d'exécution et préalablement à une autre instance, dès lors que le demandeur y a intérêt et quelle qu'ait été sa position procédurale dans l'instance devant la juridiction étrangère (Cass. civ. 3-1-1980 no 78-14.037 : Rev. crit. 1980.597 note Holleaux ; CA Paris 23-5-1989 : Rev. crit. 1990.117 note Gaudemet-Tallon) ainsi que par voie incidente dans une instance qui n'a pas pour objet principal le jugement étranger, y compris pour la première fois en appel lorsque la partie défenderesse n'a pas été constituée en première instance (Cass. 1e civ. 10-1-2018 no 16-20.416 F-PB : RJDA 6/18 no 548 ; rapprocher

Cass. 1e civ. 10-5-2007 n° 06-12.476 : PA 2007 n° 222 p. 15 note Mahinga). L'intérêt à agir existe dès lors que le demandeur à l'exequatur est la partie au procès au profit de laquelle la décision étrangère a été rendue ; la demande n'est pas soumise à l'exigence de la détention sur le territoire français, par le débiteur de nationalité étrangère, non domicilié en France, d'actifs pouvant faire l'objet de mesures d'exécution forcée (Cass. 1e civ. 26-6-2019 n° 17-19.240 FS-PB : RJDA 10/19 n° 664).

En droit commun français, l'instance en exequatur est contentieuse, et non gracieuse (Cass. 1e civ. 25-9-2013 n° 11-19.758, appliquant le régime contentieux à l'appel d'une décision d'exequatur).

Les **tribunaux français** sont **compétents** pour statuer sur l'action en exequatur d'un jugement étranger rendu tant entre des étrangers qu'entre Français et étrangers (Cass. civ. 10-3-1863 : DP 1863.1.89 ; CA Colmar 29-5-1937 : GP 1937.2.482).

La demande d'exequatur est portée devant le tribunal judiciaire qui en connaît à juge unique (C. org. jud. art. R 212-8, 2° ; CA Chambéry 8-11-1994 : GP 1995.som.601, écartant la compétence du juge de l'exécution ; CA Paris 3-4-1951 : Rev. crit. 1951.325 note Niboyet, transposable, écartant la compétence du juge des référés). La compétence territoriale est fixée selon les règles de droit commun (CPC art. 42 et 43). Si le défendeur n'a ni domicile ni résidence connus en France, le tribunal est choisi conformément à une bonne administration de la justice ; il peut être notamment le tribunal du domicile du demandeur (CA Paris 18-12-1973 : GP 1974.1.74) ou celui du lieu d'exécution (TGI Paris 11-7-1979 : Rev. crit. 1981.102 note Gaudemet-Tallon).

72451 **2. Décision.** La reconnaissance et l'exequatur du jugement étranger doivent être accordés si les conditions de régularité (nos 72430 s.) sont constatées par le juge. Toutefois, il faut, en plus, que le jugement étranger soit exécutoire dans son pays d'origine selon les exigences de la loi de ce pays (Cass. 1e civ. 3-10-2006 n° 04-10.447 : Bull. civ. I n° 425 : force exécutoire subordonnée au Qatar à une « notification-diffusion »).

Mais il suffit que le jugement remplisse les conditions pour être exécuté : il importe peu que son exécution n'ait pas été poursuivie à l'étranger (Cass. civ. 21-4-1971 : Clunet 1972.58 note Bigot) ou qu'elle n'ait pu y avoir lieu (Cass. civ. 20-11-1974 : Rev. crit. 1975.668 note Bischoff ; Cass. civ. 19-10-1977 : JCP G 1978.II.18805 concl. Gulphe).

Il n'est **pas** nécessaire que le demandeur prouve qu'il existe **en France** des **biens** sur lesquels la décision étrangère pourrait être exécutée (CA Paris 27-6-1964 : Clunet 1965.411 obs. Sebag).

Le jugement de reconnaissance et d'exequatur ne peut pas compléter le jugement étranger sous couvert de réparation d'une prétendue omission de statuer en vertu de l'article 462 du Code de procédure civile (Cass. 1e civ. 28-3-2013 n° 11-19.279), notamment lui ajouter des condamnations, par exemple des astreintes (TGI Paris, deux ord., 26-2-1980 : Rev. crit. 1980.782 note Gaudemet-Tallon) ou tenir compte des effets d'une dévaluation de la monnaie dans laquelle a été fixé le montant de la condamnation à paiement d'une somme intervenue antérieurement à la condamnation (Cass. 1e civ. 19-9-2007 n° 06-17.096 : JDI 2008.153 note Chalas). Mais il peut prendre toute mesure concernant l'exécution du jugement étranger, par exemple ordonner l'exécution provisoire (TGI Grasse 4-1-1977 : GP 1977.2.479 note Viatte), prévoir la conversion en francs de la condamnation prononcée en monnaie étrangère (TGI Paris 20-5-1976, 2e esp. : Rev. crit. 1977.137 note Huet) ou constater, dans un chef spécial de son dispositif, la date de cessation des paiements retenue par la juridiction étrangère, ce qui pouvait être de nature à faciliter l'exécution de sa décision (Cass. civ. 25-2-1986 n° 84-14.208 : Rev. crit. 1987.589 note Synvet).

Le juge de l'exequatur ne peut pas accorder un délai de grâce car c'est le juge de l'exécution qui est compétent pour le faire, l'octroi des délais constituant une mesure d'exécution de l'obligation qui ne concerne pas l'instance en exequatur, laquelle n'est qu'un préalable à l'exécution (CA Paris 9-3-1995 : D. 1995.IR.119).

Le jugement étranger, rendu dans un État non membre de l'UE, qui bénéficie de l'exequatur en vertu d'une décision non susceptible d'un recours suspensif d'exécution constitue un titre exécutoire (C. exécution art. L 111-3, 2°). Il n'a pas plus **d'autorité en France** qu'il n'en possédait à l'étranger au moment où il a été rendu (Cass. civ. 28-10-1947 : JCP G 1947.II.3951 note P. L. P. ; CA Paris 19-1-1976 : GP 1976.1.371 note Viatte) ; ainsi, il ne peut pas produire les effets qu'est susceptible de lui conférer une loi étrangère qui n'était pas en vigueur au moment où il a été rendu (Cass. civ. 9-7-1975 : Clunet 1975.848 obs. Ph. K.). Le jugement étranger ne produit ses effets **qu'à dater** de l'exequatur, l'exequatur n'ayant pas d'effet rétroactif (Cass. civ. 26-6-1905 : S. 1905.1.513 note Thaller concl. Baudouin ; contra TGI Seine 2-3-1966 : JCP G 1966.IV.156, l'assimilant rétroactivement à un jugement français et en déduisant qu'une demande au fond peut être jointe à la demande d'exequatur). Mais **les droits qu'il accorde** existent au jour où il en a fixé la naissance : par exemple, les arrérages d'une rente viagère résultant d'un jugement anglais sont dus après exequatur même pour la période antérieure à celui-ci (T. civ. Seine 24-3-1923 : Clunet 1923.872).

La décision d'exequatur est annulée si une nouvelle décision prononcée dans l'État d'origine anéantit la décision déclarée exécutoire en France (Cass. 1e civ. 23-9-2015 n° 14-14.823 : Bull. civ. I n° 213) ; mais la décision d'exequatur n'est privée d'effet que par l'exercice de voies de recours permettant un nouveau contrôle de la régularité internationale du jugement étranger, ce qui n'est pas le cas s'il n'est pas établi que le jugement étranger en cause frappé d'opposition a été infirmé (Cass. civ. 31-1-1990 : Rev. crit. 1990.748 note Kessedjian).

L'exécution de la décision étrangère déclarée exécutoire en France est soumise à la loi française quant à la prescription (Cass. civ. 19-3-1991 : Rev. crit. 1992.108 note Ancel ; cf. C. civ. art. 2221).

Inopposabilité des jugements étrangers Une partie qui redoute de subir les effets d'une décision étrangère peut, si elle justifie d'un intérêt à agir, intenter une action en inopposabilité de cette décision, qui est, comme l'action en exequatur, une action en déclaration de régularité et d'efficacité d'une décision étrangère pouvant être exercée, à toutes fins utiles, par toute personne justifiant d'un intérêt à agir (TGI Paris 7-2-1986 : Rev. crit. 1986.547 note Gaudemet-Tallon), à moins qu'une convention internationale l'ait exclue (CA Paris 14-5-1986 : D. 1987.29 note Prévault). **72454**

L'action en inopposabilité se trouve ainsi soumise aux règles de l'action en exequatur (TGI Paris, 1e ch., 8-12-1977 : Rev. crit. 1978.539 note Gaudemet-Tallon : compétence de la chambre du conseil prescrite par l'article 16 du traité franco-suisse du 15 juin 1869 pour les demandes d'exequatur).

Notifications internationales Sous réserve de l'application des règlements européens (n° 72484) et des traités internationaux, notamment la convention de La Haye relative à la signification et la notification à l'étranger des actes judiciaires et extrajudiciaires en matière civile ou commerciale du 15 novembre 1965 (entrée en vigueur en France le 1er septembre 1972), les notifications des actes judiciaires et extrajudiciaires à l'étranger ou en provenance de l'étranger sont régies par les règles prévues par les articles 683 à 688-8 du Code de procédure civile (pour une notification contraire à ces règles : Cass. 1e civ. 24-6-2015 n° 14-21.382 : Bull. civ. I n° 155). **72457**

JUGEMENTS SOUMIS AU RÈGLEMENT DE L'UNION EUROPÉENNE

Les décisions rendues par les juridictions d'un État membre de l'UE, qui entrent dans le champ d'application du règlement UE 1215/2012 applicable depuis le 10 janvier 2015 (nos 72100 s.), et qui y sont exécutoires, jouissent de la force exécutoire dans l'État membre où elles sont invoquées, dit « État requis », sans qu'une déclaration constatant la force exécutoire soit nécessaire (art. 39), sous réserve des précisions ci-après concernant la reconnaissance et l'exécution de ces décisions. **72460**

Le champ d'application du règlement est circonscrit selon les précisions suivantes :

– la décision doit être **exécutoire dans l'État membre où elle a été rendue** ; la suspension de l'exécution provisoire d'une décision italienne a pour effet de priver, de plein droit, de fondement juridique la reconnaissance en France du caractère exécutoire de cette décision (Cass. 1e civ. 22-3-2023 n° 21-25.336 FB : RJDA 6/23 n° 356) ;

– au sens du règlement, la « décision de justice » doit émaner d'une juridiction étatique et non d'un tribunal arbitral, la matière de l'arbitrage étant exclue du règlement UE (n° 72106 ; Cass. 1e civ. 4-7-2007 n° 05-14.918 : RJDA 3/08 n° 347, 1e esp.) ; sur la reconnaissance et l'exécution des sentences, n° 71300 ;

Est une décision de justice la décision ordonnant la création d'un fonds limitatif de la responsabilité d'un propriétaire de navire (CJCE 14-10-2004 aff. 39/02 : Rev. crit. 2005.119 note Pataut) ; sur la qualification française des jugements, nos 72400 et 72415.

– la juridiction étatique doit être celle d'un État membre de l'UE et non celle d'un État tiers, une telle juridiction ne pouvant entrer indirectement dans le champ d'application du règlement par le biais de procédures d'exécution introduites dans les États membres (Cass. 1e civ. 20-3-2019 n° 18-11.763 F-D) ;

– si une décision comporte une mesure ou une injonction qui est inconnue dans le droit de l'État membre requis, cette mesure ou injonction est adaptée autant que possible à une mesure ou une injonction connue dans le droit dudit État membre ayant des effets équivalents et poursuivant des objectifs et des intérêts similaires ; mais cette adaptation ne peut pas entraîner d'effets allant au-delà de ceux prévus dans le droit de l'État membre d'origine ; toute partie peut contester l'adaptation de la mesure ou de l'injonction devant une juridiction ; au besoin, il peut être exigé de la partie invoquant la décision ou demandant son exécution qu'elle fournisse une traduction ou une translittération de la décision (art. 54 ; pour un exemple de réception en France des actes allemands intitulés « injonction de payer », CA Paris 23-2-1990 : GP 1990.som.465) ;

Sur les modalités des traductions et translittérations, art. 57 du règlement susvisé.

– en aucun cas une décision rendue dans un État membre ne peut faire l'objet d'une révision au fond dans l'État membre requis (art. 52).

Cette interdiction ne retire pas, toutefois, au tribunal le pouvoir de préciser, sans en modifier la substance, la portée de la décision étrangère. Ainsi, en présence d'une décision qui avait condamné un mari pour résolution d'une vente passée par une maison de commerce, le tribunal devait, après exequatur, déterminer si cette condamnation s'appliquait au mari ou à la femme, dès lors que celle-ci était intervenue à l'instance en justifiant qu'elle assurait seule l'exploitation de l'entreprise (Cass. civ. 29-5-1985 : Bull. civ. I p. 151).

72463 **Reconnaissance** Les décisions rendues dans un État membre sont reconnues dans les autres États membres sans qu'il soit nécessaire de recourir à **aucune procédure** (art. 36, 1).

La partie qui entend se prévaloir de la reconnaissance d'une telle décision doit produire les pièces requises par l'article 37 du règlement UE.

Toute partie intéressée peut **faire constater** que la décision doit être reconnue en présentant une demande aux fins d'établir que la décision ne comporte pas un motif de refus de reconnaissance (art. 36, 2).

Le **refus de reconnaissance** peut être demandé, selon la procédure prévue pour le refus d'exequatur (art. 45, 4), par toute partie intéressée mais uniquement pour les motifs énumérés à l'article 45.

Ces conditions sont limitatives : le juge du pays saisi d'un recours contre la reconnaissance de la décision ne peut donc la refuser pour un motif autre, tel que l'exécution de la décision dans l'État membre d'origine (CJUE 13-10-2011 aff. 139-10 : JCP G 2012 n° 4-84 p. 152 note Devers).

Il a été jugé qu'une partie qui y a intérêt pouvait exercer une action en inopposabilité de la décision étrangère car, bien qu'elle ait un but directement contraire à celui de l'exequatur elle tend, comme lui, à faire rejeter l'effet de cette décision en France (TGI Paris 10-2-1993 : Clunet 1993.599 note Kessedjian).

Ainsi, il doit être prononcé dans l'un des cas ci-dessous :

72466 **1.** Lorsque la décision est manifestement **contraire à l'ordre public** de l'État auprès duquel elle est demandée (art. 45, 1-a) ; afin de respecter la prohibition au fond de la révision de la décision étrangère (art. 52), l'atteinte doit constituer une violation manifeste d'une règle de droit considérée comme essentielle dans l'ordre juridique de l'État requis ou d'un droit reconnu comme fondamental dans cet ordre juridique ; l'exequatur ne peut donc être refusé au seul motif que la décision serait fondée sur une éventuelle erreur de droit (CJCE 16-7-2015 aff. 681/13 : JDI 2015.155 note Heymanne).

A été jugé contraire à la conception française de l'ordre public international la décision :

– dont il n'est pas produit les documents tendant à permettre de s'assurer qu'elle remplit les conditions exigées pour sa reconnaissance, notamment quant au respect de l'ordre public (Cass. civ. 17-5-1978 n° 76-14.843, 1e esp. : Clunet 1979.380 note Holleaux ; Cass. 1e civ. 28-11-2006 n° 1710 : RJDA 3/07 n° 316) ;

– rendue dans un État membre en contravention des dispositions du droit de l'UE qui s'imposent en droit interne (cf. CJCE 1-6-1999 : RJDA 12/99 n° 1387 ; TGI Troyes 4-10-1978 : Clunet 1979.623 note Huet et Kovar) ;

– qui méconnaît la convention européenne des droits de l'Homme (Cass. civ. 16-3-1999 : Clunet 1999.773 note Huet) ; notamment, l'exequatur doit être refusé si une partie n'a pas eu connaissance de la décision qu'on lui oppose en vertu de son droit à un procès équitable mais à la condition qu'elle ait usé des voies de recours qui étaient à sa disposition contre la décision en cause (CEDH 25-2-2014 n° 17502/07 : RDC 2014. obs. Deumier).

Mais n'a pas été jugée contraire à la conception française de l'ordre public international la décision d'une juridiction italienne qui a exclu l'application de la législation française sur la sous-traitance (n° 20305) ni celle qui n'a pas appliqué la nullité de l'obligation potestative (Cass. 1e civ. 7-12-2022 n° 21-17.492 FB : D. 2023.882 note Alouane).

72469 **2.** Lorsque, le **défendeur** ayant fait **défaut,** l'acte introductif d'instance ou un acte équivalent ne lui a pas été **signifié ou notifié** régulièrement et en temps utile et de telle manière qu'il puisse se défendre, à moins qu'il n'ait pas exercé de recours à l'encontre de la décision alors qu'il était en mesure de le faire (art. 45, 1-b).

Cette condition ne peut pas être invoquée pour des décisions judiciaires, telles que des ordonnances françaises autorisant une saisie conservatoire, « qui, en vertu de la loi nationale d'un État contractant, sont destinées à être rendues en dehors de la présence de la partie contre laquelle elles sont dirigées et à être exécutées sans signification au préalable de cette dernière » (CJCE 21-5-1980 : Clunet 1980.939 obs. Huet).

Mais une décision judiciaire, qui est rendue sans que la personne condamnée ait été appelée à comparaître, ne peut pas être reconnue et exécutée dès lors qu'étant, par elle-même, exécutoire elle n'a pas été préalablement notifiée (Cass. civ. 18-5-1994 : RJDA 11/94 n° 1247). Cette notification doit être réalisée en un temps et selon des modalités propres à permettre au destinataire d'exercer effectivement un recours contre celle-ci (Cass. 1e civ. 12-4-2012 n° 10-23.023 : Rev. crit. 2012.931 note Lopez de Tejada).

Seul l'acte introductif d'instance est à considérer pour apprécier si le défendeur défaillant était en état de se défendre (Cass. civ. 11-6-1991 : Bull. civ. I p. 126). Il doit, à la fois, être régulier et délivré en temps utile (CJCE 3-7-1990 : Rec. 2725).

Le défendeur est censé ne pas avoir exercé de recours lorsque, le délai pour introduire un recours ordinaire ayant expiré, il n'a pas demandé un relevé de forclusion (CJUE 7-7-2016 aff. 70/15). Sur le relevé de forclusion : n° 72484.

72472 **3.** Lorsque la décision est **inconciliable** avec une décision rendue entre les mêmes parties **dans l'État requis** (art. 45, 1-c).

Ne correspond pas à une telle décision une transaction exécutoire conclue devant le juge de l'État requis en vue de mettre fin à un litige en cours (CJCE 2-6-1994 : Rec. I-2237), ni une transaction ratifiée entre les parties dans l'État requis (Cass. civ. 11-2-1997 : RJDA 5/97 n° 734).

Est inconciliable la décision rendue dans un État membre en référé prononçant une mesure enjoignant à un débiteur de ne pas accomplir certains actes avec une décision en référé rendue antérieurement à la demande de reconnaissance dans l'État membre requis, entre les mêmes parties, et refusant d'octroyer une telle mesure (CJCE 6-6-2002 aff. 80/00 : Rev. crit. 2002.704 note Muir Watt).

La décision étrangère n'est pas inconciliable avec le jugement français qui n'a pas statué sur le fond (Cass. civ. 14-5-1996 : RJDA 8-9/96 n° 1148).

4. Lorsque la décision est **inconciliable** avec une décision rendue antérieurement **dans un autre État membre ou dans un État tiers à l'UE,** entre les mêmes parties dans un litige ayant le même objet et la même cause, lorsque cette décision réunit les conditions nécessaires à sa reconnaissance dans l'État requis (art. 45, 1-d). **72473**

Peu importe la dénomination de la juridiction qui a statué puisque la condition vise la décision émanant d'une juridiction d'un autre État membre ; celle-ci peut donc être la juridiction des référés (Cass. 1e civ. 20-6-2006 n° 1024 : RJDA 12/06 n° 1291).

5. Lorsque la décision n'a pas été rendue par le **juge compétent** dans les cas où la contestation à juger portait **sur des questions** d'assurance, de contrats avec les consommateurs ou encore lorsque l'une ou l'autre des compétences exclusives prévues par le règlement était en jeu (art. 45, 1-e ; ajouter le cas de l'art. 72). **72475**

Lors de l'appréciation des motifs de compétence, la juridiction saisie de la demande est liée par les constatations de fait sur lesquelles la juridiction d'origine a fondé sa compétence (art. 45, 2).

Hormis ces questions, il ne peut pas être procédé au contrôle de la compétence des juridictions d'origine, les règles relatives à la compétence ne concernant pas l'ordre public (art. 45, 3 ; Cass. 1e civ. 10-5-2007 n° 06-13.017 : RJDA 10/07 n° 1046).

La procédure à suivre pour faire constater l'absence des motifs ci-dessus de refus de reconnaissance ou pour faire juger l'existence de ces motifs est celle des articles 47 à 51 du règlement UE exposée au n° 72481 (art. 36, 2). **72478**

La juridiction ou l'autorité devant laquelle est invoquée une décision rendue dans un autre État membre peut surseoir à statuer, intégralement ou partiellement, si l'une ou l'autre de ces procédures a été engagée ou si la décision est contestée dans l'État membre d'origine (art. 38).

Cette disposition doit être interprétée en ce sens qu'elle ne s'oppose pas à ce qu'une réglementation d'un État membre (le droit allemand) prévoyant l'application d'un délai pour l'exécution d'une ordonnance de saisie conservatoire soit appliquée en présence d'une telle ordonnance adoptée dans un autre État membre et revêtue du caractère exécutoire dans l'État membre requis (CJUE 4-10-2018 aff. 379/17).

Exécution Une décision rendue dans un État membre et qui y est exécutoire jouit de la force exécutoire dans les autres États membres sans qu'une déclaration constatant la force exécutoire soit nécessaire (art. 39). **72481**

L'exécution est soumise aux règles suivantes :

– la décision qui condamne à une astreinte doit comporter le montant définitivement fixé de l'astreinte (art. 55) ;

Cela suppose d'obtenir dans le pays d'origine une décision de justice statuant sous une forme définitive sur le montant de l'astreinte et s'apparentant à une condamnation pure et simple au paiement d'une somme d'argent (CA Paris 7-7-1992 : D. 1992.IR.226 ; rappr. CA Versailles 29-6-2000 : JCP E 2000.pan.1402).

– une décision exécutoire emporte de plein droit l'autorisation de procéder aux mesures conservatoires prévues par la loi de l'État membre requis (art. 40) ;

– la procédure à suivre pour obtenir l'exécution de la décision dans l'État requis est soumise aux dispositions des articles 41 à 43 du règlement UE ;

Sur la compatibilité des particularités de la procédure finlandaise, voir CJUE 12-12-2019 aff. 433/18.

– la procédure d'exécution de la décision invoquée dans l'État requis est régie par le droit de cet État membre requis ; la décision est exécutée dans ce dernier dans les mêmes conditions qu'une décision rendue dans l'État requis (art. 41, 1 ; Cass. 2e civ. 2-12-2021 n° 20-14.092 F-B) ;

Aucune caution ni aucun dépôt, sous quelque dénomination que ce soit, ne peuvent être imposés en raison, soit de la qualité d'étranger, soit du défaut de domicile ou de résidence dans l'État membre requis, à la partie qui demande l'exécution dans un État membre d'une décision rendue dans un autre État membre (art. 56).

Les motifs de refus ou de suspension de l'exécution prévus par la loi de l'État membre requis s'appliquent dans la mesure où ils ne sont pas incompatibles avec les motifs de l'article 45 du règlement UE qui justifient le refus de reconnaissance de la décision, exposés aux nos 72466 à 72475 (art. 41, 2).

– en cas de demande de refus d'exécution de la décision invoquée, la juridiction saisie de l'État requis peut soit : limiter la procédure d'exécution à des mesures conservatoires ; subordonner l'exécution à la constitution d'une sûreté qu'elle détermine ; suspendre, intégralement ou partiellement, la procédure d'exécution ; elle doit suspendre, à la demande de la personne contre laquelle l'exécution est demandée, la procédure d'exécution si la force exécutoire de la décision est suspendue dans l'État membre d'origine (art. 44, 1 et 2) ;

– à la demande de la personne contre laquelle l'exécution est demandée, l'exécution de la décision invoquée est refusée lorsque l'existence de l'un des motifs du règlement UE qui justifient le refus de reconnaissance de la décision (nos 72466 à 72475) est constatée (art. 46).

La demande de refus d'exécution est présentée conformément aux dispositions de l'article 47 du règlement UE ; elle doit être jugée à bref délai (art. 48) ; la décision est susceptible de recours et le cas échéant de pourvoi (art. 49 et 50) ; la juridiction qui statue sur le recours ou le pourvoi peut surseoir à statuer si la décision fait l'objet d'un recours ordinaire dans l'État membre d'origine ou si le délai pour le former n'est pas expiré et elle peut alors impartir un délai pour former ce recours (art. 51, 1) ; toute voie de recours prévue dans l'État membre d'origine est considérée comme un recours ordinaire lorsque la décision a été rendue en Irlande, à Chypre ou au Royaume-Uni (art. 51, 2).

Cette interdiction ne retire pas, toutefois, au tribunal le pouvoir de préciser, sans en modifier la substance, la portée de la décision étrangère. Ainsi, en présence d'une décision qui avait condamné un mari pour résolution d'une vente passée par une maison de commerce, le tribunal devait, après exequatur, déterminer si cette condamnation s'appliquait au mari ou à la femme, dès lors que celle-ci était intervenue à l'instance en justifiant qu'elle assurait seule l'exploitation de l'entreprise (Cass. civ. 29-5-1985 : Bull. civ. I p. 151).

Le recours ouvert en France étant l'appel, aucun tiers, serait-il intéressé, ne peut former un recours contre la décision accordant l'exequatur, même lorsque le droit interne de l'État où l'exequatur est accordé ouvre à ce tiers une voie de recours (CJCE 21-4-1993 : Rec. 1963).

Le pourvoi en cassation est ouvert contre la décision rendue sur le recours (CJCE 27-11-1984 : Clunet 1985.173 obs. A. Huet).

72482 Les **actes authentiques** qui sont exécutoires dans l'État membre d'origine sont exécutoires dans les autres États membres, sans qu'une déclaration constatant la force exécutoire ne soit nécessaire (art. 58, 1). Cette exécution est soumise aux dispositions applicables à l'exécution des décisions de justice exposées au no 72481 (art. 58, 2).

L'acte authentique produit doit réunir les conditions nécessaires à son authenticité dans l'État membre d'origine (art. 58, 1 ; CJCE 17-6-1999 aff. 260/97 : Rec. I-3715).

Les **transactions conclues devant le juge** exécutoires dans l'État membre d'origine sont exécutées dans les autres États membres aux mêmes conditions que les actes authentiques (art. 59 ; pour un exemple, Cass. civ. 24-10-1973 : Rev. crit. 1974.365 note Mezger).

L'autorité compétente ou la juridiction de l'État membre d'origine délivre, à la demande de toute partie intéressée, le certificat qu'elle établit en utilisant le formulaire figurant à l'annexe II ; ce certificat contient un résumé de l'obligation exécutoire consignée dans l'acte authentique ou de l'accord conclu entre les parties consigné dans la transaction judiciaire (art. 60).

72484 **Signification et notification** Le régime de la signification et de la notification dans les États membres de l'UE est fixé, depuis le 1er juillet 2022, par le règlement UE 2020/1784 du 25 novembre 2020 qui a refondu le règlement CE 1393/2007 du 13 novembre 2007 (pour une application, CA Orléans 22-12-2005 : BTL 2006.14 ; pour un refus d'application, Cass. com. 20-11-2012 no 11-17.653 : RJDA 2/13 no 183).

Sur le droit du destinataire de refuser la notification non conforme au règlement, CJUE 5-5-2022 aff. 346/21.

VI. RÉFÉRÉS ET PROCÉDURE ACCÉLÉRÉE AU FOND

72500 Tout titulaire d'un droit qui est menacé dans ses intérêts peut demander au président du tribunal, quoique non saisi du principal, de prendre, par ordonnance dans les meilleurs délais (dans l'heure qui suit au besoin), la **mesure provisoire** appropriée pour faire cesser le trouble dont il est l'objet.

Cette demande et la procédure à laquelle elle donne lieu portent le nom courant d'action en référé ou de référé.

Sur le fondement de l'article 34 de la Constitution, le pouvoir réglementaire peut préciser le régime du référé prévu par une loi (CE 9-7-1986 : Lebon 196).

Pour certaines demandes qui doivent aussi être traitées de manière rapide, il existe une procédure accélérée au fond (ex-procédure « comme en référé »), qui n'est utilisable que si une loi ou un règlement permet son utilisation. Tel est le cas de la demande de nomination d'un expert pour évaluer des parts sociales ou des actions (C. civ. art. 1843-4, al. 1).

Le régime de ces procédures est fixé au Code de procédure civile. Mais il existe, en dehors des dispositions de ce Code, deux autres modalités de référé susceptibles de se rencontrer dans les activités couvertes par le droit des affaires, à savoir le référé-liberté et le référé contractuel qui obéissent à des règles propres.

PROCÉDURE ACCÉLÉRÉE AU FOND

Le juge qui pouvait être appelé à statuer comme en référé, « **en la forme des référés** » ou « **comme en matière de référé** » (CPC ancien art. 492-1), statue, depuis le 1er janvier 2020, selon la procédure accélérée au fond lorsqu'il est prévu par un texte qu'il doit être statué selon cette procédure (C. org. jud. art. L 213-2 ; CPC art. 839 (TJ) et 876-1 (T. com.)). Ces dispositions s'appliquent aux demandes introduites depuis le 1er janvier 2020 (Décret 2019-1419 du 20-12-2019 art. 24, II). 72503

Le **régime** applicable à cette procédure est précisé par l'article 481-1 du Code de procédure civile.

À moins qu'il n'en soit disposé autrement, lorsqu'il est prévu par la loi ou le règlement qu'il est statué selon la procédure accélérée au fond, la demande est formée, instruite et jugée dans les conditions suivantes :

– la demande est portée par voie d'assignation à une audience tenue aux jour et heure prévus à cet effet ;

– le juge est saisi par la remise d'une copie de l'assignation au greffe avant la date fixée pour l'audience, sous peine de caducité de l'assignation constatée d'office par ordonnance du juge, ou, à défaut, à la requête d'une partie ;

– le jour de l'audience, le juge s'assure qu'il s'est écoulé un temps suffisant depuis l'assignation pour que la partie assignée ait pu préparer sa défense. La procédure est orale ;

– le juge a la faculté de renvoyer l'affaire devant la formation collégiale, à une audience dont il fixe la date, qui statuera selon la procédure accélérée au fond ;

– à titre exceptionnel, en cas d'urgence manifeste à raison notamment d'un délai imposé par la loi ou le règlement, le président du tribunal, statuant sur requête, peut autoriser à assigner à une heure qu'il indique, même les jours fériés ou chômés ;

– le jugement est exécutoire à titre provisoire ;

– la décision du juge peut être frappée d'appel à moins qu'elle n'émane du premier président de la cour d'appel ou qu'elle n'ait été rendue en dernier ressort en raison du montant ou de l'objet de la demande ;

– le délai d'appel ou d'opposition est de quinze jours.

RÉFÉRÉS DE DROIT COMMUN

Il existe plusieurs référés de droit commun dont peuvent être appelés à connaître le président du tribunal judiciaire, le juge des contentieux de la protection et le président du tribunal de commerce. 72505

Les référés du président du tribunal de commerce obéissent exactement aux mêmes règles que ceux relevant, pour les mêmes cas, du président du tribunal judiciaire. La seule différence est qu'ils doivent être portés devant le président du tribunal de commerce lorsque le litige, en raison de son objet, est de la compétence du tribunal de commerce, ce président ne pouvant statuer que dans les limites de cette compétence (n° 72003).

Ces référés sont examinés ci-après ainsi que les règles les concernant.

Interdiction de statuer au fond Le juge des référés ne statue pas au principal, autrement dit ne tranche pas le litige « au fond » et ne peut décider qu'une mesure provisoire (CPC art. 484 et 488). 72506

Il ne peut, ainsi :

– prononcer ou refuser la résiliation d'un contrat (Cass. civ. 26-2-1985 : Bull. civ. III p. 29 ; Cass. civ. 27-11-1990 : Bull. civ. III p. 143 ; Cass. civ. 21-7-1993 : RJDA 12/93 n° 1102), ni statuer sur des clauses qui ne règlent pas de manière évidente les conséquences de la résolution d'une vente (Cass. com. 26-10-1993 : RJDA 3/94 n° 363), ni interpréter un contrat (Cass. soc. 7-2-1979 n° 77-15.652 : Bull. civ. V n° 124 ; Cass. com. 21-2-1984 n° 82-16.914 : Bull. civ. IV n° 73), ni ordonner à un mandataire judiciaire la restitution des honoraires perçus pour une mission

irrégulière lorsqu'ils ont été fixés par un accord transactionnel qui n'a pas été invalidé (Cass. com. 29-6-2022 n° 21-11.477 F-D), ni qualifier un contrat (n° 58000) ;
– décider l'annulation d'un acte (CA Versailles 6-6-1984 : JCP G 1985.II.20327 note Teyssié ; CA Paris 17-5-1989 : JCP G 1989.IV.341) ; mais il peut la constater et en tirer les conséquences (CA Rouen 23-2-1989) ;
– condamner au paiement de dommages-intérêts ou de sommes quelconques (Cass. civ. 16-11-1976 : Bull. civ. III p. 308), sauf par provision (nos 59400 s.) ;
– ordonner la publication de sa décision dans la presse (CA Paris 20-12-1974 : D. 1975.312 concl. Frank et note Lindon ; CA Nîmes 4-10-1990 : JCP G 1991.II.21694 note Balsan), mesure assimilée à des dommages-intérêts ; mais il peut prescrire une telle publication si elle consiste en une remise en l'état et non en la réparation d'un dommage (Cass. civ. 23-10-1985 : Bull. civ. II p. 108) ;
– condamner une banque, sous astreinte, à créditer le compte d'un emprunteur (Cass. com. 23-2-1988 : JCP G 1988.IV.166) ;
– prononcer la capitalisation des intérêts échus d'une somme due par un débiteur (Cass. civ. 4-3-1987 : D. 1987.IR.233).

Mais, le juge des référés statuant à titre provisoire, cette interdiction **ne l'empêche pas** de prendre une **mesure** qui s'impose avec la force de l'évidence, même si elle est de nature à causer un **préjudice** à l'autre partie, telle la constatation de la résiliation d'un bail et l'ordre d'expulsion du locataire en application d'une clause résolutoire (Cass. civ. 11-3-1980 : Bull. civ. III p. 40), ni de statuer alors qu'une **action pénale** est pendante, la règle « le criminel tient le civil en état » (n° 74318) ne s'appliquant pas en matière de référé (Cass. 3e civ. 7-1-2009 n° 07-21.501 : Bull. civ. III n° 4), ou alors qu'a été introduite une action au fond, qui n'a pas le même objet que celui de l'action en référé (Cass. com. 9-6-2021 n° 19-14.485 F-P : RJDA 10/21 n° 694 : action en cessation d'actes de concurrence déloyale commis par un ex-salarié tenu par une clause de non-concurrence envers son ex-employeur et action en nullité de cette clause devant le conseil de prud'hommes).

72509 **Référé en cas d'urgence** Dans tous les cas d'urgence, il peut être ordonné en référé toutes les mesures qui ne se heurtent à aucune contestation sérieuse ou que justifie l'existence d'un différend (CPC art. 834 et 872). Cette règle s'applique dans les conditions suivantes.

Le **juge français** peut **toujours** prendre, en application de la loi française, les mesures urgentes qui lui paraissent nécessaires à la sauvegarde des intérêts en cause (Cass. civ. 31-1-1984 : JCP G 1985.II.20362).

72512 **1.** Il y a **urgence** à prononcer la mesure demandée lorsqu'un retard dans la décision serait de nature à compromettre les intérêts du demandeur (TGI Pau réf. 6-1-1983 : GP 1983.som.40).

Tel n'est pas le cas, par exemple :
– lorsque le demandeur en référé a tardé à présenter sa demande et a manifesté une très longue tolérance avant d'agir (CA Paris 16-5-1949 : GP 1949.2.64 ; CA Paris 17-2-1975 : GP 1975.2.som.238 ; CA Paris 9-11-1977 : JCP G 1978.II.18842 ; CA Paris 14-10-2008 n° 08-19161 : D. 2009.852 note Lefranc ; toutefois, Cass. 2e civ. 29-10-1964 : Bull. civ. II n° 659), à moins qu'il n'ait mis ce délai à profit pour rechercher en vain une solution amiable (cf. Cass. soc. 16-3-1978 : Bull. civ. V p. 155 ; CA Colmar 3-7-1970 : D. 1971.som.111) ;
– lorsque le demandeur, qui sollicite une expertise pour faire constater la mauvaise exécution des travaux commandés, bénéficie d'une assurance obligatoire lui garantissant dans un délai ferme le financement des réparations (CA Pau 22-6-1983 : GP 1983.som.428) ;
– lorsque le demandeur invoque la nécessité de conserver des preuves d'une contrefaçon alors que la saisie-contrefaçon, notamment la saisie des stocks, procure les éléments de preuve permettant d'engager la procédure au fond (CA Paris 9-11-1977 : JCP G 1978.II.18842).

L'urgence doit être constatée dans l'ordonnance, mais cette constatation peut être implicite et résulter des motifs de la décision (Cass. civ. 20-1-1976 : Bull. civ. I p. 18).

72515 **2.** Le juge des référés ne peut ordonner la mesure provisoire qui lui est demandée que si cette dernière ne se heurte pas à une **contestation sérieuse,** c'est-à-dire lui apparaît justifiée avec la force d'une **évidence** et ne laisse **pas** percer un **doute** sur la solution que lui donnerait le juge du fond.

Par exemple, ne soulève pas une contestation sérieuse :
– l'argumentation d'une partie assignée en enlèvement de matériaux entreposés sur un terrain, que son adversaire soutient être sa propriété, selon laquelle il aurait acquis le bien litigieux par prescription trentenaire dès lors qu'il ressort de ses écritures qu'il ne peut prétendre posséder à titre de propriétaire puisqu'il déclare lui-même se prévaloir d'une convention par laquelle celui à qui appartient véritablement le terrain avait autorisé son auteur à l'occuper gratuitement (Cass. civ. 21-5-1979 : JCP G 1979.IV.248) ;
– la demande tendant à constater que la résiliation d'un contrat, dépendant de la simple application d'une clause claire et précise, était intervenue à l'expiration du délai contractuel prévu à cet effet (Cass. 3e civ. 2-4-2003 n° 491 : RJDA 7/03 n° 794) ;
– la demande en attribution d'une créance nantie qui n'était pas simplement demandée en paiement de l'indemnité de résiliation d'un contrat de crédit-bail – dont le montant était contesté par son syndic – mais aussi en paiement des loyers pour lesquels le demandeur avait produit au passif de la liquidation des biens du débiteur et avait été admis à titre privilégié pour un montant supérieur à celui de la créance nantie (Cass. com. 19-1-1988 : Bull. civ. IV p. 30) ;

– la demande de renseignements d'une banque, qui avait reçu deux chèques à porter au crédit du compte de leur bénéficiaire et qui avaient été égarés, limitée aux noms et adresses des tireurs de ces chèques (Cass. com. 8-7-2003 n° 1247 : RJDA 1/04 n° 113).

Il doit, en revanche, refuser la mesure demandée pour contestation sérieuse dès lors qu'il existe une **incertitude** sur la solution qui serait donnée au litige, après un examen complet des moyens des parties, par les juges du fond.

Ainsi, se heurte à une contestation sérieuse une demande :

– formulée à l'occasion et au cours d'une procédure de liquidation des biens des entreprises concernées (Cass. com. 12-2-1980 : Bull. civ. IV p. 61) ;

– discutée dans son principe par le défendeur (TGI Paris réf. 3-8-1983 : GP 1983.558 note Plugette) ;

– subordonnée à l'interprétation d'un contrat (n° 72506) ou à la validité d'un contrat (Cass. com. 22-7-1986, deux arrêts : Bull. civ. IV p. 155 et 156) ; le juge peut, néanmoins, sans se référer aux stipulations annulées, tenir pour satisfactoire l'offre faite par le distributeur de restituer un matériel identique ou d'en payer la valeur (Cass. com. 10-2-1987 : D. 1988.som.22 obs. Ferrier) ;

– qui divise les parties sur le moment du transfert de la propriété d'une marchandise vendue (CA Orléans 12-3-1981 : JCP G 1982.II.19800 obs. Parléani) ;

– en vue de faire ordonner la protection d'une œuvre de l'esprit en qualité d'auteur alors que l'originalité de l'œuvre litigieuse n'est pas suffisamment évidente et incontestable (TGI Paris réf. 30-4-1987 : GP 1987.390) ;

– portant sur les conséquences d'un permis de construire (Cass. civ. 10-2-1988 : Bull. civ. III p. 18) ;

– tendant à faire constater l'acquisition de la clause résolutoire insérée dans un contrat alors qu'une instance au fond est engagée aux fins d'annulation du même contrat (Cass. com. 3-1-1996 : RJDA 4/96 n° 570) ;

– en application du privilège du transporteur qui suppose l'appréciation du bien-fondé d'une amende douanière (CA Poitiers 27-11-2018 n° 18/01068).

L'**existence** d'une **contestation sérieuse** est soumise au **contrôle** de la Cour de cassation (Cass. 3e civ. 2-4-2003 n° 01-14.774 : RJDA 7/03 n° 794).

Le moyen tiré de l'existence d'une contestation sérieuse ne constitue pas une exception de procédure mais un moyen de nature à faire obstacle aux pouvoirs du juge des référés et n'a pas à être présentée avant toute défense au fond (Cass. 3e civ. 30-3-2017 n° 16-10.366 F-PB : Bull. civ. III n° 47).

3. En **présence d'un différend** qui la justifie, le juge des référés peut **toujours,** même en présence d'une contestation sérieuse (Cass. civ. 17-10-1980 : GP 1981.pan.64), prononcer la mesure demandée. Cette mesure doit alors être imposée par le sérieux même de la contestation qui oppose les parties (Cass. civ. 25-1-1989 : Bull. civ. III p. 12 ; CA Toulouse 2-12-1988 : GP 1989.som.426 ; TGI Toulouse 23-11-1976 : D. 1978.664 note Tendier ; aussi Cass. civ. 19-5-1980 : Bull. civ. II p. 84). **72518**

4. Le juge des référés peut prescrire **« toutes les mesures »** qui lui paraissent justifiées (CPC art. 834 et 872), sous la seule réserve de ne pas trancher le litige au fond (n° 72506). **72521**

Il peut, par exemple :

– suspendre les effets d'un acte, tel qu'une saisie injustifiée (Cass. com. 14-3-1984 : Bull. civ. IV p. 86) ou une interdiction bancaire abusive (CA Paris 6-11-1979 : D. 1980.IR.133 obs. Cabrillac) ;

– nommer un administrateur provisoire ou un séquestre (nos 59028 s.) ;

– suspendre les travaux exécutés sur la base d'un droit seulement apparent (Cass. civ. 14-12-1976 : Bull. civ. III p. 353), mais non ceux effectués conformément à un permis de construire exécutoire au moment de sa décision (Cass. civ. 22-11-1983 : Bull. civ. III p. 181) ;

– faire apposer des scellés (Cass. com. 2-10-1984 : Bull. civ. IV p. 206) ;

– faire comparaître les parties (Cass. civ. 30-6-1993 : Bull. civ. I p. 163).

Référé en cas de dommage imminent ou de trouble manifestement illicite **72524**

Le juge des référés peut décider des mesures conservatoires ou de remise en état en cas de dommage imminent ou de trouble manifestement illicite (CPC art. 835 et 873, al. 1).

Il ne peut pas ajouter d'autres conditions que celles du dommage imminent ou du trouble manifestement illicite, par exemple refuser de nommer un mandataire ad hoc pour représenter une société à une assemblée générale d'une société dont elle est associée, à défaut de preuve de circonstances rendant impossible le fonctionnement normal de cette société (Cass. com. 21-9-2022 n° 20-21.416 F-B : RJDA 12/22 n° 690).

Il apprécie l'existence du trouble à la date du jugement et non à la date de sa saisine (Cass. com. 23-10-1990 : RJDA 1/91 n° 74 ; Cass. 1e civ. 16-5-2012 n° 11-18.181).

Il peut prendre ces mesures alors **même** qu'il n'y aurait pas urgence et qu'une contestation sérieuse opposerait les parties (art. précités ; Cass. com. 31-5-2011 n° 10-13.541 : RTD civ. 2011.590 obs. Perrot ; Cass. 3e civ. 6-5-2021 n° 19-23.145 F-D : RJDA 11/21 n° 750) ou que le trouble résulterait d'une décision administrative (CA Bastia 1-3-1988 : GP 1989.111) ou de la méconnaissance d'une décision ordonnée par le juge pénal, bien que l'article 710 du Code de procédure pénale dispose que tous incidents contentieux relatifs à l'exécution de cette décision sont portés devant le tribunal ou la cour qui a prononcé

72524 (suite) la sentence (Cass. 3e civ. 29-1-2014 n° 13-10.803 : Bull. civ. III n° 13). Il n'est pas davantage lié par l'autorité d'une autorisation administrative (Cass. civ. 23-6-1992 : Bull. civ. I p. 134) et il n'est pas tenu de surseoir systématiquement à statuer dès lors que la légalité d'un texte doit être appréciée (CA Riom 24-1-1994 : Bull. inf. C. cass. 1994 n° 410).

En cas d'obligation non contestable, le juge des référés peut ordonner l'exécution d'une obligation de faire (CPC art. 809, al. 2, 849, al. 2, 873, al. 2 ; Cass. 2e civ. 6-5-1998 : Bull. civ. II n° 148 ; sur un refus, CA Paris 29-1-1997 : D. 1998.128).

Le trouble est **illicite** lorsqu'il résulte des agissements qui sont en eux-mêmes illicites, le juge n'étant pas tenu de caractériser la violation d'une règle de droit déterminée (Cass. 2e civ. 12-7-2012 n° 11-20.687 ; rappr. CA Amiens 26-2-1988 : D. 1989.som.303 obs. Hassler) ; ainsi sont illicites les agissements du locataire-gérant qui refuse de restituer à son propriétaire le fonds de commerce qu'il lui a loué après la résiliation par ce propriétaire du contrat, peu important le bien-fondé de celle-ci (Cass. com. 20-9-2011 n° 10-19.031 : RJDA 3/12 n° 361) ou ceux d'un avocat qui a créé un lien informatique entraînant une confusion avec un confrère de la même spécialité (Cass. 2e civ. 12-7-2012 précité) ou celui d'un transporteur qui abuse de son droit de rétention (CA Rouen 30-10-2014 n° 13/04277 : DMF.2015.314 obs. Humann).

Mais il n'est pas nécessaire en référé de qualifier le fondement juridique de l'illicéité du trouble causé ni d'établir l'intention de nuire (CA Poitiers 27-2-2001 : JCP G 2002.IV.2213).

Dès lors que le trouble est manifestement illicite, sa gravité importe peu (Cass. com. 21-2-1995 : RJDA 7/95 n° 917).

Le juge peut ainsi :

– suspendre des travaux lorsque leur continuation risque de causer au demandeur un préjudice irréparable (Cass. civ. 14-12-1976 : Bull. civ. III p. 353) ;

– imposer la restitution de documents indispensables au demandeur sur lesquels le défendeur exerce son droit de rétention, contre consignation d'une somme (Cass. civ. 16-10-1979 : GP 1980.som.49) ;

– interdire une vente donnant une impression de déballage ou de braderie particulièrement préjudiciable à une marque (Cass. com. 22-11-1982 : GP 1983.pan.105) ;

– interdire l'exercice irrégulier d'une activité professionnelle (Cass. civ. 30-11-1982 : Bull. civ. I p. 295) ou d'une contrefaçon (Cass. com. 21-2-1995, 2e esp. : RJDA 7/95 n° 917) ;

– interdire à une commune de poursuivre la pose de la clôture d'un square concédé, cet acte n'ayant pas été prévu par une délibération ou un arrêté municipal régulier et ayant pour effet d'empêcher l'activité d'un commerçant établi à proximité (TGI Toulon 30-8-1983 : D. 1985.146 note Négrin) ;

– en matière contractuelle : **condamner** un cocontractant, en fonction de la nature particulière des relations contractuelles, à l'exécution, à titre conservatoire, d'une obligation pour prévenir l'imminence d'un dommage résultant de la rupture du contrat décidée par ce cocontractant (Cass. com. 21-3-1984 : Bull. civ. IV p. 96 ; Cass. com. 26-2-1991 : RJDA 6/91 n° 548 ; Cass. civ. 7-11-2000 : RJDA 3/01 n° 392 ; Cass. civ. 29-5-2001 : RTD civ. 2001.590 obs. Mestre et Fages ; CA Aix 17-2-1982 : Bull. Cour d'Aix 1982/1 p. 89 ; CA Versailles 15-12-2004 : GP 2005. som.2218 ; CA Paris 27-1-2006 : GP 2006.som.3350 ; CA Paris 28-1-2009 n° 08-17748 : RJDA 6/09 n° 586) ; **proroger,** à titre conservatoire, un contrat d'assurance garantissant des services informatiques, résilié par l'assureur, jusqu'à l'expiration d'un terme certain, dès lors que le dommage procède suffisamment en l'espèce de la privation de garantie en raison des dysfonctionnements susceptibles de résulter du passage à l'an 2000 et de la perte consécutive de clients susceptible d'en résulter (Cass. civ. 7-11-2000 : RJDA 3/01 n° 392) ; **rejeter** l'exception d'inexécution mise en œuvre dans des conditions constitutives d'un trouble manifestement illicite (par exemple, au motif de la part de celui qui l'invoque qu'il a engagé une action judiciaire en contestation de la validité de son obligation alors que le contrat conclu doit être exécuté par chacune des parties tant qu'il n'en a pas été statué sur la validité par les juges du fond compétents et que nul ne peut se faire justice à soi-même : Cass. 1e civ. 15-6-2004 : RJDA 11/04 n° 1283) ; **reconnaître** le droit de l'autre partie au maintien du contrat non sérieusement contestable (CA Paris 2-5-2001 : Bull. inf. C. cass. 2001 n° 1221) ou brutalement interrompu (Cass. com. 24-6-2020 n° 19-12.261 F-D : RJDA 11/20 n° 610) mais pas imposer la reprise d'un contrat résilié (Cass. com. 4-12-2019 n° 19-13.394 F-D : RJDA 4/20 n° 252) ; **apprécier** la validité d'un contrat au regard de l'article 102 du traité de Rome (devenu 82 du TFUE) (Cass. civ. 13-10-1993 : GP 1993.503 note Forgoux) ; **suspendre** l'exécution d'un contrat prévue par une de ses clauses, qui constitue un trouble manifestement illicite, sauf à ce qu'il soit établi que la mise en œuvre de cette clause est elle-même manifestement illicite (Cass. com. 11-5-2022 n° 20-20.622 F-D : RJDA 10/22 n° 596) ; **imposer** l'exécution forcée du droit de préemption prévu dans un pacte d'actionnaires (CA Paris 14-2-2012 n° 11/14683 : RJDA 6/12 n° 600) ; mais il ne peut pas ordonner la reprise d'un contrat qui a été « résilié » en vertu d'une clause « résolutoire » de plein droit qui, par elle-même, exclut le dommage imminent et le trouble illicite (Cass. com. 4-12-2019 n° 19-13.394 F-D : RJDA 4/20 n° 252) ;

– interdire un questionnaire insinuant qu'une entreprise offre des services laissant à désirer (Cass. civ. 23-10-1985 : Bull. civ. II p. 108) ;

– condamner La Poste sous astreinte provisoire à délivrer le courrier à ses divers propriétaires, dès lors qu'elle n'a rien entrepris pour pallier les effets d'une grève de certains de ses préposés (CA Aix 12-12-2000 : D. 2001.IR.357) ;

– ordonner la poursuite de l'activité d'un supermarché, malgré l'annulation de l'autorisation d'exploiter (Cass. 1e civ. 6-10-2010 n° 09-12.686 : RJDA 12/10 n° 1199) ;

– reporter l'assemblée générale d'une société pour prévenir un dommage imminent et suspendre les effets d'une assemblée qui s'est déjà tenue mais il ne peut pas l'annuler, même en cas de trouble manifestement illicite (Cass. com. 13-1-2021 n° 18-25.713 F-P : RJDA 4/21 n° 239).

Le juge peut se borner à donner acte à la partie mise en cause de son engagement à mettre en œuvre des mesures déterminées dès lors que celles-ci sont appropriées (CA Versailles 31-5-1989 : GP 1989.906).

Sur l'application du référé pour trouble illicite aux règlements contraires aux normes communautaires, n° 73903.

Même illicite, le trouble ne peut pas être invoqué par celui qui en est l'initiateur (CA Versailles 29-7-1992 : GP 1994.270 note Ienne).

Le trouble n'est pas manifestement illicite lorsqu'il ne saute pas aux yeux (Cass. com. 20-1-1987 : Bull. civ. IV p. 18 ; CA Paris 23-5-1984 : GP 1984.455 ; CA Paris 6-2-1995 : GP 1996.68 ; T. com. Versailles réf. 24-5-1984 : GP 1984.374) ou lorsqu'il ne résulte pas d'agissements en eux-mêmes illicites, telle la cessation des relations contractuelles après la résiliation régulière du contrat (Cass. com. 28-11-2006 n° 1345 : RJDA 4/07 n° 428 : rejet de la demande de poursuite de l'activité).

Référé-provision Voir nos 59400 s. 72527

Procédure du référé **1. Compétence.** Le juge des référés a, en principe, la même 72540

compétence d'attribution que celle du tribunal auquel il appartient ; il peut prendre une mesure d'instruction avant tout procès si le fond du litige est appelé pour partie à relever de la compétence de cette juridiction sans que soit en cause le principe de séparation des autorités administratives et judiciaires ; il n'en est autrement que lorsqu'il est demandé au juge des référés d'ordonner une mesure d'instruction qui porte à titre exclusif sur un litige dont la connaissance au fond n'appartient manifestement pas à son ordre de juridiction (T. confl. 21-10-2002 n° 3328 : RJDA 12/02 n° 1338 ; T. com. Albi 28-10-2009 n° 09-4733 : RJDA 5/10 n° 561).

Territorialement, le juge des référés compétent est celui de la juridiction appelée à statuer sur le fond dans le ressort de laquelle doivent être exécutées les mesures qu'il est susceptible d'ordonner (Cass. com. 14-2-2012 n° 10-25.665 : RJDA 6/12 n° 630), sauf le cas où compétence exclusive serait donnée à un autre tribunal (CPC art. 77 ; cf. Cass. com. 25-6-2002 n° 1269 : RJDA 12/02 n° 1337).

Si les mesures doivent être exécutées dans le ressort de plusieurs tribunaux, est compétent le juge auquel les mesures sont demandées, à la condition que l'une d'entre elles doive être exécutée dans son ressort, sans qu'une clause attributive de compétence territoriale puisse être opposée à la partie requérante (Cass. com. 16-2-2016 n° 14-25.340).

Sur la compétence du juge des référés en cas de clause attributive de compétence, n° 72064.

2. Assignation. Le demandeur en référé doit assigner son adversaire à une audience tenue à cet effet aux jour et heure habituels des référés (CPC art. 485, al. 1). Mais le juge doit s'assurer qu'il s'est écoulé un temps suffisant entre l'assignation et l'audience pour que le défendeur ait pu se préparer à comparaître (CPC art. 486 ; pour un délai insuffisant : CA Rouen 3-6-2008 : JCP G 2009.IV.1346 : antérieur aux textes actuels, mais transposable). 72543

Lorsque la demande en référé porte sur une mesure d'instruction exécutée par un technicien ou sur une mesure d'expertise, le défendeur qui a indiqué, avant l'audience, acquiescer à la demande, est dispensé de comparaître. Néanmoins, le juge a toujours la faculté d'ordonner qu'il soit présent devant lui. La décision rendue dans ces conditions est contradictoire (CPC art. 486-1).

En cas d'extrême urgence, le juge des référés peut l'autoriser à assigner à l'heure indiquée (**référé** dit « **d'heure à heure** »), même les jours fériés et chômés (CPC art. 485, al. 2 ; Cass. civ. 19-12-1973 : JCP G 1974.II.17790 note Assouline : assignation à Rungis à 10 h 30 pour se présenter à Lille à 17 h ; CA Paris 24-10-1991 : D. 1992.244 note Debbasch, assignation à 19 h 20 pour une audience à 19 h 55).

L'abus de procédure de référé commis par l'une ou l'autre des parties peut être sanctionné (Cass. com. 2-5-1989 : Bull. civ. IV p. 96).

Sur l'effet interruptif de l'assignation, n° 71762.

3. Renvoi à la formation collégiale. Le juge des référés peut ordonner le renvoi de l'affaire en état de référé devant la formation collégiale de la juridiction à une audience dont il fixe la date (CPC art. 487). 72544

4. Ordonnance de référé. Pour apprécier les mesures à prendre, le juge des référés doit **se placer** au jour où il statue et non à la date de l'assignation ; il ne peut prendre la mesure sollicitée que si à ce jour la situation le requiert encore (Cass. com. 23-10-1990 : RJDA 1/91 n° 74 ; CA Paris 9-1-1985 : JCP G 1986.II.20583 note Auby). 72546

Sa décision est une ordonnance qui a un caractère **provisoire** (CPC art. 484). Cette ordonnance n'a pas autorité de chose jugée et ne s'impose donc pas au juge du fond (CPC art. 488, al. 1) ; celui-ci

72546 (suite) peut statuer différemment s'il est saisi aux mêmes fins mais sans condamner plus ou moins directement ce qui a été décidé avant lui, car voies de nullité n'ont lieu contre jugements (Cass. 2e civ. 21-2-2019 n° 18-13.543 FS-PBI). En revanche, il doit la respecter s'il est saisi à une autre fin : par exemple, lorsque l'ordonnance de référé a jugé acquise la clause résolutoire de plein droit d'un bail commercial et que celle-ci est définitive, le juge du fond doit rejeter la demande des locataires sollicitant le renouvellement du bail qui est irrévocablement résolu par la décision de référé (Cass. 3e civ. 25-2-2004 n° 02-12.021 : RJDA 6/04 n° 678).

L'ordonnance ne peut être **modifiée ou rapportée** en référé qu'en cas de circonstances nouvelles (CPC art. 488, al. 2). Des circonstances nouvelles ne rendent caduque une décision de référé qu'autant qu'elle a été modifiée et rapportée (Cass. 1e civ. 22-5-2008 n° 06-19.147 : Bull. civ. I n° 1464 : poursuite des effets de l'ordonnance dix ou vingt ans après son prononcé).

Pour apprécier les mesures à prendre, le juge doit se placer au jour où il statue et non à la date de l'assignation (Cass. com. 23-10-1990 : RJDA 1/91 n° 74 ; CA Paris 9-1-1985 : JCP G 1986.II.20583 note Auby).

Le juge peut donner un effet temporaire à son ordonnance jusqu'à la saisine du juge du fond dans le délai qu'il impartit au demandeur (CA Paris 13-3-1996 : GP 1996.162 concl. Gizardin).

L'ordonnance est **exécutoire à titre provisoire de plein droit** (Cass. civ. 5-5-1993 n° 91-19.241 : Bull. civ. II n° 163), le juge pouvant ordonner en cas de nécessité que l'exécution aura lieu au seul vu de la minute (CPC art. 489).

L'**exécution forcée** peut en être poursuivie jusqu'à son terme (C. exécution art. L 111-10, al. 1), sauf la faculté pour le juge d'ordonner la mise sous séquestre du capital accordé en réparation d'un dommage corporel (cf. CPC art. 521).

À notre avis, cette disposition n'interdit pas la mise sous séquestre de toute autre somme car elle ne peut en soi faire obstacle au pouvoir de droit commun du juge des référés de prendre toute mesure propre à éviter un dommage imminent.

Sur le pouvoir du juge des référés de donner à un effet temporaire à sa décision, CA Paris 13-3-1996, ci-dessous.

Elle peut ainsi justifier une saisie-vente (Cass. civ. 5-4-1994 n° 92-20.712 : Bull. civ. II n° 120 : à propos d'une saisie-exécution, mais transposable ; pour des applications à la vente d'un navire, n° 59150 et à celle d'un fonds de commerce, CA Orléans 3-7-2014 n° 14/00265 : RJDA 11/14 n° 866) ou une saisie-attribution, l'ordonnance bénéficiant de l'exécution forcée dans toutes ses dispositions (Cass. civ. 24-6-1998 n° 96-22.851 : Bull. civ. II n° 222 : application à la condamnation au titre de l'art. 700 CPC).

Cette exécution est poursuivie **aux risques du créancier,** le débiteur devant être rétabli dans ses droits en nature ou par équivalent si le titre est ultérieurement modifié (C. exécution art. L 111-10, al. 1), sans qu'il soit nécessaire de relever une faute de sa part (Cass. 2e civ. 22-1-2004 n° 01-00.580 : RJDA 5/04 n° 651 ; Cass. 2e civ. 17-9-2020 n° 19-17.721 F-PBI : RJDA 1/21 n° 47, cassant l'arrêt qui avait refusé la réparation pour absence de faute). L'obligation de rembourser résulte de plein droit de la réformation de la décision provisoire (Cass. 3e civ. 19-2-2002 n° 00-20.665). Le créancier y est tenu dès lors qu'il a signifié l'ordonnance et que celle-ci a été exécutée, comme c'est le cas d'une cessation d'activité à la suite de la signification de l'ordonnance la prescrivant (Cass. ass. plén. 24-2-2006 n° 05-12.679 : D. 2006. 1085 note Perrot ; Cass. 2e civ. 9-9-2010 n° 09-68.120 : Bull. civ. II n° 148 ; Cass. 2e civ. 8-9-2011 n° 10-18.645 : RTD civ. 2012.149. obs. Perrot) ; ayant rétabli le débiteur dans ses droits, il ne peut pas être tenu, en sus, à réparer le préjudice que celui-ci invoque sur le fondement de l'ex-article 1382, devenu 1240 du Code civil (Cass. com. 10-2-2015 n° 13-20.150 F-PB : Bull. civ. IV n° 26) ; la cassation d'un arrêt exécuté ne peut donner lieu qu'à restitution, peu important qu'il ait été rendu en matière de référé (Cass. 2e civ. 31-1-2019 n° 17-28.605 F-PB).

Mais le créancier qui n'a pu obtenir paiement des sommes auxquelles le débiteur avait été condamné n'est pas tenu à réparation des conséquences de l'assignation de celui-ci en redressement judiciaire, car cette assignation n'équivaut pas à un acte d'exécution de la décision de justice l'ayant condamné, qu'elle soit exécutoire à titre provisoire ou de plein droit (Cass. 2e civ. 30-1-2014 n° 12-29.726 : Bull. civ. II n° 31).

Le juge des référés peut aussi favoriser l'exécution de son ordonnance en confiant à un mandataire de justice, en fait un huissier ou un commissaire de justice, une **mission de surveillance** des conditions de cette exécution (TGI Paris réf. 19-10-1984 : GP 1984.730 note Bertin ; TGI Paris réf. 23-10-1984 : GP 1984.727).

À la demande de l'une des parties et si l'urgence le justifie, le juge, saisi en référé, peut **renvoyer** l'affaire à une audience dont il fixe la date pour qu'il soit statué **au fond** ; il veille à ce que le défendeur dispose d'un temps suffisant pour préparer sa défense ; l'ordonnance emporte saisine du tribunal ; il est ensuite procédé comme il est dit à l'article 842 et aux trois derniers alinéas de l'article 844 du Code de procédure civile (CPC art. 837).

Il peut donner un effet temporaire à son ordonnance jusqu'à la saisine du juge du fond dans le délai qu'il impartit au demandeur (CA Paris 13-3-1996 : GP 1996.162 concl. Gizardin).

L'ordonnance peut être frappée d'**appel** à moins qu'elle n'émane du premier président de la cour d'appel ou qu'elle n'ait été rendue en dernier ressort en raison du montant ou de l'objet de la demande ; l'ordonnance rendue en dernier ressort par défaut est susceptible d'opposition ; le délai d'appel ou d'opposition est de quinze jours (CPC art. 490).

Seul constitue un jugement rendu par défaut celui rendu en dernier ressort, en l'absence de comparution d'un défendeur, auquel la citation n'a pas été délivrée à personne ; seul ce défendeur a la qualité de défaillant (Cass. 2e civ. 6-6-2019 no 18-16.291 F-PBI).

AUTRES RÉFÉRÉS

Référé-liberté Sous les noms de « référé-liberté » ou de « référé-injonction », passés dans l'usage depuis la loi du 30 juin 2000 relative au référé devant les juridictions administratives est reconnu le pouvoir au juge administratif des référés, « saisi d'une demande en ce sens justifiée par l'urgence, d'ordonner toutes mesures nécessaires à la sauvegarde d'une liberté fondamentale à laquelle une personne morale de droit public ou un organisme de droit privé chargé de la gestion d'un service public aurait porté, dans l'exercice de ses pouvoirs, une atteinte grave et manifestement illégale » (C. just. adm. art. L 521-2 ; rappr. C. just. adm. art. L 521-1). **72549**

Ont été reconnus comme des libertés fondamentales :

– la liberté d'entreprendre, la liberté d'association et le droit de propriété (CE 22-8-2002 : JCP E 2002.pan.1438, retenant l'atteinte à la liberté du commerce ; CE réf. 26-5-2006 : JCP G 2006.IV.2325, retenant l'atteinte à ces libertés de la part d'un concessionnaire de service public ayant imposé à son sous-traitant des directives d'exploitation ; TA Dijon 2-3-2001 : AJDA 2001.783 note Laidié, jugeant comme n'étant pas une atteinte grave à ces libertés l'arrêté préfectoral ordonnant la fermeture provisoire d'un établissement d'aide aux handicapés et nommant un administrateur provisoire pour une durée de trois mois) ;

– le droit de propriété et son corollaire qu'est le droit pour le locataire de disposer librement des biens pris en bail (CE 29-3-2002 : JCP G 2002.II.10179 note Zarka, imposant à propos d'appartements « squattés », qui venaient d'être loués et dont les locataires se préparaient à prendre possession, au préfet de faire exécuter l'ordonnance d'expulsion des « squatters », ceux-ci n'ayant aucun droit à se maintenir dans les lieux, même en hiver, puisque entrés dans les lieux par une voie de fait ; CE 2-7-2003 no 254536 : JCP G 2003.II.10180 note Martinet Nauleau : menace sur le droit de propriété par l'exercice injustifié d'un droit de rétention).

Mais n'a pas été reconnue comme une liberté fondamentale la liberté contractuelle (CE 12-11-2001 : AJDA 2002.4).

Référé contractuel Il y a référé contractuel lorsque les contractants donnent pouvoir au juge de statuer en référé en dehors des cas où la loi admet la compétence du juge des référés, notamment pour constater le jeu de la clause résolutoire de plein droit d'un contrat (no 15574). **72552**

VII. REQUÊTE

Tout intéressé peut solliciter le président du tribunal judiciaire ou le juge des contentieux de la protection (CPC art. 845 s.) ou le président du tribunal de commerce (CPC art. 874 s.), par une simple demande dite « requête », de prendre une **mesure provisoire** déterminée rendue non contradictoirement, dans les cas où il est fondé à ne pas appeler de partie adverse (CPC art. 493). **72600**

Il en est ainsi, dans les cas où la loi le prévoit expressément (qui ont été signalés là où cette faculté existe) et, plus généralement, en cas d'urgence, lorsque les circonstances exigent que la mesure demandée ne soit pas prise contradictoirement (CPC art. 845, al. 2 et 875). Mais le juge des requêtes doit justifier la nécessité de procéder non contradictoirement et, à défaut, la cour d'appel ne peut pas suppléer la carence de la motivation par ce juge (Cass. 2e civ. 23-6-2016 no 15-19.671 ; CA Paris 28-9-2019 no 17/13043).

Cette compétence n'est pas subordonnée à l'absence de contestation sérieuse (cf. Cass. com. 1-12-1987 : Bull. civ. IV p. 194).

Le président territorialement compétent est, sauf disposition légale contraire, celui de la juridiction saisie au fond ou celui du tribunal du lieu où la mesure demandée doit être exécutée, même partiellement, sans qu'une clause attributive de compétence territoriale puisse être opposée à la partie requérante (Cass. com. 13-9-2017 no 16-12.196 : RJDA 11/17 no 777 ; Cass. 2e civ. 22-10-2020 no 19-14.849 F-PBI).

Le président peut prendre « toutes mesures » appropriées (CPC art. 845, al. 2 et 875), par exemple ordonner l'expulsion de grévistes (Cass. soc. 17-5-1977 : D. 1977.645 note Jeammaud) ou désigner un expert avec mission d'examiner les travaux effectués par un entrepreneur (cf. Cass. civ. 6-1-1983 : GP 1983.pan.177 note Guinchard).

L'ordonnance est exécutoire au seul vu de la minute (CPC art. 495, al. 2), tant qu'elle n'a pas été rétractée (Cass. 2e civ. 7-11-2002 no 1083 : D. 2002.IR.3188).

Tout intéressé peut en référer au juge qui a rendu l'ordonnance lorsqu'il a fait droit à la requête (CPC art. 496, al. 2, CA Lyon 19-6-2012 no 11/01300 : D. 2012.2834 obs. Bretzner) ; celui-ci peut modifier ou rétracter son ordonnance, même si le juge du fond est saisi de l'affaire (CPC art. 497) ou même si l'ordonnance sur requête a été rendue par le président du tribunal statuant en la forme des référés, désormais selon la procédure accélérée au fond (no 72503) (Cass. com. 6-2-2019 no 16-13.636 F-D : RJDA 4/19 no 306 ; sur la non-qualification de la rétractation en voie de recours, no 72409). Il en est déduit que le juge est saisi de la demande de rétractation « comme en matière de référé » (Cass. 2e civ. 20-2-1980 no 78-16.544 : Bull. civ. II no 39) et qu'il peut exercer le pouvoir qui lui est conféré exclusivement par l'article 496, alinéa 2, peu importants les dispositions de l'article 492-1 visées au n° 72503 (Cass. 2e civ. 19-2-2015 n° 13-28.223 : Bull. civ. II n° 42) ; mais il ne peut statuer que sur la rétractation qui a pour seul objet de soumettre à un débat contradictoire les mesures initialement ordonnées à l'initiative d'une partie en l'absence de son adversaire, de sorte qu'est irrecevable, par exemple, la demande tendant à voir ordonner, en cas de rejet de la demande de rétractation, la mainlevée de la mesure de séquestre (Cass. 2e civ. 27-9-2018 n° 17-20.127 FS-PB). S'il n'est pas fait droit à la requête, appel peut être interjeté ; le délai d'appel est de quinze jours (CPC art. 496, al. 1). Le juge qui a rendu l'ordonnance, et lui seul (Cass. 2e civ. 19-3-2020 n° 19-11.323 F-PBI), peut modifier ou rétracter son ordonnance, même si le juge du fond est saisi de l'affaire (CPC art. 497). La décision rétractée est considérée comme nulle et non avenue ; l'ordonnance de référé qui a décidé la rétractation est exécutoire immédiatement nonobstant appel (TGI Nanterre réf. 25-3-1976 : JCP G 1976.IV.323 note J.A., ordonnant la radiation d'une inscription provisoire d'hypothèque). Les actes accomplis en exécution de l'ordonnance rétractée sont nuls (Cass. 2e civ. 26-9-2019 n° 18-13.438 F-PBI).

L'ordonnance n'a pas l'autorité de la chose jugée (Cass. civ. 19-12-1998 : RTD civ. 1999.464 obs. Perrot).

SECTION 5 PROTECTION DIPLOMATIQUE

72800 Lorsqu'un plaideur ne peut pas obtenir justice de la part des tribunaux d'un État étranger, il lui reste à demander à l'État dont il est le ressortissant d'exercer une action diplomatique, connue sous le nom de protection diplomatique.

L'État sollicité décide **discrétionnairement d'exercer** ou non cette **action** (CE 25-3-1988 : Lebon 133). S'il le souhaite, il est donc, à notre avis, libre de le faire même si le cocontractant a renoncé dans le contrat au droit d'invoquer la protection diplomatique (renonciation connue sous le nom de clause **Calvo**).

La protection diplomatique est exercée par les **moyens** que l'État juge opportun d'utiliser : démarche diplomatique ou recours devant une juridiction internationale, notamment devant la Cour de justice internationale siégeant à La Haye.

Dans le cas où l'action diplomatique de l'État aboutit à un accord avec l'autre État, le cocontractant reste libre néanmoins de faire valoir les droits qui résultent pour lui du contrat passé avec son cocontractant (Cass. civ. 14-6-1977 : Clunet 1977.864 note Oppetit ; CA Orléans 13-12-1979 : Rev. arb. 1983.63 note Delvolvé).

CHAPITRE 2 LOIS ET RÈGLEMENTS

SOMMAIRE

SECTION 1
NOMENCLATURE DES LOIS ET DES RÈGLEMENTS 73500

SECTION 2
MISE EN VIGUEUR DES LOIS ET DES RÈGLEMENTS 73600

SECTION 3
LÉGALITÉ DES LOIS ET DES RÈGLEMENTS 73800

A. Légalité des lois 73800
B. Légalité des règlements 73900
C. Légalité des actes européens 74000

SECTION 4
FORCE OBLIGATOIRE DES LOIS ET DES RÈGLEMENTS 74200

A. Permanence des lois et des règlements 74200
B. Lois et règlements d'ordre public 74250
1. Interdiction de déroger aux dispositions d'ordre public 74250
2. Aménagement conventionnel de l'ordre public 74293
C. Lois supplétives 74299
D. Autonomie des lois et des règlements 74300
E. Responsabilité du fait des lois 74350
F. Territorialité des lois et des règlements 74400
G. Non-rétroactivité des lois et des règlements 74450

SECTION 5
APPLICATION DES LOIS ET DES RÈGLEMENTS 74600

A. Application des qualifications juridiques 74600
B. Interprétation des lois et des règlements 74700
1. Pouvoir d'interprétation du juge 74700
2. Méthodes d'interprétation du juge 74750
a. Interprétation littérale 74753
b. Interprétation finaliste 74800
C. Éviction de la loi applicable de droit 74900

SECTION 1 NOMENCLATURE DES LOIS ET DES RÈGLEMENTS

PRINCIPE DE HIÉRARCHIE DES NORMES

En vertu du principe de légalité, les règles constitutionnelles, qui sont la source de toutes les autres, fixent l'autorité qui doit être reconnue à toutes les règles dont elles admettent l'existence. Les « lois et règlements » doivent donc être observés dans l'ordre hiérarchique suivant : 73500

- la Constitution (n° 73503) ;
- les traités (nos 73510 s.), parmi lesquels doivent être distingués le TFUE (nos 73535 s.), l'AELE et l'EEE (n° 73550) ;
- les lois (nos 73555 s.) ;
- les règlements (nos 73565 s.) ;
- les actes divers (n° 73585) ;
- les usages (n° 73590) ;
- les lois jugées en France comme étant universelles (n° 73593).

La règle de la hiérarchie des normes a été appliquée pour écarter une disposition des statuts d'un organisme social contenant une clause attributive de compétence territoriale car l'homologation des statuts en cause par arrêté ministériel ne peut constituer une dérogation à la règle édictée par l'article 48 du Code de procédure civile (réservant la faculté de déroger à la compétence territoriale à ceux agissant en qualité de commerçant) qui constitue une norme hiérarchiquement supérieure à l'acte d'homologation (Cass. 2e civ. 4-7-2007 n° 06-16.140 : Bull. civ. II n° 189).

Seule « **la loi** » peut imposer ; il s'ensuit que nul n'est tenu d'accomplir un acte que la loi n'impose pas (cf. CE 25-7-1986 : GP 1987.pan.233) et nul ne peut imposer une mesure arbitraire, non fondée sur une norme régulièrement établie (Cons. const. 13-12-1985 : D.1986.345 note Luchaire, interdisant l'arbitraire au législateur même).

La « loi » est le terme générique désignant toute norme contraignante et aussi le terme désignant l'acte voté par le Parlement (n° 73555).

Ces deux principes sont fondateurs de ce qu'il est convenu d'appeler « l'État de droit ».

CONSTITUTION

73503 Par « Constitution », on entend le texte promulgué sous ce nom le 4 octobre 1958 et les autres textes auxquels le Préambule de ce texte fait référence, à savoir :

– la Déclaration des droits de l'Homme et du citoyen de 1789 (Cons. const. 27-12-1973 : Rec. 25) ;

– le Préambule de la Constitution de 1946 (Cons. const. 16-1-1982 : Rec. 18 ; CE 3-10-2008 n° 297931 : JCP G 2008.I.225 n° 2 obs. Plessix, incluant la Charte de l'environnement) ;

– les droits et devoirs définis dans la Charte de l'environnement de 2004 (Cons. const. 8-4-2011 n° 2011-116 QPC : RJDA 7/11 n° 661 ; T. corr. Orléans 9-12-2005 n° 2345 : D. 2006.814).

En outre, sont constitutionnels **les principes fondamentaux** reconnus par les lois de la République dans la mesure où ils consacrent les droits de l'Homme (Cons. const. 16-7-1971 : Rec. 29 ; Cons. const. 15-1-1975 : Rec. 19).

Ont été notamment reconnues comme tels :

– la liberté d'aller et de venir, y compris celle de quitter le territoire (T. confl. 9-6-1986 : D. 1986.493 note Gavalda) ;

– la liberté d'exercer une activité professionnelle (n° 7500) ;

– la liberté de communication des pensées et des opinions (Cons. const. 18-9-1986 : GP 1986.Législation.497) ;

– l'interdiction faite au législateur de conférer à l'autorité administrative un pouvoir arbitraire (Cons. const. 13-12-1985 : D.1986.345 note Luchaire) ;

– la séparation des juridictions administratives et judiciaires (Cons. const. 23-1-1987 : JO 25-1-1987 p. 925).

TRAITÉS INTERNATIONAUX EN GÉNÉRAL

73510 Les traités internationaux sont les accords conclus entre États souverains qui fixent des règles obligatoires à appliquer aux situations qu'ils soumettent à leur compétence. L'activité des entreprises relève souvent d'un régime défini par un traité international.

Tout accord entre États peut être qualifié de « traité international » quelle que soit sa dénomination : charte, protocole, accord, convention, pacte, etc. ; par exemple, pour un accord de prêt considéré comme un traité, CA Paris 12-7-1982 : GP 1982.som.399. Les actes dérivés des traités tendent à être considérés comme des traités par les tribunaux judiciaires : CA Paris 29-4-1959 : Clunet 1960.128 note Goldman ; contra, CE 18-4-1951 : Lebon 189 ; CE 11-5-1960 : Lebon 319.

Toutefois, pour que la qualification de traité soit applicable, il faut que l'accord ne soit pas une simple déclaration d'intention politique, mais consacre un engagement obligeant les parties (Cons. const. 29-12-1978 : Rec. 36 ; CE 15-5-1995 : GP 1996.pan.26 ; sur le critère de l'engagement contractuel, n°s 10250 s.).

Le régime juridique des traités est fixé dans la convention de Vienne du 23 mai 1969 sur les traités internationaux, entrée en vigueur le 27 janvier 1980, que la France n'a pas adoptée ni ratifiée en dépit d'affirmations contraires par des juridictions (CA Paris 26-9-2001 : D. 2001.IR.3017 ; T. com. Paris 4-12-1991 : Clunet 1992.692 note Mahiou), mais qui est appliquée dans la mesure où les tribunaux considèrent qu'elle consacre des règles du droit public international du droit coutumier (Cass. 1e civ. 11-7-2006 n° 02-20.389 : Rev. crit. 2007.391 note Audit).

Les règles contenues dans les traités internationaux ont **« une autorité supérieure à celle des lois »** (n° 73803). Mais elles n'acquièrent cette force obligatoire que si les traités ou les accords remplissent les conditions suivantes.

73513 **1.** Les traités ici visés sont ceux qui ne concernent pas les **relations diplomatiques,** lesquelles relèvent de la souveraineté des États ; ces derniers constituent des « actes de gouvernement » et leur application dépend de l'appréciation discrétionnaire des États.

Sont aussi des actes de gouvernement les réserves accompagnant un traité ou un accord international qui, définissant la portée de l'engagement que l'État a entendu souscrire, ne sont pas détachables de la conduite des relations internationales (CE 12-10-2018 n° 408567 : RJDA 6/19 n° 475).

73516 **2.** Les traités doivent être **ratifiés** ou **approuvés** en vertu d'une loi s'ils sont notamment des traités de commerce ou des traités qui modifient les dispositions de nature législative (Constitution art. 53, al. 1). Ils acquièrent force de loi dans la limite de cette ratification, laquelle peut être, en effet, lorsque la convention en cause le prévoit, assortie de réserves.

Les traités peuvent être soumis au Conseil constitutionnel pour contrôle de constitutionnalité (Constitution art. 54 ; Cons. const. 19-6-1970 : Rec. 15), ainsi que la loi qui autorise la ratification ou l'approbation, comme toute loi.

En vertu de ce pouvoir, le Conseil constitutionnel contrôle la conformité à la Constitution du traité lui-même (Cons. const. 17-7-1980 : Rec. 36). Mais il ne contrôle pas la conformité d'une loi à un traité (Cons. const. 23-7-1991 et 25-7-1991 : D. 1991.617 note Hamon). Le Conseil d'État refuse de contrôler la constitutionnalité d'une loi autorisant la ratification ou l'approbation d'un traité (CE 8-7-2002 n° 239366 : JCP G 2003.II.10021 note Ondoua).

Si le Conseil constitutionnel déclare qu'un traité contient une clause contraire à la Constitution, l'autorisation de le ratifier ou de l'approuver ne peut intervenir qu'après révision de la Constitution (Constitution art. 54 ; pour une application, Cons. const. 9-4-1992 : RFD. adm. 1992.373 obs. Genevoix). En revanche, s'il le déclare conforme à la Constitution, le traité est, sous réserve de publication (n° 73519), définitivement applicable, comme une loi (n° 73800).

Les traités qui portent sur d'autres sujets, dits « **accords en forme simplifiée** », ne sont pas soumis à ratification. Leur force obligatoire, qui est la même que celle des précédents (Constitution art. 55), résulte de leur seule acceptation ou approbation par le Gouvernement, le Président de la République en étant informé (art. 52, al. 2).

Le juge administratif a le pouvoir de contrôler si un traité doit être soumis à la ratification en vertu de l'article 53 de la Constitution (CE 18-12-1998 : Lebon 483 ; CE 23-2-2000 : Lebon 72 ; Cass. civ. 29-5-2001 : Bull. civ. I n° 149), et ce, qu'il soit saisi par un recours pour excès de pouvoir directement formé à l'encontre du décret de publication qui en a permis l'introduction dans l'ordre juridique interne ou par voie d'exception à l'occasion d'un litige mettant en cause l'application de cet engagement international, sans que puisse y faire obstacle la circonstance que le décret de publication dont la légalité est ainsi nécessairement contestée n'a pas été attaqué dans le délai de recours contentieux (CE 5-3-2003 n° 242860 : Lebon 77 concl. Stahl).

3. Les traités et les accords – même en forme simplifiée – ne peuvent recevoir application que s'ils ont été **publiés** au Journal officiel (Cass. civ. 16-5-1961 : D. 1961.489 note Holleaux ; CE 13-7-1965 : JCP G 1965.II.14 349 note P. L. ; CE 17-2-1971 : D. 1971.729 note Silvera). Le juge doit soulever d'office, le cas échéant, le défaut de publication (CE 11-12-1959 : Lebon 674). **73519**

Mais l'insertion au Journal officiel n'est obligatoire que pour les traités de nature à affecter, par leur application, les droits et obligations des particuliers ; elle peut être remplacée, si les traités ont été divulgués dans un bulletin officiel spécial imprimé par les soins du Journal officiel et offert au public, par une simple mention au Journal officiel avec référence à ce bulletin (Décret 53-192 du 14-3-1953 art. 3 ; CE 30-10-1964 : Lebon 496).

Le texte d'un engagement international souscrit par la France peut n'être reproduit que sous forme électronique (Décret 53-192 art. 3-1).

Toutefois, après leur publication, ils peuvent être appliqués **même à des faits antérieurs** à celle-ci dès lors qu'ils étaient entrés en vigueur à la date de ces faits (Cass. civ. 30-11-1976 : Clunet 1977.83 ; dans le même sens, Cass. civ. 16-2-1965 : Bull. civ. I p. 96 ; Cass. civ. 15-5-1984 : Clunet 1985.103 note Chappez ; CE 27-6-1969 : Lebon 703 ; CE 8-4-1987 : Lebon 137 ; contra, Cass. com. 8-5-1963 : Bull. civ. III p. 190).

En outre, les traités et accords ratifiés et publiés ne sont applicables **que s'ils sont entrés en vigueur** conformément à leurs propres dispositions. Toutefois, ils peuvent être pris en considération, avant leur entrée en vigueur, comme indice de la volonté du législateur en vue de l'interprétation des lois (CA Paris 27-11-1986 : Rev. crit. 1988.314 note Lyon-Caen).

4. Dès lors qu'ils prévoient une condition de **réciprocité**, les traités ne sont obligatoires qu'autant qu'ils sont appliqués par l'autre partie (Constitution art. 55). **73522**

La pratique du recours préjudiciel suivie par les juridictions françaises, refusant de contrôler le respect de la condition de réciprocité et en laissant le soin au Gouvernement (Cons. const. 30-12-1980 : Rec. 53 ; Cass. civ. 6-3-1984 : Bull. civ. I p. 69), a été condamnée par la Cour européenne des droits de l'Homme qui estime qu'elle prive le requérant de son droit à être entendu par un tribunal de pleine juridiction et viole ainsi l'article 6, 1 de la convention européenne des droits de l'Homme (CEDH 13-2-2003 n° 49636/99 : D. 2003.931 note Mputouk). Désormais, le Conseil d'État contrôle lui-même la condition de réciprocité (CE 9-7-2010 n° 317747 : Lebon 251).

Les juridictions françaises se reconnaissent **compétentes pour interpréter** les traités (CE 29-6-1990 : AJDA 1990.621 concl. Abraham note Teboul ; Cass. soc. 29-4-1993 : GP 1994.179 concl. Chauvy ; Cass. civ. 19-12-1995 : Bull. civ. I p. 326).

La Cour européenne des droits de l'Homme en fait d'ailleurs obligation au juge (CEDH 24-11-1994 : D. 1995.273 note Prétot).

5. En cas de pluralité de traités ayant un **même objet,** sous réserve des cas où serait en cause l'ordre juridique intégré que constitue le droit de l'UE (TFUE art. 346-1 et 351 ; CE 23-12-2011 n° 303678), la **force obligatoire de ces traités** est déterminée, en premier lieu, en se référant, le cas échéant, à leurs propres clauses réglant la sphère de leur application (cf. art. 30, al. 2 de la convention de Vienne du 23-5-1969 sur le droit des traités ; sur cette convention, n° 73510). À défaut, le traité le plus récent s'applique pour ses dispositions qui sont contraires à celles du plus ancien, celui-ci restant en vigueur pour les dispositions sur lesquelles le plus récent n'a pas pris parti (CA Rouen 13-11-1984 ; cf. art. 30, al. 3 de la convention **73525**

de Vienne précitée ; voir aussi Cass. civ. 9-10-1979 : Rev. crit. 1981.744 ; CJCE 15-7-1982 : Rev. crit. 1983.521 ; CA Paris 14-10-1963 : Rev. crit. 1967.74 note Droz ; CA Paris 4-3-1964 : D. 1964.419 note Minjoz ; CA Paris 30-1-1967 : JCP G 1968.II.15357 note P. L. ; CA Montpellier 6-11-1990 : JCP G 1991.II.21741 note de Guardia).

Le juge doit rechercher s'il est possible de concilier les dispositions des traités en fonction du champ d'application de chacune d'elles (CE 23-12-2011 précité).

73528 6. Un traité conclu avec un autre État est **caduc** si l'un des deux États contractants refuse de l'appliquer (Cass. civ. 23-3-1994 n° 92-14.573 : Clunet 1995.119 note Chappez). Sont aussi caducs les traités contraires au TFUE dans les rapports entre les États de l'UE (CJCE 10-11-1992 : RJDA 2/93 n° 195).

TRAITÉ SUR LE FONCTIONNEMENT DE L'UNION EUROPÉENNE

73535 Le traité instituant la Communauté européenne (couramment appelé « traité de Rome »), signé à Rome le 25 mars 1957 et entré en vigueur le 1er janvier 1958, modifié par l'Acte unique européen, le traité sur l'UE, le traité d'Amsterdam et le traité de Nice, a été renommé « Traité sur le fonctionnement de l'Union européenne » (**TFUE**) et a été renuméroté par le traité de Lisbonne entré en vigueur le 1er décembre 2009. Il prévoit l'application dans chaque État membre de l'UE, non seulement de ses propres dispositions, mais encore des mesures prises par les organes prévus par le traité : Conseil de l'UE, Commission européenne, Cour de justice et Tribunal de première instance de l'UE.

Les normes issues du traité de Lisbonne, antérieurement dénommées « droit communautaire » et devenues « droit de l'UE », sont applicables dans les États membres, en fonction des distinctions ci-après.

73536 **Charte des droits fondamentaux** La charte des droits fondamentaux de l'UE est une déclaration de droits et de principes adoptée le 7 décembre 2007 par l'UE. Elle a, depuis le 1er décembre 2009, la même valeur que les traités (Traité de Lisbonne art. 6.1 ; Traité UE art. 6.1).

Les principes posés par la charte ne peuvent être invoqués que dans la mesure où l'application des dispositions du droit de l'UE est en cause (Charte art. 51.2 ; CJUE 6-11-2013 aff. 40/12, 50/12, 58/12) mais doivent l'être dès que le droit de l'UE est en cause (CJUE 26-2-2013 aff. 617/10 : D. 2013.1977 chron. Roth et Burgaud).

Sur la portée de la distinction des droits et des principes énoncés par la charte, Rapport C. cass. 2014 p. 53.

73538 **Dispositions incluses dans le TFUE** Seules les dispositions du traité sur le fonctionnement de l'UE qui édictent des obligations ou des interdictions déterminées sont **directement** applicables dans les États membres. Le juge national doit soulever d'office l'application des dispositions du traité lorsque les parties y ont intérêt et que son droit national le lui permet, à condition que cet examen ne l'oblige pas à sortir des limites du litige ; le droit national ne peut pas interdire au juge de vérifier la compatibilité du droit national avec une disposition du droit de l'UE (CJCE 14-12-1995 : RJDA 3/96 n° 449).

Les mêmes règles sont applicables aux accords conclus par la Communauté (devenue l'Union) avec des pays tiers (CJCE 31-1-1991 : Rec. 199).

73541 **Mesures prises par le Conseil et la Commission** Pour accomplir la mission de mise en œuvre du traité, le Conseil et la Commission peuvent adopter, dans les conditions fixées par le traité, des mesures regroupées sous le nom de « **droit dérivé** » (sous-entendu, du traité). Ce droit s'applique aux nouveaux États adhérents du jour de leur adhésion (CJUE 5-7-2012 aff. 527/10 : JCP E 2012.1622 n° 6 obs. Menjucq : à propos d'un règlement mais transposable).

Un « recours en carence » peut être exercé lorsque les dispositions nécessaires à l'accomplissement du traité ne sont pas adoptées par l'autorité compétente (TFUE art. 265, al. 1 ; CJCE 22-5-1985 : Rec. 1513 : à propos de la carence du Conseil en matière de politique commune des transports).

Les « citoyens de l'Union, au nombre d'un million au moins, ressortissants d'un nombre significatif d'États membres, peuvent prendre l'initiative d'inviter la Commission, dans le cadre de ses attributions, à soumettre une proposition appropriée sur des questions pour lesquelles ces citoyens considèrent qu'un acte juridique de l'Union est nécessaire aux fins de l'application des traités » (TFUE art. 11, 4 et 24).

Ces mesures ne sont **valables** que si elles disposent sur des domaines que le traité a soumis à la compétence des institutions européennes (CJCE 8-12-1987 : BRDA 7/88 p. 10 : non-application à l'installation d'une grande surface en France par un Français), étant observé que la Cour de justice tend à retenir une interprétation extensive de cette compétence (CJCE 13-2-1985 : Rec. 593). Toutefois, l'UE peut, en vertu du principe de **subsidiarité** (TFUE art. 5), agir aussi dans les domaines qui ne lui sont pas expressément attribués, dans les cas où il est démontré que son intervention serait plus efficace que celle qui serait déployée par les États membres agissant individuellement au niveau national.

Les **actes** constituant le droit dérivé sont uniquement les suivants (TFUE art. 288) :

N'ont donc aucune valeur juridique les déclarations qu'ont pu faire inscrire au procès-verbal du Conseil certains États membres, car la portée objective des règles du droit de l'UE ne peut résulter que de ces règles elles-mêmes, compte tenu de leur contexte (CJCE 10-12-1991 : Rec. 5863).

1. Règlement. C'est une disposition de portée générale, obligatoire dans tous ses éléments et directement applicable dans tous les États membres (TFUE art. 288, al. 2).

Il y a règlement dès lors que la mesure envisagée doit s'appliquer à des situations déterminées objectivement et comporte des effets juridiques à l'égard de catégories de personnes envisagées de manière générale et abstraite (CJCE 14-7-1983 : Rec. 2559). Il importe peu dès lors qu'une telle mesure puisse avoir des effets concrets distincts pour les divers sujets de droit auxquels elle s'applique (CJCE 5-5-1977 : GP 1977.2.565 ; CJCE 29-1-1985 : Rec. 257).

Seuls les actes dit « règlements » ont la valeur d'actes législatifs au sens ci-dessus défini.

N'entrent pas dans cette catégorie les actes suivants, dits néanmoins « règlements », adoptés par la Commission :

– les « règlements délégués », qui sont des actes non législatifs de portée générale que la Commission ne peut adopter que sur délégation de pouvoirs contenue dans un acte législatif ; ils peuvent compléter ou modifier certains éléments non essentiels de cet acte législatif (TFUE art. 290) ;

– les « règlements d'exécution », qui établissent des règles détaillées permettant la mise en œuvre uniforme d'actes juridiquement contraignants de l'UE (TFUE art. 291).

2. Directive. Il s'agit d'un acte qui arrête des objectifs que les États membres doivent réaliser en choisissant eux-mêmes la forme et les moyens de parvenir au résultat fixé (TFUE art. 288, al. 3).

3. Décision. La décision est une mesure prise par la Commission européenne qui ne concerne que ses destinataires et qui est obligatoire pour eux (TFUE art. 288, al. 4). Elle se distingue du règlement seulement par la nature de l'acte lui-même et par les effets juridiques qu'elle produit et non pas par les modalités de son adoption (CJCE 29-1-1985 : Rec. 257).

Si elle comporte une obligation pécuniaire à la charge d'une personne autre qu'un État, elle vaut titre exécutoire (TFUE art. 299, al. 1). L'exécution forcée a lieu selon les mêmes règles que celles relatives aux arrêts de la Cour de justice (n° 73544).

Les actes susvisés – règlement, directive, décision – doivent être **motivés** et viser les propositions ou avis obligatoirement recueillis en exécution du Traité (TFUE art. 296). Cette condition est remplie dès lors que l'acte contient les éléments indispensables pour permettre aux intéressés de déceler d'éventuelles irrégularités mettant en cause sa validité (CJCE 26-6-1986 : Rec. 2049 ; CJCE 2-1-1986 : Rec. 117).

4. Recommandations et avis. Ces actes font connaître ce que le Conseil ou la Commission souhaitent, ou ce qu'ils pensent sur une question donnée. Ils ne sont pas obligatoires (TFUE art. 288, al. 5).

5. Communications. Par ce moyen, la Commission fait aussi connaître son opinion sur un sujet déterminé. Les communications n'ont pas force obligatoire, mais, en pratique, il est recommandé de les suivre car elles indiquent la décision que la Commission pourrait prendre, si elle était amenée à statuer sur la question en cause.

Sur la primauté des normes de l'UE par rapport aux lois et règlements français, nos 73806 s.

Décisions de justice des juridictions de l'UE

La **Cour de justice** de l'UE (antérieurement des Communautés) est compétente pour statuer sur les contestations qui s'élèvent à propos des normes européennes (TFUE art. 251 à 281). Dans les limites de sa compétence, la Cour exerce un pouvoir exclusif (TFUE art. 344). 73544

Notamment, la détermination des droits et des obligations des États membres ainsi que le jugement de leur comportement ne peuvent résulter que d'un arrêt de la Cour, compétence qui lui est confiée directement et expressément par le traité et sur laquelle la Commission ne saurait empiéter dans le cadre de la vérification de l'exécution d'un arrêt rendu par elle (CJUE 15-1-2014 aff. 292/11).

La Cour se reconnaît aussi compétente pour se prononcer sur un litige mettant en cause l'interprétation d'un traité multilatéral, en l'espèce prévoyant le recours à l'arbitrage dans un litige opposant des tiers à l'UE, dès lors que l'UE est partie à ce traité, cet accord faisant alors « partie intégrante [...] de l'ordre juridique de l'Union et que, dans le cadre de cet ordre juridique, la Cour est compétente pour statuer à titre préjudiciel sur l'interprétation de cet accord », étant en outre observé que la fixation du siège de l'arbitrage sur le territoire d'un État membre, en l'occurrence la France, entraîne l'application, pour les besoins de la procédure ouverte sur le territoire de cet État membre, du droit de l'Union, dont la juridiction saisie a l'obligation d'assurer le respect, conformément à l'article 19 TUE (CJUE 2-9-2021 aff. 741/19).

Les arrêts de la Cour de justice ont **force exécutoire** dans les États membres dès lors qu'ils sont revêtus de la formule exécutoire nationale, accordée après une simple vérification de l'authenticité du titre par l'autorité nationale compétente (TFUE art. 299, al. 2) ; en France, cette autorité est le directeur des affaires civiles et du Sceau.

Leur **exécution forcée** a lieu conformément aux règles de procédure civile de chaque État membre (TFUE art. 299, al. 2 et 3). Elle ne peut être suspendue qu'en vertu d'une décision de la Cour de justice (TFUE art. 299, al. 4).

Toutefois, le contrôle de la régularité des mesures d'exécution relève de la compétence des juridictions nationales (TFUE art. 299, al. 4).

Le **Tribunal de première instance** connaît, en première instance, notamment des litiges relatifs aux règles de concurrence applicables aux entreprises selon les règles valables à la Cour de justice, sauf décision contraire du Conseil (TFUE art. 256).

73546 **Principes généraux du droit de l'UE** Les dispositions du droit de l'UE sont applicables sous réserve des principes généraux reconnus par les juridictions de l'UE qui justifient leur exclusion dans les conditions exposées au n° 74930.

Ces principes doivent être respectés par la loi française pour assurer le respect des conventions internationales (CE 23-7-2014 n° 354365 : RJS 12/14 n° 912 retenant que la responsabilité de l'État du fait des lois peut être retenue en cas de violation par la loi de ces principes).

73547 **Contrôle de l'application des règles européennes** La **Commission** dispose d'un pouvoir général **pour s'informer** auprès des États membres (TFUE art. 337).

Elle peut aussi, après avoir mis un État en mesure de présenter ses observations, émettre un **avis motivé** sur les manquements de cet État au regard des normes européennes dont il doit faire application (TFUE art. 258, al. 1 et 260-2, al. 3).

Si l'État en cause ne se conforme pas à cet avis dans le délai fixé par la Commission, celle-ci peut **saisir la Cour de justice** (TFUE art. 258, al. 2).

La Commission peut demander à la Cour de justice d'imposer une sanction financière à un État membre qui n'aurait pas exécuté un arrêt de la Cour (TFUE art. 260 ; pour des applications, CJCE 9-12-2008 aff. 21/07 : RJDA 2/09 n° 157 ; CJCE 8-7-2019 aff. 543/17).

Chacun des États membres peut aussi saisir la Cour de justice s'il estime qu'un autre État membre a manqué à une des obligations qui lui incombent en vertu du Traité (TFUE art. 259).

Les États membres sont obligés de **réparer** les dommages causés aux particuliers par les violations du droit de l'UE qui leur sont imputables (CJCE 19-11-1991 : RJDA 12/91 n° 1106 ; CJCE 5-3-1996 : RJDA 4/96 n° 590 ; pour des applications en France, CE 28-2-1992 : RJDA 4/92 n° 415 ; CE 18-6-2008 n° 295831 : JCP G 2008.II.10141 note Moreau).

ASSOCIATION EUROPÉENNE DE LIBRE-ÉCHANGE ET ESPACE ÉCONOMIQUE EUROPÉEN

73550 Les États du continent européen non membres de l'UE sont néanmoins liés à l'Union par les accords suivants.

L'Association européenne de libre-échange (**AELE,** ou EFTA en anglais) est une association d'États visant à établir une zone de libre-échange en Europe. Formée en 1960, elle s'est plusieurs fois élargie jusqu'en 1991, mais a progressivement perdu des membres lorsque ceux-ci ont intégré l'UE. Elle comprend à ce jour 4 pays : Islande, Liechtenstein, Norvège, Suisse.

L'Espace économique européen (**EEE,** ou EEA en anglais) compte 30 pays membres : 27 États membres de l'UE, Islande, Liechtenstein, Norvège. Il a vu le jour en 1994 et a permis d'étendre les dispositions de l'UE applicables à son marché intérieur aux pays membres de l'AELE qui ont accepté de s'intégrer aux 27 États membres, soit la Norvège, l'Islande et le Liechtenstein. La Suisse est membre de l'AELE mais ne fait pas partie de l'EEE.

L'UE, la Norvège et l'Islande sont aussi liées au travers de diverses « politiques nordiques ».

LOIS

73555 **Lois proprement dites** Les lois, au sens technique ici considéré par opposition au sens générique de « la loi » (n° 73500), sont les actes votés par le Parlement qui disposent sur les questions visées par l'article 34 de la Constitution (Constitution art. 34 s.) et qui énoncent des règles ayant une portée normative (Cons. const. 21-4-2005 n° 05-512 DC : JO 24-4 p. 7173 ; Cons. const. 8-12-2016 n° 2016-741 DC : RTD civ. 2017.593 obs. Deumier).

La méconnaissance par le législateur de sa propre compétence ne peut être invoquée à l'appui d'une question prioritaire de constitutionnalité que dans le cas où est affecté un droit ou une liberté que la Constitution garantit (Cons. const. 18-6-2010 n° 2010-5 QPC ; Cons. const. 24-7-2015 n° 2015-478 QPC : PA 2017 n° 211 p. 11 obs. M. Verpeaux et a.).

Le domaine de cet article a donné lieu à des décisions du Conseil constitutionnel qui sont signalées avec l'exposé des règles à propos desquelles des difficultés sont apparues. Mais cette délimitation a aussi provoqué la mise au point de quelques règles de portée générale, présentées ci-après.

1. La loi ordinaire ne peut **pas étendre** le **domaine** fixé par l'**article 34** précité (Cons. const. 30-1-1968 : Rec. 23) **ni** le **restreindre** pour augmenter la compétence réglementaire (Cons. const. 1-7-1980 : JCP G 1981.II.19497 note Devès) ou celle de toute autre autorité (Cons. const. 23-7-1975 : Rec. 22).

Lorsqu'une loi contient des dispositions réglementaires, le Conseil constitutionnel peut leur reconnaître ce caractère, ce qui permet alors leur modification par un décret qui, dès sa publication, leur ôte le caractère de mesure législative (Cons. const. 21-4-2005, précité).

2. Les **règlements pris pour l'application des lois** ne peuvent pas porter sur des matières réservées à la loi (Cons. const. 1-7-1980, précité) ; toutefois, l'incursion de la loi dans le domaine réglementaire n'est pas contraire à la Constitution (Cons. const. 15-3-2012 n° 2012-649 DC) ; réciproquement, le Conseil d'État admet, dans la limite nécessaire à l'application de la loi, que le règlement pénètre dans le domaine réservé à la loi, à la condition de ne pas aller à l'encontre d'une disposition législative en vigueur (CE 8-5-1964 : Lebon 279, qui valide une mesure réglementaire justifiée par l'exécution de la loi ; CE 23-10-1964 : Lebon 487, jugeant qu'un règlement ne peut pas, sous prétexte d'assurer l'exécution d'une loi, ajouter des obligations ou diminuer les garanties prévues par les lois ; CE 9-7-1971 : Lebon 522, qui contrôle le caractère réglementaire de mesures qui n'étaient pas légitimées par l'exécution de la loi).

3. Les **principes fondamentaux** ne peuvent pas être simplement énoncés par la loi ; il faut que celle-ci fixe les règles nécessaires à leur mise en œuvre, notamment leur champ d'application (Cons. const. 3-5-1961 : Rec. 36 ; Cons. const. 7-6-1977 : Rec. 75).

4. La loi ne peut fixer que des « **règles** » ; elle n'est donc pas compétente pour prendre des mesures individuelles (Cons. const. 16-1-1982 : Rec. 18 ; 11-2-1982 : Rec. 31).

5. La loi qui définit des obligations relevant du législateur auxquelles est soumis l'exercice d'une activité a compétence pour fixer, le cas échéant, le régime des **sanctions** dont la méconnaissance de ces obligations peut être assortie et, en particulier, pour déterminer tant les sanctions encourues que les éléments constitutifs des infractions que ces sanctions ont pour objet de réprimer (CE 18-7-2008 n° 300304 : Lebon 290, à propos de sanctions administratives mais transposable à toute autre sanction relative à des obligations relevant de la compétence législative).

Ordonnances Le Gouvernement peut, sous la forme d'ordonnance, prendre des mesures relevant du domaine de la loi (n° 73555) lorsque le Parlement l'y a autorisé (Constitution art. 38). **73558**

Ces ordonnances doivent satisfaire aux **conditions** suivantes (art. 38 précité) :

– elles doivent être décidées en **Conseil des ministres,** après avis du Conseil d'État ;

– elles doivent être **conformes à l'habilitation** conférée par le Parlement, laquelle ne peut être donnée que pour l'exécution d'un programme déterminé ;

– elles doivent être **adoptées dans le délai fixé** par l'habilitation parlementaire et leur ratification doit être demandée dans le délai prescrit par la même habilitation.

Les ordonnances régulièrement prises sont des actes de « **forme réglementaire** » tant qu'elles n'ont pas été ratifiées et ce, même si le projet de ratification a été déposé dans le délai imparti (Cons. const. 29-2-1972 : Rec. 31) ou même si elles sont intervenues dans une matière ressortissant en vertu de l'article 34 de la Constitution ou d'autres dispositions constitutionnelles au domaine de la loi (CE 8-12-2000 n° 199075 : Lebon 584). Elles sont exécutoires dès leur publication (n° 73600) ; mais leur force exécutoire peut être contestée comme celle d'un règlement tant qu'elles n'ont pas été ratifiées (CE 13-5-1983 : AJDA 1983.623 note Bazex).

Il appartient au Conseil d'État, statuant sur la transmission au Conseil constitutionnel d'une QPC soulevée à l'encontre de dispositions d'une ordonnance, de déterminer si les dispositions critiquées de l'ordonnance relèvent du domaine de la loi ou de la compétence réglementaire (CE 21-12-2020 n° 441399).

Les ordonnances demeurent exécutoires à condition que le projet de ratification ait été déposé dans le délai prescrit par l'habilitation ; à défaut elles sont caduques (cf. Constitution art. 38, al. 2 ; Cass. crim. 13-4-1976 : JCP G 1977.II.18590 note Azéma). Mais, même si le projet a été régulièrement déposé, elles ne peuvent plus, à compter de l'expiration du délai fixé pour leur adoption par la loi d'habilitation, être modifiées que par une loi dans les matières qui sont du domaine législatif (Constitution art. 38, al. 3 ; CE 11-12-2006 n° 279517 : Lebon 510 : impossibilité d'abroger par voie réglementaire les dispositions d'une ordonnance relevant du domaine de la loi, quand bien même seraient-elles entachées d'illégalité).

À l'occasion de la ratification, le législateur peut apporter des modifications de fond aux dispositions de l'ordonnance (pour un exemple, Loi 2017-203 du 21-2-2017 art. 3 relatif à la définition du non-professionnel : n° 11200).

Après leur ratification, les ordonnances prennent **valeur législative,** à compter de leur signature (CE 8-12-2000, précité ; cf. Cons. const. 29-2-1972 n° 72-73 L : Rec. 31). Il s'ensuit que l'ordonnance ne peut plus alors être utilement contestée devant la juridiction administrative, notamment au motif que l'ordonnance aurait outrepassé les limites de l'habilitation (CE 5-2-2014 n° 373258 QPC : RJDA 4/14 n° 403) ; elle ne peut l'être que dans le cas où la loi de ratification s'avérerait incompatible avec les stipulations de l'article 6 de la convention européenne des droits de l'Homme, au motif que, en raison des circonstances de son adoption, cette loi aurait eu essentiellement pour but de faire obstacle au droit de toute personne à un procès équitable (CE 8-12-2000, précité). Par ailleurs, le Conseil d'État, déjà saisi d'un recours en illégalité, ne peut statuer sur la QPC présentée après la loi de ratification car il a perdu sa compétence, l'objet du litige portant désormais sur les dispositions ratifiées et non plus sur les dispositions réglementaires initialement visées (CE 13-6-2018 n° 408325).

Les ordonnances ne peuvent être ratifiées que de manière expresse (Constitution art. 38, al. 2). Néanmoins, elles acquièrent rétroactivement valeur législative à compter de la fin du délai d'habilitation, à condition que le projet de loi de ratification ait été déposé dans le délai imparti, et peuvent être alors l'objet d'une QPC (Cons. const. 28-5-2020 n° 2020-843 QPC : RJDA 10/20 n° 545, 1e esp. ; CE 28-9-2020 n° 441059 : RJDA 1/21 n° 67). La conformité de ces ordonnances ne peut alors être contrôlée que par une QPC (Cons. const. 3-7-2020 n° 2020-851 QPC ; CE 16-12-2020 n° 440258 : RJDA 8-9/21 n° 630), sans qu'il en résulte un obstacle à ce que le juge annule l'ordonnance dont il est saisi par voie d'action ou écarte son application au litige dont il est saisi, si elles sont illégales pour d'autres motifs, y compris du fait de leur contrariété avec d'autres règles de valeur constitutionnelle que les droits et libertés que la Constitution garantit (CE 28-9-2020 n° 441059, précité).

73561 **Principes généraux du droit** Le Conseil constitutionnel, la Cour de cassation, le Conseil d'État et la Cour de justice de l'UE reconnaissent ou affirment l'existence de « principes généraux du droit » auxquels ils accordent valeur de règle du droit.

Ces principes généraux, non formellement écrits dans une loi, sont induits par les juges des règles en vigueur et sont la traduction des fondements de l'ordre juridique existant. Ils n'ont pas valeur constitutionnelle, mais ils ont valeur législative, seule la loi pouvant y déroger (Cons. const. 21-12-1972 : Rec. 36). Mais il arrive que la loi les légalise, cas par exemple des principes d'enrichissement injustifié (nos 10315 s.) et d'immunité d'exécution des États poursuivis sur le territoire français (n° 60403).

Notamment, la Cour de cassation, qui avait reconnu les deux principes susvisés, a aussi érigé en principes généraux du droit l'insaisissabilité des biens des personnes publiques (Cass. 3e civ. 29-5-2002 : RJDA 8-9/02 n° 871), l'interdiction de se contredire au détriment d'autrui (Cass. com. 20-9-2011 n° 10-22.888 : D. 2011.2345.som. obs. Delpech), l'adage selon lequel, « l'erreur commune fait le droit » (n° 74915). De même, le Conseil d'État a reconnu le caractère de principe général du droit à l'obligation faite à l'administration de publier dans un délai raisonnable un règlement (CE 12-12-2003 n° 243430 : Lebon 506) et à la prescription trentenaire, désormais supprimée (n° 71725), de l'ancien article 2262 du Code civil (CE 8-7-2005 n° 247976 : JCP G 2006.II.10001 note Trébulle), qui peut être interprété comme signifiant que les règles sur la prescription du Code civil sont applicables en tant que de besoin comme l'expression d'un droit commun général.

La CJUE a reconnu comme principe général le principe de la confiance légitime qui implique le respect des droits acquis (n° 74485), que la législation de l'UE respecte (cf. Dir. 2019/790/UE du 17-4-2019 art. 26).

À notre avis, peuvent aussi être tenues pour principes généraux du droit, bien qu'aucune décision ne l'ait affirmé tel quel, la dispense de formalisme, sauf disposition contraire, pour la validité des engagements commerciaux pris par des commerçants (pour un exemple, Cass. com. 17-2-2015 n° 13-27.080 : RJDA 5/15 n° 389) et la règle, constante en jurisprudence, selon laquelle ce qui est dérisoire est inexistant, règle qui peut d'ailleurs trouver une base légale dans l'article 1170 du Code civil qui annihile la clause vidant l'obligation essentielle de sa substance et dans l'article 1231-5, al. 2 du même Code sur la majoration du montant de la clause pénale.

Il existe aussi des principes généraux du droit européen (nos 74003 et 74930).

RÈGLEMENTS

73565 **Qualification** D'une façon générale, le règlement est perçu comme étant le décret ou l'arrêté pris par une autorité publique qui prescrit une règle de conduite générale. Mais, en droit, une mesure n'est un règlement que si elle répond aux conditions suivantes.

73568 **1.** La mesure doit émaner d'une **autorité compétente** pour édicter des règlements.

Ont cette compétence :

– le Président de la République (Constitution art. 13) ;

– le Premier ministre (Constitution art. 21) ;

– les ministres, conformément aux pouvoirs qui leur sont attribués par les lois ou règlements (CE 23-5-1969 : D. 1970.762 note Fromont ; Cass. crim. 4-5-1976 : Bull. crim. p. 343) ou qui leur sont délégués par le Premier ministre (Constitution art. 21) ;

– les préfets, conformément aux pouvoirs qui leur sont dévolus par les lois et règlements ;

– les maires, les présidents de conseil général (désormais conseil départemental) ou de conseil régional, conformément aux pouvoirs qui leur sont attribués par les lois et règlements ; il s'ensuit, notamment, qu'en l'absence de renvoi exprès de la loi à un décret d'application, « il appartient, dès lors, à l'organe de la collectivité locale ou de l'établissement public, compétent pour organiser les services de cette collectivité ou de cet établissement, de fixer les règles d'application de la loi » (CE 13-2-1985 : RFD. adm. 1985.367) ;

– tout établissement public, conformément aux pouvoirs qui lui ont été attribués par les lois ou règlements ou aux missions de puissance publique qui lui ont été confiées (sur la portée de ce pouvoir, voir ci-dessus CE 13-2-1985) ou une autorité administrative sans personnalité dès lors qu'elle y a été habilitée ; tel est le cas de l'Autorité des marchés financiers (C. mon. fin. art. L 621-6 s. ; CA Paris 18-3-1988 : GP 1988.461, rendu à propos de la COB mais transposable) ;

– toute personne privée, conformément aux pouvoirs qui lui ont été attribués par les lois ou règlements ou aux missions de puissance publique qui lui ont été confiées, par exemple les ordres professionnels (CE 14-2-1969 : AJDA 1969.198) et les comités économiques agricoles (Cass. civ. 9-12-1986 : Bull. civ. I p. 271), mais non la Banque de France qui n'a pas été habilitée par une loi ou un règlement (Cass. com. 22-4-1980 : D. 1981.48).

2. L'autorité compétente ci-dessus définie doit édicter **une prescription,** c'est-à-dire imposer une règle de conduite à tenir ; elle ne doit pas se contenter de tirer les conséquences d'un autre acte, d'expliciter un acte antérieur, comme c'est le cas, par exemple, d'une réponse faite par un ministre (CE 27-7-1984 : GP 1985.pan.128), de la mise en œuvre d'une mesure préparatoire d'un acte réglementaire (CE 22-5-1987 : Lebon 179) ou de l'émission d'un avis consultatif (CE 27-5-1987 : Lebon 181). **73571**

Il est désormais admis que peuvent contenir une règle de conduite à tenir les avis, recommandations, mises en garde et prises de position adoptés par les autorités de régulation dans l'exercice des missions dont elles sont investies et reconnus par le Conseil d'État comme des éléments de « **droit souple** » susceptibles de recours pour excès de pouvoir (n° 73585).

Ainsi, la compétence de l'autorité administrative concernée a été élargie, dans le cas où un texte prévoit l'attribution d'un avantage sans avoir défini l'ensemble des conditions permettant de déterminer à qui l'attribuer parmi ceux qui sont en droit d'y prétendre ou de fixer le montant à leur attribuer individuellement, en l'autorisant à fixer des lignes directrices dans les conditions arrêtées par le Conseil d'État (CE 21-9-2020 n° 428683). Les lignes directrices qui fixent des orientations n'ont pas pour portée de fixer des règles impératives (CE 21-9-2020 n° 425960).

La valeur réglementaire d'une circulaire, souvent source de contentieux, est réglée par la disposition qui permet à un administré de se prévaloir des dispositions d'une circulaire applicable à sa situation, sous réserve que l'application de la circulaire à cette situation n'affecte pas les droits des tiers, et sous réserve de la protection de la santé publique, de la sécurité publique et de l'environnement ; il peut invoquer l'interprétation d'une règle, même erronée, opérée par une circulaire pour son application à une situation qui n'affecte pas des tiers, tant que cette interprétation n'a pas été modifiée (CRPA art. L 312-3). Les circulaires sont désormais rangées dans la catégorie du droit souple (n° 73585) et peuvent être déférées au juge de l'excès de pouvoir sous les mêmes conditions (CE 12-6-2020 n° 418142 : RJS 8-9/20 n° 445).

3. La norme doit être **générale** et **impersonnelle.** Elle doit s'adresser à tous ou à une catégorie indéterminée de personnes. **73574**

Ce caractère est notamment reconnu :

– aux actes organisant un service public (CE 3-12-1976 : Lebon 532 : arrêté ministériel créant ou supprimant des offices de notaires ; CE 18-3-1977 : Lebon 153 : décision relative à l'exploitation de lignes aériennes) ;

– aux mesures d'exécution d'un service public (T. confl. 22-4-1974 : D. 1975.107 note Lachaume ; CE 31-7-1942 : D. 1942.138 concl. Segalat note P.C. ; TA Toulouse 29-10-1987 : GP 1988.som.133) ;

– aux actes visant une situation d'ensemble et anonyme, par exemple : l'arrêté classant des hôtels pour l'application de la législation sur les prix (CE 17-11-1965 : Lebon 110) ; la décision excluant tous les architectes d'un concours (CE 10-5-1968 : Lebon 269) ; l'avis suspendant la mise à la consommation des vins originaires et en provenance d'Afrique du Nord (CE 7-2-1969 : Lebon 74) ; la décision de suspension des opérations sur le marché international des sucres blancs de Paris (CE 20-6-1975 : Lebon 374) ; l'arrêté ou le décret approuvant un plan d'occupation des sols (CE 9-1-1981 : AJDA 1981.377 note Hastiou).

4. L'acte par lequel est prise la mesure qui répond aux trois conditions ci-dessus peut revêtir une **forme** quelconque. **73577**

Il s'agit, certes, le plus souvent, d'un décret ou d'un arrêté (n° 73580). Mais ce peut être aussi :

– une ordonnance (n° 73558) ;

– une circulaire (CE 8-2-1985 : Lebon 24) ;

– un contrat (clauses d'une concession de service public relatives à l'organisation et au fonctionnement du service : CE 27-7-1950 : Lebon 668 ; règlement d'un lotissement inclus dans un cahier des charges : Cass. civ. 8-10-1986 : Bull. civ. I p. 226) ;

– un avis (par exemple, avis du Gouvernement publié au JO du 24-7-1977, relatif à la loi 77-574 du 7-6-1977 art. 32-III réprimant le boycottage dans le commerce international jugé illégal par CE 18-4-1980 : GP 1980.460 et les avis en matière douanière) ;
– une délibération d'un conseil municipal (TA Toulouse 29-10-1987 : GP 1988.som.133) ;
– un communiqué (CE 6-2-1981 : Lebon 50) ;
– un arrêté d'homologation de tarifs (Cass. civ. 2-6-1987 : BT 1987.509 : tarifs d'Air France ; CE 26-6-1989 : BT 1990.527 : tarifs SNCF) ou d'approbation de conventions entre personnes privées (Cass. soc. 4-6-1987 : Bull. civ. V p. 233) ainsi que la décision de l'Afnor homologuant une norme (CE 14-10-1991, 2e esp. : RJDA 5/92 n° 523).

73580 **Décrets et arrêtés** Les décrets et les arrêtés sont les actes les plus courants des autorités réglementaires. Celles-ci ne peuvent cependant en user qu'en se conformant à des conditions déterminées, qui sont plus rigoureuses pour les décrets que pour les arrêtés.

1. Les **décrets** doivent **émaner** soit du Président de la République, soit du Premier ministre, après, le cas échéant, consultation du Conseil d'État.

a. Les décrets doivent être signés du **Président de la République** lorsque la Constitution le prévoit et lorsqu'ils ont été délibérés en Conseil des ministres (soit en vertu d'une prescription constitutionnelle ou législative, soit parce que, sans être obligatoire, l'intervention du Conseil des ministres a été jugée opportune : CE 10-9-1992 : D. 1993.293 note Gohin ; art. 13 de la Constitution).

Lorsqu'un décret a été délibéré en Conseil des ministres en vertu des prescriptions d'une loi, le décret postérieur qui le modifie n'a pas à être soumis au Conseil des ministres dès lors qu'il intervient en vertu, non de cette même loi, mais de l'article 37 de la Constitution (CE 8-10-1971 : D. 1972.212).

Un décret signé par le Président de la République ne peut être modifié que par lui (CE 8-4-1994 : Lebon 191).

Ces décrets doivent être contresignés par le Premier ministre et, « le cas échéant, par les ministres responsables » (art. 19 de la Constitution).

Les ministres responsables sont ceux auxquels incombent, à titre principal, la préparation et l'application desdits décrets (CE 10-6-1966 : Lebon 384 ; CE 13-1-1985 : AJDA 1985.278 concl. Genevois), étant observé que le ministre de l'économie et des finances doit contresigner tout décret ayant des répercussions financières.

Toutefois, ceux qui ne sont pas obligatoirement délibérés en Conseil des ministres, mais qui le sont volontairement, ne sont pas contresignés par les « ministres responsables » mais par les « ministres chargés de leur exécution » (CE 16-10-1987 : Lebon 311).

b. Les décrets du **Premier ministre** peuvent intervenir dans tous les cas qui ne sont pas réservés à la compétence du Président de la République (art. 13 et 21 ; CE 8-12-2000 : Lebon 577). Ces décrets doivent être contresignés, « le cas échéant, par les ministres chargés de leur exécution » (Constitution art. 22).

Il s'agit des ministres qui seront compétents pour signer ou contresigner les mesures réglementaires ou individuelles que lesdits décrets comportent nécessairement pour l'exécution de ces actes (CE 27-4-1962 : Lebon 279 ; CE 28-9-1984 : AJDA 1984.695 concl. Jeanneney ; CE 8-2-1985 : Lebon 26 ; CE 13-2-1985 : D. 1986.270 note C. S.).

c. Les décrets, tant du Président de la République que du Premier ministre, doivent être soumis au **Conseil d'État,** lorsqu'une loi ou un règlement le prévoit. Le décret qui comporte la mention le « Conseil d'État entendu » ne peut être modifié que par décret en Conseil d'État, sauf s'il prévoit que certaines de ses dispositions pourront être modifiées par décret simple (CE 3-7-1998 n° 177248).

2. Les **arrêtés** sont pris par les autres autorités exerçant une compétence réglementaire, notamment les ministres, les présidents de conseil départemental ou de conseil régional, les maires et les préfets.

Le modèle d'imprimé annexé à un arrêté ministériel a la même valeur que celui-ci (Cass. soc. 13-5-1980 : Bull. civ. V p. 324).

ACTES DIVERS

73585 De plus en plus souvent, des actes, dont l'appellation et l'origine sont diverses, **recommandent des comportements,** dans des circonstances déterminées, qui peuvent être tenus pour obligatoires (cf. CE 25-3-2020 n° 411070).

Ce peut être le cas, notamment :

– des **recommandations** ou avis **des commissions administratives** ou autres organismes, auxquels les autorités investies du pouvoir législatif ou réglementaire confèrent des missions d'ordre général ou d'intérêt public (par exemple, les ordres professionnels, l'Autorité des marchés financiers, la Commission des clauses abusives, l'Autorité de contrôle prudentiel et de résolution ou la Banque de France, l'Autorité de la concurrence, l'Association française de normalisation, la Commission nationale de l'informatique et des libertés, l'Autorité des normes comptables, la Commission d'accès aux documents administratifs) ainsi que les recommandations **des organisations internationales,** telles les recommandations sur la responsabilité sociale et environnementale de la Banque mondiale et du Conseil de l'Organisation de coopération et de développement économiques (JCP G 2016 n° 39-1020), de la convention-cadre des Nations unies sur les changements climatiques et de l'accord de Paris (cf. CE 19-11-2020 n° 427301 : Lebon 406) ; **73585** (suite)

– des chartes éthiques, souvent souscrites par d'importantes sociétés à rayonnement international, fixant les comportements qu'il convient d'observer pour adopter un comportement digne de la responsabilité sociale et environnementale (Tessier RDE : JCP E 2021.1045) ou de prévention de la corruption au titre du devoir de compliance (cf. JDI 2020.1435 obs. Barbier et Fessas) ;

– des « **codes** de conduite » ou « normes professionnelles » émanant **d'organismes professionnels** ou d'organismes à vocation économique qui posent des règles d'éthique professionnelle ; tel est le cas des normes de la Compagnie nationale des commissaires aux comptes, de divers « codes », tels le « Guide contractuel des relations de sous-traitance », le « Code de déontologie de la Fédération française du franchising », le Code de bonne conduite de l'Association française des entreprises d'investissement, le Code de conduite des courtiers d'assurance, le Code de gouvernance Afep-Medef à destination des sociétés cotées, les Codes de bonne conduite de la Fédération bancaire française, etc.

Ces différents « codes » ne doivent pas être confondus avec les codes de déontologie officiels qui régissent les activités des membres des professions organisées en ordres et qui sont des règlements.

La **force obligatoire** de ces actes doit s'apprécier en tenant compte des règles suivantes.

1. Ceux qui **émanent des autorités investies** de mission de puissance publique, notamment ceux des commissions administratives précitées, ont l'autorité que leur confère la loi ou le règlement qui les prévoit ; il faut donc, à propos de chacun de leurs actes, se référer à l'habilitation que ces organes ont reçue. Il faut, en outre, qu'ils aient une force contraignante : tel n'est pas le cas d'un avis à importateurs émanant des Douanes qui n'a qu'une valeur informative impropre à établir qu'une somme est due à cette administration (Cass. com. 13-12-1994 : RJDA 3/95 n° 392).

La légalité de ces actes que le Conseil d'État a dénommés le « **droit souple** » (plus souvent appelé « droit mou ») peut être contrôlée par le juge de l'excès de pouvoir dans les conditions suivantes : les avis, recommandations, mises en garde et prises de position adoptés par les autorités de régulation dans l'exercice des missions dont elles sont investies, peuvent être déférés au juge de l'excès de pouvoir lorsqu'ils revêtent le caractère de dispositions générales et impératives ou lorsqu'ils énoncent des prescriptions individuelles dont ces autorités pourraient ultérieurement censurer la méconnaissance ; ces actes peuvent également faire l'objet d'un tel recours, introduit par un requérant justifiant d'un intérêt direct et certain à leur annulation, lorsqu'ils sont de nature à produire des effets notables, notamment de nature économique, ou ont pour objet d'influer de manière significative sur les comportements des personnes auxquelles ils s'adressent ; dans ce dernier cas, il appartient au juge, saisi de moyens en ce sens, d'examiner les vices susceptibles d'affecter la légalité de ces actes en tenant compte de leur nature et de leurs caractéristiques et du pouvoir d'appréciation dont dispose l'autorité de régulation ; il lui appartient également, si des conclusions lui sont présentées à cette fin, de faire usage des pouvoirs d'injonction qu'il tient du Titre Ier du Livre IX du Code de justice administrative (CE 21-3-2016 n° 368082 : RJDA 6/16 n° 449 ; CE 10-11-2016 n° 384691 : Lebon 509 ; CE 13-12-2017 n° 401799 : RTD com. 2018.67 obs. Lombard) ; sont à ranger dans cette catégorie d'actes, notamment, les documents qui ont un caractère impératif ou présentent le caractère de lignes directrices (CE 12-6-2020 n° 418142 : RJS 8-9/20 n° 445), ce qui n'est pas le cas d'orientations générales auxquelles l'autorité administrative peut déroger pour des motifs d'intérêt général (CE 21-9-2020 n° 425960) mais l'est d'une note du garde des Sceaux relative à la communication des décisions de justice aux tiers (CE 21-6-2021 n° 428321). C'est aussi le cas, en droit de l'UE, des orientations pouvant être adoptées par toutes les autorités européennes de surveillance (CJUE 15-7-2021 aff. 911/19, qui statue sur les orientations émises par l'Autorité bancaire européenne relatives aux modalités de gouvernance et de surveillance des produits bancaires de détail).

Le recours contre la position prise dans la publication (ici un communiqué de presse) doit être exercé dans le délai de deux mois à compter de sa publication mais le requérant a le loisir, « s'il s'y croit fondé, de demander son abrogation à l'autorité qui l'a adopté(e) et, le cas échéant, de contester devant le juge de l'excès de pouvoir le refus que l'autorité oppose à cette demande » (CE 13-7-2016 n° 388150 ; dans le même sens, CE 30-6-2016 n° 383822 et 20-6-2016 n° 384297 : RJDA 10/16 n° 720).

2. Ceux qui reçoivent force obligatoire **par l'effet de leur approbation** par une autorité publique, tels que les codes de bonne conduite de la Fédération bancaire française approuvés, conformément à l'article L 612-29-1 du Code monétaire et financier, par l'Autorité de contrôle prudentiel et de résolution (C. mon. fin. art. L 612-1 s.).

3. Ceux qui deviennent des usages acquièrent la force obligatoire des usages (n° 73590).

4. Ceux qui sont adoptés **contractuellement** doivent être suivis par les contractants comme les contrats qui les visent et dans les termes où ils le font ; c'est le cas notamment des règles et usances du crédit documentaire et des incoterms (nos 53306 et 26718).

5. Les autres peuvent être tenus pour obligatoires et **source de responsabilité** par les tribunaux :

– soit parce qu'ils sont relatifs à des **comportements de prudence et de diligence** que les intéressés seraient fautifs de ne pas suivre (Cass. civ. 18-3-1997 : JCP G 1997.II.22829 rapport Sargos et Cass. com. 29-4-1997 : RJDA 8-9/97 n° 1154 : à propos de règles déontologiques relatives à des rapports de professionnels entre eux ; CA Riom 14-12-1988 : GP 1989.som.367 : à propos des « avis aux cédants » de la Banque de France ; T. corr. Paris 14-1-1981 : GP 1981.191 : à propos des directives professionnelles des commissaires aux comptes ; sur l'absence de faute des sociétés d'assurances à ne pas se conformer aux recommandations d'une lettre que les pouvoirs publics leur ont adressée : Cass. civ. 7-10-1992 : D. 1992.IR.257) ; mais les contrats conclus en violation de ces règles ne sont pas nuls (n° 15672).

– soit parce qu'ils contiennent des **mesures de loyauté et d'honnêteté** susceptibles de relever de l'ordre public au titre de la bonne foi.

Les articles 6 et 1240 du Code civil permettent aux tribunaux de créer une norme obligatoire en l'absence d'un texte légal ou réglementaire la prévoyant de façon expresse ou implicite. Ainsi, à tout moment, le mouvement général des idées sur l'éthique professionnelle peut engendrer chez les juges l'opinion que tel comportement est illicite, car contraire à l'ordre public social, professionnel ou économique (pour une prise en compte, au titre d'une bonne administration de la justice qui fait partie des principes généraux de l'État de droit commun aux traditions constitutionnelles des États membres, de la charte des droits fondamentaux de l'UE, TPICE ord. 4-4-2002 : Rec. II-2153 ; CA Toulouse 13-6-2002 : Propr. intell. 2003.384 obs. Lucas).

USAGES

73590 L'usage est une pratique dont l'emploi **répété** en fait une règle non écrite (CA Versailles 18-5-2020 n° 18/08069) ; souvent, les lois et les règlements y font expressément référence, notamment les textes du Code civil (par exemple, C. civ. art. 1120, 1166 et 1194 ; aussi CPC art. 1511) ; à défaut, ils les tolèrent en vertu du principe de l'autonomie de la volonté (cf. C. civ. art. 1103).

Les usages n'ont donc de force juridique que si les conditions suivantes sont réunies.

1. Les **règles** invoquées comme usages doivent être **générales,** constantes et anciennes, ce qui n'est pas le cas, par exemple, de dérogations conventionnelles récentes et ne visant qu'un nombre limité d'applications (CA Rennes 27-2-1986 : DMF 1987.238 note Tinayre).

2. Les usages doivent être **acceptés** ; l'acceptation implicite est généralement la règle.

L'acceptation implicite peut résulter notamment :

– du choix d'un organisme d'arbitrage déterminé ; ainsi, le choix de la commission fédérale de conciliation et d'arbitrage de la Fédération nationale de la publicité vaut acceptation des usages en matière de publicité (CA Paris 3-3-1981 : Rev. arb. 1982.298) ;

– de l'appartenance des parties à la profession concernée par les usages ; pour une appartenance à une activité professionnelle supposée connue des deux parties : agence de publicité et construction automobile (Cass. com. 25-1-1972 : D. 1972.423) ; commerçants en pommes de terre (CA Paris 10-2-1981 : Rev. arb. 1982.283 note Le Poitevin) ou en publicité (CA Paris 1-7-1970 : JCP G 1971.II.16821) ; prestataires de services exerçant dans le même secteur d'activité (Cass. com. 9-1-2001 n° 97-22.668 : Bull. civ. IV n° 9) ; vendeurs sur le marché en gros de Rungis (CA Paris 6-3-2002 : BRDA 10/02 inf. 15) ou de vin du Bordelais (Cass. com. 13-5-2003 n° 801 : RJDA 11/03 n° 1038) ; parties au transport maritime de lots de grumes (Cass. com. 8-6-2010 n° 08-17.623 : BTL 2010.447) ; pour l'inexistence d'un usage entre non-commerçants (CA Paris 23-11-1979 : JCP G 1980.II.19462 note Evesque : cession d'actions ; Cass. com. 8-10-1956 : Bull. civ. III p. 192 : ventes de grains) et entre non-professionnels (Cass. com. 18-1-1972 : Bull. civ. IV p. 24 : ventes de bois) ;

– du défaut de contestation de l'usage invoqué en justice à son encontre par la partie à qui il est opposé (CA Nancy 16-3-2016 n° 14/02799 : JCP E 2016.1299 n° 10 obs. Grignon) ;

– du caractère averti de celui à qui il est opposé (Cass. com. 4-10-2023 n° 22-15.685 F-B : RJDA 2/24 n° 144).

Mais un usage ne peut pas être appliqué par les juges alors qu'aucune des parties ne l'a invoqué, sans soumettre ce moyen à la discussion des parties et constater que les parties l'ont expressément adopté (Cass. com. 17-5-1988 : Bull. civ. IV p. 116 ; pour des exclusions de l'usage par les parties, Cass. 1e civ. 4-6-2014 n° 13-17.077 : RJDA 1/15 n° 8 ; Cass. com. 2-12-2014 n° 13-22.332).

Les professionnels d'une activité déterminée, qui veulent échapper aux usages y afférents, doivent donc prévoir **expressément leur exclusion** (Cass. com. 20-12-1982 : Banque 1983.1051 obs. Martin ; aussi n° 50304). Lorsque l'application de l'usage peut être lourde de conséquences pour celui à qui il est opposé, les tribunaux exigent une acceptation expresse (Cass. com. 31-5-1988 : Bull. civ. IV n° 189, à propos d'un usage relatif à la révision des prix contractuels ; CA Rouen 10-5-1994 : RJDA 10/94 n° 993 som., à propos d'un usage fixant un court délai de réclamation en cas de livraison de marchandises défectueuses).

3. La **preuve** des usages incombe à ceux qui les invoquent et se fait par tous moyens (CA Versailles 16-10-2018 n° 17/07890 : JCP E 2019.1252 n° 4 obs. Brès ; TGI Senlis 6-5-1986 : GP 1986.559 ; sur une preuve non rapportée, CA Versailles 11-12-2018 n° 17/03804 : JCP E 2019.1252 n° 10 obs. Bourdeau). Les organismes professionnels peuvent délivrer des attestations, dites « **parères** », reconnaissant l'existence des usages, par exemple : les parères de 1958 de l'Association professionnelle des banques en matière de signature de lettre de change au nom des entreprises par leurs employés et du 14 novembre 1996 en matière d'encaissement de chèques applicable entre professionnels (T. com. Paris 20-1-2006 : JCP E 2007.1679 n° 7 obs. Stoufflet) ; les parères de la chambre de commerce et d'industrie de Rouen sur la portée de la vente FOB en date du 25 janvier 1960 et du 25 octobre 1972. Mais des attestations, non conformes aux dispositions relatives à la valeur probante de ces dernières (n° 75803), délivrées par des tiers affirmant l'existence d'un usage ont été rejetées (CA Lyon 4-9-2020 n° 18/07821).

Il est possible de se renseigner sur les usages existants auprès du tribunal de commerce de Paris, « Bureau des usages professionnels » (service des expertises) où une centaine de professions ont procédé à l'enregistrement des usages propres à leur branche. Mais l'information recueillie n'a qu'une valeur indicative : le juge du fond apprécie et interprète souverainement les usages (Cass. com. 14-4-1975 : Bull. civ. IV p. 259) ; il doit cependant motiver leur existence (Cass. com. 3-6-1980 : JCP G 1980.IV.312).

Le juge peut même faire état de la connaissance personnelle qu'il a de l'existence ou de l'inexistence de l'usage invoqué devant lui (Cass. req. 22-12-1902 : D. 1903.1.149) ; la solution est identique pour l'arbitre (CA Paris 24-10-1980 : Rev. arb. 1982.54 note Fouchard).

4. Les usages ne peuvent **pas** être **contraires** à l'**ordre public,** car la volonté des particuliers ne saurait fixer le contenu du licite et de l'illicite (n°s 74250 s.). Ainsi, aucun usage ne peut faire obstacle à l'application des normes pénales, même si un usage peut être invoqué pour fixer le sens d'une incrimination (n° 74309), ni remettre en cause un contrat valablement conclu (n° 11975).

LOIS UNIVERSELLES

L'ordre juridique français intègre « certains principes de justice universelle considérés par l'opinion française comme doués de valeur internationale absolue » ou des « normes de justice s'imposant internationalement » (n° 74406). 73593

SECTION 2

MISE EN VIGUEUR DES LOIS ET DES RÈGLEMENTS

MISE EN VIGUEUR DE LA LOI FRANÇAISE

La loi, **dans les 15 jours** qui suivent la transmission au Gouvernement de son texte définitivement adopté, est promulguée par le Président de la République (Constitution art. 10) ; par là, celui-ci atteste l'existence de la loi et donne l'ordre aux autorités publiques d'observer et de faire observer cette loi (CE 8-2-1974 : Lebon 93). 73600

Les ordonnances (n° 73558), qui sont de forme réglementaire au moment où elles sont adoptées, n'ont pas à être promulguées, car seules les lois doivent l'être (cf. C. civ. art. 1 dans sa rédaction antérieure à l'ord. 2004-164 du 20-2-2004).

Le décret de promulgation est un acte de gouvernement qui ne peut pas être l'objet d'un recours pour excès de pouvoir (CE 3-11-1933 : S. 1934.3.9 note Alibert). Mais le retard de promulgation peut engager la responsabilité de l'État (CE 7-5-1971 : JCP G 1971.II.16769).

La **loi a pour date** celle du jour de la signature du décret de promulgation, bien qu'elle ne prenne effet qu'après sa publication (CE 8-2-1974 : JCP G 1974.II.17703 note Liet-Veaux ; rappr. Cons. const. 7-11-1997 : JO 8-11-1997 p. 14255).

La loi est désignée par cette date, précédée d'un numéro dont les premiers chiffres correspondent à l'année de promulgation et les suivants aux numéros de promulgation durant ladite année et suivie de son titre : par exemple, loi 75-1334 du 31 décembre 1975 relative à la sous-traitance.

Les lois entrent en **vigueur** à la date qu'elles fixent ou, à défaut, le lendemain de leur publication (C. civ. art. 1, al. 1). 73603

Les lois sont publiées au Journal officiel de la République française (CRPA art. L 221-9). Cette publication est assurée sous forme électronique, dans des conditions de nature à garantir leur authenticité. Le Journal officiel de la République française est mis à la disposition du public sous forme électronique de manière permanente et gratuite. Lorsqu'une personne demande à obtenir sur papier un acte publié au Journal officiel de la République française, l'administration lui communique l'extrait correspondant. L'administration n'est pas tenue de donner suite aux demandes abusives, en particulier par leur nombre ou par leur caractère répétitif ou systématique (CRPA art. L 221-10).

En cas d'**urgence,** entrent en vigueur dès leur publication les lois dont le décret de promulgation le prescrit (C. civ. art. 1, al. 2). Mais le pouvoir réglementaire ne peut pas faire appliquer une mesure qui relève du domaine d'une loi qui n'a pas encore été adoptée (CE 11-2-2010 n° 324233 : Lebon 8).

73606 Lorsque les lois comportent des dispositions dont l'exécution nécessite des **mesures d'application,** leur entrée en vigueur est reportée à la date d'entrée en vigueur de ces mesures (C. civ. art. 1, al. 1). Les solutions antérieures à cette disposition qui étaient fondées sur le même principe et qui l'ont précisé restent valables ; en conséquence :

1. La loi est **obligatoire** au **terme fixé** ou le **lendemain de sa publication** si son entrée en vigueur n'a pas été subordonnée à la publication de mesures d'application (CE 30-6-1993 : GP 1994.pan.18 ; Cass. soc. 4-12-1968 : JCP G 1969.II.15951 bis) et aussi, même si elle prévoit des actes réglementaires relatifs à son exécution, pour ses dispositions qui se suffisent à elles-mêmes (Cass. com. 12-6-1956 : GP 1956.2.296 ; Cass. crim. 18-9-1990 : Bull. crim. p. 794 ; Cass. 3e civ. 23-5-2002 : RJDA 8-9/02 n° 970 ; Cass. crim. 3-6-2009 n° 08-86.747 : GP 2009.som.16 octobre note Lasserre Capdeville, plaçant cette règle sous le « principe de spécialité législative » ; Cass. soc. 9-1-2013 n° 11-11.808 : RJS 3/13 n° 236, appliquant la loi car la mesure réglementaire en précisant l'application ne commandait pas son entrée en vigueur ; Cass. 1e civ. 12-5-2016 n° 15-12.120 F-PB : Bull. civ. I n° 108 ; CA Paris 7-4-1993 : PA 1993 n° 145 p. 15 note Marot) ; en revanche, la mise en vigueur est nécessairement différée dans la mesure où, la loi ou certaines de ses dispositions ne se suffisant pas à elles-mêmes, leur application telle quelle se révèle impossible (Cass. civ. 28-4-1981 : GP 1981.pan.341 ; CE 27-6-1990 : Lebon 170 ; CE 15-12-2000 : GP 2001.som.2042 ; CE 21-3-2008 n° 310173 : RJDA 10/08 n° 1008).

2. La loi n'est obligatoire **qu'au jour** de la **publication** de ses **mesures d'application,** lorsque son entrée en vigueur a été expressément subordonnée à cette publication (Cass. soc. 25-11-1981 : JCP G 1982.IV.33 ; Cass. com. 19-6-2007 n° 05-17.753 : RJDA 10/07 n° 1003).

Mais la loi entre en vigueur dès la publication desdites mesures : aucune autre condition ne peut y faire obstacle (CE 12-1-1951 : RD publ. 1951.898).

Il en résulte les **conséquences suivantes** :

– si le législateur n'a pas expressément prévu des **mesures** d'application commandant l'entrée en vigueur de la loi, le pouvoir réglementaire a le droit et l'obligation de prendre dans un **délai raisonnable** les mesures qu'implique nécessairement l'application de la loi, hors le cas où le respect des engagements internationaux de la France y ferait obstacle (CE 28-5-2003 n° 247492 : GP 2004.som.1342) ;

Une abstention au-delà d'un délai raisonnable peut être assimilée à un refus définitif de mettre la loi en état d'application (CE 29-11-1999 : Lebon p. 369) ou donner lieu à une injonction du Conseil d'État au Premier ministre de prendre dans le délai imparti le décret attendu (CE 7-7-2004 n° 250688 : D. 2004.IR.2196 ; CE 22-10-2010 n° 330216 : RJDA 3/11 n° 279), celle-ci pouvant être assortie d'une astreinte (CE 28-7-2000 n° 204024 : JCP G 2000.I.274 n° 11 obs. Ondoua ; CE 23-12-2015 n° 383110 : D. 2016.2141 II obs. Larrieu).

Lorsque la carence de l'administration est définitivement établie, la responsabilité de l'État peut être engagée. Ainsi, une entreprise minière a obtenu la condamnation de l'État à lui rembourser des sommes équivalentes aux dégrèvements fiscaux dont elle aurait dû bénéficier en vertu de la loi 56-780 du 4 août 1956 prévoyant que certains dégrèvements fiscaux seraient étendus par décrets aux exploitations minières, au motif que le Gouvernement avait commis une faute en ne prenant pas le décret annoncé (CE 10-3-1967 : Lebon 116).

– lorsque le législateur a fixé une **date limite** pour l'adoption des mesures d'application, il n'entend pas, par là, décider que la loi ne sera pas appliquée au cas où ces mesures ne seraient pas prises dans le délai prévu ; en l'absence d'une disposition explicite fixant une date d'entrée en vigueur, celle-ci a lieu après la publication desdites mesures (CE 23-10-1992, deux arrêts : D. 1992.511 concl. Legal) ; il faut cependant que soit exactement adoptée la mesure annoncée : si celle-ci suppose un arrêté, une circulaire ne peut y suppléer (Cass. crim. 28-11-1972 : BT 1973.102 note Rodière) ;

– **tant** que la loi nouvelle n'est **pas** entrée en vigueur parce que les **mesures d'application** prévues n'ont pas été publiées, les dispositions réglementaires **anciennes** demeurent **applicables** (CE 6-1-1956 : RD publ. 1956.1301), dans ses dispositions qui ne sont pas contraires à la loi nouvelle et qui n'excèdent pas les conditions d'application desdites dispositions pouvant être fixées par les mesures d'application en attente et même dans celles de ses dispositions qui pourraient être contraires à certains principes de la loi nouvelle, lorsque l'application de cette loi nécessite des mesures d'application qui ne sont pas encore prises (CE 6-1-1956 : RD publ. 1956.1301) ;

– la loi ne peut **pas** entrer en **vigueur** dès lors que sa **date d'application** devant être expressément fixée par les mesures d'application envisagées n'aurait **pas** été formellement **indiquée** par le texte d'application publié (Cass. crim. 18-11-1971 : JCP G 1973.II.17494 ; Cass. civ. 12-7-1977 : Bull. civ. III p. 234).

MISE EN VIGUEUR DES RÈGLEMENTS FRANÇAIS

L'entrée en vigueur d'un règlement (nos 73565 s.) est subordonnée à l'accomplissement de formalités adéquates de **publicité,** notamment par la voie, selon les cas, d'une publication ou d'un affichage, sauf dispositions législatives ou réglementaires contraires ou instituant d'autres formalités préalables (CRPA art. L 221-2, al. 1), ou d'une mise en ligne dès lors que la publication se fait dans des conditions garantissant la fiabilité et la date de la mise en ligne de cet acte (CE 27-3-2020 no 435277, à propos d'un arrêté préfectoral opposable aux tiers dès cette date). L'administration est tenue d'assurer cette publication, en vertu d'un principe général du droit, dans un délai raisonnable, sauf lorsqu'elle justifie, sous le contrôle du juge, de circonstances particulières y faisant obstacle (CE 12-12-2003 no 243430 : Lebon 506). À défaut, le règlement n'est qu'un simple projet qui ne peut être invoqué ni par l'administration ni par ses destinataires (CE 25-1-1974 : Lebon 60) ; toute mesure prise sur cette base peut être annulée (CE 7-1-1970 : Lebon 6). L'administration peut seulement prendre des mesures d'exécution qui resteront en attente jusqu'à publication (CE 25-3-1949 : Lebon 148). 73609

Le défaut de publication ne peut pas être invoqué pour la première fois devant la Cour de cassation (Cass. com. 7-6-1967 : Bull. civ. III p. 223).

Les règlements **publiés au Journal officiel** de la République française (c'est-à-dire les décrets et les autres règlements pour lesquels la loi ou un décret prévoit cette publication : cf. CRPA art. L 221-9) entrent en **vigueur** à la date qu'ils fixent ou, à défaut, le lendemain de leur publication (C. civ. art. 1, al. 1 ; CRPA art. L 221-3) ; toutefois, l'entrée en vigueur de celles de leurs dispositions dont l'exécution nécessite des mesures d'application est reportée à la date d'entrée en vigueur de ces mesures (C. civ. art. 1, al. 1). En cas d'urgence, entrent en vigueur dès leur publication les règlements pour lesquels le Gouvernement l'ordonne par une disposition spéciale (art. 1, al. 2).

La publication au Journal officiel se fait comme pour les lois (no 73603).

Ces dispositions ne sont pas applicables aux actes administratifs individuels (C. civ. art. 1, al. 3).

Si sa publication est irrégulière, le règlement est inopposable, même à ceux qui l'ont connu (CE 22-11-1989 : GP 1990.som.389).

Le règlement peut être édicté pour une durée temporaire ; à l'expiration du terme, sa prorogation est possible ; toutefois, si elle survient après cette date, elle n'a pas d'effet rétroactif et le règlement n'a aucune force obligatoire entre la date d'expiration de sa validité et celle de sa prorogation (Cass. crim. 5-2-1985 : Bull. crim. p. 150).

Les règlements qui ne sont **pas publiés au Journal officiel** entrent en vigueur le lendemain du jour de l'accomplissement des formalités adéquates de publicité, sauf à ce qu'il en soit disposé autrement par la loi, par l'acte réglementaire lui-même ou par un autre règlement ; toutefois, l'entrée en vigueur de celles de ses dispositions dont l'exécution nécessite des mesures d'application est reportée à la date d'entrée en vigueur de ces mesures (CRPA art. L 221-2, al. 2).

Les règles particulières de publication de ces règlements sont définies aux articles L 221-17 s. du Code des relations entre le public et l'administration.

Les **actes qui ne sont pas eux-mêmes des règlements** mais qui sont destinés à être connus d'un certain nombre de destinataires doivent faire l'objet d'une publicité de nature à ce que l'ensemble des intéressés soient informés de leur contenu (CAA Paris 2-4-1992 : RJDA 2/93 no 198, à propos d'avis aux exportateurs).

Devant la carence du pouvoir réglementaire, le Conseil d'État a ordonné au Premier ministre sous astreinte d'édicter dans les six mois le décret prévu par l'article L 34-1 du Code des postes et communications électroniques, dans la version issue de la loi 2009-669 du 12 juin 2009 (Hadopi I) (CE 23-12-2015 no 383110 : D. 2016.2141 II C obs. Larrieu) et, en l'état des textes, a condamné l'État à indemniser la partie qui en avait subi un préjudice (CE 4-4-2016 no 383110 : D. 2016.2141 II C obs. Larrieu).

MISE EN VIGUEUR DES ACTES DE L'UE

Les **règlements** de l'UE **doivent être publiés** dans le Journal officiel de l'UE (JOUE, auparavant JOCE), ainsi que l'annexe d'un règlement dès lors qu'elle vise à imposer des obligations aux particuliers, sous peine d'être privés de force obligatoire (CJCE 10-3-2009 aff. 345/06). Ils entrent en vigueur à la date qu'ils fixent ou, à défaut, le vingtième jour suivant leur publication (TFUE art. 297, 2). L'édition électronique du JOUE fait foi. 73612

Sur le régime de computation des délais, Règl. 1182/71 du 3-6-1971 portant détermination des règles applicables aux délais, aux dates et aux termes : JOCE no L 124 du 8-6-1971.

Les **directives** et les **décisions** doivent être **notifiées** à leurs destinataires et prennent effet par cette notification (TFUE art. 297, 3). 73615

Le Conseil peut aussi décider, à l'unanimité, de publier à titre d'information, dans le Journal officiel de l'UE, les directives et décisions (art. 15 du règlement intérieur du Conseil). Le Conseil et la Commission publient systématiquement les directives et les décisions (Réponses de la Commission et du Conseil aux questions écrites n°s 109 et 115, JOCE 1965 p. 678 et 1121). Une entreprise ne saurait se plaindre de la publication, non prévue par les textes, d'une décision prononçant une amende « dès lors que celle-ci ne constituait pas une divulgation du secret d'affaires des entreprises » (CJCE 15-7-1970 : Rec. 661).

Mais lorsqu'une décision doit être notifiée, elle n'est opposable au destinataire qu'après notification (CJCE 14-7-1972 : Rec. 787).

La **notification** a lieu **par** un **envoi** postal avec accusé de réception ou par **remise** contre reçu à une personne qualifiée pour la recevoir (cf. décision n° 22-60 prise pour l'application de l'article 15 Ceca du 7-12-1960, désormais applicable à l'UE). Il arrive aussi que soit utilisée la voie diplomatique par l'intermédiaire des ambassadeurs accrédités auprès de l'UE, spécialement pour les notifications à des entreprises relevant des pays tiers.

Il suffit, pour que la notification soit **réputée accomplie,** que l'acte notifié parvienne au siège social d'une société. Il importe peu que celle-ci ait eu effectivement connaissance du contenu de l'acte (CJCE 10-12-1957 : Rec. 183, validant la remise de la notification à un préposé de la société) ou qu'elle ait refusé d'en prendre connaissance (CJCE 21-2-1973 : Rec. 242). Mais la notification destinée à une société mère étrangère par l'intermédiaire d'une filiale établie dans l'UE est en principe irrégulière, sauf si la société mère a eu connaissance de la décision considérée (CJCE 14-7-1972 : Rec. 654).

Les textes notifiés à une entreprise relevant de la juridiction d'un État membre doivent lui être adressés dans la **langue** de cet État (R. n° 1 du 15-4-1958 et JOCE 1958.385, JOCE 1972 n° L 73-122 et JOCE 1973 n° L 2-1). Lorsqu'une société a son siège dans un État tiers, le choix de la langue officielle de la décision doit tenir compte du rapport établi par celle-ci, à l'intérieur du Marché commun, avec un État membre ; l'ouverture d'un bureau dans un État membre peut être considérée comme déterminante (CJCE 21-2-1973, précité).

73618 Pour **tous les autres actes** de la Commission et du Conseil, le traité sur le fonctionnement de l'UE n'exige ni publication ni notification. Mais, souvent, ces actes sont l'objet d'une publicité. Tel est le cas, notamment, des accords internationaux entre l'UE et les États tiers.

MISE EN VIGUEUR DES TRAITÉS INTERNATIONAUX

73621 Sur l'entrée en vigueur des traités, voir n° 73519.

PRÉSOMPTION DE CONNAISSANCE DES LOIS ET RÈGLEMENTS

73624 Nul n'est censé ignorer les lois et règlements qui ont été régulièrement publiés (Cass. crim. 4-3-1986 : Bull. crim. p. 217 ; TI Paris 14-1-1986 : GP 1986.206, qui en fait application à l'État français pour sa prétendue méconnaissance des règles de l'UE).

La loi, qui est nécessairement connue des pouvoirs publics qui l'ont élaborée, peut être invoquée contre eux avant sa publication (cf. CE 24-5-1946 : Lebon 148).

SECTION 3 LÉGALITÉ DES LOIS ET DES RÈGLEMENTS

A. Légalité des lois

CONTRAVENTION À LA CONSTITUTION : QPC

73800 Lorsqu'à l'occasion d'une **instance en cours** devant une juridiction, il est soutenu qu'une disposition législative porte atteinte aux droits et libertés que la Constitution garantit, le Conseil constitutionnel peut être saisi de cette question sur renvoi du Conseil d'État ou de la Cour de cassation (Constitution art. 61-1).

La **question prioritaire de constitutionnalité** (QPC) peut être soulevée devant les juridictions relevant du Conseil d'État ou de la Cour de cassation, y compris pour la première fois en cause d'appel, ou devant le Conseil d'État ou la Cour de cassation, mais elle ne peut pas être relevée d'office par le juge (Ord. 58-1067 du 7-11-1958 art. 23-1, al. 1 et 23-5, al. 1). À peine d'irrecevabilité, la QPC doit faire l'objet d'un écrit ou mémoire distinct et motivé (art. précités). Sur le cas de la QPC devant le juge pénal, Ord. 58-1067 art. 23-1, al. 4.

Dans la mesure où la **disposition** contestée **met en cause un droit ou une liberté constitutionnelle,** est donc désormais caduque la solution selon laquelle, une fois promulguée, même non encore publiée, la loi ne peut plus être déférée au Conseil constitutionnel (Cons. const. 7-11-1997 : D. 1999.som.233 obs. Roux ; Cass. civ. 1-10-1986 : Bull. civ. I p. 222 ; Cass. crim. 27-2-1990 : Bull. crim. p. 251). Mais cette solution reste valable pour toute **autre disposition.**

La compatibilité de la loi avec la Constitution est précisée à l'occasion de l'étude des règles dont la constitutionnalité est mise en cause. Mais des principes généraux ont une valeur constitutionnelle susceptible de concerner toute loi ; c'est le cas, notamment, des objectifs de valeur constitutionnelle comme celui d'intelligibilité et d'accessibilité de la loi ou celui de l'accès au juge (Cons. const. 24-7-2008 n° 2008-567 DC : JCP G 2009 52-601 p. 46 obs. Matthieu et Verpeaux).

Le grief tiré de ce que le législateur n'a pas usé de toute sa compétence (règle dite de la « compétence négative ») ne peut être utilement soulevé à l'appui d'une QPC qu'à l'encontre de dispositions résultant d'une loi promulguée et à la condition de contester les insuffisances du dispositif qu'elles ont instauré, la QPC étant destinée à saisir le Conseil constitutionnel de la conformité aux droits et libertés garantis par la Constitution de dispositions législatives applicables et non à contraindre le législateur de légiférer sur un autre sujet que celui traité par les dispositions de la loi contestée (CE 10-10-2022 n° 465977).

Par ailleurs, la responsabilité de l'État peut être mise en cause du fait des lois (n° 74350).

Une **disposition déclarée inconstitutionnelle à la suite d'une QPC** est abrogée à compter de la publication de la décision du Conseil constitutionnel ou d'une date ultérieure fixée par cette décision (Constitution art. 62, al. 2 ; pour une application, Cass. crim. 22-11-2017 n° 16-83.549 FS-PB : RJDA 2/18 n° 164). Une nouvelle saisine du Conseil, après cette décision, doit être rejetée par un non-lieu à statuer (Cons. const. 18-10-2013 n° 2013-349 QPC : D. 2014.1519.som.obs. Jacquinot et Mangiavillano, subséquente à Cons. const. 13-6-2013 n° 2013-672 DC : JCP G 2013 n° 37-929 note Ghestin).

Les **lois étrangères** ne peuvent, à notre avis, être prises en compte, le cas échéant, par le juge **73802**
français que si elles sont conformes au droit international public (n° 73815).

À propos d'une loi des États-Unis dont la constitutionnalité était contestée devant lui, un tribunal arbitral a jugé qu'il était incompétent pour statuer sur ce moyen et que cette loi ne pouvait être écartée car elle n'était pas contraire à l'ordre public international (Sentence n° 6320 en 1992, Bull. Cour CCI n° 6 p. 59).

CONTRAVENTION AUX TRAITÉS INTERNATIONAUX

En vertu de l'article 55 de la Constitution, les traités ont « une autorité supérieure à celle **73803**
des lois ».

Cette suprématie ne s'applique pas dans l'ordre interne aux dispositions de valeur constitutionnelle (Cass. ass. plén. 2-6-2000 : JCP G 2001.II.10453 note de Foucauld ; CE 30-10-1998 : D. 2000.152 note Aubin).

Il s'ensuit qu'une **loi contraire** à un traité, notamment la convention européenne des droits de l'Homme, ne peut pas être appliquée :

– même lorsqu'elle est d'ordre public (n° 74275) ;

Au regard de la convention européenne des droits de l'Homme, une solution jurisprudentielle est une loi (CEDH 24-4-1990 : D.1990.353 note Pradel).

– même lorsqu'elle est postérieure à la publication du traité (Cass. ch. mixte 24-5-1975 : D. 1975.497 concl. Touffait ; CA Grenoble 24-4-1981 : GP 1981.684 ; CA Paris 25-3-1986 ; TGI réf. Valence 12-7-1983 et Saint-Quentin 4-8-1983 : GP 1983.480) ou lorsque l'incompatibilité, qui n'existait pas dès son intervention, est apparue postérieurement (cf. CE 2-6-1999 : Lebon 161).

Mise à part leur autorité supérieure qui conduit à évincer la loi nationale, les stipulations des traités sont appliquées comme celles des lois nationales. Notamment, les parties peuvent y déroger dès lors qu'elles ne sont pas d'ordre public (Cass. civ. 19-4-1988 : Bull. civ. I p. 71).

Elles peuvent utilement être invoquées à l'appui d'une demande tendant à ce que soit annulé un acte administratif ou écartée l'application d'une loi ou d'un acte administratif incompatibles avec la norme juridique qu'elles contiennent, dès lors qu'elles créent des droits dont les particuliers peuvent directement se prévaloir ; sous réserve des cas où est en cause un traité pour lequel la Cour de justice de l'UE dispose d'une compétence exclusive pour déterminer s'il est d'effet direct, une stipulation doit être reconnue d'effet direct par le juge administratif lorsque, eu égard à l'intention exprimée des parties et à l'économie générale du traité invoqué, ainsi qu'à son contenu et à ses termes, elle n'a pas pour objet exclusif de régir les relations entre États et ne requiert l'intervention d'aucun acte complémentaire pour produire des effets à l'égard des particuliers ; l'absence de tels effets ne saurait être déduite de la seule circonstance que la stipulation désigne les États parties comme sujets de l'obligation qu'elle définit (CE 11-4-2012 n° 322326 : D. 2012.1712 note B. Bonnet : effet direct reconnu au 1 de l'article 6 de la convention internationale du travail n° 97 du 1-7-1949 concernant les travailleurs migrants).

L'effet direct n'a pas été reconnu aux normes internationales conventionnelles, qui, de surcroît, ne sauraient être appliquées à des personnes privées au titre de coutume (CA Versailles 22-3-2013 n° 11/05331 : PA 2014 n° 166 p. 13 obs. F. Buy).

L'**application directe** d'un traité a été reconnue à l'accord de Paris sur le climat et il a été enjoint au Gouvernement de prendre, dans un délai déterminé, les mesures nécessaires pour respecter l'objectif de réduction des émissions de gaz à effet de serre de 40 % d'ici à 2030 (CE 1-7-2021 n° 427301).

CONTRAVENTION AUX NORMES EUROPÉENNES

73806 Les normes européennes ayant une autorité supérieure à celle des lois (nos 73535 à 73546) doivent être respectées par les lois françaises, même postérieures (Cass. ch. mixte 24-5-1975 : GP 1975.2.470 concl. Touffait note R. C. ; CE 20-10-1989 : JCP G 1989.II.21371 concl. Frydman ; CJCE 4-6-1992 aff. 13/91 : Rec. I-3617) et même pénales (CJCE 10-2-1982 : Rec. 381 ; Cass. crim. 14-1-1980 : JCP G 1980.II.19391).

Cette supériorité existe à l'égard des lois de chacun des États membres de l'UE (CJCE 9-3-1978 : GP 1979.145).

Le juge constitutionnel contrôle la compatibilité de la loi de transposition avec la directive à transposer, sous réserve que la directive ne soit pas incompatible avec « une règle ou un principe inhérent à l'identité constitutionnelle de la France » (Cons. const. 27-7-2007 n° 2006-540 DC : JO 3-8 p. 11541, jugeant non incompatibles avec cette identité les articles 2, 3.1, 5, 6.1 et 4, al. 3 de la directive 2001/29/CE du 22-5-2001 sur l'harmonisation de certains aspects du droit d'auteur et des droits voisins ; Cons. const. 17-12-2010 n° 2010-79 QPC : JO 19-12 p. 22373 ; sur le contrôle constitutionnel des lois de transposition des directives, PA 2020 n° 130 p. 24).

73809 L'ordre juridique de l'UE a, conformément à l'article 55 de la Constitution, une autorité supérieure à la loi française (Cass. ch. mixte 24-5-1975 n° 73-13.556 : D. 1975.497 note Touffait). La supériorité est attachée aux **différents actes des autorités européennes** (nos 73541 s.), sous réserve de leur légalité (n° 74000) et selon les distinctions suivantes.

1. Les **règlements** ont la même force que les dispositions directement applicables du traité, puisqu'ils sont eux aussi directement applicables (TFUE art. 288, al. 2 ; pour des exemples de supériorité du règlement, Cass. com. 28-11-1984 : Bull. civ. IV p. 263 ; CE 24-9-1990 : Lebon 251).

2. Les **directives** sont supérieures aux lois qui en font application.

Un État membre ne peut pas restreindre la portée d'une directive par une notification unilatérale, même si celle-ci intervient en application d'une déclaration inscrite au procès-verbal du Conseil (CJCE 15-4-1986 : Rec. 1247).

La directive doit même prévaloir sur tout autre acte des pouvoirs publics des États membres dès lors que la disposition invoquée est claire, complète, précise et inconditionnelle ; elle peut ainsi être **directement appliquée** si elle n'a pas été transposée dans la législation nationale ou qu'elle l'a été incorrectement (CJCE 8-10-1987 : D. 1988.som.170 obs. Cartou ; CE 6-2-1998 : RJDA 5/98 n° 669), et ce, même si elle a pour base juridique l'article 100 A (devenu 95 TFUE) du Traité (CJCE 1-6-1999 aff. 319/97 : Rec. I.3143).

Toutefois, si une juridiction nationale se trouve dans l'impossibilité d'interpréter les dispositions de son droit national contraires à une disposition d'une directive remplissant toutes les conditions requises pour produire un effet direct, dans un sens conforme à cette dernière disposition, elle n'est pas tenue, sur le seul fondement du droit de l'UE, de laisser inappliquées ces dispositions nationales ainsi qu'une clause figurant, conformément à celles-ci, dans un contrat d'assurance ; mais la partie lésée pourrait obtenir réparation (CJUE 7-8-2018 aff. 122/17).

Seuls les particuliers peuvent invoquer la directive et non les États membres qui n'ont pas procédé à sa transposition (CJCE 26-9-1996 aff. 168/95 : Rec. I-4705 ; CE 23-6-1995 : RJDA 11/95 n° 1252), mais ils ne peuvent le faire qu'**à l'encontre des États** et non à l'encontre d'autres particuliers (CJCE 14-7-1994 : RJDA 1/95 n° 94 ; CJCE 3-5-2005 aff. 387/02 et 403/02 : Rec. I-3565 ; Cass. 2e civ. 26-9-2013 n° 12-24.940 : Bull. civ. II n° 186), peu important la qualité en laquelle agit l'État dès lors qu'il est en mesure d'exercer son autorité (CJCE 5-2-2004 aff. 157/02 : Rec. I-1477).

Le droit de se prévaloir, devant une juridiction nationale, d'une telle disposition d'une directive a été reconnu à plusieurs reprises à un ressortissant d'un État membre, par exemple pour obtenir :

– le respect de l'interdiction de tout contingentement dans les transports internationaux de marchandises par route pour compte d'autrui (CJCE 25-1-1983 : Rec. 73) ;

– la reconnaissance du droit de s'établir vétérinaire dans un État membre (CJCE 22-9-1983 : Rec. 2727 ; 15-12-1983 : Rec. 4233) ;

– le bénéfice d'une exonération fiscale (CJCE 2-2-1984 : D. 1984.IR.293 obs. Cartou) ;

– le maintien de l'autorisation de mise sur le marché de spécialités pharmaceutiques (CJCE 26-1-1984 : Rec. 251) ;

– l'application du délai de prescription prévue par la directive relative à la responsabilité du fait des produits défectueux (CA Montpellier 13-9-2016 n° 14/02942 : GP 2016 du 13-12-2016 n° 44 p. 42).

L'effet direct de la directive ne peut être invoqué qu'à l'expiration du délai prévu pour sa transposition et tant que la transposition n'a pas été effectuée de manière correcte (CJCE 10-11-1992 aff. 156/91 : Rec. I-5567).

Une directive est incorrectement transposée si la disposition nationale – qui n'est pas tenue de la reprendre textuellement – ne permet pas d'atteindre « effectivement la pleine application de la directive d'une façon suffisamment claire et précise » (CJCE 8-7-1987 : Rec. 3073 ; aussi sur l'appréciation de cette condition, CJCE 8-7-1987 : Rec. 3929 ; CJCE 9-4-1987 : Rec. 1733). Il en est de même lorsque l'État membre transpose la directive mais en différant, par une mesure transitoire, son application au-delà du délai de transposition (CJCE 9-8-1994 : JCP G 1995.II.22449 note Level).

En aucun cas, cependant, la directive ne peut, par elle-même, créer directement des obligations à la charge des particuliers ni déterminer ou aggraver des sanctions pénales (CJCE 8-10-1987 : D. 1988.som.170 obs. Cartou ; CJCE 11-6-1987 : GP 1988.som.166 ; CJCE 14-7-1994 : JCP G 1995.II.22358 note Level) ni la responsabilité pénale de ceux qui agissent en infraction à ses dispositions (Cass. crim. 3-2-2016 n° 14-85.198 F-PB : Bull. crim. n° 28).

La Cour de justice préconise aux tribunaux nationaux d'appliquer le droit national en l'**interprétant** « à la lumière du texte et de la finalité de la directive » (CJCE 14-7-1994 : RJDA 1/95 n° 94). Mais, sous couvert d'interprétation, le juge ne saurait écarter l'application d'une disposition nationale contraire à la directive (Cass. soc. 17-12-2013 n° 12-13.503 : RJS 3/14 n° 197 ; Cass. 1e civ. 15-5-2015 n° 14-13.151 : RJDA 12/15 n° 887).

Le droit national est compatible avec la directive dès lors que le « contexte juridique général » d'un État membre en assure effectivement la pleine application d'une façon suffisamment claire et précise, étant entendu qu'il ne saurait être considéré que toute pratique jurisprudentielle revêt un caractère incertain et est, par nature, insusceptible de répondre à ces exigences (CJUE 6-7-2009 aff. 427/07 et CJUE 13-2-2014 aff. 530/11, appliquant la règle à la vérification de la transposition de la directive 2015/2436 sur les marques mais concluant au manque de conformité du contexte irlandais et anglais).

3. Les **décisions** de la Commission ont directement autorité sur leurs destinataires. Sur l'autorité des décisions de la Cour de justice, n° 73544.

4. Les **recommandations** doivent être prises en compte par les juges nationaux, notamment lorsqu'elles éclairent l'interprétation de dispositions nationales prises dans le but d'assurer leur mise en œuvre, ou encore lorsqu'elles ont pour objet de compléter des dispositions européennes ayant un caractère contraignant (CJCE 13-12-1989 : Rec. 4407).

Le **contrôle de la conformité** des lois nationales aux normes de l'UE peut être demandé : **73812**

– soit à la Cour de justice des Communautés européennes (devenue de l'UE), mais seulement par la Commission ou par les États membres (TFUE art. 258 à 260 ; pour un exemple de constatation d'un manquement d'État, CJUE 21-5-2019 aff. 235/17) ;

– soit aux juridictions nationales, judiciaires ou administratives.

Le respect du droit de l'UE constitue une obligation, tant en vertu du Traité sur l'UE et du Traité sur le fonctionnement de l'UE qu'en application de l'article 88-1 de la Constitution ; il résulte du principe d'effectivité issu des dispositions de ces Traités, telles qu'elles ont été interprétées par la Cour de justice de l'UE, que le juge national chargé d'appliquer les dispositions du droit de l'Union a l'obligation d'en assurer le plein effet en laissant au besoin inappliquée, de sa propre autorité, toute disposition contraire ; à cet effet, il doit pouvoir, en cas de difficulté d'interprétation de ces normes, en saisir lui-même la Cour de justice de l'UE à titre préjudiciel ou, lorsqu'il s'estime en état de le faire, appliquer le droit de l'Union ; il n'est pas tenu notamment de saisir au préalable la juridiction administrative d'une question préjudicielle, dans le cas où serait en cause devant lui, à titre incident, la conformité d'un acte administratif au droit de l'UE (Cass. soc. 7-3-2017 nos 14-23.193 et 14-23.229 FS-PBRI : RJS 5/17 n° 379, 2 arrêts ; dans le même sens, Cass. com. 20-10-1998 n° 96-19.277 P : RJDA 3/99 n° 366).

CONTRAVENTION AU « DROIT INTERNATIONAL PUBLIC »

Le juge français **refuse,** par principe, de contrôler la légalité des lois ou des mesures d'effet équivalent prises par un État étranger et qui présentent les caractéristiques d'un acte de puissance publique (CA Paris 2-12-1950 : Rev. crit. 1955.500 note Mezger : à propos d'une nationalisation ; TGI Paris 21-12-1979 : Rev. crit. 1980.382 et TGI Paris 16-12-1983 : D. 1984.IR.262 obs. Vasseur : à propos de blocages de fonds décidés par un État étranger). **73815**

Ce refus de contrôle de la légalité n'interdit pas, bien entendu, d'écarter l'application en France de la loi étrangère pour contrariété avec l'ordre public français (nos 74250 s.).

Mais, avant de tenir pour acquis qu'une loi étrangère est un acte qu'il ne peut contrôler, le juge français devrait, à notre avis, s'assurer que ladite loi est **conforme** aux règles internationales qui gouvernent les rapports de puissance publique entre États et entre États et ressortissants étrangers, dites « **droit international public** ».

L'alinéa 14 du Préambule de la Constitution de 1946, maintenu en vigueur en 1958 (n° 73503), prévoit, en effet, que « la République française [...] se conforme aux règles du droit international ». Et le Conseil constitutionnel admet que ces règles doivent être respectées (cf. Cons. const. 30-12-1975 : Rec. 26), ainsi que la Cour de cassation (Cass. civ. 4-2-1986 : D. 1986.IR.233, qui fait application des « règles du droit international public gouvernant les relations entre les États » et les assimile à « un acte de puissance public [d'un] État » à l'égard d'un étranger). Mais elles ne peuvent pas prévaloir sur les traités régulièrement publiés (CAA Lyon 5-4-1993 : GP 1994.pan.99).

Ces règles sont, en pratique, rares et incertaines, car elles doivent être acceptées et reconnues par la communauté internationale dans son ensemble.

Elles peuvent être recherchées, notamment, dans les décisions de la Cour permanente de justice internationale devenue, à partir de 1945, Cour de justice internationale, siégeant à La Haye, qui est compétente pour trancher les litiges que les États – et eux seuls – veulent bien lui soumettre (sur les statuts de cette Cour, Clunet 1940-45.641).

Pour le moment, on peut relever les règles suivantes :

1. L'**interdiction de l'abus du droit** par un État (cf. Cour internationale de justice 6-4-1955, aff. « Nottebohm » : Rec. 1955, qui l'admet implicitement) ;

2. Les **conditions d'usage de la mer** (CA Rennes 9-5-1978 et 26-3-1979 ; cf. CE 23-10-1987 : RFD. adm. 1987.963 concl. Massot) ;

3. La **compétence exclusive** reconnue à un État pour agir **sur son** propre **territoire** (Sentence arbitrale de la Cour permanente internationale de justice 4-4-1928 : RGDI publ. 1935.156) ;

4. La possibilité pour un État de faire produire à ses lois des **effets sur le territoire d'autres États** dans les cas suivants (cf. Cour permanente de justice internationale, arrêt Lotus, 7-9-1917 : série A n° 10 p. 2) :
– lorsque des actes ou des faits accomplis à l'étranger ont des effets sur son territoire : **théorie des effets** ;
– lorsque les dispositions extraterritoriales concernent ses nationaux : **principe de nationalité** ;
– lorsqu'elles ont pour objet de protéger ses intérêts vitaux : **principe de sécurité** (par exemple, blocages de fonds et interdictions d'exporter) ;
– lorsque la solution contenue dans ces dispositions est universelle : **principe d'universalité** (sur des applications, n° 74406) ;

5. L'**impossibilité** pour le juge administratif français de faire prévaloir la coutume internationale sur la loi en cas de conflit entre ces deux normes (CE 6-6-1997 : JCP G 1997.II.22945 note Teboul).

B. Légalité des règlements

TRIBUNAL COMPÉTENT

73900 **Juge administratif** **Tout intéressé** peut demander au juge administratif l'**annulation** d'un règlement illégal pour excès de pouvoir, ainsi que son abrogation à l'autorité compétente, qui est tenue d'y déférer et d'y substituer des dispositions de nature à mettre fin à cette illégalité dès lors qu'elle est en mesure d'y procéder (CE 31-3-2017 n° 393190 : RJS 6/17 n° 448) ; l'abrogation n'est plus requise si l'illégalité a cessé, en raison d'un changement de circonstances, à la date à laquelle l'autorité compétente se prononce (CE 10-10-2013 n° 359219 : RJDA 4/14 n° 405).

Le juge **apprécie** en principe la légalité d'un acte à la date de son édiction ; néanmoins, « saisi de conclusions à fin d'annulation recevables, le juge peut également l'être, à titre subsidiaire, de conclusions tendant à ce qu'il prononce l'abrogation du même acte au motif d'une illégalité résultant d'un changement de circonstances de droit ou de fait postérieur à son édiction, afin que puissent toujours être sanctionnées les atteintes illégales qu'un acte réglementaire est susceptible de porter à l'ordre juridique » (CE 19-11-2021 n° 437141 : RJS 3/22 n° 169). Le juge statue alors prioritairement sur les conclusions à fin d'annulation.

Toute déclaration d'illégalité d'un texte réglementaire par le juge administratif, même décidée à l'occasion d'une autre instance, s'impose au juge civil qui ne peut faire application d'un texte illégal (Cass. 1e civ. 11-5-2022 n° 21-16.689 FS-B).

L'annulation fait en principe disparaître le règlement rétroactivement, sauf la possibilité pour le juge d'atténuer les effets de la rétroactivité (CE 11-5-2004 n° 255886 : JCP G 2004.II.10189 note Bigot ; CE 25-2-2005 n° 247866 : Lebon p. 386), et enlève toute base légale à la poursuite fondée sur sa transgression (Cass. crim. 6-2-1989 : Bull. crim. p. 133) ou à toute application demandée au juge civil (Cass. civ. 19-6-1985 : D. 1985.426 note Sargos ; Cass. soc. 7-12-1993 : RJS 1/94 n° 93 ; Cass. com. 26-4-2000 : RJDA 11/00 n° 1010), sans que puissent y faire obstacle les objectifs invoqués de sécurité juridique, d'intelligibilité de la loi et de confiance légitime (Cass. 1e civ. 2-6-2004 n° 857 : D. 2005.1321) ni une atteinte à des droits acquis, peu important que l'illégalité ait été prononcée à l'occasion d'une autre instance (Cass. 2e civ. 17-2-2005 n° 281 : Bull. civ. II n° 35). Elle ne fait pas renaître l'acte antérieur auquel l'acte illégal a été substitué (Cass. 1e civ. 30-6-2004 : Bull. civ. I n° 196 ; CA Pau 19-9-2005 : JCP G 2006.IV.1563).

S'il ne fait pas droit à l'annulation, le juge peut alors, si l'acte continue de produire des effets, décider l'abrogation à la date qu'il détermine (CE 19-11-2021, précité).

Juge judiciaire Les juridictions **pénales** sont **compétentes** pour apprécier la légalité des actes administratifs réglementaires ou individuels lorsque, de cet examen, dépend la solution du procès pénal qui leur est soumis (C. pén. art. 111-5). L'exception d'illégalité peut être soulevée même contre un règlement dont le recours en annulation a été rejeté par le juge administratif (Cass. crim. 4-3-1986 : Bull. crim. p. 221). 73903

En revanche, et sauf le cas où l'illégalité ne peut pas être invoquée devant le juge administratif (Cass. 1e civ. 28-10-2015 n° 14-24.484 : cas d'actes administratifs non réglementaires devenus définitifs), tout **autre juge** judiciaire doit, dès lors que la contestation soulevée est sérieuse, surseoir à statuer et demander au juge administratif de se prononcer sur l'illégalité, par une **question préjudicielle.** Le juge judiciaire peut toutefois s'abstenir de questionner le juge administratif « lorsqu'il apparaît clairement, au vu notamment d'une jurisprudence établie, que la contestation peut être accueillie par le juge saisi au principal », ce qui est le cas « lorsque l'examen des points contestés devant la juridiction judiciaire n'est pas subordonné à l'appréciation de la légalité d'un acte administratif [et qu'il s'agit] en particulier [... d'] interpréter les actes réglementaires, afin notamment d'en déterminer les modalités d'application dans le temps » (T. confl. 12-12-2011 n° 3841 : Bull. civ. T. confl. n° 38) ou lorsque, eu égard à l'exigence de loyauté des relations contractuelles, l'irrégularité invoquée par l'une des parties n'est pas d'une gravité telle qu'il y ait lieu d'écarter l'application du contrat, de sorte que l'appréciation de la légalité de cet acte par le juge administratif n'est pas nécessaire à la solution du litige (Cass. 1e civ. 24-4-2013 n° 12-18.180 : RJDA 10/13 n° 860).

Lorsqu'il est tenu de le faire, le juge judiciaire peut questionner le juge administratif nonobstant l'expiration du délai de recours contentieux au regard des actes contestés (CA Douai 15-2-1993 : GP 1994.som.749). La saisine de ce juge incombe aux parties et non au juge judiciaire (Cass. civ. 21-5-1986 : Bull. civ. I p. 132).

Le règlement déclaré illégal par le juge administratif n'est pas annulé (la nullité ne pouvant être prononcée que sur recours pour excès de pouvoir, n° 73900) ; néanmoins, le juge judiciaire ne peut pas l'appliquer, même si la déclaration d'illégalité a été prononcée à l'occasion d'une autre instance (Cass. soc. 18-6-1986 n° 83-44.325 : Bull. civ. V n° 316) et sans que puisse être opposée une atteinte à des droits acquis ou à l'objectif de sécurité juridique (Cass. 2e civ. 17-2-2005 n° 03-20.679 : Bull. civ. II n° 35).

Mais **tout juge** judiciaire peut lui-même déclarer illégal un règlement qui constitue une **voie de fait ou** une **emprise irrégulière** (n° 30055).

Tout juge est tenu d'écarter l'application d'un règlement français contraire au droit de l'UE (nos 73535 s.) (T. confl. 12-12-2011 n° 3841 : D. 2011.3046.som. note Donnat ; Cass. com. 6-5-1996 : RJDA 7/96 n° 938 ; CE 20-5-1998 : RJDA 7/98 n° 857).

Les particuliers peuvent même invoquer la directive contre un acte administratif non réglementaire (CE 30-10-2009 n° 298348 : RJDA 7/10 n° 810).

Le contrôle de légalité peut aussi être effectué par tout juge judiciaire des **référés** pour faire cesser un **trouble manifestement illicite** (n° 72524). Le juge des référés n'est pas tenu de surseoir systématiquement à statuer dès lors que la légalité d'un texte doit être appréciée (CA Riom 24-1-1994 : Bull. inf. C. cass. 1994 n° 410). Il viole notamment le principe de la primauté du droit européen en se déclarant incompétent pour apprécier la validité d'un contrat au regard de l'article 102 du traité de Rome (devenu 82 du TFUE ; Cass. civ. 13-10-1993 : GP 1993.503 note Forgoux).

CAUSES D'ILLÉGALITÉ DES RÈGLEMENTS

Le règlement est illégal dès lors que, à la date de sa signature, il n'est pas conforme aux dispositions en vigueur (CE 30-7-2003 n° 237201 : D. 2003.IR.2284). Son illégalité peut tenir aux causes suivantes : 73906

a. Incompétence de l'auteur du règlement ; par exemple, lorsqu'une autre autorité aurait dû prendre le règlement (sur la compétence réglementaire, n° 73568), lorsque l'auteur de l'acte n'exerce pas sa compétence (ainsi, s'il se croit lié par un avis consultatif : CE 2-10-1964 : RD publ. 1965.108 ; mais le fait qu'il n'ait pas utilisé la compétence que la loi lui reconnaît ne veut pas dire qu'il y a renoncé, CE 27-2-1985 : Lebon 61), lorsqu'il prend des mesures qui relèvent du domaine de la loi (n° 73555) ou lorsqu'il dépasse les limites de l'habilitation légale (CE 25-9-1992 : Lebon 347) ;

b. Violation de la loi ; celle-ci existe dès lors qu'implicitement le règlement n'est pas conforme à la loi : par exemple, parce qu'il ajoute à la loi (CE 22-6-1984 : Lebon 248), qu'il pose des conditions excessives par rapport aux objectifs de la loi (cf. CE 16-3-1984 : D. 1984.317 concl. Genevois), qu'il cesse d'être conforme à la loi parce qu'une loi nouvelle, différente de celle en vertu de laquelle il avait été édicté, le contredit (CE 22-1-1982, 1re esp. : JCP G 1983.II.19968 note Barthélemy) ou viole le principe d'égalité des usagers devant le service public (CE 28-6-1996 : GP 1997.pan.27) ;

Le règlement doit être conforme non seulement à la loi en exécution de laquelle il est pris, mais aussi – notamment lorsqu'il est autonome (Constitution art. 37) – à tout acte ayant valeur législative : Constitution (CE 3-6-1983 : GP 1984.pan.234) et les principes fondamentaux reconnus par les lois de la

République (n° 73503) (CE 16-12-1988 : RFD. adm. 1989.155) ; loi ordinaire (CE 3-12-1980 : BRDA 2/81 p. 12) ; traité (CE 28-9-1984 : AJDA 1984.695 concl. Jeanneney ; CE 13-12-1985 : AJDA 1986 concl. Laroque ; aussi n° 73803) ; règlement ou directive européens (CE 9-7-1993 : RJDA 12/93 n° 1114 : à propos d'une directive) ; principe général du droit (CE 12-10-1979 : D. 1979.606) ; charte de l'environnement (CE 12-7-2013 n° 344522 : JCP G 2013 n° 1215 note Janicot).

Un règlement d'application d'une loi qui comporte des dispositions répressives n'est pas illégal dès lors qu'il ne fait que préciser les modalités d'application de la loi sans en modifier les dispositions (Cass. crim. 9-1-1995 : RJDA 4/95 n° 423).

Le règlement cesse d'être illégal lorsqu'une loi l'a validé (pour un exemple, Cons. const. 24-7-1985 : JCP G 1986.II.20614 note Nguyen Quoc Vinh).

c. Méconnaissance des formes requises pour son adoption ; par exemple, défaut des signatures exigées pour les décrets (n° 73580), défaut des constatations préalables prescrites par la loi (cf. Cass. crim. 27-3-1973 : Bull. crim. p. 369), ou modification du texte sur lequel le Conseil d'État a dû donner son avis (cf. CE 20-12-2013 n° 357198 : RJDA 10/14 n° 815).

L'illégalité d'un règlement peut engager la responsabilité de l'État (pour un exemple, TA Bordeaux 9-4-1987 : GP 1987.632).

En revanche, « il n'existe pas, dans le contentieux de la légalité, de principe général en vertu duquel une partie ne saurait se contredire dans la procédure contentieuse au détriment d'une autre partie » (CE 2-7-2014 n° 368590 : Lebon 206).

C. Légalité des actes européens

ACTES SOUMIS À LÉGALITÉ

74000 Les règlements, les directives, les décisions ainsi que les actes adoptés par le Parlement et le Conseil de l'**Union européenne** selon la procédure de l'article 294 du TFUE peuvent être attaqués en illégalité devant la Cour de justice de l'UE (TFUE art. 263, al. 1), mais pas devant le Conseil constitutionnel (Cons. const. 10-6-2004 n° 2004-496 DC : JCP G 2004.II.10116 note Zarka).

La Cour de justice a étendu ce contrôle de légalité à tout acte juridique produisant des « effets de droit », même s'il ne prend pas la forme d'un règlement, d'une directive ou d'une décision (CJCE 31-3-1971 : Rec. 263), y compris ceux qui visent à mettre en œuvre les résolutions adoptées par le Conseil de sécurité des Nations unies, au regard des droits fondamentaux (CJCE 3-9-2008 aff. 402/05 : D. 2009.1118 note Delcourt).

CAUSES D'ILLÉGALITÉ

74003 Les illégalités susceptibles d'être invoquées sont (TFUE art. 263, al. 21) :

– l'incompétence de l'autorité qui a pris l'acte contesté ;
– la violation des formes substantielles ;
– la violation des dispositions du traité de Rome (devenu TFUE) ou de toute règle de droit relative à son application ;
– le détournement de pouvoir.

En outre, la Cour de justice interprète le traité comme impliquant le **respect de principes généraux.**

La violation de ces principes ne constitue une illégalité que si elle porte atteinte aux droits fondamentaux dans le domaine du droit européen et non à ceux des États membres, fût-elle relative aux principes fondamentaux formulés par la Constitution d'un État (CJCE 8-10-1986 : Rec. 2897) ou par la convention européenne des droits de l'Homme (CJCE 30-9-1987 : Rec. 3712 ; dans le même sens, à propos du pacte international relatif aux droits civils et politiques, CJCE 17-2-1998 : Rec. I-621).

Notamment, un acte européen ne doit pas enfreindre :

1. La règle de l'**égalité de traitement** entre opérateurs économiques placés dans des situations comparables, à moins qu'une différenciation ne soit objectivement justifiée (CJCE 12-12-1985 : Rec. 3997).

Les différences de traitement ne sont source d'illégalité que si elles résultent des mesures prises par les autorités de l'UE et non si elles sont le fait de données naturelles et techniques (CJCE 18-3-1980 : Rec. 833).

2. La règle de **proportionnalité,** aux termes de laquelle une disposition européenne visant un objectif donné doit mettre en œuvre les moyens nécessaires pour l'atteindre et qui s'accordent avec l'importance de cet objectif (CJCE 29-1-1998 : Rec. I-281). Elle ne doit pas dépasser les limites nécessaires à cet effet (CJCE 18-9-1986 : Rec. 2519 ; cf. CJCE 27-11-1986 : Rec. 3537).

3. Les principes dont s'inspirent la convention européenne de sauvegarde des droits de l'Homme et des libertés fondamentales (CJCE 15-5-1986 : Rec. 1651) et la charte des droits fondamentaux de l'UE, mais uniquement aux situations régies par le droit de l'Union (CJUE 21-2-2013 aff. 332/11 : JCP G 2013 n° 1225 § 12 note E. Jeuland).

4. Les droits de la défense. Toute autorité qui prend une mesure de nature à léser gravement des intérêts individuels est tenue de mettre l'intéressé à même de faire connaître son point de vue (CJCE 27-10-1977 : Rec. 1971).

5. Le principe de sécurité juridique. La Commission doit, en adoptant un acte visant à produire des effets juridiques, indiquer expressément la disposition du droit européen dont procède sa force, sous peine de nullité de l'acte (CJCE 16-6-1993 : D. 1994.61 note Bergères : à propos d'une communication).

RECOURS EN ILLÉGALITÉ

Le recours en illégalité peut être exercé par un État membre, le Conseil, la Commission ou le Parlement (TFUE art. 230, al. 3). **74006**

Ce recours est porté devant le tribunal de première instance dans les conditions fixées par l'article 263 du TFUE (Décision du Conseil 93-350 du 9-6-1993).

Toute personne physique ou morale peut aussi agir (TFUE art. 263, al. 4) :
- contre les décisions dont elle est destinataire ;
- contre les décisions qui, bien que prises sous l'apparence d'un règlement ou d'une décision adressée à une autre personne, la concernent directement et individuellement (sur cette condition, CJCE 1-4-2004 aff. 263/02 : RJDA 8-9/04 n° 1076).

Le recours en illégalité doit être formé dans un délai de **deux mois** à compter, suivant le cas, de la publication de l'acte, de sa notification au requérant ou, à défaut, du jour où celui-ci en a eu connaissance (TFUE art. 263, al. 5).

Mais, même après l'expiration du délai, une partie peut, à l'occasion d'un litige, invoquer l'inapplicabilité d'un règlement pour illégalité (TFUE art. 277) ; mais l'exception d'illégalité ne peut pas être soulevée par le destinataire d'une décision disposant du droit d'introduire le recours et qui n'en a pas fait usage (CJCE 15-2-2001 : Rec. I-1197).

Par ailleurs, il est possible, même en dehors des délais de recours, de faire constater qu'un acte **inexistant,** c'est-à-dire affecté de vices particulièrement graves et évidents, n'a produit aucun effet juridique (CJCE 26-2-1987 : Rec. 1032).

SURSIS À EXÉCUTION

Bien que les recours n'aient pas d'effet suspensif, la Cour de justice peut, si elle estime que les circonstances l'exigent, ordonner le sursis à exécution de l'acte attaqué (TFUE art. 278). **74009**

Le sursis à exécution – ainsi que les mesures provisoires l'accompagnant (par exemple, caution à fournir par le requérant ou proposition à présenter dans un délai imparti par la Commission) – suppose que le demandeur prouve l'urgence qu'il y a à statuer provisoirement afin d'éviter qu'un préjudice grave et irréparable lui soit causé (pour des exemples d'appréciation de cette condition, CJCE ord. 12-7-1996 : BEEI 4/96 p. 6 ; CJCE ord. 3-5-1996 : BEEI 4/96 p. 7).

MESURES PROVISOIRES

Dans les affaires dont ils sont saisis, la Cour de justice et le Tribunal peuvent prescrire les mesures provisoires nécessaires (TFUE art. 279). **74012**

RECOURS EN ILLÉGALITÉ DEVANT LES JURIDICTIONS NATIONALES

Le recours en illégalité contre un acte d'une institution européenne n'interdit pas le recours devant les juridictions nationales contre les décisions nationales d'application de cet acte ; mais : **74015**
- la validité de l'acte européen doit être appréciée uniquement d'après les règles de l'UE et non d'après la législation nationale (CJCE 21-5-1987 : D. 1988.som.119 obs. Cartou), et les juridictions nationales peuvent seulement rejeter les moyens d'invalidité et conclure que l'acte est pleinement valide, car « en agissant de la sorte, elles ne mettent pas en cause l'existence de l'acte communautaire » (CJCE 22-10-1987 : Rec. 4199) ;
- seule la juridiction européenne est compétente pour se prononcer sur l'invalidité des actes des autorités de l'UE (CJCE 22-10-1987, précité) et un État destinataire d'une décision dont il n'a pas contesté la légalité dans le délai prévu (n° 74006) n'est pas recevable à invoquer ensuite, devant une juridiction nationale, son illégalité pour contester le bien-fondé d'un recours exercé contre lui (CJCE 22-10-2002 aff. 241/01 : JCP G 2003.II.10185 obs. Icard) ;
- la réparation du préjudice prétendument résulté d'un acte à effet direct, telle une décision de la Commission, ne peut pas, en France, être demandée à l'État car il est tenu de l'exécuter tant que la juridiction européenne ne l'a pas annulé (CE 12-5-2004 n° 236834 : Lebon 221).

Les tribunaux nationaux sont saisis selon les règles nationales.

ANNULATION DE L'ACTE ILLÉGAL

74018 Lorsque le recours est fondé, l'acte contesté est déclaré nul et non avenu (TFUE art. 264, al. 1).

Toutefois, en ce qui concerne les règlements, la Cour de justice (ou le Tribunal) indique, si elle l'estime nécessaire, ceux des effets du règlement annulé qui doivent être considérés comme définitifs (TFUE art. 264, al. 2). Si la Cour fait usage de la possibilité de limiter l'effet dans le passé de l'acte invalidé, il lui appartient de déterminer si cette limitation peut être prévue en faveur soit de la partie qui a introduit le recours devant la juridiction nationale, soit de toute autre personne qui aurait agi de manière analogue avant la constatation d'invalidité ou si, à l'inverse, même pour des personnes qui auraient pris en temps utile des initiatives en vue de sauvegarder leurs droits, une déclaration d'invalidité ayant effet seulement pour l'avenir constitue un remède adéquat (CJCE 15-1-1986 : Rec. 1).

L'institution dont émane l'acte annulé doit prendre les mesures que comporte l'exécution de la décision prononçant l'illégalité (TFUE art. 266, al. 1).

Tout intéressé peut, par ailleurs, demander au juge national d'écarter, pour les besoins de la solution d'un litige, un règlement qui a été reconnu illégal (CJCE 13-5-1981 : Rec. 1191).

RÉPARATION DU PRÉJUDICE

74021 La partie à laquelle l'acte illégal a causé un préjudice peut obtenir réparation de l'UE (TFUE art. 340, al. 2).

Pour ouvrir droit à réparation, l'acte de nature normative reproché à l'UE doit constituer une violation d'une règle supérieure de droit protégeant les particuliers ; si l'institution a adopté l'acte dans l'exercice d'un large pouvoir d'appréciation, comme c'est le cas par exemple en matière de politique agricole commune, cette violation doit en plus être suffisamment caractérisée ; on est en présence d'une telle violation quand les institutions méconnaissent de façon manifeste et grave les limites de leur pouvoir d'appréciation sans faire état d'un intérêt public supérieur, une telle méconnaissance existant lorsque le législateur de l'UE omet de prendre en considération une catégorie nettement distincte d'opérateurs économiques, particulièrement si la mesure prise est imprévisible et dépasse les limites des risques économiques normaux (TPICE 9-12-1997 aff. T-202/94 : Rec. II-2247).

Le préjudice est supérieur aux risques normaux lorsqu'il y a, par exemple :

– suppression d'un droit acquis, c'est-à-dire d'un droit résultant directement d'éléments objectifs propres à la réglementation du secteur considéré (CJCE 14-5-1975 : Rec. 533) ;

– impossibilité de l'opérateur économique à affronter le marché, c'est-à-dire à entreprendre une politique commerciale dynamique lui permettant de pénétrer le marché (CJCE 13-11-1973 : Rec. 1229).

L'amplitude du préjudice s'apprécie en tenant compte du nombre d'entreprises concernées par le préjudice, de l'incidence des mesures et de la place économique de l'opération (voir CJCE 1-7-1981 : Rec. 1719).

La Cour de justice peut être **saisie** pour des dommages imminents et prévisibles avec une certitude suffisante, même si le préjudice ne peut pas encore être chiffré avec précision (CJCE 14-1-1987 : Rec. 49).

Pour l'**appréciation de ce préjudice,** il est tenu compte de la connaissance que l'opérateur économique devait avoir de l'évolution du marché (CJCE 17-3-1976 : Rec. 391) et des lacunes de l'UE (CJCE 4-2-1975 : Rec. 117).

La réparation ne porte **que sur la perte subie** par l'opérateur économique et non sur son manque à gagner (CJCE 10-12-1975 : Rec. 1615). La victime doit même supporter, dans des limites raisonnables, certains effets préjudiciables de l'acte illégal (CJCE 19-9-1985 : Rec. 2815).

Le délai de **prescription** ne commence à courir que du jour où sont réunies toutes les conditions auxquelles se trouve subordonnée l'obligation de réparation et, notamment, s'agissant des cas où la responsabilité résulte d'un acte normatif, du jour où les effets dommageables de cet acte se sont produits (TPICE 9-12-1997, précité).

RETRAIT D'UN ACTE

74024 Le retrait d'un acte **illégal** est permis s'il intervient dans un délai raisonnable et si l'institution dont il émane tient suffisamment compte de la mesure dans laquelle le destinataire de l'acte a éventuellement pu se fier à la légalité de celui-ci. Si ces conditions ne sont pas respectées, le retrait est attentatoire aux principes de la sécurité juridique et de la confiance légitime, et doit être annulé (CJCE 26-2-1987 : Rec. 1005 ; pour un exemple de retrait justifié, CJCE 20-6-1991 : Rec. 2987).

Le retrait, à titre rétroactif, d'un acte **légal** qui a conféré des droits subjectifs ou des avantages similaires est contraire aux principes généraux du droit (CJCE 27-3-1990 : Rec. I.1315).

SECTION 4 FORCE OBLIGATOIRE DES LOIS ET DES RÈGLEMENTS

A. Permanence des lois et des règlements

ABSENCE D'ABROGATION PAR DÉSUÉTUDE

Les lois et les règlements demeurent applicables, même si les circonstances en vue desquelles ils ont été faits disparaissent (à propos des lois, Cass. req. 4-4-1887 : S. 1889.1.317 ; Cass. crim. 8-11-1918 : S. 1920.1.317 note Delpech ; aussi T. corr. Bobigny 22-11-1972 : GP 1972.2.890 ; à propos des règlements, CA Rouen 8-6-1971 : GP 1971.2.729), si des usages contraires ont été tolérés ou s'il n'y a pas eu d'application (CA Rouen 8-6-1971, précité). 74200

MODIFICATION DES LOIS ET RÈGLEMENTS

Les lois, quelle que soit la nature de leurs dispositions, peuvent toujours être modifiées par de nouvelles lois. Selon le Conseil constitutionnel (19-7-1983 : Rec. 43), « le législateur, qui n'est soumis qu'à l'autorité de la Constitution, ne peut s'interdire lui-même, que ce soit unilatéralement ou conventionnellement, de modifier la loi en vigueur » (dans le même sens, Cons. const. 18-9-1986 : AJDA 1987.102 note Wechsmann). La même solution s'impose, par analogie, aux règlements. 74203

Ainsi, il « est à tout moment loisible au législateur, statuant dans le domaine de sa compétence, de modifier des textes antérieurs ou d'abroger ceux-ci en leur substituant, le cas échéant, d'autres dispositions « mais il ne peut » sans motif d'intérêt général suffisant, ni porter atteinte aux situations légalement acquises ni remettre en cause les effets qui peuvent légitimement être attendus de telles situations » (Cons. const. 19-12-2013 n° 2013-682 : D. 2014.1518 obs. Jacquinot et Mangiavillano, qui y voient une acceptation, sans la reconnaître en elle-même, de l'exigence de la confiance légitime).

ABROGATION DES LOIS ET RÈGLEMENTS

L'abrogation peut être **expresse** ou **tacite.** Elle est tacite lorsque les dispositions nouvelles de la loi ou du règlement sont inconciliables avec celles de la loi ou du règlement ancien et sont incompatibles avec le maintien en vigueur de ces dernières (par exemple, pour les lois : Cass. crim. 31-1-1967 : Bull. crim. p. 504 ; Cass. crim. 13-2-1986 : Bull. crim. p. 138 ; Cass. crim. 12-6-1995 : RJDA 12/95 n° 1487 ; pour les règlements : CE 22-1-1982 : JCP G 1983.II.19968 note Barthélemy ; Cass. 1e civ. 22-3-2005 n° 571 : RJDA 1/06 n° 88 ; mais pour un refus d'abrogation en raison du manque d'incompatibilité, CA Paris 23-3-1982 : D. 1982.374 concl. Filipo). Il en est de même en cas de contrariété avec une disposition constitutionnelle (CE 16-12-2005 : RTD civ. 2006.75 n° 4 obs. Deumier). 74206

Les règlements pris en application d'une loi qui a été codifiée à droit constant demeurent en vigueur (Cass. crim. 16-10-1996 n° 95-84.755 : Bull. crim. n° 367 ; Cass. 1e civ. 27-2-2001 n° 99-04.169 : RJDA 11/01 n° 1140).

L'abrogation a lieu alors dans la mesure seulement de cette incompatibilité. Ainsi :

- une loi nouvelle générale n'entraîne pas forcément la disparition d'une loi spéciale plus ancienne, la règle générale pouvant très bien comporter une exception (Cass. crim. 1-5-1885 : DP 1885.1.340 ; Cass. civ. 21-4-1942 : DA 1942.127) ;
- la loi ancienne ne reprend son empire dans sa version initiale que si l'autorité compétente le prévoit expressément ; il ne peut en aller autrement que, par exception, dans le cas où une disposition a pour seul objet d'abroger une disposition qui n'avait elle-même pas eu d'autre objet que d'abroger ou de modifier un texte et que la volonté de l'autorité compétente de remettre en vigueur le texte ou la disposition concernée dans sa version initiale ne fait pas de doute (CE 28-10-2009 n° 306708 : JCP G 2009 n° 46430 p. 39 ; Cass. crim. 11-4-2018 n° 17-86.237 F-PB ; sur une résurrection de la loi ancienne, CA Paris 20-12-1960 : JCP G 1961.II.11929 note Mazeaud).

Mais une loi abrogée doit être appliquée aux faits et actes qui se sont produits au moment où elle était en vigueur (Cass. civ. 6-2-1975 : JCP G 1975.IV.99). Néanmoins, il en est autrement pour les lois pénales, car l'action publique s'éteint avec leur abrogation (CPP art. 6 ; Cass. crim. 21-4-1982 : Bull. crim. p. 275 ; Cass. crim. 5-1-1984 : Bull. crim. p. 552 ; Cass. crim. 29-5-2019 n° 18-81.455 F-D : Dr. sociétés 2019 comm. n° 159, note R. Salomon). Sur l'absence d'abrogation de la loi pénale par l'effet d'une longue et simple tolérance, n° 74309.

B. Lois et règlements d'ordre public

1. INTERDICTION DE DÉROGER AUX DISPOSITIONS D'ORDRE PUBLIC

FONDEMENT DE L'INTERDICTION

74250 Dans l'ordre juridique français, l'existence des règles légales ou réglementaires d'ordre public est fondée sur les principes de la République (n° 10631) et sur l'article 6 du Code civil ainsi que sur les articles 1102 et 1162 du même Code, qui réitèrent la règle de l'article 6 en matière contractuelle, textes qui interdisent de déroger aux règles qui revêtent cette qualité.

Ces dispositions qui visent l'ordre public, sans plus, ont donné naissance à une **terminologie diversifiée** pour désigner les différentes formes d'expression du caractère impératif des règles ; celles-ci sont néanmoins fondées sur un trait commun : les sujets de droit n'ont pas la liberté de se soustraire à leur application. Aussi sont-elles dans les présents développements prises en compte sous la désignation unique d'ordre public.

Sont envisagées sous cette bannière les règles dites d'« ordre public », « impératives », « publiques », « de police », « d'application immédiate » ou « créant des droits dont les parties n'ont pas la libre disposition », dans la mesure seulement où elles ne supportent pas d'être méconnues. Il a été catégoriquement jugé, en effet, que « la seule méconnaissance d'une loi de police étrangère ne peut conduire en elle-même à l'annulation d'une sentence arbitrale. Elle ne peut y conduire que si cette loi de police étrangère protège une valeur ou un principe dont l'ordre public français lui-même ne saurait souffrir la méconnaissance, même dans un contexte international » (CA Paris 13-4-2021 n° 18/09809 ; CA Paris 25-5-2021 n° 18/18708 : Rev. arb. 2021.748 note Mayer ; voir toutefois, Cass. 2e civ. 15-6-2023 n° 21-20.538 F-B). Certes, ces décisions ne donnent cette précision que pour l'ordre public international au sens français. Mais elles retiennent ainsi la seule définition de l'ordre public conforme au sens de l'article 6 du Code civil pour déterminer si une clause est licite ou non. Cette définition est de surcroît opportune au regard du bien-fondé de la politique juridique : est-il de bonne justice d'annuler une clause, pour le motif qu'elle correspond à une catégorie doctrinale, sans s'être au préalable assuré qu'elle ne peut pas être supportée par l'ordre juridique où elle doit produire ses effets ? Cette conception de l'ordre public a d'ailleurs déjà été adoptée par le droit de l'UE, selon lequel une loi de police est une disposition impérative dont le respect est jugé crucial par un État membre pour la sauvegarde de ses intérêts publics, tels que son organisation politique, sociale ou économique, au point d'en exiger l'application à toute situation entrant dans son champ d'application, quelle que soit par ailleurs la loi applicable au contrat (cf. Règl. CE 593/2008 du 17-6-2008 art. 9 ; Règl. UE 2016/1103 du 24-6-2016 art. 30). Elle l'a aussi été par des juridictions françaises : il a été jugé qu'une disposition n'est une loi de police d'ordre public que si elle prévoit expressément qu'elle est impérativement applicable, quelle que soit la loi régissant le contrat (CA Metz 7-6-2018 n° 17/01074), ou si, fût-elle le fruit d'une transposition d'une directive européenne dont le caractère impératif a été rappelé par la CJUE, elle n'est susceptible de relever de la conception française de l'ordre public international que si sa méconnaissance heurte cette conception, c'est-à-dire l'ensemble des règles et des valeurs dont l'ordre juridique français ne peut souffrir la méconnaissance, même dans des matières internationales (CA Paris 23-11-2021 n° 19/15670). Il s'ensuit que la demande d'annulation d'une sentence pour violation de l'ordre public international français doit préciser concrètement les dispositions qui relèvent de cette qualification (CA Paris 26-1-2021 n° 19/18582 : Rev. arb. 2021.827 note Racine).

L'ordre public tire sa raison d'être du besoin de paix publique (sur ce sens, voir par exemple la faculté d'expulser un étranger qui trouble l'ordre public, CE 22-12-1982 : GP 1982.som.297) et, au-delà, de tout ce qui est indispensable à l'ordre social ; l'ordre public recouvre ainsi, d'une part, la protection des intérêts individuels dignes de préservation (par exemple, l'intérêt du consommateur), d'où le nom d'« **ordre public de protection** », et, d'autre part, la défense des intérêts généraux de la communauté régie par une même législation, notamment la communauté nationale, d'où le nom d'« **ordre public de direction** ». La différence qui sépare ces deux formes de l'ordre public tient aux modalités de la sanction de leur violation (n° 15680).

L'existence de règles auxquelles les particuliers ne peuvent pas déroger se retrouve dans la plupart des ordres juridiques nationaux ; ainsi, dans les pays de common law sous le nom de « public policy » ou ailleurs sous les vocables de « bonnes mœurs », « morale publique », « intérêt de la société », « principes fondamentaux de l'ordre social », etc. Selon le Tribunal fédéral suisse, l'ordre public est une notion universelle, qui vise à sanctionner l'incompatibilité avec les principes juridiques ou moraux fondamentaux reconnus dans tous les États civilisés (T. fédéral suisse 17-7-1998 : GP 2003.som.1931 ; Sentence CCI n° 2930 en 1982 : Yearbook 1984.105).

Fondé sur les intérêts à protéger, l'ordre public dépend donc d'une appréciation de politique juridique et non de technique juridique ; ainsi, une erreur de droit ou de fait n'est pas un motif d'ordre public (CA Paris 18-11-2010 : Rev. arb. 2010.som.98) et une disposition ou une solution prétorienne peut être d'ordre public national et ne pas être d'ordre public international du même État.

Il s'ensuit que, pour qualifier une règle d'ordre public et déterminer la sanction de sa méconnaissance, à défaut d'une disposition légale ou réglementaire précisant expressément ces éléments, il faut apprécier la **nature** et l'**importance** de l'**intérêt en jeu.** Ces opérations supposent des appréciations délicates et qui restent incertaines tant que, selon la nature de la disposition en cause, la Cour de justice de l'UE, la Cour européenne des droits de l'Homme, le Conseil constitutionnel, la Cour de cassation ou le Conseil d'État ne les a pas tranchées. Faute de pouvoir dresser un catalogue précis des règles d'ordre public, ce à quoi, après l'avoir tenté, le Sénat a renoncé (Rapport Sén. sur la loi de ratification de la réforme des contrats), les lignes qui suivent tendent à éclairer sur la détermination du contenu de l'ordre public et sur le régime de sa sanction.

DÉTERMINATION DE L'ORDRE PUBLIC

Lois, règlements et traités internationaux Des lois, des règlements ou des traités et conventions internationales précisent qu'ils sont d'ordre public en l'affirmant ou en disposant que toute convention contraire sera nulle ou non écrite, ou qu'ils seront appliqués nonobstant toute loi, tout règlement ou toute convention contraire, ou quelles que soient les stipulations des parties. **74253**

Les parties, toutes deux françaises et ayant la libre disposition de leurs droits, peuvent néanmoins choisir la loi applicable au litige ; tel est le cas si elles ont écarté la convention internationale en principe applicable par un accord exprès (CPC art. 12, al. 3) en demandant dans leurs conclusions respectives l'application de la loi française (Cass. 1re civ. 19-4-1988 n° 85-18.715 : Bull. civ. I n° 104).

Le seul fait qu'une disposition soit pénalement sanctionnée n'implique pas que la mesure est d'ordre public dans les relations privées et que toute convention contraire doit être annulée (n° 15672). De même, toute disposition déclarée applicable de « plein droit » n'est pas pour autant nécessairement une règle d'ordre public (CE 11-2-1976 : Lebon tables 1000).

Tribunaux Dès lors que la loi ou le règlement en cause ne précise pas lui-même s'il est ou s'il n'est pas d'ordre public, il appartient au juge de décider de son caractère d'ordre public (Cass. civ. 4-12-1929 : S. 1931.1.49 note Esmein : quand le but du contrat est contraire à l'ordre public, il n'est pas nécessaire qu'il soit prohibé par la loi ; dans le même sens, précisant que l'atteinte à l'ordre public portée par une marque ne dépend pas de son annulation antérieure : Cass. com. 27-5-2021 n° 19-17.676 F-P). Il en est de même au regard d'une convention internationale (cf. Cass. civ. 19-4-1988 : Bull. civ. I. p. 71). **74256**

Il faut donc se garder de tenir pour acquis que toute disposition légale ou réglementaire muette sur son caractère impératif est d'ordre public. La Cour de cassation a régulièrement l'occasion de censurer les juges du fond qui cèdent à ce mouvement (Cass. com. 13-6-1978 : Bull. civ. IV. p. 139 : à propos de la limitation de la contribution aux pertes des actionnaires au montant de leurs apports ; Cass. com. 10-5-1982 : Bull. civ. IV p. 149 : à propos de la règle « Nul ne plaide par procureur »). Bien des décisions affirment d'ailleurs le caractère supplétif de diverses règles qui sont signalées dans l'exposé des dispositions en cause.

Le juge est quasiment maître du contenu de l'ordre public. C'est pourquoi il est **recommandé** aux parties de provoquer elles-mêmes dans leurs conclusions un débat sur la qualification d'ordre public pour forcer le juge à motiver sa décision, comme le lui demande la Cour de cassation (Cass. civ. 28-2-1984 : GP 1984.350).

Il n'est pas possible de prévoir, avec certitude, quelle sera la décision du juge. Mais on peut se guider en se fondant sur les observations suivantes.

a. L'argumentation soumise au juge doit avant tout tendre à le convaincre qu'un **intérêt** social ou individuel **fondamental** est ou n'est pas méconnu.

b. L'existence de **sanctions pénales,** expressément prévues par la loi pour la violation de la règle considérée, n'est pas en soi source d'ordre public en droit des affaires dès lors que celui-ci exclut le prononcé de la nullité pour sanctionner l'irrégularité en cause (Cass. ass. plén. 4-3-2005 n° 524 : RJDA 6/05 n° 743 : violation de C. mon. fin. art. L 511-5 sanctionnée pénalement par art. L 571-3 du même Code) ou qu'il supposait une disposition le prévoyant expressément, comme c'est le cas en droit des sociétés (Cass. com. 3-1-1996 n° 93-20.406 : RJDA 4/96 n° 512 ; Cass. 1re civ. 17-12-2009 n° 08-12.344 : RJDA 8-9/10 n° 853). Mais, sans que soient réunies toutes les conditions de constitution d'une infraction, un contrat de franchise a été annulé dès lors qu'il avait pour contenu l'accomplissement d'actes constituant un exercice illégal de la médecine incompatible avec un tel contrat (Cass. 1re civ. 11-6-1996 n° 94-15.614 D).

c. Exception faite d'un arrêt ancien (Cass. req. 30-7-1945 : D. 1946.20), la même solution que celle retenue à propos de l'existence de sanctions pénales a été appliquée à la méconnaissance des règles **disciplinaires,** interdisant notamment une activité commerciale, applicables aux notaires (Cass. 1re civ. 14-10-1980 : Bull. civ. I p. 203 ; dans le même sens, Cass. 1re civ. 30-3-1994 : RJDA 11/94 n° 1110 ; CA Paris 7-12-1964 : JCP G 1965.II.14103 concl. Gulphe) ou aux huissiers ou commissaires de justice (Cass. civ. 21-10-1968 : D. 1969.81 ; dans le même sens, Cass. 1re civ. 15-2-1961 : Bull. civ. I p. 85 ; contra, à propos d'une commission d'intermédiaire perçue par un expert-comptable :

CA Montpellier 26-3-1953 : GP 1953.1.409) au motif que ces règles ne sont passibles que de sanctions disciplinaires et sont sans influence sur la validité des obligations.

d. De même, n'ont pas été annulés des actes contraires aux règles **déontologiques,** fussent-elles homologuées, de la profession d'avocat (Cass. crim. 22-4-1977 : Bull. crim. p. 315 ; rappr. Cass. com. 6-12-2011 n° 10-30.896 : D. 2012.536 note Capdeville : bonne foi de l'avocat porteur d'une lettre de change tirée en violation d'une règle déontologique) ou d'expert-comptable (Cass. 1e civ. 5-11-1991 : RJDA 1/92 n° 11) ; mais d'autres l'ont été en raison du caractère d'ordre public, visiblement de direction en l'espèce, des règles déontologiques méconnues (Cass. 1e civ. 26-4-2017 n° 16-14.036 FS-PB ; Cass. 1e civ. 6-2-2019 n° 17-20.463 F-PB : RJDA 5/19 n° 316).

e. Ne sont pas non plus annulés divers actes qui méconnaissent des **dispositions qui ne commandent pas directement leur validité** ; ainsi : d'un contrat de transport non conforme aux règles administratives le concernant (n° 24239) ; du règlement d'un GIE non conforme aux dispositions du Code de la santé publique relatives aux conditions d'exploitation des officines (Cass. com. 12-3-1985 : Bull. civ. IV p. 83) ; des actes accomplis en violation de l'interdiction d'exercer une activité de nature professionnelle ou sociale faite à la personne placée sous contrôle judiciaire, en application de l'article 138, al. 14 du Code de procédure pénale (Cass. crim. 29-3-1994 : Bull. Joly 1994.847 note Jeantin, cette mesure n'affectant pas la capacité civile de l'intéressé).

74259 La démonstration du caractère d'ordre public doit être conduite selon les principes directeurs suivants.

1. La **liberté** des conventions est le **principe,** l'**ordre public** étant l'**exception.**

En effet, « la loi n'a le droit de défendre que les actions nuisibles à la société. Tout ce qui n'est pas défendu par la loi ne peut être empêché, et nul ne peut être contraint à faire ce qu'elle n'ordonne pas » (Déclaration des droits de l'Homme et du citoyen art. 5) ou, en termes plus directs : « ce qui n'est pas interdit peut être fait » (CA Bordeaux 24-10-1989 : GP 1990.som.170). Très conscients de cette prescription, les tribunaux reconnaissent souvent l'existence d'une faculté en relevant notamment que « rien n'interdit » (Cass. com. 13-2-1978 : Bull. civ. IV p. 46 ; Cass. civ. 18-4-1984 : GP 1984.319 ; Cass. soc. 5-7-1984 : BRDA 22/84 p. 16 ; Cass. civ. 4-2-1986 : Bull. civ. III p. 3 ; CA Grenoble 31-5-1983 : JCP G 1985.II.14389 note Reinhard ; cf. CA Aix 15-3-1985 : GP 1985.534) ou qu'« aucun texte n'impose » (Cass. civ. 5-3-1986 : D. 1986.328 ; Cass. civ. 22-7-1986 : Bull. civ. IV p. 139 ; Cass. 3e civ. 3-2-1988 n° 86-16.010 : Bull. civ. III n° 30), ou encore qu'« aucune disposition législative ou réglementaire n'impose » (CE 12-2-1988 : Lebon 66). C'est donc à tort qu'une cour d'appel a jugé que le législateur ne peut déroger à la liberté contractuelle qu'expressément (CA Amiens 27-11-1986 : GP 1987.195).

74262 **2.** L'ordre public protège des **valeurs sociales** et non la cohérence technique du système juridique ; une règle doit être reconnue comme étant d'ordre public uniquement parce qu'elle protège un intérêt que l'éthique du moment tient pour essentiel (pour un exemple de « jaugeage » des intérêts à protéger, CA Rouen 8-4-1976 : GP 1976.2.505).

74265 **3.** La qualification d'ordre public ne doit être appliquée que **dans la mesure** où la sauvegarde d'un intérêt donné implique de réduire la liberté d'appréciation laissée à l'initiative des particuliers. Il ne suffit donc pas qu'une disposition soit estimée juste et utile pour qu'elle devienne d'ordre public ; elle doit être conforme à l'intérêt général ou à un intérêt individuel qui ne peut souffrir une violation ; ces critères sont légalisés (sur ces critères, C. civ. art. 1179).

Il s'ensuit qu'il faut, chaque fois que l'on s'interroge sur le caractère d'ordre public d'une disposition, se poser successivement les questions suivantes.

a. Cette disposition protège-t-elle l'**intérêt général** de la collectivité, par exemple celui de la libre concurrence économique, de la moralité des professions, de la sécurité du crédit, voire l'intérêt économique général (Cons. const. 2-6-2017 n° 2017-634 QPC : RJDA 10/17 n° 639) ? S'il apparaît que la règle tend à préserver un intérêt supérieur qui transcende celui des particuliers (CA Versailles 13-1-1994 : GP 1994.som.572), elle doit alors être qualifiée d'**ordre public de direction** et sa violation sanctionnée comme il est dit aux n°s 74275 s.

Les tribunaux font parfois référence à un ordre public supérieur ou à un intérêt général ou public supérieur (n° 74453), dont ils tirent des conséquences particulières, comme notamment l'application rétroactive de la loi nouvelle (n° 74453) ou le pouvoir du juge d'appliquer d'office la règle d'ordre public (n° 71922).

Lorsque deux règles d'ordre public de direction s'opposent, la solution du conflit ne peut être trouvée que dans la recherche de l'intérêt général dont la protection paraît la plus légitime (en ce sens, Cass. 1e civ. 9-7-2003 n° 979 : JCP G 2003.II.10139 note Ravanas). Ainsi, l'ordre public du règlement amiable a été jugé supérieur à l'ordre public fiscal (Cass. com. 16-6-1998 : RJDA 8-9/98 n° 999 concl. Piniot), l'ordre public de la liberté de conscience supérieur à l'ordre public de la liberté d'association et à celui de la défense de l'environnement et de l'urbanisme (TGI Auch 6-11-2002 : PA 2003 n° 68 p. 10 note Guillenschmidt), l'ordre public des procédures collectives supérieur à l'ordre public du recouvrement des créances contre les personnes morales publiques (Cass. com. 27-2-2007 n° 392 : RJDA 5/07 n° 529), à l'ordre public du fonctionnement des comptes postaux (Cass. com. 18-1-2000 : RJDA 6/00 n° 701) ou à l'ordre public de l'exception de fraude (Cass. com. 6-6-2018 n° 16-23.996 F-PB : RJDA 8-9/18 n° 658), l'ordre public de la liberté d'expression supérieur au droit à l'image, sauf dans le cas d'une publication contraire à la dignité de la personne ou revêtant pour elle des conséquences d'une particulière gravité (CA Paris 5-11-2008 n° 07-10198 : D. 2009.470 note Bigot), l'ordre public de la protection de la vie privée supérieur à l'intérêt économique de l'exploitant comme à l'intérêt du public d'accéder à certaines informations (CJUE 13-5-2014 aff. 131/12 : RJDA 10/14 n° 816) et l'ordre public de toute cession, hors du cercle familial, du bail rural en cours, même du consentement des bailleurs ou de celui du mandataire qui se substitue à eux supérieur à l'ordre public de la liquidation judiciaire des bailleurs (Cass. 3e civ. 6-6-2019 n° 18-12.667 F-D).

b. Cette disposition a-t-elle pour objet de défendre l'**intérêt individuel** d'un particulier qui, laissé libre de décider par lui-même, risquerait, en raison de sa position de faiblesse par rapport à son cocontractant, d'accepter une solution très préjudiciable pour lui, traduisant un déséquilibre excessif des prestations contractuelles ? C'est le cas, par exemple, de l'acheteur qui n'est pas de la même spécialité que le vendeur, de l'expéditeur d'une marchandise face au transporteur, de l'auteur face à l'éditeur ; la règle qui protège la partie la plus faible est dite d'**ordre public de protection,** l'annulation de la convention contraire pouvant néanmoins être évitée sous certaines conditions (n° 15680).

Compte tenu du principe constitutionnel, ci-dessus mentionné, qui dispose que les atteintes à la liberté doivent être limitées aux « actions nuisibles à la société », il y a lieu de proportionner l'ordre public, dans son existence et dans ses effets, à la nature et à l'étendue du besoin de protection qui se manifeste dans chaque cas particulier. Ainsi, les mesures de protection qui pallient l'infériorité d'une partie face à un cocontractant plus puissant ne devraient être imposées, à notre avis, que lorsque le déséquilibre que la loi veut éviter est constaté et être écartées lorsque les parties sont sur un pied d'égalité, même si la règle est objectivement applicable à ces parties (pour une illustration de cette conception de l'ordre public de protection, voir la licéité des conventions sur les vices cachés entre professionnels de la même spécialité, n° 27259, et de celles conclues entre parties ayant un égal pouvoir de négociation, n° 10628).

La règle d'ordre public de protection cède le pas devant une règle d'ordre public de direction. Par exemple, le droit moral de l'auteur d'une œuvre (nos 34650 s.) ne saurait faire échec à la législation de l'urbanisme (Cass. crim. 3-6-1986 : JCP G 1986.IV.235).

c. Cette disposition protège-t-elle **à la fois** un **intérêt général** et un **intérêt particulier** ? Dans l'affirmative, elle doit être tenue pour une règle d'ordre public de direction dès lors qu'elle protège un intérêt général (Cass. com. 11-5-1976 : Bull. civ. IV p. 137 ; CA Paris 28-6-1989 : BRDA 21/89 p. 6).

d. Cette disposition, à la supposer déjà qualifiée d'ordre public, **l'est-elle encore** ? En effet, l'équilibre des intérêts évolue. Il ne faut pas hésiter – puisque des revirements de jurisprudence se produisent régulièrement (n° 74806) – à faire reconsidérer par les tribunaux le bien-fondé d'une qualification d'ordre public.

e. Cette disposition, alors même qu'elle est déjà qualifiée d'ordre public de direction ou de protection, doit-elle être également tenue pour une règle d'ordre public lorsqu'elle est appliquée à des **obligations** contractuelles ou extracontractuelles de **caractère international** ? Dans l'affirmative, la règle est dite « d'ordre public international français », lequel n'est pas égal à l'ordre public national (n° 16662).

4. Le caractère d'ordre public d'une disposition ne justifie pas en soi l'**application rétroactive** ou immédiate de cette disposition (n° 10617). Si le caractère d'ordre public résulte d'un revirement de jurisprudence, il ne peut être rétroactif que dans les conditions exposées au n° 74488. **74268**

SANCTIONS DE L'ORDRE PUBLIC

Sanctions du droit commun : nullité et réputé non écrit Toute violation de l'ordre public entraîne sanction à la condition d'être établie par celui qui l'invoque et d'être susceptible d'être prise en compte. **74275**

L'ordre public ne peut pas être sanctionné lorsqu'il est contraire à une convention internationale dont l'autorité est supérieure à une loi nationale (CA Paris 25-4-1979 : D. 1980.IR.385 obs. Vasseur), sauf si la convention autorise l'application de l'ordre public d'une partie à la convention (Cass. 1e civ. 28-1-2015 n° 13-50.059 ; cf. Cass. ass. plén. 14-10-1977 : Clunet 1978.304 note Lyon-Caen, prenant soin pour appliquer la loi nationale de relever l'absence de disposition expresse dans la convention excluant cette application) ou si l'ordre public invoqué n'est pas en cause dans le litige (Cass. ass. plén. 10-4-1977 n° 75-40.119 : JDI 1978.304 note Lyon-Caen : ordre public de fond ne pouvant pas être opposé à un traité sur la compétence des juridictions).

Aucune disposition du Code civil n'énonce, en termes spécifiques, quelle est la sanction de la violation d'une règle d'ordre public. Au mieux, la loi prescrit que telle ou telle disposition est **nulle ou réputée non écrite.** Bien souvent, elle laisse aux juridictions le soin d'apprécier si la disposition édictée est ou non d'ordre public et ainsi, a fortiori, celui de prononcer la sanction appropriée.

Ce qui est contraire à la loi ne pouvant prospérer, la **nullité** a de suite été la sanction qui s'imposait pour faire disparaître l'illicite et elle demeure la sanction majeure de l'ordre public. Les tribunaux ont dû aussi déterminer son régime, ce qu'ils ont fait essentiellement au gré des litiges nés des clauses des contrats heurtant les dispositions d'ordre public. Ce régime est désormais reconnu par les articles 1178 s. du Code civil et, de surcroît, il est rendu applicable aux actes juridiques autres que les contrats (C. civ. art. 1100-1, al. 2). Ces textes sont donc le droit commun des nullités et l'exposé qui en est fait aux nos 15650 s. est transposable à toute nullité d'ordre public.

Quant au **réputé non écrit,** son statut se construit progressivement à la faveur des litiges d'ordre contractuel qui donnent l'occasion de l'appliquer. À l'image du régime de la nullité, il s'applique à tous les actes juridiques. Aussi bien les développements qui lui sont consacrés aux nos 16150 s. au titre des contrats sont-ils transposables à tout réputé non écrit.

Sans que le critère du choix de l'une ou l'autre de ces sanctions soit explicité tant par le législateur que par le juge, on peut conjecturer que le réputé non écrit est prononcé dès lors que le trouble à l'ordre public est suffisamment réparé par la suppression du contenu illicite du contrat, voire est mieux réparé par cette mesure qui oblige le contractant qui voulait profiter du contrat à travers l'illicéité à subir le contrat sans pouvoir tirer parti de cette dernière. La liberté du juge peut être implicitement fondée sur les articles 6 et 1162 du Code civil qui interdisent de « déroger » à l'ordre public sans énoncer la sanction de la dérogation.

La nullité peut être invoquée par voie d'action ou par voie d'exception à une prétention jugée infondée dans les conditions exposées aux nos 15680 s. et 15702.

74278 **Sanctions spécifiques** L'ordre public peut être spécifiquement sanctionné ; ainsi :

– l'ordre public économique peut justifier que sa violation soit, outre l'annulation de la mesure illicite, assortie par la loi d'une sanction pécuniaire, ce qui implique que son montant soit suffisamment dissuasif pour remplir sa fonction de prévention des manquements mais sans être disproportionné (Cons. const. 2-6-2017 n° 2017-634 QPC : RJDA 10/17 n° 639 : peine non manifestement disproportionnée au regard des différents éléments à prendre en considération) ;

– les effets d'un acte illicite peuvent être **immédiatement neutralisés** par une demande en référé tendant au prononcé d'une **injonction** ordonnant la cessation du trouble illicite (n° 72524) ;

– l'acte contraire à l'ordre public international français est **privé d'effet** dans l'ordre juridique français (n° 16680) ;

– les parties peuvent **aménager la sanction** de l'ordre public (n° 74293).

74287 **Prononcé de la nullité** Lorsque la cause de nullité a été régulièrement évoquée ou soulevée d'office par le juge (n° 16680) et que la preuve de la violation d'une règle d'ordre public est établie – ce qui peut se faire par tout moyen (CA Paris 17-1-1978 : GP 1978.2.som.338) –, le juge prononce en principe la nullité de l'acte sur le fondement légal suivant : si l'acte est **antérieur** au 1er juillet 2016 (sur cette date, n° 10000), sur celui de la cause illicite, et, s'il est **postérieur** à cette date, sur celui du contenu ou du but illicite (n° 12546).

Lorsque l'ordre public protège l'intérêt général, sa violation peut être signalée par un lanceur d'alerte (Loi 2016-1691 du 9-12-2016 art. 6).

Lorsque le juge sanctionne la violation de l'ordre public en s'appuyant sur le détournement de la loi d'ordre public, il doit établir la volonté de l'auteur de l'acte incriminé d'enfreindre l'ordre public et l'intérêt général (Cass. com. 15-12-2009 n° 08-15.159 : RJDA 4/10 n° 411).

Mais le juge écarte cette nullité dans les cas suivants :

a. Dès lors qu'il est établi que la mesure contestée n'a pas violé l'ordre public (Cass. 2e civ. 17-9-2020 n° 19-10.366 FS-PBI : RJDA 2/21 n° 119, rendu au visa de l'article 6 du Code civil introduisant d'office l'exception de l'ordre public qui n'avait pas été soulevée par le pourvoi, et validant la solution pour défaut de violation de l'ordre public) ;

b. Si la violation de la règle d'ordre public est due à un cas de **force majeure** (Cass. crim. 7-1-1981 : GP 1981.665) ;

c. Si l'acte n'est pas conforme à la lettre de la disposition impérative, mais **ne nuit pas** pour autant à l'intérêt que cette disposition avait pour objet de protéger ; il est possible, en particulier, d'adopter des mesures plus favorables à l'intérêt protégé que celles que prévoit la règle d'ordre public (par exemple en ce sens : Cass. soc. 12-2-1985 : Bull. civ. V n° 97, qui valide un contrat accordant à un représentant une indemnité de clientèle bien que les conditions requises par la loi pour en obtenir le bénéfice ne fussent pas remplies ; Cass. civ. 6-7-1988 : Bull. civ. I p. 160, admettant l'application conventionnelle des règles protectrices du consommateur hors de leur domaine ; CA Rouen 16-5-1969 : DMF 1969.744 et CA Aix 9-6-1978 : BT 1979.47, permettant une aggravation de la responsabilité du transporteur maritime ; Avis CE 22-3-1973 : Droit social 1973.514, qui se prononce pour l'extension des dispositions des conventions collectives contraires aux règles légales lorsque ces mesures sont plus favorables aux salariés ; sur l'application conventionnelle du statut des baux commerciaux, n° 4103) ; il arrive aussi que le juge apprécie la validité des clauses en tenant compte de l'égal pouvoir de négociation des parties (n° 10628) ;

Sur l'adaptation par les parties des conséquences de l'ordre public, n° 74293.

d. Si les parties cherchent seulement sur le fondement d'une situation créée sans fraude à l'étranger en conformité avec la loi ayant compétence en vertu du droit international français à **acquérir** des **droits en France** (Cass. 1e civ. 3-1-1980 nos 78-13.762 : Bull. civ. I n° 4 : droits successoraux français reconnus à des enfants et à un conjoint en dépit d'un mariage polygamique régulièrement noué à l'étranger) ;

e. Si un **contrat antérieur** à une loi nouvelle d'ordre public est contraire à cette loi dès lors que ladite loi ne défend pas un intérêt supérieur (n° 74453).

Effets de la nullité La nullité d'un acte illicite entraîne, conformément au droit commun (nos 15715 s.), l'anéantissement de l'acte. Toutefois, le juge peut imposer la régularisation de l'acte en obligeant par exemple, lorsqu'un prix fixé impérativement a été méconnu même d'un commun accord, une partie à un complément de prix (Cass. com. 17-1-1984 : Bull. civ. IV n° 22). 74290

Les parties ne peuvent pas se prévaloir de l'acte illicite, par exemple pour se plaindre d'une concurrence déloyale (TGI Paris 21-1-1977 : RTD com. 1977.112).

2. AMÉNAGEMENT CONVENTIONNEL DE L'ORDRE PUBLIC

L'ordre public tolère les deux aménagements contractuels suivants : 74293

1. Les parties peuvent **convenir d'appliquer des règles d'ordre public** à une situation qui n'en relève pas, sans pouvoir alors déroger à ces règles si elles sont sanctionnées par la nullité de l'acte contraire (Cass. com. 4-2-1992 n° 90-15.668 : RJDA 5/92 n° 425 ; Cass. ass. plén. 17-5-2002 n° 00-11.664 : RJDA 8-9/02 n° 861 ; cf. Cass. com. 11-4-2018 n° 16-27.947 FD : RJDA 6/18 n° 532 ; CA Rouen 8-2-1994 : DMF 1994.568 note Tassel) ; le juge ne peut pas leur refuser cette application (Cass. 3e civ. 6-10-2010 n° 09-66.252 : Bull. civ. III n° 179 : à propos de dispositions du CCH mais transposable par analogie à toute autre règle d'ordre public).

En dépit de la solution contraire susvisée de la Cour de cassation (Cass. ass. plén. 17-5-2002, précité), les parties devraient pouvoir alors, à notre avis, **écarter les dispositions d'ordre public** qui ne leur conviennent pas et pratiquer ce qu'il est convenu d'appeler un dépeçage (sur la validité de cette pratique dans le contrat international, n° 16906).

L'ordre public n'a pas pour objet de servir la cohérence des solutions appliquées à une situation donnée. Il n'a pour fonction que de défendre l'intérêt général ou un intérêt individuel digne de protection. Or, lorsque la situation en cause ne relève pas en elle-même du champ d'application de l'ordre public, ni l'un ni l'autre de ces intérêts n'est susceptible d'être lésé puisque la loi n'a pas, par hypothèse, jugé utile de les protéger. Imposer néanmoins l'ordre public alors que les parties sont convenues de l'écarter, c'est donc méconnaître leur liberté, laquelle doit primer (n° 74259).

On relève des applications conventionnelles de l'ordre public en matière de crédit immobilier (Cass. 1e civ. 2-10-2002 n° 99-18.467 : Bull. civ. I n° 230 : soumission de prêts à caractère professionnel aux dispositions dont ils sont exclus par la loi), en matière de statuts locatifs, tant commerciaux (n° 4103) que ruraux (Cass. 3e civ. 10-7-1978 n° 77-11.188 : Bull. civ. III n° 290) ou d'habitation (Cass. 3e civ. 21-9-2005 n° 04-15.063 ; Cass. 3e civ. 13-6-2006 n° 05-12.956) et en matière de transport maritime international avec cette précision que les parties ne peuvent pas alors déroger aux dispositions de la convention de Bruxelles qui sont expressément sanctionnées par la nullité (n° 26003).

2. Les parties peuvent **aménager la sanction** de la disposition d'ordre public qu'elles auraient dû appliquer (voir notamment, à propos de la rupture brutale d'une relation commerciale, n° 15458).

Le juge de la CEDH a posé le principe de cette adaptation considérant qu'une disposition reconnue d'ordre public peut être aménagée jusqu'au point où le droit accordé se trouve atteint dans sa substance même et à condition qu'elle tende à un but légitime et qu'il existe un rapport raisonnable de proportionnalité entre les moyens employés et le but visé (CEDH 24-3-2016 n° 41069/12 : Rev. arb. 2016.som.637).

Sur la solution canadienne validant ce qui est rentable pour une partie et qui ne cause pas de préjudice au cocontractant, n° 10655.

La **liberté de se soumettre à l'ordre public** est toutefois **écartée** si elle aboutit à faire obstacle à l'application d'une autre règle d'ordre public. Ainsi : 74296

– elle ne peut pas priver un tiers d'exercer le droit qu'il tient d'une disposition d'ordre public (Cass. 3e civ. 14-11-2007 n° 06-19.633 : Bull. civ. III n° 209 : droit de la Safer à faire valoir son droit de préemption contre le fermier conventionnellement soumis au statut du fermage) ;

– elle ne peut pas empêcher l'application des règles de la domanialité publique à la location d'un bien qui par sa nature en relève (Cass. 3e civ. 20-12-2000 n° 99-10.896 : Bull. civ. III n° 194, écartant l'adoption du statut des baux commerciaux).

C. Lois supplétives

Les lois dites « supplétives » sont celles, à défaut de dispositions légales les qualifiant, auxquelles les sujets de droit peuvent **déroger** (en ce sens aussi, Terré et Molfessis, Introduction générale au droit, Précis Dalloz 2023 n° 567). Pratiquement, ce sont toutes celles qui ne sont pas d'ordre public (cf. C. civ. art. 6 et 1102, al. 2 ; nos 74250 s.). 74299

Cette déduction a contrario est valable (n° 74772), car elle conduit à appliquer le principe de liberté contractuelle expressément posé par l'article 1102, al. 1 du Code civil, et dont la violation est inconstitutionnelle (n° 10625).

Dès lors que la loi est supplétive, tout sujet de droit peut s'en affranchir. En matière contractuelle notamment, les parties peuvent le faire à tout moment, sans aucune restriction. Il ne saurait en être autrement puisque, par hypothèse, la loi supplétive est censée refléter leur volonté (Terré et Molfessis op. cit.).

D. Autonomie des lois et des règlements

APPRÉCIATION DE L'AUTONOMIE

74300 Bien qu'à la lettre de leurs dispositions certaines lois et certains règlements paraissent appeler une même solution, il faut se garder de se fier à cette apparence et il faut toujours rechercher s'il n'y a pas lieu de donner à telle loi ou à tel règlement une portée précise. Selon une maxime célèbre, la loi cesse, en effet, là où cessent ses raisons. Aussi est-il fréquent que les mêmes mots ou les mêmes locutions figurant dans deux **lois ou** deux **règlements distincts** soient interprétés par les tribunaux avec un sens différent et engendrent des conséquences différentes (voir : Cass. req. 11-12-1944 : D. 1945.213 note Gabolde ; Cass. civ. 23-4-1981 : Bull. civ. III p. 58 ; T. confl. 12-11-1984 : GP 1985.pan.267 ; CE 20-11-1985 : GP 1986.som.315 ; sur la notion variable de « véhicule » selon les lois qui se réfèrent à cet objet, BT 1986.517 ; aussi n°s 74603 et 74806 ; sur les différents sens de l'activité agricole, obs. Lebel sous CE 18-2-2009 n° 300659 : JCP E 2009.1650 ; sur l'adaptation de la notion d'entreprise, Cass. com. 8-2-2017 n° 15-15.005 FS-PB : RJDA 5/17 n° 371).

Les lois et règlements dont la **lettre des dispositions** est **identique ou comparable,** mais qui sont appliqués selon des règles différentes chacun dans son domaine propre, sont dits autonomes.

Les lois et les règlements précisent parfois eux-mêmes le caractère autonome de leurs dispositions en circonscrivant expressément le domaine dans lequel ils doivent être appliqués (par exemple, C. ass. art. L 173-18 sur les règles des assurances des marchandises transportées). À défaut d'une telle indication, le juge détermine lui-même le caractère autonome d'une loi ou d'un règlement en précisant que la signification qu'il donne à tel texte est prise **« au sens »** de ce dernier (n° 74603). Il le fait essentiellement en recherchant si l'autonomie de la règle est plus propice à assurer l'efficacité que la loi ou le règlement lui a fixée (voir TGI Paris 14-12-1984 : JCP G 1985.II.20462 concl. Boittiaux).

L'affirmation de l'**autonomie** d'une loi ou d'un règlement a pour **conséquence** d'exclure l'application des règles de droit commun (n° 74803) aux droits et obligations qui relèvent de cette loi ou de ce règlement et de soumettre ces derniers à des règles spécifiques. Les principales d'entre elles forment des **catégories juridiques** qui sont exposées ci-après dans leurs lignes essentielles.

Remarque. Nous avons estimé utile de renseigner nos lecteurs sur ces caractéristiques bien que cette présentation revête, de prime abord, un caractère didactique, car l'usager du droit est souvent décontenancé d'apprendre que telle solution est valable dans une catégorie et non dans les autres, et vice versa.

DROIT PRIVÉ

74303 Les règles de « droit privé » doivent être appliquées aux droits et aux obligations qui naissent des actes (principalement les contrats) ou des faits (principalement les fautes) accomplis par les particuliers les uns à l'égard des autres. Plus juridiquement, les particuliers sont les personnes physiques et les personnes morales de droit privé.

L'expression « droit privé » est employée par la loi (par exemple, Loi 83-557 du 1-7-1983 art. 15 visant « un statut de droit privé »), les actes de l'UE (par exemple, Règl. CE 1215/2012 du 12-12-2012 art. 60, 3) et par les différentes juridictions (par exemple : Cass. civ. 16-7-1985 : JCP G 1986.II.20595 note Dagot ; CE 26-1-1951 : Lebon 49 ; T. confl. 21-3-1983 : D. 1984.33 note Auby et Hubrecht). Mais il arrive que soit employée dans le même sens la formule « droit civil », car étymologiquement ce droit est celui des « citoyens » (par exemple, art. 6, 1 de la convention européenne des droits de l'Homme ; pour une application, CEDH 30-11-1987 aff. H contre Belgique 1/1986/99/147).

Ces règles s'opposent essentiellement aux règles administratives qui sont relatives aux actes de la puissance publique à l'égard des particuliers (n° 74324) et aux règles disciplinaires qui assurent le bon ordre corporatif de certaines professions ou groupements (n° 74327). Elles sont applicables indépendamment de ces prescriptions administratives ou disciplinaires.

Elles recouvrent :

1. Les **règles civiles,** c'est-à-dire toutes les règles de droit privé qui n'ont pas un caractère commercial ou pénal ; elles forment le « droit commun » et se trouvent, pour l'essentiel, dans le Code civil ;

Le Conseil d'État assimile pratiquement les rapports de droit privé au droit commun (voir notamment sa jurisprudence relative aux relations entre les services publics industriels et leurs usagers qualifiées de contrats de droit commun, CE 18-12-1957 : Lebon 686, puis de rapports de droit privé, CE 21-4-1961 : D. 1962.535 note F. B.). Les dispositions du Code civil relatives à la garantie des vices cachés sont aussi appliquées aux marchés publics de fourniture (CAA Bordeaux 20-10-2015 n° 13BX02416 : BRDA 21/15 inf. 14).

2. Les **règles commerciales** (nos 110 s.) ;

3. Les règles de la **procédure civile** et des **voies d'exécution** (nos 59000 s.).

DROIT PÉNAL

Les règles pénales sont celles qui définissent les agissements qu'elles punissent (infractions classées en crimes, délits et contraventions, C. pén. art. 111-1) et qui fixent les **peines** qui leur sont applicables, lesquelles consistent généralement en des mesures privatives de liberté et en des amendes que peuvent prononcer seulement, selon une procédure spéciale, des juridictions spécialisées dites pénales ou répressives. Elles figurent dans le Code pénal et le Code de procédure pénale. **74306**

La disposition pénale se reconnaît ainsi à son caractère punitif (CEDH 8-6-1995 : JCP G 1996.II.22677 note Bourdeaux ; Avis CE 1-3-1995 : JCP G 1995.IV.2719). Il s'ensuit, notamment, qu'une sanction privative d'un droit peut ne pas être une sanction pénale, mais une « peine privée » (par exemple, l'indignité successorale qui entraîne la perte des droits successoraux, cf. Cass. civ. 18-12-1984 : Bull. civ. I p. 290), une mesure d'intérêt public (par exemple, la faillite personnelle, CA Paris 8-12-1987 : GP 1988.358), une simple interdiction (CE 23-9-1987 : JCP G 1988.II.21052 note Walton), une mesure administrative (Cass. crim. 6-7-1993 : GP 1993.458), voire une « sanction ayant le caractère d'une punition » (Cons. const. 20-7-2012 n° 2012-266 QPC : sur cette décision, D. 2012.2684 note Rousseau). La Cour européenne des droits de l'Homme distingue aussi la détention de sûreté, qui est une peine (CEDH 17-12-2009 n° 17440/90 série A n° 307 A), et la mesure de sûreté, qui n'est qu'une mesure préventive (CEDH 17-12-2009 n° 5335/06), comme une hospitalisation d'office (CEDH 3-9-2015 n° 428/7510 : JCP G 2016 n° 3-6587 obs. Sudre). L'amende pénale, seule à obéir aux règles pénales (CA Nîmes 25-2-2010 n° 07-606 : RDC 2010.1331 obs. Behar-Touchais), ne doit pas être confondue avec d'autres condamnations pécuniaires que les lois ou les règlements qui les instituent appellent aussi « amendes ». Elle se distingue de ces condamnations – qui peuvent être civiles, administratives, disciplinaires, fiscales ou douanières – par son caractère répressif : elle est généralement édictée par une disposition qui précise qu'elle est destinée à « punir » alors que la disposition qui prévoit une amende d'une autre nature dit que le coupable sera « condamné » à une amende ou se verra « infliger » une amende, voire la qualifie expressément de « civile » (par exemple, CPC art. 628). Néanmoins, ces amendes ne doivent pas enfreindre les principes fondamentaux ; la décision qui les prononce doit pouvoir être contestée par un recours devant un tribunal sur le fondement du droit de l'Homme à un procès équitable (CESDH art. 6, 1 ; CEDH 1-9-2016 n° 48158/11 : RJDA 11/16 n° 793), sous peine de refus d'application du texte qui les prévoit (cf. Cass. com. 29-4-1997 : RJF 6/97 n° 641 : à propos d'une amende fiscale, mais susceptible de transposition à des sanctions comparables à celle de l'espèce) et elles doivent être, sur le fondement de l'article 8 de la Déclaration des droits de l'Homme et du citoyen et de l'article 1er du protocole additionnel n° 1 à la CESDH, proportionnelles par rapport au patrimoine du débiteur, ou par rapport au montant de la condamnation principale du débiteur (cf. Cass. 1e civ. 28-1-2009 n° 07-11.729 : Bull. civ. I n° 15, accordant l'exequatur à une condamnation pécuniaire prononcée par un tribunal étranger jugée non disproportionnée).

Indépendamment de ces peines, la victime de l'infraction peut obtenir des **dommages-intérêts** pour le préjudice qu'elle a subi de ce fait en se constituant **partie civile** devant le juge d'instruction (nos 8181 s.). Mais elle ne peut pas obtenir systématiquement la **nullité** de l'acte qui a violé une disposition pénale, pour ce seul motif (n° 15672).

Les **règles pénales** doivent être appliquées en tenant compte des particularités suivantes.

1. Elles doivent étroitement définir les agissements et les peines qui entrent dans leurs prévisions : principe de la **légalité des délits et des peines** (C. pén. art. 111-2 ; Déclaration des droits de l'Homme et du citoyen art. 8 ; CESDH art. 7 ; CEDH 25-9-1993 : GP 1994.477 note Derhy et Junosza-Zdrojewski ; Cons. const. 27-7-2000 : RJDA 12/00 n° 1087 ; CJCE 7-1-2004 aff. 60/02 : Rec. I-665). **74309**

Il s'ensuit notamment que :

– la loi ou le règlement qui édicte une infraction ne peuvent être précisés par une circulaire administrative qui ne peut en aucun cas fonder une condamnation pénale (Cass. crim. 5-1-1988 : Bull. crim. p. 12) ;

– une loi qui institue une infraction mais ne prévoit pas elle-même la peine correspondante ne peut pas être sanctionnée par l'amende applicable en cas de « violation des interdictions ou [...] manquement aux obligations édictées par les décrets et arrêtés de police » (C. pén. art. R 610-5) tant qu'un décret ou un arrêté n'a pas été pris pour son application (cf. Cass. crim. 12-1-1983 : Bull. crim. p. 28, transposable) ;

– la sanction générale prévue par l'article R 610-5 du Code pénal ne concerne que les règlements édictant des infractions de police générale et n'est pas applicable aux règlements relatifs à des mesures de police économique (Cass. crim. 25-5-1978 : Bull. crim. p. 423 ; aussi Cass. crim. 5-3-1987 : GP 1988.som.2) ;

– une loi ou un règlement pénal doivent être appliqués dès lors que les conditions fixées par leurs dispositions sont remplies : aucun usage ni tolérance ne peuvent empêcher l'application d'une disposition pénale (Cass. com. 30-10-1984 : Bull. civ. IV n° 290 ; Cass. crim. 2-4-1998 n° 97-81.805 : Bull. crim. n° 130 ; CA Paris 30-6-1983 : GP 1983.636 note Marchi ; CA Paris 13-2-1992 : RJDA 7/92 n° 697) ; mais les usages peuvent être appliqués à titre subsidiaire, alors même que les parties ne s'y sont pas référées, pour préciser le sens d'une incrimination (CA Paris 10-12-1975 : GP 1976.1.179 ; CA Caen 18-11-1976 : GP 1977.2.som.270 ; T. corr. Besançon 7-5-1976 : JCP G 1977.II.18661) ;

– une disposition pénale ne peut pas être appliquée après son abrogation (n° 74206) ;

– les textes pénaux doivent être clairs et précis (Cass. crim. 1-2-1990 : Bull. crim. p. 153) et ne peuvent pas être appliqués par analogie, la loi pénale étant d'interprétation stricte (C. pén. art. 111-4), le juge ne pouvant suppléer au silence de la loi et prononcer des peines en dehors des cas limitativement prévus par le législateur (Cass. crim. 28-11-1972 : Bull. crim. p. 920 ; Cass. crim. 1-6-1977 : D. 1977.IR.384 ; Cass. crim. 5-2-1990 : Bull. crim. p. 169 ; Cass. crim. 9-11-1993 : RJDA 1/94 n° 111) ; il est interdit au juge de se fonder sur une prétendue erreur matérielle du législateur pour retenir une interprétation contraire à la lettre du texte (Cass. crim. 29-6-2022 n° 21-83.342 F-D) ; le juge doit appliquer strictement les éléments constitutifs de l'infraction (Cons. const. 5-5-1998 : JO 12-5-1998 p. 7092) ;

– les lois et règlements pénaux ne peuvent être rétroactifs, l'interdiction de leur rétroactivité étant constitutionnelle, sauf lorsqu'ils édictent des mesures plus douces que celles en vigueur antérieurement (nos 74450 et 74462) ;

– les lois et règlements pénaux doivent être interprétés de façon autonome ; notamment, les règles de droit civil peuvent être écartées en fonction des besoins de la répression ; par exemple, le délit de destruction de biens nantis est réprimé même si le nantissement n'est pas valable (Cass. crim. 29-3-1973 : Bull. crim. p. 382) ainsi que le délit de détournement d'objets remis en gage, même si le gage n'est pas valable (CA Bordeaux 10-10-2000 : Bull. inf. C. cass. 2001 n° 323) ;

– lorsqu'une infraction est punie par renvoi aux sanctions d'une autre infraction, ces sanctions ne sont pas applicables dans la mesure où elles supposent, comme notamment celles de la récidive, une compatibilité entre les deux incriminations (cf. Cass. crim. 31-3-1900 : Bull. crim. p. 216) et lorsque, à la suite d'une modification, l'infraction dont les peines sont empruntées devient profondément différente de ce qu'elle était au moment où la référence a été établie (cf. CA Rouen 16-1-1962 : S. 1962.257 note Hardy ; T. pol. Mâcon 13-10-1964 : GP 1964.2.418) ; de même, ne sont pas applicables les peines édictées par un texte pour une incrimination établie par un autre texte, dès lors que ce dernier est abrogé (CA Douai 3-12-2004 n° 04-834 : RJDA 8-9/05 n° 993) ;

– les peines applicables aux infractions à la réglementation de l'UE doivent être proportionnelles à l'objectif fixé par cette réglementation (Cass. crim. 5-12-1983 : D. 1984.217 note Casson ; cf. Cass. crim. 15-2-1994 : Bull. crim. p. 145) ;

– une juridiction ne peut prononcer que l'une des peines encourues pour l'infraction dont elle est saisie (Cass. crim. 13-4-2010 n° 09-84.583) ; en matière correctionnelle, les peines doivent être spécialement motivées (Cass. crim. 1-2-2017 n° 15-85.199).

Le **principe** de légalité des délits et des peines ne concerne pas seulement les peines prononcées par les juridictions pénales mais **s'étend** à toute sanction ayant le caractère d'une punition (Cons. const. 28-3-2014 n° 2014-385 QPC ; Cass. 1e civ. QPC 1-3-2017 n° 16-40.278 F-D : application aux peines disciplinaires) ; il fait ainsi obstacle à ce que l'administration inflige une sanction si, à la date des faits litigieux, la règle en cause n'est pas suffisamment claire, de sorte qu'il n'apparaît pas de façon raisonnablement prévisible par les professionnels concernés que le comportement litigieux est susceptible d'être sanctionné (CE 16-12-2016 n° 390234 : Lebon.553).

Mais le principe de légalité n'est pas méconnu par la jurisprudence qui présume que, dans le silence de la loi, une infraction suppose néanmoins un élément moral car s'appliquent de plein droit les dispositions générales de l'article 121-3 du Code pénal aux termes desquelles il n'y a point de crime ou de délit sans intention de le commettre (Cass. crim. 24-9-2019 n° 19-82.252 F-D).

74312 2. Les **coauteurs** et les **complices** d'un crime, d'un délit ou d'une contravention de cinquième classe sont **solidairement** tenus du paiement des dommages-intérêts ; la juridiction saisie peut, spécialement, leur imposer en outre la solidarité pour le paiement des amendes (CPP art. 375-2, 480-1 et 543).

Cette solidarité s'applique aussi à ceux qui ont été déclarés coupables de différentes infractions rattachées entre elles par des liens d'indivisibilité ou de connexité (Cass. crim. 30-11-1987 : JCP G 1988.IV.57 ; Cass. crim. 1-2-1988 : Bull. crim. p. 120).

Mais nul ne peut être condamné s'il n'est **personnellement** coupable (principe de la personnalité des délits et des peines). La preuve de la culpabilité peut résulter, à titre exceptionnel, notamment en matière contraventionnelle, de présomptions dès lors que ces présomptions ne revêtent pas de caractère irréfragable, qu'est assuré le respect des droits de la défense et que les faits induisent raisonnablement la vraisemblance de l'imputabilité (Cons. const. 16-6-1999 : D. 1999.589 note Mayaud).

74315 3. Les infractions pénales sont jugées par les **tribunaux répressifs** conformément aux règles du Code de procédure pénale sous réserve de dispositions spéciales, comme celles concernant la répression de certaines infractions économiques (MCC nos 77000 s.) et conformément aux lois applicables au jour de l'infraction, sauf la rétroactivité des lois plus douces (n° 74462).

L'action pour l'application des peines, dite **action publique,** peut être exercée seulement devant ces juridictions dans les **délais** suivants, à compter du jour où l'infraction a été commise : un an pour les contraventions ; six ans pour les délits ; vingt ans pour les crimes (CPP art. 7, 8 et 9). Mais une infraction continue peut être poursuivie tant qu'elle se perpétue

(Cass. crim. 26-10-1987 : Bull. crim. p. 979 : « fumière » implantée en violation d'un règlement ; Cass. crim. 23-5-1991 : RJS 3/92 n° 379 : traitement automatisé d'informations nominatives en l'absence de déclaration).

L'action publique ne peut plus être exercée lorsque l'infraction, même non prescrite, a été amnistiée (CPP art. 6). L'**amnistie** efface aussi la condamnation prononcée et entraîne, sans qu'elle puisse donner lieu à restitution, la remise de toutes peines (C. pén. art. 133-9 ; cf. Loi 95-884 du 3-8-1995 art. 15 l'appliquant aux mesures de sûreté sauf exclusions expresses ; CA Versailles 18-1-1996 : GP 1996.som.160, l'appliquant aux mesures de sûreté non exclues par la loi précitée). Par ailleurs, l'amnistie ne préjudicie pas aux tiers (C. pén. art. 133-10) et emporte interdiction de révéler les sanctions effacées par elle (C. pén. art. 133-11).

L'action publique est aussi éteinte par la mort du prévenu (CPP art. 6, al. 1) et par la décision d'acquittement à propos des mêmes faits (CPP art. 368).

4. Les décisions répressives ont une **autorité absolue** de chose jugée et s'imposent aux juridictions civiles, administratives et disciplinaires qui doivent surseoir à statuer dans l'attente de la décision pénale lorsqu'elles sont saisies de l'**action civile en dommages-intérêts** (CPP art. 4, al. 2 ; Cass. 2e civ. 10-11-2010 n° 09-14.728 : Bull. civ. II n° 180), ce qui est exprimé par la règle : « Le criminel tient le civil en l'état. » **74318**

Le juge civil ne peut pas opposer l'autorité de la décision pénale qui a rejeté la demande de réparation formée devant lui par une partie civile sur le fondement de la responsabilité du fait des choses, alors que le prévenu a été relaxé par cette décision d'une infraction volontaire (Cass. 2e civ. 20-3-2014 n° 13-16.391 : Bull. civ. II n° 72).

Le sursis à statuer ne peut être demandé par les parties civiles que si elles ont été déclarées recevables, ce qui n'est pas le cas si, s'étant constituées parties civiles, elles ne justifient pas du versement de la consignation fixée ou de sa dispense en application de l'article 88 du Code de procédure pénale (Cass. 2e civ. 20-3-2003 n° 01-11.083 : Bull. civ. II n° 70). Il doit être demandé avant toute défense au fond, cette règle étant applicable à toute demande même si celle-ci ne fait valoir aucun moyen de défense (Cass. 2e civ. 27-9-2012 n° 11-16.361).

En revanche, la mise en mouvement de l'action publique n'impose pas la suspension du jugement des **autres actions** exercées devant la juridiction civile, de quelque nature qu'elles soient, même si la décision à intervenir au pénal est susceptible d'exercer, directement ou indirectement, une influence sur la solution du procès civil (CPP art. 4, al. 3).

Notamment, l'obligation de sursis à statuer ne concerne ni la poursuite d'une voie d'exécution (Cass. 2e civ. 20-11-2003 n° 1580 : RJDA 4/04 n° 474 ; Cass. com. 3-10-2006 n° 1109 : RJDA 2/07 n° 193) ni celle d'une instance relative à un arbitrage international (n° 71048).

Toutefois, le juge peut prononcer le sursis à statuer sur les actions civiles autres que celle en dommages-intérêts jusqu'au prononcé définitif sur l'action publique s'il l'estime opportun, car la disposition susvisée se borne à ne pas imposer la suspension du jugement de ces actions (Cass. soc. 17-9-2008 n° 07-43.211 : RJS 12/08 n° 1232).

L'autorité de la chose jugée au pénal dépend des **conditions** suivantes :

– elle ne résulte que des **décisions de jugement** définitives statuant au fond (Cass. civ. 25-5-1987 : Bull. civ. I p. 126, excluant les ordonnances de non-lieu ; Cass. civ. 12-2-1992 : RJDA 5/92 n° 536, excluant les décisions provisoires prises en référé ; Cass. ch. mixte 10-10-2008 n° 04-16.174 : JCP G 2008.II.10199 note Walther, excluant les décisions des juridictions d'instruction) ;

Elle ne peut pas être opposée aux poursuites exercées en France sur le fondement des décisions rendues à l'étranger lorsqu'elles concernent des faits commis pour l'essentiel en dehors du territoire français (cf. C. pén. art. 113-9 ; CPP art. 692 ; Cass. crim. 17-1-2018 n° 16-86.491 F-D : D. 2018.1243 note Haeri et Munoz-Pons : inopposabilité de la reconnaissance de culpabilité conclue avec le ministère de la justice des États-Unis pour des faits commis sur leur territoire, le prévenu restant libre de ne pas s'auto-incriminer).

– elle ne s'attache **qu'aux éléments constitutifs** de l'infraction poursuivie et ne fait pas obstacle à ce que des éléments étrangers à cette dernière soient soumis à l'appréciation de la juridiction non répressive (Cass. civ. 15-11-2001 : JCP G 2002.II.10130 note Guihal) ;

– elle ne porte **que sur ce qui a été définitivement, nécessairement et certainement décidé** par le juge pénal sur l'existence du fait qui forme la base commune de l'action civile et pénale, sur sa qualification ainsi que sur la culpabilité de celui à qui il est imputé et elle s'étend, par ailleurs, au motif qui constitue le soutien nécessaire de la décision pénale (Cass. com. 9-10-2001 : RJDA 2/02 n° 216 ; Cass. 1e civ. 24-10-2012 n° 11-20.442 ; Cass. 2e civ. 30-6-2016 n° 14-25.070 F-PB : Bull. civ. II n° 181) ;

La décision pénale qui relaxe la partie poursuivie peut être invoquée par elle pour la première fois devant le Conseil d'État statuant en cassation de l'arrêt d'appel qui l'a condamnée pour infraction fiscale, même si le jugement pénal est intervenu postérieurement à la décision de la juridiction administrative frappée de pourvoi devant le Conseil d'État (CE 16-2-2018 n° 395371 : RJF 5/18 n° 536, transposable au pourvoi porté devant la Cour de cassation en raison de l'autorité absolue de la chose jugée au pénal qui s'applique également aux juridictions civiles).

– il n'est **pas nécessaire** qu'il y ait entre l'action pénale et l'action civile identité d'objet et de cause (Cass. civ. 24-6-1998 : JCP G 1998.IV.2877).

L'autorité de la chose jugée ainsi définie **couvre** ce que le juge pénal a jugé sur l'existence du fait incriminé, sa qualification et la culpabilité ou l'innocence de celui à qui ce fait est imputé (Cass. civ. 31-10-1989 : JCP G 1991.II.21693 note Mémeteau ; Cass. 2e civ. 4-6-2009 no 08-11.163 : JCP E 2009.2001 note Algadi).

Par exemple :

– le créateur d'un modèle de vêtement ne peut agir à nouveau en contrefaçon contre le fabricant d'un vêtement identique à celui pour lequel le juge pénal a déjà jugé qu'il n'y avait pas contrefaçon (CA Paris 25-1-1979 : Ann. prop. ind. 1980.40) ;

– le boulanger relaxé du délit d'achat de farine sans factures au motif que les livraisons n'étaient pas établies ne peut être l'objet d'une imposition pour paiement en espèces de ces livraisons (Cass. com. 16-1-1980 : Bull. civ. IV p. 20) ;

– le vendeur relaxé du chef de tromperie sur les qualités substantielles peut être poursuivi en réparation, sur le terrain de l'obligation de délivrance, pour non-conformité du bien vendu, mais pas pour dol (Cass. 1e civ. 6-4-2016 no 15-12.881 : RJDA 7/16 no 584).

Toutefois, l'autorité de la chose jugée au pénal **n'exclut pas** qu'un autre juge statue lorsqu'il ne remet pas en cause la décision pénale en elle-même ; ainsi :

– en principe, l'autorité de la chose jugée au pénal **ne s'impose à l'administration comme au juge administratif** qu'en ce qui concerne les constatations de fait que les juges répressifs ont retenues et qui sont le support nécessaire du dispositif d'un jugement devenu définitif ; la même autorité ne saurait s'attacher aux motifs d'un jugement de relaxe tirés de ce que les faits reprochés ne sont pas établis ou de ce qu'un doute subsiste sur leur réalité ; dans ce cas, il appartient à l'autorité administrative d'apprécier si les mêmes faits sont suffisamment établis et, dans l'affirmative, s'ils justifient l'application d'une sanction administrative ; il n'en va autrement que lorsque la légalité de la décision administrative est subordonnée à la condition que les faits qui servent de fondement à cette décision constituent une infraction pénale, l'autorité de la chose jugée s'étendant alors exceptionnellement à la qualification juridique donnée aux faits par le juge pénal (CE 12-10-2018 no 408567) ;

Déjà jugé antérieurement à l'arrêt susvisé que la constatation au pénal de l'existence d'une décision implicite d'autorisation n'emportait pas pour autant l'existence de cette décision pour engager la responsabilité de l'administration (TA Lyon 9-5-1985 : GP 1985.som.424).

– la victime qui a obtenu condamnation contre une personne sans pouvoir se faire indemniser totalement peut agir à nouveau en réparation **contre une autre personne** qu'elle estime aussi responsable (Cass. civ. 17-5-1993 : RJDA 11/93 no 985) ;

– le **prévenu relaxé** peut être condamné à indemniser la victime de son préjudice dès lors que les juges du fond caractérisent l'infraction (Cass. crim. 7-10-2009 no 08-88.320) ou les manquements du prévenu à ses obligations contractuelles (Cass. 3e civ. 14-4-2010 no 08-21.346 : RJDA 10/10 no 1020) ;

– la déclaration par le juge répressif de l'**absence de faute pénale non intentionnelle** ne fait pas obstacle à ce que le juge civil retienne une faute civile d'imprudence ou la faute inexcusable en cas d'accident du travail (CPP art. 4-1 ; Cass. civ. 30-1-2001 : Bull. civ. I no 19 : sur la faute d'imprudence ; Cass. soc. 12-7-2001 : D. 2001.3390 note Saint-Jours : sur la faute inexcusable) ;

– le juge civil peut souverainement décider que les fautes commises par chacun des trois condamnés à des peines différentes étant d'égale importance, il y a lieu, dans leurs rapports contributifs, de **répartir à parts égales** la charge de l'indemnisation (Cass. 2e civ. 13-9-2018 no 17-14.654 F-PB).

Sauf les exceptions formellement autorisées par la loi, les décisions rendues en matière civile n'ont pas autorité de la chose jugée au regard de l'action publique ; les juridictions répressives saisies de cette action doivent statuer elles-mêmes sur toute question dont dépend, selon elles, l'application de la loi pénale, malgré l'existence d'une décision civile rendue sur cette question (Cass. crim. 10-1-1989 : Bull. crim. p. 22).

74321 **5.** Si une même personne a commis plusieurs infractions et si plusieurs peines de même nature sont encourues, elle ne peut être condamnée qu'à une seule peine de cette nature dans la limite du maximum légal le plus élevé (C. pén. art. 132-3) : règle dite de la **confusion des peines** en cas de concours d'infractions. Toutefois, les peines d'amende pour contraventions se cumulent entre elles et avec celles encourues ou prononcées pour des crimes ou délits en concours (C. pén. art. 132-7).

74322 **6.** Selon la règle « **non bis in idem** », qui n'est pas d'ordre public (Cass. crim. 15-12-2021 no 20-85.924 F-PB), une même personne ne peut pas subir deux condamnations de caractère pénal pour les mêmes faits. Il en est fait application, selon des modalités distinctes, en vertu :

– de la **Constitution** ;

Cette règle ne concerne pas seulement les peines prononcées par les juridictions pénales mais s'étend à toute sanction ayant le caractère d'une punition ; mais il résulte du principe de nécessité des délits et des peines qu'une même personne ne peut faire l'objet de plusieurs poursuites tendant à réprimer de mêmes faits qualifiés de manière identique, par des sanctions de même nature, aux fins de protéger les mêmes intérêts sociaux (Cons. const. 3-12-2021 n° 2021-953 QPC). Tel est le cas du cumul des poursuites administratives et pénales au titre du délit d'initié et du manquement d'initié (Cons. const. 18-2-2015 nos 2014-453/454 QPC et 2015-462 QPC : RJDA 5/15 n° 355) et du cumul de la répression pénale organisée par l'article L 450-8 du Code de commerce et de la répression administrative de l'article L 464-2, V-al. 2 du même Code en cas d'entrave aux enquêtes conduites par l'Autorité de la concurrence (Cons. const. 26-3-2021 n° 2021-892 QPC : RJDA 7/21 n° 527). Mais le cumul concerne des sanctions différentes lorsque la sanction pénale est plus sévère que la sanction administrative (Cons. const. 14-1-2016 n° 2015-513/514/526 QPC : GP 29-3-2016 n° 13 p. 33 note Salles ; rappr. Cons. const. 29-9-2016 nos 2016-570 QPC et 2016-573 QPC : RJDA 1/17 n° 40) ou lorsqu'une sanction est de nature pécuniaire et l'autre une peine d'amende et une peine d'emprisonnement (Cons. const. 3-12-2021, précité). **74322** (suite)

Le cumul est aussi possible, pour les mêmes faits, entre une sanction pénale principale et une sanction pénale complémentaire, le juge devant alors vérifier que les faits retenus présentent le degré de gravité de nature à justifier la répression pénale complémentaire (Cass. crim. 11-9-2019 n° 18-84.144 FS-PBRI : RJF 12/19 n° 1197).

– **du droit de l'UE** ;

En vertu de l'article 50 de la Charte des droits fondamentaux de l'UE, si une procédure à caractère pénal est définitivement close, notamment dès lors qu'une sanction pénale est devenue définitive, des poursuites pénales ne peuvent pas, par la suite, être engagées pour la même infraction contre une même personne et une nouvelle sanction ne peut pas être prononcée ; le caractère définitif de la sanction initiale suppose qu'une décision a été rendue sur la base d'une appréciation relative au fond de l'affaire et que cette décision est devenue définitive (CE 27-6-2022 n° 451423 : RJDA 10/22 n° 601). Ainsi, est contraire à cette disposition une réglementation nationale qui permet d'engager une procédure de sanction administrative pécuniaire de nature pénale contre une personne à laquelle sont imputés des agissements illicites, constitutifs de manipulations de marché, alors qu'une condamnation pénale définitive a déjà été prononcée à son égard et que celle-ci est, compte tenu du préjudice causé à la société par l'infraction commise, de nature à réprimer cette infraction de manière effective, proportionnée et dissuasive (CJUE 20-3-2018 aff. 537/16 : RJDA 10/18 n° 787, 2e esp.).

En revanche, le cumul des sanctions fiscales et pénales est admis à condition que la sanction fiscale ne revête pas un caractère pénal (CJUE 21-2-2013 aff. 332/11) ou lorsque les sanctions ne sont pas appliquées à la même personne (CJUE 5-4-2017 aff. 217/15 et 350/15 : pour une même infraction, sanction fiscale appliquée à une société et poursuite pénale contre son représentant légal) ou encore lorsque la réglementation en cause fixe un objectif d'intérêt général, contient des règles qui assurent une coordination limitant au strict nécessaire la charge supplémentaire qui résulte, pour les personnes concernées, d'un cumul des procédures et prévoit des règles permettant d'assurer que la sévérité de l'ensemble des sanctions prononcées soit limitée à ce qui est strictement nécessaire par rapport à la gravité de l'infraction (CJUE 20-3-2018 aff. 524/15 : RJDA 10/18 n° 787, 1e esp.).

– **de la convention européenne de sauvegarde des droits de l'Homme,** en vertu de laquelle des **procédures pénales** différentes ne peuvent pas être poursuivies devant les juridictions d'un même État (CEDH 20-2-2018 n° 67521/14 ; Cass. crim. 14-3-2018 n° 16-82.117 FS-PB : RJDA 8-9/18 n° 641) pour sanctionner des infractions résultant des mêmes faits ou de faits identiques (CEDH 13-6-2017 n° 41788/11 : GP 2017 n° 26 p. 28 ; CEDH 1-10-2020 n° 37697/13).

Ainsi, a été ordonné l'arrêt des poursuites pénales engagées contre le dirigeant d'une société cotée pour diffusion de fausses informations alors qu'il avait déjà été condamné pour ces faits, sur le fondement d'un autre texte, à une sanction financière par l'Autorité de marché, cette condamnation revêtant un caractère pénal compte tenu non seulement de son montant élevé (5 millions d'euros ramené à 1,2 million d'euros en appel), mais aussi du montant maximal de l'amende encourue en la matière, soit 5 millions, montant qui peut être triplé dans certains cas (CEDH 4-3-2014 n° 18640/10 : RJDA 7/14 n° 638 som.).

Mais des **procédures portant sur l'application de sanctions différentes** peuvent être engagées à l'encontre d'une même personne pourvu qu'elles soient unies par un lien matériel et temporel suffisamment étroit et que les solutions retenues soient proportionnées et prévisibles pour le justiciable.

Cette condition sera plus facilement satisfaite si les sanctions imposables dans la procédure non formellement qualifiée de pénale sont spécifiques au comportement en question et ne font pas partie du « **noyau dur du droit pénal** » (CEDH 15-11-2016 nos 24130/11 et 29758/11 : JCP G 2017 n° 183 note Décima ; sur l'absence d'un lien étroit, CEDH 18-5-2017 n° 22007/11 : JCP G 2017 n° 654 obs. Blay-Grabarczyk ; sur une interprétation stricte du « noyau dur du droit pénal », cf. Cass. crim. 11-7-2017 n° 16-81.797, jugeant que la règle non bis in idem ne s'applique, pour un même fait, ni au cumul de qualifications pénales et douanières ni aux poursuites pénales et disciplinaires).

Mais, **en France,** les solutions européennes ne sont applicables – selon la réserve émise par la France lors de la signature de la convention et qui n'est pas remise en cause par la Cour européenne des droits de l'Homme – que pour les infractions relevant en droit français de la compétence des tribunaux statuant en matière pénale et n'interdisent pas le prononcé de sanctions fiscales parallèlement aux peines infligées par le juge répressif (Cass. crim. 22-2-2017 n° 14-82.526 FS-PB : RJF 6/17 n° 626).

74323 **7.** Tant que l'action publique n'a pas été mise en mouvement, le procureur de la République peut proposer de conclure une **convention judiciaire d'intérêt public** imposant une ou plusieurs des obligations définies à l'article 41-1-2 du Code de procédure pénale à une personne morale mise en cause pour un ou plusieurs délits énumérés audit article.

DROIT ADMINISTRATIF

74324 Toute règle qui régit l'exercice par les personnes publiques (État, collectivités territoriales, établissements publics) des prérogatives de puissance publique est une règle administrative ou de droit administratif.

La puissance publique étant l'expression de la souveraineté nationale, elle attribue aux organes de l'État certaines prérogatives exorbitantes du droit commun et les soumet à certaines sujétions. Ils doivent agir, notamment l'administration, par les voies dictées par la puissance publique, sauf dans le cas et la limite où la puissance publique leur permet d'y déroger (Vedel et Delvolvé : Droit administratif Thémis 1990 p. 35 s.).

Le régime administratif est caractérisé par les règles suivantes :

– les contrats administratifs sont soumis à des règles spéciales qui dérogent au droit commun des contrats (nos 10700 s.) ;

– les règles administratives sont sanctionnées par des dispositions spéciales ; elles n'ont pas en principe d'effets sur les rapports de droit privé : en particulier, leur méconnaissance n'entraîne pas la nullité des contrats (CA Nancy 23-12-1959 : BT 1960.303), pas plus que leur observation n'entraîne la validité de ces derniers (CA Chambéry 12-5-1981 : BT 1982.334) ;

– la responsabilité des personnes morales publiques peut être mise en cause selon des règles propres ;

– les litiges impliquant l'administration doivent être portés devant les tribunaux administratifs et sont jugés selon les règles spécifiques du contentieux administratif ;

– le recouvrement des créances de l'administration sur les particuliers et de celles des particuliers sur l'administration est soumis à des règles distinctes de celles des voies d'exécution du droit privé (nos 60000 s.).

DROIT DISCIPLINAIRE

74327 Les règles disciplinaires ont pour objet d'assurer la bonne conduite (moralité, honnêteté, compétence) des membres de certaines professions (notamment libérales) ou de certains groupements privés (syndicats, associations, GIE, sociétés coopératives ou mutuelles).

À cet effet, elles prévoient l'application de **sanctions** aux contrevenants, qui sont :

– soit d'ordre professionnel : privation de la qualité de membre de la profession, suspension du droit d'exercer la profession, privation du droit de faire partie des conseils de la corporation, exclusion du groupement ;

– soit d'ordre moral : avertissement, blâme, réprimande, censure ;

– soit d'ordre pécuniaire : amende, mais cette mesure est exceptionnelle.

Elles ne peuvent être autrement sanctionnées, en particulier un contrat conclu ou exécuté en infraction à des règles disciplinaires n'est pas en principe annulé (n° 15672) et une faute disciplinaire ne peut pas tomber sous le coup d'une sanction pénale (CA Aix 5-2-1985 : GP 1985.350).

Les règles disciplinaires qui sont relatives à des professions dont le statut est légalement fixé et qui sont organisées en **ordres professionnels,** en pratique certaines professions libérales, ne peuvent être édictées que par l'autorité publique ou l'autorité ayant reçu de la puissance publique un pouvoir exprès (Cass. civ. 29-10-1984 : Bull. civ. I p. 242 ; rappr. CE 31-1-1969 : D. 1969.360 note Guibal).

Les règles disciplinaires qui concernent les **groupements privés** sont librement définies par les statuts de ces groupements à condition de respecter le principe de la liberté d'association et les règles d'ordre public (Cass. civ. 27-10-1981 : Bull. civ. I n° 314 ; Mémento Associations n° 4420).

Les règles disciplinaires ne peuvent être appliquées qu'aux membres du groupement qui s'en prévaut ; en conséquence, est illicite la mise à l'index d'un chef d'entreprise par un syndicat patronal dont l'intéressé n'était pas membre (CA Paris 9-4-1930 : S. 1930.2.116) ; de même, un pharmacien ne peut être frappé d'un blâme pour n'avoir pas respecté des engagements pris par un syndicat auquel il n'avait pas adhéré (CE 16-10-1964 : D. 1965.686).

Les sanctions disciplinaires ne sont pas soumises aux **règles** des sanctions **pénales.** Certes, le Conseil constitutionnel a jugé que le principe de la nécessité des délits et des peines implique qu'il soit appliqué à toute sanction ayant le caractère d'une punition (Cons. const. 28-3-2014 n° 2014-385 QPC), ce qui permettait selon nous d'appliquer à ces sanctions les règles pénales.

Mais cette solution est désormais contraire à la convention européenne des droits de l'Homme au regard de laquelle les sanctions disciplinaires ne relèvent pas, comme telles, de la matière pénale, y compris lorsqu'il s'agit d'infliger aux médecins une sanction d'une certaine sévérité comme l'interdiction de donner des soins aux assurés pendant une période déterminée (CEDH 29-9-2020 nos 59389/16 et 59392/16).

Il s'ensuit, à notre avis, que la jurisprudence ayant affirmé que l'application des règles disciplinaires peut donner lieu à l'exercice simultané ou successif de poursuites pénales reste valable (Cass. 1e civ. 9-4-2015 no 14-50.012 FS-PB : RJDA 11/15 no 802).

Ne mettant pas en cause le principe de la nécessité des délits et des peines, les règles de procédure disciplinaire ne sont pas soumises aux règles de procédure pénale (CE 26-5-1995 : GP 1996.pan.1 ; CA Limoges 24-9-1987 : GP 1987.791).

Les **poursuites civiles** peuvent aussi être cumulées avec les poursuites disciplinaires (Cass. civ. 22-5-1985 no 83-16.529 : Bull. civ. I no 160).

L'article 6 de la convention européenne des droits de l'Homme sur le droit d'être entendu par un tribunal (no 72403) ne s'applique pas à l'organe disciplinaire d'un établissement d'enseignement privé qui n'est pas un tribunal (Cass. 1e civ. 11-3-2010 no 09-12.453 : Bull. civ. I no 60).

DROIT DES SANCTIONS AUTRES QUE PÉNALES

De plus en plus souvent, les manquements à des règles civiles, administratives, disciplinaires, **74328**
fiscales ou douanières sont sanctionnés par des condamnations pécuniaires ou des mesures coercitives, telles que la suspension d'activité. Ces condamnations sont **soumises aux règles pénales** qui assurent la protection des droits et libertés constitutionnellement garantis. Jugé que doivent être notamment respectés :

– le principe de la légalité des délits et des peines ainsi que les droits de la défense, principes applicables à toute sanction ayant le caractère d'une punition, même si le législateur a laissé le soin de prononcer la sanction à une autorité de nature non juridictionnelle (Cons. const. 5-7-2013 no 2013-331 QPC : RJDA 4/14 no 404 som.) ;

– les principes d'indépendance et d'impartialité découlant de l'article 16 de la Déclaration de 1789 (Cons. const. 5-7-2013, précité) ;

– le principe non bis in idem dont la portée est exposée au no 74322.

DROIT INTERNATIONAL PRIVÉ

Le droit international privé est, en dehors du droit de l'UE qui constitue un corps de règles **74330**
autonome (nos 73535 s.), l'ensemble des règles appliquées aux droits et aux obligations qui naissent d'actes et de faits ayant un rapport avec un État étranger, mais ne mettant pas en cause des prérogatives de puissance publique.

L'expression « droit international privé » est visée dans certains textes, par exemple : la convention de Vienne sur la vente de marchandises, art. 1-2 ; le règlement CE 593/2008 du 17 juin 2008 sur la loi applicable aux obligations contractuelles, art. 20.

Sur le droit international public, no 73815.

Le régime international privé est caractérisé par les règles suivantes :

– les contrats internationaux sont soumis à la loi choisie par les parties sous réserve de l'ordre public (nos 16500 s.) ;

– les étrangers jouissent en France, pratiquement, des mêmes droits civils que ceux qui sont accordés aux Français (no 1400) ;

– un Français peut assigner un étranger en France et peut être assigné en France par un étranger (nos 72240 s.) ;

– le jugement d'un tribunal étranger ne peut être, en principe, exécuté en France que s'il a obtenu préalablement la reconnaissance et l'exequatur d'un tribunal français (nos 72415 s.).

E. Responsabilité du fait des lois

Il est possible de demander réparation à l'État du **préjudice qui résulte de l'application d'une** **74350**
loi. Cette responsabilité de l'État, dite « du fait des lois », est toutefois exceptionnelle.

Ont ainsi été indemnisées :

– une société qui était pratiquement la seule à exercer une activité de fabrication de produits dérivés du lait qu'une loi est venue interdire pour favoriser l'écoulement général des produits laitiers (CE 14-1-1938 : D. 1938.3.41 concl. Roujon, connu sous le nom de « jurisprudence La Fleurette ») ;

74350 (suite) – une société qui avait subi les conséquences de l'interdiction du glucose de brasserie dans la fabrication de la bière, alors que cette mesure avait été édictée dans l'intérêt des producteurs de céréales (CE 21-1-1944 : S. 1945.3.13 note A. B.).

Il faut que soient remplies les **conditions** suivantes :

– le préjudice invoqué doit résulter de l'application **d'une loi,** un règlement qui est légalement pris en application d'une loi ne pouvant pas être source de responsabilité pour le préjudice que cause son application (CE 24-10-1984 : Lebon 338) ;

– la réparation du préjudice invoqué ne doit pas avoir été exclue par la loi (pour un exemple de non-exclusion, CE 30-7-2003 n° 215957 : D. 2003.2527 note Guillard) ; cette exclusion peut résulter des travaux préparatoires (cf. CE 22-10-1943 : S. 1945.3.13 note A. B.) ou de l'objet en vue duquel la loi a été édictée (CE 14-12-1984 : GP 1985.pan.262) ; si la loi a pris parti sur la réparation, seules ses dispositions peuvent être appliquées (CE 16-5-1941 : Lebon 89 ; CE 2-7-1952 : Lebon 349) ;

– la mesure légale critiquée ne doit pas tendre à faire **cesser une action illicite** (cf. CE 14-1-1938 : D. 1938.3.41 concl. Roujon ; CE 21-1-1944 précité) ;

– la sujétion créée par la loi doit porter **atteinte à l'égalité de tous devant les charges publiques** ; le préjudice doit être d'une spécialité et d'une gravité telles qu'il en résulte pour le demandeur en réparation un sacrifice personnel qui dépasse la normale des sacrifices imposés par la législation (CE 14-1-1938 et 21-1-1944 précités ; pour des exemples d'insuffisance de spécialité et de gravité du préjudice, CE 3-12-1948 : Lebon 460 ; CE 17-7-1950 : Lebon 447 ; CE 26-10-1962 : RD publ. 1963.79 concl. Heumann) ; une loi, même applicable seulement à certains titulaires de droits ou d'obligations, ne rompt pas l'égalité de tous devant les charges publiques dès lors que des circonstances de fait justifient cette discrimination (Cons. const. 20-7-1983 : Rec. 49) ;

– le sacrifice imposé par la loi ne doit pas être **justifié par l'intérêt général,** comme par exemple la guerre ou la pénurie (CE 16-11-1960 : Lebon 621), la nécessité d'alléger les charges de la sécurité sociale (CAA Lyon 10-10-1990 : JCP G 1991.II.21761 note Lavialle) ou de rationaliser le marché des alcools (CE 8-4-1994 : Lebon 187) ;

Sur la responsabilité de l'État pour défaut de mise en conformité des lois avec les normes de l'UE, n° 73547.

– le requérant doit avoir **épuisé devant les juridictions judiciaires les voies de droit** qui lui sont ouvertes, ce qui n'est pas le cas lorsqu'il pouvait encore interjeter appel et que cet appel n'apparaissait pas comme manifestement voué à l'échec (CE 4-10-1999 : JCP 2000.II.10387 note Faupin).

La responsabilité de l'État est aussi susceptible d'être engagée sur le fondement de la rupture de l'**égalité des citoyens** devant les charges publiques pour assurer la réparation de préjudices nés de **conventions** conclues par la France avec d'autres États et incorporées régulièrement dans l'ordre juridique interne, à la condition, d'une part, que ni la convention elle-même ni la loi qui en a éventuellement autorisé la ratification ne puissent être interprétées comme ayant entendu exclure toute indemnisation et, d'autre part, que le préjudice dont il est demandé réparation, revêtant un caractère grave et spécial, ne puisse, dès lors, être regardé comme une charge incombant normalement aux intéressés (CE 11-2-2011 n° 325253 : Lebon 36 ; CE 20-12-2011 n° 316159 : RJDA 1/13 n° 86).

Est ainsi réparé le préjudice résultant pour une partie de l'impossibilité de poursuivre son cocontractant bénéficiant, en vertu d'une convention internationale, de l'immunité diplomatique, tel un bailleur empêché de récupérer ses loyers (CE 29-10-1976 : Lebon 452) ou un salarié ses salaires (CE 11-2-2011, précité ; pour des refus de réparation à défaut de préjudice spécial : CE 30-3-1966 : JCP G 1967.II.15000 note Dehaussy ; CE 25-3-1988 : Lebon 133).

Sur le même fondement, la responsabilité de l'État peut aussi être retenue pour réparer le préjudice né **d'une décision administrative** (CE 9-5-2012 n° 335613 : Lebon 216).

La responsabilité de l'État est encore engagée si une loi viole les **principes fondamentaux du droit de l'UE** pour réparer l'ensemble des préjudices qui en résultent ; cette responsabilité n'est susceptible d'être engagée que dans des cas exceptionnels où la juridiction nationale statuant en dernier ressort a méconnu de manière manifeste le droit applicable (CJCE 30-9-2003 aff. 224/01 : RJF 12/03 n° 1464 ; CJCE 13-6-2006 aff. 173/03 ; CJUE 28-7-2016 aff. 168/15). Les juridictions françaises reconnaissent que la responsabilité de l'État peut être engagée pour violation du droit de l'UE mais ont, pour le moment, débouté les parties qui l'ont invoquée devant elles (CE 23-7-2014 n° 354365 : RJS 12/14 n° 912 ; Cass. ass. plén. 18-11-2016 n° 15-21.438 : RJDA 8-9/17 n° 599 ; CE 9-10-2020 n° 414423 : RJDA 5/21 n° 354).

De surcroît, est réparable le préjudice subi, pendant le temps où elle était en vigueur, du fait d'une **loi jugée inconstitutionnelle,** sous réserve que le demandeur établisse le lien de causalité entre le préjudice qu'il invoque et la cause d'inconstitutionnalité de la loi retenue par le Conseil constitutionnel (CE 24-12-2019 n°s 425981, 425983, 428162 : RJDA 4/20 n° 258).

F. Territorialité des lois et des règlements

APPLICATION EN FRANCE DES LOIS ET DES RÈGLEMENTS FRANÇAIS

Les lois et règlements français régissent, sauf dispositions contraires expresses, les actes et les faits accomplis sur le territoire français (CA Bordeaux 2-7-1982 : GP 1982.491 ; cf. C. civ. art. 1 et 3). Toutefois, ils ne sont pas exécutoires, même sur le territoire français, lorsqu'ils sont contraires aux dispositions des traités internationaux, sauf réserve de l'ordre public (nos 73803 s.). 74400

Au sens du champ d'application des lois et des règlements, le **territoire français comprend,** sous réserve de dispositions contraires expresses, la France métropolitaine, les départements d'outre-mer et les collectivités d'outre-mer (cf. Constitution art. 72).

Les départements d'outre-mer sont la Guadeloupe, la Guyane, la Martinique, Mayotte et La Réunion. Les collectivités d'outre-mer sont la Polynésie française, Saint-Pierre-et-Miquelon, les îles Wallis-et-Futuna et les Terres australes et antarctiques. La Nouvelle-Calédonie est une collectivité particulière. Des dispositions spéciales propres à chaque loi ou règlement prévoient des adaptations des règles valables pour la France métropolitaine aux départements d'outre-mer et aux collectivités d'outre-mer, voire aux départements d'Alsace-Lorraine.

Sur l'absence de remise en cause sur le territoire français, en vertu de l'ordre public international français, d'une situation juridique totalement étrangère, n° 16680.

NON-APPLICATION EN FRANCE DES LOIS ET DES RÈGLEMENTS ÉTRANGERS

Les lois et règlements étrangers ne peuvent recevoir application sur le territoire français (cf. Cass. civ. 15-11-1983 : Clunet 1984.887 ; CA Paris 26-10-1933 : Rev. crit. 1934.465 ; CA Paris 19-3-1965 : Rev. crit. 1966.85 note Lagarde). 74406

Le seul fait d'accorder l'exequatur à une décision étrangère ne vaut pas application extraterritoriale de la loi étrangère en vertu de laquelle cette décision a été rendue (Cass. civ. 15-11-1983 : Clunet 1984.887).

Néanmoins, les tribunaux français **appliquent** la loi étrangère :

– lorsqu'elle a été régulièrement désignée par les parties à un contrat international (nos 16900 s.) ;

– lorsqu'elle a été éludée à la suite d'une fraude, encore qu'ils se montrent très réservés à user de cette exception au regard des règles relatives au commerce international (CA Reims 25-10-1976 : Clunet 1978.99 note Mayer, pour qui « il n'appartient pas aux juridictions françaises de sanctionner la fraude à la loi étrangère surtout dans le domaine de l'ordre public économique » ; toutefois TGI Paris 12-11-1969 : Clunet 1971.807 note Malaurie, étant observé que la fraude à la loi étrangère ici sanctionnée a servi à protéger l'intérêt national français) ;

– lorsque la violation de cette loi porterait atteinte à « certains principes de justice universelle considérés par l'opinion française comme doués de valeur internationale absolue » ou à défaut à des « normes de justice s'imposant internationalement » (voir CA Paris 19-3-1965 : Rev. crit. 1966.85 note Lagarde) ; il en a été ainsi jugé pour les lois étrangères luttant contre la contrebande (T. civ. Seine 4-1-1956 : Rev. crit. 1956.679 obs. H. B.), la corruption de fonctionnaires étrangers (Cass. com. 7-3-1961 : Bull. civ. III p. 112) ou le trafic d'armes (CA Paris 9-2-1966 : Rev. crit. 1966.264 note Louis-Lucas) ;

– lorsque cette loi édicte des règles qui commandent la mise en œuvre d'une loi ou d'un règlement français : par exemple, pour apprécier la légalité de la décision d'une autorité administrative qui agit au nom d'un service public français dont l'activité s'exerce au-delà des frontières (CE 19-6-1981 : JCP G 1983.II.19926 note Autin).

Les tribunaux français se refusent, par ailleurs, **à statuer sur la légalité d'une loi étrangère** constituant un acte de puissance publique (n° 73815). À défaut de convention contraire, ils ne sont pas non plus compétents pour appliquer les règles de droit public d'un État étranger, même à la demande de celui-ci (CA Paris 20-1-1988 : GP 1988.som.198 : demande de la République du Guatemala fondée sur des textes d'ordre fiscal de cet État).

En tout état de cause, les tribunaux français ont toujours la possibilité d'**évincer** la loi étrangère, même contractuellement acceptée, en usant de l'exception de l'ordre public international français (n° 16650).

Signalons que le règlement CE 2271/96 du 22 novembre 1996 interdit aux personnes qu'il désigne de se conformer aux prescriptions ou aux interdictions prévues par les lois citées à l'annexe de ce règlement, même en l'absence d'instruction des autorités administratives ou judiciaires des pays tiers qui ont adopté ces lois, et visant à en assurer le respect (Régl. CE 2271/96 du 22-11-1996 art. 5 et 11, tel que modifié par le règlement UE 37/2014 du 15-1-2014 et par le règlement délégué UE 2018/1100 du 6-6-2018, lequel modifie l'annexe du règlement CE 2271/96 ; sur les modalités d'application, CJUE 21-12-2021 aff. 124/20 : D. 2022.1076 note Audit et Fekl).

INTERDICTION DU « DISCOVERY » EN FRANCE

Il est expressément interdit de donner effet en France aux lois et règlements étrangers requérant des ressortissants français la communication de documents et de renseignements à des personnes physiques ou morales étrangères (Loi 68-678 du 26-7-1968 ; pour des applications, Cass. crim. 12-12-2007 n° 07-83.228 : RJDA 4/08 n° 477 ; TGI Nanterre 22-12-1993 : Bull. inf. C. cass. 1994 n° 301). 74409

Cette disposition a pour objet de protéger les entreprises françaises contre les mesures d'instruction que les tribunaux des États-Unis sont en droit de requérir pour la recherche des preuves (pratique dite « pre-trial discovery »).

G. Non-rétroactivité des lois et des règlements

PRINCIPE DE NON-RÉTROACTIVITÉ

74450 **Lois concernées** Les lois **pénales** nouvelles qui édictent des sanctions plus sévères que celles antérieurement applicables ne doivent **pas rétroagir** (C. pén. art. 112-1 s.).

La loi pénale rétroactive est inconstitutionnelle (Cons. const. 22-7-1980 : JCP G 1981.II.19603 note Nguyen Quoc Vinh) et contraire à la convention européenne des droits de l'Homme (art. 7), laquelle peut toujours être invoquée pour écarter l'application d'une loi pénale rétroactive promulguée (pour un exemple de loi pénale rétroactive, voir Loi 86-1019 du 9-9-1986 art. 19, al. 2 et Cons. const. 3-9-1986 : Rec. Cons. const. 1986.130, fixant le sens dans lequel cet article doit être entendu pour ne pas violer la Constitution ; aussi Cons. const. 11-12-2008 n° 2008-571 DC : JCP G 2009 n° 52 601 p. 49 obs. Mathieu et Verpeaux).

Une loi pénale ne peut pas devenir rétroactive du seul fait que des autorisations de l'UE modifient les éléments constitutifs d'une infraction et érigent en délits des faits qui n'étaient jusque-là que contraventionnels (Cass. crim. 17-12-1984 n° 83-92.690 : Bull. crim. n° 405).

Les lois **autres** que pénales ne s'appliquent pas, par principe, rétroactivement (C. civ. art. 2 ; CEDH 16-4-2019 n° 19965/06).

Sauf rétroactivité expressément décidée par le législateur, la loi nouvelle ne s'applique **pas** aux **actes** juridiques conclus antérieurement à son entrée en vigueur (Cass. 1e civ. 12-6-2013 n° 12-15.688 : D. 2013.1875 note Marais et Noguéro ; Cass. civ. 24-11-1955 : D. 1956.522, précisant que cette règle peut être invoquée ou retenue d'office à tout moment de la procédure même par la Cour de cassation) ni aux **faits juridiques** survenus antérieurement (Cass. civ. 24-11-1955, précité : non-application de la loi nouvelle à des défauts de paiement antérieurs ; Cass. civ. 21-1-1971 n° 70-10.543 : JCP G 1971.II.16776 note Level : non-application de la loi nouvelle au motif que le fait faisant défaut à son application, inscription au RCS, ne pouvait pas être retenu comme une condition requise avant son entrée en vigueur ; CE 4-5-2016 n° 365466 : Lebon.156 : non-remise en cause d'une confiscation survenue en 1945 et qui avait produit tous ses effets avant l'entrée en vigueur de la Constitution de 1958). Mais elle s'applique immédiatement aux faits juridiques postérieurs (Cass. 1e civ. 3-3-2021 n° 19-19.000 FS-P : RJDA 7/21 n° 454 : application de la loi nouvelle au fait juridique qui est la source d'un enrichissement sans cause).

Une disposition n'est pas rétroactive dès lors qu'elle ne doit être appliquée que dans l'avenir (CE 19-6-1959 : Lebon 373 ; Cass. civ. 3-4-1984 : Bull. civ. I p. 105). Ainsi, une loi qui crée un véritable droit au profit d'une partie en lui conférant un titre nouveau peut être invoquée alors même que ce droit a été refusé à cette partie par une décision de justice devenue définitive (Cass. civ. 15-5-1979 : Defrénois 1980.810 note Breton). Elle ne l'est pas non plus si elle est appliquée à des faits antérieurs à son entrée en vigueur dès lors qu'elle transpose une directive et que les juges en font une exacte application au regard de la finalité de la directive (Cass. com. 20-9-2016 n° 15-12.989 F-D : RJDA 2/17 n° 146).

Sur le contrôle constitutionnel de la non-rétroactivité des lois, Cons. const. 11-12-2008 n° 2008-571 DC, précité, et n° 74203.

La même solution vaut pour les traités (Cass. com. 8-5-1963 : Bull. civ. III p. 190).

Sur l'application du principe de la non-rétroactivité des lois en matière contractuelle, nos 10611 s.

74453 Toutefois, certaines lois **sont valablement rétroactives.**

La rétroactivité est certaine lorsque la loi l'affirme expressément ; elle peut être admise implicitement lorsqu'il résulte des termes mêmes de la loi que le législateur a entendu l'appliquer même aux faits antérieurs à son entrée en vigueur (Cass. com. 6-12-2005 n° 1614 : D. 2006.136 obs. Avena-Robardet ; dans le même sens, CE 28-10-1955 : GP 1955.2.417 ; CE 7-4-1978 : Lebon 694 ; CE 14-12-1979 : Lebon 466).

Un traité peut aussi déroger au principe de non-rétroactivité dès lors qu'il a été ultérieurement ratifié et publié (Cass. civ. 16-2-1965 : Clunet 1965.629 note Level).

Ce sont :

1. Les lois que le législateur a déclarées rétroactives, ce qui suppose le respect des conditions suivantes : la poursuite d'un but d'intérêt général suffisant ; les décisions de justice ayant force de chose jugée ; le principe de non-rétroactivité des peines et des sanctions ; la définition stricte de la portée de la modification ou de la validation (Cons. const. 14-2-2014 n° 2013-366 QPC : RJS 5/14 n° 430). Le législateur peut même déclarer leur application **aux instances en cours** (**lois** souvent dites **« de validation »**), à condition que la rétroactivité soit fondée sur « d'impérieux motifs d'intérêt général », l'exigence d'un procès équitable au sens de l'article 6, 1 de la convention européenne des droits de l'Homme interdisant une ingérence de l'État dans l'administration de la justice (CEDH 28-10-1999 : D. 2000. som. 184 obs. Fricero ; CEDH 9-1-2007 : RJS 4/07 n° 512 et chron. Lhernould p. 299 ; CEDH 12-6-2007 n° 40191-02 : RJDA 3/08 n° 362) et l'article 16 de la Déclaration des droits de l'Homme et du citoyen de 1789 disposant que : « Toute société dans laquelle la garantie des droits n'est pas assurée, ni la séparation des pouvoirs déterminée, n'a point de Constitution » (Cons. const. 19-4-2019 n° 2019-776 QPC). La règle générale tirée de l'article 6, 1 précité s'applique quelle que soit la qualification formelle donnée à la loi et même lorsque l'État n'est pas partie au procès (Cass. ass. plén. 23-1-2004 n° 507 : RJDA 4/04 n° 409 ; rappr. Cass. soc. 13-6-2007 n° 06-40.823 : D. 2007.2439 note C. Pérès ; CE 18-11-2009 n° 307862 : RJDA 2/10 n° 180 ; Cass. 1e civ. 27-6-2018 n° 17-21.850 FS-PBI : RJDA 10/18 n° 790). Mais elle ne s'applique pas lorsqu'une validation législative influe sur un litige futur dont les juridictions ne sont pas encore saisies à la date de l'adoption de la loi (cf. Cass. 1e civ. 27-6-2018 n° 17-21.850, précité).

Une procédure est en cours jusqu'au jour où la décision à intervenir est rendue (Cass. 2e civ. 8-12-2005 n° 1872 : Bull. civ. II n° 310).

2. Les lois qui ne portent pas atteinte aux **principes constitutionnels** (Cons. const. 7-11-1997 : JO 11 p. 16390). Lorsque la loi nouvelle organise **une liberté publique,** elle ne peut remettre en cause les situations existantes que si ces dernières sont illégales ou si les mesures nouvelles sont nécessaires pour assurer la réalisation de l'objectif constitutionnel poursuivi (Cons. const. 11-10-1984 : AJDA 1984.684 note Bienvenu). **74456**

3. Les **lois interprétatives,** qui précisent le sens d'une loi antérieure (cf. Cass. civ. 25-4-1939 : DH 1939.305 ; Cass. civ. 22-6-1983 : Bull. civ. III p. 113). Les lois sont interprétatives lorsque le législateur le dit expressément (notamment, Loi 2018-287 du 20-4-2018 art. 16, I-al. 2) ; à défaut, une loi ne peut être considérée comme interprétative qu'autant qu'elle se borne à reconnaître, sans rien innover, un droit préexistant qu'une définition imparfaite a rendu susceptible de controverse (cf. Cass. civ. 29-10-1912 : D. 1917.1.107 ; Cass. soc. 23-10-1941 : DA 1942.70 ; Cass. soc. 6-3-1958 : Bull. civ. IV p. 238 ; Cass. soc. 13-5-1985 : Bull. civ. V p. 208) ou si l'intention du législateur de préciser et d'expliquer le sens obscur et contesté d'un texte déjà existant est claire et formelle (Cass. soc. 20-3-1956 : GP 1956.1.352). **74459**

Cette intention ne saurait se déduire du seul élément formel de l'incorporation de certaines des dispositions nouvelles à une loi antérieure (T. civ. Wassy 19-1-1954 : GP 1954.1.249) ; il ne peut pas être déduit de l'affirmation du caractère interprétatif de certaines dispositions d'un décret que les autres dispositions ont également ce caractère (Cass. soc. 18-9-1941 : GP 1941.2.537).

La loi interprétative est, d'une part, conforme à l'article 6, 1 de la convention européenne des droits de l'Homme lorsqu'elle répare l'erreur du législateur à l'occasion d'une codification, le juge, en l'appliquant rétroactivement, se bornant à faire coïncider sa lettre avec son esprit (CA Paris 17-10-2001 : RJDA 4/02 n° 392) ; elle est, d'autre part, conforme à la Constitution lorsqu'elle ne porte pas atteinte à la garantie des droits proclamée par l'article 16 de la Déclaration des droits de l'Homme et du citoyen, ce qui est le cas dès lors qu'elle se borne à clarifier les règles d'application dans le temps d'une loi nouvelle, conformément aux principes généraux de droit transitoire, pour mettre fin aux incertitudes juridiques nées du silence de la loi sur ce point et ne porte atteinte à aucune situation légalement acquise (Cass. 1e civ. QPC 13-9-2017 n° 17-13.389 F-PB : GP 2017 n° 41 p. 64 obs. Guiguet-Schielé).

En revanche, **n'est pas interprétative** la loi qui, par exemple, décide que ce ne serait plus la date de nomination à l'emploi de cadre permanent qui servirait de point de départ au délai prévu pour l'affiliation au régime des retraites, mais la date d'affectation à un emploi permanent (Cass. soc. 7-11-1963 : Bull. civ. IV p. 637 ; Cass. soc. 19-6-1963 : GP 1963.2.278 ; voir aussi Cass. com. 2-10-2001 : RJDA 2/02 n° 180).

Les lois interprétatives **s'appliquent** à toutes les situations qui n'ont pas encore été résolues par une décision de justice ayant acquis force de chose jugée (Cass. civ. 22-6-1983 : JCP G 1983.IV.277), mais pas aux faits antérieurs à l'entrée en vigueur du texte qu'elles interprètent (Cass. crim. 23-1-1989 n° 86-96.803 : Bull. crim. n° 25 ; aussi Cass. com. 2-10-2001 : RJDA 2/02 n° 180) ;

Sans être expressément interprétative, la loi nouvelle peut servir à l'interprétation de la loi ancienne (Cass. ass. plén. 9-7-1982 : GP 1982.513 note Massip ; Cass. civ. 27-1-1982 : GP 1982.som.197), pourvu que ce rapprochement ne remette pas en cause des décisions acquises (cf. Cass. ch. mixte 30-4-1971 : GP 1971.2.565) ou n'aboutisse pas à une solution qui serait, dans les faits de l'espèce, nuisible à l'intérêt que la loi entend protéger (Cass. civ. 7-12-1971 : D. 1972.173 note Breton ; dans le même sens, CE 3-3-1967 : AJDA 1967.348 note Liet-Veaux, qui maintient l'autorisation dont avait bénéficié une entreprise en raison de sa conformité aux nouvelles dispositions).

4. Les **lois pénales plus douces,** y compris celles relatives aux contraventions (Cass. crim. 12-7-2016 n° 16-80.001 : Bull. crim. n° 214), si les faits commis avant leur entrée en vigueur n'ont pas encore, à cette date, donné lieu à une décision définitive (C. pén. art. 112-1, al. 3). **74462**

Même le législateur ne peut pas écarter cette rétroactivité (dite « in mitius »), qui est une règle constitutionnelle (Cons. const. 20-1-1981 : JCP G 1981.II.19701 note Franck). Cette rétroactivité doit aussi être appliquée, alors même qu'une loi promulguée l'écarterait, car elle est imposée par le pacte international relatif aux droits civils et politiques (art. 15-1), entré en vigueur pour la France le 4 février 1981 (Décret 81-76 du 29-1-1981 ; pour des applications de ce pacte, CA Paris 12-6-1991 : JCP G 1991.IV.401 ; T. corr. Evry 26-6-2007 : RJDA 11/07 n° 1157) et par la convention européenne des droits de l'Homme (CEDH 17-9-2009 : JCP G 2010 n° 350 p. 64 § 6 obs. Sudre). Elle est aussi applicable à la loi qui met le droit national en conformité avec le droit européen (CJCE 15-10-1980 aff. 387-02 : JCP G 2006.II.10020 note Dubos).

Il s'ensuit, à notre avis (dans le même sens, Huet : JCP G 1989.I.3378), que doit être tenue pour caduque la jurisprudence qui refusait d'appliquer les lois nouvelles en matière de taxation des prix, par exemple, celles supprimant une taxe ou élevant un taux (Cass. crim. 15-6-1944 : DC 1944.116 note Jeantet ; pour un maintien de cette jurisprudence au regard même du pacte susvisé : CA Colmar 18-10-1991 : GP 1992.165 note Pannier), et en matière fiscale ou de change (Cass. crim. 9-1-1974 : Bull. crim. p. 32 ; Cass. crim. 13-11-1989 : Bull. crim. p. 983 ; contra Cass. crim. 20-11-1978 : D. 1979.525 note Culioli et Derrida), ainsi que l'affirmation constante des décisions selon laquelle la rétroactivité de la loi plus douce s'applique en l'absence de prévisions contraires expresses (Cass. crim. 8-2-1988 : D. 1988.475 note Pannier ; Cass. crim. 12-12-1996 : RJDA 3/97 n° 461).

Une loi pénale **est plus douce** lorsqu'elle abaisse le taux d'une peine (Cass. crim. 25-1-1972 : Bull. crim. p. 114) ou ouvre droit à une réduction de cette dernière (Cass. crim. 14-10-2014 n° 13-85.779 : Bull. crim. n° 205 ; Cass. crim. 14-4-2015 n° 15-80.858 : D. 2015. 1307 note Detraz ; Cass. crim. 15-9-2015 n° 14-86.135 : Bull. crim. n° 835), crée une condition ouvrant une possibilité nouvelle d'échapper à l'infraction (Cass. crim. 5-9-2000 : JCP 2001.II.10507 note Chevallier) ou supprime une incrimination (Cass. crim. 21-5-1992 : RJDA 7/92 n° 732 ; Cass. crim. 16-12-2009 n° 09-80.545 : RJDA 4/10 n° 392 ; Cass. crim. 14-10-2014, précité).

Lorsqu'une loi contient des dispositions plus douces et d'autres plus sévères, il y a lieu, si ces mesures sont inséparables les unes des autres, d'apprécier si, dans son ensemble, la loi est ou non plus douce (Cass. crim. 10-5-1961 : Bull. crim. p. 478). L'application rétroactive n'est possible que pour les dispositions plus douces (Cass. crim. 12-1-1994 : RJDA 1/95 n° 85).

Ne constituent pas des dispositions plus douces :

– celles de l'article 314-1 du Code pénal réprimant l'abus de confiance, dont la définition élargie permet de poursuivre l'incrimination d'abus de blanc-seing (CA Grenoble 29-6-1994 : Bull. inf. C. cass. 1994 n° 1159) ;

– celle qui supprime l'obligation sanctionnée et emporte ainsi l'incrimination, car cette disparition n'est pas alors justifiée par la nécessité d'atténuer la répression (CE 16-7-2010 n° 294239 : JCP G 2010 n° 44-1099 p. 2067 note Costa : à propos d'une sanction fiscale mais transposable) ;

– l'accord de retrait du Royaume-Uni de l'UE (Cass. crim. 14-4-2021 n° 20-82.529 F-PI).

Lorsqu'une loi nouvelle **transforme un délit en contravention,** le délai de prescription de l'action publique d'un an (devenu trois) ne se substitue à celui de trois ans (devenu cinq) qu'à compter de la date d'entrée en vigueur de ladite loi, sans toutefois que ce délai puisse excéder celui de la prescription triennale (Cass. crim. 25-2-1988 : Bull. crim. p. 254).

74465 **Règlements concernés** Les règlements ne peuvent pas rétroagir et s'appliquer aux actes et aux faits antérieurs à leur entrée en vigueur (CE 28-5-1984 : GP 1985.pan.47, décret fixant son entrée en vigueur le 1-1-1980 alors qu'il a été publié au JO du 21-9-1980 ; CE 11-6-1993 : GP 1994.pan.20).

Les bénéficiaires ne peuvent pas réclamer l'application d'une mesure rétroactive (CE 22-12-1950 : Lebon 634 ; CE 8-11-1957 : Lebon 594).

Toutefois, les règlements relatifs à l'organisation des campagnes de production de certains produits (par exemple, betterave ou pêche au thon) peuvent en raison de la nature des choses rétroagir (CE 21-10-1966 : AJDA 1967.274 concl. Baudoin ; CE 8-6-1979 : Lebon 269), à la condition qu'aucune réglementation antérieure effectivement applicable n'ait déjà été adoptée (CE 21-10-1966, précité) et que la réglementation nouvelle intervienne avant l'achèvement de la campagne (CE 21-12-1956 : Lebon 493).

Par ailleurs, un règlement peut comprendre des dispositions rétroactives dans la mesure où cette rétroactivité est conforme à l'esprit et au but de la loi (CE 7-2-1958 : GP 1958.1.296). Il le peut aussi si le législateur le décide, le pouvoir réglementaire étant toujours incompétent pour le faire (Cons. const. 24-10-1969 : Rec. 32).

74468 **Non-application des lois et règlements nouveaux aux droits acquis** Une partie peut s'opposer à une situation nouvelle si elle invoque un **droit dont elle a la libre disposition** ; ce n'est **pas** le cas lorsqu'elle soulève un droit acquis au maintien d'une jurisprudence existante (n° 74488) ou de son environnement (Cass. 3e civ. 17-9-2020 n° 19-16.937 F-D : RJDA 1/21 n° 59).

Sous cette réserve, la disposition nouvelle ne rétroagit pas en ce sens qu'elle ne peut, sans motif d'intérêt général suffisant, ni porter atteinte aux situations légalement acquises avant son entrée en vigueur ni remettre en cause les effets qui peuvent légitimement être attendus de telles situations (Cons. const. 12-1-2018 n° 2017-685 QPC : RJDA 5/18 n° 453 ; dans le même sens sur les droits acquis, CRPA art. L 221-4 ; CE 16-6-2008 nos 296578 et 296590 ; Cass. ch. réun. 13-1-1932 : D. 1932.1.18 ; Cass. ch. mixte 13-3-1981 : GP 1981.4 ; Cass. civ. 2-5-1981 : Bull. civ. I p. 145 ; sur l'application de ce principe en droit européen, nos 34704 et 73561).

Ce principe de sécurité juridique, en tant qu'il implique la stabilité et la prévisibilité de la loi, trouve une expression constitutionnelle dans le principe de la garantie des droits, sis à l'article 16 de la Déclaration des droits de l'Homme et du citoyen ; il s'ensuit qu'il est à tout moment loisible au législateur, statuant dans le domaine de sa compétence, de modifier des textes antérieurs ou d'abroger ceux-ci en leur substituant, le cas échéant, d'autres dispositions ; mais ce faisant, il ne saurait priver de garanties légales des exigences constitutionnelles (CE QPC 11-5-2021 n° 450972 : RJF 8-9/21 n° 841).

Toutefois, le **législateur peut** modifier rétroactivement une règle de droit ou valider un acte administratif ou de droit privé, à la condition que cette modification ou cette validation respecte tant les décisions de justice ayant force de chose jugée que le principe de non-rétroactivité des peines et des sanctions et que l'atteinte aux droits des personnes résultant de cette modification ou de cette validation soit justifiée par un **motif impérieux d'intérêt général** ; en outre, l'acte modifié ou validé ne doit méconnaître aucune règle et aucun principe de valeur constitutionnelle, sauf à ce que le motif impérieux d'intérêt général soit lui-même de valeur constitutionnelle ; enfin, la portée de la modification ou de la validation doit être strictement définie (Cons. const. 2-3-2016 n° 2015-525 QPC).

Les conséquences d'un fait intervenu sous l'empire d'une loi tombent sous les dispositions de la loi nouvelle qui ne constituent qu'une suite possible et directe de ce fait (Cass. civ. 16-11-1960 : Bull. civ. I p. 408 : application d'une loi nouvelle fixant une indemnité d'expropriation même si les déclarations d'utilité publique auxquelles cette indemnité se rapporte sont antérieures).

Il y a droit acquis lorsque les actes ou les faits qui se sont produits avant l'entrée en vigueur de la loi nouvelle sont définitivement établis ou ont produit tous leurs effets.

Tel est le cas, notamment :
- d'un contrat formé (Cass. civ. 19-3-1923 : D. 1923.1.44 ; Cass. civ. 22-1-1941 : DA 1941.84) ;
- d'une responsabilité constituée (Cass. civ. 18-7-1967 : D. 1968.297 note Chanveau ; Cass. crim. 18-6-1975 : GP 1975.2.661) ;
- d'une prescription accomplie (Cass. soc. 5-1-1962 : Bull. civ. V p. 7) ;
- d'un droit né à interjeter appel (Cass. civ. 6-11-1974 : Bull. civ. II p. 233) ;
- de la situation juridique définitivement réalisée (Cass. civ. 17-7-1968 : GP 1969.1.16) ;
- d'un acte de saisie régulièrement accompli (Cass. civ. 16-7-1969 : GP 1969.2.281) ;
- de l'opération qui a donné naissance à un droit (CA Paris 15-6-1956 : D. 1956.508) ;
- de l'effet attaché à une présomption légale (CA Lyon 7-11-1955 : GP 1956.1.43), notamment à celle de l'absence qui exclut la remise en cause des droits acquis sans fraude avant que le décès ne soit constaté, quelle que soit la date où il est survenu (C. civ. art. 119 ; Cass. 2e civ. 21-6-2012 n° 11-16.050 : Bull. civ. II n° 114) ;
- du droit reconnu par un jugement, même frappé d'appel (Cass. com. 3-7-1950 : D. 1951.96 ; CA Versailles 12-1-1994 : GP 1994.som.565) ;
- d'une clause résolutoire qui a produit son effet (T. com. Paris réf. 11-12-1986 : GP 1987.377) ;
- de la situation créée par une adjudication (Cass. civ. 17-7-1968 : GP 1969.1.16) ;
- d'une invention de salariés accomplie avant l'entrée en vigueur d'une loi nouvelle (Cass. soc. 25-2-1988 : Bull. civ. V p. 96).

En revanche, n'ont pas de droits acquis, par exemple, les héritiers non réservataires sur les biens donnés par leur auteur, car leurs droits ne naissent qu'à l'ouverture de la succession (CA Paris 27-10-1982 : D. 1983.IR.175 obs. Martin), les parties à une contre-lettre passée en même temps que la vente d'un fonds de commerce et qui n'a été ni payée ni enregistrée (CA Paris 10-6-1937 : D. 1937.413), un salarié à une indemnité de licenciement tant que le contrat de travail n'est pas rompu (Cass. soc. 19-6-1987 : Bull. civ. V p. 254), le liquidateur d'une société en liquidation judiciaire à obtenir la condamnation du dirigeant à supporter, en tout ou partie, l'insuffisance d'actif de la société en raison du caractère facultatif de cette condamnation (Cass. com. 5-9-2018 n° 17-15.031 FS-PBI : RJDA 11/18 n° 858).

APPLICATION IMMÉDIATE DES LOIS ET DES RÈGLEMENTS

Situations en cours de constitution Lorsqu'il n'y a pas droit acquis au sens indiqué ci-dessus (n° 74468), tout ce qui n'a pas eu lieu au jour de l'entrée en vigueur de la loi ou du règlement nouveaux n'existe pas encore. On ne saurait donc, par la nature des choses, soumettre à la disposition ancienne tout acte ou tout fait, défini comme « des agissements ou des événements auxquels la loi attache des effets de droit » (C. civ. art. 1100-2), non survenu au jour de l'entrée en vigueur de la loi ou du règlement quoiqu'il entre dans son champ d'application. **74475**

Il en est ainsi, par exemple, lorsqu'au jour de l'entrée en vigueur de la nouvelle disposition :
- une demande est en cours d'instruction par l'administration (CE 7-3-1975 : Lebon 178) ;
- une autorisation administrative n'a été accordée que pour la phase initiale d'une opération (CE 29-6-1962 : Lebon 432 concl. Ordonneau : l'autorisation d'accepter une commande d'armement laisse entière la possibilité de refuser l'autorisation d'exporter l'armement commandé) ;
- l'existence d'un droit est soumise à un terme suspensif (T. par. baux ruraux de Saint-Brieuc 18-3-1985 : GP 1985.293).

Situations statutaires La loi ou le règlement nouveaux s'appliquent immédiatement aux effets à venir des actes ou des faits accomplis avant leur entrée en vigueur dès lors que les situations qui en sont issues sont entièrement **définies par la loi ou le règlement,** et qui donc sont des situations non contractuelles (n° 10335). **74478**

Il importe peu que l'accomplissement de ces actes ou faits ait supposé une manifestation de volonté des intéressés si celle-ci n'est pas de nature à engendrer un droit acquis (cf. CE 13-2-1985 : Lebon 39 ; CA Paris 15-6-1956 : D. 1956.508 ; CA Orléans 17-10-1956 : GP 1957.1.15 ; CA Paris 26-11-1968 : D. 1969.459 note de la Marnierre) ; sur les droits acquis, nº 74468.

La règle s'applique même lorsque semblable situation fait l'objet d'une instance judiciaire (Cass. 2e civ. 7-5-2003 nº 01-16.554 : JCP G 2003.II.10135 note Desgorces ; Cass. 3e civ. 23-3-2017 nº 16-11.081 FS-PBI : RJDA 12/17 nº 858) ; à notre avis, l'application devrait être justifiée par l'intérêt général (nº 74453).

Cette solution a été appliquée, par exemple :

– aux lois modifiant l'état et la capacité des personnes (CA Paris 26-11-1968, précité) ;

– aux lois ou règlements modifiant la législation et la réglementation générale concernant une activité (CE 16-4-1947 : Lebon 525 ; CE 13-10-1967 : Lebon 366 ; Cass. civ. 14-3-2000 nº 97-17.782 : Bull. civ. I nº 91) ;

– à l'exercice du droit de préemption d'une Safer (Cass. civ. 13-11-1984 : GP 1985.pan.372) ;

– aux indivisions non conventionnelles (Cass. 1e civ. 15-1-2014 nº 12-28.378 : RJDA 5/14 nº 488) ;

– aux effets légaux des contrats visés nº 10335 (Cass. com. 18-11-2020 nº 19-13.402 FS-PB) ;

– aux lois de procédure, immédiatement applicables aux instances en cours à leur date d'entrée en vigueur, sous réserve de ne pas priver de leurs effets les actes qui ont été régulièrement accomplis sous l'empire du texte ancien (cf. Cass. 3e civ. 25-3-2021 nº 20-10.947 FS-P : RJDA 6/21 nº 434).

La règle ne s'applique pas aux situations existantes lorsque la loi a pour objet de soumettre à réglementation le lancement d'une activité qui jusque-là n'était pas soumise à des prescriptions particulières (par exemple, CE 23-12-1964 : Lebon 655).

Toute dérogation à l'application immédiate de la loi nouvelle doit être restrictivement interprétée (cf. Cass. ass. plén. 3-4-1962 : GP 1962.1.391).

74481 **Contrats en cours** La loi nouvelle ne peut être appliquée à des contrats en cours que dans des conditions limitées : nos 10611 s.

ACTES DE L'UE

74485 En principe, un acte de l'UE (sur ces actes, nos 73535 s.) n'a pas d'effet avant sa publication (nos 73612 s.), lorsqu'il établit une **règle de fond,** sauf s'il ressort clairement de ses termes, finalités ou économie qu'un effet rétroactif doit lui être attribué ; en revanche, lorsqu'il pose une **règle de procédure,** il est applicable à tous les litiges pendants au moment où il entre en vigueur (TPICE 28-1-2004 aff. 180/01 : Rec. II-369).

Il peut, cependant, être **rétroactif à titre exceptionnel** dans les conditions suivantes.

1. Une mesure nouvelle ne peut pas retirer à un intéressé un **droit acquis,** car elle serait contraire aux principes généraux du droit (CJCE 22-9-1983 : Rec. 2711).

Une entreprise ne peut pas se prévaloir d'un droit acquis au maintien d'un avantage résultant pour elle de la mise en place de l'organisation commune des marchés et dont elle a joui à un moment donné (CJCE 27-9-1979 : Rec. 2749) ni à la poursuite d'une procédure devant une autorité préalablement désignée (CJCE 24-2-1987 : Rec. 841).

2. Le fait que l'acte ait des **conséquences** favorables ou défavorables pour les intéressés est indifférent (CJCE 29-1-1985 : Rec. 327 ; Cass. com. 22-10-2002 nº 1692 : RJDA 1/03 nº 99).

3. Il faut qu'il **ressorte clairement** des termes, de la finalité et de l'économie d'une règle de l'UE qu'un effet rétroactif doit lui être attribué (CJCE 22-2-1984 : Rec. 1075 ; CJCE 1-4-1993 : Rec. 1885 ; CJCE 26-4-2005 aff. 376/02 : Rec. I-3445).

4. La mesure rétroactive doit être, au besoin, assortie d'une **période de transition.**

Par exemple, l'application rétroactive d'un délai de forclusion imparti pour la présentation de demandes de remboursement d'indu plus court que le précédent doit être assortie d'une période de transition suffisante pendant laquelle les demandes portant sur des sommes versées avant l'entrée en vigueur du texte instaurant le nouveau délai peuvent encore être présentées sous le régime de l'ancien délai (CJCE 24-9-2002 aff. 255/00 : RJF 12/02 nº 1422, jugeant la période de transition insuffisante).

5. Le droit de réclamer la protection de la **confiance légitime** constitue un des principes fondamentaux de la Communauté (devenue l'Union), qui doit être dûment respecté (CJCE 26-4-2005, précité). Ce droit appartient à tout particulier qui se trouve dans une situation de laquelle il ressort que l'administration de l'UE, en lui fournissant des assurances précises, a fait naître chez lui des espérances fondées ; en revanche, nul ne peut invoquer une violation de ce principe en l'absence d'assurances précises que lui aurait fournies l'administration (TPICE 16-3-2005 aff. T-283/02 : Rec. II-947 ; pour des applications, CJCE 27-4-1978 : Rec. 995 ; Cass. com. 20-11-2007 nº 06-11.457 : RJDA 5/08 nº 598) ou en cas de violation manifeste de la réglementation en vigueur (CJCE 14-7-2005, aff. 65/02 et 73/02 : Rec. I-6773).

La confiance légitime n'est **pas violée** par la survenance d'une mesure nouvelle :

– lorsque la prise d'effet de la mesure nouvelle est fixée au quinzième jour après celui de sa publication et surtout lorsque les intéressés ont été avertis à l'avance de l'adoption de cette mesure (CJCE 8-6-1977 : Rec. 1063) ;

– lorsqu'un opérateur économique prudent et avisé est à même de prévoir l'adoption d'une mesure de l'UE destinée à contrecarrer des situations évidentes de crise (TPICE 7-7-1999 : Rec. II-2161) ;

– lorsqu'il ressort de la motivation d'un règlement qu'il a été adopté à titre conservatoire et dans l'attente d'une décision à prendre d'urgence par le Conseil des ministres (CJCE 13-6-1978 : Rec. 1347) ;

– alors que le délai prévu pour la mise en œuvre d'une directive n'est pas expiré (CJCE 5-4-1979 : Rec. 1629) ;

– lorsque les opérateurs économiques ne sont pas justifiés à placer leur confiance légitime dans le maintien d'une situation existante qui peut être modifiée dans le cadre du pouvoir d'appréciation des institutions de l'UE, et cela spécialement dans un domaine comme celui des organisations communes de marché, dont l'objet comporte une constante adaptation en fonction des variations de la situation économique (CJCE 8-2-2000 : Rec. I-675).

Sur la reconnaissance par le Conseil d'État du principe de la confiance légitime, n° 74350.

DÉCISIONS DE JUSTICE

Il a été catégoriquement affirmé que « nul ne peut se prévaloir d'un droit acquis à une jurisprudence figée » (Cass. civ. 9-10-2001 : D. 2001.3470 rapport Sargos note Thouvenin ; Cass. crim. 30-1-2002 : D. 2002.654 ; Cass. 3e civ. 2-10-2002 n° 1433 : RJDA 2/03 n° 214 ; CEDH 18-12-2008 : RJS 6/09 n° 596). **74488**

Il s'ensuit qu'un pourvoi est recevable contre une décision qui s'est conformée à une décision concordante avec une jurisprudence précédente, dès lors qu'une nouvelle jurisprudence a été consacrée, et aussi longtemps qu'un recours est ouvert contre la décision sur renvoi (Cass. ass. plén. 2-4-2021 n° 19-18.814 PR : RJDA 6/21 n° 442).

Est aussi recevable l'action de tout justiciable tendant à contester la constitutionnalité de la portée qu'une interprétation jurisprudentielle confère à une disposition législative, à la condition que cette interprétation résulte d'une jurisprudence constante et donne une portée effective à la disposition concernée (Cass. 1e civ. QPC 15-10-2020 n° 20-11.694 F-D).

L'exigence d'un procès équitable au sens de l'article 6, 1 de la convention européenne des droits de l'Homme ne fait pas obstacle à la validité du **revirement** de jurisprudence (Cass. 1e civ. 12-11-2020 n° 19-16.964 FS-PB : RJDA 4/21 n° 284), mais à la condition qu'il s'agisse réellement d'un tel revirement. Il n'en est ainsi que si la nouvelle jurisprudence n'était pas prévisible (Cass. crim. 25-11-2020 n° 18-86.955 FS-PBI : RJDA 2/21 n° 96) et modifie une jurisprudence bien établie (CEDH 30-8-2011 n° 32820/08 : D. 2011.2283.som.) ; cette condition s'apprécie ainsi : d'une part, le revirement n'est effectif que si la décision en cause ne se contente pas de faire état de la nouvelle solution mais donne « des raisons substantielles » pour l'expliquer (CEDH 14-1-2010 n° 36815/03 : JCP G 2010 n° 30-859 p. 1588 ; pour une application de cette condition, Cass. com. 12-5-2021 n° 18-15.153 FS-P) et, d'autre part, il peut ne pas être appliqué à l'espèce jugée dès lors que sa mise en œuvre dans une instance en cours aboutirait à priver la victime d'un accès au juge (sur des privations d'accès au juge : Cass. ass. plén. 21-12-2006 n° 00-20.493 : RJDA 10/07 n° 1051 ; Cass. com. 13-11-2007 n° 05-13.248 : D. 2007.3010 obs. Lienhard ; Cass. com. 26-10-2010 n° 09-68.928 : Bull. civ. IV n° 159 ; Cass. com. 21-3-2018 n° 16-28.412 FS-PBI : RJDA 7/18 n° 607 ; sur l'existence d'un accès au juge : CEDH 26-5-2011 n° 23228/08 : JCP G 2011 n° 25-730 p. 1213 obs. Marais).

Dans le même esprit, au nom de la protection du droit au recours et de la sécurité juridique, le Conseil d'État accepte de priver d'effet rétroactif un revirement de jurisprudence (CE 16-7-2007 n° 291545 : RJDA 10/07 n° 961 ; CE 22-12-2008 n° 313677 : RJDA 8-9/09 n° 728 ; CE 17-12-2014 n° 369037 : Lebon 392), solution confirmée par le Tribunal des conflits (T. confl. 9-3-2015 n° 3984 : RJDA 7/15 n° 540).

Le Conseil constitutionnel reporte les effets d'une déclaration d'inconstitutionnalité si une application immédiate de sa décision aurait pour effet de supprimer une liberté fondamentale (Cons. const. 5-10-2016 n° 2016-579 QPC : RJS 1/17 n° 38 : suppression de toute représentation syndicale commune aux agents de droit public et aux salariés de droit privé au sein du groupe de la Caisse des dépôts et consignations ; dans le même sens, Cons. const. 30-9-2016 n° 2016-571 QPC : RJF 12/16 n° 1108 ; Cons. const. 2-12-2016 n° 2016-600 QPC). Le report peut être assorti de directives ou de réserves d'interprétation qui conduisent, en quelque sorte, le Conseil constitutionnel à édicter des dispositions transitoires (Cons. const. 4-11-2016 n° 2016-594 QPC ; Cons. const. 16-9-2016 n° 2016-566 QPC ; Cons. const. 21-10-2016 n° 2016-588 QPC).

La Cour de cassation admet que l'application d'une jurisprudence nouvelle ne doit pas préjudicier à un demandeur qui ne pouvait raisonnablement anticiper le revirement, modifiant ici le point de départ d'une prescription, et le priver du droit à l'accès au juge (Cass. 1e civ. 19-5-2021 n° 20-12.520 FS-P : RJDA 10/21 n° 698 ; pour un exemple de privation à l'accès au juge : Cass. 2e civ. 20-5-2021 n° 19-22.316 F-P ; pour un cas de refus de tenir pour une faute imputable à un notaire le fait de n'avoir pas prévu le revirement qui lui était opposé : Cass. 1e civ. 25-11-1997 n° 95-22.240 PBR).

La **Cour de justice de l'UE** admet aussi, à titre exceptionnel, en tenant compte des troubles graves que son arrêt pourrait entraîner pour le passé, de limiter la possibilité pour tout intéressé d'invoquer l'interprétation qu'elle donne d'une disposition du droit de l'Union ; toutefois, les conséquences financières qui pourraient résulter pour un État membre d'un arrêt rendu à titre préjudiciel ne justifient pas, par elles-mêmes, la limitation des effets de cet arrêt dans le temps (CJUE 29-7-2010 aff. 577/08 : Rec. I-7471).

Mais le revirement de jurisprudence ne peut pas vider de toute substance l'espérance légitime des requérants de se voir reconnaître une créance (CEDH 4-2-2014 nº 29932/07 : JCP G 2014 nº 28-832 § 19 obs. Sudre ; Cass. 2e civ. 29-9-2022 nº 21-14.681 F-B).

SECTION 5 APPLICATION DES LOIS ET DES RÈGLEMENTS

A. Application des qualifications juridiques

OFFICE DU JUGE

74600 Lorsque des actes ou des faits litigieux sont soumis à son jugement, le juge doit déterminer, avant toute autre chose, leur qualification pour ensuite rechercher la loi ou le règlement qui doit leur être appliqué (CPC art. 12, al. 1 et 2).

IDENTIFICATION DES QUALIFICATIONS

74603 Généralement, une loi ou un règlement fixe les qualifications en précisant leur appellation, leurs critères d'identification et leurs effets ; le Code civil, notamment, en comporte plusieurs répondant à ces conditions (par exemple, art. 1582 s. sur la vente, 1709 s. sur le bail, 1915 s. sur le dépôt, etc.).

À défaut, il incombe au juge de le faire (pour des exemples : contrat administratif nos 10700 s. ; concession nº 21910 ; contrat international nº 16500 ; commission de transport nos 24003 s.).

Les qualifications ainsi posées sont, au premier abord, définies conformément au **sens étymologique** et inhérent au terme utilisé pour les exprimer. Par exemple, le transport a été défini comme le déplacement d'objets effectué sous la maîtrise complète de l'auteur du déplacement (Cass. com. 23-1-1973 : BT 1973.366 ; CA Paris 31-5-1977 : BT 1977.298).

Mais cette définition de la qualification n'est pas nécessairement celle qui doit être retenue en tout état de cause ; elle doit bien souvent être **corrigée** en fonction des **objectifs** de la réglementation ; pour exprimer cette correction les décisions de justice précisent souvent que la qualification est fixée **« au sens »** de telle règle.

Jugé, par exemple, que :

– la construction d'un navire comporte certes une exécution d'actes qui par leur « nature » participent de la prestation de services, mais constitue « juridiquement » une vente de chose future (CA Rennes 29-9-1983 : GP 1985.330 note Rusquec) ;

– un organisme est une juridiction « eu égard à la nature de la matière » dans laquelle il intervient (CE 12-12-1953 : AJDA 1954.II.138 note de Soto) ; mais il ne l'est pas dès lors que ne se déroule pas devant lui une instance au sens des Codes de procédure civile, pénale ou administrative (CA Paris 19-1-2010 nº 09-6049).

Pour d'autres exemples de qualifications en fonction du sens de la loi, nos 72043, 74300 et 74806.

APPLICATION DES QUALIFICATIONS

74606 Le **juge doit** donner ou restituer aux actes et aux faits litigieux leur exacte qualification, sauf si les parties l'ont expressément lié sur une qualification dont elles ont la libre disposition (nos 10025 s. et 71910).

Lorsque l'acte ou le fait litigieux présente un **caractère international** (nº 16500), le juge français fixe la qualification à retenir conformément à la loi française (Cass. civ. 22-6-1955 : D. 1956.73 note Chavrier ; Cass. civ. 2-3-1966 : Bull. civ. I nº 152 ; Cass. com. 22-5-2013 nº 11-26.503 FS-D : RJDA 11/13 nº 942 ; CA Paris 12-7-1982 : GP 1982.som.399), qualification dite selon **la loi du for.**

Cette règle peut être tenue pour universelle mais en gardant conscience qu'elle peut être remise en cause si elle aboutit à une violation de l'ordre public international du juge saisi aux fins d'exequatur du jugement ou de la sentence arbitrale fondée sur la qualification ainsi retenue.

Toutefois, si l'acte ou le fait met en jeu une **règle de l'UE,** la qualification doit être conforme aux exigences des prescriptions de l'UE, car elle doit être la même dans tous les pays de l'UE (CJCE 29-4-1982 : Rec. 1331).

B. Interprétation des lois et des règlements

1. POUVOIR D'INTERPRÉTATION DU JUGE

OBLIGATION D'INTERPRÉTER INCOMBANT AU JUGE

Le demandeur en justice est en droit d'obtenir du juge la réponse appropriée à la question qu'il lui pose (cf. C. civ. art. 4 ; CPC art. 12, al. 1). **74700**

Le défaut de réponse de la part du juge constitue un **déni de justice,** réprimé pénalement (C. pén. art. 434-7-1) ; sur la compétence du juge français quant au risque de déni de justice, n° 72283 ; sur le déni de justice commis par un arbitre, n° 71063.

Commet, par exemple, un déni de justice le juge qui rejette l'action d'un créancier contre sa caution en raison de l'impossibilité de chiffrer la créance (Cass. com. 12-10-2022 n° 21-16.291 F-D).

Écarte a priori un déni de justice l'immunité de juridiction car elle ne prive pas les parties demanderesses d'accès à un for, leur action pouvant être portée devant les juridictions de l'État défendeur dont le manque d'indépendance et d'impartialité ne peut être présumé (Cass. 1e civ. 6-11-2019 n° 18-16.437 F-D : PA 2020 n° 48-9 note Noual).

Le juge saisi doit donc « se livrer aux recherches et interprétations des textes légaux et réglementaires » applicables à l'espèce (Cass. civ. 12-6-1929 : GP 1929.2.541 ; Cass. soc. 11-10-2005 : D. 2006.214 note Waquet) ; il ne saurait rejeter une demande au motif que son auteur n'aurait pas précisé son fondement juridique (CA Paris 25-4-1986 : GP 1987.800) ni sous prétexte qu'aucune des parties revendiquant la propriété d'un même terrain n'a prouvé la supériorité de son droit et que les données de l'expertise ne permettent pas d'appliquer les titres sur le terrain (Cass. civ. 16-4-1970 : D. 1970.474 note Contamine-Raynaud) ou que le demandeur ne l'a pas mis en mesure de fixer le montant de la créance qu'il réclame, les décomptes qu'il fournit ne le lui permettant pas, alors qu'il pouvait ordonner une mesure d'instruction pour évaluer le montant d'une obligation dont il avait constaté l'existence en son principe (Cass. 1e civ. 20-2-2019 n° 18-11.279 F-D).

Mais le juge ne doit **pas** interpréter **au-delà** de ce qui est strictement nécessaire à la solution du litige qui lui est soumis ; ainsi :

- il ne peut pas fixer **à l'avance** et d'une façon générale la solution qu'il appliquera dans l'avenir pour résoudre un certain genre de contestation (C. civ. art. 5 prohibant les arrêts de règlement ; Cass. soc. 18-3-1955 : Dr. social 1955.495 ; Cass. civ. 16-6-1955 : Dr. social 1955.526 ; Cass. com. 13-1-1971 : JCP G 1971.II.16932 note Hauser ; CA Poitiers 1-2-1984 : BT 1984.600 ; voir toutefois, Cass. 2e civ. 13-6-2013 n° 12-22.170 : JCP G 2013 n° 1170 note Robert) ;
- il ne peut pas, sous couvert de la recherche du sens d'un texte, se livrer à une **appréciation** des **mérites** de ce texte, cette tâche étant l'œuvre exclusive du législateur (cf. Cons. const. 15-1-1975 : Rec. 19 ; Cass. com. 2-6-1977 n° 76-11.126 : Bull. civ. IV n° 159, reprochant au juge de ne pas avoir appliqué les articles L 133-3 et L 133-6 C. com., au motif qu'au regard des relations d'affaires existant entre les intéressés ces textes étaient d'un formalisme étroit ; Cass. civ. 19-1-1983 : GP 1983.pan.173, cassant une décision fixant arbitrairement le montant d'une dette dans un souci d'apaisement et devant l'impossibilité de statuer en connaissance de cause) ;
- il ne peut pas interpréter un texte clair (Cass. civ. 22-11-1932 : DH 1933.1.2 ; voir aussi Cass. civ. 3-3-1981 : GP 1981.pan.270 ; CA Aix 20-5-1977 : D. 1978.IR.5 ; CA Rouen 13-11-1984 : Clunet 1985.473 note Oppetit).

La **Cour de cassation** peut être **saisie pour avis** par les juridictions de l'ordre judiciaire, par une décision non susceptible de recours, sur une question de droit nouvelle présentant une difficulté sérieuse et se posant dans de nombreux litiges ; elles peuvent, dans les mêmes conditions, solliciter l'avis de la Cour de cassation avant de statuer sur l'interprétation d'une convention ou d'un accord collectif présentant une difficulté sérieuse et se posant dans de nombreux litiges ; l'avis de la Cour ne lie pas la juridiction qui l'a demandé (C. org. jud. art. L 441-1 et L 441-3).

Le **recours pour excès de pouvoir** peut être exercé contre une décision d'une autorité administrative interprétative des lois et règlements qui méconnaît le sens et la portée de leurs prescriptions ou qui contrevient à la hiérarchie des normes juridiques (CE 18-6-1993 : Lebon 178).

INTERPRÉTATIONS IMPOSÉES AU JUGE

74705 Le juge judiciaire ou administratif ne peut pas interpréter la loi dans trois cas.

1. Lorsque le **Conseil constitutionnel** a précisé le sens dans lequel une loi est conforme à la Constitution, sous les réserves qu'il a pu être conduit à formuler pour en admettre la conformité (Cons. const. 12-1-2002 n° 455 DC : RJDA 4/05 n° 490), le juge doit interpréter la loi dans le sens indiqué par le Conseil, les réserves d'interprétation formulées étant revêtues de l'autorité de la chose jugée (CE 15-5-2013 n° 340554).

Les décisions du Conseil constitutionnel ne sont susceptibles d'aucun recours et s'imposent aux pouvoirs publics et à toutes les autorités administratives et juridictionnelles (Constitution art. 62). L'autorité des décisions du Conseil constitutionnel s'attache au dispositif et aux motifs qui en sont le soutien nécessaire, mais seulement en ce qui concerne le texte soumis à l'examen du Conseil (Cass. ass. plén. 10-10-2001 : RTD civ. 2002.169 obs. Molfessis). La méconnaissance de cette autorité est, certes, sans sanction puisque les décisions de la Cour de cassation et du Conseil d'État sont sans recours. Mais les deux juridictions ainsi que les cours d'appel tiennent compte des décisions du Conseil constitutionnel (Cass. crim. 25-4-1985 : D. 1985.329 concl. Dontenwille ; CE 20-1-1988 : AJDA 1988.223 concl. Vigouroux ; CE 11-3-1994 : JCP G 1994.II.22350 note Rouault ; Cass. soc. 25-3-1998 : Bull. civ. V n° 175 ; CA Paris 16-3-1994 : GP 1994.432 obs. Jobard note J.-P. M. ; CA Douai 30-3-2000 : JCP G 2002.I.182 n° 43).

2. Lorsque la norme à interpréter est une **norme européenne** (droit de l'UE), la Cour de cassation et le Conseil d'État doivent, en présence d'une difficulté soulevée, surseoir à statuer et demander à la Cour de justice le sens qu'il convient de retenir (TFUE art. 267, al. 3 ; Cass. com. 20-1-1987 : Bull. civ. IV p. 14 ; CJUE 4-10-2018 aff. 416/17 : RJF 12/18 n° 1299 : condamnation de la République française pour manquement du Conseil d'État à poser une question préjudicielle en matière fiscale) ; le Conseil constitutionnel se considère aussi tenu de solliciter la Cour de justice (Cons. const. 4-4-2013 n° 2013-314 QPC : D. 2014.1517 obs. Jacquinot et Mangiavillano).

Toute autre juridiction a la faculté de poser une question préjudicielle d'interprétation (TFUE art. 267) ; elle le fait valablement dès lors qu'elle ne commet pas un abus de pouvoir à cette occasion (Cass. 1e civ. 18-11-2015 n° 14-26.482 : RJDA 3/16 n° 242).

Bien entendu, cette demande n'a pas lieu si la disposition française est illégale au regard du droit français lui-même (Cass. crim. 21-10-1985 : Bull. crim. p. 826), si l'interprétation européenne du texte en cause est déjà établie (Cass. crim. 9-11-1987 : Bull. crim. p. 1038), si le sens à lui donner n'est pas douteux (Cass. crim. 18-10-1988 : Bull. crim. p. 945 ; CE 19-6-1992 : RJDA 8-9/92 n° 886) ou si l'interprétation du droit européen ou l'examen de la validité d'une règle de l'UE demandés n'ont aucun rapport avec la réalité ou l'objet du litige au principal (CJCE 16-7-1992 : RJDA 8-9/92 n° 846).

Mais l'obligation de poser la question préjudicielle existe même si une règle constitutionnelle a été affirmée par la juridiction constitutionnelle de l'État auquel appartient la juridiction de renvoi (CJUE 15-1-2013 aff. 416/10 : JCP G 2013 n° 119 note Picod).

La Cour de justice ne doit se prononcer que sur les normes européennes et laisser au juge national le soin de résoudre, avec les éléments qu'elle lui fournit sur le droit de l'UE, le problème juridique qui lui est posé (CJCE 9-10-1984 : Rec. 3435).

L'interprétation donnée par la Cour de justice doit être appliquée par le juge national même à des rapports juridiques nés et constitués avant l'arrêt statuant sur la demande d'interprétation si, par ailleurs, les conditions permettant de porter devant les juridictions compétentes un litige relatif à l'application desdites règles se trouvent réunies ; mais, par application du principe général de sécurité juridique inhérent à l'ordre juridique européen, la Cour peut limiter la possibilité pour tout intéressé d'invoquer une disposition qu'elle a interprétée en vue de mettre en cause des relations juridiques établies de bonne foi (CJCE 15-3-2005 aff. 209/03 : Rec. I-2119).

L'arrêt de la Cour de justice n'a autorité que dans la mesure où ses appréciations entrent dans les limites de la question posée par le juge du fond (CE 2-7-1985 : AJDA 1985.615 concl. Genevois).

Les **règlements et directives,** dès lors qu'ils ne font pas renvoi au droit des États membres, doivent être interprétés **de façon autonome et uniforme,** en tenant compte du contexte de la disposition et de l'objectif poursuivi par la réglementation en cause (CJCE 18-1-1984 : Rec. 107) ainsi que du sens des dispositions du traité et des principes généraux du droit européen (CJCE 27-1-1994 : Rec. I-223).

À défaut de renvoi exprès au droit des États membres, l'application du droit de l'UE peut toutefois impliquer, le cas échéant, une référence au droit des États membres lorsque le juge européen ne peut déceler dans le droit de l'UE ou dans les principes généraux du droit européen les éléments lui permettant d'en préciser le contenu et la portée par une interprétation autonome (TPICE 13-9-2005 aff. 72/04 : Rec. II-3265).

3. Lorsque la disposition à interpréter entre dans le champ d'application de la **convention européenne des droits de l'Homme,** elle doit être interprétée au regard de l'article concerné de ladite convention (en ce sens, à propos de l'interprétation de l'article 1527, al. 2 du Code civil, Cass. 1e civ. 29-1-2002 : RTD. civ. 2002.865 obs. Marguenaud).

Les Hautes Juridictions françaises peuvent adresser à la Cour européenne des droits de l'Homme des demandes d'avis sur l'interprétation de la convention européenne et de ses protocoles (Protocole n° 16 à la convention européenne des droits de l'Homme).

Sur l'interprétation des traités, n° 73522 ; sur l'impossibilité de remettre en cause par un pourvoi une décision judiciaire qui « s'est bornée à appliquer la doctrine de la Cour de cassation », Cass. com. 9-7-2002 : Bull. civ. IV n° 121, RTD. civ. 2003.567 n° 2 obs. Molfessis ; sur l'irrecevabilité pour une personne morale de droit public d'invoquer la convention européenne des droits de l'Homme, n° 41035.

CONFLIT D'INTERPRÉTATION

L'interprétation donnée à une disposition législative par la Cour de cassation, d'une part, et le Conseil d'État, d'autre part, ne peut pas être contestée pour atteinte au principe constitutionnel d'égalité devant la loi, car ces juridictions jugent des litiges de catégories distinctes (Cass. 2e civ. QPC 23-9-2021 n° 21-11.362 F-D). **74710**

2. MÉTHODES D'INTERPRÉTATION DU JUGE

Le Code civil n'a pas posé de règles d'interprétation des lois et des règlements, à l'instar de ce qu'il a fait pour l'interprétation des contrats (nos 13106 s.). Il ressort des décisions de justice que le juge s'est fixé une méthode qui consiste à rechercher généralement d'abord le sens de la loi ou du règlement à travers la signification même des termes employés et de leur contexte. Lorsque le sens de la loi, tel qu'il résulte de sa rédaction, n'est ni obscur ni ambigu, et doit par conséquent être tenu pour certain, toute recherche de la volonté du législateur par voie d'interprétation est interdite au juge ; mais il y a exception à cette règle si l'application du texte aboutit à quelque absurdité (Cass. 1e civ. 11-5-2017 n° 16-15.549 F-PB : RJDA 7/17 n° 525). **74750**

L'interprétation des règlements est permise au juge judiciaire, qui doit rechercher le sens le plus conforme aux lois pour l'application desquelles ils ont été pris (Cass. 1e civ. 20-3-2007 n° 05-20.546 F-PB : Bull. civ. I n° 120).

Si le texte est obscur ou ambigu, le juge peut alors rechercher quel est le but du texte selon l'interprétation dite « finaliste » (pour des exemples de cette progression, CA Nîmes 3-7-1984 : GP 1984.699 ; CEDH 21-2-1986 n° 8793/79).

a. Interprétation littérale

APPLICATION DE L'INTERPRÉTATION LITTÉRALE

Comme il est dit n° 74750, l'interprétation littérale est **spontanément** utilisée par le juge ; elle **doit** même être appliquée lorsque les dispositions en cause présentent un caractère exceptionnel, soit parce qu'elles dérogent aux règles du droit commun, soit parce qu'elles ont pour objet la satisfaction d'un objectif déterminé. **74753**

Ainsi jugé pour :

– les **exceptions** à une règle (Cass. 3e civ. 22-6-2023 n° 21-10.256 FS-B ; CA Paris 12-12-1980 : D. 1982.IR.20 obs. Martin ; CA Paris 26-7-1983 : GP 1983.510 ; CA Douai 25-4-1985 : GP 1985.415 ; TGI Dieppe 21-2-1979 : D. 1980.IR.361 obs. Breton) ;

– les **déchéances** (CA Dijon 2-7-1842 : DP 1843.2.114 ; CA Riom 1-6-1846 : DP 1847.2.47) ;

– les **dérogations** (Cons. const. 11-5-1967 : Rec. 69 ; Cons. const. 17-5-1979 : Rec. 78 ; Cass. civ. 19-2-1975 : D. 1975.534 ; Cass. com. 16-1-1985 : Bull. civ. IV p. 23 ; Cass. com. 24-6-1986 : Bull. civ. IV p. 116 ; Cass. 1e civ. 9-7-2015 n° 14-21.241 : RJDA 11/15 n° 800 ; CA Bordeaux 27-6-1983 : GP 1983.467 ; CA Toulouse 10-6-1985 : GP 1985.724 ; CA Rouen 15-4-1987 ; CA Paris 6-10-1987 : GP 1988.29) ;

– les **incompatibilités** (Cass. civ. 27-2-1985 : Bull. civ. I p. 69 ; CA Limoges 24-9-1987 : GP 1987.791) ;

– les **courtes prescriptions** (Cass. com. 7-12-1981 n° 80-15.003 : Bull. civ. IV n° 424), qui ne peuvent être étendues à des cas qu'elles ne visent pas expressément (Cass. com. 10-3-2021 n° 19-17.054 F-D : RJDA 6/21 n° 440) ;

– les **sanctions** pénales (n° 74309), les sanctions disciplinaires (CA Orléans 29-6-1983 : GP 1983.512) et les sanctions civiles (CA Aix 17-4-1984 : Bull. Cour d'Aix 1984/1 p. 55) ;

– les **incapacités** (CA Aix 23-6-1975 : D. 1975.690) ;

– les **interdictions** (n° 74259) ;

– les dispositions dont le **domaine** d'application est strictement **délimité** (CA Douai 19-6-1986 : D. 1988.369) ;

– les **forclusions** ou les **fins de non-recevoir** (CA Paris 20-6-1990 : D. 1992.20 note Mercadal et, sur pourvoi, Cass. com. 6-10-1992 : RJDA 11/92 n° 1021).

Sur l'interprétation restrictive des dispositions d'ordre public, n° 74259.

Mais les parties peuvent **conventionnellement étendre des exceptions** hors de leur domaine (Cass. soc. 5-7-1984 : BRDA 22/84 p. 16) et les lois générales nouvelles n'abrogent pas, d'elles-mêmes, les lois spéciales existantes (n° 74206).

PROCÉDÉS DE L'INTERPRÉTATION LITTÉRALE

74760 **Sens des mots** À défaut de définition juridique établie (CA Bordeaux 13-12-1984 : BT 1985.185 ; cf. CJCE 12-11-1974 aff. 32/74 : Rec. 1201), le sens des mots est en principe celui que leur donne la langue dont ils relèvent, souvent fixé par référence aux **dictionnaires** (CA Colmar 2-3-1956 : D. 1956.603 note Pageaud ; CA Bordeaux 13-12-1984, précité ; CA Paris 11-5-1990 : GP 1993.som.25 ; CA Paris 14-11-2001 : GP 2002.som.877 ; CA Toulouse 15-5-2002 : BTL 2002.581 ; CA Paris 24-9-2008 n° 06-15219 : GP 2009.som.2145 ; TGI Paris 27-9-2004 : D. 2005.92 note Edelman).

Par exemple :

– l'utilisation du verbe « peut » implique qu'il s'agit non d'une obligation, mais d'une faculté (Cass. com. 11-12-2007 n° 06-18.618 : RTD. civ. 2008.154 obs. Perrot ; CA Paris 10-9-1996 : DA 1996.1220 ; TGI Dieppe 14-2-1979 : GP 1979.495) et que, dès lors qu'il implique une faculté, celle-ci peut être invoquée (CA Paris 23-2-2010 n° 09-5544) ;

– lorsque la loi emploie la conjonction « ou », celle-ci ne peut pas signifier « et » (CA Reims 19-11-1981 : Defrénois 1982.1256).

Mais il faut aussi tenir compte du **sens usuel** d'un mot : par exemple, l'expression « entreprise industrielle ou commerciale » a, en raison de l'usage qu'en fait le langage courant, avant tout une signification économique (cf. CA Lyon 26-2-1975 : D. 1976.113 note Chesne et Martine) ; le terme « transport » ne peut pas désigner le déplacement sur des skis, cette pratique ne correspondant pas à un moyen de transport au sens où cette expression est couramment utilisée (CA Nîmes 21-11-1983 : GP 1983.727).

Mais il n'en est ainsi qu'autant que le sens ordinaire n'est pas contredit par l'esprit spécifique de la législation ; notamment, les impropriétés du langage courant ne peuvent justifier le sens d'un texte que sa lecture littérale n'autorise pas juridiquement, l'expression « locaux professionnels » ne pouvant s'appliquer « aussi à des locaux commerciaux », sous prétexte que le commerce est aussi une activité professionnelle (CA Paris 17-5-1984 : BRDA 15-16/84 p. 20).

Lorsque le sens d'un mot a été fixé, ce mot doit toujours recevoir la même signification s'il revient à **plusieurs reprises dans le même texte** à propos de la même situation (CE 2-2-1962 : Lebon 82). Si le même mot est appliqué par le même texte à des situations différentes, il faut alors lui donner le sens utile (n° 74800) qui permet de régler chacune des deux situations (Cons. const. 30-12-1975 : Rec. 26). Mais lorsqu'un texte vise un mot expressément et de façon générale, ce terme doit être appliqué à tous les cas qui tombent sous son sens, sans faire de distinction entre eux (Cass. civ. 1-3-1988 : Bull. civ. I p. 39).

Sur le sens des mots employés dans les clauses d'un contrat, n° 10256.

74763 **Sens grammatical** Le sens grammatical doit être déterminé en fonction de la nature, du genre, du nombre, du mode, du temps d'une proposition ou d'une phrase.

Par exemple :

– lorsqu'un texte fait référence à « ses mentions », il y a lieu de tenir compte de « l'emploi du possessif » qui fait considérer que les mentions ainsi visées ne sont pas celles énumérées dans un autre texte (CA Lyon 21-5-1975 : D. 1975.som.107) ;

– le terme « être autorisé à passer » impliquant le futur et non le passé, un indivisaire ne saurait être autorisé à faire régulariser un acte qu'il a antérieurement accompli au mépris de la loi (TGI Dieppe 14-2-1979 : GP 1979.495) ;

– conformément aux règles du langage juridique, l'expression « les personnes qui ont le pouvoir d'engager la société » doit être entendue comme étant une expression générique de manière que le pluriel grammatical vise indistinctement le cas d'une personne unique et le cas d'une pluralité de personnes ayant pouvoir d'engager la société (CJCE 12-11-1974 : Rec. 1201) ;

– la mise en œuvre d'une seule mesure d'exécution est insuffisante dès lors que la loi use du pluriel pour viser les procédures d'exécution (CA Bordeaux 9-4-1987 : Rev. jur. com. 1988.117 note Gallet) ; de même, ne peut pas être prise par un seul associé une décision pour laquelle la loi exige qu'elle soit adoptée par les « autres associés [...] à l'unanimité », le pluriel et le terme « unanimité » impliquant plusieurs personnes (CA Paris 12-9-1995 : RJDA 2/96 n° 238) ;

– l'adjectif indéfini « tout », employé au singulier vise n'importe quelle situation ; ainsi, s'agissant de l'assentiment qu'un comité d'entreprise doit donner en cas de licenciement, il implique que cet assentiment est requis à l'occasion de chaque licenciement (CA Reims 4-6-1975 : GP 1975.2.630) et, s'agissant d'une promesse de vente subordonnée à l'obtention d'un prêt à provenir de « tout organisme prêteur », il signifie qu'une liberté totale est laissée aux acquéreurs quant au choix de l'organisme prêteur, lesquels n'étaient pas tenus de s'adresser à plusieurs établissements (CA Orléans 12-5-2003 : JCP G 2004.IV.1835).

Sens syntaxique Le sens du texte est recherché à partir de l'ordre des mots et de la construction de la phrase ; la ponctuation joue notamment un rôle déterminant ; jugé, par exemple qu'« attendu qu'en mentionnant soit dans les statuts, soit par une décision ou un acte distinct et en ne répétant pas soit avant acte distinct, le législateur a entendu assimiler dans sa portée la décision à un acte distinct » (TGI Draguignan 25-11-1981 : Rev. sociétés 1983.51 note Bouloc ; cf. CA Limoges 18-4-1991 : GP 1991.som.428 ; CA Angers 22-3-2011 n° 10-265 : RJDA 11/11 n° 933). 74766

Sens en fonction du contexte Le sens d'un texte peut être découvert en tenant compte de l'ensemble des éléments parmi lesquels il s'insère, notamment : 74769

1. De l'**emplacement** du texte, en considération, par exemple s'agissant d'un texte inclus dans un code, de l'intitulé du livre (cf. Cass. 2e civ. 1-10-2020 n° 19-17.797 F-PBI), du titre (CA Angers 4-6-1981 : GP 1981.som.252) ou du chapitre (Cons. const. 23-12-1960 : Rec. 67 ; Cass. 3e civ. 16-1-2020 n° 18-25.915 FS-PBRI) qui annonce le texte ou encore de l'ensemble des lois, décrets et arrêtés dans lesquels le texte est inséré (Cass. com. 28-5-1966 : D. 1968.509 ; Cass. 3e civ. 19-1-1982 : Bull. civ. III p. 12) ; la disposition peut être appliquée en dehors du domaine assigné par l'intitulé si elle a valeur de règle de droit commun (n° 74803), peu important qu'elle ait été introduite ultérieurement, par l'effet d'une codification à droit constant, dans un code déterminé, tel le Code de la consommation (CA Paris 9-11-2001 : D. 2002.211 obs. Lienhard), si elle convient par analogie aux faits à régir (n° 74813), si elle est l'expression d'une règle fondamentale (Cass. crim. 4-1-1985 : JCP G 1985.II.20521 note Bénabent, qui fait application à une procédure pénale de l'article 205 du Code de procédure civile) ou si la généralité de ses termes en permet l'extension (CA Paris 16-1-2007 n° 05-3973 : DMF 2007.756 obs. Delebecque).

2. Des **références** faites par un texte à un autre texte ; lorsque la référence est générale, sans précision, elle ne doit pas être limitée par des distinctions (CA Paris 9-11-1983 : Rev. arb. 1985.85 note Fouchard ; TGI La Rochelle 16-4-1975 : D. 1975.715) ; en revanche, lorsque la référence est expressément précisée, elle ne peut pas être étendue aux autres dispositions non visées du texte de référence (CA Paris 19-12-1973 : GP 1974.2.172 ; CA Paris 2-2-1984 : GP 1984.237 ; CA Paris 25-5-1988 : D. 1988.IR.184).

Inversement, les textes qui ne se font pas de référence les uns aux autres ne sont pas liés entre eux : les dispositions de l'un ne sont donc pas applicables aux cas visés par l'autre et réciproquement (Cass. com. 3-5-1972 : GP 1972.2.740 ; CA Paris 24-10-1975 : GP 1976.1.11). Mais, en l'absence même de référence, il reste possible d'éclairer un texte par un autre si les deux textes font partie d'un même ensemble (cf. CA Paris 8-7-1975 : GP 1975.2.741 ; T. corr. Lyon 6-5-1975 : GP 1975.2.447) ;

3. De la **combinaison** possible entre deux textes dont les domaines respectifs se recoupent ; par exemple, lorsqu'une loi recouvre un champ d'application plus large que celui d'une autre loi ayant un objet comparable, la loi la plus générale ne s'applique que là où la loi spéciale ne s'est pas prononcée (CE 19-5-1983 : D. 1983.546 note Maisl et Wiener ; aussi Cass. crim. 27-3-1985 : D. 1985.325 ; TGI Grenoble 26-5-1986 : GP 1987.111) ;

4. Du **rapprochement** avec d'autres textes (Rép. Le Breton : Sén. 1-1-1987 n° 02987 : le sens des mots « parts sociales » doit être déduit par comparaison avec le sens des mêmes mots dans les articles 1832 s. du Code civil ; aussi CE 22-12-1989 : Lebon 268 ; CA Versailles 7-5-1987 : GP 1987.671).

Silence du texte On ne peut pas, en principe, suppléer au silence d'un texte. En particulier : 74772

– il n'est pas possible de faire des **distinctions** là où un texte n'en fait pas (Cass. civ. 12-3-1862 : DP 1862.1.128 ; Cass. crim. 18-11-1975 : Bull. crim. p. 638 ; Cass. civ. 26-11-1975 : JCP G 1976.II.18391 ; Cass. civ. 3-12-1985 : Bull. civ. I p. 297 ; Cass. com. 23-11-2010 n° 09-17.167 : RJDA 3/14 n° 294) ;

– il ne peut pas être **ajouté à la loi** une condition qu'elle n'a pas prévue (Cass. 3e civ. 3-11-2011 n° 10-21.052 : Bull. civ. III n° 183) ;

– une interdiction ou une dérogation ne peut pas être déduite **a contrario** des affirmations d'un texte qui ne l'exprime pas formellement car l'interdiction et la dérogation sont restrictivement entendues (Cass. 3e civ. 10-2-1981 n° 79-14.928 : Bull. civ. III n° 28 ; CA Paris 20-12-1989 : D. 1990.IR.17 ; en ce sens aussi pour l'interprétation des contrats, n° 13162).

L'argument **a contrario** est, en revanche, utilisable pour déduire d'un texte une permission, la liberté étant le principe (pour un exemple, T. com. Paris 2-9-2019 n° 2017050625). À défaut, il est exclu car, comme en matière d'interprétation des contrats (n° 13162), il ne résulte pas avec certitude que la règle énoncée pour un cas donné doit être nécessairement écartée pour les cas non exprimés (pour une application de cette solution, Cass. com. 6-11-2012 n° 11-25.058 : RJDA 2/13 n° 130).

Sens logique Le sens d'un texte peut être déterminé en recherchant la manière dont le sens des mots s'enchaîne et résulte des uns et des autres, s'induit ou se déduit. 74775

Par exemple :
– l'expression « autorisation de traiter à forfait » comprend nécessairement « le cas où cette autorisation est retirée » et pas seulement celui où elle est accordée (CA Paris 26-7-1983 : GP 1983.510) ;
– il est « logique » que la personne qui reçoit sommation d'accomplir des diligences dans un délai qui lui est indiqué en conclue tout naturellement que ce délai court du jour de la signification qui lui est faite à elle-même, et non de la dernière en date des significations semblables qui viendraient à être faites à d'autres parties (CA Rouen 22-1-1985) ;
– la logique et le bon sens imposent d'interpréter un texte modificatif ou abrogatif au regard du texte modifié ou abrogé et de son contexte (CA Bordeaux 27-3-1987 : GP 1987.401).

b. Interprétation finaliste

APPLICATION DE L'INTERPRÉTATION FINALISTE

74800 **Interprétation utile** Tout texte doit être effectif, partant, l'interprète doit lui donner un sens utile (cf. C. civ. art. 1157 ; Cons. const. 20-12-1975 : Rec. 26 ; Cass. ass. plén. 13-2-1976 : D. 1976.237 concl. Schmelck note Derrida obs. Honorat ; CJCE 9-3-2000 : Rec. I-1157 ; CEDH aff. Lithgow 8-7-1986 2/1984/74/112-118 ; Cass. 1e civ. 24-1-2006 n° 135 : RJDA 8-9/06 n° 862 ; CA Paris 14-6-2000 : D. 2000.614 obs. Sousi).

Pour l'application du droit de l'UE, lorsqu'il existe une divergence entre le libellé d'une disposition et son intitulé, il y a lieu d'interpréter l'un et l'autre de manière que tous les termes employés aient une utilité (TPICE 12-10-1999 : Rec. II-3139) ; une disposition doit aussi être interprétée, dans la mesure du possible, d'une manière qui ne remet pas en cause sa validité (CJCE 4-10-2001 : Rec. I-6883).

74803 **Application du droit commun** La règle de droit commun, pratiquement les règles de droit civil (n° 74303), doit être appliquée chaque fois qu'elle n'est **pas** formellement **évincée** par une disposition particulière (cf. C. civ. art. 1105, al. 2 et 3 ; Cass. civ. 27-11-1865 : DP 1866.1.56 ; Cass. civ. 13-5-1986 n° 85-10.669 : D.1986.389 note Prévault ; Cass. com. 1-12-1987 n° 86-12.729 : Bull. civ. IV n° 254 ; Cass. soc. 21-1-1988 n° 87-60.060 : Bull. civ. V n° 66 ; Cass. com. 16-9-2014 n° 13-17.892 : DMF.2015.140 obs. Bonassies ; pour un exemple de clause prévoyant la sanction d'une inexécution qui n'exclut pas que soient invoquées des sanctions de droit commun, n° 14400).

Elle l'est encore en matière de QPC (n° 73800), le silence du législateur sur les modalités de mise en œuvre d'une disposition ouvrant un droit d'agir en référé, ici devant la juridiction administrative, s'entend comme un renvoi à la procédure de droit commun des référés (CE 2-10-2019 n° 432388).

Le seul fait notamment qu'un texte **dispose pour une situation spéciale** n'entraîne pas automatiquement que dans ce cas ou dans des cas comparables le droit commun est exclu.

Ainsi :
– l'article 1690 du Code civil a une portée générale qui le rend applicable alors même qu'existait à l'époque de la décision une disposition particulière prévoyant un mode de transmission pour la cession des actions, ce dernier constituant seulement une facilité nouvelle mise à la disposition des actionnaires et non une interdiction de recourir aux autres modes du droit commun (CA Paris 12-12-1934 : DH. 1935.89) ;
– l'appel, voie de droit ordinaire, doit être ouvert à tous ceux à qui une décision judiciaire peut faire grief, sauf lorsqu'une disposition légale expresse l'exclut (CA Paris 25-6-1976 : JCP G 1976.II.18492 ; aussi CA Aix 23-10-1983 : JCP G 1985.II.20324) ;
– les textes du Code de commerce sur le contrat de commission de transport, quoique inclus dans la partie relative aux transports terrestres (cf. C. com. art. L 132-3), ont été jugés applicables pour le transport maritime (CA Aix 18-4-1975 : DMF 1975.537) ;
– l'existence d'une disposition législative prévoyant une faculté déterminée n'exclut pas nécessairement la possibilité d'utiliser une autre faculté prévue par le droit commun (Cass. 1e civ. 9-5-1994 n° 92-11.842 : Bull. civ. I n° 170) ;
– le règlement général du Conseil des marchés financiers (devenu Autorité des marchés financiers) sur les offres publiques d'achat intègre les exigences du droit civil relatives à la détermination de l'objet de l'offre (CA Paris 17-6-1999 : RJDA 10/99 n° 1085) ;
– l'article L 231-10 du Code de la construction et de l'habitation, relatif au prêt consenti en vue de la construction d'une maison individuelle, n'exclut dans aucune de ses dispositions de sanctionner, sur le fondement des règles de droit commun de la responsabilité civile, le manquement imputé au prêteur (Cass. com. 29-10-2003 n° 1445 : RJDA 3/04 n° 356) ;
– la possibilité pour le bailleur d'un local d'habitation d'obtenir du locataire qui a transformé les lieux loués sans son autorisation d'exiger au départ du locataire la remise en état des lieux ou de conserver les transformations sans que le locataire puisse exiger une indemnisation pour les frais engagés (Loi du 6-7-1989 art. 7, f), sauf l'exception visée par ce texte, n'exclut pas le droit du bailleur de demander la résiliation judiciaire du bail (Cass. 3e civ. 31-10-2006 n° 1113 : RJDA 1/07 n° 22) ;
– l'accomplissement du délai de deux ans de la prescription de l'action en fixation d'une indemnité d'occupation d'un local commercial dont le bailleur a refusé le renouvellement n'interdit pas de solliciter une indemnité d'occupation de droit commun due en raison de l'occupation effective des locaux sans droit ni titre lorsque le locataire est lui-même déchu de son droit au maintien dans les lieux (Cass. 3e civ. 18-1-2012 n° 10-26.304 : RJDA 6/12 n° 569) ;

– l'action en revendication pour dépôt frauduleux d'une marque n'exclut pas l'action en nullité du dépôt pour fraude (n° 32518) ;
– les dispositions relatives à la reprise des engagements souscrits pour le compte d'une société en formation (MSC n°s 2660 s.) n'excluent pas que les parties à ces engagements conviennent de substituer la société, postérieurement à son immatriculation, dans l'exécution du contrat initialement conclu entre ses fondateurs et le tiers cocontractant (Cass. com. 24-6-2014 n° 13-18.317 : RJDA 10/14 n° 764) ;
– il résulte de l'article 651, al. 3 du Code de procédure civile qu'est autorisée la notification d'un jugement par voie de signification à l'initiative d'une partie, alors même qu'un autre texte (C. com. art. R 621-21) la prévoit en la forme ordinaire à la diligence du greffe (Cass. com. 24-3-2015 n° 14-10.175 : RJDA 11/15 n° 770) ;
– l'expertise de gestion d'une société anonyme régie par le Code de commerce (art. L 225-231) n'exclut pas l'expertise in futurum du Code de procédure civile (art. 145) ouverte en toute matière (Cass. com. 15-9-2015 n° 13-25.275 : RJDA 1/16 n° 37 ; Cass. com. 24-6-2020 n° 18-17.104 F-D : RJDA 10/20 n° 502).
– le régime spécial de la prescription des actions dérivant du contrat d'assurance ne fait pas obstacle à l'application de l'article 2239 du Code civil selon lequel la prescription est suspendue lorsque le juge fait droit à une demande de mesure d'instruction présentée avant tout procès (Cass. 2e civ. 19-5-2016 n° 15-19.792) ;
– la directive UE relative aux scissions (Dir. 2017/1132 du 14-6-2017) qui prévoit des mesures spéciales de protection des créanciers de la société scindée n'empêche pas les créanciers de recourir à d'autres mesures, telle l'action paulienne (CJUE 30-1-2020 aff. 394/18 : RJDA 7/20 n° 372) ;
– la stipulation de pénalités contractuelles de retard ne peut faire obstacle à ce que la victime de l'inexécution puisse opposer l'exception d'inexécution aux retards de paiement du débiteur pour suspendre l'exécution de sa propre prestation (Cass. 3e civ. 14-2-2019 n° 17-31.665 FS-PBI : BRDA 7/19 inf. 12).

Sur l'application des règles de computation des délais du Code de procédure civile au délai de suspension ou de résiliation du contrat d'assurance pour défaut de paiement des primes à échéance, n° 17671.

Toutefois, l'application du droit commun doit être **écartée** lorsqu'elle est de nature à détourner la disposition particulière en cause de ses objectifs (Cass. com. 28-2-1995 et 20-6-1995 : RJDA 7/95 n° 904 ; CA Paris 14-2-1989 : Bull. Joly 1989.446 ; cf. CA Paris 2-2-1993 : RJDA 2/94 n° 146). Tel est le cas lorsqu'une législation spécifique impose un délai déterminé formellement qui apparaît comme de rigueur compte tenu de la finalité de cette législation ; il en est ainsi pour l'éviction du délai de préavis pour rupture brutale d'une relation commerciale (n° 15455).

Recherche du sens de la matière Lorsque aucun des procédés ci-dessus exposés (n°s 74760 s.) n'a permis au juge de déterminer le sens de la loi ou du règlement qui lui paraît convenable, celui-ci cherche alors librement le sens conforme à la matière (cf. Rapport C. cass. 1975 p. 52), autrement dit, conforme à l'« esprit de la loi » (Cass. req. 12-1-1815, cité par Sargos, Le principe du raisonnable : JCP G 2009 n° 46-442) ou qui est exprimé par des jurisprudences étrangères (CA Paris 30-3-2021 n° 19/04161 : D. 2021 p. 2272 obs. Clay : référence à une décision suisse ou anglaise) ou encore qui donne son effectivité à la loi (CJUE 8-9-2022 aff. 80/21). 74806

C'est ainsi que les décisions de justice précisent souvent que telle signification retenue par elles doit s'entendre « **au sens de** » tel ou tel texte (par exemple : TUE 10-5-2017 aff. T-754/14 ; Cass. crim. 9-5-1983 : Bull. crim. p. 317 ; Cass. civ. 4-10-1983 : GP 1984. 445 ; Cass. crim. 6-3-1984 : Bull. crim. p. 219 ; Cass. crim. 15-5-1984 : D. 1986.106 ; Cass. civ. 4-3-1987 : Bull. civ. III p. 23 ; Cass. com. 30-6-1987 : Bull. civ. IV p. 126 ; Cass. civ. 8-12-1987 : Bull. civ. I p. 237 ; Cass. civ. 8-12-1987 : Bull. civ. II p. 145 ; Cass. com. 12-1-1988 : Bull. civ. IV p. 11 ; Cass. com. 16-5-2006 n° 634 : RJDA 10/06 n° 1053 ; Cass. com. 9-4-1991 n° 89-16.923 : Bull. civ. IV n° 136 ; CE 7-12-1984 : GP 1985.pan.262 ; CE 15-11-2002 : Lebon.401. ; Cass. 2e civ. 1-6-2017 n° 16-17.077 F-PB).

Toutes les juridictions ont recours à cette recherche (Cons. const. 11-5-1967 : Rec. 69 ; CJCE 24-10-1996 : Rec. I.5403 ; CEDH 16-4-2002 : JDI 2003. 554 obs. Tavernier ; Cass. civ. 13-10-1982 : Bull. civ. I p. 246 ; Cass. crim. 6-3-1984 : JCP G 1984.IV.157 ; CA Paris 18-2-1992 : RJDA 5/92 n° 515 ; CA Versailles 12-1-1996 : D. 1996.IR.70 ; pour des applications par les arbitres, Yearbook 1976.142, 1980.174).

En dehors des quelques hypothèses où le juge est dans l'obligation de se soumettre à une interprétation déterminée (n° 74705), rien ne peut l'empêcher de se livrer à une recherche de la solution qui lui paraît opportune. Bien des signes l'attestent, tels que :
– l'existence d'un partage de la jurisprudence, à partir de mêmes textes, par exemple : les articles 544 et 555 du Code civil conduisent la Cour de cassation de France à ordonner la démolition de tout empiètement, même de bonne foi, sur la propriété d'autrui (Cass. civ. 15-3-1968 : Bull. civ. III p. 94), alors que la Cour de cassation de Belgique tolère un empiètement minime (13-11-1952, Pasicrisie 1953.1.159) ; à propos des articles 20, 22 et 25 de la convention de Varsovie, la Cour de cassation de France (Cass. civ. 16-4-1975 : D. 1978.chr.33) juge que la faute du transporteur doit être appréciée subjectivement alors que la Cour de cassation de Belgique (Cass. civ. 27-1-1977 : D. 1978.chr.34) juge qu'elle doit être appréciée objectivement ;
– les revirements de jurisprudence (par exemple, sur le problème du transport bénévole, Cass. civ. 27-3-1928 : DP 1928.1.145 note Ripert, refusant aux transportés bénévoles, victimes d'un accident, le droit de se prévaloir de l'ancien art. 1384, al. 1 devenu 1242, al. 1 du C. civ., et Cass. ch. mixte 20-12-1968 : D. 1969.37 concl. Schmelck, lui reconnaissant ce droit ; sur le sens nouveau

74806 (suite) donné à l'ancien art. 322, al. 2 du C. civ., alors que la lettre de ce texte n'avait pas changé depuis 1804 au motif que cette interprétation était conforme aux objectifs de la nouvelle loi sur la filiation du 3 janvier 1972, Cass. civ. 27-2-1985 : Defrénois 1985.701 note Massip).

Certes, il serait infiniment précieux d'être, en toutes circonstances, sûr de la règle de droit applicable, car, pour se conformer au droit, il faut non seulement connaître la règle, mais encore que la règle soit accessible (Rivero, D.1951.chr.99 s.). Mais il est impossible d'atteindre un tel résultat. Un courant doctrinal, qui rompt avec le dogmatisme « des faiseurs de systèmes », a mis au jour ce phénomène (Carbonnier, Flexible Droit 1983 ; Bredin, Mélanges Goldman p. 15 s. ; Atias, D. 1983.chr.145 s. et JCP G 1984.I.3145). Car, comme l'écrit le doyen Carbonnier, « le droit est trop historique pour être parfaitement rationnel » (op. cit. p. 214) et « trop humain pour prétendre à l'absolu de la ligne droite. Sinueux, capricieux, incertain..., dormant et s'éclipsant, changeant mais au hasard, et souvent refusant le changement attendu, imprévisible par le bon sens comme l'absurdité » (op. cit. p. 6). Un juge à la Cour suprême des États-Unis l'avait dit aussi : « Le droit dans son évolution n'a pas été basé sur la logique mais sur l'expérience » et, bien que « la méthode logique flatte cette aspiration humaine vers la certitude et la tranquillité », dans la nature des choses, « la certitude généralement n'est qu'une illusion, et la tranquillité n'est pas la destinée de l'homme » (O. W. Holmes jr. Collected legal Papers 1921 p. 177-181, cité par Nguyen Phu Duc in Aspects contemporains du droit des affaires et de l'entreprise p. 204).

La logique ou la cohérence technique n'est pas, en effet, un argument qui saurait évincer l'opportunité : le droit n'est pas symbolisé par une règle à calcul, mais par une balance.

Mais il est **quasi impossible** de fixer avec précision les circonstances dans lesquelles le juge estime devoir interpréter conformément au sens de la matière. Tout au mieux peut-on relever un certain nombre de causes qui conduisent le juge à cette solution.

Il agit ainsi, notamment :

1. En l'**absence de texte** donnant une solution au conflit considéré ; jugé par exemple que :

– aucun texte législatif ou réglementaire n'interdit à un salarié de souscrire un engagement par lequel il assure la responsabilité du déficit d'exploitation ; mais cette responsabilité étant exorbitante du droit commun, elle suppose une faute lourde du salarié (CA Paris 9-12-1975 : GP 1976.1.113 concl. Kirsch) ;

– en l'absence de toute définition légale de la signature, il y a lieu d'admettre que constitue une signature valable toute marque distinctive personnelle et manuscrite permettant d'individualiser son auteur sans doute possible et traduisant la volonté non équivoque de celui-ci de consentir à l'acte, telle que les initiales (CA Paris 22-5-1975 : D. 1976.som.8) ;

– à propos de diverses méthodes utilisables pour évaluer la valeur en capital d'un legs en usufruit, le juge peut, à défaut d'accord des parties sur l'une des diverses méthodes utilisables, appliquer la seule de ces méthodes qui soit énoncée dans une disposition légale, en l'occurrence la méthode dite « fiscale » du Code général des impôts (CA Paris 3-5-1984 : GP 1984.487).

2. En présence d'une **erreur** évidente (Cass. crim. 9-2-1939 : GP 1939.1.466).

3. En présence d'une **solution traditionnelle** ; par exemple, l'intérêt qui justifie l'action en justice doit être né et actuel, alors que l'article 31 du Code de procédure civile ne mentionne pas ce caractère.

4. En présence de **raisons identiques** ; les formalités de l'ex-article 1326 (désormais art. 1376) du Code civil ayant pour but d'éclairer la partie qui s'engage sur la nature et l'étendue de son obligation, ces raisons « se retrouvent plus fortes encore, lorsqu'il s'agit d'une obligation illimitée... » (Cass. civ. 3-3-1970 : D. 1970.403 note Etesse) ; les dispositions qui exigent l'identification d'une courte citation d'une œuvre tendant à permettre de reconnaître le créateur de l'œuvre ayant la même finalité qu'il s'agisse d'un auteur ou d'un producteur d'une œuvre audiovisuelle, la différence de rédaction entre les textes afférents à l'un et à l'autre est sans portée (CA Paris 10-4-2009 n° 08-4281 : Prop. intell. 2009.274).

5. Lorsque l'interprétation littérale conduit à une **impasse** ; un mot ayant deux sens plausibles, il faut choisir celui qui convient le mieux à l'objectif de la disposition (cf. T. confl. 13-2-1969 : JCP G 1969.II.15918 ; CE 24-1-1941 : D. 1941.135 ; CA Nîmes 3-7-1984 : GP 1984.699).

6. En présence de **pressantes considérations pratiques** qui font céder l'analyse logique, dès lors que celle-ci conduit à un résultat ne paraissant pas « raisonnable » au regard du but de la loi ; jugé, par exemple, que :

– on ne saurait admettre l'exercice d'une action qui aurait pour effet de vider la loi 85-677 du 5 juillet 1985 d'une grande partie de sa substance et qui constituerait un moyen détourné pour mettre à néant certaines de ses dispositions favorables aux ayants droit (CA Toulouse 17-3-1986 : D. 1986.439 note Groutel) ;

– admettre qu'une subrogation conventionnelle consentie à un tiers par un contrat d'affacturage, dans les conditions de l'espèce, soit de nature à priver le sous-traitant de son action directe reviendrait à ruiner l'économie de la loi du 31 décembre 1975 et à enlever toute portée à la garantie dont le législateur a assorti le contrat de sous-traitance (CA Versailles 15-11-1986 : GP 1987.som.375).

Aussi Cass. com. 19-2-1984 : JCP G 1986.II.20569 note Storck ; Cass. com. 2-7-1985 : JCP G 1985.II.20158 note Viandier ; CA Amiens 27-11-1973 : D. 1974.780 ; TGI Paris 28-9-1987 : GP 1987.763.

7. Lorsqu'il s'agit d'interpréter une **convention internationale.** Ainsi, la convention de Vienne sur la vente internationale de marchandises (art. 7) recommande au juge de tenir compte de son caractère international et de la nécessité de promouvoir l'uniformité de son application ainsi que d'assurer le respect de la bonne foi dans le commerce international.

Il est donc **recommandé** de toujours assortir les arguments littéraux (ou de texte) de considérations faisant valoir les mérites de la solution proposée. En introduisant ces éléments dans les conclusions dont le juge est saisi, on tend à obliger celui-ci à y répondre, et à se ménager la voie d'un pourvoi en cassation pour défaut de réponse à conclusions.

PROCÉDÉS D'INTERPRÉTATION FINALISTE (DITE AUSSI « TÉLÉOLOGIQUE »)

Recherche de la volonté du législateur La volonté du législateur se découvre principalement dans les **travaux préparatoires** auxquels tous les juges se réfèrent (Cons. const. 1-7-1980 : JCP G 1981.II.19497 ; Cons. const. 16-8-2007 n° 2007-555 DC : PA 2008 n° 76 p. 15 ; Cons. const. 16-10-2015 n° 2015-492 QPC : PA 2017 n° 211 p. 11 ; T. confl. 2-7-1984 : GP 1985.pan.41 ; Cass. crim. 10-12-1985 : Bull. crim. p. 1012 ; CEDH aff. Lithgow 8-7-1986 2/1984/74/112-118 ; CE 15-5-1987 : Lebon 175 ; CA Douai 24-11-1983 : GP 1984.367) ou dans les motifs éclairant les directives UE (CA Paris 12-12-2012 n° 11/11606 : PA 2013 n° 131 p. 18 note Morelli). **74810**

Une indication sur la volonté du législateur peut aussi être trouvée dans les **réponses ministérielles** qui, sauf en matière fiscale (LPF art. L 80 A), n'ont valeur que d'une opinion au regard des tribunaux (Cass. civ. 3-5-1966 : Bull. civ. I p. 237 ; CA Paris 29-6-1968 : JCP G 1969.II.15845 concl. Souleau ; CA Limoges 19-3-1971 : JCP G 1972.II.17029 note Burst ; CA Lyon 20-10-1983 : JCP G 1985.II.20392 note Heidsieck).

Le juge peut aussi s'éclairer, dans les mêmes conditions, à l'aide des **circulaires ministérielles** (Cass. crim. 26-6-1956 : Bull. crim. p. 505 ; Cass. soc. 4-5-1969 : Bull. civ. V p. 851). Mais il n'est pas lié par elles (pour un exemple, CA Paris 6-5-1991 : GP 1991.571 concl. Bruntz), sauf dans les cas visés au n° 73571.

Le juge peut enfin retenir la volonté du législateur telle qu'elle ressort d'une **convention internationale** ratifiée par lui, quoique non encore entrée en vigueur (CA Paris 27-11-1986 : Clunet 1988.314 note Lyon-Caen).

Par ailleurs, il est admis que le législateur est censé avoir renoncé à une disposition lorsque, ayant eu l'occasion de l'exprimer, il s'est abstenu de le faire (CA Reims 22-9-1975 : Bull. Joly 1976.139).

Détermination du sens de la matière À défaut de découvrir la volonté du législateur dans les dispositions par lesquelles il s'exprime, le juge recherche le sens de la matière qui constitue l'objet de la disposition litigieuse. **74813**

Il retient notamment des références juridiques, telles que :

- les solutions du **Conseil constitutionnel** (cf. l'analyse de cette influence sur le juge administratif par Favoreu, RFD. adm. 1989.150) ou de la Constitution (Cass. soc. 19-10-1994 : RJS 12/94 n° 1413) ;
- les **principes généraux** du droit (n° 73561 et n°s 74900 s.) ;
- l'existence d'une **jurisprudence constante** (CA Paris 20-6-1984 : GP 1984.558 ; CA Paris 8-2-1985 : BRDA 7/85 p. 9 ; CA Paris 26-1-1987 ; T. corr. Paris 17-1-1984 : GP 1984.308 ; CA Versailles 17-11-2005 n° 04-8408 : RJDA 3/06 n° 288 ; TGI Evry 22-1-1985 : GP 1986.308 ; des arbitres, tout en affirmant ne pas être liés par la jurisprudence arbitrale antérieure à leur sentence, ont jugé que, sauf impérieuse raison contraire, ils se devaient de s'inspirer des solutions en ressortant (Sentence Cirdi 19-4-2021, Carruzisa c/ République de Colombie : JDI 2022.326 n°s 30 s.) ;
- l'**analogie** de la situation considérée avec celle visée par une loi (CA Paris 29-6-1938 : DH 1938.457 ; CA Paris 21-6-1983 : Rev. sociétés 1983.619 note Honorat ; CA Amiens 8-1-1986 : GP 1986.590 ; TGI Châlons-sur-Marne 1-7-1971 : D. 1971.som.205 ; TGI Paris 17-10-1985 : JCP G 1986.II.20709 note L'Elen de La Simone ; aussi Cass. civ. 5-6-1969 : JCP G 1969.II.16133 obs. Desiry : refus d'extension de la loi pour défaut de similitude) ;
- l'**économie générale** de la loi (CA Paris 27-1-1983 : GP 1983.som.285 ; TGI Paris 17-12-1986 : GP 1987.239 ; CA Versailles 2-5-1996 : DA 1996.1038) ;
- la **correspondance des formes** (Cass. req. 8-12-1890 : D. 1891.1.458 ; Cass. civ. 2-6-1970 n° 68-14.147 : Bull. civ. I n° 187 ; Cass. civ. 10-6-1986 n° 84-13.673 : Bull. civ. I n° 161 ; Cass. civ. 10-10-1995 : RJDA 1/96 n° 149 ; Cass. com. 27-2-1996 : RJDA 6/96 n° 802 et RTD. civ. 1996.643 obs. Gautier ; CE 10-4-1959 : Lebon 233 ; CA Rouen 16-6-1983 : BRDA 21/83 p. 10) ;
- l'**équivalence des résultats** (cf. Cass. com. 12-5-1965 : Bull. civ. III p. 280 ; Cass. civ. 14-4-1982 : Bull. civ. III p. 62 ; CA Paris 12-1-1982 : GP 1982.332 note Paisse ; TGI Tours 22-3-1974 : JCP G 1974.IV.342 note J. R. ; CE 12-1-1968 : AJDA 1968.179 concl. Kahn).

Mais le juge dépasse aussi les sources d'ordre juridique et dégage le sens à retenir en fonction de la portée de sa décision en termes sociaux et économiques autant qu'en termes internes et internationaux, ce que lui impose la Cour européenne des droits de l'Homme (n° 13103). Il invoque alors :

- le **caractère normal** de la solution (CA Paris 1-3-1983 : Rev. sociétés 1983.377) ;
- la **pesée** des intérêts en jeu (Cass. civ. 17-7-1979 : Bull. civ. I p. 173 ; CA Paris 5-7-1977 : GP 1978.1.6 note Morand) ;
- l'**intérêt général** (CA Rouen 4-4-1974 : D. 1974.som.101) ;
- l'**équité** (CJCE 13-2-1969 : Rec. 1 ; CJCE 14-12-1972 : Rec. 1281 ; CA Paris 5-7-1977 : GP 1978.1.6 note Morand) ;
- l'**égalité** (Cass. civ. 27-4-1966 : Bull. civ. I p. 196 et CA Paris 22-4-1982 : BRDA 13/82 p. 13, qui partagent, à défaut d'indication, des bénéfices de société par parts égales) ;
- la **nature des choses,** c'est-à-dire un agencement de faits qui s'impose soit en vertu de la réalité physique, soit en vertu de la raison (Cass. req. 23-6-1873 : DP 1874.1.73 ; Cass. civ. 16-8-1882 : DP 1883.1.213 ; Cass. civ. 22-7-1968 : D. 1968.622 ; cf. T. corr. Paris 17-12-1981 : GP 1982.som.319 ; en Belgique, Pasicrisie 1929.1.206 ; concl. Baudoin sur CE 21-10-1966 : AJDA 1967.275) ;

– le sens du **raisonnable** (CA Paris 10-7-1975 : D. 1977.342 note Colombet), critère remontant à une très ancienne jurisprudence (Cass. req. 12-1-1815, cité par Sargos, Le principe du raisonnable : JCP G 2009 n° 46442 p. 60).

Sur les sept piliers de la sagesse juridique, Sargos JCP G 2015 n° 1/2-34, qui relève l'exigence de raison et de cohérence du droit (bonne foi, proportionnalité, sécurité juridique) et l'exigence du respect du droit des personnes (effectivité du droit, procès équitable, responsabilité et réparation).

C. Éviction de la loi applicable de droit

RÈGLES GÉNÉRALES

74900 La loi applicable aux actes et faits qui entrent dans son champ d'application ne leur est pas, en réalité, appliquée dès lors que cette application heurte des principes ou les dispositions qui ont une autorité supérieure à la loi et qui sont exposés n°s 74903 s.

PRINCIPES FONDAMENTAUX DU DROIT

74903 **Interdiction de la fraude** En vertu du principe général du droit selon lequel « la fraude fait exception à toutes les règles » ou « corrompt tout », tout acte, même conforme aux règles qui lui sont applicables, est privé de ses effets juridiques lorsqu'il a été conçu et accompli dans un but illicite (pour des affirmations du principe : Cass. civ. 28-3-1855 : D. 1855.1.326 ; Cass. req. 14-2-1944 : DA 1944.75 ; Cass. com. 6-7-1981 : Bull. civ. IV p. 241 ; CA Grenoble 3-6-1988 : JCP G 1989.II.21238 note Oppetit).

Toutefois, l'exception de fraude ne peut pas être invoquée contre la règle de la suspension des poursuites contre un débiteur sous procédure collective (Cass. com. 6-6-2018 n° 16-23.996 F-PB : RJDA 8-9/18 n° 658), la sécurité du crédit étant aux yeux des juges d'un intérêt public supérieur à la sanction de la fraude.

La fraude est sanctionnée conformément aux règles suivantes.

1. En matière civile ou commerciale, la fraude, qui ne se démarque guère de la fraude pénale, consiste en un acte réalisé en utilisant des moyens déloyaux **destinés** à surprendre un consentement, à obtenir un avantage matériel ou moral indu ou réalisé **avec l'intention** d'échapper à l'application d'une loi impérative ou prohibitive (Cass. com. 2-10-2012 n° 11-23.213 : RJDA 2/13 n° 143).

Il ne suffit pas d'établir que l'acte a produit des conséquences dommageables pour les tiers (cf. Cass. soc. 5-7-1951 : Bull. civ. IV p. 388 ; CA Grenoble 15-12-1977 : JCP G 1978.II.18939 obs. Chavanne ; TGI Grasse 15-12-1978 : JCP G 1979.II.19246 note Guillot).

2. La fraude doit être **prouvée** par celui qui l'invoque, car elle ne se présume pas (Cass. soc. 1-7-1955 : JCP G 1956.II.9142 note de Juglart ; cf. CA Paris 9-3-2016 n° 13/18405 : RJDA 8-9/16 n° 603). Cette preuve peut se faire **par tous moyens** (Cass. 1e civ. 19-3-2009 n° 08-15.251 F-PB : RJDA 6/09 n° 590 ; cf. C. civ. art. 1353 ; Cass. com. 24-6-1963 : Bull. civ. III p. 274).

3. La fraude ne peut **pas** être invoquée **par celui** qui a commis une **faute,** par exemple par celui qui n'a pas réagi dans les délais requis à un fait connu de lui (Cass. soc. 20-5-1955 : D. 1956.233 note Savatier), qui en est l'instigateur et le bénéficiaire (Cass. com. 13-5-1968 : Bull. civ. IV p. 133) ou qui s'y est associé (Cass. com. 23-11-1966 : Bull. civ. III p. 399).

Mais dans leur souci constant de lutter efficacement contre les illicéités, les tribunaux admettent parfois que les coupables de la fraude demandent eux-mêmes la sanction de leurs agissements frauduleux (Cass. com. 13-5-1968 : Bull. civ. IV p. 133 ; CA Pau 21-2-1912 : D. 1912.2.256 ; T. com. Seine 23-12-1948 : D. 1949.275).

En revanche, la **victime** qui n'a rien à se reprocher peut agir en nullité pour fraude même contre un acte auquel elle n'est pas partie (TGI Grasse 15-12-1978 : JCP G 1979.II.19246 note Guillot) et quand bien même la fraude aurait aussi été dirigée contre d'autres (Cass. civ. 4-12-1990 : Bull. civ. I p. 197).

Le **ministère public** peut agir par voie principale (Cass. req. 4-11-1946 : S. 1947.43) et le juge peut soulever d'office l'exception de fraude si celle-ci est dans les faits du débat ; mais le moyen de fraude, mélangé de fait et de droit, ne peut pas être soulevé pour la première fois devant la Cour de cassation (cf. Cass. civ. 15-1-1912 : GP 1912.1.211).

4. L'action de fraude **se prescrit** par **cinq ans,** ce délai remplaçant, depuis la réforme de la prescription (n°s 71700 et 71725), le délai de droit commun de trente ans auquel antérieurement les tribunaux soumettaient la prescription de l'action de fraude (sur la base de l'ex-art. 2262 du Code civil soumettant « toutes » les actions à la prescription trentenaire).

Mais si le comportement frauduleux a précisément eu pour objet d'empêcher l'écoulement du délai applicable, son auteur est privé du droit de se prévaloir de la prescription (Cass. com. 7-5-1975 n° 73-11.856 : Bull. civ. IV n° 124 ; Cass. 1e civ. 28-10-1991 n° 88-14.410 : Bull. civ. I n° 282). Si l'objectif de la fraude a été de soumettre un contrat à un autre régime que celui qu'impliquaient les obligations contractées, la prescription peut être suspendue pendant la durée du contrat (Cass. 3e civ. 19-11-2015 n° 14-13.882 : RJDA 5/16 n° 357).

En matière de société, il est jugé que le délai de prescription de trois ans est applicable à toutes les actions en nullité visant les actes et délibérations postérieurs à la constitution de la société, sans qu'il soit distingué selon le caractère relatif ou absolu de la nullité invoquée, et peu important que l'irrégularité résulte d'une simple omission ou, comme l'invoquait l'associé, de la fraude (Cass. 3e civ. 15-10-2015 no 14-17.517 : RJDA 1/16 no 32). Cette solution, qui n'est pas conforme au principe voulant que la fraude fasse exception à toute règle, peut être considérée comme propre au droit des sociétés qui est dominé par l'objectif de cantonnement des causes et des effets des nullités susceptibles d'affecter les actes des sociétés (MSC nos 89000 s.). Elle ne saurait donc être étendue à tout autre délai de prescription inférieur au délai de droit commun.

5. La fraude est, en principe, sanctionnée par la **neutralisation de l'effet** que son auteur a recherché, l'acte vicié étant inopposable à la victime.

Ainsi, il y a lieu :

– de relever de la forclusion encourue le titulaire du droit qui n'a pas pu agir dans le délai imparti en raison d'une machination (Cass. req. 29-4-1947 : GP 1947.2.79) ;

– de rétablir le siège social d'une société lorsque celui qu'elle s'est donné est fictif (Cass. com. 12-12-1972 : Bull. civ. IV p. 307) ;

– de déclarer les tribunaux français incompétents lorsque les conditions d'application de l'article 14 du Code civil (nos 72240 s.) ont été artificiellement créées pour soustraire le litige à ses juges naturels (CA Montpellier 2-5-1985 : Rev. crit. 1987.108 note Droz).

Sur l'inopposabilité au conjoint de l'acte passé frauduleusement par un époux, no 1315.

L'acte demeure alors valable et produit ses effets dans les **rapports des parties** ; il en est ainsi par exemple en cas de fraude paulienne (no 54021) ou de toute autre fraude (Cass. com. 13-5-1968 : Bull. civ. IV p. 133 : le déposant de titres dans un compte bancaire ayant complaisamment accepté de valider le transfert frauduleux de ses titres réalisé par son banquier est resté en droit d'exiger de celui-ci leur restitution).

Mais la **nullité** est quelquefois prévue par la loi (no 1315) ou prononcée par les juges si elle apparaît être la sanction appropriée (Cass. req. 5-5-1879 : D.1880.1.145 note Beudant ; Cass. 3e civ. 5-3-2008 no 06-20.831 : RJDA 5/08 no 497 ; no 26639).

Interdiction du dol Le dol, entendu comme le comportement délibéré même sans intention de nuire, du débiteur d'une obligation contractuelle de ne pas, par dissimulation ou par fraude, exécuter son obligation ou de mal l'exécuter (cf. pour une application : Cass. civ. 27-6-2001 no 99-21.017 : JCP 2001.II.10626 note Malinvaud ; Cass. 3e civ. 5-1-2017 no 15-22.772 FS-PB : Bull. inf. C. cass. 15-5-2017 no 616), fait exception à toutes les règles que ce débiteur pourrait invoquer, le cas échéant, pour échapper à sa responsabilité ou pour la limiter (nos 15005, 15150, 15322, 27259 et 50232), pour obtenir réparation d'un dommage consécutif à son dol (no 24325) ou pour se faire garantir de son dol par l'auteur d'une faute d'imprudence (Cass. com. 28-4-2004 no 679 : RJDA 10/04 no 1087). **74906**

Le dol n'existe que si les juges établissent une dissimulation ou une fraude (Cass. 3e civ. 12-7-2018 no 17-19.701 FS-PBI).

Le dommage causé par la faute dolosive d'un cocontractant est contractuel (no 15023 ; dans le même sens, sur l'application de la prescription annale en cas de dol commis par le transporteur maritime dans l'exécution du contrat de transport maritime, no 26247 ; sur les dispositions légales relatives à l'incidence du dol sur la prescription de l'action en nullité, nos 1046 et 15701).

Autorisation des mesures urgentes Lorsqu'une menace sérieuse et imminente pèse sur des intérêts légitimes, l'urgence autorise l'adoption de toute mesure propre à écarter ce péril ou à en réduire les conséquences dommageables (Cons. const. 26-3-2020 no 2020-799 DC, validant la loi organique du 30-3-2020 d'urgence pour faire face à l'épidémie de Covid-19 au motif que « compte tenu des circonstances particulières de l'espèce, il n'y a pas lieu de juger que cette loi organique a été adoptée en violation des règles de procédure prévues à l'article 46 de la Constitution »). **74909**

L'appréciation de cette menace peut se faire en comparant le préjudice qui résulterait du refus des mesures demandées et celui que causerait l'adoption de ces mesures à ceux qui s'y opposent (T. com. Bruxelles 30-5-1985 : GP 1985.631).

La mesure peut être demandée au juge des **référés** qui est spécialement compétent pour répondre aux besoins urgents (nos 72509 s.).

Mais elle peut aussi être prise par **quiconque** est en mesure de parer au risque menaçant (pour des exemples d'autorisations légales, C. civ. art. 1724, 1790 et 1991).

Ont été ainsi jugées licites :

– la vente de la chose d'autrui, notamment celle de valeurs mobilières en cas de baisse de leurs cours (Cass. civ. 28-10-1942 : DC 1943.29 ; CA Poitiers 28-4-1948 : D. 1948.353) ou celle d'une marchandise périssable dont l'acheteur n'a pas pu prendre livraison, mais qui menaçait de se détériorer (Cass. req. 18-6-1872 : D. 1872.1.471) ;

– la déclaration d'un accident à la compagnie d'assurance par la victime au lieu et place de l'assuré (Cass. req. 30-11-1926 : D. 1928.1.49 note Josserand) ;

– les mesures conservatoires ordonnées par un juge français, pourtant incompétent pour connaître le fond du litige : par exemple, autorisation d'une saisie-arrêt par un tribunal incompétent pour statuer sur la validité d'une créance entre étrangers (Cass. civ. 25-8-1847 : D. 1847.1.273) ;
– la demande d'annulation d'une obligation avant même que l'exécution en soit réclamée (CA Paris 1-4-1862 : D. 1862.2.77) ou celle d'une obligation de non-concurrence alors même que l'exercice de l'activité visée par la clause n'était pas encore entravé (CA Paris 6-7-1893 : D. 1894.2.16) ;
– l'ouverture par l'occupant d'un magasin inondé par des matières infectées de l'appartement du dessus d'où ces matières paraissaient provenir (Cass. req. 8-7-1872 : D. 1873.1.279) ;
– l'exécution par le locataire d'un local de travaux ou de réparations que le bailleur néglige de réaliser (Cass. civ. 2-7-1945 : D. 1946.4 ; Cass. civ. 18-7-1958 : Bull. civ. I p. 313) ;
– l'application par un commissionnaire de transport à son client, sans la preuve de son accord, du doublement des tarifs en raison de la demande d'expédition d'une partie de l'envoi « par le premier avion », compte tenu de l'urgence et des difficultés pour trouver un vol (T. com. Versailles 2-11-2011 n° 2010F011658 : BTL 2011.655) ;
– la non-application du droit étranger si la recherche et la preuve du contenu de ce droit devaient entraîner des retards incompatibles avec l'urgence de la cause (n° 16925).

L'urgence doit être **prouvée** par celui qui l'allègue ; elle peut l'être par tout moyen.

Si l'adversaire ne conteste pas l'urgence invoquée, le juge peut relever d'office l'absence d'urgence (Cass. civ. 4-3-1954 : D. 1954.386).

Les juges du fond apprécient souverainement l'existence de l'urgence (Cass. civ. 22-3-1957 : JCP G 1957.II.9984).

74912 **Interdiction de l'abus de droit** Il est d'ordre public que l'exercice d'un droit ne doit pas être abusif, aucune clause contractuelle, quels qu'en soient les termes, ne pouvant y contrevenir (Cass. 1e civ. 7-2-2006 n° 03-15.394 : RTD. civ. 2006.763 n° 8 obs. Mestre et Fages), sauf si le droit litigieux est discrétionnaire.

Dans les rapports patrimoniaux, c'est le cas notamment du droit de demander le partage (n° 30303), du droit de vendre son bien (n° 26600), des droits de repentir du bailleur (nos 5656 et 6360) et de l'auteur d'une œuvre de l'esprit (n° 34665), du droit de faire abandon du fonds servant d'une servitude (CA Rouen 2-3-1937 : GP 1937.1.872) et du droit d'acquérir la copropriété d'un mur (Cass. civ. 11-5-1925 : S. 1926.1.22).

Les tribunaux sanctionnent ainsi les abus les plus divers, tels que ceux du droit de propriété, de servitude, d'hypothèque, d'actions en justice, de vote dans les sociétés, etc. La loi elle-même sanctionne l'abus de dépendance (C. civ. art. 1143) et l'abus dans la fixation du prix du contrat cadre ou du contrat de prestation de service (C. civ. art. 1164 et 1165).

Aucune disposition légale ne donne cependant une définition de l'abus. Les tribunaux font une application adaptée à la finalité de la mesure qu'il convient de préserver. Cette attitude est conforme à la signification étymologique de l'abus qui recouvre ce qui est nuisible, excessif ou injuste. Les tribunaux peuvent ainsi, selon le cas, sanctionner l'intention de nuire (Cass. com. 21-2-1978 n° 76-13.425 : Bull. civ. IV n° 72 : abus d'une marque ; sur l'abus du droit de vote dans les sociétés, MSC nos 7790 s.), l'inutilité de l'acte litigieux (cf. Cass. civ. 20-6-1964 : D. 1964.518 ; CA Pau 15-2-1973 : JCP G 1973.II.17584 obs. J. B.) ou la conscience chez le titulaire du droit du préjudice que devait causer son comportement (TGI Paris 25-4-1978 : GP 1979.71 note de Belot), comme le refus injustifié de donner une autorisation (Cass. 3e civ. 17-1-1978 n° 76-12.896 : Bull. civ. III n° 33) ou encore la disproportion entre le prix unilatéralement fixé et la prestation assumée (nos 12428 et 12429).

L'appréciation de cette condition dépend en pratique de la nature du droit en cause. Elle est donc précisée avec les droits mis en cause.

La **sanction** de l'abus de droit est, bien souvent, une condamnation de l'auteur de l'abus à réparation du dommage qu'il a causé ; sa responsabilité est extracontractuelle, même en cas d'abus d'exercice d'une prérogative contractuelle (Cass. soc. 11-6-1953 : D. 1953.661). Mais elle peut être aussi l'annulation de l'acte abusif (Cass. com. 6-2-1957 : JCP G 1957.II.10325 note D. B. ; Cass. com. 19-1-1959 : D. 1959.260 ; TGI Paris 25-4-1978 : GP 1979.71 note de Belot) ou la condamnation à donner l'autorisation demandée (Cass. 3e civ. 17-1-1978, précité).

74915 **Validité des actes apparents** Les actes accomplis par celui qui paraît avoir qualité pour le faire sont valables à l'égard des tiers ou des cocontractants qui ont légitimement cru en cette qualité.

Cette solution est fondée sur la règle reconnue « de tous temps et dans toutes les législations » que « l'erreur commune fait le droit » (CE 2-7-1807, arrêt interprétatif : Duvergier, Lois et décrets, t. 16 p. 153).

Pour que la validité des actes apparents soit admise, il faut que les conditions suivantes soient satisfaites.

1. L'apparence doit être fondée sur une **justification légitime.**

Tel est le cas si les circonstances, auxquelles le mandant n'est pas complètement étranger, autorisaient le tiers à ne pas vérifier les limites exactes des pouvoirs du mandataire apparent ;

le juge doit donc rechercher si le mandant a ou non été complètement étranger à l'apparence créée (Cass. com. 29-6-2022 n° 20-16.035 F-D : RJDA 11/22 n° 632).

Lorsqu'il s'agit des actes d'un **propriétaire ou** d'un **héritier apparent,** cette justification doit résulter d'une **erreur commune ou invincible,** c'est-à-dire du fait que tout le monde tenait ce propriétaire ou cet héritier pour le véritable titulaire du droit (Cass. req. 19-3-1946 : JCP G 1946.II.3125 note Becqué ; Cass. civ. 21-1-1981 : Bull. civ. III p. 12 ; Cass. civ. 22-7-1986 : Bull. civ. I p. 205 ; rappr. Cass. civ. 21-11-2000 : D. 2001. IR. 43 : notaire non fautif de ne pas avoir connu une usucapion ignorée de tous). Elle doit, en outre, être notoire, persistante et sans équivoque (Cass. civ. 3-4-1964 : D. 1964.306 note Calais-Auloy ; Cass. civ. 21-5-1969 : Bull. civ. III p. 311). Ce n'est pas le cas d'une erreur qui aurait pu être écartée par des recherches élémentaires (Cass. civ. 15-1-1992 : Bull. civ. III p. 8). Celui qui se prévaut de l'erreur doit avoir été de bonne foi au jour où il est devenu propriétaire du bien litigieux (Cass. 3e civ. 30-3-2017 n° 15-21.790 FS-PB : Bull. civ. III n° 44) et ne doit pas avoir acquis à titre gratuit le bien litigieux (Cass. 1re civ. 7-10-2015 n° 14-16.946 : D. 2016.242 note Zinty).

L'apparence peut résulter des circonstances les plus variées, telles que l'accomplissement d'une publicité par le titulaire apparent du droit de propriété (Cass. req. 12-2-1941 : S. 1941.1.68 ; Cass. civ. 3-4-1963 : D. 1963.306 note Calais-Auloy), la présentation d'un titre accréditant la qualité invoquée par celui qui contracte (CA Paris 19-11-1964 : JCP G 1965.IV.8), la présence d'un notaire à l'acte (Cass. civ. 22-5-1968 : Bull. civ. III p. 179), la conclusion de l'acte par voie d'adjudication (Cass. civ. 2-11-1959 : JCP G 1960.II.11456 note Esmein).

En revanche, lorsqu'il s'agit des actes accomplis par représentation, l'acte fait par un **représentant** sans pouvoir est opposable au représenté si le cocontractant du représentant a légitimement cru en la réalité des pouvoirs de ce dernier. Cette solution, admise de longue date par les tribunaux lorsque le représentant est un mandataire **apparent** (nos 23027 s.), est désormais légalisée par l'article 1156 du Code civil.

En aucun cas, la croyance dans l'apparence ne peut être fondée **sur un faux,** par exemple : sur l'imputation à une personne de procès-verbaux d'assemblée générale purement imaginaires (T. civ. Seine 22-2-1951 : JCP G 1951.II.6194 concl. Mazet note J. M.) ; sur l'imitation de la signature du prétendu auteur de l'acte (Cass. req. 20-3-1882 : DP 1882.1.245) ; sur l'augmentation falsifiée du montant d'un engagement (Cass. civ. 17-12-1884 : DP 1885.1.102 ; CA Paris 15-3-1930 : GP 1930.1.773).

Sur la croyance non légitime du locataire qui a conclu avec le tuteur seul un bail commercial au nom d'un mineur sous tutelle, n° 1043.

2. L'apparence doit être **prouvée** par celui qui l'invoque (Cass. soc. 21-10-1955 : Bull. civ. IV p. 564) ; cette preuve peut être faite par tous moyens (Cass. civ. 15-7-1959 : GP 1959.2.160 ; Cass. com. 15-12-1965 : Bull. civ. III p. 584).

Le moyen tiré de l'apparence ne peut pas être soulevé d'office par le juge qui, ce faisant, sortirait des limites du débat fixé par les conclusions des parties (Cass. civ. 20-12-1966 : Bull. civ. I p. 422). Il ne peut être invoqué – car mélangé de fait et de droit – pour la première fois devant la Cour de cassation (Cass. civ. 2-11-1966 : Bull. civ. I p. 163).

3. Tout acte à titre onéreux peut être validé par l'apparence, par exemple une vente (Cass. civ. 16-10-1961 : Bull. civ. I n° 462), une hypothèque (Cass. civ. 3-4-1963 : D. 1964.306 note Calais-Auloy), une location (Cass. civ. 3-1-1969 : JCP G 1969.II.15901 note R. D.), un cautionnement (Cass. ass. plén. 13-12-1962 n° 57-11.569 : D. 1963.277 note Calais-Auloy), une transaction (Cass. civ. 29-4-1969 : JCP G 1969.II.15972, 3e esp., note Lindon).

Mais l'anéantissement d'un acte à titre gratuit ne causant aucun tort au bénéficiaire de la libéralité, il n'y a aucune raison de le refuser (cf. Cass. req. 10-4-1888 : DP 1889.1.278).

Sur l'application de l'apparence à la représentation de l'État français en justice (CA Paris 9-10-1987 : Rev. crit. 1988.88) ; sur son application en matière de capacité, n° 12395.

Application à l'accessoire des règles du principal

Selon un principe bien connu, l'accessoire suit le sort du principal. Il est ainsi fréquent qu'un contrat obéisse aux règles applicables au contrat sous la dépendance duquel il se trouve (nos 10106, 19517, 24206, 26721) et qu'un acte emprunte le régime d'un autre acte auquel il est lié (nos 185 s.). Mais il a été jugé qu'il n'est plus pertinent, dans le commerce électronique, de faire application de la distinction entre le principal et l'accessoire, les prestations fournies sur un même site par les opérateurs étant toujours plus complexes et très variées (TGI Paris 13-5-2009 : D. 2009.2910.som. note Huet). **74918**

Censure des comportements indignes

Est irrecevable à agir en justice celui qui se prévaut d'un intérêt qui n'est pas légitime (n° 8027) ou qui se contredit au détriment d'autrui (Cass. com. 20-9-2011 n° 10-22.888 : JCP G 2011 n° 46-1250 p. 2246 note Houtcieff). **74921**

Toutefois, la règle invoquée dans ces conditions doit être néanmoins appliquée si elle est d'ordre public, telle celle ouvrant le droit d'invoquer une fin de non-recevoir en tout état de cause (n° 71603), et il n'existe pas dans le contentieux de la légalité des actes administratifs de principe général en vertu duquel une partie ne saurait se contredire dans la procédure contentieuse au détriment d'une autre partie (CE 2-7-2014 n° 368590 : Lebon 206).

Ainsi :

– une partie ne peut pas réclamer l'exécution d'un droit si sa propre faute est à l'origine de la situation qu'elle dénonce ou si sa demande est entachée de mauvaise foi car cela revient à violer l'obligation d'agir de bonne foi, qui est d'ordre public (C. civ. art. 1104, al. 2 en matière contractuelle) ;

– le président-directeur général d'une société anonyme ne peut pas opposer au créancier auquel il a donné en gage ses titres nominatifs le défaut d'inscription de ce gage sur le registre des transferts de la société dès lors que cette carence est imputable à sa propre négligence (Cass. com. 6-3-1968 : Bull. civ. IV p. 86) ;

– la direction de fait d'une société constitue une activité illicite susceptible d'engendrer des responsabilités, mais non de créer des droits au profit de l'intéressé (CA Paris 19-1-1984 : BRDA 7/84 p. 7) ;

– celui qui se laisse induire en erreur par une publicité sur « les prix sacrifiés, massacrés, atomisés », « des rabais monstres » ne peut que s'en prendre à lui-même s'il « se fait refiler des rossignols » (T. corr. Metz 27-5-1982 : GP 1983.79) ;

– un agent immobilier ne peut invoquer à l'encontre de son mandant un préjudice alors que celui-ci trouve sa cause dans l'irrégularité du mandat qui lui est imputable (Cass. 1e civ. 3-2-2004 n° 174 : D. 2004.IR.467) ;

– le plaideur qui a engagé des procédures successivement menées en référé puis au fond et n'a pas cessé de se contredire au détriment de ses adversaires doit être sanctionné, en vertu du principe (dit en common law « estoppel ») suivant lequel une partie ne peut se contredire au détriment d'autrui, à la condition que ces actions soient de même nature, fondées sur les mêmes conventions et opposent les mêmes parties (cf. Cass. ass. plén. 27-2-2009 n° 07-19.841 : D. 2009.1245 note Houtcieff ; sur l'existence d'une contradiction, CA Versailles 13-10-2022 n° 21/07289 ; sur des absences de contradiction, Cass. 2e civ. 15-3-2018 n° 17-21.991 F-PBI : JCP E 2018.1311 note Dupont ; Cass. 3e civ. 28-6-2018 n° 17-16.693 FS-PB ; CA Paris 3-11-2020 n° 19/17529) ;

– la société qui a formé un pourvoi ayant abouti à la cassation partielle d'un arrêt ne peut pas se prévaloir, devant la cour d'appel de renvoi, de la circonstance qu'elle aurait été dépourvue de personnalité juridique lors des instances ayant conduit à l'instance soumise à cette cour (Cass. com. 20-9-2011 n° 10-22.888, précité).

Mais les juges hésitent parfois à sanctionner le comportement répréhensible, notamment lorsqu'il s'agit de supprimer le droit à la réparation d'un dommage : ainsi, la première chambre civile de la Cour de cassation (Cass. civ. 14-12-1982 : Bull. civ. I n° 355) admet l'instigateur d'une faute, ou celui qui a accepté en connaissance de cause sa commission, à demander réparation, s'il en devient la victime, alors que la chambre commerciale le lui refuse (Cass. com. 7-12-1982 : Bull. civ. IV n° 403). Toutefois, on ne saurait reprocher son propre fait à celui qui refuse de régulariser une situation illicite (CA Paris 1-10-1980 : JCP G 1981.IV.385) ou qui demande sa sanction (n° 4420).

74924 **Refus de rendre justice aux intérêts minimes** Le juge écarte, en principe, la demande dont l'enjeu est de minime importance bien qu'elle soit justifiée, solution validée par le Conseil constitutionnel qui a reconnu conformes à la Constitution les dispositions de l'article 1247 du Code civil écartant de la réparation les dommages négligeables à l'environnement (Cons. const. 5-2-2021 n° 2020-881 QPC) et par la modification apportée par l'amendement n° 15 à la convention européenne des droits de l'Homme, entré en vigueur le 1er août 2021, concernant le critère de recevabilité du « préjudice important » (Série des traités du Conseil de l'Europe, n° 213, Strasbourg, 14-6-2013, pt 23).

Jugé, par exemple :

– qu'il n'y a pas lieu de déterminer le caractère propre ou commun d'un bien évalué à la somme symbolique d'un franc, car cette somme n'est pas une valeur patrimoniale (Cass. civ. 17-1-1995 : RJDA 10/95 n° 1101 ; rappr. CA Besançon 14-12-2011 n° 10/01253 : JCP E 2012.pan.1172) ;

– qu'une erreur de 45 centiares est tout à fait négligeable et ne peut entraîner la nullité d'un partage (Cass. civ. 6-1-1987 : D. 1987.377 note Breton) ;

– que des dépenses d'un montant infime peuvent ne pas être remboursées (Cass. 1e civ. 24-6-1986 n° 84-15.215 : Bull. civ. I n° 178) ;

– que les copropriétaires doivent s'accommoder de quelques inégalités pour ne pas rendre la gestion du syndic impraticable, alors surtout que celle-ci porte sur des sommes très minimes (CA Paris 5-7-1977 : GP 1978.1.6) ;

– qu'un accord de reconstruction d'un hangar à frais communs entre deux parties a été respecté lorsque celle qui a été chargée de l'exécuter a accepté des modifications minimes des travaux convenus sans dépassement du montant du coût final arrêté (Cass. civ. 11-7-1978 : Bull. civ. I p. 210) ;

– qu'est justifié le refus d'une demande de provision relative à des sommes modiques (CAA Lyon 2-2-1993 : GP 1993.412) ;

– qu'un fait insignifiant, tel que le caractère ponctuel, 16 ans avant la demande de réparation, de l'interdiction de l'accès du demandeur à son terrain, ne cause pas un préjudice ouvrant droit à réparation (Cass. civ. 4-4-1991 n° 89-17.011 : Bull. civ. I n° 127) ;

– qu'il n'y a pas lieu de prononcer la nullité d'une cession de droits sociaux si l'erreur provoquée est minime (Cass. com. 23-6-2004 n° 03-11.713 : RJDA 11/04 n° 1219, surfacturations reprochées au cédant d'un montant insuffisant pour tromper l'acquéreur) ; **74924** (suite)

– qu'il n'y a pas perte d'une chance d'agir autrement lorsque la possibilité de faire autrement est minime (Cass. 1e civ. 30-4-2014 n° 13-16.380 : Bull. civ. I n° 76).

Mais cette règle souffre **des exceptions** importantes.

1. Le juge doit, en tout état de cause, appliquer une **clause contractuelle.**

En conséquence, il ne peut pas :

– refuser de faire jouer la clause résolutoire de plein droit d'un contrat de bail au motif que les manquements sont minimes (n° 15568) ;

– débouter un organisme de recouvrement de sa demande en paiement de la cotisation due par un adhérent en estimant que cet adhérent devait être considéré comme ayant valablement résilié, quoique au-delà des limites contractuelles, son contrat d'abonnement en raison de l'importance très réduite du dépassement de préavis, qui était seulement de quarante-huit heures, de la très courte ancienneté du contrat et du faible montant de la perte résultant de la résiliation, alors que le contrat prévoyait qu'il était révocable par l'une ou l'autre des parties après un préavis donné trois mois au moins avant chaque échéance annuelle (Cass. com. 7-10-1980 n° 79-10.446 : Bull. civ. IV n° 323) ;

– rejeter la demande du maître de l'ouvrage de mise en conformité des pièces aux dimensions prévues et non respectées par l'entrepreneur, au motif que les différences de surface sont minimes et qu'une précision absolue n'est pas une condition essentielle du contrat (Cass. civ. 16-11-1977 n° 76-12.182 : Bull. civ. III n° 392).

2. Selon une jurisprudence bien assise jusque-là, le juge doit condamner, nul ne pouvant être contraint de céder sa propriété sauf pour une cause d'utilité publique (C. civ. art. 545) ou pour annulation d'un permis de construire (C. urb. art. L 480-13 ; Cass. 3e civ. 16-11-2022 n° 21-24.473 FS-B), **tout empiètement sur la propriété d'autrui,** aussi minime soit-il, et ordonner la démolition de la construction en dépassement qui lui est demandée, peu important que le demandeur ait connu l'empiètement au moment où il a acquis la parcelle sur laquelle débordait la construction litigieuse (Cass. 3e civ. 23-6-2009 n° 08-16.184 : PA 2010 n° 65 p. 8 note Planque ; dans le même sens, à travers une jurisprudence constante, Cass. civ. 15-7-1901 : S. 1902.1.218 ; Cass. civ. 21-11-1969 : D. 1970.426 ; Cass. civ. 17-4-1996 : RJDA 7/96 n° 962 ; Cass. civ. 20-3-2002 : Bull. civ. III n° 71 : empiètement de 0,5 cm et, sur renvoi, CA Versailles 11-2-2004 : D. 2004.2819 note Planque ; Cass. 3e civ. 14-12-2005 : JCP G 2006.IV.1091 ; CA Bourges 22-3-2007 n° 05-1944 : Bull. inf. C. cass. 2007 n° 1892 : empiètement de quelques centimètres ; Cass. 3e civ. 21-9-2023 n° 22-15.340 F-D : empiètement de regard d'eau). Il en est de même pour toute violation d'un droit réel, telle une servitude (Cass. civ. 19-7-1995 : Bull. civ. III n° 207 ; Cass. civ. 5-12-2001 : JCP G 2002.II.10189, note Bonnet, écartant en matière d'empiètement l'application de l'art. 555 C. civ.).

Tout propriétaire est ainsi en droit d'obtenir la démolition d'un ouvrage empiétant sur son fonds, sans que son action puisse donner lieu à faute ou à abus (Cass. 3e civ. 21-12-2017 n° 16-25.406 FS-PBI : RDC 2018.267 obs. Tadros). Mais le juge ne peut pas ordonner la démolition totale sans rechercher, à condition que cela lui soit demandé, si un rabotage du mur ne serait pas de nature à mettre fin à l'empiètement constaté (Cass. 3e civ. 10-11-2016 n° 15-25.113 FP-PB : PA 2017 n° 31 p. 10 note A. Sharkatli).

Sous l'influence des dispositions et des juridictions supranationales (CEDH 21-4-2016 n° 46577/15, jugeant que la démolition d'une maison d'habitation construite sans autorisation serait injustifiée si la situation de ses résidents n'était pas prise en compte), cette jurisprudence a été infléchie par la soumission des décisions de démolition d'une construction au principe de proportionnalité (n° 74929) ; désormais, le juge ne peut ordonner la démolition d'une construction irrégulière « sans rechercher concrètement, comme il le lui était demandé, si les mesures ordonnées étaient proportionnées au regard du droit au respect de la vie privée et familiale et du domicile » (Cass. 3e civ. 16-1-2020 n° 19-13.645 FS-PBI). Au regard de cette règle, la démolition a été légalement justifiée si le juge a retenu « qu'il existait un besoin social impérieux de préserver la sécurité des personnes exposées à un risque naturel d'inondation et d'éviter toute construction nouvelle ou reconstruction à l'intérieur des zones inondables soumises aux aléas les plus forts » (Cass. 3e civ. 16-1-2020 n° 19-10.375 FS-PBI). Cette règle a été ensuite sèchement écartée aussi minime qu'ait pu être l'empiètement (Cass. 3e civ. 4-3-2021 n° 19-17.616 F-D), puis reprise pour une construction irrégulière au regard du cahier des charges d'un lotissement (Cass. 3e civ. 13-7-2022 n° 21-16.407 FS-B : RJDA 11/22 n° 615), pour être à nouveau sèchement écartée (Cass. 3e civ. 23-11-2022 n° 22-19.200 F-D réaffirmant justifiée la demande en démolition de l'empiètement, « sans que cette action puisse donner lieu à faute ou à abus ni que puisse lui être opposé le caractère disproportionné de la mesure de remise en état »).

3. Le juge doit, aussi faible que soit l'intérêt en jeu, déclarer recevable l'exercice du droit à réparation d'un préjudice (n° 15300), du droit de rétention (n° 57825), de l'action paulienne (n° 54006) et de l'action en partage (n° 30303).

4. Le juge doit réparer intégralement le dommage (n° 15300).

74927 **Interdiction de se faire justice à soi-même** Nul ne peut se rendre justice à lui-même. Tout acte d'exécution d'un droit non autorisé par les tribunaux, qui tend à imposer à autrui le respect de ce droit, même si celui-ci est incontestable, se trouve inexorablement privé d'effet ; il en est ainsi même si cet acte est une réplique à une voie de fait (Cass. civ. 13-12-1994 : JCP E 1995.pan.193).

Par exemple, se fait justice à lui-même :

– le banquier qui prélève d'autorité sur le compte d'un client le montant d'une lettre de change que celui-ci n'a pas acceptée ; il commet ainsi une grave irrégularité et doit réintégrer ce prélèvement indépendamment du fait que la somme soit due au bénéficiaire des effets ; celui-ci doit, pour obtenir le paiement, intenter une action contre son débiteur et éventuellement faire une saisie-arrêt (désormais saisie-attribution) sur son compte à la banque et non pas se faire justice à soi-même en opérant avec l'aide de la banque une véritable saisie privée qui constitue une voie de fait (CA Paris 12-5-1973 : D. 1973.som.113 ; dans le même sens, CA Paris 5-1-2006 n° 04-13146 : RJDA 7/06 n° 754) ;

– bien qu'un propriétaire ait installé à tort un conduit de ventilation et une palissade, le voisin qui, d'autorité, a fermé ce conduit et endommagé cette palissade et qui doit dès lors réparation du préjudice qu'il a causé (Cass. civ. 4-2-1976 : GP 1976.1.som.82) ;

– l'époux divorcé qui notifie un acte extrajudiciaire d'opposition tendant à interdire le versement à sa femme de toutes sommes dues, sans que l'autorisation de formuler une telle opposition ait été demandée à la justice ; cette notification est une voie de fait dépourvue d'effet (TGI Créteil 15-11-1979 : GP 1981.495 note Claux) ;

– la victime de l'inexécution lorsqu'elle impose à son cocontractant une mesure qu'elle n'était pas en droit de tirer elle-même de l'inexécution et de lui imposer ; tel est le cas du locataire qui a cessé de payer ses loyers pour défaut d'entretien par le bailleur de la chose louée, alors qu'aucun accord n'était intervenu entre les parties sur les travaux de remise en état effectués par le locataire (Cass. civ. 18-3-1992 : RJDA 6/92 n° 559 ; rappr. Cass. 3e civ. 6-7-2017 n° 16-15.752 F-PB) ;

– le commerçant qui déduit d'office du montant de la facture établie par son fournisseur les pénalités ou rabais correspondant au non-respect d'une date de livraison ou à la non-conformité des marchandises, lorsque la dette n'est pas certaine, liquide et exigible, sans même que le fournisseur ait été en mesure de contrôler la réalité du grief correspondant, l'auteur de la déduction d'office devant démontrer qu'il a placé la victime de cette pratique en mesure de contrôler la matérialité du grief justifiant la retenue d'office (CA Paris 19-4-2017 n° 15/24221 : RJDA 12/17 n° 840) ;

– celui qui s'attribue des dommages-intérêts en réparation de l'inexécution non encore reconnue en justice (n° 24464).

En revanche, ne se fait pas justice à lui-même le contractant qui tire les conséquences d'un droit qui lui est acquis : ainsi, lorsque le contrat a été résolu de plein droit, résilié unilatéralement pour juste motif ou s'il est caduc. Il en est de même de celui qui a été autorisé par le contrat à imputer les pénalités prévues sur le prix du contrat (CA Versailles 7-11-2017 n° 16/02525) ou qui peut se prévaloir d'un usage instauré entre les parties, autorisant par exemple une compensation conventionnelle (CA Poitiers 4-12-2018 n° 16/01869).

La partie qui se fait justice à elle-même s'expose, outre à une condamnation à dommages-intérêts, à une condamnation pénale pour abus de confiance (CA Paris 14-11-2017 : Legalis).

74928 **Interdiction de détruire l'obligation essentielle promise** Est réputée non écrite la clause limitant ou éludant l'obligation essentielle créée par le contrat (n° 12552).

74929 **Proportionnalité requise entre la mesure à prendre et l'avantage attendu**
De tout temps, la règle de droit a été considérée comme devant être appliquée implacablement, en dépit de sa sévérité, bien traduite par la formule latine devenue populaire « dura lex sed lex ». Désormais, les juges, tout en ne perdant pas de vue l'application de la loi, s'efforcent de la tempérer pour sauvegarder le sens de l'équité. À cet effet, ils mettent en œuvre le principe d'appréciation proportionnelle entre la mesure demandée et l'intérêt à être appliquée qu'elle présente.

1. Application des droits de l'Homme et des dispositions requérant une application mesurée. Lorsqu'un droit fondamental est en cause, notamment un droit de l'Homme au sens de la convention européenne des droits de l'Homme ou de la Charte des droits fondamentaux de l'UE, ou bien un droit dont la loi exige une application mesurée (par exemple, C. civ. art. 1141, 1143, 1164, 1165 et 1221), le **juge** est dans l'obligation d'apprécier si la mesure prise ou demandée par une partie est proportionnée à la défense du droit en cause (pour un exemple en matière de démolition d'un ouvrage présentant un défaut de construction, n° 74924).

La stricte application de la loi ou de la mise en œuvre d'un droit protégé par la convention européenne des droits de l'Homme ne peut pas remettre en cause un juste équilibre entre les intérêts des parties en présence (CEDH 16-6-2011 n° 19535/08 : RTD. civ. 2011. 526 obs. Hauser ; Cass. 2e civ. 3-5-2007 n° 05-19.439 FS-PB : PA 2008 n° 7 p. 11 note P. Berlioz ; Cass. 1e civ. 10-6-2015 n° 14-20.790 : D. 2015 p. 2365 concl. Fulchiron ; sur la mise en œuvre de ce principe, Marguénaud : RTD. civ. 2015.825).

Le juge doit motiver l'existence de la disproportion qu'il retient (Cass. 1e civ. 12-5-2016 n° 15-20.834 F-D : JCP E 2016.1575 note Le Gac-Pech).

L'appréciation proportionnée est aussi imposée au **législateur** qui établit une sanction ; il ne peut pas fixer une sanction manifestement disproportionnée par rapport à la gravité des faits qu'il entend réprimer (Cons. const. 22-7-2016 n° 2016-554 QPC).

Le moyen tiré du caractère disproportionné de la mesure prise est irrecevable s'il est soulevé pour la première fois devant la Cour de cassation (Cass. crim. 13-6-2017 n° 16-83.201 FS-PB : Bull. inf. C. cass. 1-12-2017 n° 1267) ou s'il est soulevé devant une cour de renvoi après cassation et contrôle de la proportionnalité fait par l'arrêt de censure (Cass. 3e civ. 10-6-2021 n° 19-25.037 FS-PR).

Mais l'appréciation proportionnelle ne saurait empêcher la sanction d'un fait illicite ni permettre de méconnaître une règle qui poursuit un but légitime relevant de l'intérêt général, tel le principe d'inaliénabilité des biens du domaine public (cf. CGPPP art. L 3111-1).

2. Formalisme. Le respect du formalisme imposé par la loi est progressivement soumis au contrôle de son effet et à l'atténuation de sa portée lorsqu'il aboutit à une contrainte excessive (Cass. 3e civ. 30-5-2001 n° 99-17.810 FS-D ; Cass. com. 17-2-2021 n° 19-16.470 F-PL). Il en est ainsi même en matière pénale (Cass. crim. 19-4-2023 n° 23-80.675 F-B).

Légitimité de la norme de l'UE Ont été reconnus comme des principes généraux du droit européen entraînant la mise à l'écart de la règle européenne légalement applicable (sur la légalité des actes européens, nos 74000 s.) les principes suivants. **74930**

1. Confiance légitime : n° 74485.

2. État de nécessité. La violation d'une règle européenne ne peut pas être imputée à celui qui peut justifier qu'il a été dans la nécessité d'agir ainsi, pourvu qu'il ne se soit pas mis dans cette situation par sa faute (CJCE 18-3-1980 : Rec. 907).

3. Légitime défense. Le justiciable est tenu pour irresponsable de la méconnaissance d'une règle européenne si celle-ci a constitué à son endroit une attaque injustifiée ; tel n'est pas le cas d'opérateurs économiques qui violent sciemment une décision générale dont la régularité ne prête à contestation ni en elle-même ni au regard des circonstances économiques au vu desquelles elle est intervenue (CJCE 18-3-1980 : Rec. 907).

4. Force majeure. Doivent être exonérés de la violation de leurs obligations pour force majeure les sujets de droit qui, sans être dans l'impossibilité absolue de l'éviter, ont été empêchés d'exécuter leurs obligations en raison de circonstances qui leur sont étrangères, anormales et imprévisibles, et dont les conséquences n'auraient pu être évitées malgré toutes les diligences déployées (TPICE 6-3-2003 : Rec. II-635). Mais en aucun cas la force majeure ne saurait créer au profit de celui qui l'invoque un droit que la réglementation en cause ne prévoit pas (CJCE 17-5-1988 : Rec. 2647).

La force majeure ne peut justifier un comportement négligent qui a eu pour effet de faire perdre à son auteur, qui n'a pas respecté le délai imposé, un régime d'importation plus favorable que celui auquel il est désormais soumis (CJCE 14-2-1978 : Rec. 353).

En l'absence d'une réglementation européenne applicable, les principes généraux du droit européen ne s'opposent pas aux dispositions de la législation nationale d'un État membre qui prévoient un délai de prescription impératif de trois ans, exclusif de toute prise en considération de la force majeure, pour toute demande de droits indûment perçus (CJCE 9-11-1989 : Rec. 3551).

Une entreprise ne peut pas bénéficier de la force majeure, par exemple, lorsqu'elle prétend avoir été empêchée d'accomplir une formalité que les autres entreprises ont exécutée (CJCE 12-7-1979 : Rec. 2523).

5. Sécurité juridique. Le principe de sécurité juridique exige que les règles de droit soient claires, précises et prévisibles dans leurs effets, afin que les intéressés puissent s'orienter dans des situations et des relations juridiques relevant de l'ordre juridique de l'Union (CJUE 8-12-2011 aff. 81/10). Il ne trouve à s'appliquer que dans un litige appelant le juge à vérifier la légalité d'un acte administratif et non lorsque le juge est appelé à trancher un litige de nature contractuelle qui ne dépend pas de l'application d'une disposition normative (CJUE 28-2-2019 aff. 14/18).

6. Abus de droit. Les justiciables ne sauraient abusivement ou frauduleusement se prévaloir des normes européennes (CJCE 12-5-1998 : Rec. I-2843 : absence d'abus de la part d'un actionnaire qui invoquait la directive conférant à l'assemblée générale le pouvoir de décider une augmentation de capital pour contester celle résultant d'une décision administrative).

7. Respect des droits fondamentaux. L'application du droit de l'UE est aussi subordonnée au respect des droits fondamentaux, notamment ceux protégés par la CESDH. Bien que la CJUE ait émis un avis négatif sur l'adhésion de l'UE à cette convention (CJUE avis 2/13 18-12-2014), cette dernière peut recevoir application si le droit de l'UE n'apporte pas aux justiciables une protection équivalente à celle qu'elle procure (CEDH 23-5-2016 n° 17502/07 : JCP G 2016 n° 24-691 obs. Milano, jugeant non condamnable le défaut de notification d'une citation à comparaître).

PRINCIPES CONSTITUTIONNELS OU DE VALEUR CONSTITUTIONNELLE

74950 **Principe de clarté de la loi, de sécurité juridique et d'intelligibilité** Le principe de clarté de la loi qui résulte de l'article 34 de la Constitution et les objectifs de valeur constitutionnelle de sécurité juridique et d'intelligibilité qui ressortent des articles 4, 5, 6 et 16 de la Déclaration des droits de l'Homme et du citoyen du 26 août 1789 imposent au législateur d'adopter des dispositions suffisamment précises et des formules non équivoques (Cass. com. QPC 19-10-2017 n° 17-15.023 F-D : RJF 2/18 n° 202, jugeant néanmoins que leur méconnaissance ne peut, en elle-même, être invoquée à l'appui d'une QPC visée au n° 73800).

74953 **Principe de confiance légitime** Le Conseil constitutionnel fait une application implicite du principe de confiance légitime, au travers du contrôle du respect de la garantie des droits prévue à l'article 16 de la Déclaration des droits de l'Homme et du citoyen (Cons. const. 29-9-2017 n° 2017-656 QPC : non-remise en cause des effets attendus par les contribuables ; T. suprême Monaco 29-11-2018 n° 2018-08 : JCP G 2019.375 note Disant). Il en est de même du Conseil d'État (CE 17-6-2019 n° 429050 ; CE 12-9-2019 n° 431862).

74956 **Forme républicaine du Gouvernement** Le Conseil d'État a refusé de renvoyer devant le Conseil constitutionnel une QPC qui soutenait que l'article 4 de la loi du 31 décembre 1971 portant réforme de certaines professions judiciaires et juridiques porterait atteinte au principe selon lequel la forme républicaine du Gouvernement ne peut faire l'objet d'une révision non parce que ce principe ne serait pas invocable à l'appui d'une question prioritaire de constitutionnalité mais parce que les requérants n'ont apporté, à l'appui de cette allégation, aucune précision permettant d'en apprécier le bien-fondé (CE 2-10-2017 n° 412234).

SURVEILLANCE DE L'APPLICATION DES LOIS

74970 La bonne application des lois doit être surveillée par le « **défenseur des droits** » en vue d'assurer le respect des droits et des libertés ; toute personne s'estimant lésée par le fonctionnement d'un service public ou d'un organisme investi d'une mission de service public pourra le saisir (Constitution art. 71-1 ; Loi organique 2011-333 du 29-3-2011 art. 4 et 5).

CHAPITRE 3 PREUVE

SOMMAIRE

A. Charge et objet de la preuve	75506
B. Preuve des actes juridiques par écrit	75590
1. Nécessité de l'écrit	75600
2. Force probante des écrits	75650
a. Actes authentiques	75653
b. Actes sous signature privée	75680
c. Autres écrits	75723
C. Preuve des faits juridiques par tout moyen	75750
D. Moyens de preuve autres que l'écrit	75800
E. Aveu extrajudiciaire	75900

IMPORTANCE PRATIQUE DE LA PREUVE

Le **respect** d'un **droit** ou l'exécution d'une obligation ne peuvent être obtenus en justice que **si** la **preuve** des faits allégués à l'appui de la prétention est **rapportée au juge,** car, conformément à l'adage, c'est la même chose qu'une chose ne soit pas ou qu'elle ne soit pas prouvée. 75500

Aussi bien le **droit à la preuve** est-il un droit garanti par l'article 6, 1 de la convention de sauvegarde des droits de l'Homme et des libertés fondamentales ; lorsqu'il entre en **conflit avec d'autres droits et libertés**, notamment le droit au respect de la vie privée, il appartient au juge de mettre en balance les différents droits et intérêts en présence ; dans un procès civil, le juge doit, lorsque cela lui est demandé, apprécier si une preuve obtenue ou produite de manière illicite ou déloyale porte une atteinte au caractère équitable de la procédure dans son ensemble, en mettant en balance le droit à la preuve et les droits antinomiques en présence, le droit à la preuve pouvant justifier la production d'éléments portant atteinte à d'autres droits à condition que cette production soit indispensable à son exercice et que l'atteinte soit strictement proportionnée au but poursuivi (Cass. ass. plén. 22-12-2023 n° 20-20.648 BR : BRDA 3/24 inf. 25).

RÉGIME DE LA PREUVE

Sauf dispositions spéciales, les règles de la preuve (charge et moyens) figurent aux articles 1353 à 1386-1 du **Code civil** et celles relatives à l'administration de la preuve devant le juge, ainsi qu'aux contestations en ce domaine, sont exposées dans le **Code de procédure civile** (C. civ. art. 1357 ; CPC art. 9 à 11 et 132 à 322). 75502

Les règles de preuve applicables sont, en principe, celles en vigueur le jour où le juge statue (cf. Cass. 1e civ. 11-10-1988 n° 86-18.595 : GP 1988.pan.281 ; Cass. com. 6-12-2017 n° 16-19.615 FS-PBI : RJDA 2/18 n° 202). Toutefois, il en va autrement pour les règles relatives aux preuves préconstituées, notamment celles relatives à la preuve par écrit, qui sont celles en vigueur au jour de l'acte qu'il s'agit de prouver (arrêt précité) et celles relatives à la charge de la preuve qui, n'étant pas des règles de procédure, touchent au fond du droit et ne sont donc pas applicables aux instances en cours ; elles doivent être celles en vigueur au jour du fait à prouver (Cass. com. 7-11-1989 n° 88-15.282 : Bull. civ. IV n° 281). Mais une loi nouvelle est d'application immédiate lorsqu'elle est plus favorable dans l'administration de la preuve (CA Paris 21-12-1989 : GP 1992.som.211).

Aménagement conventionnel Les contrats sur la preuve sont valables lorsqu'ils portent sur des droits dont les parties ont la libre disposition (C. civ. art. 1356, al. 1 ; Cass. 1e civ. 8-11-1989 n° 86-16.196 : Bull. civ. I n° 342). 75503

Les tribunaux ont jugé que les règles légales relatives à la preuve ne sont pas d'ordre public et que les parties peuvent y renoncer (Cass. 1e civ. 30-1-1962 : Bull. civ. I n° 64 ; Cass. civ. 16-11-1977 n° 76-11.712 : Bull. civ. III n° 393 ; aussi n° 75600).

Néanmoins, les parties ne peuvent déroger aux dispositions qui fulminent une interdiction, telle celle de se constituer un titre à soi-même (C. civ. art. 1363), celle de réduire la preuve par tout moyen d'une infraction pénale (Cass. 2e civ. 10-3-2004 n° 378 : RJDA 7/04 n° 932) et celle de contredire les présomptions irréfragables établies par la loi, de modifier la foi attachée à l'aveu ou au serment, d'établir au profit de l'une des parties une présomption irréfragable (C. civ. art. 1356, al. 2 ; pour l'invalidation d'une clause créant une présomption irréfragable, Cass. com. 6-12-2017 n° 16-19.615 FS-PBI : RJDA 2/18 n° 202).

Elles ne peuvent pas davantage déroger à toute règle tenue pour d'ordre public. Par exemple, a été considérée comme contraire à l'ordre public la restriction, prévue par un contrat d'assurance, à la preuve par tout moyen d'un sinistre constitutif d'une infraction pénale (n° 17709).

En revanche, les parties ont pu convenir :
– que la preuve par témoins et par tous moyens serait recevable contre le contenu d'un écrit (Cass. soc. 24-3-1964 : JCP 1964.II.14415 note C. Lapp) ;
– de la force probante des informations communiquées par télétransmission, système connu sous le nom « EDI » : échanges de données informatisées (Cass. 1e civ. 8-11-1989 nos 86-16.196 et 86-16.197 : JCP G 1990.II.21576 note Virassamy) ; en ce domaine, les parties peuvent, pour établir leurs conventions, se référer aux « règles UNCID » (règles de conduite uniformes pour l'échange de données commerciales par télétransmission), proposées par la Chambre de commerce internationale et à l'accord-type européen pour l'EDI ;
– d'inverser la charge de la preuve dans une police « navigation de plaisance » (Cass. 1e civ. 24-2-2004 no 02-14.005 : Bull. civ. I no 58) ;
– de la façon dont se règlent les conflits de preuve par écrit, sauf règles légales impératives (cf. C. civ. art. 1368) ;
– que la preuve des résultats obtenus quant à la part de marché gagnée par un distributeur peut résulter des modalités que ce dernier et son cocontractant ont fixées à cet effet (Cass. com. 12-4-2016 no 14-24.263 F-D : RJDA 1/17 no 13 : exclusion d'un recours à l'expertise demandée sur le fondement de l'interdiction de se faire justice à soi-même).

Elles pourraient aussi convenir des modalités de preuve des contrats établis selon le procédé de la blockchain car, selon la ministre de la justice (Rép. Fasquelle : AN 10-12-2019 no 22103), notre droit, même s'il ne mentionne pas spécifiquement la blockchain, permet d'appréhender de manière satisfaisante les questions probatoires soulevées par les chaînes de blocs.

Le règlement UE 910/2014 du 23 juillet 2014 sur l'identification électronique et les services de confiance pour les transactions électroniques au sein du marché intérieur (eIDAS) permet aux parties d'augmenter, par rapport à la législation interne, la fiabilité de la signature électronique car le sceau numérique d'une personne morale garantit l'origine et l'intégrité des données associées et les copies numériques.

75504 **Conflit de lois** En cas de conflit **entre lois des États** membres **de l'UE** portant sur la preuve des obligations contractuelles (Règl. CE 593/2008 du 17-6-2008 art. 18) :
– la loi régissant l'obligation contractuelle en vertu du règlement s'applique dans la mesure où, en matière d'obligations contractuelles, elle établit des présomptions légales ou répartit la charge de la preuve ;
– les actes juridiques peuvent être prouvés par tout mode de preuve admis soit par la loi du for, soit par l'une des lois visées à l'article 11 du règlement, selon laquelle l'acte est valable quant à la forme, pour autant que la preuve puisse être administrée selon ce mode devant la juridiction saisie.

Pour déterminer les règles de preuve d'un acte fait dans un **pays tiers à l'UE,** le juge français doit toujours accueillir les modes de preuve de la loi de la juridiction saisie sans préjudice du droit, pour les parties, de se prévaloir également des règles de preuve du lieu d'accomplissement de l'acte (Cass. 1e civ. 24-2-1959 : D. 1959.485 note Malaurie ; Cass. 1e civ. 25-11-1981 no 80-13.257 : Rev. crit. 1982.701 note P. Ancel ; Cass. 1e civ. 10-7-1990 no 88-13.877 : Rev. arb. 1990.855).

75505 **Recherche des preuves à l'étranger** Sur les **modalités** de recherche des preuves à l'étranger, convention de La Haye du 18-3-1970 sur l'obtention des preuves à l'étranger en matière civile et commerciale et Règl. CE 1206/2001 du 28-5-2001.

Sur la **communication** de documents et renseignements d'ordre économique, commercial, industriel, financier ou technique à des personnes physiques ou morales étrangères, Décret 2022-207 du 18-2-2022 relatif à l'application de la loi 68-678 du 26-7-1968 relative à la communication des documents et renseignements susvisés.

A. Charge et objet de la preuve

RÉPARTITION DE LA CHARGE DE LA PREUVE

75506 Sous réserve des cas où la loi détermine la charge de la preuve (no 75512), il appartient à chaque partie de prouver les faits nécessaires au succès de sa demande (CPC art. 9). En principe, la charge de la preuve pèse sur le **demandeur,** c'est-à-dire sur celui qui introduit une action en vue de faire valoir un droit ou un fait dont l'existence ou le contenu est contesté par son adversaire. Mais une fois qu'il a établi ses allégations, son **adversaire** peut être tenu à son tour de prouver un fait ou un acte en vue de se défendre. Par exemple, si ce dernier fait valoir que le droit dont se prévaut le demandeur est affecté d'un vice et nul, il doit prouver ce vice (Cass. civ. 19-4-1977 : Bull. civ. I p. 134). Il en est de même s'il invoque un abus (Cass. com. 1-12-1981 : Bull. civ. IV p. 336).

Lorsqu'une partie à un contrat international demande l'application d'une **loi étrangère** déterminée aux faits en cause, les juges du fond ne peuvent pas décider de la charge de la preuve de ces faits sans indiquer sur quelle loi ils fondent leur décision (Cass. 1e civ. 16-9-2015 n° 14-10.373 : RJDA 12/15 n° 810).

OBJET DE LA PREUVE

La preuve requise est celle des « **faits** » propres à établir en justice la justesse d'une prétention (CPC art. 9), mais seulement dans la mesure où ils sont **contestés.** 75509

Par exemple, lorsqu'une partie demande le remboursement d'une somme d'argent et que l'autre partie conteste que le versement ait été effectué en vertu d'un prêt, le créancier doit uniquement prouver la cause du versement et non le versement lui-même, puisque ce fait n'est pas nié par son adversaire (cf. Cass. civ. 22-5-1973 : Bull. civ. I p. 155).

En outre, la preuve d'un fait négatif ne peut pas être exigée, car cette preuve est impossible (Cass. 1e civ. 28-5-2002 n° 756 : RJDA 12/02 n° 1313 ; Cass. 1e civ. 19-2-2014 n° 12-17.935 : RTD com. 2014.599 obs. Pollaud-Dulian).

Pris en ce sens, les « faits » sont le réel, qui juridiquement se compose d'actes juridiques (n° 10200) et de faits juridiques (n° 10340 ; C. civ. art. 1100).

La preuve ne porte donc pas sur l'existence ou le contenu des règles de droit, sauf pour des lois étrangères que le juge français doit appliquer et qui, dépourvues d'autorité de plein droit à son égard, sont des faits juridiques (n° 16928).

DÉTERMINATION PAR LA LOI DE L'ALLÉGATION À PROUVER

Il arrive fréquemment que la loi désigne quel fait avancé à l'appui d'une demande doit être prouvé et indique en conséquence dans quelle mesure chaque partie ou une seulement supportera la charge de la preuve. 75512

Ainsi, le **créancier** qui soutient que son cocontractant ne s'est pas acquitté de son obligation **doit** uniquement **apporter** la **preuve** de l'**existence de sa créance** (C. civ. art. 1353, al. 1 ; Cass. com. 18-6-1991, 3 espèces : RJDA 11/91 n° 983 som. ; Cass. civ. 6-5-1997 : RJDA 10/97 n° 1298) et non la preuve de l'absence de libération de la part du débiteur. En effet, la loi impose au **débiteur,** même défendeur à l'action, de **prouver** le **fait qui a produit l'extinction de son obligation** dès lors qu'il reconnaît l'existence de la créance ou que celle-ci a été établie par le créancier (C. civ. art. 1353, al. 2 ; Cass. com. 22-11-2011 n° 10-25.283 : RJDA 3/12 n° 316 som.).

L'obligation faite au créancier d'établir sa créance lui impose, s'il demande le paiement de factures dont le montant est contesté par le débiteur, de prouver que ce montant correspond à l'importance des travaux qu'il a réalisés (Cass. com. 18-1-1982 : GP 1982.pan.213) ou, s'il demande le remboursement d'une somme, d'établir la cause du versement (désormais sa contrepartie, nos 12487 s.), dès lors que le défendeur conteste qu'il s'agit d'un prêt (Cass. civ. 22-5-1973 : Bull. civ. I p. 155 ; Cass. civ. 4-12-1984 : Bull. civ. I p. 276 ; CA Riom 21-4-1993 : JCP G 1993.IV.2590).

Sur la charge de la preuve selon que l'obligation est de moyens ou de résultat, nos 13253 s.

RISQUE DE LA PREUVE

Lorsque la partie sur qui repose la charge de la preuve ne parvient pas à convaincre le juge du bien-fondé de sa prétention et qu'elle n'établit pas la réalité des faits qu'elle invoque, le **doute** est interprété à son encontre et l'issue du procès lui est défavorable (Cass. civ. 10-5-1989 : Bull. civ. I p. 128). 75515

Perd aussi son procès la partie qui prend l'initiative d'apporter la preuve d'un fait, bien que le mécanisme de la charge de la preuve ne l'ait pas désignée, si elle ne parvient pas à établir sa prétention (Cass. civ. 6-3-1958 : JCP G 1958.II.10902 obs. Chevallier).

RÔLE DU JUGE DANS L'APPRÉCIATION DES PREUVES

Pour apprécier les preuves qui lui sont soumises par les parties, le juge doit : 75518

– statuer sur ces preuves (Cass. 3e civ. 10-6-2021 n° 20-10.754 F-D) ; il ne peut pas refuser de le faire en se fondant sur leur **insuffisance** – ainsi, il doit évaluer le montant d'un dommage dont il a constaté l'existence en son principe (Cass. 2e civ. 5-4-2007 n° 05-14.964 : Bull. civ. II n° 76) – ni se dispenser d'examiner les moyens de preuve présentés par une partie en se bornant à tirer la preuve de ceux soumis par l'autre partie (Cass. 2e civ. 10-12-1998 n° 96-22.023 : Bull. civ. II n° 297) ;

– ordonner, si une partie le lui demande, soit la production de documents, soit une mesure d'instruction (nos 75521 s.) ; il ne peut pas procéder à des **investigations personnelles** officieuses (par exemple, demande de renseignements à un commissaire de police : Cass. civ. 6-7-1978 : Bull. civ. II p. 143 ; visite des lieux : Cass. soc. 17-5-1978 : Bull. civ. V p. 273) ;

– ne fonder sa décision que sur des faits discutés **contradictoirement** par les parties (cf. CPC art. 16) ;

– **s'expliquer** sur tous les éléments de preuve produits par les parties au soutien de leurs prétentions (Cass. 1e civ. 17-12-2009 n° 08-17.900 FS-PB : Bull. civ. I n° 252), notamment préciser sur quelles pièces il fonde son appréciation et analyser au moins sommairement les pièces produites (Cass. com. 5-5-2021 n° 19-23.575 F-P) ; il ne peut se fonder exclusivement sur des éléments de preuve émanant d'une seule partie car nul ne peut se constituer une preuve à lui-même (Cass. civ. 2-4-1996 : Bull. civ. I n° 170 ; Cass. 2e civ. 10-12-1998 n° 96-22.023 : Bull. civ. II n° 297), sauf si les documents établis à l'initiative d'une seule des parties ont été discutés par elles devant lui (Cass. 3e civ. 5-3-2020 n° 19-13.509 F-PBI : RJDA 8-9/20 n° 416). Mais il apprécie souverainement les faits juridiques (n° 75753) ; il n'a pas méconnu les termes du litige s'il n'a pas considéré que les faits allégués sont constants au seul motif qu'ils n'ont pas été expressément contestés par les autres parties (Cass. civ. 10-5-1991 : Bull. civ. II p. 76) ; il n'est pas tenu de s'expliquer sur les éléments de preuve qu'il décide d'écarter (Cass. com. 9-2-2010 n° 08-18.067 : BTL 2010.131) ;

– **forger sa conviction** sur un haut degré de force probante des éléments qu'il retient, exigence notamment recommandée sous la notion de « standard de la preuve » pour établir l'existence d'une entente ou d'un abus de position dominante (pour un exemple, Cass. com. 11-1-2017 n° 15-17.134 FS-PB : RJDA 4/17 n° 285 ; sur ce standard, Roda, Le standard de preuve : réflexions à partir du droit de la concurrence : D. 2021.1297) et qui suppose qu'il n'existe pas de doute raisonnable sur la commission de l'atteinte à la concurrence.

75521 **Production d'éléments de preuve** Le juge peut, à la demande de l'une des parties, enjoindre à l'autre partie ou à des tiers de produire les éléments de preuve qu'ils détiennent (CPC art. 11 et 132 à 142 ; Cass. civ. 21-6-1988 : Bull. civ. I p. 140, qui admet l'injonction à une personne publique). Le juge décide discrétionnairement d'ordonner ou non la production demandée, sans avoir à s'expliquer (Cass. 2e civ. 2-12-2010 n° 09-17.194 : Bull. civ. II n° 198).

Le tiers sollicité (même une personne publique : Cass. civ. 20-12-1993 : Bull. civ. I p. 264) est tenu d'apporter son concours à la justice ; il peut y être contraint, en cas de refus sans motif légitime, au besoin à peine d'astreinte ou d'amende civile, sans préjudice de dommages-intérêts (C. civ. art. 11) ; mais il n'est obligé que si le juge le lui demande et non si la demande émane d'un particulier (Cass. civ. 25-10-1994 : JCP G 1994.IV.2609 : absence de faute d'un médecin qui avait refusé de délivrer une attestation que lui avait demandée un particulier ; Cass. civ. 31-5-1995 : JCP G 1995.IV.1807).

La demande de production de pièces ou d'actes détenus par un tiers doit être précise et permettre d'identifier les documents (Cass. com. 12-3-1979 : Bull. civ. IV p. 75), ce qui n'est pas le cas de la demande de production des « pièces techniques et comptables » se rapportant à une opération immobilière (Cass. civ. 15-3-1979 : Bull. civ. II p. 62). Elle doit aussi établir que ces documents peuvent être probants (CA Rouen 8-2-1995 : JCP G 1995.IV.1836).

Le refus de produire les documents demandés peut conduire le juge, souverain pour apprécier les présomptions de fait (n° 75812), à conclure qu'ils ne sont pas favorables à la partie réticente. Sur la production des documents comptables, n° 75723.

75524 **Mesures d'instruction** Les faits dont dépend la solution du litige peuvent, à la demande des parties ou d'office, être l'objet de toute mesure d'instruction légalement admissible (CPC art. 143 s.), que le juge apprécie discrétionnairement (Cass. 2e civ. 14-4-2022 n° 20-22.578 F-D). Le juge peut ordonner une mesure d'instruction sur un fait lorsque celui qui l'allègue ne dispose pas d'éléments suffisants pour le prouver, mais en aucun cas en vue de suppléer la carence des parties dans l'administration de la preuve (CPC art. 146).

Par exemple, le juge peut refuser d'ordonner une mesure d'instruction lorsque la partie qui le demande ne peut « appuyer sur aucun élément de fait quelque peu sérieux les affirmations » qu'elle a émises (Cass. civ. 17-12-1979 : Bull. civ. II p. 204) ou lorsqu'elle invoque des agissements de concurrence déloyale sans préciser la nature de ces agissements (Cass. com. 6-3-1979 : Bull. civ. IV p. 72). Il le peut aussi s'il s'estime suffisamment informé (Cass. soc. 24-2-1977 : Bull. civ. V p. 116).

Le juge chargé du contrôle d'une mesure d'instruction doit respecter le principe de la contradiction et statuer, les parties entendues ou appelées (Cass. 2e civ. 10-12-2020 n° 18-18.504 FS-PBRI).

La **prescription** est suspendue lorsque le juge fait droit à une demande de mesure d'instruction présentée avant tout procès ; le délai de prescription recommence à courir, pour une durée qui ne peut être inférieure à six mois, à compter du jour où la mesure a été exécutée (C. civ. art. 2239).

Comme en matière d'interruption, la suspension ne peut s'étendre d'une action à une autre ; il en est autrement lorsque les deux actions tendent à un même but, de sorte que la seconde est virtuellement comprise dans la première ; tel est le cas d'une demande d'expertise en référé visant à identifier les causes des sinistres subis par des matériels acquis et à déterminer s'ils sont atteints d'un vice rédhibitoire, qui tend au même but que l'action en inexécution de l'obligation de délivrance conforme (Cass. 2e civ. 2-3-2023 n° 21-18.771 F-B : RJDA 5/23 n° 288).

Les principales mesures d'instruction à la disposition du juge sont les suivantes.

a. Comparution personnelle des parties (CPC art. 184 à 198). Les parties peuvent être convoquées à comparaître devant le juge ; elles sont alors interrogées en présence l'une de l'autre et la portée de leurs **déclarations** est appréciée par le juge : notamment, celui-ci peut les considérer comme un **commencement de preuve par écrit** (art. 198 ; nos 75618 s.). **75524** (suite)

b. Constatations (CPC art. 249 à 255). Le juge peut à tout moment charger une personne de procéder à des constatations matérielles qui ont valeur de **présomption** (nos 75806 s.). Sauf en matière pénale où ils ont valeur de simples renseignements, les **constats** établis par les **huissiers ou commissaires de justice,** commis par justice ou à la requête de particuliers, font foi jusqu'à preuve contraire (Ord. 2016-728 du 2-6-2016 art. 1, II-2°). Les constats et les significations faits par huissiers ou commissaires de justice, dits « exploits », en dehors d'une instance sont des actes extrajudiciaires (Cass. 3e civ. 27-11-1990 no 88-12.719 : D. 1991.357 note Laroche de Roussane).

c. Expertise (CPC art. 263 à 284). Le juge peut confier à un expert de son choix le soin de **rechercher des faits ou** de **donner un avis technique.**

Par exemple :
– estimer la valeur d'un fonds de commerce, en cas de contestation sur le caractère sérieux du prix (Cass. civ. 7-10-1965 : Bull. civ. I p. 397) ;
– examiner la comptabilité d'une coopérative et établir le bilan général de cette société (Cass. civ. 9-10-1963 : Bull. civ. I p. 362) ;
– arrêter le coût définitif des travaux après avoir constaté leur exécution (Cass. civ. 20-10-1982 : GP 1983.pan.102 note Guinchard).

Mais il est interdit au juge de déléguer ses pouvoirs à l'expert et notamment de lui confier une mission d'ordre purement juridique.

Le juge ne peut pas demander à un expert :
– d'apprécier la commune intention des parties à un contrat (CA Versailles 2-6-1988 : Bull. inf. C. cass. 1988 no 900) ;
– d'apprécier la portée d'une convention et notamment de déterminer si celle-ci emporte ou non création d'une servitude (Cass. civ. 13-11-1974 : Bull. civ. III p. 317) ;
– de déterminer les critères caractérisant les produits de luxe (CA Versailles 8-7-1987 : JCP G 1988.II.20972 note Estoup).

En revanche, il peut valablement charger un expert de constater les conséquences du blocage d'un port par des grévistes sur les relations entre l'établissement gérant le port et ses usagers, notamment en ce qui concerne la perception des taxes, les pertes de trafic et l'atteinte portée à son image de marque, le juge s'étant ainsi réservé la qualification des éléments du préjudice (Cass. civ. 13-1-1982 : Bull. civ. I p. 19).

En vue de mener à bien la mission qui lui a été confiée, l'**expert** doit respecter les obligations suivantes :
– il doit **accomplir personnellement** sa **mission** ; il peut néanmoins recueillir l'avis d'un autre technicien dans une spécialité distincte de la sienne ; par exemple, un expert foncier chargé d'évaluer un domaine peut consulter un vétérinaire chargé d'évaluer des poneys (Cass. civ. 13-10-1981 : Bull. civ. I p. 239) ;
– les **opérations d'expertise** doivent être **contradictoires** ; l'expert doit convoquer les parties à toutes les réunions d'expertise (Cass. com. 24-10-1978 : JCP G 1979.IV.3 ; Cass. civ. 9-6-1982 : Bull. civ. I p. 188) et leur communiquer les pièces qu'il détient (Cass. civ. 12-3-1980 : Bull. civ. I p. 71) ; les parties doivent, le cas échéant, invoquer la violation du contradictoire, les irrégularités qui affectent le déroulement des opérations d'expertise étant sanctionnées par les règles régissant la nullité des actes de procédure ; à défaut, le juge peut tenir compte des appréciations de l'expert (Cass. ch. mixte 28-9-2012 no 11-11.381).

Eût-il été versé aux débats et soumis à la libre discussion des parties, un rapport d'expertise non contradictoire n'équivaut pas au constat contradictoire (Cass. com. 14-10-2014 no 13-19.072 : RJDA 12/14 no 902).

Avant tout procès, notamment par une clause du contrat, les parties peuvent avoir recours à l'**expertise amiable,** c'est-à-dire convenir de s'en remettre aux constatations d'un expert choisi d'un commun accord, soit en cours d'exécution d'un contrat au moment de la survenance d'un conflit, soit lors de la conclusion du contrat (pour un exemple, no 17709 ; sur la distinction de l'expert et de l'arbitre, no 70628).

Le rapport d'expertise établi en vertu de cet accord est inopposable à la partie qui n'a pas été appelée ou représentée au cours des opérations d'expertise (Cass. 1e civ. 12-9-2018 no 17-19.954 FS-D). Lorsque le contradictoire a été respecté, le juge peut l'examiner mais n'est pas lié par ses conclusions (CA Aix-en-Provence 15-9-2022 no 21/15269). Toutefois, le juge doit le prendre en compte s'il a été régulièrement versé aux débats et a été soumis à la libre discussion des parties et si ses conclusions sont corroborées par d'autres éléments (Cass. 1e civ. 9-9-2020 no 19-13.755 F-PB).

Un expert peut aussi être chargé par une seule partie de rechercher certains faits ; il s'agit alors d'une **expertise officieuse** que le juge ne peut pas refuser d'examiner si elle est régulièrement versée aux débats et soumise à la discussion contradictoire, alors même qu'est aussi versé aux débats un rapport d'expertise judiciaire (Cass. 3e civ. 11-4-2019 no 18-7.322 F-D).

A été ainsi validée, dans une instance en révision d'un loyer, la preuve tirée par le juge d'un rapport d'expertise judiciaire établi lors d'une autre instance opposant une bailleresse à son associé et d'un rapport d'expertise établi unilatéralement à la demande de celle-ci, dont il a apprécié souverainement la valeur et la portée (Cass. 3e civ. 15-11-2018 no 16-26.172 FP-PBI : RJDA 2/19 no 75).

Le **juge** n'est **pas lié par** les constatations ou les **conclusions de l'expert,** même lorsque l'expertise a été judiciairement ordonnée (Cass. civ. 29-10-1980 : GP 1981.pan.63, admettant que le juge peut rejeter les conclusions d'une expertise judiciaire dont les conclusions sont contraires à celles d'une expertise officieuse ; Cass. com. 1-12-1992 : RJDA 5/93 no 468, écartant la dénaturation du rapport d'expert par les juges). Mais le juge ne peut pas se fonder exclusivement sur une expertise non judiciaire réalisée à la demande de l'une des parties (Cass. ch. mixte 28-9-2012 no 11-18.710 : RJDA 6/13 no 576 ; Cass. ch. mixte 21-7-2023 no 21-15.809 BR : RJDA 11/23 no 573), même en présence de l'autre (Cass. 3e civ. 14-5-2020 no 19-16.278 FS-PBI ; Cass. 1e civ. 6-7-2022 no 21-12.545 F-D).

Le juge ne peut pas refuser d'apprécier les documents produits au seul motif que ceux-ci n'ont pas été soumis à l'expert désigné (Cass. com. 15-1-1991 : Bull. civ. IV p. 18).

75527 **Mesures d'instruction « in futurum »** Des mesures d'instruction peuvent aussi être prescrites, sur requête ou en référé, même en l'absence de désaccord, « s'il existe un motif légitime de **conserver ou** d'**établir** avant tout procès la **preuve** de faits dont pourrait dépendre la solution d'un litige » (CPC art. 145).

La mise en œuvre, sur le territoire français, de ces mesures est soumise à la loi française et n'impose pas au juge de caractériser le motif légitime d'ordonner une mesure d'instruction au regard de la loi susceptible d'être appliquée à l'action au fond qui sera éventuellement engagée ensuite ; les mesures admissibles sont celles prévues par les articles 232 à 284-1 du Code de procédure civile (Cass. 1e civ. 3-11-2016 no 15-20.495 F-PB : RJDA 2/17 no 144).

Cette disposition appelle les remarques suivantes.

a. La mesure d'instruction ne constitue pas une mesure conservatoire au sens des articles L 213-6 du Code de l'organisation judiciaire et L 511-1 du Code des procédures civiles d'exécution (Cass. 2e civ. 26-10-2023 no 21-21.938 F-B).

b. Les **conditions** de droit commun requises pour que **tout juge** puisse être saisi doivent être remplies, notamment l'intérêt et la qualité pour agir des demandeurs (Cass. 1e civ. 28-3-2018 no 17-11.628 F-PB : Bull. inf. C. cass. 2018 no 866, condition non remplie par les victimes d'un dommage demandant une mesure d'instruction pour établir la preuve des faits dont pourrait dépendre la solution du litige, alors qu'elles ont été indemnisées par l'assureur auquel elles ont délivré une quittance définitive et sans réserve) ; en revanche, les conditions de droit commun propres à la saisine du juge des **référés,** telles que l'urgence et l'absence de contestation sérieuse (CPC art. 834), n'ont pas dans ce cas à être remplies (Cass. com. 25-10-1983 : Bull. civ. IV no 275 ; Cass. com. 8-12-2009 no 08-21.253 : RJDA 3/10 no 312 ; CA Paris 5-2-1993 : D. 1993.IR.99) ; néanmoins, le principe du contradictoire demeure et les circonstances justifiant qu'il lui soit dérogé doivent être caractérisées dans la requête ou l'ordonnance (Cass. 2e civ. 8-1-2015 no 13-27.740 F-D ; pour un exemple où la dérogation a été admise, l'effet de surprise devant être assuré pour le succès de la demande de preuve, Cass. com. 6-11-2019 no 18-15.363 F-D : RJDA 4/20 no 256).

Le juge des référés est compétent dès lors que le fond du litige est de nature à relever, fût-ce pour partie, de la compétence de la juridiction à laquelle il appartient, mais non lorsqu'il lui est demandé d'ordonner une mesure qui porte à titre exclusif sur un litige dont la connaissance ne relève manifestement pas de l'ordre de juridiction auquel il appartient (T. confl. 23-10-2000 : Bull. T. confl. no 21 ; Cass. 2e civ. 22-10-2020 no 19-14.849 F-PBI).

Le juge **des requêtes** est aussi compétent dès lors que le fond du litige est de nature à relever, ne serait-ce qu'en partie, de la compétence de la juridiction à laquelle il appartient (Cass. 2e civ. 7-6-2012 no 11-15.490 F-PB : à propos de la compétence du président du tribunal de commerce). En outre, il faut que les circonstances justifient une dérogation au principe de la contradiction (Cass. 2e civ. 15-1-2009 no 08-10.771 : D. 2009.1455 note G. Mouy ; Cass. 1e civ. 5-7-2017 no 16-19.825 FS-PB : RJDA 11/17 no 776) et que le demandeur ait un motif légitime (Cass. 2e civ. 7-7-2016 no 15-21.579) ; peu importe alors qu'il n'y ait pas urgence (Cass. 2e civ. 15-1-2009 no 08-10.771 : Bull. civ. II no 15).

Le juge compétent peut être saisi même en présence d'une clause compromissoire tant que le tribunal arbitral n'est pas saisi (CA Paris 16-5-2008 no 07-18210 : GP 2008.som.2672) ou alors même qu'une information pénale est ouverte (CA Paris 2-3-1989 : GP 1990.4 note Renard ; CA Paris 11-7-1989 : D. 1989.IR.254).

Le juge français est compétent, sur le fondement de l'article 31 de la convention de Lugano du 16 septembre 1988, pour ordonner, avant tout procès, une mesure d'expertise devant être exécutée en France et destinée à conserver ou établir la preuve de faits dont pourrait dépendre la solution du litige, quand bien même il ne serait pas compétent pour connaître du fond du litige (Cass. 1e civ. 14-3-2018 no 16-27.913 FS-PB : RJDA 6/18 no 549).

Sur la compétence territoriale du juge des référés ou des requêtes, nos 72540 et 72600.

c. La **demande est recevable** dès lors que le demandeur justifie d'un intérêt éventuel à obtenir ou à conserver des éléments de preuve (Cass. com. 18-2-1997 : RJDA 6/97 n° 860), peu important alors : l'existence d'un litige potentiel, celle-ci n'étant qu'une condition du succès de la demande (Cass. 3e civ. 8-4-2010 n° 09-10.226 : RJDA 7/10 n° 720) ; la légitimité de la mesure au regard des différents fondements juridiques de l'action en vue de laquelle cette mesure est sollicitée (Cass. 2e civ. 6-11-2008 n° 07-17.398 : RJDA 3/09 n° 290) ; le fait qu'elle tend à suppléer la carence du demandeur dans l'administration de la preuve (CPC art. 146 ; Cass. com. 18-10-2011 n° 10-18.989 : RJDA 1/12 n° 64) ; que la personne contre laquelle elle est dirigée et qui doit supporter la mesure ne soit pas le défendeur potentiel au futur procès (Cass. 2e civ. 27-2-2014 n° 13-10.013 : Bull. civ. II n° 56) ; qu'une clause crée une fin de non-recevoir portant sur un objet précis à l'exercice d'une action en justice contre un contractant (Cass. 3e civ. 23-6-2015 n° 14-50.033) ; qu'une expertise de gestion d'une société commerciale puisse être demandée en vertu d'un texte spécifique (Cass. com. 15-9-2015 n° 13-25.275 : RJDA 1/16 n° 37 ; dans le même sens, Cass. com. 24-6-2020 n° 18-17.104 F-D : RJDA 10/20 n° 502) ; que l'affaire dût être jugée au fond par application d'une loi étrangère (Cass. 1e civ. 4-7-2007 n° 04-15.367 FS-PB : Bull. civ. I n° 255 ; Cass. 1e civ. 3-11-2016 n° 15-20.495 F-PB : RJDA 2/17 n° 144 ; contra, CA Paris 17-9-2020 n° 19/20669, jugeant que la recevabilité de la demande doit être appréciée au regard de la loi susceptible d'être appliquée à l'action au fond qui sera éventuellement engagée). 75527 (suite)

Mais la **demande** est **irrecevable** si l'action susceptible d'être exercée est prescrite (CA Rouen 13-10-1993) ou si l'expertise demandée s'avère inutile car impossible à mettre en œuvre en raison des circonstances de l'espèce (Cass. 2e civ. 20-3-2014 n° 13-14.985 : Bull. civ. II n° 78) ou disproportionnée (CA Paris 13-11-2020 n° 20/10471 : mesure d'investigation sur l'ensemble des postes informatiques et toutes les messageries électroniques utilisées non seulement par les salariés et dirigeants de la société cible mais également par ses collaborateurs, ce qui correspond à une désignation juridique floue).

d. L'**absence d'instance au fond,** qui constitue une condition de recevabilité de la demande, s'apprécie à la date de la saisine du juge (Cass. 2e civ. 5-6-2014 n° 13-19.967 : RJDA 11/14 n° 879) ; si un litige portant sur des faits similaires est déjà engagé, cette condition est remplie dès lors qu'elle porte sur un litige distinct (Cass. com. 3-4-2013 n° 12-14.202 : RJDA 8-9/13 n° 763 ; Cass. 2e civ. 20-3-2014 n° 12-29.568 : RJDA 6/14 n° 587 ; Cass. com. 20-2-2019 n° 17-27.668 F-D). Une instance au fond est engagée sur le même litige si elle a été introduite avant le dépôt de la requête, même si les deux parties au procès ne sont pas identiques (Cass. 2e civ. 26-10-2023 n° 21-18.619 FS-B : RJDA 1/24 n° 66).

Une action en cours portant sur l'occupation d'une parcelle ne fait pas obstacle à une demande d'expertise sollicitée en vue d'une éventuelle indemnisation des aménagements effectués sur cette parcelle, dès lors que cette mesure n'était pas demandée en considération de ladite action (Cass. 2e civ. 19-2-2015 n° 14-12.280 : Bull. civ. II n° 39) ; une instance relative à la seule annulation d'un congé refusant le renouvellement d'un bail commercial et offrant le paiement d'une indemnité d'éviction ne fait pas obstacle à une demande d'expertise destinée au recueil des éléments de preuve nécessaires à l'évaluation et à la fixation des indemnités d'éviction et d'occupation, dont le juge du fond n'a pas été saisi (Cass. 3e civ. 6-4-2023 n° 22-10.475 FS-B : RJDA 10/23 n° 504).

Pour comparer les litiges, le juge ne peut pas se fonder sur des circonstances étrangères à la caractérisation de l'existence d'une instance en cours portant sur le même litige (Cass. 2e civ. 30-9-2021 n° 19-26.018 F-B).

e. Le juge doit **caractériser le juste motif** (Cass. com. 18-10-1988 : Bull. civ. IV p. 191 ; Cass. com. 10-2-2015 n° 14-11.909 : RJDA 6/15 n° 475) en appréciant les circonstances de la cause invoquées par le demandeur et non par référence à une décision de justice antérieure rendue dans la même affaire, laquelle ne satisfait pas à l'obligation de motivation (Cass. com. 5-6-2019 n° 17-22.192 FS-PB : violation de CPC art. 455). Lorsque la motivation est effective, l'appréciation retenue par le juge est souveraine (Cass. ch. mixte 7-5-1982 : D. 1982.541 concl. Cabannes). La validité du juste motif s'apprécie au jour où le juge y a fait droit (Cass. 2e civ. 12-7-2012 n° 11-18.399).

Par exemple, justifient d'un motif légitime :

– le liquidateur de deux sociétés en liquidation judiciaire qui cherche à être éclairé sur tous les faits susceptibles d'engager la responsabilité de tous intervenants dans la gestion, l'exploitation et le financement des sociétés (Cass. com. 1-10-1997 : RJDA 12/97 n° 1567) ;

– une société étrangère à un contrat de fournitures mais ayant passé certains accords avec une des parties au contrat dès lors qu'elle pouvait, de ce fait, subir les conséquences de la mauvaise exécution de ce contrat (Cass. com. 7-11-1983 : Bull. civ. IV p. 259) ;

– un associé d'une SARL en raison des nombreuses anomalies affectant la gestion de cette dernière (Cass. com. 5-11-1985 : Bull. Joly 1986.240 obs. Le Cannu) ; pour d'autres applications de l'article 145 en matière de sociétés commerciales, MSC n° 53001 ;

– une société qui soupçonnait une autre société d'avoir commis des actes de concurrence déloyale après avoir relevé que cette dernière avait emporté tous les marchés pour lesquels elle avait elle-même soumissionné par l'intermédiaire de son directeur qui avait ensuite démissionné et avait été embauché par la société concurrente (Cass. com. 6-5-1986 : Bull. civ. IV p. 73).

Le secret des affaires ne constitue pas, en lui-même, un obstacle à la prise d'une mesure d'instruction préalable dès lors que les mesures ordonnées procèdent d'un motif légitime et sont nécessaires à la protection des droits de la partie qui les a sollicitées (Cass. 2e civ. 8-2-2006 no 236 : D. 2006.IR.532 ; dans le même sens, Cass. civ. 7-1-1999 : RJDA 5/99 no 626 ; Cass. com. 16-12-2008 no 07-19.777 : D. 2009.163.som. obs. Avena-Robardet ; pour un refus de la mesure, Cass. com. 5-1-1988 : D. 1989.354 note Virassamy).

En revanche, il n'est pas possible de demander une mesure d'instruction dont l'objet est de remettre en cause une décision définitive (Cass. civ. 29-4-1985 : Bull. civ. I p. 122).

Sur la protection du secret des affaires, no 13652.

f. La mesure d'instruction ne peut être ordonnée que pour **éviter** le **dépérissement des preuves et** que dans le cas où un **litige** est **défini** (CA Orléans 4-3-1983 : D. 1983.343 note Jeantin ; TGI Draguignan 18-9-1985 : GP 1986.127 note Dureuil et Lachaud). Elle ne doit pas notamment avoir pour objet la découverte d'un fondement juridique pour une demande en justice ultérieure (CA Paris 26-12-1986 : D. 1987.344 note Jeantin ; CA Paris 6-8-2003 : D. 2003.IR.2412) ou l'appréciation des conditions dans lesquelles la partie demanderesse a exécuté ses prestations contractuelles (CA Rennes 10-5-2022 no 21/05443).

La mesure d'instruction peut être ordonnée même en l'absence de risque de dépérissement des preuves car la loi met pour seule condition l'existence d'un intérêt et tend à améliorer la situation probatoire (CA Paris 20-1-1995 : Rev. jur. com. 1996.349 note Strickler) et indépendamment des moyens qui ont été employés pour obtenir les preuves tendant à établir le bien-fondé de la demande (CA Lyon 26-3-2008 no 06-6024 : RDC 2009.215 obs. Pelletier).

Mais il ne peut être exigé de la partie qui demande au juge la prescription d'une telle mesure d'indiquer immédiatement si elle engagera un procès et d'énoncer précisément la nature et le fondement de celui-ci, puisque ces choix peuvent résulter de la mesure sollicitée (CA Paris 5-2-1986 : GP 1986.244), et encore moins qu'elle établisse le bien-fondé de l'action en vue de laquelle la mesure d'instruction est sollicitée (Cass. 2e civ. 4-11-2021 no 21-14.023 F-B : RJDA 2/22 no 124).

g. La mesure ordonnée doit être circonscrite dans le temps et dans son objet, et **proportionnée** à l'objectif poursuivi (Cass. 2e civ. 25-3-2021 no 20-14.309 F-P). Le juge doit vérifier si la mesure ordonnée est nécessaire à l'exercice du droit à la preuve du requérant et proportionnée aux intérêts antinomiques en présence (Cass. com. 28-6-2023 no 22-11.752 F-B : RJDA 11/23 no 630).

Par exemple, le juge, à qui est demandé de nommer un expert tenu au secret professionnel pour que soit respecté le caractère confidentiel des informations dont la communication doit être demandée à des tiers, ne peut pas rejeter cette demande sans rechercher si cette mesure d'instruction n'est pas proportionnée au droit de la société requérante d'établir la preuve d'actes de concurrence interdite ou déloyale et à la préservation des secrets d'affaires de la société appelée à livrer les informations confidentielles (Cass. 1e civ. 22-6-2017 no 15-27.845 FS-PB : RJDA 12/17 no 854 ; sur une autre appréciation de la proportionnalité, TGI Nanterre 31-12-2019 no 19/10497 : D. IP/IT 2020.385 obs. N. Dissaux).

h. Lorsque la mesure ordonnée est circonscrite aux faits litigieux, le consentement préalable du requis à la remise des documents n'a pas à être recherché (Cass. 2e civ. 31-1-2019 no 17-31.535 F-PB : RJDA 5/19 no 394).

75530 **Limites à la recherche des preuves** Le juge ne peut pas ordonner la production d'éléments de preuve ou une mesure d'expertise lorsque la loi impose un mode de preuve déterminé : par exemple, obligation de prouver par écrit qui interdit le recours aux mesures d'instruction lorsqu'il n'existe pas au moins un commencement de preuve par écrit (nos 75600 s.). Il ne peut non plus ordonner, d'une façon générale et hors des cas prévus par la loi, l'appréhension de documents par voie de confiscation ou de saisie (Cass. com. 16-6-1998 : RJDA 11/98 no 1317).

Le juge doit par ailleurs tenir compte de certains **intérêts que la loi protège** (CPC art. 11 ; Cass. civ. 21-7-1987 : Bull. civ. I p. 181).

Les principaux intérêts sont les suivants.

a. Secret professionnel. Les pièces produites en violation du secret professionnel par une partie à l'appui de ses prétentions doivent être rejetées (Cass. soc. 11-2-1981 : Bull. civ. V p. 91 ; Cass. 1e civ. 5-2-2009 no 07-17.525 : D. 2009.572.som. ; Cass. 1e civ. 10-9-2015 no 14-22.699 : RJDA 1/16 no 76). Toutefois, le secret professionnel pénalement protégé doit céder lorsque la divulgation du secret est nécessaire et proportionnée à la sauvegarde des intérêts en cause (C. pén. art. 122-9). Sur le secret bancaire, nos 40125 et 75527.

Le secret notarial ne peut être levé que par le juge (Cass. 1e civ. 11-1-2023 no 20-23.679 FS-B).

b. Secret des affaires. Le juge peut refuser d'ordonner une mesure d'instruction lorsqu'elle peut avoir, pour une partie, des conséquences graves que l'intérêt de l'autre partie ne justifie pas (Cass. com. 8-6-2017 no 15-27.146 F-D : JCP E 2018.1131 no 8 obs. Mainguy ; CA Aix 15-9-1982 : Bull. Cour d'Aix 1982/3 p. 80) ; inversement, il peut valablement ordonner la production de pièces permettant à un VRP d'établir le décompte de ses commissions conformément aux modalités prévues par le contrat de travail (Cass. soc. 18-6-2008 no 07-41.910 : RJS 8-9/08 no 874). Sur la protection du secret des affaires, no 13652.

Le secret des affaires comprend le secret des procédés, des informations économiques et financières et des stratégies commerciales ou industrielles d'une entreprise (CE 15-3-2021 no 456871).

c. Protection de la vie privée. Le droit à l'intimité de la vie privée, et notamment l'inviolabilité du domicile (CEDH 30-3-1989 aff. 17/1987/140/194, Chappell), s'oppose à toute immixtion arbitraire dans la vie privée d'autrui par l'utilisation de moyens disproportionnés par rapport au but poursuivi (Cass. 2e civ. 3-6-2004 n° 02-19.886 : D. 2004.206 note Ravanas ; CA Paris 5-11-1981 : D. 1982.342 note Massip ; CA Paris 15-5-2019 n° 18/26775 ; sur des moyens non disproportionnés, Cass. 1e civ. 5-2-2014 n° 12-20.206 : D. 2014.856 note Lardeux ; Cass. 1e civ. 25-2-2016 n° 15-12.403 : PA 2016 n° 66 p. 16 note Lardeux ; Cass. 1e civ. 20-9-2017 n° 16-13.082 F-D : RJDA 1/18 n° 95).

d. Loyauté dans la recherche des preuves. La preuve produite en justice ne peut pas être prise en compte lorsqu'elle a été obtenue en recourant à un procédé déloyal, tel que celui consistant : pour établir un acte de concurrence déloyale, à recourir à la commission d'une infraction ou d'une faute civile (Cass. com. 18-11-2008 n° 07-13.365 : RJDA 3/09 n° 283 ; Cass. com. 10-11-2021 n° 20-14.669 F-B) ; pour prouver une contrefaçon, à se faire assister par un avocat stagiaire du cabinet d'avocat de la partie qui a requis son intervention (Cass. 1e civ. 25-1-2017 n° 15-25.210 F-PB) ; pour obtenir une mesure d'instruction avant procès, à se fonder pour partie sur une enquête confiée par l'employeur à un détective privé qui a procédé à une filature du salarié (Cass. 2e civ. 17-3-2016 n° 15-11.412 F-PB : RJDA 6/16 n° 498) ou pour prouver la violation d'une obligation de non-concurrence (CA Orléans 25-10-2007 n° 05/00145 : Bull. inf. C. cass. 2009 n° 1611) ; sur la loyauté des enregistrements, n° 75812.

Désormais, la preuve obtenue de manière déloyale peut toutefois être prise en compte, sous certaines conditions : voir n° 75500.

e. Utilisation d'un fait illicite. La preuve d'un acte peut être tirée d'un fait illicite en soi si ce fait ne porte pas atteinte aux exigences du procès équitable au sens de l'article 6 de la convention européenne des droits de l'Homme (Cass. soc. 25-11-2020 n° 17-19.523 FP-PBRI : RJDA 6/21 n° 448).

f. Secret de l'instruction pénale. Les pièces d'un dossier d'instruction pénale ne peuvent être produites par un tiers qu'avec l'autorisation du procureur de la République (CPP art. 156 ; Cass. 2e civ. 9-4-2009 n° 08-12.574 : Bull. civ. II n° 96). En revanche, la partie civile, qui n'est pas soumise au secret de l'instruction, est autorisée à produire les éléments d'une procédure pénale en cours, nécessaires aux besoins de sa défense dans une instance civile (CA Versailles 19-12-2013 n° 11/08129).

B. Preuve des actes juridiques par écrit

INTERDICTION DE SE CONSTITUER UNE PREUVE À SOI-MÊME

Nul ne peut se constituer de titre à soi-même (C. civ. art. 1363, reprenant un adage constant). **75590**

Ainsi, une condamnation à payer ne saurait être prononcée sur le seul fondement de factures émises par celui qui se prétend créancier et qui sont contestées par celui qu'il poursuit (Cass. com. 6-12-1994 n° 93-12.309 : CCC 1995 comm. n° 67 note Leveneur ; Cass. 1e civ. 14-1-2003 n° 00-22.894 : RJDA 6/03 n° 675 ; Cass. 2e civ. 23-9-2004 : Bull. civ. II n° 414 ; Cass. 1e civ. 18-10-2005 n° 04-14.248). La preuve du paiement fait par un débiteur n'est pas établie par une inscription figurant sur le livre de dépenses de ce dernier (Cass. 3e civ. 18-11-1997 n° 96-11.775 : CCC 1998 comm. n° 21 note Leveneur).

Cette interdiction ne concerne que la preuve requise par écrit, celle admise par tout moyen pour la preuve des faits juridiques y échappant (nos 75750 s.).

1. NÉCESSITÉ DE L'ÉCRIT

CAS OÙ L'ÉCRIT EST NÉCESSAIRE

Lorsque la preuve par écrit s'impose (n° 75606), elle ne peut être rapportée que par écrit : ni le mandat apparent ni la ratification de l'acte ne peuvent tenir en échec cette exigence (Cass. 3e civ. 2-12-2015 n° 14-17.211 : CCC 2016 comm. n° 59 note Leveneur : à propos du mandat d'agent immobilier mais transposable à toute autre disposition requérant un écrit car, à défaut, cela reviendrait à rapporter la preuve par tout moyen). **75600**

Le défaut d'écrit ne peut pas être invoqué pour la première fois devant la Cour de cassation (Cass. 1e civ. 26-2-1980 n° 78-16.363 : Bull. civ. I p. 54).

Elle obéit aux règles ci-après.

Parties à l'acte L'obligation d'apporter une preuve écrite pèse sur les parties ayant souscrit un engagement à deux conditions. **75603**

1. Qualité de partie à l'acte. Les parties à l'obligation juridique contestée ou invoquée sont tenues de produire un écrit en vue d'en prouver l'existence **entre elles** (Cass. com. 12-6-2019 n° 18-13.846 n° 18-13.846 F-D : RJDA 11/19 n° 726, pour un défaut d'écrit entre elles). Il en est de même de leurs ayants cause (n° 13022) et de leurs créanciers agissant par voie de l'action oblique (C. civ. art. 1341-1).

Par exemple, la société résultant d'une fusion, qui devient « l'ayant cause à titre universel des sociétés absorbées » (cf. Cass. com. 13-2-1963 : Bull. civ. III p. 87), ne peut pas prouver par tous moyens un contrat qui a été conclu par une des sociétés absorbées (Cass. civ. 4-3-1981 : JCP G 1981.IV.181).

Lorsqu'un acte juridique passé entre des parties est opposé à un **tiers** par ces parties ou l'une d'entre elles, la preuve doit en être rapportée par écrit dès lors que l'acte en cause suppose une telle preuve (Cass. civ. 15-5-1974 : Bull. civ. III p. 152).

Mais une partie à un acte peut prouver par tous moyens contre un tiers à l'égard duquel elle n'invoque pas l'acte mais un fait, par exemple son état de locataire d'un bien pour lui réclamer réparation des dommages causés à ce bien par des voies de fait, dès l'instant où le tiers n'est pas un tiers au sens de l'ex-article 1328 (devenu art. 1377) du Code civil (Cass. civ. 28-6-1978 : Bull. civ. III p. 208 ; sur le tiers de l'article 1377, n° 75698).

En revanche, les tiers qui n'ont pas participé à l'engagement peuvent prouver par tous moyens l'existence du contrat auquel ils sont étrangers, même si ce contrat a été établi par écrit.

Par exemple, un organisme de recouvrement de cotisations de sécurité sociale peut établir par témoins le montant des salaires perçus par le salarié puisqu'il n'est pas partie au contrat de travail (Cass. civ. 16-7-1964 : Bull. civ. II p. 417) ; de même, le bailleur peut prouver par tous moyens une sous-location consentie par le preneur (Cass. civ. 8-12-1976 : Bull. civ. III p. 344).

2. Qualité de non-commerçant. La preuve écrite est requise à l'égard d'une partie qui n'est pas commerçante ou d'une partie commerçante pour un acte civil (C. civ. art. 1359 et C. com. art. L 110-3). Peu importe que la partie qui a la charge de la preuve soit ou non un commerçant (Cass. civ. 2-5-2001 : Bull. civ. I p. 108).

75606 **Engagements à prouver** Doivent être prouvés par écrit les actes juridiques d'une somme ou d'une **valeur** supérieure à 1 500 € (C. civ. art. 1359, al. 1 ; Décret 80-533 du 15-7-1980 art. 1 ; pour une application, Cass. 3e civ. 17-11-2021 n° 20-20.409 FS-B : RJDA 3/22 n° 140).

Les **actes juridiques** dont la preuve doit être rapportée par écrit sont ceux qui ont pour résultat immédiat et nécessaire, soit de créer ou de transférer, soit de confirmer ou de reconnaître, soit de modifier ou d'éteindre des obligations ou des droits (Cass. civ. 24-12-1919 : DP 1920.1.12 ; Cass. civ. 27-4-1977 : D. 1977.413 note Gaury ; sur la concordance de cette solution avec la définition légale, C. civ. art. 1101, al. 1, n° 10200).

Par suite, doivent être prouvées par écrit :

– l'existence d'un mandat (Cass. civ. 24-11-1976 : Bull. civ. I p. 290) ;

– l'existence et l'étendue d'une obligation contractuelle dans les cas où le contrat n'a pas été constaté par écrit mais où son existence est toutefois reconnue (Cass. civ. 15-7-1975 : JCP G 1976.II.18414 note Ivainer ; Cass. civ. 27-4-1977 : D. 1977.413 note Gaury ; Cass. civ. 25-1-1989 : Bull. civ. I p. 27) ;

– l'existence d'une signification, qui ne peut être rapportée que par la production de l'acte dressé par l'huissier ou le commissaire de justice, sauf le cas de force majeure (Cass. 1e civ. 7-12-2016 n° 16-12.297 FS-PB : Bull. civ. I n° 245).

La preuve par écrit au-delà de 1 500 € s'impose, même s'il s'agit de l'engagement de l'État, des collectivités et établissements publics (Décret 59-946 du 3-8-1959).

Les parties peuvent cependant **renoncer** à la preuve par écrit, celle-ci n'étant pas d'ordre public (Cass. soc. 9-4-1970 n° 69-40.144 : Bull. civ. V n° 234, admettant, s'agissant de prouver l'existence d'un contrat de travail pour paiement de salaires d'un montant non chiffré, la renonciation d'une partie à exiger la production d'un écrit et le recours à la preuve par expertise).

Si l'**engagement** est **inférieur** à cette valeur, la preuve doit être écrite lorsqu'une partie prétend qu'un acte écrit comporte des inexactitudes ou des omissions ou qu'il a été ultérieurement modifié (C. civ. art. 1359, al. 2).

Sur la preuve de la simulation, n° 12186 ; sur la dispense d'écrit pour fixer l'interprétation d'un acte, nos 13106 s.

C'est au **moment** de la formation de l'acte qu'il convient de se placer pour déterminer si son objet excède la limite de 1 500 € (sur la détermination du seuil de 1 500 €, C. civ. art. 1359, al. 3 et 4). Si l'obligation ne consiste pas en une somme d'argent, l'évaluation en est faite par les parties sous le contrôle du juge.

75609 **Preuve contre un écrit** Il ne peut être prouvé outre ou contre un écrit établissant un acte juridique, même si la somme ou la valeur n'excède pas 1 500 €, que **par un autre écrit** sous signature privée ou authentique (C. civ. art. 1359, al. 2), sauf s'il existe un commencement de preuve par écrit (C. civ. art. 1361 ; nos 75618 s.) ou une impossibilité de se procurer un écrit ou si celui-ci a été perdu (art. 1360 ; nos 75633 s.). Sur le rejet d'un aveu pour prouver contre un écrit, n° 75900.

CAS OÙ L'ÉCRIT N'EST PAS NÉCESSAIRE

75615 **Preuve libre à l'encontre d'un commerçant** À moins qu'une disposition expresse ne l'exige ou qu'il s'agisse de la preuve d'un acte relatif à un immeuble (n° 123), l'écrit n'est pas requis lorsqu'il s'agit de prouver qu'un commerçant s'est engagé par un acte de commerce (C. com. art. L 110-3 ; Cass. com. 26-5-2004 n° 822 : RJDA 11/04 n° 1290). C'est la règle dite de la liberté des preuves en matière commerciale, qui implique les solutions suivantes.

La **qualité de commerçant** de celui contre qui la preuve est à rapporter doit exister le jour de la conclusion de l'acte, peu important qu'elle ait été perdue par la suite (Cass. com. 16-12-1980 : Bull. civ. IV p. 340).

Un commerçant ne peut pas prouver librement l'engagement d'un **non-commerçant** (nº 75603), même si cet engagement est un **acte de commerce** (CA Paris 17-5-1985 : BRDA 15-16/85 p. 20 ; rappr. Cass. civ. 2-5-2001 : Bull. civ. I nº 108).

L'**engagement** souscrit par le commerçant doit être un acte de commerce (Cass. com. 21-6-1994 : RJDA 12/94 nº 1400). Par exemple, un prêt consenti à un commerçant pour ses besoins personnels n'est pas un tel acte et ne peut être prouvé par tous moyens (Cass. civ. 23-5-1977 : GP 1978.1.89 note Viatte ; dans le même sens, Cass. com. 19-1-1993 : RJDA 5/93 nº 467).

La **liberté des preuves** en matière commerciale a pour **conséquence** l'inapplication aux engagements répondant aux conditions susvisées des articles suivants du Code civil :

– l'article 1359 imposant la preuve par écrit lorsque l'engagement est d'un montant supérieur à 1 500 € ou pour prouver contre le contenu d'un acte (Cass. civ. 21-2-1984 : Bull. civ. I p. 54) ;

– l'article 1376 relatif aux mentions qui doivent figurer sur les engagements unilatéraux sous signature privée (nº 75689) ;

– l'article 1377 concernant la preuve de la date des actes sous signature privée à l'égard des tiers (Cass. com. 25-4-1983 : D. 1984.1 note Jourdain) ;

– l'article 1375 imposant, lorsque le contrat est synallagmatique, autant d'exemplaires que de parties (Cass. com. 24-11-2009 nº 08-20.459 : RJDA 5/10 nº 584).

Existence d'un commencement de preuve par écrit 75618

Lorsqu'il existe un commencement de preuve par écrit, c'est-à-dire un acte écrit qui émane de celui contre lequel la demande est formée et qui rend vraisemblable ce qui est allégué (C. civ. art. 1361 et 1362), la partie qui a la charge de la preuve et qui produit un tel acte peut alors prouver par témoignages ou présomptions l'engagement qu'elle invoque à l'encontre du défendeur, même si cet engagement a une valeur supérieure à 1 500 €.

La notion de commencement de preuve par écrit est interprétée de façon extensive par les tribunaux, sous le contrôle de la Cour de cassation (Cass. civ. 22-12-1981 : Bull. civ. I p. 334), comme le montre la jurisprudence exposée ci-dessous.

1. Actes valant écrit. 75621

Constituent un écrit pouvant servir de commencement de preuve par écrit :

– un acte qui ne respecte pas les formalités de l'ex-article 1326 – devenu l'article 1376 – du Code civil relatif aux mentions requises (Cass. civ. 13-11-1996 : RJDA 2/97 nº 247 ; Cass. 1e civ. 1-2-2005 : Bull. civ. I nº 58) ;

– la souche d'un carnet de chèques (CA Lyon 14-10-1981 : JCP G 1982.IV.363) ;

– un bordereau de transfert d'actions sous le régime antérieur à la dématérialisation des valeurs mobilières mais transposable désormais à l'ordre de mouvement (Cass. com. 3-11-1983 : Bull. civ. IV p. 254) ;

– un relevé manuscrit de débours (Cass. civ. 2-4-1963 : Bull. civ. I p. 172) ;

– un jugement opposable à celui contre lequel il est invoqué (Cass. civ. 29-2-1972 : D. 1972.som.118) ;

– une photocopie d'une reconnaissance de dettes signée par l'emprunteur, lequel ne contestait ni l'existence de l'acte ni la conformité de la photocopie à l'original, selon lui détruit (Cass. civ. 14-2-1995 : JCP G 1995.II.22402 note Chartier ; dans le même sens, CA Paris 15-2-1990 : D. 1990.IR.72).

Par ailleurs, sont assimilés à des écrits les déclarations faites par une partie lors de sa comparution personnelle, son refus de répondre ou son absence à la comparution (C. civ. art. 1362, al. 2 et CPC art. 198 ; pour un exemple, CA Caen 8-11-2001 : JCP G 2003.IV.2062).

Mais ne vaut pas commencement de preuve par écrit une sommation interpellative (Cass. 3e civ. 4-2-2004 nº 123 : RJDA 6/04 nº 773), le versement d'une somme d'argent dans les mains d'un notaire (Cass. civ. 23-4-1997 : RJDA 8-9/97 nº 1152) ou un relevé informatique relatif à une créance téléphonique à défaut d'écrit constatant l'abonnement (Cass. 1e civ. 12-7-2005 nº 1192 : RJDA 3/06 nº 362).

2. Auteur de l'écrit. L'écrit doit émaner de celui à qui il est opposé. 75624

Tel est le cas :

– lorsque le document a été écrit par l'intéressé (Cass. civ. 20-11-1911 : DP 1914.1.317) ou lorsqu'il porte sa signature (Cass. civ. 15-5-1934 : DP 1934.1.113 note E. P.) même si le texte a été rédigé par un tiers (CA Lyon 14-10-1981 : JCP G 1982.IV.363) ; mais la signature n'est pas une condition nécessaire pour établir que l'écrit émane de la partie à laquelle on l'oppose (Cass. civ. 27-1-1971 nº 69-13.273 : Bull. civ. I nº 34) ;

– lorsque l'écrit a fait l'objet d'une approbation expresse ou tacite de la part de celui à qui on l'oppose (Cass. civ. 29-2-1972 : Bull. civ. III p. 102) ; par exemple, des lettres écrites par une femme peuvent être opposées à son mari dès lors que celui-ci avait fait état de l'une d'elles comme émanant de lui (Cass. civ. 7-7-1955 : D. 1955.737) ; cette appropriation peut résulter de ce que l'écrit est l'œuvre intellectuelle de celui auquel il est opposé ; il en est ainsi lorsqu'il a dicté l'écrit, même s'il ne l'a ni rédigé ni signé (Cass. req. 6-12-1933 : DP 1935.1.61 note Désiry) ;

– lorsque l'écrit est l'œuvre du mandataire de celui auquel on l'oppose (Cass. civ. 28-6-1989 : Bull. civ. I p. 174) ; ainsi, la déclaration contenue dans un mémoire rédigé par un avocat car celui-ci est présumé représenter la partie pour laquelle il effectue les actes de la procédure (Cass. civ. 5-10-1976 : Bull. civ. I p. 229), mais non la lettre écrite par un notaire qui avait seulement pour mission de rédiger un acte (Cass. civ. 10-10-1978 : GP 1978.2.pan.430).

Mais ne sont pas des écrits émanant de la partie à laquelle on les oppose les usages de la profession ou l'existence d'un flux d'affaires entre les parties ni les conditions générales de vente de l'autre partie (CA Paris 19-3-2013 n° 11/22077, 2e esp. : Rev. arb. 2013.449 note D. Vidal).

Sur le chèque valant ou non comme commencement de preuve par écrit à l'égard du tireur ou du bénéficiaire, n° 52516.

75627 **3. Vraisemblance de l'écrit.** L'écrit doit rendre vraisemblable le fait allégué, c'est-à-dire le rendre probable et pas seulement possible (CA Colmar 12-11-1948 : D. 1949.72).

Une lettre par laquelle un fils demande à son père de l'aider dans son installation ne rend pas plus vraisemblable le prêt allégué par le père que la donation dont se prévaut le fils (CA Chambéry 20-1-1975 : JCP G 1975.IV.6526 obs. J. A.).

Mais un contrat de bail permet de prouver que le locataire est titulaire d'une licence de débit de boissons dès lors que celle-ci lui est nécessaire pour exploiter son fonds de commerce et que le transfert de la licence à son profit a été déclaré à l'administration fiscale (Cass. com. 30-1-1996 : RJDA 6/96 n° 762).

75630 **4. Preuve complémentaire de l'écrit.** Le commencement de preuve par écrit doit être complété par un autre moyen de preuve (C. civ. art. 1361) extérieur au commencement de preuve par écrit (Cass. civ. 22-7-1975 : Bull. civ. I p. 208) ; il peut s'agir :

– d'un **témoignage** résultant par exemple des déclarations faites par un tiers lors d'une comparution personnelle (Cass. civ. 9-12-1981 : Bull. civ. I p. 318) ou de l'attestation dans l'acte même de son existence par des témoins (Cass. 1e civ. 1-2-2005 : Bull. civ. I n° 58) ;

– de **présomptions,** par exemple tirées d'actes d'exécution (Cass. civ. 22-7-1975 n° 74-12.425 : Bull. civ. I n° 246), de papiers domestiques (n° 75726) ou de l'enregistrement et de la publication d'une expédition d'un acte (Cass. civ. 18-12-1990 n° 89-10.519 : Bull. civ. I n° 301).

75633 **Impossibilité de se procurer un écrit** La preuve par écrit est aussi écartée en **cas** d'impossibilité matérielle ou morale de se procurer un écrit, s'il est d'usage de ne pas établir un écrit, ou lorsque l'écrit a été perdu par force majeure (C. civ. art. 1360 ; sur l'interprétation de cette disposition, Réforme du droit des contrats, Éd. Francis Lefebvre n° 1311).

La preuve par tous moyens est alors ouverte (Cass. 1e civ. 10-10-1984 n° 83-14.696 : Bull. civ. I n° 256 ; Cass. 1e civ. 19-10-2016 n° 15-27.387 F-PB : Bull. civ. I n° 199) et n'est pas subordonnée à l'existence d'un commencement de preuve par écrit (Cass. 3e civ. 14-1-2014 n° 12-27.186, 2e esp. : D. 2014.709 note Garaud).

L'appréciation de l'impossibilité relève des pouvoirs des juges du fond (Cass. civ. 19-7-1978 : D. 1979.IR.150 obs. Landraud). Ceux-ci doivent justifier les solutions qu'ils retiennent par les circonstances de chaque espèce (Cass. 1e civ. 15-4-1980 n° 79-10.328 : Bull. civ. I n° 113 ; Cass. 1e civ. 17-3-1982 n° 80-11.937 : Bull. civ. I n° 114 ; Cass. 3e civ. 14-1-2014 n° 12-28.777, 1e esp. : D. 2014.709 note Garaud).

L'impossibilité de se procurer un écrit a été admise, notamment :

– au profit d'un vendeur empêché de prouver la vente en raison de l'usage selon lequel les ventes de chevaux se concluent verbalement (Cass. 1e civ. 15-4-1980 : GP 1980.pan.452) ; dans le même sens à propos des ventes d'eaux-de-vie qui se concluent verbalement (CA Poitiers 25-11-1992 : D. 1993.IR.117) ;

– au profit d'une personne qui avait remis une somme d'argent à un mandataire en vue d'un transfert clandestin, à cause des sanctions susceptibles de frapper un tel transfert (Cass. crim. 21-1-1976 : JCP G 1976.II.18473 obs. Assouline) ou qui avait remis le document fixant la valeur de parts sociales cédées à un conseil juridique depuis lors introuvable (CA Versailles 19-9-1996 : RJDA 3/97 n° 366) ;

– au profit du débiteur d'une soulte, dès lors que les reçus prouvant que le notaire avait versé celle-ci aux créanciers sont la propriété de ce notaire et que leur perte constitue pour le débiteur un cas fortuit (Cass. civ. 17-12-1991 : Bull. civ. I p. 235).

Les liens familiaux, que les juges du fond apprécient souverainement (Cass. civ. 28-5-1975 n° 74-10.072 : Bull. civ. I n° 181), ou la vie commune (Cass. civ. 16-11-1983 : D. 1984.IR.112) ne suffisent pas à établir une impossibilité morale de se procurer un écrit ; il faut qu'existent en outre d'autres circonstances (par exemple, pour des concubins, présence d'enfants au foyer et rapports de confiance, Cass. civ. 10-10-1984 : GP 1985.186 note J. M. et CA Chambéry 8-11-2005 : JCP G 2006.IV.27328 ; pour une mère, souci de préserver le ménage de sa fille, CA Paris 17-2-1988 : D. 1988.IR.79).

Le seul fait que les parties aient été associées dans une même société créée de fait n'établit pas non plus que l'une d'elles était dans l'impossibilité de se procurer un écrit (CA Rouen 13-1-1986 : GP 1987.som.11). Mais les circonstances peuvent justifier l'impossibilité (CA Paris 24-9-2004 n° 03-2406 : RJDA 5/05 n° 566).

Existence d'une copie de l'acte original La copie fiable a la même force probante que l'original (C. civ. art. 1379, al. 2), que ce dernier subsiste ou pas. Mais si l'original subsiste, sa présentation peut toujours être exigée (art. 1379, al. 3). 75636

Avant le 1er octobre 2016 (sur cette date, n° 10000), la copie faisait foi de son contenu si le titre original subsistait (ex-art. 1134) ; mais si une des parties ou le dépositaire de l'acte n'avait pas conservé le titre original, il pouvait présenter une copie fidèle et durable de celui-ci (ex-art. 1348, al. 2). La copie répondant à ces critères ne constituait pas un commencement de preuve par écrit mais faisait pleinement la preuve de l'existence de l'acte en cause (Cass. 1e civ. 25-6-1996 : Bull. civ. I p. 270). L'ex-article 1335, non repris par la réforme du droit des contrats de 2016, distinguait les copies (grosse, première expédition, minute et copie de minute d'un acte) susceptibles de faire foi et celles pouvant constituer un commencement de preuve par écrit.

La fiabilité de la copie est laissée à l'appréciation du juge. Toutefois (art. 1379, al. 1 et 2) :

– est réputée fiable la copie exécutoire ou authentique d'un écrit authentique (pour des applications, Cass. 2e civ. 21-2-2019 n° 18-13.355 F-D ; CA Paris 25-1-2018 n° 17/01273 : RJDA 6/18 n° 517) ;

– est présumée fiable jusqu'à preuve du contraire toute copie résultant d'une reproduction à l'identique de la forme et du contenu de l'acte, et dont l'intégrité est garantie dans le temps par un procédé conforme à des conditions fixées par le décret 2016-1673 du 5 décembre 2016 (pour un exemple de copie résultant d'une transcription hypothécaire valant preuve, Cass. 3e civ. 19-11-2020 n° 19-18.845 FS-PBI).

Dans le premier cas, la présomption est irréfragable, dans le second, elle peut être combattue.

Néanmoins, il existe certaines exceptions concernant les **documents que doivent conserver les entreprises.** Ainsi, doivent être conservés dans leur forme originale :

– pendant dix ans, les **livres comptables obligatoires** (livre-journal et grand livre ; C. com. art. L 123-22, al. 2) ;

Avant le 1er janvier 2016, date d'entrée en vigueur du décret 2015-903 du 23 juillet 2015, devait en outre obligatoirement être tenu un livre d'inventaire (cf. C. com. art. R 123-173 dans sa version antérieure au décret 2015-903) qui devait lui-aussi être conservé pendant dix ans.

– pendant six ans, les **pièces** justificatives relatives aux opérations ouvrant droit à une déduction en matière de **taxes sur le chiffre d'affaires** (factures d'achat et autres pièces de dépense, Mémento Fiscal n° 78065).

Sur la conservation des documents numériques, Décret 2018-418 du 30-5-2018 relatif au coffre-fort numérique.

Autres causes de preuve par tout moyen L'obligation de prouver par écrit a été écartée par les tribunaux pour : 75639

– établir la **fraude** (n° 74903) ;

– interpréter un **acte obscur** (Cass. civ. 14-11-1973 n° 72-10.738 : Bull. civ. III n° 582 ; Cass. 1e civ. 26-1-2012 n° 10-28.356 : RJDA 6/12 n° 616) ;

– déterminer la **volonté réelle** des parties trahie par un terme employé par inadvertance (Cass. 1e civ. 26-4-1978 n° 76-12.174 : Bull. civ. I n° 152).

2. FORCE PROBANTE DES ÉCRITS

DÉFINITION DE L'ÉCRIT

L'écrit est une suite de lettres, de caractères, de chiffres ou de tous autres signes ou symboles dotés d'une signification intelligible, quel que soit leur support (C. civ. art. 1365). L'écrit **électronique** a la même force probante que l'écrit sur support papier, pourvu que la personne dont il émane puisse être dûment identifiée et que cet écrit soit établi et conservé dans des conditions de nature à en garantir l'intégrité (C. civ. art. 1366 ; sur l'application de ce texte, n° 75695). 75650

a. Actes authentiques

DÉFINITION ET FORME DE L'ACTE AUTHENTIQUE

L'acte authentique est celui qui a été reçu par un officier public ayant compétence et qualité pour instrumenter et qui a été établi dans les conditions de forme requises par la loi, la forme informatique étant admise (C. civ. art. 1369). C'est la signature apposée par un officier public qui confère l'authenticité à l'acte (C. civ. art. 1367, al. 1) et même à distance et sans comparution des parties ou des personnes concourant à l'acte (Décret 2020-1422 du 20-11-2020). 75653

Ont le caractère d'acte authentique : les actes notariés, les décisions judiciaires, les procès-verbaux de vente dressés par les commissaires-priseurs ou commissaires de justice (CA Paris 16-3-1981 : GP 1981.2.499 ; pour un jugement d'homologation, Cass. com. 14-6-2017 n° 12-11.644 F-PBI : RJDA 10/17 n° 665), les actes publics établis par les autorités administratives (ministres, préfets, maires et leurs adjoints) dans l'exercice de leurs fonctions, les actes des huissiers ou commissaires de justice entrant dans leurs attributions et exécutés en vertu d'une délégation de la loi (Cass. civ. 25-7-1932 : S. 1933.1.8).

Pour que l'acte établi par un notaire **soit authentique,** il faut qu'il soit dressé :
– dans les limites de la **compétence** matérielle et territoriale du notaire instrumentaire (Loi du 25 ventôse an XI et décrets 71-941 et 71-942 du 26-11-1971) ;
– dans les **conditions de forme** prescrites par le décret 71-941 susvisé, lesquelles sont relatives à l'acte dont le support est matériel ou électronique.

Notamment, l'acte authentique :
– doit être signé par les parties (Cass. 1e civ. 12-7-2007 n° 06-10.362 : RJDA 12/07 n° 1189) ; une double signature de la même personne, qui intervient dans le même acte au titre de deux qualités distinctes, représentante d'une société débitrice et caution personnelle de celle-ci, n'est pas nécessaire, dès lors que l'acte précise les deux qualités justifiant l'intervention de cette personne (Cass. com. 8-10-2003 n° 1387 : RJDA 3/04 n° 363) ; le notaire doit, avant de rédiger un acte, vérifier la sincérité au moins apparente de la signature figurant sur une procuration sous signature privée (Cass. civ. 6-1-1994 : RJDA 4/94 n° 473) ; sur le dépassement ou l'absence de pouvoir du représentant, nos 12395 s. ;
– ne doit comporter ni addition ni surcharge (Cass. civ. 19-11-1985 : Bull. civ. I p. 271) ; des ratures et des renvois peuvent être effectués à condition d'être paraphés (CA Orléans 11-6-1987 : JCP G 1988.II.21040 note Dagot : inexistence d'une mention au verso sans signature ni paraphe et validité du reste de l'acte) ; les paraphes portés en marge au-dessous d'un renvoi valident à la fois le renvoi et la page, même en l'absence de paraphe au bas du feuillet (Cass. civ. 15-12-1981 : Bull. civ. III p. 155), mais le paraphe de la page ne vaut pas paraphe des renvois figurant en marge de cette page (Cass. 1e civ. 10-10-1995 : Bull. civ. I n° 354) ;
– doit comporter en annexe, le cas échéant, la procuration en vertu de laquelle il a été signé ou la mention indiquant que celle-ci a été déposée au rang des minutes du notaire ; mais l'omission de ces formalités ne fait pas perdre à l'acte son caractère authentique et, partant, son caractère exécutoire (Cass. ch. mixte 21-12-2012 nos 12-15.063 et 11-28.688 : RJDA 8-9/13 n° 749 ; Cass. 1e civ. 10-9-2015 n° 14-13.237 : RJDA 12/15 n° 864) ;
– ne peut pas être modifié, après coup, par une attestation modificative établie par le notaire instrumentaire (CA Riom 6-6-1988 : GP 1989.som.318).

Si la forme authentique est exigée, l'acte est **nul** s'il n'a pas été établi conformément aux prescriptions ci-dessus (Cass. civ. 28-11-1972 : JCP 1973.II.17461 note Dagot : nullité absolue en tant qu'instrumentum et negotium de la donation dépourvue de signature ; CA Paris 9-4-2002 : GP 2002.som.1197 : nullité d'une hypothèque conventionnelle constituant un faux).

L'acte vaut comme **commencement de preuve par écrit** s'il a été signé par une partie dès lors que la forme notariée n'est qu'une condition de preuve (Cass. 1e civ. 28-10-2003 : Bull. civ. I n° 216).

Il peut aussi valoir comme acte sous signature privée :
– s'il a été signé par les parties mais n'est pas authentique soit parce que l'officier public qui l'a dressé n'était pas compétent ou capable, soit parce que les règles de forme n'ont pas été respectées (C. civ. art. 1370) ;
– s'il n'a pas été signé par le notaire instrumentaire et par une partie, dès lors que la signature de cette partie, en l'espèce l'épouse dont le consentement était requis, n'était pas nécessaire à la validité de l'acte (Cass. 1e civ. 28-9-2011 n° 10-13.733 : RJDA 2/12 n° 168).

La preuve de l'authenticité d'un acte incombe à celui qui s'en prévaut (Cass. 1e civ. 6-7-2005 n° 1131 : Bull. civ. I n° 314).

FORCE PROBANTE DE L'ÉCRIT

75656 L'acte authentique fait foi jusqu'à inscription de faux de **ce que l'officier public dit avoir personnellement accompli ou constaté** (C. civ. art. 1371 ; Cass. 3e civ. 11-5-2017 n° 16-12.124 F-D : AJDI 2017.516 obs. S. Porcheron).

Les mentions relatives aux **faits** que le notaire n'a pas accomplis lui-même ou **qui n'ont pas eu lieu en sa présence** ne font pas foi jusqu'à inscription de faux (Cass. 3e civ. 9-6-2004 n° 693 : RJDA 1/05 n° 88) ; ils font foi jusqu'à preuve contraire ; tel est le cas, par exemple, des énonciations d'actes antérieurs que l'officier public s'est borné à reproduire (Cass. civ. 27-5-1974 : GP 1974.2.som.183), des énonciations des parties ne portant pas sur des faits personnellement constatés par l'officier public (Cass. 1e civ. 11-9-2013 n° 12-22.335 : JCP N 2013.964), de la mention relative au paiement du prix hors la présence ou la comptabilité du notaire (Cass. civ. 7-11-1990 : Bull. civ. III p. 129) ou des énonciations d'un testament relatives à la santé médicale du testateur (CA Paris 28-11-1985 : Defrénois 1986.384). De même, la foi qui s'attache à l'acte d'achat et à la quittance du prix constatés par le notaire ne s'étend pas à l'origine des fonds (Cass. civ. 25-11-1980 : GP 1981.pan.103 ; aussi Cass. 1e civ. 11-9-2013 n° 12-22.335, précité).

La preuve contraire doit être rapportée par les parties à l'acte par écrit lorsque celui-ci est requis (nos 75600 s.) et peut l'être par le tiers qui les conteste par tous moyens (Cass. 1e civ. 11-3-2009 n° 07-20.132 : RJDA 11/09 n° 1003, à propos de la preuve d'un paiement).

La procédure d'**inscription de faux** (CPC art. 303 s.) constitue la seule voie ouverte pour contester les énonciations d'un acte authentique (cf. Cass. civ. 14-3-2000 : RJDA 6/00 n° 739 ; Cass. 1e civ. 11-6-2003 n° 820 : RJDA 6/04 n° 771).

En cas d'inscription en faux, l'exécution de l'acte n'est pas suspendue de droit ; il appartient au juge de décider de cette suspension (C. civ. art. 1371, al. 2).

TITRE EXÉCUTOIRE

L'acte authentique constitue un titre exécutoire (nº 59803). Sur l'exécution au sein de l'UE, nº 72481. 75659

b. Actes sous signature privée

L'acte sous signature privée (anciennement dénommé « acte sous seing privé ») est un écrit établi librement par une ou plusieurs parties sans l'intervention d'un officier public agissant en cette qualité. Sauf dans certains cas (nº 11178), il peut être établi sous forme électronique (nº 75650). Il sert de preuve s'il remplit les conditions de forme ci-après exposées nºs 75681 s. 75680

CONDITIONS DE FORME DES ACTES SOUS SIGNATURE PRIVÉE

Rédaction L'acte sous signature privée doit être écrit lisiblement et en des termes compréhensibles (CA Paris 17-10-1964 : JCP G 1964.IV.163 ; CA Paris 13-9-1971 : GP 1972.1.100 ; CA Rouen 8-2-1974 : D. 1974.som.72). Il peut être écrit au crayon (Cass. com. 8-10-1996 : RJDA 1/97 nº 96). Les juges du fond apprécient souverainement la portée des documents irréguliers dès lors que la fraude n'est pas invoquée (Cass. com. 12-7-1993 : RJDA 12/93 nº 1017). 75681

Selon la chambre commerciale de la Cour de cassation, le français étant la **langue** de la République (Constitution art. 2), il est la seule langue de procédure admise ; dès lors, ne viole pas l'article 6 de la convention européenne des droits de l'Homme le juge qui, dans l'exercice de son pouvoir souverain, écarte comme élément de preuve un document écrit en langue étrangère, faute de production d'une traduction en français (Cass. com. 27-11-2012 nº 11-17.185 : Bull. civ. IV nº 213). Mais la première chambre civile limite l'obligation d'employer le français aux actes de procédure et impose au juge du fond d'apprécier la force probante des éléments de preuve qui lui sont soumis, même s'ils ne sont pas rédigés en français et s'ils ne comportent pas de traduction (Cass. 1e civ. 22-9-2016 nº 15-21.176).

Signature L'acte sous signature privée doit être signé par celui auquel on l'oppose (cf. C. civ. art. 1372 qui vise « ceux qui l'ont souscrit »), personnellement ou par mandataire (Cass. 1e civ. 16-1-2007 nº 05-19.832 : Bull. civ. I nº 22), mais il suffit qu'il l'ait signé, peu importe que l'acte n'ait pas été écrit de sa main (Cass. 1e civ. 21-2-2006 nº 04-13.512 : Bull. civ. I nº 93). Par suite, un acte constatant une convention synallagmatique constitue un écrit pouvant faire preuve même s'il n'a été signé que par la partie à qui on l'oppose, dès lors qu'il est invoqué par la partie à qui il a été remis (Cass. req. 4-2-1930 : DH 1930.145 ; Cass. civ. 17-6-1975 : Bull. civ. III p. 157). 75683

Une lettre signée d'une seule partie ne vaut pas acte sous signature privée assujetti à la formalité d'enregistrement (Cass. com. 13-11-1984 : JCP G 1985.II.20382 note David).

Cette condition est remplie sous les règles suivantes.

1. Signataire. La signature doit émaner de celui à qui elle est attribuée : qu'elle soit manuscrite ou électronique, elle identifie son auteur et manifeste son consentement aux obligations qui résultent de l'acte (C. civ. art. 1367, al. 1). Le mandataire ne peut donc pas signer du nom du mandant, même à la demande de celui-ci (Cass. req. 20-2-1922 : DP 1922.1.201). Sur la dispense de double signature de la même personne qui intervient dans un acte au titre de deux qualités distinctes, Cass. com. 9-5-2018 nº 16-28.157 F-PB : RJDA 8-9/18 nº 642 ; CA Paris 2-4-2009 nº 08-9375 : RJDA 11/09 nº 1024.

2. Définition de la signature. Constitue une signature valable toute marque manuscrite distinctive et personnelle permettant d'individualiser son auteur sans doute possible et traduisant la volonté non équivoque de celui-ci de consentir à l'acte (CA Paris 22-5-1975 : D. 1976.som.8).

Par suite, elle ne peut pas être remplacée par une croix (Cass. civ. 15-7-1957 : D. 1957.som.143) ou des empreintes digitales (Cass. civ. 15-5-1934 : DP 1934.1.113 note E. P.).

En revanche, valent signature les initiales qui individualisent leur auteur (CA Paris 22-5-1975, précité) ou le surnom (Cass. req. 20-10-1908 : DP 1910.1.291). En outre, la signature par griffe est admise par la loi pour la lettre de change et le chèque (nºs 50946, 51109, 52359) ainsi que pour l'acceptation des actes courants effectués par les commerçants (par exemple, lettre de voiture, Cass. req. 11-5-1915 : DP 1916.1.11 ou mise en demeure adressée par un assureur à un assuré, Cass. civ. 3-3-1969 : Bull. civ. I p. 69).

La **signature électronique** est valable à condition que le procédé d'identification utilisé soit fiable et garantisse le lien de la signature avec l'acte auquel celle-ci s'attache ; la fiabilité du procédé est présumée, jusqu'à preuve contraire, lorsque ces deux conditions ont été établies conformément aux prescriptions fixées par décret (C. civ. art. 1367, al. 2 ; Décret 2017-1416 du 28-9-2017 ; pour un exemple antérieur à cette législation, CA Metz 3-1-2006 : JCP E 2006.pan.2559). La fiabilité d'un procédé de signature électronique est présumée, jusqu'à preuve du contraire, lorsque ce procédé met en œuvre une signature électronique qualifiée ; est une signature électronique qualifiée une signature électronique avancée, conforme à l'article 26 du règlement UE 910/2014 du 23 juillet 2014 (n° 75503) et créée à l'aide d'un dispositif de création de signature électronique qualifié répondant aux exigences de l'article 29 dudit règlement, qui repose sur un certificat qualifié de signature électronique répondant aux exigences de l'article 28 de ce règlement (Décret 2017-1416 art. 1, al. 2).

3. Effets de la signature. En principe, un écrit signé engage l'auteur de la signature (nos 13006 s.). La signature a aussi pour effet de rendre opposable à son auteur la totalité de la convention que contient l'acte, quelle que soit la **date** d'**apposition** de cette signature par rapport à celle de la rédaction de la convention. Par suite, un écrit, même s'il a comporté à l'origine un **blanc-seing,** c'est-à-dire une signature donnée d'avance pour ratifier un texte placé ultérieurement au-dessus, vaut acte sous signature privée et fait foi des conventions qu'il contient comme si elles y avaient été inscrites avant la signature (Cass. com. 1-12-1981 : Bull. civ. IV p. 336).

Le signataire du blanc-seing peut contester être tenu par les obligations figurant dans l'acte s'il prouve l'existence d'un abus (Cass. com. 28-2-2006 n° 293 : RJDA 6/06 n° 688). Cette preuve doit être administrée par écrit (C. civ. art. 1359, al. 2 ; Cass. crim. 20-5-1969 : Bull. crim. p. 430), sauf à l'égard d'un commerçant (Cass. crim. 26-5-1976 : D. 1976.189) ou s'il y a eu fraude (Cass. civ. 27-10-1982 : GP 1983.pan.67).

75686 **Nombre d'exemplaires des contrats synallagmatiques** Sauf entre commerçants (Cass. com. 24-11-2009 n° 08-20.549 : RJDA 5/10 n° 584), les actes synallagmatiques sous signature privée ne sont probants qu'autant qu'ils ont été faits en **autant d'originaux** qu'il y a de **parties** ayant, en vertu de l'acte, un intérêt distinct, à moins que les parties ne soient convenues de remettre à un tiers l'unique exemplaire dressé (C. civ. art. 1375, al. 1 ; Cass. 3e civ. 15-4-1992 : Bull. civ. III p. 81 ; CA Paris 7-11-1994 : RJDA 2/95 n° 229).

À défaut, ces actes sont seulement dépourvus de force probante (Cass. civ. 13-2-1991 : Bull. civ. III p. 34 ; CA Versailles 4-9-2008 n° 07-2634 : RJDA 2/09 n° 153), dans la mesure où l'écrit est contesté dans son existence ou dans ses mentions (CA Rouen 20-9-1989).

L'exigence d'une pluralité d'originaux est réputée satisfaite pour les contrats sous forme électronique lorsque l'acte est établi et conservé conformément aux articles 1366 et 1367 du Code civil et que le procédé permet à chaque partie de disposer d'un exemplaire ou d'y avoir accès (C. civ. art. 1375, al. 4).

L'irrégularité résultant de ce qu'un acte n'a pas été fait dans le nombre d'exemplaires requis ne peut **pas** être **invoquée par** les **tiers** (Cass. civ. 22-10-1900 : DP 1901.1.69). Celle des parties qui a exécuté le contrat, même partiellement, ne peut invoquer cette irrégularité (C. civ. art. 1375, al. 3 ; Cass. 1e civ. 20-10-1981 n° 80-14.850 : Bull. civ. I n° 300). Cette faculté a aussi été refusée à l'autre partie lorsqu'en raison de l'exécution, elle n'a plus aucun droit à faire valoir et est sans intérêt à avoir un original en sa possession (Cass. com. 22-5-2002 n° 988 : RJDA 11/02 n° 1219 écartant la demande d'un vendeur formulée après que l'acheteur a intégralement versé le prix).

Chaque exemplaire de l'acte doit mentionner le nombre d'originaux qui en a été fait (C. civ. art. 1375, al. 2).

Celui qui a exécuté le contrat, même partiellement, ne peut pas opposer le défaut d'une telle mention (C. civ. art. 1375, al. 3 ; Cass. 1e civ. 20-10-1981 n° 80-14.850, précité). Il ne peut pas non plus être invoqué si tous les exemplaires sont produits (Cass. civ. 13-6-1883 : DP 1884.1.38).

Si les **exemplaires** présentés **comportent des différences** portant sur l'étendue des obligations, chaque partie n'est engagée que dans les termes de l'exemplaire qui se trouve entre ses mains (CA Bordeaux 11-5-1910 : D. 1911.2.292).

75689 **Mentions obligatoires des engagements unilatéraux** L'engagement pris par une partie envers une autre de lui payer une somme d'argent doit être constaté par un écrit qui comporte la signature de celui qui s'engage ainsi que la mention, portée par lui-même, de la somme en toutes lettres et en chiffres (C. civ. art. 1376).

L'engagement unilatéral écrit de livrer une chose fongible (biens ou marchandises qui ne sont pas individualisables) doit aussi porter mention manuscrite de la quantité promise en toutes lettres et en chiffres de la main du signataire (même article).

L'application de cette disposition appelle les observations suivantes.

1. Champ d'application. Seuls les actes unilatéraux par lesquels une personne s'engage à payer une somme d'argent (ou livrer une chose fongible) doivent comporter les mentions précitées.

Constituent un tel acte l'engagement souscrit par un administrateur d'une société anonyme envers un autre administrateur de se substituer à lui dans le cas où la responsabilité pécuniaire de ce dernier se trouverait retenue à la suite d'une « faillite » de la société (Cass. com. 22-11-1982 : Bull. civ. IV p. 302), une reconnaissance de dette, un cautionnement (nos 55250 s.), un contrat de prêt (n° 41063) ou une garantie à première demande (n° 58009), mais non une obligation portant sur la bonne exécution d'un contrat de construction (Cass. 3e civ. 12-2-2003 no 167 : RJDA 6/03 no 672 ; Cass. com. 20-9-2012 no 11-13-144 : RJDA 1/13 no 41). ou l'engagement pris par des associés dans le contrat de prêt conclu avec une banque de réaliser un apport en compte courant (Cass. com. 25-10-2011 no 10-25.607 : RJDA 2/12 no 207).

Toutefois, les formalités de l'article 1376 du Code civil ne sont **pas exigées** :
– lorsque l'engagement a été souscrit par un commerçant et constitue un acte de commerce (C. com. art. L 110-3 ; Cass. 1e civ. 2-5-2001 : Bull. civ. I no 108) ;
– lorsque l'engagement de payer se rattache à une convention synallagmatique, par exemple « reconnaissance de dette » souscrite par un acheteur au profit du vendeur alors que la somme était due en paiement du prix du contrat de vente (Cass. civ. 13-12-1968 : Bull. civ. III no 554 ; CA Paris 3-11-2006 no 04-21951 : RJDA 3/07 no 267), ou s'il s'intègre au contrat synallagmatique avec lequel il forme un tout (Cass. com. 20-9-2012 no 11-13-144 : RJDA 1/13 no 41 à propos de la garantie de passif souscrite lors d'une cession de droits sociaux) ;
– lorsque l'acte a été reçu en la forme authentique par un notaire ou lorsqu'il a été établi sous signature privée mais contresigné par avocat car il est alors dispensé de toute mention manuscrite exigée par la loi (C. civ. art. 1369, al. 3 pour l'acte authentique ; C. civ. art. 1374, al. 3 pour l'acte contresigné par un avocat).

2. Consistance de la formalité. La loi exige une **mention « écrite »** par celui qui s'engage en lettres et en chiffres ; cette mention peut être apposée sous forme électronique si les conditions de cette apposition sont de nature à garantir qu'elle ne peut être effectuée que par celui qui s'oblige (C. civ. art. 1174, al. 2) ; elle doit alors résulter, selon la nature du support, d'un des procédés d'identification conforme aux règles qui gouvernent la signature électronique ou de tout autre procédé permettant de s'assurer que le signataire est le scripteur de ladite mention (Cass. 1e civ. 28-10-2015 no 14-23.110).

En cas de **différence entre** la somme en toutes **lettres et** celle en **chiffres,** l'acte sous signature privée vaut preuve pour la somme mentionnée en lettres (C. civ. art. 1376). De même, en cas de contradiction entre la somme figurant dans l'acte et celle portée par celui qui s'engage, cette dernière mention prime (CA Paris 31-10-1985 : BRDA 24/85 p. 22).

Enfin l'**absence de mention** par celui qui s'engage de la somme en chiffres ne fait pas perdre au titre sa valeur probante dès lors que cette somme figure en lettres sur l'engagement (Cass. 1e civ. 18-9-2022 no 1340 FP-B : RJDA 1/03 no 98 ; Cass. 1e civ. 19-11-2002 no 1664 : RJDA 4/03 no 454).

3. Sanction de la formalité. L'acte est irrégulier dès lors qu'il ne comporte pas la mention prescrite même s'il est signé (Cass. civ. 27-11-1990 : Bull. civ. I p. 188). Seule la personne qui s'est engagée peut invoquer cette irrégularité (Cass. civ. 18-12-1978 : JCP G 1979.IV.74). Dans le cas où l'acte est incomplet, l'engagement est valable mais l'acte ne vaut que comme **commencement de preuve** par écrit ; il doit être complété par des éléments extérieurs, ce qui ne résulte pas, par exemple, s'agissant de compléter une reconnaissance de dette, de la circonstance que celle-ci a été établie en double exemplaire, dont l'un est resté en possession du débiteur, car ce fait ne permet pas d'induire qu'au moment de la signature le débiteur avait eu connaissance de son engagement (Cass. civ. 4-3-1997 : RJDA 8-9/97 no 1153 : formule « bon pour accord » ; rappr. Cass. 1e civ. 21-3-2006 no 564 : RJDA 8-9/06 no 979 : défaut de mention manuscrite en chiffres).

FORCE PROBANTE DES ACTES SOUS SIGNATURE PRIVÉE

Déni de signature de l'acte sous signature privée Lorsque celui à qui l'acte sous 75695
signature privée, sur support **papier,** est opposé dénie en être le signataire, il y a lieu de procéder à l'examen de la signature contestée (C. civ. art. 1373) ; le juge ne peut alors déduire de présomptions ou des dires d'une partie la sincérité de l'acte et doit procéder lui-même à l'examen de l'écrit à moins qu'il puisse statuer sans en tenir compte (Cass. civ. 3-11-1999 no 98-22.308 : Bull. civ. I no 291 ; Cass. com. 26-11-2003 no 1612 : RJDA 4/04 no 505 ; Cass. 1e civ. 28-3-2008 no 06-18.226 : Bull. civ. I no 93 ; Cass. 1e civ. 12-6-2012 no 11-18.438 : Bull. civ. I no 134 ; Cass. 1e civ. 28-11-2012 no 10-28.372 : Bull. civ. I no 251).

Le juge peut enjoindre aux parties de produire tout document de comparaison (Cass. 1e civ. 16-1-2007 no 06-12.207 : RJDA 10/07 no 1042). Mais il n'y est tenu que si l'écrit litigieux constitue un « acte », ce qui n'est pas le cas d'une photocopie qui n'a par elle-même aucune valeur juridique (Cass. com. 15-12-1992 : RJDA 4/93 no 369), et seulement si celui dont la signature est contestée est le défendeur et non un tiers ayant apposé sa signature sur l'acte en cause (Cass. 3e civ. 9-3-2005 no 305 : RJDA 7/05 no 918).

Le juge des référés est compétent pour procéder incidemment à une vérification d'écriture dès lors que la contestation n'est pas sérieuse (Cass. civ. 27-6-2000 : RJDA 9-10/00 no 939).

Cette preuve est facilitée par la procédure spéciale de vérification d'écriture des articles 287 s. du Code de procédure civile.

Si l'écrit est **électronique,** le juge doit vérifier si les conditions mises par les articles 1366 et 1367 du Code civil à la validité de l'écrit ou de la signature électronique, de plus en plus souvent prévue dans les contrats (Rocher : D. IP/IT 2022.315), sont satisfaites (Cass. 1e civ. 30-9-2010 no 09-68.555 :

RJDA 1/11 n° 98 : cassation pour défaut de vérification ; Cass. com. 4-10-2005 n° 04-15.195 : RD bancaire 2006 n° 119 obs. Caprioli : preuve retenue, le juge ayant justifié sa décision ; Cass. 1e civ. 6-4-2016 n° 15-10.732 : JCP 2016, 783 note Caprioli ; CA Caen 5-3-2015 n° 13/03009 : CCE 2015.comm. note Caprioli).

75698 **Date** La date portée dans l'acte sous signature privée fait foi **entre les parties** (C. civ. art. 1372 et 1377) et leurs héritiers (Cass. civ. 12-11-1975 n° 74-12.358 : JCP G 1976.II.18359 note Dagot : à l'égard des héritiers ; Cass. 3e civ. 18-12-2002 n° 00-19.371 : RJDA 3/03 n° 250 : à l'égard du légataire universel assimilé à l'héritier). Elle fait également foi à l'égard de ces personnes lorsque l'acte a été passé par leur représentant (mandataire, Cass. req. 7-3-1893 : DP 1893.1.255 ; représentant légal d'un incapable, Cass. civ. 8-6-1859 : DP 1859.1.250). Toutefois, la preuve contraire est possible (n° 75701).

Lorsque l'acte ne comporte aucune date et que la validité de la convention qu'il renferme dépend de cette date, il appartient alors à celui qui s'en prévaut d'apporter la preuve de la date à laquelle l'acte a été établi (Cass. civ. 11-4-1964 : JCP G 1965.II.14101 note Mazeaud).

À l'exception de la cession de créance (n° 14221), la date figurant dans un acte sous signature privée n'est pas réputée certaine **à l'égard des tiers** et ne peut pas leur être opposée (pour une application à une cession de droits sociaux, Cass. civ. 24-5-1978 : GP 1978.2.pan.336 ; à une acceptation de succession, Cass. civ. 14-11-1972 : D. 1973.109 note A. B.).

Est un tiers pouvant refuser de tenir pour certaine la date figurant dans un acte sous signature privée :

– le demandeur en revendication d'un immeuble auquel est opposé l'acte sous signature privée comme juste titre fondant la prescription abrégée (Cass. civ. 14-6-1961 : JCP G 1962.II.12472 note Bulte ; Cass. civ. 9-1-1973 : Bull. civ. III p. 28) ;

– le créancier qui a fait procéder à la saisie-exécution du mobilier se trouvant en possession de son débiteur, auquel est opposée une convention aux termes de laquelle le débiteur aurait vendu le mobilier à un tiers tout en lui en laissant la disposition pour cinq ans (Cass. civ. 14-11-1979 n° 78-12.788 : Bull. civ. I n° 285) ;

– l'héritier réservataire qui invoque l'acte sous signature privée comme contenant une donation portant atteinte à sa réserve (cf. Cass. civ. 13-5-1968 : D. 1968.586 note Breton ; Cass. civ. 25-3-1981 : Bull. civ. I n° 105).

En revanche, n'ont pas la qualité de tiers les uns envers les autres et ne peuvent pas prétendre que l'acte leur est inopposable les créanciers chirographaires agissant en cette seule qualité, c'est-à-dire invoquant leur droit de gage général sur le patrimoine de leur débiteur hors le cas de fraude prouvée (Cass. civ. 14-2-1946 : D. 1946.389 note Chéron ; Cass. civ. 10-2-1988 n° 86-18.554 : GP 1988.pan.143 ; CA Paris 26-2-1985 : RTD civ. 1986 obs. Mestre).

Sur l'opposabilité de la date du bail à l'acquéreur de l'immeuble et au sous-locataire, nos 4436 et 4973.

La preuve de la date certaine peut être rapportée par **tous moyens** lorsque l'acte est de commerce et que le tiers est commerçant (C. com. art. L 110-3 ; Cass. com. 4-5-1999 : RJDA 7/99 n° 775), sauf volonté contraire des parties (Cass. civ. 17-5-2001 : RD bancaire 2001.291 n° 193).

Sinon, la **date certaine** est (C. civ. art. 1377) :

– soit celle du jour où l'acte a été enregistré (sur la non-application de cette règle au contrat d'assurance, n° 17527) ;

La preuve de l'heure de l'enregistrement peut être faite au moyen du certificat délivré par l'agent de l'administration fiscale qui a accompli la formalité, mais à la condition que ce document permette d'établir que l'enregistrement a été effectué à une heure déterminée (Cass. civ. 29-6-1982 : JCP N 1983.II.294 note D. F.).

– soit celle du jour de la mort de l'un des signataires de l'acte ;

– soit celle du jour où la substance a été constatée par un officier public, par exemple, dans un acte notarié, un procès-verbal de scellé ou un inventaire, un exploit d'huissier ou de commissaire de justice (Cass. req. 19-6-1933 : DP 1934.1.28 rapport Bricout : pour un exploit d'huissier) ou dans une assignation en référé et dans l'ordonnance conséquente (Cass. civ. 1-2-1978 : Bull. civ. III p. 49).

Un acte sous signature privée ne peut avoir date certaine que si est remplie une de ces trois conditions (Cass. civ. 4-2-1986 : Bull. civ. I p. 12). Par suite, la mention d'un acte sous signature privée dans un autre acte sous signature privée ne confère pas date certaine au premier (Cass. com. 21-1-1958 : GP 1958.1.360). La date certaine ne résulte pas davantage du décès de l'officier de l'état civil qui s'est borné à légaliser la signature du souscripteur de l'acte (Cass. civ. 27-1-1930 : DH 1930.179).

Mais un acte sous signature privée qui n'a pas acquis date certaine comme indiqué ci-dessus est opposable aux tiers qui ont renoncé, expressément ou tacitement, à se prévaloir de ce défaut de date certaine (Cass. civ. 11-7-1949 : D. 1949.566) ou à ceux qui ont eu effectivement connaissance de l'existence de cet acte (Cass. civ. 6-1-1972 : Bull. civ. III p. 4 ; Cass. civ. 25-6-1975 : Bull. civ. III p. 166).

75701 **Force probante** L'acte sous signature privée reconnu par la partie à laquelle on l'oppose, ou légalement tenu pour reconnu à son égard, fait foi entre ceux qui l'ont souscrit et à l'égard de leurs héritiers et ayants cause (C. civ. art. 1372) ; encore faut-il que la sincérité de l'acte soit établie (CA Orléans 16-12-2021 n° 20/007161).

En dehors des exceptions prévues par la loi, l'acte sous signature privée n'est soumis à aucune autre condition de forme que la signature de ceux qui s'y obligent (Cass. 1e civ. 21-2-2006 no 04-13.512 : Bull. civ. I no 93, écartant l'exigence d'une mention manuscrite non requise en l'espèce) ; il s'ensuit que la mention « Lu et approuvé » inscrite au bas d'un écrit sous signature privée constitue une formalité dépourvue de toute portée (Cass. 1e civ. 27-1-1993 no 91-12.115 PF : RJDA 4/93 no 367). Elle ne peut, par exemple, suppléer l'absence des formalités requises pour la validité d'un engagement unilatéral (no 75689 ; Cass. 1e civ. 28-10-1991 : JCP N 1993.II.139, 1e esp. note Legeais). Néanmoins, cette formule demeure utile pour résoudre une contestation, par exemple pour vérifier l'existence du vice du consentement invoqué (Cass. civ. 23-7-1979 : D. 1979.IR.547). La même observation est valable pour la formule « Bon pour » (Cass. 3e civ. 29-9-2016 no 14-26.674 F-D).

Il fait foi de tout ce qu'il contient, même s'il ne comportait à l'origine qu'une signature (blanc-seing, no 75683), sauf preuve contraire qui ne peut être administrée que par écrit (C. civ. art. 1359, al. 2), sous réserve de la fraude (Cass. 1e civ. 19-3-2009 no 08-15.251 : RJDA 6/09 no 590). L'écrit sur support électronique a la même force probante que l'écrit sur support papier (C. civ. art. 1366).

La preuve des faits constatés dans un écrit peut être combattue par tout moyen car l'article 1359, al. 2 limite la preuve écrite à l'« écrit établissant un acte juridique », ce qui exclut un écrit seulement probatoire. On peut aussi considérer que la signature de l'écrit par celui à qui on l'oppose comme un aveu extrajudiciaire de sa part reste soumise à l'appréciation du juge (C. civ. art. 1383-1, al. 2).

Toutefois, l'acte sous signature privée, reconnu par la partie à laquelle on l'oppose ou légalement tenu pour reconnu à son égard, n'a pas la même foi que l'acte authentique. En effet, celui à qui il est opposé peut désavouer son écriture ou sa signature (C. civ. art. 1373) et l'acte peut être contredit par un autre écrit sous signature privée ou authentique (C. civ. art. 1359, al. 2). Ainsi, il est possible de prouver contre et outre le contenu d'un acte lorsqu'il existe un commencement de preuve par écrit qui rend vraisemblable l'inexactitude des énonciations de cet acte ou une omission (Cass. req. 6-2-1928 : DP 1928.1.148 note Gabolde ; Cass. civ. 3-1-1933 : DH 1933.83).

Si l'acte sous signature privée a été contresigné par les avocats de chacune des parties ou par l'avocat de toutes les parties, il fait pleine foi de l'écriture et de la signature de celles-ci tant à leur égard qu'à celui de leurs héritiers ou ayants cause, jusqu'à l'inscription de faux (C. civ. art. 1374).

Conflits de preuves littérales En cas de conflit entre un écrit sur papier et un écrit sous forme électronique, le juge peut établir par tout moyen le titre le plus vraisemblable, sauf dispositions ou conventions contraires (C. civ. art. 1368). **75710**

c. Autres écrits

LIVRES COMPTABLES DES COMMERÇANTS

Les livres et documents comptables que les commerçants doivent tenir peuvent être invoqués pour faire **preuve entre commerçants d'actes de commerce** ; toutefois, lorsqu'ils sont irrégulièrement tenus, leur auteur ne peut pas les invoquer à son profit (C. com. art. L 123-23, al. 1 et 2). **75723**

Si l'une des parties conteste la régularité des livres, le juge doit vérifier si les livres peuvent être tenus pour réguliers (Cass. com. 18-2-1992 : RJDA 5/92 no 539).

Les livres comptables obligatoires font aussi preuve **contre les commerçants** ; mais celui qui s'en prévaut ne peut en diviser les mentions pour n'en retenir que celles qui lui sont favorables (C. civ. art. 1378). Il ne peut non plus les invoquer s'il est celui qui les a établis, notamment en sa qualité d'expert-comptable du commerçant, pour réclamer sa rémunération (Cass. civ. 6-5-1997 : RJDA 10/97 no 1300).

Leur **communication** peut être ordonnée en justice, mais seulement dans les affaires de succession, communauté, partage de société et en cas de redressement ou de liquidation judiciaire (C. com. art. L 123-23, al. 3).

La communication peut aussi être ordonnée dans le cas où les parties en litige sont liées par un contrat prévoyant une clause de prix dont l'exacte application suppose l'examen des livres comptables, notamment lorsque le prix des actions cédées est fonction des résultats de la société pendant une période donnée (CA Caen 30-3-2006 no 05-1484 : RJDA 11/07 no 1108).

Il appartient au juge d'apprécier dans quelle mesure les livres comptables font preuve des prétentions de l'une ou l'autre des parties (Cass. civ. 30-3-1869 : DP 1869.1.239 ; Cass. com. 18-3-1969 : Bull. civ. IV no 103 ; CA Versailles 27-11-2018 no 17/04848). Rien ne l'oblige à les admettre, même à titre de simple présomption (Cass. req. 30-12-1907 : DP 1908.1.148).

PAPIERS DOMESTIQUES

Les registres et papiers domestiques comprennent tous les documents écrits que des particuliers peuvent tenir pour retracer divers événements (livres de comptes, carnets de rendez-vous, **75726** lettres, etc.). Ils ne peuvent pas servir à prouver les droits de leurs auteurs à l'encontre des débiteurs de ceux-ci ; mais ils font preuve contre leurs auteurs (C. civ. art. 1378-1) :

– dans tous les cas où ils énoncent formellement un paiement reçu ;

– lorsqu'ils constatent l'existence d'une dette, mais dans ce cas la mention expresse indiquant que le document a été fait pour suppléer le défaut de titre doit alors figurer sur ce document.

Lorsqu'il existe un commencement de preuve par écrit ou qu'il a été impossible de préconstituer un écrit, le juge peut retenir les énonciations des documents domestiques à titre d'indice ou de présomption (Cass. civ. 8-1-1934 : DH 1934.148 ; Cass. civ. 6-10-1958 : D. 1958.747).

QUITTANCE ET TITRE DE CRÉANCE

75729 Sur la preuve résultant de ces documents, nos 50535 s.

AFFIDAVIT

75730 L'affidavit est l'affirmation de l'existence d'une pièce pour établir une preuve (cf. CA Versailles 4-9-2003 no 03/5038 : RJDA 1/04 no 80 et, sur pourvoi, Cass. com. 27-6-2006 no 03-19.863 FS-PBRI : RJDA 1/07 no 82).

LETTRES MISSIVES

75732 Ces lettres ne peuvent pas être produites en justice lorsque leur contenu est confidentiel et que leur auteur s'y oppose (cf. Cass. com. 17-5-1965 : Bull. civ. III p. 289).

Il appartient aux juges de déterminer si le **contenu** d'une lettre est ou non **confidentiel** (Cass. civ. 25-11-1970 : Bull. civ. II p. 245). Ce caractère est généralement reconnu aux lettres qui concernent la vie privée d'une personne (Cass. civ. 3-7-1974 : Bull. civ. II p. 179) ou qui relatent des relations d'affaires (Cass. soc. 25-11-1960 : Bull. civ. IV p. 835 ; CA Rennes 27-2-1967 : GP 1967.2.121).

La production d'une lettre est aussi refusée si elle contient des propos diffamatoires ou menaçants (Cass. civ. 23-10-1969 : Bull. civ. II p. 211) et lorsque le but poursuivi par la révélation est sans rapport avec l'objet de la correspondance (TGI Paris 21-6-1989 : Bull. inf. C. cass. 1989 no 1219).

Toutefois, une lettre peut être produite, même si elle concerne l'intimité de la vie privée, à condition que les juges du fond caractérisent la nécessité de la production quant aux besoins de la défense et à sa proportionnalité au but recherché (Cass. 1e civ. 16-10-2008 no 07-15.778 : Bull. civ. I no 230 ; Cass. 1e civ. 5-4-2012 no 11-14.177 : D. 2012.1596 note Lardeux).

Par ailleurs, la correspondance échangée entre un professionnel soumis au **secret** (avocat, notaire, médecin, etc.) et un de ses clients a un caractère confidentiel ; tel est le cas de la correspondance adressée par un avocat à un autre avocat qui ne porte pas la mention « lettre officielle », même si elle a été transmise par le client de son auteur au client de l'avocat destinataire (Cass. com. 18-9-2012 no 11-21.898 : RJDA 2/13 no 184 ; rappr. Cass. 1e civ. 14-1-2010 no 08-21.854 : Bull. civ. I no 4 ; CA Paris 16-2-1989 : GP 1989.494 concl. Lafortune note A. D. ; CA Paris 26-9-1991 : GP 1993.371 note Fourgoux).

Mais le secret ne recouvre pas la lettre d'avocats qui ne présente pas un caractère réellement confidentiel ; il en est ainsi des correspondances échangées entre avocats dont le contenu évoque essentiellement des transmissions de conclusions non jointes, ne révélant pas d'éléments confidentiels avérés (CA Versailles 30-6-2000 : GP 2001.som.294), de la correspondance écrite par un avocat en dehors de l'exercice de ses fonctions judiciaires (Cass. soc. 24-4-1985 : Bull. civ. V p. 182 ; CA Paris 18-11-1981 : GP 1982.127 note Damien) ou de celle adressée par un client à son avocat à laquelle celui-là, qui n'était pas tenu au secret professionnel, a lui-même ôté son caractère confidentiel en la rendant publique (Cass. com. 6-6-2001 : Bull. civ. IV no 110 ; Cass. 1e civ. 4-4-2006 : JCP G 2006.II.10106 note Hocquet-Berg) ainsi que celle adressée par l'avocat à son client, lequel, n'étant pas tenu au secret professionnel, peut les produire en justice (Cass. com. 8-12-2015 no 14-20.521 : RJDA 4/16 no 344).

Les lettres missives ont, selon les cas, valeur d'acte sous signature privée, de commencement de preuve par écrit ou de présomption.

Lorsqu'elles se présentent sous la forme d'un **télégramme,** d'un **télex,** elles ne peuvent pas valoir acte sous signature privée car elles ne sont pas signées. Elles sont néanmoins fréquemment admises en justice en cas de conflit entre commerçants, à titre d'indice ou de présomption (Cass. com. 19-11-1973 : Bull. civ. IV p. 297 : pour un contrat de transport maritime ; Cass. com. 25-5-1988 : pour une clause d'exclusivité de transport ; CA Paris 10-4-1990 : D. 1990.IR.128 : pour un engagement de payer une chambre d'hôtel).

Sur le délit d'atteinte au secret des correspondances, C. pén. art. 226-15.

TÉLÉCOPIES ET SMS

75734 À défaut d'accord liant les parties sur la force probante de leurs communications électroniques (no 75503), les **télécopies** constituent, en principe, un simple commencement de preuve par écrit (Cass. civ. 14-2-1995 : D. 1995.340 note Piedelièvre), sauf si le contenu des documents produits ne rend pas vraisemblable le fait allégué (CA Versailles 8-9-2000 : JCP E 2000.pan.1884). Toutefois, des télécopies peuvent faire preuve de leur contenu dès lors qu'elles n'ont pas été contestées dans leur matérialité et qu'elles n'ont pas été obtenues par des procédés frauduleux (Cass. com. 13-5-1997 : RJDA 10/97 n° 1299 ; rappr. Cass. com. 2-12-1997 : JCP 1998.II.178 note Th. Bonneau).

Les **SMS** envoyés ou reçus par le salarié au moyen d'un téléphone professionnel sont présumés avoir un caractère professionnel de sorte que l'employeur peut les consulter, à moins qu'ils ne soient identifiés comme personnels : l'employeur peut les produire à titre de preuve (Cass. com. 10-2-2015 n° 13-14.779 FS-PB : RJDA 4/15 n° 321).

C. Preuve des faits juridiques par tout moyen

QUALIFICATION DES FAITS JURIDIQUES

Comme il a été exposé au n° 75509, les faits juridiques sont des « agissements ou des événements auxquels la loi attache des effets de droit ». 75750

1. Les agissements. Pouvant varier à l'infini sous les impulsions de l'homme ou des forces de la nature, les agissements ne peuvent être identifiés qu'à travers le contentieux relatif au champ d'application de la liberté des preuves.

Ont été notamment qualifiés de faits juridiques :

- une circonstance constitutive de fraude ou de dol (Cass. req. 27-10-1903 : DP 1903.1.574 ; Cass. 1e civ. 13-11-1968 : Bull. civ. I n° 275 ; Cass. 1e civ. 17-12-2009 n° 08-13.276 : RJDA 3/10 n° 227) ;
- l'inexécution d'une obligation contractuelle (Cass. civ. 9-7-1959 : Bull. civ. II p. 139) ;
- un vice du consentement (CA Colmar 30-1-1970 : D. 1970 p. 297 note E. Alfandari) ;
- l'intention libérale (par exemple, celle expliquant la modicité d'un prix de vente, Cass. civ. 21-11-1973 : Bull. civ. III p. 434) mais non l'acte servant de support à une donation indirecte (Cass. civ. 9-11-1976 : Bull. civ. I p. 272) ;
- la renonciation à un droit (Cass. civ. 16-5-1972 : Bull. civ. III p. 223) ;
- la révocation par consentement mutuel d'un contrat (Cass. civ. 18-5-1994 : RJDA 10/94 n° 1000) ;
- un paiement (n° 50535) ;
- l'émission d'un chèque (Cass. com. 31-1-2006 n° 04-15.315 : RJDA 5/06 n° 573) ;
- l'existence d'une société de fait (C. civ. art. 1871, al. 1).

2. Événements auxquels la loi attache des effets de droit. La loi qualifie expressément de « fait » les quasi-contrats (C. civ. art. 1300 ; nos 10303 s.) et les délits et quasi-délits sources de la responsabilité extracontractuelle (C. civ. art. 1240 s. ; n° 8033).

FONDEMENT DE LA PREUVE PAR TOUT MOYEN DES FAITS JURIDIQUES

La preuve peut être apportée par tout moyen, hors les cas où la loi en dispose autrement (C. civ. art. 1358). La loi ne disant rien sur la preuve des faits juridiques, tout moyen (y compris un écrit) est donc utilisable pour les prouver (pour des exemples, Cass. com. 19-6-2012 n° 11-17.015 : D. 2013.2429.som. obs. Martin : preuve de l'envoi par la banque de l'information annuelle due à la caution ; Cass. 2e civ. 13-2-2014 n° 12-16.839 F-PB : Bull. civ. II n° 41 : preuve par production d'un courrier informatique ; Cass. 2e civ. 6-3-2014 n° 13-14.295 : JCP G 2014 n° 24-679 note Lemay : preuve de faits dommageables tirés des courriers des demandeurs ; CA Paris 9-4-2014 : Legalis : preuve par capture d'écran ; Cass. 3e civ. 10-3-2016 n° 15-13.942 : D. 2016.2536 : preuve du préjudice invoqué par la victime par la production de sa comptabilité ; Cass. 3e civ. 27-4-2017 n° 16-15.958 FS-PBI : Bull. civ. III n° 51 : preuve de la somme due à un maître d'œuvre déduite de ses décomptes de travaux exécutés). 75753

Les faits constitutifs d'infraction pénale sont aussi prouvés par tout moyen (CPP art. 427), même quand un litige exclusivement civil est porté devant une juridiction pénale (Cass. crim. QPC 9-3-2016 n° 15-83.517).

FORCE PROBANTE DES MOYENS INVOQUÉS

Les juges apprécient souverainement les moyens invoqués par les parties à l'appui de la preuve des faits juridiques dont elles prétendent tirer un droit en justice (Cass. 2e civ. 13-2-2014 n° 12-16.839 F-PB : Bull. civ. II n° 41). 75756

D. Moyens de preuve autres que l'écrit

MOYENS DE PREUVE ADMIS

Le Code civil régit comme moyens de preuve autres que l'écrit les témoignages, présomptions, l'aveu et le serment (C. civ. art. 1381 s.), les juges ne pouvant pas limiter par avance les preuves qu'ils admettront (Cass. civ. 20-6-1995 n° 93-15.371 : Bull. civ. I n° 271, juges du fond ayant prévu que les héritiers pourraient faire la preuve des biens qu'ils revendiquaient dans la succession de leur mère uniquement par les déclarations de successions de leurs auteurs ou par les factures des achats effectués par le défunt). 75800

Il n'existe aucune hiérarchie entre la preuve par témoins et celle par présomptions, et il est possible d'user simultanément de ces deux modes de preuve (Cass. civ. 1-6-1954 : D. 1954.589).

TÉMOIGNAGES

75803 Les témoignages sont des déclarations faites par des tiers sur des faits dont ils ont eu personnellement connaissance dans les conditions fixées par l'article 199 du Code de procédure civile et qui sont laissées à l'appréciation du juge (C. civ. art. 1381).

Ces déclarations ne sauraient constituer les seuls modes de preuve (Cass. civ. 9-1-1991 : Bull. civ. II n° 12) ; elles ne font pas en elles-mêmes la preuve (T. com. Paris 20-2-1991 : RJDA 5/91 n° 402).

Les juges sont souverains pour déterminer la **force probante** des témoignages recueillis : par exemple, ils peuvent rejeter une enquête en estimant que ses résultats ne sont ni pertinents ni concluants (Cass. civ. 21-7-1969 : Bull. civ. II p. 192) ou le témoignage d'un salarié en faveur de son employeur auquel il est subordonné (CA Paris 14-1-2021 n° 18/10429) ; ils n'ont pas à s'expliquer sur les raisons qui les conduisent à accorder un crédit supérieur à un témoignage de préférence à un autre (Cass. civ. 22-10-1965 : Bull. civ. II p. 553). Voir aussi Cass. civ. 11-6-1965 : Bull. civ. II p. 346 ; Cass. civ. 27-5-1970 : Bull. civ. II p. 136.

PRÉSOMPTIONS

75806 Les présomptions sont établies par la loi ou par le juge (C. civ. art. 1382) ; les premières sont dites légales et celles que le juge tire d'un fait connu (appelé indice) sont des présomptions judiciaires dites présomptions de l'homme ou encore de fait.

La définition donnée des présomptions comme étant « des conséquences que la loi ou le juge tire d'un fait connu à un fait inconnu » (C. civ. ex-art. 1349) a été supprimée du Code civil par l'ordonnance 2016-131 du 10 février 2016.

Les présomptions n'ont pas la même **force probante** selon qu'elles sont légales ou de fait.

75809 **Présomptions légales** La loi en distingue trois catégories (C. civ. art. 1354, al. 2) :

– la présomption **simple,** qui existe lorsque la loi réserve la preuve contraire ; elle peut être renversée par tout moyen de preuve ; par exemple, la présomption de bonne foi établie au profit du possesseur de meubles (C. civ. art. 2276) ;

– la présomption **mixte,** qui existe lorsque la loi limite les moyens par lesquels elle peut être renversée ; ainsi, les articles 1242, al. 1 et 1733 du Code civil, qui imputent à une personne la responsabilité du fait d'une chose ou d'un incendie, le responsable ne pouvant se dégager que par des causes limitativement déterminées par les tribunaux ou la loi (n°s 4590 et 8060 s.) ;

– la présomption **irréfragable,** qui ne peut pas être renversée ; tel est le cas, par exemple, des présomptions d'interposition de personnes dans les libéralités (C. civ. art. 911 et 1099) ou de la présomption de libération née de la remise du titre original par le créancier au débiteur (art. 1282). La partie contre laquelle une telle présomption légale est invoquée peut alors seulement tenter d'établir que le fait connu n'existe pas en réalité.

À la différence du texte ancien qui ne qualifiait pas d'irréfragable la présomption légale mais qui la définissait comme celle « sur le fondement de laquelle la loi annule un acte ou dénie l'action en justice, à moins qu'elle n'ait réservé la preuve contraire » (ex-art. 1352, al. 2), l'article 1354 du Code civil vise la présomption irréfragable sans la rattacher formellement à la présomption légale mais il ne la définit pas. La loi ne donne plus le critère permettant de rejeter, à défaut de disposition expresse réglant la question, la preuve contraire contre une disposition légale. Par suite, pour que la présomption légale produise l'effet irréfragable que la loi maintient, il faut considérer que celle-ci s'en remet au juge pour apprécier s'il est ou non opportun de recevoir la preuve contraire contre telle ou telle présomption légale. Ce que le juge a fait avant l'article 1354 en créant la présomption irréfragable de mauvaise foi du vendeur professionnel (n° 27250).

75812 **Présomptions de fait** La valeur probante d'une présomption de fait est celle que lui attribue le juge, qui ne doit fonder sa conviction que sur des présomptions graves, précises et concordantes (C. civ. art. 1382). L'appréciation que le juge fait de la portée des indices qui lui sont soumis relève de son pouvoir souverain (Cass. civ. 5-11-1975 : Bull. civ. II p. 230 ; Cass. civ. 16-5-1979 : Bull. civ. I p. 116). Mais cette règle ne s'oppose pas à ce qu'il s'appuie sur un fait unique (Cass. civ. 28-11-1972 n° 71-12.044 : Bull. civ. III n° 636 ; Cass. 1e civ. 18-3-1997 n° 94-21.396).

Le juge peut déduire le fait inconnu à prouver de tout indice susceptible de le rendre vraisemblable ; ainsi :

– des écrits émanant de l'avoué de l'une ou l'autre des parties (Cass. civ. 13-11-1973 : Bull. civ. I p. 273) ;

– de **copies** lorsqu'elles ne sont pas contestées (Cass. civ. 5-10-1975 : JCP G 1976.IV.344) ; à défaut, dans les conditions suivantes : si l'original existe, il peut toujours être exigé par celui qui se voit opposer la copie (C. civ. art. 1379, al. 3 ; Cass. 1e civ. 24-10-2006 n° 1449 : Bull. civ. I n° 436), le juge ne pouvant pas se prononcer sur la valeur de la copie contestée sans ordonner la représentation de l'original (Cass. 1e civ. 3-5-2006 n° 753 : Bull. civ. I n° 211), et la copie ne pouvant pas faire preuve contre l'original (Cass. civ. 28-11-1995 : RJDA 3/96 n° 379) ; si l'original lui-même ne peut pas faire preuve, par exemple faute de porter la mention qu'il en a été

établi autant d'exemplaires que de parties, la copie ne peut valoir que comme commencement de preuve par écrit (Cass. 1e civ. 19-2-2013 n° 11-24.453 : D. 2013.1041 note Garaud) ; si l'original n'est pas produit, les juges ne peuvent pas accorder foi à la copie sans rechercher si celle-ci est une reproduction fiable de l'original (C. civ. art. 1379 ; en ce sens, Cass. 1e civ. 6-10-1998 n° 96-21.962 : DA 1998.1949) ; si l'existence de l'original est déniée, les copies sous signature privée, même certifiées conformes, ne peuvent valoir comme commencement de preuve par écrit (Cass. 1e civ. 24-9-2008 n° 07-11.237 : RJDA 1/09 n° 58) ;
– du résultat d'une enquête diligentée dans une autre instance (Cass. civ. 8-4-1976 : Bull. civ. II p. 87) ;
– de l'exécution de l'obligation par la partie qui conteste l'existence de celle-ci (Cass. com. 30-6-1975 : B.T. 1975.418 : prise en charge par une partie de certaines taxes dont elle avait contesté par la suite être la débitrice ; CA Paris 24-6-1981 : D. 1981.IR.470 : remise de la chose prêtée en exécution d'un prêt à usage contesté) ;
– de l'absence de dénégation en justice du dire de l'adversaire (Cass. 3e civ. 5-5-1976 n° 74-15.254 : Bull. civ. III n° 189) ;
– des déclarations des parties pour déduire l'existence d'un bail verbal (Cass. com. 13-6-1978 : Bull. civ. IV p. 140) ;
– d'un rapport d'expertise pour évaluer le coût de travaux effectués (Cass. com. 6-11-1978 : JCP G 1979.IV.21) ;
– du cachet de La Poste pour prouver la date (CA Paris 17-11-1980 : Dr. sociétés 1980/12 p. 8) ;
– d'un bon de commande sur lequel l'acheteur avait apposé son cachet (CA Paris 8-12-1987 : GP 1988.som.201) ;
– du fait que les parties aient été en relations d'affaires suivies et que le débiteur n'ait pas protesté à la réception de la facture, pour établir l'existence de la dette (Cass. com. 16-6-1987 : BRDA 15-16/87 p. 22) ;
– des SMS, dont l'auteur ne peut ignorer qu'ils sont enregistrés par l'appareil récepteur (Cass. soc. 23-5-2007 n° 06-42.209 : RJDA 10/07 n° 1043) ;
– de l'**enregistrement** de comportements ou de propos si les parties auxquelles il est opposé ont été informées de son existence (Cass. 1e civ. 24-9-2009 n° 08-19.482 : RJDA 1/10 n° 108 : enregistrement par vidéosurveillance) ou de l'enregistrement produit par l'auteur même des propos invoqués (CA Paris 16-12-2008 n° 07-4770 : RJDA 3/10 n° 249), à la condition que son authenticité soit établie (Cass. civ. 15-1-1970 : JCP G 1970.II.16320 obs. P. L.) et qu'il ne porte pas sur des paroles prononcées à titre privé ou confidentiel (Cass. 1e civ. 6-10-2011 nos 10-21.822 et 10-21.823 : RJDA 1/12 n° 105 ; CA Paris 16-12-2008, précité) ; en revanche, l'enregistrement fait à l'insu de l'auteur des propos est déloyal (Cass. ass. plén. 7-1-2011 n° 09-14.316 : RJDA 7/11 n° 653 : enregistrement sur bande magnétique ; sur les conditions dans lesquelles il peut être tenu compte d'une preuve obtenue de manière déloyale, voir n° 75500) ; sur les conditions de validité de l'enregistrement de la conclusion d'un contrat entre un professionnel et un consommateur Cnil actualités 25-4-2022 ; sur la validité du recours à la mise en place d'un dispositif technique ayant pour objet, sans le consentement des intéressés, la captation, la fixation, la transmission et l'enregistrement de paroles prononcées par une ou plusieurs personnes à titre privé ou confidentiel, dans des lieux ou véhicules privés ou publics, ou de l'image d'une ou de plusieurs personnes se trouvant dans un lieu privé, CPP art. 706-96 ;
– d'un message vocal laissé sur un répondeur téléphonique (Cass. soc. 6-2-2013 n° 11-23.738 : RJS 4/13 n° 316) ;
– d'un courriel invoqué pour établir la preuve admise par tous moyens d'un fait, qui pris en ce sens n'est pas un écrit électronique régi pour sa validité par les anciens articles 1316-1 s. (désormais art. 1366 s.) du Code civil (Cass. soc. 25-9-2013 n° 11-25.884 : RJS 12/13 n° 846) ;
– du refus par la partie qui prétend que le contrat qui la lie à une banque ne comporte pas une mention requise par la loi de produire l'exemplaire du contrat qu'il détient, alors que, de son côté, la banque justifie, par la production d'un contrat signé avec un autre client la même année que le contrat litigieux, que le formulaire qu'elle utilisait alors pour la même opération (ouverture d'un PEA) comportait la mention en cause (Cass. com. 9-2-2022 n° 20-16.471 FS-B).

En revanche, n'ont pas été retenus comme présomption un chèque qui ne comportait aucune indication sur la cause de son émission (Cass. civ. 10-1-1978 : GP 1978.1.pan.72), un talon de chèque et la copie de la lettre accompagnant le chèque (Cass. civ. 12-1-1968 : Bull. civ. III p. 17), des communications téléphoniques controversées (Cass. com. 28-10-1980 : GP 1981.pan.88), la seule passivité du créancier (Cass. com. 23-2-1993 : RJDA 6/93 n° 592), le silence opposé à l'affirmation d'un fait qui ne vaut pas à lui seul reconnaissance de ce fait (Cass. civ. 18-4-2000 : Bull. civ. I n° 111 ; Cass. 1e civ. 24-5-2007 n° 06-18.218 : Bull. civ. I n° 209 ; CA Paris 7-9-1995 : BT 1995.716), les états informatiques produits par leur auteur (Cass. com. 26-10-1993 : RJDA 2/94 n° 181), des déclarations anonymes (Cass. com. 11-5-2022 n° 19-22.242 FS-B : RJDA 8-9/22 n° 515).

E. Aveu extrajudiciaire

La preuve peut être apportée par un aveu, dit extrajudiciaire, exprimé en dehors d'une instance en justice, mais seulement lorsque la preuve par tout moyen est admissible (C. civ. art. 1383-1 ; sur l'exemple d'un aveu irrecevable, la preuve par tous moyens n'étant pas admissible contre un écrit, Cass. 1e civ. 9-5-2019 n° 18-10.885 F-PB). 75900

Constitue un aveu extrajudiciaire :
– l'aveu recueilli par une déclaration faite sur sommation interpellative (Cass. 1e civ. 20-1-1953 : Bull. civ. I n° 24) ou au cours d'une enquête de police (Cass. civ. 2-2-1970 : D. 1970.265) ;
– la réponse faite à une sommation délivrée par huissier ou commissaire de justice (Cass. civ. 28-10-1970 : Bull. civ. I p. 234) ;

75900 (suite) – la reconnaissance de dette résultant implicitement d'une lettre demandant remise des majorations de retard (Cass. com. 2-1-1968 : Bull. civ. IV p. 5) ;
– l'affirmation faite dans un acte notarié par laquelle une partie reconnaît qu'une certaine somme lui a été versée (Cass. civ. 4-3-1986 : Bull. civ. I p. 45).

En toute circonstance, il ne fait la preuve qu'aux conditions suivantes.

1. L'aveu doit comporter de la part de son auteur une manifestation **non équivoque** de la volonté de reconnaître pour vrai un fait de nature à produire contre lui des conséquences juridiques (cf. C. civ. art. 1383-1 ; Cass. civ. 4-5-1976 : Bull. civ. III p. 142) ; tel n'est pas le cas d'un acheteur qui ne conteste pas l'existence d'une vente mais qui affirme avoir versé une somme déterminée, cette déclaration constituant une simple allégation (Cass. civ. 26-5-1999 : Bull. civ. I n° 170).

2. L'aveu doit établir des **points de fait** et non des points de droit.

Portent sur des points de droit :
– l'affirmation d'une responsabilité (Cass. civ. 28-3-1966 : D. 1966.541 ; CA Paris 25-1-2002 : JCP G 2002.IV.1856) ou d'une dette solidaire (Cass. civ. 7-6-1995 : D. 1995.IR.161) ;
– une déclaration relative à l'existence et à la qualification d'un contrat (Cass. com. 13-12-1983 : Bull. civ. IV p. 300 ; Cass. com. 13-11-2001 : BTL 2001.804) ;
– une analyse des rapports juridiques existant entre des parties (Cass. civ. 23-11-1982 : Bull. civ. I p. 286) ;
– la qualification d'un contrat (CA Versailles 26-10-1995 : Bull. inf. C. cass. 1996 n° 426).

En revanche, un débiteur émet un aveu sur un point de fait lorsqu'il reconnaît qu'il doit encore une certaine somme à son créancier, car son affirmation porte sur le montant de la somme restant due (Cass. civ. 30-10-1984 : Bull. civ. I p. 247).

3. L'aveu doit émaner de la **partie** à laquelle il est opposé : ainsi, la déclaration d'un seul des coïndivisaires ne peut pas être retenue (Cass. civ. 23-11-1982 : Bull. civ. I p. 286) ni une déclaration émanant du représentant légal d'un incapable (Cass. civ. 15-12-1982 : Bull. civ. I p. 314 ; Cass. 1e civ. 2-4-2008 n° 07-15.820 : Bull. civ. I n° 100). Ces déclarations peuvent, toutefois, valoir comme présomptions lorsque la preuve par ce moyen est recevable (Cass. civ. 15-12-1982, précité).

4. L'aveu doit être **écrit** lorsque la preuve doit être faite par écrit (C. civ. art. 1383-1).

5. L'aveu peut être **divisé** en fonction de ses affirmations, le juge tirant toutefois de son pouvoir souverain d'appréciation des preuves la faculté de considérer que les affirmations contenues dans l'aveu forment un tout indivisible (Cass. civ. 2-2-1970 : D. 1970.265).

6. Les juges apprécient **souverainement** la force probante de l'aveu et peuvent se considérer comme entièrement convaincus par lui (C. civ. art. 1383-1, al. 2 ; Cass. civ. 28-10-1970 : Bull. civ. I p. 234 ; rappr. Cass. civ. 11-7-2001 : Bull. civ. I n° 213 ; toutefois Cass. civ. 14-11-1996 : RJDA 2/97 n° 295, censurant un arrêt qui avait caractérisé un aveu par des motifs équivoques).

Table alphabétique

Les chiffres renvoient aux numéros de paragraphe.

A

Abandon (clause d'abandon) : 17778 (assurance).

AUTRES RUBRIQUES : Renonciation, Retrait.

Abonnement

Contrat à l'abonnement : 3058 (poursuite par le locataire-gérant) ; 14000 (modification unilatérale d'un contrat) ; 14495 (paiement des factures – mesures temporaires liées à l'épidémie de Covid-19) ; 15316 (clause limitative de responsabilité mentionnée sur une carte d'abonnement) ; 21000 (abonnement à un emplacement de parking).

Vente par abonnement de chose de genre : 26703 (individualisation) ; 26753 (paiement du prix) ; 27059 (moment de la vente).

Abrogation : 74206 (loi ou règlement : règles générales) ; 74200 (lois et règlements : abrogation par désuétude).

Absorption : voir Fusion.

Abus de confiance

Billet à ordre : 51976 (paiement anticipé : obligation de restituer le billet) ; 52010 (paiement : obligation de détruire le billet).

Chèque : 52254.

Compte bancaire : 40136 (intérêts d'un compte à rubriques).

Contrat : 12748 (détournement de l'écrit) ; 19603 (contrat d'entreprise) ; 21060 (dépôt) ; 22554 (location de meubles) ; 23047 (mandat) ; 23534 (prêt à usage) ; 41650 (crédit-bail mobilier).

Lettre de change : 51361.

Procédure collective : 64660 (responsabilité pénale des mandataires de justice).

Rétention : 57831 (exercice du droit de rétention).

Revendication : 30038 (meuble corporel).

Abus de dépendance : 12312 s. (droit commun) ; 70218 (transaction).

Abus de droit

Règle générale : 74912.

Action en justice : 2534 (protection d'un nom commercial) ; 31621 (action en contrefaçon d'un brevet) ; 61510 (assignation en redressement ou en liquidation judiciaire) ; 71636 (abus du droit d'agir en justice) ; 74930 (invocation abusive d'une norme communautaire).

Bail commercial : 5306 (délai d'un congé).

Contrat : 11905 s. (renonciation abusive aux suites d'un accord de principe) ; 12428 (fixation du prix d'un contrat cadre) ; 12429 (fixation du prix d'une prestation de services) ; 14053 (révision) ; 15506 (clause de résiliation unilatérale) ; 20327 (refus d'acceptation d'un sous-traitant) ; 21970 (rupture d'un contrat de concession) ; 41421 (rupture d'une ouverture de crédit).

Abus de droit (suite)

Droits d'auteur : 34694 (divulgation).

Garantie : 57070 (usage abusif du gage) ; 57831 (abus du droit de rétention) ; 58042 (appel d'une garantie autonome).

Paiement : 13612 (recouvrement tardif d'une créance) ; 52429 (contre-passation brutale par une banque d'un montant crédité à tort sur un compte bancaire) ; 54006 (abus du droit de payer).

Propriété : 30058 (abus du droit de propriété).

Renonciation : 59003 (à poursuivre).

Saisie : 59015 (recherche du débiteur par un détective privé) ; 59100 (saisie conservatoire disproportionnée par rapport à la créance) ; 59703 (choix du bien).

Acceptation

– de la cession de contrat par le cédé : 14168 (règles générales) ; 5036 (bail commercial).

– de la cession de créance par bordereau Dailly : 41286.

– de la cession de droit ou action par le débiteur : 14286.

– du contrat : voir Accord des parties.

– d'une lettre de change : 51050 s.

– de la marchandise dans le cadre d'un transport : 24336 (acceptation par le transporteur) ; 24416 (acceptation par le destinataire : transport routier) ; 25851 s. (acceptation par le destinataire : transport aérien).

– d'une offre : 12036 s. (cas général) ; 12088 (offre électronique).

– du sous-traitant par le maître de l'ouvrage : 20315 s.

– de la succession : 50055 s.

AUTRES RUBRIQUES : Accord des parties, Consentement (au contrat), Quittance.

Acceptation tacite : voir Accord tacite.

Accessoire : 185 s. (acte de commerce par accessoire) ; 10706 (contrat administratif par accessoire) ; 26909 (accessoire de la chose vendue) ; 59020 (séquestre) ; 74918 (application des règles du principal).

Accident : 13718 (accident de travail : détachement de personnel) ; 17700 s. (assurance : déclaration de l'accident).

Accord

– de coexistence : 33550 (marques).

– de compensation : 18605 s.

– de distribution : 21500 s. (étude d'ensemble) ; 21590 (résiliation d'un contrat conclu par un commerçant avec un réseau de distribution).

– en forme simplifiée : 73516 (traité international).

Accord (suite)
- **de principe :** 11905 s.
- **verbal :** 11175.

AUTRES RUBRIQUES : Acceptation, Accord des parties, Contrat, Pourparlers.

Accord des parties
Arbitrage : 70700 s. (convention) ; 71021 (arbitre).
Assurance : 17521 (conclusion du contrat) ; 17600 (modification du contrat).
Clause attributive de compétence : 72046 s.
Clause limitative de responsabilité : 15316.
Clause de réserve de propriété : 63035.
Conditions générales : 12015.
Contrat : 10203.
AUTRES RUBRIQUES : Acceptation, Accord tacite, Consentement (au contrat).

Accord tacite : 4156 (bail commercial : accord du bailleur sur le maintien du preneur à l'expiration du bail précaire) ; 14286 (cession de droit ou action) ; 17600 (modification du risque assuré) ; 18005 (reconduction d'une assurance) ; 20321 (sous-traitance) ; 23012 (mandat) ; 30112 (mesure d'urgence sollicitée pour la gestion d'une indivision) ; 33321 (exploitation d'une marque) ; 50058 (succession) ; 57021 (exécution d'un gage par remise de la chose).

Aceco (Association pour la compensation des échanges commerciaux) : 18608.

Achat
- **exclusif :** 21560 s.
- **pour revendre :** 123.

AUTRES RUBRIQUES : Cession, Rachat.

Acompte : 11965 (distinction avec les arrhes) ; 13460 (vente sous condition) ; 26753 (vente de marchandises) ; 50500 (restitution).

Acquiescement : voir Acceptation.

Acquit : voir Quittance.

Acte
- **d'administration :** 427 (conjoint collaborateur) ; 1034 (mineur sous administration légale) ; 1043 (tuteur) ; 1130 (curatelle) ; 1151 (mandat sous protection future) ; 23024 (mandat) ; 30115 s. (indivision) ; 41030 (emprunt) ; 52263 (émission d'un chèque) ; 55068 (cautionnement) ; 59006 (mesure d'exécution) ; 59034 (séquestre) ; 61815 s. (sauvegarde et redressement judiciaire) ; 63495 s. (liquidation judiciaire).
- **apparent :** 74915 (validité).
- **authentique :** voir Acte notarié.
- **civil :** 195 s. (étude d'ensemble) ; 556 (règles commerciales) ; 55033 (cautionnement).
- **de commerce :** 113 s. (étude d'ensemble) ; 120 s. (isolé) ; 185 s. (par accessoire) ; 553 (par des non-commerçants) ; 138 et 55033 (cautionnement) ; 52263 (émission d'un chèque).
- **conservatoire :** 1043 (accomplissement par un tuteur) ; 1124 (majeur sous sauvegarde de justice) ; 12189 (action en déclaration de simulation) ; 23024 (mandat) ; 30109 (indivision) ; 30553 (usufruit) ; 59034 (séquestre) ; 61747 (période d'observation) ; 62290 s. (sur les biens du débiteur ou du dirigeant) ; 62464 (contre les garants du débiteur) ; 63142 (période suspecte) ; 63585 s. (liquidation judiciaire) ; 64368 (rétablissement professionnel).
- **contresigné par un avocat :** 70014 (procédure participative) ; 70409 (transaction).
- **extrajudiciaire :** voir Acte extrajudiciaire.
- **de gestion courante :** 61820 s. (pouvoirs du débiteur sous sauvegarde ou en redressement judiciaire).
- **de gouvernement :** 73513 (traité international) ; 73600 (décret de promulgation).
- **gratuit :** voir Don, donation.
- **juridique :** 10200 (définition) ; 75590 s. (preuve).
- **mixte :** 550.
- **sous signature privée :** 75680 s. (preuve).
- **unilatéral :** 10300.
- **de la vie courante :** 1016 (accomplissement par un mineur non émancipé) ; 1122 (accomplissement par un majeur protégé) ; 1151 (accomplissement par un majeur dont le mandat de protection future a pris effet).

Acte extrajudiciaire
Action en justice : 71759 (assignation interruptive de prescription).
Bail commercial : 4746 (demande de révision triennale) ; 4869 (demande de déspécialisation partielle) ; 4886 (demande de déspécialisation plénière) ; 4959 (demande de sous-location) ; 5200 (résiliation unilatérale) ; 5312 (congé) ; 5329 (demande de renouvellement) ; 5903 (modification du loyer).
Contrat (règles générales) : 13623 (notifications) ; 14419 (mise en demeure).
Fonds de commerce : 2879 (opposition à la cession).
Mandat tacite : 23012.
Paiement : 51420 s. (protêt faute de paiement ou d'acceptation d'une lettre de change) ; 52556 (protêt faute de paiement d'un chèque).
Preuve : 75524 (constat amiable) ; 75653 (acte authentique) ; 75900 (aveu extrajudiciaire par réponse à sommation).
Recouvrement de créance : 59121 (saisie conservatoire) ; 59743 s. (saisie-vente) ; 59825 s. (saisie-attribution).
Saisie-contrefaçon : 31621 s. (brevet) ; 32606 (marque) ; 34726 (droits d'auteur) ; 35041 (logiciel).
Transport routier : 24433 (dénonciation des avaries).
AUTRE RUBRIQUE : Signification.

Acte d'huissier ou de commissaire de justice : voir Acte extrajudiciaire.

Acte notarié
Billet à ordre : 51806.
Contrat : 1300 (mariage) ; 3415 (nantissement conventionnel du fonds de commerce) ; 10259 s. (clause de réitération d'un contrat par acte authentique) ; 23236 (fiducie) ; 56235 s. (constitution d'hypothèque conventionnelle).
Preuve : 75653 s.

Actif net : 50061 s. (acceptation d'une succession à concurrence de l'actif net).

Action

– **cambiaire :** 52620 s.
– **civile :** 8181.
– **de concert :** 23273 (fiducie).
– **confessoire :** 30553 (droit de conservation de l'usufruit).
– **en contrefaçon :** 31630 (brevet) ; 32169 (modèle) ; 32632 (marque) ; 34738 (œuvre artistique).
– **en déclaration de simulation :** 12189 (conditions) ; 30390 (fraude aux droits des créanciers d'un partage) ; 59003 (recouvrement des créances).
– **directe :** 54030 (définition) ; 4973 (bail) ; 13030 (acquéreurs successifs) ; 18245 s. (action de la victime contre l'assureur) ; 20403 s. (sous-traitant) ; 21880 (commissionnaire) ; 24053 (commissionnaire de transport) ; 24455 (transporteur) ; 25647 (loueur de véhicules routiers industriels) ; 53050 (subrogé).
– **estimatoire :** 27225 (vices cachés).
– **de groupe :** 71624.
– **de in rem verso :** 10327.
– **imprescriptible :** 71715.
– **en nullité :** 15680 s. (contrat) ; 63160 s. (actes passés en période suspecte en cas de redressement ou liquidation judiciaire).
– **récursoire :** 24099 (commissionnaire) ; 24677 (transporteur routier intérieur) ; 25350 (transporteur CMR) ; 27243 (vices cachés) ; 50088 (paiement).
– **rédhibitoire :** 27225 (vices cachés).
– **en réparation :** 8175 s. (responsabilité civile) ; 15400 (responsabilité contractuelle).
– **en répétition de l'indu :** 54200 s.
– **résolutoire :** 2920 s. (vente de fonds de commerce) ; 15609 s. (action en résolution de droit commun) ; 53050 (subrogation).
– **en revendication :** voir Revendication.

AUTRE RUBRIQUE : Action en justice.

Action en justice

Étude d'ensemble : 71600 s.

Brevet : 31700.

Compte courant : 40542.

Contrat : 6800 s. (bail commercial) ; 17900 s. (assurance) ; 18742 (consortium) ; 55500 s. (cautionnement).

Demande reconventionnelle ou additionnelle : 71718 (qualification).

Dessins et modèles : 32184.

Droits d'auteur : 35100 s.

Entreprise en difficulté : 61060 (actions contre un débiteur sous mandat ad hoc) ; 61126 s., 61145 s. (actions contre un débiteur en conciliation) ; 62395 s. (actions contre un débiteur en procédure collective) ; 62460 s. (actions contre les garants du débiteur en procédure collective) ; 64180 s. (reprise des poursuites des créanciers après clôture de la liquidation judiciaire) ; 64364 (actions contre un débiteur en rétablissement professionnel).

Marque : 32700.

Action en justice (suite)

Obligation préalable de tenter le règlement amiable du litige : 70026 s.

Paiement : 51450 s. (lettre de change) ; 52050 s. (billet à ordre) ; 52600 s. (chèque) ; 59012 (recouvrement des créances) ; 71706 (prescription de l'action).

Péremption : 71945.

Règlement européen du 12-12-2012 : 72100 s.

Rupture brutale d'une relation commerciale : 15461.

AUTRES RUBRIQUES : Action oblique, Action paulienne, Compétence judiciaire.

Action oblique

Étude d'ensemble : 53900 s.
Action civile : 8184.
Action en nullité : 15680.
Procédure collective : 62390.

Action paulienne

Étude d'ensemble : 54000 s.
Cautionnement : 55425.
Compétence territoriale : 72133 et 72147 (règlement UE).
Compte courant : 40570.
Dation en paiement : 53505.
Mesures provisoires ou conservatoires : 72166.
Procédure collective : 62387 (exercice par les créanciers).
Transaction : 70406.
Vente de fonds de commerce : 2898.

Activité

– **agricole :** voir Agriculteur.
– **artisanale :** voir Artisan.
– **civile :** 195 s.
– **commerciale :** voir Acte (de commerce), Commerçant.
– **connexe ou complémentaire :** 4866 (bail commercial).
– **économique :** 2025 (notion d'entreprise).
– **immobilière :** 207 (nature de l'activité).
– **industrielle :** 151 (qualification).
– **inventive :** 31050 s. (invention brevetable).
– **libérale :** voir Profession libérale.
– **professionnelle :** 11200 s.

Adaptation

(d'œuvre de l'esprit) : 34529 (œuvre écrite) ; 34541 (œuvre musicale) ; 34659 (dénaturation de l'œuvre).

Adhésion

: voir Acceptation, Accord, Contrat d'adhésion.

Adjudication judiciaire

: 15674 (annulation) ; 23035 (mandat) ; 30176 s. (droits indivis).

AUTRE RUBRIQUE : Vente aux enchères.

Administrateur judiciaire

Administrateur provisoire : 30112 (gestion d'une indivision : mesures urgentes) ; 30228 (gestion d'une indivision après révocation du gérant) ; 30390 (remise en cause d'un partage) ; 50067 (administrateur d'une succession) ; 72280 (biens appartenant à une société étrangère menaçant ruine située en France) ; 72521 (nomination en référé).

Administrateur judiciaire (suite)

Procédure collective : 61577 s. (désignation – sauvegarde et redressement judiciaire) ; 61600 (incompatibilités) ; 61815 s. (pouvoirs de gestion – sauvegarde et redressement judiciaire) ; 63492 s. (désignation et pouvoirs de gestion – liquidation judiciaire) ; 64640 s. (responsabilité).

Administration fiscale : 2260 (recouvrement des dettes de l'entrepreneur individuel) ; 17726 (droit de préférence sur une indemnité d'assurance) ; 57609 (privilèges généraux) ; 58254 (privilège sur navire) ; 60000 s. (recouvrement des créances publiques) ; 61124 (remise dans le cadre d'une conciliation) ; 61200 (demande de remise) ; 63252 (remise accordée dans le cadre d'un plan de sauvegarde ou de redressement).

Administration légale : 1031 s. (capacité).

AUTRE RUBRIQUE : Représentant légal.

AELE (Association européenne de libre-échange) : 73550.

Aéronef (avion) : 30050 (propriété) ; 32151 (utilisation d'un dessin ou modèle sur un aéronef) ; 58263 (hypothèque) ; 59175 (saisie).

AUTRE RUBRIQUE : Transport (aérien).

Affacturage : 53200 s.

Affichage : 12535 (droit perpétuel d'affichage).

Affiche : 12153 (caractère contractuel) ; 34516 (droits d'auteur).

Affidavit : 75730 (mode de preuve).

Affrètement maritime : 135 (acte de commerce) ; 15026 (parties au contrat).

Agence : voir Agence multilatérale de garantie des investissements (AMGI), Agence de presse, Succursale.

Agence multilatérale de garantie des investissements (AMGI) : 58248.

Agence de presse : 34520 (droit exclusif sur l'information) ; 34784 (publication d'une œuvre de l'esprit : rémunération de l'auteur) ; 35073 (droit voisin).

Agent d'affaires : 163 (nature de l'activité) ; 55007 (rôle).

Agent d'assurance : 223 (nature de l'activité).

Agent commercial : 21650 s. (étude d'ensemble) ; 223 (nature de l'activité) ; 4058 (bail commercial) ; 12523 (cession de clientèle).

Agent des sûretés : 55007 (régime).

Agréage (vente à l'agréage) : 26803.

Agriculteur : 201 (nature de l'activité) ; 12523 (cession de clientèle) ; 57320 s. (warrant agricole) ; 57612 (privilège) ; 59727 (saisie des récoltes) ; 61020 (alerte par le président du tribunal) ; 61100 (conciliation) ; 61260 s. (procédure collective).

Aide publique (aux entreprises) : 41700 s.

Aléa : 11155 s. (étude d'ensemble) ; 17540 (assurance).

Alerte

Lanceur d'alerte : 7547 (police des activités économiques) ; 74287 (signalement d'une violation de l'ordre public).

Alerte (suite)

Procédure d'alerte : 61020 s. (entreprise en difficulté).

Aliénation : voir Altération, Cession, Inaliénabilité.

Allocution : 34532 (droits d'auteur).

Allotissement : 30372 (partage).

Altération

Facultés mentales : 1103 s. (capacité).

Intégrité (d'une personne ou d'un bien) : 8094 (responsabilité du fait des produits défectueux).

Produit : 32649 (contrefaçon de marque).

Titre de paiement : 51603 (lettre de change) ; 51821 (billet à ordre) ; 52750 s. (chèque).

Volonté : 12200 s. (vices du consentement).

AUTRES RUBRIQUES : Avarie (marchandise transportée), Défaut (d'un bien), Détérioration.

Améliorations : 3162 (indemnité du locataire-gérant à la cessation du contrat) ; 4061 (indemnisation du locataire-gérant d'un fonds de commerce en fin de bail) ; 6018 (valorisation d'un bail commercial) ; 10318 (enrichissement injustifié) ; 16137 (restitution résultant de l'annulation d'un contrat) ; 30135 (indivision) ; 30556 (usufruit) ; 32848 (perfectionnements apportés à un brevet) ; 33712 (perfectionnements d'un savoir-faire) ; 56295 (assiette d'une hypothèque) ; 57815 (exercice d'un droit de rétention).

Amende : 17540 (assurance) ; 60010 (recouvrement).

AMGI (Agence multilatérale de garantie des investissements) : 58248.

Amiable composition : 71051 s. (arbitrage) ; 71213 (appel) ; 71940 (juge).

AMM (autorisation de mise sur le marché) : 31353 (monopole d'exploitation d'une spécialité pharmaceutique).

Amnistie : 60010 (recouvrement des créances publiques) ; 74315 (condamnation pénale).

Anatocisme : voir Capitalisation des intérêts.

Animal : 24227 (contrat type de transport) ; 25193 (transport CMR) ; 26003 (transport maritime) ; 31103 (non-brevetabilité) ; 56283 (immeuble par destination).

Annexe (à un contrat) : 12736 (définition et valeur).

Annuaire : 34520 (œuvre de l'esprit).

Annulation : voir Nullité.

Antériorité : 2516 (choix d'un nom commercial) ; 2601 (date de création d'un fonds de commerce et date du mariage de son exploitant) ; 27218 (vice caché d'une marchandise vendue) ; 31034 s. (nouveauté d'une invention) ; 31606 (brevet) ; 32430 s. (marque) ; 33400 (validité d'une cession de marque) ; 34516 (originalité d'une œuvre de l'esprit) ; 54012 (créance justifiant une action paulienne) ; 56206 (cession d'antériorité d'une hypothèque immobilière).

Antichrèse : voir Gage.

Apatride : 415 (commerçant) ; 1398 (capacité) ; 34624 (droits d'auteur) ; 72252 (privilège de juridiction).

APE (Code) : 2110.

Apparence : 4406 (bail commercial) ; 23027 s. (mandat apparent) ; 50000 (créancier apparent) ; 74915 (validité d'un acte).

Appauvrissement : 54000 s. (action paulienne).

Appel : 34738 (action en contrefaçon de droits d'auteur) ; 64770 s. (contre les décisions du tribunal de la procédure collective : règles générales) ; 64810 s. (contre les ordonnances du juge-commissaire : règles générales) ; 71210 s. (sentence arbitrale).

Appel d'offres : 11600.

Appellation d'origine : 32475 (signe illicite).

AUTRE RUBRIQUE : Indication d'origine.

Application des lois et règlements

Étude d'ensemble : 74600 s.

– immédiate : 74475 s.

– de plein droit : 71937.

Apport partiel d'actif : 5015 (bail commercial).

Apprenti : 8162 (responsabilité de l'employeur).

Approvisionnement exclusif : 21560 s.

Arbitrage

Étude d'ensemble : 70600 s.

Contrat : 17212 (contrat d'État) ; 18742 (consortium) ; 25223 (transport routier CMR) ; 26071 s. (transport maritime) ; 32709 (marque).

Procédure collective : 61925 (autorisation en cas de sauvegarde et redressement judiciaire) ; 62005 (poursuite des contrats en cours) ; 62395 (interdiction ou interruption des actions contre le débiteur) ; 63510 (autorisation en cas de liquidation judiciaire).

Arbitre : 71000 s. (procédure d'arbitrage) ; 71033 (contrat d'arbitrage).

AUTRE RUBRIQUE : Tiers (arbitre).

Architecte : 210 (nature de l'activité) ; 34553 (droits d'auteur) ; 34697 (divulgation de l'œuvre).

Archives : 30035 (appropriation des archives publiques) ; 64035 (sort des archives d'une entreprise en liquidation judiciaire).

Arcom : 34730 (protection des droits sur internet).

Arrangement d'œuvre musicale : 34541 (droits d'auteur).

Arrêté

– de compte : 16109 (extinction de contrat) ; 40163 (compte de dépôt) ; 40596 (compte courant).

Acte administratif : 73580.

Arrhes : 11965 (paiement).

Arrimage (transport) : 24038 (chargement) ; 25059 (transport routier CMR) ; 25615 (location de véhicules routiers industriels) ; 25824 (transport aérien) ; 26918 (frais de délivrance du bien vendu).

Art : voir Auteur (droits d'auteur).

Article de presse : 34520 (protection) ; 34784 (rémunération de l'auteur).

Artisan : 195 s. (nature de l'activité) ; 4058 (bail commercial) ; 8162 (responsabilité du fait des apprentis) ; 61020 s. (mesures de prévention des difficultés) ; 61260 s. (procédure collective).

AUTRE RUBRIQUE : Fonds artisanal.

Artiste : 4100 (bail commercial) ; 35058 s. (artiste-interprète).

AUTRE RUBRIQUE : Auteur (droits d'auteur).

Assiette

Commission : 21720 (agent commercial) ; 21871 (commissionnaire).

Droit de rétention : 57825 (règles générales) ; 62519 (interdiction d'accroître l'assiette en cas de procédure collective).

Hypothèque : 56280 s. (immeuble) ; 58251 (navire) ; 58257 (bateau de navigation intérieure) ; 58266 (aéronef) ; 62519 (interdiction d'accroître l'assiette en cas de procédure collective).

Nantissement : 3409 (nantissement de fonds de commerce) ; 35044 (nantissement de logiciel) ; 62519 (interdiction d'accroître l'assiette en cas de procédure collective).

Privilège : 2907 (privilège du vendeur de fonds de commerce) ; 24062 (transport de marchandises).

Prix (contrat) : 12455 (règles générales) ; 20415 (action directe d'un sous-traitant contre un maître d'ouvrage).

Redevance : 32881 (brevet).

Usufruit : 30553 (acte conservatoire).

Warrant agricole : 57326 (règles générales) ; 62519 (interdiction d'accroître l'assiette en cas de procédure collective).

Assignation en justice : 70026 s. (indication des démarches entreprises pour résoudre le litige amiablement) ; 71753 s. (incidence sur la prescription) ; 71905 (à jour fixe) ; 72543 (référé).

AUTRE RUBRIQUE : Action en justice.

Assistance technique : 13685 s. (détachement de personnel) ; 18816 (contrat de fabrication en commun) ; 18926 (ingénierie) ; 19552 (contrat d'entreprise) ; 20236 (sous-traitance) ; 22090 (franchise) ; 22527 (location de meuble) ; 32956 (licence de brevet).

Association

– étrangère : 1398.

– européenne de libre-échange (AELE) : 73550.

Acte de commerce : 216 (faculté d'être commerçant) ; 1209 (faculté d'accomplir un acte de commerce).

Action en justice : 8190 (action civile) ; 71615 (intérêt à agir).

Bail commercial : 4058.

Capacité : 1209.

Nature de l'activité : 216.

Registre du commerce : 450.

Représentation : 12375 s.

Associé : 253 (qualité de commerçant) ; 1324 (époux) ; 62750 s. (procédure collective de la société).

Assurance

– aérienne : 25815 (transport).

– crédit : 41020 (devoir d'information du prêteur assureur) ; 58203 (garantie).

– décès : 1036 (conclusion par l'administrateur légal d'un mineur) ; 1048 (conclusion par le tuteur d'un mineur).

– maritime ou fluviale sur facultés : 135 (nature de l'activité) ; 26030 s. (régime).

– de responsabilité : 18200 s. (étude d'ensemble).

Assurance (suite)
– **terrestre :** 17500 s. (étude d'ensemble) ; 172 (nature de l'activité) ; 223 (agent d'assurance) ; 11158 (contrat aléatoire) ; 15000 (souscription d'une assurance au profit d'un tiers) ; 21033 (dépôt) ; 22521 (location de meubles) ; 24027 (commissionnaire de transport) ; 24269 s. (transport routier intérieur) ; 25034 (transport routier CMR) ; 25650 (location de véhicule routier industriel) ; 26727 (vente de marchandises) ; 30562 (usufruit) ; 63780 (cession forcée).
– **vie :** 1130 (conclusion par un majeur sous curatelle) ; 57380 (nantissement).
Coface : 58400 s. (commerce extérieur).
Cumul : 17788.
Astreinte : 59600 s. (étude d'ensemble) ; 14900 (exécution forcée d'un contrat) ; 59603 (taux).
ATD : voir Saisie administrative à tiers détenteur.
Attestation : 73590 (preuve d'un usage).
Attribution éliminatoire : 30316 (maintien d'une indivision).
Attribution judiciaire du gage : 57052 (règles générales) ; 61920 (sauvegarde et redressement judiciaire) ; 63945 (liquidation judiciaire).
Attribution préférentielle : 30328 s. (étude d'ensemble) ; 2548 (droit au bail d'un fonds de commerce) ; 56280 (assiette d'une hypothèque immobilière) ; 63935 (procédure collective d'un indivisaire).
Audience de règlement amiable : 70050 s.
Audiovisuel : 34550 (œuvre de l'esprit) ; 34618 (auteur) ; 34650 et 34659 (modification de l'œuvre) ; 34766 (cession de l'œuvre) ; 34855 s. (contrat de production) ; 35070 (entreprise de communication audiovisuelle) ; 57200 (nantissement d'une œuvre).
Auteur (droits d'auteur)
Étude d'ensemble : 34500 s.
Dessins et modèles : 32003.
Droits voisins : 35048 s.
Société d'auteurs : 216 (nature de l'activité) ; 34821 (représentation).
Auto-école : 210 (nature de l'activité).
Auto-entrepreneur : 2190.
Autorisation administrative : 2555 (élément du fonds de commerce) ; 2713 (cession avec le fonds de commerce) ; 12529 (cession) ; 31353 (autorisation de mise sur le marché).
Autorisation judiciaire
Bail commercial : 4869 et 4886 (procédure de déspécialisation) ; 6300 (refus de renouvellement du bail d'un immeuble en indivision).
Gestion d'une indivision : 30127.
Hypothèque judiciaire conservatoire : 59221.
Saisie conservatoire : 59118.
Saisie-vente : 59724 (biens insaisissables) ; 59741 (procédure).
Autorisation de mise sur le marché (AMM) : 31353 (monopole d'exploitation d'une spécialité pharmaceutique).
Autorité de la chose jugée : 15689 (action en nullité) ; 70400 (transaction) ; 71206 (sentence arbitrale interne) ; 71320 (sentence arbitrale étrangère) ; 71621 (jugement) ; 74318 (effets d'une décision pénale sur l'action civile).
Autorité parentale : 1031 (capacité).
Aval : 51200 s. (lettre de change) ; 51900 (billet à ordre) ; 52289 (chèque).
AUTRE RUBRIQUE : Endossement.
Avantage indu : 21580.
Avarie (marchandise transportée) : 24378 (commissionnaire de transport) ; 24440 s. (transport routier intérieur) ; 25150 s. (transport routier CMR) ; 25857 s. (transport aérien) ; 26175 s. (transport maritime).
AUTRES RUBRIQUES : Défaut (d'un bien), Détérioration.
Avenant : 12733 (contrat).
Avertissement des créanciers : 62545 s. (ouverture d'une procédure collective) ; 64370 (ouverture d'un rétablissement professionnel).
Aveu : 75900 (preuve).
Avion : 30050 (propriété) ; 34735 (diffusion d'œuvres musicales) ; 58263 (hypothèque) ; 59175 (saisie).
AUTRE RUBRIQUE : Transport (aérien).
Avis
– **de l'administration :** 73585 (acte administratif).
– **de la Banque de France :** 73585 (force obligatoire).
– **de la Cour de cassation :** 74700 (interprétation d'une question de droit par le juge).
– **aux exportateurs :** 73609 (acte non réglementaire).
– **des instances communautaires :** 73541.
– **de sort :** 51149 (lettre de change) ; 52435 (chèque).
Avis à tiers détenteur : voir Saisie administrative à tiers détenteur.
Avocat : voir Profession libérale.
Avoir : 50308 (paiement) ; 59019 (mesures conservatoires sur des avoirs gelés) ; 71765 (interruption de la prescription).
Ayant cause : 13022 (définition).
Ayant droit : voir Ayant cause, Héritier, Légataire.

B

Bail commercial
Étude d'ensemble : 4000 s.
Bail dérogatoire : 4150 s.
Concession : 2507.
Crédit-bail immobilier : 41661.
Époux : 1330.
Fonds de commerce : 2548 (élément du fonds) ; 2713 (cession avec le fonds).
Franchise : 2507.
Mineur : 1043 (pouvoir du tuteur).
Préemption : 5020 s.
Procédure collective : 61925 (cession pendant la période d'observation) ; 62000 s. (poursuite du bail

Bail commercial (suite)
en cours) ; 62170 s. (résiliation du bail) ; 62200 s. (paiement des loyers et charges postérieurs à l'ouverture de la procédure) ; 63780 s. (plan de cession incluant le bail) ; 63950 s. et 64025 s. (cession isolée du bail).
Usufruit : 30568.
AUTRE RUBRIQUE : Loyer.

Bailleur : voir Loueur.

Bande magnétique (enregistrement) : 75812 (présomption).

Banque
Étude d'ensemble : 40010 s.
Bail commercial : 6162.
Coffre-fort : 22565 s. (location).
Nature de l'activité : 129.
Procédures collectives : 61000.
Responsabilité : 41421 s. (rupture de crédit) ; 52248 (remise de carnet de chèques) ; 52420 s. (encaissement d'un chèque) ; 52438 (clause limitative de responsabilité) ; 52455 (régularité d'un chèque) ; 52750 (chèque perdu ou volé) ; 53321 (crédit documentaire) ; 62670 s. (en cas de procédure collective du client).
Solvabilité d'un client : 11650.
AUTRES RUBRIQUES : Compte bancaire, Interdit bancaire.

Banqueroute : 64580 s. (étude d'ensemble) ; 500 (tenue d'une comptabilité irrégulière) ; 50515 (fausse facture) ; 51662 (effets de complaisance) ; 64200 (liquidation judiciaire : droit de poursuite individuelle des créanciers).

Barter : 18605 (bourse d'échange des créances pour des transactions internationales).

Base de données : 34529.

Bateau (de navigation intérieure) : 8081 (communication d'incendie) ; 27209 (vice caché) ; 30050 (propriété) ; 58257 (hypothèque fluviale) ; 58260 (privilèges) ; 59770 (saisissabilité).
AUTRE RUBRIQUE : Navire.

Bâtiment : 207 (nature des opérations de construction) ; 20318 (sous-traitance de travaux de bâtiment).

Bénéfice de discussion : 55453 (cautionnement).

Bénéfice de division : 55456 (cautionnement).

Bénéfice d'inventaire : 50061 (acceptation d'une succession à concurrence de l'actif net).

Bénéfices : voir Fruits, Revenus.

Bénéficiaires effectifs : 11656 (recherche).

Biens affectés : 2295 s. (EIRL).

Bilan économique et social : 61780 s. (procédure collective).

Billet de fonds : 2900 (vente de fonds de commerce).

Billet à ordre : 51800 s. (étude d'ensemble) ; 120 (nature de l'acte) ; 51950 s. (paiement) ; 52945 (opposabilité de la compensation au porteur du billet) ; 61170 (poursuites contre l'avaliste en cas de procédure collective du débiteur) ; 61825 s. (acte de gestion

Billet à ordre (suite)
courante) ; 63012 (revendication) ; 63004 (défaut de paiement du prix des biens revendus) ; 63122 (nullité de la période suspecte).

Billet au porteur : voir Titre (au porteur).

Bitcoins : 23600 (prêt de consommation) ; 50520 (paiement).

Blanchiment : 23227 et 23242 (fiducie) ; 40116 (devoir de surveillance du banquier) ; 52100 (billet au porteur) ; 52455 (régularité du chèque).

Blanc-seing : 52254 (chèque) ; 75683 (acte sous signature privée).

Bodacc (Bulletin officiel des annonces civiles et commerciales) : 490 (publication : règles générales) ; 2859 (publication de la vente d'un fonds de commerce).

Bon de caisse : 52150 s. (au porteur) ; 57815 (rétention).

Bon de commande : 12133 (document contractuel) ; 50302 (prix convenu).

Bonne foi : 8031 (responsabilité civile en cas de consentement de la victime au fait dommageable) ; 10650 s. (étude d'ensemble) ; 11885 (loyauté des négociations contractuelles) ; 13600 s. (exécution d'un contrat) ; 15568 (clause résolutoire) ; 17569 s. (assurance) ; 27259 (vendeur) ; 30019 (prescription acquisitive de propriété) ; 50000 (paiement à un créancier apparent) ; 51255 s. (porteur d'une lettre de change) ; 57818 (exercice d'un droit de rétention) ; 75530 (loyauté dans la recherche des preuves).

Bopi (Bulletin officiel de la propriété industrielle) : 31215 (abrégé de l'invention) ; 31227 (publication d'une demande de brevet) ; 31366 (délivrance du brevet) ; 31459 (opposition au brevet) ; 32157 (publication d'un dépôt de dessins et modèles) ; 32503 (publication de l'enregistrement de la marque) ; 32750 (publication des actes de l'Inpi).

Bordereau Dailly : voir Cession (de créances professionnelles).

Bornage : 30016 (preuve de la propriété) ; 30164 (action en bornage) ; 30553 (acte conservatoire).

BOT (Built Operate Transfer) : 18976 (ingénierie).

Bourse : 40113 (mise en garde par des opérateurs sur titres de leurs clients).

Boycott : 11660 (prohibition des ententes illicites).

Bpifrance (ex-Oséo et ex-Sofaris) : 41123 (garantie d'un prêt participatif) ; 41700 (financement des entreprises).

Brevet
Étude d'ensemble : 31000 s.
Cession ou gage de brevet : 33200.
Contrat de recherche : 19030 s. (découvertes brevetables) ; 19230 s. (recherche commune).
Fonds de commerce : 2545 (élément du fonds) ; 2760 (vente du fonds).
Licence de brevet : 32800 s.
Restitution : 16103 (extinction d'un contrat).
Tribunal compétent : 72147 (règlement UE).

Bulletin européen des brevets : 31015.

Bulletin officiel des annonces civiles et commerciales (Bodacc) : 490 (publication : règles générales) ; 2859 (publication de la vente d'un fonds de commerce).

Bulletin officiel de la propriété industrielle : voir Bopi (Bulletin officiel de la propriété industrielle).

Bureau : 6162 (bail commercial).

Bureau maritime international : 53303 (crédit documentaire).

But du contrat : voir Contenu du contrat (ex-objet).

Buy back : 18605 (contrat de coopération).

C

Cadastre : 30016 (propriété de l'immeuble).

Caducité : 10106 (contrats interdépendants) ; 12027 (offre de contracter) ; 16000 (extinction du contrat) ; 41633 (contrat de crédit-bail) ; 61170 (accord de conciliation).

Cahier des charges : 10203 (contrat) ; 12416 (objet du contrat).

Calcul des délais : 13506 (exécution des obligations) ; 71745 (prescription).

Cambriolage : voir Vol.

Camion : 25600 s. (location de véhicules routiers) ; 57100 s. (gage automobile).

Camionnage : voir Transport (routier intérieur), Transport (routier CMR).

Camping (exploitation d'un camping) : 207 (nature de l'activité).

Cantonnement : 59230 (hypothèque judiciaire conservatoire).

Capacité : 1000 s. (étude d'ensemble) ; 403 s. (exercice du commerce) ; 4409 (bail commercial) ; 12027 (perte de capacité de l'auteur d'une offre) ; 16937 (contrat international) ; 21021 (dépôt) ; 23015 (mandat) ; 23518 (prêt à usage) ; 26609 (achat et vente de marchandises) ; 30209 (convention d'indivision) ; 30306 (partage) ; 34828 (contrat d'édition) ; 41030 (prêt d'argent) ; 50000 (capacité pour recevoir un paiement) ; 50050 (effectuer un paiement) ; 51109, 51143, 51155 (endossement d'une lettre de change) ; 51203 (aval d'une lettre de change) ; 51906 (aval d'un billet à ordre) ; 52263 (émission d'un chèque) ; 52283 (encaissement d'un chèque) ; 55068 (caution) ; 61815 s. (débiteur sous sauvegarde ou redressement judiciaire) ; 63530 s. (débiteur en liquidation judiciaire) ; 70240 s. (transaction).

Capitalisation des intérêts : 40584 (avant clôture du compte courant) ; 40599 (après clôture du compte courant) ; 41036 (prêt) ; 53324 (crédit documentaire) ; 53824 (intérêts moratoires) ; 62496 (procédure collective du débiteur).

Carambouille (escroquerie à la carambouille) : 50931.

Caravane : 21000 s. (contrat de dépôt).

Caricature : 34716 (reproduction d'une œuvre).

Carnet de chèques : 52245 s.

Carrière (exploitation) : 204 (nature de l'activité).

Carte
- **de commerçant étranger :** 416.
- **de crédit :** 1016 (mineur) ; 1130 (majeur sous curatelle).
- **géographique :** 34559 (œuvre de l'esprit).
- **grise :** 26909 (accessoire de la chose vendue) ; 57825 (droit de rétention).

Cas fortuit : voir Force majeure.

Catalogue : 34516 (originalité de l'œuvre).

Cause du contrat : voir Contenu du contrat (ex-objet), Contrepartie.

Caution, cautionnement
Étude d'ensemble : 55009 s.
- **réel (ou hypothécaire) :** 55900 s.
- **à titre onéreux :** 40016 (monopole bancaire).

Aval d'un effet de commerce : 50959 (lettre de change irrégulière) ; 51203 (lettre de change valable) ; 51215 (absence d'indication du bénéficiaire) ; 51216 (lettre de change nulle) ; 51218 (promesse d'aval).
Bail commercial : 4718 (loyer d'origine) ; 5260 (indemnité d'occupation après la résiliation du bail) ; 5335 (bail reconduit) ; 5800 (bail renouvelé).
Capacité : 1035 (mineur) ; 1330 et 1343 (époux) ; 41700 (personne publique).
Cautionnement par un entrepreneur individuel : 2225.
Cession de la créance cautionnée : 14231.
Cession de dette cautionnée : 14315.
Clause d'arbitrage : 70760 et 70862 (opposabilité à la caution).
Compensation : 52945 (opposabilité à la caution).
Compte courant : 40608.
Devoir de mise en garde : 41019 (prêteur professionnel) ; 55109 (créancier professionnel).
Disproportion : 55100 (sanction).
Novation : 14121 (sort du cautionnement en cas de novation de l'obligation garantie).
Prêt : 41060 (prêt d'argent) ; 41121 (prêt participatif).
Procédure collective du débiteur : 61147 et 61170 (poursuites contre la caution après homologation d'un accord de conciliation) ; 62460 s. (poursuites contre la caution en cas de procédure collective) ; 62492 s. (arrêt du cours des intérêts) ; 62500 s. (déchéance du terme) ; 62542 (interruption de la prescription) ; 62565 s. et 62636 (déclaration des créances) ; 62652 (décharge de la caution à défaut de déclaration) ; 62675 s. (responsabilité du créancier pour disproportion de la garantie) ; 62900 s. (admission ou rejet de la créance garantie) ; 63005 (perte de recours contre la caution à défaut de revendication) ; 63127 (nullité de la période suspecte) ; 63434 (résolution du plan garanti) ; 63780, 63790 et 63854 (sort du cautionnement en cas de plan de cession) ; 64195 et 64220 (recours de la caution après clôture de la liquidation judiciaire) ; 64370 et 64390 s. (débiteur en rétablissement professionnel).
Saisie conservatoire : 59168 (navire) ; 59175 (aéronef).
Sous-traitance de marché : 20369 (garantie des sommes dues au sous-traitant par l'entrepreneur principal).

Caution judicatium solvi : 71603 (recevabilité d'une action en justice).

Cavalerie : 51650 (effets de complaisance).

CD : voir Disque.

Centrale d'achats : 21850 s. (rôle de la centrale) ; 50145 (solidarité entre les adhérents de la centrale).

AUTRE RUBRIQUE : Référencement.

Centre commercial : 4027 (bail commercial) ; 4064 (fonds de commerce) ; 4403 (erreur sur un emplacement).

Centre de formalités des entreprises (CFE) : 2035.

AUTRE RUBRIQUE : Guichet unique électronique des formalités d'entreprises.

Certificat complémentaire de protection : 31353 (brevet).

Certificat de non-paiement : 52570.

Certificat d'utilité : 31350 (brevet).

Certificateur de caution : 55162 s.

Cessation des paiements : 61020 s. (mesures préventives) ; 61320 (sauvegarde) ; 61327 (sauvegarde accélérée) ; 61360 s. (redressement ou liquidation judiciaire).

Cession

- **d'antériorité :** 56609 (créancier hypothécaire).
- **de bail :** 5000 s. (étude d'ensemble) ; 4712 (dépôt de garantie).
- **de biens affectés :** 2360 (EIRL).
- **de bons de caisse :** 52162.
- **de brevet :** 33200.
- **de clientèle :** 12523 (profession libérale).
- **de contrat :** 2716 (en cas de vente de fonds de commerce) ; 14150 s. (droit commun) ; 21732 (contrat d'agence commerciale) ; 34846 (contrat d'édition).
- **de créance :** 14200 s. (étude d'ensemble) ; 2716 (en cas de vente de fonds de commerce) ; 8184 (exercice de l'action civile par le cessionnaire) ; 20372 (sous-traitance de marché) ; 57530 s. (cession à titre de garantie).
- **de créance professionnelle :** 41250 s. (bordereau Dailly).
- **de crédit-bail mobilier :** 41639.
- **de dessins et modèles :** 33600.
- **de dette :** 14300 s.
- **de droit ou action :** 14280 s.
- **de droit indivis :** 30170 s. (indivision légale) ; 30270 s. (indivision conventionnelle).
- **de fonds de commerce :** 2700 s.
- **d'hypothèque :** 56600 s.
- **de marque :** 33400.
- **d'une somme d'argent à titre de garantie :** 57550 s. (gage-espèces).
- **du patrimoine professionnel de l'entrepreneur individuel :** 2265 s.

Plan de cession : 63630 s. (étude d'ensemble) ; 6380 (droit au maintien dans les lieux loués du cessionnaire) ; 63350 s. (règles particulières à la sauvegarde) ; 63360 s. (règles particulières au redressement judiciaire).

AUTRE RUBRIQUE : Transfert.

CFE (centre de formalités des entreprises) : 2035.

AUTRE RUBRIQUE : Guichet unique électronique des formalités d'entreprises.

CFR : voir Incoterms CCI (International Commercial Terms).

Chaîne de contrats : 10103 s. (contrats interdépendants) ; 70865 (clause d'arbitrage).

Chambre de commerce : 178 (qualification).

Change : 129 (nature de l'activité) ; 50363 (clauses relatives au change) ; 50570 (réglementation des changes).

Changement : voir Modification, Remplacement (inexécution contractuelle), Substitution.

Chanson : 34535 (droits d'auteur).

Chantage : 12306 s. (vice du consentement) ; 15105 (force majeure) ; 70218 (transaction).

Charge de la preuve : 75506 s. (étude d'ensemble) ; 2215 (composition des patrimoines de l'entrepreneur individuel).

Chargement (transport) : 24038 (commissionnaire) ; 24310 s. (routier intérieur) ; 25056 (routier CMR) ; 25824 (aérien) ; 26085 s. (maritime).

Charges

- **de copropriété :** 4638 (bail commercial).
- **locatives :** 4638 (bail commercial).

Chargeur (transport maritime) : 26000 s. (étude d'ensemble) ; 135 (nature de l'activité).

Charte des droits fondamentaux de l'UE : 73536.

Chauffeur : 25603 (location de véhicules routiers).

Chef d'entreprise : 2160 (définition) ; 2180 s. (responsabilité pénale).

Chef de file (consortium) : 18706 (obligations) ; 18718 (mission) ; 41112 (cas particulier du chef de file d'un pool consortium bancaire).

Chèque

Étude d'ensemble : 52200 s.

- **en blanc :** 52254.
- **de casino :** 52251 (dette de jeu).
- **certifié :** 52412.
- **omnibus :** 52245.
- **postdaté :** 52221.
- **sans provision :** 52640 s. (interdiction) ; 52700 (acceptation ou endossement).
- **de voyage :** 52765.

Action en rapport dans le cadre d'une procédure collective : 63122.

Don manuel : 30044.

Interdiction d'émettre des chèques : 52640 s. (étude d'ensemble) ; 1136 (majeur protégé) ; 61165 (levée en cas de conciliation) ; 61840 (fonctionnement du compte en cas de sauvegarde ou de redressement judiciaire du titulaire) ; 63332 (levée en cas d'adoption d'un plan) ; 63532 s. (fonctionnement du compte en cas de liquidation judiciaire du titulaire) ; 64124 (levée en cas de clôture de la liquidation judiciaire) ; 64392 (levée en cas de clôture d'un rétablissement professionnel) ; 64592 (interdiction en cas de banqueroute).

Cheval : 201 (éleveur : nature de l'activité) ; 210 (leçons d'équitation et randonnées équestres : nature de l'activité).

Chirurgien-dentiste : 210 (nature de l'activité).

Choix
- **de l'action en justice** : 8088 (responsabilité du fait des produits défectueux) ; 27225 (garantie des vices cachés).
- **d'un assureur** : 17509.
- **d'une convention d'indivision entre copropriétaires** : 30203.
- **d'un domicile professionnel** : 2115.
- **du droit applicable** : 16600 s. (contrat international).
- **d'un expert** : 75524 (mesure d'instruction judiciaire).
- **d'un franchisé** : 22070.
- **d'un indice** : 50393 (indexation du paiement).
- **d'une marque** : 32410 s.
- **d'un mode de divulgation d'une œuvre** : 34697 (droits d'auteur).
- **du mode de paiement** : 50788.
- **d'un nom commercial** : 2513 s.
- **d'un régime matrimonial** : 1405 s. (par un étranger).
- **d'un repreneur** : 63652 s. (liquidation judiciaire : plan de cession).
- **d'un séquestre** : 59031 (décision judiciaire).
- **du statut des baux commerciaux** : 4103.
- **du transporteur** : 24036 (par le commissionnaire) ; 25025 (transport routier CMR) ; 26012 (transport maritime).

AUTRE RUBRIQUE : Intuitus personae (contrat conclu intuitu personae).

Chorégraphie : 34535 (droits d'auteur).

Chose jugée : voir Autorité de la chose jugée.

Cinéma : 213 (nature de l'activité) ; 6165 (loyer) ; 7521 (exploitation par une collectivité publique) ; 34550 (œuvre de l'esprit) ; 34867 (registre public) ; 57200 (nantissement de film).

AUTRES RUBRIQUES : Audiovisuel, Auteur (droits d'auteur), Contrat d'exploitation de droits d'auteur.

Circulaire : 73577 (acte administratif).

Cirdi (Convention internationale pour le règlement des différends relatifs aux investissements) : 17212.

Cirque (numéro de cirque) : 34535 (droits d'auteur).

Citation (d'œuvre de l'esprit) : 34715 (droits d'auteur).

Citation en justice : voir Assignation en justice.

CJCE, CJUE (Cour de justice des Communautés européennes, de l'Union européenne) : 73544 (arrêts) ; 73812 (contrôle des lois nationales) ; 74000 s. (contrôle de la légalité des actes communautaires) ; 74705 (interprétation des normes communautaires).

Clandestin : 409 (travail) ; 416 (étranger).

Classe de parties affectées (procédure collective) : 63205 s. (élaboration du plan de sauvegarde ou de redressement) ; 63275 (élaboration du plan de sauvegarde accélérée) ; 63293 s. (arrêté du plan par le tribunal).

Clause d'abandon : 17778 (assurance).

Clause d'arbitrage : 70700 s. (étude d'ensemble) ; 15461 (rupture brutale de relation commerciale) ; 17212 (contrats d'État) ; 21809 (agent commercial exerçant hors UE) ; 26073 s. (transport maritime) ; 50018 (exception personnelle ou inhérente à la dette) ; 58051, 58054, 58060 (garantie autonome) ; 62005 (poursuite des contrats en cours en cas de procédure collective) ; 62060 (exécution d'un contrat poursuivi en cas de procédure collective) ; 62395 (suspension des poursuites contre le débiteur en procédure collective) ; 62870 (opposabilité au juge-commissaire) ; 63500 (opposabilité au liquidateur judiciaire qui agit dans l'intérêt collectif des créanciers).

Clause d'arrosage (sûreté réelle) : 62519 (sort en cas de procédure collective du constituant).

Clause d'assurance : 15000 (souscription d'une assurance au profit d'un tiers).

Clause attributive de compétence : 15461 (rupture de relation commerciale établie) ; 21608 (gérant libre de commerce d'alimentation de détail) ; 26073 s. (transport maritime) ; 50015 (exception personnelle ou inhérente à la dette) ; 55083 (caution) ; 62005 et 62060 (procédure collective) ; 63500 (opposabilité au liquidateur judiciaire qui agit dans l'intérêt collectif des créanciers) ; 72003 (litige interne : compétence d'attribution) ; 72040 s. (litige interne : compétence territoriale) ; 72148 s. (règlement européen du 12-12-2012) ; 72220 s. (litige international).

Clause d'avis de tirage : 52235 (chèque).

Clause Calvo : 72800 (protection diplomatique).

Clause de cession de contrat : 14159.

Clause compromissoire : 70700 s. (étude d'ensemble) ; 17212 (contrats d'État) ; 18263 (action directe contre l'assureur) ; 26073 s. (transport maritime) ; 58051 (garantie autonome).

AUTRE RUBRIQUE : Clause d'arbitrage.

Clause de confidentialité : 13640 s. (clause de secret) ; 14165 (interdiction du transfert d'un contrat).

Clause de déchéance : 17580 (assurance).

Clause de dédit : 11965 (contrat).

Clause de défaut croisé : 41039 (prêt par un consortium bancaire).

Clause de domiciliation : 50973 (lettre de change).

Clause d'échelle mobile : voir Indexation.

Clause d'exclusion : 17546 (assurance).

Clause exclusive de garantie : 12549 (nullité) ; 15005 (responsabilité extracontractuelle) ; 17543 s. (assurance) ; 24553 (transport routier) ; 27256 s. (vente de marchandises).

AUTRE RUBRIQUE : Clause limitative de responsabilité.

Clause d'exclusivité : voir Exclusivité.

Clause extensive
- **de garantie** : 27253.
- **de responsabilité** : 15008.

Clause à forfait (sans garantie) : 50979 (lettre de change).

Clause de garantie de valeur : 50360 s. (prix convenu à un contrat).

Clause sans garantie : 50979 (lettre de change).

Clause de hardship : 14050 s. (révision d'un contrat).

Clause d'inaliénabilité : 26642 (vente) ; 56218 (hypothèque).

Clause d'indexation : voir Indexation.

Clause d'indice variable : 17778 (assurance).

Clause léonine : 12320 s. (validité du contrat).

Clause limitative de responsabilité

Banque : 52438 (paiement du chèque) ; 52750 (chèque perdu ou volé).

Contrat : 15310 s. (règles générales) ; 15316 (opposabilité d'une clause figurant dans un règlement intérieur) ; 16934 (international) ; 19643 (contrat d'entreprise) ; 21065 (dépôt) ; 24076 (commissionnaire de transport) ; 24251 (transport routier) ; 27256 s. (vente de marchandises).

Responsabilité extracontractuelle : 15005 (cas général) ; 8121 (produits défectueux).

Clause de mexicanisation : 58410.

Clause de la nation la plus favorisée : 1400.

Clause de non-concurrence

Étude d'ensemble : 13655 s.

Agent commercial : 21714.

Bail commercial : 4644.

Commerçant lié à un réseau de distribution : 21595.

Concessionnaire : 21925 (exécution du contrat) ; 21998 (expiration du contrat).

Consortium : 18733.

Franchise : 22102.

Gérant libre : 21608.

Vente de fonds de commerce : 2812 s. ; 63682 (reprise dans le cadre d'un plan de cession).

AUTRE RUBRIQUE : Concurrence.

Clause de notification : 13623 (exécution du contrat).

Clause onéreuse : 11820 (négociations contractuelles) ; 12133 (conditions générales).

Clause à ordre : 58218 (transfert de contrat).

Clause Paramount : 26003 (transport maritime).

Clause pari passu : 56209 (hypothèque).

Clause pénale : 15256 s. (étude d'ensemble) ; 14417 (influence sur l'exigence d'une mise en demeure) ; 15565 et 15585 (articulation avec la clause résolutoire) ; 15715 (sort en cas de nullité du contrat) ; 21583 (pratique commerciale abusive) ; 55209 (opposabilité à la caution) ; 62355 et 62032 (procédure collective) ; 70290 (transaction).

Clause de perfectionnement : 32848 (licence de brevet).

Clause de quota : 21958 (obligation) ; 21961 (abus).

Clause-recettes : 4703 (bail commercial).

Clause réputée non écrite : 16150 s.

Clause de réserve de propriété

Étude d'ensemble : 57500 s.

Hypothèque : 56286.

Clause de réserve de propriété (suite)

Procédure collective : 61753 (inventaire) ; 62965 s. (demande en restitution des biens impayés) ; 62990 s. (demande en revendication des biens impayés).

Transfert : 27068 (propriété) ; 27100 (risques).

Clause de résiliation unilatérale : 15505 s. (règles de droit commun) ; 24110 (contrat de transport).

Clause résolutoire

Étude d'ensemble : 15553 s.

Bail commercial : 4653 (aménagements conventionnels) ; 5220 s. (mise en œuvre).

Crédit-bail : 41633.

Procédure collective : 62030 s. (clause inopposable) ; 62015 s. (notion de contrat en cours) ; 62060 (clause figurant dans un contrat poursuivi) ; 62182 s. (bail commercial) ; 62410 (mise en œuvre interdite).

Référé : 72552.

Clause de retour à meilleure fortune : 41039 (financement des entreprises).

Clause de retour sans frais : 52553 (chèque).

Clause de révision : 14050 s.

Clause de sauvegarde des recours : 14600 (sauvegarde du contrat).

Clause de secret : 13640 s. (étude d'ensemble) ; 14165 (interdiction du transfert d'un contrat).

Clause de stabilisation : 17200 (stabilisation de la loi applicable).

Clause de style : 13143 (interprétation par le juge).

Clause suivant (ou sans) avis : 50976 (lettre de change).

Clause de tontine : voir Tontine.

Clause d'unité de compte : 40611 (compte courant) ; 50363 (indexation).

Clause de valeur agréée : 17778 (assurance).

Clause de voie parée : 56503 (hypothèque) ; 57055 (gage).

Clé en mains : 18900 s. (fourniture d'installation industrielle).

Clientèle

– civile : 12523 (cession).

– commerciale : 2506 s. (élément du fonds de commerce) ; 21995 (clientèle d'un distributeur).

Bail commercial : 4064.

Clôture

Compte : 40163 (compte bancaire) ; 40590 s. (compte courant).

Procédure collective : 61735 (disparition des difficultés en cas de sauvegarde) ; 63305 (rejet du plan) ; 63570 (dissolution de la société débitrice) ; 64110 s. (liquidation judiciaire) ; 64300 (liquidation judiciaire simplifiée).

CMR : 25000 s. (convention de Genève sur le transport routier de marchandises : étude d'ensemble).

Cnis (Commission nationale des inventions de salariés) : 31430 (brevet).

Coauteurs : 34609 (œuvre de collaboration) ; 34618 (œuvre audiovisuelle) ; 74312 (solidarité pénale).

Cocontractant : 13000 s. (définition).
Code APE : 2110.
Code de déontologie : 22065 (franchise) ; 26535 (vente de marchandises) ; 73585 (force obligatoire).
Code de la route : 25653 (responsabilité du loueur de véhicules routiers industriels).
Code-source : 32629 (contrefaçon de marque) ; 35035 (droits de l'utilisateur d'un logiciel).
Coface (Compagnie française d'assurance pour le commerce extérieur) : 58400 s. (étude d'ensemble) ; 11600 (adresse) ; 18608 (garantie en cas de contre-achat).
Coffre-fort : 22565 s. (location).
Cofidéjusseur : 55550 s. (cautionnement).
Collectivité publique (État, région, département, commune, établissement public)
– **étrangère** : 60400 s. (recouvrement des créances) ; 60403 (immunité d'exécution) ; 72300 (immunité de juridiction).
Activité économique : 7515 s.
Arbitrage : 17212 (contrat d'État) ; 70763 (contrat avec une collectivité publique) ; 71343 s. (sentence rendue en matière administrative).
Assurance : 17506 (contrat).
Bail commercial : 4100.
Capacité : 1218.
Cautionnement : 55036 (régime) ; 55068 (capacité du maire).
Compétence juridictionnelle : 72200.
Contrat privé : 11660 (procédure de marché) ; 17200 (régime).
Dépôt : 21007 (contrat).
Droit de préemption : 2754 s. (cession de fonds de commerce) ; 5020 s. (cession d'un bail commercial).
Emprunt : 23509 (nature du contrat).
Épic (établissement public industriel et commercial) : 178 (qualification) ; 560 (régime) ; 4100 (bail commercial).
Financement des entreprises : 41700 s.
Prêt à usage : 23509 (nature du contrat).
Recouvrement des créances : 60000 s. (entre personnes privées et publiques).
Transaction : 70255.
Comblement de passif : 64470.
Comité de coordination : 18600 (contrats de coopération interentreprises).
Comité de créanciers : 63205 (disparition dans les sauvegardes et redressements judiciaires).
Comité d'entreprise : voir Comité social et économique (d'une entreprise en difficulté).
Comité des fêtes : 216 (nature de l'activité).
Comité français des manifestations économiques à l'étranger : 11603 (adresse).
Comité social et économique (d'une entreprise en difficulté)
Alerte du CSE : 61030.
Demande d'ouverture d'une procédure collective : 61105 (conciliation) ; 61490 (sauvegarde) ; 61490 s. (redressement ou liquidation judiciaire).

Comité social et économique (suite)
Désignation du représentant des salariés : 61595 (modalités) ; 61600 (incompatibilités).
Entrave : 61840.
Information ou consultation : 61050 (mandat ad hoc) ; 61110 (désignation du conciliateur et homologation de l'accord de conciliation) ; 61500 (déclaration de la cessation des paiements) ; 61530 s. (ouverture de la procédure) ; 61675 s. (conversion de la procédure) ; 61784 s. (bilan économique et social) ; 61810 (cessation d'activité de l'entreprise) ; 63252, 63292, 63300 s., 63380, 63412 s. et 63430 (plan de sauvegarde ou de redressement judiciaire) ; 63674, 63700 s., 63740, 63745, 63844 et 63860 (plan de cession).
Command (déclaration de command) : 26645 (vente de marchandises).
Commande publique : 53212 (affacturage).
Commencement de preuve par écrit : 75618 s.
Commerçant
Étude d'ensemble : 110 s.
Acte de commerce : 113 s. (étude d'ensemble).
Bail commercial : 4058.
Caution : 55265.
Commerçant en difficulté : 61020 s. (mesures de prévention des difficultés) ; 61260 s. (sauvegarde, redressement, liquidation judiciaires et rétablissement professionnel).
Commerçant lié à un réseau de distribution : 21590 s. (résiliation d'un contrat conclu avec le réseau).
Location-gérance : 3015 (loueur).
Prescription (action en justice) : 71731.
Preuve : 300 (immatriculation) ; 75615 (liberté).
Solidarité : 50145.
Commerce électronique : 12080 s. (échange des consentements) ; 74918 (application du principe « l'accessoire suit le principal »).
AUTRE RUBRIQUE : Informatique.
Commerce maritime : 135 (nature de l'activité).
AUTRE RUBRIQUE : Transport (maritime).
Commettant : 8135 s. (responsabilité du fait du préposé).
Commissaire aux comptes : 412 (incompatibilités) ; 61030 (droit l'alerte).
Commissaire à l'exécution du plan (sauvegarde ou redressement judiciaire) : 63380 s. (nomination et missions) ; 64640 s. (responsabilité).
Commissaire de justice : voir Huissier ou commissaire de justice, Commissaire-priseur ou commissaire de justice.
Commissaire-priseur ou commissaire de justice : 166 (vente aux enchères) ; 26653 (vente) ; 61750 s. (inventaire des biens du débiteur en procédure collective) ; 75653 (acte authentique).
Commission (rémunération)
Banque : 40154 (services) ; 41112 (prêt) ; 41200 (escompte d'effets de commerce) ; 53220 (opération d'affacturage).

Commission (suite)

Intermédiaire : 2900 (vente de fonds de commerce) ; 17206 (contrat international) ; 19800 (conseil en gestion) ; 21717 s. (agent commercial) ; 21871 (commissionnaire) ; 21931 (concessionnaire) ; 26650 (courtier) ; 59141 (vente d'un navire).

Commission, commissionnaire

Étude d'ensemble : 21850 s.

– en douane : 24028 (transport routier) ; 26056 (transport maritime).

– de transport : 24003 s.

Entreprise de commission : 154 (nature de l'activité).

Transfert du contrat : 63780 s. (en cas de procédure collective).

Commission nationale des inventions de salariés (Cnis) : 31430 (brevet).

Communauté : voir Époux, Indivision, Régime matrimonial.

Communauté européenne : voir CJCE, CJUE, Norme communautaire, Ressortissant européen.

Commune : voir Collectivité publique.

Communication : 73541 (Commission européenne).

Communication audiovisuelle (entreprise de communication) : 35070 (droits voisins).

Compagnie française d'assurance pour le commerce extérieur : voir Coface.

Comparution : 75524 (recherche de preuve).

Compensation

Étude d'ensemble : 52900 s.

Bail commercial : 6386 (indemnité d'éviction et indemnité d'occupation).

Cautionnement : 55460 (opposabilité de la compensation par la caution solidaire) ; 55556 (opposabilité entre cautions) ; 55724 (extinction du cautionnement).

Cession de créance : 41281 (possibilité pour le débiteur d'opposer la compensation au cessionnaire).

Codébiteur solidaire : 50163.

Convention de compensation : 18605 (coopération interentreprises) ; 40611 (compte courant) ; 50363 (indexation).

Procédure collective : 40542 (compte courant) ; 61880 s. (compensation admise en cas de procédure collective) ; 63132 s. (période suspecte).

Compétence judiciaire

– internationale : 72100 s. (étude d'ensemble) ; 32706 (marque) ; 40100 (compte bancaire) ; 52791 (chèque) ; 61466 s. (procédure collective).

– nationale : 72000 s. (étude d'ensemble) ; 6800 s. (bail commercial) ; 15461 (rupture brutale de relation commerciale) ; 17900 s. (assurance) ; 21537 (violation d'une interdiction de vente en ligne) ; 31700 (brevet) ; 32700 (marque) ; 33050 (licence de brevet) ; 50559 (action en paiement) ; 52050 s. (billet à ordre) ; 58406 (Coface) ; 59612 (astreinte) ; 61450 s. (procédure collective) ; 61572 s. (tribunal ayant ouvert la procédure collective) ; 72006 (tribunal judiciaire et juge des contentieux de la protection) ; 72540 (référé) ; 73900 s. (légalité des règlements et actes administratifs) ; 74015 (légalité d'une décision d'application d'un acte communautaire).

Compromis : 2703 (promesse de vente d'un fonds de commerce) ; 30306 (partage de biens communs entre époux) ; 61925 (sauvegarde ou redressement judiciaire) ; 63510 (liquidation judiciaire) ; 70750 s. (arbitrage).

Comptabilité : 500 (obligation du commerçant) ; 2170 (obligation de l'entreprise) ; 2320 s. (EIRL) ; 61195 (injonction de publier les comptes) ; 61745 (remise à l'ouverture de la procédure collective) ; 63575 (tenue en cas de liquidation judiciaire d'une personne morale) ; 64507 et 64585 (tenue irrégulière : sanction en cas de procédure collective).

AUTRE RUBRIQUE : Livres comptables.

Comptable : 210 (nature de l'activité).

Compte bancaire

Étude d'ensemble : 40130 s.

– collectif : 52248 (délivrance d'un chéquier) ; 52643 (chèque sans provision).

– indivis : 40139.

– joint : 40142.

– à rubriques : 40136.

Commerçant : 505.

EIRL : 2320.

Époux : 1321.

Majeurs protégés : 1136.

Mineurs : 1016.

Nantissement : 57371.

Passation en compte : 52429 (chèque).

Saisie-attribution : 59800 s.

Compte courant : 40500 s. (étude d'ensemble) ; 41400 s. (ouverture de crédit en compte) ; 57371 (nantissement) ; 62000 s. (procédure collective).

Compte de dépôt : 40130 s. (compte bancaire).

Compte ordinaire : 40650 s. (compte autre que de dépôt).

Computation des délais : 13506 (exécution d'une obligation) ; 71745 (prescription).

Concession, concessionnaire : 21900 s. (étude d'ensemble) ; 2507 (fonds de commerce) ; 4064 (bail commercial) ; 62000 s. (poursuite dans le cadre d'une procédure collective) ; 63780 s. (transfert dans le cadre d'une procédure collective) ; 70874 (arbitrage).

Conciliation : 61100 s. (entreprise en difficulté) ; 70013 (clause de conciliation – étude d'ensemble) ; 50015 (clause de conciliation – exception personnelle ou inhérente à la dette) ; 70020 (conciliation conventionnelle) ; 70032 (conciliation judiciaire).

Conclusion (du contrat) : 11600 s.

AUTRES RUBRIQUES : Accord, Consentement (au contrat), Négociation du contrat.

Conclusions (demande en justice) : 71900.

Concubinage : 424 (conjoint collaborateur) ; 1395 (prise en charge des dettes courantes).

Concurrence

Concurrence déloyale

Débauchage de personnel : 13724.

Concurrence (suite)
Distribution sélective : 21533 (faute d'un distributeur non agréé) ; 21551 (violation de l'exclusivité par un tiers) ; 21980 (stocks vendus après l'extinction du contrat).
Droits d'auteur : 34520 (information de presse) ; 34739 (contrefaçon) ; 35035 (logiciel).
Nom commercial : 2528 s.
Propriété industrielle : 31645 (brevet) ; 32181 (dessins et modèles) ; 32650 (marque) ; 32965 (licence de brevet) ; 33336 (licence de marque) ; 33733 (savoir-faire).
Tribunal compétent : 72115 (règlement UE) ; 72226 (clause attributive de compétence).
Libre concurrence : voir Entente.
Obligation de non-concurrence : 2809 (vente d'un fonds de commerce) ; 4644 (bail commercial) ; 13655 s. (contrat) ; 15715 (sort en cas d'annulation du contrat) ; 18733 (coopération interentreprises) ; 19056 (recherche) ; 21714 (agent commercial) ; 21925 (concessionnaire) ; 23092 (révocation d'un mandat d'intérêt commun) ; 63682 et 63820 (liquidation judiciaire : plan de cession).
AUTRE RUBRIQUE : Clause de non-concurrence.

Condition
– potestative : 13426.
– résolutoire : 16045 s.
– suspensive : 13420 s. (étude d'ensemble) ; 55178 (cautionnement de l'obligation).
Promesse sous condition : 10259 s.
Vente sous condition : 26800 s.

Conditions générales : 12015 s. (règles générales) ; 21575 (obligation de communication des conditions générales) ; 24012 (commission de transport) ; 40103 (banque).

Conditionnement : voir Emballage.

Conférence : 34532 (droits d'auteur).

Confiance légitime : 74953 (principe constitutionnel).

Confidentialité : 11887 (devoir du négociateur) ; 13640 s. (obligation contractuelle) ; 31225 (demandes de brevet en cours d'instruction) ; 31227 (effets de la publication d'une demande de brevet) ; 61062 (mandat ad hoc) ; 61117 (conciliation) ; 71072 (arbitrage) ; 75732 (contenu d'une lettre).
AUTRE RUBRIQUE : Secret.

Confirmation
Acte nul : 15683 s. (règles générales) ; 1029 (mineur) ; 1124 (majeur protégé : règles communes) ; 1141 (majeur sous curatelle ou tutelle).
Hypothèque judiciaire conservatoire : 59233 (inscription).
Lettre de confirmation : 12159.
Stipulation réputée non écrite : 16163.

Conflit
– d'interprétation d'une loi : 74710.
– de lois : 17103 s. (étude d'ensemble) ; 57009 (gage) ; 75504 (règles de preuve).

Conformité : 26952 s. (contrôle) ; 27221 (garantie des vices cachés).

Confusion
– dans l'esprit de la clientèle : 2830 (violation par le vendeur de l'obligation de non-concurrence) ; 3094 (confusion entre deux fonds de commerce).
– de patrimoines : 50145 (solidarité entre codébiteurs) ; 61630 s. (extension d'une procédure collective).
– des peines : 74321 (droit pénal).
Contrat : 16060 (extinction d'un contrat par confusion).
Droits d'auteur : 34526 (utilisation d'un titre) ; 34716 (parodie).
Garantie : 55727 (extinction d'un cautionnement par confusion de la dette du débiteur avec la créance cautionnée) ; 55756 (extinction d'un cautionnement par confusion entre le débiteur principal et la caution).
Marque : 32432 s. (signes indisponibles) ; 32627 (contrefaçon) ; 32650 (concurrence déloyale).
Nom commercial : 2516 (choix) ; 2528 s. (protection).

Congé : 5300 s. (bail commercial) ; 30568 (pouvoir de l'usufruitier de donner congé au locataire).

Congé (vacances) : 8162 (dommage causé par un apprenti un jour de congé) ; 21605 (droit aux congés du gérant libre).

Conjoint : voir Concubinage, Divorce, Époux, Pacs, Régime matrimonial.

Connaissement : 26105 s. (transport maritime).

Connexité
Créances connexes : 52936 (compensation) ; 57815 (droit de rétention) ; 59415 (provision allouée en référé et créance invoquée) ; 61880 s. (compensation en cas de procédure collective).
Demandes connexes : 72190 (compétence judiciaire).

Conseil (devoir de conseil) : 11837 (négociation) ; 13606 (exécution d'un contrat) ; 19549 (contrat d'entreprise) ; 20003 (contrat de prestations informatiques) ; 20258 (sous-traitance industrielle) ; 21030 (dépôt) ; 22533 (loueur de meubles) ; 24024 (commissionnaire de transport) ; 26709 (vente) ; 40114 (banque) ; 56235 (notaire) ; 63980 (liquidateur judiciaire).

Conseil constitutionnel : 73516 (contrôle de la constitutionnalité des traités) ; 74705 (sens de la loi).

Conseil de famille : 1040 s. (tutelle).

Conseil en gestion : 19800 (contrat).

Consentement (au contrat) : 12003 s. (étude d'ensemble) ; 2710 (vente d'un fonds de commerce) ; 21546 (accord de distribution) ; 23012 (mandat) ; 23215 (fiducie) ; 24242 (transport routier intérieur) ; 53402 s. (délégation) ; 55050 s. (caution) ; 55097 (bénéficiaire du cautionnement) ; 75503 (télétransmission) ; 75606 (preuve).
AUTRES RUBRIQUES : Accord des parties, Dol, Erreur, Violence.

Conservation : 21000 s. (dépôt) ; 23531 (prêt à usage) ; 26915 (chose vendue) ; 30109 (gestion de l'indivision) ; 30553 (usufruit) ; 57060 (obligation du

Conservation (suite)
créancier gagiste) ; 57606 (privilège mobilier) ; 59034 (séquestre) ; 75636 (livres comptables).
AUTRE RUBRIQUE : Saisie conservatoire.
Conservation des hypothèques : voir Service de la publicité foncière.
Consignation : 21705 (marchandises) ; 22536 (location de meubles) ; 54300 (refus de paiement du créancier) ; 56268 (dispense de renouvellement d'une hypothèque) ; 57825 (droit de rétention) ; 63136 (nullité de période suspecte).
Consolidation : 30580 (cession d'un usufruit) ; 30700 (extinction d'un usufruit) ; 55433 (dette principale cautionnée).
Consommateur : 11200 (définition).
Consortium : 18700 s. (contrat de consortium) ; 18915 (ingénierie) ; 20200 (différence avec la sous-traitance).
AUTRE RUBRIQUE : Pool bancaire.
Constat d'huissier ou de commissaire de justice : 75524 (preuve).
Constitution française : 73503 (hiérarchie des normes) ; 73800 (contrôle de constitutionnalité).
Construction (d'immeuble) : 207 (nature de l'activité) ; 4593 (bail commercial : sort des constructions réalisées par le locataire) ; 8106 (responsabilité du fait des produits défectueux).
Consultation des créanciers : 63210 s. (élaboration du plan de sauvegarde ou de redressement).
Contentieux : voir Action en justice, Compétence judiciaire.
Contenu du contrat (ex-objet)
Étude d'ensemble : 12400 s.
Contenu illicite : 12510 s. (étude d'ensemble) ; 15675 (nullité pour violation de l'ordre public) ; 16708 (contrat international) ; 23015 (mandat) ; 24016 (commission de transport) ; 41026 (prêt) ; 55072 (cautionnement).
Contractant : 13000 s.
Contradictoire (principe du contradictoire) : 71069 (arbitrage) ; 71925 (débats devant le juge).
Contrainte : 12303 s. (violence) ; 54206 (paiement fait sous la contrainte).
Contrat
Étude d'ensemble : 10000 s.
– administratif : 10700 s.
– aléatoire : 11155 s. (étude d'ensemble) ; 17540 (assurance).
– de commande de recherche : 19000 s.
– commutatif : 11150 (définition) ; 63130 (nullité de période suspecte).
– consensuel : 11175 (définition).
– en cours : 61052 (mandat ad hoc) ; 61110 (procédure de conciliation) ; 62000 s. (procédure collective).
– à exécution instantanée : 11197 (définition).
– à exécution successive : 11198 (définition).
– de gré à gré : 11181 (définition) ; 13156 (interprétation).
– interdépendant : 10103 s. (étude d'ensemble) ; 70862 (arbitrage).

Contrat (suite)
– d'intérêt commun : 21886 (contrat de commission) ; 23083 (contrat de mandat) ; 34861 (contrat d'exploitation d'une œuvre audiovisuelle).
– intuitu personae : voir Intuitus personae.
– d'investissement étranger : 17200 s.
– judiciaire : 10203.
– léonin : 12320 s.
– sans loi : 16800 s. (contrat international).
– de mariage : 1300.
– nommé, innommé : 11000 s. (règles générales).
– de prestations de services : 11199 (définition) ; 12429 (détermination du prix) ; 14910 s. (réduction du prix).
– entre professionnels et non-professionnels : 11200 s. (qualification).
– de recherche en commun : 19200 s.
– de recherche « intraprise » : 19264.
– réel : 11180 (définition).
– de représentation : 34800 (droits d'auteur).
– repris aux « mêmes conditions » : 12715.
– solennel : 11178 (définition).
– soumis à plusieurs lois : 16906 (contrat international).
– synallagmatique : 11050 (définition).
– à titre gratuit, à titre onéreux : 11100 s.
– type : 24012 (commission de transport) ; 24227 (transport routier intérieur).
– unilatéral : 11053 (définition).
AUTRE RUBRIQUE : Convention.
Contrat d'adhésion : 11185 s. (qualification) ; 12560 s. (déséquilibre significatif) ; 13158 (interprétation).
Contrat administratif international : 17200 s.
Contrat cadre : 11190 s. (qualification) ; 12428 (prix).
Contrat de coopération : 18500 s.
Contrat d'édition : 34825 s. (étude d'ensemble) ; 2716 (en cas de vente de fonds de commerce).
Contrat d'entreprise : 19500 s. (étude d'ensemble) ; 12429 (détermination du prix) ; 14910 s. (réduction du prix) ; 23006 (différence avec le mandat).
Contrat d'exploitation de droits d'auteur : 34760 s.
AUTRES RUBRIQUES : Édition, Informatique.
Contrat international
Étude d'ensemble : 16500 s.
Agent commercial : 21800 s.
Cautionnement : 55039.
Cession : 14203 (loi applicable).
Commissionnaire : 21856.
Commissionnaire de transport : 24012.
Concessionnaire : 21918.
Consortium : 18703.
Contrat d'entreprise : 19530.
Crédit documentaire : 53306.
Dépôt : 21007.
Force majeure : 15129 (loi applicable).
Lésion : 12320.
Mandat : 23003.

Contrat international (suite)
Paiement : 50511 (lieu) ; 50520 s. (monnaie).
Prescription : 71703.
Prêt d'argent : 41008.
Preuve : 75504 (conflit de loi) ; 75506 (charge de la preuve).
Révision : 14006.
Vente : 26538 s.

Contrat de partenariat : 18500 s. (étude d'ensemble).

Contrat de revitalisation : 7519.

Contrat de travail : voir Salarié.

Contre-achat : 18605 (contrat de coopération).

Contrefaçon
Brevet : 31615 s.
Chèque : 52761.
Dessins et modèles : 32166.
Licence de brevet : 32965.
Logiciel : 35038 s.
Marque : 32600 s.
Œuvre artistique : 34668 (délit) ; 34720 s. (sanctions).
AUTRE RUBRIQUE : Saisie-contrefaçon.

Contre-lettre : 12180 s. (étude d'ensemble) ; 2719 (vente d'un fonds de commerce) ; 26753 (prêt conclu pour favoriser une opération illicite).

Contrepartie : 12496 s. (contenu du contrat) ; 21865 (commission) ; 22079 (franchise) ; 26509 s. (donation) ; 30620 (charges usufructuaires) ; 32875 (redevance du droit d'exploitation d'un brevet) ; 41250 (bordereau Dailly) ; 41503 (titrisation des créances) ; 53500 (dation en paiement) ; 55071 (cautionnement) ; 57825 (exercice du droit de rétention).

Contre-passation : 40519 (certitude d'une créance) ; 40566 (disparition d'une créance) ; 41221 s. (escompte d'effets de commerce) ; 52429 (chèque sans provision) ; 53235 (affacturage).

Contrôleur (procédure collective) : 61590 s. (désignation et fonctions) ; 61600 (incompatibilités) ; 63670 s. (interdiction d'acquérir).

Convention
– de compensation : 18605 (coopération interentreprises) ; 40611 (compte courant) ; 50363 (indexation).
– d'indivision : 30200 s.
– judiciaire d'intérêt public : 74323.
– d'occupation précaire : 4021.
– d'omnium : 40022 (gestion de trésorerie).
– de procédure participative : 70014.
Adoption conventionnelle des dispositions d'ordre public : 74293 s.
AUTRE RUBRIQUE : Contrat.

Coopération interentreprises : 18500 s. (contrats).
AUTRES RUBRIQUES : Consortium, Fabrication, Ingénierie, Recherche.

Convention internationale
Règles générales : 73510 s. (étude d'ensemble) ; 16510 (application obligatoire) ; 16903 (application conventionnelle) ; 74453 (rétroactivité) ; 74705 (interprétation).

Convention internationale (suite)
Arrangement de Madrid du 14-4-1891 : 32403 (marques).
Arrangement de Nice du 15-6-1957 : 32403 (marques).
Convention de Bruxelles du 25-8-1924 : 26001 s. (transport maritime).
Convention de Bruxelles du 27-9-1968 : 72100 (compétence judiciaire).
Convention européenne des droits de l'Homme : 72403.
Convention internationale pour le règlement des différends relatifs aux investissements (Cirdi) : 17212.
Convention de Genève du 19-5-1956 : 25000 s. (transport routier CMR).
Convention de Genève du 21-4-1961 : 71312 (arbitrage).
Convention de La Haye du 15-6-1955 : 26541 (loi applicable aux ventes à caractère international d'objets mobiliers corporels).
Convention de La Haye du 1-7-1964 : 26544 (loi uniforme sur la vente internationale d'objets mobiliers corporels).
Convention de Montréal du 28-5-1999 : 25800 (transport aérien).
Convention de Munich du 5-10-1973 : 31015 (délivrance de brevets européens).
Convention de New York du 10-6-1958 : 71303 s. (arbitrage).
Convention de New York du 13-6-1974 : 26550 (prescription en matière de vente internationale de marchandises).
Convention de Rome du 19-6-1980 : 17103 (loi applicable aux obligations contractuelles).
Convention de l'Union de Paris du 20-3-1883 : 31009 (brevets) ; 32403 (marques).
Convention de Varsovie du 12-10-1929 : 25800 (transport aérien).
Convention de Vienne du 23-5-1969 : 73510 (droit des traités).
Convention de Vienne du 11-4-1980 (ou CVIM) : 26547 (contrats de vente internationale de marchandises).
Traité de Rome du 25-3-1957 : 73535 s. (devenu traité sur le fonctionnement de l'Union européenne).
Traité de Washington du 19-6-1970 (ou PCT) : 31012 (traité de coopération en matière de brevet).
AUTRE RUBRIQUE : Traité international.

Coopérative : 216 (nature de l'activité) ; 4100 (bail commercial).

Copie
– d'un document : 75636 (preuve d'un acte).
– d'une œuvre de l'esprit : 34553 (tableaux et dessins) ; 34712 (usage privé) ; 35035 (logiciel).
AUTRE RUBRIQUE : Exemplaires.

Copropriété : 4584 (bail commercial) ; 31403 (brevet) ; 33303 (licence de marque).
AUTRE RUBRIQUE : Indivision.

Copyright : 34513 (droits d'auteur).

Coronavirus (Covid-19) : voir Covid-19.

Corps humain : 12540 (objet d'un contrat).

Correspondance : voir Lettre missive.

Corruption : 17206 (contrat d'État) ; 71320 (refus d'exequatur).

Counter trade : 18605 (coopération interentreprises).

Cour de justice
- **des Communautés européennes :** voir CJCE, CJUE.
- **de l'Union européenne :** voir CJCE, CJUE.

Courriel : 12060 s. (échange des consentements) ; 14418 (mise en demeure) ; 75734 (preuve d'un acte).

Cours professoral : 34532 (droits d'auteur) ; 34697 (reproduction).

Courtage : 132 (définition) ; 223 (activité) ; 17515 (assurance) ; 21853 (distinction avec le contrat de commission) ; 26650 (vente).

AUTRE RUBRIQUE : Mandat.

Covid-19 :
Bail commercial : 4575 (paiement du loyer).
Facture d'eau, de gaz ou d'électricité : 14495 (paiement en retard).
Prêt garanti par l'État : 58191.

Créance
- **chirographaire :** voir Créancier chirographaire.
- **connexe :** voir Connexité.
- **à exécution successive :** 16125 s. (restitutions) ; 59837 (saisie-attribution).
- **liquide :** voir Liquidité.
- **périodique :** 71737 (prescription).

Cession : 14200 s. (étude d'ensemble) ; 2716 (en cas de vente de fonds de commerce) ; 8184 (exercice de l'action civile par le cessionnaire) ; 20372 (sous-traitance de marché) ; 57530 s. (cession à titre de garantie).
Date de naissance : 13400 (règle générale) ; 62210 s. (par rapport à l'ouverture d'une procédure collective).
Déchéance du terme : voir Déchéance.
Inscription en compte : 40530 s. (compte courant).
Nantissement : 57363 s. (régime).
Saisie : 59123 (saisie conservatoire) ; 59803 s. (saisie-attribution).
Usufruit : 30565.
AUTRES RUBRIQUES : Cession (de créance), Créancier, Recouvrement des créances.

Créancier : 2230 s. (entrepreneur individuel) ; 2335 s. (EIRL) ; 13022 (ayant cause) ; 15150 (responsabilité contractuelle : faute du créancier) ; 50000 s. (détermination du créancier du paiement) ; 50100 s. (pluralité de créanciers) ; 50140 s. (solidarité).

Créancier chirographaire
Fonds de commerce (cession) : 2876 (publication de la vente : droit d'opposition au paiement du prix) ; 2932 (résolution de la vente : droit de préférence sur les sommes dues par le vendeur).

Créancier chirographaire (suite)
Garanties : 56259 (opposabilité d'une inscription d'hypothèque) ; 57828 (opposabilité d'un droit de rétention) ; 58251 (hypothèque maritime : droit de préférence).
Procédure collective : 62340 s. (étude d'ensemble) ; 64094 (paiement en cas de liquidation judiciaire).
Saisie-attribution : 59828 (opposabilité).
Saisie-vente mobilière : 59736.
Subrogation légale : 53025 s.

Créancier privilégié
Étude d'ensemble : 57600 s.
Aéronef : 58266 (énumération des privilèges).
Assurance : 17726 s. (attribution de l'indemnité).
Auteur : 34796 (privilège sur le prix de cession de ses droits).
Bail commercial : 4578 s. (garantie de paiement du loyer).
Bateau de navigation intérieure : 58260 (énumération des privilèges).
Commissionnaire : 21874 (règles générales) ; 24056 s. (transport).
Créancier gagiste : voir Gage.
Créancier hypothécaire : voir Hypothèque.
Fonds de commerce (cession) : 2876 (publication de la vente : droit d'opposition au paiement du prix) ; 2905 s. (privilège du vendeur) ; 59303 (vente forcée).
Meuble : 27165 (privilège du vendeur).
Navire : 58254 (énumération des privilèges).
Partage : 30386 (privilège du copartageant sur un immeuble en indivision).
Procédure collective : 61175 (privilège de conciliation) ; 62340 s. (situation générale en cas de procédure collective) ; 61950 s. (vente d'un bien grevé pendant la période d'observation) ; 62642 (déclaration des créances) ; 63356 (cession du bien grevé dans le plan de sauvegarde) ; 63890 (plan de cession) ; 64090 (paiement en cas de liquidation judiciaire).
Saisie-attribution : 59828 (opposabilité).
Saisie-vente mobilière : 59736.
Subrogation légale : 53025 s. (conditions).

Créancier professionnel : 55098 (notion).

Créateur : 31400 s. (brevet) ; 32135 s. (dessins et modèles) ; 34603 s. (œuvre de l'esprit) ; 35008 (logiciel).

Création intellectuelle : 213 (nature de l'activité) ; 34606 (droits d'auteur).

Crédit (opération de crédit)
Étude d'ensemble : 41000 s. (crédit à une entreprise).
Assurance : 58203.
Monopole bancaire : 40016.
Ouverture de crédit : 41400 s. (étude d'ensemble) ; 41060 (garantie).
Procédure collective : 61367 (appréciation de la cessation des paiements) ; 62000 s. (maintien du crédit) ; 62490 s. (arrêt du cours des intérêts) ; 62500 s. (déchéance du terme) ; 62670 s. (responsabilité du fournisseur de crédit).
AUTRE RUBRIQUE : Prêt d'argent.

Crédit-bail : 41600 s. (étude d'ensemble) ; 3300 (fonds de commerce) ; 8106 (responsabilité du fait des produits défectueux) ; 35024 (logiciel) ; 40016 (monopole bancaire).

Crédit documentaire : 53300 s. (étude d'ensemble) ; 26812 (vente sous condition).

Croquis : 19030 (découverte née d'une coopération interentreprises) ; 32950 (brevet) ; 34559 (œuvre de l'esprit).

Crypto-actifs : 50520 (mode de paiement) ; 50787 (réglementation européenne).

Curatelle : 1127 s. (étude d'ensemble) ; 403 (exercice du commerce) ; 1122 (conclusion d'un acte de la vie courante) ; 1139 s. (sanction des actes irréguliers) ; 23224 (constitution d'une fiducie).

CVIM (convention de Vienne sur la vente internationale de marchandises) : 26547.

D

Danse : 34535 (droits d'auteur).

Date

– certaine : 75698 (preuve).

– d'un contrat : 4436 (bail commercial) ; 12742 (règles générales) ; 13455 (condition suspensive).

– d'entrée en vigueur : 13400 s. (contrat) ; 17524 (assurance) ; 73519 et 74453 (traité international) ; 73600 s. (loi et règlement).

– de naissance d'une créance : voir Créance.

– de naissance d'un fonds de commerce : 2601.

– du paiement : 50500 s. (règle générale) ; 24458 (transport) ; 53225 (affacturage) ; 53324 (crédit documentaire).

– de valeur : 40578 (compte courant).

Dation en paiement : 18605 (coopération interentreprises) ; 53500 s. (étude d'ensemble) ; 55709 (extinction du cautionnement).

Débats : 71066 s. (arbitrage).

Débauchage (de personnel) : 13724.

Débiteur : 50050 s. (paiement) ; 50100 s. (pluralité) ; 50145 s. (solidarité).

Décès

Agent commercial : 21682 (radiation du registre) ; 21741 (sort du mandat).

Arbitre : 71033 (clause compromissoire intuitu personae) ; 71084 (procédure d'arbitrage).

Auteur d'une œuvre : 34700 (droit d'exploitation d'une œuvre) ; 34843 (contrat d'édition).

Auteur ou destinataire d'une offre de contracter : 12027.

Bailleur d'un local commercial : 5278 (résolution du bail).

Caution : 55409 (information des héritiers) ; 55465 (obligation au paiement des héritiers).

Chercheur : 19009 (caractère intuitu personae du contrat).

Cocontractant : 13021 (transmission du contrat) ; 16000 (extinction du contrat).

Commerçant : 428 (créance salariale du conjoint survivant d'un chef d'entreprise) ; 480 (radiation du RCS) ; 59700 (sort de la déclaration d'insaisissabilité) ; 61525 (en cessation des paiements).

Décès (suite)

Constituant d'une fiducie : 23409 (fiducie gestion) ; 57520 (fiducie sûreté).

Cotitulaire d'un compte joint : 40142.

Créancier : 50000 (paiement).

Débiteur : 50052 s. (héritiers du débiteur) ; 50195 (codébiteur) ; 56253 (arrêt du cours des inscriptions hypothécaires) ; 61525 (en cessation des paiements).

EIRL : 2365 (sort du patrimoine affecté).

Emprunteur : 23540 (restitution de la chose prêtée).

Endosseur : 51155 (endos de procuration d'une lettre de change).

Entrepreneur individuel : 2260 (sort du patrimoine professionnel).

Époux : 30328 (attribution préférentielle des biens indivis).

Franchisé : 22105 (sort du contrat de franchise).

Indivisaire : 30273 (transmission des droits indivis).

Locataire d'un bail commercial : 5223 (effet sur la clause résolutoire) ; 5278 (résolution du bail).

Locataire-gérant : 3150 (fin de la location-gérance).

Majeur protégé : 1120 (nullité des actes pour insanité d'esprit) ; 1150 (fin de l'habilitation familiale).

Mandant : 23035 (exécution du mandat) ; 23098 (fin du mandat) ; 50812 (ordre de virement bancaire) ; 51155 (procuration d'encaissement d'une lettre de change) ; 52370 (endossement de procuration d'un chèque).

Mandataire : 23098 (fin du mandat).

Pharmacien : 3006 (poursuite de la gestion de l'officine).

Promettant : 11937.

Propriétaire : 30503 (fait générateur d'un usufruit).

Souscripteur d'une assurance : 17656 (paiement de la prime) ; 18022 (résiliation du contrat).

Stipulant d'une stipulation pour autrui : 13039.

Tireur d'un chèque : 52400 (droit du porteur au paiement).

Usufruitier : 30303 (droit de demander le partage).

Vendeur : 2926 (fonds de commerce).

AUTRES RUBRIQUES : Héritier, Succession.

Déchargement (transport) : 24400 s. (routier intérieur) ; 25083 (routier CMR) ; 25842 (aérien) ; 26150 (maritime).

Déchéance

– d'un droit : 17712 (assurance) ; 31650 (brevet) ; 32550 s., 32703 (marque).

– quadriennale : 60020 s. (dettes des personnes publiques).

– du terme : 13518 s. (règles générales) ; 50178 (codébiteurs solidaires) ; 54100 s. (déconfiture) ; 55436 (cautionnement) ; 62500 s. (procédure collective).

Décision (acte communautaire) : 73541 (définition) ; 73615 (entrée en vigueur).

Déclaration
– **d'affectation d'un patrimoine :** 2305 (EIRL).
– **de cessation des paiements :** 61500 (redressement ou liquidation judiciaire).
– **de command :** 26645 (vente de marchandise).
– **des créances :** 50070 (succession) ; 62540 s. (procédure collective).
– **d'expédition :** 24248 (transport routier intérieur) ; 25028 s. (transport routier CMR) ; 25806 (transport aérien).
– **d'insaisissabilité :** 59700 (déclaration d'insaisissabilité du logement de l'entrepreneur individuel) ; 63145 et 63154 (déclaration antérieure à la procédure collective du déclarant) ; 63940 (vente du bien dans la liquidation judiciaire).
– **de sinistre :** 17700 s. (assurance).
Assurance : 17560 s. (déclarations lors de la souscription du contrat d'assurance) ; 17700 s. (déclaration du sinistre).

Déclaration des droits de l'Homme et du citoyen : 73503 (hiérarchie des normes).

Décompilation : 35035 (droit de l'utilisateur d'un logiciel).

Déconfiture : 54100 s. (étude d'ensemble) ; 23107 (mandat).

Découvert : 40522 (transformation d'un compte de dépôt en compte courant) ; 40575 (autorisation) ; 40611 (convention d'unité de compte) ; 41400 s. (ouverture de crédit) ; 55194 (étendue d'un cautionnement) ; 59809 (saisie-attribution) ; 61367 (appréciation de la cessation des paiements) ; 62000 s. (continuation des contrats en cours en cas de procédure collective).

Découvert obligatoire : 17752 (assurance).

Découverte : voir Brevet, Dessins et modèles, Invention.

Décret : 73580 (acte réglementaire) ; 73609 (entrée en vigueur).

De cujus : voir Succession.

Dédit : 11965 s. (règle générale) ; 11952 s. (refus d'exécution d'une promesse) ; 15715 (effet de l'annulation d'un contrat) ; 19520 (indépendance du prestataire de services) ; 22557 (cessation d'un contrat de location de meubles) ; 25698 (résiliation d'un contrat de location de véhicule).

Dédouanement : 24416 (transport routier) ; 25071 (transport routier CMR) ; 26724 (charge du dédouanement) ; 26924 (stipulation contractuelle) ; 26949 (vérification) ; 58018 (garantie).

Défaillance
– **du cocontractant :** voir Faute, Inexécution.
– **de la condition suspensive :** 13460 (entrée en vigueur du contrat).
– **du créancier :** 62650 s. (déclaration des créances).
– **du débiteur :** 53800 s. (incident de paiement) ; 55450 (cautionnement) ; 58236 (ducroire).
– **du tiré :** 41221 (effet de commerce) ; 52600 (chèque).
AUTRES RUBRIQUES : Défaut (d'un bien), Inexécution.

Défaut (d'un bien) : 8066 (responsabilité du fait des choses) ; 8085 s. (responsabilité du fait des produits défectueux) ; 18831 (contrat de fabrication en commun) ; 26952 s. (défaut de conformité).
AUTRES RUBRIQUES : Avarie (marchandise transportée), Détérioration, Malfaçon, Vice caché.

Défense au fond : 71945.

Défense nationale : 31225 (confidentialité des demandes de brevet) ; 31250 (demande de brevet) ; 32812 (licence de brevet) ; 50570 (investissement étranger).

Défenseur des droits : 74970.

Dégradation : voir Détérioration.

De in rem verso (action) : 10327.

Délai
– **de conservation :** 75636 (livres comptables).
– **de déclaration des créances :** 62595 s.
– **d'exécution des obligations :** 13495 s. (règles générales) ; 18945 (ingénierie) ; 24322 (transport routier intérieur : chargement et déchargement) ; 24360 (transport routier intérieur : acheminement).
– **de grâce :** voir Moratoire.
– **d'immatriculation au RCS :** 459 (demande).
– **de livraison :** voir Livraison.
– **de paiement :** 50500 s. (modalités) ; 53800 s. (non-respect).
– **préfix :** 71700.
– **de prescription :** 71725 s.
– **de réalisation d'une condition suspensive :** 13448.
– **de réflexion :** 12067 (définition).
– **de rétractation :** 12067 (définition).
– **de revendication des biens mobiliers :** 62965 (procédure collective : biens objets d'un contrat publié) ; 62992 et 63004 (procédure collective : biens objets d'un contrat non publié).
– **de rigueur :** 13506.

Délaissement : 17771 (assurance).
AUTRE RUBRIQUE : Renonciation.

Délégation
Assurance (indemnité) : 41618 (crédit-bail mobilier).
Paiement : 53400 s. (étude d'ensemble) ; 20366 (sous-traitance) ; 41112 (excès de pouvoir du chef de file d'un consortium de banques) ; 50959 (signature d'une lettre de change par le seul tiré) ; 59818 (obligation de renseignement du tiers saisi).
Pouvoirs : 2185 (responsabilité pénale du chef d'entreprise) ; 41256 (établissement d'un bordereau Dailly par un préposé) ; 62570 s. (déclaration de créance effectuée par un préposé).

Délibéré : 71096 (arbitrage).

Délit : 406 (interdiction d'exercer une profession industrielle ou commerciale) ; 1022 (commis par un mineur) ; 2180 (responsabilité pénale du chef d'entreprise) ; 2516 (publicité trompeuse) ; 8147 (commis par un préposé) ; 23067 (mandat) ; 32640 s. (marque) ; 34745 s. (droits d'auteur) ; 55175 (cautionnement

Délit (suite)
de la condamnation) ; 62652 (procédure collective : recel de biens) ; 64660 (procédure collective : responsabilité pénale du mandataire de justice).
Voir aussi le mot correspondant à chaque délit (par exemple : Abus de confiance, Banqueroute).

Délivrance
Bien : 4553 (bail commercial) ; 22524 (location de meubles) ; 26900 s. (vente de marchandises) ; 31200 s. (brevet) ; 41615 (crédit-bail mobilier) ; 53510 (dation en paiement) ; 57812 (exercice d'un droit de rétention).
Chéquier : 52248 (obligations du banquier).
Congé : 5303 s. (bail commercial).
Connaissement : 26108 (transport maritime).
Crédit documentaire : 53335 (paiement).
Fonds de commerce : 2800 (vente) ; 3053 (location-gérance).
Progiciel : 20006 (prestation informatique).

Demande en justice : 71900 s.
AUTRE RUBRIQUE : Action en justice.

Demande reconventionnelle ou additionnelle (en justice) : 71718 (définition et prescription) ; 71760 (valeur d'assignation) ; 72178 (tribunal compétent).

Dématérialisation de l'écrit : voir Écrit (établissement d'un écrit).

Démembrement de propriété : voir Usufruit.

Déménagement : 3439 (déplacement du fonds de commerce : droit des créanciers nantis) ; 6336 (frais de déménagement : inclusion dans l'indemnité d'éviction) ; 6363 (droit de repentir du bailleur en cas de déménagement du locataire) ; 6476 (déménagement du locataire en cas de reprise des locaux) ; 6491 (déménagement suite à une expropriation) ; 24218 (qualification du contrat de déménagement).

Dénaturation : 13112 (pouvoir d'interprétation des contrats par le juge) ; 34659 (œuvre de l'esprit) ; 71222, 71333 (sentence arbitrale).

Déni de justice : 71063 (arbitre) ; 72283 (résultant de l'incompétence du juge français) ; 74700 (défaut de réponse du juge).

Dénomination : voir Nom.

Dentiste : 210 (nature de l'activité).

Département : voir Collectivité publique.

Dépassement : 21569 (de la durée de l'exclusivité d'achat) ; 23058 (par le mandataire de ses pouvoirs).

Dépeçage : 16906 (dépeçage du contrat pour la détermination de la loi applicable).

Déplacement du fonds de commerce : voir Déménagement.

Déplafonnement du loyer (bail commercial) : 6080 s. (en cas de modification de la valeur locative) ; 6150 (terrains nus) ; 6153 s. (locaux monovalents) ; 6162 (bureaux).

Dépollution : voir Pollution, dépollution.

Dépossession : voir Délivrance, Dessaisissement du débiteur, Possession.

Dépôt
– de bilan : 61500 (redressement ou liquidation judiciaire).
– de garantie : 4712 (bail commercial) ; 63136 (nullité de période suspecte).
– nécessaire : 21018.
– vente : 26527.
Contrat de dépôt : 21000 s. (étude d'ensemble) ; 11103 (catégorie de contrat gratuit) ; 23006 (distinction avec le mandat) ; 24206 (entreposage en vue du transport) ; 52942 (interdiction de compensation) ; 58209 (dépôt d'une somme d'argent) ; 63010 (revendication du bien déposé en cas de procédure collective du dépositaire).
Propriété industrielle : 31203 s. (demande de brevet) ; 32500 (marque).

Dépréciation monétaire : 15300 (base d'évaluation d'un dommage) ; 53840 (indemnité supplémentaire à celle des intérêts moratoires).

Déséquilibre contractuel significatif : 12560 s. (contrat d'adhésion) ; 21581 (pratique commerciale abusive) ; 21883 (contrat de commission).

Déspécialisation : 4907 (bail commercial) ; 63792 (procédure collective : bail inclus dans le plan de cession) ; 64027 (procédure collective : cession du bail en dehors du plan).

Dessaisissement du débiteur : 63530 s. (liquidation judiciaire).

Dessins et modèles : 32000 s. (étude d'ensemble) ; 2760 (vente d'un fonds de commerce) ; 34553 (copie) ; 34716 (caricature).

Destruction de titre : 75633 (preuve).

Détachement de personnel : 13685 s.

Détention : voir Possession.

Détérioration : 22548 (location de meuble) ; 30150 (bien indivis) ; 30559 (usufruit) ; 41618 (bien crédit-baillé).
AUTRES RUBRIQUES : Avarie (marchandise transportée), Défaut (d'un bien), Dommage contractuel, Vice caché.

Détermination du prix : voir Prix.

Détournement : 12748 (détournement de l'écrit) ; 23059 (par le mandataire de ses pouvoirs) ; 30156 (détournement de biens indivis).
AUTRES RUBRIQUES : Abus de confiance, Vol.

Dette : 1340 s. (époux) ; 2716 (en cas de vente de fonds de commerce) ; 14300 s. (cession de dette) ; 50052 s. (succession) ; 50140 s. (solidarité) ; 50300 (dette d'argent) ; 50310 (dette de valeur) ; 52513 (dette de jeu : paiement) ; 55175 (dette de jeu : cautionnement).
AUTRE RUBRIQUE : Remise (de dette).

Devis : 18923 (fourniture d'installation industrielle) ; 19540 (incidence sur l'échange des consentements) ; 19555 (valeur contraignante).

Devoir
– de conseil : voir Conseil.
– d'information : voir Information.
– de loyauté : voir Bonne foi.

Devoir (suite)
– **de mise en garde :** 41019 (prêt) ; 55109 (cautionnement personnel) ; 55910 (cautionnement réel) ; 58006 (garantie autonome).
– **moral :** 10355 (obligation naturelle).

Dictionnaire : 13143 (interprétation du contrat) ; 32466 (reproduction d'une marque) ; 34516 (originalité de l'œuvre) ; 34615 (œuvre collective) ; 74760 (interprétation des lois).

Diminution : voir Remise, Réduction.

Directive européenne : 73541 (définition) ; 73615 (entrée en vigueur) ; 73806 s. (primauté) ; 74000 s. (légalité) ; 74485 (rétroactivité) ; 74705 (interprétation).

Discours : 34715 (droits d'auteur).

Discovery : 74409 (territorialité des lois et règlements).

Disque : 35061 (droit des artistes-interprètes) ; 35066 (droit du producteur) ; 59025 (séquestre judiciaire).

Dissimulation : voir Simulation.

Dissolution (d'une société) : 14150 (transfert de contrat) ; 23406 (sort du contrat de fiducie) ; 30650 (usufruit de droits sociaux) ; 40590 (clôture du compte courant) ; 55730 (sort du cautionnement) ; 61815 (société en sauvegarde ou redressement judiciaire) ; 63570 (société en liquidation judiciaire) ; 72147 (tribunal compétent – règlement UE).

Distraction : voir Détournement.

Distribution (accords de distribution) : 21500 s. (étude d'ensemble).

Distribution sélective : 21509 s.

Divorce : 1380 (liquidation du régime matrimonial) ; 2513 (nom commercial) ; 15673 (nullité de la convention entre époux) ; 30328 s. (attribution préférentielle d'un bien indivis) ; 59700 (sort de la déclaration d'insaisissabilité).

Divulgation : 13649 (savoir-faire) ; 31031 (brevet) ; 32100 (dessins et modèles) ; 34656 (œuvre de l'esprit).
AUTRE RUBRIQUE : Secret.

Dock : 21070 (dépôt).

Document : 12150 (document publicitaire : consentement au contrat) ; 24340 s. (transport routier intérieur) ; 25830 (transport aérien) ; 53327 (crédit documentaire).
AUTRES RUBRIQUES : Copie, Écrit (établissement d'un écrit), Lettre missive.

Dol (faute dolosive) : voir Faute.

Dol (vice du consentement) : 12240 s. (étude d'ensemble) ; 2710 (vente de fonds de commerce) ; 3012 (location-gérance) ; 15701 (point de départ du délai de prescription de l'action en nullité) ; 23035 (mandat) ; 51070 (acceptation d'une lettre de change) ; 55065 (cautionnement) ; 63980 (vente isolée d'un bien en cas de liquidation judiciaire) ; 70215 (transaction).

Domaine public : 4018 (bail commercial) ; 19543 (condition d'utilisation) ; 34541 (folklore) ; 34704 (droits d'auteur).

Domicile : 2115 (professionnel) ; 13629 (notifications) ; 50510 (lieu du paiement) ; 72040 et 72223 (clause d'élection de domicile).

Domiciliation des entreprises : 2115 s. (règles générales) ; 4950 (sous-location d'un bail commercial).

Dommage contractuel : 15020 s. (étude d'ensemble) ; 4590 (immeuble loué) ; 19625 s. (contrat d'entreprise) ; 21040 (bien mis en dépôt) ; 22548 (meuble loué) ; 22571 (coffre-fort loué) ; 23525 s. (bien prêté) ; 24550 s. (marchandise transportée) ; 25680 (véhicule loué) ; 27100 (charge des risques) ; 30150 (bien indivis) ; 41618 (bien détenu en crédit-bail) ; 57060 (bien donné en gage).

Dommage garanti : 17540 s. (assurance).

Dommage réparable : 8012 s. (responsabilité extracontractuelle) ; 8127 (responsabilité du fait des produits défectueux : lieu du dommage) ; 15060 s. (responsabilité contractuelle).

Dommages-intérêts : 15250 s. (responsabilité contractuelle) ; 15300 s. (punitifs) ; 24600 s. (transport routier intérieur) ; 25230 s. (transport routier CMR) ; 53835 (intérêts compensatoires) ; 59624 (astreinte).

Don, donation
– **de biens affectés :** 2360 (EIRL).
– **de biens communs :** 1330.
– **sous condition résolutoire :** 16050.
– **déguisé :** 26509.
– **à un époux commun en biens :** 30044.
– **manuel :** 12543 (succession non ouverte) ; 30044 (possession d'un bien meuble).
– **partage :** 30503.
– **du patrimoine professionnel de l'entrepreneur individuel :** 2265 s.
Nullité de période suspecte : 63127 (nullité obligatoire) ; 63152 (nullité facultative).
Qualification : 26506 s. (étude d'ensemble) ; 55021 (souscription d'un cautionnement).

Donnée publique : 12540 (licéité de l'objet d'un contrat).

Douane : 31612 (retenue en douane : brevet) ; 32163 (retenue en douane : dessin ou modèle) ; 32609 (retenue en douane : marque) ; 34729 (retenue en douane : droits d'auteur).
AUTRE RUBRIQUE : Dédouanement.

Dramaturge : 34535 (droits d'auteur).

Droit
– **acquis :** 10300 (résultant d'une promesse) ; 74468 (avant l'entrée en vigueur d'une loi nouvelle) ; 74485 (droit de l'UE).
– **administratif :** 74324.
– **d'auteur :** voir Auteur.
– **au bail :** 2548 (élément incorporel du fonds de commerce) ; 3300 (crédit-bail de fonds de commerce).
– **civil :** 74303.
– **commercial :** 74303.
– **commun :** 74803 (définition générale) ; 10600 s. (droit commun des contrats).
– **communautaire :** voir Norme communautaire.
– **disciplinaire :** 74327.
– **discrétionnaire :** 13426 (condition potestative) ; 18010 (résiliation d'un contrat d'assurance) ; 30303 (demande en partage) ; 34694 (divulgation d'une œuvre) ; 41206 (escompte) ; 74912 (abus de droit).
– **d'entrée :** 22108 (franchise).
– **international privé :** 74330.
– **international public :** 73815.

Droit (suite)
– **moral** (sur une œuvre) : 34650 s.
– **pénal :** 74306 s. (règles générales) ; 74450 et 74462 (rétroactivité).
– **de préemption :** voir Préemption.
– **de préférence :** voir Préférence.
– **privé :** 74303.
– **de propriété :** voir Propriété.
– **réel :** 12535 (source) ; 74924 (violation).
– **de repentir :** voir Repentir.
– **de rétention :** voir Rétention.
– **de retrait :** voir Repentir.
– **de revendication :** voir Revendication ou restitution.
– **souple :** 73585.
– **de suite :** voir Suite.
– **de surenchère :** voir Surenchère.
– **voisin** (du droit d'auteur) : 35048 s.
Respect des droits fondamentaux : 74930 (principe général du droit de l'UE).
AUTRE RUBRIQUE : Droit réel immobilier.

Droit réel immobilier : 14200 (cession de créance) ; 14280 (cession de « droit ou action ») ; 23233 (transfert par fiducie) ; 23239 s. (fiducie : formalités) ; 56215 (hypothèque) ; 72147 (tribunal compétent – règlement UE).

DTS (droits de tirage spéciaux) : 50363 (clause d'unité de compte).

Ducroire : 58227 s. (étude d'ensemble) ; 21708 (agent commercial) ; 21868 (commissionnaire).

Durée
Conciliation : 61112 (entreprise en difficulté).
Contrat : 4500 s. (bail commercial) ; 5806 (bail commercial renouvelé) ; 13503 (perpétuelle) ; 15504 (indéterminée) ; 16003 (déterminée) ; 18000 (assurance) ; 21051 (dépôt) ; 21563 s. (approvisionnement exclusif) ; 23104 (mandat) ; 30218 s. (indivision conventionnelle) ; 33000 (licence de brevet) ; 34803 (représentation d'une œuvre de l'esprit).
Droits d'auteur : 34703 s. (droit d'exploitation d'une œuvre).
Droits voisins : 35066 (artiste-interprète) ; 35067 (producteur de phonogrammes) ; 35068 (producteur de vidéogrammes) ; 35070 (entreprise de communication audiovisuelle) ; 35073 (éditeurs de presse).
Gage : 57200 (films).
Indivision légale : 30185 (partage).
Liquidation judiciaire : 64110 (procédure classique) ; 64300 (procédure simplifiée).
Mandat ad hoc : 61060 (absence de limite légale).
Nantissement : 3424 (fonds de commerce) ; 35044 (logiciels).
Privilège : 3424 (nantissement de fonds de commerce) ; 56265 (hypothèque) ; 58254 (navire) ; 58260 (bateau) ; 58266 (aéronef).
Sauvegarde ou redressement judiciaire : 61724 s. (période d'observation) ; 63312 (plan de sauvegarde ou de redressement).
Usufruit : 30700.
AUTRES RUBRIQUES : Délai, Terme du contrat.

DVD : 35067 (droit du producteur).

E

Échange : 18605 (accord de compensation) ; 26521 (propriété d'un bien) ; 75503 (EDI : preuve).

École : voir Enseignement.

Écrit (établissement d'un écrit)
– **électronique :** voir Écrit électronique.
Consentement par écrit : 11175 s.
Contrat : 12700 s. (étude d'ensemble) ; 2725 (vente d'un fonds de commerce) ; 3012 (location-gérance) ; 17527 (assurance) ; 21576 (contrat entre fournisseur et distributeur) ; 21666 (contrat d'agent commercial) ; 23018 (mandat) ; 23236 (fiducie) ; 23521 (prêt à usage) ; 25627 (location d'un véhicule routier industriel) ; 30212 (indivision) ; 32910 (licence de brevet) ; 33309 (licence de marque) ; 34781 (exploitation de droits d'auteur) ; 55240 s. (cautionnement) ; 57021 (gage).
Définition : 75650.
Dénaturation d'un écrit : 13112.
Forme : 11178 (contrat solennel) ; 16940 (loi applicable) ; 50912 (lettre de change) ; 52254 (chèque) ; 75653 (acte authentique) ; 75680 s. (acte sous signature privée).
Gage : 57021 (gage de droit commun) ; 57100 (gage automobile).
Nantissement : 3415 (fonds de commerce).
Preuve par écrit : 75600 s. (nécessité) ; 75650 s. (force probante).
Taux d'intérêt : 40581 (découvert en compte) ; 41033 (prêt).
Transaction : 70295 s.
AUTRES RUBRIQUES : Document, Lettre missive.

Écrit (œuvre de l'esprit) : 34520 s.

Écrit électronique
Acte authentique : 75653 (conditions et signature).
Acte sous signature privée : 11178 (conditions) ; 75683 (signature électronique) ; 75695 (force probante).

Écriteau : 12153 (caractère contractuel des mentions).

Écriture (vérification d'écriture) : 75695 (preuve).

Écrivain : 213 (nature de l'activité).
AUTRE RUBRIQUE : Auteur.

EDI (échange de données informatisées) : 75503 (preuve).

Édition : 151 (nature de l'activité) ; 34825 s. (contrat).
AUTRE RUBRIQUE : Auteur.

EEE (Espace économique européen) : 73550 (composition) ; 50780 s. (services de paiement).
AUTRE RUBRIQUE : Ressortissant européen.

Effet de commerce
Billet à ordre : 51800 s.
Chèque : 52200 s.
Définition : 50900.
Lettre de change : 50900 s.
Procédure collective : 61825 s. (acte de gestion courante) ; 63012 (revendication) ; 63122 (nullité de la période suspecte).
Titre négociable : 12505.

Effet de complaisance (cavalerie) : 51650.

Effet déclaratif : 30380 (partage).

Effet relatif : 13000 s. (contrat).

Effet utile : 13173 (éléments primant la lettre du contrat) ; 74800 (interprétation des lois et règlements).

Égalité des armes : 71048.

EI (entrepreneur individuel) : 2125 s. (étude d'ensemble).

EIRL (Entrepreneur individuel à responsabilité limitée)
Étude d'ensemble : 2290 s.
Prévention des difficultés : 61020 (alerte par le président du tribunal) ; 61050 (mandat ad hoc) ; 61100 s. (conciliation) ; 61190 (adhésion à un groupement de prévention agréé) ; 61195 (injonction de publier les comptes annuels).
Procédure collective : 61260 s. (éligibilité) ; 61380 (cessation des paiements) ; 61554 (publicité du jugement d'ouverture) ; 61650 (réunion des patrimoines) ; 61753 (patrimoine non visé par la procédure) ; 61832 (pouvoirs de gestion) ; 62000 s. (contrats en cours) ; 62270 (biens visés par la procédure) ; 62292 (mesures conservatoires sur les biens) ; 62340 (créanciers affectés par la procédure) ; 62395 s. (suspension des poursuites) ; 62952 (recel de biens) ; 63085 (reprise d'un bien) ; 63145 (modification de l'affectation d'un bien) ; 63532 (biens soumis au dessaisissement) ; 63585 (détournement du courrier) ; 63590 (apposition des scellés) ; 63595 (exercice d'une activité professionnelle durant la liquidation judiciaire) ; 63932 et 63942 (biens cessibles) ; 64090 (répartition des fonds) ; 64124 (clôture de la liquidation judiciaire : fin de l'interdiction bancaire) ; 64190 (clôture de la liquidation judiciaire : fraude) ; 64355 s. (rétablissement professionnel) ; 64470 (comblement de passif) ; 64507 s. (faillite personnelle) ; 64580 s. (banqueroute).

Élection d'ami : 26645 (vente de marchandises).

Électricité
Achat : 26615 (réglementation).
Facture : 14495 (paiement – mesures temporaires liées à l'épidémie de Covid-19).
Fourniture : voir Abonnement.

Électronique : voir Commerce électronique, Informatique.

Élevage : 201 (nature de l'activité).
AUTRE RUBRIQUE : Agriculteur.

Émancipation : 1006 (mineur).

Emballage : 2563 (élément corporel du fonds de commerce) ; 24035 (exécution d'un contrat de commission de transport) ; 24233 (transport routier intérieur : obligation de l'expéditeur) ; 24333 (transport routier intérieur : vérification de l'emballage) ; 25821 (transport aérien) ; 26085 (transport maritime) ; 26700 (vente) ; 32100 (modèle protégé) ; 32416 (dépôt à titre de marque).

Émission : 52310 (chèque).

Emménagement : voir Déménagement.

Empêchement
– d'un arbitre : 71033 (remplacement de l'arbitre) ; 71084 (fin de l'arbitrage).
– de la condition : 13430 (condition illicite ou impossible) ; 13451 (empêchement par le débiteur).
– d'exécuter le contrat : 14465 s. (étude d'ensemble) ; 14005 s. (révision du contrat) ; 24363 (empêchement au transport routier) ; 24394 s. (empêchement à la livraison de la marchandise transportée) ; 25077 s. (transport routier CMR).
Impossibilité d'agir en justice : 71789 (effets sur la prescription).
AUTRE RUBRIQUE : Motif légitime.

Empiètement : 74924 (propriété d'autrui).

Employeur : 8135 s. (responsabilité du fait du préposé).

Encan (vente à l') : 26653.

Enchère publique : 26653.
AUTRE RUBRIQUE : Vente aux enchères.

Encyclopédie : 34784 (rémunération de l'auteur).

Endossement
Billet à ordre : 51850 s.
Chèque : 52350 s. (étude d'ensemble) ; 52700 (chèque sans provision) ; 52755 (chèque falsifié).
Contrat : 58218 (clause à ordre).
Lettre de change : 51100 s.
Warrant : 57306 s.

Engagement unilatéral : 10300 (notion) ; 11053 (contrat unilatéral obligatoire).
AUTRE RUBRIQUE : Obligation.

Enquête : 51215 (preuve d'un cautionnement du tiré d'une lettre de change) ; 61024 (en cas d'alerte par le président du tribunal) ; 61115 (conciliation) ; 61534 (avant ouverture d'une procédure collective) ; 61755 (après ouverture de la procédure collective) ; 61782 (élaboration du bilan économique et social) ; 64366 (rétablissement professionnel) ; 71612 (action préventive à une action en justice) ; 75803 (preuve par témoignages) ; 75900 (aveu extrajudiciaire).
AUTRE RUBRIQUE : Expertise.

Enregistrement : 2703 (promesse de vente d'un fonds de commerce) ; 2745 (acte de vente d'un fonds de commerce) ; 11919 (promesse de contrat) ; 12751 (contrat) ; 23239 (contrat de fiducie) ; 32110 s. (dessins et modèles) ; 32503 s. (marque) ; 75698 (date certaine).

Enregistrement sonore : 75812 (présomption de preuve).

Enrichissement injustifié : 10315 s. (étude d'ensemble) ; 55501 (cautionnement).

Enseigne : 2545 (élément incorporel du fonds de commerce) ; 2713 (cession avec le fonds de commerce) ; 22099 (franchise) ; 32451 (marque) ; 32620 (conflit avec une marque).
AUTRE RUBRIQUE : Nom.

Enseignement : 210 (nature de l'activité) ; 4100 (bail commercial).

Entente (anticoncurrentielle)
Contrat (règles générales) : 12467 (prix d'une prestation) ; 13673 (non-concurrence) ; 15313 (clause limitative de responsabilité).
Coopération interentreprises : 18513 (liberté contractuelle) ; 19239 (exploitation des résultats d'une recherche en commun).
Distribution : 21512 s. (distribution sélective) ; 21548 (distribution exclusive) ; 21574 (achat exclusif) ; 21697 (contrat d'agent commercial) ; 21900 (concession) ; 22082 (franchise).
Exploitation des droits d'auteur : 35060 (refus de cession de droits d'exploitation sur des rediffusions).
Fixation du prix : 12467 (règles générales) ; 26025 (prix du transport maritime).
Propriété industrielle : 32840 (licence de brevet).

Entrée (droit d'entrée) : 22108 (franchise).
AUTRE RUBRIQUE : Pas-de-porte.

Entrée en vigueur : 10000 (réforme du droit des contrats) ; 13400 s. (contrat) ; 17524 (assurance) ; 73519, 74453 (traité international) ; 73600 s. (lois et règlements) ; 73612 s. (actes de l'UE).

Entreposage : voir Dépôt.

Entrepôt : 4033 (local accessoire) ; 21070 (dépôt).

Entrepreneur :
– individuel : 2125 s. (étude d'ensemble).
– individuel à responsabilité limitée : voir EIRL (entrepreneur individuel à responsabilité limitée).

Entreprise
Étude d'ensemble : 2000 s.
– commerciale : 145 s.
– en difficulté : 61000 s. (procédures de prévention et d'apurement du passif).
Auto-entrepreneur : 2190.

Entreprise publique : voir Collectivité publique.

Entretien : 3062 (fonds donné en location-gérance) ; 4556 s. (bail commercial) ; 22530 (meuble loué) ; 23528 (voiture prêtée) ; 25638 (véhicule loué) ; 26912 (marchandise vendue) ; 30147 (bien indivis) ; 30615 (usufruit).

Enveloppe Soleau : 31606 (brevet).

Épic (établissement public industriel et commercial) : 178 (qualification) ; 560 (régime) ; 4100 (bail commercial).

Épidémie de Covid-19 : voir Covid-19.

Époux
Étude d'ensemble : 1300 s. (capacité).
Action entre époux : 71786 (prescription).
Artisan : 198 (conjoint collaborateur).
Bail commercial : 4071 (immatriculation du conjoint) ; 4409 (autorisation par le conjoint de la conclusion du bail pour un immeuble commun).
Commerçant : 421 s. (statut du conjoint).
Dettes : 50151 (solidarité).
Donation (entre époux) : 26506.
EIRL : 2300.
Entrepreneur individuel : 2195.
Étranger : 1405 s. (capacité).

Époux (suite)
Fonds de commerce : 2513 (choix du nom commercial).
Indivision : 30300 (partage) ; 30334 s. (attribution préférentielle).
Location de coffre-fort : 22565.
Location-gérance : 3012.
Mandat : 23033.
Mineur : 1006.
Procédure collective : 63080 s. (reprise d'un bien par l'époux in bonis) ; 63127 et 63170 (actes de la période suspecte) ; 63632 (audition de l'époux avant cession des biens) ; 63935 (cession des biens).
Transaction : 70252.
Usufruit : 30503.

Épuisement (des droits) : 31603 (brevet) ; 32151 (dessins et modèles) ; 32512 (marque) ; 34717 (exploitation d'une œuvre de l'esprit) ; 35032 (mise sur le marché d'un logiciel).

Équitation (enseignement de l'équitation) : 210 (nature de l'activité).

Équité : 13159 (interprétation d'un contrat) ; 71054 (amiable composition).

Erreur
Étude d'ensemble : 12203 s. (vice du consentement).
– de calcul : 50302 (paiement) ; 52912 (caractère certain d'une créance) ; 70230 (transaction).
– commune : 74915 (validité des actes apparents).
– de droit : 12218 (vice du consentement) ; 70233 (transaction).
– de facturation : 24461 (remise en cause du prix reçu ou payé sans réserve) ; 41268 (bordereau Dailly) ; 52912 (caractère certain d'une créance).
– matérielle du législateur : 74309 (pouvoir d'interprétation du juge).
– obstacle : 12206 (notion).
– provoquée : 12259 (dol).
Action en nullité : 15701 (point de départ de la prescription).
Arrêté de compte : 16109 (redressement).
Bail commercial : 4403.
Cautionnement : 55059.
Compte bancaire : 40160.
Contrat d'édition : 34828.
Expertise : 12434.
Lettre de change : 51070 (acceptation).
Paiement : 40160 (restitution de sommes indûment créditées sur un compte bancaire) ; 52429 (responsabilité d'un banquier) ; 54203 (paiement reçu par erreur) ; 54206 (paiement fait par erreur).
Transaction : 70221 s.

Escompte : 41200 s. (étude d'ensemble) ; 51255 s. (droits du banquier escompteur) ; 52206 (chèque).

Escroquerie : 8147 (responsabilité du commettant) ; 12286 (dol) ; 17700 (assurance) ; 21865 (commissionnaire) ; 23035 (mandat) ; 41259 (bordereau Dailly) ; 41615 (crédit-bail mobilier) ; 50000 (paiement obtenu par fraude) ; 50515 (fausse facture) ; 50931 (escroquerie à la carambouille) ; 51662 (effet de complaisance) ; 52206 (escompte de chèque sans provision) ; 53220 (affacturage).

Espace économique européen : 73550 (composition) ; 50780 s. (services de paiement).

AUTRE RUBRIQUE : Ressortissant européen.

Essai : 26806 (vente).

Estoppel : 74921 (indignité).

Établissement de crédit : voir Banque.

Établissement d'enseignement : voir Enseignement.

Établissement public : voir Collectivité publique.

État : voir Collectivité publique, Étranger.

État de droit : 73500 (définition).

État étranger : voir Étranger.

État des lieux

Bail commercial : 4153 (bail de courte durée) ; 4490 (entrée dans les lieux) ; 4587 (sortie des lieux) ; 5027 (cession du bail).

Vente de fonds de commerce : 2760 (transfert du droit au bail).

État d'urgence sanitaire : voir Covid-19.

Étranger

Étude d'ensemble : 1398 s. (capacité).

Activité non commerciale : 7541.

Affacturage : 53225 (opposabilité à un débiteur français de la créance d'un créancier étranger transmise à l'étranger à un facteur étranger).

Artisan : 415.

Association étrangère : 1398.

Bail commercial : 5624 (droit au renouvellement).

Commerçant : 415 s.

Compte bancaire : 40133 (droit à l'ouverture d'un compte).

Créateur : 31410 (brevet d'invention) ; 32138 (dessins et modèles) ; 32515 (marque) ; 34627 (œuvre de l'esprit) ; 35023 (logiciel).

État étranger : 565 (représentation commerciale) ; 17200 s. (contrat administratif international) ; 60403 (recouvrement des créances sur les États étrangers) ; 72300 (immunité de juridiction).

Fabricant : 19640, 20425, 27243 (action directe de la victime).

Groupement étranger sans personnalité morale : 71633 (capacité à agir en justice).

Hypothèque : 19640 (hypothèque constituée à l'étranger sur un bien situé en France).

Lois et règlements étrangers : 74406 (application sur le territoire français).

Preuve : 75505 (recherche à l'étranger).

Société étrangère : 1398.

Vendeur : 27250 (action en garantie des vices cachés).

AUTRES RUBRIQUES : Conflit (Conflit de lois), Procédure d'insolvabilité (Règlement UE), Ressortissant européen.

Étude : 13460 (charge des frais d'étude en cas de défaillance d'une condition suspensive) ; 18923 (ingénierie) ; 19015 s. (contrat de commande de recherche) ; 19500 (contrat d'entreprise) ; 31421 (invention d'un salarié) ; 32825 (invention inexploitable).

Étude de marché : 13259 (obligation de moyen) ; 22090 (faute du franchiseur).

EUIPO (European Union Intellectual Property Office) : 30960 (marques et dessins et modèles).

Euro : 50383 (monnaie de compte) ; 50520 s. (monnaie de paiement).

Éviction

Indemnité d'éviction : 6303 s. (bail commercial).

Garantie d'éviction : 4565 (bail commercial) ; 27300 (vente de meubles) ; 30383 (partage).

AUTRE RUBRIQUE : Expulsion d'un locataire.

Exception

– de compétence : 72009 (d'attribution) ; 72070 (territoriale).

– d'inexécution : 14800.

– de nullité : 15702 (règles générales) ; 71922 (pouvoir du juge).

– de prescription : 71800.

– de procédure : 71945.

Exception inhérente à la dette ou personnelle : 50006 s. (étude d'ensemble) ; 55445 et 55706 s. (cautionnement).

Inopposabilité des exceptions : 12505 (engagement abstrait) ; 41224 (effet de la contrepassation) ; 41286 (cession de créance acceptée) ; 51250 s. (lettre de change) ; 52406 (porteur de bonne foi d'un chèque) ; 55727 (caution d'un débiteur en redressement judiciaire) ; 58033 (garantie autonome) ; 58218 (transfert d'un contrat par endossement).

Exclusion de garantie : voir Clause exclusive de garantie.

Exclusivité : 4644 (bail commercial) ; 14701 (sort en cas de suspension du contrat) ; 21545 s. (distribution) ; 21560 s. (achat et location de meubles) ; 21696 (agent commercial) ; 21859 (commissionnaire) ; 22093 (franchise) ; 34806 (entrepreneur de spectacles).

Exécution du contrat

Étude d'ensemble : 13000 s.

Durée : 13503 (perpétuelle) ; 15504 (indéterminée) ; 16003 (déterminée).

AUTRES RUBRIQUES : Exécution forcée, Exécution provisoire.

Exécution forcée

Acte communautaire : 73541 s.

Arbitrage : 71248 (sentence).

Contrat : 14900 s. (règles générales) ; 15350 s. (réparation en nature d'un dommage contractuel) ; 15568 (droit du bénéficiaire d'une clause résolutoire).

Jugement : 59418 (condamnation par provision) ; 59618 (effets attachés au prononcé d'une astreinte) ; 72400 (français) ; 72418 s. (étranger).

Mesure d'exécution forcée : voir Saisie.

Promesse : 11952 s. (refus du promettant d'exécuter la promesse de contrat) ; 11958 (refus du bénéficiaire d'une promesse de conclure le contrat) ; 23515 (prêt).

Transaction : 70409.

Exécution provisoire

Arbitrage : 71054 (sentence rendue en amiable composition) ; 71245 (sentence française) ; 71323 (sentence étrangère).

Exécution provisoire (suite)
Bail commercial : 5903 (fixation judiciaire du loyer d'un bail renouvelé).
Jugement : 72409 (français) ; 72451 (étranger) ; 72503 (référé).
Ordonnance de référé : 72546 (règles générales) ; 59418 (référé provision).
Paiement : 53821 (condamnation à des intérêts moratoires).
Procédure collective : 64720 s. (décisions du tribunal) ; 64745 (ordonnance du juge-commissaire).

Exemplaires (nombre d') : 26105 (connaissement) ; 34828 (contrat d'édition) ; 41063 (contrat de prêt) ; 50918 (lettre de change) ; 75686 (contrat synallagmatique).

Exequatur : 72445 s. (règles générales) ; 61475 et 62270 (jugement ouvrant une procédure collective) ; 71245 s. (sentence arbitrale).

Expéditeur (transport) : 24233 (routier intérieur) ; 25065 (routier CMR) ; 25806 (aérien).
AUTRE RUBRIQUE : Chargeur (transport maritime).

Expédition maritime : 135 (nature de l'activité).

Expert : voir Expert-comptable, Expertise.

Expert-comptable : 412 (incompatibilités).
AUTRE RUBRIQUE : Profession libérale.

Expertise
– judiciaire : 61115 (conciliation entre un débiteur et ses créanciers) ; 61570 et 61600 (en cas de procédure collective) ; 75524 (mesure d'instruction).
Assurance : 17709 (terrestre) ; 24446 (transport routier).
Contrat : 12434 (fixation du prix par un tiers).
AUTRE RUBRIQUE : Enquête.

Exploit d'huissier ou de commissaire de justice : voir Acte extrajudiciaire.

Exploitant individuel (d'une entreprise) : 2125 s. (étude d'ensemble).
AUTRE RUBRIQUE : Entreprise.

Exploitation : 2145 s. (entreprise individuelle) ; 3056 s. (location-gérance d'un fonds de commerce) ; 4055 (bail commercial) ; 22105 (obligation du franchiseur) ; 31597 s. (brevet) ; 32556 (marque) ; 33321 (licence de marque) ; 34700 s. (droits d'auteur) ; 34760 s. (contrat de droits d'auteur : règles communes) ; 34837 (contrat d'édition : règles communes) ; 34850 (contrat d'édition : exploitation numérique de livres) ; 34855 (contrat de production audiovisuelle) ; 35000 s. (œuvre pour une publicité).

Exploitation agricole : 30319 (maintien d'une indivision).

Exposition : 11600 (recherche de cocontractants) ; 31040 (divulgation d'une invention).

Expropriation : 4021 (convention d'occupation précaire) ; 6491 (bail commercial : indemnité) ; 15117 (force majeure) ; 30068 (utilité publique) ; 56298 (droit du créancier hypothécaire) ; 70227 (transaction : erreur sur le montant de l'indemnité).

Expulsion d'un locataire : 5260 (règles générales) ; 4985 (sous-locataire) ; 72506 (référé) ; 74350 (responsabilité du fait des lois).
AUTRE RUBRIQUE : Éviction.

Extinction
– de l'action en justice : 70400 (transaction).
– du contrat : 15650 s. (étude d'ensemble) ; 3150 s. (location-gérance) ; 5150 s. (bail commercial) ; 18000 s. (assurance) ; 22557 (location de meubles) ; 22577 (location de coffre-fort) ; 23297 s. (fiducie) ; 24101 s. (commission de transport) ; 24480 s. (transport routier) ; 25695 s. (location de véhicule routier industriel) ; 33000 s. (licence de brevet) ; 33351 (licence de marque) ; 34843 (édition) ; 41650 (crédit-bail mobilier).
Voir aussi Paiement.
– de la créance : 40542 (inscription en compte) ; 52951 (compensation).
– de la garantie : 55700 s. (cautionnement) ; 56700 (hypothèque) ; 57070 s. (gage).
– de la solidarité : 50195 s. (codébiteurs).
AUTRES RUBRIQUES : Nullité, Résiliation du contrat, Résolution du contrat.

Extraction : 204 (nature de l'activité).

EXW (Ex Works) : voir Incoterms.

F

Fabricant
Crédit-bail : 41608 (conclusion d'un crédit-bail par le fabricant).
Rémunération : 34821 (rémunération des fabricants de disques au titre du droit d'auteur).
Responsabilité : 8075 (responsabilité du fait des choses) ; 8085 s. (responsabilité du fait des produits défectueux) ; 18831 (contrat de fabrication en commun) ; 19640 et 20425 (action du maître de l'ouvrage contre le fabricant de la chose fournie par le prestataire de services) ; 27243 (action du sous-acquéreur) ; 27256 (clauses limitatives ou exclusives de garantie) ; 31618 (contrefaçon).
AUTRE RUBRIQUE : Fabrication.

Fabrication : 18800 s. (contrat de fabrication en commun) ; 34834 (contrat d'édition).

Factoring (affacturage) : 53200 s.

Facture
Affacturage : 53200 s.
Document contractuel : 12156.
Erreur de facturation : 24461 (remise en cause du prix reçu ou payé sans réserve) ; 41268 (bordereau Dailly) ; 52912 (caractère certain d'une créance).
Fausse facture : 41259.
Mentions obligatoires : 474.
Obligation de facturer : 50515.

Faillite : 72106 (exclusion des règles de compétence du règlement UE du 12-12-2012).
AUTRE RUBRIQUE : Procédure collective.

Faillite personnelle : 64500 s. (étude d'ensemble) ; 406 (commerçant ou artisan) ; 51662 (bénéficiaire d'effets de complaisance).

Fait juridique : 15126 (force majeure) ; 72418 (jugement) ; 73803 (légalité des lois) ; 74450 (loi nouvelle) ; 75750 s. (preuve).

Fait du prince : 15117 (force majeure) ; 26205 (transport maritime).

Faute

Études d'ensemble : 8040 s. (responsabilité extracontractuelle) ; 15000 s. (responsabilité contractuelle).

Faute intentionnelle ou dolosive : 12240 s. (dol) ; 15005 (validité d'une clause exclusive de responsabilité) ; 15023 (réparation sur le fondement de la responsabilité contractuelle) ; 15322 (validité d'une clause limitative de responsabilité) ; 17540 (assurance des pertes et dommages résultant d'une telle faute de l'assuré) ; 17910 (délai de prescription de l'action de l'assureur contre l'assuré auteur d'une faute intentionnelle) ; 18206 (assurance du civilement responsable) ; 30058 (abus du droit de propriété) ; 74906 (prise en compte pour la mise en œuvre de la loi).

Manquement au devoir général de prudence et de diligence : 8040.

AUTRE RUBRIQUE : Abus de droit.

Faux : 25848 (livraison de marchandises au vu de faux télex) ; 26909 (remise de documents faux concernant le véhicule vendu) ; 41259 (facture fictive) ; 50515 (fausse facture) ; 51600 et 51665 (lettre de change) ; 52755 s. (chèque) ; 53303 (crédit documentaire) ; 75656 (force probante d'un acte authentique).

AUTRES RUBRIQUES : Contrefaçon, Escroquerie.

Feuille de route : 24263 (preuve du contrat de transport).

Fichier

– immobilier : voir Service de la publicité foncière.

– national des chèques volés ou perdus : 52750.

– des salariés d'un fonds de commerce : 2545.

Rétention d'un fichier : 57812.

Fiducie : 23200 s. (étude d'ensemble) ; 57520 (fiducie garantie) ; 62011 (contrat en cours en cas de procédure collective) ; 63010 (revendication) ; 63145 (nullité de la période suspecte) ; 63780 (plan de cession).

Film : 213 (réalisation ou production d'un film : nature de l'activité) ; 34550 (qualification : œuvre audiovisuelle) ; 34867 (inscription au registre public de la cinématographie et de l'audiovisuel) ; 57200 (gage).

AUTRES RUBRIQUES : Audiovisuel, Auteur, Contrat d'exploitation de droits d'auteur.

Financement public : 41700 s. (étude d'ensemble) ; 11603 (financement de la prospection à l'étranger).

Fin de non-recevoir : 70013 (stipulation contractuelle) ; 71603 (définition) ; 71922 (relevé d'office).

Fisc : voir Administration fiscale.

Fiscalité : voir Administration fiscale, Impôt et taxe, TVA.

FNVC (Fichier national des chèques volés ou perdus) : 52750.

FOB (Free On Board) : voir Incoterms.

Foire et salon : 8049 (acte déloyal commis lors d'un salon) ; 11600 (recherche du client) ; 26615 (vente réglementée) ; 30038 (achat dans une foire d'un bien perdu ou volé) ; 32556 (exposition à un salon professionnel d'un produit revêtu d'une marque).

Folklore : 34541 (droits d'auteur).

Fonctionnaire : 412 (incompatibilités) ; 31415 (inventeur).

Fonds artisanal

Crédit-bail : 3300.

Location-gérance : 3000.

Nantissement : 3400 s.

Propriétaire du fonds : 4070 (bail commercial).

Vente : 198 (régime) ; 2754 (droit de préemption des communes).

Fonds de commerce

Étude d'ensemble : 2500 s.

Achat : 188 (nature de l'activité).

Bail commercial : 4055 s. (exploitation d'un fonds).

Concessionnaire : 21995 (clientèle propre).

Gérance-mandat : 19800.

Nantissement : 3400 s. (conventionnel) ; 59300 (judiciaire).

Usufruit : 30568.

AUTRES RUBRIQUES : Location-gérance, Vente de fonds de commerce.

Fongible, fongibilité : 21000 (dépôt d'un bien fongible) ; 30562 (quasi-usufruit) ; 52909 (compensation de créances fongibles) ; 57015 et 57073 (mise en gage d'un bien fongible) ; 63044 (revendication d'un bien fongible) ; 75689 (preuve de l'engagement de livrer un bien fongible).

For (loi du for) : 74606 (droit applicable).

Forain : 26615 (vente réglementée).

Force majeure : 15076 s. (étude d'ensemble – contrat) ; 5223 (bail commercial) ; 8031 (responsabilité extracontractuelle) ; 14465 (inexécution du contrat) ; 15571 (effets sur l'acquisition d'une clause résolutoire) ; 24565 (transport routier intérieur) ; 25171 (transport routier CMR) ; 26187 (transport maritime) ; 74930 (principe général du droit de l'UE) ; 75633 (perte d'une preuve).

Forces de la nature : 15102 (force majeure).

Forclusion : 24090 (commission de transport) ; 24436 (dénonciation des pertes et avaries) ; 25854 (action en réparation de dommages de transport aérien) ; 32480 (action en nullité d'une marque) ; 34727 (saisie-contrefaçon) ; 62610 s. (procédure collective : déclaration des créances) ; 62992 et 63004 (procédure collective : action en revendication) ; 71700 (prescription d'une action en justice).

AUTRE RUBRIQUE : Prescription.

Forfait

Prix : 11161 (contrat non aléatoire) ; 12461 (détermination) ; 14050 (clause de révision du forfait) ; 15507 (sort en cas de résiliation) ; 15618 s. (sort en cas de résolution) ; 19555 s. et 19660 (contrat d'entreprise) ; 20360 (sous-traitance) ; 24009 (commission de transport) ; 24212 (transport routier

Forfait (suite)
intérieur) ; 25600 (location de véhicule routier) ; 50305 (paiement) ; 50979 (lettre de change).
Rémunération : 23041 (indemnisation des pertes de gestion du mandataire) ; 32881 (licence de brevet) ; 34784 (auteur).

Formalité de publicité : voir Publicité.

Formule exécutoire : 59518 (injonction de payer).

Fortune de mer : 26199 (responsabilité du transporteur).

Fouilles de textes et de données : 34716 (droit d'auteur) ; 35054 (droits voisins).

Fournisseur de service de partage de contenus en ligne : 34823 (représentation d'œuvres protégées par le droit d'auteur) ; 35076 (droit voisin).

Frais : voir Frais de justice, Impenses.

Frais de justice : 55209 (cautionnement) ; 61120 (procédure de conciliation) ; 61605 (dossier impécunieux de procédure collective) ; 62244 (primauté sur certaines créances nées de la procédure collective) ; 72406 (charge des frais).

France : 32433 (protection comme un nom patronymique) ; 74400 (définition du territoire français pour l'application des lois et règlements).

Franchise (assurance) : 17755.

Franchise (contrat) : 22050 s. (étude d'ensemble) ; 2507 (clientèle du franchisé) ; 21590 s. (résiliation d'un contrat conclu avec un réseau de distribution) ; 62000 s. (poursuite en cas de procédure collective du franchisé).

Free On Board (FOB) : voir Incoterms.

Fraude : 74903 (définition et sanctions) ; 1360 (changement de régime matrimonial) ; 2260 (saisie des deux patrimoines de l'entrepreneur individuel) ; 2345 (saisie de l'intégralité du patrimoine de l'EIRL) ; 17785 (surassurance) ; 24436 (opposabilité de la forclusion par un transporteur) ; 24673 (prescription annale de l'action en réparation fondée sur un contrat de transport) ; 26639 (opposabilité d'un pacte de préférence) ; 30390 (droit d'opposition d'un créancier à un partage) ; 31435 (revendication d'un brevet) ; 32500 (dépôt de marque) ; 32518 (revendication d'une marque) ; 35047 (fraude informatique) ; 53347 (crédit documentaire) ; 58039 (dispense de paiement d'une garantie autonome) ; 61320 s. (ouverture d'une procédure de sauvegarde) ; 61360 (ouverture d'un redressement ou d'une liquidation judiciaire) ; 61650 (réunion des patrimoines de l'entrepreneur individuel, y compris EIRL) ; 62675 s. (fraude du fournisseur de crédit envers l'emprunteur) ; 64190 s. (reprise des actions des créanciers après clôture de la liquidation judiciaire) ; 75639 (preuve).
AUTRES RUBRIQUES : Abus de droit, Action paulienne, Faute.

Freinte de route : 24272 (transport routier intérieur : assurance) ; 24571 (transport routier intérieur : réparation) ; 26214 (transport maritime : réparation).

Fret : 26025 (transport maritime : détermination) ; 26144 (transport maritime : paiement) ; 58251 (assiette de l'hypothèque maritime).
AUTRE RUBRIQUE : Prix.

Fruits
– d'un bien déposé : 21057 (restitution).
– d'un bien indivis : 30138 (répartition entre les indivisaires) ; 30355 (sort en cas d'attribution préférentielle du bien indivis).
– du bien vendu : 13455 (fruits nés après la conclusion de la vente et avant la réalisation de la condition) ; 16050 (conséquence de la réalisation d'une condition résolutoire) ; 16134 (conséquences de la nullité de la vente) ; 26809 (réméré) ; 26921 (droits de l'acquéreur) ; 27209 (vice caché).
– d'un immeuble : 56295 (assiette d'une hypothèque).
Usufruit : 30575 (droit aux fruits).

Fusion
Compte courant : 40539 (paiement d'une créance par inscription au compte) ; 40584 (capitalisation des intérêts des sommes en compte à chaque arrêté) ; 40611 (convention d'unité de compte) ; 52295 (existence d'une convention) ; 55814 (perte par une caution de ses actions) ; 59818 (obligation de renseignement d'un tiers saisi sur le montant du solde unique).
Sociétés : 5015 (cession du bail commercial) ; 17515 (transfert du contrat d'assurance) ; 19552 (exécution d'un contrat de prestations de services) ; 23406 (sort du contrat de fiducie) ; 50145 (sociétés codébitrices d'une dette commerciale) ; 55730 (sort du cautionnement) ; 75603 (preuve d'un contrat apportée par une société venant aux droits d'une des sociétés contractantes).

G

Gage
Étude d'ensemble : 57003 s.
– commercial : 57009 (soumission au droit commun du gage) ; 57021 (exigence d'un écrit) ; 57046 (vente du bien gagé).
– espèces : 55027 (distinction avec le cautionnement) ; 57550 s. (règles générales).
Automobile : 57100 s.
Brevet : 33203.
Dessins et modèles : 33600.
Effet de commerce : 51160 s.
Fiducie : 23208 (avantage par rapport au gage) ; 23233 (droit transféré) ; 23279 (limitation du gage au patrimoine fiduciaire).
Immeuble (antichrèse) : 56820.
Outillage et matériel : 3500.
Procédure collective : 57052 (procédure de demande d'attribution) ; 61920 s. et 62515 s. (inscription) ; 62519 (accroissement de l'assiette) ; 62522 s. et 61950 s. (période d'observation) ; 62460 s. (poursuites contre les garants du débiteur) ; 62642 (déclaration des créances) ; 63138 s. (nullité de la période suspecte) ; 63356 (vente du bien en cas de sauvegarde ou de redressement judiciaire) ; 63850 s., 63890 s., 63945 et 64080 s. (cession du bien en cas de liquidation judiciaire).
Stocks : 57340 (soumission au droit commun du gage).

Gains et salaires : voir Revenus et Salaire.

Garage, garagiste : 4030 (bail commercial) ; 19634 (nature de l'obligation du réparateur) ; 21000 (mise à disposition d'un emplacement dans un garage : existence d'un dépôt) ; 57606 (privilège en raison des réparations effectuées).

AUTRE RUBRIQUE : Contrat d'entreprise.

Garantie (sûreté)
Étude d'ensemble : 55000 s.
– autonome : 58000 s. (étude d'ensemble).
Cession de créance (bordereau Dailly) : 41271 (transfert des sûretés) ; 41289 (garantie à la charge du signataire d'un bordereau).
Cession de dette : 14315.
Chèque de garantie : 52310.
Clause de garantie de valeur : 50360 s.
Compte courant : 40542 (sort de la garantie en cas d'extinction d'une créance) ; 40605 s. (solde créditeur).
Garant : 55024 (obligation de garant) ; 58193 (porte-fort d'exécution).
Immeuble retenu à titre de garantie : 57515.
Lettre de change : 51003 (provision) ; 51133 (endossement).
Meuble retenu à titre de garantie : 57500.
Procédure collective : 61925 (constitution par le débiteur) ; 61950 s. (période d'observation : vente d'un bien grevé d'une sûreté) ; 62460 s. (poursuites contre les garants du débiteur) ; 62515 s. (interdiction des inscriptions et des accroissements après l'ouverture de la procédure) ; 62642 (déclaration des créances) ; 63138 s. (inscriptions en période suspecte) ; 63354 s. (plan de sauvegarde : vente du bien grevé) ; 63850 s. (plan de cession : transfert de sûretés) ; 63890 (plan de cession : sort des sûretés non transférées).
Substitution : 59127 (à une saisie conservatoire) ; 59230 (à une inscription provisoire d'hypothèque) ; 61956 (sauvegarde et redressement judiciaire).
Sûreté consentie par un entrepreneur individuel : 2225.
Sûreté négative : 58215.
Usufruit : 30605 s.
AUTRES RUBRIQUES : voir le mot correspondant à chaque sûreté (Caution, cautionnement, Gage, etc.).

Garantie des dommages : 17540 s. (assurance).

Garantie d'éviction : 2809 (vente de fonds de commerce) ; 4565 (bail commercial) ; 27300 (vente de meubles) ; 30383 (partage) ; 33200 (brevet) ; 33600 (dessins et modèles).

Garantie de jouissance : 4565 s. (baux commerciaux) ; 32953 (licence de brevet).

Garantie des vices cachés : voir Vice caché.

Garde : 8060 s. (responsabilité civile du fait des choses) ; 21000 s. (contrat de dépôt) ; 21040 (nature de l'obligation) ; 57812 (exercice du droit de rétention).

Gaz (fourniture) : 14495 (paiement de la facture – mesures temporaires liées à l'épidémie de Covid-19).

AUTRE RUBRIQUE : Abonnement.

Gel : 59019 (gel de fonds).

Généalogiste : 163 (nature de l'activité).

Génie civil : 18900 s. (contrat d'ingénierie) ; 20318 (sous-traitance de travaux de génie civil).

Gérant
– d'une indivision : 30109 s. (légale) ; 30225 s. (conventionnelle).
– de succursale : 220 (activité) ; 21600 s. (statut).

Gestion (contrat de conseil en gestion) : 19800.

Gestion d'affaires : 10305 s. (étude d'ensemble) ; 17515 (souscription d'une assurance) ; 30130 (indivision) ; 55501 (fondement d'un recours de la caution contre un tiers bénéficiaire).

GIE (groupement d'intérêt économique) : 1206 (capacité) ; 4058 (bail commercial) ; 12390 s. (représentation).

Grande surface : 4027 (bail commercial) ; 4064 (fonds de commerce) ; 4403 (erreur sur un emplacement).

Gravure : 34553 (droits d'auteur).

Grève : 15114 (force majeure) ; 26208 (transport maritime).

Griffe
Acte sous signature privée : 75683 (preuve).
Billet à ordre : 51812 (souscripteur) ; 51824 (tireur).
Chèque : 52359 (endosseur) ; 52755 (responsabilité du banquier).
Lettre de change : 50946 (tireur) ; 51073 (tiré) ; 51109 (endosseur).

Groupe de sociétés
Arbitrage : 70868.
Contrat : 13006 (société contractante) ; 24233 (contrat de transport conclu par une filiale) ; 34828 (contrat d'édition conclu par un groupe) ; 34846 (cession d'un contrat d'édition à une société du même groupe).
Contrefaçon : 32965 (action de la société mère contre une filiale).
Convention d'omnium : 40022.
Licence de marque : 33303.
Paiement : 24455 (société débitrice du prix du transport) ; 50515 (facturation par la société prestataire) ; 52906 (conditions de la compensation légale).
Procédure collective : 61322 (sauvegarde de droit commun) ; 61325 (sauvegarde accélérée) ; 61360 s. (appréciation de la cessation des paiements) ; 61424 (chance de redressement) ; 61462 s. (tribunal compétent) ; 61630 s. (extension de procédure) ; 62582 (déclaration des créances) ; 63290 (plan).
Saisie de navire : 59144.

Groupement
– d'intérêt économique : 1206 (capacité) ; 4058 (bail commercial) ; 12390 s. (représentation).
– momentané d'entreprises : voir Consortium.
– de prévention agréé : 61190.

Groupement étranger sans personnalité morale : 71633 (capacité d'agir en justice).

Guerre
Contrat (règles générales) : 14005 s. (révision du contrat) ; 14701 (suspension judiciaire du contrat) ; 15080 s. (clause de garantie contre la force majeure) ; 15105 (force majeure).
Prêt garanti par l'État : 58191 (guerre en Ukraine).
Responsabilité de l'État : 74350 (fait des lois).
Transport : 24272 (routier intérieur : risque couvert par l'assurance des marchandises transportées) ; 25860 (aérien : exonération du transporteur pour les marchandises transportées) ; 26202 (maritime : cause d'exonération du transporteur).
Guichet unique électronique des formalités d'entreprises : 2035 s. (étude d'ensemble) ; 453 (immatriculation du commerçant).
Guide : 34516 (droits d'auteur).

H

Habilitation familiale : 1145 s. (étude d'ensemble) ; 1122 (conclusion d'un acte de la vie courante).
Hadopi : 34730 (protection des droits sur internet).
Hague's Rules : 26001 s. (transport maritime).
Handling (agent de handling : transport aérien) : 25824 (chargement) ; 25827 (prise en charge) ; 25842 (déchargement) ; 25848 (livraison) ; 25872 (préposé du transporteur) ; 25875 (action contre l'agent : prescription).
Hangar (statut des baux commerciaux) : 4039 (édification par un locataire sur un terrain loué).
Hardship (clause de hardship) : 14050 s. (révision d'un contrat).
Héritier
– d'un auteur d'une œuvre de l'esprit : 34650 (droit moral) ; 34694 (divulgation de l'œuvre) ; 34700 s. (exploitation de l'œuvre).
– d'un contractant : 13021 (règles générales) ; 1151 (mandat de protection future) ; 18022 (contrat d'assurance) ; 21048 (dépôt) ; 22105 (contrat de franchise) ; 50123 s. (obligation indivisible) ; 55409 (cautionnement – information des héritiers de la caution) ; 55465 (cautionnement – obligation de paiement des héritiers de la caution) ; 75698 (preuve de la date d'un acte sous signature privée) ; 75701 (force probante d'un acte sous signature privée).
Indivision : 30300 (partage) ; 30334 s. (attribution préférentielle).
Réparation d'un dommage : 8184 (action en responsabilité civile).
Stipulation pour autrui : 13039.
Succession : 50052 s. (option) ; 50076 (renonciation).
Usufruit : 30575 (droit aux fruits).
AUTRES RUBRIQUES : Décès, Légataire, Succession.
Hiérarchie des normes : 73500 (principe) ; 73800 s. (applications).
Homologation judiciaire
Accord conclu dans le cadre d'une conciliation : 61160 s. (entreprise en difficulté).
Accord issu d'une procédure participative : 70014.

Homologation judiciaire (suite)
Action paulienne contre un acte homologué : 15673 (cas général) ; 1366 (changement de régime matrimonial).
Jugement d'homologation : 72436 (force de chose jugée).
Liquidation judiciaire : 63510 (transaction ou compromis).
Portée de l'homologation : 72400.
Régime matrimonial : 1366 (opposition au changement de régime) ; 10203 (liquidation du régime : caractère contractuel de la convention réglant les effets patrimoniaux du divorce) ; 15673 (nullité d'un contrat réglant les effets patrimoniaux du divorce après homologation) ; 54003 (action paulienne contre la modification du régime).
Sentence arbitrale rendue à l'étranger : 71300 (applicabilité d'une convention relative à l'exécution d'un jugement étranger).
Transaction : 70409.
Honoraires : voir Commission, Rémunération.
Horticulteur : 201 (nature de l'activité).
AUTRE RUBRIQUE : Agriculteur.
Hôtel
Bail commercial : 4632 (travaux) ; 5260 (résiliation : expulsion des occupants) ; 6018 (loyer) ; 6156 (monovalence des locaux).
Fonds de commerce : 2603 (lieu d'exploitation) ; 2809 (obligation de non-concurrence du vendeur).
Nature de l'exploitation : 160.
Prestations hôtelières : 34709 (mise à disposition d'une télévision : droits d'auteur).
Huissier ou commissaire de justice
Ordre professionnel : 74327 (inobservation des règles de discipline).
Procédure collective : 61458 (tribunal compétent en cas de procédure collective de l'huissier ou du commissaire de justice) ; 61750 s. (inventaire des biens d'un débiteur en procédure collective) ; 62582 (déclaration des créances d'un client) ; 63490 (désignation comme liquidateur judiciaire).
AUTRES RUBRIQUES : Acte extrajudiciaire, Profession libérale.
Hypothèque
– judiciaire conservatoire : 59200 s. (étude d'ensemble) ; 63138 (redressement ou liquidation judiciaire : nullité de période suspecte).
– légale : 56200 (définition) ; 57603 (transformation des privilèges immobiliers spéciaux en hypothèques spéciales légales).
– rechargeable : 56230 (conditions) ; 56265 (durée) ; 56271 (radiation) ; 56506 (concours avec une hypothèque judiciaire conservatoire) ; 56700 (extinction) ; 56703 (renonciation du créancier).
Aéronef : 58263.
Bateau de navigation intérieure : 58257.
Droits indivis : 56215 (sort en cas de partage) ; 59221 (hypothèque conservatoire).
Fiducie : 23208 (avantage par rapport à l'hypothèque) ; 23233 (droit transféré).
Immeuble : 56200 s. (étude d'ensemble).
Navire : 58251.

Hypothèque (suite)

Novation de l'obligation garantie : 14121.

Procédure collective : 61925 (constitution sur autorisation du juge-commissaire) ; 62515 s. (inscription ou accroissement après ouverture de la procédure) ; 62525 (neutralisation du pacte commissoire) ; 62460 s. (poursuites contre les garants du débiteur) ; 62642 (déclaration des créances) ; 63138 s. (nullité de la période suspecte) ; 63356 (vente du bien hypothéqué en cas de sauvegarde ou de redressement judiciaire) ; 63850 s. (transfert de la charge au repreneur) ; 63890, 63985 et 64080 s. (vente du bien hypothéqué dans le cadre de la liquidation).

AUTRES RUBRIQUES : Créancier privilégié, Garantie, Service de la publicité foncière.

I

Idée : 34513 (droits d'auteur).

Identification : 450 s. (registre du commerce et des sociétés) ; 2060 s. (répertoire national des entreprises) ; 2075 s. (registre national des entreprises).

Illustration : 34559 (droits d'auteur).

Imitation

Marque : 32448 (domaine de protection) ; 32626 s. (contrefaçon) ; 32627 (mode d'appréciation) ; 32640 s. (sanction pénale) ; 33345 (licence de marque).

Nom commercial : 2531.

Signature : 51070 (lettre de change) ; 52755 (chèque).

Immatriculation

Registre du commerce : 300 s. (présomption de commercialité) ; 450 s. (commerçant) ; 1203 (effet de l'immatriculation d'une société) ; 2748 (vente de fonds de commerce) ; 3035 (location-gérance) ; 4070 s. (bail commercial).

Registre national des entreprises : 2075 s. (étude d'ensemble) ; 195 (artisan) ; 485 (commerçant).

AUTRE RUBRIQUE : Inscription.

Registre spécial : 2310 (EIRL) ; 21670 s. (agent commercial).

Répertoire national des entreprises : 2060 s.

Immeuble

– par destination : 56283 s. (définition – hypothèque) ; 57015 (gage mobilier) ; 57326 (warrant).

Achat : 123 (achat pour revendre : nature de l'activité) ; 13030 (droits et obligations transmis à l'acquéreur).

Affectation : 2205 (entrepreneur individuel) ; 2300 (EIRL).

Bail : 207 (nature de l'activité de location) ; 4027 s. (immeuble pouvant faire l'objet d'un bail commercial) ; 4559 (obligation d'entretien du bailleur) ; 4620 s. (charge des travaux et réparations).

Compétence juridictionnelle : 72006 (compétence d'attribution) ; 72147 (règlement UE – compétence territoriale).

Construction : 207 (nature de l'activité).

Fiducie : 23233 (transfert) ; 23236 s. (formalités).

Immeuble (suite)

Gage (ou antichrèse) **:** 56820 (régime).

Hypothèque : 56200 s. (étude d'ensemble).

Partage : 30386 (indivision).

Promotion : 126 (nature de l'activité).

Propriété : 30013 s. (étude d'ensemble) ; 57515 (réserve de propriété à titre de garantie).

Vente : 1035 (mineur sous administration légale) ; 63650 s. (plan de cession) ; 63930 s. (cession en dehors du plan de cession).

Immixtion : 7515 (monopole d'État) ; 18238 (direction de la défense par un assureur) ; 40110 (contrat de banque) ; 74453 (pouvoir législatif et administration de la justice).

Immunité

– d'exécution : 59706 (saisie) ; 60403 (recouvrement des créances sur les personnes publiques étrangères) ; 71323 (exequatur en France d'une sentence arbitrale rendue à l'étranger) ; 74350 (responsabilité du fait des lois).

– de juridiction : 565 (représentation commerciale en France de personnes publiques étrangères) ; 72300 (personnes publiques étrangères).

Impenses : 10313 (gestion d'affaires) ; 16137 (restitution résultant de l'annulation d'un contrat) ; 30038 (indemnisation du possesseur d'un meuble volé ou perdu) ; 57815 (créance née à l'occasion de l'exercice d'un droit de rétention).

Impôt et taxe : 505 (imposition des commerçants) ; 560 (imposition des Epic) ; 3097 (solidarité fiscale du loueur de fonds de commerce) ; 4638 (répartition des impôts entre bailleur et locataire) ; 30620 (charges usufructuaires) ; 41057 (intégration des impôts dans le TEG d'un prêt d'argent) ; 41124 (déduction des intérêts d'un prêt participatif) ; 59040 (responsabilité d'un séquestre pour défaut de paiement d'un impôt foncier) ; 61124 (remise dans le cadre d'une conciliation) ; 61200 (demande de remise) ; 63252 (remise accordée dans le cadre d'un plan de sauvegarde ou de redressement).

AUTRES RUBRIQUES : Administration fiscale, TVA.

Imprévision, imprévisibilité : 14005 s. (révision du contrat) ; 15099 (événement imprévisible constitutif de force majeure).

Imprimerie : 34697 (droits d'auteur).

Imputation des paiements : 50530 s. (règlement d'un prix) ; 52948 (compensation de plusieurs dettes).

Inaliénabilité

Garantie : 56218 (hypothèque) ; 57015 (gage) ; 58215 (sûreté négative).

Procédure collective : 63330 (plan de sauvegarde ou de redressement) ; 63562 (levée d'une clause d'inaliénabilité) ; 63844 s. (plan de cession).

Saisie-vente : 59724 (meubles corporels).

Stipulation pour autrui : 13034.

Usufruit : 30580 (cession du droit).

Vente : 26642.

Incapacité : voir Capacité, Mineur, minorité, Majeur protégé.

Incendie
Assurance : 4635 (droit du bailleur sur l'indemnité versée au locataire) ; 17768 (versement de l'indemnité) ; 17788 (assurances cumulatives) ; 23531 (assurance en cas de prêt à usage) ; 30562 (versement de l'indemnité à un usufruitier).
Bail commercial : 4021 (légitimation d'une convention d'occupation précaire) ; 4590 (responsabilité du locataire) ; 5210 (résiliation).
Fonds de commerce : 2606 (survie de la clientèle) ; 3062 (responsabilité du locataire-gérant).
Force majeure : 15102 s.
Location de meubles : 22548 (responsabilité du locataire).
Responsabilité civile : 8081 (responsabilité du gardien : communication d'incendie) ; 8147 s. (responsabilité du commettant).
Transport : 24568 (routier) ; 25171 (routier CMR) ; 26196 (maritime).

Incompatibilité
Bail commercial : 4018 (incompatibilité du statut avec les règles d'autres contrats) ; 4883 (déspécialisation : compatibilité des activités nouvelles avec les locaux).
Commerce : 412 (catégories de professions ou de mandats).
Loi : 73803 (traité international) ; 74206 (loi nouvelle).
Ordre public du for : 16690 s. (ordre public international) ; 17000 (lex mercatoria).
Organes d'une procédure collective : 61600.

Incompétence (exception d'incompétence) : 72009.

Incoterms CCI (International Commercial Terms) : 26718 (stipulation contractuelle) ; 26721 (frais de transport) ; 26724 (dédouanement) ; 26727 (assurance) ; 26918 (frais de délivrance des biens vendus) ; 26924 (dédouanement) ; 27074 (transfert de propriété) ; 27103 (transfert des risques).

Indemnité
– d'assurance : 17720 s. (bénéficiaire : règle générale) ; 4635 (droit du bailleur sur l'indemnité versée au locataire) ; 30562 (versement de l'indemnité à un usufruitier) ; 56298 (hypothèque) ; 57070 (gage) ; 57503 (réserve de propriété) ; 58251 (hypothèque maritime) ; 58257 (hypothèque fluviale) ; 58263 (hypothèque sur aéronef).
– d'éviction : 6303 s. (bail commercial : détermination) ; 6393 s. (bail commercial : règlement).
– d'immobilisation : 11931 (promesse de contrat).
– de licenciement : voir Licenciement.
– d'occupation (bail commercial) : 5260 (résiliation) ; 6369 (repentir) ; 6386 (régime) ; 6800 (tribunal compétent) ; 6818 s. (prescription).
Dommages-intérêts judiciaires : 15300 s.

Indexation
Étude d'ensemble : 50350 s.
Assurance : 17590 (prime) ; 17768 (indemnité) ; 17778 (clause d'indice variable).
Contrat : 3059 (location-gérance) ; 14050 (clause de révision) ; 41042 (prêt d'argent).
Loyer d'un bail commercial : 4709 (règles générales) ; 4703 (clause recettes) ; 4740 (révision

Indexation (suite)
légale) ; 4743 s. (révision en l'absence de clause) ; 4765 s. (révision en application d'une clause).

Indication d'origine : 2730 (indication de l'origine du fonds vendu) ; 26509 (fausse indication de l'origine des fonds versés) ; 32475 (dépôt à titre de marque).
AUTRE RUBRIQUE : Appellation d'origine.

Indication géographique : 32457 et 32475 (dépôt à titre de marque).

Indice : 50393 (indexation du paiement) ; 75806 (présomption de preuve).

Indisponibilité
Arbitre : 71033.
Créance : 59046 (séquestre) ; 59124 s. (saisie conservatoire) ; 59755 (saisie-vente) ; 59828 s. (saisie-attribution).
Fonds : 40163 (clôture d'un compte bancaire) ; 50806 (exécution d'un ordre de virement).
Prix : 2885 (opposition à une vente de fonds de commerce).
Provision : 52463 s. (obligation de paiement d'un chèque).
Véhicule : 25635 (contrat de location).
AUTRE RUBRIQUE : Inaliénabilité.

Indivisibilité : 4030 (bail commercial) ; 10103 s. (contrats) ; 12186 (acte apparent et acte secret) ; 50120 s. (obligations indivisibles) ; 55465 (obligation des héritiers d'une caution au paiement d'une dette indivisible) ; 55920 (cautionnement réel) ; 57033 (obligation des héritiers en présence d'un gage) ; 70285 (transaction).

Indivision
Étude d'ensemble : 30100 s.
Bail commercial : 4071 (immatriculation) ; 4409 (conclusion du bail) ; 6300 (refus de renouvellement).
EIRL : 2300.
Hypothèque : 30163 (faculté) ; 56286 s. (immeuble – condition) ; 56215 (sort en cas de partage) ; 59221 (hypothèque conservatoire).
Indivisaire (mandataire) : 253 (activité commerciale) ; 3012 (conclusion d'une location-gérance) ; 32830 (licence de brevet).

Indu (paiement de l'indu) : 54200 s. (étude d'ensemble).

Inexécution
Contrat : 14400 s. (étude d'ensemble) ; 5220 s. (bail commercial) ; 10106 (contrats interdépendants) ; 11952 et 11958 (promesse) ; 15506 (résiliation unilatérale) ; 21961 (contrat de concession) ; 22114 (contrat de franchise) ; 24300 s. (transport).
Procédure collective : 61150 et 61165 (accord de conciliation) ; 62432 s. (plan de sauvegarde ou de redressement) ; 63745 et 63860 s. (plan de cession).
Séquestre conventionnel : 59020.
AUTRES RUBRIQUES : Défaillance, Extinction, Faute, Résiliation du contrat, Résolution du contrat.

Information
– de presse : 34520 (protection par le droit d'auteur).

Information (suite)
Banque : 11650 (fourniture de renseignements commerciaux) ; 40111 (devoir d'information de la banque prêteuse) ; 40103 (conditions générales de banque) ; 40111 (information du client sur le risque de l'opération) ; 40125 (secret professionnel) ; 52435 (information du remettant en cas de défaut de paiement d'un chèque).
Cautionnement : 55103 s. (information de la caution lors de la conclusion du cautionnement) ; 55400 s. (information de la caution au cours du cautionnement).
Cession de créance : 14221 (formalités d'information du débiteur) ; 41274 s. (bordereau Dailly).
Cession de droit ou action : 14286 (signification de la cession au débiteur).
Contrat : 11834 s. (devoir d'information du négociateur) ; 17518 (assurance de dommages terrestres) ; 18739 (consortium) ; 18816 (contrat de fabrication en commun) ; 19203 s. (contrat de recherche en commun) ; 19549 (contrat d'entreprise) ; 21546 (distribution exclusive) ; 21986 (changement de concessionnaire porté à la connaissance de la clientèle) ; 22073 (franchise) ; 23528 (prêt à usage) ; 24101 (contrat de commission de transport) ; 25635 (location de véhicule) ; 26709 (vente de marchandises) ; 32900 (licence de brevet) ; 33700 (savoir-faire).
Fonds de commerce : 2703 (obligation d'information des intermédiaires) ; 2758 (obligation d'information des salariés) ; 2853 s. (publication de la vente d'un fonds de commerce) ; 3038 (publication du contrat de location-gérance).
Garantie : 55400 s. (cautionnement) ; 58006 (garantie autonome) ; 59227 (notification d'une inscription d'hypothèque judiciaire conservatoire).
Informatique : 20050 (obligation du fournisseur de services sur internet) ; 35035 (décompilation d'un logiciel) ; 75503 (échange de données informatisées : preuve).

Informatique
Contrat conclu par voie électronique : 12080 s.
Contrat de prestations informatiques : 20000 s.
Contrat de services d'intermédiation en ligne : 20100 s.
Échange de données informatisées : 75503 (preuve).
Édition de livres numériques : 34850 (obligations de l'éditeur).
Logiciel : 2545 (élément incorporel d'un fonds de commerce) ; 8100 (responsabilité du fait d'un logiciel défectueux) ; 26903 (qualité du produit vendu) ; 35005 s. (protection).
Programme : 31103 (brevetabilité).
Signature informatique : 75683.
AUTRE RUBRIQUE : Internet.

Ingénierie : 18900 s. (fourniture d'installation industrielle) ; 20000 s. (ingénierie informatique).

Ingérence : 7515 (monopole d'État) ; 18238 (direction de la défense par un assureur) ; 40110 (contrat de banque) ; 74453 (pouvoir législatif et administration de la justice).

Injonction de payer : 59500 s. (recouvrement des créances).

Inopposabilité des exceptions : voir Exception.

Inpi (Institut national de la propriété industrielle)
Brevet : 31200 s. (étude d'ensemble) ; 32913 (inscription d'une licence de brevet).
Dessin ou modèle : 32110 s. (dépôt).
Marque : 32410 (consultation du registre des marques) ; 32501 s. (dépôt) ; 33312 (inscription d'une licence de marque).
Nom commercial : 2516 (choix).

Insanité d'esprit : voir Trouble mental.

Inscription
Crédit-bail : 41624 (mobilier) ; 41667 (immobilier).
Gage : 57031 (gage sans dépossession) ; 57100 s. (gage automobile) ; 57200 (films).
Hypothèque : 56250 s. (sur immeuble) ; 58251 (maritime) ; 58257 (fluviale) ; 58263 (aérienne) ; 59200 s. (judiciaire provisoire) ; 59233 (judiciaire définitive).
Nantissement : 3423 (fonds de commerce) ; 35044 (droit d'exploitation d'un logiciel).
Privilège du vendeur : 2909 (fonds de commerce).
Propriété : 30050 (meubles corporels immatriculés : aéronefs, bateaux, navires).
Registre des agents commerciaux : 21670 s.
Warrant : 57306 (warrant des magasins généraux) ; 57323 (warrant agricole).

Inscription de faux : 75656.

Insolvabilité
Cautionnement : 55181 (insolvabilité du débiteur) ; 55453 (bénéfice de discussion) ; 55456 et 55556 (insolvabilité de la caution).
Cession de créance : 14243 (insolvabilité du débiteur cédé).
Contrat : 13518 (déchéance du terme) ; 14243 (cession de créance) ; 14600 (mesures de sauvegarde) ; 21708 (garantie par l'agent commercial contre l'insolvabilité de l'acheteur) ; 24269 (transport).
Déconfiture : 54100.
Délit : 59003 (organisation frauduleuse).
Enrichissement injustifié : 10327.
Fourniture de renseignements commerciaux : 11650.
Hypothèque judiciaire conservatoire : 59200 s.
Paiement : 50185 (codébiteur solidaire insolvable) ; 51224 (avaliseur insolvable) ; 53209 (affacturage) ; 53412 (délégué insolvable) ; 54009 (action paulienne).
Procédure collective : 62387 (action paulienne).
AUTRE RUBRIQUE : Procédure d'insolvabilité (Règlement UE).

Instance : voir Action en justice.

Institut national de la propriété industrielle : voir Inpi.

Insuffisance d'actif (procédure collective) : 55510 (recours personnel de la caution) ; 61350 s. (redressement ou liquidation judiciaire) ; 64180 s. (clôture de la liquidation judiciaire) ; 64470 (comblement de passif) ; 64580 s. (banqueroute).

Insurmontable : 15099 (force majeure).

Instruction (mesures) : 71045 (arbitrage) ; 75524 s. (rôle du juge).

Intelligence artificielle : 31025.

Interdictions et déchéances : 406 (profession commerciale) ; 64500 s. (faillite personnelle ou interdiction de gérer) ; 64580 s. (banqueroute).

Interdit bancaire : 52640 s. (étude d'ensemble) ; 1136 (majeur protégé) ; 61165 (levée en cas de conciliation) ; 61840 (fonctionnement du compte en cas de sauvegarde ou de redressement judiciaire du titulaire) ; 63332 (levée en cas d'adoption d'un plan) ; 63532 s. (fonctionnement du compte en cas de liquidation judiciaire du titulaire) ; 64124 (levée en cas de clôture de la liquidation judiciaire) ; 64392 (levée en cas de clôture d'un rétablissement professionnel) ; 64592 (interdiction en cas de banqueroute).

Intérêt à agir en justice : 71606 s.

Intérêt commun
Contrat : 126 (promotion immobilière) ; 18721 (consortium) ; 21546 (distribution exclusive) ; 21650 (agent commercial) ; 21886 (commission) ; 21964 (concession) ; 23083 s. (mandat) ; 26650 (courtage) ; 32800 (licence de brevet) ; 34861 (production audiovisuelle).
Indivision : 30112 (gestion).
AUTRE RUBRIQUE : Mandat d'intérêt commun.

Intérêt légal : 53821 (fixation du taux).

Intérêts
– compensatoires : 53835 s. (dommages-intérêts).
– minimes : 74924 (demande en justice).
Arrêt du cours des intérêts : 62500 s. (débiteur en procédure collective).
Cautionnement : 55209 (intérêts garantis) ; 55513 (intérêts dus à la caution).
Compte bancaire : 40154 (solde débiteur).
Compte courant : 40581 (fixation du taux d'intérêt) ; 40599 (solde du compte arrêté).
Compte entre les parties à un contrat : 16112 (solde du compte arrêté).
Prêt d'argent : 41032 s. (stipulation) ; 41103 (paiement) ; 41121 (prêt participatif).
AUTRES RUBRIQUES : Capitalisation des intérêts, Intérêt légal, Intérêts moratoires, TEG.

Intérêts moratoires
Étude d'ensemble : 53803 s.
Assurance : 17768 (paiement de l'indemnité).
Bail commercial : 4761 (loyer révisé) ; 5903 (loyer renouvelé) ; 6405 (indemnité d'éviction).
Contrat : 14424 (inexécution d'un contrat) ; 16112 (solde d'un compte arrêté).
Créance des personnes publiques : 60010.
Prêt d'argent : 41036 (conclusion du contrat) ; 41118 (remboursement).

Intérimaire : 8141 (responsabilité du fait d'un préposé) ; 31418 (inventeur).

Intermédiaire
– financier : 40016 (monopole bancaire) ; 41002 (intervention dans l'obtention d'un crédit) ; 41019 (devoir d'information à l'égard d'un emprunteur) ; 53312 (crédit documentaire).
Assurance : 17515 (conclusion du contrat d'assurance) ; 17700 (obligation de conseil à l'égard de son client).
Commissionnaire intermédiaire : 24006 (qualification) ; 24087 (responsabilité).
Contrat d'État : 17206 (intervention d'un intermédiaire).
Distributeur : 21500 (accords de distribution).
Ducroire : 58227.
Hypothèque conventionnelle : 56235 (intervention d'un notaire).
Mandataire intermédiaire : 23038.
Pourparlers : 11806 (intervention d'un intermédiaire).
Transporteur intermédiaire : 24675 (responsabilité) ; 25095 (prise de réserves à l'égard du prédécesseur) ; 25208 (action en réparation).
Vente : 126 (immeubles et fonds de commerce) ; 2739 (responsabilité solidaire de celle du vendeur de fonds de commerce) ; 26650 (courtage) ; 26653 (enchères) ; 27243 (garantie des vices cachés).
AUTRES RUBRIQUES : Mandat, Sous-traitance.

Internet : 2510 (nom de domaine) ; 12080 s. (échange des consentements sur internet) ; 20050 (contrat de fourniture de prestations par internet) ; 20100 s. (contrat de services d'intermédiation en ligne) ; 21530 (distribution de produits de luxe sur internet) ; 21537 (tribunal compétent en cas de violation d'une interdiction de vente en ligne) ; 21554 (ventes sur internet par un fournisseur exclusif) ; 32612 (interdiction de contrefaçon de marque) ; 34709 (reproduction d'une œuvre sur internet) ; 34735 (contrefaçon) ; 34823 (partage de contenus protégés par le droit d'auteur en ligne) ; 35052 (partage de contenus protégés par les droits voisins en ligne) ; 72026 (compétence territoriale en cas de litige).

Interprétation
– d'un contrat : 13103 s. (étude d'ensemble) ; 17543 (exclusion de garantie dans un contrat d'assurance) ; 17583 (clause ambiguë dans un contrat d'assurance) ; 55188 (cautionnement) ; 72506 (par le juge des référés).
– d'une convention d'arbitrage : 70874.
– des lois et règlements : 74700 s.
– d'un traité international : 73522 (principe) ; 74705 (exceptions).
Conflit d'interprétation d'une loi : 74710.
Loi interprétative : 74459.

Interprète (artiste) : 35058 s. (droits voisins du droit d'auteur).

Interruption de la prescription : 6827 (prescription biennale en matière de bail commercial) ; 17931 s. (prescription biennale en matière d'assurance) ; 24667 (prescription annale en matière de transport routier intérieur) ; 25217 (transport routier CMR) ; 26247 (transport maritime) ; 30022 (possession acquisitive) ; 50178 (codébiteurs solidaires) ; 51506 s. (prescription cambiaire) ; 53818 (cours des intérêts

Interruption de la prescription (suite)
moratoires) ; 62542 (déclaration de créance dans une procédure collective) ; 71750 s. (prescription de droit commun).

Intervention (dans une action en justice) : 71618 (intérêt à agir).

Interview : 34609 (droits d'auteur).

Intuitus personæ (contrat conclu intuitu personæ) : 11250 s. (définition) ; 13015 (perte de la qualité de contractant) ; 14165 (cession de contrat) ; 19009 (contrat de commande de recherche) ; 21935 (changement de concessionnaire) ; 22105 (contrat de franchise) ; 41400 (ouverture de crédit) ; 62005 (sort du contrat en cas de procédure collective) ; 63782 (cession forcée d'un contrat dans le cadre du plan de cession).

Inventaire : 50061 (succession) ; 61750 s. (biens d'une entreprise en procédure collective).

Inventeur : 31400 s. (brevet).

Invention
- **brevetable :** 31025 s.
- **inexploitable :** 32825 (licence de brevet).
- **née à l'occasion de l'exécution d'un contrat :** 18816 (fabrication en commun) ; 19030 s. (contrat de commande de recherche) ; 19230 s. (contrat de recherche en commun) ; 19561 (contrat d'entreprise) ; 20261 (sous-traitance industrielle) ; 20430 (sous-traitance de marché) ; 31415 s. (contrat de travail).

Investissement étranger (ou à l'étranger) : 17200 s. (contrat d'investissement étranger) ; 50570 (relations financières avec l'étranger) ; 58248 (garantie).

Irrésistibilité : 15099 (force majeure).

Itinéraire : 24366 (transport routier intérieur).

J

Jeu : 31103 (brevetabilité) ; 50570 (contrôle des relations financières avec l'étranger) ; 52251 (chèque de casino) ; 52513 (dette).

Joint-venture : 18500 s. (coopération interentreprises).

Jouissance légale : 1032 (administration des biens du mineur).

Jour férié
Action en justice : 71700 (expiration du délai de prescription) ; 72543 (tenue d'une audience de référé).
Dommages aux marchandises (délai de dénonciation) : 24433 (transport routier intérieur) ; 25098 (transport routier CMR).
Paiement : 50506 (expiration d'un délai de grâce judiciaire) ; 51323 (délai de présentation d'une lettre de change) ; 51416 (échéance du délai pour dresser protêt) ; 52448 (délai de présentation d'un chèque).

Journal : 2859 (publication de la vente de fonds de commerce) ; 3038 (publication du contrat de location-gérance) ; 34520 (droits d'auteur) ; 34784 (rémunération de l'auteur).

Journal officiel (JO) : 73603 (publication des lois et règlements).

Journal officiel de l'Union européenne (JOUE) : 73612 (publication des actes européens).

Journaliste : 32655 (responsabilité civile) ; 34520 (droits d'auteur).

Juge : 8178 (substitution d'office du fondement de l'action en responsabilité) ; 59012 (juge de l'exécution) ; 71908 s. (office du juge) ; 75518 s. (recherche de preuve).

Juge d'appui : 71025 s.

Juge-commissaire (organe de la procédure collective)
Présentation générale : 61575.
Autorisation de certains actes : 30306 (partage d'une indivision) ; 61920 s. (sauvegarde et redressement judiciaire) ; 62282 s. (rémunération du débiteur ou du dirigeant) ; 62295 (vente des biens sous mesures conservatoires) ; 63505 s. (liquidation judiciaire) ; 63585 s. (mesures conservatoires sur les biens du débiteur en liquidation judiciaire).
Contrats en cours : 62090 (sauvegarde ou redressement judiciaire sans désignation d'un administrateur) ; 62105 s. (prononcé de la résiliation) ; 62132 s. (constatation de la résiliation).
Enquête : 61782 (bilan économique et social) ; 64470 (comblement de passif).
Incompatibilités : 61600 (désignation) ; 64520 et 64710 (participation au jugement).
Procédure devant ce juge : 64735 s. (étude d'ensemble).
Relevé de forclusion : 62610 s.
Restitution et revendication : 62970 (action en restitution) ; 63004 (action en revendication) ; 63085 (reprise d'un bien par l'EIRL).
Vente des biens en cas de liquidation judiciaire : 63970 s. (étude d'ensemble).
Vérification des créances : 62800 s. (étude d'ensemble).
Voies de recours contre les ordonnances : 64805 s. (règles générales) ; 62920 s. (vérification des créances) ; 63957 (cession d'actifs).

Jugement : 72400 s. (étude d'ensemble) ; 50526 (monnaie de la condamnation) ; 74488 (revirement de jurisprudence).

Juridiction : voir Action en justice, CJCE, CJUE, Tribunal.

Juridiction unifiée du brevet (JUB) : 31003.

Juriste : 210 (nature de l'activité).

Juste motif : voir Motif légitime.

Juste titre (propriété) : 30019 (acquisition par prescription) ; 30028 (possession abrégée) ; 30380 (effet d'un partage) ; 75698 (acte sous signature privée fondant une prescription abrégée).

Justice à soi-même : 14400 (interdiction en matière contractuelle) ; 74927 (interdiction générale).

K

Know-how : voir Savoir-faire.

L

Lanceur d'alerte : 7547 (police des activités économiques) ; 74287 (signalement d'une violation de l'ordre public).

Langue
- **Acte communautaire :** 73615 (notification aux entreprises).
- **Contrat :** 12021 (langue française obligatoire : offre d'un bien, service ou produit) ; 12709 (langue du contrat) ; 17546 (langue française obligatoire : clause d'exclusion des dommages assurés) ; 26076 (clause d'un contrat de transport).
- **Paiement :** 50515 (facturation) ; 50915 (création d'une lettre de change) ; 51073 (acceptation d'une lettre de change) ; 51212 (aval d'une lettre de change) ; 51812 (billet à ordre) ; 52209 (émission d'un chèque).
- **Procédure :** 71066 (arbitrage).
- **Propriété industrielle :** 31363 (contenu d'un brevet) ; 32466 (marque).
- **Traduction :** 34529 (protection d'une œuvre).

LCR (lettre de change relevé) : 50912.

Leasing : voir Crédit-bail.

Légataire
- **Bien inaliénable :** 26642 (autorisation judiciaire de disposer du bien).
- **Contrat :** 5000 (cession d'un bail commercial) ; 13021 (successeur d'un contractant).
- **Don manuel :** 30044 (validité).
- **Indivision conventionnelle :** 30221 (durée) ; 30273 (transmission des droits indivis).
- **Œuvre de l'esprit :** 34650 (droit moral) ; 34694 (droit de divulgation) ; 34706 (droit de suite) ; 34840 (contrat d'édition).
- **Paiement :** 50000 (qualité de créancier) ; 50055 (acceptation de la succession d'un débiteur).
- **Preuve :** 75698 (date d'un acte sous signature privée).
- **Réparation d'un dommage :** 8184 (action en responsabilité civile).
- **Transaction :** 70400 (effets).
- **Usufruit :** 30575 (droit aux fruits).

AUTRES RUBRIQUES : Héritier, Succession.

Légitime défense : 74930 (légitimité de la norme communautaire).

Lésion
- **Étude d'ensemble :** 12320 s.
- **Contrat :** 11167 (contrat aléatoire) ; 11950 (promesse de vente d'immeuble) ; 12186 (simulation d'une vente d'immeuble) ; 12210 (erreur sur les qualités substantielles) ; 15662 (distinction entre rescision pour lésion et annulation) ; 26521 (échange) ; 34787 (cession de droits d'auteur) ; 53510 (dation en paiement).
- **Indivision :** 30170 (cession de droits indivis) ; 30393 (partage).
- **Majeur incapable :** 1124 (sauvegarde de justice) ; 1141 s. (curatelle et tutelle).
- **Mineur :** 1028 (nullité d'un acte irrégulier).
- **Transaction :** 70236.

Lettre de change
- **Étude d'ensemble :** 50900 s.
- **Billet de fonds :** 2900.
- **Créance :** 59115 (saisie conservatoire) ; 59221 (inscription d'hypothèque provisoire) ; 59412 (exécution par provision demandée en référé) ; 59503 (injonction de payer).
- **Date du paiement par lettre :** 50500.
- **Escompte :** 41200 s.
- **Porteur :** 20418 (conflit entre porteur et sous-traitant) ; 41281 (conflit entre porteur et cessionnaire par bordereau Dailly).
- **Procédure collective :** 61825 s. (acte de gestion courante) ; 63004 (défaut de paiement du prix des biens revendus) ; 63012 (revendication) ; 63050 (transmissibilité d'une clause de réserve de propriété) ; 63122 (nullités de la période suspecte).
- **Signature :** 120 (qualification de l'acte) ; 50946, 51109 (validité d'une griffe).
- **Titre négociable :** 12505 (engagement abstrait).

Lettre de confirmation : 12159 (consentement).

Lettre de confort : voir Lettre de patronage.

Lettre de crédit : 41400 (ouverture de crédit) ; 53300 (crédit documentaire).

Lettre d'intention : voir Lettre de patronage.

Lettre missive : 12060 s. (échange des consentements) ; 75732 (preuve).

Lettre de patronage : 58224 (règle générale) ; 10256 (promesse d'une société mère) ; 10300 (caractère unilatéral de l'engagement) ; 11875 (contrat de pourparlers).

Lettre de rechange relevé (LCR) : 50912.

Lettre de transport : 25830 (aérien) ; 26105 (maritime).

Lettre de voiture : 24263 (preuve du contrat de transport) ; 24343 s. (transport routier intérieur) ; 25065 s. (transport routier CMR) ; 27085 (mise en possession de la marchandise).

Lex mercatoria : 17000 (contrat international).

Libéralité : voir Don, donation, Légataire.

Liberté
- **– du commerce :** 7500 s.
- **– contractuelle :** 10625 (principe) ; 10627 s. (respect de l'ordre public) ; 11660 (réserves) ; 12009 (liberté de contracter) ; 16600 s. (contrat international) ; 25803 (contrat de transport aérien) ; 52933 (compensation) ; 55006 (prise de garanties).
- **– d'expression :** 7535 (police des activités économiques).
- **– fondamentale :** 72549 (référé liberté).
- **– des preuves :** 75615 (commerçant).
- **– des prix :** 21585 (principe et restrictions) ; 21600 (gérant libre de succursale).
- **– de vendre et d'acheter :** 26600 s.

Libor (London Interbank Offered Rate) : 53324 (crédit documentaire).

Licence
- **– légale :** 35061 (artiste-interprète).
- **Autorisation administrative :** 2555 (élément du fonds de commerce) ; 2713 (cession avec le fonds de commerce) ; 12529 (cession).

Licence (suite)
Brevet : 32800 s. (étude d'ensemble) ; 3409 (assiette du nantissement de fonds de commerce) ; 19030 (contrat de commande de recherche) ; 62000 s. (continuation des contrats d'une entreprise en procédure collective).
Commissionnaire : 24006 (qualification de commissionnaire).
Dessins et modèles : 33600.
Droits d'auteur : 34760.
Marque : 33300 s. (étude d'ensemble) ; 3409 (assiette du nantissement de fonds de commerce).

Licenciement
Contrat de gérance libre : 21605.
Force majeure : 15123.
Indemnité : 6336 s. (détermination de l'indemnité d'éviction d'un locataire dans le cadre d'un bail commercial).
Procédure collective : 61595 (représentant des salariés) ; 61820 s. et 61835 s. (période d'observation) ; 63200, 63202 et 63330 (plan de sauvegarde ou de redressement) ; 63495 s. (liquidation judiciaire) ; 63714 (plan de cession) ; 63864 (licenciement par le cessionnaire de l'entreprise).

Lieu du paiement : 50510 (règle générale).

Lignes directrices : 73585 (règle générale).

Limitation de responsabilité : voir Clause limitative de responsabilité.

Liquidateur : 63485 s. (liquidation judiciaire).

Liquidation
Astreinte : 59618 s.
Compte courant : 40593.
Rapports contractuels : 16090 s. (règles communes) ; 15450 (révocation mutuelle) ; 15507 (résiliation) ; 15618 s. (résolution) ; 15715 s. (nullité) ; 16000 (caducité) ; 16050 (condition résolutoire).
Régime matrimonial : 1380.

Liquidation judiciaire : 63470 s. (étude d'ensemble) ; 23406 (sort du contrat de fiducie) ; 64280 (procédure simplifiée).

Liquidité (créance liquide) : 40519 (inscription en compte courant) ; 50300 (définition) ; 52912 (compensation de créances) ; 53906 (action oblique) ; 54012 (action paulienne) ; 57809 (exercice d'un droit de rétention) ; 59109 (saisie conservatoire) ; 59406 (paiement d'une provision) ; 59733 (saisie-vente) ; 59803 (saisie-attribution).

Lingot : voir Or.

Lithographie : 34553 (droits d'auteur).

Litige : voir Action en justice, Arbitrage, Compétence judiciaire.

Litispendance : 72187 (définition) ; 72255 (privilège de juridiction) ; 72283 (compétence judiciaire internationale).

Livraison
– contre remboursement : 24050 (commission de transport) ; 24422 (transport routier) ; 25089 (transport CMR) ; 25845 (transport aérien).
Compétence territoriale : 72025.

Livraison (suite)
Contrat d'entreprise : 19600 (exécution du contrat) ; 20222 (sous-traitance industrielle) ; 20353 (sous-traitance de marché).
Contrefaçon : 32640 (livraison d'un bien revêtu d'une marque contrefaite).
Crédit-bail mobilier : 41615 (obligation de délivrance).
Délai : 13509 (exécution d'un contrat) ; 20222 (contrat d'entreprise) ; 26921 (vente de marchandises).
Transport : 24048 (commission de transport) ; 24410 s. (routier intérieur) ; 25092 s. (CMR) ; 25848 (aérien) ; 26153 s. (maritime).
Tribunal compétent : 72025 (compétence territoriale) ; 72049 (clause attributive de compétence) ; 72112 (règlement CE).
Vente de marchandises : 26900 s. (étude d'ensemble) ; 63019 (revendication de marchandises en cours d'expédition) ; 63025 s. (réserve de propriété).

Livre : 34520 (œuvre de l'esprit) ; 34703 s. (durée de protection des droits d'auteur) ; 34850 (livre numérique).

Livres comptables : 2803 (mise à disposition en cas de vente du fonds de commerce) ; 57815 (exercice d'un droit de rétention) ; 61745 (remise à l'ouverture de la sauvegarde ou du redressement) ; 75636 (délai de conservation) ; 75723 (mode de preuve).
AUTRE RUBRIQUE : Comptabilité.

Local (bail commercial)
– accessoire : 4033 (soumission au statut) ; 4076 (immatriculation).
– principal : 4030 (pluralité) ; 4420 (région parisienne).
Définition : 4027 s.
Destination : 4850 (contrat).
Usage : 4584.

Locataire
Bail commercial : 4575 s. (obligations).
Crédit-bail : 41618 (droit de jouissance du crédit-preneur) ; 41636 (paiement des loyers par le crédit-preneur).
Véhicules routiers industriels : 25644 s. (droits et obligations) ; 25680 s. (réparation des dommages).

Location de coffre-fort : 22565 s.

Location-gérance
Étude d'ensemble : 3000 s.
Bail commercial : 4061 (application du statut en cas de location-gérance) ; 4071 (immatriculation au RCS du loueur ou du locataire-gérant) ; 4950 (sous-location déguisée en location-gérance).
Capacité : 412 (fonctionnaire).
Crédit-bail de fonds de commerce : 3300.
Nature de l'activité : 188.
Procédure collective : 62000 s. (contrat en cours) ; 63740 s. (cession précédée d'une location-gérance) ; 63780 s. (cession forcée du contrat) ; 63844 (mise en location-gérance du fonds par le cessionnaire).
Publicité : 490 (publication au Bodacc).

Location-gérance (suite)
Tacite reconduction : 16225 (sort de la promesse de vente au profit du locataire).
Usufruit sur un fonds de commerce : 30568 (mise en location-gérance du fonds).

Location d'immeuble : 207 (nature de l'activité) ; 4024 (location saisonnière).
AUTRE RUBRIQUE : Bail commercial.

Location de meuble : 22500 s. (étude d'ensemble) ; 148 (nature de l'activité) ; 8106 (responsabilité du fait des produits défectueux) ; 10103 s. (location financière interdépendante d'autres contrats) ; 41605 (distinction avec le crédit-bail).

Location de véhicule routier : 25600 s. (étude d'ensemble).

Location-vente : 26515 (définition) ; 27077 (transfert de propriété d'un bien) ; 41605 (crédit-bail mobilier).

Lock-out : 26208 (exonération du transporteur maritime).
AUTRE RUBRIQUE : Grève.

Logement des époux : 1307 (pouvoir d'un époux d'en disposer) ; 59700 (insaisissabilité).

Logiciel : 2545 (élément incorporel d'un fonds de commerce) ; 8100 (responsabilité du fait d'un logiciel défectueux) ; 20000 s. (contrat de prestations informatiques) ; 26903 (qualité du produit vendu) ; 34784 (rémunération de la cession des droits) ; 35005 s. (protection).

Logistique : 24206 (transport routier intérieur).

Lois et règlements : 73500 s. (étude d'ensemble) ; 10600 s. (réforme du droit des contrats de 2016 : champ d'application).

Loi supplétive : 74299 (définition).

Loi universelle : 73593 (définition).

London Interbank Offered Rate (Libor) : 53324 (crédit documentaire).

Loti (loi sur le transport intérieur) : 24227.

Louage d'ouvrage : voir Contrat d'entreprise.

Loueur
Bail commercial : 4553 s. (obligations du bailleur) ; 4578 s. (privilège).
Crédit-bail : 41615 s. (obligations du crédit-bailleur) ; 58212 (convention de rachat par le fournisseur).
Location-gérance : 3015 (conditions requises) ; 3056 (droits et obligations) ; 3062 (travaux et réparations) ; 3300 (crédit-bail de fonds de commerce).
Véhicule routier industriel : 25635 s.

Loyauté : voir Bonne foi.

Loyer
Bail commercial : 4575 s. (obligation de paiement) ; 4700 s. (loyer d'origine) ; 4740 s. (révision) ; 5900 s. (bail renouvelé) ; 6150 (terrain nu) ; 6800 s. (tribunal compétent) ; 71737 (prescription de l'action en paiement).
Crédit-bail : 41636 (mobilier) ; 41658 (immobilier).
Location : 22536 (meuble) ; 25647 (véhicule routier industriel).

Loyer (suite)
Location-gérance de fonds de commerce : 3059 (redevance).
Paiement : 59115 s. (défaut de paiement : saisie conservatoire) ; 59221 (défaut de paiement : hypothèque conservatoire).
Saisie du loyer : 59818.
Usufruit : 30575 (droit aux loyers).

LTA (lettre de transport aérien) : 25806 s.

Lucidité d'esprit : 1103 s. (incapacité).

M

MAC clause : 14050 s. (révision d'un contrat).

Magasin général : 21070 s. (étude d'ensemble) ; 57300 s. (warrant).

Main-d'œuvre : voir Salarié.

Mainlevée
Gage : 57073.
Hypothèque : 1048 (mineur sous tutelle) ; 55828 (faute du créancier à l'égard de la caution) ; 56253 (inscription d'hypothèque) ; 58257 (sur navire) ; 59230 (judiciaire conservatoire).
Opposition : 2888 (vente d'un fonds de commerce) ; 52495 (paiement d'un chèque).
Saisie
– **attribution :** 59803.
– **conservatoire :** 59127 (règles générales) ; 59150 s. (navire) ; 59175 (aéronef).
– **contrefaçon :** 34727 (droits d'auteur).
– **vente :** 59746.
Warrant agricole : 57328.

Maintenance : 20000 s. (informatique).
AUTRE RUBRIQUE : Entretien.

Maître d'ouvrage : 18706 (consortium) ; 19540 s. (contrat d'entreprise de droit commun) ; 20300 s. (sous-traitance de marché) ; 23024 (mandat exprès pour les actes accomplis par un promoteur immobilier) ; 50223 (obligation in solidum avec d'autres intervenants).

Majeur protégé : 403 (commerçant) ; 1100 s. (capacité) ; 3012 (conclusion d'une location-gérance) ; 4409 (conclusion d'un bail commercial) ; 8040 (responsabilité civile) ; 23083 (révocation par le juge des tutelles d'un mandat d'intérêt commun) ; 23224 (constitution d'une fiducie) ; 30306 (droit de demander le partage d'une indivision) ; 50946 (signature d'une lettre de change) ; 52263 (signature et encaissement d'un chèque) ; 71783 (suspension de la prescription).

Malfaçon : 18724 (contrat d'ingénierie exécuté par un consortium) ; 19564 (clause d'assurance) ; 20415 (assiette de l'action directe du sous-traitant contre le maître d'ouvrage) ; 50226 (condamnation in solidum d'un architecte et d'un entrepreneur) ; 58024 (garantie autonome) ; 59412 (exécution par provision d'une condamnation à paiement en dépit des malfaçons).
AUTRES RUBRIQUES : Défaut (d'un bien), Vice caché.

Mandat : 23000 s. (étude d'ensemble) ; 1025 (mineur) ; 1324 (époux) ; 11103 (catégorie de contrat gratuit) ; 11250 (caractère intuitu personae) ; 21650 (agent commercial) ; 30118 (indivision) ; 50806 (virement ban-

Mandat (suite)
caire) ; 50946 (tireur d'une lettre de change) ; 51070 (acceptation d'une lettre de change par le tiré) ; 55275 (cautionnement) ; 56241 (hypothèque) ; 62582 (déclaration d'une créance) ; 71627 s. (action en justice).

AUTRES RUBRIQUES : Délégation (pouvoirs), Intermédiaire, Mandat ad litem.

Mandat ad hoc : 61050 s. (entreprise en difficulté).

Mandat ad litem : 71630 (représentation en justice).

Mandat apparent : 23027 s.

Mandat d'intérêt commun : 126 (contrat de promotion immobilière) ; 18706 (consortium) ; 21780 (agent commercial) ; 21850 (commissionnaire) ; 21964 (concessionnaire) ; 23083 s. (révocation) ; 32800 (contrat de gestion et de mise en exploitation d'un brevet).

Mandat de protection future : 1151.

Mandataire : 23035 s. (étude d'ensemble) ; 253 (indivisaire) ; 12375 s. (pouvoir de contracter) ; 15316 (opposabilité au mandant d'une clause limitative de responsabilité) ; 17515 (souscription d'une assurance) ; 32500 (dépôt de marque) ; 70249 (transaction).

Mandataire judiciaire (procédure collective) : 61580 (désignation) ; 61600 (incompatibilités) ; 62545 s. (avertissement des créanciers) ; 62380 s. (représentation des créanciers) ; 62800 s. (vérification des créances) ; 63490 (désignation comme liquidateur judiciaire) ; 64640 s. (responsabilité).

Mandataire de justice : voir Administrateur judiciaire, Liquidateur, Mandataire judiciaire.

Manœuvre frauduleuse : 12256 (dol).

AUTRES RUBRIQUES : Faute, Fraude.

Manutention : 24087 (commission de transport) ; 24206 (qualification du contrat) ; 24313 s. (transport routier intérieur) ; 25184 (transport routier CMR).

Marais salant : 201 (nature de l'exploitation).

Marchand ambulant : 26615 (activité réglementée).

Marchandise : 2563 (élément corporel d'un fonds de commerce) ; 24000 s. (transport) ; 26500 s. (vente) ; 62965 s. (action en revendication ou en restitution).

AUTRES RUBRIQUES : Matière première, Meuble, Stock.

Marché commun : voir CJCE, CJUE, Norme communautaire, Ressortissant européen.

Marché à forfait : voir Forfait.

Marchés virtuels : 7544.

Mariage : 1006 (mineur).

AUTRES RUBRIQUES : Époux, Régime matrimonial.

Marin-pêcheur : voir Pêche.

Maritime house : 53303 (Bureau maritime international : adresse).

Marque
- **Étude d'ensemble :** 32400 s.
- **Cession :** 33400.
- **Concession :** 21983 (reprise de la marque à l'extinction du contrat).

Marque (suite)
- **Fonds de commerce :** 2545 (élément du fonds) ; 2760 (cession de marque avec le fonds).
- **Franchise :** 22099.
- **Licence :** 33300.
- **Nantissement :** 33500.
- **Sous-traitance industrielle :** 20239.

Material Adverse Change (MAC) clause : 14050 s. (révision d'un contrat).

Matière première : 2563 (élément du fonds de commerce) ; 16103 (restitution à l'extinction d'un contrat) ; 20230 (contrat de sous-traitance industrielle : fourniture des matières premières) ; 21070 (dépôt dans des magasins généraux) ; 30562 (droit de l'usufruitier).

Mauvaise foi : voir Bonne foi.

Médecin : voir Profession libérale.

Médiateur : 11806 (négociation d'un contrat) ; 34526 (protection du titre) ; 70013 (clause de médiation) ; 70020 (médiation conventionnelle) ; 70035 (médiation judiciaire).

Médicament : 123 (nature de l'activité du pharmacien) ; 12540 (interdiction de vente dans un hypermarché) ; 31100 (invention brevetable) ; 31353 (certificat complémentaire de protection) ; 31609 (monopole d'exploitation d'un brevet).

Menace : 15120 (force majeure) ; 74909 (adoption de mesures urgentes).

Mensonge : 12256 (dol).

Mention « manuscrite »
- **Cautionnement :** 55240 s. (étude d'ensemble) ; 1343 (époux commun en biens) ; 55074 (solidarité) ; 55920 (cautionnement réel) ; 58224 (lettre de patronage).
- **Chèque :** 52516 (preuve d'une créance) ; 52755 (responsabilité du banquier).
- **Engagement unilatéral :** 75689 (preuve).

AUTRES RUBRIQUES : Écrit, Reconnaissance de dette.

Mesure conservatoire
- **Cautionnement :** 55425 (mesure conservatoire contre la caution) ; 55430 (mesure conservatoire par la caution avant paiement).
- **Compétence :** 71093 (arbitrage) ; 72166 (règlement européen du 12-12-2012) ; 72280 (litige international) ; 72524 (juge des référés).
- **Contrat :** 14600 (sauvegarde) ; 15350 (exécution forcée à titre conservatoire).
- **Paiement :** 59400 (provision) ; 59618 (mesure conservatoire avant liquidation de l'astreinte).
- **Procédure collective :** 61747 (période d'observation) ; 62290 s. (sur les biens du débiteur ou du dirigeant) ; 62464 (contre les garants du débiteur) ; 63142 (mesure prise en période suspecte) ; 63580 s. et 64368 (rétablissement professionnel).

AUTRE RUBRIQUE : Acte (conservatoire). Voir aussi le mot correspondant à chaque mesure conservatoire (Saisie conservatoire, Séquestre, etc.).

Mesure d'instruction : 71045 (arbitrage) ; 75524 s. (rôle du juge).

Mesure provisoire
Contrat : 14600 (sauvegarde).
Droit de l'UE : 72166 (litige soumis au règlement européen sur la compétence judiciaire) ; 74012 (recours devant une juridiction de l'UE).
Référé : 72500 s. (étude d'ensemble) ; 8184 (demande en référé parallèlement à une action en réparation d'une infraction pénale) ; 31636 (contrefaçon de brevet) ; 32614 (contrefaçon de marque).
AUTRES RUBRIQUES : Exécution provisoire, Mesure conservatoire.

Métavers : 7544 (liberté du commerce) ; 30967 (qualification) ; 32402 (contrefaçon de marque) ; 34760 (cession de droits d'auteur) ; 32603 (recevabilité de l'action en contrefaçon de marque).

Metteur en scène : 213 (nature de l'activité) ; 34618 (œuvre audiovisuelle).

Meuble
Achat pour revendre : 123 (nature de l'activité).
Époux : 1318.
Possession : 16125 (bonne foi) ; 53903 (droit d'un débiteur soumis à une action oblique) ; 75809 (présomption de bonne foi).
Privilège mobilier : 4578 (privilège du bailleur sur les meubles) ; 57604 s. (privilèges spéciaux) ; 57609 (privilèges généraux).
Procédure collective : 62415 s. (voie d'exécution) ; 62960 s. (revendication) ; 64020 s. (vente dans le cadre de la liquidation).
Propriété : 30035 s.
Responsabilité : 8081 (communication d'incendie) ; 8085 s. (produit défectueux).
Rétention : 57812 s.
Saisie : 59100 s. (conservatoire) ; 59690 s. (vente).
AUTRES RUBRIQUES : Marchandise, Matière première. Voir aussi le mot correspondant aux différents contrats dont un meuble peut être l'objet (Crédit-bail, Location, Vente, etc.).

Micro-organisme : 31206 (demande de brevet) ; 31600 (exploitation d'un brevet).

Mine (exploitation) : 175 (nature de l'activité) ; 56218 (hypothèque).

Mineur, minorité : 1003 s. (étude d'ensemble) ; 405 (capacité à exercer le commerce) ; 3012 (conclusion d'une location-gérance) ; 4409 (conclusion d'un bail commercial) ; 8040 (responsabilité civile) ; 12359 (contrat de la vie courante) ; 23015 (qualité de mandataire) ; 23224 (constitution d'une fiducie) ; 26506 (donation) ; 30209 (conclusion d'une convention d'indivision) ; 30306 (action en partage d'une indivision) ; 50946 (signature d'une lettre de change) ; 51830 (signature d'un billet à ordre) ; 52283 (encaissement d'un chèque) ; 55171 (obligations susceptibles d'être cautionnées) ; 71783 (suspension de la prescription du droit d'agir en justice).

Mini-trial : 70023 (conciliation).

Mise en demeure
Assurance : 17665 (suspension de garantie pour non-paiement de la prime d'assurance) ; 75683 (preuve).

Mise en demeure (suite)
Bail commercial : 5229 (résolution pour inexécution des obligations résultant du bail) ; 6399 (procédure de règlement d'une indemnité d'éviction) ; 6453 s. (refus de renouvellement).
Cautionnement : 40608 (règlement d'un solde de compte courant) ; 55097 (acceptation d'une caution par un créancier) ; 55409 (information requise des établissements de crédit).
Contrat (règles générales) : 11928 (promesse) ; 14415 s. (inexécution) ; 15268 (application d'une clause pénale) ; 15506 (application d'une clause de résiliation) ; 15518 (résolution unilatérale) ; 15559 (application d'une clause résolutoire).
Crédit-bail mobilier : 41636 (paiement des loyers).
Dépôt : 21051 (restitution).
Dette : 50178 (codébiteurs solidaires) ; 50523 (date de conversion d'une monnaie de paiement) ; 53812 (point de départ des intérêts).
Édition : 34843 (fin du contrat).
Garantie autonome : 58018.
Indivision : 30173 (exercice d'un droit de préemption) ; 30273 (transmission des droits indivis).
Paiement : 54300 (refus du paiement par le créancier).
Procédure collective : 62080 s. (contrats en cours).
Propriété industrielle : 31260 (irrecevabilité d'une demande d'inscription auprès de l'Inpi) ; 31630 (contrefaçon d'un brevet) ; 32632 (contrefaçon de marque).
Sous-traitance : 20318 (acceptation du sous-traitant et agrément des conditions de paiement) ; 20406 s. (action directe du sous-traitant).
Transport : 24380 (constatation d'un retard) ; 24661 (point de départ du délai de prescription de l'action en justice) ; 25698 (cessation de la location d'un véhicule).
Vente de marchandises : 26921 (délais de livraison) ; 26992 (remplacement de la marchandise) ; 27159 (résolution pour non-paiement du prix).

Mise en garde : 11837 (étude d'ensemble) ; 40113 et 41019 (obligation du prêteur) ; 55109 (obligation du créancier bénéficiaire d'un cautionnement personnel) ; 55910 (obligation du créancier bénéficiaire d'un cautionnement réel).

Modèle : voir Dessins et modèles.

Modification
Contrat : 14000 s. (étude d'ensemble) ; 3058 (location-gérance) ; 4740 s. (loyer du bail commercial) ; 6080 s. (valeur locative d'un bail commercial) ; 17600 s. (assurance) ; 21950 (concession) ; 22105 (franchise) ; 23271 (fiducie) ; 24369 (transport routier intérieur) ; 25074 (transport routier CMR) ; 25836 (transport aérien).
Lettre de change : 50928 (somme à payer) ; 51603 (altération).
Loi et règlement : 74203.
Procédure collective : 63410 s. (plan de sauvegarde ou de redressement) ; 63690 et 63975 (offre de reprise) ; 63725 (plan de cession).
Régime matrimonial : 1360 s.

Monnaie : 17659 (prime d'assurance) ; 41010 (prêt d'argent) ; 50383 (règlement international) ; 50520 s. (paiement) ; 51349 (lettre de change) ; 52206 (électronique) ; 57550 s. (gage-espèces) ; 58030 (garantie autonome).

Monopole : 7515 (monopole d'État) ; 26012 (pavillon : transport maritime) ; 31600 s. (exploitation d'un brevet) ; 33300 (exploitation d'une marque) ; 34645 (droits de l'auteur) ; 40010 s. (monopole bancaire).

Moratoire (délai de grâce) : 50506 (règlement du prix) ; 51973 (paiement d'un billet à ordre) ; 55433 (effet à l'égard de la caution) ; 61060 (mandat ad hoc entre le débiteur et ses créanciers) ; 61130 et 61145 (conciliation entre le débiteur et ses créanciers) ; 64470 (comblement de passif).

AUTRE RUBRIQUE : Intérêts moratoires.

Mort : voir Décès.

Motif légitime
- **Interdiction de faire usage d'une marque :** 32649.
- **Refus :** 6453 s. (renouvellement d'un bail commercial) ; 19610 (réception de travaux en exécution d'un contrat d'entreprise) ; 59009 (procédure en recouvrement de créances) ; 59123 (réponse à un huissier ou commissaire de justice dans le cadre d'une saisie conservatoire) ; 59818 (réponse à un huissier ou commissaire de justice dans le cadre d'une saisie-attribution) ; 75521 (concours à une mesure d'instruction judiciaire).
- **Résiliation :** 3150 (location-gérance) ; 15506 (contrat) ; 21783 (agent commercial) ; 21964 (mandat d'intérêt commun) ; 41658 (crédit-bail immobilier).

Musicien : 213 (nature de l'activité).

Musique : 32419 (phrase musicale constitutive d'une marque) ; 34535 (droits d'auteur) ; 34609 (œuvre de collaboration) ; 34716 (reproduction en appui d'une parodie) ; 34821 (Sacem).

Mutuelle : 216 (nature de l'activité).

N

Nantissement
- **Définition :** 57360.
- **Assurance :** 57380.
- **Compte :** 57371.
- **Créance :** 57363 s.
- **Film :** 57200.
- **Fonds artisanal :** 3400 s.
- **Fonds de commerce :** 3400 s. (nantissement conventionnel) ; 59300 (nantissement judiciaire conservatoire).
- **Logiciel :** 35044 (droit d'exploitation).
- **Marque :** 33500.
- **Procédure collective :** 61925 (constitution avec autorisation du juge-commissaire) ; 62460 s. (poursuites contre les garants du débiteur) ; 62515 s. (interdiction de constitution ou d'accroissement) ; 62642 (déclaration des créances) ; 63138 s. (nullité de la période suspecte) ; 63356 (vente du fonds en cas de sauvegarde ou de redressement judiciaire) ; 63850 s. (transfert de la charge au repreneur) ;

Nantissement (suite)

63890 et 64080 s. (vente du fonds dans le cadre de la liquidation).
- **Sous-traitance de marché :** 20372.

Nationalisation : 7515 (exercice par une personne privée d'une activité de monopole d'État) ; 15105 (force majeure) ; 30071 (perte du droit de propriété) ; 72300 (immunité de juridiction) ; 73815 (contrôle du juge).

Navigation : 135 (nature de l'activité).

Navire
- **Affrètement :** 135 (nature de l'activité) ; 15026 (parties au contrat) ; 70903 (mode d'arbitrage pour les litiges en matière d'affrètement).
- **Commerce maritime :** 135 (nature de l'activité).
- **Contrat de transport maritime :** 26000 s.
- **Dessin ou modèle utilisé sur un navire :** 32151 (limite au droit de propriété).
- **Hypothèque maritime :** 58251.
- **Privilèges sur navire :** 58254.
- **Propriété :** 30050 (immatriculation).
- **Responsabilité civile :** 8063 (fait des choses) ; 8081 (communication d'incendie).
- **Saisie conservatoire :** 59112 (marchandises à bord d'un navire) ; 59135 s. (loi française) ; 59156 s. (convention de Bruxelles).
- **Saisie-exécution :** 59770.

AUTRE RUBRIQUE : Bateau (de navigation intérieure).

NFT (Non fongible token) : voir Non fongible token (NFT).

Négociation du contrat : 11800 s. (négociation préalable à la conclusion du contrat) ; 14024 s. (négociation en cours d'exécution du contrat) ; 21581 (soumission à un déséquilibre significatif).

Nemo auditur (turpitude) : 8175 (réparation du dommage délictuel ou quasi délictuel) ; 15680 (recevabilité de l'action en nullité).

Nom
- **– commercial :** 2510 s. (protection) ; 32451 (enregistrement de marque) ; 32620 (conflit avec une marque).
- **– de domaine :** 2510 (nom commercial) ; 32451 (enregistrement de marque) ; 32620 (conflit avec une marque).
- **– de l'EIRL :** 2315.
- **– de l'entrepreneur individuel :** 2220.
- **– patronymique ou géographique :** 32413 (utilisation à titre de marque) ; 32432 (appréciation du risque de confusion en matière de marque) ; 32448 (atteinte à une marque renommée) ; 32454 (protection contre une marque) ; 32620 (conflit avec une marque) ; 71715 (prescription de l'action en défense).
- **Droit au nom :** 34653 (droits d'auteur).

AUTRE RUBRIQUE : Pseudonyme.

Nombre
- **– d'actes de commerce :** 250 (qualité de commerçant).
- **– d'arbitres :** 71018.
- **– de cautions :** 55550 s. (cofidéjusseurs).

Nombre (suite)
– d'exemplaires : 26105 (connaissement) ; 34828 (contrat d'édition) ; 41063 (contrat de prêt) ; 50918 (lettre de change) ; 75686 (contrat synallagmatique).
– de locaux loués : 4030.

Non bis in idem : 74322 (principe).

Non-concurrence : voir Clause de non-concurrence, Concurrence.

Non fongible token (NFT) : 7544 (liberté du commerce) ; 30967 (propriété intellectuelle) ; 32402 (marques) ; 32627 (contrefaçon de marque).

Non-renouvellement : voir Refus (de renouvellement).

Norme Afnor : 12416 (détermination de l'objet du contrat) ; 22065 (contrat de franchise) ; 50912 (lettre de change) ; 51806 (billet à ordre).

Norme communautaire
Étude d'ensemble : 73535 s.
Droits de la défense : 74930.
Interprétation : 74705.
Légalité : 74000 s.
Légitimité : 74930.
Primauté : 73806 s.
Publication : 73612 (entrée en vigueur) ; 74485 (effet).

Norme professionnelle : 12416 (détermination de l'objet du contrat par référence à une norme) ; 26955 (établissement du défaut de conformité d'un produit) ; 73585 (force obligatoire).

Notaire
Obligations : 462 (registre du commerce) ; 11837 (devoir de conseil) ; 41019 (intervention à un prêt) ; 51430 s. (refus de paiement d'une lettre de change) ; 52565 (défaut de paiement d'un chèque) ; 55008 (efficacité des garanties) ; 75732 (secret professionnel).
Profession : 129 (prêt accordé par un notaire : nature) ; 412 (incompatibilités) ; 74327 (inobservation des règles disciplinaires).
Protêt : 51420 (lettre de change) ; 52556 (chèque).
AUTRE RUBRIQUE : Acte notarié.

Note de couverture : 17533 (assurance).

Notification
Règles générales : 13623 s.
Bail commercial : 4746 (demande de révision triennale) ; 4869 (demande de déspécialisation partielle) ; 4886 (demande de déspécialisation plénière) ; 4959 (demande de sous-location) ; 5200 (résiliation unilatérale) ; 5269 s. (résiliation : notification aux créanciers inscrits) ; 5329 (demande de renouvellement) ; 5503 s. (achat du local par le locataire) ; 6810 (notification du mémoire).
Cession de créance par bordereau Dailly : 41274 s.
AUTRES RUBRIQUES : Mise en demeure, Signification.

Nouveauté : 31028 s. (invention brevetable) ; 32100 (dessin ou modèle).

Novation
Étude d'ensemble : 14100 s.
Contrat : 16000 (caducité) ; 16228 (tacite reconduction) ; 41421 (ouverture de crédit) ; 51264 (exception inopposable au porteur d'une lettre de change) ; 51850 (effets de l'endossement d'un billet à ordre) ; 53350 (crédit documentaire) ; 53400 (distinction avec la délégation) ; 70403 (transaction) ; 70853 (effet sur la clause compromissoire).
Créance : 52513 (effets de la remise d'un chèque).
Débiteur : 50178 (codébiteurs solidaires).
Dette : 51509 (application de la prescription cambiaire) ; 53505 (effets d'une dation en paiement) ; 55721 (extinction du cautionnement) ; 71775 (effet sur la prescription).

Nue-propriété : voir Usufruit.

Nullité
Étude d'ensemble : 15650 s.
Acte accompli par un mineur : 1028 s.
Acte frauduleux : 54021 (action paulienne).
Acte illicite : 74275 s. (ordre public).
Brevet : 31450 s.
Clause : 50402 (indexation illicite) ; 70805 s. (clause d'arbitrage).
Condition : 13430.
Contrat : 1103 s. (insanité d'esprit) ; 10203 (absence d'accord des parties) ; 12494 (inexistence de l'obligation essentielle) ; 13503 (durée perpétuelle) ; 17566 (assurance) ; 20369 (sous-traitance de marché) ; 23015 (mandat) ; 26642 (vente d'un bien inaliénable) ; 26753 (prêt d'argent) ; 41608 (crédit-bail) ; 56215 (hypothèque) ; 57033 (gage).
Conversion par réduction : 15713.
Marque : 32480 (conditions) ; 32703 (compétence de l'Inpi).
Opération de crédit : 40010 (monopole bancaire).
Partage : 30396.
Procédure collective : 63120 s. (redressement et liquidation judiciaire : actes de la période suspecte).
Saisie-contrefaçon : 34728 (droits d'auteur).

NVOCC (Non Vessel Operating Common Carriers) : 26003 (transport maritime).

O

Objet : 2713 s. (vente d'un fonds de commerce) ; 12400 s. (contrat) ; 41021 (contrat de prêt) ; 55140 s. (cautionnement).
AUTRE RUBRIQUE : Contenu du contrat (ex-objet).

Obligation
– alternative : 14409 (inexécution) ; 15123 (force majeure).
– conditionnelle : voir Condition.
– conjointe : 50105.
– contractuelle : 13100 s.
– cumulative : 14408 (inexécution) ; 15123 (force majeure).
– décontractualisée : 10345 s.
– divisible : 50100.
– de donner ou de faire : 13200 s.
– essentielle : 12401 s. (détermination).
– extracontractuelle : 10300 s.

Obligation (suite)
– **facultative :** 14410.
– **indivisible :** 50120 s. (paiement).
– **in solidum :** 50220 s. (paiement).
– **légale :** 10335.
– **de moyen ou de résultat :** 13250 s. (règles générales) ; 19634 (contrat d'entreprise) ; 20255 (obligations du sous-traitant) ; 24553 (transporteur).
– **naturelle :** 10355.
– **de non-concurrence :** 2809 (vente d'un fonds de commerce) ; 4644 (bail commercial) ; 13655 s. (contrat) ; 15715 (sort en cas d'annulation du contrat) ; 18733 (coopération interentreprises) ; 19056 (contrat de commande de recherche) ; 21714 (agent commercial) ; 21925 (concessionnaire) ; 23092 (révocation d'un mandat d'intérêt commun) ; 63682 et 63820 (liquidation judiciaire : plan de cession).
– **réelle environnementale :** 12535.
– **solidaire :** 50140 s.
– **sujette à astreinte :** 59609.
AUTRES RUBRIQUES : voir le mot correspondant à chaque obligation (Bonne foi, Conseil, etc.).

Occupation précaire : 4021 (bail commercial).

Œuvre de l'esprit
Étude d'ensemble : 34510 s. (droits d'auteur).
– **anonyme ou pseudonyme :** 34606 (créateur) ; 34703 (droit d'exploitation).
– **collective :** 34615 (définition) ; 34650 (droit au respect) ; 34703 (exploitation).
– **composite :** 34612 (définition) ; 34650 (droit au respect).
– **indisponible :** 34707 (protection spéciale) ; 34716 (reproduction libre).
– **orpheline :** 34622.
AUTRE RUBRIQUE : Auteur.

Office européen des brevets (OEB) : 31015 (organisation administrative) ; 31278 (procédure de demande de brevet).

Office de l'Union européenne pour la propriété intellectuelle (EUIPO) : 30960 (marques et dessins et modèles).

Officine de pharmacie : 3006 (conditions d'exploitation).
AUTRE RUBRIQUE : Pharmacien.

Offre
– **de contracter :** 12015 s. (règles générales) ; 17521 (assurance).
– **de renouvellement :** 5650 s. (bail commercial).
– **de reprise :** 63670 s. (entreprise en difficulté : plan de cession).
Appel d'offres : 11600 (recherche de partenaires).

Omnium (convention d'omnium) : 40022.

Opéra : 34535 (œuvre de l'esprit) ; 35058 (droits de l'artiste-interprète).

Opération de crédit : voir Crédit.

Opposabilité aux tiers : 495 (immatriculation au RCS) ; 2235 (séparation des patrimoines de l'entrepreneur individuel) ; 3423 (nantissement d'un fonds de commerce) ; 4436 (date d'un bail commercial) ; 12136 (conditions générales) ; 13679 (obligation de non-concurrence) ; 15653 (définition) ; 30121 (acte passé par un indivisaire) ; 32128 (nullité d'un dessin ou modèle) ; 41265 (bordereau Dailly) ; 41642 (crédit-bail mobilier) ; 52945 (compensation) ; 53068 (effet d'une subrogation) ; 57031 (gage) ; 57100 (gage automobile) ; 56256 s. (hypothèque) ; 56230 (rechargement d'hypothèque) ; 57374 (nantissement de créance) ; 57828 (droit de rétention) ; 59700 (déclaration d'insaisissabilité) ; 61556 (jugement d'ouverture d'une procédure collective) ; 63310 (plan de sauvegarde ou de redressement) ; 63710 (plan de cession).

Opposition
– **à une décision de justice :** 59515 (ordonnance d'injonction de payer) ; 64807 (ordonnance du juge-commissaire).
– **à une demande d'enregistrement :** 31015 (brevet européen) ; 32503 (marque).
– **à une demande de restitution d'un dépôt :** 21048.
– **à la déspécialisation du locataire :** 4869.
– **à l'exécution d'une garantie autonome :** 58048 (opposition du donneur d'ordre).
– **au paiement :** 2870 s. (prix de vente d'un fonds de commerce) ; 51340 (lettre de change) ; 51990 (billet à ordre) ; 52495 s. (chèque).
– **au partage d'une indivision :** 30390.
– **au transfert du patrimoine affecté d'un EIRL :** 2360.
– **au transfert du patrimoine professionnel d'un entrepreneur individuel :** 2285.
– **au versement d'une indemnité :** 6402 (indemnité d'éviction) ; 17729 (indemnité d'assurance).
Cumul de l'opposition et de l'action paulienne : 54003.
Droit d'opposition à un brevet : 31459 s.
AUTRE RUBRIQUE : Tierce opposition.

Option : voir Choix, Option d'achat ou de vente.

Option d'achat ou de vente
Crédit-bail : 3165 (exception à l'exigibilité des dettes d'un locataire-gérant de fonds de commerce) ; 3300 (fonds de commerce) ; 41605 (mobilier) ; 41658 (immobilier).
Promesse : 11908 s. (étude d'ensemble).

Or : 23500 (restitution de lingots objet d'un prêt) ; 23606 (restitution dans le cadre d'un prêt de consommation) ; 50360 (clause de garantie de valeur) ; 50386 (validité de l'utilisation d'une clause de garantie de valeur) ; 50402 (sanction d'une clause d'indexation) ; 50570 (contrôle des relations financières avec l'étranger ; 52206 (mode de paiement des achats).

Orchestration : 34535 (droits d'auteur).

Ordinateur : voir Informatique.

Ordonnance (du Gouvernement) : 73558.

Ordre de paiement : 40148 (titulaire d'un compte bancaire) ; 50803 s. (virement bancaire) ; 51250 s. (lettre de change) ; 51950 s. (billet à ordre) ; 52400 s. (chèque).

Ordre professionnel : 8190 (constitution de partie civile) ; 73585 (Code de déontologie) ; 74327 (droit disciplinaire).

Ordre public
Étude d'ensemble : 74250 s.
– du for : 16680 (contrat international).
– international français : 16662.

Organisation mondiale de la propriété intellectuelle (Ompi) : 30964 (règles communes aux droits de propriété intellectuelle) ; 32403 (enregistrement international des marques).

Organisme de radiodiffusion : 35071 (propriété intellectuelle).

Original (preuve) : voir Écrit, Exemplaires.

Originalité : 2522 (nom commercial) ; 32003 (dessins et modèles) ; 34516 (droits d'auteur) ; 35008 (logiciel).

Origine : voir Appellation d'origine, Indication d'origine.

Ouragan : 15102 (force majeure).

Ouverture de compte : 40133.

Ouverture de crédit : voir Crédit.

P

Pacte civil de solidarité (Pacs) : 1384 s. (étude d'ensemble) ; 424 (conjoint collaborateur).

Pacte commissoire : 56513 (hypothèque) ; 56820 (antichrèse) ; 57055 (gage) ; 62525 (neutralisation en cas de procédure collective).

Pacte de préférence
Étude d'ensemble : 26630 s.
Bail commercial : 4656 (stipulation) ; 5335 (sort du pacte en cas de tacite prolongation du bail) ; 5800 (sort du pacte en cas de renouvellement du bail).
Caducité : 15715 (extinction du contrat contenant le pacte).
Droits d'auteur : 34849 (contrat d'édition) ; 34855 (production audiovisuelle).

Pacte sur succession future : 10106 (pacte inséré dans un ensemble contractuel) ; 12543 (prohibition) ; 55175 (cautionnement d'un pacte) ; 55465 (engagement des héritiers d'une caution de payer les dettes postérieures au décès de la caution : qualification de pacte).

Paiement
Étude d'ensemble : 49990 s.
– comptant : 50500.
– en espèces : 50790 s.
– de l'indu : 54200 s. (étude d'ensemble).
– partiel : 50292 (droit de refus du créancier) ; 50532 (imputation) ; 51352 et 52485 (lettre de change).
– portable ou quérable : 50510 (définition).
– par prélèvement : 50798 s.
Acompte et arrhes : 11965 s.
Action en paiement : 13612 (recouvrement tardif) ; 71706 (convention sur la prescription) ; 71769 (interruption du délai de prescription).
Voir aussi Action en justice.
Cautionnement : 55430 s.
Chantage : 12306 s. (vice du consentement).
Choix : 50788 (en nature ou en numéraire).

Paiement (suite)
Créanciers d'une entreprise soumise à une procédure collective : 61140 s. (accord de conciliation) ; 61870 s. (créances antérieures au jugement d'ouverture) ; 62200 s. (créances postérieures au jugement d'ouverture) ; 63390 s. (plan de sauvegarde ou de redressement) ; 63890 (plan de cession) ; 64080 s. (liquidation judiciaire).
Dommages-intérêts judiciaires : 15330.
Impossibilité : 15568 (effet d'une clause résolutoire) ; 61350 s. (cessation des paiements).
Loyer : 3059 (location-gérance) ; 4575 s. (bail commercial) ; 22536 (location de meuble) ; 25647 (location de véhicule routier) ; 41636 (crédit-bail).
Prix : 49990 s. (règles générales) ; 2850 s. (opposition au paiement du prix de vente d'un fonds de commerce) ; 2900 (vente du fonds de commerce) ; 18605 s. (coopération interentreprises) ; 20270 (sous-traitance industrielle) ; 20403 s. (sous-traitance de marché) ; 24053 s. (commission de transport) ; 24455 s. (transport routier intérieur) ; 25086 s. (transport CMR) ; 26753 (modalité de paiement en cas de vente de marchandises) ; 27150 s. (vente de marchandises).
AUTRE RUBRIQUE : Paiement direct.

Paiement direct : 54030 (règles générales) ; 20403 s. (sous-traitant) ; 24455 (transport routier intérieur) ; 25086 (transport CMR) ; 41286 (bordereau Dailly) ; 53225 (affacturage) ; 58033 (garantie autonome).

Palette (transport routier intérieur) : 24206 (conservation des palettes par le client) ; 24336 (acceptation de la marchandise sur palette).

Pandémie : voir Covid-19.

Pantomime : 34535 (droits d'auteur).

Papiers domestiques : 75726 (preuve).

Paraphe (valeur) : 12733 (corrections apportées au contrat) ; 12739 (signature d'un contrat) ; 75653 (acte authentique) ; 75683 (acte sous signature privée).

Parère : 73590 (preuve d'un usage).

Pari : 52513 (exception de jeu).

Parodie : 34716 (droits d'auteur).

Partage d'une indivision : 30300 s. (étude d'ensemble) ; 5000 (distinction avec la cession de bail) ; 53903 (action oblique) ; 63935 s. (liquidation judiciaire).

Partenariat : 18500 s. (contrat de partenariat : étude d'ensemble).

Partie (au contrat) : 13000 s. (règles générales).

Parties affectées (procédure collective) : 63205 s. (élaboration du plan de sauvegarde ou de redressement) ; 63270 s. (élaboration du plan de sauvegarde accélérée) ; 63293 s. (arrêté du plan par le tribunal).

Pas-de-porte : 4706 (définition) ; 1330 (vente par un conjoint) ; 6092 (déplafonnement) ; 6340 (indemnisation du locataire en cas de transfert du fonds de commerce).

Passivité : voir Tolérance.

Pastiche : 34716 (reproduction d'une œuvre).

Patrimoine
– de l'entrepreneur individuel : 2205 s.
– de l'EIRL : 2295 s.
Unité du patrimoine : 59003.

Patronyme : voir Nom.

Pêche
- **fluviale :** 204 (nature de l'activité).
- **maritime :** 135 (nature de l'activité).

Peintre (artiste) : 213 (nature de l'activité) ; 34553 (droits d'auteur).

Pénalité : voir Clause pénale.

Péremption : 56265 (inscription d'hypothèque immobilière) ; 58251 (inscription d'hypothèque maritime) ; 58257 (inscription d'hypothèque fluviale) ; 71945 (instance judiciaire).

Perfectionnement : 32848 (clause de perfectionnement).

AUTRE RUBRIQUE : Améliorations.

Péril : 1303 (intérêt de la famille) ; 59218 (hypothèque provisoire) ; 72524 (péril imminent : procédure de référé).

AUTRE RUBRIQUE : Risque.

Période d'observation : 61720 s. (sauvegarde ou redressement judiciaire).

Période suspecte : 63120 s. (redressement ou liquidation judiciaire).

Personne morale : 1200 s. (capacité) ; 8015 (réparation d'un préjudice moral) ; 8184 (responsabilité pénale) ; 11200 (qualité de professionnel) ; 12390 s. (représentation) ; 21663 (partie à un contrat de distribution) ; 32413 (marque) ; 34603 (droits d'auteur) ; 61020 s. (mesure de prévention des difficultés) ; 61240 s. (procédure collective) ; 64515 s. (interdiction de gérer une personne morale) ; 70763 (arbitrage) ; 71615 (intérêt à agir en justice).

Personne publique : voir Collectivité publique.

Personnel : voir Détachement de personnel, Salarié.

Perte
- **du bien assuré :** 18028.
- **du bien déposé :** 21065.
- **du bien grevé d'usufruit :** 30700 (usufruit).
- **du bien loué :** 5210 (bail commercial) ; 22548 (location de meubles).
- **du bien objet du contrat :** 14468.
- **du bien prêté :** 23534.
- **du bien saisi :** 59755.
- **du bien vendu :** 16125 s. (restitutions) ; 26733 (marchandises).
- **d'un billet à ordre :** 51990.
- **d'une chance :** 8018 (responsabilité civile) ; 15072 (responsabilité contractuelle) ; 21975 (renouvellement de contrat).
- **d'un chèque :** 52750.
- **de la chose due au titre du contrat :** 14468.
- **de clientèle :** 6340 (évaluation d'une indemnité d'éviction) ; 21940 (non-renouvellement d'un contrat de concession).
- **d'un droit :** 30065 s. (propriété) ; 31648 s. (brevet) ; 32570 (marque) ; 55800 s. (subrogation de la caution dans les droits du créancier).
- **d'une lettre de change :** 51550.

Perte (suite)
- **de la marchandise transportée :** 25150 s. (transport routier CMR) ; 24375 (transport routier intérieur) ; 25857 s. (transport aérien).
- **de la matière :** 19615 s. (contrat d'entreprise).
- **de subrogation :** 55800 s.
- **de valeur :** 50350 s. (clauses d'indexation).

AUTRES RUBRIQUES : Avarie (marchandise transportée), Détérioration, Perte de gestion.

Perte de gestion : 21862 (responsabilité du commissionnaire) ; 23041 (indemnisation du mandataire).

AUTRE RUBRIQUE : Revenus.

Pétrification (de la loi choisie) : 16906 (contrat international).

Pharmacien : 123 (nature de l'activité) ; 418 (étranger) ; 3006 (location-gérance du fonds de commerce).

Phonogramme : voir Disque.

Photocopie : 75636 (moyen de preuve) ; 75695 (valeur juridique).

Photographe : 213 (nature de l'activité) ; 34556 (droits d'auteur) ; 34784 (rémunération forfaitaire).

Plafonnement
- **Dommages-intérêts** (dommages aux marchandises transportées) : 24621 s. (transport routier intérieur) ; 25233 s. (transport routier CMR) ; 25890 s. (transport aérien) ; 26226 s. (transport maritime).
- **Loyer d'un bail commercial :** 5940 s. (loyer du bail renouvelé).
- **Pénalités :** 18945 (dépassement des délais pour l'exécution d'un contrat d'ingénierie).

Plaidoirie : 34532 (droits d'auteur).

Plan (croquis) : 34559 (œuvre de l'esprit) ; 34697 (reproduction).

Plan de cession : 63630 s. (étude d'ensemble) ; 6380 (droit au maintien dans les lieux loués du cessionnaire) ; 63350 s. (règles particulières à la sauvegarde) ; 63360 s. (règles particulières au redressement judiciaire).

Plan de sauvegarde ou de redressement : 63200 s. (procédure de sauvegarde ou de redressement judiciaire).

Plateforme numérique : 20050 s. (réglementation des différents intervenants) ; 24231 (conclusion d'un transport routier de marchandises).

Pluralité : voir Nombre.

Plus-value
- **Bail commercial :** 6300 (évaluation de l'indemnité d'éviction).
- **Contrat :** 16137 (remboursement en cas d'extinction du contrat).
- **Fonds de commerce :** 3156 (restitution du fonds vendu) ; 3162 (indemnité due au locataire à l'extinction du contrat de location-gérance).
- **Indivision :** 30147 (amélioration des biens indivis) ; 30313 (plus-value justifiant un sursis au partage) ; 30355 (plus-value apportée à un bien faisant l'objet d'une attribution préférentielle).

Plus-value (suite)

Réméré : 26809 (droit de l'acheteur après le rachat).

AUTRE RUBRIQUE : Améliorations.

PMU (Pari mutuel urbain) : 12532 (droit de présentation d'un successeur).

Police (loi de police) : 7535 s. (police des activités économiques) ; 16659 (et loi d'ordre public) ; 21546 (dispositions imposant l'information précontractuelle des distributeurs).

AUTRE RUBRIQUE : Ordre public.

Police d'assurance : 17500 s. (terrestre) ; 58400 s. (Coface).

Pollution, dépollution : 4599 (remise en état des lieux loués) ; 8129 s. (réparation du préjudice écologique) ; 10335 (obligation légale).

Pool bancaire : 18700 (contrat de consortium) ; 41112 (remboursement d'un prêt consenti par un pool) ; 62670 s. (responsabilité en cas de procédure collective de l'emprunteur).

Porte-fort (promesse) : 13024 (règles générales) ; 1333 (pouvoir d'un époux commun en biens) ; 26650 (différence avec le courtage) ; 58193 (porte-fort d'exécution).

Porteur

Billet à ordre : 51850 (endossement translatif).

Chèque : 52400 s. (droit au paiement).

Lettre de change : 51124 s. (légitimité) ; 51255 (bonne foi) ; 51450 (diligence).

Titre au porteur : 30035 (meuble corporel).

Possession

Bail de courte durée : 4156 (locataire laissé en possession des locaux).

Brevet : 31606 (possession personnelle antérieure au dépôt).

Époux : 1318 (meubles détenus individuellement).

Gage : 57060 (gage mobilier avec dépossession).

Privilège : 21874 (privilège du commissionnaire sur les marchandises en sa possession) ; 24056 s. (privilège du commissionnaire de transport sur les marchandises en sa possession).

Procédure collective : 63068 s. (revendication du vendeur contre le sous-acquéreur) ; 63805 (possession des biens compris dans un plan de cession).

Propriété : 30016 s. (immeuble) ; 30035 s. (meuble) ; 30650 (possession du nu-propriétaire).

Poste

Acheminement du courrier : 15117 (acheminement défectueux : force majeure) ; 15322 (faute lourde).

Capacité de La Poste : 70255 (transaction) ; 70763 (arbitrage).

Services financiers : 40022 (dérogation au monopole bancaire) ; 40100 (contrat de banque) ; 40133 (ouverture d'un compte).

Pourparlers : 11800 s. (négociation précontractuelle) ; 11804 s. (contrat de pourparlers) ; 14024 s. (négociation en cours d'exécution du contrat).

Poursuite de l'activité : 61810 s. (sauvegarde et redressement judiciaire) ; 63480 (liquidation judiciaire).

Poursuite individuelle : voir Action en justice.

Pouvoir réglementaire : 73565 s.

Pratique commerciale : 21574 s. (encadrement).

Préambule

Brevet : 31209 (demande de protection de brevet).

Constitution : 73503 (Constitution de 1958) ; 73815 (Constitution de 1946).

Contrat : 12703 (contenu).

Précaution (obligation) : 11820 s. (négociations contractuelles) ; 17758 (assurance) ; 21708 (agent commercial) ; 22530 (location de meubles) ; 23027 (mandat apparent) ; 26712 (achat d'un bien) ; 52750 (perte ou vol d'un chèque).

Préemption (droit de préemption)

Bail : 5020 s. (droit de préemption des communes).

Erreur : 12218 (sur l'existence du droit).

Indivision : 30124 (acte de disposition sous réserve du droit des coïndivisaires) ; 30173 (indivision légale) ; 30270 (indivision conventionnelle) ; 30380 (exercice du droit dans le cadre du partage).

Procédure collective : 34843 (droit de l'auteur en cas de redressement judiciaire de l'éditeur) ; 63712 et 63782 (biens compris dans un plan de cession) ; 63952 et 63980 (cession isolée d'un bien).

Vente : 2754 s. (fonds de commerce) ; 4656 (local loué) ; 26630 (marchandises) ; 31403 (brevet : pluralité d'inventeurs) ; 53510 (droit d'un fermier sur une dation en paiement).

AUTRES RUBRIQUES : Préférence (droit de préférence), Pacte de préférence.

Préférence (droit de préférence)

Assurance (indemnité) : 17726 (créancier privilégié et assureur subrogé).

Bail : 5500 s. (cession du fonds de commerce).

Créancier gagiste : 57046.

Créancier hypothécaire : 56506 (immeuble) ; 58251 (navire) ; 58263 (aéronef).

Créancier nanti : 3433 (nantissement d'un fonds de commerce).

Créancier privilégié : 57612.

Succession : 50079.

AUTRES RUBRIQUES : Attribution préférentielle, Créancier privilégié, Pacte de préférence.

Préjudice écologique : 8129 s. (réparation).

Préjudice moral : 2830 (violation d'une obligation de non-concurrence par le vendeur d'un fonds de commerce) ; 8003 (réparation exclue par une loi étrangère) ; 15072 (responsabilité contractuelle) ; 21975 (rupture d'un contrat de concession portant atteinte à la réputation commerciale) ; 34843 (destruction des exemplaires d'un ouvrage par un éditeur).

Prélèvement bancaire : 50798 s.

Premier risque (ou premier feu) : 17778 (assurance).

Préposé : voir Salarié.

Prescription

Étude d'ensemble : 71700 s.

– acquisitive : 30019 s. (usucapion).

– biennale : 6818 s. (bail commercial) ; 11200 (prêt non professionnel) ; 17910 s. (assurance).

Prescription (suite)
- **cambiaire :** 51500 s.
- **quadriennale :** 60020 s. (dettes des personnes publiques).

Action civile : 8190.
Action en nullité : 15701 s. (étude d'ensemble) ; 1029 (acte passé par un mineur) ; 1050 (acte passé par le tuteur d'un mineur) ; 1141 s. (acte passé par un majeur sous curatelle ou tutelle) ; 1148 (acte passé par un majeur sous habilitation familiale) ; 1151 (acte passé par un majeur dont le mandat de protection future a pris effet).
Action en paiement : 10308 (gestion d'affaires) ; 51500 s. (lettre de change) ; 52005 (billet à ordre) ; 52469 (chèque) ; 55439 (contre la caution).
Action en réparation : 8178 (délit ou quasi-délit civil) ; 8190 (responsabilité pénale) ; 18260 (assurance) ; 24093 (commission de transport) ; 24218 (déménagement) ; 24655 s. (transport routier intérieur de marchandises) ; 25211 s. (transport routier CMR) ; 25690 (location de véhicule routier industriel) ; 25875 (transport aérien de marchandises) ; 26247 (transport maritime de marchandises).
Action en répétition de l'indu : 54212.

AUTRE RUBRIQUE : Forclusion.

Présentation
- **d'un chèque :** 52445 s. (paiement).
- **d'une lettre de change :** 51053 s. (acceptation) ; 51320 s. (paiement).
- **de successeur :** voir Successeur.

Présomption : 1318 s. (pouvoir d'un époux) ; 4430 (existence d'un bail commercial) ; 8070 (garde de la chose) ; 12498 (existence de la cause d'un contrat) ; 19637 (faute en cas d'obligation de résultat) ; 22571 (existence et valeur des objets déposés dans un coffre) ; 24550 (responsabilité du transporteur) ; 25160 (perte de la marchandise transportée) ; 26091 (transport aérien : prise en charge de marchandise conforme au connaissement) ; 27250 (mauvaise foi du vendeur professionnel) ; 30016 (propriété) ; 30035 (possesseur de meuble) ; 34606 (création d'une œuvre) ; 34855 (cession au profit du producteur des droits d'exploitation d'une œuvre audiovisuelle) ; 40142 (convention de comptes joints) ; 50145 (solidarité) ; 73624 (connaissance de la loi) ; 75618 (commencement de preuve par écrit) ; 75800 et 75806 s. (preuve).

Presse : 34520 (protection des informations et articles de presse) ; 34715 (reproduction par voie de presse) ; 34784 (rémunération de l'auteur d'un article) ; 35073 (droits des éditeurs de presse) ; 61062 (divulgation d'un mandat ad hoc) ; 61117 (divulgation d'une procédure de conciliation).

Prestation : 12402 (objet du contrat).

Prestation de services : 19500 s. (contrat d'entreprise).

Prestidigitation : 34535 (droits d'auteur).

Prêt d'argent : 41005 s. (étude d'ensemble) ; 1035 (mineur) ; 1343 (époux) ; 26753 (nullité pour financement d'opération illicite) ; 41118 (prêt de restructuration) ; 58191 (prêt garanti par l'État – Covid-19 et guerre en Ukraine) ; 62670 s. (responsabilité du fournisseur de crédit en cas de procédure collective).

AUTRE RUBRIQUE : Crédit.

Prêt de consommation : 23600 s. (étude d'ensemble) ; 23500 (différence avec le prêt à usage).

Prêt d'entreprise : 41130 (régime).

Prêt participatif : 41121 s. (financement des entreprises).

Prêt à usage : 23500 s. (étude d'ensemble) ; 11103 (catégorie de contrat gratuit) ; 11180 (catégorie de contrat réel) ; 20233 (exécution d'un contrat de sous-traitance industrielle) ; 52942 (interdiction de compensation légale).

Prête-nom : 253 (nature de l'acte) ; 12183 (simulation) ; 23006 (différence avec le mandat) ; 56215 (titulaire apparent d'un droit susceptible d'être hypothéqué).

Preuve

Étude d'ensemble : 75500 s.
Arbitrage : 70700 s. (consentement).
Chèque : 52298 (provision) ; 52516 (existence de la créance).
Contrat
Règles générales : 11175 (contrat consensuel) ; 11178 (contrat solennel) ; 12186 s. (simulation) ; 12231 (erreur) ; 12274 (dol) ; 14103 (novation) ; 14412 (preuve de l'inexécution).
Agent commercial : 21666.
Assurance : 17527 s. (contrat) ; 17916 s. (point de départ de la prescription biennale) ; 18245 (action directe de la victime contre l'assureur).
Bail commercial : 4430 s.
Contrat d'entreprise : 19570.
Délégation : 53406 (acte de délégation) ; 53412 (décharge du délégant).
Dépôt : 21024.
Exploitation de droits d'auteur : 34781.
Mandat : 23021.
Prêt d'argent : 41063.
Transport aérien : 25809.
Transport maritime : 26070.
Transport routier CMR : 25040 (existence du contrat) ; 25153 (dommage aux marchandises).
Transport routier intérieur : 24263 (existence du contrat) ; 24416 (livraison) ; 24440 s. (dommage aux marchandises) ; 24562 (exonération de responsabilité du transporteur) ; 24603 (préjudice).
Vente : 2725 (vente de fonds de commerce) ; 26955 (défaut de conformité du bien) ; 27206 (impropriété du bien à l'usage) ; 27218 (antériorité du vice caché).
Contrefaçon : 31618 (brevet) ; 32606 (marque) ; 34723 (droits d'auteur).
Dommage : 8033 (responsabilité extracontractuelle) ; 8124 (responsabilité du fait des produits défectueux) ; 15075 (responsabilité contractuelle).
Escompte : 41209.
Fait : 75639.
Fraude : 74903.
Garantie : 55265 s. (cautionnement) ; 58009 (garantie autonome) ; 58227 (ducroire).
Gestion d'affaires : 10308.
Indivision : 30369 (partage).
Lettre de change : 51015 (provision) ; 51258 (mauvaise foi du porteur) ; 51361 (paiement).
Ouverture de crédit : 41403.

Preuve (suite)
Paiement : 50535 (preuve) ; 54202 (paiement indu).
Propriété : 30013 s. (immeuble) ; 30035 s. (meuble).
Transaction : 70304.
Trouble mental : 1115.
Usage : 73590.
AUTRES RUBRIQUES : Écrit, Présomption.

Prime (assurance) : 17650 s. (étude d'ensemble) ; 58410 (Coface).

Principes
– constitutionnels : 74950 s.
– directeurs du contrat : 10625 s.
– fondamentaux reconnus par les lois de la République : 73503.
– généraux du droit : 73561 (hiérarchie des normes) ; 74930 (droit de l'UE).
– d'Unidroit : 17000 (contrat international) ; 17120 (arbitrage international).

Privatisation : 30074 (perte du droit de propriété).

Privilège de juridiction : 61472 (créancier français d'un débiteur étranger en cessation des paiements) ; 72109 (personne domiciliée sur le territoire de l'UE) ; 72240 s. (personne de nationalité française).

Privilèges : 57600 s. (étude d'ensemble) ; 2905 s. (vendeur d'un fonds de commerce) ; 4578 s. (bailleur d'immeuble) ; 21874 (commissionnaire) ; 24467 (transporteur) ; 27165 (vendeur de meubles) ; 30386 (copartageant d'une indivision) ; 58254 s. (privilèges sur les navires) ; 58260 (privilège sur les bateaux) ; 58266 (privilèges sur les aéronefs) ; 61175 (créanciers ayant participé à une procédure de conciliation) ; 62242 s. (créanciers postérieurs à l'ouverture d'une procédure collective).
AUTRE RUBRIQUE : Créancier privilégié.

Prix
Bail commercial : voir Loyer.
Contrat : 12425 s. (règles générales) ; 18712 (consortium) ; 18976 (ingénierie) ; 19555 (contrat d'entreprise) ; 20245 (sous-traitance industrielle) ; 20360 s. (sous-traitance de marché) ; 22515 (location de meubles) ; 24254 s. (transport routier intérieur) ; 25086 (transport routier CMR) ; 25624 (location de véhicules routiers industriels) ; 25812 (transport aérien).
Détermination : 12425 s. (étude d'ensemble) ; 19555 (contrat d'entreprise) ; 21585 (liberté de détermination) ; 22076 (franchise) ; 26750 (vente de marchandises).
Dissimulation : 2719 (vente d'un fonds de commerce) ; 12180 s. (contrat) ; 26509 (donation déguisée).
Paiement : 50290 s. (étude d'ensemble) ; 2850 s. (opposition au paiement du prix de vente d'un fonds de commerce) ; 2900 (vente du fonds de commerce) ; 18605 s. (coopération interentreprises) ; 20270 (sous-traitance industrielle) ; 20403 s. (sous-traitance de marché) ; 24053 (commission de transport) ; 24455 s. (transport routier intérieur) ; 25086 (transport CMR) ; 27150 s. (vente de marchandises).

Prix (suite)
Réduction : 14910 s. (règles générales).
Revente : 63060 s. (revendication par le créancier d'une entreprise sous procédure collective).
Révision : 14000 s.
AUTRES RUBRIQUES : Indexation, Lésion, Rémunération.

Procédure accélérée au fond : 72500 s.

Procédure collective
Étude d'ensemble : 61240 s. ; 61242 (tableau comparatif des procédures).
– de l'adhérent : 53231 (affacturage).
– de l'agent des sûretés : 55007 (effet sur les sûretés).
– de l'assuré : 18254 (contrat d'assurance) ; 62032 (clause limitant les droits de l'assuré) ; 63060 (revendication des biens assurés) ; 63780 (transfert en cas de plan de cession).
– du chef d'entreprise : 15111 (événement de force majeure).
– de l'éditeur : 34843 (contrat d'édition).
– de l'EIRL : voir EIRL.
– de l'entrepreneur principal : 20409 (action directe du sous-traitant).
– du fiduciaire : 23270 (remplacement du fiduciaire) ; 23276 (effet sur le patrimoine d'affectation).
– du locataire (bail commercial) : 4581 (privilège du bailleur) ; 61925 s. (cession du bail pendant la période d'observation) ; 62000 s. (poursuite du bail) ; 62170 s. (résiliation du bail) ; 63712 (plan de cession : droit de préemption des communes) ; 63780 s. (plan de cession incluant le bail) ; 63980 (cession isolée du bien loué en cas de liquidation judiciaire : droits de préemption) ; 63952 (cession isolée du bail en cas de liquidation judiciaire : droits de préemption) ; 64020 s. (cession isolée du bail en cas de liquidation judiciaire : modalités).
– du mandant d'un agent commercial : 21738 (indemnisation de l'agent) ; 62557 (déclaration des créances).
– du porteur d'une lettre de change : 51340 (opposition au paiement de la lettre) ; 63012 (revendication de l'effet).
– du signataire d'un billet à ordre : 51900 (opposition au paiement) ; 51979 (validité du paiement en période suspecte) ; 63012 (revendication de l'effet).
– du tireur, de l'endosseur ou du porteur d'un chèque : 52400, 52495 (opposition au paiement).
– du titulaire d'un compte courant : 40542 (extinction des créances inscrites).
– du titulaire de la marque : 32562 (juste motif de non-exploitation).

Procédure d'insolvabilité (Règlement UE) : 61466 s. (tribunal compétent) ; 61500 (incidence sur la déclaration de la cessation des paiements) ; 62357 (égalité des créanciers) ; 62425 (interruption des instances en cours) ; 62570 (habilitation à déclarer une créance) ; 62650 (défaut de déclaration d'une créance) ; 62820

Procédure d'insolvabilité (suite)
(avertissement des créanciers) ; 63025 (revendication d'un bien vendu sous réserve de propriété) ; 63163 (révocation des actes préjudiciables aux créanciers) ; 63635 (cession d'actifs) ; 64200 (poursuite des créanciers après clôture de la liquidation judiciaire) ; 64515 s. (sanctions).

Procédure participative : 70014.

Procédure simplifiée : 59016 (recouvrement des petites créances) ; 64280 s. (liquidation judiciaire).

Procédure de traitement de sortie de crise : 61245 (Covid-19).

Procuration : voir Délégation, Mandat.

Production
– audiovisuelle : 34855 s. (droits d'auteur).
– d'élément de preuve : 75521 (action en justice).
– au passif : 62540 s. (déclaration de créances dans une procédure collective).
Entreprise de production : 151 (nature de l'activité).

Produit : voir Fruits.

Produit défectueux : voir Défaut (d'un bien).

Profession libérale : 210 (nature de l'activité) ; 412 (incompatibilités) ; 556 (obligations comptables) ; 1036 (exercice au nom d'un mineur sous administration légale) ; 1048 (exercice au nom d'un mineur sous tutelle) ; 2060 (répertoire Sirene) ; 2080 (registre national des entreprises) ; 2195 s. (statut d'entrepreneur individuel) ; 4058 (locataire d'un bail commercial) ; 61020 s. (alertes) ; 61050 s. (mandat ad hoc) ; 61100 s. (conciliation) ; 61260 s. (sauvegarde, redressement ou liquidation judiciaires et rétablissement professionnel) ; 62582 (déclaration des créances au nom du créancier) ; 74327 (règles disciplinaires).

Professionnel : 2050 (créancier professionnel : définition) ; 11200 s. (distinction professionnel et non professionnel).

Programme informatique : voir Informatique.

Prolongation tacite (bail commercial) : 4156 (bail de courte durée) ; 5335 (défaut de congé ou de demande de renouvellement) ; 5615 (exploitation donnant droit au renouvellement) ; 5953 (exclusion du plafonnement de la variation du loyer initial).

Promesse
Études d'ensemble : 11908 s. (contrat) ; 10253 s. (existence d'un engagement juridique).
– post mortem : 12543.
Aval d'une lettre de change : 51200.
Bail commercial : 4423.
Ducroire : 58227 s.
Hypothèque : 56244.
Ouverture de crédit : 41400.
Porte-fort : 13024 (de ratification) ; 58193 (d'exécution).
Prêt d'argent : 41010.
Prêt à usage : 23515.
Vente : 2703 (fonds de commerce) ; 26627 (marchandises) ; 41605 (crédit-bail mobilier) ; 41664 (crédit-bail immobilier).

Promoteur immobilier : 126 (nature de l'activité) ; 11863 (obligation de prudence) ; 23024 (caractère exprès du mandat) ; 50226 (condamnation in solidum avec un entrepreneur et un architecte).

Promulgation : 73600 (loi).

Proportionnalité : 74929 (principe général du droit).

Proposition : voir Offre.

Propriété : 30000 s. (étude d'ensemble) ; 2125 (incidence sur la qualification d'entrepreneur) ; 2145 s. (exploitation de l'entreprise) ; 2519 s. (acquisition du nom commercial avec le fonds de commerce) ; 4061 (fonds exploité dans les lieux soumis à bail commercial) ; 18948 (études et documents en exécution d'un contrat d'ingénierie) ; 26512 (donation indirecte) ; 27050 s. (transfert de propriété du bien vendu) ; 31400 (brevet) ; 40160 (fonds figurant sur un compte bancaire) ; 41100 (somme prêtée) ; 74915 (apparence).

Propriété industrielle : 31000 s. (étude d'ensemble) ; 32750 s. (règles communes aux propriétés industrielles).

Propriété intellectuelle : 30953 s. (règles communes).

Propriété littéraire et artistique : 34500 s. (étude d'ensemble) ; 32003 (dessins et modèles).

Propriété retenue ou cédée à titre de garantie : 57500 s.

Prorogation
– de compétence : voir Clause attributive de compétence.
– du contrat : 16170 (règles générales) ; 55727 (contrat garanti par un cautionnement).

Prospection : 11600 s. (recherche d'un cocontractant).

Prospectus publicitaire : 12133 (document contractuel) ; 12150 (opposabilité).

Protection diplomatique : 72800 (règle générale) ; 70874 (effet sur une convention d'arbitrage) ; 72300 (rapport avec l'immunité de juridiction).

Protêt : 505 (inscription au registre du commerce) ; 11653 (information des entreprises) ; 51400 s. (lettre de change) ; 52550 s. (chèque).

Provision
Billet à ordre : 51833.
Chèque : 52295 s.
Exécution par provision : 59400 s. (étude d'ensemble).
Lettre de change : 51000 s.
Référé-provision : 59400 s. (étude d'ensemble) ; 62235 (créance postérieure à l'ouverture de la procédure collective) ; 62402 (créance antérieure à l'ouverture de la procédure collective) ; 62425 (instance en cours lors de l'ouverture de la procédure collective) ; 71093 (arbitrage).

Prudence : voir Précaution.

Pseudonyme : 2513 (nom commercial) ; 34606 (créateur).

Publication (œuvre de l'esprit) : 34520 (protection) ; 34784 (rémunération de l'auteur) ; 34825 s. (contrat d'édition).

Publicité (formalité de publicité)

Commerçant : 450 s. (étude d'ensemble) ; 424 (situation matrimoniale) ; 474 (numéro d'immatriculation au RCS).

Contrat : 2853 s. (vente d'un fonds de commerce) ; 3038 (location-gérance) ; 4423 (bail commercial de plus de 12 ans) ; 30215 (convention d'indivision) ; 41624 (crédit-bail mobilier) ; 41667 (crédit-bail immobilier de plus de 12 ans).

Entrepreneur individuel : 2260 (transfert du patrimoine professionnel).

EIRL : 2305 (déclaration d'affectation) ; 2360 (transfert du patrimoine affecté).

Déclaration d'insaisissabilité : 59700.

Demande en justice : 15698 (action en nullité d'une vente immobilière).

Fiducie : 23239 (constitution du contrat de fiducie) ; 23291 (transfert du patrimoine fiduciaire au bénéficiaire) ; 23418 (extinction du contrat de fiducie).

Gage : 57031.

Procédure collective : 61554 (jugement d'ouverture) ; 61642 (jugement d'extension) ; 62600 (délai de déclaration des créances) ; 62965 (dispense de revendication des meubles objets d'un contrat publié) ; 63300 et 63305 (jugement statuant sur le plan de sauvegarde ou de redressement) ; 63327 (inaliénabilité décidée par le tribunal) ; 63630 (cession d'actifs) ; 63860 (résolution du plan de cession) ; 64117 (clôture de la liquidation judiciaire) ; 64362 (ouverture du rétablissement professionnel) ; 64390 (clôture du rétablissement professionnel).

Propriété industrielle

Brevet : 31227 (demande) ; 31366 (délivrance) ; 33200 s. (cession et mise en gage).

Dessins et modèles : 32113 (demande d'enregistrement) ; 32157 (enregistrement).

Marque : 32503 (dépôt et enregistrement) ; 33312 (licence) ; 33400 (cession).

Textes : 73519 (traités internationaux) ; 73600 s. (lois et règlements).

AUTRES RUBRIQUES : Inscription, Registre du commerce et des sociétés, Registre national des entreprises, Registre national des marques, Registre public de la cinématographie et de l'audiovisuel, Registre spécial.

Publicité trompeuse : 2516 (choix d'un nom commercial) ; 21533 (conditionnement d'un produit relevant d'un réseau de distribution sélective).

Purge

Hypothèque : 56514 s. (règles générales) ; 56262 (effet légal) ; 56706 (disparition de l'hypothèque) ; 63890 (vente d'un immeuble dans le cadre d'un plan de cession) ; 63985 (vente d'immeuble résultant de la liquidation judiciaire).

Nantissement : 2932 (effet de la résolution d'une vente de fonds de commerce à l'égard des tiers) ; 3424 (effet du privilège de nantissement) ; 3436 (offre du tiers acquéreur d'un fonds de commerce) ; 63890 (vente du bien dans le cadre d'un plan de cession).

Q

QPC (question prioritaire de constitutionnalité) : 73800 (principe) ; 73558 (recours contre une ordonnance).

Qualification (des faits ou des actes) : 74600 s. (office du juge).

Qualité pour agir en justice : 71624 s.

Quasi-contrat : 10303 s.

AUTRES RUBRIQUES : Enrichissement injustifié, Gestion d'affaires, Répétition de l'indu.

Quasi-délit : 8147 (dommages causés par un préposé) ; 8178 (action en réparation).

Quasi-usufruit : 30562.

Question préjudicielle (à la CJUE) : 74705.

Question prioritaire de constitutionnalité : 73800 (principe) ; 73558 (recours contre une ordonnance).

Quittance

Règles générales : 50535 (définition) ; 75656 (insertion dans un acte authentique).

Assurance : 13635 (absence de réserves) ; 17765 (accord de l'assuré sur l'indemnité).

Bail commercial : 4430 (délivrance au locataire) ; 5036 (délivrance au cessionnaire du bail).

Subrogation (quittance subrogatoire) : 17800 (subrogation de l'assureur) ; 53015 (subrogation consentie par un créancier) ; 53018 (subrogation consentie par un débiteur).

Quota (clause de quota) : 21958 (obligation) ; 21961 (inobservation).

R

Rabais : voir Remise (de dette).

Rachat : 4895 (droit au bail commercial) ; 21980 (rachat du stock à l'expiration d'un contrat de concession) ; 23540 (chose prêtée) ; 26527 (rachat de l'emballage en cas de vente avec consignation de l'emballage) ; 26809 (réméré) ; 26995 (remplacement en cas de manquement à la livraison) ; 33003 (rachat du stock à l'expiration d'une licence de brevet) ; 34843 (rachat des ouvrages par l'auteur à la fin d'un contrat d'édition) ; 58212 (crédit-bail mobilier).

Radiation

Endossement d'une lettre de change : 51112 (biffage sur le titre).

Immatriculation au RCS : 480 (commerçant) ; 490 (publication au Bodacc) ; 2748 (cession du fonds de commerce) ; 3153 (fin d'une location-gérance) ; 61520 (redressement ou liquidation judiciaire du commerçant radié).

Inscription de gage : 57073 (gage de droit commun).

Inscription d'hypothèque : 56271 (règle générale) ; 59233 (hypothèque judiciaire conservatoire) ; 72600 (référé).

Inscription de nantissement : 3424 (fonds de commerce) ; 57328 (warrant).

Inscription du privilège de vendeur : 2909 (fonds de commerce).

Inscription au registre des agents commerciaux : 21682.

Radiation (suite)
Inscription au registre national des entreprises : 2085.
Marque : 32480 (nullité) ; 32635 (contrefaçon).

Radio : 34568 (protection de l'œuvre radiophonique) ; 34621 (qualité d'auteur).

Rang : voir Préférence (droit de préférence).

RCS : voir Registre du commerce et des sociétés.

Réalisateur de films (metteur en scène) : 213 (nature de l'activité) ; 34618 (œuvre audiovisuelle).

Recel : 1355 (partage d'une communauté entre époux) ; 13649 (secret de fabrication) ; 50515 (fausse facture).

Réception de travaux : 18973 (ingénierie) ; 19610 (contrat d'entreprise) ; 20200 (sous-traitance).

Rechargement d'une hypothèque : 56230 (conditions) ; 56265 (durée) ; 56271 (radiation) ; 56506 (concours avec une hypothèque judiciaire conservatoire) ; 56700 (extinction) ; 56703 (renonciation du créancier).

Recherche (contrat) : 19000 s. (étude d'ensemble) ; 19200 s. (recherche en commun).

Réciprocité : 73522 (traités internationaux).

Récolte : 59727 (saisie-vente).

Recommandation : 73541 (acte communautaire).

Reconduction tacite
Étude d'ensemble : 16210 s. (contrat).
Assurance : 17580 (mention expresse) ; 18005 (extinction du contrat).
Bail commercial : voir Prolongation tacite.
Contrat cautionné : 55727.
Dépôt : 21051.
Distribution commerciale : 21548 (exclusivité de distribution) ; 21566 (exclusivité d'achat) ; 21735 (agent commercial) ; 21940 (concession).
Indivision : 30218.
Recherche : 19021.

Reconnaissance de dette : 10300 (engagement unilatéral) ; 50959 (omission d'une mention sur une traite) ; 71750 (interruption de la prescription) ; 75689 (mention manuscrite).

Recours : voir Action en justice.

Recouvrement des créances : 59000 s. (étude d'ensemble) ; 163 (nature de l'activité d'une agence de recouvrement) ; 62415 s. (contre un débiteur en procédure collective) ; 62582 (déclaration des créances par une agence de recouvrement) ; 63535 et 63562 (par un débiteur en liquidation judiciaire).

Reçu d'entreposage : 57330 s. (étude d'ensemble).

Rédaction : 12718 s. (contrat).

Red clause : 53324 (crédit documentaire).

Reddition de comptes : 16112 (extinction d'un contrat) ; 23047 (mandat) ; 34788 (droits d'auteur).

Redevance
Droits d'auteur : 34712 (exploitation d'une œuvre) ; 34815 (contrat de représentation) ; 34821 (Sacem).
Franchise : 22108.
Location-gérance : 3059.

Redevance (suite)
Propriété industrielle : 31278 (rapport de recherche préliminaire complémentaire) ; 31659 (réduction des redevances liées au brevet) ; 32875 s. (licence de brevet) ; 33324 (licence de marque) ; 33730 (communication de savoir-faire).
AUTRES RUBRIQUES : Commission (rémunération), Rémunération.

Redressement judiciaire : 61240 s. (étude d'ensemble).
AUTRE RUBRIQUE : Procédure collective.

Réduction
– de la clause pénale : 15280.
– de la fourniture d'eau, de gaz, d'électricité : 14495 (adaptation du régime en raison de l'épidémie de Covid-19).
– de l'indemnité d'assurance : 17569 (omission ou fausse déclaration) ; 17775 s. (pour sous-assurance).
– des inscriptions : 56274 (inscription d'hypothèque).
– du prix : 14910 s. (étude d'ensemble) ; 12323 (lésion) ; 58039 (fraude).

Réédition : 34837 (contrat d'édition).

Réfaction du prix : voir Remise, Réduction.

Réfection
Contrat : 11806 (mission confiée à un tiers par les parties) ; 14000 (pouvoir de médiation et d'arbitrage d'un juge dans le cas d'une modification souhaitée par une seule partie) ; 15688 (maintien d'un acte annulable) ; 71054 (décision d'un juge statuant en amiable compositeur).
Travaux : voir Travaux.

Référé : 72500 s. (étude d'ensemble).

Référé-liberté : 72549 (juge administratif).

Référé-provision : 59400 s. (étude d'ensemble) ; 62235 (créance postérieure à l'ouverture de la procédure collective) ; 62402 (créance antérieure à l'ouverture de la procédure collective) ; 62425 (instance en cours lors de l'ouverture de la procédure collective) ; 71093 (litige soumis à une procédure d'arbitrage).

Référencement : 21850 s. (commissionnaire) ; 34738 (imputation d'une contrefaçon) ; 50145 (solidarité entre les adhérents de la centrale de référencement).

Réfugié : 1398 (capacité) ; 34624 (droits d'auteur) ; 72252 (privilège de juridiction).

Refus
– de contracter : 11660 (limites).
– de renouvellement : 16193 (contrat : règles générales) ; 6300 s. (bail commercial : règles générales) ; 21735 (agence commerciale) ; 21883 (commission) ; 21940 s. (concession) ; 22111 (franchise) ; 62404 et 64025 (bail commercial : procédure collective du locataire).
– de vente : 26624 (responsabilité civile).

Régime matrimonial : 1300 s. (étude d'ensemble) ; 421 s. (incidence pour le conjoint commerçant) ; 1405 s. (incidence pour les époux étrangers).

Région : voir Collectivité publique.

Registre du commerce et des sociétés (immatriculation au RCS) : 300 s. (présomption de commercialité) ; 450 s. (formalités) ; 2748 (vente de fonds de commerce) ; 3035 (location-gérance) ; 4070 s. (bail commercial).

Registre national des entreprises (RNE) : 2075 s. (étude d'ensemble) ; 3153 (radiation du locataire-gérant).

Registre national des fiducies : 23242.

Registre national des marques : 32410 (adresse) ; 32503 (dépôt et enregistrement).

Registre public de la cinématographie et de l'audiovisuel : 34867 (inscription).

Registre spécial : 2310 (EIRL) ; 21670 s. (agent commercial) ; 30050 (propriété de meubles corporels immatriculés : aéronefs, bateaux, navires) ; 41667 (crédit-bail immobilier de plus de 12 ans) ; 57031 (gage).

Registre des sûretés mobilières : 2909 (privilège du vendeur de fonds de commerce) ; 3423 (nantissement de fonds de commerce) ; 41624 (crédit-bail) ; 57031 (gage).

Règlement (texte)
- **européen** : 17103 (loi applicable aux obligations contractuelles) ; 72100 s. (compétence judiciaire) ; 73541 (acte communautaire) ; 73612 (entrée en vigueur) ; 73806 s. (primauté sur la loi nationale) ; 74000 s. (légalité) ; 74485 (rétroactivité) ; 74705 (interprétation).
- **national** : 73565 s. (étude d'ensemble).

Règlement intérieur : 10203 (document contractuel) ; 15259 (sanction) ; 15316 (opposabilité d'une clause limitative de responsabilité) ; 21065 (opposabilité d'une clause limitative de responsabilité en cas de faute lourde d'un dépositaire).

Réglementation des changes : 50570 (relations financières avec l'étranger).

Règles et usances uniformes (RUU) : 53306 s. (crédit documentaire).

Règles de Visby : 26001 s. (transport maritime).

Règles d'York et d'Anvers : 26235 (transport maritime).

Réitération
Contrat : 10259 s. (promesse contractuelle) ; 13460 (réitération d'un contrat caduc).
Inscription hypothécaire : 56215 (droit indivis).
AUTRES RUBRIQUES : Confirmation, Renouvellement.

Relations financières avec l'étranger : 50570.

Relevé de compte : 40151 (compte bancaire) ; 40578 (compte courant).

Remboursement : 10315 s. (enrichissement injustifié) ; 16137 (dépenses relatives au bien à restituer après extinction du contrat) ; 23041 (indemnisation du mandataire) ; 23540 (dépenses effectuées pour la chose prêtée) ; 24050 (livraison contre remboursement : commission de transport) ; 24422 (livraison contre remboursement : transport routier) ; 25089 (livraison contre remboursement : transport CMR) ; 25845 (livraison

Remboursement (suite)
contre remboursement : transport aérien) ; 26995 (vente de marchandises) ; 41106 s. (prêt d'argent) ; 52680 (chèque sans provision) ; 57328 (warrant).
AUTRE RUBRIQUE : Répétition de l'indu.

Réméré : 26809 (vente).

Remise
- **de la chose** : 23515 (prêt à usage) ; 40519 (remise en compte courant) ; 41010 (prêt d'argent) ; 57031 (gage).
- **des clés** : 5344.
- **de dette** : 50538 s. (étude d'ensemble) ; 50308 (accord du créancier) ; 50178 (codébiteur solidaire) ; 55715 (consentie au débiteur garanti par un cautionnement) ; 55756 (consentie à la caution) ; 61122 s. (procédure de conciliation) ; 63205 s. (consultation des créanciers sur le plan de sauvegarde ou de redressement) ; 63320 s. (pouvoirs du tribunal qui arrête le plan de sauvegarde ou de redressement).
- **en état** : 4587 s. (restitution de l'immeuble loué par le preneur d'un bail commercial) ; 15718 s. (liquidation des rapports contractuels après annulation d'un contrat) ; 16050 (survenance de la condition résolutoire d'un contrat) ; 22548 (location de meuble) ; 27225 (option de l'acheteur en cas de mise en jeu d'une garantie des vices cachés) ; 30658 (obligation d'un nu-propriétaire).
- **de solidarité** : 50198.

Remorquage : 15313 (remorquage portuaire : validité d'une clause limitative de responsabilité) ; 24215 (distinction avec le transport).

Remplacement (inexécution contractuelle) : 14905 (règle générale) ; 26980 s. (manquement à la livraison) ; 55077 (caution).
AUTRES RUBRIQUES : Modification, Substitution.

Rémunération
Accord de distribution : 21605 s. (gérant libre de succursale) ; 21717 s. (agent commercial) ; 21871 (commissionnaire) ; 21931 (concessionnaire) ; 22108 (franchiseur).
Affacturage : 53200 s.
Artiste-interprète : 35060 (principe) ; 35063 s. (modalités).
Banquier : 40154 (fonctionnement d'un compte bancaire) ; 41121 (prêt participatif) ; 41215 (escompte d'effets de commerce).
Consortium : 18712 (participants).
Courtage : 26650.
Coût : 12458 (détermination du prix d'un contrat).
Droits d'auteur : 34784 (contrat d'exploitation : principes) ; 34787 (contrat d'exploitation : rémunération supplémentaire) ; 34823 (rémunération appropriée) ; 34858 (production d'une œuvre audiovisuelle) ; 35014 s. (logiciel) ; 35060 (artiste-interprète) ; 35063 s. (artiste-interprète de phonogrammes).
Fiduciaire : 23294.
Mandataire : 23044 (règle générale) ; 30234 (gestion d'une indivision).
Paiement : 52206 (modalité).
Prêt à usage : 23500.

Rémunération (suite)
Procédure collective : 61057 (mandataire ad hoc) ; 61110 (conciliateur) ; 61592 (contrôleurs) ; 61605 (organes de la procédure) ; 62280 s. (chef d'entreprise).
Propriété industrielle : 31427 (inventeur salarié et non-salarié) ; 32178 (créateur d'un modèle).
Recherche : 19059 (travaux).
Séquestre judiciaire : 59037.
AUTRES RUBRIQUES : Commission (rémunération), Prix, Redevance, Revenus, Salaire.

Renonciation : 2260 (entrepreneur individuel) ; 2355 (EIRL) ; 13440 (condition du contrat) ; 13521 (terme du contrat) ; 14009 (droit de demander la révision du contrat) ; 14500 s. (inexécution du contrat) ; 14503 s. (bénéfice du contrat) ; 15565 (clause résolutoire) ; 15612 (action en résolution) ; 15683 s. (action en nullité) ; 17946 (prescription biennale en matière d'assurance) ; 17995 (renonciation au contrat d'assurance) ; 20412 (action directe du sous-traitant) ; 21751 (indemnité de rupture d'un contrat d'agence commerciale) ; 23095 (mandat) ; 23403 (fiducie) ; 30700 (usufruit) ; 50076 (succession) ; 50198 (solidarité) ; 50399 (indexation) ; 56218 (clause d'inaliénabilité) ; 56703 (hypothèque) ; 59700 (déclaration d'insaisissabilité) ; 60403 (immunité d'exécution) ; 71603 (action en justice) ; 71795 (prescription).

Renouvellement : 1043 (bail conclu par un mineur sous tutelle) ; 5600 s. (bail commercial) ; 16190 s. (contrat) ; 21735 (agence commerciale) ; 21883 (commission) ; 21940 s. (concession) ; 22111 (franchise) ; 32509 (enregistrement d'une marque) ; 56268 (inscription hypothécaire).
AUTRES RUBRIQUES : Prolongation tacite, Prorogation, Reconduction tacite.

Réparation : voir Travaux.

Réparation des dommages : 8000 s. (responsabilité extracontractuelle) ; 15000 s. (responsabilité contractuelle).

Repentir : 6360 s. (bail commercial) ; 34665 (cession d'un droit d'auteur).

Répertoire national des entreprises : 2060 s. (étude d'ensemble).

Répétition de l'indu : 54200 s. (étude d'ensemble).

Repreneur (liquidation judiciaire) : 63650 s. (plan de cession).

Représentant de commerce (VRP) : 223 (nature de l'activité) ; 4058 (statut des baux commerciaux).
AUTRE RUBRIQUE : Agent commercial.

Représentant des créanciers (procédure collective) : voir Mandataire judiciaire.

Représentant des salariés : 61595 (procédure collective).

Représentant du titulaire d'une marque : 32500 et 32518.

Représentant légal
– d'un incapable : 1031 s. (administration légale) ; 1040 s. (tutelle) ; 55068 (cautionnement) ; 75698 (force probante d'un acte sous signature privée) ; 75900 (aveu extrajudiciaire au nom d'un mineur).
– d'une société : 13426 (condition suspensive subordonnant la conclusion du contrat à l'autorisation des organes compétents) ; 50946 (signature d'une lettre de change) ; 51127 (endossement d'une lettre de change) ; 51203, 51212 (aval d'une lettre de change) ; 51909 (aval d'un billet à ordre) ; 52680 (action en remboursement d'un chèque sans provision) ; 56244 (procuration pour contracter une hypothèque) ; 62570 s. (déclaration des créances de la société).

Représentation
– en justice : 64700 (procédure collective) ; 70249 (transaction) ; 71630 (action en justice).
Agent commercial : 21653 s. (étude d'ensemble).
Codébiteurs solidaires : 50175 s. (règles générales) ; 55460 (obligation au paiement de la caution solidaire).
Créanciers : 62380 s. (procédure collective).
Droits d'auteur : 34697 (divulgation d'une œuvre de l'esprit) ; 34700 (droit d'exploitation) ; 34760 (contrat d'exploitation) ; 34766 (cession du droit) ; 34800 s. (contrat de représentation d'une œuvre de l'esprit).
Indivision : 30127 (autorisation judiciaire).
Mandat : 23000 s.
AUTRES RUBRIQUES : Représentant des créanciers, Représentant des salariés, Représentant légal.

Reprise
Bail commercial : 6470 s. (droit de reprise du bailleur).
Entreprise en difficulté : 63670 s. (offres de reprise).
Extinction d'un contrat : 21980 s. (reprises à l'issue d'un accord de distribution) ; 23540 (restitution de la chose prêtée) ; 26527 (dépôt-vente : reprise des invendus).
Fonds de commerce : 2929 (résolution de la vente).
Réméré : 26809.

Reproduction : 34708 s. (œuvre de l'esprit) ; 75636 (preuve de la reproduction d'un document).

Réputé non écrit : 16150 s. (étude d'ensemble) ; 16120 (restitutions) ; 71922 (office du juge : clause contraire à l'ordre public) ; 74275 (violation de l'ordre public).

Requalification : voir Qualification.

Requête : 72600 (action en justice).

Réquisition : 14701 (suspension du contrat) ; 24343 (lettre de voiture).

Rescision pour lésion : voir Lésion.

Réserve de propriété : voir Clause de réserve de propriété, Propriété retenue ou cédée à titre de garantie.

Réserves
Commission de transport : 24041.
Contrat (règles générales) : 13635.
Contrat d'entreprise : 19610 (réception des travaux en exécution d'un contrat d'entreprise) ; 20353 (sous-traitance).
Ordre public : 16650 s.
Paiement : 52945 (compensation) ; 53353 (crédit documentaire).

Réserves (suite)
Transport aérien : 25854 (réserves du destinataire).
Transport maritime : 26094 (réserves du transporteur) ; 26156 (livraison).
Transport routier CMR : 25062 (réserves du transporteur) ; 25095 s. (réserves du destinataire).
Transport routier intérieur : 24336 (réserves du transporteur) ; 24443 (réserves du destinataire).
Vente : 26952 (conformité de la chose vendue).

Résidence des époux : voir Logement des époux.

Résident étranger : 415 (commerçant) ; 7541 (activité professionnelle) ; 31410 (propriété industrielle) ; 40133 (droit d'un non-résident à l'ouverture d'un compte bancaire) ; 72252 (droit au privilège de juridiction).

Résiliation du contrat
Étude d'ensemble : 15470 s.
Accord de distribution : 21539 (contrat de distribution) ; 21745 s. (agent commercial statutaire) ; 21782 s. (agent commercial non statutaire) ; 21886 (commissionnaire) ; 21964 (concessionnaire) ; 22114 (franchise).
Assurance : 18010 s.
Bail commercial : 5190 s. (règles générales) ; 62170 s. (procédure collective du locataire).
Cautionnement : 40608 (garantie du solde d'un compte courant) ; 55400 (information de la caution) ; 55753 (extinction de l'obligation).
Contrat à durée indéterminée : 15503 s. (règles générales) ; 15455 s. (relations commerciales établies).
Contrat d'édition : 34834 s.
Contrat d'exploitation de droits d'auteur : 34799.
Contrat de fourniture d'eau, de gaz, d'électricité : 14495 (adaptation du régime en raison de l'épidémie de Covid-19).
Contrats interdépendants : 10106.
Crédit-bail : 41633.
Licence de brevet : 33000.
Location-gérance : 3150.
Mandat : 23080 (règles générales : résiliation par le mandant) ; 23095 (règles générales : résiliation par le mandataire) ; 51155 (conséquence du décès ou de l'incapacité de l'endossataire d'une lettre de change) ; 52269 (tireur d'un chèque).
Ouverture de crédit : 41417 s.
Prêt à usage : 23540.
Procédure collective : 62075 s. (résiliation des contrats en cours) ; 62406 s. (action interdite aux créanciers).
Transport : 24105 s. (contrat de commission de transport) ; 24483 (contrat de transport routier) ; 25695 (contrat de location de véhicule routier).

Résolution du contrat
Étude d'ensemble : 15508 s.
Bail commercial : 5220 s. (règles générales) ; 5278 (décès du bailleur ou du preneur).
Clause résolutoire : 15553 s.
Condition résolutoire : 16045 s.
Contrat d'entreprise : 19660.
Crédit-bail : 41633.

Résolution du contrat (suite)
Licence de marque : 33330 (défaut de renouvellement de la marque).
Procédure collective : 62075 s. (contrats en cours) ; 62406 s. (action interdite aux créanciers) ; 63017 (vente de marchandises : revendication).
Résolution judiciaire : 15600 s.
Résolution unilatérale : 15512 s.
Vente : 2920 s. (fonds de commerce) ; 27003 (défaut de conformité) ; 27159 (défaut de paiement du prix) ; 41627 s. (sort du crédit-bail mobilier).

Responsabilité contractuelle
Étude d'ensemble : 15000 s.
Assurance : 18209 (règle générale) ; 21033 (dépôt).
Bail commercial : 4550.
Banquier : 41421 s. (ouverture de crédit).
Commissionnaire : 21877.
Consortium : 18724 s.
Dépositaire : 21065.
Ingénierie : 18960.
Location : 22542 (meuble) ; 25660 s. (véhicule routier industriel).
Mandataire : 23064.
Obligation de moyen ou de résultat : 13253.
Prestataire de services : 19637 (contrat d'entreprise).
Produit défectueux : 8088 (option de l'action en responsabilité).
Responsabilité extracontractuelle : 8178 (substitution d'office par le juge du fondement de l'action).
Sous-traitant : 20250 (industriel) ; 20425 s. (marché).
Transport : 24074 s. (commissionnaire) ; 24248 (défaut de déclaration relative aux matières dangereuses) ; 24550 s. (transport routier intérieur) ; 25150 s. (transport routier CMR) ; 25857 s. (transport aérien) ; 26178 s. (transport maritime).
Vente : 27228 (différence avec une action en garantie) ; 27250 (réparation due par un vendeur).

Responsabilité délictuelle : voir Responsabilité extracontractuelle.

Responsabilité extracontractuelle
Étude d'ensemble : 8000 s.
Abus de droit : 74912.
Administrateur légal d'un mineur : 1038.
Assurance : 18206 (règle générale) ; 25600 (loueur de véhicules routiers industriels).
Brevet : 31615 (contrefaçon).
Commerçant : 185 (nature commerciale des délits) ; 26624 (refus de vente).
Contrat de concession : 21975.
Entreprises : 8172.
Location : 22545 (meuble) ; 25680 (véhicules routiers industriels).
Mandataire : 23067.
Mandataire de justice : 64640 s. (procédure collective).
Marque : 32445 (marque notoire) ; 32655 (citation).
Mineur : 1022.
Non-cumul avec la responsabilité contractuelle : 15023 et 15041.

Responsabilité extracontractuelle (suite)

Porteur d'une lettre de change : 51329 (défaut de présentation au paiement).

Séquestre judiciaire : 59040.

Responsabilité de l'État : 1038 (dommage causé par un juge des tutelles) ; 64718 (durée excessive des procédures collectives) ; 73547 (violation des règles communautaires) ; 73600 (promulgation tardive d'une loi) ; 74350 (fait des lois).

Responsabilité du fait des produits défectueux : 8085 s. (étude d'ensemble).

Responsabilité pénale

Étude d'ensemble : 74306 s. (droit pénal).

– du chef d'entreprise : 2180 s.

– du débiteur : 61942, 63327 et 63402 (pour passation d'un acte interdit par la procédure collective dont il fait l'objet) ; 64545 (violation d'une interdiction de gérer ou d'une déchéance) ; 64580 s. (banqueroute).

– de l'employeur : 13706 (détachement de personnel).

– du locataire : 22554 (meuble) ; 25683 (véhicule routier industriel).

– du loueur de meubles : 22551.

– du mandataire : 23070.

– du mandataire de justice : 61840 (responsabilité du chef d'entreprise) ; 64660 (responsabilité personnelle).

– du préposé : 8156.

AUTRES RUBRIQUES : voir les mots correspondant aux différentes infractions (Abus de confiance, Banqueroute, etc.).

Ressortissant européen : 1410 (droit d'établissement) ; 17103 (obligations contractuelles) ; 32138 (dessins et modèles) ; 34630 (droit d'auteur) ; 34653 (protection d'un pseudonyme) ; 61468 s. (procédure collective) ; 72109 (compétence judiciaire du règlement CE du 12-12-2012).

Ressources : voir Revenus.

Restitution

Étude d'ensemble : 16120 s.

Assurance : 17765 (indemnité).

Contrat (droit commun) : 15450 (révocation mutuelle) ; 15507 (résiliation) ; 15618 s. (résolution) ; 15715 s. (nullité) ; 16000 (caducité) ; 16050 (condition résolutoire) ; 16090 s. (règles communes).

Contrat conclu par un incapable : 1030 (mineur) ; 1144 (majeur).

Contrat d'entreprise : 19603 (matières confiées).

Dépôt : 21045 s.

Fonds de commerce : 2739 (mentions inexactes d'un contrat de vente de fonds de commerce) ; 3156 (extinction de la location-gérance).

Gage : 57073.

Licence de brevet ou de marque : 33003.

Location : 22560 (meuble) ; 25656 (véhicule).

Prêt à usage : 23540.

AUTRE RUBRIQUE : Revendication ou restitution.

Rétablissement

– professionnel : 64350 s. (étude d'ensemble).

Rétablissement (suite)

Clause de non-rétablissement : voir Clause de non-concurrence.

Retard

Assurance : 17712 (déclaration d'un sinistre) ; 17768 (versement de l'indemnité).

Contrat : 14403.

Loi : 73600 (promulgation).

Paiement : 53800 s. (étude d'ensemble) ; 14495 (factures eau, gaz, électricité – adaptation des sanctions en raison de l'épidémie de Covid-19) ; 41036 (remboursement d'un prêt d'argent) ; 59600 s. (astreinte).

Transport : 24076 (responsabilité du commissionnaire) ; 24101 (responsabilité du destinataire) ; 24380 (routier intérieur) ; 24585 s. (présomption de responsabilité du transporteur routier) ; 25300 s. (CMR) ; 25896 (aérien) ; 26232 (maritime).

Vente : 26921 (livraison).

Rétention (droit de rétention)

Étude d'ensemble : 57800 s.

– du commissionnaire de transport : 24056 s.

– du créancier gagiste : 57040 (règle générale).

– du créancier nanti : 57360 (nantissement – cas général) ; 3430 (nantissement de fonds de commerce) ; 57377 (nantissement de créance).

– de l'emprunteur : 23540 (prêt à usage).

– du fiduciaire : 23294.

– du locataire-gérant : 3162.

– du mandataire : 23047.

– du séquestre judiciaire : 59037.

– du sous-traitant industriel : 20270 (matière première et biens fabriqués).

– du transitaire : 26059.

– du vendeur : 26927 (refus de livraison pour défaut de paiement du prix) ; 27162 (vente au comptant).

Disparition : 55811 (effets sur le cautionnement).

Procédure collective : 61920 et 62522 (phase d'observation) ; 62244 s. (paiement des créances utiles) ; 62519 (accroissement de l'assiette) ; 62642 (déclaration des créances) ; 63020 (marchandises non expédiées) ; 63895 et 63945 (liquidation judiciaire).

Retenue en douane : 32163 (dessin ou modèle) ; 32609 (marque) ; 31612 (brevet) ; 34729 (droits d'auteur).

Réticence : 12253 (dol).

Rétractation : 11946 (promesse unilatérale) ; 12024 (offre de contracter) ; 12067 (délai de rétractation).

AUTRES RUBRIQUES : Abandon, Renonciation.

Retrait

– d'un acte illégal : 74024.

– d'un agrément administratif : 18040 (assurance) ; 21073 (exploitant d'un magasin général).

– d'une approbation de créance : 53209 (affacturage).

– d'un bien : 19600 (travail à façon) ; 24416 (bien transporté) ; 26940 (bien vendu) ; 61920 (sauvegarde ou redressement judiciaire : bien gagé ou retenu) ; 63505 (liquidation judiciaire : bien gagé ou retenu).

Retrait (suite)
– d'une créance litigieuse : 14234 (cession de créance).
– d'une demande d'enregistrement : 32501 (marque).
– d'une exclusivité : 21950 (concession).
– d'une licence d'importation ou d'exportation : 15083 (clause de force majeure) ; 15117 (cas de force majeure).
Agent commercial : 21698 (retrait de clients par le mandant).
Droits d'auteur : 34665 (droit de retrait de l'auteur d'une œuvre) ; 35029 (droit de retrait de l'auteur d'un logiciel).
Paiement : 50790 s. (retrait d'espèces).

Rétroactivité, non-rétroactivité
Bail de courte durée : 4153.
Condition : 13455 (suspensive) ; 16050 (résolutoire).
Contrat : 13400.
Décision de justice : 74488.
Extinction du contrat : 15618 s. (résolution) ; 15715 s. (nullité).
Loi : 74450 s. (étude d'ensemble) ; 10611 s. (application de la loi aux contrats).
Traité : 74453.

Révélation : voir Divulgation.

Revendication ou restitution
Étude d'ensemble : 62965 s. (procédure collective).
– d'un bien gagé : 57043 (droit de revendication du créancier gagiste).
– du bien vendu : 27165 (droit de revendication du vendeur impayé).
– d'un brevet : 31435 s.
– d'une marque : 32518.
– d'un meuble perdu ou volé : 30038.

Revente : 123 (nature de l'activité).

Revenus
Cautionnement disproportionné aux revenus : 55059 (erreur de la caution) ; 55100 (cautionnement souscrit par une personne physique au profit d'un créancier professionnel) ; 55442 (« reste-à-vivre » de la caution personne physique).
Époux : 1306 (jouissance des gains et salaires) ; 1349 (saisie).
Indivision : 30138 (légale) ; 30251 (conventionnelle).
AUTRES RUBRIQUES : Commission, Fruits, Redevance, Rémunération, Salaire.

Reverse counter trade : 18605 (coopération interentreprises).

Revirement : 74488 (jurisprudence).

Révision : 4740 s. (loyer d'un bail commercial) ; 14000 s. (contrat) ; 15274 s. (clause pénale).
AUTRES RUBRIQUES : Indexation, Modification.

Revitalisation de territoire : 7519.

Révocation
– mutuelle du contrat : 15445 s.
Acte frauduleux : 54021 (action paulienne).

Révocation (suite)
Déclaration d'insaisissabilité : 59700 (décès du déclarant).
Donation : 1043 (mineur non émancipé) ; 26506 (ingratitude du donateur) ; 26642 (inexécution des charges) ; 53903 (entre époux).
Fiducie : 23288.
Gérant : 30228 (indivision).
Mandat : 23080 s.
Stipulation pour autrui : 13039 s.
AUTRES RUBRIQUES : Résiliation du contrat, Retrait.

Risque
– de change : 41005 (emprunteur d'une somme).
– de confusion : 2531 (nom commercial) ; 32432 s. (choix d'une marque) ; 32600 s. (contrefaçon de marque).
– de la preuve : 75515.
Assurance : 17540 s. (dommages assurables) ; 17603 s. (aggravation ou diminution du risque).
Transfert des risques : 26718 (date du transfert) ; 27100 s. (charge des risques).

Ristournes : voir Remise.

Ruine
Bail commercial : 4559 (obligations du bailleur) ; 5210 (résiliation pour impossibilité d'exécution du bail).
Demande en justice : 71905 (assignation à jour fixe justifiée par l'urgence).
AUTRE RUBRIQUE : Procédure collective.

Rupture
Ouverture de crédit : 41417 s.
Pourparlers : 11900 s.
Relation commerciale : 15455 s. (étude d'ensemble) ; 15505 s. (clause de résiliation unilatérale).
AUTRES RUBRIQUES : Résiliation du contrat, Résolution du contrat.

RUU (règles et usances uniformes) : 53306 s. (crédit documentaire).

S

Sacem (Société des auteurs, compositeurs et éditeurs de musique)
Adhésion : 34738 (incidence sur le droit d'agir en contrefaçon).
Autorisation de représenter une œuvre : 19511 (différence avec une prestation de services) ; 34821 (contrat général de représentation).
Rôle : 216 (nature de l'activité) ; 34821 (encaissement de droits d'auteur).

Safer (Société d'aménagement foncier et d'établissement rural) : 63712 et 63782 (droit de préemption sur les biens compris dans un plan de cession) ; 63952 et 63975 (droit de préemption sur un bien cédé hors du plan).

Saisie : 59690 s. (étude d'ensemble) ; 2215 (abus) ; 2240 (créanciers professionnels de l'entrepreneur individuel) ; 23279 s. (patrimoine fiduciaire) ; 53903 (saisie de la créance d'un tiers par voie oblique) ; 59006 (loi applicable) ; 60000 (créances et dettes publiques) ; 62415 s. (procédure collective du débiteur).

Saisie administrative à tiers détenteur (SATD)

Effets : 59828.

Procédure collective : 62235 (saisie pour le paiement des créances postérieures) ; 62244 (conflit avec le superprivilège des salariés) ; 62417 (saisie pour le paiement des créances antérieures) ; 63142 et 63154 (nullités de la période suspecte).

Saisie-attribution

Étude d'ensemble : 59800 s.

– de fonds en dépôt : 21048.

– du solde d'un compte courant : 40570.

Saisie dans le cadre d'une procédure collective : 61840 s. (pratiquée par le débiteur après le jugement d'ouverture) ; 61850 (sur les fonds déposés à la caisse des dépôts et consignations) ; 62415 s. (suspension de la saisie après le jugement d'ouverture) ; 63142 et 63154 (nullités de la période suspecte) ; 63530 s. (pratiquée par le débiteur en liquidation judiciaire).

Saisie conservatoire

Étude d'ensemble : 59100 s.

– des aéronefs : 59175.

– des navires : 59135 s.

– par le porteur d'un billet à ordre : 52001.

– par le porteur d'un chèque : 52610.

– par le porteur d'une lettre de change : 51476.

Saisie dans le cadre d'une procédure collective : 61850 (sur les fonds déposés à la caisse des dépôts et consignations) ; 62415 s. (suspension après le jugement d'ouverture) ; 63142 et 63154 (nullité de la période suspecte) ; 63530 s. (pratiquée par le débiteur en liquidation judiciaire).

Saisie-contrefaçon : 31621 (brevet) ; 32160 (dessins et modèles) ; 32606 (marque) ; 34668 (protection du droit moral de l'auteur) ; 34726 s. (droits d'auteur) ; 35041 (logiciel) ; 72512 (référé).

Saisie immobilière : 56503 (droit du créancier hypothécaire) ; 59700 (déclaration d'insaisissabilité du logement de l'entrepreneur individuel).

Saisie réelle : voir Saisie-contrefaçon.

Saisie-vente

Étude d'ensemble : 59715 s.

– d'un brevet : 32757.

– des navires : 59770 (saisie-exécution).

Salaire : 17726 (paiement : droit de préférence sur une indemnité d'assurance) ; 21605 (gérant de succursale) ; 52206 (mode de paiement) ; 58260 (mariniers) ; 58263 (primauté d'une hypothèque aérienne) ; 62244 s. et 62730 (paiement en cas de procédure collective de l'employeur).

AUTRE RUBRIQUE : Rémunération, Revenu.

Salarié

– créateur : 34603 (qualité d'auteur) ; 35017 (droits patrimoniaux sur un logiciel créé dans l'exercice des fonctions de salarié).

– inventeur : 19030 (découverte née de l'exécution d'un contrat de commande de recherche) ; 31415 s. (brevet).

– d'un locataire (bail commercial) : 4950 (mise à disposition d'un logement).

Salarié (suite)

Activité salariée : 220 (nature) ; 2030 (incidence sur la qualification d'entreprise) ; 2175 (conséquence pour l'employeur) ; 19520 (différence avec le contrat d'entreprise) ; 20200 (différence avec la sous-traitance) ; 22059 (différence avec la franchise) ; 24224 (différence avec le contrat de transport).

Arbitrage : 70785.

Concurrence déloyale : 2815 (activité salariée par le vendeur d'un fonds de commerce).

Conjoint salarié : 430 (commerçant).

Débauchage de salarié : 13724.

Délégation de pouvoirs à un préposé : 2185 (exonération de responsabilité pénale du délégant) ; 23006 (application des règles du mandat) ; 62570 s. (déclaration des créances du délégant).

Détachement de personnel : 13685 s. (étude d'ensemble) ; 22527 (dans le cadre d'un contrat de location de meubles) ; 33718 (dans le cadre d'un contrat de communication de savoir-faire).

Faute commise par le salarié : 8135 s. (responsabilité extracontractuelle de l'employeur) ; 13649 (révélation d'un secret de fabrique) ; 15023 (dommage contractuel) ; 33733 (détournement d'un savoir-faire).

Information des salariés : 2758 (vente de fonds de commerce).

Prêt de main-d'œuvre : 13688.

Représentant des salariés : 61595 (procédure collective).

Reprise des salariés : 3159 (à l'extinction d'un contrat de location-gérance) ; 21989 (à l'extinction d'un contrat de concession) ; 63704 et 63780 (dans le cadre du plan de cession d'une entreprise en procédure collective).

Responsabilité du fait des préposés : 8135 s.

Temps de travail : 25653 (violation par le transporteur).

Travail clandestin : 409 (interdiction).

AUTRES RUBRIQUES : Licenciement, Salaire, Comité social et économique.

Salines (exploitation de salines) : 201 (nature de l'activité).

Salon : voir Foire et salon.

Santé publique : 32812 (licence de brevet) ; 50570 (investissement étranger).

Sauvegarde

– informatique : 35035.

– de justice : 403 (capacité d'exercer un commerce) ; 1124 (incapacité) ; 23083 (révocation d'un mandat par le juge des tutelles).

Procédure collective :

Étude d'ensemble : 61260 s.

Sauvegarde accélérée : 61325 s. (conditions d'ouverture) ; 61492 (demande d'ouverture) ; 61530 s. (auditions préalables à l'ouverture) ; 61550 (jugement d'ouverture) ; 61577 (désignation de l'administrateur) ; 61585 (désignation du mandataire judiciaire) ; 61670 (conversion de la procédure) ; 61732 (durée de la période d'observation) ; 61750 (inventaire) ; 62002 (contrats en cours) ; 62348 (créanciers affectés par la procé-

Sauvegarde (suite)
dure) ; 62660 s. (déclaration des créances) ; 62960 (revendications) ; 63270 s. (élaboration du projet de plan) ; 63297 (arrêté du plan).
AUTRE RUBRIQUE : Conservation.

Savoir-faire : 13649 (divulgation) ; 22090 (franchise) ; 33700 s. (contrat de communication).

Scellés : 23540 (conservation de la chose prêtée dont la restitution est contestée) ; 24440 (transport routier intérieur) ; 26094 s. (transport maritime) ; 56286 s. (hypothèque conventionnelle) ; 63590 (liquidation judiciaire) ; 72280 (compétence des tribunaux français pour l'apposition des scellés) ; 72521 (référé pour demander l'apposition des scellés).

Scénario : 34618 s. (droits d'auteur).

Scission (société) : 55730 (sort du cautionnement).

Sculpture : 34553 (droits d'auteur).

SDRM (Société pour l'administration du droit de reproduction mécanique) : 34821 (contrat général de représentation).

Sea way bill : 26105 (lettre de transport maritime).

Sécheresse : 15102 (force majeure).

Secret
– des affaires : 11887 (négociations) ; 13652 (contrat) ; 75530 (limite à une mesure d'instruction judiciaire).
– des correspondances : 75732.
– du délibéré : 71096.
– de fabrique : 13649 (divulgation).
– de l'instruction pénale : 75530 (limite à une mesure d'instruction judiciaire).
– professionnel : 21073 (exploitant d'un magasin général) ; 40125 (banquier) ; 59818 (opposabilité par un tiers saisi) ; 62752 (inventaire des biens d'un débiteur soumis au secret) ; 70304 (avocat) ; 75530 (limite à la recherche des preuves) ; 75732 (production en justice d'un document couvert par le secret).
Acte secret : voir Simulation.
Obligation au secret : 2719 (vente d'un fonds de commerce) ; 13203 (qualification) ; 13640 s. (clause contractuelle) ; 18736 (consortium) ; 18816 (fabrication en commun) ; 18948 (ingénierie) ; 19053 (recherche) ; 19245 (recherche en commun) ; 19567 (contrat d'entreprise) ; 20264 (sous-traitance industrielle) ; 20350 (sous-traitance de marché) ; 33733 (clause de savoir-faire) ; 61062 (mandat ad hoc) ; 61117 (procédure de conciliation).
Propriété industrielle : 32178 (contrefaçon de dessins et modèles) ; 32900 (licence de brevet) ; 33733 (communication de savoir-faire).

Sécurité juridique : 74003 (contrôle de la légalité des actes communautaires) ; 74930 (principe général du droit de l'UE) ; 74950 (principe constitutionnel).

Sécurité publique : voir Défense nationale.

Sécurité sociale : 2260 (recouvrement des créances à l'égard d'un entrepreneur individuel) ; 57609 s. (privilèges) ; 61124 (remise dans le cadre d'une conciliation) ; 61200 (demande de remise) ; 63252 (remise accordée dans le cadre d'un plan de sauvegarde ou de redressement).

Séjour : 13715 (conditions de séjour des salariés détachés).

Sélection : voir Choix, Intuitus personæ.

Sentence arbitrale : 71190 s.

Séparation de biens : 1372 s. (régime matrimonial).

Séquestre
Étude d'ensemble : 59020 s.
– d'un meuble : 30035 (droit de propriété du possesseur désigné séquestre du meuble) ; 54300 (refus du créancier de prendre livraison du meuble) ; 57815 (connexité entre les frais de garde et le meuble) ; 59121 (mise sous séquestre d'un meuble saisi à titre conservatoire) ; 71905 (risque de détérioration du bien).
– de pièces : 31621 (saisie-contrefaçon).
– de sommes d'argent : 2900 (prix de vente du fonds de commerce) ; 6393 s. (indemnité d'éviction) ; 20403 (sommes dues par le maître d'ouvrage à l'entrepreneur principal) ; 59123 (sommes saisies à titre conservatoire) ; 62420 (procédure collective du vendeur).

Sermon : 34532 (droits d'auteur).

Service de médias audiovisuels à la demande : 34789.

Services de paiement : 50780 s. (au sein de l'Union Européenne).

Service de la publicité foncière : 4423 (bail commercial de plus de 12 ans) ; 15698 (demande en nullité d'une vente immobilière) ; 30013 (conséquence de l'inscription) ; 41667 (crédit-bail immobilier de plus de 12 ans) ; 56250 (inscription d'hypothèque) ; 56271 (radiation d'hypothèque).

Sigle : 2531 (protection d'un nom commercial) ; 32413 (constitutif d'une marque) ; 34769 (droit de reproduction).

Signature
– d'un acte authentique : 75653.
– d'un acte sous signature privée : 75683 (modalités) ; 75695 (dénégation).
– d'un billet à ordre : 51812 (obligation) ; 51818 (effet de l'absence de signature).
– d'un bordereau Dailly : 41256 (cession de créance).
– d'un chèque : 52227 s.
– d'un contrat : 12739 (établissement du contrat) ; 13006 s. (qualité de contractant du signataire).
– informatique : 75683 (acte sous signature privée) ; 75695 (déni de signature).
– d'une lettre de change : 50946 (création) ; 51050, 51073 (acceptation) ; 51100 s. (endossement) ; 51212 (aval).
Imitation : 74915 (acte apparent).
AUTRES RUBRIQUES : Griffe, Paraphe.

Signe (constitutif d'une marque) : 32411 s. (étude d'ensemble).

Signification
Bail commercial : 4746 (demande de révision triennale) ; 4869 (demande de déspécialisation partielle) ; 4886 (demande de déspécialisation plénière) ; 4901 (départ en retraite ou invalidité du

Signification (suite)

locataire : demande de déspécialisation) ; 4959 (demande de sous-location) ; 5036 (cession) ; 5200 (résiliation unilatérale) ; 5312 (congé) ; 5329 (demande de renouvellement).

Cession de droit ou action : 14286 (signification au débiteur) ; 14292 (opposabilité aux tiers) ; 32878 (cession du droit aux redevances d'une licence de brevet).

Hypothèque : 59233 (inscription).

Injonction de payer : 59512.

Jugement : 72415 (jugement étranger) ; 72484 (règlement UE).

Nantissement de bien incorporel : 57374.

Saisie : 59123 (conservatoire) ; 59743 (saisie-vente) ; 59828 (attribution).

AUTRE RUBRIQUE : Notification.

Silence : 12041 (modalités d'échange des consentements à un contrat) ; 12145 (sur les CGV reçues) ; 12253 (dol) ; 14106 (existence d'une novation) ; 15445 (accord en vue de la révocation mutuelle du contrat) ; 23092 (existence de la renonciation d'un mandataire à une indemnité de rupture) ; 26803 (existence d'une renonciation à agréage) ; 26809 (durée d'un réméré) ; 40148 (approbation des écritures portées sur un relevé de compte) ; 59412 (existence d'une créance en l'absence de contestation à réception de facture) ; 74772 (texte législatif ou réglementaire).

AUTRES RUBRIQUES : Accord tacite, Prolongation tacite, Reconduction tacite.

Simulation : 12180 s. (étude d'ensemble) ; 2719 (prix de vente d'un fonds de commerce) ; 26506 (donation déguisée) ; 26753 (contre-lettre) ; 30390 (fraude aux droits des créanciers d'un partage) ; 53050 (droit du subrogé à obtenir paiement par le débiteur désigné par l'acte apparent) ; 59003 (recouvrement des créances).

Sinistre : voir Assurance.

Sirene (Système informatique du répertoire des entreprises et des établissements) : 2060 s.

Smad : voir Service de médias audiovisuels à la demande.

SMS : 75734 (moyen de preuve) ; 75812 (présomption de preuve).

Société :

– **d'auteurs :** 216 (nature de l'activité). Voir aussi Sacem et SDRM.

– **civile professionnelle :** 12523 (cession de parts).

– **de fait :** 18703 (consortium) ; 22090 (franchise).

– **immobilière :** 4064 (bail commercial).

Capacité : 1200 s. (étude d'ensemble) ; 13006 (engagement).

Représentation : 12390 s.

Tribunal compétent : 72147 (règlement européen du 12-12-2012).

AUTRE RUBRIQUE : Personne morale.

Software : voir Informatique.

Soldes : 26615 (vente réglementée).

Solidarité

Étude d'ensemble : 50140 s.

– **de la caution :** 55074 (conditions) ; 55460 (paiement de la dette par la caution).

– **du complice ou coauteur d'une infraction pénale :** 74312.

– **des époux :** 1340.

– **du locataire :** 5053 (cession d'un bail commercial).

– **du loueur de fonds de commerce :** 3076 s. (avec le locataire-gérant).

– **du repreneur d'une entreprise en procédure collective :** 63704 (substitution de repreneur).

– **des titulaires d'un compte joint :** 40142.

Sort de la clause de solidarité en cas d'annulation du contrat : 15715 (cas général) ; 41024 (annulation du prêt).

Soulte : 26521 (échange) ; 30355 (indivisaire bénéficiaire d'une attribution préférentielle) ; 30360 (partage amiable d'une indivision) ; 30390 (partage lésionnaire).

Sources (minérales et thermales) : 204 (nature de l'exploitation).

Sous-assurance : 17775 s.

Sous-cautionnement : 55168 s. (définition et régime) ; 55550 (recours entre les cautions).

Sous-licence : 32858 (brevet) ; 33321 (marque).

Sous-location

Bien pris en crédit-bail : 41608 (validité) ; 41624 (publicité) ; 41655 (crédit-bail immobilier).

Locaux commerciaux : 4949 s. (étude d'ensemble).

Nature de l'activité : 207.

Sous-traitance : 20200 s. (étude d'ensemble) ; 18915 (ingénierie) ; 19552 (contrat d'entreprise) ; 24005 et 24053 (commissionnaire de transport) ; 24455 et 24553 (transport routier intérieur) ; 31618 (contrefaçon de brevet) ; 53231 (affacturage) ; 70871 (arbitrage).

Sous-traitance industrielle : 20210 s. (étude d'ensemble).

Sous-traitance de marché (loi de 1975) : 20300 s. (étude d'ensemble).

Spécialité : 27215 (vendeur et acheteur de même spécialité : garantie des vices cachés) ; 27259 (vendeur et acheteur de même spécialité : clause limitative ou exclusive de garantie) ; 31353 (spécialité pharmaceutique) ; 32432 (spécialité de la marque) ; 56228 (spécialité de l'hypothèque).

Spectacle (entreprise de spectacle) : 169 (nature de l'activité) ; 4420 (bail commercial) ; 34800 s. (contrat de représentation).

Stand : voir Foire et salon.

Stand-by letters of credit : 53300 (crédit documentaire).

Stipulation pour autrui : 13033 s. (étude d'ensemble) ; 17515 (assurance).

Stock : 20219 (sous-traitance industrielle) ; 21980 (extinction du contrat de concession) ; 34837 (contrat d'édition) ; 57340 (gage) ; 59721 (saisie-vente).

Subrogation
Étude d'ensemble : 53000 s.
– de l'assureur : 17800 s.
– d'un bien : 30100 (bien indivis) ; 56298 (immeuble hypothéqué) ; 57070 (bien gagé) ; 57503 (bien sous réserve de propriété).
– de la caution : 55520 s. (recours subrogatoire) ; 55800 s. (perte du bénéfice de la subrogation) ; 55910 (caution réelle).
– de l'hypothèque : 56606.
Action civile : 8184.
Action paulienne : 54018.
Affacturage : 53220 s.

Substitution
– d'action : 27225 (garantie des vices cachés).
– de bailleur : 4718 (cautionnement).
– de contractant : 14350 s. (règle générale) ; 11937 (promesse unilatérale) ; 14109 (novation) ; 15023 (dommage contractuel) ; 15180 (manquement à ses obligations) ; 21935 (concessionnaire) ; 63704 (repreneur d'une entreprise en procédure collective).
– de garantie : 59127 (dans le cadre d'une saisie conservatoire) ; 61956 (en cas de sauvegarde ou de redressement judiciaire, en vue de permettre la vente des biens gagés).
– d'indice : 4774 (révision d'un bail commercial) ; 50396 (mise en œuvre d'une clause d'indexation).
– d'indivisaire : 30176 (vente par adjudication de droits indivis).
– de mandataire : 23038 (exécution du mandat).
– de matériel : 57031 (gage) ; 57326 (warrant).
– de monnaie : 50520 (paiement).
– de régime matrimonial : 1360 s.
AUTRES RUBRIQUES : Novation, Subrogation.

Subvention : 41700 s. (aide publique aux entreprises).

Successeur (présentation d'un successeur) : 12523 (clientèle civile) ; 12532 (contrat ayant pour objet la recherche d'un successeur) ; 21741 (agent commercial) ; 21935 (refus abusif du concessionnaire proposé) ; 30334 (partage entre coïndivisaires de l'émolument de la présentation d'un successeur).

Succession : 50055 s. (passif successoral : étude d'ensemble) ; 1035 (acceptation d'une succession par l'administrateur légal d'un mineur) ; 1043 s. (acceptation d'une succession ou renonciation à une succession par le tuteur d'un mineur) ; 12543 (pacte sur succession future) ; 13021 (acceptation de la succession : effet sur les contrats conclus par le défunt) ; 30273 (indivisaire) ; 30300 (partage d'une indivision) ; 40142 (information de la clôture d'un compte joint) ; 72280 (tribunal compétent).
AUTRES RUBRIQUES : Décès, Héritier, Légataire.

Succursale
Fonds de commerce : 2603 (localisation) ; 2909 (inscription du privilège du vendeur) ; 3409 (assiette du nantissement) ; 3423 (inscription du nantissement) ; 3439 (information des créanciers inscrits sur le déplacement de la succursale).
Gérant de succursale : 220 (nature de l'activité) ; 21600 s. (statut).

Succursale (suite)
Tribunal compétent : 25350 (recours entre transporteurs) ; 59506 (injonction de payer) ; 72020 (règle générale de compétence territoriale) ; 72136 (règlement UE du 12-12-2012).

Suite (droit de suite) : 3436 (créancier inscrit sur un fonds de commerce) ; 34706 (auteur d'une œuvre graphique) ; 56509 (créancier hypothécaire et tiers détenteur).

Supermarché : 4027 (bail commercial) ; 4064 (fonds de commerce) ; 4403 (erreur sur un emplacement).

Superprivilège des salariés
Garantie : 58263 (hypothèque aérienne).
Procédure collective : 62244 s. et 62730 (ordre de paiement).

Suppression : voir Retrait.

Surassurance : 17785.

Surcharge : 24325 (responsabilité de l'expéditeur) ; 25683 (responsabilité pénale du locataire de véhicule).

Surenchère : 3430 (créanciers inscrits sur le fonds de commerce) ; 63810 et 63970 (vente d'immeuble en cas de liquidation judiciaire).

Surendettement : 61538 s. (articulation entre procédures collectives et procédure de surendettement).

Surestaries : 26144 (transport maritime).

Sûreté : voir Garantie.

Sursis
– à exécution : 50506 (délai de grâce) ; 59627 (astreinte) ; 74009 (acte communautaire).
– au partage : 30313 (maintien d'une indivision).
– à statuer : 31630 (validité d'un brevet contestée par le défendeur à une action en contrefaçon) ; 71048 (instance pénale en cours) ; 72187 (litispendance) ; 74700 (avis de la Cour de cassation).

Suspension
– du contrat : 14700 s.
– de l'exécution d'une décision : 59515 (ordonnance d'injonction de payer) ; 71336 (sentence arbitrale).
– de garantie : 17662 s. (assurance).
– d'une interdiction : 52655 (émission de chèque) ; 74327 (exercice d'une profession).
– des poursuites individuelles : 59127 (mainlevée d'une saisie conservatoire) ; 61060 (contre un débiteur sous mandat ad hoc) ; 61126 s., 61145 s. (contre un débiteur en conciliation) ; 62395 s. (contre un débiteur en procédure collective) ; 62460 s. (contre les garants du débiteur en procédure collective) ; 64180 s. (reprise des poursuites en cas de clôture de la liquidation judiciaire) ; 64364 (contre un débiteur en rétablissement professionnel).
– de la prescription : 71780 s. (règle générale) ; 6830 (bail commercial) ; 17928 (assurance) ; 24670 (transport routier intérieur) ; 25217 (transport routier CMR) ; 26247 (transport maritime) ; 30028 (usucapion) ; 51512 (prescription cambiaire) ; 62542 (déclaration d'une créance dans une procédure collective) ; 70013 (conciliation et médiation).
– de la procédure : 31438 (délivrance d'un brevet) ; 32503 (opposition à l'enregistrement d'une marque) ; 70023 (conciliation) ; 71048 (arbitrage).

Suspension (suite)
– de la résolution : 5226 s. (bail commercial) ; 15574 (clause résolutoire d'un contrat).
Switch : 18605 (contrat de coopération).
Syndicat : 1212 (capacité) ; 8190 (constitution de partie civile) ; 31453 (action en nullité d'un brevet) ; 53903 (action oblique) ; 57603 (hypothèque légale spéciale) ; 71615 (action en justice) ; 73590 (attestation d'usages) ; 74327 (droit disciplinaire).

T

Tableau : 34553 (droits d'auteur).
Tacite reconduction : voir Reconduction tacite.
TAEG (taux annuel effectif global) : voir TEG.
Tarif : voir Prix.
Taux effectif global : voir TEG.
Taux d'intérêt : voir Intérêts.
Taxe : voir Impôt, TVA.
Taxi : 195 (nature de l'activité) ; 7506 (liberté d'exercice de la profession) ; 12529 (cession du bénéfice d'une autorisation administrative) ; 30366 (valeur patrimoniale d'une autorisation de stationnement).
TEG (taux effectif global) : 40581 (compte courant) ; 41035 (prêt d'argent).
Télécopie : 75734 (moyen de preuve).
Télédiffusion : 34697 (définition) ; 34812 (autorisation).
AUTRE RUBRIQUE : Audiovisuel.
Téléphone : 12060 s. (échange des consentements).
AUTRE RUBRIQUE : Abonnement.
Télétransmission : 75503 (preuve).
Télévision : voir Télédiffusion.
Télex : 12060 s. (échange des consentements) ; 51212 (aval d'une lettre de change) ; 58012 (caractère certain d'un appel en garantie autonome) ; 75732 (valeur probante).
Témoignage : 13106 (interprétation du contrat) ; 75618 (commencement de preuve par écrit) ; 75800 s. (mode de preuve).
Tempérament : 26515 (vente à tempérament).
Tempête : 15102 (force majeure).
Terme du contrat
– extinctif : 16003.
– suspensif : 13403 s.
Assurance : 18000.
Cautionnement : 55750.
Location-gérance : 3150.
Ouverture de crédit : 41415.
Renonciation : 13521.
Transport : 24101 (contrat de commission de transport) ; 24480 (transport routier) ; 25695 (contrat de location de véhicule routier).
AUTRE RUBRIQUE : Déchéance.
Termes commerciaux : voir Incoterms.
Terrain nu : 4036 (statut des baux commerciaux) ; 6150 (loyer du bail).
Territoire français : 74400 s. (territorialité des lois et règlements).
Théâtre : voir Spectacle.
Tierce opposition
Acte accompli par un tuteur : 1053.
Arbitrage : 71231 (sentence) ; 71326 (ordonnance d'exequatur ou d'exécution d'une sentence).
Bail commercial : 5275 (résiliation).
Brevet : 31456 (nullité).
Débiteur : 50178 (codébiteurs solidaires).
Décision en justice ayant autorité de chose jugée : 71621.
Procédure collective : 61162 (homologation de l'accord de conciliation) ; 61562 (ouverture de la procédure collective) ; 61642 (extension de la procédure collective) ; 61685 (conversion de la procédure collective) ; 61730 (décisions sur la durée de la période d'observation) ; 62932 (état des créances) ; 63302, 63414 et 63432 (plan de sauvegarde ou de redressement) ; 63720 s. et 63862 (plan de cession) ; 64410 (clôture du rétablissement professionnel) ; 64800 (délai).
Régime matrimonial : 1366 (jugement d'homologation d'un changement de régime) ; 1375 (séparation de biens judiciaire).
Tiers
– arbitre : 11806 (contrat).
– bénéficiaire : 13036 (stipulation pour autrui).
– au contrat : 13054 (critères) ; 50085 (paiement).
– détenteur : 56509 s. (droit de suite d'un créancier hypothécaire).
– intervenant dans une action en justice : 71618.
– intervenant dans la conclusion d'un contrat : 11806 (types d'intervention) ; 12434 (fixation du prix d'un contrat).
– responsable : 8031 (responsabilité civile) ; 13679 (complicité de la violation d'une obligation de non-concurrence) ; 15035 (complicité de la violation d'une obligation contractuelle) ; 17800 s. (assurance) ; 21551 (complicité de la violation d'une obligation d'exclusivité) ; 23073 (collusion frauduleuse avec un mandataire).
– saisi : 59123 (saisie des créances).
– victime : 19655 (dommage causé à l'occasion de l'exécution d'un contrat d'entreprise).
Tiré : 51062 (lettre de change) ; 52275 (chèque).
Tireur : 50946 (lettre de change) ; 52260 s. (chèque).
Titre
– exécutoire : 59803 (saisie-attribution) ; 62436 (décision fixant le montant d'une créance dans le cadre d'une procédure collective).
– négociable : 12505 (définition) ; 50906 (régime).
– d'une œuvre : 34526 (droits d'auteur).
– au porteur : 30035 (possession) ; 52100 (régime).
– de propriété : 30016 (présomption de propriété).
Juste titre : 30028 (usucapion).
Titrisation des créances : 41503.

Tolérance : 4024 (locataire laissé dans les lieux) ; 4853 (usage fait de la chose louée) ; 4959 (sous-location d'un bail commercial) ; 30022 (usage d'un immeuble) ; 32632 (usage d'une marque) ; 74309 (application d'une disposition pénale).

Tontine : 26509 (donation déguisée) ; 30100 (différence avec une indivision) ; 59691 (saisie).

Traduction : 12709 (langue du contrat) ; 32466 (caractère protégeable de termes étrangers) ; 34529 (droits d'auteur) ; 34615 (œuvre collective) ; 35032 et 35035 (logiciel) ; 53321 (crédit documentaire) ; 71320 (sentence étrangère) ; 72436 (jugement étranger).

Trafic d'influence : voir Corruption.

Traite : voir Lettre de change.

Traité international : 73510 s. (étude d'ensemble) ; 16510 (application obligatoire) ; 16903 (application conventionnelle) ; 73803 (primauté) ; 74453 (rétroactivité) ; 74705 (interprétation).

AUTRE RUBRIQUE : Conventions internationales.

Traité sur le fonctionnement de l'UE (TFUE) : 73535 s.

Transaction

Étude d'ensemble : 70200 s.

Assurance : 18212 (transaction entre assuré et victime : invocation par l'assureur) ; 18238 (mandat de transiger donné à l'assureur).

Bail commercial : 6840.

Cautionnement : 55712 (transaction entre débiteur et créancier).

Procédure collective : 61925 s. (sauvegarde ou redressement judiciaire) ; 63127 et 63130 (nullités de la période suspecte) ; 63510 (liquidation judiciaire) ; 63562 (contestation par le débiteur en liquidation judiciaire) ; 64470 (comblement de passif) ; 64520 (faillite personnelle et interdiction de gérer).

Transfert

– du patrimoine professionnel d'un entrepreneur individuel : 2265 s. (étude d'ensemble).

– de propriété : 27050 s. (étude d'ensemble) ; 26718 (aménagements conventionnels).

– des risques : 27100 s.

– de technologie : 18932 (ingénierie) ; 19030 s. (contrat de commande de recherche).

AUTRE RUBRIQUE : Délivrance.

Transitaire : 26050 s. (transport maritime).

AUTRES RUBRIQUES : Concession, Mandat.

Transmission d'entreprise

– attribution préférentielle : 30328 (coïndivisaire).

– transfert universel du patrimoine professionnel d'un entrepreneur individuel : 2270 s. (étude d'ensemble).

Transparence des marchés : 11660 (soumission à la concurrence des marchés privés conclus par des personnes publiques).

Transport

Étude d'ensemble : 24000 s. (transport de marchandises).

– aérien : 25800 s.

Transport (suite)

– maritime : 26000 s.

– routier : 24200 s. (intérieur) ; 25000 s. (CMR).

Charge du transport : 26721 (vente).

Entreprise de transport : 157 (nature de l'activité) ; 24239 (entreprise de transport public).

Paiement : 52206 (mode requis).

Travail clandestin : 409 (interdiction).

Travaux (réparations)

Bail commercial : 4426 (état prévisionnel des travaux) ; 4556 s. (obligation du bailleur) ; 4590 (réparations locatives) ; 4620 s. (aménagements conventionnels).

Fonds de commerce : 3062 (obligations respectives du loueur et du locataire-gérant).

Hypothèque : 56295 (assiette).

Indivision : 30150 (responsabilité des détériorations) ; 30254 (participation aux dépenses).

Usufruit : 30615 (entretien) ; 30658 (grosses réparations).

Vente : voir Administration fiscale.

Trésor public : voir Administration fiscale.

Tribunal (compétence)

– des activités économiques : 61005 (règles générales) ; 61572 (bail commercial).

– de commerce : 72003 (règles générales) ; 61450 s. (procédures collectives).

– judiciaire : 72006 (règles générales) ; 6803 (bail commercial) ; 61450 s. (procédures collectives).

– de première instance : 73544 (TPICE).

AUTRE RUBRIQUE : Compétence judiciaire, Clause attributive de compétence.

Troc : voir Échange.

Tromperie (sur les qualités substantielles) : 21958 (résiliation d'un contrat de distribution) ; 22524 (location de meuble) ; 32475 (signe illicite non susceptible d'appropriation à titre de marque).

AUTRE RUBRIQUE : Dol.

Trouble manifestement illicite : 14600 (inexécution du contrat) ; 72524 (procédure de référé).

Trouble mental : 1103 s. (majeur protégé) ; 8040 (responsabilité pour faute personnelle) ; 8078 (responsabilité du fait des choses) ; 12006 (conclusion d'un contrat) ; 15180 (réparation des dommages commis par un cocontractant).

Trouble de voisinage : 4565 s. (bail commercial) ; 8081 (communication d'un incendie entre immeubles) ; 30058 (différence avec l'abus du droit de propriété).

Trust : 23200 (fiducie) ; 72139 (règlement UE : tribunal compétent).

Turpitude (nemo auditur...) : 8175 (réparation du dommage délictuel ou quasi délictuel) ; 15680 (recevabilité de l'action en nullité).

Tutelle : 403 (exercice d'un commerce) ; 1040 s. (mineurs) ; 1122 (conclusion d'un acte de la vie courante par un majeur protégé) ; 1132 s. (majeurs) ; 3012 (conclusion d'une location-gérance) ; 8040 (responsabilité civile) ; 21048 (ayant droit à la restitution d'un dépôt) ; 23101 (fin du mandat) ; 23224 (constitution d'une fiducie) ; 26609 (interdiction d'acheter) ;

Tutelle (suite)
30306 (droit de demander le partage d'une indivision) ; 71783 (prescription).

Tutorat d'entreprise : 2155.

TVA (Taxe sur la valeur ajoutée) : 6321 (valeur marchande du fonds donné à bail) ; 15072 (dommage contractuel réparable) ; 15268 (clause pénale) ; 16143 (restitution en cas d'extinction du contrat) ; 25239 (dommages-intérêts dus par un transporteur) ; 25680 (indemnité due par le locataire d'un véhicule) ; 50304 (paiement d'un prix) ; 50396 (inclusion dans une indexation) ; 50515 (facturation) ; 56506 (assiette d'une hypothèque) ; 59818 (créance saisissable).

Typographie : 34553 (droits d'auteur).

U

Unidroit (principes) : 17000 (contrat international) ; 17120 (arbitrage international).

Union européenne : voir CJCE, CJUE, Norme communautaire, Ressortissant européen.

Unité de compte : 40611 (convention bancaire de tenue de compte) ; 50363 (clause d'indexation).

AUTRE RUBRIQUE : Fusion.

Urgence : 59409 (référé-provision) ; 72509 s. (procédure de référé) ; 74909 (autorisation des mesures urgentes en cas de menace).

Usage d'un bien : 23525 s. (chose prêtée) ; 30550 s. (droit de l'usufruitier) ; 32556 (marque).

Usages : 10606 (droit commun des contrats) ; 13150 (interprétation d'un contrat) ; 17000 (commerce international) ; 73590 (source du droit) ; 75633 (dispense de prouver par écrit).

Usucapion : 30019 s. (prescription acquisitive) ; 56709 (immeuble hypothéqué).

Usufruit : 30500 s. (étude d'ensemble) ; 2125 (incidence sur la qualification d'entrepreneur) ; 3012 (mise en location-gérance par un usufruitier) ; 4071 (droit au statut des baux commerciaux) ; 10308 (gestion d'affaires par un usufruitier) ; 12206 (erreur sur l'existence d'un usufruit) ; 12543 (partage d'une succession non ouverte) ; 23233 (transfert par fiducie) ; 30100 (indivision) ; 30650 (droits et obligations du nu-propriétaire) ; 32833 (licence de brevet accordée par un usufruitier) ; 34703 (vente d'une œuvre constituant un abus) ; 56215 (hypothèque).

Usure (taux d'intérêt) : 11167 (contrat aléatoire) ; 41033 (prêt d'argent) ; 41124 (prêt participatif) ; 41215 (escompte) ; 41411 (découvert en compte) ; 41608 (crédit-bail).

V

Vacances : 8162 (dommage causé par un apprenti un jour de congé) ; 21605 (droit aux congés du gérant libre).

Valeur
- **agréée :** 17778 (assurance).
- **assurée :** 17552.
- **locative :** 6000 s. (bail commercial).

Véhicule : 21000 s. (dépôt) ; 25600 s. (location) ; 32151 (utilisation d'un dessin ou modèle sur un véhicule) ; 34716 (utilisation sur un véhicule d'une pièce protégée par le droit d'auteur) ; 57100 s. (gage).

Vente d'un bien grevé
- **d'une déclaration d'insaisissabilité :** 59700 (condition de report).
- **d'une sûreté** (procédure collective) : 61950 s. (période d'observation) ; 63354 s. (plan de sauvegarde) ; 63850 s. (transfert de la charge de la sûreté au repreneur) ; 63890 s. (plan de cession de l'entreprise) ; 64080 (carence du liquidateur judiciaire).
- **d'un usufruit :** 30650 (opposabilité à l'usufruitier).

Vente à l'encan : 26653.

Vente aux enchères
- **d'un bien gagé :** 57046 (droit de préférence du créancier gagiste).
- **de marchandises :** 26653.
- **d'une œuvre :** 34706 (droit de suite de l'auteur).
- **sur saisie-vente :** 59766.

Entreprise de vente aux enchères : 166 (nature de l'activité).

Liquidation judiciaire : 63970 s. (immeubles) ; 64020 (meubles).

Vente de fonds de commerce : 2700 s. (étude d'ensemble) ; 188 (nature de l'activité) ; 1035 (mineur sous administration légale) ; 1046 (mineur sous tutelle) ; 1330 (époux communs en biens) ; 59303 (vente forcée).

Vente de marchandises : 26500 s. (étude d'ensemble) ; 1324 (vente entre époux) ; 8085 s. (responsabilité du fait des produits défectueux).

Vérification des créances : 62800 s. (procédure collective).

Versement : voir Paiement.

Vétérinaire : voir Profession libérale.

Vice caché
- **et défaut de conformité :** 26952 (distinction).
- **et responsabilité du fait des produits défectueux :** 8088 (option de la victime).

Assurance : 18212 (étendue de la garantie).

Bail commercial : 4553 (aménagement conventionnel) ; 4568 (garantie du bailleur).

Contrat d'entreprise : 19640.

Crédit-bail : 41621.

Licence de brevet : 32953.

Location : 22542 (meuble) ; 25660 (véhicule).

Prêt : 23528 (à usage) ; 23603 (de consommation).

Procédure collective : 62402 et 62404 (action en garantie après l'ouverture du redressement judiciaire) ; 63820 (plan de cession) ; 63980 (cession isolée d'actifs).

Sous-traitance de marché : 20425.

Transport : 26217 (responsabilité du transporteur pour les dommages résultant d'un vice propre aux marchandises).

Vente : 27200 s. (étude d'ensemble) ; 2736, 2806 (fonds de commerce) ; 11158 (vente aléatoire).

Vice du consentement : 12200 s. (étude d'ensemble).
AUTRES RUBRIQUES : Dol, Erreur, Violence.

Vidéo : 35061 (artistes-interprètes) ; 35067 (producteurs).

Vie privée : 8043 (atteinte) ; 75530 (limite à la recherche de preuves).

Violation du domicile : 75530 (limite à la recherche de preuves).

Violence : 12300 s. (vice du consentement : étude d'ensemble) ; 6462 (motif grave de refus de renouvellement d'un bail commercial) ; 8147 (responsabilité civile du commettant) ; 15105 (force majeure) ; 15701 (point de départ du délai de prescription d'une action en nullité) ; 24565 (responsabilité d'un dommage aux marchandises) ; 30022 (usucapion) ; 30035 (possession mobilière) ; 30396 (partage) ; 51070 (acceptation d'une lettre de change) ; 55062 (consentement d'une caution) ; 70218 (transaction).

Virement bancaire : 50803 s. (étude d'ensemble) ; 52206 (utilisation obligatoire).

Voie de fait
Baux commerciaux : 4403 (vice du consentement) ; 4565 s. (trouble de jouissance).
Compétence : 7509 (atteinte à la liberté du commerce) ; 30055 (droit de propriété) ; 72549 (référé-liberté) ; 73903 (déclaration d'illégalité d'un règlement) ; 74927 (interdiction d'une justice privée).
Preuve : 75603.
Responsabilité civile : 8031 (acceptation de la victime).
Usucapion : 30022 (caractère paisible de la possession).
Violence : 12303 (vice du consentement).

Voie d'exécution : 59000 s. (étude d'ensemble) ; 2215 (abus) ; 2240 (sur le patrimoine professionnel de l'entrepreneur individuel).

Voisinage (trouble de voisinage) : 4565 s. (bail commercial) ; 8081 (communication d'un incendie entre immeubles) ; 30058 (différence avec l'abus du droit de propriété).

Vol
Assurance : 17703 (délai minimal de déclaration) ; 17709 (preuve) ; 17540 (dommage garanti) ; 23531 (chose prêtée) ; 24272 (transport).
Clause limitative de responsabilité : 15313 s. (validité).
Contrat (exécution) : 19600 (obligation de livraison en exécution d'un contrat d'entreprise) ; 21040 (obligation de surveillance d'un dépositaire) ; 22571 (location d'un coffre-fort) ; 24624 (faute lourde d'un transporteur) ; 25666 (faute du chauffeur d'un véhicule loué) ; 26062 (surveillance insuffisante d'un transitaire).
Force majeure : 15105 (règles générales) ; 24565 (transport).
Paiement : 51550 (lettre de change) ; 51990 (billet à ordre) ; 52750 (chèque) ; 53335 (documents d'un crédit documentaire).
Propriété : 30038 (droit de revendication du propriétaire).
Responsabilité civile : 8147 s. (fait d'un préposé).

VRP (représentant de commerce) : 223 (nature de l'activité) ; 4058 (statut des baux commerciaux) ; 21506 (application du statut de VRP).

W

Warrant : 57300 s. (étude d'ensemble) ; 120 (qualification de l'acte) ; 30035 (possession effective d'un meuble corporel) ; 40542 (inscription en compte courant).